산달 연륙교

말레이시아 TE-3

롯데월드타워

www.ksilbo.com
울산을 아름답게!
울산을 깨끗하게!
울산을 풍요롭게!
경상일보가 함께 합니다.
www.ksilbo.com

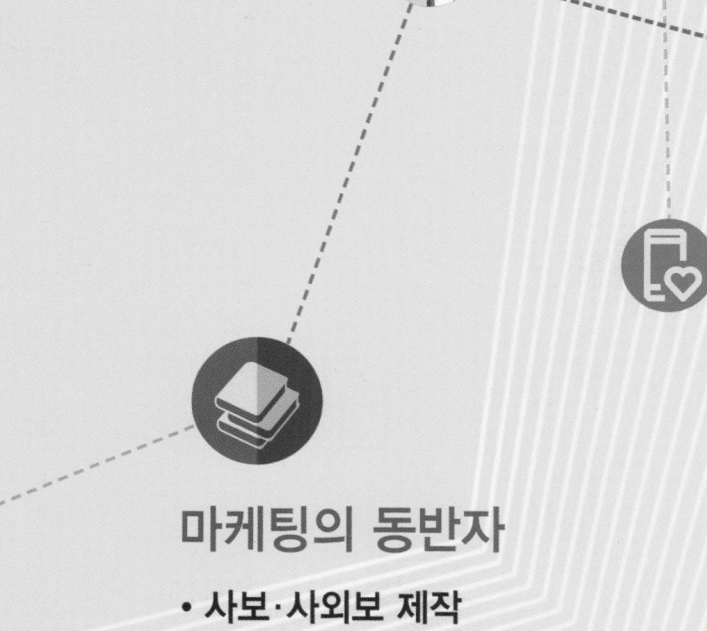

세상을 볼 수 있는
또 하나의 창(窓)!!
광남일보
샘 솟는 마음,
시·도민의 갈증해소를 위한
마중물이 되겠습니다.
늘 깨어있는 신문
광남일보
GWANGNAM

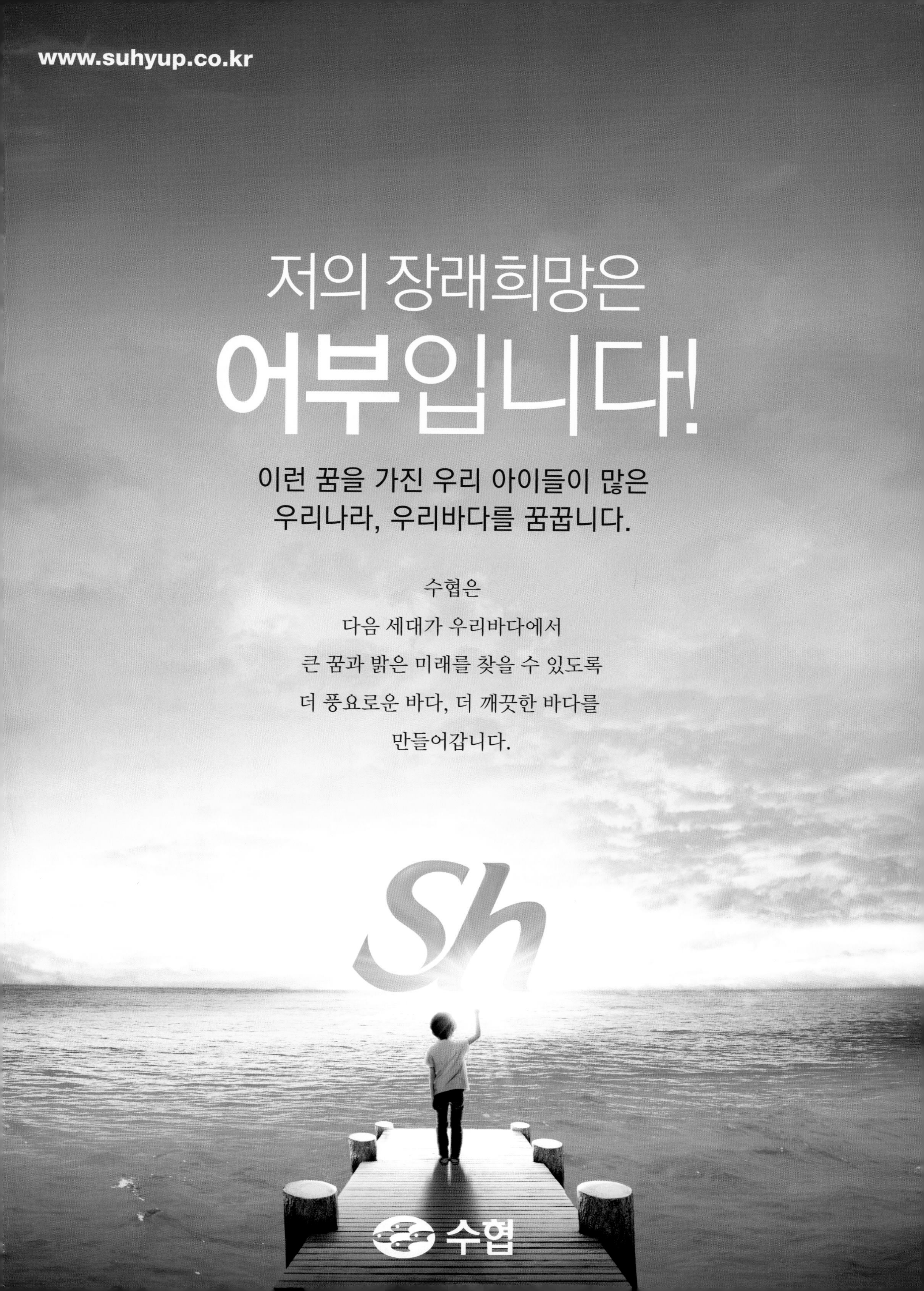
www.suhyup.co.kr
저의 장래희망은
어부입니다!
이런 꿈을 가진 우리 아이들이 많은
우리나라, 우리바다를 꿈꿉니다.
수협은
다음 세대가 우리바다에서
큰 꿈과 밝은 미래를 찾을 수 있도록
더 풍요로운 바다, 더 깨끗한 바다를
만들어갑니다.
Sh
수협

YONHAP

YONHAP NEWS AGENCY

주요 인사를 총 망라한 국내 최고 인물사전

한국인물사전

Y O N H A P N E W S

2020

20,000여 명 인물 수록

Y O N H A P N E W S

하권

수록인물(ㅇ~ㅎ)

연합뉴스

일러두기

• 연합뉴스가 발간하는 '한국인물사전'은 국내 정 · 관계를 비롯해 법조계, 경제계, 학계, 언론계, 문화예술계, 체육계, 종교계 등 각 분야 주요 인사 2만여 명의 인물정보를 사진과 함께 수록한 국내 최고의 인물사전입니다.

• 연합뉴스는 수록 인사들과 전화, 이메일, 팩스 등의 방법으로 접촉해 정보의 정확도를 높였으며, 인터넷 자료와 관련 문헌도 꼼꼼히 참조했습니다.

• 수록 인물자료는 향후 본인들이 이메일이나 전화 등을 통해 구체적인 의견을 제시할 경우 수정, 보완 또는 삭제 등의 과정을 거칠 수 있습니다. 본인이 제시한 의견은 연합뉴스 인물DB에 즉각 반영되며, 한국인물사전에는 차기 발행 시 반영됩니다.

• 수록 기준에 의거해 현직(現職) 중심으로 인물을 선정해 실었습니다. 따라서 전년도 등재 인물 중에 자료부실, 연락두절의 사유 및 퇴직자 등은 편집자의 판단에 따라 수록에서 제외했습니다. 향후 본인의 수록의사나 보완자료 제출 등의 경우에는 차기 한국인물사전에 등재될 수도 있음을 알려드립니다.

■ **수록 순서** 가나다 · 생년월일 순

■ **수록 인물정보** 2019년 10월 11일 기준

■ **약 어**

㉢ 생년월일	㉥ 본관	㉧ 출생지
㉤ 주소(연락처)	㉫ 학력	㉠ 경력 : (현) → 현직
㉦ 상훈	㉨ 저서	㉧ 역서
㉫ 작품	㉨ 종교	

■ 수록 내용 가운데 정정 · 추가사항이 있으시면 연락바랍니다.

■ **연합뉴스 DB · 출판국 DB부**

전화) 02-398-3609~11

이메일) idb@yna.co.kr

한국인물사전

2020

Y O N H A P N E W S

수록 순서 가나다 · 생년월일순

약 호 (생) 생년월일 (본) 본관 (출) 출생지
(주) 주소(연락처) (학) 학력 (경) 경력 : (현) → 현직
(상) 상훈 (저) 저서 (역) 역서
(작) 작품 (종) 종교

안감찬 Ahn, Kam Chan

(생)1963 · 10 · 8 (주)부산광역시 남구 문현금융로 30 부산은행 여신운영그룹(051-620-3400) (학)부산대 경영학과졸, 同대학원 경영학과졸(석사) (경)2005년 부산은행 광안동지점 부지점장 2010년 同금정지점장 2012년 同광안동지점장 2014년 同감전동지점장 2016년 同북부영업본부장 2017년 同경영기획본부장(부행장보) 2017년 同마케팅본부장(부행장보) 2018년 同여신운영그룹장(부행장보) 2018년 同여신운영그룹장(부행장)(현)

안강민(安剛民) AHN Kang Min

(생)1941 · 5 · 26 (출)경남 마산 (주)서울특별시 서초구 서초중앙로 63 리더스빌딩 1206호 안강민 법률사무소(02-3477-2030) (학)1959년 경기고졸 1963년 서울대 법과대학 법학과졸 1969년 同사법대학원졸 (경)1967년 사법시험 합격(8회) 1969년 육군 법무관 1972~1982년 대구지검 · 부산지검 · 대전지검 · 서울지검 검사 1982~1986년 대검찰청 공안사무과장 · 중앙수사부 4과장 · 중앙수사부 3과장 1986년 서울지검 북부지청 형사2부장 1987년 서울지검 특수1부장 1988년 同공안1부장 1990년 부산지검 울산지청장 1991년 서울지검 동부지청 차장검사 1992년 서울지검 제1차장 1993년 同남부지청장 1993년 대검찰청 감찰부장 1994년 同공안부장 1995년 同중앙수사부장 1997년 서울지검장 1998~1999년 대검찰청 형사부장 1999년 변호사 개업(현) 2000년 현대하이스코 사외이사 2003년 한나라당 제17대 총선 공천심사위원 2005~2007년 두산인프라코어(주) 사외이사 2007년 한나라당 국민검증위원장 2008년 同제18대 총선 공천심사위원장 (상)홍조근정훈장 (종)불교

안강현(安岡鉉) AN Gang Hyeon

(생)1960 · 9 · 15 (주)서울특별시 서대문구 연세로 50 연세대학교 법과대학 법학과(02-2123-6001) (학)1982년 연세대 법학과졸 1986년 同대학원졸 1995년 법학박사(연세대) 2003년 미국 인디애나대 블루밍턴교 법과대학원졸(LL.M.) (경)1983년 사법시험 합격(25회) 1985년 사법연수원 수료(15기) 1986~1987년 법무법인 한미합동 변호사 1987~1989년 軍법무관 1989년 변호사 개업, 미국 뉴욕주 변호사 1999년 강남대 법학과 조교수 2001년 법무부 사법시험 및 군법무관 시험 출제위원 2004년 연세대 법과대학 법학과 부교수 · 교수(현) 2005~2007년 同연세춘추사 주간 2006~2007년 同국가고시정보센터 소장 2007년 同대학언론사 신문방송편집인 2007~2009년 同리더십개발원 제2부원장 2008년 同학생복지처장 2008~2009년 同여학생처장 2009 · 2014년 同국가고시지원센터 소장(현) 2009년 同여학생센터 소장 2016~2018년 同대외협력처장 2018년 同법과대학장 · 법학전문대학원장 · 법무대학원장 겸임(현) 2019년 KB국민은행 사외이사 내정(현) (상)연세대 우수업적 교수상(2006) (저)'상법총칙 상행위법'(2007, 박영사) '국제거래법'(2007, 박영사)

안건준

(생)1965 · 10 · 10 (주)경기도 성남시 분당구 판교로 255번길 62 크루셜텍(주)(031-8060-3003) (학)1984년 해운대고졸 1991년 부산대 기계공학과졸 1998년 경북대 대학원 정밀기계학과졸 (경)1990~1997년 삼성전자(주) 기술총괄본부 선임연구원 1997~2011년 (주)럭스텍 최고기술경영자(CTO) 2001년 크루셜텍(주) 대표이사(현) 2007년 호서대 컴퓨터정보공학부 조교수(현) 2011~2018년 삼우엠스(주) 대표이사 2015년 벤처기업협회 수석부회장 2017 · 2019년 同회장(현) 2017년 대통령직속 일자리위원회 위원(현) 2017년 혁신벤처단체협의회 공동위원장(현) 2017년 국세청 국세행정개혁위원회 위원(현) 2018년 한국무역협회 비상근부회장(현) (상)산업통상자원부 전자부품기술대상 우수상(2005), 산업통상자원부 대한민국기술대전 동상(2006), IR52 장영실상(2007), 교육과학기술부장관표창(2008), 무역진흥유공 국무총리표창(2008), 중소기업기술혁신대전 대통령표창(2009), 일자리창출우수기업 대통령표창(2009), IT Innovation 국무총리표창(2010), 글로벌 IT CEO 지식경제부장관표창(2010), 중소기업유공 대통령표창(2011), 모바일기술대상 미래창조과학부장관표창(2014), 전자ICT산업 특허경영 특허청장표창(2014), 은탑산업훈장(2015), 산업통상자원부 나노코리아 산업기술부문 우수상(2015), World Class 300 유공 중소기업청장표창(2016)

안건희(安健熙) AHN Kun Hee

(생)1957 · 4 · 13 (출)서울 (주)서울특별시 강남구 강남대로 308 랜드마크타워 20층 이노션월드와이드 임원실(02-2016-2300) (학)경기고졸, 서울대 법학과졸 (경)현대자동차(주) 마케팅전략실장, 同수출1실장(이사) 2006년 同수출1실장(상무), 同수출사업부장 겸 수출1실장(전무) 2008년 同서유럽판매법인장(전무), 현대모비스 기획실장(부사장) 2009년 이노션월드와이드 대표이사 사장(현) 2012~2014년 한국광고산업협회 회장 (상)서울AP클럽 올해의 광고인상(2012), 동탑산업훈장(2013), 중앙언론문화상 광고 · PR부문(2015)

안경덕(安庚德) AN Kyung Duk

(생)1963 · 10 · 13 (본)순흥(順興) (출)강원 홍천 (주)서울특별시 종로구 새문안로 82 S타워 8층 대통령소속 경제사회노동위원회(02-721-7100) (학)1982년 춘천고졸 1989년 한국외국어대 정치외교학과졸 (경)1989년 행정고시 합격(33회), 노동부 노정과 정책개발담당, 서울지방노동청 보상과장, 同훈련정책과 총괄담당, 駐사우디아라비아 노무관 겸 영사 1999년 대구지방노동청 근로감독과장 2000년 노동부 노사협력관실 서기관 2001년 노사정위원회 서기관 2006년 노동부 노사정책국 노사관계법제팀장 2007년 同노사정책국 노사관계조정팀장(서기관) 2007년 同노사정책국 노사관계조정팀장(부이사관) 2008년 同고용정책실 외국인력정책과장 2009년 同산업안전보건국 안전보건정책과장 2010년 대통령 고용노사비서관실 선임행정관 2011년 고용노동부 대변인 2011년 중부지방고용노동청장 2012년 고용노동부 기획조정실 국제협력관 2013년 국방대 파견(고위공무원) 2014년 고용노동부 산재예방보상정책국장 2016년 서울지방고용노동청장 2017년 중앙노동위원회 사무처장 2017년 고용노동부 노동정책실장 2019년 同기획조정실장 2019년 대통령소속 경제사회노동위원회 상임위원(현) (저)'사회학 해설'(1990) (종)기독교

안경률(安炅律) AHN Kyung Yul (虎山)

(생)1948 · 7 · 11 (본)순흥(順興) (출)경남 합천 (학)1966년 부산고졸 1971년 서울대 문리과대학 철학과졸 1995년 同경영대학원 최고경영자과정 수료 2001년 중앙대 건설대학원 최고경영자과정 수료 2002년 부산대 산업대학원 최고경영자과정 수료 2002년 한양대 경영대학원 최고건설경영자과정 수료

2009년 명예 정치학박사(부경대) (경)1974년 예편(해군 중위) 1985년 민주화추진협의회 과학·기술특별위원 1986년 통일민주당 창당발기인·정책분과위원·선전부국장 1988년 국회 정책연구위원 1994년 내무부 장관 특별보좌역 1994년 대한지방행정공제회 이사장 1996년 신한국당 국책자문위원 1997년 한나라당 중앙정치연수원 부원장 1998년 同정책위원회 부위원장 1999년 동부산권문화·관광단지추진위원회 위원장 2000년 제16대 국회의원(부산 해운대·기장乙, 한나라당) 2001~2002년 한나라당 원내부총무 2004년 제17대 국회의원(부산 해운대·기장乙, 한나라당) 2004년 한나라당 국민참여위원장 2005년 同인재영입위원회 부위원장 2005년 同공공부문개혁특별위원회 위원장 2006년 同원내수석부대표 2006~2007년 同제1사무부총장 2007년 同부산시당 위원장 2008~2012년 제18대 국회의원(부산 해운대·기장乙, 한나라당·새누리당) 2008~2009년 한나라당 사무총장 2008~2012년 국회 해외동포무역경제포럼 회장 2010~2011년 국회 행정안전위원장 2010년 한나라당 비상대책위원회 위원 2010년 同전당대회준비위원장 2011~2012년 국회 기후변화대응녹색성장특별위원회 위원장 2013년 외교부 녹색환경협력대사 2014년 새누리당 국책자문위원회 상근부위원장 2015년 지역경제진흥원 이사장, (사)한반도미래정책포럼 이사장 (상)국민훈장 무궁화장(2013), 대한민국 참봉사대상 지역발전부문 지역발전공로대상(2017) (종)기독교

안경수(安京洙) AHN, KYUNG-SOO

(생)1952·8·26 (출)서울 (주)서울특별시 구로구 디지털로30길 28 마리오타워 15층 네오랩컨버전스(02-3462-2981) (학)1970년 경기고졸 1974년 서울대 공과대학 화학공학과졸 1977년 미국 스탠퍼드대 대학원 화학공학과졸 1979년 同대학원 재료공학과졸 1981년 재료공학박사(미국 스탠퍼드대) (경)1981~1983년 미국 Varian연구소 전임연구원 1982~1983년 미국 스탠퍼드대 객원연구원 1983년 대우전자(주) 해외프로젝트담당 부장 1984~1988년 同컴퓨터사업본부장(이사) 1988년 (주)다우기술 공동대표이사 1988년 삼성그룹 회장비서실 기획담당 이사 1989년 同경영관리팀장(상무) 1991년 삼성전자(주) 컴퓨터부문 기획관리담당 상무 1991년 同PC사업본부장(상무) 겸 정보PC사업부장 1993~1995년 삼호물산(주) 대표이사 사장 1995년 효성그룹 종합조정실 부사장 1996년 일본 후지쯔 고문 1996~2003년 한국후지쯔(주) 사장 2001~2003년 대만 후지쯔 회장 2001~2003년 일본 후지쯔 글로벌영업부문 아시아태평양영업본부 부본부장 2003년 同글로벌판매추진부문 부본부장 2003~2005년 同Soft Service Business추진본부 부본부장 2003~2007년 한국후지쯔(주) 회장 2005~2006년 일본 후지쯔 경영집행역·글로벌사업그룹장·아시아태평양사업본부장·Solution Business Support그룹장·Product Business Support그룹장 보좌 겸임 2005~2006년 한국정보산업연합회 부회장 2006~2007년 일본 후지쯔 경영집행역(상무) 겸 APAC총대표 2007~2010년 일본 소니 업무집행역원 겸 Executive Vice-President 2007~2010년 同President of B2B Solutions Business Group담당 2010년 同Transformation담당 2007~2010년 소니코리아(주) 회장 2010~2016년 (주)노루페인트 회장 2013년 한국공학한림원 정회원(현) 2016~2018년 (주)노루페인트 비상근고문 2018년 네오랩컨버전스 회장(현) (상)대통령표창(1985), 21세기경영인클럽 신경영인대상 영업부문(1999), 뉴미디어기업대상 외국기업부문(1999), 석탑산업훈장(2003), 21세기경영인클럽 국제협력부문(2006)

안경호(安京鎬) AHN Kyung Ho

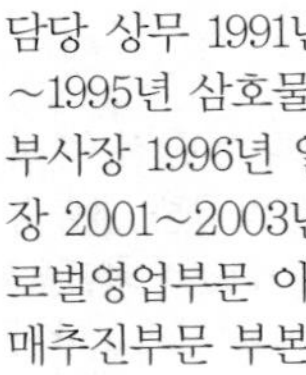

(생)1960·2·26 (본)순흥(順興) (출)서울 (주)서울특별시 마포구 독막로 324 동서식품(주) 미래전략실(02-3271-0114) (학)1986년 국민대 무역학과졸 2009년 서강대 OLP과정(12기) 수료 (경)1986년 동서식품(주) 신제품개발팀 근무 1996년 同음료판매팀장 1998년 同음료마케팅팀장 2000년 同홍보실장 2007년 한국식품공업협회 홍보위원장 2014년 동서식품(주) 홍보실장(상무) 2016년 同미래전략실 상무(현)

안경호(安京鎬) An Kyung Ho

(생)1965·9·6 (본)순흥(順興) (출)전남 해남 (주)세종특별자치시 도움6로 11 국토교통부 국토도시실 녹색도시과(044-201-3742) (학)1983년 광주 숭일고졸 1989년 조선대 행정학과졸 2002년 인하대 대학원 경제학과졸 (경)2005년 건설교통부 토지국 토지정책과 사무관 2006년 익산지방국토관리청 보상과장 2007년 同총무과장 2009년 국토해양부 주택토지실 부동산산업과 사무관 2009년 LH공사 설립사무국 사무관 2009년 국토해양부 국토정책국 산업입지정책과 사무관 2011~2013년 同대변인실 서기관 2013년 국토교통부 대변인실 서기관 2016년 익산지방국토관리청 관리국장 2018년 국토교통부 국토도시실 녹색도시과장(현)

안경환(安京煥) AHN Kyong Whan

(생)1948·7·20 (본)광주(廣州) (출)경남 밀양 (주)서울특별시 관악구 관악로 1 서울대학교 법학전문대학원(02-880-5114) (학)부산고졸 1970년 서울대 법대졸 1975년 同대학원졸 1982년 미국 펜실베이니아대 대학원 수료 1985년 법학박사(미국 산타클라라대) (경)1983~1987년 미국에서 변호사 개업 1987~1993년 서울대 법과대학 전임강사·조교수·부교수 1990년 영국 LSE 방문교수 1992년 서울대 법학도서관장 1993~2006년 同법학과 교수 1995년 同기획실장 1995~2000년 참여연대 운영위원장 1996년 미국 서던일리노이대 방문교수 2001년 한국헌법학회 회장 2002~2004년 서울대 법과대학장 2002~2004년 전국법과대학장협의회 회장 2003~2009년 아시아국가인권위원회포럼 자문위원 2004~2007년 예술의전당 이사 2004~2005년 대검찰청 감찰위원회 위원 2005년 진실·화해를위한과거사정리위원회 위원 2006~2009년 국가인권위원회 위원장 2007~2009년 국제기구조정위원회(ICC) 부의장 2009~2013년 서울대 법학전문대학원 교수 2012~2017년 공익인권법재단 '공감' 이사장 2013년 서울대 법학전문대학원 명예교수(현) 2014년 국제인권법률가협회(ICJ) 위원(현) 2018년 한국개발연구원 50주년위원회 위원(현) (상)여성권익디딤돌상(2004), Distuinghed Alumni Achievement Award(2005), 대한민국법률가대상 인권부문(2012), 대통령표창(2013) (저)'법과 문학 사이' '미국법의 이론적 조명' '법은 사랑처럼' '법이란 이름의 전차' '이야기 한마당' '그래도 희망은 버릴 수 없다' '셰익스피어 섹스어필' '법과 영화 사이' '판례교재 헌법Ⅱ' '조영래 평전' '법, 영화를 캐스팅하다' '법, 셰익스피어를 입다'(2012) '윌리엄 더글라스 평전'(2016) '남자란 무엇인가'(2016) (역)'미국법 입문' '미국법 역사' '법은 누구편인가' '판사가 나라를 잡는다' '판사가 나라를 살린다' '반대의 자유' '헌법학 입문' '지혜의 아홉기둥' '동물농장'(2013) '빌리 버드, 베니토 세레노, 필경사 바틀비'(2014) '두 도시 이야기'

안관욱(安官旭) AHN Kwhan Ook

(생)1961·11·8 (출)서울 (주)서울특별시 성동구 마장로 210 한국기원 홍보팀(02-3407-3870) (경)1991년 입단 1992년 2단 승단 1993년 3단 승단 1993·1996년 한국이동통신배 저단진(이벤트)우승 1996년 4단 승단 2002년 5단 승단 2004년 6단 승단 2007년 7단 승단 2009년 지지옥션배 본선 2010년 8단 승단 2012년 대주배 본선4강 2016년 9단 승단(현) 2017년 제11회 지지옥션배 본선 2018년 제5회 대주배 본선

안광률(安光律)

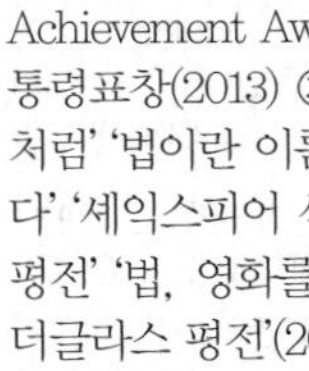

(생)1971·4·21 (주)경기도 수원시 팔달구 효원로 1 경기도의회(031-8008-7000) (학)한양대 융합산업대학원 경영학과 휴학 중 (경)시흥은행초교 운영위원장, 시흥시축구연합회 사무국장, 시흥시축구협회 상임이사, 더불어민주당 민주넷특별위원회 위원, 同중소기업권익보호특별위원회 부위원장 2018년 경기도의회 의원(더불어민주당)(현) 2018년 同문화체육관광위원회 위원(현)

안광석(安光錫)

(생)1952·4·7 (출)충북 보은 (주)서울특별시 중구 세종대로 125 서울특별시의회(02-3702-1400) (학)건국대 미래지식교육원 사회복지학전공 재학중 (경)열린우리당 서울시당 지역균형발전특별위원회 부위원장, 민주평통 서울강북구협의회 부회장, 서울강북문화원 부원장, 동성건설 대표이사, 대한적십자사 미아4동 고문, 강북구바르게살기운동협의회 부회장, 강북구환경장애연구협회 고문 2006~2010년 서울시 강북구의회 의원 2008~2010년 同의장 2017년 더불어민주당 제19대 문재인 대통령후보 지역발전특별위원회 위원장 2018년 서울시의회 의원(더불어민주당)(현) 2018년 同문화체육관광위원회 위원(현)

안광석(安光錫) AHN Kwang Seog

(생)1962·1·11 (주)서울특별시 관악구 관악로 1 서울대학교 생명과학부(02-880-9233) (학)1985년 서울대 생물교육과졸 1987년 同대학원졸 1994년 이학박사(미국 일리노이대 어배나 샘페인교) (경)1994~1996년 미국 The Scripps Research Institute Post-Doc. 1996년 미국 Johnson & Johnson 연구원 1997~2004년 고려대 생명과학대학 조교수·부교수 2002~2003년 미국 Oregon Health & Science Univ. 객원교수 2004년 서울대 생명과학부 부교수·교수(현) (상)제6회 젊은 과학자상(2002), 이달의과학기술자상(2007), 서울대 자연과학대학 연구대상(2015), 서울대 학술상(2016)

안광원(安光圓) An Kwang Won (康峰)

(생)1956·3·20 (본)순흥(順興) (출)경남 함안 (주)부산광역시 부산진구 서면문화로 27 유원오피스텔 1608호 세무법인 한길(051-803-3600) (학)부산상고졸 (경)2000년 마산세무서 조사과장 2001년 부산금정세무서 세원관리1과장 2002년 북부산세무서 조사2과장, 부산지방국세청 조사1국 3과장 2005년 同세원관리국 개인납세2과장 2006년 同총무과장 2008년 동울산세무서장 2009년 부산금정세무서장 2010년 부산지방국세청 조사3국장 2010년 북부산세무서장 2011년 부산지방국세청 징세법무국장 2012년 同세원분석국장 2013년 세무법인 한길 대표세무사(현) (상)홍조근정훈장(2013)

안국찬(安國燦) An, Kook-Chan

(생)1959·7·2 (본)순흥(順興) (출)강원 원주 (주)서울특별시 마포구 마포대로 44 진도빌딩 명신특허법률사무소(02-714-9922) (학)1981년 서울대 금속공학과졸 1997년 미국 프랭클린피어스법과대 지적재산권법학과졸(석사) (경)1983~1988년 대우자동차 근무 1988~1989년 리인터내셔널특허법률사무소 근무 1990~2019년 김앤장법률사무소 변리사 1998~2000년 대한변리사회 상임위원 2000년 아시아변리사회 이사 2006년 국제지식재산보호협회 한국협회 사무차장·사무총장·부회장 2009년 아시아변리사회 특허위원회 위원장 2010년 同이사회(제주) 조직위원장 2018년 同한국협회장(현) 2019년 명신특허법률사무소 변리사(현) (종)불교

안국현(安國鉉)

(생)1992·7·23 (주)서울특별시 성동구 마장로 210 한국기원 홍보팀(02-3407-3800) (경)2009년 1단 2010년 2단 승단 2011년 KB국민은행 한국바둑리그 준우승 2011년 3단 승단 2013년 4단 승단 2014년 5단 승단 2015년 오카게배 국제신예바둑대항전 국가대표(우승) 2015년 하이원리조트배 명인전 본선 2015년 렛츠런파크배 본선 2016년 6단 승단 2017년 GS칼텍스배 우승 2017년 7단 승단 2017년 8단 승단 2018년 삼성화재배 월드바둑마스터스 준우승 2018년 9단 승단(현) (상)바둑대상 기량발전상(2018)

안권섭(安權燮) ANN Gweon Seob

(생)1965·2·6 (출)전북 남원 (주)서울특별시 서초구 반포대로 158 서울고등검찰청 총무과(02-530-3261) (학)1983년 전주 완산고졸 1990년 연세대 법학과졸 1993년 同대학원 법학과졸 (경)1993년 사법시험 합격(35회) 1996년 사법연수원 수료(25기) 1996년 광주지검 검사 1998년 청주지검 충주지청 검사 1999년 서울지검 의정부지청 검사 2001년 同서부지청 검사 2002년 일본 츄오대(中央大) 연수 2004년 법무부 특수법령과 검사 2006년 청주지검 검사 2008년 수원지검 검사 2009년 同부부장검사(駐일본대사관 파견) 2011년 同부장검사 2012년 同안양지청 부장검사 2012년 법무부 법조인력과장 2014년 서울중앙지검 형사5부장 2015년 제주지검 부장검사 2016년 법무연수원 교수(부장검사) 2017년 서울고검 공판부장 2018년 춘천지검 차장검사 2018년 법무연수원 용인분원장 2019년 서울고검 검사(현) 2019년 서울시 법률자문검사(파견)(현)

안규리(安圭里·女) AHN Curie

(생)1955·3·17 (본)순흥(順興) (주)서울특별시 종로구 대학로 101 서울대학교병원 신장내과(02-2072-2222) (학)1980년 서울대 의대졸 1983년 同대학원 의학석사 1993년 의학박사(서울대) (경)1980~1986년 서울대병원 수련의·신장내과 전공의 1986년 미국 신시내티대 메티컬센터 전임의 1988~1992년 미국 The Scripps Research Institute 연구원 1992~2008년 서울대 의대 내과학교실 임상강사·조교수·부교수 2004~2012년 同의학연구원 장기이식연구소장 2005년 라파엘클리닉(인터내셔널) 상임이사·대표(현) 2005~2009년 대한이식학회 연구교육 위원장 2006년 서울대병원 신장분과장 2008년 서울대 의대 내과학교실 교수(현) 2008~2014년 서울중앙지법 조정위원 2008~2015년 서울대병원 장기이식센터장 2009~2011년 대한이식학회 학술위원장 2009~2017년 (사)생명잇기 대외협력이사 2009~2016년 서울대병원 공공의료사업부단장 2010~2012년 국립장기이식관리기관 장기이식운영위원 2010~2012년 한국국제협력단(KOICA) 보건자문위원 2010~2011년 12차 아시아이식학회 학술대회 학술위원장 2010년 세계이식학회 기초과학위원 2010~2014년 서울대 의대 면역학교실 면역학 주임교수 2011년 국립보건연구원 자문위원(1·2기)(현) 2011~2013년 대한이식학회 연구교육위원회 위원장 2012년 12차 IXA(세계이종이식학회 학술대회) 학술위원 2012~2014년 장기등이식윤리위원회 위원 2012~2014년 행정안전부 순직보상심사위원 2012년 서울대 의학연구원 장기이식연구소 부소장(현) 2012~2016년 同그린바이오과학기술연구원 Biotransplant연구소장 2013~2014년 World Transplant Congress2014 학술위원 2013년 국제보건의료학회 이사(현) 2013년 한국이종이식학회 부회장(현) 2013~2019년 아시아이식학회 운영위원 2013~2015년 대한이식학회 학술교육위원회 위원장 2013년 만성콩팥병예방관리자문위원회 위원장 2014~2017년 서울대 의대 중개의학 주임교수 2015년 세계이종이식학회 이사(현) 2015~2017년 대한이식학회 이사장 2015년 한국장기기증원(KODA) 운영자문위원(현) 2016년 서울대 글로벌사회공헌단 위원(현) 2017년 (사)생명잇기 이사장(현) 2019년 삼성전자(주) 사외이사(현) 2019년 아시아이식학회(AST) 사무총장(현) (상)한국여성단체협의회 올해의 여성상(2005), 몽골 교육문화부장관 최우수교육훈장(2009), 서울대 사회봉사상(2011), 세계이식학회 소리없는 영웅상(2014), 포스코청암상(2016), 보건의료기술진흥 유공자 정부포상(2016), 호암상 사회봉사상(2017), 몽골 보건복지부 명예훈장(2017) (종)가톨릭

안규백(安圭伯) Ahn Gyu Back

(生)1961·4·29 (本)죽산(竹山) (出)전북 고창 (住)서울특별시 영등포구 의사당대로 1 국회 의원회관 428호(02-784-4181) (學)1987년 성균관대 철학과졸 1990년 同대학원 무역학 석사과정 수료 (經)1988년 평화민주당 평민신문 기자 겸 신민당보 기자 1991년 민주당 정치연수원 기획부장 1993년 同정책위원회 홍보부장 1995년 새정치국민회의 서무부장 1996년 민주당 제15대 대통령선거 중앙선거대책위원회 조직국장 2001년 새천년민주당 조직국장 2003년 제16대 대통령직인수위원회 전문위원 2003년 새천년민주당 지방자치국장 2004년 同조직국장 2007년 민주당 조직위원장 겸 인재영입위원 2007년 同제17대 대통령중앙선거대책위원회 조직본부장 2008년 통합민주당 조직위원장 2008년 제18대 국회의원(비례대표, 통합민주당·민주당·민주통합당) 2008~2011년 민주당 지방자치위원장 2008년 국회 국방위원회 위원 2011년 민주당 원내부대표 2012년 제19대 국회의원(서울 동대문구甲, 민주통합당·민주당·새정치민주연합·더불어민주당) 2012~2014년 국회 국방위원회 간사 2012년 국회 예산결산특별위원회 위원 2013년 민주당 10월 재·보궐선거기획단장 2013년 同10.30재보선공직선거후보자추천심사위원회 부위원장 2013~2014년 국회 국가정보원개혁특별위원회 위원 2014년 국회 국방위원회 위원 2014~2015년 새정치민주연합 원내수석부대표 2015년 同전략홍보본부장 2015~2016년 더불어민주당 전략홍보본부장 2016년 제20대 국회의원(서울 동대문구甲, 더불어민주당)(현) 2016~2018년 국회 국토교통위원회 위원 2016년 한국아동인구환경의원연맹(CPE) 회원(현) 2016년 더불어민주당 서울동대문구甲지역위원회 위원장(현) 2016~2017년 同사무총장 2017년 同서울시당 위원장(현) 2017년 同공직선거후보자추천관리위원회 위원장 2017년 同제19대 문재인 대통령후보 중앙선거대책본부 총무본부장 2017년 同서울시당 위원장 2018년 同최고위원 2018년 국회 국방위원회 위원장(현) (賞)민주당 국정감사 우수의원(2012·2013·2014·2015), 국정감사 NGO모니터단 우수국회의원(2012·2013), 경제정의실천시민연합 국정감사 우수의원(2013·2014), 유권자시민행동 국정감사최우수상(2013), 법률소비자연맹 국회헌정대상(2014·2015·2016), 한국언론기자협회 대한민국우수국회의원 대상(2014·2015·2016·2017), 대한민국 실천대상 의정활동 부문(2013), 2014 대한민국 국회의원 의정대상(2015), 한국입법학회·시사저널 대한민국 입법대상(2016), 소상공인연합회 초정(楚亭)대상(2016), 대한민국 환경창조경영대상(2016), 대한뉴스 국정감사 우수국회의원(2016), 지방자치tv 대한민국 의정대상(2016), 시사매거진 정치부문 국회의정상(2017) (著)'우물을 파려면 10년은 파라'(2011, 출판시대) '삶의 의미는 오늘부터'(2014, 미디어푸름) (宗)불교

안규윤(安圭胤) AHN Kyu Youn

(生)1958·1·8 (住)광주광역시 동구 백서로 160 전남대학교 의과대학 해부학교실(062-220-4000) (學)1983년 전남대 의대졸 1985년 同대학원 의학석사 1988년 의학박사(전남대) (經)1983년 전남대 의대 해부학교실 조교·전임강사·조교수·부교수·교수(현) 1988~1991년 건국대 의대 공중보건의 1992~1994년 미국 플로리다대 의대 신장내과학교실 객원연구원 2003~2006년 대한의학회 편집위원 2003년 대한해부학회 홍보이사 2005년 대한체질인류학회 상임평의원 2013~2014년 전남대 기획처장 2016~2018년 同의과대학장 겸 의학전문대학원장 2018년 대한해부학회 이사장(현) 2018년 아시아·태평양 국제해부학회(APICA) 조직위원회 회장(현) (賞)대한해부학회 한국학술상 빛날상(2001), 국제여성성기능학회 최우수논문상(2008), 대한남성과학회 국내우수논문상(2008) (著)'해부학'(1999) '국소해부학'(2002) (譯)'국소해부학'(2005, 도서출판 고려의학)

안규철(安圭哲) AN Gyoo Chul

(生)1961·10·18 (住)경기도 안산시 상록구 안산대학로 155 안산대학교 총장실(031-400-6903) (學)1980년 중앙대사대부고졸 1988년 인하대 공과대학 전자공학과졸 1990년 同대학원 전자통신공학과졸 2007년 공학박사(인하대) (經)1996년 안산대학 디지털정보통신과 교수(현) 2004~2007·2009~2011년 同산학협력단장 2008~2009년 안산대학교 종합인력개발센터장 2015~2016년 (사)한국통신학회 산업기술위원회 위원장 2015~2017년 안산대 융복합교육혁신센터장 2019년 同총장(현) (賞)한국체육과학연구원표창(1995), 교육과학기술부장관상(산학협력부문)(2008), (사)한국통신학회 공로상(2017)

안근묵(安根默) AN Kun Muk

(生)1956·7·7 (本)순흥(順興) (出)서울 (住)경기도 광주시 초월읍 산수로 69-31 (주)지지케이(1544-0006) (學)1976년 용산고졸 1977년 연세대 영어영문학과 중퇴 1981년 미국 Hawaii Community College졸 (經)1981년 미국 극동지구공병단(EDFE) 입사 1993~1996년 두안개발 대표 1993년 (주)두안수자원개발 대표이사 1996~2008년 (주)두안 대표이사 사장 2005~2017년 한국지하수·지열협회 회장 2006년 건설교통부 중앙지하수관리위원회 관리위원 2007년 한국지하수·지열협동조합 이사장(현) 2008년 (주)지지케이 대표이사 회장(현) 2008~2013년 (사)아시아경영전략연구원 동북아포럼 정책위원 2008년 충북도의회 지하수관리위원회 위원 2009~2011년 국토해양부 중앙지하수관리위원회 위원 2009년 국회 환경포럼 정책자문위원(현) 2009년 국회 신성장산업포럼 정책위원(현) 2010년 농림수산식품부 지열냉난방보급사업을위한중앙심의위원회 위원 2010년 국토해양부 전략환경평가위원회 위원 2010~2012년 同중앙하천관리위원회 위원 2011~2012년 同4대강살리기 자문위원 2012~2015년 중소기업연구원 재단이사 2012~2014년 서울시 지하수및물재이용관리위원회 위원 2012년 국토해양부 한강홍수통제소 기술자문단 자문위원 2019년 중소기업중앙회 이사협의회 부회장(현) (賞)중소기업청 우수벤처기업인상(2004), 환경공업신문 환경문화상(2005), 국회 환경포럼 아름다운환경인상(2005), 서울사랑시민상 환경기술부문 본상(2006), 산업자원부 신기술실용화 공로상(2006), 국민훈장 동백장(2009)

안기권(安基權)

(生)1973·2·14 (住)경기도 수원시 팔달구 효원로 1 경기도의회(031-8008-7000) (學)상지대병설전문대학 관광비즈니스중국어과졸 (經)탄벌초교 학교운영위원회 지역위원, 비영리민간단체 경기광주교육포럼 운영위원, 광주시 학교폭력대책지역협의회 위원, 광주시식생활교육협회 이사, 더불어민주당 경기광주甲지역위원회 교육특별위원장, 同지역공동체발전특별위원회 부위원장, 광주시 학교운영위원협의회 회장, 더불어민주당 교육특별위원회 부위원장, 同지역공동체발전특별위원회 부위원장(현) 2018년 경기도의회 의원(더불어민주당)(현)

안기남(安起男) AN GI NAM

(生)1962·2·4 (出)전북 고창 (住)경기도 수원시 장안구 창룡대로 223 경기남부지방경찰청 기동대(031-888-3211) (學)1979년 고창북고졸 2001년 한국방송통신대 법과대학졸 2005년 한세대 대학원 경찰학과졸 (經)1988년 경찰 임용(경찰간부후보 36기) 2002년 경기 화성경찰서 경비교통과장(경정) 2003년 경기 안양경찰서 정보보안과장 2004년 경기 광명경찰서 생활안전과장 2005년 부천남부경찰서 정보보안과장 2007년 경기지방경찰청 경비계장 2010년 전북지방경찰청 경무과장(총경) 2011년 전북 진안경찰서장 2012년 전북지방경찰청 보안과장 2013년 전주완산경찰서장 2014년 경기지방경찰청 기동대장 2015년 경

기 수원서부경찰서장 2016년 경기지방경찰청 경비과장 2016년 경기남부지방경찰청 경비과장 2017년 경기 수원중부경찰서장 2019년 경기남부지방경찰청 기동대장(현)

안기승(安基承)

(생)1967·3·11 (출)경북 문경 (주)경기도 수원시 팔달구 효원로 1 경기도 소방재난본부 생활안전담당관실(031-231-0380) (학)인천대 법학과졸 (경)1995년 소방공무원 임용 1995년 안양소방서 비산파출소장 1999년 경기도 소방재난본부 소방행정과 근무 2005년 군포소방서 방호예방과장 2007년 경기도 소방재난본부 소방행정담당 2009년 수원소방서 소방행정과장 2012년 경기도 소방재난본부 화재조사분석팀장 2013년 경기 김포소방서장(지방소방정) 2015년 경기 의왕소방서장 2017년 경기 하남소방서장 2017년 경기도 재난안전본부 청문감사담당관 2019년 同소방재난본부 생활안전담당관(현)

안기환(安起煥) AHN Ki Hwan

(생)1957·11·21 (본)순흥(順興) (출)서울 (주)서울특별시 강남구 영동대로 517 아셈타워 22층 법무법인 화우(02-6003-7094) (학)1977년 경동고졸 1983년 한양대 법과대학졸 (경)1983년 사법시험 합격(25회) 1985년 사법연수원 수료(15기) 1986년 부산지법 판사 1991년 서울지법 의정부지원 판사 1994년 同북부지원 판사 1996년 서울지법 판사 1997년 서울고법 판사 1999년 대법원 재판연구관 2001년 서울지법 의정부지원 부장판사 2004년 서울북부지법 부장판사 2006년 서울중앙지법 부장판사 2008~2009년 수원지법 안산지원장 2009년 법무법인 화우 변호사(현) 2010~2014년 민주화운동관련자명예회복및보상심의위원회 위원 2013년 한국토지주택공사 법률고문(현) 2015년 한국정보통신진흥협회 통신민원조정센터 조정위원회 위원장(현) 2015~2016년 서울 성동구 고충처리위원회 위원장

안낙균(安樂均) Ahn Nag Kyoun

(생)1954·3·24 (출)경기 화성 (주)경기도 광명시 기아로 168 (사)한국전기철도기술협회(02-796-9566) (학)1972년 국립철도고졸 1976년 고려대 전기공학과졸 1984년 태국 AIT공과대 대학원 교통공학과졸 (경)1979~1992년 철도청 기사보·배전계장 1992년 한국고속철도건설공단 전기시설본부 전력국 전력2부장 1993년 同전기계획부장 1995년 同중부전기공사사무소장 1997년 同중부종합건설공사사무소 전기공사국장 1998~2000년 同사업조정실 사업관리팀장·공정관리팀장·대외협력팀장 2000년 同기전본부 전력처장 2004년 한국철도시설공단 시스템사업본부장(이사대우) 2005년 同기획조정본부장 겸 중국사업추진단 부단장 2007년 同시설본부장 2008년 同경영지원본부장(이사), 대아티아이(주) 사장, 同부회장 2016년 (사)한국전기철도기술협회 회장(현)

안남성(安南成) Nam Sung Ahn

(생)1955 (주)울산광역시 울주군 서생면 해맞이로 658-91 한국전력국제원자력대학원대학교(KINGS) 총장실(052-712-7101) (학)1974년 부산고졸 1979년 서울대 원자력공학과졸 1987년 미국 위스콘신주립대 대학원 원자력공학과졸 1999년 공학박사(미국 매사추세츠공과대) (경)1978~2009년 한국전력공사 경영연구소 수석연구원 2003~2004년 미국중앙전력연구소 수석연구원 2004~2006년 (사)한국시스템다이내믹스학회 회장 2009~2012년 우송대 솔브리지국제경영대학 부교수 2012년 대통령직속 국가에너지위원회 위원 2012~2015년 한국에너지기술평가원 원장, 한양대 공과대학 에너지공학과 초빙교수 2016~2017년 신성솔라에너지 사외이사 2018년 한국전력국제원자력대학원대 총장(현)

안남신(安南信)

(생)1966·11·30 (출)전북 전주 (주)광주광역시 북구 첨단과기로208번길 43 광주지방공정거래사무소(062-975-6801) (학)전주고졸, 전북대 국어국문학과졸, 한국방송통신대 법학과졸 (경)공정거래위원회 기획관리관 혁신인사기획관실·심판관리관 협력심판담당관실·기업협력국 기업거래정책과 근무, 경기도 공정거래자문관 파견, 공정거래위원회 기획재정담당관실 근무 2019년 광주지방공정거래사무소장(서기관)(현)

안달훈(安達勳) Ahn Dalhoon

(생)1980·5·29 (주)서울특별시 성동구 마장로 210 한국기원 홍보팀(02-3407-3870) (학)고려대 경제학과졸 (경)1996년 프로바둑 입단 1998년 3단 승단 1998년 바둑왕전 본선 1999년 신인왕전 본선 2000년 패왕전·바둑왕전 본선 2001년 4단 승단 2002년 5단 승단 2002년 LG배 본선 2003년 KBS바둑왕전·박카스배 천원전·패왕전·오스람코리아배 신예연승최강전 본선 2004년 6단 승단 2004년 왕위전·오스람코리아배·비씨카드배 신인왕전 본선 2004년 농심신라면배 한국대표 2004년 박카스배 천원전 준우승 2005년 박카스배 천원전 본선시드 2005년 GS칼텍스배 프로기전 본선 2006년 7단 승단 2009년 8단 승단 2012년 9단 승단(현)

안대준(安大濬)

(생)1966 (주)서울특별시 중구 통일로 22-10 롯데글로벌로지스 경영지원본부(02-2170-3511) (학)1985년 충남고졸 1989년 서강대 화학공학과졸 (경)1991~1993년 호남석유화학 입사·생산부 에틸렌과 근무 1993~2002년 호남석유 영업기획 담당 2002~2009년 同전략경영팀 근무 2009년 롯데케미칼 전략경영팀장 2013~2014년 同전략경영·글로벌운영담당 임원 2015년 同윤리경영부문장 2015년 同구매부문장 2016년 현대로지스틱스 인수조직위원회(HLC PMI)담당 임원 2016년 롯데글로벌로지스 경영지원본부장(상무)(현)

안대환(安大煥) AHN Dae Hwan

(생)1947·9·15 (출)부산 (주)경기도 성남시 분당구 야탑로 26 한국골프회관 4층 한국골프장경영협회(031-781-0085) (학)1965년 가야고졸 1969년 동아대 경영학과 수료 1971년 육군대학졸(정규 27기) 1982년 단국대 경영대학원졸 2000년 한국체육대 사회체육대학원 수료 2001년 연세대 행정대학원 수료 (경)1990~1993년 클럽700컨트리클럽 건설본부장·총괄이사 1995~1998년 캐슬파인컨트리클럽 상무이사 1998년 (사)한국골프장경영협회 사무국장 2002년 同전무이사 2010~2019년 同상근부회장 2019년 同정책고문(현)

안대희(安大熙) AHN Dai Hee

(생)1955·3·31 (출)경남 함안 (주)서울특별시 서초구 서초대로50길 8 관정빌딩 법무법인 평안(02-6010-6565) (학)1973년 경기고졸 1973년 서울대 법학과 입학 1975년 同중퇴(3년) 1982년 프랑스 국립사법관학교 수료 (경)1975년 사법시험 최연소 합격(17회) 1977년 사법연수원 수료(7기) 1977년 육군법무관 1980년 서울지검 검사 1984년 춘천지검 영월지청 검사 1985년 법무부 법무심의관실 검사 1988년 서울지검 검사 1989년 대구지검 영덕지청장 1991년 대검찰청 중앙수사부 과학수사과장 1993년 인천지검 특수부장 1993년 부산지검 특수부장 1994년 대검찰청 중앙수사부 제3과장 1995년 同중앙수사부 제1과장 1996년 서울지검 특수3부장 1997년 同특수2부장 1997년 同특수1부장 1998년 대전지검 천안지청장 1999년 대구지검 제1차장검사 2000년 부산지검 동부지청

장 2001년 서울고검 형사부장 2002년 부산고검 차장검사 2003년 대검찰청 중앙수사부장 2004년 부산고검장 2005~2006년 서울고검장 2006년 건국대 행정대학원 겸임교수 2006년 서울대 법과대학 강사 2006~2012년 대법원 대법관 2012년 새누리당 정치쇄신특별위원회 위원장 2013년 건국대 법학전문대학원 석좌교수 2013년 세종재단 이사 2013년 변호사 개업 2013년 국세청 세무조사감독위원회 초대위원장 2014년 법무법인 평안 대표변호사 2016년 (재)여시재 이사(현) 2016년 새누리당 최고위원 2016년 同서울마포구甲당원협의회 운영위원장 2016년 제20대 국회의원선거 출마(서울 마포구甲, 새누리당) 2016년 새누리당 제20대 총선 서울권선거대책위원장 2016년 법무법인 평안 고문변호사(현) 2017년 자유한국당 서울마포구甲당원협의회 운영위원장 (상)홍조근정훈장(2001), 국제검사협회(IAP) 특별공로상(2004), 황조근정훈장(2005), 청조근정훈장(2012), INAK 법률상(2016) (저)'조세형사법'(2005) '조세형사법-개정판'(2015)

안덕근(安德根) Ahn, Dukgeun

(생)1968·4·21 (출)대구 (주)서울특별시 관악구 관악로 1 서울대학교 국제대학원 국제학과(02-880-9249) (학)1986년 대구 덕원고졸 1990년 서울대 사회과학대학 국제경제학과졸 1996년 경제학박사(미국 미시간대) 1999년 법학박사(미국 미시간대) (경)1999~2000년 한국개발연구원 국제정책대학원 초빙교수 2000년 법무부 뉴라운드법률지원반 자문위원 2000~2004년 한국개발연구원 국제정책대학원 조교수 2000~2002년 同국제정책대학원 정보기술센터 소장 2000~2003년 정보통신부 심사평가위원 2001년 산업자원부 무역위원회 심사평가위원·외교통상부 세계무역기구서비스협상대책반 자문위원·산업자원부 무역정책국 심사평가위원 2003년 국제거래법학회 이사 2003~2005년 재정경제부 금융협력전문가포럼 위원·한국개발연구원 국제정책대학원 세계무역기구 통상전략센터 소장 2004년 국제경제법학회 감사 2004년 외교통상부 자유무역협정 민간자문위원 2004~2005년 한국개발연구원 국제정책대학원 부교수 2005년 서울대 국제대학원 국제학과 교수(현) 2012~2018년 SK케미칼(주) 사외이사 2013년 제18대 대통령직인수위원회 경제1분과 전문위원 2013~2019년 산업통상자원부 무역위원회 비상임위원 2013년 대통령자문 국민경제자문회의 거시금융분과 자문위원 2013~2014년 우리투자증권(주) 사외이사 겸 감사위원 2015~2016년 산업통상자원부 환태평양경제동반자협정 전략포럼 의장 2015~2017년 NH투자증권(주) 사외이사 2017~2018년 서울대 국제대학원 부원장 겸 국제학과장 2018년 대한무역투자진흥공사 비상임이사(현) (상)산업자원부장관표창(2003), 국무총리표창(2005), 서울대 교육상(2017) (저)'WTO 보조금협정 비교분석'(2001) 'WTO와 동아시아 : 새로운 시각에서(共)'(2004) 'WTO 무역구제체제의 개선 : 동아시아 관점에서(共)'(2006)

안덕수(安德洙)

(생)1971 (주)세종특별자치시 국세청로 8-14 국세청 운영지원과(044-204-2250) (학)부산 용인고졸, 고려대졸 (경)1996년 행정고시 합격(40회) 2007년 국세청 징세과 서기관 2009년 同조사2국 조사1과 서기관 2013년 기획재정부 세제실 환경에너지세제과장 2014년 서울지방국세청 운영지원과장(서장급) 2015년 국세청 자본거래관리과장 2015년 同부동산납세과장 2017년 同납세자보호담당관 2017년 同조사국 세원정보과장(부이사관) 2018년 부산지방국세청 징세송무국장(고위공무원) 2019년 미국 국세청 파견(현)

안덕수 AHN Duk Su

(생)1974·3·15 (출)충남 (주)서울특별시 영등포구 여의공원로 115 세우빌딩 11층 KB국민은행 업무지원부內 청주 KB스타즈(02-2073-5034) (학)일본 오사카하츠시바고졸, 일본 규수산업대졸 (경)1998~2000년 수원 삼성 썬더스 소속 2000~2007년 한국대학농구연맹 사무국장 2007년 일본여자농구리그 샹송화장품 V-매직 코치 2010~2011년 한국대학농구연맹 사무차장 2011~2016년 일본여자농구리그 샹송화장품 V-매직 코치 2016년 청주 KB스타즈 감독(현) (상)우리은행 여자프로농구 지도자상(2019)

안덕호(安德鎬) DUK HO AHN

(생)1968·7·28 (본)탐진(耽津) (출)대구 (주)서울특별시 서초구 서초대로74길 11 삼성전자(주) DS부문 법무지원팀(02-2255-0114) (학)1987년 서울고졸 1992년 서울대 법과대학 사법학과졸 2013년 고려대 법무대학원 공정거래법학과 수료 (경)1991년 사법시험 합격(33회) 1994년 사법연수원 수료(23기) 1994년 軍법무관 1997년 서울지법 판사 1999년 同남부지원 판사 2001년 청주지법 충주지원 판사 2003년 同충주지원 음성군법원 판사 2004년 서울행정법원 판사 2005년 삼성그룹 구조조정본부 법무실 상무 2006년 同법무실 상무 2010년 同준법경영실 전무대우 2011년 同경영지원실 법무팀 전문임원(전무) 2012년 同준법경영실 전무 2014년 同법무팀 전무 2017년 삼성전자(주) DS부문 법무지원팀장(전무) 2017년 同DS부문 법무지원팀장(부사장대우)(현)

안도걸(安道杰) AHN Do-Geol

(생)1965·1·23 (출)전남 화순 (주)세종특별자치시 갈매로 477 기획재정부 예산총괄심의관실(044-215-7100) (학)광주 동신고졸 1986년 서울대 경영학과졸 1988년 同행정대학원 정치학과졸 1997년 미국 하버드대 케네디스쿨 행정학과졸 (경)1989년 행정고시 합격(33회) 2000~2003년 기획예산처 예산제도과·농림해양예산과·예산총괄과 서기관 2003년 同제도관리과장 2004년 同민간투자제도과장 2005년 국제부흥개발은행(IBRD) 파견 2007년 기획예산처 전략기획팀장 2008년 기획재정부 예산실 복지예산과장(서기관) 2009년 同예산실 복지예산과장(부이사관) 2010년 대통령 과학기술비서관실 파견 2010년 대통령 고용복지수석비서관실 서민정책비서관실 선임행정관 2012년 보건복지부 보건산업정책국장 2013년 대통령 경제수석비서관실 경제금융비서관실 선임행정관 2014년 기획재정부 예산실 행정예산심의관 2015년 同예산실 행정안전예산심의관 2016년 同예산실 복지예산심의관 2017~2018년 同예산실 경제예산심의관 2018년 더불어민주당 정책위원회 수석전문위원 2019년 기획재정부 예산총괄심의관(현) (상)근정포장(2011) (종)가톨릭

안도열(安度烈) AHN Doyeol

(생)1960·7·6 (출)서울 (주)서울특별시 동대문구 서울시립대로 163 서울시립대학교 전자전기컴퓨터공학부 정보기술관 528호(02-6490-2329) (학)1983년 서울대 전자공학과졸 1985년 同대학원 전자공학과졸 1988년 공학박사(미국 일리노이대 어배나교) (경)1988~1989년 IBM연구소 연구원 1989~1992년 포항공대 조교수 1992~1996년 LG종합기술원 수석연구원 1996~2007년 서울시립대 전자전기컴퓨터공학부 교수 1997년 미국전기전자공학회(IEEE) 시니어 멤버 1998년 과학기술부 창의적연구진흥사업 양자정보처리연구단장 2005년 미국전기전자공학회(IEEE) Fellow(석좌회원)(현) 2007년 과학기술부 도약연구지원사업부 단장 2008년 서울시립대 전자전기컴퓨터공학부 석좌교수(현) 2009년 미국물리학회 Fellow(석좌회원)(현) 2018년 한국공학한림원 회원(전기전자정보공학·현) (상)Ross J Martin Award(1988), Robert T. Chein Memorial Award(1988), 미국 일리노이대 어배나교 ECE Distinguished Alumni Award(2016) (저)'Engineering Quantum Mechanics'(Wiley, 2011) '양자역학'(2015) (작)가상역사소설 '임페리얼 코리아'(2003~2004)

ㅇ

안도영(安度映)

(생)1977·1·6 (주)울산광역시 남구 중앙로 201 울산광역시의회(052-229-5125) (학)2003년 울산대 물리학과 제적(2년) (경)더불어민주당 울산시당 대통령울산공약실천단특별위원회 운영위원, 同울산시당 울산산업발전특별위원회 위원장(현) 2018년 울산시의회 의원(더불어민주당)(현) 2018년 同운영위원장(현) 2018년 同교육위원회 위원(현)

안동규(安東奎) Ahn Dong Gyu

(생)1957·11·20 (본)순흥(順興) (출)서울 (주)강원도 춘천시 한림대학길 1 한림대학교 경영대학 금융재무학과(033-248-1853) (학)서울 중앙고졸 1980년 서울대 독어독문학과졸 1983년 미국 듀크대 대학원 경영학과졸 1988년 경영학박사(미국 오하이오주립대) (경)1980년 (주)오리콤 근무 1990년 한림대 경영대학 금융재무학과 교수(현) 1994~1997년 同재무금융학과장 1998~2001년 同경영대학원 원장보 2002년 한국분과아카데미 원장(현) 2002~2003년 한림대 경영학부장 2002~2003년 同재무금융학전공 주임교수 2006~2014년 춘천경제정의실천시민연합 상임공동대표 2007년 한림대 국제교육원장 2007~2011년 同대외협력처장 2010년 전국대학국제처장협의회 회장 2010~2011년 한국대학국제교류협의회 회장 2013~2014년 한림대 경영대학장 2013~2014·2016~2017년 同경영대학원장 2015년 춘천경제정의실천시민연합 고문(현) 2016년 춘천지법 시민사회위원회 위원(현) 2017년 한림대 부총장(현) 2019년 同비전협력처장 겸임(현) (저)'리스금융론(共)'(1995) '기업부패지수 측정모형개발에 관한 연구'(2000) '현대기업의 재무전략'(2004) '분권과 혁신(共)'(2004) (종)기독교

안동범(安東範) AHN Dong Beom

(생)1964·10·9 (출)서울 (주)서울특별시 마포구 마포대로 174 서울서부지방법원(02-3271-1104) (학)1983년 환일고졸 1987년 서울대 공법학과졸 1991년 고려대 대학원 법학과 수료 (경)1994년 사법시험 합격(36회) 1997년 사법연수원 수료(26기) 1997년 대전지법 판사 2000년 同서산지원 판사 2003년 서울지법 의정부지원(연천군법원·동두천시법원) 판사 2004년 서울동부지법 판사 2006년 서울중앙지법 판사 2008년 서울고법 판사 2009년 서울남부지법 판사 2012년 제주지법 부장판사 2014년 인천지법 부장판사 2016년 서울중앙지법 부장판사 2019년 서울서부지법 부장판사(현)

안동선(安東善) AHN Dong Sean

(생)1935·10·5 (본)순흥(順興) (출)경기 부천 (주)서울특별시 영등포구 의사당대로 1 대한민국헌정회 원대한민국헌정회(02-757-6612) (학)1956년 서울 중동고졸 1962년 성균관대 법정대학 경제학과 중퇴 1986년 서울대 경영대학원 최고경영자과정 수료, 명예 정치학박사(카자흐스탄 알마티국립대) (경)1964년 민정당 경기13지구 조직부장 1966년 민중당·신한당 중앙상무위원 1967년 신민당 경기지부 선전위원장 1971년 同경기16지구당 위원장 1973년 통일당 당무국장·조직국장 1984년 제12대 국회의원(부천·김포·강화, 신민당·민주당·평민당) 1985년 신한민주당 인권옹호위원회 부위원장 1987년 민주당 원내부총무 1987년 평민당 원내부총무·대변인 1988년 同부천中지구당 위원장 1988년 同당무위원 1991년 신민당 부천中지구당 위원장 1991년 同당무위원 1991년 민주당 당무위원 1992년 제14대 국회의원(부천 中, 민주당·국민회의) 1992년 민주당 경기도지부장 1992년 국회 상공자원위원장 1996년 제15대 국회의원(부천 원미甲, 국민회의·새천년민주당) 1996년 국민회의 지도위원회 부의장 1997~2000년 同부총재 1998년 同지도위원회 의장 2000년 새천년민주당 지도위원 2000~2004년 제16대 국회의원(부천 원미甲, 새천년민주당·자민련·새천년민주당) 2000~2004년 한·카자흐스탄의원친선협회 회장 2001년 새천년민주당 상임고문 2001년 同최고위원 2001년 가톨릭대 행정대학원 겸임교수 2002년 자민련 부총재 2003~2004년 국회 과학기술정보통신위원장 2004년 새천년민주당 부천원미甲지구당 위원장 2006년 국민중심당 경기도당 대표 2008년 제18대 국회의원선거 출마(부천 원미甲, 자유선진당) 2009년 대한민국헌정회 이사 2019년 同원로위원(현) (상)(사)한국여성유권자연맹 남녀평등 정치인상, 법률소비자연맹 국감모니터단 국정감사 건설교통위원회 의원상(2000·2001) (종)천주교

안동완(安烔完)

(생)1970·7·20 (출)광주 (주)서울특별시 서초구 반포대로 158 서울중앙지방검찰청 총무부(02-530-4771) (학)1989년 광주 서강고졸 1993년 서울대 사법학과졸 2000년 同대학원졸 (경)2000년 사법시험 합격(42회) 2003년 사법연수원 수료(32기) 2003년 인천지검 검사 2005년 대구지검 김천지청 검사 2007년 부산지검 검사 2009년 서울동부지검 검사 2013년 서울중앙지검 검사 2015년 대구지검 검사 2016년 대검찰청 검찰연구관 2017년 대구지검 검사 2017년 법무부 감찰담당관실 검사 2018년 광주지검 해남지청장 2019년 서울중앙지검 총무부장(현)

안동일(安東壹) AN DONG IL (觀海)

(생)1940·9·30 (본)순흥(順興) (출)서울 (주)서울특별시 중구 서소문로 103 홍익법무법인(02-779-2224) (학)1958년 경기고졸 1963년 서울대 법학과졸 1981년 연세대 경영대학원 수료 1986년 서울대 경영대학원 AMP과정 수료 1990년 同사법발전연구과정 수료 1993년 고려대 언론대학원 최고위언론과정 수료 1994년 同언론대학원 수료 2008년 동국대 불교대학원 최고위과정 수료 (경)1967년 군법무관임용시험 합격(1회) 1968년 제1군사령부 검찰관 1970년 국방부 법무관 1975년 제1군사령부 심판부장 1978년 변호사 개업 1982년 대한민국재향군인회 감사 1984년 한일변호사협의회 상임이사 1986~2010년 홍익법무법인 변호사 1987~1989년 대한변호사협회 공보이사 겸 대변인 1990년 KBS 라디오칼럼 진행 1991년 MBC 라디오칼럼 진행 1991~1995년 (사)4월회 회장 1992년 대한상사중재원 중재인 1992년 서울시 법률고문 1993년 세계한인상공인총연합회 감사(현) 1993~1998년 공동체의식개혁국민운동협의회 상임공동의장 1994~2007년 강서구·마포구 고문변호사 1994년 강북구 고문변호사 1994년 한국재가불자연합회 회장 1995년 경제정의실천불교시민연합 공동회장 1998년 대한불교조계종 고문변호사(현) 1999년 (사)4월회 상임고문(현) 1999년 (재)3.1문화재단 이사(현) 2003년 붓다클럽 총재·고문(현) 2008년 전국염불만일회 회장(현) 2008년 한국불교교육단체연합회 회장 2008~2011년 동산반야회·동산불교대학 이사장 2010~2018년 홍익법무법인 대표변호사 2011년 동산반야회·동산불교대학 명예이사장(현) 2012년 경기불자회 회장 2014년 同명예회장(현) 2019년 홍익법무법인 고문변호사(현) (상)서울지방변호사회 명덕상(2012), 자랑스러운 서울법대인상(2015), 대한불교진흥원 대원상포교대상(2015), 조계종 불자대상(2017) (저)'기적과 환상'(1960, 영신문화사) '세계대백과사전(법률편)'(1972, 태극출판사) '쓴 소리 바른 소리'(1993, 법률신문사) '어떤 대화'(1993, 4월회) '새로운 사.일구'(1997, 김영사) '새 천년과 4.19정신'(1999, 삶과꿈) '나는 김현희의 실체를 보았다'(2004, 동아일보) '10.26은 아직도 살아있다'(2005, 랜덤하우스중앙) '새로운 4.19'(2010, 예지) '깨달음의 길을 찾아서'(2011, 마음풍경) '새로운 4.19(개정판)'(2015, 예지) '행복의 길, 정토의 길'(2015, 로터스) '나는 김재규의 변호인이었다'(2017, 김영사) (종)불교

안동일(安東一) AN Tong il

(생)1959·5·23 (출)충북 제천 (주)서울특별시 서초구 헌릉로 12 현대제철(주) 비서실(02-3464-6114) (학)1977년 청주고졸 1984년 부산대 생산기계공학과졸 2008년 캐나다 맥길대 경영대학원졸 (경)POSCO 근무, (주)포스코건설 플랜트사업본부 설계그룹담당 집행임원(상무) 2013년 (주)포스코 광양설비담당 부소장(전무) 2014년 同기술임원(전무) 2015년 同철강생산본부 광양제철소장(전무) 2015년 同철강생산본부 광양제철소장(부사장) 2017년 同포항제철소장(부사장) 2018년 同자문역 2019년 현대제철(주) 생산·기술부문담당 사장 2019년 同대표이사 사장(현)

안동철(安東澈)

(생)1970·4·29 (출)경북 상주 (주)충청남도 서산시 공림4로 24 대전지방법원 서산지원(041-660-0631) (학)1988년 대구고졸 1996년 영남대 사법학과졸 (경)2001년 사법고시 합격(43회) 2004년 사법연수원 수료(33기) 2004~2006년 변호사 개업 2006년 광주지검 검사 2008년 대구지검 안동지청 검사 2010년 대전지법 판사 2013년 수원지법 평택지원 판사 2017년 서울고법 판사 2019년 대전지법 서산지원·대전가정법원 서산지원 부장판사(현)

안문철(安文喆) An, Mun-Cheol

(생)1962·2·11 (출)인천 (주)경기도 평택시 포승읍 평택항만길 45 평택직할세관(031-8054-7001) (학)1980년 제물포고졸 1983년 국립세무대학 관세학과졸 (경)1983년 관세청 입청(8급) 1996년 재정경제원 세제실 근무 2009년 기획재정부 FTA국내대책본부 근무 2009년 인천공항세관 수입2과장(서기관) 2011년 서울세관 자유무역협정1과장 2011년 관세국경관리연수원 교수부장 2012년 관세청 FTA집행기획담당관 2012년 인천본부세관 조사감시국장 2014년 관세청 대변인 2014년 인천본부세관 심사국장 2016년 同휴대품통관국장 2016년 관세청 감사담당관(서기관) 2017년 同감사담당관(부이사관) 2017년 서울세관 조사국장 2017년 인천본부세관 조사국장 2019년 평택직할세관장(현) (상)국무총리표창(2009), 근정포장(2012)

안문태(安文泰) AHN Moon Tae

(생)1941·3·15 (본)순흥(順興) (출)서울 (주)서울특별시 강남구 테헤란로 123 여삼빌딩 12층 법무법인 양헌(070-4349-2408) (학)1959년 경기고졸 1964년 서울대 법과대학졸 1966년 同사법대학원졸 (경)1966~1979년 대구지법·대전지법·수원지법·서울지법 남부지원·서울민사지법·서울형사지법·서울가정법원 판사 1979년 서울고법 판사 1981년 부산지법 부장판사 1982년 서울지법 남부지원 부장판사 1984년 서울형사지법 부장판사 1987년 부산고법 부장판사 1988년 서울고법 부장판사 1993년 방송위원회 위원 1993년 同감사 1994년 광주지법원장 1994년 수원지법원장 1995년 서울가정법원장 1998년 부산고법원장 1999~2000년 특허법원장 2000년 변호사 개업 2002년 동아건설산업 파산관재인, (주)아가방 사외이사 2011년 법무법인 양헌 고문변호사(현) (종)불교

안미모(安美模·女)

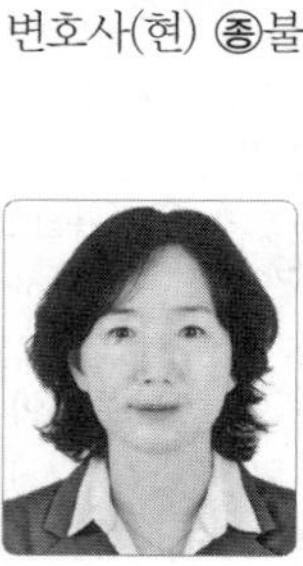

(생)1967·2·18 (주)강원도 춘천시 중앙로 1 강원도의회(033-256-8035) (학)강원대 교육대학원졸 (경)강원도교육청 중등교사, (주)더리더 발행인, 강원관광대학 시간강사 2018년 강원도의회 의원(비례대표, 더불어민주당)(현) 2018년 同기획행정위원회 위원(현)

안미영(安美英·女) AHN Mi Young

(생)1966·9·8 (출)강원 강릉 (주)서울특별시 서초구 서초대로74길 4 삼성생명 서초타워 법무법인 동인(02-2046-1300) (학)1985년 춘천 유봉여고졸 1989년 서울대 불어불문학과졸 1992년 同법학과졸 1994년 同대학원 법학과 수료 1998년 한국외국어대 외국어연수평가원 위탁교육 수료 (경)1993년 사법시험 합격(35회) 1996년 사법연수원 수료(25기) 1996년 서울지검 의정부지청 검사 1998년 同북부지청 검사 2000년 수원지검 성남지청 검사 2004년 대구지검 김천지청 검사 2006년 법무부 여성정책과장 2008년 서울중앙지검 검사 2008~2010년 헌법재판소 파견 2009년 광주지검 부부장검사 2010년 사법연수원 교수 2012년 서울중앙지검 여성아동범죄조사부장 2013년 대전지검 형사3부장 2014년 법무부 인권정책과장 2015년 서울동부지검 형사2부장 2016년 수원지검 부부장검사(한국형사정책연구원 파견) 2017년 법무연수원 교수 2018년 同용인분원장 2018년 同연구위원 2019년 법무법인 동인 변호사(현)

안민(安民) AHN Min

(생)1958·9·10 (주)부산광역시 영도구 와치로 194 고신대학교 총장실(051-990-2202) (학)1981년 서울대 성악과졸 1984년 同대학원졸 1989년 이탈리아 롯시니국립음악원졸 2009년 교육학박사(동아대) (경)미국 웨스트민스터콰이어칼리지 Visiting Scholar, 부산·울산·경남사랑의장기기증운동본부 이사 1982~1988년 고신대 교회음악과 전임대우·전임강사 1988~2018년 同글로벌문화융합대학 음악과 조교수·부교수·교수 1992~1996년 同학생처장 1994~1997년 同종교음악연구소장 1997년 同종교음악학과장 2005년 同교무처장, 同부총장 2007년 부산장애인전도협회 상임이사, (사)틴스토리 이사(현), 한국장기기증협회 이사(현), 국제복음주의유학생연합회(KOSTA) 강사 2015년 부산시립예술단 운영위원(현), 고신총회 찬송가위원회 위원(현), 부산 사직동교회 장로·찬양사(현), 고신음악치료학회 회장(현), 부산기독기관장회 회장(현), 고신대 합창단 '페로스' 상임지휘자 2010·2012~2017년 同교회음악대학원장 2018년 부산시기독인기관장회 회장(현), 부산시립예술단 운영위원(현) 2018년 고신대 총장(현) (상)동아음악콩쿠르 성악부문 (저)신앙간증 에세이 '행복콘서트'(2006, 규장) (작)음반 '유일한 길(1집)' '주님사랑 온누리에(2집)'

안민석(安敏錫) An, Min Suk

(생)1966·8·13 (본)순흥(順興) (출)경남 의령 (주)서울특별시 영등포구 의사당대로 1 국회 의원회관 620호(02-784-3877) (학)1982년 수원 수성고졸 1987년 서울대 체육교육과졸 1990년 미국 일리노이주립대 대학원졸 1993년 교육학박사(미국 노던콜로라도대) 1997년 충북대 행정대학원졸 (경)1994~1997년 공군사관학교 조교수 1997년 국민체육진흥공단 체육과학연구원 선임연구원 2000년 중앙대 교수 2000년 오산·화성환경운동연합 운영위원장 2002년 문화관광부 정책자문위원 2002년 대한올림픽위원회 산하 대학스포츠위원회(KUSB) 상임위원 2002년 개혁국민정당 정책위원 2003년 열린우리당 중앙위원 2003년 문화연대 집행위원 2004년 제17대 국회의원(오산시, 열린우리당·대통합민주신당·통합민주당) 2004년 대한태권도협회 이사 2005년 북경올림픽 단일팀구성을위한남북체육회담 대표 2005년 열린우리당 체육발전특별위원회 위원장 2005년 대한올림픽위원회(KOC) 남북체육교류위원장 2005년 6.15공동선언실천남측준비위원회 공동대표 2008년 제18대 국회의원(오산시, 통합민주당·민주당·민주통합당) 2008년 민주당 쇠고기재협상대책본부장 2008~2011년 同교육특별위원회 위원장 2008~2009년 同원내부대표 2008년 국회 교육과학기술위원회 야당 간사 2009~2015년 (사)한국백혈병소아암협회 회장 2012년 제19대 국회의원(오산시, 민주통합당·민주당·새정치민주연합·더불어민주당) 2012년 국회 기획재정위원회 위원 2012

년 국회 예산결산특별위원회 위원 2013~2015년 국회 평창동계올림픽 및 국제경기대회지원특별위원회 위원 2013년 국회 남북관계발전특별위원회 위원 2013년 국회 교육문화체육관광위원회 위원 2015년 새정치민주연합 교육연수원장 2015년 국회 예산결산특별위원회 야당 간사 2015~2016년 더불어민주당 교육연수원장 2016년 제20대 국회의원(오산시, 더불어민주당)(현) 2016년 국회 교육문화체육관광위원회 위원 2016년 더불어민주당 경기오산시지역위원회 위원장(현) 2016년 국회 교육희망포럼 공동대표(현) 2016~2017년 국회 '박근혜 정부의 최순실 등 민간인에 의한 국정농단 의혹 사건 진상규명을 위한 국정조사특별위원회' 위원 2016년 더불어민주당 전국직능대표자회의 의장(현) 2017년 同제19대 문재인 대통령후보 중앙선거대책본부 직능본부장 2017년 더불어민주당 국민재산찾기 특별위원회 위원장 2018년 국회 문화체육관광위원회 위원장(현) 2018년 더불어민주당 남북문화체육협력특별위원회 위원장(현) (상)환경재단 녹색정치인 베스트(2010), 과학과 사회 소통상(2011), 국회 국정감사 우수의원(2012~2017년), 아이세프(ICEF) 어워즈 매경미디어그룹상(2013), 국회의장 입법 및 정책개발 우수국회의원(2013), 세계한인교류협력대상(2013), 바른사회시민회의 베스트의원(2014), 대한민국 인성교육 대상(2015), 대한민국 의정대상(2016), 대한민국 유권자 대상(2017), 대한민국 국회의원 소통대상(2017), 한국인터넷신문협회 공로상(2018), 국회 최우수 상임위원장상(2018) (저)'월드컵 그 열정의 사회학'(2002) '물향기 편지'(2008, 레인보우북스) '두 번째 물향기 편지'(2012, 서경문화) '세 번째 물향기 편지'(2016, 서경문화) '끝나지 않은 전쟁'(2017, 위즈덤하우스) '끝나지 않은 전쟁 : 최순실 국정농단 천 일의 추적기'(2017, 위즈덤하우스) '끝나지 않은 전쟁 : 한반도 운명을 바꾼 국정농단 추적기'(2018, 위즈덤하우스) (종)기독교

안민식(安敏植) Ahn Min-sik

(생)1963 · 2 · 28 (주)서울특별시 종로구 사직로8길 60 외교부 인사운영팀(02-2100-7136) (학)1988년 한국외국어대 서반아어과졸 (경)1991년 외무고시 합격(25회) 1991년 외무부 입부 1997년 駐시카고 영사 2000년 駐코스타리카 1등서기관 2004년 駐노르웨이 참사관 2007년 駐필리핀 참사관 2009년 외교통상부 재외공관담당관 2010년 同문화교류협력과장 2011년 駐로스앤젤레스 영사 2014년 駐인도 공사 2016년 駐파라과이 대사(현) (상)옥조근정훈장(2012)

안민호(安敏浩) AHN Min Ho

(생)1959 · 11 · 26 (주)서울특별시 영등포구 국제금융로6길 42 (주)삼천리 사업본부(02-368-3300) (학)1978년 중경고졸 1985년 경희대 경영학과졸 (경)동양정밀공업 근무 2004년 (주)삼천리 기획담당 이사대우 2006년 同인천지역본부장(이사) 2009년 (주)삼천리ENG 플랜트사업본부장(상무) 2012년 (주)삼천리 도시가스사업본부 영업담당 상무 2013년 同도시가스사업본부 인천지역본부장(전무) 2014년 同경영지원본부장(전무) 2015년 同지원본부장(전무) 2017년 同사업운영본부장(전무) 2018년 同운영본부장(전무) 2019년 同사업본부장(전무)(현)

안병경(安柄景) AN Byung Kyung

(생)1965 · 10 · 21 (본)순흥(順興) (출)전북 남원 (주)부산광역시 강서구 대저로89번길 11 부산보호관찰소(051-580-3000) (학)1982년 문일고졸 1993년 서울시립대 경제학과졸 (경)1999년 행정고시 합격(42회) 2000~2007년 법무부 보호국 · 안양소년원 분류보호과장 2007년 대전소년원 교무과장 2007~2009년 솔로몬로파크 소장 2010~2011년 제주보호관찰소장 2011년 부산소년원장 2013년 대구소년원(읍내정보통신학교) 원장 2015년 전주보호관찰소장 2016년 부산소년원 분류보호과장 2017년 대구보호관찰소 행정지원과장 2018~2019년 광주소년원장 2019년 부산보호관찰소장(부이사관)(현)

안병권(安秉權)

(생)1964 (주)강원도 강릉시 경강로 2063 한국은행 강릉본부(033-640-0100) (학)1988년 서울대 경제학과졸 1990년 同대학원 행정학과졸 2006년 경제학박사(미국 일리노이대 어바나샴페인교) (경)1990년 한국은행 입행 1997년 同조사제1부 경제조사과 근무 2008년 同대전충남본부 경제조사팀장 2010~2019년 同G20회의준비단 활동 2013년 同경제연구원 연구조정팀장 · 미시경제연구실장 2015년 同조사국 물가연구팀장 2017년 同경제연구원 거시경제연구실장 2019년 同강릉본부장(현)

안병근(安秉根) AHN BYOUNG GEUN

(생)1956 · 11 · 23 (본)순흥(順興) (출)경북 영주 (주)충청남도 공주시 웅진로 27 공주교육대학교 총장실(041-850-1235) (학)1977년 경북 영주고졸 1984년 경북대 일반사회교육과졸 1986년 同대학원 경제학과졸 1992년 경제학박사(경북대) (경)1986~1989년 신원중 · 거창여중 교사 1990~1992년 경북대 조교 1992년 공주교육대 사회과교육과 교수(현) 2001~2003년 同교수협의회 회장 2005~2007년 同기획연구처장 2009~2010년 同교육지원처장 2012년 한국경제교육학회 부회장(현) 2016년 공주교육대 총장(현) (상)국무총리표창(2007), 경제교육 우수논문상(2011) (저)'고등학교 경제(共)'(2014) 외 10권 (종)불교

안병덕(安秉德) AHN Byung Duk

(생)1957 · 8 · 21 (출)서울 (주)서울특별시 강서구 마곡동로 110 코오롱사무동 9층 코오롱그룹(02-3677-3111) (학)경동고졸, 연세대 경영학과졸, 同대학원 경영학과졸 (경)코오롱상사(주) 기획조정실 부속실장, (주)코오롱 회장부속실장, 코오롱그룹 경영전략본부 부본부장, (주)코오롱 이사보, 同인재개발센터담당 이사, 同회장 부속실장 2006년 同지원본부장(부사장) 2008년 同전략기획본부장(부사장) 2011년 코오롱건설(주) 대표이사 사장 2011~2014년 코오롱글로벌(주) 대표이사 사장 2012년 마우나오션개발(주) 대표이사 사장 2013~2017년 (주)코오롱 대표이사 사장 2014~2015년 (주)MOD 대표이사 사장 2016년 우리다문화장학재단 이사(현) 2017년 코오롱그룹 부회장(현)

안병만(安秉萬) AHN Byong Man

(생)1941 · 2 · 8 (출)서울 (학)1960년 경기고졸 1964년 서울대 법과대학졸 1967년 同대학원졸 1974년 정치학박사(미국 플로리다대) 2004년 명예 인문학박사(미국 델라웨어대) (경)1968~1975년 명지대 행정학과 전임강사 · 조교수 · 부교수 1975~1980년 한국외국어대 부교수 1977 · 1980년 한국정치학회 편집위원 1978년 한국외국어대 학생처장 1980~2006년 同행정학과 교수 1980년 同한국지역문제연구소장 1981년 미국 하버드대 특강초빙교수 1981년 미국 델라웨어대 특임교수 1985년 한국정치학회 연구위원장 1988년 한국외국어대 기획조정처장 1992년 同부총장 겸 대학원장 1992년 한국행정학회 부회장 1994년 同회장 1994~1998 · 2002~2006년 한국외국어대 총장 1998년 미국 델라웨어대 특임교수 2002년 대통령포럼 운영이사 2004~2006년 사이버외국어대 총장 2005년 한국대학총장협회 회장 2006년 한국외국어대 명예교수(현) 2006년 서울시정개발연구원 이사장 2006년 한미교육재단 이사장 2008년 대통령자문 미래기획위원회 위원장 2008~2010년 교육과학기술부 장관 2009~2010년 국가우주위원회 위원장 2011년 국가교육과학기술자문회의 부의장 2018년 한미교육문화재단 이사장(현) (상)콜롬비아 공로훈장 대관장, 헝가리 공훈십자훈장(2005), 청조근정훈장(2006), 루마니아 국가교육분야 최고훈장(2006) (저)'한국정부론' '한국선거론' '현대한국정치론' 'Elections in Korea' 'Rural Development in South Korea' 'Elites and Political Power in South Korea' 'Reforming Public and Corporate Governance' 등 (종)기독교

안병문(安秉文) AHN Byung Moon

(생)1951 · 6 · 11 (본)순흥(順興) (출)전남 고흥 (주)인천광역시 중구 하늘별빛로65번길 7-9 영종국제병원(032-721-3000) (학)1969년 서울고졸 1976년 서울대 의대졸 1978년 중앙대 대학원 의학석사 1982년 의학박사(중앙대) 1996년 연세대 경영대학원 최고경영자과정 수료 1997년 인천대 행정대학원 고위관리자과정 수료 (경)1981~1983년 한림대부속 한강성심병원 정형외과 과장 1990~1994년 인천지검 의료자문위원 1991년 한림대 의대 외래교수(현) 1993~1999년 의료법인 성세의료재단 성민병원장 1998년 서울대의과대학동창회 부회장 1998년 인하대 의대 외래교수(현) 1999~2019년 의료법인 성세의료재단 성민병원 의료원장 2001년 인천지법 민사 · 가사 조정위원 2004~2018년 대한병원협회 국제위원장 2007~2012년 인천지검 인천범죄피해자지원센터 이사 · 운영위원 2010년 대통령직속 미래기획위원회 의료기기 · 헬스케어 특별위원 2010년 미국 세계인명사전 'Marquis Who's Who in the World' 2011년판에 등재 2011년 병원수출포럼 의장 겸 운영위원장 2011년 영국 국제인명센터(IBC) '세계 100대 의학자'에 선정 2019년 의료법인 성세의료재단 영종국제병원 설립 · 병원장(현) (상)중외박애상(2008), 인천지검장표창(2009), 보건복지부 지정 전문병원 우수시범기관(2010), 보건복지부장관표창(2010), 대한민국 무궁화대상 의학부문(2010), 한미중소병원상 봉사상(2018) (저)'항노화의학(共)'(2006, The Textbook of Anti-Aging Medicine) (종)기독교

안병민(安秉珉) AHN Byung Min

(생)1959 · 7 · 21 (주)세종특별자치시 시청대로 370 한국교통연구원 수석연구자문그룹(044-211-3020) (학)1983년 단국대 행정학과졸 1985년 同대학원 도시계획학과졸 1998년 법학박사(일본 쓰쿠바대) (경)1983~1987년 국회의원 보좌관 1987~1991년 교통개발연구원 교통계획연구실 연구원 1996년 일본 쓰쿠바대 사회과학연구과 수업조교 1997년 교통개발연구원 철도교통연구실 책임연구원 1998년 아시아태평양경제사회위원회(UN ESCAP) 국가적전문가 1999년 교통개발연구원 책임연구원 2003년 북한경제전문가100인포럼 회원 2004년 교통개발연구원 대륙철도사업추진단 TF팀장 2005년 한국교통연구원 책임연구원 · 연구위원 2006년 同북한교통정보센터장 2008년 同동북아북한교통정보센터장 2008년 同동북아북한연구센터장 2009년 同해외근무(안식년) 2010년 同동북아북한연구센터장 2011년 한반도포럼 회원 2012년 한국교통연구원 북한동북아교통연구실장 2014년 同유라시아 · 북한인프라센터 소장 2016~2017년 同유라시아 · 북한인프라연구소장 2017년 국가안보실 정책자문위원회 위원 2017년 한국교통연구원 미래교통전략연구소 북방경제연구단장 2017년 대통령직속 북방경제협력위원회 민간위원(현) 2018년 한국교통연구원 수석연구자문그룹 선임연구위원(현) 2019년 민주평통 경제협력분과위원회 상임위원(현) (저)'남 · 북 · 러 협력사업의 시발점 가스관 프로젝트(共)'(2012, 푸른길)

안병배(安炳培) AN Byung Bae (단송 · 일진)

(생)1957 · 6 · 1 (출)인천 (주)인천광역시 남동구 정각로 29 인천광역시의회(032-440-6003) (학)1976년 제물포고졸 1978년 서울보건대학 식품가공과졸 (경)1957년 진문사인쇄소 대표, 인천월미로타리클럽 회장 1998년 인천 중구재향군인회 부회장 1998~2002년 인천시인쇄문화협회 회장 2002년 인천시의회 의원(한나라당) 2002~2004년 同문교사회위원장 2006년 인천시의원선거 출마(민주당) 2010~2014년 인천시의회 의원(민주당 · 민주통합당 · 민주당 · 새정치민주연합) 2010년 同건설교통위원회 위원 2010년 同예산결산특별위원회 위원 2010년 同조례정비특별위원회 제2간사 2011년 同월미은하레일사업관련조사특별위원장 2012년 同산업위원회 위원 2012년 同윤리특별위원회 위원장 2014년 인천시의원선거 출마(새정치민주연합), 인천시교육청 교육재정공시 심의위원장 2018년 인천시의회 의원(더불어민주당)(현) 2018년 同부의장(현), 同건설교통위원회 위원(현) (상)인천시 중구민상(2000) (종)천주교

안병수(安炳洙)

(생)1973 · 4 · 13 (출)충북 충주 (주)인천광역시 미추홀구 소성로163번길 49 인천지방검찰청 총무과(032-860-4770) (학)1992년 오금고졸 2001년 연세대 경제학과졸 (경)2000년 사법시험 합격(42회) 2003년 사법연수원 수료(32기) 2003년 서울지검 동부지청 검사 2004년 서울동부지검 검사 2005년 대구지검 포항지청 검사 2007년 부산지검 검사 2012년 법무부 법무실 상사법무과 검사 2014년 서울중앙지검 검사 2017년 광주지검 검사 2017년 서울중앙지검 부부장검사 2018년 전주지검 남원지청장 2019년 인천지검 부부장검사(현) 2019년 駐네덜란드대사관 파견(현)

안병옥(安秉玉) Ahn Byungok

(생)1963 · 1 · 16 (본)죽산(竹山) (출)전남 순천 (주)서울특별시 종로구 새문안로 76 콘코디언빌딩 13층 대통령직속 미세먼지 문제해결을 위한 국가기후환경회의(02-6744-0500) (학)1980년 순천고졸 1984년 서울대 해양학과졸 1986년 同대학원 해양생태학과졸 2002년 이학박사(독일 에센대) (경)1995~2001년 독일 에센대 생태연구소 연구원 2005~2008년 대통령자문 지속가능발전위원회(PCSD) 전문위원 2006~2007년 同건설기술 · 건축문화선진화위원회 위원 2006~2011년 UNEP에코피스리더십센터(EPLC) 평화협력분과장 2007~2008년 에너지시민연대 공동대표 2007~2008년 환경운동연합 사무총장 2009~2017년 기후변화행동연구소 소장 2010~2014년 (사)한국기후변화학회 이사 2010~2017년 (사)환경교육센터 이사 2010~2017년 (사)국회기후변화포럼 이사 2012년 서울시 원전하나줄이기실행위원회 위원장 2014~2017년 (사)시민환경연구소 소장 2015년 서울시 희망서울 정책자문위원 2015년 환경법률센터 이사 2015년 환경부 중앙환경정책위원 2015년 아시아기후변화교육센터(ACCEC) 이사 2015년 산림청 정책평가위원 2016년 기상청 정책평가위원 2017~2018년 환경부 차관 2019년 대통령직속 미세먼지해결을위한범국가기구 공동단장 2019년 대통령직속 미세먼지문제해결을위한국가기후환경회의 운영위원장(현) (저)'우리는 지구를 지키는 사람입니다(共)'(2013, 도요새) '어느 지구주의자의 시선'(2014, 21세기북스) '백낙청이 대전환의 길을 묻다(큰 적공을 위한 전문가 7인 인터뷰(共)'(2015, 창비) '생각 수업(共)'(2015, 알키) (역)'기후의 문화사(共)'(2010, 공감IN)

안병용(安炳龍) Ahn Byung Yong

(생)1956 · 4 · 22 (출)충북 충주 (주)경기도 의정부시 시민로 1 의정부시청 시장실(031-828-2002) (학)배명고졸, 중앙대 정경대학 정치외교학과졸, 동국대 행정대학원 행정학과졸 1994년 행정학박사(동국대) (경)신흥대학 행정학과 교수, 의정부지검 형사조정위원, 의정부지법 가사 및 민사조정위원, 한국지방공기업학회 부회장, 경기북부광역철도신설연장추진위원회 자문교수, 경기도 민선 제2대 도지사 도정인수위원회 위원장, 의정부시21세기발전위원회 행정분과 위원장, 경기북부발전위원회 위원장, 경기북부발전포럼 공동의장 2010년 경기 의정부시장(민주당 · 민주통합당 · 민주당 · 새정치민주연합) 2010~2018년 (재)의정부예술의전당 이사장 2014~2018년 경기 의정부시장(새정치민주연합 · 더불어민주당) 2017년 한국지적학회 고문 2018년 경기 의정부시장(더불어민주당)(현) 2019년 경기도시장군수협의회 회장(현) (상)인물대상 지방자치부문(2010), 2011 IBA(International Business Award) 혁신지도자부문 본상(2011), 자랑스러운 중앙인

상(2012), 대한민국CEO리더십대상 섬김경영부문(2013), '2014 한국을 빛낸 사람들' 지방자치발전부문 지방행정혁신공로대상(2014), 제11회 경기도 사회복지대상(2015), 한국전문인대상 행정부문(2015), 제14회 대한민국 일하기 좋은 100대기업 공공외교부문 특별공로상(2015), 국제평화언론대상 행정발전공헌대상(2015), 대한민국경영대상 미래경영부문 대상(2016), 대한민국 신뢰받는 혁신대상 창조경영부문 공공혁신대상(2016), 올해의 공감경영대상 지자체부문 주민공감혁신교육도시대상(2016), 글로벌 자랑스러운 인물대상 지방행정부문(2016), 한국을 빛낸 자랑스런 한국인대상 행정공직부문대상(2016), 글로벌평화공헌대상 지방행정부문(2017), 대한민국자치발전 기초자치부문 대상(2018) (저)수필집 '아무리 바람이 차더라도'(2013)

안병우(安秉佑) AHN Byung Woo

(생)1954·8·17 (본)광주(廣州) (출)충북 음성 (주)서울특별시 도봉구 삼양로144길 33 덕성여자대학교 이사장실(031-379-0114) (학)1976년 서울대 국사학과졸 1983년 同대학원졸 1994년 문학박사(서울대) (경)1983년 서울대 한국문화연구소 조교 1983~1985년 성심여대 국사학과 강사 1984~2011년 한신대 국사학과 교수 1991년 한국역사연구회 회장 1994년 '역사와 현실' 편집위원 1994년 한신대 학생처장 2000년 同교육대학원장·박물관장 2004년 고구려연구재단 이사, 아시아평화와역사교육연대 공동운영위원장 2009년 同상임공동대표(현), 정부혁신지방분권위원회 위원 2005~2007년 한신대 교무처장 2006년 동북아역사재단 이사 2007년 한신대 국사학과장 2007~2012년 同기록정보관장, 국무총리소속 국가기록관리위원회 위원장 2009~2016년 사람사는세상 노무현재단 기록관리위원장 2010~2011년 한국기록학회 회장 2010년 생활정치연구소 이사장(현) 2010~2012년 한국기록전문가협회 회장 2011~2016년 한신대 한국사학과 교수 2011~2013년 同인문대학장 2012~2016년 학교법인 덕성학원 이사 2016년 경기도교육청 역사교육위원회 위원장(현) 2016년 남북역사학자협의회 공동위원장(현) 2016년 한신대 명예교수(현) 2018년 동북아역사재단 자문위원장(현) 2019년 학교법인 덕성학원(덕성여대) 이사장(현) (저)'북한의 한국사 인식(共)'(1990) '14세기 고려의 정치와 사회(共)'(1994) '한국고대중세의 지배체제와 농민'(1997) '한국중세사회의 제문제'(2001) '고려전기의 재정구조'(2002) '한국사교과서의 희망을 찾아서'(2003) '경기지역의 역사와 문화'(2003) '歷史敎科書를 둘러싼 日韓對話(日文)'(2004) '역사와 개혁'(2005) (역)'역주 고려사 식화지(共)'(1996) (종)기독교

안병욱(安秉旭) AHN Byung Ook

(생)1948·6·1 (본)죽산(竹山) (출)전남 화순 (주)경기도 성남시 분당구 하오개로 323 한국학중앙연구원(031-709-2245) (학)광주제일고졸 1976년 서울대 국사학과졸 1981년 문학박사(서울대) (경)1981년 성심여대 국사학과 교수 1988년 한국역사연구회 회장 1992년 학술단체협의회 상임공동대표, 독립기념관 독립운동사연구소 연구위원, 5.18진상규명국민위원회 항쟁정신계승위원장, 과거청산국민위원회 학술연구위원장, 5.18기념재단 이사 1995~2013년 가톨릭대 인문학부 국사학과 교수 1999년 민주화운동자료관건립추진위원회 상임운영위원장 2000~2003년 대통령소속 의문사진상규명위원회 위원 2001년 민주화운동기념사업회 이사 2002년 상지대 이사 2004년 국가정보원 과거사건진실규명을통한발전위원회 민간측 간사위원 2005~2009년 문화재위원회 사적분과 위원 2007~2009년 진실화해를위한과거사정리위원회 위원장, 동학농민혁명참여자명예회복심의위원회 심의위원 2012년 민주통합당 4.11총선 비례대표후보자추천심사위원회 위원장 2013년 가톨릭대 명예교수(현) 2015~2016년 더불어민주당 윤리심판원장 2015년 경기도교육청 역사교육특별위원회 준비위원장 2016년 同역사교육위원회 위원 2017년 한국학중앙연구원 원장(현)

안병욱(安秉旭) AHN Byung Wook

(생)1967·7·9 (출)충남 청양 (주)서울특별시 서초구 서초중앙로 157 서울회생법원(02-530-1114) (학)1986년 휘문고졸 1990년 서울대 경영학과졸 (경)1990년 공인회계사시험 합격(25회) 1994년 사법시험 합격(36회) 1997년 사법연수원 수료(26기) 1997년 대구지법 판사 2000년 同포항지원 판사 2001년 인천지법 부천지원 판사 2004년 서울행정법원 판사 2006년 서울북부지법 판사 2008년 서울고법 판사 2010년 대법원 재판연구관 2012년 대전지법 부장판사 2014년 사법연수원 교수 2017년 서울중앙지법 부장판사 2017년 서울회생법원 부장판사(현)

안병윤(安炳玧) Ahn Byung Yoon

(생)1964·5·15 (출)경북 예천 (주)세종특별자치시 정부2청사로 13 행정안전부 인사기획관실(044-205-1386) (학)대건고졸, 연세대 행정학과졸 (경)1995년 행정고시 합격(39회) 2004년 행정자치부 기획예산담당관실 근무 2004년 경북도 지역협력관 파견, 행정안전부 자치운영과 근무 2010년 同재난안전실 재난대책과장 2011년 同지방재정세제국 지방재정세관실 지방세정책과장 2012년 同교부세과장 2013년 대통령 행정자치비서관실 행정관(부이사관) 2014년 행정자치부 지방행정실 자치행정과장 2015~2018년 경북도 기획조정실장 2019년 駐미국 참사관(현)

안병익(安秉翼) AN Byung Ik

(생)1966·2·22 (출)강원 횡성 (주)서울특별시 서초구 반포대로 138 양진빌딩 2층 법무법인 진(02-2136-8100) (학)1985년 원주고졸 1989년 서울대 법과대학졸 1993년 同대학원 법학과졸 2008년 미국 Fordham 로스쿨 연수 (경)1990년 사법시험 합격(32회) 1993년 사법연수원 수료(22기) 1996년 수원지검 검사 1998년 청주지검 제천지청 검사 1999년 서울지검 검사 2001년 법무부 법무과 검사 2003년 대전지검 검사 2005년 同부장검사 2006년 서울중앙지검 공안1부 부부장검사 2007년 울산지검 공안부장 2008년 대전고검 검사 2008년 해외 파견(검사) 2009년 법무부 법무과장 2010년 서울중앙지검 공안2부장검사 2011년 대검찰청 감찰1과장 2013년 수원지검 안산지청 차장검사 2014년 창원지검 진주지청장 2015년 인천지검 제1차장검사 2016~2017년 서울고검 감찰부장 2016~2017년 대검찰청 '스폰서 부장검사(김형준)' 특별감찰팀장 2017년 법무법인 진 대표변호사(현)

안병주(安秉珠·女) An Byung Ju

(생)1961·9·11 (출)서울 (주)서울특별시 동대문구 경희대로 26 경희대학교 무용학부(02-961-0537) (학)1984년 경희대 체육대학 무용학과졸 1988년 미국 볼주립대 대학원졸 1990년 미국 브림감영대 대학원졸 2005년 무용학박사(동덕여대) (경)1992년 서울여대 체육대학 강사 1992년 경희대 무용학부 강사·조교수·부교수·교수(현) 1993년 김백봉무용단 단장, 안병주춤·이음무용단 대표(현) 2003년 서울시문화재위원회 전문위원(현) 2004년 (사)최승희춤연구회 회장(현) 2007~2013년 우리춤협회 이사·부이사장 2008~2010년 한국무용예술학회 편집위원장 2008년 경희대 기획위원회 연구역량전문위원 2009년 한국무용사학회 부회장 2011~2013년 한국무용예술학회 회장 2015년 평안남도무형문화재 제3호 김백봉부채춤 보유자 지정(현) 2017년 한국무용협회 수석부이사장(현) 2017년 서울무용제 운영위원(현) 2018년 문화재청 무형문화재위원회 위원(현) (상)제18차 세계평화 및 아세아 문화예술축전 외무부장관표창(1984), 경희대학장표창(1984), 서울공연예술제 무용부문 연기상(2001), 프라하국제무용제 대상(2006), 프라하국제무용제 연기상(2006) (저)'무용학 개론(共)'(1992) '무용감상을 위한 이해'(1996) (작)'내 안의 DADA' '청명심수' '부채춤' '화관무' '옥적의 곡' (종)불교

안병직(安秉直) AHN Byong Jick (又謹)

(생)1936 · 6 · 28 (본)순흥(順興) (출)경남 함안 (주)서울특별시 관악구 관악로 1 서울대학교 경제학과(02-886-8186) (학)1956년 부산공고졸 1962년 서울대 경제학과졸 1964년 同대학원 경제학과졸 (경)1965~1982년 서울대 경제학과 전임강사 · 조교수 · 부교수 1982~2001년 同경제학과 교수 1986~1987년 일본 東京大 경제학부 교수 1989~1991년 서울대 경제연구소장 1992년 경제사학회 회장 1998~1999년 한국개발원 이사장 2001년 낙성대경제연구소 이사(현) 2001년 서울대 경제학과 명예교수(현) 2002년 일본 후쿠이현립대 대학원 특임교수 2005년 북한인권국제대회준비위원회 공동대회장 2006~2008년 뉴라이트재단 이사장 2007~2008년 한나라당 여의도연구소 이사장 2008~2012년 (사)시대정신 이사장 2009~2010년 경기문화재단 실학박물관 초대관장 2012년 (사)시대정신 명예이사장 (상)다산학술상 학술대상(2018) (저)'근대조선공업화의 연구'(1993) '농민들'(共) '한국경제성장사'(共) '대한민국, 역사의 기로에 서다'(2008) '보수가 이끌다-한국 민주주의의 기원과 미래'(2011) '경세유표에 관한 연구'(2017) (역)'역주목민심서(共)'(1978)

안병천(安炳天) AHN Byung Cheon

(생)1958 · 6 · 25 (출)서울 (주)경기도 성남시 수정구 성남대로 1342 가천대학교 공과대학 기계공학과(031-750-5309) (학)1977년 동성고졸 1981년 고려대 기계공학과졸 1986년 同대학원 기계공학과졸 1992년 기계공학박사(고려대) (경)1983~1984년 두산산업(주) 개발부 사원 1990~1992년 고려대 생산기술연구소 연구원 1991~1995년 현대중공업(주) 중앙연구소 책임연구원 1995년 한국생산기술연구원 유망선진기술기업 기술지도위원 1995~2007년 경원대 공과대학 건축설비학과 전임강사 · 조교수 · 부교수 1998년 미국 위스콘신대 매디슨캠퍼스 연구방문교수 1999년 미국 공기조화냉동공학회(ASHRAE) 정회원(현) 1999~2001년 경원대 공과대학 건축설비학과장 2002년 同공과대학 행정실장 2007~2012년 同공과대학 건축설비공학과 교수 2012년 가천대 건축대학 건축설비공학과 교수 2014년 同공과대학 기계공학과 교수(현) 2019년 同산업 · 환경대학원장 겸 공과대학장(현) (상)경원대 강의우수교수상(2005 · 2006) (저)'C언어 실습'(1996) 'Auto CAD R13과 건축제도'(1996) 'Auto CAD R13과 기계제도'(1996) '건물에너지 성능진단 및 통합 유지관리시스템'(2010) (종)불교

안병철(安秉鐵 · 女) Ann Byeongcheol

(생)1952 · 3 · 10 (주)서울특별시 서초구 방배로5길 43 천주교 서울대교구 방배동성당(02-584-9731) (학)1978년 가톨릭대졸, 프랑스 파리가톨릭대 대학원 성서학과졸 1983년 同성서학 박사과정 수료 (경)1981년 사제 서품 1981년 Villeneuve st. Georges본당 학생신부 1983~1985년 천주교 명동 · 혜화동교회 보좌신부 1985년 同의정부4동교회 주임신부 1988년 가톨릭대 시간강사(현) 1988~1997년 同상주교주 1997~2002년 천주교 세종로교회 주임신부 2002년 同노원교회 주임신부 겸 7지구장 2006~2007년 프랑스 연수 2007~2014년 천주교 서울대교구 사무처장 2013~2016년 평화방송 사장 2013~2018년 평화신문 사장 2016~2018년 가톨릭평화방송 사장 겸임 2016년 한국가톨릭미술가협회 지도신부 2018년 천주교 서울대교구 방배동성당 주임신부(현) (종)천주교

안병태(安昞胎) Byung Tae Ahn

(생)1953 · 12 · 22 (본)탐진(耽津) (출)경북 경산 (주)대전광역시 유성구 대학로 291 한국과학기술원(KAIST) 신소재공학과(042-350-4220) (학)1989~1990년 미국 IBM Almaden Research Center 박사후연구원 1977년 서울대 재료공학과졸 1979년 한국과학기술원(KAIST) 재료공학과졸(석사) 1988년 재료공학박사(미국 스탠퍼드대) (경)1979~1982년 전자통신연구소 반도체연구부 선임연구원 1989~1990년 미국 IBM Almaden Research Center 박사후연구원 1990~1992년 삼성전자 반도체부문 기흥연구소 수석연구원 1992~2018년 한국과학기술원(KAIST) 신소재공학과 교수 2006~2011년 同신소재공학과장 2007~2009년 同청정에너지연구소 태양전지센터장 2008~2012년 한국연구재단 고효율무기박막태양전지연구센터 소장 2009~2015년 나노기반IT및융합연구사업단 이사장 2009년 한국재료학회 수석부회장 2010년 同회장 2013~2016년 한국과학기술원(KAIST) 학사과정 주임교수 2013년 한국태양광발전학회 학술지 'Current Photovoltaic Research' 에디터 2013~2018년 (사)한국태양광발전학회 부회장 2015년 한국물리학회 학술지 'Current Applied Physics' 편집위원 2019년 한국과학기술원(KAIST) 신소재공학과 명예교수(현) (상)한국과학기술원 학술상(2000), 한국재료학회 학술상(2001), 산업자원부장관표창(2004), 한국과학기술원 연구상(2006), 국무총리표창(2009), 한국태양광발전학회 공로상(2013), 한국태양광발전학회 GPVC(Global Photovoltaic Conference) Award · CPR(Current Photovoltaic Research)학술상(2017)

안병훈(安秉勳) AHN Byung Hoon

(생)1938 · 11 · 23 (본)광주(廣州) (출)황해 봉산 (주)서울특별시 종로구 대학로8가길 56 동숭빌딩 3층 도서출판 기파랑(02-763-8996) (학)1957년 서울고졸 1961년 서울대 법과대학 행정학과졸 (경)1965년 조선일보 기자 1974년 同정치부 차장 1979년 同정치부장 1981년 同사회부장 1984년 同편집부국장 겸 주간조선 주간 1985년 同이사대우 편집국장 1986~1988년 同편집인 겸 편집국장(이사 · 상무이사) 1987년 한국신문편집인협회 운영위원장 1989년 월간조선 · 주간조선 · 가정조선 편집인 겸 상무이사 1990~1992년 조선일보 · 소년조선 · 중학생조선 편집인 겸 상무이사 1991~1995년 한국신문편집인협회 회장 1992~1998년 조선일보 전무이사 겸 편집인 1995년 한국신문방송편집인협회 고문 1995~2007년 LG상남언론재단 이사장 1997~2005년 한국신문방송편집인협회기금 이사장 1999년 조선일보 편집인 겸 부사장 2002~2003년 同공동대표이사 부사장 2003~2006년 관악언론인회 회장 2005년 방일영문화재단 이사장 2005년 도서출판 기파랑 사장(현) 2006년 학교법인 일송학원(한림대재단) 이사(현) 2010년 (재)서재필기념회 이사장(현) 2011년 이승만연구소 회장 2012년 어문정책정상화추진회 공동대표 2015년 (재)통일과나눔 이사장(현), 어문정책정상화추진회 이사(현) (상)국민훈장 동백장, 한림대 일송상(2010), 서울대총동창회 관악대상(2017) (저)'사진과 함께 읽는 대통령 이승만'(2011) '사진과 함께 읽는 대통령 박정희' 'Syngman Rhee, The Founding President of the Republic of Korea' '그래도 나는 또 꿈을 꾼다'

안병훈(安秉勳) Ahn, Byung Hoon

(생)1965 · 8 · 30 (본)순흥(順興) (출)충북 진천 (주)세종특별자치시 다솜3로 95 공정거래위원회 카르텔조사국 카르텔총괄과(044-200-4544) (학)1983년 충주고졸 1991년 서울대 국사학과졸 2009년 미국 워싱턴대 세인트루이스교 법률대학원졸(LL.M.) 2012년 법학박사(J.D.)(미국 워싱턴대 세인트루이스교) (경)1996년 행정고시 합격(40회) 1998년 법제처 근무 2001~2003년 공정거래위원회 조사1과 근무 2004년 同기업집단과 사무관 2007년 同기업집단과 서기관 2007~2008년 同심판총괄담당관 · 특수거래과 서기관 2008년 同특수거래과장 2009~2012년 국외 훈련(미국 워싱턴대 세인트루이스교) 2012년 국가경쟁력강화위원회 파견 2013년 공정거래위원회 특수거래과장 2014년 同송무담당관 2017년 同카르텔조사국 국제카르텔과장 2019년 同카르텔조사국 카르텔총괄과장(현)

안복열(安復烈) AN Bok Yul

(생)1973 · 3 · 3 (출)경북 울진 (주)울산광역시 남구 법대로 55 울산지방법원 총무과(052-216-8000) (학)1992년 신림고졸 2001년 경기대

법학과졸 (경)2000년 사법시험 합격(42회) 2003년 사법연수원 수료(32기) 2003년 춘천지법 예비판사 2005년 同판사 2006년 수원지법 판사 2009년 同안양지원 판사 2012년 서울남부지법 판사 2014년 서울중앙지법 판사 2016년 서울동부지법 판사, 서울남부지법 판사 2019년 울산지법 부장판사(현)

안상국(安商國) AN Sang Kook

(생)1938·12·20 (출)경남 함안 (주)강원도 영월군 북면 강구길 50-23 강원목초산업(주)(033-374-8707) (학)1961년 마산대학 법학과 수료 (경)1962년 경남 함안군산림조합 입사 1962~1978년 산림청 서울·안동 영림서·임정국 근무 1978~1986년 同기획관리실·총무과·영림국 근무 1986년 同관리과장 1989년 同기획예산담당관 1995년 同총무과장 1996년 同기획관리관 1997년 同임업정책국장 1998~2000년 임협협동조합중앙회 부회장 1999~2018년 한국임산탄화물협회 회장 2000년 강원목초산업(주) 대표이사(현) (상)녹조근정훈장, 홍조근정훈장

안상돈(安相燉) AN Sang Don

(생)1962·2·11 (출)경북 김천 (주)서울특별시 강남구 테헤란로44길 8 아이콘역삼빌딩 9층 법무법인(유) 클라스(02-555-5007) (학)1980년 우신고졸 1987년 고려대 법과대학졸 (경)1988년 사법시험 합격(30회) 1991년 사법연수원 수료(20기) 1991년 서울지검 검사 1993년 청주지검 제천지청 검사 1994년 대전지검 검사 1996년 부산지검 검사 1998년 법무부 법무심의관실 검사 2000년 서울지검 동부지청 검사 2003년 대구지검 부부장검사 2004년 청주지검 부장검사 2005년 법무부 법무심의관실 상사팀장 2006년 대구지검 안동지청장 2007년 대검찰청 형사2과장 2008년 同형사1과장 2009년 서울중앙지검 형사3부장 2009년 同형사2부장 2010년 대구지검 제2차장검사 2011년 수원지검 제2차장검사 2012년 인천지검 제1차장검사 2013년 수원지검 제1차장검사 2013년 광주고검 차장검사(검사장급) 2015년 대검찰청 형사부장(검사장급) 2015년 대전지검장 2017~2018년 서울북부지검장 2018년 법무법인(유) 클라스 대표변호사(현) (상)근정포장(2008)

안상수(安商守) AHN Sang Soo (海仁)

(생)1946·2·9 (본)순흥(順興) (출)경남 마산 (주)경상남도 창원시 마산합포구 해안대로 393 삼원빌딩 4층 (학)1964년 마산고졸 1968년 서울대 법학과졸 1994년 고려대 언론대학원 최고위과정 수료 1996년 서울대 경영대학원 수료 (경)1975년 사법시험 합격(17회) 1977년 사법연수원 수료(7기) 1978년 전주지검 검사 1980년 대구지검 검사 1982년 마산지검 검사 1985년 서울지검 검사 1987년 춘천지검 검사 1987년 변호사 개업 1991년 대한변호사협회 인권위원 1993년 同대변인 1993년 환경운동연합 지도위원 1994년 서울지방변호사회 외국인노동자법률상담소장 1995년 대한변호사협회 당직변호사 전국확대위원장 1996년 제15대 국회의원(과천·의왕, 신한국당·한나라당) 1998년 한나라당 원내부총무 1998년 同대변인 1998년 同총재언론특보 2000년 제16대 국회의원(과천·의왕, 한나라당) 2000년 한나라당 인권위원장 2003년 同대표최고위원 특보단장 2004년 제17대 국회의원(과천·의왕, 한나라당) 2004년 국회 미래전략특별위원회 위원장 2005~2007년 국회 법제사법위원장 2006년 한·인도네시아의원친선협회 회장 2006년 한·미의원외교협의회 부회장 2007~2008년 한나라당 원내대표 2007년 同제17대 대통령중앙선거대책위원회 공동위원장 2008년 제18대 국회의원(과천·의왕, 한나라당·새누리당) 2008년 국민통합포럼 회장 2008년 한·인도의원친선협회 회장 2009~2010년 한나라당 원내대표 2009~2010년 국회 운영위원장 2010~2011년 한나라당 대표최고위원 2012년 새누리당 상임고문 2012년 同제18대 대통령중앙선거대책위원회 경남명예선거대책위원장 2013년 경남대 정치외교학과 석좌교수 2014~2018년 경남 창원시장(새누리당·자유한국당·무소속) 2018년 경남 창원시장선거 출마(무소속) 2018년 안상수변호사 개업(현) (상)백봉신사상 올해의 신사의원 베스트10(2009), 스페인 이사벨여왕 십자문화대훈장(2017) (저)'안검사의 일기'(1995) '이제야 마침표를 찍는다'(1995) '쓴소리 바른소리'(2008) '나는 정권교체를 이룬 행복한 원내대표였다'(2009) '한국의 권력구조 어떻게 할 것인가'(2009) '대한민국의 선진화'(2010) (종)가톨릭

안상수(安相洙) AHN Sang Soo

(생)1946·5·28 (본)순흥(順興) (출)충남 태안 (주)서울특별시 영등포구 의사당대로 1 국회 의원회관 643호(02-784-2690) (학)1968년 경기고졸 1975년 서울대 사범대학졸, 同대학원 경영학과졸 1995년 미국 미시간대 세계지도자과정 수료 1996년 고려대 노동대학원 고위과정 수료 1997년 미국 트로이주립대 경영대학원졸 2000년 경영학박사(미국 서던캘리포니아대) 2009년 명예 행정학박사(연세대) (경)1977~1979년 제세산업 창업 1981~1990년 동양증권 이사·감사·부사장 1990~1994년 동양선물 대표이사·동양국제금융선물 미국현지법인 대표이사 1992년 동양그룹 이동통신사업본부장 1994~1996년 (주)데이콤 이사 1995년 동양그룹 기획조정실 사장 1996년 신한국당 인천계양·강화甲지구당 위원장 1997년 한나라당 인천계양·강화甲지구당 위원장 1997년 同이회창 대통령후보 경제특보 1999년 제15대 국회의원(인천 계양·강화甲 보궐선거, 한나라당) 2000년 한나라당 인천계양지구당 위원장 2002~2010년 인천광역시장(한나라당) 2006~2008년 전국시도지사협의회 부회장 2007년 2014인천아시안게임조직위원회 부위원장 2010년 인천시장선거 출마(한나라당) 2010년 한나라당 인천시당 상임고문 2010~2012년 대한아마추어복싱연맹 회장 2012년 새누리당 상임고문 2012년 同제18대 대통령중앙선거대책위원회 공동위원장 2012년 同제18대 대통령중앙선거대책위원회 가계부채특별위원회 위원장 2013년 同국책자문위원회 재정경제분과위원장 2014년 同인천西·강화乙당원협의회 운영위원장 2015년 제19대 국회의원(인천 서구·강화乙 재·보궐선거, 새누리당·무소속) 2015년 국회 농림축산식품해양수산위원회 위원 2015년 국회 예산결산특별위원회 위원 2015~2016년 새누리당 인천시당 위원장 2016년 제20대 국회의원(인천 중구·동구·강화군·옹진군, 무소속·새누리당〈2016.6〉·자유한국당〈2017.2〉)(현) 2016~2018년 국회 농림축산식품해양수산위원회 위원 2016년 접경지역사랑국회의원협의회 회장(현) 2016~2017년 새누리당 인천중구·동구·강화군·옹진군당원협의회 조직위원장 2016년 同전국위원회 부의장 2016년 同전국위원회 의장 권한대행 2017년 국회 헌법개정특별위원회 위원 2017년 새누리당 상임고문 2017년 자유한국당 인천중구·동구·강화군·옹진군당원협의회 조직위원장(현) 2017~2018년 同전국위원회 의장 2017년 同제19대 홍준표 대통령후보 중앙선거대책위원회 공동위원장 겸 서민대책위원장 2018년 국회 헌법개정 및 정치개혁특별위원회 위원 2018년 자유한국당 정책위원회 부의장(현) 2018년 同정책혁신위원회 민생활력혁신분과 위원장 2018년 同6.13전국지방선거공약개발단 중앙핵심공약개발단 산하 민생활력혁신단장 2018년 同혁신비상대책위원회 준비위원장 2018년 국회 행정안전위원회 위원(현) 2018년 국회 예산결산특별위원회 위원장 2019년 국회 예산결산특별위원회 위원(현) 2019년 자유한국당 인천시당 위원장(현) (상)국무총리표창(2007), 재외동포신문 선정 '2008 올해의 인물상'(2009), 미국 우드로윌슨상 공공부문(2009), 한국스카우트연맹 무궁화금장(2009), 대한민국 경영인대상 창조경영부문(2009), 한국지방자치단체 경영혁신단체장부문 대상(2009), 제9회 자랑스런 한국인대상 행정혁신부문대상(2009), 한국수자원학회 수자원특별상(2010), 대한무궁화중앙회 대한민국무궁화대상 행정부문(2013) (저)'선물거래의 실무' '뉴욕은 블룸버그를 선택했다'(2001) '국제금융선물거래'(2002) '안상수의 혼이 담긴 인천이야기'(2012) '아! 인천'(2013, 행복에너지) '긍정이 멘토다(共)'(2014, 행복에너지) (종)기독교

안상수(安尙秀) ahn, sang-soo

(생)1952·2·8 (출)충북 충주 (주)경기도 파주시 회동길 330 문예림출판사 201호 파주타이포그라피학교(031-955-9254) (학)홍익대졸 1981년 同대학원졸 1995년 이학박사(한양대) 2001년 명예박사(영국 킹스턴대) (경)1985~1991년 안그라픽스 설립·대표 1985년 한글꼴「안상수체」 디자인(멋지음) 개발 1991~2012년 홍익대 미술대학 시각디자인과 교수 1997~2001년 세계그래픽디자인단체협의회(ICOGRADA) 부회장, 국제그래픽연맹(AGI) 회원(현), 중국 중앙미술학원 특빙교수(현), 영국 런던 왕립미술원(RCA) 방문교수(현) 2001~2017년 타이포잔치 조직위원장 2012~2017년 서울디자인재단 이사장 2013년 파주타이포그라피배곳 날개(교장)(현) (상)한국신문협회 한국신문상(1983), 한글학회표창(1988), Zgraf Grand Prix 국제디자인전 대상(1999), Icograda President Award(2003), 독일 라이프치히시 구텐베르크상 수상(2007), Icograda Education Award(2009), 디자인포아시아어워드 평생공로상(2017), 한국출판인회의 공로상(2017) (저)'폰토그라퍼'(1995, 안그라픽스) '한글 디자인'(1996, 안그라픽스) '어울림 보고서'(2001, 안그라픽스) '도깨비'(2005, 안그라픽스) '안상수 작품집'(2006, 안그라픽스) 'NANA PROJECT 4'(2008, 안그라픽스) '한글 디자인 교과서(共)'(2009, 안그라픽스) '날개할아버지의 우리 아기 눈맞춤책'(2010, 보림) '감히, 아름다움(共)'(2011, 이음) '안상수체 2012 글꼴보기집(共)'(2012, 안그라픽스) '한글 디자이너 최정호(共)'(2014, 안그라픽스) '마노체 2014 글꼴보기집(共)'(2015, 안그라픽스) '미르체 2015 글꼴보기집(共)'(2015, 안그라픽스) '날개 파티'(2017, PaTI) (역)'타이포그래피'(2001, 안그라픽스) '타이포그라픽 디자인'(2006, 안그라픽스) '타이포그래피 투데이'(2010, 안그라픽스) '편집 디자인(共)'(2013, 안그라픽스)

안상열(安翔烈) Ahn Sang Yeol

(생)1967 (주)세종특별자치시 갈매로 477 기획재정부 인사과(044-215-2252) (학)1986년 진주 동명고졸 1990년 서울대 법학과졸 1996년 미국 시라큐스대 맥스웰스쿨 정책학석사 2013년 서울대 행정대학원 정책학 박사과정 수료 (경)2007년 기획재정부 재정전략실 복지전략팀장 2008년 2012여수세계박람회조직위원회 파견 2011년 기획재정부 재정관리국 재정집행관리팀장 2012년 同재정관리국 민간투자정책과장 2016년 同예산실 법사예산과장(부이사관) 2017년 同예산실 산업정보예산과장(부이사관) 2018년 同재정관리총괄과장 2019년 국회 기획재정위원회 파견(고위공무원)(현)

안상엽(安庠燁) An Sang Yeob

(생)1960·8·4 (출)전북 남원 (주)전라북도 전주시 완산구 유연로 180 전북지방경찰청 112종합상황실(063-280-8529) (학)남원 성원고졸, 단국대졸 (경)1984년 경위 특채 2003년 경정 승진 2012년 총경 승진 2013년 전북지방경찰청 경무과 치안지도관 2014년 경찰대 운영지원과장 2015년 전북 임실경찰서장 2016년 전북지방경찰청 경무과장 2017년 전북 완주경찰서장 2017년 전북지방경찰청 정보화장비과장 2018년 전북 군산경찰서장 2019년 전북지방경찰청 112종합상황실장(현)

안상욱(安商旭) AN Sang Wook

(생)1966·6·8 (출)인천 (주)인천광역시 남동구 남동대로 208 남동공단 71블럭 16롯트 청보산업(주) 비서실(032-816-3550) (학)1985년 인천고졸 1992년 인하대 기계공학과졸 2002년 同대학원 경영학과졸 (경)1992~1994년 보성산업(주) 기술개발실 근무 1995~1997년 (주)양지원공구 기술과 근무 2001년 청보산업(주) 영업이사 2004년 同대표이사 사장(현)

안상철(安相哲) AN Sang Cheol

(생)1958·10·28 (주)서울특별시 중구 다동길 46 동국산업(주) 임원실(02-316-7559) (학)부산진고졸, 서울대 영어영문학과졸 (경)1982년 (주)대우인터내셔널 입사, 同베트남 총괄임원, 同화학2본부장(상무) 2013년 동국산업(주) 부사장 2014년 同각자대표이사 사장(현)

안상현(安相炫) Ahn, Sanghyun

(생)1967·3·1 (주)전라남도 무안군 삼향읍 오룡길 1 전라남도청 경제에너지국(061-286-3800) (학)1982년 순천고졸 1992년 한양대 행정학과졸 (경)1992~1997년 쌍용자동차(주) 근무 1999년 지방행정사무관 임용(지방고시 4기) 2005~2009년 전남도 정책기획관실 기획담당·정책연구담당 2009년 同경제과학국 환경산업과장 2010년 행정안전부 지방행정국 지방경쟁력지원과 근무 2011년 전남도 투자정책국 기업도시과장 2013년 駐후쿠오카총영사관 근무 2016년 (재)국제농업박람회조직위원회 사무국장 2016년 전남도 정책기획관 2017년 同보건복지국장 2018년 세종연구소 교육파견(지방부이사관) 2019년 전남도 경제에너지국장(현)

안상현(安相炫) AHN, SANG HYUN

(생)1972·7·21 (본)순흥(順興) (출)대전 (주)세종특별자치시 도움5로 20 법제처 행정법제국 법제심의관실(044-200-6605) (학)1991년 대전대성고졸 1995년 서울대 사회교육과졸 1996년 同행정대학원 행정학 수료 2007년 미국 워싱턴대 대학원 법학과졸 (경)1995년 행정고시 합격(39회) 1996~1997년 총무처 행정사무관시보 1997~1998년 법제처 행정심판관리국 행정사무관 2003~2004년 同행정법제국 서기관 2005~2006년 同법제조정실 법령총괄담당관실 서기관 2006년 同법제지원단 법제관(과장급) 2008~2009년 同사회문화법제국 법제관 2009~2010년 同법령해석정보국 법제정보과장 2010~2012년 同대변인 2012~2013년 同경제법제국 법제관 2013~2015년 대통령비서실 국정과제비서관실 행정관(부이사관) 2015~2016년 인사혁신처 국가공무원인재개발원 파견 2017년 법제처 법제정책국 법제정책총괄과장 2017년 同헌법개정지원단 1팀장 2017~2019년 同행정법제국 법제관 2019년 同행정법제국 법제심의관(고위공무원)(현)

안석호(安奭鎬) ANN SEOK HO

(생)1965·10·22 (주)경기도 성남시 분당구 성남대로343번길 9 SK주식회사 C&C 현장경영실(02-6400-1530) (학)한양대 산업공학과졸, 미국 뉴욕주립대 대학원졸(Tech Management 석사) (경)2010년 SK C&C 윤리경영팀장 2012년 同정보보안팀장 2013년 同윤리경영담당(팀장급) 2013~2014년 同인력본부장(상무) 2015년 SK주식회사 C&C CPR본부장 2016년 同현장경영실장(현)

안선주(安宣柱·女) AHN Sun Ju

(생)1987·8·31 (출)경기 광주 (학)2006년 경화여고졸 2013년 건국대 스포츠과학부 골프지도학과졸 (경)2005년 한국여자프로골프협회 회원(현) 2005~2009년 하이마트 소속 2005년 제니아-엔조이골프투어 1·2·3차전 우승 2006년 제28회 신세계배 KLPGA 선수권대회 2위 2006년 제6회 레이크사이드 여자오픈 2위 2006년 KLPGA투어 KB국민은행 스타투어 1차대회 우승 2007년 제1회 KLPGA 인터불고 마스터스 3위 2007년 삼성 금융레이디스 챔피언십 3위 2007년 제29회 신세계배 KLPGA선수권대회 3위 2007년 MBC투어 코리아골프 아트빌리지 오픈 우승 2007년 힐스테이트 서경여자오픈 3위 2007년 태영배 한

국여자오픈골프선수권대회 우승 2007년 KLPGA투어 KB국민은행 스타투어 1차대회 우승 2008년 2007 China Ladies Open 3위 2008년 KB국민은행 Star Tour 1차전 2위 2008년 힐스테이트 서경여자오픈 2위 2008년 제30회 신세계 KLPGA선수권대회 2위 2008년 KLPGA투어 삼성금융레이디스 챔피언십 우승 2008년 KLPGA투어 하이트컵 챔피언십 3위 2008년 KLPGA투어 KB국민은행 스타투어 4차대회 2위 2008년 KLPGA & LET투어 세이트포 레이디스 마스터스 2위 2009년 KLPGA투어 MBC투어 롯데마트여자오픈 공동2위 2009년 KLPGA투어 KB국민은행 스타투어 1차대회 우승 2009년 KLPGA투어 KB국민은행 스타투어 2차대회 우승 2009년 KLPGA투어 LG전자 여자오픈 공동2위 2010년 팬코리아 소속 2010년 JLPGA투어 다이킨오키드레이디스 우승 2010년 JLPGA투어 스탠리레이디스 골프토너먼트 우승 2010년 JLPGA투어 먼싱웨어레이디스 도카이클래식 2위 2010년 JLPGA투어 후지쓰레이디스 우승 2010년 JLPGA투어 투어챔피언십 공동2위 2011년 JLPGA투어 월드레이디스 챔피언십 살롱파스컵 우승 2011년 KLPGA투어 우리투자증권 레이디스 챔피언십 2위 2011년 JLPGA투어 산토리레이디스 우승 2011년 JLPGA투어 NEC 가루이자와72 우승 2011년 JLPGA투어 산쿄 레이디스오픈 우승 2012년 투어스테이지 소속 2012년 JLPGA투어 요코하마 타이어 PRGR 레이디스 2위 2012년 JLPGA투어 월드 레이디스 챔피언십 살롱파스컵 우승 2012년 JLPGA투어 메이지컵 2위 2012년 JLPGA투어 니토리 레이디스 우승 2012년 JLPGA투어 골프5 레이디스 우승 2013년 JLPGA투어 CAT레이디스 우승 2013년 JLPGA투어 니토리 레이디스 우승 2013년 JLPGA투어 히사코 히구치 제과 레이디스 2위 2013년 JLPGA투어 챔피언십 리코컵 3위 2014년 JLPGA투어 야마하 레이디스오픈 우승 2014년 JLPGA투어 주쿄TV 브리지스톤 레이디스오픈 우승 2014년 JLPGA투어 산토리 레이디스오픈 우승 2014년 JLPGA투어 센추리21 레이디스 골프토너먼트 공동2위 2014년 JLPGA투어 스탠리 레이디스 토너먼트 우승 2014년 JLPGA투어 후지쓰 레이디스 우승 2015년 JLPGA투어 니치레이 레이디스 공동3위 2015년 JLPGA투어 센추리21 레이디스 토너먼트 우승 2015년 미국여자프로골프(LPGA)투어 토토 재팬 클래식 우승 2016년 JLPGA투어 후지산케이 레이디스 클래식 2위 2016년 JLPGA투어 센추리21 레이디스 토너먼트 우승 2016년 LPGA투어 토토 재팬 클래식 공동3위 2017년 JLPGA투어 다이킨 오키드 레이디스 우승 2018년 JLPGA투어 요코하마 타이어 골프 토너먼트 PRGR 레이디스 컵 우승 2018년 JLPGA투어 야마하 레이디스오픈 우승 2018년 JLPGA투어 닛폰햄 레이디스클래식 우승 2018년 JLPGA투어 니토리 레이디스 토너먼트 우승 2018년 JLPGA투어 제51회 코니카 미놀타컵 LPGA 챔피언십 공동2위 2018년 JLPGA투어 노부타그룹 마스터스 GC레이디스 우승 2019년 JLPGA투어 야마하 레이디스오픈 2위 2019년 JLPGA투어 홋카이도 메이지컵 3위 (상)일본여자프로골프(JLPGA)투어 신인왕·다승왕(2010), 일본여자프로골프(JLPGA)투어 최저타수상(2010·2011·2013·2014), 일본여자프로골프(JLPGA)투어 상금왕(2010·2011·2014·2018), 일본여자프로골프(JLPGA)투어 올해의 선수상(2014)

안성수(安晟洙) Ahn Sung soo

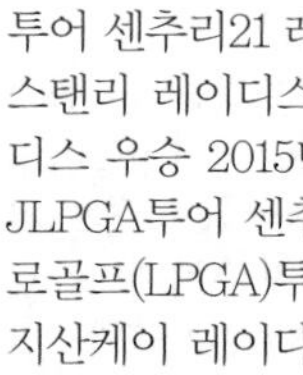

(생)1962·1·28 (출)서울 (주)서울특별시 서초구 남부순환로 2406 예술의전당 오페라하우스 4층 국립현대무용단(02-6196-1698) (학)1980년 서울 대성고졸 1992년 미국 뉴욕 줄리아드스쿨 무용과졸 (경)Ballet Randolph 단원·안무자(Miami) 1992년 무용단체 '안성수 픽업그룹' 결성·운영(안무가)(현) 1992~1994년 미국 마이애미 New World School of the Arts·미국 뉴욕 The Fiorello H. La Guardia High School Music and Arts 강사 1997~1998년 용인대·전북대·숭의여대·한양대·한국예술종합학교 시간강사 1999~2016년 한국예술종합학교 무용원 창작과 교수 2016년 국립현대무용단 예술감독(현) (상)미국 마르타 힐 상(1992), 도쿄국제안무경연대회 3등(1993), 아메리칸 댄스 페스티벌(ADF) 스크립트 험프리 와이드만 리몽 안무상(1993), 영국 보니 버드 북아메리카상(1993), 제6회 춤비평가상(2001), 제12회 무용예술상 작품상(2004), 올해의 예술상 무용부문 최우수상(2005), 제17회 무용예술상 작품상(2009) (작)'장미(봄의 제전)' 한불수교 130주년기념 프랑스 샤이오국립극장 초연 '혼합'(2016)

안성수(安晟秀) An Sung Su

(생)1966·3·31 (출)인천 (주)서울특별시 서초구 반포대로 158 서울고등검찰청 총무과(02-530-3261) (학)1984년 인하대사대부고졸 1988년 서울대 국제경제학과졸 1992년 同사법학과졸 2002년 미국 뉴욕컬럼비아대 법과대학원졸(LL.M) 2008년 형사법학박사(인하대) (경)1992년 사법시험 합격(34회) 1995년 사법연수원 수료(24기) 1995년 인천지검 검사 1997년 대구지검 안동지청 검사 1998년 인천지검 부천지청 검사 2000년 대구지검 검사 2003년 서울지검 검사 2004년 서울중앙지검 검사 2005년 인천지검 검사 2007년 창원지검 부부장검사 2007년 대검찰청 미래기획단 연구관 2008년 同연구관 2009년 서울북부지검 부부장검사 2009년 인천지검 외사부장 2010년 대검찰청 디지털수사담당관 2011년 법무연수원 교수 2012년 인천지검 형사4부장 2013년 춘천지검 부장검사 2014년 법무부 형사사법공통시스템운영단장 겸임 2015년 제주지검 차장검사 2016년 대검찰청 과학수사기획관 2017년 서울서부지검 차장검사 2018년 서울고검 검사(현) (상)법무부장관표창(2004) (저)'형사소송법-쟁점과 미래'(2009)

안성오(安晟吾)

(생)1969·10·23 (주)경상남도 창원시 의창구 용지로 161 바른미래당 경남도당(055-273-6500) (학)마산대 레저스포츠과졸 (경)경남도보디빌딩연합회 감사(현) 2016년 국민의당 경남도당 창당준비위원회 부위원장 2016년 제20대 국회의원선거 출마(창원시 마산회원구, 국민의당) 2016년 국민의당 창원시마산회원구지역위원회 위원장 2018년 바른미래당 경남창원시마산회원구지역위원회 위원장(현) 2018~2019년 同경남도당 공동위원장

안성욱(安成昱) AN Sung Uk

(생)1964·12·4 (출)경남 김해 (주)경기도 성남시 중원구 양현로405번길 7 604호 법률사무소 성문(031-698-2700) (학)1983년 성남서고졸 1987년 고려대 법학과졸 2006~2007년 미국 보스턴대 경영대학원 국비연수 (경)1991년 사법시험 합격(33회) 1994년 사법연수원 수료(23기) 1994년 軍법무관 1997년 부산지검 검사, 대구지검 상주지청 검사 2000년 서울지검 남부지청 검사 2003년 대검찰청 공적자금비리합동단속반 검사·중앙수사부 검찰연구관 2006년 대전지검 부부장검사 2008년 대구지검 경주지청 부장검사 2009년 부산지검 마약·조직범죄수사부장 2009년 서울동부지검 공판송무부장 2010년 변호사 개업(현) 2013년 성남시수정중앙노인종합복지관 운영위원회 위원(현) 2014년 성남외국인주민복지센터 법률지원 변호사 2015년 NGO환경보호운동중앙회 고문변호사 2015년 성남산업진흥원 이사(현) 2015년 성남 분당구민간어린이집연합회 자문변호사 2015년 성남시체육회 이사 2015년 한국노총 성남지역지부 고문변호사(현) 2015년 대한에어로빅협회 부회장 2015년 성남시어린이집연합회 가정분과 고문변호사 2015년 제10대 성남시사회복지사협회 고문변호사 2015년 제2기 성남여수초 운영위원장 2015년 성남시장애인종합복지관·부속시설 공동운영위원회 위원(현) 2015년 성남시 고문변호사(현) 2015년 새정치민주연합 법률위원회 부위원장 2015년 더불어민주당 법률위원회 부위원장(현) 2016년 제20대 국회의원선거 예비후보(경기 성남중원, 더불어민주당) 2017년 더불어민주당 정책위원회 부의장(현) 2017년 同제19대 대통령선거 문재인후보 법률인권특보 2017년 同중앙선거대책위원회 공명선거본부 법률지원단 부단장 2018년 경기 양평군청 고문변호사(현) (종)기독교

안성은(安成殷) AHN Sung Eun

(생)1961 · 10 · 9 (본)순흥(順興) (출)서울 (주)서울특별시 종로구 청계천로 41 한국도이치은행 비서실(02-316-8838) (학)서울대 산업공학과졸, 미국 로체스터대 경영대학원졸 (경)1993~2002년 살로먼스미스바니 투자은행(IB)부문 한국대표 · ING베어링스 임원 · BZW IB임원 2002~2004년 도이치증권 투자은행(IB)부문 한국대표 2004~2008년 메릴린치 투자은행(IB)부문 한국대표 2008~2013년 뱅크오브아메리카 메릴린치 한국대표 2013년 도이치은행그룹 한국대표(현)

안성일(安城逸) AN Sung Il

(생)1968 · 5 · 21 (출)광주 (주)세종특별자치시 한누리대로 402 산업통상자원부 지역경제정책관실(044-203-4400) (학)1987년 광주고졸 1991년 경찰대 행정학과졸 1996년 서울대 행정대학원 수료 1999년 미국 콜로라도대 대학원 통신공학과졸 (경)1991년 행정고시 합격(35회) 1999년 정보통신부 정보화기획실 정보보호과 사무관 2001년 同정보보호기획과 서기관 2003년 OECD사무국 정보통신정책과 파견 2005년 정보통신부 정보통신협력본부 통상협상팀장 2007년 同정보통신정책본부 산업기술팀장 2008년 지식경제부 산업기술시장과장 2009년 同입지총괄과장 2011년 同에너지관리과장(부이사관) 2013년 산업통상자원부 무역투자실 총괄기획과장 2013년 同통상정책국 통상정책총괄과장 2015년 대한무역투자진흥공사(KOTRA) 외국인투자지원센터 파견(고위공무원) 2016년 국외훈련(고위공무원) 2017년 대한무역투자진흥공사(KOTRA) 방산물자교육지원센터장(파견) 2017년 산업통상자원부 지역경제정책관(현)

안성준(安省俊)

(생)1971 · 10 · 17 (출)서울 (주)서울특별시 서초구 서초중앙로 157 서울중앙지방법원(02-530-1690) (학)1990년 대원고졸 1994년 경희대 법학과졸 2000년 同대학원 법학 석사과정 수료 (경)1995년 사법시험 합격(37회) 1998년 사법연수원 수료(27기) 1998년 軍법무관 2001년 청주지법 판사 2003년 同보은군법원 · 괴산군법원 · 진천군법원 판사 2004년 수원지법 성남지원 판사 2007년 서울중앙지법 판사 2009년 서울동부지법 판사 2013년 부산지법 동부지원 부장판사 2015년 수원지법 부장판사 2017년 서울남부지법 부장판사 2019년 서울중앙지법 부장판사(현)

안성진(安星珍) Ahn Seong Jin

(생)1966 (주)서울특별시 종로구 성균관로 25-2 성균관대학교 컴퓨터교육과(02-760-0672) (학)1988년 성균관대 정보공학과졸 1990년 同대학원 정보공학과졸 1998년 정보공학박사(성균관대) (경)1999년 성균관대 사범대학 컴퓨터교육과 교수(휴직)(현) 2010~2014년 한국컴퓨터교육학회 회장 2012~2014년 한국교육학술정보원 비상임이사 2013년 한국과학기술정보연구원 국가과학기술연구망 자문위원 2013년 대검찰청 디지털수사자문위원 2013년 미래창조과학부 융합기술개발사업추진위원회 위원 2013년 산업통상자원부 산업기술분쟁조정위원회 위원 2014년 정보통신산업진흥원 TOPCIT(Test of Practical Competency in ICT) 위원 2014년 미래창조과학부 ICT인재양성전문위원회 위원장 2014~2015년 네이버 소프트웨어교육 자문위원, 미국 세계인명사전 'Marquis Who's Who in the World'에 등재, 영국 국제인명사전(IBC) 'International Biographical Centre'에 등재, 미국 세계인명사전 'ABI : American Biographical Institute'에 등재 2015~2017년 성균관대 입학처장 2016~2018년 한국보안윤리학회 회장 2016년 미래창조과학부 정보보호산업분쟁조정위원회 위원 2016년 방송통신위원회 인터넷문화정책자문위원회 위원 2018년 성균관대 사범대학장 겸 교육대학원장 2018년 한국과학창의재단 이사장(현) (상)국무총리표창(1997), 행정안전부장관표창(2009), 대통령표창(2011), 근정포장(2016)

안성호(安成浩) Seong-Ho Ahn

(생)1953 · 2 · 13 (출)대전 (주)서울특별시 은평구 진흥로 235 한국행정연구원(02-564-2001) (학)1972년 대전고졸 1977년 숭실대 영어영문학과졸 1979년 서울대 대학원 행정학과졸 1988년 행정학박사(서울대) (경)1983~1996년 대전대 행정학부 전임강사 · 조교수 · 부교수 1985년 미국 Minnesota대 객원교수 1988년 대전대 학생생활연구소장 1989년 同사회과학연구소장 1991년 同국제교류위원장 1995년 同경영행정대학원장 · 산업정보대학원장 1995년 사회복지재단 '밀알' 이사 1996~2018년 대전대 사회과학대학 행정학과 교수 1996년 서울행정학회 회장 1997년 영국 London대 객원교수 1998년 대전 · 충남지방자치학회 회장 2000년 대전대 기획연구처장 2001년 同지역협력연구원장 2003년 대통령자문 정책기획위원 2003년 지방분권국민운동 공동의장(현) 2004년 대전대 산학협력단장 2005~2007년 同부총장 2006년 제주특별자치도지원위원회 위원, 신행정수도포럼 상임공동대표(현) 2007~2009년 교육인적자원부 법학교육위원회 위원 2011~2013년 한국지방자치학회 회장 2017년 행정안전부 자치분권전략회의 민간위원장 2017년 대통령직속 지방자치발전위원회 · 지역발전위원회 산하 '세종 · 제주자치분권 · 균형발전특별위원회' 위원장 겸 세종특별자치시분과 위원장(현) 2017년 대통령직속 정책기획위원회 분권발전분과위원장(현) 2018년 대전대 명예교수(현) 2018년 한국행정연구원 원장(현) (상)교육부장관표창(1990) (저)'행정과 가치(共)'(1988) '한국지방자치론'(1995) '스위스연방민주주의 연구'(2001) '시민사회와 행정' '미래도시와 환경(共)'(2003) '지방거버넌스와 지방정책(共)'(2004) '지역정체성과 사회자본(共)'(2004) '분권과 참여 : 스위스의 교훈'(2005) (역)'리더십철학'(1989) (종)기독교

안성호(安晟鎬) AHN Seong Ho

(생)1968 · 4 · 21 (출)서울 (주)충청북도 음성군 삼성면 상곡로 55-35 (주)에이스침대 비서실(043-877-1881) (학)1991년 고려대 지질학과졸 (경)1991년 동방기획 마케팅부 근무 1992년 (주)에이스침대 입사 1993년 同기획담당 이사 1997년 同기획담당 상무이사 1997년 同총괄부사장 2002년 同대표이사 부사장 2003년 同대표이사 사장(현) 2013~2016년 한국표준협회 비상임이사 (상)대한민국 마케팅부문 대상(2005), 산업포장(2006)

안성회(安聖會) AHN Seung Hoi

(생)1947 · 8 · 26 (본)죽산(竹山) (출)충남 천원 (주)서울특별시 서초구 서초대로 286 서초프라자 6층 법무법인 송백(02-3487-4100) (학)1966년 부산고졸 1970년 서울대 법과대학졸 (경)1970년 사법시험 합격(12회) 1972년 사법연수원 수료(2기) 1973년 해군 법무관 1975~1983년 서울민사지법 · 춘천지법 원주지원 · 서울지법 북부지원 판사 1983년 대구고법 판사 1985년 서울고법 판사 1986년 대법원 재판연구관 1987년 대구지법 경주지원 부장판사 1990년 사법연수원 교수 1992년 서울민사지법 부장판사 1994년 부산고법 부장판사 1996년 부산지법 수석부장판사 1996년 서울고법 부장판사 2000년 서울지법 서부지원장 2003년 울산지법원장 2004~2005년 서울동부지법원장 2005~2007년 변호사 개업 2007년 법무법인 서린 고문변호사 2008년 同대표변호사 2010~2015년 법무법인 정률 변호사 2015년 법무법인 송백 변호사(현) (상)청조근정훈장(2006) (종)천주교

안성훈(安成勳) AHN SUNG HOON

(생)1969 · 4 · 15 (주)서울특별시 관악구 관악로 1 서울대학교 기계항공공학부(02-880-7110) (학)1992년 미국 미시간대 항공우주공학과졸 1994년 미국 스탠퍼드대 대학원 항공우주공학과졸 1997년 항공우주공학박사(미국 스탠퍼드대) (경)1997년 미국 스탠퍼드대 기계공학과 박사후연구원 1997

~2000년 미국 U.C. Berkeley 기계공학과 Research Associate/Lecturer 2000~2003년 경상대 기계항공공학부 조교수 2001년 미국 U.C. Berkeley 기계공학과 Visiting Scholar 2003년 서울대 기계항공공학부 조교수·부교수·교수(현) 2014년 녹색생산기술분야 국제학술지 'International Journal of Precision Engineering and Manufacturing-Green Technology' 초대편집장(현) 2015~2017년 (사)대학산업기술지원단(UNITEF) 제9대 단장 2017년 서울대 융합과학기술대학원 부원장(현) 2019년 현대위아 사외이사(현) 2019년 국제생산공학아카데미(CIRP) 석학회원(현)

안세진(安世珍) AHN Se Jin

(생)1969·3·31 (주)경기도 성남시 중원구 도촌로 8번길 30 (주)놀부(1577-6877) (학)경기고졸, 연세대 경영학과졸, 서울대 대학원 경영학과졸 (경)1997년 Monitor Group 컨설팅담당 2000년 (주)LG텔레콤 마케팅전략팀 과장 2001년 A.T.Kearney 컨설팅담당 2005년 (주)LG화학 산업재·마케팅전략담당 상무 2006년 同산업재·전략담당 상무 2007년 同신사업개발담당 상무, 同신사업개발 총괄 2008~2009년 (주)LG상사 HI마케팅담당 상무 2012년 알릭스파트너스 전무 2015년 LS그룹 사업전략부문장(전무) 2017년 LS산전(주) 전략혁신본부장(CSO·전무) 2017년 同전략기획본부장(CSO·전무) 2018년 (주)놀부 대표이사 겸 영업본부장(현) (종)불교

안세진(安世鎭) An, Sejin

(생)1972·8·1 (본)죽산(竹山) (출)서울 (주)세종특별자치시 한누리대로 402 산업통상자원부 산업혁신성장실 산업기술정책과(044-203-4501) (학)경기고졸 1997년 서울대 외교학과졸, 한국개발연구원(KDI) 국제정책대학원 정책학과졸 2009년 미국 로체스터대 대학원 경영학과졸(MBA) (경)1998년 산업자원부 사무관 2005년 同혁신기획팀 서기관 2009년 지식경제부 에너지절약정책과 서기관 2010년 同구미협력과장 2011~2012년 대통령 경제수석비서관실 행정관 2012~2015년 駐오스트리아 상무관 2013~2014년 Wassenaar Arrangement(전략물자수출통제국제기구) 전문가그룹 의장 2015년 산업통상자원부 FTA협상총괄과장 2016년 同산업기반실 전자부품과장 2017년 同통상협력국 중동아프리카통상과장 2019년 同산업혁신성장실 산업기술정책과장(현)

안세홍(安世洪)

(생)1961·2·10 (주)서울특별시 용산구 한강대로 100 (주)아모레퍼시픽 임원실(02-709-5114) (학)부산대 화학과졸, 서강대 경영대학원졸 (경)1986년 (주)아모레퍼시픽 입사, 同시판사업부장 2009년 同시판사업부 상무, (주)에뛰드 에뛰드CM장, (주)이니스프리 대표이사 상무 2011년 同대표이사 전무 2014년 同대표이사 부사장 2017년 (주)아모레퍼시픽 대표이사 사장(현)

안세희(安世熙) AHN Se Hee

(생)1928·4·22 (출)평북 신의주 (주)서울특별시 서초구 반포대로37길 59 대한민국학술원(02-3400-5220) (학)안동중졸 1951년 연세대 이공대 물리학과졸 1954년 同대학원 물리학과졸 1959년 물리학박사(미국 노스웨스턴대) 1983년 명예 이학박사(고려대) 1983년 명예 이학박사(중국 중앙민족대) 1986년 명예 이학박사(미국 보스턴대) 1990년 명예 법학박사(연세대) (경)1951~1955년 공군사관학교 교관 1955~1962년 연세대 이공대학 물리학과 전임강사·부교수 1962~1993년 同교수 1962~1968년 同이학부장 1965년 同자연과학연구소장 1968년 미국 南일리노이대 초빙교수 1971년 연세대 기획실장 1973년 同대학원장 1975~1980년 同부총장 1978~1982년 한국과학기술단체총연합회 회장 1979~1986년 태국 아시아공대(AIT) 이사 1980~1988년 연세대 총장 1980년 연세암센터 이사장 1980년 기독교학교연맹 이사장 1981~1983년 한국원자력학회 회장 1989~1991년 한국물리학회 회장 1991~2008년 한국과학기술단체총연합회 고문 1993년 연세대 명예교수(현) 1994년 대우재단 자문위원 1994년 참빛운영재단 이사장 1994년 한국과학기술한림원 정회원 1997년 대한민국학술원 회원(물리학·현) 1998년 한국과학기술한림원 종신회원(현) (상)은성화랑무공훈장(1953), 국민훈장 동백장(1972), 성곡학술문화상(1992), 국민훈장 무궁화장(1993) (저)'자연과학 개론(共)'(1963) '대학의 현실과 사명'(1988) '물리학의 현대적 이해'(1993) (역)'Kaplan 원자핵물리학(共)'(1961) 'Powell 원자력학(共)'(1963) (종)기독교

안수일(安壽一) AHN Soo Il

(생)1959·8·8 (주)울산광역시 남구 중앙로 201 울산광역시의회(052-229-5125) (학)학성고졸 1987년 동국대 문리대학 미술학졸, 울산대 정책대학원 행정학과졸 (경)한나라당 신정1동협의회 봉사회장, 바르게살기운동 신정1동위원장, 신정새마을금고 이사 2010년 울산시 남구의회 의원(한나라당·새누리당) 2012~2014년 同건설환경위원장 2014년 울산시 남구의회 의원(새누리당·자유한국당) 2014~2016년 同의장, 민주평통 울산남구협의회 자문위원 2018년 울산시의회 의원(자유한국당)(현) 2018년 同환경복지위원회 위원(현)

안수훈(安秀勳) Soo Hun, An

(생)1963·10·19 (본)강진(康津) (출)인천 강화 (주)서울특별시 종로구 율곡로2길 25 연합뉴스 기획조정실(02-398-3114) (학)1982년 서울 경성고졸 1986년 한국외국어대 행정학과졸 1988년 同대학원 행정학과졸 2005~2006년 미국 위스콘신주립대 밀워키캠퍼스 경제학과 연수 2016년 서강대 경제대학원 OLP과정 수료 (경)세계일보 사회부 기자, 연합통신 사회부 기자 1995~2003년 연합뉴스 정치부 기자·바그다드특파원·정치부 차장 2008년 同애틀랜타특파원 2011년 同국제뉴스4부장 2013년 同미디어과학부장 2015년 同편집국 전국부장(부국장대우) 2016년 同편집국 사회부장(부국장대우) 2017년 同논설위원(부국장대우) 2018년 同인천취재본부장 2019년 同편집국 전국·사회에디터 2019년 同기획조정실장(현) (상)한국기자상(1994) (저)'딕시-목화밭에서 오바마까지 미국 남부를 읽는다'(2013, 서해문집)

안숙선(安淑善·女) AHN Sook Sun

(생)1949·9·5 (출)전북 남원 (주)서울특별시 마포구 월드컵북로54길 12 국악방송(02-300-9990) (학)동국대 문화예술인지도자과정 수료 (경)1957년 강순영선생께 가야금산조 사사 1958년 강도근·김소희·박봉술·정광수·정권진·성우향 명창께 사사 1970년 김소희선생 문하 입문 1973년 박귀희선생께 가야금산조 및 병창 사사 1979년 국립창극단 단원 1986년 판소리다섯마당 공연 1988년 유럽 8개국 순회공연 1989년 중요무형문화재 제23호 가야금산조 예능준보유자 지정 1990년 웰위음악연주대회 참가 1993년 핀란드 쿠모페스티벌 초청공연 1993년 국립창극단 지도위원 1995년 안숙선·김대례의 살풀이 공연, 삼성나이세스전속 아티스트매니지먼트 계약, 향사가야금병창연구회 회장 1997년 중요무형문화재 제23호 가야금산조 및 병창 예능보유자 지정(현) 1998년 용인대 국악과 지도교수 1998년 한국예술종합학교 전통예술원 겸임교수 1998~1999년 국립창극단 단장 겸 예술감독 2000~2006년 同예술감독 2000~2014년 한국예술종합학교 전통예술원 음악과 교수 2007년 여수세계엑스포유치위원회 명예홍보대사 2011·2012·2013·2014년 춘향제전위원회 위원장(현) 2013~2015년 국립국악원 민속악단 예술감독 2013년 (재)국악방송 비상임이사(현) 2015년 서남대 석좌교수(현) 2016년 한국문화예술위원

회 복권기금문화나눔사업 홍보대사 2016년 코리아문화수도조직위원회(KCOC) 선정위원(현) (상)남원춘향제 전국명창경연대회 대통령표창(1986), KBS 국악대상(1987), 대한민국 문화예술상 음악부문(1993), 올해의 국제문화인상, 서울시 문화상(1999), 옥관문화훈장(1999), 프랑스 문화훈장, 대한민국 문화훈장, 영국 헤럴드 에인절 크리틱스 어워드, 의암주논개상(2011), 제17회 만해대상(2013), 제20회 방일영국악상(2013), 삼성행복대상 여성창조상(2015) (작)음반 '안숙선 남도민요', '안숙선 구음시나위', '안숙선 知音', '안숙선 가야금병창', '안숙선 춘향가', '안숙선 적벽가' (종)불교

안순철(安順喆) AN, Soon Cheol

(생)1962 · 8 · 5 (본)순흥(順興) (출)경기 (주)경기도 용인시 수지구 죽전로 152 단국대학교 사회과학대학 정치외교학과(031-8005-3316) (학)서울 경동고졸 1985년 단국대 정치학과졸 1987년 미국 오클라호마주립대 대학원 정치외교학과졸 1995년 정치학박사(미국 미주리대 컬럼비아교) (경)1997년 단국대 사회과학대학 정치외교학과 교수(현) 2001년 한국사회과학데이터센터 이사 2005년 단국대 대외협력실장 2006~2007년 同서울캠퍼스 기획조정실장 2006~2007년 同서울캠퍼스 비서실장 2011~2013년 同죽전캠퍼스 사회과학대학장 2016년 同대학원장 2019년 同대외부총장(현) (저)'선거체제비교-제도적 효과와 정치적 영향'(1998) '한국의 선거'(2002) '한국의 선거제도'(2002) '미국의 예비선거 : 비교정치학적 접근'(2005) '선거공영제의 확대 : 합리성과 전제조건' '선거체제 비교-제도적 효과와 정치적 영향(개정판)'(2016, 법문사) (역)'민주화의 이론과 사례 : 이상과 현실의 갈등'(1999)

안승국(安承國) AN, Seung Kook

(생)1955 · 8 · 24 (본)순흥(順興) (출)서울 (주)부산광역시 금정구 부산대학로63번길 2 부산대학교 유기소재시스템공학과(051-510-2413) (학)1978년 서울대 섬유공학과졸 1988년 미국 노스캐롤라이나주립대 대학원졸(공학석사) 1992년 공학박사(미국 노스캐롤라이나주립대) (경)1980년 코오롱(주) 연구소 주임 1982년 쌍용종합무역상사 근무 1992년 미국 노스캐롤라이나주립대 박사 후 과정 1993~1995년 국립공업기술원 공업연구관 1995년 부산대 유기소재시스템공학과 조교수 · 부교수 · 교수(현) 2007~2014년 부산산학관협의회 생활소재산업분과 위원장 2010년 한국섬유공학회 부회장 2011~2013년 부산대 생산기술연구소장 2011년 同수송용섬유BIZ산업RIS사업단장(현) 2017년 한국산업용섬유협회 회장(현) (저)'섬유재료역학(共)'(2001) (종)기독교

안승권(安承權) AHN Seung Kwon

(생)1957 · 10 · 20 (본)순흥(順興) (출)광주 (주)서울특별시 강서구 마곡중앙10로 30 LG사이언스파크(02-6987-1500) (학)1980년 서울대 전자공학과졸 1982년 同대학원 전자공학과졸 1992년 전자공학박사(서울대) 2008년 서울대 대학원 최고경영자과정 수료 (경)1982년 LG전자 중앙연구소 입사 1998년 同미디어통신 연구소장 2001년 同DAV사업부장(상무) 2004년 同MC연구소장(부사장) 2007년 同MC사업본부장(사장) 2007년 한국공학한림원 정회원(현) 2010년 LG그룹 기술협의회 의장(현) 2010~2017년 LG전자 최고기술책임자(CTO · 사장) 2011~2013년 대통령직속 국가정보화전략위원회 전략위원 2011~2018년 대한전자공학회 부회장 2015~2016년 국가과학기술자문회의 자문위원(제3기) 2017년 한국과학기술단체총연합회 부회장(현) 2017년 LG전자 마곡사이언스파크 대표(사장)(현) (상)서울대 경영대학원 최우수논문상(2005), 조선일보 차세대리더 전문경영인선정(2006), 대한전자공학회 해동기술상(2009), 금탑산업훈장(2015), 한국을 빛내는 70인의 서울공대박사(2016)

안승남(安昇男) AN Seung Nam

(생)1965 · 12 · 29 (본)순흥(順興) (출)서울 (주)경기도 구리시 아차산로 439 구리시청 시장실(031-550-2001) (학)1990년 한국외국어대 경제학과졸 (경)구리 · 남양주시민모임 의장, 민주평통 자문위원, 구리시선거관리위원회 위원, 구리시 장자초 · 구리고 운영위원장, 구리시 도림초 · 교문중 학부모회장, 한국외국어대총동문회 상근사무부총장 2010년 경기도의회 의원(민주당 · 민주통합당 · 민주당 · 새정치민주연합) 2010~2012년 同도시환경위원회 간사 2011년 민주통합당 경기도당 대변인 2012년 경기도의회 도시환경위원장 2012년 同행정자치위원회 위원 2012년 同예산결산특별위원회 위원 2013년 민주당 전략기획위원회 부위원장, 同지속가능발전특별위원회 부위원장 2014~2018년 경기도의회 의원(새정치민주연합 · 더불어민주당) 2014년 同경제과학기술위원회 위원 2015년 同수도권상생협력특별위원회 위원 2015년 同안전사회건설특별위원회 위원 2015년 同장기미집행도시공원특별위원회 위원 2016년 同교육위원회 위원 2016년 同예산결산특별위원회 위원 2016년 同노동자인권보호특별위원회 위원 2016년 同경제민주화특별위원회 위원 2016~2018년 同미래신산업육성및일자리창출특별위원회 위원 2016년 구리소방서 명예소방서장 2017~2018년 경기도의회 안전행정위원회 위원 2018년 경기 구리시장(더불어민주당)(현) (상)대한민국 위민의정대상 우수상(2016) (종)기독교

안승섭(安勝燮)

(생)1960 · 10 · 5 (출)경북 안동 (주)경상북도 경산시 하양읍 가마실길 50 경일대학교 SMART인프라대학 토목공학과(053-600-5426) (학)1980년 대구공고졸 1984년 영남대 토목공학과졸 1986년 同대학원 공학과졸 1993년 공학박사(영남대) (경)1988년 영남대 · 계명대 · 경북산업대 강사 1994년 경동전문대 토목과 전임강사 · 토목과장 1995년 경일대 공학계열 건설정보공학부 교수, 同SMART인프라대학 토목공학과 교수(현) 1997년 대구시 지방건설기술 심의위원 1999년 同부실설계시공 평가위원 1999~2007년 울산시 지방건설기술 심의위원 2000년 영천시 도시계획위원 2011년 경일대 건설공학부장 2013년 同취업지원단장 2014년 同학생처장 2016~2019년 同교무처장 2018~2019년 同교학부총장 겸임 (상)국무총리표창(2010)

안승윤(安承潤) AHN Seung Yun

(생)1962 · 10 · 5 (출)경남 창원 (주)서울특별시 중구 을지로 51 교원내외빌딩 SK텔레시스 비서실(02-2129-1900) (학)1981년 마산고졸 1985년 서울대 국제경제학과졸 (경)1988년 SK(주) 영업기획부 근무 1991년 대한텔레콤 사업개발팀 근무 1994년 SK텔레콤 경쟁력강화특별대책위원회 근무 1997년 同마케팅기획본부 마케팅전략팀장 2000년 SK신세기통신 마케팅전략팀장 2000년 SK텔레콤(주) 마케팅전략본부 마케팅전략팀장 2000년 同마케팅전략본부장 직대 2002년 同CRM본부장 겸 마케팅연구원장 2002년 同CRM본부장(상무) 2003년 同Portal사업본부장(상무) 2005년 同Contents사업본부장(상무) 2006년 同Biz전략실장(상무) 2007년 同중국사업부문 Biz개발그룹장(상무) 2009년 SK브로드밴드(주) 마케팅부문장(전무) 2011년 SK텔레콤(주) 플랫폼경영실장 2012년 同경영지원실장(CFO · 전무) 2013~2015년 SK브로드밴드(주) 대표이사 사장 2015년 SK텔레시스 대표이사 사장(현)

안승준(安承準) AHN Seung Jun (源谷)

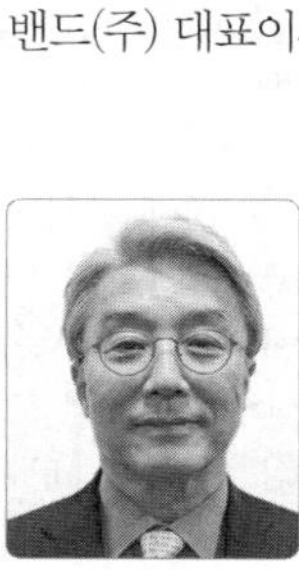

(생)1955 · 10 · 18 (출)서울 (주)서울특별시 중구 동호로 297 4층 (사)디지펀아트협회(02-792-2996) (학)1974년 경기고졸 1978년 한국외국어대 법대 행정학과졸 1984년 미국 브리지포트대 경영대학원 경영학과졸(MBA) 2006년 서울대 법과대학 최고지도자과정 수료 (경)1978~1982

년 삼성생명보험 인사담당 1984년 미국 California Korea Bank 관리과장 1997~1998년 삼성전자(주) 전략T/F S 프로젝트팀장(이사보·회장 비서실 파견) 1998~2009년 대한전자공학회 협동부회장 2000~2009년 정보산업연합회 운영위원 2001~2002년 교육인적자원부 국립대학발전위원회 운영위원 2002년 대통령자문 교육인적자원정책위원회 고등정책위원 2002~2003년 서울대 공과대학 기술경영정책 겸임교수 2002~2011년 숙명여대 겸임교수 2004~2005년 대통령 인사보좌자문위원 2006~2009년 삼성전자(주) 인재개발연구소장(전무) 2007~2015년 서울시정개발연구원 이사 2011년 한양대 자연과학대학원 특임교수(현) 2011~2014년 아모레퍼시픽 고문 2012년 차병원그룹 사장 2012년 서울시 인재육성T/F 위원장(현) 2013~2014년 한국공학한림원 문화기술위원장 2013년 서울도서관 명예관장(현) 2015년 인사혁신추진위원회 위원(현) 2016~2018년 앰배서더호텔그룹 경영지원실 부회장 2017년 (사)디지펀아트협회 회장(현) (상)국가안전기획부장 산업보안공로표창(1998), IEEE 세계교육대상(1999), 대한전자공학회 공로표창(1999), 한국공학한림원 해동상(2010)

안승진(安承振)

(생)1971·6·1 (본)순흥(順興) (출)대구 (주)서울특별시 서초구 서초중앙로 160 법률센터 905호 안승진법률사무소(02-533-7568) (학)1989년 대구 영신고졸 1994년 서울대 법학과졸 2017년 同대학원 법학과졸 (경)1996년 사법시험 합격(38회) 1999년 사법연수원 수료(28기) 1999년 공익법무관 2002년 수원지검 검사 2004년 대구지검 검사 2006년 서울북부지검 검사 2010년 창원지검 검사 2011년 인천지검 부부장검사 2012년 법무연수원 파견(검사교수) 2014년 전주지검 군산지청 부장검사 2015년 광주지검 순천지청 형사2부장 2016년 광주고검 부장검사 2017년 同전주지부 부장검사 2017년 법무법인 지우 구성원변호사 2018년 변호사 개업(현) (상)검찰총장표창(2006)

안승호(安昇晧)

(생)1959·7·1 (주)경기도 수원시 영통구 삼성로 129 삼성전자(주)(031-200-1114) (학)1977년 부산중앙고졸 1981년 서울대 섬유공학과졸 1983년 同대학원 금속공학과졸 1990년 재료공학박사(미국 일리노이대 어배나샘페인교) 2000년 법정학박사(미국 산타클라라대) (경)1990년 삼성전자(주) 입사, 同PKG개발팀 수석연구원 1997년 同특허그룹 수석연구원 2002년 同지적자산팀장 2007년 同LCD총괄 차세대연구소 지적재산그룹장 2009년 同종합기술원 IP전략팀장 겸임 2010년 同IP센터장(전무대우) 2010년 同IP센터장(부사장대우) 2011년 국가지식재산위원회 민간위원 2011~2016년 한국지식재산협회(KINPA) 회장 2014~2016년 한국특허정보원 비상임이사, 삼성전자(주) 고문(현)

안승호(安承浩) AN Seung Ho

(생)1963·9·20 (출)경북 월성 (주)경기도 수원시 영통구 법조로 105 수원지방법원 총무과(031-210-1101) (학)1982년 대일고졸 1986년 서울대 법학과졸 1988년 同대학원 법학과 수료 (경)1989년 사법시험 합격(31회) 1992년 사법연수원 수료(21기) 1992년 대구지법 판사 1995년 同안동지원 판사 1996년 인천지법 판사 2000년 서울지법 판사 2002년 同동부지원 판사 2005년 서울동부지법 판사 2005년 서울고법 판사 2007년 대전지법 부장판사 2008년 의정부지법 부장판사 2010년 서울북부지법 민사12부장 2011년 同형사13부장 2012년 서울중앙지법 부장판사 2015년 서울서부지법 부장판사 2017년 부산지법 부장판사 2019년 수원지법 부장판사(현)

안연순(安鍊淳) AHN Yeon Soon

(생)1957·1·17 (출)광주 (주)전라남도 강진군 성전면 강진산단로1길 1 (재)전라남도환경산업진흥원(061-430-8321) (학)광주제일고졸, 전남대 공정설계학과졸, 미국 오리건주립대 대학원 환경공학과졸 (경)기술고시 합격 1984년 관세청 근무 1988년 관세공무원교육원 근무 1989년 관세중앙분석소 근무 1990년 환경부 대기관리과 근무 1992년 同기술개발과 근무 1993년 同환경기술정책과 근무 1994년 同생활오수과 근무 1997년 국외 훈련(미국 오리건주립대) 1999년 낙동강환경관리청 운영국장 2001년 환경부 화학물질관리과장 2001~2004년 대통령 정책수석비서관실 행정관 2004년 환경부 자연보전국 환경평가과장 2005년 同환경정책실 환경기술과장 2005년 同대기보전국 대기정책과장 2007년 수도권대기환경청장 2007년 駐중국 참사관(고위공무원) 2010년 환경부 국립생물자원관 기획전시부장 2010년 영산강유역환경청장 2011~2012년 환경부 국립생물자원관장 2012~2016년 한국환경공단 기후대기본부장(상임이사) 2016년 (재)전라남도환경산업진흥원 원장(현) (상)근정포장

안영규(安永圭) AHN Young Gyu

(생)1963·4·8 (출)경남 마산 (주)서울특별시 서초구 서초대로74길 4 삼성생명 서초타워 법무법인(유) 동인(02-2046-0602) (학)1982년 진주고졸 1986년 서울대 법과대학 법학과졸 1988년 同대학원 법학과졸 1994년 同대학원 법학 박사과정 수료 2000년 독일 뮌헨대 종합형사법연구소 장기연수 (경)1991년 사법시험 합격(33회) 1994년 사법연수원 수료(23기) 1994년 서울지검 남부지청 검사 1996년 부산지검 울산지청 검사 1998년 창원지검 검사 2001년 법무부 특수법령과 검사 2003년 서울지검 검사 2004년 서울중앙지검 검사 2006년 대구지검 부부장검사 2007년 창원지검 진주지청 부장검사 2008년 수원지검 부장검사 2008년 해외파견(부장검사) 2011년 법무연수원 기획과장 2012년 서울서부지검 형사2부장 2013년 서울북부지검 형사1부장 2014년 광주지검 순천지청 차장검사 2015년 부산고검 검사(예금보험공사 금융부실책임조사본부장 파견) 2016년 대전고검 검사 2016년 법무연수원 연구위원 겸임 2017~2018년 서울고검 검사 2018년 법무법인(유) 동인 구성원변호사(현) (저)'개정 북한형법 해설자료' '북한 개성공업지구법 분석' (역)'주석 독일법원 조직법'(共)

안영규(安泳奎) Ahn Young Kyoo

(생)1966·12·31 (출)강원 속초 (주)세종특별자치시 정부2청사로 13 행정안전부 재난안전관리본부 안전관리정책관실(044-205-4100) (학)1985년 서울 영일고졸 1989년 연세대 토목공학과졸 1992년 同대학원 토목공학과졸 2013년 도시공학박사(연세대) (경)1990년 기술고시 합격(26회) 2003년 인천경제자유구역청 영종개발과장(지방시설서기관) 2004~2007년 국외훈련(미국 미시간대) 2007년 인천경제자유구역청 영종개발과장 2007년 同개발1국 과장 2008년 同도시개발계획과장(지방기술서기관) 2010년 인천시 건설교통국장(지방부이사관) 2012년 同종합건설본부장 2013년 인천 서구청 부구청장 2015년 국민안전처 재난관리실 복구총괄과장 2015년 同재난관리실 재난예방정책관 2017년 행정안전부 재난안전관리본부 재난관리정책관 2018년 同재난안전관리본부 안전정책실 안전관리정책관(현) (상)우수공무원표창(2011), 국방대총장표창(2012)

안영균(安英均) AHN YEONG-KYUN

(생)1959·2·6 (주)서울특별시 서대문구 충정로7길 12 한국공인회계사회(02-3149-0104) (학)서울대 경영학과졸 1993년 同대학원 경영학과졸 2002년 경영학박사(국민대) (경)1980년 삼일회계법인 입사, Coopers & Lybrand 토론토지사 파견, 삼일회계법인 품질관리실장 1997년 同본부 상무이사 2000~2005년 同CIP1본부장 2005년 同부대표 2007년 정보통신

부 통신위원회 위원, 증권선물위원회 회계제도심의위원, 한국회계학회 부회장, 한국공인회계사회 이사 2012~2015년 한국회계기준원 회계기준위원회 비상임위원 2014년 삼일회계법인 대표 2014~2016년 한국공인회계사회 상근연구교육부회장 2015~2017년 국제회계사연맹(IFAC) IFAC국제교육기준위원회(IAESB) 위원 2016년 한국공인회계사회 상근연구부회장(현)

안영근(安永根) Ann Young Keun

(생)1961 · 7 · 26 (주)서울특별시 중구 을지로 66 KEB하나은행 중앙영업1그룹(1588-1111) (학)1980년 함창고졸 1988년 숭실대 무역학과졸 2015년 연세대 언론홍보대학원 최고위과정 수료 (경)1988년 서울은행 망원동지점 행원 1997년 同홍보실 대리 2002년 하나은행 임원부속실 차장 2005년 同임원부속실 팀장 2005년 同하나금융지주설립기획단 관리자 2006년 하나금융지주 홍보팀장 2008년 하나은행 서초南지점장 2012년 同학여울역지점장 2014~2015년 하나금융지주 그룹공보총괄 상무 2015년 하나캐피탈 비상임이사 2015년 외환은행 홍보부 본부장 겸 하나금융지주 그룹공보총괄 상무 2015년 KEB하나은행 대외협력본부장 2016년 同변화추진 · 대외협력본부장(전무) 2016년 同경영지원그룹장 겸 커뮤니케이션본부장(전무) 2017년 同경영지원그룹장(전무) 겸 하나금융지주 전무(CCMO) 2018년 同소비자브랜드그룹장 겸 업무지원본부장(전무) 2019년 同중앙영업1그룹 부행장(현)

안영길(安英吉) AHN Young Gil

(생)1953 · 10 · 11 (출)인천 (주)인천광역시 미추홀구 학익소로 29 석목법조빌딩 501호 경인법무법인(032-861-2201) (학)1972년 제물포고졸 1976년 서울대 법과대학졸 1978년 동국대 행정대학원 수료 (경)1983년 사법시험 합격(25회) 1985년 사법연수원 수료(15기) 1986년 부산지법 울산지원 판사 1989년 부산지법 판사 1992년 인천지법 판사 1996년 서울지법 판사 1997년 서울고법 판사 1999년 서울가정법원 판사 2001년 춘천지법 부장판사 2003년 수원지법 부장판사 2005년 서울중앙지법 부장판사 2008년 서울가정법원 수석부장판사 2011년 수원지법 안산지원장 2014년 수원지법 부장판사 2016~2017년 인천가정법원장 2018년 수원지법 부장판사 2019년 경인법무법인 변호사(현)

안영률(安泳律) AN Young Yul

(생)1957 · 2 · 19 (출)서울 (주)서울특별시 서초구 서초중앙로24길 12 영생빌딩 201호 법무법인 케이씨엘(02-594-1500) (학)1975년 경기고졸 1979년 서울대 법과대학졸 1981년 同대학원 법학과 수료 (경)1979년 사법시험 합격(21회) 1981년 사법연수원 수료(11기) 1981년 軍법무관 1984년 서울지법 남부지원 판사 1986년 서울형사지법 판사 1988년 광주지법 목포지원 판사 1991년 광주고법 판사 1992년 서울고법 판사 1994년 대법원 재판연구관 1996년 창원지법 부장판사 1998년 수원지법 부장판사 1999년 서울지법 남부지원 부장판사 2000년 서울지법 부장판사 2003년 부산고법 부장판사 2005년 서울고법 행정1부 부장판사 2010년 광주지법원장 2011~2012년 서울서부지법원장 2012년 법무법인 케이씨엘 변호사(현) 2013~2016년 한국수출입은행 비상임이사 2018년 언론중재위원회 제7회 전국동시지방선거 선거기사심의위원장 2018년 효성중공업(주) 사외이사(현)

안영배(安榮培) AN Young Bae

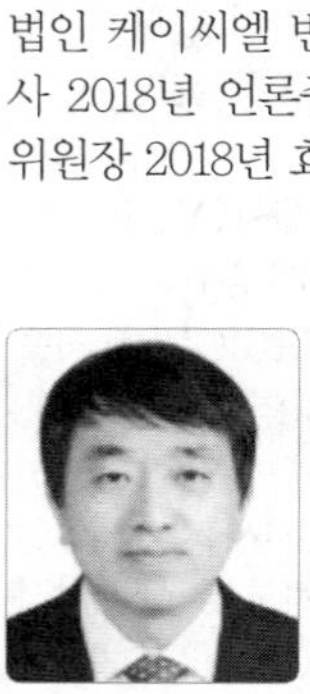

(생)1962 · 8 · 17 (주)강원도 원주시 세계로 10 한국관광공사(033-738-3002) (학)1981년 서울 오산고졸 1989년 서울시립대 도시행정학과졸 (경)월간 '말' 편집차장, 한국기자협회 편집부장 2001~2003년 미디어오늘 편집국장 겸 기획조정실장 2003~2004년 대통령비서실 국정홍보행정관 2004~2006년 대통령 국정홍보비서관(부대변인 겸임) 2006~2008년 국정홍보처 차장 2010~2013년 사람사는세상노무현재단 사무처장 2016~2018년 한국미래발전연구원 부원장 2018년 한국관광공사 사장(현)

안영수(安榮洙 · 女) AHN Young Su

(생)1942 · 12 · 20 (본)순흥(順興) (출)충북 충주 (주)서울특별시 강동구 양재대로81길 17 국제영어대학원대학교 총장실(02-6477-5114) (학)1968년 경희대 영어영문학과졸 1974년 同대학원졸 1977년 벨기에 루뱅가톨릭대 대학원졸 1983년 문학박사(경희대) (경)1977~2008년 경희대 영어학부 교수 1988년 미국 네바다주립대 교환교수 1997~2003년 경희대 국제교육원장 2004~2007년 同문과대학장 2008년 同명예교수(현) 2014년 국제영어대학원대학교 총장(현) (상)경희대총동문회 공로상(2004), 옥조근정훈장(2008) (저)'영국낭만주의 시 연구'(2004) (종)불교

안영수(安永守) Ahn Young Su

(생)1961 · 1 · 13 (본)광주(廣州) (출)경남 함양 (주)세종특별자치시 시청대로 370 산업연구원 방위산업연구센터(044-287-3037) (학)1980년 대아고졸 1987년 경상대 무역학과졸 1991년 부산대 대학원 무역학과졸 2005년 경영학박사(고려대) (경)1987년 산업연구원 입원 1993년 同첨단기계산업실 책임연구원 1997년 同자본재산업실 부연구위원 2002년 同주력산업실 연구위원 2005년 산업통상자원부 항공기수입심의위원회 위원 2005년 항공경영학회 이사 겸 항공우주산업분과 위원장(현) 2007~2014년 산업통상자원부 항공우주산업정책개발 실무위원회 위원 2007년 同항공산업발전T/F 위원 2010~2011년 대통령실 국방산업2020추진상황점검T/F 위원 2010년 미래기획위원회 국방산업발전T/F 수출산업분과 조장 2010년 교육과학기술부 국가우주개발기본계획수립 정책분과 위원장 2011년 미래창조과학부 한국형발사체개발사업추진위원회 위원 2011년 대한무역투자진흥공사 방산물자GtoG특별위원회 위원(현) 2011~2013년 국방부-한국국방연구원 전력소요분석단 경제성분석총괄팀장 2011~2015년 국방부 국방전력소요검증위원회 위원 2011~2015년 同국방전력소요검증실무위원회 위원 2011년 방위사업청 방위산업발전위원회 위원 2011년 산업연구원 성장동력산업연구센터 방위산업팀장 2013년 同방위산업실장(선임연구위원) 2014년 방위사업청 방산수출발전위원회 위원 2015년 대한무역투자진흥공사(KOTRA) 정부간수출계약심의위원회 위원(현) 2015년 기획재정부 국가재정운용계획위원회 국방분과 위원 2015년 국민안전처 해경장기전력확보자문위원회 위원 2016년 국회예산정책처 국방재정정책포럼위원회 위원(현) 2016년 방위사업청 자치평가위원(현), 산업연구원 방위산업연구부 선임연구위원 2017년 국가안보실 안보정책자문위원(현) 2017년 대통령 국방개혁비서관실 국방계획기획부 자문위원(현) 2018년 산업연구원 방위산업연구센터장(현), 국방부 국방개혁자문위원회 위원(현) (상)해양수산부장관 감사장(2007) (저)'전략적 제휴를 통한 첨단기술산업의 기술획득 성공결정요인분석과 정책과제'(2006, 산업연구원) '국내 기업의 대형여객기 국제공동개발참여 타당성에 관한 연구'(2007, 국제통상학회) '한미간 T-50 항공기 공동개발을 위한 전략적 제휴 분석과 정책과제'(2007, 산업연구원) '우주개발의 경제적 효과에 관한 연구, 항공경영연구'(2007, 항공경영학회) '방위산업의 글로벌 환경변화와 경쟁력 분석'(2011, 산업연구원) '2012 KIET 방위산업 통계 및 경쟁력 백서'(2013, 산업연구원)

안영욱(安永昱) AN Young Wook

(생)1955 · 3 · 15 (출)경남 밀양 (주)서울특별시 강남구 테헤란로 133 한국타이어빌딩 법무법인 태평양(02-3404-0543) (학)부산고졸 1977년 서울대 법과대학졸 1986년 미국 조지워싱턴대 로스쿨졸(LL.M.) (경)1977년 사법시험 합격(19회) 1979년 사법연수원 수료(9기) 1979년 서울지검 남부지

청 검사 1981년 춘천지검 강릉지청 검사 직대 1981년 전주지검 군산지청 검사 1983년 법무부 검찰국 검찰제2과 검사 1985년 서울지검 검사 1988~1990년 국가안전기획부 고등검찰관 1990년 서울지검 검사 1991년 법무부 검찰국 검사 1991년 대구지검 김천지청장 1992년 부산지검 울산지청 부장검사 1993년 대검찰청 검찰연구관 1993년 同공안3과장 1994년 同공안2과장 1995년 법무부 검찰3과장 1997년 서울지검 남부지청 형사1부장검사 1998년 대검찰청 공안기획관 1999년 울산지검 차장검사 2000년 부산지검 제2차장검사 2001년 대검찰청 범죄정보기획관 2002년 서울지검 1차장검사 2002년 同의정부지청장 2003년 울산지검장 2004년 법무부 법무실장 2005년 광주지검장 2006년 부산지검장 2007년 서울중앙지검장 2007~2008년 법무연수원장 2008년 법무법인 태평양 고문변호사(현)

안영진(安榮鎭) AHN Young Jin (무울)

(생)1952 · 9 · 14 (본)순흥(順興) (출)전북 군산 (주)경기도 용인시 수지구 죽전로 152 단국대학교 경영학부(031-8005-3414) (학)1978년 연세대 경영학과졸 1981년 미국 미시간주립대 대학원 경영학과졸 1987년 경영학박사(미국 미시간주립대) (경)1977~1978년 한양투자금융 사원 1987~2018년 단국대 경영학과 교수 1987년 성균관대 대학원 강사 1989~1993년 한국생산관리학회 이사 1992~1993년 한국경영학회 이사 1997년 전국경제인연합회 자문위원 1998년 단국대 대학원 경영학과 주임교수 1999년 同경영회계학부장 1999년 미국 볼링그린대 협동교수 1999년 전국경제인연합회 대외협력위원회 자문위원 2001~2003년 산업자원부 주관 MQ위원회 전문위원 2003년 국가품질대상 포상위원 2003년 국가품질상 종합상심사위원 2004년 KT 자문교수 2006년 한국생산관리학회 부회장 2006년 한국경영사학회 부회장 2006년 STX엔진 자문교수 2007년 단국대 서울캠퍼스 야간학부장 2008~2010년 한국구매조달학회 감사 2008~2010년 한국생산관리학회 회장 2010년 한국구매조달학회 회장 2010년 국제공공조달대회(IPPC2010) 조직위원장 2010년 한국생산관리학회 명예회장(현) 2011~2015년 한신대 이사 2011~2017년 한국구매조달학회 고문 2012년 사회적책임경영품질원 이사 2013년 한국서비스대상 심사위원(현) 2013~2017년 한국공공관리연구원 이사 2013~2018년 CBS 이사 2014년 한국서비스경영학회 고문(현) 2015년 중소기업연구원 연구위원(현) 2015년 한신대 평의회 위원 2016년 지구촌구호개발연대 감사(현) 2018년 단국대 경영학부 명예교수(현) 2018~2019년 CBS 이사장 (상)미국 DSI 우수박사논문(1996), 한국학술원 사회과학우수저서상(2003 · 2008), 한국품질경영학회 네모우수논문상(2004), 문화체육관광부 사회과학우수저서상(2008) (저)'21세기 기업경쟁력 강화를 위한 TQM: 품질경영'(1999) '6 시그마의 핵심'(2000) '글로벌 경쟁시대의 22가지 경영혁신기법과 사례'(2000) '경영품질론: 6 시그마와 TQM'(2002) '마파시: 경영패러다임의 변화'(2004) '서비스 6 시그마'(2004) '백신'(2006) '생산운영관리'(2006) '변화와 혁신'(2007) 'MB워크북'(2008) '글로벌 기업의 사례로 본 경영학'(2014) (역)'21세기 공장혁명'(1994) '6 시그마 기업혁명'(2000) '빅 아이디어'(2003) '식스 시그마 필드북'(2006) '불황을 뛰어넘는 성공비결 돌파경영'(2009) (종)기독교

안영진(安永鎭) AN Young Jin

(생)1961 · 3 · 10 (본)순흥(順興) (출)강원 춘천 (주)서울특별시 마포구 마포대로 182-10 한겨레실버서비스(주) 대표이사실(02-313-9988) (학)1979년 춘천고졸 1987년 서울대 정치학과졸 2002년 연세대 행정대학원졸 (경)1987년 한겨레신문 입사(수습 1기) 1999년 同편집국 민권사회1부 기자 2003년 同사회부 기자 2004년 同사회부 차장 2005년 한국과학기자협회 이사 2006년 한겨레신문 경영지원실 비서부장 2008년 同사업국 부국장 2009년 한겨레실버서비스(주) 대표이사(현) (상)올해의 과학기자상(2005)

안영진(安暎鎭) AHN Young Jin

(생)1963 · 3 · 9 (출)서울 (주)서울특별시 종로구 종로3길 17 디타워 23층 법무법인 세종(02-316-4063) (학)1981년 대일고졸 1984년 서울대 법과대학 사법학과졸 2008년 고려대 법무대학원 공정거래법학과 연구과정 수료 (경)1984년 사법시험 합격(26회) 1987년 사법연수원 수료(16기) 1990년 서울지법 북부지원 판사 1991년 서울형사지법 판사 1994년 청주지법 충주지원 판사 1997년 서울지법 판사 겸 법원행정처 법정심의관 1999년 서울고법 판사 2002년 대전지법 천안지원 부장판사 2004~2006년 서울가정법원 부장판사 2006년 공정거래위원회 법률자문관실 판사 2007년 서울중앙지법 부장판사 2009년 부산고법 부장판사 2010~2014년 서울고법 부장판사 2014~2016년 김앤장법률사무소 변호사 2016년 법무법인 세종 파트너변호사(현) (저)'가압류등기의 말소청구소송'(2002)

안영집(安泳集) Ahn Young-jip

(생)1960 · 4 · 1 (본)순흥(順興) (출)광주 (주)서울특별시 종로구 사직로8길 60 외교부 인사기획관실(02-2100-7139) (학)1979년 전주고졸 1984년 서울대 외교학과졸 1986년 同대학원 외교학과 수료 1992년 미국 펜실베이니아대 대학원 국제정치학과졸(International Relations전공) (경)1987년 외무고시 합격(21회) 1987년 외무부 입부 1994년 駐미국 2등서기관 1997년 駐나이지리아 1등서기관 1999년 외교통상부 북미국 서기관 2000~2002년 대통령 외교안보수석비서관실 행정관 2002년 외교통상부 인사운영계장 2003년 同정책기획국 정책총괄과장 2005~2007년 한반도에너지개발기구(KEDO) 정책부장 2007년 駐영국 참사관 2010년 외교통상부 북미국 심의관 2012년 同재외동포영사국장 2014년 駐제네바대표부 차석대사 2015년 駐그리스 대사 2018년 駐싱가포르 대사(현) (종)천주교

안옥희(安玉姬 · 女) AN Ok Hee

(생)1961 · 11 · 28 (주)경상북도 경산시 대학로 280 영남대학교 가족주거학과(053-810-2864) (학)1984년 영남대 가정관리학과졸 1987년 일본 奈良여대 대학원 주거학과졸 1990년 학술박사(일본 奈良여대) (경)1990년 영남대 가정관리학과 전임강사 · 조교수 · 부교수, 同생활과학대학 가족주거학과 교수(현) 1993~1995년 한국주거학회 감사 2002~2004년 영남대 생활과학연구소장 2003~2005년 同학생복지처 부처장 2009~2010년 한국주거학회 연구부회장 2010~2013년 영남대 성희롱성폭력상담소장 2010년 同여대생커리어개발센터장 2011~2013년 同자원문제연구소장 2015~2018년 주택관리공단 대표이사 사장 2018~2019년 한국주거학회 회장 2018년 국토정책위원회 민간위원(현) 2019년 영남대 생활과학대학장(현)

안완기(安完基) Wan-Gi AHN

(생)1963 · 3 · 9 (본)순흥(順興) (출)경기 수원 (주)경상남도 창원시 의창구 창원대로18번길 22 경남테크노파크(1688-3360) (학)1982년 수원 수성고졸 1986년 서울대 법과대학 공법학과졸 1996년 미국 하버드대 로스쿨(LL.M.)졸(법학석사) (경)1986년 행정고시 합격(30회) 1987~1999년 상공부 · 통상산업부 사무관 및 서기관 1991년 EU 집행위원회(브뤼셀 소재) 근무 1991~1992년 벨기에 브뤼셀 European Commission 파견연수 1997년 미국 Harvard대 동아시아연구소 근무 2000~2016년 김앤장법률사무소 미국변호사 2008~2012년 행정안전부 지방계약분쟁조정위원회 위원 2014년 산업통상자원부 에너지정책자문위원회 위원(현) 2015~2017년 同전략물자기술자문단 위원 2016년 同에너지산업규제개혁융합분과위원회 위원장 겸 가스분과 위원 2016년 대한상사중재원 중재위원(현) 2016~2018년 한국가스공사 관

리부사장(상임이사) 2017년 同사장 직대 2017~2018년 국제가스연맹(IGU: International Gas Union) 이사 2017~2018년 한국가스연맹 회장 2017~2018년 세계가스총회(WGC: World Gas Conference) 2021 조직위원장 2017년 아시아태평양가스총회(APGC: Asia Pacific Gas Conference)2017 운영위원장 2017년 세계에너지협회(WEC: World Energy Council) 집행위원 2018년 대한건설협회 자문위원(현) 2018년 행정중심복합도시건설청 도시계획위원회 위원(현) 2018년 기획재정부 민간투자사업심의위원회 위원 겸 재정사업평가자문위원회 위원(현) 2018년 서울세관 기관운영충실도 평가위원(현) 2018년 전문건설공제조합 공제분쟁조정위원회 위원(현) 2018년 한국준법경영행정컨설팅 대표 겸 미국변호사 2018년 국토교통부 규제심사위원(현) 2018년 경남테크노파크 원장(현) (저)'WTO 보조금 협정 해석(共)'(1998) '미국의 이란제재법 분석 및 해외건설 대응전략연구'(2010) '해외플랜트계약 표준모델 연구개발'(2015)

안왕선(安旺善) AHN Wang Seon

(생)1944·4·18 (본)순흥(順興) (출)전남 구례 (주)서울특별시 서초구 서초대로 260 순영빌딩 6층 법무법인 동서남북(02-535-7000) (학)1964년 광주제일고졸 1968년 서울대 법과대학졸 (경)1975~1977년 대전지검·홍성지청 검사 1977년 서울지검 남부지청 검사 1980년 광주지검 장흥지청 검사 1981년 부산지검 검사 1983년 서울지검 의정부지청 검사 1985년 서울지검 검사 1987년 춘천지검 영월지청장 1989년 광주지검 순천지청 부장검사 1990년 대구지검 형사3부장 1991년 同형사2부장 1992년 인천지검 형사3부장 1993년 同형사2부장 1993년 사법연수원 교수 1995년 서울지검 총무부장 1995년 同조사부장 1996년 전주지검 차장검사 1997년 광주지검 차장검사 1998년 부산지검 제2차장검사 1999~2002년 서울고검 부장검사 2002~2005년 한국전력공사 감사 2005년 변호사 개업 2011년 법무법인 동서남북 대표변호사(현) 2014년 한국남부발전 선임비상임이사 겸 이사회 의장 (상)국방부장관표창, 법무부장관표창 (종)천주교

안용규(安容奎) AHN Yong Kyu (松軒)

(생)1957·6·7 (본)순흥(順興) (출)경기 이천 (주)서울특별시 송파구 양재대로 1239 한국체육대학교 총장실(02-410-6501) (학)1977년 이천고졸 1982년 한국체육대 체육학과졸 1984년 동국대 대학원 체육학과졸 1994년 이학박사(한국체육대) 1998년 홍익대 대학원 미학과 수료 2011년 철학박사(고려대) (경)1984~1990년 대한격투기협회 경기임원 1985년 한국체육학회(KAHPERD) 평생회원 1985~1987년 대한태권도협회 기획분과위원 1985~1988년 인덕공고 교사 1985~1992년 한국대학태권도연맹 사무국장 1988~1993년 대한태권도협회 경기력강화분과 위원 1988~1995년 용인대 태권도학과·체육학과 교수 1988년 세계태권도학회 평생회원·한국태권도학회 상임이사 1989년 아시아태권도연맹(ATU) 국제분과위원회 임원 1990년 제2회 세계대학태권도선수권대회(스페인 센텐더) 국가대표 코치 1995~2007년 한국체육대 사회체육학전공 교수 1996~2001년 대한태권도협회 연구개발위원회 부위원장 1996~2004년 이천시태권도협회 부회장 1998년 한국체육철학회 이사 1998~2012년 同회장 1998년 同고문(현) 2000~2004년 한국체육대태권도장연합회 회장 2002~2004년 세계태권도연맹 교육분과 부위원장 2002~2006년 대한태권도협회 연구분과위원장 2002~2006년 한국체육대태권도동문회 회장 2003년 MBC 태권도 스포츠해설자 2004~2006년 대한태권도협회 태권도발전개혁위원회 위원 2004년 대한여행의학회 부회장 2004년 한국인체미학회 부회장 2005년 제17회 세계태권도선수권대회(스페인 마드리드) 국가대표 감독 2005~2007년 한국체육대 사회교육원장 2007년 同기획실장 2007~2011년 同산학협력단장 2007년 同스포츠건강복지학부 레저스포츠전공 교수, 同레저스포츠산업학과 교수(현) 2011~2012년 同대학원장 2011~2012년 전국국·공립대학교대학원장협의회 회장 2016년 이천초총동문회 회장 2019년 한국체육대 총장(현) (상)서울시체육회 체육유공자 연구상(2003), 대한체육회 체육상 연구상(2005), 한국체육대총장표창(2005), 부총리 겸 교육인적자원부장관표창(2005), 체육훈장 백마장(2007) (저)'체육학의 탐구논리' '체육개론' '투기(태권도, 복싱)' '태권도(역사·정신·철학)' '오늘과 내일을 바라본 체육·스포츠론' '실천 및 현장중심의 스포츠철학' '스포츠철학' '태권도 준비운동' '태권도탐구논리' '코칭철학'(2011) '체육개론'(2011) '여행, 여행인'(2011) (종)불교

안용덕(安鏞德) AHN Yong Deok

(생)1968·11·8 (출)충북 단양 (주)경상북도 김천시 혁신8로 177 농림축산검역본부 동식물위생연구부(054-912-0700) (학)1987년 청주고졸 1991년 서울대 지질과학과졸 1999년 同행정대학원졸 2002년 미국 캘리포니아대 데이비스교졸 (경)1993년 행정고시 합격(37회) 2004년 농림부 농업구조정책과 서기관 2005년 국가균형발전위원회 파견 2006년 농림부 농촌사회과장 2007년 同농업협상과장 2008년 농림수산식품부 다자협상과장 2009년 同유통정책팀장 2009년 同식품산업정책실 유통정책과장 2009년 국립식물검역원 방제과장 2010년 영국 TSCO 파견(서기관) 2012년 농림수산식품부 농업정책과장(부이사관) 2013년 농림축산식품부 농업정책국 농업정책과장 2013년 국립농산물품질관리원 운영지원과장 2014년 농림축산식품부 소비정책과장 2015년 同축산정책국 축산정책과장 2016~2018년 산림청 산림교육원장(고위공무원) 2019년 농림축산식품부 농림축산검역본부 동식물위생연구부장(현) (상)대통령표창(2007)

안용민(安容旼) Ahn, Yong Min

(생)1964·5·14 (본)순흥(順興) (주)서울특별시 종로구 대학로 101 서울대병원 정신건강의학과(02-2072-0710) (학)1989년 서울대 의대졸 1993년 同대학원 의학석사 1999년 의학박사(서울대) (경)1997년 서울대병원 임상강사 1999년 대한정신약물학회 평이사 1999~2002년 을지의과대 조교수 2000년 대한정신약물학회 학술부 간사 2002~2010년 서울대 의대 정신과학교실 조교수·부교수 2003년 대한조울병학회 평이사 2003년 대한신경정신의학회 학습부 위원 2006~2007년 미국 스탠퍼드대병원 정신과 교환교수 2007~2009년 대한신경정신의학회 총무이사 2010년 서울대 의대 정신과학교실 교수(현) 2010년 식품의약품안전청 중앙약사심의위원회 전문가 2010~2017년 대한생물정신의학회 교육이사·부이사장 2011년 (사)한국자살예방협회 사무총장 2013~2016년 同회장 2018년 대한생물정신의학회 이사장(현) (상)국무총리표창(2018)

안용석(安庸碩) AHN Yong Seok

(생)1962·1·7 (본)순흥(順興) (출)충북 청주 (주)서울특별시 중구 남대문로 63 법무법인 광장(02-772-4341) (학)1980년 청주고졸 1984년 서울대 법학과졸 1995년 미국 미시간대 대학원(로스쿨)졸 (경)1983년 사법시험 합격(25회) 1985년 사법연수원 수료(15기) 1986~1988년 해군 법무관 1989~2018년 법무법인 광장 변호사 1995년 미국 워싱턴D.C. Zuckert Scoutt & Rasenberger 변호사 2007~2009년 대한변호사협회 법률서비스선진화특별위원회 부위원장 2009~2012년 공정거래위원회 경쟁정책자문위원 2009년 서울지방변호사회 회사분과 부위원장 2010~2016년 세계한인변호사회 이사 2012년 한국경쟁법학회 이사 2014~2016년 同부회장 2014년 대한항공 사외이사(현) 2017년 법무법인 광장 대표변호사 2018년 同경영대표변호사(현) (종)기독교

안용수(安湧洙) AHN Yong Soo
(생)1955·8·9 (본)순흥(順興) (출)광주 (주)서울특별시 중구 세종대로 124 서울신문 임원실(02-2000-9003) (학)1973년 광주제일고졸 1982년 연세대 불어불문학과졸 (경)1982년 한국외환은행 입사 1988년 대신증권(주) 입사 2000년 同IB사업본부장(상무) 2005년 칸서스자산운용 부사장 2006년 NH투자증권 IB사업본부장(전무) 2008년 솔로몬투자증권 영업총괄 부사장 2008년 同대표이사 사장 2009~2010년 同부회장 2012년 서울신문 전무 2015년 同부사장(CFO) 2018년 同부사장(현) (상)재정경제부장관표창(1991) (종)가톨릭

안용충(安龍忠) AHN Yong Chung
(생)1938·12·2 (본)순흥(順興) (출)경북 예천 (학)1945년 예천초 중퇴 (경)1989년 국가무형문화재 제84-나호 예천통명농요 이수자 지정 1992년 同전수교육 조교 2006년 同예능보유자 지정(현)

안원모(安元模) AHN Won Mo
(생)1964·7·30 (출)강원 삼척 (주)서울특별시 마포구 와우산로 94 홍익대학교 법과대학 법학과(02-320-1829) (학)1983년 강릉고졸 1987년 연세대 법학과졸 1995년 同행정대학원 사법행정학과졸 2005년 법학박사(연세대) (경)1987년 사법시험 합격(29회) 1990년 사법연수원 수료(19기) 1990년 육군 법무관 1993년 변호사 개업 2001~2007년 서울지법 민사조정위원 2001~2006년 서울시립대 법과대학 강사 2004년 한국민사법학회원(현) 2005년 한국산업재산권법학회원(현) 2006~2007년 연세대 법무대학원 강사 2007년 홍익대 법과대학 법학과 교수(현) 2018년 同법제연구실장(현) (저)'특허권의 침해와 손해배상'(2005, 세창출판사) '특허침해소송론'(2007, 홍익대출판부)

안원철(安元哲) AN Won Chul
(생)1959·11·25 (출)부산 (주)부산광역시 남구 못골번영로71번길 74 부산예술대학교 총장실(051-628-3991) (학)경남고졸, 동아대 공업화학과졸, 同대학원 경영학과졸 (경)1992~1996년 원곡전산학원 원장 1994년 부산예술학교 서무담당관 1995~1998년 同기획실장 1999~2001년 부산예술문화대학 기획관리실장 2002~2005년 부산예술대 부학장 2006년 同총장(현)

안원형(安源亨) Ahn Won Hyung
(생)1963·12·10 (출)대구 (주)서울특별시 강남구 영동대로 517 아셈타워 21층 (주)LS(02-2189-9780) (학)대구 계성고졸, 경북대 행정학과졸, 고려대 대학원 경영학과졸 (경)LS전선(주) 노경기획팀장(부장), 同CLO(이사), 同사업지원부문장 겸 CLO(이사), 同사업지원부문장 겸 CHO(상무) 2011년 (주)LS 인사·지원부문장(상무) 2013년 同인사·홍보부문장(상무) 2013년 同인사·홍보부문장(CHO·전무) 2018년 同인사·홍보부문장(CHO·부사장)(현)

안유수(安有洙) AHN Yoo Soo
(생)1930·6·20 (본)광주(廣州) (출)황해 사리원 (주)충청북도 음성군 삼성면 상곡로 55-35 (주)에이스침대 비서실(043-877-1881) (학)1957년 서울 광성고졸, 동아대 정경학과졸, 고려대 경영대학원 수료 2005년 명예 경영학박사(단국대) (경)1963~2002년 (주)에이스침대 창업·대표이사, 서울시 가구공업협동조합 이사, 대한가구공업협동조합 이사, 한국가구청년협의회 고문, 수원지검 청소년선도위원, 성남시체육회 이사, 민주평통 자문위원 2002년 (주)에이스침대 회장(현) 2008년 (재)에이스경암 이사장(현) (상)철탑산업훈장(1981), 금탑산업훈장(1994), 이탈리아 대통령 명예훈장(2011) (종)불교

안윤수(安允洙) AHN Yoon Soo
(생)1960·12·24 (출)경기 (주)경기도 성남시 분당구 대왕판교로395번길 8 (주)신성이엔지 임원실(031-788-9029) (학)1979년 단국공고졸, 인하공업전문대학 기계공학과졸 (경)1984년 (주)신성이엔지 입사, 同영업팀장(이사), 同전무이사 2012년 同국내사업본부 총괄부사장 2013년 同대표이사 부사장 2014년 同대표이사 사장(현)

안윤옥(安允玉) AHN, Yoon-Ok (宇村)
(생)1948·3·11 (본)순흥(順興) (출)전북 김제 (주)서울특별시 종로구 이화장길 71 서울대학교 의과대학 국제관 231호 대한암연구재단(02-747-0224) (학)1966년 경기고졸 1972년 서울대 의대졸 1974년 同대학원 의학석사 1977년 의학박사(서울대) (경)1980~1992년 서울대 의대 조교수·부교수 1983년 미국 하버드대 보건대학원 초빙연구원 1984~1985년 일본 나고야대 의학부 예방의학교실 초빙연구원 1989~2006년 대한암연구재단 이사 1990~2003년 대한암협회 상임이사 1992년 서울대 의대 예방의학교실 교수 1992~2007년 서울시지역암등록본부 본부장 1998~2002년 한국역학회 회장 2000~2002년 서울대 의대 교무부학장 겸 의학과장 2000~2002년 대한암예방학회 회장 2002년 서울대 의대 원자력영향역학연구소장 2002~2004년 아시아·태평양 암예방기구(APOCP) 총재 2002~2008년 대한임상건강증진학회 회장, 同명예회장(현) 2003년 서울대 평의원회 의원 2003~2004년 대한암협회 부회장 2004~2010년 同회장 2004년 대한지역사회영양학회 부회장 2006년 대한암연구재단 이사장(현) 2007~2009년 서울대 평의원회 부의장 2008~2010년 대한예방의학회 회장 2010년 대한암협회 상임고문(현) 2013년 서울대 의대 명예교수(현) 2013~2016년 한국보건의료연구원 겸임연구위원 2014~2017년 한국의료분쟁조정중재원 의료사고감정단장 겸 비상임이사 (상)국무총리표창(1980), 홍조근정훈장(2008) (저)'보건통계학이해'(1993) '실용의학통계론'(1996) '의학연구방법론'(1997) '역학의 원리와 응용'(2005) (역)'보건역학입문'(1990)

안응수(安應洙) AHN Eung Soo
(생)1953·2·20 (출)충남 청양 (주)서울특별시 금천구 가산디지털1로 52 (주)다함이텍 비서실(02-865-9792) (학)국민대 경영학과졸 (경)1978년 중앙전자산업(주) 부사장·사장 1982~2000년 (주)새한정기 대표이사 사장 2000년 (주)다함이텍 대표이사 사장, 同대표이사 회장(현), (주)다함레저 회장(현)

안의식(安義植) Ahn Eui-shik
(생)1963·1·5 (출)서울 (주)서울특별시 종로구 율곡로 6 서울경제신문 편집국장실(02-724-8630) (학)1981년 서울 장훈고졸 1986년 고려대 사학과졸 1991년 同대학원 경제학과졸 2007년 미국 일리노이주립대 경영대학 방문연구과정 수료 (경)1991년 조흥은행 영업부 근무 1992년 서울경제신문 경제부·금융부·정치부·성장기업부 기자 2008년 同경제부장 2011년 同정보산업부장 2011년 同논설위원 2012년 同디지털미디어부장 2014년 同편집국 정치부장 2016년 同편집국 정치부장(부국장대우) 2017년 同정치부문 선임기자 겸 대선팀장 2017년 同탐사기획부문 기자 겸 팀장 2019년 同편집국장(현) (상)한국기자협회 '이달의 기자상'(1996), 서울경제신문 백상기자대상(2008), 전국경제인연합회·지속가능발전기업협의회 언론상 우수상(2009)

안일환(安日煥) AHN Il Hwan

(생)1961·3·7 (출)경남 밀양 (주)세종특별자치시 갈매로 477 기획재정부 예산실(044-215-2007) (학)1980년 마산고졸 1985년 서울대 무역학과졸 1987년 同행정대학원졸 1997년 캐나다 오타와대 대학원 경제학과졸 2013년 행정학박사(가톨릭대) (경)1988년 행정고시 합격(32회) 2000년 기획예산처 교육문화예산과·예산제도과 서기관 2002년 세계박람회유치위원회 파견 2003년 기획예산처 산업재정3과장 2003~2005년 미국 국제부흥개발은행 파견 2005년 기획예산처 민간투자제도팀장 2006년 同혁신인사기획관 2007년 同혁신인사기획관 2008년 기획재정부 예산실 국토해양예산과장 2009년 同예산실 예산제도과장 2010년 同예산실 예산총괄과장 2011년 국방부 계획예산관 2013년 국립외교원 교육파견 2014년 기획재정부 대변인 2015~2017년 同예산실 사회예산심의관 2017년 국정기획자문위원회 기획분과 전문위원 2017년 기획재정부 예산실 예산총괄심의관 2019년 同예산실장(현)

안장헌(安張憲)

(생)1976·8·5 (본)순흥(順興) (출)충남 태안 (주)충청남도 예산군 삽교읍 도청대로 600 충청남도의회(041-635-5057) (학)2004년 성균관대 경제학부졸 (경)민주당 아산시지역위원회 사무국장, 의당장학재단 이사, 배방큰나무도서관장, 천안아산환경운동연합 운영위원, 푸른아산21 위원, 중앙지역아동센터 운영위원 2010년 충남 아산시의회 의원(민주당·민주통합당·민주당·새정치민주연합), 同총무복지위원회 위원 2014~2018년 충남 아산시의회 의원(새정치민주연합·더불어민주당), 더불어민주당 중앙당 부대변인 2018년 충남도의회 의원(더불어민주당)(현) 2018년 同행정자치위원회 부위원장(현) (상)세종·충남지역신문협회 '풀뿌리자치대상 충청인상'(2014) (저)'따뜻한 도시를 꿈꾸며'(2013)

안재동(安在東) AHN JAE DONG (舞月)

(생)1958·7·13 (본)광주(廣州) (출)경남 함안 (주)서울특별시 구로구 경인로 393-7 일이삼전자타운 2동 2층 52호 한국문학방송(02-6735-8945) (학)1977년 부산 금성고졸 1986년 한국방송통신대 행정학과졸 1993년 연세대 행정대학원 언론홍보학과졸(석사) 2008년 서울대 국제대학원 최고경영자과정(GLP) 수료 2013년 고려대 언론대학원 최고위언론과정 수료 (경)MBC·KBS 근속 후 명예퇴직, 계간 '시세계'·'시인정신' 시인 등단, 계간 '현대수필' 수필가 등단, 계간 'e문학' 창간호 기획특집 평론 발표·문학평론가(현), 월간 '문학21' 편집위원, 인터넷신문 '문화저널21' 주간, 한국가곡작사가협회 이사, 한국문학비평가협회 이사, 한국문인협회 홍보위원(현), 한국현대시인협회 중앙위원·홍보위원회 부위원장(현), 한국문학방송 대표(현), 인터넷신문 한국사랑N 대표(현), 인터넷신문 서울오늘신문 편집인(현), 서울대총동창회 종신이사(현) (상)계간 시인정신 신인상(2004), 계간 시세계 신인상(2004), 제1회 무원문학상 본상 시부문(2005), 제9회 문학21 문학상 평론부문(2005), 계간 현대수필 신인상(2010), 막심 고리끼 기념문학상 평론부문(2010) (저)'별이 되고 싶다'(2005) '세상에서 가장 단단한 껍데기'(2006) '내 안의 우주'(2006) '껍데기의 사랑'(2013) '지독한 사랑'(2013) '돈과 권력과 사랑'(2013) 'J를 위한 연가'(2013) '내 의식을 흔들고 간 시'(2014), 산문집 '당신은 나의 희망입니다'(2005), 서평집 '내 의식을 흔들고 간 책'(2014) (작)충남 청양군 고운식물원內 시비(詩碑) '내 안의 우주

안재만(安載晩) AHN JAE MAN

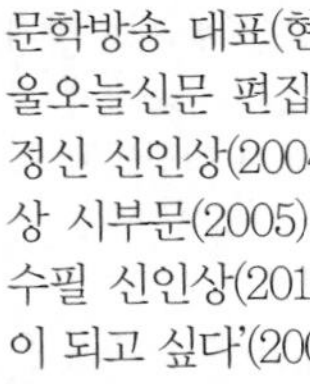

(생)1960·4·18 (본)순흥(順興) (출)충북 보은 (주)경기도 성남시 분당구 야탑로 96-8 국제약품(주) 임원실(031-781-9081) (학)1979년 경희고졸 1985년 숭실대 경영학과졸 (경)1985년 국제약품공업(주) 영업부 근무 1987년 同북부 분실 근무 1989년 同계장 1990년 同영업본부 근무 1992년 同영업본부 과장대리 1993년 同영업본부 과장 1994년 同마케팅부 근무 1996년 同영업본부 차장 1999년 同영업관리팀 부장 2001년 同영업기획관리본부장 2003년 同이사대우, 同상무보, 同영업기획담당 상무 2004년 同관리본부장(상무이사) 2013년 同관리본부장(전무이사) 2015년 同공동대표이사 부사장 2015년 성남상공회의소 의원(제15대) 2016년 국제약품(주) 공동대표이사 부사장 2019년 同공동대표이사 사장(현) (종)기독교

안재석(安宰奭) Ahn Jaeseok

(생)1968·11·17 (주)서울특별시 구로구 구로중앙로 152 AK플라자 8층 AK홀딩스 사장실(02-6923-2921) (학)1987년 부산고졸 1995년 서울대 경영학과졸 2004년 미국 워싱턴대 경영대학원졸(MBA) (경)1995~1998년 한국장기신용은행 국제부 주임 2004~2007년 삼성증권 기업금융1팀 과장 2007년 ARD홀딩스 전략기획팀 부장 2007년 AK S&D 본부장(상무보) 2008년 애경그룹 경영전략기획실장(상무) 2013년 AK홀딩스 기획팀장(전무) 2016년 同기획팀장 겸 재무팀장(대표이사 부사장) 2017년 同대표이사 사장(현)

안재용(安宰鏞) Jaeyong Ahn

(생)1967·11·14 (출)서울 (주)경기도 성남시 분당구 판교로 310 SK바이오사이언스 ECO Lab(02-2008-2648) (학)1986년 여의도고졸 1992년 연세대 경제학과졸 2005년 미국 시카고대 대학원 경영학과졸(MBA) (경)1995~1998년 한국수출보험공사 근무 1998~2012년 SK케미칼 전략기획실장(상무) 2012~2013년 SK건설 경영지원담당 상무 2014~2016년 SK가스 경영지원실장(상무) 2016~2018년 SK케미칼 VAX사업부문장 2018년 SK바이오사이언스 대표이사(현)

안재웅(安載雄) Ahn Jaewoong

(생)1940·3·14 (출)충북 보은 (주)서울특별시 마포구 잔다리로 68 한국YMCA전국연맹(02-754-7891) (학)1963년 숭실대 인문대학 기독교교육학과졸 1978년 장로회신학대학 대학원 수학 1987년 미국 에모리대 신학대학원 수학 1990년 미국 하버드대 신학대학원졸 1993년 명예 인문학박사(미국 매리홈스대) 2008년 명예 신학박사(인도 세람포대) (경)1968~1970년 한국학생기독교운동협의회(KSCC) 간사 1970~1976년 한국기독학생회총연맹(KSCF) 간사(대학부장) 1973~1980년 한국청소년단체협의회 이사 1973~1980년 한국기독교사회선교협의회 이사 1973~1980년 한국기독교교회협의회 인권위원·장학위원·선교대책위원 1976~1980년 서울YMCA 기획위원 1976~1980년 한국기독학생회총연맹 총무 1980~1986년 세계학생기독교연맹(WSCF) 아시아태평양지역 총무 1980~1986년 세계특수선교정책협의회(FIM) 실행위원 1986~1989년 세계학생기독교연맹(WSCF) 아시아태평양지역 위원장 1988~1990년 유엔 경제사회이사회 비정부단체 WSCF 신임대표 1990~1995년 아시아자료센터(DAGA) 이사장 1990~1995년 아시아외국인노동자센터(AMC) 설립자 겸 이사 1990~1995년 아시아기독교협의회(CCA) 도시농촌선교국장 1995~1998년 한국기독교사회문제연구원 원장 1996~1998년 (사)세계선린회 이사 1996~1998년 한국기독교교회협의회 선교통일위원·인권센터 서기이사 1996~1998년 한국기독학생회총연맹 실행이사 1996~1999년 아시아시민운동연대회의(ARF) 대표 1997~2000년 미국 샌프란시스코신학대 객원교수 1997년 한국대인지뢰대책협의회(KCBL) 설립자 1999~2000년 아시아기독교협의회 부총무 2001~2005년 同총무 2001~2005년 에큐메니컬관광문제정책협의회(ECOT) 회장 2004~2005년 유엔 경제사회이사회 비정부단체 CCA 신임대표 2006~2007년 중앙정부사회적일자리창출위원회 위원 2006~2009년 함께일하는재단 상임이사 2006~2010년 호서대 연합신학전문대학원 초빙교수·대우교수 2006~2009년 행복나눔재단 공동설립이사 겸 이사 2007~2010년 한국YMCA전국연맹 후원회 이사 2007~2017

년 다솜이재단 공동설립 · 이사장 2008~2009년 (사)한국사회적기업협의회 공동설립이사 겸 공동대표 2009~2012년 포스코청암재단 청암상 선정위원 2009년 한국YMCA전국연맹 유지재단 이사 2009년 에큐메니컬소사이어티 대표 2010년 한신대 신학대학원 외래교수 2010년 한국YMCA전국연맹 이사 2012~2014년 同이사장 2013년 일본 니와노평화재단 평화상 선정위원 · 위원장(현) 2013~2014년 (재)씨알 이사장 2014~2016년 사회적기업활성화네트워크 공동대표 2014~2016년 (사)사회적경제활성화지원센터 이사장 2016년 한국YMCA전국연맹 유지재단 이사장(현) (상)미국장로교(PC/USA) 고등교육상(1993) (저)'바른 선교를 위한 제언'(1995, 새누리신문사) 'God in Our Midst'(1995, WSCF Asia-Pacific) 'God Who Matters'(2005, CCA) '에큐메니컬 운동 이해'(2006 · 2012, 대한기독교서회) '21세기 한국교회의 에큐메니컬 운동(共)'(2008, 대한기독교서회) (역)'농민신학'(1976) '제3세계와 인권운동'(1977) '신을 기다리며'(1978) '인권운동'(1988) '선교와 선교학(共)'(2005) (종)기독교

안재창(安哉昌) AHN JAE CHANG

(생)1972 · 10 · 1 (본)순흥(順興) (출)경북 안동 (주)서울특별시 송파구 올림픽로 424 SK핸드볼경기장 108호 대한배드민턴협회(02-421-2723) (학)1991년 대구고졸 1995년 인하대 사범대학 체육교육학과졸 1998년 同교육대학원 체육교육전공졸 2010년 성결대 대학원 교육학 박사과정 수료 (경)1988~2000년 배드민턴 국가대표 선수 1995년 미국 오픈 배드민턴선수권대회 남자 단식 3위 1995년 캐나다 오픈 배드민턴선수권대회 남자 단식 2위 1996년 제19회 토마스컵 배드민턴선수권대회 남자 단식 3위 1999년 스웨덴 오픈 배드민턴선수권대회 남자 단식 3위 2000~2004년 배드민턴 청소년대표 코치 2000~2014년 인천대 배드민턴 감독 2005~2010 · 2012~2014년 배드민턴 국가대표 코치 2014년 인천국제공항공사 스카이몬스 배드민턴단 총감독(현) 2019년 배드민턴 국가대표 감독(현) (상)대통령표창, 체육훈장 백마장, 체육훈장 거상장 (종)기독교

안재혁(安載赫) Ahn Jae Hyuk

(생)1962 · 4 · 18 (본)죽산(竹山) (출)전북 고창 (주)서울특별시 강남구 학동로 426 강남구청 도시환경국(02-3423-5050) (학)1981년 서울고졸 1989년 성균관대 건축과졸 2000년 한양대 환경대학원 도시계획과졸 2003년 서울대 대학원 도시설계학 수료 2010년 도시계획학박사(서울대) (경)서울시 도시경관팀장 2006년 同뉴타운사업2과장 2009년 同중구 도시관리국장 겸 디자인패션허브추진본부장 2013년 同도시기반시설본부 시설국 건축부장 2014년 同주택정책실 주거재생과장 2014년 同도시계획국 도시관리과장 2016년 同도시공간개선단 도시공간개선반장 2018년 同강남구 도시환경국장(현) (상)근정포장(2017) (종)천주교

안재현(安在鉉) AN JAE HYUN

(생)1961 · 10 · 3 (출)대전 (주)서울특별시 종로구 창경궁로 136 (주)보령홀딩스(02-708-8445) (학)숭실대 경영학과졸 (경)1987년 제일모직 입사, 同경영지원실장 2012년 보령제약 입사, 同운영지원본부장, 보령그룹 전략기획실장 2017년 (주)보령홀딩스 대표이사(현) 2018년 보령제약(주) 경영부문 대표이사(현) 2018년 同대표집행임원(현)

안재현(安宰炫) Ahn Jae Hyun

(생)1966 · 2 · 2 (주)서울특별시 종로구 인사동7길 32 SK건설(주)(02-3700-7114) (학)여의도고졸, 연세대 응용통계학과졸, 미국 펜실베니아대 와튼스쿨 대학원 경영학과졸(MBA) (경)대우 근무, 대우증권 근무, Wawgold 근무 2001년 SK(주) 구조조정추진본부 근무, SK네트웍스 근무, SK건설 근무 2004년 SK D&D 대표이사 사장 2012년 SK건설(주) 글로벌마케팅부문장(전무) 2016년 SK가스(주) 경영지원부문장 2017년 SK건설(주) 글로벌Biz 대표 겸 Industry Service 부문장(부사장) 2017년 SK가스 신성장에너지위원회 위원장 겸임 2018년 同글로벌Biz 대표(COO · 사장) 2019년 同각자대표이사 사장(현)

안재호(安裁護) Ahn Jae Ho

(생)1962 · 12 · 1 (주)서울특별시 강남구 테헤란로 504 한국제지(주)(02-3475-7200) (학)배정고졸, 부산대 전자공학과졸 (경)삼성SDI(주) 감사팀장(상무), 同에너지솔루션부문 Pack사업부장(전무) 2014~2017년 同소형전지사업부장(부사장) 2019년 한국제지(주) 대표이사 사장(현)

안정구(安定求) Cyril Jungkoo AN

(생)1962 · 7 · 8 (출)서울 (주)경기도 성남시 분당구 판교로255번길 58 시즈타워 5층 (주)유니크 비서실(031-8092-3500) (학)1982년 미국 ST. MARY'S INTERNATIONAL SCHOOL졸 1986년 미국 캘리포니아대 버클리교 정치경제학과졸 (경)일본 교륜기업(주) 대표취재역 1992~1997년 (주)적고 전무이사 1997~2000년 同대표이사 부사장 2000년 (주)유니크 대표이사 부사장 2000년 同대표이사 사장(현) 2018년 한국자동차공학회 무임소부회장 2019년 同부회장(현) (상)국무총리표창(1998), 산업포장(2003) (종)천주교

안정민(安晸民)

(생)1964 · 12 · 10 (출)경북 경산 (주)대구광역시 수성구 무학로 227 대구지방경찰청 정보화장비과(053-804-7027) (학)대구 대건고졸 1986년 경찰대졸(2기) 2010년 영남대 행정대학원 행정학과졸 (경)1986년 경위 승진 1995년 경감 승진 2006년 대구달서경찰서 경비교통과장(경정) 2008년 대구북부경찰서 경비교통과장 2011년 대구지방경찰청 작전의경계장 2014년 同경비경호계장 2016년 경북 영양경찰서장 2017년 대구지방경찰청 생활안전과장 2018년 대구남부경찰서장 2019년 대구지방경찰청 정보화장비과장(총경)(현)

안정옥(安定玉) Ahn Jeong Ok

(생)1962 · 6 · 12 (주)경기도 성남시 분당구 성남대로343번길 9 SK(주)(02-6400-0114) (학)1980년 전주고졸 1985년 연세대 화학공학과졸 1998년 미국 선더버드국제경영대학원 경영학과졸 (경)1988년 SK에너지 입사 2006년 SK E&S 재무팀장 2007년 同해외사업기획본부장(상무) 2008년 同경영지원부문 기획본부장(상무) 2012년 SK C&C(주) 성장기획본부장(상무) 2013년 同사업개발실장 겸 EO사업본부장(상무) 2014년 同사업개발부문장(전무) 2014~2015년 同경영지원부문장(전무) 2015년 SK(주) C&C 경영지원부문장(전무) 2016년 同C&C 전략기획부문장 겸 대외협력부문장(전무) 2017년 同C&C 사업대표(부사장) 2018년 同C&C 사업대표(사장)(현)

안정준(安晸浚) Jung June Ahn

(생)1967 · 12 · 30 (본)순흥(順興) (출)전남 광양 (주)인천광역시 중구 공항로424번길 47 인천국제공항공사 스마트추진단(032-741-5088) (학)1986년 순천고졸 1992년 한국외국어대 신문방송학과졸 (경)2006년 인천국제공항공사 항공마케팅팀장 2010년 同사업개발단장 2014년 同홍보실장 2017년 同경영혁신본부장 2018년 同스마트추진단장(현)

안정태(安正台) AN JUNG-TAE

(생)1960 · 2 · 2 (본)순흥(順興) (출)경북 문경 (주)서울특별시 종로구 비봉길 64 이북5도위원회 사무국(02-2287-2500) (학)1977년 대구 영남고졸 1984년 국민대 정치외교학과졸 (경)1990년 총무처 7급 공채 합격 2004년 행정자치부 국가전문행정연수원 자치행정연수부 민방위교육과 근무 2004~2005년 정부혁신세계포럼준비기획단 파견 2005~2010년 행정안전부 기획조정실 기획재정담당관실 근무 2011~2014년 과거사관련업무지원단 파견 2014년 행정자치부 정부청사관리소 관리총괄과장 2015년 同지방행정실 지방행정정책관실 사회통합지원과장 2016년 同운영지원과장 2017년 행정안전부 운영지원과장(서기관) 2018년 同운영지원과장(부이사관) 2018년 同이북5도위원회 사무국장(부이사관)(현) (상)대통령표창(2000 · 2005), 법무부장관표창(2002)

안정호(安正鎬) AHN Jung Ho

(생)1968 · 3 · 20 (출)충북 청주 (주)서울특별시 종로구 사직로8길 39 세양빌딩 김앤장법률사무소(02-3703-1966) (학)1986년 청주고졸 1990년 서울대 법학과졸 (경)1989년 사법시험 합격(31회) 1992년 사법연수원 수료(21기) 1992년 공군 법무관 1995년 서울지법 판사 1998년 同서부지원 판사 1999년 대전지법 서산지원 판사 2001년 대전고법 판사 2003년 서울고법 판사 겸 법원행정처 인사제3담당관 2004년 법원행정처 인사제1담당관 2005년 서울고법 판사 2007년 광주지법 목포지원 부장판사 2008년 대법원 재판연구관 2010년 인천지법 부장판사 2010~2012년 법원행정처 사법등기국장 2011~2012년 서울중앙지법 부장판사 2012년 김앤장법률사무소 변호사(현) 2019년 홈앤쇼핑 사외이사(현)

안조영(安祚永) Ahn Joyoung

(생)1979 · 9 · 25 (출)충남 예산 (주)서울특별시 성동구 마장로 210 한국기원 홍보팀(02-3407-3870) (학)충암고졸 (경)1993년 프로바둑 입단 1995년 2단 승단 1996년 삼성화재배 · 기성전 · 비씨카드배 본선 1996년 3단 승단 1997년 제1기 SK가스배 신예프로10걸전 우승 1997년 4단 승단 1998년 5단 승단 1998년 삼성화재배 · LG세계기왕전 본선 1999년 제38기 최고위전 준우승 1999년 LG배 세계기왕전 · 후지쯔배 · 배달왕전 · 기성전 본선 2000년 6단 승단 2000년 왕위전 · 배달왕전 · 기성전 · 패왕전 · 천원전 본선 2001년 7단 승단 2002년 제36기 패왕전 준우승 2002년 제33기 명인전 준우승 2003년 패왕전 · 왕위전 · 명인전 · KBS바둑왕전 · 박카스배 천원전 · 국수전 · 기성전 · 비씨카드배 신인왕전 본선 2004년 8단 승단 2004년 비씨카드배 신인왕전 우승 2004년 한중신인왕전 준우승 2004년 2004한국바둑리그 본선 2005년 한국물가정보배 · 기성전 본선 2005년 9단 승단(현) 2006년 제3기 전자랜드배 왕중왕전 백호부 우승 2006년 제17기 기성전 준우승 2007년 원익배 십단전 우승 2008년 2008한국바둑리그 · 맥심커피배 입신최강 본선 2008년 제5회 전자랜드배 왕중왕전 준우승 2016년 맥심배 · olleh배 · KB국민은행 바둑리그 · LG배 기왕전 · 바이링배 본선 2017년 맥심배 · GS칼텍스배 · KB국민은행(퓨처스리그 · 바둑리그) · 몽백합배 본선 2018년 맥심배 본선 (상)바둑문화상 감투상(2002), 한국바둑리그 역전상(2005) (종)기독교

안종균(安宗均) Ahn Jong Kyun

(생)1969 · 10 · 7 (주)서울특별시 중구 을지로5길 26 미래에셋대우(주) 임원실(02-6030-0001) (학)경기기계공고졸, 성균관대 회계학과졸 (경)한국기업평가 근무, 굿모닝신한증권 근무, 우리증권 근무 2013년 미래에셋증권 프로젝트금융2본부장(상무) 2016년 미래에셋대우(주) PF2본부장 2017년 同CRO(상무) 2018년 同CRO(전무)(현)

안종록(安鍾錄)

(생)1953 (출)경북 칠곡 (주)경상북도 예천군 호명면 행복로 35 경상북도개발공사(054-650-3001) (학)1969년 경북공고졸, 경일대 토목학과졸 1991년 영남대 환경보건대학원 도시계획학과졸 2005년 교통공학박사(영남대) (경)2008년 경북도 치수방재과장 2008년 대구경북경제자유구역청 파견(서기관) 2009년 경북도 도시계획과장 2010년 同도청이전추진단장 2012년 同건설도시방재국장 2012년 대구한의대 건축토목디자인학부 교수 2014년 同힐링산업학부 특임교수 2015년 경상북도개발공사 비상임이사 2018년 同사장(현)

안종배(安鍾陪) AHN Jong Bae

(생)1962 · 12 · 6 (출)부산 (주)경기도 군포시 한세로 30 한세대학교 미디어영상학부(031-450-5233) (학)부산 배정고졸 1985년 서울대 독어독문학과졸 1992년 연세대 언론홍보대학원졸 1994년 미국 미시간주립대 대학원 광고학과졸 2002년 디지털마케팅박사(경기대) (경)2000년 애드디지털 대표이사 2001년 서울디지털대 교수 2002~2003년 호서대 벤처대학원 교수 2003~2010년 기독교방송 인터넷 사외이사 2003~2012년 대한적십자사 홍보자문위원 · 전국대의원 2003~2007년 국회정보통신위원회 정책자문위원 2004년 한세대 미디어영상학부 교수(현) 2005년 (사)유비쿼터스미디어콘텐츠연합 대표(현) 2005년 미래방송연구회 고문(현) 2008년 한국방송학회 모바일연구회 회장(현) 2008년 국제미래학회 원장 2008년 클린콘텐츠국민운동본부 회장(현) 2011년 흥사단 투명사회운동본부 윤리연구센터장(현) 2012년 국회 스마트컨버전스연구회 운영위원장(현) 2015~2018년 방송통신위원회 인터넷문화정책자문위원회 위원 2016년 한국교원단체총연합회 고문(현) 2016~2019년 국제미래학회 미래정책연구원장 2019년 同회장(현) (상)대한민국 인물 및 단체대상(2013), 제1회 자랑스런 한세인상(2015), 정보문화유공 국무총리표창(2015) (저)'벤처기업마케팅'(2002) '이메일마케팅커뮤니케이션'(2003) '디지털방송 광고마케팅의 이해'(2003) '인터넷광고마케팅 크리에이티브'(2003) '나비효과 디지털마케팅'(2004) 'Success 인터넷광고마케팅'(2004) '나비효과 블루오션 마케팅'(2006) '스마트시대 양방향방송광고 기획제작론'(2012) '건강한 UCC 제작 및 건전한 SNS 사용법'(2012) '방송통신 정책과 기술의 미래'(2012) '스마트시대 콘텐츠마케팅론'(2013) '미래가 보인다 글로벌미래 2030(共)'(2013, 박영사) '스마트폰 마이스터되기'(2014) '전략적 미래예측방법론'(2014) '대한민국 미래보고서'(2015) '대한민국 미래교육보고서'(2017) '대한민국 4차산업혁명 마스터플랜'(2018) (종)기독교

안종범(安鍾範) AHN JONG BUM

(생)1965 · 3 · 20 (주)서울특별시 마포구 백범로 192 S-OIL(주) 임원실(02-3772-5151) (학)1983년 숭실고졸 1987년 서울대 경영학과졸 2000년 미국 밴더빌트대 대학원 경영학과졸 (경)1989년 쌍용정유(주) 입사 2007년 S-OIL(주) 경영기획실 상무 2011년 同경영기획실 부사장 2015년 同전략기획총괄 수석부사장 2017년 同해외마케팅총괄 수석부사장(현)

안종석(安宗石) AHN Jong Seog

(생)1957 · 2 · 25 (본)순흥(順興) (출)서울 (주)충청북도 청주시 청원구 오창읍 연구단지로 30 한국생명공학연구원 항암물질연구센터(043-240-6160) (학)1975년 용산고졸 1979년 서울대 사범대학 생물교육학과졸 1981년 한국과학기술원(KAIST) 생물공학과졸(석사) 1985년 생물공학박사(한국과학기술원) (경)1985~2012년 한국미생물학회 평의원 ·

편집간사 · 편집위원장 · 편집위원 1985~1993년 한국과학기술원(KAIST) 유전공학센터 선임연구원 1986~1987년 일본 이화학연구소(RIKEN) 방문연구원 1990년 한국생화학분자생물학회 평의원(현) 1993~1999년 생명공학연구소 미생물공학연구실장(책임연구원) 1995~2004년 同세포반응조절연구실장(책임연구원) 1997~1998년 미국 Duke대 Medical Center 방문연구원 1999년 미국 미생물학회 정회원 1999년 한국생명공학연구원 항암물질연구실 책임연구원 2002~2003년 산업자원부 산업표준심의회 생물공학기술위원회 전문위원 2004년 과학기술연합대학원대 생체분자과학과 교수(현) 2005년 한국생명공학연구원 기능대사물질연구센터장 2006년 同생명연-RIKEN 화학생물공동연구센터장 2008년 同화학생물연구센터장 2009~2010년 (사)출연연(硏)연구발전협의회 회장 2011년 한국과학기술한림원 정회원(현) 2016년 한국생명공학연구원 항암물질연구단장 2016년 한국미생물생명공학회 이사(현), 한국생명공학연구원 항암물질연구센터 책임연구원(현) (상)과학기술부 우수연구상(1993) (종)불교

안종석(安鍾奭)

(생)1962 · 1 · 15 (주)세종특별자치시 절재로 301 세종소방서(044-300-8401) (학)1978년 공주고졸 1988년 한남대 행정학과졸 (경)1984~1988년 대전소방서 · 대천소방서 등 지방소방사 1988년 지방소방교 승진 1989년 충남도 민방위국 소방과 근무 1990년 지방소방장 승진 1992년 충남도 소방본부 방호과 근무 1993년 지방소방위 승진 1993~2000년 대천소방서 · 공주소방서 파출소장 및 충남도 소방안전본부 근무 2000년 지방소방경 승진 2007년 충남 서산소방서 방호예방과장(지방소방령 승진) 2008년 충남 논산소방서 대응구조과장 2010년 충남 서천소방서 소방행정과장 2011년 충남 연기소방서 소방행정과장 2012년 세종특별자치시 소방본부 방호구조과장 2013년 同소방본부 현장대응단장 2015년 同소방본부 소방행정과장(지방소방정 승진) 2016~2018년 조치원소방서장 2018년 세종소방서장(현) (상)대전소방서장표창(1987), 충남도지사표창(1988), 행정자치부장관표창(1998 · 2004), 국무총리표창(2013)

안종오(安鍾五)

(생)1973 · 1 · 23 (출)경기 과천 (주)서울특별시 서초구 서초대로 274 3000타워 9층 법무법인 서중(02-3487-0033) (학)1991년 과천고졸 1998년 경희대 법학과졸 2002년 同대학원 법학과졸 2005년 법학박사(경희대) 2005년 미국 장기연수(UC Irvine) (경)1998년 사법시험 합격(40회) 2001년 사법연수원 수료(30기) 2001년 공익법무관(법률구조공단) 2004년 수원지검 성남지청 검사 2006년 전주지검 정읍지청 검사 2008년 수원지검 검사 2010년 의정부지검 검사 2013년 서울중앙지검 검사 2015년 수원지검 안산지청 부부장검사 2017년 법무연수원 교수(부장검사) 2017~2018년 법무법인 아인 대표변호사 2018년 법무법인 서중 대표변호사(현) (저)'Laws of Korea(共)'(2013) '기록너머에 사람이 있다'(2017, 다산북스)

안종익(安鍾益)

(생)1960 (출)경북 영양 (주)강원도 춘천시 동내면 세실로 49 강원지방경찰청 제1부장실(033-248-0721) (학)안동고졸, 대구대 행정학과졸, 고려대 대학원 경찰법학과졸 (경)1990년 경위 임용(경찰간부후보 38기), 서울 마포경찰서 경비과장, 서울 영등포경찰서 경비과장 2008년 대구지방경찰청 홍보담당관(총경) 2009년 경북 안동경찰서장 2011년 서울지방경찰청 22경찰경호대장 2011년 서울 노원경찰서장 2013년 서울지방경찰청 112신고센터장 2014년 同생활안전과장 2017년 서울 송파경찰서장(경무관) 2019년 강원지방경찰청 제1부장(현)

안종일(安鍾一) Jerry Jong-IL, Ahn (松山·松田)

(생)1968 · 9 · 24 (본)죽산(竹山) (출)전남 보성 (주)세종특별자치시 갈매로 477 기획재정부 기업환경과(044-215-4630) (학)1987년 예당고졸 1992년 단국대 법학과졸 1999년 서울시립대 경영대학원 경영학과졸(MBA) 2000년 서울대 경영대학 전자상거래전문가과정 수료 2000년 同자연과학대학 통계조사방법론및통계분석전문가과정 수료 2004년 서울시립대 경영대학원 경영학 박사과정 수료 2008년 同한국어교원양성과정 수료 2008년 同중소기업세무전문가과정 수료 2019년 남부대 보건경영대학원 언어치료청각학과졸(이학석사) (경)1991~1992년 한국법률정보시스템(주) 정보화사업부 주임 1992~1999년 한국경영학회 · 한국마케팅학회 · 한국유통학회 · 한국고객만족경영학회 정회원 1993~2003년 한국존슨(유) 영업기획팀장 2004~2012년 바이어스도르프 코리아(유) 영업본부장 2010~2014년 서울시립청소년미디어센터 및 충남 공주시 사이버시민제도운영위원 2010~2013년 GLG(Gerson Lehman Group) 컨설턴트(Council Worker) 2010~2013년 Coleman Research Group Executive Forum Member 2010~2011년 교육과학기술부 학부모교육정책모니터단 서울시연합회장 2012~2013년 APP International 전무이사 2013년 헨켈코리아(유) 전무이사 2014년 전남도 개방형직위(4급 서기관) 공채시험 합격 2014~2017년 광양만권경제자유구역청 해외유치부장(서기관) 2017년 인사혁신처 고위공무원역량평가 합격 2018년 광양만권경제자유구역청 투자유치단장 2018년 정부혁신국민포럼 운영위원(현) 2018년 기획재정부 개방형직위 공채시험 합격 2019년 기획재정부 기업환경과장(현) (상)과학기술처장관표창(1980), 한국보이스카우트연맹 사무총장표창(1981), 전라남도교육감표창(1981), 단국대 총장표창(1992), SC존슨그룹 CEO표창(1994 · 2013), 서울대 경영대학장표창(2000), 바이어스도르프그룹 CEO표창(2010), 산업통상자원부장관표창(2017) (종)불교

안종택(安鍾澤) AHN Jong Taek

(생)1955 · 5 · 25 (출)울산 (주)서울특별시 강남구 강남대로 330 우덕빌딩 법무법인(유) 에이펙스(02-2018-9734) (학)1973년 경남고졸 1977년 서울대 법학과졸 2004년 성균관대 대학원 법학과졸 2007년 同대학원 법학 박사과정 수료 (경)1978년 사법시험 합격(20회) 1980년 사법연수원 수료(10기) 1980년 육군 법무관 1983년 서울지검 북부지청 검사 1986년 수원지검 여주지청 검사 1987년 서울지검 남부지청 검사 1987년 독일 막스플랑크 국제형사법연구소 객원연구원 1989년 대검찰청 검찰연구관 1991년 서울지검 검사(고등검찰관) 1992년 춘천지검 속초지청장 1993년 부산지검 울산지청 부장검사 1993년 인천지검 공안부장 1994년 법무부 특수법령과장 1996년 대검찰청 중수3과장 1997년 同중수2과장 1997년 서울지검 동부지청 형사3부장 1998년 부산고검 검사 1999년 서울지검 서부지청 형사1부장 2000년 서울고검 검사 2002년 대전고검 검사 2003년 전주지검 군산지청장 2004년 인천지검 부천지청장 2005년 법무연수원 기획부장 2005년 춘천지검장 2006년 법무부 감찰관 2007~2008년 서울북부지검장 2008년 법무법인 렉스 대표변호사 2009년 법무법인(유) 에이펙스 고문변호사(현) (상)홍조근정훈장(2004) (저)'통일독일의 구동독 체제불법 청산 개관(共)'(1995, 법무부) '교류협력단계 남북한 특수관계의 법적 운용(共)'(1995, 법무부) '중국과 대만의 통일 및 교류협력 법제(共)'(1995, 법무부)

안종화(安鍾和) Ahn Jonghwa

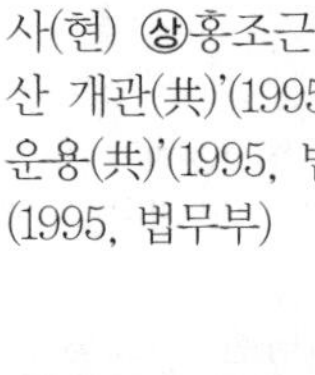

(생)1966 · 3 · 9 (출)경남 의령 (주)서울특별시 서초구 강남대로 193 서울행정법원(02-2055-8200) (학)1985년 대구 계성고졸 1992년 고려대 법학과졸 1994년 同대학원 법학과 수료 (경)1997년 사법시험 합격(39회) 2000년 사법연수원 수료(29기) 2000년 수원지법 판사 2002년 서울지법 판사 2004

년 창원지법 통영지원 판사 2007년 서울중앙지법 판사 2009년 서울가정법원 판사 2012년 서울고법 판사 2014년 서울남부지법 판사 2015년 춘천지법 부장판사 2017년 의정부지법 부장판사 2019년 서울행정법원 부장판사(현)

안종환(安鍾煥) AHN Jong Hwan

(생)1957 · 12 · 7 (출)대구 (주)서울특별시 강남구 개포로 619 코리아e플랫폼(주) 임원실(02-3016-8901) (학)경북대사대부고졸, 계명대 회계학과졸, 중앙대 대학원 경영학과졸 (경)제일모직 경영지원실 재무파트장 2002년 同재무팀장(상무보) 2002년 삼성문화재단 사무국장 2003~2005년 한국회계연구원 자문위원 2005년 삼성문화재단 사무국장(상무) 2007년 삼성에버랜드 E&A사업부 지원UNIT장 2009년 同상무 2010년 (주)아이마켓코리아 상무 2011~2014년 同영업본부장(전무) 2015년 同고문 2016~2018년 코리아e플랫폼(주) 대표이사 사장 2019년 同고문(현) (상)산업포장(1998)

안준모(安峻模) AN Joon Mo

(생)1960 · 2 · 17 (본)순흥(順興) (주)서울특별시 광진구 능동로 120 건국대학교 경영대학 경영학과(02-450-3607) (학)1983년 연세대 경영학과졸 1989년 미국 텍사스A&M대 대학원 경영전산학과졸(석사) 1994년 경영학박사(미국 뉴욕주립대) (경)1994~1995년 LG-EDS시스템 정보전략컨설팅 책임컨설턴트, 미국 뉴욕주립대 연구위원 1996년 건국대 경영정보학과 교수, 同경영정보학부 경영정보학전공 교수, 同경영대학 경영학과 교수(현) 2001~2003년 벤처인큐베이션산업협회 회장 2002~2006년 링크웨어 사외이사 2004~2006년 건국대 정보통신처장 2005년 한국데이터베이스학회 이사 2006년 경영정보학회 이사 2011~2013년 건국대 서울캠퍼스 상허기념도서관장 (상)정보통신부 정보화공로상 (저)'정보시스템 아웃소싱' 'E비즈니스와 아웃소싱 전략'(2002) 'IT아웃소싱 관리'(2002) (역)'글로벌 IT아웃소싱'(2003) 'IT서비스관리론'(2006) (종)기독교

안준식(安準植)

(생)1960 · 8 · 18 (출)전남 강진 (주)전라북도 전주시 완산구 거마평로 73 전주완산소방서 서장실(063-220-4200) (학)광주제일고부설방송통신고졸, 한국방송통신대 행정학과졸 (경)호서대 소방학과 강사, 경원대 소방안전관리학과 겸임교수, 의정부소방서 · 과천소방서 · 수원소방서 근무, 중앙소방학교 지도계장, 同전임교관, 전북 소방안전본부 예방 · 장비 · 대응조사담당, 김제소방서 소방행정과장 2010년 남원소방서장 2012년 군산소방서장 2014년 정읍소방서장 2016년 전북도 소방본부 방호예방과장 2017~2018년 전북 고창소방서장 2018년 전북 전주완산소방서장(현) (상)내무부장관표창(1992), 총무처장관표창(1997), 국무총리표창(1999 · 2005), 대통령표창(2011)

안준호(安浚皓) AHN Jun Ho

(생)1965 · 6 · 11 (출)서울 (주)서울특별시 송파구 올림픽로 326 송파구청 부구청장실(02-2147-2030) (학)1983년 서울고졸 1987년 연세대 정치외교학과졸, 미국 서던캘리포니아대 대학원 행정학과졸 (경)행정고시 합격(31회) 2002년 서울시 DMC사업단 DMC사업추진담당관 2002년 同청계천복원추진본부 복원관리반장 2003년 同청계천복원추진본부 복원관리담당관 2004년 同재정분석담당관(서기관) 2005년 同심사평가담당관 2006년 同조직담당관 2006년 同여성정책담당관 2007년 同재무국 재무과장 2008년 同경쟁력강화본부 경쟁력정책담당관 2009년 同행정국 행정과장 2009년 서울시정개발연구원 파견(부이사관) 2009년 국외훈련 파견(부이사관) 2011년 서울 금천구 부구청장 2012년 서울시 시민소통기획관 2013년 同교육협력국장(지방이사관) 2014년 同대변인 2014년 同인재개발원장 2017년 同관광체육국장 2018년 서울 송파구 부구청장(현) (상)홍조근정훈장(2014)

안준호(安埈昊) AHN Jun Ho

(생)1969 · 4 (출)경북 영주 (주)세종특별자치시 도움5로 20 국민권익위원회 권익개선정책국(044-200-7201) (학)1988년 김천고졸 1993년 고려대 법학과졸 1995년 서울대 대학원 정책학과 수료 2008년 한국개발연구원 국제정책대학원 경제정책학졸(석사) 2009년 호주 퀸즈랜드대 대학원 법학과졸(석사) (경)1995년 행정고시 합격(39회) 1996년 총무처 행정사무관 시보 1997~2002년 국방부 행정사무관 2002년 부패방지위원회 평가조사담당관실 행정사무관 2003년 同평가조사담당관실 서기관 2005~2007년 국가청렴위원회 제도2담당관 2010년 국민권익위원회 부패방지국 부패영향분석과장 2011년 同부패방지국 심사기획과장 2011년 同제도개선총괄담당관(서기관) 2012년 同제도개선총괄담당관(부이사관) 2013년 同청렴총괄과장 2014년 同고충처리국 고충민원심의관(고위공무원) 2016년 同부패방지국 신고심사심의관(고위공무원) 2017년 同부패방지국장(고위공무원) 2018년 同권익개선정책국장(현)

안준호(安準鎬) AHN Joon Ho

(생)1972 · 8 · 8 (출)강원 홍천 (주)강원도 춘천시 공지로 289 대양빌딩2층 안준호법률사무소(033-242-3641) (학)홍천고졸, 강원대 법학과졸 1997년 同대학원 법학과졸 (경)제5기 공익법무관 임용 1996년 사법시험 합격(38회) 1999년 사법연수원 수료(28기), 변호사 개업(현) 2011년 강원 홍천군 고문변호사(현) 2019년 연합뉴스 강원취재본부 콘텐츠자문위원(현) 2019년 강원도 소방본부 손실보상심의위원(현)

안중구(安重九) Ahn Jung Gu

(생)1957 · 7 · 17 (주)서울특별시 강남구 선릉로93길 5 대유타워빌딩 (주)위니아대우 임원실(02-360-7114) (학)안동고졸 1983년 한양대 무역학과졸 (경)삼성전자(주) 중남미 SAMCOL법인장(부장) 2005년 同중남미 SELA법인장(상무보) 2005~2011년 同생활가전전략마케팅팀 상무 2013~2015년 강동경희대병원 운영본부장 2015년 동부대우전자(주) 중남미영업총괄 부사장 2018년 (주)대우전자 대표이사 부사장 2019년 (주)위니아대우 대표이사 부사장(현)

안중현(安重玹) Ahn Jung Hyun

(생)1963 · 3 · 10 (주)경기도 수원시 영통구 삼성로 129 삼성전자(주)(031-200-1114) (학)고려대 전자공학과졸, 한국과학기술원(KAIST) 경영학과졸(석사) (경)삼성전자(주) 경영기획팀 담당임원, 同메모리기획팀장(상무) 2010년 同전략T/F팀장(상무) 2010년 同전략T/F팀장(전무) 2013년 同전략T/F팀장(부사장) 2015년 同미래전략실 전략1팀 부사장 2015년 同미래전략실 전력팀 담당임원(부사장) 2017년 同기획팀 담당임원(부사장) 2017년 同사업지원TF 부사장(현)

안지용(安志鎔)

(생)1972 · 1 (주)서울특별시 중구 서소문로 88 웅진코웨이 임원실(02-2172-1282) (학)연세대 경영학과졸 (경)삼정회계법인 공인회계사, 웅진케미칼(주) 경영관리본부장, 도레이케미칼(주) 경영지원본부 재정담당 임원, 웅진그룹 진단팀장 2017년 (주)웅진씽크빅 감사(현) 2018년 (주)웅진 기획조정실장(전무) 2019년 웅진코웨이(주) 최고재무책임자(CFO · 전무) 2019년 同각자대표이사 부사장(현)

안진석(安晋奭) Ahn Jin-Seok

(생)1964·2·15 (주)서울특별시 강남구 일원로 81 삼성서울병원 혈액종양내과(02-3410-3453) (학)1988년 서울대 의대졸 1996년 同대학원 의학석사 2003년 의학박사(가톨릭대) (경)1988~1989년 서울대병원 인턴 1992~1996년 同내과 전공의 1996~1997년 同혈액종양내과 전임의 1997~2005년 한림대 의대 내과학교실 전임강사·조교수·부교수 2003년 미국 밴더빌트대 암센터 방문교수 2005년 성균관대 의대 내과학교실 교수(현) 2005년 삼성서울병원 혈액종양내과 전문의(현) 2009년 同삼성암센터 암성통증관리팀장 2013년 同외래부장 2015~2017년 同암병원 유방암센터장 2016~2019년 同암병원 암치유센터장

안진애(安眞愛·女) Ahn, Jinae

(생)1980·8·31 (본)순흥(順興) (출)울산 (주)세종특별자치시 도움6로 11 국토교통부 운영지원과(044-201-3159) (학)1998년 경남과학고졸 2003년 한국과학기술원(KAIST) 토목공학과졸 2013년 미국 매사추세츠공과대(MIT) 대학원 도시계획학 석사과정 수료 (경)건설교통부 도로관리팀 사무관 2008년 국토해양부 도시재생과 사무관 2010년 同교통정책실 고속철도과 사무관 2012~2014년 미국 국외훈련 파견 2015년 국토교통부 주택토지실 사무관 2016년 同수자원정책과 서기관 2017년 새만금개발청 투자전략국 투자유치기획과장 2018년 국토교통부 도시재생사업기획단 주거재생과장 2019년 駐말레이시아대사관 파견(현) (상)경찰청장표창(2007), 대통령표창(2015)

안진우(安珍雨) AHN Jin Woo

(생)1958·5·26 (출)부산 (주)부산광역시 남구 수영로 309 경성대학교 메카트로닉스공학과(051-663-4773) (학)1977년 부산동고졸 1984년 부산대 전기공학과졸 1986년 同대학원졸 1992년 공학박사(부산대) (경)1986~1990년 부산대 공과대학 전기공학과 조교·시간강사 1990~1992년 거제대 전기과 조교수 1992년 경성대 전기공학과 전임강사·조교수·부교수, 同메카트로닉스공학과 교수(현) 1995~1996년 영국 글래스고우대 방문교수 1996년 동전정공(주) 기술고문 1998~1999년 미국 위스콘신대 방문연구원 2001년 전력전자학회 이사 2002년 同경상지부 이사 2005년 경성대 차세대전동기기술연구센터장 2008년 지식경제부 지정 스마트메카트로닉스연구센터장 겸 고령친화이지라이프RIS사업단장, 대한전기학회 이사 겸 학술위원장 2009년 중국 심양공대 객좌교수(현) 2010년 전기기기 및 시스템국제저널(IJEMS) 조직위원장 겸 초대 편집위원장 2013년 산업통상자원부 지정 스마트메카트로닉스연구센터장 겸 고령친화이지라이프RIS사업단장(현) 2015~2017년 대한전기학회 부회장 2016년 미국전기전자학회(IEEE) 저명강사(Distinguished Lecture)로 선정 (상)대한전기학회 논문상(2003), 대한전기학회 학술상(2004), 전력전자학회 학술상(2004), 한국과학기술단체총연합회 우수논문상(2004), 전력전자학회 기술상(2005), 대한전기학회 우수논문상(2007·2008), 경성대 연구업적우수상(2008), 경성대 산학협력우수상(2009), 부산과학기술상(2011), 대한전기학회 논문상(2011), 지식경제부장관표창(2011), 국제전기기기 및 시스템학술대회(ICEMS) 최우수논문상(2012), 제4회 박민호학술상(2013), 국제전기전자공학회(IEEE) IAS공로상(2013), 보건복지부장관표창(2013), 부산시장표창(2013), 국제전기전자공학회(IEEE) IES공로상(2014), 과학기술훈장 웅비장(2016), 국제전기기기 및 시스템학술대회(ICEMS) 우수논문상(2019) (저)'스위치드 릴럭턴스 전동기 구동과 응용'(1998) '스위치드 릴럭턴스 전동기'(2004) (역)'전기기기'(2001) (종)가톨릭

안진환(安珍煥) AHN Jin Hwan

(생)1945·4·17 (주)서울특별시 금천구 시흥대로 139길 8 새움병원(1577-7015) (학)1970년 서울대 의대졸 1974년 同대학원 의학석사 1981년 의학박사(중앙대) (경)1970년 서울대부속병원 인턴 1971년 同정형외과 레지던트 1975~1985년 경희대 의대 정형외과 전임강사·조교수·부교수 1985년 캐나다 알버타 정형외과 근무 1986~1997년 경희대 의대 정형외과학교실 교수 1995~1997년 同병원 정형외과 과장 1995년 대한관절경학회 회장 1997년 성균관대 의대 정형외과 교수 1997~2003년 삼성서울병원 정형외과 과장 1998년 대한슬관절학회 회장 1998~2003년 성균관대 의대 정형외과학교실 주임교수 2001년 대한정형학회 스포츠의학회장 2002년 삼성서울병원 수술실장 2019년 새움병원 관절클리닉 원장(현)

안진흥(安鎭興) AN Gyn Heung

(생)1947·6·5 (출)서울 (주)경기도 용인시 기흥구 덕영대로 1732 경희대학교 생명과학대학(031-201-2433) (학)1972년 서울대 식물학과졸 1977년 캐나다 달하우지대 대학원 생물학과졸 1980년 생물학박사(캐나다 요크대) (경)1980년 캐나다 요크대 Post-Doc. Fellow 1981년 캐나다 토론토대 Post-Doc. Fellow 1982년 미국 워싱턴대 Post-Doc. Fellow 1984~1995년 同조교수·부교수·교수 1992~1994년 농촌진흥청 명예연구관 1995년 포항공대 생명과학과 교수 1996~2000년 농촌진흥청 겸임연구관 1997년 포항공대 생명과학과 주임교수 1998~2003년 同생물공학연구소장 1999년 同기능유전체연구소장 2002~2004년 농촌진흥청 바이오그린21사업운영위원장 2007년 교육인적자원부 및 한국학술진흥재단 '국가석학(우수학자)' 선정 2010~2017년 경희대 생명과학대학 유전공학과 교수, 同작물바이오텍센터장(현) 2013년 미국과학진흥회(AAAS: American Association for the Advancement of Science) Fellow(현) 2017년 경희대 생명과학대학 유전공학과 명예교수(현) 2018년 대한민국학술원 회원(생물학·현) (상)미국 우주항공국 우수논문상(1995), 신한국인 대통령표창(1996), 한국과학기술단체총연합회 과학기술우수논문상(1998), 한국과학재단 및 과학논문인용색인(SCI) 주관사 미국 톰슨사이언티픽 선정 올해 세계 수준급 연구영역 개척자상(2007), 과학기술훈장 혁신장(2007), 교육인적자원부·한국학술진흥재단 선정 2007우수학자(2007), 수당상(2008) (저)'식물분자생물학방법'(1999)

안진흥(安眞興)

(생)1963·4·19 (출)경남 김해 (주)서울특별시 영등포구 대방천로 259 동작세무서(02-840-9200) (학)1982년 마산고졸 1986년 부산대 경제학과졸 (경)1986년 세무공무원 임용(7급 공채) 1992년 경제기획원 근무(7급) 2002년 기획재정부 행정사무관 승진 2002년 국세청 근무 2002년 경남 창원세무서 징세과장 2004년 경기 안산세무서 부가가치세과장 2006년 남인천세무서 세원관리1과장 2007년 국세청 재정기획과 근무 2012년 충북 동청주세무서장 2014년 중부지방국세청 운영지원과장 2014년 서울 강서세무서장 2015년 국세청 전산기획담당관실 과장 2017년 서울 마포세무서장 2018년 서울지방국세청 조사3국 조사1과장 2019년 서울 동작세무서장(현) (상)대통령표창(1999), 기획재정부장관표창(2010)

안찬영(安燦映) An chanyoung

(생)1977·1·5 (출)충남 서산 (주)세종특별자치시 한누리대로 2120 세종특별자치시의회(044-300-7000) (학)김천대 안경광학과졸, 한밭대 산업경영공학과졸 (경)김천대 안경광학과 총동문회장, 새정치민주연합 전국정책조정위원회 부위원장 2014~2018년 세종특별자치시의회 의원(새정치민주연

합 · 더불어민주당) 2014 · 2016~2018년 同교육위원회 위원 2014년 同산업건설위원회 위원 2014년 同예산결산특별위원회 부위원장 2015년 同공공시설물인수점검특별위원회 위원장 2016~2018년 同산업건설위원장, 더불어민주당 정책위원회 부의장(현) 2018년 세종특별자치시의회 의원(더불어민주당)(현) 2018년 同제1부의장(현) 2018년 同의회운영위원회 위원(현) 2018년 同행정복지위원회 위원(현) 2019년 同예산결산특별위원회 위원(현) (상)전국시 · 도의회의장협의회 우수의정대상(2017)

안창남(安昌男) AN Chang Nam

(생)1960 · 7 · 14 (주)제주특별자치도 제주시 문연로 13 제주특별자치도의회(064-741-1925) (학)1979년 제주제일고졸 1987년 제주대 사회과학대학 경영학과졸 (경)월간 '제주' 발행인, 제주지역정책연구소 상임연구원, 제주시연합청년회 체육진흥위원장, 제주시체육회 부회장, 제주시생활체육협의회 이사, 한국전통택견회 제주도지회 심판이사, 새정치국민회의 제주시 관리책, 새천년민주당 중앙위원, 제주국제관악제조직위원회 감사, 민주평통 자문위원 1998 · 2002~2006년 제주시의회 의원, 同부의장, 同운영위원장, 同도시관광위원장 2006년 제주도의원선거 출마(열린우리당) 2007년 대통합민주신당 제주도당 사무처장 2007~2009년 제주환경보존실천연합 회장 2010년 제주특별자치도의회 의원(민주당 · 민주통합당 · 민주당 · 새정치민주연합) 2010년 同민주당 원내대표, 삼양동 · 봉개동 · 아라동주민자치위원회 자문위원, 제주시연합청년회 자문위원, 제주대총동창회 이사 2012년 제주특별자치도의회 운영위원장 2012년 전국시 · 도의회운영위원장협의회 부회장 2014~2018년 제주특별자치도의회 의원(새정치민주연합 · 더불어민주당) 2014년 同운영위원회 위원 2014년 同문화관광스포츠위원회 위원장 2014년 同윤리특별위원회 위원 2016~2018 · 2018년 同환경도시위원회 위원(현) 2016~2017년 同예산결산특별위원회 위원 2018년 제주특별자치도의회 의원(무소속)(현) (상)전국시 · 도의회의장협의회 우수의정대상(2017), 2017대한민국베스트인물대상 우수의정활동부문(2017) (종)불교

안창호(安昌浩) AHN Chang Ho

(생)1957 · 8 · 5 (본)순흥(順興) (출)대전 (주)서울특별시 관악구 관악로 1 서울대학교 행정대학원(02-880-5603) (학)1975년 대전고졸 1979년 서울대 사회대학졸 1981년 同대학원 법학과 수료 1992년 미국 미시간대 수학 (경)1981년 사법시험 합격(23회) 1984년 사법연수원 수료(14기) 1985년 서울지검 검사 1987년 대전지검 서산지청 검사 1988년 부산지검 동부지청 검사 1990년 서울지검 남부지청 검사 1993년 법무부 인권과 검사 1996년 부산지검 부부장검사 1997년 전주지검 정읍지청장 1997년 헌법재판소 헌법연구관 1999년 법무부 특수법령과장 2001년 대검찰청 기획과장 2002년 서울지검 외사부장 2003년 대검찰청 공안기획관 2005년 서울고검 검사 2005년 법무부 사법제도기획단장 겸임 2006년 서울중앙지검 2차장검사 2007년 광주고검 차장검사 2008년 대검찰청 형사부장 2008년 서울서부지검장 직대 2009년 대전지검장 2009년 광주고검장 2011년 서울고검장 2012~2018년 헌법재판소 재판관 2019년 서울대학교 행정대학원 초빙교수(현) (상)청조근정훈장(2018) (저)'공익법무관제도 개관' '통일국가의 이념체계' (종)기독교

안창환(安昌煥) AHN Chang Hwan

(생)1964 · 9 · 23 (출)경남 의령 (주)경상남도 창원시 성산구 창이대로689번길 4-16 법조빌딩 6층 법무법인 동남(055-264-6657) (학)1983년 마산고졸 1988년 서울대 법학과졸, 경남대 대학원졸 (경)1988년 사법시험 합격(30회) 1991년 사법연수원 수료(20기) 1991년 軍법무관 1994년 인천지법 판사 1996년 서울지법 남부지원 판사 1996년 창원지법 통영지원 판사 2000년 창원지법 판사 2001년 부산고법 판사 2004년 창원지법 판사 2006년 同진주지원 부장판사 2008~2011년 창원지법 부장판사 2011년 동남종합법률사무소 변호사 2014년 법무법인 동남 변호사(현) 2017년 경남지방변호사회 부회장 2019년 同회장(현)

안창회(安昌會) AHN Chang Hoe

(생)1957 · 7 · 13 (본)죽산(竹山) (출)전북 고창 (주)서울특별시 강남구 논현로136길 5-3 우광빌딩 2층 Catch Creative Solution(02-518-9179) (학)서울예전 응용미술학과졸, 한국방송통신대 경영학과졸 (경)1984년 금강기획 제작본부 입사 · PP팀 국장 1992년 한국지역사회협의회 홍보위원 1998년 Catch Creative Solution 설립 · 대표(현) 2003년 서울시 전광판심의위원회 위원 2005년 同관광진흥위원회 위원 2014년 서울관광마케팅홍보물 심사위원 2014년 서울시 민청예술축제 운영위원 2015년 한국지역사회교육연구원 이사(현) 2016년 (주)에코로제대표이사(현) 2017년 경북 울진군 '이현세 만화 벽화거리' 조성 총괄자(현) (상)한국공익광고 방송부문 장려상 (저)'아동교육용 일러스트집 3권'(1982) '초롱아, 녹색여행을 부탁해'(2010) '초롱이와 함께 떠나는 즐겁고 안전한 여행'(2014) (작)'통일국민당 심벌캐릭터'(1992) '2002월드컵 엠블렘'(1994) '현대축구단 캐릭터'(1995) '아산교육상 심벌'(2006) '정읍호남고 C.I'(2006) '관광열차 레이디버드 네이밍 및 외장디자인'(2006) '명품열차 해랑 네이밍 및 외장디자인'(2007) '제24차 세계철학자대회 안내책자'(2007) 'KACE C.I'(2009) '제11차 세계수부학회 포스터'(2009) '국립어린이청소년도서관 정문 조형물 디자인'(2009) '강남패션페스티발 포스터'(2010 · 2011) '경일대 U.I'(2010) '2012 거제세계조선해양축제 엠블렘 및 포스터'(2010) '국립극장 CI리뉴얼'(2010) '아름다운재단 캠페인광고'(2011) '제9차 세계화학자대회 심벌 및 포스터'(2012) 'KTV CI'(2012) '아름다운재단 노란봉투 캠페인 재능기부'(2014) '2014 시민청예술축제 엠블렘 및 포스터 및 오프닝아트퍼포먼스'(2014) '왕십리 5호선역 추억의 왕십리 행복지대 조성'(2015) '소방안전교육표준교재'(2015) '국세청50주년엠블렘'(2016) '국세청 현금영수증켐페인광고'(2016) '이천도자촌 YE'S PARK CI'(2017) '세종컨벤션센터 다시보는 늬우스 전시관 조성'(2017) '국세청 광고'(2017) (종)기독교

안채종(安采鐘)

(생)1960 (출)부산 (주)서울특별시 종로구 종로 33 그랑서울 GS건설(02-2154-1114) (학)1979년 부산남고졸 1982년 부산공업전문대졸 1984년 한양대 건축공학졸 (경)1987년 GS건설 입사 2010년 同경영혁신담당 상무보 2011년 同주택시공담당 상무 2012년 同경영혁신담당 상무 2014년 同Q · HSE실장 상무 2015년 同건축수행본부장(상무) 2016년 同건축수행본부장(전무) 2019년 同건축수행본부장(부사장) 2019년 同최고보안책임자(CSO · 부사장)(현)

안철경(安哲京) Chul Kyung Ahn

(생)1963 (주)서울특별시 영등포구 국제금융로6길 38 보험연구원 원장실(02-3775-9001) (학)1982년 휘문고졸 1986년 연세대 사회학과졸 1990년 연세대 경영대학원 경영학졸 2004년 경영학박사(숭실대) (경)2001~2008년 보험개발원 보험연구소 연구위원 2001~2002년 同보험연구소 산업연구팀장 2002~2004년 同보험연구소 동향분석팀장 2008~2018년 보험연구원 연구위원 2010년 금융감독원 금융소비자자문위원 2010년 금융위원회 금융산업발전심의회 보험분과 위원 2011~2012년 보험연구원 금융정책실장 2012~2017년 同부원장 2012~2013년 금융위원회 자체규제심사위원 2014~2015년 보험연구원 연구조정실장 2014~2016년 중소기업중앙회 소기업소상공인공제운영위원회 위원 2014~2016년 서울시 금융산업정책자문단

위원 2016~2018년 同금융산업정책위원회 위원 2017년 금융감독원 금융감독자문위원회 자문위원 2018~2019년 보험연구원 선임연구위원 2018~2019년 금융공공기관 경영예산심의회 위원 2019년 보험연구원 원장(현)

안철상(安哲相) AHN Chul Sang

(생)1957 · 3 · 5 (출)경남 합천 (주)서울특별시 서초구 서초대로 219 대법원(02-3480-1100) (학)1976년 대구고졸 1980년 건국대 법과대학졸 1982년 同대학원 법학과졸 2004년 법학박사(건국대) (경)1982년 사법시험 합격(24회) 1985년 사법연수원 수료(15기) 1986년 마산지법 진주지원 판사 1989년 부산지법 판사 1995년 부산고법 판사 1998년 부산지법 판사 1999년 대법원 재판연구관 2001년 부산지법 부장판사 2002년 사법연수원 교수 2005년 서울행정법원 부장판사 2008년 대전고법 부장판사 2009년 대법원 원장비서실장 2011년 서울행정법원 수석부장판사 2013~2016년 서울고법 부장판사 2014~2015년 법원도서관장 2016년 대전지법원장 2018년 대법원 대법관(현) 2018년 법원행정처장 겸임 (종)기독교

안철수(安哲秀) Charles AHN

(생)1962 · 2 · 26 (출)부산 (학)1980년 부산고졸 1986년 서울대 의대졸 1988년 同대학원 의학석사 1991년 의학박사(서울대) 1997년 미국 펜실베이니아대 공과대학원졸 2000년 미국 스탠퍼드대 벤처비지니스과정 수료 2003년 고려대 기업지배구조최고과정 수료 2008년 미국 펜실베이니아대 와튼스쿨 경영대학원졸 (경)1986년 서울대 의대 조교 1989~1991년 단국대 의대 전임강사 · 의예과 학과장 1992년 백신툴키트 'VTOOLS' 개발 1995~2005년 안철수컴연구소 대표이사 사장 1995년 'V3Pro95' 개발 1996년 과학기술처 'KT마크' 획득 1998년 안티바이러스워프엔진TM 특허획득 1998년 소프트웨어벤처협의회 회장 1998년 아시아안티바이러스연구협회(AVAR) 부회장 1998년 정보보호산업협회 부회장 1998년 제2의건국범국민운동추진위원회 위원 2000~2005년 (주)안철수연구소 대표이사 사장 2000~2005년 벤처기업협회 부회장 2001 · 2003~2004년 국민은행 사외이사 2001년 대통령자문 정책기획위원회 위원 2002년 미국 세계인명사전 'Marquis Who's Who in the World'에 등재 2002년 미국 비즈니스위크誌 '아시아의 스타 25인'에 선정 2002년 세계경제포럼(WEF) '아시아의 미래를 짊어질 차세대 한국인 리더'에 선정 2003년 한국정보보호산업협회 회장 2005년 포스코 사외이사 2005~2012년 (주)안철수연구소 이사회 의장 2008~2011년 한국과학기술원(KAIST) 기술경영전문대학원 석좌교수 2008년 서울장학재단 이사 2008년 (주)안철수연구소 최고교육책임자(CLO) 2008년 대통령직속 미래기획위원회 미래경제 · 산업분과 위원 2009년 국립과천과학관 홍보대사 2009년 서울장학재단 홍보대사 2010년 방송통신위원회 기술자문위원 2010년 지식경제부 지식경제R&D전략기획단 비상근단원 2010~2011년 포스코 이사회 의장 2011년 대전시 명예시민(현) 2011~2012년 서울대 융합과학기술대학원 디지털정보융합학과 교수 2011~2012년 同융합과학기술대학원장 2012년 제18대 대통령 후보(무소속 · 11월 23일 후보직 사퇴) 2013년 제19대 국회의원(서울 노원구丙 보궐선거 당선, 무소속 · 새정치민주연합 · 국민의당) 2013년 국회 보건복지위원회 위원 2014년 국민과함께하는새정치추진위원회 청년위원장 2014년 새정치연합 창당준비위원회 중앙운영위원장 2014년 새정치민주연합 창당준비위원회 공동위원장 2014년 同공동 대표최고위원 2014~2015년 同상임고문 2015년 同'국가정보원 도 · 감청의혹진상조사위원회' 위원장 2016년 국민의당 창당준비위원회 인재영입위원장 2016년 同상임공동대표 2016년 同선거대책위원회 위원장 2016년 同민생살림특별위원회 위원장 2016~2017년 제20대 국회의원(서울 노원구丙, 국민의당) 2016~2017년 국민의당 서울노원구丙지역위원회 위원장 2016~2017년 국회 교육문화체육관광위원회 위원 2016~2017년 국회 미래일자리특별위원회 위원 2017년 국민의당 제19대 대통령 후보 2017~2018년 同대표최고위원 2017~2018년 同제2창당위원회 인재영입위원장 2018년 바른미래당 서울노원구丙지역위원회 공동위원장 2018년 同인재영입위원장 2018년 서울특별시장선거 출마(바른미래당) (상)대통령표창, 국무총리표창, 정보통신부장관표창, 정보문화기술상, IR52 장영실상, 김용관상, 자랑스런 신한국인상, 정진기언론문화상, 다산기술상, 인촌상, 아시아 · 유럽재단의 2001차세대지도자상, 한국산업기술진흥협회 기술경영인상(2002), 동탑산업훈장(2002), 대한민국 브랜드이미지어워드 교육부문(2009), 백봉신사상 올해의 신사의원 베스트10(2014), 전국청소년선플SNS기자단 선정 '국회의원 아름다운 말 선플상'(2015), 백봉신사상 올해의 신사의원 베스트10(2015) (저)'바이러스 뉴스 1호' '바이러스 뉴스 2호' '별난 컴퓨터의사 안철수' '바이러스분석과 백신제작' '안철수의 바이러스 예방과 치료' '안철수와 윈도우98' 'CEO안철수, 영혼이 있는 승부' '지금 우리에게 필요한 것은'(2004) '행복바이러스'(2009) '안철수의 생각-우리가 원하는 대한민국의 미래 지도'(2012, 김영사)

안철호(安哲浩) AHN Chul Ho (鶴城)

(생)1926 · 4 · 15 (본)순흥(順興) (출)함북 성진 (주)경기도 수원시 권선구 효원로266번길 25 우덕빌딩 (주)범아엔지니어링 회장실(031-220-3700) (학)1943년 만주 용정 은진중졸 1952년 서울대 토목공학과졸 1985년 공학박사(일본 도쿄이과대) (경)1954~1980년 서울대 공과대학 토목공학과 강사 · 조교수 · 부교수 1964년 대한측량협회 부회장 1969~1986년 국제측지학및지구물리학연합(IUGG) 측지분과위원장 1970~1972년 대한측량협회 회장 1980~1991년 서울대 공과대학 토목공학과 교수 1982~1988년 한국측지학회 회장 1986년 일본 도쿄이과대 객원교수 1986~1992년 IUGG 한국위원장 1988년 국가기술자격심사위원회 전문위원 1991년 (주)범아엔지니어링 대표이사, 同회장(현) 1991년 서울대 명예교수(현) 2010년 함경북도중앙도민회 회장 2016년 이북도민회중앙연합회 회장 (상)대한토목학회 학술상 · 공로상, 국민훈장 석류장 (저)'측량학' '일반측량학' (종)기독교

안총기(安總基) AHN Chong-ghee

(생)1957 · 1 · 21 (출)서울 (주)서울특별시 종로구 사직로8길 39 세양빌딩 김앤장법률사무소(02-3703-1114) (학)1981년 서울대 불어불문학과졸 1983년 同법과대학원 수료 1989년 미국 조지타운대 대학원 국제정치학과졸 (경)1982년 외무고시 합격(16회) 1982년 외무부 입부 1991년 駐미국 2등서기관 1993년 駐볼리비아 1등서기관 1996년 외무부 차관보좌관 1998년 駐제네바 참사관 2002년 외교통상부 행정법무담당관 2002년 同세계무역기구과장 2004년 駐미국 참사관 2007년 외교통상부 지역통상국 심의관 2008년 同지역통상국장 2011년 駐상하이 총영사 2013년 외교부 경제외교조정관 2015년 駐벨기에 · 유럽연합(EU) 대사 2016~2017년 외교부 제2차관 2018년 김앤장법률사무소 고문(현) (상)홍조근정훈장(2009), 벨기에 그랑크로아(Grand-croix)훈장(2017)

안충준(安忠濬) AHN CHOUNG JUN

(생)1945 · 1 · 17 (출)함북 회령 (주)서울특별시 종로구 비봉길 64 이북5도위원회(02-2287-2680) (학)1963년 충주사범학교졸 1969년 육군사관학교졸(25기) 1982년 미국 험볼트주립대 대학원 교육행정학과졸 1999년 경기대 통일안보전문대학원 정책학과졸 2002년 국제정치학박사(경기대) (경)1987~1992년 육군 1군사령부 군관리과장 · 육군사관학교 육사관리처장 · 6군단사령부 군단작전참모 1993년 육군 1군사령부 인사처장 1994년 한미연합사령부 작전처장 1995년 육군 보병 제3사단(백골부대) 사단장 1997~1998년 인도 · 파키스탄평화유지군(UNPKO) 사령관 겸 UN 사무총장 대리특사 1998년 한미연합사령부 군수참

모부장 2000년 육군 교육사령부 부사령관 2002~2011년 동양대 초빙교수 · 경기대 겸임교수 2010~2013년 국립한국교통대 석좌교수 2014~2016년 칼빈신학대 객원교수 2016년 이북5도위원회 함경북도지사(현) 2018년 同위원장 겸임 (상)월남 명예1등훈장(1972), 대통령표창(1981 · 1996), 보국훈장 삼일장(1985), 보국훈장 천수장(1996 · 1999), 미국공로훈장(LOM)(1996 · 1999), UN 작전공로훈장(1998), 파키스탄평화훈장(2006) (저)'영원한 소대장' '장군의 인생수첩' (역)'장군들의 지혜(The Wisdom of Generals)'

안충환(安忠煥) Ahn, Choong-Hwan

(생)1966 · 3 · 1 (본)광주(廣州) (주)세종특별자치시 도움6로 11 국토교통부 국토도시실(044-201-3500) (학)서울대 경제학과졸 2003년 도시지역학박사(영국 버밍햄대) (경)1988년 행정고시 합격(32회) 1999년 건설교통부 입지계획과 서기관 2004년 국무조정실 경제조정관실 과장 2005년 건설교통부 기업도시지원과장 2005년 同복합도시개발팀장 2006년 同토지관리팀장 2006년 대통령비서실 행정관(부이사관) 2008년 국토해양부 토지정책과장 2009년 미국 주택도시부(HUD) 파견 2011년 공공주택건설추진단 파견(부이사관) 2011년 국토해양부 기업복합도시과장 2012년 대통령직속 녹색성장위원회 녹색생활지속발전국장 2013년 대통령직속 지역발전위원회 성장활력국장 2013년 同지역활력국장 2014년 서울지방국토관리청장 2015년 국립외교원 글로벌리더십과정 파견 2016년 국토교통부 국토도시실 건축정책관 2017년 同국토도시실 국토정책관 2018~2019년 새만금개발청 차장 2019년 국토교통부 국토도시실장(현) (상)근정포장(2005)

안치성(安致聲) AHN Chi Sung

(생)1945 · 9 · 12 (출)충남 서천 (학)홍성고졸 1969년 육군사관학교졸(25기) 1984년 단국대 행정대학원졸 (경)1977년 군산세관 감시과장 1980년 김포세관 관리국 감시과장 1981년 서울세관세무국 수출과장 1984년 미국 관세청 파견 1988년 관세청 기획예산담당관 1989년 호주 상공부 파견 1991년 관세청 정보과장 1994년 수원세관장 1995년 관세청 감사담당관 1996년 同정보관리담당관 1998~1999년 한국조세연구원 파견 1999~2001년 대구세관장 2001~2002년 인천세관장 2002년 관세청 심사정책국장 2002년 同조사감시국장 2003~2005년 한국관세사회 부회장 2015~2019년 同회장 (상)인헌무공훈장, 대통령표창, 근정포장, 황조근정훈장 (종)천주교

안태경(安泰慶) Tae Kyoung Ahn

(생)1959 · 12 · 26 (출)서울 (주)세종특별자치시 시청대로 370 대외경제정책연구원 감사실(044-414-1171) (학)1996년 명지대 대학원 문헌정보학과졸 2002년 문헌정보학박사(중앙대) (경)1985~1989년 산업기술정보원 정보자료실 산업연구원 1989년 대외경제정책연구원 부연구위원, 同정보자료팀장 2006년 同지식정보실장 2006~2017년 건국대 문헌정보학과 겸임교수 2008년 아시아경제연구소 해외객원연구원 2010년 대외경제정책연구원 출판팀장 2010~2012년 Journal of East Asian Economic Integration 편집간사 2011년 대외경제정책연구원 감사실장(현)

안태윤(安泰潤) AHN Tae Yoon

(생)1971 · 3 · 23 (출)전북 전주 (주)강원도 원주시 시청로 149 춘천지방법원 원주지원(033-738-1002) (학)1989년 전라고졸 1995년 연세대 법과대학졸 (경)2001년 사법시험 합격(43회) 2004년 사법연수원 수료(33기) 2004년 변호사 개업 2006년 대한법률구조공단 변호사 2006년 同인천지부 구조부장 2009년 전주지법 판사 2012년 同남원지원 판사 2014년 광주지법 판사 2015년 광주고법 판사 2017년 수원지법 여주지원 판사 2019년 춘천지법 원주지원 부장판사(현)

안태일(安泰一) AHN Tae Il

(생)1959 · 5 · 3 (본)순흥(順興) (출)경남 양산 (주)부산광역시 강서구 녹산산단262로 26 (주)성광벤드 임원실(051-330-0230) (학)1977년 울산공고졸 1998년 동의대 경영학과졸 2002년 동아대 대학원 회계학과졸 2007년 경영학박사(동아대) (경)(주)성광벤드 CFO(상무이사) 2009년 아당학숙 경남외국어고 이사(현), 동의과학대학 E-경영정보학과 겸임조교수 2011년 동아대 경영학과 겸임교수(현) 2013년 (주)성광벤드 최고재무책임자(CFO · 전무)(현) (상)한국회계정보학회 우수논문상(2008) (저)'현대회계학의 이해'(2006) '원가 · 관리회계'(2007)

안태혁(安太赫) An Tae Hyuk

(생)1962 · 10 · 17 (주)충청남도 천안시 서북구 번영로 467 삼성SDI(주) 소형전지사업부(041-560-3114) (학)경북대 전자공학과졸, 한양대 대학원 금속공학과졸, 전기공학박사(일본 나고야대) (경)삼성전자(주) 메모리공정개발팀담당 임원, 同메모리기술팀장(상무) 2011년 同메모리기술팀장(전무) 2015년 同S.LSI제조센터장(부사장) 2017년 삼성SDI(주) 소형전지사업부장(부사장)(현)

안택수(安澤秀) AHN Taik Soo (昳巖)

(생)1943 · 11 · 13 (출)경북 예천 (학)1962년 경북고졸 1966년 서울대 정치학과졸 (경)1968년 한국일보 기자 1980년 한국기자협회 회장 1982년 한국일보 사회부 차장 1982년 보건사회부 대변인 1988년 국민연금관리공단 재정이사 1990년 토요신문 상무 겸 편집국장 1995년 자민련 홍보분과위원장 1996년 同대구 · 경북도지부 대변인 1996년 제15대 국회의원(대구北乙, 자민련 · 한나라당) 1996년 자민련 대변인 1997년 한나라당 대통령후보 언론담당특보 1998~1999년 한나라당 대변인 2000년 제16대 국회의원(대구北乙, 한나라당) 2001년 한나라당 국가혁신위원회 문화예술분과 부위원장 2003년 국회 재정경제위원장 2004~2008년 제17대 국회의원(대구北乙, 한나라당) 2005~2006년 한나라당 대구시당 위원장 2006년 국회 장애인특별위원회 위원장 2008~2013년 신용보증기금 이사장 (상)대통령표창, 동탑산업훈장(2012) (저)'성역을 타파하자' '6.3세대는 말한다' '새천년을 여는 정치' '나의 도전'(2016) (종)천주교

안택순(安澤淳) AHN Tak Soon

(생)1964 · 5 · 10 (출)전남 함평 (주)세종특별자치시 다솜3로 95 조세심판원 원장실(044-200-1700) (학)1982년 광주서석고졸 1986년 서울대 경제학과졸 1998년 미국 뉴욕대 대학원 경제학과졸 (경)1988년 행정고시 합격(32회) 1999년 재정경제부 세제실 소득세제과 사무관 2001년 同세제실 소득세제과 서기관 2003~2005년 OECD 사무국 파견 2007년 재정경제부 세제실 소득세제과장 2008년 기획재정부 세제실 재산세제과장 2009년 同세제실 조세정책과장 2009년 同세제실 조세정책과장(부이사관) 2010년 진실화해를위한과거사정리위원회 파견(고위공무원) 2012년 국무총리소속 조세심판원 상임심판관 2013년 국무조정실 조세심판원 상임심판관 2014년 기획재정부 세제실 조세기획관 2015년 同세제실 소득법인세정책관 2016년 同세제실 조세총괄정책관 2018년 국무조정실 조세심판원장(현) (상)대통령표창(2001)

안평호(安平鎬) AHN Pyeong Ho

(생)1960 · 4 · 27 (주)서울특별시 성북구 보문로34다길 2 성신여대 일본어문 · 문화학과(02-920-7634) (학)1984년 한국외국어대 일어학과졸 1990년 同대학원 일본어학과졸 1997년 일본 쓰쿠바대 대학원 언어학 박사과정 수료 2001년 언어학박사(일본 쓰쿠바대) (경)1985~1988년 육군

사관학교 교수부 아주어과 강사 1989~1992년 한국외국어대 일본어과 조교·시간강사 1990~1992년 인하대 시간강사 2000~2002년 일본 筑波대 문예언어학계 전임강사 2002년 인하대 일어일본학과 시간강사 2002~2008년 성신여대 일어일문학과 시간강사·전임강사·조교수 2005년 同일어일문학과장 2008년 同일본어문·문화학과 부교수·교수(현) 2009년 한국일본학회 재무이사 2011년 성신여대 인문과학대학장 2014년 同일어일문학과장 2015~2017년 同입학처장 2015년 한국일본학회 회장 2016~2018년 한국연구재단 인문사회연구본부 인문학단장 (상)교육연구특별표창(2009) (저)'경제로 배우는 日本語'(2004) '일본어 기초표현(共)'(2005)

안현식(安賢植) AHN HYUNSHIK

(생)1971·4·8 (주)경기도 성남시 분당구 대왕판교로 645번길 16 NHN(주) 임원실(1544-6859) (학)1997년 고려대 경영학과졸 2000년 同대학원 재무학과졸 (경)1997~2003년 삼일회계법인 매니저 2003~2010년 NHN Japan 실장 2011~2012년 교원 상무 2012~2013년 신정회계법인 파트너 2013년 NHN(주) 이사 2013년 NHN엔터테인먼트 총괄이사(CFO) 2019년 NHN(주) 총괄이사(CFO)(현)

안현호(安玹鎬) Ahn, Hyunho

(생)1957·11·5 (출)경남 함안 (주)경상남도 사천시 사남면 공단1로 78 한국항공우주산업 임원실(055-851-1000) (학)1976년 중앙고졸 1981년 서울대 무역학과졸 (경)1981년 행정고시 합격(25회) 1996년 대한무역투자진흥공사(KOTRA) 애틀란타 무역관 1999년 산업자원부 전력산업구조개혁단 제도정비팀장 2000년 同산업정책국 산업입지환경과장 2001년 同기초소재산업과장 2002년 同자본재산업총괄과장 2002년 同자본재산업국장 직대 2003년 同산업기술정책과장 2003~2006년 산업기술시험원 운영위원 2004년 산업자원부 산업기술정책과장(부이사관) 2004년 同총무과장 2005년 한국생산기술연구원 파견 2005년 산업자원부 산업기술국장 2006년 同산업기술정책관(일반직고위공무원) 2007년 同산업정책관 2008년 지식경제부 기획조정실장 2009년 同산업경제실장 2010~2011년 同제1차관 2011년 국제과학비즈니스벨트위원회 당연직위원 2011년 단국대 석좌교수 2011년 한국전력공사 사외이사 2011~2015년 한국무역협회 상근부회장 2011~2015년 同FTA무역종합지원센터장 겸임 2012~2015년 노사발전재단 비상임이사 2015~2017년 단국대 일반대학원 석좌교수 2015~2016년 한국전력공사 사외이사 2018~2019년 한국산업기술대 총장 2019년 한국항공우주산업(KAI) 대표이사 사장(현) 2019년 한국항공우주산업진흥협회 회장(현) 2019년 한국항공우주기술연구조합 이사장(현) (상)황조근정훈장(2012) (저)'한·중·일 경제 삼국지'(2013, 나남출판)

안형모(安亨模) AHN HYUNG MO

(생)1955·7·19 (본)순흥(順興) (출)충북 청주 (주)충청북도 청주시 청원구 오창읍 농소길 33-56 해성약품(주)(043-216-2541) (학)홍익고졸 1982년 동국대 통계학과졸 1999년 부경대 경영대학원 수료 2004년 서강대 경영대학원 최고경영자과정 수료 2010년 충북대 경영대학원 최고경영자과정 수료 (경)1982~1990년 (주)한독약품 근무 1991~1993년 대구가톨릭대 의료원 구매2과장 1993~2000년 (주)오령 근무 2000년 해성약품(주) 대표이사 사장(현) 2004~2014년 한국의약품유통협회 충북지회장 2012년 민주평통 자문위원 2016년 (주)진선메디칼 대표이사(현) 2018~2019년 국제라이온스협회 356-D(충북)지구 총재 (상)식품의약품안전청장표창(2007), 보건복지가족부장관표창(2009), 함께하는 충북인 대상(2012), 모범납세자표창(2015) (종)가톨릭

안형준(安亨埈) Ahn Hyung Jun

(생)1968·1·30 (주)대전광역시 서구 청사로189 통계청 경제동향통계심의관실(042-481-1250) (학)제천고졸, 고려대 경제학과졸 (경)1996년 행정고시 합격(40회), 통계청 통계정책국 통계심사과장 2007년 同통계정책국 통계정책과 서기관 2012년 同경제통계국 물가동향과장 2013년 同통계정책국 통계정책과장 2014년 同통계정책국 통계정책과장(부이사관) 2015년 同통계데이터허브국 통계데이터기획과장 2016년 同통계데이터허브국장 2017년 同경제통계국장(고위공무원) 2018년 국가공무원인재개발원 교육파견(고위공무원) 2019년 통계청 경제동향통계심의관(현)

안형준(安瑩駿)

(생)1972·11·10 (출)서울 (주)서울특별시 서초구 반포대로 138 5층 501호 법률사무소 아미쿠스(02-536-2001) (학)1991년 경문고졸 1995년 연세대 법과대학 법학과졸 2000년 同대학원졸 (경)1997년 사법시험 합격(39회) 2000년 사법연수원 수료(29기) 2000년 공군 법무관 2003년 서울지검 서부지청 검사 2004년 서울서부지검 검사 2005년 수원지검 여주지청 검사 2006년 광주지검 검사 2008년 법무부 법무심의관실 검사 2011년 서울중앙지검 검사 2013년 수원지검 부부장검사 2014년 대구지검 부부장검사 2014년 전주지검 부장검사 2016년 수원지검 평택지청 부장검사 2017년 서울서부지검 공판부장 2018년 법률사무소 아미쿠스 변호사(현)

안형환(安亨奐) AHN Hyoung Hwan

(생)1963·6·7 (출)전남 무안 (주)서울특별시 성동구 왕십리로 222 한양대 언론정보대학원(02-2220-0267) (학)1982년 목포고졸 1986년 서울대 서양사학과졸 2004년 미국 하버드대 공공행정대학원 행정학과졸 (경)1991년 KBS 보도국 사건팀 기자 1994년 同청주방송총국 기자 1995년 同교육팀 기자 1996년 同법조팀 기자 1998년 同통일외교안보팀 기자 1999년 同국회팀 기자 2000년 同통일외교안보팀 기자 2001년 同보도국 편집기자 2004년 同보도본부 취재3팀 기자 2005년 同사회팀 법조데스크 2006년 同사건데스크 2007~2008년 同보도본부 정치외교팀 외교안보데스크 2008~2012년 제18대 국회의원(서울 금천구, 한나라당·새누리당) 2008~2010년 한나라당 인재영입위원회 부위원장 2008년 同대표특보 2010년 同원내부대표 2010년 시각장애인스포츠연맹 공동대표 2010년 국회 운영위원회 위원 2010~2011년 한나라당 공동대변인 2012~2017년 세금바로쓰기납세자운동 공동대표 2012년 새누리당 제18대 대통령중앙선거대책위원회 대변인 2014~2015년 同보수혁신특별위원회 위원 겸 간사 2015년 단국대 사회과학대학 석좌교수 2016년 새누리당 제20대 총선 중앙선거대책위원회 대변인 2018년 미래시민연대 공동대표(현) 2018년 한양대 특임교수(현) (상)이달의 기자상(1995), 한국방송기자상 취재부문(1995), 한국방송기자상 기획부문(2000) (저)'우리가 몰랐던 개방의 역사'(2010)

안혜란(安惠蘭·女)

(생)1960 (주)서울특별시 마포구 성암로 267 문화방송 라디오본부(02-789-0011) (학)서강대 신문방송학과졸 (경)1984년 문화방송(MBC) 라디오제작국 입사 2003년 同라디오본부 라디오3부 프로듀서(차장) 2005년 同라디오본부 3CP(부장대우) 2007년 同라디오본부 라디오편성기획팀장(부장) 2008년 同라디오본부 4CP(부장) 2009년 同라디오본부 라디오3부장, 同라디오국 PD 2017년 同라디오본부장(현) (상)서강언론인상(2016)

안혜영(安惠英·女) AN Hye Yong

(생)1972·2·24 (본)순흥(順興) (출)경기 수원 (주)경기도 수원시 팔달구 효원로 1 경기도의회(031-8008-7000) (학)1990년 경기 영복여고졸 1994년 수원대 사회체육학과졸 1996년 同대학원 체육학과졸, 아주대 대학원 교육학 박사과정 재학 중 (경)1996~2003년 서울대·아주대·경찰대·강남대 외래교수 2004~2010년 김진표 국회의원 비서·비서관 2010년 경기도의회 의원(민주통합당) 2012년 同문화체육관광위원회 간사 2012년 수원지법 민사조정 및 홍보위원 2013년 경기도의회 문화체육관광위원회 위원장 2013년 同남북교류추진특별위원회 위원장 2014~2018년 경기도의회 의원(새정치민주연합·더불어민주당) 2014~2016년 同운영위원회 위원 2014~2016년 同기획재정위원회 위원 2014~2016년 同더불어민주당 수석대변인 2014년 수원대 객원교수(현) 2014년 수원경제정의실천시민연합 자문위원(현) 2015년 경기도의회 예산결산특별위원회 위원 2015년 同청년일자리창출특별위원회 위원 2015년 더불어민주당 전국청년위원회 부위원장 2015년 同여성리더쉽센터 부소장 2015~2016년 同전국청년지방의원협의회 초대회장 2015~2016년 同교육연수원 부원장 2015~2016년 수원청명고 운영위원장 2016~2017년 수원 영일초 운영위원장 2016~2018년 경기도의회 교육위원회 위원 2016~2018년 同윤리특별위원회 위원 2016~2017년 同지방재정건전성강화특별위원회 위원장 2017~2018년 더불어민주당 교육연수원 부원장 2017~2018년 同전국청년위원회 청년정책연구소장 2017년 경기도의회 더불어민주당 교육혁신기획단장 2017년 국회 청년미래특별위원회 자문위원 2017년 더불어민주당 제19대 문재인 대통령후보 청년공동본부장 겸 조직특보 2017년 同제19대 대통령선거 중앙선거대책위원회 신중년5060위원회 부위원장 2017년 同경기도당 '乙을지키는민생실천위원회' 부위원장 2017년 수원 잠원초 운영위원장(현) 2018년 경기도의회 의원(더불어민주당)(현) 2018년 同부의장(현) 2019년 더불어민주당 미세먼지대책특별위원회 부위원장(현) 2019년 同전국청년위원회 인재육성위원장(현) 2019년 同남북문화체육협력위원회 부위원장(현) 2019년 스포츠개혁포럼 발기인(현) (상)국회사무총장표창(2009), 유권자시민행동 대한민국유권자대상(2013·2015~2017), 경기언론인연합회 의정대상 광역의원부문(2013), 공무원노동조합 수원시지부 우수도의원 공로패(2016), 대한민국 청소년 환경문화제 의정 공로패(2017), 제2회 인천일보 경기의정대상 예산절감 부문(2017), 전국시·도의회의장협의회 우수의정대상(2017), 대한민국자치발전 광역자치부문 대상(2018), 자랑스런 경기인대상 광역의정부문(2018), 2019 한국을 빛낸 경제대상의회발전공헌대상 수상(2019)

안호상(安浩相) AHN Ho Sang

(생)1959·6·5 (출)충북 보은 (주)서울특별시 종로구 대학로 57 홍익대학교 대학로캠퍼스 공연예술대학원(02-3668-3761) (학)1977년 청주고졸 1984년 서강대 정치외교학과졸, 미국 UCLA 엔터테인먼트비즈니스과정 수료, 단국대 대중문화예술대학원 공연예술학과졸 (경)1984년 예술의전당 입사 1995년 同공연기획부장 2001년 同공연사업국장 2005~2007년 同예술사업국장 2007~2011년 (재)서울문화재단 대표이사 2009~2011년 대통령직속 도서관정보정책위원회 위원 2010년 유네스코 한국위원회 문화분과 위원 2012~2017년 국립중앙극장장 2012~2018년 국제공연예술협회(ISPA) 이사 2017년 홍익대 공연예술대학원 교수(현) 2017년 同공연예술대학원장(현) (상)아사히예술상·국내평론가협회상(한·일공동연극 강건너저편에), 호암예술상(말러전곡연주시리즈), 동아연극상 기획부문(토월정통연극시리즈), 대한민국문화예술상(2011), 대한민국무용대상 특별상(2012), 공연예술경영대상(2016)

안호영(安豪榮) Ahn Ho-young

(생)1956·7·5 (본)순흥(順興) (출)부산 (주)서울특별시 종로구 북촌로15길 2 북한대학원대학교 총장실(02-3700-0728) (학)경기고졸 1978년 서울대 외교학과졸 1983년 미국 조지타운대 대학원졸 (경)1977년 외무고시 합격(11회) 1978년 외무부 입부 1984년 駐인도 2등서기관 1990년 駐미국 1등서기관 1993년 외무부 국제협약과장 1994년 同통상3과장 1996년 경제협력개발기구(OECD) 파견 1997년 駐OECD대표부 참사관 1998년 駐제네바대표부 참사관 2002년 외교통상부 통상법률지원팀장 2003년 同다자통상국장 2004년 재정경제부 경제협력국장 2006년 고려대 외교겸임교수 2008년 외교통상부 통상교섭조정관 2010년 同G20 대사(Ambassador at large for G20) 겸임 2011년 駐벨기에·유럽연합(EU) 대사 2012~2013년 외교통상부 제1차관 2013~2017년 駐미국 대사 2018년 북한대학원대 총장(현) (상)칠레정부훈장(2006), 황조근정훈장(2011), 코리아소사이어티 밴플리트상(2013), 서울국제포럼 영산외교인상(2018) (종)가톨릭

안호영(安浩永) AN Ho Young

(생)1965·10·11 (출)전북 진안 (주)서울특별시 영등포구 의사당대로 1 국회 의원회관 1024호(02-784-9751) (학)1984년 전라고졸 1988년 연세대 법학과졸 2010년 전북대 대학원 법학 박사과정 수료 (경)1993년 사법시험 합격(35회) 1996년 사법연수원 수료(25기), 법무법인 백제 대표변호사 1999년 전주여성의전화 후원이사회 이사장 2008~2010년 참여자치전북시민연대 공동대표 2011년 전북지방변호사회 부회장, 민주사회를위한변호사모임 전주지부장, 전북겨레하나 감사 2012년 진안YMCA 이사 2012년 전북 진안군 고문변호사 2013년 전북겨레하나 후원이사회 회장 2015년 진안YMCA 주민권익센터 단장 2015년 전북 무주군 고문변호사 2015년 새정치민주연합 정책위원회 부의장 2015년 국민농업전북포럼 공동대표 2015년 더불어민주당 정책위원회 부의장 2016년 同완주군·진안군·무주군·장수군지역위원회 위원장(현) 2016년 제20대 국회의원(전북 완주군·진안군·무주군·장수군, 더불어민주당)(현) 2016~2017년 더불어민주당 원내부대표 2016년 더좋은미래 운영간사 2016년 국회 운영위원회 위원 2016·2018년 국회 국토교통위원회 위원(현) 2016~2017년 더불어민주당 법률위원장 2017년 同제19대 문재인 대통령후보 중앙선거대책본부 공명선거본부 부본부장 겸 법률지원단장 2017~2018년 국회 예산결산특별위원회 위원 2017년 더불어민주당 정책위원회 부의장(현) 2017년 同적폐청산위원회 위원 2018년 同한국GM대책특별위원회 위원 2018년 同전북도당 위원장(현) 2018년 同지방혁신균형발전추진단 추진위원(현) 2018년 국회 사법개혁특별위원회 위원(현) 2019년 국회 예산결산특별위원회 위원(현)

안홍렬(安鴻烈) AHN Hong-ryoul (雪松)

(생)1958·7·15 (본)죽산(竹山) (출)충남 서천 (주)서울특별시 영등포구 국회대로76길 22 자유한국당 서울시당(02-704-2100) (학)1975년 신일고졸 1979년 서울대 법학과졸 1981년 同대학원 법학과 수료 2008년 한국방송통신대 중어중문학과졸 2010년 同일본학과졸 (경)1981년 사법시험 합격(23회) 1983년 사법연수원 수료(13기) 1983년 육군 법무관 1986년 대전지검 검사 1988년 전주지검 정읍지청 검사 1989년 수원지검 검사 1992년 부산지검 검사 1994년 변호사 개업 1999년 신일법조동문회 회장 2000년 제16대 국회의원선거 출마(보령·서천, 한나라당) 2000~2002년 한나라당 보령·서천지구당 위원장 2000년 同인권위원회 부위원장 2002년 同서울강북구乙지구당 위원장 2003년 대한법률중앙회 회장 2004년 제17대 국회의원선거 출마(서울 강북구乙, 한나라당) 2007년 한나라당 제17대 대통령선거 박근혜 경선후보 서울선거대책본부장 2008~2012년 서울희망포럼 공동대표 2011년 서울대법과대학동창회 부회장 2012~2013년 새누리당 서울

강북구乙당원협의회 위원장 2012년 제19대 국회의원선거 출마(서울 강북구乙, 새누리당) 2013년 한국전력공사 상임감사위원 2016년 새누리당 서울강북구乙당원협의회 운영위원장 2016년 제20대 국회의원선거 출마(서울 강북구乙, 새누리당) 2017년 자유한국당 인권위원회 위원장 2017년 同서울강북구乙당원협의회 운영위원장(현) (종)기독교

안홍준(安鴻俊) AHN Hong Joon

(생)1951·3·2 (본)순흥(順興) (출)경남 함안 (주)경상남도 창원시 마산회원구 팔용로 262 창신대학교(055-250-3001) (학)1968년 마산고졸 1975년 부산대 의대졸 1980년 同대학원 의학석사 1992년 의학박사(경상대) (경)1980년 부산대병원 산부인과 전공의 1983년 예편(육군 소령) 1983~1985년 인제대 의대 교수 1984년 同부산백병원 임상교수협의회 총무 1985년 안홍준산부인과 개원 1986년 중앙자모병원 개원·산부인과 원장 1987~1990년 적십자중앙봉사회 부회장 1987년 부산대·인제대 의대 산부인과 외래교수 1995년 언론바로세우기 마산·창원연대회의 상임대표 1997년 공명선거실천시민운동 경남협의회 상임의장 1998년 마산·창원·진해참여자치시민연대 상임대표 1999년 경남도민일보 비상임이사 2000년 바른선거시민모임전국연합회 공동대표 2003년 지방분권운동경남본부 상임공동대표 2004년 제17대 국회의원(마산乙, 한나라당) 2004년 국회 정각회 간사장 2005년 한나라당 경남도당 수석부위원장 2005년 同제4정책조정위원장 2006년 국회 정각회 부회장 2007년 한나라당 대외협력위원장 2008년 제18대 국회의원(마산乙, 한나라당·새누리당) 2008~2009년 한나라당 제5정책조정위원장 2009~2010년 同제1사무부총장 2010년 국회 보건복지위원회 청원심사소위원장 2010~2011년 한나라당 경남도당 위원장 2011년 同정책위원회 선임부의장 2012~2016년 제19대 국회의원(창원 마산회원, 새누리당) 2012~2014년 새누리당 인재영입위원장 2012~2013년 국회 외교통상통일위원장 2013년 한·인도네시아의원친선협회 회장 2013년 한·러시아의원외교협의회 부회장 2013년 한·인도네시아동반자협의회 회장 2013~2014년 국회 외교통일위원장 2013년 한국장애인단체총연맹 고문(현) 2014년 국회 한·아세안포럼 회장 2014년 국회 교육문화체육관광위원회 위원 2015년 새누리당 아동학대근절특별위원회 위원장 2015년 同국가간호간병제도특별위원회 위원장 2017년 통일한국당 대표 2017년 창신대 석좌교수(현) (상)중앙선거관리위원장표창, 노동부장관 감사패, 제2회 한국매니페스토약속대상 최우수상(국회의원 분야)(2010), 대한민국미래개혁정치발전대상(2010), 한국환경정보연구센터 선정 '국정감사 친환경베스트의원'(2010·2011), 국회사무처 선정 '입법우수의원'(2010), 대한민국 헌정우수상(2011), (사)아·나·기 코리아비엔비 선정 '환경아저씨'(2011), 자랑스러운 국회의원상(2011), 한국정보화진흥원 웹접근성품질마크 획득(2012), 제18대 국회 공약이행평가대상(2012), 국회사무처 선정 입법정책우수의원(2012), 자랑스런 대한민국 시민대상(2013), '2013 도전한국인' 정치발전부문 대상(2014), 선플운동본부 '국회의원 아름다운 말 선플상'(2014), 한국입법학회 대한민국 입법대상(2014), 대한민국 의정대상(2015), INAK(Internet Newspaper Association of Korea) 국회의정상(2015), 유권자시민행동 대한민국유권자대상(2015), 대한민국문화관광산업대상 문화관광발전공로상(2015), 한국유권자총연맹 선정 '국정감사 최우수 국회의원'(2015) (종)불교

안효대(安孝大) AHN Hyo Dae

(생)1955·7·27 (출)경북 영양 (주)울산광역시 남구 중앙로128번길 31 자유한국당 울산동구당원협의회(052-275-7363) (학)1974년 대구 청구고졸 1978년 계명대 경영학과졸 (경)1980~1994년 현대중공업 경영지원본부 근무 2004~2008년 정몽준 국회의원 사무국장 2008년 제18대 국회의원(울산東, 한나라당·새누리당) 2008년 한나라당 울산시당 위원장 2008년 국회 기획재정위원회 위원 2008년 한나라당 중앙재해대책위원회 위원 2009년 한·스위스의원교친선협회 부회장 2009년 한나라당 원내부대표 2009년 同일자리만들기나누기지키기특별위원회 위원 2010년 국회 일자리만들기특별위원회 위원 2010년 한나라당 인재영입위원회 위원 2010년 同제5회 지방선거 중앙당 공천심사위원 2010년 국회 행정안전위원회 위원 2010년 한나라당 국민지향공천제도개혁특별위원회 위원 2010년 同재외국민위원회 위원 2010년 同북한인권위원회 위원 2011년 국회 정치개혁특별위원회 위원 2011년 한나라당 직능특별위원회 부위원장 2011~2015년 계명대 경영학과 특임교수 2011년 국회 행정안전위원회 간사 겸 법안심사소위원장 2011년 한나라당 정책위원회 행정안전부문 정책조정위원장 2012~2016년 제19대 국회의원(울산 동구, 새누리당) 2012년 국회 국토해양위원회 위원 2012년 국회 학교폭력대책특별위원회 간사 2012년 새누리당 지역화합특별위원회 위원 2012년 전국시도지사협의회 지방분권특별위원회 위원 2013년 제18대 대통령취임준비위원회 위원 2013년 국회 국토교통위원회 위원 2013년 국회 이동흡헌법재판소장후보자인사청문특별위원회 위원 2013년 한·덴마크친선협회 회장 2013년 한·인도네시아의원친선협회 부회장 2013~2014년 새누리당 재해대책위원회 위원장 2013~2015년 국회 예산결산특별위원회 위원 2014~2015년 국회 지방자치발전특별위원회 위원 2014년 새누리당 세월호사고대책특별위원회 간사 2014~2016년 국회 농림축산식품해양수산위원회 여당 간사 2014~2015년 새누리당 울산시당 위원장 2015년 同정책위원회 부의장 2015년 同정책위원회 농림축산식품해양수산정책조정위원장 2016년 제20대 국회의원선거 출마(울산 동구, 새누리당) 2016년 새누리당 재해대책위원회 위원장 2017년 자유한국당 재해대책위원회 위원장 2017년 同울산동구당원협의회 위원장(현) 2018년 同울산시당 위원장 2019년 同당대표 특별보좌역(현) (상)국회사무처 입법정책개발 우수의원(2011), 한국여성유권자연맹 선정 자랑스러운 국회의원상(2011), 계명대 자랑스런 동문상(2012), 경제정의실천시민연합 국정감사 우수의원(2014), 범시민사회단체연합 좋은국회의원상(2014), 계명대총동창회 자랑스런 계명인상(2015), 전국청소년선플SNS기자단 선정 '국회의원 아름다운 말 선플상'(2015), 한국언론사협회 선정 '대한민국 우수 국회의원 대상'(2015), 범시민사회단체연합 선정 '올해의 좋은 국회의원상'(2015), 국정감사NGO모니터단 선정 '국정감사 우수국회의원상'(2015), 법률소비자연맹 선정 국회 종합헌정대상(2016)

안효준(安孝濬) Ahn, Hyo Joon

(생)1963·2·16 (출)부산 (주)전라북도 전주시 덕진구 기지로 180 국민연금공단 기금운용본부(063-711-0002) (학)1981년 배정고졸 1988년 부산대 경영학과졸 1999년 호주국립대 경영대학원 경영학과졸 (경)1988년 서울증권 애널리스트 1992년 同뉴욕지점장 1994년 同해외운용팀장 1999~2000년 호주 ANZ펀드운용 지역펀드매니저 2002~2006년 대우증권 주식운용팀장 2007~2010년 홍콩 BEA Union Investment Management 아시아지역 포트폴리오운용 담당 2011년 국민연금공단 해외증권실장 2011년 同주식운용실장 2013~2016년 교보AXA자산운용 대표이사 사장 2016~2017년 (주)BNK투자증권 대표이사 2017년 (주)BNK금융지주 그룹글로벌총괄부문장(사장) 2018년 국민연금공단 기금운용본부장(CIO·기금이사)(현)

안효채(安孝采) AN Hyo Chae

(생)1953·10·28 (출)서울 (주)서울특별시 종로구 종로1길 42 ERIC손해보험중개(주) 대표이사실(02-779-6380) (학)1971년 성동고졸 2000년 연세대 경영대학원 최고금융과정 수료 (경)1978~2004년 쌍용화재해상보험(주) 입사·법인영업부장·법인영업·일반업무·기획·전산총괄 상무 2005년 그린화재해상보험(주) 법인영업본부장(상무) 2006~2007년 同법인영업총괄 전무 2007년 ERIC손해보험중개(주) 대표이사(현)

안흥국(安興國)

(생)1964·2·24 (주)서울특별시 마포구 성암로 179 (주)한샘 리하우스사업본부(02-6908-3114) (학)1990년 경희대 경제학과졸, 한양대 대학원 생산관리학과졸 (경)1990년 (주)한샘 입사 2004년 同제조본부장(이사대우) 2009년 同제조본부장(이사) 2013년 同제조본부장(상무) 2015년 同제조사업부서장 겸 통합구매사업부서장(전무) 2015년 同제조·구매·물류사업부장(부사장) 2017년 同리하우스사업본부장(부사장)(현)

안희길(安熙吉)

(생)1972·1·24 (출)서울 (주)충청남도 홍성군 홍성읍 법원로 38 대전지방법원 홍성지원(041-640-3100) (학)1990년 신일고졸 1998년 고려대 법학과졸 (경)1999년 사법시험 합격(41회) 2002년 사법연수원 수료(31기) 2002년 서울지법 의정부지원 판사 2003년 서울고법 판사 2004년 서울중앙지법 판사 2006년 부산지법 판사 2007년 同동부지원 판사 2010년 의정부지법 판사 2012년 서울중앙지법 판사 2014년 서울북부지법 판사 2015년 사법연수원 교수 2017년 서울남부지법 판사 2017년 대법원 '사법부 블랙리스트 추가조사위원회' 위원 2018년 대전지법 홍성지원·대전가정법원 홍성지원 부장판사(현)

안희배(安熙培)

(생)1967·1·7 (주)부산광역시 서구 대신공원로 26 동아대학교병원 병원장실(051-240-2001) (학)1991년 동아대 의대졸 1995년 同대학원 의학석사 1998년 의학박사(동아대) (경)2001~2012년 동아대 의대 안과학교실 전임강사·조교수·부교수 2001년 일본 세이레이병원 연수 2002년 미국 쿨렌 안연구소 연수 2006~2007년 미국 위스콘신주립대 교환교수 연수 2009년 대한병원협회 수련환경평가위원(현) 2009~2012년 동아대병원 교육연구부장 2010~2018년 대한성형안과학회 총무이사 겸 기획이사 2010년 동산원 이사(현) 2011~2017년 의료기관평가인증원 조사위원 2012년 동아대 의대 안과학교실 교수(현) 2012~2014년 동아대병원 안과 주임교수 2012~2014년 同의료질향상관리실장 2014~2019년 同기획조정실장 2014년 기관생명윤리위원회 위원장(현) 2014년 대한성형안과학회 감사(현) 2014년 건강보험심사평가원 심사자문위원(현) 2015~2018년 부산시의사회 학술이사 2016~2018년 대한안과학회 재무이사 2018년 검안학회 법제이사(현) 2018년 청촌장학재단 이사(현) 2018년 대한안과학회 정무이사(현) 2019년 대한사립대학병원협회 부회장(현) 2019년 동아대병원 병원장 겸 의료원장(현) 2019년 부산시의사회 윤리위원회 위원(현) (상)미국 안과학회 학술공로상(2015)

안희영(安熙永)

(생)1957·4·5 (주)경상북도 안동시 풍천면 도청대로 455 경상북도의회(054-655-9345) (학)대구고졸, 상주대 생명자원과학대학 축산학과졸 (경)안정농장 대표(현), 풍양면 흥천1리 새마을지도자, 풍양농협 감사, 풍양면 농업경영인회 회장, 민주평통 자문위원, 풍양면체육회 회장, 대한양돈협회 예천군지부장, 同중앙회 이사 2010~2014년 경북 예천군의회 의원(한나라당·새누리당) 2010~2012년 同부의장 2014~2018년 경북도의회 의원(새누리당·자유한국당) 2014년 同운영위원회 위원 2014년 同농수산위원회 부위원장 2016년 同농수산위원회 위원 2016년 同독도수호특별위원회 위원 2017년 同예산결산특별위원회 위원 2018년 경북도의회 의원(무소속)(현) 2018년 同농수산위원회 위원(현) 2018년 同저출산·고령화 대책특별위원회 위원(현) 2019년 同예산결산특별위원회 위원(현)

안희준(安喜俊)

(생)1976·1·22 (출)경북 김천 (주)서울특별시 서초구 반포대로28길 28 초석빌딩 6층 법무법인 백송(02-582-8600) (학)1994년 김천고졸 1999년 고려대 법학과졸 (경)1998년 사법시험 합격(40회) 2001년 사법연수원 수료(30기) 2004년 수원지검 검사 2006년 창원지검 검사 2008년 법무부 구조지원과 검사 2009년 同인권구조과 검사 2010년 서울중앙지검 검사 2014년 광주지검 순천지청 검사 2015년 수원지검 부부장검사 2016년 창원지검 마산지청 부장검사 2017년 법무부 인권구조과장 2018~2019년 서울서부지검 형사4부장 2019년 법무법인 백송 대표변호사(현)

안희태(安熙泰) Ahn, Hee Tae

(생)1963·8·3 (주)인천광역시 남동구 경인로 674 인천교통공사 경영본부(032-451-2027) (학)홍익대 상경대학 경제학과졸 (경)남동시민모임 공동대표, 약산초교 운영위원장, (주)삼성화재 하이트대리점 대표 2006·2010~2014년 인천시 남동구의회 의원(열린우리당·통합민주당·민주당·민주통합당·민주당·새정치민주연합) 2012~2014년 同의장 2014년 인천시의원선거 출마(새정치민주연합) 2018년 인천교통공사 경영본부장(상임이사)(현) (상)지방의정봉사상(2013) (저)'안희태와 함께'(2014)

암 도(岩 度) SEONG Hwan Gi (如山)

(생)1939·12·30 (본)창녕(昌寧) (출)전북 고창 (주)전라남도 담양군 담양읍 남촌길 21-121 마하무량사(061-381-7447) (학)1972년 동국대 불교학과졸 1975년 同대학원 불교학과졸 1978년 종교철학박사(동국대) (경)1978년 백양사에서 득도 1979년 대한불교조계종 총무원 교무부장 1980년 백양사 주지 1980년 대한불교조계종 중앙상임포교사 1985년 同포교원장 1987년 동국대 선학과 강사 1990년 중앙승가대 불교학과 교수 1991년 동국대 정각원 상임법사 1991~2000년 삼원사 주지 1997년 대한불교조계종 교육원장 2000년 백양사 청량원 주석, 마하무량사 회주(현) 2011년 대한불교조계종 원로회의 의원(현) 2011년 同대종사(현) 2017년 同원로회의 부의장 (상)국민훈장 석류장 (저)'변하는 것은 변치 않고 변한다' '인간수업' '불교의 근본진리' '인도 삼학연구' (종)불교

양 건(梁 建) YANG Gun

(생)1975·10·6 (출)광주 (주)서울특별시 성동구 마장로 210 한국기원 홍보팀(02-3407-3870) (경)1992년 프로바둑 입단 1993년 2단 승단 1993년 대왕전·박카스배 본선 1994년 3단 승단 1994년 연승바둑최강전·명인전 본선 1995년 한국이동통신배·패왕전·최고위전·박카스배 천원전 본선 1996년 4단 승단 1996년 유공가스배·한국이동통신배 본선 1999년 프로10걸전 9위 2000년 5단 승단 2000년 국수전·신인왕전·삼성화재배·LG배 세계기왕전 본선 2001년 6단 승단 2004년 7단 승단 2004년 국수전 본선 2005년 바둑마스터즈 전신 8강 2005년 제1기 한국물가정보배 본선진출 2007년 전자랜드배 왕중왕전(백호부) 준우승 2007년 8단 승단 2010년 KB국민은행 한국바둑리그 넷마블팀 감독 2010년 9단 승단(현) 2016~2018년 제32대 프로기사회 회장 (저)'양건의 바투 레벨업'(2009)

양건수(梁建洙) Yang, Gun Soo

(생)1975·7·8 (출)전남 화순 (주)인천광역시 미추홀구 소성로163번길 49 인천지방검찰청 외사부(032-860-4404) (학)1994년 광주 서강고졸 1999년 서울대 법학과졸 (경)1998년 사법시험 합격(40회) 2001년 사법연수원 합격(30기) 2004년 수원지검 안산지청 검사 2006년 대전지검 홍성지청 검사 2008년 청주지검 검사 2010년 서울남부지검 검사 2012년 사법연수

원 교수 2015년 서울중앙지검 부부장검사 2016년 전주지검 군산지청 부장검사 2017년 인천지검 부부장검사 2017~2019년 방콕 유엔마약범죄사무소(UNODC) 파견 2019년 인천지검 외사부장(현)

양 걸 Yang Geol

(생)1962·5·29 (주)경기도 수원시 영통구 삼성로 129 삼성전자(주)(02-2255-0114) (학)1988년 부산대 정치외교학과졸 1994년 서강대 대학원 국제관계학과졸 (경)1989년 삼성전자(주) 영업관리팀 근무, 同메모리사업부 영업팀장 2009년 同메모리사업부 영업팀 상무 2011년 同DS부문 중국총괄 상무 2013년 同DS부문 중국총괄 전무 2015년 同메모리사업부 영업팀장(전무) 2017년 同메모리사업부 영업팀장(부사장) 2019년 同DS부문 중국총괄 부사장(현)

양경석(梁慶錫) YANG Kyoung Suk

(생)1967·6·15 (출)경기 평택 (주)경기도 수원시 팔달구 효원로 1 경기도의회(031-8008-7000) (학)1986년 평택 한광고졸, 평택대 물류정보경영대학원 부동산경영관리학 석사과정 중 (경)으뜸아이니 대표, 대림상사 이사, 열린우리당 평택시당 운영위원, 진위면생활안전협의회 위원, 진위면새마을지도자 총무, 열린우리당 평택시당 청년지부장 2006·2010년 경기 평택시의회 의원(민주당·민주통합당·민주당·새정치민주연합), 굿네이버스 지역아동센터 운영위원장 2014~2018년 경기 평택시의회 의원(새정치민주연합·더불어민주당) 2014~2016년 同부의장 2018년 경기도의회 의원(더불어민주당)(현) 2018년 同문화체육관광위원회 부위원장(현)

양경승(梁慶承) YANG Kyoung Seung

(생)1958·12·27 (출)전남 보성 (주)경기도 수원시 영통구 법조로 105 수원지방법원 총무과(031-210-1114) (학)1978년 고등검정고시 합격 1990년 성균관대 법학과졸 (경)1985년 행정고시 합격(29회) 1986년 환경처 사무관 1989년 사법시험 합격(31회) 1992년 사법연수원 수료(21기) 1992년 서울지법 남부지원 판사 1994년 서울민사지법 판사 1996년 제주지법 판사 1998년 同서귀포시법원 판사 2001년 변호사 개업 2006~2016년 사법연수원 교수 2015년 언론중재위원회 상반기 재·보궐선거 선거기사심의위원회 위원 2015년 同제20대 국회의원선거 선거기사심의위원회 위원 2016년 창원지법 부장판사 2018년 수원지법 부장판사(현) (종)불교

양경식(梁敬植) Kyung-Shik Yang

(생)1966·6·10 (출)전남 영광 (주)서울특별시 영등포구 의사당대로 82 하나금융투자 홍보실(02-3771-7114) (학)1984년 광주 서석고졸 1988년 서강대 경제학과졸 1994년 同대학원 경제학과졸 2003년 미국 Fordham Univ. School of Business MBA (경)1989~1992년 한국상업은행 행원 1994~1995년 대신증권 사원 1996~2001년 대신경제연구소 경제조사실 책임연구원 2003~2007년 대신증권 리서치센터 투자전략부장 2007년 하나금융투자 투자전략부장(이사) 2013년 同PB사업부장(이사) 2014년 同영업추진부장(상무) 2016년 同홍보실장(상무)(현)

양경진(梁慶鎭) YANG Kyoung Jin

(생)1959·2·25 (본)제주(濟州) (출)서울 (주)서울특별시 금천구 가산디지털1로 196 에이스테크노타워 10차 901호 (주)디지털데일리 대표이사실(02-6670-4500) (학)한국외국어대 일어과졸 (경)1985년 전자시보 근무 1993년 전자신문 정보통신산업부 차장 1995년 同정보생활부장 1997년 同정보통신산업부장 1997년 同가전산업부장 1999년 同산업전자부장 2000년 디지털타임스 편집국 마켓부장 2000년 同정보통신부장 2001년 同부국장대우 정보통신부장 2002년 同부국장 겸 정보통신부장 2002년 同사업국장 직대 2002년 同편집국 부국장 겸 산업과학부장 2003년 同편집국장 2004년 同전략기획팀 기획위원 2005년 디지털데일리 대표이사 겸 발행인(현) (저)'정보통신과 환경'(1996) '금융IT 혁신과 도전'(2007) (종)기독교

양경홍(梁京弘) YANG Kyung Hong

(생)1960·12·5 (출)제주 (주)제주특별자치도 제주시 노연로 80 글래드호텔앤리조트(주)(064-710-8106) (학)1978년 대정고졸 1982년 제주대 관광경영학과졸 (경)1985~2004년 오라관광(주) 입사·판촉기획과장·영업부 차장·서울지점장·상무이사 2004년 同전무이사, 제주환경연구센터 이사 2008년 오라관광(주) 부사장 2009년 同대표이사 부사장 2010년 同대표이사 사장 2019년 글래드호텔앤리조트(주) 대표이사 사장(현) (상)국무총리표창(2014), 제주경영자총협회 자랑스런 경영인대상(2015) (종)불교

양국보(楊國輔) Yang Kook Bo

(생)1961·7·23 (본)청주(淸州) (출)대구 달성 (주)서울특별시 서초구 헌릉로 13 대한무역투자진흥공사 ICT프로젝트실(02-3460-7468) (학)1980년 달성고졸 1987년 서울대 사회교육학과졸 1990년 同행정대학원 행정학과졸 2005년 핀란드 헬싱키경제대 대학원졸(EMBA) (경)2000년 대한무역투자진흥공사(KOTRA) 산토도밍고무역관장 2005년 同LA무역관 부관장 2008년 同비서팀장 2009년 同그린통상지원처장 2010년 同벤쿠버무역관장 2013년 同홍보실장 2015년 同정보통상지원본부 통상지원실장 2015년 同중남미지역본부장 겸 멕시코시티무역관장 2019년 同ICT프로젝트실장(현) (종)천주교

양규모(梁圭模) YANG Kyu Mo

(생)1943·4·20 (출)부산 (주)서울특별시 마포구 마포대로 137 KPX빌딩 20층 KPX홀딩스(주)(02-364-7632) (학)1961년 서울고졸 1965년 서울대 사회학과졸 1967년 미국 컬럼비아대 대학원 경영학과졸 (경)1967년 진양화학공업(주) 상무 1971년 同전무 1973년 同대표이사 사장 1974년 한국포리올(주) 회장 1975년 한국폴리우레탄공업(주) 회장 1978년 진양화인케미칼(주) 회장 1979~1998년 (주)진양 회장 1979년 한국프라스틱 대표이사 사장 1983년 한국화인케미칼(주) 회장 2001년 진양화학(주) 회장 2003~2007년 (주)그린소프트켐 회장 2006~2007년 (주)KPC홀딩스 대표이사 회장 2007년 진양산업(주) 회장 2008~2019년 (주)진양홀딩스 대표이사 회장 2008년 진양폴리우레탄(주) 회장 2008년 KPX그린케미칼 회장 2008~2019년 KPX홀딩스(주) 대표이사 회장 2009년 (재)KPX문화재단 이사장(현) 2019년 (주)진양홀딩스 회장(현) 2019년 KPX홀딩스(주) 회장 겸임(현) (상)금탑산업훈장(1976) (종)원불교

양균의(梁均懿) YANG Gyun Eui

(생)1952·3·10 (출)전북 전주 (주)전라북도 전주시 덕진구 유상로 67 전주첨단벤처단지 캠틱종합기술원(063-219-0300) (학)전주고졸 1975년 전북대 기계공학과졸 1977년 同대학원 기계공학과졸 1985년 기계공학박사(전북대) (경)1980~1981년 충남대 공과대학 기계설계과 전임강사 1981~1993년 전북대 공과대학 기계공학과 전임강사·조교수·부교수 1986년 미국 캘리포니아대 버클리교 교환교수 1990년 전북대 공과대학 기계공학과장 1993~2017년 同공과대학 기계공학과 교수 1994년 同공동실험실습관 기전실장 1996년 同국책사업단 CAD/CAM실장 1996년 同부속공장장 2000년 同자동차부품금형기술혁신센터(TIC) 소장 2003년 전

주첨단벤처단지관리단 단장(현) 2003~2004년 전북도 과학기술자문관 2003년 전주벤처기업육성촉진지구발전협의회 회장(현) 2005~2015년 미국 세계인명사전 'Marquis Who's Who in the World'에 등재 2005~2007년 전북도 공공기관이전추진협의회 위원 2005~2009년 한국산업기술평가원 전문평가위원 2006~2008년 한국산업기술재단 전문평가위원 2007~2010년 중앙인사위원회 비상임위원 2008~2014년 방위사업청 국방연구개발사업 평가위원 2008~2009년 전북도 과학기술위원 2009년 한국정밀공학회 감사 2011년 한국방위산업학회 이사(현) 2011~2017년 同편집위원장 2012~2013년 한국정밀공학회 부회장 2012년 전북대 자동차부품금형기술혁신센터(TIC) 원장 2013년 한국시스템엔지니어링학회 감사 2013·2016년 同부회장(현) 2015년 캠틱종합기술원 원장(현) 2018년 전북과학기술위원회 민간위원장(현) (상)전주시장 감사패(2002), 전주시 일자리창출공로 으뜸상(2003), 전북대총장표창(2003), 국가균형발전위원장표창(2004), 한국정밀공학회 학술상(2004), 행정자치부장관표창(2005), 자랑스런 전북인 경제분야 대상(2007), 지식경제부장관표창(2009)

양근복(梁根福) YANG Keun Bok

(생)1964·9·2 (출)광주 (주)서울특별시 강남구 언주로 711 건설회관 법무법인 주원(02-6710-0300) (학)1983년 광주제일고졸 1987년 서울대 경영학과졸 1990년 성균관대 무역대학원졸 2008년 숭실대 대학원 법학 박사과정 수료 (경)1989년 사법시험 합격(31회) 1992년 사법연수원 수료(21기) 1992년 軍법무관 1995년 부산지검 검사 1997년 광주지검 순천지청 검사 1998년 법무부 법무심의관실 검사 2000년 서울지검 검사 2003년 광주지검 검사 2004년 同부부장검사 2005년 대구지검 김천지청 부장검사 2006년 법무부 법무심의관실 검사 2007년 사법연수원 교수 2009년 서울서부지검 형사3부장 2009년 서울중앙지검 공판1부장 2010년 법무연수원 연구위원 2011년 창원지검 마산지청장 2012년 서울고검 검사 2012~2013년 인천시 파견(법률자문검사) 2013~2015년 국세청 감사관 2016~2018년 법무법인 삼익 대표변호사 2016년 서울지방국세청 조세법률고문변호사 2018년 법무법인(유) 주원 구성원변호사(현) 2018년 서울시교육청 행정심판위원

양근서(梁根瑞) Yang Keun Suh

(생)1968·1·28 (출)전남 화순 (주)경기도 안산시 단원구 적금로 202 안산도시공사 사장실(031-481-4912) (학)전남대 공과대학 자원공학과졸, 同대학원 정치학 석사과정 수료 (경)광남일보 기자, 주간 '시민의 소리' 취재팀장, 산업자원부 산하 우수기술연구센터(ATC)협회 상임이사, 대통령직속 국가균형발전위원회 홍보기획팀장, 천정배 국회의원 보좌관, 민선5기 안산시장인수위원회 총괄간사, 안산시 시정공동운영위원회 기획단장 2012년 경기도의회 의원(보궐선거 당선, 민주통합당·민주당·새정치민주연합) 2012년 同도시환경위원회 위원·간사 2013년 同민주당 대변인 2014년 同새정치민주연합 대변인 2014~2018년 경기도의회 의원(새정치민주연합·더불어민주당) 2014년 同도시환경위원회 위원 2014~2015년 同예산결산특별위원회 소위원장 2014년 同경제민주화추진특별위원회 위원 2014년 同삼성전자불산누출사고민관합동조사단 조사위원 2014년 경기도 주택정책심의위원 2014년 同마을만들기 위원 2015년 한독정치학회 자문위원(현) 2015년 경기도의회 장기미집행도시공원특별위원회 위원장 2016년 同기획재정위원회 위원 2016년 同노동자인권보호특별위원회 위원 2016년 同공정성강화포럼 회장 2016년 同더불어민주당 정치교육원장 2016년 경기도 제3연정위원장 2016년 경기도의회 남북교류추진특별위원회 위원 2017년 同헌법개정지방분권위원회 위원 2018년 경기도 통합물관리위원회 위원 2018년 (사)안산발전연구원 대표(현) 2018년 경제정의실천시민연합 안산경실련 회원(현) 2018년 6·15공동선언실천 남측위원회 안산본부 자문위원(현) 2018년 안산도시공사 사장(현) (상)사람사는세상 노무현재단 감사장(2011), 경기일보 '자랑스런 경기인' 의정부분 대상(2014), 지방세외수입확충 유공 행정자치부장관표창(2015), 인천일보 경기환경대상(2016), 경기도의회 개원60주년 입법우수의원(2016), (사)수돗물시민네트워크 '모범상수도인' 특별상(2016), 한국지방자치학회 우수조례상(2016·2017), 경기도지사 감사패(2016), 경기도 예산성과금 수상(2016), 한국언론인연대 대한민국창조혁신대상(2017), 경기도의회 우수조례상(2017) (종)기독교

양근석(梁根錫) YANG Keun Suk

(생)1960·2·9 (출)광주 (주)전라남도 무안군 삼향읍 오룡길 1 전라남도청 해양수산국(061-286-6800) (학)2004년 여수대 대학원 수산생물학과졸(이학석사) (경)2001~2011년 전남도·영광군·완도군 사무관 2011년 전남도 수산자원과장(서기관) 2013년 통일교육원 미래지도자과정 교육 2014년 전남도 해양생물과장 2014년 해양수산부 소득복지과장 2017년 전남도 해양수산국장(지방부이사관)(현)

양금봉(梁錦奉·女) YANG Keum Bong

(생)1959·9·4 (본)남원(南原) (출)전북 정읍 (주)충청남도 예산군 삽교읍 도청대로 600 충청남도의회(041-635-5318) (학)군장대학 사회복지과졸 (경)서천군소식지 칼럼위원, 서천군새마을부녀회 회장, 서천서부우편취급소 소장, 서천실버홈 대표, 同센터장 2006년 충남 서천군의원선거 출마(비례대표, 열린우리당) 2010~2014년 충남 서천군의회 의원(비례대표, 자유선진당·선진통일당·새누리당) 2012년 同총무위원장 2014년 충남 서천군의원선거 출마(새정치민주연합·더불어민주당) 2018년 충남도의회 의원(더불어민주당)(현) 2018년 同금강권역친환경적발전을위한특별위원회 부위원장(현) (상)충남도지사표창 (종)기독교

양금석(梁金石) YANG Kum Suek

(생)1959·1·24 (본)남원(南原) (출)경북 예천 (주)경상남도 진주시 동진로 33 경남과학기술대학교 건축학과(055-751-3401) (학)1987년 건국대 건축공학과졸 1989년 同대학원졸 1991년 일본 니혼대 대학원졸 1995년 공학박사(일본 도쿄도립대) (경)1995년 삼성생명(주) 실버타운건립팀 설계담당과장 1996년 진주산업대 건축학부 전임강사·조교수·부교수·교수 1999년 경남도 지방건설기술심의위원 2005~2006년 同교통영향심의위원 2010년 진주산업대 조형디자인대학장 2011년 경남과학기술대 건축학과 교수(현) 2011년 同조형디자인대학장, 同건축학과장(현) 2019년 同건설환경공과대학장(현) (저)'중국건축개설'(1991) '공동 창조농촌을 디자인하라: 농촌을 되살리는 창조전략'(2015)

양기석(梁基錫) YANG Kenneth S.

(생)1962·11·4 (출)서울 (주)서울특별시 중구 을지로 76 유안타인베스트먼트 임원실(02-561-0056) (학)1981년 대전고졸 1985년 서울대 경제학과졸 2003년 미국 매사추세츠공대(MIT) 대학원졸(MBA) (경)1987년 동양증권 주식부 펀드매니저 1993년 동양그룹 기획조정실 재무팀 근무 1996년 JS파트너스 IB Service담당 파트너 2004년 그린화재해상보험 최고재무담당자(CFO) 2005년 신한프라이빗에쿼티(주) COO(전무) 2010~2015년 同대표이사 사장 2015~2016년 유안타인베스트먼트 부회장 2016년 同대표이사(현) (종)기독교

양기욱(梁基旭) YANG Gi Uk

(생)1972·2·3 (본)남원(南原) (출)서울 (주)세종특별자치시 한누리대로 402 산업통상자원부 가스산업과(044-203-5230) (학)1990년 서울 동성고졸 1995년 서울대 사회과학대학 경제학과졸 1997년 同행정대학원 수료 2012년 미국 델라웨어대 에너지환경대학원졸(석사) (경)1995~2005년 관세청 교

역협력과 근무 · 정보관리과 근무 · 제주세관 통관과장 1996년 행정고시 합격(재경직 40회) 1998~2002년 공군 복무 2005년 대통령연설비서관실 근무 2008~2010년 지식경제부 장관실 · 기후변화정책과 서기관 2012년 同동남아협력과장 2013년 산업통상자원부 통상협력국 아주통상과장 2014년 駐제네바대표부 1등서기관 2017~2018년 산업통상자원부 통상정책국 다자통상협력과장 2019년 同가스산업과장(현) [상]관세청장표창(2002), 대통령비서실장(장관급)표창(2006) [종]천주교

양기철(梁起喆) Yang, Gi-Cheol

[생]1968 · 11 · 4 [출]제주 [주]제주특별자치도 제주시 문연로 6 제주특별자치도청 도민안전실(064-710-3800) [학]1987년 제주제일고졸 1991년 한양대 법학과졸 2012년 미국 콜로라도 덴버대 행정학석사 [경]1996년 공무원 임용 2010년 미국 콜로라도덴버대 파견(지방서기관) 2012년 제주평생교육진흥원 파견 2013년 제주특별자치도 특별자치행정국 특별자치교육지원과장 2014년 지방행정연수원 파견(고위정책과정/지방부이사관) 2015년 제주특별자치도 국제통상국장 2016년 기획재정부 파견(부이사관) 2017년 제주특별자치도 감사위원회 사무국장 2018~2019년 同관광국장 2019년 同도민안전실장(이사관)(현) [상]대통령표창(2002 · 2004)

양기호(梁起豪) YANG Kee Ho

[생]1961 · 7 · 21 [출]전남 목포 [주]서울특별시 구로구 연동로 320 성공회대학교 인문융합 자율학부 일어일본학전공(02-2610-4330) [학]1980년 목포고졸 1984년 연세대 정치외교학과졸 1986년 同대학원 정치외교학과졸 1994년 정치학박사(일본 게이오대) [경]1995년 경기도 전문위원 1996~2003년 성공회대 일어일본어과 조교수 · 부교수 1999년 同교무처장 1999년 민주평통 자문위원 2002~2003년 한국NGO학회 상임이사 2003년 성공회대 인문융합 자율학부 일어일본학전공 교수(현) 2003년 미국 듀크대 방문교수 2004~2005년 현대일본연구회 회장 2004~2005년 동북아시대위원회 전문위원 2008년 성공회대 사회문화연구원장 2009년 한일미래포럼 상임이사(현) 2009년 한일미래정책연구원 원장, 한국다문화학회 부회장 2010~2011년 同회장 2015~2017년 IOM이민정책연구원 비상임이사 2017년 국가안보실 정책자문위원회 위원(현) 2017~2018년 외교부 '한 · 일 일본군위안부 피해자 문제 합의 검토 TF(태스크포스)' 위원 2019년 민주평통 국제협력분과위원회 상임위원(현) [상]한국지방자치학회 학술상(2011) [저]'한국정치와 지방자치'(共) '일본정치의 이해'(共) '시민사회운동'(共) [역]'경영혁명의 구조' [종]기독교

양기화(梁基和) YANG Ki Hwa

[생]1954 · 4 · 12 [출]경기 화성 [주]강원도 원주시 혁신로 60 건강보험심사평가원 진료심사평가위원회(033-739-2070) [학]1972년 군산고졸 1979년 가톨릭대 의대졸 1982년 同대학원 의학석사 1991년 의학박사(가톨릭대) [경]1979~1984년 가톨릭중앙의료원 임상병리학 및 해부병리학 수련의 1989~1994년 가톨릭대 의대 임상병리학교실 전임강사 · 조교수 1991년 미국 미네소타대 방문조교수 1994~1998년 지방공사 남원의료원 병리과장 1998~2000년 을지의과대 병리학교실 교수 1999년 대한병리학회 이사 2000년 식품의약품안전청 국립독성연구소 병리부장 2001년 同국립독성연구소 일반독성부장 2002년 한국독성병리학회 간사장 2004년 식품의약품안전청 국립독성연구원 독성연구부장 2005년 대한의사협회 의료정책연구소 연구위원 2005~2006년 同이사 2006~2007년 同의료정책연구소 연구조정실장 2006년 한국독성병리학회 감사 2008~2010년 전북대 인수공통질환연구소 객원연구원 2009년 건강보험심사평가원 진료심사평가위원회 상근평가위원(현) [저]'치매-바로 알면 잡는다'(1996) '치매 나도 고칠수 있다'(2003)

양길승(梁吉承) YANG Gil Seung

[생]1949 · 7 · 20 [출]전남 나주 [주]경기도 구리시 응달말로 51 원진직업병관리재단 이사장실(031-552-4534) [학]서울대사대부고졸 1969년 서울대 의대 3년 중퇴 1985년 아일랜드 국립골웨이의과대학졸 [경]1986년 의사시험 합격 1987년 인도주의실천의사협의회 창립 · 기획국장 1988년 同대외협력위원장 1988년 노동과건강연구회 창립 · 공동대표 1988년 원진레이온 이황산탄소중독피해자 검진 1988~2003년 성수의원 개원 · 원장 1990년 전국노동조합협의회 자문위원 1991년 강경대군치사사건 진상조사단장 1991년 김귀정양사망사건 진상조사단장 1993년 정의로운사회를위한시민운동협의회 의료분과위원장 1993년 환경운동연합 정책위원회 지도위원 1995년 한양대 의대 외래교수 1996년 참여연대 집행위원장 1999년 원진종합센터 대표 1999년 참여연대 운영위원장 2003년 원진직업병관리재단 부설 녹색병원장 2007년 대통합민주신당 최고위원 2007년 同국민경선위원장, 참여연대 고문(현), (사)일과건강 이사장(현) 2015년 원진직업병관리재단 이사장(현) [상]환경처장관표창, 서울지방변호사회 시민인권상, 도산봉사상(2015)

양길승(梁吉承) YANG Gil Seung

[생]1956 · 3 · 3 [주]광주광역시 광산구 어등대로 417 호남대학교 경영대학 관광경영학과(062-940-5584) [학]광주 숭신공고졸, 전남대 농업경제학과졸, 同대학원 농업경제학과졸, 경제학박사(전남대) [경]전남대 조교, 전남대 · 목포대 · 순천대 강사, 대한해동검도 호남 · 제주협회장, 국회의원 보좌관, 광주YMCA 문화체육전문위원 2002년 새천년민주당 국민경선 노무현후보 광주 · 전남지역 조직보좌역 2002년 同노무현 대통령후보 비서실 의전팀장 · 부실장 2003년 대통령 제1부속실장 2004~2005년 조선대 초빙교수 2005년 호남대 경영대학 관광경영학과 교수(현) 2007년 교통안전공단 비상임이사 2008년 호남대 관광문화연구소장 2012~2014년 한국해양관광학회 회장 2013~2015년 호남대 평생교육원장 겸 문화예술교육원장, 同관광경영학과장 2017년 同경영대학장(현) [저]'왜 광주는 노무현을 선택했는가'(2007) '관광경제학원론'(2008)

양내원(梁乃元) YANG Nae Won

[생]1960 · 1 · 6 [주]경기도 안산시 상록구 한양대학로 55 한양대학교 ERICA캠퍼스 공학대학 건축학부(031-400-5134) [학]1982년 한양대 건축공학과졸 1984년 同대학원 건축학과졸 1992년 건축학박사(독일 베를린공대) [경]1992년 한양대 공학대학 건축공학과 조교수 1999년 同공학대학 건설교통공학부 부교수 2001년 同공학대학 건축학부 교수(현) 2008년 同안산캠퍼스 기획조정실장, 한국의료복지건축학회 이사 2009년 한양대 안산캠퍼스 입학실장 2011년 同안산캠퍼스 입학관리본부장 2014년 同ERICA캠퍼스 입학처장 2015~2017년 (사)한국의료복지건축학회 회장 2017~2019년 한양대 ERICA캠퍼스 융합산업대학원장 2019년 同ERICA캠퍼스 부총장 겸 사회봉사단장(현)

양덕문(梁德文) YANG Duk Moon

[생]1949 · 4 · 6 [출]제주 [주]서울특별시 영등포구 영신로 220 KNK디지털타워 906호 한국교원연수원 원장실(02-786-6791) [학]1975년 단국대 경영학과졸 1977년 고려대 경영대학원졸 [경]LG증권(주) 본부장 · 이사 1998~1999년 同자문역 1999~2000년 (주)금강산랜드 대표이사 2000년 에이치스터디(주) 전무이사 2001년 同대표이사 2003년 한국교원연수원 원장(현) [종]천주교

양동관(梁東冠) YANG Dong Kwan

(생)1948·12·24 (본)제주(濟州) (출)전남 보성 (주)서울특별시 서초구 서초중앙로 125 로이어즈타워 906호 법무법인 서울(02-598-3700) (학)1967년 광주고졸 1971년 서울대 법과대학졸 (경)1972년 사법시험 합격(14회) 1974년 사법연수원 수료(4기) 1975년 육군 법무관 1977년 서울지법 북부지원 판사 1979년 서울민사지법 판사 1981년 대전지법 공주지원장 1983년 서울지법 남부지원 판사 1985년 서울고법 판사 1987년 서울형사지법 판사 1989년 대법원 재판연구관 1990년 대전지법 서산지원장 1992년 인천지법 부장판사 1994년 서울지법 서부지원 부장판사 1995년 서울지법 부장판사 1995년 법원행정처 법정국장 겸임 1996년 대구고법 부장판사 1999년 수원지법 수석부장판사 2000년 서울고법 부장판사 2004년 창원지법원장 2005년 의정부지법원장 2005~2006년 서울가정법원장 2006년 변호사 개업(변호사양동관법률사무소) 2007년 대법원 법관징계위원회 외부위원 2007년 사립학교교직원연금관리공단 비상임이사 2010년 법무법인 서울 대표변호사 2012년 同변호사(현) (상)황조근정훈장(2001) (종)천주교

양동구(梁東九) YANG Dong Gu

(생)1966·6·23 (출)전남 승주 (주)세종특별자치시 국세청로 8-14 국세청 장려세제신청과(044-204-3841) (학)순천고졸 1987년 세무대학졸(5기), 한국방송통신대졸, 경원대 대학원졸 (경)1987년 국세공무원 임용(8급 특채) 1987~1996년 강서세무서·용산세무서·영등포세무서·광화문세무서·서부세무서 근무 1996년 국세청 심사과 근무 1999년 안양세무서 조사과 근무 2002년 중부지방국세청 조사1국·인사계 근무 2007년 중부 성남세무서 납세자보호담당관 2009년 국세공무원교육원 교수 2011년 국세청 전자세원과 근무 2014년 서울지방국세청 법인납세과 서기관 2015년 전남 해남세무서장 2016년 중부지방국세청 조사3국 조사관리과장 2017년 중부 원주세무서장 직대 2017년 중부 서인천세무서장 2019년 국세청 장려세제신청과장(현) (상)대통령표창(2006) (종)기독교

양동열(梁東烈) YANG Dong-Yol (笑淡)

(생)1950·11·30 (본)제주(濟州) (출)전북 김제 (주)광주광역시 북구 첨단과기로 123 광주과학기술원 기계공학부(062-715-3667) (학)1969년 광주제일고졸 1973년 서울대 공과대학 기계공학과졸 1975년 한국과학기술원(KAIST) 기계공학과졸(석사) 1978년 공학박사(한국과학기술원) (경)1978~1988년 한국과학원·한국과학기술원(KAIST) 조교수·부교수 1981~1982년 독일 슈투트가르트 공대 금속성형연구소 객원연구원 1986년 한국중공업(주) 기술자문위원 1988~2016년 한국과학기술원(KAIST) 기계공학과 교수 1988~1989년 프랑스 ENSMP 공대 재료성형연구소 방문교수 1993~1994년 한국과학기술원(KAIST) 정밀공학과장 1993년 同정형가공 및 금형센터소장 1994~1997년 금속기술혁신연구센터 소장 1996~2003년 쾌속시작기술연구회 회장 1996년 자동차부품제작기술심포지움 조직위원장 1997~2000년 쾌속시작시스템연구센터 소장 1997년 한국과학기술한림원 정회원(현) 1997~2000년 한국소성가공학회 부회장 1997~2007년 영국 기계학회 Journal of Engineering Manufacture 부편집장(아시아태평양지역편집장) 1998~2003년 한국과학기술원(KAIST) 주문적응형쾌속제품개발시스템사업단장 1999~2003년 한국정밀공학회 부회장 2001~2002년 한국소성가공학회 회장 2001년 International Journal Precision Engineering and Manufacturing Editor 2002~2014년 한국과학기술원(KAIST) POSCO 석좌교수 2004~2005년 한국정밀공학회 회장 2010~2011년 한국과학기술원(KAIST) 연구부총장 2016년 同기계공학과 명예교수(현) 2016년 광주과학기술원 기계공학부 석좌교수(현) (상)과학기술처 우수연구원상(1984), 대한기계학회 백암논문상(1986), 한국과학기술단체총연합회 우수논문상(1994), KAIST 연구성취상(1998), 한국정밀공학회 가헌학술상(1998), 영국기계학회 Strickland prize(1999), 한국소성가공학회 상우학술상(2003), 나노메카트로닉스사업단 N/M 기초연구상(2004), 영국기계학회 Thatcher Bros Prize(2004), Engineering Computations Highly Commended Award(2005), 교육과학기술부·한국과학재단 선정 '제10회 한국공학상'(2012), 과학기술훈장 창조장(2015) (저)'Plasticity and Modern Metal Forming Technology'(Elsevier) 'Creative Design Realization'(2001, KAIST ME) 'Proceedings of the Numisheet'(2002, KSTP) 'Advanced Technology of Plasticity'(2008, KSTP) (종)기독교

양동엽(梁東燁) Yang, Dong Yeob

(생)1967·4·9 (출)부산 (주)세종특별자치시 다솜2로 94 해양수산부 해양정책실 국제원양정책관실(044-200-5320) (학)1986년 부산 동성고졸 1992년 부경대 해양생물학과졸 2004년 同대학원 산업경영학과 수료 (경)기술고시 합격(30회) 1996~2005년 해양수산부 어업정책과·원양어업과·국제협력과 근무 2005년 同어업자원국 수산자원회복팀장 2007년 국립수산과학원 정책홍보팀장 2008년 同연구기획본부 연구운영팀장 2009년 허베이스피리트호유류오염사고피해어업인지원단 파견 2012년 농림수산식품부 수산정책실 원양협력관 어업교섭과장 2013년 대통령 해양수산비서관실 행정관 2014년 대통령 해양수산비서관실 행정관(부이사관) 2014년 해양수산부 수산정책실 지도교섭과장 2015~2017년 미국 제라드 맹곤센터(Mangone center for Marine Policy) 파견 2017년 해양수산부 원양산업과장 2018년 同국제원양정책관(현)

양동영(梁東永)

(생)1962·1·28 (주)서울특별시 동대문구 천호대로 64 동아오츠카(주) 사장실(02-2170-7778) (학)1980년 대구 청구고졸 1987년 경북대 불문학과졸 (경)1986년 동아제약 입사 1999년 同약국사업부 약국1부 강남사업소장 2004년 同OTC사업부 영업지원팀장 2011년 同대전지점장 2013년 同일반의약품 경영지원실 기획팀장 2014년 同박카스사업부장 2015년 동아오츠카(주) 영업본부장(상무) 2016년 同대표이사 사장(현)

양동한(梁桐漢) Yang Dong-han

(생)1970·3·7 (주)서울특별시 종로구 사직로8길 60 외교부 양자경제외교국(02-2100-7661) (학)1993년 서울대 외교학과졸 2002년 미국 캘리포니아주립대 대학원 국제관계학과졸 (경)1994년 외무고시 합격(28회) 1994년 외무부 입부 2004년 駐미국 1등서기관 2007년 駐가봉 참사관 2009년 외교통상부 통상교섭본부장 보좌관 2010년 同북미유럽연합통상과장 2011년 駐제네바 참사관 2014년 駐필리핀 공사참사관 2016년 외교부 기획재정담당관 2016년 駐시카고 부총영사 2019년 외교부 양자경제외교국장(현)

양동훈(梁東勳) YANG Dong-Hoon

(생)1958·7·15 (출)서울 (주)서울특별시 중구 필동로1길 30 동국대학교 경영대학(02-2260-8655) (학)1977년 중앙대사대부고졸 1982년 성균관대 경영학과졸 1990년 미국 아이오와대 대학원 회계학과졸 1996년 경영학박사(성균관대) 1999년 회계학박사(미국 시라큐스대) (경)1982년 한국은행 입행 1991~1992년 하나은행 근무 1992~1994년 성균관대·인천대 강사 1995~1996년 제일금융연구원 연구위원 2000년 미국 시라큐스대 강의교수 2000~2007년 한국정보통신대 경영학부 조교수·부교수 2001~2019년 방송통신위원회 회계전문위원 2001~2002년 한국회계연구원 초빙연구위원 2004~2005년 한국회계학회 재무이사 2005~2006년 국무조정실 정

보화평가위원 2006년 금융감독원 회계제도실 자문교수 2006~2007년 싱가포르 난양공과대 Senior Fellow 2007~2009년 동국대 경영대학 부교수 2008년 한국회계정보학회 이사 2009년 동국대 경영대학 교수(현) 2009년 방송통신위원회 KT·KTF합병 자문단 심사위원 2009~2011년 동국대 경영전문대학원장 겸 경영대학장 2012년 한국정보사회학회 감사(현) 2013년 한국회계정보학회 부회장 2014년 한국회계학회 부회장 2014년 한국경영교육학회 부회장 2017~2018년 한국회계학회 회장 2018년 하나금융지주 사외이사(현) 2018년 한국지도자육성장학회단 이사(현) 2019년 방송통신위원회 회계전문위원장(현) (저)'고급회계'(2007, 도서출판 원) (역)'재무제표를 이용한 경영분석과 가치평가'(2004, 신영사)

양동훈(梁東勳) YANG Dong Hun

(생)1967·8·13 (출)전남 강진 (주)세종특별자치시 국세청로 8-14 국세청 운영지원과(044-204-2250) (학)1985년 서울 환일고졸 1993년 고려대 경영학과졸, 미국 로드아일랜드주립대 대학원 회계학과졸 (경)1997년 행정고시 합격(41회) 2002년 서울지방국세청 납세지원국 징세과 사무관, 서울 용산세무서 세원관리과장, 서울지방국세청 징세과 근무 2008년 국세청 조사국 국제조사1계장 2010년 속초세무서장 2010년 駐상하이총영사관 세무관 2014년 서울지방국세청 국제조사관리과장 2014년 국세청 대변인 2016년 대전지방국세청 조사2국장(부이사관) 2016년 同조사1국장 2018년 서울지방국세청 납세자보호담당관 2019년 국방대 파견(고위공무원)(현)

양동훈(梁東勳) Yang Dong Hoon

(생)1968·6·19 (주)세종특별자치시 도움5로 20 국민권익위원회 행정심판국 환경문화심판과(044-200-7881) (학)1993년 중앙대 법학과졸 2013년 영국 셰필드대 대학원 도시계획과졸 (경)2002년 행정고시 합격(46회) 2003년 국가인권위원회 사무관 2006~2008년 법제처 사무관 2008년 국민권익위원회 근무 2010년 同청렴총괄과 서기관 2015년 법제처 파견 2017년 국민권익위원회 공익심사정책과장 2018년 同보호보상정책과장 2019년 同행정심판국 환경문화심판과장(현)

양동훈(梁東勳) YANG Dong Hun

(생)1974·12·4 (출)전남 장성 (주)인천광역시 미추홀구 소성로163번길 49 인천지방검찰청 공공수사부(032-860-4306) (학)1992년 광주 금호고졸 1996년 전남대 사법학과졸 (경)1998년 사법시험 합격(40회) 2001년 사법연수원 수료(30기) 2001년 광주지검검사 2003년 수원지검 평택지청 검사 2005년 서울서부지검 검사 2008년 인천지검 검사 2010년 법무부 인권조사과 검사 2012년 광주지검 검사 2015년 서울중앙지검 부부장검사 2016년 전주지검 부장검사 2017년 同정읍지청장 2018년 수원지검 성남지청 형사3부장 2019년 인천지검 공안부장 2019년 同공공수사부장(현)

양명모(梁明模) YANG Myung Mo

(생)1959·5·19 (본)남원(南原) (출)경남 (주)대구광역시 북구 동북로 146 건강백세약국(053-942-5252) (학)1978년 오성고졸 1983년 영남대 약학대학 약학과졸 2006년 성균관대 임상약학대학원 보건사회약학과졸 (경)건강백세약국 대표약사(현), 대구시 북구약사회 회장, 대구시 북구지역의료보험조합 이사, 대구시 북구청소년회관 이사, 민주평통 자문위원, 오성고 총동창회장, 대구시약사회 정책기획실장, 마약퇴치운동본부 대구지부 이사, 대구노블레스봉사회 운영위원, 대구시 도시계획위원, (사)대구보건의료협의회 이사 2006·2010~2011년 대구시의회 의원(한나라당) 2007년 대구시약사회 대외협력단장, 대구시의회 공사·공단및출자·출연기관운영실태조사특위 위원장, 同첨단의료복합단지유치특위 위원장 2010년 同건설환경위원장 2012년 제19대 국회의원선거 출마(대구 북구甲, 무소속), 헬스경향 자문위원, 노블레스봉사회 부회장, (재)메디시티대구협의회 부회장 2013~2016년 대구시약사회 회장 2015년 경북도청후적지대구시청유치와북구혁신을위한포럼(대구시유치포럼) 초대이사장 2016~2017년 새누리당·자유한국당 대구북구乙당원협의회 운영위원장 2016년 제20대 국회의원선거 출마(대구 북구乙, 새누리당) 2016~2017년 자유한국당 상임전국위원 2017년 同보건복지정책조정위원 2017~2018년 대한약사회 부의장 (상)의회를사랑하는사람들 의정활동상(2009), 지방자치학회 우수조례대상(2010) (종)불교

양명승(梁明承) YANG Myung Seung

(생)1950·9·12 (본)제주(濟州) (출)서울 (주)경상남도 양산시 주남로 288 영산대학교 에너지환경연구소(055-380-9114) (학)1969년 경기고졸 1973년 서울대 금속공학과졸 1975년 한국과학기술원(KAIST) 재료공학과졸 1984년 재료공학박사(미국 노스웨스턴대) (경)1984년 한국원자력연구원 입소 1986년 同중수로핵연료품질관리실장 겸 품질보증실장 1993년 同핵연료개발부장 1998년 同DUPIC핵연료개발팀장 2001년 同경·중수로연계핵연료주기 기술개발대과제 책임자 2002년 同핵비확성건식공정산화물핵연료(DUPIC) 기술개발대과제 책임자 2002년 同건식공정핵연료기술개발부장 2007~2010년 同원장(제17대) 2008~2010년 대덕연구개발특구기관장협의회 회장 2009~2016년 한국공학한림원 정회원 2010~2011년 한국방사성폐기물학회 회장 2012~2013년 한국과학기술단체총연합회 이사 2012~2015년 한밭대 신소재공학부 초빙교수 2012~2013년 대한금속재료학회 감사 2012~2014년 한국원자력연구원 정책연구위원 2015년 영산대 에너지환경연구소 석좌교수(현) 2016년 한국핵물질학회 감사(현) 2016년 한국공학한림원 원로회원(현) (상)세계원자력협회(WNA) 공로상(2009), KAIST 2009 올해의 동문상 연구부문(2010), 과학기술훈장 웅비장(2011), 대한금속재료학회 공로상(2014)

양명욱(梁明燠) Yang Myeonguk

(생)1962·9·18 (출)경북 칠곡 (주)대구광역시 동구 반야월북로 209 대구 동부경찰서(053-958-1130) (학)1985년 경찰대졸(1기), 경북대 행정대학원 행정학과졸 (경)1985년 경위 임관 1990년 경감(경찰청 감사관실 근무·대구남부경찰서 방범순찰대장) 1998년 경정(대구남부경찰서 정보과 근무·대구지방경찰청 생활안전계장) 2008년 부산지방경찰청 보안과장 2009년 총경 승진 2010년 부산 영도경찰서장 2011년 부산지방경찰청 외사과장 2012년 부산 해운대경찰서장 2013년 부산지방경찰청 교통과장 2014년 同112상황실장 2015년 부산 동래경찰서장 2016년 부산지방경찰청 외사과장 2016년 부산 동부경찰서장 2017년 대구지방경찰청 경비교통과장 2019년 대구 동부경찰서장(현)

양무승(梁武承) YANG Moo Seung

(생)1954·4·18 (주)서울특별시 중구 무교로 20 어린이재단빌딩 3층 (주)투어이천(02-2021-2000) (경)1979~1982년 (주)락희항공 근무 1982~1984년 나라항공 근무 1985~1986년 세실항공 근무 1987~1998년 올림픽항공 대표이사 1999년 (주)투어이천 대표이사(현) 2013년 서비스산업총연합회 부회장 2013년 대한상공회의소 관광위원회 위원(현) 2013년 전국경제인연합회 관광위원회 위원(현) 2013~2018년 한국여행업협회 회장 2018년 서울시 관광인 명예시장(현) (상)은탑산업훈장(2015), 프랑스 관광 금훈장(2019)

양무진(梁茂進) YANG Moo Jin

(생)1960 · 8 · 15 (본)남원(南原) (출)경남 양산 (주)서울특별시 종로구 북촌로15길 2 북한대학원대학교(02-3700-0752) (학)1979년 경남 보광고졸 1987년 경남대 문리대학 사학과졸 1995년 同행정대학원 북한학과졸 2002년 정치학박사(경남대) (경)1987~1999년 경남대 극동문제연구소 연구조교 · 연구원 · 책임연구원 · 선임연구원 1999~2000년 同극동문제연구소 대우전임강사 2000~2001년 통일부 근무(특채 4급) 2000년 남북정상회담 수행원 2000년 남북장관급회담 남측수석대표 보좌 및 수행 2001~2003년 경남대 극동문제연구소 전임강사 2003~2006년 同북한대학원 전임강사 · 조교수 2004~2012년 同극동문제연구소 대외협력실장 2006~2014년 북한대학원대 조교수 · 부교수 2007년 윤이상평화재단 이사 2007년 (사)동북아공동체연구재단 자문위원(현) 2008~2012년 흥사단 정책위원회 정책위원 2012년 한국국제정치학회 기획이사 2012년 민족화해협력범국민협의회(민화협) 정책위원회 정책위원(현) 2012년 흥사단 도산통일연구소 연구위원(현) 2013년 한국국제정치학회 이사 2013년 통일부 정책자문위원 2014년 북한연구학회 이사 2014년 북한대학원대 교수(현) 2015년 북한연구학회 부회장(현) 2017년 북한대학원대 대외부총장(현) 2017년 대통령직속 정책기획위원회 평화번영분과 위원(현) 2017년 민주평통 상임위원(현) (저)'북한 대남협상전략 유형'(2001) '남북한 관계론(共)'(2005, 한울) '북한의 체제전환의 전개과정과 발전조건(共)'(2008, 한울) '사회주의 체제전환에 대한 비교연구(共)'(2008, 한울) 'North Korea's Foreign Policy Under KIM JONG IL: New perspectives, ASHGATE'(2009) '북한의 체제전환과 국제협력(共)'(2009, 한울) '북한의 딜레마와 미래(共)'(2011, 법문사) '대북제재의 정치경제학(共)'(2016, 경남대 극동문제연구소) '평화협정 관련 주요 쟁점 연구'(2017, 경남대 극동문제연구소) '한반도 정세 : 2017년 평가 및 2018년 전망'(2018, 경남대 출판부)

양문석(梁文錫) YANG Moon Seok

(생)1966 · 9 · 28 (출)경남 통영 (주)서울특별시 영등포구 국회대로72길 22 가든빌딩 공공미디어연구소(02-722-6614) (학)1986년 진주 대아고졸 1993년 성균관대 유학대학 유학과졸 1996년 同대학원 정치학과졸 2002년 언론학박사(성균관대) (경)1994년 한국언론진흥재단 보조연구원(조교) 1995년 한국방송광고공사 광고연구소 연구보조원 1995~2002년 미디어문화콘텐츠연구소 연구원 1997~1999년 한신대 신문방송학과 외래교수 1997년 성균관대 신문방송학전공 강사 2000~2003년 동국대 신문방송학과 외래강사 2002~2004년 전국언론노동조합 정책위원 2004~2006년 한국교육방송공사(EBS) 정책위원 2006년 언론개혁시민연대 사무처장 2007~2010년 同사무총장 2007~2008년 한국방송학회 기획이사 2008년 방송통신위원회 지역방송발전위원회 위원 2008~2010년 공공미디어연구소 소장 2010~2014년 방송통신위원회 상임위원(차관급) 2014년 공공미디어연구소 이사장(현) 2018년 더불어민주당 경남통영 · 고성군지역위원회 위원장(현) 2019년 제20대 국회의원 보궐선거 출마(통영시 고성군, 더불어민주당)

양문수(梁文秀) YANG Moon Soo

(생)1963 · 3 · 18 (출)서울 (주)서울특별시 종로구 북촌로15길 2 북한대학원대학교(02-3700-0746) (학)1981년 마산고졸 1985년 서울대 경제학과졸 1997년 일본 도쿄대 대학원 경제학과졸 2000년 경제학박사(일본 도쿄대) (경)1988~1991년 매일경제신문 사회부 · 경제부 기자 1991~1992년 문화일보 경제부 기자 1992~1994년 기아경제연구소 선임연구원 2000~2002년 LG경제연구원 경제연구센터 부연구위원 2001~2002년 고려대 북한학과 시간강사 2001~2005년 경남대 북한대학원 시간강사 2002~2004년 同북한대학원 전임강사 2004~2005년 同북한대학원 조교수 2005~2008년 북한대학원대 조교수 2007년 同교학처장 겸 사무처장 2008~2013년 同부교수 2009~2015년 同교학처장 2013년 同교수(현) 2013~2016년 남북교류협력지원협회 비상임이사 2019년 민주평통 경제협력분과위원회 위원장(현) (저)'북한경제를 보는 또 하나의 시각'(1998, 기아경제연구소) '北朝鮮經濟論:經濟低迷のメカニズム'(2000, 信山社) '북한경제의 구조 : 경제개발과 침체의 메커니즘'(2001, 서울대 출판부) (역)'中兼和津次, 중국경제발전론(共)'(2001, 나남출판)

양미경(梁美暻 · 女) Mikyeong Yang

(생)1962 (주)서울특별시 마포구 백범로 35 서강대학교 국제인문학부(02-705-8555) (학)1984년 서울대사범대학 교육학과졸 1986년 同대학원 교육학과졸 1992년 교육학박사(서울대) (경)1986~1997년 한국교육개발원 부연구위원 1993~1994년 미국 하버드대 객원교수 1997~2004년 건국대 인문과학대학 부교수 1998~2000년 한국교육과정학회 감사 1999년 교육부 교육전문직선발고사 출제위원 2000년 전국초등교원임용시험 출제위원 2004년 서강대 국제인문학부 교육문화전공 교수(현) 2005년 교육인적자원부 전국교육대학원평가위원회 평가위원 2005년 행정고시 2차시험(교육학) 출제 · 채점위원 2008년 제1회 법학적성시험(LEET) 출제위원 2014~2015년 캐나다 브리티쉬컬럼비아대 방문교수 2015~2018년 한국교육개발원 비상임감사 (상)건국대 강의평가 우수교수상(2002), 서강대 교육대학원 우수교수상(2004 · 2006 · 2012), 한국교육학회 우수학술논문상(2012)

양민규(梁珉奎)

(생)1975 · 8 · 19 (주)서울특별시 중구 세종대로 125 서울특별시의회(02-3702-1400) (학)성균관대 정치외교학과졸 (경)신경민 국회의원 보좌관, 서울시 정책자문특별보좌관 2018년 서울시의회 의원(더불어민주당)(현) 2018년 同운영위원회 위원(현) 2018년 同교육위원회 위원(현) 2019년 同예산결산특별위원회 위원(현) 2019년 同독도수호특별위원회 위원(현)

양민석(梁珉錫) YANG Min Seok

(생)1961 · 9 · 21 (본)남원(南原) (출)강원 영월 (주)강원도 춘천시 중앙로 1 강원도청 총무행정관실(033-254-2011) (학)영월고졸, 한국방송통신대 행정학과졸, 강원대 대학원 행정학과졸 (경)영월군 새마을과 근무, 강원도 총무과 근무, 同기획관리실 근무, 同지식정보기획관실 근무, 同사회복지과 근무, 同지식산업과 근무, (재)강원테크노파크 운영지원과장, 강원도 지식산업과 전략산업팀장 2007년 同생명산업과 생명산업팀장, 同지식산업과 지식산업담당 계장 2010년 同산업경제국 경제정책과 근무 2014년 同식품의약과 의료원경영개선팀장(서기관) 2015년 同경제진흥국 경제정책과장 2016년 교육 파견 2017년 강원도 경제진흥국장 직대(부이사관) 2017년 강원랜드 비상임이사 2018년 강원도 인재개발원장 2018년 同보건복지여성국장 직대 2019년 同총무행정관실 국장급(현) (상)국무총리표창

양민승(梁珉承) Yang, Minseung

(생)1958 · 11 · 16 (주)전라남도 나주시 빛가람로 625 전력거래소 운영본부(061-330-8242) (학)1979년 전남기계공고졸 1988년 중앙대 기계공학과졸 2018년 고려대 에너지환경정책기술대학원졸 (경)1988년 한국전력공사 입사 2001년 한국전력거래소 전입 2004년 同전원계획팀 부장 2006년 同신재생에너지팀장 2009년 同국제정보통계팀장 2011년 同수요시장팀장 2012년 同시장운영팀장 2013년 同시장개발처장 2016년 同시장본부장 2017년 同전력경제연구실 수석전문위원 2018년 同운영본부장(상임이사)(현) (상)산업자원부장관표창(2007), 기획재정부장관표창(2016)

양민호(梁民好)

(생)1971 · 8 · 1 (출)서울 (주)부산광역시 강서구 명지국제7로 77 부산지방법원 서부지원(051-812-1114) (학)1990년 서울 영일고졸 1997년 서울대 경제학과졸 (경)1999년 사법시험 합격(41회) 2002년 사법연수원 수료(31기) 2002년 인천지법 부천지원 판사 2004년 서울중앙지법 판사 2006년 광주지법 순천지원 판사 2009년 서울남부지법 판사 2012년 서울중앙지법 판사 2015년 대법원 재판연구관 2018년 부산지법 서부지원 부장판사(현)

양범준(梁範埈) Yang beom joon

(생)1964 · 9 · 6 (출)서울 (주)서울특별시 강남구 논현로 653 유니버셜뮤직코리아 사장실(02-2106-2011) (학)1990년 중앙대 국제비즈니스학과졸 1991년 영국 Univ. of Birmingham 수료 1992년 영국 The London School of Economics 노사관계 및 인사관리학대학원졸 (경)1992~1995년 동양그룹 마케팅기획 근무 1996~1997년 맥켄에릭슨 수석AE 1997~1999년 (주)LEE & DDB 경영기획 1999~2003년 (주)로커스 전략기획실 이사, (주)엠맥 대표이사 2003~2004년 소니뮤직코리아(주) 대표이사 2005~2008년 (주)에어크로스 대표이사 2009~2017년 (주)유니버셜뮤직코리아 대표이사 사장 2017~2018년 투윈글로벌(舊 캔들미디어) 대표이사 2018년 (주)유니버셜뮤직코리아 대표이사 사장(현)

양병국(梁秉國) Yang, Byungguk

(생)1960 · 11 · 4 (출)충남 논산 (주)서울특별시 강남구 봉은사로114길 12 대웅바이오 대표이사실(02-550-8800) (학)1980년 대전고졸 1987년 서울대 의대졸 1996년 同보건대학원 보건학과졸 2002년 의학박사(서울대) (경)1999년 국립보건원 역학조사과장 2002년 보건복지부 지역보건정책과장 2002년 同공공보건과장 2002년 同보건의료정책과장 2004년 국외훈련 파견 2004년 보건복지부 질병관리본부 전염병관리부 방역과장 2006년 同보건산업육성사업단 생명윤리팀장 2007년 同보건산업육성사업단 생명윤리안전팀장 2007년 同보건산업육성사업단 생명윤리안전팀장(부이사관) 2008년 보건복지가족부 보험평가과장 2009년 국립인천공항검역소장(국장급) 2011년 보건복지부 질병관리본부 감염병관리센터장 2011년 同보건의료정책실 공공보건정책관 2013~2016년 同질병관리본부장 2017년 대웅바이오 대표이사(현)

양병기(梁炳基) YANG Byung Kie

(생)1952 · 2 · 5 (본)제주(濟州) (출)전북 남원 (주)충청북도 청주시 청원구 대성로 298 청주대학교 정치안보국제학과(043-229-8248) (학)1974년 연세대 정치외교학과졸(정치학사) 1976년 同대학원 정치학과졸(정치학석사) 1993년 정치학박사(연세대) (경)1979~1983년 공군 중위(예편) 1984~2017년 청주대 정치안보국제학과 교수 1996~1997년 한국정치학회 충청지회장 1997~1998년 同이사 1998년 한국국제정치학회 이사 · 무임소이사 1998~2001년 한국정치 · 정보학회 부회장 1999년 한국정치학회 상임이사 1999~2003년 한국정치외교사학회 부회장 1999년 행정자치부 외무고등고시(5급 외교사) 출제위원 2000 · 2002년 21세기정치학회 부회장 2001년 한국동북아학회 부회장 2001년 한국정치학회 총무이사 2001년 민주평화통일자문회의(민주평통) 자문위원(현) 2002년 한국정치학회 부회장 2002년 동아시아국제정치학회 부회장 2003년 민주평통 상임위원(현) 2003년 한국국제정치학회 명예이사(현) 2003년 북한연구학회 부회장 2003년 대한정치학회 부회장 2003년 한국세계지역학회 부회장 2003년 한국국민윤리학회 부회장 2003년 한국NGO학회 이사 2003~2009년 민족화해협력범국민협의회 상임정책위원 2003~2004 · 2006~2008년 통일부 정책자문위원 2005년 한국정치학회 회장 2005년 청와대 국방발전자문위원회 자문위원 2005년 한국동북아학회 고문(현) 2006년 한국정치학회 고문(현) 2006년 21세기정치학회 고문 2006년 한국정치 · 정보학회 고문(현) 2006년 한국지방정치학회 고문(현) 2006년 중앙인사위원회 제2차 외무고시 주관식(5급 외교사) 출제위원 2006~2014년 외교통상부 정책자문위원 2008~2013년 통일부 남북관계발전위원회 민간위원 2008~2015년 충북도 남북교류협력위원회 위원 2008년 연세대총동문회 운영부회장(현) 2008년 한국평화연구학회 명예고문(현) 2009~2011년 민주평통 정치 · 남북대화위원장 2010년 세계평화연구원 원장(현) 2010~2018년 미국 세계인명사전 'Marquis Who's Who in the World 2011~2019년판'에 등재 2013~2017년 통일부 정책자문위원 2014~2016년 同통일교육위원 2014~2018년 외교부 정책자문위원 2015년 충북도정 정책자문위원(현) 2016~2019년 교육부 대학교원임용양성평등위원회 위원 2017~2018년 (사)4월회 부회장 2017년 청주대 정치안보국제학과 명예교수(현) 2019년 민주평통 운영위원 · 평화발전분과위원장(현) (상)국민훈장 목련장(2009), 녹조근정훈장(2017) (저)'변혁시대의 한국사(共)'(1979, 동평사) '현대한국정치론(共)'(1996, 사회비평사) '한국정치동태론(共)'(1996, 오름) '북한과 통일문제(共)'(1998, 담론사) '남북한의 최고지도자(共)'(2001, 백산서당) 'Korean Peninsula: From Division toward Peaceful Unification'(2005, The Korean Political Science Association) '현대 남북한정치론'(2014, 법문사) (종)천주교

양병종(梁炳鍾) YANG Byong Jong

(생)1960 · 8 · 29 (출)충남 금산 (주)대전광역시 서구 둔산중로 74 인곡타워 3층 법무법인 유앤아이(042-476-8855) (학)1978년 공주사대부고졸 1985년 성균관대 법학과졸 (경)1986년 사법시험 합격(28회) 1989년 사법연수원 수료(18기) 1989년 대구지검 검사 1991년 전주지검 군산지청 검사 1992년 수원지검 성남지청 검사 1994년 제주지검 검사 1995년 일본 중앙대 연수 1997~1999년 서울지검 북부지청 검사 1999년 광주지검 검사 2001년 同부부장검사 2001년 대전고검 검사 2002년 서울지검 부부장검사 2003년 광주지검 형사3부장 2004년 사법연수원 교수 2006년 대검찰청 과학수사1담당관 2007년 대전지검 형사1부장 2008년 정&양합동법률사무소 변호사 2011년 대전지방변호사회 홍보이사 2013~2014년 同제2부회장 2013년 법무법인 유앤아이 대표변호사(현) 2015~2017년 대전지방변호사회 회장, 세종특별자치시교육청 고문변호사(현), 교육부 주민감사청구심의회 위원(현), 대전시 정보공개심의회 위원장(현), 인사혁신처 중앙징계위원회 위원(현)

양병찬(梁炳贊)

(생)1964 (주)서울특별시 마포구 새창로 7 서울특별시평생교육진흥원(02-719-6093) (학)교육학박사(단국대) (경)공주대 사범대학 교육학과 교수(현) 2007년 공주대 재외동포교육문화연구소장 2012년 同평생교육원장 2016년 同한민족교육문화원장 겸 한민족교육문화원 재외동포교육센터장 2019년 서울시평생교육진흥원 이사장(현)

양보경(楊普景 · 女) Yang Bo Kyung

(생)1955 · 7 · 23 (주)서울특별시 성북구 보문로34다길 2 성신여자대학교 총장실(02-920-7114) (학)1978년 성신여대 사범대학 지리교육과졸 1980년 서울대 대학원 지리학과졸 1987년 문학박사(서울대) (경)1988~1989년 한국문화역사지리학회 총무간사 1989~1990년 한국문화예술진흥원 문화발전연구소 연구원 1990년 한국문화역사지리학회 이사(현) 1990년 同문화역사지리 편집위원(현) 1991~1997년 서울대 규장각 특별연구원 1995~2000년 국립민속박물관 유물평가위원 1996~1997년 한국문화역사지리학회 연구부장 1996~1998년 영남대 고지도연구위원 1997~2009년 성신여대 지리학과 전임강사 · 조교수 · 부교수 1997~2000년 제29차 세계지리학대회조직위원회 전시분과

위원 1997년 한국토지개발공사 토지박물관 유물평가위원(현) 1998~1999년 한국여성지리학자회 총무 1999~2000년 대한지리학회 편집부장 겸 편집위원회 부위원장 1999~2000년 국립중앙박물관 유물심의위원 2002~2004 · 2006~2008년 성신여대총동창회 회장 2007~2009년 문화재청 문화재위원 2009~2010년 한국지역지리학회 회장 2010년 성신여대 지리학과 교수(현) 2012~2013년 한국문화역사지리학회 회장 2013~2016년 국토교통부 국가지명위원회 위원 2015~2016년 대한지리학회 회장 2017년 성신여대 부총장, 국토교통부 국토정책위원회 위원(현), 행정안전부 위기관리매뉴얼협의회 위원(현), 행정안전부 중앙도로명주소위원회 위원(현), 서울시 시정평가자문단 위원(현), 서울시 역사도시서울위원회 위원(현) 2018년 성신여대 총장(현) 2019년 서울총장포럼 회장(현) 2019년 한국대학교육협의회 이사(현) 2019년 한국대학교육협의회 대학입학전형위원회 위원(현) 2019년 한국사립대학총장협의회 부회장(현) (저)'조선시대 읍지의 성격과 지리적 인식에 관한 연구'(1987) '현대지리학의 이론가들(共)'(1993) '서울의 景觀變化(共)'(1994) '서울의 옛지도(共)'(1995) '陽川區誌(共)'(1996) '한국의 문화유산(共)'(1997) '사연이 깃든 성북의 유래(共)'(1998) '韓國의 옛 地圖(共)'(1998) '시흥시 신현동지(共)'(1999) '安山市史(共)'(1999) '連川郡誌(共)'(2000) 'Maps of Korea : Past, Present and Future(共)'(2000) '明南樓叢書(共)'(2001) '한국의 지리학과 지리학자들(共)'(2000) '공간이론의 사상가들'(2001) '백두대간의 자연과 인간(共)'(2002) '우리 국토에 새겨진 문화와 역사'(2003) '지명의 지리학'(2007) '한국의 산지'(2007) '지명의 지리학'(2008) '일제 강점기 울릉도 주민의 토지 이용에 관한 연구'(2009) '독도지리지(共)'(2011) '한국역사지리'(2011) '고지도와 천문도(共)'(2016) '백두산 고지도집(共)'(2016) 등 60여종 (역)'현대인문지리학사전(共)'(1992) '지리학의 본질 Ⅰ · Ⅱ(共)'(1998)

양보승(梁普承) YANG Bo Sung

(생)1960 · 9 · 30 (출)전남 여천 (주)대전광역시 서구 둔산중로78번길 15 대전지방검찰청 중요경제범죄조사단(042-470-4802) (학)1979년 순천고졸 1984년 한양대 법학과졸 1986년 同대학원 법학과졸 (경)1985년 사법시험 합격(27회) 1988년 사법연수원 수료(17기) 1993년 광주지검 장흥지청 검사 1994년 서울지검 서부지청 검사 1998년 수원지검 성남지청 검사 2000년 서울지검 북부지청 부부장검사 2001년 광주지검 순천지청 부장검사 2002년 광주고검 검사 2003년 창원지검 형사2부장 2004년 수원지검 성남지청 형사1부장 2006년 대구지검 형사2부장 2007년 대구고검 검사(국가정보원 파견) 2009년 서울고검 검사 2012년 부산고검 검사 2014년 서울고검 검사 2016년 서울중앙지검 중요경제범죄조사단 파견 2019년 대전지검 중요경제범죄조사단장(현)

양봉민(梁奉玟) YANG Bong Min

(생)1951 · 7 · 3 (출)경남 함양 (주)강원도 원주시 혁신로 40 한국보훈복지의료공단 이사장실(033-749-3700) (학)경남고졸 1976년 서울대 경제학과졸 1982년 경제학박사(미국 펜실베이니아주립대) (경)1982~1984년 미국 펜실베이니아주립대 조교수 1984~1985년 미국 매사추세츠 로웰대 경제학과 조교수 1985년 서울대 보건대학원 보건학과 부교수 1989~1990 · 1995~1996년 미국 하버드대 Fellow 1994~1998년 대통령자문 정책기획위원회 위원 1996~2016년 서울대 보건대학원 보건학과 교수 1999~2001년 한국보건경제학회 회장 2004~2006년 서울대 보건대학원장 2004~2006년 대통령자문 R&D예산종합조정실무위원회 위원 2006년 대통령직속 의료산업선진화위원회 위원 2006~2011년 한국보건의료기술평가학회 회장 2010년 국제보건의료기술평가학회 아시아학회장 2012년 'Value in Health Regional Issues' 편집장 2012년 'Journal of Comparative Effectiveness Research' 부편집장 2012년 'The Oncologist' 공동편집인 2016년 더불어민주당 총선정책공약단 더불어민생교육복지본부 공동본부장 2016년 서울대 보건대학원 보건학과 명예교수(현) 2017년 한국보훈복지의료공단 이사장(현) (상)국민훈장 동백장(2003) (저)'보건경제원론'(1989) '환경주의 경영과 환경산업'(1994) '보건경제학'(2010) '환경 및 보건경제학'(2011) (역)'위기의 보건의료'(2005) (종)가톨릭

양봉환(梁鳳煥) YANG Bong Whan

(생)1957 · 5 · 3 (출)전북 정읍 (주)서울특별시 서초구 서초대로45길 16 VR빌딩 4층 한국벤처투자(주) 감사실(02-2156-2004) (학)1977년 정읍고졸 1985년 한양대 행정학과졸 1987년 同대학원 수료 (경)1986년 행정고시 합격(30회) 1987년 중앙공무원교육원 사무관 1987년 공업진흥청 근무(사무관) 1989년 同행정법무담당관실 사무관 1991년 同안전관리과 사무관 1994년 同화섬기술과 사무관 1994년 同기술지원과 사무관 1996년 중소기업청 기술개발과 사무관 1996년 同자금지원과 서기관 1998년 대구경북지방중소기업청 조사관리과장 1999년 同지원총괄과장 2000년 중소기업청 행정법무담당관 2000년 미국 직무훈련 2002년 중소기업청 기술개발과장 2004년 同인력지원과장 2005년 同금융지원과장 2006년 同정책총괄과장 2007년 한국생산기술연구원 파견(고용휴직) 2008년 부산 · 울산지방중소기업청장(고위공무원) 2010년 중소기업청 소상공인정책국장 2011년 광주 · 전남지방중소기업청장 2012년 중소기업청 기술혁신국장 2013년 同생산기술국장 2013~2017년 중소기업기술정보진흥원장 2014~2017년 (재)중소기업연구원 비상임이사 2017년 한국벤처투자(주) 상임감사(현) (상)고운문화상(1998), 홍조근정훈장(2010)

양부남(楊富男) YANG Bu Nam

(생)1961 · 3 · 23 (출)전남 담양 (주)부산광역시 연제구 법원로 15 부산고등검찰청(051-606-3201) (학)1980년 담양공고졸 1984년 전남대 법학과졸 (경)1987년 예편(육군 중위) 1989년 사법시험 합격(31회) 1993년 사법연수원 수료(22기) 1993년 서울지검 검사 1995년 광주지검 순천지청 검사 1997년 광주지검 검사 1998년 일본 UNAFEI 연수 1999년 서울지검 동부지청 검사 2001년 일본 게이오대 Visiting Scholar 2002년 대검찰청 검찰연구관 2005년 광주지검 부부장검사 2006년 전주지검 부장검사 2007년 광주지검 해남지청장 2008년 同형사3부장 2009년 서울남부지검 형사6부장 2009년 서울중앙지검 특수3부장 2010년 법무연수원 교수 2011년 대전지검 서산지청장 2012년 수원지검 안양지청 차장검사 2013년 대구지검 제2차장검사 2014년 부산지검 동부지청장 2015년 수원지검 제1차장검사 2015년 광주고검 차장검사(검사장급) 2016년 대구고검장 직무대리 2017년 대검찰청 형사부장 2017년 광주지검장 2018년 의정부지검장 2019년 부산고검장(고등검사장급)(현) (상)홍조근정훈장(2013), 용봉인영예대상(2016) (저)'일본의 자금세탁 방지제도'

양사연(梁仕淵) YANG Sa Yeon

(생)1962 · 8 · 13 (출)충북 청원 (주)서울특별시 강남구 테헤란로87길 36 도심공항타워 법무법인(유)로고스(02-2188-2812) (학)1981년 영동고졸 1985년 경희대 법학과졸 1987년 同대학원졸 2004년 고려대 법무대학원(신용거래) 이수 (경)1991년 사법시험 합격(33회) 1994년 사법연수원 수료(23기) 1994년 수원지법 판사 1996년 서울지법 판사 1998년 전주지법 남원지원 판사 겸 장수군 · 순창군법원 판사 2001년 서울지법 판사 2003년 서울지법 서부지원 판사 2004년 서울서부지법 판사 2005년 서울고법 판사 2007년 서울동부지법 판사 2007년 미국 남가주대 장기연수(USC) 2009년 전주지법 부장판사 2010년 의정부지법 부장판사 2013년 서울동부지법 부장판사 2015년 법무법인(유) 로고스 변호사(현)

양삼승(梁三承) YANG Sam Sung

(생)1947·4·4 (본)제주(濟州) (출)서울 (주)서울특별시 강남구 영동대로 517 아셈타워 22층 법무법인 화우(02-6003-7111) (학)1965년 경기고졸 1970년 서울대 법대졸 1979년 同법학대학원졸 1988년 법학박사(서울대) (경)1972년 사법시험 합격(14회) 1974년 사법연수원 수료(4기) 1974~1985년 서울민사지법·서울형사지법·서울가정법원 판사 1977~1978·1982년 독일 괴팅겐대 연수 1985~1989년 서울고법 판사·대법원 재판연구관 1989~1990년 울산지법 부장판사 1990~1992년 헌법재판소 연구부장 1992~1996년 서울형사지법·서울민사지법 부장판사 1995년 Eisenhower 재단초청 미국법조 시찰 1996~1998년 대전고법 부장판사 1998~1999년 대법원장 비서실장 1999~2003년 법무법인 화백 대표변호사 1999~2003년 한국방송공사(KBS) 보도자문변호사 1999년 (주)대우 법률고문 1999~2007년 (주)세아홀딩스·세아제강 사외이사 1999~2012년 연합철강 사외이사 1999년 삼성문화재단·삼성언론재단·삼성복지재단·호암재단 감사(현) 1999~2012년 영산대 부총장 2000~2006년 언론중재위원회 중재위원 2000~2003년 방송통신위원회 고충처리위원회 위원 2000~2004년 서울시 행정심판위원 2003~2011년 법무법인 화우 대표변호사 2004년 서울시 고문변호사(현) 2004년 일본 와세다대 로스쿨 운영자문위원(현) 2004~2008년 YTN 시청자위원 및 위원장 2005년 국가생명윤리위원회 초대위원장 2006년 방송통신위원회 행정심판위원회 위원(현) 2006년 대한변호사협회 법률구조사업회 위원(현) 2007년 한국원자력의학원 이사(현) 2007~2010년 문화유산국민신탁 감사 2009년 대한변호사협회 제1부회장 2009년 선거기사심의위원회 위원장 2009년 서울대 법학전문대학원 겸임교수(현) 2009~2011년 대법원 사법정책자문위원회 위원 2011년 대한변호사협회 변호사연수원장(현) 2011년 법무법인 화우 고문변호사(현) 2011년 중앙선거관리위원회 자문위원 2011년 헌법재판소 자문위원 2012년 방송통신심의위원회 제18대 대통령선거방송심의위원회 심의위원 2012년 영산대 석좌교수(현) 2013년 대한중재인협회 부회장(현) 2014년 영산법률문화재단 이사장(현) (저)'법과 정의를 향한 여정'(2012, 까치) '권력, 정의, 판사'(2017, 까치) (종)기독교

양상국(梁相國) Yang Sangkuk

(생)1949·2·10 (출)서울 (주)서울특별시 성동구 마장로 210 한국기원 홍보팀(02-3407-3870) (경)1970년 프로기사 입단 1974·1975년 왕위전 본선 1976·1977·1978년 국수전 본선 1979년 패왕전 본선 1980~2010년 한국기원 강동지원 원장 1982·1983년 바둑왕전 본선 1982·1983·1984년 제왕전 본선 1983년 국수전 본선 1983·1984·1985년 박카스배 본선 1984·1985년 국기전 본선 1985년 대왕전·바둑왕전 본선 1986년 최고위전·국수전 본선 1987년 박카스배 본선 1989년 한겨레신문 바둑칼럼 필자 1989·1990년 동양증권배 본선 1989·1990·1991년 바둑왕전 본선 1990~2014년 2014 EBS-TV 바둑해설가 1990년 왕위전 본선 1990~2001년 성균관대 사회교육원 바둑과 겸임교수 1991년 패왕전 본선 1993·1994년 연승바둑최강전 본선 1996년 비씨카드배 본선 1997년 8단 승단 2006년 9단 승단(현) 2007년 맥심커피배 입신최강 본선 2011~2014년 (재)한국기원 감사 2014년 同이사(현) (저)'끝내기 테크닉'(2000) '바둑의 길, 삶의 길'(2000) '사활의 묘'(2000) '절묘한 맥 1~5' 시리즈 '바둑의 길, 삶의 길'(2009, 나남출판사) (작)'양상국 비디오 바둑특강'

양상백(楊相伯) Yang, Sang-Baek

(생)1963·12·15 (출)경남 진해 (주)부산광역시 사상구 주례로 57 부산디지털대학교 총장실(051-320-2000) (학)1986년 부산대 영어영문학과졸 1988년 同대학원 영어영문학과졸 1998년 영문학박사(부산대) (경)1995~1996년 양산전문대학 전임강사 1996년 동서대 영어학과 교수, 同기획평가처장 2008~2011년 同교무처장 2014년 부산디지털대 총장(현) (저)'대학교양영어'(1996) '영어의 대조적 초점구문에 관한 연구'(1998)

양상우(楊尙祐) YANG Sang Woo

(생)1963·4·14 (출)강원 (주)서울특별시 마포구 효창목길 6 한겨레신문 임원실(02-710-0121) (학)1982년 서울 경성고졸 1988년 연세대 경영학과졸 (경)1985년 민주화운동과 관련 구속 1990년 한겨레신문 입사 1990년 同경제부 기자 1998년 同한겨레21 사회팀장 1999년 同사회부 기동취재팀장 2001년 同정치부 야당반장 2003년 미국 Univ. of Washington Visiting Scholar 2003년 한겨레신문 사회부 수도권팀장 2004년 同노조위원장 겸 언론노조 부위원장, 同우리사주조합장, 同비상경영위원장 2006년 同편집국 24시팀장 2006년 同편집국 사회정책팀장 2007년 한국언론재단 부설 언론교육원 겸임교수 2008년 한겨레신문 미디어사업국장 2010년 同출판미디어본부장 2011~2014년 同대표이사 사장 2011~2013·2018~2019년 한국신문윤리위원회 이사 2011~2014년 (재)함께일하는재단 이사 2013~2014년 한국디지털뉴스협회 회장 2014년 한겨레신문 비상근고문 2017년 同대표이사 사장(현) 2017년 한국디지털뉴스협회 회장(현) (상)한국기자협회 이달의 기자상(2003·2006), 문화부장관표창(2003), 삼성언론상(2004), 가톨릭매스컴상 신문부문(2006), 민주언론상 특별상(2007), 자랑스러운 연세상경인상(2012)

양상윤(梁祥倫) YANG Sang-yoon

(생)1974·7·5 (출)대구 (주)대구광역시 수성구 동대구로 364 대구지방법원 총무과(053-757-6600) (학)1993년 대구 영진고졸 2001년 연세대 법학과졸 (경)2000년 사법시험 합격(42회) 2003년 사법연수원 수료(32기) 2003년 울산지법 예비판사 2005년 同판사 2006년 인천지법 판사 2009년 서울중앙지법 판사 2011년 서울서부지법 판사 2013년 서울중앙지법 판사 2016년 서울북부지법 판사 2018년 대구지법 부장판사(현)

양상훈(楊相勳) YANG Sang Hoon

(생)1958·9·25 (출)경북 영천 (주)서울특별시 중구 세종대로21길 30 조선일보(02-724-5114) (학)서울대 산업공학과졸 (경)1999년 조선일보 정치부 차장 2003년 同논설위원 2004년 同정치부장 2006년 同정치부장(부국장대우) 2006년 同논설위원 2007년 관훈클럽 운영위원(서기) 2008년 조선일보 워싱턴지국장 2009년 同논설위원 2010년 同편집국 부국장 2011년 同편집국장 2013년 同논설위원 2013년 同논설위원실장 2014년 同논설주간 2015~2017년 한국신문방송편집인협회 부회장 2017년 조선일보 주필(이사)(현) 2017~2019년 한국신문방송편집인협회기금 이사장 (상)제18회 효령상 언론부문(2015)

양석조(梁碩祚)

(생)1973·3·22 (주)서울특별시 서초구 반포대로 157 대검찰청 운영지원과(02-3480-2032) (학)1992년 제주 오현고졸 1997년 한양대졸 (경)1997년 사법시험 합격(39회) 2000년 사법연수원 수료(29기) 2000년 공익법무관 2003년 서울지검 동부지청 검사 2004년 서울동부지검 검사 2005년 광주지검 순천지청 검사 2008년 법무부 정책홍보관리실 검사 2009년 同기획검사실 검사 2010년 서울중앙지검 검사 2012년 금융위원회 파견 2013년 창원지검 부부장검사 2014년 대구지검 서부지청 부장검사 2015년 대검찰청 디지털수사과장 2016년 同사이버수사과장 2016~2017년 '박근혜 정부의 최순실 등 민간인에 의한 국정농단 의혹 사건'(최순실 특검법) 파견 2017년 서울중앙지검 특수3부장 2019년 대검찰청 검찰연구관(현)

양선순(梁善順 · 女) YANG Sun Soon

(생)1975 · 4 · 7 (출)충남 금산 (주)대구광역시 수성구 동대구로 366 대구지방검찰청 여성아동범죄조사부(053-740-4620) (학)1994년 충남여고졸 1999년 고려대 법학과졸 (경)2001년 사법시험 합격(43회) 2004년 사법연수원 수료(33기) 2004년 울산지검 검사 2006년 전주지검 군산지청 검사 2008년 서울동부지검 검사 2011년 대전지검 검사 2015년 서울중앙지검 검사 2018년 同부부장검사 2019년 대구지검 여성아동범죄조사부장(현)

양성광(楊聖光) YANG Sung Kwang

(생)1960 · 2 · 19 (본)청주(淸州) (출)대전 (주)대전광역시 유성구 엑스포로123번길 27-5 연구개발특구진흥재단(042-865-8801) (학)1978년 충남고졸 1983년 한양대 화학공학과졸 1986년 서울대 대학원 화학공학과졸 1993년 화학공학박사(미국 퍼듀대) (경)1986년 기술고시 합격(21회) 1986~1995년 과학기술부 원자력안전과 · 원자력협력과 사무관 1996~2001년 과학기술부 연구개발2담당관실 · 연구개발기획과 · 과학기술문화과 서기관 2001년 同기술개발지원과장 2002년 한반도에너지개발기구(KEDO) 파견 2006년 과학기술부 원자력협력과장 2007년 同기초연구정책과장 2008년 제17대 대통령직인수위원회 국가경쟁력강화특별위원회 실무위원 2008년 대통령 과학비서관실 행정관(부이사관 · 고위공무원) 2009~2010년 교육과학기술부 인재정책분석관 · 교육정보정책관 2011년 同전략기술개발관 2011~2012년 同기초연구정책관 2012년 교육과학기술부 연구개발정책실장 2013년 미래창조과학부 미래선도연구실장 2013년 대통령 미래전략수석비서관실 과학기술비서관 2016~2017년 국립중앙과학관장 2016년 한국과학관협회 회장 2017년 한국과학관학회 초대 회장(현) 2018년 연구개발특구진흥재단 이사장(현) (상)홍조근정훈장(2011)

양성모 YANG Sung Mo

(생)1964 (주)서울특별시 용산구 한남대로 130 볼보빌딩 5층 볼보그룹코리아(02-3780-9176) (학)연세대 기계공학과졸 (경)1987년 삼성중공업 입사(굴삭기 엔지니어) 1996년 同건설기계부문 수출기획팀 근무 2000년 볼보건설기계 북미지역 마케팅 · 세일즈 매니저 2005년 同글로벌플랫폼굴삭기개발 상무 2009년 同글로벌마케팅전략부문 부사장 2012년 同글로벌상품기획 부사장 2016년 볼보건설기계코리아 글로벌마케팅부문 부사장(현) 2018년 볼보그룹코리아 대표이사 사장 겸임(현) (상)대통령표창(2017)

양성용(梁晟容) YANG Sung Young

(생)1954 · 2 · 2 (출)서울 (주)서울특별시 강남구 테헤란로 518 섬유센터 12층 법무법인 율촌(02-528-5735) (학)1973년 서울고졸 1977년 서울대 농경제학과졸 1989년 미국 아이오와주립대 대학원 경제학과졸 (경)1977년 한국은행 입행 1985년 同국민소득과 · 의사과 근무 1989년 同임원실 비서역 1993년 同국제업무과장 1996년 同런던사무소 선임조사역 1999년 금융감독원 은행검사5국 · 은행검사2국 · 조사연구국 근무(2급) 2002년 同비서실장(1급) 2004년 同신용감독국장 2005년 同은행감독국장 2006년 同기획조정국장 2007~2010년 同중소서민금융업서비스본부장(부원장보) 2010년 법무법인 율촌 고문(현) 2014년 삼성카드 사외이사(현) (종)기독교

양성일(梁誠日) YANG SEONG IL

(생)1967 · 5 · 17 (본)남원(南原) (출)서울 (주)세종특별자치시 도움4로 13 보건복지부 인구정책실(044-202-3400) (학)1986년 장충고졸 1991년 서울대 사회복지학과졸 1998년 同행정대학원 행정학과졸 2004년 미국 인디애나대 블루밍턴교 대학원 행정학과졸(MPA) 2013년 고려대 대학원 보건학협동과정 수료 (경)1991년 행정고시 합격(35회) 1992년 국립목포결핵병원 서무과장, 보건복지부 연금제도과 · 보험정책과 근무 2000~2002년 同보험정책과 서기관 2004년 同연금보험국 연금재정과장 2005년 同보건산업육성사업단 보건산업정책팀장 2006년 同장관 비서관 2007년 同혁신인사팀장(부이사관) 2008년 보건복지가족부 인사과장 2009년 同국제협력관 2009년 同첨단의료복합단지조성사업단장(고위공무원) 2010년 보건복지부 첨단의료복합단지조성사업단장 2010년 同대변인 2012년 同연금정책관 2013년 同연금정책국장 2014년 중국 정법대 교육훈련 파견 2015년 보건복지부 장애인정책국장 2016년 同건강정책국장 2016년 同보건산업정책국장 2018년 同인구정책실장(현) (상)국무총리표창(2000), 홍조근정훈장(2019)

양성진(梁誠珍) YANG Seong Jin

(생)1964 (출)전남 함평 (주)광주광역시 광산구 용아로 112 광주지방경찰청 제2부장실(062-609-2221) (학)광주 살레시오고졸 1985년 경찰대졸(1기), 전남대 행정대학원졸 (경)2007년 광주지방경찰청 정보과장(총경) 2008년 전남 영광경찰서장 2009년 전남지방경찰청 경비교통과장 2010년 광주동부경찰서장 2011년 광주지방경찰청 정보과장 2012년 전남 완도경찰서장 2013년 전남지방경찰청 정보과장 2014년 전북 전주완산경찰서장(경무관) 2015년 경찰대학 치안정책연구소장 2016년 서울지방경찰청 생활안전부장 2017년 경기남부지방경찰청 제1부장 2017년 서울지방경찰청 보안부장 2019년 광주지방경찰청 제2부장(현)

양성필(梁盛弼) YANG Sungpil

(생)1967 · 7 · 29 (출)제주 서귀포 (주)서울특별시 종로구 새문안로 82 S타워 8층 경제사회노동위원회 운영국(02-721-7103) (학)1985년 서귀포고졸 1992년 한국외국어대 영어과졸 2007년 영국 Keele대 대학원 인적자원관리(HRM)졸(석사) 2012년 법학박사(아주대) (경)1993년 행정고시 합격(37회) 2002~2004년 노동부 기획예산담당관실 · 안전정책과 서기관 2004년 부산지방노동청 관리과장 2007년 노동부 보험운영지원팀장 2009년 서울지방노동청 서울서부지청장 2011년 고용노동부 고용차별개선과장(부이사관) 2012년 同근로개선정책과장 2012년 同고용정책총괄과장 2013년 부산지방고용노동청 부산고용센터소장 2013년 국제노동기구(ILO) 파견(고용휴직) 2015년 고용노동부 산재예방정책과장 2016년 서울지방노동위원회 상임위원(고위공무원) 2018년 국방대 교육파견(고위공무원) 2019년 경제사회노동위원회 운영국장(현)

양성호(梁成豪) YANG Sung Ho

(생)1970 · 10 · 16 (본)제주(濟州) (출)제주 제주시 (주)세종특별자치시 다솜로 261 국무조정실 미세먼지개선기획단(044-200-2660) (학)1989년 제주 대기고졸 1996년 서울시립대 도시행정학과졸 2006년 미국 미주리대 대학원 행정학과졸 (경)1994년 행정고시 합격(38회) 2002년 국무조정실 총괄조정관실 · 기획심의관실 사무관 2003년 同기획수석조정관실 총괄심의관실 사무관 2003년 同기획수석조정관실 일반행정심의관실 서기관 2006년 同의정2과장 2007년 同기후변화대응기획단 과장 2008년 국무총리 의전관실 수행행정관(서기관) 2010년 駐샌프란시스코 영사 2013년 국무조정실 규제제도개선과장 2014년 同안전환경정책과장 2015년 同정부합동부패척결추진단 총괄과장(부이사관) 2016년 同실장 비서관 2017년 국무총리 소통지원비서관 2018년 국가공무원인재개발원 교육훈련(국장급) 2019년 국무조정실 사회조정실 미세먼지개선기획단 부단장(현)

양세정(梁世貞 · 女) YANG Se Jeong

(생)1961 · 9 · 27 (본)제주(濟州) (출)부산 (주)서울특별시 종로구 홍지문2길 20 상명대학교 경영대학 경제금융학부(02-2287-5255) (학)1980년 부산 영도여고졸 1984년 고려대 통계학과졸 1985년 同경제학과졸 1988년 미국 일리노이대 대학원 소비자경제학과졸 1991년 경제학박사(미국 일리노이대) (경)1991~1994년 국민은행 경제연구소 선임연구원 1994~1996년 고려대 · 건국대 · 한양대 · 이화여대 · 중앙대 강사 1996~2008년 상명대 소비자주거학과 전임강사 · 조교수 · 부교수 2003년 통계청 통계품질심의위원 2006~2008년 (사)소비자교육지원센터 사무총장 2006~2007년 서울YMCA 소비자위원 2008~2017년 상명대 자연과학대학 소비자주거학과 교수 2009년 (사)한국소비자업무협회 회장 2012년 상명대 교양대학장 2012~2013년 한국소비문화학회 공동회장 2013년 상명대 미래창조산학대학장 2014년 한국가정관리학회 회장 2015년 상명대 서울캠퍼스 대외교류본부장 2015~2018년 同신문방송국장 겸 학보사 주간 2017년 同경영경제대학 경제금융학부 교수(현) 2017~2018년 한국소비자학회 회장 2018년 (사)소비자권익포럼 공동대표(현) 2018년 공정거래위원회 비상임위원(현) 2018년 기획재정부 경제교육지원위원(현) (상)한국소비자학회 최우수심사자상(2004), 한국소비자정책교육학회 최우수포스터상(2008), 서울시 환경상(2016) (저)'가계재무관리의 이해'(2000, 도서출판 신정) '소비자재무관리의 이해' 'The Economics of Household Consumption' '건전 가계재정관리를 위한 소비자 가이드'(2003) '현명한 소비자되기, 재미있는 소비자경제이야기'(2010, 도서출판 소야) '한국가계의 재무상태'(2012, 한국FB협회) (역)'빈곤의 경제학' '가계경제학' '고객관리를 위한 재무상담'

양수길(楊秀吉) YOUNG Soogil

(생)1943 · 12 · 7 (본)청주(淸州) (출)서울 (주)서울특별시 동대문구 회기로 85 KDI국제정책대학원 8관 306호(02-3299-1081) (학)1963년 경기고졸 1967년 서울대 화학공학과졸 1971년 미국 피츠버그대 대학원 경제학 석사 1979년 경제학박사(미국 존스홉킨스대) (경)1967~1970년 육군 복무 1974년 미국 브루킹스연구소 초청연구원 1975년 미국 오하이오주립대 전임강사 1978~1981년 국제경제연구원(KIEI) 수석연구원 1980~1981년 대통령비서실 연구관(파견) 1981~1984년 한국개발연구원(KDI) 수석연구원 · 연구위원 1982~1986년 한국태평양경제협력위원회 사무국장 겸 태평양경제협력위원회(PECC) 무역포럼 운영위원장 1984~1993년 한국개발연구원(KDI) 선임연구위원 1985~1986년 영국 Trade Policy Research Centre 초빙연구원 1988년 대통령자문 경제구조조정회의 전문위원 1989~1994년 대통령자문 21세기위원회 위원 1993년 경제부총리 자문관 1993~1997년 교통개발연구원 원장 1994년 민자당 대도시교통종합대책기획단장 1995년 건설교통부 민자유치사업심의위원회 부위원장 1997~1998년 대외경제정책연구원(KIEP) 원장 1998~2000년 駐OECD(경제협력개발기구) 대사 1999~2000년 OECD Development Centre 자문이사회 의장 2001~2003년 세계경제연구원(IGE) 자문위원 2001~2004년 김앤장법률사무소 고문 2001~2003년 한국무역협회 객원연구원 2001~2005년 태평양경제협력회의(PECC) 금융포럼 의장 2001년 DDA관민합동포럼 위원 2001~2010년 서울금융포럼 부회장 2001~2006년 한국태평양경제협력위원회(KOPEC) 부회장 2002~2004년 외교통상부 한 · 멕시코21세기위원회 공동의장 2003년 대통령직속 동북아경제중심추진위원회 위원 2004~2006년 UBS증권 서울지점 고문 2004~2006년 삼성경제연구소 자문위원 2004년 국가경영전략연구원 국가경영전략포럼 대표 2006~2010년 (사)국가경영전략연구원(NSI) 원장 2006~2008년 서울시 금융도시 자문단 위원장 2006~2009년 UBS자산운용 사외이사 2006~2010년 한국태평양경제협력위원회(KOPEC) 회장 2009년 대통령직속 녹색성장위원회 위원 2009~2012년 녹색투자한국포럼 회장 2010~2012년 대통령직속 녹색성장위원회 위원장 2011~2012년 덴마크정부 주관 Global Green Growth Forum 자문위원회 공동위원장 2012~2014년 OECD · 세계은행 · UNEP · G-GGI공동운영 Green Growth Knowledge Platform(GGKP) 자문위원회 의장 2012년 UN SDSN(Sustainable Development Solutions Network) Leadership Council 국제전략이사 겸 한국대표위원 2013년 한국개발연구원(KDI) 국제정책대학원 초빙교수(현) 2013~2017년 한국SDSN(지속가능발전해법네트워크) 대표 2013년 (사)세계감자식량재단 총재 2014~2017년 (주)동부생명보험 사외이사 2017년 동부하이텍 사외이사 겸 감사위원장 2017~2019년 DB하이텍 사외이사 겸 감사위원장 2017~2019년 한국뉴욕주립대 석좌교수 2017년 한국SDSN(지속가능발전해법네트워크) 회장(현) 2019년 국가기후환경회의 자문위원(현) (상)코리아헤럴드 셰익스피어탄생400주년기념 영문단편소설대회 최우수작품상(1968), 미국 존스홉킨스대 최우수대학원생상(1973), 대통령표창(1982), 국민훈장 동백장(1994), 자랑스러운 경기인상(2012), 대통령감사패(2013), 자랑스러운 경기인상(2014) (저)'산업정책의 기본과제와 지원시책의 개편방안'(1982) '수입자유화와 기술혁신정책간의 상관성 및 이론정립에 관한 연구(共)'(1984) '2000년을 향한 국가장기발전구상(共)'(1987) '경제선진화를 위한 기본구상(共)'(1988) 'Economic Relations Between the United States and Korea : Conflict or Cooperation?(共)'(1989) '21세기를 향한 한국의 과제(共)'(1990) '2020년의 한국과 세계(共)'(1991) 'Regional Integration and the Global Trading System(共)'(1993) '21세기 동북아시대 한반도의 교통 : 기본구상과 정책과제(共)'(1995) 'Asia and Europe(共)'(2003) 'KDI정책연구사례-지난 30년의 회고(共)'(2003) '21세기 한-멕시코 전략적 동반자관계의 비전과 협력과제(共)'(2004) 'The Evolution of PECC : the First 25 Years(共)'(2005) '21세기의 도전, 일자리문제 : 전망과 대책(共)'(2005) '한국경제 무엇이 문제인가?(共)'(2006) 'Labour Mobility in the Asia-Pacific Region(共)'(2008) '외국자본과 한국경제-무엇이 문제인가?(共)'(2008) 'Competition among Financial Centers in Asia-Pacific(共)'(2009) '대한민국 글로벌리더십(共)'(2012) '녹색성장 1.0 : 녹색성장 2.0을 위한 평가와 제언(共)'(2013) 'An Action Agenda for Sustainable Development : Report for the UN Secretary-General'(共)

양수영(梁修榮) Su Yeong YANG

(생)1957 · 7 · 12 (출)부산 (주)울산광역시 중구 종가로 305 한국석유공사 사장실(052-216-2114) (학)1975년 부산고졸 1979년 서울대 사범대학 지구과학과졸 1985년 同대학원 이학석사 1991년 지구물리학박사(미국 텍사스A&M대) (경)1991년 한국해양과학기술원 선임연구원 1991~1996년 한국석유공사 기술실 지구물리팀장 1996~2004년 대우인터내셔널 에너지개발팀장(상무) 2004~2011년 同미얀마E&P사무소장(전무) 2011년 同에너지자원실장 2011~2016년 同석유가스개발본부장(부사장) 2016~2017년 (주)포스코대우 비상근임원 2018년 한국석유공사 사장(현) (상)대통령표창(2001), 은탑산업훈장(2011) (저)'황금가스전 : 미얀마 바다에서의 도전과 성공'(2016, 새로운사람들)

양순주(梁洵周)

(생)1971 · 2 · 11 (출)경남 하동 (주)경상남도 창원시 성산구 창이대로 681 창원지방법원(055-239-2000) (학)1989년 울산 학성고졸 1994년 고려대 법학과졸 (경)2000년 사법시험 합격(42회) 2003년 사법연수원 수료(32기) 2003년 부산지법 예비판사 2005년 同판사 2007년 수원지법 판사 2011년 서울행정법원 판사 2013년 수원지법 판사 2016년 서울동부지법 판사 2016년 헌법재판소 파견 2018년 창원지법 부장판사(현)

양승국(梁承國) Yang Seoung Kuk

(생)1957·5·9 (본)남원(南原) (출)서울 (주)서울특별시 강남구 테헤란로87길 36 도심공항타워 8,14,16층 법무법인(유) 로고스(02-2188-1018) (학)1976년 경기고졸 1981년 서울대 법대 법학과졸 (경)1981년 사법시험 합격(23회) 1983년 사법연수원 수료(13기) 1983~1986년 공군 법무관 1986~1992년 부산지법 판사 1991년 김해시 선거관리위원장 1992~1994년 서울지법 의정부지원 판사 1992년 고양시선거관리위원회 위원장 1994~1995년 서울지법 북부지원 판사 1995~1997년 서울고법 판사 1997~1999년 서울지법 판사 1999~2000년 광주지법 목포지원 부장판사 1999~2000년 신안군 선거관리위원회 2000~2003년 수원지법 부장판사 2000~2003년 수원시 팔달구 선거권리위원회 위원장 2003~2005년 이북5도 행정자문위원 2004~2008·2010~2012년 민주평통 자문위원 2003~2016년 법무법인(유) 로고스 변호사 2005년 서울고법 조정위원(현) 2007년 한국방송공사(KBS) 자문변호사(현) 2010년 대한상사중재원 중재인(현) 2011년 영산대 법률학과 겸임교수(현) 2013년 법무법인(유) 로고스 예술문화 지원사업센터 공동센터장 2015년 한국보건사회연구원 비상임감사 2017년 법무법인(유) 로고스 경영대표변호사(현) (저)'양승국 변호사의 산이야기'(2008) '중년에 떠나는 인문학여행'(2016) '가업승계의 제 문제(共)'(2012) (종)기독교

양승권(梁承權) YANG Seung Kwon

(생)1960·8·24 (출)충남 (주)서울특별시 강남구 남부순환로 2708 한일건설(주) 비서실(02-527-7000) (학)고려대 경영학과졸 (경)1986년 한일시멘트(주) 재무·회계팀장 2003년 同상무(CFO) 2009~2012년 (주)오늘과내일 대표이사 2012년 한일건설(주) 전무 2013~2015년 同대표이사 부사장 2015년 同대표이사 사장(현)

양승규(梁承圭)

(생)1962·3·14 (출)경남 사천 (주)대전광역시 서구 갈마로 160 KT인재개발원 6층 KT cs 사장실(042-604-5126) (학)1985년 서울대 독어독문학과졸 (경)1988년 한국전기통신공사(現 KT) 입사 1997년 KTF 입사 1999년 同부산사업본부 고객지원팀장 2001년 同마케팅부문 브랜드영업팀장 2003년 同마케팅부문 영업관리팀장 2004년 同윤리경영실 경영감사팀장 2006년 同윤리경영1팀장 2008년 同고객서비스부문 굿타임서비스실장(상무보) 2011년 (주)KT 통합CRM전략담당 상무보 2012년 同CRM운영본부장 겸 통합고객전략담당 상무보 2013년 同마케팅본부 CLV담당 상무 2014년 同제주고객본부장 2014년 同충북고객본부장 2015년 同Customer부문 고객최우선본부장(상무) 2018년 同Customer부문 고객최우선본부장(전무) 2019년 KT cs 대표이사 사장(현)

양승동(梁承東) Sungdong Yang

(생)1961·7·20 (출)충남 공주 (주)서울특별시 영등포구 여의공원로 13 한국방송공사(02-781-2017) (학)1979년 대전고졸 1983년 고려대 정치외교학과졸 1985년 同대학원 국제정치학과졸 (경)1989년 한국방송공사(KBS) 입사(공채 16기), 同TV프로그램 '세계는 지금'·'추적60분'·'역사스페셜'·'인물현대사'·'명견만리' 등 연출 2007~2008년 6.15공동선언실천 남측위원회 언론본부 공동대표, 한국방송공사(KBS) PD협회장 2007~2008년 한국방송프로듀서연합회 제21대 회장 2008년 한국방송공사(KBS) '공영방송 사수를 위한 KBS 사원행동' 공동대표 2013~2015년 同부산방송총국 편성제작국장, 同프로듀서(PD) 2018년 同대표이사 사장(현) 2018년 한국방송협회 회장 2018년 지상파유에이치디방송추진협회(UHD KOREA) 회장(현) (상)제13회 민주언론상(2003), 제21회 한국PD대상 공로상(2009), 제23회 통일언론상 대상(2017)

양승목(梁承穆) YANG Seung Mock

(생)1956·3·19 (출)경남 거창 (주)서울특별시 관악구 관악로 1 서울대학교 사회과학대학 언론정보학과(02-880-6468) (학)1979년 서울대 신문학과졸 1982년 同대학원졸 1984년 미국 뉴욕주립대 대학원 언론학과졸 1988년 언론학박사(미국 스탠포드대) (경)1990년 충남대 신문방송학과 교수 1995~2003년 서울대 언론정보학과 조교수·부교수 1997년 제15대 대통령선거 선거방송심의위원회 위원 2001년 한국언론학대회 조직위원장 2002년 미국 오리건대 방문교수 2003년 서울대 사회과학대학 언론정보학과 교수(현) 2003~2004년 同사회과학대학 교무부학장 2004~2005년 한국언론학회 제도개선위원장 2005년 서울대 대학신문 주간 2006~2009년 同언론정보연구소장 2007~2009년 공영방송발전을위한시민연대 운영위원 2008년 LG상남언론재단 이사(현) 2009~2011년 오스트레일리아 모나쉬대(Monash Univ.) 명예연구교수 2010~2011년 한국언론학회 회장 2012~2014년 언론진흥기금관리위원회 위원 2012~2014년 서울대 사회과학대학장 2014~2017년 언론중재위원회 서울 제6중재부 중재위원 2016~2017년 同시정권고위원 2017년 중앙일보 독자위원회 서울지역 위원장 2017년 TV조선 시청자위원회 위원장(현) 2018년 디지털저널리즘복원특별위원회 위원장 (상)희관언론학번역상(1994), 서울대 사회과학대학 우수교수상(2017), 한국언론학회 창립60주년 학술영예상(2019) (저)'한국언론의 신뢰도(共)'(2001) '디지털시대의 사회적 소통, 매체 그리고 문화적 실천(共)'(2005) '현대정치커뮤니케이션연구(共)'(2006) '민주화 이후의 한국언론(共)'(2007) '지속가능한 한국발전모델과 성장동력(共)'(2009) '사회과학 명저 재발견3(共)'(2012) (역)'현대 언론사상사'(1993) (종)천주교

양승숙(梁承淑·女) YANG Seung Suk

(생)1950·3·21 (출)충남 논산 (주)충청남도 공주시 반포면 계룡대로 1283 충청남도여성정책개발원 원장실(042-825-1823) (학)1970년 대전 호수돈여고졸 1973년 전남대 간호학과졸 1986년 한국방송통신대 행정학과졸 1988년 한양대 행정대학원 간호행정학과졸 1998년 서울대 보건대학원 보건의료정책 최고관리자과정 수료 (경)1973년 간호후보 임관(29기) 1981년 소령 진급 1986년 중령 진급 1986년 국군논산병원 간호부장 1991년 국군광주병원 간호부장 1994년 대령 진급 1994년 국군간호사관학교 교수부장 1994년 국방부 간호과장 1995년 국군수도병원 간호부장 1997년 국군의무사령부 의료관리실장 1999년 국군간호사관학교 교장(16대) 2001년 육군본부 의무감실 간호병과장 2002년 장군 진급(대한민국 최초 여성장군) 2002~2004년 국군간호사관학교 교장 2004년 예편(준장) 2002년 여성부 명예멘토 2004년 제17대 국회의원선거 출마(논산·계룡·금산, 열린우리당) 2005년 대한민국6.25참전유공자회충남논산지회 고문 2005년 대통합민주신당 중앙위원 2005~2008년 한국전력공사 감사 2005~2007년 열린우리당 전국여성위원회 수석부위원장 2007년 민주평통 논산시 자문위원 2007년 대통합민주신당 제17대 대통령중앙선거대책위원회 국가안보위원회 부위원장 2007년 同제17대 대통령중앙선거대책위원회 논산·계룡·금산선거대책위원장 2007년 통합민주당 충남도당 여성위원장 2008년 제18대 국회의원선거 출마(논산·계룡·금산, 통합민주당) 2008년 민주당 충남도당 여성위원장 2016년 더불어민주당 제20대 국회의원 후보(비례대표 25번) 2017년 대한민국 재향군인회 여성부회장(현) 2018년 충남여성정책개발원 원장(현) (상)대통령표창(1998), 한국여성단체협의회 1호패 수상(최초 여성장군)(2002), 대한간호협회 올해의 간호인상(2002), 보국훈장 천수장(2003) (저)'별이 된 나이팅게일'(2007) (종)기독교

양승옥(梁承玉)

(생)1960 · 5 (주)서울특별시 영등포구 당산로 141 현대하이라이프손해사정(주)(02-3289-6000) (학)한양대 수학과졸 (경)2007년 현대해상화재보험(주) 감사실 상무 2008년 同장기업무담당 상무 2010년 同장기업무본부장 2014년 同장기보험부문장(상무) 2017년 同장기보험부문장(전무) 2018년 현대하이라이프손해사정(주) 대표이사(현)

양승우(梁承雨) YANG Seung Woo

(생)1964 · 2 · 14 (본)남원(南原) (출)서울 (주)서울특별시 동대문구 서울시립대로 163 서울시립대학교 도시과학대학 도시공학과(02-6490-2796) (학)1982년 대원고졸 1986년 서울대 토목공학과졸 1988년 同대학원졸 1994년 공학박사(서울대) (경)1994년 서울시정개발연구원 도시설계센터 초빙책임연구원 1995년 강남대 전임강사 1996~2007년 서울시립대 도시공학과 조교수 · 부교수 1998~1999년 독일 밤베르크대 박사 후 연구원 2006년 서울시립대 기획발전처 부처장 2007년 同도시과학대학 도시공학과 교수(현) 2007~2008년 미국 캘리포니아대 데이비스교 교환교수 2009년 서울시립대 도시과학대학 도시공학과장 2011~2015년 한국도시설계학회 이사 2013~2015년 한국도시계획가협회 감사 2016년 한국도시설계학회 상임이사 · 학술부회장(현) 2017~2019년 서울시립대 도시과학대학장 겸 도시과학대학원장 2018년 한국도시설계학회 신진연구자연구위원장(현) (저)'서울의 건축사'(1999) '서울의 소비공간'(2002) '서울남촌 시간, 장소, 사람-20세기 서울변천사 연구3'(2003)

양승재(梁勝在) YANG Seung Jae

(생)1966 · 1 · 3 (출)대구 (주)대구광역시 달서구 성서로 281 삼화식품(주)(053-583-2211) (학)1990년 중앙대 경영학과졸 (경)2000년 삼화식품(주) 대표이사 사장(현) 2001년 대한장류공업협동조합 이사 2001년 한국청년회의소 부회장 2002년 同연수원장 2003~2004년 同제52대 중앙회장 2004년 대구상공회의소 상임의원(현) (상)법무부장관표창(1999), 환경부장관표창(1999)

양승조(梁承晁) YANG Seung Jo

(생)1959 · 3 · 21 (본)남원(南原) (출)충남 천안 (주)충청남도 홍성군 홍북읍 충남대로 21 충청남도청 도지사실(041-635-2001) (학)1978년 중동고졸 1988년 성균관대 법과대학 법학과졸 2004년 단국대 정책경영대학원 특수법무학과졸 (경)1995년 사법시험 합격(37회) 1998년 사법연수원 수료(27기) 1998년 변호사 개업 1999년 천안시민포럼 운영위원장 2001년 천안마라톤클럽 회장 2002년 선문대 법행정학과 겸임교수 2002~2014년 충남육상경기연맹 회장 2003년 천안오룡라이온스클럽 회장 2003년 국민통합21 직능위원장 2004년 제17대 국회의원(천안시甲, 열린우리당 · 대통합민주신당 · 통합민주당) 2004~2015년 국민생활체육전국궁도연합회 회장 2006년 열린우리당 의장특보 2007년 同인권위원장 2007년 同충남도당 위원장 2008년 제18대 국회의원(천안시甲, 통합민주당 · 민주당 · 민주통합당) 2008~2012년 민주당 충남도당 위원장 2008년 同당무위원 2008~2009년 同원내기획부대표 2009년 (사)생명잇기 고문 2010~2011년 민주당 대표비서실장 2012년 제19대 국회의원(천안시甲, 민주통합당 · 민주당 · 새정치민주연합 · 더불어민주당) 2012 · 2014년 국회 보건복지위원회 위원 2012년 국회 허베이스피리트호유류피해대책특별위원회 위원 2013년 민주당 최고위원 2013년 同지방선거기획단장 2014년 새정치민주연합 최고위원 2014년 同6.4지방선거관리위원회 위원장 2015년 同사무총장 2015년 同4.29재보궐선거기획단장 2016년 더불어민주당 충남천안시丙지역위원회 위원장 2016~2018년 제20대 국회의원(천안시丙, 더불어민주당) 2016년 더불어민주당 비상대책위원회 위원 2016년 同가습기살균제특별위원회 위원장 2016~2018년 국회 보건복지위원회 위원장 2016년 더불어민주당 박근혜대통령퇴진국민주권운동본부 부본부장 2016~2018년 同당헌당규강령정책위원회 위원장 2017년 同제19대 문재인 대통령후보 중앙선거대책위원회 국민의나라위원회 정책부위원장 2017년 호국보훈페스티벌추진위원회 조직위원장 2018년 충남도지사(더불어민주당)(현) 2018년 충남사회복지공동모금회 명예회장(현) (상)국정감사NGO모니터단 선정 '국정감사 우수국회의원상'(2008 · 2009 · 2015), 자랑스러운 국회의원상(2011), 전국소상공인단체연합회 초정대상(2013), 법률소비자연맹 선정 국회 헌정대상(2013 · 2017), 한국언론사협회 대한민국우수국회의원대상 특별대상(2014), 대한민국을 빛낸 위대한 인물대상(2015), 대한민국 의정혁신대상(2015), 대한민국 모범국회의원 특별대상(2015), 대한변호사협회 선정 '최우수 국회의원상'(2016), 유권자시민행동 선정 '대한민국 유권자대상'(2016), 한국을 빛낸 자랑스런 한국인대상 행정혁신공로대상(2016), (사)한국언론사협회 세계평화언론대상(2016), 대한민국모범국회의원대상 최고대상(2016), 대한민국나눔봉사대상 보건복지부문 종합대상(2017), 유권자시민행동 대한민국유권자대상(2017 · 2018), 대한민국성공대상 여당의정대상(2017), 자랑스런 한국인대상 행정혁신부문(2018), 제5회 대한민국지방자치발전대상 '최고대상'(2019)

양승주(梁承周) Yang Seung Joo

(생)1954 · 1 · 7 (본)남원(南原) (출)서울 (주)경상북도 포항시 남구 대송로 62 (주)동국S&C 비서실(054-271-0500) (학)1973년 중동고졸 1980년 한양대 기계공학과졸 1983년 同산업대학원 기계공학과졸 2017년 경북대 대학원졸(박사) (경)1980~2001년 현대종합상사(주) 부장 2004~2007년 효림산업(주) 영업 · 생산본부장(상무이사) 2008~2009년 일진글로벌(주) 풍력본부장(상무이사) 2009~2011년 (주)원앤피 대표이사 2011년 (주)동국S&C 대표이사(현) (상)산업포장(2010), 부총리 겸 기획재정부장관표창(2016) (종)불교

양승찬(梁承燦) YANG, Seungchan

(생)1966 · 3 · 6 (본)남원(南原) (출)서울 (주)서울특별시 용산구 청파로47길 100 숙명여자대학교 미디어학부(02-710-9383) (학)1988년 서울대 신문학과졸 1990년 미국 펜실베이니아대 대학원 커뮤니케이션학과졸(석사) 1997년 언론학박사(미국 위스콘신대 매디슨교) (경)1997년 한국언론재단 정책연구팀 선임연구위원 1999~2011년 숙명여대 언론정보학부 정보방송학전공 조교수 · 부교수 · 교수 2000~2001년 同정보방송학 전공주임 및 학과장 2000~2002년 환경부 홍보자문위원 2000~2001년 한국언론학회 총무이사 2001~2004년 숙명여대 교육방송국장 2004~2005년 미국 아메리칸대 교환교수 2006~2008년 방송위원회 시청자불만처리위원회 위원 2009~2010년 숙명여대 교양교육센터장 2010~2013년 문화체육관광부 여론집중도조사위원회 위원 2010~2012년 숙명여대 입학처장 2011년 同미디어학부 교수(현) 2012~2017년 한국의회발전연구회 감사 2012~2013년 한국언론학회 감사 2012~2014년 문화체육관광부 규제개혁위원회 위원 2013~2014년 한국언론학회 연구기획위원장 2014년 연합뉴스TV 시청자위원회 위원 2014~2016년 한국출판문화산업진흥원 비상임이사 2014년 한국방송학회 산학협력위원장 2016~2017년 한국언론학회 부회장 2017년 언론중재위원회 중재위원(현) (상)희관언론상 번역상(2000) (저)'미디어와 투표행동(共)'(2001) '온라인 저널리즘의 공공이슈 보도(共)'(2002) '미디어와 유권자 : 미디어의 영향에 관한 이론적 접근(共)'(2005) '인터넷 소셜미디어와 저널리즘(共)'(2009) '디지털 미디어 시대의 저널리즘 : 쟁점과 전망(共)'(2013) (역)'미디어 정치효과 : 비개인적 영향력'(2000) '정치커뮤니케이션의 이해(共)'(2001) '매스커뮤니케이션이론(共)'(2008) '미디어 효과이론(共)'(2010)

양승태(梁承泰) YANG Sung Tae

(생)1948 · 1 · 26 (출)부산 (학)1966년 경남고졸 1970년 서울대 법과대학졸 (경)1970년 사법시험 합격(12회) 1972년 사법연수원 수료(2기) 1973년 軍법무관 1975년 서울민사지법 판사 1979년 서울지법 영등포지원 판사 1980년 대구지법 판사 1982년 서울지법 남부지원 판사 1983년 서울고법 판사 1986년 제주지법 부장판사 1989년 사법연수원 교수 1991년 법원행정처 송무국장 1991년 서울민사지법 부장판사 1993년 언론중재위원 1993년 부산고법 부장판사 1994년 법원행정처 사법정책연구실장 1997년 서울고법 부장판사 1999년 서울지법 파산수석부장판사 2000년 同민사수석부장판사 2001년 同북부지원장 2002년 부산지법원장 2003년 법원행정처 차장 2003년 특허법원장 2005~2011년 대법원 대법관 2009~2011년 중앙선거관리위원회 위원장 2010년 대법원 대법관제청자문위원 2011~2017년 대법원장 (상)청조근정훈장(2011), 국민훈장 무궁화장(2017)

양승택(梁承澤) YANG Seung Taik (가정)

(생)1939 · 10 · 24 (본)남원(南原) (출)함남 원산 (주)서울특별시 영등포구 양평로22길 21 글로벌경영협회(02-6271-5100) (학)1957년 동아고졸 1961년 서울대 공대 전기공학과졸 1968년 미국 버지니아공대 대학원 전기공학과졸 1976년 공학박사(미국 뉴욕 브루클린공대) (경)1961~1964년 해군장교(중위 예편) 1964~1967년 삼양전기(주) · 국제융진공사 근무 1967년 미국 버지니아공대 조교 1968~1979년 미국 Bell Tel. Labs. 연구원 1979~1981년 한국전자통신(주) 기술상무 1981~1986년 한국전자통신연구소 선임연구부장 · 소장서리 · TDX개발단장 1986~1989년 한국통신진흥 사장 1989~1992년 한국통신기술 사장 1991년 한국통신학회 회장 1992~1998년 한국전자통신연구원 원장 1994년 한국공학한림원 회원(현) 1996년 산학연협동연구소 이사장 1997년 한국기술혁신학회 회장 1998년 한국정보통신대학원 총장 2001~2002년 정보통신부 장관 2002년 광운대 전자정보대학 석좌교수 2003~2004년 ITU Telecom Asia2004 조직위원장 2003년 한국정보통신대 석좌교수 2003~2007년 동명대(TIT) 총장 2004년 사립산업대총장협의회 회장 2004년 부산시장 IT경제특별고문 2005년 '2005 APEC정상회의준비기획단' IT전시운영위원장 2005년 SK텔레콤(주) 사외이사, 에스넷시스템(주) 사외이사 2007~2008년 한국교육학술정보원 비상임이사 2010년 대한민국소프트웨어공모대전 명예대회장 2010 · 2016년 한국과학기술원(KAIST) 석좌교수(현) 2011년 인터넷스페이스타임(IST) 회장(현) 2011년 한국전자인증(주) 사외이사(현) 2013~2016년 글로벌경영협회 회장 2014년 한국산업융합학회 회장 (상)국민훈장 목련장(1985), 국민훈장 모란장(1995), 대한민국과학기술상 기술상(2000), 대한전자공학회 전자대상, 청조근정훈장(2003) (저)'첨단과학과 인간' '미래지향의 인간교육' '정보화 사회의 길목에 서서' '전화교통공학' '21세기를 주도할 통신산업' 'Intelligent Environment' '일신경영' '기술보국을 후손에게' '미래와 국익, 후손을 위해 무엇을' 회고록 '끝없는 일신(日新)-보람찬 일들이 후회스러움을 감쐈네'(2010)

양승하(梁承河) Yang, Sung Ha

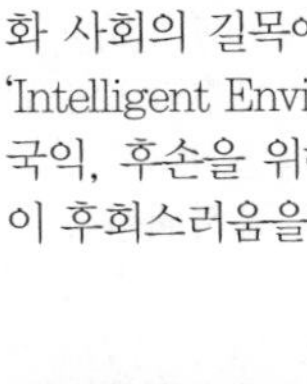

(생)1959 · 1 · 15 (본)남원(南原) (출)충북 청주 (주)서울특별시 강남구 테헤란로152 강남파이낸스센터 12층 어바이어코리아 사장실(02-6007-4632) (학)1982년 성균관대 경영학과졸 2006년 同대학원졸(MBA) 2006년 서울대 행정대학원 AIC(정보통신방송과정) 수료 (경)2000~2001년 한국IBM 소프트웨어사업본부장 2002~2004년 同대형시스템사업본부 상무 2004~2006년 한국소프트웨어진흥원 Open Source Center 소장 2006~2008년 비즈니스오브젝트코리아 사장 2009년 어바이어코리아 사장(현) (상)국무총리표창(2006), 하이테크어워드 글로벌기업상(2010)

양승희(梁勝姬 · 女) Yang Seung-Hee

(생)1948 · 6 · 26 (출)강원 원주 (학)원주여고졸, 서울대 국악과졸, 同대학원 가야금졸 1993년 예술철학박사(성균관대) (경)죽파 김난초선생의 제자, 가야금산조현창사업추진위원회 위원장 1975~1976년 서울시립국악관현악단 단원 1983년 중요무형문화재 죽파류 가야금산조 조교 1988년 중요무형문화재 제23호 가야금산조부분 보유자 후보 1990년 한국가야금연구소 연주단장 1993년 새한전통예술단 부이사장, 대악회 이사, 한국예술종합학교 국악과 겸임교수, 한국산조학회 이사장(현) 2006년 국가무형문화재 제23호 가야금산조 및 병창기능 보유자(현) (상)제1회 KBS 국악대상(1982), 중요무형문화재 예술단 공로상(1985) (저)'김창조와 가야금 산조'(1999) '산조의 창시자 악성 김창조'(2004) '양승희의 정남희 가야금산조 연구1'(2004) '양승희의 안기옥 가야금산조 연구1'(2004) (작)'진달래음악회 공연'(1998, 원주여고 개교기념)

양승희(梁承姬 · 女) YANG Seung Hee

(생)1962 · 4 · 12 (본)제주(濟州) (출)서울 (주)경기도 동두천시 벌마들로40번길 30 신한대학교 간호대학 간호학과(031-870-1710) (학)1985년 고려대 간호학과졸 1989년 同대학원 간호학과졸 2003년 간호학박사(고려대) (경)고려대의료원 간호사, 동우대학 간호과 교수 2008~2014년 신흥대학 간호과 교수 2009년 한국중독전문가협회 교육훈련이사 2014년 신한대 간호대학 간호학과 교수(현) 2014년 同간호대학장(현) 2017년 신한치매R&D사업단장(현) 2017~2018년 한국간호대학 학장협의회 제2부회장 (종)기독교

양시경(梁時庚) YANG Sih Kyung

(생)1965 · 10 · 13 (출)전북 전주 (주)서울특별시 강남구 테헤란로 133 법무법인(유) 태평양(02-3404-0143) (학)1984년 전라고졸 1988년 서울대 공법학과졸 1999년 미국 New York Univ. School of Law졸(LL.M.) (경)1987년 사법시험 합격(29회) 1990년 사법연수원 수료(19기) 1993년 법무법인(유) 태평양 변호사(현) 1999~2000년 미국 White & Case 근무 2004년 금융감독원 은행감독국 자문네트워크 위원 2005~2006년 법무부 기업환경개선위원회 실무위원 2005~2012년 한국공항공사 투자및자금업무심의위원회 위원 2006년 한국증권선물거래소 상장추진위원회 위원 2013~2016년 한국거래소 코스닥시장위원회 외부위원 2015년 대한변호사협회 국제이사 2015~2016년 법무부 국제법무자문위원회 위원

양시창(梁時彰) Yang Si Chang

(생)1968 · 1 · 27 (본)남원(南原) (출)대구 (주)대구광역시 수성구 무학로 227 대구지방경찰청 정보과(053-804-7071) (학)1986년 대구 청구고졸 1990년 경찰대 행정학과졸(6기) 1992년 서울대 대학원 행정학과졸 (경)1990년 경위 임관 2000년 대구지방경찰청 기동1중대장 · 대구중부경찰서 경비교통과장 2006년 경정 승진 2006년 대구중부경찰서 정보보안과장 · 대구수성경찰서 정보보안과장 · 대구지방경찰청 경비교통과 교통안전계장 · 경비교통과 경무계장 2015년 대구지방경찰청 경무과 치안지도관(총경) 2015년 경북지방경찰청 112종합상황실장 2016년 경북 청도경찰서장 2016년 대구지방경찰청 정보과장 2017년 同치안지도관 2018년 대구달성경찰서장 2019년 대구지방경찰청 정보과장(현)

양영근(梁永根) YANG Young Keun

(생)1957 · 11 · 20 (본)남원(南原) (출)경남 남해 (주)서울특별시 구로구 디지털로31길 19 에이스테크노타워 2차 603호 한국가스신문(02-839-4000) (학)1982년 여수수산대학 식품공학과졸 2001년 한국방송통신대 국어국문학과졸 2013년 서울사회복지대학원대 사회복지학과졸 (경)1986년 부산가

스판매협동조합 기획이사 1991년 한국가스신문 편집국장 1992년 同대표이사(현) 1996~2015년 한국소비생활연구원 이사 1998~2004년 한국전문신문협회 이사, 同감사 2002~2005년 한국간행물윤리위원회 심의위원 2004~2006년 한국소비자단체협의회 이사 2004~2006년 한국자유시문인협회 부회장 2005~2008년 한국가스공사 열린공기업위원회 위원 2010년 한국디지털단지기업인연합회 수석부회장(현) 2012년 중국 연변대 경제관리원 객원교수(현) 2013년 K&T창의영재교육연구소 책임연구원(현) 2014년 한국가스학회 부회장(현) 2015년 (사)소비자공익네트워크 이사(현) 2018년 한국전문신문협회 회장(현) (상)산업포장(1999), 동암언론상(2001), 한국자유시문학상(2003), 국무총리표창(2004), 대통령표창(2014)

양영식(梁英植)

(생)1960 · 5 · 14 (주)제주특별자치도 제주시 문연로 13 제주특별자치도의회(064-741-1971) (학)오현고졸, 중앙대 정경대학 정치외교학과졸 (경)용문학원 원장, 제주 신제주초 운영위원장, 제주특별자치도 제주시 연삼로타리클럽 초대회장 2014년 제주특별자치도의원선거 출마(새정치민주연합), 더불어민주당 정책위원회 부위원장(현) 2018년 제주특별자치도의회 의원(더불어민주당)(현) 2018년 同문화관광체육위원회 부위원장(현) 2019년 同예산결산특별위원회 위원(현)

양영우(梁榮佑) YANG YOUNG WOO

(생)1969 · 12 · 15 (주)서울특별시 성북구 종암로 135 종암경찰서(02-3396-7321) (학)1992년 경찰대 법학과졸(8기) (경)2005~2008년 행정자치부 자치경찰제실무추진단 · 경찰청 교육과 · 경찰청 혁신기획단 근무(경정) 2008년 경찰청 특수장비담당(경정) 2010~2015년 同경무과 인사기획담당 · 서울지방경찰청 경무과 · 서울지방경찰청 경무과 치안지도관(경정) 2015~2016년 서울지방경찰청 경무과 지도관 · 경찰대학 운영지원과장(총경) 2016년 경기 동두천경찰서장 2017년 경찰교육원 교무과장 2019년 서울 종암경찰서장(현)

양영진(梁榮珍) Yang Young Jin

(생)1972 · 1 · 23 (본)제주(濟州) (출)제주 제주시 (주)세종특별자치시 다솜2로 94 해양수산부 원양산업과(044-200-5360) (학)1990년 애월상고졸 1995년 제주대 어업학과졸 1998년 同대학원 어업학과졸 (경)2002년 해양수산부 해양정책국 연안계획과 근무 2003년 여수지방해양수산청 해양환경과장 2003~2006년 국무총리실 식품안전 · 국민건강T/F팀 근무 2006년 해양수산부 수산정책실 자원관리정책과 근무 2008년 同수산정책실 어업정책과 근무 2010~2012년 농림수산식품부 감사관실 감사담당관 2012~2013년 농림수산검역검사본부 축산물안전부 소비자보호과장 2013년 해양수산부 HS피해지원단 지원총괄팀장 2014년 부산지방해양수산청 제주해양수산관리단장 2015년 해양수산부 수산정책실 어촌어항과장 2018년 同원양산업과장(현) (상)생활공감정책 국민아이디어공모 우수 행정안전부장관표창

양영철(梁英喆) YANG Yeong Cheol (龜岩)

(생)1948 · 10 · 12 (본)남원(南原) (출)전북 군산 (주)강원도 춘천시 한림대학길 1 한림대학교 미디어스쿨(033-248-1914) (학)1966년 전주고졸 1972년 서울대 독어독문학과졸 2003년 고려대 언론대학원 신문방송학과졸 (경)1974년 문화방송(MBC) 입사 1974~1980년 同사회부 · 보도제작부 · 제2사회부 기자 1980년 7월 신군부에 의해 강제해직 1981~1984년 삼성중공업 홍보팀장 1984~1987년 현대자동차 홍보팀장 1987년 문화방송(MBC) 심의실 근무(11월 복직) 1988년 同외신부 기자 1989년 同경제부 차장 1993년 同해외협력뉴스담당 차장 1994년 同라디오뉴스부장 1995년 同중장기기획팀장 1996년 同문화과학부장 1997년 同경제부장 1998년 同보도국 해설위원 1999년 同심의위원 1998년 상공부 통상자문위원 1998~2004년 세계발전심의위원회 위원 2000년 문화방송(MBC) 해설위원 2003년 同해설위원실 주간 2004~2005년 삼척문화방송 사장 2005~2018년 한림대 언론정보학부 객원교수 2014~2016년 한국방송기자클럽 회장 2016년 양씨중앙종친회 부회장(현) 2018년 한림대 미디어스쿨 객원교수(현) (상)한국방송대상 해설부문 대상(2003), 민주화운동관련자 증서(2007) (저)'방송뉴스'(2007) 'TV뉴스의 이해'(2009) (종)가톨릭

양영철(梁永哲) Young Chul YANG

(생)1955 · 6 · 20 (본)제주(濟州) (출)제주 (주)제주특별자치도 제주시 제주대학로 102 제주대학교 사회과학대학 행정학과(064-754-2937) (학)1981년 제주대 행정학과졸 1983년 서울대 행정대학원 행정학과졸 1991년 행정학박사(건국대) (경)1983~1986년 제주대 강사 1986~1987년 한국방송통신대 연구원 1987년 제주대 사회과학대학 행정학과 교수(현) 1991년 同행정대학원 교학과장 1994년 同행정학과장 1995년 한국행정학회 감사 1995년 제주도인사위원회 위원 2001년 제주대 학생처장 2004년 한국행정학회 부회장 2004년 서울행정학회 회장 2005~2008년 대통령자문 정부혁신지방분권위원회 위원 겸 지방자치경찰특별위원회 위원장 2011년 한국지방정책연구소 소장 2011년 서귀포시환경의제 의장, 제주시정포럼 의장, 대통령 정책자문위원회 위원, 특임장관실 정책자문위원 2012년 맥그린치신부기념사업회 공동대표(현) 2013~2014년 한국지방자치학회 회장 2013~2015년 대통령자문 지방자치발전위원회 위원 2015~2017년 김만덕기념사업회 총괄기획위원장 2015년 제주문화방송 시청자위원장(현) 2017년 김만덕기념사업회 운영위원장(현) 2017년 경찰청 경찰개혁위원회 자치경찰분과 위원장(현) 2018년 제주특별자치도의회 입법 · 법률고문(현) 2018년 국가보훈처 정책자문위원(현) 2018년 경찰청 정책자문위원(현) (상)근정포장(2008), 한국지방자치학회 학술상(2010), 한국행정학회 저술상(2016) (저)'새 행정학'(1997) '제주도의 회사'(1999) '지방행정개혁'(2001) '지역정보화론'(2002) '지역혁신사례'(2006) '주민투표론'(2007) '자치경찰론'(2008) '제주특별자치도의 이해'(2008) '우리나라 지방자치 60년 변천사'(2015) (역)'계량행정학'(1987) (종)천주교

양영태(梁榮太) YANG Young Tae

(생)1963 · 6 · 12 (본)남원(南原) (출)부산 (주)서울특별시 서대문구 충정로 60 KT&G 서대문타워 10층 법무법인(유) 지평(02-6200-1736) (학)1982년 용산고졸 1987년 서울대 법학과졸 (경)1992년 사법시험 합격(34회) 1995년 사법연수원 수료(24기) 1995년 법무법인 세종 변호사 1996년 민주사회를위한변호사모임 사무차장 2000년 법무법인 지평 변호사 2008년 법무법인 지평지성 대표변호사 2014~2016년 대한변호사협회 이사 2014~2018년 법무법인 지평 대표변호사 2018년 법무법인(유) 지평 대표변호사(현) (저)'헌법'(1995, 정문사) '객관식 헌법(共)'(1998 · 2000, 박영사) (종)천주교

양옥경(梁玉京 · 女) YANG Ok Kyung

(생)1959 · 4 · 3 (출)서울 (주)서울특별시 서대문구 이화여대길 52 이화여자대학교 사회과학대학 사회복지학과(02-3277-2258) (학)1982년 이화여대졸 1985년 미국 위스콘신대 대학원졸 1990년 사회복지학박사(미국 위스콘신대) (경)1990년 이화여대 사회과학대학 사회복지학과 조교수 · 부교수 · 교수(현) 1998~1999년 미국 세인트루이스 워싱턴대 교환교

수 2005년 사회복지사 국가시험 출제위원장 2005년 한국가족사회복지학회 회장 2005~2006년 (사)한국사회복지교육협의회 부회장 2005년 이화여대 사회복지대학원장 2006~2009년 同사회복지전문대학원장 2010년 한국사회복지학회 회장 2011~2013년 이화여대 경력개발센터 원장 2012~2014년 同대외협력처장 2014~2017년 한국사회적기업진흥원 비상임이사 2016년 한국사회복지교육협의회 회장(현) 2018년 이화여대 사회복지대학원장(현) ㊅대한민국학술원 우수도서 선정, 문화관광부 올해의 도서상 ㊆'지역사회와 정신건강' '사회복지실천론' '다문화사회, 한국' '정신보건과 사회복지' '사회봉사의 이해' '사회사업실천과 윤리' '가족치료총론' '노인복지의 이해' '정신장애와 사회사업'

양옥승(梁玉承·女) YANG Ok Seung

(생)1951·11·10 (주)서울특별시 도봉구 삼양로144길 33 덕성여자대학교 사회과학대학 유아교육과(02-901-8000) (학)1973년 이화여대 유아교육과졸 1978년 同대학원졸 1982년 미국 캘리포니아주립대 대학원졸 1985년 교육학박사(미국 남가주대) (경)1973~1976년 이화여대부속유치원 교사 1977년 명지실업전문대 유아교육과 전임강사 1980~1982년 미국 헤드스타트 교사 및 평가위원 1985~1989년 지역사회탁아소연합회 자문위원 1985~2017년 덕성여대 사회과학대학 유아교육과 조교수·부교수·교수 1987년 同유아교육연구소장 1991~1993년 한국여성연구회 이사 1991~1998년 한국가족학회 운영위원·이사·부회장 1993~1995년 삼성복지재단 자문위원 1993~1995년 한국여성학회 이사 1995~2003년 한국유아교육학회 편집위원장·회장 1996~1998년 한국여성개발원 자문위원 1996~1998년 한국영유아보육학회 이사 1997~1998년 미국 펜실베이니아대 객원교수 1999~2003년 한국교육학회 이사 2000~2003년 세계유아교육학회(OMEP) 한국지회장 2000~2007년 한국교원교육학회 부회장 2003년 공동육아와공동체교육 공동대표 2004~2005년 덕성여대 대학원장 2006년 서울차이나타운개발(주) 사외이사 2007년 한국보육교육단체총연합회 회장(현) 2009~2011년 덕성여대 사회과학대학장 2013~2014년 同특수대학원장 2017년 同사회과학대학 유아교육과 명예교수(현) (저)'유아교육론'

양왕성(梁王星) YANG Wang Sung

(생)1967·1·14 (주)경기도 성남시 분당구 대왕판교로644번길 49 (주)한글과컴퓨터 임원실(031-627-7000) (학)성균관대 수학과졸 (경)한글개발(HWP1.52 ~ HWP2004), (주)한글과컴퓨터 개발연구소장 2003년 同이사 2004년 同개발총괄 이사 2007년 同개발본부장(이사) 2008년 同개발그룹장(이사) 2009년 同SW개발총괄 상무 2011년 同SW개발총괄 전무 2012년 同개발본부총괄 전무 2016년 同연구개발본부 부사장 2018년 同대외협력담당 부사장(현)

양요안(梁要安) YANG Yo An

(생)1968·1·7 (본)제주(濟州) (출)제주 북제주 (주)대구광역시 수성구 동대구로 366 대구고등검찰청 총무과(053-740-3242) (학)1986년 제주 오현고졸 1990년 성균관대 법학과졸 (경)1995년 사법시험 합격(37회) 1998년 사법연수원 수료(27기) 1998년 부산지검 검사 2000년 대구지검 안동지청 검사 2001년 서울지검 의정부지청 검사 2003년 서울지검 검사 2004년 서울중앙지검 검사 2006년 법무부 보호기획과 검사 2008년 제주지검 검사 2010년 광주지검 부부장검사 2012년 울산지검 공안부장 2013년 법무부 법질서선진화과장 2015년 서울중앙지검 형사2부장 2016년 제주지검 형사1부장(부장검사) 2017년 서울북부지검 형사1부장 2018년 창원지검 마산지청장 2019년 대구고검 검사(현) (종)천주교

양용택(梁墉澤) Yang, Yong Taik

(생)1962·6·2 (주)서울특별시 중구 세종대로 110 서울특별시청 도시재생실 재생정책기획관실(02-2133-8305) (학)1981년 서울시립대졸 1998년 同대학원 건축공학과졸 (경)2012년 서울시 공동주택과장 2014년 同공공디자인과장 2014년 同임대주택과장 2015년 同도시관리과장 2017년 同도시계획과장 2019년 同도시재생실 재생정책기획관(현)

양우석(梁雨錫) Yang, Woo-Seok

(생)1957 (주)서울특별시 마포구 와우산로 94 홍익대학교 총장실(02-320-1014) (학)서울대 전기공학과졸, 미국 톨레도대 대학원 공학석사 1990년 전기컴퓨터공학박사(미국 노스캐롤라이나주립대) (경)1991년 홍익대 과학기술대학 전자전기공학과 교수(현) 2000년 同교육공학센터 부장 2000년 同벤처기업창업보육센터 간사·운영위원 2004~2006년 同산학협력단(세종) 부단장 2008년 同교학관리처장 2014년 同세종캠퍼스 부총장 2017년 同대외협력담당 부총장 2018년 同총장(현)

양우창(梁宇昌)

(생)1973·4·1 (출)서울 (주)부산광역시 연제구 법원로 31 부산지방법원 총무과(051-590-1507) (학)1992년 서울고졸 2001년 고려대 경제학과졸 (경)2000년 사법시험 합격(42회) 2004년 사법연수원 수료(33기) 2004년 인천지법 판사 2006년 서울중앙지법 판사 2008년 전주지법 군산지원 판사 2011년 인천지법 판사 2014년 서울남부지법 판사 2017년 서울중앙지법 판사 2019년 부산지법 부장판사(현)

양우천(梁又天)

(생)1963·8·26 (출)전남 해남 (주)광주광역시 광산구 용아로 112 광주지방경찰청 형사과(062-609-2472) (학)광주 동신고졸, 전남대 독문학과졸, 同행정대학원졸 (경)1990년 경위 임용 1998년 경감 승진 2005년 경정 승진 2006년 광주 남부경찰서 수사과장 2007년 광주지방경찰청 수사1계장 2011년 同홍보계장 2015년 同광주U대회기획단장(총경) 2015년 전남지방경찰청 정보화장비과장 2016년 전남 광양경찰서장 2017년 광주지방경찰청 수사과장 2017년 광주북부경찰서장 2019년 광주지방경찰청 형사과장(현)

양우철(楊雨哲) YANG WOO CHEOL

(생)1965·4·4 (본)청주(淸州) (출)경북 경주 (주)서울특별시 동작구 노량진로 148 동작경찰서(02-811-9004) (학)1983년 경주고졸 1988년 경찰대 법학과졸(4기) 2015년 연세대 행정대학원 경찰사법행정학과졸 (경)1988년 경위 임관 2007년 경북 경주경찰서 경비교통과장 2009년 서울서부경찰서 정보보안과장 2010년 서울 양천경찰서 정보과장 2011년 서울지방경찰청 정보관리부 정보1계장 2015년 행정안전부 장관 치안비서관(파견) 2016년 경북지방경찰청 생활안전과장(총경) 2016년 同청문감사담당관 2017년 경북 경주경찰서장 2017년 서울지방경찰청 제3기동단장 2019년 同경찰특공대장 2019년 서울 동작경찰서장(현) (상)산업자원부장관표창(2007), 행정안전부장관표창(2011), 대통령표창(2013)

양운근(楊蕓根) YANG Woon Geun

(생)1960·8·17 (출)경북 칠곡 (주)인천광역시 연수구 아카데미로119 인천대학교 공과대학 전자공학과(032-835-8447) (학)1979년 대구 영신고졸 1983년 서울대 전자공학과졸 1985년 同대학원 전자공학과졸 1994년 공학박사(서울대) (경)1988~2000년 인천대 전자공학과 전임강사·조교수·

부교수 1994년 同전자공학과장 1997년 同학생생활상담소장 1997년 (주)LG전자 자문교수 2000년 한국통신학회 부호및정보이론연구회 위원장 2000년 인천대 공과대학 전자공학과 교수(현) 2013년 (주)ISC 사외이사(현) 2013~2014년 인천대 입학학생처 취업경력개발원장 2015~2016년 同교무처장 2019년 同교학부총장(현) (저)'이동통신 용어사전'

양운석(梁云錫)

(생)1961·5·25 (주)경기도 수원시 팔달구 효원로 1 경기도의회(031-8008-7000) (학)1982년 건국대 무역학과 제적(1년) (경)김선미 국회의원 정무보좌관, 새천년민주당 경기안성시지구당 사무국장 2010년 경기도의원선거 출마(민주당), 새정치민주연합 경기안성시지역위원회 부위원장, 더불어안성포럼 공동대표 2014년 경기도의원선거 출마(새정치민주연합), (주)MA엔지니어링 대표 2017년 더불어민주당 제19대 문재인 대통령후보 경기안성시선거대책위원회 총괄본부장 2018년 경기도의회 의원(더불어민주당)(현) 2018년 同문화체육관광위원회 위원(현)

양운학(楊雲鶴)

(생)1962·12·20 (출)전북 순창 (주)대전광역시 동구 중앙로 240 한국철도공사 여객사업본부(0544-7788) (학)한국철도대학졸, 한국방송통신대 행정학과졸, 우송대 경영대학원 국제통상학과졸 (경)1984년 영주지방철도청 입청 2001년 철도청 영업본부 여객과 운영팀장(행정사무관) 2003년 同기획본부 인력개발과 교육훈련팀장 2006년 한국철도공사(KORAIL) 기획조정본부 정책협의팀장·미래전략팀장 2010년 同부산역장 2013년 同창조경영추진단장 2014년 同경영혁신실장 2015년 同전북본부장 2016~2018년 同대전충남본부장 2019년 同서울본부장 2019년 同연구원장 2019년 同여객사업본부장(상임이사)(현)

양웅필(梁雄弼) Woong Pill Yang

(생)1961·8·29 (주)서울특별시 영등포구 여의대로 128 LG전자(주)(02-3777-1114) (학)서울대 기계공학과졸, 同대학원 기계공학과졸 (경)2001년 LG CNS 자동차설계컨설팅팀 부장 2004년 同브이이앤에스(V-ENS) Platform엔지니어링팀장(부장) 2011년 同V-ENS 중국법인장(상무) 2013년 LG전자 VC사업본부 e-PT연구소장(상무) 2014년 同VC사업본부 e-PT사업담당 상무 2017년 同VC그린사업부장(전무) 2019년 同VS중국사업담당 전무(현)

양원돈(楊元敦) YANG Won Don

(생)1956·1·4 (출)서울 (주)경기도 평택시 오성면 오성산단1로 131 유진에너팜 임원실(031-5183-9356) (학)1974년 중동고졸 1976년 성균관대 경영학과졸 1978년 同경영대학원졸 2002년 미국 UCLA Executive Course 수료 (경)1977년 공인회계사 합격(11회) 1978년 행정고시 합격(22회) 1983~1993년 총무처 교무계장·의정부세무서 부가가치세과장 1993년 국세청 조사국 계장 1993년 공주세무서장 1994~1997년 駐영국 참사관(세무협력관) 1997~2000년 서울지방국세청 법인세과장·여의도세무서장 2000년 영등포세무서장 2000~2002년 유진종합개발(주) 임원 2002년 이순산업(주) 대표이사 2005년 고려시멘트(주) 대표이사 사장 2010년 (주)하이마트 재경본부장(부사장) 2012년 유진기업(주) 경영지원실 사장 2013년 (주)유진에너팜 대표이사(현) 2013~2016년 (주)나눔로또 대표이사 2014년 유진초저온(주) 대표이사(현) 2016년 세계복권총회(WSL) 아시아·태평양복권협회 임원 2017년 오성연료전지(주) 대표이사(현) 2017년 바이오코엔(주) 대표이사(현)

양원동(梁元東)

(생)1973·9·10 (출)경남 하동 (주)대전광역시 유성구 한우물로66번길 6 대전교도소(042-544-9301) (학)경남 진주고졸, 성균관대 행정학과졸 (경)2006년 행정고시 합격(49회) 2007년 통영구치소 민원사무과장(사무관) 2013년 법무부 사회복귀과 사무관 2014년 同교정기획과 사무관 2015년 서울남부구치소 수용기록과장 2016년 안양교도소 총무과장(서기관) 2016년 법무부 분류심사과 서기관 2018년 강릉교도소장 2019년 대전교도소 부소장(현)

양원홍(梁元洪) YANG Won Hong

(생)1959·1·1 (본)제주(濟州) (출)제주 (주)제주특별자치도 제주시 신대로13길 1 제주영상문화연구원(064-752-4547) (학)1977년 제주제일고졸 1985년 제주대 영어교육과졸 1999년 同대학원 사회학과졸 2015년 同대학원 언론홍보학 박사과정 수료 (경)1984년 제주MBC TV제작부 프로듀서 2000년 同TV제작부 차장 2001년 同TV제작부 부장대우 2004년 同편성제작국장 직대 겸 TV제작부장(부장대우) 2005년 同편성제작국장 겸 TV제작부장 2005년 同편성제작국장 2008년 同보도제작국장 2010년 同보도제작국 제작전문위원 2010~2016년 제주대 강사 2010년 시인등단(현) 2010년 제주4.3연구소 감사(현) 2010년 한국작가회의 회원(현) 2012년 (사)제주영상문화연구원 원장(현) 2012년 제주전통문화연구소 전문위원 2013년 제주대 在日제주인센터 특별연구원(현) 2014~2018년 언론중재위원회 제주중재부 중재위원 2015년 제주테크노파크 기술경영지원단 컨설턴트(현) 2016~2017년 제주특별자치도 인권보장및증진위원회 위원 2018년 (사)제주언론학회 회장(현) (상)제주MBC 평가상(1989·1993·1995·1996), MBC 계열사TV작품경연대회 은상(1992)·동상(1993)·장려상(2004), 제주방송인대상(1999), 한국방송대상 저널리즘부문 우수작품상(1999)·최우수작품상(2004)·작품상(2008·2009), 방송문화진흥회 공익프로그램 은상(2006), 한국방송프로듀서연합회 이달의 PD상(2006), 시문학 신인우수상(2010) (작)시현장(2011·2012·2013·2014) (종)가톨릭

양유석(梁裕錫) Yang Yoo Suk

(생)1955·10·19 (출)서울 (주)서울특별시 동작구 흑석로 84 중앙대학교 국제대학원 국제학과(02-820-5624) (학)1978년 서울대 법학과졸 1984년 미국 Univ. of Washington 대학원 경영학과졸 1988년 경영학박사(미국 Univ. of Texas at Austin) (경)1988~1991년 미국 Univ. of Wisconsin-Milwaukee 조교수 1991~1995년 정보통신정책연구원(KISDI) 연구위원 1992~1994년 정보통신부 공무원연수원 강사 1993년 차세대전산망사업자문위원회 위원 1994년 초고속정보통신기반자문위원회 간사 1995~2005년 정보통신정책학회 상임이사 1995~1998년 아주대 경영학부 조교수 1997년 한국국제경영학회 부회장 1997~2001년 정보통신부 주파수심의위원회 위원 1998~2011·2013년 중앙대 국제대학원 국제학과 교수(현) 2004년 정보통신정책학회 부회장 2006년 서울국제협력기금 이사 2006년 정보통신부 정보통신정책심의위원 2007~2008년 정보통신정책학회 회장 2008년 대통령 국정기획수석비서관실 방송통신비서관 2009~2011년 대통령 방송정보통신비서관 2011~2013년 한국방송통신전파진흥원 원장 (상)정보통신부장관표창(1998) (종)기독교

양유석(梁裕錫) Yang Youseok

(생)1963·11·28 (본)제주(濟州) (출)서울 (주)서울특별시 종로구 종로 26 SK주식회사 C&C 임원실(02-6400-1900) (학)동국대 전산학과졸 (경)2001년 SK C&C 데이터관리팀장 2003년 同Infra기획팀장 2007년 同Value Offering팀장 2011년 同G&G기획팀장 2012년 同사업개발본부장 2014년

同인프라운영본부장(상무) 2015년 同인프라사업본부장 2015년 SK주식회사 C&C 인프라사업본부장 2016년 同ICT인프라사업본부장 2017년 同중국법인 대표(현) (종)기독교

양윤경(梁閏京)

(생)1960·3·3 (주)제주특별자치도 서귀포시 중앙로 105 서귀포시청 시장실(064-760-2004) (학)1978년 서귀포농고졸 (경)남원읍4-H 회장, 남제주군4-H연합회 회장, 남원읍새마을지도자협의회 부회장, (사)한국농업경영인중앙연합회 제주도연합회장, 제주도농업인단체협의회 부회장, 제35대 명예 농림부장관, 남원읍감귤살리기운동본부 상임대표, 난지농업연구소 명예연구관 2006년 제주도의원선거 출마(무소속), 제주4.3희생자유족회 회장 2018년 제주 서귀포시장(현) (종)불교

양윤교

(생)1968·5·15 (출)부산 (주)충청남도 예산군 삽교읍 청사로 201 충남지방경찰청 과학수사과(041-336-2102) (학)부산 혜광고졸 1991년 경찰대 행정학과졸(7기) (경)1991년 경위 임용 1998년 경감 승진 2005~2006년 서울 영등포경찰서 수사과장(경정)·형사과장·서울 구로경찰서 형사과장 2006년 서울 용산경찰서 형사과장, 서울 광진경찰서 형사과장, 서울지방경찰청 치안지도관 2015년 충남지방경찰청 수사과장(경정) 2016년 同제2부 수사과장(총경) 2016년 충남 홍성경찰서장 2017년 충남지방경찰청 형사과장 2018년 충남 보령경찰서장 2019년 충남지방경찰청 과학수사과장(현)

양윤석(梁允錫) Yoonseok Yang

(생)1966·2·18 (출)강원 (주)서울특별시 양천구 목동동로 233 한국방송협회(02-3219-5560) (학)1984년 속초고졸 1988년 서울대 정치학과졸 (경)1991년 SBS 입사 1999년 同보도국 정치부 기자 2004년 同동경특파원 2005년 同동경지국장 2007~2008년 同보도국 사회부 데스크 2008~2009년 한국기자협회 부회장 2009년 SBS 보도국 경제부데스크 2010년 同보도국 문화부 차장 2012년 同보도본부 문화부장 2014년 同기획실 정책팀장 2016년 同보도본부 보도국장 2016년 同정책실 정책팀장 2018년 同전략기획실 정책팀장(부국장) 2018년 同정책팀 부국장(현) 2018년 한국방송협회 사무총장(현)

양윤선(梁允瑄·女) YANG, YOONSUN

(생)1964·12·23 (본)제주(濟州) (출)제주 (주)경기도 성남시 분당구 대왕판교로644번길 21 메디포스트(주)(02-3465-6764) (학)1983년 휘경여고졸 1989년 서울대 의대졸 1994년 同대학원 의학석사 1999년 의학박사(서울대) (경)1989~1994년 서울대병원 진단검사의학과 전공의 1994~2000년 성균관대 의과대학 임상병리학과 교수 1994~2000년 삼성서울병원 진단검사의학과 전문의 2000년 메디포스트(주) 대표이사(현) 2003~2004년 한국골수은행협회 자료관리위원회 위원 2004~2008·2016~2018년 성균관대 의과대학 외래부교수 2005년 한국조직공학재생의학회 이사(현) 2005~2008년 국가생명윤리위원회 위원 2006~2015년 고려대 생명과학부 겸임교수 2007년 한국바이오협회 이사(현) 2008~2009년 국가교육과학기술자문위원회 위원 2010~2011년 국가과학기술위원회 민간위원 2010~2012년 교육과학기술부 연구개발사업 종합심의위원 2011년 전국경제인연합회 과학기술위원회 위원 2011~2012년 대통령 보건복지비서관실 정책자문위원 2011~2017년 서강대 기술경영전문대학원 기술경영학전공 겸임교수 2011년 한국바이오의약품협회 이사(현) 2013~2015년 대한조혈모세포이식학회 이사 2013~2017년 바이오이종장기개발사업단 운영위원 2013~2017년 보건복지부 첨단의료복합단지위원회 위원 2013~2017년 국세청 국세행정개혁위원회 위원 2013~2014년 여성가족부 정책자문위원 2014년 同사이버멘토링 대표멘토 2014년 한국조직공학재생의학회 산학협력자문위원장 2014년 미래창조과학부 'X연구추진위원회' 위원 2014년 한국과학기술한림원 발전자문위원회 부위원장(현) 2014~2016년 대통령직속 국가과학기술자문회의 자문위원 2014~2016년 경기도 과학기술진흥위원회 위원 2014~2017년 한국거래소 코스닥상장위원회 심의위원 2014~2017년 한국공학한림원 일반회원 2014~2015년 한국줄기세포학회 이사 2015년 同대의원(현) 2015~2018년 한국과학기술기획평가원 이사 2016~2018년 코스닥협회 이사 2016~2018년 한국조혈모세포은행협회 이사 2016~2017년 한국생물공학회 부회장 2017년 한국과학기술단체총연합회 부회장(현) 2017년 (주)대웅제약 사외이사(현) 2017년 서울경제신문 자문위원(현) 2017년 과학기술유공자심사위원회 위원(현) 2018년 한국공학한림원 정회원(화학생명공학·현) 2018년 매일경제 바이오골드클럽 멘토(현) 2018년 과학기술일자리진흥원 이사(현) (상)보건산업진흥유공 보건복지부장관표창(2004), 동탑산업훈장(2005), 프론티어경영인상(2006), 열정경영상(2006), 벤처기업대상 지식경제부장관표창(2008), 벤처창업대전 국무총리표창(2011), 제9회 대한민국신성장경영대상 지식경제부장관표창(2012), 한국 100대 CEO(2012·2014), 제1회 대한민국신약대상 식품의약품안전처장표창(2013), 제14회 대한민국 신약개발상 우수상(2013), 한국조혈모세포은행협회 감사장(2014), 대한민국 여성인재경영대상 우수상(2016), 건강기능식품대상 종합영양대상(2016), 한국조직공학재생의학회 감사패(2017)

양은상(梁銀祥)

(생)1972·3·28 (출)서울 (주)인천광역시 미추홀구 소성로163번길 17 인천지방법원 총무과(032-860-1169) (학)1991년 상문고졸 1996년 서울대 전자공학과졸 1999년 同대학원 법학과 수료 (경)1998년 사법시험 합격(40회) 2001년 사법연수원 수료(30기) 2001년 軍법무관 2004년 수원지법 판사 2006년 서울중앙지법 판사 2008년 창원지법 통영지원 판사 2012년 수원지법 성남지원 판사 2014년 사법정책연구원 연구위원 2015년 서울중앙지법 판사 2016년 춘천지법 원주지원 부장판사 2018년 인천지법 부장판사(현)

양의석(梁義錫) Yang, Euy Seok

(생)1962·12·4 (본)제주(濟州) (출)강원 평창 (주)울산광역시 중구 종가로 405-11 에너지경제연구원 에너지국제협력본부 북방에너지협력팀(052-714-2244) (학)1988년 서울시립대 경제학과졸 1999년 미국 워싱턴주립대 대학원 경제학과졸 2003년 경제학박사(미국 오클라호마주립대) (경)1988~1997년 에너지경제연구원 책임연구원 2003~2010년 同연구위원 2003~2005년 同동북아에너지연구센터 연구위원 2005~2008년 대통령자문 동북아시대위원회·경제협력위원회 전문위원 2006~2008년 에너지경제연구원 연구기획혁신부장, 同에너지정보통계센터 동북아에너지연구부 연구위원 2006~2008년 同'에너지경제연구(Korean Energy Economic Review)' 편집위원장 2008~2009년 미국 East-West Center 객원연구원 2010~2019년 에너지경제연구원 에너지국제협력본부 해외정보분석실 선임연구위원 2010~2011년 同연구기획본부장 2011년 同에너지정보통계센터 소장 2012년 同에너지수급연구실장 2012년 同지방이전추진단장 2013~2015년 同연구기획본부장 2015~2019년 同에너지국제협력본부 해외정보분석팀장(부장) 2019년 同에너지국제협력본부 북방에너지협력팀 선임연구위원(현) (상)대통령표창(2007) (저)'북한 에너지산업 재건 및 개발을 위한 투자재원 조달 방안 연구(共)'(2004) '동북아 에너지협력 전문가 Network 구축 연구(共)'(2005) '동북아 에너지협력 사업 재원조달 방안 연구(共)'(2005) '북한 에너지산업 Infra 투자효과의 경제부문별 파급경로 분석연구 : 북한 에너지 Infra 설비 투자의 선순위 분석(共)'(2005, 에너지경제연구원) '에너지 및 자원사업 특별 회계제도 개선 연구'(2011) '지표로 본 한국의 에너지 경제 규모 변화(1990~2011) 연구'(2013)

양의식(楊議植) YANG Eui Sig

(생)1966·2·20 (출)충남 공주 (주)서울특별시 강남구 논현로136길 6 삼대양빌딩 2층 아시아모델페스티벌(02-548-5777) (학)1985년 대전 중앙고졸 2002년 호남대 다중매체영상과졸 2004년 한양대 언론정보대학원 광고학과졸 2009년 경영학박사(호서대) (경)1984년 (주)도투락 'Icecream CF' 주연으로 모델 데뷔 1988년 (주)조선맥주·크라운맥주 1년 전속모델, 삼성물산 '빌트모아' 5년 전속모델 1996~2005년 (주)인스타즈커뮤니케이션 대표이사 사장 1999~2003년 전남과학대학 모델이벤트과 겸임교수 2004~2011년 대덕대학 모델과 조교수·학과장 2005~2018년 (사)한국모델협회 회장 2006년 SBS 슈퍼모델대회 심사위원 2007년 (재)한국문화산업교류재단 이사 2008·2009·2010·2011년 몽골 슈퍼모델선발대회 심사위원장 2008·2009년 아시아슈퍼모델대회 심사위원(중국 광서TV 주최) 2009년 SBS 아시아태평양 슈퍼모델대회 심사위원 2011년 중국 장춘슈퍼카모델선발대회 심사위원 2011년 서경대 연극영화학부 모델연기전공 주임교수 2013~2016년 (사)한국대중문화예술산업총연합 회장 2017년 서경대 공연예술학과 초빙교수(현) 2017~2019년 한국국제문화교류진흥원 이사 2018년 아시아모델페스티벌 조직위원장(현) (상)한양대총장 공로상(2004), 대한민국 대중문화예술상 문화부장관표창(2010), 자랑스러운 한양언론인상(2011) (저)'모델.COM'(2000) '모델전략'(2001) 'Model Crebiz'(2003) 'Top Model Making'(2009) (작)기아자동차 '프라이드'·현대전자 '기업PR'·쌍용자동차 '무쏘' 등 총 150편 이상 TV CF 주연 삼성물산 '빌트모아'·코오롱 '맨스타' 등 패션카다로그 모델로 400회 이상 출연

양인모(梁仁模) YANG In Mo

(생)1940·8·19 (본)남원(南原) (출)전남 구례 (학)1958년 광주고졸 1965년 한국외국어대 독일어과졸 1973년 서울대 행정대학원졸 1997년 同경영대학원 최고경영자과정 수료 (경)1966년 중앙일보 기자 1968년 삼성그룹 회장비서실 비서팀장 1973년 삼성물산(주) 뉴욕지점 차장 1976년 同독일지점장 겸 독일현지법인 대표 1978년 同전자수출부장 1978년 삼성종합건설(주) 해외영업부장 1982년 同해외사업담당 이사 1986년 同리비아사업본부장 1989년 同해외사업본부장 1993~2011년 한·독상공회의소 이사 1995~1998년 전국경제인연합회 위촉 메콩강경협관·민위원회 위원 1995년 삼성건설 해외사업본부장(부사장) 1996년 삼성물산(주) 부사장 1996년 삼성엔지니어링(주) 대표이사 1997년 국제무역인클럽 감사 1998~2001년 한·미21세기위원회 정부위촉 위원 1998~2005년 한국플랜트엔지니어링협의회 회장 1998년 한국능률협회 이사 1998년 삼성엔지니어링(주) 대표이사 사장 1999~2001년 서울대 경영대학원(AMP)동문회 부회장 1999~2005년 안양베네스트골프클럽 운영위원 1999~2003년 한국엔지니어링진흥협회 부회장 2001~2003년 해외건설협회 이사 2002년 월드컵축구주경기장(상암동)시공사 대표 2002~2006년 국무총리 산하 공공기술연구회 감사 2002년 (사)한국·대만친선협회(사단법인 서울타이베이클럽) 수석부회장 2003~2008년 삼성엔지니어링(주) 부회장 2003년 한국외국어대총동문회 회장 2003·2005~2014년 한국외국어대 재단법인 이사 2004~2006년 국정 자문위원 2004~2010년 한·독협회 부회장 2007년 駐韓크로아티아 명예총영사(현) 2008~2011년 삼성엔지니어링(주) 고문 2009년 한맥중공업(주) 고문 2010~2016년 同상임고문 2010년 한·독협회 이사(현) 2011~2015년 한·독상공회의소 부회장 2013년 駐韓명예영사단 감사 2014~2018년 세계자연기금 한국본부(WWF-Korea) 공동이사장 2016년 휘닉스파크 운영위원회 위원장(현) 2016년 (사)한미협회 회원(현) 2019년 駐韓명예영사단 단장(현) (상)내각수반(김현철)장학금(1965), 미국 RCA社 세계경영지도자상(1973), 미국 국무성표창(1982), 노동부장관표창(1993), 건설경영대상 및 최고경영자대상(1997), 자랑스러운 외대동문상(1998), 은탑산업훈장(1998), 금탑산업훈장(2000), 한국베스트드레서상(2002), 서울시 건축상 금상(2003), 크로아티아 최고유공훈장 '안테스트라체비치'(2018) (종)불교

양인상(梁仁相) YANG In-Sang

(생)1961·7·27 (출)전남 함평 (주)서울특별시 서대문구 이화여대길 52 이화여자대학교 자연과학대학 물리학과(02-3277-2332) (학)1983년 서울대 물리과졸 1986년 미국 University of Illinois at Urbana 물리학졸 1988년 물리학박사(University of Illinois at Urbana) (경)1988~1990년 IBM T.J.Watson연구소 연구원 1990~2017년 이화여대 수리물리과학부 조교수·부교수·교수 1996~1998년 同물리학과장 2008~2010년 同기초과학연구소장 2008~2010년 기초과학연구소방사성동위원소 안전관리실장 2017년 이화여대 자연과학대학 물리학과 교수(현) 2019년 同자연과학대학장(현)

양인석(梁仁錫) YANG In Seok

(생)1956·7·30 (출)서울 (주)서울특별시 강남구 테헤란로 145 법무법인 서정(02-311-1114) (학)1975년 경기고졸 1979년 서울대 법학과졸 (경)1979년 사법시험 합격(21회) 1981년 사법연수원 수료(11기) 1981년 공군 법무관 1984년 수원지법 판사 1986년 서울지법 북부지원 판사 1988년 춘천지법 영월지원 판사 1990년 서울민사지법 판사 1991년 서울고법 판사 1994년 대법원 재판연구관 1996년 부산지법 부장판사 1998년 수원지법 여주지원장 1999년 서울지법 서부지원 부장판사 2000년 서울지법 부장판사 2004년 서울고법 부장판사 2004~2008년 감사원 감사위원 2008년 법무법인 여명 대표변호사 2009년 同공동대표변호사 2012년 법무법인 두우&이우 구성원변호사 2013~2015년 법무법인 두우 구성원변호사 2015~2017년 언론중재위원회 위원 2015~2017년 법무법인 나라 변호사 2015년 법제처 법령해석심의위원회 위원(현) 2016년 대한상사중재원 중재위원(현) 2017년 법무법인 서정 변호사(현) 2017~2018년 언론중재위원회 위원장 (상)황조근정훈장(2009)

양인천(梁仁天) Yang In Chun

(생)1962·3·6 (본)제주(濟州) (출)광주 (주)서울특별시 서초구 헌릉로 13 대한무역투자진흥공사(1600-7119) (학)1981년 서울 광성고졸 1988년 인하대 불어불문학과졸 1992년 연세대 경영대학원 경영학과졸 (경)1988년 대한무역투자진흥공사(KOTRA) 입사 1993년 同모로코 카사블랑카무역관 근무 1996년 同시장개발처 근무 1998년 同투자유치처 근무 1999년 同벨기에 브뤼셀무역관 근무 2002년 '2010년세계박람회' 유치위원회 파견 2003년 대한무역투자진흥공사(KOTRA) 시장개발팀 근무 2004년 同지방사업본부 지역총괄팀 근무 2004년 同이집트 카이로무역관 근무 2006년 同루마니아 부쿠레슈티무역관장 2008~2010년 同부쿠레슈티코리아비즈니스센터장 2010년 광주시 투자자문관 2010년 대한무역투자진흥공사(KOTRA) 알제KBC센터장 2013~2015년 同중소기업글로벌지원센터 중기지원 PM 2015년 同중소기업지원전략팀 지방중기지원 PM 2016년 同인천KOTRA지원단장 2017년 同상해무역관 부관장(현)

양인철(楊仁哲) Yang, Inchul

(생)1969·9·16 (본)청주(清州) (출)전남 보성 (주)대전광역시 유성구 가정로 267 한국표준과학연구원 바이오분석표준센터(042-868-5764) (학)1987년 광주과학고졸 1991년 한국과학기술원(KAIST) 생명과학과졸 1995년 同대학원 생명과학과졸 2000년 생명과학박사(한국과학기술원) (경)2000~2002년 (주)바이오니아 책임연구원 2002년 한국표준과학연구원 박사 후 연구원 2004년 同선임연구원 2008년 同책임연구원(현) 2017~2019년 同바이오분석표준센터장

양인철(梁仁哲) YANG In Chul

㉳1971 · 9 · 12 (출)부산 (주)충청북도 청주시 서원구 산남로70번길 51 청주지방검찰청 형사1부(043-299-4312) (학)1990년 내성고졸 1998년 서울대 독문학과졸 (경)1997년 사법시험 합격(39회) 2000년 사법연수원 수료(29기) 2000년 서울지검 북부지청 검사 2002년 대전지검 논산지청 검사 2003년 전주지검 검사 2005년 수원지검 형사4부 검사 2008년 대검찰청 연구관 2010년 서울중앙지검 검사 2013년 부산지검 부부장검사(駐독일대사관 파견) 2015년 대구지검 서부지청 부장검사 2016년 서울북부지검 형사5부장 2017년 부산지검 형사3부장 2018년 수원지검 성남지청 형사1부장 2019년 청주지검 형사1부장(현)

양인평(梁仁平) YANG In Pyung (惠峰)

(생)1942 · 5 · 21 (본)남원(南原) (출)서울 (주)서울특별시 강남구 테헤란로87길 36 도심공항타워 14층 법무법인(유) 로고스(02-2188-1001) (학)1960년 서울고졸 1964년 서울대 법과대학 법학과졸 1965년 同사법대학원 수료 (경)1963년 사법고시 합격(2회) 1966년 공군 법무관 1969년 서울민사지법 판사 1973년 서울형사지법 판사 1974년 대전지법 천안지원 판사 1977년 서울지법 성동지원 판사 1978년 서울민사지법 판사 1979년 서울고법 판사 1981년 부산지법 부장판사 1983년 서울지법 의정부지원 부장판사 1985년 서울민사지법 부장판사 1988년 부산고법 부장판사 1991년 서울고법 부장판사 1993년 서울지법 서부지원장 1995년 춘천지법원장 1998~1999년 대전지법원장 1999~2000년 부산고법원장 2000년 법무법인(유) 로고스 대표변호사 2009년 同상임고문변호사(현) 2011~2016년 한국기독교화해중재원 원장 2016년 同명예원장(현) (상)황조근정훈장(2000) (종)기독교

양재식(梁載植) YANG Jae Sik

(생)1965 · 11 · 27 (본)남원(南原) (출)전북 김제 (학)1984년 전주 해성고졸 1989년 서울대 법과대학 사법학과졸 2010년 고려대 법무대학원 조세법학과 재학 중 (경)1989년 사법시험 합격(31회) 1992년 사법연수원 수료(21기) 1992년 광주지검 순천지청 검사 1994년 수원지검 검사 1996년 서울지검 검사 1998년 제주지검 검사 2000년 법무부 송무과 검사 2002년 광주지검 검사 2004년 同부부장검사 2004년 수원지검 성남지청 부장검사 2005년 미국 캘리포니아대 버클리교 로스쿨 Visiting Scholar 2006년 서울중앙지검 부장검사 2007년 사법연수원 교수 2009년 서울동부지검 공판부장 2009년 의정부지검 형사2부장 2010~2011년 서울남부지검 형사1부장 2011년 법무법인 산호 구성원변호사 2013~2016년 법무법인(유) 강남 변호사 2014~2017년 쌍방울 사외이사 2016년 '박근혜 정부의 최순실 등 민간인에 의한 국정농단 의혹 사건(최순실 특검법)' 특별검사보(현)

양재영(梁宰榮) YANG Jay Young

(생)1962 · 7 · 15 (출)전남 목포 (주)서울특별시 강남구 테헤란로 317 동훈타워 법무법인 대륙아주(02-3016-5346) (학)1981년 서라벌고졸 1985년 서울대 법대졸 2010년 고려대 법무대학원 지적재산권학과 수료 (경)1984년 사법시험 합격(26회) 1987년 사법연수원 수료(16기) 1988년 전주지법 판사 1992년 同군산지원 판사 1993년 인천지법 판사 1996년 서울지법 남부지원 판사 1997년 미국 스탠퍼드대 로스쿨 연수 1999년 서울지법 판사 2000년 서울고법 판사 2002년 서울지법 판사 2003년 대구지법 부장판사 2005년 수원지법 부장판사 2007년 서울중앙지법 부장판사 2010~2011년 서울남부지법 수석부장판사 2011년 변호사 개업 2013년 법무법인 피데스 변호사 2013년 법무법인 대륙아주 변호사(현) 2014년 동그라미재단 이사 2014~2017년 국민권익위원회 비상임위원

양재진(梁在振) YANG, Jae-jin

(생)1968 · 2 · 25 (본)남원(南原) (출)서울 (주)서울특별시 서대문구 연세로 50 연세대학교 행정학과(02-2123-2969) (학)1992년 연세대 행정학과졸 1995년 同대학원 행정학과졸 2000년 정치학박사(미국 뉴저지주립대) (경)1997년 미국 럿거스대 시간강사 2000년 연세대 사회과학연구소 전문연구원 2002년 한국전산원 선임연구원 2003년 연세대 행정학과 조교수 · 부교수 · 교수(현) 2005년 한국행정학회 편집위원 2005년 한국정치학회 편집위원 2007년 연세대 행정대학원 부원장 2007년 한국행정학회 총무위원 2007년 대통령자문 정책기획위원회 위원 2008년 한국사회보장학회 정책이사 2009~2010년 미국 UC 샌디에이고 AKS-KPP 방문교수 2009년 한국거버넌스학회 부회장 2010년 한국복지국가연구회 회장 2012년 한국정책학회 연구이사 2013년 同정책융합특별위원회 이사 2013~2015년 연세대 공공문제연구소장 (상)연세대 연구업적 우수교수(2005 · 2006 · 2012 · 2013), 한국정치학회 학술상(2013) (저)'한국 복지국가 성격논쟁(共)'(2002) '사회정책의 제3의 길 : 한국형 사회투자정책의 모색'(2008) '한국의 복지정책 결정과정 : 역사와 자료'(2008) 'Retirement, Work, and Pensions in Ageing Korea'(2010) (종)천주교

양재택(梁在澤) YANG Jae Taek

(생)1959 · 5 · 15 (본)남원(南原) (출)대전 (주)서울특별시 강남구 강남대로84길 23 법무법인 채움(02-3434-8100) (학)1977년 대전고졸 1981년 서울대 법대졸 2005년 국민대 정치대학원 정치학과졸 2012년 경남대 대학원 정치학 박사과정 수료 (경)1982년 사법시험 합격(24회) 1984년 사법연수원 수료(14기) 1988년 서울지검 검사 1991년 춘천지검 강릉지청 검사 1992년 법무부 검찰1과 검사 1994년 서울지검 검사 1995년 미국 연수 1996년 대전고검 검사 1997년 청주지검 충주지청장 1997년 법무부 공보관 1999년 수원지검 특수부장 2000년 대검찰청 범죄정보2담당관 2002년 서울지검 총무부장 2003년 同형사4부장 2003년 수원지검 형사1부장 2004년 창원지검 진주지청장 2005년 대전지검 차장검사 2006년 서울남부지검 차장검사 2007년 서울고검 검사 2008년 법무법인 산경 대표변호사 2009~2012년 법무법인 신우 대표변호사 2012년 법무법인(유) 에이펙스 구성원변호사, 한국노동연구원 감사, (사)한 · 아프리카 교류협회 이사장, (사)청년위함 공동대표, KBS 자문변호사 · 객원해설위원, 서울대총동창회 이사(제24 · 25대) 2016년 (주)남성 사외이사 2013~2018년 법무법인 루츠알레 대표변호사 2017년 (주)LF 사외이사(현) 2018년 법률사무소 한성 고문변호사 2019년 법무법인 채움 고문변호사(현) (상)홍조근정훈장(2006), 법무부장관표창, 검찰총장표창, 외교부장관표창(2017)

양재혁(梁在赫) YANG Jae Hyeok

(생)1971 · 8 · 24 (출)경기 구리 (주)대구광역시 수성구 동대구로 366 대구지방검찰청 형사2부(053-740-4309) (학)1990년 개포고졸 1999년 중앙대 법학과졸 (경)1998년 사법시험 합격(40회) 2001년 사법연수원 수료(30기) 2001년 수원지검 검사 2003년 전주지검 정읍지청 검사 2004년 수원지검 성남지청 검사 2006년 광주지검 검사 2008년 의정부지검 고양지청 검사 2011년 서울북부지검 검사 2014년 대전지검 검사 2015년 사법연수원 교수 2017년 수원지검 형사5부장 2017년 청주지검 제천지청장 2018년 의정부지검 고양지청 형사3부장 2019년 대구지검 형사2부장(현)

양재호(梁在鎬) YANG Jae Ho

(생)1952 · 1 · 7 (본)남원(南原) (출)전북 전주 (주)서울특별시 양천구 신월로 365 청솔빌딩 2층 법무법인 청솔(02-2695-4901) (학)1970년 전주고졸 1975년 서울대 법대졸 1990년 同대학원졸 2002년 숭실대 법학 박사과정 수료 2005년 법학박사(숭실대) (경)1971년 민주화운동 관련 학사 제적 1973년 복

학 1983년 사법시험 합격(25회) 1985년 사법연수원 수료(15기) 1986년 대구지검 검사 1988년 광주지검 순천지청 검사 1990년 서울지검 남부지청 검사 1991년 변호사 개업 1995년 서울시 양천구청장(민주당·국민회의) 1999~2000년 새마을운동중앙협의회 사무총장 2000년 새천년민주당 총재특보 2000년 법무법인 청솔 대표변호사(현) 2001년 민주화운동 유공자 인정 2002년 새천년민주당 서울양천乙지구당 제16대 대통령선거대책위원장 2003년 同총재특별보좌역 2003년 同서울양천乙지구당 위원장 2005년 민주당 서울양천乙지역운영위원회 위원장 (상)우수자치단체상, 대통령표창, 한국지방자치경영대상 (저)'한국사회 새롭게 재구축해야 한다'(1995) '구청장, 구청장, 우리구청장(共)'(1996) '양천공원에서 띄우는 희망의 편지'(1997) (종)기독교

양재호(梁宰豪) Yang Jaeho

(생)1963·2·8 (출)울산 (주)서울특별시 성동구 마장로 210 한국기원 홍보팀(02-3407-3850) (학)충암고졸 (경)1979년 프로바둑 입단 1981년 2단 승단 1983년 3단 승단 1984년 4단 승단 1985년 기왕전 본선 1986년 5단 승단 1987년 제23기 패왕전 준우승 1988년 6단 승단 1988년 신왕전 준우승 1989년 제1회 동양증권배 우승 1989년 기성전 본선 1990년 7단 승단 1990년 동양증권배 본선 1992년 8단 승단 1991년 기왕전 본선 1992년 제23기 명인전 준우승 1992년 기성전 본선 1993년 동양증권배·왕위전·기성전·기왕전 본선 1994년 9단 승단(현) 1994년 연승바둑최강전·패왕전·비씨카드배·국수전·명인전·제왕전·박카스배·후지쯔배 본선 1994년 진로배 한국대표 1995년 제26기 명인전 준우승 1995년 기성전·기왕전·패왕전·국수전·비씨카드배·대왕전·후지쯔배·동양증권배 본선 1995년 진로배 한국대표 1996년 삼성화재배·응씨배·LG배 세계기왕전·후지쯔배·테크론배·한국이동통신배·패왕전·연승바둑최강전·명인전 본선 1999년 LG정유배·배달왕전·명인전·KBS바둑왕전·삼성화재배 본선 2000년 왕위전·명인전·기성전·패왕전·삼성화재배 본선 2001년 삼성화재배 본선 2003년 LG정유배·박카스배 천원전·국수전 본선 2004년 맥심배 입신최강전·한국바둑리그 본선 2005년 제6회 맥심커피배 입신최강전 준우승 2005년 맥심커피배 본선 2007년 한국바둑리그 신성건설 감독 2007년 전자랜드배 왕중왕전·맥심커피배 입신최강 본선 2008년 지지옥션배·원익배 십단전 본선 2009·2010년 KB국민은행 한국바둑리그 KiXX감독 2010년 광저우아시안게임 바둑 국가대표팀 감독 2010년 삼성화재배 본선 2011~2016년 제6대 한국기원 사무총장 2017년 맥심배·한중일 세계시니어 바둑대회·지지옥션배 본선 2018년 맥심배·대주배 본선 2019년 1004섬신안국제시니어바둑대회 단체전 우승 (상)바둑대상 시니어기사상(2010) (저)'비맥의 세계'(1991, 탐구원)

양재호(梁栽豪)

(생)1976·6·17 (출)전북 남원 (주)전라남도 순천시 왕지로 21 광주지방법원 순천지원(061-729-5114) (학)1994년 광주 인성고졸 1999년 서울대 사법학과졸 (경)1998년 사법시험 합격(40회) 2001년 사법연수원 수료(30기) 2001년 軍법무관 2004년 서울중앙지법 판사 2006년 서울북부지법 판사 2008년 대전지법 천안지원 판사 2011년 광주지법 해남지원 판사 2012년 의정부지법 판사 2012년 법원행정처 기획제2심의관 겸임 2013년 同기획제1심의관 겸임 2014년 서울동부지법 판사 2016년 광주지법 순천지원·광주가정법원 순천지원 부장판사(현) 2016년 외교부 파견

양재훈(楊宰勳) YANG JAE HOON

(생)1963·10·25 (주)서울특별시 영등포구 여의대로 128 LG디스플레이 경영지원그룹(02-3777-1114) (학)서강대 경제학과졸, 同대학원 경제학과졸 (경)2008년 서브원 HR담당 상무 2009년 ㈜LG 비서팀장(상무) 2014년 同비서팀장(전무) 2019년 LG디스플레이 경영지원그룹장(부사장)(현)

양정규(楊正圭) YANG JUNG KYOO

(생)1950·1·1 (출)전북 전주 (주)서울특별시 강남구 테헤란로 201 아주빌딩 2층 지유(GU)투자(02-561-5274) (학)1972년 연세대 경영학과졸 1979년 미국 위스콘신대 대학원 경영학과졸(MBA) (경)미국 MIT·Boston대 대학원 연구원, KTB네트워크 국제담당 상무, 미국 Alcatel Venture Fund 한국대표, 한국기술투자 대표이사 사장, 미국 SKY Mobile Media 한국대표 2005년 아주IB투자 대표이사 사장 2006~2008년 기보캐피탈 대표이사 사장 2015년 아주IB투자 부회장 2016년 同고문 2017년 지유(GU)투자 대표이사(현)

양정숙(梁貞淑·女) Yang Jung Suk

(생)1965·3·12 (본)남원(南原) (출)인천 (주)서울특별시 서초구 법원로 16 정곡빌딩 동관 104호 법무법인 서울중앙(02-591-4570) (학)1983년 혜원여고졸 1987년 이화여대 법학과졸 1991년 同대학원 법학과졸 2002년 同대학원 법학 박사과정 수료 (경)1990년 사법시험 합격(32회) 1993년 사법연수원 수료(22기) 1999년 대통령직속 여성특별위원회 소송지원 변호위원 2007년 법무법인 서울중앙 변호사(현) 2008년 방송통신위원회 행정심판위원 2008년 법무부 인권자문단위원 2011년 국세청 국세심사위원회위원 2012년 법조윤리협의회 사무총장 2013년 대한변호사협회 감사 2014년 서울변호사신용협동조합 감사 2014년 중앙선거관리위원회 선거정책방송위원회 위원 2015년 법제처 법령해석심의위원회 해석위원 2015년 법무부 정책위원회 위원, 서울시 국민권익위 행정심판위원회 위원, 한국여성변호사회 부회장(현) 2017년 법무부 정책위원회 위원(현) 2017년 대한변호사협회 인권위원(현) 2018년 행정안전부 일제피해자지원재단 감사(현) (상)한빛대상 인권부문(2008), 한국법조원로회 공로상(2016), 국가보훈 평화공헌대상(2017), 서울지방변호사회 공로상(2017)

양정열(梁禎烈) YANG Jung Yul

(생)1963·11·22 (본)제주(濟州) (출)서울 (주)서울특별시 영등포구 국제금융로 52 칸타TNS코리아 사장실(02-3779-4300) (학)1989년 한국외국어대 경영학과졸 1992년 同대학원 마케팅학과졸 (경)SOFRES그룹 이사 2004년 (주)TNS코리아 부사장 2006~2016년 同대표이사 사장 2015~2016년 한국조사협회 회장 2016년 칸타TNS코리아 대표이사 사장(현)

양정열(梁正烈) YANG JEONG YEOL

(생)1970·10·22 (출)광주 (주)세종특별자치시 한누리대로 422 고용노동부 청년고용기획과(044-202-7440) (학)1988년 광주 광덕고졸 1994년 고려대 무역학과졸 2004년 영국 버밍엄대 대학원졸 (경)1996년 총무처 행정사무관 1997~2009년 고용노동부 고용정책과·기획예산담당관실·근로기준과·청년고령자고용과·비정규직대책팀 근무 2009년 중앙노동위원회 근무 2010년 대전 보령노동지청장 2010년 고용노동부 고용서비스정책과장 2012년 중부 부천고용노동지청장 2013년 한국고용정보원 고용서비스센터장 2014년 고용노동부 공공기관노사관계과장 2016년 同노사관계지원과장 2017년 부산 울산고용노동지청장 2018년 통일교육원 교육파견(부이사관) 2019년 고용노동부 청년고용기획과장(현)

양정웅(梁正雄) YANG Jung Ung

(생)1968·12·15 (주)서울특별시 성북구 성북로5길 9-3 일신빌딩 극단 여행자(02-3673-1392) (학)서울예술대학 문예창작과졸 (경)다국적 극단 'LASENKAN INTERNATIONAL THEATRE' 단원 1998~2016년 극단 여행자 대표 1998년 극단 여행자 상임연출가(현) 1999년 '대지의 딸들' 연출 1999년 한국마임 페스티발 총무대감독 2001년 '혜화동 1번지' 3

기 동인 2002년 '한여름밤의 꿈' 연출 2002년 '緣 Karma' 연출(이집트 카이로국제실험연극제 참가 · 대상 수상) 2004년 '환(幻)' 연출 2009년 '페르귄트' 연출 2012년 '돈키호테' 연출 2012년 '십이야' 연출 2012년 '페르귄트' 연출 2012년 '삼국유사 프로젝트-로맨티스트 죽이기' 연출 2013년 '라오지앙후 최막심' 연출 2014년 연극 '내 아내의 모든 것' 연출 2015년 '해롤드&모드' 연출 2015년 '인코그니토' 연출 2017년 2018평창동계올림필 개 · 폐막식 총연출, 베세토페스티벌 한국위원장(현) (상)밀양여름공연예술축제 대상(2002), 이집트 카이로국제 실험연극제 대상(2003), 오늘의 젊은 예술가상(2003), 대한민국연극대상 대상 · 연출상(2009)

양정원(楊錠沅) YANG jeung won

(생)1961 · 10 · 11 (출)대구 (주)서울특별시 서초구 서초대로74길 11 삼성액티브자산운용(주) 임원실(02-3774-7775) (학)1985년 연세대 경영학과졸 1987년 同대학원 경영학과졸 (경)1987년 삼성생명보험 근무 1999년 삼성투자신탁운용 운용평가팀장 2002년 同투자풀운영팀장 2003년 同RM팀장 2005년 同주식운용본부장 2010년 삼성자산운용(주) 주식운용본부장(상무) 2011년 同리테일채널2본부장 2013년 同마케팅총괄 전무 2013년 同기금운용총괄 겸 연기금운용본부장(전무) 2014년 同기금운용총괄 겸 마케팅솔루션총괄 전무 2015년 同산재보험기금운용본부장 겸임(전무) 2016년 同마케팅솔루션총괄본부장(전무) 2019년 삼성액티브자산운용(주) 대표이사(현)

양정일(梁晶一) Yang Jeong Il

(생)1970 · 5 · 14 (출)충남 금산 (주)경기도 성남시 분당구 판교로 310 SK케미칼 법무실(02-2008-2008) (학)1987년 대전 대신고졸 1991년 서울대 법대 사법학과졸 1994년 同대학원 법학과졸 (경)1993년 사법시험 합격(35회) 1996년 사법연수원 수료(25기) 1996년 서울지법 북부지원 판사 · 서울지법 판사 2003년 서울지법 서부지원 판사 2003~2004년 영국 해외연수 2005년 SK건설 법무실장(상무) 2013년 同해외법무실장(상무) 2014년 同해외법무실장(전무) 2015~2017년 同윤리경영부문장(전무) 2015년 SK케미칼 법무실장(전무) 2016~2018년 SK가스 법무실장(전무) 겸임 2019년 SK케미칼 법무실장(현)

양정철(楊正哲) YANG Jung Chul

(생)1964 · 7 · 4 (본)청주(淸州) (출)서울 (주)서울특별시 영등포구 국회대로74길 19 더불어민주당 민주연구원(1577-7667) (학)1983년 서울 우신고졸, 한국외국어대 법학과졸 (경)1997~1998년 신원그룹 홍보팀장 1999~2000년 국무총리 공보실 전문위원 2001년 스카이라이프 홍보실장 · 비서실장 · 대외협력실장(이사대우) 2002년 노무현 대통령후보 언론보좌역 2003년 대통령직인수위원회 공보비서 2003년 대통령 국내언론행정관(3급) 2003년 대통령 국내언론비서관(2급) 2004~2008년 대통령 홍보기획비서관(1급) 2009년 노무현재단 사무처장 2012년 민주통합당 제18대 대통령중앙선거대책위원회 메시지팀장 2013~2014년 노무현재단 노무현시민학교 교장 2013년 우석대 문예창작학과 초빙교수 2013~2015년 同조교수 2018년 일본 게이오대 법학부 방문교수 2019년 더불어민주당 민주연구원장(현) (상)홍조근정훈장(2007) (저)'노무현의 사람들, 이명박의 사람들'(2012) '세상을 바꾸는 언어'(2018)

양정필

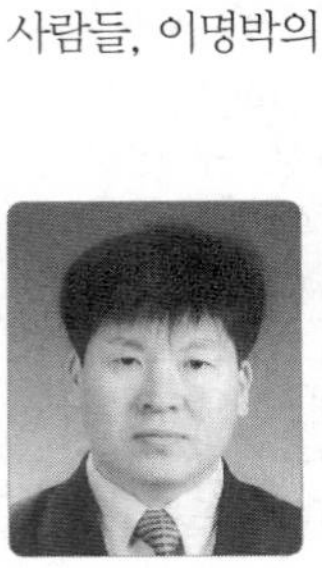

(생)1966 (출)제주 (주)서울특별시 종로구 종로5길 86 서울지방국세청 조사2국 조사2과(02-2114-3814) (학)서귀포고졸 1987년 세무대학졸(5기), 제주대 회계학과졸 (경)1987년 8급 특채, 부산지방국세청 조사국 근무, 국세청 운영지원과 근무 2010년 서울 도봉세무서 납세자보호담당관 2011년 조세심판원 파견 2012년 제주세무서 소득세과장 2012년 마산세무서 운영지원과장 2016년 국세청 조사기획과 조사3계장(서기관) 2017년 울산세무서장 2018년 북부산세무서장 2019년 서울지방국세청 조사2국 조사2과장(현) (상)국무총리표창(2009)

양제신(梁濟臣) Je Sin Yang

(생)1960 · 9 · 20 (출)서울 (주)경기도 성남시 분당구 판교역로192번길 14 에셋플러스자산운용 임원실(02-501-7707) (학)1978년 공주사대부고졸 1984년 고려대 경제학과졸 2000년 핀란드 헬싱키경제경영대학원 경영학과졸(KEMBA) (경)1986년 한국투자금융(KIFC) 영업부 · 기업금융부 근무 1994년 하나은행 지점장 · 본부장 2012년 同리테일영업추진2본부장(부행장보) 2013년 同리테일영업추진본부장 겸 리테일영업추진2본부장(전무) 2014년 하나금융투자 AM담당 대표(부사장) 2017년 에셋플러스자산운용 대표이사 사장(현)

양조훈(梁祚勳) YANG Jo-hoon

(생)1948 · 12 · 26 (출)제주 (주)제주특별자치도 제주시 명림로 430 제주4.3평화재단(064-723-4301) (학)1969년 오현고졸 1973년 제주대 국어국문학과졸 1976년 동국대 행정대학원 수료 (경)1972년 제남신문 기자 1978~1990년 제주신문 기자 · 체육부 차장 · 정경부 차장 · 사회부 차장 · 체육부장 · 사회부장 · 정경부장 겸 4.3취재반장 1990년 제민일보 정경부장 겸 4.3취재반장 1992년 同편집부국장 1996년 同논설위원 겸 기획관리실장 1996년 同편집국장 1998~1999년 同상무이사 1999년 KBS 제주방송총국 객원해설위원 1999년 제주4.3특별법쟁취연대회의 공동대표 2000~2008년 제주4.3사건진상규명위원회 수석전문위원 2004~2008년 제주세계평화의섬 추진위원 2009년 제주4.3평화재단 상임이사 2009~2010년 제주특별자치도 환경부지사 2014~2018년 5.18기념재단 이사 2014~2018년 제주특별자치도교육청 4.3평화교육위원장 2018년 제주4.3평화재단 이사장(현) (상)송하언론상(1984), 한국기자상(1993), 제주도문화상(1999) (저)'제주체육사'(1984) '4.3은 말한다(전5권)'(1994~1998) '제주도 4.3사건(전6권, 日文)'(1994~2004) '제주도4.3사건진상조사보고서(共)'(2003) '4.3 그 진실을 찾아서'(2015) (종)기독교

양종수(梁淙琇) YANG Jong Soo

(생)1961 · 6 · 12 (출)광주 (주)광주광역시 북구 첨단과기로176번길 39 광주지방식품의약품안전청(062-602-1300) (학)1979년 한성고졸 1985년 연세대 경제학과졸 2017년 한국과학기술원(KAIST) 문술미래대학원졸(석사) (경)2002년 여성부 인력개발담당관실(서기관) 2002년 同차별개선국 차별개선기획담당관 2003년 同협력지원과장 2005년 여성가족부 인권복지과장 2006년 同여성정책본부 협력지원팀장 2007년 同권익증진국 복지지원팀장 2007년 미국 워싱턴 국외훈련(부이사관) 2009년 보건복지가족부 아동청소년활동진흥과장 2010년 보건복지부 민생안정과장 2012년 대통령직속 사회통합위원회 파견 2013년 보건복지부 저출산고령사회위원회운영지원단장 2013년 同사회복지정책실 사회서비스정책과장 2014년 同장애인정책국 장애인정책과장 2016년 同질병관리본부 전략기획단장 2017년 同질병관리본부 기획조정부장 2017~2019년 同질병관리본부 국립인천공항검역소장 2019년 광주지방식품의약품안전청장(현) (상)우수공무원 대통령표창(2011) (종)기독교

양종훈(梁淙勛) YANG Jong Hoon

(생)1961 · 1 · 27 (출)제주 (주)서울특별시 종로구 홍지문2길 20 상명대학교 대학원 디지털이미지학과(02-2287-5099) (학)1988년 중앙대 예술대학 사진학과졸 1991년 미국 오하이오대 대학원 포토커뮤니케이션학과졸 2005년 예술학박사(호주 로얄멜버른공대) (경)1991년 중앙일보 시카고지사 기자 1992

~2010년 상명대 사진학과 교수 1996년 同홍보부장 1999년 한국사진문화재단 집행위원 겸 간사 1999년 상명대 예술·디자인대학원장 2000년 한국포토저널리즘학회 회장 2000년 상명대 포토저널리즘연구소장 2002~2005년 강원다큐멘터리사진사업운영위원회 위원장 2003·2013~2017년 상명대 홍보실장 2004~2006년 한국사진학회 부회장 2008년 상명대 대외협력처장 2008~2010년 국가인권위원회 홍보대사 2008년 경향갤러리 기획위원 2009~2010년 상명대 홍보처장 2009년 同영상미디어연구소장(현) 2010년 경남 고성군 홍보대사(현) 2010년 서울 종로구 홍보자문위원(현) 2010년 상명대 문화예술대학원 사진영상미디어학과 교수 2010년 同평생교육원장 겸 한국어문화교육원장 2011년 同대외홍보처장 2011년 (사)마음으로보는세상 상임이사(현), 육군 평생홍보위원(현), 2012년 상명대 대학원 디지털이미지학과 교수(현) 2014~2015년 同대한민국광복70주년기념사업단장 2014~2017년 국방부 정책자문위원 2016년 한국사진학회 회장(현) 2017년 (사)아프리카어린이돕는모임 홍보대사(현) 2017년 한미연합사령부 정책자문위원(현) 2017~2019년 상명대 홍보지원본부장 2019년 (주)김정문알로에 사외이사(현) 2019년 지상군작전사령부 정책자문위원(현) (상)올해의 사진기자상, 사진영상의해조직위원회 감사장(1998), 이명동 사진상(2006), 동아미술제 전시기획당선(2007), 한울안운동 2008년아름다운사람상(2008), International Business Awards 최고의 사진부문 Stevie Award(2008), 대한민국커뮤티케이션대상(2008), 대한민국나눔실천대상 한국인터넷기자협회장상(2013), 한국콘텐츠학회 '2015 뉴욕 국제디자인 초대전' 우수작품상, 한국콘텐츠학회 최우수논문상(2018) (저)사진집 '강산별곡'(2011) 'Aboriginal'(2002) 'Godbless East-Timor'(2004) '최고에게 묻는다'(2005) '희망원정대 킬리만자로에 가다'(2006) 'AIDS in Swaziland'(2006) 'Road to Himalya'(2007) '시각장애인을 위한 양종훈의 사진학 강의1·2'(2009·2011) (작)'논산훈련소' '성바오로딸 수도회' 'LG 50년사', 사진집기획 '2007 국민의 선택'(2008, 대통령선거 사진집) '평화통일 사진전'(2010, 6.25 60주년 기념 통일부) 달력·사진집기획 '마음으로 보는 세상, 마음으로 보는 서울'(2010~2013) (종)불교

양종희(梁琮熙) Jong-Hee Yang

(생)1961·6·10 (주)서울특별시 강남구 테헤란로 117 KB손해보험 임원실(1544-0114) (학)1980년 전주고졸 1987년 서울대 국사학과졸 1997년 서강대 경영대학원 석사과정 수료 (경)1989년 국민은행 경영개선실·여의도영업부 등 근무 1996년 同종합기획부·재무기획부 근무 2005년 同성남지역본부 근무 2007년 同재무보고통제부장 2008년 同서초역지점장 2008년 KB금융지주 이사회 사무국장 2010년 同경영관리부장 2013년 同전략기획부장 2014년 同전략기획부장(상무) 2015년 同경영관리담당 부사장 2016·2019년 KB손해보험 대표이사 사장(현) 2019년 (주)KB금융지주 보험부문장 겸임(현)

양주일 YANG Ju Il

(생)1975·4 (출)경기 여주 (주)경기도 성남시 분당구 대왕판교로645번길 16 플레이뮤지엄(1644-1308) (학)1998년 연세대 물리학과졸 2000년 同대학원 컴퓨터과학과졸 2002년 同대학원 컴퓨터과학 박사과정 수료 (경)2002년 NHN(주) 입사 2005년 同게임제작지원그룹장 2012년 同UIT센터장(이사) 2013년 NHN엔터테인먼트(주) 서비스개발랩장(이사) 2014~2018년 NHN티켓링크(주) 대표이사 2015년 (주)NHN벅스 대표이사(현)

양주현(梁周鉉) Yang Joo Hyun (지산)

(생)1949·7·15 (본)남원(南原) (출)경기 개성 (주)서울특별시 종로구 우정국로 48 S&S빌딩 15층 S&S INC(주)(02-739-1431) (학)1967년 동성고졸 1975년 한국외국어대 무역학과졸 1980년 연세대 경영대학원 경영학과졸, 미국 하와이주립대 마케팅관리과정 수료 1989년 전국경제인연합회 국제경영원 최고경영자과정 수료(19기) 1990년 서울대 공과대학 최고산업전략과정 수료(4기) 2002년 同경제연구소 세계경제최고전략과정 수료(2기) 2003년 고려대 컴퓨터과학기술대학원 정보통신과정 수료(13기) 2004년 매경-한국외국어대 China CEO과정 수료(3기) 2006년 횃불트리니티신학대학원대 Christian CEO과정 수료(2기) 2010년 북한대학원대 민족공동체지도자과정 수료(20기) 2014년 서울대 국제대학원 GLP과정 수료(29기) (경)서서울청년소 회장 1985년 양씨중앙청년회 회장 1988년 안산상공회의소 의원, 한국반공연맹 서울시지회 운영위원, 한국기계공업진흥회 경기제2지역협의회 운영위원, 서울장충로타리클럽 회장 2008년 S&S INC(주) 대표이사 회장(현) 2008년 S&S Valve(주) 대표이사 회장 2008년 S&S엠텍(주) 회장(현) 2008년 사회복지법인 빛과소금(유당마을) 이사장(현) 2015년 S&S코퍼레이션(주) 대표이사 회장(현) (상)광화문세무서장표창, 서울시장표창, 체육부장관표창, 제24회 무역의날 수출 200만불탑, 제25회 무역의날 수출 500만불탑, 상공부장관표창, 제3회 연세석사경영인상, 중소기업협동조합중앙회장표창, 국무총리표창, 한국기계산업진흥회 공로패, 중소기업중앙회장표창(명문 장수기업인상), 행정안전부장관표창, 제51회 무역의날 수출 1천만불탑, 제14회 자동차의날 산업포장(2017) (종)기독교

양주환(梁周煥) YANG Joo Hwan

(생)1952·3·13 (출)서울 (주)서울특별시 동대문구 장한로 40 (주)서흥 임원실(02-2210-8120) (학)1970년 경복고졸 1974년 연세대 전자공학과졸 2011년 명예 약학박사(중앙대) (경)1974~1979년 국방과학연구소 근무 1981년 (주)서흥캅셀 상무이사 1982년 同전무이사 1991~2010년 同대표이사 사장 2009~2016년 (사)한국건강기능식품협회 회장 2010~2014년 (주)서흥캅셀 대표이사 회장 2014년 (주)서흥 대표이사 회장(현) (상)철탑산업훈장(2008), 동탑산업훈장(2015) (종)기독교

양준모(梁峻模) YANG Joon Mo

(생)1963·6·24 (주)강원도 원주시 흥업면 연세대길 1 연세대학교 원주캠퍼스 경제학과(033-760-2356) (학)1986년 서울대 경제학과졸 1988년 연세대 대학원 경제학과졸 1994년 경제학박사(미국 캘리포니아대 로스앤젤레스교) (경)1995~1996년 산업연구원 책임연구원 1996~2003년 부산대 상과대학 경제학과 부교수 2003~2005년 연세대 경제학과 부교수 2005년 同원주캠퍼스 정경대학 경제학과 교수(현) 2008년 同정경대학원 부원장, 한국연금학회 이사, 보건복지부 투자정책전문위원 2014년 바른사회시민회의 사무총장 2014년 연세대 경제학과장 2014년 보건복지부 기금운용위원회 위원 2014~2018년 (재)한국형수치예보모델개발사업단 비상임이사 2015년 국회 공무원연금개혁특별위원회 국민대타협기구 위원 2016년 한국연금학회 감사 2017년 同편집위원장(현) (저)'21세기 과학기술 발전방향'(1997, 과학기술정책관리연구소) '경제위기와 실업구조 변화'(1999, 한국노동연구원) '지역경제 혁신론'(2001, 부산발전연구원) '부산 국제금융도시 육성을 위한 전략수립 연구'(2002, 부산발전연구원)

양준언(梁俊彦) Joon-Eon YANG

(생)1960·8·15 (본)남원(南原) (출)서울 (주)대전광역시 유성구 대덕대로989번길 111 한국원자력연구원 원자력안전연구소 리스크평가연구실(042-868-2763) (학)1979년 동북고졸 1984년 한양대 원자력공학과졸 1986년 한국과학기술원(KAIST) 원자력공학 석사 1990년 원자력공학박사(한국과학기술원) (경)1990년 한국원자력연구원 종합안전평가부장 2006~2014년 한국전기협회 원전설계분과 위원 2007~2016년 한국원자력학회지 편집위원 2007~2013년 GIF Risk & Safety Working Group 한국대표 2008~2010년 OECD/NEA CSNI/CNRA 한국

대표 2008~2017년 확률론적안전성평가전문가협의회 회장 2010~2017년 위험통제학회 학술이사 2011년 한국원자력학회 후쿠시마위원회 사고분석분과장 2011년 OECD/NEA Program Review Group 한국대표 2015년 한국원자력안전기술원 기술기준위원회 원자로계통분과장 2015~2017년 원자력안전위원회 전문위원 2015~2018년 International Association of PSAM Board 의장 2017~2019년 한국원자력연구원 원자력안전·환경연구소장 2017년 OECD/NEA(OECD 산하 원자력기구) 원자력시설안전위원회(CSNI) 의장단(현) 2018년 한국원자력학회 안전연구부 회장(현) 2019년 한국원자력연구원 원자력안전환경연구소 리스크환경안전연구부 책임연구원, 同원자력안전연구소 리스크평가연구실 책임연구원(현) (상)과학기술부장관표창(2006), 한국원자력학회 우수논문상(2006), 한국원자력학회 학술상(2010) (저)'국가종합위기관리(共)'(2009, 법문사)

양준영(梁埈永) YANG Joon Young (무영)

(생)1942·4·10 (본)남원(南原) (출)전북 전주 (주)서울특별시 서초구 서운로 160 팔레스빌딩 302호 (사)경영정보연구원 원장실(02-585-8600) (학)1960년 전주고졸 1966년 고려대 경영학과졸 1975년 同대학원졸 1990년 경영학박사(경희대) (경)1966~1975년 고려제지(주) 근무 1975년 영일물산(주) 대표이사 1978년 중소기업진흥공단 지도역 1982~1985년 한국산업경제연구원 책임연구원 1985~1991년 同수석연구원·연구위원 1990년 경희대 경영대학원 초빙교수 1991~1997년 (주)아이리컨설팅 대표이사 사장 1992~1997년 한국산업경제연구원 원장 1998년 (사)경영정보연구원 원장(현) (저)'외환선물Hedging 전략' '지방자치단체의 경영수익사업' '크리스천의 자기경영'(2012) (종)기독교

양준영(梁峻榮) YANG Joon Young

(생)1969·2·23 (출)서울 (주)서울특별시 마포구 마포대로 137 KPX홀딩스(주) 부회장실(02-2014-4158) (학)1987년 대일고졸 1993년 고려대 산업공학과졸 2001년 미국 루이스앤드클라크대 경제대학원졸 (경)삼성물산(주) 근무, (주)진양 이사 2007년 진양화학(주) 이사 2007년 한국폴리우레탄공업(주) 이사 2007년 진양산업(주) 부사장 2008년 진양폴리우레탄(주) 이사 2010년 KPX홀딩스(주) 대표이사 부회장(현) 2011년 (주)진양홀딩스 각자대표이사 부회장 겸임(현) 2015년 KPX케미칼(주) 각자대표이사(현)

양준혁

(생)1969·5·26 (주)서울특별시 강남구 강남대로 278 대한야구소프트볼협회(02-572-8411) (학)대구상고졸 1992년 영남대 경제학과졸 (경)1993년 프로야구 삼성 라이온즈 입단(계약금 1억1백만원·연봉 1천8백만원) 1995·1997·1999년 한일슈퍼게임 출전 1998년 프로야구 해태 타이거즈 입단 1999년 아시아야구선수권대회 국가대표(우승) 2000년 프로야구 LG 트윈스 입단 2002년 프로야구 삼성 라이온즈 입단(FA계약으로 4년간 총액 23억2천만원 : 계약금 10억원·연봉 3억3천만원) 2002년 한국시리즈 우승 2002·2005년 프로야구 올스타전 동군대표(베스트 10) 2003년 프로야구 올스타전 동군대표(최다득표) 2005~2010년 프로야구 삼성 라이온즈와 FA 재계약(2년간 총액 13억원 : 계약금 5억원·연봉 4억원·플러스 및 마이너스 옵션 1억원) 2006년 프로야구 올스타전 동군대표(베스트 10) 2006년 개인통산 300호 홈런·2000안타 달성 2007년 프로야구 통산 첫 번째 1100타점 돌파 2007년 프로야구 올스타전 동군대표(베스트 10·지명타자 부문) 2010년 7월 현역 은퇴 2010년 G20 스타서포터즈 2011~2013년 SBS·SBS ESPN 해설위원 2011년 월드비전 홍보대사 2011년 대구시 홍보대사 2011년 생명나눔 친선대사 2011년 (재)양준혁야구재단 이사장(현) 2011년 전국체전 명예홍보대사 2011년 스포츠바우처 홍보대사 2011년 구세군 홍보대사 2012년 KBS2 '해피선데이-남자의 자격' 출연 2013년 전국생활체육축전 홍보대사 2013년 국립대구과학관 홍보대사 2014년 MBC스포츠플러스 야구해설위원(현) 2014년 경기도 아동학대예방 홍보대사 2015년 근로복지공단 홍보대사 2015년 농촌진흥청 신(新)농촌진흥캠페인 홍보대사 2016년 한국프로야구선수협회 자문위원(현) 2017년 대한야구소프트볼협회 이사(현) 2019년 (사)남북체육교류협회 남북스포츠교류종합센터건립추진위원회 위원(현) (상)최우수 신인상(1993), 스포츠서울 올해의 선수 타자상(1993), 스포츠조선 에스페로 타자상(1993), 최고타점상(1994), 골든글러브상 외야수부문(1996·1997·2003), 골든글러브상 지명타자부문(1998·2001), 스포츠조선 레간자대상(1998), 일간스포츠 011최고타자상(1998), 골든글러브상 1루수부문(2004), 삼성PAVV프로야구 골든글러브 지명타자부문·출루율상(2006), 금복문화상 사회공헌부문(2010), 대한민국영상대전 포토제닉상(2010), 조아제약 프로야구대상 바이오톤상(2010), 골든글러브 골든포토상(2010), 한국인권대상 인권신장 체육부문(2017) (저)'뛰어라! 지금이 마지막인 것처럼'(2011, 중앙북스)

양중진(楊重鉁) YANG Joong Jin

(생)1968·6·16 (출)전북 남원 (주)경기도 수원시 영통구 법조로 91 수원지방검찰청 총무과(031-210-4200) (학)1985년 전주 전라고졸 1992년 고려대 법학과졸 (경)1997년 사법시험 합격(39회) 2000년 사법연수원 수료(29기) 2000년 부산지검 동부지청 검사 2002년 전주지검 남원지청 검사 2003년 서울지검 고양지청 검사 2004년 의정부지검 고양지청 검사 2005년 광주지검 검사 2008년 서울서부지검 검사 2008년 친일재산환수단 파견 2013년 서울서부지검 부부장검사 2013년 서울중앙지검 부부장검사 2014년 광주지검 공안부장 2015년 대전지검 공주지청장 2016년 법무부 법질서선진화과장 2017년 대검찰청 공안1과장 2018년 서울중앙지검 부장검사 2019년 수원지검 부부장검사(현) 2019년 국가정보원 파견(현)

양진모(梁晉模) YANG JIN MO

(생)1958·9·6 (주)서울특별시 서초구 헌릉로 12 현대자동차(주) 정책지원실(02-3464-1114) (학)숭실고졸, 인하대 기계공학과졸 (경)2008년 현대자동차(주) 이사대우, 同정책지원팀장(이사) 2012년 同정책지원팀장(상무) 2013년 同정책지원팀장(전무) 2016년 同정책지원팀장(부사장) 2019년 同정책지원실장(현)

양진석(梁珍錫) YANG Jin Seok

(생)1965·3·16 (출)부산 (주)서울특별시 강남구 언주로 535 세마빌딩 5층 와이그룹(Y GROUP)(02-511-4379) (학)1988년 성균관대 건축공학과졸 1991년 일본 교토대 대학원 건축학과졸(석사) 1994년 同대학원 건축학 박사과정 수료 2010년 도시정보공학박사(안양대) (경)일본 리츠메이칸대학 객원교수, 파이포럼 주임교수, 한양대 건축학부 겸임교수, 국회 인문학과정 주임교수, NA21 주임교수, MBC TV '일요일 일요일밤에-신동엽의 신장개업·러브하우스' 초대건축가, 와이그룹(Y GROUP) 대표이사(현) (상)서울시장표창(2008) (저)'건축가 양진석의 이야기가 있는 집'(2001) '양진석의 친절한 건축이야기'(2011, 예담) '교양건축'(2016, 디자인하우스) '집 짓다 담다 살다'(2017, 컬처그라피) (작)용평리조트 더 포레스트 레지던스, 알펜시아 트룬에스테이트, GRAN SEOUL & 청진상점가(식객촌), 모리스우드애월 주택단지, 헤이리 THE STEP, 청담 파라곤, 워커힐호텔 명월관, 쌈지빌딩, 돈암동 유타몰, NEFS 본사 및 전시장, KT&G 내장산 호텔&연수원, JS코퍼레이션사옥, 디사모빌리사옥, 카이스트 뇌연구소 초청국제현상설계, 설해원리조트

양진영(楊鎭榮) YANG Jin Young

(생)1965·10·6 (본)청주(淸州) (출)경북 경주 (주)경기도 안산시 단원구 광덕서로 68 삼영빌딩 3층 법무법인 온누리(031-475-2500) (학)1983년 청구고졸 1987년 고려대 법학과졸 2003년 한국방송통신대 중어중문학과졸 2007년 고려대 법과대학원졸 2012년 한양대 대학원 컨설팅학 박사과정 수료 (경)1996년 사법시험 합격(38회) 1999년 사법연수원 수료(28기) 1999년 변호사 개업 2001년 법무법인 온누리 대표변호사(현) 2001년 중앙일보 법과경영연구소 상담위원 2002년 한국가정법률상담소 상담위원 2003년 화성시 고문변호사 2003년 국제법률경영대학원대 전임강사 2006년 안산시장직인수위원회 위원 2007년 안산시 고문변호사 2007년 안산시체육회 이사 2007년 예술의전당 인사위원 2009년 경기중앙변호사회 이사 2009년 안산시 인사위원회 위원 2010년 한국노동조합총연맹 경기도지부 고문변호사 2010년 고려대교우회 상임이사 2010년 대한변호사협회 범죄피해자위원회 위원 2010년 경기지방노동위원회 조정위원 2010년 한나라당 경기도당 국민참여배심원단 위원장 2012년 새누리당 박근혜 대통령후보 직능총괄본부 경기도지부장 2013~2017년 同경기도당 부위원장 2013~2017년 同경기도당 고문변호사 겸 윤리위원 2014년 한중문화포럼 이사장(현) 2017년 바른정당 경기안산시상록구乙당협위원장 2017년 同차기(11월13일) 당대표 및 최고위원 선출을위한선거관리위원회 위원 2018년 바른미래당 경기안산시상록구乙지역위원회 공동위원장(현) 2018년 同법률위원회 부위원장(현) (상)여성가족부장관표창(2011), 경기중앙지방변호사회 백로상(2012) (저)'변호사 양진영 안산과 사랑에 빠졌다'(2014, 블루프린트) (종)기독교

양진영(梁晋榮) YANG Jin Young

(생)1968·5·18 (본)남원(南原) (출)충남 금산 (주)충청북도 청주시 흥덕구 오송읍 오송생명2로 187 식품의약품안전처 의료기기안전국(043-719-3751) (학)1987년 한밭고졸 1991년 연세대 사회학과졸 1995년 同대학원 행정학과졸 2010년 보건학박사(고려대) (경)2005년 식품의약품안전청 기획관리실 법무통상담당관 2005년 同정책홍보관리본부 정책홍보팀장(서기관) 2006년 同혁신기획관 2007년 同정책홍보관리본부 재정기획팀장 2008년 同기획조정관실 기획재정담당관 2009년 同기획조정관실 기획재정담당관(부이사관) 2012년 同위해예방정책국장 2013년 식품의약품안전처 소비자위해예방국장 2014년 중앙공무원교육원 파견 2015년 식품의약품안전처 식품안전정책국장 2016년 同기획조정관 2018년 서울지방식품의약품안전청장 2019년 식품의약품안전처 의료기기안전국장(현) (상)국무총리표창(2006)

양진옥(梁眞玉·女) Yang Jin Ok

(생)1972·8·4 (주)서울특별시 영등포구 버드나루로 13 굿네이버스 회장실(02-6717-4000) (학)1995년 중앙대 사회복지학과졸 2008년 연세대 대학원 사회복지학과졸 (경)1995년 굿네이버스 공채 1기 입사 2005~2011년 同기획실장 겸 나눔사업본부장 2009년 한국NPO공동회의(現한국자선단체협의회) 창립실무위원 2011~2016년 굿네이버스 사무총장 2011년 서울복지재단 희망플러스통장활성화연구 외부자문위원 2011~2013년 강태원복지재단 사회복지전문위원 2011~2015년 서울시 희망온돌 시민기획위원회 위원 2012~2014년 보건복지부 희망나눔정책 네트워크위원 2012~2016년 국무조정실 기부·나눔활성화정책협의회 전문위원 2013~2014년 유네스코한국위원회 후원개발특별위원회 특별위원 2013~2016년 서울시 민관협력분야 전문가자문단 전문위원 2013~2017년 아산나눔재단 프론티어아카데미 운영위원 2015~2017년 외교부 아프리카의친구들 전문위원 2015~2018년 법무부 공익신탁자문위원회 위원 2016년 굿네이버스 회장(현) 2016년 한국아동복지학회 이사(현) 2017년 국제개발협력민간협의회(KCOC) 이사 겸 정책홍보위원장(현) 2017년 기획재정부 공익법인회계기준심의위원회 민간위원(현) 2018년 한국아동단체협의회 부회장(현) 2018년 국무총리실 국제개발협력위원회 민간위원(현) (상)국무총리표창(나눔유공자)(2013), 한국여성단체협의회 여성1호상(2016)

양진철(楊鎭喆) YANG Jin Cheol

(생)1962·10·26 (출)경기 안성 (주)경기도 부천시 길주로 210 부천시청 부시장실(032-625-2010) (학)1982년 용산고졸 1989년 건국대 행정학과졸 1991년 同대학원 행정학과졸 2003년 미국 오리건대 대학원졸 (경)1990년 행정고시 합격(34회) 1999년 경기도 외자유치과 유치기획담당 2000년 同실업대책반장 2001년 同문화관광국 관광과장 2004년 同경제투자관리실 과학기술기업지원과장 2005년 용인시 기흥구청장 2006년 하남시 부시장 2007년 경기도 정책기획심의관(서기관) 2007년 同정책기획심의관(부이사관) 2007년 세종연구소 파견 2009년 경기도 복지건강국장 2009년 안성시 부시장 2010년 양주시 부시장 2011년 경기도 문화체육관광국장 2012년 同의회 사무처장 2013년 교육 파견 2014년 남양주시 부시장 2015년 국외 연수(지방부이사관) 2016년 안산시 부시장 2017년 경기 용인시 제1부시장 2019년 경기 부천시 부시장(현) (상)내무부장관표창(1997), 대통령표창(2004)

양찬희(楊贊熙) YANG, CHANHEE

(생)1971·4·27 (본)청주(淸州) (출)서울 (주)세종특별자치시 다솜로 261 국무총리비서실 시민사회비서관실(02-2100-2084) (학)1990년 대진고졸 1998년 한양대 행정학과졸 2009년 미국 터프츠대 대학원 국제관계학과졸 (경)2002년 국무총리실 근무(기획·공보·의전·규제) 2011년 보건복지부 인구정책실 출산정책과장 2014년 국무조정실 기획총괄정책관실 갈등협업과장 2015년 同교육문화여성정책관실 여성가족정책과장 2017년 국무총리 공보협력비서관실 언론분석행정관 2019년 국무총리비서실 시민사회비서관실 시민사회협력행정관(현) (종)기독교

양창모(梁昌模)

(생)1957·8·13 (주)충청남도 공주시 연수원길 83 충청남도교통연수원 부속실(041-854-2107) (학)호서고졸, 세한대 경영학과졸 (경)신평면개발위원회 부위원장, 서산장학회 신평지회장, 신평로타리클럽 회원, 삽교호상가번영회 회장 2010~2011년 충남 당진군의회 의원(민주당) 2010~2011년 同부의장 2012~2014년 충남 당진시의회 의원(민주통합당·민주당·새정치민주연합) 2012~2014년 同부의장 2014~2018년 충남 당진시의회 의원(새정치민주연합·더불어민주당) 2016~2018년 同부의장 2019년 충청남도교통연수원 원장(현) (상)풀뿌리지방자치대상 충청인상 기초의원부문상(2012)

양창범(梁昌範) Yang, Chang Bum

(생)1958·9·7 (본)제주(濟州) (출)제주 (주)전라북도 완주군 이서면 콩쥐팥쥐로 1500 국립축산과학원 원장실(063-238-7000) (학)1975년 한림공고졸 1979년 제주대 축산학과졸 1981년 同대학원 축산학과졸 1999년 농학박사(서울대) (경)1984~1994년 농촌진흥청 제주시험장 연구사·축산시험장 연구사 1994~2003년 同축산기술연구소 연구관·연구관리국 운영관·축산연구소 기획연구실장 2000~2001년 천안연암대 겸임교수 2003년 농촌진흥청 축산연구소 축산환경과장 2006년 同단일직급추진단장(국장급) 2007~2008년 농림부 국립수의과학검역원 동물위생연구소장(고위공무원) 2008년 한국축산시설환경학회 회장 2008년 한국유기축산연구회 부회장 2008~2009년 대한수의학회·한국인수공통전염병학회 이사 2009년 한국농식품생명과학협회 부회장 2009년 농촌진흥청 연구정책국장 2010년 중앙공무원교육원 고위정책과정 파견 2011년 국립축산과학원 축산자원개발부장

2013년 同축산자원개발부 연구관 2018년 국립축산과학원장(현) (상)농림부 농업연구상(1987), 제주도지사 한라환경대상(1996), 국무총리표창(2002) (저)'농업용어사전'(1997, 농촌진흥청) '양돈영양과 사료'(2000, 서울대 출판부) (종)천주교

양창숙(楊昌淑·女) Yang, Chang Sook

(생)1961·12·28 (본)청주(淸州) (출)경기 평택 (주)충청북도 청주시 흥덕구 오송읍 오송생명2로 187 식품의약품안전처 식품소비안전국 식생활영양안전정책과(043-719-2253) (학)1980년 인천여고졸 1984년 인하대 화학과졸 1987년 同대학원 분석화학과졸 (경)1990~1996년 국립인천검역소 식품검사과 근무 1996~1999년 경인지방식품의약품안전청 시험분석실 근무 1999~2001년 식품의약품안전청 식품유통과 근무 2001년 경인지방식품의약품안전청 수입관리과장 2013년 식품의약품안전처 식품안전정책국 건강기능식품기준과장 2015년 同기획조정관실 고객지원담당관 2016년 同농축수산물안전국 농수산물안전과장 2017년 同식품소비안전국 농축수산물안전과장 2017년 광주지방식품의약품안전청 식품안전관리과장 2018년 대전지방식품의약품안전청 식품안전관리과장 2019년 식품의약품안전처 소비자위해예방국 통합식품정보서비스과장 2019년 同식품소비안전국 식생활영양안전정책과장(현)

양창호(梁昌虎) YANG Chang Ho

(생)1955·10·10 (출)충남 아산 (주)인천광역시 연수구 아카데미로 119 인천대학교 동북아물류대학원(032-835-8192) (학)1975년 대광고졸 1979년 연세대 생화학과졸 1981년 同대학원 경영학과졸 1998년 경영학박사(서강대) (경)1982~1987년 산업연구원(KIET) 책임연구원 1987~2008년 한국해양수산개발원 선임연구위원 1996~2007년 해양수산부 민자유치사업계획 평가위원 2007~2009년 한국무역협회(FTA) 민간대책위원회 위원 2008년 기획재정부 국가연구개발사업 상위평가위원 2008년 인천대 동북아물류대학원 교수(현) 2013~2015년 한국공항공사 사외이사·이사회 의장 2015년 국회예산정책처 예산분석자문위원(현) 2015년 국토교통부 국가교통위원회 위원(현) 2016~2019년 한국해양수산개발원(KMI) 원장 2016년 산업통상자원부 통상교섭 민간자문위원(현) 2017년 한국선급 비상근감사(현) 2018년 부산 해양클러스터 기관장협의회 회장(현) 2018년 세계해운연구기관협의회(Global Shipping Think-Tank Alliance) 의장(현) (상)해양수산부장관표창(1999) (저)'결합생산성 분석방법을 통한 항만시스템 취급능력 향상방안'(2004, KMI) '한강하구 및 서해연안 접경지역에 대한 물류시설 이용방안 연구'(2005, KMI) '세계물류 환경변화와 대응방안'(2007, KMI) '해운항만물류회계'(2009, 박영사) '해운항만산업의 미래 신조류'(2009, 효민) '물류와 SCM의 이해'(2016, 박영사) '우리의 바다 DNA, 가슴이 뛴다'(2016, 효민디엔피) '내일의 꿈, 물류에서 찾다'(2016, 효민디엔피) (역)'해운경제학'(2015, 박영사) (종)가톨릭

양채열(梁彩烈) YANG Chae Yeol

(생)1959·11·7 (출)전남 화순 (주)광주광역시 북구 용봉로77 전남대학교 경영학부(062-530-1443) (학)1978년 광주고졸 1982년 서울대 경제학과졸 1988년 미국 인디애나대 경영대학원졸 1994년 경영학박사(미국 노스웨스턴대) (경)1984년 삼성물산 근무 1985년 한국개발연구원(KDI) 근무 1994년 통신개발연구원 근무 1996년 전남대 경영학부 전임강사·조교수·부교수·교수(현) 2001년 한국재무관리학회 상임이사 2004년 同감사 2004년 한국경영학회 이사 2004년 한국보건경제정책학회 이사 2005년 한국재무학회 공동편집위원장 2010년 同부회장 2016~2017년 同회장 2017년 KDB산업은행 사외이사(현) 2017년 대통령직속 국민경제자문회의 민생경제분과 자문위원(현) 2019년 전남대 경영대학장(현) (저)'사회정의와 사회발전(共)'(2001) (역)'금융규제:이유·방법 및 방향(共)'(2002)

양채진(楊釆鎭) Yang chae jin

(생)1963·12·20 (주)서울특별시 송파구 송파대로 570 현대하이카손해사정(주) 지방권차량본부(02-554-5656) (학)순천고졸, 국민대 행정학과졸 (경)1989년 현대해상화재보험(주) 입사 1996년 同과장 2001년 同차장 2005년 同부장대우 2008년 同부장 2012년 하이카다이렉트(주) 상무보 2015년 同상무B 2015년 현대해상화재보험(주) 자동차업무본부장(상무B) 2017년 同수도권보상본부장(상무B) 2018년 同수도권보상본부장(상무A) 2019년 현대하이카손해사정(주) 지방권차량본부장(상무A)(현)

양철민(楊澈敏)

(생)1979·9·16 (주)경기도 수원시 팔달구 효원로 1 경기도의회(031-8008-7000) (학)아주대 공공정책대학원 행정학과졸 (경)수원생명의전화 이사, 아주대 공공정책대학원 제21대 원우회장, 수원시당 구연맹 회장, 더불어민주당 경기도당 청년위원회 수석부위원장, 同중앙당 체육특별위원회 부위원장, 수원시장애인수영연맹 회장, 더불어민주당 수원丁지역위원회 청년위원장 2018년 경기도의회 의원(더불어민주당)(현) 2018년 同도시환경위원회 위원(현)

양철우(楊澈愚) YANG Chul Woo

(생)1926·8·25 (본)청주(淸州) (출)충남 논산 (주)서울특별시 마포구 마포대로14길 4 (주)교학사 비서실(02-717-3555) (학)1944년 강경공립상업학교졸 (경)1944년 경성지법 근무 1946~1950년 문화교육출판사 근무 1952~1984년 교학사 대표 1984년 同대표이사 회장(현) 1988년 (사)한국검정교과서 고등학교검정교과서발행조합 공동대표(현) 1988년 한국2종교과서발행조합 공동대표 1991·2005년 용옥장학문화재단 이사장(현) 2000~2001년 국제라이온스협회 354A지구 총재 2003~2004년 同국제이사 (상)석탑산업훈장, 대통령표창, 옥관문화훈장, 서울지방국세청장표창, 서울시문화상, 국민훈장 동백장 (종)불교

양철한(梁鐵瀚) Yang Chulhan

(생)1968·7·22 (출)전남 담양 (주)서울특별시 송파구 법원로 101 서울동부지방법원(02-2204-2114) (학)1986년 광주 전남고졸 1991년 서울대 경영학과졸 1995년 고려대 대학원 법학과 수료 (경)1995년 사법시험 합격(37회) 1998년 사법연수원 수료(27기) 1998년 창원지법 예비판사 2000년 同판사 2002년 수원지법 평택지원 판사 2006년 서울동부지법 판사 2008년 서울중앙지법 판사 2010년 서울고법 판사 2012년 서울동부지법 판사 2013년 대전지법 부장판사 2015년 수원지법 부장판사 2017년 서울동부지법 부장판사(현)

양춘만(梁春萬) YANG Chun Man

(생)1963·2·1 (주)서울특별시 중구 장충단로 180 신세계건설(주) 레저부문(02-3406-6620) (학)1981년 대일고졸 1988년 고려대 경영학과졸 (경)1988년 (주)신세계 인사부 입사 1991년 同경영지원실 회계과장 1996년 同경영지원실 자금과장 1996년 同경영지원실 재무과장 1997년 同기획조정실 관리팀 과장 1998년 同관리담당 경영지원과장 2002년 同재경담당 경리팀장 2005년 同이마트부문 재경담당 경리팀장 2007년 同SI지원담당 상무보 2012년 同SI지원담당 부사장보 2013년 (주)이마트 경영총괄부문 경영지원본부장(부사장보) 2015년 신세계그룹 전략실 관리총괄 부사장 2016년 (주)이마트 경영지원본부장(부사장) 2017년 신세계건설(주) 레저부문 대표이사(현)

양충모(梁忠模) YANG Choong Mo

(생)1963·2·20 (출)전북 남원 (주)세종특별자치시 갈매로 477 기획재정부 경제예산심의관실(044-215-7300) (학)1982년 전라고졸 1989년 연세대 경제학과졸 1993년 서울대 대학원 행정학과졸 2003년 미국 듀크대 대학원 공공정책학과졸 (경)1990년 행정고시 합격(34회) 1991~1994년 경제기획원 투자기관관리과 근무 1995년 국무조정실 심사평가조정관실 1995~1997년 재정경제원 국고국·예산실 1998년 기획예산처 예산실·개혁실·기금국 2001년 同재정1팀 서기관 2002년 同기금제도과 서기관 2005년 同예산낭비대응팀장 2006년 과학기술부 연구개발예산담당관 2007년 기획예산처 노동여성재정과장 2008년 기획재정부 정책조정국 기술정보과장 2009년 同정책조정국 서비스경제과장 2010년 同재정기획과장 2011년 同재정정책국 재정정책과장 2011년 同재정정책국 재정정책과장 2012년 同협동조합법준비기획단장 2012년 해외 파견 2013년 새만금개발청 기획조정관 2014년 기획재정부 부이사관 2014년 대통령비서실 근무 2016년 기획재정부 정책조정국 성장전략정책관 2017년 同공공정책국장 2018년 同예산실 경제예산심의관(현) (상)대통령표창(2002)

양태경(楊泰卿) Yang Tae-Kyung

(생)1966·3·6 (출)대구 달성 (주)제주특별자치도 제주시 남광북5길 3 제주지방법원 총무과(064-729-2423) (학)1985년 대구 경원고졸 1990년 서울대 법학과졸 (경)1989년 사법시험 합격(31회) 1992년 사법연수원 수료(21기) 1992년 軍법무관 1995년 서울지법 판사 1997년 同북부지원 판사 1999년 청주지법 충주지원 음성군법원 판사 2000년 대전고법 판사 2001년 서울지법 의정부지원 판사 2003년 서울고법 판사 2004년 대전지법 판사 2007년 청주지법 부장판사 2009년 대전지법 부장판사 2012년 同공주지원장 2012년 同논산지원 부장판사 겸임 2014년 대전지법 부장판사 2016년 청주지법 수석부장판사 2016년 언론중재위원회 위원 2018년 제주지법 부장판사(현)

양태언(梁太彦)

(생)1965 (출)서울 (주)서울특별시 서대문구 통일로 97 경찰청 보안3과(02-3150-2291) (학)용산고졸, 경희대 철학과졸 (경)1994년 경장 경력채용 2008년 강원 평창경찰서 생활안전과장 직무대리 2009년 강원 동해경찰서 생활안전교통과장 2010년 일제강점하강제동원피해진상규명위원회 파견(경정) 2011년 경찰청 대테러센터 치안상황실담당 2015년 서울지방경찰청 보안수사1대장 2016년 제주지방경찰청 경무과장(총경) 2017년 同경비교통과장 2017년 경북 영양경찰서장 2019년 경찰청 보안3과장(현)

양태회(梁汰會) YANG TAE HOE

(생)1964·7·26 (출)서울 (주)서울특별시 구로구 디지털로33길 48 대륭포스트타워7차 20층 (주)비상교육(02-6970-6003) (학)1984년 서울 대성고졸 1992년 고려대 문과대학 불어불문학과졸 (경)1992~1996년 길잡이학원 설립·운영 1997년 교육출판 비유와상징 설립·운영 2002~2009년 (주)비유와상징 대표이사 2009년 (주)비상교육 대표이사(현) 2013년 세계한국학교후원회 회장 2013년 디지털교과서협회 회장(현) (상)문화관광부장관표창(2006), 대한민국 교육산업경영인대상(2007)

양한광(梁漢光) YANG Han Kwang

(생)1960·2·18 (출)충남 공주 (주)서울특별시 종로구 대학로 101 서울대학교병원 위장관외과(02-2072-3797) (학)1984년 서울대 의대졸 1988년 同대학원 의학석사 1991년 의학박사(서울대) (경)1985년 서울대병원 인턴 1986~1995년 同일반외과 전공의·전임의 1991~1994년 미국 국립암연구소 Visiting Fellow 1995년 서울대 의과대학 외과학교실 조교수·부교수·교수(현) 1995년 일본 게이오대 의대 11th WHO Training Course of Endoscopy/ Surgery for Gastric Cancer at Department of Surgery 1997~1998년 미국 국립암연구소 Guest Researcher 2005~2009년 대한복강경위장관연구회 초대 회장 2007년 서울대병원 위장관외과분과장 2008년 대한기질종양연구회 부회장 2009년 'The Journal of Gastric Cancer' Editor 2011년 서울대병원 위암센터장(현) 2015~2017년 대한위암학회 이사장 2015년 미국외과학회(ASA : American Surgical Association) 명예회원(현) 2016년 유럽외과학회(EACTS) 명예회원(현) 2016년 대한민국의학한림원 국제협력위원회 위원(현) 2016~2018년 서울대 의대 외과학교실 주임교수 2016~2018년 서울대병원 외과 과장 2017년 한국과학기술한림원 정회원(의약학부)(현) 2019년 대한암학회 차기(2020년 6월부터) 이사장(현) (상)在美한인의사회 Dr. Choi Chai Chang Award(2015), 대한외과학회 SCI부문 연강학술상(2016), 두산연강학술상 외과학부문(2016), Honorary Member of Japanese Society of Endoscopic Surgery(2016), Honorary Member of European Surgical Associatio(2016), Honorary Fellow of American Surgical Association(2016) (저)'위암을 정복합시다'(2010)

양해만

(생)1969 (출)대구 달성 (주)서울특별시 영등포구 의사당대로 88 한국투자신탁운용 임원실(02-3276-4700) (학)1988년 영진고졸 1992년 서울대 경영학과졸 1996년 同경영대학원 재무학과졸 (경)1996~1999년 대한투자신탁 리서치·주식운용보조 대리 1999년 SH자산운용 주식운용 차장 2000년 현대투신운용 주식운용 선임매니저 2001년 SH자산운용 리서치팀장 2004년 NH-Amundi자산운용(舊NH-CA자산운용) 주식운용 부본부장 2009년 同운용부문 대표(상무) 2013년 브레인자산운용 운용부문 대표 부사장 2014년 키아라 어드바이저스(KIARA Advisors) 대표 2018년 한국투자신탁운용 최고투자책임자(부사장·CIO)(현)

양향자(梁香子·女) YANG, HYANG JA

(생)1967·4·4 (본)제주(濟州) (출)전남 화순 (주)서울특별시 영등포구 국회대로68길 7 더불어민주당(1577-7667) (학)1986년 광주여상졸 1995년 삼성전자기술대 반도체공학과졸 2005년 한국디지털대 인문학과졸 2008년 성균관대 대학원 전기전자컴퓨터공학과졸 (경)1985년 삼성반도체 메모리설계실 연구원보조 1993년 삼성전자(주) 메모리사업부 SRAM설계팀 책임 2007년 同메모리사업부 DRAM설계팀 수석 2011년 同메모리사업부 Flash설계팀 수석 2014~2016년 同메모리사업부 Flash설계팀 연구위원(상무) 2014~2016년 여성가족부 사이버멘토링 IT·전자분야 대표멘토 2016년 더불어민주당 제20대 총선 선거대책위원회 위원 2016~2018년 同광주시서구乙지역위원회 위원장 2016년 제20대 국회의원선거 출마(광주 서구乙, 더불어민주당) 2016~2018년 더불어민주당 최고위원 2016~2017년 同호남특별위원회 수석부위원장 2016~2018년 同전국여성위원회 위원장 2017~2018년 광주미래산업전략연구소 초대 이사장 2018년 국가공무원인재개발원 원장(차관급) 2019년 더불어민주당 일본경제침략대책특별위원회 부위원장(현)

양혁승(梁赫承) YANG Hyuck Seung

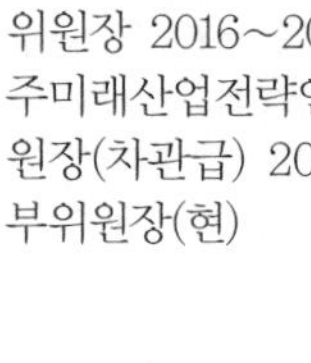

(생)1959·2·11 (주)서울특별시 서대문구 연세로 50 연세대학교 경영대학 경영학과(02-2123-2496) (학)1987년 서울대 사회복지학과졸 1989년 경희대 평화복지대학원 노사관계학과졸 1998년 인적자원관리학박사(미국 미네소타대) (경)1989~1992년 경제정의실천시민연합 정책연구부장 1998~2000년 미국 Univ. of South Carolina 조교수 2000년 연세

대 경영학과 교수(현), 한국인사관리학회 상임이사 2008년 경제정의실천시민연합 정책위원장·상임집행위원장(현) 2017년 국세청 국세행정개혁위원회 위원(현) 2018년 장기소액연체자지원재단 이사장(현) (저)'전략적 인적자원관리'(共)

양현근(梁玄根) Yang, Hyun Keun

(생)1960·7·25 (본)남원(南原) (주)서울특별시 영등포구 국제금융로8길 10 한국증권금융 부사장실(02-3770-8800) (학)1978년 광주 동성고졸 1986년 조선대 경영학과졸 2001년 연세대 대학원 증권금융학과졸 (경)1978~1998년 한국은행 국고부·여신관리국·검사제1국·검사제4국 근무 1999년 금융감독원 검사총괄실 근무 2001년 同은행감독국 팀장 2005년 同은행검사1국 팀장 2007년 同은행감독국 팀장 2008년 同일반은행서비스국 부국장 2009년 同외환업무실장 2010년 同은행서비스총괄국장 2011년 同금융투자감독국장 2012년 同은행감독국장 2013년 同서민금융지원국 선임국장 2014년 同기획조정국장 2015년 同은행·비은행감독담당 부원장보 2016년 한국증권금융 부사장(현) (상)한국은행 총재표창(1987·1991), 정부경제정책수립기여 경제기획원장관표창(1991), 은행감독원장표창(1993·1998), 계간 〈창조문학〉 시부문 신인상(1998), 금융감독위원장표창(1999), 대한민국 충효대상(2012), 대통령표창(2013) (저)시집 '수채화로 사는 날'(1999) '안부가 그리운 날'(2003) '길은 그리운 쪽으로 눕는다'(2009) '기다림 근처'(2013)

양현미(梁現美·女) YANG Hyun Mee

(생)1964·10·3 (본)제주(濟州) (출)서울 (주)서울특별시 종로구 청와대로 1 대통령 문화비서관실(02-770-0011) (학)1983년 선정여고졸 1988년 서울대 미학과졸 1993년 홍익대 대학원 미학과졸 2002년 미학박사(홍익대) (경)1994년 가나아트 기자 1994~2002년 한국문화정책개발원 수석연구원 2002~2009년 한국문화관광연구원 연구위원·기획조정실장·정책총괄연구실장·문화산업연구실장 2002년 한국예술경영학회 정책이사 2003~2004년 문화관광부 문화비전추진반 연구기획팀장 2005~2008년 한국문화예술진흥원 이사 2006~2008년 예술경영지원센터 이사 2006~2007년 중앙대 법대 법학연구소 객원연구원 2007~2009년 광주아시아문화중심도시조성실시계획심의위원회 심의위원 2008~2009년 행정안전부 행정진단센터 행정제도진단 및 개선자문위원 2008년 통계청 국가통계위원회 사회분과위원 2008년 기획재정부 재정사업평가자문회의 민간위원 2008~2009년 중앙대 대학원 문화연구학과 겸임교수 2009~2018년 상명대 예술대학 문화예술경영학과 교수 2009년 디자인문화재단 디자인문화정책연구소장 2010년 다움문화예술기획 이사 2010~2012년 대통령직속 미래기획위원회 위원 2012년 (사)문화다움 이사 2012년 한국문화관광연구원 이사 2012년 충남도의회 정책특별보좌관 2014년 한국문화예술경영학회 회장 2014년 서울시 문화관광디자인본부 문화체육정책관 2015~2016년 同문화체육관광본부 문화체육기획관 2017~2018년 한국문화예술교육진흥원 원장 2019년 대통령 사회수석비서관실 문화비서관(현) (상)문화체육부장관표창(1994), 문화관광부장관표창(2004) (저)'문화예술교육 활성화를 위한 제도적기반 조성방안 연구'(2005) '국립아시아문화전당건립 기본구상 연구'(2005) '공공미술이 도시를 바꾼다(共)'(2006) '문화의 사회적가치'(2007) '국립민속박물관 중장기 발전방안 연구'(2007) '박물관 미술관 학예사 자격제도 규제순응도 조사'(2007) '공공성(共)'(2008) (역)'현대미술의 변명'(1996) (종)천주교

양현아(梁鉉娥·女) Hyunah YANG

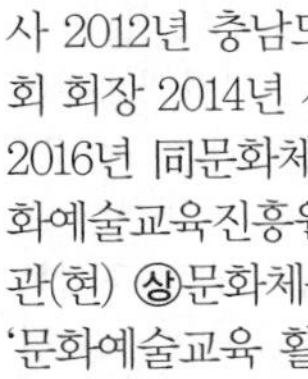

(생)1960·5·19 (주)서울특별시 관악구 관악로 1 서울대학교 법학전문대학원(02-880-9033) (학)1984년 서울대 가정관리학과졸 1988년 同사회학과졸 1991년 同대학원 사회학과졸 1998년 사회학박사(미국 뉴스쿨대) (경)1998~2002년 서울대·동국대·한양대·이화여대·숙명여대·연세대·중앙대 강사 2000년 일본군성노예전범 여성국제법정 남북한 공동검사단원 2001~2003년 서울대 BK21법학연구단 박사 후 연구원 2002~2003년 미국 워싱턴대 방문교수 2003년 서울대 법과대학 조교수·부교수·교수 2004년 한국사회사학회 이사 2005년 한국여성학회 대외협력위원장 2005년 한국젠더법학연구회 운영위원장 2009~2011년 한국젠더법학회 회장 2011~2014년 국가인권위원회 비상임위원 2012년 서울대 법학전문대학원 교수(현) 2012~2013년 대법원 국민사법참여위원회 위원 2015년 새정치민주연합 선출직공직자평가위원회 위원 2017~2019년 해병대 인권자문위원 2018년 시민평화법정 재판부 재판관 (저)'성적 소수자의 인권'(2002) '유교적 예와 현대적 해석'(2004) '가지않은 길, 법여성학을 향하여'(2004) '낙태죄에서 재생산권으로'(2005) '한국젠더정치와 여성정책 中 여성주의정책으로서의 한국가족정책의 원리모색'(2006) '군대와 성평등'(2009) '한국가족법 읽기 – 전통, 식민지성, 젠더의 교차로에서'(2011) 'Law and Society in Korea'(2013) '법사회학, 법과사회의 대화'(2013) '동아시아 역사분재 – 갈등의 현장을 찾아 화해의 길을 묻다'(2016) '2015 「위안부」 합의 이대로는 안 된다'(2016)

양현주(梁鉉周) YANG Hyun Joo

(생)1961·9·14 (본)남원(南原) (출)서울 (주)인천광역시 미추홀구 소성로163번길 17 인천지방법원 원장실(032-860-1169) (학)1980년 동국대사대부고졸 1985년 서울대 법대 공법학과졸 1987년 同대학원 법학과졸 2003년 同대학원 법학 박사과정 수료 (경)1986년 사법시험 합격(28회) 1989년 사법연수원 수료(18기) 1992년 부산지법 판사 1995년 同울산지원 판사 1996년 수원지법 판사 1997년 미국 버지니아대 연수 2000년 서울지법 판사 2000년 헌법재판소 헌법연구관 2001~2004년 서울고법 판사 2001~2002년 헌법재판소 파견 2004년 인천지법 부장판사 2007년 서울남부지법 부장판사 2009~2012년 서울중앙지법 부장판사 2010~2011년 언론중재위원회 서울제5중재부장 2012년 대전고법 부장판사 2013년 인천지법 수석부장판사 2014년 서울고법 부장판사 2019년 인천지법원장(현)

양형권(梁炯權) YANG Hyung Kwon

(생)1965·3·6 (출)전남 곡성 (주)경기도 부천시 상일로 129 인천지방법원 부천지원 총무과(032-320-1213) (학)1984년 광주 송원고졸 1991년 서울대 경영학과졸 (경)1992년 사법시험 합격(34회) 1995년 사법연수원 수료(24기) 1996년 변호사 개업 2000년 광주지법 판사 2002년 同순천지원 판사 2005년 광주고법 판사 2008년 광주지법 판사 2010년 同목포지원 부장판사 2012년 광주지법 부장판사 2015년 창원지법 부장판사 2017년 광주지법 부장판사 2018년 인천지법 부천지원장 겸 인천가정법원 부천지원장(현)

양형식(梁亨植) YANG Hyung Sik

(생)1954·9·16 (출)전북 임실 (주)전라북도 전주시 덕진구 견훤로 390 대자인병원 내과중증센터(063-240-2000) (학)1973년 전주고졸 1979년 전북대 의대졸 1988년 의학박사(전북대) 1994년 미국 필라델피아대·토머스제퍼슨대 병원 연수 2004년 미국 하버드대 의대 노인병교육센터 수료 (경)1986~2002년 전주 양형식내과의원 원장 1986년 전주청년회의소 회원·이사 1995년 同특우회원(현) 1995~1997년 국제로타리 3470지구 전일로타리클럽 초대회장 1996년 전주지법 가사 및 민사조정위원 1997년 전주 영생고육성회 회장 1998년 전북대 의대 외래교수 1998~2004년 한국BBS운동 전북연맹 부회장 1998~2008년 법무부 범죄예방위원회 의료지원분과 부위원장 1999~2007년 전주경제정의실천시민연합 공동대표·고문 1999~2005년 전주방송 시청자위원 2000년 同시사진단 진

행자 2001년 2002전주월드컵 명예홍보대사 2002년 양지내과병원 병원장 2002년 전북개원내과의사회 회장 2003년 전주시의사회 회장 2005~2009년 전주사회복지협의회 부회장 2006~2009년 전북도의사회 회장 2008년 전주지검 의료자문회의 부회장 2013~2018년 드림솔병원 병원장 2014년 전북대병원 비상임이사(현) 2018년 대자인병원 내과중증센터 병원장(현) (상)국회의장표창(1979), 동호라이온스클럽회장 감사패(1981), 전주청년회의소회장 공로패(1988), 줄포청년회의소회장 감사패(1989), 무궁화교통봉사대장 감사패(1991), 전주세무서장표창(1992), 보건사회부장관표창(1994), 국제로타리3670지구총재 공로패(1996·2001), 전주시노인회장 공로패(1996), 전일로타리클럽회장 공로패(1996), 법원행정처장 감사패(1998), 전주지방검찰청장표창(1999), 한국BBS중앙연맹총재 봉사대상(2004), 자랑스런 선행시민상(2005), 국무총리표창(2005)

양형일(梁亨一) YANG Hyung Il (無境)

(생)1951·3·2 (본)제주(濟州) (출)광주 (주)서울특별시 종로구 사직로8길 60 외교부 인사기획관실(02-2100-7139) (학)1971년 광주상고졸 1976년 조선대 법학과졸 1979년 同대학원 법학과졸 1984년 미국 오하이오대 대학원 행정학석사 및 국제행정학석사 1989년 행정학박사(미국 휴스턴대) (경)1980년 조선대 법학과 전임강사 1988년 미국 휴스턴대 강사 1989~2009년 조선대 행정학과 조교수·부교수·교수 1992년 광주매일신문 객원논설위원 1994년 조선대 기획처장 1995년 민주평통 자문위원 1996~1997년 영국 서섹스대 객원교수 1998년 조선대 부총장 1999~2003년 同총장 1999~2003년 광주·전남테크노파크 공동이사장 2000년 광주은행 사외이사 2001년 광주시 제2의 건국범국민추진위원회 위원장 2003~2007년 열린우리당 중앙위원 2003년 同교육특별위원장 2004~2008년 제17대 국회의원(광주東, 열린우리당·중도개혁통합신당·중도통합민주당·대통합민주신당·통합민주당) 2004~2005년 열린우리당 광주시당 위원장 2004년 同문화중심도시추진특별위원회 위원장 2005년 同지방행정체제개편기획단장 2007년 중도개혁통합신당 대변인 2009년 조선대 행정학과 명예교수(현) 2012년 제19대 국회의원선거 출마(광주 동구, 무소속) 2013년 소나무포럼 상임고문 2014년 광주시 교육감선거 출마 2019년 駐엘살바도르 대사(현) (상)대통령표창, 국민훈장 동백장(2002), 청조근정훈장(2010) (저)'영국지방정부론'(1997) (종)기독교

양혜숙(梁惠淑·女) YANG Hye Sook

(생)1936·6·19 (본)남원(南原) (출)서울 (주)서울특별시 종로구 종로22길 25 태성빌딩 502호 한국공연예술원(02-6015-2223) (학)1959년 서울대 문리대 독어독문과졸 1966년 서독 튀빙겐대 대학원졸 1978년 문학박사(이화여대) (경)1964년 서울사대부고 교사 1968~1981년 이화여대 인문대 독어독문학과 전임강사·조교수·부교수 1981~2001년 同교수 1983~1985년 세계전문직여성연맹 한국본부 부위원장 1984년 독어독문학회 부회장 1984~1987년 서울극평가클럽 회장·국제극평가협의회 한국본부 회장 1990년 브레히트학회 부회장 1990년 카프카학회 부회장 1991~1993년 同회장 1991~1995년 한국공연예술연구회 회장 1992년 예술평론가협의회 부회장 1994~1995년 한국독어독문학회 회장 1995~2009년 한국공연예술원 원장 1996~1999년 국제극예술협회(ITI) 한국본부 부회장 1996~1999년 유네스코 한국본부 문화분과위원 및 감사 1999~2005년 국제극예술협회(ITI) 한국본부 회장 2000년 서울연극협회 자문위원 2002~2014년 아시아퍼시픽극예술협회 회장 2002년 한국연극평론가협회 고문(현) 2004~2013년 과천문화재단 이사 2010년 한국공연예술원 이사장(현) (상)국무총리표창(1997), 한국예술평론가협의회 최우수예술인상(1998), 대통령표창(1998), 황희문화예술상 대상(2000), 국제문화예술상 공로상 (저)'표현주의 연극에 나타난 현대 성' '연극의 이해(共)'(1992) '15인의 거장들-현대 독일어권 극작가 연구(編)'(1998) (역)'구제된 혀'(1982) '연극과 사회'(1984) '낯선자' '세상의 중력' '아침부터 자정까지' '세상살이 귀신놀이' 등 20여편 (작)'뷰시너의 보이체크' 등 17편 (종)천주교

양호산(梁鎬山) YANG Ho San

(생)1966·12·25 (출)전남 강진 (주)서울특별시 서초구 법원로 16 정곡빌딩동관 409호 양호산법률사무소(02-6462-1500) (학)1984년 광주 금호고졸 1989년 고려대 법학과졸 (경)1993년 사법시험 합격(35회) 1996년 사법연수원 수료(25기) 1999년 부산지검 검사 2000년 전주지검 정읍지청 검사 2002년 서울지검 검사 2004년 인천지검 검사 2006년 부실채무기업특별조사단 파견 2006년 광주지검 검사 2006~2008년 예금보험공사 금융부실책임조사본부 파견 2008년 광주지검 검사 2009년 대검찰청 연구관 2010년 부산지검 강력부장 2011년 대전지검 논산지청장 2012년 서울중앙지검 공판3부장 2013년 同조사부장 2014년 인천지검 부천지청 부장검사 2015년 법무연수원 교수 2015년 변호사 개업(현)

양호승(梁豪承) YANG Ho Seung

(생)1947·12·13 (출)전남 강진 (주)서울특별시 영등포구 여의나루로 77-1 사회복지법인 월드비전(02-2078-7000) (학)1969년 서울대 농대졸 1971년 미국 미네소타대 대학원 영양학과졸 1976년 식품·생물공학박사(미국 메사추세츠공과대) 1982년 미국 일리노이대 대학원 경영학과졸 (경)1976~1978년 미국 IBM Watson 중앙연구소 연구원(Biotechnology R&D) 1989~1997년 SK케미칼 입사·기획관리실장(전략기획·IT·PR·IR·Legal)·SK그룹 회장실 상무·생명과학연구소장(신약개발·제약R&D·건강식품) 1997~2007년 미국 Sensient Technologies Wisconsin 마케팅 및 기술총괄 부사장 2007~2011년 CJ제일제당 부사장(Global 신규사업개발·Global Marketing·Technology 자문) 2008년 평양과학기술대 학사위원 2012년 사회복지법인 월드비전 회장(현) 2014~2016년 대북협력민간단체협의회 회장 2018년 한국아동단체협의회 회장(현) 2019년 국제개발협력민간협의회(KCOC) 회장(현)

양호승(梁虎承) YANG Ho Seung

(생)1956·1·2 (본)제주(濟州) (출)충남 논산 (주)서울특별시 강남구 영동대로 517 아셈타워 법무법인 화우(02-6003-7550) (학)1974년 대전고졸 1978년 서울대 경제학과졸 2005년 同대학원 전문분야법학연구과정 수료 (경)1977년 행정고시 합격(19회) 1978~1979년 행정고시(21회) 연수 및 총무처 근무 1982년 사법시험 합격(24회) 1984년 사법연수원 수료(14기) 1985년 수원지법 판사 1987년 서울민사지법 판사 1988년 대전지법 천안지원 판사 1990년 서울지법 서부지원 판사 1993년 서울민사지법 판사 1995년 서울가정법원 판사 1996년 서울고법 판사 1998년 대법원 재판연구관 1998년 同민사실무연구회 회원(현) 2000년 대전지법 천안지원 부장판사 2001~2004년 사법연수원 교수 2003년 사법시험 1차 및 2차 출제위원 2004년 서울북부지법 부장판사 2006년 금융감독원 감리위원회 위원 2006~2014년 법무법인 화우 변호사 2006~2008년 금융감독원 감리위원 2009~2011년 한국증권법학회 이사 2009~2013년 전문건설공제조합 법률자문위원 2009~2013년 同상각채권심사위원 2010~2014년 식품의약품안전처 고문변호사 2011~2015년 한국거래소 유가증권시장상장공시위원회 위원 2011년 대한상사중재원 중재인(현) 2011~2013년 서울지방변호사회 이사 2011년 법무부 선진법제포럼 회원(현) 2011년 한국증권법학회 감사 2012~2016년 국민권익위원회 중앙행정심판위원회 위원 2012~2016년 대한변호사협회 변호사연수원 운영위원 2012년 전문건설공제조합 운영

위원회 위원(현) 2013~2015년 국세청 조세법률고문 2014년 법무법인 화우 대표변호사(현) 2015년 한국증권법학회 부회장(현) (저)'행정소송실무편람'(共)

양호진 Yang Hojin

(생)1968·12·26 (주)서울특별시 종로구 종로1길 50 더케이트윈타워 SKC(주) 화학사업개발본부(02-3787-1234) (학)1987년 강원 북평고졸 1994년 서강대 화학공학과졸 2017년 서울대 대학원 MBA석사 휴학 중 (경)1994년 SKC(주) 입사 2011년 同화학사업부문 기술팀장 2014년 同화학사업부문 전략팀장 2017년 同화학BM혁신담당 2018년 同화학사업개발본부장(상무) 2019년 同화학사업개발본부장(현)

양홍석(梁洪碩) Yang Hong Seok

(생)1981·4·20 (출)서울 (주)서울특별시 중구 삼일대로 343 대신증권(주) 사장실(02-769-2003) (학)2006년 서울대 경영학과졸 (경)2006~2007년 대신증권(주) 선릉역지점·명동지점·대신경제연구소 근무 2007년 대신투자신탁운용(주) 상무이사 2007년 대신증권(주) 전무이사 2008년 同부사장 2010년 同대표이사 부사장 2012년 同부사장 2014년 同사장(현)

양홍주(梁洪周) Yang Hong Ju

(생)1960·6·5 (본)제주(濟州) (출)전북 정읍 (주)서울특별시 종로구 세종대로 209 정부서울청사 행정안전부 운영지원과(02-2100-1411) (학)1979년 호남고졸 1984년 경희대 행정학과졸 1986년 同대학원 행정학과졸 1996년 한국개발연구원(KDI) 국제정책대학원 정책학과졸 (경)1990~2002년 총무처(행정자치부) 고시과·교육훈련과·인사과 근무 2002~2003년 중앙공무원교육원 국제협력담당관실 근무 2004~2006년 한국개발연구원(KDI) 국제정책대학원·미국 오레곤대 직무훈련 2006~2008년 중앙인사위원회 근무 2008~2009년 행정안전부 인사정책과 임용계장 2009~2010년 同감사팀장 2010~2012년 2012여수세계박람회조직위원회 조정부장·스카이타워단장 2012~2015년 駐도미니카공화국대사관 1등서기관 2015년 행정자치부 지방인사제도과장 2016년 同감사담당관 2017년 행정안전부 감사담당관 2019년 同감사담당관(부이사관) 2019년 대통령직속 3.1운동및대한민국임시정부수립100주년기념사업추진위원회 파견(부이사관)(현) (상)국무총리표창(1999), 녹조근정훈장(2013)

양환승(梁煥丞)

(생)1972·2·20 (출)전남 곡성 (주)인천광역시 미추홀구 소성로163번길 17 인천지방법원 총무과(032-860-1169) (학)1990년 순천효천고졸 1999년 한양대 법학과졸 (경)1999년 사법시험 합격(41회) 2002년 사법연수원 수료(31기) 2002년 광주지법 예비판사 2004년 同판사 2005년 同장흥지원 판사 2007년 수원지법 판사 2013년 서울남부지법 판사 2015년 서울중앙지법 판사 2016년 서울고등법원 판사 2017년 광주지법 부장판사 2019년 인천지법 부장판사(현)

양환정(梁煥政) YANG Hwan Jung

(생)1967·1·28 (출)전북 남원 (주)서울특별시 강남구 역삼로 111 한국정보통신진흥협회(02-580-0580) (학)1985년 경신고졸 1989년 서울대 사법학과졸 2002년 미국 콜로라도대 볼더교 대학원졸 (경)1989년 행정고시 합격(33회) 1998년 정보통신부 우정기획팀 서기관 2002년 울산우체국장 2003년 정보통신부 기획관리실 법무담당관 2005년 同정보통신진흥국 통신이용제도과장 2006년 同통신방송정책총괄팀장(부이사관) 2007년 한국정보사회진흥원 조정관(파견) 2009년 방송통신위원회 전파정책기획과장 2010년 同정책총괄과장 2010년 同국제협력관(고위공무원) 2012년 同전파기획관 2012~2016년 제네바 ITU(국제전기통신연합) 선임연구원 2016년 미래창조과학부 통신정책국장 2017~2018년 과학기술정보통신부 정보통신정책실장 2019년 한국정보통신진흥협회(KAIT) 상근부회장(현) (상)근정포장(2007), 홍조근정훈장(2018)

양환준(梁桓準) Hwan-joon Yang

(생)1961·9·11 (주)서울특별시 영등포구 은행로 38 한국수출입은행 프로젝트금융본부(02-3779-6114) (학)1980년 홍익고졸 1987년 홍익대 경제학과졸 (경)1987년 한국수출입은행 입행 1997년 同영국은행 과장 2001년 同해외사업금융부 차장 2002년 同해외투자금융본부 부부장 2003년 同국제투자금융실 부부장 2004년 同국제금융부 부부장 2004년 同프로젝트금융부 부부장 2006년 同프로젝트금융부 PF4팀장 2009년 同플랜트금융부 플랜트금융1팀장 2011년 同경영지원부 팀장 2012년 同금융자문부장 2014년 同석유산업금융부장 2014년 同프로젝트금융1부장 2016년 同플랜트금융부장 2018년 同프로젝트금융본부장(현) (상)한국수출입은행장표창(2013·2016)

양훈식(梁薰植) Hoon Shik Yang

(생)1955·2·9 (주)강원도 원주시 혁신로 60 건강보험심사평가원 진료심사평가위원회(02-705-6260) (학)1973년 전북고졸 1979년 중앙대 의대졸 1982년 同대학원 의학석사 1986년 의학박사(중앙대) (경)1979~1983년 중앙대병원 전공의 1983~2019년 중앙대 의대 이비인후과학교실 교수 1988~1989년 일본 토카이대병원 연수 1989년 일본 국립암센터 연수 1996년 미국 Memorial Sloan Kettering Center 교환교수 1999~2003년 중앙대병원 교육연구부장 1999년 同이비인후과장 2000년 대한기관식도과학회 평의원 2002~2007년 대한두경부종양학회 감사 2002~2009년 대한이비인후과학회 보험위원회 부위원장·보험이사 2003~2004년 중앙대병원 진료부장 2005~2012년 중앙대 의대 이비인후과학교실 주임교수 2009년 대한의사협회 상임이사 2011년 보건복지부 신의료기술평가위원회 위원 2012년 근거창출임상연구국가사업단(NSCR) 단장 2016~2018년 대한임상보험의학회 이사장 2018년 同회장 2019년 건강보험심사평가원 진료심사평가위원회 위원장(현) (상)대한이비인후과학회 공로상(2011), 보건복지부장관표창(2011)

양휘부(梁輝夫) YANG Hwee Boo

(생)1943·6·28 (본)제주(濟州) (출)부산 (주)경기도 성남시 분당구 운중로 121 KPGA빌딩 10층 한국프로골프협회(02-414-8855) (학)1962년 경남고졸 1966년 고려대 정치외교학과졸 1983년 미국 미주리주립대 언론대학원졸(언론학석사) 2001년 고려대 언론대학원 최고위과정 이수 (경)1970~1973년 대한일보 기자 1973~1980년 KBS 정치부 기자 1978~1979년 한국기자협회 부회장 1980년 KBS 강제 해직 1986년 KBS 올림픽방송본부 통합통제실장 1987년 同기획보도실 제작담당 부주간 1989년 同외신부장 1991년 同홍콩지국장 1993년 同북경총국장 1994년 同보도국 TV제작주간 1995년 同보도제작국장 1996년 同방송연수원장(국장급) 1997년 同해설위원장 1998~2000년 同창원방송총국장 1999년 창원대 언론학부 객원교수 2000~2002년 한나라당 총재 및 대통령후보 특보 2002~2006년 방송위원회 상임위원(차관급) 2006~2007년 고려대 언론대학원 초빙교수 2007년 한나라당 이명박 대통령후보 TV토론대책위원회 부위원장 2007년 同이명박 대통령후보 방송특보단장 2007년 이명박 대통령당선자 대변인실 자문위원 2008~2011년 한국방송광고공사(KOBACO) 사장 2011~2012년 미국 미주리주립대한국총동문회 회장 2012

~2015년 한국케이블TV방송협회 회장 2016년 한국프로골프협회(KPGA) 회장(현) (상)한국방송70주년 기념특별상(1997), 황조근정훈장(2006), 고려대 언론인교우회 장한 고대언론인상(2011), 중앙대 제25회 중앙언론문화상 방송·영상부문(2013) (저)'여러분 안녕하십니까'

양흥열(梁興烈) YANG, HEUNG-YUL

(생)1961·4·11 (주)경상북도 포항시 북구 중흥로 231 동양빌딩 7층 (주)포항스틸러스(054-282-2021) (학)1979년 인천 대건고졸 1986년 고려대 경제학과졸 2005년 포항공대 정보통신대학원졸(MBA) (경)1986년 포스코 입사 2000년 同인사팀장 2006년 同혁신기획그룹장 2008년 同홍보실장 2009년 同글로벌HR지원그룹장 2011년 포스코에너지 경영지원실장(상무) 2014년 同경영지원본부장(상무) 2015년 同경영지원본부장(전무) 2016년 포스코 노무외주실장(전무) 2018년 (주)포항스틸러스 대표이사 사장(현)

양희산(梁熙山) YANG Hee San

(생)1952·1·18 (출)전북 김제 (주)전라북도 전주시 완산구 천잠로 303 전주대학교 경영대학 금융보험학과(063-220-2545) (학)1974년 서울대 교육학과졸 1986년 同대학원 경영학과졸 1992년 경제학박사(경희대) (경)1976~1978년 대한재보험공사 근무 1978~1991년 보험감독원 근무·과장 1985년 보험연수원 강사 1987~1991년 명지대·단국대·숙명여대 강사 1991~2017년 전주대 경영대학 금융보험학과 교수 1992년 보험감독원 보험분쟁조정위원회 전문위원 1992년 손해사정인·보험중개인시험전형위원회 시험출제위원 1996년 미국 Univ. of North Carolina 교환교수 1997년 전주대 경제정보학부장 1997년 同보험학과장 1998년 보험감독원 손해보험경영평가위원 1998년 전주대 경제정보학부장 1999년 금융감독원 금융분쟁조정위원 1999년 행정자치부 보험자문위원 2000년 전주대 금융보험부동산학부장 2000년 同생애개발지원처장 2002년 손해보험협회 공시위원회 위원장 2002년 전주대 기획조정처장 2003년 同국제경영대학원장 겸 행정대학원장 2005~2007년 同경상대학장, 同일반대학원 금융보험학과장 2007~2013년 서울시 학교안전공제중앙회 초대·2대 이사장 2008~2010년 한국손해사정학회 초대회장 2011~2012년 한국보험학회 회장 2012~2016년 코리안리재보험(주) 사외이사 겸 리스크관리위원 2013~2014년 전주대 부총장 2013~2019년 어린이집안전공제회 이사장 2017년 전주대 경영대학 금융보험학과 명예교수(현) (상)보건복지부장관표창(2009), 교육부장관표창(2014) (저)'보험마케팅론' '손해보험론' '보험경영사례연구' (역)'해상보험 손해사정' '보험법률' (종)기독교

양희열(梁僖烈) YANG Heui Yul (必立)

(생)1941·2·9 (본)제주(濟州) (출)전남 무안 (주)서울특별시 서초구 서초대로 305 재영빌딩 301호 법무법인 감사합니다(02-599-0878) (학)1959년 광주 광주고졸 1963년 서울대 법대졸 1969년 同사법대학원졸 (경)1967년 사법시험 합격(8회) 1969년 육군 법무관 1972년 부산지법 판사 1974년 同마산지원 판사 1975년 부산지법 판사 1978년 창원지법 밀양지원장 1979년 대구고법 판사 1980년 서울고법 판사 1981년 대법원 재판연구관 1983년 대전지법 강경지원장 1984년 부산지법 부장판사 1986~1988년 同울산지원장 1988년 변호사 개업 1992~2014년 울산생명의전화 이사장 1993년 울산YMCA 이사장 2003~2004년 울산지방변호사회 회장 2004년 울산컨트리클럽 이사장 2008~2018년 법무법인 법고을 변호사 2009~2011년 대한변호사협회 감사 2018년 변호사 개업 2019년 법무법인 감사합니다 변호사(현) (저)'일본온천 색다른 여행을 떠나자' (종)기독교

어기구(魚基龜) EOH KIYKU

(생)1963·1·10 (주)서울특별시 영등포구 의사당대로 1 국회 의원회관 632호(02-784-4360) (학)천안북일고졸, 순천향대 독어독문학과졸, 오스트리아 빈대 경제학과졸, 同사회과학대학원 경제학과졸 2002년 경제학박사(오스트리아 빈대) (경)경제사회발전노사정위원회 전문위원, 고려대 경제연구소 연구교수 2008년 한국노동조합총연맹 중앙연구원 연구위원, 민주통합당 당진시지역위원회 위원장 2012년 제19대 국회의원선거 출마(당진시, 민주통합당) 2012년 민주통합당 정책위 부의장 2013년 민주당 당진시지역위원회 위원장 2014~2015년 새정치민주연합 당진시지역위원회 위원장 2015년 同경제정의·노동민주화특별위원회 자문위원 2013년 더불어민주당 당진시지역위원회 위원장 2016년 제20대 국회의원(충남 당진시, 더불어민주당)(현) 2016~2017년 국회 산업통상자원위원회 위원 2016~2017년 국회 민생경제특별위원회 위원 2016년 국회 대법관(김재형)임명동의에관한인사청문특별위원회 위원 2016년 국회철강포럼 공동대표(현) 2017년 더불어민주당 제19대 문재인 대통령후보 중앙선거대책본부 조직본부 부본부장 2017~2018년 국회 예산결산특별위원회 위원 2017~2018년 국회 산업통상자원중소벤처기업위원회 위원 겸 청원소위원회 위원장 2017년 더불어민주당 조직강화특별위원회 위원 2018~2019년 同원내부대표 2018~2019년 국회 운영위원회 위원 2018년 국회 산업통상자원중소벤처기업위원회 위원(현) 2018년 더불어민주당 충남도당 위원장(현) 2019년 同상생형일자리특별위원회 위원장(현) 2019년 국회 세종의사당추진특별위원회 위원(현)

어명소(魚命昭) EO Myeong So

(생)1965·1·20 (본)함종(咸從) (출)강원 고성 (주)세종특별자치시 도움6로 11 국토교통부 항공정책관실(044-201-4202) (학)1983년 속초고졸 1993년 건국대 행정학과졸 2012년 서울시립대 대학원 도시행정학 박사과정 수료 (경)1984년 춘천시 세무과 근무 1993년 행정고시 합격(37회), 건설교통부 국토계산팀 사무관, 同육상교통기획과 사무관, 同수송정책과 근무 2005년 同국토정보기획팀장 2007년 駐쿠웨이트 1등서기관 2009년 국토해양부 물류산업과장 2010년 同대변인실 홍보담당관 2012년 同광역도시도로과장 2013년 국토교통부 행정관리담당관 2013년 同창조행정담당관(부이사관) 2014년 同토지정책과장 2016년 새만금개발청 투자전략국장 2017년 원주지방국토관리청장 2018년 국토교통부 대변인 2019년 同항공정책관(현) (상)강원도지사표창(1988), 대통령표창(2002), 건설교통부장관표창(2002)

어성일(魚性日)

(생)1962·12·20 (주)대전광역시 유성구 가정북로 104 대한무역투자진흥공사(KOTRA) 대전충남KOTRA지원단(042-862-8315) (학)1981년 충남고졸 1988년 충남대 경제학과졸 2009년 핀란드 헬싱키경제대 대학원졸(MBA) (경)1988년 대한무역투자진흥공사(KOTRA) 입사 1988년 同정보서비스부 근무 1990년 대전EXPO조직위원회 파견 1994년 대한무역투자진흥공사(KOTRA) 타이베이무역관 근무 1997년 同인력개발실 근무 1997년 同전시사업처 근무 1999년 同광저우무역관 근무 2002년 同시장개발팀 근무 2004년 同중국지역본부(상하이무역관) 부본부장 2007년 同감사실 검사역 2009년 同멜버른무역관장 2012년 同중국사업단장 2013년 同수출첫걸음지원팀장 2013년 同충청권KOTRA지원단장 2014년 同함부르크무역관장 2017년 同대전충남KOTRA지원단장(현) (상)교육부장관표창(1992), 국무총리표창(1994), 대한무역투자진흥공사(KOTRA) 사장표창(1998·2001·2003·2004·2008·2013)

어수용(魚秀龍) EO Soo Yong

(생)1965 · 7 · 17 (출)충북 보은 (주)충청북도 청주시 서원구 산남로62번길 26 마누엘빌딩 법무법인 상승(043-283-3323) (학)1982년 한성고졸 1986년 서울대 법과대학 사법학과졸 (경)1985년 사법시험 합격(27회) 1988년 사법연수원 수료(17기) 1988년 육군 법무관 1991년 부산지법 울산지원 판사 1994년 대전지법 판사 1997년 대전고법 판사 2000년 청주지법 영동지원장 2001년 同판사 2003년 同제천지원장 2005년 同부장판사 2006년 同수석부장판사 2006~2009년 언론중재위원회 충북중재부 위원 2009~2012년 대전지법 부장판사 2012년 변호사 개업, 충북 영동군 · 진천군 · 제천시 · 청주상당구 · 대전시 중구 선거관리위원장 2013년 법무법인 상승 대표변호사(현) (종)불교

어윤대(魚允大) EUH Yoon Dae

(생)1945 · 5 · 22 (본)함종(咸從) (출)경남 진해 (주)경기도 성남시 분당구 운중로 121 한국프로골프협회(02-414-8855) (학)1963년 경기고졸 1967년 고려대 경영학과졸 1969년 同대학원 경영학과졸 1973년 필리핀 아시아경영대학원 경영학과졸 1978년 경영학박사(미국 미시간대) 2005년 명예 법학박사(일본 와세다대) 2006년 명예 경제학박사(연세대) 2006년 명예 박사(호주 그리피스대) 2007년 명예 경영학박사(중국 인민대) (경)1979~2010년 고려대 경영학과 부교수 · 교수 1982~1986년 同무역학과장 1982~1987년 미국 하와이대 초빙교수 1985~1986년 일본 아시아경제연구소 객원연구원 1986~1989년 고려대 경영대학 교학부장 1987~2004년 금융발전심의회 국제금융분과 위원장 1989~1990년 캐나다 브리티시컬럼비아대 초청교수 1990~1991년 일본 도쿄대 경제학부 객원연구원 1991~1993년 고려대 교무처장 1992~1993년 한국국제경영학회 회장 1992~1995년 한국은행 금융통화운영위원회 위원 1993~2004년 외교통상부 외교정책자문위원 1993~1997년 고려대 기업경영연구소장 1995~1996년 한국금융학회 회장 1996~1999년 한국조세연구원 비상임이사 1996~1997년 한국산업은행 비상근이사 1996~1998년 고려대 경영대학원장 1998~1999년 제일은행 사외이사 1998~2002년 현대상사 사외이사 1999~2000년 한국금융연구원 국제금융센터 초대소장 1999~2003년 CJ홈쇼핑 사외이사 2001~2003년 공적자금관리위원회 매각심사소위원장 2002~2003년 한국경영학회 회장 2003~2006년 고려대 총장 2003~2005년 교육인적자원부 정책자문위원장 2005~2008년 대통령자문 국민경제자문회의 부의장(3~5대) 2006~2008년 정보통신부 미래전략위원회 공동위원장 2006년 영국 런던대 Royal Holloway 명예Fellowship 2006년 중국 길림대 명예교수(현) 2006년 중국 남경대 명예교수(현) 2006~2007년 산학협력총연합회 공동대표 2006~2008년 한국경영인증원 초대 원장 2006~2008년 예술의전당 비상임이사 2007~2008년 국방부 국방안보위원회 위원 2007~2008년 한미FTA 국내대책공동위원장 2008~2010년 한국투자공사 운영위원회 위원장 2008~2010년 검찰 자문위원회 위원장 2008~2010년 국가브랜드위원회 위원장 2010년 고려대 경영대학 명예교수(현) 2010~2013년 KB금융지주 대표이사 회장 2011~2013년 KB금융공익재단 이사장 2011~2013년 국제금융협회(IIF) 이사 2014~2019년 (주)JB금융지주 상임고문 2016년 한국프로골프협회(KPGA) 자문위원회 위원(현) 2017년 대한골프협회 이사(현) (상)신산업경영대상(1999), Asian Institute of Management Triple a Award, 21세기경영인클럽 경영문화대상(1999), 자랑스런 용마상(2004), 프랑스 국가공로훈장 기사장(2005), 대한민국 글로벌경영인대상(2006), 자랑스러운 경기인상(2010), 청조근정훈장(2010), 올해의 고대 경영인상(2010), 한국참언론인대상 공로상(2011), 한국유럽학회 유럽대상 글로벌CEO부문(2011), 포춘코리아 한국경제를 움직이는 인물(2011), 올해의 21세기 경영인상(2011), 포브스 코리아 최고경영자대상(2011), 한국경영인협회 가장 존경받는 기업인상(2011), 자랑스러운 한국인대상 금융발전부문(2011), 한국전문경영인학회 한국CEO대상 금융부문(2011), 한국기업지배구조원 지배구조대상(2012), 한국마케팅학회 올해의 CEO 대상(2012), 다산금융인상(2012), 미시간대(한국) 자랑스런 동문상(2013), 한국의 영향력있는 CEO 지속가능경영부문(2013), The Asian Banker Summit 아시안뱅커 리더십상(2013), 매경미디어그룹 2013 대한민국 창조경제리더 지속가능부문(2013), 한국경영학회 상남경영학자상(2019) (저)'Commercial Banks and Creditworthiness of LDCs'(1979) '자본자유화와 한국경제'(1981) '국제금융과 한국외채(共)'(1985) '증권시장과 자본자유화(共)'(1985) '한국의 국제수지 및 외채문제의 핵심과 대책'(1987) 'The Korean Financial System and Foreign Influence(共)'(1990) '전략경영(共)'(1995) '국제경영'(1996) '국제금융(共)'(1997) (종)불교

어준선(魚浚善) AUH June Sun (海宇)

(생)1937 · 5 · 5 (본)함종(咸從) (출)충북 보은 (주)서울특별시 영등포구 시흥대로 613 안국약품(주) 비서실(02-3289-4200) (학)1956년 대전고졸 1961년 중앙대 경제학과졸 1983년 서울대 대학원 최고경영자과정 수료(14기) 2006년 명예 경제학박사(중앙대) (경)1961년 대한농산 근무 1967~1969년 오양공사 상무 1967년 서울약품 상무 1969~1989년 안국약품(주) 대표이사 사장 1972년 한국JC 연수원장 1979~1985년 대한약품공업협동조합 이사장 1982~1987년 한국반공연맹 서울지부장 1989~2016년 안국약품 대표이사 회장 1996~2000년 제15대 국회의원(충북 보은 · 옥천 · 영동, 자민련) 1996년 자민련 중소기업특별위원회 위원장 1996년 국회 재정경제위원회 위원 1998년 노사정위원회 위원 1998년 자민련 충북도지부 위원장 1998~2000년 국회 보건복지위원회 간사 1999년 국회 IMF환란조사특별위원회 간사위원 2007~2009년 한국제약협회 이사장 2009~2010년 同회장 2011년 한국제약협동조합 이사 2016년 안국약품 각자대표이사 회장(현) (상)모범상공인상, 대통령표창(1977), 수출의 탑(1984), 산업포장(1985), 국민훈장 모란장(2001) (저)'한국JC 강령기초' '집념의 과정'(1988) '멋진대화 뛰어난 화술'(1988), 자서전 '집념, 어제와 오늘'

어진우(魚鎭愚) EO JIN WOO

(생)1955 · 5 · 23 (본)함종(咸從) (출)경남 진해 (주)경기도 용인시 수지구 죽전로 152 단국대학교 공과대학 전자전기공학부(031-8005-3632) (학)1979년 서울대 전기공학과졸 1988년 미국 오리건주립대 대학원졸 1992년 공학박사(미국 오리건주립대) (경)1979~1986년 국방과학연구소 연구원 1992~2001년 단국대 공과대학 전자컴퓨터공학부 조교수 · 부교수 2001년 同공과대학 전자전기공학부 교수(현) 2001년 한국전자공학회 이사 2002년 단국대 입학관리처장 2004~2005년 同교무연구처장 2008~2011년 同기획조정실장 2012년 同정보미디어대학원장 2014~2016년 同공과대학장 2017~2019년 同산학부총장 2017~2019년 同I-다산LINC+사업단장 2019년 同교학부총장(현) 2019년 同총장직대 겸임 (저)'디지털 제어시스템'(1995) '선형시스템 및 신호'(1997) '대학전자회로실험'(1997)

어 환(魚 渙) Eoh Whan

(생)1953 · 5 · 19 (출)서울 (주)경상남도 창원시 마산회원구 팔용로 158 삼성창원병원 신경외과(055-233-8899) (학)1972년 서울고졸 1978년 서울대 의대졸 1982년 同대학원졸 1989년 의학박사(서울대) (경)1978~1983년 서울대병원 인턴 · 레지던트 1983~1984년 국군덕정병원 신경외과장 1984~1986년 국군서지구병원 신경외과장 1986~1988년 한림대 의대 신경외과학교실 전임강사 · 조교수 1990~1991년 일본 동경대 의학부 뇌신경외과 연구원 1991년 서울대병원 신경외과 전임의 1991~1992년 제주의료원 신경외과장 1993~1994년 한림대 의대 신경외과학교실 부교수 1994~2018년 삼성서울병원 신경외과 전문의 1997년 미국 Barrow Neurological Institute 연수 1997~2018년 성

균관대 의대 신경외과학교실 교수 2001~2007년 삼성서울병원 교육수련부장 2003~2007년 同신경외과장 2007~2011년 성균관대 의과대학장 2007년 삼성서울병원 척추센터장 2009~2011년 성균관대 의학대학원장 2016~2018년 同의무부총장 2016년 (재)인성의과학연구재단 이사 2018년 삼성창원병원 신경외과 전문의(현)

엄광섭(嚴光燮) EOM Kwang Sup

(생)1960·12·27 (본)영월(寧越) (출)강원 영월 (주)부산광역시 남구 문현금융로 40 부산국제금융센터(BIFC) 한국자산관리공사 감사실(051-794-3111) (학)1979년 충북 제천고졸 1987년 서울대 농경제학과졸 1997년 연세대 경영대학원 공공경제학과졸 2018년 한국방송통신대 대학원 경영학과졸 (경)1988년 감사원 입사 2012년 同심의실 심사2담당관 2012년 同제2국 1과 부감사관 2012년 同감찰관실 감찰담당관 2014년 同산업·금융감사국 제4과장 2015년 同산업·금융감사국 제4과장(부이사관) 2016년 同지방행정감사2국 제3과장 2017년 同민원조사단장(고위감사공무원) 2018년 同공공감사운영단장 직대 2018년 한국자산관리공사(KAMCO) 감사(현) (종)가톨릭

엄교섭(嚴敎燮) EOM Kyo Sub (青羅)

(생)1966·2·10 (본)영월(寧越) (출)경기 용인 (주)경기도 수원시 팔달구 효원로 1 경기도의회(031-8008-7000) (학)2008년 연세대 정경대학원 교육행정학과졸 (경)처인구학원연합회 회장, 교연학원 원장, 연세학원 원장 2007년 한나라당 입당·정당인 2009년 용인시학원연합회 회장, 경기장애인문화협회 부회장(현) 2018년 경기도의회 의원(더불어민주당)(현) 2018년 同제2교육위원회 위원(현)

엄기두(嚴基斗) EOM Ki Doo

(생)1966·6·4 (출)서울 (주)세종특별자치시 다솜2로 94 해양수산부 수산정책실(044-200-5400) (학)1984년 서울 장충고졸 1989년 고려대 행정학과졸, 서울대 대학원 수료 (경)1993년 총무처·중앙공무원교육원·서울시 근무 1994년 인천지방해운항만청 총무과·부두과 근무 1996년 해운항만청 기획관리실·기획예산담당관실 근무 1996년 해양수산부 해운선박국 해운정책과 근무 1997년 同해양정책국 정책총괄과·해양총괄과 근무 1998년 同어업진흥국 어업제도과·어업진흥과 근무 1999년 同어업자원국 어업정책과·수산정책국 수산정책과 근무 2002년 同기획관리실 법무담당관 2002년 2010세계박람회유치지원단 파견 2003년 영국 사우스햄프턴연구소 근무 2005년 해양수산부 해운물류국 항만물류과장 2007년 駐러시아 주재관 2010년 국토해양부 건설수자원정책실 운하지원팀장 2010년 同건설수자원정책실 아라뱃길지원팀장 2012년 同건설수자원정책실 아라뱃길지원팀장(부이사관) 2012년 同해양환경정책과장 2013년 해양수산부 기획조정실 기획재정담당관 2013년 국립수산물품질관리원 원장(일반직고위공무원) 2015년 해양수산부 해양정책실 해양산업정책관 2016년 국가공무원인재개발원 교육훈련(고위공무원) 2017년 해양수산부 해운물류국장(고위공무원) 2019년 同수산정책실장(현)

엄기영(嚴基英) Eom Kee-young

(생)1959·7·27 (주)서울특별시 종로구 사직로8길 60 외교부 인사운영팀(02-2100-7136) (학)1990년 한국외국어대 노어학과졸 (경)1989년 외무부 입부 1990년 駐러시아 행정관 1997년 駐우크라이나 3등서기관 1999년 駐러시아 3등서기관 2002년 駐블라디보스토크 영사 2007년 駐호놀룰루 영사 2008년 駐키르기즈 참사관 2010년 駐토론토 영사 2012년 駐이라크 참사관(아르빌연락사무소) 2014년 駐우즈베키스탄 공사참사관 겸 駐타지키스탄 대사대리 2016년 駐이르쿠츠크 총영사(현)

엄기영(嚴琪詠) EOM Ki Young

(생)1961·8·1 (출)강원 영월 (주)서울특별시 종로구 사직로8길 31 서울지방경찰청 보안2과(02-700-6109) (학)영월고졸, 충북대 농공학과졸, 한세대 경찰법무대학원 경찰행정학과졸 (경)1991년 경위 임관(간부후보 39기) 2006~2007년 경북 상주경찰서 생활안전과장·서울지방경찰청 기동단 1기동대 근무 2007~2010년 구로경찰서 정보보안과장·성북경찰서 정보과장·경무과장 2010~2014년 혜화경찰서 정보보안과장·강원지방경찰청 치안지도관 2014~2015년 강원지방경찰청 경비교통과장·치안지도관(총경) 2015년 同경무과장 2015~2016년 강원 영월경찰서장 2017년 경찰청 교육정책담당관 2017년 경찰대학 치안정책연구소 기획운영과장 2017년 서울지방경찰청 보안2과장 2018년 서울 강북경찰서장 2019년 서울지방경찰청 보안2과장(현)

엄기표(嚴基標)

(생)1971·11·23 (출)서울 (주)부산광역시 연제구 법원로 31 부산지방법원 총무과(051-590-1507) (학)1990년 상문고졸 1995년 서울대 수학과졸 (경)1999년 사법시험 합격(41회) 2002년 사법연수원 수료(31기) 2002년 서울지법 판사 2004년 서울동부지법 판사 2006년 부산지법 동부지원 판사 2010년 수원지법 여주지원 판사 2012년 서울중앙지법 판사 2014년 서울가정법원 판사 2016년 서울고법 판사 2018년 서울중앙지법 판사 2019년 부산지법 부장판사(현)

엄기호(嚴基浩) OM KI HO

(생)1947·12·20 (출)경북 봉화 (주)경기도 광주시 경충대로 1994 성령교회(031-799-8282) (학)1979년 한세대 신학과졸 1990년 명예 신학박사(미국 프리덤신학대) 1993년 명예 신학박사(미국 베데스다대) 1996년 목회학박사(미국 리버티대) 1999년 명예 신학박사(한세대) 1999년 연세대 연합신학대학원 목회지도자과정 상담학전공 수료 (경)여의도순복음교회 전도사, 여의도순복음교회 제5대·14대 대교구장 1983년 성령교회 당회장 목사(담임목사)(현) 1985~1988년 순복음부흥사협의회 대표회장 1988년 국민일보 이사 1998년 온누리복음화협의회 총재(현) 2000~2001년 기독교대한하나님의성회 제37대 총회장 2000년 (사)새생명운동본부 이사장(현) 2001~2005년 한세대 이사장 2001~2007년 CTS기독교TV 이사 2003~2004년 한국기독교부흥협의회 대표회장 2003년 세계순복음화중앙협의회 대표회장 2004년 세계보수교단성령화운동본부 총재 2006~2007년 한국오순절교회협의회 대표회장 2006년 (재)국민문화재단 이사 2007년 한국기독교복음주의총연맹 총재(47단체)(현) 2008년 교회와경찰중앙협의회 대표회장 2008년 세계한민족디아스포라협의회 총재 2008년 뉴라이트기독교연합 대표회장 2017~2018년 한국기독교총연합회 제23·24대 대표회장 (상)경찰청장 감사패(1995), 내무부장관 감사패(1996), 법무부장관표창(2003), 국민일보·세계복음화협회 자랑스런 목회자상(2006), 세계복음화중앙협의회 한국기독교선교대상 목회자부문상(2007), 대통령표창(2008), 교회와경찰중앙협의회표창(2008), 자랑스런 연세인 목회자부문 연신원상(2008) (저)'나는 죄인 이로소이다' '내가 어찌 너를 높겠느냐' '사막의 거룩한 길' '청지기론' '믿음의 진리를 따라서' '기도생활'

엄낙웅(嚴洛雄) EUM Nak Woong

(생)1962·9·6 (본)영월(寧越) (출)경북 고령 (주)대전광역시 유성구 가정로 218 한국전자통신연구원 ICT소재부품연구소(042-860-6500) (학)1984년 경북대 전자공학과졸 1987년 한국과학기술원(KAIST) 전기및전자공학과졸(석사) 2001년 공학박사(한국과학기술원) (경)한국전자통신연구원 고속통신IC설계팀장 2006년 同SoC연구개발그룹장 2008년 同융합부품·소재연구부문 SoC연구부장 2009년 同시스템반도체연구부장 2010년 同멀티미디어프로세서연구팀장 2012년 同SW-SoC융합연

구본부 시스템반도체연구부장 2016년 同ICT소재부품연구소장(현) (상)대한전자공학회 기술상(2006), 국무총리표창(2006), 대통령표창(2007), 국무총리표창(2013), 산업통상자원부 '이달의 산업기술상'(9월 장려상)(2014) (저)'휴대형 영상 시스템 설계'(2005)

엄남석(嚴南錫) EOM Nam Seok

(생)1964·5·22 (출)강원 양구 (주)서울특별시 종로구 율곡로2길 25 연합뉴스 국제경제부(02-398-3114) (학)1982년 상문고졸 1989년 고려대 신문방송학과졸 (경)1989년 연합뉴스 입사(공채 8기) 1991년 同사회부 기자 1994년 同외신2부 기자 1998년 同뉴욕특파원 2002년 同국제경제부 차장 2003년 同산업부 차장 2005년 同국제경제부 차장 2006년 同국제경제부 부장대우 2006년 同국제뉴스3부장 2007년 同문화부장 2009년 同국제뉴스1부장 2011년 同전국부장 2011년 同국제국 국제에디터 2012년 同기사심의실 기사심의위원(부국장대우) 2013년 同기획조정실 저작권팀 기획위원 2013년 同지방국장 2015년 同논설위원실장 2015년 연합뉴스TV 보도국장 2017년 연합뉴스 논설위원 2018년 同편집국 국제뉴스1부 선임기자(부국장) 2018년 同편집국 국제경제부 선임기자(부국장) 2019년 同편집국 국제경제부 기자(선임)(현)

엄대식(嚴大植) EOM Dae Sik

(생)1961·9·28 (주)서울특별시 동대문구 천호대로 64 동아ST 임원실(02-920-8111) (학)1985년 서울대 농과대학졸 (경)1987년 한국오츠카제약(주) 입사 1996년 同영업본부장 1996년 同대표이사 사장 2011년 오츠카제약 OIAA(Otsuka International Asia & Arab) 사업부장 2016~2018년 한국오츠카제약(주) 회장 2016년 동아ST 비상근이사 2018년 同대표이사 회장(현) (상)제46회 무역의날 철탑산업훈장(2009) (종)기독교

엄대열(嚴大熱) OHM Dae Yeol

(생)1967·11·8 (출)서울 (주)경기도 성남시 분당구 판교로 308 (주)유라테크 비서실(070-7878-1006) (학)1986년 서울 영동고졸 1991년 미국 오하이오주립대 전자공학과졸 1996년 미국 조지워싱턴대 경영대학원졸(MBA) (경)1995년 현대전자 근무, (주)세림테크 경영기획 이사, (주)세원이씨에스 이사, (주)세림테크 재무·기획 부사장, 同경영기획 부사장 2004~2012년 (주)세원이씨에스 대표이사 사장 2004년 (주)세림테크 대표이사 사장 2008년 (주)유라테크 대표이사 사장(현) 2012년 유라코퍼레이션 대표이사 사장 겸임(현) 2018년 한국무역협회 비상근부회장(현)

엄동섭(嚴東燮) EOM Dong Seob

(생)1955·9·7 (출)경북 대구 (주)서울특별시 마포구 백범로 35 서강대학교 법학전문대학원(02-705-8406) (학)1978년 서울대 법대졸 1984년 연세대 대학원 법학과졸 1992년 법학박사(서울대) (경)계명대 교수, 서강대 법과대학 법학부 교수 2008~2010년 同법학부 학장 2008년 同법학전문대학원 교수(현) 2009~2010년 同법학전문대학원장 2015년 한국민사법학회 회장 (상)황조근정훈장(2015) (저)'변호사책임론(共)'(1998)

엄명용

(생)1964 (주)경기도 광주시 포돌이로 135 경기 광주경찰서(031-790-7321) (학)1986년 경찰대졸(2기) (경)1986년 경위 임용, 駐케냐 경찰주재관 2009년 경찰청 혁신기획단 업무혁신담당 2011년 同미래발전담당관 2011년 총경 승진 2012년 경찰청 외사기획과 근무, 駐토론토총영사관 경찰주재관 2015년 경기 여주경찰서장 2016년 경찰대 교무과장 2017년 서울 노원경찰서장 2017년 서울지방경찰청 생활질서과장 2019년 경기 광주경찰서장(현)

엄병윤(嚴秉潤) Ohm Byung Yoon

(생)1941·2·8 (본)영월(寧越) (출)충북 단양 (주)경기도 성남시 분당구 판교로 308 유라R&D센터 (주)유라 비서실(070-7878-1004) (학)1959년 경복고졸 1964년 서울대 문리대학 외교학과졸 (경)1965년 대한일보 기자 1973년 KBS 기자 1974년 서울경제신문 기자 1982년 세화인쇄사 대표(현) 1987~2016년 (주)유라테크 대표이사 1995~2016년 (주)유라코퍼레이션 대표이사 2001년 대한양궁협회 부회장(현) 2002~2016년 유라하네스 대표이사 2013년 (주)유라 대표이사(현) 2017년 (주)유라테크 사내이사(현) (상)체육훈장 거상장(1989), 우수모범납세자상(1996·1997), 중소기업인대상(1998), 대통령표창(1999), 우수중소기업인상(2000), 금탑산업훈장(2005)

엄상섭(嚴相燮)

(생)1967·11·2 (출)충북 충주 (주)경기도 수원시 영통구 청명로 127 수원가정법원(031-799-9943) (학)1986년 충주고졸 1990년 경희대 경영학과졸 (경)1997년 사법시험 합격(39회) 2000년 사법연수원 수료(29기) 2000년 청주지법 예비판사 2002년 同판사 2003년 수원지법 판사 2006년 서울중앙지법 판사 2010년 수원지법 판사 2013년 대법원 재판연구관 2015년 광주지법 목포지원·광주가정법원 목포지원 부장판사 2017년 수원지법 부장판사 2019년 수원가정법원 부장판사(현)

엄상필(嚴相弼) EOM Sang Phil

(생)1968·12·1 (본)영월(寧越) (출)경남 진주 (주)부산광역시 연제구 법원로 31 부산고등법원(051-590-1114) (학)1987년 진주동명고졸 1992년 서울대 법대 사법학과졸 (경)1991년 사법시험 합격(33회) 1994년 사법연수원 수료(23기) 1994년 軍법무관 1997년 서울지법 판사 2000년 서울가정법원 판사 2001년 춘천지법 강릉지원 판사 2005년 서울고법 판사 2006년 대법원 재판연구관 2008년 서울중앙지법 판사 2009년 창원지법 진주지원 부장판사 2010년 사법연수원 교수 2013년 서울중앙지법 부장판사 2016년 서울가정법원 부장판사 2017년 부산고법 부장판사(현)

엄상현(嚴尙鉉) UM Sang Heon

(생)1956·2·14 (본)영월(寧越) (출)경남 김해 (주)충청남도 금산군 추부면 대학로 201 중부대학교 총장실(041-750-6515) (학)1975년 경남고졸 1979년 서울대 물리교육과졸 1985년 同대학원 교육학과졸 1990년 교육정책학박사(미국 피츠버그대) (경)1984년 행정고시 합격(28회) 1985~1986년 교육부 근무 1986~1990년 부산시교육위원회 근무 1990~1995년 교육부 대학정책과·과학교육과·중앙교육연수원 사무관 1995년 同대학행정지원과·지방교육기획과 서기관 1996년 미국 시애틀교육청 파견 1998년 교육부 새교육공동체위원회 파견 1999년 대통령 사회복지비서실 행정관 1999년 교육부 대학행정지원과장 2000년 同장관비서관 2001년 교육인적자원부 학술학사지원과장 2002년 同국제교육협력담당관 2003년 유네스코 파견 2005년 교육인적자원부 BK21사업기획단장 2006년 同기획홍보관리관 2007년 同장관비서관 2007~2008년 경남도교육청 부교육감 2007년 제17대 대통령직인수위원회 사회교육문화분과위원회 전문위원 2008년 한나라당 교육과학위원회 수석전문위원 2009년 교육과학기술부 학술연구정책실장 2009년 同법학교육위원회 위원 2010년 同교원소청심사위원회 위원장 2018년 중부대 총장(현)

엄성규(嚴盛奎)

(생)1971·3·8 (출)제주 (주)서울특별시 종로구 사직로8길 31 서울지방경찰청 경비2과(02-700-5615) (학)1997년 동국대 경찰행정학과졸 2010년 同대학원 경찰행정학과졸 (경)1997년 경위 임용(경찰간부후보 45기) 2006년 경기 구리경찰서 생활안전과장 2009년 서울지방경찰청 교통안전과 교통정보센터장 2011년 同교통안전과 교통순찰대장 2014년 충북지방경찰청 홍보담당관 2015년 同경정보과장(총경) 2016년 충북 음성경찰서장 2016년 서울지방경찰청 제3기동단장 2017년 서울 남대문경찰서장 2019년 서울지방경찰청 경비2과장(현)

엄신철(嚴信哲) Um, Shinchul

(생)1980·11·26 (주)서울특별시 중구 퇴계로27길 28 한영빌딩 8층 (주)하이스틸(02-2273-2141) (학)2010년 서울대 경영전문대학원 경영학과졸(MBA) (경)(주)세아제강 미주법인 근무 2009년 (주)하이스틸 입사 2012년 同해외개발팀 차장 2015년 同해외개발팀 이사, 同해외영업부 이사 2016년 同해외영업부 상무이사 2018년 同해외영업부 전무이사 2019년 同영업총괄 부사장(현)

엄신형(嚴信亨) UM Shin Hyeong

(생)1944·12·11 (주)서울특별시 강동구 강동대로55길 87 중흥교회(02-476-7131) (학)1973년 한세대졸 1979년 안양대졸 1980년 개혁신학연구원졸 1998년 연세대 연합신학대학원졸 2004년 명예 교육학박사(미국 루이지애나벱티스트대) (경)1980년 대한예수교장로회 중흥교회 위임목사·담임목사(현) 1988년 88서울올림픽선교대회 전국대회장 1988년 88서울장애인올림픽선교대회 전국대회장 1988~1990년 대한예수교장로회 총회 총무 1990~1993년 93세계복음화대성회 준비위원장 1993~1995년 95민족통일회년대성회 상임대회장 1995년 대한예수교장로회 총회 부흥사협의회 회장 1995~1996년 同총회 강동노회장 1995~1997년 97민족통일성령화대성회 대회장 1996년 대한예수교장로회 총회 98대성회 대표대회장 1996년 총회신학원 운영이사장 1998년 필리핀 국제대 명예총장 2000년 대한예수교장로회 부총회장 2001~2003년 국제신학대학원대 총장 2002·2003·2005년 한국교회부활절연합예배위원회 상임대회장 2003·2005·2007년 한국기독교총연합회 공동회장 2004~2006년 대한예수교장로회 개혁총연 총회장 2004~2006년 연세대 연합신학대학원 총동문회장 2005년 기독교 기도운동본부 총재(현) 2005년 나라와민족을위한21일비상특별구국금식기도회 준비위원장 2006년 한국기독교총연합회 행사위원장 2006~2007년 한국장로교총연합회 대표회장 2007년 대한예수교장로회 총회 정책위원장 2007년 한국기독교성령100주년대회 상임대회장 2007년 국민비전부흥사협의회 총재 2008·2009년 한국기독교총연합회 대표회장 2008~2010년 한국종교지도자협의회 대표의장 2010년 마량진성역화추진위원회 위원장 2010년 전국기독교총연합회 대표회장(현) 2012년 평화통일국민운동본부 대표회장(현) 2019년 한국기독교총연합회 통합추진위원장(현) (상)국민의상 종교분야(2001), 자랑스런 연세인 연신원상 목회자부문(2003), 한국기독교선교대상 목회자부문(2005) (종)기독교

엄연숙(嚴蓮淑·女) UM Youn Sook

(생)1962·3·19 (주)서울특별시 중구 덕수궁길 15 서소문청사 서울특별시청 평생교육국(02-2133-3900) (학)1981년 예림미술고졸 1988년 서울여대 사학과졸 2003년 영국 워릭대 대학원 행정학과졸 (경)1994년 중앙공무원교육원 근무 1995년 서울시 강북구 가정복지과장, 同성북구 보건행정과장, 同성북구보건소 보건행정과장, 서울시 홍보담당관실 계장 2007년 同저출산대책반장 직대 2008년 同문화국 문화예술과장 2010년 同문화관광디자인본부 문화예술과장 2013년 同경제진흥실 일자리정책과장 2015년 同경제진흥본부 일자리정책과장 2015년 同경제진흥본부 일자리정책과장(부이사관) 2015년 同경제진흥본부 일자리기획단장 직대 2017년 서울시립대 행정처장 2017년 서울 구로구 부구청장 2018년 同구청장 권한대행 2019년 同평생교육국장 2019년 同평생교육국장(이사관)(현)

엄영진(嚴永振) OM Young Jin

(생)1944·7·1 (본)영월(寧越) (출)경북 김천 (주)경기도 포천시 해룡로 120 차의과학대학교 건강과학대학 보건복지행정학과(031-850-8964) (학)1963년 부산고졸 1967년 서울대 사회학과졸 1981년 영국 웨일즈대 대학원 경제학과졸 1989년 보건경제학박사(영국 웨일즈대) (경)1973년 행정고시 합격(14회) 1974년 보건사회부 사무관 1983~1991년 同보험정책과장·행정관리담당관 1991년 同약무정책과장 1992년 同총무과장 1993년 국립의료원 사무국장 1996~1997년 駐제네바대표부 참사관 1997~1999년 보건복지부 연금보험국장 1999년 同공보관 1999년 국민회의 정책위원회 정책연구실장 1999~2001년 보건복지부 사회복지정책실장 2001년 同장관 특별자문관 2001년 세계보건기구(WHO) 집행이사 2002년 포천중문의과대 보건행정정보학부 교수 2004년 同보건행정정보학부장 2007년 신의료기술평가위원회 위원장 2009년 차의과학대 보건행정정보학과 교수 2009년 同보건행정정보학과장 2011~2017년 同보건복지정보학과 교수 2013년 국제의료기술평가학회 서울대회 조직위원장 2013~2015년 한국보건의료연구원 비상임이사 2016년 차의과학대 건강과학대학장(현) 2017년 同보건복지행정학과 교수(현) (상)보건사회부장관표창(1978), 법무부장관표창(1983), 홍조근정훈장(1998) (저)'국민의료보장론(共)'(1992) '정치경제 그리고 복지'(2012) '건강과 의료의 경제학'(2014) '건강경제학'(2019) (역)'영국 사회정책 현대사' '보건과 의료의 사회학(共)'(1991) (종)기독교

엄영훈 Eom Yeong Hun

(생)1960·3·20 (주)경기도 수원시 영통구 삼성로 129 삼성전자(주)(02-2255-0114) (학)고려대졸, 한국과학기술원(KAIST)졸 (경)삼성전자(주) GOM 마케팅전략팀 근무 2004년 同GMO 상품전략팀장(상무보) 2007년 同GMO 마케팅전략팀장(상무) 2009년 同북미 SEA DCE Div.장(상무) 2010년 同북미 SEA DCE 부Div.장(전무) 2011년 同북미 SEA CB 부Div.장(전무) 2012년 同생활가전사업부 전략마케팅팀장(부사장), 同유럽총괄 부사장 2019년 同북미총괄 대표(부사장)(현)

엄옥자(嚴玉子·女) UM Ok Ja

(생)1943·5·17 (본)영월(寧越) (출)경남 통영 (주)서울특별시 강남구 봉은사로 406 국가무형문화재전수교육관(02-3453-1685) (학)1965년 경희대 체육학과졸 1974년 同대학원 한국무용과졸 (경)1968년 중요무형문화재 제21호 승전무(검무) 예능보유자 지정(현) 1971~1973년 한성여대 강사 1974~1977년 부산여대 강사 1977~1991년 부산대 사범대학 체육교육학과 전임강사·조교수·부교수 1983년 한국무용연구회 이사 1986년 부산민속예술보존협회 이사(현) 1990~2008년 엄옥자한국민속무용단 단장 1990년 원향춤연구회 회장 1991~2008년 부산대 사범대학 체육교육학과 교수 1997~2010년 경남도문화재위원회 전문위원·위원 1997년 부산시 문화재위원(현) 2000년 국립진주경상대학 강사(현) 2003년 한국전통예술진흥회 부산시지부 부이사장, (사)민족미학연구소 이사(현), 김백봉춤보존회 회장·상임이사(현) 2007년 원향춤보존회 고문(현) 2010~2013년 부산국립국악원 무용예술감독 2008년 춤으로만나는아세아 고문 겸 자문이사(현) 2008년 부

산대 사범대학 체육교육학과 명예교수(현) 2011년 부산시 문화예술위원 2012년 통영입춤보존회 고문(현) 2013년 영남춤학회 고문(현) (상)부산방송 문화대상(2001), 대통령표창(2003), 부산시문화상(2005), 옥조근정훈장(2008) (저)'대학체육 무용편'(1982) '어느 무용가의 미관'(1992) '중요무형문화재 제21호 승전무'(2004) '승전무의 실상'(2008)

엄용수(嚴龍洙) UM Yong Soo

(생)1965 · 1 · 20 (출)경남 밀양 (주)서울특별시 영등포구 의사당대로 1 국회 의원회관 621호(02-784-2317) (학)밀양고졸, 연세대 상경대학 경영학과졸 (경)엄용수공인회계사 대표, 밀양대 겸임교수, 밀양청년회의소(JC) 회장, 밀양고총동창회 감사, 同부회장, 연세대 상대동창회 부회장, 민주평통 밀양시협의회 자문위원, (사)지체장애인협회 밀양시지회 후원회장, 열린우리당 선진경제도약특별위원회 부위원장 2006~2010년 경남 밀양시장(열린우리당 · 통합민주당 · 무소속 · 한나라당) 2006년 경남도양궁협회 회장 2010~2014년 경남 밀양시장(한나라당 · 새누리당) 2016~2017년 새누리당 밀양시 · 의령군 · 함안군 · 창녕군당원협의회 운영위원장 2016년 제20대 국회의원(경남 밀양시 · 의령군 · 함안군 · 창녕군, 새누리당 · 자유한국당〈2017.2〉)(현) 2016 · 2018년 국회 기획재정위원회 위원(현) 2016~2017년 국회 지방재정 · 분권특별위원회 위원 2016~2017년 새누리당 원내부대표 2016~2018년 국회 운영위원회 위원 2016~2017년 국회 '박근혜 정부의 최순실 등 민간인에 의한 국정농단 의혹 사건 진상규명을 위한 국정조사특별위원회' 위원 2017년 자유한국당 경남밀양시 · 의령군 · 함안군 · 창녕군당원협의회 운영위원장 2017년 同원내부대표 2017~2018년 국회 예산결산특별위원회 위원

엄익상(嚴翼相) EOM Ik Sang

(생)1958 · 12 · 16 (출)경남 김해 (주)서울특별시 성동구 왕십리로 222 한양대학교 인문과학대학 중어중문학과(02-2220-0767) (학)1977년 부산 금성고졸 1981년 연세대 중어중문학과졸 1985년 同대학원졸 1991년 어학박사(미국 인디애나대) (경)1981~1983년 육군 수도기계화보병사단 소대장(ROTC 19기 · 중위 예편) 1991~1993년 미국 오하이오주립대 동아시아어문학과 조교수 1993~2001년 강원대 중어중문학과 조교수 · 부교수 · 교수 1994~1996 · 2000~2002년 국제중국언어학회(IACL) 운영이사 1999년 미국 캘리포니아대 어바인교 언어학과 객원부교수 2001~2003년 숙명여대 중어중문학과 부교수 · 교수 2003년 한양대 인문과학대학 중어중문학과 교수(현) 2003년 문화관광부 국어심의회 한자분과위원 2004~2010년 중국어문학연구회 부회장 2004~2009년 한국중국언어학회 부회장 2005~2008년 한국중국어교육학회 부회장 2006~2013년 BK21 중국방언과지역문화연구팀장 2006~2009년 한양대 국제어학원장 겸 한양-오레곤TESOL프로그램 원장 2008년 중국 후난대 겸임교수(현) 2009년 국가경쟁력위원회 한글규범화자문위원회 위원 2010년 한양대 중어중문학과장 2010년 한국중국언어학회 부회장 2010~2013년 한국중국어교육학회 회장 2011~2014년 한양대 출판부장 2012~2014년 한국한자음연구회 회장 2014~2015년 한국중국언어학회 회장 2014년 학술지 'Language and Linguistics' 편집위원 2017~2018년 한양대 학술정보관장 2017~2018년 同출판부장 2018년 同인문과학대학장(현) 2018년 전국사립대학교인문대학장협의회 부회장 겸임(현) (상)서울시 공로상(2005), 한양대 강의우수교수상(2006 · 2007), 서울정책인대상(2006), 한양대 연구최우수교수상(2009) (저)'중국언어학 한국식으로 하기'(2002) '현대중국어 생성음운론'(2002) '표준 중국어 음운론'(2003) '한국과 중국, 오해와 편견을 넘어'(2006) '중국문화읽기'(2007) '한국한자음 중국식으로 보기'(2008) (역)'표준중국어음운론'(2005) '현대중국어 생성음운론'(2007) (종)기독교

엄장섭(嚴璋燮) AUM Jang Sup

(생)1959 · 5 · 3 (출)울산 울주 (주)경기도 수원시 영통구 동수원로 545 화산빌딩 2층 법무법인 화산(031-216-7300) (학)1977년 중앙고졸 1982년 고려대 법학과졸 1983년 同대학원 법학과졸 (경)1981년 사법시험 합격(23회) 1984년 사법연수원 수료(14기) 1985~1988년 육군 군법무관 1988년 변호사 개업(서울) 1989년 변호사 등록변경(경기중앙) 1998~2015년 LIG손해보험 소송수행지정 변호사 1999년 소비자문제를연구하는 시민의모임 성남지부 운영위원(현) 2007~2009년 경기도의료원 이사 2007년 법무법인 화산 변호사(현) 2010년 (주)성지산업 고문변호사(현) 2013~2017년 경기도 공직자윤리위원회 위원 2015년 KB손해보험 소송수행지정 변호사(현) 2016~2019년 경기도 청렴자문위원회 위원장

엄재식(嚴在植) Uhm Jae Sik

(생)1966 · 8 · 20 (출)충북 충주 (주)서울특별시 종로구 세종대로 178 원자력안전위원회 위원장실(02-397-7220) (학)1992년 서울대 사회복지학과졸 2002년 영국 서섹스대 대학원 과학기술정책학과졸 (경)1995년 행정고시 합격(39회), 과학기술부 기획예산담당관실 사무관 2004년 同기획예산담당관실 서기관 2006년 국가균형발전위원회 파견 2007년 과학기술부 기초연구국 핵융합지원과장 2008년 교육과학기술부 핵융합연구과장 2008년 한국원자력연구원 파견(서기관) 2010년 교육과학기술부 행정관리담당관 2011년 同원천연구과장 2012년 대통령직속 원자력안전위원회 안전정책국 안전정책과장(부이사관) 2014년 국무총리소속 원자력안전위원회 창조행정예산과장 2014년 同기획조정관(일반직고위공무원) 2017년 同방사선방재국장(고위공무원) 2018년 同사무처장 겸 상임위원 2018년 同위원장(차관급)(현) (상)홍조근정훈장(2015)

엄정근(嚴正根) EUM Jung Keun

(생)1951 · 2 · 11 (출)서울 (주)서울특별시 중구 퇴계로27길 28 한영빌딩 8층 (주)하이스틸 사장실(02-2273-2141) (학)1970년 용산공고졸 1977년 광운대 전자공학과졸 2004년 서울대 경영대학원 최고경영자과정 수료 (경)1979년 한일철강(주) 강관부 관리과장 1988년 同강관부 차장 1989년 同이사대우 공장장 1991년 同이사 1996년 同상무이사 2001년 同전무이사 2003년 (주)하이스틸 대표이사 사장(현) 2014~2016년 한국철강협회 강관협의회 회장 (상)산업포장(2005), 한국을 빛낸 경영인대상 철강부문(2008), 은탑산업훈장(2013), 자랑스러운 광운인상(2018)

엄종식(嚴鍾植) UM Jong Sik

(생)1959 · 1 · 14 (출)서울 (주)서울특별시 종로구 삼일대로30길 21 (사)남북사회통합연구원(02-365-9370) (학)1977년 영훈고졸 1981년 연세대 행정학과졸 1983년 서울대 행정대학원 행정학과졸 (경)1981년 행정고시 합격(25회) 1986년 국토통일원 근무 1992년 통일원 장관비서관 1994년 同기획관리실 법무담당관 1994년 미국 듀크대 파견(국외훈련) 1996년 통일원 통일정책실 정책기획과장 2000년 통일부 교류협력국 총괄과장 2001년 同교류협력국 총괄과장(부이사관) 2002년 同교류협력심의관 2003~2004년 국방대 파견 2004~2006년 동북아경제중심추진위원회 파견 2006년 통일부 정책홍보본부 정책기획관(이사관) 2007년 제17대 대통령직인수위원회 외교통일안보분과위원회 전문위원 2008~2009년 대통령 외교안보수석비서관실 통일비서관 2009년 통일부 남북회담본부장 2010~2011년 同차관 2010~2011년 북한이탈주민지원재단 이사 2010년 통일정책태스크포스 위원 2012~2015년 연세대 정경대학 글로벌행정학과 객원교수 2014년 강원연구원 통일 · 접경지역부문 자문위원(현) 2016년 (사)남북사회통합연구원 이사장(현) (종)기독교

엄주동(嚴柱東)

(생)1966 (출)부산 (주)서울특별시 영등포구 여의대로 38 금융감독원 상호금융검사국(02-3145-8160) (학)1984년 부산상고졸 1993년 동국대 영어영문학과졸 2002년 한국방송통신대 법학과졸 (경)1984년 한국은행 입행 1999년 금융감독원 금융투자검사국 근무, 同자산운용검사실 근무, 同감사실 근무 2009년 강원도청 파견 2010~2016년 금융감독원 총무국 업무지원팀장 · 상호금융검사국 검사기획팀장 · 대부업검사실 팀장 2016년 同분쟁조정실 부국장 2017년 경남도 금융협력관 2018년 금융감독원 강릉지원장 2019년 同상호금융검사국장(현)

엄진엽(嚴鎭燁) Um Jinyeop

(생)1966 · 1 · 18 (본)영월(寧越) (출)경북 군위 (주)대전광역시 서구 청사로 189 중소벤처기업부 지역혁신정책과(042-481-6830) (학)1983년 대구 영진고졸 1990년 경북대 사회과학대학 지리학과졸 (경)1993~1995년 공업진흥청 화섬기술과 · 총무과 근무(7급 공채) 1996~2003년 중소기업청 경영지원국 · 총무과 근무 2004~2010년 同중소기업정책국 · 소상공인지원국 · 기술혁신국 사무관 2011년 同기획재정담당관실 서기관 2012년 同청장 비서실장 2015년 경남지방중소기업청장 2017년 중소기업청 중견기업정책국 기업혁신지원과장 2017년 중소벤처기업부 중소기업정책실 지역기업육성과장 2019년 同중소기업정책실 지역혁신정책과장(현)

엄찬왕(嚴燦旺) EOM Chan Wang

(생)1970 · 2 · 27 (출)서울 (주)세종특별자치시 한누리대로 402 산업통상자원부 통상협력국(044-203-5670) (학)1988년 재현고졸 1992년 연세대 전자공학과졸 (경)기술고시 합격(27회) 2000년 정보통신부 국제협력관실 국제기구담당관실 서기관 2001년 同전파연구소 전파자원연구과 서기관 2004년 부산체신청 정보통신국장 2005년 정보통신부 중앙전파관리소 과장 2006년 국무조정실 방송통신융합추진위원회지원단 파견(과장급) 2007년 정보통신부 정보통신정책본부 중소기업지원팀장 2008년 지식경제부 에너지기술팀장 2009년 同에너지자원실 전력산업과장 2009년 한전KPS 비상임이사 2011년 지식경제부 전자산업과장 2011년 同협력총괄과장 2012년 同협력총괄과장(부이사관) 2013년 산업통상자원부 산업정책실 기계로봇과장 2014년 2018평창동계올림픽조직위원회 파견 2015~2018년 同마케팅국장 2018년 산업통상자원부 본부 근무(국장급) 2019년 同통상협력국장(현) (상)대통령표창(1998)

엄 철(嚴 撤)

(생)1970 · 9 · 6 (출)서울 (주)광주광역시 동구 준법로 7-12 광주지방법원(062-239-1710) (학)1989년 전주고졸 1994년 성균관대 법학과졸 (경)2000년 사법시험 합격(42회) 2003년 사법연수원 수료(32기) 2003년 대구지법 예비판사 2005년 同판사 2006년 同안동지원 판사 2008년 인천지법 판사 2011년 서울중앙지법 판사 2013년 서울남부지법 판사, 서울서부지법 판사 2016년 서울중앙지법 판사 2018년 광주지법 부장판사(현)

엄태민(嚴泰珉) Taemin EOM

(생)1973 · 1 · 24 (본)영월(寧越) (출)경기 이천 (주)대전광역시 서구 청사로 189 특허청 특허심판원 심판제2부(042-481-8207) (학)1991년 창현고졸 1995년 숭실대 경제학과졸 2001년 서울대 행정대학원 행정학과졸 2005년 미국 워싱턴대 로스쿨졸 2007년 법학박사(미국 워싱턴대) (경)1996년 행정고시 합격(40회) 1997~1998년 총무처 수습사무관 1998년 특허청 국제협력과 · 의장1과 사무관 2002년 同기획예산과 사무관 2004~2007년 국외훈련(미국 워싱턴대) 2007년 특허청 산업재산진흥팀 사무관 2008년 同산업재산정책과 서기관 2008년 同상표정책과 서기관 2010년 同정보협력팀장 2013년 同다자협력팀장 2013~2016년 同산업재산보호협력국 다자기구팀장 2016년 同파견(스위스 WIPO 아시아 · 태평양국 펀드관리자) 2018년 同특허심판원 심판제2부 심판관(현) (상)국무총리표창(2010), 대통령표창(2015) (종)불교

엄태영(嚴泰永) EOM Tae Young

(생)1958 · 1 · 22 (본)영월(寧越) (출)충북 제천 (주)충청북도 청주시 흥덕구 공단로 97 자유한국당 충북도당(043-235-0001) (학)1976년 제천고졸 1984년 충북대 화학공학과졸 2000년 세명대 경영행정대학원졸 2014년 명지대 대학원 정치외교학 박사과정 수료 (경)1984~2002년 대우자동차 제천 · 단양판매(주) 대표이사 1991 · 1995~1998년 충북 제천시의회 의원 1995~2002년 바르게살기운동 제천시협의회 부회장 1996년 한국청년회의소 상임부회장 2000~2002년 한나라당 충북제천 · 단양지구당 위원장 2002 · 2006~2010년 충북 제천시장(한나라당) 2003년 전국시장 · 군수 · 구청장협의회 지방분권특별위원 2004~2006년 중부내륙중심권행정협력회 회장 2008~2010년 제천시인재육성재단 이사장 2010년 한방엑스포 명예홍보대사 2011~2013년 산은자산운용 사외이사 2012년 새누리당 대외협력위원회 부위원장 2012~2018년 여의도연구원 정책자문위원 2014년 새누리당 직능특별위원회 관광위원회 수석부위원장 2018년 제20대 국회의원 재보궐선거 출마(충북 제천시 · 단양군, 자유한국당) 2018년 자유한국당 제천 · 단양당원협의회 운영위원장(현) 2018년 同충북도당 위원장 2019년 同당대표 특별보좌역(현) (상)국무총리표창, 보건복지부장관표창, 행정자치부장관표창, 대통령표창, 대한민국무궁화대상 행정부문(2009) (종)천주교

엄태웅

(생)1960 (주)경기도 성남시 분당구 판교로 295 (주)삼양바이오팜(02-2157-9111) (학)1983년 서강대 화학과졸 1996년 핀란드 헬싱키경제대 대학원졸(EMBA) (경)1983년 (주)삼양제넥스 입사, 同기획부장, (주)삼양사 식품연구소장 2010년 同경영기획실 PMO팀장 2014년 (주)삼양바이오팜 대표이사 부사장 2019년 同대표이사 사장(현)

엄태정(嚴泰丁) UM Tai Jung

(생)1938 · 12 · 18 (출)경북 문경 (주)서울특별시 관악구 관악로 1 서울대학교 미술대학 조소과(02-880-7492) (학)1957년 광주 숭일고졸 1964년 서울대 미술대학 조소과졸 1966년 同교육대학원 미술교육과졸 (경)1966~1968년 청주교대 조교수 1971년 국전 추천작가 1972~1997년 개인전 7회 1974년 서울교대 조교수 1976년 국전 초대작가 1976년 상파울루비엔날레 심사위원 1979년 국전 초대작가 · 심사위원 1981~1992년 서울대 미술대학 조교수 · 부교수 1981년 중앙미술대상전 초대작가 · 심사위원 1983년 밀라노 한국현대미술초대전 1984년 대만 한국현대미술70년대동향전 1986년 서울 아시아현대미술전(국립현대미술관) 1988년 국제야외조각초대전(올림픽조각공원) 1991년 독일 베를린예술대 초빙교수 1992~2004년 서울대 미술대학 조소과 교수 1995 · 1996 · 2000년 마니프서울국제아트페어(예술의전당) 1999년 서울대 미술대학 조형연구소장 2002년 독일 총리실에 조각작품 전시 2004년 서울대 미술대학 조소과 명예교수(현) 2009년 개인전 '쇠, 그 부름과 일'展(성곡미술관) 2013년 대한민국예술원 회원(조각 · 현) (상)국전 특선(4회), 제16회 국전 국무총리표창(1967), 김세중 조각상(1989), 한국미전 최우수상, 녹조근정훈장, 한 · 독협회 제7회 이미륵상(2012) (역)'조각의 언어'(1983, 서광출판사) (종)기독교

엄태준(嚴泰俊) EUM Tai Joon

(생)1963 · 9 · 1 (출)경기 이천 (주)경기도 이천시 부악로 40 이천시청 시장실(031-644-2001) (학)1991년 단국대 법학과졸 (경)사법시험 합격(40회), 사법연수원 수료(30기) 2000~2018년 변호사 개업 2001~2004년 이천시 고문변호사, 이천YMCA 시민사업위원장 2010년 경기 이천시장선거 출마(국민참여당), 통합진보당 이천·여주지역위원회 공동위원장 2012년 제19대 국회의원선거 출마(경기 이천시, 통합진보당) 2014~2015년 새정치민주연합 경기이천시지역위원회 위원장 2015년 同을지로위원회 경기도신문고센터장 2015년 더불어민주당 경기이천시지역위원회 위원장 2016년 제20대 국회의원선거 출마(경기 이천시, 더불어민주당) 2018년 경기 이천시장(더불어민주당)(현)

엄태진(嚴泰鎭) UM Tae Jin

(생)1957 · 8 · 5 (본)영월(寧越) (출)경북 김천 (주)서울특별시 마포구 월드컵로 240 월드컵경기장內 (주)GS스포츠(02-376-3253) (학)1975년 김천고졸 1983년 한양대 경영학과졸 1987년 연세대 경영대학원 회계학과졸 (경)1983년 LG칼텍스정유(주) 입사 1997년 同세무팀장(부장) 2002년 同관리부문장(부장) 2003년 同관리부문장(상무) 2005년 GS칼텍스(주) 경리부문장(상무) 2008년 同경리부문장(전무) 2011년 同재무본부장(전무) 2011년 同재무본부장(부사장) 2017년 同재무실장(부사장) 2018년 (주)GS스포츠 대표이사 사장(현) (상)재정경제부장관표창(1999)

엄태항(嚴泰恒) UM Tae Hang (松岩)

(생)1948 · 7 · 2 (본)영월(寧越) (출)경북 봉화 (주)경상북도 봉화군 봉화읍 봉화로 1111 봉화군청 군수실(054-679-6001) (학)1966년 봉화고졸 1970년 중앙대 약학과졸 1990년 同사회개발대학원졸 (경)엄약국 대표 1980~1995년 봉화군약사회 회장 1984년 봉화군청년회의소 회장 1988~1995년 봉화군번영회 회장 1990~1995년 국민생활체육봉화군협의회 회장 1991~1995년 경북도의회 의원 1995~2002년 경북 봉화군수(무소속), 경북북부지역11개시장군수협의회 회장, 전국시장군수구청장협의회 공동대표 2007~2010년 경북 봉화군수(한나라당) 2010년 세계유교문화축전 공동조직위원장 2010년 경북 봉화군수선거 출마(무소속) 2014~2015년 새정치민주연합 경북도당 공동위원장, (사)경상북도 전직민선시장군수협의회 회장 2018년 경북 봉화군수(무소속)(현) (상)한국능률협회 한국지방자치경영대상(1999), 한국능률협회 전국경영혁신발표대회 최우수상(2000), 한국능률협회 자치경영혁신전국대회 최우수상(2001), 한국능률협회 자치경영혁신전국대회 혁신상(2002), 캄보디아 최고훈장(2009) (종)불교

엄평용(嚴枰鎔) Um Pyung Yong

(생)1954 · 9 · 14 (주)경기도 용인시 처인구 양지면 추계로 42 (주)유진테크(031-323-5700) (학)광운대 응용전자공학과졸 (경)1984년 현대전자 D-RAM개발팀 근무 1988년 테라다인 한국지사 반도체장비개발팀 근무 1994~1999년 캐나다 Brooks Automation 장비컨설팅담당 근무 2000년 (주)유진테크 대표이사 사장(현) (상)올해의 테크노CEO상(2011), 7월의 자랑스러운 중소기업인(2013), 동탑산업훈장(2017)

엄한주(嚴漢柱) EOM Han Joo

(생)1957 · 4 · 8 (주)경기도 수원시 장안구 서부로 2066 성균관대학교 스포츠과학대학 스포츠과학과(031-299-6909) (학)1985년 성균관대 체육학과졸 1989년 캐나다 브리티시컬럼비아대 대학원졸 1993년 이학박사(캐나다 브리티시컬럼비아대) (경)1978~1983년 배구 국가대표선수 1985~1989년 캐나다 브리티시컬럼비아대 남자배구팀 코치 1996~1998년 한국체육과학연구원 선임연구원 1998년 아시아배구연맹 경기위원회 간사 1998년 성균관대 스포츠과학부 부교수 2003년 대한배구협회 전무이사 겸 국제이사 2003~2008년 성균관대 체육실장 2006~2007년 同학사처장 겸 식물원장 2006~2007년 同Co-op위원회 위원장 2008년 同스포츠과학대학 스포츠과학과 교수(현) 2011~2012년 同학생처장 겸 종합인력개발원장 2011년 아시아배구연맹(AVC) 이사 겸 경기위원회 간사 2013~2014년 성균관대 스포츠과학대학장 2014~2016년 국제배구연맹(FIVB) 이사 2015년 대한배구협회 국제담당 부회장 2016년 아시아배구연맹(AVC) 이사 겸 경기위원장(현) 2016년 국제배구연맹(FIVB) 경기위원회 위원(현) 2017년 대한배구협회 부회장(현) (상)체육훈장 백마장(1980), 미국체육학회 Research Award(1993), 한국체육과학연구원 최우수논문상(2002) (저)'스포츠 심리학 연구의 관행과 문제점'(1998)

엄현석(嚴炫晳) EOM Hyeon Seok

(생)1965 · 1 · 17 (주)경기도 고양시 일산동구 일산로 323 국립암센터 진료지원센터 조혈모세포이식실(031-920-1160) (학)1989년 가톨릭대 의대졸 1993년 同대학원 의학석사 2001년 의학박사(가톨릭대) (경)1989~1994년 가톨릭대 의대 인턴·전공의 1994~1997년 육군 군의관 1997~1998년 가톨릭대 의대 조혈모세포이식센터 임상강사 1998~2005년 同의대 내과학교실 전임강사·조교수 2002~2004년 미국 하버드대 의대 Research Fellow 2005~2007년 국립암센터 특수암센터 혈액종양클리닉 전문의 2006~2007년 同진료지원센터 QI실장 2006~2007년 同특수암센터 무균실장 2007년 同진료지원센터 조혈모세포이식실장(현) 2007~2009년 同적정진료관리실장 2007년 同특수암센터 전문의(현) 2007~2013년 同혈액암연구과 선임연구원 2012~2013년 同혈액암연구과장(선임연구원) 2012년 同내과 과장 2013~2017년 同임상시험센터장 2014~2017년 同국제암대학원대 시스템종양생물학과 겸임교수 2016년 同혈액암센터장(현) 2017년 同국제암대학원대 암의생명과학과 겸임교수(현) 2019년 同임상시험센터·혈액종양내과분과 전문의(현) (상)대한혈액학회 최우수연제상(2014)

엄홍길(嚴弘吉) UM HONG GIL

(생)1960 · 9 · 14 (출)경남 고성 (주)서울특별시 중구 동호로28길 12 장충빌딩 7층 엄홍길휴먼재단(02-736-8850) (학)2005년 한양대 대학원 최고엔터테인먼트과정 수료 2006년 한국외국어대 중국어과졸 2010년 同교육대학원 체육교육학과졸 2011년 경희대 체육대학원 박사과정 수료 (경)1988년 에베레스트 등정(8848m) 1993년 초오유 등정(8201m) 1993년 시샤팡마 등정(8027m) 1995년 마칼루 등정(8463m) 1995년 브로드피크 등정(8047m) 1995·2001년 로체 등정(8516m) 1996년 다울라기리 등정(8167m) 1996년 마나슬루 등정(8163m) 1997년 히든피크 등정(8068m) 1997년 가셔브룸2 등정(8035m) 1999년 안나푸르나 등정(8091m) 1999년 낭가파르밧 등정(8125m) 2000년 칸첸중가 등정(8586m) 2000년 K2 등정(8611m)으로 국내 최초 8000m이상 14좌 등정 성공(세계 8번째) 2000년 (주)파고다외국어학원 홍보이사 2001년 히말라야 시샤팡마봉 등정(8027m) 2001년 플랜인터네셔날 한국위원회 홍보대사 2002년 한국청소년문화원 홍보대사 2002·2003·2005년 에베레스트 등정(8,850m) 2003년 (사)한국올림픽 참피온클럽 홍보대사 2004년 얄룽캉 등정(8505m)으로 세계 최초 히말라야산맥 8000m급 15좌 등정 성공 2006년 의정부시 홍보대사 2006년 한국외국어대 홍보대사 2006~2011년 상명대 자유전공학부 석좌교수 2007년 기상청 기상홍보대사 2007~2009년 부산시교육청 홍보대사 2007년 히말라야 로체샤르 8000m급 세계최초 16좌 등정 성공 2007~2008년 2008함평세계나비곤충엑스포 홍보대사 2008년 아시아기

자협회 홍보대사 2008년 (재)엄홍길휴먼재단 상임이사(현) 2009~2011년 한국토지공사 홍보대사 2009~2012년 춘천월드레저총회 · 경기대회 홍보대사 2009~2019년 (주)밀레 기술고문 2009년 대한산악연맹 자문위원(현) 2010~2012년 로터스월드 홍보대사 2010년 한국국제협력단 홍보대사 2010~2014년 가톨릭대 서울성모병원 홍보대사 2010년 KOICA(한국국제협력단) 홍보대사(현) 2011~2012년 2011광주디자인비엔날레 명예홍보대사 2011년 경남고성공룡세계엑스포 홍보대사 2012~2014년 여수세계박람회 홍보대사 2012~2013년 고용노동부 산업안전보건홍보대사 2012~2014년 국토해양부 극지홍보대사 2012년 육군사관학교 홍보대사 2012년 소방방재청 안전홍보대사 2012~2013년 세계자연보전총회 홍보대사 2012~2015년 연세사랑병원 홍보대사 2012년 대한적십자사 홍보대사 2013년 해양수산부 극지 홍보대사 2013년 2014인천장애인아시아경기대회 홍보대사 2013년 국민생활체육회 이사 2013~2014년 송정원 홍보대사 2013년 안전행정부 안전문화홍보대사 2013년 소방방재청 국민안전정책자문위원 2013년 (사)스포츠봉사단 고문(현) 2014년 한국자유총연맹 홍보대사 2014년 산림청 정책자문위원 2014년 국립공원관리공단 홍보대사 2014년 (사)대한산악연맹 자문위원(현) 2015년 대한적십자사 네팔지진긴급구호선발대장 2015년 행정자치부 국민추천포상 홍보대사 2015년 2015울주세계산악영화제 홍보대사 2015년 국민안전처 홍보대사 2015년 서울 중부경찰서 올바른112신고 홍보대사 2016년 문화체육관광부 스포츠안전 홍보대사 2016년 민주평통 평화통일 홍보대사(현) 2016년 헤이그 프로젝트 홍보대사 2017년 한국외국어대 석좌교수(현) 2017년 한국전기공사협회 홍보대사(현) 2017년 한국장학재단 홍보대사(현) 2017년 전남도교육청 희망전남교육 명예대사(현) 2018~2019년 국립등산학교 초대 교장 2019년 울주세계산악영화제 홍보대사(현) 2019년 블랙야크 기술고문(현) 2019년 한국도박문제관리센터 홍보대사(현) (상)체육훈장 거상장 · 맹호장 · 청룡장(1989 · 1996 · 2001), 올해의 산악인상(1996), 한국유네스코서울협회선정 올해의인물(2000), 대한민국 산악대상(2001), 해군을빛낸예비역 선정상(2002), 로열 살루트 장인상(2003), 한국산악회 황금피켈상(2005), 환경재단선정 세상을 밝게 만든 100인(2005), 파라다이스 특별공로상(2007), 아레나-아우디 A어워드 카리스마상(2007), 한국외국어대 CHALLENGE상(2008), 4.19문화상(2010), 휴먼대상 행복나눔상(2010), 지식경영인 대상(2011), 산악상 특별공헌상(2012), 대한산악연맹을 빛낸 50인 선정(2012), 동아일보선정 10년뒤 한국을 빛낼 100인(2012 · 2013), 자랑스런 대한국민 대상(2013), (사)한국재능기부협회 자랑스런재능기부인(2013), 정관장 칭찬상 휴머니즘 최고봉상(2016), KGC 인삼공사 아름다운 휴머니즘상(2016), 한국콘텐츠진흥원 대한민국 SNS 산업대상(사회봉사부문)(2016), 한국언론인연합회 자랑스런 한국인 대상(2017), 대한불교조계종 불자 대상(2018), 네팔 산쿠와사바 수여 특별공로상(2018), 12th International Sagarmatha (Mt. Everest) Day '국제 사가르마타 어워드' 수상(2019) (저)'8000미터의 희망과 고독'(2003) '엄홍길의 약속'(2005) '거친 산 오를 땐 독재자가 된다'(2006) '엄홍길의 정상경영학'(2006) '꿈을 향해 거침없이 도전하라'(2008, 마음의숲) '불멸의 도전'(2008) '오직 희망만을 말하라'(2010, 마음의숲) '히말라야에서 꽃핀 우정'(2011) '내 가슴에 묻은 별'(2012) 'BIOGRAPHY 엄홍길'(2015) '산도 인생도 내려가는 것이 더 중요하다'(2015) '엄홍길휴먼재단 10년 그 아름다운 발자취'(2018)

엄흥식(嚴興植) UM Heung Sik

(생)1962 · 11 · 5 (본)영월(寧越) (출)서울 (주)강원도 강릉시 죽헌길 7 강릉원주대학교 치의학과(033-640-3184) (학)1987년 서울대 치의학과졸 1990년 同대학원 치의학과졸 1997년 치의학박사(서울대) (경)1993년 서울고려병원 치과 부과장 1995년 강북삼성병원 치과 부과장 1997년 강릉대 치의학과 교수 1997년 同치과병원 치주과장 1998~2000년 同치의학과장 2000~2001년 同보건진료소장 2009년 강릉원주대 치의학과 교수(현) 2013~2019년 同치과병원장 2015~2019년 국립대치과병원장협의회 감사 (상)한국과학기술단체총연합회 과학기술우수논문상(2015) (저)'치과임상사진-꼭 알아야하는 사진이론부터 상황에 따른 촬영기법까지'(2001) '치주과학'(2004) (역)'국제학술지 투고를 위한 의학계열 논문쓰기 : 계획에서 발표까지'(2000) '치주성형-재건술'(2008)

엄희준(嚴熙竣) Uhm Hee Joon

(생)1973 · 5 · 7 (출)경남 밀양 (주)서울특별시 서초구 반포대로 157 대검찰청 수사지휘과(02-3480-2220) (학)1992년 영신고졸 1996년 서울대 경제학과졸 2001년 同대학원 법학과 수료 (경)2000년 사법고시 합격(42회) 2003년 사법연수원 수료(32기) 2003년 인천지검 검사 2005년 춘천지검 영월지청 검사 2006년 대구지검 검사 2008년 서울중앙지검 검사 2012년 대검찰청 검찰연구관 2014년 부산지검 검사 2016년 검찰총장직속 부패범죄특별수사단 1팀 검사 파견 2017년 서울중앙지검 부부장검사 2018년 대검찰청 검찰연구관 2018년 同인권수사자문관 겸임 2019년 대검찰청 수사지휘과장(부장검사)(현)

여 명(呂 明 · 女)

(생)1991 · 1 · 7 (주)서울특별시 중구 세종대로 125 서울특별시의회(02-3702-1400) (학)숙명여대 정치외교학과 재학 중 (경)자유한국당 혁신위원회 위원, 한국대학생포럼 회장 2018년 서울시의회 의원(비례대표, 자유한국당)(현) 2018년 同교육위원회 위원(현) 2018년 同윤리특별위원회 위원(현)

여미숙(呂美淑 · 女) YEO Mee Sok

(생)1966 · 2 · 2 (출)대구 (주)서울특별시 성동구 왕십리로 222 한양대학교 법학전문대학원(02-2220-2775) (학)1984년 대구 성화여고졸 1988년 서울대 법과대학졸 1995년 同대학원 법학과졸 2001년 미국 캘리포니아대 버클리교 연수 (경)1989년 사법시험 합격(31회) 1992년 사법연수원 수료(수석졸업 · 21기) 1992년 서울민사지법 판사 1994년 서울가정법원 판사 1996년 청주지법 판사 1999년 서울지법 판사 2001년 同서부지원 판사 2003년 서울고법 판사 2004년 법원도서관 조사심의관 2006년 서울고법 판사 2007년 부산지법 민사8부 부장판사 2008년 사법연수원 교수(부장판사) 2011년 서울중앙지법 민사합의48부 부장판사 2011~2012년 법원행정처 정책총괄심의관 2014년 대전고법 부장판사 2015~2018년 서울고법 부장판사 2018년 한양대 법학전문대학원 교수(현)

여민수(呂民壽) YEO, MIN SOO

(생)1969 · 4 · 25 (출)서울 (주)경기도 성남시 분당구 판교역로 235 에이치스퀘어 N동 7층 (주)카카오(02-6718-0677) (학)1994년 고려대 신문방송학과졸 2009년 미국 매사추세츠공과대(MIT) 경영대학원졸(MBA) (경)1993~1996년 오리콤 근무 1996~1999년 LG애드 근무 2000~2009년 NHN ebiz부문장 · 이사 2009~2014년 이베이코리아 상무 2014~2016년 LG전자 글로벌마케팅부문 상무 2016년 (주)카카오 광고사업부문 부사장 2018년 同공동대표이사(현)

여상규(余尙奎) YEO Sang Kyu

(생)1948·6·28 (출)경남 하동 (주)서울특별시 영등포구 의사당대로 1 국회 의원회관 743호(02-784-1845) (학)1968년 경남고졸 1977년 서울대 법학과졸 (경)1978년 사법시험 합격(20회) 1980년 사법연수원 수료(10기) 1980년 서울형사지법 판사 1982년 서울민사지법 판사 1984년 제주지법 판사 1986년 서울지법 남부지원 판사 1989년 서울형사지법 판사 1990년 서울고법 판사 1993년 변호사 개업 1993년 방일영문화재단 이사(현) 1998년 사법연수원 외래교수 1998~2012년 법무법인 한백 변호사 2001년 사법시험 출제위원 2002년 조선일보 독자권익보호위원 2004년 여성부 남녀차별개선위원회 비상임위원 2005년 국가인권위원회 조정위원 2008년 제18대 국회의원(남해·하동, 한나라당·새누리당) 2009~2010년 한나라당 지방자치위원장 2010~2012년 同법률지원단장 2010년 국회 사법제도개혁특별위원회 위원 2010년 국회 예산결산특별위원회 계수조정소위원 2012년 제19대 국회의원(경남 사천시·남해군·하동군, 새누리당) 2012년 새누리당 경남도당 위원장 2012~2013년 同정책위 국토해양·지식경제·농식품담당 부의장 2012년 同국민행복추진위원회 지역발전추진단장 2012년 同지역화합특별위원회 위원 2013~2014년 국회 산업통상자원위원회 간사 2013년 새누리당 대표비서실장 2014년 국회 산업통상자원위원회 위원 2014년 새누리당 인재영입위원회 부위원장 2015년 국회 정치개혁특별위원회 공직선거법심사소위원회 위원 2015~2016년 새누리당 중앙윤리위원회 위원장 2016년 제20대 국회의원(경남 사천시·남해군·하동군, 새누리당·바른정당〈2017.1〉·자유한국당〈2017.5〉)(현) 2016~2018년 국회 법제사법위원회 위원 2016년 새누리당 전당대회 선거관리위원회 부위원장 2017년 바른정당 제19대 유승민 대통령후보 중앙선거대책위원회 법률지원단 공동단장 2017년 국회 정치발전특별위원회 위원 2017년 자유한국당 정책위원회 부의장 2018년 국회 사법개혁특별위원회 위원 2018년 자유한국당 사법정책자문단장 2018년 국회 법제사법위원회 위원장(현) (상)국무총리표창, 대한변호사협회 선정 '최우수 국회의원상'(2016), 대한민국 유권자대상(2017)

여상덕(呂相德) EDDIE YEO

(생)1955·12·3 (출)경북 성주 (주)서울특별시 영등포구 여의대로 128 LG트윈타워 LG디스플레이(주)(02-3777-1114) (학)1975년 대구고졸 1980년 경북대 전자공학과졸 (경)1979년 금성사 TV공장 설계실 입사 1988년 同동경사무소 근무 1994년 LG전자 Monitor설계실장 2000년 LG필립스 LCD 개발담당 상무 2005년 同LCD개발센터장(부사장) 2006년 同TV사업부 부사장 2007년 LG디스플레이(주) TV사업본부장(부사장) 2010년 同Mobile·OLED본부장(부사장) 2012년 同최고기술책임자(CTO·부사장) 2015년 同OLED사업부장(사장) 2016년 한국정보디스플레이학회 수석부회장 2017년 同회장 2017~2018년 LG디스플레이(주) OLED사장(CMO) 2018년 同고문(현) (상)제27회 정진기언론문화상 과학기술부문대상(2009)

여상락(呂相洛) Yeo Sang Rak (春植)

(생)1939·12·10 (본)성산(星山) (출)경북 성주 (주)서울특별시 구로구 공원로 54 한국SGI(1566-1118) (학)1958년 대구 능인고졸 1963년 영남대 토목공학과졸 (경)1969~1998년 국가공무원(대구시) 1979~1981년 한국SGI 전국부 남자부장 1998년 同조직국장 1999년 同사무총장 2001~2013년 同이사장 2002년 SGI(국제창가학회) 이사 2002년 (사)평화운동연합 상임이사 2004~2013년 학교법인 창가학원 이사장 2008~2013년 (재)영지장학재단 이사장 2013년 한국SGI 명예이사장(현) (상)제14회 청백(清白) 봉사상(1990), 국무총리표창(1998), 일본 소카대학 최고영예상(2004)

여상원(呂相源) YEO Sang Won

(생)1958·11·22 (본)성산(星山) (출)대구 (주)서울특별시 강남구 테헤란로87길 36 도심공항타워 14층 법무법인(유) 로고스(02-2188-1046) (학)1977년 경북고졸 1981년 서울대 법학과졸 1983년 同대학원 법학과졸 (경)1981년 행정고시 합격(25회) 1983년 경북도 지방행정사무관 1983년 사법시험 합격(25회) 1988년 사법연수원 수료(17기) 1988년 서울지법 의정부지원 판사 1990년 同남부지원 판사 1992년 창원지법 충무지원 판사 1995년 서울지법 판사 1996년 미국 워싱턴대 Visiting Scholar 1998년 서울지법 동부지원 판사 2000년 서울고법 판사 2001년 대법원 재판연구관 2003년 청주지법 영동지원장 2005년 수원지법 부장판사 2007년 서울중앙지법 부장판사 2008년 언론중재위원회 서울제1중재부장 2010년 서울동부지법 부장판사 2011년 법무법인(유) 로고스 변호사(현)

여상조(呂相助) YEO Sang Jo

(생)1953·1·20 (출)경북 성주 (주)서울특별시 강남구 테헤란로 317 동훈타워 법무법인(유) 대륙아주(02-563-2900) (학)1970년 경기고졸 1974년 서울대 법과대학졸 (경)1980년 사법시험 합격(22회) 1982년 사법연수원 수료(12기) 1982년 부산지법 판사 1986년 인천지법 판사 1989년 서울지법 북부지원 판사 1991년 서울민사지법 판사 1993년 서울고법 판사 1995년 헌법재판소 파견 1996년 서울지법 판사 1998년 청주지법 부장판사 1999~2000년 수원지법 여주지원장 2000년 법무법인 대륙아주 공동대표변호사 2000~2004년 (주)대한주택보증 사외이사 2006~2008년 同비상임이사 2012~2014년 방송통신심의위원회 보도·교양방송특별위원회 위원장 2013년 법무법인(유) 대륙아주 공동대표변호사 2018년 同명예대표변호사(현)

여선웅(呂善雄) LYUH Sun Woong

(생)1983·10·8 (주)서울특별시 종로구 청와대로 1 대통령비서실 시민사회수석실 청년소통정책관실(02-730-5800) (학)2010년 숭실대 사회과학대학 행정학과졸, 고려대 정책대학원 도시 및 지방행정학과 재학 중 (경)숭실대총학생회 부회장 2010년 한국관세무역개발원 연구원 2014년 새정치민주연합 중앙당 공보실 간사 2014~2018년 서울시 강남구의회 의원(새정치민주연합·더불어민주당), 同운영위원회 부위원장, 同행정재경위원회 부위원장 2017년 더불어민주당 정당발전위원회 위원 2017년 同제19대 문재인 대통령후보 선거캠프 공보단 간사 2017년 同제19대 문재인 대통령후보 청년특보 2017년 대통령직속 일자리위원회 청년TF 위원 2018년 (주)쏘카 새로운규칙그룹 본부장 2019년 대통령비서실 시민사회수석실 청년소통정책관(현)

여성수(余成守) Yeo seong su

(생)1968·9·6 (본)의령(宜寧) (출)경남 거제 (주)인천광역시 연수구 해돋이로 130 해양경찰청 형사과(032-835-2358) (학)1987년 경남고졸 1996년 한국해양대 기관학과졸 (경)1999년 경위 공채(경찰간부후보 47기) 2011년 해양경찰청 경비안전국 상황실장(경정) 2012년 부산해양경찰서 정보과장 2013년 해양경찰청 정보수사국 정보2계장 2015년 국민안전처 장관정책보좌관실 근무 2017년 해양경찰청 운영지원과 총무계장 2017년 同운영지원과장(총경) 2017년 남해지방해양경찰청 수사정보과장 2018년 중부지방해양경찰청 평택해양경찰서장 2019년 해양경찰청 형사과장(현)

여성준(呂晟準) Yeo Sung-jun

(생)1964·8·3 (주)서울특별시 종로구 사직로8길 60 외교부 인사운영팀(02-2100-7863) (학)1987년 연세대 정치외교학과졸 1990년 同대학원 외교안보학과졸 (경)1992년 외무고시 합격(26회) 1992년 외무부 입부 1998년 駐오스트리아 2등서기관 2002년 駐우크라이나 1등서기관 2006년 駐미국 1등서기관 2009년 외교통상부 중동1과장 2011년 駐이스라엘 공사참사관 겸 駐팔레스타인 대표 2014년 외교부 아프리카중동국 심의관 2017년 駐프랑스 공사 2018년 駐모잠비크 대사(현)

여소영(呂昭咏·女) YEO SO YOUNG

(생)1975·3·29 (주)서울특별시 종로구 사직로8길 60 외교부 306호실 동북아시아국 동북아2과(02-2100-7810) (학)1993년 대구화교고졸 1997년 대만 국립대만대 정치학과졸 2003년 同법학대학원 정치학과졸 2010년 북한대학원대 정치통일학 박사과정 수료 (경)1993년 대전EXPO 의전실 의전담당 1999년 (재)대만중앙방송국(CBS) 아나운서 겸 기자 1999~2004년 외교통상부 동북아시아국 동북아2과 대통령통역 겸 중국전문가(특채) 2004~2008년 駐중국 정무과 2등서기관 2008년 외교통상부 동북아지역협력과 2등서기관 2008~2009년 통일부 장관정책보좌관 2009~2013년 외교통상부 한반도평화교섭본부 북핵외교기획단 북핵협상과 1등서기관 2013~2014년 외교부 한반도평화교섭본부 평화외교기획단 평화체제과 1등서기관 2013~2014년 개성공단 국제경쟁력분과위원 겸임 2014~2015년 외교부 한반도평화교섭본부 평화체제과 1등서기관(동북아시아국 동북아협력팀 업무지원) 2015년 同동북아시아국 동북아1과 동북아협력팀 1등서기관 2015~2019년 국립외교원 직무연수과정 2019년 駐상하이총영사관 영사 2019년 외교부 동북아시아국 업무지원 2019년 同동북아시아국 동북아2과장(현) (상)외교통상부장관표창(2004), 모범공무원 국무총리표창(2005) (종)기독교

여수동(呂洙東)

(생)1961 (주)충청남도 서산시 성연면 신당1로 105 현대트랜시스(주)(041-661-7114) (학)영남대 경영학과졸 (경)현대자동차(주) 감사기획팀장(이사대우), 同HMCA법인장(이사), 同기획조정2실장(부사장) 2019년 현대트랜시스(주) 대표이사 사장(현)

여승배(余承培) Yeo Seung-bae

(생)1967·11·4 (출)경기 수원 (주)서울특별시 종로구 사직로8길 60 외교부 인사운영팀(02-2100-7139) (학)수원고졸 1990년 서울대 외교학과졸 1998년 미국 버지니아대 대학원 국제정치학과졸 (경)1990년 외무고시 합격(24회) 1990년 외무부 입부 2000년 駐미국 1등서기관 2003년 駐세네갈 1등서기관 2006년 외교부 북핵2과장 2006년 대통령 외교안보정책수석비서관실 파견 2006년 외교부 장관보좌관 2007년 駐중국 참사관 2011년 駐노르웨이 참사관 2011년 駐아프가니스탄 공사참사관(PRT사무소장) 2012년 외교부 한반도평화교섭본부 부단장 2014년 국가안전보장회의(NSC) 사무처 선임행정관 2015년 외교부 기획조정실 조정기획관 2016년 同북미국장 2017년 駐뉴질랜드 대사(현) (상)근정포장(2012)

여승주(呂昇柱) YEO Seung Joo

(생)1960·7·12 (출)서울 (주)서울특별시 영등포구 63로 50 63한화생명빌딩 한화생명보험(주) 사장실(02-789-8087) (학)1979년 경복고졸 1985년 서강대 수학과졸 (경)1985년 한화에너지 입사, 同과장, (주)한화 구조조정본부 부장, 同비서실 부장 2002년 同구조조정본부 상무보 2004년 대한생명보험(주) 재정팀장(상무보) 2006년 同재정팀장 겸 전략지원팀장(상무) 2008년 同재정팀장(상무) 2011년 同재정팀장(전무) 2011~2012년 同전략기획실장 2012년 한화생명보험(주) 전략기획실 전무 2013년 同경영기획실 경영전략팀장(전무) 2015년 同경영기획실 경영전략팀장(부사장) 2016년 한화투자증권 대표이사 2017~2019년 한화그룹 경영기획실 금융팀장(사장)·한화생명보험(주) 사업총괄사장 2019년 한화생명보험(주) 각자대표이사 사장(현)

여영국(余永國) Yeo young kug

(생)1964·12·26 (본)의령(宜寧) (출)경남 사천 (주)서울특별시 영등포구 의사당대로 1 국회 의원회관 510호(02-784-9130) (학)1983년 부산기계공고졸, 창원대 산업비지니스학과졸 (경)통일중공업(現S&T중공업) 근무, 전국금속산업노동조합연맹 조직국장 2006년 민주노동당 경남도당 당기위원장 2007년 同경남도당 부위원장 2009년 진보신당 창원시당원협의회 위원장 2010년 경남도의회 의원(진보신당·노동당) 2012년 同교육청예산결산특별위원장 2012년 노동당 창원시위원장 2013년 同경남도당 부위원장 2014~2018년 경남도의회 의원(노동당·정의당) 2014년 同운영위원회 위원 2014년 同교육위원회 위원 2014년 同예산결산특별위원회 위원 2016~2018년 同경제환경위원회 위원 2016년 정의당 경남도당 위원장(현) 2018년 경남도의원 선거 출마(정의당) 2019년 (재)평등하고공정한나라노회찬재단 이사(현) 2019년 제20대 국회의원(창원시 성산구 보궐선거당선, 정의당)(현) 2019년 국회 교육위원회 위원(현) 2019년 국회 여성가족위원회 위원(현)

여영길(余永吉) YEO Young Gil

(생)1963·2·21 (주)인천광역시 남동구 청능대로289번길 45 남동공단 67블럭 12로트 (주)에스피지(032-820-8200) (학)1987년 한양대 기계공학과졸 2007년 同대학원 전기공학과졸 (경)1987~1994년 (주)성신 생산기술부 근무 2002년 (주)에스피지 기술연구소장, 同이사 2011년 同대표이사(현) (상)신기술실용화부문 국무총리표창(2002), 금탑산업훈장(2015) (종)기독교

여영무(呂永茂) YOH Yeung Moo (伽山)

(생)1935·3·8 (본)성산(星山) (출)경북 성주 (학)1954년 대구상고졸 1959년 고려대 법과대학졸 1988년 법학(국제법)박사(고려대) (경)1961년 동아일보 정치부 기자 1973년 同방송국 정경부 차장 1976년 同안보통일연구소 간사 1978년 同조사부장 1980년 同지방부장 1981년 同조사부장 1982~1987년 同논설위원 1988년 同조사연구실 부실장 1989~2000년 대한국제법학회 이사 겸 부회장 1989년 국제법협회(I.L.A) 한국본부 이사 1989년 동아시아연구회 부회장 1989~2003년 KBS 사회교육방송 해설컬럼담당 1991~1993년 동아일보 통일연구소장 1992~1999년 한국외국어대·고려대·성신여대·한양대 강사 1993년 통일정책평가위원 1993년 경희대 객원교수 1994~1996년 연합통신 논설위원 겸 동북아시아정보문화센터 상임고문 1994~2002년 아시아사회과학연구원 상임이사 1999년 남북전략연구소 소장(현) 2003~2018년 인터넷신문 뉴스앤피플 대표 겸 주필 2012년 세종대 석좌교수 (상)대한국제법학회 상남국제법학술상(2001), 서울언론인클럽 23회 언론대상 한길상(2008), 임승준자유언론상(2009) (저)'도전과 응전과 환태평양시대' '테러리즘과 저항권', 사회평론집 '답답한 세상' '통일의 조건과 전망'(1992) '북한 어디로 가나'(1993) '북한대외정책자료집'(編) '중공, 어제와 오늘'(編) '닫힌 생각 열린 생각'(2002) '세계 명장 51인의 지혜와 전략'(2004) '국제테러리즘연구'(2006) '좌파 대통령의 언론과의 전쟁'(2007) '배반당한 민족공조(천안함, 연평도포격 다룸)'(2010) '괴물제국 중국'(2012) '미국의 장군들'(2013) '소띠 엄마의 워낭소리'(2016, 문예출판사) (역)'데탕트의 허실' (종)기독교

여영현(呂榮鉉) YEO Yong Hyun

(생)1962·5·24 (본)성산(星山) (출)대구 (주)서울특별시 중구 새문안로 16 농협중앙회 임원실(02-2080-5114) (학)달성고졸, 경북대 농업경제학과졸, 영국 맨체스터대 대학원 농업경제학과졸 (경)농협중앙회 조사부 조사역, 同평창군지부 차장, 同서울중앙본부 차장, 同조합구조개선지원부 팀장 2011년 同울릉군지부장, 농협재단 사무총장 2014년 농협중앙회 상호금융투자금융부장 2015년 同조합구조개선지원부장 2017년 同경북지역본부장 2019년 同상호금융자산전략본부 상무(현)

여운기(呂運琦) Lyeo Woon-Ki

(생)1960·5·20 (주)서울특별시 종로구 사직로8길 60 외교부 인사운영팀(02-2100-2114) (학)1989년 한국외국어대 독일어과졸 1994년 아일랜드 더블린국립대 대학원 정치경제학과졸 (경)1990년 외무고시 합격(24회) 1990년 외무부 입부 1994년 2002 FIFA월드컵유치위원회 파견 1996년 駐싱가포르 2등서기관 1999년 駐체코 1등서기관 2004년 외교안보연구원 기획조사과장 2005년 유럽안보협력기구(OSCE) 파견 2007년 駐체코 참사관 2010년 駐카타르 공사참사관 2013년 외교부 아프리카중동국 심의관 2014년 駐가나 대사 2017년 외교부 국립외교원 교수부장 2018년 駐아일랜드 대사(현)

여운길(呂運吉) YEO Woon Kil

(생)1961·7·31 (출)광주 (주)서울특별시 서초구 서초중앙로 53 대림빌딩 4층 법무법인 사람과사람(02-2055-0500) (학)1977년 검정고시 합격 1983년 서울대 법학과졸 1986년 同법과대학원 수료 (경)1986년 사법시험 합격(28회) 1989년 사법연수원 수료(18기), 육군 법무관 1991년 변호사 개업, 법무법인 중앙국제법률사무소 구성원변호사, 법무법인 대륙 변호사, 새날법률사무소 대표변호사 2008년 법무법인 사람과사람 대표변호사(현)

여운영(呂運榮) YEO Woon Young

(생)1969·11·11 (본)함양(咸陽) (출)충남 아산 (주)충청남도 예산군 삽교읍 도청대로 600 충청남도의회(041-635-5216) (학)1996년 고려대 법학과졸 2007년 호서대 대학원 법학과졸 2010년 선문대 일반대학원 행정학 박사과정 수료 (경)고려대교우회 아산시지부 총무, 온양4동·득산3동 새마을지도자, 민주평통 충남 청년위원장 2006·2010년 충남 아산시의회 의원(국민중심당·한나라당·새누리당) 2010년 한나라당 충남도당 정책위원장 2010~2012년 충남 아산시의회 산업건설위원장, 同운영위원회 위원, 同산업건설위원회 위원 2016~2018년 충남 아산시의회 의원(재선거 당선, 새누리당·더불어민주당) 2016~2018년 同예산결산특별위원회 위원장, 충남 온양한올중 운영위원(현), 국제사랑나눔회 사무총장(현), 아산시법원 민사조정위원회 위원(현), 법무부 법사랑 천안아산지역 교육분과위원(현), 민주평통 자문위원 2018년 충남도의회 의원(더불어민주당)(현) (상)민주평통의장 대통령표창(2014), 전국지역신문협회 기초의회부문 의정대상(2017), 법무부장관표창(2018)

여은주(余殷柱) YEO Un Joo

(생)1963·11·4 (본)의령(宜寧) (출)부산 (주)서울특별시 강남구 논현로 508 (주)GS 업무지원팀(02-2005-8101) (학)1986년 서울대 신문학과졸 2010년 고려대 언론대학원 최고위언론과정 수료 (경)1987년 LG 기획조정실 입사 2001년 同회장실 홍보팀 부장 2004년 GS홀딩스 부장 2009년 (주)GS 업무지원팀장(상무) 2013년 同업무지원팀장(전무) 2017년 同업무지원팀장(부사장)(현)

여인성(呂仁聖) YEO In Sung

(생)1959·6·21 (주)서울특별시 서대문구 연세로 50 연세대학교 스포츠응용산업학과(02-2123-3196) (학)연세대졸, 同대학원졸, 이학박사(미국 오하이오주립대) (경)연세대 사회체육학과 교수 2008년 同스포츠레저학과 교수, 한국체육철학회 부회장, 同학술전문위원, 한국사회체육학회 사회체육분과 위원장, 대한대학스포츠위원회(KUSB) 이사 2014~2016년 연세대 체육위원장 2016년 同교육과학대학장(현) 2017년 同스포츠응용산업학과 교수(현)

여인태(呂寅太) In-tae, Yeo

(본)함양(咸陽) (출)전남 여수 (주)제주특별자치도 제주시 구산로 65 제주지방해양경찰청(064-801-2000) (학)1984년 여수고졸 1989년 한국해양대 항해학과졸 2008년 연세대 행정대학원 석사 (경)1993년 해양경찰청 입청(간부후보 공채) 2002년 同공보담당관실 공보담당 2004년 목포해양경찰서 정보과장 2005년 해양경찰청 정보수사국 정보계장 2007년 同정보수사국 수사계장 2010년 同대변인(총경) 2010년 同정보과장 2011년 서귀포해양경찰서장 2012년 해양경찰청 국제협력담당관 2014년 同경비과장 2014년 국민안전처 해양경비안전본부 해양경비과장 2015년 同남해해양경비안전본부 여수해양경비안전서장 2016년 同해양경비안전본부 해양수색구조과장 2017년 同안전감찰관실 감사담당관 2017년 해양경찰청 수사정보국장(경무관) 2018년 제주지방해양경찰청장(현) (상)녹조근정훈장(2015)

여정성(余禎星·女) YEO Jung Sung

(생)1960·4·1 (본)의령(宜寧) (출)서울 (주)서울특별시 관악구 관악로 1 서울대학교 생활과학대학 소비자학과(02-880-6828) (학)1979년 중경고졸 1983년 서울대 가정관리학과졸 1986년 미국 코넬대 대학원 소비자경제학과졸 1990년 소비자경제학박사(미국 코넬대) (경)1983~1988년 미국 코넬대 연구조교 1988~1990년 서울대 강사 1990~1993년 인하대 가정대학 가정관리학과 조교수 1993년 서울대 생활과학대학 소비자학과 조교수·부교수·교수(현) 1995~1996년 한국여성학회 총무위원장 1996~2000년 한국소비자학회 상임이사 1996~2001년 소비자문제를연구하는시민의모임 편집위원 1997~2001년 서울대 생활과학대학 소비자학과장 겸 소비자아동학부장 1998~2000년 한국소비자학회 편집위원회 부위원장 2000~2005년 공정거래위원회 정책평가위원회 민간위원 2001~2002년 미국 연방거래위원회 초빙연구원 2002~2004년 한국소비자학회 공동편집위원장 2003~2005년 정부혁신지방분권위원회 행정개혁전문위원회 위원 2003~2004년 서울대 연구부처장 2004~2006년 同교무부처장 2006~2008년 공정거래위원회 소비자정책자문위원회 위원 2006~2008년 교육인적자원부 정책평가위원회 위원 2007~2010년 공정거래위원회 경쟁정책자문위원회 위원 2008~2010년 한국소비자원 비상임이사 2008~2010년 국민경제자문회의 자문위원 2009~2017년 우정사업운영위원회 민간위원 2010~2013년 기획재정부 공공기관운영위원회 민간위원 2010~2011년 한국소비자학회 회장 2011~2014년 대통령직속 개인정보보호위원회 위원 2011~2013년 아시아소비자경제학회 회장 2012~2015년 서울대 생활과학대학장 2014~2015년 한국소비자정책교육학회 회장 2015~2018년 한국저작권위원회 위원 2017년 공정거래위원회 소비자정책위원회 위원장(현) 2019년 서울대 기획부총장(현) (상)미국 소비자학회 최고석사논문상(1987), 미국 소비자학회 최고박사논문상(1991), 근정포장(2004), 한국소비자학회 최우수논문상(2010), 홍조근정훈장(2013) (저)'디지털경제시대의 소비자보호'(2001) '소비자학의 이해(共)'(2001) '소비자와 법의 지배'(2008) '열일곱가지 소비자 이슈'(2008) '한국행정60년'(2008) '소비자연구방법'(2012) (역)'소비자와 시장(共)'(1990) '소비자주의(共)'(1996) (종)기독교

여종균

(생)1962 (주)서울특별시 서대문구 충정로 60 NH농협생명보험 경영기획부문(1544-4000) (학)대구 대건고졸, 경북대 독어독문학과졸 (경)농협중앙회 금융기획부 팀장 2010년 同군위군지부 금융지점장, NH캐피탈 상무, NH농협은행 개인고객부 단장, 同광화문금융센터장 2014년 농협금융지주 홍보부장 2015년 同재무관리부장 2016년 NH농협은행 경북영업본부장 2019년 NH농협생명보험 경영기획부문 부사장(현)

여준구(呂駿九) YUH Jun Ku

(생)1958 (출)부산 (주)경상북도 포항시 남구 지곡로 39 한국로봇융합연구원(054-279-0416) (학)1981년 서울대 공대 기계설계학과졸 1983년 미국 오리건주립대(Corvallis) 대학원 기계공학과졸 1984년 미국 캘리포니아주립대 버클리교 단기과정 수료 1986년 기계공학박사(미국 오리건주립대) 1989년 미국 캘리포니아주립대(LA) 단기과정 수료 2010년 미국 하버드대 교육대학원 단기과정 수료 (경)1986~2004년 미국 하와이대 기계공학과 교수 1987·1991년 미국 세계인물사전 'Who's Who in the World'·'Who's Who in the West' 23판에 등재 1992년 미국 오리건주립대 기계공학과 초빙부교수 1995년 'Men of Achievement' 16판에 등재 1997~1999년 미국 하와이대 기계공학과 대학원학과장 1999년 포항공과대 기계공학과 초빙교수 2000년 World Automation Congress 프로그램 의장 2001~2003년 미국 국립과학재단 국제과학공학기구 동아시아·태평양프로그램 매니저 2002~2005년 同정보및지능시스템프로그램 디렉터 2003~2005년 Robot분야국제연구동향조사단 미국정부 NSF단장 2005년 IEEE '2003 International Conference on Intelligent Robots and Systems 프로그램' 의장 2005~2006년 駐일본 미국대사관 국립과학재단(NSF) 동아시아및태평양지역 책임자 2006년 'IEEE 2006 International Conference on Robotics Automation 프로그램' 공동의장 2006~2013년 한국항공대 총장 2007~2011년 'Journal of Intelligent Service Robotics' 편집장 2007년 대한민국항공회 수석부총재 2008~2010년 국가과학기술위원회 운영위원 2009~2011년 국토해양부 국가교통위원회 위원 2010~2012년 방송통신위원회 기술자문위원 2010~2011년 의정부지검 고양지청 검찰시민위원회 위원장 2010~2011년 국립과천과학관 후원회 이사 2011년 교육과학기술부 연구개발사업종합심의위원회 위원 2011년 국토해양부 항공정책위원회 위원 2015~2019년 한국과학기술연구원 로봇·미디어연구소장 2019년 한국로봇융합연구원 원장(현) (상)미국 공학교육회 Outstanding Young Faculty Award(1989), Boeing Aircraft Corp. Boeing Faculty Award(1991), 미국 국립과학재단 미국대통령표창(1991), 미국 오리건주립대 공대 Oregon Stater Award(2000), World Automation Congress Lifetime Achievement Award(2004), IEEE Fellow(2005), 미국 오리건주립대 Engineering Hall of Fame(2009), 국제항공연맹연차총회 항공스포츠메달(Air Sport Medal2009) (저)'Robotics: State of the Art and Future Challenges(共)'(2008, Imperial College Press·World Scientific Publishing) (종)기독교

여진용(呂珍茸)

(생)1969·5·20 (출)대전 (주)경기도 의정부시 금오로23번길 22-49 경기북부지방경찰청 생활안전과(031-961-2246) (학)1988년 대전 유성고졸 1995년 동국대 경찰행정학과졸 2011년 연세대 대학원 행정학과졸 (경)1996년 경위 임관(경찰간부후보 44기) 2008~2010년 대통령 기획조정비서관실 파견 2010~2012년 대통령 공직기강비서관실 파견 2012년 경찰청 정보국 정보1과 근무 2015년 서울지방경찰청 정보1과 정보2계장 2016년 경찰청 감사관실 근무(총경) 2017~2019년 강원 영월경찰서장 2019년 경기북부지방경찰청 생활안전과장(현)

여한구(呂翰九) YEO Han Koo

(생)1969·11·14 (본)함양(咸陽) (출)서울 (주)세종특별자치시 한누리대로 402 산업통상자원부 통상교섭실(044-203-5061) (학)1988년 경동고졸 1992년 서울대 경영학과졸 1995년 同행정대학원 행정학과졸 2002년 미국 하버드대 케네디스쿨졸(MPA) 2004년 同비즈니스스쿨졸(MBA) (경)1992년 행정고시 합격(36회) 1993년 산업자원부 중소기업정책과·중소기업국 지도과·산업정책과·투자진흥과 행정사무관 2005년 同투자정책과 서기관, 국민경제자문회의 사무처 대외산업국 서기관 2007년 산업자원부 무역투자정책본부 자유무역협정팀장 2008년 지식경제부 자유무역협정팀장 2009년 同기후변화정책과장 2010년 World Bank·IFC(국제투자공사) 파견(과장급) 2014년 산업통상자원부 통상정책국 다자통상협력과장 2014년 환태평양경제동반자협정(TPP) 대책단 파견(부이사관) 2016년 산업통상자원부 자유무역협정정책관(일반직고위공무원) 2017년 同통상정책국장 2017년 駐워싱턴 상무관 2019년 산업통상자원부 통상교섭실장(현) (상)대통령표창(2005) (저)'하버드MBA의 경영수업'(2007, 더난출판사) 'The Kaesong Industrial Complex(A)·(B)'(2010, Harvard Business School)

여현주(呂賢珠·女)

(생)1970·6·28 (출)서울 (주)강원도 춘천시 공지로 284 춘천지방법원 총무과(033-259-9105) (학)1989년 명덕여고졸 1993년 서강대 영어영문학과졸 1997년 연세대 대학원 영어교육과졸 (경)2001년 사법시험 합격(43회) 2004년 사법연수원 수료(33기) 2004년 창원지법 예비판사 2006년 同판사 2007년 의정부지법 판사 2011년 서울남부지법 판사 2014년 서울가정법원 판사 2016년 서울중앙지법 판사 2018년 서울남부지법 판사 2019년 춘천지법 부장판사(현)

여현호(余峴鎬) YEO Hyun Ho

(생)1962·1·10 (출)부산 (주)서울특별시 종로구 청와대로 1 대통령 국정홍보비서관실(02-770-0011) (학)1980년 부산 해동고졸 1987년 서울대 법학과졸 (경)1988~1999년 한겨레신문 정치부·사회부·국제부·체육부·한겨레21 기자 1999년 同정치부·경제부 기자 2003년 同정치부 차장 2005년 同정치부장 2006년 同정치부 선임기자(부장급) 2006년 同민족국제담당 편집장 2006년 同편집국 국내부문 편집장 2007년 同논설위원 2011년 同편집국 사회부 선임기자, 同편집국 법조팀장 2012년 同법조팀 근무(부장급) 2014~2018년 同논설위원 2017~2018년 同편집국장석 근무 겸임 2019년 대통령 국민소통수석비서관실 국정홍보비서관(현)

여환섭(呂煥燮) YEO Hwan Seop

(생)1968·6·8 (출)경북 김천 (주)대구광역시 수성구 동대구로 366 대구지방검찰청(053-740-3300) (학)1987년 김천고졸 1991년 연세대 법학과졸 (경)1992년 사법시험 합격(34회) 1995년 사법연수원 수료(24기) 1998년 대한법률구조공단 김천출장소 공익법무관 2000년 대구지검 검사 2000년 同포항지청 검사 2001년 서울지검 검사 2004년 수원지검 검사(대검찰청 중앙수사부 파견) 2006년 대구지검 검사 2007년 同부부장검사(대검찰청 중앙수사부 파견) 2007년 미국 UCLA 로스쿨 연수 2008년 춘천지검 부부장검사 2009년 창원지검 거창지청장 2010년 서울동부지검 형사6부장 2011년 대검찰청 중수2과장 2012년 同중앙수사부 중앙수사1과장 2013년 서울중앙지검 특별수사1부장 2014년 대전지검 형사1부장 2015년 대검찰청 대변인 2016년 同검찰연구관 2017년 수원지검 성남지청장 2018년 청주지검장 2019년 법무부 '검찰 과거사위원회 수사권고관련수사단' 단장 겸임(현) 2019년 대구지검장(현)

여훈구(呂勳九) YEO Hun Gu

(생)1961·6·2 (출)경기 수원 (주)서울특별시 종로구 사직로8길 39 세양빌딩 김앤장법률사무소(02-3703-4603) (학)1980년 보성고졸 1984년 서울대 법대졸 1986년 同대학원 법학과졸 (경)1985년 사법시험 합격(27회) 1989년 사법연수원 수료(18기) 1989년 수원지법 판사 1991년 서울지법 남부지원 판사 1995년 청주지법 판사 1996년 서울지법 판사 1999년 同서부지원 판사 2001년 서울고법 판사 2002년 사법연수원 교수 2004년 대전지법 부장판사 2006년 수원지법 부장판사 2008년 서울중앙지법 부장판사 2011년 서울동부지법 부장판사 2012년 수원지법 평택지원장 2012년 평택시선거관리위원회 위원장 2013년 김앤장법률사무소 변호사(현)

연강흠(延康欽) YON Kang Heum

(생)1956·3·3 (본)곡산(谷山) (출)충북 청주 (주)서울특별시 서대문구 연세로 50 연세대학교 경영학과(02-2123-2523) (학)1980년 연세대 법학과졸 1984년 미국 뉴욕주립대 버펄로교 경영대학원졸 1990년 경영학박사(미국 펜실베이니아대 와튼스쿨) (경)1990~1991년 일본 쓰쿠바대 객원조교수 1991~1999년 연세대 경제학과 조교수·부교수 1994~1996년 한국재무학회 편집위원·간사 1994년 한국증권학회 편집위원·이사·부회장 1996~1997년 한국재무관리학회 상임이사 1997~1998년 한국재무학회 상임이사 1999년 연세대 경영학과 교수(현), 同국제대학원 교학부장, 同경영연구소 부소장, 同경영대학 부학장 2001년 국민연금연구원 연구심의위원회 위원 2002년 한국재무학회 감사 2003년 한국IR협의회 자문위원(현) 2004년 한국재무관리학회 부회장 2005~2010년 코스닥상장위원회 위원·위원장 2007년 한국파생상품학회 회장 2008~2015년 금융감독원 금융투자업인가외부평가위원회 위원장 2008년 기획재정부 연기금투자풀운영위원회 위원 2009년 同기금운용평가단 단장 2009~2010년 금융투자협회 증권위원회 위원 2010~2015년 한국금융지주 사외이사 2011년 한국재무학회 부회장 2011~2015년 자산관리공사 자산운용위원회 위원 2012~2014년 국민연금공단 기금운용실무평가위원회 위원 2012~2018년 공무원연금공단 자산운용위원회 위원 2012년 국제교류재단 자산운용위원회 위원(현) 2012년 한국상장회사협의회 자문위원(현) 2013~2015년 방송통신위원회 자체평가위원 2013~2015년 미래창조과학부 자체평가위원 2014~2015년 한국재무학회 회장 2014년 기획재정부 복권위원회 기금운용심의회 위원장 2014년 자유와창의교육원 교수 2014년 국민연금기금운용위원회 위원 2015년 (재)통일과나눔 '통일나눔펀드' 기금운용위원회 위원(현) (저)'한국의 프로젝트 매니지먼트'(2004) '한국의 은행 100년사'(2004) '에센셜 기업재무'(2005)

연규석(延圭錫)

(생)1964·4·30 (출)충북 증평 (주)세종특별자치시 다솜3로 95 공정거래위원회 소비자안전정보과(044-200-4420) (학)1982년 청주 신흥고졸 2010년 연세대 법무대학원 법학과졸 (경)대전지방공정거래사무소 지도과 근무(6급), 공정거래위원회 경쟁국 단체과 사무관, 同카르텔조사단 제조카르텔팀 사무관 2014년 서울지방공정거래사무소 제조하도급과 서기관 2015년 공정거래위원회 건설용역하도급개선과 서기관, 同업무지원팀장(서기관) 2017년 부산지방공정거래사무소장 2018년 공정거래위원회 본부 근무(과장급) 2019년 同소비자안전정보과장(현)

연규홍 Yeon, Kyu Hong

(생)1960·7·4 (주)경기도 오산시 한신대길 137 한신대학교 총장실(031-379-0379) (학)한신대 신학과졸, 同신학대학원 신학과졸, 신학박사(한신대) (경)2000년 한신대 신학대학 신학과 교수(현) 2008~2009년 同학보사·방송국 주간 2009년 同평화와공공성센터장 2011년 同교목실장 2013~2017년 同신학대학원장 2015년 同장공도서관장 겸 평생교육원장 2017년 同총장(현) (저)'한국교회의 평화통일 운동 연표'(2006, 다산글방) '생명나무에 이르는 길'(2009, 한신대 출판부)

연기영(延基榮) YEUN Kee Young

(생)1952·11·20 (본)곡산(谷山) (출)충북 괴산 (주)서울특별시 중구 필동로1길 30 동국대학교 법과대학(02-2260-3232) (학)1968년 한영고졸 1975년 동국대 법학과졸 1980년 同대학원졸 1984년 법학박사(서독 괴팅겐대) (경)1984~1994년 동국대 법학과 전임강사·조교수·부교수 1987~1991년 同법과대학 및 대학원 법학과장 1988년 한국교수불자연합회 이사·사무총장 1992~1993년 미국 Univ. of Washington Law School 교환교수 1993~1994년 독일 괴팅겐대 법대 교환교수 1994~2018년 동국대 법과대학 교수 1994~2010년 사법연수원 강사 1994~2003년 한국노동연구원 객원교수 1997~2003년 동국대 법과대학장 2000~2003년 同비교법문화연구소장 2000년 한국청소년정책학회 회장 2000~2013년 한국스포츠엔터테인먼트법학회 회장 2001~2005년 한국교수불자연합회 회장 2003년 독일 콘스탄츠대 법대 초청교수 2003~2004년 일본 와세다대 법과대학원 비교법연구소 객원교수 2004~2005년 일본 주오대 법과대학원 일본비교법연구소 초빙교수 2005년 한국교수불자연합회 명예회장 2005~2014년 아·태교수불자연합회 회장 2005년 아시아스포츠법학회 회장·명예회장 2005년 (사)이웃을돕는사람들 이사(현) 2006~2007년 駐韓네팔 명예총영사 2007년 서울고법 조정위원(현) 2008~2013년 세계스포츠법학회 부회장·회장 2009년 한국교수불자연합회 고문(현) 2010~2012년 경기학원 임시이사 2010~2013년 아시아스포츠법학회 회장 2013년 세계스포츠법학회 부회장(현) 2013년 SEMTA포럼 회장(현) 2016년 한국스포츠엔터테인먼트법학회 고문(현) 2016~2017년 한성로타리클럽 회장 2018년 한국분쟁해결협회(KADR) 회장(현) 2018년 동국대 법과대학 명예교수(현) (저)'법학개론'(1988) '21세기 도전과 전략'(1996) '객관식 민법1'(2000) '공학법제'(2001) '로스쿨 물권법'(2006) '로스쿨 채권법(불법행위편)'(2007) (종)불교

연명흠(延明欽)

(생)1971 (주)서울특별시 서대문구 통일로 97 경찰청 경무계(02-3150-2121) (학)1999년 성균관대 법학과졸 (경)2002년 사법시험 합격(44회) 2005년 사법연수원 수료(34기) 2005년 경정 특채 2011년 경찰청 청문감사담당관실 감사윤리계장, 同경무기획국 법무과 근무, 서울 양천경찰서·동작경찰서 수사과장 2015년 국무조정실 파견(총경) 2016년 충북지방경찰청 수사과장 2017년 경기 안성경찰서장 2017년 경찰청 항공과장 2019년 국무조정실 파견(현)

연병길(延炳吉) YEON Byeong Kil

(생)1950·2·27 (출)서울 (주)인천광역시 남동구 남동대로774번길 24 가천뇌과학연구원 4층 인천광역시 광역치매센터(032-472-2027) (학)1975년 서울대 의대졸 1980년 同대학원 의학석사 1987년 의학박사(서울대) (경)1975~1980년 서울대병원 신경정신과 전공의 1980~1985년 국립서울정신병원 일반정신과장 1985~2013년 한림대 의대 신경정신과학교실 교수 2007~2013년 강동구 치매지원센터장 2013~2015년 가천대 정신건강의학과 교수 2013년 同길병원 정신건강의학과 전문의(현) 2014년 인천시 광역치매센터장(현) 2018년 가천대 길병원 가천뇌건강센터장(현) (상)대한신경정신의학회 최신해학술상, 보건복지부장관표창(2010) (저)'신경정신과학'(共) '노인정신의학'(共) '노인병학'(共) (역)'철저한 정신치료의 원리' (종)가톨릭

연운희(延雲熙) Yon Un Hee

(생)1969·11·19 (본)곡산(谷山) (출)충북 음성 (주)서울특별시 서초구 서초대로 219 대법원(02-3480-1100) (학)1987년 청주고졸 1991년 한양대 법학과졸 (경)1990년 사법시험 합격(32회) 1993년 사법연수원 수료(22기) 1996년 인천지법 판사 1998년 서울지법 동부지원 판사 2000년 전주지법 판사 2003년 서울지법 판사 2003~2004년 독일 본대학(University of Bonn) 연수 2004년 서울중앙지법 판사 2005년 서울고법 판사 2006년 대법원 재판연구관 2009년 청주지법 부장판사 2010년 수원지법 부장판사 2013년 법무법인 태평양 변호사 2019년 대법원 전담법관(현)

연제찬(延濟瓚) YUN Jae Chan

(생)1965·4·20 (출)충북 증평 (주)경기도 하남시 대청로 10 하남시청 부시장실(031-790-6010) (학)1983년 청주고졸 1990년 건국대 행정학과졸 2002년 서울대 행정대학원졸, 미국 캘리포니아대 대학원 국제관계학과졸 (경)1996년 지방고시 합격(1회) 1996~2001년 성남시 행정사무관 2001~2008년 경기도 행정사무관 2008년 同법무담당관(서기관) 2009년 교육파견(KDI 국제정책대학원) 2011년 경기도 기획조정실 법무담당관 2012년 同환경국 환경정책과장 2014년 경기 연천군 부군수 2016년 교육 파견(부이사관) 2016년 경기도 수자원본부장 2017~2018년 국토교통부 파견(부이사관) 2018년 경기 하남시 부시장(현) (종)가톨릭

연제호(延濟浩) YEON Je Ho

(생)1964·3·7 (출)충북 괴산 (주)서울특별시 서대문구 충정로 29 동아일보 충정로사옥 스포츠동아(02-361-1616) (학)1982년 청주고졸 1989년 한양대 경제학과졸 1992년 同대학원 경영학과졸 (경)1991년 한겨레신문 편집부 기자 1995년 동아일보 뉴스플러스 기자, 동아닷컴 NGO 스포츠팀장 2007년 동아일보 미디어기획팀 차장 2008년 스포츠동아 편집국 편집부장 2008년 同문화부장 2013년 同편집국 레저경제부장(부국장) 2014년 同편집국 스포츠1부장 2015년 同편집국 산업경제부장 2016년 同편집국장(현) (상)한양언론인상(2018)

연종석(延宗錫)

(생)1973·1·18 (주)충청북도 청주시 상당구 상당로 82 충청북도의회(043-220-5116) (학)1998년 용인대 유도학과졸 (경)증평군유도연합회 회장, 증평군양돈협회 총무, 민주당 충북도당 지방자치위원회 부위원장 2009·2010년 충북 증평군의회 의원(민주당·민주통합당·민주당·새정치민주연합) 2010년 同부의장 2012년 同운영내무위원회 부위원장, 증평라이온스클럽 회장 2014~2018년 충북 증평군의회 의원(새정치민주연합·더불어민주당) 2016~2018년 同의장 2016년 충북도시·군의회의장단협의회 부회장 2018년 충북도의회 의원(더불어민주당)(현) 2018년 同예산결산특별위원회 위원장(현) (상)전국시·군자치구의회의장협의회 지방의정봉사상(2016), 전국지역신문협회 기초의원부문 의정대상(2017)

연철흠(延哲欽) Yeon chol-heum

(생)1960·10·9 (주)충청북도 청주시 상당구 상당로 82 충청북도의회(043-220-5116) (학)청주농업고졸, 청주대 지역개발학과졸 (경)(사)남북누리나눔 이사, 충북도장애인수영연맹 회장, 청주문화원 자문위원, 청주경제정의실천시민연합 회원, (사)충북발전연구원 이사, 민주평통 자문위원 2002·2006·2010~2014년 충북 청주시의회 의원(새천년민주당·열린우리당·민주당·민주통합당·민주당·새정치민주연합) 2008~2010년 同부의장, 同행정수도유치특별위원장, 열린우리당 충북도당 상무위원 겸 교육연수위원장 2010~2012년 충북 청주시의회 의장 2010~2012년 충북 시·군의회의장단협의회 회장 2012년 충북 청주시의회 기획행정위원회 위원 2012년 同예산결산특별위원회 위원 2014~2018년 충북도의회 의원(새정치민주연합·더불어민주당) 2014·2017~2018년 同예산결산특별위원회 위원 2014년 同행정문화위원회 위원 2015년 同윤리특별위원회 위원 2016~2018년 同행정문화위원회 부위원장 2016~2018년 同운영위원회 위원 2016~2018년 더불어민주당 충북도당 다문화위원회 위원장 2018년 충북도의회 의원(더불어민주당)(현), 더불어민주당 충북도의회 원내대표(현)

염경석(廉京石) YUM Gyueng Seok

(생)1960·8·5 (본)파주(坡州) (출)전북 군산 (주)전라북도 전주시 완산구 팔달로 168 썬플러스빌딩 309호 정의당 전라북도당(063-274-2013) (학)1980년 군산제일고졸 1988년 전북대 법학과졸 2009년 同법무대학원 법학과 석사과정 수료 (경)1989년 전주시 덕진구의료보험조합 입사 1992년 전국의료보험노동조합 전북본부장 1994년 同수석부위원장·위원장 직대 1996년 전국민주노동조합총연맹 전북본부장 1997년 북녘동포돕기전북도민운동본부 공동대표 1997년 국민승리21 전북도지부 대표 1998년 군산미군기지우리땅찾기시민모임 공동대표 1998년 고용실업대책전북도민운동본부 상임공동대표 1998년 (사)전북실업자종합지원센터 이사 1999년 전북민주시민사회단체협의회 상임공동대표 1999년 새만금간척사업중단을위한전북사람들 공동대표 2000년 전북민중연대회의 상임대표 2000년 전북통일연대 공동대표 2000년 전북공교육정상화협의회 공동대표 2000년 민주노동당 전북지부 준비위원장 2002년 민주노총 비상대책위원회 부위원장 2002년 여중생사망사건 전북대책위원회 공동대표 2002년 전북노동열사추모사업회 이사 2003년 민주노동당 전북도지부장 2003년 부안핵폐기장백지화 및 핵에너지정책전환을위한전북도민대책위원회 공동대표 2003년 민주노동당 전주덕진지구당 위원장 2004~2005년 同전북도당 위원장 2006년 同전북도지사 후보 2004년 17대 총선출마(전주덕진, 민주노동당) 2007년 국민건강보험공단 익산지사 급여관리팀장 2008년 민주노동당 비상대책위원 2008년 진보신당 전북추진위원장 2008년 제18대 국회의원 후보(전주 덕진, 진보신당) 2009년 4.29재보선 국회의원 후보(전주 덕진, 진보신당) 2010~2011년 진보신당 전북도당 위원장 2010년 전북도지사 후보(진보신당) 2012년 제19대 국회의원 후보(전북 전주완산甲, 진보신당) 2019년 정의당 전북도당 위원장(현) (종)기독교

염경엽(廉京燁) Yeom Gyeong Yeob

(생)1968·3·1 (출)광주 (주)인천광역시 미추홀구 매소홀로 618 문학경기장 SK와이번스(032-455-2630) (학)광주제일고졸, 고려대졸 (경)1991년 프로야구 태평양 돌핀스 소속 1996~2001년 프로야구 현대 유니콘스 소속 2001~2006년 同운영팀 과장 2006년 同수비코치 2008년 프로야구 LG 트윈스 스카우트팀 차장 2008~2009년 同운영팀장 2009년 同1군 수비코치 2011년 프로야구 넥센 히어로즈 1군작전·주루코치 2012~2016년 同감독 2014년 프로야구 정규리그 2위·프로야구 한국시리즈 준우승 2017~2018년 프로야구 SK와이번스 단장 2018년 同감독(총액 25억원 : 계약금 4억원 + 연봉 7억원)(현) (상)대통령기 타격상(1988), 추계대학대회 MVP(1990)

염기창(廉基昌) Yum Ki Chang

(생)1966·12·28 (본)파주(坡州) (출)서울 (주)광주광역시 동구 준법로 7-12 광주지방법원 총무과(062-239-1710) (학)1985년 경기고졸 1989년 서울대 법대 공법학과졸 (경)1988년 사법시험 합격(30회) 1991년 사법연수원 수료(20기) 1991년 군법무관 1994년 대전지법 판사 1996년 同홍성지원 판사 1998년 수원지법 판사 1999~2000년 미국 예일대 법대 Visiting Scholar 2001년 서울지법 판사 2002년 서울고법 판사 2004년 서울가정법원 판사 2006년 광주지법 목포지원 부장판사 2007년 사법연수원 교수 2009년 인천지법 부장판사 2010년 서울중앙지법 부장판사 2013년 서울서부지법 부장판사 2015년 서울남부지법 부장판사 2016년 서울동부지법 수석부장판사 2018년 광주지법 부장판사(현) (종)기독교

염동신(廉東信) YEOM Dong Shin

(생)1965·7·22 (출)광주 (주)서울특별시 종로구 종로3길 17 디타워 23층 법무법인 세종(02-316-4669) (학)1984년 광주제일고졸 1989년 서울대 법대 사법학과졸 2006년 고려대 법과대학원 수료 (경)1988년 사법시험 합격(30회) 1991년 사법연수원 수료(20기) 1991년 軍법무관 1994년 부산지검 검사 1996년 광주지검 순천지청 검사 1998년 법무부 법무과 검사 1999~2000년 독일 막스프랑크 국제형사법연구소 장기연수 2000년 서울지검 검사 2003년 광주지검 부부장검사 2004년 의정부지검 고양지청 부부장검사(헌법재판소 파견) 2006년 법무부 송무과장 2008년 서울중앙지검 총무부장 2009년 同형사5부장 2009년 부산지검 동부지청 차장검사 2010년 법무법인 세종 파트너변호사(현) 2018년 한국법학원 이사(현) (상)법무부장관표창, 검찰총장표창 (저)'객관식 민법총론' (역)'주해 독일 법원조직법' (종)기독교

염동열(廉東烈) YEOM Dong Yeol

(생)1961·2·28 (본)파주(坡州) (출)강원 평창 (주)서울특별시 영등포구 의사당대로 1 국회 의원회관 807호(02-784-9820) (학)1979년 강릉명륜고졸, 관동대 경영학과졸, 同대학원졸 1997년 同경영대학원 최고경영자과정 수료, 행정학박사(국민대) (경)1985년 신흥기획 대표 1995년 신흥개발 대표 1996년 남조건설(주) 대표이사 1997년 한국청년회의소(JC) 강원지구 회장 1998년 민주평통 자문위원 1998년 21세기청년전문가포럼 이사 1999년 한국청년회의소중앙회 회장 1999년 민족화해협력범국민협의회 청년위원장 1999년 국민화합운동연대 공동의장 2000년 새천년민주당 총재특별보좌역 2000~2002년 同강원영월·평창지구당 위원장 2000년 同부대변인 2001년 同총재특보 2002~2003년 대한석탄공사 상임감사 2010년 7.28재보선 국회의원선거 출마(태백·영월·평창·정선, 한나라당) 2010년 한나라당 태백·영월·평창·정선당원협의회 운영위원장 2010년 同중앙연수원 부원장 2012년 제19대 국회의원(태백·영월·평창·정선, 새누리당) 2012년 국회 문화체육관광방송통신위원회 위원 2013~2015년 국회 평창동계올림픽및국제경제대회지원특별위원회 위원 2013년 국회 미래창조과학방송통신위원회 위원 2013~2015년 대한바이애슬론연맹 회장 2014~2015년 국회 창조경제활성화특별위원회 위원 2014~2015년 새누리당 원내부대표 2014~2015년 국회 운영위원회 위원 2014년 국회 교육문화체육관광위원회 위원 2014년 국회 윤리특별위원회 위원 2014~2015년 새누리당 강원도당 위원장 2015년 국회 평창동계올림픽및국제경기대회지원특별위원회 위원 2016~2017년 새누리당 강원태백시·횡성군·영월군·평창군·정선군당원협의회 운영위원장 2016년 제20대 국회의원(태백시·횡성군·영월군·평창군·정선군, 새누리당·자유한국당〈2017.2〉)(현) 2016~2018년 국회 교육문화체육관광위원회 간사 2016년 국회 교육문화체육관광위원회 청원심사소위원회 위원장 2016~2018년 국회 평창동계올림픽 및 국제경기대회지원특별위원회 간사 2016년 한국아동인구환경의원연맹(CPE) 회원(현) 2016~2019년 유네스코(UNESCO) 한국위원회 위원 2016년 새누리당 수석대변인 2017년 同전략기획부총장 2017년 자유한국당 강원태백시·횡성군·영월군·평창군·정선군당원협의회 운영위원장(현) 2017년 同제19대 홍준표 대통령후보 중앙선거대책위원회 중앙선거대책본부 전략기획본부장 2017년 同사무총장 2017년 同대표최고위원 비서실장 2017~2018년 국회 청년미래특별위원회 위원 2017~2018년 자유한국당 최고위원 2018년 국회 사법개혁특별위원회 위원 2018년 국회 문화체육관광위원회 위원(현) 2018년 한국신문윤리위원회 윤리위원(현) 2019년 국회 예산결산특별위원회 위원(현) (상)강원도지사표창, KBS 자랑스런 강원인상(1995), (사)도전한국인운동협회·도전한국인운동본부 선정 국정감사 우수의원(2015), 법률소비자연맹 '제20대 국회 1차년도 국회의원 헌정대상'(2017) (저)'청년이 강한 나라 조용한 혁명을 꿈꾸는 사람'(2000, 미디어글림) (종)기독교

염무웅(廉武雄) YOM Moo Ung

(생)1942·1·27 (출)강원 속초 (주)서울특별시 서초구 반포대로 201 국립중앙도서관 內 국립한국문학관 법인사무실(02-590-6379) (학)1960년 공주대사대부고졸 1964년 서울대 문리대학 독어독문학과졸 1989년 문학박사(서울대) (경)문학평론가(현) 1964년 경향신문 신춘문예 평론 '최인훈론'으로 등단 1973년 덕성여대 국어국문학과 전임강사 1976년 창작과비평 주간·발행인 1980~2006년 영남대 독어독문학과 교수 1991년 민주화를위한교수협의회 공동의장 1993~1996년 민족예술인총연합 이사장 1996년 同이사 1998~1999년 민족문학작가회의 부이사장 2004년 同이사장 2007년 영남대 독어독문학과 명예교수(현) 2018년 겨레말큰사전 남북공동편찬사업회 이사장(현) 2018년 국립한국문학관설립추진위원장(현) 2019년 국립한국문학관 초대 관장(현) (상)丹齋상, 요산문학상, 근정포장(2007), 제19회 대산문학상 평론부문(2011), 은관문화훈장(2018) (저)평론집 '한국 문학의 반성'(1976), '혼돈의 시대에 구상하는 문학의 논리'(1995), '모래 위의 시간'(2001), '문학과 시대현실'(2010), '살아 있는 과거'(2015), 산문집 '자유의 역설'(2012), '반걸음을 위한 생존의 요구'(2015) '문학과의 동행'(2018)

염병만(廉炳晩) YEOM Byeong Man

(생)1948·1·27 (본)파주(坡州) (출)강원 춘천 (주)서울특별시 관악구 남부순환로 2028 (주)동방아그로 사장실(02-580-3703) (학)1965년 춘천고졸 1974년 경희대 경영학과졸 (경)1974년 (주)한농 근무 1988년 (주)동방아그로 영업·보급담당 이사 1994년 同관리·공장담당 상무 1997년 同기획관리본부총괄 전무 1998년 同대표이사 부사장 1999년 同대표이사 사장(현) (상)산업포장

염수정(廉洙政) YEOM Soo Jung

(생)1943·12·5 (본)파주(坡州) (출)경기 안성 (주)서울특별시 중구 명동길 74 천주교 서울대교구청(02-727-2114) (학)1962년 성신고졸 1968년 가톨릭대 신학과졸 1970년 同대학원졸 (경)1970년 사제 서품 1971~1973년 불광동성당·당산동성당 보좌신부 1973~1977년 성신고(소신학교) 교사·부교장 1977~1979년 이태원성당 주임신부 1979~1980년 해외 연수 1980~1987년 장위동성당·영등포동성당 주임신부 1987~1992년 가톨릭대 성신교정 사무처장 1992~1998년 천주교 서울대교구 사무처장 1995년 청담동성당 주임신부 겸임 1996~1997년 세종로성당 주임신부 겸임 1998~2001년 천주교 서울대교구 15지구장 겸 목동성당 주임신부 2002년 주교 서품 2002~2012년 천주교 서울대교구 보좌주교 겸 총대리 2002~2013년 (재)서울가톨릭청소년회 이사장 2002~2013년 (재)한마음한몸운동본부 이사장 2002~2013년 서울가톨릭사회복지회 이사장 2002~2013년 평화방송·평화신문 이사장 2002~2014년 (재)한국교회사연구소 이사장 2005년 同서울대교구 생명위원장(현) 2006~2014년 서울시니어아카데미 이사장 2010~2012년 (재)바보의나눔 이사장 2010년 옹기장학회 이사장(현) 2012~2014년 서소문역사문화공원·순교성지조성위원회 위원장 2012년 대주교 승품 2012년 천주교 서울대교구장 겸 평양교구장 서리(현) 2012년 학교법인 가톨릭학원 이사장(현) 2014년 추기경 서임 2014년 로마교황청 인류복음화성 위원(현) 2014년 同성직자성 위원(현) 2014년 교황청 재단 고통받는교회돕기(ACN) 한국지부 이사장(현) 2016년 한국천주교주교회의 성직주교위원회 위원장(현) (종)천주교

염영일(廉榮一) YEOM Young Il

(생)1956·11·5 (출)경남 마산 (주)대전광역시 유성구 과학로 125 한국생명공학연구원 바이오의약연구부 면역치료제연구센터(042-860-4114) (학)1979년 서울대 약학과졸 1982년 한국과학기술원(KAIST) 생물공학과졸(석사) 1991년 이학박사(미국 텍사스대 오스틴교) (경)1982~1986년 한국과학기술원(KAIST) 유전공학센터 연구원 1986~1987년 미국 텍사스대 오스틴교 강의조교 1987~1991년 同연구조교 1991~1992년 同박사후연구원 1991~1992년 독일 European Molecular Biological Lab. 박사후연구원 1994~1998년 생명공학연구소 선임연구원 1996~2001년 한국BRM학회 운영위원 1998년 한국생명공학연구원 책임연구원 1998년 고려대·충북대 공동지도교수 1999년 배재대 겸임교수 2005년 한국생명공학연구원 유전체연구센터장 2006년 同의약유전체연구센터장 2007년 同바이오융합연구부장 2008~2011년 同유전체의학연구센터장 2012년 同바이오의학연구소장 2013년 同오창분원장 2015~2017년 同부원장 2017년 同바이오신약중개연구센터 책임연구원, 同바이오의약연구부 면역치료제연구센터 책임연구원(현) (상)이달의 과학기술자상(2015), 과학기술훈장 웅비장(2017)

염용섭(廉庸燮) YUM Yong Seop

(생)1962·10·10 (출)전북 익산 (주)서울특별시 종로구 율곡로2길 19 (주)SK경영경제연구소(02-6323-2650) (학)1985년 서울대 국제경제학과졸 1987년 프랑스 파리제1대 대학원 수리 및 계량경제학과졸 1994년 경제학박사(프랑스 파리제1대) (경)1990~1993년 프랑스 C.E.P.R.M.A.P. 연구원 1994년 정보통신정책연수원 통신방송정책연구실 연구위원 1997년 통신위원회 전문분과위원장 1998년 정보통신정책연구원 공정경쟁연구실장 2000~2004년 정보통신부 규제심사위원 2001~2004년 同주파수심의위원 2001~2003년 정보통신정책연구원 통신방송정책연구실장 2002~2003년 NGcN포럼 법제도분과위원장 2003년 위치기반서비스(LBS)산업협의회 운영위원 2003년 대통령직인수위원회 자문위원 2003~2004년 정보통신정책연구원 통신방송연구실장 2005년 외교통상부 한미FTA전문가 자문위원 2007년 정보통신정책연구원 통신방송정책연구실 선임연구위원 2007년 同방송통신융합정책연구그룹장 2008년 同동향분석실장 2009년 同방송통신정책연구실장 2009년 (주)SK경영경제연구소 정보통신연구실장(상무) 2013~2015년 同정보통신연구실장(전무) 2014~2016년 국가과학기술자문회의 자문위원 2015년 국가과학기술심의회 ICT·융합전문위원회 위원 2016년 (주)SK경영경제연구소 미래연구실장(부사장) 2017년 同소장(현)

염우영(廉隅榮)

(생)1970·1·5 (주)경기도 수원시 영통구 법조로 105 수원지방법원 총무과(031-210-1114) (학)1988년 강릉고졸 1996년 성균관대 법학과졸 (경)1997년 사법시험 합격(39회) 2000년 사법연수원 수료(29기) 2000년 대구지법 판사 2004년 수원지법 판사 2007년 서울행정법원 판사 2009년 서울가정법원 판사 2011년 서울중앙지법 판사(사법연구) 2012년 서울고법 판사 2014년 수원지법 판사 2015년 광주지법 부장판사 2017년 수원지법 부장판사(현)

염웅철(廉雄澈) YOUM Ung Chul

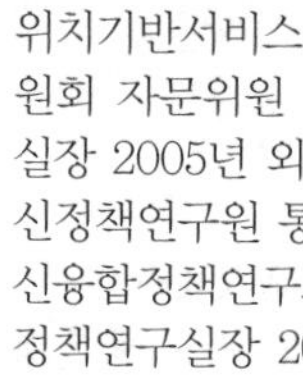

(생)1954·5·24 (본)파주(坡州) (출)전남 보성 (주)서울특별시 서초구 서초대로74길 4 법무법인(유)동인(02-2046-0642) (학)1973년 광주제일고졸 1978년 서울대 법학과졸, 同공과대학 최고산업전략과정(AIP) 수료, 고려대 법무대학원 지적재산권법학과 수료 (경)1982년 사법시험 합격(24회) 1985년 사법연수원 수료(15기) 1986년 광주지검 순천지청 검사 1987년 부산지검 검사 1990년 서울지검 동부지청 검사 1992년 법무부 법무과 검사 1995년 서울지검 북부지청 검사 1997년 청주지검 부부장 1998년 대전지검 공주지청장 1999년 대검찰청 검찰연구관 2001년 법무부 인권과장 2002년 同법무과장 2003년 서울지검 북부지청 형사3부장 2004년 서울중앙지검 형사1부장 2005년 춘천지검 원주지청장 2006년 대검찰청 전략과제 연구관 겸 서울고검 검사 2007년 전주지검 군산지청장 2008년 서울고검 검사 2010년 대전고검 검사 2012년 서울고검 검사 2013~2014년 대전지검 홍성지청장 2014년 법무법인(유) 동인 변호사(현) (상)법무부장관표창(1993), 홍조근정훈장(2008) (저)'무면허 수출입죄의 이론과 실무'(1989) '부동산 국가소송 실무'(2006) '특허소송 실무연구회 자료집'(2013)

염원섭(廉元燮) YEOM Won Sup

(생)1959·10·17 (출)경남 함양 (주)대전광역시 서구 둔산중로78번길 45 대전지방법원 총무과(042-470-1114) (학)1979년 해동고졸 1987년 서울대 법학과졸 1988년 同대학원졸 (경)1988년 사법시험 합격(30회) 1991년 사법연수원 수료(20기) 1991년 부산지법 판사 1994년 同울산지원 판사 1995년 수원지법 판사 1999년 변호사 개업 2001년 서울지법 남부지원 판사 2003년 서울고법 판사 2005년 서울중앙지법 판사 2007년 부산지법 부장판사 2009년 인천지법 부장판사 2011년 서울중앙지법 부장판사 2014년 서울동부지법 부장판사 2018년 대전지법 부장판사(현)

염재호(廉載鎬) YEOM Jae Ho

(생)1955·1·4 (출)서울 (주)서울특별시 성북구 안암로 145 고려대학교 행정학과(02-3290-2277) (학)신일고졸 1978년 고려대 행정학과졸 1980년 同대학원 행정학과졸 1989년 정치학박사(미국 스탠퍼드대) 2018년 명예 교육학박사(연세대) 2018년 명예 법학박사(일본 와세다대) (경)1983년 미국 스탠퍼드대 경영대학원 Research Assistant 1985년 일본 히토쓰바시대 산업경영연구소 객원연구원 1989년 고려대 행정학과 강사·조교수·부교수·교수(현) 1992년 사회비평 편집위원 1992년 국가과학기술자문회의 전문위원 1994년 일본 쓰쿠바대 신국제System특별프로젝트 외국인교수 1995년 同TARA센터 객원연구원 1997년 호주 그리피스대 객원교수 2001년 행정자치부 지방자치단체평가위원회 위원 2001년 중국 인민대학 객좌교수 2002년 제16대 대통령후보 TV합동토론 사회자 2002년 중앙공무원교육원 겸임교수 2002~2003년 국가과학기술자문회의 전문위원 2002~2004년 고려대 정부학연구소장 2003년 同기획예산처장 2003년 同국제교육원장 2003년 同기획실장 2003년 현대일본학회 부회장 2003년 SBS '염재호 교수의 시사진단' 진행 2004년 SBS 대토론 '이것이 여론이다' 진행 2004년 중앙인사위원회 자문위원 2004년 외교통상부 정책자문위원회 위원 2004년 경희학원 이사 2005년 영국 브라이튼대 객원연구원 2005년 한국과학기술단체총연합회 이사 2005년 교육인적자원부 전문대학원 심사위원장 2006년 한국과학재단 비상임이사 2007년 한국정책학회 회장 2008~2013년 성신여대 법인이사 2008년 지식경제부 우정사업본부 우정사업운영위원 2010년 同지식경제R&D전략기획단 비상근단원 2011년 국가과학기술위원회 비상임위원 2011년 교육과학기술부 기관평가위원장 2012~2015년 한일미래포럼 대표 2012~2014년 고려대 행정대외부총장 2012년 국무총리산하 정부업무평가위원회 민간위원 2013~2014년 국무총리직속 원자력안전위원회 비상임위원 2013~2015년 하나은행 사외이사 2014~2015년 기획재정부 공공기관경영평가단장 2014년 경암학술상 심사위원 2015~2019년 고려대 총장 2017~2019년 환태평양대학협회(APRU) 집행위원회 위원 2019년 SK(주) 이사회 의장(현) (상)고려대총장표창-법대 수석졸업(1979), 홍조근정훈장(2013), 신일고총동문회 '믿음으로 일하는 자유인상'(2016), 자랑스러운한국인대상 교육혁신부문(2018) (저)'딜레마이론 : 조직과 정책의 새로운 이해'(1994) '정보정책론'(1997) '신제도주의 연구'(1998) 'Development Strategies in East Asia and Latin America'(1999)

염종현(廉宗鉉) YOM Jong Hyun

(생)1960 · 7 · 7 (출)경기 (주)경기도 수원시 팔달구 효원로 1 경기도의회(031-8008-7000) (학)명지대 산업공학과졸 (경)기아자동차(주) 여월대리점 감사, 민주당 경기도당 무상급식추진특별위원장, 부천노사모 초대 대표, 부천시생활체육협의회 이사, 부천시청소년어린이무용단 단장 2003년 열린우리당 제1기 부천시당원협의회장 2008년 민주당 제17대 대통령선거 경기도선거대책위원회 조직본부장 2011~2012년 경기도교육자치협의회 정책자문위원 2012~2014년 경기도의회 의원(보궐선거 당선, 민주통합당 · 민주당 · 새정치민주연합) 2012년 同문화체육관광위원회 위원 2013년 사람사는세상 노무현재단 기획위원 2013년 경기도의회 예산결산특별위원회 위원 2013년 同공공성강화포럼 회장, 민주당 정책위원회 부의장, 명지대총동창회 이사 2014~2018년 경기도의회 의원(새정치민주연합 · 더불어민주당) 2014년 同도시환경위원회 간사 2015년 同남북교류추진특별위원회 위원장 2015~2017년 同수도권상생협력특별위원회 위원 2016~2018년 同문화체육관광위원회 위원장 2018년 경기도의회 의원(더불어민주당)(현) 2018년 同의회운영위원회 위원(현) 2018년 同농정해양위원회 위원(현) (상)전국시 · 도의회의장협의회 우수의정 대상(2016), 전국지역신문협회 광역의원부문 의정대상(2017) (종)기독교

염종호(廉鍾鎬)

(생)1960 · 7 · 2 (본)파주(坡州) (출)전북 남원 (주)대전광역시 서구 둔산북로 121 한국산림복지진흥원(042-719-4003) (학)2006년 고려대 대학원졸 2011년 행정학박사(한양대) (경)2002년 중부지방산림청 운영과장(사무관) 2004년 산림청 재정기획관실 · 산림정책과 사무관 2009년 同산림휴양등산과장(서기관) 2011년 캐나다 Northern Forestry Centre 파견 2013년 산림청 창조행정담당관 2016년 同국유림경영과장(부이사관) 2017년 同법무감사담당관 2018년 同산림항공본부장(고위공무원) 2019년 한국산림복지진흥원 사무처장(상임이사)(현) 2019년 同안전경영위원장 겸임(현) (상)홍조근정훈장(2019)

염진섭(廉振燮) Jin S. Youm (杲坡)

(생)1954 · 4 · 3 (본)파주(坡州) (출)대구 (주)서울특별시 용산구 한강대로43길 8 벽산메가트리움 104동 1602호 지혜재단(02-538-9541) (학)1972년 경북대사대부고졸 1977년 서울대 영어영문학과졸 (경)1976년 국제상사 입사 1984~1986년 럭키금성상사 컴퓨터수출과장 1986년 삼보컴퓨터 입사 1988년 同미국현지법인 부사장 1990년 同유럽총괄법인 사장 1995년 소프트뱅크코리아 총괄담당 전무 1997년 야후코리아 대표이사 사장 2001년 同고문 2002년 (주)트래블라이너 대표이사 회장 2002년 디젠트 회장 2004년 (주)엔에스엠티 대표이사 회장 2004년 UNICEF Korea 이사 2004년 디젠트 고문 2004년 (재)지혜(智惠) 이사장(현) (저)시집 '나는 잠깐 긴 꿈을 꾸었다' (종)불교

염태영(廉泰英) Yeom, Tae-young

(생)1960 · 7 · 25 (출)경기 수원 (주)경기도 수원시 팔달구 효원로 241 수원시청 시장실(031-228-2002) (학)1979년 수성고졸 1984년 서울대 농화학과졸 (경)1994년 수원환경운동센터 사무국장, 녹색환경연구소 이사 1994년 경제정의실천시민연합 환경개발센터 연구위원 1995년 녹색연합 조직위원장, 수원환경연구센터 소장 1999~2002년 21세기수원만들기협의회 운영위원장 2000~2004년 지방의제21전국협의회 운영위원장 겸 사무처장 2000~2004년 수원시화장실문화협의회 회장 2003년 대통령직인수위원회 사회 · 문화 · 여성분과 환경부문 상근자문위원 2003~2005년 경기도 도시계획위원 2004~2005년 대통령자문 정책기획위원회 정책평가위원회 전문위원 2005~2006년 대통령 국정과제담당비서관 2005~2006년 대통령자문 지속가능발전위원회 기획운영실장 겸임 2006년 수원시장선거 출마(열린우리당) 2006~2008년 국립공원관리공단 감사 2007년 대통령자문 정책기획위원회 위원 2010년 민주당 부대변인 2010~2014년 경기 수원시장(민주당 · 민주통합당 · 민주당 · 새정치민주연합) 2010~2013년 전국대도시시장협의회 회장 2010~2012년 경기남부권시장협의회 회장 2010~2012년 유네스코 세계문화유산도시협의회 회장 2010년 자치단체국제환경협의회(ICLEI) 집행위원 2012년 지방분권개헌국민행동 공동의장 2013년 국제빗물집수연맹(IRHA) 명예회원(현) 2013년 세계화장실협회 회장 2014~2018년 경기 수원시장(새정치민주연합 · 더불어민주당) 2014년 수원문화재단 이사장 2014~2016년 전국시장군수구청장협의회 사무총장 2015~2018년 전국자치분권민주지도자회의 지방분권개헌특별위원회 위원장 2015~2018년 마을만들기지방정부협의회 상임회장 2017~2018년 더불어민주당 경기도당 기초단체장협의회장 2017년 대통령직속 일자리위원회 위원 2017년 해군2함대사령부 소속 을지문덕함 명예함장(현) 2018년 경기 수원시장(더불어민주당)(현) 2018년 경기도시장군수협의회 회장(현) 2018년 대통령직속 국가균형발전위원회 위원(현) 2019년 전국시장군수구청장협의회 복지대타협특별위원회 위원장(현) (상)대통령표창(2001), 매니페스토 약속대상 기초단체장 선거공보분야 최우수상(2014), 대한민국 SNS대상 기초자치단체부문(2015), 국제지속가능관광위원회 관광 · 마이스분야 공로상(2016), 범시민사회단체연합 좋은자치단체장상(2016), 한국발레협회 디아길레프상(2016), 유네스코 학습도시상(2017), 2019한국관광혁신대상 공로상(2019) (저)'우리동네 느티나무'(2010) '자치가 밥이다'(2014)

염학수(廉學洙)

(생)1962 · 1 · 5 (출)강원 횡성 (주)경기도 포천시 소흘읍 송우로 75 포천세무서(031-538-7242) (학)세무대학졸, 한국방송통신대 경영학과졸 (경)세무공무원 임용(8급 특채) 2012년 중부지방국세청 조사3국 조사2과 서기관 2013년 同신고분석2과 법인3계장 2014년 강원 삼척세무서장 2014년 국세공무원교육원 지원과장 2015년 경기 분당세무서장 2016년 경기 의정부세무서장 2017년 중부지방국세청 조사3국 조사관리과장 2019년 경기 포천세무서장(현)

염한웅(廉罕雄) YEOM HAN WOONG

(생)1966 · 12 · 5 (주)서울특별시 종로구 세종대로 178 KT빌딩 12층 국가과학기술자문회의(02-733-4971) (학)1989년 서울대 물리학과졸 1991년 포항공과대 대학원 물리학과졸 1996년 물리학박사(일본 동북대) (경)1999~2000년 일본 도쿄대 응용화학전공 전임강사 2000~2010년 연세대 자연과학부 물리학과 조교수 · 부교수 · 교수 2010년 포항공대 물리학과 교수(현) 2013년 同기초과학연구원 원자제어저차원전자계연구단장(현) 2014년 제2기 국가과학기술자문회의 과학기술기반분과 자문위원 2017년 더불어민주당 문재인 전 대표 대선캠프 과학기술 자문 2017년 대통령직속 국가과학기술자문회의 부의장(현) 2017년 미국물리학회(APS) 석학회원(Fellow)(현) (상)일본방사광과학회 젊은과학자상(2000), 과학기술부 이달의 과학기술자상(2006), 한국물리학회 학술상(2007), 미국물리학회 선정 '최우수 논문심사위원(Outstanding Referee)'(2010), 한국과학상 물리학분야(2015), 제30회 인촌상 과학 · 기술부문(2016), 제13회 경암상 자연과학부문(2017)

염 호(廉 鎬) Yeom Ho

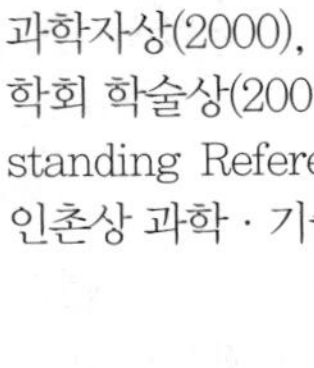

(생)1961 · 2 · 12 (출)인천 (주)서울특별시 영등포구 국제금융로2길 24 (주)동양 임원실(02-6150-7000) (학)1979년 영동고졸 1984년 서울대 경영학과졸 1986년 同경영대학원 경영학과졸 (경)1987년 대우증권 입사, 同IB1부장 2003~2004년 同채권영업부장 2004~2005년 同PF부장

2005~2007년 同OTC파생상품부장 2007년 同프로젝트금융담당 상무 2009~2016년 유진투자증권 IB본부장(전무) 2016~2017년 同IB부문장 겸 기업금융본부장(부사장) 2018년 (주)동양 전략사업담당 부사장(현)

염호상(廉浩相) YOUM Ho Sang

(생)1962·6·3 (본)파주(坡州) (출)강원 삼척 (주)서울특별시 종로구 경희궁길 26 세계일보 광고국(02-2000-1400) (학)1981년 삼척고졸 1988년 강원대 건축공학과졸 (경)1999년 세계일보 편집국 사회부 기자 2000년 同경제부 기자 2002년 同경제1부 차장대우 2004년 同산업부 차장 2005년 同경제부 차장 2006년 同경제부장 2007년 同편집국 산업팀장 2008년 同편집국 산업부장 2008년 同편집국 특별기획취재팀장 2010년 同편집국 문화부장 2011년 同편집국 산업부장 2012년 同편집국 사회부장 2014년 同편집국 기획위원 겸 대외협력단장 2015년 同편집국 수석부국장 2015년 同편집국장 2016년 同논설위원 2017년 同광고국장(현) (상)한국기자협회 이달의 기자상(2회), 10대인권보도상(2009), 국제앰네스티언론상(2009), 언론인권상 특별상(2009) (종)기독교

염호준(廉皓晙)

(생)1973·10·21 (출)서울 (주)서울특별시 서초구 서초중앙로 157 서울중앙지방법원(02-530-1690) (학)1992년 세화고졸 1998년 서울대 지리학과졸 (경)1997년 사법시험 합격(39회) 2000년 사법연수원 수료(29기) 2000년 공익법무관 2003년 익산지법 판사 2006년 인천지법 판사 2010년 서울북부지법 판사 2011년 특허법원 판사 2014년 서울중앙지법 판사 2015년 광주지법 부장판사 2017년 인천지법 부장판사 2017년 사법정책연구원 연구위원 겸임 2019년 서울중앙지법 부장판사(현)

염홍섭(廉洪燮) YOUM Hong Sub (城岩)

(생)1931·12·16 (본)파주(坡州) (출)전남 나주 (주)광주광역시 광산구 하남산단4번로 143 (주)서산 회장실(062-950-5100) (학)1992년 미국 조지워싱턴대 대학원 최고경영자과정 수료 1993년 전남대 행정대학원 수료 1995년 同경영대학원 최고경영자과정 수료 2002년 명예 경영학박사(조선대) (경)1974~1985년 광명공업사 대표 1977~1984년 전남가구공업협동조합 이사장 1983년 (주)서산 대표이사 회장(현) 1987년 하남산업단지관리공단 이사장(현) 1988~1992년 광주·전남레미콘공업협동조합 이사장 1989년 광주·전남경영자협회 부회장 1991년 한국자유총연맹 전남도지회장 1994~1997년 광주상공회의소 부회장 1996년 광주인력은행 원장 1998~2007년 은방울국악진흥회 이사 1998~2002년 녹수장학회 회장 1999~2014년 (사)고향사랑회 이사장 2001년 광주방송 회장 2002년 광주·전남경영자총협회 회장 2003년 대한적십자사 광주·전남지사 회장 2003~2012년 한국산학협동연구원 이사장 2004년 유성학원(세종고교) 이사장 2004년 (주)성암 회장(현) 2009년 한국원심력콘크리트공업협동조합 이사(현) 2013년 성암복지문화재단 이사장(현) (상)상공부장관표창(1989), 공업진흥청장표창(1990), 재무부장관표창(1993), 산업포장(1997), 광주시민대상(1997), 동탑산업훈장(2003), 올해의 자랑스러운 조대인상(2017), 한국경영사학회 창업경영자대상(2018)

염홍철(廉弘喆) YUM Hong Chul

(생)1944·8·6 (본)파주(坡州) (출)충남 논산 (주)대전광역시 대덕구 한남로 70 한남대학교 탈메이지교양교육대학(042-629-7114) (학)1964년 대전공고졸 1972년 경희대 정치외교학과졸 1974년 연세대 행정대학원졸 1981년 정치학박사(중앙대) 1983년 미국 컬럼비아대 대학원 수학 2003년 명예 법학박사(충남대) 2011년 명예 문학박사(배재대) (경)1972~1988년 경남대 극동문제연구소 연구원·연구위원·사무국장·연구실장·부소장·소장 1976~1988년 同법정대 전임강사·조교수·부교수·교수 1981~1983년 미국 컬럼비아대 東亞연구소 객원교수 1988년 민주화합추진위원회 전문위원 1988~1993년 대통령 정무비서관 1989~1990년 남북고위급회담 예비회담 대표 1993~1995년 대전시장 1995년 대전발전연구소 이사장 1996년 신한국당 대전西乙지구당 위원장 1996~1998년 한국공항공단 이사장 1996년 국제공항협회 아태지역 집행위원 1997년 경희대 행정대학원 대우교수 1998년 경남대 북한대학원장 겸 교수 2000년 대전산업대 총장 2000년 국립산업대총장협의회 회장 2001~2002년 한밭대 총장 2002~2006년 대전광역시장(한나라당·열린우리당) 2002년 한밭대 명예총장 2002~2006·2012년 세계과학도시연합(WTA) 회장 2006년 대전시장선거 출마(열린우리당) 2006~2007년 중소기업특별위원회 위원장 2009년 경남대 북한대학원 석좌교수 2008년 통합민주당 18대 총선 대전시선거대책위원장 2009년 시전문지 「시와 정신」에 '죽어야 다시산다'·'새벽시간' 등 詩 5편으로 등단 2010년 자유선진당 당무위원 2010~2014년 대전광역시장(자유선진당·선진통일당·새누리당) 2011~2012년 전국광역시장협의회 회장 2014년 배재대 석좌교수 2014년 서울대 공과대학 건설환경공학부 초빙교수 2016년 한밭대 석좌교수 2017년 더불어민주당 제19대 문재인 대통령후보 중앙선거대책위원회 공동위원장 2018년 한남대 탈메이지교양교육대학 석좌교수(현) (상)조선일보 신춘문예 논문부 입상(1971), 국민포장(1987), 홍조근정훈장(1992), 황조근정훈장(1994), 올해의 부부상(2011), 한국문학예술상 특별상(2013), 대한민국 창조경제 미래창조부문 CEO대상(2013), 한국의 최고경영인상 미래경영부문(2013) (저)'제3세계와 종속이론' '종속이론'(1981) '종속의 극복' '제3세계의 혁명과 발전'(1987) '북한사회의 구조와 변화(共)'(1987) '종속과 발전의 정치경제학'(1991) '연애에 빠진 시장'(1994) '아이러브 대전'(1995) '다시 읽는 종속이론' '國際化時代の 地方行政'(1995) '공직에는 마침표가 없다(共)'(2001) '지성의 문향(共)'(2002) '함께 흘린 땀은 향기롭다'(2005) '시장님 우리 일촌해요(共)'(2006) '다시, 사랑이다'(2011) '아침편지'(2014, 도서출판 이화) (역)'제국주의와 신제국주의' '권위주의 정권의 해체와 민주화' '라틴아메리카의 민주화' '종속이론과 정통마르크스주의' (종)기독교

영 담(影 潭)

(생)1954·1·30 (본)나주(羅州) (출)충남 서천 (주)경기도 부천시 소사로 367 석왕사(032-663-7771) (학)1971년 범어사 불교전문강원 수료 1978년 동국대 불교대학졸 1996년 한국방송통신대 행정학과졸 1999년 동국대 행정대학원졸 (경)1966년 금릉 청암사에서 득도 1968년 부산 범어사에서 사미계 수지 1973년 同비구계 수지 1973년 同보살계 수지 1979년 대한불교조계종 석왕사 총무 1982년 석왕사 주지(현) 1991년 부천신문 발행인 1992·1994·1998년 대한불교조계종 중앙종의회 의원 1993년 중동신문 발행인 1994년 대한불교조계종 재정분과위원장 1997년 불교방송 이사장 1998년 同상임이사 1999~2003년 불교신문 사장 2007~2013년 불교방송 이사장 2008년 한국방송협회 이사 2009~2012년 대한불교조계종 총무원 총무부장 2010년 학교법인 영남학원(영남중·부산정보고) 이사장(현) 2011년 겨레의숲 공동대표(현) 2013년 윤이상평화재단 이사장, 학교법인 동국대 이사, 우리민족서로돕기운동 상임공동대표(현) (상)국무총리표창, 은탑산업훈장 (저)'동승일기'(2000) (종)불교

영 배(英 培) Young Bae (香田)

(생)1952·12·25 (본)나주(羅州) (출)부산 (주)서울특별시 종로구 우정국로 55 대한불교조계종 중앙종회 사무처(02-2011-1864) (학)통도사 승가대학졸, 동국대 불교대학원 수료 (경)1966년 통도사에서 득도 1971년 사미계 수지, 통도사 재무국장·규정국장·총무국장, 옥천암 주지 1994년 대한불교조계종 개혁회의 의원 1994년 同제11~16대 중앙종회 의원(현) 1997년

불교방송 상무 1998년 대한불교조계종 총무원 호법부장 1998년 同제12대 중앙종회 사무처장, 약사사 주지 2004~2015년 홍덕사 회주 2006~2009년 학교법인 동국대 이사장 2014~2015년 불교신문 사장 2015~2019년 영축총림 통도사 주지 2015~2019년 울산불교방송 운영위원장 2015년 부산불교방송 운영위원 2015년 불교방송 운영위원 상경남서예대전 대상(1993), 불교미전 우수상, 한국미술협회 서예대전 특선 종불교

예병태(芮秉台) YEA Byung Tae

생1958 · 1 · 6 주서울특별시 강남구 테헤란로 124 풍림빌딩 12층 쌍용자동차(주)(02-3469-2147) 학1972년 부산 동래고졸 1982년 부산대 무역학과졸 경1982년 현대자동차(주) 입사 2002년 同마케팅기획팀장(이사대우) 2005년 기아자동차(주) 마케팅전략실장(이사) 2006년 同마케팅전략사업부장(상무) 2007년 同시장전략사업부장(상무) 2009년 同일반지역사업부장(전무) 2011년 同아중동지역본부장(전무) 2012년 同유럽총괄법인장(전무) 2013년 현대자동차(주) 상용수출사업부장(전무) 2014년 同상용사업본부장(부사장) 2015년 同자문역 2017~2018년 서울대 공과대학 산학협력중점교수 2018~2019년 쌍용자동차(주) 업무최고책임자(COO · 부사장) 2018~2019년 同마케팅본부장 겸임 2019년 同대표이사 사장(현)

예상곤(芮相坤) Yea Sang Gon

생1961 · 4 · 17 출부산 주서울특별시 중구 남대문로 63 (주)한진 20층 물류사업본부(02-728-5518) 학후포고졸, 충남대 영어영문학과졸 경1989년 (주)한진 입사 1998년 同영남지역본부 판매팀 근무 2001년 同포항지점 하역운영팀장 2002년 同포항지점 지원팀 근무 2003년 同포항지점 판매팀장 2006년 同특수영업팀장 2006년 同영업기획팀장 2007년 同물류영업부 상무 2013년 同물류영업부 전무 2013년 同부산영남지역본부 전무 2015년 同물류사업본부장(전무) 2018년 同물류사업본부장(전무B)(현)

예상원(芮相元) Yea Sang Won

생1963 · 9 · 2 출경남 밀양 주경상남도 창원시 의창구 상남로 290 경상남도의회(055-211-7328) 학김해고졸, 동의대 중퇴, 밀양대졸, 부산대 행정대학원 행정학과졸 경밀양청년회의소 부회장, 청도면체육회 사무국장, (사)한국청년정책연구소 이사, 민주평통 밀양시협의회 간사, 밀양시육상경기연맹 회장 2002~2006년 경남 밀양시의회 의원 2006년 경남도의원선거 출마(무소속), 밀양미래포럼 운영위원장 2011년 同대표 2014~2018년 경남도의회 의원(새누리당 · 무소속 · 새누리당 · 바른정당 · 자유한국당) 2014년 同운영위원회 위원 2014~2016년 同도청예산결산특별위원회 위원 2014년 同기획행정위원회 위원 2016~2018년 同농해양수산위원회 위원장 2018년 경남도의회 의원(자유한국당)(현) 2018년 同기획행정위원회 위원(현) 상경상남도의정회 선정 '자랑스런 도의원'(2015), 전국시 · 도의회의장협의회 우수의정 대상(2016)

예세민(芮世民) YE Se Min

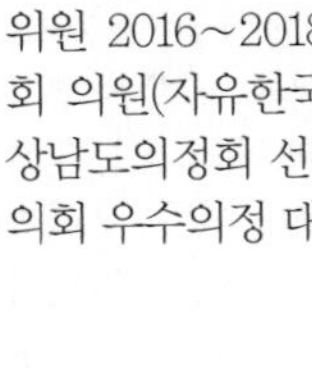

생1974 · 3 · 3 출경북 청도 주서울특별시 서초구 반포대로 158 서울고등검찰청 총무과(02-530-3261) 학1992년 오성고졸 1997년 서울대 법대졸 경1996년 사법시험 합격(38회) 1999년 사법연수원 수료(28기) 1999년 서울지검 검사 2001년 대구지검 포항지청 검사 2003년 부산지검 검사 2006년 대구지검 검사 2008년 대검찰청 연구관 2010년 수원지검 검사 2011년 同부부장검사 2011년 법무부 검찰제도개선TF팀 검사 겸임 2013년 창원지검 밀양지청장 2014년 대전지검 부부장(駐제네바대표부 파견) 2017년 同형사2부장 2017년 대검찰청 수사정보1담당관 2018년 서울중앙지검 외사부장 2019년 서울고검 검사(현) 2019년 同해외불법재산환수합동조사단장 겸임(현)

예종석(芮鍾碩) YE Jong Suk

생1953 · 12 · 13 출부산 주서울특별시 중구 세종대로21길 39 (재)사회복지공동모금회(02-6262-3022) 학중앙고졸 1980년 미국 캘리포니아주립대 경제학과졸 1982년 미국 인디애나대 대학원 경영학과졸, 同대학원 경제학과졸 1986년 경영학박사(미국 인디애나대) 경1986~2019년 한양대 경영학부 교수 1998~2000년 한국소비자학회 회장 2001~2010년 한국사회과학자료원 이인표재단 이사 · 감사 2003~2004년 한국마케팅학회 부회장 2005~2008년 대한적십자사 총재특별보좌역 2006~2007년 한국경영학회 부회장 2007년 한국비영리학회 이사(현) 2007년 (재)영도육영회 이사장(현) 2007~2011년 한양대 경영대학장 2008~2011년 同글로벌경영전문대학원장 2009~2011년 학교법인 이화예술학원 이사 2009~2011년 한양대 경영교육원장 2011년 동화약품(주) 사외이사 겸 감사위원(현) 2012~2017년 아름다운재단 이사장 2012년 (재)따뜻한재단 이사(현) 2012~2017년 루트임팩트(재) 이사장 2012년 국가인권위원회 정책자문위원 2013년 SBS 자문위원 2013~2015년 우체국시설관리단 비상임이사 2013~2014년 대한스키협회 이사 2013~2014년 한국미래전략학회 초대회장 2013~2017년 나눔국민운동본부 공동대표 2014년 소비자와함께 공동대표(현) 2014년 십시일밥 이사장(현) 2014년 뉴스타파 회계법률경영 자문위원장 2014년 푸드TV 자문위원장 2014년 서울 성동구 구정기획위원회 위원장 2015~2018년 (주)LF 사외이사 겸 감사위원 2015년 롯데그룹 기업문화개선위원회 위원 2015~2018년 대한스키지도자연맹 부회장 2015년 푸드필름페스티벌 집행위원장 2016년 학교법인 국민학원 이사(현) 2017년 더불어민주당 제19대 문재인 대통령후보 중앙선거대책본부 홍보본부 공동본부장 2018년 (재)사회복지공동모금회 회장(현) 상소비자학회 최우수논문상(2004), 한국고객만족경영학회 우수논문상(2006), 한국소비자학회 학술공헌상(2013) 저'마케팅 전략기획'(1996) '마케팅혁명' '마케팅' '마케팅 기본법칙'(1998) '밀레니엄을 준비하는 마케팅혁신'(1999) '인터넷쇼핑몰 이용자의 불평행동'(2003) '쿠폰을 활용한 마케팅 활성 방안'(2004) '뉴마케팅'(2005) '예종석교수의 아주 특별한 경영수업'(2006) '노블레스 오블리주'(2006) '희망경영'(2008) '활명수 100년 성장의 비밀'(2009, 리더스북) '밥집'(2011), 칼럼집 '모두가 사는 길로 가자'(2004) 역'마케팅혁명'(1995)

예지희(芮知希 · 女) Yeh Ji Hee

생1965 · 3 · 21 본의흥(義興) 출서울 주서울특별시 도봉구 마들로 749 서울북부지방법원(02-910-3114) 학1984년 여의도고졸 1988년 연세대 법학과졸 1991년 同대학원 법학과졸 경1990년 사법시험 합격(32회) 1993년 사법연수원 수료(22기) 1993년 대구지법 판사 1997년 인천지법 부천지원 판사 2000년 서울지법 북부지원 판사 2002년 서울지법 판사 2004년 서울고법 판사 2006년 대법원 재판연구관 2008년 대전지법 부장판사 2009년 의정부지법 부장판사 2012년 서울서부지법 부장판사 2014년 서울중앙지법 부장판사 2017년 서울북부지법 부장판사(현)

예혁준(芮赫晙)

생1976 · 8 · 20 출경북 청도 주대구광역시 수성구 동대구로 364 대구지방법원 총무과(053-757-6470) 학1995년 포항고졸 2001년 서울대 법학과졸 경2000년 사법시험 합격(42회) 2003년 사법연수원 수료(32기) 2003년 軍법무관 2006년 수원지법 판사 2008년 서울중앙지법 판사 2010년 울산지법 판사 2014년 의정부지법 고양지원 판사, 의정부지법 판사 2016년 대법원 재판연구관 2019년 대구지법 부장판사(현)

오갑성(吳甲聲) OH Kap Sung

(생)1956 · 2 · 28 (본)해주(海州) (출)서울 (주)서울특별시 강남구 일원로 81 삼성서울병원 성형외과(02-3410-2235) (학)1974년 경기고졸 1980년 서울대 의대졸 1988년 同대학원 의학석사 1994년 의학박사(서울대) (경)1983~1988년 서울대병원 인턴 · 레지던트 1988~1992년 강남병원 성형외과장 1992~1998년 인제대 의대 조교수 1995~1996년 미국 피츠버그의대 성형외과 연구원 1996~2001년 서울백병원 성형외과장 1998~2001년 인제대 의대 성형외과 부교수 2001년 성균관대 의대 성형외과학교실 교수(현) 2001~2007년 同성형외과장 2002~2007년 성균관대 의대 성형외과 주임교수 2006~2010년 대한성형외과학회 편집위원 2007년 대한창상학회 회장 2007~2009년 삼성서울병원 교육수련부장 2009~2015년 同커뮤니케이션실장 2010년 대한성형외과학회 평의원(현) 2011~2013년 삼성서울병원 성형외과장 2013~2014년 대한두개안면성형외과학회 회장

오갑수(吳甲洙) OH Kap Soo

(생)1948 · 11 · 14 (본)해주(海州) (출)충남 논산 (주)서울특별시 강남구 언주로 333 영광빌딩 5층 (사)글로벌금융학회(02-3452-2470) (학)1966년 대전고졸 1970년 서울대 경영학과졸 1975년 同대학원졸 1986년 경영학박사(미국 펜실베이니아대 와튼스쿨) (경)한국은행 근무 1985~1998년 미국 오클라호마주립대 교수 · 미국 드렉셀대 경영대 교수 1999년 금융감독원 부원장보 2002~2005년 同부원장 2005년 제일은행 이사회 부의장 겸 비상임이사 2005년 영국스탠다드차타드 회장 겸 특별고문 2005년 SC제일은행 부회장 겸임 2009년 한국스탠다드차타드금융지주 부회장 2009년 대한금융공학회 회장 2011~2014년 KB국민은행 사외이사 2013년 (사)글로벌금융학회 회장(현) 2017년 더불어민주당 제19대 문재인대통령후보 중앙선거대책위원회 금융경제위원회 위원장 2019년 한국블록체인협회 회장(현) (종)기독교

오강열(吳岡烈)

(생)1964 · 8 (주)서울특별시 영등포구 여의대로 128 LG트윈타워 LG디스플레이(주) Mobile 영업 · 마케팅 그룹(02-3777-1114) (학)전북대 경영학과졸 (경)2010년 LG디스플레이(주) Dell영업담당 상무 2011년 同IT SCM 담당 상무 2012년 同IT 마케팅담당 상무 2012년 同IT/Mobile 마케팅담당 상무 2013년 同AD 마케팅담당 상무 2014년 同AD PM2담당 상무 2016년同Mobile 영업 · 마케팅그룹장(전무)(현)

오강현(吳剛鉉) OH Kang Hyun

(생)1949 · 7 · 1 (본)해주(海州) (출)강원 양양 (주)서울특별시 서대문구 충정로 23 풍산빌딩 14층 리인터내셔널법률사무소 고문실(02-2279-3631) (학)1967년 양양고졸 1971년 고려대 법학과졸 1978년 미국 농무성대학원 경제학과 수료 1991년 국방대학원졸 2000년 고려대 행정대학원 최고경영자과정 수료 2002년 고려대 행정대학원 경제학과졸(국제통상전공) 2009년 명예 경제학박사(한국산업기술대) (경)1970년 행정고시 합격(9회) 1971년 농림수산부 행정사무관 1978~1982년 同농촌경제과장 1982~1985년 상공부 구주통상과장 1985년 駐독일대사관 상무관 1988년 상공부 정보기기과장 1989년 同전자정책과장 1990년 同산업정책과장 1991년 대전EXPO조직위원회 운영본부장 1994년 상공자원부 공보관 1994년 통상산업부 산업정책국장 1996~1997년 대통령비서실 통상산업비서관 1997년 통상산업부 통상무역실장 1998년 산업자원부 무역정책실장 1998년 同차관보(관리관) 1999년 한국SCM(유통총공급망관리)민관합동추진위원회 공동위원장 1999~2000년 특허청장(차관급) 1999년 제34차 세계지적재산권기구(WIPO)총회 정부수석대표 2000~2001년 한국철도차량 대표이사 사장 2000~2009년 고려대 · 서울산업대 · 한남대 · 우송대 겸임교수 2001년 한국철도차량공업협회 회장 2001년 한국철도차량 상임고문 2002년 로템 상임고문 2002년 한국기술거래소 사장 2002~2003년 강원랜드 대표이사 사장 2003~2005년 한국가스공사 사장 2005~2009년 한국산업기술대 초빙교수 2007~2009년 (주)예당에너지 회장 2008~2009년 테라리소스 회장 2009~2011년 대한석유협회 회장 2011년 同고문 2012년 리인터내셔널법률사무소 고문(현) 2012~2014년 한국산업기술시험원 비상임이사 (상)홍조근정훈장(1994), 황조근정훈장(2003) (종)기독교

오거돈(吳巨敦) OH Keo Don

(생)1948 · 10 · 28 (출)부산 (주)부산광역시 연제구 중앙대로 1001 부산광역시청 시장실(051-888-1001) (학)1967년 경남고졸 1971년 서울대 철학과졸 1973년 同행정대학원 행정학과졸 2003년 행정학박사(동아대) 2006년 부산대 국제전문대학원 국제학과졸 (경)1974년 행정고시 합격(14회) 1974~1979년 부산시 행정사무관 1980~1988년 내무부 근무 1988년 대통령 정책보좌관실 근무 1989~1992년 내무부 국민운동지원과장 · 지도과장 1992~1996년 부산시 재무국장 · 구청장 · 공무원교육원장 · 교통관광국장 · 내무국장 1997년 同개발사업추진단장 1998년 同상수도사업본부장 1999년 同기획관리실장 2000년 同정무부시장 2001년 同행정부시장 2003년 한성대 대학원 행정학과 겸임교수 2003년 부산시장 직무대행 2004년 6.5재보선 부산광역시장선거 출마(열린우리당) 2004년 한국항만운송노동연구원 고문 2004년 부산대 행정대학원 객원교수 2004년 일본 게이오대 방문연구원 2005~2006년 해양수산부 장관 2006년 부산광역시장선거 출마(열린우리당) 2006년 중국 북경대외경제무역대 방문연구학자 2008~2012년 한국해양대 총장 2010~2012년 세계해양대학교연합(IAMU) 의장 2012년 (사)대한민국해양연맹 총재 2012~2014년 한국해양대 석좌교수 2014년 부산광역시장선거 출마(무소속) 2014년 부산대 해양연구소 석좌교수 2015~2017년 (사)대한민국해양연맹 총재 2016~2017년 동명대 총장 2018년 부산광역시장(더불어민주당)(현) 2019년 대한민국시도지사협의회 지방분권특별위원회 공동위원장(현) 2019년 부산시민협치협의회 의장(현) (상)한국일보 '21세기를 이끌 50인'에 선정(1998), 홍조근정훈장(1999), 청조근정훈장(2006), 부산문화대상 해양부문대상(2011), 한국해운물류학회 해사문화상(2019) (저)'나는 희망을 노래한다'(2006, 금샘) (종)기독교

오경나(吳慶那 · 女) OH, Kyung Na

(생)1951 · 7 · 22 (본)보성(寶城) (주)충청북도 청주시 흥덕구 강내면 월곡길 38 충청대학교 총장실(043-230-2010) (학)1970년 경기여고졸 1975년 미국 산호세주립대 실내디자인과졸 1983년 미국 캔자스주립대 대학원 인공지능 · 데이터베이스과졸(석사) (경)1983~1986년 해군해양센터 연구원 1986~1988년 에어로 스페이스 연구원 1988~1990년 테라데이타 연구원 1990~1990년 컴퓨터 커뮤니케이션 연구원 1995~1996년 트랜스 아메리카 연구원 1996~1998년 충청대 기획실장 1996~1998년 同사무자동학과 부교수 1998~2002년 파라셀 인코어프렐 연구원 1999~2015년 학교법인 충청학원 이사 2015년 충청대 총장(현)

오경묵(吳景默) OH Kyung Mook

(생)1959 · 1 · 11 (본)동복(同福) (출)서울 (주)서울특별시 용산구 청파로47길 100 숙명여자대학교 문헌정보학과(02-710-9883) (학)1977년 관악고졸 1986년 연세대 문헌정보학과졸, 영국 버밍험대 아스톤비지니스스쿨 대학도서관경영자과정 수료 1993년 영국 셰필드대 대학원졸 1997년 정보학박사(영국 러프버러대) (경)1986년 연세대 도서관 사서실장 1992년 영

국 셰필드대 한국학도서관 책임사서 1997년 학술진흥재단 첨단학술정보센터 팀장 1997년 연세대 문헌정보학과 강사 1997년 한국전산원 교육분야 정보화자문위원회 전문위원 1997년 교육부 대학도서관 전산화위원회 간사 1998~2005년 문화관광부 문화시설평가위원 1998년 숙명여대 문헌정보학과 조교수·부교수·교수(현) 2000년 한국문헌정보학교수협의회 총무이사 2001년 숙명여대 정보과학부 학부장 겸 전공주임 2001년 정보통신부 국가지식정보자원관리위원회 실무위원 2002~2006년 문화관광부 국가도서관 정책자문위원 2003년 한국정보관리학회 이사 2007년 미국 UCLA 연구교수 2008년 한국도서관정보학회 부회장 2010년 한국정보관리학회 회장 2010년 숙명여대 인문학부장 2012~2016년 同중앙도서관장 (상)한국도서관정보학회 학술상(2006) (저)'Electronic Networks and Information Services'(1997) '정보통신기술의 운영과 소프트시스템방법론'(2014) (종)기독교

오경미(吳經美·女) OH Kyung-Mi

(생)1968·12·16 (출)전북 익산 (주)서울특별시 서초구 서초중앙로 157 서울고등법원(02-530-1114) (학)1987년 이리여고졸 1991년 서울대 사법학과졸 (경)1993년 사법시험 합격(35회) 1996년 사법연수원 수료(25기) 1996년 서울지법 판사 1998년 同남부지원 판사 1999년 창원지법 판사 2003년 부산지법 판사 2007년 법원도서관 조사심의관 2009년 사법연수원 교수 2011년 부산지법 부장판사 2012년 서울고법 판사(현)

오경석(吳京錫) OH Kyung Seok

(생)1960·10·1 (출)부산 (주)충청남도 천안시 서북구 3공단3로 50 하나머티리얼즈(주) 대표이사실(041-410-1015) (학)1979년 충암고졸 1983년 서울대 물리교육과졸 1985년 同대학원 물리학과졸 (경)2002년 삼성전자(주) 메모리DRAM PA팀 연구위원(상무보) 2004년 同메모리DRAM PA팀장(연구위원·상무) 2008~2011년 同디바이스솔루션총괄 메모리사업부 D램PA팀담당 연구위원(전무) 2011년 삼성LED(주) 부사장 2012년 삼성전자(주) LED사업부 부사장 2013년 同LED사업부장(부사장) 2016년 同상근고문 2018년 하나머티리얼즈(주) 대표이사(현)

오경수(吳京洙) OH Kyoung Soo

(생)1956·8·9 (출)제주 (주)제주특별자치도 제주시 조천읍 남조로 1717-35 제주특별자치도개발공사(064-780-3300) (학)1975년 제주제일고졸 1982년 고려대 경영학과졸 2001년 同경영대학 밀레니엄CEO과정 수료 2007년 同대학원 경영학과졸 2010년 서울대 최고경영자과정(AMP) 수료 2011년 한국과학기술원(KAIST) 최고경영자과정(AMP) 수료 (경)1981~1986년 삼성물산(주) 입사·경리·관리·전략기획팀 근무 1986~1993년 삼성그룹 회장 비서실 파견 1994년 삼성물산(주) 정보전략팀장 1995~1998년 삼성그룹 미주본사 정보총괄팀장 1998년 에스원 정보사업총괄팀장 2000~2005년 시큐아이닷컴(주) 설립·대표이사 사장 2004년 한국정보보호학회 부회장 2004~2005년 한국정보보호산업협회 상근부회장 2005년 롯데정보통신 대표이사 2010~2013년 한국소프트웨어산업협회 회장 2010년 대한민국소프트웨어공모대전 민간위원 2011~2014년 롯데정보통신(주) 대표이사 부사장 2011~2014년 현대정보기술(주) 대표이사 겸임 2011년 한국정보처리학회 수석부회장 2011년 대통령직속 국가정보화전략위원회 위원 2012년 고려대 정보통신대학 자문위원 2012~2013년 한국정보처리학회 회장 2014~2016년 롯데정보통신(주) 고문 2017년 제주특별자치도개발공사 사장(현) (상)소프트웨어의날 대통령표창(2001), 도산벤처상(2004), 동탑산업훈장(2010), 고려대 자랑스러운 MBA교우상(2010) (종)불교

오경식(吳慶植) OH Kyung Sik

(생)1960·8·1 (본)해주(海州) (출)대구 (주)강원도 강릉시 죽헌길 7 강릉원주대학교 법학과(033-640-2211) (학)대구 능인고졸 1983년 연세대 법학과졸 1985년 同대학원 법학과졸 1992년 법학박사(연세대) (경)1987~2009년 강릉대 법학과 전임강사·조교수·부교수·교수 1994년 일본 동북대 법학과 객원연구원 1994년 가정법률상담소 강릉지부 부소장 1995~1996년 독일 튀빙겐대 법대 객원교수 1997~1998년 경찰청 치안연구소 전문위원 1997~1999년 강릉대 통일문제연구소장 1997~2003·2007년 민주평통 자문위원(제8~10·13~18기)(현) 1998~1999년 사이버대학(OCU) 겸임교수 2000년 한국가정법률상담소 강릉지부 소장(현) 2005년 국회 법제사법위원회 자문위원 2005년 사법시험 2차·행정고시 2차 출제위원 2006~2008년 강릉대 경영정책대학원장 겸 사회과학대학장 2007~2014년 강릉교도소 교정행정자문위원장 2007년 강원지방노동위원회 심판담당 공익위원(현) 2008~2012년 한국형사법학회 상임이사 2009년 同연구이사 2009년 강릉원주대 법학과 교수(현) 2009년 한국소년정책학회 부회장(현) 2009년 법무부 인권강사(현) 2011~2012년 한국비교형사법학회 부회장 2011년 한국피해자학회 부회장 2011~2014년 한국형사소송법학회 상임이사 2011~2013년 강원도 행정심판위원 2011~2014년 춘천지검 강릉지청 검찰시민위원 2012년 한국청년유권자연맹 공동운영위원장 2013년 국회 입법지원위원(현) 2013~2014년 한국비교형사법학회 회장 2013~2016년 강원도 소청심사위원 2013~2015년 민주평통 중앙상임위원 2014년 한국형사소송법학회 부회장(현) 2014년 한국비교형사법학회 고문(현) 2015~2017년 한국피해자학회 회장 2015년 법무부 형사소송법개정특별위원회 위원(현) 2016년 한국안보형사법학회 부회장(현) 2016년 대검찰청 형사정책자문위원회 위원(현) 2017년 한국피해자학회 고문(현) 2017년 대검찰청 수사심의위원회 위원(현) 2018년 강원도 행정심판위원회 위원(현) 2018년 한국연구재단 연구제재위원·감사처분위원(현) 2018년 강원랜드·강원지방경찰청·강원지방우정청 징계위원(현) 2018년 서울중앙지검 항고심사위원회 위원(현) 2018년 통일부 통일교육위원(현) (상)강릉대 우수학술상(1999·2003), 인문사회연구회 우수연구과제상(2003), 국민훈장 석류장(2008) (저)'법과 사회생활'(1994, 법경출판사) '형사소송법'(1994, 대명출판사) '신용카드범죄의 실태와 법적 문제점'(1995, 한국형사정책연구원) '미국 형사소송 법개요'(2007, 피데스) '서초동 0.917(共)'(2012, 도서출판 책과함께) (종)무교

오경태(吳京泰) OH Kyung Tae

(생)1959·10·26 (출)대구 (주)경기도 안양시 동안구 부림로 166 농림수산식품기술기획평가원 원장실(031-420-6704) (학)1978년 대구 심인고졸 1982년 영남대 행정학과졸 1988년 서울대 행정대학원 수료 1993년 미국 일리노이대 대학원 경제학과졸 (경)1984년 행정고시 합격(27회) 1984년 농산물검사소 경남지소 근무 1998년 경제협력개발기구(OECD) 사무국 근무 2000년 同한국대표부 농무참사관 2003년 농림부 농업협상과장·국제협력과장 2005년 同식량정책과장 2008년 농림수산식품부 농촌정책과장 2009년 同농촌정책국장 2010년 농림수산식품부 녹색성장정책관 2011년 국립농산물품질관리원장 2011년 농림수산식품부 농업정책국장 2012~2013년 대통령 농수산식품비서관 2013년 농림축산식품부 기획조정실장 2015~2016년 同차관보 2016년 농림수산식품기술기획평가원 원장(현) (상)대통령표창(1994), 근정포장(2006), 홍조근정(2012)

오경훈(吳慶勳) OH Kyung Hoon

(생)1964·3·8 (본)해주(海州) (출)울산 (주)서울특별시 영등포구 국회대로70길 12 대산빌딩 7층 우리공화당(02-761-0815) (학)1983년 용문고졸 1989년 서울대 외교학과졸 1991년 조선대 대학원 정치학과졸, 행정학박사(서울시립대) (경)1986년 서울대 총학생회장 1987년 민주화운동청년연합 연구

위원 1993년 내일신문 정치부 기자 1995~1997년 최형우 국회의원 보좌역 1997년 이수성 국무총리 보좌역 2000년 한나라당 서울양천乙지구당 위원장 2000년 제16대 국회의원선거 출마(서울 양천乙, 한나라당) 2001년 한나라당 부대변인 2001년 同과학기술정보통신위원회 부위원장 2001년 同지방자치위원회 부위원장 2003~2004년 제16대 국회의원(서울 양천乙 보궐선거 당선, 한나라당) 2003~2004년 한나라당 원내부총무 2004년 제17대 국회의원선거 출마(서울 양천乙, 한나라당) 2004년 한나라당 제2정책조정위원회 부위원장 2006~2007년 同홍보기획본부 부본부장 2007년 4.25재보선 서울 양천구청장선거 출마(한나라당) 2013~2016년 명지대 국제한국학연구소 연구교수 2013년 포럼 국태민안 공동대표 2014년 서울시 양천구청장선거 출마(새누리당) 2017년 새누리당 서울양천乙당원협의회 운영위원장 2017~2018년 자유한국당 서울양천乙당원협의회 운영위원장 2017~2018년 同인권위원회 부위원장 2016년 同국책자문위원 2019년 우리공화당 대표비서실장(현) (종)천주교

오고산(吳高山)

(생)1959·7·10 (출)전남 순천 (주)세종특별자치시 정부2청사로 13 행정안전부 비상대비정책국(044-205-4300) (학)전남 순천고졸, 해군사관학교졸(38기), 대전대 경영행정사회복지대학원졸 (경)1994~1995년 해군 청평함장 1997~2000년 한미연합사령부 작전참모부 해상작전장교 2001~2002년 해군 남원함장 2007~2008년 해군작전사령부 연습·훈련처장 2009~2012년 해군본부 전력분석시험평가단 전력발전처장 2012년 해군 제3함대사령부 부사령관 2012~2015년 해군특수전단 단장 2016~2019년 목포해양대 교수 2019년 행정안전부 비상대비정책국장(현)

오광남(吳光男) oh gwang nam

(생)1960·4·4 (본)동복(同福) (출)전남 강진 (주)전라남도 완도군 완도읍 해변공원로 162 전라남도해양수산기술원 원장실(061-983-0660) (학)1978년 장흥고졸 2002년 여수대 양식학과졸 2005년 同대학원 수산생물학과졸 (경)2009년 전남 강진군 해양수산과장(사무관) 2012년 전남도해양수산과학원 목포지소장 2013년 전남도 해양생물과 기업화규모화담당 2014년 同양식어업담당 2016년 전남도 해양수산과학원 수산기술연구부장 2017년 해양수산부 소득복지과장 2018년 전남도 해양수산기술원 서부지부장 2019년 同해양수산기술원장 직대(지방부이사관)(현)

오광덕(吳광덕)

(생)1965·8·30 (주)경기도 수원시 팔달구 효원로 1 경기도의회(031-8008-7000) (학)영흥고졸 (경)광명시지역발전협의회 사무총장, 광명시체육회 이사, 광명호남향우연합회 사무총장, 광명시생활체육회 사무국장 2018년 경기도의회 의원(더불어민주당)(현) 2018년 同문화체육관광위원회 위원(현)

오광만(吳光萬) Oh, kwang man

(생)1958·9·5 (본)함양(咸陽) (출)전북 익산 (주)서울특별시 중구 다동길 43 13층 여신금융협회(02-2011-0726) (학)1977년 서울 대신고졸 1984년 전북대 농학과졸 2004년 연세대 행정대학원 행정학과졸 (경)1983~1988년 국방부 기획조정실 행정주사보 1994~2005년 기획예산처 예산실 행정주사·사무관 2008~2011년 국가경쟁력강화위원회 운영지원과장 2012년 기획재정부 기획조정실 비상계획과장 2014년 同국고국 출자관리과장 2016년 同공공정책국 인재경영과장 2017~2018년 同운영지원과장 2018년 여신금융협회 전무(현), 同지원본부장 겸임(현)

오광수(吳桄洙) OH Kwang Soo

(생)1960·11·1 (출)전북 남원 (주)서울특별시 서초구 서초대로41길 20 법무법인 인월(02-3482-7900) (학)1979년 전주고졸 1987년 성균관대 법학과졸 (경)1986년 사법시험 합격(28회) 1989년 사법연수원 수료(18기) 1989년 부산지검 검사 1991년 대전지검 강경지청 검사 1993년 서울지검 검사 1995년 수원지검 검사 1997년 대전지검 검사 1999년 대검찰청 검찰연구관 2001년 수원지검 성남지청 부부장검사 2001년 광주지검 해남지청장 2002년 서울지검 부부장검사 2003~2004년 미국 뉴욕시 브룩클린검찰청 연수 2004년 인천지검 특수부장 2005년 대검찰청 중수2과장 2005년 同수사2과장 2007년 서울중앙지검 특수2부장 2008년 대전지검 서산지청장 2009년 부산지검 2차장검사 2009년 서울서부지검 차장검사 2010년 수원지검 안산지청장 2011년 법무연수원 연구위원 2012년 대구지검 제1차장검사 2013년 청주지검장 2013년 대구지검장 2015년 법무부 범죄예방정책국장(검사장급) 2016년 변호사 개업 2018년 법무법인 인월 대표변호사(현) 2019년 팬오션(주) 사외이사(현) 2019년 (주)NICE홀딩스 사외이사(현) (종)불교

오광영(吳光泳)

(생)1966·8·22 (주)대전광역시 서구 둔산로 100 대전광역시의회(042-270-5087) (학)배재대 국어국문학과졸 (경)박근혜퇴진 대전운동본부 공동대표, 참여자치대전시민연대 집행위원, 품앗이생활협동조합 이사, 한겨레신문 출판미디어국 대전지사장, 대전충남 민주화운동계승사업회 이사(현), 국민주권실현 적폐청산 대전운동본부 공동대표(현), 유성구지역보건의료심의위원회 운영위원(현), 더불어민주당 대전유성구甲지역위원회 '乙'지키는 민생실천위원장(현), 同대전시당 젠더폭력대책특별위원(현) 2018년 대전시의회 의원(더불어민주당)(현) 2018년 同4차산업혁명특별위원회 부위원장(현) 2018년 더불어민주당 대전시당 을지로위원장(현)

오광해(吳廣海) OH, Kwang Hae

(생)1968·4·10 (본)흥양(興陽) (출)충북 (주)충청북도 음성군 맹동면 이수로 93 국가기술표준원 표준정책과(043-870-5360) (학)1985년 수도전기공고졸 1990년 고려대 전기공학과졸 1992년 同대학원 전기공학과졸 1996년 전기공학박사(고려대) (경)1997~2003년 한국철도기술연구원 전기연구본부 선임연구원 2003년 산업자원부 기술표준원 근무 2008년 지식경제부 기술표준원 근무 2012~2013년 同기술표준원 국제표준협력과장 2013~2014년 국제전기기술위원회(IEC) 파견 2015년 산업통상자원부 국가기술표준원 기술규제조정과장 2017년 同국가기술표준원 전기전자표준과장 2018년 同국가기술표준원 표준정책과장(현)

오광현(吳光賢) OH Kwang Hyun

(생)1959·4·1 (출)서울 (주)서울특별시 강남구 언주로 315 한국도미노피자(주) 회장실(02-6954-3001) (학)1972년 숭문고졸 1982년 성균관대 사회학과졸 1998년 고려대 경영대학원 최고경영자과정 수료 2009년 성균관대 경영대학원 최고경영자과정(W-AMP) 수료 (경)1984년 한국주택은행 근무 1989년 MEGATRON KOREA(주) 부사장 1993년 도미노피자(주) 대표이사, 한국도미노피자(주) 부회장 2007년 同회장(현) (상)2013 자랑스러운 성균인상(2014), 성균언론인회 '자랑스러운 성균언론인상' 대외부문(2018)

오권철(吳權哲)

(생)1973·1·14 (주)서울특별시 서초구 서초중앙로 157 서울중앙지방법원(02-530-1114) (학)1991년 제주대사대부고졸 1996년 서울대 법학과졸 (경)1996년 사법시험 합격(38회) 1999년 사법연수원 수료

(28기) 1999년 육군 법무관 2002년 서울지법 판사 2004년 서울남부지법 판사 2006년 제주지법 판사 2010년 수원지법 평택지원 판사 2011년 서울고법 판사 2011~2012년 법원행정처 기획조정심의관 겸임 2014년 창원지법 진주지원 부장판사 2016년 대법원 재판연구관 2018년 서울중앙지법 부장판사(현)

오규석(吳奎錫) OH Kyu Suk

(생)1958·9·23 (출)부산 (주)부산광역시 기장군 기장읍 기장대로 560 기장군청 군수실(051-709-4002) (학)1977년 기장종합고졸 1980년 진주교대졸 1983년 대구대 법정대학 행정학과졸, 同대학원 행정학과졸 1994년 동국대 한의과대학 한의학과졸 1996년 同대학원 한의학과졸 1999년 한의학박사(동국대), 경성대 대학원 행정학 박사과정 수료 (경)동국대총학생회 회장, 전국한의예과학생협의회 초대 의장, 경남·울산지역 교사(9년), 동국대총동창회 회장, 기장고총동창회 회장, 기장고축구부 후원회장, 기장한의원 원장 1992년 울산매일신문 편집위원 1995년 부산시 기장군수(신한국당·한나라당·국민신당) 1998년 제15대 국회의원 재보궐선거 출마(부산 해운대구·기장군乙, 무소속) 2000년 제16대 국회의원선거 출마(부산 해운대구·기장군乙, 무소속) 2002년 한나라당 대통령선거대책위원회 부산시지부 유세단장 2002년 同정책위원회 행정자치위원회 정책자문위원 2010·2014~2018년 부산시 기장군수(무소속) 2018년 부산시 기장군수(무소속)(현) (상)매니페스토 약속대상 선거공보분야 우수상(2014), 제10회 장보고대상 국무총리표창(2016), 유권자시민행동 2017 대한민국 유권자대상 기초지방자치단체장부문대상(2017), 대한민국의정대상·지방자치행정대상조직위원회 2017 지방자치 행정대상(2017), 대한야구소프트볼협회 공로상(2017) (종)불교

오규석(吳圭錫) OH Gyu Seok

(생)1963·3·15 (출)서울 (주)서울특별시 강남구 테헤란로 440 (주)포스코 신성장부문(02-3457-0114) (학)1982년 경기고졸 1986년 서울대 경제학과졸 1988년 同대학원 경영학과졸 (경)1989~1999년 Monitor Company 한국지사 근무·이사 1999년 LG텔레콤(주) 마케팅전략기획담당 상무 2001년 同마케팅실장 2001년 同전략개발실장 2004년 하나로텔레콤(주) 전략부문장(전무) 2005년 同마케팅부문장(CMO·전무) 2005년 同마케팅본부장(전무) 2006~2011년 (주)씨앤앰커뮤니케이션 대표이사 사장 2012년 대림산업(주) 경영지원본부장(사장) 2017~2018년 同총괄사장 2019년 (주)포스코 신성장부문장(부사장)(현) (종)천주교

오규성(吳圭晟)

(생)1977·8·11 (출)서울 (주)경상남도 창원시 성산구 창이대로 681 창원지방법원 총무과(055-239-2009) (학)1996년 대원외국어고졸 2001년 서울대 법학과졸 (경)2000년 사법시험 합격(42회) 2004년 사법연수원 수료(33기) 2004년 서울중앙지법 예비판사 2006년 서울서부지법 판사 2008년 춘천지법 판사 2011년 의정부지법 고양지원 판사 2015년 서울서부지법 판사 2017년 서울중앙지법 판사 2017년 사법정책연구원 연구위원 겸임 2019년 창원지법 부장판사(현)

오규식(吳圭植) OH Kyu Sik

(생)1958·6·23 (출)경북 안동 (주)서울특별시 강남구 언주로 870 (주)LF 비서실(02-3441-8071) (학)1976년 안동고졸 1982년 서강대 무역학과졸 2006년 서울대 최고경영자과정 수료 (경)1982년 (주)LG상사(舊 반도상사) 심사과 입사 1990년 同뉴욕지사 근무 1996년 同금융팀 근무 2000년 同경영기획팀장(상무) 2003년 同IT사업부장 2004년 同패션부문 패션사업4팀장 2005년 同경영지원실장 2006년 (주)LG패션 최고재무책임자(CFO·부사장) 2009년 同개발지원부문장(부사장) 2012년 同대표이사 사장 2014년 (주)LF 대표이사 사장 2019년 同대표이사 부회장(현) (상)자랑스러운 서강경영인상(2016)

오규진(吳圭珍) OH KYU JIN

(생)1963·1·28 (본)해주(海州) (출)대구 (주)광주광역시 동구 준법로 7-12 광주고등검찰청 총무과(062-233-2169) (학)1981년 대일고졸 1985년 서울대 법대 사법학과졸 2012년 연세대 대학원졸 (경)1984년 사법시험 합격(26회) 1987년 사법연수원 수료(16기) 1987년 軍법무관 1990년 인천지검 검사 1992년 청주지검 충주지청 검사 1994년 법무부 법무심의관실 검사 1996년 서울지검 검사 1999년 부산지검 동부지청 부부장검사 2000년 광주지검 목포지청 부장검사 2001년 서울고검 검사 2002년 인천지검 공판송무부장 2003년 同형사4부장 2003년 법무부 법조인력정책과장 2005년 서울중앙지검 형사5부장 2006년 서울고검 검사 2008~2012년 대구고검 검사 2009~2011년 국민권익위원회 파견 2012년 서울고검 검사 2014년 대전고검 검사 2016년 서울고검 검사 2018년 광주고검 검사(현) (상)검찰총장표창(1991), 국민포장(2012) (종)기독교

오규희(吳揆姬·女) OH Kyu Hee

(생)1967·9·18 (출)전북 완주 (주)부산광역시 연제구 법원로 31 부산지방법원 총무과(051-590-1507) (학)1985년 은광여고졸 1989년 고려대 영어영문학과졸 1999년 同대학원 북미지역학과졸 (경)2001년 사법시험 합격(43회) 2004년 사법연수원 수료(33기) 2004년 인천지법 부천지원 예비판사 2005년 서울고법 예비판사 2006년 서울중앙지법 판사 2008년 춘천지법 속초지원 판사 2011년 인천지법 판사 2013년 서울중앙지법 판사 2015년 서울서부지법 판사 2019년 부산지법 부장판사(현)

오근녕(吳根寧) Oh Keun Nyoung

(생)1961·7·4 (주)서울특별시 강서구 하늘길 170 아시아나에어포트(주) 임원실(02-2669-8518) (학)경기고졸, 중앙대 불어불문학과졸 (경)아시아나항공(주) HR부문 상무보 2010년 同HR부문 상무, 同독일주재담당 상무 2012년 同구주지역본부장(상무) 2015년 同구주지역본부장(전무) 2015년 同경영관리본부장(전무) 2018년 아시아나에어포트(주) 대표이사 전무 2019년 同대표이사 부사장(현)

오근엽(吳根燁) OH Keun Yeob

(생)1959·9·17 (주)대전광역시 유성구 대학로 99 충남대학교 경상대학 무역학과(042-821-5560) (학)1982년 서울대 국제경제학과졸 1984년 同대학원 국제경제학과졸 1994년 경제학박사(미국 오하이오주립대) (경)1987~1995년 인제대 조교수 1995년 충남대 경상대학 무역학과 조교수·부교수·교수(현) 1996년 국제무역학회 상임이사·감사·부회장 1997년 한국국제통상학회 부회장 2001년 미국 오하이오주립대 방문교수 2015~2016년 충남대 기획처장 2018년 同대학원장(현) (저)'국제통상론'(1996) '국제무역론'(1999) '동아시아경제론'(2001) '현대무역의 이해'(2003) '벤처기업과 벤처금융'(2003) '중국벤처비지니스의 이해'(2004) '국제무역론'(2004) '국제통상의 이해'(2004) '대덕연구개발특구와 일본큐슈실리콘아일랜드'(2008) (역)'경제학강의'(1999)

오근영(吳根泳) OH Kun Young

(생)1939·7·22 (본)보성(寶城) (출)경기 의왕 (학)1958년 춘천고졸 1965년 서울대 문리대 심리학과졸 1966년 同신문연구소 수료 (경)1966년 동양통신 입사 1977년 同사회부 차장 1979년 同사회부장 1981년 연합통신 생활과학부장·사회부장 1985년 同지방국 부국장 1986년 同출판국장 직대 1988년

同출판국장 1989년 同편집국장 1991년 同기획실장 1994~1996년 同총무·출판담당 상무이사 1996년 YTN(연합텔레비전뉴스) 전무이사 1997~1998년 한국방송개발원 상임이사 2002년 대한언론인회 편집위원장 2004년 同이사 (저)'아! 선생님이…'(2011, 제이앤씨커뮤니티)

오기두(吳奇斗) OH Gi Du

(생)1962·8·17 (본)해주(海州) (출)전북 남원 (주)충청북도 청주시 서원구 산남로62번길 51 청주지방법원(043-249-7114) (학)1982년 군산 제일고졸 1986년 서울대 정치학과졸 1989년 同법학대학원졸 1997년 법학박사(서울대) (경)1988년 사법시험 합격(20회) 1991년 사법연수원 수료(10기) 1994년 전주지법 판사 1997년 同정읍지원 판사 1998년 수원지법 판사·안산지원 판사 2002년 미국 예일대 Law School Visiting Scholar 2003년 서울고법 판사 2003년 헌법재판소 파견 2005년 서울고법 형사1부 판사 2006년 전주지법 군산지원 부장판사 2008년 수원지법 부장판사 2010년 서울중앙지법 부장판사 2013년 서울남부지법 부장판사 2015년 서울동부지법 부장판사 2018년 청주지법 부장판사(현)

오기웅(吳起雄) Oh kee woong

(생)1973·1·10 (주)대전광역시 서구 청사로 189 중소벤처기업부 벤처혁신정책관실(042-481-3924) (학)1991년 서울 삼성고졸 1996년 연세대 경제학과졸 2011년 미국 콜로라도대 덴버교 대학원 행정학과졸 (경)1996년 행정고시 합격(39회) 1997년 중소기업청 기획관리실 사무관 2002년 同벤처진흥과 사무관 2005년 同정책총괄과 서기관 2006년 同벤처진흥과장 2007년 同기술경영혁신본부 기술개발팀장 2008년 同기술개발과장(서기관) 2009년 해외 파견 2011년 중소기업청 창업벤처국 지식서비스창업과장 2012년 同창업벤처국 창업진흥과장 2013년 대통령 경제수석비서관실 중소기업비서관실 행정관 2014년 중소기업청 기획조정관실 기획재정담당관 2016년 同운영지원과장(부이사관) 2017년 국방대 교육훈련 파견 2018년 중소벤처기업부 기획조정실 정책기획관(일반직고위공무원) 2019년 同창업벤처혁신실 벤처혁신정책관(현) (상)대통령표창(2013)

오기형(吳奇炯) Gi Hyoung OH

(생)1966·11·25 (출)전남 화순 (주)서울특별시 영등포구 영신로 166 더불어민주당 서울시당(02-3667-3700) (학)1985년 조선대부고졸 1991년 서울대 공법학과졸 2005년 미국 캘리포니아대 버클리교 Boalt Hall School of Law졸 2006년 중국 북경어언대 연수 (경)1997년 사법시험 합격(39회) 2000년 사법연수원 수료(29기) 2000~2016년 법무법인(유) 태평양 파트너변호사 2005년 미국 New York주 변호사시험 합격 2008~2016년 법무법인(유) 태평양 상해사무소 수석대표 2010년 KOTRA China Desk 자문위원 2016년 더불어민주당 한반도경제통일특별위원회 위원 2016년 제20대 국회의원선거 출마(서울 도봉구乙, 더불어민주당) 2016년 더불어민주당 서울도봉구乙지역위원회 위원장(현) 2016년 법무법인 공존 구성원변호사(현) 2017년 더불어민주당 민주연구원 비상근부원장 2017~2018년 同전략기획위원회 부위원장 2018년 同홍영표 원내대표 비서실장 2019년 同일본경제침략대책특별위원회 간사(현)

오기호(吳基浩) Oh Kee Ho

(생)1967·7·1 (본)해주(海州) (출)경북 청도 (주)세종특별자치시 도움5로 19 과학기술정보통신부 우정사업본부 우편정책과(044-200-8210) (학)1984년 대입검정고시 합격 1993년 영남대 행정학과졸 2010년 연세대 행정대학원 정책학과졸 (경)2004~2008년 정보통신부 전파방송정책국 기획담당 2008~2013년 지식경제부 우정사업본부 경영기획실·총무과 사무관 2013년 우정공무원교육원 기획협력과장 2014년 미래창조과학부 우정사업본부 노사협력팀장 2015년 同우정사업본부 물류기획과장 2018년 과학기술정보통신부 우정사업본부 성남분당우체국장 2018년 同우정사업본부 우편정책과장(현)

오노균(吳盧均) Oh Roh Kyun (석강)

(생)1956·10·13 (본)보성(寶城) (출)충북 청원 (주)충청북도 청주시 서원구 현도면 시목2길 39-17 국제무예올림피아드(043-269-0123) (학)1991년 교육학박사(사우스웨스턴대) 1997년 고려대 교육대학원 수료 2001년 同행정대학원 CEO과정 수료 2005년 체육학박사(고려대) (경)1987년 충남도 지방공무원 1993~1995년 필리핀 사우스웨스턴대 초빙교수 1998년 충청대 조교수(법인처장) 2005년 오박사마을 촌장 겸 농촌인성학교 교장(현), 대전시 태권도협회장(6대·7대), 대한태권도협회 이사, 국기원 남북교류위원장 2010년 대전시 대덕구청장 후보(국민중심연합), 남북체육교류협력회의 남측대표, 제14기 민주평통 상임위원, 대전시새마을회 회장 2010년 대전스페셜올림픽코리아 회장(현) 2011년 한민학교 새마을부총장 2011년 농림수산식품부 스마일운동 자문위원 2012~2016년 자연보호중앙연맹 부총재 2012~2018년 세종시 자연보호협의회장 2012~2018년 그린투어리즘코리아 회장 2013년 충북대 농업생명환경대학 지역건설학과 트랙농촌관광개발전공 초빙교수 2013년 동아시아태권도연맹 이사장(현) 2014년 세종YMCA 협력이사 2014년 청주시 농촌관광추진위원회 위원장 2015~2019년 (사)충북도농촌체험휴양마을협의회 회장, 세계태권도연맹(WTF) 국제심판 2016년 오박사농촌인성학교 교장(현) 2017년 충북대 농촌관광연구센터 부센터장(현) 2017년 同농촌활성화지원센터 부센터장(현) 2018년 同무궁화연구소장(현) 2018년 시민인권연맹 총재(현) 2018년 KBS제1라디오 '지금은 충청' 객원캐스터(현) 2019년 국제무예올림피아드 회장(현) (상)고려대 총장표창, 고려대 자랑스런 교우상, 대만 국제학술대회 우수상, 충북도지사표창, 문화체육부장관표창, 행정안전부장관표창, 대통령표창(2011) 등 (저)'스포츠외교론'(1998) '오노균의 행복만들기'(2011) '오노균의 행복 에너지'(2012) (작)'서각 작품전'(충청서예대전 입선) (종)기독교

오대균(吳大均) OH DAE GYUN

(생)1963·9·2 (주)울산광역시 중구 종가로 323 한국에너지공단 기후대응이사실(052-920-0006) (학)1985년 서울대 자원공학과졸 1987년 同대학원 자원공학과졸 1993년 공학박사(서울대) (경)2011년 에너지관리공단 목표관리실장 2013년 同대구지역본부장 2014년 同기후대책실장 2015년 한국에너지공단 기후대책실장 2019년 同기후대응이사(현) (상)산업부장관표창(2000), 과학기술포장(2007), 아시아경제 '2019사랑받는공공기관대상' 환경부장관표창(2019)

오대석(吳大錫) Oh Dae Seok

(생)1966·6·8 (주)서울특별시 종로구 세종대로 209 통일부(02-2100-5700) (경)2006~2007년 통일부 남북교역과 사무관 2007~2008년 同남북경제협력국 남북교역팀장(서기관) 2008~2010년 同사회문화교류본부 인도협력단 지원협력팀장 2011~2012년 同인도협력국 인도지원과장 2012~2015년 同남북회담본부 회담3과장 2015년 同교류협력국 인도지원과장 2015~2016년 同기획조정실 창조행정담당관 2015년 同운영지원과장(서기관) 2016~2017년 同운영지원과장(부이사관) 2017년 同한반도통일미래센터장 2018~2019년 同기획조정실 기획재정담당관 2019년 同정책기획관(고위공무원)(현)

오대익(吳大益) OH Dae Ik

(생)1946 · 9 · 10 (본)군위(軍威) (출)제주 (주)제주특별자치도 제주시 문연로 13 제주특별자치도의회(064-741-1934) (학)서귀농림고졸, 제주대졸, 한국방송통신대 행정학과졸 1995년 경희대 교육대학원 교육행정학과졸 (경)(사)제주복지포럼 이사장, 가시초 · 효돈초 교감, 남원초 · 토평초 교장, 생활체육배드민턴 서귀포시원우회장 2002~2005년 제주특별자치도교육청 초등교육과장 2006년 서귀포시교육청 교육장 2008년 제주특별자치도교육청 교육발전기획실장, 서귀포시 남원읍어린이합창단 단장, 제주국제화장학재단 이사 2010 · 2014 · 2018년 제주특별자치도의회 교육의원(현) 2010~2012 · 2014년 同교육위원회 위원장 2014 · 2018년 同운영위원회 위원(현) 2014년 同윤리특별위원회 위원 2016~2018 · 2018년 同교육위원회 위원(현) 2018년 예산결산특별위원회 위원(현) (상)대한민국 교육산업대상(2015)

오대현(吳大鉉) Oh, Dae-Hyun

(생)1974 · 1 · 7 (본)해주(海州) (출)충남 예산 (주)세종특별자치시 가름로 194 과학기술정보통신부 운영지원과(044-202-4144) (학)1991년 영동고졸 1996년 서울대 경제학과졸 2008년 영국 서섹스대 대학원 과학기술정책학과졸(석사) (경)1997년 행정고시 합격(41회) 1998년 행정자치부 사무관 1999~2006년 과학기술부 사무관 2006~2010년 同기획법무팀 · 과학기술정책과 서기관 2010년 교육과학기술부 대학원지원과장 2011년 同국제과학비즈니스벨트기획단 기획조정과장 2012년 同원천연구과장 2013년 미래창조과학부 미래선도연구실 원천연구과장 2013년 同창조경제기획관실 미래성장전략담당관 2014년 OECD 사무국 파견 2017~2018년 과학기술정보통신부 과학기술혁신본부 과학기술정책국 과학기술전략과장 2018년 대통령비서실 파견(부이사관)(현) (종)기독교

오대희(吳大熙) Oh, Dae Hee

(생)1955 · 8 · 8 (본)해주(海州) (출)경북 상주 (주)서울특별시 송파구 송파대로 274 4층 대한소방공제회(02-405-6902) (학)1974년 상주고졸 1984년 성균관대 화학공학과졸 (경)1987년 소방간부 후보생(공채 5기) 2001년 경북도 소방본부 방호구조과장, 상주소방서장, 영주소방서장 2007년 의성소방서장 2007년 중앙소방학교 소방과학연구실장 2008년 소방방재청 예방안전국 특수재난대비과 소방정 2009년 同소방정책국 방호조사과 소방정 2010년 同소방정책국 소방정책과 소방정 2010년 同소방정책국 방호과장(소방준감) 2011년 강원도 소방본부장(소방고위공무원) 2013~2015년 대구시 소방안전본부장 2017년 대한소방공제회 상임이사(현)

오덕근

(생)1963 (출)충남 예산 (주)경기도 수원시 장안구 경수대로 1110-17 중부지방국세청 조사1국(031-888-4663) (학)예산고졸, 서울시립대 세무학과졸 (경)7급 공채, 남양주세무서 조사과 근무, 서울 광진세무서 개인신고1과 근무 2008년 사무관 승진, 국세청 법인세과 사무관, 同조사1국 사무관, 중부지방국세청 조사2국 조사4과 근무, 국세청 조사기획과 사무관, 서울지방국세청 감사2계장, 국세청 운영지원과 인사2계장(사무관) 2013년 同운영지원과 인사2계장(서기관) 2013년 同운영지원과 인사1계장 2013년 同심사2담당관실 심사1계장 2014년 대전 홍성세무서장 직대 2015년 서울지방국세청 조사4국 조사2과장 2016년 국세청 원천세과장 2017년 同납세자보호담당관(서기관) 2018년 同납세자보호담당관(부이사관) 2018년 同운영지원과장 2019년 중부지방국세청 조사1국장(고위공무원)(현)

오덕성(吳德成) Deog-Seong Oh

(생)1955 · 6 · 18 (본)해주(海州) (출)인천 (주)대전광역시 유성구 대학로 99 충남대학교 총장실(042-821-5008) (학)1977년 한양대 건축공학과졸 1979년 서울대 환경대학원 도시계획학과졸 1981년 同대학원 건축학과졸 1989년 공학박사(독일 하노버대) (경)1981~1994년 충남대 건축공학과 전임강사 · 조교수 · 부교수 1986~1988년 독일 하노버대 도시 및 주택계획연구소 연구원 1990~1992년 충남대 공과대학 건축공학과장 1991~1993년 同기획위원회 위원장 1992~1993년 영국 셰필드대 도시및지역계획학과 객원교수 1994년 충남대 건축학과 교수(현) 1996~2003년 同지역개발연구소장 1996년 세계과학도시연합 운영위원장 1999~2002년 대한국토 · 도시계획학회 이사 겸 충청지부장 1999년 한국조경학회 상임이사 1999년 한국지역학회 이사 1999년 산업자원부 테크노파크평가위원장 1999~2003년 건설교통부 광역도시계획협의회 부위원장 2002년 철도청 기술심의위원 2003~2004년 충남대 기획정보처장 2004~2016년 세계과학도시연합(WTA) 사무총장 2004~2006년 독일 도르트문트대 대학원 객원교수 2009년 미국 세계인명사전 'Marquis Who's Who in the World'에 등재 2009년 영국 국제인명센터(IBC) '2000 Outstanding Intellecturals of the 21st Century'에 등재 2009년 미국 인명연구소(ABI) 'ABI The Great Mind of the 21st Century'에 등재 2010~2012년 한국도시행정학회 부회장 2011년 이란 이스파한 IRIS 국제연구센터 운영이사(현) 2011~2016년 유네스코 과학기술혁신최고자문위원회 위원 2012~2015년 충남대 대외협력부총장 2012~2014년 同대외협력위원회 위원장 2013~2014년 同세종시제2병원설립추진위원회 부위원장 2015년 同국가정책대학원 국가정책위원회 위원 2016년 同총장(현) 2016년 행정중심복합도시건설추진위원회 위원(현) 2016년 대전권대학발전협의회 공동의장(현) 2016년 헌법재판소 자문위원회 위원(현) 2016년 제6차 ASEM 교육장관회의 자문위원장(현) 2017년 한국장학재단 정책연구위원(현) 2018년 전국국 · 공립대학교총장협의회 회장 2018년 한국대학교육협의회 부회장(현) 2019년 교육부 제1차 사람투자인재양성민 · 관전문가협의회 공동위원장(현) (상)대덕특구 이사장표창 혁신부문(2011), 대한건축학회 최우수논문상(2010), 도시행정학회 학술상 야탑상(2012) (저)'복합용도건축물계획' '토지이용계획론'(共) '지방화와 도시개발' '도시설계'(2000, 기문당) 'Techno-police in Global Context' 'Technopolis, Springer'(2014) '기후변화대응 탄소중립 도시계획'(2014, 기문당) (역)'서양 건축 이야기'(2000, 한길아트) '건축십서'(2006, 기문당) (종)기독교

오덕식(吳德植) OH Duck Sik

(생)1968 · 10 · 12 (출)경북 안동 (주)서울특별시 서초구 서초중앙로 157 서울중앙지방법원(02-530-1690) (학)1987년 안동고졸 1992년 한양대 법학과졸 (경)1995년 사법시험 합격(37회) 1998년 사법연수원 수료(27기) 1998년 공익법무관 2001년 부산지법 판사 2004년 인천지법 판사 2006년 서울남부지법 판사 2010년 서울고법 판사 2012년 서울중앙지법 판사 2013년 춘천지법 부장판사 2015년 인천지법 부장판사 2017년 서울북부지법 부장판사 2019년 서울중앙지법 부장판사(현)

오덕호(吳德鎬) OH Duck Ho

(생)1953 · 2 · 12 (출)부산 (주)서울특별시 동대문구 경희대로4길 21 서울산정현교회(02-967-0371) (학)서울대 원자력공학과졸, 장로회신학대 신학대학원졸, 미국 보스턴대 대학원 신약학과졸, 신약학박사(미국 버지니아유니언대) (경)대한예수교장로회 전남노회 목사안수 1986~2002년 호남신학대 신약학과 교수, 同실천처장, 同교무처장 2000년 同대학원장 2002~2012년 광주서석교회 목사 2005~2009년 한일장신대 교육

이사 2012~2016년 同총장 2017년 서울산정현교회 담임목사(현) (저)'하나님이냐 돈이냐?'(1998, 한국신학연구소) '산상설교를 읽읍시다'(1999, 한국신학연구소) '문학-역사비평이란 무엇인가?'(2000, 대한기독교서회) '교회주인은 사람이 아니다'(2000, 규장문화사) '목사를 갈망한다'(2001, 규장문화사) '값진 진주를 찾아서'(2002, 한국성서학연구소) '사도행전을 읽읍시다'(2002, 한국장로교출판사) '성서해석학입문(空)'(2002, 대한기독교서회) '어떻게 믿고 어떻게 살아야하나'(2004, 쿰란출판사) '사랑하기 원합니다' '파워성구암송' (종)기독교

오도창(吳道昌)

(생)1960·5·2 (출)경북 영양 (주)경상북도 영양군 영양읍 군청길 37 영양군청 군수실(054-680-6002) (학)1980년 영양고졸 2008년 한국방송통신대 행정학과졸 (경)1980년 경북 영양군 지방행정서기보 2003년 경북도 농수산국 유통특작과 유통지원담당 2004년 同예천군 하리면장, 경북도 유통특작과장, 同사회복지과장 2012년 同문화관광체육국 문화예술과 서기관 2013년 교육 파견 2014년 경북도 창조경제산업실 신성장산업과장 2015~2017년 경북 영양군 부군수 2017년 자유한국당 중앙직능위원회 행정자치분과 부위원장, 同경북영양군당원협의회 부위원장 2018년 경북 영양군수(자유한국당)(현) (상)세정발전유공 내무부장관표창(1991), 친절운동유공 행정자치부장관표창(1998), 국가사회발전기여 국무총리표창(1998), 민원봉사대상 본상 행정자치부장관표창(2001), 정부합동감사결과수범공무원 행정자치부장관표창(2002), 21세기 대한민국을 빛낸 한국인물대상 지방자치행정부문(2017), 글로벌 자랑스런 세계인상 국제지방자치발전부문(2017)

오도철(吳道哲)

(생)1961·3·20 (출)전북 익산 (주)전라북도 익산시 익산대로 501 원불교 중앙총부 교정원(063-850-3190) (학)1979년 전북 남성고졸 1983년 원광대 원불교학과졸 1990년 同대학원 행정학과졸 2012년 행정학박사(원광대) (경)1979년 출가 1984년 원불교 대연교당 부교무 1987년 同재무부 주사 1989년 同신촌교당 부교무 1993년 同기획실 주임 1995년 同교화연구소 과장 1999년 同중앙중도훈련원 교무 2003년 同기획실장 겸 정보전산실장 2007년 同서신교당 주임교무 2010년 同중앙중도훈련원 부원장 2013~2018년 同신촌교당 주임교무 2018년 同중앙총부 교정원장(현) (종)원불교

오동선(吳東善) OH Dong Sun (志峰)

(생)1918·8·29 (본)동복(同福) (출)함남 영흥 (주)서울특별시 강남구 논현로152길 10 삼영빌딩 8층 삼화콘덴서그룹 명예회장실(02-2056-1711) (학)1937년 조선무선공학원졸 (경)1939년 삼화전기상회 사장 1941년 삼화전기공업 사장 1956년 오한실업(주) 사장 1963년 삼화전기산업(주) 사장 1968년 삼화콘덴서공업(주) 사장 1974년 삼화전기(주) 사장 1976년 삼화전자공업(주) 사장 1976~1999년 삼화콘덴서그룹 회장 1996~2018년 삼화지봉장학재단 이사장 1999년 삼화콘덴서그룹 명예회장(현) (상)대통령표창, 국무총리표창, 상공부장관표창, 동탑·철탑·은탑산업훈장 (종)불교

오동욱

(생)1969 (출)서울 (주)서울특별시 중구 퇴계로 110 한국화이자제약(주) 임원실(02-317-2114) (학)1992년 삼육대 약학과졸 1994년 서울대 대학원 약학과졸 (경)1994년 한일약품공업 근무 1999년 한국MSD 근무 2003년 한국아스트라제네카 근무 2006년 한국와이어스 근무 2010년 한국화이자제약 스페셜티케어사업부 총괄 2014년 同백신사업부문 아시아클러스터 대표(부사장) 2016년 同대표이사 사장 겸 혁신제약사업부문 한국대표(현)

오동욱(吳東昱)

(생)1970·2·16 (출)경남 창원 (주)경상남도 고성군 고성읍 중앙로 113 고성경찰서(055-647-3153) (학)1988년 마산중앙고졸 1992년 경찰대 행정학과졸(8기) 1999년 창원대 행정대학원졸 2012년 행정학박사(창원대) (경)1992년 경위 임용(경찰대 8기) 1999년 경감 승진 2007년 경남지방경찰청 과학수사계장(경정) 2008년 경남 마산동부경찰서 수사과장 2008년 경남지방경찰청 광역수사대장 2010년 경남 김해중부경찰서 수사과장 2011년 경남지방경찰청 수사1계장 2012년 同수사2계장 2015년 同강력계장 2017년 총경 승진 2018년 경남지방경찰청 홍보담당관 2019년 경남 고성경찰서장(현)

오동운(吳東運) OH Dong Woon

(생)1969·8·15 (출)경남 산청 (주)서울특별시 서초구 반포대로30길 12-6 지방공기업평가원빌딩 법무법인 금성(02-595-3700) (학)1988년 낙동고졸 1992년 서울대 독어독문학과졸 1994년 同대학원 법학과졸 (경)1995년 사법시험 합격(37회) 1998년 사법연수원 수료(27기) 1998년 부산지법 예비판사 2002년 울산지법 판사 2003년 인천지법 판사 2006년 서울남부지법 판사 2008년 서울중앙지법 판사 2009년 서울고법 판사 2010년 헌법재판소 파견 2012년 서울서부지법 판사 2013년 울산지법 부장판사 2016~2017년 수원지법 성남지원 부장판사 2017년 법무법인 금성 구성원변호사(현)

오동헌(吳東憲) OH, DONGHEON

(생)1964·9·24 (본)보성(寶城) (출)강원 (주)서울특별시 마포구 상암산로 82 SBS프리즘타워 10층 SBS플러스 SBSCNBC본부(02-6938-1600) (학)1983년 춘천고졸 1987년 서울대 경제학과졸 2001년 미국 듀큐대 APSI연구소 연수, 중앙대 신문방송대학원졸 (경)1991년 SBS 입사 1999년 同보도본부 차장대우 2002년 同보도본부 차장 2005년 同로스앤젤레스특파원 2008년 同비서팀장(부장급) 2010년 同보도본부 경제부장 2012년 同보도본부 특임부장(부국장급) 2013년 同편성전략본부 문화사업팀장(부국장급) 2014년 SBS미디어넷 스포츠경제본부장 2015년 同경제본부장(이사) 2015년 SBS CNBC 대표 겸임 2016년 SBS미디어넷 CNBC본부장 2018년 SBS플러스 SBSCNBC본부장(상무이사)(현) (종)가톨릭

오동호(吳東浩) OH Dong Ho

(생)1962·12·24 (본)함양(咸陽) (출)경남 산청 (학)진주고졸, 경희대 정치외교학과졸, 서울대 행정대학원졸, 행정학박사(성균관대) (경)1984년 행정고시 합격(28회) 1991년 경남도 의회계장 1992년 同지도계장 1994년 同행정계장 1995년 同농산물유통과장 1997년 同통상진흥과장 1998년 同정책기획관 1998년 이북5도위원회 황해도 사무국장 2001년 행정자치부 행정능률과장 2001년 同장관 비서실장, 駐LA총영사관 주재관 2005년 대통령비서실 정책실장실 선임행정관(고위공무원) 2006년 행정자치부 지방혁신인력개발원 인력개발부장 2009년 행정안전부 지방세제관 2009년 同지역발전정책국장 2010년 울산시 행정부시장 2013년 대통령소속 지방자치발전위원회 지방자치발전기획단장 2015~2017년 인사혁신처 소청심사위원회 상임위원 2017~2018년 국가공무원인재개발원 원장(차관급) 2018년 동부지역공공행정기구(EROPA) 의장(현) (상)대통령표창(1990), 홍조근정훈장(2011) (종)불교

오만옥(吳萬玉) OH MAN OK

(생)1966 · 4 · 6 (출)전남 영광 (주)서울특별시 서초구 반포대로 157 대검찰청 복지후생과(02-9480-2052) (학)1985년 광주고졸 1990년 고려대 법학과졸 (경)1995~2000년 서울서부지청 · 인천지검 · 법무부 검찰수사관(7급) 2000~2008년 법무부 · 대검찰청 · 서울지검 검찰수사관(6급) 2008년 대검찰청 운영지원과 검찰사무관 2010년 수원지검 여주지청 수사과장 2012년 법무부 국제형사과 검찰사무관 2014년 법무연수원 일반연수과장(검찰수사서기관) 2015년 대검찰청 감찰본부 감찰1과 감찰서기관 2017년 서울중앙지검 조사과장 2018년 대검찰청 복지후생과장(부장검사)(현) (상)대통령표창(2014)

오 명(吳 明) OH Myung

(생)1940 · 3 · 21 (출)서울 (주)인천광역시 연수구 송도문화로 119 한국뉴욕주립대학교(032-626-1004) (학)1958년 경기고졸 1962년 육군사관학교졸(18기) 1966년 서울대 공대 전자공학과졸 1972년 공학박사(미국 뉴욕주립대) 1997년 명예 인문학박사(미국 뉴욕주립대) 1999년 명예 경영학박사(원광대) 2009년 명예박사(파라과이 아순시온국립대) (경)1966~1979년 육군사관학교 교수 1980~1981년 대통령 경제과학비서관 1981~1987년 체신부 차관 1987~1988년 同장관 1989~1993년 대전세계박람회(EXPO) 조직위원장 1993~1994년 교통부 장관 1994~1995년 건설교통부 장관 1996~2001년 동아일보사 사장 · 회장 2002~2003년 아주대 총장 2003~2004년 과학기술부 장관 2004~2006년 부총리 겸 과학기술부 장관 2006~2010년 건국대 총장 2010년 웅진그룹 고문 겸 웅진에너지 · 폴리실리콘 회장 2010~2013년 한국과학기술원(KAIST) 이사장 2010~2013년 동부익스프레스 사외이사 2013년 동부그룹 전자 · IT · 반도체 회장 2013~2014년 (주)동부하이텍 각자대표이사 회장 2013~2014년 동부그룹 제조 · 유통부문 회장 2014년 인천시 경제고문 2016년 한국뉴욕주립대(SUNY) 명예총장(현) 2017년 미국 스토니브룩 공과대 '명예의 전당'에 헌액 2019년 육군사관학교 석좌교수(현) (상)한국컴퓨터기자클럽 '88년의 인물'(1988), 한국전자공학회 전자대상(1988), 벨지움훈장(1989), 청조근정훈장(1990), 경기고 '자랑스런 경기인'(1993), 대전직할시 '대전명예시민 1호'(1993), BIE공로장(1993), 포르투갈훈장(1993), UNESCO Seoul '올해의 인물'(1993), SUNY Stony Brook '자랑스런 동문상'(1994), 헝가리훈장(1994), 금탑산업훈장(1994), 아태정보산업기구 '정보산업공로자상'(1995), 서울대 공과대학 '자랑스런 공대동문상'(1996), 미국 미시간주립대 Global Korea Award(1996), 한국공학원 기술경영부문 한국공학기술상(1998), 한국통신학회 정보통신대상(2000), 운경재단 제6회 산업기술부문 운경상(2000), 한국여성정보인협회 여성정보화공로상(2001), 고려대 정책대학원 정책인대상(2003), 21세기경영인클럽 '21세기 대상 올해의 21세기 경영인'(2005), 올해의 육사인상(2007), BIE 골드메달(2007), 캄보디아 친선훈장(2009), 파라과이 꼬멘다도르 훈장(2010), 캄보디아 대십자훈장(2011), 자랑스러운 육사인상(2013) (저)'정보화사회 그 천의 얼굴'(1990, 한국경제신문) '엑스포와 미래이야기'(1993, 목양사) '대전 세계 엑스포 그 감동과 환희'(2003, 웅진지식하우스) '30년 후의 코리아를 꿈꿔라'(2009, 웅진지식하우스)

오명근(吳明根)

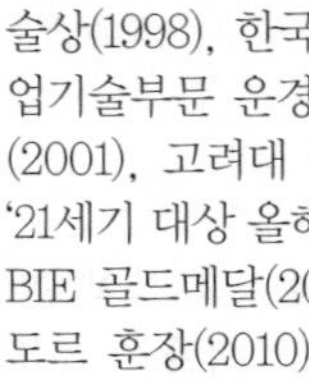

(생)1953 · 5 · 25 (출)경기 평택 (주)경기도 수원시 팔달구 효원로 1 경기도의회(031-8008-7000) (학)한광고졸, 경문대학졸, 평택대 사회복지대학원 청소년복지학과졸 (경)상록산업 대표, 경인지방환경청 명예감시원, 평택경찰서 행정발전위원, 효덕초총동문회 회장, 상록산업장학회 회장 2006년 경기 평택시의원선거 출마, 한광중 · 고총동문회 회장, 평택대 총동문회장 2010년 경기 평택시의회 의원(민주당 · 민주통합당 · 민주당 · 새정치민주연합) 2014~2018년 경기 평택시의회 의원(새정치민주연합 · 더불어민주당) 2014~2016년 同자치행정위원장 2018년 경기도의회 의원(더불어민주당)(현) 2018년 同건설교통위원회 위원(현) (상)농수산부장관표창, 대한민국창조혁신대상 기초의회의정부문 우수의원(2016) (종)천주교

오명도(吳明道) OH Myung Do

(생)1956 · 5 · 8 (본)해주(海州) (출)서울 (주)서울특별시 동대문구 서울시립대로 163 서울시립대학교 공과대학 기계정보공학과(02-6490-2390) (학)1979년 서울대 기계공학과졸 1981년 同대학원 기계공학과졸 1985년 열공학박사(미국 위스콘신대 메디슨교) (경)1996년 서울시립대 공대 기계정보공학과 교수(현) 2005년 同공과대학장 2008~2010년 한국실내환경학회 회장 2009~2010년 서울시립대 기획연구처장 겸 산학협력단장 2014년 국제오염제어기구연합(ICCCS) 회장

오명석(吳明錫) OH Myung Suk

(생)1958 · 2 · 24 (출)대전 (주)서울특별시 강남구 테헤란로 305 한국공학한림원(02-6009-4000) (학)충남고졸, 충남대 금속공학과졸, 同대학원 금속공학과졸, 공학박사(충남대) (경)현대INI스틸(주) 시설개발담당 이사대우 2006년 현대제철(주) 선강담당 이사 2008년 同사업관리본부장(전무) 2010년 同생산관리실장(전무) 2012년 同생산품질본부장(전무) 2013년 同생산품질본부장(부사장) 2014~2018년 同당진제철소장(부사장) 2018년 한국공학한림원 회원(재료자원공학 · 현)

오명철(吳明澈) James. OH

(생)1963 · 3 · 3 (출)광주 (주)서울특별시 마포구 효창목길 6 한겨레신문(02-710-0165) (학)1982년 광주 제일고졸 1992년 전남대 대학원 수의학과졸 (경)1988년 한겨레신문 입사 1988~1995년 同판매 · 광고 · 관리업무 1996년 同호남지사장 1998년 同판매국 수도권부장 직대 2000년 인터넷한겨레 여행 · 유통사업부장 2003년 한겨레플러스 커머스사업본부장 2005~2009년 同초록마을사업본부장(상무) 2005년 한겨레애드컴 사외이사 2009~2010년 초록마을 전무이사 2011~2012년 총각네 야채가게 부사장 2012년 예스월드그룹(미라클에듀 · 하니여행사 · 예스아카데미) 회장 2017년 한겨레신문 판매 · 마케팅담당 이사(현) (종)천주교

오명희(吳明姬 · 女) OH,MYUNG-HEE

(생)1956 · 3 · 11 (주)경기도 화성시 봉담읍 와우안길 17 수원대학교 미술대학 조형학부(한국화)(031-220-2319) (학)1975년 서울예술고졸 1979년 세종대 동양화과졸 1981년 同대학원 동양화과졸 (경)동양화가(현), 수원대 미술대학 조형예술학부 동양화과 교수, 同미술대학 조형학부(한국화) 교수(현), 서울미술협회 동양화분과 부위원장, 제20회 대한민국미술대전 심사위원 2019년 수원대 미술대학장(현) (작)'제1회 갤러리 인데코'(1990, 서울) '제2회 청작화랑'(1992, 서울) '제3회 갤러리 아미'(1993, 서울) '제4회 예술의 전당'(서울) '제5회 갤러리 이콘'(1994, 서울) '제6회 Galerie Future-15회르네아트페어 후트라화랑 Grent Bemsim'(1995) '제7회 Espace Miromesni'(프랑스 파리) '제8회 로마아트페어,St Charies de Rose'(1996, 이탈리아 로마) '제9회 트라이톤아트페'(미국 샌프란시스코) '제10회 MANIF'(서울 예술의 전당) '제11회 박영덕 화랑'(1997, 서울) '제12회 17회르네 아트페어 후트라 화랑,Grent Bemsim' '제13회 사이또 화랑'(1998, 일본 삿포로) '제14회 니스아트페어,St Charies de Rose'(프랑스 니스) '제15회 아까네 화랑'(1999, 일본 도쿄) '제16회 박영덕 화랑'(2000, 서울) '제17회 코엑스 인터콘티넨탈'(2002, 서울) '제18회 KCAF'

(2003, 서울 예술의 전당) '제19회 San Francisco International Art Exposition,Galerie Bhak,Fort MasonCenter'(2004, 미국 샌프란시스코) '제20회 고운미술관'(수원) '제21회 2005오사까 아트페어'(2005, 일본 오사카)

오명희(吳明熙 · 女)

(생)1975 · 1 · 14 (주)전라북도 전주시 덕진구 사평로 25 전주지방법원 총무과(063-259-5466) (학)1993년 제주 신성여고졸 1998년 한양대 법학과졸 (경)2000년 사법시험 합격(42회) 2003년 사법연수원 수료(32기) 2003년 수원지법 예비판사 2005년 서울중앙지법 판사 2006년 대전지법 판사 2009년 同서산지원 판사 2011년 대전지법 판사 2014년 대전고법 판사, 대전지법 판사 2016년 대전고법 판사 2018년 전주지법 부장판사(현)

오문교(吳文敎) Oh Mun Kyo

(생)1967 · 11 · 27 (출)광주 (주)경기도 수원시 장안구 창룡대로 223 경기남부지방경찰청 정보과(031-888-2381) (학)광주 석산고졸 1989년 경찰대 행정학과졸(5기), 아주대 ITS대학원 ITS학과졸 (경)1989년 경위 임관 1997년 경감 승진 2003년 경정 승진 2011년 경기지방경찰청 홍보담당관(총경) 2013년 경기 광주경찰서장 2014년 경기지방경찰청 생활안전과장 2015년 경기 군포경찰서장 2016년 경기남부지방경찰청 교통과장 2016년 경기 의왕경찰서장 2017년 경기남부지방경찰청 정보과장(현)

오문기(吳文基) OH Moon Ki

(생)1965 · 4 · 24 (출)대구 (주)대구광역시 수성구 동대구로 351 법무빌딩 505호 오문기법률사무소(053-753-9898) (학)1984년 대구 경신고졸 1988년 고려대 법학과졸 1992년 同대학원졸 (경)1991년 사법시험 합격(33회) 1994년 사법연수원 수료(23기) 1994년 軍법무관 1997년 대구지검 검사 1998년 부산지법 동부지원 판사 1999년 대구지법 판사 2003년 同경주지원 판사 2005년 대구고법 판사 2007년 대구지법 판사 2009년 창원지법 거창지원장 2011년 대구지법 형사4부 부장판사 2013년 同파산부 부장판사 2014년 변호사 개업(현)

오미순(吳美順 · 女)

(생)1977 · 11 · 20 (출)전북 익산 (주)서울특별시 종로구 종로5길 86 서울지방국세청 국제조사2과(02-2114-5205) (학)익산 이일여고졸 2001년 이화여대 사회학과졸 (경)2000년 제37회 세무사자격시험 최연소 합격 2004년 행정고시 합격(48회) 2006년 군산세무서 납세자보호담당관, 국세청 국제조사과 근무, 서울지방국세청 국제거래조사국 근무, 국세청 부가가치세과 부가2계장 2016년 대전지방국세청 개인납세1과장(서기관) 2017년 충남 공주세무서장 2018년 국무조정실 조세심판원 2심판부 5심판조사관 2018년 同조세심판원 4심판부 9심판조사관 2019년 同조세심판원 5심판부 11심판조사관 2019년 서울지방국세청 국제조사2과장(현)

오미영(吳美榮 · 女) OH MEE YOUNG

(생)1958 · 3 · 22 (본)해주(海州) (출)서울 (주)경기도 성남시 수정구 성남대로 1342 가천대학교 미디어커뮤니케이션학과(031-750-5261) (학)1976년 풍문여고졸 1980년 한국외국어대 중국어과졸 1993년 중앙대 신문방송대학원졸 2002년 언론학박사(중앙대) (경)1979~1982년 한국방송공사(KBS) 아나운서 1983~1987년 한국일보 LA지사 기자 1987~2000년 프리랜서 방송인 1998~2002년 경원대 신문방송학과 강사 2001~2003년 단국대 언론영상학부 초빙교수 2003년 경원대 사회과학대학 신문방송학과 조교수 2012년 가천대 글로벌캠퍼스 경상대학 신문방송학과 부교수 2012~2013년 한국소통학회 회장 2013년 가천대 언론영상광고학과 부교수 2013~2018년 중앙선거방송토론위원회 위원 2013년 직업능력개발원 자문위원(현) 2014년 대법원 양형위원회 자문위원(현) 2014년 중앙선거관리위원회 선거연수원 자문위원(현) 2014~2015년 한국언론학회 부회장 2014~2015년 방송통신위원회 시청자권익보호위원회 위원 2015년 언론중재위원회 상반기 재 · 보궐선거기사심의위원회 부위원장 2015년 가천대 미디어커뮤니케이션학과 교수(현) 2015년 중앙선거관리위원회 선거자문위원회 위원(현) 2016~2017년 한국산업인력공단 홍보자문위원 2016~2017년 방송통신심의위원회 이달의좋은프로그램 심사위원 2016~2017년 질병관리본부 소통자문위원 2017년 법무부 정책위원회 언론 · 커뮤니케이션분야 위원(현) 2018년 방송통신위원회 방송통신규제심사위원회 위원(현) 2018년 방송통신심의위원회 방송언어특별위원회 위원장(현) 2018년 경기도선거관리위원회 위원(현) (상)선거문화향상 공로인정 대통령표창(2018) (저)'토론 vs TV토론'(2003) '전환기의 한국방송(共)'(2005) '커뮤니케이션 핵심이론(共)'(2005) '화법과 방송 언어(共)'(2005) '방송학의 이해(共)'(2014, 부키) (종)기독교

오민구(吳民久)

(생)1958 (주)경기도 고양시 일산동구 동국로 27 동국대학교 일산병원 외과(1577-7000) (학)서울대 의대졸, 同대학원 의학석사, 의학박사(서울대) (경)1987년 서울대 의대 수련의 1997년 동국대 의대 외과학교실 조교수 · 부교수 · 교수(현), 미국 UCLA 메디컬센터 연수, 미국 메모리얼 슬론 케터링 암센터 연수, 동국대 포항병원 교육연구부장 1999~2004년 同포항병원 외과 과장 · 진료부장 2015~2017년 同일산병원장 2017년 同의무부총장 겸 의료원장 2017년 대한병원협회 법제위원장

오민석(吳旻錫) OH Min Seok

(생)1969 · 7 · 13 (출)서울 (주)서울특별시 서초구 서초중앙로 157 서울중앙지방법원(02-530-1114) (학)1988년 서울고졸 1994년 서울대 법대 사법학과졸 (경)1994년 사법시험 합격(36회) 1997년 사법연수원 수료(26기) 1997년 서울지법 판사 2000년 同서부지원 판사 2001년 대전지법 판사 2004년 서울중앙지법 판사 2008년 서울고법 민사정책심의관 2009년 법원행정처 민사심의관 2010년 서울고법 판사 2012년 창원지법 부장판사 2013년 대법원 재판연구관 2015년 수원지법 부장판사 2017년 서울중앙지법 부장판사(현)

오병관

(생)1960 · 3 · 14 (주)서울특별시 서대문구 충정로 60 NH농협손해보험 사장실(02-3786-7500) (학)1979년 서대전고졸 1986년 충남대 회계학과졸 (경)1986년 농협중앙회 입회 1990년 同연기군지부 과장 1992년 同금융계획과 과장대리 1999년 同정부대전청사지점 차장 2000년 同금융지원부 차장 2006년 同월평동지점장 2007년 同대전신용사업부 부본부장 2008년 同금융기획부 부부장 2010년 同금융구조개편부장 2012년 NH농협금융지주 기획조정부장 2013년 농협중앙회 기획실장 2016년 NH농협금융지주 경영기획본부장(부사장) 2017년 NH농협손해보험 대표이사 사장(현)

오병권(吳秉權) Oh Byoung Kwon

(생)1971 · 10 · 2 (출)경기 부천 (주)세종특별자치시 정부2청사로 13 행정안전부 정책기획관실(044-205-1400) (학)1989년 부천고졸, 서울대 외교학과졸, 同법과대학 사법학과졸 2010년 同대학원 법학과졸 2014년 同대학원 법학박사과정 수료 (경)1992년 행정고시 최연소 합격(36회) 2003년 행정

자치부 인사과 서기관 2006년 同공개행정팀장 2006년 同진단기획팀장 2007년 同조직기획팀장 2008년 행정안전부 조직기획과장, 대통령 정무수석비서관실 행정관, 駐영국대사관 참사관 2014년 경기도 환경국장 2014·2017년 경기 부천시 부시장 2016년 경기도 경제실장(이사관) 2016~2018년 同기획조정실장 2019년 행정안전부 주민등록번호변경위원회 사무국장(고위공무원) 2019년 同기획조정실 정책기획관(현)

오병남(吳昞南) OH Byung Nam (鼎岩)

(생)1940·10·14 (본)해주(海州) (출)서울 (주)서울특별시 관악구 관악로 1 서울대학교 인문대학 미학과(02-880-5114) (학)1959년 경기고졸 1963년 서울대 문리대 미학과졸 1965년 同대학원졸 1985년 미국 일리노이대 대학원 철학박사과정 수료 (경)1970~2006년 서울대 미학과 전임강사·조교수·부교수·교수 1990~2003년 한국미학회 회장 1993~2002년 국제미학회 대표 2005년 대한민국학술원 회원(철학·현) 2006년 서울대 미학과 명예교수(현) (상)열암학술상(2003), 녹조근정훈장(2006), 3.1문화상 학술부문(2015) (저)'인상주의 연구'(1999) '미학강의'(2005) '미학으로 읽는 미술'(2007) '예술과 철학'(2011) '미술론 강의'(2014) (역)'예술작품의 근원'(1979, 경문사) '미학입문'(1980, 서광사) '마르크스주의와 예술'(1981) '현대미학'(1982, 서광사) '화가와 그의 눈'(1983) '현상학과 예술'(1983, 서광사) '예술철학'(1983) '현대미술 : 그 철학적 의미'(1983) '미학과 비평철학'(1990) '미술 : 그 취미의 역사'(1995) '고대 예술과 제의'(1996) '현대 예술철학의 흐름'(1996) '미술 : 그 취미의 순환'(1997, 예전사) '비합리와 비합리적 인간'(2001, 예전사)

오병상(吳炳祥) OH Byoung Sang

(생)1963·1·21 (출)경남 거창 (주)서울특별시 마포구 상암산로 48-6 JTBC 임원실(02-751-6000) (학)1985년 서울대 사회학과졸 (경)1999년 중앙일보 기획취재팀 기자 2000년 同문화부 기자 2001년 同문화부 차장대우 2002년 同대중문화팀장 2003~2005년 同런던특파원 2005년 同국제뉴스팀장 2006년 同편집국 문화데스크 2007년 同중앙Sunday본부 Chief Editor 2008년 同논설위원 2009년 同편집국장 대리 겸 콘텐트·디자인혁신·정치국제 에디터 2010년 同수석논설위원 2011년 同수석논설위원(부국장대우) 2012년 관훈클럽 운영위원(서기) 2012년 JTBC 보도국장 2014년 同보도총괄 겸 보도국장(상무보) 2016~2018년 同보도총괄 겸 뉴스룸혁신추진단장(상무) 2016년 중앙일보 편집인(현) 2018년 JTBC 보도총괄 전무(현) (상)한국언론인연합회 제9회 한국참언론인대상 방송기획부문(2013)

오병석(吳炳錫) Oh Byungseok

(생)1957·5·9 (본)해주(海州) (출)충남 홍성 (주)경기도 화성시 봉담읍 최루백로 72 협성대학교 경영대학 국제통상학과(031-299-0860) (학)1986년 단국대 대학원 무역학과졸 1994년 경영학박사(단국대) (경)청운대 교수, 협성대 경영대학 국제통상학과 교수(학과장)(현), 한국무역학회 사무차장·부회장, 한국관세학회 사무국장·부회장, 국제지역학회 부회장, 한국경영컨설팅학회 부회장, 서해경제연구원 이사, 충청경제사회연구원 자문역, 무역교육인증원 감사, 한국FTA협회 자문위원, 관세평가포럼 연구위원, 관세청 관세평가위원, 관세사시험위원회 위원, 관세청 승진시험위원회 위원, 국제통상정보학회 부회장 2002~2004년 협성대 연구처장·학생복지처장 2007~2009년 同기획처장 2015년 한국관세학회 회장 2015~2016년 협성대 대외협력처장 2015년 인천본부세관 관세심의위원(현) 2015년 관세청 관세사자격심의위원 2015년 농림수산식품부 심사위원 2015년 외교부 해외주재관선발심의위원(현) 2016년 협성대 경영대학장 2019년 同기획처장(현) (저)'국제통상실무 이해' 외 7권

오병석(吳炳錫) OH Byeong Seok (종산)

(생)1961·2·28 (본)해주(海州) (출)전남 강진 (주)세종특별자치시 다솜2로 94 농림축산식품부 차관보실(044-201-1061) (학)1982년 강진농고졸 1989년 전남대 농학과졸 1994년 同대학원 농학과졸 2009년 건국대 대학원 수료 2011년 한국방송통신대 법학과졸 2014년 농화학박사(전남대) (경)1989년 기술고시 합격(25회) 1991년 국립농산물검사소 사무관 1992년 同부산지소 신선대출장소 국제협력담당 사무관 2001년 농업교육원 교육과장 2001년 국립종자관리소 아산지소장(서기관) 2003년 국립식물검역소 방제과장 2005년 同위험평가과장 2007년 농림부 식량정책국 품종보호심판위원회 상임위원 2008년 농림수산식품부 친환경농업팀장(기술서기관) 2009년 同농업정책국 기술정책과장 2009년 同농촌정책국 과학기술정책과장 2010년 同수산개발과장(부이사관) 2011년 同정책평가담당관 2012년 同녹색미래전략과장, 同기후변화대응과장 2013년 국무조정실 농림국토해양정책관실 부이사관(파견) 2014년 농림축산식품부 식품산업정책실 식품산업정책관실 외식산업진흥과장 2015년 국립종자원 원장 2018년 농림축산식품부 농촌정책국장 2019년 同식품산업정책실장 2019년 同차관보(현) (상)대통령표창(2002) (종)불교

오병욱(吳秉郁) OH Beung Ouk

(생)1958·1·16 (본)동복(同福) (출)광주 (주)서울특별시 중구 필동로1길 30 동국대학교 예술대학 미술학부 서양화과(02-2260-3425) (학)1980년 서울대 미대 회화과졸 1982년 同대학원 회화과졸 1988년 미술학박사(프랑스 파리8대) (경)1988년 제1회 송단동연전 1989~1993년 서울대 미대 강사 1989년 한국미술협회 회원 1991년 서양미술사학회 평의원 1992~2000년 원광대 미대 부교수 1994년 '설묵첩' 개인전 1995년 '인간·사회·재난' 개인전 1995년 원광대 교수작품전 1996년 '겨울여행' 개인전 1996년 서울대 동문회전 1997년 광주비엔날레특별전 큐레이터 1997년 대한민국미술대전 심사위원 1997년 '북한산-길 봄으로 가는' 개인전 1997년 '서울의 바람' 단체전·'앙가쥬망' 그룹전 1999년 '봄·여름·가을·겨울' 개인전 2000년 동국대 예술대학 미술학부 서양화과 교수(현) 2000년 '외금강·외설악' 개인전 2001년 '빠른풍경' 개인전 2003년 '죽림·송림·인림' 개인전 2004년 '앙가쥬망-대상매체에 부딪히다' 단체전 2005년 '빠른풍경-4계' 개인전 2005년 제2회 북경비엔날레 단체전 2005년 '앙가쥬망-청계천' 단체전 2006년 '4계-그리움' 개인전 2006년 '앙가쥬망-한강' 단체전 2006~2008년 예술의전당 전시예술감독 2019년 동국대 문화예술대학원장 겸 예술대학장(현) (저)'아뽈리네르의 미학적 명상'(1991) '서양미술의 이해'(1994, 일지사) '한국현대미술의 단면'(1995, 일지사) '유럽 40일간의 가족일기'(2002) '광복후의 미술운동' '고딕미술' '미학적 명상' '조선미술전람회 연구' '한국적 미에 대한 오해' '미술의 이론과 실천' (역)'미술이란 무엇인가'(2004, 청년사)

오병주(吳秉周) OH Byung Joo

(생)1956·12·26 (본)동복(同福) (출)충남 공주 (주)서울특별시 서초구 법원로 16 정곡빌딩동관 307호 OK연합법률사무소(02-535-9800) (학)1974년 신일고졸 1979년 서울대 법학과졸 1986년 同행정대학원졸 1994년 미국 캘리포니아대 버클리교 대학원졸 2001년 법학박사(한양대) (경)1978년 행정고시 합격(22회) 1979년 충남 공주군 부군수실 행정관 1980년 재무부 행정사무관 1981년 사법시험 합격(23회) 1984년 사법연수원 수료(14기) 1985년 수원지검 검사 1987년 대구지검 상주지청 검사 1988년 同검사 1990년 법무부 법무심의관실 검사 1991년 UN 무역거래법위원회 한국대표 1993년 서울지검 검사 1995년 국제연합(UN) 범죄방지회의 한국정부 대표 1996년 법무연수원 교수 1997년 대전지검 공주지청장 1998년 대전지검 특수부장 1999년 서울고검 검사 2000년 미국 스탠포드대 법대 초빙교수 2000년 아시아태평양국제

인권회의 한국정부 대표 2000년 법무부 인권과장 2001년 同송무과장 2001년 제57차 UN인권회의 한국정부 대표 2001~2003년 한성대 국제대학원 겸임교수 2002년 법무부 공보관 2002년 서울지검 동부지청 형사5부장 2003년 부산고검 검사 2004년 대전고검 검사 2005년 서울고검 검사 2007년 대구고검 검사 2007년 OK연합법률사무소 대표변호사(현) 2008년 제18대 국회의원선거 출마(공주·연기, 한나라당) 2008년 한나라당 재해대책위원회 부위원장 2010~2012년 국무총리소속 대일항쟁기강제동원피해조사 및 국외강제동원희생자등지원위원회 위원장(차관급) 2012년 새누리당 제18대 대통령선거 정책특보 2013~2014년 同충남도당 윤리위원장 2016년 同경기화성시乙당원협의회 운영위원장 2016년 제20대 국회의원선거 출마(경기 화성시乙, 새누리당) 2017년 자유한국당 경기화성시乙당원협의회 운영위원장 2019년 부정부패추방실천시민회 법률자문(현) (상)법무부장관표창(1992), 대통령표창(2007), 황조근정훈장(2012), 대한민국 참봉사대상 법률공로대상(2016), '2017 대한민국 파워리더 대상' 대한민국법률발전부문 대상(2017) (저)'미국의 과학적 수사장비 및 기법'(1994) '미국의 검찰제도'(1994) '구형실무'(1999) '우리는 지금 어디에 있는가'(2006) '희망찬 미래를 여는 비밀열쇠'(2011) (종)기독교

오병철(吳炳喆) OH Byoung Cheol

(생)1965·4·10 (본)보성(寶城) (출)서울 (주)서울특별시 서대문구 연세로 50 연세대학교 법학전문대학원(02-2123-6004) (학)1988년 연세대 법학과졸 1991년 同대학원 법학과졸 1997년 법학박사(연세대) 2002년 진주산업대 컴퓨터공학과졸 2006년 충북대 대학원 정보통신공학과졸 2013년 정보통신공학박사(충북대) (경)1997년 독일 만하임대 객원연구원 1998년 경상대 법학과 교수 2000년 오스트레일리아국립대(ANU) 객원교수 2001년 한국디지털재산법학회 이사 2001년 한국인터넷법학회 이사 2002년 한국정보법학회 편집위원 2004년 연세대 원주캠퍼스 법학과 교수 2007년 同법과대학 법학과 교수 2009년 同법학전문대학원 교수(현) (상)정보통신부장관표창(2003) (저)'주석 민법[IV]' '사법행정학회(共)'(2000) 'e-business와 경영혁신'(2000, 도서출판 두남) '전자거래법'(2000, 법원사) '디지털정보계약법'(2005, 법문사) '정보법 판례 백선(共)'(2006, 박영사) (종)천주교

오병하(吳秉夏) OH Byung Ha

(생)1961·2·25 (출)서울 (주)대전광역시 유성구 대학로 291 한국과학기술원 생명과학기술대학 생명과학과(042-350-2648) (학)1983년 서울대 식품공학과졸 1985년 同대학원 단백질공학과졸 1989년 생물물리학박사(미국 위스콘신대 메디슨교) (경)1989년 미국 위스콘신대 메디슨교 연구원 1990년 미국 캘리포니아대 버클리교 연구원 1993년 미국 Smith Kline Beecham Phamaceuticals 선임연구원 1994~2003년 포항공대 생명과학과 조교수·부교수 1997~2008년 포항가속기연구소 겸임연구원 2000년 포항공대 창의적연구진흥사업(생체분자인지연구단) 단장 2003년 同생명과학과 석좌교수 2009년 한국과학기술원(KAIST) 생명과학기술대학 생명과학과 교수(현) (상)과학기술부 이달의 과학기술자상(2001), 경북도 과학기술대상(2002), 포항공대 홍덕젊은석좌교수상(2004), 과학기술부 및 한국과학재단 선정 제11회 한국과학상 생명과학분야(2008), 아산의학상 기초의학부문(2016)

오병희(吳秉熙) Byung-Hee Oh (계원)

(생)1953·2·10 (본)해주(海州) (출)대구 (주)인천광역시 계양구 계양문화로 20 메디플렉스 세종병원(032-240-8000) (학)1971년 경북고졸 1977년 서울대 의대졸 1980년 同대학원 의학석사 1986년 의학박사(서울대) (경)1987~2001년 서울대 의대 내과학교실 전임강사·조교수·부교수 1995~1996년 미국 캘리포니아주립샌디에이고의대 연구원, 서울대병원 QA(의료질관리)담당 교수 1998~2003년 同기획조정실장 2001~2018년 서울대 의대 내과학교실 교수 2003~2007년 서울대병원 헬스케어시스템 강남센터 원장 2004~2007년 同내과 순환기분과장 2004~2007년 同심혈관센터장 2004~2006년 대한순환기학회 대외협력이사 2005~2009년 (주)유니드 사외이사 2006~2008년 대한순환기학회 연구이사 2007~2010년 서울대병원 진료부원장 2010년 대한민국의학한림원 정회원(현) 2013~2016년 서울대병원 병원장 2013~2016년 국립대학교병원장협의회 회장 2013년 대한병원협회 부회장 2014~2016년 한국국제의료협회(KIMA) 회장 2014~2016년 국립중앙의료원 비상임이사 2014~2016년 대한심장학회 이사장 2018년 메디플렉스 세종병원장(현) 2018년 同심장혈관센터 심장내과장 겸임(현) 2018년 효성T&C(주) 사외이사(현) (상)대통령표창(2002), 한국언론인연합회 '자랑스런 한국인대상' 의료발전부문(2014), 국민훈장 목련장(2015) (저)'고혈압(共)'(2002) '진단학' '가정의학'

오병희(吳炳禧)

(생)1970·7·9 (출)서울 (주)경기도 의정부시 녹양로34번길 23 의정부지방법원 총무과(031-828-0102) (학)1989년 이천고졸 1994년 서울대 항공우주공학과졸 (경)1998년 사법시험 합격(40회) 2001년 사법연수원 수료(30기) 2001년 부산지법 판사 2005년 수원지법 안산지원 판사 2008년 서울동부지법 판사 2010년 서울중앙지법 판사 2014년 서울동부지법 판사 2014년 베트남 법원연수원 파견 2016년 대구지법 부장판사 2016~2017년 베트남 법원연수원 파견 2019년 의정부지법 부장판사(현)

오복수(吳福秀) Oh Bok Soo

(생)1960·6·4 (주)경기도 수원시 장안구 서부로 2139 경기지방노동위원회(042-480-6200) (학)전북대 행정학과졸 (경)1987년 행정주사보 임용 1996년 노동부 감사관실 근무 2001년 성남지방노동사무소 관리과장 2006년 노동부 총무과 인사계장 2008년 서울강남노동지청 노사지원과장 2010년 고용노동부 직업능력정책관실 인적자원개발과장 2011년 천안고용노동지청장 2013년 서울고용센터 소장 2013년 고용노동부 산재예방보상정책국 산재보상정책과장 2015년 인천고용센터 소장 2016년 고용노동부 감사담당관 2017년 대전지방고용노동청장(일반직고위공무원) 2018년 경기지방노동위원회 상임위원(현)

오봉국(吳鳳國) OHH Bong Kug (梧堂)

(생)1925·10·28 (본)해주(海州) (출)평남 진남포 (주)서울특별시 관악구 관악로 1 서울대학교 농업생명과학대학(02-880-4512) (학)1952년 서울대 농대 축산학과졸 1956년 同대학원졸 1957년 미국 미네소타대 대학원졸 1968년 농학박사(호주 시드니대) (경)1952~1969년 서울대 농대 조교·전임강사·조교수·부교수 1968~1969년 同농대 축산학과장 1968~1982년 同농대 인사위원 1969~1991년 同농대 축산학과 교수 1969~1974년 同농대 교무과장 1969년 양계협회 회장 1969년 세계가금학회 이사 겸 한국지부 회장 1972년 축산학회 회장 1977~1978년 서울대 농대 축산학과장 1978년 同농업개발연구소장 1978~1980년 농촌진흥청 겸직연구관 1981년 대한민국학술원 회원(축산학·현) 1982년 서울대 농학도서관장 1983년 육종학회 회장 1984년 가금학회 회장 1987년 서울대 농대학장 1988년 농업과학협회 회장 1989~1990년 서울대 농대 교육연구재단 이사장 1990년 한국과학기술단체총연합회 부회장 1991년 세계가금학회 아·태연합회장 1991년 대한양계협회 고문 1991년 서울대 농업생명과학대학 명예교수(현) 1991년 한국국제축산박람회추진위원회 위원장 1995년 한국과학기술원한림원 원로회원(현) 2008~2010년 대한민국학술원 부원장 (상)한국축산

학회 학술상(1975), 국민훈장 석류장(1982), 국민훈장 모란장(1991), 대한민국학술원상(1991), 서울대 농생대학동창회 상록대상(2005) (저)'가축유전학'(1984) '축산'(1985) '한국가금발달사'(1985) '현대가금학'(1988) '가축육종연구논문집'(1991) '가축육종학'(1991) '최신양계요론' '가금학' (종)기독교

오부명(吳富明) Oh, Pu Moung (해빈)

(생)1970 · 10 · 7 (본)해주(海州) (출)부산 (주)서울특별시 서대문구 통일로 97 경찰청 경호과(02-3150-1139) (학)1989년 부산남고졸 1993년 경찰대 법학과졸 2012년 연세대 법무대학원 법학과졸 (경)2007년 서울 서대문경찰서 생활안전과장 2007년 서울 수서경찰서 경무과장 2008년 서울지방경찰청 제3기동단 경찰3기동대장 2009년 경찰청 경비국 경비과 기동경찰지원계 담당 2010년 同경비국 경비과 경비1계장 2014년 인천지방경찰청 아시안게임기획단장(총경) 2015년 경남 거창경찰서장 2016년 서울지방경찰청 제4기동단장 2017년 서울 영등포경찰서장 2019년 경찰청 경호과장(현) (상)대통령표창(2002), 근정포장(2005), 대통령 경호실장표창(2013)

오상권(吳相權) OH Sang Kwon

(생)1967 · 8 · 5 (출)경북 김천 (주)부산광역시 동구 충장대로 325 남해지방해양경찰청 부장실(051-663-2000) (학)1986년 대구 경원고졸 1992년 부산수산대졸 2007년 서강대 대학원 중국학과졸 (경)1993년 경위 임관(경찰간부 후보 41기) 1997년 경감 승진 2003년 해양경찰청 인천해양경찰서 501함장(경정) 2007년 同경비구난국 경비계장 2008년 同경비구난국 경비과장(총경) 2009년 同서귀포해양경찰서장 2010년 同정보수사국 형사과장 2011년 同해상안전과장 2012년 同인천해양경찰서장 2013년 同해상안전과장 2014년 국민안전처 해양경비안전본부 해양경비안전교육원 인재개발과장 2015년 同해양경비안전본부 해양경비안전총괄과장 2016년 同부산해양경비안전서장 2016년 同남해해양경비안전본부 안전총괄부장(경무관) 2017년 同동해해양경비안전본부장 2017년 동해지방해양경찰청장 2017년 해양수산부 해양경찰정책관 2019년 남해지방해양경찰청 부장(현)

오상기(吳相基) OH Sang Ki

(생)1959 · 11 · 18 (본)해주(海州) (출)경북 경산 (주)경상북도 김천시 아포읍 아포공단길 106 현대바이오사이언스 비서실(054-430-6425) (학)1982년 고려대 법학과졸 1992년 미국 조지타운대 법과대학원졸 1993년 미국 서던메소디스트대 법과대학원졸 (경)1984년 사법시험 합격(26회) 1987년 사법연수원 수료(16기) 1993년 변호사 개업(현) 1993년 미국 Foley & Lardner 법률사무소 변호사 1998년 정보통신부 벤처자문위원 1999년 중소기업청 벤처기업경영지도위원 2000년 매일경제TV 시청자위원, 법무법인 아태 변호사 2013~2018년 현대아이비티 대표이사 2018년 현대바이오사이언스 대표이사(현)

오상용(吳相龍) OH Sang Yong

(생)1972 · 2 · 10 (본)나주(羅州) (출)서울 (주)서울특별시 양천구 신월로 386 서울남부지방법원(02-2192-1152) (학)1990년 휘문고졸 1995년 서울대 공법학과졸 2006년 미국 뉴욕대 대학원 법학과졸 2013년 서울대 대학원 법학박사과정 수료 (경)1994년 사법시험 합격(36회) 1997년 사법연수원 수료(26기) 1997년 軍법무관 2000년 수원지법 판사 2002년 서울지법 판사 2004년 춘천지법 강릉지원 판사 2008년 사법연수원 교수 2010년 서울고법 판사 2012년 창원지법 진주지원 부장판사 2013년 수원지법 부장판사 2016년 서울중앙지법 부장판사 2019년 서울남부지법 부장판사(현)

오상택(吳尙澤)

(생)1966 · 7 · 15 (출)전북 (주)경기도 의정부시 금오로23번길 22-49 경기북부지방경찰청 경무과(031-961-3421) (학)전주 상산고졸, 동국대 경찰행정학과졸 (경)1993년 경위 임용(경찰간부후보 41기) 2006년 경정 승진 2007년 경기 광주경찰서 수사과장 2008년 同광주경찰서 정보보안과장 2009년 경기 하남경찰서 생활안전과장 2010년 경기지방경찰청 감찰계장 2015년 전북지방경찰청 112종합상황실장(총경) 2015년 同치안지도관 2016년 전남 곡성경찰서장 2017년 경기남부지방경찰청 청문감사담당관 2017년 경기 의정부경찰서장 2019년 경기북부지방경찰청 경무과장(현)

오상휴(吳相烋)

(생)1973 (출)전북 고창 (주)세종특별자치시 국세청로 8-14 국세청 조사분석과(044-204-3751) (학)전주해성고졸, 고려대 경영학과졸 (경)2001년 행정고시 합격(45회) 2002년 사무관 임용 2012년 서울지방국세청 조사2국 서기관 2013년 同조사3근 서기관 2014년 국세공무원교육원 운영과장 2014년 경기 고양세무서장 2015년 서울지방국세청 조사2국 조사1과장 2016년 서울 노원세무서장 2017년 조세심판원 파견 2018년 국세청 조사분석과장(현)

오생근(吳生根) OH Saeng Keun

(생)1946 · 7 · 20 (본)해주(海州) (출)서울 (주)서울특별시 관악구 관악로 1 서울대학교 인문대학 불어불문학과(02-880-6114) (학)1964년 경복고졸 1970년 서울대 불어불문학과졸 1975년 同대학원 불어불문학과졸 1983년 문학박사(프랑스 파리10대) (경)1970년 동아일보 신춘문예 '이상의 상상세계-동물의 이미지를 중심으로'로 평론가 등단 1975~1976년 이화여대 시간강사 1976~1984년 성심여대 불어불문학과 전임강사·조교수 1984년 서울대 인문대학 조교수·부교수 1994~2011년 同불어불문학과 교수 1995년 同대학신문사 주간 2000~2001년 한국불어불문학회 부회장 2001년 한국간행물윤리위원회 서평위원 2008년 한국불어불문학회 회장 2009년 한국문학번역원 비상임이사 2011년 서울대 불어불문학과 명예교수(현) (상)동서문학비평상, 현대문학상(1996), 대산문화재단 대산문학상(2000), 제1회 우호학술상 외국문학부문(2008), 학술원상 인문과학부문(2011) (저)'삶을 위한 비평'(1978) '프랑스 시선-낭만주의부터 초현실주의까지(編)'(1983) '미셸 푸코론-인간과학의 새로운 지평을 위하여(共)'(1990) '현실의 논리와 비평'(1994) '문예사조의 새로운 이해(共)·(編)'(1996) '성과 사회-담론과 문화(共)·(編)'(1998) '프루스트와 현대 프랑스 소설(共)·(編)'(1998) '현대 학문의 성격'(2000) '그리움으로 짓는 문학의 집'(2000) '변혁의 시대와 문학'(2001) '문학의 숲에서 느리게 걷기'(2003) '프랑스어 문학과 현대성의 인식' '초현실주의 시와 문학의 혁명'(2010) '위기와 희망'(2011) '미셸 푸코와 현대성'(2013, 나남) (역)'엘뤼아르의 이곳에 살기 위하여'(1973) '샤토레노·꿈의 대화·숯굽는 처녀(共)'(1982) '푸코의 감시와 처벌'(1994)

오석근(吳奭根)

(생)1961 · 7 · 25 (출)부산 (주)부산광역시 해운대구 센텀중앙로 55 영화진흥위원회(051-720-4700) (학)1979년 부산 동인고졸 1986년 동아대 축산학과졸 1988년 한국영화아카데미졸(4기) (경)영화감독(현) 1996~1999년 부산국제영화제 사무국장 2010~2016년 부산영상위원회 운영위원장 2016~2018년 부산국제영화제를지키는시민문화연대 공동대표 2018년 영화진흥위원회 위원장(현) (상)대한민국 단편영화제 동백상(1984), 부산프랑스문화원 단편영화제 대상(1985) (작)영화 '네 멋대로 해라'(1991) '101번째 프로포즈'(1993) '연애' '집행자' 등 연출 및 제작

오석송(吳碩松) OH Suk Song

(생)1953 · 6 · 20 (출)충남 서천 (주)충청북도 청주시 흥덕구 오송읍 오송생명1로 270 (주)메타바이오메드(043-218-1981) (학)1980년 단국대 일어일문학과졸 1983년 한국산업기술대 최고경영자과정 수료 2009년 서울대 글로벌최고경영자과정 수료 2010년 同나노IP융합과정 수료 2011년 명예 경영학박사(한국산업기술대) (경)1987~1990년 (주)한국슈어프로덕트 대표이사 1990년 (주)메타바이오메드 대표이사(현) 1999~2002년 한국산학연협회 충북지역 부회장 2000~2004년 대한치과기자재협회 부회장 2004~2006년 (사)중소기업신지식인협회 회장 2005~2011년 (사)오창과학산업단지관리공단 이사장 2006~2014년 청주상공회의소 국제통상분과 위원장 2007년 대전지방국세청 세정자문위원 2007년 KBS 시청자위원회 부위원장 2008~2013년 (사)글로벌최고경영자클럽 회장 2008~2014년 중소기업진흥공단 경영선진화 자문위원 2009년 기업호민관(옴부즈만) 2010~2017년 코스닥협회 부회장 2010년 한국무역협회 부회장(현) 2012~2018년 중소기업진흥공단 비상임이사 2012년 지식경제부 자체평가위원회 위원 2012년 한국기술교육대 비상임이사(현) 2013년 同산학협력단 가족회사협의회 초대회장(현) 2014년 오송생명과학단지경영자협의회 초대회장(현) 2014년 오송첨단의료산업진흥재단 비상임이사(현) 2017년 코스닥협회 고문(현) (상)산업자원부 산업기술개발자 선정(1999), 중소기업청 중소기업분야 신지식인 선정(1999), 충북도 우수중소기업인상(1999), 산학연 공동기술개발상 국무총리표창(1999), 충북과학기술발명왕 대상(2000), 충북중소기업대상 기술대상(2004), 기술혁신대전 산업포장(2006), 모범중소기업인 선정(2006), 한국정밀산업기술대회 중소기업청장표창(2007), 기업경영자 대상(2008), 한국무역협회 올해의 무역인상(2008)

오석준(吳錫俊) OH Suk Joon

(생)1946 · 8 · 15 (본)장흥(長興) (출)전북 옥구 (주)서울특별시 강남구 도곡로 429 베스티안병원 화상재건센터(02-3452-7575) (학)1964년 남성고졸 1970년 연세대 의대졸 1974년 同대학원 의학석사 1981년 의학박사(연세대) (경)1970~1975년 연세의료원 인턴 · 전공의 1976년 군의관 1979년 예편(육군 소령) 1979~1986년 국립의료원 성형외과 전문의 1983~1984년 미국 하버드의대 연수 1986년 한림대 의대 성형외과학교실 부교수 1986~2000년 同강동성심병원 성형외과 과장 1992~2012년 同의대 성형외과학교실 교수 1995년 同강동성심병원 수련교육부장 1995년 대한미세술학회 이사장 1997년 한림의료원 수련교육부장 1998년 대한미세수술학회 회장 1999년 대한수부외과학회 회장 1999년 대한수부재건외과학회 회장 2000~2004년 한림의료원 한강성심병원장 2002년 대한두경부종양학회 회장 2002년 대한성형외과학회 회장 2002년 同평의회 의장 2003년 대한병원협회 수련교육표준화위원장 2004년 의료기관 평가위원 · 실무위원장 2005~2007년 한림대 의료원 부의료원장 2006~2012년 同성심병원 성형외과 전문의 2012년 同성형외과학교실 명예교수(현) 2012년 베스티안병원 화상재건센터 소장(현) (상)대한성형외과학회 학술상(2회), 국민훈장 모란장, 옥조근정훈장(2011) (저)'성형외과학(共)'(1994) '미세수술기법(共)'(1998) '유방학(共)'(1999) '말초신경의 손상(共)'(1999) '표준 성형외과학(共)'(1999) (역)'수부외과학'

오석준(吳碩峻) OH Suk Joon

(생)1962 · 10 · 29 (출)경기 파주 (주)서울특별시 서초구 서초중앙로 157 서울고등법원(02-530-2264) (학)1980년 광성고졸 1984년 서울대 법학과졸 (경)1987년 사법시험 합격(29회) 1990년 사법연수원 수료(19기) 1990년 서울지법 서부지원 판사 1992년 서울형사지법 판사 1994년 춘천지법 판사 1997년 서울지법 판사 1999년 同서부지원 판사 2000년 서울지법 판사 2001년 법원행정처 공보관 2002년 서울고법 판사 2005년 춘천지법 속초지원장 2007년 사법연수원 형사교수실 교수 2008년 법원행정처 공보관 2010년 서울행정법원 행정1부 부장판사 2013년 서울고법 춘천재판부 부장판사 2014년 수원지법 수석부장판사 2015년 서울고법 부장판사(현)

오석환(吳碩煥) OH Seok Hwan

(생)1964 · 6 · 10 (출)경북 상주 (주)세종특별자치시 한누리대로 492 교원소청심사위원회 위원실(044-203-7413) (학)1982년 동국대사대부고졸 1990년 건국대 영어영문학과졸 1998년 서울대 행정대학원 행정학과졸 2002년 철학박사(영국 맨체스터대) (경)1992년 행정고시 합격(36회) 1993년 공직 임용 2003년 교육인적자원부 국제교육협력담당관실 교육행정사무관 2005년 同정책홍보관리실 서기관 2005년 同정책상황팀장 2007년 同평가정책팀장 2008년 교육과학기술부 대학연구지원과장 2009년 영국문화원 파견 2010년 교육과학기술부 영어교육강화팀장 2011년 同영어교육정책과장(부이사관) 2011년 同정책기획관실 기획담당관 2012년 同학교폭력근절과장(학교폭력근절추진단장 겸임) 2012년 同학교지원국장(고위공무원) 2012년 同학생지원국장 2013년 충북대 사무국장 2015년 대구시교육청 부교육감 2018년 국가공무원인재개발원 파견(일반직고위공무원) 2019년 교육부 교원소청심사위원회 상임위원(현)

오선교(吳璇敎) OH Seon Kyo

(생)1950 · 1 · 3 (출)충남 보령 (주)충청북도 청주시 상당구 사직대로361번길 91 (주)선엔지니어링종합건축사사무소(043-220-8500) (학)1970년 대전공업고등전문학교 건축과졸(5년제) 1974년 청주대 건축공학과졸 1982년 同대학원 건축공학과졸 1988년 미국 조지워싱턴대 행정경영대학원 수료 2000년 공학박사(청주대) (경)1970~1975년 한국전력공사 건축과 근무 1975~1999년 (주)선종합건축사사무소 설립 · 대표 1984~1989년 청주시 도시계획위원 1985~1993년 청주대 강사 1992~1993년 청주시 교통영향평가심의위원 1993~1995년 충북도건축위원회 위원 1993~1998년 충북검도협회 회장 1994년 (주)선종합건축(감리전문회사) 대표이사 1995~1997년 청주시 건축위원 1996~2001년 충북도건축사회 회장 1997~2008년 청주지법 건축전문조정위원회 부회장 1999년 (주)선엔지니어링종합건축사사무소 회장(현) 1999~2007년 직장새마을운동 충북도협의회장 2000~2004년 충북도 건축위원회 위원 2001년 한국건설신기술협회 이사 2001~2013년 한국CM협회 이사 2003~2005년 대한건축사협회 이사 2003~2010년 새마을운동중앙회 이사 2004년 한국건설감리협회 이사 2006년 건설교통부 중앙건설기술심의위원회 위원 2008~2010년 한국건설감리협회 회장 2009년 청주지법 민사조정위원장 2010~2013년 대한적십자사 충북지사 상임위원 (상)충북도예총 예술상(1999), 충북도건축문화상 대상(1999), 새마을훈장 근면장(2002), 충북도건설인상 설계부문(2002), 충북도건축상 금상(2002), 법무부장관표창(2002), 환경부장관표창(2003), 건설교통부장관표창(2004), 대한건축학회상 기술부문(2006), 금탑산업훈장(2017)

오선균(吳先均)

(생)1959 · 4 · 25 (주)울산광역시 중구 종가로 340 근로복지공단 기획이사실(052-704-7718) (학)1977년 광주고졸 1984년 전남대 행정학과졸 2003년 고려대 노동대학원 법학과졸(노동법 전공) 2012년 법학박사(고려대) (경)2008년 근로복지공단 경영혁신국장 2010년 同기획조정본부장 2012년 同부산지역본부장 2014년 同기획조정본부장 2016년 同경인지역본부장 2017년 同기획이사(상임이사)(현) (상)노동부장관표창(1990), 국무총리표창(1993), 근로복지공단 자랑스런 공단인상(2009), 베트남정부 훈장(2015)

오선택

(생)1961·1·1 (주)서울특별시 송파구 올림픽로 424 올림픽테니스경기장 243호 대한양궁협회(02-420-4263) (경)1982년 국가대표 선수 2000년 시드니올림픽 대표감독, LH스포츠단 양궁감독(현) 2012년 제30회 런던올림픽 양궁 국가대표팀 코치, 양궁 국가대표팀 총감독(현) (상)제58회 대한체육회 체육상 지도부문 최우수상(2012)

오성규(吳成圭) OH Seong Kyu

(생)1953·7·10 (출)인천 (주)인천광역시 남동구 정각로 18 자유한국당 인천광역시당(032-466-0071) (학)연세대 정경대학원 행정학과졸 (경)민주평통 인천계양구협의회 회장, 계양구생활체육연합회 회장 2010년 인천시 계양구청장선거 출마(한나라당) 2014년 인천시 계양구청장선거 출마(새누리당), 새누리당 여의도연구원 정책자문위원 2016년 同인천계양甲당원협의회 조직위원장 2016년 제20대 국회의원선거 출마(인천 계양구甲, 새누리당) 2017~2018년 바른정당 인천계양甲당원협의회 운영위원장 2019년 자유한국당 인천계양구甲당원협의회 운영위원장(현)

오성규(吳成圭)

(생)1967·6·29 (출)경남 진주 (주)서울특별시 중구 세종대로 110 서울특별시청(02-2133-6061) (학)1986년 진주고졸 1995년 성균관대 기계공학과졸 (경)1996~2011년 (사)환경정의 사무처장 2004~2007년 대통령직속 지속가능발전위원회 전문위원 2007~2011년 민주평통 자문위원 2008~2012년 에너지복지센터 대표이사 2009년 한국환경공단 설립위원회 위원 2010~2011년 시민사회단체연대회의 운영위원장 2011~2012년 서울시 희망서울정책자문위원회 위원 2011~2012년 서울시민햇빛발전협동조합 집행위원장 2012년 서울시설공단 사업운영본부장 2013~2015년 同이사장 2016년 더불어민주당 뉴파티위원회 위원 2016년 同유능한경제정당위원회 위원 2016년 희망새물결 집행위원장 2018년 서울시장 비서실장(현) (저)'지금 우리에게 필요한 공부'(2011, 상상너머)

오성근(吳成根) OH Sung Geun

(생)1958·6·9 (출)서울 (주)부산광역시 연제구 중앙대로 1001 부산광역시청 2030엑스포추진단(051-888-6441) (학)1977년 경기고졸 1981년 서울대 영어교육과졸 2009년 핀란드 헬싱키경제대 대학원 경영학과졸 2012년 건국대 대학원 경영학 박사과정 수료 (경)1983년 대한무역투자진흥공사 해외조사부 근무 1986년 同워싱턴무역관 1996년 同암만무역관장 1999년 同시장조사처 미주부장·북미팀장 2001년 同비서팀장 2002년 同브뤼셀무역관장 2005년 同LA무역관장 2007년 同시장전략팀장 2008년 同기획조정실장 2009년 同정보컨설팅본부장 2010년 同해외마케팅본부장 2011~2013년 同부사장 2013~2016년 벡스코(BEXCO) 대표이사 사장 2013~2016년 부산관광컨벤션포럼 이사장 2013~2016년 한국방문위원회 위원 2013~2016년 한국해양레저네트워크 이사 2014~2016년 한국MICE협회 이사 2015년 부산시 '2030부산등록엑스포유치범시민추진위원회' 집행위원장(현) 2016년 동서대 관광학부 객원교수 (상)한국마이스협회 감사패(2014)

오성목(吳性穆) OH Seong Mok

(생)1960·8·20 (출)충북 청주 (주)경기도 성남시 분당구 불정로 90 (주)KT 네트워크부문장실(031-727-0114) (학)청주고졸 1983년 연세대 전자공학과졸 1985년 同대학원 전자공학과졸, 전자공학박사(연세대) (경)1986년 한국통신 사업지원본부 근무 1990년 同네트워크시스템연구부 근무 1991년 同비서실 근무 1994년 同연구개발원 인력개발부장 1995년 同무선사업추진단 무선시설부장 1996년 同PCS사업실무추진위원회 엔지니어링팀장 1997년 한국통신프리텔(주) 망설계팀장 1998년 同무선망설계팀장 1999년 同네트워크부문 망구축담당 이사대우 2001년 同네트워크부문 운용담당 이사대우 2001년 (주)KTF 네트워크부문 운용담당 상무보 2003년 同네트워크부문 네트워크품질담당 상무보 2003년 同네트워크부문 동부네트워크본부장(상무보) 2004년 同네트워크부문 네트워크전략실장(상무) 2005년 同전략기획부문 사업개발실장(상무) 2005년 同전략기획부문 기술전략실장(상무) 2006년 해외 연수 2007년 (주)KTF 네트워크부문 광주네트워크본부장(상무) 2009년 同네트워크부문 네트워크품질관리실장 2009년 (주)KT 수도권무선네트워크운용단장(상무) 2010년 同무선네트워크본부장(상무) 2012년 同네트워크부문장(전무) 2014년 同네트워크부문장(부사장) 2017년 同네트워크부문장(사장)(현)

오성배(吳成培) OH, Seong Bae

(생)1967·1·15 (주)세종특별자치시 갈매로 408 교육부 학교안전총괄과(044-203-6506) (학)1985년 광주고졸 1992년 서울대 사회교육과졸 2012년 연세대 교육대학원 교육행정학과졸 (경)1996년 행정고시 합격(40회) 1998~2004년 특허청 조사과·국제협력과·출원과·발명진흥과·심사기준과 근무(사무관) 2005~2007년 과학기술부 R&D특구기획단·혁신기획관실·우주기술개발과 근무(사무관) 2008~2010년 교육과학기술부 우주정책과·과학인재육성과·과학기술정책과 근무(서기관) 2011~2012년 국립과천과학관 경영기획과장·교육과학기술부 과기인재양성과장 2013년 경북대 기획조정과장 2013~2015년 교육부 정보보호팀장·학교폭력대책과장·학교정책과장 2016년 목포해양대 사무국장(부이사관) 2017년 통일교육원 파견 2018년 한밭대 사무국장 2019년 전남대 여수캠퍼스 행정본부장 2019년 교육부 학교안전총괄과장(현)

오성엽(吳聖燁) OH Sung Yep

(생)1960·5·27 (출)서울 (주)서울특별시 송파구 올림픽로 300 롯데지주(주) 커뮤니케이션실(02-750-7035) (학)1980년 경동고졸 1985년 중앙대 경영학과졸 (경)1985년 호남석유화학(주) 입사, 同이사대우 1994년 그룹본부 경영관리2실 근무 2003년 호남석유 기획,전략,경영지원 담당 2007년 同전략경영팀장(이사) 2010년 同전략경영팀장(상무) 2012년 롯데케미칼(주) 전략경영팀장(상무) 2013년 同기획부문장(전무) 2013년 同모노머사업본부장(전무) 2015~2017년 롯데그룹 기업문화개선위원회 위원 2016년 롯데케미칼(주) 경영지원본부장(전무) 2016년 롯데정밀화학(주) 대표이사 2017년 롯데그룹 경영혁신실 커뮤니케이션팀장(부사장) 2017년 롯데지주(주) 커뮤니케이션실장(부사장) 2019년 同커뮤니케이션실장(사장)(현) (상)대통령표창(2015)

오세립(吳世立) OH Sei Lip

(생)1946·3·11 (출)경기 안성 (주)서울특별시 강남구 테헤란로 133 한국타이어빌딩 법무법인 태평양(02-3404-0118) (학)1964년 배재고졸 1969년 고려대 법대 행정학과졸 (경)1971년 사법시험 합격(13회) 1973년 사법연수원 수료(3기) 1973년 광주지법 순천지원 판사 1975년 同장흥지원 판사 1977년 인천지법 판사 1978년 서울형사지법 판사 1980년 서울민사지법 판사 1982년 서울지법 동부지원 판사 1983년 광주고법 판사 1984년 서울고법 판사 1986년 대법원 재판연구관 1987년 창원지법 부장판사 1990년 수원지법 여주지원장 1991년 서울민사지법 부장판사 1994년 대구고법 부장판사 1996년 대구지법 수석부장판사 1997년 서울고법 부장판사 1998년 서울지법 의정부지원장 2000년 서울고법 부장판사 2000년 서울지법 형사수석부장판사 겸임 2004년 서울서부지법원장 2005년 법무법인 태평양 고문변호사(현) 2005년 대법원 공직자윤리위원회 위원 2009년 근로복지공단 자문위원 2011~2017년 서울시 행정심판위원회 직대

오세복(吳世福·女) OH Sea Bock

(생)1960·9·14 (출)경기 의정부 (주)부산광역시 연제구 교대로 24 부산교육대학교 총장실(051-500-7103) (학)1983년 상명대 체육교육과졸 1985년 同대학원졸 1999년 이학박사(부산대) (경)1986~1987년 안동대 강사 1986~1987년 상명여대 강사 1988년 부산교대 체육교육과 교수(현) 2005년 同초등교육연수원장 겸 사회교육원장 2009년 同학생지원처장 2017년 同총장(현) 2019년 부산·울산·경남·제주지역대학교 총장협의회 부회장(현) (저)'미국의 스포츠 사회학'(2000) '초등교육에서 외국민속 무용자료 개발'(2001) '초등무용의 실제적 접근'(2002) '초등무용활성화를 위한 한국민속무용 자료개발'(2003) '초등무용의 이론과 실제'(2004)

오세빈(吳世彬) OH Se Bin

(생)1950·3·17 (본)해주(海州) (출)충남 홍성 (주)서울특별시 서초구 서초대로74길 4 삼성생명서초타워 법무법인(유) 동인(02-2046-0655) (학)1968년 대전고졸 1972년 서울대 법대졸 1973년 同대학원 수료, 독일 괴팅겐대 연수 (경)1973년 사법시험 합격(15회) 1975년 사법연수원 수료(5기) 1975년 광주지법 판사 1978년 수원지법 판사 1980년 서울지법 남부지원 판사 1982년 서울민사지법 판사 1984년 서울형사지법 판사 1986년 서울고법 판사 1989년 대법원 재판연구관 1990년 부산지법 울산지원 부장판사 1991년 수원지법 여주지원장 1993년 사법연수원 교수 1996년 수원지법 성남지원장 1997년 대전고법 부장판사 1998년 대전지법 수석부장판사 직대 1998년 대전고법 부장판사 1999년 서울고법 부장판사 2000년 대법원 기업법커뮤니티 회장 2005년 대전지법원장 2005년 서울동부지법원장 2006년 대전고법원장 2008~2009년 서울고법원장, 대청법학연구회 초대회장 2008~2009년 중앙선거관리위원회 위원 2009~2014년 법무법인(유) 동인 대표변호사 2011~2017년 현대자동차 사외이사 겸 감사위원 2011년 교육과학기술부 사학분쟁조정위원장 2013년 대법원 국민사법참여위원회 위원 2013~2017년 서울고법 제2·3기 시민사법위원회 위원장 2014년 법무법인(유) 동인 구성원변호사(현)

오세연(吳世筵)

(생)1969·11·6 (출)서울 (주)경상남도 김해시 가야의길 190 국립김해박물관 관장실(055-320-6801) (학)세화여고졸, 서울대 고고미술사학과졸, 서울대 고고학박사과정 수료 (경)1996~1997년 국립부여박물관 학예연구사 1997~2006년 국립중앙박물관 고고부 학예연구사 2000~2001년 중국 사회과학원 고고연구소 파견 2006~2009년 국립중앙박물관 전시팀 학예연구관 2006~2007년 영국 캠브리지대학교 파견 2009~2010년 국립춘천박물관 학예연구실장 2010~2011년 영국 브리티시박물관 파견 2011~2014년 국립중앙박물관 유물관리부 학예연구관 2014~2018년 同고고역사부 학예연구관 2018~2019년 국립경주박물관 학예연구실장 2019년 국립김해박물관 관장(현) (역)'경관고고학'(2015, 사회평론아카데미)

오세열(吳世烈) Oh, Sei Yeul

(생)1961·2·8 (주)서울특별시 강남구 일원로 81 삼성서울병원 안과(02-3410-2114) (학)1987년 서울대 의과대학졸 1997년 同대학원 의학석사 2002년 의학박사(서울대) (경)1990~1995년 서울대병원 인턴·레지던트 1995년 미국 클리블랜드대 안과클리닉 연수 1997년 성균관대 의과대학 안과학교실 조교수·부교수·교수(현) 1997~2001년 미국 UCLA Jules Stein Eye Institute 방문교수 2005년 KJO Editor Board(현) 2007년 국민연금공단 자문위원(현) 2008년 식품의약품안전처 중앙약사심의위원회 전문가(현) 2009년 보건복지부 장애판정위원회 위원(현) 2013년 삼성서울병원 진료운영실장(현) 2014년 대한안과학회 보험이사(현) 2015~2019년 삼성서울병원 안과 과장 2015년 보건복지부 건강보험분쟁조정위원회 위원(현) (상)탑콘 안과학술상(2011)

오세영(吳世榮) OH Sae Young (石田)

(생)1942·5·2 (본)해주(海州) (출)전남 영광 (주)서울특별시 서초구 반포대로37길 59 대한민국예술원(02-3479-7223) (학)1960년 전주신흥고졸 1965년 서울대 국어국문학과졸 1971년 同대학원졸 1980년 문학박사(서울대) (경)1968년 현대문학을 통해 등단·시인(현) 1974~1981년 충남대 문과대학 전임강사·조교수·부교수 1981년 단국대 문리대학 부교수 1985~2007년 서울대 인문대학 국어국문학과 교수 1999~2002년 한국시학회 회장 2006~2008년 한국시인협회 회장 2007년 서울대 명예교수(현) 2009~2012년 고산문학축전운영위원회 운영위원장 2011년 대한민국예술원 회원(詩·현) (상)녹원문학상(1984), 素月시문학상(1987), 鄭芝溶문학상(1992), 한국시협회상, 空超문학상(1999), 만해시문학상, 한국예술발전상(2007), 은관문화훈장(2008), 김삿갓문학상(2008), 한국예술상(2010), 제22회 김달진문학상(2011), 목월문학상(2012), 김준오시학상(2014), 미국 문예비평지 시카고리뷰오브북스 선정 '올해의 시집'(2016) (저)'상상력과 논리'(1991) '한국근대문학론과 근대시'(1996) '한국낭만주의 시 연구'(1997) '한국현대시 분석적 읽기'(1998) 시집 '사랑의 저쪽'(1990), '어리석은 헤겔'(1994), '무명연시'(1995), '아메리카 시편'(1997), '벼랑의 꿈'(1999), '적멸의 불빛'(2001), '시간의 쪽배'(2005), '꽃피는 처녀들의 그늘 아래서'(2005), '바람의 그림자'(2009), '푸른스커트의 지퍼'(2010), '밤 하늘의 바둑판'(2011) (역)스페인어, 영어, 독일어, 프랑스어, 일본어 번역시집 있음

오세영(吳世泳) OH Sae Young

(생)1952·9·18 (출)경기 수원 (주)경상남도 양산시 주남로 288 영산대학교 스마트공과대학(055-380-9114) (학)1974년 서울대 전자공학과졸 1978년 미국 케이스웨스턴리저브대 대학원 전자공학과졸(석사) 1981년 공학박사(미국 케이스웨스턴리저브대) (경)1974~1976년 한국원자력연구소 연구원 1976년 홍익공업전문대학 전자과 조교수 1981~1984년 미국 일리노이대 시카고교 전자과 조교수 1985~1988년 미국 플로리다대 전자과 조교수 1988~2018년 포항공과대 전자전기공학과 교수 2018년 同명예교수(현) 2018년 영산대 스마트공과대학 석좌교수(현)

오세영(吳世榮) Oh, Se Young

(생)1969·6·23 (출)경남 함안 (주)서울특별시 양천구 신월로 390 서울남부지방검찰청 여성아동범죄조사부(02-3219-4524) (학)1988년 창원고졸 1994년 서울대 국제경제학과졸 (경)1999년 사법시험 합격(41회) 2002년 사법연수원 수료(31기) 2002년 변호사 개업 2005년 대구지검 김천지청 검사 2007년 대전지검 검사 2009년 수원지검 안산지청 검사 2011년 서울북부지검 검사 2012년 사법연수원 교수 2016년 서울중앙지검 부부장검사 2017년 법무연수원 용인분원 교수 2018년 인천지검 여성아동범죄조사부장 2019년 서울남부지검 여성아동범죄조사부장(현)

오세욱(吳世旭) OH Seh Uk

(생)1954·12·11 (출)광주 (주)광주광역시 동구 지산로 70 동산빌딩 4층 법무법인 이우스(062-233-3326) (학)1973년 광주제일고졸 1977년 고려대 법대졸 (경)1976년 사법시험 합격(18회) 1978년 사법연수원 수료(8기) 1978년 해군 법무관 1981~1987년 광주지법 판사·목포지원 판사 1987년 미국

Santa Clara대 방문연구원 1988년 광주고법 판사 1991년 대법원 재판연구관 1993년 광주지법 장흥지원장 1995년 광주지법 부장판사 1996년 同순천지원장 1998년 광주지법 부장판사 2000~2005년 광주고법 부장판사 2003~2005년 광주지법 수석부장판사 겸임 2005년 광주고법 수석부장판사 2006년 전주지법원장 2008~2009년 광주지법원장 2009년 변호사 개업 2012년 법무법인 이우스 대표변호사, 同고문변호사(현) (종)기독교

오세응(吳世應) OH Se Eung (意南)

(생)1933·4·18 (본)해주(海州) (출)경기 안성 (학)1952년 경기고졸 1957년 연세대 정치외교학과졸 1958년 미국 햄린(Hamline)대 정치학과졸 1970년 정치학박사(미국 아메리칸대) (경)1960년 미국 의소리 방송국(워싱턴) 아나운서 1966년 한국통신사(워싱턴) 이사장 1967년 민주협의회 초대회장 1971년 제8대 국회의원(전국구, 신민당) 1973년 제9대 국회의원(여주·광주·이천, 신민당) 1973년 신민당 원내부총무·국제국장 1979년 제10대 국회의원(성남·여주·광주·이천, 무소속 당선, 신민당 입당) 1979년 신민당 국제문제특위 위원장 1980년 입법회의 의원 1981년 제11대 국회의원(성남·광주, 민정당) 1982년 IPU 한국대표단장 1982~1983년 정무제1장관 1983년 IPU 집행위원 1985년 제12대 국회의원(성남·광주, 민정당) 1986년 민정당 중앙집행위원 1988년 의회정치연구소 이사장 1992년 제14대 국회의원(성남중원·분당, 민자당·신한국당) 1992년 국회 문화체육공보위원장 1995년 국회 통일외무위원장 1995년 한·미의원외교협의회 회장 1996년 제15대 국회의원(성남분당, 신한국당·한나라당·자민련) 1996~1998년 국회 부의장 1997년 정치발전협의회 이사장 2000년 자민련 성남분당乙지구당 위원장 2012년 (사)지방자치제도개선모임 상임대표 (상)청조근정훈장 (저)'영어변람'(共) '영어명언집' '의회에 산다' '솔직한 대화' '서재필의 개혁운동과 오늘의 과제' (종)기독교

오세인(吳世寅) OH Se In

(생)1965·10·20 (출)강원 양양 (주)서울특별시 서초구 서초중앙로 160 법률센터 501호 오세인법률사무소(02-3477-5400) (학)1983년 강릉고졸 1987년 서울대 법학과졸 (경)1986년 사법시험 합격(28회) 1989년 사법연수원 수료(18기) 1989년 軍법무관 1992년 수원지검 검사 1994년 부산지검 울산지청 검사 1996년 서울지검 검사 1998년 대구지검 검사 2001년 同부부장검사 2001년 대전지검 공주지청장 2002년 대검찰청 연구관 2004년 同공안2과장 2005년 서울남부지검 형사6부장 2006년 대검찰청 범죄정보1담당관 2007년 서울중앙지검 공안1부장 2008년 대검찰청 대변인 2009년 同공안기획관 2009년 서울중앙지검 제2차장검사 2010년 대검찰청 선임연구관 2010년 부산고검 검사 2011년 서울고검 공판부장 2012년 대구고검 차장검사 2012년 대검찰청 기획조정부장 2013년 법무연수원 연구위원 2013년 대검찰청 반부패부장 2013년 同공안부장(검사장급) 2015년 서울남부지검장 2015~2017년 광주고검장 2015~2019년 대법원 양형위원회 위원 2017년 변호사 개업(현)

오세일(吳世一) OH Se Il

(생)1966·10·2 (주)서울특별시 종로구 대학로 101 서울대학교병원 순환기내과(02-2072-2088) (학)1985년 양정고졸 1991년 서울대 의대졸 2001년 同대학원 의학석사 2003년 의학박사(서울대) (경)1992~1996년 서울대병원 내과 전공의 1999~2001년 同순환기내과 전임의 2001년 同외래진료의 2001년 同임상교수 2002·2007·2012~2013년 서울대 의대 내과학교실 기금조교수·기금부교수·기금교수 2014년 同의대 내과학교실 교수(현) 2016년 서울대병원 심혈관센터 소장(현) 2016년 同순환기내과 분과장(현)

오세정(吳世正) OH Se Jung

(생)1953·2·17 (본)해주(海州) (출)서울 (주)서울특별시 관악구 관악로 1 서울대학교 총장실(02-880-5114) (학)1971년 경기고졸 1975년 서울대 물리학과졸 1982년 물리학박사(미국 스탠퍼드대) (경)1981년 미국 Xerox Palo Alto연구소 연구원 1984~1994년 서울대 물리학과 조교수·부교수 1989년 대통령자문 21세기위원회 위원 1990년 미국 미시간대 방문교수 1994년 일본 동경대 물성연구소 방문교수 1994~2006년 서울대 자연과학대학 물리학부 교수 1995년 同자연과학대학 기획연구실장 1997년 포항공과대 방문교수 1999~2002년 국가과학기술자문회의 자문위원 1999년 과학기술부 복합다체계물성연구센터 소장 2002년 삼성이건희장학재단 이사 2003년 대통령자문 정책기획위원회 위원 2003~2004년 한국물리학회 부회장 2004~2006년 국가과학기술자문회의 자문위원 2004~2008년 서울대 자연과학대학장 2004년 전국자연과학대학장협의회 회장 2006~2016년 서울대 자연과학대학 물리천문학부 물리학전공 교수, 同명예교수(현) 2007년 제17대 대통령직인수위원회 국가경쟁력강화특별위원회 과학비즈니스TM벨트T/F 자문위원 2007년 한국과학재단 비상임이사 2008~2010년 국무총리산하 정부업무평가위원회 민간위원 2008~2011년 국가교육과학기술자문회의 자문위원 2009년 청암과학 Fellow 심사위원장 2009~2012년 기초기술연구회 이사 2011년 한국연구재단 이사장 2011년 국제과학비즈니스벨트위원회 민간위원 2011~2014년 기초과학연구원 초대 원장 2012년 국방기술품질원 비상임이사 2012~2015년 한국과학기술기획평가원 비상임이사 2016년 바른과학기술사회실현을위한국민연합 상임대표 2016~2018년 제20대 국회의원(비례대표, 국민의당·바른미래당〈2018.2〉) 2016년 국민의당 제6정책조정위원장 2016년 同가습기살균제문제대책특별위원회 위원 2016~2017년 국회 미래창조과학방송통신위원회 위원 2016~2018년 국회 윤리특별위원회 간사 2016년 국회 미래일자리특별위원회 간사 2016~2017년 국민의당 국민정책연구원장 2017년 同제19대 안철수 대통령후보 미래준비본부장 겸 4차산업혁명위원장 2017~2018년 국회 과학기술정보방송통신위원회 위원 2017~2018년 국민의당 당기윤리심판위원 2017~2018년 국회 재난안전대책특별위원회 간사 2018년 국회 교육위원회 간사 2018년 바른미래당 바른미래정책연구원 2019년 서울대 총장(현) (상)한국과학기술단체총연합회 과학기술우수논문상(1994), 한국과학상(1998), 제2기 닮고 싶고 되고 싶은 과학자상(2003)

오세종(吳世鍾) OH Sei Jong

(생)1947·10·6 (출)서울 (주)서울특별시 영등포구 양산로 53 월드메르디앙비즈센터 한국합창총연합회(02-3661-8535) (학)대광고졸 1974년 서울대 음대 성악과졸 1983년 세종대 음악대학원 수료 (경)1975~1984년 국립합창단 단원 겸 부지휘자 1983년 서울우먼싱어즈 단장 겸 상임지휘자(현) 1985~1992년 서울시립가무단 음악지도단원 1985년 서울크리스천우먼스콰이어 지휘자 1986년 (사)한국합창총연합회 고문(현) 1992년 큰빛남성코랄 지휘자 1993~1996년 국립합창단 단장 1993년 한국예술종합학교 강사 1993년 한국음악협회 이사·회원 2009년 한국합창지휘자협회 상임이사 2010년 세종문화회관 서울시합창단장 겸 상임지휘자 2012~2015년 부산시립합창단 수석지휘자 2012년 한국합창지휘자협회 고문(현) 2017년 서울청춘합창단 상임지휘자(현) 2019년 아리엘남성합창단 상임지휘자(현) (종)기독교

오세중(吳世重) OH SE JOONG

(생)1958 (출)충남 서산 (주)서울특별시 서초구 명달로 107 대한변리사회(02-3486-3486) (학)1977년 홍익대사대부고졸 1991년 서울대 철학과졸 (경)1995년 변리사시험 합격(32회) 1996~2000년 아람국제특허법률사무소·법무법인 아람 근무 2000년 해오름국제특허법률사무소 설립·대

표변리사(현) 2002~2006년 특허청 변리사자격심의위원회 심의위원 2005년 변리사시험 출제위원 2005~2007년 민주평통 자문위원 2005~2016년 지식산업발전연구회 회장 2005~2017년 경희대 이과대학 정보디스플레이학과 겸임교수 2008년 대한변리사회 이사 2008~2017년 지식경제부·산업통상자원부 무역위원회 지식재산권 자문위원단(제1기~4기) 2010~2012년 대한변리사회 대의원회 의장 2011년 특허청 상표분야 정책자문 2014~2017년 (사)한국국제지식재산보호협회 감사 2016년 '변리사법 하위법령 정상화 특별위원회' 위원장 2018년 대한변리사회 회장(현) (상)특허청장표창(2006) (저)'의장법 강의' '산업재산권법 의장법·상표법'(共) '지적소유권법' (역)'유럽과 미국의 소프트웨어 및 영업방법 특허에 관한 최근 판결동향'(2011)

오세헌(吳世憲) OH Seahun

(생)1959·12·23 (본)해주(海州) (출)대전 (주)울산광역시 동구 방어진순환도로 1000 현대중공업(주) 준법경영실(052-202-2114) (학)1978년 대전고졸 1982년 서울대 법학과졸 (경)1982년 사법시험 합격(24회) 1984년 사법연수원 수료(14기) 1985년 서울지검 남부지청 검사 1988년 대전지검 천안지청 검사 1989년 부산지검 검사 1992년 법무부 법무실 검사 1994년 서울지검 검사 1994년 대통령비서실 파견 1996년 부산고검 검사 1996년 대통령비서실 파견 1997년 대전지검 서산지청장 1998년 서울지검 부부장검사 2000년 수원지검 공판송무부장 2000년 사법연수원 교수 2002년 서울지검 서부지청 형사5부장 2003~2004년 서울중앙지검 공안1부장 2004~2015년 김앤장법률사무소 변호사 2015년 현대중공업(주) 준법경영실장(부사장)(현) (상)근정포장(1996)

오세혁(吳世赫) Oh Se Hyuk

(생)1965·5·14 (주)경상북도 안동시 풍천면 도청대로 455 경상북도의회(054-880-5126) (학)대구한의대 한약재유통과졸 (경)최경환 국회의원 보좌관, 한나라당 경북도당 부위원장, 통일교육위원회 위원, 새누리당 경산시·청도군당원협의회 사무국장, 경산청년회의소 회장, 경산시육상경기연맹 회장 2014~2018년 경북도의회 의원(새누리당·자유한국당·무소속) 2014년 同농수산위원회 위원 2014~2016년 새누리당 경북도의회 원내대표단 총무 2016년 경북도의회 건설소방위원회 위원 2017년 同예산결산특별위원회 부위원장 2018년 同예산결산특별위원회 계수조정소위원장 2018년 경북도의회 의원(무소속)(현) 2018년 同예산결산특별위원회 위원장(현) 2018년 同건설소방위원회 위원(현) 2018년 同친환경정책연구회 위원(현) (상)전국시·도의회의장협의회 우수의정 대상(2016)

오세현(吳世賢·女) OH Se Hyeon

(생)1963·7·2 (주)서울특별시 중구 을지로 65 SK텔레콤(주)(02-6100-2114) (학)1987년 서울대 공대 컴퓨터공학과졸 1996년 독일 함부르크대 대학원 컴퓨터공학과졸 1999년 독일 함부르크 하르부르그공대 컴퓨터공학 박사과정 수료 (경)1996~1999년 TuTech GmbH 프로젝트 매니저 1999~2000년 LG CNS컨설팅 사업본부 e-Biz 컨설턴트 2001~2005년 (주)인젠 부사장 2005년 (주)큐론 대표이사 2006~2007년 동부정보기술 컨설팅사업부문장(CTO·상무) 2007~2008년 동부씨엔아이(주) 컨설팅사업부문장(CTO·상무), IBM 유비쿼터스컴퓨터연구소 상무 2011년 (주)KT 신사업전략담당 상무 2012년 同신사업전략담당 전무 2012~2014년 同신사업본부장(전무) 2016년 SK(주) C&C 신성장기술사업TF장, 同DT사업개발부문장(전무) 2018년 SK텔레콤(주) 블록체인사업개발Unit장(전무) 2019년 同블록체인·인증Unit장(현) (상)한국여성공학기술인협회 여성공학인대상 산업부문 산업통상자원부장관표창(2013)

오세현(吳世賢)

(생)1968·6·15 (출)충남 아산 (주)충청남도 아산시 시민로 456 아산시청 시장실(041-540-2210) (학)1985년 천안중앙고졸 1990년 경희대 정치외교학과졸 2012년 미국 센트럴미시간대 대학원 공공행정학과졸 (경)1996년 지방고시 합격(2회) 1999년 아산시 온양1동장 2000년 同도고면장 2002년 同탕정면장 2002년 同기획예산감사담당관 2003년 충남도 기획관리실 지방분권팀장 2004년 同경제통상국 입지계획팀장 2007년 행정안전부 자치제도팀장 2008년 국가기록원 대통령기록관 정책협력부 운영지원팀 근무 2009년 충남도 문화산업과장 2010년 미국 센트럴미시간대 파견 2013년 충남도 경제통상실 일자리경제정책과장 2014년 同기획관리실 정책기획관 2016년 同보건복지국장 2017년 충남 아산시 부시장, 더불어민주당 정책위원회 부의장, 同충남도당 자치분권특별위원회 공동위원장 2018년 충남 아산시장(더불어민주당)(현) (상)건설교통부장관표창(2005), 대통령표창(2013) (저)'희망 더하기'(2018, 스타북스)

오세훈(吳世勳) OH Se Hoon

(생)1961·1·4 (본)해주(海州) (출)서울 (주)서울특별시 영등포구 버드나루로 73 자유한국당 중앙당(02-6288-0200) (학)1979년 대일고졸 1983년 고려대 법학과졸 1990년 同대학원 법학과졸 1999년 법학박사(고려대) 2009년 명예 법학박사(몽골 몽골국립대) (경)1984년 사법시험 합격(26회) 1988년 사법연수원 수료(17기) 1991년 변호사 개업 1995~2004년 대한변호사협회 환경문제연구위원회 위원 1996~2000년 환경운동연합 법률위원장 겸 상임집행위원·시민법률상담실장 겸임 1996년 서울시 녹색서울시민위원회 감사 1996년 시사저널 편집자문위원 1997~2000년 숙명여대 법학과 겸임교수 1997~2004년 민주사회를위한변호사모임 환경위원 1998년 미국 예일대 Law School 객원교수 1999~2000년 숙명여대 법학과(민사소송법) 겸임교수 2000~2004년 환경운동연합 지도위원 2000~2002년 한나라당 부대변인 2000~2004년 제16대 국회의원(서울 강남구乙, 한나라당) 2001~2005년 국립발레단 운영자문위원장 2001년 한나라당 미래를위한청년연대 공동대표 2002~2004년 김장리법률사무소 변호사 2003년 한나라당 원내부총무 2003~2004년 同상임운영위원 2003년 同청년위원장 2004년 국회 정치개혁특별위원회 한나라당 간사 2004년 법무법인 지성 대표변호사 2005년 한국노동조합총연맹 자문변호사 2005년 (사)미래포럼 공동대표 2005년 행복가정재단 홍보대사 2005~2006년 환경운동연합 중앙집행위원 2006년 포니정장학재단 감사 2006·2010~2011년 서울특별시장 2006~2010년 서울영상위원회 위원장 2010년 서울형그물망복지센터 희망드림단 명예단장 2011년 국제장애인기능올림픽대회조직위원회 공동위원장 2011년 영국 킹스칼리지 공공정책대학원 연구원 2013년 법무법인 대륙아주 고문변호사 2013년 한양대 공공정책대학원 특임교수 2014~2015년 한국국제협력단(KOICA) 아프리카 장기파견 2016년 새누리당 서울종로구당원협의회 운영위원장 2016년 제20대 국회의원선거 출마(서울 종로구, 새누리당) 2017년 바른정당 최고위원 2018년 자유한국당 국가미래비전특별위원회 위원장(현) 2019년 同서울광진구乙당원협의회 운영위원장(현) (상)포브스코리아경영품질대상 공공혁신부문(2008), UN 공공행정상(UNPSA)(2009), 제45회 전국여성대회 우수지방자치단체장상(2009), 서울석세스어워즈2009 정치부문상(2009), kbc광주방송 목민자치대상 광역자치단체장상(2015), (사)대한민국가족지킴이 대한민국실천대상 국위선양부문(2015) (저)수필집 '가끔은 변호사도 울고 싶다'(1995, 명진출판) '미국 민사재판의 허와 실'(2000, 박영사) '우리는 실패에서 희망을 본다(共)'(2005, 황금가지) 에세이집 '시프트-생각의 프레임을 전환하라'(2009, 리더스북) '서울은 불가능이 없는 도시다'(2010, 21세기북스) '오후의 서울 산책'(2011, 미디어윌) (종)천주교

오 송(吳 松) Oh Song

(생)1962 · 4 · 1 (주)서울특별시 종로구 사직로8길 60 외교부 인사기획관실(02-2100-7139) (학)1985년 서울대 외교학과졸 (경)1985년 외무고시 합격(19회) 1994년 駐시카고 영사 1997년 駐인도 1등서기관 2002년 駐미국 1등서기관 2004년 외교통상부 정책총괄과장 2006년 국무조정실 외교심의관 2007년 駐인도네시아 공사참사관 2010년 동북아역사재단 정책기획실장 2012년 駐캐나다 공사 2015년 駐몽골 대사 2018년 외교부 본부 근무 2019년 駐포르투갈 대사(현) (상)대통령표창(2000), 몽골 북극성훈장(2018)

오수근(吳守根) OH, SOO GEUN

(생)1956 · 8 · 29 (본)해주(海州) (출)강원 춘천 (주)서울특별시 서대문구 이화여대길 52 이화여자대학교 법학전문대학원(02-3277-3556) (학)1979년 서울대 법학과졸 1981년 同대학원 법학과졸 1985년 미국 미시간대 대학원 비교법학과졸 1988년 서울대 대학원 경영학과졸 1994년 법학박사(숭실대) (경)1981~1984년 육군사관학교 법학과 교관 1986년 서울대 강사 1988~2000년 인하대 법학과 교수 1996년 한국항공우주법학회 감사 2000년 이화여대 법과대학 법학과 교수(현) 2000년 기업법학회 상임이사 2005~2015년 대림산업 사외이사 2008~2010년 이화여대 법학연구소장 2009~2010년 유엔 국제상거래법위원회(UNCITRAL) 의장 2010년 이화여대 기획처장 2010~2016년 同감사실장 2010~2014년 유엔 국제상거래법위원회(UNCITRAL) 실무그룹 의장 2013년 대법원 제1~3기 회생파산위원회 위원장(현) 2014~2016년 이화여대 법학전문대학원장 겸 법과대학장 2015~2016년 법학전문대학원협의회 이사장 2016년 (주)동양 사외이사 2016~2018년 법학전문대학원협의회 법학적성시험(LEET) 출제위원장 겸 연구사업단장 (저)'국제사법'(共) '비교법'(共) '외부감사론'(2007) '도산법개혁 1998~2007'(2007) '도산법의 이해'(2008) '도산법'(2011) (종)기독교

오수열(吳洙烈) OH Soo Yol

(생)1950 · 2 · 24 (출)전남 장성 (주)광주광역시 동구 필문대로 309 조선대학교 사회과학대학 정치외교학과(062-230-6734) (학)1969년 조선대부고졸 1973년 조선대 정치외교학과졸 1975년 同대학원 정치외교학과졸 1988년 대만 국립정치대 삼민주의연구소 박사과정 수료 2002년 정치학박사(중국 인민대) (경)1977년 조선대 정치외교학과 전임강사 1982년 학원민주화관련 해직 1988~1997년 조선대 정치외교학과 전임강사 · 조교수 · 부교수 1988년 同법인사무국장 서리 1990~1995년 한국민주시민교육협의회 감사 1992년 조선대 통일문제연구소장 1992년 한국국제정치학회 이사 1995년 同상임이사 1996년 조선대 정책대학원장 1996~2000년 한국동북아학회 회장 1997~2018년 조선대 사회과학대학 정치외교학과 교수 1997~2007년 한국군사학회 호남지회장 1998년 호남정치학회 회장 1998년 조선대 지역사회발전연구소장 1999년 민주평통 상임위원 1999년 한국정치학회 북한통일연구위원장 1999년 조선대 기획실장 2001년 한국정치학회 부회장 2001~2004년 광주 · 전남통합추진위원회 상임대표 2001년 평화라이온스클럽 회장 2002년 (사)21세기남도포럼 상임대표(현) 2003년 전국포럼연합 공동대표(현) 2003~2005년 행정자치부 지방자치단체합동평가위원회 위원 2004년 조선대 통일문제연구소장 2004~2013년 광주시 공익사업선정위원회 위원 2005~2017년 한국동북아학회 회장 2008년 조선대 사회과학연구원장 2010~2012년 同사회과학대학장 2012~2015년 同정책대학원장 2018년 광주유학대학장(현) 2018년 한국동북아학회 이사장(현) 2018년 조선대 사회과학대학 정치외교학과 명예교수(현) (상)대통령표창(2001), 한국동북아학회 학술상(2003), 국민훈장 석류장(2004), 조선대총장표창(2005) (저)'이야기 고사성어'(1987) '인간과 윤리'(1991) '동북아정치 · 경제협력론'(1999) '북한사회의 이해'(2000) '북한사회론'(2000) '미 · 중시대와 한반도'(2002) '열린사회 페달밟기'(2003) '중국정부개혁론'(2003) '북한 핵문제의 실체적 해부(共)'(2005)

오수웅(吳秀雄) OH Soo Woong

(생)1939 · 9 · 15 (주)전라북도 전주시 덕진구 상리1길 14 태전약품판매(주) 임원실(063-210-0700) (학)1963년 성균관대 약대졸 2004년 명예 경영학박사(원광대) (경)1978년 태전약품판매(주) 대표이사 회장(현) 1981년 군산시약사회 회장 1985년 의약품도매협회 전북지부장 1991년 군산상공회의소 부회장 1995년 전북지방경찰청 자문위원, 한국의약품도매협회 자문위원 2015년 한국의약품유통협회 상임자문위원(현) (상)국무총리표창(1987), 내무부장관표창, 재무부장관표창, 국세청장표창, 보건사회부장관표창, 국민포장(2003)

오수창(吳洙彰) OH Soo Chang

(생)1958 · 8 · 30 (본)해주(海州) (주)서울특별시 관악구 관악로 1 서울대학교 인문대학 국사학과(02-880-6178) (학)1977년 천안고졸 1982년 서울대 국사학과졸 1984년 同대학원졸 1996년 문학박사(서울대) (경)1984~1997년 충남대 · 한국외국어대 · 서울대 · 가톨릭대 강사 1989~1992년 서울대 규장각 조교 1992~1997년 同규장각 학예연구사 1997~2009년 한림대 인문대학 사학과 교수 2009년 서울대 인문대학 국사학과 교수(현) 2011년 역사교육과정개발추진위원회 위원장 (상)두계학술상(2004) (저)'조선정치사 1800-1863(共)'(1990) '조선후기 평안도 사회발전연구'(2002, 일조각) '조선시대 정치, 틀과 사람들'(2011, 한림대 출판부) 등 (역)'서수일기-200년 전 암행어사가 밟은 5천리 평안도 길'(2015)

오숙자(吳淑子 · 女) OH Sook Ja (旼映)

(생)1950 · 2 · 28 (출)서울 (주)서울특별시 강서구 공항대로 332 한국음악저작권협회(02-2660-0400) (학)1972년 경희대 음대 기악과졸 1973년 同음악대학원 작곡과 수석졸업 1976년 일본 가루이자와 국제하기학교 작곡 · 현대음악 · 하프과 수료 1976년 미국 피버디콘셀바토리움 전자음악과 수료 1979년 오스트리아 잘츠부르크 모짤티움대 음악원 지휘과 수료 (경)1973~1978년 중앙대 · 경희대 강사 1974~2001년 한국음악협회 회원 · 창악회 회원 · 아세아작곡가회 회원 · 한국작곡가회 고문 1974~1986년 창악회 창작곡 발표(전4회) 1975년 아시아작곡가 재입선 1977년 제1회 작곡발표회 1978~1995년 경희대 음대 작곡과 교수 1979~1984년 아시아작곡가회 작곡발표(전3회) 1981~1995년 한국여성작곡가회 작품발표(전7회) 1982년 이탈리아 로마 세계여성작곡가제전 입선 1986년 오숙자작곡 오페라 '원술랑' 초연 1989년 세계평화의날기념 오페라 '원술랑' 공연 1990년 태평양작곡제전 입선 1992년 일본 도쿄음악제 실내악곡위촉발표 1993년 대전EXPO 1993축전음악회 오숙자오페라 '원술랑' 공연 1994년 한국작곡가회 이사 1995년 오페라 '동방의 가인 황진이' 초연 1995~2001년 한국여성작곡가회 부회장 2002년 100인창작예술진흥회 수석부회장 2002년 우리가곡애창운동본부 본부장 2003년 한국여성작곡가회 심의위원장 2003년 한국찬불가작곡가협회 회장 2006년 (사)한국작곡가협회 부회장 2006년 한국가곡학회 회장(현) 2009년 한국음악저작권협회 이사(현) (상)한국예술발전상(2007), 한국작곡대상(2009) (저)'종합예술 오페라' '시와 음악' '고독과 이성'(1993, 동일문산) (역)'번스타인의 음악론' (작)작곡집 '봄이 가려하니' '물방울' 'Violin협주곡' '천상과 지상' '덧뵈기', 창작오페라 '원술랑' '고아' '동방의 가인 황진이', 음반 '오숙자예술가곡 1집' '고독과 이성' '동으로부터' '푸른음악제출품' 등 작곡집 · 레코드 · CD 다수(총 250여곡 작곡 및 발표) (종)가톨릭

ㅇ

오순문(吳順文) OH Soon Moon

(생)1966 · 3 · 24 (본)군위(軍威) (출)제주 서귀포 (주)강원도 춘천시 강원대학길 1 강원대학교 사무국(033-250-6005) (학)제주 서귀포고졸, 한국교원대 영어교육과졸, 미국 애리조나주립대 대학원 교육행정학과졸, 고려대 대학원 교육행정학 박사과정 수료 (경)부평여고 영어교사, 경기도교육청 서기관, 교육부 기획예산담당관실 · 교원정책과 · 장관비서실 · 교육정책총괄과 근무, 제주도교육청 학교운영지원과장 2005년 한양대 초빙교수 2006년 대통령자문 교육혁신위원회 운영총괄팀장 2007년 교육인적자원부 국제교육정보화국 지식정보기반과장 2008년 교육과학기술부 교직발전기획과장 2009년 한국교원대 재무과장 2013년 교육부 교육정보통계국 교육정보분석과장 2013년 同공교육진흥과 학부모지원팀장 2014년 同공교육진흥과 학부모지원팀장(부이사관) 2014~2015년 금오공과대 사무국장 2015년 통일교육원 파견 2016년 교육부 국립국제교육원 기획관리부장(부이사관) 2017년 同국립국제교육원장 직대 2018년 강원대 사무국장(고위공무원)(현) (상)대통령표창(1999)

오순민(吳淳玟) Oh, Soonmin

(생)1962 · 10 · 25 (출)전북 김제 (주)세종특별자치시 다솜2로 94 농림축산식품부 방역정책국(044-201-2534) (학)1981년 전라고졸 1988년 서울대 수의학과졸 (경)1990~2006년 국립동물검역소 · 국립수의과학검역원 근무 2006년 농림부 근무 2011년 농림수산검역본부 위험평가과장 2012년 同축산물기준과장 2013년 농림축산식품부 검역정책과장 2014년 同방역총괄과장 2017년 同방역정책국장(부이사관)(현) (상)근정포장(2016)

오순택(吳舜澤) OH Soon Tack

(생)1946 · 2 · 11 (출)경북 상주 (주)경상북도 포항시 남구 대송로 111 동일산업(주) 비서실(053-756-1201) (학)1965년 경북고졸 1970년 연세대 교육학과졸 1991년 서울대 대학원 최고경영자과정 수료 2000년 계명대 대학원 지식경영전문과정 수료 (경)1970년 동일철강공업(주) 서울사무소 실장 1980년 동일철강공업(주) · 동일전공(주) 대표이사 1982년 대구상공회의소 제11~13대 특정의원 1984년 동일금속(주) 대표이사 1986년 한국방공연맹 대구직할시지부 운영위원 1987년 동일산업(주) 대표이사(현) 1988년 동일문화장학재단 이사장(현) 1989년 대구시조정협회 회장 1991년 대구상공회의소 제14 · 15대 일반의원 1992년 산학경영기술연구원 명예이사장 1992년 한국청소년연맹 대구연맹 총장 1993년 (재)우경문화장학재단 감사 1997년 대구시체육회 부회장 2000~2003년 대구은행 사외이사 2000년 대구상공회의소 제17~20대 일반의원 2001년 한국자유총연맹 대구시지회장 · 고문 2001년 경북동부지역경영자협의회 이사 2001년 대구경영자총협의회 부회장 2003년 민주평통 자문위원 2006년 (사)대구 · 경북범죄피해자센터 이사장(현) 2008년 대구발전동우회 회장 2012년 대구상공회의소 제21대 일반의원(부회장) (상)은탑산업훈장, 대통령표창(1983), 새마을훈장 협동장(1983), 국민훈장 동백장(2003), 한국경영자학회 한국경영자대상(2008), 은탑산업훈장(2009) (종)불교

오승록(吳勝彔) OH Seung Rok

(생)1969 · 11 · 30 (출)전남 고흥 (주)서울특별시 노원구 노해로 437 노원구청 구청장실(02-2116-3003) (학)1988년 금산종합고졸 1994년 연세대 문헌정보학과졸 2005년 고려대 정책대학원 도시 및 지방행정학 석사과정 수료 (경)복지법인 일촌공동체노원센터 사무국장, 대통령(노무현)비서실 행정관(3급) 2010년 서울시의회 의원(민주당 · 민주통합당 · 민주당 · 새정치민주연합) 2010년 同민주당 공보부대표 2010 · 2012년 同환경수자원위원회 위원 2010~2012년 同친환경무상급식지원특별위원회 위원 2011~2012년 同한강르네상스특혜비리규명행정사무조사특별위원회 위원 2012~2013년 同예산결산특별위원회 위원 2012~2014년 同경전철민간투자사업조속추진지원을위한특별위원회 위원 2012~2014년 同운영위원회 위원 2012~2014년 同정책연구위원회 위원 2014~2018년 서울시의회 의원(새정치민주연합 · 더불어민주당) 2014 · 2016~2018년 同남북교류협력지원특별위원회 위원 2014 · 2016~2018년 同보건복지위원회 위원 2015년 同메르스확산방지대책특별위원회 위원 2015~2016년 同예산결산특별위원회 부위원장 2017~2018년 同예산결산특별위원회 위원 2018년 서울시 노원구청장(더불어민주당)(현) (상)근정포장(2008), 전국시 · 도의회의장협의회 우수의정대상(2017), 2017 매니페스토약속대상 우수상 공약이행분야(2017)

오승열(吳承悅) OH Seaung Youl

(생)1956 · 4 · 30 (주)서울특별시 용산구 청파로47길 100 숙명여자대학교 약학대학(02-710-9563) (학)1979년 서울대 약대졸 1984년 同대학원 약제학과졸 1991년 약제학박사(미국 캘리포니아대 샌프란시스코교) (경)1991~1993년 미국 캘리포니아대 샌프란시스코교 Post-Doc. 1994~1996년 한국화학연구소 선임연구원 1997년 숙명여대 약학대학 교수(현) 2011~2012년 한국약제학회 회장 2012년 숙명여대 보건진료소장 2013년 同보건진료센터장 2014~2016 · 2018년 同약학대학장(현)

오승원(吳勝源)

(생)1964 · 4 · 2 (주)서울특별시 강남구 봉은사로114길 20 새마을금고중앙회 금고감독위원회(02-2145-9114) (학)1983년 인창고졸 1987년 연세대 경영학과졸 2009년 성균관대 대학원 경영학과졸 (경)1987년 한국은행 입행 2000년 금융감독원 은행검사5국 근무 2000년 同신용감독국 근무 2002년 同은행검사1국 근무 2004년 同은행감독국 팀장 2009년 同은행서비스총괄국 팀장 2010년 同일반은행서비스국 팀장 2011년 同인재개발원 팀장 2013년 同일반은행검사국 부국장 2014년 同서민금융지원국 부국장 2015년 예금보험공사 파견(실장급) 2016년 금융감독원 특수은행국장 2017~2019년 同은행담당 부원장보 2019년 새마을금고중앙회 금고감독위원장(현)

오승준(吳昇駿) OH Seung June

(생)1965 · 9 · 13 (주)서울특별시 종로구 대학로 101 서울대학교병원 비뇨의학과(02-2072-2406) (학)1989년 서울대 의대졸 1993년 同대학원 의학석사 1999년 의학박사(서울대) (경)1989년 서울대병원 인턴 및 비뇨기과 레지던트 1994년 해군 군의관 1997년 서울대병원 비뇨기과 전임의 1998년 서울시립보라매병원 촉탁의 1999년 서울중앙병원 비뇨기과 전임의 2000~2010년 서울대 의대 비뇨기과학교실 조교수 · 부교수 2003년 미국 미시간주 미시간대 연구전임의 2010년 서울대 의대 비뇨의학교실 교수(현) 2010년 서울대병원 의료기기혁신센터장(현) 2016~2018년 대한배뇨장애요실금학회 회장 2018년 서울대 의대 비뇨의학교실 주임교수(현) 2018년 서울대병원 비뇨의학과장(현) (상)국무총리표창(2019)

오승진(吳昇鎭) Oh Seung Jin

(생)1969 · 12 · 21 (출)충북 청주 (주)서울특별시 강동구 성내로 57 강동경찰서(02-3449-7321) (학)1989년 충북 청석고졸 1993년 경찰대 법학과졸(9기) 2013년 연세대 법무대학원 법학과졸 (경)1993년 경위 임관 1999년 경감 승진 2001년 서울 관악경찰서 형사계장 2006년 경정 승진 2008년 경찰수사연수원 연수계장 2009년 경찰청 사이버테러대응센터 기법개발계장 2010년 同강력범죄수사과 강력계장 2015년 충북지방경찰청 형사과장(총경) 2016년 충북 괴산경찰서장 2017년 경찰청 디지털포렌식센터장 2017년 서울지방경찰청 과학수사과장 2019년 서울 강동경찰서장(현)

오승하(吳承夏) Seung-ha OH

(생)1960·8·15 (주)서울특별시 종로구 대학로 101 서울대학교병원 이비인후과(02-2072-2442) (학)1985년 서울대 의대졸 1993년 同대학원 의학석사 1997년 의학박사(서울대) (경)1994년 미국 NIH(국립보건원) NIDCD 연구원 1996~2007년 서울대 의대 이비인후과학교실 조교수·부교수 1999~2001년 미국 미시간대 교환교수 2003~2005년 대한청각학회 총무 2004~2008년 서울대 의대 이비인후과학교실 주임교수 2004~2008년 서울대병원 이비인후과 과장 2007년 서울대 의대 이비인후과학교실 교수(현) 2013년 서울대병원 의생명연구원 연구실험부장, 同의생명연구원 중개의학연구소장(현) 2014~2016년 대한이과학회 회장

오승현(吳昇炫) Oh Seung Hyun

(생)1963·8·27 (출)전북 전주 (주)광주광역시 서구 화운로 93 광주광역시교육청 부교육감실(062-380-4204) (학)1986년 서울대 사회복지학과졸 1998년 미국 시라큐스대 대학원 행정학과졸 2010년 인적자원개발학박사(중앙대) (경)1986년 행정고시 합격(28회) 2001년 교육인적자원부 인적자원정책국 조정1과장, 同교원양성연수과장 2005년 국무조정실 파견 2006년 교육인적자원부 전문대학정책과장(서기관) 2007년 同평생직업교육지원국 전문대학정책과장(부이사관) 2008년 교육과학기술부 대학제도과장 2008년 同대학연구지원과장 2009년 국립과천과학관 전시연구단장 2010년 외교안보연구원 파견(일반직고위공무원) 2011년 충남대 사무국장 2012년 교육과학기술부 대학선진화관 2013년 울산광역시 부교육감 2016년 부산광역시 부교육감 2017년 교육부 학교정책실 학교정책관 2018년 광주광역시 부교육감(현) 2018년 同교육감 권한대행 (상)홍조근정훈장(2012)

오승호(吳承鎬) OH Seung Ho

(생)1960·8·28 (출)제주 (주)서울특별시 서초구 남부순환로 2351 국제방송교류재단 아리랑TV(02-3475-5000) (학)1979년 제주제일고졸 1984년 성균관대 사회학과졸 (경)1999년 대한매일 사회팀장 2000년 同경제부 차장 2004년 서울신문 논설위원 2004년 同경제부 차장 2005년 同경제부장직대 2005년 同편집국 경제부장 2006년 同사회부장 2007년 同경제전문기자 2008년 同논설위원 2008년 同편집국 경제부장 2009년 同편집국 부국장 2011년 同편집국 정치에디터 2012년 同논설위원(국장급) 2014년 同편집국장 2015년 同이사대우 편집국장 2015년 한라언론인클럽 회장 2016~2017년 서울신문 미래전략연구소장 2019년 아리랑TV 시사보도센터장(현) (상)한국언론대상(1999), 성언회 언론부문 '자랑스런 성균언론인상'(2014), 한국참언론인대상(2015), 자랑스러운 한라언론인상(2015)

오신환(吳晨煥) Oh Shin Hwan

(생)1971·2·7 (본)해주(海州) (출)서울 (주)서울특별시 영등포구 의사당대로 1 국회 의원회관 738호(02-784-5761) (학)1989년 관악구 당곡초·중·고졸 1998년 한국예술종합학교졸, 고려대 정책대학원 아태지역연구학 석사과정 수료 (경)한나라당 전략기획본부 기획위원, 관악구택견연합회 회장, 당곡고총동창회 부회장, 관악청년회의소 감사, 국제아동청소년연극협회 한국지부 이사 2006~2010년 서울시의회 의원(한나라당) 2006~2007년 同지역균형발전지원특별위원회 위원 2006~2008년 同행정자치위원회 부위원장 2007~2008년 同정책연구위원회 위원 2008년 同운영위원회 위원 2008년 同교육문화위원회 위원 2008년 同독도수호활동지원특별위원회 위원 2009년 同상임위소관업무조정특별위원회 위원 2010년 서울시 관악구청장선거 출마(한나라당) 2012년 새누리당 서울관악구乙당원협의회 운영위원장 2012년 제19대 국회의원선거 출마(서울 관악구乙, 새누리당) 2012~2013년 새누리당 중앙청년위원장 2012년 同제18대 대통령중앙선거대책위원회 청년본부 부본부장 2012년 제18대 대통령직인수위원회 청년특별위원회 위원 2014년 새누리당 수석부대변인 2015년 제19대 국회의원(서울 관악구乙 재·보궐선거 당선, 새누리당) 2015년 국회 정무위원회 위원 2015년 국회 예산결산특별위원회 위원 2015년 새누리당 재능나눔위원장 2016년 제20대 국회의원(서울 관악구乙, 새누리당·바른정당〈2017.1〉·바른미래당〈2018.2〉)(현) 2016년 새누리당 원내부대표 2016년 同홍보본부장 2016년 국회 운영위원회 위원 2016년 국회 법제사법위원회 간사 2016~2017년 바른정당 공동대변인 2017년 同제19대 유승민 대통령후보 중앙선거대책위원회 홍보본부 공동본부장 2017년 同수석대변인 2017~2018년 同민생특별위원회20 문화격차해소특별위원장 2017~2018년 국회 법제사법위원회 위원 2017~2018년 바른정당 지방선거기획단 위원장 2017~2018년 同원내대표 2017년 국회 운영위원회 위원 2018년 국회 운영위원회 간사 2018년 국회 법제사법위원회 간사(현) 2018년 바른미래당 서울관악구乙지역위원회 위원장(현) 2018년 同비상대책위원회 위원 2018년 국회 예산결산특별위원회 위원 2018~2019년 바른미래당 사무총장 2018~2019년 국회 사법개혁특별위원회 간사 2019년 바른미래당 원내대표(현) (종)기독교

오양섭(吳陽燮) Oh, Yang Sup

(생)1956·2·20 (본)해주(海州) (출)충남 아산 (주)서울특별시 서초구 바우뫼로6길 57 대한결핵협회 사무총장실(02-2633-9461) (학)1976년 천안중앙고졸 2003년 중앙대 대학원 사회복지학과졸 (경)1988~1995년 보건사회부 국립재활원·아동복지과 근무 1995~2004년 보건복지부 공보관실·보건국·기획관리실·참여복지홍보사업단 근무 2004~2007년 同사회복지정책실·농어촌특별대책위원회·보험연금정책본부·정책홍보관리실 사무관 2007~2010년 보건복지가족부 기획조정실 서기관 2011년 국립망향의동산관리소장 2013~2016년 국립망향의동산관리원장 2016년 대한결핵협회 사무총장(현) (상)대통령표창(2001)

오양호(吳亮鎬) OH Yang Ho

(생)1962·2·21 (출)전북 전주 (주)서울특별시 강남구 테헤란로 133 한국타이어빌딩 법무법인(유) 태평양(02-3404-0128) (학)1980년 전주고졸 1984년 서울대 법학과졸 1994년 미국 하버드대 로스쿨졸(LL.M.) (경)1983년 사법시험 합격(25회) 1985년 사법연수원 수료(15기) 1989년 법무법인(유) 태평양 변호사(현) 1995년 미국 뉴욕주 변호사시험 합격 1995~1997년 사법연수원 강사 1998~1999년 월드컵조직위원회 마케팅전문위원 2000~2001년 정보통신부 도메인분쟁협의회 위원 2003~2007년 정보통신윤리위원회 위원 2003~2006년 교육인적자원부 고문변호사 2004~2016년 방송통신위원회 고문변호사 2004~2014년 미래창조과학부 인터넷주소정책심의위원회 위원 2006~2014년 同정보통신진흥기금 평가자문위원 2006~2008년 방송통신융합추진위원회 전문위원 2006~2014년 미래창조과학부 통신요금심의위원회 위원 2007~2011년 방송통신위원회 방송분쟁위원회 위원 2017년 대우조선해양 경영정상화관리위원회 위원(현)

오연수(吳娟受·女)

(생)1968·6·7 (출)서울 (주)광주광역시 동구 준법로 7-12 광주지방법원 총무과(062-239-1503) (학)1986년 은광여고졸 1990년 서울대 약학과졸 1992년 同약학대학원졸 1996년 약학박사(서울대) (경)1999년 사법시험 합격(41회) 2003년 사법연수원 수료(31기) 2003년 인천지법 예비판사 2005년 서울중앙지법 판사 2008년 부산지법 판사 2011년 의정부지법 판사 2013년 서울중앙지방법원 판사 2016년 서울가정법원 판사 2018년 서울중앙지법 판사 2019년 광주지법 부장판사(현)

오연정(吳然正) OH Yeon Jeong

(생)1963·11·13 (출)서울 (주)대전광역시 서구 둔산중로78번길 45 대전지방법원(042-470-1681) (학)1981년 경기고졸 1985년 고려대 법학과졸 1988년 同교육대학원졸 (경)1987년 사법시험 합격(29회) 1990년 사법연수원 수료(19기) 1993년 대전지법 판사 1995년 同천안지원 판사 1997년 수원지법 판사 1998년 同광명시법원 판사 1999년 수원지법 판사 2000년 서울지법 판사 2002년 서울고법 판사 2004년 서울가정법원 판사 2005년 광주지법 해남지원장 2007년 의정부지법 고양지원 부장판사 2009년 서울남부지법 부장판사 2011년 서울중앙지법 부장판사 2014년 서울남부지법 부장판사 2016년 인천지법 부장판사 2019년 대전지법 수석부장판사(현) 2019년 세종시선거관리위원회 위원장(현)

오연천(吳然天) OH, Yeon-Cheon

(생)1951·2·7 (출)충남 공주 (주)울산광역시 남구 대학로 93 울산대학교 총장실(052-277-3101) (학)경기고졸 1974년 서울대 문리과대학 정치학과졸 1979년 미국 뉴욕대 대학원 행정학과졸(MPA) 1982년 재정관리학박사(미국 뉴욕대) (경)1975년 행정고시 합격 1982년 한국경제연구원 수석연구원 1983~2015년 서울대 교수 1987년 인도네시아 공공사업자문관 1991년 독일 베를린대 초청교수 1997년 한국조세학회 회장 1998~1999년 기획예산위원회 위원 1998~1999년 세계은행 민영화담당 자문관(워싱턴D.C) 1998~2005년 KT&G 이사 2000~2004년 서울대 행정대학원장 2000~2006년 국회 한국의회발전연구회 이사장 2001~2003년 기획예산처 정부투자기관경영평가단장 2002~2007년 한국공기업학회 회장 2003~2007년 정보통신부 정보통신정책심의위원회 위원장 2005~2009년 한국산업기술평가원 이사장 2006~2008년 규제개혁위원회 위원 2006~2008년 한국공공선택학회 회장 2007~2009년 지식경제부 산업발전심의위원회 위원장 2008~2010년 산업은행 사외이사 2008~2010년 (재)바이오신약장기사업단 이사장 2008~2010년 기획재정부 공공기관운영위원회 위원 2009~2010년 청소년금융교육협의회 회장 2009년 한국백혈병어린이재단 이사장(현) 2010~2014년 서울대 총장 2012~2014년 서울대법인 초대이사장 2014~2015년 미국 스탠퍼드대 쇼렌슈타인(Shorenstein) Chaired Professor 2015년 울산대 총장(현) (상)홍조근정훈장(2005), 자랑스런 경기인상(2013), 청조근정훈장(2015), 한국과학기술단체총연합회 감사패(2016) (저)'재정과 경제복지(共)'(1989) '한국지방재정론'(1989) '한국조세론'(1992) '재정개혁의 전망과 재산세제의 개선과제'(1996) '한국병 : 고질병을 고쳐야 IMF 벗어난다(共)'(1998) '세계화시대의 국가정책(共)'(2004) '강한시장 건강한 정부'(2009) '대학이 희망이다'(2014) '함께하는 긍정'(2016) '결정의 미학'(2016) '결정의 리더십'(2016) '국가재정의 정치경제학'(2017) (종)가톨릭

오연호(吳連鎬) OH Yeon Ho

(생)1964·9·18 (출)전남 곡성 (주)서울특별시 마포구 월드컵북로 396 누리꿈스퀘어비즈니스타워 18층 (주)오마이뉴스(02-733-5505) (학)1988년 연세대 국어국문학과졸, 미국 리젠트대 대학원 국제저널리즘학과졸 2005년 언론학박사(서강대) (경)1988~1999년 월간 '말' 기자·취재부장 1995~1997년 同워싱턴특파원 2000년 (주)오마이뉴스 CEO 겸 대표기자(현) 2002년 한국인터넷신문협회 부회장 2006~2008년 同회장 (상)제5회 연세언론인상(2005) (저)'식민지의 아들에게'(1989) '더 이상 우리를 슬프게 하지 말라'(1990) 실록소설 '살아나는 임진강'(1992) '한국이 미국에게 당할 수 밖에 없는 이유'(1998) '노근리 그 후'(1999) '노무현, 마지막 인터뷰'(2009) '진보집권플랜(共)'(2010) '새로운 100년(共)'(2012) '정치의 즐거움(共)'(2013) (종)기독교

오영교(吳盈敎) OH Young Kyo

(생)1948·2·13 (본)보성(寶城) (출)충남 보령 (주)서울특별시 마포구 월드컵북로 396 누리꿈스퀘어 비즈니스타워 4층 한국산업기술문화재단 이사장실(070-5050-9101) (학)1966년 보문고졸 1973년 고려대 경영학과졸 1985년 同경영대학원졸 (경)1972년 행정고시 합격(12회) 1973년 국세청 사무관 1976년 제1무임소장관실 수도권인구정책조정실 서기관 1978년 공업진흥청 품질관리과장 1981~1983년 상공부 기업지도담당관·행정관리담당관 1983년 同수입관리과장 1985년 同수출진흥과장 1988년 同무역정책과장 1990년 駐일본 상무관 1992년 상공부 공보관 1993년 상공자원부 공보관 1994년 同중소기업국장 1994년 통상산업부 중소기업국장 1995년 중앙공무원교육원 파견 1997년 통상산업부 산업정책국장 1997년 중소기업청 차장 1998년 산업자원부 무역정책실장 1999년 同차관 2001~2005년 대한무역투자진흥공사 사장 2004년 대통령 정부혁신특별보좌관 2004년 한양대·고려대 겸임교수 2004년 정부혁신지방분권위원회 위원 2004년 혁신관리전문위원회 위원장 2005~2006년 행정자치부 장관 2006년 열린우리당 충남도지사 후보 2006년 대통령 정무특보 2007~2011년 동국대 총장 2011년 KB투자증권 사외이사 2011년 미래와세계 이사장 2012~2015년 한국산업기술미디어문화재단 이사장 2015년 한국산업기술문화재단 이사장(현) (상)은탑산업훈장(2002), 청조근정훈장(2006) (저)'거대기업 일본을 움직이는 일본통산성의 실체'(1994) '변화를 두려워하면 1등은 없다'(2003) '유쾌한 혁신'(2006) '변해야 변한다'(2012) (종)불교

오영교(吳永敎) OH Young Kyo

(생)1958·2·18 (출)서울 (주)강원도 원주시 흥업면 연세대길 1 연세대학교 미래캠퍼스 인문예술대학 역사문화학과(033-760-2256) (학)1981년 연세대 사학과졸 1983년 同대학원졸 1993년 문학박사(연세대) (경)1985~1994년 건국대·한양대 강사 1994년 연세대 사학과 교수 1995~1998년 同사학과장 1997년 同학보사 주간 1998~2013년 한국사연구회 이사 1999~2012년 강원문화재단 이사 2005년 한국역사문화학회 이사(현) 2005년 연세대 원주캠퍼스 학생복지처장 2007·2013~2015년 同원주캠퍼스 박물관장 2007년 同인문예술대학 역사문화학과 교수(현) 2008~2013년 원주문화재단 이사 2010~2012년 한국사회사학회 부회장 2011년 조선사연구회 이사(현) 2013년 한국사회사학회 이사(현) 2013년 대한감리회 정동제일교회 장로(현) 2015~2018년 연세대 인문예술대학장 2017~2018년 同학부교육원장 (상)연세학술상(2002) (저)'조선후기 향촌지배정책연구'(2001) '강원의 동족마을'(2004) '조선건국과 경국대전체제 형성'(2004) '조선후기 사회사연구'(2005) '강원감영연구'(2007) '실학파의 정치·사회개혁론'(2008) (종)기독교

오영국(吳永國) OH Yeong-Kook

(생)1966·9·20 (본)함양(咸陽) (출)전북 (주)대전광역시 유성구 과학로 169-148 국가핵융합연구소 KSTAR사업단(042-879-6000) (학)1985년 고창고졸 1989년 서울대 원자핵공학과졸 1991년 同대학원 원자핵공학과졸 1999년 공학박사(서울대) (경)1993~1999년 한국기초과학지원연구원 대형공동연구부 연구원 1999~2005년 同핵융합사업단 선임연구원·책임연구원 2004~2005년 同KSTAR핵융합장치자석시험팀장 2004~2012년 과학기술연합대학원대 핵융합기술전공 교수 2005년 국가핵융합연구소 KSTAR사업단 책임연구원(현) 2005~2018년 同부소장 2005년 同KSTAR운영사업단 공동실험연구부장 2012~2016년 한국원자력학회 양자공학및핵융합기술 연구부회장 2013년 국가핵융합연구소 KSTAR연구센터 부센터장 2013년 한국초전도저온공학회 이사 2018년 국가핵융합연구소 선임단장 2018년 국제핵융합실험로(ITER) 과학운전부장, 同건설부 Qualification&Assembly Coordinator(현) (상)국무총리표창(2009) (저)'Superconductors, Properties, Technology, and Applications(共)'(2012) (종)기독교

오영근(吳英根) OH Young Kun (송헌)

(생)1956 · 4 · 25 (본)해주(海州) (출)서울 (주)서울특별시 성동구 왕십리로 222 한양대학교 법학전문대학원(02-2220-0994) (학)1979년 서울대 법학과졸 1982년 同대학원졸 1988년 형법학박사(서울대) (경)1987~1992년 강원대 법대 교수 1988~1989년 독일 본대 방문연구교수 1992년 한양대 법학과 교수 1996년 소년법연구회 부회장 1997년 독일 Konstanz대 방문연구교수 2003~2007년 한국피해자학회 회장 2007~2008년 학교법인 세방학원 이사장(관선) 2008년 한국피해자학회 고문(현) 2008년 한국교정학회 부회장 2008년 한국소년정책학회 부회장 2011~2012년 한양대 법학전문대학원장 겸 법과대학장 2011년 서강직업전문학교 명예총장(현), 한양대 법학전문대학원 교수(현) 2012년 한국형사법학회 회장 2012년 대법원 국민참여위원회 위원 2012~2015년 同양형위원회 위원 2013~2014년 검찰개혁심의위원회 위원 2015년 대법원 국선변호정책심의위원회 위원장(현) 2016~2017년 한국교정학회 회장 2018년 한국소년정책학회 회장(현) (상)한국범죄방지재단 올해의 학술상(2015) (저)'형법총론'(2002) '형법각론'(2002) '로스쿨형법'(2009)

오영두(吳永斗)

(생)1975 · 6 · 7 (출)제주 (주)부산광역시 연제구 법원로 31 부산지방법원(051-590-1114) (학)1994년 제주제일고졸 1999년 한양대 법학과졸 (경)1998년 사법시험 합격(40회) 2001년 사법연수원 수료(30기) 2001년 軍법무관 2004년 부산지법 동부지원 판사 2008년 부산지법 판사 2011년 창원지법 통영지원 판사 2012년 부산고법 판사 2014년 부산가정법원 판사 2016년 대구지법 부장판사 2018년 부산지법 부장판사(현)

오영렬(吳榮烈)

(생)1973 (주)세종특별자치시 한누리대로 499 인사혁신처 인사관리국 인재개발과(044-201-8220) (학)서울대 국사학과졸 (경)2001년 행정고시 합격(45회), 중앙인사위원회 정책홍보담당관실 사무관 2008년 행정안전부 인력개발기획과 서기관, 인사혁신처 교육훈련과 근무 2015년 중앙공무원교육원 교육총괄과장 2016년 국가공무원인재개발원 교육총괄과장 2017년 인사혁신처 기획조정관실 창조법무감사담당관 2017년 대통령비서실 행정관 2019년 인사혁신처 인사관리국 인재개발과장(현)

오영민(吳英玟) OH Yong Min

(생)1968 · 12 · 7 (주)세종특별자치시 한누리대로 422 고용노동부 근로기준정책관실 고용차별개선과(044-202-7570) (학)1987년 제주제일고졸 1994년 서울대 수학과졸 (경)2000년 행정고시 합격(44회) 2011년 고용노동부 노사관계선진화실무지원단 팀장 2013년 원주고용노동지청장 2014년 고용노동부 임금 · 근로시간개혁추진단 팀장 2015년 同노사관계법제과장 2017년 통영고용노동지청장 2018년 해외 연수(과장급) 2019년 고용노동부 근로기준정책관실 고용차별개선과장(현)

오영상(吳英相) OH Young Sang

(생)1964 · 2 · 23 (출)경남 산청 (주)서울특별시 서초구 고무래로 6-6 선경빌딩 법무법인 에이스(02-3487-5000) (학)1982년 진주고졸 1986년 서울대 사법학과졸 (경)1986년 사법시험 합격(28회) 1989년 사법연수원 수료(18기) 1992년 서울지검 검사 1995년 창원지검 검사 1996년 법무부 법무심의관실 검사 · 서울지검 검사 2001년 대구지검 부부장검사 2002년 부산고검 검사 2002년 대구지검 경주지청 부장검사 2005년 법무법인 한결 변호사 2007년 법무법인 에이스 구성원변호사(현) 2012년 한국프로골프협회(KPGA) 회장 직대

오영석(吳永錫) Oh Young Seok

(생)1954 · 10 · 24 (주)경상북도 경주시 동대로 123 동국대학교 사회대학 행정경찰공공학과(054-770-2304) (학)1973년 광주고졸 1980년 연세대 지질학과졸 1982년 同행정대학원졸 1987년 미국 위스콘신그린베이대 대학원 행정학과졸 1992년 행정학박사(미국 노던일리노이대) (경)1992~1993년 국민대 · 연세대 강사 1993~1996년 동국대 행정학과 조교수 · 부교수 1996년 同사회대학 행정경찰공공학과 교수(현) 2000~2001년 한국행정학회 이사 2002~2004년 동국대 지역정책연구소장 2004~2005년 한국정부학회 이사 2006년 한국정책과학학회 부회장 2007년 동국대 경주캠퍼스 사회대학장 2007년 同사회과학대학원장 겸임 2018~2019년 同경주캠퍼스 인문대학장 2018년 同경주캠퍼스 사회과학대학원장 · 사회대학장 겸임(현) (저)'환경행정론' '환경자원정책론' '발전행정론' '지속가능발전과 지역사회' '갈등치유론(共)'(2012)

오영석(吳英石) Oh Young Suk

(생)1970 · 3 · 31 (주)서울특별시 용산구 원효로 138 청진빌딩 2층 한국통운(02-2206-1600) (학)1997년 서울대 경영학과졸 2002년 미국 듀크대 경영대학원졸 (경)2002년 AT커니 매니저 2005년 브리티쉬아메리칸토바코 이사 2014년 유진그룹 경영지원실장 2019년 한국통운 대표이사(현)

오영수(吳榮洙) OH Young Soo

(생)1952 · 5 · 30 (출)제주 서귀포 (주)제주특별자치도 제주시 태성로3길 4 제주신보(064-740-6114) (학)1998년 한양대 대학원 최고경영자과정 수료 (경)1990년 원남기업(주) 대표이사 사장(현) 1998년 제주특별자치도탁구협회 회장 2005년 제주특별자치도체육회 이사 2007년 (사)한중친선협의회 부회장 2008~2014년 제주상공회의소 부회장 2013년 대한탁구협회 감사 2013년 제주일보 회장 겸 발행인 2015년 제주상공회의소 상공의원 2015년 제주신보 회장 겸 발행인(현)

오영수(吳英秀) OH Young Soo

(생)1961 · 12 · 12 (출)전북 군산 (주)서울특별시 종로구 사직로8길 39 세양빌딩 김앤장법률사무소(02-3703-1745) (학)1987년 성균관대 경제학과졸 1989년 同대학원 경제학과졸 1994년 경제학박사(성균관대) (경)성균관대 경제학과 조교 1989~1995년 한국개발연구원(KDI) 연구원 · 주임연구원 1995~2003년 보험개발원 보험연구소 금융연구팀장 · 동향분석팀장 · 연구조정실장 2003~2007년 同보험연구소장 2004~2016년 한국보험학회 이사 2004~2015년 한국사회보장학회 이사 2004~2005년 재정경제부 금융발전심의위원회 위원 2005~2007년 한국금융학회 이사 2007~2008년 보험개발원 보험연구소 선임연구위원 2007~2008년 금융감독위원회 자체규제심사위원회 민간위원 2008~2011년 보험연구원 정책연구실장 2010~2018년 한국연금학회 이사 · 감사 2010~2011년 금융감독위원회 자체규제심사위원회 민간위원 2011년 보험연구원 고령화연구실장 2011년 김앤장법률사무소 고문(현) 2016년 한국보험학회 감사(현) (저)'사회환경변화와 민영보험의 역할(Ⅰ · Ⅱ · Ⅲ)'(1997 · 1998 · 1999) '보험회사 종합금융기관화 전략'(1997) '인구의 노령화와 민영보험의 대응'(2003) '건강보험 언더라이팅 선진화 방안'(2003) '은퇴혁명시대의 노후설계'(2004) '종합금융화시대의 보험산업 중장기 발전방안(共)'(2006) '노인장기요양보험 제도도입에 대응한 장기간병보험 운영방안'(2008) '보험분쟁의 재판외적 해결 활성화 방안'(2009) '보험회사 윤리경영 운영실태 및 개선방안'(2010) (역)'미국 금융자본의 지배구조'(1990) '지하경제의 정치경제학'(1991)

ㅇ

오영신(吳永信) OH Young Sin

(생)1969·10·18 (출)전남 목포 (주)서울특별시 양천구 신월로 390 서울남부지방검찰청 형사1부(02-3219-4524) (학)1988년 목포 마리아회고졸 1995년 서울대 공법학과졸 (경)1996년 사법시험 합격(38회) 1999년 사법연수원 수료(28기) 1999년 서울지검 북부지청 검사 2001년 대전지검 서산지청 검사 2002년 춘천지검 검사 2004년 서울중앙지검 검사 2006년 법무부 송무과 검사 2008년 대전지검 검사(헌법재판소 파견) 2011년 수원지검 성남지청 부부장검사 2014년 춘천지검 영월지청장 2015년 법무부 국가송무과장 2016년 서울북부지검 형사3부장 2017년 수원지검 안양지청 형사1부장 2018년 서울남부지검 형사1부장(현)

오영우(吳泳雨) OH, Yeong Woo

(생)1965·5·22 (출)대전 (주)세종특별자치시 갈매로 388 문화체육관광부 기획조정실(044-203-2201) (학)1984년 서대전고졸 1988년 서울대 지리학과졸 1991년 同행정대학원 정책학과 수료 2004년 미국 오레곤대 예술경영대학원졸 2012년 공학박사(고려대) (경)1990년 행정고시 합격(34회) 1991~2001년 문화관광부 행정사무관 2001년 同장관실 비서관(서기관) 2002~2003년 미국 오레곤대 국외훈련 2004년 문화관광부 문화전략TF팀장 2005년 同체육국 국제체육과장 2007년 同정책홍보관리실 혁신인사기획팀장 2008년 문화체육관광부 문화콘텐츠산업실 저작권정책과장(부이사관) 2009년 同통상협력팀장 직대 2009년 고려대 교육파견 2011년 문화체육관광부 기획행정관리담당관 2012년 同정책기획관(고위공무원) 2013년 국립국악원 기획운영단장 2014년 문화체육관광부 문화콘텐츠산업실 저작권정책관 2015년 국방대 교육파견 2017년 해외문화홍보원장 2017년 문화체육관광부 체육국장 2019년 同기획조정실장(현) (상)대통령표창(2006)

오영주(吳英宙) OH Young Joo

(생)1959·1·16 (출)서울 (주)서울특별시 강남구 논현로152길 10 삼화콘덴서그룹 비서실(02-2056-1515) (학)명지대 경영학과졸, 미국 루즈벨트대 대학원 경영학과졸 (경)1982년 삼화전자공업(주) 이사 1983년 삼화전기(주) 이사 1983년 삼화무역(주) 사장 1987년 삼화콘덴서공업(주) 상무 1993년 삼화전자공업(주) 부회장 1999년 삼화콘덴서그룹 회장(현) 2018년 삼화지봉장학재단 이사장(현)

오영준(吳泳俊) OH Young Joon

(생)1969·11·26 (출)대전 (주)서울특별시 서초구 서초대로 219 대법원 재판연구관실(02-3480-1100) (학)1988년 서울고졸 1992년 서울대 법과대학 사법학과졸 (경)1991년 사법시험 합격(33회) 1994년 사법연수원 수료(23기) 1994년 서울민사지법 판사 1996년 서울지법 북부지원 판사 1998년 전주지법 군산지원 판사 2000년 서울지법 의정부지원 판사 2002년 서울지법 판사 2006년 대법원 재판연구관 2011년 춘천지법 강릉지원장 2012년 대법원 재판연구관 2014년 서울중앙지법 부장판사 2016년 특허법원 부장판사 2018년 서울고법 부장판사 2019년 대법원 선임재판연구관(현)

오영진(吳英辰) OH, Young-Jin

(생)1964·2·25 (출)서울 (주)서울특별시 중구 세종대로 17 코리아타임스 디지털콘텐츠국(02-724-2715) (학)성균관대 화학공학과졸 (경)1988년 코리아타임스 입사 1999년 同경제부 기자 2000년 同경제부 차장대우 2001년 同정치부 차장 2003년 同정치부장 직대(차장) 2004년 同정치사회부장 직대 2005년 同경제부장 2007~2008년 대통령 해외언론비서관 2008년 코리아타임스 편집국 경제부장(부국장대우) 2009년 同편집국 사회부장 2010년 同편집국 경제부장 겸 부국장 2012년 同편집국장 2015년 同논설주간 2017년 同디지털콘텐츠국장(현) (종)기독교

오영탁(吳永鐸)

(생)1966·5·19 (주)충청북도 청주시 상당구 상당로 82 충청북도의회(043-220-5116) (학)단양공고졸, 대원대학 세무경영과졸 (경)(사)신단양지역개발회 사무국장, 바르게살기운동 단양군협의회 사무국장 2006·2010년 충북 단양군의회 의원(한나라당·새누리당) 2006~2008년 同부의장, (사)한국청소년육성회 단양지구 사무국장, 법무부 범죄예방위원·보호관찰위원, 통일부 통일교육위원, 민주평통 정책자문위원 2010~2012년 충북 단양군의회 의장 2010~2012년 중부내륙중심권의정협력회 회장 2012년 충북 단양군의회 예산결산특별위원장 2014년 충북 단양군의회 의원(새누리당·자유한국당), 중부내륙중심권의정협력회장 2018년 충북도의회 의원(자유한국당)(현)

오영태(吳榮泰) OH Young Tae

(생)1955·10·1 (출)부산 (주)경기도 수원시 영통구 월드컵로 206 아주대학교 교통시스템공학과(031-219-2537) (학)부산고졸 1981년 한양대 토목공학과졸 1983년 서울대 대학원 도시계획학과졸 1985년 미국 폴리테크닉대 대학원 교통공학과졸 1989년 교통공학박사(미국 폴리테크닉대) (경)1989~1993년 교통개발연구원 책임연구원·교통안전연구실장 1994년 대한교통학회 이사 1995~2013년 아주대 환경건설교통공학부 교통시스템공학전공 교수 1996~1997년 대한교통학회 상임이사 1996년 치안연구소 연구위원 1996년 수원시 도시계획위원 1997~1999년 대한교통학회 교통류분석분과 위원장 1998년 同상임이사 1998년 서울지방경찰청 교통사고재조사처리위원회 위원 1999년 대한교통학회 대외협력분과 위원장 2005년 同부회장 2009~2011년 同회장 2009년 아주대 교통ITS대학원장 2013~2014·2017년 同교통시스템공학과 교수(현) 2014~2017년 교통안전공단 이사장 2018년 아주대 산학부총장 겸 산학협력단장 (저)'교통관리체계'(1995) '교통수요관리'(1996) '주차관리기법'(1997) '교통환경 영향평가'(1998) '도로교통 및 신호체계'(1998)

오영택(吳泳澤) OH Young Taek

(생)1963·5·30 (출)서울 (주)경기도 수원시 영통구 월드컵로 164 아주대학교병원 방사선종양학과(031-219-5884) (학)1982년 서울고졸 1984년 연세대 의대졸 1988년 同대학원 의학석사 1995년 의학박사(연세대) (경)1988년 연세대 의대 인턴·치료방사선과학교실 전공의 1996~2008년 아주대 의과대학 치료방사선과학교실 연구강사·전임강사·조교수·부교수 2003~2005년 아주대의료원 기획조정실장 2005~2008년 아주대 의과대학 교육수련부장 2008~2012년 同의학부장 겸 교무부학장 2008년 同의과대학 방사선종양학교실 교수(현) 2011~2018년 同의과대학 방사선종양학교실 주임교수 겸 임상과장 2012~2014년 아주대병원 제2진료부원장 2014~2016년 아주대 의과대학 의학부장 겸 교무부학장 2018년 同의과대학장 겸 의학전문대학원장(현) (상)대한방사선과학회 우수포스터상(1997) (저)'챕터필집(共)'(2012)

오영표(吳永杓)

(생)1965·9·6 (출)전남 화순 (주)대전광역시 서구 둔산중로78번길 45 대전지방법원 총무과(042-470-1114) (학)1985년 광주제일고졸 1993년 서울대 공법학과졸 (경)1996년 사법시험 합격(38회) 1999년 사법연수원 수료(28기) 1999년 광주지법 판사 2002년 同목포지원 판사 2004년 광주지법

판사, 변호사 개업 2009년 대전고법 판사 2012년 대전지법 천안지원·대전가정법원 천안지원 판사 2015년 전주지법 부장판사 2017년 대전지법 부장판사(현)

오영훈(吳怜勳) OH Young Hun

(생)1968·12·14 (출)제주 (주)서울특별시 영등포구 의사당대로 1 국회 의원회관 715호(02-784-5621) (학)1984년 서귀포고졸 1994년 제주대 경영학과졸 2003년 同경영대학원 경영학과졸 (경)1993년 제주대 총학생회장 1995년 새정치국민회의 창당발기인 1997~2000년 제주4.3도민연대 사무국장 2001~2002년 새천년민주당 제주시지구당 부위원장 2002년 제주대총동창회 이사 2002~2004년 일도2동새마을문고 운영위원 2003~2004년 열린우리당 제주시지구당 정책실장 2004~2005년 同제주특별자치도추진위원회 간사 2004~2005년 강창일 국회의원 보좌관 2006·2010~2011년 제주특별자치도의회 의원(열린우리당·대통합민주신당·통합민주당·민주당), 同민주당 원내대표 2006~2009년 제주미래전략산업연구회 간사 2010~2011년 同대표 2010년 제주특별자치도의회 운영위원장 2010년 전국시·도의회운영위원장협의회 감사 2012~2015년 제주미래비전연구원 원장 2016년 더불어민주당 제주시乙지역위원회 위원장(현) 2016년 제20대 국회의원(제주시乙, 더불어민주당)(현) 2016~2017년 더불어민주당 원내부대표 2016년 더좋은미래 운영간사 2016년 더불어민주당 오직민생특별위원회 사교육대책TF팀 간사 2016~2018년 국회 교육문화체육관광위원회 위원 2016년 한·일의원연맹 간사(현) 2017년 더불어민주당 불자회 회장(현) 2017년 同원내대변인 2017년 국회 운영위원회 위원 2017년 더불어민주당 제19대 문재인 대통령후보 중앙선거대책위원회 공보단 대변인 2017~2019년 同정책위원회 부의장 2017년 대통령직속 기구 산하 '세종·제주자치분권·균형발전특별위원회' 부위원장 겸 제주특별자치도분과 위원장(현) 2018년 국회 농림축산식품해양수산위원회 위원(현) 2018년 국회 예산결산특별위원회 위원(현) 2018년 더불어민주당 제주특별자치도당 위원장(현) 2019년 同아프리카돼지열병예방대책특별위원회 부위원장(현) 2019년 同정책위원회 상임부의장(현) (상)한국지방자치학회 우수조례상 개인부문(2011)

오영희(吳榮姬·女)

(생)1969·3·22 (주)제주특별자치도 제주시 문연로 13 제주특별자치도의회(064-741-1937) (학)제주대 대학원 경영학 박사과정 수료 (경)국제로타리 3662지구 제주미담로타리클럽 회장, (사)녹색어머니회 제주연합회장, 자유한국당 중앙여성위원회 부위원장 2017년 同제주도당 홍보위원장 2017년 대한적십자사 전국대의원(현) 2018년 자유한국당 제주시乙당원협의회 운영위원장(현) 2018년 제주특별자치도의회 의원(비례대표, 자유한국당)(현) 2018년 同보건복지안전위원회 위원(현) 2018년 同운영위원회 위원(현)

오완석(吳完石) Oh Wan Seok

(생)1967 (출)대구 (주)대구광역시 남구 대명로 249 대구남부경찰서(1566-0112) (학)대구 심인고졸 1991년 경찰대 법학과졸(7기) (경)1991년 경위 임용 1999년 경감 승진 2005년 경정 승진 2010년 경북지방경찰청 여성청소년계장 2011년 同홍보계장(경정) 2014년 총경 승진 2014년 경북지방경찰청 경비교통과장(총경) 2015년 경북 포항북부경찰서장 2016년 경북지방경찰서 홍보담당관 2017년 대구 달성경찰서장 2018년 대구지방경찰청 경무과장 2019년 대구남부경찰서장(현) (상)행정자치부장관표창(2006), 대통령표창(2011)

오완석(吳完錫) OH Wan Seok

(생)1967·4·3 (본)해주(海州) (출)충남 태안 (주)경기도 수원시 장안구 장안로 134 경기도장애인체육회(031-248-9326) (학)1984년 천안 북일고졸 1992년 아주대 영어영문학과졸 (경)열린우리당 수원시당 청년위원장, 수원환경운동연합 시민참여위원, 수원자치시민연대 운영위원, 다산인권센터 회원, 김진표 국회의원 교육정책특별보좌관, 바르게살기운동경기도협의회 이사, 민주평통 자문위원, 법무법인 광명 송무실장, 경기복지시민연대 정책위원, 수원시배드민턴연합회 고문, (사)한국공공사회학회 부회장, 경기도장애인인권센터 운영위원, 경기도수화통역센터 운영위원장 2006년 경기도의원선거 출마(열린우리당) 2010년 경기도의회 의원(민주당·민주통합당·민주당·새정치민주연합) 2010년 同행정자치위원회 위원 2012년 同민주통합당 수석대변인 2012년 同기획재정위원회 위원 2014~2018년 경기도의회 의원(새정치민주연합·더불어민주당) 2014~2016년 同운영위원회 위원장 2014년 同농정해양위원회 위원 2014년 同새정치민주연합 수석부대표 2015~2016년 同더불어민주당 수석부대표 2015~2017년 同평택항발전추진특별위원회 위원 2015~2016년 경기도 경기연정실행위원회 위원 2015~2016년 同재정전략회의 위원 2016년 경기도의회 기획재정위원회 위원 2018년 경기도장애인체육회 사무처장(현) (상)매니페스토약속대상 최우수상(2012·2015), 한국지방자치학회 우수조례상 개인부문 우수상(2016), 2016 매니페스토약속대상 좋은조례분야(2017) (종)기독교

오완수(吳完洙) OH Wan Soo

(생)1939·10·13 (출)경북 의성 (주)부산광역시 사하구 하신번영로 69 대한제강(주) 회장실(051-220-3305) (학)1957년 경기고졸 1961년 고려대 경제학과졸 (경)1975~1992년 (주)대한상사 대표이사 1975년 부산시 시정자문위원 1985년 부산경영자협회 이사 1988년 부산상공회의소 부회장 1992년 부산시핸드볼협회 회장 1992년 대한제강(주) 회장(현) (상)국민훈장 석류장, 대통령표창, 국무총리표창, 부산시장 감사장, 제11회 부산수출대상 우수상, 제46회 무역의날 1억불 수출의 탑, 은탑산업훈장(2015)

오용근(吳龍根) Oh Yong-Geun

(생)1961·1·1 (출)전남 광산 (주)경상북도 포항시 남구 청암로 77 포항공과대학교 수학과(054-279-2054) (학)1983년 서울대졸 1988년 이학박사(미국 Univ. of California-Berkeley) (경)1988~1989년 미국 MSRI 박사후연구원 1989~1991년 미국 New York Univ. Courant Institute 전임강사 1991~1992·2001~ 2002·2012년 미국 프린스턴 고등연구소(IAS) Member 1991~2013년 미국 Univ. of Wisconsin 수학과 조교수·부교수·교수 1994년 Newton Institute 연구원 1998~2000년 고등과학원 전임교수 1999년 일본 교토대 RIMS 방문교수 2000~2008년 고등과학원 비전임교수 2004~2005년 미국 Stanford Univ. 방문교수 2009~2010년 국가수리과학연구소 초청방문교수 2010~2013년 포항공과대(POSTECH) 수학과 석학교수 2012년 同기초과학연구원(IBS) 기하학수리물리연구단장(현) 2012년 미국수학회(American Mathematical Society) 초대 펠로우 선정 2013년 포항공과대(POSTECH) 수학과 교수(현) 2014년 한국과학기술한림원 정회원(이학부·현) (상)미국 Univ. of California-Berkeley Friedman 상(1988), 과학기술부 한림원 젊은과학자상(2000), 미국 Univ. of Wisconsin Vilas Associate 연구상(2002~2004), 미국 Univ. of Wisconsin Chair's Van Vleck Professorship(2007~2011), 경암교육문화재단 경암학술상 자연과학부문(2012) (저)'Lagrangian intersection Floer theory : anomaly and obstruction. Part I & II'(2009, Mathematics Society) 'Symplectic Topology and Floer Homology I & II'(2015, Cambridge University Press)

오용석(吳勇錫) OH Yong Suk

(생)1951 · 10 · 25 (출)전남 무안 (주)서울특별시 강남구 테헤란로 133 한국타이어빌딩 법무법인 태평양(02-3404-0121) (학)1976년 고려대 법학과졸 1985년 미국 하버드대 로스쿨졸(LL.M.) (경)1978년 사법시험 합격(20회) 1980년 사법연수원 수료(10기) 1985~1986년 미국 Whitman & Ransom 법률사무소 변호사 1986년 미국 뉴욕주 변호사자격 취득 1987년 법무법인 태평양 변호사 · 고문(현) 1995~1996년 대법원 행정심판위원 1996년 대한상사중재원 중재위원(현) 1996년 미국 Univ. of Washington Law School Visiting Scholar 1999~2001년 금융감독위원회 정책평가위원 1999~2001년 금융감독원 금융분쟁조정위원 2002~2005년 금융감독위원회 증권선물위원회 비상임위원 2007~2009년 한국자산관리공사 비상임이사 2008년 대한변호사협회 이사 2011~2013년 대한중재인협회 부회장

오용수(吳容守) OH Young Su

(생)1965 · 10 · 15 (출)서울 (주)세종특별자치시 가름로 194 과학기술정보통신부 정보보호정책관실(044-202-6410) (학)1989년 서울대 공법학과졸 (경)1993~2000년 종합유선방송위원회 근무 2003년 방송위원회 유선방송부장 2005년 同방송통신구조개편기획단 팀장 2007년 同방송정책실 정책1부장 2008년 방송통신위원회 방송통신융합정책실 방송위성기술과장(서기관) 2009년 同전파방송관리과장 2010년 同방송통신진흥정책과장 2012년 同전파정책기획과장 2012년 同전파정책기획과장(부이사관) 2013년 미래창조과학부 방송통신융합실 전파정책기획과장 2013년 同방송통신융합실 방송산업정책과장 2016년 민 · 관 · 군 사이버위협합동대응팀장 파견(고위공무원) 2017년 국립외교원 교육훈련(고위공무원) 2018년 서울전파관리소장 2018년 과학기술정보통신부 정보보호정책관(현)

오용진(吳龍鎭) OH YONG GIN

(생)1965 · 12 · 15 (본)보성(寶城) (출)충북 청주 (주)서울특별시 강남구 도산대로 449 (주)신세계인터내셔날 임원실(02-3440-1001) (학)1984년 충북 세광고졸 1989년 서강대 경제학과졸 (경)1991년 (주)신세계 백화점 입사 2010년 同백화점부문 관리담당 경영관리팀 수석 2012년 同재무담당 상무보 2014년 同재무담당 상무 2019년 (주)신세계인터내셔날 지원담당 부사장보(현)

오우택(吳禹澤) OH Uh Taek

(생)1955 · 6 · 29 (출)경북 김천 (주)서울특별시 성북구 화랑로14길 5 한국과학기술연구원 뇌과학연구소(02-958-7031) (학)1974년 경북고졸 1978년 서울대 약학과졸 1982년 同대학원 약학과졸 1987년 의학박사(미국 오클라호마대) (경)1987~1988년 미국 텍사스주립대 의대 갈베스톤분교 연구원 1993~2016년 서울대 약학과 조교수 · 부교수 · 교수 1994년 미국 시카고대 의대 교환교수 1995년 대한약학회 편집간사 1996년 한국생화학회 재무간사 1997년 통증발현연구단(창의적연구진흥과제) 연구단장 1998~2003년 Neuroscience Letters 편집위원 1998~1999년 한국뇌학회 홍보이사 1999년 과학기술부 뇌연구실무추진위원 2001년 식품의약품안전청 연구초청자문위원 2003년 차세대성장동력바이오분과기획단 기획위원 2004년 한국생화학회 분자생물학회 간사장 2004년 아시아통증학회 간사장 2004년 학술진흥재단 학술연구심사평가위원 2004년 한국과학기술한림원 정회원(현) 2005~2007년 제19차 Seoul FAOBMB Conference 준비위원회 사무총장 2006년 한국뇌과학회 부회장 2006년 서울대 생명공학공동연구원 부원장 2007~2008년 대한약학회 부회장 2007년 Federation of Asian Oceanian Biochemistry & Molecular Biology Treasurer 2009~2016년 서울대 융합과학기술대학원 분자의학및바이오제약학과 교수, 한국뇌신경과학회 이사장 2011년 바이오 · 의료기술개발사업 위원장 2011~2013년 한국과학기술한림원 선도과학자지원위원회 위원 2011년 한국WCU협의회 회장 2013~2017년 한국파스퇴르연구소 이사장 2015년 한국뇌신경과학회 회장 2017년 한국과학기술연구원(KIST) 뇌과학연구소장(현) 2018년 생화학분자생물학회 회장 (상)한국과학기술단체총연합회 과학기술우수논문상(1997), 남양알로에 생명약학 학술상(2005), 특허기술상 세종대왕상(2005), 대한민국학술원상 자연과학부문(2006), 교육과학기술부 · 한국과학재단 선정 3월의 과학기술자상(2009), 한국과학상 생명과학부문(2010), 대한민국 최고과학기술인상(2010), 한국생화학분자생물학회 DI학술상(2013), 호암상 의학상(2019) (저)'The Current Topics in Membranes. Vol 57, The Nociceptive Membrane. Editor : Uhtaek Oh, Elsevier, New York'(2006) (종)기독교

오우택(吳宇澤) AUO Woo Taek

(생)1962 · 7 · 11 (출)서울 (주)서울특별시 영등포구 여의대로 24 한국투자캐피탈(02-2055-4510) (학)1981년 대일고졸 1986년 서강대 경영학과졸 1990년 미국 컬럼비아대 경영대학원졸 (경)영화회계법인 회계사, Bankers Trust Company 부지점장 2000년 굿모닝투자신탁운용 이사 2003~2004년 동원금융지주 상무보 2004년 동원증권(주) 리스크관리본부장(부사장) 2005년 한국투자금융지주(주) 리스크관리본부장(전무) 2007년 한국투자증권(주) RM · Compliance본부장(전무) 2008~2014년 同RM실 · 리스크관리본부장(전무) 2014년 한국투자캐피탈 대표이사(현)

오욱환(吳旭煥) OH Wook Hwan

(생)1960 · 2 · 10 (본)해주(海州) (출)경기 수원 (주)서울특별시 서초구 서초중앙로 69 르네상스빌딩 1402호 한원 국제법률사무소(02-3487-3751) (학)1976년 수원 수성고졸 1981년 성균관대 법학과졸 1986년 同대학원 법학과졸 1996년 법학박사(성균관대) (경)1982년 사법시험 합격(24회) 1984년 사법연수원 수료(14기) 1985년 육군 군법무관 1986~1988년 육군사관학교 교수부 강사 · 전임강사 1988년 변호사 개업 1994년 성균장학회 감사 1995년 서울지검 행정심판위원 1997년 대한상사중재원 중재인(현) 1998년 언론개혁시민연대 법률지원본부 실행위원 1999년 대한변호사협회 공보이사 2000년 대한변협신문 편집인 2000년 기업법학회 이사 2000년 건설교통부 공제분쟁조정위원 2001~2002년 캐나다 브리티쉬컬럼비아대 법과대학 Visiting Scholar · 부연구원 2003년 서울지방변호사회 총무이사 2003년 언론중재위원회 서울제1중재부 중재위원 2004년 서울가정법원 가사소년제도개혁위원회 위원 2005~2007년 대한변호사협회 사무총장 겸 총무이사 2005년 영상물등급위원회 감사(3기) 2005년 용인시 고문변호사 2005년 사법시험 3차시험위원 2006년 성균관대 겸임교수 2007년 일본 도쿄대 대학원 법학정치학연구과 객원연구원 2008년 한국교원단체총연합회 변호인단 위원 2008년 인간교육실현학부모연대 이사 2008년 한국외국어대 강사 2011~2013년 서울지방변호사회 회장 2011년 사법연수원 운영위원 2012년 국민권익위원회 국민권익자문위원 2012년 서울중앙지법 조정위원 2013년 한원 국제법률사무소 변호사(현) 2013년 고려대 법과대학 겸임교수(현) 2013년 성균관대 법과대학 겸임교수 2013년 법무부 검사징계위원회 위원 2015년 중앙행정심판위원회 비상임위원(현) 2016년 보건복지부 감사자문위원(현) 2017년 해주오씨대동종친회장 2017년 (사)월드투게더 이사 2017년 한국소비자원 분쟁위원회 위원 2018년 KT야구단 홍보대사 (상)서울지방변호사회장표창(1996), 서울지방변호사회 공로상(2008) (저)'군법개론(共)'(일신사) '핵심법률용어사전(共)'(2005, 청림출판) '주식회사의 감사제도(共)'(상장회사협의회) '한국법개설'(共) (종)불교

오운열(吳雲烈) Oh Woonyul

(생)1962 · 5 · 29 (출)광주 (주)세종특별자치시 다솜2로 94 해양수산부 해양정책실(044-200-5200) (학)동신고졸, 전남대 영어영문학과졸 (경)1993년 행정고시 합격(37회) 2005년 해양수산부 정책기획팀장(서기관) 2009년 공공주택건설추진본부 파견 2011년 국토해양부 해양정책과장(서기관) 2012년 同해양정책과장(부이사관) 2013년 해양수산부 운영지원과장(부이사관) 2014년 同여수유류오염사고수습대책단장(부이사관) 2014년 여수지방해양항만청장 2015년 여수지방해양수산청장 2015년 해양수산부 어촌양식정책관(고위공무원) 2017년 국정기획자문위원회 파견(고위공무원) 2017년 해양수산부 해사안전국장 2018년 同항만국장 2019년 同해양정책실장(현)

오웅진(吳雄鎭) OH Woong Jin (꽃동네)

(생)1945 · 8 · 20 (출)충북 청원 (주)충청북도 청주시 서원구 현도면 상삼길 133 학교법인 꽃동네현도학원 이사장실(043-270-0138) (학)1974년 광주가톨릭대졸 1976년 同대학원졸 1992년 명예 문학박사(서강대) 2002년 명예 철학박사(대구대) (경)1976년 사제 서품 · 청주 수동천주교회 보좌신부 1976년 충북 음성 금왕천주교회 주임신부 1976~2000년 음성꽃동네 설립 · 회장 1992년 가평꽃동네 설립 1999~2000년 꽃동네현도사회복지대 초대 총장 2000~2003년 천주교수도회 예수의 꽃동네형제회 사제 2008~2011년 꽃동네현도사회복지대 이사장 2009 · 2011년 대통령직속 사회통합위원회 위원 2010~2018년 한국에이즈예방재단 이사장 2011년 학교법인 꽃동네현도학원 이사장(현) 2018년 한국에이즈예방재단 부이사장(현) (상)문화방송(MBC) 문화시민상(1984), 동아일보 인촌상(1987), 국민훈장 동백장(1991), 필리핀막사이사이재단 막사이사이상(1996), 자랑스런 충북도민상(1996), 알리안츠생명 올해를 빛낸 한국인상(2004), 유한재단 유일한상(2009), 한국사회복지협의회 전국사회복지전진대회본상(2009) (종)천주교

오웅탁(吳雄鐸) OH Woong Tak

(생)1948 · 6 · 19 (출)전남 화순 (주)서울특별시 성동구 왕십리로 222 학교법인 한양학원(02-2220-0003) (학)1966년 조선대부고졸 1972년 한양대 경제학과졸 1974년 同대학원 경제학과졸 1983년 경제학박사(한양대) (경)1976~1990년 한양대 상경대학 무역학과 전임강사 · 조교수 · 부교수 1986년 同무역학과장 1990~1995년 同상경대학 무역학과 교수 1995~2013년 同경제금융학부 교수 1999년 同경제연구소장 2001년 同기획조정처장 2001~2002년 한국관세학회 회장 2006년 한양대 재무처장 2008 · 2010~2011년 同총무처장 2011~2012년 同경영부총장 2013~2016년 同경제금융학부 명예교수 2016년 학교법인 한양학원 이사(현) (상)홍조근정훈장(2013) (저)'무역학개론'(1995) '금융불안정성과 한국경제'(2004)

오원만(吳源萬) OH Won Mann (後素)

(생)1960 · 4 · 9 (본)해주(海州) (출)전남 목포 (주)광주광역시 북구 용봉로 33 전남대학교치과병원 치과보존과(062-530-5572) (학)1979년 금호고졸 1985년 전남대 치과대학 치의학과졸 1988년 同대학원 치의학과졸 1995년 치의학박사(전북대) (경)1985~1988년 전남대병원 치과 인턴 · 레지던트 1988~1991년 육군 군의관 1991년 전남대 치과대학 시간강사 1991~2003년 同치과대학 전임강사 · 조교수 · 부교수 · 교수 1991년 대한치과보존학회 회원(현) 1993년 일본 東北大 치학부 객원교수 1993~2001 · 2007~2011년 전남대병원 치과진료처 보존과장 1995년 미국 AAE 회원(현) 1997년 국제치과연구학회(IADR) 회원 1997년 미국 미네소타대 research fellow 1997~1998년 미국 UTHSC at San Antonio대 Research Fellow 1999~2001년 전남대 평의원 · 서기간사 2001~2003년 同치과대학 부학장 · 치의학과장 2001~2003년 同대학원 주임교수 2002~2006년 대한치과보존학회 국제이사 2003~2005년 전남대 치과대학 치과보존학교실 교수 2003~2005년 同치과대학장 2003~2007년 전남대병원 이사 2004~2006년 근관치료학회 국제이사 2005년 전남대 치의학전문대학원 치과보존학교실 교수(현) 2005~2007년 同치의학전문대학원장 위원 2006~2007년 치의학전문대학원2단계 BK21 사업단장 2009~2013년 아름다운가게헌책방 광주북구운영위원장 2010년 광주환경운동연합 감사 2011~2013년 전남대치과병원 병원장 겸 치과진료처장 2011년 대한치과보존학회 부회장 2013~2014년 금호고총동문회 회장 2014~2015년 대한치과근관치료학회 부회장 2017년 대한치과보존학회 회장(현) (상)보건복지부장관표창(2013), 광주광역시미술대전 입상(2013 · 2014), 전남미술대전 입상(2013 · 2014), 무등미술대전 입상(2013 · 2014), 한국문인화대전 입상(2014) (저)'근관치료학(共)'(1996) '치과보존학(共)'(1999) '근관치료학 개정(共)'(2001) '치과진료처 임상실습 지침서(共)'(2010) '최신근관치료학(共)'(2011) '4학년 임상실습 지침서'(2011) (역)'치과보존학(共)'(1999) 'Pathways of The Pulp(共)'(1999) '임상가를 위한 외과적 근관치료학(共)'(2002) 'Pathways of The Pulp 8판(共)'(2003) 'Pathways of The Pulp 9판(共)'(2007) 'Pathways of The Pulp 10판(共)'(2011)

오원만(吳元晩) OH WON MAN

(생)1975 · 6 · 7 (본)함양(咸陽) (출)경북 영양 (주)세종특별자치시 도움6로 11 국토교통부 첨단항공과(044-201-4307) (학)1994년 경북 경안고졸 1999년 서울대 토목공학과졸 2002년 同대학원 지구환경시스템공학부졸 2018년 교통공학박사(영국 사우스햄프턴대) (경)2000년 기술고시 합격(36회) 2001년 해양수산부 항만개발과 사무관 2003년 육군사관학교 토목공학과 전임강사 2006년 해양수산부 항만민자계획과 사무관 2008년 국토해양부 광역도시도로과 사무관 2010년 同간선도로과 서기관 2011년 익산지방국토관리청 도로시설국장 2012년 대통령 국토해양비서관실 행정관 2013~2014년 서울지방항공청 공항시설국장 2014~2017년 국외훈련(영국 사우스햄프턴대) 2018년 국토교통부 평창동계올림픽중앙지원반장 2018년 同첨단항공과장(현) (상)국무총리표창(2009), 근정포장(2013)

오원석(吳元錫) OH, won suk

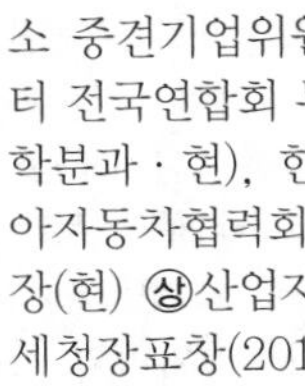

(생)1953 · 2 · 14 (본)해주(海州) (출)서울 (주)경기도 안성시 원곡면 섬바위길 23 코리아에프티(주) 회장실(070-7093-1500) (학)1971년 경기고졸 1975년 서울대 기계공학과졸 (경)1974~1980년 현대양행(주) 입사 · 설계실 대리 1982~1987년 대우조선해양(주) PLANT · 산업기술영업부장 1987~1996년 코리아에어텍(주) 부사장 1996년 코리아에프티(주) 대표이사 회장(현), 경기지방경찰청 경찰발전위원장, 대한기계학회 부회장 2012~2018년 안성상공회의소 회장 2012년 (사)평택안성범죄피해자지원센터 이사장(현) 2013년 대한상공회의소 중견기업위원회 부위원장(현) 2014년 (사)범죄피해자지원센터 전국연합회 부회장(현) 2016년 한국공학한림원 정회원(기계공학분과 · 현), 한국엔지니어스클럽 부회장(현) 2019년 현대 · 기아자동차협력회 회장(현) 2019년 자동차부품산업진흥재단 이사장(현) (상)산업자원부장관표창(2004), 법무부장관표창(2009), 관세청장표창(2010), 지식경제부장관표창(2010), 경기도지사표창(2012), 동탑산업훈장(2012), 고용노동부장관표창(2013), 매경미디어그룹 2013대한민국창조경제리더 글로벌부문(2013), 2014한국의 영향력 있는 CEO 글로벌경영부문대상(2014), 매일경제 선정 '대한민국 글로벌 리더'(2014 · 2015), TV조선 선정 '한국의 영향력 있는 CEO'(2015), 모범납세자 기획재정부장관표창(2016) (종)기독교

오원세(吳元世)

(생)1964 · 12 · 12 (주)부산광역시 연제구 중앙대로 1001 부산광역시의회(051-888-8311) (학)2007년 부산대 대학원 NGO학 석사과정 제적(3년) (경)온누리출판기획 대표, 참여연대 회원, 부산NGO포럼 회원, 청와대 인사수석실 행정관, 극동대 특임교수(현) 2018년 부산시의회 의원(더불어민주당)(현) 2018년 同해양교통위원회 부위원장(현) 2018년 同운영위원회 위원(현) 2018년 同남북교류협력특별위원회 위원(현) 2018년 同시민중심도시개발행정사무조사특별위원회 위원장(현) 2018년~2019년 同부산시산하공공기관장후보자인사검증특별위원회 위원

오원일(吳元一) OH Won Il

(생)1962 · 10 · 2 (주)경기도 성남시 분당구 대왕판교로644번길 21 메디포스트(주) 연구개발본부(02-3465-6677) (학)1981년 서울 경신고졸 1987년 서울대 의대졸 1995년 同대학원 의학석사 1999년 의학박사(서울대) (경)서울아산병원 진단검사의학과 전문의, 삼성서울병원 진단검사의학과 전문의, 삼성서울병원 조교수 2004년 메디포스트(주) 연구소장(이사) 2017년 同연구개발본부장(부사장)(현) (상)교육과학기술부장관표창(2009), 보건복지부장관표창(2013)

오원찬(吳元贊)

(생)1975 · 7 · 10 (출)강원 춘천 (주)경기도 의정부시 녹양로34번길 23 의정부지방법원 총무과(031-828-0102) (학)1994년 강원대사대부고졸 1999년 한양대 법학과졸, 同대학원 행정학과졸 (경)1999년 사법시험 합격(41회) 2002년 사법연수원 수료(31기) 2002년 軍법무관 2005년 전주지법 판사 2008년 의정부지법 판사 2012년 서울북부지법 판사 2014년 서울중앙지법 판사 2014년 법원행정처 사법정책심의관 겸임 2015년 서울북부지법 판사 2017년 창원지법 부장판사 2019년 의정부지법 부장판사(현)

오유방(吳有邦) OH You Bang

(생)1940 · 9 · 18 (본)보성(寶城) (출)충북 청주 (주)서울특별시 종로구 새문안로 91 고려빌딩 613호 법무법인 광화문(02-739-2550) (학)1959년 청주고졸 1963년 서울대 법대졸 1965년 同사법대학원 수료 1984년 미국 버클리대 수학 (경)1963년 고시 행정과 · 사법과 합격 1965년 육군 법무관 1968년 변호사 개업 1973년 제9대 국회의원(서울 서대문구, 민주공화당) 1973년 대한하키협회 회장 1979년 제10대 국회의원(서울 서대문구, 민주공화당) 1979년 민주공화당 대변인 1982년 미국 버클리대 객원연구원 1984년 국정교과서(주) 이사장 1988년 제13대 국회의원(서울 은평甲, 민주정의당 · 민자당) 1988년 국회 법률개폐특별위원회 위원장 1988년 민주정의당 윤리위원장 1988년 同중앙집행위원 1990년 민자당 서울은평甲지구당 위원장 1990년 同당무위원 1990년 同당기위원 1991년 (재)유민장학재단 이사장 1995년 국민회의 서울용산지구당 위원장 1996년 법무법인 광화문 대표변호사(현) 1997~1998년 아 · 태평화재단 후원회장 2015~2017년 대한민국헌정회 법률고문 (종)천주교

오윤식(吳錀植)

(생)1973 (주)충청북도 음성군 맹동면 용두로 54 한국소비자원 소비자분쟁조정위원회(043-880-5643) (학)1992년 전주신흥고졸 2000년 한양대 법학과졸 (경)2002년 사법시험 합격(44회) 2005년 사법연수원 수료(34기) 2005년 변호사 개업 2005년 법무법인 솔로몬 변호사 2008~2009년 합동법률사무소 참터 변호사 2009년 용산 철거민 사망사건 진상조사단 법률지원팀장, 대원 법률사무소 변호사, 법률사무소 로정 대표 변호사 2013년 법무법인 공간 변호사(현) 2016년 서울교통공사 비상임이사 2018년 한국소비자원 소비자분쟁조정위원회 상임위원(현) (상)민주사회를위한변호사모임 모범회원상(2009)

오윤용(吳允鏞) O Yun Yong

(생)1963 (본)동복(同福) (출)전북 남원 (주)세종특별자치시 정부2청사로 13 해양경찰청 기획조정관실(044-200-2114) (학)1982년 전북 인월고졸 1984년 군산수산전문대졸 2007년 군산대 해양생산학과졸 2012년 인하대 정책대학원 행정학과졸(석사) (경)2001~2002년 군산해양경찰서 경비구난계장 2006년 同경무기획계장 2007~2008년 해양경찰청 경비구난국 상황실장 2010년 同기획조정관실 인사팀장 2011년 同장비기술국 전략사업과장(총경) 2013~2014년 제주해양경찰서장 2014년 국민안전처 제주지방해양경비안전본부 제주해양경비안전서장 2015년 同해양경비안전본부 해양경비과장 2017년 同포항해양경비안전서장 2017년 동해지방해양경찰청 포항해양경찰서장 2017년 서해지방해양경찰청 안전총괄부장(경무관) 2018년 해양경찰청 기획조정관(치안감)(현) (상)모범공무원 국무총리표창(1997), 해양수산부장관표창(2004), 대통령표창(2009)

오윤헌(吳胤憲) Oh Yun Heon (樹山)

(생)1959 · 2 · 21 (본)해주(海州) (출)부산 (주)서울특별시 강동구 성내로 15 삼육빌딩 407호 씨오머신(주)(02-6214-6001) (학)1978년 배정고졸 1983년 동의대 기계설계학과졸 (경)인지컨트롤스(주) 품질경영부장, GE Sensing Korea 상무이사, 인지개성(주) 법인장, (주)인지디스플레이 상무이사, 천진인지기차배건(유) 총경리 2009~2011년 (주)세라트론 대표이사 2012~2013년 (주)올레스코 대표이사 2014년 씨오머신(주) 대표이사(현) (종)기독교

오은택(吳恩澤) OH EUN TAEK

(생)1970 · 1 · 24 (본)동복(同福) (출)부산 (주)부산광역시 연제구 중앙대로 1001 부산광역시의회(051-888-8132) (학)부산중앙고졸, 경성대 법정대학 행정학과졸, 부경대 국제대학원졸 (경)2006 · 2010~2014년 부산시 남구의회 의원(한나라당 · 새누리당), 同운영위원회 위원장, 부산시 남부교육지원청 학교운영위원협의회장, 남구신문 편집위원, (사)한자녀더갖기운동연합 부산 남구지부장, 경성대총동문회 부회장, 새누리당 부산남구乙당원협의회 미래청년포럼 위원장, 백혈병어린이돕기 한울타리 후원회장, 밝은미래시민포럼 운영위원, 오륙도신문 아동분과위원장, 부산시 남구의회 예산결산특별위원회 위원장, 同교육지원심의위원회 위원, 분포중 운영위원장 2014~2018년 부산시의회 의원(새누리당 · 자유한국당) 2014년 同교육위원회 부위원장 2014 · 2016년 同운영위원회 위원 2014년 同예산결산특별위원회 위원 2014~2016년 새누리당 부산시당 홍보위원장 2016년 부산시의회 운영위원회 부위원장 2016~2018년 同교육위원회 위원 2018년 同운영위원장 2018년 부산시의회 의원(자유한국당)(현) 2018년 同자유한국당 교섭단체대표(현) 2018년 同경제문화위원회 부위원장(현) (상)전국시 · 도의회의장협의회 우수의정 대상(2016) (종)기독교

오인서(吳仁瑞) OH In Seo

(생)1966 · 12 · 24 (출)서울 (주)서울특별시 도봉구 마들로 747 서울북부지방검찰청 총무과(02-3399-4548) (학)1985년 동성고졸 1990년 고려대 법학과졸 1993년 同대학원졸 (경)1991년 사법시험 합격(33회) 1994년 사법연수원 수료(23기) 1994년 軍법무관 1997년 전주지검 검사 1999년 대전지검 천안지청 검사 2000년 수원지검 검사 2002년 서울지검 검사

2004년 서울중앙지검 검사 2005년 부산지검 검사 2006년 同부부장검사 2007년 대전지검 서산지청 부장검사 2008년 광주지검 공안부장 2009년 대전지검 논산지청장 2010년 법무부 공안기획과장 2011년 서울중앙지검 형사7부장 2012년 수원지검 형사2부장 2013년 창원지검 통영지청장 2014년 의정부지검 고양지청 차장검사 2015년 법무부 감찰담당관 2016년 서울동부지검 차장검사 2017년 광주고검 차장검사(검사장급) 2018년 대검찰청 공안부장(검사장급) 2019년 서울북부지검장(현)

오인철(吳寅哲) O In Cheol (가람)

[생]1967·5·24 [출]충남 천안 [주]충청남도 예산군 삽교읍 도청대로 600 충청남도의회(041-635-5057) [학]수원공고졸, 강남대 부동산학과졸 2010년 부동산학박사(강남대) [경]한국건설연구소 책임연구원, 강남대 부동산학과 겸임교수 2014~2018년 충남도의회 의원(새정치민주연합·더불어민주당) 2014~2015년 同충청권상생발전특별위원회 위원 2014~2015년 同예산결산특별위원회 위원 2014년 同안전건설해양소방위원회 위원 2015~2016년 同윤리특별위원회 위원 2016~2018년 同교육위원회 위원 2016~2018년 同내포문화권발전지원특별위원회 부위원장 2018년 충남도의회 의원(더불어민주당)(현) 2018년 同교육위원회 위원장(현) [저]'부동산공시론(共)'(2010, 신광문화사) [종]기독교

오인택(吳仁澤) OH In Taek

[생]1952·10·29 [출]제주 [주]제주특별자치도 제주시 연북로 33 제주신용보증재단 이사장실(064-758-5740) [학]제주제일고졸 [경]1971년 공직 입문 2003년 제주특별자치도 농수축산국 감귤과장 직대 2005년 同특별자치팀장 겸임 2005년 同제주특별자치담당관 2006년 同기획관 직대 2006년 同정책기획관 2007년 同인력개발원장 2008년 제주시 부시장 직대 2009년 제주특별자치도 특별자치도추진단장(지방부이사관) 2010년 同경영기획실장(국장급) 2018년 제주신용보증재단 이사장(현)

오인환(吳隣煥) OH In Whan

[생]1939·1·1 [본]해주(海州) [출]서울 [학]1959년 경기고졸 1965년 한국외국어대 불어과졸 1979년 프랑스 파리2대학 수료 [경]1964년 한국일보 기자 1977년 同외신부 차장 1980년 同사회부 차장 1982년 同사회부장 1985년 同정치부장 1987년 同편집국 부국장 1987년 同편집국 차장 1988년 同편집국장 1990년 同편집국장(이사대우) 1990년 同주필 겸 이사 1992년 민자당 총재 정치특보 1993~1998년 공보처 장관 [상]청조근정훈장(2003) [저]'파리의 지붕밑' '조선왕조에서 배우는 위기관리의 리더십'(2003) '고종시대의 리더십'(2008) [역]'권력의 종말'

오인환(吳仁煥) OH In Hwan

[생]1957·9·14 [본]해주(海州) [출]인천 [주]서울특별시 강남구 테헤란로7길 22 한국과학기술단체총연합회 신에너지포럼(02-3420-1200) [학]1975년 제물포고졸 1979년 서울대 화학공학과졸 1981년 한국과학기술원(KAIST) 화학공학과졸(석사) 1991년 공학박사(미국 퍼듀대) [경]1981~1985년 한국과학기술연구원 연구원 1991년 미국 Carnegie Mellon Univ. 화학공학과 연구원 1991년 한국과학기술연구원 책임연구원(현) 1999년 한국화학공학회 종신회원·평의원(현) 1999~2001년 IEA 실행위원회 AFC·AnnexXI(연료전지) 한국대표 2003년 한국과학기술연구원 환경공정연구부장 2004~2006년 同연구조정부장 2004~2016년 과학기술연합대학원대(UST) 에너지환경융합과정 겸임교원 2008~2010년 IEA 실행위원회 ECES(에너지저장) 한국대표 2009년 과학기술정보통신부 이산화탄소포집및처리연구개발센터 이사(현) 2011~2016년 한국연구재단 신기술융합형성장동력사업 자기냉각액화물질융합연구단장 2012~2016년 한국과학기술연구원 녹색도시기술연구소장 2012~2016년 한국수소및신에너지학회 사업이사·부회장·감사 2016~2019년 한국과학기술연구원 녹색기술센터 소장 2016년 국회기후변화포럼 이사 2016년 한국연구기관장협의회 회장(현) 2016년 국가기술표준원 수소에너지 전문위원회 위원(현) 2017년 한국수소및신에너지학회 회장 2017년 수소융합얼라이언스 추진단 감사(현) 2017년 녹색성장위원회 위원(현) 2017년 한국환경한림원 회원(현) 2017년 한국과학기술단체총연합회 신에너지포럼 공동위원장(현) 2018년 한국수소및신에너지학회 명예회장(현) [상]인천시 과학기술상 기술부문금상(2005), 과학기술훈장 혁신장(2015)

오인환(吳仁煥) OH In Hwan

[생]1958·9·15 [주]서울특별시 강남구 테헤란로 440 포스코센터 (주)포스코(02-3457-0114) [학]1982년 경북대 사회학과졸 1985년 연세대 대학원 경제학과졸 [경]1981년 포항제철 입사 1998년 同자동차강판판매실 판매팀장 2003년 포항소주기차배건제조유한공사 법인장 2006년 포스코 자동차강판판매실장 2007년 同열연판매실장 2009년 同마케팅본부 자동차강판마케팅실장(상무) 2012년 (주)포스코P&S 전무이사 2013년 (주)포스코 마케팅본부장(전무) 2014년 同철강사업전략실장(전무) 2015년 同철강사업본부장(부사장) 2015·2017~2018년 국제스테인리스포럼(ISSF : International Stainless Steel Forum) 부회장 2017년 (주)포스코 대표이사 사장(철강부문장(COO)·철강사업본부장) 2018~2019년 同대표이사 사장 2018년 同인재창조원장 2019년 同자문역(현) [상]동탑산업훈장(2014)

오인환(吳仁煥)

[생]1968·7·18 [주]충청남도 예산군 삽교읍 도청대로 600 충청남도의회(041-635-5224) [학]충남대 평화안보대학원 수료 [경]노무현 대통령비서실 행정관, 국회의원 보좌관 2010·2014년 충남도의원선거 출마(민주당·새정치민주연합) 2018년 충남도의회 의원(더불어민주당)(현) 2018년 同금강권역친환경적발전을위한특별위원회 위원장(현)

오일영(吳一泳) Il-Young

[생]1972·1·17 [주]세종특별자치시 도움6로 11 환경부 운영지원과(044-201-6375) [학]1994년 서울대 자원공학과졸 1996년 同공과대학원 자원공학과졸 [경]1999~2011년 환경부 사무관·서기관 2011년 同환경보건관리과장 2012년 駐독일대사관 환경관 2015년 환경부 기후변화대응과장 2016년 기획재정부 미래경제전략국 기후경제과장 2017년 同장기전략국 기후경제과장 2018년 환경부 기후미래정책국 기후경제과장 2018년 同기후변화정책관실 기후경제과장 2018년 同기획조정실 기획재정담당관 2019년 대통령비서실 파견(현)

오일환(吳一煥) OH Il Hoan

[생]1960·11·28 [본]해주(海州) [출]서울 [주]서울특별시 서초구 반포대로 222 가톨릭대학교 가톨릭기능성세포치료센터(02-2258-8268) [학]1986년 가톨릭대 의대졸 1997년 분자생물학박사(미국 템플대) 2001년 박사(캐나다 브리티시컬럼비아대) [경]1997~1998년 Terry Fox Lab Post-Doc. 1998~2001년 British Columbia Cancer Center NCIC Fellow 2001~2004년 가톨릭대 의대 세포유전자치료연구소장 2002~2008년 同의대 의생명과학교실 부교수 2004년 同의대 기능성세포치료센터 소장(현) 2004~2006년 식품의약품안전청 정부업무평가위원장 2006년 국제권위학술지 '스템셀즈(Stem Cells)' 편집위원(현) 2009년 차세대줄기세포기반제제평가연구사업단 단장(현) 2009년 가톨릭대 의대 의생명과학교실 교수(현) 2010~2014년 국가생명윤리정책센터 이사

2011~2015년 세계혈액학회지 부편집장 2011년 한국줄기세포학회 부회장 2012~2017년 대한혈액학회지 부편집장 2013~2017년 한국줄기세포학회 회장 겸 재단이사장 2013~2015년 가톨릭대 의대 의대준비부학장 2014년 식품의약품안전처장 특별자문위원(현) 2015~2017년 대통령소속 국가생명윤리심의위원회 위원 2015년 Journal of Biological Chemistry 편집인 2015~2017년 국가인권위원회 생명인권포럼 부의장 2017년 Experimenal&Molecular Medicine 부편집장(현) (상)미국 템플대 최우수암연구자상(1997), 한국과학기술단체총연합회 우수논문상(2003), 보건복지부장관표창(2010), 가톨릭경성교구회 생명의신비상 본상(2012) (저)'오일환의 줄기세포 이야기'(2002) '줄기세포란 무엇인가'(2003) '줄기세포'(2005) 'Focus on Stem Cell Research'(2005) '줄기세포산업 10대 육성전략'(2005) '줄기세포, 생명공학의 위대한 도전'(2005) '성체줄기세포 및 세포치료제(共)'(2008) (종)가톨릭

오자성(吳自誠) OH Ja Sung

(생)1966 · 1 · 21 (출)대구 (주)서울특별시 서대문구 충정로 60 KT&G 서대문타워 10층 법무법인(유) 지평(02-6200-1710) (학)1984년 대구 영신고졸 1989년 성균관대 법학과졸 1992년 同대학원 법학과졸 (경)1991년 사법시험 합격(33회) 1994년 사법연수원 수료(23기) 1994년 軍법무관 1997년 인천지검 검사 1999년 대전지검 서산지청 검사 2000년 대구지검 검사 2002년 서울지검 남부지청 검사 2004년 부산지검 검사 2006년 同부부장검사 2007년 서울고검 검사 2008년 대구지검 김천지청 부장검사 2009년 창원지검 공안부장 2009년 인천지검 공안부장 2010년 수원지검 성남지청 부장검사 2011년 사법연수원 교수 2013년 춘천지검 강릉지청장 2014년 부산지검 동부지청 차장검사 2015년 대구지검 포항지청장 2016년 서울고검 공판부장 2017~2018년 법무법인 지평 파트너변호사 2018년 법무법인(유) 지평 파트너변호사(현)

오장섭(吳長燮) OH Jang Seop

(생)1947 · 8 · 13 (본)해주(海州) (출)충남 예산 (주)서울특별시 용산구 한강대로15길 30 한국화랑도협회(02-798-7957) (학)1967년 예산농고졸 1973년 한양대 공과대학졸 1984년 경희대 행정대학원 수료 1996년 명예 경제학박사(러시아 국립사법대) (경)1985년 한국청년회의소 충남지구 회장 1986년 同중앙회 부회장 1987년 민정당 중앙위원 1989년 충남체육회 조정협회장 1989년 천안상공회의소 부회장 1989년 오성장학회 이사장 1990년 민자당 충남지부 부위원장 1991년 민주평통 자문위원 1991년 충남체육회 부회장 1991년 민자당 민주자유청년봉사단 총부단장 1992년 제14대 국회의원(예산, 민자당 · 신한국당) 1992년 민자당 부대변인 1994년 同원내부총무 1997년 신한국당 부대변인 1997년 제15대 국회의원(예산 보궐선거 당선, 신한국당 · 한나라당 · 자민련) 1998년 국회 재해대책특별위원회 위원장 2000~2004년 제16대 국회의원(예산, 자민련 · 무소속) 2000년 자민련 원내총무 2000년 同사무총장 2001년 건설교통부 장관 2001~2002년 자민련 사무총장 2002년 (사)한국화랑도협회 초대 총재 2004년 同고문(현) 2007~2010년 (주)케이리츠앤파트너스 상임이사 2011년 충청미래정책포럼 상임공동대표 2014~2016년 충청향우회중앙회 총재 2016년 한국다문화센터 레인보우합창단 이사장 (저)'예산의 맥'(1991) '오늘의 사회갈등과 인간성 회복운동'(1991) '민주발전과 회의진행'(1991) (종)기독교

오재건 Jae Kun Oh

(생)1952 · 5 · 17 (주)서울특별시 강남구 일원로 81 삼성서울병원 심장뇌혈관병원 원장실(02-3410-3792) (학)1975년 미국 펜실베이니아대 화학과졸 1979년 의학박사(미국 펜실베이니아대) (경)1985~1988년 미국 메이요클리닉 순환기내과분과 Senior Associate Consultant 1986년 미국 메이요대 의대 내과학교실 조교수 · 부교수 · 교수(현) 2003년 미국 메이요클리닉 순환기내과분과 심초음파실 Co-Director(현) 2007년 同순환기내과분과 Pericardial Clinic Director(현) 2008년 삼성서울병원 심장혈관센터 공동센터장 2014년 同심장뇌혈관병원장(현)

오재근(吳在根) Oh jae keun

(생)1961 · 8 · 12 (출)경남 진주 (주)서울특별시 송파구 양재대로 1239 한국체육대학교 생활체육대학 운동건강관리학과(02-410-6954) (학)1980년 진주고졸 1987년 경희대 한의학과졸 1989년 한국체육대 대학원 체육학과졸 1994년 체육학박사(고려대) 1999년 한의학박사(경희대) (경)1995~1996년 경희의료원 한방병원 한방재활의학과 임상강사 1995년 대한스포츠한의학회 부회장 1996~2001년 한국체육대 건강관리학과 전임강사 · 조교수 · 부교수, 同스포츠건강복지학부 스포츠건강관리전공 부교수, 同생활체육대학 운동건강관리학과 교수(현) 2007~2009년 同체육과학연구소장, 대한스포츠한의학회 명예회장(현) 2011년 아시아배구연맹(AVC) 의무위원(현) 2013년 한국체육대 스포츠클리닉소장 2019년 同대학원장(현) (상)문화관광부장관표창 (저)'근막통증증후군' '스포츠마사지' '체육인체해부학' '스포츠의학'(共) (역)'운동생화학'

오재석(吳在錫) OH Jae-seok

(생)1959 · 8 · 13 (본)해주(海州) (출)서울 (주)서울특별시 관악구 관악로 1 서울대학교 언론정보학과(02-880-6467) (학)1974~1976년 한성고졸 1976~1977년 미국령 푸에르토리코 Commonwealth고졸 1979년 Inter-American대 수학 1985년 서울대 외교학과졸 1997년 미국 American대 연수 2014년 경희대 언론정보대학원졸 (경)1984년 연합통신 입사 1985~1989년 同해외부 · 사회부 기자 1989년 同정치부 기자 1996년 同정치부 차장대우 1998년 연합뉴스 지방2부 차장대우 1999년 同지방부 차장 2000년 同제네바특파원(부장대우) 2004년 同정치부장 2006년 同편집국 정치 · 민족뉴스 · 스포츠 · 문화담당 부국장 2007년 관훈클럽 편집운영위원 2008년 연합뉴스 편집국장 2009년 同논설위원 2010~2012년 同논설위원실장 2011년 핵안보정상회의 홍보부문 자문위원 2012년 연합뉴스 한민족센터 본부장(이사대우) 2013~2015년 同국제 · 사업담당 상무이사 2014년 국제전기통신연합(ITU) 전권회의(Plenipotentiary Conference) 홍보분야 자문위원 2014~2018년 외교부 정책자문위원 2015~2018년 한국교육방송공사(EBS) 비상임이사 2016년 한국교육신문사 사장 2017년 서울대 언론정보학과 관훈신영기금교수(현) (상)한국참언론인대상 국제부문(2007) (종)가톨릭

오재순(吳在淳)

(생)1958 · 1 · 19 (출)충남 공주 (주)충청북도 음성군 맹동면 원중로 1390 한국가스안전공사 임원실(043-750-1114) (학)공주고졸, 충남대 물리학과졸 (경)1988~1992년 서울시교육청 학무국 사회교육체육과 지방행정주사보 1992년 상공부 기업지도담당관실 행정주사보 1992~2003년 산업자원부 산업기술개발과 · 자원정책과 · 석탄산업과 행정주사 2003~2012년 지식경제부 산업기술개발과 · 전략물자관리과 · 기획재정담당관실 행정사무관 2012년 산업통상자원부 기획재정담당관실 서기관 2012~2016년 同울산자유무역지역관리원장 2016년 한국가스안전공사 안전관리이사 2017년 同부사장 겸 기획관리이사(현) 2017년 同사장 직대 (상)국무총리표창(2009)

오재윤(吳在鈗) OH Jae Yoon

(생)1959 · 10 · 18 (주)대전광역시 서구 청사로 189 특허청 운영지원과(042-481-5009) (학)1977년 전주신흥고졸 1984년 전북대 정밀기계과졸 2001년 同대학원 기계공학과졸 (경)1992년 환경처 수질보전국 오수관리과 사무관 1995년 영산강환경관리청 · 전주지방환경관리청 사무관 1997년 특허청 심

사2국 자동차심사담당관2실 사무관 2000년 同심사2국 일반기계심사담당관실 서기관 2004년 특허심판원 심판관 2005년 특허법원 기술심리관 2007년 특허청 기계금속건설심사본부 공조기계심사팀장 2008년 同기계금속건설심사국 공조기계심사과장 2009년 同기계금속건설심사국 운반기계심사과장 2010년 同전기전자심사국 복합기술심사3팀장 2012년 특허심판원 심판관 2012년 同심판정책과장 2014년 특허청 특허심사기획국 에너지심사과장 2016~2019년 특허심판원 심판제4부 수석심판관(부이사관) 2019년 공로연수(부이사관)(현)

오재인(吳在寅) Jay In OH

(생)1956 · 10 · 3 (주)경기도 용인시 수지구 죽전로 152 단국대학교 경영학부(031-8005-3443) (학)1980년 서울대 경영학과졸 1988년 미국 볼링그린주립대(Bowling Green State Univ.) 경영대학원 경영학과졸(MBA) 1992년 경영학박사(미국 Univ. of Houston) (경)미국 텍사스에이앤엠대(프레어리뷰) 교수 1992년 단국대 경영학부 교수(현) 1996년 산업자원부 산업기술정책평가위원 1999년 민주평통 자문위원 1999년 산업기술정보원 외부자문단 위원장, ERP연구회 회장 2002년 정부투자기관경영평가위원회 위원, 대법원 정보화자문위원, 교육부 교육청 평가위원, 교육인적자원부 대학정보화자문위원, 대통령자문 전자정부특별위원회 위원, ISR 편집위원장, 한국경영학회 부회장, 한국정책분석평가학회 이사, 정보통신정책학회 이사, 한국벤처학회 이사, 지식경영학회 이사, 한국시스템다이내믹스학회 이사, EIS/DSS 연구회 회장, 금융위원회 시장효율화 자문위원, 국가DB포럼 공동의장, 정부혁신관리위원회 위원 겸 혁신관리평가단 위원, 건설교통부 철도운영정보 자문위원, 지식경제부 자체평가위원, 행정자치부 전자주민증자문위원장, 사법 · 외무 · 5급 · 지방고시 위원, 전자상거래관리사 시험위원, 정보시스템 감리인 2011년 한국경영정보학회 회장 2013~2016년 한국빅데이터학회 회장 2013~2015년 한국산업인력공단 비상임이사 2014~2017년 해양환경관리공단 비상임이사 2014~2016년 단국대 상경대학장 2017년 同경영대학원장(현) (상)근정포장 (저)'정보통신응용'(1999) '정보통신의 전략적활용'(1999) 'e-Business와 경영혁신'(2000) '정보화의 새로운패러다임'(2001) '인터넷 비즈니스(문화관광부 선정 우수학술도서)'(2001) '인터넷과 마케팅'(2003) 'e-비즈니스시스템'(2004) '서비스@유비쿼터스 스페이스'(2004) '모바일비즈니스'(2004) '디지털패러다임사례'(2004) '첨단물류정보망'(2007) '경영정보학개론'(2009) '도시와 유비쿼터스 융합'(2010) 'CIO길라잡이(문화관광부 선정 우수학술도서)'(2011) 등 (역)'인터넷비즈니스'

오재일(吳在一) OH Jae Yiel (心溫)

(생)1952 · 6 · 11 (본)해주(海州) (출)전남 함평 (주)서울특별시 서대문구 충정로 53 골든타워빌딩 한국지방자치학회(02-567-3372) (학)1971년 광주제일고졸 1976년 전남대 법학과졸 1979년 同대학원 행정학과졸 2000년 정치학박사(일본 주오대) (경)1981~2017년 전남대 행정학과 조교 · 전임강사 · 조교수 · 부교수 · 교수 1988년 일본 上智大 객원연구원 1994년 전남대 법률 · 행정연구소장 1998년 일본 中央大 인문과학연구소 객원연구원 1998년 무등산보호단체협의회 운동본부장 1998~2001년 광주시민단체협의회 공동대표 1999년 광주 · 전남행정학회 회장 1999년 5.18기념재단 이사 겸 기획위원장 2000~2004년 가톨릭 광주대교구 정의평화위원회 부위원장 2000~2005년 빛고을미래사회연구원 원장 2001년 행정고시 출제위원 2001년 한국행정학회 부회장 2001년 전남대총동창회 부회장 2001~2004년 광주시민연대 공동대표 2002년 광주 · 전남지방자치학회 회장 2002~2004년 광주시민단체협의회 공동대표 2002~2004년 광주시 주민감사청구심의위원장 2003년 한국지방자치학회 부회장 2003년 대통령직인수위원회 정무분과 자문위원 2003~2005년 대통령소속 정부혁신및지방분권위원회 위원 겸 위원장 2004~2006년 대통령자문 정책기획위원회 위원 2004~2006년 대통령소속 지방이양추진위원회 위원 겸 간사위원 2006~2007년 광주 · 전남발전연구원 원장 2006년 한국NGO학회 회장 2006년 한국지방정부학회 부회장 2007~2010년 한국지방자치단체국제화재단 자문위원회 부위원장 2008~2011년 대통령소속 지방분권촉진위원회 위원 2009~2011년 전남대 행정대학원장 2009~2011년 광주지방경찰청 경찰발전위원장 2010년 관현장학재단 이사장 2010~2011년 한국지방자치학회 회장 2010~2012년 한일시민사회포럼 한국측 조직위원장 2010~2014년 민주화운동기념사업회 이사 2011년 소통과교류포럼 회장 2011년 대통령소속 지방행정체제개편추진위원회 위원 2011~2012년 한국지방자치학회 명예회장 2012년 同고문(현) 2013~2015년 5.18기념재단 이사장 2013~2015년 대통령자문 지방자치발전위원회 행정체제개편분과 위원장 2015~2017년 국회예산정책처 예산정책자문위원 2015년 광복70년기념사업추진위원회 위원 2018년 더불어민주당 광주시당 지방선거기획단장 (상)전남대총장표창(1992 · 2002), 5.18기념재단 이사장 감사패(2001), 근정포장(2002), 전국시장 · 군수 · 구청장협의회 장표창(2003), 광주광역시장 감사패(2004), 전국도지사협의회 공로패(2005), 행정자치부장관 감사장(2006), 홍조근정훈장(2013) (저)'민선지방자치단체장(共)'(1995) '지방자치와 지역정책(共)'(1996) '행정학(共)'(1999) '한국지방자치론(共)'(2000) '광주지역의 투자환경(共)'(2000) '한국지방자치의 이해(共)'(2008) (역)'미완의 분권개혁'(2005) (종)천주교

오재학(吳在鶴) OH Jae Hak

(생)1957 · 12 · 25 (출)광주 (주)세종특별자치시 시청대로 370 한국교통연구원 원장실(044-211-3001) (학)1980년 서울대 공대 산업공학과졸 1982년 同대학원 산업공학과졸 1986년 영국 런던대 대학원 교통계획학과졸 1990년 교통계획학박사(영국 런던대) (경)1982년 한국과학기술원(KAIST) 교통연구부 연구원 1991년 영국 런던 SDG 선임연구원 1992년 교통개발연구원 교통계획연구실 책임연구원 1994년 일본 동경대 토목공학과 교수 1995년 교통개발연구원 정보통계실장 1996년 同도시교통연구실장 1997년 同기획조정실장 1997년 同ITS정보센터 실장 1999년 同교통계획연구부장 2000년 同교통시설운영연구부장 2001년 同ITS연구센터장 2002년 同국가교통DB센터장 2003년 同광역 · 도시교통연구실 연구위원 2005년 한국교통연구원 광역 · 도시교통연구실 연구위원 2007년 同선임연구위원 2008년 同육상교통연구본부장 2008년 同종합물류연구본부장 2010년 同녹색성장실천연구본부장 2010년 KTX 경제권연구센터 소장 2010년 한국교통연구원 글로벌녹색융합연구본부장 2011년 同부원장 2012년 同국가교통미래전략본부장 2012년 철도복합환승센터포럼 대표 2013년 한국교통연구원 종합교통본부장 2014년 同연구부원장 2017년 同원장(현) 2019년 동아시아교통학회(EASTS) 회장(현) (상)대한교통학회 공로패, 경제사회연구회 최우수연구보고서표창, 생생경제 국민아이디어 공모대상 대통령표창(2009) (저)'전환기의 북한경제'(共) 'North Korea in Transition'(共) 'Selected Proceedings of the 9th World Congress on Transport Research'(共) 'Korea on the Move: Korea's Current Transportation Policy and Prospects for the Future, The Korea Transport Institute'(共)

오재환(吳在煥) Oh Jae Hwan

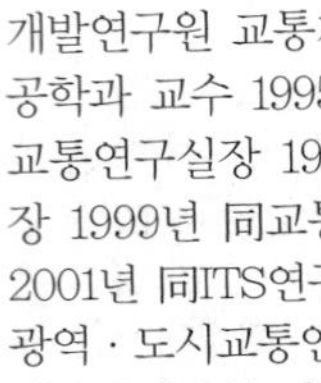

(생)1959 (주)경기도 고양시 일산동구 일산로 323 국립암센터 부속병원 대장암센터(031-920-1140) (학)1983년 서울대 의대졸 1997년 同대학원 의학석사 2001년 의학박사(연세대) (경)1992~1993년 미국 Barns Jewish Hospital 연구원 1994~1996년 서울대 암연구소 선임연구원 1996~1997년 국립의료원 외과 의무사무관 1997~2008년 가천대 의대 외과학교실 교수 2002~2003년 미국 Univ. of Alabama 방문교수 2008년 국립암센터 부속병원 대장암센터 전문의(현) 2008~2014년 同부속병원 대장암센터장 2014년 同연구소 방사선의학연구과 책임연구원 2014~2017년 同국제암대학원대 암관리정책학과 겸임교수 2014~2017

년 국립암센터 부속병원장 2017년 同국제암대학원대 암관리학과 겸임교수(현) 2019년 同외과 전문의(현) 2019년 同임상의학연구부 최고연구원(현) (상)대통령표창(2018)

오재환(吳在煥) OH Jae Hwan

(생)1959 · 4 · 2 (출)서울 (주)서울특별시 영등포구 여의대로 24 전국경제인연합회회관 43층 DB자산운용(주) 사장실(02-787-3706) (학)1981년 연세대 응용통계학과졸 1986년 同대학원 응용통계학과졸 (경)1996년 쌍용투자증권 국제조사팀장 1997년 템플턴투신운용 Director of Research 겸 포트폴리오매니저 1999년 노무라증권 서울지점 리서치센터장 2000년 세이에셋코리아자산운용 주식운용팀 담당이사 2004년 同운용총괄 상무(CIO) 2007년 우리CS자산운용 운용총괄 부사장(CIO) 2011년 동부자산운용(주) 자산운용총괄 부사장 2012년 同대표이사 사장 2017년 DB자산운용(주) 대표이사 사장(현)

오재환(吳載煥) OH Jae Hwan

(생)1963 · 3 · 17 (출)경기 파주 (주)경기도 성남시 분당구 대왕판교로 670 (주)YBM NET(02-2008-5200) (학)홍익대 경영학과졸 (경)토익위원회 전산 및 관리총괄 2000년 (주)와이비엠시사닷컴 이사 2010년 同전무이사 2011년 同각자대표이사 2013~2014년 同대표이사 2014~2018년 (주)YBM 대표이사 2018년 YBM Net 대표이사(현)

오정근(吳正根) Junggun Oh

(생)1951 · 11 · 15 (본)함양(咸陽) (출)경남 진주 (주)서울특별시 영등포구 버드나루로 73 자유한국당(02-6288-0200) (학)1979년 고려대 경제학과졸 1983년 同대학원 경제학과졸 1984년 영국 맨체스터대 대학원 경제학과졸 1995년 경제학박사(영국 맨체스터대) (경)1979년 한국은행 입행 1981~1983년 同조사제1부 국제수지과 · 해외조사과 조사역 1984~1989년 同조사제2부 산업분석과 · 금융통계과 · 국민소득과 과장 1988~1989년 독일 IFO경제연구소 객원연구원 1989년 한국은행 조사제1부 금융경제연구실 과장 1990~1993년 동남아중앙은행(SEACEN) 선임연구원 1993년 한국은행 조사2부 국민소득담당 · 투입산출담당 과장 1994년 同인력개발실 연수팀장 1996~2001년 同조사국 금융연구팀 · 통화연구팀 선임연구역 · 통화연구팀장 1997~2005년 UN ESCAP(UN 아시아태평양경제사회위원회) 경제자문 1998~2001 · 2004년 통화금융연구회 간사 2001년 한국은행 인력개발실 수석교수(부국장) 2002년 同국제국 외환연구팀장 · 국제연구팀장(부국장) 2004년 同금융경제연구원 연구조정팀장 · 통화연구실장(부국장) 2004~2007년 '경제분석' 편집위원(간사) 2005~2007년 한국은행 금융경제연구원 부원장 2006년 대외경제정책연구원 연구자문위원 2006~2007년 한국경제학회 이사 2006~2007년 한국경제연구학회 부회장 2007~2009년 동남아중앙은행기구(SEACEN) 조사국장(파견) 2007~2008년 한남대 객원교수 2009~2014년 고려대 정경대학 경제학과 교수 2009년 (사)한국국제금융학회 부회장 2011~2012년 同회장 2012년 同명예회장(현) 2012~2014년 아시아금융학회(Asia Finance Society) 공동회장 2014년 한국금융ICT융합학회 회장(현) 2014~2017년 건국대 정보통신대학원 금융IT학과 특임교수 2014~2017년 한국경제연구원 초빙연구위원 2015년 아시아금융학회(Asia Finance Society) 명예회장(현) 2016년 새누리당 혁신비상대책위원회 위원 2018년 자유한국당 조직강화특별위원회 위원(현) (상)재무부장관표창(1987), 자유경제출판문화상(2001) (저)'법의 경제학 사람의 경제학'(1991) '금융위기와 금융통화정책'(2000) '경제정책의 유효성(共)'(2001) '금융자산관리사(FP) 기본지식(共)'(2002) '구조전환기의 한국 통화금융정책(編)'(2003) 'The Korean Economy : Post-Crisis Policies, Issues and Prospects(共)'(2004) '글로벌 통화전쟁과 동아시아의 선택(共)'(2009) '팍스 아메리카나3.0(共)'(2015) (종)천주교

오정돈(吳廷敦) OH Jung Don

(생)1960 · 2 · 26 (출)서울 (주)서울특별시 서초구 반포대로 158 서울고등검찰청 총무과(02-530-3261) (학)1979년 성동고졸 1983년 서울대 법대졸 1986년 同대학원 법학과졸 (경)1988년 사법시험 합격(30회) 1991년 사법연수원 수료(20기) 1991년 서울지검 검사 1993년 부산지검 동부지청 검사 1995년 인천지검 검사 1997년 수원지검 검사 1999년 법무부 법무과 검사 2001년 서울지검 서부지청 검사 2003년 同서부지청 부부장검사 2004년 부산지검 공판부장 2005년 법무부 감찰관실 검사 2006~2007년 전주지검 정읍지청장 2007년 대검찰청 형사1과장 2008년 법무부 법무과장 2009년 同법무심의관 2009년 서울중앙지검 형사1부장 2010년 법무부 감찰담당관 2011년 서울북부지검 차장검사 2012년 대구지검 서부지청장 2013년 광주지검 차장검사 2014년 서울고검 송무부장 2015년 인천지검 부장검사(인천광역시 파견) 2017년 대검찰청 특별감찰단장(검찰연구관) 2017년 서울고검 검사(현) (상)홍조근정훈장(2015)

오정석(吳正錫) OH JEONG SUK (碧菴)

(생)1943 · 1 · 28 (본)해주(海州) (출)부산 (주)부산광역시 금정구 체육공원로 20 학교법인 동래학원 이사장실(051-514-1221) (학)1961년 부산 동래고졸 1968년 경상대 축산학과졸 2005년 명예 교육학박사(경성대) (경)1970~1972년 개운중 교사 1973년 상북중 · 고 교사 1979년 학교법인 동래학원(동래여고 · 부산예술고) 이사장(현) 1995년 대한적십자사 부산지사 RCY 위원장(현) 2003~2005년 민주평통 금정지구 회장 2008~2009년 부산정보대 총장 2009년 민주평통 기장군지구 고문(현) 2010년 (사)한국사립초중고등학교법인협의회 회장 2012년 (사)한국사학법인연합회 회장 (상)한국사립중고법인협의회 공로상 봉황장(1995), 부산교육상 사회교육부문(2002), 국민훈장 목련장(2007) (종)가톨릭

오정석(吳正錫) Oh Jeong Seok

(생)1962 · 9 · 13 (본)해주(海州) (출)충남 논산 (주)서울특별시 중구 을지로 252-1 (유)싸카 비서실(02-460-9600) (학)1981년 공주고졸 1987년 충남대 경제학과졸 2005년 성균관대 국가전략대학원 정치학과졸 (경)1988~1991년 (주)무림페이퍼 기획조정실 근무 1991~1993년 동양철관(주) 경영기획실 근무 1993년 (유)싸카 대표이사(현) 2008년 (재)경수유소년축구클럽 이사 2009년 (주)베스트일레븐 대표이사 발행인 2009~2012년 (사)한국스포츠산업진흥협회 부회장 2010년 ISL그룹 회장(현) 2010년 대한축구협회(KFA) 이사 2012~2014년 (사)한국스포츠산업협회 부회장 2012년 전국유청소년축구연맹 부회장 2012년 공주고장학재단 사무총장 2014년 (사)한국축구국가대표선수협회 기획재정이사 2015년 (사)한국스포츠산업협회 이사(현) (상)2002월드컵축구대회조직위원장표창(2002), 성실납세자상(2003), 경기벤처협회장표창(2008), 국회의원 김동성표창(2008), 서울 중구청장표창(2009), 제5회 대한민국 스포츠산업대상 장려상(2009), 중소기업청장표창(2010), 경기우수벤처기업상(2011)

오정소(吳正昭) OH Chung So

(생)1944 · 7 · 10 (본)해주(海州) (출)경기 옹진 (주)서울특별시 구로구 디지털로34길 43 코오롱싸이언스밸리1차 4층 한국정보기술연구원(02-869-8301) (학)1968년 고려대 사학과졸 (경)1987년 駐홍콩 副총영사 1993년 국가안전기획부 인천지부장 1994년 同대공정보국장 1995년 同제1차장 1996~1997년 국가보훈처장 1997~1999년 일본 도쿄대 사회정보연구소 객원연구원 2010년 2018평창동계올림픽유치위원회 부위원장 2011년 한국정보기술연구원 이사장(현) 2014년 한국자유총연맹 고문(현) (상)보국훈장 천수장, 청조근정훈장

오정식(吳政植) Jung-Sik OH

(생)1956·7·17 (본)해주(海州) (출)서울 (주)서울특별시 중구 소공로 51 우리은행 상임감사위원실(02-2002-3613) (학)1975년 서울고졸 1980년 서울대 무역학과졸 (경)1979~1984년 한국상업은행 국제부·서울역전지점 근무 1984~2002년 한미은행 영업지점장·심사부문장 2002~2004년 同전략기획부장 2004~2005년 씨티은행 전략기획부장 2005~2010년 同리스크기획관리본부장 2010~2012년 同기업영업담당 부행장 2014~2015년 KB캐피탈 대표이사 2017년 우리은행 상임감사위원(현)

오정완(吳政琓) Oh, Jeong-wyan

(생)1963·10·19 (주)충청북도 청주시 흥덕구 오송읍 오송생명2로 187 식품의약품안전처 식품안전표시인증과(043-719-2851) (학)1982년 호남고졸 1989년 전북대 불어불문학과졸 2006년 중앙대 대학원 의약식품학과졸(이학석사) (경)1991년 보건사회부 국립목포검역소 행정주사보 1992년 국립목포결핵병원 근무 1996년 경인지방식품의약품안전청 관리과 근무 1999년 식품의약품안전청 총무과 행정주사 2000년 同기획관리관실 행정주사 2002년 同감사담당관실 행정주사 2004년 同총무과 사무관 2008년 同의료기기안전국 의료기기품질과 사무관 2011년 同의료기기안전국 의약품안전정책과 사무관 2012년 보건복지부 보건의료정책실 의약품정책과 서기관 2013년 경인지방식품의약품안전청 수입관리과장 2014년 식품의약품안전처 식품영양안전국 식생활안전과장 2016년 同농축수산물안전국 농축수산물정책과장 2017년 同식품소비안전국 농축수산물정책과장 2018년 同식품안전정책국 식품안전표시인증과장 2019년 同식품안전정책국 식품안전표시인증과장(부이사관)(현) (상)국무총리표창(2000), 행정자치부장관표창(2002), 근정포장(2017)

오정우(吳玎祐) Oh, Jungwoo

(생)1970·5·12 (본)연일(延日) (출)서울 (주)세종특별자치시 다솜로 261 국무총리비서실 시민사회비서관실(044-200-2834) (학)1998년 이화여대사대부고졸 1997년 국민대 무역학과졸 2015년 한국개발연구원(KDI) 국제정책대학원 정책학과졸 2017년 미국 미시간주립대 대학원 금융학과졸 (경)2001년 행정고시 합격(45회) 2002년 중앙공무원연수원 연수 2003~2005년 특허청 기획예산담당관실·상표과·디자인심사과·상표디자인심사정책과 사무관 2006년 국무조정실 일반행정심의관실·규제개혁1심의관실 사무관, 국무총리 규제개혁정책관실 사무관 2010~2011년 국무조정실 공보기획비서관실 서기관 2011~2012년 대통령소속 사회통합위원회 파견 2013~2014년 국무조정실 일반행정정책관실 법무행정과장 2015~2017년 교육파견 2017년 해양수산부 해양레저과장 파견 2019년 국무총리비서실 시민사회비서관실 시민사회기획행정관(현) (상)국무조정실장표창(2009), 국무총리표창(2010) (종)기독교

오정훈

(생)1961 (주)제주특별자치도 제주시 문연로 13 제주특별자치도의회 사무처(064-741-2200) (학)서귀포고졸, 제주산업정보대졸 (경)1980년 공무원 임용 2009년 제주특별자치도 세계자연유산관리본부 자연유산총괄관리부장(지방행정사무관) 2010년 同세계자연유산관리본부 자연유산총괄관리부장(지방서기관) 2011년 同문화관광스포츠국 관광정책과장 2014년 同의회사무처 총무담당관 2016년 同교통관광기획단장(지방부이사관) 2017년 同교통항공국장 2018년 同의회 사무처장(지방부이사관) 2019년 同의회 사무처장(지방이사관)(현)

오정훈(吳政勳) Oh Jeonghoon

(생)1964·5·23 (출)제주 (주)제주특별자치도 서귀포시 서호중앙로 63 공무원연금공단 복지본부(064-802-2206) (학)제주 오현고졸, 제주대 경영학과졸, 同대학원 경영학과졸, 경영학박사(제주대) (경)1998~2002년 안덕농업협동조합 이사 2000~2017년 제주대 경영학과 강사 2003~2009년 제주한라대 컴퓨터멀티미디어과 교수 2006~2010년 안덕농업협동조합 이사 2011~2018년 한국자치경제연구소 연구위원 2017~2018년 더불어민주당 정책위원회 부의장 2018년 공무원연금공단 복지본부장(상임이사)(현)

오정훈(吳政勳) Junghoon Kenneth OH

(생)1967·6·2 (주)서울특별시 영등포구 여의대로 128 LG디스플레이 임원실(02-3777-2448) (학)1990년 미국 렌셀러폴리테크닉대(Rensselaer Polytechnic Institute) 물리학과졸 1992년 同대학원 물리학과졸 1996년 同경영대학원졸(MBA) 1996년 미국 Albany Law School of Union Univ. JD 취득 (경)1996~1997년 미국특허청(USPTO) 특허심사관 1998~2006년 법무법인 중앙 변호사 2006~2010년 특허법인·법무법인 태평양 변호사 2011년 김앤장법률사무소 변호사 2011년 LG디스플레이 IP담당 상무(현) 2014~2019년 세계상표협회(INTA) 이사 2016년 한국지식재산협회 회장(현)

오정희(吳貞姬·女) OH Jung Hee

(생)1947·11·9 (출)서울 (주)서울특별시 서초구 반포대로37길 59 대한민국예술원(02-3479-7222) (학)1966년 이화여고졸 1970년 서라벌예술대 문예창작과졸 (경)소설가(현) 1968년 「중앙일보」 신춘문예에 단편 '완구점 여인' 당선, 민족문학작가회의 이사, 한국소설가협회 회원 2007년 동인문학상 종신 심사위원(현) 2010~2019년 초록우산 어린이재단 이사 2012년 토지문화재단 이사(현) 2012년 이효석문학재단 이사(현) 2012~2016년 김동리기념사업회 부회장 2012년 황순원기념사업회 부회장(현) 2014~2016년 한국가톨릭문인회 회장 2014년 대한민국예술원 회원(소설·현) 2015~2017년 한국문화예술위원회 위원 2015~2018년 한국문학번역원 이사 2015년 중앙대 예술대학 초빙교수(현) 2017년 한국문화예술위원회 위원장 직대 (상)이상문학상(1979), 동인문학상(1982), 오영수문학상(1996), 동서문학상(1996), 독일 리베라투르상(2003), 불교문학상(2008), 대한민국문화예술상(2012) (저)동화 '목마 타고 날아간 이야기'(2000) '완구집 여인'(1968) '불의 강'(1977) '유년의 뜰'(1981) '동경'(1983) '바람의 넋'(1986) '불망비'(1987) '야회'(1990) '물안개 피는 날'(1991) '꽃다발로 온 손님'(1991) '송이야 문을 열면 아침이란다'(2000) '내 마음의 무늬'(2006) '가을 여자'(2009)

오정희(吳正熺) OH Jung Hee

(생)1948·4·17 (출)경남 산청 (주)서울특별시 강남구 봉은사로114길 20 새마을금고중앙회빌딩 12층 직접판매공제조합(02-566-1202) (학)1967년 부산상고졸 1972년 동아대 상학과졸 1988년 연세대 경영대학원졸 (경)1973년 감사원 7급 공채(2기) 1997년 감사교육원 감사교육과장 1998년 감사원 심사1담당관 2000년 同제2국 1과장 2001년 同대전사무소장 2001년 국방대 파견 2002년 감사원 공보관 2003~2004년 同특별조사국장 2004~2005년 대통령 공직기강비서관 2005~2006년 감사원 사무총장 2007~2008년 한국자금중개(주) 대표이사 사장 2009년 광교세무법인 세무사 2017년 국가정보원 개혁발전위원회 위원 2018년 직접판매공제조합 이사장(현)

오정희(吳政姬 · 女)

(생)1972 · 4 · 15 (출)전남 순천 (주)서울특별시 양천구 신월로 390 서울남부지방검찰청 형사3부(02-3219-4524) (학)1990년 순천여고졸 1996년 고려대 법학과졸 (경)1998년 사법시험 합격(40회) 2001년 사법연수원 수료(30기) 2001년 인천지검 부천지청 검사 2003년 수원지검 여주지청 검사 2005년 광주지검 검사 2007년 서울중앙지검 검사 2010년 인천지검 검사 2012년 대구지검 검사 2012~2014년 여성가족부 파견 2015년 서울남부지검 부부장검사 2016년 광주지검 여성아동부장 2017년 인천지검 공판송무부장 2018년 서울서부지검 여성아동범죄조사부장 2019년 서울남부지검 형사3부장(현)

오제세(吳濟世) OH Jae Sae

(생)1949 · 4 · 5 (본)보성(寶城) (출)충북 청주 (주)서울특별시 영등포구 의사당대로 1 국회 의원회관 608호(02-784-2181) (학)1968년 경기고졸 1972년 서울대 법대 행정학과졸 1975년 同환경대학원졸 (경)1972년 행정고시 합격(11회) 1972~1980년 충북도 근무 1980년 내무부 행정과 근무 1982년 대통령비서실 서기관 1986년 내무부 장관비서관 1988년 同지도과장 1989년 同재정과장 1990년 충남 온양시장 1993년 충남 대천시장 1995년 충북 청주시 부시장 · 시장 직대 1998년 지방행정연구원 사무국장 1999년 행정자치부 민방위방재국장 2000년 국민고충처리위원회 상임위원 2001~2004년 인천시 행정부시장 2004년 제17대 국회의원(청주시 흥덕구甲, 열린우리당 · 대통합민주신당 · 통합민주당) 2006년 열린우리당 원내부대표 2007년 同정책위 부의장 2008년 제18대 국회의원(청주시 흥덕구甲, 통합민주당 · 민주당 · 민주통합당) 2008년 국회 기획재정위원회 위원 2008년 국회 서민금융활성화및소상공인지원포럼 공동대표 2010년 민주당 정책위원회 부의장 2010~2012년 同충북도당 위원장 2010년 同대표선관위 부위원장 2012년 제19대 국회의원(청주시 흥덕구甲, 민주통합당 · 민주당 · 새정치민주연합 · 더불어민주당) 2012~2014년 국회 보건복지위원회 위원장 2012년 민주통합당 제18대 대통령중앙선대위 충북도당 공동선거대책위원장 2014년 국회 기획재정위원회 위원 2015년 더불어민주당 재벌개혁특별위원회 위원 2016~2018년 同청주시서원구지역위원회 위원장 2016년 제20대 국회의원(청주시 서원구, 더불어민주당)(현) 2016년 더불어민주당 전국대의원대회준비위원회 위원장 2016 · 2018년 국회 보건복지위원회 위원(현) 2016년 국회 예산결산특별위원회 위원 2016년 한국아동인구환경의원연맹(CPE) 부회장(현) 2017년 더불어민주당 제19대 문재인 대통령후보 중앙선대위 보건복지정책위원장 2017~2018년 同충북도당 위원장 (상)농업협동조합중앙회장 감사패(2009), 법률소비자연맹 국회의원 헌정대상(2013~2016 · 2019), 유권자시민행동 2013국정감사 최우수상임위원장표창(2013), NGO평가 국정감사 우수의원(2015), 새정치민주연합 선정 국정감사 우수의원(2015), 제3회 대한민국 입법대상(2015), 대한민국 최우수 법률상(2016), 유권자시민행동 대한민국유권자대상(2017) (종)천주교

오종근(吳宗根) OH Chong Kun

(생)1961 · 11 · 8 (출)전남 곡성 (주)서울특별시 서대문구 이화여대길 52 이화여자대학교 법학전문대학원 법학과(02-3277-4482) (학)1978년 서울 대신고졸 1983년 서울대 법과대학졸 1986년 同대학원 법학과졸 1995년 법학박사(서울대) (경)1985~1988년 서울시립대 법학과 조교 1988~1990년 서울대 법과대학 조교 1991~1999년 한림대 법학과 전임강사 · 조교수 · 부교수 1997~1998년 독일 뮌헨대 법과대학 변호사법연구소 객원교수 2002년 한림대 법학부 교수 2003년 同입학관리실장 2004년 이화여대 법과대학 법학과 교수 2007~2009년 同법과대학 교학부장 2009년 同법학전문대학원 법학과 교수(현) 2010~2012년 법무부 민법개정위원회 위원 2011~2012년 同변호사제도개선위원회 위원 2012년 이화여대 법학연구소장 2012~2014년 同교무처장 2016~2018년 同감사실장 2018년 同법학전문대학원장(현) (저)'남북한통합 그 접근방법과 영역'(1995) '민법주해 제9권'(1995) '환경오염의 법적구제와 개선책'(1996) '민법주해 제14권'(1997) '변호사책임론'(1998) '변호사징계제도'(Lawyer's Disciplinary Procedure)(2002) '법률가의 윤리와 책임'(2003) '소멸시효 판례연구'(2007, 세창출판사) '변호사책임과 윤리'(2007, 세창출판사)

오종남(吳鍾南) OH Jong Nam (竹山)

(생)1952 · 3 · 20 (본)함양(咸陽) (출)전북 고창 (주)서울특별시 종로구 사직로8길 39 김앤장법률사무소(02-3703-1259) (학)1970년 광주고졸 1975년 서울대 법과대학졸 1982년 미국 서던메소디스트대 대학원졸 1998년 경제학박사(미국 서던메소디스트대) 2008년 한국방송통신대 영어영문학과졸 (경)1975년 행정고시 합격(17회) 1975~1977년 전북도 수습사무관 · 광주지방원호청 관리과장 1977~1986년 경제기획원 근무 1986년 한국개발연구원 파견 1987~1988년 서울올림픽조직위원회 방영권과장 · 방송운영부단장 1988~1994년 경제기획원 동향분석과장 · 사회개발계획과장 · 예산관리과장 1994~1997년 재정경제원 법무담당관 · 국제경제과장 1996~1999년 同대외경제총괄과장 1998년 대통령 정책3비서관 1998년 대통령 건설교통비서관 1998년 대통령 산업통신과학비서관 1999년 국제통화기금(IMF) 대리이사 2001년 대통령 재정경제비서관 2002~2004년 통계청장 2004년 IMF 상임이사 2007년 일본 와세다대 정경학부 겸임교수 2007년 Scranton Women's Leadership Center 이사장(현) 2007년 서울대 과학기술혁신최고과정 명예주임교수(현) 2008년 김앤장법률사무소 고문(현) 2009년 유니세프 한국위원회 이사 2011~2012년 (주)NICE홀딩스 사외이사 2013~2015년 유니세프 한국위원회 사무총장 2013~2016년 한국방송통신대 프라임칼리지 석좌교수 2015년 SC제일은행 사외이사 겸 감사위원장(현) 2015~2017년 국무총리소속 새만금위원회 민간위원장 2015년 하나고 감사(현) 2016년 국가공무원인재개발원 글로벌자문위원(현) 2016년 아시아발전재단 이사(현) 2018년 세계한인여성재단(KOWIN) 고문(현) 2018년 중국 연변대 국제대학원 자문위원장(현) (상)대통령표창(1977 · 1989), 황조근정훈장(2001) (저)'한국인 당신의 미래'(2005, 청림출판사) '은퇴 후 30년을 준비하라'(2009, 삼성경제연구소) 에세이집 '당신은 행복하십니까'(2017, 공감출판사) (종)기독교

오종석(吳鍾錫)

(생)1966 · 3 · 30 (주)서울특별시 영등포구 여의공원로 101 국민일보 편집국(02-781-9114) (학)1984년 전주고졸 1992년 한양대 정치외교학과졸 (경)1992년 국민일보 입사 2003년 同경제부 차장대우 2008년 同베이징특파원(차장) 2011년 同산업부 차장 2011년 同경제부장 2013년 同정치부장 2014년 同산업부장 2016년 同편집국 기획경제부문 부국장 2016년 同편집국 정치경제온라인부문 부국장 2018년 同편집국장(현) (상)한국언론인연합회 한국참언론인대상(2019)

오종식(吳宗拭) Oh Jong-shik

(생)1970 · 1 · 28 (출)제주 서귀포 (주)서울특별시 종로구 청와대로 1 대통령 연설기획비서관실(02-770-0011) (학)제주 대기고졸(1회), 고려대 언어학과졸 (경)고려대 조국통일위원회 위원장, 대통령비서실장(문재인)실 행정관(3급) 2012년 민주통합당 대변인 2017년 더불어민주당 제19대 문재인 대통령후보 중앙선대위 정무팀장 2017년 대통령 정무기획비서관실 선임행정관 2019년 대통령 연설기획비서관(현)

오종훈(吳鐘勳) OH JONG HOON

(생)1964 · 8 · 20 (주)경기도 이천시 부발읍 경충대로 2091 SK하이닉스(031-8093-4114) (학)1987년 서울대 전자공학과졸 (경)1987~1998년 현대전자 근무 2009~2012년 하이닉스반도체 미국법인 근무 2012년 SK하이닉스 DRAM상품기획실장 2014년 同DRAM제품본부장 2016년 同DRAM제품본부장(전무) 2016년 同DRAM설계본부장(전무) 2018년 同DRAM개발사업담당 전무 2019년 同DRAM개발사업담당 부사장 2019년 同글로벌세일즈마케팅(GSM)담당 부사장(현)

오주승(吳柱昇) OH Joo Seung

(생)1961 · 6 · 7 (본)동복(同福) (출)전남 해남 (주)전라남도 무안군 삼향읍 후광대로 242 전라남도평생교육진흥원(061-287-9553) (학)1987년 전남대 정치외교학과졸 (경)1987년 광주일보 기자 1998년 同사회부 차장대우 1999년 同정치부 차장 2000년 同사회부 · 정치부 차장 2005년 同문화생활부장 2006년 同정치부장 2008년 同사회부장 2009년 同논설위원 2009년 전남도 공보관 · 대변인 2011년 전남도중소기업종합지원센터 본부장 2014년 전남도 도지사 비서실장 2016년 同정책담당 정무특별보좌관 2017년 전라남도평생교육진흥원 원장(현)

오주한(吳柱翰) OH Joo Han

(생)1966 · 9 · 12 (본)보성(寶城) (출)서울 (주)경기도 성남시 분당구 구미로173번길 82 분당서울대학교병원 정형외과(031-787-7197) (학)1992년 서울대 의대졸 2001년 同대학원 의학석사 2003년 의학박사(서울대) (경)1992~1993년 서울대병원 인턴 1993~1997년 同정형외과 레지던트 1997~2000년 軍의관 2000~2002년 서울대병원 정형외과 전임의 2002~2003년 서울시립보라매병원 정형외과 전담의사 2004~2014년 서울대 의대 정형외과학교실 조교수 · 부교수 2008~2010년 미국 UC Irvine Orthopaedic Biomechanics Laboratory 교환교수 2010~2016년 대한견주관절학회 총무이사 2012년 프로야구 LG트윈스 수석 팀닥터(현) 2014년 서울대 의대 정형외과교실 교수(현) 2016년 2016세계견주관절학회 사무총장 2017년 SCI저널 JSES부편집장(현) 2017년 대한스키협회 의무위원(현) 2017년 분당서울대병원 관절센터장(현) 2018년 同정형외과 과장(현) 2018년 대한수영연맹 의무과학훈련위원장(현) 2019년 대한견주관절학회장(현) 2019년 미국스포츠의학회지(AJSM) 편집위원(현) (상)대한정형외과연구학회 우수논문상(2006), 대한견주관절학회 우수논문상(2007), 미국 정형외과학회(AAOS) 및 미국 견주관절학회 견관절학 분야 최고학술상 '니어 어워드(Chalres S. Neer Award)' 수상(2013), 대한정형외과학회 장려상(2014), 대한골절학회 공로상(2015), 대한견주관절학회 학술상(2015), 미국 정형외과연구학회(ORS) 최우수 연구상(2016), 아시아태평양 관절경/스포츠의학회 최우수 연제상(2017), 대한정형외과통증의학회 최우수 연제상(2018), 유럽견주관절학회 최우수 연제상(2018) (저)'견관절 주관절학'(2007) '골절학'(2008) '어깨외과학(共)'(2010) '학생을 위한 정형외과학'(2013) '정형외과학' 'Happy Shoulder : 행복한 어깨를 위한 지침서'(2015) '필수정형외과학 제2판(共)'(2015) '골절학 4판(共)'(2016) '학생을 위한 정형외과학 3판(共)'(2016) '스포츠의학'(2017) 'Shoulder Surgery : Tricks of the Trade(共)'(2019) (역)'ANNA Advanced Arthroscopy: The Shoulder 어깨 관절경(共)'(2013) (종)기독교

오주형(吳周炯) Joo Hyeong Oh

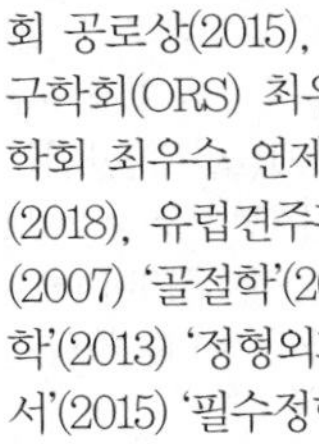

(생)1961 · 8 · 8 (주)서울특별시 동대문구 경희대로 23 경희대학교병원 병원장실(02-958-8114) (학)1986년 경희대 의대졸 1990년 同대학원 의학석사 1996년 의학박사(경희대) (경)1999년 경희대 의대 영상의학교실 교수(현) 2009년 대한영상의학회 보험이사 2012년 同총무이사 2013년 경희의료원 경영관리실장 2016년 同기획조정실장(현) 2018년 대한영상의학회 회장 겸 이사장(현) 2013년 보건복지부 신의료기술평가위원회 분과위원장(현) 2013년 同건강보험전문평가위원회 위원(현) 2016년 同의료질평가위원회 병원협회 대표위원(현) 2009년 건강보험심사평가원 진료심사평가위원회 중앙심사위원(현), 한국의료분쟁조정중재원 의료사고감정단 자문위원(현), 대한임상보험의학회 이사(현) 2019년 경희대병원장(현) (상)보건복지부장관표창(2016)

오 준(吳 俊) Oh Joon

(생)1955 · 10 · 4 (본)해주(海州) (출)서울 (주)경기도 남양주시 진접읍 광릉수목원로 195 경희대학교 평화복지대학원(031-570-7012) (학)1974년 경기고졸 1978년 서울대 불어불문학과졸 1983년 영국 런던대(LSE) 국제정치학 디플로마 1992년 미국 스탠퍼드대 대학원 국제정책학과졸 (경)1978년 외무고시 합격(12회) 1978년 외무부 입부 1985년 駐유엔대표부 2등서기관 1988~1990년 외무부 유엔1과 서기관 1992년 외교안보연구원 외국어교육과장 1993년 외무부 장관보좌관 1995년 同국제연합정책과장 1997년 駐말레이시아 참사관 1999년 외교안보연구원 외교정책실 ASEM 담당심의관 2001년 UN총회의장 보좌관 2002년 駐브라질 공사 2003년 외교통상부 국제기구정책관 2004년 미사일기술통제체제(MTCR)총회 의장 2005년 駐국제연합(UN)대표부 차석대사 2006년 국제유엔군축위원회(UNDC) 의장 2007년 외교통상부 장관특별보좌관 2008년 同다자외교조약실장 2009년 同다자외교조정관 2010년 세계경제포럼 한국위원회 위원 2010년 駐싱가포르 대사 2013~2016년 駐유엔(UN) 대사 2014년 유엔경제사회이사회(ECOSOC) 부의장 2014년 유엔(UN) 장애인권리협약당사국회의 의장 2015년 유엔(UN) 국제연합경제사회이사회(ECOSOC) 의장 2016년 경제협력개발기구(OECD) 개발원조위원회(DAC) 개혁패널위원 2017년 경희대 평화복지대학원 평화전문가 석사과정 전임교수(현) 2017년 롯데로지스틱스(주) 사외이사(현) 2018년 CJ CGV(주) 사외이사(현) 2018년 세이브더칠드런 코리아 이사장(현) 2019년 유엔(UN) 아시아태평양경제사회위원회(ESCAP) 자문위원(현) 2019년 국제세이브더칠드런연맹 이사(현) (상)외무부장관표창(1987), 녹조근정훈장(1996), 대통령표창(2000), 황조근정훈장(2006), 영산외교인상(2015), 국제장애인재활협회 글로벌회장상(2016), 미시건주립대 Global Korea Award(2018) (저)'생각하는 미카를 위하여'(2015, 오픈하우스) (종)기독교

오준근(吳峻根) OH Jun Gen

(생)1957 · 5 · 5 (본)해주(海州) (출)충남 논산 (주)서울특별시 동대문구 경희대로 26 경희대학교 법학전문대학원(02-961-0405) (학)1975년 경동고졸 1979년 성균관대 법학과졸 1981년 同대학원 법학과졸 1990년 법학박사(독일 콘스탄츠대) (경)1980~1981년 성균관대 법학과 교육조교 1981~1985년 육군사관학교 교수부 법학과 교관 · 전임강사 1987~1990년 독일 콘스탄츠대 법과대학 연구원 1991~2002년 한국법제연구원 연구위원 1993~2002년 성균관대 법과대학 · 경영대학원 겸임교수 1994년 평화통일을위한남북나눔운동 연구위원 1995~1996년 총무처 행정절차법안심의위원회 실무위원 1996년 대통령비서실 국가경쟁력강화기획단 자문위원 1996년 행정자치부 공무원시험위원 1998~2002년 서울시의회 입법 · 법률고문 2000년 서울행정법원 실무연구회 특별회원 2000년 행정자치부 정책자문위원 2001년 건설교통부 자격시험위원 2002년 서울시 공무원시험위원 2002년 기획예산처 부담금운용심의위원 2002년 방송위원회 행정심판위원 · 방송심의규정정비위원 2002~2003년 대통령자문 정부혁신지방분권위원회 행정개혁분야 전문위원 2004년 국회사무처 입법지원위원 2011~2012년 경희대 법학전문대학원 교수(현) 2011~2012년 국민권익위원회 부위원장 겸 중앙행정심판위원회 위원장(차관급) 2014년 한국지방자치법학회 회장 2015~2017년 경희대 법무대학원장 · 법학전문대학원장 · 법과대학장 겸임 (상)한국공법학회 학술장려상

(1999), 황조근정훈장(2013) (저)'행정절차법' '한국의 법제와 개혁' '표준입법모델 체계정립방안'(2003, 국회사무처) '정부청사의 효율적 수급, 배정, 관리체계 구축'(2009, 행정안전부) (역)'위험물 분류표지의 국제표준화 연구용역'(2006, 소방방재청) (종)기독교

오준동(吳俊東) OH Joon Dong

(생)1942·5·5 (본)고창(高敞) (출)황해 해주 (학)1961년 청주고졸 1968년 한국외국어대 독어과졸 1980년 일본 와세다대 수료 1998년 한국외국어대 세계경영대학원 최고경영자과정 수료 (경)1968~1980년 합동통신 기자 1981년 연합통신 기자 1981년 同외신2부 차장 1982~1985년 同일본특파원 1985년 同외신2부 차장 1986년 同과학부장 1988년 同사회부장 1991년 同도쿄지사장 1995년 同논설위원 1996년 同정보통신기획단장 1997년 同기획실장 1998년 同기획실장(이사대우) 1998년 연합뉴스 기획실장(이사대우) 1999~2000년 同논설고문(이사대우) 2000~2008년 사회복지법인 효실천운동본부 대표이사 2008년 同고문 2010~2011년 사회복지법인 '풍성하게' 고문 (종)기독교

오준록(吳濬祿) Oh Jun Rok

(생)1965·11·23 (주)경기도 평택시 경기대로 1043 SKC솔믹스(주)(031-660-8400) (학)1983년 배재고졸 1988년 고려대 공과대학 재료공학과졸 1994년 일본 게이오대 대학원 응용화학과졸 1998년 응용화학박사(일본 게이오대) (경)삼성전기(주) 중앙연구소 Project Leader 2010년 SKC(주) 첨단기술중앙연구소 무기소재개발실장 2012년 同첨단기술중앙연구소 부소장 2013~2014년 同첨단기술중앙연구소장 2015년 SKC솔믹스(주) 대표이사(현) 2018년 SKC(주) 성장사업추진본부장(상무) 겸임 2019년 同성장사업추진본부장 겸 반도체·전자소재사업본부장(현)

오준호(吳俊鎬) OH Jun Ho

(생)1954·10·3 (출)서울 (주)대전광역시 유성구 대학로 291 한국과학기술원 공과대학 기계항공공학부 기계공학과(042-350-3223) (학)1977년 연세대 기계공학과졸 1979년 同대학원 기계공학과졸 1985년 공학박사(미국 캘리포니아대 버클리교) (경)1979~1981년 한국원자력연구소 연구원 1985~2015년 한국과학기술원(KAIST) 공과대학 기계공학전공 조교수·부교수·교수·석좌교수 1996~1997년 미국 텍사스대 오스틴캠퍼스 방문교수 2002년 한국과학기술원(KAIST) 기술이전및교류센터장 2004~2005년 同신기술창업지원단장 2005년 同휴머노이드로봇연구센터 소장(현) 2005년 APEC회의때 보여준 '알버트 휴보' 개발(세계 최초로 다섯 손가락을 각각 움직이는 로봇) 2006년 산업자원부 로봇정책자문위원 2006년 대전시 과학상징물 자문위원 2006년 대덕특구본부 홍보대사 2006년 국가청소년위원회 홍보대사 2006년 충남경찰청 명예경정 2006년 미국 CNN '미래정상회담' 프로그램 패널 참가 2011년 (주)레인보우로보틱스 창업 2011~2015년 한국과학기술원(KAIST) 공과대학 기계공학전공 특훈교수 2013~2014년 同대외부총장 2015년 同공과대학 기계항공공학부 기계공학과 교수(현) 2015년 휴머노이드로봇연구센터에서 자체 개발한 '휴머노이드(인간형 로봇) 휴보(Hubo)'로 미국 국방부 산하 방위고등연구계획국(DARPA) 로보틱스챌린지 종합 우승 2016년 한국과학기술원(KAIST) 로봇연구소장 2017년 한국과학기술한림원 정회원(공학부·현) (상)한국과학기술원 KAIST인상(2005), 한국과학기술단체총연합회 올해의 10대 과학기술(2005), 세계일보 올해의 10대 과학기술인(2005), 외무부장관표창(2006), 정보통신부장관표창(2006), 매일경제신문 정진기언론문화상(2006), 한빛대상 과학기술부문 대상(2007), 과학기술부 닮고싶은 과학자상(2007), 로봇대상 대통령표창(2009), 한국과학기술원 KAIST연구대상(2010), INAK(Internet Newspaper Association of Korea) 과학기여상(2015), 호암상 공학상(2016), 과학기술훈장 창조장(2016), 한국로봇학회 학술상(2016)

오중석(吳重錫) OH jung suk

(생)1978·7·23 (본)해주(海州) (출)서울 (주)서울특별시 중구 세종대로 125 서울특별시의회(02-3702-1400) (학)경희대 법학과졸 (경)공인노무사(현), 김광진 국회의원 비서관(5급) 2014년 새정치민주연합 서울동대문甲지역위원회 인권위원장 2014~2018년 서울시 동대문구의회 의원(새정치민주연합·더불어민주당) 2015년 同세입세출결산검사위원 2016년 同예산결산특별위원회 위원장, 안규백 국회의원 서울동대문甲지역위원회 사무국장 2017년 대통령 일자리위원회 청년분과위원 2018년 서울시의회 의원(더불어민주당)(현) 2018년 同운영위원회 위원(현) 2018년 同교통위원회 위원(현) 2018년 同예산결산특별위원회 위원(현)

오지용(吳支鏞)

(생)1967·8·15 (출)충남 공주 (주)경기도 의정부시 금오로23번길 22-49 경기북부지방경찰청 수사과(031-961-2366) (학)공주대사대부고졸 1989년 경찰대 행정학과졸(5기), 한국방송통신대 평생대학원 경찰행정학과졸 (경)1987년 경위 임용, 수원중부경찰서 형사과장, 경기 분당경찰서 형사과장, 경기 시흥경찰서 형사과장 2012년 경기지방경찰청 외사계장 2015년 충북지방경찰청 여성청소년과장 2016년 충북 단양경찰서장 2017년 충북지방경찰청 형사과장 2018년 경기 동두천경찰서장 2019년 경기북부지방경찰청 수사과장(현)

오지원(吳芝媛·女) OH Ji On

(생)1966·9·18 (주)서울특별시 서대문구 충정로 8 종근당빌딩 7층 쉘코리아 사장실(02-360-1234) (학)한양대 영어영문학과졸 (경)2003년 산업자원부 홍보기획담당관실 사무관 2008년 지식경제부 외신대변인(사무관) 2008년 同외신대변인(서기관), GE코리아 글로벌성장운영부문 상무 2014년 쉘코리아 대외협력담당 전무 2018년 同대표이사 사장(현)

오지철(吳志哲) OH Jee Chul

(생)1949·12·30 (본)함양(咸陽) (출)서울 (주)경기도 용인시 수지구 죽전로 152 단국대학교(031-8005-2284) (학)1967년 서울고졸 1973년 서울대 법학과졸 1977년 同대학원 법학과졸 1995년 법학박사(서울대) (경)1976년 한국화약 및 체이스맨하탄은행 서울지점 근무 1977년 대한체육회 국제과장 1982년 체육부 해외협력담당관 1986년 同장관비서관 1987년 체육청소년부 해외협력과장 1992년 同국제체육국장 1993년 미국 하버드대 법학대학원 연수 1994년 국립현대미술관 사무국장 1995년 문화체육부 국제체육국장 1997년 同문화산업국장 1998년 문화관광부 문화산업국장 1999년 同문화정책국장 2001년 同기획관리실장 2003~2004년 同차관 2004~2006년 법무법인 율촌 상임고문 2005년 대한올림픽위원회(KOC) 부위원장 2005년 한국박물관회 부회장 2006년 2014평창동계올림픽유치위원회 부위원장 2006년 대구세계육상선수권대회 위원 2006~2007년 한국케이블TV방송협회 회장 2006~2007년 대통령 정책특별보좌관 2007~2009년 한국관광공사 사장 2009년 (재)SBS문화재단 이사(현) 2009년 2018평창동계올림픽유치위원회 부위원장 2009년 법무법인 율촌 상임고문 2010~2014년 한화손해보험 사외이사 2010년 2013스페셜올림픽세계동계대회 준비위원회 집행위원 2010년 조선일보 방송부문 대표 2011~2015년 (주)조선방송(TV조선) 대표이사 사장 2012년 2018평창동계올림픽조직위원회 집행위원 2015~2019년 법무법인 율촌 고문 2015~2018년 서초문화재단 이사 2015년 문화체육관광부 지역문화협력위원회 위원장 2015~2016년 한국지역문화지능위원회 공동위원장 2017~2019년 연세대 커뮤니케이션대학원 객원교수 2018년 광화문문화포럼 회장(현) 2018년 하트하트재단 이사장(현) 2019년 단국대 문화예술대학원 석좌교수(현) 2019년 同대학원장(현) (상)체육훈장

백마장(1986), 황조근정훈장(1996), 대한민국 글로벌경영인대상 공공서비스부문(2008), 김찬삼 여행상(2011), 체육훈장 맹호장(2012), TV조선 '한국의 영향력 있는 CEO'(2015) (종)천주교

오지혜(吳智惠·女)

(생)1985·10·30 (주)경기도 수원시 팔달구 효원로 1 경기도의회(031-8008-7000) (학)이학박사(국민대) (경)국민대 연구교수, 파주평화경제시민회의 청년위원회 위원장(현) 2018년 경기도의회 의원(비례대표, 더불어민주당)(현) 2018~2019년 同경제과학기술위원회 위원 2019년 同예산결산특별위원회 위원(현) 2019년 同경제노동위원회 위원(현)

오진모(吳鎭模) OH Jin Mo (松湖)

(생)1939·1·19 (본)해주(海州) (출)경남 진주 (주)서울특별시 강남구 영동대로 302 국민제1빌딩 2층 한국관광개발연구원 원장실(02-518-6760) (학)1957년 경기고졸 1961년 동국대 법정대학졸 1966년 同대학원졸 1988년 법학박사(청주대) (경)1968년 경제과학심의회의 상공담당관 1973~1978년 국토건설종합계획 전문위원 1978~1994년 국토개발연구원 책임연구원·수석연구원·연구위원·선임연구위원 1982~1995년 동국대 경영대학원 강사 1983년 대한부동산학회 부회장 1985년 중소주택사업자협회 자문위원장 1987~2005년 대한부동산학회 회장 1992년 한·일 국토계획분야 한국측 대표 1994~1997년 강원개발연구원 원장 1995~1998년 강원도 세계화추진협의회장 1995~1997년 전국시도연구원협의회 부회장·회장 1995~2004년 동국대 경영대학원 부동산학과 겸임교수 1997년 관동대 교수 1998~2000년 청주대 석좌교수 1998~2002년 국토건설계획종합계획심의위원 2001~2004년 한남대 객원교수 2002~2005년 한국부동산연합회 회장 2002~2005년 세계부동산연맹 한국대표부 회장 2002~2003년 부동산경제신문 회장 2003년 한국관광개발연구원 원장(현) 2004년 한양대 지방자치대학원 겸임교수 2005~2011년 대한부동산학회 명예회장 2007년 한양대 행정자치대학원 겸임교수 2007~2010년 강북희망포럼 상임대표 2007년 한국부동산연합회 명예회장 2007년 세계부동산연맹 한국대표부 명예회장 2010년 同고문(현) 2010년 4.19혁명공로자회 이사 2012년 대한부동산학회 고문(현) 2013~2016년 4.19혁명공로자회 지도위원 (상)4.19혁명국가공로자 건국포장(2010) (저)'부동산공법' '신부동산공법' '부동산공법실무' '부동산 컨설팅' (종)불교

오진수(吳晋守) OH JIN SU

(생)1959·9·15 (주)서울특별시 종로구 돈화문로 58 삼화페인트공업(주)(02-765-3641) (학)국민대졸 1993년 건국대 대학원 경영학과졸 (경)1996년 삼화페인트공업(주) 입사 2004년 츄고쿠삼화페인트(주) 감사 2005년 삼화페인트공업(주) 이사보 2007년 同이사 2009년 同경영지원본부장(이사) 2010년 同경영지원본부장(상무) 2012~2017년 중국 삼화도료(장가항)유한공사 동사 2012~2017년 중국 위해삼화도료유한공사 동사 2012년 삼화페인트공업(주) 경영기획실장(상무) 2014년 同경영기획실장(전무) 2014년 同대표이사 전무 2016년 同대표이사 부사장 2018년 同대표이사 사장(현)

오진영(吳振營) OH Jin Young

(생)1968·2·21 (본)보성(寶城) (출)충북 청주 (주)서울특별시 용산구 이태원로 6 서울지방보훈청 청장실(02-2125-0800) (학)1986년 대전 대성고졸 1991년 한양대 법학과졸 1995년 同행정대학원 복지행정학과졸 2005년 핀란드 헬싱키대 대학원 사회정책학박사과정 수료 (경)1993년 행정고시 합격(37회) 1994년 행정사무관 시보 1996년 국가보훈처 기획관리실 법무담당관실 송무담당 1999년 대구지방보훈청 보훈과장 2000년 국가보훈처 기획관리관 법무담당관실 법제담당 2003~2005년 국외장기훈련(핀란드 헬싱키대) 2006년 국가보훈처 보훈보상국 보상기획팀장 2008년 同보상정책과장 2009년 同기획조정관실 기획재정담당관(부이사관) 2011년 부산지방보훈청장 2012년 국가보훈처 보상정책국장 2013년 중앙공무원교육원 교육파견(국장급) 2014년 대구지방보훈청장 2017년 국가보훈처 보훈선양국장 2018년 서울지방보훈청장(현)

오진택(吳鎭澤)

(생)1958·7·29 (주)경기도 수원시 팔달구 효원로 1 경기도의회(031-8008-7000) (학)수원대 고용서비스대학원 고용서비스학 석사과정 재학 중 (경)서수원라이온스클럽 이사, 화성시서부축구협회 자문위원, 남양중·고총동문회 자문위원, 화성시족구협회 자문위원, 골목상권살리기소비자연맹 경기도지회 공동대표 2016년 제20대 국회의원선거 김용후보 선거대책위원장, 경기 화성시 대외협력관, 더불어민주당 정책위원회 부의장 2018년 경기도의회 의원(더불어민주당)(현) 2018년 同건설교통위원회 위원(현)

오창섭(吳昌燮)

(생)1974·10·1 (출)광주 (주)충청북도 청주시 서원구 산남로62번길 51 청주지방법원 총무과(043-249-7201) (학)1993년 광주 대동고졸 (경)1999년 사법고시 합격(41회) 2003년 사법연수원 수료(32기) 2003년 서울지검 검사 2004년 서울중앙지검 검사 2005년 전주지검 검사 2007년 대전지검 검사 2009년 춘천지검 강릉지청 검사 2012년 서울중앙지검 검사 2013년 부산지법 동부지원 판사 2017년 울산지법 판사 2019년 청주지법 부장판사(현)

오창익(吳昌益) Oh Chang Ik

(생)1959 (주)서울특별시 관악구 관악로 1 현대엔지비(주) 임원실(02-870-8000) (학)울산대 산업공학과졸, 한국과학기술원(KAIST) 산업경영학과졸(석사) (경)2010년 현대·기아자동차 연구개발기획팀장(이사대우) 2011년 同연구개발기획실장(이사), 同R&D품질강화추진단장(상무) 2014년 同연구개발기획조정실장(상무) 2015년 현대엔지비(주) 대표이사 전무 2019년 同자문(현)

오창호(吳彰浩) OH CHANG HO

(생)1965·9·2 (주)서울특별시 영등포구 여의대로 128 LG디스플레이 TV사업부(02-3777-1114) (학)서울대 전기과졸, 同대학원졸, 핀란드 헬싱키대 대학원 경영학과졸(MBA), 전자물리학박사(일본 도쿄공업대) (경)2008년 LG디스플레이 일본연구소장 2009년 同TV LED 개발담당 상무 2014년 同OLED TV개발그룹장(전무) 2019년 同TV사업부장(부사장)(현)

오천석(吳天錫) OH Cheon Seok

(생)1958·1·14 (출)전남 무안 (주)대전광역시 서구 둔산중로78번길 45 대전지방법원(042-470-1114) (학)1976년 대광고졸 1980년 서울대 법과대학 법학과졸 (경)1981년 사법시험 합격(23회) 1983년 사법연수원 수료(13기) 1983년 인천지법 판사 1986년 서울지법 남부지원 판사 1987년 서울민사지법 판사 1988년 광주지법 목포지원 판사 1990년 서울지법 서부지원 판사 1993년 서울민사지법 판사 1995년 서울고법 판사 1997년 서울지법 판사 1998년 변호사 개업 2001년 전주지법 부장판사 2004년 수원지법 성남지원 부장판사 2006년 서울남부지법 부장판사 2008년 同민사항소부 부장판사 2009년 서울북부지법 부장판사 2011년 수원지법 성남지원 부장판사 2015년 인천지법 부장판사 2018년 대전지법 부장판사(현)

오철수(吳哲秀) oh chulsoo

(생)1963 · 2 · 24 (본)해주(海州) (출)경남 진주 (주)서울특별시 종로구 율곡로 6 트윈트리타워 B동 14층 서울경제신문(02-724-8620) (학)1982년 대아고졸 1987년 서울대 외교학과졸 2011년 건국대 언론홍보대학원 저널리즘학과졸 (경)1990년 서울경제신문 입사 1992~1998년 한국일보 편집부 근무 1999년 서울경제신문 사회부 차장 2005년 同증권부 차장 2007년 同산업부 차장 2008년 同정보산업부장 2010년 同증권부장 2013년 同사회부장(부국장대우) 2013년 同여론독자부장 겸임 2015년 同편집국 성장기업부장 2015년 同편집국 성장기업부 부국장 2017년 同논설위원 2017년 同수석논설위원 2017년 同논설실장(현) 2019년 한국신문방송편집인협회 부회장(현) (종)불교

오철호(吳哲鎬) OH Chul Ho

(생)1946 · 2 · 25 (본)해주(海州) (출)서울 (학)1964년 중앙고졸 1968년 고려대 사학과졸 (경)1969~1980년 합동통신 외신부 · 해외부 · 정치부 기자 1981~1984년 연합통신 중동특파원 1984년 同외신부 차장대우 1985년 同정치부 차장 1991년 同정치부장 1993년 同논설위원 1994년 同편집국 부국장 1997년 同편집국장 1998년 同총무 · 출판담당 상무이사 1998~2000년 연합뉴스 총무 · 출판담당 상무이사 1999~2000년 한국신문방송편집인협회 부회장 2000~2003년 (주)대우 사외이사 겸 감사위원 2001~2002년 한국증권업협회 공익이사 겸 자율규제위원 2008년 뉴스통신진흥회 이사 2011~2014년 同이사장

오충일(吳忠一) OH Choong Il

(생)1940 · 4 · 16 (출)황해 봉산 (주)서울특별시 영등포구 국회대로68길 7 더불어민주당(1577-7667) (학)1959년 성동고졸 1963년 연세대 신과대학졸 1975년 同연합신학대학원졸 (경)1974~2007년 한국기독교교회협의회 실행위원 1982~1985년 한국기독학생회총연맹 이사장 1987년 민주헌법쟁취국민운동본부 상임집행위원장 겸 사무처장 1987년 구속 1987년 한반도평화와민족통일을위한세계대회 집행위원장 1988년 한국반핵방공평화연구소 소장 1989년 전국민족민주운동연합 의장 1989년 기독교사회운동연합 의장 1993~1997년 기독교대 한복음교회 총회장 1994~1996년 한국기독교교회협의회 회장 1996년 사회복지공동모금회 이사 1999년 기독교사회선교협의회 의장 2001년 노동일보 대표이사 사장 2002년 同회장 2004년 한국기독교교회협의회 교육훈련위원장 2004~2006년 同선교위원장 2004년 (사)전국실업극복연대 이사장 2004년 국가정보원 과거사건진실규명을통한발전위원회 위원장 2007~2008년 대통합민주신당 대표최고위원 2007년 同정동영 대통령후보 중앙선대위 공동선거대책위원장 2008년 민주당 상임고문 2011년 민주통합당 상임고문 2013년 민주당 상임고문 2014년 새정치민주연합 상임고문 2015년 더불어민주당 상임고문(현)

오충진(吳忠眞) OH Choong Jin

(생)1957 · 4 · 10 (본)군위(軍威) (출)제주 (주)제주특별자치도 제주시 아란13길 15 제주대학교병원 감사실(064-717-1050) (학)서귀포고졸, 제주전문대학 원예학과졸, 제주대 행정대학원 고급관리자과정 수료, 탐라대 대학원 최고정책자과정 수료 (경)제주지구청년회의소 회장, 한국청년회의소 부회장, 서귀포고총동창회 회장 2002~2006년 제주서귀포시의회 의원, 同부의장 2006 · 2010~2014년 제주특별자치도의회 의원(열린우리당 · 대통합민주신당 · 통합민주당 · 민주당 · 민주통합당 · 민주당 · 새정치민주연합) 2006~2008년 同복지안전위원장, 제주특별자치도 보육정책심의위원회 심의위원, 同축제육성위원회 위원, 민주평통 서귀포시협의회 자문위원 2012년 제주특별자치도의회 의장 2012년 同문화관광위원회 위원 2012년 同예산결산특별위원회 위원 2014년 제주특별자치도의원선거 출마(새정치민주연합) 2018년 제주대병원 상임감사(현)

오치남(吳治南) OH Chi Nam

(생)1949 · 9 · 19 (본)보성(寶城) (출)서울 (주)서울특별시 강남구 선릉로125길 14 삼성빌딩3층 대림AF 회장실(02-3448-6800) (학)1967년 경복고졸 1971년 서울대 공과대학졸 (경)1971년 대림수산(주) 입사 1975년 同이사 1979~1994년 同대표이사 부사장 1979년 진양어업(주) 대표이사 사장 1986~2003년 대림식품(주) 대표이사 사장 1991년 21세기한국연구재단 이사 1991년 (주)한소 대표이사 사장 1994년 한국원양어업협회 부회장 1995~2004년 대림수산(주) 대표이사 사장 1997~2006년 한국무역협회 이사 1999~2003년 한진중공업 사외이사 1999~2005년 (사)한국선급 이사 2000~2003년 한국원양어업협회 회장 2000~2003년 해양수산부 정책자문위원 2004~2006년 대림수산(주) 상임고문 2004년 정석물류학술재단 이사 2006년 (주)대림AF 회장(현) 2008년 학교법인 정은학원 이사 2018년 (재)일우재단 이사장(현) (상)은탑산업훈장(1999) (종)불교

오치훈(吳治勳) Oh Chi Hoon

(생)1974 · 10 · 20 (출)부산 (주)서울특별시 중구 퇴계로 10 메트로타워 8층 대한제강(02-2040-9713) (학)1998년 연세대 경영학과졸 2012년 미국 하버드대 비즈니스스쿨 General Management Program 수료 (경)2001~2005년 대한제강(주) 이사 2006년 同전무 2007년 同부사장 2013년 同대표이사 사장(현) (상)무역의 날 1억불 수출의 탑(2009), 무역의 날 지식경제부장관표창(2010)

오태규(吳泰奎) OH Tai Kyu

(생)1960 · 4 · 22 (본)해주(海州) (출)충남 연기 (주)서울특별시 종로구 사직로8길 60 외교부 인사운영팀(02-2100-7139) (학)1979년 대전고졸 1984년 서울대 정치학과졸 2017년 동국대 언론정보대학원 신문방송학과졸 (경)1986년 한국일보 사회부 기자 1988년 한겨레신문 민권사회부 기자 1989년 同정치부 기자 1997~1998년 일본 게이오대 법학부 방문연구원 2000년 한겨레신문 정치부 차장 2001년 同국제부 차장 2002년 同도쿄특파원 2004년 同스포츠부장 2005년 同사회부장 2006년 관훈클럽 감사 2006년 한겨레신문 스포츠선임기자(부장급) 2006년 同편집국 민족국제부문 편집장 2007년 同편집국 수석부국장 2009년 同논설위원 2010년 同디지털미디어사업본부장 2011년 同출판미디어국장 2012년 同논설위원 2013년 관훈클럽 신영연구기금 총무 2014 · 2017년 同이사 2014~2017년 한겨레신문 논설위원실장 2014년 대통령직속 통일준비위원회 언론자문단 자문위원 2017년 한국신문방송편집인협회 부회장 2017년 국정기획자문위원회 사회분과위원회 위원 2017~2018년 외교부 '한 · 일 일본군 위안부 피해자 문제 합의 검토 TF' 위원장 2017년 동서대 일본연구센터 초청연구위원 2017~2018년 서울대 일본연구소 객원연구원 2017년 대통령직속 정책기획위원회 평화번영분과 위원 2018년 駐오사카 총영사(현) (종)가톨릭

오태균(吳泰均) OH Tae Kyun

(생)1961 · 1 · 3 (주)서울특별시 영등포구 의사당대로 88 한국투자금융지주(주) 경영관리실(02-3276-4502) (학)고려대 무역학과졸, 同대학원 금융경제학과졸 (경)2006년 한국투자증권(주) 개포지점 상무보 2007년 同중부지역본부장(상무) 2008년 同영업추진본부장(상무) 2009년 한국투자금융지주(주) 경영관리실 상무 2015년 同경영관리실장(전무) 2019년 同경영관리실장(부사장)(현)

오태균(吳台均) Oh Tae Kyun

(생)1961·3·3 (주)서울특별시 중구 을지로 66 KEB하나은행 영업지원그룹(1599-1111) (학)1980년 청주 청석고졸 1985년 청주대 행정학과졸 (경)1988년 외환은행 역삼동지점 근무 1995년 同청주지점 근무 2001년 同역삼역지점 과장 2002년 同인사부 차장 2004년 同급여후생팀장 2004년 同고덕지점장 2005년 同잠실역지점장 2007년 同분당정자지점장 2008년 同노사협력부장 2012년 同비서실장 2014년 同인력개발부장 2015년 同삼성역지점장 2015년 KEB하나은행 HR본부장 직대 2016년 同HR본부장 2017년 同HR본부장(전무) 겸 하나금융지주 전무(CHRO) 2017년 同영업지원그룹장(전무)(현)

오태환(吳泰煥)

(생)1975·4·23 (출)충북 청원 (주)충청북도 청주시 서원구 산남로62번길 51 청주지방법원 총무과(043-249-7201) (학)1994년 청주 세광고졸 1999년 서울대 법학과졸 (경)1998년 사법시험 합격(40회) 2001년 사법연수원 수료(30기) 2001년 軍법무관 2004년 서울서부지법 판사 2006년 서울중앙지법 판사 2008년 청주지법 충주지원 판사 2011년 인천지법 판사 2014년 대법원 재판연구관 2016년 대구지법 서부지원 부장판사 2019년 청주지법 부장판사(현)

오평근(吳坪根) Oh Pyunggeun

(생)1958·5·5 (주)전라북도 전주시 완산구 효자로 225 전라북도의회(063-280-3970) (학)영생고졸, 전주대 경상대학 통계학과졸, 전북대 행정대학원 정치학과졸 (경)서전주유치원 이사장(현), 전북 전주시 완산구 평화2동주민자치위원장, 전주대 평생교육원 교수, 민주평통 자문위원 2010년 전북 전주시의회 의원(무소속·민주통합당·민주당·새정치민주연합) 2010년 同행정위원회 부위원장 2012년 同문화경제위원회 위원 2012년 同예산결산특별위원회 위원장 2014~2018년 전북 전주시의회 의원(새정치민주연합·더불어민주당) 2016~2018년 同행정위원장 2018년 전북도의회 의원(더불어민주당)(현) 2018년 同농산업경제위원회 위원(현) 2018년 同운영위원회 부위원장(현)

오풍연(吳豊淵) OH Poong Yeon

(생)1960·4·15 (본)보성(寶城) (출)충남 보령 (주)서울특별시 마포구 마포대로4다길 31 글로벌이코노믹(02-323-7474) (학)대전고졸 1986년 고려대 철학과졸 (경)1999년 대한매일 기자(차장급) 2000년 同편집국 정치팀 차장 2001년 청와대출입기자단 간사 2004년 서울신문 논설위원 2004년 同편집국 공공정책부장 2005년 同논설위원 2006년 同제작국장 2008년 同논설위원 2008년 同법조대기자 2008년 법조언론인클럽 부회장 2009년 서울신문 독자서비스국 기획위원 2009년 同미디어아카데미 심의위원 2009년 법무부 정책위원 2010년 서울신문 문화홍보국 부국장 2011~2012년 同문화홍보국장 2012~2016년 파이낸셜뉴스 논설위원 2016년 (주)휴넷 사회행복실 이사 2016년 대경대·아세아항공직업전문학교 초빙교수 2017년 (주)와이디생명과학 홍보담당 부사장 2018년 글로벌이코노믹 주필(현) (저)에세이집 '대한민국혁신CEO'(2006), '남자의 속마음'(2009), '여자의 속마음'(2010), '삶이 행복한 이유'(2010), '사람풍경 세상풍경'(2011, 북오션), '그래도 행복해지기(共)'(2011, 북오션), '천천히 걷는 자의 행복'(2013, 북오션), '그곳에는 조금 다르게 행복한 사람들이 있다'(2014, 에이원북스), '새벽을 여는 남자'(2014, 행복에너지), '오풍연처럼'(2015, 새빛), '새벽찬가'(2016, 행복에너지), '행복일기'(2017, 행복에너지)

오필석(吳弼錫) Oh Pill Seck

(생)1963·3·1 (출)충남 홍성 (주)서울특별시 강남구 언주로 721 서울본부세관 심사국(02-510-1114) (학)1981년 충남 예산고졸 1983년 세무대학 관세학과졸 2013년 한국방송통신대 무역학과졸 (경)1983년 공무원 임용 1983년 부산세관 세무서기 1987년 부산세관·전남 용당세관·경기 김포세관·인천세관 관세서기 1992년 인천세관·구로세관·서울세관·김포세관 관세주사보 2000년 경기 김포세관·인천세관·관세청·부산세관 관세주사 2007년 관세청 심사정책국 심사정책과(저가신고조기경보시스템구축팀) 파견 2007~2008년 관세청 심사정책국 원산지심사과·관세심사국 원산지심사과·관세심사국 심사정책과·심사정책국 심사정책과 행정사무관 2010~2011년 서울세관 심사국 심사관실 심사관 행정사무관 2011~2014년 관세청 정보협력국 정보기획과 행정사무관 2014년 同정보협력국 정보기획과 서기관(승진) 2014~2016년 경기 평택세관 통관지원과장 2014·2015년 同세관장 직대 2016년 관세청 국가관세종합정보망추진단 개발1팀장 2016년 同국가관세종합정보망추진단 사업총괄과장 직대 2016년 同심사정책국 법인심사과장(전문관) 2017년 강원 속초세관장 2018년 서울본부세관 심사국장(현) (상)국무총리표창(2004), 농림부장관표창(2006), 대통령표창(2012)

오하근(吳河根)

(생)1968·1·5 (주)전라남도 무안군 삼향읍 오룡길 1 전라남도의회(061-286-8200) (학)고려대 문과대학 사회학과졸 (경)순천만요양병원 이사장, 사람사는세상노무현재단 전남지역위원회 상임운영위원 2018년 同공동대표(현) 2018년 전남도의회 의원(더불어민주당)(현), 同남북교류협력지원특별위원회 위원(현), 同의회운영위원회 위원 겸 예산결산특별위원회 위원(현), 同보건복지환경위원회 부위원장(현)

오학태(吳鶴泰) OH HAK TAE

(생)1964·3·26 (본)해주(海州) (출)경북 경주 (주)전라남도 나주시 빛가람로 767 국립전파연구원 전파환경안전과(061-338-4500) (학)1982년 경남고졸 1986년 부산대 물리학과졸 1989년 同대학원 분광학과졸 1993년 분광학박사(부산대) (경)1994~1995년 일본 오사카대 객원연구원 1995~1996년 중소기업청 국립기술품질원 공업연구사 1996~2008년 정보통신부 전파연구소 공업연구관 2008~2012년 방송통신위원회 국립전파연구원 공업연구관 2012~2013년 同국립전파연구원 전파환경안전과장 2013년 미래창조과학부 국립전파연구원 전파환경안전과장 2015년 同국립전파연구원 전파자원기획과장 2017년 과학기술정보통신부 국립전파연구원 전파자원기획과장 2017년 同국립전파연구원 전파환경안전과장(현)

오한구(吳漢九) OH Han Koo

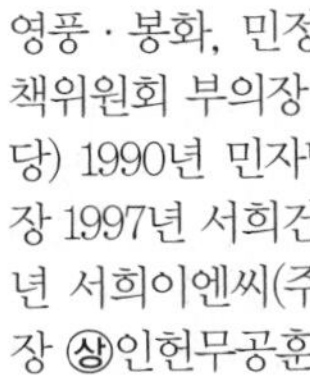

(생)1934·6·10 (본)해주(海州) (출)경북 봉화 (학)1953년 경북고졸 1957년 육군사관학교졸 1968년 서울대 상과대학졸 1971년 육군대학졸 (경)1969년 대대장 1971년 육군대학 교관 1973년 사단 참모장 1975년 연대장 1977년 예편(육군 대령) 1977년 포항종합제철 관리부장 1980년 同서울사무소장·이사 1981년 제11대 국회의원(영주·영양·영풍·봉화, 민주정의당) 1981년 민주정의당 원내부총무 1982~1991년 대한산악연맹회 회장 1983년 민정당 경북·대구지부 위원장 1985년 제12대 국회의원(영주·영양·영풍·봉화, 민정당) 1985년 국회 경제과학위원장 1987년 민정당 정책위원회 부의장 1988년 제13대 국회의원(영양·봉화, 민정당·민자당) 1990년 민자당 영양·봉화지구당 위원장 1990년 국회 내무위원장 1997년 서희건설(주) 대표이사 회장 1997년 자민련 당무위원 2000년 서희이엔씨(주) 대표이사 회장 2003년 (주)서희건설 대표이사 회장 (상)인헌무공훈장, 보국훈장 삼일장, 체육훈장 맹호장 (종)기독교

오한남(吳韓男) Han nam, Oh

(생)1952 · 5 · 26 (출)서울 (주)서울특별시 송파구 올림픽로 25 잠실주경기장 B211호 대한배구협회(02-578-9025) (학)1971년 대신고졸 1979년 명지대졸 (경)1970~1972년 대한항공 배구단 소속 1973~1976년 육군 보안사령부 배구단 소속 1976~1978년 금성통신 배구단 소속 1979~1980년 대한교육보험 배구단 소속 1980~1982년 한양여고 배구단 코치 1982~1986년 카타르 알 알리 배구클럽 감독 1986~1991년 한일합섬 배구단 감독 1991~1993년 아랍에미리트 알 알리 배구클럽 감독 1993년 바레인 배구 국가대표 감독 2003~2005 · 2012~2016년 (재)바레인 한인회 회장 2005년 민주평통 자문위원(현) 2008년 세계한인무역협회(OKTA) 바레인지회장(현) 2010~2013년 서울시배구협회 회장 2012~2014년 인천아시아경기대회 홍보대사 2012년 바레인 재외선거관리위원회 위원장 2012~2016년 바레인 한글학교장 2013~2017년 한국대학배구연맹 회장 2017년 대한배구협회 회장(현) (상)체육훈장 기린장(1974), 대통령표창(2011)

오한아(吳韓兒 · 女)

(생)1978 · 2 · 15 (주)서울특별시 중구 세종대로 125 서울특별시의회(02-3702-1400) (학)성균관대 교육대학원 교육행정학 석사과정 수료 (경)김성환 노원구청장 민원정책비서, 민주당 서울노원구甲지역위원회 여성위원장 2014~2018년 서울시 노원구의회 의원(새정치민주연합 · 더불어민주당), 더불어민주당 서울시당 대변인 2018년 서울시의회 의원(더불어민주당)(현) 2018년 同문화체육관광위원회 위원(현) 2018년 同예산결산특별위원회 위원(현) 2018년 同청년특별위원회 부위원장(현)

오한진(吳漢鎭) Oh, Han-Jin

(생)1961 · 12 · 26 (본)보성(寶城) (출)대전 (주)대전광역시 서구 둔산서로 95 을지대병원 가정의학과(042-611-3358) (학)1985년 충남대 의대졸 1992년 同대학원 의학석사 2001년 의학박사(충남대) (경)1988년 연세대 의료원 가정의학과 전공의 수료 1988~1991년 육군 복무(대위 예편) 1994~1995년 대전선병원 가정의학과장 1995~1997년 을지의과대학 가정의학과 조교수 겸 을지대학병원 가정의학과장 1997~2000년 성균관대 의과대학 가정의학교실 조교수 1998년 대한일차의료학회 총무이사 2000년 중앙일보 사이버종합병원 갱년기클리닉 전문의 2001~2007년 관동대 의대 가정의학교실 부교수 2001~2003년 대한임상노인의학회 재무이사 2002년 대한폐경학회 사추기(思秋期) 간행위원 2002년 대한임상영양학회 이사 2003년 대한가정의학회 홍보이사 2003년 대한골대사학회 보험위원 2003년 대한골다공증학회 홍보위원 2003년 대한임상노인의학회 기획이사 2005년 대한가정의학회 학술이사 2007~2014년 관동대 의대 가정의학교실 교수 겸 제일병원 가정의학과장, 대한임상영양학회 회장, 대한갱년기학회 회장(현) 2010년 대한비만건강학회 회장(현), 대한탈모학회 회장, 한국여성건강및골다공증재단 등기이사(현) 2014년 대한민국의학한림원 정회원(현) 2014년 비에비스나무병원 노화방지센터장 2014년 녹색재단 상임대표 · 이사 2014년 한국피해자지원협회(KOVA) 홍보대사(현) 2016년 을지대 을지병원 가정의학과 교수(현) 2016년 대한탈모학회 이사(현) (상)세브란스가정의학동창회 올해의 세가인상(2008), 대한임상건강증진학회 공로상(2010), 보건복지부장관표창(2010), 자랑스런 충대인상(2010), 질병관리본부장표창(2012), 대한가정의학회 공로상(2012), 대한골다공증학회 우수논문상(2012), 대한임상건강증진학회 학술상(2012), 제일병원장표창(2012), 대한가정의학회 저술공로상(2013) (저)'임상노인의학(共)'(2003) '노화방지의학(共)'(2006) '가정의학(共)'(2007) '골다공증 진단 및 치료지침(共)'(2007) '꼭 알아야 할 통합의학(共)'(2008) '팔자건강법'(2008) '한국인의 평생건강관리(共)'(2009) '골밀도측정 가이드(共)'(2009) '최신 노인의학(共)'(2011) '동안습관'(2013) '마흔의 다이어트는 달라야 한다'(2014)

오해영(吳海泳) OH Hai Young

(생)1961 · 4 · 15 (출)전남 구례 (주)서울특별시 강북구 도봉로89길 13 강북구청 부구청장실(02-901-6002) (학)1980년 한성고졸 1984년 전남대 농학과졸 2007년 중국 북경임업대 대학원졸 (경)1985년 기술고시 합격(21회) 1991년 서울시 내무국 생활체육과 시설계장 1994년 서울 성동구 공원녹지과장 2000년 서울시 환경관리실 공원녹지과장(서기관) 2004년 중국 해외훈련 파견(서기관) 2007년 서울시 건설안전본부 조경사업부장 2007년 서울 강서구 녹지사업소장 2009년 서울시 푸른도시국 조경과장(서기관) 2012년 국립산림과학원 파견(서기관) 2013~2015년 서울시 푸른도시국장(지방이사관) 2015~2016년 교육파견(지방이사관) 2017년 서울 강북구 부구청장(이사관)(현)

오행록(吳幸錄) Haengnok Oh

(생)1976 · 12 · 27 (본)해주(海州) (주)세종특별자치시 다솜2로 94 해양수산부 해양수산과학기술정책과(044-200-5240) (학)1995년 중앙고졸 2002년 서울대 외교학과졸 2010년 미국 인디애나대 대학원 행정학과졸 (경)2015년 부산지방해양수산청 항만물류과장 2016년 해양수산부 연안해운과장 2017년 同홍보담당관 2018년 同해양개발과장(서기관) 2019년 同해양수산과학기술정책과장(현)

오혁수(吳赫洙)

(생)1962 · 10 · 5 (출)전남 구례 (주)서울특별시 중구 을지로 79 IBK기업은행 글로벌 · 자금시장그룹(1566-2566) (학)1980년 송원고졸 1984년 전남대 경영학과졸 (경)1987년 IBK기업은행 입행 2009년 同평택드림기업지점장 2010년 同삼전동지점장 2012년 同자금부장 2015년 同테헤란로지점장 2015년 同영업부장 2016년 同강동 · 강원지역본부장 2017년 同충청 · 호남그룹장(부행장) 2017년 同미래채널그룹장(부행장) 2018년 同글로벌 · 자금시장그룹장(부행장)(현)

오현경(吳鉉京) Oh Hyunkyung

(생)1936 · 11 · 11 (출)서울 (주)서울특별시 서초구 반포대로37길 59 대한민국예술원(02-3479-7224) (학)서울고졸, 연세대 국어국문학과졸 (경)1961년 한국방송공사(KBS) 공채1기로 데뷔, 연극배우 겸 탤런트(현), 연세극예술연구회동문회 회장 2001 · 2012년 화술스튜디오 송백당 운영(현) 2013년 대한민국예술원 회원(연극 · 현) (상)제3회 동아연극상 남우조연상(1966), 제7회 대한민국연극제 연기상(1983), 백상예술대상 연극부문 연기상(1985), 한국방송공사(KBS) 연기대상 대상(1992), 제4회 한국문화대상 연극부문 대상, 제22회 동아연극상 남자연기상, 한국연극배우상(문화부장관상, 2006), 제2회 대한민국연극대상 남자연기상(2009), 제3회 대한민국연극대상 공로상(2010), 서울시 문화상(2011), 보관문화훈장(2013) (작)TV 출연 'TV 손자병법'(1987)외 150여편, 연극 '햄릿'(1962) '포기와 배스'(1962) '한강은 흐른다'(1962) '쎄일즈맨의 죽음'(1962) '청기와 집'(1964) '아들을 위하여'(1966) '무익조'(1966) '화니'(1967) '북간도'(1968) '휘가로의 결혼'(1969) '맹진사댁 경사'(1969) '허생전'(1970) '오셀로'(1972) '너도 먹고 물러나라'(1973) '일요일의 불청객'(1974) '밤의로의 긴 여로'(1976) '호모세파르투스'(1983) '드레서'(1984) '아메리카의 이브'(1985) '한여름 밤의 꿈'(2005) '주인공'(2008) '평행이론'(2009) '봄날'(2009) '베니스의 상인'(2009) '너희가 나라를 아느냐'(2010) '봄날'(2011) '일어나 비추어라'(2013) 등 60여편 출연, 영화 '오늘은 왕'(1966) '하숙생'(1966) '일월'(1967) '몽땅 드릴까요'(1968) '해벽'(1973) '땅콩 껍질 속의 연가'(1979) '무영탑'(1979) '행복한 장의사'(2000) '혈의 누'(2005) '연리지'(2006) '평행이론'(2010) '전국노래자랑'(2013) '나랏말싸미'(2019)등 20여편 출연

오현규(吳賢圭) OH Hyun Gyu

(생)1969 · 6 · 26 (출)서울 (주)서울특별시 서초구 서초중앙로 157 서울고등법원(02-530-1114) (학)1988년 대신고졸 1992년 서울대 법과대학졸 (경)1993년 사법시험 합격(35회) 1996년 사법연수원 수료(25기) 1999년 서울지법 판사 2003년 춘천지법 홍천군법원 판사 2006년 의정부지법 고양지원 판사 2007년 서울고법 판사 2009년 대법원 재판연구관 2011년 제주지법 부장판사 2012년 同수석부장판사 2013년 서울고법 판사(현)

오현정(吳泫姃 · 女)

(생)1975 · 2 · 25 (주)서울특별시 중구 세종대로 125 서울특별시의회(02-3702-1400) (학)가톨릭대 의료경영대학원 경영학과졸, 고려대 대학원 보건학 박사과정 수료 (경)굿모닝함운외과 행정실장, 민주당 서울광진甲지역위원회 여성위원회 수석부위원장 2014~2018년 서울시 광진구의회 의원(비례대표, 새정치민주연합 · 더불어민주당) 2014년 同예산결산특별위원회 부위원장 2016년 同운영위원장, 더불어민주당 중앙당 부대변인 2018년 서울시의회 의원(더불어민주당)(현) 2018년 同보건복지위원회 부위원장(현)

오현주(吳賢珠 · 女) OH Hyun-Joo (宵旦)

(생)1940 · 8 · 29 (본)함양(咸陽) (출)서울 (주)서울특별시 종로구 대학로 60 동마루빌딩 4층 (사)한국여성문화예술인총연합(02-764-4600) (학)1959년 숙명여고졸 1963년 이화여대 가정학과졸 1977년 미국 노던버지니아커뮤니티칼리지 연극연출과 수료 1983년 미국 조지워싱턴대 대학원 표현무용학과졸 1994년 서강대 경영대학원 최고경영자과정 수료 (경)1960년 기독교방송(CBS) 성우 1983~1985년 미국 조지워싱턴대 교육대학 강사 1985~1987년 미국 메릴랜드 캔톤스빌칼리지 강사 1985~1998년 한미문화예술인회(KAPAS) 회장 1988~1993년 서울예술전문대학 영화과 초빙교수 1988년 오현주표현예술연구소 소장 1989~1994년 중앙대 연극영화과 강사 1989년 민족표현예술연구소 소장 1989년 서울창무극단 대표 1990~1991년 한국예술문화단체총연합회 국제위원장 1992~1995년 (재)서울예술단 예술총감독 1993~1995년 공연윤리위원회 전문심의위원 1993~2008년 서강대 교양학부 강사 1994년 한국문화정책개발원 자문위원 1996년 올림픽100주년문화사절단 단장 1996년 중앙대 방송예술대학원 강사 1996년 청룡영화제영화상 심사위원 1997~2005년 호서대 디지털문화예술학부 조교수 2002년 (사)한국여성문화예술인총연합(KoWACA) 회장(현) 2007~2015년 호서대 디지털문화예술학부 예우교수 2008~2015년 (사)사월회 부회장, 同고문 2010~2015년 북한국제인권영화제 공동조직위원장 (상)뉴욕 헤어스타일컨테스트 1등상(1966), 한국기독교문화대상 연극부문(1996), 기독문화상대상(1996), 한국뮤지컬대상 특별상(1998) (저)'야, 아가야' (작)연극 '햄릿' '포기와 베스' '대머리 여가수' '오셀로' '나는야 호랑나비' '유화의 노래', 뮤지컬 '하회'(1979) '아라아라'(1993) '광개토대왕'(1995 · 1999) '황제'(1997) (종)기독교

오현주(吳賢珠 · 女) Hyeon Joo OH

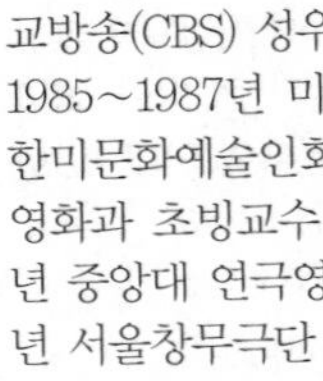

(생)1962 · 2 · 13 (본)보성(寶城) (출)충남 아산 (주)충청북도 청주시 흥덕구 오송읍 오송생명2로 187 식품의약품안전평가원 의료기기심사부(043-719-3902) (학)1981년 동덕여고졸 1985년 이화여대 생물학과졸 1989년 同대학원 생물학과졸 1997년 이학박사(이화여대) (경)1987~1998년 국립보건원 보건연구사 1992~1993년 네델란드 라이덴대 국제원자력기구 Fellow 1998~2011년 식품의약품안전청 보건연구관 2011~2014년 식품의약품안전평가원 의료기기연구과장 · 융합기기팀장 · 심혈관기기과장 · 체외진단의료기기TF팀장 2014년 同체외진단기기과장 2018년 同의료기기심사부장(현)

오현주(吳玹周 · 女) Oh Hyunjoo

(생)1968 · 11 · 12 (주)서울특별시 종로구 사직로8길 60 외교부 개발협력국(02-2100-8110) (학)1991년 고려대 서문학과졸 1998년 영국 케임브리지대 대학원 국제관계학과졸 (경)1994년 외무고시 합격(28회) 2001년 駐국제연합 2등서기관 2006년 駐청뚜 영사 2010년 국무총리실 파견 2011년 외교통상부 개발협력과장 2013년 駐제네바 참사관 2016년 유엔인권이사회 의장 특별보좌관 2017년 ODA 기획평가 업무지원 2018년 외교부 개발협력국장(현) (상)근정포장(2005), 대통령표창(2012)

오현창(吳賢昌) OH Hyun Chang

(생)1960 · 4 · 2 (본)해주(海州) (출)서울 (주)서울특별시 마포구 성암로 267 문화방송 드라마본부(02-789-0011) (학)1979년 경성고졸 1984년 인하대 산업공학과졸 1992년 서강대 언론대학원 수료 2007년 서울대 글로벌문화콘텐츠리더스과정 이수 2008년 同경영대학원 MBC차세대경영자과정 이수 (경)1984년 문화방송(MBC) 입사 1984년 同TV제작국 근무 2005년 同드라마국 부장 2005년 同글로벌사업본부 부국장 2005~2007년 同글로벌사업본부장 2009년 同드라마국 연속극 CP 2010년 同드라마국 부국장 2012년 同드라마본부 특임국장 2014년 同드라마국 드라마1부장 2014~2017년 同드라마본부 특임국장 2017년 同드라마본부 국장(현) (상)문화방송(MBC) 노동조합 좋은 프로그램상(1997), YMCA선정 좋은 프로그램상(2001), 여성부 남녀평등 우수상(2001), PD연합회 방송인상(2002) (작)주간단막극 '나의 어머니' 연출(1990) '한지붕 세가족' 연출(1994) 달수시리즈 '달수의 재판' '달수의 집짓기' '달수의 차차차' '달수아들 학교 가다' '달수 아들 과외하다' '달수 성매매 특별법에 걸리다' 등 다수 연출(1995) 베스트극장 '마누라 지갑털기' '섹스모자이크에 관한 보고서' '달려라 장부장' '남편은 파출부' 등 다수 연출(1995) '전원일기' 연출(1997) 주말연속극 '사랑과 성공' 연출(1999) 특집극 2부작 '늑대사냥' 연출(2001) 일일연속극 '백조의 호수' 연출(2003) 일일연속극 '밥줘' '살맛납니다' 기획주말연속극 '인연만들기' '보석비빔밥' '민들레 가족' 기획(2009) 일일연속극 '황금물고기' 연출(2010) 일일연속극 '불굴의 며느리' 연출(2011) '불굴의 차여사' 연출(2015)

오현철(吳賢哲)

(생)1968 · 6 · 7 (출)전남 무안 (주)강원도 강릉시 동해대로 3288-17 춘천지방검찰청 총무과(033-660-4542) (학)1986년 광주인성고졸 1996년 경희대 법학과졸 (경)1997년 사법시험 합격(39회) 2000년 사법연수원 수료(29기) 2000년 대전지검 검사 2002년 광주지검 순천지청 검사 2003년 서울지검 남부지청 검사 2004년 서울남부지검 검사 2006년 광주지검 검사 2008년 서울중앙지검 검사 2011년 수원지검 검사 2013년 同부부장검사 2013년 서울중앙지검 부부장검사 2014년 대전지검 홍성지청 부장검사 2015년 울산지검 형사3부장 2016년 서울남부지검 형사4부장 2017년 인천지검 형사4부장 2018년 서울남부지검 금융조사1부장 2019년 춘천지검 강릉지청장(현)

오형근(吳亨根) OH, HYUNG-KHUN

(생)1959 · 3 · 11 (출)부산 (주)부산광역시 해운대구 센텀중앙로 79 센텀사이언스파크 22층 (주)대한제강 비서실(051-998-8803) (학)1978년 부산 해동고졸 1982년 중앙대 사범대학졸 2001년 부산외국어대 국제경영지역학대학원 최고경영자과정 수료 2003년 동의대 대학원 최고경영자과정 수료 2006년 부산대 국제전문대학원졸 2010년 국제학박사(부산대) (경)1983년 (주)대한제강 입사 1989년 同상무이사 1999~2013년 同대표이사 2002년 법무부 범죄예방위원회 부산지역협의회 부회장(현) 2003년 부산럭비협회 회장(현) 2006년 부산시 경찰발전위원회 부

위원장(현) 2006년 (사)부산총경영자협회 부회장(현) 2006 · 2009년 부산상공회의소 부회장(현) 2013년 부산창조재단 이사(현) 2014년 (주)대한제강 부회장(현) (상)부산경영대상(2005), 대한민국CEO 그랑프리 금속광물대표(2008), 납세자의 날 대통령표창(2008), 부산수출대상 우수상(2009), 부산시 우수납세자(2010), 납세자의 날 기획재정부장관표창(2011), 동탑산업훈장(2018)

오형수

(생)1960 (주)경상북도 포항시 남구 동해안로 6261 (주)포스코 포항제철소(054-220-0114) (학)영남대 금속학과졸 (경)2007년 포스코 STS수주공정팀 부장 2012년 同중국 청도포항불수강 파견(상무보) 2013년 同POSCO-Thainox법인장(상무) 2017년 同중국 장가항포항불수강법인장(전무) 2018년 同 포항제철소장(부사장)(현)

오형훈(吳亨勳) OH Hyung Hoon

(생)1958 · 6 · 1 (주)서울특별시 영등포구 여의대로 128 LG트윈타워 LG전자(주) MC사업본부(02-3777-1114) (학)효명고졸, 인하대 전자공학과졸 (경)LG전자(주) DM연구소 근무 2005년 同MC연구소 개발1실장(상무) 2010년 同MC사업본부 제품개발담당 상무, 同MC연구소장 2016년 同G시리즈 PMO(전무) 2017년 同구매그룹장(전무) 2019년 同MC사업본부 전무(현)

오호균(吳虎均)

(생)1962 · 8 (주)인천광역시 남동구 소래로 633 남동구청 부구청장실(032-453-2013) (학)환일고졸, 경희대 건축공학과졸 (경)1988년 기술고시 합격(24회), 인천시 지하철건설본부 · 상수도사업본부 · 인천경제자유구역청 근무 2011년 인천시 도시계획국 주거환경정책관 2011년 同항만공항해양국장, SK와이번스 문학경기장 관리사무소장, 인천 동구청 도시건설국장 2011년 인천시 아시아경기대회지원본부장 2014년 인천경제자유구역청 영종청라사업본부장 2015년 인천시 도시철도건설본부장 2017년 인천시의회 사무처장 2018년 교육 파견(이사관) 2019년 인천 남동구 부구청장(현) (상)대통령표창(2005)

오호선(吳好善) HOSUN OH

(생)1969 · 2 · 25 (주)서울특별시 종로구 종로5길 86 서울지방국세청 국제거래조사국(02-2114-5005) (학)1987년 수성고졸 1992년 서울대 경영학과졸 1997년 同행정대학원 정책학석사과정 수료 2003년 미국 하버드대 Law School 수료 2004년 同Kennedy School졸 (경)2006년 국세청 정책보좌관 2009년 駐미국대사관 참사관 2011년 부산 금정세무서장 2012년 서울지방국세청 국제조사2과장 2014년 국세청 첨단탈세방지담당관 2016년 同국제조세관리관실 역외탈세정보담당관 2017년 부산지방국세청 조사2국장(고위공무원) 2018~2019년 중부지방국세청 조사1국장 2019년 서울지방국세청 국제거래조사국장(현) (상)홍조근정훈장(2017)

오홍식

(생)1955 (주)제주특별자치도 제주시 전농로 7 대한적십자사 제주지사(064-758-3501) (학)세화고졸, 한국방송통신대졸, 제주대 행정대학원졸 (경)2009년 제주특별자치도 감사위원회 감사과장(서기관) 2010년 同감사위원회 사무국장 직대(서기관) 2011~2013년 제주시 부시장(부이사관) 2013~2014년 제주특별자치도 기획관리실장(이사관) 2015년 대한적십자사 제주특별자치지사 상임위원 2017년 同제주지사 회장(현)

오화경(吳華卿)

(생)1960 · 1 · 15 (출)경기 의정부 (주)서울특별시 강남구 테헤란로 127 하나저축은행(02-2230-2568) (학)1978년 의정부고졸 1989년 성균관대 경영 · 회계학과졸 1995년 고려대 대학원 재무관리학과졸 (경)1988년 유진증권 입사 1991년 HSBC은행 기업금융부 기업신용분석 · 기업관리 RM 2000년 同개인금융부 압구정 · 분당지점장 2003년 同개인금융부 개인대출총괄본부장 2005년 同개인금융부 영업총괄본부장 2007년 同중국 칭다오지점 한국기업담당 전무 2010년 아주캐피탈 영업총괄 부사장 2012~2016년 아주저축은행 대표이사 2017년 아주캐피탈 대표이사 2018년 하나저축은행 대표이사 사장(현)

오화석(吳和錫) OH Hwa Suk

(생)1956 · 12 · 26 (본)동복(同福) (출)서울 (주)경기도 고양시 덕양구 항공대학로 76 한국항공대학교 항공우주및기계공학부(02-300-0284) (학)1980년 한국항공대 항공우주공학과 항공기계공학과졸 1988년 미국 텍사스대 대학원졸 1992년 항공우주공학박사(미국 텍사스대) (경)1979~1986년 국방과학연구소 연구원 1987~1992년 미국 텍사스대 연구원 1992~1997년 한국전자통신연구원 위성통신기술연구단 책임연구원 1997년 한국항공대 항공우주및기계공학부 조교수 · 부교수 · 교수(현)

오희목(吳熙穆) OH Hee Mock

(생)1957 · 10 · 17 (본)보성(寶城) (출)충북 청원 (주)대전광역시 유성구 과학로 125 한국생명공학연구원 세포공장연구센터(042-860-4321) (학)1974년 경복고졸 1979년 서울대 생물교육과졸 1981년 同대학원 생물교육과졸 1987년 이학박사(충남대) (경)1989~1992년 미국 뉴욕주립대 보건환경대학원 연구원 1993년 한국생명공학연구원 환경미생물실 선임연구원 1996년 同환경생명공학연구실 책임연구원 2002~2005년 同환경생명공학연구실장 2005~2008년 同생물자원센터장 2006년 과학기술연합대학원대 생명공학과 교수(현) 2008~2013년 한국생명공학연구원 바이오시스템연구본부장 2012~2013년 한국환경생물학회 회장 2012년 한국조류학회 부회장 2013년 한국생명공학연구원 환경바이오연구센터 책임연구원 2014~2015년 (사)한국조류학회 회장 2014년 한국과학기술한림원 정회원(현) 2014년 한국생명공학연구원 바이오에너지연구센터 책임연구원 2016년 同세포공장연구센터 책임연구원(현) (상)한국과학기술단체총연합회 과학기술우수논문상(2002), 기초기술연구회 이사장표창(2010), 녹색기술포럼 교육과학기술부장관표창(2010), 과학기술연합대학원대 우수교원 총장표창(2010), 제2회 국가녹색기술대상 국토해양부장관표창(2010), 올해의 환경기술최우수상(2012)

오희영(吳熙永) OH Hee Young (山情)

(생)1954 · 3 · 25 (본)보성(寶城) (출)충남 조치원 (주)서울특별시 강남구 영동대로106길 5 아이파크타워2 HDC아이서비스(02-2008-8555) (학)1973년 청주고졸 1980년 동국대 조경학과졸 1983년 홍익대 환경대학원 조경디자인과졸 2004년 이학박사(상명대) (경)1982~2013년 현대산업개발(주) 상무 1998~2004년 건설사조경협의회 회장 2001년 (사)한국조경학회 상임이사(현) 2005~2007년 (사)환경계획조성협회 회장 2006~2009년 한국산업인력공단 직종별전문위원 2007~2009년 상명대 대학원 환경자원학과 겸임교수 2008~2009년 경기도 지방건설기술심의위원 2013년 세종특별자치시 경관및도시디자인위원회 위원 2013~2019년 한국건설기술인협회 비상근이사 2013년 국가직무능력표준(NCS) 개발심의위원 2014년 상명대 융합기술대학 환경조경학과 교수 2016~2017년 서울시 도시공원위원회 위원 2018년 HDC아이서비스(주) 사외이사(현) (상)환경부장관표창(2007), 국토해양부장관표창(2011), 국무총리표창(2015) (저)'산, 왜 자연공원인가! 자연공원의 이해'(2015)

옥경석(玉經錫) OK Kyeong Seok

(생)1958·4·9 (출)경남 거제 (주)서울특별시 중구 청계천로 86 한화빌딩 (주)한화 임원실(02-729-1506) (학)1977년 충암고졸 1984년 건국대 경제학과졸 2008년 홍익대 대학원 세무학과졸 (경)삼성전자(주) 반도체총괄 지원팀장(상무보) 2005년 同반도체총괄 경영지원실 지원팀장(상무) 2010년 同반도체총괄 경영지원실 지원팀장(전무), 同DS부문 지원팀장 2012년 同DS부문 경영지원실장 겸 지원팀장(부사장) 2016년 한화케미칼(주) 폴리실리콘부문 사장 2016년 (주)한화건설 관리부문 경영효율화담당 사장 2017년 (주)한화 화약부문 대표이사 사장 2018년 同화약·방산부문 대표이사 사장(현) 2019년 同화약·방산·기계부문 대표이사 사장(현)

옥성대(玉成大)

(생)1972·11·7 (출)경남 거제 (주)대전광역시 서구 둔산중로78번길 15 대전지방검찰청 형사1부(042-470-4309) (학)1991년 부산 동아고졸 1996년 서울대 국제경제학과졸 (경)1997년 사법시험 합격(39회) 2000년 사법연수원 수료(29기) 2000년 공익법무관 2003년 창원지검 검사 2005년 同밀양지청 검사 2006년 서울중앙지검 검사 2010년 수원지검 검사 2010년 형사사법통합정보체계추진단 파견 2013년 부산지검 부부장검사 2015년 창원지검 마산지청 부장검사 2016년 대구지검 경주지청 부장검사 2017년 의정부지검 형사3부장 2018년 서울북부지검 인권감독관 2019년 대전지검 형사1부장(현) (상)대검찰청 올해의 우수 형사부장(2016)

옥은숙(玉恩淑·女)

(생)1968·9·30 (주)경상남도 창원시 의창구 상남로 290 경상남도의회(055-211-7382) (학)세계사이버대 NGO환경조경학과졸 (경)거제시도시계획심의위원, 경남산지관리위원회 위원, 민주평통 거제시 자문위원, 경남도교육감 정책자문위원, 참교육학부모회 경남거제지회장, 노무현재단 경남지역위 운영위원(현), 교육감정책 자문위원 2018년 경남도의회 의원(더불어민주당)(현) 2018년 同농해양수산위원회 위원(현)

옥준원(玉俊原) OK Joon Won

(생)1955·10·5 (본)의령(宜寧) (출)경남 거제 (주)서울특별시 서초구 고무래로 6-6 송원빌딩 법무법인 에이스(02-3487-5000) (학)1972년 고졸학력검정고시 합격 1981년 연세대 행정학과졸 (경)1983년 사법시험 합격(25회) 1985년 사법연수원 수료(15기) 1986년 부산지검 검사 1988년 마산지검 진주지청 검사 1990년 서울지검 남부지청 검사 1992년 대구지검 검사 1994년 서울지검 검사 1997년 전주지검 부부장검사 1998년 서울고검 검사 1999년 부산지검 동부지청 형사3부장 2000년 同동부지청 형사2부장 2000년 同동부지청 형사1부장 2001년 인천지검 조사부장 2002년 同형사5부장 2002년 서울고검 검사 2003년 수원지검 형사3부장 2004년 서울서부지검 형사2부장 2005년 부산고검 검사 2007~2009년 서울고검 검사 2009년 법무법인 에이스 구성원변호사(현) (저)'수사지휘론'(共) (종)불교

온용현(溫龍鉉) Ohn Yong Hyun

(출)전북 김제 (주)서울특별시 중구 청계천로 100 시그니처타워 금호미쓰이화학 임원실(02-6961-3733) (학)전주제일고졸, 전북대 화학과졸 (경)1980년 금호실업 입사 1997~2000년 금호폴리켐(주) 국내영업팀장 2001년 同영업담당 상무 2007~2010년 同영업담당 전무 2010~2011년 금호피앤비화학 대표이사 2012년 금호미쓰이화학 사장(현) (상)철탑산업훈장(2013) (종)원불교

옹 산(翁 山) ONG San (崇潭)

(생)1944·7·6 (본)연일(延日) (출)경북 상주 (주)충청남도 예산군 덕산면 수덕사안길 79 수덕사(041-330-7700) (학)1987년 동국대 교육대학원 철학교육과 수료 1987년 국중앙국립박물관 박물관대학 수료 (경)1966년 수덕사에서 圓譚스님을 계사로 사미계 수지 1970년 수덕사에서 惠庵스님을 계사로 비구계 및 보살계 수지 1971년 용주사 교무 1982년 수덕사 총무·재무 1985~1995년 대한불교조계종 운수암 토굴정진 1987년 (사)國美會 운영위원 1988년 '88올림픽' 축하 서예전시회 1989년 육군본부 화랑호국사 범종각현판 휘호 1993년 한·중서예교류전시회 1994년 한·일서예교류전시회 1994년 수덕사 부주지 1994년 흙빛문학회 회원 1995년 대한불교조계종 재심호계위원, 법주사·도성암·정혜사·망월사·남국선원 등 25 하안거 성만 2001년 대한불교조계종 향천사 주지 2001년 천불선원 원장 2005년 민주평통 자문위원 2006~2015년 충남경승지단 단장 2007~2011년 대한불교조계종 수덕사 주지 2011년 同수덕사 승려 2011~2015년 만공장학회 회장 2012년 대한불교조계종 천장암 회주(현) 2012년 同수덕사 선덕(현) 2014년 한국자유총연맹 충남지부 고문 2014년 만해기념사업회 이사장(현) 2015년 경허·만공선양회 회장(현) (상)신일본서도 특선, 옥관문화훈장(2014) (저)'빈산에 사람 없어도 꽃은 피더라'(1994) '홀로 허허 웃는 달'(1994) '山中산책'(2000) '잔설이의 기러기 발자국-칠순고희기념'(2013) (종)불교

왕규창(王圭彰) WANG Kyu Chang

(생)1954·11·1 (출)서울 (주)서울특별시 종로구 대학로 101 서울대어린이병원 소아신경외과(02-2072-3489) (학)1979년 서울대 의대졸 1982년 同대학원 의학석사 1989년 의학박사(서울대) (경)1979~1984년 서울대병원 수련의 1984~1987년 軍의관 1987년 서울대 의대 신경외과학교실 전임강사·조교수·부교수·교수(현) 2002년 서울대병원 교육연구부장 2004~2008년 서울대 의과대학장 2010~2011년 대한소아신경외과학회 회장 2012년 세계소아신경외과학회(ISPN) 회장 (저)'임상연구의 중요성과 영역'(1999) '뇌척수액 단락관 의존성'(2001)

왕기석(王基錫) WANG Gi Suk (甕東)

(생)1966·5·14 (본)개성(開城) (출)전북 정읍 (주)전라북도 남원시 양림길 54 국립민속국악원(063-620-2300) (학)2001년 추계예술대 국악과졸 2005년 중앙대 대학원 한국음악학과졸 2009년 고려대 대학원 문화예술최고위과정 수료 (경)박봉술·남해성 선생께 사사 1986년 아시안게임 문화예술축전 '용마골장사' 주역 1989년 중요무형문화재 제5호 수궁가 이수자, 서울예술대·경기대 강사, 한국국악협회 창악분과 대의원, 국립중앙극장 전속 국립창극단 단원 1994·1995년 판소리 '수궁가' '적벽가' 완창 2000~2002년 국립중앙극장 전속 국립창극단 지도위원 2000년 ASEM 경축 한중일 합동공연 '춘향전' 2001년 전주세계소리축제 '흥보가' 연출 및 놀부역 2001년 창극 '춘향전-옥중화' 연출 2001년 어린이 창극 '토끼와 자라의 용궁여행' 2002년 아메리카 페스티벌 참가공연 '우루왕' 2002년 이스라엘 페스티벌 참가공연 '우루왕' 2002년 한일월드컵기념 오사카공연 '우루왕' 2002년 전통창극 '다섯바탕뎐' 대본 구성 및 이몽룡역 2002년 어린이창극 '효녀심청' 2003년 국립창극단 107회 정기공연 '청년시대' 2003년 안숙선의 효콘서트 심봉사역 2003년 네덜란드, 터키 유럽투어 '우루왕' 2006년 (사)한국고전문화연구원 이사(현) 2010년 (사)한국판소리보존회 이사 2012년 (사)전주대사습놀이보존회 이사 2013~2018년 정읍시립국악단 단장 2013~2015년 전주문화재단 한옥자원활용상설공연단 단장 2014년 전북도무형문화재 제2호 판소리 '수궁가' 예능보유자(현) 2018년 국립민속국악원 원장(현) (상)국립국악원 전국국악경연대회 대상 문

화공보부장관표창(1984), 남원전국명창경연대회 일반부 최우수상(1986), 동아국악콩쿨 성악부문 은상(1989), KBS 서울국악대경연 판소리부문 장원(2000), 전주대사습놀이 명창부 차상(문화관광부장관표창)(2004), 전주대사습놀이 명창부 장원 대통령표창(2005), 서울문화투데이 제3회 문화대상 최우수상(2010), 대한민국문화예술상 음악부문(2017)

왕기현(王基賢) WANG Ki Hyun

(생)1954 · 10 · 20 (출)전북 남원 (주)서울특별시 강남구 테헤란로8길 21 신원빌딩 8층 세무법인 다솔(02-538-9077) (학)1973년 국립철도고졸 1983년 경기대 무역학과졸, 한양대 행정대학원졸 (경)2001년 전북 익산세무서장 2002년 전북 전주세무서장 2002년 서울지방국세청 조사1국 조사4과장 2004년 서울 강서세무서장 2005년 국세청 국제조사담당관 2005년 同국제조사과장(서기관) 2006년 同국제조사과장(부이사관) 2007년 중부지방국세청 조사2국장 2007년 서울지방국세청 조사2국장 2008년 중앙공무원교육원 교육파견 2009년 국세청 전산정보관리관 2009~2010년 중부지방국세청장(고위공무원) 2011년 세무회계 이지스 회장 2013년 세무법인 다솔 회장(현) 2014년 조세일보 경영고문(현)

왕미화(王美華 · 女)

(생)1964 · 10 · 5 (주)서울특별시 중구 세종대로9길 20 신한금융지주회사 그룹 자산관리(WM)사업부문(02-6360-3000) (학)1983년 부산진여상졸 (경)1985년 신한은행 입행 1997년 同만수동지점 대리 2001년 同인사부 대리 2002년 同직원만족센터 대리 2002년 同신한PB강남지점 대리 2005년 同성산동지점 개설준비위원장 및 지점장 2009년 同서현역지점장 2009년 同신한PB방배센터장 2013년 同신한PWM강남센터장 2016년 WM사업본부장 2018년 同일산본부장 2019년 신한금융지주회사 그룹 자산관리(WM)사업부문장(부사장보)(현)

왕상은(王相殷) WANG Sang Eun (草溪)

(생)1920 · 3 · 31 (본)개성(開城) (출)부산 (주)서울특별시 중구 을지로 16 백남빌딩 905호 협성해운(주) 임원실(02-752-2445) (학)1937년 부산고졸 1940년 일본 도시샤대(同志社大) 상학과졸 1997년 명예 문화박사(일본 도시샤대) 1998년 명예 경영학박사(한국해양대) (경)1952~1983년 협성해운(주) 사장 1961년 남광아동복지원 이사장 1964년 부산시관광협회 회장 1965년 협성선박 사장 1967년 부산상공회의소 부회장 1969년 범주해운 회장(현) 1969~2014년 在부산 영국 명예영사 1974년 대한상사중재원 중재위원 1977년 부산국제자매도시위원회 위원장 1978년 부산컨테이너부두운영공사 회장 1980년 대한적십자사 중앙상임위원 1981년 제11대 국회의원(부산中 · 영도 · 東, 민정당) 1981년 민정당 중앙위원회 의장 1981년 한 · 서독의원친선협회 회장 1982년 한 · 미친선회 회장(현) 1983년 협성해운(주) 회장(현) 1985년 제12대 국회의원(전국구, 민정당) 1991년 민주평통 부의장 1993년 在부산영사단 단장 1995년 부산세계화추진협의회 회장 2002년 부산아시안게임 선수촌장 2003년 대한민국헌정회 부회장 (상)대통령표창, 영국 코맨더훈장, 산업포장, 서독 십자공로대훈장, 노르웨이 기사작위 최고공로훈장, 일본 훈2등서보장, 수교훈장 흥인장, 부산상공회의소 창립 124주년기념 특별공로상(2013) (종)불교

왕상한(王相漢) Sanghan Wang

(생)1963 · 7 · 25 (본)개성(開城) (출)서울 (주)서울특별시 마포구 백범로 35 서강대학교 법학전문대학원(02-705-8408) (학)1986년 서울대 법학과졸 1990년 연세대 대학원 행정학과졸 1994년 미국 컬럼비아대 School of Law 법학과졸 1996년 법학박사(미국 컬럼비아대) (경)1996~2018년 서강대 법학과 조교수 · 부교수 · 교수 1997~2002년 외교안보연구원 통상법 강사 1997~2003년 사법연수원 통상법 강사 1997년 서강대 국제대학원 겸임교수 1998년 UN 국제상거래법위원회 전자상거래 Working Group Member(한국대표) 1998~1999년 외교통상부 통상전문관 1999~2003년 APEC 전자상거래 Steering Group Member(한국대표) 1999~2000년 한국아메리카학회 섭외이사 2003~2004년 국방부 국제계약자문위원회 위원 2003~2005년 한국국제경제법학회 총무이사 2003년 사법연수원 외래교수 2005년 국제거래법학회 연구이사 2005년 서강대 법학전문대학원 교수(현) 2007년 산업자원부 무역위원회 비상임위원 2008~2013년 지식경제부 무역위원회 비상임위원 2009~2011년 규제개혁위원회 민간위원 2010년 서강대 대외교류처장 2010년 UNICEF 특별대표 2010년 한국방송공사(KBS) 1TV '생방송 심야토론' 진행 2010~2013년 교육과학기술부 대학설립심사위원장 · 학술진흥정책자문위원장 · 대학구조개혁위원 2011~2014년 중앙노동위원회 공익심판위원 2012~2015년 MBC라디오 '왕상한의 세계는 우리는' 진행자 2014~2015년 국민경제자문회의 위원 2014~2015년 교육부 공정성검증위원회 위원장 2015~2018년 공정거래위원회 비상임위원 2015~2017년 국세청 국세심사위원 2015~2017년 문화방송(MBC) '시사토크 이슈를 말한다' 진행자 2016년 한국국제경제법학회 회장 2016~2017년 국민경제자문회의 혁신경제분과 자문위원 (상)제30회 한국방송대상 진행자부문(2003), 정보통신부장관표창(2005), 제38회 한국방송대상 진행자부문(2011), 황조근정훈장(2013), 문화방송(MBC) 방송연예대상 시사교양부문 특별상(2016) (저)'세계경제대전(共)'(1992) '강한 자가 살아남는다'(1993) '우리사회 이렇게 바꾸자(共)'(2000) '전자상거래와 국제규범'(2001) '미국 통상법의 허상과 실체'(2002) '디지털 방송과 법'(2002) 'WTO 뉴라운드와 기술무역장벽'(2003) '딸에게 쓰는 편지'(2010, 은행나무) '결정적인 책들'(2010, 은행나무) '여자도 아내가 필요하다'(2014, 은행나무) (역)'미국 통상법과 대외정책 분석'(1997)

왕성옥(王成玉 · 女)

(생)1964 · 2 · 3 (주)경기도 수원시 팔달구 효원로 1 경기도의회(031-8008-7000) (학)서강대 공공정책대학원 사회복지학과졸 (경)경기제2청 여성발전위원회 위원, 한국여성의전화 교육위원 2002년 경기 고양시의원선거 출마(무소속) 2010~2014년 경기 고양시의회 의원(민주당 · 민주통합당 · 민주당 · 새정치민주연합), 민주당 여성리더십센터 운영위원, 한국양성평등교육진흥원 선임연구원 2018년 경기도의회 의원(비례대표, 더불어민주당)(현) 2018년 同보건복지위원회 부위원장(현)

왕정옥(王正沃 · 女) WANG Jeong Ok

(생)1969 · 5 · 15 (출)부산 (주)서울특별시 서초구 서초중앙로 157 서울고등법원 판사실(02-530-2250) (학)1987년 주례여고졸 1992년 서울대 법과대학졸 (경)1993년 사법시험 합격(35회) 1996년 사법연수원 수료(25기) 1996년 수원지법 판사 1998년 서울지법 판사 2002년 창원지법 판사 2003년 서울행정법원 판사 2007년 서울고법 판사 2009년 대법원 재판연구관 2011년 전주지법 부장판사 2012년 수원지법 부장판사 2013년 서울고법 판사(현)

왕정홍(王淨弘) Wang Jung Hong

(생)1958 · 10 · 23 (출)경남 함안 (주)경기도 과천시 관문로 47 방위사업청 청장실(02-2079-6002) (학)1977년 경남고졸 1884년 연세대 행정학과졸 1987년 서울대 행정대학원 행정학과졸 (경)1985년 행정고시 합격(29회) 1989년 감사원 부감사관 1996년 同감사관 2002년 同감사관(과장급)

2005년 同평가연구원 기획행정실장(부이사관) 2006년 同재정·금융감사국 총괄과장 2008년 同행정지원실장 2009년 同공보관(일반직고위감사공무원) 2010년 同대변인 2010년 同건설·환경감사국장 2011년 한국조세연구원 파견(일반직고위감사공무원) 2011년 감사원 재정·경제감사국장 2012년 同감사교육원장 2013년 同기획조정실장 2014년 同제1사무차장 2014년 同감사위원(차관급) 2017~2018년 감사원 사무총장(차관급) 2018년 방위사업청장(현) (상)홍조근정훈장(2008), 대통령표창

왕태욱(王太郁) Wang Tae Wook

(생)1960·5·23 (본)개성(開城) (출)부산 (주)서울특별시 성동구 아차산로5길 24-33 신한서브 사장실(02-3408-2300) (학)1979년 브니엘고졸 1987년 동아대 경영학과졸 1995년 한양대 대학원 국제금융학과졸 2009년 고려대 언론대학원 최고위언론과정 수료 2010년 서강대 경제대학원 OLP 수료 2011년 서울대 국제대학원 GLP 수료 2014년 연세대 경영전문대학원 AMP 수료 2017년 서울대 인문대학 AFP 수료 (경)1987년 조흥은행 입행 1997년 同나고야지점 과장 1999년 同국제금융부 차장 2000년 同투자금융부 차장 겸 심사역 2003년 同홍보실 부실장 2004년 同인사부 부부장 2005년 신한은행 개포남지점장 2007년 同홍보부장 2011년 同서부영업본부장 2011년 同브랜드전략본부장 겸 홍보담당 상무 2013년 同동부본부장 2014년 同소비자브랜드그룹장(부행장보) 2014년 同희망재단 이사장 2014년 同에스버드 여자농구단장 2014년 전국은행연합회 금융소비자보호및은행분쟁예방 자문위원 2014년 한국능률협회컨설팅(KMAC) 전략경영평의회 부의장 2015~2017년 신한은행 소비자브랜드그룹장(부행장) 2018년 同상임고문 2018년 신한서브 사장(현) (상)재무부장관표창(1994), 문화체육관광부장관표창(2010), 오피니언리더스클럽 OLC 대상 홍보분야(2016), 한국표준협회 한국서비스대상 유공자상(2017), 매일경제 광고대상 '올해의 광고인상'(2017)

왕해진(王偕鎭)

(생)1976·7·1 (출)부산 (주)대구광역시 수성구 동대구로 364 대구고등법원(053-757-6299) (학)1995년 부산대사대부고졸 2000년 서울대 사법학과졸 2003년 同법과대학원 수료 (경)1999년 사법시험 합격(41회) 2002년 사법연수원 수료(31기) 2002년 공군 법무관 2005년 수원지법 판사 2007년 대구지법 경주지원 판사 2009년 대구지법 판사 2013년 대구가정법원 판사 2015년 대구고법 판사 2017년 부산지법 부장판사 2018년 대구고법 판사(현)

용석봉(龍錫奉) YONG Suk Bong

(생)1965·4·29 (출)경기 연천 (주)경기도 부천시 길주로 111 센타프라자 7층 (주)세이브존 임원실(032-320-9019) (학)한양대 경영학과졸 (경)1991~1998년 (주)이랜드 입사·점포개발팀장·(주)2001아울렛 오픈팀장 1998~2005년 (주)세이브존 대표이사 사장 2002~2004년 (주)유레스 대표이사 사장 2004~2005년 (주)세이브존아이앤씨 대표이사 사장 2005년 同이사회 의장 2005년 (주)세이브존 회장(현)

용을식(龍乙植) YONG Earl Shik (海雲)

(생)1936·12·25 (출)경기 수원 (주)서울특별시 영등포구 국제금융로6길 33 맨하탄빌딩 1014호 KDI Group 회장실(02-3774-0960) (학)1956년 중앙고졸 1960년 한국외국어대 영어과졸 1989년 연세대 행정대학원 고위정책결정과정 수료 (경)1964년 한국통상(주) 설립·회장(현) 1969년 서울청년회의소(JC) 회장 1970년 국제청년회의소(JCI) 세계부회장 1970~1978년 한국수출입대리점협회 창립회원 및 이사 1971년 한국청년회의소(JC) 연수원장 1973년 국제청년회의소(JCI) 장기개발위원회 자문 1973년 프랑스 국제청년회의소(JCI) 세계총회 한국대표 1974년 (사)한국청년회의소 중앙회장 1974년 국제청년회의소(JCI) 아세아개발담당 상임위원 1974년 뉴질랜드 국제청년회의소(JCI)세계총회 한국수석대표 1975년 남덕물산(주) 설립·대표이사 회장(현) 1979년 영진탱크터미널(주) 설립 1982~1986년 (사)한국무역대리점협회 회장 1991년 한국무역협회 이사 1992~1999년 同하주협의회 위원장 2000~2009년 同부회장 2007년 (재)산학협동재단 감사 2013년 KDI Group 대표이사 회장(현) (상)석탑산업훈장(1984), 국무총리표창(1991), 모범납세기업자상(2012) (종)천주교

용태영(龍太榮)

(생)1964·1·28 (출)광주 (주)부산광역시 수영구 수영로 429 KBS 부산방송총국(051-620-7100) (학)서울대 법과대학졸 (경)1989년 한국방송공사(KBS) 입사 2001년 同보도본부 보도제작국 기자, 同보도국 경제부 기자, 同보도국 사회부 차장 2004~2007년 同보도본부 국제팀 두바이특파원 2006년 팔레스타인인민해방전선(PFLP)에 의해 피랍·석방 2007년 한국방송공사(KBS) 미디어포커스 총괄데스크 2008년 同보도본부 문화복지팀 기자 2009년 同행정복지팀 선임팀원 2012년 同보도본부 보도국(취재) 사회1부장 2014년 同보도본부 디지털뉴스국 디지털뉴스부 근무(부장급) 2014년 同보도본부 보도국 국제주간 직대 2015년 同심의실 심의부 심의위원(국장급) 2018년 同부산방송총국장(현), 한국방송협회 이사(현)

용홍택(龍洪澤) YONG Hong Taek

(생)1963·8·5 (출)전남 완도 (주)세종특별자치시 가름로 194 과학기술정보통신부 정보통신산업정책관실(044-202-6210) (학)1984년 광주 대동고졸 1989년 한양대 전기공학과졸 1993년 同대학원 전기공학과졸 2002년 미국 텍사스오스틴대 전자공학과 박사과정 수료 (경)1990년 기술고등고시 수석합격(26회) 1994년 과학기술부 사무관 2003년 서기관 승진 2004년 과학기술부 과학기술혁신본부 연구개발예산담당관실 서기관 2005년 同정책홍보관리실 혁신기획관 2006년 대통령 국정상황실 행정관 2007년 과학기술부 기초연구국 우주개발정책과장 2007년 제17대 대통령직인수위원회 경제2분과위원회 실무위원 2008년 교육과학기술부 과학기술전략과장 2011년 同기초과학정책과장(부이사관) 2012년 同국제과학비즈니스벨트기획단장(일반직고위공무원) 2013년 미래창조과학부 연구공동체정책관 2015년 국립외교원 교육파견(일반직고위공무원) 2016년 미래창조과학부 미래인재정책국장 2016년 同과학기술전략본부 과학기술정책관 2017년 과학기술정보통신부 과학기술혁신본부 과학기술정책국장 2018년 同정보통신정책실 정보통신산업정책관(현) (상)국가정보원장표창(1999), 대통령표창(2004), 홍조근정훈장(2013) (저)'제어공학'(1994, 경문사) '전자기학'(1999, 경문사) '회로이론'(2000, 경문사) (종)기독교

우경녕(禹慶寧) WOO Kyeong Nyeong

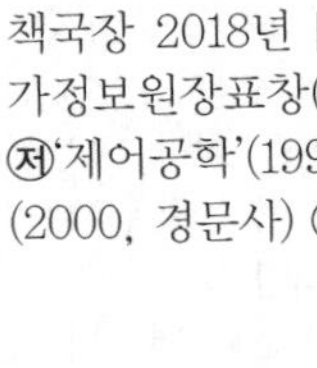

(생)1959·11·3 (주)경기도 안양시 동안구 엘에스로 127 LS타워 11층 LS엠트론 기술개발부문(063-279-5809) (학)대구고졸, 서울대 금속공학과졸 (경)LG전선(주) 전략기획부문 사업개발팀장, 同부품사업부 동박사업팀장 2005년 同회로소재사업담당 이사 2005~2007년 LS전선(주) 회로소재사업담당 이사 2005년 (주)카보닉스 이사 2007년 LS전선(주) 회로소재사업부장(상무) 2008년 LS엠트론(주) 상무 2010년 同중앙연구소 소재기술그룹 상무 2013년 同기술개발부문장(CFO·전무) 2014년 同자동차부품사업부문장(전무) 2015년 同트랙터사업본부장(전무) 2018년 同기술개발부문장(CTO·전무)(현)

우경선(禹炅仙) WOO Kyung Sun

(생)1942·1·15 (출)전남 신안 (주)서울특별시 마포구 월드컵북로 136 신안건설산업(주) 회장실(02-320-9800) (학)1961년 전남 안좌고졸 1967년 성균관대 경영학과졸 1978년 건국대 행정대학원 수료 1979년 연세대 경영대학원 수료 1989년 미국 UCLA 비즈니스최고경영자과정 수료 1993년 전경련 국제경영원 최고경영자과정 수료 1994년 중앙대 건설대학원 최고경영자과정 수료 1995년 고려대 언론대학원 최고위언론과정 수료 1996년 서울대 환경대학원 도시환경정책학과 수료 1996년 명예 경영학박사(목포대) 1997년 고려대 컴퓨터과학기술대학원 최고위정보통신과정 수료 1998년 홍익대 미술대학원 현대미술최고위과정 수료 (경)1975년 신안주택개발(주) 설립 1978년 서울시의회 의원 1978년 신안건설산업(주) 대표이사 회장(현) 1978~1985년 건국대 행정대학원동문회 부회장 겸 장학회장 1983년 화곡여중 육성회장 1983년 강서지역사회학교협의회 부회장 1985년 화곡고 육성회장 1986년 신안주택 설립 1986년 민정당 서울시지부 부위원장 1986~1996년 새마을운동중앙회 강서구지회 회장 1987년 신안관광(주) 설립 1991~1993년 서울시의회 도시정비위원장 1993~2000년 대한주택건설사업협회 수도부회장 1994년 신안기정(주) 설립 1994년 신안정공(주) 설립 1995년 민자당 중앙상무위원회 환경분과위원장 1996~1998년 새마을운동중앙회 서울시지부 회장 1999~2002년 제2의건국추진위원회 위원장 2000~2001년 대한주택건설사업협회중앙회 회장 (상)서울특별시장표창(1981), 내무부장관표창(1981), 새마을훈장 노력장, 대통령표창(1985), 통일원장관표창(1987), 국민포장(1989), 대통령표창(1994), 건설부장관표창(1995), 은탑산업훈장, 대한민국 건설대상(2007) (종)기독교

우경식(禹卿植) WOO Kyung Sik

(생)1956·7·7 (출)서울 (주)강원도 춘천시 강원대학길 1 강원대학교 자연과학대학 지질학과(033-250-8556) (학)1975년 서울고졸 1979년 서울대 해양학과졸 1982년 미국 텍사스A&M대 대학원 해양학과졸 1986년 지질학박사(미국 일리노이대) (경)1986년 강원대 자연과학대학 지질학과 교수(현) 1991~1992년 미국 루이지애나주립대 객원교수 1995~2015년 국제지리학연맹 카르트스분과 위원 1997년 강원도 문화재위원(현) 2000년 한국동굴환경학회 부회장(현) 2001년 국제동굴연맹 한국대표 2009~2015년 세계자연보전연맹(IUCN) 세계자연유산실사 자문위원 2010~2012년 한국제4기학회 회장 2011년 아시아동굴연맹 초대 회장 2012년 문화재청 문화재위원(현) 2012~2014년 환경부 국가지질공원위원회 위원 2013~2017년 국제동굴연맹 회장 2013년 IUCN-WCPA(세계보호지역지원회) 국제지질유산전문가위원회 의장(현) 2014년 서·남해안갯벌세계유산추진위원회 위원장(현) (상)대한지질학회 학술상(1993), 환경부장관표창(2001), 강원대총장표창(2003), 국무총리표창(2003), 대한민국 유산상 대통령표창(2007), 과학기술훈장 진보장(2013), 대한민국학술원상 자연과학기초부문(2017) (저)'퇴적암석학'(1997, 민음사) '동굴'(2002, 지성사) '동굴-물과 시간이 이룬 신비한 세계'(2002) 'Caves A Wonderful Underground'(2005) '자연환경과 재해'(2006) 'Caves A Mysterious World through Water and Time'(2007) '자연재해와 방재'(2007) '퇴적암의 이해'(2007, 한국학술정보) 'Jeju Island Geopark- A Volcanic Wonder of Nature'(2013) '해양지질학'(2016, 시그마프레스)

우경하(禹景夏) Woo Kyoung-ha

(생)1961·1·27 (출)경북 안동 (주)부산광역시 연제구 중앙대로 1001 부산광역시청 국제관계대사실(051-888-1060) (학)중앙대사대부고졸 1985년 한국외국어대 영어과졸 1987년 同대학원 정치학과졸 1990년 미국 Middlebury대 연수 (경)1986년 외무고시 합격(20회) 1986년 외무부 입부 1991년 駐미국 2등서기관 1994년 駐세네갈 1등서기관 1999년 駐제네바대표부 1등서기관 2003년 외교통상부 지역협력과장 2005년 駐OECD대표부 참사관 2008년 駐사우디아라비아 공사참사관 2010년 G20정상회의준비위원회 행사운영국장 2011년 외교통상부 지역통상국장 2013년 대통령 의전비서관 2016년 駐호주 대사 2018년 부산시 국제관계대사(현) (상)근정포장(2006), 홍조근정훈장(2011)

우관제(禹寬濟) WOO Kwan Je

(생)1968·6·1 (출)충북 음성 (주)서울특별시 송파구 법원로 101 서울동부지방법원(02-2204-2102) (학)1987년 충북고졸 1995년 연세대 법학과졸 (경)1997년 사법시험 합격(39회) 2000년 사법연수원 수료(29기) 2000년 서울지법 북부지원 판사 2002년 서울지법 판사 2004년 창원지법 판사 2007년 의정부지법 판사 2010년 서울동부지법 판사 2012~2014년 헌법재판소 파견 2014년 서울고법 판사 2015년 춘천지법 영월지원장 2017년 수원지법 안산지원 부장판사 2019년 서울동부지법 부장판사(현)

우광택(禹光澤) WOO Kwang Taek

(생)1959·1·4 (출)대구 (주)서울특별시 서초구 서초중앙로 157 서울중앙지방법원(02-530-1114) (학)환일고졸 1981년 서울대 법대졸 1983년 同대학원 법학과졸 (경)1983년 사법시험 합격(25회) 1987년 사법연수원 수료(16기) 1987년 마산지법 판사 1990년 대구지법 판사 1992년 서울지법 의정부지원 판사 1995년 同북부지원 판사 1999년 서울고법 판사 2000년 서울지법 판사 2000년 헌법재판소 파견 2002년 청주지법 충주지원장 2004년 수원지법 성남지원 부장판사 2006년 서울북부지법 부장판사 2007년 변호사 개업 2013년 서울중앙지법 민사소액전담 판사(현) (종)천주교

우광혁(禹光赫) Woo Kwang Hyuk (해안)

(생)1962·6·29 (본)단양(丹陽) (출)강원 원주 (주)서울특별시 성북구 화랑로32길 146-37 한국예술종합학교 무용원 실기과(02-746-9311) (학)1988년 서울대 음악대학 작곡과졸 1993년 프랑스 파리소르본느대 대학원졸 1995년 同대학원 박사과정 수료 (경)1988~1990년 월간 '객석' 음악담당 기자 1995~1997년 한국예술종합학교 총장 비서실장 1996년 앙상블 빛소리친구들 대표 2000년 한국예술종합학교 무용원 실기과 조교수·부교수·교수(현) 2001년 (사)장애인을위한사랑의소리 인터넷방송전문위원 2002년 한국장애인문화협회 예술전문위원 2006년 (사)빛소리친구들 대표, '세계악기여행' 렉쳐콘서트 500여회 공연, 장애인시설방문음악회 500여회 개최 2012년 한국예술종합학교 신문사 주간, 同무용원 부원장 2016~2018년 同신문사 주간 (상)월간객석 올해의 기자상(1990) (저)'한국음악 내수시장 형성을 위한 기초연구'(1997) '음악의 언어와 무용의 언어'(1998) '세계 악기의 발생과 변천사'(2003) '무용과 음악이 만날 때'(2004) '무용의 동작과 리듬'(2005) '우광혁의 음악놀이'(2011) '차이코프스키의 발레음악 동화' (작)부산아시안게임 주제곡 'Well Come to Pusan Korea'(2002), 뮤직비디오 'Dance with Me' (종)기독교

우기석

(생)1966·2·17 (주)서울특별시 송파구 위례성대로 14 한미약품빌딩 3층 온라인팜(주)(02-410-9713) (학)대구대 생물학과졸 (경)한미약품(주) 마케팅팀장, 同마케팅팀 이사 2011년 온라인팜(주) 이사 2012년 同약국사업본부장 2014년 同상무 2015년 同대표이사 상무 2017년 同대표이사 전무(현) (종)기독교

우기열(禹基烈)

[생]1969·6·21 [출]충북 충주 [주]경기도 성남시 수정구 산성대로 451 수원지방검찰청 성남지청 형사3부(031-739-4403) [학]1988년 충주고졸 1997년 서울대 경제학과졸 [경]2000년 사법시험 합격(42회) 2003년 사법연수원 수료(32기) 2003년 대구지검 검사 2005년 同상주지청 검사 2007년 서울북부지검 검사 2010년 수원지검 안산지청 검사 2013년 청주지검 검사 2015~2017년 산업통상자원부 파견 2017년 서울남부지검 부부장검사 2018년 서울중앙지검 부부장검사 2019년 수원지검 성남지청 형사3부장(현)

우기정(禹沂楨) WOO Kee Jung

[생]1946·7·17 [출]대구 [주]경상북도 경산시 진량읍 일연로 718-42 대구컨트리클럽 회장실(053-854-0002) [학]동성고졸, 연세대 철학과졸 2002년 同언론홍보대학원 수료 2010년 철학박사(영남대) [경]1977년 대구北라이온스클럽 입회·총무·국제친선위원장·이사·부회장·회장 1993년 한국마그네트알로이 회장(현) 1994년 국제라이온스협회 355-C지구 마약퇴치사업위원장 1995년 同355-C지구 지대위원장 1996년 同355-C지구 부총재 1996년 송암장학재단 이사장(현) 1996년 중국 대련컨트리클럽 회장(현) 1997년 국제라이온스협회 355-C지구 총재 2003년 대구컨트리클럽 회장(현) 2004~2005년 LCIF국제재단 사무총장 2004년 국제라이온스협회 국제이사 2004~2006년 同한국연합회장 2005년 한국스페셜올림픽위원회 회장·명예회장(현) 2005~2007년 시력우선기금모금캠페인 국제위원회 위원 겸 동양 및 동남아시아 대표 2005년 국제라이온스국제협회 집행위원 2005~2007년 외교통상부 문화홍보 외교사절, 대한골프협회 부회장, 同고문(현) 2007~2013년 한국골프장경영협회 회장 2008~2010년 동성중·고교총동창회 회장 2010년 영남대 특수체육교육과 겸임교수 2013년 한국골프장경영협회 명예회장(현) 2014년 (사)생명문화 초대이사장(현) 2015년 詩전문지 '시와 시학' 추천으로 등단·시인(현) [상]국민훈장 무궁화장(2007), 체육훈장 청룡장(2013), 2018 자랑스러운 연세인상(2018) [저]에세이집 '행복한 대한민국을 위한 단상'(2009) '범부 김정설의 국민윤리론'(2010, 예문서원), 시 '묵 이야기' '그 봄은 가고' '할머니', 시집 '세상은 따뜻하다'(2017, 도서출판 시와 시학)

우기홍(禹基洪) WOO Kee Hong

[생]1962·12·20 [출]경남 함양 [주]서울특별시 강서구 하늘길 260 대한항공(02-2656-7114) [학]진주고졸 1985년 서울대 경영학과졸 1987년 한국과학기술원(KAIST) 경영과학과졸(석사) 2003년 미국 서던캘리포니아대 대학원 경영학과졸 [경](주)대한항공 여객전략개발부 근무, 同마케팅개발팀장 2005년 同경영전략본부 경영기획팀장(상무보) 2007년 同뉴욕여객지점장(상무B) 2010년 同뉴욕여객지점장(상무A) 2010년 同미주지역본부장(상무A) 2011년 同여객사업본부장(상무A) 2012년 同여객사업본부장(전무B) 2013년 同경영전략본부 총괄담당(전무A) 2014~2016년 同여객사업본부장(전무) 2017년 同대표이사 부사장(경영전략본부장 겸임)(현)

우남준(禹南準)

[생]1967·9·29 [출]경북 영주 [주]경기도 안양시 동안구 관평로212번길 52 수원지방검찰청 안양지청 형사1부(031-470-4303) [학]1986년 대건고졸 1992년 고려대 법학과졸 [경]1998년 사법시험 합격(40회) 2001년 사법연수원 수료(30기) 2001년 서울지검 서부지청 검사 2003년 대구지검 김천지청 검사 2005년 부산지검 검사 2007년 대구지검 검사 2010년 의정부지검 검사 2014년 서울중앙지검 검사 2015년 同부부장검사 2016년 창원지검 부부장검사 2017년 법무연수원 용인분원 교수 2017년 대구지검 강력부장 2018년 제주지검 형사1부장 2019년 수원지검 안양지청 형사1부장(현)

우동석(禹東奭) WOO Dong Seok

[생]1937·12·18 [주]경기도 양주시 어하고개로 132번길 102 알에스씨(주) 대표이사실(031-865-9391) [학]1960년 중앙대졸 1969년 고려대 대학원 경영학과졸 1986년 미국 덴버대 경영대학원 수료 1988년 고려대 정책과학대학원 수료 1992년 서울대 최고경영자과정 수료 [경]1970년 한국기기(주) 설립·상무이사 1974년 고려기업사 대표 1978년 고려기기공업(주) 대표이사 1984년 중소기업경영자협회 이사 1986년 한강라이온스클럽 회장 1986년 한강장학회 회장 1989년 한국문구공업협동조합 이사 1990년 중소기업경영자협회 부회장 1992년 문구생산자협의회 회장 1996~2015년 한국문구공업협동조합 이사장 2001년 (주)리멤버 대표이사 회장 2010년 알에스씨(주) 대표이사 회장(현) 2015~2019년 한국문구공업협동조합 명예이사장 2019년 同고문(현) [상]서울시장표창, 대통령표창, 산업자원부장관표창

우동식(禹東植)

[생]1966 [출]충북 [주]부산광역시 영도구 해양로 337 국립수산물품질관리원 원장실(051-400-5700) [학]청주고졸, 연세대 행정학과졸, 서울대 대학원 행정학과졸 [경]1994년 행정고시 합격(36회) 1994년 해양수산청 수산정책국 어업정책과 근무 1996년 해양수산부 수산진흥국 수산정책과 근무 1997년 同해양정책국실 정책총괄과 근무 1997년 미국 로드아일랜드대 교육 2001년 해외 유학 2004년 해양수산부 해양정책국 해양환경과 서기관 2005년 同해양정책국 해양환경과 서기관 2006년 대통령자문 지속가능발전위원회 물자연팀장 2007년 해양수산부 해양정책국 해양환경과장 2007년 同해양정책본부 해양환경기획관실 해양환경정책팀장 2008년 농림수산식품부 식품산업정책단 소비안전팀장(서기관) 2009년 同식품산업정책실 소비안전정책과장 2010년 대통령실 파견(과장급) 2012년 OECD 파견 2013년 교육 파견 2013년 해양수산부 수산정책과장 2014년 同장관비서관(서기관) 2015년 同장관비서관(부이사관) 2015년 同감사담당관 2017년 스웨덴 교육파견 2018년 국립수산물품질관리원 원장(현)

우라옥(禹羅玉·女) WOO Ra Ok

[생]1965·1·19 [출]부산 [주]서울특별시 서초구 서초중앙로 157 서울중앙지방법원(02-530-1690) [학]1984년 부산여고졸 1989년 이화여대 법학과졸 2002년 미국 예일대 로스쿨졸(LL.M.) [경]1991년 사법시험 합격(33회) 1994년 사법연수원 수료(23기) 1994년 서울지법 판사 1996년 同서부지원 판사 1997년 법무법인 세종 변호사 2006년 특허법원 판사 2009년 의정부지법 판사 2010년 울산지법 부장판사 2011년 의정부지법 부장판사 2014년 서울중앙지법 부장판사 2017년 서울서부지법 부장판사 2019년 서울중앙지법 민사제2수석부장판사(현)

우명희(禹榀憙·女) WOO MYUNG HEE (효원)

[생]1959·10·18 [본]단양(丹陽) [출]경남 진해 [주]경상남도 창원시 의창구 중앙대로 300 경상남도청 행정국 대민봉사과(055-211-3610) [학]1978년 진해여고졸 2001년 한국방송통신대 일본학과졸 2003년 경남대 행정대학원 사회복지학과졸 [경]2009년 경남도 식품산업담당 사무관 2012년 同여성가족정책관실 보육담당 사무관 2013년 同여성가족정책관실 여성가족담당 사무관 2014년 同여성가족정책관 2017년 同행정국 세정과장 2018년 同행정국 대민봉사과장(현) [상]정부모범공무원 국무총리표창(2007)

우무현(禹戊鉉) WOO Mu Hion

㉛1958 · 12 · 15 ㉜서울특별시 종로구 종로 33 그랑서울 GS건설(주) 임원실(02-2154-4001) ㉝1977년 혜광고졸 1984년 부산대 경영학과졸 ㉞1984년 럭키개발 입사 2002년 LG건설(주) 전략기획담당 상무 2005년 GS건설(주) 전략기획담당 상무 2011년 이지빌 대표이사 2013년 GS건설(주) 주택대안사업담당 상무 2014년 同건축부문 대표(전무) 2015년 同건축부문 대표(부사장) 2018년 同건축 · 주택부문 대표(부사장) 2018년 同건축 · 주택부문 대표(사장)(현)

우미영(禹美英 · 女) WOO Mi Young

㉛1967 · 10 · 14 (본)단양(丹陽) (출)경북 봉화 ㉜서울특별시 종로구 종로1길 50 한국마이크로소프트 엔터프라이즈커머셜사업본부(1577-9700) ㉝1986년 길원여고졸 1992년 서울대 영어영문학과졸 1998년 연세대 산업대학원 산업정보학과졸 2000년 미국 스탠퍼드대 대학원 벤처비즈니스과정 수료 ㉞1991년 나눔기술 마케팅팀장 1998년 아이티플러스 플랫폼사업팀장 2004~2006년 시트릭스시스템스코리아 채널영업이사 2005년 同대표이사 직대 2006년 同대표이사, 퀘스트소프트웨어코리아 대표이사 2013~2015년 델소프트웨어코리아 대표이사 사장 2015년 同싱가포르지사장 2016년 한국마이크로소프트 일반고객사업본부 총괄전무 2018년 同파트너 · SMC사업본부 부사장 2019년 同엔터프라이즈커머셜사업본부 부사장(현) (역)'엔터플라이즈자바빈즈'(1999)

우방우(禹方佑) WOO Bang Woo

㉛1937 · 3 · 1 (출)경북 포항 ㉜부산광역시 중구 광복로97번길 11 우리은행빌딩 4층 금양상선 회장실(051-413-3371) ㉝경주 문화고졸 1963년 경희대졸, 同경영대학원졸 ㉞선학알미늄 영업부 근무, 소비자백화점 대표이사, 재룡산업 대표이사, 대진종합기업 대표이사, 한일해운 대표이사 1982년 금양상선(주) 대표이사 회장(현) 2001년 부산시체육회 가맹경기단체장연합회장 2008년 同부회장 2009년 대한체육회(KOC) 이사 2011~2013년 (사)대한수상스키 · 웨이크보드협회 회장 (상)국세청장표창, 동탑산업훈장, 금탑산업훈장(2018)

우범기(禹范基) Woo Beom Ki

㉛1963 · 12 · 19 (본)단양(丹陽) (출)전북 부안 ㉜전라북도 전주시 완산구 효자로 225 전라북도청 정무부지사실(063-280-2020) ㉝1982년 전주해성고졸 1989년 서울대 경영학과졸 ㉞1991년 행정고시 합격(35회) 2002년 기획예산처 재정기획국 기획총괄과 서기관 2004년 同균형발전지원2과장 2004~2006년 미국 캘리포니아대 샌디에고 캘리포니아대 교육훈련 2007년 기획재정부 재정분석과장 2008년 同예산실 노동환경예산과장 2012년 同재정관리국 재정관리총괄과장(부이사관) 2014년 통계청 기획조정관(일반직고위공무원) 2014년 광주시 경제부시장 2017년 국회 예산결산특별위원회 파견 2017년 기획재정부 장기전략국장(일반직고위공무원) 2019년 더불어민주당 예산결산위원회 수석전문위원 파견 2019년 전북도 정무부지사(현)

우병렬(禹炳烈) Woo Byong Yol

㉛1967 · 9 · 6 (본)단양(丹陽) (출)부산 ㉜세종특별자치시 갈매로 477 기획재정부 장기전략국(044-215-4900) ㉝1986년 경남고졸 1990년 서울대 법과대학 공법학과졸 1993년 同행정대학원 행정학과졸 2001년 미국 미시간대 대학원졸(법학석사) ㉞1991년 행정고시 합격(35회) 1992년 총무처 수습사무관 1992년 법제처 근무 1993년 同제1국 법제관실 근무 1993~1995년 군입대(휴직) 1995년 법제처 법제조사국 법제연구관실 근무 1996년 同경제법제국 법제관실 근무 1996년 국민고충처리위원회 파견 1997년 법제처 경제법제국 법제관실 근무 1998년 기획예산위원회 정부개혁실 행정개혁단 근무 1999년 기획예산처 정부개혁실 행정1팀 근무 2000~2002년 국외훈련(미국 미시간대) 2002년 기획예산처 감사법무담당관실 근무(서기관) 2003년 同예산실 예산제도과 근무 2004년 정부혁신지방분권위원회 파견 2005~2008년 법무법인 태평양 변호사(민간근무 휴직) 2008년 기획예산처 양극화민생대책본부 사회서비스사업조정팀장 2008년 기획재정부 양극화민생대책본부 사회서비스사업조정팀장 2008년 대통령 인사비서관실 행정관 2009년 대통령 인사비서관실 행정관(부이사관) 2010년 駐OECD대표부 1등서기관 2014년 기획재정부 재정관리국 재정관리총괄과장 2015년 同재정관리국 재정성과심의관(일반직고위공무원) 2017년 同대외경제국 북방경제지원반장 2017년 同대외경제국장 2019년 同경제구조개혁국장 2019년 同장기전략국장(현) (상)대통령표창(1997) (저)'참 여론 바로보기'(共) (역)'높은 성과를 내는 정부만들기'(共)

우상현(禹相鉉) Sang Hyun Woo

㉛1961 · 6 · 18 (출)대구 ㉜대구광역시 달서구 달구벌대로 1632 더블유(W)병원 수부외과및미세재건센터(053-550-5000) ㉝1980년 달성고졸 1986년 영남대 의대졸 1990년 同대학원 의학석사 1997년 의학박사(계명대) ㉞1994~2002년 영남대 의대 성형외과학교실 조교수 · 부교수 1995년 대만 장경기념병원 수부외과 연수 1997년 독일 바트 네우스타드트 수부외과병원 연수 1999~2000년 미국 클라이넛 수부외과및미세수술센터 연수 · 임상교수, 대한수부외과학회 상임이사 · 학술이사 · 학회지 편집이사, 대한미세수술학회 학회지 편집위원장, 대한수부외과학회 세부전문의고시위원, 미국 수부외과학회(AAHS) 국제회원, 국제미세수술학회(WSRM) 정회원, 국제성형외과학회(IPRAS) 정회원 2002년 대구 현대병원 수부외과센터 소장 2003년 일본 오키야마대병원 미세재건센터 연수 2005~2006년 대한성형외과학회 대구 · 경북지회장 2006년 대구 강남병원 수부외과센터 의무원장 2008년 더블유(W)병원 병원장(현) 2016년 대한수부외과학회 이사장(현) 2017년 대한미세수술학회 회장 2017년 국제복합조직이식이사회(ISVCA : International Society of Vascularized Composite Allotransplantation) 위원(council member)(현) (상)대한수부재건외과학회 최우수논문상(1999), 대한미세술학회 우수논문상(2002 · 2004 · 2005 · 2007), 한국과학기술단체총연합회(KOFST) 과학기술우수논문상(2005), 대한수부외과학회 우수학술논문상(2005 · 2006 · 2008 · 2013 · 2016 · 2017), 자랑스런 대구시민상(2017) (저)'미세수술의 기법'(1998) '미세수술적 최신두경부외과 및 수무지외과'(2001) '하지 재건과 수부 종양학'(2003) '임상 미세수술학'(2003) '수부 피판과 손목 질환의 최신 지견'(2004) '수부 손상과 미세수술'(2005) '손외과학'(2005) (종)기독교

우상현(禹尙鉉) WOO Sanghyun

㉛1965 · 5 · 4 (본)단양(丹陽) (출)부산 ㉜서울특별시 영등포구 의사당대로 3 현대캐피탈(주) 임원실(02-3150-5366) ㉝1984년 동래고졸 1988년 서울대 경제학과졸 1990년 同대학원 정책학과졸 1996년 미국 예일대 대학원 국제경제학과졸 1997년 同대학원 환경경영학과졸 2005년 경제학박사(프랑스 파리정치대학(시앙스포)) ㉞1989년 행정고시 합격(33회) 1990년 부산시 수습사무관 1991년 경제기획원 기획관리실 사무관 1992년 부총리 겸 경제기획원 장관 비서관 2002년 駐OECD대표부 1등서기관 · 참사관 2004년 OECD 연기금투자 자문위원 2006년 기획예산처 교육문화재정과장 2007년 공적자금관리위원회 의사총괄과장 2007년 재정경제부 금융정책국 중소서민금융과장 2009년 금융위원회 금융정책국 산업금융과장(부이사관) 2010년 CFC(상품공동기금) 상무이사 겸 駐제네바대표부 재정경제관(공사참사관 · 고위공무원) 2013년 기획재정부 본부 근무(고위공무원) 2014년 금융위

원회 사무처 근무(고위공무원) 2015년 현대캐피탈(주) 기업금융담당 전무 2016~2017년 현대카드 및 현대캐피탈(주) 경영법무실장 · 경영지원본부장 2017년 현대금융연구소 대표 겸임 2018년 현대캐피탈 정책조정본부장(전무)(현) (상)근정포장(2001), 근정훈장(2009) (저)'주관식 경제학(共)'(1994) '금융혁명-ABS(共)'(2000) '글로벌 위기 이후 한국의 금융정책'(2015)

우상호(禹相虎) WOO Sang Ho

(생)1962 · 12 · 12 (출)강원 철원 (주)서울특별시 영등포구 의사당대로 1 국회 의원회관 413호(02-784-3071) (학)1981년 용문고졸 1989년 연세대 국어국문학과졸, 同국제대학원 최고위과정 수료 2006년 同행정대학원 공공정책학과졸 (경)1987년 연세대 총학생회장 1987년 전국대학생대표자협의회 부의장 1991년 민주주의민족통일전국연합 부대변인 1994년 도서출판 '두리' 대표 1994년 청년정보문화센터 소장 1997년 (주)비디오그래픽스 전무이사 1998년 국민회의 고건 서울시장후보 선거대책본부 대변인 1999년 방송개혁위원회 대변인 1999년 한국청년연합회 상임운영위원 1999년 同지도위원 1999~2002년 전대협동우회 회장 2000년 새천년민주당 부대변인 2000년 同서울서대문구甲지구당 위원장 2003년 열린우리당 보육특별위원회 위원장 2004~2007년 同중앙위원 2004년 대통령자문 동북아경제중심추진위원회 자문위원 2004~2008년 제17대 국회의원(서울 서대문구甲, 열린우리당 · 대통합민주신당 · 통합민주당) 2004년 열린우리당 원내부대표 2004년 同열린정책연구원 교육담당 부원장 2005년 同의장 비서실장 2006~2007년 同대변인 2008년 통합민주당 대변인 2008년 민주당 민주정책연구원 이사 2009~2010년 同대변인 2011년 중국 옌타이대 객좌교수 2012년 민주통합당 전략홍보본부장 2012년 제19대 국회의원(서울 서대문구甲, 민주통합당 · 민주당 · 새정치민주연합 · 더불어민주당) 2012년 민주통합당 최고위원 2012년 국회 외교통상통일위원회 위원 2012년 민주통합당 제18대 대통령중앙선대위 공보단장 2013년 국회 외교통일위원회 위원 2014년 새정치민주연합 6.4지방선거 공직선거후보자추천관리위원회 위원 2014년 국회 미래창조과학방송통신위원회 야당 간사 2015년 더불어민주당 한반도평화안전보장특별위원회 부위원장 2016년 제20대 국회의원(서울 서대문구甲, 더불어민주당)(현) 2016~2017년 더불어민주당 원내대표 2016년 국회 운영위원회 위원 2016년 국회 정보위원회 위원 2016~2018년 국회 국방위원회 위원 2016년 더불어민주당 서울서대문구甲지역위원회 위원장(현) 2017년 同제19대 문재인 대통령후보 중앙선대위 공동위원장 2018년 국회 문화체육관광위원회 위원(현) (상)백봉라용균선생기념회 백봉신사상 올해의 신사의원 베스트10(2017)

우석형(禹石亨) Woo Suk Hyung

(생)1955 · 7 · 23 (출)서울 (주)서울특별시 성동구 성수이로24길 3 신도리코 회장실(02-460-1244) (학)1974년 서울고졸 1978년 한양대 전기과졸 1991년 경영학박사(한양대) (경)1980년 신도리코 기획실장 1986년 同대표이사 사장 1997년 한국무역협회 이사(현) 2003년 신도리코 대표이사 회장(현) 2004년 한일경제협회 부회장(현) 2009~2014년 (주)하나은행 사외이사 2011년 서울상공회의소 부회장(현) (상)산업포장(1986), 신산업경영대상(1988), 대통령표창(1993), 은탑산업훈장(1997), 금탑산업훈장(2004), 윤리경영대상(2007), 다산경영상(2010), 한국능률협회 한국의경영자상(2013)

우성만(禹成萬) WOO Sung Man

(생)1958 · 9 · 16 (본)단양(丹陽) (출)경북 의성 (주)부산광역시 연제구 법원로 38 로펌타워 법무법인 유석(051-714-6661) (학)1976년 경북고졸 1980년 서울대 법학과졸 1985년 경북대 대학원 법학과졸 2008년 동아대 대학원 박사과정 수료 (경)1980년 사법시험 합격(22회) 1982년 사법연수원 수료(12기) 1982년 육군 법무관 1985년 부산지법 판사 1992년 同동부지원 판사 1993년 부산고법 판사 1996년 부산지법 판사 1998년 울산지법 부장판사 1999년 부산지법 부장판사 2003년 창원지법 진주지원장 2005년 부산고법 부장판사 2009년 부산지법 수석부장판사 2010년 同동부지원장 2012년 창원지법원장 2012년 경남도선거관리위원회 위원장 2014년 부산고법 부장판사 2014년 사법연수원 사법연구담당 판사 2015~2017년 대구고법원장 2017년 법무법인 유석 대표변호사(현)

우성용

(생)1973 · 8 · 18 (출)강원 고성 (주)서울특별시 송파구 올림픽로 25 잠실종합운동장內 주경기장 B-03 서울이랜드FC(02-3431-5470) (학)강릉농공고졸, 아주대졸 (경)1996년 애틀란타올림픽 국가대표 1996~2002년 부산아이콘스 소속 2003~2004년 포항스틸러스 소속 2003년 한일정기전 국가대표 2004년 아시안컵예선 국가대표 2005년 성남일화천마 소속 2007~2008년 대호랑이 축구단 소속(공격수) 2007년 아시안컵 국가대표 2008년 K-리그 115골로 국내프로축구 통산 최다골 기록 2009년 인천유나이티드 FC 소속 2009년 同코치 2012년 인천 광성중 감독 2018년 프로축구 서울이랜드FC 코치 2019년 同감독(현) (상)K리그 8월 베스트11(2001), 일간스포츠 골든볼시상식 브론즈슈(2001), 스포츠서울 '올해의 선수'(2004), 삼성하우젠 K리그 공로상(2008) (종)불교

우순만(禹順晩)

(생)1963 · 2 · 23 (출)전남 신안 (주)전라북도 익산시 배산로 171 전북 익산우체국(063-840-8300) (학)1983년 목포 문태고졸 1990년 전북대 영어영문학과졸 (경)1993년 충북 부안우체국 우편계장 · 예금보험계장(행정주사보) 1995년 전북체신청 정보통신과 근무(행정주사) 1999년 정보통신부 정보화기획실 행정주사 2000년 우정사업본부 경영기획실 경영총괄과 행정주사 2009년 충북서청주우체국 금융영업과장(행정사무관) 2010년 행정안전부 주소전환추진단 파견(행정사무관) 2013년 우정사업본부 예금사업단 예금증권운용과 행정사무관 2017년 전남 광양우체국장(서기관) 2017~2018년 대전우편집중국장 2019년 전북 익산우체국장(현)

우승관(禹勝官)

(생)1961 (출)경남 진주 (주)부산광역시 동래구 명륜로 70 부산 동래경찰서(051-559-7321) (학)원광대 농림학과졸 (경)1990년 경위 임용(경찰간부 후보 38기), 부산 사상경찰서 수사과 근무 2005년 경정 승진 2005년 울산남부경찰서 형사과장 직대 2006년 부산북부경찰서 형사과장 2008년 부산중부경찰서 형사과장 2012년 부산지방경찰청 광역수사대장 2012년 부산진경찰서 경비과장 2013년 부산해운대경찰서 여성청소년과장 2014년 부산동래경찰서 형사과장 2016년 부산진경찰서 형사과장 2016년 同여성청소년과장 2016년 경남 하동경찰서장(총경) 2017년 부산지방경찰청 청문감사담당관 직대 2019년 부산 동래경찰서장(현)

우승배(禹勝倍) WOO Seung Bae

(생)1972 · 10 · 27 (출)경북 안동 (주)서울특별시 서초구 서초대로 396 강남빌딩 20층 법무법인 정진(02-3487-6288) (학)1991년 동국대사대부고졸 1997년 서울시립대 법학과졸 (경)1998년 사법시험 합격(40회) 2001년 사법연수원 수료(30기) 2001년 공익법무관, 전주지검 검사 2006년 대구지검 안동지청 검사 2008년 의정부지검 검사 2010년 인천지검 검사 2013년 대구지검 서부지청 검사 2015년 서울북부지검 검사 2016년

서울남부지검 부부장검사 2016년 부산고검 검사 2018년 대구지검 서부지청 형사2부장 2019년 서울고검 검사 2019년 법무법인 정진 대표변호사(현)

우승헌(禹丞憲) Woo, Seung Heon

(생)1952 · 12 · 19 (주)서울특별시 강남구 학동로 311 미성빌딩 4층 (주)동양건설산업 대표이사실(02-3420-8000) (학)1980년 한양대 산업공학과졸 2001년 울산대 대학원 공학과졸 (경)1981년 현대엔지니어링 입사 · 기획실 근무 1999년 同기획실장(이사) 1999년 현대건설 해외공사지원담당 이사 2001년 현대엔지니어링 경영지원본부장(상무) 2006년 현대건설 태안기업도시담당 상무 2008년 현대도시개발 개발사업본부장 2009년 同사업추진본부장 2010년 (주)더블유코퍼레이션 대표이사 2014년 (주)이지건설 고문 2014년 (주)동양건설산업 인수단장 2015년 同대표이사(현)

우승호(禹承昊)

(생)1991 · 4 · 24 (주)대전광역시 서구 둔산로 100 대전광역시의회(042-270-5142) (학)우송대 보건복지대학원 언어치료 · 청각재활학 석사과정 재학 중 (경)청각장애 청년활동가(현), 청각장애인들의 공감과 소통 운영진(현), 장애인식개선 강사(현) 2018년 대전시의회 의원(비례대표, 더불어민주당)(현)

우승희(禹承熙) WOO Seung Hee

(생)1973 · 10 · 8 (본)단양(丹陽) (출)전남 영암 (주)전라남도 무안군 삼향읍 오룡길 1 전라남도의회(061-286-8200) (학)광주인성고졸, 조선대 정치외교학과졸 2000년 同대학원 정치외교학과졸 (경)조선대총학생회 조국통일위원장, 김기식 국회의원 보좌관, 유선호 국회의원 비서관, 민주평통 자문위원, 민주당 보좌진협의회 수석부회장, 조선대 대외협력외래교수, 새정치민주연합 전국청년위원회 부위원장 2014~2018년 전남도의회 의원(새정치민주연합 · 더불어민주당) 2014년 同행정환경위원회 부위원장 2016~2018년 同보건복지환경위원회 부위원장 2016~2018년 同운영위원회 위원 2017~2018년 同청년특별위원회 위원장, 더불어민주당 부대변인 2018년 전남도의회 의원(더불어민주당)(현) 2018년 同교육위원회 위원장(현), 同전라남도청년발전특별위원회 위원(현)

우신구(禹信九) WOO SHIN KU

(생)1950 · 10 · 1 (주)경기도 고양시 덕양구 동헌로 225번길 28 (주)우신(031-969-8261) (학)김천고졸, 국민대 경제학과 제적, 행정학박사(경일대) (경)(주)우신 대표이사 회장(현), 한나라당 중앙위원회 부의장, 同나눔봉사위원회 상임부위원장 2008년 제18대 국회의원선거 출마(비례대표, 한나라당) 2010~2013년 고양상공회의소 회장 2012년 한국자유총연맹 경기도지부 회장 2015년 민주평통 고양시협의회장, 새누리당 중앙위원회 상임전국위원 2016년 同제20대 국회의원 후보(비례대표 34번) 2017년 자유한국당 경기김포시乙당원협의회 운영위원장 2019년 同당대표 특별보좌역(현)

우애자(禹愛子 · 女)

(생)1955 · 4 · 15 (주)대전광역시 서구 둔산로 100 대전광역시의회(042-270-5142) (학)성신여대 대학원 음악학과졸 (경)백석대 음대 강사, 대전 백석신학교 강사 2018년 대전시의회 의원(비례대표, 자유한국당)(현)

우영균(禹暎均) WOO Young Kyun

(생)1955 · 1 · 14 (본)단양(丹陽) (출)서울 (주)강원도 원주시 상지대길 83 상지대학교 생명과학대학 동물자원학과(033-730-0533) (학)1973년 경희고졸 1980년 건국대 낙농학과졸 1985년 일본 홋카이도대 대학원 농경제학과졸 1988년 농경제학박사(일본 홋카이도대) (경)1989~2001년 상지대 축산학과 전임강사 · 조교수 · 부교수 1990~1995년 강원도 농축수산유통연구소 이사 · 연구위원 1993~1995년 상지대 축산학과장 겸 대학원 축산학과 주임교수 1994~1997년 (사)원주한살림소비자생활협동조합 이사 1994 · 1996 · 2010년 상지대 교수협의회 공동대표 1995년 同학보사 주간교수 1996~2002년 (사)강원도농어촌연구소 이사 · 연구위원 1996~1998년 강원도농촌진흥원 농업산학협동위원회 전문위원 1998년 상지대 실습목장장 1999년 同동물자원학과장 1999~2001년 교육부 농산물유통교과용도서심의회 심의위원 2000년 상지대 교무처장 2001년 同동물생명자원학부 교수 2001~2003년 同실습목장장 2003년 同지역협동사회연구원장 2004년 원주한살림생협 감사 2005~2009년 한국협동조합학회 부회장 2007년 상지대 국제친환경유기농센터장 2010년 同협동사회경제연구원장 2011~2013년 同산학협력단장 2013~2015년 한국협동조합학회 회장 2017년 상지대 생명과학대학 동물자원학과 교수(현) 2019년 同부총장(현) (저)'농업경제학'(1999) '축산경영학'(2002) '농업경제의 이해'(2004)

우영웅(禹英熊)

(생)1960 · 3 · 5 (주)서울특별시 중구 남대문로10길 29 백년관 20층 고문 비서실(02-2151-8910) (학)1979년 울산 학성고졸 1986년 부산대 경영학과졸 2002년 일본 와세다대 국제경영대학원졸 (경)1988년 신한은행 입행 1993년 同종합기획부 대리 1995년 同신경영추진팀 대리 1999년 同전략경영실 대리 2002년 同중소기업지원부 차장 2002년 同상품개발실장 2006년 신한금융지주회사 전략기획팀장 2007년 同카드사업지원팀장 2007년 신한은행 여의도중앙기업금융센터장 2009년 同영업추진부장 2011년 同여의도중앙대기업금융센터장 2014년 同대기업2본부장 2015년 同IB본부장 2015년 同부행장보 2015년 신한금융지주회사 CIB총괄 부사장보 2015년 신한금융투자 IB그룹 부사장 2017년 신한은행 부행장 2017~2018년 신한금융지주 부사장 2018년 제주은행 비상임이사 2019년 신한은행 고문(현)

우오현(禹五炫) WOO Oh-heun

(생)1953 · 11 · 6 (출)서울 (주)서울특별시 강서구 마곡중앙8로 78 에스엠알앤디센터 12층 SM그룹 임원실(02-2001-6200) (학)조선대 교육대학원졸 (경)1988년 (주)삼라건설 대표이사 2004년 진덕산업(주) 회장 2005년 벡셀 인수 2006년 경남모직 인수 2007년 남선알미늄 인수 2007년 SM그룹 회장(현) 2008년 TK케이칼 인수 2009년 중견기업협회 부회장(현) 2010년 우방 인수 2013년 대한해운(주) 인수 · 회장(현) (상)조선대총동창회 '자랑스런 조대인'(2014)

우원식(禹元植) WOO, Won Shik

(생)1957·9·18 (출)서울 (주)서울특별시 영등포구 의사당대로 1 국회 의원회관 737호(02-784-3601) (학)1976년 경동고졸 1997년 연세대 토목공학과졸 2009년 同공학대학원 환경공학과졸(석사) (경)1981년 전두환 반대시위로 제적·투옥 1988년 평민당 인권위원회 민권부국장 1989년 평화민주통일연구회 총무국장 1992년 민주개혁정치모임 이사 1992년 국회의원 보좌관 1994년 살기좋은노원만들기연구모임 대표 1995년 수도권매립지관리조합회의 실무위원장 1995년 한국사회환경정책연구소 선임연구원 1995~1998년 서울시의회 의원 1999년 제2의건국범국민추진위원회 제2심의관 2000~2003년 환경관리공단 관리이사 2002년 강남·북균형발전을위한주민대책위원회 대표 2003년 제16대 대통령직인수위원회 정무분과 자문위원 2004~2008년 제17대 국회의원(서울 노원구乙, 열린우리당·대통합민주신당·통합민주당) 2005~2007년 열린우리당 서울시당 정책위원장 2005년 同원내기획부대표 2006~2014년 대한장애인보치아연맹 회장 2007년 열린우리당 사무총장 대행 2007년 대통합민주신당 정책위 부의장 2008년 민주당 서울시당 상근부위원장 2008년 同서울노원구乙지역위원회 위원장 2008년 同노동특별위원회 위원장 2009년 건국대 생명환경과학대학 겸임교수 2010년 민주당 대외협력위원장 2010년 同야권연대·연합을위한특별위원회 부위원장 2012년 제19대 국회의원(서울 노원구乙, 민주통합당·민주당·새정치민주연합·더불어민주당) 2012년 탈핵에너지전환국회의원모임 책임연구위원 2012년 민주통합당 원내대변인 2012년 同문재인 대통령후보선거기획단 총무본부장 2013년 同원내수석부대표 2013년 국회 교육문화체육관광위원회 위원 2013년 민주당 최고위원 2013년 同'乙'지키기경제민주화추진위원회 위원장 2013년 同'을(乙)'을지키는길위원회(을지로위원회) 위원장 2013년 독립기념관 이사(현) 2014년 새정치민주연합 최고위원 2014년 同'을(乙)'을지키는길(을지로)위원회 위원장 2014년 국회 환경노동위원회 위원 2014~2015년 국회 예산결산특별위원회 위원 2015년 새정치민주연합 혁신위원회 위원 2015~2016년 더불어민주당 을(乙)지키는민생실천위원회(을지로위원회) 위원장 2016년 제20대 국회의원(서울 노원구乙, 더불어민주당)(현) 2016년 더좋은미래 운영간사 2016~2017년 국회 산업통상자원위원회 위원 2016년 국회 가습기살균제사고진상규명과피해구제및재발방지대책마련을위한국정조사특별위원회 위원장 2016년 더불어민주당 서울노원구乙지역위원회 위원장(현) 2016년 탈핵에너지전환을위한국회의원모임 공동대표 2017년 더불어민주당 제19대 문재인 대통령후보 중앙선거대책본부 을지로민생본부 공동본부장 2017~2018년 同원내대표 2017~2018년 국회 운영위원회 위원 2017~2018년 국회 정보위원회 위원 2017·2018년 국회 산업통상자원중소벤처기업위원회 위원(현) 2017년 환경재단 이사 2018년 홍범도기념사업회 이사장(현) 2018년 더불어민주당 민생연석회의 편의점최저수익보장분과 위원장(현) 2018년 同민생정책교육홍보위원회 위원장(현) 2018년 同기후변화대응및에너지전환산업육성특별위원회 위원장(현) 2018년 국회 남북경제협력특별위원회 위원(현) (상)여성민우회 멋있는남편상(1997), 국정감사 NGO 모니터단 국정감사 우수의원(2004~2007·2012~2015), 5대강도보순례단 강을걷는국회의원상(2013), 남양유업대리점협의회 '을(乙)'을지키는 국회의원상(2013), 희망·사랑나눔재단선정 모범국회의원(2013), (사)도전한국인운동협회·도전한국인운동본부 국정감사 우수의원(2015), 백봉라용균선생기념회 백봉신사상 올해의 신사의원 베스트10(2017) (저)'야당통합론' '섬진강 은어의 꿈'(2005) '금강-강과 사람들'(2006) '어머니의 강'(2011) (종)기독교

우유철(禹惟哲) WOO Yoo Cheol

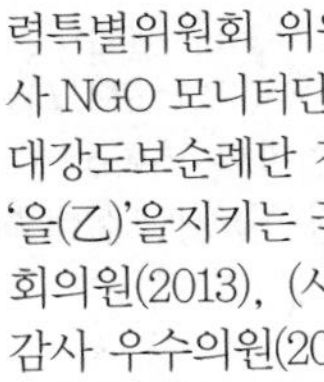

(생)1957·7·17 (출)서울 (주)경기도 의왕시 철도박물관로 37 현대로템(주) 비서실(031-8090-8114) (학)경기고졸 1980년 서울대 조선공학과졸 1983년 同대학원 조선공학과졸 1990년 기계공학박사(미국 뉴욕주립대) (경)1983년 현대중공업(주) 입사 1994년 현대우주항공(주) 근무 2000년 현대모비스(주) 상무이사 2004년 INI STEEL(주) 기술개발본부장(전무) 2005년 同부사장 2006년 현대제철(주) 기술연구소장(부사장) 2007년 同구매담당 부사장 2009~2010년 同제철사업총괄 사장 겸 구매본부장 2010년 同당진제철소장 2010~2014년 同대표이사 사장 2014년 한국공학한림원 정회원(현) 2014~2018년 현대제철(주) 대표이사 부회장 2017년 同이사회 의장 겸 사외이사후보추천위원장 2019년 현대로템(주) 대표이사 부회장(현) 2019년 한국로봇산업협회 회장(현) (상)대한금속재료학회 공로상(2010), 금탑산업훈장(2010)

우윤근(禹潤根) WOO, Yoon Keun

(생)1957·9·24 (본)단양(丹陽) (출)전남 광양 (학)1977년 광주 살레시오고졸 1984년 전남대 법학과졸 1991년 同대학원졸 1999년 법학박사(전남대) 2006년 러시아 상트페테르부르크대 대학원 정치학과졸 2017년 명예 법학박사(순천대) (경)1990년 사법시험 합격(32회) 1993년 사법연수원 수료(22기) 1993년 변호사 개업 1997년 駐韓러시아대사관 법률고문 1998년 駐韓독일대사관 법률고문 1998년 한국도로공사 상임법률고문 1999년 민주평통 자문위원 1999년 서울SQUASH연맹 회장·명예회장 2000년 전남대 법과대학 객원교수 2000년 법무법인 유·러 대표변호사 2001년 한국프로야구위원회(KBO) 법률고문 2002년 조선대 법과대학 겸임교수 2003~2007년 열린우리당 중앙위원 2004년 제17대 국회의원(광양시·구례군, 열린우리당·대통합민주신당·통합민주당) 2004년 열린우리당 원내부대표 2005~2007년 同전남도당 중앙위원 2006년 同의장비서실 수석부실장 2007년 국민생활체육전국태권도연합회 회장 2008년 제18대 국회의원(광양시, 통합민주당·민주당·민주통합당) 2008년 국회 북방전략포럼 대표 2008년 민주당 제1정책조정위원장 2009~2010년 同원내수석부대표 2010년 국회 법제사법위원장 2010년 국회 사할린포럼 공동대표 2012~2016년 제19대 국회의원(광양시·구례군, 민주통합당·민주당·새정치민주연합·더불어민주당) 2012년 민주통합당 전남도당 위원장 2012년 同제18대 대통령중앙선거대책위원회 '민주캠프' 산하 동행1본부장 2013년 국회 산업통상자원위원회 위원 2013년 민주당 전남도당 위원장 2013년 국회 운영위원회 위원 2014년 새정치민주연합 세월호특별법준비위원회 위원장 2014년 同정책위원회 의장 2014년 국회 법제사법위원회 위원 2014년 대통령직속 통일준비위원회 위원 2014~2015년 국회 정보위원회 위원 2014~2015년 새정치민주연합 정치혁신실천위원회 위원 2014~2015년 同원내대표 2016년 더불어민주당 제20대 총선 선거대책위원회 위원 2016년 同비상대책위원회 위원 2016년 同전남광양시·곡성군·구례군지역위원회 위원장 2016년 제20대 국회의원선거 출마(전남 광양시·곡성군·구례군, 더불어민주당) 2016년 러시아 상트페테르부르크국립대 국제법학과 초빙교수 2016~2017년 국회 사무총장(장관급) 2017~2019년 駐러시아 대사 (상)대통령표창(2000), 대한민국 헌정상(2011), 법률소비자연맹 국회 헌정대상(2014), 백봉신사상 올해의 신사의원 베스트10(2014·2015), 대한민국 의정대상(2015), 러시아 상트페테르부르크국립대 자랑스런 동문 메달(2016) (저)'꼽추와 무기수'(2008, 그라운드제로연구소) '한국정치와 새로운 헌법질서'(2009, 리북) '한국 민주주의 4.0-소통, 신뢰 그리고 사회적 자본'(2011, 심인) '개헌을 말한다'(2013, 함께맞는비) (종)천주교

우의형(禹義亨) WOO Eui Hyung

(생)1948·3·5 (출)대구 (주)서울특별시 강남구 강남대로 330 우덕빌딩 법무법인(유) 에이펙스(02-2018-9733) (학)1966년 경북고졸 1970년 서울대 법학과졸 (경)1971년 사법시험 합격(13회) 1973년 사법연수원 수료(3기) 1974년 軍법무관 1977년 서울가정법원 판사 1978년 서울형사지법 판사 1979년 서울민사지법 판사 1981년 청주지법 영동지원장 1983년 서울형사지법 판사 1984년 서울고법 판사 겸 법원행정처 조사심의관 1988년 대구지법 부장판사 1991년 사법연수원 교수 1993년 서울형사지법 부장판사 겸 법원행정처 조사국장 1994년 대전고법 부장판사

1997년 서울고법 부장판사 2002년 서울지법 의정부지원장 2004년 청주지법원장 2004년 인천지법원장 2005년 서울행정법원장 2005년 변호사 개업 2008년 법무법인 렉스 대표변호사 2009~2013년 학교법인 영남학원(영남대 · 영남이공대) 이사장 2009년 법무법인(유) 에이펙스 고문변호사(현) 2011~2017년 화진(주) 사외이사

우인성(禹仁成)

(생)1974 · 4 · 12 (본)단양(丹陽) (출)충북 청주 (주)경기도 여주시 현암로 21-12 수원지방법원 여주지원(031-880-7424) (학)1993년 충북고졸 1997년 서울대 법학과졸 2003년 同법과대학원졸 (경)1997년 사법시험 합격(39회) 2000년 사법연수원 수료(29기) 2000년 공익법무관 2003년 창원지법 판사 2006년 수원지법 평택지원 판사 2010년 서울남부지법 판사 2012년 대법원 재판연구관 2014년 서울중앙지법 판사 2015년 청주지법 부장판사, 수원지법 여주지원 부장판사(현)

우재봉(禹再鳳)

(생)1961 · 3 · 10 (출)경북 의성 (주)부산광역시 연제구 고분로 216 부산광역시 소방재난본부(051-760-3001) (학)1979년 대구고졸 1986년 경북대 물리학과졸 2012년 강원대 산업과학대학원 소방방재공학과졸 (경)1993년 소방위 임용(간부후보생 7기) 1995년 내무부 소방국 예방과 근무 2000년 충청소방학교 교관단장 2004년 소방방재청 방호과 · 전략개발팀 근무 2006년 대구 달성소방서장(소방정) 2009년 중앙소방학교 행정지원과장 2010년 경북도 소방학교장 2011년 소방방재청 소방정책과 근무 2012년 대구시 소방안전본부장(소방준감) 2013년 대통령 행정자치비서관실 행정관 2015년 국민안전처 중앙119구조본부장(소방감) 2015년 경북도 소방본부장 2017년 소방청 차장(소방정감) 2018년 부산시 소방재난본부장(현) (상)대통령표창(2011)

우정민(禹政珉) WOO Jeong Min

(생)1964 · 2 · 25 (주)서울특별시 서초구 효령로 176 (주)KT DS 임원실(070-4168-2900) (학)1983년 진해고졸 1986년 서울대 산업공학과졸 1988년 한국과학기술원(KAIST) 경영과학과졸(석사) (경)1989~1996년 한국전기통신공사 근무 1996~2002년 한솔PCS 정보기획팀장 2002~2008년 (주)KTF IT기획실 근무, (주)KT DS 서비스혁신센터장 · SM본부장, 同ICOM 마케팅부문 IT기획팀장, (주)KTF 정보시스템실 IT서비스기획팀장, 同정보시스템부문 IT인프라실장(상무보) 2005년 同정보서비스부문 IT기획운영실장(상무보) 2006년 同정보서비스부문 IT개발실장(상무보) 2007년 同정보서비스부문 IT개발실장(상무보) 2009년 (주)KT IT기획실 IT전략기획담당 상무보 2015~2017년 同차세대시스템개발단장(상무) 2017년 同IT기획실 KOS서비스단장(전무) 2018년 (주)KT DS 대표이사 사장(현)

우정원(禹晸元) WU Jeong Weon

(생)1957 · 1 · 6 (본)단양(丹陽) (출)대구 (주)서울특별시 서대문구 이화여대길 52 이화여자대학교 자연과학대학 물리학과(02-3277-2369) (학)1979년 서울대 물리학과졸 1981년 한국과학기술원(KAIST)졸(석사) 1989년 물리학박사(미국 펜실베이니아대) (경)1981~1984년 영남대 물리학과 전임강사 · 조교수 1989~1991년 미국 록히드연구소 연구원 1992년 이화여대 자연과학대학 물리학과 교수(현) 1997~1999년 同대학원 교학부장, 同공동기기실장, 한국고분자학회 정회원, 미국물리학회 정회원 2005~2007년 이화여대 자연과학대학장 2007년 한국광학회 이사 2007~2008년 한국물리학회 JKPS편집위원장(부회장) 2008~2012년 同응용물리분과위원장 2008년 미래창조과학부 선도연구센터 양자메타물질연구센터장(현) 2010~2016년 이화여대 이화CNRS 국제공동연구소장 2014~2015년 한국광학회 회장 2019년 이화여대 양자메타물질연구센터 소장(현) (상)한국과학재단 우수연구50선(2004), 이달의 과학기술자상(2005) (저)'일반물리학'(1995) '상대성이론 그 후 100년(共)'(2005) (역)'과학과 인간가치'(1994)

우정택(禹晶澤) WOO Jung Taek

(생)1959 · 2 · 2 (주)서울특별시 동대문구 경희대로 26 경희대병원 내분비내과(02-958-8135) (학)1983년 경희대 의대졸 1987년 同대학원 의학석사 1993년 의학박사(경희대) (경)1983~1984년 경희의료원 수련의 1984~1987년 同내과 전공의 1991~1995년 同임상강사, 同교류협력실장, 미국 밴더빌트의대 당뇨병연구센터 연구원, 경희대 의학전문대학원 내분비내과학교실 교수(현), 경희대병원 내분비대사내과장, 한국지질동맥경화학회 진료지침위원장, 대한비만학회 편집위원회 이사, 대한당뇨병학회 교육이사, 同치료소위원회 위원장, 대한내분비학회 감사 2014년 아세아오세아니아비만학회(AOASO) 부회장 2014년 대한비만학회 이사장 2015년 경희의료원 · 강동경희대병원 경영정책실장, 대한당뇨병학회 당뇨병예방연구사업단장(현) 2017년 경희대 의과대학장 겸 의학전문대학원장(현) (상)보건복지부장관표창(2018)

우제창(禹濟昌) WOO Je Chang

(생)1954 · 8 · 16 (본)단양(丹陽) (출)경기 파주 (주)서울특별시 중랑구 용마산로90길 28 서일대학교(02-490-7341) (학)1978년 서울대 생물교육학과졸 1982년 同대학원 생물교육학과졸 1988년 식물학박사(서울대) (경)1987~2017년 목포대 자연과학대학 생명과학과 교수 1990~1992년 미국 하버드대 연구교수 1999~2001년 한국학술진흥재단 정책기획실장 2001~2003년 교육인적자원부 장관 정책자문위원 2002~2003년 목포대 기획연구처장 2002~2003년 전국대학연구처장협의회 회장 2003년 국무총리실 기초기술연구회 기획평가위원 2007년 과학기술부 과학기술혁신위원회 특정평가분과위원장 2007~2009년 한국학술진흥재단 사무총장 2008~2009년 同이사장 직대 2010~2012년 목포대 교무처장 겸 교수학습지원센터장 2012년 한국유전학회 회장 2012~2014년 한국생물과학협회 감사 2017년 서일대 총장(현) (상)부총리 겸 교육인적자원부장관표창(2006) (저)'유전학 실험(共)'(2004) '생명과학(共)'(2005) (역)'Mendel'(1989) '생명과학길라잡이'(2002) '생명의 탐구(共)'(2006) '교양인을 위한 캠벨 생명과학(共)'(2006)

우제창(禹濟昌) OOH Che Chang

(생)1963 · 4 · 25 (출)경기 용인 (주)서울특별시 서초구 효령로 40 (주)테큠(02-581-9090) (학)1982년 중동고졸 1986년 서울대 경제학과졸 1989년 영국 런던정경대 대학원 경제학과졸 2000년 경제학박사(영국 옥스퍼드대) (경)1992~1995년 시티은행 · 몬트리올은행 서울지점 기업금융팀 근무 2000년 일본 동경대 동양문화연구소 객원연구원 2001년 중국 상해사회과학원 연구원 2001년 대만 중앙연구원 연구원 2002~2004년 연세대 국제학대학원 교수 2004년 제17대 국회의원(경기 용인甲, 열린우리당 · 중도통합민주당 · 대통합민주신당 · 통합민주당) 2004년 열린우리당 원내부대표 2004년 同국제협력위원회 부위원장 2005년 同국제무역특별위원회 위원장 2006~2007년 同제3정책조정위원장 2006년 국회 재정경제위원회 예산결산소위원장 2007년 대통합민주신당 제3정책조정위원장 2008년 제18대 국회의원(경기용인 · 처인, 통합민주당 · 민주당 · 민주통합당) 2008년 민주당 정책위원회 부의장 2009~2010년 同원내대변인 2009년 한국지구환경의원연맹 부회장 2010년 부품소재선진화포럼 공동대표 2010~2011년 국회 정무위원회 간사 2010~2011년 민주당 정책위원회 수석부의장 2012년 제19대 국회의원선거 출마(경기 용인甲, 민주통합당) 2016년 (주)테큠 대표(현) (저)'87년 체제를 넘어 2013년 체제를 말한다'(2011, 리딩라이프북스) (종)기독교

우종수(禹宗秀) WOO Jong Soo

(생)1955 · 10 · 3 (출)서울 (주)대구광역시 달성군 현풍읍 테크노중앙대로 333 대구경북과학기술원(DGIST)(053-785-0114) (학)대광고졸, 서울대 금속공학과졸 1980년 한국과학기술원 재료공학과졸(석사), 금속공학박사(미국 매사추세츠공과대) (경)포항종합제철(주) 표면처리연구그룹 책임연구원, (주)포스코 후판연구그룹장, 同전기강판연구그룹장, 同포항제철소 전기강판부장, 同생산기술부문 연구소 부소장(상무), 同EU사무소장(상무) 2011년 同기술연구원장 겸 포항연구소장(전무) 2013~2014년 同기술연구원장 겸 포항연구소장(부사장) 2014년 한국공학한림원 정회원(현) 2014~2016년 POSCO Family 기술협의회 의장 2014~2016년 포항산업과학연구원(RIST) 원장(사장급) 2015년 대한금속·재료학회 회장 2015~2016년 포스코 창조경제추진단장 겸 포항창조경제혁신센터장 2016~2018년 포스코교육재단 이사장 2019년 대구경북과학기술원(DGIST) 이사장(현) (상)과학기술훈장 도약장(2014)

우종수(禹鍾壽)

(생)1965 · 5 · 10 (출)서울 (주)서울특별시 서대문구 통일로 97 경찰청 과학수사관리관실(02-3150-2925) (학)1983년 환일고졸 1994년 성균관대졸 2007년 연세대 법무대학원 법학과졸 (경)1994년 행정고시 합격(38회) 1999년 경찰청 경무기획국 인사교육과 경정 임관 1999년 의정부경찰서 방범과장 2001년 광명경찰서 수사과장 2003년 서울구로경찰서 수사과장 2004년 경찰청 외사관리관실 외사3담당관실 외사수사담당 2008년 駐러시아연방대사관 주재관(총경) 2011년 경찰청 정보국 정보1과장 2012년 서울용산경찰서장 2014년 경찰청 외사국 외사기획과장 2015년 同경무인사기획관실 인사담당관 2016년 부천원미경찰서장(경무관) 2016년 행정자치부 치안정책관 2017년 행정안전부 치안정책관 2018년 서울지방경찰청 수사부장 2019년 경찰청 과학수사관리관(현)

우종수(禹鍾守) WOO Jong Soo

(생)1967 · 9 · 27 (본)단양(丹陽) (출)대구 (주)서울특별시 송파구 위례성대로 14 한미약품(주) 임원실(02-410-9200) (학)영남고졸, 영남대 제약학과졸 1990년 약학박사(충남대) (경)영남대 약대 교수 2004년 한미약품(주) 중앙연구소 제제연구팀장(이사대우) 2007년 同상무 2009년 同팔탄공단 공장장(상무) 2010년 同팔탄공단 공장장(전무) 2011년 同팔탄공단 공장장 겸 신제품개발본부장(전무) 2012년 同팔탄공단 공장장 겸 부사장 2017년 同경영관리부문 공동대표이사 사장(현), 한미사이언스(주) 사장(현) (상)통상산업부 장은기술대상(1997), 과학기술처 '이달의 과학기술자상'(1997), 과학기술처 장영실상(1998), 한국신약개발연구조합 대한민국신약개발상 우수신약개발상(2010)

우종순(禹鍾順) Woo Jong Soon

(생)1951 (주)서울특별시 영등포구 의사당대로1길 34 인영빌딩 아시아투데이(02-769-5015) (학)성균관대 정치외교학과졸 2007년 고려대 정책대학원 국제관계학 석사 (경)2005년 아시아투데이 편집국장 2009년 同편집총괄부사장 2010년 성균관대총동창회 부회장(현) 2011년 고려대교우회 부회장(현) 2011~2018년 한중경제협회 부회장 2011년 한반도평화통일시민단체협의회 공동대표(현) 2011년 남북경협국민운동본부 공동대표(현) 2011~2016년 아시아투데이 사장 겸 편집인 2012년 글로벌e거버넌스포럼 대표위원(현) 2012년 한반도미래재단 이사(현) 2012년 중국 국제무역촉진위원회 산동성위원회 · 광동성위원회 해외고문(현) 2013년 법률소비자연맹 운영위원회 공동위원장 2014년 국회국정감사NGO모니터단 공동단장(현) 2016년 중국 공공외교문화교류센터 명예회장(현) 2016년 아시아투데이 대표이사 사장(발행인 · 편집인 · 인쇄인 겸임) 2017년 同대표이사 사장(발행인 · 인쇄인 겸임) 2018년 同대표이사 사장(발행인 · 편집인 · 인쇄인 겸임) 2019년 同대표이사 사장(발행인 · 편집인 겸임)(현) 2018년 한중경제협회 회장(현) (상)특종상(1991 · 2000 · 2004), 공로상(2001 · 2004), '대한민국 언론자유신장기여' 한국기자협회 공로패(2011), '국가와 사회에 헌신 · 봉사' 고려대 특별공로상(2013), '정도언론으로 대한민국 발전 기여' 성균관대 공로패(2014), '700만 소상공인들의 권익보호 · 사회균형 발전 기여' 소상공인연합회 특별감사패(2015), 고려대 제11회 자랑스러운 정경인상(2015), 국가발전기여 대통령공로패(2017), 민간통일 운동을 통해 국가 · 사회발전에 이바지한 공로 대통령표창(2017), 성균언론인회 '자랑스러운 성균언론인상' 언론부문(2018)

우종웅(禹鐘雄) WOO Chong Woong

(생)1947 · 2 · 18 (출)함남 신포 (주)서울특별시 중구 을지로 16 백남빌딩 6층 (주)모두투어네트워크 비서실(02-728-8001) (학)우석대 경제학과졸 (경)1974~1989년 고려여행사 입사 1987년 대한체육회 서울시펜싱협회 이사 1987년 성광라이온스클럽 부회장 1989~2005년 (주)국일여행사 대표이사 사장 2001년 (주)모두투어네트워크 대표이사 회장(현) (상)한국관광인클럽 선정 올해관광인(2002), 문화관광연구학회 문화관광대상(2002), 은탑산업훈장(2005), 대한민국 좋은기업 최고경영자상(2012) (종)불교

우중본(禹衆本)

(생)1957 · 7 (출)대구 (주)대구광역시 중구 명덕로 85 대성에너지(주)(053-606-1000) (학)대구상고졸, 한국외국어대 불어불문학과졸, 연세대 경영대학원 경영학과졸, 핀란드 헬싱키경제대 경영대학원졸(UM-MBA) (경)1977년 한국전력공사 입사 1996년 同국제자금부장 2005년 한국수력원자력 해외사업처 사업금융팀장 2006년 同고리원자력본부 행정실장 2008년 同관리처 재무실장 2009년 同기획재무처 재무실장 2011년 同관리처장 2013~2015년 同고리원자력본부장 2016~2018년 한국에너지재단 사무총장 2018년 同고문 2018년 세계에너지협의회(WEC) 한국위원회 사무총장 2019년 대성에너지(주) 대표이사 사장(현) (상)국무총리표창(2008)

우찬제(禹燦濟) Wu Chan Je

(생)1962 · 12 · 16 (출)충북 충주 (주)서울특별시 마포구 백범로 35 서강대학교 국제인문학부 국어국문학과(02-705-8284) (학)1985년 서강대 경제학과졸 1987년 同대학원 문학과졸 1993년 문학박사(서강대) (경)1993~1998년 건양대 국어국문학과 전임강사 · 조교수 1998~2005년 서강대 국어국문학과 조교수 · 부교수 2005년 同국제인문학부 국어국문학과 교수(현) 2007~2009년 同학생문화처장 2012~2015년 同출판부장 2013년 同도서관장 2013~2014년 한국사립대학교도서관협의회 회장 2013~2014년 한국도서관협회 이사 2015~2017년 서강대 교무처장 2018년 대통령소속 도서관정보정책위원회 위원(현) (상)중앙일보 신춘문예-문학평론부문(1987), 소천 이헌구 비평문학상(2000), 김환태 평론문학상(2003), 팔봉비평문학상(2010) (저)'욕망의 시학'(1993) '상처와 상징'(1994) '타자의 목소리'(1996) '텍스트의 수사학'(2005) '20세기 한국문학(共)'(2005) '프로테우스의 탈주'(2010) '불안의 수사학'(2012) 비평집 '고독한 공생'(2003) (종)가톨릭

우창균

(생)1961 · 6 (주)서울특별시 광진구 아차산로 563 (주)신세계 L&B 비서실(02-727-1685) (학)연세대 응용통계학과졸 (경)1986년 동양맥주(주) 입사 1998년 Interbrew 오비맥주 근무 2002년 두산 주류부문 근무 2009년 롯데칠성음료 주류부문 마케팅부문장(상무) 2019년 제주소주 대표이사(현) 2019년 (주)신세계 L&B 대표이사 겸임(현)

우창록(禹昌錄) WOO Chang Rok

[생]1953 · 2 · 14 [출]경북 경주 [주]서울특별시 강남구 테헤란로 518 섬유센터빌딩 12층 법무법인 율촌(02-528-5201) [학]1970년 경주 문화고졸 1974년 서울대 법과대학 법학과졸 1983년 미국 워싱턴대 법학대학원졸(LL.M.) [경]1974년 사법시험 합격(16회) 1976년 사법연수원 수료(6기) 1976~1979년 해군 법무관 1979~1992년 김앤장법률사무소 변호사 1984년 미국 캘리포니아대 버클리캠퍼스 법학대학원 객원연구원 1984년 미국 쿠델 브러더스 법률회사 뉴욕사무소 방문변호사 1990~2003년 조세연구원 자문위원 1992~1997년 율촌합동법률사무소 대표변호사 1995~1999년 사법연수원 강사 1995~1999년 서울대 대학원 법학과 강사 1997년 법무법인 율촌 대표변호사(현) 1997년 학교법인 이화학당 이사 1999년 재정경제부 세제발전심의위원회 위원 1999년 (사)기독교역사연구소 이사 1999년 (사)평화통일을 위한 남북나눔운동 이사 2000년 대한상사중재원 중재인 2001~2004년 서울대 법학편집위원 2004년 현대모비스(주) 사외이사 2005년 학교법인 문화학원 이사 2005년 알리안츠생명보험(주) 사외이사 2006~2009년 (사)한국세법학회 회장 2006년 (사)아시아법연구소 이사장 2006년 (사)기독교윤리실천운동 이사장 2007년 서울대 교수평의회 평의원 2007년 (사)한반도평화연구원 이사 2010년 대한민국교육봉사단 이사장 2011~2013년 대한중재인협회 회장 2012년 (재)굿소사이어티 이사장(현) 2013~2016년 대한중재인협회 명예회장 2014년 한국골프산업연합회 초대회장 2017년 대한중재인협회 고문(현) [상]동탑산업훈장(2003), 미국 워싱턴대 자랑스런 동문인상(2007), 서울지방변호사회 백로상(2010), 매일경제 선정 '대한민국 글로벌 리더'(2014), 대통령표창(2015) [저]'세법체계의 정비와 개선에 관한 연구(共)'(1982, 한국경제연구원) [종]기독교

우천식(禹天植) Cheonsik WOO

[생]1954 · 10 · 5 [본]단양(丹陽) [출]서울 [주]전라남도 무안군 삼향읍 오룡3길 2 전라남도중소기업진흥원(061-288-3800) [학]서울 동성고졸 1979년 연세대 화학과졸 1984년 미국 텍사스대 대학원 화학과졸(MS) 1986년 同대학원 경영학과졸(MBA) 1994년 한양대 대학원 경영학 박사과정 수료 [경]1995년 삼성화재해상보험(주) 해외사업팀장(부장) 1997년 同화재업무팀장 · 기업영업개발팀장 · 상품개발팀장 1999~2002년 연세대총동문회 상임이사 2001~2006년 삼성화재해상보험(주) 특종업무팀장 2006년 동부화재해상보험(주) 법인업무팀장(상무) 2014~2017년 전남도중소기업종합지원센터 본부장 2017년 전라남도중소기업진흥원 원장(현)

우천식(禹天植) WOO Cheon Sik

[생]1960 · 7 · 1 [주]세종특별자치시 남세종로 263 한국개발연구원 연구본부 글로벌경제실(044-550-4139) [학]1982년 서울대 경제학과졸 1985년 미국 컬럼비아대 대학원 경제학과졸 1994년 경제학박사(미국 컬럼비아대) [경]2002년 한국개발연구원 지식경제팀장 2004년 同산업 · 기업경제연구부장 2011년 同산업 · 경쟁정책연구부장 2013년 同산업 · 경쟁정책연구부 선임연구위원 2013년 同미래전략연구부장 2014년 同산업서비스경제연구부 선임연구위원 2014년 미래창조과학부 미래준비위원회 위원 2018년 한국개발연구원(KDI) 연구본부 글로벌경제실장(현)

우철문(禹喆文)

[생]1969 · 2 · 5 [출]경북 김천 [주]제주특별자치도 제주시 문연로 18 제주지방경찰청 차장실(064-798-3213) [학]대구 성광고졸 1991년 경찰대 법학과졸(7기) 2004년 연세대 행정대학원졸 [경]1991년 경위 임관 2011년 경찰청 청장보좌관(총경) 2011년 同인사과장 2012년 同생활질서과장 2012년 서울지방경찰청 치안지도관 2013년 경북 상주경찰서장 2014년 서울지방경찰청 112종합상황실장 2015년 경찰청 사이버안전과장 2016년 서울 서초경찰서장 2017년 경찰청 여성청소년과장 2017년 同범죄예방정책과장 2019년 부산지방경찰청 제2부장(경무관) 2019년 제주지방경찰청 차장(현)

우태훈(禹泰勳) WOO Tae Hoon (京山·詩堂·星君)

[생]1958 · 9 · 7 [본]단양(丹陽) [출]인천 강화 [주]서울특별시 양천구 목동서로 225 대한민국예술인센터 1017호 (사)한국문인협회 [학]1977년 인천기계공고 자동차과졸 2004년 한국방송통신대 법학과졸 [경]1982~1984년 안성경찰서 순경 1988년 (주)호텔롯데 롯데호텔월드지점 안전실 입사 1998년 同서울지점 근무 2003년 同롯데호텔월드지점 근무 2005~2015년 同롯데호텔월드 안전실 주임 2007년 '좋은문학'을 통해 시인 등단 2009년 계간지 '시와 수상문학' 편집위원 2010~2011년 同총무국장 2010년 한국문인협회 회원 2010년 세계시인대회(WCP/WAAC) 출전 2012~2014년 문학신문사 문인회 이사 2014년 세계시인대회(WCP/WAAC) 출전 2017~2018년 한국주택시설관리(주) 서초쌍용플래티넘 기전반장 2018년 시와수상문학작가회 부회장(현) 2019년 한국문인협회 정책개발위원회 위원(현) 2019년 잠실엘스아파트 방재대리(현) [상]안성경찰서장표창(1982 · 1983), 롯데호텔사장표창(10회), 바르게살기운동 성동구의회 제5회 효자효행장려상(2001), 시와수상문학 대상(2010), 고려문학상 대상(2014), 매월당문학상 대상(2014) [저]시집 '당신도 행복했으면 좋겠습니다'(2011, 월간문학), '겨울바다'(2012, 월간문학), '내 고향 인천광역시'(2013, 월간문학), '눈길을 밟으며'(2014, 월간문학) 외 공저 다수 [종]천주교

우태희(禹泰熙) WOO Tae Hee

[생]1962 · 9 · 29 [출]서울 [주]서울특별시 서대문구 연세로 50 연세대학교 공학대학원(02-2123-3282) [학]1980년 배문고졸 1984년 연세대 행정학과졸 1989년 서울대 행정대학원졸 2000년 미국 캘리포니아대 버클리교 공공정책대학원졸 2011년 경영학박사(경희대) [경]1983년 행정고시 합격(27회 · 최연소 수석) 1984년 통상산업부 아주통상과 사무관 1996년 同기획관리실 · 원자력발전과 서기관 1997년 同산업정책과장 1997년 同원자력발전과장 1998년 산업자원부 IMF대책반장 1998년 同원자력산업과장 2000년 同산업혁신과장 2002년 駐뉴욕총영사관 상무관 2005년 산업자원부 투자진흥과장 2006년 대통령 산업비서관실 선임행정관 2007년 駐미국 공사참사관 2009년 지식경제부 에너지자원실 에너지절약추진단장(고위공무원) 2010년 同주력산업정책관 2011년 同무역투자실 통상협력정책관 2011년 同주력시장협력관 2012년 同산업기술정책관 2013년 산업통상자원부 통상교섭실장 2015년 同통상차관보 2016~2017년 同제2차관 2017년 연세대 공학대학원 특임교수(현) 2018년 롯데정밀화학(주) 사외이사(현) [상]미국 캘리포니아대 버클리교 최우수논문상(2000), 홍조근정훈장(2010) [저]'주관식 국민윤리'(1985) '부드러워져야 더 강하다'(2002) '세계경제를 뒤흔든 월스트리트 사람들'(2005) '오바마시대의 세계를 움직이는 10대 파워'(2008) [종]천주교

우학명

[출]강원 영월 [주]서울특별시 영등포구 의사당로 1 국회도서관 법률정보실(02-788-4211) [학]충북 제천고졸, 경북대 문헌정보학과졸, 연세대 대학원졸, 미국 플로리다주립대 대학원 문헌정보학과졸, 연세대 대학원 문헌정보학 박사과정 수료 [경]1995년 공직 입문(제13회 입법고시) 2006년 국회도서관 입법전자정보실 전자정보총괄과장(사서서기관) 2007년 同입법정보실 인터넷자료과장 2008년 국방대 교육파견 2009년 국회도서관 입법정보지원과장 2009년 同의회정보실 정치행정자료과장 2010년 同국회기록보존소장(부이사관) 2011년 교육파견(부이사관) 2014년 국

회도서관 국회기록보존소 기록정보서비스과장 2014년 同정보관리국장(부이사관) 2015년 同정보관리국장(이사관) 2016년 국회사무처 국회정보화추진위원회 위원 2017년 의정연수원 파견(이사관) 2018년 국회도서관 법률정보실장 2019년 同법률정보실장(관리관)(현)

우한준(禹漢俊) WOO Han Jun

(생)1960·4·15 (본)단양(丹陽) (출)경남 창녕 (주)부산광역시 영도구 해양로 385 한국해양과학기술원 관할해역지질연구단(051-664-3414) (학)1984년 인하대 해양학과졸 1992년 이학박사(미국 올드도미니언대) (경)1987~1992년 미국 올드도미니언대 해양학과 연구조교 1995년 한국해양연구원 해양지질학부 선임연구원 1996~1997년 同해양지질연구그룹장 1997~1998년 同퇴적역학연구실장 2002년 한국해양과학기술원 책임연구원(현) 2004년 한국습지학회 이사 겸 편집위원 2006년 대통령자문 지속가능발전위원회 위원 2009~2012년 국토해양부 해역이용영향검토위원회 자문위원 2010~2012년 同중앙연안관리심의회 심의위원 2011~2017년 환경부 국가습지심의위원회 위원 2012~2016년 한국습지학회 부회장 2012~2014년 同편집위원 2012~2015년 과학기술연합대학원대 겸임교수 2017년 한국해양과학기술원 관할해역지질연구센터장 2018년 同관할해역지질연구단장(현) 2019년 한국해양대학교 겸직교수(현) (상)해양수산부장관표창(2005), 국무총리표창(2006), 대통령표창(2016) (저)'우리나라 갯벌 -자연생태의 특성(共)'(2005) '강과 바다가 만나는 곳 하구이야기(共)'(2007) (종)불교

우형찬(禹炯贊) WOO Hyoung Chan

(생)1968·2·25 (본)단양(丹陽) (출)서울 (주)서울특별시 중구 세종대로 125 서울특별시의회(02-2180-8826) (학)1987년 서울 영일고졸 1994년 한국외국어대 프랑스어과졸 (경)1994년 극동방송 PD 2000년 경기방송 PD 2014년 새정치민주연합 서울시당 언론대책특별위원장 2014~2018년 서울시의회 의원(새정치민주연합·더불어민주당) 2014·2016년 同교통위원회 위원 2015년 同항공기소음특별위원회 위원장 2016년 同서부지역광역철도건설특별위원회 부위원장 2016년 同서울메트로사장후보자인사청문특별위원회 위원 2017년 同면목선등경전철건설사업조속추진지원을위한특별위원회 위원 2018년 서울시의회 의원(더불어민주당)(현) 2018년 同교통위원회 위원(현) 2018년 同예산결산특별위원회 부위원장(현) 2018년 同서부지역광역철도건설특별위원회 위원(현) 2018년 同항공기소음특별위원회 위원장(현) (상)2016 매니페스토약속대상 공약이행분야(2017), 2017전국 지방의회 친환경 최우수의원(2017), 2017지방자치평가의정대상 우수의원(2017) (저)'양천에서 미래를 보다'(2014) '우형찬입니다 – 여러개의 달이 뜨는 신월동'(2017) (종)기독교

우홍균(禹洪均) WU Hong Gyun

(생)1965·2·8 (본)단양(丹陽) (출)부산 (주)서울특별시 종로구 대학로 101 서울대병원 방사선종양학과(02-2072-3177) (학)1983년 경기고졸 1990년 서울대 의대졸 1998년 同대학원 의학석사 2001년 의학박사(서울대) (경)1990년 의사면허 취득 1990년 서울대병원 수련의 1991년 군의관 1993년 서울대병원 치료방사선과 전공의 1997년 삼성서울병원 치료방사선과 전임의 1998~2005년 서울대 의대 치료방사선과학교실 전임강사·조교수 2001년 미국 Vanderbilt Univ. Research Fellow 2004년 대한방사선종양학회 정보위원(현) 2004년 대한항암요법연구회 두경부암분과 위원(현) 2004년 대한암학회 보험위원 2004년 대한방사선종양학회 학술위원 2004년 同고시위원 2005~2010년 서울대 의대 방사선종양학교실 부교수 2005년 성인고형암임상연구센터 운영위원 2010년 서울대 의대 방사선종양학교실 교수(현) 2012·2016·2018년 서울대병원 방사선종양학과장(현) 2012년 서울대 의대 방사선종양학교실 주임교수(현) 2016~2017년 서울대병원 대외협력실장 (상)일본치료방사선과학회 전시발표 회장상(1997), 미국방사선종양학회 ESTRO Travel Grant(2000), 대한방사선방어학회 우수논문상(2008) (저)'두경부종양학'(2002) '방사능 무섭니?(共)'(2016) (종)천주교

우희창(禹熙昌) WOO HEECHANG

(생)1964·8·24 (본)단양(丹陽) (출)충북 보은 (주)대전광역시 서구 둔산로74번길 31 송림빌딩 대전충남민주언론시민연합(042-472-0681) (학)1982년 대전대신고졸 1989년 충남대 무역학과졸 2010년 同대학원 언론정보학과졸 2016년 언론학박사(충남대) (경)1990~1992년 대전매일신문 문화부·사회부 기자 1993~1998년 동양일보 문화부·경제부·사회부 기자 2000~2005년 대전충남민주언론시민연합 사무국장 2003~2004년 지역언론개혁연대 사무국장 2004~2010년 문화관광부 지역신문발전위원회 전문위원 2007~2017년 순천향대 신문방송학과 강사 2008~2009년 우석대 신문방송학과 강사 2011~2018년 목원대 광고홍보언론학과 강사 2012~2014년 충남도 홍보협력관실 미디어센터장 2014년 충남대 언론정보학과 강사(현) 2015년 대전충남민주언론시민연합 공동대표(현) 2016년 청운대 미디어커뮤니케이션학과 외래교수(현) 2017년 문화체육관광부 지역신문발전위원회 부위원장(현) 2017년 대전대 교양학부 강사 2019년 연합뉴스 대전충남취재본부 콘텐츠자문위원(현) (상)문화체육관광부장관표창(2005) (저)'지역신문 지원3년 성과와 과제(共)'(2007, 지역신문발전위원회) '갑천의 뿌리를 찾아'(2004, 대전서구문화원)

운 덕(雲 德)

(생)1938·12·7 (본)담양(潭陽) (출)경북 울진 (주)충청북도 단양군 영춘면 구인사길 73 구인사(043-420-7307) (학)1963년 동국대 경제학과졸 (경)1966년 구인사에서 출가 1966년 구인사에서 득도(은사 박상월) 1966년 구인사 승려(현) 1966년 대한불교천태종 총무국장 1972년 同총무부장 1975~1977년 同종의회 제5·6대 의원 1978년 대한불교총연합회 상임이사 1980~2006년 대한불교천태종 제7~13대 총무원장 1981년 충북태권도협회 회장 1983년 평통 자문위원 1983년 21조 2급 법계 품수 1984년 한국불교종단협의회 부회장 1984년 한·일천태종교류협회 회장 1989년 불교방송 이사 1995년 (재)대한불교천태종 이사 1997~2001년 관문사 주지, 민주평통 상임위원 1999년 同자문위원 1999년 사회복지법인 대표이사 2000년 ROTC중앙회 고문 2001년 분당 대광사 주지 2001~2005년 학교법인 금강불교학원 이사 2002년 대한불교천태종 상벌위원회 부위원장 2003년 同법계고시위원 2004년 同제13대 전형위원 2005~2006년 대전 광수사 주지 2005~2006년 분당 대광사 주지 2005년 1급 법계 품수(대종사) 2008년 (사)남북나눔공동체 부이사장 2008년 금강대 부이사장 2008년 대한불교천태종 상벌위원회 위원 2010년 국가원로회의 부의장(현) 2013년 대한불교천태종 원로원장(현) (상)국민훈장 석류장(1991), 대통령표창(1997·2004), 국민훈장 모란장(2006) (저)'불교의 첫걸음' '마음의 법등' '불교와 인생' '명도록(明道錄)' '불멸의 등명(不滅의 燈明)' (종)불교

원 경(圓 鏡) Won Kyoug

(생)1941·2·8 (본)영해(寧海) (출)충북 청주 (주)경기도 평택시 진위면 진위로 181-82 만기사(031-664-7336) (학)1997년 동국대 불교대학원 사회복지학과 수료 (경)1950년 화엄사에서 출가 1960년 인천 용화사에서 사미계 수지 1963년 범어사에서 구족계 수지 1974년 여주 흥왕사 주지 1983년 안성 청룡사 주지 1985~2010년 (사)역사문제연구소 이사장 1987년 여주 신륵사 주지 1992년 대한불교조계종 중앙종회 의원 1996~1999년 국립사회복지연수원 수료 1997년 연꽃어린이집 원장 2001년 경기지방경찰청 경승위원 2009년 평택 만기사 주지(현) 2012~2014년 대한불교조계종 사회복지재단 상임이사 2014년 대한불교조

계종 원로회의 원로의원(현) 2017년 (사)한중도시우호협회 종교분과위원장(현) 2017년 대한불교조계종 원로회의 차석부의장(현) (상)인천전국체전 검도부 동메달(1963), 광주전국체전 검도부 금메달(1965), 인물대상 종교부문(2010), 스포츠조선 한국인대상(2011), 한국인인물대상(2012) (저)'반야심경강해설법'(編) '천수경강해설법'(編) '들꽃세상'(1989) 시집 '못다 부른 노래'(2010) (종)불교

원경희(元慶喜) WON Kyung Hee

(생)1944·6·3 (출)서울 (주)서울특별시 서초구 동산로 86 (주)혜인 비서실(02-3498-4502) (학)1964년 서울대사대부고졸 1966년 연세대 영어영문학과 중퇴 1970년 미국 캘리포니아주립대 풀러턴교졸 (경)1973년 혜인중기(주) 기획부 입사 1974년 同경리부 과장 1979년 同엔진판매부장 1981년 同이사 1986년 (주)혜인 이사 1987년 同전무이사 1991년 同부사장 1995년 同대표이사 사장 2008년 同대표이사 회장(현) (종)기독교

원경희(元景熙) WON Kyong Hee

(생)1955·10·16 (본)원주(原州) (출)경기 여주 (주)서울특별시 서초구 명달로 105 한국세무사회(02-521-9454) (학)1974년 성동공업고졸 1997년 한국방송통신대 경영학과졸 2000년 성균관대 경영대학원 경영학과졸 (경)1976~1995년 국세청 근무 1996년 세무사 개업 2001~2002년 남서울대·강남대 강사 2002년 조은세무법인 대표세무사 2002~2009년 여주대학 겸임교수 2002년 한가람감리교회 장로 2003~2005년 한국세무사회 전국부회장, 법제처 국민법제관 2005~2007년 성균관대경영대학원총동문회장 2005~2007년 여주 능서초 운영위원장 2008년 여주군양우연합회 회장, 국제와이즈멘 경기동지방 총재 2010년 경기 여주군수선거 출마(미래연합) 2010년 골내근비전연구재단 이사장 2014~2018년 경기 여주시장(새누리당·자유한국당·무소속) 2018년 경기 여주시장선거 출마(무소속) 2019년 한국세무사회 회장(현) (상)국세청장 우수공무원표창(1993), 성균관대총장표창(2000), 재정경제부장관표창(2005), 글로벌 자랑스러운 인물대상(2015), 월간중앙 2016 대한민국CEO리더십대상 혁신경영부문(2015), 대한민국을 빛낸 위대하고 자랑스러운 인물대상 지방자치대상 복지부문(2016), 한국여성단체협의회 우수지방자치단체장상(2016), 경기도 주최 '주식회사 여주! 퍼블릭 마켓 운영을 통한 세입증대' 대상(2017), 유권자대상 기초자치단체장부문(2017), 글로벌 자랑스런 세계인상 국제지방자치발전부문(2017) (저)'읽음의 충만'(2005) '작은실천, 큰 행복'(2005) '여주는 경제다'(2006) (종)기독교

원광석(元光錫) Won Kwang Seog

(생)1963·10·17 (주)제주특별자치도 서귀포시 서호남로 19-19 국토교통인재개발원(064-795-3730) (학)1981년 배재고졸 1988년 서강대 영어영문학과졸 2007년 한국과학기술원(KAIST) 경영전문대학원 경영학과졸(EMBA) (경)1988~1994년 (주)삼성물산 상사부문 해외영업 담당 1994~1996년 同인도네시아 주재원 1996~2008년 삼성인력개발원 글로벌팀 교육부서장 2008~2010년 (주)삼성물산 건설부문 해외영업기획부서장 2011년 同교육·채용부서장 2014년 同인사담당 임원 2015년 同건설부문 빌딩사업본부 영업담당 임원 2016년 국토교통부 국토교통인재개발원장(현)

원광섭(元光燮)

(생)1965·1·30 (주)경기도 김포시 북변중로 22 북변동우체국 2층 김포도시공사 사장실(031-980-8500) (학)대성고졸 1988년 서울대 건축학과졸 (경)1988~2012년 현대건설(주) 입사·부장 2013년 현대엠코(주) 건축사업본부 상무 2015년 현대엔지니어링 건축사업본부 상무 2017년 김포도시공사 사장(현)

원광식(元光植) WON Kwang Sik (梵山)

(생)1942·2·21 (본)원주(原州) (출)경기 화성 (주)충청북도 진천군 덕산면 습지길 35 성종사(043-536-2581) (경)1960년 원국진 선생께 사사 1973년 성종사 제2대 대표(현) 1974년 불교문화원 문화위원 1976년 한국범종연구회 발족 1985년 보신각 새종 제작 1993년 한국민속예술연구원 위원장 1994년 천륜사 종 등 한국범종 다수 복제 1997년 전통범종제작기법 재현 1997년 선림원사지 종 등 범종 다수 복원 1999년 임진각 평화의종 제작 2000년 대한민국 명장 지정 2001년 국가무형문화재 제112호 주철장(鑄鐵匠) 기능보유자 지정(현) 2002년 진천종박물관 건립 및 명예관장(현) 2005년 신지식인 지정 2006년 (사)한국중요무형문화재기능보존협회 부이사장(현) 2006년 한국폴리텍Ⅵ대학 명예교수 2007년 (사)한국범종학회 이사(현) (상)노동부장관표창(2000), 대통령표창(2005), 세계불교평화상(2006) (종)불교

원광연(元光淵) WOHN Kwang Yoen

(생)1952·2·28 (주)세종특별자치시 시청대로 370 세종국책연구단지 연구지원동 국가과학기술연구회(044-287-7100) (학)1974년 서울대 응용물리학과졸 1981년 미국 위스콘신대 메디슨교 대학원 컴퓨터과학과졸 1984년 컴퓨터공학박사(미국 메릴랜드대) (경)1974~1979년 국방과학연구소 연구원 1981~1984년 미국 Univ. of Maryland 연구조교 1984~1986년 미국 Harvard Univ. 강사 1986~1991년 미국 Univ. of Pennsylvaina 교수 1991~2017년 한국과학기술원(KAIST) 문화기술대학원 교수 1998년 미국 Rutgers Univ. 방문교수 2000년 가상현실연구센터 소장 2004년 한국과학기술원(KAIST) 학술정보처장 겸 정보시스템연구소장 2005년 同문화기술대학원장 2006년 同문화기술대학원 책임교수 2017년 同명예교수(현) 2017년 국가과학기술연구회(NST) 이사장(현) (상)미국 펜실베니아대 Ben Franklin Research Award(1986), 한국과학기술원 우수강의상(1998), 문화관광부 한국게임대상 공로상(2002), 국제디지털미디어아트학회 아웃스탠딩 리더십상(2010)

원광영(元光榮) WON Kwang Young

(생)1961·7·10 (본)원주(原州) (출)경남 거창 (주)서울특별시 용산구 한강대로71길 4 (주)한진중공업 법무팀(02-450-8065) (학)1979년 부산 대동고졸 1984년 연세대 행정학과졸 (경)(주)한진중공업 법무팀장(상무보) 2009~2011년 同기업문화실장(상무보) 2011~2013년 同노무담당 상무보 2014년 同법무실장(상무) 2016년 同법무팀장(상무)(현) (종)기독교

원광호(元光鎬) Won Kwang Ho

(생)1947·3·13 (본)원주(原州) (출)강원 원주 (주)경기도 양평군 강하면 동문3길 68-1 한국바른말연구원(02-393-0010) (학)중앙대 신문방송대학원 중퇴 1994년 명예 문학박사(세종대) (경)1975년 한국바른말연구원 원장(현) 1987년 과학기술처 한글표준전문위원 1991년 국제조선학학술토론회 한국대표 1992년 제14대 국회의원(원주, 통일국민당·무소속) 1992년 외솔회 이사 1992년 한·인도의원친선협회 부회장 1992년 호박출판사 대표 2015~2017년 대한민국헌정회 이사 2015년 아산정주영기념사업회 회장(현) 2015년 국제한국어교육원 원장(현) 2017년 대한민국헌정회 홍보편찬위원(현) 2019년 同대변인(현) 2019년 헌정TV(유)방송위원회 총괄본부장 (상)외솔상(1998), 대통령표창(2015), 경강선 '세종대왕릉역' 이름제정 공로표창 (저)'이것이 한글이다'(1986) '말이 오르면 나라도 오르고'(1992) (종)기독교

원국희(元國喜) WON Kuk Hee

(생)1933 · 1 · 18 (출)경기 부천 (주)서울특별시 영등포구 국제금융로8길 16 신영증권 비서실(02-2004-9308) (학)인천고졸 1957년 서울대 상학과졸 (경)1957년 대림산업(주) 근무, 서울증권(주) 근무 1971년 신영증권(주) 전무 1974년 同부사장 1980년 同사장 1987년 同회장(현)

원기돈(元紀敦) WON KI DON

(생)1962 · 6 · 26 (출)서울 (주)서울특별시 종로구 종로1길 50 더케이트윈타워 SKC(주)(02-3787-1234) (학)1987년 성균관대 화학공학과졸 (경)1987년 유공 입사 1999년 SKC(주) 생산지원팀장 2004년 同기술팀장 2005년 同HPPO추진실장 2008년 同PO생산혁신실장 2010년 同PO생산혁신실장(상무) 2011년 同울산공장장(상무) 2014년 同화학사업부문장(전무) 2015년 同화학사업부문장(전무) 겸 MCNS(주) 대표이사 2017년 同화학사업부문장(부사장) 겸 MCNS(주) 대표이사 2018년 同사업운영총괄 부사장 겸 화학사업부문장(현)

원기찬(元麒讚) Won Geechan

(생)1960 · 2 · 27 (출)서울 (주)서울특별시 중구 세종대로 67 삼성본관 27층 삼성카드(주)(02-2172-8006) (학)1978년 대신고졸 1984년 성균관대 경영학과졸 (경)1984년 삼성전자(주) 인사팀 입사 1990년 同인사담당 과장 1996년 同인사기획그룹 차장 1996년 同북미총괄 인사팀장 2002년 同북미총괄 인사담당 상무보 2005년 同북미총괄 인사담당 상무 2006년 同디지털미디어총괄 인사팀장(상무) 2009년 同디지털미디어&커뮤니케이션부문 인사팀장(상무) 2010년 同인사팀장(전무) 2011년 同경영지원실 인사팀장(부사장) 2012년 同인사팀장(부사장) 2013년 삼성카드(주) 대표이사 사장(현)

원덕권(元悳權) WON Duk Kwon

(생)1963 · 7 · 1 (주)서울특별시 영등포구 시흥대로 613 안국약품(주)(02-3289-4200) (학)1987년 서울대 약학과졸 1989년 同약학대학원 생약학과졸 2009년 경영학박사(수원대) (경)대웅제약(주) 중앙연구소 개발팀, 마성상사 근무, 삼성정밀 근무, 안국약품(주) 연구개발임원 2008년 얀센-실락 아태지역사업개발담당 상무 2013~2018년 삼아제약(주) 연구 · 개발 · 생산부문총괄 사장 2018년 안국약품(주) 연구개발(R&D) · 생산부문 사장 2019년 同연구개발(R&D)부문 사장(현)

원동호(元東豪) WON Dong Ho

(생)1949 · 9 · 23 (본)원주(原州) (출)서울 (주)경기도 수원시 장안구 서부로 2066 성균관대학교 소프트웨어대학 컴퓨터공학과(031-299-4100) (학)1976년 성균관대 전자공학과졸 1978년 同대학원 전자공학과졸 1988년 공학박사(성균관대) (경)1978년 한국전자통신연구소 연구원 1982년 성균관대 전기전자컴퓨터공학부 교수, 同정보통신공학부 컴퓨터공학전공 교수 1985년 일본 東京工大 객원연구원 1992년 성균관대 전산소장 1995년 同교학처장 1996년 국가정보화추진위원회 자문위원 1997년 성균관대 정보통신기술연구소장 1999~2001년 同전기전자컴퓨터공학부장 겸 정보통신대학원장 1999년 한국통신정보보호학회 부회장 2000년 성균관대 정보보호인증기술연구센터소장 2001년 한국통신정보보호학회 수석부회장 2002년 同회장 2002년 성균관대 연구처장 2003년 한국정보보호학회 명예회장(현) 2004년 성균관대 산학협력단장 2007~2008년 同정보통신대학원장 2013년 同정보통신대학 컴퓨터공학과 교수 2014년 행정자치부 민관포럼정보보호분과위원회 위원장(현) 2015~2018년 성균관대 소프트웨어대학 컴퓨터공학과 행단석좌교수 2018년 同명예교수(현) (상)대한전자공학회 공로상(1999), 한국정보보호학회 공로상(2000), 국가정보원장표창(2000), 정보통신부장관표창(2001), RFID/USN협회 우수논문상(2005), 국가정보원 암호학술논문공모대회 우수상(2006), 성균학술상(2007), 정보보호공동워크숍(JWIS) 공로상(2011), 정보보호유공 홍조근정훈장(2014) (저)'컴퓨터 과학(共)'(2000) '현대 암호학 및 응용(共)'(2002) '현대 암호학'(2003) 'Lecture Notes in Computer Science 3935(共)'(2006) (역)'정보와 부호이론'(1997) '암호기술의 이해'(2013)

원미정(元美貞 · 女) WON Mi Jung

(생)1960 · 12 · 18 (출)경기 이천 (주)인천광역시 부평구 길주로 539 인천여성가족재단(032-517-1928) (학)1979년 수도여자사대부고졸, 한국방송대 행정학과졸 (경)1988년 세창물산 노조위원장 1990년 인천여성노동자회 자문위원, 인천여성의전화 이사, 인천동구주민자활지원센터 운영위원, 인천농아인협회 자문위원 1995년 민주평통 자문위원 1995 · 1998년 인천시의회 의원(국민회의 · 새천년민주당) 2000년 同운영위원장 2018년 인천여성가족재단 대표이사(현) 2019년 연합뉴스 인천취재본부 콘텐츠자문위원(현)

원미정(元美貞 · 女) WON Mi Jung

(생)1972 · 1 · 1 (본)원주(原州) (출)경기 안산 (주)경기도 수원시 팔달구 효원로 1 경기도의회(031-8008-7000) (학)1993년 수원여자대학 간호과졸, 강남대 사회복지학과졸 (경)민주당 경기도당 대변인, 안산YWCA 이사, 同여성인권위원장, 안산의료생협 감사 2007년 안산투명사회협약실천협의회 사무국장 2010~2014년 경기도의회 의원(민주당 · 민주통합당 · 민주당 · 새정치민주연합) 2010년 同보건복지공보위원회 간사 2010년 同친환경무상급식특별위원회 위원 2010년 同윤리특별위원회 위원 2012년 同보건복지공보위원회 위원 2012년 同의원입법지원위원회 부위원장 2012년 同정보화위원회 위원 2012년 同평택항특별위원회 위원 2012년 同예산결산특별위원회 위원 2012년 안산경실련 자문위원 2012년 안산여성근로자센터 자문위원 2012~2014년 경기도 복지발전연구회 회장 2012년 민주당 경기도당 여성의원협의회 수석부대표 2013년 경기도의회 운영위원회 위원 2013년 민주당 경기도당 여성위원회 부위원장 2013년 경기도외국인인권지원센터 운영위원 2014~2018년 경기도의회 의원(새정치민주연합 · 더불어민주당) 2014~2016년 同보건복지위원회 위원장 2015년 우리함께다문화지역아동센터 운영위원장 2016~2018년 경기도의회 경제과학기술위원회 위원 2016년 同선감학원진상조사및지원대책마련특별위원회 간사 2017년 경기도 공유경제촉진위원회 위원, 더불어민주당 중앙당 정책위원회 부의장 2018년 경기도의회 의원(더불어민주당)(현) 2019년 同일자리창출특별위원회 위원장(현) 2019년 同경제노동위원회 위원(현) (상)경기도장애인복지단체연합회 감사패(2016) (종)기독교

원범연(元範淵) WON BEOM YOUN

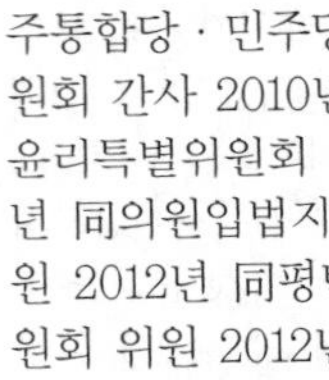

(생)1962 · 10 · 16 (출)충남 공주 (주)서울특별시 서초구 서초중앙로 203 오릭스빌딩 4층 법무법인(유) 강남(02-6010-7021) (학)1981년 공주대사대부고졸 1985년 성균관대 법학과졸 1987년 同대학원 법학과졸 (경)1989년 사법시험 합격(31회) 1992년 사법연수원 수료(21기) 1992년 부산지검 검사 1994년 대전지검 천안지청 검사 1995년 서울지검 남부지청 검사 1997년 광주지검 검사 1999년 서울지검 검사 2002년 형사정책연구원 파견 2004년 창원지검 부장검사 2005년 대구지검 경주지청 부

장검사 2006년 법무연수원 교수 2008년 서울남부지검 형사5부장 2009년 인천지검 부천지청 부장검사 2010년 서울고검 검사 2010~2011년 충남도 파견 2011년 서울고검 부장검사 2011~2013년 법무법인 이지스 대표변호사 2012년 무소속 안철수 대통령후보 선거대책위원회 법률팀장 2013년 법무법인(유) 강남 변호사(현) 2015~2019년 NS홈쇼핑 윤리위원회 위원 (상)대검찰청 전국모범검사상(2001) (저)'한국의 신종기업범죄에 관한 연구' '범법정신장애자의 법적처우에 관한 연구'

원봉희(元鳳喜) WON Bong Hee

(생)1948 · 12 · 6 (출)경남 창원 (주)서울특별시 종로구 새문안로5길 55 노스게이트빌딩 김앤장법률사무소(02-3703-1244) (학)1967년 부산 동래고졸 1971년 성균관대 상학과졸 1983년 미국 일리노이대 경영대학원졸 1989년 법학박사(JD, 미국 아메리칸대) (경)1969년 공인회계사시험 합격 1970년 행정고시 재정직 합격(9회) 1971년 재무부 사무관 1980년 同기획예산담당관 1983년 同감사담당관 1983년 미국 공인회계사시험 합격 1984년 재무부 손해보험과장 1985년 세계은행(IBRD) 파견 1989년 재무부 법무담당관 1989년 미국 버지니아주 변호사시험 합격 · 등록 1990년 재무부 증권정책과장 1991년 同저축심의관 1991년 국제부흥개발은행(IBRD) 대리이사 1995년 재정경제원 국제금융증권심의관 1996년 同금융총괄심의관 1997년 同대외경제국장 1999년 김앤장법률사무소 외국변호사(현) 2016년 쌍용자동차(주) 사외이사 겸 감사위원(현)

원석준(元碩浚) WON Suk Joon

(생)1968 · 2 · 8 (주)서울특별시 강남구 테헤란로 133 한국타이어앤테크놀로지 Car Life 사업본부(02-2222-1000) (학)영남고졸, 고려대 경영학과졸, 미국 하버드대 대학원 경영학과졸(MBA) (경)1993년 맥킨지앤드컴퍼니(Mckinsey & Company) 근무 2004년 현대카드 · 현대캐피탈 경영기획실장(이사) 2007년 현대캐피탈 아메리카 CFO 2010년 同아메리카 CEO 2012년 현대카드 카드사업본부장(전무) 2016년 同디지털사업본부장(전무) 2017년 아트라스BX 대표이사 사장 2018년 한국타이어 아시아지역본부장(부사장) 2019년 한국타이어앤테크놀로지 아시아지역본부장(부사장) 2019년 同Car Life 사업본부장(부사장)(현)

원성수(元聖洙) Sung-Soo Won

(생)1963 (출)충남 공주 (주)충청남도 공주시 공주대학로 56 공주대학교 총장실(041-850-8003) (학)공주대사대부고졸, 단국대 법정대학 지역개발학과졸, 미국 애크런대 대학원 행정학과졸, 행정학박사(미국 텍사스대 알링턴교) (경)공주대 인문사회과학대학 행정학과 교수, 同대학원 공공정책학과 교수, 同대외협력본부장, 대통령소속 지방자치발전위원회 자문위원, 충남교육청 행정심판위원회 위원, 농림축산식품부 보통징계위원회 위원, 교육부 정책자문위원회 미래교육전략분과 위원, 한국연구재단 인문사회연구본부 사회과학단(책임)전문위원, 인사혁신처 정책자문위원, 보건복지부 자체평가위원(현), 국가보훈처 정부혁신추진자문단 위원(현), 충남교육청 공직자윤리위원회 위원(현) 2019년 공주대 총장(현)

원성일(元聖逸)

(생)1962 · 9 · 6 (주)경상남도 창원시 의창구 상남로 290 경상남도의회(055-211-7222) (학)창원대 행정학과졸 (경)삼성카드(주) 창원지점장, 바르게살기운동 창원시협의회 상남동위원장(현) 2018년 경남도의회 의원(더불어민주당)(현) 2018년 同교육위원회 위원(현), 민주평통 자문위원(현)

원성진(元晟溱) Won Sungjin

(생)1985 · 7 · 15 (주)서울특별시 성동구 마장로 210 한국기원 홍보팀(02-3407-3870) (학)2011년 한국외국어대 중국어학과졸 (경)권갑용 6단 문하생 1998년 입단 1999년 2단 승단 2000년 3단 승단 2000년 신예프로10걸전 준우승 2001년 신인왕전 준우승 2003년 농심신라면배 한국대표 2003년 천원전 준우승 2004년 6단 승단 2006년 7단 승단 2006년 신인왕전 준우승 2006년 한게임배 마스터즈 서바이벌 우승 2006년 제16기 비씨카드배 신인왕전 준우승 2007년 신인왕전 우승 2007년 8단 승단 2007년 9단 승단(현) 2008년 한중천원전 우승 2008년 제13기 GS칼텍스배 프로기전 준우승 2009년 제37기 하이원리조트배 명인전 준우승 2010년 제38회 하이원리조트배 명인전 준우승 2010년 GS칼텍스배 우승 2011년 삼성화재배 월드바둑 마스터즈 우승 2013년 LG배 세계기왕전 준우승 2016년 제17회 맥심커피배 입신최강전 준우승

원승연(元承淵)

(생)1964 · 6 · 24 (주)서울특별시 영등포구 여의대로 38 금융감독원 부원장실(02-3145-5325) (학)1983년 서울 성동고졸 1987년 서울대 경제학과졸 1989년 同대학원 경제학과졸 1996년 경제학박사(서울대) (경)1991년 생명보험협회 보험경제연구소 근무 1991년 장기신용은행 경제연구소 선임연구원 1997년 삼성생명보험 금융상품팀 · 융자지원팀 · 해외투자팀 근무 2001년 외환Commertz투신운용 채권운용본부장 2002년 신한BNP Paribas자산운용 CIO(상무이사) 2004년 교보악사자산운용 CIO(상무이사) 2006년 영남대 경제금융학부 조교수 2010~2017년 명지대 경영학과 교수 2017년 금융감독원 자본시장 · 회계담당 부원장(현)

원영덕(元永德) Won Young Deog

(생)1960 · 10 · 12 (출)강원 원주 (주)경기도 수원시 팔달구 효원로 241 수원시청 경제정책국(031-228-2025) (학)한경대 법학과졸 (경)1980년 공무원 임용 2010년 수원시 파장동장 2011년 同장안구 경제교통과장 2011년 同국제교류센터장 2014년 同문화관광과장 2015년 同문화예술과장 2017년 同일자리정책과장 2018년 同일자리정책관(지방행정서기관) 2019년 同경제정책국장(현)

원영섭(元榮燮) WON, YOUNG SEOP

(생)1978 · 1 · 25 (본)원주(原州) (출)부산 (주)서울특별시 서초구 서초중앙로 160 법률센터빌딩 10층 법률사무소 집(02-596-8263) (학)1996년 부산 가야고졸 2004년 서울대 공과대학 건축학과졸 2013년 고려대 건설경영최고위과정 수료 2014년 중앙대 대학원 건축공학 박사과정 수료 (경)2005년 사법시험 합격(47회) 2008년 사법연수원 수료(37기) 2008년 법무법인 한결 변호사, 법률사무소 집 대표변호사(현) 2010년 현대건설 인재개발원 강사 2010년 한국CM간사회 법률분과 본부장 2010년 한국파파존스(주) 고문변호사 2011년 연세대 건축공학과 겸임교수 2012년 (주)삼양옵틱스 이사 2013년 서울시 시민참여옴브즈만, 새누리당 법률지원단 위원 2014년 중앙대 건설대학원 겸임교수(현) 2016년 새누리당 서울관악구甲당원협의회 운영위원장 2016년 제20대 국회의원선거 출마(서울 관악구甲, 새누리당) 2017년 자유한국당 서울관악구甲당원협의회 운영위원장(현) 2018년 同좌파정권방송장악피해자지원특별위원회 위원(현) 2019년 同조직부총장(현) 2019년 同조직강화특별위원회 위원(현) (저)'민법 기출문제 분석의 종결'(2011, 법우사) '법행 마스터(민법)'(2014, 피데스) '민법 필수지문 정리의 종결'(2014, 피데스) '건설부동산법률 실전사례의 종결'(2016, 피데스)

원영신(元英信 · 女) WON Young Shin

(생)1956 · 3 · 22 (본)원주(原州) (출)서울 (주)서울특별시 서대문구 연세로 50 연세대학교 스포츠과학관 317호(02-2123-3198) (학)서울대사대부고졸 1980년 연세대 체육학과졸 1982년 同대학원 체육학과졸 1993년 스포츠사회학박사(연세대) (경)1982~2004년 서울YWCA 보건체육부 위원 1988~1993년 리듬체조 심판 1989년 한국여성체육학회 이사 · 편집위원 1995년 한국스포츠사회학회 이사 · 편집위원 · 부회장 1995년 연세대 교육과학대학 사회체육과 교수(현) 1999~2005년 서울시생활체조연합회 실무부회장 2001 · 2009 · 2011년 유니버시아드대회 대한민국 여자감독 2001~2002년 대한체육회 이사 2001~2018년 대학스포츠위원회(KUSB) 상임이사 · 명예총무(현) 2001년 한국올림픽아카데미(KOA) 부위원장 2002~2006년 문화관광부 평가위원 · 정책자문위원 2002년 대한매일 · 서울신문 명예논설위원 2004년 대한체육회 여성체육위원회 부위원장 2004년 스포츠법학회 이사 2007~2019년 한국노년학회 이사 2007년 호주 Univ. of Western Sydney 방문교수 2007년 스포츠법학회 부회장(현) 2007년 연세대 체육연구소장 2010년 (사)글로벌시니어건강증진개발원 회장(현) 2010년 한국여성체육학회 부회장 2013년 연세대 노인스포츠지도자연수원 원장(현) 2013년 러시아 카잔 하계유니버시아드대회 대한민국선수단장 2014~2016년 한국여성체육학회 회장 2014~2017년 한국체육산업개발(주) 비상임이사 2015~2016년 同혁신위원회 위원 2015년 대한체육회 여성체육위원회 위원장 2016년 한국여성체육학회 명예회장(현) 2017년 한국스포츠미디어학회 회장(현) 2017년 체육박물관 건립위원회 위원(현) 2019년 연세대 체육지도자연수원장(현) (상)이화여대 · 중앙대 무용콩쿨 입상(1970), 문교부장관표창, 국민건강생활체조 공모전 1등(공동)(1991), 생활체육 서울시장표창, 문화체육부장관표창, 동계유니버시아드 공로패(2001), 교육인적자원부 산학연 연구우수상(2011), 연세대 연구업적우수상(2012) (저)'유아 및 아동을 위한 체육활동의 실제(共)'(1997) '유아를 위한 동작교육의 이론과 실제'(1998) '창조적 움직임 교육의 실제(編)'(1998) '건강한 여성 아름다운 여성'(1999) '직장인을 위한 양생체조'(2002) '즐거운 주말, 가족과 함께'(2002) '스포츠 사회학 플러스'(2008) '스포츠 사회학 플러스'(2009) '미디어스포츠 플러스'(2009) '스포츠사회학이론(共)'(2012) '스포츠 사회학 플러스' '스포츠 사회학 플러스(2판)'(2013) '스포츠 사회학 플러스'(2014) (역)'수중에어로빅체조(共)'(1989) '어린이를 위한 에어로빅댄스'(1990) (종)기독교

원영주(元英珠 · 女) WON Young Joo

(생)1967 · 7 · 12 (주)경기도 고양시 일산동구 일산로 323 국립암센터 국가암관리사업본부 암등록감시부(031-920-2171) (학)1991년 연세대 보건행정학과졸 1997년 同보건대학원졸 2006년 보건학박사(가톨릭대) (경)1992~1994년 영동세브란스병원 근무 1994~1997년 삼성서울병원 주임 1999~2001년 신흥보건대 보건행정학과 외래강사 2000년 협성대 보건관리학과 외래강사 2000년 국립암센터 연구소 암등록통계연구과 주임연구원 2007~2011년 同국가암관리연구단 암등록연구과 선임연구원 2008년 同국가암관리사업본부 암등록통계과장 2012~2019년 同국가암관리사업본부 중앙암등록사업부장 2019년 국제암등록본부협회(IACR) 아시아대표(현) 2019년 국립암센터 국가암관리사업본부 암등록감시부장(현) (상)국립암센터원장표창(2001), 국립암센터 우수직원상(2004), 광동 암학술상(2016)

원영준(元榮浚) Weon Youngjun

(생)1968 · 3 · 10 (출)충남 천안 (주)대전광역시 서구 청사로 189 중소벤처기업부 성장지원정책관실(042-481-4302) (학)1986년 배문고졸 1990년 서울대 제어계측공학과졸 1992년 同대학원 제어계측공학과졸 1994년 제어계측공학박사(서울대) (경)1995년 기술고시 합격(30회) 1995년 산업자원부 산업기술기획과 근무, 정보통신부 Y2K상황실 파견, 산업자원부 디지털전자산업과 근무, 전기위원회 근무, 미국 조지워싱턴대 연수, 산업자원부 구주협력팀 · 산업기술개발팀 근무, 국무총리실 의료산업발전기획단 파견 2008년 지식경제부 로봇팀 과장, 미국 시카고무역관 파견 2013년 중소기업청 중견기업정책국 혁신지원과장 2014년 同중견기업정책국 중견기업정책과장(부이사관) 2016년 同옴부즈만지원단장 2017년 중소벤처기업부 옴부즈만지원단장 2017년 同해외시장정책관 2018년 국가공무원인재개발원 교육파견(국장급) 2019년 중소벤처기업부 중소기업정책실 성장지원정책관(현)

원용걸(元容杰) WON Yong Kul

(생)1963 · 6 · 7 (출)경기 수원 (주)서울특별시 동대문구 서울시립대로 163 서울시립대학교 경제학부(02-6490-2061) (학)1985년 서울대 경제학과졸 1988년 同대학원 경제학과졸 1995년 경제학박사(미국 Indiana대) (경)1988~1990년 한국은행 근무 1992~1995년 미국 Indiana대 경제학과 강사 1995년 대외경제정책연구원 책임연구원 1998년 인천대 동북아통상학부 교수 2002년 서울시립대 경제학부 교수(현) 2016~2018년 同정경대학장 2016~2018년 同사회과학연구소장 겸임

원용일(元容一)

(생)1972 · 9 · 11 (출)강원 춘천 (주)충청남도 천안시 동남구 청수14로 77 대전지방법원 천안지원(041-620-3000) (학)1991년 강원대사대부고졸 1996년 서울대 사법학과졸 (경)2000년 사법시험 합격(42회) 2003년 사법연수원 수료(32기) 2003년 수원지법 예비판사 2004년 서울고법 예비판사 2005년 서울중앙지법 판사 2007년 전주지법 정읍지원 판사 2010년 인천지법 부천지원 판사 2013년 서울중앙지법 판사 2016년 서울동부지법 판사 2018년 대전지법 천안지원 · 대전가정법원 천안지원 부장판사(현)

원용협(元容俠) WON Yong Hyub

(생)1957 · 3 · 6 (출)경남 거제 (주)대전광역시 유성구 대학로 291 한국과학기술원(KAIST) 전기및전자공학부(042-350-3452) (학)1978년 울산대 전자공학과졸 1981년 서울대 대학원 전자공학과졸 1990년 전자공학박사(미국 코넬대) (경)1981~1985년 한국전자통신연구원 선임연구원 1992년 同책임연구원 겸 광교환연구실장 1998년 한국과학기술원(KAIST) 전기및전자공학부 부교수 · 교수(현) (상)CLEO/Pacific Rim공로상(2007), 지식경제부 창의IT융합전문가 아이디어공모전 최우수상(2011) (저)'광통신 시스템 및 네트워크(共)'(2006, 범한서적) (종)천주교

원용희(元龍喜)

(생)1967 · 7 · 31 (주)경기도 수원시 팔달구 효원로 1 경기도의회(031-8008-7000) (학)연세대 문과대학 사회학과졸 (경)경제정의실천시민연합 중앙위원, 산업자원부 E-Biz인적자원협의체 운영위원, 고양시정주민참여위원회 정책위원, (사)고양시장애인연합회 이사 2014~2018년 경기 고양시의회 의원(새정치민주연합 · 더불어민주당) 2015년 同예산결산특별위원회 부위원장 2017년 同요진관련특별위원회 부위원장 2018년 경기도의회 의원(더불어민주당)(현) 2018년 同도시환경위원회 위원(현) 2019년 同예산결산특별위원회 위원(현) (저)'생존불안시대, 4차산업혁명과 기본소득'(2017, 너와나미디어)

원유석(元裕錫) WON Yu Seok

(생)1961 · 3 · 3 (출)서울 (주)서울특별시 종로구 사직로8길 39 세양빌딩 김앤장법률사무소(02-3703-1869) (학)1980년 서울 우신고졸 1984년 서울대 법대졸 1995년 미국 워싱턴대 로스쿨졸(LL. M.) (경)1983년 사법시험 합격(25회) 1985년 사법연수원 수료(15기) 1986년 軍법무관 1989~1991년 서울

형사지법 판사 1991~1993년 서울민사지법 판사 1993~1996년 대전지법 홍성지원 판사 1995년 同서산지원 판사 1996~1997년 수원지법 여주지원 판사 1997~1999년 서울고법 판사 1997년 법원행정처 인사관리심의관 겸임 2000~2002년 대구지법 부장판사 2002~2005년 사법연수원 교수 2005~2007년 수원지법 안산지원장 2007~2009년 특허법원 부장판사 2009년 同수석부장판사 2009~2011년 서울고법 부장판사 2011년 김앤장법률사무소 변호사(현) (저)'부동산 매도인의 매매계약해제를 위한 이행제공의 정도'(1994) '채권자의 신청에 의한 파산절차 개시에 관한 비교법적 연구'(1999) '채권자대위 소송에 있어서 피보전권리의 존부에 대한 판단기준'(2000) '등록상표의 불사용취소와 부정사용 취소의 실무적 재검토'(2009)

원유철(元裕哲) WON Yoo Chul

(생)1962 · 9 · 27 (본)원주(原州) (출)경기 평택 (주)서울특별시 영등포구 의사당대로 1 국회 의원회관 648호(02-784-4441) (학)1981년 수성고졸 1986년 고려대 철학과졸 1988년 同대학원 정치외교학과졸 1993년 同정책과학대학원 고위정책결정과정 수료 (경)1987년 통일민주당 중앙청년위 송탄시지부장 1988~1991년 (주)LG화학 근무 1991년 경기도의회 의원(최연소 · 만28세) 1991년 경기도의정동우회 총무 1992년 지방의회발전특별위원회 간사 1992년 태광중 · 고총동문회 부회장 1994년 평택항권광역개발추진협의회 간사 1995년 21세기황해포럼 대표 1996년 제15대 국회의원 1996~1997년 신한국당 부대변인 1996년 한국JC 중앙정책자문위원 2000년 제16대 국회의원 2001~2004년 한 · 헝가리의원친선협회 이사 2001~2004년 한 · 스리랑카의원친선협회 부회장 2001~2004년 아시아 · 태평양의회포럼(APPF) 이사 2001년 국회 정치개혁특별위원회 간사 2001년 국회 행정자치위원회 간사 2002~2004년 국회 지방자치포럼21 회장 2003~2004년 한나라당 제1정책조정위원장 2003~2004년 반부패국회의원포럼 감사 2003년 국회 인사청문특별위원회 간사 2003년 국회 보훈특별위원회 위원 2005~2006년 미국 스탠퍼드대 후버연구소 객원연구원 2006~2007년 경기도 정무부지사 2008년 제18대 국회의원(평택시甲, 한나라당 · 새누리당) 2008~2010년 한나라당 경기도당 위원장 2008~2010년 국회 독도영토수호대책특별위원회 위원장 2008년 한 · 불가리아의원친선협회 회장 2010년 국회 국방위원회 위원장 2012년 제19대 국회의원(평택시甲, 새누리당) 2012년 국회 외교통일통상위원회 위원 2012~2014년 새누리당 재외국민위원장 2012년 한 · 호주의원친선협회 회장 2012년 국회 기우회장 2013년 국회 쌍용자동차여야협의체 위원 2013년 국회 국무총리후보자(정홍원)인사청문특별위원회 위원장 2013년 새누리당 북핵안보전략특별위원회 위원장 2013년 국회 외교통일위원회 위원 2013년 통일을여는국회의원모임 대표 2014~2015년 국회 지방자치발전특별위원회 위원장 2014년 同새누리당 비상대책위원 2014년 同7.30재보궐선거공천관리위원회 위원 2014년 한국기원 이사 2014~2015년 새누리당 무상급식 · 무상보육TF 위원장 2015년 同정책위원회 의장 2015~2016년 同원내대표 2015년 국회 운영위원회 위원장 2015년 국회 정보위원회 위원 2016년 한국기원 고문(현) 2016년 새누리당 제20대 총선 중앙선거대책위원회 공동위원장 겸 경기권선거대책위원장 2016년 同대표최고위원 권한대행 2016년 제20대 국회의원(평택시甲, 새누리당 · 자유한국당〈2017.2〉)(현) 2016년 국회 정보위원회 위원 2016 · 2018년 국회 외교통일위원회 위원(현) 2016년 한국아동인구환경의원연맹(CPE) 회장(현) 2017년 새누리당 상임고문 2017~2018년 자유한국당 평택시甲당원협의회 운영위원장 2017년 同상임고문(현) 2017년 同제19대 홍준표 대통령후보 중앙선거대책위원회 공동위원장 2019년 자유한국당 북핵외교안보특별위원회 위원장(현) (상)대한민국 국회의원 의정대상(2013), 범시민사회단체연합 선정 올해의 좋은 국회의원(2014 · 2015), 한국언론인연대 · 한국언론인협동조합 선정 2015 대한민국 창조혁신대상(2015), 고려대정경대학교우회 선정 자랑스러운 정경인(2015), 한국을 빛낸 사람들 대상 외교통일발전혁신공로대상(2017), 바둑대상 공로상(2018) (저)'다윗은 함께 산을 넘는다'(2010) '대한민국 국군 응원단장'(2011) '나는 오늘도 도전을 꿈꾼다'(2013) (종)천주교

원윤상(元潤常) WON Youn Sang

(생)1957 · 10 · 16 (본)원주(原州) (출)서울 (주)경기도 성남시 분당구 판교로227번길 23 삼성중공업(주)(031-5171-7000) (학)경기고졸, 서울대 조선공학과졸, 同대학원졸, 항공공학박사(미국 버지니아공과대) (경)1993년 삼성그룹 입사 1993~1996년 삼성중공업(주) 해양연구팀장 · 특수선기술영업팀장 2003년 同해양기술팀장(상무보) 2006년 同해양기본설계팀장(상무이사) 2009년 同해양설계담당 상무 2010년 同해양설계담당 전무 2011년 同설계1담당 전무 2013년 同부사장 2017년 同자문역(현) (종)천주교

원윤희(元允喜) WON Yun Hi

(생)1957 · 9 · 6 (출)전북 고창 (주)서울특별시 동대문구 서울시립대로 163 서울시립대학교 세무학과(02-6490-5036) (학)1980년 서울대 경제학과졸 1985년 同행정대학원 행정학과졸 1991년 경제학박사(미국 오하이오주립대) (경)1992년 서울시립대 세무학과 · 세무전문대학원 교수(현) 2000~2005년 행정자치부 정책평가자문위원회 위원 2001~2003년 국세청 소득표준(기준경비율)심의회 위원 2003년 재정경제부 부동산보유세개편추진위원회 위원 2003년 감사원 재정 · 금융감사자문위원회 자문위원 2003~2005년 대통령자문 정부혁신지방분권위원회 재정세제전문위원회 전문위원 2003~2005년 서울시립대 기획발전처장 2007~2009년 국회 입법자문위원 2007~2008년 서울시립대 세무대학원장 겸 지방세연구소장 2007년 공무원연금관리공단 비상임이사 2008년 한국재정학회 회장 2008~2011년 기획재정부 세제발전심의위원회 위원 2008~2012년 한국조세연구원 원장 2010년 국민경제자문회의 민간위원 2011~2013년 지방행정체제개편추진위원회 민간위원 2011~2014년 조세심판원 비상임심판관 2012년 행정안전부 공기업정책위원회 위원 2012년 기획재정부 정책성과평가위원회 위원 2012년 同재정관리협의회 민간위원 2012~2014년 서울시립대 정경대학장 2012~2014년 同사회과학연구소장 2012~2015년 기획재정부 재정관리협의회 민간위원 2013년 안전행정부 공기업정책위원회 위원 2013~2014년 국세청 지하경제양성화자문위원회 위원장 2014~2016년 국무총리소속 지방재정부담심의위원회 위원 2014~2018년 한국대학교육협의회 감사 2015~2019년 서울시립대 총장 2015~2017년 국세청 국세행정개혁위원회 위원장 2018~2019년 서울총장포럼 회장 2019년 한국항공우주산업(주) 사외이사(현) (상)한국재정학회상(1987), 서울시립대 연구우수교수상(2001 · 2004), 홍조근정훈장(2010), 서울시립대 최우수강의교수상(2011) (저)'지방재정론'(1993) '한국조세제도의 선진화'(1995) '주요국의 지방재정'(1996) '재정학'(1997) '현대재정학(共)'(2012) (종)천주교

원익선(元益善) WON Ik Sun

(생)1967 · 2 · 10 (출)강원 철원 (주)서울특별시 서초구 서초중앙로 157 서울고등법원(02-530-1114) (학)1985년 철원고졸 1993년 성균관대 법학과졸 (경)1994년 사법시험 합격(36회) 1997년 사법연수원 수료(26기) 1997년 창원지법 판사 2000년 同진주지원 판사 2001년 수원지법 여주지원 판사 2004년 서울북부지법 판사 2006년 서울행정법원 판사 2008년 서울고법 판사 2009년 서울중앙지법 판사 2010년 사법연수원 교수 2012년 청주지법 제천지원장 2014년 서울고법 판사(현)

원인철(元仁哲)

(생)1961 · 1 · 1 (출)강원 원주 (주)충청남도 계룡시 신도안면 계룡대로 663 사서함 501-301 공군 1호공관(042-552-6002) (학)1979년 서울 중경고졸 1984년 공군사관학교졸(32기) 2006년 한남대 대학원 안보국방정책학과졸 2015년 서울대 행정대학원 국가정책과정 수료 (경)1984년 소위

임관 2008년 공군 작전사령부 작전부장 2009년 공군본부 비서실장 2010년 공군 작전사령부 항공우주작전본부장 2012년 공군 제19전투비행단장(소장) 2013년 공군 작전사령부 부사령관 2014년 합동참모본부 연습훈련부장 2015년 공군 참모차장(중장) 2016년 공군 작전사령관 2017년 합동참모본부 군사지원본부장 2018년 同차장 2019년 제37대 공군 참모총장(대장)(현) (상)대통령 공로표창(2006), 보국훈장 천수장(2012), 美 대통령 근무공로훈장(2013)

원재광(元再光) WON Jaegwang

(생)1972 · 12 · 26 (본)원주(原州) (출)서울 (주)서울특별시 동작구 여의대방로16길 61 기상청 운영지원과(02-2181-0341) (학)1991년 충암고졸 1995년 서울대 대기과학과졸 1998년 同대학원 대기과학과졸 2003년 대기과학박사(서울대) (경)2005년 기상청 입청 2012년 同관측정책과 서기관 2013년 同국가기상위성센터 위성기획과장 2017년 同기상서비스정책과장 2017년 同기획조정관실 국제협력담당관 2019년 세계기상기구(WMO) 파견(현)

원정숙(元貞淑 · 女)

(생)1974 · 7 · 9 (출)경북 구미 (주)인천광역시 미추홀구 소성로163번길 17 인천지방법원 총무과(032-860-1169) (학)1993년 구미여고졸 1999년 경북대졸, 同대학원졸 (경)1998년 사법시험 합격(40회) 2001년 사법연수원 수료(30기) 2001년 대구지법 예비판사 2004년 인천지법 부천지원 판사 2006년 서울가정법원 판사 2008년 서울중앙지법 판사 2010년 서울동부지법 판사 2014년 서울중앙지법 판사 2016년 대전지법 부장판사 2018년 인천지법 부장판사(사법연구)(현)

원정일(元正一) WON Chung Il

(생)1945 · 1 · 10 (본)원주(原州) (출)서울 (주)서울특별시 강남구 테헤란로 311 아남타워 1205호 원정일법률사무소(02-567-9866) (학)1963년 경기고졸 1967년 서울대 법대졸 1969년 同사법대학원졸 1980년 미국 미시간법대 대학원졸 (경)1967년 사법시험 합격(7회) 1969년 육군 법무관 1972~1982년 대전지검 · 서울지검 · 부산지검 · 법무부 검사 1982년 대검찰청 형사2과장 1983년 同중앙수사부 제3과장 1985년 법무부 검찰2과장 1986년 同검찰1과장 1987년 서울지검 형사5부장 1988년 同형사3부장 1989년 同형사1부장 1990년 마산지검 차장검사 1991년 수원지검 차장검사 1992년 부산지검 동부지청장 1993년 대구고검 차장검사 1993년 법무부 보호국장 1993년 청주지검장 1994년 법무부 교정국장 1995년 인천지검장 1997년 대검찰청 강력부장 1997~1998년 법무부 차관 1998~1999년 광주고검장 1999년 변호사 개업(현) 2009~2011년 뉴스통신진흥회 감사 2009년 영화진흥위원회 감사 2015년 한국ABC협회 인증위원장(현) (상)홍조근정훈장, 황조근정훈장 (저)'주석형법'(共)

원종규(元鍾珪) Jong Gyu WON

(생)1959 · 9 · 2 (출)서울 (주)서울특별시 종로구 종로5길 68 11층 코리안리재보험(주) 비서실(02-3702-6001) (학)1978년 여의도고졸 1983년 명지대 무역학과졸 2012년 연세대 경영대학원졸 (경)1986년 코리안리재보험(주) 해상부 사원 1989년 同해상보험부 대리 1996년 同해상보험부 항공과장 1998년 同기획조정실 담당역 1998년 同뉴욕주재사무소장 2001년 同총무부 인사교육과 차장 2002년 同기획관리실 기획전략과 차장 2004년 同기획관리실 기획과 차장 2005년 同경리부장 2007년 同이사대우 2009년 同상무대우 2010년 同상무 2011년 同전무 2013년 同대표이사 사장(현)

원종승(元鍾承) WON Jong Seong

(생)1952 · 4 · 4 (출)경기 여주 (주)서울특별시 중구 남대문로 63 한진빌딩 706호 정석기업(주)(02-726-6311) (학)경복고졸 1974년 성균관대 경영학과졸 (경)세정회계법인 공인회계사 1985년 대한항공 입사, 정석기업(주) 총괄전무, 대한항공 그룹구조조정실장(전무) 2010년 정석기업(주) 대표이사 부사장 2017년 同대표이사 사장(현)

원종윤(元鐘胤) WON Jong Yoon

(생)1959 · 1 · 3 (출)서울 (주)서울특별시 송파구 위례성대로22길 28 (주)인성정보 임원실(02-3400-7010) (학)1977년 여의도고졸 1981년 서울대 원자핵공학과졸 (경)1981~1984년 육군학사장교(1기) 1984~1987년 현대전자산업(주) 정보기기연구소 연구원 1987년 삼일경제연구소 연구원 1987~1991년 가인시스템(주) 소프트웨어사업부장 1991년 (주)인성정보 대표이사 사장(현) 1998~2005년 인성디지탈(주) 설립 · 대표이사 사장, 同비상근이사 2001년 아이넷뱅크(주) 설립 · 대표이사 사장 2004년 하이케어사업 시작 (상)코스닥증권시장 최우수공시법인상, 중소기업청 이달의벤처기업인상(1999), 국무총리표창(1999), 인천공항세관장표창(2005), 재정경제부장관표창, e-Business대상 산업자원부장관표창(2006), 신성장경영대상 산업자원부 우수상(2007), 동탑산업훈장(2014)

원종찬(元從燦)

(생)1973 · 10 · 13 (출)경북 군위 (주)서울특별시 서초구 서초중앙로 157 서울고등법원(02-530-1114) (학)1992년 대구 성광고졸 1996년 연세대 법학과졸 (경)1999년 사법시험 합격(41회) 2002년 사법연수원 수료(31기) 2002년 대구지법 예비판사 2003년 대구고법 예비판사 2004년 대구지법 판사 2005년 수원지법 성남지원 판사 2007년 서울중앙지법 판사 2009년 서울남부지법 판사 2012년 서울중앙지법 판사 2014년 대법원 재판연구관 2017년 대구지법 부장판사 2019년 서울고법 판사(현)

원종철(元鍾喆) WON Jong-Chul

(생)1958 · 10 · 14 (주)경기도 부천시 지봉로 43 가톨릭대학교 총장실(02-2164-4103) (학)1982년 가톨릭대 신학과졸 1992년 미국 템플대 대학원 교육학과졸 1996년 교육학박사(미국 템플대) (경)1985~1990년 동성고 교도주임 1986~1987년 돈암동천주교회 보좌신부 1986~1990년 가톨릭스카우트 지도신부 · 연맹장 1990~1996년 미국 필라델피아 한인천주교회 보좌신부 1996~2017년 가톨릭대 교직과 조교수 · 부교수 · 교수 1997~1998년 同인간학교육원 총무 1998~1999년 同인간학교육원장 1999~2001년 同교직과정 주임교수 1999~2001년 同인간학연구소장 2001~2003년 同기획처장 2004년 同교육대학원장 2006~2009년 同기획처장 2009~2017년 서울대교구 사제평생교육원장 2017년 가톨릭대 총장(현) (저)'인간학'(1997)

원지애(元智愛 · 女)

(생)1974 · 10 · 24 (출)충남 천안 (주)서울특별시 서초구 반포대로 157 대검찰청 마약과(02-3480-2290) (학)1992년 제천여고졸 1999년 성균관대 무역학과졸 (경)2000년 사법시험 합격(42회) 2003년 사법연수원 수료(32기) 2003~2006년 변호사 개업 2006년 대전지검 홍성지청 검사 2008년 대구지검 검사 2010년 청주지검 검사 2012년 서울중앙지검 검사 2015년 수원지검 검사 2017년 서울중앙지검 부부장검사 2018년 제주지검 형사3부장 2019년 대검찰청 마약과장(부장검사)(현)

원창묵(元昌默) WON Chang Mug

(생)1960·12·10 (출)강원 원주 (주)강원도 원주시 시청로 1 원주시청 시장실(033-737-2001) (학)1978년 원주고졸 1987년 중앙대 건축학과졸 2001년 同건설대학원 도시공학과졸 (경)1995·1998~2002년 강원 원주시의회 의원 1998년 (주)건축사사무소 예원 대표이사 1999년 21세기정책연구소 소장 1999년 세명대 건축공학과 겸임교수 2002년 강원 원주시장선거 출마(새천년민주당), 국가균형발전위원회 자문위원, 원주사랑연구소 소장 2008~2010년 민주당 원주시지역위원회 위원장 2010년 강원 원주시장(민주당·민주통합당·민주당·새정치민주연합) 2010년 전국혁신도시협의회 회장 2010~2018년 (재)원주문화재단 이사장 2011~2014년 대한민국건강도시협의회 의장 2011~2014년 WHO서태평양지역건강도시연맹 운영위원회 의장 2014~2018년 강원 원주시장(새정치민주연합·더불어민주당) 2014년 전국청년시장·군수·구청장회 부회장, WHO서태평양지역건강도시연맹 의장 2018년 강원 원주시장(더불어민주당)(현) (상)대통령표창(2015), 세계 부부의날 위원회 특별공로상(2016), 농협중앙회 지역농업발전 선도인상(2016)

원창학(元昌學)

(생)1967·6·10 (주)부산광역시 부산진구 부전로 111번길 6 부산진경찰서(051-809-0112) (학)1986년 부산남고졸 1990년 경찰대졸(6기) (경)2012년 대구지방경찰청 수사과장(총경) 2013년 경북 경주경찰서장 2014년 부산지방경찰청 수사1과장 2015년 부산 북부경찰서장 2016년 부산지방경찰청 수사2과장 2017년 부산 연제경찰서장 2018년 부산지방경찰청 수사과장 2019년 부산진경찰서장(현)

원철희(元喆喜) WON Churll Hee (米石)

(생)1938·6·29 (본)원주(原州) (출)서울 (주)서울특별시 용산구 청파로 122 농협용산별관 5층 (사)농식품신유통연구원 이사장실(02-2077-2817) (학)1957년 배재고졸 1962년 서울대 법학과졸 1985년 중앙대 사회개발대학원졸 1988년 고려대 정책과학대학원 수료 1998년 명예 경영학박사(조선대) 2002년 명예 경제학박사(순천향대) (경)1978년 농업협동조합중앙회 비서실장 1983년 농업협동조합중앙회 새마을지도부장 1983년 4H후원회 사무총장 1987년 농민신문 상임감사 1988년 농업협동조합중앙회 충남지회장 1990년 同유통담당 이사 1990~1993년 대통령 경제비서관 1994~1999년 농업협동조합중앙회 회장·농민신문 사장·전국은행연합회 부회장 1995년 농수축임업협동조합중앙회협의회 회장 1997년 한국협동조합협의회 대표 1997년 국제협동조합연맹(ICA) 이사 1998~2005년 국제농업협동조합기구(ICAO) 회장 2000~2003년 제16대 국회의원(아산, 자민련) 2000년 자민련 제1정책조정위원장 2000년 국회 농림수산특별위원회 위원장 2001년 자민련 정책위원회 의장 2001~2003년 배재학당총동창회 회장 2001년 자민련 정책자문위원장 2003년 (사)농식품신유통연구원 이사장(현) 2008년 법무법인 화평 상임고문(현) (상)새마을훈장 노력장(1984), 동탑산업훈장(1992), 고객만족경영혁신 전국대회최고경영자상(1996), 금탑산업훈장(1997), 자랑스런배재인상(1998) (저)'돌보다 많은 쌀'(1997) '불씨선생'(2000) (역)'싱가포르의 성공'(1986) '자기혁신의 길'(1996) (종)기독교

원충희(元忠喜) WON Choong Hi

(생)1940·8·13 (출)서울 (주)경기도 안산시 상록구 해안로 705 경기테크노파크RIT센터 702호 자원순환산업진흥협회(02-3409-4370) (학)1959년 보성고졸 1963년 고려대 국어국문학과졸 1991년 동국대 정보산업대학원 신문방송학 석사과정 수료 (경)1963년 육군 보병소위 임관(ROTC 1기) 1965년 국제보도 기자 1968년 同駐월남 특파원 1970년 同사회부 차장 1972년 同편집부 차장(부장대우) 1974년 문화방송·경향신문 편찬실 편집위원 1976년 문화방송 수석편집위원 1976년 경향신문 수석편집위원 1980년 한국경제신문 사업국장 직대 1981년 同판매국장 1983년 同출판국장 겸 '서강 Havard Business' 편집위원장 1985년 同논설위원 1985년 소비자보호원 국민경제법령심의위원회 심의위원 1987년 문화체육부 아시안게임백서편찬위원회 수석편찬위원 1990년 한국경제신문 논설위원(이사대우) 1992년 대한민국ROTC 제1기 동기회장 1993~1996년 한일생명보험 상임감사 1997~2002년 (주)유닉스라바 대표이사 1997~2002년 경기대 교양교직학부 겸임교수 1998년 (사)GR협회 이사 1999년 한·불교류협회 수석부회장 2001년 한·불경제포럼 한국대표 2001년 (사)21세기ROTC포럼 회장 2002년 (주)유닉스라바 대표이사 회장 2002년 국민통합21 고문 2004년 (사)자원순환산업진흥협회 회장(현) 2006년 자원순환단체연대회의 의장(현) 2009~2016년 서울신문 STV 회장 2013년 자원순환정책포럼 대표(현) 2013년 한국전쟁기념재단 정전60주년기념사업추진위원회 위원 2016~2018년 대한민국ROTC중앙회 명예회장 2018년 제중의료복지재단 이사장(현) (상)자랑스러운 ROTCian상(2001), 조선일보 환경기술대상(2003), 국무총리표창(2004) (저)'북괴도발 30년사' '인지반도의 공산화연구'

원태경(元太敬) WON Tae Kyoung

(생)1958·1·21 (본)원주(原州) (출)강원 춘천 (주)강원도 춘천시 중앙로 1 강원도의회(033-256-8035) (학)검정고시 합격, 한국방송통신대 경제학과졸 1993년 강원대 경영행정대학원 행정학과졸 (경)1981년 강원일보 신춘문예 당선 1992년 문화일보 신춘문예 당선, 시인, 춘천시 총무과 근무, 경제정의실천시민연합 춘천지역 전문위원, 춘천환경운동연합 운영위원, 한국문인협회 강원도지부 사무국장, 한국예술문화단체총연합회 춘천시지부 사무국장, 김유정문학촌 사무국장, 한국방송통신대 강원도총학생회장, (사)신체장애인복지회 사무국장 2010년 한국민족예술인총연합 강원지회 문학협회장 2010~2014년 강원도의회 의원(민주당·민주통합당·민주당·새정치민주연합) 2010년 同사회문화위원회 위원 2012년 同운영위원회 부위원장 2014년 강원도의원선거 출마(새정치민주연합) 2014~2019년 (사)강원도문화도민운동협의회 이사 2016년 더불어민주당 강원도당 문화예술진흥특별위원장(현) 2018년 강원도의회 의원(더불어민주당)(현) 2018년 同운영위원회 위원장(현) 2018년 同경제건설위원회 위원(현) (상)춘천문학상(2000) (저)'서랍 속의 기억' '개똥참'(共) (종)불교

원 택(圓 澤)

(생)1944·10·2 (출)대구 (주)서울특별시 종로구 삼봉로 81 두산위브파빌리온 1232호 백련불교문화재단(02-2198-5373) (학)1963년 경북고졸 1967년 연세대 정법대학 정치외교학과졸 (경)1972년 득도(은사 성철) 1972년 해인사에서 사미계 수지(계사 지관) 1972년 해인사 수선안거 이래 12하안거 성만 1974년 범어사에서 비구계 수지(계사 석암) 1987년 (재)백련불교문화재단 이사장(현) 1990년 불교출판협의회 회장 1992년 대한불교조계종 제10대 중앙종회 의원 1999~2002년 同총무원 총무부장 1999년 도서출판 장경각 대표(현) 2003~2010년 녹색연합 공동대표 2004년 대한불교조계종 중앙종회 차석부의장, 백련암 감원(현) 2005~2015년 부산 고심정사 주지 2010년 대한불교조계종 화쟁위원회 부위원장 2016년 부산 고심정사 회주(현) 2018년 대한불교조계종 민족공동체추진본부장(현) (저)'성철스님 시봉이야기 1·2' '만화 성철 큰 스님 1·2'(2006) (종)불교

원 행(遠 行) (慈光)

생1942·4·4 본전주(全州) 출강원 평창 주강원도 평창군 진부면 오대산로 374-8 월정사(033-339-6800) 학1961년 서울 선린상고졸 1974년 월정사 승가대졸 1985년 고려대 생명환경대학원 수료 1995년 강원대 산업대학원 수료 경1970년 오대산 월정사에서 萬化스님을 은사로 呑虛스님을 법사로 수계득도 1974~1983년 월정사 재무국장 1983년 가야산 해인사 팔만대장경 장주 1985년 한·중·일불교교류협의회 상임이사(현) 1986~1994년 계룡산 자광사 주지 1988년 대전세계박람회 불교관장 1989년 대전불교사암연합회 회장 1994년 생명나눔실천회 이사 1994년 대한불교조계종 제4교구본사 월정사 총무국장 1994~1996년 同제11대 중앙종회 의원 1995~2000년 동해 두타산 삼화사 주지 1996년 대한불교조계종 중앙초심호계의원 2000~2008년 원주 치악산 구룡사 주지 2001년 원주경찰서 경승실상 2002년 강원지방경찰청 경승단장 2003년 오대산 월정사 부주지 2005년 법무부 중앙교정위원 수석부회장·고문(현) 2008년 원주문화원 이사 2008년 법무부 범죄예방 보호관찰위원 2008년 원주교도소 교정위원 2009년 10.27 불교법난 피해자 대표 2009년 민주평통 자문위원(제14기~제18기)(현) 2010년 평창문화원 자문위원(현) 2010년 새평창포럼 상임대표(현) 2010년 춘천지검 영월지청 민·형사조정위원(현) 2010년 강원도종교평화협의회 사무총장·위원 2010년 동해지방해양경비안전본부 경승단장(현) 2010년 강원생명민회 불교대표 2012년 강원 평창군 정책자문위원 2012년 오대산 월정사 탑돌이보존회 회장(현) 2012년 원주한지문화재 이사(현) 2012년 대통령소속 사회통합위원회 위원 2012년 강원도 선행도민 심사위원(현) 2012년 강원도푸드(주) 이사(현) 2013년 평창문화예술재단 이사(현) 2013년 건국대 불자회 상임고문 2014년 월정사복지재단 이사 2015년 강원 평창경찰서 경승실장 2017년 대한불교조계종 원로회의 원로위원(현) 2017년 오대산 월정사 선덕(현) 2017년 강원도종교평화협의회 사무총장, 대한언론인회 고문(현) 2018년 대한불교조계종 대종사 법계 품수, 강원도민주시민행동연합 불교대표(현) 2019년 대한불교조계종 대종사(현), 강원도문화도민위원회 이사(현) 상대통령표창(2018), 전경문학상(2019) 저'월정사 멍청이'(2010, 에세이스트사) '월정사 탑돌이'(2014, 에세이스트사) '10.27 불교법난'(2015, 에세이스트사) '눈썹 돌리는 소리'(2015, 에세이스트사) '만화(萬化)스님 시봉이야기'(2016) '탄허(呑虛)스님 시봉이야기'(2017) '만화 희찬(萬化 喜讚)스님 시봉이야기'(2017) '화엄의 빛-탄허(呑虛) 대선사'(2018) 종불교

원 행(圓 行) (碧山)

생1953·12·22 본전주(全州) 출전북 김제 주서울특별시 종로구 우정국로 55 대한불교조계종 총무원(02-2011-1701) 학1970년 전북 만경고졸 1983년 해인사 승가대졸 1987년 중앙승가대졸 1989년 동국대 교육대학원 철학과 수료 1993년 同불교대학원 불교사학과 수료 2009년 한양대 행정자치대학원졸(행정학석사) 2013년 행정학박사(한양대) 경1973년 법주사에서 월주스님을 은사로 사미계 수지 1985년 범어사에서 자운스님을 계사로 비구계 수지 1994~2005년 대한불교조계종 제11·12·13대 중앙종회 의원 2000~2002년 중앙승가대총동문회 제11·12대 회장 2001~2018년 사회복지법인 나눔의집 상임이사 2004~2018 지구촌공생회 상임이사 2005~2013년 대한불교조계종 제17교구 본사 금산사 주지 2011~12년 대한불교조계종 전국교구본사주지협의회 회장 2014~2018년 중앙승가대 총장 2014~2018년 대한불교조계종 제16대 중앙종회 의원 2016~2018년 同중앙종회 의장 2018년 同총무원장(현) 2018년 한국불교종단협의회 회장(현) 2019년 한국종교지도자협의회 대표의장(현) 상대한불교조계종 총무원장표창, 중앙승가대총장 공로상·감사패, 무주군 군민의장 문화장, 나눔의 집 만해평화대상, 경기도지사표창 종불교

원형문(元炯文)

생1973·1·1 출경기 포천 주전라남도 목포시 정의로 9 광주지방검찰청 목포지청 형사2부(061-280-4318) 학1991년 인천 광성고졸 1995년 중앙대 법학과졸 1999년 同대학원 법학과졸 경2001년 사법시험 합격(43회) 2004년 사법연수원 수료(33기) 2004년 전주지검 검사 2006년 대전지검 논산지청 검사 2008년 청주지검 검사 2010년 서울중앙지검 검사 2014년 수원지검 성남지청 검사 2016년 광주지검 검사 2018년 서울동부지검 검사 2018년 同부부장검사 2019년 광주지검 목포지청 형사2부장(현)

원혜영(元惠榮) WON Hye-young

생1951·9·27 본원주(原州) 출경기 부천 주서울특별시 영등포구 의사당대로 1 국회 의원회관 816호(02-784-3106) 학1970년 서울 경복고졸 1996년 서울대 사범대학 역사교육과졸 경1971년 서울대 교양과정부 학생회장 1971~1980년 반독재 민주화 운동으로 2회 복역·3회 제적 1981~1986년 풀무원식품(주) 창업·경영 1987년 역사비평 발행인 1992년 제14대 국회의원(부천시 중구乙, 민주당) 1992년 국회 환경노동위원회 간사 1995년 민주당 원내총무 1998~2003년 민선 2·3대 부천시장(새정치국민회의·새천년민주당), 전국대도시시장협의회 회장, 부천국제판타스틱영화제(PIFAN) 조직위원장 2001년 한양대·가톨릭대 겸임교수 2003년 대통령직속 정부혁신지방분권위원회 위원 2004년 제17대 국회의원(부천시 오정구, 열린우리당·대통합민주신당·통합민주당) 2005~2007년 열린우리당 정책위 의장·사무총장·최고위원 2006~2007년 한국아동인구환경의원연맹 회장, 아시아·태평양환경개발의원회의 회장 2007년 국회 예산결산특별위원장 2007년 한국스페셜올림픽위원회 이사 2008년 제18대 국회의원(부천시 오정구, 통합민주당·민주당·민주통합당) 2008~2009년 민주당 원내대표 2011년 同전월세대책위원회 위원장 2011년 同참좋은지방정부위원회 위원장 2011~2012년 민주통합당 대표최고위원 2012년 제19대 국회의원(부천시 오정구, 민주통합당·민주당·새정치민주연합·더불어민주당) 2012년 민주통합당 중앙위원회 의장 2013년 국회 외교통일위원회 위원 2014~2015년 국회 남북관계및교류협력발전특별위원회 위원장 2014~2015년 새정치민주연합 정치혁신실천위원장 2014~2015년 同비상대책위원회 위원 2015년 同공천혁신추진단장 2015년 同재벌개혁특별위원회 위원 2015년 더불어민주당 공천혁신추진단장 2016년 제20대 국회의원(부천시 오정구, 더불어민주당)(현) 2016·2018년 국회 외교통일위원회 위원(현) 2016~2018년 국회 윤리특별위원회 위원 2016~2017년 국회 정치발전특별위원회 위원 2016년 한국아동인구환경의원연맹(CPE) 회원(현) 2016년 더불어민주당 경기부천시오정지역위원회 위원장(현) 2016년 同박근혜대통령퇴진국민주권운동본부 부본부장 2016~2017년 同인재영입위원회 위원장 2017년 국회 헌법개정특별위원회 위원 2017년 더불어민주당 제19대 문재인 대통령후보 중앙선거대책위원회 인재영입위원회 공동위원장 2017년 국회 정치개혁특별위원회 위원장 2018년 국회 정치개혁특별위원회 위원(현) 상녹색정치인상(1995), 여성운동과 함께 하는 만나고 싶은 남자 99인에 선정(1999), 백봉신사상 '올해의 신사의원'(2008·2013), 한국반부패정책학회 대한민국 반부패 청렴대상(2011), 범시민사회단체연합 선정 '올해의 좋은 국회의원상'(2014·2015), 지식재산대상(2015), 대한민국 혁신경영대상 정치혁신부문(2015), 대한민국의정대상(2016), 2018 입법 및 정책개발 우수국회의원(2019) 저'의원님들 요즘 장사 잘돼요?'(共) '발상을 바꾸면 시민이 즐겁다' '아름다운 도시를 만드는 55가지 지혜' 자전에세이집 '아버지, 참 좋았다'(2010, 비타베아타) '민주정부 3.0 : 2013 국정개혁전략'(2012) 역'대통령 만들기'(2002, 백산서당) 종기독교

원호식(元浩植) WON Hoshik

(생)1962·2·21 (본)원주(原州) (출)경기 양주 (주)경기도 안산시 상록구 한양대학로 55 한양대학교 과학기술융합대학 화학분자공학과(031-400-5497) (학)1980년 의정부고졸 1984년 한양대 화학과졸 1986년 同대학원졸 1991년 이학박사(미국 메릴랜드대) (경)1987~1991년 미국 메릴랜드대 연구원 1991~1993년 미국 Emory Univ. Research Associate 1993년 대한화학회 평생회원(현) 1993년 한국자기공명학회 회원(현) 1993~2015년 한양대 과학기술대학 응용화학과 조교수·부교수·교수 1997년 대한환경공학회 회원(현) 2008년 한양대 학연산클러스터실장 2009년 同안산캠퍼스 기획홍보실장 2009년 同ERICA캠퍼스 산학기획처 부처장 2011년 同ERICA캠퍼스 기획홍보처 부처장 2011~2016년 환경부 국책연구센터 안산녹색환경지원센터장 2014~2017년 한양대 ERICA캠퍼스 기획홍보처장 2015년 同과학기술융합대학 화학분자공학과 교수(현) 2019년 同과학기술융합대학장(현) (역)'공학도를 위한 화학' '분석화학의 입문'

원호신(元鎬信)

(생)1972·9·1 (출)강원 원주 (주)대구광역시 수성구 동대구로 364 대구고등법원(053-757-6600) (학)1991년 서울 세화고졸 1997년 서울대 법학과졸 (경)1996년 사법시험 합격(38회) 1999년 사법연수원 수료(28기) 1999년 육군 법무관 2002년 서울지법 의정부지원 판사 2004년 서울중앙지법 판사 2006년 대구지법 판사 2010년 서울고법 판사 2010년 법원행정처 정보화심의관 겸임 2013년 대구고법 판사 2014년 울산지법 부장판사 2014년 외교부 파견 2016년 대구지법 부장판사 2019년 대구고법 판사(현)

원희룡(元喜龍) WON Hee Ryong

(생)1964·2·14 (본)원주(原州) (출)제주 서귀포 (주)제주특별자치도 제주시 문연로 6 제주특별자치도청 도지사실(064-710-2003) (학)1982년 제주제일고졸 1989년 서울대 법과대학 공법학과졸(수석입학) 2003년 한양대 언론정보대학원졸 2007년 명예 정치학박사(제주대) (경)1992년 사법시험 수석합격(34회) 1995년 사법연수원 수료(24기) 1995년 서울지검 검사 1997년 수원지검 여주지청 검사 1998년 부산지검 검사 1998년 변호사 개업 2000년 양천사랑법률센터 소장 2000년 한나라당 부대변인 2000년 제16대 국회의원(서울 양천구甲, 한나라당) 2000~2001년 한나라당 원내부총무 2002년 국회 한중포럼 간사 2002년 미래를위한청년연대 공동대표 2002년 한나라당 중앙선거대책위원회 기획실 부실장 2003년 同기획위원장 2004년 同상임운영위원 2004년 제17대 국회의원(서울 양천구甲, 한나라당) 2004~2006년 한나라당 최고위원 2004년 세계경제포럼(WEF) '영 글로벌 리더(The Forum of Young Global Leaders)'에 선정 2007년 한나라당 제17대 대통령 경선 후보 2008년 한·뉴질랜드의원친선협회 회장 2008년 제18대 국회의원(서울 양천구甲, 한나라당·새누리당) 2009년 한나라당 당쇄신특별위원회 위원장 2010년 국회 외교통상통일위원장, 코리아비전포럼 상임대표, 저탄소녹색성장국민포럼 공동대표 2010년 한나라당 사무총장 2011년 同최고위원 2014~2018년 제주특별자치도지사(새누리당·바른정당·바른미래당·무소속) 2014년 제주장애인체육회 회장(현) 2014~2018년 세계지방정부연합 아시아태평양지부(UCLG ASPAC) 회장 2014년 새누리당 보수혁신특별위원회 자문위원 2018년 제주특별자치도지사(무소속)(현) 2019년 대한민국시도지사협의회 부회장(현) (상)제7회 인물대상 의정대상(2009), 유권자시민행동 대한민국유권자대상(2015·2016·2017), 대한민국지방자치발전대상 지역발전부문 최고대상(2015), 범시민사회단체연합 좋은자치단체장상(2015), 한국언론인연합회 자랑스런 한국인대상 최고대상 행정혁신부문(2015), 전국지역신문협회 행정대상(2017), 자랑스러운 한국인대상 행정부문 최고대상(2017), 한국인터넷신문협회 올해의 인물상 지자체부문(2017) (저)'주관식 헌법'(1998) '우리들의 세기'(2000) '나는 서브쓰리를 꿈꾼다'(2005) '블로거 원희룡'(2010, 삼조출판사) '사랑의 정치'(2010, 미지애드컴) '무엇이 미친정치를 지배하는가'(2014, 이와우) (종)기독교

원희목(元喜睦) WON Hee Mok

(생)1954·6·10 (본)원주(原州) (출)경기 여주 (주)서울특별시 서초구 효령로 161 한국제약바이오협회(02-6301-2101) (학)1973년 용산고졸 1977년 서울대 약학과졸 2000년 강원대 대학원 약학과졸 2003년 약학박사(강원대) (경)1979년 동아제약(주) 개발부 근무 1981~1983년 원약국 경영 1983~1985년 중원약국 경영 1985~1989년 강남구약사회 약국위원장 1987~1988년 同총무위원장 1989~1991년 同부회장 1991~1994년 同회장 1995~1998년 서울시약사회 부회장 1998년 대한약사회 총무위원장 2001년 同부회장 2004~2008년 同회장 2004년 대한약학정보화재단 이사장 2005년 대통령소속 의료산업선진화위원회 위원 2007~2008년 한국보건의료인국가시험원 이사장 2008~2012년 제18대 국회의원(비례대표, 한나라당·새누리당) 2008년 한나라당 대외협력위원회 부위원장 2008~2016년 대한약사회 자문위원 2009~2010년 한나라당 원내부대표 2010~2011년 同대표 비서실장 2012년 이화여대 헬스커뮤니케이션연구원장 겸 겸임교수 2013년 백세시대나눔운동본부 상임대표 2013년 한국보건복지정보개발원 원장 2015년 사회보장정보원 원장 2016년 대한약사회 대의원총회 의장 2017~2018·2018년 한국제약바이오협회 회장(현) 2018년 (사)희망나눔협의회 상임대표(현) (상)공동선 의정활동상(2011), 국민훈장 모란장(2015) (저)'새로운 시작을 위하여'(2004) 자서전 '나는 매일 새로 태어난다'(2011) (종)천주교

월 서(月 敍)

(생)1936·4·12 (본)김해(金海) (출)경남 함양 (주)충청북도 보은군 속리산면 법주사로 379 법주사(043-543-3615) (학)1960년 법주사 강원 대교과졸 1972년 동국대 행정대학원졸 (경)1952년 부산 범어사에서 득도 1956년 동산스님을 은사로 비구계 수지 1956년 화엄사에서 금오스님을 계사로 사미계 수지 1958~1963년 남원 대복사 주지 1959년 범어사에서 동산스님을 계사로 구족계 수지 1968~1971년 법주사 재무국장 1971년 불국사 재무국장 1971년 경주 분황사 주지 1974년 대한불교조계종 제4~6·8·10·12대 중앙종회 의원 1975년 조계사 주지 1977~1978년 대한불교조계종 총무원 재무부장 1977년 세계불교도우의회 한국지회 운영위원 1981년 불국사 주지 1984년 대한불교조계종 중앙종회 의장 1991년 제주 천왕사 주지 1995년 대한불교조계종 초심호계원장 1996년 한국불교종단협의회 부회장 1999년 대한불교조계종 재심 호계원장 1999년 봉국사 주지 2007~2017년 대한불교조계종 원로회의 원로의원 2008년 대종사 법계 수지, 천호월서재단 이사장(현) 2013년 법주사 조실(현) (저)'성불의 길' '원경록' '깨달음이 있는 산사'(2011, 아침단청) (종)불교

월 주(月 珠)

(생)1935·4·16 (출)전북 정읍 (주)서울특별시 종로구 우정국로 55 대한불교조계종(02-2011-1700) (학)1955년 전북 정읍농림고졸 1958년 화엄사 불교전문강원 대교과졸 1969년 동국대 행정대학원 수료 1996년 명예 철학박사(원광대) 1998년 중동고 명예졸업 (경)1954년 법주사에서 鄭金烏스님을 계사로 사미계 수지 1956년 화엄사에서 鄭金烏스님을 계사로 비구계 수지 1958~1974년 학교법인 동국학원 이사 1959·1966~1974년 대한불교조계종 중앙총회 의원 1961~1971년 同금산사 주지 1961년 同전북총무원장 1965~1967년 학교법인 대승학원(금산중·상고) 이사장 1970~1973년 대한불교조계종 총무원 교무부장 1970~

1974년 불교종립학원연합회 부회장 1971~1973년 국방부 군종후원협의회 부회장 1971~1980년 대한불교조계종 개운사 주지 1972~1973년 한국종교협의회 총무 1972년 한·일종교자회의 한국대표단 단장 겸 의장 1973·1974년 대한불교조계종 총무원 총무부장 1973년 同중앙상임기획의원 1973년 同중앙포교사·해외포교사 1974·1988~1994년 同중앙종회 의원 1978~1980년 同중앙종회 의장 1980·1994~1998년 同총무원장 1980~1981년 한국대학생불교연합회 지도위원장 1982~1986년 전북불교회관건립추진위원회 위원장 1986~1994년 대한불교조계종 금산사 주지 1987년 전북도 도정정책자문위원 1988~1990년 지역감정해소국민운동협의회 공동의장 1988년 10·27법난진상규명추진위원회 대표 1989~1994년 화엄불교대학 교양대학장 1989년 경제정의실천시민연합 공동대표 1990~1995년 자비의전화 총재 1990~1995년 불교인권위원회 공동대표 1990년 공명선거실천시민운동협의회 상임공동대표 1991~1995년 경제정의실천불교시민연합 회장 1991년 민주평통 중앙상임위원 1992~1996년 공해추방운동불교인모임 회장 1992년 조국평화통일추진불교인협의회 회장 1993년 정의로운사회를위한시민운동협의회 상임공동대표 1994년 한국시민단체협의회 공동대표 1994~1997년 바른언론을위한시민연합 공동대표 1994년 대한불교조계종 개혁회의 의원 1994~1999년 한국불교종단협의회 회장 1994년 대한불교청년회 총재 1994년 대한불교조계종 금산사 조실(현)·실상사 조실(현) 1995~1999년 승가학원(중앙승가대) 이사장 1995년 통일광복민족회의 공동대표의장 1995년 북한수재민돕기범종단운동협의회 고문 1996년 국민통합추진회의 고문 1996년 우리민족서로돕기운동 상임대표 1997~1999년 한국종교지도자협의회 공동대표의장 1998년 통일부 통일고문 1998년 실업극복국민운동본부 공동대표 1998년 제2의건국범국민추진위원회 고문 1998년 대한불교조계종 영화사 조실(현) 1998년 복지법인 나눔의집 이사장(현) 2000년 민족정기선양협의회 공동대표의장 2000년 독도찾기운동본부 고문 2002년 경제정의실천시민연합 통일협회 이사장 2004년 지구촌공생회 이사장(현) 2005년 한국사학법인연합회 사학윤리위원 2006년 (재)실업극복국민재단 이사장 2006년 한반도선진화재단 고문 2006년 (사)함께일하는재단 이사장(현) 2009년 국가원로자문회의 자문위원 2010년 대한불교조계종 실상사 조실 2014년 새로운한국을위한국민운동 수석상임대표 2017년 대한불교조계종 원로회의 의원(현) (상)국민훈장 모란장(2000), 민세상 사회통합부문(2010), 만해대상 평화부문(2012), 미얀마 정부 '사따마 조디까다자(聖者)' 작위(2013) (저)'우리 서울 이렇게 바꾸자(共)'(1995) '인도성지순례기(전2권)'(2006) (종)불교

위광환

(생)1968·12·16 (출)전남 장흥 (주)전라남도 나주시 시청길 22 나주시청 부시장실(061-339-8211) (학)조선대 대학원 유체공학과졸 (경)지방행정고시 합격(2회) 2012년 전남도 도로교통과장(기술서기관) 2014년 同건설방재국장, 同건설도시국장 2017년 공로연수 2018년 한국전력공사 파견 2018년 전남 나주시 부시장(현)

위귀복(魏貴復) WI Gui Bok

(생)1953·8·18 (출)전북 전주 (주)서울특별시 서초구 반포대로28길 54 대진빌딩 2층 (주)인터솔루션테크놀로지(02-521-3466) (학)1971년 광주고졸 1978년 서울대 천문기상학과졸 1980년 성균관대 대학원 수료 2011년 단국대 정보미디어대학원졸 (경)1978년 동방생명보험 전산담당 1989년 삼성생명보험 시스템기획과장 1993~1998년 삼성SDS·삼성생명보험 전산실장 1998년 삼성SDS e-데이터센터장 2000년 同e-서비스 Division장 2004년 同IE센터장(상무), 同Service Delivery본부장(상무) 2009년 同경영고문 2010년 (주)인터솔루션테크놀로지 대표이사 사장(현) (상)하이테크정보 하이테크어워드대상 IT서비스 부문(2012) (종)천주교

위규진(魏奎鎭) WEE Kyu Jin

(생)1956·2·25 (출)서울 (학)1974년 서울 경동고졸 1981년 연세대 전기공학과졸 1983년 同대학원 전기공학과졸 1988년 공학박사(연세대) (경)2001~2007년 정보통신부 전파연구소 기준연구과장 2001년 3GGP 운영위원회 부의장 2002~2006년 아·태전기통신협의체(APT) 관리위원회 부의장 2003년 국제전기통신연합(ITU) 세계전자통신회의(WRC) 제7위원회 부의장 2003년 정보통신부 전파연구소 전파자원연구과장 2008~2009년 방송통신위원회 전파연구소 전파자원연구과장(공업연구관) 2008~2012년 아태전기통신연합체(APT) 관리위원회 의장 2009년 방송통신위원회 전파연구소 기준연구과장 2011~2012년 同전파연구소 전파환경안전과장 2012~2016년 한국정보통신기술협회 표준화본부장·박사 2014년 국제전기통신연합(ITU) 전권회의(Plenipotentiary Conference) 의장분야 자문위원 2015년 同전파통신총회 부의장 2016년 세계전파통신회의(WRC) APG-19(2019, 스위스 제네바/아태지역 WRC 준비회의체) 총회 의장(현) (상)대통령표창(2001)

위성곤(魏聖坤) WI Seong Gon

(생)1968·1·20 (출)제주 서귀포 (주)서울특별시 영등포구 의사당대로 1 국회 의원회관 717호(02-784-6450) (학)제주 서귀포고졸, 제주대 원예학과졸, 同행정대학원 정치외교학과 수료 (경)1991년 제주대 총학생회장, 서귀포신문 기획실 차장, 서귀포배구연합회 회장 2005년 동홍동연합청년회 회장 2006·2010년 제주특별자치도의회 의원(열린우리당·대통합민주신당·통합민주당·민주당·민주통합당·민주당·새정치민주연합) 2006년 민주평통 자문위원 2010~2012년 제주특별자치도의회 행정자치위원장 2010년 同제주지속가능발전포럼 대표의원 2012년 同복지안전위원회 위원 2012년 同FTA대응특별위원회 위원 2014~2015년 제주특별자치도의회 의원(새정치민주연합) 2014~2015년 同운영위원회 위원 2014년 同농수축지식산업위원회 위원 2014~2015년 同윤리특별위원회 위원 2014~2015년 同새정치민주연합 원내대표 2015년 同농수축경제위원회 위원 2016년 더불어민주당 제주서귀포시지역위원회 위원장(현) 2016년 제20대 국회의원(서귀포시, 더불어민주당)(현) 2016~2017·2019년 국회 예산결산특별위원회 위원(현) 2016~2018년 국회 농림축산식품해양수산위원회 위원 2016~2017년 국회 지방재정·분권특별위원회 위원 2016~2017년 더불어민주당 정책위원회 부의장 2017~2018년 同지방분권 원내부대표 2017~2018년 국회 운영위원회 위원 2017년 더불어민주당 지방분권입법T/F팀 간사 2017~2018년 국회 청년미래특별위원회 위원 2018년 더불어민주당 전국농어민위원회 위원장(현) 2018년 同제주특별자치도당 위원장 2018년 국회 산업통상자원중소벤처기업위원회 위원(현) 2018년 국회 윤리특별위원회 위원(현) (상)제2회 매니페스토약속대상 광역지방의원부문(2010), 전국지방의회의정대상 개인부문 최고의원상(2013), 대한민국의정대상 최고의원상(2015), 제주도농업인단체협의회 감사패(2015), 법률소비자연맹 국회의원 헌정대상(2017·2018·2019), 한국수산업경영인중앙연합회 국정감사 우수의원상(2017) (종)가톨릭

위성국(魏聖國)

(생)1972·11·25 (출)전남 장흥 (주)전라남도 목포시 정의로 9 광주지방검찰청 목포지청 총무과(061-280-4542) (학)1991년 장흥고졸 1995년 조선대 법학과졸 (경)1996년 사법시험 합격(38회) 1999년 사법연수원 수료(28기) 1999년 부산지검 검사 2001년 대구지검 경주지청 검사 2003년 창원지검 검사 2005년 서울남부지검 검사 2008년 군의문사규명위원회 파견 2011년 서울중앙지검 부부장검사 2012년 광주지검 순천지청 부장검사 2013년 수원지검 부장검사(해외 파견) 2016년 부산지검 형사5부장 2017년 同서부지청 형사1부장 2017년 서울남부지검 형사3부장 2018년 울산지검 형사1부장 2019년 광주지검 목포지청장(현)

위성동(魏聖東) WEE Seong-Dong (魯巖)

(생)1959 · 2 · 28 (본)장흥(長興) (출)광주 (주)서울특별시 노원구 공릉로58가길 14 301호 한국도로기술(02-780-9950) (학)1977년 광주제일고졸 1983년 전남대졸 1985년 한국과학기술원(KAIST) 토목공학과졸(석사) 1989년 미국 웨스트버지니아대 대학원 토목공학 박사과정 수료 1993년 토목공학박사(미국 오하이오주립대) (경)1985~1991년 한국도로공사 도로연구소 포장연구원 1993년 한국건설기술연구원 도로연구실 선임연구원 1993년 한국과학기술원(KAIST) 토목공학과 대우교수 1994~1995년 (주)대본엔지니어링 지반부서장 1995~1998년 쌍용건설(주) 토목기술부및연구소 차장 · 팀장 1998~2016년 (주)한국도로기술 대표이사 1999~2002년 대진대 토목환경공학과 외래교수 2000~2001년 청운대 토목환경공학과 겸임교수 2000~2001년 KTB자산운용(주) 사외이사 2001~2002년 세종대 토목환경공학과 겸임교수 2001년 한국도로공사 고속도로설계자문위원 2001년 서울지방국토관리청 설계자문위원(턴키심의위원) 2003년 국무총리실산하 서울외곽순환고속도로노선재검토위원 2003년 서울 종로구 토목과 · 재난안전과 건설기술자문위원(현) 2004~2008년 건설교통부 도로정책심의위원 2004~2013년 불교환경연대 전문위원 2005년 민주평통 자문위원 2005년 경기대 토목공학과 겸임교수 2005년 在京광주 · 전남향우회 부회장(현) 2005년 (사)한국골프지도자및피팅협회 상임이사(현) 2006년 전남대 토목공학과 외래교수 2006년 민주당 서울성동구청장 경선후보 2006년 同중앙위원 2006년 대한궁도협회 이사 2007년 민주당 17대 대선후보 정책특보 2008~2011년 미국 오하이오주립대 대학원 방문교수 2010~2012년 서울시 건설기술심의위원 2011년 서울 종로구 건축심의위원(현) 2011~2014년 사우디아라비아 국립담맘대 토목공학과 조교수 2011~2013년 서울 노원구 건설기술자문위원 2012년 원주지방국토관리청 설계자문위원 2012년 수도권교통본부 설계자문위원 2013년 한국건설교통기술평가원(KICTEP) R&D평가위원(현) 2013년 同기술인증심사위원(현) 2013년 同신기술평가위원(현) 2015년 서울 종로구 건축기술심의위원(현) 2016년 국토교통부 중앙건설기술심의위원(현) 2016년 중소벤처기업부 창업진흥원 중소기업기술개발지원사업 평가위원(현) 2016년 제20대 국회의원선거 출마(서울 동대문乙, 국민의당) 2017년 부산지방국토관리청 기술자문위원회 자문위원(현) 2017년 경기 시흥시 도시계획위원회 위원(현) 2017년 서울 종로구 도시건축공동위원회 위원(현) 2017년 더불어민주당 제19대 대통령 선거대책위원회 직능본부 국가SOC시설안전관리 특별위원장 2017년 (재)건설기술교육원 외래교수(현) 2017년 한국건설기술관리협회 외래교수(현) 2017년 한국도로기술(AI4U)대표(현) 2017년 (주)한영에코랜드 대표(현) 2018년 중소벤처기업부 정보통신산업진흥원 평가위원(현) (저)'도로 및 공항 포장공학원론'(2000, 엔지니어즈) '정보화시공'(2000, 엔지니어즈) '도로 및 공항 포장유지관리총론'(2001, 엔지니어즈) '도로 및 공항 포장조사개론'(2001, 엔지니어즈) '도로 및 공항 포장유지관리공학'(2002, 엔지니어즈) '도로 및 공항 포장보수공학'(2012, 엔지니어즈) (역)'포장의 유지보수'(2016, 한영) (종)기독교

위성백(魏聖伯) WI Seong Bak

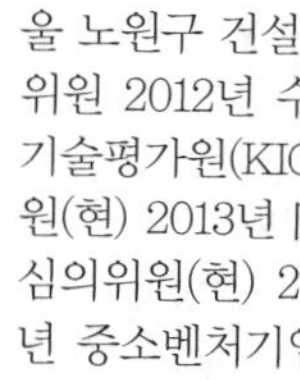

(생)1960 · 6 · 10 (본)장흥(長興) (출)전남 여수 (주)서울특별시 중구 청계천로 30 예금보험공사 사장실(02-758-0001) (학)순천고졸 1984년 서울대 독어독문학과졸 1986년 同대학원 경제학과졸 1999년 경제학박사(미국 뉴욕주립대) (경)행정고시 합격(32회), 대통령비서실 행정관 2004년 기획예산처 재정기획실 산업재정1과장 2005년 同건설교통재정과장 2007년 同제도혁신팀장(부이사관) 2008년 기획재정부 공공정책국 정책총괄과장 2010년 同기획조정실 기획재정담당관 2011년 미국 IDB 파견(부이사관), 기획재정부 기획조정실 정책기획관 2015년 국방대 교육파견(국장급) 2015년 기획재정부 기획조정실 정책기획관 2016~2017년 同국고국장 2018년 예금보험공사 사장(현) 2019년 국제예금보험기구협회(IADI) 집행위원(현) (상)근정포장(2007)

위성우(魏誠佑) Wi Sung Woo

(생)1971 · 6 · 21 (출)부산 (주)서울특별시 중구 소공로 51 우리은행 본점 15층 우리은행 위비 여자농구단 사무국(02-2002-4193) (학)부산중앙고졸 1994년 단국대졸, 同스포츠과학대학원졸 (경)1998~2001년 안양 SBS 스타즈 소속 2001~2003년 대구 동양 오리온스 소속 2003~2004년 울산 모비스 피버스 소속 2005~2012년 신한은행 에스버드 코치 2008 · 2009 · 2010 · 2011 · 2012년 여자프로농구 통합 우승(5연속) 2008년 베이징올림픽 여자국가대표팀 코치 2012~2016년 춘천 우리은행 한새 감독 2013 · 2014 · 2015 · 2016 · 2017 · 2018년 '2012~2013 · 2013~2014 · 2014~2015 · 2015~2016 · 2016~2017 · 2017~2018 시즌 여자프로농구' 정규리그 및 챔피언결정전 통합 우승(6연패) 2013 · 2015년 FIBA아시아선수권대회 여자국가대표팀 감독 2014년 인천아시안게임 여자국가대표팀 감독 2016년 제31회 브라질 리우데자네이루올림픽 여자국가대표팀 감독 2016년 아산 우리은행 위비 감독(현) (상)여자프로농구 정규리그 지도자상(2013 · 2014 · 2015 · 2016 · 2017 · 2018), 스포츠토토 한국농구대상 여자프로농구 감독상(2015)

위성욱(魏成旭) WEE SUNG WOOK

(생)1958 · 7 · 11 (출)서울 (주)대전광역시 동구 동대전로 171 우송정보대학 자동차기계학부(042-629-6349) (학)1977년 성동고졸 1981년 한양대 공과대학 공업경영학과졸 1997년 미국 볼링그린주립대 구매전문가과정 수료 2011년 경원대 대학원 경영학과졸 (경)1983년 삼성전자(주) 입사 1988년 同청년중역회 선임 1990년 일본 경삼전기 도요타생산방식(TPS) 연수 1993년 삼성그룹 비서실 인력개발원 차장 2004년 삼성전자 경영인프라그룹장(상무) 2005~2006년 국제무역자동화기구 BOLERO 이사 2007년 삼성전자 Global ERP TF 상무 2010~2014년 동아마이스터고 교장 2011년 교육부 전북기계공고교장공모 심사위원장 2011년 대통령실 교육정책자문위원 2011년 제5차 마이스터고지정심의위원회 심의위원 2012년 제4기 국가교육과학기술자문회의 자문위원 2014~2015년 메디카코리아 고문 2015~2019년 전북기계공업고 교장 2016년 창업진흥원총회 회원(현) 2016~2017년 교육부 평생직업교육분과 정책자문위원 2016~2018년 전국마이스터고교장단 협의회장 2016~2017년 평생교육단과대학지원사업사업관리 위원 2016~2018년 중등직업교육중앙협의회 위원 2016~2018년 고용노동부 청년고용촉진특별위원회 위원 2017년 국가평생교육진흥원 이사(현) 2017년 ASEAN 직업교육 컨설턴트(현) 2017년 인도 국가교육위원회(NCERT) 컨설팅(현) 2019년 우송정보대학 자동차기계학부 교수(현) (상)통상산업부장관표창(1996), 삼성전자 경영지원부문 대상(2003), 삼성그룹 IT FAIR 대상(2004), 대통령표창(2012) (종)기독교

위성운(魏聖雲) UI Sung Un

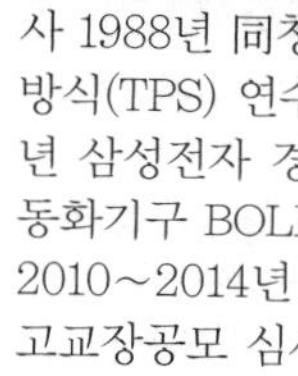

(생)1960 · 7 · 28 (출)전남 강진 (주)경기도 수원시 영통구 법조로 91 수원고등검찰청(031-5182-3114) (학)1979년 서울 휘문고졸 1984년 서울시립대졸 (경)1986년 사법시험 합격(28회) 1989년 사법연수원 수료(18기) 1992년 軍법무관 1992년 부산지검 검사 1994년 광주지검 해남지청 검사 1995년 서울지검 검사 1997년 대구지검 검사 1999년 서울지검 의정부지청 검사 2001년 同의정부지청 부부장검사 2001년 서울지검 부부장검사 2003년 대검찰청 정책연구과정 검사 2003년 부산지검 동부지청 형사2부장 2004년 대구지검 형사3부장 2005년 의정부지검 고양지청 부장검사 2006년 의정부지검 형사2부장 2007~2008년 同형사1부장 2008년 변호사 개업 2011년 대전고검 검사 2013~2019년 서울고검 검사 2015~2019년 서울중앙지검 중요경제범죄조사단 파견 2019년 수원고검 검사(현)

위옥환(魏玉煥) WI Ok Whan

(생)1952 · 9 · 20 (출)전남 장흥 (주)서울특별시 마포구 성암로 189 중소기업DMC타워 16층 한국콘텐츠공제조합 이사장실(02-3151-9000) (학)1971년 광주상고졸, 단국대 산업경영대학원 최고경영자과정 수료 (경)1972년 국립영화제작소 서무과 행정서기보 1976년 同서무과 행정서기 1978년 同서무과 · 광주박물관 관리과 행정주사보 1980~1987년 광주박물관 · 해외공보관 지원과 · 문화공보부 문화과 · 홍보정책실 지원과 · 문화예술국 진흥과 행정주사 1987~1994년 공보처 문화예술국 진흥과 · 감사관실 · 영화진흥과 행정사무관 1994년 同예술진흥과 · 월드컵조직위원회 서기관 1998년 문화관광부 영화진흥과장 1999년 同국어정책과장 1999년 同도서관박물관과장 1999년 국립중앙박물관 관리과장 2001년 문화관광부 관광국 관광개발과장 2001년 同종무실 종무1과장 2003년 同기획관리실 기획예산담당관 2003년 同기획관리실 예산담당관 2004년 同예술국장 2006년 同문화산업국장 2006~2008년 同정책홍보관리실장 2008~2011년 한국방송광고공사 경영본부장(전무이사) 2012년 예술의전당 감사 2015~2016년 서초문화재단 대표이사 2019년 한국콘텐츠공제조합 이사장(현) (상)국무총리표창(1985), 대통령표창(1993), 홍조근정훈장(2007)

위재민(魏在民) WIE Jae Min

(생)1958 · 5 · 25 (본)장흥(長興) (출)경기 연천 (주)서울특별시 서초구 반포대로 106 태흥빌딩 6층 법무법인 선정(02-593-7070) (학)1981년 연세대 법학과졸 1983년 同대학원 법학과졸 (경)1983년 사법시험 합격(25회) 1987년 사법연수원 수료(16기) 1987년 서울지검 남부지청 검사 1989년 광주지검 해남지청 검사 1991년 수원지검 검사 1993년 서울지검 의정부지청 검사 1994년 일본 주오대 객원연구원 1996년 법무부 특수법령과 검사 1998년 인천지검 검사 1999년 同부부장검사 1999년 駐일본 법무협력관 2002년 인천지검 부천지청 부장검사 2003년 사법연수원 교수 2005년 전주지검 정읍지청장 2006년 광주지검 형사1부장 2007년 법무연수원 교수 2009년 서울고검 검사 2010~2014년 법무법인 동인 구성원변호사 2011~2015년 서울본부세관 범칙조사위원회 위원 2013~2015년 대한변호사협회 이사 2014~2017년 한국수력원자력(주) 상임감사위원 2017년 법무법인 선정 대표변호사(현) (저)'형사절차법'(2010) (종)천주교

위재천(魏在千) WEE Jae Cheon

(생)1963 · 9 · 17 (출)전남 장흥 (주)서울특별시 서초구 서초대로74길 4 삼성생명 서초타워 법무법인 동인(02-2046-1300) (학)1981년 광주 대동고졸 1985년 전남대 법학과졸 1993년 同대학원 법학과 수료 (경)1989년 사법시험 합격(31회) 1992년 사법연수원 수료(21기) 1992년 서울지검 의정부지청 검사 1994년 광주지검 목포지청 검사 1996년 광주지검 검사 1998년 서울지검 동부지청 검사 2000년 수원지검 검사 2002년 전주지검 검사 2004년 同부부장검사 2005년 대구지검 포항지청 부장검사 2006년 대구지검 영덕지청장 2007년 의정부지검 형사5부장 2008년 대구지검 부장검사(금융위원회 파견) 2009년 서울동부지검 형사4부장 2009년 서울중앙지검 첨단범죄수사제2부장 2011년 창원지검 진주지청장 2012년 서울고검 검사 2013년 수원지검 형사2부장 2014년 청주지검 충주지청장 2015년 수원지검 부장검사(경기도 파견) 2016~2017년 대전지검 서산지청장 2017년 법무법인 동인 변호사(현)

위정환(魏正煥)

(생)1965 · 1 · 1 (본)장흥(長興) (출)전남 장흥 (주)서울특별시 중구 퇴계로 190 MBN 보도국(02-2000-3114) (학)1984년 인천 송도고졸 1991년 고려대 경제학과졸 2004년 미국 일리노이주립대 경영대학원졸(경영학석사) (경)1992년 매일경제 편집국 입사 1992~2006년 同편집국 사회부 · 증권부 · 산업부 · 과기부 등 기자 2006년 한국기자협회 부회장 2006~2009년 매일경제 뉴욕특파원 2011년 同기업경영팀장 2011년 同편집국 금융부장 2013년 同편집국 증권부장 2014년 同편집국 경제부장 2015년 同편집국 산업부장 2016년 同편집국 지식부장 2017년 매일방송(MBN) 보도국 국차장 2018년 同보도국장(현)

위지현(魏智鉉 · 女)

(생)1977 · 2 · 26 (출)서울 (주)대구광역시 수성구 동대구로 364 대구지방법원 서부지원(053-570-2220) (학)1995년 은광여고졸 2002년 서울대 법학과졸 (경)2001년 사법시험 합격(43회) 2004년 사법연수원 수료(33기) 2004년 수원지법 예비판사 2005년 서울고법 예비판사 2006년 서울중앙지법 판사 2008년 부산지법 동부지원 판사 2011년 수원지법 판사 2014년 서울중앙지법 판사 2016년 서울동부지법 판사 2019년 대구지법 서부지원 부장판사(현)

위행복(魏幸復) Wee Hang Bok

(생)1955 · 10 · 17 (본)장흥(長興) (출)전남 장흥 (주)경기도 안산시 상록구 한양대학로 55 한양대학교 국제문화대학 중국학과(031-400-5322) (학)1979년 서울대 중문학과졸 1981년 同대학원 중문학과졸 1993년 중문학박사(서울대) (경)1987~1995년 전북대 인문대학 중어중문학과 전임강사 · 조교수 · 부교수 1991~1992년 대만국립중흥대 초빙교수 1995년 한양대 국제문화대학 중국학과 부교수 · 교수(현) 2003~2004년 미국 U.C. Berkeley 중국학센터 방문학자 2007~2009년 한국중국어문학회 회장 2015년 한국인문학총연합회 대표회장(현) 2015~2017년 한중언어문화연구회 회장 2018년 유네스코한국위원회 인문사회 · 자연과학분과위원회 위원(현)

위현석(韋賢碩) WEE Hyun Suk

(생)1966 · 7 · 7 (출)서울 (주)서울특별시 서초구 서초중앙로24길 27 지파이브센트럴프라자 430호 법무법인 위(WE)(02-536-5600) (학)1985년 용문고졸 1991년 서울대 법대졸 (경)1990년 사법시험 합격(32회) 1993년 사법연수원 수료(22기) 1993년 해군 법무관 1996년 서울지법 동부지원 판사 1998년 서울지법 판사 2000년 청주지법 판사 2003년 대전지법 천안지원 판사 2004년 서울고법 판사 2006년 대법원 재판연구관 2009년 대전지법 부장판사 2010년 수원지법 부장판사 2012년 서울중앙지법 부장판사 2015~2016년 서울남부지법 부장판사 2016년 법무법인 위(WE) 대표변호사(현)

위호진(魏虎珍)

(생)1958 · 1 · 3 (주)강원도 춘천시 중앙로 1 강원도의회(033-256-8035) (학)강릉대 경영정책과학대학원 산업경제학과졸 (경)강릉 연곡면장, 강릉시 오죽헌박물관장 2014년 강원도의원선거 출마(무소속), 더불어민주당 강릉시지역위원회 부위원장(현) 2018년 강원도의회 의원(더불어민주당)(현) 2018년 同농림수산위원회 위원(현)

유경선(柳京善) YU Kyung Sun

(생)1955 · 8 · 3 (출)전남 영암 (주)서울특별시 영등포구 국제금융로 24 유진그룹 회장실(02-3704-5333) (학)1974년 서울 중동고졸 1984년 연세대 중어중문학과졸 1997년 고려대 언론대학원 최고경영자과정 수료 1999년 서울대 경영대학원 최고경영자과정 수료 2000년 국제산업디자인대학원 뉴밀레니엄과정 수료 2010년 한국과학기술원 EEWS최고전략과정 수료(2기) (경)1997~2014년 사회복지법인 복사골어린이집 이사장 1997년 유진

기업 대표이사 회장 1999년 (주)팬택 사외이사 1999년 드림씨티방송 회장 2000~2009년 대한트라이애슬론경기연맹 회장 2001년 유진종합개발(주) 대표이사 회장 2003~2004년 세종문화회관후원회 재정위원장 2003~2015년 아시아트라이애슬론연맹 회장 2004년 유진그룹 회장(현) 2005년 대한올림픽위원회(KOC) 상임위원 2005~2009년 同부위원장 2007년 2007년 아시아올림픽평의회(OCA) 집행위원(현) 2008~2012년 국제트라이애슬론경기연맹 부회장 2009~2014년 대한체육회 문화환경교육분과 위원장 2011~2012년 하이마트 대표이사 2011~2012년 대한트라이애슬론연맹 회장 2012~2014년 국민생활체육회 부회장 2012~2014년 同재정위원장 겸임 2013~2014년 대한체육회 비상임이사 (상)조세의날 표창(1997 · 2000 · 2003), 체육훈장 맹호장(2012), 제15회 연문인상(2015) (종)불교

유경수(柳庚秀) Kyungsoo YU

(생)1967 · 9 · 16 (본)진주(晋州) (출)서울 (주)서울특별시 종로구 율곡로2길 25 연합뉴스TV 보도국(02-398-7800) (학)1986년 풍생고졸 1992년 한국외국어대졸 2009년 건국대 부동산대학원 건설개발학과졸 (경)1993년 연합뉴스 입사 1994~1996년 YTN 파견 2004년 연합뉴스 국제경제부 차장대우 2005년 同산업부 차장 2007년 해외 연수(미국 로드아일랜드주립대) 2008년 연합뉴스 IT미디어부 차장 2011년 연합뉴스TV 창사준비위원 2011년 연합뉴스 경제부 부장대우 2015년 同콘텐츠편집부장 2015년 정부 · 언론외래어심의공동위원회 위원(현) 2016년 연합뉴스 편집국 미디어여론독자부장 2017년 同편집국 IT의료과학부장 2018년 同편집국 융합에디터(부국장대우) 2019년 同편집국 총괄데스크팀장 겸임 2019년 연합뉴스TV 보도국 부국장(현) (상)이달의 기자상(2001), 대한토목학회 올해의 언론인상(2006)

유경종(劉京鐘)

(생)1960 · 6 · 19 (출)대구 (주)서울특별시 서대문구 연세로 50-1 세브란스병원 심장혈관외과(02-2228-8258) (학)1985년 연세대 의과대학졸 1995년 同대학원 의학석사 2006년 의학박사(인하대) (경)1985~1990년 세브란스병원 인턴 · 레지던트 1995년 연세대 의과대학 흉부외과학교실 전임강사 · 조교수 · 부교수 · 교수(현) 1998~2000년 캐나다 Toronto General Hospital 연수 2009년 세브란스심장혈관병원 심장혈관외과장 2012~2016년 同원장 (상)흉부외과학회 학술상(1998), 흉부외과학회 릴리하이학술상(2005), 세브란스병원 우수임상교수(2007 · 2008)

유경촌 Yu Gyoung Chon

(생)1962 · 9 · 4 (출)서울 (주)서울특별시 중구 명동길 74 천주교 서울대교구청(02-727-2114) (학)1981년 성신고졸 1985년 가톨릭대졸 1992년 독일 뷔르츠부르크대 대학원 신학과졸 1998년 신학박사(독일 상트게오르겐대) (경)1992년 사제 수품 1999년 천주교 서울대교구 목5동본당 보좌신부 1999~2008년 가톨릭대 교수 2008~2013년 천주교 서울대교구 통합사목연구소장 2013년 同서울대교구 명일동본당 주임신부 2013년 同서울대교구청 보좌주교(현) 2014년 주교 수품 2014년 천주교 동서울지역 · 사회사목담당 교구장 대리(현) (저)'내가 발을 씻어준다는 것은'(2004, 바오로딸) '21세기 신앙인에게'(2014, 가톨릭출판사)

유경필(柳竟弼)

(생)1971 · 12 · 4 (출)서울 (주)부산광역시 해운대구 재반로112번길 19 부산지방검찰청 동부지청 형사3부(051-780-4312) (학)1990년 서울 우신고졸 1994년 한양대 법학과졸 (경)2000년 사법시험 합격(42회) 2003년 사법연수원 수료(33기), 목포지방해양안전심판원 근무 2004~2007년 변호사 개업 2007년 인천지검 검사 2009년 대전지검 천안지청 검사 2011년 부산지검 검사 2015년 서울중앙지검 검사 2018년 대검찰청 검찰연구관 2019년 부산지검 동부지청 형사3부장(현)

유경하(柳京夏 · 女) RYU KYUNG HA

(생)1960 (주)서울특별시 양천구 안양천로 1071 이화여자대학교 의과대학 소아청소년과학교실(02-2650-5114) (학)혜원여고졸 1984년 이화여대 의대졸 1988년 同대학원 의학석사 1991년 의학박사(이화여대) (경)1985~1988년 이화여대 의대부속병원 소아과 전공의 1994~1995년 同의대부속병원 소아과 전임의사 1995~1996년 서울대 어린이병원 소아과 혈액종양 전임의 1996년 이화여대 의대 소아청소년과학교실 조교수 · 부교수 · 교수(현) 1997~1999년 한국의학교육학회 총무이사 1998~1998년 미국 캘리포니아대 로스앤젤레스캠퍼스 Visiting Doctor 2000~2011년 대한소아혈액종양학회 간행이사 2001~2003년 이화여대 의대 임상교무부장 2004~2005년 이대목동병원 진료협력센터장 2005~2009년 한국호스피스완화의료학회 간행이사 2005~2009년 이대목동병원 교육연구부장 2007~2009년 대한혈액학회 재무이사 2009~2011년 同학술이사 2010~2011년 이화의료원 기획조정실장 2011~2013년 대한소아혈액종양학회 학술이사 2013년 대한조혈모세포이식학회 학술이사 2014년 국제소아종양학회(SIOP) 학술위원장 2015~2016년 대한조혈모세포이식학회 부회장 2015~2017년 이화여대 목동병원장 2017년 대한소아혈액종양학회 이사장(현)

유경현(柳瓊賢) YU Kyong Hyon

(생)1939 · 8 · 7 (본)문화(文化) (출)전남 순천 (주)서울특별시 영등포구 의사당대로 1 대한민국헌정회(02-757-6612) (학)1958년 경기고졸 1963년 서울대 법대졸 (경)1964년 동아일보 입사 1978년 同정치부 수석차장 1979년 제10대 국회의원(순천 · 구례 · 승주, 민주공화당) 1979년 민주공화당 부대변인 1981년 제11대 국회의원(순천 · 구례 · 승주, 민주정의당) 1981년 민주정의당(민정당) 원내부총무 1983년 국회 경과위원장 1985년 민정당 정책위 부의장 1985년 제12대 국회의원(순천 · 구례 · 승주, 민정당) 1987년 민정당 전당대회 부의장 1988년 同대변인 1988년 同구례 · 승주지구당 위원장 1988년 同국책조정위원 1990년 민자당 승주 · 구례지구당 위원장 1992년 同전남도지부장 1993~1994년 민주평화통일자문회의 사무총장 1998년 한나라당 총재 운영특별보좌역 2013~2015년 대한민국헌정회 정책연구위원회 의장 2017년 대한민국헌정회 부회장 2019년 同회장(현) (상)청조근정훈장(1994)

유경호(俞景皓) Kyung Ho Yu

(생)1966 · 10 · 30 (주)경기도 안양시 동안구 관평로170번길 22 한림대학교 성심병원 병원장실(031-380-4106) (학)1991년 한림대 의대졸 1996년 연세대 대학원 의학석사 2007년 의학박사(고려대) (경)1996년 한림대 강동성심병원 신경과 전공의 2011년 同의대 신경과학교실 교수(현) 2011년 同성심병원 뇌신경센터장(현) 2013년 同의대 신경과학교실 주임교수 2014~2017년 同성심병원 진료부원장 2017년 同성심병원장(현) (상)대한신경과학회 최우수논문상(1997), 대한치매학회 최우수논문상(2004), 대한뇌졸중학회 우수연구자상(2005) (저)'노화와 심리' '신경학' '뇌혈관외과학' '뇌졸중' '신경학' '치매'

유경희(柳瓊熙) RYU Keung Hee

(생)1942 · 3 · 15 (출)전남 순천 (주)서울특별시 중구 서소문로 117 대한항공빌딩 6층 정석물류학술재단 이사장실 (학)1960년 전남 순천고졸 1964년 서울대 법대졸 1966년 同사법대학원졸 (경)1964년 사법시험 합격(2회) 1966~1969년 공군 법무관 1969~1979년 서울민사지법 · 서울형사지법 ·

서울가정법원 판사 1979~1981년 변호사 개업 1981년 광주고법 판사·대법원 재판연구관 1982년 전주지법 부장판사 1983년 서울가정법원 부장판사 1985년 변호사 개업 1991~2017년 (재)일우재단 이사 1993~2017년 대한상사중재원 중재인 2001년 법무법인 광장 공동대표변호사 2007~2017년 同고문변호사 2017년 (재)정석물류학술재단 이사장(현)

유관희(柳寬熙) YOO Kwan Hee

(생)1952·6·6 (본)전주(全州) (출)서울 (주)서울특별시 성북구 안암로 145 고려대학교 경영학과(02-3290-1935) (학)1970년 경복고졸 1976년 서울대 경영학과졸 1984년 미국 인디애나대 대학원 경영학과졸 1985년 경영학박사(미국 인디애나대) (경)1975년 일신제강(주) 관리부 근무 1976년 한일합섬(주) 수출부 근무 1986~1989년 미국 Univ. of South Carolina 조교수 1989~1995년 한양대 경상대학 부교수 1996년 고려대 경영대학 경영학과 교수(현) 1997~1998년 회계학연구회 회장 2001년 금융감독위원회 증권선물위원회 비상임위원 2004년 대우증권 사외이사 2006년 코리안리재보험 사외이사 2006년 서울증권 사외이사 2007~2008년 한국중소기업학회 회장 2007년 중소기업진흥공단 운영위원 2007~2013년 중소기업중앙회 정책자문위원 2007년 제조하도급분쟁조정협의회 위원 2008년 국가경쟁력강화위원회 민간위원 2008년 유진투자증권 사외이사 2010년 에스원(주) 사외이사 2011년 고려대 도서관장 2012~2014년 우리은행 사외이사 2012~2013년 한국경영학회 회장 (저)'회계정보시스템'(1990) '회계원리' '원가관리회계' '관리회계' '회계학 리스타트'(2010, 비즈니스맵) '회계학 리스타트2'(2012, 비즈니스맵) (종)기독교

유광국(柳光國)

(생)1957·10·16 (주)경기도 수원시 팔달구 효원로 1 경기도의회(031-8008-7000) (학)여주농업고졸 (경)경기 여주시 농정과장, 경기 여주시 여흥동장 2018년 경기도의회 의원(더불어민주당)(현) 2018년 同의회운영위원회 위원(현) 2018년 同농정해양위원회 위원(현)

유광사(柳光司) YOO, Kwang-Sa

(생)1942·11·22 (본)진주(晉州) (출)경남 남해 (주)서울특별시 강서구 강서로 194 유광사여성병원 병원장실(02-2608-1011) (학)1963년 경남 남해종합고졸 1969년 고려대 의대졸 1979년 의학박사(고려대) 1996년 고려대 국제대학원 고위과정 수료 1997년 서울대 보건대학원 고위과정 수료 2001년 연세대 보건대학원 고위과정 수료 (경)1978년 유광사산부인과병원 원장 1986년 고려대 의대 외래교수 1988~1992년 서울시 강서구의사회 회장 1991~1995년 서울시의회 의원 1992년 대한산부인과개원의협의회 부회장 1994년 고려대교우회 상임이사(현) 1995~1998년 신한국당·한나라당 서울강서甲지구당 위원장 1997년 한국BBS중앙연맹 고문 2006년 유광사여성병원 병원장(현), 서울남부지법 조정위원, 在京남해군향우회 회장 2008~2010년 고려대 의대 교우회 회장, 대한산부인과학회 부이사장 2009~2012년 대한병원협회 홍보·섭외이사, 서울시병원협회 부회장, 강서구장학회 이사장 2012년 대한병원협회 윤리위원장 2015년 학교법인 고려중앙학원 이사(현) 2016년 강서구장학회 이사(현) (상)서울시장표창(3회), 재무부장관표창(1989), 보건복지부장관표창(1991·2011), 국민훈장 목련장(1994), 국민훈장 동백장(2001), 부총리 겸 재정경제부장관표창, 국세청장표창(2회), 한강세무서장표창, 대한의사협회 공로패(2008), 고려대 자랑스러운 호의상(2011), 대웅병원경영혁신 대상(2013), 크림슨어워드표창(2013), 대한민국을 빛낸 21세기 한국인물 의료부문대상(2014), 메디칼코리아대상 산부인과전문병원부문(2014) (저)'여성백과'(임신과 출산) '여자만 보고사는 남자이야기'(1998) (종)기독교

유광상(柳光相) YOO Kwang Sang

(생)1954·6·16 (본)문화(文化) (출)서울 (주)서울특별시 마포구 마포대로 163 서울장학재단(02-725-2257) (학)2000년 한양대 지방자치대학원 지방자치학과졸 (경)참사랑실천연구회 고문, 국제라이온스협회 354-D지구 지도위원, (사)프로보노코리아 운영위원, 아세아사랑나눔 부회장 2010년 서울시의회 의원(민주당·민주통합당·민주당·새정치민주연합) 2010년 同도시관리위원회 위원 2010~2011년 同예산결산특별위원회 위원 2011~2012년 同정책연구위원회 위원 2012년 同도시안전위원회 위원장 2012년 同새희망포럼 회장 2014년 새정치민주연합 정책위원회 부의장 2014~2018년 서울시의회 의원(새정치민주연합·더불어민주당) 2014·2016~2018년 同도시안전건설위원회 위원 2015~2018년 同항공기소음특별위원회 위원 2015~2018년 同예산결산특별위원회 위원 2015년 새정치민주연합 서울시당 윤리심판원 위원 2015년 더불어민주당 정책위원회 부의장 2015년 同서울시당 윤리심판원 위원, 서울서남권민관협의체 부위원장 2018년 서울시 영등포구청장 예비후보(더불어민주당) 2018년 서울장학재단 이사장(현) (상)자랑스러운시민상 시민화합부문(1999), 2011 지방의원 매니페스토약속대상 최우수상 광역의원분야(2012), 대한민국충효대상 지역발전봉사부문 도시안전봉사공로대상(2013), 2016 코리아베스트 의정대상(2016), 전국지역신문협회 의정대상(2016), 전국시·도의회의장협의회 우수의정 대상(2016), 한국을빛낸사람들대상 지역건설발전공로대상(2017), 시민이만드는생활정책연구원 깨알입법대상(2017), 한국언론사협회 광역의정발전최고대상(2017), 2017 매니페스토약속대상 우수상 좋은조례분야(2017), 수도권일보·시사뉴스 2017행정사무감사 우수의원상(2018)

유광수(劉光洙) Kwang Soo Yoo

(생)1957·1·15 (본)강릉(江陵) (출)강원 홍천 (주)경상남도 진주시 소호로 101 한국세라믹기술원(055-792-2400) (학)1975년 춘천 성수고졸 1981년 한양대 무기재료공학과졸 1983년 서울대 대학원 무기재료공학과졸 1991년 공학박사(미국 애리조나주립대) (경)1983년 현대전자산업(주) 근무 1984년 한국과학기술원(KAIST) 무기재료연구실 연구원 1991년 한국과학기술연구원(KIST) 세라믹스연구부 선임연구원 1995년 서울시립대 공과대학 신소재공학과 교수(현) 1999~2000년 미국 휴스턴대 방문연구원 2005~2007년 서울시립대 산업기술연구소장 2007~2009년 同공과대학장 겸 산업대학원장 2009~2011년 同교무처장 2012~2013년 한국전기화학회 부회장 2013년 한국센서학회 회장 2014년 同명예회장(현) 2014년 한국세라믹학회 편집위원장 2015~2017년 서울시립대 대학원장 2018년 한국세라믹기술원 원장(현) 2018년 한국세라믹연합회 부회장(현) 2018년 경남도 혁신도시발전위원회 위원(현) (상)과학기술우수논문상(2002·2010), 한국세라믹학회 학술진보상(2003), 한국센서학회 학술상(2009), 한국센서학회 공로상(2014) (저)'Monitoring, Control and Effects of Air Pollution'(共) '하이테크 세라믹 용어사전'(共) '세라믹 용어사전'(共) '세라믹실험'(共) '내가 꿈꾸는 나만의 전원주택 짓기' (역)'세라믹스물성학'(共) '전자세라믹스소재물성학'

유광열(劉光烈) Kwang-Yeol YOO

(생)1964·2·2 (본)강릉(江陵) (출)전북 군산 (주)서울특별시 영등포구 여의대로 38 금융감독원 임원실(02-3145-5320) (학)1982년 군산고졸 1986년 서울대 경제학과졸 1988년 同행정대학원 행정학과졸 1997년 경제학박사(미국 텍사스 오스틴대) (경)1986년 행정고시 합격(29회) 1998년 재정경제부 경제분석과 사무관 1999년 同경제분석과 서기관 2000~2004년 OECD 이코노미스트 2004년 재정경제부 산업경제과장 2006년 同정책조정총괄과장 2007년 同혁신인사기획관 2008년 駐중국 공

사참사관(재경관) 2011년 기획재정부 국제금융정책관(고위공무원) 2012년 同국제금융정책국 국제금융심의관 2013년 同국제금융협력국장 2013년 녹색기후기금 대리이사 2014년 금융위원회 파견(고위공무원) 2014년 새누리당 수석전문위원 2016년 금융위원회 금융정보분석원(FIU) 원장 2017년 同증권선물위원회 상임위원 2017년 금융감독원 총괄·경영담당 수석부원장(현) 2018년 同원장 직무대행 (상)홍조근정훈장(2013) (저)'한국의 구조적 재정수지 분석'(2003, 조세연구원) '한국금융회사의 최근 중국진출동향과 향후 과제'(2010, 금융연구원)

유광종(劉光鍾)

(생)1961·4·15 (출)전북 무주 (주)전라북도 전주시 완산구 서원로 79 전라북도선거관리위원회(063-239-2310) (학)서울시립대 도시과학대학원졸 (경)2010년 전북도선거관리위원회 지도과장 2011년 중앙선거관리위원회 조사1과장 2013년 同기록관리과장 2014년 전북도선거관리위원회 관리과장 2015년 통일교육원 파견 2016년 광주시선거관리위원회 사무처장 2017년 충남도선거관리위원회 사무처장(이사관) 2018~2019년 대구시선거관리위원회 상임위원(관리관) 2019년 전북도선거관리위원회 상임위원(현)

유광찬(柳光燦) Yoo Kwang Chan

(생)1956·3·5 (본)전주(全州) (출)전북 완주 (주)전라북도 전주시 완산구 서학로 50 전주교육대학교 초등교육과(063-281-7189) (학)1975년 원광고졸 1978년 전주교대 초등교육과졸 1982년 전주대 영어영문학과졸 1984년 세종대 대학원 교육학과졸 1986년 한국방송통신대 교육학과졸 1990년 교육학박사(세종대) (경)1995년 전주교대 초등교육과 전임강사·조교수·부교수·교수(현) 1995~1999년 同학생생활연구소 상담부장 1999년 한국교육과정학회 이사(현) 2001~2002년 전북도교육청 도지정연구학교 자문위원 2001~2014년 한국초등교육학회 이사 2001~2004년 전주교대 교육대학원 교육방법전공 주임교수 2001~2003년 同신문방송사 주간 2002~2004년 同교육학과장 2004년 (사)북방문제연구소 전북소장 2004~2013년 교육부 교육과정심의위원 2004년 전주교대동창회 부회장 2004~2006년 전주교대 교무처장 2004~2008년 교육과학기술부 초등학교교육과정 심의위원 2006년 전주시지역혁신협의회 인재양성분과위원 2007년 전북도교원단체총연합회 정책연구위원장 2007년 전주인적자원개발포럼 위원 2007년 전북도교육청 공모제교장 평가위원 2007~2008년 교육과학기술부 초등학교특별활동교사용지도서 개발책임자 2007년 전북도교육청 의정비심의위원회 위원 2008~2014년 전주시교원단체총연합회 부회장 2008년 책읽기운동 전북본부 상임이사 2009년 한국교원단체총연합회 전국현장교육연구대회 심사위원 2010~2012년 전주자원봉사연합회 자문교수 2010년 전북도교육청 교원능력개발 평가관리위원 2010~2011년 교육과학기술부 교원능력개발평가 컨설팅위원 2010년 전북완주교육청 초빙교장공모 심사위원장 2011~2015년 전주교육대 총장 2011년 양지노인복지회관 후원회장(현) 2011~2013년 전주문화재단 이사장 2011년 전북일보·새전북신문 칼럼위원 2012~2014년 전주문화방송 TV시청자위원 2012년 성균관유도회 전북본부 운영위원(현) 2013년 전북일보·미스전북 심사위원장 2013~2014년 전라일보 칼럼위원 2013년 법무부 교정위원(현) 2013년 同소년보호위원(현) 2013년 (사)Art Work 고문(현) 2013~2015년 익산원광고총동창회 회장 2014년 전북도대학총장협의회 회장 2015~2017년 전북중앙신문 칼럼위원 2016년 한국법무공단 자문위원(현) 2016년 전주예총 자문위원(현) 2016~2017년 교육부 중고등학교군창의적체험활동심의위원회 위원장 2018년 (주)씨비스커즈 무궁화농장 고문(현) (상)교육과학기술부장관표창(2010), 뉴스메이커 교육부문 대상(2015) (저)'교육방법론'(1991) '교육학개론(共)'(1992) '교육방법신강'(1993) '교육과정 및 평가'(1994) '교수-학습과 교과'(1995) '교육과정의 이해'(1999) '특별활동 및 재량활동'(2001) '행복한 삶의 반야'(2002) '교육실습의 길라잡이'(2002) '자기이해와 행복'(2003) '특별활동의 이해'(2004) '통합교과교육'(2005) '특별활동과 재량활동의 탐구'(2006) '자기이해와 행복'(2008) '개정판 통합교과교육'(2009) '초등학교 특별활동 교사용지도서'(2009) '개정판 교육과정의 이해'(2009) '창의적 체험활동의 탐구'(2012)

유광혁(俞昞爀)

(생)1974·11·6 (주)경기도 수원시 팔달구 효원로 1 경기도의회(031-8008-7000) (학)동국대 영어영문학과졸 (경)새마을운동 동두천시지회 사무국장, 경기 동두천 평화의소녀상건립추진위원회 사무국장 2018년 경기도의회 의원(더불어민주당)(현) 2018년 同기획재정위원회 위원(현)

유국현(柳國鉉) YU Kook Hyun

(생)1954·12·3 (주)서울특별시 중구 필동로1길 30 동국대학교 이과대학 화학과(02-2260-3709) (학)1983년 동국대 화학과졸 1986년 독일 함부르크대 화학과졸 1989년 同대학원 화학과졸 1994년 이학박사(독일 함부르크대) (경)1989년 독일 함부르크대 연구조교 1989~1990년 同강사 1992~1993년 同연구원 1993~1994년 同강사 1994~2005년 동국대 화학과 전임강사·조교수·부교수 2003년 대한화학회 기획이사 2005년 동국대 이과대학 화학과 교수(현) 2005년 한국키틴키토산학회 학술이사·회원 2006년 동국대 입학처장 2008~2010년 한국방사선산업학회 이사 2009년 동국대 이과대학장 2009~2010년 대한화학회 부회장 2011년 동국대 학사지원본부장 2019년 同기획부총장 2019년 同연구부총장 겸 산학협력단장(현)

유국희(劉國熙)

(생)1965 (주)세종특별자치시 가름로 194 과학기술정보통신부 대변인실(044-202-4020) (학)1984년 충주고졸 1989년 서울대 핵공학과졸 (경)2013년 원자력안전위원회 안전정책국장 2017년 同기획조정관 2017년 과학기술정보통신부 연구개발정책실 연구성과정책관 2018년 국가공무원인재개발원 교육파견(국장급) 2019년 과학기술정보통신부 대변인(현)

유권하(柳權夏) RYU Kwon-Ha

(생)1961·7·26 (본)풍산(豊山) (주)서울특별시 중구 서소문로 100 코리아중앙데일리(02-2031-1219) (학)1980년 서라벌고졸 1984년 한국외국어대졸 1986년 同대학원졸 1993년 독문학박사(독일 부퍼탈대) 1999년 고려대 대학원 언론학과졸 2012년 한국외국어대 경영대학원졸(MBA) 2014년 同대학원 국제경영학 박사과정 수료 (경)중앙일보 편집국 경제1·2부 기자, 同국제경제부 기자 1999년 同기획취재팀 기자 2001년 同국제부 기자 2002년 同산업부 기자 2003년 同베를린특파원 2006년 同베를린특파원(차장) 2007년 同전략기획실 CR팀장 2009년 同전략기획실 기획팀장(부장) 2009년 同전략기획담당 미디어전략팀장 2010년 同전략기획실 기획조정팀장 2011년 同회장실장 2013년 코리아중앙데일리 편집인 겸 경영총괄 이사보 2015~2018년 중앙미디어네트워크 경영총괄 겸 편집인(상무보) 2018년 (사)한국외국어신문협회 회장(현) 2018년 코리아중앙데일리 대표이사(현) 2019년 한국신문방송편집인협회 부회장(현) (상)한국기자협회 한국언론재단 취재보도부문 이달의 기자상(2008), 제1회 노근리평화상 언론부문(2008), 제13회 삼성언론상 기획취재(신문) 부문(2009), 아시아발행인협회(SOPA)어워드 특종보도부문 우수상(2009), 한국외국어대 언론인회 올해 '외대 언론인상'(2014) (저)'아름다운 기다림 : 레나테'(2010, 중앙북스)

유규창(劉奎昌) Yu, Gyu Chang

(생)1960 (주)서울특별시 성동구 왕십리로 222 한양대학교 경영대학 경영학부(02-2220-2591) (학)1985년 중앙대 정치학과졸 1991년 미국 톨레도대 대학원 경영학과졸 1996년 인사관리학박사(미국 위스콘신대 메디슨교) (경)1990~1991년 미국 톨레도대 연구조교 1992~1996년 미국 위스콘신대 메디슨교 경영대학 Project Assistant 1996~1999년 한국노동연구원 연구위원 1999~2000년 가톨릭대 의료경영대학원 조교수 2000~2006년 숙명여대 경영학부 조교수·부교수 2006년 한양대 경영대학 경영학부 부교수·교수(현) 2010~2012년 同경영연구소장 2014~2016년 한국윤리경영학회 회장 2015~2017년 한양대 학생처장 2018년 同경영대학장 겸 경영전문대학원장(현) (상)한국인사관리학회 최우수논문상(2004) (저)'21세기형 성과주의 임금제도'(2001, 명경사) '리더를 위한 인적자원관리(共)'(2017, 창민사)

유규하(柳奎夏) YU Kyu Ha

(생)1958·3·26 (출)서울 (주)서울특별시 중구 세종대로 124 프레스센터 1305호 한국신문윤리위원회 심의실(02-734-3081) (학)1984년 서울대 국어국문학과졸 (경)1995년 중앙일보 이코노미스트 근무 1996년 同경제2부 근무 1998년 同기획취재팀 차장 1999년 同산업부 차장 2000년 同정보과학부 차장 2001년 同IT팀장 2012년 한국신문윤리위원회 심의위원 2013년 코레일공항철도 공항철도자문위원 2018년 한국신문윤리위원회 심의실장(현)

유근기(柳根起) YOO Geun Gi

(생)1962·10·15 (본)선산(善山) (출)전남 곡성 (주)전라남도 곡성군 곡성읍 군청로 50 곡성군청 군수실(061-360-8202) (학)1981년 곡성종합고졸 2002년 전남과학대 지리정보토목과졸 (경)1995년 새시대새정치연합청년회 곡성군지구 회장 2002~2006년 전남도의회 의원(새천년민주당·민주당), 광주·전남혁신위원회 위원, 민주당 전남도당 상무위원 2010년 同전남도당 지방선거대책위원회 대변인 2010~2014년 전남도의회 의원(비례대표, 민주당·민주통합당·민주당·새정치민주연합) 2010년 同행정자치위원회 위원 2012~2014년 同예산결산특별위원장 2012~2014년 同건설소방위원회 위원 2012~2014년 同FTA대책특별위원회 위원 2014년 새정치민주연합 정책조정위원회 부위원장 2014~2018년 전남 곡성군수(새정치민주연합·더불어민주당) 2018년 전남 곡성군수(더불어민주당)(현) (상)전국기초단체장 공약실천계획평가 최우수상(2015), 매니페스토 경진대회 공약이행부문 우수상(2015), 2015 한국을 빛낸 자랑스러운 한국인 대상(2015), 제20회 한국지방자치경영대상 종합대상(2015), 공감경영 2015 대한민국 CEO대상(2015), 대한민국 창조경제대상 창조경영부문대상(2016), 소충·사선문화상 모범공직자부문 본상(2016), 한국공공자치연구원 올해의 지방자치 CEO(2016), 제14회 올해의 브랜드 대상-정치인부문 특별상(2016), 제8회 광주전남 지방자치경영대상(2017), 2017 대한민국 가장 신뢰받는 CEO 대상(2017), 2017 도전한국인 대상(2017), '대한민국 위민 33인대상' 행정대상(2019) (저)'미암 眉巖 선생을 기리며 – 미암일기를 통해 바라본 유근기의 생각'(2013, 도서출판 레오) (종)기독교

유근석(柳根奭) YU Geun-seog

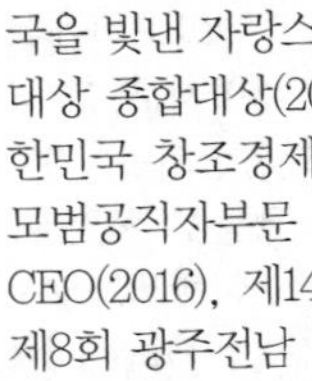

(생)1963·2·15 (출)충남 서산 (주)서울특별시 중구 청파로 463 한국경제신문 대외협력국(02-360-4523) (학)공주대사대부고졸 1989년 고려대 신문방송학과졸 (경)1999년 내외경제신문 편집국 정경부 기자 2001년 同산업부 기자 2003년 同정경부 차장대우 2005년 헤럴드경제 산업1부 차장대우 2006년 同산업2부장 2007년 同국제부장 직대 2007년 同산업1부장 2007년 同산업부장 2008년 (주)헤럴드미디어 M&B사업본부 신매체기획위원 2010년 한국경제신문 산업부장 2013년 同편집국 증권부장 2014년 同편집국 부국장 2016년 同편집국장 2017년 同기획조정실장 겸 대외협력국장 2018년 同대외협력국장 겸 신사업추진위원장 2018년 한국신문협회 기조협의회 부회장 2019년 한국경제신문 대외협력국장(이사대우)(현)

유근식(俞斤植)

(생)1955·8·27 (출)전남 고흥 (주)경기도 수원시 팔달구 효원로 1 경기도의회(031-8008-7000) (학)한국방송통신대 법학과졸 (경)안서중·구름산초 운영위원장 2006년 경기 광명시의원선거 출마, 광명시 바르게살기운동협의회 소하2동 위원장 2018년 경기도의회 의원(더불어민주당)(현) 2018년 同제2교육위원회 위원(현)

유근영(柳槿永) YOO Keun Young

(생)1954·6·18 (본)문화(文化) (출)서울 (주)경기도 고양시 일산동구 일산로 323 국립암센터 국제암대학원대학교(1588-8110) (학)1972년 서울고졸 1978년 서울대 의대졸 1981년 同대학원 보건학과졸 1985년 의학박사(서울대) 2008년 서울대 경영대학 최고경영자과정 수료 (경)1986~2016년 서울대 의대 예방의학교실 전임강사·조교수·부교수·교수 1989~1990년 미국 예일대 의대 객원연구원 1990~1991년 일본 愛知암센터 초빙과학자 1998~2000년 서울대 의대 기획실장 2000~2006년 同의대 예방의학교실 주임교수 2002~2015년 대한예방의학회·대한암학회 이사 2003~2007년 한국유방암학회 이사 2004년 한국유전체역학연구회 회장(현) 2005~2008년 아시아코호트콘소시움(ACC) 공동의장 2006년 대한민국의학한림원 정회원(현) 2006~2008년 국립암센터 원장·이사장 2006~2016년 아시아·태평양암예방기구(APOCP) 초대 사무총장 2007년 한국과학기술한림원 정회원(현) 2007~2010년 한국유방암학회 부회장 2008년 국제암퇴치연맹(UICC) 회원(현) 2008년 세계암정복선언그룹 회원(현) 2008년 질병관리본부 코호트자문위원회 위원(현) 2008년 국제연수프로그램 심사위원(현) 2009~2011년 질병관리본부 한국인유전체역학조사사업 자문위원 2011~2013년 국립보건원 유전체센터 자료자원활용심의위원장 2012~2015년 同NIH코호트포럼 공동대표 2012~2013년 한국건강증진기금재단 분과위원장 2014~2015년 대한예방의학회 회장 2015년 同이사 2015~2017년 同70주년준비특별위원회 위원장 2016년 아시아·태평양암예방기구(APOCP) 회장(현) 2016년 국군의무사령부 국군수도병원장 2019년 국립암센터 국제암대학원대 명예교수(현) (상)육군 제3군사령관 공로표창(1984), 한국과학기술단체총연합회 과학기술우수논문상(1993), 홍조근정훈장(2014), 아시아태평양암예방기구 특별공로상(2016) (저)'종양의 예방-서울대학교 의과대학편'(1992) '의학-보건학을 위한 범주형 자료분석론'(1996) '의학·보건학 통계분석'(2002) '역학의 원리와 응용'(2005) '누구나 알고 싶은 암 예방과 조기검진'(2007) '암의 조기발견을 위한 Mass Screening'(2008) '암 올바로 알고 제대로 예방하기'(2011) '의학 통계의 이해'(2013) '사진으로 보는 암 예방'(2014) (종)천주교

유근호(柳根浩) Yoo Keun-ho

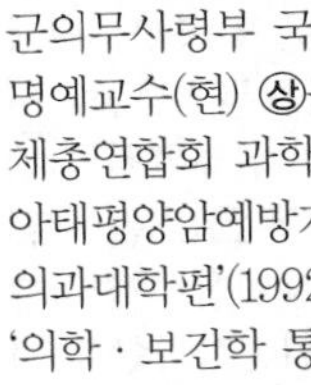

(생)1967·3·3 (주)세종특별자치시 도움6로 11 행정중심복합도시건설청 기반시설국 사업관리총괄과(044-200-3201) (학)1985년 충북고졸 1992년 연세대 경제학과졸 2009년 미국 뉴욕주립대 대학원 행정학과졸 (경)1996년 지방고시 합격(1회) 2006년 행정중심복합도시건설청 도시계획본부 도시발전정책팀 서기관 2010년 同기획조정관실 기획재정담당관(서기관) 2013년 同기획조정관실 기획재정담당관(부이사관) 2013년 국무총리실 파견 2014년 세종연구소 파견 2015년 행정중심복합도시건설청 도시계획국 도시정책과장 2017년 同기반시설국 사업관리총괄과장(현)

유금록(柳金祿) YOO Keum Rok

(생)1954·4·1 (출)전북 고창 (주)전라북도 군산시 대학로 558 군산대학교(063-469-4113) (학)1973년 전주고졸 1978년 성균관대 경제학과졸 1980년 서울대 행정대학원졸(행정학석사) 1991년 행정학박사(서울대) (경)1986~2014년 군산대 행정학과 전임강사·조교수·부교수·교수 1992~1994년 미국 Yale대 객원교수 1994년 미국 Harvard대 객원교수 1997~1999년 군산시 인사위원 2000년 한국정책분석평가학회 부회장 2002년 전북행정학회 부회장 2003년 한국정책분석평가학회 회장 2003~2005년 군산대 기획연구처장 2004년 전국기획처장협의회 부회장 2006~2014년 한국행정학회 운영이사 2006~2010년 국무총리실 자체평가위원회 위원장 2007~2009년 한국공공선택학회 회장 2007년 한국정부학회 상임이사 2008~2009년 한국행정학회 재무행정연구회 회장 2008~2009년 지방분권촉진위원회 실무위원 2010~2015년 미국 세계인명사전 'Marquis Who's Who in the World'에 6년 연속 등재 2011년 미국인명연구원(ABI) '21세기의 위대한 지성'에 등재 2011~2017년 同종신석학교수 2011년 영국 케임브리지 국제인명센터(IBC) '21세기 탁월한 지식인 2000인'에 등재 2011년 同아시아담당 부회장(DDG)(현) 2011년 IBA국제인명협회 종신석학교수(현) 2011년 한국정책분석평가학회 고문(현) 2012년 한국정책학회 회장 2013~2017년 국회 입법지원위원 2013~2015년 전북도 지방분권추진위원회 위원장 2014~2019년 군산대 사회과학대학 행정경제학부 행정학전공 교수 2015~2017년 전북도 지방분권추진위원회 위원 2016~2017년 영국 옥스퍼드대 객원연구교수 2017년 행정안전부 자체평가위원(지방재정경제 분과위원장)(현) 2018년 한국정책학회 고문(현) 2019년 군산대 명예교수(현) (상)서울대 행정대학원장표창(1980), 육군 교육사령관표창(1981), 군산대 황룡학술상(2001), 감사원장표창(2008), 미국 인명연구원(ABI) 국제대사훈장(2011), 뉴스메이커 월간지 행정학부문 대상(2011·2014·2015), 녹조근정훈장(2019) (저)'공공부문의 효율성 측정과 평가' '공적연금제도의 효율성과 개선방안' '공공정책의 결정요인 분석'(共) '전환기의 정책과 재정관리'(共) '새행정학'(共) '현대재무행정이론'(共) '현대지방재정의 주요이론'(共) '정책연구의 관점과 방법'(共)

유기상(劉基相) YOO Key Sang

(생)1956·12·24 (본)강릉(江陵) (출)전북 고창 (주)전라북도 고창군 고창읍 중앙로 245 고창군청 군수실(063-560-2204) (학)1975년 전북 고창고졸 1985년 한국방송통신대 행정학과졸 1996년 일본 가고시마대 대학원 법학과졸 2008년 국방대 안보대학원 수료 2016년 문학박사(전북대) (경)1988년 행정고시 합격(32회), 행정자치부 사무관, 전북도 지방공무원교육원 교무계장, 同기획관리실 정책개발계장, 同문화관광국 문화계장 1999년 전주시 문화영상산업국장, 전북도 문화관광국 문화예술과장, 同문화관광국장 2005년 同자치행정국 공공기관이전지원단장 2005년 同혁신도시추진단장 2006년 同문화관광국장 2007년 同문화관광체육국장 2008년 국방대 교육파견 2009년 전북도 문화체육관광국장 2010년 익산시 부시장 2012~2014년 전북도 기획관리실장, 고창미래전략연구소 소장 2018년 전북 고창군수(민주평화당)(현) 2018년 민주평화당 국가비전위원회 공동위원장 (상)대통령표창(1999), 전북체육회장 감사패(2010), 고창군민의장 애향장(2010), 홍조근정훈장(2014) (저)'일본발 지방자치정책실험'(1996) '실버산업을 잡아라'(1997) '일본의 지방자치와 지역경영'(2001) '바뀌야 바뀐다'(2018)

유기준(柳基俊) Yu Kijoon

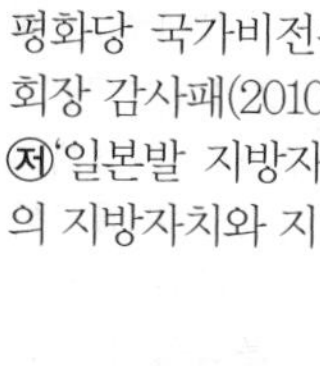

(생)1954·11·22 (출)서울 (주)부산광역시 기장군 철마면 여락송정로 363 S&T모티브(주) 사장실(051-509-2002) (학)1973년 경동고졸 1978년 서울대 공과대학 금속공학과졸 1982년 同대학원 금속공학과졸 1985년 재료공학박사(미국 매사추세츠공과대) (경)1985년 미국 MIT 연구원 1986년 대우자동차(주) 입사 2002년 GM대우자동차 기술연구소 부사장 2005~2007년 GM글로벌 및 북미 엔지니어링 수석임원 2008년 GM대우자동차 생산총괄 수석부사장 2009~2010년 同기술연구소 사장 2009~2010년 한국자동차공업협회 부회장 2010년 한국자동차공학회 회장 2011~2012년 한양대 미래자동차공학과 특임교수 2012~2015년 대림자동차공업(주) 대표이사 사장 2014~2015년 한국이륜차산업협회 회장 2016년 S&T모티브(주) 대표이사 사장(현)

유기준(柳基俊) YOO Ki Jun

(생)1959·1·3 (본)문화(文化) (출)서울 (주)강원도 원주시 상지대길 83 상지대학교 경상대학 관광학부(033-730-0326) (학)1985년 경희대 임학과졸 1993년 미국 아이다호대 대학원 야외휴양학과졸 1996년 야외휴양학박사(미국 메인대) (경)1997~1998년 세종대·경희대·국민대 시간강사 1997~1998년 서울시립대 Post-Doc. 1999~2000년 탐라대 시간강사 2000년 상지대 경상대학 관광학부 전임강사·조교수·부교수·교수(현) 2007년 (사)한국환경생태학회 부회장 2008~2011년 국립공원관리공단 비상임이사 2008~2011년 한국등산지원센터 이사 2013~2014년 한국환경생태학회 회장 2013~2014년 CBB 준비위원회 위원 2014년 평창동계올림픽지원협의회 위원 2018년 상지대 기획처장 2019년 同기획평가처장(현) (상)한국환경생태학회 학술상(2004), 한국환경생태학회 저술상(2005) (저)'지속가능한 관광'(共) '숲길 정비 매뉴얼'

유기준(俞奇濬) YOO KI JUNE

(생)1959·8·10 (본)기계(杞溪) (출)부산 (주)서울특별시 영등포구 의사당대로 1 국회 의원회관 550호(02-784-3874) (학)동아고졸 1982년 서울대 법대졸 1984년 同대학원 수료 1989년 미국 뉴욕대 법과대학원졸(LL.M.) 2015년 명예 경영학박사(영산대) (경)1983년 사법시험 합격(25회) 1985년 사법연수원 수료(15기) 1986년 軍법무관 1988년 변호사 개업 1989년 미국 뉴욕주 변호사시험 합격 1993년 대한상사중재원 중재인 1994년 법무법인 국제종합법률사무소 설립 1996~1998년 부산지방해운항만청 행정심판위원 1999년 부산대 해양대 겸임교수 2000년 법무법인 삼양(해상전문) 설립 2003년 駐韓몽골 명예영사 2004년 제17대 국회의원(부산 서구, 한나라당) 2004~2005년 한나라당 원내부대표 2006년 同대변인 2007년 同홍보기획본부 부본부장 2008년 제18대 국회의원(부산 서구, 무소속) 2008년 한나라당 법률지원단장 2009년 同부산西당원협의회 위원장 2009년 同부산시당 위원장 2010년 국회 외교통상통일위원회 간사 2011년 한나라당 직능특별위원회 지역특별위원장(부산) 2012~2014년 새누리당 최고위원 2012년 제19대 국회의원(부산 서구, 새누리당) 2012년 새누리당 제18대 대통령중앙선거대책위원회 부위원장 2012년 국회 국방위원회 위원 2013년 국회 사법제도개혁특별위원회 위원장 2013년 국회 국가정보원개혁특별위원회 위원 2014년 새누리당 공명선거추진위원회 위원장 2014~2015년 국회 외교통일위원회 위원장 2015년 국회 외교통일위원회 위원 2015년 해양수산부 장관 2016~2017년 새누리당 부산서구·동구당원협의회 위원장 2016년 제20대 국회의원(부산 서구·동구, 새누리당·자유한국당〈2017.2〉)(현) 2016년 국회 산업통상자원위원회 위원 2016·2018년 국회 외교통일위원회 위원(현) 2017년 자유한국당 부산서구·동구당원협의회 운영위원장 2017년 同제19대 홍준표 대통령후보 중앙선거대책위원회 공동위원장 2019년 同부산서구·동구당원협의회 운영위원장(현) 2019년 국회 사법개혁특별위원회 위원장(현) (상)선플운동본부 '국회의원 아름다운 말 선플상'(2014) (저)'해상보험 판례연구'(2002) '해상판례연구'(2009) (종)불교

유기준(俞琦濬) You, Ki-Jun

(생)1965·7·28 (본)기계(杞溪) (출)강원 강릉 (주)서울특별시 종로구 사직로8길 60 외교부 국제법률국(02-2100-7503) (학)강원 강릉고졸, 고려대 불어불문학과졸, 同대학원 국제법학과졸, 영국 에

딘버러대 대학원 법학과졸, 영국 런던정경대(LSE) 대학원 법학과졸 (경)외무고시 합격, 외교통상부 외무사무관, 駐이탈리아 2등서기관 2008년 외교통상부 국제법규과 서기관 2009년 同영토해양과장 2016년 同국제법률국 심의관 2017년 외교부 '한·일 일본군 위안부 피해자 문제 합의 검토 TF(태스크포스)' 위원(현) 2019년 同국제법률국장(현) (종)불교

유기철(柳基鐵) YU Ki Chul (仁山)

(생)1954·10·29 (본)전주(全州) (출)전북 정읍 (주)서울특별시 영등포구 국제금융로 20 율촌빌딩 6층 방송문화진흥회(02-780-2491) (학)1974년 서울 신일고졸 1978년 연세대 정치외교학과졸 (경)1984년 문화방송(MBC) 사회부 기자 1987년 同외신부 기자 1989년 同정치부 기자 1991년 同제2사회부 기자 1994년 同보도제작2부 기자 1995년 同ND편집팀 차장대우 1998년 同동경특파원 1999년 同국제부 차장 2000년 同문화부장 2001년 同국제부장 2001년 同사회부장 2002년 同뉴스편집1부장 2003년 同해설위원 2003년 同정책기획실 DMB추진팀장 2005년 同보도국 부국장 2006년 同논설위원 2007년 同보도제작국장 2008~2010년 대전문화방송(MBC) 대표이사 사장 2011~2014년 MBC NET 대표이사 2015~2018·2018년 방송문화진흥회 이사(현) (종)천주교

유기홍(柳基洪) YOO Ki Hong

(생)1958·6·11 (본)전주(全州) (출)서울 (주)서울특별시 관악구 봉천로 485 삼우빌딩 4층 미래교육희망(02-872-8279) (학)1977년 서울 양정고졸 1991년 서울대 국사학과졸 2006년 경남대 북한대학원 정치학과졸 2017년 북한학박사(북한대학원대) (경)1981년 광주학살진상규명 교내시위 주도·구속 1983년 민주화운동청년연합 사무국장·정책실장 1986년 광주학살책임자처벌시위 주도·2년간 수배 1987년 6월 항쟁 당시 '민중신문' 발간·편집장 1988년 수배중 검거·국가보안법 위반으로 구속 1991~1992년 민주화운동청년연합 의장 1992년 한국민주청년단체협의회 결성 주도·정책위원장·부의장 1994년 자주평화통일민족회의 대외협력위원장 1994~1998년 한국민주청년단체협의회 의장 1997년 6월항쟁10주년사업청년추진위원회 위원장 1998년 북한동포돕기청년운동본부 본부장 1998~2000년 민족화해협력범국민협의회 초대 사무처장 2000~2002년 대통령 정책기획수석비서관실 시민사회담당 행정관 2002년 희망네트워크 공동대표 2002년 광주민주화운동 유공자 지정 2002년 개혁국민정당 실무기획단 조직담당 기획위원·실행위원·대선 상황실장 2002년 同집행위원 2002년 同서울관악구甲지구당 위원장 2003년 민족화해협력범국민협의회 조직위원장 2003년 열린우리당 시민사회위원장 2004~2008년 제17대 국회의원(서울 관악구甲, 열린우리당·대통합민주신당·통합민주당) 2004년 열린우리당 제1정책조정위원회 부위원장 2005년 同정책위원회 부의장 2005년 同서울시당 중앙위원 2006년 同홍보위원장 2006년 同교육연수위원장 2007년 同정책위원회 부의장 2008~2015년 (사)미래교육희망 이사장 2008년 제18대 국회의원선거 출마(서울 관악구甲, 통합민주당) 2008~2010년 민주당 교육연수위원장 2012~2016년 제19대 국회의원(서울 관악구甲, 민주통합당·민주당·새정치민주연합·더불어민주당) 2012~2013년 민주통합당 원내부대표 2012년 同반값등록금특별위원회 간사 2012년 국회 교육과학기술위원회 야당 간사 2013~2014년 국회 교육문화체육관광위원회 야당 간사 2013년 민주당 정책위원회 제5정책조정위원장 2013년 국회 예산결산특별위원회 위원 2013~2015년 국회 동북아역사왜곡대책특별위원회 위원 2014~2015년 새정치민주연합 수석대변인 2014년 국회 교육문화체육관광위원회 위원 2015년 더불어민주당 교육특별위원회 위원장 2016년 제20대 국회의원선거 출마(서울 관악구甲, 더불어민주당) 2016년 더불어민주당 서울관악구甲지역위원회 위원장(현)·2016년 (사)미래교육희망 이사장(현) 2016년 중국 산동대 위해분교 초빙교수 2017년 경남대 극동문제연구소 교수(현) 2019년 더불어민주당 교육특별위원회 위원장(현) (상)NGO모니터단 선정 국정감사 우수의원(2004·2006·2007·2012·2013), 국회의원연구단체 우수단체선정(2004·2005·2007), 경향신문 선정 의정활동 우수의원(2005), 교육전문신문·교수신문 선정 가장 높은 점수를 매기고 싶은 국회의원(2006), 국회사무처 선정 입법 및 정책개발 우수의원(2006), 여의도통신 입법실적 우수위원(2007), 경향신문 우수국회의원 베스트21(2008), 법률소비자연맹 선정 국회 헌정대상(2013), 전국지역신문협회 선정 의정대상(2013), 한국과학기술단체총연합회 의정활동 우수대상(2013), 경제정의실천시민연합 국정감사 우수의원(2013·2014), 유권자시민행동 선정 국정감사 최우수의원(2013), 오마이뉴스 선정 국감스타(2013), 내일신문 선정 '국감 이 사람'(2013), 새정치민주연합 국정감사 우수의원상(2014), 연합뉴스 선정 국감인물(2014), 서울신문 선정 국감스타(2014), 한국갤럽 국감 활약의원(2014), 대한민국을 빛낸 21세기 한국인상(2014), 대한민국 헌정대상(2015), 대한민국 유권자대상(2015), 음악저작권협회 공로상(2015), 인성교육대상(2015) (저)'민족이여 통일이여'(1987) '어느 3대의 화해'(2003) '교육에서 희망찾기'(2006) '희망, 우리의 힘'(2008) '교육에서 희망찾기 시즌2'(2011) '승정원일기를 깨우자'(2013) '38선 위의 김구'(2017) (종)기독교

유낙준(俞樂濬) You, Nak-Jun

(생)1957·8·12 (본)기계(杞溪) (출)경기 남양주 (주)경상북도 구미시 산동면 강동로 730 경운대학교 사회안전대학 군사학과(054-479-1175) (학)1979년 해군사관학교졸(33기) 1990년 육군대학졸 1999년 국방대학원 안보과정 수료 2000년 동국대 대학원졸 2004년 국방대 고위정책결정자과정 수료 2009년 박사(위덕대) (경)1992년 해병대 2사단 82대대장 1994년 합참 전력기획본부 대내전략기획담당 1995년 同전력기획본부 전략상황분석담당 1996년 해병대 6여단 작전참모 1999년 해군본부 해병보좌관실 해병과장 2000년 해병대 2사단 8연대장 2002년 해병대사령부 인사처장 2003년 합참 전략기획본부 능력기획과장 2004년 해병대 1사단 부사단장 2006년 해병대 6여단장 2007년 한미연합사령부 작전참모부 연습처장 2008년 해병대 부사령관(소장) 2009년 해병대 1사단장 2010~2011년 해병대 사령관(중장) 2012~2016년 SK텔레시스 판교연구소 고문 2012년 경운대 사회안전대학 군사학과 교수(현) 2018년 자유한국당 경기남양주시甲당원협의회 운영위원장(현) (상)합참의장표창(2회), 대통령표창(2003), 미국 근무공로훈장(2008), 보국훈장 천수장(2009), 보국훈장 국선장(2011) (종)천주교

유남규(劉南奎) YOO Nam Kyu

(생)1968·6·4 (출)부산 (주)경기도 용인시 기흥구 보정로 5 삼성생명탁구단(031-260-7560) (학)1987년 부산 광성고졸, 경성대 국어국문학과졸 2006년 체육학박사(경희대) (경)1986년 아시아경기대회 단체전·개인단식 금메달·복식 동메달 1987년 뉴델리 세계선수권대회 복식 동메달 1988년 서울올림픽대회 개인단식 금메달·복식 동메달 1989년 세계선수권탁구대회 혼합복식 금메달 1990년 북경아시아경기대회 단체전 금메달·혼합복식 은메달·단식 동메달·복식 동메달 1992년 바르셀로나올림픽대회 개인복식 동메달 1993년 예테보리 세계선수권대회 복식 동메달·혼합복식 은메달 1994년 히로시마 아시아경기대회 단식 은메달 1995년 월드서키트대회 개인전 금메달 1995년 세계선수권대회 단체전 동메달 1996년 애틀랜타올림픽대회 복식 동메달 1997년 맨체스터 세계선수권대회 단체전 동메달 1998년 방콕아시아경기대회 단체전 은메달 2000~2003년 제주삼다수팀 플레잉코치 2002년 아시아경기대회 국가대표팀 코치 2003~2007년 농심삼다수팀 코치·감독 2005년 서울대 강사 2008년 베이징올림픽대회 국가대표탁구팀 코치 2008년 대한탁구협회 경기위원회 기술이사 2009년 남자탁구 국가대표팀 감독 2009년 농심삼다

수탁구단 감독 2010년 문화체육인 환경지킴이단 2010년 (사)올림픽메달리스트 회장 2011년 남자탁구 국가대표팀 감독 2014년 에스오일 탁구단 감독 2016년 삼성생명탁구단 여자팀 감독(현) 2019년 여자탁구 국가대표팀 감독(현) (상)대통령표창(1986), 체육훈장 거상장, 체육훈장 청룡장(1988), 글로벌 자랑스런 한국인대상(2015) (종)기독교

유남근(劉南根) YOU Nam Keun

(생)1969·3·20 (출)경남 의령 (주)서울특별시 송파구 법원로 101 서울동부지방법원(02-2204-2102) (학)1987년 부산 동천고졸 1992년 고려대 법학과졸 (경)1991년 사법시험 합격(33회) 1994년 사법연수원 수료(23기) 1994년 軍법무관 1997년 부산지법 판사 2000년 同동부지원 판사 2002년 부산지법 판사 2004년 부산고법 판사 2007년 부산지법 판사 2009년 창원지법 부장판사 2011년 수원지법 부장판사 2014년 서울중앙지법 부장판사 2017년 서울북부지법 부장판사 2019년 서울동부지법 부장판사(현)

유남석(劉南碩) YOO Nam Seok

(생)1957·5·1 (본)강릉(江陵) (출)전남 목포 (주)서울특별시 종로구 북촌로 15 헌법재판소 소장실(02-708-3316) (학)1976년 경기고졸 1980년 서울대 법학과졸 1999년 同대학원 법학과졸 (경)1981년 사법시험 합격(23회) 1983년 사법연수원 수료(13기) 1983년 軍검찰관 1986년 서울민사지법 판사 1989년 서울지법 동부지원 판사 1990년 제주지법 판사 1991년 서울고법 판사 1992년 장기해외연수(독일 Bonn대) 1993년 헌법재판소 헌법연구관 1994년 서울고법 상사전담부 판사 1996년 대법원 재판연구관 2000년 수원지법 성남지원 부장판사 2002년 서울지법 부장판사 2002년 법원행정처 사법정책연구실 사법정책연구심의관 겸임 2003년 서울행정법원 부장판사 2005년 대전고법 부장판사 2006년 대법원 선임재판연구관 2008년 서울고법 부장판사 2008년 헌법재판소 수석부장연구관 파견 2010년 서울고법 부장판사 2012년 서울북부지법원장 2014년 서울고법 부장판사 2016년 광주고법원장 2017년 헌법재판소 재판관 2018년 同소장(현)

유남영(柳南榮) YOU Nam Young

(생)1960·5·1 (주)서울특별시 중구 정동길 35 유남영법률사무소(02-6020-0422) (학)1977년 전주고졸 1982년 서울대 법대졸 1997년 미국 워싱턴대 시애틀교 대학원 법학과졸(LL.M.) 1999년 법학박사(미국 워싱턴대) (경)1982년 사법시험 합격(24회) 1984년 사법연수원 수료(14기) 1985~1987년 해군 법무관 1988년 변호사 개업(현) 1997년 미국 New York Bar Exam 합격 1999년 법무법인 케이씨엘 변호사 2003~2005년 대한변호사협회 재무이사 2003년 국무총리산하 교육정보화위원회 위원 2004~2005년 경찰청 과거사진상규명위원회 위원 2005~2007년 대한상사중재원 중재인 2006년 민주사회를위한변호사모임 부회장 2007년 학교법인 덕성학원 임시이사 2007~2010년 국가인권위원회 상임위원(차관급) 2014~2016년 한국양성평등교육진흥원 초빙교수(노동) 2017년 경찰청 경찰인권침해조사위원장(현) 2017년 대통령직속 정책기획위원회 국민주권분과 위원(현)

유대영(柳大榮) Yoo Dae-Young

(생)1966 (주)서울특별시 종로구 청와대로 1 대통령 자치발전비서관실(02-770-0011) (학)세종고졸, 국민대 정치외교학과졸, 서강대 경제대학원졸 (경)국민대 정치대학원 겸임교수, 국회의원 보좌관, 대통령 정무비서관실 선임행정관 2019년 대통령 정무수석비서관실 자치발전비서관(현)

유대운(劉大運) YOU Dae Woon

(생)1950·1·10 (출)충남 서산 (주)서울특별시 동작구 보라매로5길 15 전문건설공제조합(02-3284-2008) (학)1991년 연세대 행정대학원 지방의회발전과정 수료 1992년 국민대 행정대학원 수료 1993년 서울대 경영대학원 최고경영자과정 수료 (경)1985~1990년 강북서민주택추진위원회 위원장 1989~1992년 번동철거보상대책위원회 위원장 1990~1993년 민주당 민생노동국장·인권국장 1990~2004년 同서울강북乙지구당 수석부위원장 1991년 서울 강북구의회 초대의원·예산결산특별위원장 1992년 민주당 제15대 대통령중앙선거대책위원회 서울성북·강북·도봉·노원구선거대책위원장 1995·1998·2002~2004년 서울시의회 의원(국민회의·새천년민주당) 1996~1998년 서울시립대 운영위원(이사) 1997년 서울시의회 문화교육위원장 1999·2002~2004년 同부의장 1999~2004년 서울시체육회 부회장 2003년 남서울대 객원교수 2003년 민주평통 서울시 강북구협의회장 2004~2007년 산업자원부 한국승강기안전관리원장 2009년 사람사는세상노무현재단 기획위원(현) 2010년 민주당 지방자치특별위원회 부위원장 2011년 박원순희망캠프 조직본부 부위원장 2011년 민주통합당 정책위원회 부의장 2012~2016년 제19대 국회의원(서울 강북乙, 민주통합당·민주당·새정치민주연합·더불어민주당) 2012년 민주통합당 당무위원 2012년 同반값등록금특별위원회 위원 2012년 同좋은일자리본부 위원 2012년 국회 행정안전위원회 위원 2012년 서울대총동창회 이사 2013년 국회 공직자윤리위원회 위원 2013년 국회 안전행정위원회 위원 겸 법안심사소위원회 위원 2013년 국회 공공의료정상화를위한국정조사특별위원회 위원 2013년 국회 예산·재정개혁특별위원회 위원 2013·2014년 국회 예산결산특별위원회 위원 2013년 민주당 정책위원회 부의장 2013년 同전월세대책TF 위원 2013년 同조세정의실천특별위원회 위원 2014~2015년 국회 운영위원회 위원 겸 청원심사소위원회 소위원장 2014년 국회 안전행정위원회 위원 2014~2015년 새정치민주연합 정책위원회 부의장 2014~2015년 同원내부대표 2014년 同정부조직개편특별위원회 간사 2015년 同4.29재보궐선거기획단 위원 2015년 同서울강북乙지역위원회 위원장 2015년 同한반도평화안전보장특별위원회 위원 2015년 더불어민주당 서울강북乙지역위원회 위원장 2017년 전문건설공제조합 제13대 이사장(현) (상)한국능률협회컨설팅 '2006한국경영대상' 혁신경영부문 최우수상, 한국산업경영시스템학회·한국표준협회컨설팅 공동 '2006경영혁신 베스트프랙티스' 고객만족부문 대상 및 CEO상(2006), 산업자원부 품질경쟁력우수기업상(2006·2007), 국회 모범국회의원상, 국정감사NGO모니터단 국정감사우수의원상, (사)전국지역신문협회 의정대상, 법률소비자연맹 국회헌정대상 우수의원상(2014) (저)자전 에세이 '희망을 향한 무한도전'(2010, 작은이야기) '유대운의 강북정치'(2013)

유대종(劉大鍾) Yoo Dae-jong

(생)1963·8·11 (주)서울특별시 종로구 사직로8길 60 외교부 기획조정실(02-2100-7094) (학)1986년 서울대 불어불문학과졸 (경)1988년 외무고시 합격(22회) 1988년 외무부 입부 1995년 同차관 비서관 1996년 駐제네바 1등서기관 1999년 駐세네갈 1등서기관 2003년 외교통상부 인사운영계장 2004년 駐유엔 1등서기관 2007년 외교통상부 유엔과장 2009년 한-아세안센터 개발기획총무부장 파견 2010년 駐오스트리아 공사참사관 2011년 駐유엔 공사참사관 2014년 외교부 국제기구국장 2016년 駐세르비아 대사 2018년 외교부 기획조정실장(현)

유대현(劉大鉉) YOO DAE HYUN

(생)1958 (주)서울특별시 성동구 왕십리로 222-1 한양대학교 류마티스병원(02-2290-9202) (학)1982년 한양대 의대졸 1990년 同대학원 의학석사 1993년 의학박사(한양대) (경)1994~1996년 군의관, 미국 코넬대 의대 연구원, 한양대 의대 내과학교실 교수(현), 한양대병원 내과 과장, 한양대 의

대 내과학교실 주임교수 2005년 同류마티즘연구소장, 한국과학기술원(KAIST) 의과학대학원 의학자문위원, 대한류마티스학연구재단 이사장, 국제관절염저널 편집위원 2012~2014년 대한류마티스학회 이사장 2012~2014년 아시아태평양류마티스학회(ARLAR) 부회장 2017~2018년 대한류마티스학회 회장 2019년 한양대 류마티스병원장(현) (상)대한류마티스학회 학술상(2002), 한양대 우수임상교수상(2004 · 2005), 유럽류마티스학회 최우수논문상(2005)

유덕열(柳德烈) YOO Deok Yeol

(생)1954 · 7 · 9 (본)문화(文化) (출)전남 나주 (주)서울특별시 동대문구 천호대로 145 동대문구청 구청장실(02-2127-4303) (학)서울 송곡고졸 1988년 동아대 정치외교학과졸 1990년 성균관대 행정대학원 수료 2002년 경희대 대학원 법학과졸 (경)1985년 민주화추진협의회 선전부장 1985년 부마항쟁동지회 회장 1988년 국회의원 보좌관 1988년 평민당 국제조직부국장 1988년 대정교역 기획실장 1992년 민주당 상무감사실 부실장 1993년 同조직국장 1993년 同통일국장 1995년 서울시의회 의원 1997년 同운영위원장 1998~2002년 서울 동대문구청장(국민회의 · 새천년민주당) 2002년 서울 동대문구청장선거 출마(새천년민주당) 2003년 동대문정책포럼 대표 2004년 제17대 국회의원선거 출마(서울 동대문구乙, 새천년민주당) 2005년 민주당 서울동대문乙지구당 위원장 2005년 同조직위원장 2006년 同서울성북乙선거지원단장 2006년 同연수원장 2007년 同사무부총장, 同중앙위원 2010년 同부대변인 2010~2014년 서울 동대문구청장(민주당 · 민주통합당 · 민주당 · 새정치민주연합) 2014~2018년 서울 동대문구청장(새정치민주연합 · 더불어민주당) 2015~2016년 서울시구청장협의회 회장 2017년 2017제천국제한방바이오산업엑스포 자문위원 2018년 서울 동대문구청장(더불어민주당)(현) (상)의정행정대상 기초단체장부문(2010), 한국문화관광진흥브랜드대상 혁신문화예술정책대상(2011), 여성가족부장관표창(2011), 전국기초단체장매니페스토 우수사례경진대회 우수상(2011 · 2012), 한국문화관강브랜드 혁신진흥정책분야 대상(2011), 대한민국 지방자치경영대전 환경관리부문최우수상 환경부장관표창(2011), 그린스타트전국대회우수상 환경부장관표창(2011), 대통령직속 녹색성장위원회 제3회 생생도시우수상(2011), 보건복지부장관표창(2012), 자랑스런 대한국민대상 행정부문(2013), 법률소비자연맹 공약대상(2014), 지구촌희망펜상 자치부문대상(2016), (사)세로토닌문화 세로토닌교육상(2016), 지방자치행정대상조직위원회 지방자치행정대상(2016 · 2017), 대한민국유권자대상 기초자치단체장부문 대상(2017), 한국소비자협회 대한민국소비자대상(2018 · 2019) (저)'동대문에는 없다'(2002, 장문산) '나의 꿈 나의 도전'(2010, 청류) '더 멀리 가려면 함께 가라'(2014, 정우) (종)기독교

유도윤(柳道潤)

(생)1970 · 4 · 6 (출)경기 평택 (주)서울특별시 서초구 반포대로 157 대검찰청 노동수사지원과(02-3480-2340) (학)1989년 서울 광성고졸 1993년 고려대 법학과졸 (경)2000년 사법시험 합격(42회) 2003년 사법연수원 수료(32기) 2003~2006년 변호사 개업 2003년 대한법률구조공단 울산지부 변호사 2006년 수원지검 성남지청 검사 2008년 부산지검 검사 2010년 서울중앙지검 검사 2016년 창원지검 검사 2017~2018년 국가정보원 파견(수사지도관) 2017년 창원지검 부부장검사 2018년 울산지검 공안부장 2019년 대검찰청 공안3과장(부장검사) 2019년 同노동수사지원과장(현)

유도재(劉度在) YU Do Jae (白公)

(생)1933 · 2 · 7 (본)거창(居昌) (출)경남 사천 (주)서울특별시 구로구 경인로 8 학교법인 유한학원 이사장실(02-2610-0604) (학)1953년 마산고졸 1958년 일본 오사카(大阪)시립대 경제학부졸 1978년 서울대 경영대학원 수료 1994년 명예 체육학박사(러시아 국립체육대) 1996년 연세대 언론홍보대학원 수료 (경)1961년 (주)유한양행 입사 1973년 同전무이사 1983년 (주)유한에스피 대표이사 사장 1987년 동광제약(주) 대표이사 사장 1988년 통일민주당 상무위원 1989년 신한약품 대표이사 1990년 민자당 중앙상무위원 1992년 同대통령선거대책본부 금융단 부단장 1993년 국민체육진흥공단 부이사장 1993년 同이사장 1995~1997년 대통령 총무수석비서관 1996년 대한체육회 고문 1997년 경남대 극동문제연구소 선임연구원 1997년 재외동포재단 상임고문 2014년 학교법인 유한학원(유한공고 · 유한대) 이사장(현) (상)체육훈장 맹호장, 황조근정훈장 (종)천주교

유도훈(劉都勳) Yoo Do Hun

(생)1967 · 4 · 28 (주)인천광역시 부평구 체육관로 60 삼산월드체육관 인천 전자랜드 엘리펀츠(032-511-4051) (학)용산고졸, 연세대졸 (경)1997~2000년 대전 현대 걸리버스 소속 2000~2005년 전주 KCC 이지스 코치 2005~2007년 창원 LG 세이커스 코치 2007~2008년 안양 KT&G 카이츠 감독 2009~2010년 인천 전자랜드 블랙슬래머 코치 2010년 인천 전자랜드 엘리펀츠 감독(현)

유동국(柳東局) YOO Dong Gug

(생)1963 · 1 · 8 (본)문화(文化) (출)광주 (주)전라남도 순천시 해룡면 율촌산단4로 13 전남테크노파크 원장실(061-729-2590) (학)1988년 전남대 경영학과졸 1991년 同대학원 경영학과졸 1995년 경영학박사(전남대) 2008년 전남대 경제학 박사과정 수료 (경)2000년 전남매일 대표이사 사장 겸 발행인 2003~2005년 同회장 2008년 국회 강운태국회의원 보좌관 2010년 (사)광주정책연구원 원장 2010~2014년 광주테크노파크 원장, 한국광기술원 이사, 광주신용보증재단 이사, 광주산학연협의회 회장, 광주지역산업진흥협의회 회장 2015~2018년 (사)한국지역경제산업연구원 원장 2018년 (재)전남테크노파크 원장(현) (저)'기업이론' '기업이론과 기업의 소유지배구조' '기업의 바람직한 구조조정방향' (역)'기업이론 : 조직의 경제학적 접근방식' '계약과 조직의 경제학'

유동규 Yoo, Dong Kyu

(생)1969 · 10 · 1 (주)경기도 수원시 장안구 경수대로 1150 경기관광공사 사장실(031-259-4700) (학)한양대졸 2014년 단국대 부동산 · 건설대학원 건축시스템경영학과졸 (경)분당 한솔5단지리모델링추진위원회 조합장, 성남시시설관리공단 기획본부장(상임이사) 2014년 성남도시개발공사 기획본부장(상임이사) 2015년 同사장 직무대행 2018년 경기관광공사 사장(현) (상)기호참일꾼상 지방행정부문(2015), 혁신기업인대상 공공부분(2017), 행정안전부장관표창(2018)

유동균(庾東均) YOO Dong Gyun

(생)1962 · 10 · 20 (본)무송(茂松) (출)전북 고창 (주)서울특별시 마포구 월드컵로 212 마포구청 구청장실(02-3153-8000) (학)한국방송통신대 행정학과졸, 연세대 행정대학원 석사과정 재학 중 (경)1995년 서울시 마포구의회 의원(2대) 1995년 민주당 서울마포구乙지구당 사무국장 1995년 드림법무사사무소 사무장 2002년 민주통합당 서울마포구乙지역위원회 사무국장 2010~2014년 서울시 마포구의회 의원(민주당 · 민주통합당 · 민주당 · 새정치민주연합) 2010~2012년 同행정건설위원장 2012년 同운영위원회 · 복지도시위원회 위원 2012년 민주평통 자문위원 2014년 새정치민주연합 서울마포구乙지역위원회 사무국장 2014~2018년 서울시의회 의원(새정치민주연합 · 더불어민주당) 2014년 同운영위원회 위원 2014 · 2016~2018년 同도시계획관리위원회 위원 2015년 同남산케이블카운영사업독점운영및인 · 허가특혜의혹규명을위한행정사무조사특별위원회 위원 2015년 더불어민주당 서울마포구乙지역

위원회 사무국장 2016년 서울시의회 서울메트로사장후보자인사청문특별위원회 부위원장 2016~2018년 同서부지역광역철도건설특별위원회 위원장 2018년 서울 마포구청장(더불어민주당)(현) (상)국제평화언론대상 자치의정부문 대상(2013), 민주통합당표창 1급 포상(2013), 한국매니페스토실천본부 '2015지방의원 매니페스토 약속대상' 광역의원분야 최우수상(2015), 더불어민주당표창 1급 포상(2017), 더불어민주당 '더민주정치대학 1기' 최우수상(1급 포상)(2017), 수도권일보·시사뉴스 서울시 행정사무감사 우수의원상(2017) (종)천주교

유동성(柳東成) YOO Dong Sung

(생)1956·6·26 (출)전북 완주 (주)전라북도 전주시 완산구 전라감영로 75 전라일보 사장실(063-232-3132) (학)전주고졸 1980년 전북대 경제학과졸 (경)1979년 한국일보 입사 1988~1994년 전라일보 편집국 기자·경제부장 1994년 전북제일신문 입사 2000년 同편집부국장 겸 논설위원 2001년 同편집국장 2003·2007년 전라일보 편집국장 2005년 同수석논설위원 2007년 한국신문방송편집인협회 이사 2008년 전라일보 수석논설위원 겸 기획실장 2015년 同대표이사 사장(현)

유동수(柳東秀) YOU Dong Soo

(생)1961·9·18 (출)전북 부안 (주)서울특별시 영등포구 의사당대로 1 국회 의원회관 831호(02-784-3543) (학)1980년 전라고졸 1987년 연세대 경영학과졸 (경)세동회계법인 공인회계사, 유동수세무회계사무소 대표 2000~2009년 경인여대 감사 2006년 (주)로트론 사외이사 2011~2014년 인천도시공사 상임감사 2014년 인덕회계법인 인천지점 대표회계사 2014~2015년 누구나집자기관리부동산투자회사 대표이사 2014~2016년 (주)하우징텐 대표이사 2016년 더불어민주당 인천시계양구甲지역위원회 위원장(현) 2016년 제20대 국회의원(인천시 계양구甲, 더불어민주당)(현) 2016~2017년 더불어민주당 회계담당 원내부대표 2016~2017년 국회 산업통상자원위원회 위원 2016~2017년 더불어민주당 을지로위원회 위원 2016년 同인천시당 乙지키는민생실천위원회 위원장 2016년 국회 예산결산특별위원회 위원 2017년 더불어민주당 제19대 문재인 대통령후보 중앙선거대책본부 직능본부 부본부장 2017~2018년 同정책담당 원내부대표 2017~2018년 국회 산업통상자원중소벤처기업위원회 위원 2017년 더불어민주당 민생상황실 민생119팀 위원 2017~2018년 국회 미세먼지대책특별위원회 위원 2018년 더불어민주당 한국GM대책특별위원회 위원(현) 2018년 국회 정무위원회 위원 2019년 국회 정무위원회 간사(현) 2019년 더불어민주당 민생입법추진단 위원(현) 2019년 同싱크탱크민주연구원 회계감사(현) (상)한국언론인연합회 대한민국나눔봉사대상 사회복지부문 대상(2017), 법률소비자연맹 '제20대 국회 1차년도 국회의원 헌정대상'(2017), 소상공인연합회 초정대상 국회의원표창(2017)

유동우(柳東佑)

(생)1960 (주)경기도 고양시 일산서구 고양대로 315 한국시설안전공단(031-910-4000) (학)1983년 연세대 토목공학과졸 1999년 구조공학박사(연세대) (경)1987년 한국농어촌공사 입사 1995년 한국시설안전공단 입사 2014년 同특수교유지관리센터장 2016년 同성능관리본부장 2017년 同국가시설관리본부장 2018년 同안전관리이사(상임이사)(현)

유동준(俞東濬) Yu, Dong Jun

(생)1965·12·15 (주)대전광역시 서구 청사로 189 중소벤처기업부 감사담당관실(042-481-4337) (학)1984년 충북 진천고졸 1992년 충북대 중어중문학과졸 (경)2006년 재정경제부 경제정책국 종합정책과 사무관 2007년 중소기업청 창업벤처본부 창업벤처정책팀 사무관 2008년 同창업벤처국 벤처정책과 사무관 2008년 同경영지원국 기업금융과 사무관 2011년 충북도 파견 2012년 중소기업청 경영지원국 기업금융과 사무관 2013년 同중소기업정책국 정책총괄과 사무관 2014년 同운영지원과 서기관 2017년 同경영판로국 인력개발과장 2017년 중소벤처기업부 창업벤처혁신실 인재활용촉진과장 2018년 충북지방중소벤처기업청장 2019년 중소벤처기업부 감사담당관(현)

유동호(柳東昊)

(생)1970·3·14 (출)경남 마산 (주)경기도 의정부시 녹양로34번길 23 의정부지방검찰청 형사4부(031-820-4542) (학)1988년 창원고졸 1996년 한국외국어대 법학과졸 (경)1999년 사법시험 합격(41회) 2002년 사법연수원 수료(31기) 2002년 인천지검 검사 2004년 창원지검 통영지청 검사 2006년 부산지검 검사 2008~2012년 서울중앙지검 검사 2009년 식품의약품안전청 위해사범중앙조사단 특별수사기획관(파견) 2012년 수원지검 성남지청 검사 2014년 대구지검 검사 2016년 同부부장검사 2018년 춘천지검 원주지청 형사2부장 2018년 부산지검 외사부장 2019년 의정부지검 형사4부장(현) (상)근정포장(2015)

유동훈(劉東勳) Dong Hun Yu

(생)1959·9·8 (출)경남 통영 (주)부산광역시 서구 구덕로 225 동아대학교 사회과학대학 미디어커뮤니케이션학과(051-200-8645) (학)1978년 중경고졸 1984년 동아대 경영학과졸 2003년 미국 일리노이대 대학원 광고학과졸 (경)1987년 행정고시 합격(31회) 2000년 국정홍보처 해외홍보원 외신과장 2001년 국외훈련 파견 2003년 국정홍보처 홍보기획국 사회문화홍보과장 2004년 同홍보기획국 홍보기획과장 2005년 同홍보기획단 혁신기획관(부이사관) 2007년 駐브라질 공사참사관(고위공무원) 2011년 한국예술종합학교 사무국장 2012년 문화체육관광부 국민소통실 홍보정책관 2013년 同대변인 2014~2016년 同국민소통실장 2015~2016년 연합뉴스 수용자권익위원회 위원 2016~2017년 문화체육관광부 제2차관 2017년 동아대 사회과학대학 미디어커뮤니케이션학과 석좌교수(현) (상)홍조근정훈장(2012) (종)기독교

유두석(俞斗錫) Yoo Duseok

(생)1950·2·27 (출)전남 화순 (주)전라남도 장성군 장성읍 영천로 200 장성군청 군수실(02-390-7205) (학)광주고졸, 전남대 정치외교학과졸, 영국 버밍햄대 대학원 지역계획학과졸, 도시계획학박사(경원대) (경)건설교통부 물류시설과장 1999년 同지가제도과장 2000년 국립지리원 지도과장 2002년 건설교통부 주택관리과장 2003년 同공공주택과장 2004년 同항공정책과장(부이사관) 2005~2006년 同중앙토지수용위원회 사무국장(이사관) 2006~2007년 전남 장성군수(무소속), 옥산·오창민자고속도로 사장 2014~2018년 전남 장성군수(무소속) 2018년 전남 장성군수(무소속)(현) (상)근정포장(1986), 녹조근정훈장(1992), 건설교통부장관표창, 동아일보 한국의 최고경영인상 리더십경영부문(2015), 올해의 CEO 대상 혁신경영부문(2015), 도전한국인대상(2016), 대한민국환경대상(2017) (저)'아름다운 귀향, 장성의 미래가 보인다'

유 룡(劉 龍) RYOO Ryong

(생)1955·9·1 (출)경기 화성 (주)대전광역시 유성구 대학로 291 한국과학기술원(KAIST) 자연과학대학 화학과(042-350-8131) (학)1977년 서울대 공업화학과졸 1979년 한국과학기술원(KAIST) 화학과졸(석사) 1986년 이학박사(미국 스탠퍼드대) (경)1979~1982년 한국에너지연구소 연구원 1985~1986년 미국 로렌스버클리연구소 Post-Doc.

1986~1996년 한국과학기술원(KAIST) 화학과 조교수·부교수 1990년 프랑스 E.N.S.C.M. 방문연구교수 1992년 미국 Stanford Univ. 방문연구교수 1993년 프랑스 파리제6대 방문연구교수 1994년 호주 NSW대 방문연구교수 1996~2008년 한국과학기술원(KAIST) 화학과 교수 2001~2012년 同기능성나노물질연구단장 2001~2007년 국제제올라이트학회 Council Member 2002~2006년 국제메조구조물질학회 Council Member 2006년 대한화학회 학술부회장 2007년 '국가과학자'로 선정 2008년 한국과학기술원(KAIST) 자연과학대학 화학과 특훈교수(Distinguished Professor)(현) 2011년 유네스코·국제순수응용화학연합(IUPAC) 선정 '세계화학자 100인' 2012년 한국과학기술원(KAIST) 기초과학연구원(IBS) 나노물질및화학반응연구단장(현) (상)일본전자현미경학회 최우수논문상(2001), 올해의 KAIST 교수상(2001), 한국과학재단·서울경제신문 이달의 과학기술자상(2001), American Chemical Society Research of Future Award(2001), 대한화학회 학술상(2002), KAIST 학술대상(2002), 대한민국 최고 과학기술인상(2005), 닮고싶고 되고싶은 과학기술인 선정(2006), 한국과학재단 및 과학논문인용색인(SCI) 주관사 미국 톰슨사이언티픽 선정 '올해 세계 수준급 연구영역 개척자상'(2007), '올해의 국가과학자' 선정(2007), 한국과학기술정보연구원 지식창조대상 화학분야(2009), 호암상 과학상(2010), 국제제올라이트학회 브렉상(Breck Award)(2010), 에쓰오일과학문화재단 선정 올해의 선도과학자 펠로십(2014)

유명수(劉明秀)

(생)1967·6·5 (주)세종특별자치시 도움6로 11 환경부 자연보전정책관실 자연생태정책과(044-201-7221) (학)1992년 국민대 행정학과졸 1997년 서울대 대학원 행정학과졸 (경)1995년 총무처 5급 공채 1996년 중앙환경분쟁조정위원회 사무국 사무관 2000년 환경부 기획관리실 기획예산담당관실 사무관 2006년 同자원순환국 자원순환정책과 서기관 2007년 금강유역환경청 유역관리국장 2009년 국무총리실 새만금추진기획단 환경정책과장(파견) 2010년 환경부 자원순환국 자원재활용과장 2010년 同기획조정실 조직성과담당관 2012년 同감사관실 환경감시팀장 2013년 해외 파견(과장급) 2016년 한강유역환경청 환경관리국장 2016년 환경부 기획조정실 창조행정담당관 2017년 同자연보전국 국토환경정책과장 2017년 同환경융합정책관실 국토환경정책과장 2018년 대구지방환경청 기획평가국장 2019년 환경부 자연보전정책관실 자연생태정책과장(현)

유명순(柳明淳·女) Yoo, Myung-Soon

(생)1964·11·11 (주)서울특별시 중구 청계천로 24 한국씨티은행 임원실(02-3455-2020) (학)1987년 이화여대 영어교육학과졸 1991년 서강대 경영대학원졸(MBA) 2009년 서울대 최고경영자과정 수료 (경)1987년 씨티은행 기업심사부 애널리스트 1993년 同국내대기업부 Risk Manager 1993년 同기업심사부장 1998년 同다국적기업부 심사역 2004년 한국씨티은행 다국적기업부장 2005년 글로벌뱅킹그룹 NY 2005년 한국씨티은행 다국적기업부 본부장 2008년 同기업금융상품본부장 2009~2014년 同기업금융상품본부 부행장 2014년 제이피모건체이스뱅크 서울지점 공동지점장 2015년 한국씨티은행 기업금융그룹장(수석부행장)(현)

유명우(柳明佑) Yu Myung Woo

(생)1964·1·10 (출)서울 (주)경기도 부천시 중동로254번길 69 버팔로복싱짐(032-329-1212) (학)인천체육고졸 (경)1977년 권투 입문 1982년 프로권투선수 데뷔 1985년 세계권투협회(WBA) 주니어플라이급 챔피언 1985~1991년 WBA 17차 방어전 성공(국내 최다 방어기록 수립) 1991년 WBA 18차방어전 실패 1992년 WBA 주니어플라이급 챔피언 타이틀 탈환 1993년 WBA 주니어플라이급 타이틀 반납·명예은퇴(프로통산 39전 38승(14KO)1패 기록) 2009~2010·2012년 한국권투위원회 사무총장 2013~2014년 YMW 버팔로프로모션 대표 2013년 국제복싱 명예의 전당(IBHOF) 헌액 2014~2019년 한국권투연맹(KBF) 실무부회장 2019년 버팔로복싱짐 대표(프로모터)(현) (상)한국권투위원회(KBC) 선정 최우수 복서(1990), 세계권투협회(WBA) 선정 올해의 복서(1991), 한국권투인의날 대상(1992), WBA선정 92년도뉴챔피언상(1993), 체육훈장 맹호장

유명환(柳明桓) YU Myung Hwan

(생)1946·4·8 (출)서울 (주)서울특별시 광진구 능동로 209 학교법인 대양학원 이사장실(02-499-4121) (학)1965년 서울고졸 1970년 서울대 행정학과졸 1974년 네덜란드 사회과학원 수료 (경)1973년 외무고시 합격(7회) 1973년 외무부 입부 1976년 駐일본 3등서기관 1979년 대통령비서실 파견 1981년 駐싱가포르 1등서기관 1983년 駐바베이도스 참사관 1985년 대통령비서실 파견 1986년 외무부 미주국 북미과장 1988년 同장관 보좌관 1988년 駐미국 참사관 1991년 외무부 미주국 심의관 1992년 同공보관 1994년 駐유엔대표부 공사 1995년 대통령 외교비서관 1996년 외무부 미주국장 1996년 同북미국장 1998년 駐미국 공사 2001년 외교통상부 장관특별보좌관 2001년 同對테러 및 아프간문제 담당대사 2002년 駐이스라엘 대사 2004년 駐필리핀 대사 2005년 외교통상부 제2차관 2005~2006년 同제1차관 2007년 駐일본 대사 2008~2010년 외교통상부 장관 2010~2011년 미국 스탠퍼드대 아시아태평양연구센터(APARC) 방문교수 2011년 김앤장법률사무소 고문(현) 2011~2013년 세종대 석좌교수 2013년 학교법인 대양학원 이사장(현) 2014년 한국자유총연맹 고문 2016년 일본군위안부피해자지원을위한재단설립준비위원회 위원 (상)홍조근정훈장(1996), 필리핀 대십자훈장(2005), 자랑스러운 ROTCian상(2009), 일본 욱일대수장(旭日大綬章)(2015)

유명희(柳明姬·女) YU Myeong Hee

(생)1954·9·5 (출)서울 (주)서울특별시 성북구 화랑로14길 5 한국과학기술연구원 의공학연구소 테라그노시스연구단(02-958-6911) (학)1976년 서울대 자연과학대학 미생물학과졸 1981년 미생물학박사(미국 캘리포니아대 버클리교) 2008년 한국과학기술원(KAIST) 테크노경영대학원 Executive과정 MBA 수료 2014년 미국 Northwestern Univ. School of Law Executive (LL.M.) (경)1981~1985년 미국 MIT Post-Doc. 1985~2000년 생명공학연구소 선임연구원·책임연구원 1991~1992년 미국 MIT Whitehead Institute 방문연구원 1997~2002년 과학기술부 창의사업단백질긴장상태연구단장 2000~2010년 한국과학기술연구원(KIST) 책임연구원 2000~2002년 同생체과학연구부 단백질긴장상태연구단장 2002~2008년 과학기술부 프로테오믹스이용기술개발사업단장 2002년 한국과학기술한림원 정회원(현) 2008년 교육과학기술부 프로테오믹스이용기술개발사업단장 2008~2010년 대통령직속 국가과학기술위원회 위원, 한국과학기술연구원(KIST) 21세기프론티어사업단장 2010년 한국여성과학기술단체총연합회 부회장 2010~2013년 대통령실 미래전략기획관 2013년 한국과학기술연구원(KIST) 의공학연구소 테라그노시스연구단 책임연구원(현) 2016년 한국공학한림원 정회원(기술경영정책분과·현) 2016년 생화학분자생물학회 회장 2018년 한국여성과학기술단체총연합회 회장(현) (상)생명공학원상, 목암생명과학상 본상, 과학기술훈장 웅비장, 로레알-유네스코 세계여성과학자상(1998), 서울시 문화상, '닮고싶고 되고싶은 과학기술인' 선정(2003), '유네스코 60년에 기여한 60명의 여성들'에 선정(2006)

유명희(俞明希·女) Yoo Myung-hee

(생)1967·6·5 (출)서울 (주)세종특별자치시 한누리대로 402 산업통상자원부 통상교섭본부(044-203-5017) (학)정신여고졸, 서울대 영어영문학과졸 (경)1992년 행정고시 합격(35회) 2003년 외교통상부 다자통상협력과 사무관 2004년 同통상정책기획과 사무관 2005년 同통상교섭본부 자유무역협정정책과장 2007년 同통상교섭본부 자유무역협정서비스투자과장 2008년 駐중국 1등서기관 2010년 아시아태평양경제협력체(APEC) 대표부 파견(참사관) 2014년 대통령 홍보수석비서관실 외신대변인 2015년 산업통상자원부 통상교섭실 자유무역협정교섭관 겸 동아시아자유무역협정추진기획단장(고위공무원) 2017년 同통상정책국장 2018년 同통상교섭실장 2019년 同통상교섭본부장(차관급)(현)

유민봉(庾敏鳳) YOO Min Bong

(생)1958·1·9 (출)대전 (주)서울특별시 영등포구 의사당대로 1 국회 의원회관 1015호(02-784-2060) (학)1976년 대전고졸 1980년 성균관대 행정학과졸 1986년 미국 텍사스주립대 대학원 행정학과졸 1990년 행정학박사(미국 오하이오주립대) (경)1979년 행정고시 합격(23회) 2000~2013·2015~2016년 성균관대 사회과학대학 행정학과 교수 겸 국정관리대학원 교수 2005~2006년 '바른사회를 위한 시민회의' 바른행정본부장 2006~2008년 성균관대 기획조정처장 2008~2010년 同국정관리대학원장 겸 행정대학원장 2009년 同사회과학부장 2013년 제18대 대통령직인수위원회 국정기획조정분과 간사 겸 인수위원회 총괄간사 2013~2015년 대통령 국정기획수석비서관 2013~2015년 청와대불자회 회장 2016년 제20대 국회의원(비례대표, 새누리당·자유한국당〈2017.2〉)(현) 2016~2017년 국회 안전행정위원회 위원 2016~2017년 국회 지방재정·분권특별위원회 위원 2017년 포항해병대 문화축제 홍보대사(현) 2017·2018년 국회 행정안전위원회 위원(현) 2017년 자유한국당 국제위원회 위원장(현) 2017~2018년 同정책위원회 부의장 2018년 국회 여성가족위원회 위원(현) 2018년 국회 4차산업혁명특별위원회 간사(현) 2018년 국회 '공공부문채용비리의혹과 관련된 국정조사특별위원회' 위원(현) (저)'한국행정학' '인사행정론' (종)불교

유법민(柳法敏) Ryu Peob Min

(생)1969 (주)서울특별시 종로구 세종대로 209 정부서울청사 4층 대통령직속 국가균형발전위원회 정책기획실(02-2100-1183) (학)미국 예일대 경영대학원 경영학과졸 (경)1994년 행정고시 합격(38회), 정보통신부 전파방송관리국 사무관, 同전파방송정책국 방송위성과 사무관 2004년 서기관 승진, 정보통신부 전파연구소 품질인증과장 2007년 同우정사업본부 예금사업단 예금자금운용팀장 2008년 지식경제부 우정사업본부 예금자금운용팀장 2010년 同소프트웨어진흥과장 2011년 同투자유치과장 2012년 同에너지자원실 기후변화에너지자원개발정책관실 자원개발전략과장 2013년 산업통상자원부 에너지자원실 자원개발전략과장 2014년 同산업기반실 산업기술시장과장 2014년 同산업기반실 산업기술개발과장 2016년 同산업기반실 조선해양플랜트과장(부이사관) 2016년 同에너지신산업정책과장 2017년 同에너지신산업정책단 근무 2018년 대통령직속 국가균형발전위원회 정책기획실장(국장급)(현) (상)대통령표창(2004)

유병국(柳秉國) RYOU Byong Kuk

(생)1968·4·1 (본)고흥(高興) (출)충남 천안 (주)충청남도 예산군 삽교읍 도청대로 600 충청남도의회(041-635-5000) (학)청주대 법학과졸, 同대학원 법학과졸 (경)민주당 양승조 국회의원 입법보좌관 2004년 민주평통 자문위원 2010년 충남도의회 의원(민주당·민주통합당·민주당·새정치민주연합) 2010년 同문화복지위원회 위원 2010년 同운영위원회 위원 2010년 同충남도와세종특별자치시간상생발전특별위원회 위원 2012년 同민주통합당 대표 2012년 同운영위원회 위원장 2012년 同건설소방위원회 위원 2014~2018년 충남도의회 의원(새정치민주연합·더불어민주당) 2014년 同운영위원회 위원 2014년 同행정자치위원회 위원 2014년 同예산결산특별위원회 위원 2016~2018년 同농업경제환경위원회 위원 2016~2018년 同내포문화권발전특별위원회 위원 2017년 더불어민주당 제19대 문재인 대통령후보 국가균형발전특보 2018년 충남도의회 의원(더불어민주당)(현) 2018년 同의장(현) 2019년 대한민국시도지사협의회 지방분권특별위원회 위원(현) (상)세종·충남지역신문협회 풀뿌리자치대상 충청인상(2015), 전국지방의회 친환경 최우수의원상(2015), 한국을 빛낸 대한민국 충효대상(2019)

유병권(俞炳權) YOU Byeong Kwon

(생)1960·11·10 (본)기계(杞溪) (출)전남 광양 (주)서울특별시 동작구 보라매로5길 15 전문건설회관 13층 대한건설정책연구원 원장실 (학)1983년 전남대 경영대학 회계학과졸 1992년 서울대 행정대학원졸 1996년 미국 미시간주립대 대학원 도시및지역계획학과졸, 행정학박사(서울시립대) (경)1989년 행정고시 합격(33회) 2000년 건설교통부 도시정책과 서기관 2001년 미국 주택도시개발성 파견 2003년 건설교통부 신행정수도건설추진단 기획과장 2004년 同주거복지과장 2005년 同지역정책과장 2007년 同장관비서관 2007년 同도시정책팀장(부이사관) 2008년 국가경쟁력강화위원회 파견(부이사관) 2010년 국가건축정책위원회 국가건축정책기획단 부단장(고위공무원) 2011년 국토해양부 도시정책관 2012년 부산지방국토관리청장 2013~2014년 국토교통부 토지정책관 2014년 새누리당 수석전문위원 2017년 자유한국당 수석전문위원 2017년 국토교통부 중앙토지수용위원회 상임위원 2017~2018년 同국토도시실장 2019년 대한건설정책연구원 원장(현) (상)대통령표창(1999), 자랑스러운 전남대인(2017) (저)'주택저당증권(MBS)의 이해'(2004) (역)'도시토지이용계획론'(2000) (종)기독교

유병규(俞炳圭) YU Byoung Gyu

(생)1960·1·13 (본)기계(杞溪) (출)서울 (주)서울특별시 용산구 한강대로23길 55 HDC(주) 부사장실(02-2008-9114) (학)마포고졸, 성균관대 경제학과졸, 경제학박사(성균관대) (경)성균관대 강사, 한국산업경제연구원 연구원, 과학기술부 정책평가위원, 국민경제자문회의 전문위원, 서울시 업무평가위원, 노동부 정책자문위원 2006년 현대경제연구원 경제본부장(상무) 2007년 同산업전략본부장(상무) 2008년 同경제연구본부장(상무), 한국경제학회 경제교육분과 위원, 한국생산성학회 부회장, 한국지역경제학회 상임이사, 민주평통 상임위원 2010~2013년 현대경제연구원 경제연구본부장(전무), 미국 존스홉킨스대 SAIS 초빙연구원, 국세청 자문위원 2013~2016년 국민경제자문회의 지원단장 2015년 보건복지부 저출산고령사회위원회 지속발전분과장 2016~2018년 산업연구원 원장 2016년 산업통상자원부 기업활력제고를위한특별법(기활법)관련 사업재편계획심의위원회 민간위원(현) 2018년 한국공학한림원 정회원(기술경영정책·현) 2018년 HDC(주) 부사장(현) (상)현대그룹 최우수경영인상(2005·2007), 국가과학기술위원장표창(2012), 대통령표창(2016) (저)'한국경제의 발전과정과 미래' '지식혁명과 기업' '제조업의 디지털 경영전략' '허브 한반도' '사이언스 마인드 사이언스 코리아' '치미아 이코노믹스' 'BRICs' '대한민국 경제 지도' '통계에 담긴 진짜 재미있는 경제' (역)'나이키는 왜 짝퉁을 낳았을까' '세계화 이후의 부의 지배' '격동의 시대' '미래를 말한다' (종)기독교

유병길(兪炳吉) YOO Byung Gil

(생)1942·6·29 (본)기계(杞溪) (출)서울 (주)서울특별시 중구 퇴계로 97 고려대연각센터 1201호 동광제약(주) 비서실(02-776-7641) (학)1961년 대광고졸 1965년 고려대 법학과졸 1978년 성균관대 경영대학원 수료 (경)1973년 동아생명보험(주) 입사 1983년 同영업국장 1989년 동양생명보험(주) 상무 1993년 同전무 1994년 同부사장 1996년 同고문 1996~1998년 고려생명보험(주) 사장 2002년 동광제약(주) 대표이사(현)

유병두(柳炳斗)

(생)1963·10·26 (출)충남 (주)경기도 안양시 동안구 관평로212번길 52 수원지방검찰청 안양지청 총무과(031-470-4510) (학)1982년 대일고졸 1986년 연세대 법학과졸 (경)1994년 사법시험 합격(36회) 1997년 사법연수원 수료(26기) 1998년 대구지검 검사 2000년 同안동지청 검사 2001년 서울지검 의정부지청 검사 2003년 서울지검 검사 2004년 서울중앙지검 검사 2006년 광주지검 검사 2008년 서울동부지검 검사 2009년 同부부장검사 2011년 청주지검 부장검사 2012년 전주지검 부장검사 2013년 서울동부지검 공판부장 2014년 의정부지검 형사4부장 2015년 수원지검 안산지청 부장검사 2016년 부산지검 형사2부장 2017년 서울고검 검사 2018년 법무연수원 교수 2018년 서울중앙지검 부장검사 2019년 수원지검 안양지청장(현)

유병서(兪炳瑞) Byung Seo Yoo

(생)1969·8·6 (출)서울 (주)세종특별자치시 갈매로 477 기획재정부 인사과(044-215-2114) (학)1988년 서울 반포고졸 1995년 서울대 경제학과졸 2002년 미국 퍼듀대 대학원 경영학과졸 (경)2005년 기획예산처 재정운용협력과장 2006년 재정경제부 경제협력국 개발협력과장 2007년 기획예산처 일반행정재정과장 2009년 OECD 근무 2012년 대통령 경제금융비서관실 행정관 2013년 기획재정부 교육예산과장(부이사관) 2014년 同국토교통예산과장 2015년 同복지예산과장 2016년 대통령비서실 근무 2017년 아세안+3거시경제조사기구(AMRO) 파견(현)

유병언(兪炳彦) YOO Byung Un

(생)1953·2·7 (출)충남 서천 (주)서울특별시 광진구 능동로25길 7 양신빌딩 3층 (주)비츠로테크(02-2024-3114) (학)1972년 리라고졸 1977년 부산대 전기공학과졸, 서울대 대학원 MBA 수료 2000년 한양대 경영대학원 최고경영자과정 수료 (경)쌍용전기공업 근무 1979~1984년 효성중공업 기술개발·설계업무과장 대리 1984~2000년 (주)광명전기 상무이사·대표이사 상무 2003년 대한전기학회 평의원(현) 2004년 同사업이사 2005년 한국전기산업진흥회 이사(현) 2005년 (주)비츠로시스 전력IT사업총괄 사장 2006년 (주)비츠로테크 공동대표이사(현) 2007년 한국서부개폐기사업협동조합 이사장 2010년 한국전력기기사업협동조합 이사장(현) 2016년 국제대전력망협의회(CIGRE) 한국위원회 감사(현) 2017년 중소기업중앙회 에너지특별위원회 위원장(현) (종)기독교

유병열(柳丙烈) Yoo Byungryul

(생)1957·10·15 (출)충남 보령 (주)서울특별시 송파구 양재대로 1239 한국체육대학교 생활체육대학 스포츠청소년지도학과(02-410-6845) (학)1981년 한국체육대 체육학과졸 1983년 경희대 대학원 체육학과졸 1997년 체육학박사(한양대) (경)1979년 미국 톨리도대 교환교수 1987년 한국체육대 사회체육학부 스포츠청소년지도전공 교수 1993~1994년 한양대 대학원 원우회 회장 1994~1996년 대한사이클연맹 기획이사·국제이사 1994~1996년 한국체육대 학생생활연구소장 1995년 자전거사랑전국연합회 이사 1996년 서울사이클연맹 전무이사 1998년 한국스포츠TV 경륜해설위원 1998년 한국체육대 체육학과장 1999~2000년 (사)한국여가레크리에이션협회 전무이사 2001~2013년 同부회장 2001년 한국체육대 청소년지도학과장 2001~2007년 (사)국민생활체육협의회 이사 2001~2009년 한국레크리에이션교육학회 부회장 2004년 한국체육대 학생처장 2005년 한국여가학회 회장 2007년 한국체육대 교육대학원장 2007년 同사회체육대학원장 2010~2014년 한국체육정책학회 회장 2011년 한국체육대 생활체육대학 스포츠청소년지도학과 교수(현) 2018년 대한스포츠데이터협회 초대 회장(현) (상)교육부장관표창(1994) (저)'레크리에이션지도서'(1998) '야외활동의 이론과 실제'(2001)

유병옥

(생)1962·5 (주)경상북도 포항시 남구 동해안로 6261 포스코(주) 구매투자본부(054-220-0114) (학)포항공대 대학원졸 (경)2014년 포스코(주) 원료위원(상무) 2015년 同재무투자본부 스테인리스원료실장 2016년 同경영지원본부 원료실장 2017년 同가치경영센터 경영전략실장(전무) 2019년 同구매투자본부장(부사장)(현)

유병조

(생)1967 (주)경상남도 창원시 의창구 상남로 289 경남지방경찰청 과학수사과(055-233-2173) (학)1991년 경찰대졸(7기) (경)2016년 경남지방경찰청 경무과 치안지도관(총경) 2017년 同제1부 경무과 총경(교육) 2018년 경남 고성경찰서장 2019년 경남지방경찰청 과학수사과장(현)

유병진(兪炳辰) YOU, Byong Jin

(생)1952·1·16 (출)서울 (주)서울특별시 서대문구 명지대길 50 명지대학교 총장실(02-300-1402) (학)1970년 중앙고졸 1974년 명지대 무역학과졸 1977년 同대학원 경영학과졸 1981년 미국 롱아일랜드대 경영대학원졸(MBA) 2000년 경제학박사(일본 교토대) (경)1993~2002년 한국대학축구연맹 회장 1999년 제20회 스페인 팔마하계유니버시아드대회 한국선수단장 2001~2005년 관동대 총장 2002~2003년 국제특수체육학술대회 조직위원장 2002~2004년 대한올림픽위원회(KOC) 상임위원 2003~2015년 국제대학스포츠연맹(FISU) 국제조정위원회(CIC) 위원 2008년 명지대 총장(현) 2010년 2015광주하계유니버시아드대회조직위원회 집행위원회 부위원장 2010~2014년 경기도그린캠퍼스협의회 회장 2010년 대한대학스포츠위원회(KUSB) 위원장(현) 2010~2017년 한국대학스포츠총장협의회(KUSF) 부회장 2010~2018년 2018평창동계올림픽대회조직위원회 위원 2012~2016년 한국대학가상교육연합 회장 2014~2017년 대통령직속 통일준비위원회 통일교육자문단 자문위원 2015년 광주하계유니버시아드대회 한국선수단장 2015년 국제대학스포츠연맹(FISU) 집행위원(현) 2016~2017년 한국대학교육협의회 부회장 2016~2017년 한국사립대학총장협의회 회장 (상)문교부장관표창(1990), 강릉예술인상 공로상(2002), 자랑스런 관동문화인상(2003), 체육훈장 맹호장(2004), 환경부장관 공로상(2011)

유병채(兪炳采)

(생)1969·2·11 (출)서울 (주)세종특별자치시 갈매로 388 문화체육관광부 운영지원과(044-203-2111) (학)1987년 배문고졸 1991년 연세대 행정학과졸 2007년 미국 피츠버그대 대학원졸(석사) 2014년 연세대 대학원 행정학과 박사과정 수료 (경)1993년 행정고시 합격(37회) 2004년 문화관광부 기획총괄담당관실 서기관 2004년 사람입국신경쟁력특별위원회 파견

2008년 문화체육관광부 문화콘텐츠산업실 콘텐츠정책관실 게임콘텐츠산업과장 2009년 同문화예술국 예술정책관실 예술정책과장(서기관) 2011년 同문화예술국 예술정책관실 예술정책과장(부이사관) 2012년 同인사과장 2013년 同국제관광과장 2014년 駐홍콩총영사관 문화홍보관 · 한국문화원장 2018년 문화체육관광부 관광산업정책과장 2018년 同관광산업정책관 2019년 국방대 파견(국장급)(현)

유병철(兪炳撤) YOO Byung Chul

(생)1953 · 6 · 27 (출)서울 (주)서울특별시 광진구 능동로 120-1 건국대학교병원 소화기병센터 센터장실(02-2030-7746) (학)1977년 서울대 의대졸 1980년 同대학원 의학석사 1986년 의학박사(서울대) (경)1977~1982년 서울대부속병원 인턴 · 레지던트 1982년 군의관 1985~1995년 중앙대 의대 내과학교실 조교수 · 부교수 1995~2002년 同의대 내과학교실 교수 1996년 대한간학회 감사 1998년 同총무 2000~2001년 대한소화기학회 총무 2002~2015년 성균관대 의대 내과학교실 교수 2002~2004년 삼성서울병원 소화기연구소장 2003~2004년 同건강의학센터장 2004~2007년 同암센터장 2007~2011년 同소화기센터장 2007년 同소화기연구소장 2010~2011년 대한간학회 이사장 2015년 건국대 의학전문대학원 내과학교실 교수 2015~2016년 同의학전문대학원장 겸 의과대학장 2015년 건국대병원 소화기병센터장(현) 2018년 대한민국의학한림원 정회원(내과학 · 현) 2019년 건국대병원 임상의학연구소 건강고령사회연구원장(현) (상)한국과학기술단체총연합회 과학기술우수논문상(2000), 대한간학회 간산학술상(2002), 대한간학회 우수논문상(2003), 삼성생명과학연구소 우수논문상(2004) (종)기독교

유병철(兪炳哲) YOU Byung Chul

(생)1960 · 12 · 12 (출)경남 (학)1978년 부평고졸 1982년 경희대 신문방송학과졸 2015년 同언론정보대학원졸(석사) 2016년 서강대 글로벌EnH 최고위과정 수료(윤리준법 최고 감사인자격 취득) (경)1984년 연합통신 입사(공채 4기) 1985~1997년 同편집국 외신1부 · 사회부 기자 1997~1998년 미국 아메리칸대 연수 1999년 연합뉴스 편집국 사회부 차장 2001년 同편집국 사회부 부장대우 2003년 同편집국 지방부 부장대우 2004년 同편집국 지방부장 2005년 同편집국 지방자치부장 2006년 관훈클럽 편집운영위원 2006~2008년 연합뉴스 편집국 사회 · 지방 · 사진담당 부국장 2006년 同콘텐츠강화위원회 위원 겸임 2008~2009년 同뉴미디어국장 2008년 同비상경영위원회 위원 겸임 2009~2010년 同정보사업국장 2009년 同방송사업기획단 위원 겸임 2011년 同기획조정실장 2011년 同미디어그룹 경영전략위원회 위원장 겸임 2011년 연합뉴스TV(뉴스Y) 보도국장 2012년 同편성책임자 직무대행 겸임 2012년 同보도본부장(상무이사) 2013~2015년 同전무이사 2013~2015년 한국IPTV방송협회 이사 2014년 경희언론인회 부회장 2015~2017년 대한뉴스 대표이사 사장 2015년 (사)한반도물류연합포럼 상임부회장(현) 2016년 연합뉴스사우회 부회장 2017~2018년 연합뉴스 동북아센터 이사 (상)경희언론인상(2013), 미래창조과학부장관표창(2014), 한국미술협회 미술문화공로상(2016) (종)기독교

유병철(兪炳喆) Yoo Byung Chul

(생)1964 · 12 · 31 (주)경기도 과천시 관문로 47 서울지방교정청(062-975-5900) (학)부천고졸, 동국대 법학과졸, 연세대 행정대학원 공안행정학과졸, 형사사법학박사(영국 리즈대) (경)1994년 행정고시 합격(37회) 2009년 공주교도소장 2010년 여주교도소장 2011년 광주교도소장 2012년 수원구치소장 2014년 인천구치소장 2015년 서울남부구치소장(고위공무원) 2016년 법무부 교정정책단장 2018년 대전지방교정청장 2019년 서울지방교정청장(현)

유병철(俞秉喆)

(생)1966 (출)경남 함안 (주)세종특별자치시 국세청로 8-14 국세청 전산기획담당관실(044-204-4503) (학)창원고졸, 서울대 전자공학과졸 (경)1995년 공무원 임용(7급 공채), 제주세무서 조사과장, 금정세무서 운영지원과장, 부산지방국세청 납세자보호담당관실 계장, 同조사2국 조사1과장, 同조사1국 조사관리과장, 부산진세무서장 2017년 국세청 자산과세국 상속증여세과장 2019년 同전산기획담당관(현)

유병철(兪炳掇) YOO Byong Chul

(생)1971 · 8 · 3 (본)기계(杞溪) (출)서울 (주)경기도 고양시 일산동구 일산로 323 국립암센터 이행성연구부(031-920-2342) (학)1996년 성균관대 유전공학과졸 1998년 同대학원졸 2001년 이학박사(오스트리아 빈대) (경)2002년 미국 예일대 의과대학 박사후연구원 2002년 국립암센터 연구소 대장암연구과 주임연구원 2004~2005년 同연구소 대장암연구과장 직대 2006~2013년 同연구소 대장암연구과 선임연구원 2011년 성균관대 생명공학대학 유전공학과 겸임교수 2013~2017년 국립암센터 연구소 대장암연구과 책임연구원 2013년 EPMA Journal, Editorial Board(현) 2014년 한국단백체학회 국제위원장 · 편집위원장 · 홍보위원장(현) 2015년 고려인삼학회지 Associate Editor(현) 2017년 Amino acids, Editorial board(현) 2017~2019년 국립암센터 연구소 생체표지자연구과 책임연구원 2018년 국립암센터국제암대학원대 암의생명과학과 겸임교수(현) 2019년 同이행성연구부 수석연구원(현) (상)생명과학최고연구자과정 우등상(2003), SCI I.F상 우수상(2005), 국립암센터 설립10주년유공표창(2010), 국무총리표창(2014), 대한암학회 머크학술상(2016) (저)'삶과 죽음의 인문학'(2012, 석탑)

유병택(柳秉宅) YOO Byung Taek

(생)1944 · 1 · 27 (출)충남 공주 (주)서울특별시 금천구 가산디지털1로 168 (재)한국품질재단 이사장실(02-2025-9000) (학)1962년 공주고졸 1970년 고려대 상학과졸 1977년 내셔널아메리칸대 경영대학원졸 (경)1969년 동양맥주(주) 입사 1985년 두산기계(주) 이사 1989년 두산식품(주) 상무이사 1991년 두산그룹 기획실 상무이사 1991년 同전무이사 1993년 同기획실장 1995년 동양맥주(주) 부사장 1995년 同사장 1995~2012년 중앙노동위원회 사용자위원 1997년 OB맥주(주) 관리담당 사장 1998년 (주)두산 사장 겸 식품BG장 1998년 同관리본부장 겸임 1999년 (주)두산CPK 사장 2003~2007년 (주)두산 대표이사 부회장 2004년 프로야구 두산베어스 구단주 대행 2005~2007년 두산그룹 비상경영위원회 위원장 2005년 한국상장회사협의회 부회장 2006년 한국경영자총협회 부회장 2006년 한국능률협회 부회장 2006년 서울상공회의소 상임의원 2006년 한 · 대만경제협력위원회 위원장 2007~2010년 고려대경영대학교우회 부회장 2008년 (재)한국품질재단 이사장(현) 2008년 하나금융지주 사외이사 2008~2015년 한양대 경영대학 특임교수 2008년 하나고 감사, 同이사(현) 2012년 하나금융지주 이사회 의장 (상)조세의 날 대통령표창(1985)

유병택(柳秉澤)

(생)1960 · 7 · 5 (출)충남 서산 (주)대전광역시 동구 산내로 1398-41 대전소년원 대전청소년비행예방센터(042-272-4644) (학)1982년 보문고졸 1987년 충남대 심리학과졸 1996년 고려대 교육대학원 상담심리학과졸 (경)2007년 청주청소년비행예방센터장 2010년 정심여자정보산업학교(안양소년원) 서무과장 2012년 고봉중고등학교(서울소년원) 분류보호과장 2012년 서울남부청소년비행예방센터장 2014년 오륜정보산업학교(부산소년원) 교무과장 2016년 한길정보통신학교(제주소년원) 교장 2018년 대전소년원 대전청소년비행예방센터장(현)

유병한(庾炳漢) Yu Byong Han (道眞)

(생)1957·5·6 (본)무송(茂松) (출)전북 고창 (주)서울특별시 강남구 선릉로105길 3 솜씨빌딩 3층 한국소프트웨어저작권협회(SPC)(02-567-2567) (학)1977년 동국대사대부고졸 1981년 서울대 법학과졸 1983년 경희대 대학원 법률학과 수료 2003년 미국 인디애나주립대 법과대학원(LL.M.)졸 (경)1992~1996년 대통령비서실 정책조사·교육문화·정책기획행정관 1996년 국립국악원 국악진흥과장 1997년 문화체육부 영상음반과장 1997년 同장관비서관 1999년 문화관광부 영화진흥과장 1999년 同문화상품과장 2001년 해외연수 2003년 문화관광부 국어정책과장 2004년 同생활체육과장 2004년 同스포츠여가산업과장 2006년 대통령비서실 선임행정관 2007년 국립중앙박물관 기획운영단장 2008년 문화체육관광부 대변인 2009~2011년 同문화콘텐츠산업실장 2011~2014년 한국저작권위원회 위원장 2015~2017년 가천대 법학과 초빙교수 2017~2018년 대구대 법학과 초빙교수 2018년 한국소프트웨어저작권협회(SPC) 회장(현) (상)대통령표창(2004), 근정포장(2008) (종)천주교

유병헌(俞炳憲) yoo byoung hun

(생)1962·1·29 (본)기계(杞溪) (출)서울 (주)서울특별시 동대문구 약령시로 2 안암빌딩 3층 (주)다주종합건축사사무소(02-928-2240) (학)1980년 서울북공고졸 2002년 서울산업대 건축공학과졸 2004년 서울시립대 도시과학대학원 건축공학 석사과정 수료 (경)1985~1999년 (주)대건종합건축사사무소·(주)중원종합건축사사무소 근무 2000년 (주)다주종합건축사사무소 대표이사(현) 2001년 대한건축학회 정회원(현) 2002년 대한건축사협회 정회원(현) 2004년 대한건축가협회 정회원(현) (상)창동어린이집 현상공모 당선, 한국도로공사 장흥영업소 당선, 서울 중구 보훈회관 당선, 강원 철원 와수문화센터 우수상 등

유병호(劉丙虎) Yoo Byongho

(생)1950·6·29 (출)인천 (주)서울특별시 성동구 마장로 210 한국기원 홍보팀(02-3407-3850) (경)1965년 프로바둑 입단 1967년 2단 승단 1971년 최고위전 본선 1971년 3단 승단 1972년 4단 승단 1973년 최고위전·왕위전 본선 1975년 5단 승단 1978년 최고위전·최강자전 본선 1978년 6단 승단 1979년 최강자전 본선 1983년 패왕전·제왕전·바둑왕전 본선 1984년 바둑왕전 본선 1985년 제왕전·대왕전 본선 1986년 제왕전·대왕전 본선 1989년 바둑왕전 본선 1990년 바둑왕전·대왕전 본선 1990년 7단 승단 1991년 바둑왕전·대왕전·비씨카드배 본선 1993년 한국이동통신배 본선 1995년 연승바둑최강전·대왕전 본선 1996년 비씨카드배 본선 1997년 8단 승단 2004년 KBS바둑왕전 본선 2005년 제5기 잭필드배 프로시니어기전 본선 2006년 9단 승단(현) 2009년 지지옥션배 본선

유병호(柳炳浩) RYOU, BYEONGHO

(생)1967·8·23 (본)진주(晉州) (출)경남 합천 (주)서울특별시 종로구 북촌로 112 감사원 지방행정감사1국(02-2011-2610) (학)1985년 진주 대아고졸 1989년 서울대 정치학과졸 1991년 同행정대학원 정책학과졸 2003년 미국 인디애나대 법학대학원 법학과졸 (경)1995~1997년 정보통신부 사무관 1997~2004년 감사원 부감사관 2005~2009년 同수석감사관 2010년 同기동감찰과장(서기관) 2011년 同교육감사단 제1과장(부이사관) 2012년 同재정·경제감사국 제1과장 2013년 제18대 대통령직인수위원회 정무분과 실무위원 2013년 대통령 민정비서관실 행정관 2014년 감사원 IT감사단장(고위감사공무원) 2017년 同국방감사국장 2018년 同국방감사단장 2018년 同지방행정감사1국장(현)

유병화(柳炳華) LYOU Byung Hwa

(생)1945·12·11 (본)진주(晉州) (출)경기 고양 (주)경기도 고양시 덕양구 내유길 230 국제법률경영대학원대학교 총장실(031-960-1002) (학)1966년 가톨릭대 신학부 이수 1973년 고려대 법학과졸 1976년 프랑스 국제행정대학원졸 1979년 법학박사(프랑스 파리제2대) (경)1973년 한국은행 외환관리부 입행 1973년 외무고시 수석합격 1973~1975년 외무부 국제경제국 사무관 1974년 동부아프리카 경제사절단 대표 1977~1979년 駐세네갈 2등서기관 1979~1980년 駐프랑스 2등서기관 1980~1984년 고려대 조교수·부교수 1983년 대한상사중재원 중재인 1983~1984년 대한국제법학회 연구이사 1984~1985년 미국 메릴랜드대 객원교수 1984~1988년 대한적십자사 인도법자문위원회 위원 1984~2001년 고려대 법학과 교수 1986~1987년 대한국제법학회 총무이사 1986~2000년 통일부 정책자문위원 1988~2001년 재단법인 국제법률경영연구원 이사장 1989~1991년 국방부 정책자문위원 1990~1992년 북양어업대책위원회 위원 1991~1993년 교육부 대학교육심의회 위원 1992년 고려대 법학연구소장 1994~2018년 사법통일국제연구소(ROME 소재 UNIDROIT) 집행이사 1995년 외교통상부 정책자문위원회 위원장 1998~2000년 고려대 법과대학장 1998~2001년 학교법인 국제법률경영대학원 이사장 1999년 UNIDROIT 집행이사회 부의장 1999년 대한중재인협회 이사 2000~2001년 대한국제법학회 회장 2000~2005년 상설국제중재법원(Permanent Court of Arbitration) 중재관 2001년 국제법률경영대학원대 총장(현) (저)'법학개론'(1982) '국제법총론'(1983) '법철학'(1984) '해양법(共)'(1986) 'Peace & Unification in Korea & Int'l Law'(1986) '국제법(Ⅰ·Ⅱ)'(1987·1988) '법학입문'(1990) '동북아지역과 해양법'(1991) '국제환경법'(1997) (종)천주교

유복근(劉福根)

(생)1970 (출)전남 광양 (주)경기도 과천시 관문로 47 법무부 출입국외국인정책본부 국적통합정책단실(02-2110-4007) (학)1993년 한국외국어대 정치외교학과졸, 고려대 법과대학원 국제법학과졸 2006년 국제법학박사(고려대), 미국 하버드대 법과대학원 국제조세과정(ITP) 이수, 同Law School졸(LL.M.), 同J.F.케네디 행정대학원졸(MPA) (경)1995년 외무고시 합격(29회), 공군 장교(제19전투비행단·제3방공포병여단 정보장교), 외교통상부 공보관실·통상교섭본부 국제경제국·조약국 조약과·국제법규과 근무, 駐시애틀총영사관 영사, 駐중국 1등 서기관, 대통령 외교안보수석실 외교비서관실 행정관 2011년 외교통상부 영토해양과장 2013년 외교부 영토해양과장, 駐선양총영사관 부총영사, 駐홍콩총영사관 부총영사(고위외무공무원) 2018년 법무부 출입국외국인정책본부 국적통합정책단장(국장급)(현) (저)'WTO시대의 반도체 지적재산권의 이해'(2000, 법영사) '반도체 지적재산권의 이해'(2003, 법영사) '로스쿨 진학 가이드'(2004, 고시계사) '항과 실무(통권 제11호)'(2005, 외교통상부 조약국) '외교는 감동이다'(2015, 하다) '외교관 국제기구 종사자(共)'(2016, 꿈결) (역)'2+4 : 독일 통일의 교훈'(2005, 외교통상부 조약국) '독일 통일과 유럽의 변환(編)'(2008, 모음북스)

유복렬(柳福烈·女) Rhyou Bok Ryeol

(생)1963·10·23 (주)서울특별시 종로구 사직로8길 60 외교부 인사운영팀(02-2100-7863) (학)1985년 이화여대 불어교육과졸 1988년 프랑스 Caen Univ. 대학원 불문학과졸 1992년 불문학박사(프랑스 Caen Univ.) (경)1998년 외무부 입부 2000년 駐프랑스 3등서기관 2005년 駐튀니지 참사관 2008년 駐프랑스 참사관 2011년 외교통상부 공보담당관 2012년 駐애틀랜타 영사 2015년 駐알제리 공사참사관 2018년 駐카메룬 대사(현) (상)근정포장(2011)

유삼남(柳三男) YU Sam Nam

(생)1941·9·10 (본)문화(文化) (출)경남 남해 (주)서울특별시 중구 다동길 5 광일빌딩 801호 (사)대한민국해양연맹(02-848-4121) (학)1960년 북부산고졸 1964년 해군사관학교졸(18기) 1981년 영국 해군대학 수료 1988년 서울대 경영대학원 최고경영자과정 수료 1991년 경남대 경영대학원 경영학과졸 2000년 서울대 해양정책과정 수료 (경)1964~1993년 해군 소위 임관·해군본부 비서실장·제2전투전단장 1987년 준장 진급 1993~1997년 해군본부 정보참모부장(소장)·제3함대사령관·해군사관학교장 1997년 해군 작전사령관 1997~1999년 해군 참모총장(대장) 1999년 경기대 통일안보대학원 겸임교수 2000년 새천년민주당 연수원장 2000~2001년 제16대 국회의원(전국구, 새천년민주당) 2001~2002년 해양수산부 장관 2002년 해양문화재단 이사장 2003~2012년 대한민국해양연맹 총재 2008~2011년 동아대 초빙교수 2012년 (사)대한민국해양연맹 명예총재(현) 2012년 한국해양대 교수 2015~2017년 同석좌교수 2017년 성우회 회장(현) (상)보국훈장 삼일장(1984), 보국훈장 천수장(1990), 보국훈장 국선장(1995), 보국훈장 통일장(1998), 미국정부 공로훈장(1998), 대통령표창

유상대(柳相大) Ryoo Sang Dai

(생)1963·5·1 (주)서울특별시 중구 남대문로 39 한국은행(02-759-4026) (학)1982년 인천 제물포고졸 1986년 서울대 경제학과졸 1998년 경제학박사(미국 뉴욕주립대) (경)1986년 한국은행 입행 1998년 同조사부 통화금융실 조사역 1999년 同국제국 외환연구팀 조사역 2003년 동남아시아중앙은행기구(SEACEN) 파견 2006년 한국은행 국제국 외환시장팀 차장 2007년 同금융통화위원회실 보좌역 2010년 同금융시장국 부국장 2011년 同금융시장국 채권시장팀장 2012년 同국제국장 2014년 同뉴욕사무소장 2017년 同국제협력국장 2018년 同부총재보(현)

유상덕(劉相德) Sang-Duck Yoo

(생)1959·5·22 (출)서울 (주)서울특별시 강남구 압구정로75길 6 송은아트스페이스 송은문화재단(02-3448-0100) (학)1979년 서울고졸 1985년 고려대 경영학과졸 (경)1986년 미성상사(주) LA지사장 1988년 삼천리기술투자(주) 심사역 1989년 삼척탄좌개발(주) 상무이사 1989년 (재)송은문화재단 설립·이사 1991년 삼척탄좌개발(주) 전무이사 1991년 同부회장 1993년 (주)삼탄 회장(현) 1999년 (재)송은문화재단 이사장(현) (상)몽블랑 문화예술후원자상(2016), 화관문화훈장(2017)

유상민(劉相旼)

(생)1975·6·13 (출)서울 (주)광주광역시 동구 준법로 7-12 광주지방검찰청 여성아동범죄조사부(062-231-4414) (학)1994년 한영외국어고졸 1999년 서울대 사법학과졸 (경)2000년 사법시험 합격(42회) 2003년 사법연수원 수료(32기) 2003년 공익법무관 2006년 창원지검 검사 2008년 同진주지청 검사 2011년 부산지검 동부지청 검사 2013년 서울중앙지검 검사 2015년 인천지검 검사 2015~2017년 감사원 파견 2017년 인천지검 부부장검사 2018년 서울동부지검 부부장검사 2019년 광주지검 여성아동범죄조사부장(현)

유상범(劉相凡) YOO Sang Bum

(생)1966·6·4 (출)강원 영월 (주)서울특별시 서초구 반포대로30길 44-5 파크뷰빌딩 6층 유상범법률사무소(02-523-5977) (학)1983년 경기고졸 1988년 서울대 법과대학졸 (경)1989년 사법시험 합격(31회) 1992년 사법연수원 수료(21기) 1992년 서울지검 서부지청 검사 1994년 춘천지검 강릉지청 검사 1996년 부산지검 검사 1998년 서울지검 검사 2000년 미국 Univ. of Virginia Visiting Scholar 2001년 울산지검 검사 2002년 외교통상부 파견 2004년 울산지검 부부장검사 2005년 대검찰청 검찰연구관 2006년 대전지검 논산지청장 2007년 同특수부장 2008년 대검찰청 범죄정보2담당관 2009년 同범죄정보1담당관 2009년 서울중앙지검 금융조세조사3부장 2010년 대구지검 형사1부장 2011년 수원지검 평택지청장 2012년 제주지검 차장검사 2013년 대구지검 서부지청장 2014년 서울중앙지검 제3차장검사 2015년 대검찰청 공판송무부장(검사장급) 2015년 대법원 양형위원회 검사위원 2015년 창원지검장 2017년 광주고검 차장검사 2017년 변호사 개업(현)

유상봉(庾尙鳳) YOO Sang Bong

(생)1960·4·1 (출)충북 청주 (주)인천광역시 미추홀구 인하로 100 인하대학교 공과대학 컴퓨터공학과(032-860-7386) (학)1982년 서울대 제어계측공학과졸 1986년 미국 애리조나대 대학원졸 1992년 공학박사(미국 퍼듀대) (경)1989년 미국 A&T Bell연구소 1990~1992년 삼성전자 근무 1992년 인하대 공대 조교수, 同제어계측공학과 부교수 2002~2014년 同컴퓨터공학부 교수 2014~2016년 同IT공과대학 컴퓨터정보공학과 교수 2015년 同정보통신처장 2017년 同공과대학 컴퓨터공학과 교수(현) (저)'제품모델 정보교환을 위한 국제 표준(ISO 10303) STEP' (역)'자료구조와 알고리즘'(2003, 범한서적) 'C++로 구현하는 자료구조와 알고리즘'(2004, 범한서적)

유상수(柳尙洙) YOO SANG SOO

(생)1966·2·1 (본)문화(文化) (주)서울특별시 용산구 한강대로 100 삼일회계법인(02-709-0549) (학)1984년 중동고졸 1992년 성균관대 경영학과졸 1996년 同대학원 세무학과졸 2012년 경영학박사(호서대) (경)2003년 삼일회계법인 파트너 2004년 同상무보 2007년 同상무 2007년 한국과학기술원(KAIST) 대우교수 2007년 중소기업기술혁신협회 감사 2008년 동북아역사재단 감사 2008년 한국신재생에너지협회 전문위원 2009~2015년 삼일회계법인 전무 2009년 M&A지원센터장 2010년 코스닥협회 자문위원 2012년 청년미래네트워크 감사 2013년 중소기업중앙회 창조경제확산위원회 위원 2015년 삼일회계법인 부대표(현) (상)제4회 산업협력대회 산업부장관표창(2001), 전경련 국채산업협력재단 (저)'PEARL-투자자의 미래를 바꾸는 1'(2006) 'SUCCESS PASSWORD-성공의 수수께끼를 풀기 위한 비밀번호'(2010) '골프로 통하는 비즈니스(共)'(2014, 북마크)

유상옥(俞相玉) YU Sang Ok (松坡)

(생)1933·12·3 (본)무안(務安) (출)충남 청양 (주)서울특별시 강남구 언주로 827 (주)코리아나화장품 회장실(02-547-9740) (학)1955년 덕수상고졸 1959년 고려대 상학과졸 1966년 同대학원 경영학과졸 1981년 경영학박사(미국 유니언대) 1982년 국립중앙박물관 박물관특설강좌 수료(6기) 1992년 고려대 국제대학원 최고경영자과정 수료 1998년 서울대 대학원 AMP최고경영자과정 수료(39기) 2006년 한국과학종합대학원 최고경영자과정 수료(4T) 2007년 고려대 대학원 문화예술최고위과정 수료 (경)1959~1977년 동아제약(주) 입사·상무 1967~1969년 고려대 경영대학 강사 1973~1979년 동명산업 감사 1977~1987년 라미화장품(주) 대표이사 사장 1978년 대한화장품공업협회 이사·부회장 1979~1987년 라미상사 사장 1981년 (사)한국박물관회 종신회원(현) 1982년 한국박물관연구회 회장 1986~2008년 인간개발연구원 감사 1987~1988년 동아유리공업(주) 대표이사 사장 1988년 (주)사랑스화장품 창업 1989~1999년 (주)코리아나화장품 대표이사 사장 1989~1993년 덕수상업고총동창회장 1991년 대한화장품공업협회 부회장 1992~2001년 천안기업인협의회 회장 1995~2004년 대한화장품공업협회 회장 1995~1999년 민주평통 상임위원 1995

~2008년 이종기업 동우회장 1996~2002년 천안상공회의소 의원 1999년 성균관 전의(典儀) 1999~2007년 (주)코리아나화장품 대표이사 회장 2000~2003년 한국능률협회 마케팅위원회 위원장 2000~2010년 덕수장학재단 이사장 2001년 청양장학재단 이사 2001년 무안유씨종친회 수석부회장(현) 2001~2003년 한국CEO포럼 감사 2001~2004년 고려대교우회 상임위원 2001~2004년 중앙대 의학식품대학원 객원교수 2002~2005년 한국박물관회 회장(9대) 2002~2005년 고려대 경영대학 겸임교수 2003~2006년 이화여대 경영대학 겸임교수 2003~2005년 식품의약품안전청 화장품심의위원회 심의위원 2003~2005년 한국CEO포럼 공동대표 2004~2007년 고려대 경영대학 교우회 자문역 2005~2008년 서초경제인포럼 회장 2007~2013년 충남 청양 대치면 명예면장 2007~2009년 국립중앙박물관 운영자문위원 2008년 (주)코리아나화장품 회장(현) 2008년 (사)한국사립미술관협회 고문(현) 2009년 (사)국제펜클럽 한국본부 자문위원(현) 2009년 한국수필가협회 부이사장(현) 2012년 고려대교우회 원례강좌회 회장 2013~2017년 국립중앙박물관 운영자문위원회 위원(5기) (상)무역협회장표창(1995), 천안상공회의소 경영대상(1995), 한국경영학회 올해의 기업가상(1996), 내무부장관표창(1996), 국민훈장 모란장(1998), 한국공간수필가상(1998), 충남우수기업인상(1998), 한국인사관리학회 경영자대상(1998), 고려경영포럼대상(1999), 한국능률협회컨설팅 최고경영자상(1999), 조선일보·중앙일보 50인의경영자 선정(1999), 매일경제 100인의경영자 선정(1999), 서초구청장표창(2000), 충청문학상(2000), 새마을운동본부 서울직장인상경영대상(2000), 장업신문 장업인대상(2001), 조선일보 한국을 움직이는100대 CEO 선정(2002), 한국전문경영인학회 한국을빛내는CEO14인 선정(2002), 수필문학상(2003), 한국능률협회 한국의경영자상(2003), 일붕문학상(2005), 아시아유럽학회 글로벌CEO대상(2005), 월간조선 대한민국경제리더 대상(2007), 청양군민대상(2007), 월간조사 대한민국경제리더대상(2007), 청양중고동창회 자랑스런동문인상(2008), 옥관문화훈장(2009), (사)한국육필문예보존회 제1회씨알의소리 문학상(2012), 고려대교우회 특별공로상(2014), INAK(Internet Newspaper Association of Korea) 사회공헌상(2015) (저)'우리들의 10년'(1986) '나는 60에도 화장을 한다'(1993) '33에 나서 55에 서다'(1997) '화장하는 CEO'(2002) '문화를 경영한다'(2005) '나의 소중한 것들'(2008) '성취의 기쁨을 누려라'(2012) '따뜻한 세상을 만드는 CEO'(2016) '모으고 나누고 가꾸고'(2018) (종)유교

유상재(俞相在) YU Sang Jae

(생)1963·11·13 (출)부산 (주)서울특별시 서초구 서초중앙로 157 서울고등법원(02-530-1114) (학)1982년 혜광고졸 1989년 연세대 법학과졸 (경)1989년 사법시험 합격(31회) 1992년 사법연수원 수료(21기) 1992년 수원지법 판사 1994년 서울민사지법 판사 1996년 광주지법 판사 1999년 서울지법 서부지원 판사 2000년 서울지법 판사 2003년 서울고법 판사 2003년 법원도서관 조사심의관 겸임 2005년 서울고법 판사 2007년 춘천지법 강릉지원 부장판사 2008년 수원지법 부장판사 2011년 서울중앙지법 형사합의26부 부장판사 2014년 수원지법 평택지원장 2015년 대전고법 부장판사 2017년 사법연수원 수석교수 2017년 서울고법 부장판사(현)

유상정(柳相楨) RYU Sang Jung

(생)1955·3·12 (본)진주(晉州) (출)경기 안성 (주)서울특별시 광진구 능동로 120 건국대학교 경영전문대학원(02-450-0505) (학)1975년 오산고졸 1982년 한양대 섬유공학과졸 2016년 경영학박사(호서대) (경)1982년 중소기업은행 입행 2002년 同당산역지점장 2004년 同대림동지점장 2005년 同천안지점장 2007년 IBK기업은행 기업분석부장 2008년 同여신기획부장 2010년 同리스크관리본부장(부행장) 2010년 同기업고객본부장(부행장) 2011년 同IB본부장(부행장) 2012~2014년 IBK연금보험 대표이사 사장 2014년 동우전기 고문(현) 2016~2018년 유한대 경영학과 경영정보전공 교수 2018년 건국대 경영전문대학원 초빙교수(현) (상)재정경제부장관표창(1999), 대통령표창(2009) (종)천주교

유상조(俞相朝) You Sang Jo

(생)1970·7·5 (주)서울특별시 영등포구 의사당대로 1 국회사무처 국토교통위원회(02-788-2633) (학)고려대 정치외교학과졸, 미국 인디애나주립대 대학원 법학과졸 (경)1995년 입법고시 합격(13회) 2003년 국회사무처 총무과장(서기관) 2004년 同법제실 사회법제과장 2007년 국회입법조사처 기획팀장 2009년 국회사무처 관리국 관리과장 2010년 同대변인실 공보담당관(부이사관) 2014년 同국토교통위원회 입법조사관 2015년 同예산결산특별위원회 입법심의관 2016년 이사관 승진 2017년 국회사무처 의정연수원 교수 2017년 同외교통일위원회 전문위원 2019년 同국토교통위원회 전문위원(현)

유상진(柳相振) LYU Sang Jin

(생)1971·7·30 (주)서울특별시 동작구 여의대방로16길 61 기상청 지진화산정책과(02-2181-0767) (학)1989년 동북고졸 1997년 서울대 해양학과졸 1999년 同대학원 해양학과졸 2003년 지구환경과학박사(서울대) (경)2012년 기상청 기획조정관실 인력개발담당관 2014년 국가기상위성센터 위성분석과장 2016년 기상청 기상서비스진흥국 기상서비스정책과장 2017년 同지진화산정책과장(서기관) 2018년 同지진화산정책과장(부이사관)(현)

유상철(劉尙哲) YOU, SANG CHUL

(생)1960·4·8 (출)서울 (주)서울특별시 중구 서소문로 100 중앙일보 편집국(02-751-5616) (학)서울대 영어영문학과졸 2007년 서강대 공공정책대학원 중국학과졸 2013년 국제학박사(한양대) (경)1994년 중앙일보 홍콩특파원 1998년 同베이징특파원 2005년 同국제부 아시아팀장 2006년 同영어신문본부 뉴스룸 문화부장 2007년 同중앙Sunday본부 국제에디터 2007년 同중국연구소장(부장) 2012년 同편집국 중국전문기자 2013년 同편집제작부문 전문기자(부국장) 2016년 同논설위원 2017년 同종합연구원 중국담당 부원장(현) 2019년 同베이징총국장 겸 특파원(현) (상)한국기자대상(2000), 최병우국제보도상(2000) (저)'바람난 노처녀 중국'(2003) '한류 DNA의 비밀(共)'(2005) '공자는 귀신을 말하지 않았다(共)'(2010) '2010~2011 차이나 트렌드(共)'(2010) '중국의 반격(共)'(2016) '2035 황제의 길, 시진핑의 강국 로드맵'(2018) (역)'열가지 외교 이야기'(2004) '주은래 평전'(2007) '시진핑, 부패와의 전쟁'(2016)

유상철(柳想鐵) YOO Sang Chul

(생)1971·10·18 (출)서울 (주)인천광역시 중구 참외전로 246 인천 유나이티드 FC 사무국(032-880-5500) (학)1990년 서울 경신고졸 1994년 건국대 중어중문학과졸 2006년 同대학원 체육학과졸 (경)1994~1999·2002~2003·2005~2006년 프로축구 울산 현대 호랑이 소속 1994년 제12회 히로시마아시안게임 남자축구 국가대표 1996·2000년 아시아축구연맹(AFC) 아시안컵 국가대표 1996·2005년 프로축구 K리그 우승(울산 현대 호랑이) 1998년 '1998 FIFA 월드컵 프랑스' 국가대표 1998년 제13회 방콕아시안게임 남자축구 국가대표 1999~2001·2003~2005년 일본 프로축구 요코하마 F. 마리노스 소속 2001~2002년 일본 프로축구 가시와 레이솔 소속 2001년 '2001 FIFA 컨페더레이션스컵 한국·일본' 국가대표 2002년 '2002 FIFA 월드컵 한국·일본' 4강 진출 2003·2004년 일본 프로축구 J리그 우승(요코하마 F. 마리노스) 2003년 동아시아축구연맹(EAFF) E-1 풋볼챔피언십(동아시안컵) 우승 2004년 제28회 아테네올림픽

남자축구 국가대표 2006년 현역 은퇴 2006년 KBS 1TV 'FIFA 월드컵 독일' 축구해설위원 2006년 유상철축구교실 감독 2006~2009년 KBS 2TV '날아라 슛돌이' 출연 · 감독 2008년 SBS '베이징올림픽' 축구해설위원 2009~2011년 춘천기계공업고 축구부 창단 · 감독 2011~2011년 프로축구 대전 시티즌 감독 2013년 JTBC 'EAFF 동아시안컵' 축구해설위원 2014~2017년 울산대 축구부 감독 2014~2015년 새누리당 재능나눔위원회 위원 2015년 전국체육대회 남자축구 대학부 준우승 2017년 전국추계대학축구연맹전 준우승 2017~2018년 프로축구 전남 드래곤즈 감독 2019년 대한축구협회 국가대표전력강화위원회 위원(현) 2019년 프로축구 인천 유나이티드 감독(현) (상)프로축구 K리그 베스트11(1994 · 1998 · 2002), 프로축구 K리그 득점왕(1998), FIFA 세계 올스타'(1998), 일본 프로축구 J리그 우수선수상(2000), 체육훈장 맹호장(2002), FIFA 월드컵 올스타(2002), 자황컵 체육대상 남자최우수상(2002), 험멜코리아-스포츠투데이 선정 올해의 공격수 부문 선수상(2002), 제18회 올해의 프로축구 대상 프로스펙스 특별상(2004) (종)기독교

유상호(柳相浩) RYU Sang Ho

(생)1960 · 2 · 27 (본)풍산(豊山) (출)경북 안동 (주)서울특별시 영등포구 의사당대로 88 한국투자증권(주) 비서실(02-3276-5509) (학)1978년 고려대사대부고졸 1985년 연세대 경영학과졸 1988년 미국 오하이오주립대(OSU) 경영대학원졸(MBA) (경)1985년 한일은행 입행 1988~1992년 대우증권 입사 · 국제부 근무 1992~1999년 同런던현지법인 부사장 1999~2002년 메리츠증권 상무 2002년 동원증권 홀세일본부 부사장 2004년 同홀세일본부 · IB본부장(부사장) 2005년 한국투자증권(주) 영업총괄 부사장 2006년 同기획총괄 부사장 2007년 同대표이사 부사장 2007~2018년 同대표이사 사장 2009년 한국금융투자협회(KOFIA) 자율규제위원 2011년 한국거래소 비상임이사 2012~2015년 한국투자공사 운영위원회 위원 2014~2016년 한국금융투자협회 비상근부회장 2015년 금융위원회 금융개혁회의 위원 2018년 한국투자증권(주) 부회장(현) (상)제23회 다산금융상 대상(2014), 제2회 뉴스핌캐피탈마켓대상 금융위원장표창(2014), 자랑스러운 연세상경인상 산업 · 경영부문(2015)

유상호(柳相虎) YOO Sang Ho

(생)1965 · 6 · 17 (출)경기 연천 (주)경기도 수원시 팔달구 효원로 1 경기도의회(031-8008-7000) (학)2006년 서정대학 사회복지행정과졸 (경)연천청년회 회장, 민주평통 자문위원, 연천의용소방대 부대장, 연천청년회의소(JC) 회장, 한국장애인휠체어펜싱연맹 이사, 열린우리당 경기연천군협의회 운영위원, 신망리순대국 체인사업부 대표 2006 · 2010~2014년 경기 연천군의회 의원(민주당 · 민주통합당 · 민주당 · 새정치민주연합) 2018년 경기도의회 의원(더불어민주당)(현) 2018년 同건설교통위원회 위원(현) (종)기독교

유상희(庾相喜) YOO Sang Hee

(생)1957 · 11 · 20 (본)무송(茂松) (출)대구 (주)부산광역시 부산진구 엄광로 176 동의대학교 경제학과(051-890-1410) (학)1981년 연세대 경제학과졸 1984년 同대학원 경제학과졸 1990년 경제학박사(미국 노던일리노이대) (경)1990~1998년 산업연구원 환경소재산업연구실장 1995년 자원경제학회 이사 1998~2014년 동의대 경제학과 강사 · 조교수 · 부교수 · 교수 1998년 한국전력공사 전력수요예측위원회 위원장 1999년 한국유럽학회 부회장 2000년 동북아경제학회 이사 2000~2004년 동의대 중소기업발전연구소장 · 벤처기업보육센터 소장 2001년 산업자원부 전력정책심의회 위원 2006~2008년 동의대 학생복지처장 2009년 同산학협력단협력위원회 위원 2009년 한국환경경영학회 상임이사 2010~2012년 포스코경영연구소 미래성장연구센터장 2013~2014년 한국환경경제학회 회장 2014~2018년 전력거래소 이사장 2015~2017년 산업통상자원부 전기위원회 비상임위원 2018년 동의대 상경대학 경제학과 교수(현) (저)'국제환경규제의 영향과 대책'(1993) '기후변화협약의 국내산업에 대한 영향과 대책'(1994) 'WTO 평가와 신통상 이슈'(1996) '국제환경규제와 산업경쟁력'(1997) '유망환경산업 분석 및 육성방안'(1997) '폐기물예치금제도의 문제점 및 개선방안'(1998) '환경친화적 산업발전'(1998) '환경경제학 – 이론과 실제'(2000) '기후변화협약 제대로 알기'(2003)

유석동(柳奭東)

(생)1969 · 3 · 3 (출)충남 서산 (주)서울특별시 서초구 서초중앙로 157 서울중앙지방법원(02-530-1114) (학)1988년 서령고졸 1992년 서울대 국제경제학과졸 1995년 同법과대학원 수료 (경)1996년 사법시험 합격(38회) 1999년 사법연수원 수료(28기) 1999년 공익법무관 2002년 대구지법 판사 2005년 同안동지원 판사 2006년 인천지법 판사 2009년 서울남부지법 판사 2011년 서울고법 판사 2013년 서울중앙지법 판사 2014년 제주지법 부장판사 2016년 의정부지법 고양지원 부장판사 2018년 서울중앙지법 부장판사(현)

유석재(俞席在) Yoo, Suk Jae

(생)1961 · 5 · 29 (출)강원 춘천 (주)대전광역시 유성구 과학로 169-148 국가핵융합연구소 소장실(042-879-5000) (학)1980년 춘천고졸 1987년 서울대 원자핵공학과졸 1989년 同대학원 원자핵공학석사 1997년 물리학박사(독일 카를스루에공과대) (경)1993~1996년 독일 Karlsruhe Institute of Technology 연구원 1997~1999년 한국기초과학지원연구원 박사 후 연구원 1999년 국가핵융합연구소 융복합플라즈마연구센터장 2004년 과학기술연합대학원대 겸임교수(현) 2007~2008년 서울대 시간강사 2011년 국가핵융합연구소 플라즈마기술연구센터장 2013년 군산대 플라즈마전문대학원 겸임교수 2014년 국가핵융합연구소 선임단장 2018년 同소장(현)

유석진(劉碩珍)

(생)1964 · 12 (주)경기도 과천시 코오롱로 11 (주)코오롱 임원실(02-3677-3114) (학)서울대 경제학과졸, 미국 조지워싱턴대 대학원졸(MBA) (경)1993년 도이체방크그룹 IBD 부사장, 모간그렌펠코리아 대표이사 2000년 이노베스트파트너스 대표 2008년 코오롱인베스트먼트 부사장 2011년 SBI인베스트먼트 투자총괄 부사장 2013년 (주)코오롱 전략기획실장(전무) 2017년 同대표이사 부사장 2019년 同대표이사 사장(현)

유석철(劉錫哲)

(생)1970 · 2 · 8 (출)대전 (주)대전광역시 서구 둔산중로78번길 45 대전지방법원 총무과(042-470-1681) (학)1988년 동대전고졸 1995년 서울대 경제학과졸 (경)2000년 사법고시 합격(42회) 2003년 사법연수원 수료(32기) 2003년 대구지검 검사 2005년 대전지검 검사 2007년 인천지검 검사 2010년 서울북부지검 검사 2012년 창원지법 진주지원 판사 2014년 부산고법 창원재판부 판사 2016년 수원지법 성남지원 판사 2019년 대전지법 부장판사(현)

유석태(柳錫太)

(생)1962 · 9 · 24 (출)경북 (주)전라남도 나주시 빛가람로 625 전력거래소 기획본부(061-330-8115) (학)1981년 철도고졸 1988년 인천대 무역학과졸 (경)1981년 9급 경력채용 1981~2004년 주무관(서울지방철도청 · 서울전기사무소 · 상공자원부 에너지지도과 · 동력자원부 · 통상산업부 전자기기과 · 산업자원부 산업기술정책과 · 산업피해조사과 · 기획예산담당관) 2003~2004년 산업자원부 전기소비자보호과 주무관 공업사무관 2005년 한국외국어대 교육파견 2006년 산업자원부 디지털혁

신팀 공업사무관 2008년 지식경제부 소프트웨어산업과 공업사무관 2008년 중앙재난안전대책본부 파견 2009년 지식경제부 에너지기술팀 공업사무관 2011년 산업통상자원부 산업정책과 기술서기관 2016년 同비상안전기획실 기술서기관 2017~2018년 김제자유무역지역관리원장 2018년 전력거래소 기획본부장(상임이사)(현)

유선구(俞善球) YOO Sun Koo

(생)1948·1·15 (출)충남 청양 (주)서울특별시 강남구 논현로28길 29 토펙엔지니어링(070-7609-4000) (학)1965년 서울대사대부고졸 1970년 한양대 건축공학과졸 2009년 서강대 최고경영자과정 수료 (경)1972년 남광토건(주) 근무 1985~2001년 극동건설(주) 이사·상무이사·전무이사 2001년 동문건설 부사장 2002년 진흥기업 대표이사, 평림종합건설(주) 대표이사 사장 2007년 (사)한국건설안전기술사회 부회장 2010~2018년 토펙엔지니어링 대표이사 2018년 同고문(현)

유선봉(俞先鳳) Yu Seon Bong

(생)1956·5·15 (본)기계(杞溪) (출)충북 청주 (주)서울특별시 노원구 광운로 20 광운대학교 법과대학 한울관 615호(02-940-5401) (학)1975년 청주고졸 1979년 중앙대 법학과졸 1991년 호주 뉴사우스웨일스대 로스쿨졸(석사) 1994년 미국 위스콘신대 로스쿨졸(석사) 1996년 법학박사(미국 위스콘신대), 미국 하버드대 로스쿨 협상학과정 수료 (경)1992년 호주사법연수원(Leo Cussen Institute) 수료 1992년 호주 변호사(법정변호사·사무변호사)(현) 1992년 호주 Chua Tang & Associates 로펌 근무 1998년 광운대 법과대학 교수(현) 2001년 사법시험·행정고시·외무고시 출제위원 2001년 전국경제인연합회 국제협력위원회 자문위원 2003년 세계국제법협회 한국본부 이사(현) 2004년 대한상사중재원 중재인(현) 2005년 국제경제법학회 이사(현) 2006~2007년 미국 UC 버클리 로스쿨 방문교수 2008년 광운대 법과대학장 2011~2015년 同건설법무대학원장 2012·2014~2015년 同법과대학장 2012년 서울중앙지법 조정위원(현) 2013~2017년 서울시 동물복지위원회 위원 2013년 대한법학교수회 부회장(현) 2013년 한국협상학회 이사(현) 2018년 노원구 동물복지위원회 위원(현) (저)'국제경제법(共)'(2006, 박영사) '법학입문(共)'(2011, 박영사)

유선호(柳宣浩) LEW Seon Ho

(생)1953·9·27 (본)진주(晉州) (출)전남 영암 (주)서울특별시 강남구 강남대로 308 랜드마크타워 11층 법무법인 원(02-3019-5458) (학)1972년 목포고졸 1976년 서울대 법학과졸 1979년 同대학원 법학과졸 (경)1981년 사법시험 합격(23회) 1983년 사법연수원 수료(13기) 1986년 변호사 개업 1989~1997년 소비자문제를연구하는시민의모임 자문위원 1992년 민주사회를위한변호사모임 홍보간사 1993년 서울지방변호사회 인권위원 1994~1997년 한국소비자보호원 소비자소송지원 변호인 1994년 대한변호사협회 인권위원 1994~1997년 통일시대민주주의국민회의 인권위원장 1995년 국민회의 군포지구당 위원장 1996년 제15대 국회의원(군포, 국민회의·새천년민주당) 1996년 국민회의 총재특보 1996·1998년 同원내부총무 1999년 同인권위원장 2000년 새천년민주당 군포지구당 위원장 2000년 同인권특별위원장 2001년 同총재특보 2001년 경기도 정무부지사 2001년 대통령 정무수석비서관 2002년 새천년민주당 시민사회특위 위원장 2003년 열린우리당 중앙위원 겸 법률구조지원단장 2004년 제17대 국회의원(장흥·영암, 열린우리당·중도통합민주당·대통합민주신당·통합민주당) 2005년 열린우리당 정책위원회 부의장 겸 법안심사부위원장 2005년 同전남도당 위원장 2006년 대한축구협회 법률고문 2007년 대통합민주신당 정동영 대통령후보 문화관광특보단장 2008년 제18대 국회의원(장흥·강진·영암, 통합민주당·민주당·민주통합당) 2008~2010년 국회 법제사법위원장 2012년 법무법인 원 변호사(현) 2012년 민주통합당 선거관리위원회 부위원장 2015년 전남희망연대 대표(현) 2016년 제20대 국회의원선거 출마(전남 목포시, 무소속) (상)서울지방변호사회 인권상 (저)'소통의 시대 통합의 리더, 유선호의 도전과 희망이야기'(2010) (종)천주교

유 성(柳 誠)

(생)1957·3·4 (주)경상북도 포항시 남구 청암로 67 포항산업과학연구원(054-279-6333) (학)고려대 토목과졸, 포항공과대 대학원 경영학과졸 (경)(주)포스코 JKPC법인장 2010년 同일본법인장 2014년 同기술위원(전무) 2015년 同재무투자본부 신사업관리실장(전무) 2016년 同ESM사업실장 겸 PosLX사업단장(전무) 2017~2018년 同기술투자본부장(부사장) 2019년 포항산업과학연구원(RIST) 원장(현)

유성근(柳性根) RYU Sung Keun

(생)1948·8·20 (출)서울 (주)서울특별시 구로구 디지털로27길 33 삼화인쇄(주) 회장실(02-850-0700) (학)경기고졸 1972년 연세대 영어영문학과졸 1979년 미국 보스턴대 경영대학원졸 (경)삼화인쇄(주) 이사·상무이사, 삼화프라콘(주) 대표이사 사장, 삼화출판사 사장 1986년 삼화인쇄(주) 대표이사 사장, 同대표이사 회장(현) (상)대통령표창

유성수(柳聖秀) YOU Sung Soo

(생)1948·3·3 (본)전주(全州) (출)강원 삼척 (주)인천광역시 미추홀구 소성로185번길 28 명인빌딩 702호 법무법인 서창(032-864-8649) (학)1966년 경기고졸 1970년 서울대 기계공학과졸 1982년 미국 미시간대 로스쿨졸(MCL) (경)1975년 사법시험 합격(17회) 1977년 사법연수원 수료(7기) 1977년 서울지검 검사 1980년 전주지검 검사 1980년 대검찰청 검찰연구관 1983년 대전지검 홍성지청 검사 1987년 서울지검 검사 1989년 대구지검 상주지청장 1991년 대검찰청 전산관리담당관 1993년 인천지검 조사부장 1993년 부산지검 강력부장 1994년 대검찰청 강력과장 1995년 서울지검 총무부장 1996년 同외사부장 1997년 대전지검 홍성지청장 1998년 서울고검 검사 1999년 전주지검 차장검사 1999년 인천지검 차장검사 2000년 同제1차장검사 2000년 서울고검 검사 2003년 대검찰청 감찰부장 2004년 대전지검장 2005~2006년 의정부지검장 2006년 법무법인 로우25 대표변호사 2008년 법무법인 한덕 변호사 2013년 법무법인 서창 변호사(현) (상)황조근정훈장(2005) (종)기독교

유성수(柳聖洙) You Seong Soo

(생)1968·10·10 (주)전라남도 무안군 삼향읍 오룡길 1 전라남도의회(061-286-8200) (학)전북 남성고졸, 원광대 약학과졸 (경)종로약국 약사, 전남 장성군약사회 분회장, 더불어민주당 중앙당 사회적경제위원회 부위원장 2018년 전남도의회 의원(더불어민주당)(현), 同한빛원전특별위원회 위원(현), 同교육위원회 겸 예산결산특별위원회 위원(현)

유성엽(柳成葉) YOU Sung Yop (也井)

(생)1960·1·25 (본)문화(文化) (출)전북 정읍 (주)서울특별시 영등포구 의사당대로 1 국회 의원회관 843호(02-784-3255) (학)1978년 전주고졸 1984년 서울대 외교학과졸 (경)1983년 행정고시 합격(27회) 1986~1990년 전북도 송무계장·세외수입계장 1990~1996년 내무부 송무담당·자치제도담당·조직기획담당 1996~2002년 전북도 기획관·문화관광국장·공무원교육원장·환경보건국장·경제통상국장·도지사 비서실장 2002년 정읍시장(새천년민주당) 2004~2006년 정읍시장(열

린우리당) 2008년 제18대 국회의원(정읍시, 무소속) 2008년 국회 농림수산식품위원회 위원 2008년 국회 미래전략및과학기술특별위원회 위원 2009년 국회 예산결산특별위원회 위원 2010년 유네스코 한국위원회 위원 2010년 국회 교육과학기술위원회 위원 2011년 국회 윤리특별위원회 위원 2011년 국회 연금제도개선특별위원회 위원 2012년 제19대 국회의원(정읍시, 무소속·민주통합당·민주당·새정치민주연합·국민의당) 2012년 국회 윤리특별위원회 위원 2012년 국회 교육과학기술위원회 위원 2012년 국회 헌법재판소 재판관인사청문특별위원회 야당 간사 2013년 국회 미래창조과학방송통신위원회 위원 2013년 민주당 전국직능위원회 수석부의장 2013년 국회 예산결산특별위원회 위원 2014~2015년 국회 농림축산식품해양수산위원회 야당 간사 2014년 새정치민주연합 정책위원회 수석부의장 2014~2015년 同정읍시지역위원회 위원장 2015년 同전북도당 위원장 2015년 同전국시·도당위원장협의회 부회장 2015년 국회 농림축산식품해양수산위원회 위원 2015년 국회 예산결산특별위원회 위원 2015년 새정치민주연합 재벌개혁특별위원회 위원 2015년 同세월호대책특별위원회 위원장 2016년 국민의당 당헌기초위원회 위원장 2016년 同민생살림특별위원회 경제재도약추진위원장 2016년 同원내수석부대표 2016년 제20대 국회의원(정읍시·고창군, 국민의당·민주평화당〈2018.2〉·대안정치연대〈2019.8〉)(현) 2016~2018년 국회 교육문화체육관광위원회 위원장 2016~2018년 국민의당 정읍시·고창군지역위원회 위원장 2016년 同사무총장 2017~2018년 同당무감사위원장 2017년 同제19대 안철수 대통령후보 중앙선거대책본부 조직본부장 2017년 국회 정치개혁특별위원회 간사 2017년 국회 '지방분권개헌 국회추진단' 공동단장 2018~2019년 민주평화당 정읍시·고창군지역위원회 위원장 2018년 同중앙당 공직후보자자격심사위원장 2018년 국회 기획재정위원회 위원(현) 2018~2019년 민주평화당 최고위원 2018~2019년 同공공부문개혁을통한경제살리기특별위원회 위원장 2019년 同원내대표 2019년 대안정치연대 창당준비기획단장(현) (상)국무총리표창(1992), 녹조근정훈장(2000), 유권자시민행동 2013 국정감사 최우수상(2013), 대한민국소비자대상 소비자입법부문 대상(2013), 한국을 빛낸 자랑스런 한국인 100인 대상(2013), 한국을 빛낸 자랑스런 한국인대상(2014·2015), 한국문학예술포럼 한국문학예술상(2015), 국정감사NGO모니터단 선정 국정감사 우수국회의원(2015), 대한민국 행복나눔봉사대상 의정발전대상(2015), 대한민국을 빛낸 21세기 한국인상 정치부문(2015), 한국을 빛낸 사람들 대상 '지역사회복지봉사공로대상'(2017), 한국인터넷신문협회 올해의 인물 공로상(2017), 한국언론인연합회 자랑스런 한국인 대상(2017) (저)'전봉준장군이 100년 만에 깨어난다면'(2002) '전북사랑'(2005) '정읍의 길, 대한민국의 길, 나의 길'(2011) '지방이 나라다'(2014) '전북의 길'(2014)

유성우(柳星羽) Sung-Woo Lyoo

(생)1971·1·26 (본)문화(文化) (출)대구 (주)세종특별자치시 한누리대로 402 산업통상자원부 에너지효율과(044-203-5050) (학)1989년 서울 대진고졸 1997년 연세대 경영학과졸 2010년 미국 캘리포니아대 샌디에이고교 대학원 국제관계학과졸(MPIA) (경)1997년 행정고시 합격(41회) 1999년 산업자원부 무역정책실 미주협력과 사무관 2000년 同자본재산업국 산업기계과 사무관 2001년 同무역투자실 수출과 사무관 2003년 同자원정책실 가스산업과 사무관 2005년 同기획관리실 기획예산담당관실 서기관 2006년 정부혁신지방분권위원회 행정개혁팀장(파견) 2007년 산업자원부 산업정책본부 상생협력팀 서기관 2008년 지식경제부 무역투자정책본부 남북경협정책과 서기관 2010년 同에너지자원실 신재생에너지진흥팀장 2011년 同자유무역협정팀장 2013년 산업통상자원부 동아시아자유무역협정추진기획단 팀장 2013년 駐태국 상무관 2016~2017년 산업통상자원부 환태평양경제동반자협정대책단 과장 2017년 同자유무역협정정책관실 서기관 2017년 同에너지자원실 원전산업관리과장 2019년 同에너지효율과장(현) (종)기독교

유성준(俞晟濬) Yoo Seong Joon

(생)1960·5·21 (출)충남 연기 (주)충청남도 아산시 염치읍 은행나무길 223 충남신용보증재단 이사장실(041-530-3800) (학)1978년 대전고졸 1984년 충남대 경제학과졸 2011년 한밭대 대학원 금융경제공학과졸 (경)1985~1998년 충청은행 종합기획부 근무·비서실 과장 1998~2012년 하나은행 지점장 2013년 同충남북영업본부장 2014년 KEB하나은행 대전중앙영업본부장 2015~2017년 하나GMG 부사장 2017년 KEB하나은행 자문위원 2018년 충남신용보증재단 이사장(현)

유성찬(劉聖贊) YOO Sung Chan

(생)1965·10·24 (출)경북 포항 (주)인천광역시 서구 환경로 42 한국환경공단 감사실(032-590-3060) (학)1983년 포항고졸 1984년 고려대 공대 입학 1987년 同공대 제적 2005년 同공대 재입학 2009년 同공대 사회환경시스템공학과졸 (경)1989년 새날을여는포항청년회 회장 1992년 포항민주청년회 회장 1992년 대구경북민주청년단체대표자협의회 정책위원장 1993년 同의장 1993년 한국민주청년단체협의회 중앙상임위원 1998년 한국청년연맹 포항지부 준비위원장 1999년 한국청년연합회 포항지부 공동대표 2000년 장애우권익문제연구소 부설 월간 「함께걸음」 포항지사 대표 2001년 한국청년연합회 포항지부 평화통일센터 소장 2002년 개혁국민정당 포항南·울릉지구당 위원장 2003년 경북개혁신당추진연대회의 실행위원장·공동대표 2003년 국민통합개혁신당추진위원회 실행위원장·공동대표 2003년 동북아연구소 소장 2004년 자치분권전국연대 사무처장 2006~2008년 환경관리공단 관리이사 2009년 국민참여당 경북도당 위원장 2010년 同중앙위원회 부의장 2010년 경북도지사 후보(국민참여당), 노무현재단 기획위원 2012년 제19대 국회의원선거 출마(경북 포항북구, 통합진보당), 월간경북 편집장 2014~2015년 경기도교육청 안전협력담당관, 참여네트워크 공동대표 2017년 더불어민주당 제19대 문재인 대통령후보 환경특보 2018년 지속가능친환경사회 연구센터장 2019년 한국환경공단 상임감사(현) 2019년 민주평통 사회문화교류분과위원회 상임위원(현) (저)'나는 사람이 좋다' '생각의 흔적'

유성훈(柳成勳)

(생)1962·8·14 (본)문화(文化) (출)서울 (주)서울특별시 금천구 시흥대로73길 70 금천구청 구청장실(02-2627-2303) (학)1982년 문일고졸 1994년 중앙대 경영학과졸 2004년 한양대 행정대학원 행정학과졸 (경)1999~2003년 대통령비서실 행정관(3급), 대한석유협회 전문위원, 제15대 김대중 대통령후보 선거대책본부 국장 2009년 국회 환경포럼 정책자문위원 2009년 (사)장애인직업생활상담원협회 부회장(현) 2010년 문일고총동문회 부회장 2010년 민주당 부대변인 2011년 민주통합당 부대변인 2012년 同문재인 대통령후보 중앙선거대책위원회 총무본부 부본부장 2013년 同사무부총장 2013년 민주당 사무부총장 2014년 새정치민주연합 사무부총장 2017년 더불어민주당 제19대 문재인 대통령후보 중앙선거대책위원회 총무본부 부본부장 2018년 서울 금천구청장(더불어민주당)(현)

유성희(劉省熹·女) Yoo Sung Hee

(생)1968·6·16 (주)서울특별시 중구 명동길 73 한국YWCA연합회(02-774-9702) (학)이화여대 신문방송학과졸, 서울대 대학원 사회학과졸, 사회학박사(서울대) (경)1991~2003년 한국YWCA연합회 프로그램부·지도력양성위원회 부장 1995~1999년 세계YWCA 실행위원 2004~2006·2010년 한국YWCA연합회 사무총장(현) 2011년 한국YWCA연합회 상임이사(현) 2011년 한국YWCA연합회후원회 상임이사(현) 2011년 YWCA복지사업단 상임이사(현) 2011년 사회적기업인증심사소위원회 위원(현)

2013~2015년 기획재정부 협동조합정책심의위원회 위원 2013년 중앙성별영향분석평가센터 자문위원(현) 2013년 육성전문위원회 위원(현) 2015년 대법원 감사위원회 위원(현) 2015년 법무부 변호사징계위원회 위원(현) 2016년 서울시 열린광장운영시민위원회 위원(현) 2016년 기획재정부 경제교육관리위원회 민간위원(현) 2017년 한국사회적기업진흥원 비상임이사(현) 2017년 국토교통부 일자리협의체 민간위원(현) 2018년 감사원 국민감사청구심사위원(현) 2018년 국가생명윤리심의위원회 위원(현) 2019년 건강보험정책심의위원회 위원(현) (상)한국청소년단체협의회장표창

유세경(劉世卿 · 女) YU Sae Kyung

(생)1959 · 12 · 17 (본)강릉(江陵) (출)서울 (주)서울특별시 서대문구 이화여대길 52 이화여자대학교 사회과학대학 언론홍보영상학부(02-3277-3448) (학)1982년 이화여대 신문방송학과졸 1986년 미국 텍사스오스틴대 대학원졸 1993년 신문학박사(미국 텍사스오스틴대) (경)1991~1996년 서울방송 연구위원 1995~2015년 이화여대 사회과학대학 언론홍보영상학부 조교수 · 부교수 · 교수 1997년 한국홍보학회 총무이사 1999~2001년 영상물등급위원회 심의위원 2000년 이화여대 홍보실장 2002년 조선일보 독자권익보호위원회 위원 2008년 신문발전위원회 위원 2010~2012년 이화여대 커뮤니케이션 · 미디어연구소장 2011~2012년 한국여성커뮤니케이션학회 회장 2012~2014년 한국방송공사(KBS) 시청자위원회 위원 2014~2017년 언론중재위원회 서울3중재부 중재위원 2015년 이화여대 기숙사 관장 2015년 同사회과학대학 커뮤니케이션 · 미디어학부 교수(현) 2016~2017년 언론중재위원회 시정권고위원 2016~2019년 문화체육관광부 여론집중도조사위원회 위원장 2019년 이화여대 기획처장 겸 엘텍융합교육혁신본부장(현) (저)'매스미디어와 현대정치' '인간과 커뮤니케이션' '여성과 매스미디어' '대중매체와 성의 정치학'

유세영(劉世永) Yoo Se Yeoung

(생)1959 (본)거창(居昌) (출)부산 (주)서울특별시 강남구 테헤란로 508 해성2빌딩 12층 민우세무법인(02-2183-1300) (학)부산진고졸, 동아대 무역학과졸 (경)2004년 충주세무서 법인세과장 2004년 국세청 부가가치세과 사무관 2007년 금천세무서 부가가치세과장 2009년 서울지방국세청 징세과 사무관 2010년 同숨긴재산무한추적과장(서기관) 2012년 제천세무서장 2013년 국무총리실 조세심판원 심판조사관 2014년 천안세무서장 2015년 서인천세무서장 2015~2017년 창원세무서장 2017~2018년 이현세무법인 부회장 2018년 민우세무법인 대표(현) (상)대통령표창(2009), 기획재정부장관표창(2011)

유세움(俞세움)

(생)1983 · 9 · 3 (주)인천광역시 남동구 정각로 29 인천광역시의회(032-440-6043) (학)인천 대건고졸 (경)(주)문화공작소세움 대표(현), 인천시립예술단 운영위원 2018년 인천시의회 의원(비례대표, 더불어민주당)(현), 同운영위원회 위원(현), 同문화복지위원회 위원(현), 同예산결산특별위원회 부위원장(현)

유소연(柳簫然 · 女) RYU So Yeon

(생)1990 · 6 · 29 (출)서울 (학)2009년 대원외고졸, 연세대 체육교육과졸 (경)2006년 도하아시안게임 골프 여자 개인전 · 단체전 금메달(2관왕) 2007년 제12회 코카콜라 체육대상 신인상 2007년 제1회 여자 아마추어 선수권대회 우승 2007년 한국여자프로골프협회 회원(현) 2008년 스포츠서울-김영주골프 여자오픈 우승 2008년 태영배 제22회 한국여자오픈 2위 2008년 KB국민은행 StarTour 2차대회 2위 2008년 MBC투어 제1회 롯데마트 행복드림컵여자오픈 2위 2008년 KLPGA & LET 투어 세이트포레이디스마스터스 3위 2009년 유럽여자프로골프투어 ANZ레이디스마스터스 공동 2위 2009년 두산매치플레이챔피언십 우승 2009년 우리투자증권 레이디스챔피언십 우승 2009년 하이원리조트컵 SBS채리티 여자오픈 우승 2009년 KLPGA투어 겸 LET투어 대진증권-토마토투어 한국여자마스터즈 공동2위 2009년 오리엔트 차이나 레이디스오픈 우승 2010년 KB국민은행 스타투어 2위 2011년 한화골프단 소속 2011년 롯데칸타타 여자오픈 우승 2011년 미국여자프로골프(LPGA)투어 US여자오픈 우승 2011년 메트라이프 · 한국경제 KLPGA 챔피언십 3위 2011년 대만여자프로골프(TLPGA)투어 스윙잉 스커츠대회 공동 2위 2012년 유럽여자프로골프투어(LET) RACV 호주여자마스터스 공동2위 2012년 LPGA투어 호주여자오픈 공동2위 2012년 LPGA투어 제이미파 톨리도 클래식 우승 2012년 한화금융 클래식 우승 2012년 LPGA투어 CME그룹 타이틀홀더스 2위 2012년 YMCA 꿈나무유소년골프단 홍보대사 2012년 2013시즌 개막전 스윙잉 스커츠 월드 레이디스 마스터스 공동3위 2013~2016년 하나금융그룹 골프단 소속 2013년 LPGA투어 월마트 NW 아칸소 챔피언십 2위 2013년 LPGA투어 US여자오픈 3위 2013년 한화금융 클래식 2위 2013년 LPGA투어 로레나 오초아 인비테이셔널 3위 2013년 KLPGA투어 스윙잉스커츠 월드레이디스 마스터스 2위 2014년 유럽여자프로골프투어(LET) 월드레이디스 챔피언십 3위 2014년 LPGA투어 마라톤 클래식 2위 2014년 LPGA투어 캐나다 퍼시픽 여자오픈 우승 2014년 LPGA투어 포틀랜드 클래식 공동3위 2014년 LPGA투어 사임다임 LPGA 말레이시아 공동3위 2015년 유럽여자프로골프투어(LET) 월드 레이디스 챔피언십 우승 2015년 LPGA투어 킹스밀 챔피언십 2위 2015년 LPGA투어 리코 브리티시여자오픈 공동3위 2015년 LPGA투어 캐나다퍼시픽 여자오픈 공동3위 2015년 한국여자프로골프(KLPGA)투어 하이원리조트여자오픈 우승 2015년 LPGA투어 푸본 타이완챔피언십 공동2위 2016년 메르세데스-벤츠 코리아 엠버서더(현) 2016년 국제백신연구소(IVI) 홍보대사(현) 2016년 LPGA투어 에비앙 챔피언십 공동2위 2016년 LPGA투어 토토 재팬 클래식 공동3위 2016년 LPGA투어 CME그룹 투어 챔피언십 2위 2017년 메디힐 골프단 입단(현) 2017년 혼다 LPGA 타일랜드 2위 2017년 LPGA투어 ANA 인스퍼레이션 우승 2017년 LPGA투어 월마트 NW 아칸소 챔피언십 우승(최종합계 : 18언더파 – 대회 최저타 신기록 우승) 2017년 LPGA투어 US여자오픈 공동 3위 2017년 스윙잉스커츠 LPGA 타이완 챔피언십 공동3위 2018년 LPGA투어 KPMG 위민스 PGA 챔피언십 2위 2018년 LPGA투어 마이어 클래식 우승 2018년 JLPGA투어 일본여자오픈 우승 2018년 여자골프 국가대항전 UL 인터내셔널 크라운 우승 2019년 LPGA투어 US여자오픈 공동2위 (상)한국여자프로골프(KLPGA) 인기상(2009), 자랑스러운 연세체육인상 우수학업선수상(2011), 미국여자프로골프(LPGA) 투어 2012시즌 신인왕(2012), KLPGA투어 국내특별상(2015), MBN 여성스포츠대상 6월의 최우수선수상(2017), 안니카 메이저 어워드(2017), 미국여자프로골프(LPGA)투어 올해의 선수(2017), MBN 여성스포츠대상 탑플레이어상(2017)

유송화(俞松和 · 女) YOO Song Hwa

(생)1968 · 4 · 6 (출)전남 (주)서울특별시 종로구 청와대로 1 춘추관(02-730-5800) (학)1985년 광주송원여고졸, 이화여대 경제학과졸 (경)1988년 이화여대 총학생회장 1988년 전국여학생대표자협의회 의장 1993년 한국여성민우회 지방자치위원 1996년 노원복지포럼 운영위원 2001년 서울시 노원구의회 행정복지위원장 2002년 새천년민주당 서울노원乙지구당 정책실장 2002년 김민석 서울시장후보 특보 2003년 제16대 대통령직인수위원회 국민참여센터 전문위원 2003~2005년 대통령 시민사회수석비서관실 행정관 2007~2008년 민주평화통일자문회의 사무처 사업추진단 총괄조정관 2012년 민주통합당 문재인 대통령후보 수행2팀장 2015년 새정치민주연합 부대변인 2015년 더불어민주당 부대변인 2017년 同제19대 문재인 대통령후보 중앙선거대책위원회 수행2팀장 2017년 대통령 제2부속비서관 2019년 대통령 국민소통수석비서관실 춘추관장(현)

유수경(柳秀卿)

(생)1956 · 1 · 3 (주)서울특별시 중구 장충단로 275 두산타워 17층 두산퓨얼셀(주)(02-3398-3894) (학)서울 경복고졸, 서강대 전자공학과졸 1984년 同대학원 전자공학과졸 (경)1984년 삼성전자(주) 입사, 同AMLCD 품질팀 상무보 2003년 同AML-CD 품질팀장(상무보) 2004년 同LCD 품질팀장(상무보) 2005년 同LCD 품질1팀장(상무보) 2006년 同LCD 품질팀장(상무) 2008년 同모바일 LCD제조팀 상무 2008년 제일모직 오창사업장 품질담당 상무 2012년 (주)효성 화학PG 품질총괄 전무 2014년 (주)두산 전자BG 제조 · 기술본부 전무 2018년 同퓨얼셀BG 품질서비스본부장 2019년 두산퓨얼셀(주) 대표이사 부사장(현)

유수근(柳秀根) Ryu Suguen

(생)1957 · 7 · 24 (출)부산 (주)서울특별시 송파구 중대로 135 한국정보보호산업협회 임원실(02-2142-0900) (학)서울대 불문학과졸, 同행정대학원 수료 (경)행정고시 합격(31회) 1988년 총무처 수습사무관 1989년 국무총리 비상기획위원회 조사연구실 근무 1993년 체신부 비상계획관실 근무 1994년 정보통신부 정보망과 근무 1995년 초고속정보통신기획단 파견 1996년 정보통신부 기획총괄과 사무관 1997년 同총괄담당 서기관 1998년 부산사하우체국장 2000년 충남 천안우체국장 2001년 정보통신부 정보화기반과장 2002년 대통령 정책기획비서관실 서기관 2004년 정보통신부 산업기술과장 2004년 同산업기술팀장 2005년 同기술정책팀장 2006년 同정책총괄팀장(부이사관) 2008년 지식경제부 정보통신총괄과장 2009년 同연구개발특구기획단장(고위공무원) 2009년 부산체신청장 2011~2012년 지식경제부 정보통신산업정책관, KB캐피탈 상근감사위원 2017년 한국정보보호산업협회(KISIA) 상근부회장(현)

유수일(劉修一) YU Soo-il

(생)1945 · 3 · 23 (출)충남 논산 (주)서울특별시 용산구 한강대로40길 46 천주교 군종교구청(02-749-1921) (학)1964년 대전고졸 1969년 서울대 사범대학 교육학과졸 1979년 서울 대신학교졸 1990년 미국 뉴욕 성 보나벤투라대 영성신학석사(MA) (경)1973년 작은형제회(프란치스코 수도회) 입회 1980년 사제 서품 1980년 천주교 수원교구 세류동 본당 보좌신부 1980~1982년 同마산교구 칠암동 본당 주임신부 1982~1985년 작은형제회(프란치스코 수도회) 한국관구 준관구장 · 명도원(외국인을 위한 어학원) 원장 1985~1988년 수도자신학원 원장 1991~1997년 작은형제회(프란치스코 수도회) 한국관구장 1993~1995년 한국남자수도회 사도생활단 장상협의회 회장 1997~2003년 작은형제회(프란치스코 수도회) 총평의원(로마) 1999~2001년 同동아시아협의회 회장 2003~2005년 전주 재속 프란치스코회 영적보조자 2006~2009년 정동 성 프란치스코 수도원(사목 공동체) 원장, 재속 프란치스코회 국가형제회 영적보조자 2009~2010년 서울 청원소 부원장 2010년 주교 서품 2010년 제3대 천주교 군종교구장(현) 2010년 천주교주교회의 보건사목 담당(현) 2010년 同선교사목주교위원회 위원(현)

유수정(劉首正 · 女)

(생)1960 · 9 · 27 (주)서울특별시 중구 장충단로 59 국립창극단(02-2280-4255) (학)2010년 추계예술대 국악과졸 2012년 同교육대학원 국악교육정책과졸 (경)김소희 선생께 사사, 중요 무형문화재 제5호 판소리 이수 1987~2018년 국립극장 전속 국립창극단 창악부 단원 · 창악부장 · 수석요원, 한국예술종합학교 전통예술원 음악과 판소리전공 강사, 추계예술대 음악대학 국악과 판소리전공 초빙교수, 중앙대 전통예술학부 판소리전공 겸임교수 2019년 국립창극단 예술감독(현) (상)남원 춘향제 판소리 경연대회 최우수상, 제32회 춘향국악대전 판소리명창대회 대통령표창(2005), KBS 국악대상(2006)

유수호(劉守鎬) Yoo Su-Ho

(생)1963 · 1 · 4 (출)경북 영덕 (주)경상북도 영양군 영양읍 군청길 37 영양군청 부군수실(054-680-6993) (학)1982년 영덕종합고졸 2006년 한국방송통신대 행정학과졸 (경)1984~1991년 영덕군 근무 1991~2002년 경북도 양정과 · 의회사무처 · 감사관실 · 도로과 근무 2002~2007년 同자치행정국 총무과 근무 2007~2012년 안전행정부 파견 · 경북도 정책기획관실 · 대변인실 · 인재양성과 지방행정사무관 2012년 경북도 환경산림자원국 환경정책과 지방행정사무관 2016년 同일자리민생본부 기업노사지원과장(지방행정서기관) 2017년 同지방행정서기관(세종연구소 교육 파견) 2018년 同문화관광체육국 문화산업과장 2019년 경북 영양군 부군수(현) (상)국무총리표창(2014)

유승남(劉承男) YOO Seung Nam

(생)1965 · 4 · 26 (본)강릉(江陵) (출)충남 보령 (주)서울특별시 강남구 영동대로 517 법무법인 화우(02-6003-7793) (학)1982년 서울 배명고졸 1986년 서울대 법대 공법학과졸 1988년 同대학원 법학과 수료 (경)1986년 사법시험 합격(28회) 1989년 사법연수원 수료(18기) 1989년 육군 법무관 1992년 대구지법 판사 1995년 同안동지원 판사 1996년 서울지법 의정부지원 판사 1998년 인천지법 판사 1999년 서울지법 판사 2001년 서울고법 판사 2001~2003년 법원실무제요 발간위원회 위원 2003년 서울지법 판사 2004년 의정부지법 부장판사 2005년 해외 연수 2006년 사법연수원 교수 2008년 법무부 난민인정협의회 위원 2008~2009년 서울서부지법 부장판사 2009년 법무법인 화우 변호사(현) 2009~2014년 사법연수원 외래강사 2010~2011년 금융위원회 자본시장조사심의위원회 위원 2012~2018년 서강대 법학전문대학원 겸임교수 2013~2017년 서울대 법학전문대학원 겸임교수 2014년 서울중앙지법 조정위원 2015년 중소기업청 중소기업기술분쟁조정 · 중재위원회 위원(현) 2015~2017년 국회사무처 행정심판위원회 위원 2018년 경찰청 집회시위자문위원회 위원(현) 2018년 감사원 공익감사청구자문위원(현) (종)기독교

유승렬(劉承烈) YU Seung Ryol

(생)1950 · 4 · 12 (출)서울 (주)서울특별시 서초구 바우뫼로33길 7-12 202호 벤처솔루션스(주) 사장실(02-567-9932) (학)1968년 경기고졸 1972년 서울대 경영학과졸 (경)1975~1992년 SK(주)(舊 유공) 기획부 · 업무부 · 원유제품부 근무 1992~1993년 同종합기획담당 이사 1994~1997년 SK그룹 경영기획실 임원 1994~1997년 대한텔레콤(주) 대표이사 겸임 1998년 SK그룹 구조조정본부장 2000년 신세기통신 부사장 겸임 2000~2002년 SK(주) 대표이사 사장 2002년 벤처솔루션스(주) 대표이사 사장(현) 2011~2012년 예스24 상근감사 (저)'베타커뮤니케이션'

유승렬(劉承烈) YOU Seung Yeol

(생)1962 · 7 · 20 (출)전북 김제 (주)전라북도 전주시 완산구 전라감영로 75 전라일보 논설위원실(063-232-3132) (학)1981년 전라고졸 1985년 원광대 경영학과졸 1988년 단국대 경영대학원졸 2004년 성균관대 대학원 정치학 박사과정 수료 (경)1985년 국회의원 비서관 1986년 同보좌관 1988년 전라일보 기자 1993년 전북도민일보 기자 1994년 전북제일신문 정치부 차장 2001년 同정치경제부 차장 2001년 전라일보 서울주재 부장대우 2003년 同정치부장 2007년 同편집국 부국장 2008년 同편집국장 2010년 同논설위원 2013년 同편집국장 2014년 同논설위원 2017년 同편집국장 2017년 한국신문방송편집인협회 이사(현) 2018년 전라일보 논설위원실장(현)

유승렬(柳承烈)

(생)1971·11·20 (출)경남 통영 (주)서울특별시 서대문구 통일로 97 경찰청 정보2과(02-3150-2281) (학)1990년 경남 통영고졸 1994년 경찰대 법학과졸(10기) 2013년 연세대 행정대학원졸 (경)1994년 경위 임관 1999년 경찰청 정보국 정보2과 근무 2002년 同개혁추진단 근무 2003년 同정보국 정보2과 근무 2009년 경찰대 지도실장 2011년 경찰청 정보국 근무 2013년 대통령 사회안전비서관실·치안비서관실 근무 2016년 경찰청 연구발전담당관(총경) 2017년 경기 의왕경찰서장 2019년 경찰청 정보2과장(현)

유승록(劉承祿) Yoo Seung Rok

(생)1962·2·13 (출)경북 영주 (주)서울특별시 영등포구 국제금융로6길 30 백상빌딩 1006-1호 블랙넘버스투자자문(주)(02-3775-3347) (학)1980년 중앙고졸 1987년 고려대 경영학과졸 (경)1987~2005년 현대투자신탁운용 입사·채권운용역·파생상품운용역·주식운용역·주식운용팀장·투자전략본부장 2005~2008년 국민연금관리공단 기금운용본부 주식운용팀장 2008~2011년 하이자산운용 대표이사 2010년 한국거래소 상장·공시위원회 위원 2012~2014년 공무원연금공단 자금운용단장(CIO) 2014년 블랙넘버스투자자문(주) 대표이사(현)

유승룡(俞承龍) YOU Seung Ryong

(생)1964·1·21 (출)서울 (주)서울특별시 강남구 영동대로 517 아셈타워 법무법인 화우(02-6003-7563) (학)1982년 양정고졸 1989년 서울대 공법학과졸 (경)1990년 사법시험 합격(32회) 1993년 사법연수원 수료(22기) 1993년 서울지법 남부지원 판사 1995년 서울지법 판사 1997년 대전지법 천안지원 판사 1998년 同아산시법원 판사 2000년 서울지법 판사 2003년 서울가정법원 판사 2004년 법원행정처 사법제도연구법관 2005년 同사법정책심의관 2006년 同사법정책실 판사 2006년 서울고법 판사(사법제도개혁추진위원회 파견) 2008년 광주지법 부장판사 2009년 사법연수원 교수 2012~2014년 서울남부지법 부장판사 2014년 법무법인 화우 파트너변호사(현) 2015년 서울지방국세청 조세법률고문(현) 2015년 대한상사중재원 중재인(현)

유승만(柳承晩)

(생)1965·4·5 (출)충북 청원 (주)경기도 과천시 관문로 47 법무부 교정정책단(02-2110-3000) (학)청주대 공법학과졸, 일본 사이타마대 정책대학원 정책학과졸 (경)1991년 행정고시 합격(35회) 1993년 광주지방교정청 의료분류과장 2004년 인천구치소 총무과장(서기관) 2006년 청송교도소 부소장 2006년 부산구치소 부소장 2007년 법무연수원 교정연수과장 2008년 충주구치소장 2009년 안동교도소장 2010년 전주교도소장(부이사관) 2010년 성동구치소장(고위공무원) 2011년 국방대학원 파견 2012년 안양교도소장 2013년 수원구치소장 2014년 대구교도소장 2015년 대구지방교정청장 2016년 대전지방교정청장 2017년 법무연수원 교정연수부장 2018년 법무부 교정정책단장(현)

유승민(劉承旼) YOO Seong Min

(생)1958·1·7 (출)대구 (주)서울특별시 영등포구 의사당대로 1 국회 의원회관 916호(02-784-1840) (학)1976년 경북고졸 1982년 서울대 경제학과졸 1983년 미국 위스콘신대 메디슨교 대학원 경제학과졸 1987년 경제학박사(미국 위스콘신대 메디슨교) (경)1982년 한국개발연구원(KDI) 연구원 1987~2000년 同선임연구위원 1993년 행정쇄신위원회 위원 1996년 미국 샌디에이고주립대 초빙교수 1997년 세계화추진위원회 전문위원 1998년 공정거래위원회 자문관 1998년 대통령자문 정책기획위원 2000~2003년 한나라당 여의도연구소장 2004~2005년 제17대 국회의원(비례대표, 한나라당) 2004년 한나라당 제3정책조정위원장 2005년 同대표 비서실장 2005년 제17대 국회의원(대구시 동구乙 보궐선거 당선, 한나라당) 2008년 제18대 국회의원(대구시 동구乙, 한나라당·새누리당) 2010년 한나라당 대구시당 위원장 2011년 同최고위원 2012년 제19대 국회의원(대구시 동구乙, 새누리당·무소속) 2012~2014년 국회 국방위원회 위원장 2012년 새누리당 제18대 대통령중앙선거대책위원회 부위원장 2014년 同사회적경제특별위원회 위원장 2014년 국회 국방위원회 위원 2015년 국회 정보위원회 위원 2015년 새누리당 원내대표 2015년 국회 운영위원회 위원장 2016년 제20대 국회의원(대구시 동구乙, 무소속·새누리당〈2016.6〉·바른정당〈2017.1〉·바른미래당〈2018.2〉)(현) 2016·2018년 국회 기획재정위원회 위원(현) 2016년 새누리당 대구시동구乙당원협의회 운영위원장 2017년 바른정당 제19대 대통령 후보 2017~2018년 同민생특별위원회20 9to6/칼퇴근특별위원장 2017~2018년 同재외국민위원회 위원장 2017~2018년 同대표최고위원 2017~2018년 同인재영입위원장 2018년 바른미래당 공동대표최고위원 2018년 同대구동구乙지역위원회 위원장(현) 2018년 同대구시당 위원장 직대(현) (상)한국개발연구원장 공로상(1982), Distinguished Teaching Assistant Award(1986), Dissertation Travel Fellowship(1987), 국무총리표창(1991), 경제기획원장관표창(1991), 백봉라용균선생기념회 백봉신사상 올해의 신사의원 베스트10(2009·2014·2017), 경제정의실천시민연합 국정감사 우수의원(2014), 선플운동본부 '국회의원 아름다운 말 선플상'(2014), 제1회 머니투데이 대한민국 최우수 법률상(2015), 백봉신사상 대상(2015·2016) (저)'재벌, 과연 위기의 주범인가' '나누면서 커간다' '공공부문의 지배 구조개혁' '포항제철 특별경영진단' '기업경영의 투명성제고와 기업지배구조의 선진화'

유승민(劉承旼) YOO Seung Min

(생)1965·11·8 (본)강릉(江陵) (출)경북 칠곡 (주)대전광역시 중구 계룡로771번길 77 을지대학교 의대 미생물학교실(042-259-1661) (학)1990년 경희대 의대졸 1993년 同대학원 의학석사 1996년 의학박사(경희대) (경)1990~1991년 경희의료원 인턴 근무 1990년 대한미생물학회 회원 1991년 대한면역학회 이사 1991년 대한미생물학회 평의원 1991~1994년 경희대 의대 미생물학교실 조교 1994~1996년 同미생물학교실 전임강사(대우) 1996~1998년 서울지구병원 연구실 미생물학과장 1998~1999년 同연구실장 1999~2004년 을지대 의대 미생물학교실 조교수 2000년 대한미생물학회 평의원·학술위원회 위원(현) 2001~2013년 한국의학교육학회 평의원 2003~2005년 미국 Univ. of Texas Health Science Center at San Antonio 초빙연구원 2004~2007년 을지대 의대 미생물학교실 부교수 2005년 대한바이러스학회 평의원(현) 2007년 을지대 의대 미생물학교실 부교수 2007·2008년 同대학원장 2009년 同의대 미생물학교실 교수(현) 2009~2011·2013~2016년 同의과대학장 2011년 同대학원장 겸 EMBRI소장 2013년 을지대부설 을지의생명과학연구소장(현) 2016년 을지대 대학원장(현)

유승민(柳承旻) Yoo, Seungmin

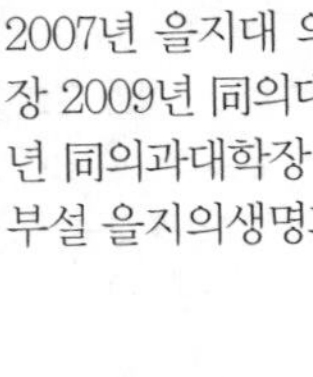

(생)1976·9·14 (본)진주(晉州) (출)서울 (주)서울특별시 종로구 사직로8길 60 외교부 인사운영팀(02-2100-7141) (학)1995년 서울 여의도고졸 2000년 서울대 외교학과졸 2008년 미국 하버드대 대학원 동아시아지역학과졸 (경)2000~2002년 외교통상부 의전2담당관실 근무 2002~2005년 공군 장교(중위 예편) 2005년 외교통상부 제1차관비서관 2008년 同행정관리담당관실 근무 2009년 同북핵정책과 근무 2011년 駐아프가니스탄지방재건지원팀 부대표 2012년 駐미국 1등서기관 2014~2015년 국가안보실 국가안전보장회의사무처 근무 2015년 외교부 북핵정책과 외무서기관 2017년 同북핵외교기획단 북핵정책과장 2019년 同본부 근무(서기관)(현)

유승민(柳承敏) RYU Seung Min

(생)1982·8·5 (출)서울 (주)서울특별시 송파구 올림픽로 424 올림픽문화센터 국제올림픽위원회(IOC)(02-2144-8114) (학)2001년 포천 동남종고졸 2007년 경기대 체육학부 스포츠경영학과졸 2012년 同대학원 사회체육학과졸(석사) 2017년 명예 체육학박사(경기대) (경)1990년 탁구 입문 1997년 최연소(15세) 국가대표 2000년 제27회 시드니올림픽 복식 4위 2001~2014년 삼성생명탁구단 소속, 同코치(2017년 사직) 2002년 부산아시안게임 복식 금메달 2003년 중국오픈 준우승 2004년 폭스바겐코리아오픈 단식 3위 2004년 이집트오픈 우승 2004년 US오픈 우승 2004년 제28회 아테네올림픽 단식 금메달 2004년 삼성생명 비추미배 MBC왕중왕전 단식 우승 2005년 종별탁구선수권대회 단식 우승 2005년 SBS탁구챔피언전 단식 우승 2005년 프랑스 레발노아마스터즈초청대회 단식 우승 2005년 도요타컵탁구대회 단식 우승 2006년 대만오픈 복식 우승 2007년 슬로베니아오픈 단식 준우승 2007년 세계탁구선수권 단식 동메달 2007년 스페인 바르셀로나탁구월드컵 단식 준우승 2008년 국제탁구연맹(ITTF)오픈 우승 2008년 제29회 베이징올림픽 남자단체전 동메달 2009년 전국남녀종합탁구선수권대회 단식·단체전 우승 2009년 종합탁구선수권대회 남자복식 우승 2011년 월드팀컵 남자부 준우승 2011년 카타르피스앤스포츠탁구컵 남자복식 우승 2011년 MBC탁구최강전 남자부 챔피언결정전 우승 2011년 종합탁구선수권대회 남자복식 우승 2012년 국제탁구연맹(ITTF) 브라질오픈 남자복식 우승 2012년 제30회 런던올림픽 남자단체전 은메달 2012~2013년 독일 분데스리가 옥센하우젠의 임대계약 2014년 인천아시안게임 남자탁구대표팀 코치 2016년 국제올림픽위원회(IOC) 선수위원(현) 2016년 대한체육회 이사(현) 2016년 용인시 홍보대사 2016년 국기원 수여 '태권도 명예 5단' 2017~2019년 국민체육진흥공단 스포츠·레저안전 홍보대사 2017~2018년 녹십자웰빙 '국민건강습관 프로젝트' 홍보대사 2017년 국기원 홍보대사 2017년 국제스포츠재단(現국제스포츠전략위원회) 이사장(현) 2018년 평창동계올림픽 평창(설상 종목) 선수촌장 2018년 경기대 석좌교수(현) 2019년 국제올림픽위원회(IOC) 선수관계자위원회 위원장(현) 2019년 아시아올림픽평의회(OCA) 집행위원(현) 2019년 '2018 평창 기념재단' 초대 이사장(현) 2019년 국제탁구연맹(ITTF) 집행위원(현) 2019년 '2028 미국 로스앤젤레스(LA) 하계올림픽' 조정위원(현) 2019년 대한탁구협회 회장(현) 2019년 대한체육회 선수관계자위원회 초대 위원장(현) 2019년 국민체육진흥공단 체육시설안전홍보대사(현) (상)자황컵 체육대상 최우수선수상(2004) (종)기독교

유승삼(劉承三) YU Seung Sam

(생)1942·10·29 (출)서울 (주)서울특별시 마포구 성미산로 48 (사)사회적기업지원네트워크(02-337-6763) (학)1961년 경기고졸 1965년 서울대 철학과졸 1972년 同신문대학원졸 (경)1965년 신아일보 문화부·사회부 기자 1968년 중앙일보 주간부·경제부 기자 1989년 서울신문 문화부 기자·사회부 기자·논설위원·문화부장·사회부장·부국장·논설위원 1990년 중앙일보 논설위원 1997년 중앙M&B 대표이사 2001년 중앙일보 논설고문 2002년 同시민사회연구소장 2002~2003년 대한매일 대표이사 사장 2002년 아시아신문재단(PFA) 한국위원회 이사 2002년 국제언론인협회(IPI) 한국위원회 이사 2003년 한국신문협회 이사 2003년 세종대 겸임교수 2004~2006년 한국과학기술원(KAIST) 인문사회과학부 초빙교수 2006~2008년 한국신문윤리위원회 독자불만처리위원 2007~2014년 (사)사회적기업지원네트워크 이사장 2008~2014년 중앙선거관리위원회 위원 2009~2013년 서울문화사 대표이사 부회장 2014년 (사)사회적기업지원네트워크 명예이사장(현) (상)서울언론상 신문칼럼상 (저)칼럼집 '다름을 위하여 같음을 향하여'

유승엽(柳承燁) Ryou, Seung Yeob

(생)1967·12·24 (본)진주(晋州) (출)경기 안산 (주)서울특별시 강동구 상일로6길 26 삼성엔지니어링 Legal & Contract팀(02-2053-6320) (학)1986년 서울고졸 1993년 고려대 법학과졸 2010년 미국 캘리포니아대 버클리교 Law School 연수 (경)1993년 사법시험 합격(35회) 1996년 사법연수원 수료(25기) 1996년 서울지검 검사 1998년 광주지검 순천지청 검사 2000년 부산지검 검사 2002년 광주지검 목포지청 검사 2004년 서울중앙지검 검사 2004년 삼성그룹 구조조정본부 법무실 상무 2006년 삼성SDI 법무실 상무대우 2009년 同법무팀 전문임원(상무) 2011년 同컴플라이언스팀장(상무) 2012년 삼성엔지니어링 법무팀장(상무) 2013년 同법무팀장(전무) 2017년 同Legal & Contract팀장(전무)(현) (종)천주교

유승우(柳勝優) YOO Seung Woo (水巖)

(생)1948·11·25 (출)경기 이천 (주)경기도 용인시 기흥구 강남로 40 강남대학교 부동산법무행정대학원(031-280-3471) (학)1967년 이천농고졸 1976년 고려대 사학과졸 2001년 미국 미시간주립대 자치과정 수료 2002년 명지대 대학원 도자기학과졸, 행정학박사(상지대) (경)1977년 행정고시 합격(21회) 1980년 경제기획원 경제협력국 근무 1981년 재무부 국제금융국 근무 1984~1991년 상공부 중소기업국·산업정책국 근무 1991년 대전엑스포조직위원회 운영부장 1991년 대통령비서실 과장 1994·1995~1996년 경기 이천군수(민자당) 1996~1998년 경기 이천시장(신한국당·한나라당) 1998·2002~2006년 경기 이천시장(국민회의·새천년민주당) 2012~2016년 제19대 국회의원(이천, 새누리당·무소속) 2013년 국회 안전행정위원회 위원 2013년 국회 예산결산특별위원회 위원 2013~2015년 국회 동북아역사왜곡대책특별위원회 위원 2013년 국회 정치쇄신특별위원회 위원 2014년 새누리당 사회적경제특별위원회 위원 2014년 同경제혁신특별위원회 공적연금개혁분과 위원 2014년 국회 농림축산식품해양수산위원회 위원 2016년 강남대 행정학과 석좌교수 2017년 同부동산법무행정대학원 석좌교수(현) (상)보건사회부장관표창, 내무부장관표창, 국무총리표창, 법률소비자연맹 선정 국회 헌정대상(2013) (저)시집 '흐르는 물처럼', 연설문집 '사랑과 신뢰', 기행문 '대륙일기', 수필집 '큰바위 얼굴' '해동일기' '배우며 생각하며' '여기에 길이 있었네(2012)

유승운(俞勝云) Yu Sung Woon

(생)1972·9·20 (주)서울특별시 강남구 테헤란로 211 스톤브릿지벤처스(주) 임원실(02-3496-6600) (학)서강대 경영학과졸 (경)1998~1999년 LG텔레콤 마케팅실 근무 1999~2002년 CJ창업투자 선임심사역 2002~2009년 소프트뱅크벤처스 수석심사역 2009~2015년 Solmine Communications, LLC 상무 2015년 케이큐브벤처스 대표이사 2018년 카카오벤처스 공동대표이사 2019년 스톤브릿지벤처스(주) 대표이사(현)

유승익(柳承益) YOO Seung Ik

(생)1956·3·30 (주)경기도 수원시 영통구 월드컵로 206 아주대학교 정치외교학과 율곡관 517(031-219-2789) (학)1980년 연세대 정치외교학과졸 1987년 미국 사우스캐롤라이나대 대학원 국제정치학졸 1990년 국제정치학박사(미국 사우스캐롤라이나대) (경)아주대 사회과학대학 정치외교학과 조교수 1996년 同사회과학부 정치외교학과 부교수·교수(현) 2001년 한국정치학회 상임이사 2004년 아주대 대외관계지원실장 2008년 同국제학부장 2015년 同사회과학대학장 2019년 同공공정책대학원장(현) (저)'한국외교정책론 : 이론과 실제(한국외교정책의 분석틀)'(1993) '세계외교정책론(외교정책 결정과정과 구조)'(1995) '환경과 사회'(2007)

유승정(劉承政) YOO Seung Jeong

(생)1955·8·8 (출)경북 영주 (주)서울특별시 강남구 테헤란로92길 7 법무법인 바른(02-3479-2495) (학)1973년 대구 경북고졸 1977년 서울대 법대졸 (경)1979년 사법시험 합격(21회) 1981년 사법연수원 수료(11기) 1981년 서울형사지법 판사 1983년 서울민사지법 판사 1985년 마산지법 판사 1987년 서울형사지법 판사 1989년 서울민사지법 판사 1991년 서울고법 판사 1993년 대법원 재판연구관 1996년 부산지법 부장판사 1998년 사법연수원 교수 2001년 서울지법 부장판사 2003년 대구고법 부장판사 2006년 서울고법 부장판사 2008년 同행정3부장 2010년 창원지법원장 2011~2012년 서울남부지법원장 2012년 법무법인 바른 변호사(현) (저)'강제집행법'

유승주(劉承周) You Seung Ju

(생)1973·5·9 (본)강릉(江陵) (출)대구 (주)세종특별자치시 한누리대로 499 인사혁신처 기획재정담당관실(044-201-8120) (학)1992년 경남고졸 1997년 서울대 사범대학 독어교육과졸 1999년 同행정대학원 수료 2010년 미국 콜로라도대 행정대학원졸 (경)1999년 행정고시 합격(43회) 2000년 행정자치부 중앙공무원교육원 신임관리자과정 교육 2004~2006년 중앙인사위원회 능력발전과·정책담당관실 근무 2006~2008년 同정책총괄과 근무 2010~2011년 행정안전부 조직실 제도총괄과 근무 2011년 안전행정부 중앙공무원교육원 교육총괄과장 2013년 대통령 공직기강비서관실 행정관 2014년 인사혁신처 공직다양성정책과장 2015년 同대변인 2016년 同인사혁신국 고위공무원과장(서기관) 2017년 同인사혁신국 심사임용과장(부이사관) 2017년 駐스페인 참사관 2019년 인사혁신처 기획조정관실 기획재정담당관(현)

유승필(柳承弼) Yu Seung Pil (省魯)

(생)1946·9·23 (본)진주(晋州) (출)서울 (주)서울특별시 중구 동호로 197 유유빌딩 5층 유유제약 비서실(02-2253-6300) (학)서울고졸, 미국 하이델베르크대 경제학과졸, 미국 컬럼비아대 대학원 재정학과졸, 국제경영이론학박사(미국 컬럼비아대) (경)1979~1982년 미국 페이스대 대학원 조교수 1993~2006년 세계대중약협회 아시아태평양지역 부회장 1994~2005년 세종대재단 이사 1997~2001년 한국컬럼비아대총동창회 회장 1997년 駐韓아이티공화국 명예영사 2001~2003년 한국제약협회 이사장 2001년 유유제약 대표이사 회장(현) 2013~2017년 駐韓명예영사단 단장 (상)국민훈장 모란장(2003), 동암 약의상(2004), 납세자의 날 대통령표창(2008) (저)'한국대기업의 재무구조와 수익성' '미국·일본의 상업은행 비교' (종)기독교

유승호(柳承鎬) Seung-ho Ryu

(생)1963·3·29 (주)서울특별시 영등포구 은행로 38 한국수출입은행 남북협력본부(02-6255-5114) (학)1981년 안법고졸 1988년 서강대 정치외교학과 및 경제학과졸 2000년 북한대학원대 대학원 경제학과졸 (경)1989년 한국수출입은행 입행 1990년 同조사·기획·해외투자·남북담당 2002년 同남북협력기금부 차장 2004년 同남북협력2실 부부장 2007년 同남북협력1실 부부장 2008년 同남북협력기획실 부부장 2010년 同남북협력사업부 남북금융팀장 2010년 同남북협력기획실 팀장 2015년 同남북협력총괄부 팀장 2015년 同남북경협실장 2016년 同남북협력총괄부장 2018년 同남북협력본부장(현) (상)국무총리표창(2005), 기획재정부장관표창(2012), 한국수출입은행장표창(2013)

유승흠(柳承欽) YU Seung Hum

(생)1945·5·2 (본)진주(晋州) (출)서울 (주)서울특별시 중구 남대문로10길 9 경기빌딩 12층 한국의료지원재단(02-2090-2887) (학)1963년 경기고졸 1970년 연세대 의대졸 1976년 의학박사(연세대) 1981년 보건학박사(미국 존스홉킨스대) (경)1974~1988년 연세대 의대 전임강사·조교수·부교수 1986~2000년 유한학원 이사장 1988~2010년 연세대 의대 예방의학교실 교수 1988년 미국 존스홉킨스대 보건대학원 방문교수 1990년 연세대 보건대학원 병원행정학과 주임교수 1991년 세브란스병원 부원장 1994년 대한의사협회 학술이사·기획이사 1995년 아시아·오세아니아의사회연맹(CMAAO) 부회장 1995년 한국병원경영학회 부회장 1996년 대한예방의학회 이사장 1998년 연세대 보건정책관리연구소장 1999년 한국병원경영학회 회장 1999년 한국의학원 원장 2001~2011년 同이사장 2002~2006년 연세대 보건대학원장 2007~2009년 대한민국의학한림원 회장 2010년 연세대 명예교수(현) 2011년 한국의료지원재단 이사장(현) 2017년 한국필란트로피 소사이어티 초대 회장(현) (상)동아의료 문화상(1990·1995), 세브란스 의학상, 홍조근정훈장(2000), 한미자랑스런의사상(2011), 대한보건협회 올해의 보건대상(2017) (저)'의료정책과 관리'(1990) '병원행정강의'(1990) '의료보험총론'(1991) '의료총론'(1994) '보건기획과 관리'(1995) '병원경영의 이론과 실제 1·2·3·4(共)'(1998) '보건행정학강의' '내 삶의 편린들'(2010, 한국의학원) (역)'병원관리' '의료경제학' (종)기독교

유승희(俞承希·女) YOU Seung Hee

(생)1960·4·26 (본)기계(杞溪) (출)서울 (주)서울특별시 영등포구 의사당대로 1 국회 의원회관 414호(02-784-4091) (학)1978년 서울 예일여고졸 1982년 이화여대 문리대학 기독교학과졸 1985년 同문리대학원 기독교학과졸 1994년 숭실대 노사관계대학원 수료 2000년 한양대 지방자치대학원졸 2007년 행정학박사(한양대) (경)1980년 이화여대 기독학생회장 1989년 경제정의실천시민연합 발기인·중앙위원 1994년 한국여성의전화연합 인권사회위원·자문위원 1995년 구로공단 산돌노동문화원 총무 1995~1998년 경기 광명시의회 의원 1996~2015년 녹색소비자연대 이사 1997년 21세기여성포럼 창립발기인 1998년 새정치국민회의 여성국장 2000년 미국 러트거스뉴저지주립대 정치학과 Visiting Scholar 2001년 새천년민주당 여성국장 2002년 제16대 대통령직인수위원회 사회문화여성분과위원회 전문위원 2004년 열린우리당 조직총괄실장 2004~2008년 제17대 국회의원(비례대표, 열린우리당·대통합민주신당·통합민주당) 2004년 열린우리당 제1정책조정위원회 부위원장 2006년 同의장특보 2007년 同원내부대표 2008년 민주당 서울성북구甲지역위원회 위원장 2012년 제19대 국회의원(서울 성북구甲, 민주통합당·민주당·새정치민주연합·더불어민주당) 2012년 민주통합당 전국여성위원장 2013년 同정책위원회 제5정책조정위원장 2013~2014년 국회 미래창조과학방송통신위원회 간사 2013년 국회 방송공정성특별위원회 간사 2013년 민주당 전국여성위원장 2014년 국회 여성가족위원회 위원장 2014년 국회 미래창조과학방송통신위원회 위원 2015년 새정치민주연합 최고위원 2015년 同표현의자유특별위원회 위원장 2015년 더불어민주당 서울성북구甲지역위원회 위원장(현) 2015~2016년 同최고위원 2015년 同표현의자유특별위원회 위원장(현) 2016년 제20대 국회의원(서울 성북구甲, 더불어민주당)(현) 2016년 더불어민주당 청년일자리TF 위원(현) 2016~2017년 국회 미래창조과학방송통신위원회 위원 2016~2017년 국회 정치발전특별위원회 간사 2017년 더불어민주당 제19대 문재인 대통령후보 중앙선거대책위원회 표현의자유위원장 2017~2018년 국회 예산결산특별위원회 위원 2017~2018년 국회 과학기술정보방송통신위원회 위원 2017~2018년 국회 윤리특별위원회 위원장 2018년 더불어민주당 서울시당 공직선거후보자추천재심위원회 위원장 2018년 국회 기획재정위원회 위원(현) 2019년 국회 경제민주화포럼 공동대표(현) 2019년 더불어민주

당 포용적사회안전망강화 특위위원장 (상)국정감사NGO모니터단 국정감사우수의원상(2012), 민주통합당 국정감사우수의원상(2012), (사)도전한국인운동협회 · 도전한국인운동본부 국정감사 우수의원(2015), 대한민국국회나눔대상(2017), 2019 대한민국공헌대상 입법부문 입법대상(2019) (저)'여성지방의원의 삶과 도전(共)'(1998) '광명에 고향을 심자–유승희의 생활정치이야기'(1998) '딸에게 들려주는 리더십 이야기'(2007, 해피스토리) (종)기독교

유시민(柳時敏) RHYU Si Min

(생)1959 · 7 · 28 (본)풍산(豊山) (출)경북 경주 (주)서울특별시 마포구 신수로 56 6층 (재)사람사는세상 노무현재단(1688–0523) (학)1978년 대구 심인고졸 1991년 서울대 경제학과졸 1997년 독일 마인츠요하네스구텐베르크대 대학원 경제학과졸 (경)1980년 5.17계엄포고령 및 집시법 위반혐의로 구속 1984년 서울대 프락치사건 관련 투옥 1988년「창작과 비평」으로 문단 데뷔 1988~1991년 이해찬 국회의원 보좌관 1999년 한국학술진흥재단 전문위원 겸 기획실장, 성공회대 교양학부 겸임교수 2001~2002년 MBC 100분토론 진행 2002년 개혁국민정당 대변인 2002년 同대표집행위원 2003년 同집행위원 2003년 同고양덕양甲지구당 위원장 2003~2004년 제16대 국회의원(고양 덕양甲 보궐선거 당선, 개혁국민정당 · 열린우리당) 2003년 열린우리당 전자정당위원장 2004년 同경기도지부장 2004~2008년 제17대 국회의원(고양 덕양甲, 열린우리당 · 대통합민주신당 · 무소속) 2004년 열린우리당 제4정책조정위원장 2004~2005년 同경기도당 위원장 2005년 同상임중앙위원 2006~2007년 보건복지부 장관 2007년 대통합민주신당 정동영 대통령후보 중앙선거대책위원회 상임고문 2009년 사람사는세상 노무현재단 출판위원장 2010년 경기도지사선거 출마(국민참여당) 2010년 국민참여당 씽크탱크 참여정책연구원장 2011년 同대표 2011~2012년 통합진보당 공동대표 2012년 진보정의당 제18대 대통령중앙선거대책위원회 공동위원장 2016~2018년 JTBC '썰전' 출연 2017년 보해양조 사외이사(현) 2018년 (재)사람사는세상 노무현재단 이사장(현) (상)환경재단 세상을 밝게 만드는 사람들 미래부문(2017) (저)'아침으로 가는 길' '거꾸로 읽는 세계사' '광주항쟁' '부자의 경제학 빈민의 경제학' '내 머리로 생각하는 역사 이야기' '97대선 게임의 법칙' '유시민과 함께 읽는 유럽문화 이야기' '광주민중항쟁(共)' '청춘의 독서'(2009), 중편소설 '달' '운명이다'(2010) '국가란 무엇인가'(2011) '어떻게 살 것인가'(2013, 아포리아) '그가 그립다(共)'(2014, 생각의길) '나의 한국현대사'(2014, 돌베개) '기억의 방법(共)'(2014, 도모북스) '생각해 봤어?(共)'(2015, 웅진지식하우스) '유시민의 글쓰기 특강'(2015, 생각의길) '유시민의 논술특강'(2015, 생각의길) '표현의 기술'(2016, 생각의길) '유시민의 공감필법 '(2016, 창비) '공부의 시대 세트 (전5권)'(2016, 창비) '역사의 역사'(2018, 돌베개) '유럽 도시 기행 1'(2019, 생각의길) (역)'유시민과 함께 읽는 신대륙 문화이야기'

유시완(柳時玩) Yoo, Si Wan

(생)1962 · 9 · 23 (주)인천광역시 서구 에코로 181 하나금융통합데이터센터 비전센터 5층 하나금융티아이(02–2151–6400) (학)1981년 관악고졸 1988년 고려대 수학과졸, 同대학원 금융보안학과졸 (경)1987년 롯데쇼핑 전산부 근무 1990년 한국투자금융 입사 2000년 하나은행 IT전자금융팀장 2005년 同전산기획팀장 2006년 同차세대기획부장 2007년 同IT기획실장 2008년 同차세대기획본부장 2009년 同정보전략본부장 2010년 하나아이앤에스 IT서비스본부장(상무) 2013년 하나은행 정보전략본부장(상무) 2014년 同정보전략본부장 겸 고객정보보호본부장(전무) 2015년 同정보전략본부장(전무) 2015년 同IT본부장(전무) 2015년 KEB하나은행 IT본부장(전무) 2016년 同IT그룹장(전무) 2017년 同IT그룹장 겸 IT본부장(전무) 2017년 하나금융지주 전무(CIO) 겸임 2018년 同그룹정보총괄 전무 2018년 KEB하나은행 ICT그룹 전무 겸임 2018년 하나금융티아이 대표이사(현)

유시춘(柳時春 · 女) RHYU See Choon

(생)1951 · 5 · 12 (본)풍산(豊山) (출)경북 경주 (주)경기도 고양시 일산동구 한류월드로 281 한국교육방송공사(02–526–2000) (학)대구여고졸 1972년 고려대 국어국문학과졸 (경)1973년「세대」에 중편 '건조시대'로 등단 · 소설가(현) 1973~1985년 서울 장훈고 교사 1986년 민주화실천가족운동협의회(민가협) 창립총무 1987년 민주쟁취국민운동본부 상임집행위원 1995년 (사)민족문학작가회의 상임이사 1999년 국민정치연구회 정책연구실장 2001~2004년 국가인권위원회 상임위원 2006년 민주평통 상임위원 2007~2012년 (사)한국문화정책연구소 이사장 2007년 (사)6월민주항쟁계승사업회 이사장 2009년 사람사는세상 노무현재단 상임운영위원 2012년 민주통합당 최고위원 2015년 협동조합 '은빛기획' 이사장 2017년 사람사는세상 노무현재단 이사 2018년 한국교육방송공사(EBS) 비상임이사 2018년 同이사장(현) (상)신인문학상(1973) (저)소설집 '살아있는 바람'(1987, 실천문학사) '우산 셋이 나란히'(1990, 푸른나무) '찬란한 이별'(1991, 이론과실천) '안개너머 청진항'(1995, 창비사) '6월 민주항쟁'(2003, 민주화운동기념사업회) '우리 강물이 되어'(2005, 경향신문)

유신열(柳信烈) SIN-YUL, RYU

(생)1963 · 7 · 31 (출)경기 용인 (주)서울특별시 중구 소공로 63 (주)신세계 영업본부(02–727–1234) (학)1982년 고려고졸 1986년 서강대 정치외교학과졸 (경)1989년 (주)신세계 입사 1996년 同경영지원실 사무국 과장 1998년 同경영지획실 관리팀 과장 2002년 同기획관리팀장 2009년 (주)광주신세계 관리담당 이사 2010년 (주)신세계 기획담당 상무 2012년 (주)광주신세계 대표이사 2015년 신세계백화점 강남점장 2016년 同전략본부장 2017년 同전략본부장(부사장보) 2017년 同강남점장(부사장보) 2019년 (주)신세계 영업본부장(부사장보)(현)

유안진(柳岸津 · 女) YOO An Jin

(생)1941 · 10 · 1 (본)전주(全州) (출)경북 안동 (주)서울특별시 관악구 관악로 1 서울대학교 아동가족학과(02–880–6824) (학)1961년 대전 호수돈여고졸 1965년 서울대 사범대학 교육학과졸 1970년 同교육대학원졸 1975년 철학박사(미국 플로리다주립대) (경)1965~1968년 마산 제일여고 · 대전 호수돈여고 교사 1965년「현대문학」에 '달', '별', '위로' 등으로 시인 등단(故박목월 시인 추천) 1972~1977년 한국교육개발원 책임연구원 1978~1981년 단국대 조교수 1981~1990년 서울대 생활과학대 조교수 · 부교수 1991년 同소비자아동학과 교수 1997~2006년 同아동가족학과 교수 2000년 한국시인협회 기획위원장 2006년 서울대 명예교수(현) 2012년 대한민국예술원 회원(문학 · 현), 한국시인협회 고문(현) (상)한국교육개발원공로상(1977), 한국간행물윤리위원회상(1991), 한국펜문학상(1996), 정지용문학상(1998), 월탄문학상(2000), 근정포장(2006), 유심작품상(2009), 이형기문학상(2009), 구상문학상(2010), 소월문학상 특별상, 한국시인협회상, 제21회 공초문학상(2013), 목월문학상(2013), 제27회 김달진문학상 시 부문(2016), 김삿갓문학상(2016) (저)'한국전통사회의 유아교육' '한국의 전통육아방식' '한국전통아동심리요법' '아동발달의 이해' '유아교육론' '한국여성 우리는 누구인가'(1991), 시집 '달하'(1970) '절망시편'(1972) '물로 바람으로'(1976) '그리스도, 옛 애인'(1978) '날개옷'(1981) '달빛에 젖은 가락'(1985) '약속의 별 하나'(1986) '눈내리는 날의 일기'(1986) '흐르는 구름의 딸'(1991) '그리움을 위하여'(1991) '부르고 싶은 이름으로'(1994) '기쁜 이별'(1998) '봄비 한 주머니'(2000) '알고'(2010) '둥근세모꼴'(2011) '걸어서 에덴까지'(2012) '숙맥노트'(2016, 서정시학), 수필집 '우리를 영원케 하는것은'(1986) '달무리 목에 걸고'(1987) '영원한 느낌표'(1987) '나그네 달빛'(1989) '월령가 쑥대머리'(1990), 장편소설 '바람 꽃은 시들지 않는다'(1990) '땡삐(전4권)'(1994), 산문집 '옛날 옛날에 오늘 오늘에'(2002) '딸아딸

아 연지딸아'(2008, 문학동네) '거짓말로 참말하기'(2008) '알고(考)'(2009) '그리운 말한마디' '다시우는 새' '지란지교를 꿈꾸며'(2010, 서정시학) '사랑' '바닥까지 울어야' '상처를 꽃으로'(2013, 문예중앙) '처음같이 이제와 항상 영원히'(2018, 가톨릭출판사), 시선집 '미래사 시인선, 빈 가슴을 채울 한마디말' '세한도 가는 길'(2009) (역)중국어번역시집 '봄비 한주머니', 영어번역시집 '다보탑을 줍다' '세한도 가는길' (종)가톨릭

유양석(柳陽碩) Ryu Yang-Seok

(생)1959 · 2 · 25 (출)서울 (주)경기도 안양시 동안구 부림로170번길 41-22 (주)서연(031-420-3000) (학)1985년 한양대 의대졸 1997년 同대학원 의학석사 (경)1994~1997년 아산재단 금강병원 정형외과 근무 2006년 한일이화(주) 이사 2006~2009년 同부회장 2009~2011년 同대표이사 부회장 2012년 同대표이사 회장 2012년 (주)서연 대표이사 회장(현) 2014~2016년 한일이화(주) 회장 (상)현대기아자동차 선정 올해의 협력사(2010), 현대모비스 선정 우수협력사(2010 · 2011), 슬로바키아 국가품질대상(2010), 국가품질경영대회 품질경영진흥공로상(2011), 3억불 수출의 탑(2011), 현대기아자동차 선정 그랜드품질5스타(2012), 한국표준협회 한국식스시그마대상(2012), '품질경쟁력 우수기업'에 7년연속 선정(2012), 4억불 수출의 탑(2012), 대한민국CEO 리더십대상 품질경영부문(2013), 포브스 최고경영자대상(2014), TV조선 경영대상(2014)

유연식(俞蓮植) Yoo, Yeonsik

(생)1966 · 7 · 7 (본)기계(杞溪) (출)충남 논산 (주)서울특별시 중구 세종대로 110 서울특별시청 문화본부(02-2133-4200) (학)1985년 구로고졸 1989년 서울대 공법학과졸 1992년 同대학원 정책학과졸 2002년 미국 위스콘신주립대 대학원 법학과졸 (경)행정고시 합격(35회) 2005~2007년 서울시 체육과장 · 문화기반시설조성반장 2008년 同경쟁력강화본부 국제협력담당관 2012년 同여성가족정책실 여성가족정책담당관 2014년 同국제교류사업단장(서기관) 2015년 지방행정연수원 교육파견 2015년 서울시 경제진흥본부 일자리기획단장 2016년 同일자리노동정책관 2017년 同시민소통기획관 2019년 同문화본부장(현)

유연채(俞蓮埰) YOU Yeon Chae

(생)1953 · 8 · 1 (출)충남 홍성 (주)경기도 수원시 영통구 매영로345번길 111 경기방송 임원실(031-210-0999) (학)1979년 서강대 신문방송학과졸 (경)1978년 TBC 입사 1980~1993년 KBS 사회부 · 체육부 · 정치부 · 편집부 기자 · TV제작2부 차장 1993년 同사회부 차장 1995년 同정치부 차장 1998년 同워싱턴특파원 2001년 同국제부장 2002년 同해설위원 2002년 同보도국 TV편집 부주간 2003년 同보도국 정치부장 2004년 同보도본부 취재1팀장 2006년 同시사보도팀장 2008년 同보도본부 보도총괄팀장 2008~2009년 同해설위원(국장급) 2008~2009년 서강언론동문회 회장 2009~2011년 경기도 정무부지사 2012년 TV조선 '유연채의 뉴스의 눈' 메인앵커 2014년 경기방송 '유연채의 시사999' 진행 2019년 同보도부문 사장(현) (상)이태리영화제 작품상(1982), KBS다큐멘터리 작품상 (저)'나는 설레인다-나의 인생노트'(2011)

유연철(劉然哲) Yoo Yeon-chul

(생)1961 · 6 · 5 (주)서울특별시 종로구 사직로8길 60 외교부(02-2100-7781) (학)1984년 연세대 정치외교학과졸 1991년 영국 레딩대 대학원 국제관계학과졸 (경)1987년 외무고시 합격(21회) 1987년 외무부 입부 1992년 駐일본 2등서기관 1995년 駐몽골 1등서기관 2000년 駐토론토 영사 2003년 외교통상부 환경협력과장 2004년 同환경과학과장 2005년 駐베트남 참사관 2008년 외교통상부 에너지자원협력과장 2009년 同에너지기후변화과장 2010년 녹색성장위원회 파견 2011년 환경부 국제협력관 2013년 駐제네바 차석대사 2016년 駐쿠웨이트 대사 2018년 외교부 기후변화대사(현) 2019년 UN기후변화협약부속기구(SBI) 부의장(현) (상)근정포장(2012)

유영경(劉永京) Yoo Young-kyung (마룡)

(생)1942 · 5 · 26 (본)강릉(江陵) (출)전남 광양 (주)서울특별시 서초구 사평대로 349 한우세무법인(02-514-2477) (학)1963년 순천농림고졸 1973년 건국대 행정학과졸 1977년 고려대 경영대학원 무역학과 수료 1985년 연세대 경영대학원 최고경영자과정 수료 1987년 동국대 경영대학원 회계학과졸 2003년 세무관리학전공 경영학박사(경원대) (경)1968~1980년 국세청 근무 1980년 세무사 개업 1985~1990년 재무부 조세법령정비위원 1986년 한국정책개발원 감사 1986년 성심종합법무법인 전문위원 1988~2005년 전문건설공제조합 세무고문 1988~2004년 성동 동부세무서 공정과세심의위원 1990년 한우세무법인 대표(현) 1991년 국가경영전략연구원 세무담당 1995년 POSEC(포스코개발) 세무고문 1996년 CBS 객원해설위원 1998년 농업기반공사 세무고문 1999년 한국수출입은행 세무고문 2001~2005년 재정경제부 세제발전심의위원 2001년 민주평통 상임위원 · 자문위원 2003년 통일부 교육위원 · 중앙운영위원 2004년 경원대 회계학과 겸임교수 2005년 통일신문 논설위원 2012년 가천대 회계학과 겸임교수 (상)재무부장관표창(1986), 국세청 모범세무대리인 선정(1986 · 1987 · 1988), 대통령표창(1988), 산업포장(1998) (저)'중소기업금융조세지원제도 해설'(共) (종)천주교

유영관(劉永寬)

(생)1961 (출)전남 해남 (주)전라남도 보성군 보성읍 송재로 165 보성군청 부군수실(061-850-5010) (학)전남대 행정대학원 행정학과졸 (경)2006년 전남 신안 비금면장 2014년 전남도의회 사무처 근무 2014~2015년 전남도 서울사무소장 2015~2016년 2016세계친환경디자인박람회 조직위원회 사무국장 2016년 전남도 문화산업디자인과장 2018년 同관광과장 2018년 전남 보성군 부군수(현)

유영균(劉永鈞)

(생)1959 · 4 · 7 (출)대전 (주)대전광역시 중구 중앙로 118 대전도시공사 사장실(042-530-9200) (학)1978년 보문고졸 1984년 충남대 경제학과졸 (경)1985년 한국토지주택공사(LH) 입사 2011년 同보금자리총괄처장 2012년 同인사관리처장 2013년 同대전충남지역본부장 2014년 同서울지역본부장 2015년 同교학처장 2016년 同AMC지점장 2017년 대전도시공사 사장(현) (상)국토해양부장관표창(2008), 국무총리표창(2010)

유영근(劉榮根) YOU Young Geun

(생)1969 · 7 · 25 (출)광주 (주)서울특별시 서초구 서초중앙로 157 서울중앙지방법원(02-530-1690) (학)1988년 광주 금호고졸 1993년 서울대 사회학과졸 (경)1995년 사법시험 합격(37회) 1998년 사법연수원 수료(27기) 1998년 軍법무관 2001년 대전지법 판사 2003년 同서산지원 판사 2004년 의정부지법 고양지원 판사 2008년 서울중앙지법 판사 2009년 서울고법 판사 2011년 대법원 재판연구관 2013~2015년 광주지법 순천지원 · 광주가정법원 순천지원 부장판사 2015년 수원지법 성남지원 부장판사 2017년 서울남부지법 부장판사 2019년 서울중앙지법 부장판사(현) (저)'우리는 왜 억울한가'(2016)

유영대(劉永大) YOO Young Dai

(생)1956 · 6 · 9 (본)강릉(江陵) (출)전북 남원 (주)세종특별자치시 세종로 2511 고려대학교 세종캠퍼스 국어국문학과(044-860-1215) (학)1979년 고려대 국어국문학과졸 1981년 同대학원 국어국문학과졸 1989년 문학박사(고려대) (경)1982~1985년 고려대 인문대학 강사 1983~1985년 건국대 인문대학 강사 1985~1995년 우석대 전임강사 · 부교수 1995년 고려대 세종캠퍼스 국어국문학과 부교수 1997~1998년 판소리학회 감사 1999년 문화재보호재단 자문위원 1999년 국립극장 자문위원 1999~2001년 문화재전문위원 2000년 고려대 세종캠퍼스 국어국문학과 교수(현) 2001~2002년 미국 펜실베이니아대 방문교수 2002~2018년 충남도 문화재위원 2003년 서울시 문화재위원 2006~2011년 국립창극단 예술감독 2010년 판소리학회 회장 2012년 同고문(현) 2012년 세종특별자치시 문화재위원(현) 2017년 오페라 '청(淸)' 제작감독(현) 2017년 구례동편소리축제 예술감독(현) 2018년 문화재청 무형문화재위원회 위원(현) (상)춘향문화대상 학술상(1998) (저)'원본 고소설 선집'(1987) '심청전 연구'(1989 · 1999) '북한의 고전문학'(1990) '고전소설의 이해'(1991) '고소설의 유통과 완판본의 서지와 유통'(1994) '한국민속사논총 : 판소리의 역사'(1996) '판소리 동편제 연구'(1998) '판소리의 세계'(2000) '설화와 역사'(2000) '한국구비문학의 이해'(2000) '한국연극의 쟁점과 새로운 탐구'(2001) '국창 임방울의 생애와 예술'(2004) '국창 임방울 수궁가 적벽가 채보집'(2004) '종횡무진 우리음악'(2004) '이은관'(2004) '한국민속학인물사'(2004) '전북의 민속'(2005) '연희, 신명과 축원의 한마당(共)'(2006) '명창 송만갑의 예술세계(共)'(2010) '미산 박초월의 생애와 예술세계(共)'(2018) (역)'민담형태론'(1987)

유영돈(劉永敦)

(생)1963 · 5 · 19 (출)충남 공주 (주)대전광역시 중구 계룡로 832 중도일보 기획조정실(042-220-1114) (학)1982년 동산고졸 1989년 충남대 사회학과졸, 한남대 사회문화대학원 언론홍보광고학과졸 (경)1989년 중도일보 입사 1989년 同교열부 기자 1993년 同편집부 기자 1996년 同경제부 기자 1999년 同편집부 기자 2000년 同편집부 차장대우 2001년 同정치행정부 차장대우 2004년 同정치행정부 차장 2006년 同경제부장 2008년 同편집국 부국장 2009년 同경영지원본부 사업팀장(부국장) 2012년 同편집국장 2013년 同편집국장(이사) 2014년 同세종본부장 2016년 同기획조정실장(상무) 2019년 同기획조정실장(전무)(현) (상)한남대 '자랑스러운 한남인상'(2017)

유영민(俞英民) You Young Min

(생)1951 · 8 · 27 (출)부산 (학)1970년 부산 동래고졸 1979년 부산대 수학과졸 (경)1979년 LG전자(주) 입사 2004~2006년 (주)LG CNS 부사장 2006~2008년 한국소프트웨어진흥원 원장 2011~2013년 (주)포스코경영연구원 선임연구위원(사장급) 2017~2019년 과학기술정보통신부 장관 2017~2019년 대통령직속 국가균형발전위원회 위원 (상)한국경제신문 기업정보화 종합대상(1997), 한국경제신문 기업정보화 활용부문대상(1998), 정보화업무혁신 대상 · 개인공로상(1999), 올해의 CIO(2000), 한국e-Business대상 기업부문 대통령표창(2002 · 2003), SW산업발전유공자 동탑산업훈장(2005), 존경받는 대한민국CEO대상 IT서비스부문(2007)

유영상(柳英相)

(생)1970 · 5 (주)서울특별시 중구 을지로 65 SK텔레콤(주) MNO사업부(02-6100-2114) (학)서울대 산업공학과졸 1994년 同대학원 산업공학과졸, 미국 워싱턴대 대학원졸(MBA) (경)1996년 삼성물산 입사 2000년 SK텔레콤 입사 2009년 同사업개발팀장 2012년 同Project 추진본부장 2014년 同사업개발본부장 2015년 SK C&C 사업개발부문장(상무) 2015년 SK주식회사 C&C 사업개발부문장(상무) 2016년 SK텔레콤(주) 전략기획부문장(전무) 2018년 同코퍼레이트센터장 겸 최고재무책임자(CFO)(전무) 2019년 同MNO사업부장(현)

유영숙(劉榮淑 · 女) Yoo, Young Sook

(생)1955 · 5 · 29 (출)강원 원주 (주)서울특별시 성북구 화랑로14길 5 한국과학기술연구원(KIST) 미래융합기술연구본부 분자인식연구센터(02-958-5066) (학)진명여고졸 1977년 이화여대 화학과졸 1979년 同대학원 생화학과졸 1986년 생화학박사(미국 Oregon State Univ.) (경)1979~1980년 이화여대 화학과 연구조교 1982~1986년 미국 오레곤주립대 대학원생조교 1986~1989년 미국 스탠퍼드대 의대 Post-Doc. 1990년 한국과학기술연구원(KIST) 선임연구원 · 책임연구원 1994년 미국 NIH · NHLBI 방문연구원 2000년 과학기술부 뇌연구촉진심의회 심의위원 2001년 과학기술정책연구소 전문위원 2001년 한국기술벤처재단 전문위원 2002~2008년 한국과학문화재단 과학기술홍보대사 2003~2010년 한림대 산학협력단 겸임교수 2004~2005년 여성생명과학기술포럼 부회장 2005~2011년 독일 Viley-VCH 발간 학술지 'Electrophoresis' Editor 2005~2011년 한국생화학분자생물학회 이사 2006년 한국과학기술연구원(KIST) 생체과학연구부장 2006~2007년 여성생명과학기술포럼 회장 2007~2009년 한국과학기술연구원(KIST) 생체과학연구본부장 2007년 한국과학재단 비상임이사 2009~2010년 한국과학기술연구원(KIST) 연구부원장 2011~2013년 환경부 장관 2013년 한국과학기술연구원(KIST) 분자인식연구센터 책임연구원(현) 2014년 기후변화센터 공동대표(현) 2017년 생화학분자생물학회 회장 2017년 강원연구원 환경분야 자문위원(현) 2019년 한국바이오연료포럼 초대 회장(현) (상)과학기술포장(2006), 제3회 아모레퍼시픽 여성과학상 대상(2008), 제12회 한국로레알-유네스코 여성생명과학상(2013) (저)'노벨상 생리 · 의학상 시상 연설로 보는 과학의 진보 100년사-당신에게 노벨상을 수여합니다'(2017, 바다출판사)

유영욱(柳瑛昱) YU Young Wook

(생)1946 · 6 · 2 (출)서울 (주)서울특별시 송파구 가락로 139-1 셀로코(주) 비서실(02-3432-1210) (학)1973년 한양대 전자공학과졸 1975년 한국과학기술원(KAIST) 전기및전자공학과졸 (경)1975~1977년 한국과학기술연구소 반도체기술개발센터 연구원 1977~1985년 한국전자기술연구소 LSI설계실 선임연구원 · 실장 1982~1985년 同미국사무소장 1985~1989년 한국전자통신연구소 자동설계기술개발부 연구위원 1989~1990년 Valid Logic Systems Inc. 한국지사장 1990년 (주)서두로직 설립 · 대표이사 1992~1995년 (주)서두미디어 대표이사 1997~2003년 서두인칩(주) 설립 · 대표이사 2002~2003년 코스닥등록법인협의회 부회장, ASIC설계회사협회 회장, ETRI Venture기업협회 회장 2004년 셀로코(주) 대표이사(현)

유영욱(劉永昱) Yoo, Young Wook

(생)1975 · 9 · 14 (본)강릉(江陵) (출)대구 (주)세종특별자치시 다솜3로 95 공정거래위원회 운영지원과(044-200-4187) (학)1993년 대구 경신고졸 2002년 서울대 경영학과졸 2008년 한국방송통신대 법학과졸 (경)2002년 행정고시 합격(46회) 2003년 행정자치부 수습사무관 2004~2011년 공정거래위원회 정책국 · 비서실 · 시장감시국 · 기업협력국 사무관 2012년 同기업협력국 서기관 2012~2014년 미국 White & Case LLP 파견 2014년 공정거래위원회 경쟁정책국 서기관 2015년 同시장감시국 서기관 2016년 同시장감시국 지식산업감시과장 2018년 同가맹거래과장 2018년 同대리점거래과장 2019년 대통령비서실 파견(현)

유영인(劉永寅) YOO Yung In

(생)1961 · 2 (출)경남 (주)서울특별시 영등포구 여의대로 24 (주)한화건설 임원실(02-2055-6000) (학)1979년 부산 해동고졸 1984년 성균관대 응용통계학과졸 (경)1986년 (주)한화 입사 2006년 한화케미칼(주) 회계팀 상무보 2009년 同경영기획실 상무 2016년 同재경부문장 전무 2017년 (주)한화건설 재무실장(전무)(현)

유영일(柳英日) LIEW Young Hill

(생)1957 · 9 · 3 (출)전북 전주 (주)서울특별시 서초구 서초중앙로 157 서울중앙지방법원(02-530-1114) (학)1976년 전주고졸 1980년 서울대 영어영문학과졸 1987년 同법과대학원졸 1993년 미국 컬럼비아대 법학대학원졸(LL.M.) 1995년 법학박사(서울대) (경)1980년 외무고시 합격(14회) 1982년 사법시험 합격(24회) 1984년 사법연수원 수료(14기) 1985~1987년 서울지법 의정부지원 판사 1987년 육군사관학교 국제법 강사 1987년 서울가정법원 판사 1988년 서울민사지법 판사 1989년 창원지법 진주지원 판사 1991년 서울지법 북부지원 판사 1993~1995년 서울민사지법 판사 1995~1997년 사법연수원 교수 1997~2000년 서울고법 판사 1997~2000년 법원행정처 국제담당관 겸임 1997~2002년 헤이그국제사법회의 특별위원회 및 외교회의 정부대표 1999년 한 · 호주 민사사법공조조약 교섭회담 정부대표 1999~2000년 법무부 국제사법 개정위원 2000~2003년 특허법원 판사 2003~2004년 서울남부지법 부장판사 2004~2005년 변호사 개업 2004~2011년 대법원 국제규범연구위원회 위원 2004년 대한상사중재원 중재인 2005~2015년 법무법인 율촌 변호사 2005~2007년 문화관광부 제7대 저작권위원회 위원 2006~2007년 한미FTA 지적재산권집행분과 자문위원 2007~2015년 한국지적재산권법학회 이사 2007년 네덜란드 헤이그국제법아카데미 교수 2008년 무역위원회 지적재산권자문단 위원 2008년 세계지적재산권기구(WIPO) 중재인 겸 도메인네임 페널리스트 2010년 미국 하버드대 법대 동아시아법연구 객원연구원(Visiting Scholar) 2010년 同법대 방문학자 2011~2015년 국가지식재산위원회 민간위원 2011~2015년 대한중재인협회 부회장 2011~2012년 한국국제사법학회 부회장 2012~2015년 세계한인변호사회(IKAL) 회장 2015년 서울중앙지법 민사단독전담 판사(현) (상)MIP-Euromoney 'World's Leading Patent Law Practitioner'(2009), 서울경제 지적재산권 분야 최고 변호사(2009), IAM Licensing 250 'World's Leading Patent and Technology Licensing Lawyer'(2010)

유영종(劉永鐘)

(생)1962 (주)서울특별시 서초구 헌릉로 12 현대자동차그룹 품질본부(02-3464-1114) (학)조선대 정밀기계공학과졸 (경)2010년 기아자동차 이사대우 2012년 同선행품질실장 · 품질사업부장(이사) 2014년 同품질사업부장(상무) 2017년 同품질사업부장 · 전자파워트레인품질사업부장(전무) 2019년 현대자동차그룹 품질본부장(부사장)(현)

유영주(劉永珠 · 女) YOO YOUNG JOO

(생)1971 · 11 · 23 (출)인천 (주)부산광역시 금정구 체육공원로399번길 324 금정체육관 부산 BNK 썸 여자농구단 (학)인성여고졸 (경)1990년 SKC 여자농구단 입단 1994년 제12회 히로시마아시안게임 금메달 1994~2001년 용인 삼성생명 여자농구단 소속 2001년 KB국민은행 세이버스 코치 2002년 同감독대행 2006~2012년 한국여자농구연맹 해설위원 2012년 SBS ESPN 농구 해설위원 2013~2015년 구리 KDB생명 위너스 코치, STN SPORTS 농구 해설위원 2019년 부산 BNK 썸 여자농구단 감독(현) (상)농구대잔치 베스트5상(1998), 아시아여자농구선수권대회 최우수선수상(1997), 농구대잔치 신인상(1990)

유영학(劉永學) Yoo Young Hak

(생)1956 · 9 · 19 (출)서울 (주)서울특별시 강남구 테헤란로 521 법무법인(유) 율촌(02-528-5477) (학)1975년 경북고졸 1979년 고려대 행정학과졸 1980년 서울대 행정대학원 행정학과 수료 1987년 미국 버클리대 사회복지대학원 사회복지학과졸 2014년 보건학박사(차의과학대) (경)1978년 행정고시 합격(22회) 1979~1984년 보건사회부 사회개발담당관실 · 국립의료원 서무과 · 국립소록도병원 서무과 행정사무관 1984~1986년 보건사회부 국제협력담당관실 행정사무관 1986~1987년 同지역의료과 행정사무관 1987~1989년 미국 버클리대 사회복지대학원 파견(사무관) 1989~1990년 보건사회부 연금제도과 행정사무관 1990~1992년 同기획예산담당관실 행정사무관 1993년 세계보건기구(WHO) 서태평양지역 사무처 파견(서기관) 1995년 보건복지부 질병관리과장 1997년 同보건정책과장 1997~1999년 대통령 보건복지비서관실 행정관(서기관 · 부이사관) 1999년 보건복지부 총무과장 1999년 同공보관 2000년 미국 아메리칸대 파견 2001~2004년 駐미국대사관 참사관 2004년 보건복지부 인구가정심의관 2005년 同한방정책관(이사관) 2006년 열린우리당 정책위원회 보건복지수석전문위원 2007년 보건복지부 정책홍보관리실장 2008년 보건복지가족부 기획조정실장 2008~2010년 보건복지부 차관 2010년 건강보험정책심의위원회 위원장 2012~2017년 현대자동차 정몽구재단 이사장 2018년 법무법인(유) 율촌 고문(현) (상)대통령표창(1992), 홍조근정훈장(2006), 황조근정훈장(2012)

유영한(劉永釬)

(생)1969 (출)충북 괴산 (주)대전광역시 서구 청사로 189 관세청 감사담당관실(042-481-7634) (학)청주고졸, 한양대 경제학과졸 (경)1998년 행정고시 합격(41회), 駐태국대사관 참사관, 관세청 특수통관과장, 同자유무역협정집행기획담당관 2017년 인천본부세관 휴대품통관국장 2017~2019년 파견(부이사관) 2019년 관세청 감사담당관(현)

유영현(柳永鉉) YOO Young Hyeon

(생)1970 · 7 · 3 (본)문화(文化) (출)전북 익산 (주)서울특별시 송파구 법원로 101 서울동부지방법원(02-2204-2102) (학)1989년 전북 이리고졸 1994년 서울대 사법학과졸 1997년 同대학원 법학과졸 (경)1995년 사법시험 합격(37회) 1998년 사법연수원 수료(27기) 1998년 軍법무관 2001년 춘천지법 판사 2004년 의정부지법 판사 2006년 서울북부지법 판사 2008년 서울중앙지법 판사 2010년 서울고법 판사 2012년 서울동부지법 판사 2013년 광주지법 부장판사 2015년 수원지법 여주지원 부장판사 2017년 인천지법 부장판사 2019년 서울동부지법 부장판사(현)

유영호(劉榮鎬) Yoo young ho

(생)1961 · 10 · 13 (본)강릉(江陵) (출)전북 (주)전라남도 영암군 삼호읍 대불로 93 현대삼호중공업(주) 임원실(061-460-2066) (학)전북 신흥고졸, 전북대 기계공학과졸 (경)1987년 현대중공업 입사 2005년 현대삼호중공업(주) 근무 2008년 同부장 2013년 同상무보, 한국엔지니어링협회 회원(현) 2014년 현대삼호중공업(주) 상무 2017년 同외업3담당 전무 2018년 同외업1담당 전무 2018년 同생산부문 부사장(현)

유영호(劉榮鎬)

(생)1965 · 5 · 11 (주)경기도 수원시 팔달구 효원로 1 경기도의회(031-8008-7000) (학)아주대 경영학과졸 (경)민주평통 자문위원(현), 용인포럼 수지구 위원장(현), 용인시 청소년지도위원(현), 더불어민주당 중앙당 소상공인특별위원회 부위원장, 同중앙당 디지털소통위원회 운영위원, 同용인시丙지

역위원회 사무국장, 同중앙당 부대변인, 同중앙당 소상공인특별위원회 부위원장 2018년 경기도의회 의원(더불어민주당)(현) 2018년 同기획재정위원회 위원(현) 2019년 더불어민주당 경기도당 자치분권특별위원회 부위원장(현)

유영희(柳英喜·女) Yoo, Young Hee

(생)1952·1·22 (주)충청북도 제천시 덕산면 도전로 320 순복음총회신학교 총장실(043-645-5571) (학)한세대 목회대학원 신학과졸, 목회학박사(총회신학대학원) (경)명일순복음교회 담임목사(현), 기독교대한하나님의성회 전국여교역자연합회 증경회장, 同제1부총회장, 한국기독교교회협의회(KNCC) 여성위원장, 同양성평등위원장, 同부회장 2017~2018년 同회장 2018년 순복음총회신학교 총장(현)

유옥진(俞玉珍)

(생)1957·9·2 (주)광주광역시 서구 대남대로 465 광주상공회의소 비서실(062-350-5820) (학)1992년 광주대 사회과학대학 행정학과졸 (경)1975년 전라남도 교육위원회 관리국시설과 1990년 광주시교육청 관리국시설과 설비계장 2002년 同관리국시설과 시설과장·감리단장(서기관) 2009년 광주학생교육문화회관 관장(부이사관) 2011년 금호평생교육관 관장(부이사관) 2013년 광주학생독립운동기념회관 관장(부이사관) 2015년 광주상공회의소 전무이사(현) 2016년 광주지방국세청 중소상공인 현장소통위원회 위원(현) 2016년 한국소비자원 소비자분쟁조정위원회 비상임위원(현) 2018년 한국문화기술연구원 설립추진위원회 위원(현) 2019년 연합뉴스 광주전남취재본부 콘텐츠자문위원장(현) (상)전남도교육감표창(1982), 광주시교육감표창(1985·1988), 광주시장표창(1998), 녹조근정훈장(2003), 전남도지사표창(2007), 홍조근정훈장(2015)

유완식(俞完植) YU Wan Sik

(생)1953·4·19 (주)대구광역시 서구 평리로 157 대구의료원(053-560-7205) (학)1977년 경북대 의대졸 1980년 同대학원 의학석사 1984년 의학박사(경북대) (경)1985~1995년 경북대 의대 일반외과학교실 전임강사·조교수·부교수 1996~2018년 同교수 1997년 同암연구소장 1998년 경북대병원 암센터 소장 2002년 건강보험심사평가원 진료심사평가위원회 중앙심사위원 2002년 경북대병원 의과학정보센터장 2003년 同기획조정실장 2005년 同외과 과장 2005년 경북대 의대 외과학교실 주임교수 2006년 同대학원 외과학전공 주임교수 2006년 암정복추진기획단 위원 2008년 칠곡경북대병원 건립본부장 2010~2013년 同초대 병원장 2013년 대한암학회 부회장 2017년 대구의료원 원장(현) 2018년 대한병원협회 이사(현)

유완영(俞琓寧) YOO Wan Ryung

(생)1963·4·26 (본)기계(杞溪) (출)부산 (주)서울특별시 영등포구 국회대로 800 525호(02-553-4140) (학)1987년 동국대졸 1993년 러시아 모스크바대 대학원 수료 2003년 명예 경제학박사(순천향대) (경)1994년 미국 국제경영연구원 설립·이사장(현) 2004년 통일IT포럼 부회장(현) 2012년 중국 영하회족자치구 은천시 한국대표 2012년 (주)SGI컨설팅(구 SGI코퍼레이션) 회장(현) 2015년 삼일회계법인 남북경제협력최고경영자과정 원장(현) 2015년 (사)남북교육기술협력본부 회장(현) 2015년 민주평통 경제과학환경분과위원회 상임위원(17기) 2016년 세한대 특임부총장 2017년 민주평통 경제협력분과위원회 상임위원(18기) 2019년 同 상임위원(19기)(현) (상)중소기업육성 대통령표창(2000), 국무총리공로표창(2000), 벤처기업육성 대통령표창(2003) (저)'대북경제교류의 현황과 전망'(1998) '남북경제협력사업의 실제'(1999) '다시, 이순신 리더십을 생각한다'(2005)

유왕근(俞旺根) YOO Wang Keun

(생)1960·7·31 (출)충남 부여 (주)경상북도 경산시 한의대로 1 대구한의대학교 보건복지대학 보건학부(053-819-1411) (학)1986년 서울대 농학과졸 1989년 同대학원 보건학과졸 1997년 영국 맨체스터대(Univ. of Manchester) 대학원 의료관리학과졸 2003년 보건학박사(서울대) (경)대구한의대 보건복지대학 보건학부 교수(현), 同보건대학원 보건학과장, 同보건복지대학장, 同기획연구처장, 同웰빙복지대학장, 同국제문화연구소장, 同산학연센터 소장 2007~2014년 보건복지부 한방공공평가단 위원 2008년 대구한의대 보건대학원장 겸 사회개발대학원장 2010년 한국보건경제정책학회 이사 2011년 경북도 건강증진사업지원단 위원(현) 2013~2016년 보건의료산업학회 부회장 2014~2016년 대구한의대 보건복지대학장 2015년 同글로벌헬스케어센터장(현) 2016년 보건복지부 한방건강증진사업 자문위원, 국무총리실 경제사회이사회 정부기관연구보고서평가위원 2016년 대구한의대 보건복지대학원장(현) 2017년 전국보건학교육학회 회장 2017년 전국대학보건학교육협의회 및 보건학교육학회 회장 2017년 보건복지부 한의약건강증진사업단 자문위원(현) 2018년 대한보건협회 이사(현) (상)몽골 보건부장관 공로훈장(2014) (저)'보건학원론'(1994) '1차 보건의료의 개념 및 변화하는 세계의 새로운 도전'(1998) '인류건강 확보를 위한 전세계 전략'(1998) '건강과 생활'(1998) '건강보험 이론과 실무'(2001) '건강보험관리 실무'(2001) '생활과 건강증진'(2001) (역)'인류건강확보를 위한 전세계전략'(1998, 경산대 출판부) '일차보건의료의 개념 및 변화하는 세계의 새로운 도전'(1998, 천일출판사) '보건연구방법론(共)'(2002)

유 용(俞 勇) YU Yong

(생)1961·8·23 (본)기계(杞溪) (출)전남 함평 (주)서울특별시 중구 세종대로 125 서울특별시의회(02-3702-1400) (학)1979년 중앙대사대부고졸 1998년 한국방송통신대 행정학과졸 2004년 중앙대 행정대학원 복지행정학과졸, 법학박사(중앙대) (경)서울시 동작구탁구연합회 회장, 중앙대 행정대학원 원우회장, 유일가전프라자 대표, 이계안 국회의원 비서관, 동작자원봉사센터 사무국장 2006년 서울시의원선거 출마(열린우리당) 2014~2018년 서울시의회 의원(새정치민주연합·더불어민주당) 2014년 同교육위원회 위원 2014년 同싱크홀발생원인조사및안전대책특별위원회 위원 2015년 同부대변인 2015~2016년 同하나고등학교특혜의혹진상규명을위한행정사무조사특별위원회 위원 2015년 同서소문밖역사유적지관광자원화사업지원특별위원회 위원 2015~2016년 同지역균형발전지원특별위원회 위원 2015~2016년 同예산결산특별위원회 위원 2016년 同환경수자원위원회 위원 2016년 同기획경제위원회 위원 2017년 同2018평창동계올림픽지원및스포츠활성화를위한특별위원회 위원 2017년 同마을과학교협력을위한특별위원회 위원 2017년 同면목선등경전철건설사업조속추진지원을위한특별위원회 위원 2017년 同더불어민주당 원내(민생)부대표 2018년 서울시의회 의원(더불어민주당)(현) 2018년 同기획경제위원장(현) 2019년 同독도수호특별위원회 위원(현) (상)대한민국을 빛낸 의정·인물대상(2019)

유 용(劉 龍)

(생)1962·5·14 (출)충북 괴산 (주)충청북도 청주시 서원구 서부로 1428 한국방송공사(KBS) 청주방송총국(043-260-7202) (학)청주대 행정학과졸, 고려대 행정대학원졸 (경)1987년 한국방송공사(KBS) 보도본부 보도국 근무 1988년 同충주국 근무 1993년 同청주총국 보도국 근무 2000년 同대전총국 보도국 보도제작부장 2012년 同청주총국 보도국장 2019년 同청주방송총국장(현)

유용근(劉溶根) YOO Yong Keun (松亭)·(紫山)

(생)1940·12·29 (본)강릉(江陵) (출)경기 화성 (주)서울특별시 마포구 토정로 307 광산회관 203호 한국농어촌문제연구소(02-701-6510) (학)1959년 성남고졸 1965년 건국대 경제학과졸 1968년 고려대 경영전문대학원 수료 1985년 미국 조지워싱턴대 행정경영대학원 수료 1994년 서울대 행정대학원 수료 (경)1961년 한국4H구락부연합회 회장 1971년 신민당 중앙상무위원 정책위원 1978년 同수원·화성지구당 위원장 1979년 제10대 국회의원(수원·화성, 신민당) 1979년 (사)4.19회 고문 1979년 국제시민봉사회 한국본부 수석부총재 1980년 활기도협회 총재 1981년 민주한국당 경기도당 위원장 1981년 제11대 국회의원(수원·화성, 민주한국당) 1981년 민주한국당 원내수석부총무 1982년 배인학원 이사장 1983년 민주한국당 당무위원 1984년 同기획위원장 1987년 평화민주당 수원·화성지구당 위원장 1988년 同경기도당 위원장 1988년 同사회복지문제특별위원장 1988년 한국농어촌문제연구소 이사장(현) 1991년 민주당 수원乙지구당 위원장 1995년 헌정회 경기도지회장 1995년 국제라이온스협회 309-G지역 부총재 1995년 민주당 당무위원 1995년 同수원장안지구당 위원장 1996년 성남중고총동창회 회장 1996년 민주당 경기도당 위원장 1997년 同노동위원장 1998년 강릉유씨대종회 회장 2000~2009년 한국환경늘푸른숲보존운동연맹 부총재 2001년 백범정신실천겨레연합 상임공동대표 2002년 창암장학재단 감사 2003~2009년 한국BBS 경기도연맹 회장 2005~2007년 민주평통 부의장 2006년 한국BBS중앙연맹 부총재 2010년 민주평화복지경기도회 회장 2011년 대한노인회 홍보대사 2012년 매홀의료소비자생활협동조합 상임고문(현) 2012년 한국실종가족찾기운동본부 회장(현) 2012년 국제효문화선양운동본부중앙회 이사장 2012년 한국가족찾기신문 대표이사 회장(현) 2013년 경기국학원 명예원장(현) 2015년 한국4H원로회 회장(현) 2015년 도덕성회복국민연합 홍보대사(현) 2017년 대한민국헌정회 고문(현) 2018년 한반도통일지도자총연합 총재(현) 2018년 서울대동창회 이사(현) 2018년 3.1운동 유네스코세계기록유산 등재 국민추진위원회 고문(현) 2018년 통일을실천하는사람들 상임고문(현) 2018년 (주)한국사회복지서비스협회 상임고문(현) 2019년 4.19혁명선양회 상임고문(현) (상)국민훈장 모란장(2013) (저)'민주장정의 길목에서'(1995, 흙의 문화사) (종)기독교

유용석(劉勇碩) Yoo Yong Suk

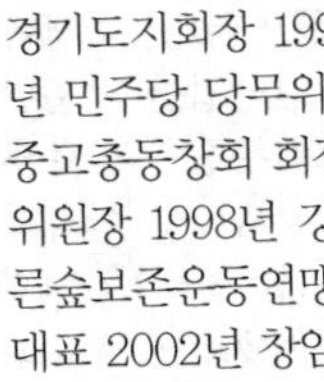

(생)1958·8·7 (출)경기 포천 (주)경기도 성남시 분당구 황새울로359번길 7 한국정보공학(주) 회장실(031-789-8696) (학)성남고졸 1981년 서울대 공대졸 1984년 同대학원졸 1988년 미국 스탠퍼드대 대학원 경영과학공학과졸 (경)1984년 삼성전자(주) 전산실 근무 1988년 서울시스템 시스템개발실장 1990년 한국정보공학(주) 설립·대표이사 사장, 同회장(현) 1999년 방화벽 인터가드 K4등급 획득 1999년 라파지웨어 KT마크 획득 2008~2014년 SK브로드밴드 사외이사 (상)한국소프트웨어공모전 대상(1994), IR52 장영실상(1995), 정보통신부 신소프트웨어 대상(1997), 올해의 정보통신중소기업 선정(1999) (종)기독교

유용종(劉瑢鍾) YOO Yong Jong

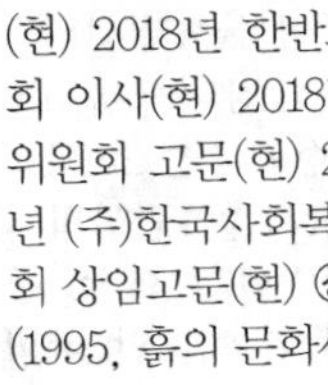

(생)1952·10·6 (출)충남 당진 (주)서울특별시 중구 남대문로10길 9 경기빌딩 402호 한국관광호텔업협회(02-703-2845) (학)고려대 신문방송학과졸, 서울대 경영대학원 최고경영자과정 수료 (경)1991년 SK네트웍스 미주본부 상무 2004년 SK C&C 전무 2004년 워커힐(주) 전무이사 2004년 同대표이사 부사장 2006~2011년 同대표이사 사장 2011년 SK(주) 부회장단 사장 2012년 한국관광호텔업협회 회장(현) 2013~2014년 SK그룹 SUPEX(Super Excellent)추구협의회 동반성장위원회 상임위원(사장) 2013~2014년 SK미소금융재단 이사장 (상)한국호텔경영학회 호스피탈리티 경영대상(2006), 동탑산업훈장(2010)

유용주(劉容周) YOU Yong Joo

(생)1962·1·5 (본)강릉(江陵) (출)서울 (주)서울특별시 강남구 테헤란로 432 DB금융연구소(02-3484-1086) (학)1986년 연세대 응용통계학과졸 1989년 미국 미시간주립대 대학원 응용통계학 석사 1992년 미국 미시간대 대학원 통계학박사과정 수료 1996년 통계학박사(성균관대) (경)1993년 삼성경제연구소 금융팀 수석연구원 2002년 同경제동향실 수석연구원 2003년 우리금융지주회사 조사분석실장 2005년 우리투자증권 전략기획팀 부장 2006~2007년 동부그룹 금융분야 전략기획팀 상무 2007년 동부생명보험 재무기획팀 상무 2013년 동부그룹 금융연구소 부소장(부사장) 2017년 DB그룹 금융연구소 부소장(부사장)(현) (저)'외국인을 알아야 돈이 보인다' 'SERI 전망 2002'(共) '디지털 충격과 한국경제의 선택'(共)

유용태(劉容泰) YOO Yong Tae (海泉)

(생)1938·7·2 (본)강릉(江陵) (출)경기 여주 (학)1958년 오산고졸 1962년 중앙대 법학과졸 1986년 同대학원졸 1995년 법학박사(대전대), 중앙대 국제경영대학원 최고경영자과정 수료 (경)1960년 중앙대 총학생회장 1963년 전국청년단체연합회 조직국장 1965년 제1무임소장관 비서관 1970년 아세아청년지도자회의 한국위원회 사무총장 1971년 노동청 공보담당관 1973~1979년 同충주·춘천·대전·서울동부·중부사무소장 1980년 同총무과장·근로기준국장 1981년 (재)한국산업훈련협회 회장 1982년 월간 '노동' 발행인 1983년 4.19회 회장 1986년 동국대·중앙대 강사 1987년 월간 '전문인' 발행인 1988년 한국산업연수원 원장 1988년 민정당 서울동작乙지구당 위원장 1990년 민자당 서울동작乙지구당 위원장 1992년 공인노무사회 회장 1994년 한국노사연구원 원장 1996년 제15대 국회의원(서울 동작乙, 신한국당·한나라당·국민회의·새천년민주당) 1996년 신한국당 원내부총무 1998년 한나라당 교육평가위원장 1999년 국민회의 원내수석부총무 2000년 새천년민주당 정책위원회 부의장 2000~2004년 제16대 국회의원(서울 동작乙, 새천년민주당) 2000년 국회 환경노동위원장 2001~2002년 노동부 장관 2002년 새천년민주당 사무총장 2003~2004년 同원내대표 2004년 국회 운영위원장 2005~2011년 중앙대총동창회 회장 2005년 노사공포럼 수석공동대표 2013~2015년 대한민국헌정회 부회장 2017년 同회장 (상)건국포장, 보건사회부장관표창, 문화공보부장관표창, 국민훈장 목련장 (역)'2000년대를 향한 노동지도자' (종)기독교

유우종(劉宇鐘) YOO WOO JONG

(생)1963·7·13 (출)전남 나주 (주)전라북도 완주군 삼례읍 삼봉로 518 완주소방서 서장실(063-290-0245) (학)전북대 대학원 사회복지학과졸 (경)1993년 소방간부 임용(간부후보생 7기) 1993~1995년 전북 익산소방서 근무 2001~2004년 전북 군산소방서 방호과장 2007~2010년 전북도 소방안전본부 교육감찰담당·기획예산담당 2010년 전북 고창소방서장 2011년 전북도 소방안전본부 소방행정과장 2014년 전북 전주덕진소방서장 2016년 전북 군산소방서장 2019년 전북 완주소방서장(현)

유우종

(주)서울특별시 강남구 테헤란로 412 한국다우케미칼(주) 임원실(02-3490-0700) (학)미국 뉴욕대 스턴경영대학 경제학과졸, 미국 컬럼비아대 법학대학원졸(법학석사), 미국 보스턴대 법학대학원졸(법무박사) (경)1999~2010년 뉴욕 법무법인 Weil·뉴욕 법무법인 Gotshal & Manges LLP·리인터내셔널특허법률사무소·법무법인 율촌 등 변호사, 한국오라클 계약팀 총괄전무 2013년 다우케미칼 아시아·태평양지역 법무팀 변호사 2015년 한국다우케미칼(주) 대표이사 사장(현)

유욱준(俞昱濬) Ook-Joon Yoo

(생)1951·1·16 (출)충남 부여 (주)대전광역시 유성구 대학로 291 한국과학기술원 의과학연구센터(042-350-4232) (학)1974년 서울대 식물학과졸 1981년 분자생물학박사(미국 시카고대) (경)1979~1981년 미국 시카고대 연구원 1982~2006년 한국과학기술원(KAIST) 생명과학과 교수 1995~2000년 同의과학학제전공 책임교수 1995년 同의과학연구센터 소장 2001~2002년 교육인적자원부 의학전문대학원 추진위원회 추진위원 2001~2003년 보건복지부 보건의료과학단지조성발전위원회 위원장 2001~2003년 한국생명공학연구협의회 회장 2003~2007년 과학기술부 분자및세포기능디스커버리사업단장 2004~2014년 한국과학기술원(KAIST) 의과학대학원장 2006~2016년 同겸임교수 2006~2008년 同학제학부 학부장 2006~2008년 한국생명공학연구협의회 회장 2007년 한국생화학분자생물학회 회장 2007~2010년 교육과학기술부 신약타겟디스커버리사업단장 2016~2019년 한국과학기술한림원 총괄부원장 2016년 한국과학기술원(KAIST) 의과학대학원 명예교수(현) 2019년 한국과학기술한림원 회원심사위원장(현) (상)KAIST 학술상·연구개발상·공로상·연구상(1996·1997·1999), 대전시 우수발명인상(1999), KAIST 연구대상(2002), 과학기술훈장 혁신장(2015) (저)'최신분자 생물학'(1992) '바이오 메디컬 리서치'(1996) 'BioMedeical Research - Lab(2nd Edition)'(2006) '재미있는 분자생물학 그림여행-Class(共)'(2006) (종)기독교

유웅환(柳雄桓)

(생)1971·5·24 (주)서울특별시 중구 을지로 65 SK T-타워 SK텔레콤 SV이노베이션센터(02-6100-2114) (학)1990년 대일외고졸 1994년 광운대 컴퓨터공학과졸 1997년 한국과학기술원(KAIST) 전기전자공학과졸(석사) 2001년 전기전자공학박사(한국과학기술원) (경)2001년 미국 인텔 엔지니어, 同수석매니저, 미국 보스턴컨설팅 기술자문, 미국 맥킨지앤컴퍼니 기술자문 2013년 삼성전자(주) 반도체사업부 상무 2013년 同수석연구원 2015년 현대자동차 연구소 이사 2017년 더불어민주당 제19대 문재인 대통령후보 중앙선거대책위원회 일자리위원회 본부장 2017년 同제19대 문재인 대통령후보 중앙선거대책위원회 새로운대한민국위원회 4차산업분과 공동위원장 2017년 한국과학기술원(KAIST) 연구교수 2018년 SK텔레콤 오픈콜라보센터장 2019년 同SV이노베이션센터장(현) (상)벤처창업진흥 유공 포상 창업활성화분야 SK telecom True Innovation 대통령표창 수상

유원규(柳元奎) Won K. RYOU (平觀)

(생)1952·10·9 (본)서령(瑞寧) (출)충남 서산 (주)서울특별시 중구 남대문로 63 한진빌딩 본관19층 법무법인 광장(02-772-4350) (학)1971년 경기고졸 1975년 서울대 법학과졸 1988년 미국 캘리포니아대 버클리교 로스쿨졸(LL.M.) (경)1977년 사법시험 합격(19회) 1979년 사법연수원 수료(9기) 1979년 서울민사지법 판사 1981년 서울형사지법 판사 1983년 춘천지법 원주지원 판사 1985년 서울지법 동부지원 판사 1989년 서울고법 판사 겸 법원행정처 조사심의관 1991년 대법원 재판연구관 겸임 1993년 대구지법 상주지원장 1996년 사법연수원 교수 1999년 서울지법 부장판사 1999년 언론중재위원회 중재부장 2000년 부산고법 부장판사 2002년 사법연수원 수석교수 2004년 서울고법 부장판사 2005년 법원도서관장 2006~2009년 서울서부지법원장 2007~2009년 사학분쟁조정위원회 위원 2009년 서울가정법원장 2009년 법무법인 광장 대표변호사(현) 2010~2012년 한국방송공사 객원해설위원 2010~2013년 대법원 법관징계위원회 위원 2012년 법무부 감찰위원장 2015년 깨끗한나라(주) 사외이사(현) 2015~2019년 한일시멘트(주) 사외이사 (상)황조근정훈장(2009) (종)천주교

유원상(柳源相) Wonsang Yu(Robert Yu)

(생)1974·3 (출)미국 뉴욕 (주)충청북도 제천시 바이오밸리1로 94 유유제약(043-652-7981) (학)1993년 미국 켄트스쿨졸 1998년 미국 코네티컷 트리니티대 경제학과·일본어학과졸 2004년 미국 컬럼비아대 경영대학원 경영학과졸(MBA) (경)1998~1999년 미국 뉴욕 Arthur Anersen 감사컨설턴트 1999~2001년 미국 뉴욕 Merrill Lynch 컨설턴트 2004~2006년 미국 뉴욕 Novartis 근무 2006~2008년 싱가포르 Novartis 동남아시아Training Manager 2008~2009년 일본Teijin 재직 2009~2013년 유유제약 상무이사 2014~2019년 同부사장 2014년 유유헬스케어 대표이사 사장(현) 2019년 유유제약 각자대표이사 부사장(현) (상)한국정보통신진흥협회 제1회 빅데이터활용분석경진대회 은상(2013)

유원식(劉元植) YOO Won Sik

(생)1958·11·1 (출)서울 (주)서울특별시 강서구 공항대로59다길 109 (사)한국국제기아대책기구(02-544-9544) (학)1981년 광운대 응용전자공학과졸 1985년 연세대 산업대학원졸 2001년 서울대 최고경영자과정 수료 (경)1981년 삼성전자(주) 컴퓨터사업본부 HP사업부 입사 1984년 삼성휴렛팩커드(주) 근무 1986년 同컴퓨터사업본부 과장·차장·부장 1994년 한국휴렛팩커드(주) 컴퓨터시스템사업본부 대우이사 1996년 同컴퓨터시스템사업본부 이사 1997년 同시스템영업 상무이사 1997년 同컴퓨터및주변기기유통사업본부장(상무) 1998년 同CCO사업본부장(전무) 2000년 同부사장 2002~2008년 한국썬마이크로시스템즈(주) 사장 2005~2008년 썬마이크로시스템즈 미국본사 부사장 겸임 2008~2014년 한국오라클 사장 2015년 (사)한국국제기아대책기구 회장(현) (종)기독교

유원영(柳遠榮) YOO Won Young (竹庵)

(생)1936·2·21 (본)진주(晉州) (출)경남 합천 (주)서울특별시 서초구 마방로10길 5 한국전자홀딩스(02-3497-5535) (학)1957년 대구상고졸 1963년 서울대 상과졸 (경)1964~1970년 대성산업 근무 1970~1978년 공인회계사 개업 1978년 한국전자 상무이사 1981년 同전무이사 1982년 同부사장 1984년 同사장 1987~1997년 同회장 1993년 전국경제인연합회 감사 1994년 서울상공회의소 상임의원 1995년 전국경제인연합회 이사 1997년 한국전자 명예회장·고문 1998년 대성산업(주) 사외이사 2001~2004년 同대표이사 사장 2004년 同고문 2006~2011년 KEC홀딩스 대표이사 회장 2012~2017년 한국전자홀딩스 사내이사 2019년 同대표이사(현) (상)동탑산업훈장(1984), 금탑산업훈장(1992)

유윤대

(생)1961 (주)서울특별시 중구 통일로 120 NH농협은행 부행장실(02-2080-5114) (학)강릉상고졸, 강원대 경영학과졸 (경)NH농협은행 방카슈랑스추진단장, 同동해시지부장, NH농협금융지주 재무관리부장, 同기획조정부장 2018년 NH농협은행 부행장(현)

유윤철(俞允喆) YOO Yoon Chul

(생)1947·6·29 (출)경북 고령 (주)서울특별시 강남구 도산대로 329 유신빌딩 6층 에이치설퍼(주) 임원실(02-3448-5155) (학)1965년 대구 계성고졸 1972년 동국대 경영학과졸 (경)1972년 동도카펫트(주) 근무 1974년 한림장식상사 대표 1976년 운강기업(주) 상무이사 1981년 세광화학공업(주) 설립·대표이사 1988년 만장산업(주) 설립·대표이사 1989년 건수산업(주) 설립·대표이사 2004·2007· 2010~2014년 한국중소기업경영자협회 회장 2014년 에이치설퍼(주) 대표이사(현) 2014년 엠오일(주) 대표이사(현) 2014년 에이치켐(주) 대표이사(현) (상)철탑산업훈장

유은상(劉殷相) Yoo Eun-Sang

(생)1959 · 9 · 30 (본)강릉(江陵) (출)경북 울진 (주)서울특별시 서초구 방배로 230-1 융성빌딩 5층 YJA인베스트먼트(02-532-3026) (학)1977년 배문고졸 1985년 서울대 경제학과졸 2001년 영국 런던시티대 CASS Business School졸 (경)1985~1988년 한국외환은행 종합금융실 · 지점 근무 1988~1995년 현대증권 국제본부 근무(국제금융 · 기획 · M&A담당) 1995~1997년 同뉴욕법인 차장(IB · 기획) 1997~2000년 同런던법인장 겸 Korea Asia Fund 이사 2001~2002년 同국제본부 M&A팀장 2002년 큐캐피탈파트너스(주) 전무이사 2008년 同투자총괄 부사장 2009년 同대표이사 사장 2014~2015년 同부회장 2015~2016년 현대비앤지스틸(주) 사외이사 겸 감사위원 2015년 YJA인베스트먼트(주) 대표이사(현) (상)재무부장관표창(1998)

유은혜(兪銀惠 · 女) Yoo Eun Hae

(생)1962 · 10 · 2 (출)서울 (주)세종특별자치시 갈매로 408 교육부 장관실(044-203-6001) (학)1981년 서울 송곡여고졸 1985년 성균관대 동양철학과졸 2007년 이화여대 정책과학대학원 공공정책학과졸 (경)1994년 통일시대민주주의국민회의 여성위원회 기획위원 1999년 국민정치연구회 이사 2001년 민주평통 자문위원 2002년 한반도재단 여성위원회 부위원장 2002년 새천년민주당 제16대 노무현 대통령후보 선거대책위원회 환경위원회 부위원장 2003년 한반도재단 사무국장 2004년 열린우리당 여성팀장 2004~2007년 同부대변인 2007~2008년 대통합민주신당 부대변인 2007년 同제17대 대통령중앙선거대책위원회 부대변인 2008년 통합민주당 부대변인 2008년 제18대 국회의원 선거 출마(비례대표, 통합민주당) 2008년 민주당 부대변인 2009년 同수석부대변인 2010년 同고양일산동구지역위원회 위원장 2010년 同경기도당 여성위원장 2010년 성균관대총동창회 상임이사 2011년 우석대 겸임교수 2011년 민주당 정책위원회 부의장 2011년 민주통합당 고양시일산동구지역위원회 위원장 2011년 同경기도당 여성위원장 2012년 제19대 국회의원(고양시 일산동구, 민주통합당 · 민주당 · 새정치민주연합 · 더불어민주당) 2012년 민주통합당 홍보미디어위원장 2012년 同제18대 대통령중앙선거대책위원회 공보단장 2013 · 2014년 국회 교육문화체육관광위원회 위원 2013년 민주당 고양시일산동구지역위원회 위원장 2013년 同홍보미디어위원장 2014년 새정치민주연합 경기도당 6.4지방선거공천관리위원회 위원 2014년 同원내대변인 2014년 국회 운영위원회 위원 2014년 국회 국민안전혁신특별위원회 위원 2015년 새정치민주연합 대변인 2015 · 2017~2018년 국회 평창동계올림픽및국제경기대회지원특별위원회 위원 2015년 더불어민주당 대변인 2016년 同제20대 총선 선거대책위원회 위원 2016년 同고양시丙지역위원회 위원장(현) 2016년 제20대 국회의원(고양시丙, 더불어민주당)(현) 2016년 더불어민주당 전국대의원대회준비위원회 홍보분과위원장 2016년 더좋은미래 운영간사 2016년 국회 교육문화체육관광위원회 위원 2017년 더불어민주당 제19대 문재인 대통령후보 중앙선거대책위원회 공보단 수석대변인 2017~2018년 同정책위원회 제6정책조정위원장 2017년 국정기획자문위원회 사회분과위원회 위원 2017~2018년 더좋은미래 책임운영간사 2017~2018년 국회 교육문화체육관광위원회 간사 2017년 더불어민주당 조직강화특별위원회 위원 2018년 국회 문화체육관광위원회 위원 2018년 국회 과학기술정보방송통신위원회 위원(현) 2018년 제59대 사회부총리 겸 교육부 장관(현) 2018년 대통령직속 국가균형발전위원회 위원(현) (상)국정감사 NGO 모니터단 국정감사 우수의원(2014), 한국매니페스토실천본부 국정감사 우수의원(2015), 한국언론사협회 대한민국 우수국회의원 대상(2015), 한국환경정보연구센터 제19대 국회 환경베스트의원(2016), 법률소비자연맹 국회의원 헌정대상(2016 · 2017), 대한민국교육공헌대상 의정교육부문(2016), 서울신문 · STV 서울 석세스 어워드 정치부문 정치대상(2017) (저)'어머니의 이름으로'(2011, 호미) '생각하는 손(共)'(2014, 보리) '유은혜의 낭독'(2016, 이야기공작소)

유의동(兪義東) Yoo Uidong

(생)1971 · 6 · 23 (출)경기 평택 (주)서울특별시 영등포구 의사당대로 1 국회 의원회관 947호(02-784-7351) (학)평택 한광고졸, 한국외국어대졸 2001년 미국 U.C. San Diego 대학원졸(태평양지역국제관계학 석사) (경)제19대 국회의원(평택시乙 보궐선거, 새누리당), 새누리당 원내대변인, 同원내부대표, 同제20대 총선기획단 위원 2016년 제20대 국회의원(평택시乙, 새누리당 · 바른정당〈2017.1〉 · 바른미래당〈2018.2〉)(현) 2016년 국회 정무위원회 위원 2017년 국회 헌법개정특별위원회 위원 2017년 바른정당 제19대 유승민 대통령후보 수행단장 2017년 국회 정무위원회 간사 2017~2018년 바른정당 민생특별위원회20 미세먼지대책특별위원장 2017~2018년 同수석대변인 2017~2018년 국회 정무위원회 위원 2017~2018년 바른정당 경기도당 위원장 2018년 바른미래당 공동수석대변인 2018년 同경기도당 공동위원장(현) 2018년 同경기평택시乙지역위원회 위원장(현) 2018~2019년 同원내수석부대표 2018~2019년 국회 운영위원회 간사 2018년 국회 정무위원회 간사(현) 2018년 국회 예산결산특별위원회 위원 2019년 바른미래당 원내부대표(현) (상)2018 입법 및 정책개발 최우수국회의원(2019) (종)천주교

유인의(柳仁義) Yu In Eui

(생)1940 · 10 · 10 (출)대전 (주)서울특별시 강남구 영동대로 517 아셈타워 22층 법무법인 화우(02-6003-7502) (학)1959년 대전고졸 1965년 서울대 법학과졸 1969년 同사법대학원졸 2004년 同국제대학원 GLP과정 수료(10기) (경)1967년 사법시험 합격(8회) 1969년 軍법무관 1972년 부산지법 판사 1973~1980년 부산지법 진주지원 · 부산지법 · 광주지법 · 서울지법 남부지원 판사 1980년 서울고법 판사 1980~1981년 서울시 행정심판위원 1981년 대법원 재판연구관 1983~1988년 부산지법 · 수원지법 · 서울지법 동부지원 부장판사 1988년 변호사 개업 1991~1997년 서울지법 동부지원 조정위원 1996년 대한상사중재원 중재위원 1998~2003년 법무법인 우방 변호사 1999~2007년 중앙선거관리위원회 행정심판위원 2002~2005년 대한변호사협회 이사 2003년 서울중앙지법 조정위원 2003~2005년 법무법인 화우 대표변호사 2005~2007년 대한변호사협회 대의원 2005년 법무법인 화우 고문변호사(현) 2007년 대한중재인협회 부회장

유인재(兪仁載)

(생)1964 (출)충북 제천 (주)서울특별시 종로구 북촌로 112 감사원 운영지원과(02-2011-2582) (학)제천고졸, 성균관대졸, 영국 런던대 대학원 도시계획과졸 (경)1993년 기술고시 합격(29회), 감사원 국토해양국 과장 2011년 同건설 · 환경감사국 제4과장(부이사관) 2013년 同건설 · 환경감사국 제3과장 2015년 국민안전처 안전감찰관(고위공무원) 2017년 감사원 SOC · 시설안전감사단장 2018년 同시설안전감사단장 2018년 同지방행정감사2국장 2018년 同본부근무(고위감사공무원)(현)

유인종(柳寅鍾) Yoo In Jong

(생)1960 · 4 · 8 (주)서울특별시 중구 세종대로 67 삼성물산(주) 리조트부문 Q-SHE팀(02-759-0290) (학)1988년 서울산업대 안전공학과졸 1996년 아주대 대학원 환경공학과졸 (경)2003년 삼성코닝 수원 · 구미통합녹색경영그룹장(부장) 2009년 삼성에버랜드 리조트사업부 안전기술팀장(상무) 2010~2016년 한국종합유원시설협회 부회장 2015년 삼성물산(주) 리조트부문 Q-SHE팀장(상무) 2016~2019년 (사)한국종합유원시설협회 회장 2018년 삼성물산(주) 리조트부문 파크운영팀장(상무)(현) (상)환경부장관표창(1999 · 2005), 노동부장관표창(1999 · 2000), 산업자원부장관표창(2005)

유인태(柳寅泰) YOO Ihn-tae

(생)1948·9·5 (본)문화(文化) (출)충북 제천 (주)서울특별시 영등포구 의사당대로 1 국회 사무총장실(02-784-3561) (학)1967년 경기고졸 1974년 서울대 사회학과졸 (경)1969~1971년 삼선개헌 반대등학생운동주도로 제적 1974년 민청학련사건관련 사형선고(4년5월 복역) 1980년 광주민주화운동관련 수배 1981년 덕명실업 대표이사 1988년 진보정치연합 사무처장 1990년 국민통합추진위원회 운영위원 1991년 민주당 당무위원 1992년 제14대 국회의원(서울 도봉구甲, 민주당) 1992년 민주당 정치연수원장 1996년 한성대 객원교수 1996년 민주당 서울도봉乙지구당 위원장 1997년 국민통합추진회의 교육연수위원장 1997년 국민회의 당무위원 2000년 한나라당 서울도봉乙지구당 위원장 2002년 새천년민주당 서울종로지구당 위원장 2003~2004년 대통령 정무수석비서관 2004~2008년 제17대 국회의원(서울 도봉구乙, 열린우리당·대통합민주신당·통합민주당) 2005년 열린우리당 서울시당 위원장 2005년 同지역주의해소와선거구재개편을위한정치개혁특별위원회 위원장 2005년 한·호주의원친선협회 회장 2005년 청계천전태일기념관건립추진위원회 국회의원단 대표 2006년 열린우리당 비상대책위원회 비상임위원 2006년 同재해대책특별위원회 위원장 2006년 同오픈프라이머리TF팀장 2006~2008년 국회 행정자치위원장 2008년 대통합민주신당 최고위원 2008년 통합민주당 최고위원 2008년 민주당 당무위원 2008년 同서울도봉乙지역위원회 위원장 2008년 同2010인재위원회 위원장 2011년 민주통합당 당무위원 2011년 同서울도봉乙지역위원회 위원장 2012~2016년 제19대 국회의원(서울 도봉구乙, 민주통합당·민주당·새정치민주연합·더불어민주당) 2012년 국회 외교통상통일위원회 위원 2012년 국회 정보위원회 위원 2012년 민주통합당 제18대 대통령중앙선거대책위원회 '민주캠프' 진실과화해위원회 위원장 2013년 국회 외교통일위원회 위원 2013년 국회 국가정보원개혁특별위원회 위원 2014년 새정치민주연합 인재영입위원장 2014년 국회 교육문화체육관광위원회 위원 2015년 국회 정치개혁특별위원회 공직선거법심사소위원회 위원 2017년 (사)단재신채호선생기념사업회 초대 상임대표(현) 2018년 코오롱글로벌(주) 사외이사 겸 감사위원 2018년 국회 사무총장(장관급)(현) (상)황조근정훈장(2005), 환경재단 선정 '2005년 세상을 밝게한 100인'(2005) (저)'의원님들 요즘 장사 잘돼요?'(共)

유인태(柳寅太) Yu In Tae

(생)1959·4·13 (출)서울 (주)서울특별시 중구 을지로 16 백남빌딩 5층 (주)모두투어네트워크(02-752-9494) (학)원광대 무역학과졸 (경)1988년 대한통운 입사 1991년 국일여행사 입사 2000년 (주)크루즈인터내셔널 대표이사 2010년 (주)모두투어네트워크 전무이사 2010년 (주)크루즈인터내셔널 공동대표 겸임 2011년 (주)모두투어네트워크 상품본부장(전무이사) 2014년 (주)자유투어 공동대표이사 2016년 (주)모두투어네트워크 경영지원본부장(부사장) 2018년 同사장(현) (상)코스타크루즈 아시아 베스트판매상(2008), 코스타크루즈 아시아 우수판매상(2009)

유인택(柳寅澤)

(생)1955·11·15 (출)서울 (주)서울특별시 서초구 남부순환로 2406 예술의전당(02-580-1001) (학)1975년 경복고졸 1983년 서울대 제약학과졸 2016년 홍익대 대학원 공연예술학과졸 (경)1987~1989년 예술극장 한마당 대표 1993~2007년 (주)기획시대 대표이사 1999~2002년 한국영화제작가협회 회장 2008~2009년 아시아문화기술투자(주) 공동대표 2002년 문화산업포럼 이사 2012~2014년 세종문화회관 서울시뮤지컬단장 2015~2019년 동양예술극장 대표 2016년 동양대 예술대학 산학교수 2017년 한국문화예술위원회 위원(현) 2019년 예술의전당 사장(현) (작)연극 기획 '아리랑' '금희의 오월', 뮤지컬 개발 및 투자 '구름빵' '광화문연가', 영화제작 '결혼 이야기' '아름다운 청년 전태일' '목포는 항구다' 등 20여 편

유인학(柳寅鶴) YOO In Hak (三湖)

(생)1939·12·3 (본)문화(文化) (출)전남 영암 (주)서울특별시 성동구 왕십리로 222 한양대학교 법과대학 법학과(02-2220-0973) (학)1958년 광주고졸 1963년 전남대 법과대학졸 1966년 同대학원졸 1983년 미국 미주리주립대 정치학 박사과정 수료 1993년 법학박사(동국대) 1994년 미국 하버드대 케네디스쿨 SMG수료 2002년 서울대 경영대·정보통신대 최고경영자과정 수료 2002년 고려대 언론대·정보통신대 최고경영자과정 수료 2002년 연세대 경영대 최고경영자과정 수료 (경)1968~1985년 한양대 법정대학 전임강사·조교수·부교수 1972~1973년 광주신보 논설위원·기획실장 1985~1988년 한양대 법과대학 법학과 교수 1987년 평화민주당(평민당) 창당발기인 1988년 제13대 국회의원(영암, 평민당·신민당·민주당) 1990년 평민당 정책위원회 부의장 1992년 제14대 국회의원(영암, 민주당·국민회의) 1992년 민주당 정책위원회 수석부의장 1993년 同전남도지부장 1993년 同당무위원 1995년 국민회의 전남도지부장 1996~1999년 한양대 법과대학 교수 1997년 대한민국헌정회 정책위원회 경제분과위원장 1997년 한국고인돌협회 회장 1998년 세계거석문화협회 총재(현) 1999~2002년 한국조폐공사 사장 2002~2005년 한양대 법과대학 법학과 교수, 同명예교수(현) 2002년 광주국제영화제조직위원회 위원장 2003년 열린우리당 중앙위원 2012년 제19대 국회의원선거 출마(전남 장흥군·강진군·영암군, 무소속) 2012년 세계불교CEO협회 상임대표(현) 2016년 4.19혁명공로자회 회장(현) (상)국무총리표창(2005) (저)'한국재벌의 해부' '제6공화국의 정치경제론' '경제개혁과 재벌' '말하는 돌' '건국의 원훈 낭산 김준연' '한국자동차 공업의 과제' '삼한의 역사와 문화' '새벽을 여는 사람' '돌문화' (종)천주교

유일석(劉一錫)

(생)1962·12·5 (출)부산 (주)서울특별시 서초구 반포대로 158 서울중앙지방검찰청 중요경제범죄조사단(02-530-4258) (학)1981년 경남고졸 1985년 서울대 공법학과졸 (경)1992년 사법시험 합격(34회) 1995년 사법연수원 수료(24기) 1995년 대전지검 검사 1997년 부산지검 울산지청 검사 1999년 서울지검 의정부지청 검사 2001년 수원지검 성남지청 검사 2003년 서울지검 남부지청 검사 2004년 서울남부지검 검사 2005년 부산지검 검사 2007년 同부부장검사 2007년 서울서부지검 검사 2009년 제주지검 형사2부장 2009년 同형사1부장 2010년 전주지검 부장검사 2011년 광주지검 순천지청 부장검사 2012년 울산지검 부장검사 2013년 서울남부지검 부부장검사 2013년 서울고검 형사부 파견 2014년 수원지검 성남지청 부장검사 2015년 서울중앙지검 부장검사 2016년 부산고검 검사 2017년 서울서부지검 중요경제범죄조사단 부장검사 2019년 서울중앙지검 중요경제범죄조사단 부장검사(현)

유일준(柳一準) Yoo Iljoon

(생)1966·9·20 (출)서울 (주)서울특별시 서초구 서초대로 254 오퓨런스빌딩 509호 유일준법률사무소(02-6250-3210) (학)1985년 영동고졸 1989년 서울대 법학과졸 (경)1989년 사법시험 합격(31회) 1992년 사법연수원 수료(21기) 1992년 변호사 개업 1993년 서울지검 북부지청 검사 1995년 대전지검 천안지청 검사 1997년 인천지검 검사 1999년 미국 Duke대 연수 2000년 법무부 특수법령과 검사 2002년 서울지검 검사 2003년 대검찰청 중앙수사부 검찰연구관 직대 2004년 수원지검 부부장검사 2005년 헌법재판소 파견 2008년 인천지검 공안부장 2009년 서울고검 검사(법무연수원 교수 파견) 2010년 서울북부지검 형사2부 부장검사 2011년 수원지검 형사1부장 2012년 춘천지검 강릉지청장 2013년 법무부 감찰담당관 2014~2015년 수원지검 평택지청장 2015~2016년 대통령 민정수석비서관실 공직기강비서관 2016년 변호사 개업(현) 2019년 서울지방변호사회 부회장(현) (상)홍조근정훈장(2014)

유일호(柳一鎬) Ilho Yoo (明虛)

(생)1955 · 3 · 30 (본)전주(全州) (출)서울 (주)서울특별시 광진구 능동로 120 건국대학교 부동산대학원(02-450-3317) (학)1974년 경기고졸 1981년 서울대 경제학과졸 1987년 경제학박사(미국 펜실베이니아대) (경)1985년 미국 펜실베이니아대 강사 1987~1989년 미국 Cleveland State Univ. 초청조교수 1989~1996년 한국개발연구원(KDI) 연구위원 1996~1998년 한국조세연구원 부원장 1998~2001년 同원장 1999년 한국지방재정학회 이사 2001~2002년 한국개발연구원 국제정책대학원 초빙교수 2002~2008년 同국제정책대학원 교수, 아시아개발은행(ADB) Inspection Policy Officer, 민주평통 자문위원, 세제발전심의위원회 위원 2003년 대통령자문 정부혁신지방분권위원회 위원 2006년 대통령자문 조세개혁특별위원회 위원장 2008~2012년 제18대 국회의원(서울 송파乙, 한나라당 · 새누리당) 2010~2011년 한나라당 대표특보 2010~2012년 同정책조정위원회 부위원장 2011년 同원내부대표 2011년 국회 운영위원회 위원 2012년 국회 정치개혁특별위원회 위원 2012~2016년 제19대 국회의원(서울 송파乙, 새누리당) 2012 · 2014~2015년 국회 정무위원회 위원 2012~2013년 새누리당 서울시당 위원장 2012~2013년 박근혜 대통령당선인 비서실장 2013~2014년 새누리당 대변인 2013년 국회 예산재정개혁특별위원회 위원 2014년 새누리당 정책위 의장 2015년 국토교통부 장관 2015년 국회 산업통상자원위원회 위원 2015년 국회 미래창조과학방송통신위원회 위원 2016~2017년 경제부총리 겸 기획재정부 장관 2017년 국무총리 직무대행 2017년 건국대 부동산대학원 석좌교수(현) (상)법률소비자연맹 국회 헌정대상(2013) (저)'공공부분 생산성재고를 위한 예산제도 개선방안'(共) '공공부분의 개혁'(共) '세수추계 모형개발에 관한 연구' '우리나라의 탈세규모추정 : 소득세와 부가가치세' '경제이야기, 정치이야기'(2011, 열린아트) '건강한 복지를 꿈꾼다'(2012, 열린아트)

유장렬(劉長烈) LIU Jang Ryul

(생)1952 · 1 · 3 (출)경남 고성 (주)경기도 성남시 분당구 돌마로 42 한국과학기술한림원회관 과학기술유공자지원센터(031-710-4614) (학)1974년 서울대 식물학과졸 1977년 미국 캘리포니아주립대 대학원졸 1981년 농학박사(미국 미시간주립대) (경)1975년 서울대 조교 1977~1981년 미국 미시간주립대 연구조교 1981~1984년 미국 플로리다대 연구원 1985~1990년 한국과학기술연구원(KIST) 유전공학센터 선임연구원 1994년 同생명공학연구소 유전자원센터장 1998년 同생명공학연구소 정보전산사업단장 1999년 同생명공학연구소 식물세포공학연구실장 2000년 한국과학기술한림원 정회원(현) 2001~2006년 과학기술부 국가지정연구실사업 식물이차대사의 Functional Genomics 연구실장 2001~2003년 국가지정연구실사업 생명공학연구자협의회(Bio-NRL) 회장 2002~2005년 과학기술부 국책연구개발과제 유전자원지원활용사업단장 2002~2016년 과학기술 앰배서더 2002~2006년 International Union for Conservation of the Natural Resources(IUCN) National Committee of Korea 사무국장, 한국생명공학연구원 식물세포공학연구실 책임연구원 2003년 同바이오소재연구부장 2003년 Asia-Pacific Association of Plant Tissue Culture and Agribiotechnology 총무 2004년 Metabolomics저널(Springer 발간) 편집위원(현) 2006년 (사)출연연구소연구발전협의회 회장 2006~2007년 한국식물학회 회장 2006년 Journal of Plant Biotechnology 공동편집위원장 2006년 Plant Biotechnology Reports(Springer 발간) 공동편집위원장 2006~2011년 Plant Cell Reports 저널(Springer 발간) 편집위원 2006~2008년 한국생명공학연구원 선임연구부장 2007~2008년 한국식물생명공학회 회장 2008~2014년 한국식물과학협의회 회장 2008년 한국생명공학연구원 원장 직대 2008년 同식물시스템공학연구센터 책임연구원 2009년 한국생물정보시스템생물학회 회장 2010년 한국생명공학연구원 생명자원관리본부장 2011년 同그린바이오연구센터 책임연구원 2012년 Plant Cell Reports 저널(Springer 발간) 편집위원장(현) 2013년 한국생명공학연구원 바이오인프라총괄부장 2013~2015년 한국과학기술한림원 산학연협력부장 2013~2014년 한국생명공학연구원 식물시스템공학연구센터 책임연구원 2014~2018년 同전문명예연구위원 2014년 (사)미래식량자원포럼 회장(현) 2014년 대구경북과학기술원 미래전략사업유치기획단장 2014~2016년 同뉴바이올로지전공 교수 2016년 同미래전략실장 2017년 과학기술정보통신부 지정 '과학기술유공자지원센터' 센터장(현) 2018년 국제식물생명공학회 회장(현) 2018년 한국생명공학연구원 전문명예연구원(현) (상)과학기술처 연구개발상(1990), 한국과학기술단체총연합회 과학기술우수논문상(1994), 한국식물학회 학술상(2002), 한국식물생명공학회 학술상(2002), 국민포장(2004), 과학기술훈장 웅비장(2009) (종)기독교

유재건(柳在乾) YOO Jay Kun (惠泉)

(생)1937 · 9 · 19 (본)문화(文化) (출)서울 (주)서울특별시 중구 명동길 26 유네스코회관 한국유네스코협회연맹(02-776-8681) (학)1956년 경기고졸 1960년 연세대 정치외교학과졸 1965년 同대학원 정치외교학과졸 1971년 미국 브리감영대 대학원 사회학과졸 1974년 미국 워싱턴주립대 사회학박사과정 수료 1977년 법학박사(미국 캘리포니아대) 1992년 서울대 사법발전연구과정 수료 1997년 고려대 정책과학대학원 수료 1999년 경남대 북한대학원 수료 (경)1977~1982년 미국 캘리포니아주 세크리멘토 인권위원 1977~1989년 미국 연방정부 지역사회변호사 1982~1990년 미국 LA에서 법률사무소 경영 1990~1993년 (주)영풍 대표이사 사장 1990~2017년 사회복지법인 선덕원 후원회장 1992년 World Vision 이사 1993~1995년 MBC 시사토론 진행 1993~1995년 경원대 교수 · 학장 1993~1995년 경실련 지도위원 겸 교통관광위원장 1993~1995년 교육개혁과자치를위한 시민모임 상임의장 1994년 시민단체지원기금 이사 1995~2000년 새정치국민회의 부총재 1996년 제15대 국회의원(서울 성북甲, 국민회의 · 새천년민주당) 1996년 한 · 미의원외교협의회 회장 1996년 국회 복지포럼 회장 1997~1999년 국민회의 김대중총재 비서실장 1998~2002년 해외교포문제연구소 이사장 1998년 한국보이스카우트 북부연맹장 1998~2002년 로버트김구명위원회 공동대표 1998~2002년 2002부산아 · 태장애인경기대회 조직위원장 1999년 공군사관후보장교회 회장 2000년 제16대 국회의원(서울 성북甲, 새천년민주당) 2000~2002년 새천년민주당 전국대의원대회 의장 2000년 국회 앰네스티인터내셔널 회장 2002년 국회 세계도덕재무장(MRA) 회장 2002년 새천년민주당 노무현대통령후보 특별보좌단장 2002~2003년 새시대전략연구소 이사장 2003년 열린우리당 상임중앙위원 2003년 同상임고문 2003~2004년 同국제협력특별위원장 2004~2008년 제17대 국회의원(서울 성북甲, 열린우리당 · 대통합민주신당 · 자유선진당 · 무소속) 2004년 국회 스카우트연맹회장 2004~2006년 국회 국방위원장 2006년 열린우리당 열린정책연구원장 2007년 국제의회연맹(IPU) 집행위원 2007년 대통합민주신당 정동영대통령후보 중앙선거대책위원회 상임고문 2008년 자유선진당 전당대회 의장 2008~2014년 리인터내셔날특허법률사무소 상임고문 2009년 한국유스호스텔연맹 총재 2009년 한국유네스코협회연맹 회장(현) 2014~2016년 리인터내셔날특허법률사무소 비상임고문 2018년 (재)여해 이사장(현) (상)대통령표창, 참여연대 부패방지법지킴이상(1998), 국민훈장 무궁화장(2002), 헝가리공화국 십자중훈장(2006) (저)'Koreans in America'(1974) 'Justice'(1977) 'The Theory and Practice of U.S Immigration Law'(1979) 'U.S Citizenship'(1988) '5분만 만나보세요 가슴이 따뜻해집니다'(1997) '21세기 한국의 외교정책'(1999) '한반도주변 4대강국의 이해'(2001) '아는만큼 보이는 중국'(2002) '함께 부르는 노래(이철수 재판투쟁기)'(2009) '은혜인생'(2011) (종)기독교

유재광(劉載光)

(생)1973 · 7 · 4 (출)서울 (주)전라북도 전주시 덕진구 사평로 25 전주지방법원 총무과(063-259-5466) (학)1992년 경복고졸 2002년 고려대 법학과졸 (경)2001년 사법시험 합격(43회) 2004년 사법연수원 수료(33기) 2004년 인천지법 예비판사 2006년 서울중앙지법 판사 2008년 광주지법 순천지원 판사 2011년 수원지법 판사 2013년 서울중앙지법 판사 2015년 서울북부지법 판사 2019년 전주지법 부장판사(현)

유재권(劉載權) YOO Jae Kwon

(생)1961 · 11 · 19 (주)서울특별시 영등포구 국제금융로6길 42 (주)삼천리 비서실(02-368-3300) (학)영등포고졸, 서강대 경영학과졸, 연세대 대학원 경영학과졸 (경)동양나이론 자금담당, (주)삼천리 기획담당 과장, 同경영전략실 상무이사, 同전략기획담당 상무 2009년 同집단에너지사업부 총괄 전무 2010년 同자원환경사업본부장(전무) 2010년 同사업개발본부장(전무) 2011년 (주)S-Power 대표이사 사장 2014년 (주)삼천리 전략기획실장(부사장) 2015년 同미래전략본부장(부사장) 2015년 (주)삼천리ES 대표이사 부사장 2016년 (주)삼천리 대표이사 부사장(현) (상)은탑산업훈장(2019)

유재룡(劉載龍)

(주)서울특별시 관악구 관악로 145 관악구청 부구청장실(02-879-7332) (학)고려대 행정학과졸, 미국 위스콘신대 메디슨교 대학원 행정학과졸 (경)2005년 서울시 국제협력과장(서기관) 2007년 同교량관리부장 2010년 同산업경제기획관 직대(부이사관) 2012년 교육 파견 2013년 서울 성동구 부구청장 2014년 서울시 기획조정실 국제협력관 2015년 同기획조정실 정책기획관 겸임 2015년 同기후환경본부장(지방이사관) 2017년 同한강사업본부장 2018년 서울 관악구 부구청장(현)

유재만(柳在晩) Yoo Jae Man

(생)1963 · 1 · 19 (본)문화(文化) (출)전북 정읍 (주)서울특별시 중구 남대문로 63 한진빌딩 법무법인 광장(02-772-5980) (학)1981년 전주고졸 1985년 서울대 법학과졸 (경)1984년 사법시험 합격(26회) 1987년 사법연수원 수료(16기) 1990년 서울지검 남부지청 검사 1992년 광주지검 순천지청 검사 1994년 법무부 인권과 검사 1996년 서울지검 검사 2000년 춘천지검 원주지청장 2001년 법무부 검찰국 검사 2002년 同검찰4과장 2002년 同검찰3과장 2003년 대검찰청 중수2과장 2004년 同중수1과장 2005~2006년 서울중앙지검 특수1부장 2006년 변호사 개업 2007년 법무법인 조은 변호사 2010년 법무법인 원 대표변호사 · 고문변호사 2012~2013년 법무법인 산지 대표변호사 2014년 법무법인 광장 변호사(현) (종)기독교

유재봉(庾在鳳) YOU Jae Bong

(생)1960 · 6 · 20 (본)무송(茂松) (출)충북 충주 (주)경상북도 군위군 군위읍 도군로 2450 KR스포츠(054-380-0000) (학)1979년 충주고졸, 중앙대 건축공학과졸 1995년 충남대 대학원 산업경영학과졸 (경)건설산업관리 전문가, 계룡건설산업(주) 경영정보실장 2007년 同주택사업본부 상무 2011년 同개발사업본부장(전무) 2017~2018년 同개발사업본부장(부사장) 2019년 同KR스포츠 대표이사(부사장)(현) (상)건설교통부장관표창(2003), 한국산업안전관리공단 이사장표창(2003), 지방자치단체장표창(2005)

유재성(劉載晟) YOO Jae Sung

(생)1946 · 7 · 12 (출)경북 김천 (주)대구광역시 달서구 성서공단북로 194 태창철강(주) 회장실(053-589-1112) (학)대구상고졸, 영남대 경영학과졸 (경)1977년 신라철강(주) 대표이사 회장 1981년 태창철강(주) 회장(현) 1989년 태창정보통신(주) 대표이사 회장 1989~2015년 티씨아이티 회장 2003년 대구상공회의소 상공의원, 同부회장 (상)재무부장관표창, 도시환경문화상, 산업포장, 대구상공회의소 경영대상(2004), 은탑산업훈장(2006), 미국 육군성 감사장(2010) (저)'아름다운 경영을 위한 유재성 회장의 1분 메세지'(2010) (종)천주교

유재성(柳在成) YOO Jae Sung

(생)1960 · 12 · 28 (출)경남 합천 (주)서울특별시 영등포구 국제금융로8길 31 SK증권빌딩 15층 마이크로포커스코리아(02-6484-5200) (학)1988년 한양대 전자공학과졸 (경)1987~1994년 LG전자 해외영업 PC부문 근무 1994년 (주)한국마이크로소프트 입사 2000년 同마케팅사업부 상무이사 2004년 同일반기업본부장(전무이사) 2005~2009년 同대표이사 사장 2009년 MS 글로벌OEM협력부문 총괄대표 2010년 피어스에듀케이션코리아 대표이사 2013~2016년 VM웨어코리아 사장 2017년 세이브더칠드런코리아 사무총장 2017년 한국CA테크놀로지스 대표이사 사장 2019년 마이크로포커스코리아 대표이사(현) (상)전자신문 · 한국정보산업연합회 · 한국CIO포럼 올해의 CIO상 공로상(2015)

유재성

(생)1967 (출)충남 부여 (주)서울특별시 서대문구 통일로 97 경찰청 사이버안전과(02-3150-2890) (학)부여고졸 1989년 경찰대졸(5기) 2009년 연세대 법학대학원졸 (경)1989년 경위 임용, 울산남부경찰서 수사과장, 경찰청 사이버 · 마약지능수사팀 계장 2011년 총경 승진 2011년 강원지방경찰청 수사과장 2012년 충남지방경찰청 경비교통과장 2013년 충남 청양경찰서장 2014년 대전지방경찰청 경비교통과장 2015년 대전동부경찰서장 2016년 경찰청 수사기획과장 2017년 서울 마포경찰서장 2017년 경찰청 사이버안전과장(현)

유재수(柳在洙) YOO Jae Soo

(생)1964 · 3 · 11 (출)강원 화천 (주)부산광역시 연제구 중앙대로 1001 부산광역시청 경제부시장실(051-888-1020) (학)춘천고졸, 연세대 경제학과졸, 서울대 행정대학원졸, 경제학박사(미국 미주리주립대) (경)1991년 행정고시 합격(35회) 2002년 재정경제부 국제금융국 금융협력과 서기관 2004년 대통령 제1부속실 행정관(부이사관) 2006년 재정경제부 금융정책국 은행제도과장 2008년 금융위원회 금융정책국 산업금융과장 2009년 同금융서비스국 자본시장과장 2009년 금융정보분석원 기획행정실장 2010년 국제부흥개발은행(IBRD) 파견(부이사관) 2013년 금융위원회 사무처 근무(부이사관) 2013년 국무조정실 정부업무평가실 정책평가관리관(고위공무원) 2014년 同정상화과제관리관 2015년 금융위원회 사무처 기획조정관 2017년 同금융정책국장 2017~2018년 휴직(고위공무원) 2018년 더불어민주당 정무위원회 수석전문위원(차관보급) 2018년 부산시 경제부시장(현)

유재식(劉載植) You Jae Sik

(생)1960 · 3 · 5 (출)강원 원주 (주)경기도 부천시 석천로 207 부천고용노동지청(032-714-8711) (학)1978년 원주고졸 (경)1979년 노동청 장성지방사무소 근무 2003년 진주지방노동사무소 관리과장 2003년 행정사무관 승진 2004년 노사정위원회 파견 2006년 기획예산처 파견 2007년 노동부 수

원노동지청 근로감독2과장 2012년 서기관 승진 2012년 대구서부고용센터 소장 2014년 수원고용센터 소장 2015년 중부 강릉고용노동지청장 2016년 부산 양산고용노동지청장 2018년 경기지방노동위원회 사무국장 2019년 인천 부천고용노동지청장(현)

유재우(柳在雨) Yu Jae Woo

(생)1945·1·7 (주)경기도 성남시 분당구 성남대로 165 천사의도시1차 773호 인텔폴리스종합건설(주)(031-713-4500) (학)1963년 국립체신고졸 1968년 충남대 건축공학과졸 1984년 한양대 산업대학원 국토개발학과졸 1993년 서울대 행정대학원 국가정책과정 수료 1998년 부산대 경영대학원 최고경영자과정 수료 1999년 서울대 경영대학원 최고경영자과정 수료 (경)1980년 체신부 시설과장(서기관) 1986년 한국통신 천호전화국장 1992년 同홍보실장(상무이사) 1993년 同건설사업단장 1994년 同대구본부장 1995년 同보급사업단장 1996년 同건설단장 1997년 同부산본부장 전무이사 1998~2000년 同서울본부장(전무이사), 대한건설협회 건축시공기술 연구위원, 우정사업본부 투자사업조정심의위원 2002년 인텔폴리스종합건설(주) 대표이사(현) (상)체신부장관표창(1974·1979), 한국통신사장표창(1985·1993), 대통령표창(1991)

유재운(劉載云)

(생)1954·8·3 (주)서울특별시 서초구 서초대로41길 19 에이스빌딩 5층 한국특수판매공제조합(02-2058-0831) (학)1973년 광주고졸 1977년 육군사관학교졸 2006년 중앙대 행정대학원 석사 2011년 법학박사(중앙대) (경)1983~1989년 경제기획원 사무관 1995년 공정거래위원회 조사국 서기관 1997년 광주공정거래사무소장 1999년 공정거래위원회 심판관리국 과장 2001년 캐나다 공정거래위원회 파견 2003년 공정거래위원회 소비자국 총괄과장 2007년 OECD한국센터 경제본부 본부장 2009년 공정거래위원회 경쟁제한 규제개혁작업단장 2009~2015년 기아자동차(주) 상근고문 2015~2018년 법무법인 바른 공정거래팀 상임고문 2018년 한국특수판매공제조합 이사장(현)

유재원(柳在元) Yoo Jae Won

(생)1950·8·25 (본)문화(文化) (출)충남 공주 (주)세종특별자치시 장군면 대학길 300 한국영상대학교 총장실(044-850-9008) (학)1968년 서울공고졸 1971년 인천공업전문대 토목과졸 1999년 우송대 국제통상학과졸 2001년 한양대 경영대학원 국제경영학과졸 2005년 경제학박사(건국대) (경)1979~1995년 인풍건설(주) 회장 1991~1995년 충남도의회 의원, 同기획·경제위원회 위원장 1994~1995년 (주)강동CATV 설립·회장 1994~2003년 학교법인 인산학원 설립·이사장 2013년 한국영상대 총장(현) (상)행정중심복합도시건설청장표창(2015), 한국의 최고경영인상(2016), 한국의 미래를 빛낼CEO(2016), TV조선 2018참교육경영대상(2018)

유재은(劉載殷) YOO Jae Eun

(생)1955·8·3 (본)강릉(江陵) (출)충남 (주)서울특별시 강남구 테헤란로 419 강남파이낸스빌딩 20층 국제자산신탁(주) 회장실(02-6202-3000) (학)국민대 행정학과졸, 서울대 행정대학원졸 (경)1982~1998년 교보생명보험(주) 근무 1999~2003년 (주)생보부동산신탁 근무 2003년 코리아에셋인베스트먼트(주) 전무이사 2005년 同대표이사 사장 2007년 국제자산신탁(주) 대표이사 2009년 국제신탁(주) 대표이사 2010년 同회장 2014년 국제자산신탁(주) 회장(현) (저)'리츠시대에 돈버는 부동산'(2001) (종)천주교

유재준(柳在俊)

(생)1972·6·11 (출)서울 (주)세종특별자치시 국세청로 8-14 국세청(044-204-3751) (학)경복고졸, 서강대졸 (경)1999년 행정고시 합격(43회) 2001년 충주세무서 징세과장 2009년 국세청 조사국 조사기획과 사무관 2011년 同조사국 조사기획과 서기관 2012년 제주세무서장 2013년 중부지방국세청 조사1국 국제거래조사과장 2015년 서울 잠실세무서장 2016년 국세청 정책보좌관 2017년 同조사국 조사분석과장 2018년 同혁신정책담당관(현)

유재중(柳在仲) YOO Jae Jung

(생)1956·3·27 (출)경남 합천 (주)서울특별시 영등포구 의사당대로 1 국회 의원회관 710호(02-784-6066) (학)동국대 행정학과졸 1999년 부산대 대학원 행정학과졸 2010년 법학박사(부산대) (경)1986년 국회의원 비서관 1986년 부산환경운동연합회 위원 1994년 부산시농구협회 이사 1995년 부산시의회 의원 2000~2006년 부산시 수영구청장, 동의대 정치외교학과 겸임교수 2002년 부산아시안게임조직위원회 위원 2006~2008년 부산시의회 의원(한나라당) 2006~2008년 同보사환경위원회 위원 2007년 한나라당 제17대 대통령선거 부산시선거대책위원회 홍보본부 부본부장, 同박근혜대표 특별보좌역 2008년 제18대 국회의원(부산시 수영구, 무소속·한나라당), 국회 보건복지위원회 위원, 국회 예산결산특별위원회 위원, 국회 운영위원회 위원 2009년 한나라당 부산시수영구당원협의회 운영위원장 2012년 제19대 국회의원(부산시 수영구, 새누리당) 2012~2014년 국회 보건복지위원회 여당 간사 2013~2015년 새누리당 부산시당 위원장 2014년 同비상대책위원 2014년 국회 교육문화체육관광위원회 위원 2014~2015년 국회 남북관계및교류협력발전특별위원회 여당간사 2015년 새누리당 국가간호간병제도특별위원회 위원 2016년 제20대 국회의원(부산시 수영구, 새누리당·자유한국당〈2017.2〉)(현) 2016~2017년 국회 안전행정위원회 위원장 2017년 자유한국당 제19대 홍준표 대통령후보 중앙선거대책위원회 서민대책위원장 2017~2018년 국회 행정안전위원회 위원장 2018년 국회 보건복지위원회 위원(현) (상)제1회 매니페스토약속대상 최우수상(2009), NGO모니터단 선정 국정감사 우수의원상(2009), 국정감사 친환경베스트의원상(2010), 한국지역발전대상 균형발전부문대상(2016) (저)'아름다운 만남' '함께 걷는 길'(2011)

유재철(劉在哲)

(생)1966·6 (출)경남 산청 (주)경기도 수원시 장안구 경수대로 1110-17 중부지방국세청 청장실(031-888-4201) (학)진주동명고졸, 서울대 경제학과졸 (경)1992년 행정고시 합격(36회), 재정경제부 세제실 근무, 서울지방국세청 조사1국 근무 2007년 경산세무서장 2008년 국세청 정보개발2담당관 2009년 同전산기획담당관 2012년 同소비세과장 2013년 駐뉴욕총영사관 주재관(고위공무원) 2014년 부산지방국세청 조사1국장 2015년 서울지방국세청 조사4국장 2017년 국세청 법인납세국장 2019년 중부지방국세청장(현)

유재풍(俞載豊) YOU Jae Pung

(생)1957·3·2 (본)기계(杞溪) (출)충북 청원 (주)충청북도 청주시 서원구 산남로 64 엔젤변호사빌딩 7층 법무법인 청주로(043-290-4000) (학)1976년 청주고졸 1980년 청주대 법학과졸 1983년 同대학원졸 1989년 미국 펜실베이니아대 대학원 법학과졸 1995년 법학박사(청주대) (경)1980년 軍법무관 임용시험 합격(4회) 1980년 공군비행단 검찰관 1983년 국방부 검찰관 1986년 공군 고등군사법원 군판사 1992년 공군본부 심판부장 1993년 同법무과장 1994년 국방부 국제법과장 겸 법무과장 1995년 공군본부 법무감 1997~2008년 변호사 개업 1998년 청주지법 조정

위원(현) 1998~2004년 충북도 행정심판위원 2000~2015년 청주시 고문변호사 2000~2004년 충북도교육청 행정심판위원 2000~2004년 청주대 법대 겸임교수 2003~2005년 충북도 선거관리위원회 위원 2003년 청주변호사회 사업이사 2007년 충북지방변호사회 부회장 2007~2009년 민주평통 자문위원 2008년 법무법인 청주로 대표변호사(현) 2012~2015년 국민권익위원회 비상임위원 2013~2014년 국제라이온스 356-D(충북)지구 총재 2015~2017년 청주YMCA 이사장 2016~2018년 인사혁신처 중앙소청심사위원회 위원 2016년 충북도 소청심사위원장(현) 2017~2018년 국제라이온스협회 한국연합회 회장 [상]국방부장관표창(1992), 법무부장관표창(1995 · 2001), 대통령표창(1996), 경찰청장 감사장(1999), 국무총리표창(2003), 행정자치부장관 감사장(2007), 중앙선거관리위원회위원장표창(2010) [역]'군대를 위한 전쟁법'(1993, 대한적십자사 인도법연구소) [종]기독교

유재학(兪載學) YOO Jae Hak

[생]1963 · 3 · 20 [주]경기도 용인시 기흥구 덕영대로1967번길 10 울산 현대모비스 피버스(02-2018-5782) [학]경복고졸, 연세대졸 [경]1986년 기아자동차 농구단 입단(가드) 1993~1997년 연세대 농구단 코치 1997년 부산동아시아게임 남자국가대표팀 코치 1997~1998년 대우증권 농구단 코치 1998~1999년 同감독 1999~2003년 인천 신세기빅스 감독 2003~2004년 인천 전자랜드 블랙슬래머 감독 2004~2017년 울산 모비스 피버스 감독 2006년 프로농구 정규리그 6회 우승(2005~2006 · 2006~2007 · 2008~2009 · 2009~2010 · 2014~2015 · 2018~2019 시즌) 2007년 인천시컵 한중프로농구올스타전 코치 2007년 프로농구 챔피언결정전 4회 우승(2006~2007 · 2009~2010 · 2012~2013 · 2013~2014 시즌) 2007년 프로농구 통합우승 3회(2006~2007 · 2009~2010 · 2014~2015 시즌) 2010년 중국 광저우아시안게임 남자국가대표팀 감독(은메달) 2013년 필리핀 아시아선수권대회 남자국가대표팀 감독(3위) 2014년 스페인 세계농구월드컵 감독 2014년 인천아시안게임 감독 2015년 2월 KBL 정규리그 역대 최초 500승 달성 2017년 울산 현대모비스 피버스 감독(현) 2017~2018년 대한민국농구협회 남 · 녀농구경기력향상위원회 위원장 2018년 3월 KBL 정규리그 역대 최초 600승 달성 [상]쌍용기 고교농구대회 최우수상(1980), 프로농구 정규리그 감독상(2007 · 2009 · 2015 · 2019), 스포츠토토 한국농구대상 감독상(2010 · 2013)

유재현(兪在炫)

[생]1968 · 1 · 1 [출]경남 사천 [주]강원도 춘천시 공지로 284 춘천지방법원(033-259-9000) [학]1986년 경복고졸 1990년 고려대 행정학과졸 1992년 同대학원 법학과졸 [경]1998년 사법시험 합격(40회) 2001년 사법연수원 수료(30기) 2001년 청주지법 판사 2004년 의정부지법 고양지원 판사 2006년 서울서부지법 판사 2009년 서울중앙지법 판사 2011년 서울서부지법 판사 2013~2015년 헌법재판소 파견 2016년 울산지법 부장판사 2018년 춘천지법 부장판사(현)

유재활(柳在活) YOO JAE-HWAL

[생]1949 · 10 · 9 [본]문화(文化) [출]서울 [주]서울특별시 중구 남대문로1길 34 범화빌딩 205호 범주티엘에스 임원실(02-752-8054) [학]1968년 경기고졸 1973년 한양대 공대 원자력공학과졸 1982년 연세대 경영대학원 경영학과졸 1998년 서울대 공대 최고산업전략과정 수료 2003년 한국과학기술원(KAIST) 최고경영자과정 수료 [경]1976년 Signetics Korea 생산부 근무 1978년 대한전선 인천공장 근무 1986년 대우전자(주) 광주공장 품질관리부장 · 생산부장 1993년 同프랑스 전자렌지공장 대표(법인장) 1997년 同회전기사업부장(이사) 1999년 同Argentina 생산판매법인장 2001년 대우전자서비스(주) 대표이사 2005~2009년 오리온PDP(주) 사장 2005년 오리온OLED(주) 대표이사 2010년 범주티엘에스 대표이사(현) [상]국무총리표창

유재훈(兪在勳) YOO Jae Hoon (昌庵)

[생]1961 · 3 · 10 [출]서울 [학]1979년 경기고졸 1983년 서울대 무역학과졸 1985년 同행정대학원 행정학과졸 1991년 프랑스 파리정치대(Sciences-Po de Paris) 대학원 경제학석사 1991년 프랑스국립행정학교(ENA)졸 2011년 경제학박사(경기대) [경]1983년 총무처 수습행정관(26회) 1984년 국세청 행정사무관 1986년 재무부 경제협력국 경제협력과 · 외자관리과 행정사무관 1989년 국제통화기금(IMF) 국제수지과정 연수 1989년 해외 유학(프랑스) 1991년 재무부 국고과 행정사무관 1992년 同증권발행과 행정사무관 1994년 재정경제원 증권제도담당관실 행정사무관 1996년 同금융정책실 증권제도담당관실 서기관 1997년 아시아개발은행(ADB) 태평양지역국 Economist 2001년 금융감독위원회 기획행정실 국제협력과장 2002년 同감독정책1국 은행감독과장 2004년 同감독정책2국 증권감독과장(서기관) 2004년 同감독정책2국 증권감독과장(부이사관) 2005년 세계은행(IBRD) 자본시장담당 Sr. Specialist 2007년 국제투자금융공사(IFC) · 세계은행(IBRD) Sr. Specialist 2008년 금융위원회 대변인 2009년 기획재정부 국고국장 2011년 한나라당 수석전문위원 2012년 금융위원회 증권선물위원회 상임위원 2013~2016년 한국예탁결제원 사장 2016년 아시아인프라투자은행(AIIB) 회계감사국장, 同수석고문(현) [상]한국공인회계사회 공로상(2013), 한국상장회사협의회 공로상(2013), 부정부패사범척결 공로 검찰총장표창(2013), 대통령표창(2014), 서울경제신문 증권대상 공로상(2015) [저]'The Korean Bond Market : The Next Frontiers(共)'(2008, 한국증권협회) '중국자본시장발전보고'(2008, 중국증권관리감독위원회)

유정근(兪正根) Jungkeun Yoo

[생]1963 · 6 · 20 [주]서울특별시 용산구 이태원로 222 (주)제일기획 사장실(02-3780-2000) [학]1982년 대전 대신고졸 1988년 서강대 신문방송학과졸 [경]1987년 (주)제일기획 제5광고국 입사 2001년 同AP팀장 2004년 同광고3본부 애니콜그룹장 2005년 同광고3본부 애니콜그룹장(상무보), 同광고2본부장(상무), 同The South본부장(상무) 2010~2012년 同The South 대표(전무) 2012년 同캠페인2부문장(부사장) 2014년 同솔루션부문장(부사장) 2016~2017년 同비즈니스2부문장(부사장) 2016~2017년 同솔루션1부문장 겸임 2017년 同대표이사 사장(현) 2018년 한국광고산업협회 회장(현) [종]기독교

유정배(劉正培) Jungkeun Yoo

[생]1965 · 1 · 1 [출]강원 평창 [주]강원도 원주시 배울로 85 대한석탄공사 비서홍보팀(033-749-0606) [학]1983년 강원대사대부고졸, 1989년 강원대 사학과졸, 2015년 同대학원 정치외교학과졸 [경]1999년 참여와자치를위한춘천시민연대 사무국장, 춘천두레생활협동조합 이사장, 강원살림 상임이사, 강원 시민사회단체연대회의 사무처장, 강원도 도지사 시민사회특별보좌관, (사)강원도사회적경제지원센터 센터장, 2018년 대한석탄공사 사장(현)

유정복(劉正福) YOO Jeong Bok

[생]1957 · 6 · 16 [본]배천(白川) [출]인천 [학]1976년 제물포고졸 1980년 연세대 정치외교학졸 1988년 서울대 행정대학원졸 2009년 연세대 대학원 정치학 박사과정 수료 2016년 명예 효학박사(성산효대학원대) [경]1979년 행정고시 합격(23회) 1984년 육군 중위 전역 1992년 내무부 지방행정과 근무 1993년 경기도 기획담당관 1994년 김포군수 1995년 인천시 서구청장 1995~1997년 김포군수(무소속 · 신한국당) 1998년 김포시장(한나라당) 1998~2002년 김포시장(국민회의 · 새천년민주당) 2000~2002년 전국시 · 군 · 구청장협의회 사무총장 2001년 한양대 지방자

치대학원 겸임교수 2001년 중국 연산대 명예교수 2003년 김포대 경영정보과 교수 2003~2005년 전통문화예술연구소 이사장 2004년 제17대 국회의원(김포, 한나라당) 2005년 한나라당 제1정책조정위원장 2005~2006년 同대표비서실장 2007~2010년 대한민국학사장교총동문회 회장 2008년 제18대 국회의원(김포, 한나라당·새누리당) 2010~2011년 농림수산식품부 장관 2012~2013년 국민생활체육회 회장 2012~2014년 제19대 국회의원(김포, 새누리당) 2012년 새누리당 상임전국위원 2012년 同제18대 대통령중앙선거대책위원회 직능본부 총괄본부장 2012년 국회 국방위원회 위원 2013년 제18대 대통령취임준비위원회 부위원장 2013~2014년 안전행정부 장관 2014~2018년 인천광역시장(새누리당·자유한국당) 2015~2016년 전국시·도지사협의회 회장 2018년 인천광역시장선거 출마(자유한국당) (상)근정포장(1993), 청조근정훈장(2012), 한국언론인연합회 자랑스러운 한국인 대상 종합대상 행정혁신부문(2013), 범시민사회단체연합 좋은자치단체장상(2014·2015), 조선일보 '한국의 영향력 있는 CEO' 미래경영부문(2015), 한국언론인연대·한국언론인협동조합 선정 '2015 대한민국 창조혁신대상'(2015), 재향군인회 향군대휘장(2016) (저)'녹색연필'(2001, 도서출판 삶과 꿈) '지방자치성공시대(共)'(2002, 도서출판 백산자료원) '찢겨진 명함을 가슴에 안고'(2008, 도서출판 북젠) '여우와 고슴도치'(2012, 도서출판 북젠) (종)천주교

유정석(俞定錫)

(생)1962·5·4 (출)경남 (주)서울특별시 중구 을지로5길 26 현대L&C(080-729-8272) (학)거창고졸, 영남대 경영학과졸, 연세대 언론홍보대학원졸 (경)1988년 현대백화점 입사, 同지원팀 차장, 관악케이블티브이방송 대표이사, (주)디씨씨 이사 2012년 현대HCN 근무, 同경영지원실장, 同영업본부장 2015년 同공동대표이사 부사장 2015~2018년 同대표이사 부사장 2019년 현대L&C 대표이사 부사장(현) (상)산업포장(2015)

유정식(柳禎植) YOO Chung Sik

(생)1958·11·18 (출)서울 (주)강원도 원주시 흥업면 연세대길 1 연세대학교 원주캠퍼스 경제학과(033-760-2311) (학)1977년 여의도고졸 1981년 연세대 경제학과졸 1983년 同대학원졸 1989년 미국 Univ. of California at Berkeley 대학원 통계학과졸 1991년 경제학박사(미국 Univ. of California at Berkeley) (경)1992~2001년 연세대 정경대학 경제학과 조교수·부교수 1996년 양친사회복지회 비상임감사·비상임이사(현) 2001년 연세대 원주캠퍼스 정경대학 경제학과 교수(현) 2003~2004년 청계천복원추진위원회 시민경제분과 간사위원 2004~2006년 연세대 원주캠퍼스 학술정보처장 2005~2006년 정부 경제정책평가위원회 간사위원 2010~2012년 연세대 정경대학장 겸 정경대학원장 2012년 한국경제발전학회 회장 2013년 한국경제통상학회 부회장 2014~2015년 연세대 원주캠퍼스 미래위원장 2014년 국제지역학회 부회장 2014~2015년 한국경제학회 경제학문헌목록편집위원장 (상)매일경제신문사 정진기언론문화상 대상(2009), 연세대 우수업적교수상(2009) (저)'정치와 경제의 분리에 관한 역사적 고찰'(1997) '경제속의 기업, 기업속의 경제'(1998) '미시적경제분석'(2005) '의약분업의 경제적 효과분석과 그 도입방안' '한국형 모델Ⅱ : 교육과 학벌의 정치경제학'(2012) '한국형 모델 : 다이나믹 코리아와 냄비근성'(2013) (역)'시장제도의 구축(共)'(2002) '행복, 경제학의 혁명(共)'(2015)

유정아(俞靜雅·女)

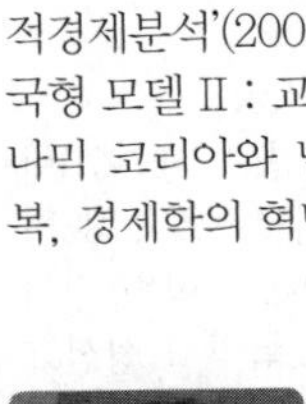

(생)1967 (출)서울 (주)서울특별시 서대문구 서소문로 21 충정타워 15층 한국IPTV방송협회(02-390-4500) (학)세화여고졸, 서울대 사회학과졸, 연세대 대학원 신문방송학과졸, 서울대 행정대학원 행정학 박사과정 수료 (경)1989~1997년 한국방송공사(KBS) 아나운서(제16기), 연세대 초빙교수, 서울대 특임강사, 同행정대학원 초빙연구위원, 제18대 문재인 대통령후보 캠프 대변인, 제6대 노무현시민학교 교장 2017년 더불어민주당 제19대 문재인 대통령후보 국민참여본부 수석부본부장 2018년 한국IPTV방송협회 제4대 회장(현) (저)'언제나 지금이 아름다운 여자'(1997, 자음과모음) '마주침 : 아나운서 유정아의 클래식 에세이'(2008, 문학동네) '유정아의 서울대 말하기 강의'(2009, 문학동네) '클래식의 사생활'(2010, 문학동네) '당신은 상대의 아픔을 보지 못했다'(2012, 쌤앤파커스) '행복한 클라시쿠스(共)'(2012, 생각정원) '그래요 문재인(共)'(2017, 은행나무)

유정열(劉丁烈) YOO Jung Yul (가산)

(생)1947·1·4 (출)서울 (주)서울특별시 관악구 관악로 1 서울대학교 기계항공공학부 기계공학과(02-880-1911) (학)1965년 경기고졸 1969년 서울대 기계공학과졸 1973년 미국 미네소타대 대학원졸 1977년 공학박사(미국 미네소타대) (경)1978~1988년 서울대 기계공학과 조교수·부교수 1982년 공기조화·냉동공학회 편집이사 1984년 서울대 기계공학과장 1987·1995년 대한기계학회 편집이사 1988~2012년 서울대 기계항공공학부 교수 1989년 同정밀기계설계공동연구소 열유체공학연구부장 1990~1992년 同공대 교무담당학장보 1992~1995년 同교무처장 1998년 대한기계학회 유체공학부문 위원장 1999년 서울대 기계항공공학부장 1999년 서울대-한양대 기계분야연구인력양성사업단장 2001~2003년 한국학술진흥재단 사무총장 2002년 미국기계학회(ASME) 종신 명예회원(Fellow)(현) 2004년 대한기계학회 회장 2005~2009년 서울대 정밀기계설계공동연구소장 2006~2009년 한국학술진흥재단 비상임이사 2012년 서울대 기계항공공학부 기계공학과 명예교수(현) 2013년 한국공학한림원 원로회원(현) 2013년 한국과학기술한림원 학술담당 부원장 2014~2017년 한국생산기술연구원 비상근감사 2015~2016년 한국과학기술한림원 총괄부원장 2019년 대한민국학술원 회원(유체역학·현) (상)대한기계학회 학술상(1990), 서울대 공대 훌륭한교수상(2003), 녹조근정훈장(2012), 대한민국학술원상(2012) (저)'미분방정식연습' (역)'유체역학' (종)기독교

유정열(劉正悅) Yu Jeoung Yeol

(생)1966·2·6 (본)강릉(江陵) (출)서울 중구 (주)세종특별자치시 한누리대로 402 산업통상자원부 산업정책실(044-203-5400) (학)1984년 배재고졸 1988년 서울대 항공공학과졸 1990년 同대학원 항공공학과졸 1994년 공학박사(서울대) 2004년 미국 하버드대 케네디스쿨 행정학과졸 (경)1993~1995년 서울대 컴퓨터센터 근무 1995~2001년 산업자원부 사무관 2001~2002년 同산업기술개발과 서기관 2002~2004년 해외 유학 2004~2005년 산업자원부 다목적헬기사업단 국산화과장 2005~2006년 同로봇산업과장 2006~2009년 OECD 산업구조과 Administrator 2009~2010년 지식경제부 소프트웨어정책과장 2010년 대통령 경제수석비서관실 선임행정관(고위공무원) 2013~2015년 대통령직속 지역발전위원회 정책총괄국장 2015년 駐일본대사관 참사관 2016년 산업통상자원부 소재부품산업정책관 2017년 방위사업청 차장 2018년 산업통상자원부 산업혁신성장실장 2019년 同산업정책실장(현) (상)대통령표창(2011)

유정인(俞政仁)

(생)1965 (출)경기 파주 (주)서울특별시 종로구 세종대로 209 정부청사관리본부 서울청사관리소(02-2100-2114) (학)1988년 연세대 행정학과졸 2006년 지방혁신인력개발원 고위정책과정 수료 (경)1990년 행정고시 합격(33회), 경기도 투자심사계장·물가지도계장, 내무부 방재계획과 근무 1998년 서기관 승진 2000년 미국 콜로라도주립대 파견, 신행정수도건설추진지원단 서기관 2004년 경기도 정책기획관 2005년 의왕시 부

시장 2006년 지방행정연수원 파견(부이사관) 2007년 양주시 부시장 2008년 경기도인재개발원장 2010년 구리시 부시장 2012년 국방대 파견(부이사관) 2013년 경기도 환경국장 2014년 행정안전부 공무원노사협력관 직대(고위공무원) 2016년 대통령소속 지방자치발전위원회 지방분권국장 2018년 행정안전부 정부청사관리본부 서울청사관리소장(현) (상)홍조근정훈장(2010)

유정준(俞柾準) Yu Jeong Joon

(생)1962 · 12 · 20 (출)서울 (주)서울특별시 종로구 종로 26 SK E&S(주) 사장실(02-2121-3039) (학)1981년 경기고졸 1985년 고려대 경영학과졸 1987년 미국 일리노이주립대 대학원 회계학과졸 (경)1996년 LG건설(주) 이사대우 1998년 SK(주) 종합기획실장(상무보) 2000년 同사업개발지원본부장(상무) 2000년 同경영지원부문장(전무) 2004년 同R&I부문장(전무) 2007년 同R&I부문장 겸 SK인터내셔널 대표이사 부사장 2008년 SK에너지(주) R&C(Resource & Chemicals) 사장 2009년 SK루브리컨츠 대표이사 2010년 同R&M CIC 사장 2011년 SK(주) G&G추진단장(사장) 2013년 SK E&S(주) 대표이사 사장(현) 2014~2016년 (사)민간발전협회 회장 2015년 SK그룹 SUPEX(Super Excellent)추구협의회 글로벌성장위원장 2016년 同SUPEX(Super Excellent)추구협의회 에너지신산업추진단 초대 단장 2016~2017년 한국집단에너지협회 회장 2017년 SK이노베이션 기타비상무이사(현) 2018년 SK그룹 SUPEX(Super Excellent)추구협의회 에너지 · 화학위원장(현)

유정현(柳政鉉) YOU Jung Hyun

(생)1967 · 10 · 24 (출)서울 (주)서울특별시 중구 청파로 456 종로학원 홍보부 임원실(02-392-1881) (학)경문고졸, 연세대 성악과졸, 同언론정보대학원졸 (경)1993년 TBS 교통방송 기자 1993년 SBS 공채 아나운서(3기) 1993~1998년 同편성국 아나운서 1998년 同미디어사업본부 아나운서 1999년 프리랜서 선언 2000~2007년 출발모닝와이드 · 생방송TV연예 · 도전1000곡 등 다수프로그램 진행 2003년 프로야구 홍보대사 2007년 한나라당 제17대 대통령중앙선거대책위원회 유세지원단 문화예술총괄팀 홍보위원장 2008년 제17대 대통령취임준비위원회 자문위원 2008~2012년 제18대 국회의원(서울 중랑甲, 한나라당 · 새누리당 · 무소속) 2008년 한나라당 서울시당 대변인 2009년 同정책위원회 제1정책조정위원회 부위원장 2010년 同대표 특보 2012년 제19대 국회의원선거 출마(서울 중랑甲, 무소속) 2012년 프리랜서 아나운서 2012~2013년 채널A '생방송 오픈 스튜디오' 진행 2013년 同'초고속 비법쇼 돈 나와라 뚝딱' 진행 2013년 JTBC '적과의 동침' 진행 2013~2014년 TVN '더지니어스 룰브레이커' 출연 2014년 TV조선 '그렇게 아빠가 된다' 출연 2015년 MBN 'MBN 뉴스8' 앵커 2016년 종로학원 하늘교육홍보담당 상무이사(현) 2017년 TV조선 '뉴스퍼레이드' 앵커(현) (상)올해의 베스트드레서(1998), 대한민국 헌정상 우수상(2011) (작)'출발모닝와이드' '생방송TV연예' '도전1000곡' 등 다수프로그램 (종)기독교

유정현(柳靜鉉) Ryu Jeong-hyun

(생)1968 · 4 · 25 (주)서울특별시 종로구 사직로8길 60 외교부 인사기획관실(02-2100-7141) (학)1991년 서울대 정치학과졸 2000년 미국 터프츠대 플레쳐스쿨 국제정치학과졸 (경)1990년 외무고시 합격(24회) 1991년 외무부 입부 1997년 同차관비서관 2000년 외교통상부 안보정책과 · 북미1과 근무 2002년 駐제네바 1등서기관 2005년 駐우즈베키스탄 참사관 2007년 외교통상부 아세안협력과장 2009년 국무총리실 외교의전과장 2011년 駐미국 참사관 2013년 駐인도네시아 공사참사관 2015년 외교부 남아시아태평양국 심의관 2016년 同남아시아태평양국장 2018년 駐이란 대사(현) (상)근정포장(2017)

유정희(劉貞姬 · 女) YU Jung Hee

(생)1963 · 8 · 16 (주)서울특별시 중구 세종대로 125 서울특별시의회(02-2180-8421) (학)1986년 연세대 사회사업학과졸 (경)'그날이오면' 서점대표(현) 1998 · 2002년 서울시 관악구의회 의원(제3 · 4대) 2003년 同예산결산특별위원회 간사, 데일리경제 논설위원, 관악산과도림천환경지킴이 회장, 서울시 지역서점위원회 위원, 더불어민주당 서울시당 정치문화혁신특별위원장, 자전거동아리 '헬멧' 회장, 건강한도림천을만드는주민모임 대표, 삼성초 운영위원회 부위원장, 삼성중 학부모회장, 관악의제21 공동의장, 삼성고 학부모회장, 한강유역네트워크 운영위원 2018년 서울시의회 의원(더불어민주당)(현) 2018년 同환경수자원위원회 부위원장(현) (상)강의날대회 버들치상, 강의날대회 빗물사랑상 (저)'도림천 주민의 꿈'(2006, 그날이오면) '도림천 주민의 꿈 2.0'(2014, 그날이오면) '도림천 똑순이, 유정희'(2018, 그날이오면) (종)기독교

유제만(柳濟萬) RYU Jei Man

(생)1956 · 11 · 25 (주)서울특별시 강남구 역삼로 161 신풍제약(주) 비서실(02-2189-3400) (학)1975년 경복고졸 1979년 서울대 제약학과졸 1988년 同대학원 제약학과졸 1998년 약학박사(서울대) (경)동화약품공업(주) 중앙연구소 수석연구원(상무보), 同중앙연구소 부소장(상무) 2005년 同중앙연구소장(전무), 제일약품 R&D본부장(부사장) 2011년 신풍제약(주) R&D본부장 2014년 同대표이사 사장(현) (상)다산기술상대상(2001), 한국약제학회 제제기술상, 대한약학회 약학기술상(2001)

유제봉(劉帝奉) Yoo, Je Bong

(생)1962 · 8 · 7 (주)서울특별시 중구 을지로 55 (주)하나금융지주 글로벌사업담당(02-2002-1110) (학)1981년 부산 대동고졸 1988년 서울대 국제경제학과졸 2006년 중국 칭화대 대학원 석사(MBA) (경)1988년 금성투자금융 입사 1991년 보람은행 국제부 행원 1994년 同홍콩지점 대리 1998년 하나은행 광화문지점 차장 2000년 同IR팀 차장 2004년 同경영전략본부 조사역 2007년 同재무전략본부 기타관리자 2008년 同글로벌사업부장 2012년 同중국법인장 2014년 同글로벌사업그룹 전무 2015년 중민국제융자리스(주) 부동사장 2016~2017년 KEB하나은행 글로벌사업그룹장(부행장) 2016년 (주)하나금융지주 글로벌사업담당 부사장(CGSO)(현)

유제식(柳濟植) YOO Jea Sik

(생)1962 · 1 · 14 (출)충남 천안 (주)서울특별시 영등포구 63로 50 한화생명빌딩 (주)한화갤러리아 글로벌패션사업부(02-410-7114) (학)1980년 천안고졸 1984년 충남대 경영학과졸 (경)1989년 한화그룹 입사, (주)한화갤러리아 상품1팀장 겸 동백점점장 2009년 同상품전략실장(상무보) 2014년 同명품관 점장(상무) 2015년 同영업본부장 겸 명품관점장(상무) 2016년 同영업본부장(전무) 2019년 同글로벌패션사업부장(현)

유제철(柳濟喆) YOO JECHUL

(생)1964 · 10 · 18 (출)전북 익산 (주)세종특별자치시 도움6로 11 환경부 생활환경정책실(044-201-6940) (학)1983년 서울 숭실고졸 1990년 연세대 행정학과졸 1998년 영국 맨체스터대 대학원 환경경제학과졸 (경)1992년 행정고시 합격(35회) 1992년 환경부 입부 1998~2001년 同폐기물시설과 · 산업폐기물과 · 폐기물정책과 사무관 2001~2003년 同폐기물정책과 서기관 2004년 지속가능발전위원회 파견 2005년 환경부 화학물질안전과장 2006년 케냐 UNEP본부 파견 2009년 녹색성장위원회 녹색생활과장 2010년 환경부 물환경정책국 유역총량과장 2010년 同

자연보전국 자연정책과장 2011년 同자연보전국 자연정책과장(부이사관) 2012년 同자연순환국 자원순환정책과장 2013년 同기획조정실 국제협력관(고위공무원) 2014년 국외훈련(고위공무원) 2015년 대구지방환경청장 2016년 환경부 대변인 2018년 同생활환경정책실장(현) (상)국무총리표창(2006), 홍조근정훈장(2018)

유종광(劉鐘光) YOO Jong Kwang

(생)1960·11·29 (본)강릉(江陵) (출)광주 (주)전라남도 무안군 무안읍 무안로 380 초당대학교 항공운항학과(061-450-1824) (학)1984년 전남대 수학교육과졸 1986년 서강대 대학원졸 1993년 이학박사(서강대) (경)1987~1990년 육군사관학교 수학과 전임강사 1990~1994년 서강대 수학과 강사 1992~1994년 중앙대 수학과 강사 1992~1993년 가톨릭대 강사 1994년 초당대 교양교직학부 교수 1999~2000년 同교무처장 2001~2004년 同도서관장 2004~2005년 同기획연구처장 2007년 同건축·토목공학부 건축학전공 교수 2011~2013년 同교무처장 2013~2015년 同부총장 2016년 同항공운항학과 교수(현) (상)교육과학기술부장관표창(2010) (저)'최신대학수학'(1988) '중학교 수학교과서' 등 24권 (종)불교

유종근(劉宗根) YOU Jong Keun

(생)1963·2·20 (출)인천 (주)인천광역시 연수구 아카데미로 119 인천대학교 공과대학 전자공학과(032-835-8450) (학)1985년 연세대 전자공학과졸 1987년 同대학원 전자공학과졸 1993년 공학박사(미국 아이오와주립대) (경)1990~1991년 미국 텍사스A&M대 연구원 1991~1993년 미국 아이오와주립대 전자컴퓨터공학과 연구원 1994~2005년 인천대 전자공학과 전임강사·조교수·부교수 2000~2002·2007~2009년 同전자공학과장 2005년 同공과대학 전자공학과 교수(현) 2005~2006년 同공과대학 교학과장 겸 산업대학원 교학부장 2006~2008년 同산학협력단 산학교류부장 2009~2010년 미국 캘리포니아대 데이비스교 방문교수 2010년 인천대 산학협력중심대학 교육지원센터장(현) 2013년 同공과대학 부학장 2018년 同공과대학장 겸 공과대학원장(현)

유종숙(柳鍾淑·女) YOO Jong Sook

(생)1961·1·21 (주)서울특별시 용산구 청파로47길 100 숙명여자대학교 사회과학대학 홍보광고학과(02-710-9739) (학)숙명여대 문학사, 중앙대 대학원 광고홍보학과졸, 광고홍보학박사(중앙대) (경)1985~1989년 MBC애드컴 근무 1989~2001년 (주)동방기획 플래닝본부장·(주)BBDO동방 PR국장 1999~2000년 통일부 정책자문위원 2000년 한국방송광고공사 공익광고협의회 위원 2001~2003년 고신대 광고홍보학과 전임강사·입학홍보처 부처장 2003~2010년 숙명여대 언론정보학부 홍보광고학전공 교수 2003~2005년 한국광고홍보학회 총무이사 2005~2007년 한국홍보학회 기획이사 2006~2007년 한국언론학회 연구이사 2006년 숙명여대 홍보실장 2008~2009년 同학생처장 2008년 한국광고홍보학회 편집위원 2009~2010년 숙명여대 평생교육원장 2009년 대통령 환경정책자문위원, (재)조선일보 미디어연구소 이사 2010년 숙명여대 사회과학대학 홍보광고학과 교수(현) 2012~2016년 同취업경력개발원장 2012~2013년 한국광고홍보학회 회장 2014년 국제전기통신연합(ITU) 전권회의(Plenipotentiary Conference) 홍보분야 자문위원 2018년 숙명여대 사회과학대학장(현) (상)한국방송광고대상 의약·화장품부문 우수상(1990), SBS 광고대상 화장품 및 미용품부문 우수상(1991), 한국방송광고대상 화장품 및 미용품부문 우수상(1991), 중앙광고대상 의약·화장품부문 우수상(1992), 우수광고도서 번역부문수상(1996) (저)'광고기획의 기술'(2003, 커뮤니케이션북스) '프리젠테이션 프로페셔널'(2005, 커뮤니케이션북스) (종)기독교

유종열(劉種烈) YOO Jong Yul

(생)1954·9·24 (출)경남 산청 (주)서울특별시 서초구 반포대로28길 8 일흥산업(주)(02-588-0839) (학)1972년 서울 동성고졸 1978년 서울대 경제학과졸 (경)1978년 한국은행 입행 1986년 同국제금융부 과장대리(4급) 1990년 同미국 뉴욕사무소 조사역 1993년 同자금부 조사역 1995년 同국제국 과장(3급) 1999년 同국제국 부국장(2급) 2004년 同기획국 기획조정팀장(1급) 2006년 同중장기발전전략개발위원장 2006년 同강원본부장 2008~2010년 同기획국장 2010년 미래에셋생명보험 감사 2014년 동양피엔에스(주) 감사 2017년 일흥산업(주) 대표이사(현)

유종일(柳鍾一) YOU Jong Il

(생)1958·7·28 (본)고흥(高興) (출)전북 정읍 (주)세종특별자치시 남세종로 263 한국개발연구원(KDI) 국제정책대학원(044-550-1001) (학)1977년 서라벌고졸 1985년 서울대 경제학과졸 1991년 경제학박사(미국 하버드대) (경)1990~1996년 미국 노틀담대 경제학과 조교수 1991~1992년 영국 케임브리지대 조교수 1994~1997년 일본 立命館大 부교수 1998~2000년 한국개발연구원(KDI) 국제정책대학원 부교수 1999년 同교무처장 2000년 同국제정책대학원 교수(현) 2003년 대통령직속 동북아경제중심추진위원회 총괄제도개혁분과 위원장 2011~2012년 민주당 경제민주화특별위원회 위원장 2013~2018년 지식협동조합좋은나라 이사장 2013~2017년 금융위원회 공적자금관리위원회 민간위원 2015년 주빌리은행 은행장(현) 2017년 국회 헌법개정특별위원회 자문위원 2018년 한국개발연구원(KDI) 국제정책대학원장(현) 2018년 同50주년위원회 위원(현) 2019년 지식협동조합좋은나라 고문(현) (저)'Democracy, Market Economy and Development' 'Capital, the State and Labour' '박정희의 맨얼굴(共)'(2011, 시사IN북) '경제119'(2011, 시사IN북) '유종일의 진보 경제학'(2012, 모티브북) '경제민주화가 희망이다(共)'(2012, 알마) '복지 한국 만들기(共)'(2013, 후마니타스) 'MB의 비용(共)'(2015, 알마) '피케티, 어떻게 읽을 것인가(共)'(2015, 한울) '한국 경제 4대 마약을 끊어라(共)'(2018, 페이퍼로드) '한국 현대사와 사회경제(共)'(2018, 경인문화사) (종)기독교

유종하(柳宗夏) Yoo Chong-Ha (圭石)

(생)1936·7·28 (본)풍산(豊山) (출)경북 안동 (주)서울특별시 용산구 두텁바위로75길 8 601호 AHED KOREA(02-396-6986) (학)경북고졸 1959년 서울대 문리대학 정치학과졸 1960년 독일 본대 법학과 수료 2011년 명예박사(한서대) (경)1957년 동아통신 기자 1959년 외무고시 합격(10회) 1967년 외무부 법무관 1970년 同동남아과장 1974년 駐미국 참사관 1978년 외무부 미주국장 1980년 駐영국 공사 1983년 駐수단 대사 1985년 외무부 제2차관보 1987년 駐벨기에·룩셈부르크·EC대표부 대사 1989년 駐EC대표부 대사 1989년 외무부 차관 1992년 駐유엔대표부 대사 1994년 대통령 외교안보수석비서관 1996~1998년 외무부 장관 1998년 서강대 국제대학원 초빙교수 1999년 미국 클레몬트매캐너대 초빙교수 2001년 AHED KOREA 회장(현) 2004년 사이버MBA 회장 2005~2011년 한·러친선협회 회장 2005년 2011대구세계육상선수권대회유치위원회 위원장 2007년 2011대구세계육상선수권대회조직위원회 고문 2007년 한나라당 제17대 대통령중앙선거대책위원회 외교·안보총괄위원장 2007~2008년 제17대 대통령직인수위원회 외교통일안보분과위원회 자문위원 2008~2011년 대한적십자사 총재 2010년 세계탈문화예술연맹 대표 2010년 한·러대화KRD포럼 조정위원 2011년 제10차 아시아·태평양에이즈대회(ICAAP10) 고문 2012~2016년 서강대 국제대학원 초빙교수 (상)홍조근정훈장, 청조근정훈장, 녹조근정훈장, 벨기에 수교훈장, 독일수교훈장 (종)기독교

유종현(劉鍾鉉) Yoo, jong hyun

(생)1960·10·13 (본)강릉(江陵) (출)서울 (주)서울특별시 강북구 한천로140길 5-6 (주)컴테크컨설팅(02-990-4697) (학)1979년 서라벌고졸 1986년 고려대 기계공학과졸 (경)1985~1988년 삼성엔지니어링 사원 1991~1998년 컴테크 대표 1999년 (주)컴테크컨설팅 대표이사(현) 1999년 건설워커 대표(현) 1999년 메디컬잡 대표(현) 1999년 이앤지 대표(현) (상)천리안 최우수 생활콘텐츠상(1999), 하이텔 최우수 취업/창업 IP(1999), 서울 강북구청 신지식인 선정(1999), 한국일보 2001 히트웹사이트 선정(2001), 농협중앙회장 감사패(2008·2011), 전국여성과학기술인지원센터 공로패(2008) (저)'건축인테리어를 위한 AutoCAD'(1996, 탐구원) '돈 돈이 보인다'(1998, 한국컴퓨터매거진) 'IP/CP대박터뜨리기'(1999, 나노미디어)

유종호(柳宗鎬) Jong Ho YU (沖人)

(생)1935·10·25 (본)진주(晉州) (출)충북 충주 (주)서울특별시 서초구 반포대로 37길 59 대한민국예술원(02-3479-7223) (학)1953년 충주고졸 1957년 서울대 문리과대학 영어영문학과졸 1973년 미국 뉴욕주립대 버펄로교 대학원졸 1991년 문학박사(서강대) (경)1957년 문단 등단 1962년 청주교대 조교수 1966년 공주사범대 부교수 1975년 인하대 부교수 1977~1996년 이화여대 인문대학 영어영문학과 교수 1989년 미국 캘리포니아대 객원연구원 1992년 일본 東京大 객원연구원 1996~2001년 연세대 문과대 석좌교수 1998년 대한민국예술원 회원(평론·현) 2000~2013년 동인문학회 심사위원 2001~2006년 연세대 특임교수 2003~2014년 대산문화재단 이사 2004~2005년 대한민국예술원 문학분과 회장 2013년 동인문학회 명예심사위원(현) 2013~2014년 대통령소속 인문정신문화특별위원회 위원장 2013~2015년 대한민국예술원 회장 (상)현대문학상(1959), 서울문화예술평론상(1986), 대한민국문학상 본상(1988), 대산문학상(1995), 은관문화훈장(2001), 인촌상 문학부문(2002), 대한민국예술원상 문학부문(2006), 만해대상 학술부문(2007), 제7회 연문인상(2007) (저)'비순수의 선언' '동시대의 시와 진실' '사회역사적 상상력' '문학이란 무엇인가' '문학의 즐거움' '함부로 쏜 화살' '서정적 진실을 찾아서' '다시 읽는 한국시인' '내 마음의 망명지' '나의 해방 전후' '시 읽기의 방법' '유종호전집 전5권'(1995) '시란 무엇인가'(1995) '내가 본 영화'(2009) '시와 말과 사회사'(2009) '과거라는 이름의 외국'(2011) '한국근대시사'(2011) '그 이름 안티고네'(2019) '작은 것이 아름답다'(2019) (역)'파리대왕' '그물을 헤치고' '베를린이여 안녕' '문학과 인간상' '제인에어' '미메시스'

유주현(俞周憲) YOU Joo Hun

(생)1975·12·12 (주)세종특별자치시 도움4로 13 보건복지부 기획조정담당관실(044-202-2310) (학)1999년 고려대졸 (경)1999년 행정고시 합격(43회) 2005년 보건복지부 사회복지정책본부 장애인정책팀·사회서비스개발팀 행정사무관 2008년 국가경쟁력강화위원회 파견 2012년 대통령실 파견 2013년 보건복지부 기초노령연금과장 2014년 미국 아시아정책연구소 교육파견 2016년 보건복지부 인구정책실 아동복지정책과장 2018년 同기획조정실 기획조정담당관(현)

유주현(柳周鉉) YOO, JOO-HYUN

(생)1953·1·24 (출)경기 안양 (주)경기도 안양시 동안구 벌말로 123 평촌스마트베이 A동 1305호 신한건설(주) 비서실(031-449-4450) (학)1976년 한양대 법정대학 정치외교학과졸 2004년 서울대 공과대학 건설산업최고전략과정(ACPMP) 수료(1기) (경)1979년 신한건설(주) 입사 1982~1996년 안양상공회의소 의원 1986년 同회장 1993년 신한건설(주) 대표이사(현) 1993년 대한건설협회 경기도회 간사 1997~2009년 同경기도회 부회장 2003~2006년 건설공제조합 대의원 2003~2009년 대한건설협회 경기도회 회장(18대·19대) 2003년 수원지검 범죄예방자문위원 2003~2006년 중소건설업육성특별위원회 위원장 2004년 한국건설산업연구원 이사 2005~2008년 건설공제조합 운영위원 2005년 만안초총동문회 회장 2006~2009년 대한건설협회 회원부회장 2006년 경기도 사회복지공동모금회 운영위원 2007년 경기교육장학재단 이사 2007~2009년 경기도건설단체연합회 회장 2009~2012년 대한건설협회 경기도회 대의원 2012~2015년 同경기도회 명예회장 2015~2016년 同회원이사 2017년 同회장(현) 2017년 대한건설단체총연합회 회장(현) 2017년 한국건설산업연구원 이사장(현) 2017년 건설기술교육원 이사장(현) 2017년 (재)건설산업사회공헌재단 이사장(현) 2017년 건설공제조합 운영위원장(현) (상)안양시민대상 체육부문(2016)

유준상(柳晙相) YOO Joon Sang (堂樹)

(생)1942·10·10 (본)고흥(高興) (출)전남 보성 (주)서울특별시 강남구 테헤란로2길 32 해동빌딩 4층 21세기경제사회연구원(02-444-5388) (학)1960년 광주고졸 1965년 고려대 경제학과졸 1977년 한국외국어대 연수원 수료 1991년 서울대 행정대학원 수료 1994년 고려대 대학원 경제학과졸 2006년 정치학박사(건국대) (경)1963년 고려대총학생회 회장 직대 1974~1986년 해동유조 사장 1980년 발전문제연구회 회장 1981년 제11대 국회의원(전남 보성·고흥, 민주한국당) 1981년 민주한국당(민한당) 훈련원 부원장 1985년 제12대 국회의원(전남 보성·고흥, 민한당·신한민주당) 1985년 민권회 대변인 1985년 신한민주당(신민당) 원내부총무 1987년 통일민주당 원내수석부총무 1988년 평화민주당(평민당) 당무위원 1988년 제13대 국회의원(전남 보성, 평민당·신민당·민주당) 1988년 국회 경제과학위원장 1991년 평민당 정치연수원장 1991년 신민당 정치연수원장 1991년 同정책위원회 의장 1991년 민주당 정책위원회 의장 1992년 제14대 국회의원(전남 보성, 민주당) 1992년 미국 하와이대 동서문화센터 객원연구원 1993년 21세기경제사회연구원 설립자·이사장(현) 1993년 IPU(국제의원연맹) 부의장 1993년 민주당 최고위원 1993년 同당무위원 1994년 한·호주의원친선협회 회장 1995년 민주당 부총재 1996년 일본 와세다대 방문교수 1996~2008년 일본 와세다대 아태연구센터 국제자문위원 1997년 중국 베이징대 연구학자 1998~2006년 한나라당 서울광진乙지구당 위원장 1999년 同지도위원 1999년 同당무위원 2001년 한국일용근로자복지협회 명예회장 2001년 (사)한국오토캠핑연맹 명예총재 2001년 (사)열린정보장애인협회 상임고문 2004년 제17대 국회의원선거 출마(서울 광진乙, 한나라당) 2006~2012년 한나라당 상임고문 2006년 건국대 초빙교수 2007년 독도수호마라톤대회 대회장(현) 2008년 한·필리핀친선협회 회장 2008년 (사)대한울트라마라톤연맹 명예회장(현) 2009~2011년 남도일보 회장 2009~2014년 고려대 초빙교수 2009·2014년 한국자유총연맹 고문(현) 2009년 대한올림픽위원회 위원 2009~2016년 대한롤러경기연맹 회장 2010~2016년 세계롤러연맹 B-FIRS 특별올림픽위원 2010년 아시아롤러경기연합(CARS) 수석부회장(현) 2010년 한국정보기술연구원 원장(현) 2012~2017년 새누리당 상임고문 2013~2016년 세계롤러경기연맹 CIC멤버 2014년 K-BoB Security Forum 이사장(현) 2015년 고려대 특임교수(현) 2015~2016년 국민생활체육회 고문 2016년 대한롤러스포츠연맹 초대 회장 2017~2018년 자유한국당 상임고문 2017년 대한롤러스포츠연맹 명예회장(현) 2018년 한국블록체인기업진흥협회 이사장(현) 2018년 '대한무궁화대상 수상자 동인회' 초대회장(현) 2018년 2021볼보오션레이스유치위원회 위원장(현) 2018년 대한요트협회 회장(현) (상)수출유공포상(1960·1970), 세계대학생 봉사상(1964), 광주고 명예대상(2010), 서울신문 공로상(2011), 국무총리표창(2012), 체육문화대상(2012), 고려대 정경인상, RSA컴퍼런스 교육부분 공로상(2016), 대한무궁화회 대상, 중화민국 외교공로훈장(2018) (저)'여의도에서 온 편지'(1989) '일촌일품운동'(1991) '한국경제의 과제와 전망'(1992) '한국인 변해야 산다 : 일본이 싫다면서 일제는 왜써'(1999) '노숙자에서부터 대통령까지'(2002) '나, 너 그리고 우리(上·下)'(2005) '한국의 의원외교-이론과 실천'(2006) '한국의 새로운 비전'(2007) (역)'정치발전론' (종)천주교

유준현(柳俊鉉) Yoo, Jun-Hyun

(생)1958·7·23 (주)서울특별시 강남구 일원로 81 삼성서울병원 가정의학과(1599-3114) (학)1983년 서울대 의대졸 1993년 同대학원 의학석사 1997년 의학박사(서울대) (경)1981~1983년 서울대병원 인턴 1983~1986년 同가정의학과 레지던트 1990~1993년 한림대 의과대학 가정의학교실 전임강사·조교수 1993~1994년 同의과대학 가정의학교실 주임교수 1994~1997·1999~2001·2009~2011년 삼성서울병원 가정의학과장 1997~2001년 성균관대 의과대학 가정의학교실 조교수 2001~2003년 미국 캘리포니아대 버클리교 연구교수 2001년 성균관대 의과대학 가정의학교실 부교수·교수(현) 2005~2007년 대한노인병학회 부회장 2008~2012년 (재)바이오신약사업단 이사 2013년 대한노인병학회 이사장

유중근(柳重根) YU Jung Geen

(생)1962·6·1 (본)문화(文化) (출)강원 고성 (주)강원도 횡성군 횡성읍 문예로 157 고성소방서(055-670-9212) (학)부산기계공고졸, 강원도립대학졸, 숭실사이버대졸 (경)1986년 소방공무원 임용, 속초소방서 예방담당, 강릉소방서 119구조대장, 속초소방서 교동파출소장, 同간성파출소장, 同설악파출소장, 강릉소방서 화재조사담당, 속초소방서 현장지휘대 진압조사3팀장 2013년 원주소방서 현장대응과장(소방령) 2013년 강원도소방본부 특수구조단 구조계장 2016년 同종합상황실 상황총괄담당 소방령 2017년 同방호구조과 소방령 2018년 강원 횡성소방서장(소방정) 2019년 강원 고성소방서장(현) (상)내무부장관표창, 행정자치부장관표창

유지담(柳志潭) YOO Ji Dam

(생)1941·5·3 (본)문화(文化) (출)경기 평택 (주)서울특별시 종로구 종로5길 58 석탄회관빌딩 10층 법무법인 케이씨엘(02-721-4243) (학)1961년 체신고졸 1965년 고려대 법학과졸 1967년 서울대 사법대학원졸 (경)1965년 사법시험 합격(5회) 1967년 軍법무관 1970년 대구지법 판사 1972년 同경주지원 판사 1974년 서울가정법원 판사 1975년 서울형사지법 판사 1977년 서울민사지법 판사 1979년 서울고법 판사 1981년 대법원 재판연구관·정읍지원장 1983년 인천지법 부장판사 1985년 서울지법 북부지원 부장판사 1986년 서울형사지법 부장판사 1989년 서울지법 남부지원 부장판사 1990년 부산고법 부장판사 1992년 대전고법 부장판사 1993년 서울고법 부장판사 1996년 서울지법 남부지원장 1998년 울산지법원장 1999~2005년 대법원 대법관 2000~2005년 중앙선거관리위원회 위원장 겸임 2005~2018년 법무법인 케이씨엘(KCL) 대표변호사 2006년 정보통신부 통신위원회 위원장 2018년 법무법인 케이씨엘 고문변호사(현) (상)청조근정훈장 (저)'법의 길, 삶의 길'(2012) (종)기독교

유지범(劉止範) YOO JI BEOM

(생)1959·10·6 (주)경기도 수원시 장안구 서부로 2066 성균관대학교 공과대학 신소재공학부(031-290-7396) (학)1982년 서울대 금속공학과졸 1984년 同대학원 금속공학과졸 1989년 전자재료학박사(미국 스탠퍼드대) (경)1985~1989년 미국 스탠퍼드대 연구조교 1989~1994년 한국전자통신연구원(ETRI) 선임연구원 1994년 성균관대 공과대학 신소재공학부 조교수·부교수·교수(현) 2006~2007년 同공과대학 부학장 2007~2008년 同공학교육혁신센터장 2009년 同성균나노과학기술원 부원장 2011년 同공과대학장 2015~2018년 同자연과학캠퍼스 부총장·산학협력단장·공동기기원장·산학협력선도대학(LINC)육성사업단장 겸임 2017년 삼성전기(주) 사외이사(현) 2018년 한국공학한림원 정회원(재료자원공학·현) 2018년 (사)나노기술연구협의회 회장(현)

유지상(劉智相) Ji Sang Yoo

(생)1962·6·20 (출)서울 (주)서울특별시 노원구 광운로 20 광운대학교 총장실(02-940-5001) (학)1985년 서울대 전자공학과졸 1987년 同대학원 전자공학과졸 1993년 공학박사(미국 퍼듀대) (경)1993~1994년 현대전자산업(주) 산업전자연구소 선임연구원 1997~2018년 광운대 전자공학과 조교수·부교수·교수 2005~2010년 실감미디어산업협회 부회장 2007~2009년 광운대 정보과학교육원장 2010년 한국케이블TV방송협회 자문교수(현) 2011년 국비유학한림원 회원(현) 2012~2013년 한국정보통신기술협회 실감미디어방송 PG806 의장 2013~2014년 광운대 정보통신처장 2013년 미래창조과학부 차세대방송기술협의회 의장 2013~2017년 同ICT정책고객대표자회의 위원 2016~2018년 한국방송·미디어공학회 부회장 2016년 미래창조과학부 유료방송발전연구반 위원 2016년 (사)21세기방송통신연구소포럼 위원(현) 2017~2018년 ETRI저널 세션편집위원장 2017년 과학기술정보통신부 ICT정책고객대표자회의 위원(현) 2017~2018년 K-쇼핑 시청자위원 2018년 광운대 총장(현) 2019년 한국대학사회봉사협의회 회장(현) 2019년 서울총장포럼 감사(현) 2019년 캠퍼스타운 정책협의회 부회장(현) (상)방송통신위원장표창(2009), 미국 퍼듀대총동창회 공로상(2019)

유지영(柳志永)

(생)1962·1 (주)서울특별시 영등포구 여의대로 128 LG트윈타워 (주)LG화학(02-3777-1114) (학)서울대 화학과졸, 同대학원 화학과졸 (경)2009년 (주)LG화학 경영전략담당 상무 2011년 (주)LG 경영관리팀장·화학담당 상무 2015년 同경영관리팀장·화학담당 전무 2016년 同경영전략팀장(전무) 2017년 (주)LG화학 재료사업부문장(부사장) 2019년 同정보전자소재사업본부장(부사장)(현)

유지완(柳志宛) YOO Ji Wan

(생)1972·7·16 (본)문화(文化) (출)강원 춘천 (주)세종특별자치시 갈매로 408 교육부 미래교육기획과(044-203-6377) (학)강원고졸, 서울대 교육학과졸, 同대학원 교육행정학과졸 (경)춘천시교육청 평생교육체육담당 사무관, 교육부 대학지원실 대학원지원과장 2015년 同대학정책실 대학학사제도과장 2015년 同기획조정실 국제교육협력담당관(서기관) 2017년 同지방교육자치과장(부이사관) 2018년 同미래교육기획과장(현) (종)불교

유지웅(兪志雄) Yoo Ji Woong

(생)1971·11·12 (본)기계(杞溪) (출)경북 군위 (주)대구광역시 동구 국채보상로155길 54 (주)평화뉴스(051-421-6151) (학)1989년 대륜고졸 1996년 영남대 법대 사법학과졸 1999년 경북대 대학원 교육사회학과졸 (경)1996~2003년 대구평화방송 보도국 기자 2004년 평화뉴스 편집장, 同대표이사(현) 2019년 연합뉴스 대구경북취재본부 콘텐츠자문위원(현) (종)천주교

유지원(柳志源)

(생)1974·4·6 (출)강원 원주 (주)서울특별시 서초구 법원로 15 정곡빌딩 법무법인 LKB & Partners(02-596-7151) (학)1993년 한영외국어고졸 1998년 서울대 사법학과졸 2010년 미국 아메리칸대 로스쿨졸(LL.M.) (경)1997년 사법시험 합격(39회) 2000년 사법연수원 수료(29기) 2000년 육군 법무관 2003년 수원지법 판사 2005년 서울중앙지법 판사 2007년 광주지법 목포지원 판사 2010년 수원지법 판사 2010년 우리법연구회 간사 2013년 서울고법 판사 2015~2017년 대구지법 부장판사 2017년 법무법인 LKB & Partners 대표변호사(현) 2018년 대법원 '국민과 함께하는 사법발전위원회' 전문위원(현)

유지창(柳志昌) Yoo Ji Chang

(생)1949 · 8 · 11 (본)문화(文化) (출)전북 전주 (주)서울특별시 영등포구 국제금융로 24 유진투자증권 회장실(02-368-6002) (학)1968년 동성고졸 1973년 서울대 사회학과졸 1975년 同행정대학원졸 1987년 미국 하버드대 케네디행정대학원졸 (경)1973년 행정고시 합격(14회) 1975년 재무부 사무관 1984년 同서기관 승진 1988년 同장관 비서관 1990년 同산업금융과장 · 금융정책과장 1996년 駐제네바대표부 재정경제관(참사관) 1998년 대통령 금융비서관 1999년 재정경제부 금융정책국장 2001년 금융감독위원회 부위원장 2001~2003년 증권선물위원회 위원장 겸임 2003년 한국산업은행 총재 2005~2008년 전국은행연합회 회장 2009년 유진투자증권 회장(현) (상)대통령표창, 홍조근정훈장, 황조근정훈장(2004) (종)불교

유지훈(柳志勳) YOO Ji Hun

(생)1961 · 1 · 13 (출)경기 화성 (주)인천광역시 부평구 부평대로 168 부평구청 부구청장실(032-509-6010) (학)인천고졸, 중앙대 사학과졸 (경)1988년 공무원 임용(7급 공채) 2005년 중앙인사위원회 혁신인사기획관실 서기관 2006년 同감사반 서기관 2006년 同감사반장 2007년 同홍보협력담당관 2008년 행정안전부 컨설팅과장 2008년 同인사정책과 서기관 2008년 국가기록원 대통령기록관 기록수집과장 2009년 同대통령기록관 기획수집과장 2009년 행정안전부 공무원노사협력관실 노사협력담당관 2011년 同대변인실 홍보담당관 2013년 안전행정부 대변인실 홍보담당관 2014년 同대변인실 홍보담당관(부이사관) 2014년 행정자치부 대변인실 홍보담당관 2015년 세종연구소 교육파견 2015년 대통령 인사비서관 2016년 행정자치부 지방행정실 선거의회과장 2017년 행정안전부 지방자치분권실 공무원단체과장 2018년 인천시 재정기획관 2019년 同재정기획관(이사관) 2019년 인천 부평구 부구청장(현)

유진규(劉鎭奎)

(생)1965 · 2 · 26 (출)부산 (주)인천광역시 남동구 남동대로 668 인천 남동경찰서(032-718-9211) (학)부산 혜광고졸 1989년 경찰대 행정학과졸(5기) (경)1989년 경위 임관 2003년 부산 서부경찰서 생활안전과장 2005년 서울 강서경찰서 정보과장 2007년 서울 서초경찰서 정보보안과장 2008년 서울 서대문경찰서 정보과장 2010년 충남지방경찰청 청문감사담당관(총경) 2011년 강원 횡성경찰서장 2013년 강원지방경찰청 홍보담당관 2014년 서울지방경찰청 국회경비대장 2015년 서울 관악경찰서장 2016년 서울지방경찰청 홍보담당관 2017년 경찰청 홍보담당관 2018년 국가공무원인재개발원 파견(경무관) 2019년 인천 남동경찰서장(현)

유진녕(柳振寧) YOO Jin Nyoung

(생)1957 · 7 · 26 (출)강원 속초 (주)서울특별시 영등포구 여의대로 128 (주)LG화학 고문실(02-3777-1114) (학)1979년 서울대 화학공학과졸 1981년 한국과학기술원(KAIST) 화학공학과졸(석사) 1990년 고분자공학박사(미국 Lehigh대) (경)1981~1995년 (주)LG화학 기술연구원 고분자연구소 책임연구원 1996년 同기술연구원 고분자연구소 연구위원(상무) 1997년 同기술연구원 고분자연구소장(상무) 1998년 同기술연구원 신소재연구소장(상무) 2003년 同기술연구원 CRD연구소장(상무) 2005년 同기술연구원장(부사장) 2014~2016년 同기술연구원장(사장) 2014년 국가과학기술연구회 비상임이사 2015년 연구개발특구진흥재단 비상임이사 2015년 국가과학기술심의회 민간위원 2017년 (주)LG화학 CTO(최고기술책임자) 2019년 同고문실 사장(현) (상)기술경영인상 CTO부문(2012), 금탑산업훈장(2012), 인촌상 과학 · 기술부문(2014) (종)기독교

유진룡(劉震龍) YOO Jin Ryong

(생)1956 · 9 · 2 (본)충주(忠州) (출)인천 (주)서울특별시 동대문구 홍릉로 118 수림문화재단(02-962-7911) (학)1975년 서울고졸 1979년 서울대 무역학과졸 1987년 同행정대학원 행정학과졸, 행정학박사(한양대) (경)예편(해군 중위) 1978년 행정고시 합격(22회) 1979~1989년 문화공보부 행정사무관 1989~1992년 국립중앙박물관 문화교육과장 · 문화부 행정관리담당관 · 국제교류과장 1992년 대통령비서실 파견 1995년 문화체육부 문화정책과장 1996년 同총무과장 1997년 한국예술종합학교 사무국장 1998년 국립국어연구원 어문자료연구부장 직대 1998년 문화관광부 종무실 종무관 1999년 중앙공무원교육원 파견 2000년 문화관광부 공보관 2001년 同문화산업국장 2003년 대통령직인수위원회 파견 2003년 국외 훈련(미국 워싱턴주립대) 2004년 문화관광부 기획관리실장 직대 2005년 同정책홍보관리실장 2006년 同차관 2007년 을지대 여가디자인학과 교수 2008~2012년 (사)여가디자인포럼 회장 2008~2010년 한국문화예술위원회 위원 2008년 을지대 성남캠퍼스 부총장 2008년 同보건과학대학장 2008년 한국방문의해추진위원회 위원 2009년 국제레저항공전조직위원회 위원 2011년 한국여가문화학회 회장 2012년 가톨릭대 한류대학원 초대원장 2013~2014년 문화체육관광부 장관 2015년 국민대 행정대학원 행정학전공 석좌교수(현) 2018년 수림문화재단 이사장(현) (상)국무총리표창(1988), 대통령표창(1992), 황조근정훈장(2005) (저)'엔터테인먼트 산업의 이해' '예술경제란 무엇인가' (종)기독교

유진섭(俞鎭燮) YU Jin Seob

(생)1966 · 9 · 17 (주)전라북도 정읍시 충정로 234 정읍시청 시장실(063-539-5003) (학)1985년 정읍고졸 1993년 전주대 법정대학 행정학과졸 2016년 전남대 행정대학원 행정학과졸 (경)열린우리당 정읍시청년위원회 위원장, 유성엽 정읍시장 후보 선거회계책임자 2006 · 2010년 전북 정읍시의회 의원(민주당 · 민주통합당 · 민주당 · 새정치민주연합) 2006~2010년 同운영위원회 부위원장 2010~2012년 同자치행정위원장 2014~2018년 전북 정읍시의회 의원(새정치민주연합 · 더불어민주당) 2014년 同경제건설위원장 2016~2018년 同의장 2016~2018년 전북시 · 군의회의장단협의회 부회장 2018년 전북 정읍시장(더불어민주당)(현) (상)제5회 대한민국지방자치발전대상 '최고대상'(2019)

유진승(柳陳承)

(생)1974 · 7 · 6 (출)서울 (주)전라남도 순천시 왕지로 19 광주지방검찰청 순천지청 형사3부(061-729-4511) (학)1993년 서울 상문고졸 1998년 서울대 사법학과졸 (경)2001년 사법시험 합격(43회) 2004년 사법연수원 수료(33기) 2004~2006년 변호사 개업 2006년 청주지검 충주지청 검사 2008년 부산지검 검사 2010년 인천지검 검사 2012년 서울중앙지검 검사 2015년 광주지검 검사 2018년 同부부장검사 2019년 대검찰청 검찰연구관 2019년 광주지검 순천지청 형사3부장(현) (상)국제검사협회(IAP) 올해의 검사상(2011)

유진영(柳眞永) Ryu Jin Yung

(생)1960 · 9 · 29 (주)경기도 수원시 영통구 매영로 150 삼성전기(주) 컴포넌트솔루션사업부(031-210-3600) (학)휘문고졸, 한양대 무기재료공학과졸 (경)삼성전기(주) Chip 공정개발그룹장, 同MLCC제조그룹장 2008년 同LCR사업부 LCR제조팀장(상무) 2013년 同LCR사업부장(전무) 2017년 同컴포넌트솔루션사업부장(부사장)(현)

유진현(柳陳鉉) RYU Jin Hyun

(생)1971·11·29 (출)서울 (주)서울특별시 마포구 마포대로 174 서울서부지방법원(02-3271-1104) (학)1990년 서초고졸 1994년 서울대 사법학과졸 2002년 同법과대학원 수료 2004년 미국 펜실베이니아대 법과대학졸 (경)1993년 사법시험 합격(35회) 1996년 사법연수원 수료(25기) 1999년 서울지법 동부지원 판사 2001년 서울지법 판사 2003년 청주지법 판사 2004년 同충주지원 판사 2006년 인천지법 판사 2008년 서울고법 판사 2009년 대법원 재판연구관 2011년 대전지법 부장판사 2012년 대법원 재판연구관 2016년 서울행정법원 부장판사 2019년 서울서부지법 부장판사(현)

유진희(柳珍熙) YOO Jin Hee

(생)1958·10·14 (출)인천 (주)서울특별시 성북구 안암로 145 고려대학교 법학전문대학원(02-3290-1873) (학)1974년 제물포고졸 1983년 고려대 법학과졸 1985년 同대학원 법학과졸, 同대학원 법학박사과정 수료 2001년 법학박사(독일 프랑크푸르트요한볼프강괴테대) (경)1986~1988년 고려대 법학연구소 연구원 1993~1995년 한림대 법학과 조교수 1995~2005년 서강대 법학과 조교수·부교수·교수, 미국 Univ. of Wisconsin(Madison) Law School Visiting Scholar 2005~2014년 고려대 법학과 및 법학전문대학원 교수 2008~2011년 同교무처장 2011~2013년 법무부 상법개정특별분과 위원 2011~2013년 한국경쟁법학회 회장 2012~2014년 공정거래위원회 비상임위원 2012~2014년 법무부 법무자문위원회 위원 2013~2014년 한국경영법률학회 회장 2014~2018년 감사원 감사위원(차관급) 2017년 同원장 권한대행 2018년 고려대 법학전문대학원 교수(현) 2019년 同교무부총장(현) (상)고려대 석탑강의상, 고려대 우수강의상

유창기(柳昌起)

(생)1950·1·8 (주)충청남도 홍성군 홍북읍 충남대로 118 대한적십자사 충청남도지사(041-952-5659) (학)충남고졸, 충남대 문리과대학 수학과졸, 동국대 행정대학원 교육행정과졸 (경)광천상고·천안공고·천안중앙고·대천중·청라중·천안봉서중·인주중·삽교중·천안쌍용고 교사, 천안교육지원청 근무, 충남학생교육문화원 근무, 서울신학대 법인이사, 호서대 법인이사, 대한적십자사 대전·세종·충남지사 부회장, 충남도교육청 교육사랑장학재단 이사, 충남도의회 의정자문위원, 지역문화예술협동조합 이사장, 호서대 초빙교수 2014년 충남도 교육감 예비후보 2016년 대한적십자사 충청남도지사 초대 회장(현) 2019년 남서울대 학교발전자문위원회 자문위원(현)

유창동(柳昌東) YOO Chang Dong

(생)1963·11·9 (출)경북 안동 (주)대전광역시 유성구 대학로 291 한국과학기술원 공과대학 전기및전자공학부(042-350-3470) (학)1986년 미국 캘리포니아공과대 전기공학과졸 1988년 미국 코넬대 대학원 전자공학과졸 1996년 전자공학박사(미국 MIT) (경)1997~1999년 한국통신 연구개발본부 근무 1999년 한국과학기술원(KAIST) 전자전산학과 교수, 同공과대학 전기및전자공학부 교수(현) 2011년 同글로벌협력본부장 2013~2015년 同국제협력처장 2019년 대한전자공학회 부회장(현) (종)기독교

유창수(柳昌秀) RUE Chang Su

(생)1963·5·21 (출)서울 (주)서울특별시 영등포구 국제금융로 24 유진투자증권 부회장실(02-368-6671) (학)1985년 고려대졸 1990년 미국 노던일리노이대 경영대학원졸(MBA) 1998년 연세대 경영대학원 고급기업분석가과정 수료 (경)1993~1997년 영양제과(주) 전무 1997~2004년 유진종합개발(주) 사장 2004~2007년 유진그룹 시멘트부문 대표이사 사장 2004~2007년 고려시멘트(주) 부회장 2007~2009년 유진투자증권(舊 서울증권) 대표이사 부회장 2009년 同이사회 의장 겸 부회장 2011년 同대표이사 부회장(현) 2017·2018년 한국거래소 사외이사(현)

유창식(兪昌植) YU CHANG SIK

(생)1961·8·27 (주)서울특별시 송파구 올림픽로43길 88 서울아산병원 암병원(02-3010-1300) (학)1986년 서울대 의대졸 1995년 同대학원 의학석사 1998년 의학박사(서울대) (경)1990~1994년 서울대병원 외과 전공의 1994~1995년 서울아산병원 외과 전임의 1995년 울산대 의과대학 외과학교실 전임강사·조교수·부교수·교수(현) 1998~1999년 미국 메이오클리닉 연수 2005년 미국 코넬대 연수 2008년 서울아산병원 대장항문외과 과장 2009년 同암병원 대장암센터 소장 2014년 同암병원장(현) (상)국민포장(2015)

유창엽(劉昌燁) Yoo Chang Yup

(생)1967·2·17 (본)강릉(江陵) (출)경북 구미 (주)서울특별시 종로구 율곡로2길 25 연합뉴스 콘텐츠평가실(02-398-3114) (학)1985년 구미고졸 1992년 성균관대 정치외교학과졸 (경)1994년 연합통신 입사 1994~1998년 同부산지사 기자 1998년 연합뉴스 부산지사 기자 1999~2002년 同영문뉴스부 기자 2003년 同노동조합 사무국장 2004년 同국제경제부 기자 2005년 同경제부 기자 2006~2008년 同알마티특파원 2011~2014년 同뉴델리특파원 2015년 同글로벌전략팀장 2018년 同국제뉴스2부장 2018년 同콘텐츠평가실 콘텐츠평가위원(현) (종)천주교

유창조(柳昌朝) Yoo, Changjo

(생)1959·4·1 (출)서울 (주)서울특별시 중구 필동로1길 30 동국대학교 경영대학(02-2260-3718) (학)1977년 휘문고졸 1981년 연세대 경영학과졸 1985년 미국 오리건대 대학원졸(MBA) 1991년 경영학박사(미국 애리조나대) (경)1983~1985년 오리콤 근무 1992년 누리기획 마케팅전략연구소 책임연구원 1993~1995년 울산대 경영학과 교수 1995년 동국대 경영학부 교수(현) 1997~2001년 同광고학과장 1998~2000년 매일경제 경제경영연구소 연구위원 2004~2006년 마케팅관리연구 편집위원장 2005~2007년 동국대 경영학과장 2005~2007년 한국경영학회 '경영학연구' 편집위원 2006~2008년 同'소비자학연구' 편집위원장 2006~2008년 한국연구재단 프로그램 매니저 2006~2008년 사회과학협의회 편집위원 2006년 한국마케팅학회 하계학술대회 조직위원장 2007년 同추계학술대회 조직위원장 2007~2008년 한국광고학회 회장 2007년 한국갤럽논문상 경영분야 심사위원(현) 2007년 Asia Pacific AAA 국제학술대회 Co-chair 2008~2015년 한국마케팅관리학회 부회장 2008년 하계경영통합학술대회 조직위원장 2008~2013년 우정사업본부 경영평가평가위원 2008~2014년 헤럴드경제 광고대상 심사위원장 2008~2014년 코리아타임스 광고대상 심사위원장 2008~2014년 한국경제신문 브랜드명품대상 심사위원장 2009~2014년 同마케팅대상 심사위원장 겸 고객감동경영대상 심사위원장 2009년 동국대 경영전문대학원장 겸 경영대학장 2009~2018년 KBO 실행위원회 운영위원 2009~2010년 한국경영대학원장협의회 회장 2009~2010년 한국마케팅학회 하계학술대회 조직위원장 2010~2015년 소비자광고심리학회 부회장 2010~2016년 한국관광공사 우수쇼핑인증평가위원 2010~2012년 서울시 국제컨퍼런스평가위원 2011년 국가브랜드대상 심사위원장 2011~2015년 조선일보 한국의가장사랑받는브랜드대상 심사위원장 2011~2014년 한국연구재단 전문위원 2011년 한국마케팅학회 프론티어대상선정위원회 위원장 2011~2013년 동국대 경영학과장 2011~2012년 한국소비자학회 회장 2011~2012년 지식경제부 산업기술연구회 경영평가위원 2011~2013년 同경영평가위원 2011~2015

년 중앙일보 고객사랑브랜드대상 심사위원장 2012~2013년 한국마케팅학회 회장 2012~2014년 조선일보 사회공헌대상 심사위원장 2012~2014년 동아일보 대한민국경영대상 심사위원장 2013~2014년 同대한민국최고경영자대상 심사위원장 2013~2015년 한국경영학회 '경영학연구' 편집위원장 2013~2019년 CSV소사이어티 사무총장 2015년 (주)백광소재 사외이사(현) 2016~2017년 한국경영학회 회장 2017~2018년 기획재정부 면세점제도개선T/F 위원장 (상)동국대 우수교원상(2002), 한국소비자학회 최우수논문심사자상(2003 · 2006), 한국갤럽 우수논문상(2005), 한국소비자학회 최우수논문상(2006), 한국경영학회 최우수논문심사자상(2007), 한경마케팅대상 학술부문특별상(2010), 한국소비자학회 학술발표우수상(2010), 한국연구재단 우수평가자상(2012), 동국대 Best Teaching Award– English(2012), 한국편집기자협회 학술공헌상(2013), 한국소비자학회 학술공헌상(2013), 한경마케팅대상 올해의 학술공헌상(2013), 조선경제 학술공헌상(2014), 한국마케팅학회 우수논문상(2014), 동아일보 학술공헌상(2014) (저)'성공한 경영자가 알고 있는 소비자 이야기'(1997, 세경사) '소비자시대, 소비자 이야기'(1997, 세경사) '광고원론(통합적 마케팅 커뮤니케이션 접근)(共)'(1998, 법문사) '마케팅 기본법칙'(1998, 한언출판사) '마케팅 커뮤니케이션 관리(共)'(2001) '광고관리(共)'(2004) '광고와 사회(共)'(2006) '14인 마케팅 고수들의 잘난척하는 이야기(共)'(2007) '코틀러의 마케팅원리(共)'(2007) '마케팅입문(共)'(2008) 'SHOW(共)'(2009) '광고관리(共)'(2010) '히말라야를 꿈꾸며–블랙야크 브랜드 스토리'(2013)

유창종(柳昌宗) YOO Chang Jong

(생)1945 · 7 · 15 (본)전주(全州) (출)충남 홍성 (주)서울특별시 종로구 종로3길 17 디타워 23층 법무법인 세종(02-316-4002) (학)1964년 대전고졸 1969년 서울대 법대졸 1984년 미국 미시간대 대학원 비교법학과졸 1985년 서울대 행정대학원 국가정책과정 수료 (경)1972년 사법시험 합격(14회) 1974년 사법연수원 수료(4기) 1974년 서울지검 검사 1977~1981년 부산지검 마산지청 · 청주지검 충주지청 · 서울지검 의정부지청 검사 1981년 법무부 보호국 검사 1983년 서울지검 동부지청 검사 1985년 법무부 법무실 검사 1986년 대전지검 서산지청장 1987년 서울올림픽조직위원회 법무실장 1989년 대검찰청 형사1부 마약과장 1991년 아 · 태지역마약법 집행기관장회의 제1부의장 1992년 서울지검 남부지청 특수부장 1993년 서울지검 강력부장 1994년 광주지검 순천지청장 1996년 수원지검 차장검사 1997년 同제1차장검사 1997년 同성남지청장 1998년 서울지검 의정부지청장 1999년 同북부지청장 1999년 청주지검장 2000년 대검찰청 강력부장 2001년 同중앙수사부장 2002년 법무연수원 기획부장 2002년 법무부 법무실장 2002년 서울지검장 2003년 대검찰청 마약부장 2003년 법무법인 세종 변호사 2005년 (사)한국박물관회 회장 2005년 2008북경올림픽특별위원회 법률고문 2006~2011년 (사)국립중앙박물관회 회장 2006년 법무법인 세종 베이징사무소 수석본부장(수석변호사) 2008년 유금와당박물관 관장(현) 2009~2011년 문화재위원회 건축문화재분과 · 천연기념물분과 위원 2015년 법무법인 세종 파트너변호사(현) 2015년 문화재청 동산문화재분과위원회 문화재위원(현) (상)근정포장(1982), 대통령표창(1989), 홍조근정훈장(1991), 황조근정훈장(1994), 국민훈장 모란장(2002), 검찰총장 감사패(2015) (저)'와당으로 본 한국문화' '동아시아 와당문화'(2009, 미술문화) (종)기독교

유창혁(劉昌赫) Yoo Changhyuk

(생)1966 · 4 · 25 (본)강릉(江陵) (출)서울 (주)서울특별시 성동구 마장로 210 한국기원 홍보팀(02-3407-3850) (학)1985년 서울 충암고졸 (경)1984년 프로바둑 입단 1984년 세계아마바둑선수권 준우승 1985년 2단 승단 1986년 3단 승단 1986년 제2기 신인왕전 우승 1988년 제6기 대왕전 우승 1989년 제1기 기성전 준우승 1990년 제2기 기성전 우승 1990년 제7기 대왕전 준우승 1990년 4단 승단 1991년 기성전 우승 1991년 천원전 준우승 1991년 5단 승단 1992년 왕위전 우승 1992년 제왕전 준우승 1993년 후지쯔배 · 왕위전 · 명인전 · 비씨카드배 · KBS바둑왕전 · 진로배 한국대표 우승 1993년 6단 승단 1994년 왕위전 · 천원전 · 진로배 한국대표 우승 1994년 제왕전 · 후지쯔배 준우승 1995년 왕위전 · 기왕전 · 국수전 · 패왕전 · 진로배 한국대표 우승 1995년 SBS연승전 준우승 1995년 7단 승단 1996년 9단 승단(현) 1996년 SBS연승전 · 테크론배 · 진로배 한국대표 우승 1996년 왕위전 · 삼성화재배 준우승 1997년 응씨배 · SBS연승전 · 진로배 한국대표 우승 1997년 LG배 준우승 1998년 프리텔배 · 배달왕전 우승 1999년 후지쯔배 · 배달왕 · 왕위전 우승 1999년 LG유정배 프로기전 준우승 2000년 삼성화재배 우승 2000년 LG배 · 제12기 기성전 준우승 2001년 춘란배 · 맥심배 입신연승최강전 우승 2002년 LG배 · 맥심배 입신연승최강전 우승 2002년 제1회 KTF배 · 제15회 후지쯔배 준우승 2003년 제2회 CSK배 바둑아시아대항전 한국대표 2003년 제2기 KT배 · 제37기 패왕전 우승 2004년 제5회 맥심배 입신최강전 준우승 2005년 제18기 후지쯔배 3위 2005년 1000승 달성 2009년 경기기능성게임페스티벌(KSF2009) 홍보대사 2014~2016년 국가대표 바둑팀 감독 2014~2018년 한국기원 이사 2016년 전자랜드 프라이스킹배 '한국바둑의 전설' 우승 2016년 염성동방그룹배 한 · 중바둑단체 명인대항전 우승 2016~2018년 한국기원 사무총장 2019년 1004섬신안국제시니어바둑대회 단체전 우승 (상)최우수기사상(1993), 수훈상(1995 · 1996), 바둑문화상 감투상(1999), 시니어기사상(2014)

유창호(柳昌昊)

(생)1962 · 1 · 17 (주)서울특별시 중구 퇴계로 100 스테이트타워남산 한국투자공사 리스크관리본부(02-2179-1000) (학)1980년 전북 전주고졸 1988년 연세대 경제학과졸 1997년 미국 워싱턴대 대학원 경제학과졸 (경)1988년 한국은행 입행 1993년 同국제부 외환기획과 근무 1998년 조사부 물가분석실 근무 2000년 국제국 외환운영팀 근무 2003년 외화자금국 운용1팀 근무 2004년 同국제국 뉴욕사무소 근무 2007년 외화자금국 성과분석팀장 2009년 외화자금국 운용전략팀장 2011년 同외자운용원 위탁관리팀장 2013년 세계은행(World Bank) 파견 2015년 한국은행 외자운용원 외자기획부장 2016년 同외자운용원 투자운용1부장 2017년 同전북본부장 2019년 한국투자공사(KIC) 리스크관리본부장(부사장)(현)

유창훈(劉昌勳)

(생)1973 · 4 · 10 (출)대전 (주)서울특별시 마포구 마포대로 174 서울서부지방법원(02-3271-1104) (학)1992년 대전고졸 1997년 서울대 공법학과졸 (경)1997년 사법시험 합격(39회) 2000년 사법연수원 수료(29기) 2000년 육군 법무관 2003년 서울지법 의정부지원 판사 2004년 의정부지법 판사 2005년 서울중앙지법 판사 2007년 광주지법 순천지원 판사 2010년 의정부지법 고양지원 판사 2012년 서울고법 판사 2013년 대법원 재판연구관 2015년 부산지법 부장판사 2017년 인천지법 부장판사 2019년 서울서부지법 부장판사(현)

유창희(柳昌凞) YOO Chang Hee

(생)1961 · 2 · 17 (출)전북 완주 (주)전라북도 전주시 덕진구 가리내로 5 (주)전주교차로(063-271-6644) (학)이리고졸 1991년 전주대 무역학과졸 1997년 同대학원 국제경영학과졸 (경)열린우리당 전북도당 대변인, 생활체육축구연합회 전북도회장, (주)전주교차로 대표이사 회장(현) 2006 · 2010~2012년 전북도의회 의원(열린우리당 · 대통합민주신당 · 통합민주당 · 민주당), 민주당 전북도당 대변인 2008년 전북도축구협회 회장 2010~2012년 전북도의회 부의장 2019년 민주평통 사회문화교류분과위원회 상임위원(현) (상)국민훈장 목련장(2007) (저)'낮은 목소리 우직한 소걸음..유창희의 뚜벅뚜벅 세상걷기'(2011, 제이케이커뮤니케이션)

유천열(柳千烈)

(생)1972·2·2 (출)서울 (주)서울특별시 도봉구 마들로 747 서울북부지방검찰청 여성아동범죄조사부(02-3399-4965) (학)1990년 장충고졸 1996년 서울대 사법학과졸 1996년 同대학원 법학과 석사과정 (경)1999년 사법시험 합격(41회) 2002년 사법연수원 수료(31기) 2002년 공익법무관 2005년 부산지검 동부지청 검사 2007년 수원지검 검사 2010년 서울중앙지검 검사 2013년 광주지검 검사 2015년 수원지검 안산지청 검사 2016년 同안산지청 부부장검사 2017년 사법연수원 교수 2019년 서울북부지검 여성아동범죄조사부장(현)

유천호(劉天浩) YOO Chun Ho

(생)1951·4·7 (주)인천광역시 강화군 강화읍 강화대로 394 강화군청 군수실(032-930-3201) (학)1969년 강화고졸 2010년 인천전문대학 사회체육학과졸, 평생교육진흥원졸(학사) (경)1990년 경기일보 제2사회부 차장·제2사회부 부장대우 1995~1998년 同편집부국장, 인천시언론인클럽 이사, (재)강화군장학회 상임이사, 인천시생활체육협의회 회장 2006~2010년 인천시의회 의원(한나라당) 2006년 同문교사회위원장 2007~2010년 同제2부의장, 강화군토지거래허가구역및투기지역지정해제추진회의 대표의장 2010년 인천시 강화군수선거 출마(한나라당) 2011년 인천시재향군인회 회장 2012~2014년 인천시 강화군수(새누리당) 2014년 인천시 강화군수선거 출마(무소속) 2018년 인천시 강화군수(자유한국당)(현) (상)국민훈장 목련장(2012)

유 철(俞 哲)

(주)강원도 춘천시 동내면 세실로 49 강원지방경찰청 형사과(033-248-0472) (학)1985년 전북 영생고졸 1990년 경찰대 법학과졸(6기) (경)1990년 경위 임용 1998년 전북 무주경찰서 정보과장(경감) 1999년 서울지방경찰청 제2기동대 25중대장 2004년 경기 가평경찰서 생활안전교통과장(경정) 2007년 서울 서대문경찰서 형사과장 2010년 서울 중랑경찰서 형사과장 2013년 서울 송파경찰서 형사과장 2014년 제주지방경찰청 수사과장(총경) 2015년 제주 서귀포경찰서장 2017년 강원지방경찰청 수사2과장 2017년 경기북부지방경찰청 생활안전과장 2017년 강원지방경찰청 수사과장 2018년 강원 동해경찰서장 2019년 강원지방경찰청 형사과장(현)

유철규(劉哲圭) Yoo, Chul-Gyu

(생)1958·10·23 (주)서울특별시 종로구 대학로 101 서울대병원 내과(02-2072-3760) (학)1977년 경기고졸 1983년 서울대 의대졸 1987년 同대학원 의학석사 1991년 의학박사(서울대) (경)1987년 同내과 전공의 1990년 同호흡기내과 전임의 1992년 강남병원 호흡기내과장 1993~2014년 서울대 의대 내과학교실 전임강사·조교수·부교수·교수 1995~1997년 미국 Univ. of North Carolina Research Fellow 1998년 서울대 의대 부학장보 2000년 서울대병원 내과계중환자실장 2001년 同임상의학연구소 중앙실험실장 2003년 同임상의학연구소 연구실험부장 2004년 同진료협력실장 2006년 同내과 중환자진료실장 2006년 同홍보실장 2014~2018년 同내과 진료과장 2014~2018년 서울대 의대 내과학교실 주임교수 2016년 대한내과학회 이사장(현) 2017년 CJ(주) 사외이사 겸 감사위원(현) 2018년 서울대 의대 내과학교실 교수(현)

유철규(柳哲奎)

(생)1962·4·9 (출)충남 서천 (주)세종특별자치시 한누리대로 2120 세종특별자치시의회(044-300-7000) (학)1988년 성균관대 경제학과졸, 한국과학기술원(KAIST) 미래전략대학원 경영학과졸 (경)1981년 공무원시험 합격(9급 공채) 1981~1998년 수원지방병무청·서울지방병무청 근무 1998년 건설교통부 주택도시국 도시정책과 행정주사보 2000년 건설교통연수부 근무 2002년 건설교통부 교통정보기획과 근무 2003년 同건축과 행정주사 2008년 국토해양부 고객만족센터 주무관, 同건축기획과 행정주사 2010~2013년 同제4·5대 노조위원장 2013~2018년 국토교통부 본부 근무 2018년 세종특별자치시의회 의원(더불어민주당)(현) 2018년 同산업건설위원회 부위원장(현) 2018년 同의회운영위원회 위원(현) (상)국방부장관표창(1996)

유철근(劉哲根)

(생)1957·5·7 (주)경기도 수원시 영통구 광교로 107 경기도경제과학진흥원 이사장실(031-259-6002) (학)1975년 검정고시 합격 1987년 한국외대 경영학과졸 1997년 경희대 대학원 세무관리석사과정 수료 (경)1986~2012년 세동회계법인·삼화합동회계사무소·대성회계법인 공인회계사 2009~2018년 (재)사람사는세상 노무현재단 감사 2012년 보해양조 대표이사 2017년 보해양조 부회장 2019년 경기도경제과학진흥원 이사장(현)

유철민(劉哲民) YOO Chul Min

(생)1960·8·18 (본)강릉(江陵) (출)서울 (주)서울특별시 송파구 법원로 96 문정법조프라자 201호 유철민법률사무소(02-456-7080) (학)1979년 경신고졸 1983년 고려대 법학과졸 1985년 同대학원 법학과졸 (경)1985년 사법시험 합격(27회) 1988년 사법연수원 수료(17기) 1988~1989년 이인제변호사 사무실 근무 1988년 변호사 개업(현) 1989~1990년 안상수변호사 사무실 근무 2002년 SBS로펌콜 자문변호사 2006년 국민의소리 자문변호사(현) 2007년 법무부위촉 법교육강사(현) 2008년 고려대교우회 상임이사(현) 2009년 대한변호사협회 시민법률학교 강사 2010~2014년 사법정의국민연대 자문변호사 2012년 서울중앙지법 조정위원(현) 2014년 변호사연수원 강사 2017년 대한변호사협회 변호사권익위원회 부위원장(현) (상)헤럴드경제 올해를 빛낸 법조인상(2008) (저)'지배·종속회사의 합리적 규율을 위한 고찰' (종)기독교

유철인(庾喆仁) YOO Chul In

(생)1956·10·25 (출)광주 (주)제주특별자치도 제주시 제주대학로 102 제주대학교 철학과(064-754-2784) (학)1975년 경기고졸 1979년 서울대 인류학과졸 1983년 미국 뉴욕주립대 빙햄턴교 대학원졸 1993년 인류학박사(미국 일리노이대 어바나교) (경)1979~1981년 한국농촌경제연구원 연구원 1984~1996년 제주대 사회학과 전임강사·조교수·부교수 1991~1994년 同사회학과장 1993~1996년 제주학회 편집위원장 1995년 (사)제주4.3연구소 이사(현) 1996~1998년 한국문화인류학회 연구위원장 1996~2000년 제주대 사회학과 교수 1997~2001년 同박물관장 2000년 同철학과 교수(현) 2000~2001년 역사문화학회 회장 2004년 미국 미시간대 인류학박물관 방문학자 2007~2010년 제주학회 부회장 2007~2010년 비교문화연구 편집위원장 2008~2010년 한국국제이해교육학회 이사 겸 편집위원장 2009~2010년 한라산생태문화연구소 소장 2010~2011년 일본 도호쿠대 및 야마가타대 객원연구원 2011~2014년 한국문화인류학회 편집위원장 2013~2014년 제주학회 회장 2013~2015년 Korea Journal 편집위원 2014~2015년 (사)제주4.3연구소 소장 2015~2016년 한국문화인류학회 회장 2015~2016년 무형유산학회 편집위원장 2015년 유네스코 인간과생물권계획(MAB) 한국위원회 위원(현) 2016년 International Journal of Intangible Heritage 편집위원(현) 2017년 한국구술사학회 회장 2018년 국가중요어업유산 자문위원(현) (상)교육부장관표창(1979) (저)'한국 농촌주민의 삶의 질(共)'(1982) '제주사회론(共)'(1995) '낯선 곳에서 나를 만나다 : 문화인류학 맛보기(共·編)'(1998·2006) '제주사회론2(共)'(1998) '무덤에서 살아나온 4.3 수형자들(共)'(2002) '처음 만나는 문화인류학(共)'(2003) '인류학과 지

방의 역사(共)'(2004) '함께사는 세상만들기(共)'(2004) '지방사연구입문(共)'(2008) '문화인류학 반세기(共)'(2008) '다문화 사회와 국제이해교육(共)'(2008) '화산섬, 제주세계자연유산, 그 가치를 빛낸 선각자들(共)'(2009) '구술사로 읽는 한국전쟁(共)'(2011) '여성주의 역사쓰기 : 구술사 연구방법(共)'(2012) '스포츠 인류학 : 방법과 사례(共)'(2012) '제주와 오키나와 : 동아시아 지역간 이동과 교류(共)'(2013) '한국어업유산의 가치(共)'(2015) '조국 근대화의 젠더정치 : 가족 노동 섹슈얼리티(共)'(2015) 'Stories that make a difference(共)'(2016) '제주해녀이해(共)'(2018) (역)'인류학과 문화비평'(2005)

유철주(柳哲柱) LYU Chuhl Joo

(생)1959·1·25 (본)서령(瑞寧) (출)서울 (주)서울특별시 서대문구 연세로 50-1 연세암병원 소아혈액종양과(02-2228-2060) (학)1983년 연세대 의대졸 1987년 同대학원 의학석사 1993년 의학박사(연세대) (경)1983~1987년 연세대 세브란스병원 인턴·레지던트 1987~1990년 적십자병원 소아과장 1993~2007년 연세대 의대 소아과학교실 전임강사·조교수·부교수 1996~1997년 미국 St. Jude Children's Research Hospital 교환교수 2007년 연세대 의대 소아과학교실 교수(현) 2008·2012·2014년 연세대의료원 암센터 소아혈액종양과장 2009년 연세대 의대 교육부학장 2010년 연세대의료원 연세암병원 소아혈액종양과장(현) 2011년 同기획조정실 부실장 2011년 세브란스병원 소아암전문클리닉팀장 2013~2014년 연세대의료원 의학도서관장 2014~2018년 연세대 의대 소아과학교실 주임교수 2015년 연세대의료원 연세암병원 병원학교장(현) 2015~2017년 同소아청소년암센터장 2015~2017년 대한소아혈액종양학회 이사장 2016~2017년 대한조혈모세포이식학회 회장 2019년 카자흐스탄 국립의과대학 'Asfendiyarov Kazakh National Medical Univ.' 명예교수(현) (상)교육인적자원부장관표창(2007), 연세대 의대 올해의 교수상(2009), 대한조혈모세포이식학회 학술상(2011)

유철준(俞哲濬) Chuljun Yu

(생)1956·7·4 (출)서울 (주)경기도 성남시 분당구 판교로255번길 9-22 우림W-City 811호 (주)우림(031-606-880) (학)일본 아오야마가쿠인대(青山學院大學) 영미문학과졸, 서울대 인문대학 최고지도자인문학과정(AFP) 수료(2기) (경)1980년 문화공보부 해외공보관 입부 1980년 駐일본대사관 공보관보 1985~1991년 공보처 해외공보관 외신전문위원, 86아시안게임및88올림픽조직위원회 파견근무(외신담당관) 1991년 駐일본대사관 1등서기관 1996~1999년 駐태국대사관 참사관 1997년 KAL기 추락사건 정부합동조사단 대변인 1998년 태국 방콕아시안게임 정부연락관 1999년 해외홍보원 외신과장 2000년 대통령비서실 공보수석실 해외언론국장 2004년 駐오스트리아대사관 공사 2006년 해외홍보원 외신분석관 2007년 (주)우림 대표이사 사장 2007년 우림건설(주) 해외사업부문 부사장 2008년 同사장 2008년 우림자원개발(주) 대표이사 사장 2010년 유엔환경계획(UNEP) 한국위원회 이사(현) 2012년 (주)우림 부회장(현) (상)올림픽기장 문화장(1988), 공보처장관표창(1996), 외무부장관표창(1997), 대통령표창(2003), 국정홍보처장표창(2004) (종)기독교

유철진(俞徹鎭) Yoo, Chul Jin (快然)

(생)1942·7·3 (본)창원(昌原) (출)서울 (주)서울특별시 송파구 법원로11길 25 H-비지니스파크 A동 410호 (주)티아이에스정보통신 비서실(02-517-6680) (학)1961년 동성고졸 1968년 한양대 공과대학 기계공학과졸 1990년 미국 앨라배마주립대 대학원 산업공학과졸 1992년 同대학원 경영학 박사과정 수료 (경)1968년 현대그룹 입사 1974년 현대양행 이사 1977년 同상무·해외사업본부장 1979년 同창원공장장 1980년 한라그룹 전무·해외사업본부장 1983년 미국 알라바마주무역협회 고문 1985년 현대중공업 전무·중기계사업본부장 1988년 同부사장·건설중장비사업본부장 1992년 현대중장비(주) 북미현지법인 사장 1994~1997년 현대정공(주) 사장 2000년 (주)티아이에스정보통신 회장(현) (상)현대그룹 최우수경영자상, 미국 앨라배마주립대 우등상 (저)'궁즉통'(2014, 이서원) (종)가톨릭

유철환(柳哲桓) RYU Chul Whan

(생)1960·6·4 (출)충남 당진 (주)서울특별시 강남구 언주로711 건설회관 6층 법무법인(유) 주원(02-6710-0368) (학)1979년 서울 동성고졸 1983년 서울대 법학과졸 (경)1982년 사법시험 합격(24회) 1984년 사법연수원 수료(14기) 1985년 전주지법 판사 1987년 同군산지원 판사 1990년 인천지법 판사 1994년 서울민사지법 판사 1995·1999년 서울지법 판사 1996년 同남부지원 판사 1997년 서울고법 판사 2000년 대구지법 포항지원 부장판사 2002년 수원지법 부장판사 2004~2007년 서울중앙지법 부장판사 2005년 서울 중구선거관리위원장 2007~2009년 법률사무소 BLS 대표변호사 2007년 (주)삼신저축은행 사외이사 2008년 협성대 객원교수(현) 2009~2013년 법무법인(유) 한별 대표변호사 2009년 학교법인 문화학원(충남 당진 신평중·고) 이사 2013년 법무법인 대호 대표변호사, 同고문변호사, 법무법인(유) 주원 변호사(현) 2019년 학교법인 삼일학원(수원 삼일중, 삼일상고, 삼일공고, 화성 협성대) 이사장(현) 2019년 자유한국당 충남도당 부위원장 겸 법률지원단장(현) (저)'조세특례제한법 이론과 실무(共)'(2007, 지식공작소)

유춘택(柳春澤) YU Choon Tack

(생)1944·9·11 (출)전북 전주 (주)전라북도 전주시 완산구 전라감영로 75 전라일보 회장실(063-286-3456) (학)1994년 고려대 경영대학원졸 (경)(주)광진산업개발 회장 1995년 (유)라도건설 회장 1998년 (사)동학농민혁명기념사업회 이사 1999년 전북제일신문 대표이사 1999년 전라일보 대표이사 사장, 同대표이사 회장(현) 2008~2012년 전북도 갈등조정협의회 위원

유충렬(劉忠烈)

(생)1962·8·28 (출)경남 거제 (주)경상남도 창원시 마산회원구 3·15대로 642 경남은행 경영관리그룹(055-290-8000) (학)1981년 진해고졸 1989년 창원대 경영학과졸 (경)2011년 경남은행 마산자유무역지점장 2011년 同기업고객사업부장 2012년 同외환사업부장 2014년 同중부1본부 부장 2014년 同창원영업본부 부장 2016년 同리테일금융부장 2017년 同창원영업본부장 2017년 同업무지원본부장 2018년 同마케팅그룹장 직대 겸 마케팅본부장 2019년 同경영관리그룹장 겸 업무지원본부장(부행장보)(현)

유충선(柳充宣) Yoo Chung Seon

(생)1970·7·26 (출)전남 화순 (주)세종특별자치시 국세청로 8-14 국세청 개인납세국 소득세과(044-204-3241) (학)1988년 광주 대동고졸 1997년 고려대 경제학과졸 (경)2001년 행정고시 합격(45회) 2003년 국세청 행정사무관 2003년 전주세무서 징세과장 2004년 同세원관리1과장 2006년 동수원세무서 조사2과장 2006년 同세원관리1과장 2006~2007년 소득파악인프라추진단 파견 2007년 서울지방국세청 납세지원국 법무2과 근무 2007년 국세청 개인납세국 부가가치세과 서기관 2012년 광주지방국세청 징세법무국 징세과장 2013년 순천세무서장 2014년 국세청 국세청고객만족센터장 2014년 중부지방국세청 성실납세지원국 개인납세2과장 2016년 고용 휴직(대법원) 2017년 경기분당세무서장 2018년 중부지방국세청 법인납세과장 2019년 국세청 개인납세국 소득세과장(현)

유탁근(俞卓根)

(생)1962 (주)서울특별시 노원구 한글비석로 68 을지대학교 을지병원(1899-0001) (학)1980년 서울 우신고졸 1986년 한양대 의대졸 1989년 同대학원 의학석사 1996년 의학박사(한양대) (경)1986년 한양대 의대 인턴 1987년 同의대 비뇨기과 레지던트 · 전문의 1991년 청주병원 비뇨기과장 1994년 을지병원 비뇨의학과 전문의(현) 1994년 同비뇨의학과 부과장 1995 · 1998년 同비뇨의학과장 1998년 을지대 의대 비뇨기과학교실 조교수 · 부교수 · 교수(현) 2000년 미국 노스웨스턴대 비뇨기과 연수 2011년 을지대의료원 기획처 부처장 겸 기획총괄팀장 2013년 을지병원 진료2부원장 2013년 대한전립선학회 회장 2018년 을지병원 병원장(현)

유태숙(劉泰淑) YOO Tae Sook

(생)1952 · 7 · 20 (본)강릉(江陵) (출)경북 김천 (주)서울특별시 강남구 역삼로 233 신승빌딩 브라코코리아 임원실(02-2222-3500) (학)1971년 김천고졸 1980년 서울대 약학과졸 (경)1979~1986년 동아제약 입사 · 개발부 과장 1987~1991년 독일약국 경영 1992년 제일약품 마케팅부장 1993~1998년 태준제약 개발 · 마케팅 · 무역담당 전무이사 1998년 게르베코리아 부사장 2001년 일양약품 상무 · 영업마케팅개발부문 전무 2004년 同대표이사 부사장 2005~2008년 同대표이사 사장 2009~2019년 브라코코리아 대표이사 사장 2019년 同상임고문(현) 2019년 산업약사회 준비위원회 위원장(현) (상)상공부장관표창(1993)

유태열(俞泰烈)

(생)1952 · 12 · 17 (출)경기 포천 (주)서울특별시 강남구 삼성로 610 그랜드코리아레저(주)(02-6421-6000) (학)1971년 성동상고졸 (경)1979년 경위 임관(경찰간부후보 27기) 1990년 수원경찰서 경비과장 1993년 경찰청 감사관실 근무 1997년 전남 무안경찰서장(총경) 1998년 경기 용인경찰서장 1999년 경찰청 정보1과장 2000년 同정보4과장 2001년 서울 서부경찰서장 2002년 경찰청 총무과장 2003년 서울지방경찰청 정보2과장 2005년 경기지방경찰청 제3부장(경무관) 2006년 서울지방경찰청 정보관리부장 2006~2008년 대통령 치안비서관(치안감) 2008년 인천지방경찰청장 2009년 대전지방경찰청장 2018년 그랜드코리아레저(주) 사장(현) (상)대통령표창(1992), 감사원장표창, 내무부장관표창, 경찰청장표창, 근정포장(2000)

유태열(柳台列) YOO Tae Yol

(생)1960 · 4 · 4 (출)전북 익산 (주)경기도 수원시 장안구 경수대로 893 수원케이티위즈파크 (주)KT SPORTS(031-258-1000) (학)1978년 남성고졸 1982년 연세대 응용통계학과졸 1984년 한국과학기술원(KAIST) 경영학과졸(석사) 1989년 경영학박사(한국과학기술원) (경)1994년 (주)KT 입사 1996년 同경제연구소 통신정책연구팀장 1998년 同기업전략팀장, 同경영연구소 상무 2007년 同경영연구소장(상무) 2009~2014년 同경제경영연구소장(전무) 2015년 (주)KT cs 대표이사 사장 2016년 (주)KT SPORTS 대표이사 사장(현) (상)한국통신사장표창

유태전(劉泰銓) YOO Tae Chun (仁奉)

(생)1940 · 8 · 12 (본)강릉(江陵) (출)서울 (주)서울특별시 영등포구 당산로31길 10 영등포병원 임원실(02-2632-0013) (학)1958년 전주고졸 1965년 고려대 의대졸, 의학박사(일본 도호대) (경)1973년 국립서울병원 신경외과장 겸 부원장 · 원장 직대 1977년 영등포성모병원 원장 1984년 연세대 외래교수 1985년 고려대 의대 외래교수 1985년 대한병원협회 기획이사 · 법제이사 1986년 의료법인 영등포병원 이사장 1988년 서울 영등포경찰서 행정자문위원장 1989~2015년 서울고검 배상심의위원회 위원 1992년 의계신문 대표이사 · 회장(현) 1996년 전국중소병원협회 회장 1996년 대한신경외과학회 회장 1997년 국제라이온스협회 354-D지구 총재 1998년 대한병원협회 부회장 1998년 한국병원협동조합 이사장 2000년 고려병원 회장 2001년 고려대의과대학교우회 회장 2001년 서울시병원회 회장 2001년 충 · 효 · 예 실천운동본부 상임고문 및 이사 2004년 대한병원협회 회장, 同명예회장(현) 2005년 국제병원연맹 국제이사 2007년 국제병원연맹총회 및 학술대회 명예대회장 2009년 의료법인 인봉의료재단 뉴고려병원 · 영등포병원 회장(현) (상)보건사회부장관표창(1977), 서울시장표창(1982), 재무부장관표창(1984), 국제협회 오성훈장 최고훈장(1986), 국제라이온스협회 한국사자상(1986 · 1988), 민족통일협의회 민통장(1995), 대통령표창(1997), 국민훈장 동백장(2001), 중외박애상(2002), 영등포구민 평화봉사상(2003), 자랑스런 광주전남인상(2005), 미국 국무성 공로표창(2006), 국민훈장 무궁화장(2007), 병원경영혁신상(2008), 고려대 교우회 사회봉사상(2013), 한미중소병원 봉사상(2013) (저)'이것도 인생이다' '세계를 움직이는 999인의 명언'

유택형(劉澤炯) Yoo, Taek-hyong

(생)1962 · 4 · 7 (본)강릉(江陵) (출)경북 예천 (주)충청북도 청주시 상당구 상당로 127 자연타워 12층 연합뉴스 충북취재본부(043-225-1233) (학)1981년 대구 청구고졸 1988년 서울대 독어독문학과졸 2014년 서강대 언론대학원졸(디지털미디어석사) 2015년 同경제대학원 Opinion Leaders Program(OLP) 18기 수료 2015년 세계미래포럼 미래경영CEO과정 11기 수료 2017년 서울대 행정대학원 국가정책과정 84기 수료 (경)1989~1998년 연합뉴스 외신부 · 사회부 · 문화부 · 영문뉴스부 기자 1998~2001년 기자협회보 편집위원 2001년 연합뉴스 산업부 차장 2003년 同경영기획실 차장 2005년 同멀티미디어본부 영상취재부 차장 2006년 同증권부 차장 2007~2009년 同전국부 부장 2008~2009년 농림수산식품부 농어업 · 농어촌특별대책위원회 위원 2009년 연합뉴스 다국어뉴스부장 2010년 同한민족센터 한민족뉴스부장 2011년 同국제뉴스1부장 2011년 同국제국 국제뉴스1부 기획위원 2012년 同뉴미디어부장 겸 미디어랩팀장 2012년 同뉴미디어부장 2013년 同뉴미디어본부 뉴미디어편집부장 2013~2014년 同콘텐츠평가실 콘텐츠평가위원 2015년 同콘텐츠총괄본부장 2015~2016년 서울중앙지법 제4기 시민사법위원회 위원 2016년 同명예법관 2016년 同제5기 시민사법위원회 위원 2016년 연합뉴스 콘텐츠평가실장 겸 고충처리인 2017년 同논설위원 2018년 同충북취재본부장(현) 2019년 공군 정책발전 자문위원(현) (종)기독교

유학수(俞學洙) Hack Soo, YU

(생)1960 · 6 · 19 (출)서울 (주)경기도 수원시 영통구 센트럴타운로 114-4 (주)코리아나화장품 사장실(031-722-7225) (학)1979년 용산고졸 1986년 세종대 영어영문학과졸 1991년 고려대 경영대학원 경영학과졸, 서울대 최고경영자과정 수료 (경)1986~1990년 현대전자산업(주) 근무 1991년 파인인터내셔날 창업 · 대표 1996년 (주)아름다운나라 창업 · 대표이사 사장 1999년 (주)코리아나화장품 기획 · 뉴프로젝트총괄담당 이사 2000년 同기획 · 홍보이사 2002년 同기획담당 상무 2004년 同경영지원담당 상무 2004년 同전무 2005년 同부사장 2008년 同대표이사 사장(현) 2016년 대한화장품협회 부회장(현)

유한열(柳漢烈) YOO Han Yul (南泉)

(생)1938 · 1 · 15 (본)문화(文化) (출)충남 금산 (학)1958년 서울 용문고졸 1960년 연세대 중퇴(2년) 1965년 미국 루스벨트대졸 1992년 명예 정치학박사(미국 루스벨트대) (경)1968년 미국 일리노이주정부 사회복지부 지역국장 1974년 신민당 충남3지구당 위원장 1979년 제10대 국회의원(대덕 ·

금산·연기, 신민당) 1979년 신민당 사무차장 1980년 입법회의 의원 1981년 민주한국당(민한당) 총무위원장·훈련원장 1981년 제11대 국회의원(금산·대덕·연기, 민한당) 1981년 민한당 당기위원장 1982년 同사무총장 1985년 제12대 국회의원(대덕·연기·금산, 민한당·신민당) 1986년 신보수회 회장 1986년 민중민주당 총재 1987년 신민당 정무위원 1987년 민주이념연구회 개설·회장 1988년 제13대 국회의원(금산, 무소속·민자당) 1991년 국회 동력자원위원장 1996년 신한국당 논산·금산지구당 위원장 1997년 한나라당 논산·금산지구당 위원장 1997년 同충남도지부장 2002~2004년 제16대 국회의원(전국구 승계, 한나라당) 2003년 한나라당 운영위원·지도위원·상임고문 2016~2017년 충청향우회중앙회 총재 (저)'내가 기억하는 해방 정국 청년운동'(2015) (종)불교

유한욱(柳漢旭) YOO Han Wook

(생)1954·8·27 (본)전주(全州) (출)경기 수원 (주)서울특별시 송파구 올림픽로43길 88 서울아산병원 소아청소년과(02-3010-3374) (학)1979년 서울대 의대졸 1982년 同대학원 의학석사 1988년 의학박사(서울대) (경)1980~1987년 서울대 의대 소아과 인턴·레지던트·전임의 1989~1992년 미국 Mount Sinai Medical Center 의학유전학과 전임의 1989~1991년 경상대 의대 소아과 전임강사·조교수 1994~1999년 울산대 의대 소아과 조교수·부교수 1999~2019년 同의대 소아청소년과학교실 교수, 미국 의학유전학 전문의, 서울아산병원 소아과장 2009~2013년 同어린이병원장 2011년 同의학유전학센터장(현) 2019년 울산대 의대 소아청소년과학교실 명예교수(현) (상)대한소아과학회 학술상, 보건복지부장관표창(3회), 미국소아과학회 연구 Fellow상, 서울시의사회 의학상 (저)'그림으로 보는 소아과학'(2008, 고려의학) '증례로 배우는 유전성 대사질환'(2016, 고려의학)

유한익

(출)서울 (주)서울특별시 강남구 테헤란로114길 38 동일타워 1층 (주)티몬(1544-6240) (학)연세대 경영학과졸 (경)베인앤컴퍼니 근무, 쿠팡 신사업기획실장, (주)티켓몬스터 리빙소셜동아시아전략 디렉터, 同경영전략실장 2015년 同핵심사업추진단장 2016년 同최고사업책임자(CBO: Chief Business Officer) 2017년 (주)티몬 대표이사 2018년 同이사회 공동의장(현)

유해용(柳海鏞) YOO Hae Yong

(생)1966·1·25 (출)경북 포항 (주)서울특별시 서초구 서초대로 254 오퓨런스 512호 유해용법률사무소(02-6250-3200) (학)1984년 보성고졸 1988년 서울대 법대 사법학과졸, 미국 하버드대 법학전문대학원졸(LL.M.) (경)1987년 사법시험 합격(29회) 1990년 사법연수원 수료(19기) 1993년 서울지법 북부지원 판사 1995년 서울지법 판사 1997년 부산지법 울산지원 판사 1998년 울산지법 판사 2000년 수원지법 여주지원 판사 2002년 서울고법 판사 2005년 청주지법 제천지원장 2006년 사법연수원 교수 2009년 서울중앙지법 부장판사 2012년 서울남부지법 부장판사 2012년 대구고법 부장판사 2014년 대법원 선임재판연구관 2016년 同수석재판연구관 2017~2018년 서울고법 부장판사 2018년 변호사 개업(현)

유행준(柳幸俊) YOO Haeng Jun

(생)1956·1·16 (주)서울특별시 구로구 디지털로 285 에이스트윈타워1차 504호(02-861-0316) (학)양정고졸, 서울대 식품공학과졸 (경)CJ(주) 싱가폴사무소 근무, 同바이오제품팀장, 同바이오기획실 담당 상무, 同바이오사업개발팀장, 同R&D전략기획팀장, 同바이오사업부문BU장(상무) 2005년 同바이오BU장(부사장) 2008년 同경영지원단 부사장 2010년 전북생물산업진흥원 원장 2012년 동부팜한농 부사장 겸 동부팜PFI 대표이사 2014년 한국생명공학연구원 창조기술실용화본부 중소기업지원센터장 2017~2018년 아미코젠(주) 경영총괄 사장 2019년 바이로큐어 대표이사(현)

유향열(柳向烈)

(생)1958 (출)충남 부여 (주)경상남도 진주시 사들로 123번길 32 한국남동발전(주) 임원실(070-8898-1001) (학)1976년 공주대사대부고졸 1984년 서울시립대 행정학과졸 1999년 핀란드 헬싱키경제대 대학원 공익기업경영학과졸(UM-MBA) 2002년 연세대 국제경영대학원 CEO과정 수료 (경)2007년 한국전력공사 전북지사 부지사장 2008년 同아주사업처 사업운영팀장 2009년 同해외사업운영처 사업운영2팀장 2009년 同충남본부 당진지사장 2012년 同해외사업운영처장 2013년 同필리핀 일리한·말라야 현지법인장 2015년 同해외부사장(상임이사) 2018년 한국남동발전(주) 대표이사 사장(현)

유헌종(劉憲鍾) YOO Heon Jong

(생)1963·12·6 (출)대구 (주)광주광역시 동구 준법로 7-12 광주고등법원(062-239-1114) (학)1982년 심인고졸 1986년 서울대 법학과졸 (경)1992년 사법시험 합격(34회) 1995년 사법연수원 수료(24기) 1995년 서울지법 판사 1997년 同남부지원 판사 1999년 제주지법 판사 2002년 서울행정법원 판사 2004년 서울서부지법 판사 2007년 서울고법 판사 2008년 대법원 재판연구관 2010년 청주지법 충주지원장 2012년 서울고법 판사 2018년 광주고법 판사 2018년 서울고법 부장판사 직대 겸임 2019년 서울고법 판사 2019년 광주고법 부장판사 겸임 2019년 同부장판사(현)

유헌창(劉憲昌) YU Heon Chang

(생)1966·8·6 (본)강릉(江陵) (출)대전 (주)서울특별시 성북구 안암로 145 고려대학교 정보대학 컴퓨터학과(02-3290-4601) (학)1984년 대전고졸 1989년 고려대 컴퓨터학과졸 1991년 同대학원 컴퓨터학과졸 1994년 이학박사(고려대) (경)1995~1998년 서경대 컴퓨터공학과 전임강사·조교수 1998~2014년 고려대 사범대학 컴퓨터교육과 조교수·부교수·교수 2000년 한국컴퓨터교육학회 이사 2002~2010년 同부회장 2005~2006년 고려대 사범대학 부학장 2006년 同사범대학 컴퓨터교육과장 겸 대학원 컴퓨터교육과 주임교수 2007년 한국정보과학회 논문지 편집위원(현) 2011년 한국정보처리학회 이사 2011~2012년 한국정보기술학회 상임이사 2014~2018년 한국컴퓨터교육학회 부회장 2014년 고려대 정보대학 컴퓨터학과 교수(현) 2015년 한국정보처리학회 부회장(현) (상)일본 오카와재단 학술연구상(2008) (저)'컴퓨터와 교육'(1999) '정보화 시대의 컴퓨터 교육'(2001) '뉴 밀레니엄 인터넷'(2001) '컴퓨터 교육론'(2003) '문화정보화 백서'(2007) '정보과학세상'(2008) '프로그래밍 언어론'(2009) (역)'The Unix Super Text'(1998) '시스템 프로그래밍'(1999) '데이타베이스 시스템'(2000)

유현정(劉賢貞·女)

(생)1973·2·25 (출)전북 김제 (주)서울특별시 서초구 반포대로 158 서울중앙지방검찰청 여성아동범죄조사부(02-530-4531) (학)1991년 유일여고졸 1998년 연세대 영어영문학과졸 (경)1999년 사법시험 합격(41회) 2002년 사법연수원 수료(31기) 2002년 청주지검 검사 2004년 대전지검 논산지청 검사 2006년 대전지검 검사 2008년 서울중앙지검 검사 2012년 전주지검 검사 2016년 서울동부지검 부부장검사 2017년 대구지검 여성아동조사부장 2018년 대검찰청 양성평등정책담당관 2019년 서울중앙지검 여성아동범죄조사부장(현)

유현철(柳鉉喆) YOO Hyun Chul

(생)1960·7·15 (출)충남 당진 (주)경기도 성남시 분당구 정자일로 165 분당경찰서(031-786-5325) (학)1978년 유신고졸 1982년 동국대 경찰행정학과졸 (경)1987년 경찰 간부후보(35기) 1997년 경기지방경찰청 화성경찰서 방범과장 1998년 수원남부경찰서 형사과장 1999년 김포공항경찰대 근무 2000년 경찰청 수사과 근무 2000년 서울 청량리경찰서 정보과장 2001년 서울지방경찰청 수사과·형사과 근무 2003년 同수사국 과학수사계장 2004년 同수사국 강력계장 2005년 同수사국 광역수사대장 2006년 同경무부 경무계장 2007년 충남지방경찰청 정보통신담당관(총경) 2007년 충남 당진경찰서장 2008년 대전지방경찰청 보안과장 2008년 서울지방경찰청 외사과장 2009년 同광역수사대장 2010년 서울 관악경찰서장 2011년 서울지방경찰청 청문감사담당관 2011년 경기 수원남부경찰서장 2012년 서울지방경찰청 교통관리과장 2013년 경찰청 외사기획과장 2014년 同외사기획과장(경무관) 2014년 충남지방경찰청 차장(경무관) 2014년 경기지방경찰청 제2부장(경무관) 2015년 광주지방경찰청 제2부장(경무관) 2017년 경찰청 대변인(경무관) 2018년 경기 분당경찰서장(경무관)(현) (상)대통령표창(2002), 홍조근정훈장(2015)

유현호(俞賢豪)

(생)1969·5·17 (출)전남 광양 (주)전라남도 무안군 삼향읍 오룡길 1 전남도청 인구청년정책관실(061-286-2810) (학)순천매산고졸, 조선대 영어교육학과졸, 미국 뉴저지주립대 대학원졸 (경)2001년 지방고시 합격(7회) 2002~2010년 행정자치부·전남도 경제통상과 등 근무 2010~2012년 전남도 관광정책담당 2012~2013년 지식경제부 파견 2013~2014년 전남도 국제통상과장·에너지산업과장 2014~2016년 同투자유치담당관 2016년 국방대 교육파견 2018년 전남 보성군 부군수 2018년 同군수 권한대행 2018년 전남도 인구청년정책관(현)

유형재(俞炯載) YOO HYUNG JAE

(생)1964·5·15 (본)기계(杞溪) (출)강원 홍천 (주)강원도 춘천시 수변공원길 25 연합뉴스 강원취재본부(033-252-7711) (학)1982년 강원대사대부고졸 1986년 강원대 토지행정학과졸 1994년 同경영행정대학원졸 (경)1988년 연합뉴스 입사, 同강원취재본부 기자, 同강릉주재 부국장 2018년 同강원취재본부장(부국장급)(현) (상)최우수보도사진(2016), 강원기자상(2017)

유형주(柳亨周) YOO, hyung joo

(생)1965·12·15 (출)충남 부여 (주)서울특별시 중구 남대문로 81 롯데백화점 상품본부(02-771-2500) (학)서대전고졸, 연세대졸, 한양대 대학원졸 (경)2005년 롯데백화점 본점 여성팀장 2006년 同본점 영업총괄팀장 2007년 同영패션MD팀장 2010~2011년 同포항점장 2011~2018년 한국에스티엘(주) 대표이사 상무 2018년 롯데백화점 상품본부 MD개발부문장(현)

유혜란(柳惠蘭·女) Yoo Hye-ran

(생)1966·1·31 (주)서울특별시 종로구 사직로8길 60 외교부 인사운영팀(02-2100-7141) (학)1988년 서울대 외교학과졸 1993년 미국 버지니아대 대학원 외교학과졸(석사) (경)1989년 외무고시 합격(23회) 1989년 외무부 입부 1995년 駐유엔 2등서기관 1998년 駐멕시코 1등서기관 2003년 駐프랑스 1등서기관 2008년 외교통상부 외교역량평가팀장 2009년 同문화외교정책과장 2011년 同개발협력국 업무지원 2011년 駐유네스코 공사참사관 2015년 국립외교원 글로벌리더십과정 파견 2016년 국립외교원 기획부장 2017년 駐밀라노 총영사(현)

유 호(俞 湖·女)

(생)1968·2·22 (주)세종특별자치시 도움6로 11 환경부 기후변화정책관실 기후전략과(044-201-6640) (학)미국 뉴욕대 대학원 생물학과졸 (경)1997년 환경부 자연생태과 사무관 2001년 금강유역환경청 사무관 2004년 환경부 해외협력담당관실 사무관 2007년 同환경정책실 환경보건정책과 사무관 2008년 同환경전략실 화학물질과 사무관 2009년 국립생물자원관 생물자원연구부 고등식물연구과장(서기관) 2010년 환경부 새만금환경T/F팀장 2012년 同물환경정책국 수생태보전과장 2014년 同국제협력관실 지구환경담당관 2015년 同국제협력관실 해외협력담당관 2017년 同자연보전국 공원생태과장 2017년 同자연보전국 자연공원과장 2017년 同상하수도정책관실 생활하수과장 2018년 同기후변화정책관실 기후전략과장(현)

유호석(柳虎錫)

(생)1963·8 (주)서울특별시 서초구 서초대로74길 11 삼성생명보험(주)(02-772-6788) (학)한국과학기술원(KAIST) 금융공학과졸(석사) (경)삼성생명보험(주) 입사, 同자산운용본부 근무, 同자산PF운용팀장(상무) 2015년 삼성그룹 미래전략실 금융일류화추진팀 전무 2018년 삼성생명보험(주) 금융경쟁력제고TF장(전무) 2019년 同금융경쟁력제고TF장(부사장) 2019년 同자산운용본부장(부사장)(현)

유호선(俞皓善) Yoo, Hoseon

(생)1955·4·5 (본)기계(杞溪) (출)경북 봉화 (주)서울특별시 강남구 학동로 429 대한기계설비산업연구원(02-6240-2000) (학)1973년 경북고졸 1977년 서울대 기계공학과졸 1979년 同대학원 기계공학과졸 1986년 공학박사(서울대) (경)1986년 한국과학기술연구원(KIST) 기계공학부 연구원 1987~1993년 경상대 기계공학과 조교수·부교수 1990년 미국 Purdue대 방문교수 1993년 숭실대 기계공학부 부교수·교수(현) 2000년 미국 Rutgers대 방문교수 2002년 숭실대 생산기술연구소장 2010~2011년 대한설비공학회 회장 2011년 기계설비협의회 회장 2013~2015년 국토교통부 중앙건축위원회 위원 2013~2016년 GS건설(주) 사외이사 2015년 (사)한국플랜트학회 회장(현) 2019년 대한기계설비산업연구원 원장(현) (상)한국과학기술단체총연합회 과학기술우수논문상, 대한기계학회 학술상 (종)기독교

유호열(柳浩烈) Ho-Yeol Yoo

(생)1955·11·21 (본)문화(文化) (출)서울 (주)세종특별자치시 조치원읍 세종로 2511 고려대학교 공공정책대학 북한학과(044-860-1272) (학)1974년 경기고졸 1978년 고려대 정치외교학과졸 1981년 同대학원 정치학과졸 1990년 정치학박사(미국 오하이오주립대) (경)1990~1991년 고려대·경희대·이화여대·숙명여대 강사 1991년 민족통일연구원 북한연구실 책임연구원 1994~1999년 同자료조사실·연구조정실·기획조정실·통일정책연구실장 1997년 한국정치학회 연구·총무이사 1999년 고려대 세종캠퍼스 인문사회학부 북한학전공 교수 2001년 同공공정책대학 북한학과 교수(현) 2002년 한나라당 이회창 대통령후보 통일정책특보 2004년 고려대 북한학과장 2004~2007년 同북한학연구소장 2005~2016년 바른사회시민회의 공동대표 2006~2010년 고려대 행정대학원장 2008~2016년 통일부 정책자문위원 2008~2010년 대통령 외교안보수석비서관실 자문위원 2008년 한국국제정치학회 부회장 2008년 북한연구학회 회장 2008~2012년 바른사회시민회의 운영위원 2009~2013년 민주평통 기획조정분과 위원장 2009~2011년 국회 외교통상통일위원회 자문위원 2010~2016년 (사)코리아정책연구원 원장 2010년 통일정책태스크포스(TF) 위원 2010~2014년 6.25납북자진상규명위원회 민간위원 2011년 한

반도포럼 회원(현) 2011~2016년 통일부 남북관계발전위원회 위원 2011~2015년 전국대학통일문제연구소협의회 상임대표 2012~2015년 합동참모본부 자문위원 2012~2015년 국가안보전략연구원 객원연구원 2012~2015년 국방부 국방개혁위원 2013년 한국정치학회 회장 2013~2016년 고려대 공공정책연구소장 2013~2015년 통일부 한독통일자문위원회 위원 2013년 (사)아태정책연구원 이사(현) 2013~2015년 민주평통 정치국제안보분과 위원장 2014~2015년 천주교 서울교구 민족화해위원회 상임위원 2014년 전국경제인연합회 자유와창의교육원 교수위원회 위원(현) 2014~2016년 대통령직속 통일준비위원회 정치·법제도분과위원회 민간위원 2014~2016년 정부업무평가위원 2014년 한국선진화포럼 정책위원회 위원(현) 2015~2016년 광복70년기념사업추진위원회 민간위원 2015~2017년 천주교 평신도단체협의회 평화위원회 위원 2015~2016년 경제인문사회연구회 징계위원회 위원 2015~2019년 한국국방연구원 비상임이사 2016~2017년 대통령직속 민주평화통일자문회의 수석부의장(장관급) (상)국민훈장 모란장(2014), 합참의장 감사장(2015) (저)'군정기간의 경제정책' '한국현대정치론Ⅱ' '비교사회주의 분석틀에 입각한 북한체제변화전망' '현대북한체제론(共)'(2000, 을유문화사) '북한의 재외동포정책(共)'(2003, 집문당) '북한 사회주의 건설과 좌절'(2005, 생각의 나무) '북한연구의 성찰'(2005) '북한의 급변사태와 우리의 대응(共)'(2007) '한반도는 통일독일이 될 수 있을까(共)'(2010) '북한의 딜레마와 미래(共)'(2011) (종)가톨릭

유호종(劉浩鍾) YOU Ho Jong (청암)

(생)1960·7·2 (출)경남 양산 (주)경기도 고양시 덕양구 동헌로 305 중부대학교 공연예술체육학부 엔터테인먼트학전공(031-8075-1675) (학)우석고졸 1984년 동국대졸 1986년 同대학원졸(상학석사) 1996년 同대학원졸(경영학박사) (경)1992~1995년 한국산업경제연구원 선임연구원 1992~1995년 동국대·원광대·서경대 강사 1996년 중부대 경상학부 광고홍보학전공 조교수·부교수, 同사회과학대학 엔터테인먼트경영학과 교수, 同엔터테인먼트학과장 2002년 同입학홍보처장 2003년 同기획연구처장 2011~2013년 충남도 관광시책자문단 위원 2013~2015년 중부대 입학처장 2013년 한국통상정보학회 이사 2015년 중부대 일반대학원장 2015~2018년 同인문산업대학원장 겸 일반대학원장 겸 원격대학원장 겸 교육대학원장 2016년 同공연예술학부 엔터테인먼트학과 교수 2016년 국제e비즈니스학회 수석부회장 2017년 충북도 균형발전연구위원 2017년 국제e비즈니스학회 회장 2018년 同명예회장(현) 2019년 중부대 공연예술체육학부 엔터테인먼트학전공 주임교수(현) 2019년 同공연예술체육학부장(현) (종)기독교

유홍섭(柳弘燮) Yoo Hong Sup

(생)1954·10·7 (출)서울 (주)서울특별시 중구 한강대로 416 서울스퀘어빌딩 7층 KG동부제철(주) 임원실(02-3450-8002) (학)서울 배재고졸 1979년 동국대 무역학과졸 (경)동부제강(주) 구매부 원료·물류담당 겸 특수사업부장 2003년 同프로세스 책임자(상무) 2006년 同냉연사업부장(상무) 2008년 同냉연부문 생산판매계획실장(부사장) 2008~2009년 동부제철(주) 냉연부문 생산판매계획실장(부사장) 2009년 同마케팅영업본부장(부사장) 2013년 同냉연사업본부장(부사장) 2014~2019년 同총괄부사장 2016년 동부인천스틸 총괄부사장 겸임(현) 2019년 KG동부제철 총괄부사장(현)

유홍종(劉洪鍾) YU Hong Jong

(생)1938·9·4 (출)경남 함양 (주)서울특별시 강남구 테헤란로 512 신안빌딩 5층 현대비앤지스틸(주) 비서실(02-567-0022) (학)1957년 경남고졸 1964년 서울대 법과대학 행정학과졸 1993년 고려대 언론대학원 수료 (경)1969년 현대그룹 입사 1981년 현대강관 이사 1982년 현대자동차서비스 상무이사 1987년 同전무이사 1988년 同부사장 1990년 현대남자배구단 부구단주 1994~1998년 현대할부금융 대표이사·사장 1997~2003년 대한양궁협회 회장 1997~2005년 아시아양궁연맹 회장·명예회장 1999년 현대캐피탈 사장 1999년 명지대 체육학부 겸임교수 1999년 국제양궁연맹 부회장 1999년 (주)원더 이사 2001년 삼미특수강 대표이사 사장 2001년 同대표이사 회장 2001년 대한체육회 부회장 2002~2008년 비앤지스틸(주) 대표이사 회장 2002년 부산아시안게임 한국선수단장 2005년 현대자동차그룹 사회봉사단장 2008년 아시아기자협회(AJA) 부이사장(현) 2008~2011년 해비치사회공헌문화재단 고문·부이사장 2008년 현대비앤지스틸(주) 상임고문(현) 2009~2012년 대한양궁협회 고문 2009년 대한체육회 자문위원(현) 2010년 신아시아연구소 이사(현) (상)체육훈장 기린장(1988), 대통령표창(1989), 체육훈장 거상장(1990), 체육훈장 청룡장(1998), 은탑산업훈장, 자랑스러운 서울법대인상(2015) (종)천주교

유홍준(俞弘濬) YOO Hong Joon

(생)1949·1·8 (출)서울 (주)서울특별시 서대문구 거북골로 34 명지대학교 인문대학 미술사학과(02-300-0612) (학)1967년 중동고졸 1980년 서울대 미학과졸 1983년 홍익대 대학원 미술사학과졸 1998년 예술철학박사(성균관대) (경)1974년 민청학련사건으로 구속 1977년 '공간'·'계간미술' 편집부 근무 1978~1983년 중앙일보 '계간미술' 기자 1981년 동아일보 신춘문예 미술평론부문 당선(등단) 1981년 성심여대 강사 1984년 한국민족미술협의회 공동대표 1985년 한국문화유산답사회 대표(현) 1991~2002년 영남대 조형대학 회화과 조교수·부교수 1997년 同박물관장 2000년 문화관광부 2001지역문화의해추진위원회 문화예술기획추진위원 2002~2004·2008~2013년 명지대 인문대학 미술사학과 교수 2002년 同국제한국학연구소장 2002~2004년 同문화예술대학원장 2002년 박수근미술관 명예관장 2003년 문화재청 문화재위원 2004~2008년 문화재청장 2008년 제주추사유물전시관 명예관장 2008년 (재)아름다운가게 이사 2008~2009년 제3회 제주세계델픽대회조직위원회 위원장 2010년 조선일보 DMZ취재팀 역사·문화재부문 자문위원 2010년 고암이응노생가기념관 운영위원장 2011년 고암이응노화백기념관 운영위원장 2012~2015년 동북아역사재단 비상임이사 2013년 명지대 인문대학 미술사학과 교수 2014년 同인문대학 미술사학과 석좌교수(현) 2014년 환경재단 이사(현) 2014년 한국기원 이사(현) 2015년 제주추사관 명예관장(현) 2016년 서울시 '걷는 도시 서울' 시민위원장(현) 2017년 서울역사문화벨트조성공약기획위원회 총괄위원장(현) 2017년 광화문대통령공약기획위원회 총괄위원장(현) (상)전남도 도민패(1997), 금마문화예술상(1997), 제9회 한국간행물윤리위원회 저작부문 간행물윤리상(1998), 영남대를 빛낸 천마인(2000), 제18회 만해문학상(2003) (저)'80년대 미술의 현장과 작가들'(1987) '19세기 문인들의 서화'(1988) '나의 문화유산답사기 1·2·3'(1993) '정직한 관객'(1996) '다시 현실과 전통의 지평에서'(1996) '조선시대 화론연구'(1998) '나의 북한 문화유산답사기'(1998) 'Smiles of the Baby Buddha'(1999) '화인열전'(2001) '완당평전'(2002) '유홍준의 한국미술사 강의1'(2010, 눌와) '청년들, 지성에게 길을 묻다'(2011) '나의 문화유산답사기 4·5·6'(2011) '국보순례'(2011, 눌와) '나의 문화유산답사기 7'(2012, 창비) '유홍준의 한국미술사 강의 2·3'(2013, 눌와) '명작순례'(2013, 눌와) '나의 문화유산답사기 일본편 1·2'(2013, 창비) '나의 문화유산답사기 일본편 3·4'(2014, 창비) '나의 문화유산답사기 서울편'(2017) '나의 문화유산답사기 중국편 1·2'(2019) (역)'회화의 역사' '예술개론'(共)

유홍준(劉泓埈) YOO Hong Joon

(생)1958·1·25 (출)서울 (주)서울특별시 종로구 성균관로 25-2 성균관대학교 사회과학대학 사회학과(02-760-0411) (학)1976년 서울고졸 1981년 성균관대 사회학과졸 1983년 同대학원졸 1987년 사회학박사(미국 뉴욕주립대 스토니브룩교) (경)1989년 성균관대 사회과학대학 사회학

과 교수(현) 1991년 同사회학과장 1992~1997년 한국사회학회 산업노동분과 총무 1999년 同운영위원·이사 1999~2006년 BK21 직업세계교육연구단장 2002년 한국정보사회학회 연구이사 2003년 교육인적자원부 정책자문위원 2005~2011년 성균관대 학부대학 부학장 2007년 한국사회학회 이사 2011년 同학생상담센터장 2014년 대학교양교육협의회 회장 2014·2017년 성균관대 학부대학장(현) 2019년 한국교양교육학회 회장(현) (저)'정보화의 이해'(1998, 나남) '정보화시대의 미디어와 문화'(1998, 세계사) '조직사회학'(1999, 경문사) '직업사회학'(2000, 경문사) '산업사회학'(2000, 경문사) '서울시 계층별 주거지역 분포의 역사적 변천'(2004, 백산서당) '현대사회와 직업'(2005, 그린) '현대 중국 사회와 문화'(2005, 그린) '중국 도시와 농촌'(2005, 그린) '사회과학으로의 초대'(2007, 성균관대 출판부) '사회문제'(2008, 그린) '신경제사회학'(2011, 성균관대 출판부) (역)'현대사회학'(共) '사회조사방법론(共)'(2007)

유홍준(柳洪俊) YOU Hong Jun

(생)1959·11·16 (주)서울특별시 송파구 올림픽로 35길 125 삼성SDS(주) 금융사업부(02-6155-3114) (학)명지고졸, 숭실대 전자계산학과졸, 연세대 대학원 전자계산학과졸 (경)1985년 삼성전관(주) 입사, 삼성SDI(주) 정보처리팀 근무, 삼성SDS(주) 인사팀장(상무), 同인사지원팀장(상무) 2015년 同ICTO사업부장(전무) 2017년 同금융사업부장(부사장)(현) (종)기독교

유환우(劉煥牛)

(생)1971·5·29 (출)경북 김천 (주)경기도 안양시 동안구 관평로212번길 70 수원지방법원 안양지원(031-8086-1114) (학)1990년 대구 영남고졸 1998년 경북대 사법학과졸 (경)1998년 사법시험 합격(40회) 2001년 사법연수원 수료(30기) 2001년 부산지법 판사 2002년 부산고법 판사 2003년 부산지법 판사 2005년 인천지법 판사 2008년 서울남부지법 판사 2010년 서울행정법원 판사 2012년 서울서부지법 판사 2013~2015년 헌법재판소 파견 2015년 서울중앙지법 판사 2016년 창원지법 부장판사 2018년 수원지법 안양지원 부장판사(현)

유황우(俞皇宇) Yu Hwang-Wu

(생)1966·9·17 (본)기계(杞溪) (출)부산 (주)서울특별시 양천구 목동동로 50 목동아파트 1225동 806호 유황우언어논술(02-6738-2004) (학)1985년 부산 배정고졸 1993년 국민대 교육대학원 국어교육과졸 2007년 고려대 사회교육원 학원교육전문가과정 수료 (경)서울 목동 미래학원 언어논술강사, 서울 강남 혜성학원 언어논술강사, 서울 노량진 청탑학원 대입반 언어논술강사, 同재수종합반 국어논술강사, 천안 청솔학원 대입단과 및 재수종합반 국어논술강사, 분당 청출어람학원 언어논술강사, 부평 정진학원 언어논술강사, 부평 이투스학원 대입단과 및 재수종합반 국어논술강사, 메가스터디학원 언어논술강사, 서울 목동대학학원 대입단과 및 재수단과 국어논술강사 1996년 유황우언어논술 대표(현) 2000년 칼럼니스트(현) 2007년 경기 송탄제일고 논술초빙강사 2010~2015년 미국 세계인명사전 'Marquis Who's Who in the World' 등재 2011년 영국 캠브리지 국제인명센터(IBC) '21세기의 우수지식인 2000인'·'2011 세계 100대 전문가'·'올해의 인물(Man of The year 2011)' 등재 2011·2012년 同'세계 100대 교육자' 등재 2011년 인터넷 백과사전 위키피디아 등재 2014년 배곧누리한라비발디문화관 강연·초빙강사 (상)서울지방경찰청장 감사장(2005), 스포츠서울 산업별파워코리아 언어영역논술부문 우수강사진(2007), 스포츠서울LIFE 고객감동경영혁신기업 및 TOP브랜드 대상(2007), 더데일리뉴스 언어영역논술교육부문 대상(2008), 더데일리뉴스 신뢰받는 전문인상(2009), 더데일리뉴스 고객감동교육혁신우수기업 및 언어영역논술향상부문 대상(2011), 주간인물(WEEKLY PEOPLE)선정 '대한민국을 빛내는 미래창조 신지식인'(2013), 더데일리뉴스 소비자감성리더십 대상(2013), 미국 Marquis Who's Who 알버트 넬슨 평생공로상(2017·2018·2019) (저)'유황우의 대입논술 전략 TIP'(2013, 더드림미디어) '유황우 원장의 대입논술 전략'(2013, 더드림미디어) (종)기독교

유황찬(柳煌燦) YOO Hwang Chan

(생)1955·9·19 (주)서울특별시 강남구 강남대로 330 우덕빌딩 7층 한일산업(주) 사장실(02-3466-9624) (학)동국대 정치외교학과졸, 성균관대 대학원 행정학과 수료 (경)2001년 한일시멘트(주) 부산영업본부장 2003년 同영등포공장장(이사대우) 2004년 同영등포공장장(상무보) 2004년 同레미탈·특수영업총괄상무보 2007년 同상무 2010년 同전무 2012~2015년 同영업본부 총괄부사장 2015년 한일산업(주) 대표이사 사장(현) (종)불교

유회준(柳會峻) Hoi-Jun Yoo

(생)1960·7·30 (주)대전광역시 유성구 대학로 291 한국과학기술원 공과대학 전기및전자공학부(042-350-3468) (학)1983년 서울대 전자공학과졸 1985년 한국과학기술원(KAIST) 전자공학과졸(석사) 1988년 전자공학박사(한국과학기술원) (경)1991~1995년 현대전자(주) 반도체연구소 수석연구원·DRAM 설계실장 1995년 강원대 전자공학과 조교수 1998년 한국과학기술원(KAIST) 전기및전자공학과 부교수·교수, 同공과대학 전기및전자공학부 교수(현) 2001년 同반도체설계자산연구센터 소장 2002~2015년 미국 전기전자학회(IEEE) ISSCC Program Committee Member 2005~2015년 同A-SSCC Executive Committee Member 2008년 同Fellow(석학회원)(현) 2011년 한국과학기술원(KAIST) 입학처장 2014~2015년 체회로학회 회장 (상)IEEE VLSI Symposium 및 IEEE A-SSCC 최우수 논문상(4회), 이달의 과학기술자상(2010), 옥조근정훈장(2011), 세계반도체학회(ISSCC) 선정 '60년간 반도체회로설계분야 최고기여자 16인'(2013), 제10회 경암학술상 공학부문(2014) (역)'DRAM의 설계'(1997, 홍릉과학출판사) '고성능 DRAM'(1998) '미래의 메모리 : FRAM(共)'(2000, 시그마프레스)

유효영(柳孝英·女)

(생)1971·4·3 (출)충북 충주 (주)광주광역시 동구 준법로 7-12 광주지방법원 총무과(062-239-1503) (학)1990년 충주여고졸 1995년 청주교대 윤리교육과졸 2002년 충북대 법무대학원졸 (경)2001년 사법시험 합격(43회) 2004년 사법연수원 수료(33기) 2004년 의정부지법 예비판사 2005년 서울고법 예비판사 2006년 서울중앙지법 판사 2008년 춘천지법 영월지원 판사 2011년 인천지법 판사 2014년 서울북부지법 판사 2018년 의정부지법 판사 2019년 광주지법 부장판사(현)

유흥수(柳興洙) YOO Heung Soo (南村)

(생)1937·12·3 (본)문화(文化) (출)경남 합천 (주)서울특별시 영등포구 국회대로70길 7 한일친선협회중앙회(02-784-6500) (학)1958년 경기고졸 1962년 서울대 법대졸 1968년 영국 경찰대학 수료 1970년 서울대 행정대학원 수료 1971년 국방대학원졸 (경)1962년 고등고시 행정과 합격(14회) 1964년 경남경찰학교 부교장 1966년 치안국 외사2계장 1969년 부산시경 수사과장 1970년 치안국 인사계장 1972년 同치안감사담당관 1973년 同보안·교통과장 1974년 부산시경 국장 1976년 치안본부 제1부장 1979년 同제3부장 1980년 서울시경 국장 1980년 치안본부장 1982년 충남도지사 1984년 대통령 정무제2수석비서관

1985년 제12대 국회의원(부산 남구·해운대구, 민정당) 1986년 교통부 차관 1987년 민정당 총재 비서실장 1987년 프로축구위원회 회장 1988년 민정당 제1사무차장 1988년 同부산남구甲지구당 위원장 1988년 同정책위원회 부의장 1992년 제14대 국회의원(부산 남구乙, 민자당·신한국당) 1992년 한·일의원연맹 상임간사 1993년 민자당 정책위원회 부의장 1996년 신한국당 제1정책조정위원장 1996년 제15대 국회의원(부산 수영구, 신한국당·한나라당) 1996년 APPF 한국측 회장 1997년 한나라당 국책자문위원장 1998년 국회 통일외교통상위원장 2000년 (재)남촌장학회 이사장 2000~2004년 제16대 국회의원(부산 수영구, 한나라당) 2000~2004년 한·일의원연맹 간사장 2001년 한나라당 남북관계대책특별위원회 위원장 2001년 同부산시지부장·지도위원·상임고문 2009년 한일친선협회중앙회 이사장 2010년 국회 의정활동강화자문위원회 위원 2012~2014년 새누리당 상임고문 2014~2016년 駐일본 대사 2016~2017년 새누리당 상임고문 2017년 자유한국당 상임고문(현) 2019년 한일친선협회중앙회 회장(현) (상)녹조근정훈장, 홍조근정훈장, 청조근정훈장, 자유중국훈장, 칠레대십자훈장, 일본훈장 욱일 중수장(2011), 일본 최고급 훈장 욱일대수장(旭日大綬章)(2016) (저)'경찰법론' '경찰관승진시험 문답집' '레이건의 참모들'(編) '내려오는 길을 올라가며' (종)기독교

유흥식(兪興植) YOU Heung Sik

(생)1951·11·17 (본)기계(杞溪) (출)충남 논산 (주)대전광역시 동구 송촌남로11번길 86 천주교 대전교구청(042-630-7773) (학)1969년 논산 대건고졸 1972년 가톨릭대 신학과 수료(2년) 1979년 이탈리아 라테라노대 교의신학과졸 1981년 同대학원 교의신학과졸 1983년 교의신학박사(이탈리아 라테라노대) (경)1979년 사제 서품(이탈리아 로마) 1983년 천주교 대전교구 주교좌 대흥동성당 수석보좌신부 1984년 同대전교구 솔뫼피정의집 관장 1988년 同대전교구 대전가톨릭교육회관 관장 1989년 同대전교구 사목국장 1994년 대전가톨릭대 교수 1998~2003년 同총장 2003년 천주교 대전교구 부교구장 2003년 주교 서품 2003년 아시아주교연합회(FABC) 제8차 정기총회의주교 대표 2004년 (재)천주교대전교구유지재단 이사장(현) 2004~2012년 한국천주교주교회의 사회복지위원장 2005년 성모의마을 이사장(현) 2005년 천주교 대전교구장(현) 2005년 사회복지법인 대전가톨릭사회복지회 이사장(현) 2005년 대전·충남 종교평화회의 의장(현) 2006년 한국국제보건의료재단 이사 2007~2011년 교황청 사회복지평의회 위원 2008~2012년 한국천주교주교회의 국내이주민사목위원장 2009년 한국미바(MIVA)회 총재(현) 2012년 리투아니아주교단 피정지도 2012~2014년 한국천주교주교회의 청소년사목위원장 2014년 천주교 아시아청년대회(프란치스코 교황 참석) 주최 2014년 한국천주교주교회의 상임위원 2014~2018년 同정의평화위원회 위원장 2014년 同사회주교위원회 위원장(현) 2016년 同시복시성주교특별위원회 위원장(현) (종)가톨릭

유희동(兪熺東) Heedong Yoo

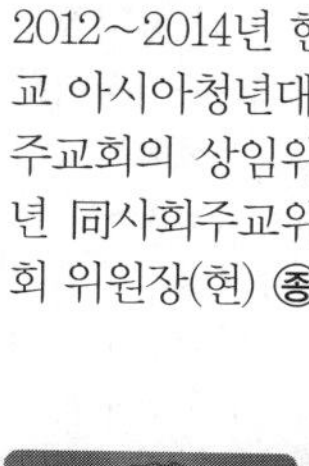

(생)1963·7·8 (본)창원(昌原) (출)서울 (주)부산광역시 동래구 충렬대로237번길 117 부산지방기상청 청장실(051-718-0211) (학)1986년 연세대 천문기상학과졸 1988년 同대학원 천문기상학과졸 2003년 기상학박사(미국 오클라호마대) (경)2006년 기상청 예보국 예보총괄관실 태풍예보담당관 기술서기관 2006년 同예보국 예보총괄관실 태풍예보담당관 2007년 同태풍황사팀장 2007년 同예보상황1팀장 2008년 同예보상황1과장 2009년 同수치모델개발과장 2011년 同예보국 예보정책과장 2012년 同예보국 예보정책과장(부이사관) 2013년 국립외교원 교육파견(부이사관) 2014년 기상청 기후과학국장(고위공무원) 2015년 同기상서비스진흥국장 2017년 同관측기반국장 2017년 同예보국장 2019년 부산지방기상청장(현) (상)대통령표창(2010), 홍조근정훈장(2014) (종)불교

유희문(柳熙汶) Yoo Hee-Moon

(생)1956·3·18 (주)경기도 안산시 상록구 한양대학로 55 한양대학교 국제문화대학 중국학과(031-400-5327) (학)1981년 연세대졸 1984년 대만 국립정치대 대학원졸 1989년 중국경제학박사(대만 국립정치대) (경)1988~1990년 중앙일보 기자 1990~1996년 배재대 중국학과 교수 1997년 한양대 국제문화대학 중국학과 교수(현) 1997년 미국 스탠퍼드대 후버연구소 방문교수 2005년 대한상공회의소 중국시장포럼 공동대표 2006년 중국 인민대 경제학과 초빙교수 2008~2009년 한국동북아경제학회 회장 2010년 중국 북경대 경제대학원 초빙교수 (저)'현대중국경제'(2005) (역)'중국사회주의 시장경제론'(1995)

유희상(劉熙相) YOO Hee Sang

(생)1967·3·17 (출)대전 대덕 (주)서울특별시 종로구 북촌로 112 감사원 제1사무차장실(02-2011-2070) (학)1985년 대전 대신고졸 1990년 고려대 행정학과졸 2000년 서울대 행정대학원 정책학과졸 2005년 미국 일리노이대 대학원 경제학과졸 2010년 고려대 대학원 행정학 박사과정 수료 (경)1991년 행정고시 합격(35회) 1992년 총무처 근무 1993년 감사원 전입(부감사관) 2000~2006년 同국책사업감사단 제1과·법무조정심사관실 법무담당관실·재정금융감사국 총괄과 감사관 2007년 同행정·안보감사국 제2과장 2007년 同기획홍보관리실 홍보담당관 2009년 同산업·금융감사국 제4과장 2010년 同금융·기금감사국 제1과장(부이사관) 2011년 同감찰정보단장(고위감사공무원) 2011~2013년 同공보관 2013년 해외파견(고위감사공무원) 2014년 감사원 특별조사국장 2016년 同산업·금융감사국장 2017년 同공직감찰본부장(고위감사공무원 가급) 2018년 同제2사무차장 2019년 同제1사무차장(현) (상)근정포장(2008)

유희선(柳姬先·女)

(생)1975·2·24 (출)충북 옥천 (주)경상남도 창원시 마산합포구 완월동7길 16 창원지방법원 마산지원(055-240-9300) (학)1993년 서인천고졸 1999년 고려대 법학과졸 (경)1999년 사법시험 합격(41회) 2002년 사법연수원 수료(31기) 2002년 창원지법 예비판사 2004년 同판사 2007년 同밀양지원 판사 2009년 창원지법 판사 2019년 同마산지원 부장판사(현)

유희성(柳嬉聲) YOO Hee Sung

(생)1959·1·16 (출)광주 (주)서울특별시 서초구 남부순환로 2406 예술의전당 음악당 2층 서울예술단(02-523-0984) (학)중앙대 사회개발대학원 문화예술학과졸 (경)1986~1987년 광주시립극단 단원 1987~2005년 서울예술단 뮤지컬 연기감독(뮤지컬배우 겸임) 1997년 대구뮤지컬페스티벌 집행위원(현) 1999~2000년 백제예술대 초빙교수 2001~2004년 동서대 뮤지컬학과 조교수 2006~2010년 서울시뮤지컬단 단장 2010~2012년 예술의전당 뮤지컬부문 자문위원 2010년 뮤지컬 연출가(현) 2010년 한국뮤지컬협회 이사 2010~2016년 同창작분과위원장 2011년 서울뮤지컬페스티벌 집행위원(현) 2012~2014년 청강문화산업대 뮤지컬스쿨 원장 2015~2017년 2016세계친환경디자인박람회 공연예술감독 2016~2018년 한국뮤지컬협회 이사장 2018년 서울예술단 이사장(현) (상)제1회 전국학생연극제 최우수연기상(1978), 제4회 한국뮤지컬대상 남우주연상(1998), 제9회 한국뮤지컬대상 연출상(2003) (작)연극 '비석'(1977) '마의태자'(1979) '노비문서'(1980) '멀고 긴 터널'(1984) '다시라기'(1986), 뮤지컬 '한강은 흐른다'(1987) '아리랑 아리랑'(1988) '아리송하네요'(1989) '백두산 신곡'(1990) '그날이 오면' '영혼의 노래'(1991) '갈길은 먼데' '꿈꾸는 철마'(1992) '님을 찾는 하늘소리' '뜬쇠가 되어 돌아오다'(1993) '징게 맹게 너른 들' '춘향전'(1994) '꽃전차' '아틀란티스 2045'(1995) '애랑과 배비장'(1996) '겨울나그네' '심청' '김삿갓' '명성황후'(1997·2000) '애니깽'(1998) '바

리-잊혀진 자장가' '뜬쇠' '태풍'(1999 · 2002) 'I LOVE MUSICAL' '팔만대장경' '대박' '에밀레 에밀레' '고려의 아침' '바람의 나라'(2001) '더 리허설', 연출 경력 '심판'(1985) '나비처럼 자유롭게'(1986) '부흔제'(1990) '샘Ⅱ'(2001) '로미오와 줄리엣'(2002) '크리스마스 캐롤'(2003) '소나기'(2008) '피맛골연가'(2011) '겨울연가'(2012) 등

유희숙(柳喜淑 · 女) YOO Hee Sook

(생)1969 · 3 · 13 (출)전북 부안 (주)전라북도 전주시 완산구 효자로 225 전라북도청 혁신성장산업국(063-280-3245) (학)1988년 전북사대부고졸 1992년 서울대 식품영양학과졸 2003년 미국 시라큐스대 대학원 행정학과졸 (경)1997년 지방고시 합격(3회) 1998년 전주시 총무과 지방행정사무관 1999년 同완산구 민원봉사과장 2000년 同완산구 사회복지과장 2002~2004년 한국개발연구원(KDI) 국제정책대학원 교육 2004년 전북도 경제통상실 투자통상과 외자유치담당 2004년 국무조정실 심사평가심의관실 파견 2006년 전북도 문화관광국 관광진흥과 관광진흥담당 2009년 同전략산업국 부품소재과장(지방서기관) 2010년 同민생일자리본부 투자유치과장 2012년 세종연구소 국정과제 연수 2013년 전북도 전략산업국 미래산업과장 2014년 同일자리경제정책관 2015년 同새만금추진지원단장 2016년 同경제산업국장 2018년 교육 파견(부이사관) 2019년 전북도 혁신성장산업국장(현)

유희열(柳熙烈) YU Hee Yol (완산)

(생)1947 · 1 · 12 (본)전주(全州) (출)전북 전주 (주)부산광역시 금정구 부산대학로63번길 2 부산대학교 조선해양공학관 11512호(051-510-1073) (학)1965년 전주고졸 1969년 서울대 지리학과졸 1975년 同행정대학원 행정학과졸 1982년 영국 서섹스대 과학기술정책학과졸 1996년 행정학박사(고려대) (경)1969년 행정고시 합격(7회) 1970년 과학기술처 사무관 1980년 국립천문대 서무과장 1982년 과학기술처 정보산업과장 1985년 同기술이전담당관 1989년 同기술정책관 1989년 同정책기획관 1990년 同기술정책관 1991년 同기술개발국장 1992년 同기술협력국장 1993년 미국 켄터키대 연수 1995년 과학기술처 기술인력국장 1995년 同기술협력국장(이사관) 1996년 국립중앙과학관 관장(관리관) 1998년 과학기술부 기획관리실장 2001~2002년 同차관 2002년 새천년민주당 노무현대통령후보 과학기술분야정책특보 2003년 대통령자문 정책기획위원 2003년 정부혁신지방분권위원회 위원 2004년 연구기획평가기관협의회 회장 2004~2006년 한국과학기술기획평가원(KISTEP) 원장 2007~2008년 기초기술연구회 이사장 2007년 한국원자력의학원 설립추진위원장 2009년 부산대 석좌교수(현) 2010~2012년 한국방사선학회 회장 2010~2014년 미래대전기획위원회 고문 2010~2012년 행정개혁시민연합 과학기술위원장 2011년 한국이산화탄소포집및처리연구개발센터 이사장(현) 2011년 ASEAN+3과학영재센터 이사(현) 2012년 행정개혁시민연합 과학기술위원회 공동대표 2012년 한국방사선학회 고문(현) 2013년 한국첨단기술경영원 회장 2014년 행정개혁시민연합 과학기술위원회 고문(현) 2019년 (주)KT 사외이사(현) (상)근정포장(1985), 황조근정훈장(1999) (저)'과학을 알면 문화가 보인다'(2003) '과학기술혁신의 그랜드디자인'(2007)

유희영(柳熙永) RYU Hee Young

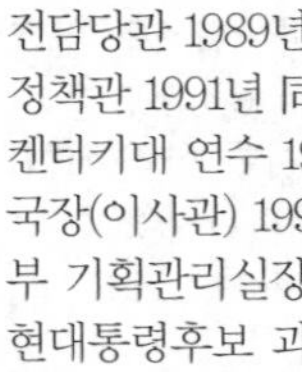

(생)1940 · 8 · 26 (본)전주(全州) (출)충남 서천 (주)서울특별시 서대문구 이화여대길 52 이화여자대학교 조형예술학부(02-3277-2494) (학)1958년 대전고졸 1962년 서울대 회화과졸 1980년 중앙대 대학원 회화과졸 (경)개인전 13회, 대한민국미술대전 심사위원 · 운영위원장, 중앙비엔날레 심사위원, 대전시립미술관 개관기념전, 아시아 국제미술전, 한국추상미술40년전, 한국현대미술 어제와 오늘전 1971~1984년 경희대 미술교육과 교수 1975~1980년 대한민국미술전람회(국전) 초대심사위원 1984~2005년 이화여대 미술학부 교수 1995~1999년 同조형예술대학장 1997년 아시아국제미술전람회 한국위원회 위원장 2000년 대한민국미술대전 운영위원장 2005년 이화여대 조형예술학부 서양화전공 명예교수(현) 2006년 대한민국예술원 회원(서양화 · 현) 2007~2011년 서울시립미술관 관장 2015년 가톨릭미술공모전 심사위원 (상)근정포장, 국전 대통령표창, 국전 추천작가상, 문화공보부장관표창, 황조근정훈장(2005), 3.1문화상 예술상(2008), 한국미술협회 올해의 미술상(2009) (저)세계미술전집 '클레(Klee)'(1980) '고등미술(共)'(1985)

유희원(柳喜媛 · 女) YOO Hee Won

(생)1964 · 10 · 13 (출)서울 (주)서울특별시 동작구 상도로 7 부광약품(주)(02-828-8114) (학)1983년 창덕여고졸 1987년 이화여대 제약학과졸 1989년 同대학원 약학과졸, 약학박사(이화여대) (경)1995~1997년 미국 NIH Post-Doc. 1999년 부광약품(주) 입사, 同이사대우 2006년 同임상담당 상무 2009년 同임상 · 개발담당 상무 2013년 同임상시험 · 신규사업담당 부사장 2015년 同공동대표이사 사장 2018년 同대표이사 사장(현)

유희정(柳熙貞 · 女) Yoo Hee Jung

(생)1956 · 10 · 19 (주)서울특별시 용산구 청파로 345 한국보육진흥원 원장실(02-6901-0111) (학)이화여대 영어영문학과졸, 同대학원 영어교육학과졸, 중앙대 대학원 유아교육학과졸, 유아교육학박사(이화여대) (경)1983년 한국여성정책연구원 연구위원 1995~1999년 한국여성개발원 어린이집 원감 1996~2000년 한국영유아보육학회 이사 1997~2012년 이화여대 · 중앙대 · 서울신학대 · 성신여대 · 연세대 강사 2000~2008년 육아정책개발센터 정책지원사업실장 및 기획조정연구실장 2001~2004년 서울시 보육위원회 위원 2002~2010년 국정홍보처 국가홍보위원 2002~2007년 교육인적자원부 교육과정심의위원회 위원 2003~2004년 한국보육학회 선임이사 2004~2005년 여성부 위탁보육시설평가인증사무국장 2004~2005년 대통령자문 정책기획위원회 전문위원 2005~2007년 여성가족부 중앙보육정책위원회 위원 2006~2008년 대통령 정책기획위원회 사회정책분야 정책위원 2006~2007년 보육시설평가인증사무국 운영위원장 2006~2012년 국무조정실 정부업무평가 사회정책분야 소위원장 2007년 보육교사사무국 검정위원회 위원 2008~2010년 서울시 교통약자이동편의증진위원회 위원 2009년 국무총리실 보육정책평가단 2010년 한국여성정책연구원 삶의질전략단장(선임연구위원) 2010년 한국보육진흥원 이사 2010~2013년 한국여성정책연구원 기획조정본부장(선임연구위원) 2010~2014 기획재정부 국가재정운용계획 보건복지분야 작업반 2010년 한국여성정책연구원 기획조정본부장 겸 삶의질전략단장 2012년 국가통계위원회 사회통계2분과 위원, 同통계정책분과 위원 2012년 생명보험사회공헌재단 자문위원(현) 2013년 한국여성정책연구원 성별영향평가 · 성인지예산정책연구실장 2014~2018년 보건복지부 중앙보육정책위원회 위원 2015년 한국여성정책연구원 성인지정책연구실장 2016년 同성인지정책연구실 선임연구위원 2018년 한국보육진흥원 원장(현) (상)인문사회연구회 우수연구과제상(2003), 인문사회연구회 이사장표창(2005), 여성가족부장관표창(2005), 여성주간 여성정책부문 대통령표창(2012)

유희정(柳希妅 · 女)

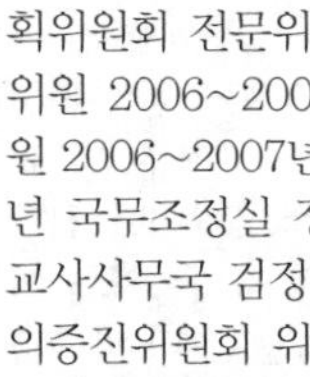

(생)1964 · 3 · 8 (주)경기도 의정부시 금오로23번길 22-49 경기북부지방경찰청 여성청소년과(031-961-2948) (학)경북여고졸, 영남대 사회학과졸 (경)1988년 순경 임용 2006년 서울 중랑경찰서 생활안전과장 2007년 서울 성동경찰서 생활안전과장 2009년 同교통과장 2010년 서울 마포경찰서 교통과장 2011년 서울 광진경찰서 교통과장 2013년 서울 혜화경찰서 교통과장 2015년 서울 수서경찰서 교통과장 2016년 대전지방경찰청 보안과장 2016년 同여성청소년과장 2017~2018년 충남 금산경찰서장 2018년 경기북부지방경찰청 여성청소년과장(현)

유희태(柳凞泰) YU Hee Tae (和鳳)

(생)1953·10·23 (본)고흥(高興) (출)전북 완주 (주)전라북도 완주군 비봉면 천호로 677-63 민들레동산 2층(070-4186-7091) (학)1972년 전주제일고졸(舊 전주상고) 1979년 한국방송통신대 경영학과졸 1981년 경희대 경영대학원 수료 1989년 우석대 행정학과졸 2004년 고려대 컴퓨터과학기술대학원 수료 2004년 전남대 행정대학원 최고정책관리자과정 수료 2006년 원광대 행정대학원 최고정책관리자과정 수료 2006년 한양대 산업경영디자인대학원 최고경영자과정 수료 2006년 피닉스 리더쉽 수료 2007년 IBK-KAIST 최고경영자과정 수료 2008년 MMIR-CEO 문화아카데미 수료 2013년 전북대 경영대학원졸 2016년 전주대 대학원 마케팅과정 수료 (경)1972년 중소기업은행 입행 1982년 同노조위원장 1990년 同용산지점출장소장 1995년 同평촌지점장 1998년 同성수2가지점장 2001년 同구로동지점장 2002년 同구로동RM지점장 2003년 同반월RM지점장 2004년 同호남지역본부장 2006년 同경기중앙지역본부장 2007년 同개인고객본부장 겸 카드사업본부장(부행장) 2007~2015년 나사렛대 경영학과 객원교수 2007~2008년 서울반도로타리클럽회장 2009년 민들레포럼 대표(현) 2009년 일문구의사선양사업회 이사장(현) 2011년 우석대총동문회 회장(현) 2013~2015년 전북도바둑협회 회장 2014년 전주제일고총동문회 회장 2015년 새정치민주연합 전북도당 부위원장 2015년 同중앙당 중소기업상설특별위원회 부위원장 2015·2016~2018년 더불어민주당 전북도당 부위원장 2016년 전북대 겸임교수 2016년 제20대 국회의원선거 예비후보(전북 완주·진안·무주·장수, 더불어민주당) 2017년 더불어민주당 정책위원회 부의장 2019년 同한반도경제통일특별위원회 부위원장(현) 2019년 (사)대한민국신지식인협회 공동대표(현) (상)은행장표창 8회(1973~1994), 사단장표창(1976), 한국노총 위원장표창(1985), 기업은행 대상(1995), 대통령 산업포장(2003), 환경재단 주최 세상을 밝게 빛낸100인 선정(2007), 벤처기업대상 특별공로상·지속가능학회 지속가능경영대상(2008), 전북장애인복지문제연구소 전북장애인복지증진대회 복지대상(2009), 대한경영교육학회 사회봉사대상(2010), 대한민국행복나눔봉사대상 행복나눔복지위원장표창 행복나눔사회공헌부문(2015), 의사안중근장군장학회 대한민국최고국민대상(2017), 대한민국 신지식인(2017) (저)'마음에 꿈을 그려라'(2008) '포용력'(2008) '사월에는 민들레가 핀다'(2011) '마음에 꿈을 크게 그려라'(2014) (종)기독교

육근양

(생)1959·1 (주)경기도 성남시 분당구 정자일로 239 HDC아이앤콘스(주) 임원실(031-785-1850) (학)전북대 경영학과졸 (경)1985년 HDC현대산업개발 입사 2011년 HDC아이파크몰 경영지원본부장 2015년 HDC현대산업개발 경영기획본부장(상무) 2018년 同경영기획본부장(전무) 2019년 HDC아이앤콘스(주) 대표이사(현)

육근열(陸根烈) YUG Geun Yeol

(생)1956·12·22 (본)옥천(沃川) (출)충남 (주)충청남도 천안시 서북구 성환읍 연암로 313 연암대학교 총장실(041-580-1001) (학)1975년 대전고졸 1980년 성균관대 경제학과졸 1988년 서울대 행정대학원 행정학과졸 2014년 명예 인력개발학박사(한국기술교육대) (경)예편(공군 중위) 1985~1991년 금성통신 입사·인사과장 1992년 LG그룹 회장실 인사지원팀 부장 1997년 同구조조정본부 업무지원부장 2000년 LG경영개발원 인화원 고객협력센터장(상무) 2003년 (주)LG화학 인사담당 상무 2005년 同HR부문장(부사장) 2007~2014년 중앙노동위원회 사용자위원 2008~2013년 행정안전부 고위공무원임용심사위원회 위원 2008년 (주)LG화학 부사장(CHO·인사최고책임자) 2012~2015년 (주)LG 정도경영TFT 부사장 2013~2014년 안전행정부 고위공무원임용심사위원회 위원 2016년 연암대 총장(현) (상)노동부장관표창(1988), 철탑산업훈장(2008), 안전행정부장관표창(2014) (종)기독교

육동한(陸東翰) YOOK Dong Han

(생)1959·6·28 (본)옥천(沃川) (출)강원 춘천 (주)강원도 춘천시 중앙로 5 강원연구원 원장실(033-250-1300) (학)1978년 춘천고졸 1982년 한양대 경제학과졸 1990년 미국 위스콘신주립대 대학원 정책학과졸 (경)1980년 행정고시 합격(24회), 경제기획원 경제기획국 사무관 1995년 재정경제원 예산실 교육문화예산담당관실 서기관 1996년 강원도지사 재정경제보좌관, 세계은행(IBRD) 파견 2000년 국무조정실 파견 2001년 재정경제부 기술정보과장 2002년 同정책조정과장 2003년 同기획예산담당관 2004년 대통령 경제정책비서관실 행정관 2005년 재정경제부 정책기획관 2006년 대통령자문 정부혁신지방분권위원회 비서관 2007년 부총리 겸 재정경제부장관 비서실장 2008년 기획재정부 정책조정국장 2008~2009년 同경제정책국장 2008년 한국노동교육원 비상임이사 2009년 국무총리실 국정운영실장 2010년 同국정운영1실장 2010~2013년 同국무차장(차관급) 2013~2015년 서울대 행정대학원 겸임교수 2014년 2018평창동계올림픽조직위원회 집행위원 2014년 강원도민회중앙회 고문(현) 2014년 한국법무보호복지공단 이사(현) 2014년 한양대 정책과학대학 특훈교수(현) 2014~2017년 강원발전연구원 원장 2015년 강원창조경제혁신센터 이사장(현) 2016~2018년 국무총리소속 정부업무평가위원회 민간위원 2016~2018년 G1강원민방 시청자위원회 위원장 2016년 전국시·도연구원협의회 회장 2017년 국가평생교육진흥원 이사(현) 2017년 강원연구원 원장(현) 2017년 同강원학연구센터 운영위원장(현) 2019년 한국주택금융공사 비상임이사(현) (상)장관급표창(1984), 대통령표창(1994), 근정포장(2003), 한양언론인회 한양을 빛낸 자랑스러운 동문상(2012) (종)가톨릭

육미선(陸美善·女) Yook mi-seon

(생)1966·1·25 (주)충청북도 청주시 상당구 상당로 82 충청북도의회(043-220-5116) (학)청주대 국어국문학과졸 (경)KBS 청주방송총국 구성작가, 청주대 평생교육원 강사, 열린우리당 충북도당 여성국장, 민주당 충북도당 청주흥덕갑 여성위원장 2010년 충북 청주시의회 의원(비례대표, 민주당·민주통합당·민주당·새정치민주연합) 2010년 同예산결산특별위원회 부위원장 2012년 同기획행정위원회 위원 2014~2018년 충북 청주시의회 의원(새정치민주연합·더불어민주당) 2014~2016년 同복지문화위원장, 민주평통 충북지역회의 사회문화교류위원장(현) 2018년 충북도의회 의원(더불어민주당)(현) 2018년 同의회운영위원회 부위원장(현)

육재림(陸在林) YUK Jai Rim

(생)1952·3·2 (본)옥천(沃川) (출)전북 군산 (주)경기도 성남시 수정구 대왕판교로 825 월드프렌즈코리아(070-8851-9800) (학)1970년 광운전자공고졸 1985년 숭실대 전자공학과졸 1987년 연세대 공학대학원졸 2000년 국방대 안전보장대학원 기본과정 수료 2002년 연세대 대학원 전기전자공학박사과정 이수 (경)1970년 국제전신전화국 제1기술과 근무 1972~1993년 체신부 전파연구소 전파계장·감시기술담당관(사무관) 1993년 정보통신부 방송과 기술담당 1995년 同통신위성과 위성기술담당 1997년 同주파수과 위성망담당(서기관) 2000년 국방대 입교 2001년 정보통신부 전파연구소 전파환경연구과장 2005년 同성남우편집중국장 2007년 同안양우편집중국장 2008년 방송통신위원회 OECD IT장관회의준비기획단 근무(서기관) 2008년 同전파연구소 지원과장 2009~2010년 同서울북부전파관리소장(부이사관) 2010년 한국전파진흥협회 전파방송전략실장 2010~2012년 同전문위원 2012~2018년 하이게인안테나 비상임고문 2018년 월드프렌즈코리아 온두라스국가통신위원회 자문관(현) (상)홍조근정훈장(2010) (종)기독교

육종인(陸鍾仁) Jongin Yook

(생)1962·8·28 (출)대전 (주)서울특별시 서대문구 연세로 50-1 연세대학교 치과대학 구강병리학교실(02-2228-3032) (학)1987년 연세대 치의학과졸 1992년 同대학원 치의학과졸 1995년 치의학박사(연세대) (경)1987~1990년 충북 괴산군보건소 치과의사 1993~1996년 연세대 치과대학 구강병리학교실 조교 1994년 同의과대학 병리학교실 조교 1996~2003년 同치과대학 구강병리학교실 전임강사·조교수 1997년 대한구강병리학회 학술이사 1999년 同편집이사 2001~2003년 미국 Univ. of Michigan Research Associate 2003~2008년 연세대 치과대학 구강병리학교실 부교수 2006년 '암의 전이에 결정적인 역할을 하는 스네일 단백질이 만들어지는 메커니즘'을 규명 2008년 연세대 치과대학 구강병리학교실 교수(현) 2011년 同치과대학 구강병리학교실 주임교수(현) 2016~2018년 同치과대학병원 인체구강유래자원은행장 (저)'구강악안면병리학(共)'(2005)

육현표(陸鉉杓) YOOK Hyun Pyo

(생)1959·1·13 (출)충남 금산 (주)서울특별시 중구 세종대로7길 25 (주)에스원 임원실(02-742-8259) (학)대전고졸, 충남대 법학과졸, 고려대 대학원 경영학과졸, 경영학박사(성균관대) (경)2000년 삼성 경제연구소 수석연구원 2001년 同구조조정본부 부장 2003년 同구조조정본부 상무보 2006~2008년 同전략기획실 상무 2006~2012년 대한상공회의소 자문위원 2008년 삼성물산 브랜드전략팀 상무 2009년 同브랜드전략팀 전무 2010년 삼성 미래전략실 전무(기획총괄) 2012~2014년 同미래전략실 부사장(기획팀장) 2014~2015년 同경제연구소 전략지원총괄 사장 2015년 (주)에스원 대표이사 사장(현) 2015~2017년 한국산업기술보호협회 회장

윤갑근(尹甲根) Yun Gap Geun

(생)1964·6·9 (출)충북 청주 (주)충청북도 청주시 서원구 구룡산로 362 법무법인 청녕(043-283-2050) (학)1982년 청주고졸 1986년 성균관대 법학과졸 (경)1987년 사법시험 합격(29회) 1990년 사법연수원 수료(19기) 1990년 軍법무관 1993년 대구지검 경주지청 검사 1994년 부산지검 검사 1996년 서울지검 검사 1998년 대구지검 검사 2001년 청주지검 검사 2002년 同부부장검사 2003년 수원지검 평택지청 부장검사 2004년 同성남지청 부장검사 2005년 대전지검 공주지청장 2006년 법무부 보호기획과장 2008년 서울중앙지검 특수2부장 2009년 청주지검 충주지청장 2009년 수원지검 제2차장검사 2010년 서울중앙지검 제3차장검사 2012년 수원지검 성남지청장 2013년 서울중앙지검 제1차장검사 2013년 대검찰청 강력부장(검사장급) 2014년 同반부패부장(검사장급) 2015~2017년 대구고검장 2016년 '우병우 민정수석비서관·이석수 특별감찰관' 의혹 특별수사팀장 2018년 변호사 개업 2019년 법무법인 청녕 변호사(현)

윤갑석(尹甲錫) Kapseok Yoon

(생)1964·11·3 (주)서울특별시 서초구 남부순환로319길 7 한국건설생활환경시험연구원 원장실(02-3415-8700) (학)진주 대아고졸, 서울대 경영학과졸, 일본 게이오대 대학원 법학과졸 (경)1988년 행정고시 합격(32회) 2004년 산업자원부 아주협력과장, 지식경제부 장관실 행사기획실장 2008년 同산업기술정책과장 2009년 부이사관 승진 2010년 지식경제부 방산물자교역지원센터장, 駐이탈리아 공사·총영사 2015년 산업통상자원부 무역투자실 무역정책관 2016년 同정책기획관 2018년 한국건설생활환경시험연구원 원장(현)

윤강로(尹康老) Rocky Kang Ro YOON (平山)

(생)1956·5·18 (본)해평(海平) (출)인천 (학)1980년 한국외국어대 영어과졸 1985년 同동시통역대학원 수학 1986년 연세대 경영대학원 국제경영학과 수학 2003년 명예 스포츠과학박사(몽골 국가올림픽아카데미) (경)1983~2002년 세계올림픽연합회(ANOC)총회·아시아올림픽평의회(OCA)총회·국제올림픽위원회(IOC) 회의 한국대표 1984~2002년 동·하계올림픽대회(로스엔젤레스, 바르셀로나·아틀란타·시드니·알베르빌·릴레하머·나가노·솔트레이크시티 등) 한국선수단장 국제업무 총괄대행 1985년 체육부장관·서울올림픽대회조직위원회 집행위원장 국제비서관 1987년 대한체육회 회장 겸 대한올림픽위원회(KOC) 위원장 비서실장 1989~1992년 대한루지연맹 초대사무총장 1994년 대한체육회 국제부장 1994~2002년 同남북체육교류위원회 간사 1998년 대한체육회 기획조정실장 1999년 同국제담당 사무차장 1999년 국제올림픽위원회(IOC) 서울총회회의조직위원회 운영총괄 CEO 2000년 同2008하계올림픽대회 IOC 평가위원 2000년 아시아올림픽평의회(OCA) 집행위원(아시안게임 수석조정관) 2000~2001년 한국체육대 사회체육대학원 겸임교수 2002년 부산아시안게임조직위원회 국제협력총괄자문 2002년 2010평창동계올림픽유치위원회 공동사무총장 2003~2013년 대한트라이애슬론연맹 부회장 2004~2005년 관동대 겸임교수 2004~2016년 평산스포츠박물관 관장 2004년 국제스포츠외교연구원(ISDI) 원장(현) 2005~2007년 2014평창동계올림픽유치위원회 국제담당 사무총장 2005~2009년 중국 국립인민대 객좌교수 2005~2009년 대한올림픽위원회(KOC) 위원 2007~2009년 체육인재육성재단(NEST) 심의위원 및 SportNest블로그 기획위원 2008~2014년 2014인천아시안게임조직위원회 이념제정위원회·경기운영위원회 위원 2008~2009년 문화체육관광부 체육정책자문위원 2008~2009년 서울시립대 겸임교수 2008~2015년 강원도국제스포츠위원회 집행위원 2008~2009년 안산시 돔구장 자문위원 2009~2011년 2018평창동계올림픽유치위원회 국제자문역·유치위원 2009~2013년 2015광주하계유니버시아드대회조직위원회 이념제정위원회 자문위원 2009~2013년 한국외국어대 외부위촉입학사정관 2010~2011년 세계평화터널재단 자문위원 2010년 한국스포츠외교포럼 이사(현) 2011~2015년 2018평창동계올림픽조직위원회 위원 2014~2018년 同위원장 보좌역 2014~2016년 문화체육관광부 국제스포츠외교역량강화TF팀 자문위원 2016~2018년 강릉시 동계올림픽 자문관 2016~2018년 김운용스포츠위원회 집행위원 2016~2018년 국제정부연맹 상임고문 2016~2018년 국민체육진흥공단 자문위원 2016~2018년 강릉시 올림픽자문관 (상)대통령표창(1990·1999), 체육포장(1992), 한국체육기자연맹 공로패(2004), 대한아이스하키협회 공로상(2005), 국가올림픽위원회총연합회(ANOC) 공로훈장(2008), 체육훈장 기린장(2012) (저)'스포츠영어'(1994) '국제스포츠동향보고서집(1·2권)'(2005·2006) '총성없는 전쟁'(2006) 'When Sport Meets the World over Five Rings'(2007) '스포츠외교 마스터플랜'(2009) '현장에서 본 스포츠외교론'(2012) (종)기독교

윤강섭(尹剛燮) YOON Kang Sup

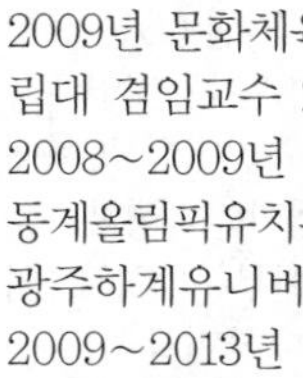

(생)1956·10·30 (본)파평(坡平) (출)서울 (주)서울특별시 동작구 보라매로5길 20 서울특별시보라매병원 정형외과(02-870-2114) (학)1981년 서울대 의대졸 1985년 同대학원 의학석사 1992년 의학박사(서울대) (경)1981년 서울대병원 인턴 1982년 同정형외과 전공의 1986년 육군 군의관 1989년 새한병원 정형외과장 1990년 서울대 의대·영등포시립병원 외래강사 1990~1992년 서울대 의대 보라매병원 임상강사 1992~1995년 同임상조교수 1994~1996년 미국 웨인주립대 의대 정형외과 임상강사·연구주임의 1995년 서울대 의대 정형외과학교실 조교수·부교수·교수(현) 2001년 서울시립보라매병원 진료부장 2003~2009·2011년 同진료부원장 2012년 同줄기세포치료센터장(현) 2013~2016년 同병원장 2013년 대한병원협회 병원정보관리이사

윤강열(尹綱悅) YOON, GANG-YEOL

(생)1966·6·3 (본)함안(咸安) (출)광주 (주)부산광역시 연제구 법원로 31 부산고등법원(051-590-1114) (학)1985년 조선대부속고졸 1991년 고려대 법학과졸 (경)1991년 사법시험 합격(33회) 1994년 사법연수원 수료(23기) 1994년 서울형사지법 판사 1996년 서울지법 판사 1997년 同남부지원 판사 1998년 광주지법 판사 2000년 同나주시법원 판사 2001년 서울지법 판사 2004년 서울동부지법 판사 2005년 법원행정처 인사제3담당관 2005년 同윤리감사1담당관 2006년 同등기호적심의관 2007년 서울고법 판사 2009년 광주지법 목포지원 부장판사 2010년 대법원 재판연구관 2012년 수원지법 부장판사 2014년 서울중앙지법 부장판사 2017년 부산고법 부장판사(현)

윤강욱(尹康旭) YOON KANG WOOK

(생)1970·9·25 (출)인천 (주)세종특별자치시 도움5로 20 법제처 경제법제국(044-200-6638) (학)1989년 인하대사대부고졸 1995년 서울대 독어독문학과졸 2006년 네덜란드 라이덴대 대학원 법학과졸 2014년 법학박사(서울대) (경)1996년 행정고시 합격(40회) 1997년 문화관광부 사무관 2001년 법제처 사무관 2009·2012년 同경제법제국 법제관 2014년 중앙공무원교육원 교수요원 2014년 법제처 법령해석정보국 경제법령해석과장 2015년 同대변인 2016년 同대변인(부이사관) 2017~2019년 경기도 파견(부이사관) 2019년 법제처 법제정책국 행정기본법제추진단팀장 2019년 同경제법제국 법제관(현)

윤건영(尹建榮) Yoon Geon-Young

(생)1960·4·28 (주)충청북도 청주시 서원구 청남로 2065 청주교육대학교 총장실(043-299-0600) (학)1987년 서울대 사범대학 윤리교육과졸 1990년 同대학원 윤리교육과졸 1994년 교육학박사(서울대) (경)1987~1988년 대치중 교사 1988~1993년 서울대 사범대학 윤리교육과 조교 1990~1993년 한국도덕윤리교육학회 간사·사무국장 1990~1994년 서울대·성신여대·서울교대 강사 1994년 청주교대 윤리교육과 부교수 1997~2000년 同학생처장 1998~1999년 同교무처장 겸임 1999년 한국국민윤리학회 연구이사 1999년 교육부 중학교교과서심의위원회 위원(현) 2000년 충북개발연구원 충북학연구소 편집위원(현) 2000년 청주서부경찰서 행정발전위원(현) 2000년 한국동서철학회 감사(현) 2016년 청주교대 총장(현) (저)'民主市民을 위한 倫理·道德(共)'(1992, 형설출판사) '한국인의 민족정신(共)'(1993, 한국국민윤리학회) '세계의 윤리·도덕교육(共)'(1998, 교육과학사) '도덕·윤리 교과교육학 개론(共)'(1998, 교육과학사) '도덕과 교육론(共)'(2001, 교육과학사) (역)'가치와 존재(共)'(1994, 교육과학사) '인격교육과 덕교육(共)'(1995, 배영사)

윤건영(尹建永) YUN Kun Young

(생)1969·9·26 (출)부산 (주)서울특별시 종로구 청와대로 1 대통령비서실 국정기획상황실(02-770-0011) (학)1988년 부산 배정고졸 1993년 국민대 무역학과졸 1997년 同대학원 경제학과졸 (경)1991년 국민대 총학생회장 1996~1998년 한라그룹 근무 1996~1998년 성북청년회 창립·운영위원 1998~2002년 서울 성북구의회 의원 2001~2003년 국회의원 보좌관 2002~2003년 개혁국민정당 기획팀장 2003~2008년 대통령 정무2비서관실 행정관·대통령 기획조정비서관실 행정관·대통령 정무기획비서관 2009년 (주)베스타사이트 기획실장 2010년 민주당 부대변인 2012년 민주통합당 제18대 문재인 대통령후보 중앙선거대책위원회 정무행정팀장 2017년 더불어민주당 제19대 문재인 대통령후보 중앙선거대책본부 종합상황본부 제2상황실 부실장 2017년 대통령 국정상황실장 2018년 대통령 국정기획상황실장(현) (상)국민대총동문회 자랑스런 국민인의 상(2019) (저)'한국정치, 이대로는 안된다(共)'(2007) '노무현, 한국정치 이의 있습니다(共)'(2009) '야만의 정치 vs 관용의 정치'(2010)

윤 경(尹 瓊) YOON Kyeong

(생)1960·10·1 (본)남원(南原) (출)대전 (주)서울특별시 강남구 테헤란로 439 연당빌딩 7층 더리드 법률사무소(02-2135-1662) (학)1979년 대전고졸 1983년 서울대 법대졸 1985년 同대학원 법학과졸 1996년 미국 듀크대 로스쿨졸(LL.M.) (경)1985년 사법시험 합격(27회) 1988년 사법연수원 수료(17기) 1988년 부산지법 판사 1993년 서울지법 의정부지원 판사 1996년 同서부지원 판사 1999년 서울지법 판사 2000년 서울고법 판사 2001년 대법원 재판연구관 2003년 춘천지법 부장판사 2004년 사법연수원 교수 2007~2010년 서울중앙지법 부장판사 2010~2018년 법무법인 바른 변호사 2018년 더리드 법률사무소 변호사(현) (저)'보전처분의 실무' '부동산 경매의 실무'

윤경근(尹慶根) YOON, KYUNG-KEUN

(생)1963·1·14 (본)파평(坡平) (출)서울 (주)서울특별시 종로구 종로3길 33 (주)KT 광화문빌딩East 재무실(1588-0010) (학)한성고졸, 성균관대 경제학과졸, 연세대 국제대학원 경제학과졸, 미국 드폴대 경영대학원 회계학과졸 (경)한국통신 연구개발단 경영연구본부 경영분석연구실 근무, 同무선통신사업추진단 종합계획국 전략계획부 근무, 同신규무선부문 자회사설립추진전담반 근무, 同PCS사업실무추진위원회 사업준비반 근무, 미국 Motorola사 파견 2001년 KTF 기획조정실 전략기획팀장, 同IMT전략팀장, 同기업전략팀장, 同사업조정팀장, 同경영기획팀장 2004년 同전략기획부문 변화관리실장(상무보) 2005년 同전략기획부문 혁신추진실장(상무보) 2006년 同전략기획부문 비전추진실장(상무보), (주)KT 경영전략실장(상무보) 2015~2016년 同비서실 2담당 마스터PM(상무) 2017년 同윤리센터 상무 2018년 同경영기획부문 재무실장(상무) 2018년 同경영기획부문 재무실장(전무)(현) (역)'정보통신 뉴미디어 세계'(1995)

윤경돈(尹敬敦) Yoon Kyung Don

(생)1961·7·7 (출)부산 (주)부산광역시 연제구 토곡로 26 연제경찰서(051-750-0321) (학)부산 동아고졸 1985년 경찰대 법학과졸(1기), 부산대 대학원 법학과졸 (경)1985년 경위 임관 1997년 경감 승진 2005년 울산 중부경찰서 수사과장 2005년 경정 승진 2006년 부산 영도경찰서 수사과장 2007년 부산 남부경찰서·부산진경찰서·동래경찰서·해운대경찰서·부산진경찰서 형사과장 2014년 부산지방경찰청 치안지도관(총경) 2015년 울산지방경찰청 수사과장 2016년 부산 사상경찰서장 2016년 부산지방경찰청 홍보담당관 2017년 부산 서부경찰서장 2019년 부산지방경찰청 형사과장 2019년 부산 연제경찰서장(현)

윤경로(尹慶老) YOON Kyoung Ro

(생)1947·4·20 (본)해평(海平) (출)경기 양주 (주)서울특별시 용산구 청파로47다길 27 서현빌딩 3층 민족문제연구소 친일인명사전편찬위원회(02-969-0226) (학)1967년 경동고졸 1974년 고려대 인문대학 사학과졸 1978년 同대학원 역사교육학과졸 1988년 문학박사(고려대) (경)1981~2005년 한성대 인문대학 역사문화부 교수 1981년 同학보사 주간 1986년 同민족문화연구소장 1986년 역사문제연구소 연구위원 1987년 서울YMCA 운영위원 1989~2000년 경제정의실천시민연합 상임집행위원 1990~1998년 안암역사연구회 회장 1992년 서울YMCA 평화와 이즈맨 부회장 1993년 경제정의실천시민연합 조직위원장 1995년 한국기독교역사학회 회장 1996년 경제정의실천시민연합 통일협회

운영위원장 1996년 신사회공동선연합 운영위원 1997년 도산사상연구회 부회장 1997년 경제정의실천시민연합 상임집행위원장 1998년 한성대 교무처장 겸 총장 직대 1999년 미국 워싱턴대 교환교수 2000년 한성대 교수협의회장 2001~2005년 한국기독교역사연구소 소장 2001년 백범학술원 운영위원 2002~2004년 한성대 교무처장 2003년 민족문제연구소 친일인명사전편찬위원회 위원장(현) 2003~2006년 경제정의실천시민연합 통일협회 이사장 2003년 서울YMCA 시민논단위원회 위원장 2004~2010년 국사편찬위원회 운영위원 2005~2009년 한성대 총장 2009~2018년 도산학회 회장 2010~2014년 문화재청 근대문화재위원 2011년 대통령직속 사회통합위원회 위원 2012년 한성대 명예교수(현) 2015년 (사) 한국기독교역사연구소 이사장(현) 2016년 희망새물결 고문(현), 민족문제연구소 이사(현) (상)교육부장관표창(2005), 청조근정훈장(2012), 제9회 독립기념관 학술상(2013) (저)'105인사건과 신민회 연구' '한국근대사의 기독교사적 이해' '안창호 일대기' '새문안교회 100년사' '한국 근현대사의 성찰과 고백' (역)'105인 사건 공판 참관기' (종)기독교

윤경로(尹景老) YOON Kyung Roh

(생)1953 · 5 · 3 (본)해평(海平) (출)경기 오산 (주)경기도 성남 분당구 양현로166번길 15 장수빌딩 205호 (사)글로벌인재경영원(031-701-0898) (학)1971년 경기고졸 1976년 서울대 법과대학졸 (경)1980년 한화그룹 경영기획실 · 뉴욕지사 · 한양화학 외자과장 1988년 (유)듀폰코리아 구매부장 1991년 (유)듀폰 아시아태평양인재개발담당 상무 2004년 (유)듀폰코리아 아시아태평양인사담당 전무 2005년 한국액션러닝협회 초대회장 2009년 한국퍼실리테이터협회 초대회장 2012~2013년 (유)듀폰코리아 부사장 2013년 (사)글로벌인재경영원 원장(현) 2015년 한양대 특임교수(현) 2016년 한국산업교육학회 공동회장

윤경림(尹京林) YOON Kyoung Lim

(생)1963 · 6 · 14 (출)경기 (주)서울특별시 서초구 헌릉로 12 현대자동차 오픈이노베이션전략사업부(080-600-6000) (학)1986년 서울대 경영학과졸 1988년 한국과학기술원(KAIST) 경영과학과졸(석사) 1997년 경제학박사(한국과학기술원) (경)1988~1997년 (주)데이콤 근무 1997년 하나로통신 근무 1998년 同마케팅실 상품기획1팀장(부장급) 1998년 同마케팅실장(이사대우) 2000년 同상무보 2003년 同마케팅실장(상무) 2004년 同마케팅실장(전무) 2004년 同마케팅부문장(전무) 2004년 하나로텔레콤(주) 마케팅부문장(전무) 2005년 同영업부문장(COO · 전무) 2006년 (주)KT 신사업추진실장 2006년 同신사업추진본부장(전문임원) 2008년 同미디어본부장(상무) 2009년 同컨텐츠TFT장 2009~2010년 同서비스개발실장(상무) 2010년 CJ그룹 기획2팀 부사장대우 2011년 CJ(주) 기획팀장 겸 경영연구소장(부사장대우) 2011~2014년 同사업2팀장(부사장대우) 2014년 (주)KT 미래융합전략실장(전무) 2015년 同미래융합사업추진실장(전무) 2015~2018년 同미래융합사업추진실장(부사장) 2016~2019년 한국VR산업협회(現 한국VRAR산업협회) 회장 2018년 (주)KT 남북협력사업개발TF 비즈니스모델(BM)/인프라분과장 겸임 2018~2019년 同글로벌사업부문장(부사장) 2019년 현대자동차 오픈이노베이션전략사업부장(부사장)(현) (상)동탑산업훈장(2017) (종)천주교

윤경립(尹景立) YUN Kyung Lip

(생)1957 · 6 · 10 (출)서울 (주)서울특별시 영등포구 국제금융로2길 36 유화증권(주) 회장실(02-3770-0219) (학)1976년 서울고졸 1982년 고려대 사학과졸 1992년 서강대 경영대학원 최고경영자과정 수료 1994년 전국경제인연합회 국제경영원 최고경영자과정 수료 1997년 同정보전략최고경영자과정 수료 (경)1984년 유화증권(주) 입사 1986년 同영동지점 과장 1987년 同법인부 과장 1988년 同인수공모부 과장 1988년 同업무부 차장 1988년 同용산지점장 1989년 同이사 1991년 同상무이사 1995년 同전무이사 1997년 同대표이사 부사장 2000년 同대표이사 사장 2010년 同대표이사 회장(현) 2010년 同이사회 의장 (종)기독교

윤경병(尹景炳) YOON Kyung Byung

(생)1956 · 3 · 10 (출)서울 (주)서울특별시 마포구 백범로 35 서강대학교 화학과(02-715-2569) (학)1979년 서울대 화학과졸 1981년 한국과학기술원(KAIST) 석사 1989년 무기촉매학박사(미국 휴스턴대) (경)1989년 서강대 화학과 교수(현) 2000~2001년 대한화학회 이사 2001년 同기획부회장 2005~2007년 아시아화학회연합회(FACS) 사무총장 2005년 대한화학회 학술부회장 2007~2013년 국제제올라이트학회(IZA) Councilor 2008년 서강대 화학과장 2008~2016년 아시아 · 오세아니아광화학연합회(APA) Councilor 2009~2011년 서강대 자연과학부학장 2009년 同인공광합성연구센터장(현) 2010년 국제순수및응용화학연맹(IUPAC) 무기화학 국가대표(현) (상)Dow Chemical Co. 우수연구상(1987), 대한화학회 무기화학분과 학술상(1997), 대한민국특허기술대전 금상(2002), 서강 학술상(2002), 자랑스러운서강인상 로욜라상(2006), 대한화학회 이태규학술상(2007), 대한민국특허기술대전 동상(2007), 대한민국학술원상(2008), 대한민국특허기술대전 금상(2008), 한국과학상 화학부문(2010), 서강희년상 교육학문부문(2010), 제1회 서강학술상 STAR부문(2016) (저)'일반화학'(1995)

윤경식(尹景湜) YOON Kyeong Sig (愚堂)

(생)1962 · 3 · 20 (본)파평(坡平) (출)충북 청주 (주)충청북도 청주시 서원구 원흥로 86 법무법인 청풍로펌(043-292-8008) (학)1981년 충북 청주고졸 1985년 서울대 법학과졸 (경)1984년 사법시험 합격(26회) 1987년 사법연수원 수료(16기) 1990년 변호사 개업 1996년 신한국당 청주흥덕지구당 위원장 1998년 법무법인 청풍 대표변호사 2000~2004년 제16대 국회의원(청주 흥덕, 한나라당) 2001년 한나라당 총재특보 2002~2004년 同원내부총무 2008년 제18대 국회의원선거 출마(청주 흥덕구甲, 한나라당) 2008년 한나라당 윤리위원회 부위원장 2008년 同청주흥덕구甲당원협의회 운영위원장 2009년 同충북도당 수석부위원장 2010~2011년 同충북도당 위원장 2010년 법무법인 청풍로펌 변호사(현) 2012년 새누리당 박근혜 대통령후보 충북경선대책본부장 2012년 제19대 국회의원선거 출마(청주 흥덕甲, 새누리당) (종)기독교

윤경아(尹景雅 · 女) YOON Kyung Ah

(생)1969 · 8 · 23 (출)서울 (주)서울특별시 송파구 법원로 101 서울동부지방법원(02-2204-2102) (학)1988년 진명여고졸 1992년 서울대 사법학과졸 1995년 同대학원 법학과졸 (경)1994년 사법시험 합격(36회) 1997년 사법연수원 수료(26기) 1997년 서울지법 동부지원 판사 1999년 서울지법 판사 2001년 춘천지법 판사 2004년 서울행정법원 판사 2007년 서울동부지법 판사 2008년 서울고법 판사 2010년 대법원 재판연구관 2012년 전주지법 부장판사 2013년 사법연수원 교수 2016년 서울행정법원 부장판사 2017년 대법원 대법관후보추천위원회 법관위원 2019년 서울동부지법 부장판사(현)

윤경우(尹炅雨) Gyongwoo Yun

(생)1963 · 6 · 21 (본)파평(坡平) (출)전북 정읍 (주)서울특별시 성북구 정릉로 77 국민대학교 글로벌인문 · 지역대학 중국학부(02-910-4460) (학)1990년 국민대 중어중문학과졸 1993년 미국 템플대 대학원 정치학과졸 2002년 정치학박사(미국 템플대) (경)1990년 21세기외국어학원 TOEFL강사 1993~1994년 동아일보 미주지사 기자 1999~2000년 미국 Empire Communications사 판매책임자 2000년 중국 수도경제무역대

학 경제학원 경제학과 외국인 교수 2000년 중국 연변대 인문경제학원 경제학과 외국인 교수 2002~2005년 울산대 동아시아연구센터 연구교수 2005~2017년 국민대 사회과학대학 국제학부 중국학전공 교수 2008~2010년 同신문방송사 주간 2014~2015년 同입학처장 2016년 同국제교류처장 2016~2019년 同대외협력부총장 2017년 同글로벌인문·지역대학 중국학부 교수(현) (저)'한류포에버 : 세계는 한류스타일'(2012) '중국 시진핑 지도부의 구성 및 특징 연구'(2013) '중국 권력엘리트와 한중교류 네트워크 분석 및 DB화'(2013) '사회과학도를 위한 중국학 강의(전면개정판)'(2015) (종)천주교

윤경원(尹卿元)

(생)1972·8·23 (출)전남 영암 (주)부산광역시 연제구 법원로 15 부산지방검찰청 총무과(051-606-45424) (학)1992년 순천고졸 1996년 서울대 중어중문학과졸 (경)1999년 사법시험 합격(41회) 2002년 사법연수원 수료(31기) 2002년 인천지검 부천지청 검사 2004년 광주지검 장흥지청 검사 2006년 수원지검 검사 2009년 서울중앙지검 검사 2012년 대구지검 검사 2015년 수원지검 안산지청 검사 2016년 同안산지청 부부장검사 2017년 울산지검 공판송무부장 2018년 부산지검 여성아동범죄조사부장 2019년 同부부장검사(현) 2019년 駐중국대사관 파견(현)

윤경필(尹敬弼)

(생)1962 (출)전북 부안 (주)경기도 용인시 처인구 중부대로1161번길 71 용인세무서(031-329-2200) (학)전북사대부고졸, 세무대학졸(1기) (경)세무공무원 임용(8급 특채) 1983년 경기 안양세무서 근무 1999년 국세청 납세자보호과 근무 2009년 사무관 승진 2011년 국세청 개인납세국 사무관 2013년 서울지방국세청 세원분석국 사무관 2014년 서기관 승진 2016년 서울지방국세청 조사3국 2과 서기관 2016년 강원 홍천세무서장 2017년 중부지방국세청 성실납세지원국 개인납세2과장 2018년 서울 도봉세무서장 2019년 경기 용인세무서장(현)

윤경현(尹慶鉉) YOON Kyung Hyun

(생)1956·2·12 (본)해남(海南) (출)서울 (주)서울특별시 동작구 흑석로 84 중앙대학교 소프트웨어학부(02-820-5308) (학)1981년 중앙대 전자계산학과졸 1983년 同대학원 전자계산학과졸 1988년 미국 코네티컷대 대학원 전자계산학과졸 1991년 공학박사(미국 코네티컷대) (경)1991년 중앙대 소프트웨어학부 조교수·부교수·교수(현) 1997년 同가상학습지원센터 소장 2002년 同정보산업대학원 부원장 2002년 한국멀티미디어학회 학술이사·부회장 2003년 한국정보과학회 컴퓨터그래픽스분과 운영위원장 2005년 한국컴퓨터그래픽스학회 회장 2007년 중앙대 대학원 부원장 2009~2010년 同기획처장 2010년 한국정보과학회 이사 2012년 중앙대 자연공학부총장 2016~2017년 同다빈치SW교육원장 2014년 한국특허정보원 비상임이사(현) 2019년 중앙대 소프트웨어대학장 겸 다빈치SW교육원장(현) (상)문화관광부장관표창(2006·2007) (저)'수치해석(共)'(2001) (종)가톨릭

윤경희(尹敬熙) YUN Gyeong Hui

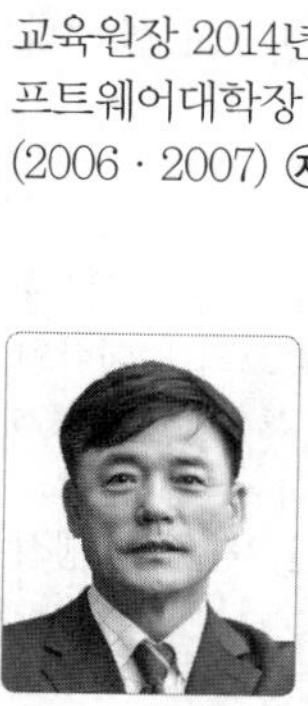

(생)1959·8·23 (출)경북 청송 (주)경상북도 청송군 청송읍 군청로 51 청송군청 군수실(054-870-6002) (학)위덕대 경영대학원 경영학과졸 (경)(주)유창기업 대표이사, (주)청송동국 대표이사, 청송군생활체육회 이사, 청송군배드민턴협회 회장, 민주평통 자문위원, 한나라당 경북도지부 청년위원장 2002~2006년 경북도의회 의원(한나라당) 2006~2007년 경북 청송군수(한나라당) 2014년 경북 청송군수선거 출마(무소속) 2018년 경북 청송군수(자유한국당)(현) (상)'한국의 영향력 있는 CEO' 리더십경영부문 대상(2019)

윤 관(尹 錧) YUN Kwan

(생)1935·4·1 (본)해남(海南) (출)전남 해남 (학)1953년 광주고졸 1958년 연세대 법과대학 법학과졸 1999년 명예 법학박사(연세대) (경)1958년 고등고시 사법과 합격(10회) 1959년 공군 법무관 1962년 광주지법 판사 1970년 광주고법 판사 1972년 대법원 재판연구관 1973~1975년 광주지법 장흥지원장·순천지원장 1975년 서울민사지법 부장판사 1977년 서울형사지법 부장판사 1979년 광주고법 부장판사 1980년 서울고법 부장판사 1981년 서울지법 북부지원장 1982년 서울고법 수석부장판사 1983년 청주지법원장 1984년 전주지법원장 1986년 대법원 판사 1986~1993년 중앙선거관리위원회 위원장 1988~1993년 대법관 1993~1999년 대법원장 1999~2003년 법무법인 화백 고문변호사 2000~2009년 영산대 명예총장 겸 석좌교수 2003~2009년 법무법인 화우 고문변호사 2004~2014년 영산법률문화재단 이사장 (상)자랑스러운 연세인상(1994), 청조근정훈장(1999), 자랑스러운 해남윤씨상(2000), 국민훈장 무궁화장(2015) (저)'신 형법각론'(1962, 삼성당)

윤관석(尹官石) YOUN Kwan Suk

(생)1960·8·17 (본)파평(坡平) (출)서울 (주)서울특별시 영등포구 의사당대로 1 국회 의원회관 644호(02-784-4380) (학)1979년 서울 보성고졸 1984년 한양대 신문방송학과졸 (경)1997~1999년 민주개혁을위한인천시민연대 사무처장 1998~2007년 실업극복국민운동 인천본부 사무처장·이사 2004~2006년 열린우리당 인천시당 사무처장 2005~2007년 민주평통 인천남동구위원회 위원 2007년 대통합민주신당 제17대 대통령중앙선거대책위원회 인천경기총괄실장 2008년 통합민주당 제18대 총선 인천시선거대책위원회 대변인 2008년 민주당 인천시남동구乙지역위원회 위원장, 同인천시당 대변인, 同중앙당 부대변인 2010~2011년 인천시 대변인 2012년 제19대 국회의원(인천시 남동구乙, 민주통합당·민주당·새정치민주연합·더불어민주당) 2012년 민주통합당 원내부대표 2012~2013년 同원내대변인 2012년 국회 문화체육관광방송통신위원회 위원 2012년 민주통합당 제18대 대통령중앙선거대책위원회 전국유세단장 2012~2016년 한·쿠웨이트의원친선협회 부회장 2013~2015년 국회 평창동계올림픽및국제경기대회지원특별위원회 야당 간사 2013년 국회 공직자윤리위원회 위원 2013년 국회 미래창조과학방송통신위원회 위원 2013·2014년 국회 교육문화체육관광위원회 위원 2013년 민주당 '을'지키기경제민주화추진위원회 위원 2013년 同정책위원회 부의장 2013년 同당무위원 2014년 국회 윤리특별위원회 위원 2014년 새정치민주연합 수석사무부총장 2014~2015년 同조직강화특별위원회 간사 2014~2015년 同정책엑스포조직위원회 추진부단장 2015년 同제5정책조정위원회 위원장 2015년 국회 평창동계올림픽및국제경기대회지원특별위원회 야당 간사 2015~2016년 더불어민주당 제5정책조정위원장 2016년 제20대 국회의원(인천시 남동구乙, 더불어민주당)(현) 2016년 더불어민주당 전국대의원대회준비위원회 당무발전분과위원장 2016년 더좋은미래 운영간사(현) 2016~2017년 더불어민주당 서민주거TF 주거공급소위원회 위원장 2016~2018년 국회 국토교통위원회 위원 2016년 더불어민주당 인천남동구乙지역위원회 위원장(현) 2016~2017년 국회 민생경제특별위원회 간사 2016년 더불어민주당 수석대변인 2017년 同제19대 문재인 대통령후보 중앙선거대책위원회 공보단 공동단장 2017년 同민생상황실장 2017년 한·카메룬의원친선협회 회장(현) 2017년 국회 정치개혁특별위원회 간사 2018년 국회 헌법개정 및 정치개혁특별위원회 위원 2018년 더불어민주당 인천시당 위원장(현) 2018년 국회 국토교통위원회 간사(현) 2019년 더불어민주당 정책위원회 수석부의장(현) (상)민주통합당 선정 국감우수의원(2012), 국회 선정 입법 및 정책개발우수의원(2012), NGO모니터단 선정 국감우수의원(2012), 대한민국 국회의원 의정대상(2013), 새정치민주연합 선정 국정감사 우수의원(2014), 법률소비자연맹 '제20대 국회 1차년도 국회의원 헌정대상'(2017), 대한민국 유권자대상(2017) (저)자서전 '99를 위한 대변자'(2011)

윤광림(尹廣林) YOUN Gwang Lim

(생)1950·7·26 (본)파평(坡平) (출)전남 장흥 (주)서울특별시 서초구 동산로 9-5 502호 에이치산업(주)(02-585-1423) (학)1972년 광주상고졸 1977년 명지대 무역학과졸 (경)1984년 신한은행 입행 1990년 同외환업무부 과장 1993년 同영업추진부 차장 1993년 同고객만족센터팀장 1994년 同하계동출장소장 1994년 同하계동지점장 1996년 同안양지점장 1998년 同구월동지점장 1998년 同구월동기업금융지점장 2000년 同역삼동기업금융지점장 2002년 同중소기업본부 영업추진본부 부본부장 2002년 同부행장 2006~2009년 제주은행장 2010~2011년 스마일저축은행장 2011년 서울송도병원 고문 2016년 에이치산업(주) 대표이사(현) 2017년 (주)대우건설 사외이사 겸 감사위원(현) (상)은행감독원장표창(1994), 산업자원부장관표창(1998) (종)불교

윤광선(尹光善) YOON Kwang Sun (聖泉)

(생)1945·8·27 (본)해평(海平) (출)강원 김화 (주)경기도 군포시 공단로 356-3 한국자동차관리사협회(031-429-4972) (학)1965년 서울공고졸 1969년 한양대 전기공학과졸 (경)1965~1969년 공보처 중앙방송국 조정과 근무 1971년 駐越 사이공방송국 엔지니어 1973년 KBS 중계부 근무 1980년 同대전·부여중계소장 1985년 同방송연수원 차장 1988년 올림픽조직위원회 파견 1989년 KBS 방송망관리국 회선담당차장 1990년 同방송기기정비실 검사부 차장 1991년 同기술위원 1991년 同광주방송총국 기술국장 1993년 同감사2부장 1996년 同시설1부장 1997년 同방송망관리국 당진송신소장 1998년 同라디오기술국장 2000년 同기술연구소장 2001년 同방송문화연구원 교수(국장급) 2002~2004년 同수원센터 연수원 교수 2012년 한국자동차관리사협회 대표회장(현) 2012년 한민족응원문화운동본부(붉은호랑이) 상임부총재(현) (상)한국방송대상 라디오기술부문(2000) (종)기독교

윤광웅(尹光雄) YOON Kwang Ung

(생)1942·10·13 (출)부산 (주)서울특별시 중구 다동길 5 광일빌딩 801호 (사)대한민국해양연맹(02-844-4121) (학)1961년 부산상고졸 1966년 해군사관학교졸(20기) 1971년 미국 해군상륙전학교 수료 1976년 미국 해군참모대학졸 1984년 국방대학원졸 (경)1985년 충남함장 1986년 작전사령부 81훈련전대장 1987년 해군본부 작전참모부 편제처장 1989년 818연구위원장 보좌관·기획처장 1990년 합동참모본부 전략기획국 차장 1991년 同전력발전부 2차장 1991년 작전사령부 5성분전단장·한국 최초 세계일주 순항 사령관 1993년 합동참모본부 통합군기획단 부단장·평가부장 1993년 2함대사령관 1995년 국방부 획득개발국장 1996년 해군본부 전투발전단장 1997년 해군작전사령관 1998년 해군 참모차장(중장) 2001년 (사)대한민국해양연맹 부총재 2001년 현대중공업 고문 2003년 국무총리 비상기획위원회 위원장 2004년 대통령 국방보좌관 2004~2006년 국방부장관 2015년 (사)대한민국해양연맹 고문(현) (상)보국훈장 천수장(1990), 보국훈장 국선장(1997), 미국정부 Legion of Merit 공로훈장(2000)

윤교찬(尹敎贊) YOON Kyo Chan

(생)1957·12·27 (주)대전광역시 대덕구 한남로 70 한남대학교 사범대학 영어교육과(042-629-7414) (학)1982년 서강대 영어영문학과졸 1984년 同대학원졸 1986년 미국 노스캐롤라이나주립대 대학원졸 1994년 문학박사(서강대) (경)1986~1988년 서강대·상명여대 강사 1988~1999년 한남대 사범대학 영어교육과 전임강사·조교수·부교수 1996~1997년 미국 오레곤대 교환교수 1999년 한남대 사범대학 영어교육과 교수(현) 2000년 한국영미문학교육학회 연구이사 2003~2004년 필리핀국립대 한국학강의 교수 2005~2006년 한남대 교육대학원장 2007년 한국영미문학교육학회 감사(현) 2007년 한국중등영어교육학회 편집위원 2008년 한남대 교육연구소장 2009년 한국중등영어교육학회 부회장 2011년 한남대 교육연구소장 2016~2018년 同사범대학장 2018년 同교육대학원장(현) 2018년 同교육연수원장 겸 한남학술연구원장(현) (상)우수학술도서상(1998) (저)'노튼 포스트모던 미국소설'(2003) '미국소설 명장면 모음집(共)'(2004) (역)'문학비평의 전제'(1998) '탈식민주의 길잡이'(2003)

윤권하(尹權夏) Kwonha Yoon

(생)1960·8·27 (본)해남(海南) (출)전남 강진 (주)전라북도 익산시 무왕로 895 원광대학교병원 원장실(063-859-2000) (학)1979년 금오공고졸 1992년 원광대 의대졸 1998년 同대학원 의학석사 2002년 의학박사(전북대) (경)1993~1998년 울산대 서울아산병원 영상의학과 전공의·전임의 1998~2008년 원광대 의과대학 전임강사·조교수·부교수 1998년 일본 구마모토·츠쿠바·카나자와대 방문교수 2000년 캐나다 토론토대 방문교수 2001~2008년 원광대 익산방사선영상과학연구소장 2009~2012년 전북테크노파크 방사선영상기술센터장 2010년 전북도 과학기술위원회 방사선분과위원장(현) 2012년 원광대 의과대학 영상의학과 교수(현) 2013~2015년 同의생명융복합연구원장 2013년 보건복지부 보건의료기술정책심의위원회 전문위원(현) 2016년 원광대병원 의생명연구원장 2019년 同병원장(현) (상)대학방사선의학회 최우수학술상(1999), 대한복부방사선연구회 최우수논문상(2000), 북미방사선의학회 Cum Laude(2001), 국무총리표창(2006), 전북도지사표창(2009), 한국인터넷정보학회 최우수논문상(2015), 보건복지부장관표창(2015) (저)'복부영상의학'(2010) (역)'X-선영상광학'(2007)

윤규선(尹奎善) Yoon, Kyu Seon

(생)1960·2·15 (주)서울특별시 강남구 테헤란로 127 하나캐피탈(주) 비서실(02-2037-1122) (학)1977년 경기고졸 1987년 고려대 경제학과졸 (경)1988년 금성투자금융 입사 1991년 보람은행 단기금융2부 행원 1994년 同인사부 대리 1995년 同전략기획팀 대리 1998년 하나은행 신천동지점장 직대 2000년 同PB지원팀 조사역 2002년 同인력지원부 차장 2002년 同東압구정지점장 2006년 同수원지점장 2010년 同Small Business사업부장 2011년 同Small Business본부장 2012년 同중소기업본부장 2014년 同리테일영업추진본부장 겸 리테일영업추진2본부장(전무) 2014년 同영업기획본부장(전무) 2015년 同채널1영업그룹총괄전무 2015년 同마케팅그룹장(전무) 2015년 KEB하나은행 서울西영업그룹장(전무) 2016년 同기업고객지원그룹장(부행장) 2017년 하나캐피탈(주) 대표이사 사장(현)

윤규식(尹奎植) Yoon Kyu-Sik

(생)1953·11·25 (본)파평(坡平) (출)경북 영천 (학)1983년 경기대 행정학과졸 1987년 고려대 대학원 윤리학과졸 2006년 정치학박사(경남대) (경)1986~1999년 국방정신교육원 북한학·국가안보·통일담당 전임강사 1999~2013년 육군종합행정학교 북한학·국가안보·통일담당 교수 2009~2012년 경기대·경북대 북한·통일·국제관계담당 초빙교수 2013~2015년 합동군사대학교 북한·통일·국가안보담당 교수 2015년 한국자유총연맹 사무총장, 북한미래문제연구소 소장(현) (상)보국훈장 광복장(2011) (저)'집중해부 북한·북한군'(2012, 국방부) 외 다수 (종)천주교

윤근수(尹根洙) YOON Geun Soo

(생)1964 · 1 · 19 (출)부산 (주)부산광역시 연제구 법원로 12 로윈타워 법무법인 해인(051-506-5016) (학)1982년 부산 중앙고졸 1986년 서울대 법대졸 (경)1985년 사법시험 합격(27회) 1988년 사법연수원 수료(17기) 1988년 軍법무관 1991 · 1996 · 2000년 부산지법 판사 1994년 同동부지원 판사 1998년 부산고법 판사 2003년 창원지법 부장판사 2005~2008년 부산지법 부장판사 2009년 변호사 개업 2011년 종합법률사무소 준경 변호사 2012년 법무법인 해인 대표변호사(현)

윤근영(尹瑾寧) Keun Young Yun

(생)1966 · 12 · 2 (출)충북 음성 (주)서울특별시 종로구 율곡로2길 25 연합뉴스 편집국 총괄데스크팀(02-398-3114) (학)1984년 청주 청석고졸 1991년 연세대 정치외교학과졸 2011년 미국 미주리대 글로벌리더십과정 수료 (경)1992년 연합통신 경제2부 기자 1994년 同사회부 기자 1996년 同문화생활부 기자 1998년 연합뉴스 경제부 기자 2003년 同노조위원장 2004년 同증권부 차장대우 2005년 同경제부 차장대우 2011년 同증권부장 2013년 同경제부장 2015년 同편집국 국제기획뉴스부장 2015년 同편집국 국제경제부장 2015년 同편집국 국제경제부장(부국장대우) 2016년 同편집국 전국부장(부국장대우) 2016년 同편집국 소비자경제부장(부국장대우) 2017년 同디지털뉴스부장(부국장대우) 2018년 同논설위원(부국장대우) 2019년 同편집국 총괄데스크팀 근무(부국장대우) 2019년 同편집국 총괄데스크팀 선임(현) (상)한국기자협회 이달의 기자상(2011)

윤근창(尹根昌)

(생)1975 · 5 · 1 (주)서울특별시 강동구 천호대로 1077 이스트센트럴타워 15~18층 휠라코리아(주)(02-3470-9504) (학)1999년 미국 캘리포니아대 데이비스교 컴퓨터공학과졸 2001년 한국과학기술원 컴퓨터공학과졸(석사) 2007년 미국 로체스터대 대학원 금융 · 컴퓨터&정보시스템 MBA 수료 (경)2001~2005년 삼성테크윈 · 케어라인 소프트웨어기술 담당 2007~2015년 휠라USA 입사 · CFO 2015년 휠라코리아(주) 전략기획본부장, 同풋웨어본부장 2017년 同경영관리본부장(부사장) 2018년 同대표이사 사장(현)

윤근환(尹勤煥) YUN Kun Hwan (度硲)

(생)1929 · 1 · 28 (본)해남(海南) (출)전남 함평 (주)서울특별시 관악구 관악로 1 서울대학교총동창회(02-702-2233) (학)1950년 함평농고졸 1954년 서울대 농대졸 1968년 농학박사(서울대) (경)1962년 농촌진흥청 연구조정과장 1969년 同농업경영연구소장 1970년 농림부 농업경영연구소장 1970년 대통령 경제비서관 1974~1979년 농림수산부 농산 · 식산차관보 1979년 농촌진흥청 농업기술연구소장 1980년 同청장 1982~1988년 농업협동중앙회 회장 겸 농민신문 사장 1985년 전국은행연합회 부회장 1986년 범민족올림픽추진중앙협의회 부의장 1987년 아 · 태지역 식량유통기관협의회 의장 1988년 농림수산부 장관 1989년 한국주택은행 이사장 1993~1998년 농어촌진흥공사 이사장 1998~2003년 농우회 회장 2000년 서울대총동창회 부회장 2014년 同재정관리위원(현) (상)홍조근정훈장, 청조근정훈장 (종)기독교

윤금진(尹錦鎭 · 女) Keum-jin Yoon

(생)1957 · 11 · 1 (출)서울 (주)서울특별시 용산구 서빙고로 137 국립박물관문화재단(02-2077-9700) (학)1976년 정신여고졸 1980년 이화여대 사범대학 영어교육과졸 1982년 同대학원 영어학과졸 2003년 단국대 문화예술대학원 문화관리학과졸 2014년 문화인류학박사(한양대) (경)한국국제문화협회 근무, 한국국제교류재단 출판부장, 同국제협력1부장 2001년 同문화교류팀장 2005년 同문화센터 소장 2010년 同문화예술교류부장 2013년 同워싱턴사무소장 2014~2017년 同교류협력이사 2017년 국립박물관문화재단 사장(현)

윤 기(尹 基) YOON Ki

(생)1942 · 1 · 1 (출)서울 (학)1960년 경복고졸 1965년 서울대 문리과대학 정치학과졸 (경)1966년 합동통신 정치부 기자 1979년 同일본특파원 1981년 연합통신 일본특파원 1982년 同경제부 차장 1983년 同지방2부장 1986년 同경제1부장 1988년 同경제담당 부국장 1989년 同내신담당 부국장 1991년 同편집국장 1994~1997년 同편집제작담당 상무이사 1995~2000년 민주평통 자문위원 1996~1997년 한국신문방송편집인협회 이사 2000~2005년 언론중재위원회 서울제3중재부 위원

윤 기(尹 璣)

(생)1967 (주)서울특별시 영등포구 국제금융로6길 38 KIS채권평가(주) 임원실(02-3215-1411) (학)1993년 연세대 경영학과졸 (경)1993년 공인회계사 시험 합격 1993년 삼일회계법인 공인회계사 1998년 한국신용평가 입사 2006년 同ABS2실장 2010년 同기업 · 금융평가본부 이사 2015년 同C&C총괄본부장(이사) 2016년 同C&C총괄본부장(상무) 2019년 KIS채권평가 대표이사 사장(현)

윤기관(尹基官) YOON Ki Kwan

(생)1952 · 8 · 10 (출)충남 서천 (주)대전광역시 유성구 대학로 99 충남대학교 경상대학 무역학과(042-821-5551) (학)1975년 성균관대 무역학과졸 1980년 同대학원졸 1990년 무역학박사(영남대) (경)1981~1984년 경남대 무역학과 전임강사 · 조교수 1984~2017년 충남대 경상대학 무역학과 교수 1992년 한국환경경제학회 이사 1995년 한국국제통상학회 이사 1995~2004년 대전충남국제통상연구회 회장 2000~2005년 한국무역학회 부회장 · 이사 2000~2005년 한국국제통상학회 부회장 2002~2004년 한국동북아경제학회 이사 · 편집위원 2004~2005년 한국무역통상학회 부회장 2004~2007년 한국무역전시학회 회장 2005~2006년 한국정책학회 부회장 2006년 한국국제통상학회 회장 2007~2008년 한국동북아경제학회 회장 2008년 충남대 무역학과장 2009~2010년 아시아유럽미래학회 부회장 2009년 제6회 아시아학세계총회추진단 해외학회유치위원장 2017년 충남대 명예교수(현) (상)통일원장관표창(1994), 충남대 최우수연구상(2002) (저)'무역학원론'(1994) '국제통상론'(1996) '남북한 무역경제'(2001) '현대무역의 이해'(2003) '국제통상의 이해'(2004) '현대북한의 이해'(2004)

윤기봉(尹基奉) YOON Kee Bong

(생)1958 · 3 · 15 (본)파평(坡平) (출)서울 (주)서울특별시 동작구 흑석로 84 중앙대학교 공과대학 기계공학부(02-820-5328) (학)1977년 인창고졸 1981년 서울대 공대 기계공학과졸 1983년 한국과학기술원 기계공학과졸(석사) 1990년 기계공학박사(미국 Georgia Institute of Technology) (경)1983~1986년 한국표준연구소 재료표준실 연구원 1986~1990년 미국 Georgia Institute of Technology GRA Teaching Fellow 1990~1995년 한국표준과학연구원 신소재특성평가센터 선임연구원 1995년 산업자원부 가스안전공사 가스안전기술심의위원 1995~2001년 중앙대 공대 기계공학부 조교수 · 부교수 2001년 同교수(현) 2001~2005년 미국 Georgia Institute of Technology 재료공학부 연구원 2003년 미국 아칸소대 기계공학과 겸직교수 2005년

중앙대 공과대학 학장보 2006년 현대자동차 수소연료전지자동차 수소안전자문위원 2006년 대통령자문 정책기획위원회 위원 2007년 에너지기술혁신과제첨단에너지안전시스템기획단 단장 2007년 LPG안전포럼 위원장 2008년 중앙대 차세대에너지안전연구소장, 同에너지안전연구소장, 한국제품안전학회 부회장 2009년 중앙대 연구지원처장 2009~2012년 同산학협력단장 2010년 전국대학교산학협력단 단장·전국대학교연구처장협의회 회장 2011년 중앙대 에너지인력양성사업단장(현) 2013~2015년 산업통상자원부 에너지안전전문위원회 위원장 2014년 同가스기술기준위원회 위원 2015년 미래창조과학부 과학기술규제개선 옴부즈맨 (상)산업포장(1997), 유담학술상(1999), 늘푸른에너지공학상(2008), 기술이전사업화경진대회 우수상(2010), 대한민국 환경·에너지대상 학술대상(2017) (저)'파손분석사례집' '공정 플랜트의 위험성 및 신뢰성 관리' (종)기독교

윤기수(尹其洙) YUN Ki Soo

(생)1956·9·3 (본)파평(坡平) (주)서울특별시 마포구 양화로 45 (주)세아베스틸(02-6970-2073) (학)광주고졸 1978년 홍익대 금속공학과졸 (경)1990년 세아특수강 영업부 입사 1994년 同포항공장장 2000년 同영업소장 2003년 (주)세아베스틸 영업본부장 2007년 同기술연구소장 겸 특수강생산본부장 2009년 同영업본부장 2012년 同특수강사업본부장 2014년 同특수강사업부문장 2014년 同특수강사업부문 대표이사 부사장 2015~2019년 세아창원특수강(주) 영업부문장 2018년 (주)세아베스틸 특수강사업부문 각자대표이사 사장 겸임 2019년 同고문(현) (상)2016 자랑스러운 홍익인상(2017)

윤기원(尹琪源) Ki Won Yoon

(생)1960·12·6 (출)경기 안성 (주)서울특별시 강남구 강남대로 308 랜드마크타워 법무법인(유) 원(02-3019-5457) (학)1979년 충암고졸 1984년 서울대 법학과졸 1987년 同대학원 법학과 수료 (경)1984년 사법시험 합격(26회) 1987년 사법연수원 수료(16기) 1996년 법무법인 자하연 구성변호사 1999~2003년 대한변호사협회 이사 1999년 건설부 자동차보험진료수가분쟁심의위원회 위원 2000~2002년 민주사회를위한변호사모임 사무총장 2001년 의문사진상규명위원회 자문위원 2001~2006년 함께하는 교육시민모임 회장 2001~2008년 법무법인 자하연 대표변호사 2003~2004년 방송위원회 심의위원 2003년 국가인권위원회 행정심판위원회 위원 2003~2004년 교육정보화위원회 위원 2004~2006년 민주사회를위한변호사모임 부회장 2005~2007 대검찰청 정책자문위원회 위원 2006년 교육혁신위원회 교원정책개선특별위원회 위원 2006~2016년 사학연금관리공단 연금운영위원회 위원 2006~2009년 국가인권위원회 비상임위원 2009년 법무법인(유) 원 대표변호사(현) 2013년 학교법인 상문학원 이사(현)

윤기중(尹起重) YOON Ki Jung

(생)1931·12·19 (본)파평(坡平) (출)충남 공주 (주)서울특별시 서초구 반포대로37길 59 대한민국학술원(02-3400-5220) (학)1956년 연세대 상대 경제학과졸 1958년 同대학원 경제학과졸 (경)1961~1968년 한양대 경제학과 조교·전임강사·조교수 1968~1973년 연세대 상경대학 조교수·부교수 1973~1997년 同응용통계학과 교수 1973년 同산업경영연구소장 1976년 한국통계학회 회장 1977년 연세대 재무처장 1990년 同상경대학장 1991년 한국경제학회 부회장 1992년 同회장 1997년 연세대 상경대학 응용통계학과 명예교수(현) 2001년 대한민국학술원 회원(경제학·현) (상)국민훈장 석류장(1997), 삼일문화상(1999), 자랑스런 연세상경인상 공로상(2008) (저)'통계학'(1965) '수리통계학'(1975) '통계학개론'(1983) 'SPSS를 이용한 통계자료분석'(1987) '한국경제의 불평등 분석'(1997) (역)'페티의 경제학'(2005) '사망표의 제관찰'(2008) '아일랜드의 경제적 해부'(2011)

윤길준(尹吉埈) YOON Kil Joon

(생)1957·4·22 (본)파평(坡平) (출)서울 (주)서울특별시 중구 남대문로9길 24 동화약품(주) 부회장실(02-2021-9300) (학)숭문고졸, 고려대 경영학과졸 1988년 同경영대학원 수료 (경)1985년 동화약품공업(주) 입사 1991년 同이사 1992~1994년 同경영관리담당 상무이사 1995~1996년 同전무이사 1996년 同부사장 2003년 同대표이사 사장 2008년 同부회장 2009년 동화약품(주) 부회장(현) (상)보건복지부장관표창, 국민포장, 대통령포장 (종)기독교

윤길준(尹吉俊) YOON Kil Joon

(생)1972·11·14 (주)세종특별자치시 도움5로 20 법제처 사회문화법제국(044-200-6690) (학)전북대사대부고졸, 전주대 행정학과졸 (경)법제처 경제법제국 서기관 2007년 同수요자중심법령정보추진단 경제법령정보팀장 2008년 同사회문화법제국 법제관 2009년 국외 훈련 2011년 법제처 사회문화법제국 법제관 2013년 KOTRA 외국인투자지원센터 파견(과장급) 2014년 법제처 법제지원단 법제관 2015년 同경제법제국 법제관 2018년 同기획조정관실 법제정보담당관 2018년 同사회문화법제국 법제관(현)

윤난실(尹蘭實·女) YUN Nan Sil

(생)1965·12·23 (본)해남(海南) (출)전남 강진 (주)경상남도 창원시 의창구 중앙대로 300 경상남도청 사회혁신추진단(055-211-4750) (학)1984년 광주여고졸, 광주교대 3년 중퇴 (경)1989년 광주지역노동조합협의회 사무차장 1998년 민주노총 광주전남본부 총무기획국장 2001~2002년 민주노동당 광주시지부 부지부장 2002~2006년 광주시의회 의원(민주노동당) 2005년 민주노동당 비상대책위원회 위원 2005년 전남지방노동위원회 공익위원 2006년 광주시의원선거 출마(민주노동당) 2006년 광주MBC 라디오 시사프로그램 '시선집중광주' 진행 2007년 5.18기념재단 기획위원 2009년 진보신당 중앙당 부대표 2009년 同광주시당 위원장 2010년 광주시장선거 출마(진보신당) 2011년 통합진보당 광주시당 공동위원장 2013~2017년 광주 광산구공익활동지원센터 초대 센터장 2018년 경남도 사회혁신보좌관 2019년 同사회혁신추진단장(현) (상)한국지방자치학회 우수조례특별상(2005), 제1회 장애인인권상(2005) (저)'아름다운 왕따들'(2006) '진보콘서트'(2010) (종)기독교

윤남근(尹南根) YOON Nam Geun

(생)1956·5·21 (본)파평(坡平) (출)충북 제천 (주)서울특별시 성북구 안암로 145 고려대학교 법학전문대학원(02-3290-1907) (학)1975년 경동고졸 1984년 서울대 법학과졸 1988년 同대학원 법학과 수료 (경)1984년 사법시험 합격(26회) 1987년 사법연수원 수료(16기) 1987~2002년 대전지법·수원지법·서울동부지법·서울중앙지법 판사 1995~1996년 미국 Yale Law School Visiting Scholar 2002~2007년 창원지법 진주지원·인천지법 부천지원·서울동부지법 부장판사 2007년 고려대 법학전문대학원 교수(현) 2008년 대한상사중재원 중재인(현) 2008년 법률신문 편집위원(현) 2011~2017년 국가인권위원회 인권위원 2011년 공정거래위원회 하도급분쟁조정협의회 위원장(현) 2013년 한국공정거래조정원 이사(현) 2016년 금융채권조정위원회 위원(현) 2016년 대한상사중재원 이사(현) 2017년 대한중재인협회 부회장(현) 2017년 한국도산법학회 회장(현) 2018년 대검찰청 검찰수사심의위원회 위원(현) (상)산업통상자원부장관표창(2016), 대통령 근정포장(2017) (저)'채무자회생 및 파산에 관한 법률(E-Book)(共)'(2012, 로앤비) '주석형법(총칙)(共)'(2013)

윤남진(尹姊溱 · 女)

(생)1957 · 2 · 17 (주)충청북도 청주시 상당구 상당로 82 충청북도의회(043-220-5135) (학)괴산여고졸, 중원대 사회복지학과졸 (경)전국주부교실 괴산군지회장, 한국자유총연맹 괴산군지회 여성회장, 동양생명 괴산영업소장 2010년 충북 괴산군의회 의원(비례대표, 민주당 · 민주통합당 · 민주당 · 새정치민주연합), 괴산북중 운영위원장 2014~2018년 충북 괴산군의회 의원(새정치민주연합 · 더불어민주당) 2016년 더불어민주당 충북도당 문장대온천개발저지특별위원장 2018년 충북도의회 의원(더불어민주당)(현) 2018년 同건설환경소방위원회 부위원장(현)

윤대근(尹大根) YOON Dae Geun

(생)1947 · 6 · 29 (본)파평(坡平) (출)경북 구미 (주)서울특별시 강남구 삼성로96길 23 DB Inc. 컨설팅부문 금융연구소(02-2136-6000) (학)1966년 경기고졸 1972년 서울대 공대 토목공학과졸 1975년 미국 캘리포니아대 버클리교 대학원 토목과졸 1977년 미국 로체스터대 대학원졸 (경)1977년 삼척산업(주) 미주지사장 1979년 同이사 1983년 同상무이사 1985년 동부산업(주) 상무이사 1988년 동부제강(주) 상무이사 1989년 同전무이사 1991년 同부사장 1993~2002년 同사장 1996년 동부텔레콤 사장 2002년 동부전자(주) 사장 2002년 동부아남반도체 대표이사 사장 2003년 同대표이사 부회장 2004년 동부그룹 전자부문 부회장 2007~2009년 동부하이텍 대표이사 부회장 2010년 동부건설 부회장 2012년 동부CNI 회장 2015년 (주)동부 회장 2017년 DB Inc. 컨설팅부문 금융연구소 회장(현) (상)한국철강협회 철강대상(1996), 산업포장(2000)

윤대성(尹大星) YOUN Dai Sung

(생)1939 · 2 · 27 (본)파평(坡平) (출)함북 회령 (주)경기도 안산시 단원구 예술대학로 171 서울예술대학교 공연창작학과(031-412-7300) (학)1957년 보성고졸 1961년 연세대 법학과졸 1964년 드라마센터연극아카데미 수료 (경)1964~1970년 한일은행 입행 · 대리 1967년 동아일보 신춘문예에 희곡 당선 1971~1979년 서울연극학교 강사 1973~1980년 MBC 전속작가 1980~1998년 서울예술전문대학 전임강사 · 조교수 · 부교수 1998년 서울예술대학 공연창작학과 교수, 同명예교수(현) 2004년 한국종합예술대학 연극원 객원교수 2011년 대한민국예술원 회원(연극 · 현) (상)동아연극상 특별상(1969), 한국연극영화 예술상 2회, 서울신문 문화대상, 현대문학상(1973), 대한민국연극제 희곡상, 대통령표창, 대한민국 방송대상, 국민포장, 한국연극예술상, 제23회 동랑 유치진 연극상(2000) (저)'윤대성 희곡집'(1990, 청하) '남사당의 하늘'(1994, 정우사) '극작의 실제' '당신, 안녕'(2002, 평민사) '윤대성 희곡전집'(2004, 평민사), 자전소설 '고백'(2018, 월인) (작)희곡 '노비문서' '출세기' '신화1900' '방황하는 별들' '사의 찬미' '이혼의 조건' '제국의 광대들' '세 여인' '꿈꿔서 미안해' '한 번만 더 사랑할 수 있다면' '아름다운 꿈 깨어나서' '동행' (종)가톨릭

윤대영(尹大榮) YOON Dai Young

(생)1952 · 3 · 10 (출)서울 (주)서울특별시 강남구 역삼로33길 3 대화기기(주)(02-558-1711) (학)1970년 서울고졸 1978년 한국외국어대 화란어과졸 1990년 연세대 경영대학원졸 2008년 보건학박사(인제대) (경)1977년 대한항공 근무 1979년 대화실업 대표 1983년 대화기기(주) 대표이사 사장 1999년 삼성GE의료기기(주) 초음파사업부장(부사장) 2000~2007년 GE Medical Systems Healthcare Korea 대표이사 2007년 대화기기(주) 회장(현) 2007년 한국수입업협회 부회장 2009~2011년 한국의료기기산업협회 회장 2013~2016년 (재)원주의료기기테크노밸리 이사 (상)7천만불 수출의탑(2001), Fortune Korea 선정 한국경제를 움직이는 인물(2011), 국민포장(2012) (종)천주교

윤대영(尹大永)

(생)1970 · 11 · 15 (출)대구 (주)광주광역시 동구 준법로 7-12 광주지방검찰청 인원감독관실(062-231-4544) (학)1989년 대구 능인고졸 1994년 한양대 법학과졸 (경)1999년 사법시험 합격(41회) 2002년 사법연수원 수료(31기) 2002~2007년 감사원 변호사 2007년 수원지검 성남지청 검사 2009년 대구지검 서부지청 검사 2011년 서울북부지검 검사 2014년 의정부지검 고양지청 검사 2016년 광주지검 부부장검사 2017년 수원지검 안산지청 부부장검사 2018년 창원지검 통영지청 형사1부장 2019년 광주지검 인권감독관(현)

윤대원(尹大元) YOON Dai Won

(생)1945 · 6 · 23 (출)평남 용강 (주)서울특별시 영등포구 버드나루로 55 학교법인 일송학원 이사장실(02-2629-1125) (학)용산고졸 1969년 가톨릭대 의대졸 1977년 의학박사(가톨릭대) (경)1975년 중앙대 전임강사 1975년 한강성심병원 외과 과장 1981년 강남성심병원 외과 과장 · 부원장 1984년 한림대 부교수 · 교수 1987년 同한강성심병원 병원장 1988년 同의무부총장 · 의료원장 1989년 학교법인 일송학원(한림대재단) 이사장(현) (종)천주교

윤대인(尹大仁) YOON Dai In

(생)1950 · 3 · 23 (출)서울 (주)서울특별시 영등포구 버드나루로 69 삼천당제약(주) 비서실(02-595-0392) (학)1968년 경기고졸 1974년 서울대 고고인류학과졸 1978년 同대학원 수료 1986년 미국 롱아일랜드대 경영대학원졸(MBA) (경)1983년 (주)소화그룹 회장(현) 1983~1987년 한림대의료원 한강강동성심병원 행정부원장 1987년 삼천당제약(주) 대표이사 사장 1987년 한강성심병원 행정부원장 1994년 삼천당제약(주) 대표이사 회장(현) 1994년 학교법인 일송재단 운영본부장 1998년 한림대의료원 강동성심병원 이사장(현) (종)천주교

윤대진(尹大鎭) YOON Dae Jin

(생)1964 · 11 · 13 (출)충남 청양 (주)경기도 수원시 영통구 법조로 91 수원지방검찰청(031-210-4200) (학)1983년 서울 재현고졸 1989년 서울대 법학과졸 (경)1993년 사법시험 합격(35회) 1996년 사법연수원 수료(25기) 1996년 서울지검 검사 1998년 수원지검 여주지청 검사 1999년 부산지검 동부지청 검사 2001년 수원지검 검사 2003~2004년 대통령 사정비서관실 특별감찰반장 2004년 전주지검 검사 2005년 대검찰청 국가수사개혁단 검찰연구관 2006년 同연구관 2008년 서울서부지검 검사 2009년 同부부장검사 2009년 대전지검 홍성지청 부장검사 2010년 서울동부지검 부부장검사 2011년 대검찰청 첨단범죄수사과장 2012년 同중앙수사부 중앙수사2과장 2013년 서울중앙지검 특별수사2부장 2014년 광주지검 형사2부장 2015년 대전지검 서산지청장 2016년 부산지검 제2차장검사 2017년 서울중앙지검 제1차장검사 2018년 법무부 검찰국장(검사장급) 2019년 同검찰총장후보추천위원회 위원 2019년 수원지검장(현)

윤대현(尹大鉉) YOON Dai Hyun

(생)1955 · 4 · 3 (출)대구 (주)서울특별시 서대문구 거북골로 34 명지대학교 인문대학 디지털아카이빙연구소(02-300-1845) (학)1974년 대구 계성고졸 1979년 경희대 화학과졸 1990년 이학박사(경희대) (경)1989년 일본 도쿄대 연구원 1990~1996년 경희대 화학과 강사 1992년 총무처 정부기록보존소 공업연구관 1998년 행정자치부 정부기록보존소 보존과장 2004년 국가기록원 보존관리과장 2006년 同기록정보화팀장 2007년 同

기록관리부장 2010년 한국정보화진흥원 국가정보화조정관 2014~2015년 한국지역정보개발원 정보보호본부장 2015년 명지대 인문대학 디지털아카이빙연구소 연구교수(현) (상)대통령표창(1998), 홍조근정훈장(2009) (저)'기록물 보존학'(2011)

윤대희(尹大熙) YOON Dae Hee

(생)1949 · 10 · 24 (출)인천 (주)대구광역시 동구 첨단로 7 신용보증기금(053-430-4015) (학)1968년 제물포고졸 1973년 서울대 경영학과졸 1982년 미국 캔자스대 대학원 경제학과졸 1982년 서울대 행정대학원졸 2007년 경제학박사(경희대) (경)1975년 행정고시 합격(17회) 1995년 재정경제원 교육문화예산담당관 1995년 同재정계획과장 1997년 同총무과장 1998년 駐제네바대표부 참사관 2001년 재정경제부 공보관 2002년 同국민생활국장 2003년 새천년민주당 수석전문위원 2003년 열린우리당 수석전문위원 2004년 재정경제부 기획관리실장 2005년 同정책홍보관리실장 2005년 대통령 경제정책비서관 2006년 대통령 경제정책수석비서관 2007~2008년 국무조정실장 2008년 한국증권선물거래소 사외이사 2008~2012년 경원대 경제학과 석좌교수 2009년 한국거래소 사외이사 2012년 가천대 경제학과 석좌교수 2014~2018년 同글로벌경제학과 석좌교수 2014년 (주)LG 사외이사 2018년 신용보증기금 이사장(현) (상)녹조근정훈장(1995), 홍조근정훈장(2009), 인천중 · 제물포고총동창회 올해의 제고인상(2013)

윤덕권(尹德權)

(생)1970 · 8 · 31 (주)울산광역시 남구 중앙로 201 울산광역시의회(052-229-5125) (학)울산대 전자계산학과졸 (경)더불어민주당 중앙당 부대변인, 同울산시당 국립병원유치위원회 울주군 공동위원장 2018년 울산시의회 의원(더불어민주당)(현) 2018년 同행정자치위원장(현), 울산시교육청 명예감사관(현)

윤덕룡(尹德龍) Yoon, Deok Ryong

(생)1959 · 8 · 28 (출)경북 의성 (주)세종특별자치시 시청대로 370 대외경제정책연구원 국제거시금융실 국제거시팀(044-414-1068) (학)1988년 독일 킬(Kiel)대 경제학과졸 1993년 同대학원 경제학과졸 1995년 경제학박사(독일 킬대) (경)1988~1990년 독일 킬대 이론경제연구소 연구조교 1993~1995년 同부설 세계경제연구소 연구원 1996년 연세대 통일연구원 연구교수, 同객원교수 2000~2001년 한국경제연구원 연구위원 2001~2011년 대외경제정책연구원(KIEP) 국제거시금융실 연구위원 · 선임연구위원 2003년 同국제거시금융실장 2003년 한국태평양경제협력위원회(KOPEC) 사무국장 2003~2008년 북한경제전문가 100인포럼 회원 2008~2010년 국민경제자문회의 자문위원 2009년 북한정책포럼 운영위원(현) 2009~2013년 한국투자공사(KIC) 운영위원 2011년 대외경제정책연구원 국제경제실 선임연구위원 2014년 同국제거시금융본부 국제거시팀 선임연구위원(현) 2017년 한국국제금융학회 부회장 2018년 同회장(현) (저)'독일의 화폐통합이 주는 시사점'

윤덕홍(尹德弘) YOON Deok Hong

(생)1947 · 4 · 19 (본)파평(坡平) (출)대구 (주)서울특별시 영등포구 국회대로 750 금산빌딩 508호 시니어금융교육협의회(02-3775-1402) (학)1965년 경북고졸 1969년 서울대 사범대학 사회교육과졸 1974년 同교육대학원 사회교육과졸 1986년 일본 도쿄대 대학원졸 1992년 사회학박사(일본 도쿄대) (경)1969~1977년 이화여고 교사 1979~1989년 영남전문대 전임강사 · 조교수 · 부교수 1989~2003년 대구대 사범대학 일반사회교육과 조교수 · 부교수 · 교수 1994년 同기획처장 1994년 대구사회연구소 연구위원 1995년 한국사회과교육학회 부회장 1997년 전국민주화교수협의회 공동의장 1998년 한국사회과교육학회 회장 1998년 대학수학능력출제위원회 부위원장 2000~2003년 대구대 총장 2000년 한국대학교육협의회 대구 · 경북지회장 2003년 부총리 겸 교육인적자원부 장관 2004년 제17대 국회의원선거 출마(대구 수성구乙, 열린우리당) 2004년 한국정신문화연구원 원장 2005~2007년 한국학중앙연구원 원장 2007~2012년 대구대 사범대학 일반사회교육과 교수 2008~2010년 민주당 최고위원 2008~2013년 더좋은민주주의연구소 공동이사장 2012년 우리경제연합회 이사장 2014년 새정치민주연합 경북도당 공직선거후보자추천관리위원회 위원장 2015년 同국정자문회의 자문위원 2015년 同대구시당 윤리심판위원장 2017년 더불어민주당 제19대 문재인 대통령후보 자문단 '10년의 힘 위원회' 상임고문 2018년 (사)시니어금융교육협의회 회장(현) (상)청조근정훈장(2012) (저)'현대를 움직이는 사상들'(1989) '현대속의 한국사회'(1993) '사회문화' '현대사회의 종합적 이해'(1998) '한국사회의 변동'(1999) (역)'현대 일본사회의 이해'(1994)

윤도근(尹道根) YOON Do Keun

(생)1935 · 2 · 17 (본)파평(坡平) (출)충북 청원 (주)서울특별시 마포구 와우산로 94 홍익대학교 건축학과(02-320-1106) (학)1953년 청주공고졸 1958년 홍익대 건축학과졸 1965년 同대학원 건축계획과졸 1977년 프랑스 에꼴데보자르 마르세이유 건축예술대학 건축학과 수료 1980년 건축학박사(홍익대) (경)1955~1956년 김중업건축연구소 근무 1958~1959년 구조사건축기술연구소 근무 1960~1961년 한국은행 영선과 설계실 근무 1961~2000년 홍익대 건축학과 교수 1967~1968년 프랑스 국립건축과학기술연구소 현대건축기술분야 연구원 1976~1981년 서울시 건축심의위원 1981~1994년 한국정신문화연구원 한국민족문화대백과사전 편집위원 1981~1997년 중앙건설 기술심의위원 1982년 대한민국건축대전 초대작가 1983~1988년 서울올림픽대회조직위원회 디자인 및 환경장식 전문위원 1985~2000년 정보통신부 조달사무소 건축자문위원 1988~1992년 홍익대 환경대학원장 1989년 청와대신축공사 건축자문위원 1989~1994년 조달청 감리고문 1989~1993년 헌법재판소청사 건축심의위원 1989~1998년 서울시도시개발공사 건설심의위원 1989~1993년 대전세계박람회조직위원회 건축전문위원 1990~1992년 한국건축가협회 회장 1990~2000년 (사)한국예술문화단체총연합회 부회장 1990~1997년 대한민국도시환경문화상 심사위원 1991~1994년 한국전기통신공사 건축기술자문위원장 1992~1996년 (사)한국실내디자인학회 회장 1992~1996년 한국공항공단 공항건설자문위원 1992년 국가안전기획부 건설자문위원 1992년 수도권신국제공항 여객터미널 국제현상설계심사위원 1993~2000년 국립중앙박물관 건설위원(제3기 위원장) 1993~2001년 대한교원공제회 신규건설공사추진자문위원 1994~1997년 대한주택공사 사옥건설자문위원 1994~2015년 (재)한솔문화재단 이사 1996~2000년 한국수자원공사 설계자문위원 1996년 (사)한국실내디자인학회 명예회장(현) 1996~1998년 홍익대 대학원장 1996~2002년 철도청 철도건설계 자문위원 1998년 대한상사중재원 중재인 1998~1999년 문화관광부 건축문화의해조직위원회 부위원장 2000년 아시아유럽정상회의 국제회의장 건설전문위원 2000년 홍익대 건축학과 명예교수(현) 2002~2006년 3.1문화상 예술부문 심사위원 2003년 (사)한국건축가협회 명예회장(현) 2003~2005년 인천국제공항 2단계건설 건축설계자문위원 2007년 (사)한국공간디자인학회 명예회장(현) 2017년 UIA서울세계건축대회 명예건축위원회 위원(현) (상)대한건축학회상 작품부문(1988), 동탑산업훈장(1994), 한국예술문화단체총연합회 예술문화대상(1994), 한국실내디자인학회 공로상(1996) (저)'건축계획각론(共)'(1974) '건축설계제도(共)'(1979) '건축계획(共)'(1988) '건축학 개론(共)'(1994) '건축 제도, 설계입문(共)'(2000) '건축설계 · 계획'(2008) (역)'실내디자인(共)'(1976) '실내디자인과 장식'(1980) '건축디자인 방법론'(1981) '건축환경 디자인원리의 전

개'(1986) '실내건축 디자인'(1994) (작)'유네스코 한국회관 현상설계 1등 당선'(1958) '한국은행 외국부설계'(1960) '홍익대 신관설계'(1965) '홍익대 부속초등학교 설계'(1966) '홍익여중설계'(1967) '프랑스대사관 관사 설계'(1972) '서울녹음스튜디오설계'(1973) '홍익대 문과대학설계'(1980) '홍익대 와우관 설계'(1983) '홍익대 문화체육관 설계'(1983)

윤도근(尹道根)

(생)1969·1·29 (출)전북 전주 (주)경기도 의정부시 녹양로34번길 23 의정부지방법원 총무과(031-828-0102) (학)1987년 전북 신흥고졸 1991년 연세대 경제학과졸 (경)1998년 사법시험 합격(40회) 2001년 사법연수원 수료(30기) 2001년 부산지법 예비판사 2002년 부산고법 예비판사 2003년 부산지법 판사 2005년 인천지법 판사 2008년 서울중앙지법 판사 2011년 서울서부지법 판사 2013년 서울동부지법 판사 2014년 서울고법 판사 2016년 대전지법 천안지원·대전가정법원 천안지원 부장판사 2018년 의정부지법 부장판사(현)

윤도준(尹道埈) YOON Doh Joon

(생)1952·2·21 (출)서울 (주)서울특별시 중구 남대문로9길 24 동화약품(주) 회장실(02-2021-9315) (학)1972년 서울고졸 1978년 경희대 의대졸 1982년 同대학원졸 1988년 의학박사(경희대) (경)1979~1983년 경희대 의대 신경정신과 레지던트 1983~1985년 한국정신병리·진단분류학회 간행부장 1989~2005년 경희대 의대 정신과학교실 조교수·부교수·교수 1991~1992년 스위스 산도스제약회사 연구소 Postdoctoral Research Fellow 1994년 대한신경정신의학회 학술부장 1994~1996년 대한생물정신의학회 총무이사 1997~2000년 대한정신약물학회 학술이사 1997년 국제신경정신약물학회(CINP) Fellow 1998~2000년 대한정신분열병학회 총무이사 2002년 대한정신약물학회 이사장 2003~2005년 경희대 의대 정신과학교실 주임교수 2003~2005년 경희대병원 정신과장 2005년 동화약품공업(주) 대표이사 부회장 2008~2019년 동화약품(주) 대표이사 회장 2008년 (재)가송재단(可松財團) 이사장(현) 2019년 동화약품(주) 회장(현) (상)(사)대한인터넷신문협회 INAK 보건상(2016), 동암약의상(2017)

윤도한(尹道漢) YOON Do Han

(생)1961·8·24 (출)서울 (주)서울특별시 종로구 청와대로 1 대통령 국민소통수석비서관실(02-770-0011) (학)서라벌고졸, 고려대 사회학과졸 (경)1985년 문화방송(MBC) 입사 2000년 同보도국 정치부 차장대우 2001년 同보도국 통일외교부 차장 2003년 同보도국 사회2부 차장 2003년 同보도국 사회1부 부장대우 2005년 同보도국 문화과학부장(부장대우) 2005년 同편집부 기자 2009년 同국제부 LA특파원 2009년 同국제부 부장급 2012년 同보도국 근무(부장급), 同논설위원 2019년 대통령 국민소통수석비서관(현)

윤도흠(尹道欽) YOON Do Heum

(생)1956·2·13 (주)서울특별시 서대문구 연세로 50-1 연세대학교 의료원(02-2228-0006) (학)1980년 연세대 의대졸 1984년 同대학원 의학석사 1991년 의학박사(연세대) (경)1980~1985년 연세대 의대 수련의·신경외과 전공의 1985년 국군서울지구병원 군의관 1988년 연세대 의대 연구강사 1990~2004년 同의대 신경외과학교실 전임강사·조교수·부교수 1993~1995년 미국 뉴욕 의대 연구원 2004년 연세대 의대 신경외과학교실 교수(현) 2007년 同세브란스병원 신경외과 과장, 대한척추신경외과학회 상임이사 2011~2012년 同회장 2012년 연세대 세브란스병원 제1진료부원장 2014~2016년 同세브란스병원장 2015년 한국의료분쟁조정중재원 비상임이사 2016~2018년 대한병원협회 학술위원장 2016년 연세대 의무부총장 겸 의료원장(현) 2016년 연세대의료원 국민고혈압사업단장 겸 의료원건설단장 2018년 대한병원협회 부회장(현) (상)JW중외 박애상(2017), 한반도 통일공헌대상 복지의료부문(2017)

윤동섭(尹東爕) Dong Sup Yoon

(생)1961·10·2 (주)서울특별시 강남구 언주로 211 강남세브란스병원(02-2019-3200) (학)1980년 경남고졸 1987년 연세대 의대졸 1997년 同대학원 의학석사 2003년 의학박사(고려대) (경)1987년 영동세브란스병원 인턴 1988~1992년 同외과 레지던트 1995~1997년 연세대 의대 간담췌외과학교실 강사 1997~2008년 同의대 외과학교실 전임강사·조교수·부교수 2007~2008년 강남세브란스병원 진료협력센터 소장 2008년 연세대 의대 외과학교실 교수(현), 同의대 외과학교실 주임교수, 강남세브란스병원 췌·담도암클리닉팀장, 同기획관리실장, 同외과부장 2017~2019년 한국간담췌외과학회 이사장 2018년 강남세브란스병원 병원장(현) 2019년 (사)강남구의료관광협회 회장(현)

윤동승(尹東勝) YWUN DONG SEUNG (東土)

(생)1956·5·27 (본)파평(坡平) (출)서울 (주)서울특별시 성동구 성수일로 10 서울숲 ITCT 지식산업센터 10층 와이즈와이어즈(주) 회장실(02-6430-5010) (학)한양대졸 2003년 미국 셰퍼드대 기독교신문방송학과졸 2005년 同대학원 기독교경영학과졸 (경)전자신문·뉴미디어 데스크(창립멤버), 일간공업신문 부국장, 전파신문 대표이사 발행인 겸 편집국장, 일간정보(IT Daily) 대표이사 발행인 겸 편집국장, 텔슨정보통신 상임고문, 월간 모바일타임즈 주필, 중국과학원 자동화연구소 고문, 중국 허베이성 창저우市 국가경제고문 2004년 한국정보통신이용자포럼(ITUF) 수석부회장 2005년 중국 허베이성 경제수석(경제특보) 2005~2007년 (주)인프라넷 부회장 2006~2010년 한국전자통신연구원(ETRI) 초빙연구원 2007년 중국 다롄시 IT발전위원회 부주임 2007년 한나라당 박근혜 대통령경선후보 IT특보 2008~2010년 (주)파워콜 회장 2008년 (사)한국방송통신이용자보호원 수석부회장 2011년 와이즈와이어즈(주) 상임고문 2012년 (사)한국방송통신이용자보호원 회장 2012년 와이즈와이어즈(주) 회장(현) 2012년 The Radio news 편집인·주필(현) 2012년 중국 톈진(天津)시 바오디(Baodi)개발구 경제수석고문 2012년 오피니언리더그룹 상임부회장 2013년 미래창조과학부 ICT정책고객 대표위원 2013년 (사)한국ICT이용자보호원 회장(현) 2014년 국회뉴스 발행인(현) (상)대통령표창(1999) (저)'100인 100색'(1999) (종)기독교

윤동욱(尹彤旭)

(생)1970·9·23 (출)전북 순창 (주)전라북도 군산시 시청로 17 군산시청(063-454-2251) (학)순창고졸, 한국외국어대 행정학과졸 (경)1996년 지방고시 합격(2회) 2006년 전북도 투자유치과장(서기관) 2006년 同의회사무처 교육복지위원회 전문위원 2007년 同관광진흥과장 2007년 同관광산업과장 2008년 同관광개발과장 2008년 새만금·군산경제자유구역청 투자기획부장 2009년 행정안전부 공무원노사협력관실 서기관 2009년 同기업협력지원관실 서기관 2012년 同지방분권지원단 파견 2012년 한국개발연구원 교육 파견 2016년 행정자치부 지방행정연수원 교육2과장 2016년 同기획조정실 정책평가담당관 2017년 행정안전부 기획조정실 정책평가담당관 2017년 同지방자치분권실 지역공동체과장(서기관) 2018년 同지방자치분권실 지역공동체과장(부이사관) 2018년 전북도 문화체육관광국장 2019년 전북 군산시 부시장(현)

윤동윤(尹東潤) YOON Dong Yoon

(생)1938·6·18 (본)파평(坡平) (출)부산 (주)서울특별시 강북구 솔매로 50길 43 KT미아빌딩 별관 2동 한국복지정보통신협의회(02-2636-2990) (학)1957년 부산고졸 1961년 서울대 법과대학 법학과졸 2003년 명예 경영학박사(한국정보통신대학원대) (경)1980년 체신공무원교육원 대전분원장 1981년 체신부 환금관리사무소장 1983년 同통신정책국장 1987년 同우정국장 1988년 同기획관리실장 1990년 同차관 1993~1994년 同장관 1995년 민자당 국책자문위원 1995년 행정쇄신위원 1995~1998년 한국정보문화센터 이사장 1996년 정보화추진협의회 의장 1998년 (사)한국복지정보통신협의회 이사장(현) 2003년 뉴미디어대상시상위원회 위원장 2003년 한국IT리더스포럼 회장(현) 2003년 (사)정우회 회장 2016~2017년 한국정보방송통신대연합(ICT대연합) 회장 (상)홍조근정훈장(1986), 청조근정훈장(1995), 정보통신대상(1996), 모바일혁신 공로상(2014)

윤동진(尹東珍) YOON Dong Jin

(생)1959·11·2 (주)대전광역시 유성구 가정로 267 한국표준과학연구원 산업응용측정본부(042-868-5030) (학)1983년 부산대 기계설계학과졸 1985년 同대학원졸 1995년 공학박사(한국과학기술원) (경)한국표준과학연구원 산업측정표준부 비파괴평가그룹 책임연구원 2005년 同환경안전계측센터 책임연구원 2008년 同안전계측연구단 책임연구원 2009년 同안전측정센터장 2016년 同산업측정표준본부장 2017년 同산업응용측정본부장(현) (상)한국비파괴검사학회 한양학술상(2005), 과학기술포장(2014) (저)'배관안전진단기술'(2000) '거시 및 미시파괴 관찰'(2004) '최신 비파괴평가기술'(2004)

윤동진(尹東鎭) YOON Dong Jin

(생)1968·12·12 (출)충북 증평 (주)세종특별자치시 다솜2로 94 농림축산식품부 농업생명정책관실(044-201-2407) (학)1987년 충북고졸 1991년 서울대 경영학과졸 2001년 네덜란드 바헤닝언대 대학원 식품산업학과졸 (경)1992년 행정고시 합격(35회) 1992년 농림부 기획예산과·무역진흥과·축산정책과 행정사무관 2003년 同기획예산담당관실 행정사무관 2003년 同기획예산담당관실 서기관 2004년 국무조정실 규제개혁기획단 파견 2005년 농림부 국제농업국 통상협력과장 2007년 駐OECD대표부 주재관 2011년 농림수산식품부 지역개발과장 2012년 同기획조정실 기획재정담당관(부이사관) 2013년 농림축산식품부 기획조정실 기획재정담당관 2013년 同유통정책과장 2014년 同식품산업정책관(고위공무원) 2014~2018년 駐제네바 유엔사무처및국제기구대표부 공사참사관 2018년 농림축산식품부 농림축산검역본부 동식물위생연구부장 2019년 同농업생명정책관(현)

윤동철(尹東喆) YOON DONG CHEOL

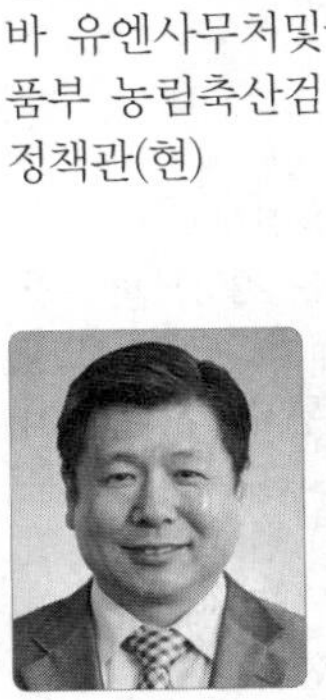

(생)1957 (주)경기도 안양시 만안구 성결대학로 53 성결대학교 총장실(031-467-8005) (학)1987년 성결대 신학과졸 1990년 미국 나사렛대 신학대학원 목회학과졸 1992년 미국 드류대 신학대학원 신학과졸 1994년 철학박사(미국 드류대) (경)목사 안수(예수교대한성결교회 무악교회), 창신교회 협동목사, 한국복음주의조직신학회의 초대 공동회장, 세계웨슬리언교회지도자협의회 지도위원, 성결대 신학부 교수(현), 同기획처장 2006년 同영암신학사상연구소장 2010년 同산학협력단장 2011년 同신학전문대학원장 2013년 同성결신학연구소장 2016년 同총장(현) 2017년 경기도그린캠퍼스협의회 부회장 2019년 同회장(현) (상)대통령표창(2018) (저)'새로운 무신론자들과의 대화'(도서출판 새물결플러스)

윤두진(尹斗珍)

(생)1960·4·15 (출)제주 제주시 (주)제주특별자치도 서귀포시 성산읍 일주동로4120번길 7 제주동부소방서(064-780-9134) (학)제주 함덕정보산업고졸, 탐라대 경영학과졸, 同행정대학원졸 (경)1984년 소방공무원 임용 2009년 제주서부소방서 소방행정과장 2011년 제주소방서 현장대응과장 2012년 제주도 소방안전본부 예방지도담당 2014년 同소방안전본부 방호구조과장(소방정) 2016년 제주소방서장 2017년 제주도 소방본부 소방정책과장 2018년 제주동부소방서장(현)

윤두한(尹斗漢) YOUN DOOHAN

(생)1974·1·27 (주)인천광역시 중구 서해대로 365-1 인천지방해양수산청 계획조사과(032-880-6281) (학)2008년 영국 카디프대 경영학부 해운경영학과졸 2009년 영국 웨일즈대 대학원 경영학과졸 (경)2003~2005년 부산지방해양수산청 항만물류과 근무 2005년 해양수산부 해양정책과 연안계획과 근무 2005~2007년 同항만국 항만정책과 근무 2007~2011년 국토해양부 기획관리실 행정관리담당관실·건설수자원실 해외건설과 근무 2011~2012년 국가경쟁력강화위원회 파견(과장급) 2013~2015년 駐리비아대사관 1등서기관(국토해양관) 2016년 해양수산부 해양정책실 해양수산생명자원과장 2018년 同허베이스피리트피해지원단 지원총괄팀장 2019년 인천지방해양수산청 계획조사과장(현)

윤두현(尹斗鉉) Yoon Doo Hyun

(생)1961·5·12 (본)파평(坡平) (출)경북 경산 (주)서울특별시 성북구 정릉로 77 국민대학교 행정정책학부(02-910-5777) (학)대구 심인고졸, 경북대 인문대학 영어영문학과졸, 건국대 행정대학원졸 (경)서울신문 기자 1995년 YTN 입사 2000년 同정치부 차장대우 2002년 同정치부 차장 2004년 同국제부장 2005년 同보도국 제작팀장 2005년 同미디어국 해외사업팀장 2007년 同홍보심의팀장 2008년 同국제부장 2008년 同정치부장 2010년 同보도국 부국장 2013년 同보도국장 2013년 디지털YTN(주) 대표이사 사장 2014년 YTN플러스(주) 대표이사 사장 2014~2015년 대통령 홍보수석비서관 2015년 한국케이블TV방송협회 회장 2017년 국민대 행정정책학부 행정학전공 특임교수(현) 2018년 자유한국당 6.13 전국지방선거 및 국회의원재보선 공천관리위원회 위원 2019년 同경북경산시당원협의회 조직위원장(현) 2019년 同당대표 특별보좌역(현) (상)자랑스러운 경북대 언론인상(2011) (종)불교

윤두환(尹斗煥) YOON Doo Hwan

(생)1955·3·5 (본)파평(坡平) (출)울산 (학)1975년 경주 삼익실업고졸 2000년 울산과학대학졸 2003년 영산대 경영학과졸 2005년 중앙대 행정대학원 도시환경행정학과졸 2008년 벤처경영학박사(숭실대) (경)1991~1997년 울산시 북구의회 의원 1997~1998년 울산시의회 의원 1998~2000년 울산시 북구의회 의장 1999~2002년 울산北축구연합회 회장 2000~2004년 제16대 국회의원(울산北, 한나라당) 2000년 국회 운영위원회 위원 2000~2002년 국회 행정자치위원회 위원 2001~2002년 한나라당 원내부총무 2003~2004년 同당대표 특별보좌역 2003~2004년 국회 예산결산특별위원회 위원 2005년 제17대 국회의원(울산北 재선거 당선, 한나라당) 2006~2007년 한나라당 전국위원회 부의장 2007~2009년 同울산시당 위원장 2008~2009년 同서민주거환경개선대책분과 위원장 2008~2009년 제18대 국회의원(울산北, 한나라당) 2016년 새누리당 울산북구당원협의회 운영위원장 2016년 제20대 국회의원선거 출마(울산 북구, 새누리당) 2017~2018년 자유한국당 울산북구당원협의회 운영위원장 (종)불교

윤두희(尹頭熙) DOOHEE YUN

[생]1973 · 7 · 1 [본]파평(坡平) [출]강원 춘천 [주]세종특별자치시 가름로 194 과학기술정보통신부 미주아시아협력담당관실(044-202-4340) [학]1992년 성수고졸 1996년 서울대 항공우주공학과졸 1998년 同대학원 항공우주공학과졸 2003년 항공우주공학박사(서울대) [경]2000년 서울대 기계공학공학부 조교 2003~2005년 삼성전자 무선사업부 SW개발 책임연구원 2005년 정보통신부 정보통신진흥국 통신경쟁정책과 사무관 2006~2008년 同통신전파방송정책본부 통신이용제도팀 사무관 2008~2009년 방송통신위원회 통신정책국 통신이용제도과 사무관 2009~2010년 同방송통신융합정책실 방송통신진흥정책과 사무관 2010~2012년 同위원장 수행비서관 2012~2014년 미국 벨연구소(알카텔루슨트, 現노키아) 방문연구원 2014~2015년 미래창조과학부 정보화전략국 재난안전통신망 기술방식선정TF 사무관 2015~2016년 同정보화전략국 정보화기획과 사무관 2016년 同정보통신정책실 인터넷융합정책관 정책총괄과 서기관 2017년 과학기술정보통신부 홍보담당관실 공보팀장 2018년 同미주아시아협력담당관(현) [상]방송통신위원장표창(2008), 부총리 겸 기획재정부장관표창(2016) [종]천주교

윤득수(尹得守)

[생]1968 · 8 · 31 [주]서울특별시 성북구 종암로27길 3 성북소방서(02-921-0119) [학]1983년 대륜고졸 2018년 서울시립대 대학원 도시행정학과졸 [경]1997년 소방위 임용(간부후보 9기) 2000년 행정자치부 소방국 예방과 근무 2004년 소방방재청 혁신인사기획관실 · 행정관리담당관실 근무 2008년 대전소방본부 구조구급팀장(소방령) 2011년 소방방재청 중앙119구조단 첨단장비팀장 · 정보화담당관실 근무 2012년 서울소방재난본부 조직경영팀장 · 소방정책팀장 2015년 서울 노원소방서장(소방정) 2016년 서울 중부소방서장 2019년 서울 성북소방서장(현) [상]국무총리표창(2007)

윤만호(尹萬鎬) Man Ho Yoon

[생]1955 · 1 · 23 [출]서울 [주]서울특별시 영등포구 여의공원로 111 태영빌딩 EY한영(02-3787-6600) [학]1973년 경복고졸 1978년 연세대 경제학과졸 1996년 미국 미시간주립대 국제전문가과정 수료 2010년 연세대 경영전문대학원 최고경영자과정 수료 [경]1978년 산업은행 조사부 입행 1988년 同싱가포르현지법인 Portfolio Manager 1992년 同조사부 산업금융팀장 1998년 同국제금융실 해외점포팀장 1999년 同국제금융실 IR팀장 2000년 同뉴욕지점 부지점장 2003년 同금융공학실장 2006~2007년 同트레이딩센터장 2006년 (사)코스다(KOSDA) 파생상품협의회 회장 2007년 산업은행 경영전략부장 2008년 금융연수원 겸임교수 2008년 산업은행 경영전략본부 부행장 2009년 同민영화추진사무국장(부행장) 2009년 KDB금융지주 부사장(COO) 2010년 대통령직속 미래기획위원회 자문위원 2012~2013년 KDB금융지주 사장(COO) 2012년 글로벌금융학회 부회장(현) 2012~2013년 KDB대우증권 비상무이사 2014년 EY한영 부회장(현) [상]재무부장관표창(1992), 금융감독위원회표창(2002), 국무총리표창(2005), 자랑스러운 연세상경인상(2012) [종]기독교

윤면식(尹勉植) Yoon, Myun-Shik

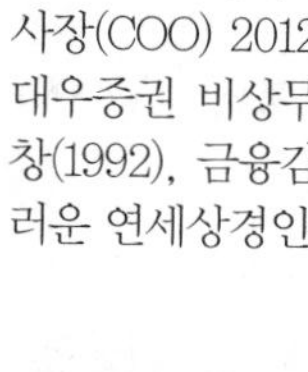

[생]1959 · 12 · 9 [주]서울특별시 중구 세종대로 67 한국은행 부총재실(02-759-4114) [학]1977년 고교 검정고시 합격 1983년 고려대 경영학과졸 1996년 미국 콜로라도대 대학원 경영학과졸 [경]1983년 한국은행 입행 1991년 同국제금융부 조사역 1996년 同자금부 조사역 1999년 同금융시장국 조사역 2001년 同정책기획국 선임조사역 2003년 同정책기획국 정책협력팀장 2005년 駐OECD대표부 파견 2008년 한국은행 정책기획국 최종대부자기능연구반장 2009년 同정책기획국 부국장 2011년 同경기본부장 2013년 同프랑크푸르트사무소장 2014년 同통화정책국장 2015년 同부총재보 2017년 同부총재(현) 2017년 同금융통화위원회 위원 겸임(현) [상]자랑스러운 검정고시인상(2017)

윤명규(尹明奎) YUN MYEONG GYU

[생]1961 · 7 · 11 [출]서울 [주]서울특별시 중구 장충단로 180 신세계건설(주) 임원실(02-3406-6628) [학]1983년 중동고졸 1989년 한양대 경영학과졸 [경]1989년 (주)신세계 입사 1999년 同이마트부문 창동점장 2001년 同이마트부문 서부산점장(부장) 2002년 同이마트부문 수산팀장 2007년 同이마트부문 청과팀장(수석부장) 2007년 同경영지원실 기업윤리실천사무국 팀장 2008년 同경영지원실 기업윤리실천사무국 팀장(상무보) 2010년 同이마트부문 인사담당 상무 2012년 (주)이마트 경영지원본부 인사담당 상무 2013년 同경영총괄부문 경영지원본부 물류담당 상무 2014년 (주)위드미에프에스 대표이사 2016년 신세계건설(주) 건설부문 대표이사(현)

윤명길(尹明吉) YOON Myung Kil (해암)

[생]1944 · 8 · 12 [출]부산 [주]부산광역시 서구 원양로 171 (주)동남 회장실(051-250-7020) [학]1962년 부산고졸 1969년 부산수산대 어업학과졸 1991년 同대학원 어업학과졸 [경]1972년 (주)남양사 근무 1974년 동원수산(주) 근무 1977년 (주)동남 대표이사 사장 1990~2002년 동남어업(주) 대표이사 1994년 한국원양어업협회 부회장 1995년 부산시한일문화교류협회 부회장 2000년 한국무역협회 이사 2002년 참손푸드(주) 대표이사 2007년 (주)동남 회장(현) 2018년 한국원양산업협회 회장(현) [상]철탑산업훈장(1993), 대통령표창, 2천만불 수출탑(2001), 금탑산업훈장(2005)

윤명로(尹明老) YOUN Myeung Ro

[생]1936 · 10 · 14 [본]해평(海平) [출]전북 정읍 [주]서울특별시 관악구 관악로 1 서울대학교 미술대학(02-880-5114) [학]1956년 전주사범학교졸 1960년 서울대 미대 회화과졸 1970년 미국 뉴욕 프래트그래픽센터 판화 전공 [경]1963년 프랑스 파리비엔날레 출품 1969년 이탈리아 판화트리엔날레 출품 1971년 프랑스 카뉴회화제 출품 1972~1984년 서울대 미대 서양화과 전임강사 · 조교수 · 부교수 1972~1982년 현대판화가협회 회장 1972년 이탈리아 베니스국제판화전 1974년 국전 초대작가 1978년 한국미술협회 이사 1984~2002년 서울대 미대 서양화과 교수 1986년 한국미술협회 부이사장 1987년 한국예술문화단체총연합회 이사 1987년 서울대 미술대학장보 1991년 同조형연구소장 1996~1997년 同미술대학장 2002년 同미술대학 명예교수(현) 2004년 대한민국예술원 회원(미술 · 현) 2010년 국립중국미술관 개인전 2013년 국립현대미술관 과천관 회고전 2014년 일본 판화협회 세계명예회원(현) [상]서울국제판화비엔날레 대상(1990), 종로문화상(1997), 옥조근정훈장(2002), 일본 가와기라린메이평론가상(2002), 대한민국문화예술상(2006), 보관문화훈장(2009), 가톨릭미술상 특별상(2016) [저]'한국현대판화'(1991) '모더니스트들의 도전과 환상'(1996, 가나아트) [작]유화 '문신63'(덴마크 현대미술관 소장) '駐한국 프랑스대사관 벽화' '률러시리즈' '얼레짓시리즈' '익명의 땅' '겸재예찬' [종]천주교

윤명성(尹明星) Yun, Myeong-Seong

[생]1965 [출]전남 나주 [주]서울특별시 서대문구 통일로 97 경찰청 대변인실(02-3150-2514) [학]문태고졸, 경찰대 법학과졸(4기), 연세대 행정대학원 법학과졸, 범죄학박사(동국대) [경]1988년 경위 임용 2005년 경찰청 대변인실 근무 2010년 전남지방경찰청 청문감사담당관(총경) 2011년 전남 화

순경찰서장 2013년 서울지방경찰청 202경비단장 2015년 서울 종로경찰서장 2016년 경찰청 대변인실 홍보담당관 2017년 광주지방경찰청 제2부장(경무관) 2018년 전남지방경찰청 제2부장 2019년 경찰청 대변인(현) (상)근정포장(2003)

윤명숙(尹明淑·女) Yoon, Myeong-Sook

(생)1964·4·2 (출)서울 (주)전라북도 전주시 덕진구 백제대로 567 전북대학교 사회복지학과(063-270-2965) (학)1983년 서울 서문여고졸 1987년 이화여대 인문과학대학 사회사업학과졸 1989년 同대학원 사회복지학과졸 1997년 사회복지학박사(이화여대) (경)1998년 전북대 사회복지학과 전임강사·조교수·부교수·교수(현), 나우리정신건강센터 부소장, 한국정신보건사회사업학회 대외협력위원장, 同임상수련팀장 2005년 한국알코올과학회 부회장 2007~2009년 한국정신보건사회복지학회 부회장 2010~2011년 同수석부회장 2010년 한국정신사회재활협회 부이사장 2011~2017년 同회장 2012년 한국정신보건사회복지학회 회장 2013년 중독포럼 공동대표(현) 2014~2016년 미래창조과학부 다부처특별위원회 위원 2014~2015년 전북대 대외협력본부장 2015~2017년 국회 입법조사처 위원 2016년 교육부 정책자문위원회 위원 2016~2017년 한국대학국제교류협의회(KAFSA) 회장 2016~2017년 전국대학교국제처장협의회(KADIA) 회장 2016년 국무총리소속 사행산업통합감독위원회 위원(차관급)(현) 2016년 전북대 지역선도대학육성사업단 사업추진위원장(현) 2016~2019년 同국제협력본부장 2017년 교육부 지역선도대학육성사업단 총괄협의회장(현) 2018년 대통령직속 국가균형발전위원회 전문위원(현) 2019년 전라북도사회복지사협회 자문위원단장(현) (상)자살예방의날 학술부문 생명사랑대상(2011), 보건복지부장관표창(2011), 전북대 우수교수상(2012·2013·2014·2015·2016)

윤명훈(尹明薰)

(생)1963·3 (주)전라남도 여수시 여수산단2로 55 LG화학 여수공장 임원실(061-680-1114) (학)서울대 국사학과졸, 미국 워싱턴대 대학원 경영학과졸 (경)2004년 (주)LG화학 모스크바지사장 2011년 同NCC·PO해외영업담당 상무 2014년 同PO사업부장(상무) 2017년 同PO사업부장(전무) 2019년 同여수 주재同PO사업부장(전무) 2019년 同여수 주재임원(전무)(현)

윤명희(尹明姬·女) Yoon Myung-Hee

(생)1960·8·23 (주)전라남도 무안군 삼향읍 오룡길 1 전라남도의회(061-286-8200) (학)2015년 목포대 대학원 전기공학과졸 (경)더불어민주당 전남도당 여성위원회 위원장, (주)그린이앤씨 대표이사(현), 더불어민주당 전국여성위원회 부위원장 2014년 전남도의원선거 출마(비례대표, 통합민주당) 2018년 전남도의회 의원(비례대표, 더불어민주당)(현), 同기획행정위원회 위원 겸 윤리특별위원회 위원(현)

윤목현(尹穆鉉) YOON Mok Hyeon

(생)1956·3·7 (본)해남(海南) (출)전남 해남 (주)광주광역시 서구 내방로 111 광주광역시 민주인권평화국(062-613-1300) (학)1985년 전남대 화학과졸 1998년 同행정대학원졸 2009년 同대학원 행정학 박사과정 수료 (경)1988년 무등일보 정치부 기자 1991년 同사회부 차장대우 1992년 同정치부 차장 1993년 同특집부 차장 1995년 同사회부장 1998년 同사회부장(부국장대우) 1998년 同편집국 부국장 직대 1999년 同정치부장(부국장대우) 1999~2001년 同편집국장 1999년 동강대학 겸임교수 2001년 무등일보 논설실장 2003년 同상무이사 2004년 同부사장 2004년 광주여대 행정학과 겸임교수 2006~2008년 무등일보 주필 2014~2018년 동강대 호텔조리영양학부 교수 겸 평생교육원장 2018~2019년 광주시 인권평화협력관 2019년 同민주인권평화국장(현) (종)가톨릭

윤문조

(생)1962 (주)경상북도 고령군 대가야읍 왕릉로 55 고령군청(054-954-1923) (학)대구 대륜고졸, 경북대 수의학과졸, 同보건대학원졸(석사) (경)1989년 경북도 가축위생시험소 지방수의주사보 2006년 同가축위생시험소 과장(지방수의사무관) 2012년 同가축위생시험소장(지방기술서기관), 同동물위생시험소장 2016년 同농축산유통국 축산경영과장 2017년 同축산정책과장 2018년 경북 고령군 부군수(현) 2018년 同군수 권한대행 (상)국무총리표창(2005)

윤미용(尹美容) YOON Mi Yong

(생)1946·9·24 (출)경기 파주 (주)서울특별시 서초구 반포대로37길 59 대한민국예술원(02-3479-7223) (학)1965년 국립국악원 부설 국악사양성소졸 1969년 서울대 음악대학 국악과졸 1973년 同대학원 국악과졸 (경)1972년 국립국악원 장악과 근무 1973년 중앙대·추계예술학교·서울대 강사 1983~1999년 국립국악고 교장 1992년 무형문화재 가야금 산조·병창 전수조교 1996년 한국민족음악가연합 창립회원·이사 1997년 국제무용페스티벌(도쿄 나가노샤프라자대홀) 공연 1999년 국립국악고 교장 1999~2003년 국립국악원 원장 2003년 문화재위원회 위원 2007~2010년 (재)국악방송 이사장 2014년 대한민국예술원 회원(국악·현) (상)대통령표창(1996), 홍조근정훈장(2003), (사)한국음악협회 한국음악상(2009), 옥관문화훈장(2010) (저)'김영윤 가야금정악(編)'(2010, 은하출판사)

윤미현(尹美賢·女)

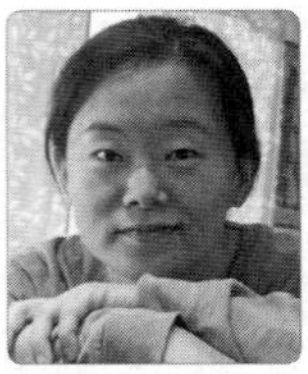

(생)1963 (주)서울특별시 마포구 성암로 267 문화방송 시청자심의국(02-789-0011) (학)서울대 영어영문학과졸, 미국 노스웨스턴대 대학원졸 (경)2003년 문화방송(MBC) TV편성부 프로듀서(차장) 2003년 同시사교양국 시사교양특임3부 차장 2005년 同시사교양국 3CP(차장) 2006년 同시사교양국 4CP(차장) 2006년 同특임2CP 특임CP(부장대우) 2008년 同스페셜CP(부장대우) 2009년 同시사교양국 시사교양1부 부장, 同시사교양국 시사교양1부 프로듀서, 同시사교양국 시사교양4CP 2017년 同홍보심의국장 2018년 同시청자심의국장(현) (상)한국방송대상 다큐멘터리부문 우수상(2005), 뉴욕페스티벌 인간관계부문 금상(2006), ABU다큐멘터리부문 대상(2007) (작)연출 '네 손가락의 피아니스트 희아'(2005) '노인들만 사는 마을'(2005) '휴먼다큐 사랑〈아내 김경자〉'(2006) '휴먼다큐 사랑〈돌시인과 어머니〉'(2007) '승가원의 천사들'(2010) '휴먼다큐 사랑 〈프롤로그-스물세번의 사랑〉'(2011) '노인들만 사는 마을-8년의 기록'(2011), 기획 'mbc스페셜-김명민은 거기 없었다' 'mbc스페셜-당신은 박지성을 아는가' '휴먼다큐 사랑 1,2,4차 시리즈' '북극의 눈물'(2008) '공룡의 땅'(2009), 프로듀서 '아마존의 눈물'

윤민호(尹敏灝) Yoon, Min Ho

(생)1975·9·14 (주)서울특별시 종로구 세종대로 209 통일부 기획조정실 혁신행정담당관실(02-2100-5690) (학)1994년 용문고졸 1999년 서울대 언어학과졸 (경)통일부 남북경협총괄팀 사무관, 同교류협력국 교류협력기획과 사무관, 同통일정책실 정책총괄과 사무관 2011년 同교류협력국 남북경협과장 2013년 同남북회담본부 회담3과장 2014년 국외 훈련 2016년 통일부 통일정책실 평화정책과장 2019년 同기획조정실 혁신행정담당관(현)

윤방부(尹邦夫) YOUN Bang Bu (松廷)

(생)1943 · 1 · 30 (본)파평(坡平) (출)충남 예산 (주)서울특별시 서대문구 연세로 50-1 연세대 의과대학(02-2228-2330) (학)1961년 서울고졸 1967년 연세대 의대졸 1969년 同대학원 보건행정학과졸 1972년 의학박사(연세대) 1978년 미국 미네소타대 가정의학전문의과정 수료 1997년 고려대 언론대학원 최고위언론과정 수료 (경)1973~1983년 연세대 의대 전임강사 · 조교수 · 부교수 1975~1978년 미국 미네소타대 가정의학 전공의 1978 · 1985년 대한민국에 가정의학 도입 · 법제화 1980~1991년 대한가정의학회 창설 · 이사장, 同명예이사장(현) 1983~2007년 연세대 의과대학 가정의학교실 교수 1984~1995년 同세브란스병원 가정의학과장 1985년 문교부 학술진흥위원 1985~1989년 총무처 정책자문위원 1986~1991년 세계가정의학회 부회장 1987년 UN 지정의사(현) 1991~2003년 한국소비자보호원 위해정보평가위원회 위원 1992년 대한가정의학교육자협의회 회장 1994~1997년 KBS 시청자위원회 위원 1994~2000년 한국정보통신진흥협회 정보윤리실무위원 1995~1998년 미국 미네소타대동문회 부회장 1997년 대한보완대체의학회 회장(현) 2000~2006년 서울 시흥초총동문회 회장 2001년 (사)한국워킹협회 회장(현) 2003~2008년 (사)대한의사협회 국민의학지식향상위원장 2003년 (사)한 · 러협회 부회장 2003년 롯데제과헬스원 모델 2004년 (사)한국건강주택협회 회장(현) 2004년 대한민국의학한림원 정회원(현) 2005년 (사)한 · 미좋은사람모임 수석부회장 2005년 (사)한 · 미친선좋은사람모임협회 수석부회장 2006년 대한보디빌딩협회 홍보대사 2006년 대한미용의학회 회장(현) 2008년 연세대 의과대학 명예교수(현) 2008~2012년 가천의과대 대외협력부총장 겸 석좌교수 2008년 필립메디칼센터병원 원장 2008년 대한휘트니스협회 회장 2009~2010년 한국의료관광진흥협회 회장 2009년 가천의과대 길병원 뇌건강센터 · 국제진료센터 소장 2009~2013년 학교법인 정수학원 강릉영동대학 재단이사 2009년 부산 해운대구 명예홍보대사 2009년 한국장학재단 명예홍보대사(현) 2010년 부동산TV '윤방부교수의 건강한 인생 성공한 인생' 진행 2010년 국가미래연구원 보건 · 의료 · 안전분야 발기인, 대한미용레이저의학회 이사장 2012년 가천대 메디컬캠퍼스 대외협력부총장 겸 석좌교수 2013~2018년 영훈의료재단 회장 겸 선병원 국제의료센터 원장 2014~2015년 근화제약 사외이사 2014년 경복대 명예총장(현) 2015년 알보젠코리아 사외이사(현) 2016년 (사)함께하는36.5 초대 이사장(현) 2017년 한국의학연구소(KMI) 은둔환자의료지원사업선정심사위원회 위원장(현) 2018년 담배문제 시민행동 상임의장(현) 2019년 의료법인 영서의료재단(천안충무병원 · 아산충무병원) 회장(현) (상)학술상(1971), 서울시의사회 모범의사상(1973), 의학평론가상(1981), 공로패(1997), 우수논문상(2000), 한국맞춤양복기술협회 올해의베스트드레서(2000), 대한의학신문사표창, 스포츠한국 뉴스웨이 올해의아름다운얼굴(2006), 장한한국인상(2006), 헤럴드경제 혁신기업경영인대상(2006), 홍조근정훈장(2008), 5.16 민족상(2008), 미국 LA라디오코리아 창립 25주년 기념 감사패(2014) (저)'가정의학'(1981, 의학출판사) '가정의학원론'(1985, 의학출판사) '오래삽시다'(1990, 동서문학사) '임상가정의학'(1991, 수문사) '아빠건강 우리집 건강'(1992, 동학사) '윤방부교수의 긴급건강진단'(1994, 웅진출판사) 'CEO들이여, 건강을 먼저 경영하라'(2005, 팜파스) '건강한 인생 성공한 인생'(2008, 예지) (종)기독교

윤범수(尹範洙)

(생)1963 · 10 · 5 (출)강원 춘천 (주)부산광역시 남구 문현금융로 33 기술보증기금(051-606-7504) (학)1982년 춘천고졸 1989년 강원대 행정학과졸 (경)1988년 7급 공채, 중소기업청 중소기업국 지도과 · 벤처기업국 벤처진흥과 · 정책홍보관리본부 · 재정법무팀 근무 2003년 同벤처투자과 창업투자회사 담당사무관 2007년 중소기업청 재정법무팀 · 금융지원팀 서기관 2009년 同기획조정관실 행정법무담당관 2010년 同창업벤처국 벤처투자과장 2012년 同소상공인정책국 소상공인지원과장 2012년 강원지방중소기업청장 2013년 중소기업청 중소기업정책국 정책분석과장 2015년 同감사담당관 2017년 중소벤처기업부 감사담당관 2017년 同인재혁신정책과장 2018~2019년 대전충남지방중소벤처기업청장 2019년 기술보증기금 상임이사(현)

윤병두

(생)1966 · 1 · 3 (출)경남 거제 (주)강원도 동해시 이원길 156 동해지방해양경찰청(033-680-2000) (학)1984년 경남 통영고졸 1988년 목포해양대 항해학과졸 2002년 한국해양대 대학원 해사법학과졸 2016년 행정학박사(인하대) (경)경찰간부 후보(40기) 1992년 경위 임관 2010년 해양경찰청 대변인 2011년 국토해양부 치안정책관 2012년 부산해양경찰서장 2014년 해양경찰청 장비과장 2015년 인천해양경찰서장 2017년 해양경찰청 구조안전국장(경무관) 2018년 동해지방해양경찰청장(현) (상)대통령표창(1999), 녹조근정훈장(2012)

윤병만(尹炳晩) YOON, Byungman

(생)1958 · 2 · 27 (주)경기도 용인시 처인구 명지로 116 명지대학교 토목환경공학과(031-330-6414) (학)1976년 서울고졸 1981년 서울대 토목공학과졸 1983년 同대학원 토목공학과졸 1991년 공학박사(미국 아이오와대) (경)1993년 명지대 토목환경공학과 교수(현) 2004~2005년 한국방재학회 논문집편집위원장 2005~2007년 한국수자원학회 논문집편집위원장 2007~2014년 한국방재학회 이사 2008년 한국물학술단체연합회 이사 2008년 대한토목학회 학회지 편집위원장 2009~2010년 同기획위원장 2009년 대한토목학회 이사 2010년 국제생태수리학회(ISE) LOC 학술위원장, 중앙하천위원회 위원, 한국수자원공사(K-water) 하천관리기술정책자문위원(현) 2015~2016년 한국수자원학회 회장 2016년 한국공학한림원 정회원(건설환경공학분과 · 현) (상)한국수자원학회 학술상(2003), 행정자치부장관표창(2005), 대한토목학회 학술상(2011), 대통령표창(2011), 한국수자원학회 공로상(2014) (저)'수리학' '토목공학개론'(2004) '수리학의 역사'

윤병묵(尹秉默) Byeong-muk Yoon

(생)1953 · 8 · 15 (본)파평(坡平) (출)충북 청원 (주)서울특별시 강남구 테헤란로 317 JT친애저축은행(1544-9191) (학)1980년 경희대 경제학과졸 (경)1980년 한국은행 기획부 근무, 은행감독원 여신관리국 · 동경사무소 · 금융개선국 근무 1994년 동서할부금융 부장 2002년 신용회복위원회 심의관리팀장 2004년 LG카드(주) 재경담당 이사 2005년 同재경담당 상무 2005년 同서울채권본부장(상무) 2006년 同홍보담당 상무 2006년 同중부채권본부장(상무) 2007년 同할부리스영업본부장(상무) 2008년 고려신용정보 감사 · 고문 2011년 네오라인크레디트대부 감사 2012년 친애저축은행 대표이사 2015년 JT친애저축은행 대표이사(현) (종)천주교

윤병석(尹炳石) Byung-Suk Yoon

(생)1966 · 2 · 28 (출)서울 (주)경기도 성남시 분당구 판교로 332 SK가스(주)(02-6200-8114) (학)1988년 서울대 화학공학과졸 1990년 同대학원 화학공학과졸 1996년 미국 미시간대 대학원 경영학과졸(MBA) (경)1991~1994년 유공 근무 1996년 보스턴컨설팅그룹(BCG) 서울사무소 근무 2006~2012년 同서울사무소 파트너 2012년 SK가스(주) 경영지원부문장(전무) 2014~2015년 同가스사업부문장 겸 경영지원부문장(전무) 2014~2015년 당진에코파워(주) 대표이사 겸임 2016년 SK가스(주) 가스사업부문장(부사장) 2017~2018년 同Solution&Trading 부문장(부사장) 2018년 同발전사업부문장 겸임 2019년 同대표이사 겸 Eco Energy본부장(사장)(현)

윤병우(尹炳宇) YOON Byung Woo

(생)1955·9·20 (출)서울 (주)서울특별시 종로구 대학로 101 서울대학교병원 신경과(02-2072-2875) (학)1980년 서울대 의대졸 1983년 同대학원 의학석사 1989년 의학박사(서울대) (경)1980~1984년 서울대병원 인턴·내과 레지던트 1987~1990년 同신경과 레지던트·전임의 1989~1992년 대한신경과학회 이사회 간사 1990~1995년 서울대병원 신경과 임상교수 1991년 International Society of Cerebral Blood Flow and Metabolism(ISCBFM) Active Member 1991년 American Academy of Neurology(AAN) Clinical Associate Member 1992~1994년 캐나다 웨스턴온타리오대 연수 1994~1996년 대한신경과학회 수련고시위원 1994~1996년 아시아·대양주신경과학회 심포지움 Coordinator 1995~1998년 대한신경과학회 수련이사 1995~2005년 서울대 의대 신경과학교실 조교수·부교수 1996년 American Heart Association Stroke Council Member 1997년 국방부 군의무자문관 1998년 대한신경과학회 학술위원 1998~2005년 대한뇌졸중학회 총무이사 2004~2006년 서울대병원 교육연구부장 2005년 대한신경과학회 고시이사 2005~2010년 대한뇌졸중학회 진료지침위원장 2005년 서울대 의대 신경과학교실 교수(현) 2006~2010년 서울대병원 신경과장 2006년 同신경계검사실장 2006~2010년 뇌졸중국제학술지 'Stroke' 편집위원 2007~2010년 아시아뇌졸중자문회의 의장 2008년 대한신경과학회 보험위원회 자문위원 2010~2016년 뇌졸중국제학술지 한국어판 편집위원장 2010년 세계뇌졸중학술대회 사무총장 2010년 대한뇌졸중학회 진료지침위원장 2010년 同회장 2012년 서울대병원 심장뇌혈관병원건립본부장 2014~2016년 대한신경과학회 이사장 2014년 대한뇌졸중학회 교과서개정위원장 2016년 同연구활성화위원장(현) 2016~2017년 박근혜 대통령 주치의 (저)'증상별 임상검사'(1991) '신경과학론'(1997) '노인의학'(1997) '고지혈증의 진단과 치료'(2000) (종)기독교

윤병일(尹炳日) Yoon, Byeong Il

(생)1964·4·13 (출)경남 하동 (주)세종특별자치시 한누리대로 499 인사혁신처 공무원노사협력관실(044-201-8080) (학)2005년 연세대 대학원 행정학과졸 (경)2009년 경남도 법무담당관 2010~2011년 보건복지부 첨단의료복합단지조성사업단 조성지원과장 2012년 행정안전부 고위공무원정책과장 2014년 안전행정부 성과급여기획과장 2014년 인사혁신처 운영지원과장 2015~2019년 창원대 사무국장(고위공무원) 2019년 인사혁신처 공무원노사협력관(현) (상)우수공무원 국무총리표창(2008) (종)기독교

윤병준(尹柄俊) Yoon Byeong Joon

(생)1968·1·15 (본)파평(坡平) (출)대구 달성 (주)서울특별시 서초구 서초대로 301 동익성봉빌딩 잡코리아(02-3466-5369) (학)1987년 능인고졸 1992년 고려대 식품공학과졸 (경)1992~1996년 GS리테일 팀장 2000~2006년 이베이옥션 실장 2007~2014년 NAVER 이사 2014~2015년 CJ오쇼핑 부사장 2015년 잡코리아 대표이사(현)

윤병준(尹炳竣)

(생)1973·1·30 (출)충남 예산 (주)서울특별시 서초구 반포대로 157 대검찰청 수사지원과(02-3480-2580) (학)1991년 공주대사대부고 1997년 명지대 법학과졸 (경)1999년 사법시험 합격(41회) 2002년 사법연수원 수료(31기) 2003년 공익법무관 2006년 청주지검 검사 2008년 대구지검 포항지청 검사 2011년 서울중앙지검 검사 2014년 수원지검 검사 2016년 대검찰청 검찰연구관 2018년 창원지검 형사3부장 2019년 대검찰청 수사지원과장(부장검사)(현)

윤병집(尹炳集) YOON Byoung Jip

(생)1955·5·5 (출)충남 보령 (주)강원도 강릉시 죽헌길 7 강릉원주대학교 화학신소재학과(033-640-2301) (학)1973년 경복고졸 1978년 서울대 화학과졸 1980년 한국과학기술원(KAIST) 화학과졸(석사) 1983년 이학박사(한국과학기술원) (경)1983~2009년 강릉대 화학과 조교수·부교수 1985년 미국 코넬대 Post-Doc. 1987년 강릉대 자연과학연구소장 1988년 미국 코넬대 방문교수 1988년 일본 분자과학연구소 방문연구원 1993년 강릉대 자연과학대학장 1995년 미국 퍼듀대 방문교수 2009년 강릉원주대 화학신소재학과 교수(현) 2009년 同화학신소재학과장 2018년 同대학원장(현) (저)'일반화학실험'(1999, 청문각) '화학의 기본개념'(1999) '현대일반화학실험'(2005) '화학과 신소재'(2006) (역)'화학의 세계'(2001) '기초 일반화학'(2002) (종)기독교

윤병철(尹柄喆) B.C.(Byung Chol) YOON

(생)1962·11·9 (본)파평(坡平) (출)대구 (주)서울특별시 종로구 사직로8길 39 김앤장법률사무소(02-3703-1064) (학)1981년 대구 능인고졸 1985년 서울대 법학과졸 1993년 同대학원 법학과졸(석사) 1995년 미국 하버드대 법과대학원졸(LL.M.) (경)1984년 사법시험 합격(26회) 1987년 사법연수원 수료(16기) 1990년 서울지법 남부지원 판사 1991년 서울형사지법 판사 1992년 김앤장법률사무소 변호사(현) 1995년 미국 Davis Polk&Wardwell 법률사무소 뉴욕·홍콩사무소 근무 1996~2000년 국세청 고문변호사 1999~2001년 同개인납세분과위원회 법령해석자문단 위원 2003년 대한상사중재원 중재인(현) 2004년 서울대 법과대학원 초빙교수 2005~2007년 국세청 과세품질혁신위원회 소득·재산제세분과위원 2006~2011년 (사)국제중재실무회 부회장 2009~2013년 싱가포르국제중재원(SIAC) 이사 2009년 세계은행 국제투자분쟁해결센터(ICSID) 중재인(현) 2011년 홍콩국제중재센터(HKIAC) 중재인(현) 2011~2019년 법무부 국제법무자문위원 2012년 (사)국제중재실무회 수석부회장 2013~2019년 국제상업회의소(ICC) 산하 국제중재법원 상임위원 2014~2016년 (사)국제중재실무회 회장 2014~2016년 서울국제중재센터 사무총장 (상)재정경제부장관표창(1999), 지식경제부장관표창(2010) (저)'현물출자와 부당행위계산 부인'(1998) '국조조정목적의 지주회사 설립과 관련된 조세문제'(1999) (종)가톨릭

윤병철(尹柄喆) YUN Byeon Cheol

(생)1965·2·24 (본)파평(坡平) (출)부산 (주)서울특별시 강남구 영동대로 517 아셈타워 22층 법무법인 화우(02-6182-8303) (학)1984년 부산 대동고졸 1988년 서울대 법대 사법학과졸 (경)1988년 사법시험 합격(30회) 1991년 사법연수원 수료(20기) 1991년 부산지법 판사 1994년 同울산지원 판사 1995년 서울지법 의정부지원 판사 1998년 대전지법 판사 1999년 서울지법 동부지원 판사 2000년 서울지법 판사 2002년 서울고법 판사 2004년 대법원 재판연구관 2006년 창원지법 부장판사 2007년 사법연수원 교수 2009~2010년 수원지법 부장판사 2010년 법무법인 화우 파트너변호사(현) 2010~2013년 국토해양부 중앙토지수용위원회 위원 2011년 고려대 법학전문대학원 겸임교수(현) 2013년 대한체육회 법제상벌위원회 위원(현) 2015년 관세청 정부업무평가자체평가위원회 위원(현) 2017년 同제안심사위원회 위원(현) 2017년 대한체육회 고문변호사(현) 2019년 同스포츠공정위원회 부위원장(현)

윤병태(尹炳泰) Yoon, Byungtae

(생)1960·8·25 (출)전남 나주 (주)전라남도 무안군 삼향읍 오룡길 1 전라남도청 정무부지사실(061-286-2020) (학)1988년 성균관대 경제학과졸 2006년 경제학박사(미국 미주리대) (경)1992년 행정고시 합격(36회) 2001년 기획예산처 교육문화예산과 서기관 2002년 同농림해양예산과 서기관

2003년 同예산총괄과 계장 2007년 同공공혁신본부 경영지원2팀장 2008년 기획재정부 공공정책국 민영화과장 2009년 同예산실 민간투자제도과장 2010년 同예산실 예산기준과장 2011년 同사회예산심의관실 교육과학예산과장 2011년 대통령실 파견(부이사관) 2012년 기획재정부 재정관리국 재정제도과장 2013년 대통령비서실 파견(고위공무원) 2014년 대통령 교육문화수석비서관실 선임행정관(고위공무원) 2015년 기획재정부 재정정보공개및국고보조금통합관리시스템구축추진단장 2017~2018년 同행정안전예산심의관 2017년 대법원 회생파산위원회 위원 2018년 전남도 정무부지사(현)

윤보옥(尹寶玉) YUN Bo Ock

(생)1945·9·9 (본)파평(坡平) (출)대구 (주)인천광역시 미추홀구 인하로 100 인하대학교 법학전문대학원(032-860-8971) (학)1964년 경북고졸 1970년 서울대 법학과졸 1974년 同대학원 법학과졸 1976년 同대학원 언론정보학과졸 1979년 同대학원 법학박사과정 수료 1985년 법학박사(서울대) (경)1979~1990년 인하대 법정대학 전임강사·조교수·부교수 1982년 同학생부처장 1985년 미국 하버드대 객원교수 1990~2008년 인하대 법대 교수 1990년 同사회과학연구소장 1991~2000년 (사)대한상사중재원 중재인 1992~2000년 사법시험 위원·軍법무관임용 시험위원·행정고시 위원·입법고시 위원 1996년 한국상사법학회 수석부회장 1997년 인하대 법정대학장 1998~2001년 同법과대학장 1998년 同사회과학대학장 1998년 인천시 공직자윤리위원장 1999년 인하대 법학연구소장 1999~2000년 전국법대학장협의회 부회장 2000년 인천지방노동위원회 심판담당 공익위원 2000~2004년 탈북난민보호운동본부 집행위원 2001년 한국비교사법학회 수석부회장 2003년 영국 옥스퍼드대 객원교수 2003년 독일 하이델베르그대 객원교수 2003년 독일 프라이부르크대 객원교수 2004년 (사)한국비교사법학회 회장 2007년 민주평통 자문위원 2007년 프랑스 파리Ⅰ대학(팡테옹 소르본느) 객원교수 2008년 (사)한국상사법학회 회장 2009년 제54회 대한민국학술원상 사회과학부문 심사위원 2009~2010년 인하대 법학전문대학원 교수 2011년 同법학전문대학원 명예교수(현) (상)근정포장(2011) (저)'미국 독점금지법(Ⅰ)'(2004) '미국 독점금지법(Ⅱ)'(2007) '영국경쟁법'(2008) (종)천주교

윤봉근(尹奉根) YOON Bong Geun (강촌)

(생)1956·9·15 (본)파평(坡平) (출)광주 광산 (주)광주광역시 북구 금남로 104 밀알중앙회(062-526-0314) (학)1982년 조선대졸, 同대학원졸 2001년 행정학박사(조선대) 2011년 전남대 행정대학원 최고정책과정 수료 2011년 광주과학기술원 기술경영CEO과정 수료 2011년 중국칭화대 경제관리학원 기술경영CEO과정 수료 (경)동아여중·송정중 교사, 광주전자공고 교사, 무등교육신문 교육시론 컬럼니스트, 민주평통 자문위원, 광주·전남시민사회단체연대회의 상임운영위원, 조선대 행정복지학부 겸임교수, 광산시민연대 공동대표 2001년 민주화운동관련 국가유공자 인정 2002년 한반도평화·개혁포럼 공동대표 2002·2006~2009년 광주시교육위원회 교육위원 2004~2006년 同의장 2004년 무등산보호단체협의회 이사 2004년 (사)한국유치원총연합회 광주지회 고문 2004년 한국백악행정학회 회장 2004년 광주여대 초등특수교육과 객원교수 2005년 광남일보 광남시론 칼럼니스트 2005년 불교방송 칼럼니스트 2005년 TBN 라디오방송 칼럼니스트 2005~2010년 광주생명의숲 공동대표 2008~2010년 민주당 광주시당 위원장 특보단장 2008~2010년 남부대 경찰행정학과 초빙교수 2010년 광주시의회 의원(민주당·민주통합당·민주당) 2010년 同의장 2010년 새날학교 자문위원장 2010~2011년 전국시·도의회의장협의회 부회장 2010년 전국지역균형발전지방의회협의회 부회장 2010년 호남권광역의회의장단협의회 초대 회장 2011년 전국시·도의회의장협의회 회장 2013년 (사)밀알중앙회 총재(현) 2013년 (사)윤봉길의사기념사업회 이사 2014년 광주시 교육감선거 출마, 전교조광주지부 사무처장, 5.18민주화운동 초중등교과서 감수위원, 세계인권도시포럼 추진위원, 이한열열사기념사업회 이사, 광산황룡장학회 이사, 광산교육발전협의회 회장 2016년 더불어민주당 제20대 국회의원선거 광주시선거대책위원회 공동위원장, 제18대 대선 문재인후보 광주시선거대책위원회 인재영입위원장, 제19대 대선 문재인후보 광주시선거대책위원회 공동위원장 겸 중앙선거대책위원회 조직특보, 한국예술종합교육원 이사(현), 한국정치정보학회 회원(현), (사)한국인권교육원 자문위원, 반부패국민운동광주광역시연합 학술고문(현), 다문화새날학교 자문위원장(현), (사)고려인마을 명예이사장, (사)시민생활환경회의 평생회원(현), '함께 여는 새날' 광주전남 상임대표(현), '새로함께' 중앙상임대표 겸 광주전남상임대표(현), 한국언론미디어그룹 자문위원장(현), 더불어민주당 전국대의원(현) (상)한국효도회 효자상(2005), 미국 뉴욕뿌리교육재단 공로패(2006), 광주불교방송 공로패(2006), 한국유치원총연합회 광주지회 감사패(2007), 한국지역신문협회 광역의회 개인부문 의정대상(2012), 2013매니페스토약속대상 광역의원부문 대상(2014), 대한민국 참봉사대상 지역발전부문 지역발전공로대상(2017) (종)천주교

윤봉수(尹鳳秀) YOON Bong Soo

(생)1934·10·13 (출)황해 곡산 (주)서울특별시 금천구 디지털로 154 남성플라자 (주)남성 회장실(02-864-3317) (학)1952년 동성고졸 1958년 서울대 법학과졸 2003년 명예 경영학박사(세종대) (경)1965년 (주)남성 대표이사 회장(현) 1970년 (주)남성전자 대표이사 회장 1976년 (주)NS에너지 대표이사 회장(현) 1981~2005년 민주평통 자문위원 1983년 한국전자정보통신산업진흥회 부회장(현) 1991년 SBS 자문위원 1994~2001년 대한상사중재원 이사 2000~2009년 한국무역협회 부회장 2003~2012년 한국중견기업연합회 회장 2003~2007년 공정거래위원회 자문위원 2012년 한국중견기업연합회 명예회장(현) (상)1억불 수출의탑(1968), 상공부장관 수출유공상(1968·1970·1971), 대통령표창(1972·1979), 석탑산업훈장(1976), 동탑산업훈장(1981), 과학기술처장관표창(1985), 은탑산업훈장(1987), 국민훈장 동백장(2009)

윤부근(尹富根) YOON Boo Keun

(생)1953·2·6 (본)파평(坡平) (출)경북 울릉 (주)서울특별시 서초구 서초대로74길 11 삼성전자빌딩 27층(02-2255-5000) (학)1973년 대륜고졸 1979년 한양대 통신공학과졸 (경)1978년 삼성전자(주) 입사·가전CTV설계실 PAL회로팀 근무 1990년 同영업사업부 해외사업팀장 1991년 同기술총괄 유럽연구분소장 1996년 同영상사업부 해외기술그룹장 1997년 同영상사업부 경영혁신그룹장 1999년 同경영혁신팀 SCM그룹담당 이사보 2000년 同디지털미디어총괄 디지털영상사업부 제조팀장(이사보) 2002년 同영상디스플레이사업부 글로벌운영팀장(상무) 2003년 同영상디스플레이사업부 개발팀장 2005년 同영상디스플레이사업부 개발팀장(전무) 2007년 同영상디스플레이사업부장(부사장) 2009~2011년 同영상디스플레이사업부장(사장) 2009~2012년 대중소기업협력재단 이사 2010~2012년 스마트TV포럼 의장 2011~2012년 콘텐츠산업진흥위원회 민간위원 2011년 삼성전자(주) 사장(CE담당·생활가전사업부장·디자인경영센터장) 2012년 同소비자가전(CE)부문장(사장) 2012년 同소비자가전(CE)부문 생활가전사업부장·디자인경영센터장 겸임 2012~2015년 同생활가전사업부장 겸임 2013~2017년 同각자대표이사 사장(소비자가전(CE)부문장) 2014년 독일 베를린 국제가전전시회(IFA) 개막 기조연설자 선정 2014년 한국공학한림원 정회원(현) 2016~2017년 삼성전자(주) DMC연구소·Global CS센터·글로벌마케팅센터 관장·디자인경영센터장 겸임 2017년 同CR(Corporate Relations)담당 대표이사 부회장 2018년 同CR(Corporate Relations)담당 부회장(현) (상)과학기술훈장 웅비장(2007), 미국 비지니스위크지 선정 '글로벌혁신리더 23인'(2009), 한양언론인회 한양을 빛낸 자랑스러운 동문상(2012), 금탑산업훈장(2012), 한국공학한림원 대상(2014) (종)가톨릭

윤사순(尹絲淳) YOUN Sa Soon (天原)

(생)1936·12·19 (출)충남 천안 (주)강원도 강릉시 죽헌길 124 (사)율곡연구원(033-642-4982) (학)1957년 천안농고졸 1961년 고려대 철학과졸 1964년 同대학원 철학과졸 1975년 철학박사(고려대) (경)1964~1978년 고려대 문과대학 철학과 전임강사·조교수·부교수 1978~2002년 同교수 1980년 동양철학회 부회장 1985년 공자학회 부회장 1986년 고려대 출판부장 1987년 同총무처장 1987년 유교학회 부회장 1989년 일본 와세다대 연구교수 1990년 공자학회 회장 1991년 (사)율곡연구원 이사 1992년 동양철학회 회장 1994년 한국철학회 회장 1994년 중국 曲阜사범대학 객원교수 1994년 국제유학연합회(北京소재) 부회장 1995년 고려대 교수협의회 회장 1999년 同한국사상연구소장 1999년 同민족문화연구원장 2000년 중국 사회과학원 명예교수(현) 2002년 고려대 명예교수(현) 2012년 대한민국학술원 회원(동양철학·현) 2016년 (사)율곡연구원 이사장(현) (상)국제퇴계학술상, 고려대 학술상(1997), 제23회 수당상 인문사회부문(2014) (저)'한국유학論究'(1980) '퇴계철학의 연구'(1980) '한국 유학사상론'(1986) '정약용'(1990) '동양사상과 한국사상'(1992) '조선시대 성리학의 연구'(1993) '인성물성론(編)'(1994) '新실학사상론'(1996) '실학의 철학'(1996) '한국의 성리학과 실학'(1998) '조선유학의 자연철학(編)'(1998) '조선, 도덕의 성찰'(2010, 돌베개), 시선집 '길벗'(2018, 유림플러스) (역)'퇴계선집' '經筵日記' (종)유교

윤상기(尹相基) YOUN Sang Ki (成岩)

(생)1954·11·17 (본)파평(坡平) (출)경남 하동 (주)경상남도 하동군 하동읍 군청로 23 하동군청(055-880-2000) (학)진주농림고등전문학교(현 경남과학기술대) 축산학과졸, 부산대 환경대학원 최고경영자과정 수료, 인제대 최고경영자과정 수료 (경)1975~1981년 남해군청 근무 1981~1985년 김해시청 근무 1985년 경남도 근무 1994년 同통상진흥과 예산담당관실 근무 1998년 同농수산국 농업정책과 근무 1999년 同건설도시국 치수재난관리과 근무 1999년 김해시 공보감사담당관 2003년 同총무과장 2005년 同복지환경국장 2006년 同경제환경국장 2008년 同의회 사무국장(서기관) 2009년 경남도 도시교통국 교통정책과장 2009년 同공보관 2010년 경남 합천군 부군수 2010년 경남 하동군 부군수 2012년 경남도 문화관광체육국장 2013년 진주시 부시장, 하동미래연구소장 2014~2018년 경남 하동군수(무소속·새누리당·자유한국당) 2018년 경남 하동군수(자유한국당)(현) (상)경남도지사표창(1982), 내무부장관표창(1984·1991), 국무총리표창(1997·2001), 대통령표창(2004), 근정포장(2010), 농협중앙회 지역농업발전선도인상(2015), 한국의 미래를 빛낼 CEO 창조경영부문(2016), 동아일보 주최 한국경제를 움직이는 CEO 지역성장경영부문(2017), 세계축제협회 한국지부 올해의 축제인상(2017) (저)'김해의 어제와 오늘' '김해우표모음집' '시보모음집(Ⅰ·Ⅱ)' '내일을 기다리지 않는다'(2013) (종)불교

윤상도(尹相道) YOON Sang Do

(생)1969·6·22 (출)전북 익산 (주)서울특별시 양천구 신월로 386 서울남부지방법원(02-2192-1114) (학)1987년 익산 남성고졸 1991년 연세대 법학과졸 1993년 同대학원졸 (경)1992년 사법시험 합격(34회) 1995년 사법연수원 수료(24기) 1995년 軍법무관 1998년 수원지법 판사 2000년 서울지법 판사 2002년 광주지법 판사 2003년 일본 게이오대 파견 2004년 광주고법 판사 2006년 서울중앙지법 판사 2006년 통일부 파견 2007년 법원행정처 정책연구심의관 2008년 同사법정책심의관 2009년 서울동부지법 민사1단독 판사 2010년 광주지법 부장판사 2012년 인천지법 부천지원 부장판사 2015년 서울중앙지법 부장판사 2018년 서울남부지법 부장판사(현)

윤상돈(尹相敦)

(생)1962·7·25 (주)서울특별시 중구 세종대로9길 20 신한은행 임원실(02-756-0506) (학)1981년 광신상고졸 (경)1981년 조흥은행 입행 1983년 同중곡동지점 은행원 1992년 同신탁부 계장 1993년 同남동공단 대리 1994년 同신탁운용실 과장 2000년 同인천국제공항지점 부지점장 2003년 同수송동지점 부지점장 2003년 同경영지원실 부실장 2005년 同간석동지점장 2006년 同수탁업무부장 2006년 신한은행 수탁업무부장 2009년 同인천논현지점장 2011년 同인천광역시청지점장 2014년 同인천본부장 2015년 同부행장보(현)

윤상돈(尹相敦) Yoon Sang Don

(생)1971·9·22 (주)충청북도 청주시 상당구 남사로 135 (주)아주저축은행(1599-0038) (학)1990년 명지고졸 1999년 한국외국어대 법학과졸 (경)1999년 대우캐피탈 입사 2012년 (주)아주저축은행 RM실장 2016년 同리스크관리본부장 2017년 同경영관리본부장 2018년 아주캐피탈(주) 리스크본부장 2019년 (주)아주저축은행 대표이사(현)

윤상수(尹相秀) Yoon Sang-soo

(생)1963·7·18 (주)인천광역시 남동구 정각로 29 인천광역시청 일자리경제본부 국제협력과(032-440-3020) (학)1986년 서울대 공법학과졸 1996년 미국 조지타운대 대학원 법학과졸 (경)1988년 행정고시 합격(32회) 1989년 국무총리행정조정실 사무관 1998년 외교통상부 입부 2001년 駐제네바 1등서기관 2003년 외교통상부 경제협력과장 2004년 同국제에너지물류과장 2005년 駐그리스 참사관 2009년 외교통상부 통상기획홍보과장 2009년 同통상법무과장 2011년 駐말레이시아 공사 겸 총영사 2013년 국립외교원 기획부장 2016~2019년 駐시드니 총영사 2019년 인천시 국제관계대사(현)

윤상직(尹相直) YOON Sang-Jick

(생)1956·5·25 (출)경북 경산 (주)서울특별시 영등포구 의사당대로 1 국회 의원회관 505호(02-784-8940) (학)1974년 부산고졸 1981년 서울대 무역학과졸 1984년 同행정대학원 정책학과졸 1996년 고려대 대학원 법학과졸 1998년 미국 위스콘신대 대학원 법학과졸 2007년 법학박사(미국 위스콘신대) (경)1981년 행정고시 합격(25회) 1995년 통상산업부 중소기업정책과 서기관 1998년 경기도 파견(과장급) 2000년 산업자원부 수출과장 2002년 同디지털전자산업과장 2003년 同투자정책과장 2004년 同산업정책과장(부이사관) 2005년 대통령비서실 산업정책비서관실 선임행정관 2006년 산업자원부 전기위원회 사무국장 2006년 미국 위스콘신대 동아시아법제연구소 파견(고위공무원) 2007년 대통령자문 동북아시대위원회 국장(파견) 2008년 지식경제부 자원개발정책관 2009년 同산업경제정책관 2009년 同무역위원회 상임위원 2010년 同기획조정실장 2010년 대통령 지식경제비서관 2011~2013년 지식경제부 제1차관 2013~2016년 산업통상자원부 장관 2015년 미국 위스콘신대 한국총동문회장(현) 2016~2017년 새누리당 부산시기장군당원협의회 운영위원장 2016년 제20대 국회의원(부산시 기장군, 새누리당·자유한국당〈2017.2〉)(현) 2016~2018년 국회 법제사법위원회 위원 2016년 국회 예산결산특별위원회 위원 2016~2017년 국회 민생경제특별위원회 위원 2017~2018년 자유한국당 부산시기장군당원협의회 운영위원장 2017년 同대표 지역특보(부산) 2018년 국회 사법개혁특별위원회 위원 2018년 국회 과학기술정보방송통신위원회 위원(현) 2019년 자유한국당 사법개혁특별위원회 위원(현) (상)대통령표창(1992), 녹조근정훈장(2001), 한국SW전문기업협회 감사패(2013), 전문직여성한국연맹(BPW KOREA) 'BPW 골드 어워드' 특별상(2014), 대한민국무궁화

꽃 스타대상 정치부문(2015), 청조근정훈장(2016), 자유한국당 국정감사 우수의원(2016 · 2017), 국정감사NGO모니터단 국정감사 우수의원(2017), 국정감사NGO모니터단 국정감사 국리민복상(2018)

윤상현(尹相現) Yoon Sang Hyun

(생)1962 · 12 · 1 (본)칠원(漆原) (출)충남 청양 (주)서울특별시 영등포구 의사당대로 1 국회 의원회관 529호(02-784-4481) (학)1981년 영등포고졸 1985년 서울대 경제학과졸 1987년 미국 조지타운대 대학원 외교학과졸 1994년 국제정치학박사(미국 조지워싱턴대) (경)1994년 미국 의회 조사국 객원연구원 1994년 미국 조지워싱턴대 객원연구원 1995년 미국 하버드대 한국학연구소 객원연구원 1996년 미국 존스홉킨스대 국제관계대학원 초빙조교수 1998~2000년 서울대 국제대학원 초빙교수 2001년 아시아태평양문제연구소 소장 2001년 한양대 국제대학원 겸임교수 2002년 한나라당 이회창 대통령후보 정책특보 2003년 인하대 연구교수 2003년 한나라당 인천시남구乙지구당 위원장 2004년 제17대 국회의원선거 출마(인천시 남구乙, 한나라당) 2004년 인천시축구연합회 회장 2004년 한나라당 제2정책조정위원회 부위원장 2005년 同인천시당 정책위원장 2008년 제18대 국회의원(인천시 남구乙, 한나라당 · 새누리당) 2008~2009년 한나라당 원내부대표 2008~2009년 同공동대변인 2010년 同전당대회준비위원회 위원 2011년 同국제위원장 2011~2012년 同인천시당 위원장 2012년 제19대 국회의원(인천시 남구乙, 새누리당 · 무소속) 2012년 새누리당 인재영입위원회 부위원장 2012년 同제18대 대통령중앙선거대책위원회 직능본부 총괄부본부장 2013년 국회 외교통일위원회 위원 2013~2014년 새누리당 원내수석부대표 2013~2014년 국회 운영위원회 여당 간사 2014년 새누리당 인천시당 공직후보자추천관리위원회 위원장 2014년 同사무총장 2014년 同7.30재보궐선거공천관리위원회 위원장 2015년 대통령 정무특별보좌관 2016~2017년 충청포럼 회장 2016년 제20대 국회의원(인천시 미추홀구乙, 무소속 · 새누리당〈2016.6〉 · 자유한국당〈2017.2〉)(현) 2016 · 2018년 국회 외교통일위원회 위원 2016~2017년 새누리당 인천시남구乙당원협의회 조직위원장 2016년 국제삼보연맹 고문(현) 2019년 국회 외교통일위원회 위원장(현) (상)유권자시민행동 2013 국정감사 최우수상(2013), 범시민사회단체연합 선정 '올해의 좋은 국회의원상'(2014 · 2015), 글로벌기부문화공헌대상 정당인 봉사부문(2015), 대한변호사협회 선정 '최우수 국회의원상'(2016), 대한민국 참봉사대상 지역발전공헌대상(2016), 대한민국소비자대상 소비자입법부문 대상(2019) (저)'Across the DMZ : South Korea's Nordpolitik toward Beijing' '정치 너머의 세상'(2013, 다할미디어) (종)기독교

윤상현(尹相現) Yoon Sang Hyun

(생)1974 · 12 · 18 (주)서울특별시 서초구 사임당로 18 한국콜마(주)(02-3485-0313) (학)1999년 서울대졸 2000년 영국 런던정경대(LSE) 경제학석사 2002년 미국 스탠퍼드대 대학원 경영공학과졸(석사) (경)베인앤컴퍼니 이사 2009년 한국콜마 기획관리부문 상무 2011년 同부사장 2015년 한국콜마홀딩스 대표이사 부사장 2016년 同대표이사 사장 2017년 同사내이사(현) 2017년 한국콜마(주) 화장품부문 대표이사 사장 2018년 同대표이사 사장(현) 2018년 CJ헬스케어 공동대표이사 겸임(현)

윤상호(尹相皓) Yoon sang ho

(생)1971 · 3 · 12 (출)경남 밀양 (주)서울특별시 서초구 서초중앙로 148 희성빌딩 13층 법무법인 율우(02-3482-0500) (학)1990년 경기고졸 1995년 서울대 사법학과졸 1998년 同대학원졸 (경)1997년 사법시험 합격(39회) 2000년 사법연수원 수료(29기) 2000년 공익법무관 2003년 청주지검 검사 2005년 수원지검 안산지청 검사 2007년 서울중앙지검 검사 2010년 대검찰청 연구관 2012년 대구지검 검사 2013년 同부부장검사 2014년 서울남부지검 부부장검사 2014년 울산지검 공안부장 2016년 인천지검 공안부장 2017년 법무연수원 기획과장 2018~2019년 서울동부지검 형사3부장 2019년 법무법인 율우 변호사(현)

윤상흠(尹相欽)

(생)1965 · 6 · 3 (주)세종특별자치시 한누리대로 402 산업통상자원부 운영지원과(044-203-5061) (학)1983년 서울 상문고졸 1987년 서울대 경제학과졸 1991년 同행정대학원졸 2002년 미국 인디애나대 대학원 MBA (경)1991년 행정고시 합격(35회) 1992~2002년 상공부 상역국 무역보험과 · 국제기업과 · 통상산업부 중소기업국 중소기업정책총괄과 · 산업자원부 자원정책실 석유산업과 · 산업기술국 산업기술정책과 사무관 2002~2006년 산업자원부 생활산업국 생물화학산업과 · 무역투자실 미주협력과 · 산업정책국 산업정책과 서기관 · 동북아시대위원회 파견 · 산업자원부 자원정책실 자원협력팀장 2006년 OECD 및 IEA 파견 2009년 산업자원부 무역위원회 무역구제정책팀장 2011년 同무역투자실 무역정책관실 무역정책과장 2013년 同통상협력국 통상협력총괄과장 2014년 대한무역투자진흥공사(KOTRA) 방산물자교역지원센터장 2016년 국립외교원 교육파견 2017년 대통령직속 지역발전위원회 정책총괄국장 2018년 대통령직속 국가균형발전위원회 총괄기획국장 2018년 산업통상자원부 통상협력국장 2019년 同본부 근무(국장급)(현)

윤생진(尹生進) YOON Saing Jin (大淸)

(생)1951 · 10 · 3 (본)파평(坡平) (출)전남 신안 (주)경기도 화성시 정남면 발안로 1093 뉴오팩트코리아(031-374-4704) (학)목포제일정보고졸, 조선대 경제학과졸, 서울대 MBA과정 수료 2012년 한양대 대학원 경영학과졸 (경)1978년 금호타이어 입사 1980년 同생산반장(최단, 최연소 반장) 1989년 국제제안대회 한국대표 1994년 금호타이어 차장 1995년 윤생진 공적기념비 건립(금호타이어 곡성공장) 1995년 국제품질대회 한국대표 1996년 윤생진 공적기념식수(금호타이어 곡성공장) 1999~2007년 금호아시아나그룹 전략경영본부 상무이사 2001년 신지식인운동본부 공동대표 2002년 성결대 북한문제연구위원 2003년 국가품질상 심사위원 2003년 조선대 경영대학원 겸임교수 2003년 EBS-TV 다큐멘터리 '길을 만든 사람들'에 출연 2005년 KBS라디오 다큐멘터리 출연 2006년 한백연구소 북한문제연구위원 2007년 신지식인운동본부 고문 2007년 금호아시아나그룹 전략경영본부 전무 2007년 한국디자인진흥원 사외이사 2008~2010년 대한상공회의소 환경에너지위원회 부위원장 2008년 금호아시아나그룹 인재개발원장(전무) 2008년 미국 아칸소주 명예대사(현) 2009년 경찰대학 겸임교수(현) 2010~2014년 한국녹색성장산업총연합회 회장 2010년 뉴오팩트코리아 대표이사 사장(현) 2010~2014년 선진D&C 대표이사 사장 2011~2014년 법제처 국민법제관 2012년 UN한국평화봉사단 수석부총재(현) 2014년 윤생진에너지연구소 대표(현) (상)석탑산업훈장(1984), 제1회 전국 제안왕(1988), 대통령표창(1990 · 1993 · 1994 · 2000), 은탑산업훈장(2008) (저)'인생을 바꾼 남자' '아이디어 왕' '세계 최고를 향하여' '개선 제안 만들기' '미치게 살아라'(2003) (종)가톨릭

윤석근(尹碩根) YOON Seok Keun

(생)1956 · 1 · 12 (본)파평(坡平) (출)서울 (주)서울특별시 용산구 원효로84길 9 일성신약(주) 비서실(02-3271-8888) (학)1974년 동성고졸 1984년 미국 뉴욕대 경영학과졸 (경)1984년 일성신약(주) 입사, 同자재부장, 同관리이사, 同상무이사 2000년 同전무이사 2001년 同대표이사 사장 2009년 한국제약협회 부회장 2010년 同회장 직대 2012년 同이사장 2012~2015년 한국에이즈퇴치연맹 후원회장 2015년 일성신약(주) 대표이사 부회장(현) (상)산업통상자원부장관표창(2017)

윤석금(尹錫金) YOON Seok Keum (文峰)

(생)1945 · 12 · 20 (본)파평(坡平) (출)충남 공주 (주)서울특별시 종로구 창경궁로 120 종로플레이스 14층 웅진그룹 비서실(02-2076-4500) (학)1964년 강경상고졸 1969년 건국대 경제학과졸 1989년 서울대 경영대학원 최고경영자과정 수료 1997년 고려대 언론대학원 최고관리자과정 수료 2003년 명예 경영학박사(공주대) 2006년 명예 경영학박사(서울과학종합대) (경)1971~1980년 한국브리태니커 사업국 상무 1980~1994년 (주)헤임인터내셔널 사장 1980~2000년 웅진출판(주) 회장 1987년 웅진식품(주) 회장 1988~1999년 (주)코리아나화장품 회장 1989년 웅진코웨이(주) 회장 1989년 웅진그룹 회장(현) 1996년 (주)렉스필드컨트리클럽 회장 2002~2004년 고려대 경영학과 겸임교수 2005년 공주대 겸임교수 2007~2008 · 2012년 웅진홀딩스 공동대표이사 (상)문공부장관표창(1988), 대통령표창(1989 · 2009), 서울시문화상(1994), 충남도문화상(1996), 보관문화훈장(1997), 경제정의기업상(1998 · 2001), 한국출판문화상(1999), 한국전문경연인학회 CEO대상(2003), 한국의 경영자상(2004), 자랑스런 충청인상(2005), 언스트앤영(Ernst&Young) 최우수기업가상 소비재부문(2008), 서울대발전공로상(2008), 자랑스러운 고대국제인상(2008), 대한상공회의소 평화기업인상(2011), 기후변화그랜드 리더스상 기업부문(2011) (저)'나의 사업이야기'(2000) 'CEO가 본 CEO 히딩크'(2002) '긍정이 걸작을 만든다'(2009)

윤석년(尹錫年) YOON Shuk Nyun

(생)1960 · 1 · 29 (본)파평(坡平) (출)부산 (주)광주광역시 남구 효덕로 277 광주대학교 인문사회대학 신문방송학과(062-670-2290) (학)1982년 성균관대 신문방송학과졸 1984년 同대학원 신문방송학과졸 1994년 신문방송학박사(성균관대) (경)1988년 광주대 신문방송학과 조교수 · 부교수 · 교수(현) 2006~2007년 한국방송학회 총무이사 2007~2011년 광주대 대학신문방송사 주간 2010~2013년 지역신문발전위원회 위원 2010~2014년 YTN 시청자위원 2011~2012년 광주대 인문사회대학 부학장 2012 · 2014 · 2016년 同신문방송사 주간(현) 2014~2016년 同홍보실장 2014~2015년 한국방송학회 회장 2016년 광주대 신문방송학과장(현) 2017년 언론중재위원회 언론중재위원(현) 2018년 방송통신심의위원회 방송자문특별위원회 위원장(현) (저)'뉴미디어시대의 새로운 시청자교육'(共) '언론모니터의 이해와 활용(共)'(1998) '지역언론 개혁론(共)'(1999) '미디어 정책론(共)'(2010)

윤석만(尹錫晩) Seok-Man Yoon

(생)1956 · 11 · 17 (주)서울특별시 동대문구 이문로 107 한국외국어대학교 서양어대학 프랑스어과(02-2173-3162) (학)1979년 한국외국어대 불어과졸 1983년 同통역대학원졸 1993년 언어학박사(프랑스 파리제4대) (경)1989~1991년 프랑스 외무부 · 국방부 · SNCF 불어-한국어 전속통역사 1994~1996년 EBS-TV 불어회화 진행 1995년 한국외국어대 서양어대학 불어과 전임강사 · 조교수 · 부교수, 同서양어대학 프랑스어과 교수(현) 2006년 同멀티미디어교육원장 2007년 同교수학습개발센터장 2013년 한국불어불문학회 총무이사 2015년 한국외국어대 서양어대학장 2017년 同미래위원회 위원장(현) 2019년 同서울캠퍼스 부총장(현) (상)프랑스 교육부 교육문화훈장(2008) (역)'프랑스인을 위한 한국어회화'(2000)

윤석민(尹錫敏) YOON Seok Min

(생)1963 · 1 · 13 (본)파평(坡平) (출)충남 논산 (주)서울특별시 관악구 관악로 1 서울대학교 사회과학대학 언론정보학과(02-880-6470) (학)1981년 경동고졸 1985년 서울대 신문학과졸 1987년 同대학원 신문학과졸 1994년 매스미디어학박사(미국 미시간주립대) (경)1988~1989년 통신개발연구원 연구원 1994년 한국방송개발원 선임연구원 1996~2001년 경원대 신문방송학과 교수 2001년 서울대 사회과학대학 언론정보학과 교수(현) 2003년 同언론정보학과장 2008~2010년 同사회과학도서관장 2008년 同BK21사업단장 2010년 여론집중도조사위원회 부위원장 2011~2014년 서울대 언론정보학과장 2013~2016년 문화체육관광부 여론집중도조사위원회 부위원장 2014~2016년 국무총리소속 정보통신전략위원회 민간위원 2014년 방송통신심의위원회 비상임위원 2014~2017년 대통령직속 통일준비위원회 사회문화분과위원회 전문위원 2015~2016년 사이버커뮤니케이션학회 회장 2015~2018년 서울대 언론정보연구소장 2016~2018년 방송통신위원회 미디어다양성위원회 위원장 2016년 조선일보 윤리위원회 위원장 2017~2019년 서울대 팩트체크센터 위원장 (상)미국 방송학회 논문상, 한국언론학회 신진우수학자논문상, 한국언론학회 저술상, 대통령표창(2013) (저)'초고속정보통신망의 수용성과 정책방향'(共) '커뮤니케이션 혁명과 정보사회'(共) '다채널TV론'(1999, 커뮤니케이션북스) '공영방송'(共) '커뮤니케이션 정책연구'(2005, 커뮤니케이션북스) '커뮤니케이션의 이해'(2007, 커뮤니케이션북스) '한국사회 소통의 위기와 미디어'(2011, 나남) 'MT언론정보학(共)'(2011, 청어람) '다플랫폼 다채널 시대의 통일방송(共)'(2011, 서울대 출판부) '미디어 공정성 연구'(2015, 나남) '공영방송의 이해(共)'(2016, 한울아카데미) (역)'컨버전스'(共) '미국 다채널TV 산업의 경쟁구조'

윤석민(尹碩敏) YOON, Suk-Mynn

(생)1964 · 10 · 9 (출)서울 (주)서울특별시 영등포구 여의공원로 111 태영그룹(02-2090-2085) (학)1983년 휘문고졸 1987년 서울대 공대 화학공학과졸 1989년 同대학원 화학공학과졸 1992년 미국 하버드대 경영대학원 경영학 석사(MBA) (경)1996년 SBS 기획실장 1997년 同기획조정실장(이사대우) · 경영심의실장(이사대우) 1998년 同기획편성본부 부본부장(이사대우) 1999~2004년 (주)태영 상무이사 겸 회장특별보좌역 · 부사장 2000~2007년 (주)SBSi 대표이사 2004년 SBS 경영위원(상무급) 2004~2008년 (주)태영건설 사장 2004~2008년 태영인더스트리 사장 2007~2008년 (주)SBSi 이사회 의장 2008~2009년 同이사회 의장(부회장) 2008~2019년 (주)태영건설 대표이사 부회장 2008~2019년 태영인더스트리 대표이사 부회장 2008년 국립중앙박물관회 이사(현) 2009~2017년 SBS미디어홀딩스 대표이사 부회장 2011~2017년 국립현대미술관후원회 부회장 2011~2013년 서울대 미술관 운영위원회 위원 2012~2015년 세계박물관회(WFFM) 부회장 2013년 대한스키협회 회장 2016~2017년 SBS 이사회 의장 2016~2017년 SBS콘텐츠허브 이사회 의장 겸임 2016년 미국 하버드비즈니스스쿨(HBS) 한국동문회장(현) 2017년 일본 도쿄대 자문위원(현) 2017년 국립현대미술관후원회 회장(현) 2019년 태영그룹 회장(현) (종)천주교

윤석민(尹錫敏) YOON Seog Min

(생)1966 · 9 · 15 (주)서울특별시 강남구 테헤란로 223 18층 하우자산운용 대표이사실(02-2050-4700) (학)브니엘고졸 1988년 서강대 경영학과졸 (경)한국투자증권 채권운용팀 운용역, 메리츠증권 채권운용팀 차장, 한화증권 Wrap운용팀 차장, 흥국투자신탁운용(주) 상무, 同최고운용책임자 겸 대체투자본부장, 同대표이사 2012년 현대스위스자산운용 대표이사 2013년 SBI자산운용 대표이사 2014년 하우자산운용 대표이사(현)

윤석범(尹錫氾) YOON Seok Beom

(생)1947 · 9 · 5 (본)파평(坡平) (출)경남 함양 (주)서울특별시 중구 소공로 88 한진빌딩 신관 8층 세무법인 광장리앤고(02-6386-6500) (학)1979년 경기대 경영학과졸 2005년 한국사이버대 법학부졸 (경)1968~1983년 동부산 · 용산 · 남부 · 소공세무서 근무 1983~1989년 국세청 법인세과 근

무 1989~1992년 충주세무서 과장 1992~1993년 국세공무원 교육원 법인세담당 교수 1993~1998년 국세청 법인세과 법규담당 계장 1998~2000년 경인지방·중부지방국세청 법인납세과 근무 2000년 경주세무서장 2001년 금정세무서장 2002~2003년 서울지방국세청 법인납세과장 2004~2005년 서초세무서장 2005년 서울지방국세청 개인납세2과장 2005년 열린세무법인 대표세무사 2007년 세무법인 SJ 대표세무사 2009~2015년 세무법인 가교 대표이사 2012년 (주)유한양행 비상근감사(현) 2015년 세무법인 광장리앤고 대표세무사(현) (상)대통령표창(1986), 녹조근정훈장(1997), 홍조근정훈장(2005)

윤석빈(尹碩彬) YOON Seok Bin

(생)1971·12·9 (본)해남(海南) (출)서울 (주)서울특별시 용산구 한강대로72길 3 (주)크라운제과 비서실(02-709-7553) (학)1990년 제물포고졸 1997년 미국 프랫인스티튜트 산업디자인과졸 2000년 미국 크랜브룩미술대 3D디자인학과졸 2008년 디자인학박사(홍익대 IDAS) (경)2000년 (주)크라운베이커리 디자인실장 2005년 同디자인경영부문 상무 2007년 (주)크라운제과 이사 2010년 同상무 2010년 同대표이사 2017년 (주)크라운해태홀딩스 대표이사(현) 2018년 (주)크라운제과 사장(현)

윤석산(尹錫山)

(생)1947·2·21 (출)서울 (주)경기도 안산시 상록구 한양대학로 55 한양대학교 국제문화대학 한국언어문학과(031-400-5310) (학)1974년 한양대 국어국문학과졸 1977년 同대학원졸 1987년 문학박사(한양대) (경)1974년 경향신문에 '바다속의 램프'로 등단, 시인(현), 한양대 국제문화대학 인문학부 국어국문학과 교수, 미국 U.S.C. 교환교수, 미국 하와이주립대 방문교수 2002~2004년 한양대 국제문화대학장 2012년 同국제문화대학 한국언어문학과 명예교수(현) 2009~2012년 천도교 중앙총부 교서편찬위원 2013~2016년 同중앙총부 교서편찬위원장 2018년 한국시인협회 회장(현) (상)한국시문학상 (저)'용담유사연구' '동학사상과 한국문학' '주해 동경대전', 시집 '온달의 꿈' (작)시 '용문에 가서' '마포' '온달전' '막막한 적막' '집게벌레' '바다속의 램프' '처용의 노래' '용담가는 길' '적·寂' (종)천도교

윤석암(尹錫岩) YOUN Seog Am

(생)1963·4·12 (본)파평(坡平) (출)광주 (주)서울특별시 마포구 월드컵북로 402 SK스토아 임원실(02-6266-5577) (학)1980년 살레시오고졸 1989년 고려대 신문방송학과졸 2001년 同대학원 신문방송학과졸 2002년 호주 찰스다윈대 대학원 경영학과졸 (경)1988~1993년 금강기획 근무 1993~1998년 현대방송 근무 1998~2001년 데이콤미디어 경영전략실 근무 2002~2003년 SK텔레콤 근무 2006년 CJ미디어 경영전략실장(상무) 2006년 同방송본부장(상무) 2010년 CJ제일제당 경영연구소 상무 2011년 CSTV 편성실장 2011년 TV조선 편성실장 2012년 同편성제작본부장 2013년 同편성제작본부장(상무) 2015년 同편성본부장(상무) 2015~2019년 SK브로드밴드 미디어사업부문장(전무) 2017년 SK스토아 대표이사(현)

윤석열(尹錫悅) YOON Seok Youl

(생)1960·12·18 (본)파평(坡平) (출)서울 (주)서울특별시 서초구 반포대로 157 대검찰청(02-3480-2001) (학)1979년 충암고졸 1983년 서울대 법과대학졸 1988년 同대학원 법학과졸 (경)1991년 사법시험 합격(33회) 1994년 사법연수원 수료(23기) 1994년 대구지검 검사 1996년 춘천지검 강릉지청 검사 1997년 수원지검 성남지청 검사 1999년 서울지검 검사 2001년 부산지검 검사 2002년 법무법인 태평양 변호사 2003년 광주지검 검사 2005년 의정부지검 고양지청 검사 2006년 同고양지청 부부장검사 2007년 대검찰청 검찰연구관 2008년 대전지검 논산지청장 2009년 대구지검 특별수사부장 2009년 대검찰청 범죄정보2담당관 2010년 同중앙수사2과장 2011년 同중앙수사1과장 2012년 서울중앙지검 특수1부장 2013년 수원지검 여주지청장 2014년 대구고검 검사 2016년 대전고검 검사 2016년 '박근혜 정부의 최순실 등 민간인에 의한 국정농단 의혹 사건'(최순실 특검법) 수사팀장 2017년 서울중앙지검장 2019년 검찰총장(현) (종)불교

윤석영(尹錫永) YOON Seok Young

(생)1956·12·31 (출)대구 (주)광주광역시 서구 죽봉대로22번길 25 영산강홍수통제소(062-600-8300) (학)1980년 충남대 토목공학과졸 1982년 同대학원졸 1993년 토목학박사(충남대) (경)한국건설기술연구원 수자원환경연구부 선임연구원 2003년 同수자원연구부장 2005~2010년 同수자원연구부 연구위원 2007~2009년 同정책연구실장 2010년 同선임연구위원 2016년 국토교통부 영산강홍수통제소장 2018년 환경부 영산강홍수통제소장(현)

윤석용(尹碩鎔) YOON Seok Yong (檀宇)

(생)1951·11·16 (본)파평(坡平) (출)대구 (주)서울특별시 강동구 구천면로 205 천호한의원 원장실(02-474-9999) (학)1971년 대구 계성고졸 1981년 경희대 한의학과졸 1991년 중앙대 사회개발대학원졸 1991년 연세대 행정대학원 고위정책과정 수료 1995년 고려대 언론대학원 최고언론인과정 수료 1996년 서울대 행정대학원 국가정책과정 수료 1998년 고려대 컴퓨터과학대학원 최고위정보통신과정 수료 1999년 서울대 경영대학원 최고경영자과정 수료 2000년 한국과학기술원(KAIST) 경영대학원 E-비지니스임원과정 수료 2003년 강원대 AMP과정 수료 (경)1981년 천호한의원 개원·원장(현) 1981년 곡교어린이집·신바람어린이집·디딤돌교육원 이사장(현) 1987~1993년 강동구한의사회 회장 1989년 강동구의료보험조합 이사·감사 1990년 푸른사회포럼 대표 1992년 대한사회복지개발원 이사장(현) 1993년 한국장애인복지진흥회 이사 1994년 서울시한의사회 회장 1994년 성내종합사회복지관 이사장(현) 1995년 한글문화연구회 이사 1995년 민주평통 자문위원 1995~1997년 대한한의사회 부회장 1996년 대한한의사협회 부회장 1998년 자연보호중앙회 부회장 1999년 한국장애인재활협회 이사 1999년 천호동뉴타운추진위원회 공동위원장 2002년 경희대 한의대 외래교수 2004년 제17대 총선출마(서울 강동구乙, 한나라당) 2004년 한나라당 서울강동구乙운영위원회 위원장 2006년 同장애인위원장 2007~2010년 서울시장애인체육회 부회장 2008년 제18대 국회의원(서울 강동구乙, 한나라당·새누리당) 2008~2010년 한나라당 중앙장애인위원장 2009~2013년 대한장애인체육회 회장 2009~2013년 대한장애인올림픽위원회 위원장, 2018평창동계올림픽유치위원회 위원 (상)자랑스러운 서울시민상(1993), 자랑스러운 신한국인상(1994), 국민훈장 목련장(1997), 산업자원부장관표창(2006), 국세청장표창 (저)'사계절의 울음'(1985) '복지시대'(1993) '한방목욕요법'(1995) '그래도 지금 곧 다시!'(1999) '요통의 한방임상적 연구' '사상의학의 현대임상적 응용' '내가 할래요'(2000) '개인 맞춤형 복지시대'(2001) '복지르네상스를 지향하며'(2016) (종)기독교

윤석정(尹錫禎) Yoon, Suk-Jung

(생)1938·11·20 (본)파평(坡平) (출)전북 진안 (주)전라북도 전주시 덕진구 기린대로 418 전북일보 임원실(063-250-5510) (학)1957년 전주고졸 1965년 건국대 법학과졸 1985년 영국 웨일즈대 대학원 해운경영학과 수학 1989년 연세대 행정대학원 행정학과졸 (경)1993~1996년 포항지방해운항

만청장 1997~1998년 목포지방해양수산청장 2000년 (주)국제해운 대표이사(현) 2003년 진안초등학교총동창회 회장(현) 2007~2017년 중국 연변대 겸직교수 2012년 在全州진안군향우회 회장(현) 2014년 (사)신석정기념사업회 이사장(현) 2015년 (사)전북애향운동본부 부총재(현) 2015년 전북일보 대표이사 사장(현) 2016년 (사)바다살리기국민운동본부 부총재(현) 2017년 파평윤씨 전북종친회 회장(현) (상)대통령표창(1988), 근정포장(1998), 국무총리표창(2010), 전북여성단체협의회 '훌륭한 남성상'(2015), 진안군 진안군민의장 대장(2017)

윤석주(尹席主)

(생)1970 · 10 · 14 (출)전북 익산 (주)경기도 수원시 영통구 법조로 91 수원지방검찰청 중요경제범죄조사단(031-210-4200) (학)1988년 익산 남성고졸 1994년 고려대 법학과졸 (경)1997년 사법시험 합격(39회) 2000년 사법연수원 수료(29기) 2000년 수원지검 성남지청 검사 2002년 전주지검 군산지청 검사 2003년 광주지검 검사 2005년 서울북부지검 검사 2008년 청주지검 검사 2010년 창원지검 검사 2012년 수원지검 안양지청 검사 2013년 同안양지청 부부장검사 2013년 의정부지검 고양지청 부부장검사 2014년 제주지검 부부장검사 2015년 대구지검 포항지청 부장검사 2016년 의정부지검 고양지청 부부장검사 2018년 수원지검 중요경제범죄조사단 부장검사(현)

윤석준(尹錫俊) Suk-Joon Yoon

(생)1967 · 1 · 30 (출)인천 (주)서울특별시 성북구 인촌로 73 고려대학교 의과대학 예방의학교실(02-2286-1412) (학)1985년 서울고졸 1991년 서울대 의대졸 1997년 同대학원 의학석사 2000년 의학박사(서울대) (경)2002년 고려대 의과대학 예방의학교실 교수(현) 2005~2006년 미국 텍사스주립대 보건대학원 객원연구원 2006~2011년 서울의료원 정책연구실장 2009~2010년 대통령 사회정책수석비서관실 정책자문위원 2013~2015년 건강보험정책심의위원회 위원 2013~2015년 건강보험심사평가원 심사평가연구소장 2014~2016년 同기획상임이사 2014~2015년 한국의료질향상학회 이사 2019년 고려대 보건대학원장(현) (상)대한예방의학회 우수논문심사자상(2007 · 2013), 제41회 보건의 날 대통령표창(2013) (저)'복지논쟁시대의 보건정책-대한민국 보건의료정책의 이해와 대안'(2011, 범문에듀케이션) '가까이에서 보면 누구나 정상은 아니다'(2019, 범문에듀케이션)

윤석진(尹錫珍) YOON Seok Jin

(생)1959 · 7 · 3 (본)파평(坡平) (출)전북 익산 (주)서울특별시 성북구 화랑로14길 5 한국과학기술연구원 부원장실(02-958-5013) (학)1978년 전주고졸 1983년 연세대 전기공학과졸 1985년 同대학원 전기공학과졸 1992년 전기공학박사(연세대) (경)1988년 한국과학기술연구원(KIST) 책임연구원(현) 1995~1996년 미국 Pennsylvania State Univ. Post-Doc. 1999~2002년 한국센서학회 평의원 · 사업이사 2003년 한국과학기술연구원(KIST) 박막재료연구센터장 2010년 同재료 · 소자본부장 2011년 同미래융합기술연구본부장 2012년 同연구기획조정본부장 2012년 同융합연구정책센터장 2012~2017년 과학기술부 나노소재기술개발사업추진위원회 위원장 2014~2017년 국가과학기술연구회 융합연구본부장 2017~2018년 한국전기전자재료학회 회장 2017년 한국과학기술연구원(KIST) 부원장(현) 2018년 과학기술부 기술수준평가위원회 위원장(현) 2018년 홍릉클러스터링 추진위원회 위원장(현) 2019년 한국센서학회 회장(현) 2019년 국방과학연구소 남북과학기술협력위원회 위원(현) 2019년 한국공학한림원 정회원(현) (상)산업자원부장관표창(2001), 이달의 과학기술자상(2003), 양송논문상(2004), 국무총리표창(2004), 송곡과학기술상(2009), 국가연구개발유공 과학기술포장(2013) (역)'마이크로메카트로닉스'(2011) 'Applications of ATILA FEM Software to Smart Materials'(2013) (종)가톨릭

윤석철(尹錫喆) YOON Suck Chul

(생)1940 · 5 · 9 (본)파평(坡平) (출)충남 공주 (주)서울특별시 관악구 관악로 1 서울대학교 경영학과(02-880-5114) (학)1958년 대전고졸 1963년 서울대 물리학과졸(전체수석) 1969년 미국 펜실베니아대 대학원 전기공학과졸 1971년 경영학박사(미국 펜실베니아대) (경)1974~2005년 서울대 경영학과 전임강사 · 조교수 · 부교수 · 교수 1977년 독일 훔볼트재단 연구교수 1995년 서울대 경영정보연구소장 1997년 (주)농심 사외이사(현) 2004~2014년 한마음남북장학재단 이사장 2005년 서울대 경영학과 명예교수(현) 2005년 한양대 경영학과 석좌교수 2014년 한마음평화연구재단 이사장(현) (상)서울대총장표창(1963), 서울대 경영대학 강의상(2002), 언론문화상(2003), 근정포장(2005), 수당상(2006) (저)'계량적 세계관과 사고체계'(1991) '프린시피아 매네지멘타'(1991) '과학과 기술의 경영학'(1994) '경영학의 진리체계'(2001) '계량경영학' '경영학적 사고의 틀' '기술축적 관리론' '경영 경제 인생 강좌 45편' '삶의 정도'(2011) (종)기독교

윤석춘(尹錫春) YOON Seok Chun

(생)1959 · 3 · 5 (출)경기 연천 (주)전라북도 익산시 망성면 망성로 14 (주)하림 비서실(063-860-2114) (학)1977년 인창고졸 1981년 고려대 농업경제학과졸 (경)1999년 제일냉동식품 마케팅팀장(상무) 2000년 모닝웰 마케팅팀장(상무) 2005년 同대표이사 상무, CJ(주) 신선사업부문BU장(상무) 겸임 2005년 모닝웰 대표이사 2006년 삼호F&G 대표이사 사장 2007년 CJ제일제당 신선식품BU 부사장 2010~2011년 同식품영업총괄 부사장 2011년 同고문 2012년 (주)삼립식품 총괄부사장 2013년 同대표이사 부사장 2014~2016년 同대표이사 사장 2016년 同각자대표이사 2016~2017년 (주)SPC삼립 각자대표이사 2018년 (주)하림 각자대표이사 사장(현) (상)은탑산업훈장(2015)

윤석헌(尹碩憲) YOON Suk Heun

(생)1948 · 10 · 30 (본)무송(茂松) (출)서울 (주)서울특별시 영등포구 여의대로 38 금융감독원(02-3145-5311) (학)1966년 경기고졸 1971년 서울대 경영학과졸 1979년 미국 산타클라라대 경영대학원졸(MBA) 1984년 경영학박사(미국 노스웨스턴대) (경)1971~1977년 한국은행 근무 1971~1974년 해군사관학교 경영학 교관 1984~1991년 캐나다 McGill Univ. 조교수 1992년 한국금융연구원 선임연구위원 1997년 서울대 증권금융연구소 특별연구위원 1998~2010년 한림대 재무금융학과 교수 2000년 금융감독조직혁신작업반 반장 2001~2006년 한림대 경영대학원장 2001~2005년 한미은행 사외이사 2002년 한국재무학회 회장 2003~2009년 강원도개발공사 비상임이사 2004~2007년 한국은행 강원본부 자문교수 2004~2009년 춘천바이오산업진흥원 비상임이사 2004~2006년 한림대 경영대학장 2005~2008년 한국씨티은행 사외이사 2005~2006년 한국금융학회 회장 2006~2007년 한국금융연구원 자문위원 2006~2010년 HK저축은행 사외이사 2007~2009년 한국수출입은행 자문교수 2008~2011년 한국거래소(KRX) 선임사외이사 2010~2016년 숭실대 금융학부 교수 2010년 한국금융연구원 자문위원 2010~2011년 국민경제자문회의 위원 2010~2011년 금융위원회 금융발전심의위원회 위원장 2011~2013년 KB국민카드 사외이사 2013년 ING생명 사외이사 2016년 서울대 경영대학 객원교수 2017년 금융위원장 직속 금융행정인사혁신위원회 위원장 2017년 금융위원회 금융발전심의회 위원장 2018년 금융감독원 원장(현) (상)국방부장관표창(1974), 캐나다은행가협회 최우수논문상(1991), 이도사르나(Iddo-Sarnat) 최우수논문상(1994), 한국재무학회 최우수논문상(2000 · 2002), 한국재무학회 우수논문상(2008), 한국금융학회 우수논문상(2011) (저)'금융기관론 제3판(共)'(2016) '비정상경제회담(共)'(2016)

윤석홍(尹錫弘) YOON Suk Hong

(생)1947 · 1 · 15 (출)충남 논산 (주)경기도 용인시 수지구 죽전로 152 단국대학교 커뮤니케이션학부(031-8005-3342) (학)1968년 홍익고졸 1974년 고려대 철학과졸 1984년 미국 미주리대 언론대학원 언론학과졸 1987년 언론학박사(미국 미주리대) (경)1974년 합동통신 기자 1979년 동아방송 기자 1980~1982년 조선일보 외신부 기자 1987~1993년 이화여대 · 한국외국어대 강사 1989년 조선일보 독자부 차장 1991년 同독자부장 1995년 同스포츠레저부장 1995~2012년 단국대 언론영상학부 언론홍보학전공 교수 1996년 미국 미주리대 언론대학원 방문교수 1999년 단국대 홍보위원장 2000년 종근당 고촌재단 이사(현) 2002년 단국대 대외협력실장 2005~2007년 同퇴계기념중앙도서관장 2009년 미디어발전국민위원회 위원 2009~2015년 한국ABC협회 인증위원장 2010년 (재)서재필기념회 이사(현) 2011~2014년 뉴스통신진흥회 이사 2012~2014년 한국방송광고진흥공사 비상임이사 2012년 단국대 커뮤니케이션학부 명예교수(현) 2015년 (재)통일과나눔 상임이사(현) (상)한국언론학회 신문부문 공로상 (저)'Off the Record'(1996) '언론상과 우수기사'(1997) '여론조사(共)'(1999) '신문방송, 취재와 보도'(2000) (종)천주교

윤석홍(尹錫弘) Yun Seok Hong

(생)1961 · 11 · 25 (출)충남 서산 (주)서울특별시 용산구 후암로4길 10 (주)헤럴드 경영지원실(02-727-0114) (학)1988년 서울시립대 영어영문학과졸 (경)2000년 코리아헤럴드 전략마케팅부장 2000년 同경영지원부장 2004~2013년 헤럴드미디어 경영지원국 총무인사팀장 2013년 (주)헤럴드 경영지원실장 2019년 同경영지원실장(이사)(현) (상)신문협회상(2005)

윤석화(尹石花 · 女) YOON Suk Hwa

(생)1956 · 1 · 16 (출)서울 (주)서울특별시 종로구 동숭길 29 3층 (재)한국연극인복지재단(02-741-0332) (학)1980~1981년 미국 뉴욕대 수학 1982~1983년 미국 뉴욕시립대 드라마 · 공연학 수학 1993년 미국 하버드대 드라마연구원 연극분석이론 수학 (경)1975년 연극 '꿀맛'으로 데뷔 1995년 (주)돌꽃컴퍼니 대표 1999년 한국연극배우협회 부회장 1999~2013년 객석 발행인 · 대표이사 2002년 다일복지재단 홍보대사 2002~2019년 설치극장 정미소 대표 2004년 한국기업메세나협의회 홍보대사 2005년 (재)한국연극인복지재단 부이사장 2010년 김수환추기경연구소 홍보대사 2014년 안중근 의사 연극 '나는 너다' 제작 · 연출 2015년 모노드라마 '먼 그대' 각색 · 연출 · 출연 2017년 보건복지부 노인학대예방 홍보대사 2017년 (재)한국연극인복지재단 이사장(현) (상)여성동아대상(1984), 백상예술대상 여자연기상(1984 · 1989 · 1991 · 1996), 백상예술대상 인기상(1987), 동아연극상 여자연기상(1990), 서울연극제 여자연기상(1991), 연출가협회 올해의 배우상(1992), 배우협회 제1회 올해의 배우상(1997), 이해랑 연극상(1998), 문화관광부장관표창(2004), 대통령표창(2005), 대한민국문화예술상-연극 · 무용부문(2009), 영국 로런스올리비에상(2013) (저)'무엇이 이토록 나를'(1986) '작은 평화'(2004) '윤석화가 만난 사람'(2004) (역)'선인장꽃'(1980) '신의 아그네스'(1983) '애니'(1986) '송 앤 댄스'(1987) '하나를 위한 이중주'(1989) '토요일 밤의 열기'(2003) (작)'꿀맛'(1975) '신데렐라'(1976) '웨스트 사이드 스토리'(1977) '카프카의 변신'(1978) '탱고'(1978) '우리집 식구는 아무도 못말려'(1978) '마피아'(1979) '선인장꽃'(1980) '신의 아그네스'(1983 · 2008) '화니'(1985) '애니'(1986) '송 앤 댄스'(1986) '춘향전'(1988) '하나를 위한 이중주'(1989) '출세기'(1989) '프쉬케, 그대의 거울'(1990) '그대 아직도 꿈꾸고 있는가'(1991) '딸에게 보내는 편지'(1992) '아가씨와 건달들'(1994) '덕혜옹주'(1995) '명성황후'(1995) '나, 김수임'(1997) '마스터 클래스'(1998) '세자매'(2000) '넌센스'(2001) '꽃밭에서'(2002) 'Wit'(2005) '정순왕후(영영이별 영이별)'(2005) '어메이징 그레이스'(2006) '시간이 흐를수록'(2009) '나는 너다'(2010) '먼 그대'(2015) (종)기독교

윤석후(尹錫厚) YOON Suk Hoo

(생)1953 · 8 · 3 (본)파평(坡平) (출)서울 (주)전라북도 완주군 삼례읍 삼례로 443 우석대학교 식품생명공학과(063-290-1114) (학)1972년 경기고졸 1977년 서울대 농과대학졸 1980년 한국과학기술원 생명과학과졸(석사) 1983년 생명과학박사(한국과학기술원) (경)1983~1988년 한국과학기술연구원 선임연구원 1984~1985년 미국 오하이오주립대 식품공학과 선임연구원 1988~2003년 한국식품개발연구원 선임연구원 · 책임연구원 2003년 同선임본부장 겸 식품기능연구본부장 2003~2011년 한국식품연구원 책임연구원 2004~2005년 同선임본부장 겸 식품기능연구본부장 2008년 同미래전략기술연구본부 바이오제론연구단장 2009년 국제생물촉매생물공학회 부회장 2011년 '마르퀴즈 후즈 후 인 아시아 2012년판'에 선정 2011~2014년 한국식품연구원 원장 2012년 미국 인명정보기관(ABI) '2011 우수과학상(Scientific Award of Excellence for 2011)'에 선정 2012년 한국식품과학회 회장 2012년 미국유지화학회(AOCS) 생물공학위원회 위원장 2013년 同아시아지역위원회 위원장(현) 2013~2015년 제6회 국제식품기능학술대회 조직위원장 2014년 우석대 식품생명공학과 초빙교수(현) 2015년 (주)삼양사 사외이사(현) (상)과학기술훈장 혁신장(2012) (종)기독교

윤석훈(尹錫勳)

(생)1973 · 12 · 1 (주)강원도 춘천시 중앙로 1 강원도의회(033-256-8035) (학)농협대학 농공기술학과졸 (경)평창군자율방범 연합대장, 방림면체육회 수석부회장, 평창군자원봉사센터 운영위원(현), 더불어민주당 전국청년위원회 사회적경제분과 위원장(현) 2018년 강원도의회 의원(더불어민주당)(현) 2018년 同교육위원회 위원(현)

윤선애(尹善愛 · 女) YOON Sun Ae

(생)1960 · 7 · 8 (출)부산 (주)경기도 의정부시 천보로 271 가톨릭대학교 의정부성모병원(031-820-3025) (학)1986년 가톨릭대 의대졸 1992년 同대학원 의학석사 1995년 의학박사(가톨릭대) (경)1993년 가톨릭대 의대 내과학교실 조교수 · 부교수 · 교수(현) 1999~2000년 미국 Stanford 의대 Post-Doc., 가톨릭대 의정부성모병원 신장내과장, 同신장투석센터소장 2009~2011년 同의정부성모병원 내과 과장

윤선호(尹善鎬) YOUN SEON HO

(생)1960 · 8 · 15 (주)서울특별시 서초구 헌릉로 12 기아자동차 기아디자인센터(080-200-2000) (학)1983년 홍익대 공업디자인학과졸 1985년 영국 왕립예술대학(RCA) 자동차디자인과졸 2004년 핀란드 헬싱키경제대(HSE) 경영대학원 디자인경영과졸 2005년 홍익대 산업미술대학원 제품디자인과졸 (경)1982년 현대자동차 입사 2003년 同이사 2004년 기아자동차(주) 디자인연구소장(전무) 2011~2019년 同기아디자인센터장(부사장) 2019년 同기아디자인센터 자문(현) (상)석탑산업훈장(2005), 은탑산업훈장(2014)

윤선희(尹宣熙) YUN Sun Hee (선봉)

(생)1957 · 7 · 29 (본)예천(醴泉) (출)경북 예천 (주)서울특별시 성동구 왕십리로 222 한양대학교 법학전문대학원(02-2290-0999) (학)1988년 일본 도시샤(同志社)대졸 1990년 일본 고베(神戶)대 대학원졸 1993년 법학박사(일본 고베대) (경)1992년 한국교육개발원 연구자문위원 1993~1994년 일본 도쿄외국어대학 아시아아프리카 언어문화연구소 연구원 1994~1999년 상지대 법학과 조교수 1995~1998년 국제산업재산권법학

회 사무총장 겸 이사 1995~1997년 상지대 법학과장 1999~2000년 일본 도쿄대 법학부 객원연구원 1999~2008년 한양대 법과대학 조교수·부교수·교수 2001~2005년 한국소프트웨어저작권협회 S/W정품사용모범기업인증위원회 위원장 2004~2016년 인터넷주소분쟁조정위원회 위원 2005년 한양대 지적재산·정보법센터장(현) 2005년 (사)문화콘텐츠와 법연구회 회장(현) 2005년 (사)한국디지털지적재산법학회 부회장 2006~2007년 일본 도쿄대 대학원 법학정치연구과 BLC 객원교수 2007년 (사)한국저작권법학회 부회장 2008년 경기특허협력협의회 회장 2008년 한양대 법학전문대학원 교수(현) 2009~2014년 한국산업재산권법학회 회장 2009년 지식경제부 산업기술보호전문위원회 위원장 2009년 대한상사중재원 대외무역분쟁조정위원(현) 2010~2012년 (사)한국중재학회 회장 2010년 대한상사중재원 중재인(현) 2011~2012년 한국산업보안연구학회 회장 2011년 산업통상자원부 산업기술보호전문위원회 위원장(현) 2011년 대한상사중재원 국제중재인(현) 2012년 (사)지식재산포럼 부회장(현) 2012년 (사)韓國比較私法學會 부회장(현) 2013년 국무총리 산업기술보호위원회 민간위원(현) 2013년 국회 입법지원위원(현) 2014년 (사)한국중재학회 고문 2014년 한국산업보안연구학회 고문(현) 2014~2017년 일본 고베대在韓동문회 회장 2014년 국무조정실 지적재산권보호정책협의회 민간위원(차관급) 2014~2017년 자유무역협정(FTA) 국내대책위원회 민간위원 2014~2018년 (사)한국지식재산학회 회장 2017~2019년 (사)대한중재인협회 부회장 2018년 (사)한국지식재산학회 명예회장(현) (상)대통령표창(1997), 지식경제부장관표창(2010), 홍조근정훈장(2014) (저)'무체재산권법' '영업비밀개설' '공업소유권법' '지적재산권법' '특허법' '상표법' '국제계약법 이론과 실무' '로스쿨 특허법'(2010) '부정경쟁방지법'(2012) '영업비밀보호법'(2012) '특허의 이해'(2012) 등 (역)'특허법' '주해 특허법' '저작권법'

윤성국(尹成國) YOON Sung Kook

(생)1962·12·2 (본)파평(坡平) (출)대구 (주)대전광역시 서구 대덕대로 223 대우토피아 8층 금강일보(042-346-8000) (학)1980년 경원고졸 1987년 계명대 영어영문학과졸 2000년 한남대 언론홍보대학원 언론홍보학과졸 2018년 행정학박사(배재대) (경)1987년 새마을신문 기자 1988년 중도일보 정경부 기자·문화체육부장·사회부장 2001년 대전매일신문 문화체육부장·사회부장·편집부국장·마케팅국장·영상사업본부장·청와대 출입기자 2010년 금강일보 편집국장 2011년 同총괄국장(이사) 2013년 同충남취재본부장(상무이사) 2014년 同총괄국장(상무이사) 2015년 同편집국장(상무이사) 2016년 同대표이사 사장(현) (종)천주교

윤성규(尹成奎) YOON Seong Kyu

(생)1956·5·8 (출)충북 충주 (주)서울특별시 성동구 왕십리로 222 한양대학교 공학대학원(02-2220-0231) (학)1974년 충주공업전문학교졸 1979년 한양대 기계공학과졸 1990년 독일 클라우스탈공과대학원 디플롬과정 수학 2007년 한양대 대학원 환경공학과졸 2013년 환경공학박사(한양대) (경)1975~1978년 건설부 근무 1977년 기술고시 합격(13회) 1978~1987년 문화공보부 사무관 1987~1992년 환경청·환경처 근무 1992년 환경처 폐수관리과장 1993년 서울지방환경청 관리과장 1994년 한강환경관리청 관리국장 1995년 환경부 소음진동과장 1995년 同기술정책과장 1995~1997년 독일 연방환경부 파견 1997년 환경부 유해물질과장 1998년 同폐기물자원국 폐기물정책과장 1999년 同수질보전국 수질정책과장 2001년 同수질보전국장 2002년 同환경정책국장(이사관) 2004년 산업자원부 자원정책실 자원정책심의관 2005년 국립환경과학원장(차관보급) 2008~2009년 기상청 차장(차관보급) 2009~2013년 한양대 환경공학연구소 연구교수 2012년 새누리당 국민행복추진위원회 지속가능국가추진단장 2013년 제18대 대통령직인수위원회 법질서·사회안전분과 전문위원 2013~2016년 환경부 장관 2016~2018년 한양대 공학대학원 건설환경공학과 특훈교수 2018년 同공학대학원 특훈교수(현) (상)대통령표창(1991), 홍조근정훈장(2003), 자랑스러운 한양인상(2014)

윤성근(尹誠根) YOON Sung Keun

(생)1959·7·15 (출)충북 청원 (주)서울특별시 서초구 서초중앙로 157 서울고등법원 총무과(02-530-1114) (학)1978년 충암고졸 1982년 서울대 법학과졸 1986년 同대학원 헌법학과졸 1993년 미국 미시간대 로스쿨졸 (경)1982년 사법시험 합격(24회) 1984년 사법연수원 수료(14기) 1985년 상지대 법학과 강사 1988~1998년 변호사 개업 1993년 미국 뉴욕주 변호사 시험합격 1993~1994년 홍콩 Johnson Stokes&Master 변호사 1994년 중국 北京大 방문학자 1998년 인천지법 판사 1999년 서울고법 판사 2000년 대구지법 부장판사 2002년 인천지법 부천지원 부장판사 2002·2005·2006년 UNCITRAL Working Group 한국대표단 2004년 서울중앙지법 부장판사 2007년 서울남부지법 부장판사 2008년 同수석부장판사 2009년 부산고법 부장판사 2010년 서울고법 부장판사 2015년 서울남부지법원장 2017년 서울고법 부장판사(현) 2017년 한국경제신문 전문가포럼 고정필진(현) 2018년 상설중재재판소 재판관(현) 2019년 서울중앙지법 부장판사(현)

윤성덕(尹星德) YOON Sung Duk

(생)1958·3·20 (출)부산 (주)부산광역시 강서구 녹산산업대로 117-12 (주)태광 비서실(051-831-6550) (학)1976년 경남고졸 1980년 한양대 기계공학과졸 1982년 연세대 경영대학원 경영학과졸 (경)2000년 태광밴드공업 상무이사, 同부사장 2001년 (주)태광 부사장 2003년 同대표이사 사장(현)

윤성덕(尹聖德) Yun Seong-deok

(생)1967·3·7 (본)파평(坡平) (출)서울 (주)서울특별시 종로구 사직로8길 60 외교부 인사운영팀(02-2100-7136) (학)1989년 서울대 영문학과졸 1994년 영국 옥스퍼드대 외교관과정 수료 1995년 영국 런던대 국제관계학과 수료 (경)1989년 외무고시 합격(23회) 1989년 외무부 입부 1998년 駐벨기에유럽연합 1등서기관 2002년 駐레바논 1등서기관 2005년 외교통상부 지역통상국 구주통상과장 2006년 同자유무역협정국 자유무역협정정책과장 2007년 同FTA추진단 FTA교섭총괄과장 2007년 同FTA정책국 FTA협상총괄과장 2009년 駐제네바대표부 참사관 2011년 駐광저우 부총영사 2015년 駐벨기에EU대표부 공사 2017년 외교부 양자경제외교국장 2018년 駐모로코 대사(현) (상)국무총리표창(1993)

윤성묵(尹成默) YOON Seong Mook

(생)1965·8·1 (출)충남 부여 (주)충청북도 청주시 서원구 산남로62번길 51 청주지방법원(043-249-7114) (학)1983년 서대전고졸 1987년 서울대 법대 공법학과졸 1989년 단국대 대학원 법학과 수료 (경)1995년 사법시험 합격(37회) 1998년 사법연수원 수료(27기) 1998년 청주지법 판사 2002년 대전지법 천안지원 판사 2006년 청주지법 판사 2008년 대전고법 판사 2011년 청주지법 판사 2013~2015년 대전지법 천안지원·대전가정법원 천안지원 부장판사 2015년 청주지법 부장판사(현)

윤성미(尹誠美·女) YOON Sung Mi

(생)1959·10·9 (주)경상남도 창원시 의창구 상남로 290 경상남도의회(055-211-7222) (학)1982년 부산대 약대졸, 서울대 약학대학원 수료, 경상대 식의약품대학원 식의약품학과졸 (경)1999년 경남약사회 여약사위원회 부위원장 2001년 同여약사위원회 위원장, 새나라약국 약사, 경남약사회 부

회장 2013년 한국마약퇴치운동본부 경남지부장 2014년 경남도의원 선거 출마(비례대표, 새누리당) 2018년 경남도의회 의원(비례대표, 자유한국당)(현) 2018년 同문화복지위원회 위원(현)

윤성수(尹晟洙) YOON Sung Soo

(생)1960·6·22 (주)서울특별시 종로구 대학로 101 서울대학교병원 혈액종양내과(02-2072-3079) (학)1978년 경남고졸 1984년 서울대 의대졸 1987년 同대학원 의학석사 1996년 의학박사(서울대) (경)1985년 서울대병원 전공의 1988년 수도병원 군의관 1991년 서울대병원 혈액종양내과 전임의 1991년 서울대 의대 부속암연구소 연구원 1992년 미국 텍사스대 부속 M.D. Anderson Cancer Center 연구원 1994년 삼성서울병원 혈액종양내과 전문의 1996년 미국 프레드허치슨암센터 Clinical Fellow 1997년 성균관대 의대 삼성서울병원 혈액종양내과 교수 2001~2006년 서울대 의과대학 내과학교실 부교수 2001년 대한조혈모세포이식학회 학술이사 2001년 대한내과학회 편집이사 2006년 서울대 의과대학 내과학교실 교수(현) 2010~2012년 서울대병원 교육연구부장 2011년 엔케이바이오 사외이사 2016년 한국혈전지혈학회 회장 2018년 대한수혈학회 회장 2019년 한국유전체학회 회장(현) (상)함춘의학상(2017)

윤성수(尹星洙) YOUN Sung Soo

(생)1962·11·5 (주)경상북도 경산시 대학로 280 영남대학교 의과대학 학장실(053-620-3535) (학)1987년 영남대 의대졸 1991년 同대학원 의학석사 1998년 의학박사(영남대) (경)1996~2000년 영남대 의대 일반외과학교실 전임강사·조교수 2002년 同의대 일반외과학교실 부교수·교수(현), 영남대병원 외과 과장, 同홍보협력실장 2010년 同진료협력실장, 同임상시험센터장 2017~2019년 同병원장 2019년 영남대 의과대학장(현)

윤성식(尹聖植) Sung Sig Yoon (瑞牛)

(생)1953·2·12 (본)해남(海南) (출)전남 해남 (주)서울특별시 성북구 안암로 145 고려대학교 안암캠퍼스 정경대학 행정학과(02-3290-2270) (학)광주제일고졸 1979년 고려대 행정학과졸 1981년 미국 오하이오주립대 경제학과졸 1983년 미국 일리노이대 어바나교 대학원 회계학과졸 1987년 경영학박사(미국 캘리포니아대 버클리교) (경)1986년 미국 공인회계사자격 취득 1987년 미국 Univ. of Texas-Austin 조교수 1988년 한양대 회계학과 조교수 1992~1998년 고려대 행정학과 조교수·부교수 1998~2018년 同정경대학 행정학과 교수 2001년 대통령자문 정책기획위원 2002년 제16대 대통령직인수위원회 정무분과위원 2003년 대통령자문 정부혁신지방분권위원회 위원 2004~2006년 대통령자문 정부혁신지방분권위원장 2016~2017년 국회 공직자윤리위원회 위원장 2018년 고려대 정경대학 행정학과 명예교수(현) 2019년 대검찰청 검찰미래위원회 위원장(현) (저)'재무행정'(1992) '공기업론'(1994) '재무행정원론'(1995) '정부회계'(1998) '공공재무관리'(2002) '정부개혁의 비전과 전략'(2002) '예산론'(2003) '재무행정론'(2003) '불교자본주의'(2011) (종)불교

윤성식(尹誠植) Yoon Sung Sik

(생)1968·6·3 (출)서울 (주)대전광역시 서구 둔산중로 69 특허법원(042-480-1400) (학)1987년 석관고졸 1992년 서울대 법학과졸 (경)1992년 사법시험 합격(34회) 1995년 사법연수원 수료(24기) 1995년 軍법무관 1998년 서울지법 동부지원 판사 2000년 서울지법 판사 2002년 창원지법 진주지원 판사 2003년 同진주지원 남해군법원 판사 2005년 수원지법 성남지원 판사 2006년 사법연수원 교수 2008년 서울고법 판사 2010년 전주지법 부장판사 2011년 사법연수원 교수 2012년 인천지법 부장판사 2012년 법원행정처 공보관 겸임 2014년 서울서부지법 부장판사 2016년 서울중앙지법 부장판사 2018년 특허법원 부장판사(현)

윤성욱(尹盛郁)

(주)세종특별자치시 갈매로 477 기획재정부 재정관리국(044-215-5300) (학)연세대 경영학과졸, 同대학원 경영학과졸, 경제학박사(미국 미주리주립대) (경)1992년 행정고시 수석합격(35회), 기획재정부 예산실·금융정책실·국제금융국·정책조정국 근무 2004~2009년 대통령 민정수석비서관실·미국 국제금융센터 뉴욕사무소 파견 2009년 기획재정부 기획조정실 정책관리담당관(서기관) 2010년 同정책조정국 서비스경제과장 2012년 同산업경제과장 2013년 同정책조정총괄과장(서기관) 2014년 同정책조정총괄과장(부이사관) 2018년 同국고국 국유재산심의관 2019년 同재정관리국장(현)

윤성원(尹成元) YUN Seong Won

(생)1966·1·8 (본)파평(坡平) (출)부산 (주)서울특별시 종로구 청와대로 1 대통령정책실 국토교통비서관실(02-770-0011) (학)1984년 부산 동천고졸 1989년 서울대 국제경제학과졸 1993년 同행정대학원졸 1997년 영국 뉴캐슬대 주택도시대학원졸 (경)1990년 행정고시 합격(34회) 1993년 건설부 주택개발과 사무관 1994~2000년 同주택관리과·건설교통부 주택개발과·주택관리과·택지개발과·건설경제과·교통운영과 사무관 2001년 건설교통부 주택도시국 주택정책과 서기관 2003~2005년 대통령정책실 파견(빈부격차·차별시정기획단 주거복지팀장) 2005년 駐리비아 참사관(건설교통관) 2009년 국토해양부 국토정책국 국토정책과장 2010년 同국토정책국 국토정책과장(부이사관) 2010년 同기획담당관 2012년 同기획조정실 국제협력단장 2013년 대통령 국토교통비서관실 선임행정관(고위공무원) 2014년 국토교통부 도시정책관 2015~2017년 同국토정책관 2017년 국립외교원 글로벌리더십과정 파견 2017~2018년 대통령정책실 사회수석비서관실 주택도시비서관 2018년 同경제수석비서관실 국토교통비서관(현) (상)국무총리표창(1998), 근정포장(2002), 외교부장관표창(2007)

윤성이(尹聖理) YUN Seong Yi

(생)1963·11·11 (주)서울특별시 동대문구 경희대로 26 경희대학교 정치외교학과(02-961-9351) (학)1986년 연세대 정치외교학과졸 1988년 同대학원 정치학과졸 1997년 정치학박사(미국 Ohio State Univ.) (경)1997~1999년 한국전산원 전문위촉연구원 1998~1999년 연세대·숭실대·숙명여대 강사 2000~2005년 경상대 조교수·부교수 2005년 경희대 정치외교학과 교수(현) 2016년 同정경대학장(현) 2019년 한국정치학회 차기(2020년) 회장(현) (상)Graduate School Research Award(1996, 미국 오하이오주립대) (저)'디지털혁명과 자본주의의 전망' '정보사회와 국제평화' '한국의 디지털 정당' '국제적 통일역량 강화방안' '남북협력과 북한인권'

윤성이(尹性二) Yoon, Sungyee

(생)1964·3·5 (본)칠원(漆原) (출)경남 거제 (주)서울특별시 중구 필동로1길 30 동국대학교 총장실(02-2260-3011) (학)동국대 농업경제학과졸, 일본 쓰쿠바대 대학원 환경과학과졸, 공학박사(일본 도쿄대) (경)2000년 동국대 사회과학대학 식품산업관리학과 교수(현), 同미래인재개발원장, 同소비자생활협동조합 이사장, 농림축산식품부 농림수산식품과학기술위원회 위원, 同기후변화협약대책위원회 자문위원, 한국유기농업학회 회장, 한국사찰림연구소 소장 2017~2019년 동국대 일반대학원장 2019년 同총장(현) (저)'지속가능발전'(2006, 동국대출판부) (종)불교

윤성천(尹星天) YOON Sungchun

(생)1968 · 8 · 29 (본)파평(坡平) (주)세종특별자치시 갈매로 388 문화체육관광부 저작권국(044-203-2403) (학)1986년 안양고졸 1992년 고려대 경영학과졸 2005년 미국 듀크대 국제개발정책과정(PIDP) 수료 2016년 서울대 행정대학원 행정학과졸 (경)2007~2008년 문화체육관광부 방송영상광고과장 2008~2011년 세계지식재산기구(WIPO) Senior Program Officer 2011년 문화체육관광부 저작권산업과장 2013년 同녹색관광과장 2013년 同관광개발기획과장 2014년 同재정담당관 2016년 同문화기반정책관실 인문정신문화과장 2017년 同국제관광정책관실 국제관광기획과장 2017년 同정책기획관실 창조행정담당관 2017년 同기획조정실 기획행정담당관(부이사관) 2019년 同저작권국장(고위공무원)(현)

윤성철(尹成徹) YOUN Sung Chul

(생)1954 · 8 · 21 (출)대구 (주)서울특별시 중구 소월로 10 건강보험심사평가원 중앙심사위원회(02-3772-8810) (학)1979년 서울대 의학과졸 1987년 同대학원 의학석사 1990년 의학박사(서울대) (경)1986~1987년 한미병원 내과 과장 1987~1989년 영남대 의과대학 교수 1989~1994년 동국대 의과대학 내과학교실 조교수 · 부교수 1991~1992년 미국 Case Western Reserve University 연구원 1994~2019년 단국대 의과대학 의학과교실 조교수 · 부교수 · 교수 2019년 同명예교수(현) 2019년 건강보험심사평가원 중앙심사위원회 상근위원(현) (저)'내과학(共)'(1998) '임상신장학(共)'(2001) '의학에서 기의 세계 들여 보기'(2007)

윤성태(尹成泰) YOUN Sung Tae

(생)1942 · 12 · 15 (본)파평(坡平) (출)경북 김천 (주)인천광역시 연수구 청량로102번길 40-9 가천문화재단(032-460-3460) (학)1961년 김천고졸 1965년 서울대 법대졸 1996년 연세대 대학원졸 1999년 보건학박사(연세대) (경)1966년 행정고시 합격(4회) 1968~1976년 법제처 · 보건사회부 근무 1976~1979년 대통령비서실 서기관 · 부이사관 1979년 노동청 훈련지도관 1980~1981년 보건사회부 사회보험국장 1980년 국가보위비상대책위원회 보사분과위원 · 입법회의 전문위원 1981년 대통령 정무제2비서관 1986년 보건사회부 기획관리실장 1989~1992년 同차관 1992~1993년 국무총리 행정조정실장 1993~2000년 의료보험연합회 회장 1994년 국제사회보장협회(ISSA) 집행위원 2000년 가천의과대 대학원장 2001~2010년 대한적십자사 서울특별시지사 상임위원 2002~2006년 (주)파라다이스 사외이사 2008년 의과대학 석좌교수 2008~2013년 (주)파라다이스 부회장 2008~2010년 학교법인 계원학원 이사장 2009~2016년 (재)파라다이스복지재단 이사장 2017년 (재)가천문화재단 이사장(현) 2017년 가천박물관 관장(현) (상)대통령표창, 보국훈장 천수장, 황조근정훈장(1994) (저)'성인병 건강검진율의 결정 요인'(2000) (종)기독교

윤성태(尹聖泰) YOON Sung Tae (장산)

(생)1964 · 7 · 13 (출)충남 아산 (주)경기도 성남시 분당구 판교로 253 판교이노밸리 C동 901호 휴온스글로벌(070-7492-5000) (학)1983년 인창고졸 1987년 한양대 산업공학과졸 1997년 아주대 산업대학원 산업체경영자관리과정 수료 2003년 숭실대 최고경영자과정 수료 2004년 한양대 최고경영자과정 수료 2004년 한국생산성본부 CEO경영아카데미 수료 2013년 한양대 공학대학원 프로젝트관리학과졸 (경)1989~1992년 한국IBM 근무 1992년 (주)휴온스 입사 · 기획담당 이사 1997~2009년 同대표이사 사장 2007년 한국마약퇴치운동본부 이사(현) 2008~2012년 한국중견기업연합회 이사 2009~2016년 (주)휴온스 대표이사 부회장 2010년 벤처기업협회 부회장 2012~2017년 한국제약협회 부이사장 2012년 同천연물의약품위원회 위원장 2015년 한국제약협회 중견기업상생협의회장 2016년 휴온스글로벌 대표이사 부회장(현) 2016년 (주)바이오토피아 이사(현) 2016~2017년 (주)휴온스 대표이사 2016~2017년 휴메딕스 대표이사 2017년 한국제약바이오협회 부이사장(현) 2017년 同천연물의약품위원장 2018년 同윤리위원장(현) (상)제7회 중소기업기술혁신대전 기술혁신유공자 국무총리표창(2006), 중소기업중앙회 자랑스런 중소기업인상(2006), 국가생산성대상 리더십부문 국무총리표창(2006), 사회적책임경영활동부문 중소기업청장표창(2006), 한국의약품수출입협회 수출유공자상(2007), 기획재정부장관표창(2008), 1천만불 수출의탑(2011), 공정거래위원장표창(2013), 제9회 EY 최우수기업가상 제약부문(2015), 한양언론인회 '한양을 빛낸 자랑스러운 동문상'(2015), 경기도지사 성실납세자인증서표창(2016) (종)불교

윤성택(尹聖澤) YUN Seong-Taek

(생)1962 · 3 · 13 (출)충북 충주 (주)서울특별시 성북구 안암로 145 고려대학교 이과대학 지구환경과학과(02-3290-3176) (학)1981년 대전고졸 1985년 고려대 지질학과졸 1987년 同대학원졸 1991년 이학박사(고려대) (경)1992~1996년 세명대 자원공학과 전임강사 · 조교수 1996년 同지구환경과학과 부교수 1996년 고려대 이과대학 지구환경과학과 교수(현) 1997년 환경부 먹는물자문회의 자문위원 2000년 고려대 지구환경과학과장 2008년 同이과대학 부학장 2008년 환경부 중앙환경보존회 자문위원 2008~2017년 캐나다 Univ. of Calgary Adjunct Professor 2012년 대한온천학회 부회장 2013년 고려대 과학도서관장 2013~2015년 同연구처장 2013년 4대강사업조사평가위원회 민간위원 2013~2018년 환경부 중앙환경정책위원회 위원 2014~2018년 국가과학기술연구회 기획평가위원 2014년 이산화탄소지중저장환경관리연구단 단장(현) 2016~2018년 고려대 이과대학장 2019년 한국지하수토양환경학회 회장(현) (상)대한자원환경지질학회 제11회 학술논문상(1998), 제10회 과학기술우수논문상(2000), 대한지질학회 학술상(2006), 행정안전부장관표창(2008), 대통령표창(2013), 김옥준상(2014) (저)'푸른행성 - 지구환경과학개론(共)'(1997, 시그마프레스) 'Joint Pilot Studies Between Korea and Mongolia on Assessment of Environmental Management System in Gold Mining Industry of Mongolia II'(2005) '한국의 학술연구-지질과학'(2006) '지구의 이해'(2009) (역)'푸른행성-지구환경과학개론' '환경지구과학'

윤성현(尹晟鉉) Yoon Sung Hyun

(생)1967 · 2 · 25 (본)파평(坡平) (출)강원 원주 (주)인천광역시 연수구 해돋이로 130 해양경찰청 수사정보국(032-543-1234) (학)1993년 한양대 법학과졸 2001년 同대학원 법학과졸 2010년 미국 일리노이주립대 로스쿨졸 2017년 행정학박사(동국대) (경)1995년 행정고시 합격(39회) 1998년 법무부 법무연수원 교수(5급) 2004년 해양경찰청 법무팀장(경정) 2004년 同조직팀장 2007년 同기획담당관(총경) 2010년 미국 코스트가드 파견 2011년 해양경찰청 국제협력담당관 2011년 완도해양경찰서장 2012년 해양경찰청 운영지원과장 2013년 同전략사업과장 2014년 진도범정부사고대책본부 상황담당관 2015년 국가고위정책과정 파견(경무관) 2015년 국민안전처 서해해양경비안전본부 총괄부장 2017년 同제주해양경비안전본부장 2017년 해양경찰청 제주지방해양경찰청장 2017년 同해양경찰교육원장 2018년 同수사정보국장(현) (상)법무부장관표창(2001), 대통령표창(2012)

윤성현(尹盛鉉) Yoon Sunghyun

(생)1975 · 6 · 30 (출)강원 속초 (주)서울특별시 성동구 마장로 210 한국기원 홍보팀(02-3407-3850) (학)1995년 충암고졸 (경)1989년 프로바둑 입단 1990년 2단 승단 1991년 3단 승단 1993년 4단 승단 1993년 제28기 패왕전 준우승 1993년 최고위전 본선 1994년 5단 승단 1994년 한국이동

통신배 · 제왕전 · 왕위전 · 박카스배 본선 1995년 최고위전 · 명인전 본선 1996년 명인전 · 바둑왕전 본선 1997년 6단 승단 1999년 명인전 · 기성전 · 천원전 · 패왕전 · 신인왕전 본선 2000년 7단 승단 2000년 배달왕전 · 국수전 · 패왕전 · KBS바둑왕전 · LG배 세계기왕전 본선 2001년 제6기 박카스배 천원전 준우승 2002년 8단 승단 2003년 KBS바둑왕전 · 패왕전 · 국수전 본선 2004년 9단 승단(현) 2006년 원익배 십단전 본선 2007년 한국물가정보배 프로기전 · 맥심커피배 입신최강 · KBS바둑왕전 · 박카스배 천원전 본선 2008년 맥심커피배 입신최강 · 박카스배 천원전 본선 2009년 KB국민은행 한국바둑리그 출전 2009년 박카스배 천원전 · 하이원배 명인전 본선 2010년 아시안게임 바둑국가대표팀 코치

윤성호(尹成浩) YOON, SUNG HO

(생)1959 · 8 · 24 (출)부산 (주)경상북도 구미시 대학로 61 금오공과대학교 기계공학과(054-478-7299) (학)동아고졸 1983년 서울대 항공우주공학과졸 1985년 한국과학기술원(KAIST) 항공우주공학석사 1990년 항공우주공학박사(한국과학기술원) (경)1985~1987년 한국과학기술원(KAIST) 항공우주공학원 조교 1986~1987년 同위촉연구원 1990년 同항공우주공학과 위촉연구원 1990~1996년 국방과학연구소 제4연구개발본부 선임연구원 1994년 미국 해군대학원 기계공학과 객원교수 1996년 충남대 공대 항공우주공학과 대우교수 1996년 금오공대 기계공학과 교수(현) 1998년 한국과학기술원(KAIST) 항공우주공학과 대우교수 2000년 미국 일리노이주립대 항공우주공학과 객원교수 2003~2008년 한국복합재료학회 편집위원 2004~2008년 한국철도학회 차량기계분과 위원 2006년 한국철도학회 편집위원 2007년 한국복합재료학회 사업이사, 同재무이사(현) 2008년 미국 아이오와주립대 재료공학과 객원교수 2010~2011년 금오공대 생활관장 2011~2013년 同학생처장 2012~2013년 同제교류교육원장 2013~2015년 同공학교육혁신센터소장 2016~2017년 미국 Tufts University 기계공학과 방문교수 2018년 한국공학교육인증원 국제협력위원(현) (상)국방과학상(1994), 금오공대 우수연구상(2001 · 2007) · 우수개발상(2004) · 우수논문발표상(2006) · 최우수교육상(2013) · 최우수발표논문상(2013) · 우수강의교수상(2015), 교육부장관표창(2013), 중소벤처기업부장관표창(2017) (저)'재료역학'

윤성호(尹晟豪)

(생)1970 · 2 · 23 (출)전북 군산 (주)세종특별자치시 국세청로 8-14 국세청 법령해석과(044-204-3101) (학)경기고졸, 서울대 경제학과졸, 同대학원 법학과졸 (경)2002년 사법시험 합격(44회) 2005년 사법연수원 수료(34기) 2006년 재정경제부 금융정보분석원(5급 특채) 사무관 2009년 삼척세무서 운영지원과장 2011년 국세청 심사1담당관실 심사2계장 2014년 서기관 승진 2015년 서울지방국세청 송무2과 법인1팀장 2015년 거창세무서장 2016년 경기 광주세무서장 2017년 중부지방국세청 법인납세과장 2018년 서울 서대문세무서장 2019년 국세청 법령해석과장(현)

윤성효(尹成孝) YUN Sung-Hyo (丁一)

(생)1958 · 4 · 3 (본)파평(坡平) (주)부산광역시 금정구 부산대학로63번길 2 부산대학교 사범대학 지구과학교육과(051-510-2723) (학)부산대 지구과학과졸, 同대학원 지구과학과졸(석사), 지질학박사(부산대) (경)부산대 사범대학 지구과학교육과 교수(현) 1994년 同사범대학 지구과학교육과장 1996~2007년 同환경문제연구소 연구원 2001~2003년 한라산연구소 자문교수 2001~2006년 제주민속자연사박물관 자문위원 2001~2006년 한국암석학회 총무이사 2002~2003년 부산대 신문사 주간교수 2003~2004년 제주화산연구소 사무국장 2003~2007년 한국지구과학회 상임위원 2004년 제주화산연구소 이사(부이사장) 겸 연구소장(현) 2005~2007년 부산대 과학교육연구소장 2006년 한국지구과학회 영문편집위원 2009~2010년 제주세계지질공원추진위원회 학술교육분과 위원장 2011~2013년 부산대 사범대학장 2011년 기상청 정책자문위원(지진 · 화산)(현) 2014년 국민안전처 위기관리매뉴얼협의회 위원 2015~2016년 한국암석학회 회장 2015년 부산시 부산국가지질공원위원회 위원(현) 2016년 한국화산방재학회 회장(현) 2016년 부산대 학문육성기획위원회 재난안전분과위원 2017년 행정안전부 위기관리매뉴얼협의회 위원(현) 2017년 기상청 기상기후인재개발과 방재교육과정 강사(현) 2017년 부산시 지진 · 화산방재대책위원회 자문위원(현) 2018년 부산대 화산특화연구센터장(현) 2018년 부산 기장군 지진피해시설물위험도평가단원(현) (상)한국과학기술단체총연합회 과학기술우수논문상(1994), 한국암석학회 도암학술상(2004), 부산대총장표창(2011), 한국방재학회 우수논문상(2013), 한국지구과학회 올해의 학술상(2014), 대한지질학회 학술상(2016), 한국암석학회 도암학술상(2017) (종)기독교

윤세리(尹世利) YUN Sai Ree

(생)1953 · 11 · 20 (본)파평(坡平) (출)경북 안동 (주)서울특별시 강남구 테헤란로 518 법무법인 율촌(02-528-5202) (학)1972년 경북고졸 1976년 서울대 법학과졸 1980년 同대학원 법학과졸 1982년 미국 하버드대 법과대학원졸 1986년 법학박사(미국 헤이스팅스대) (경)1978년 사법시험 합격(20회) 1980년 사법연수원 수료(10기) 1980~1982년 부산지검 검사 1983~1984년 한미합동법률사무소 변호사 1986년 법무법인 B&M 변호사 1989~1997년 우방종합법무법인 변호사, 조달청 법률고문 1997~2018년 법무법인 율촌 대표변호사, 세제발전심의회 전문위원, 공정거래위원회 경쟁정책자문위원, 방송위원회 법률자문위원, 한국증권거래소 분쟁조정위원, 대한상공회의소 자문위원, 행정자치부 정책자문위원, 자산운용협회 자율규제위원 2009년 공정거래위원회 카르텔분과위원회 경쟁정책자문위원 2011년 대한상사중재원 중재인 2012~2015년 SK하이닉스 사외이사 2012~2015년 두산인프라코어 사외이사 2019년 법무법인 율촌 명예 대표변호사(현) (상)국무총리표창(1996), 부총리표창(1996), 아시안리걸비즈니스(ALB) 선정 '올해 최고의 경영 대표변호사'(2015), 국민훈장 모란장(2019), 아시아리걸어워드 대상 '올해의 아시아 로펌 리더(Asian Law Firm Leader of the Year'(2019) (종)기독교

윤세영(尹世榮) YOON Se Young (瑞巖)

(생)1933 · 5 · 22 (본)해평(海平) (출)강원 철원 (주)서울특별시 영등포구 여의공원로 111 태영그룹(02-2090-2000) (학)1955년 서울고졸 1961년 서울대 법대졸 2000년 명예 언론학박사(숙명여대) 2002년 명예 법학박사(강원대) (경)1963년 이동녕 의원 비서관 1972년 미릉건설 상무이사 1973~1988년 (주)태영 창업 · 대표이사 사장 1988~2019년 태영그룹 회장 1989년 서암윤세영재단 이사장(현) 1990~1994년 SBS 창업 · 대표이사 사장 1993년 SBS문화재단 이사장(현) 1994~2005년 SBS 대표이사 회장 1994년 서울대총동창회 부회장 1994년 한국방송협회 부회장 1996년 한국민영TV방송협의회 회장 1996년 한국농구연맹(KBL) 총재(제1 · 2대) 1996년 국제언론인협회(IPI) 한국위원회 부위원장 1998년 서울고총동창회 회장(제11대) 1999년 在京강원도민회 회장 2000~2018년 윤재경재단 이사장 2000년 대한골프협회 수석부회장 2001년 금강장학회 이사장 2002년 아시아신문재단(PFA) 한국위원회 이사 2002년 국제언론인협회(IPI) 한국위원회 이사 2002년 한국농구연맹(KBL) 명예총재(현) 2002~2011년 '2010 · 2014 · 2018평창동계올림픽유치 강원도범도민후원회' 회장 2004~2012년 대한골프협회 회장(제14 · 15대) 2005~2011년 SBS 명예회장 2005~2011년 同이사회 의장 2010년 한 · 러교류협회 명예이사장(현) 2011~2017년 SBS미디어그룹 회장

2011년 2018평창동계올림픽대회 조직위원회 고문 2016~2017년 SBS미디어홀딩스 이사회 의장 2018년 SBS미디어그룹 명예회장(현) 2019년 태영그룹 명예회장(현) (상)산업포장(1987), 동탑산업훈장(1990), 제1회 자랑스런 서울고인상(1992), 국민훈장 무궁화장(2001), 자랑스런 서울법대인상(2001), 일맥문화대상 사회체육상(2005), 제5회 자랑스런 한국인대상(2005), 서울대총동창회 제10회 관악대상 참여부문(2008), 한국프로골프대상 특별공로상(2008), 서울대 발전공로상(2009), 올해(2009년)의 자랑스런 강원인상(2010), 체육훈장 청룡장(2012), 제13회 동곡상 자랑스러운 출향 강원인상(2018)

윤세욱(尹世郁) YUN Seh Wook

(생)1963·4·19 (본)무송(茂松) (출)서울 (주)광주광역시 동구 제봉로 225 광주은행 리스크관리본부(062-239-5000) (학)1981년 미국 뉴욕 유엔국제고졸 1985년 미국 조지타운대졸 1986년 프랑스 파리제11대 법학대학원졸 1995년 프랑스 인시드(Insead)대 MBA졸 2011년 국제경영학박사(중앙대) (경)1987~1994년 대우증권 지점영업·국제부·리서치센터 근무 1995년 WI CARR 애널리스트 1996년 쌍용증권 애널리스트 1999년 대우증권 투자전략팀장 2000년 KGI증권 리서치센터장 2004년 메리츠증권 리서치센터장 2007년 同리서치센터장(상무) 2010년 메리츠종합금융증권(주) 리서치센터장(상무) 2010년 세헌상사 전무 2011년 숭실대 경영학과 조교수 2015년 JB금융지주 상무 2017년 광주은행 리스크관리본부장 겸 위험관리책임자(부행장보)(현) (종)기독교

윤세웅(尹世雄) Simon YOON

(생)1959·4·19 (본)파평(坡平) (출)서울 (주)서울특별시 마포구 백범로 35 서강대학교 경영전문대학원(02-705-8172) (학)1984년 한국외국어대졸 1987년 서강대 경영대학원졸 1989년 스위스 로잔대 대학원졸(MBA) 1997년 미국 하버드 비즈니스스쿨(AMP) 수료 (경)1984년 LG애드 근무 1990년 Saatchi&Saatchi 근무(런던·프랑크푸르트) 1995년 (주)다이아몬드베이츠 사치앤사치 한국대표 1999년 야후코리아 COO 겸 EVP(상무)·CEO 직대 2002년 오버추어코리아 대표이사 2005년 디자인하우스 사장 2005~2008년 同최고운영책임자(COO: Chief Operating Officer) 2008~2014년 (주)오피엠에스 대표이사 2013~2014년 한국문화재보호재단 비상임이사 2014~2016년 한국문화재재단 비상임이사 2015~2019년 세계자연기금 한국본부(WWF-Korea) 사무총장(CEO), 서강대 경영전문대학원 겸임교수(현) (종)기독교

윤소하(尹昭夏) YOUN SOHA

(생)1961·9·10 (출)전남 해남 (주)서울특별시 영등포구 의사당대로 1 국회 의원회관 517호(02-784-3080) (학)1989년 목포대 경영학과졸 (경)목포시민연대 대표, 목포신안민중연대 상임대표, 광주전남진보연대 공동대표, 6.15공동위원회 목포지부 공동대표 2008년 제18대 국회의원선거 출마(목포시, 민주노동당), 목포학교무상급식운동본부 상임본부장 2012년 제19대 국회의원선거 출마(목포시, 통합진보당) 2012년 정의당 전남도당 위원장 2016년 同제20대 총선 호남선거대책위원회 위원장 2016년 제20대 국회의원(비례대표, 정의당)(현) 2016년 국회 보건복지위원회 위원 2016~2018년 국회 정치발전특별위원회 위원 2016~2017년 국회 '박근혜 정부의 최순실 등 민간인에 의한 국정농단 의혹 사건 진상규명을 위한 국정조사특별위원회' 위원 2017년 정의당 원내수석부대표 2017~2018년 국회 예산결산특별위원회 위원 2018년 국회 운영위원회 위원(현) 2018년 국회 보건복지위원회 위원(현) 2018년 국회 여성가족위원회 위원(현) 2018년 정의당 원내대표(현) 2019년 대한물리치료사협회 자문위원(현)

윤송이(尹송이·女) YOON Song Yee

(생)1975·12·26 (출)서울 (주)경기도 성남시 분당구 대왕판교로644번길 12 (주)엔씨소프트 임원실(02-6201-8100) (학)1993년 서울과학고졸 1996년 한국과학기술원(KAIST)졸(수석졸업) 2000년 이학박사(미국 MIT) (경)2000년 맥킨지 인코퍼레이티드 컨설턴트 2001~2002년 연세대 언론홍보대학원 겸임교수 2002년 와이더덴닷컴 이사 2004년 SK텔레콤(주) 비즈니스전략본부 CITF장(상무) 2004~2007년 엔씨소프트 사외이사 2004년 세계경제포럼(WEF) 선정 '아시아 차세대 지도자' 2004년 사이언스코리아운동본부 공동대표 2004년 국가과학기술자문회의 자문위원 2004년 미국 월스트리트저널(WSJ) '주목할 만한 세계 50대 여성기업인'에 선정 2004~2005년 여성공학인협회 이사 2005~2006년 이화여대 경영대학 겸임교수 2005~2007년 SK텔레콤(주) CI사업본부장(상무) 2008~2011년 (주)엔씨소프트 최고전략책임자(CSO) 겸 부사장 2010~2012년 한국전쟁기념재단 이사 2011~2015년 (주)엔씨소프트 부사장(CSO 겸 CCO) 2012년 엔씨소프트문화재단 이사장(현) 2015년 (주)엔씨소프트 글로벌최고전략책임자(Global CSO) 겸 엔씨웨스트홀딩스 CEO(현) (상)인공지능로봇축구대회 우승, 미국컴퓨터공학협회(ACM) 최우수학생논문상, 2004년을 빛낸 KAIST동문상, 세계경제포럼(WEF) 차세대세계지도자 선정(2006), 세계경제포럼 젊은글로벌지도자 선정(2006), 중국 보아오포럼 21세기젊은지도자 선정(2007), 휴먼테크놀로지어워드 대상(2016) (저)'여성엔지니어들은 아름답다'(共) (역)'리더십을 재설계하라'(2011, 럭스미디어) (종)천주교

윤수영(尹秀榮) YOON Soo Young

(생)1961·12·7 (출)충북 충주 (주)서울특별시 영등포구 여의나루로4길 18 키움파이낸스스퀘어 키움증권(주)(02-3787-5000) (학)서울대 경제학과졸 1986년 同대학원 경제학과졸 (경)1987~1998년 쌍용투자증권 근무 1998~1999년 프라임투자자문 근무 1999~2000년 CL투자자문 근무 2006년 키움닷컴증권(주) 경영기획실장, 同영업지원본부·자산운용본부 총괄전무 2007년 키움증권 전략기획본부장(전무) 2010~2014년 키움자산운용 대표이사 2014년 우리자산운용 대표이사 2014년 키움투자자산운용 대표이사 2016년 키움증권(주) 리테일총괄본부장 겸 전략기획본부장(부사장)(현) 2018년 同대표이사 직대

윤수인(尹洙仁) YUN Soo In (鶴井)

(생)1937·11·6 (본)파평(坡平) (출)경북 경주 (주)부산광역시 금정구 부산대학로63번길 2 부산대학교 물리학과(051-510-1769) (학)1956년 부산공고졸 1960년 부산대 수물학과졸 1962년 同대학원 물리학과졸 1970년 미국 카네기멜론대 대학원 물리학과졸 1972년 물리학박사(미국 오클라호마주립대) (경)1966~1979년 부산대 문리대학 전임강사·조교수·부교수 1973년 미국 오클라호마주립대 객원조교수 1976년 同객원연구원 1979~1995년 부산대 자연과학대학 물리학과 교수 1985년 미국 위스콘신대 객원Fellow 1987~1989년 부산대 교무처장 1992~1995년 한국기초과학지원연구원 부산분소장 1993년 한국물리학회 부회장 1994~2000년 한국과학재단 이사 1995~1999년 부산대 총장 1998~2000년 부산방송 시청자위원장 1999~2003년 부산대 자연과학대학 물리학과 교수 2001년 미국 앨라배마대 객원학자 2002~2005년 한국과학기술단체총연합회 이사 2003년 부산대 자연과학대학 물리학과 명예교수(현) 2004년 효원학술문화재단 이사(현) (상)한국물리학회 논문상, 눌원문화상, 청조근정훈장, 한국물리학회 물리교육상(2006) (저)'대학물리학' '21세기 대학 어디로 갈것인가' (역)'고체물리학' (종)기독교

윤수현(尹守鉉) YOON Soo Hyun

[생]1966 · 10 · 16 [출]충남 예산 [주]세종특별자치시 다솜3로 95 공정거래위원회 기업거래정책국(044-200-4595) [학]충남 예산고졸, 서울대 경제학과졸 [경]1992년 행정고시 합격(36회) 2010년 공정거래위원회 협력심판담당관 2011년 同하도급총괄과장 2011년 同카르텔조사국 국제카르텔과장 2012년 同기획재정담당관 2014년 同기획조정관실 기획재정담당관(부이사관) 2015년 同심판관리관실 심판총괄담당관 2017년 OECD 대한민국정책센터 경쟁정책본부장 2018년 공정거래위원회 대변인 2019년 同기업거래정책국장(현)

윤수훈(尹秀勳) YOON Soo Hoon

[생]1950 · 6 · 30 [출]부산 [학]1968년 동아고졸 1972년 동아대 공업경영학과졸 [경]1977년 흥아해운(주) 입사 1987년 同한 · 일업무부 차장 1989년 同도쿄사무소 주재원 1993년 同한 · 일영업부장 1995년 同한 · 일 · 중담당 이사 1999년 同강북영업소 영업담당 겸임 2002년 同전무 2003~2019년 진인해운(주) 대표이사 사장 2011년 한중카페리협회 회장 [상]산업포장(2016)

윤숙자(尹淑子 · 女) YOON Sook Ja

[생]1948 · 6 · 6 [본]해평(海平) [출]경기 개성 [주]서울특별시 종로구 돈화문로 71 (사)한국전통음식연구소(02-708-0781) [학]1985년 한국방송통신대 가정학과졸 1987년 숙명여대 대학원 식품영양학과졸 1995년 식품영양학박사(단국대) [경]1980~1987년 한국식생활개발연구회 연구원 1988년 서울올림픽 급식전문위원 1988~1990년 춘천전문대학 전통조리과 조교수 1991~2002년 배화여자대학 전통조리학과 교수 1997년 무주 · 전주동계유니버시아드대회 급식전문위원 1997년 전국조리학과교수협의회 회장 1998년 (사)한국전통음식연구소 대표이사(현) 1999년 ASEM(아시아 유럽 정상회의) 식음료공급자문위원회 위원 2002년 떡박물관 관장(현) 2003년 대한항공 기내식 한식부문 자문위원 2003년 견우와직녀의축제-개성음식전시회 진행 2004년 농림부 전통식품분과위원 2004년 同전통식품명인 심사위원장 2004년 한국문화재보호재단 이사 2005년 APEC 정상회담 한국궁중음식특별展 담당 2007년 한국농식품 홍보대사 2007년 미국 뉴욕 UN본부 한국음식축제 담당 2007년 남북정상회담 만찬 총괄자문위원 2008년 프랑스 파리 Korea Food Festival in UNESCO 담당 2009년 영국 런던 템즈페스티발 한국식문화홍보, 중앙아시아세계속의한국궁중음식 담당 2009년 한-덴마크 수교50주년 한국식문화페스티발 담당 2009년 중화인민공화국 건국60주년 한국미식의밤 담당 2010년 헝가리 한식세계화홍보 2011년 서울국제식품산업대전 전국8도관광음식전 담당 2012년 국경일기념한식만찬행사(이란 · 이스라엘 · 방글라데시 · 한국대사관) 2013년 한식문화강연회(오사카 · 오클랜드 · LA · 베트남 · 일본대사관) 2014년 한식문화강연(프랑스 낭트 · 파리 · 런던 · 자카르타 · 상하이 · 크로아티아) 2015년 2018평창동계올림픽 식음료전문위원 2015년 대통령소속 문화융성위원회 위원 2016년 한식재단 이사장 2019년 민주평통 사회문화교류분과위원회 상임위원(현) [상]한국관광공사장표창(2000), 서울시장표창(2002), 대통령표창(2002), 한국국제기아대책기구 감사장(2002), 교육인적자원부장관표창(2004), 우수지도자상(2005), 특허청 여성발명가상(2006), 문화관광부장관표창(2006), 철탑산업훈장(2007), 중국 국제발명대회 금상(2008), 대만 국제발명대회 은상(2008), 독일INEA 국제발명대회 특별상(2008), 프랑스 Gourmand World Cookbook Awards(2010), 국제요리경연대회 국무총리표창(2012), 농림부장관표창(2013), 서울시문화상 문화사업부문(2013), 한국국제요리경연 국무총리표창(2014), 대한민국한류대상(2014), 한국관광음식박람회 북한개성음식부문 대통령표창(2015), KOREA CEO 대상(2015), 국회의장 공로장(2018) [저]'한국전통음식 우리맛'(1990) '한국음식(共)'(1992) '전통 건강 음료(共)'(1996) '한국의 저장 발효음식'(1997) '우리의 부엌살림(共)'(1997) '한국의 떡, 한과, 음청류'(1998) '한국의 시절음식'(2000) '한국의 혼례음식'(2001) 'Korean Traditional Desserts(英)'(2001) '韓國の傳統飮食(日)'(2001) '한국음식대관(共)'(2001) '떡이 있는 풍경'(2002) '쪽빛마을 한과'(2002) '전통부엌과 우리살림'(2002) '규합총서'(2003) '굿모닝 김치'(2003) '증보산림경제'(2005) '수운잡방'(2006) '아름다운 우리 술'(2007) '아름다운 한국음식 100선 8개국어'(2007) '요록'(2008) '국가별 20대 한식메뉴 홍콩 · 베트남 · 일본 · 중국'(2008) '아름다운 한국음식 300선'(2008) '국가별 20대 한식메뉴 뉴욕 · LA'(2009) '몸에 약이되는 약선음식'(2009) '건강밥상 300선'(2010) '조선요리제법'(2011) '아름다운 세시음식'(2012) '개성댁들의 개성음식이야기'(2012) '식료찬료 왕실의 식이요법'(2012) '1500년대 한국전통음식 수운잡방'(2013) '규합총서'(2014) '한국의 아름다운 음식 일본어판'(2015) '장인들의 장맛 손맛(共)'(2017) '1500년대 도문대작'(2017) '名家 내림음식'(2017) 외 다수 [종]기독교

윤순구(尹淳九) Yoon Soon-Gu

[생]1962 · 10 · 1 [출]경남 [주]서울특별시 종로구 사직로8길 60 외교부 차관보실(02-2100-7034) [학]풍생고졸 1988년 서울대 불어불문학과졸 1993년 미국 펜실베이니아주립대 대학원졸(국제정치학석사) [경]1988년 외무고시 합격(22회) 1988년 외무부 입부 1995년 駐미국 2등서기관 1998년 駐알제리 1등서기관 2003년 駐제네바대표부 1등서기관 2005년 駐시카고 영사 2007년 외교통상부 영사서비스과장 2008년 대통령 외교비서관실 행정관 2009년 외교통상부 한반도평화교섭본부 부단장 2010년 駐미국 공사 겸 총영사 2013년 안전행정부 국제행정협력관 겸 UN공공행정포럼기획단장 2014년 행정자치부 기획조정실 국제행정협력관 2015년 국방부 국방정책실 국제정책관 2016년 駐이집트 대사 2017년 외교부 차관보(현)

윤순상(尹淳相)

[생]1976 [출]서울 [주]서울특별시 서초구 방배로 163 반포세무서(02-590-4241) [학]경문고졸, 연세대 경제학과졸 [경]2003년 행정고시 합격(47회) 2005년 경남 김해세무서 납세자보호담당관 2006년 경기 안산세무서 징세과장 2006년 국세공무원교육원 지원과 사무관 2007년 금융정보분석원 파견 2009년 국세청 납세자보호담당관실 사무관 2010년 중부지방국세청 납세지원국 사무관 2010년 해외 파견(영국) 2012년 국세청 조사국 조사기획과 사무관 2014년 同조사국 조사기획과 서기관 2015년 중부산세무서장 2016년 중부지방국세청 조사1국 국제거래조사과장 2017년 파견(과장급) 2019년 서울 반포세무서장(현)

윤순진(尹順眞 · 女) Yun Sun Jin

[생]1967 · 3 · 7 [주]서울특별시 관악구 관악로 1 서울대학교 환경대학원 환경계획학과(02-880-9391) [학]1989년 서울대 사회학과졸 1997년 미국 델라웨어대 대학원 도시행정 및 공공정책학과졸 2001년 환경및에너지정책학박사(미국 델라웨어대) [경]1990~1994년 숙명여고 교사 1995~2000년 미국 Univ. of Delaware 에너지환경정책연구소 연구원 2001년 서울대 환경대학원 환경계획연구소 연구원 2001~2007년 에너지전환(舊 에너지대안센터) 이사 2001~2008년 한국환경사회학회 편집위원 · 총무 2001~2005년 서울시립대 행정학과 전임강사 · 조교수 2003~2005년 同행정학과장 2003~2008년 행정자치부 지방자치단체합동평가위원회 위원 2003~2008년 산업자원부 전력정책심의회 위원 2003~2005년 지속가능발전위원회 에너지산업전문위원회 전문위원 2003~2008년 환경부 중앙환경

보전자문위원회 위원 2005~2008년 정부혁신지방분권위원회 위원 2005년 서울대 환경대학원 환경계획학과 조교수·부교수·교수(현) 2006~2007년 과학기술부 기술분야별전문위원회 위원 2006~2008년 환경부 자체평가위원회 위원 2006~2008년 지속가능발전위원회 위원 2007~2011년 풀뿌리시민단체 '에너지전환' 대표 2007~2008년 국방부 갈등조정전문위원회 위원 2007~2008년 환경부 갈등조정전문위원회 위원 2008년 한국환경정책학회 이사(현) 2008년 한국환경사회학회 편집위원장 2009년 대한하천학회 이사(현) 2009년 지식경제부 연구개발특구위원회 위원 2015~2017년 서울대 환경대학원 부원장 2017년 환경부 미세먼지대책위원회 위원(현), 한국환경사회학회 회장(현) 2017년 대통령직속 정책기획위원회 포용사회분과 위원 2018년 同지속가능분과 위원(현) 2018년 서울환경영화제(SEFF) 집행위원 2018년 한국에너지정보문화재단 이사장(현) (저)'에너지와 환경 그리고 사회 : 우리 눈으로 보는 환경사회학'(2004, 창비) '옛날에 공유지를 어떻게 이용했을까? : 한국의 전통생태학'(2004, 사이언스북스) '중학교 재량수업용 에너지교재'(2003) 'Social Change in Korea'(2007) '지속가능한 사회 이야기'(2008) (역)'자연과 타협하기'(2007, 필맥)

윤순창(尹淳昌) Soon-chang YOON

(생)1949·4·27 (본)파평(坡平) (출)서울 (주)서울특별시 관악구 관악로 1 서울대학교 자연과학대학 지구환경과학부(02-880-6714) (학)1971년 서울대 물리학과졸 1973년 同대학원 물리학과졸 1983년 대기과학박사(미국 오리건주립대) (경)한국환경기술개발원 연구부장, 서울대 대기과학과 교수(2014년 정년퇴임), 同대기환경연구소장, 환경부 중앙환경보전 자문위원 1994~1996년 한국기상학회 총무이사 1996~1998년 同감사 2012~2013년 同회장 2014년 서울대 자연과학대학 지구환경과학부 명예교수(현) 2016~2019년 한국과학기술한림원 대외협력담당 부원장 (상)한국기상학회 운재학술상(2005), 홍조근정훈장(2008), 한·일국제환경상(2014) (저)'먼지가 지구 한 바퀴를 돌아요'(2012, 웅진주니어) (역)'어떻게 지구를 구할까?'(2002·2007, 사이언스북스) (종)가톨릭

윤순철(尹淳哲) YUN Sun Chul

(생)1966·6·12 (본)해남(海南) (출)전남 해남 (주)서울특별시 종로구 동숭3길 26-9 경제정의실천시민연합 사무총장실(02-765-9731) (학)1985년 목포 홍일고졸 1991년 한신대 기독교교육학과졸 2003년 한국개발연구원(KDI) 국제정책대학원 공공정책학과졸 (경)1994년 경제정의실천시민연합 통일협회 간사 1996~2001년 同조직국 부국장·지방자치국장 2000년 지방자치단체개혁박람회 사무국장 2003년 경제정의실천시민연합 지방자치국장·지역협력국장 2004년 同국제연대 사무국장, 同통일협회 사무국장, 同정책실장 2006년 同시민감시국장(아파트값거품빼기운동본부·국책사업감시단), 同도시개혁센터 사무국장, 同상임집행위원, 同조직위원회 위원, 同기획실장 2013년 同사무처장 2016년 同사무총장(현)

윤순호(尹淳護) YUN Soon-Ho

(생)1969·8·11 (본)해남(海南) (출)전남 강진 (주)대전광역시 서구 청사로 189 문화재청 운영지원과(042-481-4643) (학)1988년 숭일고졸 1995년 전남대 행정학과졸 (경)2009~2010년 문화재청 규제법무감사팀장 2010~2011년 同고도보존팀장 2011년 同발굴제도과장 2013년 同대변인 2014년 同문화재보존국 유형문화재과장 2015년 同문화재보존국 유형문화재과장(부이사관) 2016년 同기획조정관실 기획재정담당관 2017년 同문화재보존국장(고위공무원) 2019년 국가공무원인재개발원 교육파견(고위공무원)(현)

윤순희(尹順姬·女) YOON Soon-Hee

(생)1971·7·18 (본)파평(坡平) (출)충남 공주 (주)세종특별자치시 다솜로 261 국무총리비서실 의전비서관실(044-200-2020) (학)1994년 성균관대 행정학과졸 2003년 연세대 경영대학원 경영정보학과졸 (경)1994년 행정고시 합격(38회) 2002년 국무조정실 심사평가1심의관실 서기관 2003년 同심사평가2심의관실 서기관 2004년 同환경심의관실 과장 2007년 대통령비서실 행정관 2008년 국무총리실 정책분석평가실 평가정책관실 성과관리과장 2010년 국외 훈련 2012년 국무총리실 경제규제심사1과장 2013년 국무조정실 규제조정실 경제규제심사1과장 2014년 同규제총괄정책과장(부이사관) 2015년 同사회조정실 사회복지정책관실 사회정책총괄과장(부이사관) 2015년 同성과관리정책관(고위공무원) 2017년 국립외교원 교육파견 2018년 국무조정실 새만금사업추진지원단 부단장 2019년 국무총리비서실 의전비서관(현) (상)근정포장(2016)

윤승규(尹昇奎) YOON Seung Kew

(생)1959·4·12 (출)경기 (주)서울특별시 서초구 반포대로 222 가톨릭대학교 서울성모병원 소화기내과(02-2258-7534) (학)1985년 가톨릭대 의대졸 1992년 同대학원 의학석사 1995년 의학박사(가톨릭대) (경)1985~1989년 가톨릭대 의대 인턴·내과 레지던트 1992~2005년 同의대 내과학교실 조교수·부교수 1992년 대한내과학회 정회원(현) 1996~1998년 미국 하버드의과대 MGH 암센터 Research Fellow 2001~2003년 대한간학회 학술이사 2001년 미국간학회 정회원(현) 2001년 아시아태평양간학회 정회원(현) 2002~2003·2005~2006년 세계의학인물사전 'Marquis' Who's Who in Medicine and Health Care'에 등재 2004~2005년 대한간암연구학회 학술위원장 2004년 WHO 서태평양지역 간염협력센터 소장(현) 2005~2006년 대한간암연구학회 총무 2005년 가톨릭대 의대 내과학교실 교수(현) 2007~2009년 대한소화기학회 학술이사 2007~2009년 한국방송공사(KBS) 의료자문위원 2007~2009년 보건의료기술진흥사업 의과학분야 전문기획위원장 2008~2011년 Liver International 저널 편집위원 2008~2014년 대한내과학회 고시기획위원 2009~2017년 서울성모병원 간담췌암센터장 2009~2017년 同연구윤리위원장 2009년 한국연구재단 연구평가위원(현) 2011~2015년 서울성모병원 소화기내과 분과장 2013~2015년 대한간학회 총무이사 2013년 가톨릭대 간연구소장(현) 2013년 유럽간학회 정회원(현) 2015~2016년 아시아·태평양간학회 single topic conference 조직위원회 사무총장 2015~2017년 서울성모병원 내과 과장 2016년 가톨릭대 의대 소화기학과장(현) 2016년 대한내과학회 부이사장(현) 2017년 Asia-pacific primary liver cancer expert meeting 자문위원(현) 2017년 서울성모병원 암병원장(현) 2018~2019년 대한간암학회 회장 2019년 한국가톨릭의사협회 회장(현) (상)대한내과학회 최우수논문학술상(1994), 한국과학재단 국비장학생 해외연수(1996), 미국간학회 우수연제상 선정(1998·2002), 일본간염학회 학술상(2002), 대한간학회 최우수논문상(2003), 대한소화기학회 최우수논문상(2004·2009), 대한간학회-글락소스미스클라인 간염학술상(2005), 대한간학회 Best Presentation Award(2011), 보건복지부장관표창(2013), 미래창조과학부장관표창(2017) (저)'간암가이드북'(2006) '만성 간질환의 최신지견'(2007) '간세포암'(2007) (종)천주교

윤승기(尹勝基) Yoon, Seung Gi

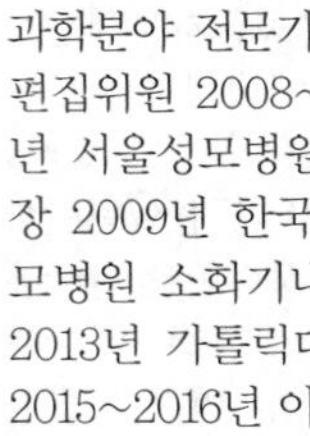

(본)파평(坡平) (주)서울특별시 종로구 북촌로 112 감사원 운영지원과(02-2011-2582) (학)1986년 광주 석산고졸 1994년 전남대 행정학과졸 2000년 서울대 대학원 법학과 수료 (경)1996년 사법시험 합격(38회) 1999년 사법연수원 수료(28기) 1999~2009년 감사원 부감사관·감사관 2007~2008년 대통령비서실 행정관 2010년 감사원 심의실 법무담당관 2011년 同심의실 법무담당관(부이사관) 2011년 同교육감사단 2과장 2012

년 同교육감사단 1과장 2013년 同특별조사국 총괄과장 2014년 미국 Univ. of Washington 연수(부이사관) 2016년 감사원 공공기관감사국 제1과장 2017년 同교육운영부장(고위감사공무원) 2018년 同심사관리관 2018년 同본부근무(고위감사공무원)(현) (상)근정포장(2011)

윤승오(尹承五)

(생)1962·4·5 (주)경상북도 안동시 풍천면 도청대로 455 경상북도의회(054-880-5126) (학)대경대 사회복지과졸 (경)한국노동조합총연맹 영천지역본부 의장(현), 同경북지역본부 부의장, 경북도 노사민정협의회 위원(현) 2018년 경북도의회 의원(비례대표, 자유한국당)(현) 2018년 同기획경제위원회 위원(현) 2018년 同통합공항이전특별위원회 위원(현), 영천시 노사민정협의회 부위원장(현), 경북지방노동위원회 근로자위원(현)

윤승용(尹勝容) Yoon, Seungyong

(생)1957·9·4 (본)파평(坡平) (출)전북 익산 (주)충청남도 천안시 서북구 성환읍 대학로 91 남서울대학교 총장실(041-580-2025) (학)1977년 전주고졸 1985년 서울대 국어국문학과졸, 동국대 언론정보대학원 신문방송학과졸, 同대학원 신문방송학 박사과정 수료, 명예 문학박사(우석대) (경)1985년 한국일보 입사 1992년 同호남취재본부 기자 1993년 同사회부 기자 1994년 同노조위원장·전국언론노조연맹 수석부위원장, 미디어오늘 창간이사 1997년 미국 메릴랜드대 도시공학연구소 연수 1998년 한국일보 정치부 기자 1999년 同워싱턴특파원(차장) 1999년 同정치부 차장 2002년 同사회1부 차장 2003년 同사회1부장 2004년 同정치부장 2005년 국방홍보원장 2006~2007년 대통령 홍보수석비서관 2007년 대통령 대변인 겸임 2009년 노무현재단 운영위원(현) 2013~2015년 아시아경제신문 논설고문 2013년 전북대 기초교양교육원 초빙교수 2014년 동학농민혁명기념재단 운영위원 2015~2018년 서울시 중부기술교육원장 2015~2018년 하림홀딩스 사외이사 2015년 명지전문대학 산학협력단 객원교수 2015년 (사)작은도서관만드는사람들 홍보이사(현) 2017년 한국기원 이사·부총재(현) 2018년 제일홀딩스(주)(現하림지주) 사외이사(현) 2018년 남서울대 총장(현) 2018년 세계대학바둑연맹(FIBU) 창립준비위원장(현) (상)백상기자대상(1987), 서울언론인상(1988), 한국기자협회 한국기자상(1988), 자랑스런 전언인상(2005), 황조근정훈장(2008) (저)'신세대 그들은 누구인가'(1988) '비자금이란 무엇인가'(1993) '실록 청와대'(1995) '언론이 바로 서야 나라가 바로 선다'(2008) '다시 원칙과 상식 위에 선 대한민국을 꿈꾸며(2011, 푸른나무) (종)기독교

윤승용(尹昇鏞) YOON Sung Yong

(생)1968·11·7 (본)파평(坡平) (출)서울 (주)서울특별시 영등포구 여의나루로4길 18 키움파이낸스스퀘어빌딩 키움프라이빗에쿼티(주)(02-3787-5000) (학)1989년 경복고졸 1993년 연세대 경영학과졸 (경)KTBventures Inc. 대표이사, (주)KTB투자증권 글로벌IB/PE본부장(상무) 2011년 同글로벌IB/PE본부장(전무) 2011년 同중국사업본부장(전무) 2012~2014년 KTB프라이빗에쿼티(주) 글로벌부문장(전무) 2014~2017년 키움인베스트먼트 전무 2017년 키움프라이빗에쿼티(주) 대표이사(현)

윤승은(尹昇恩·女) YUN Seung Eun

(주)서울특별시 서초구 서초중앙로 157 서울고등법원(02-530-1114) (경)1991년 사법시험 합격(33회) 1994년 사법연수원 수료(23기) 1994년 대전지법 판사 1997년 同천안지원 판사 1998년 수원지법 판사 2001년 서울서부지법 판사 2004년 서울중앙지법 판사 2005년 서울고법 판사 2005년 법원행정처 사법정책심의관 2006년 同사법정책실 판사 2007년 서울고법 판사 2008년 서울남부지법 판사 2009년 제주지법 부장판사 2010년 사법연수원 교수 2012년 수원지법 안양지원 부장판사 2014년 서울중앙지법 부장판사 2016년 대전고법 부장판사 2018년 서울고법 부장판사(현) (종)기독교

윤승조(尹勝照) YUN Seung Jo

(생)1962·3·1 (출)충북 (주)충청북도 충주시 대소원면 대학로 50 한국교통대학교 건설교통대학 건축공학과(043-841-5208) (학)1984년 청주대 건축공학과졸 1986년 同대학원졸 1995년 공학박사(청주대) (경)1988년 충주공업전문대학 건축공학과 시간강사·전임강사·조교수 1993년 충주산업대 건축공학과 조교수 1997년 충주대 건축공학과 부교수 2001~2002년 미국 캔자스대 연구교수 2002~2004년 충주대 산업과학기술연구소장 2002~2012년 同건축공학과 교수 2004~2005년 同건축공학과장 2004년 同국제공인시험연구센터(KOLAS)장 2005년 同평생교육원장 2007~2008년 同학생지원처장 2010년 同건설조형대학장 2012년 한국교통대 건설교통대학 건축공학과 교수(현) 2018년 (사)대한건축학회지회연합회 회장(현) 2018년 한국교통대 글로벌융합대학원장 겸 교육대학원장(현)

윤승진(尹承鎭) YUN Seung Jin

(생)1953·11·9 (출)서울 (주)서울특별시 중구 소파로2길 10 숭의여자대학교 총장실(02-3708-9012) (학)1972년 경기고졸 1979년 서울대 경영학과졸 1981년 미국 인디애나대 경영대학원졸(MBA) 1986년 경영학박사(미국 펜실베이니아주립대) (경)1986년 미국 세인트조세프대 경영학과 조교수 1989년 매일경제신문 논설위원 1993년 매일경제TV 방송본부장 1996년 국제방송교류재단 방송센터국장 2000년 매일경제TV 해설위원(국장급) 2001년 同보도국 증권부장 2002년 同보도국 CP장 2003년 同보도국장 2004년 同보도국장(이사대우) 2006년 同보도담당 이사 2008년 同보도담당 상무이사 2008년 同전무이사 2010년 同대표이사 2012년 MBN 대표이사 부사장 2012년 同고문 2013~2014년 OBS 경인TV 대표이사 사장 2015년 숭의여대 총장(현)

윤승한(尹勝漢) YOON Seung Han

(생)1957·9·13 (출)전남 순천 (주)서울특별시 서대문구 충정로7길 12 한국공인회계사회 비서실(02-3149-0121) (학)광주제일고졸, 서울대 경영학과졸 1996년 미국 조지워싱턴대 경영행정대학원 회계학과졸, 중앙대 대학원 회계학 박사과정 수료 (경)1982~1985년 육군 경리장교 1985년 금융감독원 입사 1998년 同공시조사실장·공시심사실장 2001~2002년 세계은행(IBRD) 파견 2004년 금융감독원 회계감독1국장 2005년 同공시감독국장 2006년 同총괄조정국장 2007년 同기획조정국장 2008년 同동경사무소장 2010년 同연구위원 2010년 KDB대우증권 상근감사 2013~2014년 同경영자문역 2013년 중앙대 경영전문대학원 겸임교수 2014~2016년 한국캐피탈 사외이사 2014년 한국공인회계사회 회계감사품질관리감리위원회 상근위원장 2016~2018년 금융위원회 옴부즈만위원 2016년 한국공인회계사회 상근행정부회장(현) 2016년 (사)한국XBRL본부 사무총장(현) 2016년 서강대 법인이사(현) (저)'자산유동화의 이론과 실무'(1998, 삼일세무정보) '증권거래법 강의'(2000, 삼일세무정보) '미국증권법 강의'(2004, 삼일인포마인) '일본의 메가뱅크'(2010, 삼일인포마인) '자본시장법 강의'(2011·2014·2016)

윤시승(尹時勝)

(생)1968 (출)부산 (주)서울특별시 서대문구 통일로 97 경찰청 정보3과(02-3150-2281) (학)1986년 부산 사직고졸 1990년 경찰대 법학과졸(6기) 2009년 연세대 행정대학원 공공정책과졸 (경)1990년 경위 임용, 서울 방배경찰서 정보보안과장, 서울 동대문경찰서 정보과장, 서울 남대문

경찰서 정보과장 2011년 총경 승진 2011년 강원지방경찰청 생활안전과장 2011년 대통령비서실 파견 2013년 경기 가평경찰서장 2014년 국무총리실 파견 2015년 경찰청 인권보호담당관 2016년 서울 노원경찰서장 2017년 경찰청 정보1과장 2017년 同정보4과장 2019년 同정보3과장(현)

윤 신(尹 伸) YOON Shin

(생)1959·1·6 (출)서울 (주)서울특별시 강남구 테헤란로87길 22 한국도심공항(주) 사장실(02-551-0551) (학)금오공고졸, 인하대 금속공학과졸, 연세대 대학원 금속학과졸 (경)1983년 대한항공 입사, 同스케줄운영부 상무보 2007년 同항공우주사업기획부담당 상무B 2010년 同항공우주사업기획부담당 상무A 2012년 同항공우주사업기획부담당(전무) 2018년 한국도심공항(주) 대표이사 사장(현) (종)기독교

윤신근(尹信根) YOUN Sin Keun

(생)1954·5·9 (본)파평(坡平) (출)전북 남원 (주)서울특별시 중구 퇴계로 226 윤신근애견종합병원(02-2274-8558) (학)1976년 전북대 수의학과졸 2000년 동물학박사(필리핀 그레고리오아라네타대학) (경)1988년 윤신근애견종합병원 원장(현) 1991년 일간스포츠 칼럼니스트 1992년 한국동물보호연구회 회장(현) 1994년 서울대 외래교수 1996년 오수개 연구위원장 1996년 國犬세계화추진위원회 위원장 1997년 삼육대 겸임교수 1998년 필리핀 그레고리오아라네타대 수의대학 객원교수 1998년 국제조류보호연맹 한국본부장 1999년 한국애완동물신문 발행인 2000년 서울대 초빙교수·외래교수, 전북대 외래교수·초빙교수, 한국축산과학원 윤리위원장 2012년 한국열린동물의사회 회장(현) (상)내무부장관표창(1977), 국무총리표창(1978) (저)'애견백과'(1994, 대원사) '우리가족 하나 더하기'(1994, 현일사) '개를 무서워하는 수의사'(1996, 지식서관) '애견 기르기'(1998, 지식서관) '세계애견대백과'(2003, 대원사) '애견도감' '진돗개' '즐거운 기르기' '애견 알고싶어요' '애완동물 기르기' '풍산개' '오수개' 등 (종)기독교

윤신일(尹信一) YOON Shin Il

(생)1956·10·6 (출)서울 (주)경기도 용인시 기흥구 강남로 40 강남대학교 총장실(031-280-3515) (학)1983년 고려대 통계학과졸 1986년 미국 사우스캐롤라이나대 대학원 경영과학과졸 1994년 경영정보학박사(미국 미시시피주립대) 2004년 명예 정치학박사(카자흐스탄 크즐로오르다대) (경)1990~1993년 미국 미시시피주립대 상경대학 강사 1990년 미국의사결정학회 회원 1991년 미국경영정보학회 회원(현) 1993·1999·2001년 한국경영정보학회 이사 1993~1994년 미국 켄터키주립대 경영대학 조교수 1995~2013년 강남대 경영학부 부교수 1996~1999년 同기획부실장 겸 대외협력처장 1996년 同종합평가실장 1996~1999년 同국제협력처장 1997년 同대학정책조정위원회 부위원장 1997~1998년 (주)한국T/R산업 기업경영자문위원 1997~1998년 (주)ATI정보통신 기술자문위원 1997년 강남대 국제교류위원장 1999년 同총장(현) 2002~2016년 미국 사우스캐롤라이나대 한국총동창회장 2004~2007년 고려대교우회 상임이사 2005~2009년 공생복지재단 이사 2005~2007년 경찰청 시민감사위원 2007년 고려대교우회 부회장(현) 2010~2014년 경기고등법원유치범추진대책위원회 추진위원 2012~2014년 경기도그린캠퍼스협의회 부회장 2012년 한국대학사회봉사협의회 이사(현) 2013년 강남대 경영관리대학 글로벌경영학부 교수(현) 2014~2016년 경기도그린캠퍼스협의회 회장 2014년 경인지역대학총장협의회 부회장(현) 2016년 한국사립대학총장협의회 부회장(현) 2017년 민주평통 경기지역회의 부의장 2017년 대한적십자사 경기도지사 부회장(현) (종)기독교

윤 심(尹 深·女) YOON Shim

(생)1963·11·19 (출)서울 (주)서울특별시 송파구 올림픽로35길 125 삼성SDS(주) 연구소(02-6155-3114) (학)1982년 수도여고졸 1985년 중앙대 전산학과졸 1992년 프랑스 파리제6대 대학원 전산학과졸 1996년 전산학박사(프랑스 파리제6대) (경)1996년 삼성SDS(주) 입사 1996년 同삼성인터넷TF 연구원 1997년 同정보검색 및 지식관리프로젝트담당 연구원 1998년 국내최초 지식관리시스템(KWave) 개발 1998년 삼성SDS(주) Project Manager 2002년 同Innovation팀장 2003년 同웹서비스추진사업단장 2005년 同인큐베이션센터장(상무보) 2008년 同인큐베이션센터장(상무), 同EMS사업부 상무 2011년 同전략마케팅팀장 2012년 同전략마케팅실장(전무) 2013~2018년 同연구소장(전무) 2018년 한국공학한림원 회원(전기전자정보공학·현) 2019년 삼성SDS(주) 연구소장(부사장)(현) (종)기독교

윤양배(尹楊培) Yoon Yang Bae

(생)1956·6·21 (본)파평(坡平) (출)전남 나주 (주)서울특별시 구로구 공원로 70 대한산업안전협회(02-860-7000) (학)1983년 경희대 경영대학원 산업안전관리학과 수료 1989년 연세대 공과대학원 공학과졸(M.E) 2001년 동국대 경영대학 경영학과졸 2014년 서울대 경영대학 최고감사인과정 수료 2015년 경영학박사(중앙대) (경)1980~1989년 노동부 국립노동과학연구소 기술지도과·산업안전연구담당관실 산업안전연구담당 사무관 1989년 同서울동부사무소·서울관악사무소·청주사무소 산업안전과장 1993년 同고용정책실 훈련정책과 근무 1995년 同고용정책실 인적자원개발과 근무(서기관) 1997~1998년 한국국제협력단(KOICA) 연구조사부장 1998~2000년 노사정위원회 사무처 관리과장 2001~2004년 스위스 국제노동기구(ILO) 산업안전보건환경국 파견관 2004~2005년 노동부 청주지청장 2005~2006년 중앙노동위원회 사무국 심판과장 2006~2007년 노동부 고용정책본부 자격제도팀장(부이사관) 2007~2009년 한국직업능력개발원 연구위원(파견국장) 2009~2010년 대구지방노동청 고용센터 소장 2009년 대구지방노동청장 직대 2010년 노동부 노사정책실 산업안전정책국 안전보건지도과장 2010년 고용노동부 경기지방노동위원회 사무국장 2012년 광주지방고용노동청 고용센터 소장 2012~2014년 충북지방노동위원회 위원장(고위공무원) 2014~2016년 한국산업안전보건공단 상임감사 2017년 한국고용복지연금연구원 부원장 2018년 (사)대한산업안전협회 회장(현) (상)노동부장관표창(1993), 근정포장(1995), 홍조근정훈장(2014) (저)'전기안전공학 개정판(共)'(1998, 동화기술) (종)불교

윤여각(尹汝珏) Yun, Yeo Kak

(생)1962·1·1 (출)충남 논산 (주)서울특별시 중구 청계천로 14 국가평생교육진흥원 원장실(02-3780-9700) (학)1980년 전주고졸, 서울대 사범대학 교육학과졸 1987년 同대학원 교육학과졸 1997년 교육학박사(서울대) (경)1998~2002년 한국교육개발원(KEDI) 부연구위원 2002~2017년 한국방송통신대 교육과학대학 교육학과 교수 2002~2005년 한국평생교육학회 부회장 2007~2009년 한국교육인류학회 회장 2015~2017년 서울시평생교육진흥원 이사장 2017년 한국문해교육협회 부회장 2017년 한국평생교육총연합회 부회장 2018년 국가평생교육진흥원 원장(현)

윤여광(尹汝光) Yeo-kwang Yoon

(생)1967·2·9 (출)충남 논산 (주)서울특별시 양천구 목동동로 233-1 현대드림타워 20층 스포츠조선 콘텐츠유통본부(02-3219-8102) (학)1991년 충남대 국어국문학과졸 1999년 경희대 언론정보대학원 정치학과졸 2003년 언론학박사(경희대) (경)1994년 스포츠조선 입사 2001년 同편집국 기

자 2001~2005년 경희대 커뮤니케이션연구소 객원연구원 2003~2004년 한국체육대 시간강사 2005년 서일대 시간강사, 경희대 언론정보학부 강사 2007년 스포츠조선 U미디어국 뉴스팀장 2007년 同편집부장 직대 2009년 同편집팀장 2010년 同미디어연구소장 2011년 同편집국 에디팅센터장 2013년 同콘텐츠유통본부장(현) 2014년 SC컴즈 대표이사 겸임(현) ㊣올해의 편집기자상(2001) ㉳'현대사회와 언론(共)'(2006) '미디어와 스포츠영웅'(2006) '신문, 세상을 편집하라(共)'(2006) '스타미디어총서 : 장동건(共)'(2014) '스타미디어총서 : 김혜수(共)'(2014) '스마트미디어시대 뉴스편집의 스토리텔링'(2014) ㊧기독교

윤여규(尹汝奎) Youn Yeo Kyu

(생)1949·10·18 (출)충남 (주)서울특별시 강남구 남부순환로 2649 강남베드로병원 윤여규갑상선클리닉(1544-7598) (학)1968년 경복고졸 1975년 서울대 의대졸 1984년 同대학원 의학석사 1986년 의학박사(서울대) (경)1978~1983년 서울대 의과대학 일반외과 전공의 1983~1987년 경희대 의과대학 일반외과 전임강사 1989~1991년 미국 Harvard Medical School Boston, MA. U.S.A. 연구교수 1989~1995년 서울대 의과대학 일반외과학교실 조교수 1992~1996년 서울대병원 응급처치부장 1994~1996년 同외과중환자실장 1995~2015년 서울대 의과대학 일반외과학교실 부교수·교수 1995~2000년 서울대병원 응급의학과장 2002~2006년 同외과 과장 2002~2006년 서울대 의과대학 외과학교실 주임교수 2003~2005년 대한외상학회 회장 2003~2007년 대한화상학회 회장 2003~2005년 대한내분비외과학회 회장 2004~2007년 아시아태평양화상학회 회장 2005~2007년 대한응급의학회 회장 2006~2008년 대한외과학회 이사장 2007~2009년 대한재난응급의료협회 회장 2010~2011년 대한갑상선학회 부회장 2010~2012년 대한임상종양학회 회장 2010~2011년 대한외과학회 회장 2011년 건강보험심사평가위원회 비상근심사위원 2011~2014년 국립중앙의료원장 2012년 대한병원협회 경영위원장 2013~2016년 충북대병원 비상임이사 2015년 강남베드로병원 윤여규갑상선클리닉 대표원장(현) (상)제10회 한독학술경영대상(2013) (저)'최신외과학(共)'(1995, 일성각) 'Surgical Critical Care(共)'(1996, W.B. saunders company) '치과의를 위한 외과학(共)'(2000, 군자출판사) '외상학(共)'(2001, 군자출판사) '생명유지술(共)'(2001, SNU-book) '최신응급의학(共)'(2001, 메드랑) '임상영양학(共)'(2007) 'Family Doctor Series : 갑상선 암(共)'(2007, 아카데미아) '갑상선암의 이해 2008(共)'(2008, SNUH) '갑상선암을 넘어서 2011(共)'(2010, 의학문화사)

윤여두(尹汝斗) YUN Yeo Doo (魯山)

(생)1947·8·15 (본)파평(坡平) (출)충남 논산 (주)서울특별시 강남구 언주로133길 7 대용빌딩 2층 동양물산기업(주) 부회장실(02-3014-2703) (학)1967년 전주고졸 1971년 서울대 농공학과졸 2000년 대전산업대학 대학원 기계과졸 2004년 공학박사(경북대) (경)1973년 예편(육군 중위·ROTC 9기 공병) 1973년 농업기계화연구소 연구원 1974년 국립농업자재검사소 검사관 1977년 국제종합기계(주) 기술개발부장 1986년 同기술연구소장 1993년 한국농업기계학회 이사 1993~2002년 중앙공업(주) 대표이사 1998~2004년 한국농기계공업협동조합 이사장 2002년 농수산홈쇼핑 감사 2002년 우리민족서로돕기운동 상임대표(현) 2003년 농림부 남북농업협력위원회 정책위원 2004년 동양물산기업(주) 부회장(현) 2005년 (사)통일농수산사업단 공동대표 2007년 한국농기계사업조합 이사장 2007년 (주)GMT 회장(현), (사)통일농수산 고문(현) 2019년 민주평통 사회문화교류분과위원회 상임위원(현) (상)농림수산부장관표창(1975), 산업포장(1987), 국무총리표창(1996), 매일경제 선정 '대한민국 글로벌 리더'(2015), 동탄산업훈장(2016) (저)'농용트랙터 설계' (종)가톨릭

윤여송(尹汝訟) YUN Yeu Song

(생)1956·3·3 (출)서울 (주)서울특별시 노원구 초안산로 12 인덕대학교 총장실(02-950-7000) (학)1979년 성균관대 토목공학과졸 1981년 同대학원 토목공학과졸 1989년 공학박사(성균관대) 2011년 서울시립대 경영대학원 경영학과졸(MBA) (경)1983~2017년 인덕대 토목환경공학과 교수 1984~1987년 同토목환경공학 학과장 1989~1992년 同실습처장 1992~1994년 영국 옥스퍼드대 Post-Doc. 1995년 인덕대 도서관장 1995~1996년 同교무처장 1999~2002년 同산학협력처장 2000~2001년 한국전문대학 산학협력처장협의회 회장 2002~2004년 인덕대 기획실장 2004~2005년 대통령자문 교육혁신위원회 전문위원 2005~2007년 한국전문대학교육협의회 대외협력실장 2005~2007년 교육인적자원부 자문위원 2005~2007년 전문대학교육혁신운동본부 본부장 2009~2010년 한국대학신문 논설위원 2010년 同자문위원 2010~2011년 고등직업교육평가인증원 초대 원장, 한국산업인력관리공단 자문위원 2012~2017년 한국고등직업교육학회 회장, 직업능력심사평가원 평가위원 2015~2017년 한국공학교육인증원 부원장 2017년 인덕대 총장(현) (상)대통령표창(2007), 한국전문대학교육협의회장표창(2010), 학교법인 인덕학원 30년 근속표창(2012), 근정포장(2014)

윤여승(尹汝升) YOON Yeo Seong

(생)1953·3·1 (출)경북 (주)경상북도 영주시 대학로 327 영주적십자병원(054-630-0100) (학)1977년 연세대 의대졸, 同대학원 의학석사 (경)1980년 연세대 원주기독병원 전공의 1985~1997년 同원주기독병원 정형외과 전임강사·조교수·부교수 1990~1991년 미국 Univ. of Rochester Sport Medicine 연구조교수 1997~2018년 연세대 원주의과대학 정형외과학교실 교수 2003~2009년 同원주의과대학 정형외과학교실 주임교수 2013~2016년 同원주연세의료원장 겸 원주세브란스기독병원장 2013~2017년 대한병원협회 총무이사 2018년 영주적십자병원 초대 병원장(현)

윤여을(尹汝乙) YOON Yeo Eul

(생)1956·5·1 (출)충남 (주)서울특별시 중구 수표로 34 씨티센터타워 쌍용양회공업(주) 임원실(02-2270-5000) (학)1983년 일본 소피아대(Sophia Univ.) 재무학과졸 1989년 미국 하버드대 경영대학원졸(MBA) (경)1983~1984년 일본 도쿄 후지쯔(FUJITSU LTD.) 근무 1984~1987년 JARDINEFLEMING(SECURITIES) LTD. TOKYO Analyst 1989~2001년 Sony Music Entertainment Korea 대표이사 2002년 Sony Computer Entertainment Korea Inc. President 겸임 2005~2010년 소니코리아(주) 대표이사 사장 2010년 한앤컴퍼니 회장(현) 2014년 한온시스템 인수·이사회 의장(현) 2016년 쌍용양회공업(주) 공동대표이사 회장, 同이사회 의장(현), 쌍용정보통신(주) 사내이사(현)

윤여찬

(생)1966·3·6 (주)경기도 수원시 영통구 광교로 107 경기도중소기업CEO연합회(031-888-5876) (경)1999년 (주)뉴플러스 대표이사(현), 경기도중소기업CEO연합회 회장, 同고문, 同명예회장(현) 2019년 연합뉴스 경기취재본부·경기북부취재본부 콘텐츠자문위원(현) (상)경기신용보증재단 '자랑스러운 중소기업인상'(2005), 경기도지사표창(2006), 대통령직속 중소기업특별위원장표창(2006), 경기도중소기업협의회 공로상(2007), 중소기업청장표창(2008)

윤여철(尹汝喆) Yoon Yeo Chul

(생)1952·6·23 (출)서울 (주)서울특별시 서초구 헌릉로 12 현대자동차그룹 부회장실(02-3464-1022) (학)1971년 서울고졸 1979년 연세대 경영학과졸 (경)1979년 현대자동차(주) 입사 1996년 同판매교육팀 부장 2001년 同경기남부지역사업실 이사대우 2003년 同영업운영팀 이사 2004년 同운영지원실 상무 2004년 同경영지원본부장(전무) 2005년 同경영지원본부장(부사장) 2005년 同울산공장장·노무총괄담당·울산아산공장담당 사장 2006~2008년 同대표이사 사장 2008년 同노무총괄담당·울산아산공장담당 부회장 2009~2012년 (사)한국자동차공업협회 회장 2012년 현대자동차(주) 고문 2013~2017년 현대자동차그룹 노무총괄 부회장 2013년 同울산공장장 ·아산공장장 2014년 同국내생산담당 부회장(현) 2017년 同정책개발담당 부회장 겸임(현) (상)국민훈장 모란장(2010) (종)기독교

윤여철(尹汝哲) Yoon Yeo-cheol

(생)1963·2·21 (주)서울특별시 종로구 사직로8길 60 외교부 인사운영팀(02-2100-7863) (학)1985년 서울대 영어영문학과졸 1990년 미국 터프츠대 플렛처스쿨 정치학석사 (경)1984년 외무고시 합격(18회) 1985년 외무부 입부 1991년 駐미국 2등서기관 1994년 駐코트디부아르 1등서기관 2001년 駐유엔 1등서기관 2002년 외교통상부 의전2담당관 2003년 同북미2과장 2004년 駐유엔 참사관 2007년 유엔(UN) 사무총장 특별보좌관 2012년 유엔(UN) 사무국 의전장 2014년 외교부 의전장 2016~2017년 대통령 의전비서관 2018년 駐이집트 대사(현)

윤여표(尹汝杓) Yeo-Pyo YUN

(생)1956·1·24 (본)파평(坡平) (출)충남 논산 (주)충청북도 청주시 서원구 충대로 1 충북대학교 약학대학(043-261-2114) (학)1974년 대전고졸 1980년 서울대 제약학과졸 1982년 同대학원 약학과졸 1986년 약학박사(서울대) 2018년 명예박사(일본 홋카이도대) (경)1984~1986년 서울대 약학대학 조교 1986년 충북대 약학대학 교수(현) 1988~1990년 미국 국립보건원(NIH) Visiting Fellow 1996~2000년 보건복지부 중앙약사심의위원회 심의위원 1997~1998년 (사)대한약학회 편집간사 1998~2010년 International Society on Thrombosis and Haemostasis(ISTH) Regular Member 2000년 한국환경독성학회 이사 2000~2002년 충북대 약학대학장 2001~2002년 (사)대한약학회 부회장 2001~2002년 (사)한국독성학회 기획간사 2003~2004년 (사)한국식품위생안전성학회 학술위원장 2003~2004년 국립과학수사연구소 자문위원 2004~2005년 충북대 약품자원개발연구소장 2004~2005년 한국학술진흥재단 학술연구심사평가위원 2005~2006년 식품의약품안전청 자문위원 2007~2008년 (사)한국식품위생안전성학회 부회장 2008~2010년 식품의약품안전청장 2011~2014년 오송첨단의료산업진흥재단 이사장 2013년 건강보험심사평가원 고문 2014~2018년 충북대 총장 2015~2016년 거점국립대학교총장협의회 회장 2016~2017년 교육부 정책자문위원회 부위원장 2017년 전국국·공립대학교총장협의회 회장 2017~2018년 한국대학교육협의회 부회장 2018년 중국 연변대 명예교수(현) (상)한국과학기술단체총연합회 과학기술우수논문상(2002), 황조근정훈장(2012), 대한약학회 특별공로상(2016) (종)기독교

윤여항(尹汝杭) YOON Yeoh Hang

(생)1955·4·18 (본)파평(坡平) (출)서울 (주)서울특별시 마포구 와우산로 94 홍익대학교 미술대학 목조형가구학과(02-320-1939) (학)1979년 홍익대 미술대학졸 1984년 同산업미술대학원졸 1988년 미국 Art Center College of Design졸 1992년 미국 UCLA 대학원졸 2018년 예술학박사(일본 오사카예술대) (경)미국 Oswaks Industrial Design 디자인실장, I.D Focus 디자이너, 한국디자인학회 이사, 서울시 서울디자인위원회 위원, 일본 아사히카와 국제가구디자인공모전 심사위원, 홍익대 미술대학 목조형가구학과 교수(현), (사)한국가구학회 회장 (저)'프리핸드 드로잉과 스케칭'(1996) (종)기독교

윤여환(尹汝煥) YUN Yeo Whan (石川)

(생)1953·7·7 (본)파평(坡平) (출)충남 서천 (주)대전광역시 유성구 대학로 99 충남대학교 예술대학 회화과(042-821-6967) (학)1976년 홍익대 미술대학 동양화과졸 1979년 同대학원 동양화과졸 (경)한국미술협회 회원(현), 한국가톨릭미술협회 회원(현) 1983년 창원대 미술학과 조교수 1986년 충남대 회화과 부교수 1995년 同예술대학 회화과 교수(현) 1999년 대한민국미술대전 심사위원 1999년 MBC 미술대전 심사위원 2001년 경북도 지방공무원 임용시험문제 출제위원 2002·2007년 서울시 지방공무원 임용시험문제 검증위원 2003년 충남도 지방공무원 임용시험문제 출제위원 2003년 대한주택공사 충북지사 미술장식품설치공모작품 심사위원 2005년 대전시 문예진흥기금 지원 심의위원 2005년 同대전발전연구원 자문위원 2006·2013년 대전시립미술관 작품수집 심의위원장 2007년 국립현대미술관미술은행 작품구입 추천위원 2007년 금산생태학습관 전시실조성공사현상공모작품 심사위원 2007~2017년 의암주논개상 후보자선정심사위원 2008년 대한민국 미술대전 운영위원 2008년 대전시이응노미술관 작품수집 심의위원 2009년 문화재청 문화재연구소 천연기념물센터 심의위원·자문위원 2009년 경남도립미술관 소장품추천위원 2010년 서울중앙지법 위작감정위원 2011~2014년 충남도 문예진흥기금 지원심의위원 2011년 최북미술관 미술품복제사업평가 심사위원 2011년 대전시이응노미술관 운영위원 2012~2015년 충남도 건축물 미술작품 심의위원장 2012년 중도일보사 이동훈미술상 운영위원 2013~2017년 행정중심복합청 행복도시미술작품 심의위원장 2013년 TEDxHanyangU 초청강연 2013년 문화체육관광부 전통초상화작가 양성사업1차 심사위원 2014~2015년 대전문화재단 대전테미예술창작센터 자문위원장 2014~2016년 충남대 예술대학장 겸 예술문화연구소장 2015~2016년 최북미술관 소장품 구입작품 심의위원 2015년 공주시 효심공원 상징조형물작품 심의위원 2015년 국립아시아문화전당 미술장식품 심사위원장 2015·2017년 대전시 문화상 심사위원 2016년 공주시 무령왕 표준영정 자문위원 2016년 예산군 봉수산 성지 조형물설치사업 심의위원 2016년 중도일보사 이동훈미술상 심사위원 2016년 중등교사 임용시험 문제 출제위원 2017년 한국장학재단 예술체육비전 장학금 평가위원 2017년 지방공무원 임용시험 문제 출제위원 2017년 세종시 문화재단 세종예술제 심의위원장 2017년 대한민국 미술대전 심사위원장 2017년 대전가톨릭미술가회 회장(현), 충남대 예술대학 회화학과장 (상)국전·대한민국미술대전 특선4회(1980~1985), 중앙미술대전 장려(우수)상(1981), 미술세계작가상(2007), 한국미술협회 '대한민국 미술인상'(2016) (작)〈국가표준영정 제작〉 백제도미부인 국가표준영정 제작 및 지정(1996, 제60호) 조헌 국가표준영정 전신상 제작(1997, 옥천 표충사 봉안) 정문부 국가표준영정 제작 및 지정(2005, 제77호) 유관순 국가표준영정 제작 및 지정(2007, 제78호) 논개 국가표준영정 제작 및 지정(2008, 제79호) 박팽년 국가표준영정 제작 및 지정(2010, 제81호) 김만덕 국가표준영정 제작 및 지정(2010, 제82호) 〈기타〉 영화 '스캔들' 화첩그림 및 숙부인정씨 전신상 제작 및 상영(2003) 한국·싱가포르 공동우표그림(전통혼례의상 8종) 제작 및 발행(2007) 네이버캐스트 오늘의 미술 '사색의 여행' 작품 등재(2009) 중학교 미술교과서 '사유하는 몸짓' 작품 등재(2010) 위키백과사전 '윤여환' 등재(2011) '우계 성혼선생 영정' 제작(2010, 우계기념관) '법인스님 진영' 제작(2011, 각원사개산기념관) '죽계 조응록선생 영정' 이모 및 복원(2011, 랑산사) 고등학교 미술교과서 '유관순영정 제작과정' 등재(2011) 초등학교 국어교과서 '유관순표준영정' 등재(2011) 초등학교 국어교과서 '김만덕표준

영정' 등재(2011) '국가브랜드위원회 작품' 등재 및 기고(2012, 코리아브랜드넷) '고려진사공 선용신 영정' 제작(2014, 고려통일대전) 2014 TJB화첩기행–내포성지순례편2부작 '내포의 마더테레사 초상화' 구현(2014) 영화 '협녀–칼의기억' 덕기초상화 제작(2014) '묘공당 대행 대선사 진영' 제작(2015, 한마음선원 뉴욕지원) '신재 최산두선생 영정' 제작(2017, 순천시 최산두 부조묘)

윤열현(尹列鉉)

(생)1958 (주)서울특별시 종로구 종로 1 교보생명보험(주) 임원실(02–721–3010) (학)조선대 경제학과졸, 성균관대 대학원 무역학과졸 (경)1982년 교보생명보험(주) 입사 2004년 同영업지원팀장 2004년 同영업지원팀장(이사) 2005년 同신영업지원팀장(이사) 2006년 교보생명보험 신영업지원팀장(상무) 2006년 同강서지역본부장(상무) 2008년 同강남지역본부장(상무) 2010년 同채널기획팀장(상무), 同전무 2013년 同마케팅담당 부사장 2014년 同FP채널담당 부사장 2018년 同상임고문 2019년 同보험총괄담당 사장 2019년 同각자대표이사 사장(현)

윤영각(尹榮恪) Young-Gak Yun (靑谷)

(생)1953·12·4 (본)파평(坡平) (출)경북 청송 (주)서울특별시 강남구 테헤란로 427 미차빌딩 15층 파빌리온인베스트먼트(02–2184–7441) (학)1973년 경기고졸 1977년 미국 펜실베이니아대 경제학과졸 1980년 미국 시카고대 대학원 경영학과졸 1988년 법률학박사(미국 듀크대) (경)1980~1982년 미국 휴렛팩커드 근무 1983년 미국 공인회계사자격 취득 1983~1985년 미국 Arthur Young 회계법인 근무 1988~1989년 미국 Arnold&Porter 법률사무소 근무 1988년 미국 변호사자격 취득 1989년 미국 Sidney&Austin 법률사무소 변호사 1991~2001년 삼정컨설팅그룹 대표이사 1998~2009년 St. Vincent and Grenadines 명예영사 2001~2011년 삼정KPMG그룹 대표 2002~2004년 미국 듀크대 한국총동창회장 2004~2007년 미국 시카고대 경영대학원 한국총동창회 부회장 2004~2007년 미국 펜실베이니아대한국총동창회 부회장 2005년 세계교화갱보협회 이사 2005~2006년 외교통상부 자체평가위원 2005~2009년 안보경영연구원 이사 2005년 이화여대 경영대학원 CEO 겸임교수 2006년 희망제작소 이사 2007년 (사)Green Ranger 고문 2007~2009년 유엔글로벌콤팩트한국협회 이사 2008년 제17대 대통령직인수위원회 국가경쟁력특별위원회 자문위원 2008년 금융위원회 금융중심지추진위원 2009년 생명의숲 이사 2009년 (재)아름지기 이사 2009년 미국 펜실베이니아대 한국동창회장 2009~2012년 駐韓우크라이나 명예영사 2009년 매일경제신문 '한국의 경영대가 30인' 선정 2010년 SIFE KOREA 이사회 의장 2011년 삼정KPMG그룹 회장 겸 이사회 의장 2012년 파인스트리트그룹 회장 2013년 법무법인 바른 고문(현) 2014~2015년 KTB프라이빗에쿼티 회장 2015년 (주)파빌리온인베스트먼트 회장(현) 2017년 파빌리온자산운용 대표이사 겸임(현), 팬임팩트코리아 사원총회 공동의장(현) (상)동탑산업훈장(2001), 감사대상(2006), 한국의 Best CEO상(2009), 은탑산업훈장(2010) (저)'관세평가 실무편람'(1992) 'WTO체제 하의 반덤핑법 분석'(1995) 'Crossing the Yellow Sea'(1998, US–China Business) '살아남는 자가 강하다'(2010) (종)기독교

윤영관(尹永寬) YOON Young-kwan

(생)1951·1·12 (본)남원(南原) (출)전북 남원 (주)서울특별시 관악구 관악로 1 서울대학교 사회과학대학 정치외교학부(02–880–6311) (학)1970년 전주고졸 1975년 서울대 외교학과졸 1977년 同대학원 외교학과졸 1983년 미국 존스홉킨스대 국제관계대학원(SAIS)졸(석사) 1987년 국제정치학박사(미국 존스홉킨스대) (경)1977년 해군사관학교 교관 1987~1990년 미국 캘리포니아대 조교수 1990~1999년 서울대 사회과학대학 외교학과 조교수·부교수 1996년 미국 존스홉킨스대 객원교수 1997년 미국 우드로윌슨센터 객원연구원 1999~2003년 서울대 사회과학대학 외교학과 교수 2001년 미래전략연구원 원장 2002년 제16대 대통령직인수위원회 통일외교안보분과위원회 간사 2003~2004년 외교통상부 장관 2004~2010년 서울대 사회과학대학 외교학과 교수 2005년 미국 스탠퍼드대 교환교수 2007년 한반도평화연구원 초대 원장 2008년 서울대 국제문제연구소장 2010~2016년 同사회과학대학 정치외교학부 교수 2011~2012년 ASEAN+3 동아시아비전그룹II 공동의장 2013년 독일 자유베를린대 객원교수 2013년 독일 SWP 객원연구원 2014년 '정책 네트워크 내일' 이사장 2015년 (재)통일과나눔 이사(현) 2016년 서울대 사회과학대학 정치외교학부 명예교수(현) (상)한국국제정치학회 저술상(1997), 대한민국학술원 우수도서 선정(2002), 서울대 교육상(2015) (저)'전환기의 국제정치경제와 한국' '국제기구와 한국외교'(共) '동아시아–위기의 정치경제'(1999) '21세기 한국정치경제모델'(1999) '정보화의 도전과 한국'(2003) '세계화와 한국의 개혁 과제'(2003) '북한의 체제전망과 남북경협'(2003) '국제정치와 한국'(2003) '정부개혁의 5가지 방향'(2003) '한국외교 2020(共)'(2013) '한반도 통일(共)'(2014) '외교의 시대 : 한반도의 길을 묻다'(2015, 미지북스) (종)기독교

윤영귀(尹英貴) Yun, Youngkwi

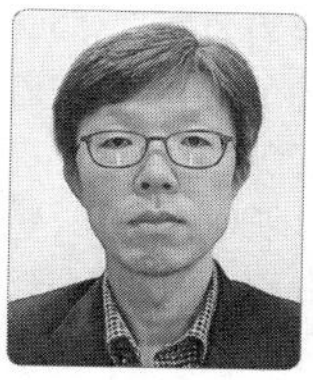

(생)1972·5·7 (주)세종특별자치시 한누리대로 422 고용노동부 고용지원실업급여과(044–202–7368) (학)1990년 광주고졸 1997년 고려대 언어학과졸 2006년 미국 미시간주립대 대학원 노사관계인적자원학과졸 (경)1998~2003년 노사정위원회·고용노동부 실업급여과·국제협력담당관실·여성고용과 등 사무관 2004년 국외 교육훈련(미국 미시간주립대) 2006년 고용노동부 고용서비스혁신단 사무관 2007년 서기관 승진 2008년 전주고용센터 소장 2009년 고용노동부 고령사회인력정책팀 정책서기관 2012년 진주고용노동지청장 2012년 駐OECD대표부 고용노동관 2015년 중앙노동위원회 기획총괄과장 2017년 고용노동부 고용지원실업급여과장(현)

윤영달(尹泳達) YOON Young Dal

(생)1945·4·29 (출)서울 (주)서울특별시 용산구 한강대로72길 3 해태제과 비서실(02–709–7452) (학)1964년 서울고졸 1968년 연세대 물리학과졸 1971년 고려대 대학원 경영학과졸 2000년 국제산업디자인대학원대 뉴밀레니엄디자인혁신정책과정 수료 (경)1969~1988년 (주)크라운제과 입사·이사 1995~2012년 同대표이사 회장 2005~2012년 해태제과 대표이사 회장 2006년 연세대 대학원 경영학과 겸임교수 2012년 서울고동창회 회장 2013년 (주)크라운제과 회장(현) 2013년 해태제과 회장(현) 2018년 한국예술인복지재단 이사장(현) (상)석탑산업훈장(2004), 한국경영사학회 CEO대상(2004), 코리아디자인어워드 올해의 디자인경영인상(2006), 몽블랑 문화예술 후원자상(2011), 한국마케팅학회 올해의 CEO대상(2014), 문화체육관광부장관표창(2016), 한국음악협회 한국음악상 대상(2017) (저)'크로스마케팅 경영전략'(2005) 'AQ 예술 지능'(2013), 자전에세이 '과자는 마음이다'(2018) (종)불교

윤영돈(尹榮敦)

(생)1965·3·1 (출)경북 구미 (주)경상북도 영주시 문수면 적서로448번길 17 영주소방서(054–632–1119) (학)대구 계성고졸, 계명대 법학과졸 (경)1995년 소방공무원 임용(간부후보생 8기) 2008년 경북 영주소방서 방호구조과장 2011년 경북소방학교 총무과장 2015년 경북도 소방본부 119특수구조단장 2016년 同대응예방과장 2017년 경북 울진소방서장 2018년 경북 영주소방서장(현) (상)대통령표창(2016)

윤영로(尹泳老) Yoon, Young-Ro

(생)1957 · 7 · 5 (출)서울 (주)강원도 원주시 흥업면 연세대길 1 연세대학교 원주캠퍼스 보건과학대학 의공학부(033-760-2403) (학)1981년 연세대 전자공학과졸 1986년 미국 캘리포니아대 로스앤젤레스교 대학원 전자공학과졸 1991년 전기공학박사(미국 퍼듀대) (경)1981년 한국전자통신연구소 연구원 1982~1983년 Novation INC. CA. U.S.A 연구원 1984~1986년 California State Univ. U.S.A 강사 1985~1986년 Dynatrol National Corporation U.S.A. 엔지니어 1987~1991년 퍼듀대 전기과 연구조교 1992~1994년 미해군연구소 연구원 1994년 연세대 보건과학대학 의공학부 교수(현) 1997~1999년 IEEE EMBS Korea 분과위원장 1998~2001년 산업자원부 공업기반기술 평가위원 1998~1999년 대한의용생체공학회 2002아시아태평양의공학학술대회 사무차장 2000~2001년 同국제협력위원회 부위원장 2001년 연세대 정보교육원장 2002~2008년 同재택건강관리시스템연구센터 소장 2003~2004년 同의료공학교육센터 소장 2003~2004년 한국의료기기산업협회 심의위원 2004~2010년 한국보건산업진흥원 의료기기산업발전협의회 위원장 2004~2006년 연세대 보건과학대학 부학장 겸 원주캠퍼스 보건환경대학원 부원장 2004~2006년 대한의용생체공학회 2006세계생체공학학술대회 전시분과위원장 2005년 식품의약품안전청 의료기기법연구회 위원 2005년 同의료기기재분류TK팀 위원 2005~2006년 대한무역투자진흥공사(KOTRA) 외국기업R&D센터유치인력양성사업 자문위원 2005~2006년 국무총리실 의료산업선진화위원회 의료기기산업전문위원 2006~2007년 (사)대한의용생체공학회 기획이사 2006~2007년 IEEE EMBS 아시아-태평양 이사 2006~2008년 연세대 원주캠퍼스 학술정보처장 2006~2007년 보건복지부 보건의료기술진흥사업 보건의료정보분야 전문위원회 위원 2007~2008년 (재)원주의료기기테크노밸리 국제자문위원 2007~2009년 대한무역투자진흥공사(KOTRA) 해외R&D센터 투자유치자문단 자문위원 2008~2010년 식품의약품안전청 의료기기산업발전협의회 위원 겸 식약규제합리화위원회 의료기기분과위원회 위원장 2008~2010년 연세대 원주캠퍼스 총무처장 2008년 同원주캠퍼스 덕소농장장 2009년 同원주캠퍼스 재택건강관리시스템연구센터 소장 2008~2010년 보건복지가족부 HT포럼위원 위원 2009~2010년 同보건의료산업경쟁력강화TF팀 위원 2011~2012년 (재)원주의료기기테크노밸리 원장 2011~2013년 보건복지부 보건의료기술정책심의위원회 전문위원회 위원 겸 의료기기위원회 위원 2011년 同보건의료기술정책심의위원회 기반주축 전문위원 2011~2013년 강원도 강원권광역경제발전위원회 자문위원 2011~2016년 의료기기정보기술지원센터 의료기기정보기술지원센터설립추진위원회 위원장 · 정책및센터 자문이사 2011~2012년 식품의약품안전청 의료기기정보지원센터설립위원회 위원 2012년 同의료기기정보기술지원센터 이사 2013~2017년 식품의약품안전처 의료기기위원회 위원 2013년 同의료기기정보기술지원센터 이사 2014년 한국보건복지인력개발원 국가보건산업인재양성 전략자문위원 2014~2016년 농림축산검역본부 동물약사심의위원 위원 2014~2017년 식품의약품안전평가원 의료기기 허가및심사자문 외부전문가 · 임상전문위원 2014~2016년 한국산업기술진흥원 지역사업 옴부즈만(강원) 옴부즈만 2014년 同의료기기산업화맞춤형전문인력양성컨소시엄 사업단장(현) 2015~2017년 강원지역사업 옴부즈맨 2015~2018년 강원지역사업평가단 이사 2015~2017년 의료공학연구소 연구소장 2015~2017년 식품의약품안전처 식품의약품 등의 안전기술위원회 위원 2016~2017년 同맞춤형멘토링 전문가위원 2017~2019년 同의료기기위원회 의료기기전문위원 2017~2019년 同의료기기분야 정책자문관 2017년 보건복지부 의료기기산업발전기획단장 겸 R&D투자전략분과위원회 위원장 2017년 건강보험심사평가원 의료기기정책자문단 위원(현) (상)제3회속고의공학상 공로상(2005), (사)대한의용생체공학회 우수논문상(2006), 원주의료기기산업육성을위한10년공로패(2007), 국무총리표창(2013), 대통령표창(2017), 강원도도지사표창(2017) (저)'전자기학'(1996) '디지털 생체신호처리'(1997) '의용공학개론'(1999) '디지털 신호처리'(2000)

윤영민(尹英民) YOON Young Min

(생)1956 · 3 · 22 (주)경기도 안산시 상록구 한양대학로 55 한양대학교 언론정보대학 정보사회학과(031-400-5405) (학)1983년 서강대 정치외교학과졸 1988년 미국 사우스캐롤라이나대 대학원 사회학과졸 1994년 사회학박사(미국 Univ. of California at Berkeley) (경)1997년 한양대 언론정보대학 정보사회학과 교수(현) 1999~2000년 국회 사이버파티 운영위원대표 2000년 (주)이트렌드 사외이사 2000년 대통령자문 정부혁신추진위원회 실무위원 2001년 대화문화아카데미 정보화프로그램 운영위원장 2001년 통일부 정책자문위원 2001년 유네스코 한국위원회 집행위원 겸 홍보분과 부위원장 2003년 한국정보사회학회 부회장 2005년 전자선거포럼 대표 2013년 한양대 언론정보대학장 (상)국가정보원장표창(2001), 홍조근정훈장(2002) (저)'전자정보공간론' '사이버공간의 사회'

윤영민(尹榮珉) YUNE Young Min

(생)1965 · 3 · 11 (주)서울특별시 강남구 테헤란로 620 (주)코오롱인베스트먼트 임원실(02-2052-2310) (학)고려대 경제학과졸, 한국과학기술원(KAIST) 경영과학과졸(석사) (경)1992년 삼성경제연구소 산업연구실 근무 1996년 삼성전자(주) 경영인프라사업부 과장 2001년 (주)코오롱인베스트먼트 기획관리팀 이사 2006년 同미래사업추진실 이사 2006~2007년 (주)윈스테크넷 사외이사 2007년 (주)코오롱인베스트먼트 사장 2017년 코오롱인더스트리(주) FnC부문 COO(부사장) 2019년 (주)코오롱인베스트먼트 각자대표이사(현)

윤영석(尹永錫) YOON Young Suk

(생)1938 · 9 · 9 (출)경기 양평 (주)서울특별시 강남구 테헤란로 322 해암경영컨설팅(02-2183-1141) (학)1958년 경기고졸 1964년 서울대 상과대학 경제학과졸 1989년 미국 샌프란시스코주립대 대학원 경영학과졸 1993년 명예 경제학박사(러시아 세계경제국제관계연구소) (경)1964년 한성실업(주) 근무 1968년 대우실업(주) 입사 1973년 同이사 1977년 同전무이사 1980~1985년 대우중공업 사장 1982년 산업기술진흥협회 부회장 1983년 공작기계공업협회 회장 1985년 대우조선 사장 1985년 한 · 핀란드경제협력위원장 1987년 한 · 인도친선협회 부회장 1988년 미국 스탠퍼드대 연수 1990년 (주)대우 사장 1990~1995년 한 · 체코경제협력위원장 겸 한 · 몽골경제협력위원장 1991~2015년 駐韓우간다 명예영사 1991~1995년 한 · 이란경제협력위원장 1993년 대우중공업 · 대우조선 부회장 1993~1997년 공작기계공업협회 회장 1995년 대우중공업 회장 1995년 대우그룹 총괄회장 1995~2003년 대한요트협회 회장 1996년 국제산업디자인대 초대 이사장 1996년 한국기계연구원 이사장 1998년 대우그룹 미국지역본사 사장 1998~2001년 한국중공업 사장 1998~2006년 한국기계산업진흥회 회장 2001년 두산중공업(주) 사장 2002년 同부회장 2003~2009년 한국플랜트산업협회 회장 2003~2006년 기계공제조합 이사장 2008년 진성TEC 회장 2009~2010년 국제로타리3650지구 총재 2012년 해암경영컨설팅 대표(현) 2014~2015년 한국로타리장학문화재단 이사장 2014~2018년 국제로타리재단 이사 2017년 사회복지공동모금회 사랑의열매 서울지회장(현) (상)대통령표창(1973), 석탑산업훈장(1983), 동탑산업훈장(1986), 금탑산업훈장(1991), 이탈리아 기사장훈장(1991), 서울공대 발전공로상(1995), 한국중재학회 국제거래신용대상(1996), 한국무역협회 무역인대상(1996), 한국품질대상(2000)

윤영석(尹永碩) Yoon, Young-Seok

(생)1964 · 10 · 7 (본)파평(坡平) (출)경남 양산 (주)서울특별시 영등포구 의사당대로 1 국회 의원회관 438호(02-784-4861) (학)부산 동인고졸, 성균관대 정치외교학과졸 2004년 미국 듀크대 대학원졸(국제발전정책학석사) (경)1993년 행정고시 합격(37회), 서울시 마케팅담당관(지방부이사관), 미국 하버드대 객원연구원 2009년 아시아도시연맹 이사장(현) 2012년 제19대 국회의원(경남 양산시, 새누리당) 2012년 새누리당 인재영입위원회 위원 2012년 국회 지식경제위원회 위원 2012년 국회 남북관계발전특별위원회 위원 2013년 국회 산업통상자원위원회 위원 2014년 새누리당 사회적경제특별위원회 위원 2014년 국회 통상관계대책특별위원회 위원 2014~2015년 새누리당 원내대변인 2014~2015년 同원내부대표 2014년 국회 운영위원회 위원 2014년 국회 안전행정위원회 위원 2014~2015년 국회 예산결산특별위원회 위원 2015년 새누리당 아동학대근절특별위원회 위원 2015년 (사)독도사랑운동본부 고문(현) 2015년 새누리당 노동시장선진화특별위원회 위원 2015년 同정책위원회 민생119본부 부본부장 2015년 同나눔경제특별위원회 위원 2016년 제20대 국회의원(경남 양산시甲, 새누리당 · 자유한국당〈2017.2〉)(현) 2016년 국회 외교통일위원회 간사 2016년 국회 미래일자리특별위원회 위원 2016년 한국아동인구환경의원연맹(CPE) 회원(현) 2016년 새누리당 대표최고위원 비서실장 2017년 자유한국당 제19대 홍준표 대통령후보 중앙선대위 국가대개혁위원회 한반도통일위원장 2017년 同북핵위기대응특별위원회 위원 2018년 同수석대변인 2018년 국회 기획재정위원회 간사 2018년 국회 기획재정위원회 위원(현) 2018~2019년 자유한국당 경남도당 위원장 2019년 同중산층서민경제위원회 위원장(현) (상)전국청소년선플SNS기자단 선정 '국회의원 아름다운 말 선플상'(2015), 대한민국 유권자대상(2017)

윤영석(尹永錫) YUN Young Suk

(생)1965 · 12 · 7 (출)전남 함평 (주)경기도 수원시 장안구 경수대로 1110-17 중부지방국세청 성실납세지원국(031-888-4420) (학)영일고졸, 서강대 경제학과졸 (경)1997년 행정고시 합격(41회), 전북 북전주세무서 총무과장 1999년 전북 군산세무서 부가가치세과장 1999년 同세원관리과장 2000년 서울 삼성세무서 납세지원과장 2001년 국세청 행정관리담당관실 2002년 서울 동작세무서 조사1과장, 서울지방국세청 국제조사3과 근무 2007년 국세청 혁신기획관실 서기관 2010년 강원 춘천세무서장 2010년 서울지방국세청 조사3국 조사1과장 2011년 경기 부천세무서장 2012년 서울지방국세청 운영지원과장 2013년 서울 영등포세무서장 2014년 국세청 차세대국세행정시스템추진단 차세대기획과장 2015년 同전산정보관리관실 전산기획담당관 2015년 同법인납세국 법인세과장(서기관) 2017년 同법인납세국 법인세과장(부이사관) 2017년 同운영지원과장 2018~2019년 부산지방국세청 조사1국장 2019년 중부지방국세청 성실납세지원국장(현) (상)근정포장(2016)

윤영선(尹永善) YOON Young Sun

(생)1956 · 6 · 5 (본)무송(茂松) (출)충남 보령 (주)서울특별시 중구 남대문로 63 한진빌딩 법무법인 광장(02-772-4000) (학)1975년 서울고졸 1980년 성균관대 경제학과졸 1997년 미국 위스콘신대 대학원졸 2011년 회계세무학박사(가천대) (경)1979년 행정고시 합격(23회) 1994년 재정경제원 관세제도과 서기관 2001년 재정경제부 소비세제과장 2002년 대통령비서실 행정관 2004년 재정경제부 국세심판원 상임심판관 2005년 同조세개혁실무기획단 부단장 2006년 同부동산실무기획단 부단장 2007년 同조세정책국 조세기획심의관 2008년 기획재정부 조세정책관 2008년 同세제실장 2010~2011년 관세청장 2011년 가천대 회계세무학과 초빙교수(현) 2011년 한국관세사회 고문(현) 2011년 한국세무사회 고문(현) 2012~2016년 삼정KPMG그룹 부회장 2013년 북한인권시민연합 고문(현) 2015~2016년 삼성자산운용(주) 사외이사 2015년 CJ대한통운(주) 사외이사 겸 감사위원(현) 2016년 법무법인 광장 고문(현) 2016년 (재)사회복지공동모금회 감사(현) 2017년 UN글로벌컴팩트네트워크코리아 감사(현) 2017년 서울국제음악제 조직위원(현) 2017년 (사)한미협회 재정위원(현) 2018년 OECD 경제산업정책자문기구(BIAC) 조세자문위원(현) 2018년 한국공인회계사회 정책자문위원(현) 파이낸셜뉴스신문 외부컬럼위원, 한국수입협회(KOMIA)위원회 위원(현) (상)근정포장(1992), 홍조근정훈장(2009), 황조근정훈장(2012), 자랑스러운 성균관인상(2012)

윤영설(尹永卨) YOON Young Sul

(생)1961 · 12 · 5 (본)남원(南原) (출)서울 (주)서울특별시 서대문구 연세로 50-1 세브란스병원 신경외과(02-2228-1481) (학)연세대 의대졸, 同대학원 의학석사, 의학박사(연세대) (경)연세대 의과대학 신경외과학교실 교수(현) 1987년 88서울올림픽대회조직위원회 축구 의무담당관 1994~2013년 대한축구협회 의무분과 위원장 1998년 프랑스월드컵대회 주치의 1998~2007년 국제축구연맹(FIFA) 의무분과 위원 1999년 아시아축구연맹(AFC) 의무분과위원회 위원(현) 2002년 한 · 일월드컵축구대회 의무전문위원장 2012년 연세대의료원 국제협력처장 2014 · 2016년 同국제처장 2016년 대한축구협회 의무분과위원장(현) 2016년 연세대의료원 미래전략실장(현) 2016~2018년 대한신경통증학회 회장 (상)대통령표창(2002 · 2016) (역)'Kempe's operative Neurosurgery'(2006) (종)기독교

윤영애(尹榮愛 · 女)

(생)1957 · 3 · 6 (주)대구광역시 중구 공평로 88 대구광역시의회(053-803-5041) (학)사회복지학박사(대구한의대) (경)대구시 남구주민생활국장, 자유한국당 지방자치위원회 위원(현) 2018년 대구시의회 의원(자유한국당)(현) 2018년 同기획행정위원회 부위원장(현)

윤영오(尹泳五) YOON Young O (民齊)

(생)1944 · 8 · 7 (본)파평(坡平) (출)전북 전주 (주)서울특별시 성북구 정릉로 77 국민대학교 사회과학대학 정치외교학과(02-910-4450) (학)1962년 경기고졸 1966년 연세대 행정학과졸, 미국 조지워싱턴대 대학원 정치학과졸 1985년 정치학박사(미국 조지워싱턴대) (경)1985~1993년 국민대 사회과학부 정치외교학전공 조교수 · 부교수 1990~1992년 월간 '자유공론' 편집위원 1993~2009년 국민대 사회과학대학 정치외교학과 교수 1993년 국회 제도개선위원 1994년 한국의회정치연구회 회장(현) 1994년 미국 아이오와대 객원교수 1996년 신한국당 여의도연구소장 1999~2003년 국민대 정치대학원장 2001년 한국아메리카학회 회장 2003~2004년 외교안보연구원 객원교수 2005~2006년 한국국제정치학회 회장 2007년 글로벌코리아포럼 공동대표 2009년 국민대 정치외교학과 명예교수(현) 2011~2013년 (사)사월회 회장 2013~2017년 한국국제정치학회(KAIS) 회관및기금관리운영위원회 위원장 2013년 국가원로회의 원로위원(현) 2018년 윤보선민주주의연구원 원장(현) (저)'국가와 정치'(1986) '현대한국정치론'(1986) 'Korean Legislative Behavior'(1991) '역사바로세우기'(1996) '행정부와 입법부 관계에 대한 고찰' '한국정치의 선진화' (종)기독교

윤영인(尹永寅) YOON YEONG IHN

(생)1962 · 2 (출)인천 (주)충청남도 서산시 대산읍 독곶2로 103 한화토탈(주) 임원실(041-660-6004) (학)부평고졸, 서울대 화학공학과졸 (경)삼성토탈 원료생산부장, 同경영혁신팀장 2006년 同원료생산사업부장(상무보), 同원료생산사업부장(상무) 2011년 同대산공장장(전무) 2013~2015년 同부사장 2015년 한화토탈(주) 공장장(부사장)(현)

윤영일(尹泳一) YOON Young Il(학천·동담·유당)

(생)1957·11·4 (본)해남(海南) (출)전남 해남 (주)서울특별시 영등포구 의사당대로 1 국회 의원회관 335호(02-784-1571) (학)1976년 마포고졸 1980년 성균관대 정치외교학과졸 1983년 서울대 대학원 행정학과졸 1991년 미국 시라큐스대 대학원 행정학과졸 2000년 행정학박사(성균관대) (경)1979년 행정고시 합격(23회) 1994년 감사원 제2국 제6과 감사관 1995년 同제5국 제3과 감사관 1995~1997년 UN사무국 내부감사실(OIOS) 파견 1998년 한국조세연구원 파견 1999~2012년 고려대 정책대학원 강사 1999~2007년 성균관대 행정대학원 강사 1999년 감사원 기획담당관 2001년 同제4국 제1과장 2002년 同제7국 제4과장(부이사관) 2003년 同산업·환경감사국 총괄과장 2004년 同자치행정감사국 제1과장 2004년 同건설물류감사국 총괄과장 2005년 同기획홍보관리실 대외협력심의관 2007년 同비서실장(국장급) 2007년 중앙공무원교육원 파견(고위감사공무원) 2009년 감사원 사회·문화감사국장 2010년 同재정·경제감사국장 2010년 同감사교육원장 2011~2014년 IBK기업은행 감사 2012년 사회복지공동모금회 서울지회 부회장 2012년 귀농귀촌조직위원회 부위원장 2012~2014년 (사)감사협회 이사, 한국외국어대 초빙교수 2015~2016년 성균관대 국정관리대학원 초빙교수 2016년 국민의당 정책위원회 부의장 2016년 제20대 국회의원(전남 해남군·완도군·진도군, 국민의당·민주평화당〈2018.2〉·대안정치연대〈2019.8〉)(현) 2016~2018년 국민의당 정책위원회 제4정책조정위원장 2016~2018년 同해남군·완도군·진도군지역위원회 위원장 2016~2018년 국회 국토교통위원회 간사 2016년 국회 예산결산특별위원회 위원 2017~2018년 국민의당 전국당원대표자대회 부의장 2017년 同기획담당 원내부대표 2017~2018년 同예산결산위원회 위원장 2017년 同제19대 안철수 대통령후보 중앙선거대책본부 정책본부 수석부본부장 2017~2018년 同가뭄피해대책특별위원회 위원 2018년 민주평화당 최고위원 2018~2019년 同원내부대표 2018~2019년 同해남군·완도군·진도군지역위원회 위원장 2018년 국회 국토교통위원회 위원(현) 2018~2019년 민주평화당 정책위원회 의장 2019년 同전남도당 위원장 2019년 대안정치연대 정책추진단장(현) (상)대통령표창(1992), 근정포장(2011), 국민의당 정책역량워크숍 우수의원상(2016), 지방자치TV 대한민국 의정대상(2016·2017), (사)한국농식품포럼 대한민국국회의원 의정대상(2016), 한국지역신문협회 풀뿌리 의정대상(2016), 한국공공정책학회 공공정책대상 입법부문(2016), 대한뉴스 코리아베스트 의정대상(2017), 법률소비자연맹 국회의원 헌정대상(2017), 대한뉴스·코리아뉴스·뉴스정보통신 대한민국탑리더스 대상(2017), 한국언론기자협회 대한민국모범국회의원 대상(2017), 환경안전포커스 환경안전실천대상(2017), 한국반부패정책학회 대한민국 반부패청렴대상(2017), 국민의당 국정감사 우수의원상(2017), 지방자치TV 대한민국 국정감사 우수의원상(2017), 대한민국 지식경영조직위원회 대한민국지식경영대상(2018) (저)'공공감사제도론'(2013) '생각과 말과 행동의 방정식'(2015, 도서출판 행복에너지)

윤영준(尹榮晙) YOON Yung Joon

(생)1962·6·11 (본)파평(坡平) (출)부산 (주)대전광역시 서구 둔산중로78번길 15 대전고등검찰청 총무과(042-470-3242) (학)1981년 해동고졸 1985년 고려대 법학과졸 (경)1992년 사법시험 합격(34회) 1995년 사법연수원 수료(24기) 1995년 춘천지검 검사 1997년 대전지검 강경지청 검사 1998년 서울지검 검사 2000년 인천지검 검사 2002년 울산지검 검사 2004년 서울동부지검 검사 2007년 수원지검 안산지청 부부장검사 2009년 전주지검 2부장검사 2009년 창원지검 공안부장 2010년 대구지검 공안부장 2011년 인천지검 공안부장 2012년 수원지검 형사4부장 2013년 전주지검 부장검사 2014년 창원지검 마산지청장 2015년 수원지검 안산지청 차장검사 2016년 창원지검 통영지청장 2017년 광주지검 차장검사 2018년 법무연수원 연구위원 2019년 대전고검 검사(현)

윤영진(尹榮鎭) YOON Young Jin

(생)1952·4·17 (출)전남 강진 (주)대구광역시 달서구 달구벌대로 1095 계명대학교 사회과학대학 공공인재학부(053-580-5418) (학)1971년 광주제일고졸 1976년 서울대 경제학과졸 1979년 同대학원 행정학과졸 1991년 행정학박사(서울대) (경)1983~2017년 계명대 사회과학대학 행정학과 전임강사·조교수·부교수·교수 1986~1987년 미국 American Univ. 객원교수 1997~2002년 대구시 재정계획심의위원 1998년 경제정의실천시민연합 예산감시위원장·상임집행위원 1999년 서울행정학회 회장 1999~2010년 함께하는시민행동 예산감시위원장·공동대표 2000~2008년 정보통신부 우정사업경영평가단장 2003~2005년 대통령자문 정책기획위원회 위원 2003~2008년 행정자치부 지방자치단체 회계기준심의위원회 위원 2004~2006년 기획예산처 디지털예산회계기획단 자문위원장 2004~2007년 기획예산처 재정정책자문위원회 위원 2004~2005년 한국지방재정학회 회장 2004~2007년 한국철도공사 비상임이사 2007~2009년 기획재정부 공공기관운영위원회 위원 2007~2010년 보건복지부 산하 (재)사회서비스관리원 이사장 2009년 한국사회서비스학회 회장 2011~2014년 아시아휴먼서비스학회 공동회장 2011~2013년 국무총리실 산하 세종시지원위원회 위원 2017년 同공공인재학부 행정학전공 명예교수(현) 2017년 대통령직속 '세종·제주 자치분권·균형발전특별위원회' 세종특별자치시분과 위원(현) 2017~2018년 대통령소속 지방자치발전위원회 범정부재정분권TF 단장 2018~2019년 대통령직속 정책기획위원회 산하 재정개혁특별위원회 위원 2019년 경찰청 자치경찰전문가 자문단(현) (상)국무총리표창, 근정포장(2007), 녹조근정훈장(2017) (저)'정부개혁의 모델(共)'(1999, 지샘) '지방정부개혁(共)'(2001, 대영문화사) '새 행정이론(共)'(2002, 대영문화사) '새 재무행정학'(2003) '새 행정학'(2005) '복지재정과 시민참여(共)'(2007, 나남) '사회서비스 정책론(共)'(2011, 나눔의집) '복지국가 재정전략'(2012, 대영문화사) '새 행정학 2.0(共)'(2014) '새 재무행정학 2.0'(2014) '새 지방재정론'(2016) (종)기독교

윤영진(尹楹軫)

(생)1966·2·16 (주)부산광역시 연제구 중앙대로 999 부산지방경찰청 경비과(051-899-2256) (학)해운대고졸, 경찰대 행정학과졸 (경)2005년 부산 영도경찰서 생활안전과 근무 2007년 부산지방경찰청 경무과 기획예산계장 2010년 同경무과 경무계장 2011년 同생활안전과 생활안전계장 2014년 同경무과 치안지도관(총경) 2015년 울산지방경찰청 경무과장 2016년 부산 영도경찰서장 2016년 부산지방경찰청 경비과장 2017년 부산 중부경찰서장 2019년 부산지방경찰청 경비과장(현)

윤영철(尹永哲) YUN Young Chul(衡山)

(생)1937·11·25 (본)남원(南原) (출)전북 순창 (주)서울특별시 강남구 테헤란로87길 36 도심공항타워 14층 법무법인(유) 로고스(02-2188-1040) (학)1956년 광주고졸 1961년 서울대 법대졸 (경)1960년 고등고시 사법과·행정과 합격(11회) 1963년 예편(공군 법무장교) 1963년 서울민사지법 판사 1974년 서울형사지법 부장판사 1977년 서울민사지법 부장판사 1978년 법원행정처 법정국장 1981년 서울고법 부장판사 1984년 서울지법 북부지원장 1986년 수원지법원장 1988~1994년 대법관 1994~2000년 변호사 개업 1996년 여성정책심의위원회 위원 1999년 한국신문윤리위원회 위원장 2000~2006년 헌법재판소장 2006년 법무법인(유) 로고스 상임고문변호사(현) 2007년 헌법재판소 자문위원장 2009~2011년 SBS 사외이사 (상)청조근정훈장(1994), 자랑스러운 서울법대인상(2007) (종)가톨릭

윤영철(尹榮喆) YOON Young Chul

(생)1957 · 1 · 19 (본)파평(坡平) (출)서울 (주)서울특별시 서대문구 연세로 50 연세대학교 사회과학대학 언론홍보영상학부(02-2123-2979) (학)대광고졸 1982년 연세대 신문방송학과졸 1984년 미국 뉴욕주립대 대학원 사회학과졸 1989년 언론학박사(미국 미네소타대) (경)1983년 미국 뉴욕주립대 조교 1986년 미국 미네소타대 연구원 1989년 연세대 강사 1990년 강원대 신문방송학과 교수 1996~2006년 연세대 신문방송학과 교수 1999~2001년 同신문방송학과장 2006년 同언론홍보영상학부 교수(현) 2007년 관훈클럽 편집위원 2008년 연세대 언론홍보대학원장 2009~2012년 同커뮤니케이션대학원장 2010~2012년 同언론홍보대학원장 2011~2012년 한국언론학회 회장 2012~2017년 삼성화재해상보험 사외이사 2012~2016년 同감사위원 2013~2016년 문화체육관광부 여론집중도조사위원회 위원장 2018년 연세대 원주캠퍼스 부총장(현) 2018년 同국제개발(ODA)센터장 겸임(현) (상)한국언론학회 신진학자논문상(1992), 한국언론학회 희관 저술상(2000), 한국언론학회 우수논문상(2007), 연세대 우수강의상(2007 · 2008) (저)'한국사회변동과 언론'(共) '한국민주주의와 언론' '민주화 이후 한국언론'(共) '한국사회의 소통위기'(共) (역)'지배권력과 제도언론'

윤영탁(尹榮卓) YUN Young Tak

(생)1933 · 6 · 4 (본)파평(坡平) (출)경북 경산 (주)서울특별시 영등포구 버드나루로 73 우성빌딩 자유한국당(02-6288-0200) (학)1954년 대륜고졸 1960년 서울대 사회학과졸, 연세대 경영대학원 최고경영자과정 수료, 서울대 행정대학원 최고경영자과정 수료 1992년 영남대 경영대학원 최고경영자과정 수료 2000년 한양대 행정대학원졸 (경)1965년 국회사무처 입법사무관 1969년 同운영위원회 행정실장 1973년 同총무과장 1974년 건설부 총무과장 1975년 同경주개발건설국장 1976년 同국토이용관리국장 1977~1979년 충북 · 서울지방국토관리청장 1980년 (주)대우 해외담당 전무이사 1983년 민주화추진협의회 건설위원장 1985년 제12대 국회의원(전국구, 신한민주당 · 통일민주당) 1985년 신한민주당 총재 경제담당특보 1987년 통일민주당 재정위원장 1988년 同대구수성지구당 위원장 1988년 同정책위원회 부의장 1990년 민자당 정책평가위원 1992년 제14대 국회의원(대구 수성乙, 국민당 · 무소속 · 민자당 · 신한국당) 1992년 국민당 정책위원회 의장 1992년 국회 행정위원장 1994년 국회 섬유산업발전연구회장 1996~1998년 국회 사무총장 1998년 대구 · 경북경제연구원 원장 1999년 영남대 객원교수 2000~2004년 제16대 국회의원(대구 수성乙, 한나라당) 2001년 한나라당 중소기업특별위원회 위원장 2001년 同국가혁신위원회 민생복지분과위원장 2002~2004년 국회 교육위원장 2003년 한나라당 지도위원 2005년 同상임고문 2012년 새누리당 상임고문 2017년 자유한국당 상임고문(현) (상)국회의장표창, 청조근정훈장(2003) (저)'英美의회제도 연구' '21세기 한국경제 나아갈 길'(1998) '경제개혁과 우리 경제의 패러다임'(2001) (종)천주교

윤영호(尹永浩) YUN Yeong Ho (자중)

(생)1952 · 7 · 4 (본)파평(坡平) (출)부산 (주)서울특별시 종로구 인사동5길 14 한국관광협회중앙회 회장실(02-757-7485) (학)부산 부경고졸, 서울디지털대졸, 경남대 경영대학원 수료 (경)한성운수(주) 대표이사(현), 호텔인터내셔널 대표이사 회장(현), 대동면세점 대표(현), 전국화물연합회 회장, 전국화물운송사업협회 이사장, 경상남도관광협회 회장(현), 경남지역발전협의회 운영위원장(현), 경남도 파평윤씨 종친회 회장(현), 경상남도화물자동차운송사업협회 이사장(3선), 경상남도교통문화연수원 이사장(3선), 창원소방서 명예소방서장, 경상남도골프협회 이사 · 감사, 범민족올림픽추진중앙협의회 대의원, 전국화물운송사업연합회 회장(2선) 2013~2014년 국제로타리 3720지구(울산 · 경남) 총재 2015~2017년 同존9 · 10A(한국) ARRFC 2015~2016년 同세계대회 홍보위원 2015~2016년 同3720지구 트레이너 2016~2017년 同3722지구 재단위원장 2016년 同존9 · 10A(한국) Training Leader(현) 2017년 同존9 · 10A(한국) E/M GA(현) 2018년 한국관광협회중앙회 회장(현) (상)경남도지사표창(1988), 체육부 서울올림픽기장(1988), 교통부장관표창(1990), 석탑산업훈장(1999), 관광레저학회 관광기업 대상(2001), 서울신문 대한민국 자랑스러운 기업인상(2004), RI재단관리위원장 표창(2014), 네팔 부수상 표창(2014), RI회장표창(2014), 국제로타리 초아의 봉사상(2017)

윤영호(尹永鎬) YUN Young Ho

(생)1964 · 7 · 1 (출)전남 (주)서울특별시 종로구 대학로 101 서울대학교암병원 암통합케어센터 완화의료센터(02-740-8417) (학)1990년 서울대 의대졸 2000년 同대학원 의학석사 2002년 의학박사(서울대) (경)1990~1993년 서울대병원 가정의학과 전공의 1993~1996년 공군 軍의관 1996~1998년 서울대병원 가정의학과 전임의 1998~2000년 한국전력공사 부속 한일병원 가정의학과장 2000년 국립암센터 진료지원센터 사회사업호스피스실장 2001년 同암역학관리연구부 삶의질향상연구과장 2005년 同국가암관리연구단 삶의질향상연구과장 2006년 同암관리정책연구부장 2007년 同국가암관리사업단 암관리사업부장 2007년 同기획조정실장 2009~2011년 同암역학관리연구부 책임연구원 겸 암관리연구과장 2011년 서울대 의대 가정의학교실 교수(현) 2011~2013년 同의대 암연구소 홍보부장 2012년 同의대 의료정책부실장 2012~2013년 서울대병원 강남헬스케어센터 연구소장 2013년 서울대 의대 건강사회정책실장 2014년 同의대 의학과장 2014년 同연구부학장 2015년 보건복지부 건강보험정책심의위원회 위원 2016년 서울대병원 공공보건의료사업단 부단장 2016~2017년 同공공보건의료사업단장 2018년 한국건강학회 이사장(현) (상)대한가정의학회 우수논문상(1999), 대한가정의학과 MSD학술상(2004), 한국임상암학회 보령학술상 최우수상(2011), 제11회 화이자의학상 임상의학상(2013), 홍조근정훈장(2016) (저)'최신가정의학(共)'(2007) '근거중심보건의료(共)'(2009) '삶의 질 평가의 이해와 활용'(2011)

윤영환(尹泳煥) YOON Young Hwan (大熊)

(생)1934 · 3 · 30 (본)파평(坡平) (출)경남 합천 (주)서울특별시 강남구 봉은사로 640 (주)대웅 임원실(02-550-8003) (학)1953년 용산고졸 1957년 성균관대 약대 약학과졸 1975년 고려대 경영대학원 수료 1979년 서울대 최고경영자과정 수료 1992년 명예 경영학박사(성균관대) (경)1966~1985년 (주)대웅제약 대표이사 사장 1981년 대한약사회 부회장 1983년 한국RP쉐러(주) 사장 1985~2014년 (주)대웅제약 회장 1993~1995년 한국제약협회 부회장 2014년 (주)대웅 명예회장(현) (상)약의상(1981), 금탑산업훈장(1982), 철탑산업훈장(1987), 경실련 경제정의기업상(1994), 국민훈장 동백장(1999), 대한민국 가장존경받는 기업인상(2015)

윤영훈(尹泳薰) YOON Young Hun

(생)1966 · 11 · 8 (출)전남 해남 (주)대전광역시 서구 둔산중로78번길 26 민석타워 401호 법무법인 대원씨앤씨(042-485-2345) (학)1984년 경신고졸 1989년 중앙대 법학과졸 (경)1994년 사법시험 합격(36회) 1997년 사법연수원 수료(26기) 1997년 광주지법 판사 1999년 同장흥지원 판사 겸 강진군법원 판사 2001년 同화순군법원 판사 2003년 대전지법 판사 2006년 대전고법 판사 2007년 대전지법 천안지원 판사 2008년 대전고법 판사 2010년 청주지법 판사 2012~2014년 대전지법 홍성지원장 2014년 대원법률사무소 대표변호사 2015년 한국전기공사협회 세종충남도회 자문변호사 2015년 중앙행정심판위원회 비상임위원 2016년 중앙법학회 재무이사 2016년 대전고법 정보심의회 외부위원 2016년 법무법인 대원씨앤씨 대표변호사(현) 2017년 국민권익위원회 비상임위원(현) 2019년 대전시 중구의회 고문변호사(현)

윤예선(尹禮善)

(생)1963·6·29 (주)서울특별시 종로구 종로 26 SK이노베이션 임원실(02-2121-5114) (학)경동고, 서강대 화학공학과졸, 고려대 경영전문대학원 EMBA (경)1989년 유공 윤활유개발과 근무 1996년 SK(주) 기유사업팀 근무 2004년 同시유사업팀장 2007년 SK에너지 윤활유사업지원팀장 2011년 SK루브리컨츠 Global사업추진실장 2014년 SK이노베이션 I/E소재사업부장 2016년 同Battery사업부장 2017년 同B&I사업(배터리·정보전자소재) 대표 2017년 同배터리·소재사업 대표 2018년 同배터리사업 대표(현)

윤오섭(尹旿燮) YOON Oh Sub

(생)1946·9·27 (본)남원(南原) (출)충남 공주 (주)대전광역시 서구 대덕대로176번길 51 대전상공회의소 7층 대전충남환경보전협회(042-486-8056) (학)1967년 공주대사대부고졸 1976년 동국대 화학과졸 1978년 건국대 대학원 분석화학과졸 1988년 공학박사(동아대) (경)1979~1980년 국립과학수사연구소 실험실장 1980~1990년 대전보건대학 환경관리과 부교수 1990~2012년 한밭대 환경공학과 교수 1993년 대전엑스포조직위원회 교육위원 1995~1996년 일본 교토대 초청연구교수 1996~1998년 대전의제21추진협의회 회장 1996~2000년 국회 환경포럼 자문위원 1999년 환경부 홍보·환경교육담당 강사(현) 1999~2004년 전문인참여포럼 대전·충청지회 상임대표 2000~2005년 대전도시개발공사 비상임이사 2002년 환경부 폐기물기술지원단 위원 2006~2008년 한국폐기물학회 회장 2008년 同고문 2008년 환경부 '폐자원 에너지화 및 non-CO2 온실가스 사업단' 운영위원장 2009년 한국환경자원공사 비상임이사 2009~2012년 대전시의회 의정자문위원 2009~2010년 한밭대 산업대학원장 2010~2016년 대전녹색소비자연대 상임대표 2010~2014년 에너지시민연대 공동대표 2011년 대전소비자단체협의회 상임대표 2012년 한밭대 건설환경공학과 명예교수(현) 2012년 대전충남환경보존협회 회장(현) 2012년 한국환경한림원 정회원 2014~2015년 대전시 환경녹지분야 명예시장 2015~2017년 (사)녹색소비자연대전국협의회 공동대표 (상)UNEP 한국위원회 총재표창(2000), 환경부장관표창(2000), 한국폐기물학회 학술상(2001), 대전시환경상(2003), 국무총리표창(2005), 녹조근정훈장(2012) (저)'환경학'(1994) '폐기물처리공학'(2001) '유해폐기물처리'(2001) '인간과 환경'(2001) '폐기물처리기술' '대기오염과 미기상학' '수오염물분석' '실제환경교육' '환경보건학'(2007) '폐기물처리 자원화공학'(2008) '유해폐기물 유해물독성 및 특성'(2009) '녹색환경교육'(2010) '푸르름을 향한 날갯짓'(2012) '기후변화와 녹색환경'(2014) (종)기독교

윤옥현(尹玉鉉·女)

(생)1954·7·27 (주)경상북도 김천시 대학로 214 김천대학교 총장실(054-420-4215) (학)1978년 세종대졸 1980년 同대학원졸 1992년 조리학박사(세종대) (경)1980~2018년 김천대 식품영양학과 교수, 同식품영양학과장 1985년 김천문화원 다도강좌 강사 1993~1995년 대전실업전문대·세종대 강사 1998년 향토식품개발원 설립 2015년 한국식품영양학회 회장 2017년 김천대 부총장 2017년 同총장 직대 2018년 同총장(현) (상)대통령표창(2018) (저)'식생활관리학' '한국의 다도정신연구'

윤완채(尹完采) YOON Wan Che

(생)1962·1·16 (출)경기 하남 (주)서울특별시 강남구 강남대로94길 70 한국재난구호 총재실(02-2272-1995) (학)2008년 경희대 행정대학원 행정학과졸 (경)하남청년회의소(JC) 회장, 대한민국재향군인회 상임이사, 하남시체육회 이사, (사)해외한민족교육진흥회 사무총장, 대한요트협회 부회장, YMCA 이사, 경인일보 하남지사장, 하남문화원 이사, 한나라당 중앙위원회 청년분과 부위원장, 同경기도당 부위원장 2006~2010년 경기도의회 의원(한나라당) 2006년 同교육위원회 위원, 여의도연구소 정책자문위원 2010년 경기 하남시장선거 출마(한나라당), 대통령실 정책자문위원, 한나라당 경기도당 산학위원장 2017~2018년 바른정당 경기하남시당원협의회 조직위원장 2017년 경기하남시장선거 출마(재·보궐선거, 바른정당) 2018년 바른미래당 경기하남시지역위원회 공동위원장 2018년 (사)한국재난구호 총재(현) 2018년 바른미래당 경기하남시지역위원회 위원장(현) (저)시집 '하남 가는 길'(2012)

윤왕로(尹旺老) YOUN Wang Ro

(생)1958·2·9 (출)충북 괴산 (주)서울특별시 동작구 보라매로5길 15 전문건설회관빌딩 대한전문건설협회(02-3284-1010) (학)1977년 증평공고졸 1987년 경희대 토목공학과졸 (경)2003년 대전지방국토관리청 건설관리실장 2004년 건설교통부 항공안전본부 공항시설국 신공항개발과장 2005년 同도시철도팀장 2006년 同도로관리팀장 2008년 국토해양부 항공철도국 간선철도과장 2009년 同교통정책실 간선철도과장 2009년 同건설수자원정책실 기술기준과장 2010년 同감사관실 감사담당관 2011년 행정중심복합도시건설청 기반시설국장(고위공무원) 2013~2015년 대전지방국토관리청장 2015~2018년 한국공항공사 부사장 2015~2016년 同사장 직무대행 2016~2018년 항공안전기술원 비상임이사 2018년 대한전문건설협회(KOSCA) 상임부회장(현) (상)대통령표창(2001), 근정포장(2005)

윤용남(尹用男) YUN Yong Nam (晴野)

(생)1958·7·10 (본)파평(坡平) (출)충남 예산 (주)서울특별시 성북구 보문로34다길 2 성신여자대학교 윤리교육과(02-920-7239) (학)1978년 대전고졸 1982년 동국대 철학과졸 1984년 한국정신문화연구원 대학원 철학종교학과졸 1990년 성균관대 대학원 동양철학박사과정 수료 1993년 철학박사(성균관대) (경)1987~1989년 한국정신문화연구원 철학종교연구실 연구조교 1988~1991년 민족문화추진회 국역위원(비상임) 1989~1990년 인천교육대 강사 1989~1993년 성균관대 강사 1990~1998년 한국주역학회 연구이사·편집이사 1990~1999년 성신여대 강사· 전임강사·조교수 1992~1994년 한양대 강사 1992~1994년 동양철학연구회 편집간사 1995~1998년 한중철학회 감사·연구이사 1995~1999년 성신여대 윤리교육과 학과장 1996~1998년 동양철학연구회 섭외이사 1997~2005년 한국국민윤리학회 연구이사·감사·상임이사·편집위원 1998~1999년 성균관대 유학대학원 강사 1998~2002년 한국주역학회 감사·편집이사 1998~2002년 동양철학연구회 이사·감사 1999~2004년 성신여대 윤리교육과 부교수 2000~2002년 한국동양철학회 전산이사 2001~2003년 한국유교학회 편집이사 2002년 동양철학연구회 편집이사 2004년 성신여대 사범대학 윤리교육과 교수(현) 2007~2011년 同교육문제연구소장 2009~2011년 同중앙도서관장 2011년 同동양사상연구소장 2011~2013년 同사범대학장 2017~2018년 동양철학연구회 회장 (저)'전통교육에 기초한 단비교육(共)'(2016, 동문사) (역)'인조실록 8집'(1989, 民族文化推進會) '인조실록 12집'(1990, 民族文化推進會) '효종실록 7집'(1991, 民族文化推進會) '완역 성리대전'(2018, 學古房)

윤용대(尹容大) YOUN Yong Dae

(생)1954·9·30 (본)함안(咸安) (출)대전 (주)대전광역시 서구 둔산로 100 대전광역시의회(042-270-5142) (학)대전상고졸, 한밭대 경영학과졸, 同창업경영대학원 경영학과졸 (경)대전 갈마초총동문회 회장, 국제라이온스협회 355-D지구 한빛라이온스클럽 회장, (사)한밭사랑회먹거리운

동본부 전문위원, 둔원초 운영위원장, 대전서구도서관 운영위원장, 대전서구 생활체육에어로빅연합회 회장, 민주평통 자문위원, 경제정의실천시민연합 대전지부 이사 1995~2006년 대전 서구의회 의원, 同내무위원장 2006년 국민중심당 상무위원 2006년 대전시의원선거 출마(국민중심당), 국민중심당 대전시당 상임부대표 2007년 同중앙연수원 부원장 2008년 자유선진당 대전시당 부위원장 2009년 同대전서구乙지구당 부위원장, 同중앙당 중앙위원 2018년 대전시의회 의원(더불어민주당)(현) 2018년 同부의장(현) (상)법무부장관표창, 환경부장관표창, 대전지검장표창, 충남지방경찰청장 감사장, 대전서부교육장 감사장 (종)기독교

윤용로(尹庸老) Yun Yong Ro

(생)1955 · 10 · 6 (본)해평(海平) (출)충남 예산 (주)서울특별시 강남구 삼성로 511 코람코자산신탁 임원실(02-787-0178) (학)1974년 중앙고졸 1978년 한국외국어대 영어과졸 1982년 서울대 행정대학원 수료 1987년 미국 미네소타대 대학원 행정학과졸 (경)1977년 행정고시 합격(21회) 1978~1993년 재무부 국세심판소 · 국고국 · 경제협력국 · 이재국 근무 1993~1996년 한국금융연구원 연구원 1996~1997년 재정경제원 소비세제과장 · 관세협력과장 1997년 同장관 비서관 1999년 재정경제부 외화자금과장 2000년 同은행제도과장 2001년 미국 컬럼비아대 동북아연구소 연수 2002년 금융감독위원회 공보관 2003년 同감독정책2국장 2006~2007년 증권선물위원회 상임위원 2007년 금융감독위원회 부위원장 겸 증권선물위원회 위원장 2007~2010년 중소기업은행장 2010~2016년 국립박물관문화재단 비상임이사 2011년 한국금융연구원 초빙연구위원 2011년 하나금융지주 글로벌전략총괄 부회장 2012~2014년 한국외환은행장 2012~2014년 하나금융지주 기업금융부문 부회장 2015~2018년 삼성생명보험(주) 사외이사 겸 감사위원 2015~2018년 (주)LF 사외이사 겸 감사위원 2015년 법무법인 세종 고문 2017년 코람코자산신탁 고문 2017년 同회장 2018년 同대표이사 회장 2019년 현대중공업(주) 사외이사(현) 2019년 코람코자산신탁 회장(현) 2019년 同이사회 의장 겸임(현) (상)홍조근정훈장, 근정포장, 자랑스런 외대인상(2008), 외대 경영인상(2010), 산업포장(2013) (저)'금융개혁'(1997) '리더의 자리'(2015, 티핑포인트) (역)'자산유동화(Structured Finance)'(2003)

윤용석(尹庸碩) Yong Suk YOON

(생)1954 · 10 · 12 (출)부산 (주)서울특별시 중구 남대문로 63 한진빌딩본관 18층 법무법인 광장(02-772-4360) (학)1974년 경기고졸 1978년 서울대 법학과졸 1990년 미국 워싱턴주립대 대학원졸 (경)1978년 사법시험 합격(20회) 1980년 사법연수원 수료(10기) 1980년 軍법무관 1983~2010년 법무법인 광장 변호사 1990년 미국 샌프란시스코 그라함&제임스 법률사무소 근무 1992년 대한상사중재원 중재인(현) 1998~2007년 서울고법 조정위원 2009~2010년 금융감독원 제재심의위원회 위원 2009~2011년 서울지방변호사회 정책자문특별위원 2010년 대통령 과학기술비서관실 정책자문위원 2011년 기독법률가회 이사장 2011년 법무법인 광장 대표변호사 2011년 대통령직속 원자력안전위원회 위원 2013~2014년 금융감독원 국민검사청구심의위원회 심의위원 2015년 법무법인 광장 변호사(현)

윤용섭(尹容燮) YOON Yong Sup

(생)1955 · 9 · 20 (출)서울 (주)서울특별시 강남구 테헤란로 518 법무법인 율촌(02-528-5136) (학)1978년 서울대 법대졸 1989년 미국 컬럼비아대 법학대학원 법학과졸(LL.M.) (경)1977년 사법시험 합격(19회) 1980년 사법연수원 수료(10기) 1980~1982년 서울민사지법 판사 1982~1984년 서울형사지법 판사 1984년 대전지법 홍성지원 판사 1984~1986년 대전지법 판사 1986~1989년 서울가정법원 판사 1989~1991년 법원행정처 법정심의관 1991~1993년 서울고법 판사 1993~1994년 대법원 재판연구관 1994~1995년 대구지법 경주지원 부장판사 1996~1997년 헌법재판소 연구부장 1997년 서울지법 의정부지원 부장판사 1997~1998년 인천지법 부장판사 1998~1999년 서울지법 서부지원 부장판사 1999~2019년 법무법인 율촌 변호사 2004년 동국제강 사외이사 2009년 법무부 민법개정심의위원회 위원 2019년 법무법인 율촌 총괄대표변호사(현) (상)서울경제 '대한민국 전문 변호사들' 민사 · 형사 분야 최고변호사 선정(2009) (저)'민법주해 민법총칙편(共)'(1992) '채권총칙편(共)'(1995) '민법주해 채권각칙(共)'(2005)

윤용수(尹涌洙)

(생)1964 · 6 · 8 (주)경기도 수원시 팔달구 효원로 1 경기도의회(031-8008-7000) (학)단국대 법학과졸 (경)철도청 근무, 하나노무법인 대표노무사, 남양주YMCA 이사(현), 더불어민주당 교통대책특별위원장, 同사회경제위원장, 강북노동법률사무소 대표노무사 2018년 경기도의회 의원(더불어민주당)(현) 2019년 同경제노동위원회 위원(현)

윤용철(尹鏞喆) YOON Yong Chul

(생)1964 · 6 · 7 (출)대구 (주)서울특별시 영등포구 여의나루로 57 신송센터빌딩 12층 코리아에셋투자증권 임원실(02-550-6200) (학)1987년 서울대 경영학과졸 (경)1987~1993년 대우리서치센터 은행분석가 1993~1996년 대우증권 국제영업부 근무 1996~2000년 스위스연방은행(UBS) 수석은행분석가 2000~2002년 골드만삭스(Goldman Sachs) 수석은행분석가 2002~2007년 리먼브라더스(Lehman Brothers)인터내셔널증권 서울지점 리서치센터장(전무) 2010~2014년 IBK투자증권 중소기업IB본부장(상무) 2014년 코리아에셋투자증권 글로벌사업전략담당 전무(현)

윤용철(尹用哲) YOON Yong Chul

(생)1965 · 5 · 20 (출)강원 속초 (주)서울특별시 중구 을지로 65 SK텔레콤 통합커뮤니케이션센터(02-6100-6700) (학)성수고졸, 서울대 독어독문학과졸 (경)2000년 MBC 보도국 정치부 기자 2003년 同보도국 사회부 차장대우 2005년 同보도제작국 특임1CP 2007년 同워싱턴특파원(차장) 2011~2012년 同보도국 뉴미디어뉴스부장 2012년 SK텔레콤 CR부문 융합정책TF장 2013년 同홍보실장(전무) 2014년 同PR실장(전무) 2017년 同통합커뮤니케이션센터장(전무) 2017~2019년 서울 SK나이츠 단장 2019년 SK텔레콤 통합커뮤니케이션 센터장(현) (상)이달의 기자상(1994)

윤용혁(尹龍爀) YUN Yong Hyuk

(생)1952 · 2 · 5 (출)전남 (주)충청남도 공주시 공주대학로 56 공주대학교 사범대학 역사교육과(041-850-8225) (학)1974년 공주대 사범대학 역사교육과졸 1977년 고려대 대학원 사학과졸 1988년 同대학원 문학 박사과정 수료 (경)1978~1979년 공주대 사범대학 · 고려대 · 충남대 강사 1979~1980년 공주대 사범대학 조교 1980~2017년 同사범대학 역사교육과 교수 1990~1996년 同박물관장 1992년 충남도 문화재위원(현) 1995년 문화관광부 문화재전문위원 1996~1997년 일본 츠쿠바대 객원교수 1999~2001년 충남발전연구원 역사문화센터장 1999년 고려사학회 이사 1999년 웅진사학회 부회장 2001~2004년 공주대 백제문화연구소장 · 백제문화연구원장 2004~2006년 同대학원장 · 백제문화원형복원센터 소장 2006~2007년 국립해양문화재연구소 연구교수, 충청문화재연구원 이사 2007년 한국중세사학회 회장 2008년 공주대 역사교육과장 2009~2012년 국사편찬위원회 위원 2011년 일본 류쿠대학 객원연구원 2011~2012년 일본 큐슈대학 한국연

구센터 객원교수 2012~2013년 공주대 도서관장 2012~2013년 同출판부장 2013년 웅진사학회 회장 2013년 강화고려역사문화재단 이사 2013년 문화재청 문화재전문위원 2013~2016년 공주대 문화유산대학원장 2014~2016년 同공주학연구원장 2015년 세종시 문화재위원(현) 2016년 공주백제문화재 선양위원회 명예위원장(현) 2017년 공주대 사범대학 역사교육과 명예교수(현) 2018년 백제문화재 추진위원회 이사(현), 홍주천년기념사업 자문위원회 위원, 예산군계획위원회 위원, 세종시 발전위원회 위원, 역사학회 평의원(현), 공주향토문화연구회 회장(현) (상)법무부 공로표창(2004), 충남도문화상 학술부문(2008) (저)'고려대몽항쟁사 연구'(1993, 일지사) '고려후기의 사회와 대외관계(共)'(1994) '민족정기론(共)'(1995) '고려 삼별초의 대몽항쟁'(2000, 일지사) '공주, 역사문화론집'(2005, 서경문화사) '고려몽골전쟁사'(2007, 육군본부) '충청 역사문화 연구'(2009, 서경문화사) '고려시대사의 길잡이(共)'(2009, 일지사) '가루베 지온의 백제연구'(2010, 서경문화사) '여몽전쟁과 강화도성 연구'(2011, 혜안) '삼별초-무인정권·몽골, 그리고 바다로의 역사'(2014, 혜안) '공주, '강과 물'의 도시'(2014, 공주대 백제문화재연구소) '한국 해양사 연구 : 백제에서 고려, 1천년 바다 역사'(2015, 주류성) '충남, 내포의 역사와 바다'(2016, 서경문화사) '백제를 걷는다'(2017, 서경문화사)

윤우석(尹友錫) YOON Woo Suk

(생)1943·9·7 (출)서울 (주)경기도 평택시 세교산단로 3 진성티이씨(주) 비서실(031-706-3838) (학)1962년 경기고졸 1967년 서울대 자원공학과졸 1988년 同경영대학원 최고경영자과정 수료 (경)1970~1976년 한국상업은행 근무 1977~1982년 신생산업사 대표 1979년 신생플랜트산업(주) 대표 1982~2014년 진성티이씨(주) 대표이사 사장, 한국건설기계공업협회 상임이사 2004년 진성티이씨(주) 대표이사 회장(현) (상)석탑산업훈장(2004), 과학기술부 선정 '올해의 테크노CEO상'(2006), 산업자원부 무역의 날 7천만불탑 수상(2007), 중소기업청 컨설팅혁신대전 대상(2007), 서울대 공대 자랑스런 동문상(2008), 무역의 날 금탑산업훈장(2011), 서울대 공대 선정 '올해의 발전공로상'(2013)

윤우섭(尹宇燮) YUN Woo Seob

(생)1955·2·15 (본)파평(坡平) (출)충북 충주 (주)경기도 용인시 기흥구 덕영대로 1732 경희대학교 외국어대학 러시아어학과(031-201-2253) (학)1980년 한국외국어대 노어과졸 1989년 독일 마르부르크대 대학원졸 1993년 문학박사(독일 마르부르크대) (경)1993년 한국외국어대 러시아어과 강사 1994년 경희대 외국어대학 러시아어학과 교수(현) 2004~2007년 同교양학부장 2006~2007년 한국슬라브학회 회장 2007~2013년 경희대 외국어대학장 2010~2014년 同공자학원장 2012~2015년 한국교양기초교육원 e-저널 '두루내' 편집위원장 2015년 한국교양교육학회 회장 2016년 한국교양기초교육원 원장(현) (역)'상처 받은 사람들'(2000) '러시아 여성의 눈'(2005) '교환'(2005) '중급 러시아어 뛰어넘기'(2005) '안나 카레니나'(2009)

윤우정(尹羽正) YOON Woo Jung

(생)1943·4·13 (본)칠원(漆原) (출)경남 통영 (주)경기도 수원시 영통구 동수원로 545 화산빌딩 2층 법무법인 화산(031-212-2222) (학)1961년 경남 통영고졸 1967년 서울대 법학과졸 1970년 同대학원졸 1972년 연세대 경영대학원졸 (경)사법시험 합격(9회) 1970년 육군 법무관 1973년 서울지검 동부지청 검사 1977년 서울지검 특별수사부 검사 1980년 부산지검 검사 1980년 춘천지법 판사 1981년 서울고법 판사 1983년 대법원 재판연구관 1985년 부산지법 부장판사 1987년 수원지법 부장판사 1988년 변호사 개업 1993년 보람은행장 추천위원 1993년 (사)한국장애인장학회 통영지회 설립 1993년 통영환경문제연구소 소장 1993년 법무법인 하나법률 대표변호사 1994년 그린스카우트 창단발기인·본부연합이사 1994년 맑은물되찾기운동연합회 부회장 1996년 그린스카우트 통영시·고성군지부장 2003년 칠원윤씨대종회 회장 2007년 법무법인 화산 대표변호사(현)

윤우진(尹又進) YUN Woo Jin

(생)1953·2·22 (출)전북 남원 (주)경기도 수원시 영통구 중부대로 316 진빌딩 403호 법무법인 광교(031-214-6700) (학)1971년 전주고졸 1975년 서울대 법대졸 1977년 同대학원 법학과졸 (경)1979년 사법시험 합격(21회) 1981년 사법연수원 수료(11기) 1981년 軍법무관 1984년 전주지법 판사 1986년 同군산지원 판사 1989년 전주지법 판사 1990년 인천지법 판사 1991년 서울고법 판사 1993년 서울형사지법 판사 1995년 광주지법 부장판사 1998년 인천지법 부장판사 1999년 서울지법 북부지원 부장판사 2000년 서울지법 부장판사 2004년 서울북부지법 수석부장판사 2006~2008년 수원지법 부장판사 2006년 언론중재위원회 중재위원 2008년 변호사 개업 2011년 법무법인 광교 대표변호사(현) 2012~2015년 한국승강기안전기술원 비상임이사 (종)원불교

윤운성(尹雲星) YOUN Yun Sung

(생)1957·4·26 (본)파평(坡平) (출)충남 천안 (주)충청남도 아산시 탕정면 선문로221번길 70 선문대학교 상담·산업심리학과(041-530-2531) (학)1980년 공주대 교육학과졸 1993년 교육학박사(미국 Univ. of Memphis) (경)1983~1988년 광천여중·갈산고 주임교사 1990년 미국 멤피스한인학교 교무과장 1994년 천안외국어대 전임강사 1996~2015년 선문대 상담산업심리학과 조교수·부교수·교수 1996년 同산업심리학과장 1999년 同교육대학원 주임교수 1999년 同학생생활연구소장 1999~2001년 한국교육심리학회 부회장 1999년 한국에니어그램교육연구소 소장(현) 1999년 한국에니어그램학회 회장(현) 2006~2010년 선문대 입학관리처장 2012년 同학생지원처장 2012년 同학생경력개발센터장 2014년 同사회봉사센터장(현) 2014년 (사)한국에니어그램인성연구원 이사장(현) 2015년 선문대 상담·산업심리학과 교수(현) 2017년 同인문사회대학장(현) (상)최우수연구교수상 (저)'학습과 동기전략' '교육심리학' '우리아이들 어떻게 키우지요?' '인간이해를 위한 심리학'(共) '교육학개론'(共) '교육심리용어사전'(共) '자녀행동수정 4단계' '교육의 심리적 이해' (역)'성격을 알면 성공이 보인다' '현명한 부모 : 발달하는 아이' '성공인의 성격관리 : 에니어그램 성격의 자기분석'(共) '에니어그램이해적용' '최강팀만들기' '에니어그램과 행복' '에니어그램과 명상' '에니어그램과 인간관계' 등 20여권

윤웅걸(尹雄傑) YOON Woong Keol

(생)1966·8·15 (본)해남(海南) (출)전남 해남 (주)서울특별시 서초구 반포대로30길 81 웅진타워 4층 법무법인 평산(02-582-8500) (학)1985년 영등포고졸 1990년 고려대 법대졸 (경)1989년 사법시험 합격(31회) 1992년 사법연수원 수료(21기) 1992년 軍법무관 1995년 창원지검 검사 1997년 수원지검 평택지청 검사 1998년 법무부 검찰2과 검사 2000년 서울지검 검사 2000년 미국 컬럼비아대 로스쿨 Visiting Scholar 2002년 국가정보원 파견 2004년 부산지검 부부장검사 2005년 同동부지청 형사3부장 2006년 창원지검 밀양지청장 2007년 서울중앙지검 부부장검사 2008년 수원지검 공안부장 2009년 서울중앙지검 공안2부장 2009년 법무연수원 교수 2010년 서울고검 검사 겸 법무연수원 대외교류협력단장 2010년 서울고검 검사 2011년 수원지검 안양지청 차장검사 2012년 同성남지청 차장검사 2013년 서울서부지검 차장검사 2014년 서울중앙지검 제2차장검사 2015년 법무연수원 기획부장(검사장급) 2015년 대검찰청 기획조정부장 2017년 제주지검장 2018~2019년 전주지검장 2019년 법무법인 평산 변호사(현) (종)기독교

윤웅기(尹雄基)

(생)1971·11·18 (출)서울 (주)경기도 수원시 영통구 청명로 127 수원가정법원 총무과(031-799-9943) (학)1990년 인헌고졸 1994년 연세대 법학과졸 1998년 同대학원 법학과졸 (경)1997년 사법시험 합격(39회) 2000년 사법연수원 수료(29기) 2000년 변호사 개업 2003년 부산지법 판사 2006년 수원지법 판사 2010년 서울중앙지법 판사 2012~2014년 헌법재판소 파견 2014년 수원지법 판사 2016년 전주지법 군산지원 부장판사 2018년 수원지법 부장판사 2019년 수원가정법원 부장판사(현)

윤웅섭(尹雄燮) YUN Woong Sup

(생)1967·7·7 (본)해평(海平) (출)서울 (주)서울특별시 서초구 바우뫼로27길 2 일동제약(주) 임원실(02-526-3390) (학)1986년 영동고졸 1990년 연세대 응용통계학과졸 1993년 미국 조지아주립대 대학원 회계학과졸 (경)1993~1995년 코리아타임즈 조지아지국 경제부 기자 1995~2000년 미국 KPMG 회계감사부 회계감사 2000년 플릿캐피탈(Fleet Capital) Loan Analyst 2004년 LOF Distribution Co. 전무 2005년 일동제약(주) PI팀장(상무) 2007년 同기획조정담당 상무이사 2010년 同기획조정담당 전무이사 2011년 同부사장 2013년 同공동대표이사 부사장 2014년 同대표이사 사장(현) 2017년 한국제약바이오협회 부이사장 겸 글로벌협력위원장(현) (종)기독교

윤원묵(尹元默)

(생)1972·9·26 (출)대구 (주)울산광역시 남구 법대로 55 울산지방법원 총무과(052-216-8000) (학)1991년 달성고졸 1996년 서울대 공법학과졸 (경)2001년 사법시험 합격(43회) 2004년 사법연수원 수료(33기) 2004년 대전지법 천안지원 예비판사 2006년 同천안지원 판사 2007년 대구지법 판사 2009년 인천지법 판사 2012년 서울남부지법 판사, 서울중앙지법 판사 2016년 서울남부지법 판사 2019년 울산지법 부장판사(현)

윤원상(尹源祥)

(생)1974·2·7 (출)전남 강진 (주)경상남도 창원시 성산구 창이대로 669 창원지검 형사1부(055-239-4309) (학)1992년 광주 송원고졸 1997년 서울대 사법학과졸 (경)1997년 사법시험 합격(39회) 2000년 사법연수원 수료(29기) 2000년 공익법무관 2003년 청주지검 검사 2005년 부산지검 검사 2008년 서울북부지검 검사 2011년 서울중앙지검 검사 2013년 대구지검 부부장검사 2014년 대전지검 공판부장 2015년 춘천지검 강릉지청 부장검사 2016년 대구지검 포항지청 부장검사 2017년 대전지검 여성아동범죄조사부장 2018년 수원지검 안산지청 형사2부장 2019년 창원지검 형사1부장(현)

윤원석(尹元錫) YUN WON SOK

(생)1960·2·23 (본)파평(坡平) (출)충남 (주)경기도 성남시 분당구 대왕판교로644번길 49 (주)한컴MDS(031-627-3000) (학)1979년 관악고졸 1985년 성균관대 영어영문학과졸 1989년 서울대 대학원 경영학과졸 2015년 同국제대학원 글로벌최고경영자과정(GLP) 수료 2018년 경영학박사(성균관대) (경)1986년 대한무역투자진흥공사(KOTRA) 입사 1991년 同마이애미 무역관 1998년 同나이로비무역관장 2002년 同기획조정실 예산부장 2003년 同밴쿠버무역관장 2003~2007년 Canada-Korea Business Association(CKBA) 이사 2007년 대한무역투자진흥공사(KOTRA) 부산무역관장 2008년 同기획조정실 기획팀장 2009년 同비서팀장 2010년 同로스앤젤레스무역관장 2012년 同고객미래전략실장 2013년 同기획조정실장 2013년 세계중소기업학회(ICSB코리아) 운영위원(현) 2014년 방위사업청 절충교역심의회 민간자문위원(현) 2014년 대한무역투자진흥공사(KOTRA) 정보통상지원본부장(상임이사) 2015년 同정상외교경제활용지원센터장 겸임 2015년 중소기업기술혁신협회 자문위원(현) 2017년 민주평통 자문위원(현) 2017년 대한무역투자진흥공사(KOTRA) 정보통상협력본부장(상임이사) 2018년 同경제통상협력본부장 겸 무역기반본부장(상임이사) 2018~2019년 숙명여대 경영학부 특임교수 2019년 (사)글로벌산업경쟁력포럼 회장(현) 2019년 (주)한컴MDS 그룹해외사업 총괄사장(현) (상)산업통상자원부장관표창, 석탑산업훈장(2015), 국제지역학회 글로벌경영대상 특별상(2018) 외 다수

윤원식(尹元植) Wonsik Yoon

(생)1959·1·1 (출)경기 수원 (주)서울특별시 강남구 테헤란로92길 7 법무법인(유) 바른(02-3479-7824) (학)1981년 서울대 경제학과졸 1999년 미국 University of Washington School of Law졸(LL.M.) (경)1980년 외무고시 합격(14회) 1980~1983년 외무부 사무관(통상1과·경제협력과) 1986년 사법시험 합격(28회) 1989년 사법연수원 수료(18기) 1989년 변호사 개업 2000년 미국 캘리포니아주 변호사시험 합격 2000년 미국 시애틀소재 로펌 Carney·Badle y·Smith&Spellman 2000~2003년 법무법인 김신유 파트너 변호사 2003년 법무법인(유) 바른 파트너변호사(현) 2004년 대한상사중재원 중재인(현) 2009년 대한중재인협회 이사(현) 2011년 대한상사중재원 국제중재인(현) 2012년 한국중재학회 이사(현) 2012~2016년 국제교류기금 리스크관리위원회 위원 2013년 국민연금대체투자위원회 위원(현) 2015년 사립학교교직원연금공단 투자심의위원(현) 2017년 고려제약(주) 사외이사(현) (역)'Commercial Litigation : European Lawyer Reference Series, South Korea Chapter(共)'(2011, Thomson Reuters) 'Practical Law Global Guide : Enforcement of Judgments and Arbitral Awards, South Korea Chapter(共)'(2015, Thomson Reuters) 'Korean Arbitration Review (9th Issue) : Recognition and Enforcement of the Exemplary Damages Portion of an International Arbitral Award in Korean Courts(共)'(2018, Korean Commercial Arbitration Board) 'SIAC Articles : An Introduction to North Korea's External Economic Arbitration Act(共)'(2018, Singapore International Arbitration Centre) 'Financial Services Dispute : International Comparative Legal Guide(共)'(2019) (종)기독교

윤원영(尹元榮) YUN Won Yung

(생)1938·12·17 (출)서울 (주)서울특별시 서초구 바우뫼로27길 2 일동홀딩스(주) 회장실(02-526-3302) (학)1957년 성동고졸 1961년 중앙대 약대졸 1969년 서울대 경영대학원 수료 (경)1964년 일동제약(주) 생산담당 상무이사 1976년 同대표이사 1976~1999년 맥슨전자 대표이사 사장 1976년 대한약사회 이사 1976년 대한약품공업협회 이사 1983년 한국경영자총협회 감사 1984년 일동제약(주) 대표이사 부회장 1994년 同대표이사 사장 1996~1999년 한국상장회사협의회 감사 1996년 일동제약(주) 대표이사 부회장 1998년 同대표이사 사장 1999~2016년 同회장 2002년 (재)송파재단 이사장(현) 2016년 일동홀딩스(주) 회장(현) (상)상공부장관표창(1978), 산업포장(1981), 재무부장관표창(1983), 철탑산업훈장(1983), 수출유공 5천만불탑(1983), 고려대 기업경영연구소 우수기업체상(1988), 대신경제연구소 최우수상장기업상(1988), 금탑산업훈장(1992) (종)기독교

윤원중(尹源重) YOON Won Joong (鹿平)

(생)1945·12·15 (본)파평(坡平) (출)전남 함평 (주)서울특별시 영등포구 국회대로 800 진미파라곤 730호 참좋은정책연구원(02-784-3939) (학)1964년 광주제일고졸 1968년 연세대 정치외교학과졸 1973년 同행정대학원졸 1994년 고려대 언론대학원 최고위과정 수료 (경)1976년 공화당 훈련

국장 1981년 민정당 정책국 부국장 1982년 同기획국 부국장 1985년 同국책연구소 행정실장 1988년 同사회노동국장 1988년 국회 정책연구실장 1991년 민자당 기획조정국장 1992년 同정치교육원 부원장 1993년 대통령 정무비서관 1995년 민자당 대표비서실장 1996~2000년 제15대 국회의원(전국구, 신한국당·한나라당) 1996년 신한국당 서울송파丙지구당 위원장 · 한나라당 대표비서실장 1999년 한국이벤트협회 회장 2003년 호남대 정치경제학부 초빙교수 2007년 제17대 대통령직인수위원회 정무분과위원회 자문위원 2008년 한일의원연맹 자문위원 2009년 대통령소속 군의문사진상규명위원회 위원장 2010년 국회의장 비서실장(차관급) 2011~2012년 국회 사무총장(장관급) 2013년 참좋은정책연구원 이사장(현) 2015년 대한민국헌정회 이사(현) (상)청조근정훈장(2013) (종)기독교

윤원중(尹原中)

(생)1960·3·26 (출)전남 목포 (주)경기도 성남시 분당구 야탑로 26 (사)한국골프장경영협회 임원실(031-781-0085) (학)1979년 광주제일고졸 1986년 전남대 행정학과졸 (경)1987년 행정고시 합격(31회), 문화공보부 사무관, 문화부 사무관 1996년 문화체육부 종무실 종무총괄과 서기관 1999년 문화관광부 총무과 서기관 2000년 한국예술종합학교 총무과장 2003년 국립현대미술관 관리과장 2004년 문화관광부 문화정책국 지역문화과장 2005년 同관광레저도시추진기획단 기획총괄팀장(서기관) 2006년 同관광레저도시추진기획단 기획총괄팀장(부이사관) 2010~2019년 (사)한국골프장경영협회 사무국장 2019년 同전무이사(현)

윤원중(尹元重) Yoon, Won Jung

(생)1961·4·11 (출)서울 (주)경기도 성남시 수정구 성남대로 1342 가천대학교 화공생명공학과(031-750-5359) (학)1985년 고려대 화학공학과졸, 미국 Maryland주립대 대학원졸 1992년 공학박사(미국 Maryland주립대) (경)1992~1995년 삼성종합화학연구소 선임연구원 1995~2012년 경원대 화공생명공학과 전임강사·조교수·부교수·교수 2007~2008년 同연구처장 2007~2008년 同산학협력단장 2009년 同바이오나노대학장 2011년 同기획처장 2012년 가천대 화공생명공학과 교수(현) 2012년 同환경디자인대학원장 겸 공과대학장 2012년 同가천하와이교육원 부총장 겸 교육원장 2014·2018년 同기획처장 2019년 同기획부총장(현)

윤원호(尹元昊·女) YOON, WON-HO

(생)1943·7·4 (출)부산 (주)부산광역시 중구 보수대로 82 사랑의도시락보내기운동본부(051-514-8494) (학)1964년 진주여고졸 1966년 진주교육대졸 1996년 서울대 행정대학원 국가정책과정 수료 (경)1966~1971년 고교 교사 1979년 부산안전종합상사 대표 1983~1986년 부산문화회 감사·회장 1992~2000년 (사)한국여성유권자연맹 부산지부 회장 1995~1999년 부산시여성단체협의회 회장 1999~2000년 (주)부산여성신문 창간 발행인 1999년 민주평통 상임위원 1999년 부산시여성단체협의회 고문(현) 2000년 사랑의도시락보내기운동본부 이사장(현) 2000년 부산여성신문 회장, 대통령직속 여성특별위원회 위원(차관급) 2000년 새천년민주당 당무위원 2000년 새정치여성연대 공동대표 2001년 여성부 정책자문위원 2002년 월드컵문화시민중앙위원회 사무총장(차관급) 2002년 새천년민주당 부산시지부장 2002년 同부산中·東지구당 대통령선거대책위원장 2003년 포럼낙동강 대표 2003년 열린우리당 직능특위 위원장 2004년 同중앙위원 2004~2008년 제17대 국회의원(비례대표, 열린우리당·대통합민주신당·통합민주당) 2005년 열린우리당 원내부대표 2005년 同부산시당 위원장 2005년 同전국여성위원회 부위원장 2006년 同전국여성위원장 2006년 同비상대책위원회 비상임위원 2007년 同최고위원 2007년 대통합민주신당 전국여성위원장 2008년 국무총리실 산하 10.27법난(法難) 명예회복실무위원장 2010~2012년 대한민국헌정회 여성위원장 2013년 대한민국의정여성포럼 공동대표 2014년 학교법인 하늘학원 이사장(현) 2015~2017년 한국여성의정 상임대표 2015~2017년 대한민국헌정회 이사 2016~2018년 부산여성뉴스 명예회장 2017년 대한민국헌정회 이사(현) 2017년 부산아카데미원장(현) 2018년 부산여성신문 명예회장(현) (상)대한민국 체육훈장, 국민포장, 대통령표창, 부산여성상(2014) (종)불교

윤윤수(尹潤洙) YOON Yoon Soo

(생)1945·9·9 (본)칠원(漆原) (출)경기 화성 (주)서울특별시 강동구 천호대로 1077 이스트센트럴타워 15~18층 휠라코리아(주) 홍보팀(02-3470-9617) (학)1964년 서울고졸 1965년 서울대 치의예과 중퇴 1974년 한국외국어대 정치외교학과졸 (경)1973년 해운공사 입사 1975~1981년 J.O.PENNY 근무 1981~1984년 (주)화승 입사·수출이사 1984년 대운무역 사장 1985~2011년 (주)케어라인 대표이사 회장 1991~2003년 휠라코리아(주) 사장 1999~2001년 한국·이탈리아비즈니스협회 초대 회장 2003~2005년 SBI(Sports Brand International) 아시아 사장 2003~2018년 휠라코리아(주) 대표이사 회장 2004~2008년 신한금융지주회사 사외이사 2007년 GLBH홀딩스 대표이사 회장 2009~2011년 한국무역협회 비상근부회장 2009년 한국CEO연구포럼 경영위원장 2011년 아쿠시네트컴퍼니 회장(현) 2012년 국제테니스 명예의전당 공동의장 2014년 한국과학기술한림원(KAST) 명예회원(현) 2015년 (사)한국메세나협회 부회장 2018년 휠라코리아(주) 회장(현) (상)산업포장(1992), 다산경영상(1998), 납세의 날 대통령표창(2000·2007), 서울인상(2000), 제10회 중소기업대상 대통령표창(2000), 서울시 자랑스런 시민상(2001), 자랑스런 수중인상(2004), 자랑스런 외대인상(2004), 이탈리아 국가공로훈장(2008), 언스트앤영 최우수 기업가상-마스터상(2012·2013), 한국패션협회 제6회 코리아패션대상 대통령표창(2013), 한국국제경영학회 글로벌 CEO대상(2014) (저)'내가 연봉 18억원을 받는 이유'(1997, 조선일보) '생각의 속도가 빨라야 산다(共)'(2001, 여백) (역)'How to become a great Boss'(2002)

윤은경(尹銀景·女) Yun, Yean-Kyung

(주)서울특별시 마포구 와우산로94 홍익대학교 건축대학 건축학부 실내건축학전공(02-320-3024) (학)1980년 홍익대 건축학과졸 1993년 同환경대학원 환경설계학과졸 2015년 건축학박사(홍익대) (경)(주)우원디자인 근무, 하이트진로그룹 기획조정실 디자인팀 근무, (주)아이텍 디자인소장, 디자인윤당 대표, (주)EG A&C 소장, 홍익대 건축대학 건축학부 실내건축학전공 부교수, 同건축학부 실내건축학전공 교수(현) 2019년 同건축도시대학원장 겸 환경개발연구원장(현) (작)'충북 진천군 국가대표 훈련빙상장 및 사이클링장' '삼성전자 수원 보안동' '제주 세인트포 골프리조트' 외 다수

윤은기(尹恩基) YOON Eun Key (海池)

(생)1951·3·18 (본)파평(坡平) (출)충남 당진 (주)서울특별시 서초구 남부순환로 2415 서초동하임빌딩 3층 (사)한국협업진흥협회(02-585-1320) (학)1970년 충남고졸 1975년 고려대 심리학과졸 1988년 연세대 경영대학원졸 1996년 인하대 대학원 수료 1997년 경영학박사(인하대) (경)1983년 정보전략연구소 소장 1989~1999년 한국생산성학회 부회장 1993년 KBS 라디오 '윤은기의 달리는 샐러리맨' MC 1994년 한국산업교육연합회 부회장 1996~2012년 공군대학 명예교수 1996~1998년 EBS '직업의 세계' MC 1997~2003년 KBS 제1라디오 '생방송 오늘' MC 1999년 인하대 겸임교수 2000~2010년 우정사업본부 고객대표자회의 의장 2002~2010년 고려대교우회 부회장 2003년 IBS컨설팅컴퍼

니 회장 2004~2007년 서울과학종합대학원 부총장 2004년 한국기업사례연구학회 회장 2005~2007년 교육인적자원부 정책자문위원 2006년 국가정보원 산업보안자문위원 2006년 (주)삼천리 감사위원 2007~2010년 서울과학종합대학원대 총장 2007년 한국골프칼럼니스트협회 회장 2008년 (사)국민성공시대 공동대표 2008~2010년 (주)삼천리 사외이사 2008~2015년 기후변화센터 이사 2009~2010년 국립극장 후원회장 2009~2011년 서울시 적극행정면책심의위원회 위원장 2009~2010년 대통령직속 국가브랜드위원회 글로벌시민분과위원장 2009~2012년 국가산업기술보호위원회 위원 2009~2010년 6.25전쟁60주년기념사업위원회 위원 2009~2011년 연세대 MBA동창회장 2010~2017년 UN국제백신연구소 한국후원회 이사 2010년 (사)지구촌보건복지 이사장 2010~2013년 중앙공무원교육원 원장 2010~2013년 공무원교육원장협의회 회장 2011~2014년 연세대경영전문대학원총동창회 회장 2012년 공군 정책발전자문위원회 위원장(현) 2012~2014년 합동군사대 명예교수 2013~2014년 한국방송통신대 운영위원회 부위원장 2013년 서울과학종합대학원대 석좌교수(현) 2013~2016년 한국문화예술위원회 예술나무포럼 회장 2013년 국가원로회의 정책자문위원(현) 2013년 흥사단 투명사회운동본부 공동대표(현) 2014년 (사)한국협업진흥협회 회장(현) 2014년 한국콘텐츠진흥원 비상임이사(현), 2015~2017년 한국양성평등교육진흥원 초빙교수 2016년 한국프로골프협회(KPGA) 자문위원회 위원(현) 2017년 한국멘토지도자협의회 회장(현) 2018년 학교법인 숙명학원 이사(현) (상)교통방송 우수MC상, 산업교육연합회 베스트강사상, 자랑스러운 연경인상(2008), 홍조근정훈장(2009), 기후변화 그린파트너상(2010), 경제인대상 전문경영인부문(2012), 고려대 문과대교우회 '자랑스런 문과대학인상'(2014), 고려대경제인회 봉사대상(2014), 대한민국교육공헌대상 HRD공헌부문(2016) (저)'時테크' '정보학 특강' '산업스파이의 공격과 방어' '신 경영마인드 365' '1999년 12월 31일에 만납시다' 'IMF시대, 골드칼라 성공전략' '하트경영' '예술가처럼 벌어서 천사처럼 써라' '핑크칼라 성공시대' '윤은기의 골프마인드 경영마인드' '재미있는 윤리경영 이야기'(2009) '매력이 경쟁력이다'(2009) '대한민국 국격을 생각한다'(2010) '협업으로 창조하라 : 융복합시대, 대한민국이 사는 길'(2015, 올림) (종)천주교

윤은정(尹銀貞·女)

(생)1982·1·26 (출)인천 (주)세종특별자치시 도움6로 11 환경부 운영지원과(044-201-6245) (학)2000년 인천 인명여고졸 2006년 서울대 재료공학과졸 (경)2006년 행정고시 합격(48회) 2007~2011년 환경부 대기보전국·환경전력실 기후대기정책관실·자원순환국 행정사무관 2011년 한국개발연구원(KDI) 국제정책대학원 교육훈련 2012년 미국 뉴욕주립대 교육훈련 2013년 환경부 자연보전국 자연자원과·생물다양성과 근무 2015년 同물환경정책국 상하수도정책관실 토양지하수과·수도정책과 근무 2017년 국립생물자원관 전략기획과장 2017~2019년 국무조정실 녹색성장지원단 파견 2019년 유엔 아시아·태평양 경제사회위원회 파견(현)

윤의식(尹義植) EUI SHIK YOON

(생)1971·3·4 (출)경남 밀양 (주)세종특별자치시 도움6로 11 국토교통부 운영지원과(044-201-3166) (학)1990년 성보고졸 1994년 서울대 정치학과졸 (경)2002~2004년 건설교통부 법무담당관실·국민임대주택건설기획단 사무관 2005년 국무조정실 농수산건설심의관실 사무관 2006년 건설교통부 국토정책팀·주택정책팀 사무관 2009년 국토해양부 국토정책과·해양영토개발과 서기관 2010년 同공공기관지방이전추진단 지원정책과장 2013년 국토교통부 국토도시실 산업입지정책과장 2016년 국외직무훈련(미국 Ginnie Mae) 파견 2017년 국토교통부 도시재생사업기획단 기획총괄과장 2018년 同도시재생사업기획단 도시재생정책과장 2019년 同교육파견(과장급)(현) (상)건설교통부장관표창(2005), 대통령표창(2007)

윤의준(尹義埈) YOON Euijoon

(생)1960·5·4 (본)파평(坡平) (출)서울 (주)서울특별시 관악구 관악로 1 서울대학교 공과대학 재료공학부(02-880-7169) (학)1983년 서울대 금속공학과졸 1985년 同대학원 금속공학과졸 1990년 전자재료공학박사(미국 매사추세츠공과대) (경)1990~1992년 미국 AT&T Bell Laboratories, Postdoctoral Member of Technical Staff 1992~2002년 서울대 공대 무기재료공학과 조교수·부교수 1996~1998년 한국진공학회지 부편집장 1998~1999년 미국 Univ. of California 화학공학과 교환교수 2001~2003년 Current Applied Physics Editorial Board Member 2002년 서울대 재료공학부 교수(현) 2002~2004년 同반도체공동연구소 운영부장 2002~2004년 한국재료학회 총무이사 2002~2007년 서울대 공대 신기술창업네트워크센터장 2002~2009년 한국반도체학술대회 물질성장 및 분석분과 위원장 2003년 나노소자특화팹센터 운영위원 2003~2005년 서울대 공대 대외협력실장 2005~2008년 한국진공학회 사업이사 2005년 IEE Micro&Nano Letters Editorial Board Member 2006~2009년 서울대 차세대융합기술원 나노소재소자연구소장 2007년 한국재료학회 총무이사 2008~2010년 Korea Physics Society 편집위원 2008년 호암상 특별추천위원 2009년 서울시 녹색성장위원 2009~2011년 서울대 융합과학기술대학원 부원장 2010년 한국광전자학회 부회장 2010년 LED반도체조명학회 부회장 2011년 한국재료학회 사업이사 2011년 서울대 차세대융합기술연구원장 2014년 한국공학한림원 정회원(현) 2014~2016년 산업통상자원부 R&D전략기획단 주력산업MD 2015~2016년 한국재료학회 학술이사 2017~2018년 미국 MIT 한국총동문회장 2017~2018년 대한금속재료학회 사업부회장 2017~2018년 한국LED광전자학회 초대회장 2018년 효성T&C(주) 사외이사(현) 2019년 서울대 연구처장 겸 산학협력단장(현) (상)한국과학기술단체총연합회 우수논문상(1996), 서울대 재료공학부 우수연구상, 경기도지사표창

윤의중(尹義重) Eui Joong Yoon

(생)1963 (주)서울특별시 서초구 남부순환로 2406 예술의전당 오페라하우스 4층 국립합창단(02-587-8111) (학)서울예술고졸, 서울대 음악대학 기악과졸, 미국 신시내티대 음악대학원 합창지휘과졸(석사), 同음악대학원 합창지휘과 박사과정 수료 (경)2000~2014년 (사)서울레이디스싱어즈 음악감독 2003~2004년 과천시립여성합창단 상임지휘자 2004년 미국 솔트레이크시티 국제여성합창페스티벌 초청 공연 2005~2015년 창원시립합창단 예술감독·상임지휘자 2005년 한국합창지휘자협회 이사(현) 2005년 미국 미네아폴리스 국제소년·남성합창페스티벌 초청 한국 최초 객원지휘자 2006년 덴마크 Herning시 Man's & Boy's Choir 초청 객원지휘자 2009년 한국합창총연합회 선임이사(현), 同사무총장 2009년 한세대 예술학부 합창지휘대학원 부교수(현) 2013~2017년 코리아오페라스타스앙상블 지휘자 겸 운영위원 2014년 인도네시아 자카르타 합창경연대회·컨퍼런스 국제심사위원 및 강사 2015년 싱가포르 국제합창페스티벌 국제심사위원 2016~2017년 수원시립합창단 예술감독 겸 상임지휘자 2017년 국립합창단 예술감독(현) (상)창원합창연합회 창원합창인의 상

윤인국(尹寅局)

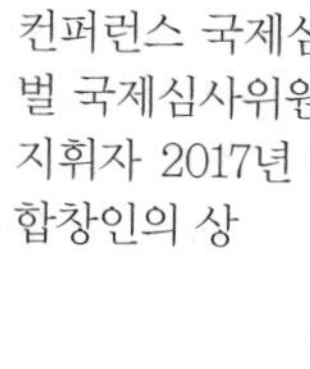

(생)1974·12·29 (출)경남 사천 (주)경상남도 창원시 의창구 중앙대로 300 경상남도청 복지보건국(055-211-4800) (학)1993년 진주 동명고졸 1998년 성균관대 생물학과졸 2004년 同행정대학원 행정학과졸 (경)2010년 경남도 농수산국 농업지원과장 2011년 同농수산해양국 친환경농업과장 2013년 同농정국 농산물유통과장 2013년 同비서실장 2014년 同행정국 행정과장 2015년 同기획조정실 정책기획관 2016년 同행정국

장(지방부이사관) 2017년 경남 사천시 부시장 2017년 경남도 본부근무(국장급) 2018년 同복지보건국장(현) (상)국무총리표창(2008), 근정포장(2016)

윤인식(尹仁植)

(생)1962 (주)전라북도 군산시 해망로 178 군산도시가스(주) 대표이사실(063-440-7700) (학)군산고졸 1987년 경희대 공과대학졸 2007년 군산대 대학원 경영학과졸 (경)1997년 군산도시가스(주) 안전기획실장 2010년 同이사 2010년 (사)한국도시가스협회 운영위원 2011년 군산시민체육회 이사 2013년 법무부 법사랑위원 군산지구협의회 위원 2013년 군산공업인클럽 부회장 2015년 군산도시가스(주) 대표이사(현) (상)통상산업부장관표창(1997), 제23회 대한민국 가스안전대상 산업포장(2016)

윤인찬(尹仁燦) Inchan Youn

(생)1973 · 2 · 6 (본)해평(海平) (출)부산 (주)서울특별시 성북구 화랑로14길 5 한국과학기술연구원 바이오닉스연구단(02-958-5913) (학)1992년 부산 해동고졸 1996년 인제대 의용공학과졸 1999년 미국 피츠버그대 대학원 기계공학과졸 2003년 공학박사(미국 툴레인대) (경)2003~2006년 미국 듀크대 박사 후 과정 2006~2012년 한국과학기술연구원(KIST) 선임연구원 2006년 대한생태역학회 이사(현) 2007년 대한의용생체공학회 이사(현) 2009~2017년 과학기술연합대학원대학교(UST) 교수 2012년 한국과학기술연구원(KIST) 의공학연구소 책임연구원 2013~2016년 한국발명진흥회 전문위원 2015년 미래창조과학부 추진위원(현) 2016년 경희대(KHU) · 한국과학기술연구원(KIST) 융합과학기술학과 학연교수(현) 2017년 한국과학기술연구원(KIST) School 주임교수(현) 2017년 한국연구재단 기획전문가(RP)(현) 2018년 한국과학기술연구원(KIST) 바이오닉스연구단장(현) (상)KIST 박원희 연구상(2012), 한국정밀공학회 춘계학술대회 최우수상(2013 · 2014), IBEC 2014 Student Paper Award(2014), UST 2014 우수강의표창(2015), 한국정밀공학회 2015 춘계학술대회 최우수상(2015), IBEC 2015 Best Poster Presentation(2015), IBEC 2016 국제학회 Student Paper Award(2016), 대한의용생체공학회 2016 춘계학술대회 우수논문상(2016), 대한생체역학회 2016 추계학술대회 U&I 최우수논문상(2016)

윤인채(尹仁埰)

(생)1962 (출)강원 원주 (주)전라북도 군산시 해망로 244-7 군산세관(063-730-8701) (학)원주고졸, 세무대학졸, 중국 북경대외경제무역대 관세학과졸, 배재대 대학원 컨설팅학과졸 (경)2012년 관세청 정보기획과 서기관 2014년 駐중국 1등서기관 2017년 관세청 심사정책국 법인심사과장 2017년 서울본부세관 심사국장 2018년 속초세관장 2019년 군산세관장

윤인태(尹寅台) Yoon In Tae

(생)1957 · 11 · 29 (본)파평(坡平) (출)울산 (주)부산광역시 연제구 법원로 12 로윈타워 법무법인 해인(051-506-5016) (학)1976년 경남고졸 1980년 서울대 법대졸 1982년 同대학원 법학과 수료 (경)1980년 사법시험 합격(22회) 1982년 사법연수원 수료(12기) 1982년 보통군법회의 검찰관 1985년 부산지법 판사 1988년 同동부지원 판사 1991년 부산지법 판사 1992년 부산고법 판사 1992년 마산지법 거창지원장 1995년 대법원 재판연구관 1997년 창원지법 부장판사 1999년 부산지법 부장판사 2003년 울산지법 부장판사 2004년 부산고법 부장판사 2006년 부산지법 동부지원장 2009년 부산고법 수석부장판사 2011년 창원지법원장 2012년 부산고법 부장판사 2013년 부산지법원장 2015~2017년 부산고법원장 2017년 법무법인 해인 대표변호사(현) 2017년 BNK금융지주 사외이사(현)

윤일규(尹一逵) YOON Il Kyoo

(생)1950 · 4 · 14 (출)경남 (주)서울특별시 영등포구 의사당대로 1 국회 의원회관 730호(02-784-2171) (학)1966년 동아고졸 1973년 부산대 의대졸 1982년 同대학원 의학석사 1987년 의학박사(전남대) (경)1973년 부산대병원 신경외과 전공의 1978년 공군 군의관 1981년 서울한라병원 신경외과 · 강성병원 과장 1982~2015년 순천향대 의대 뇌신경외과학교실 교수, 열린우리당 충남도당원협의회장연합회 대표 2006~2010년 대통령자문 정책기획위원회 정책위원 2008~2009년 대한신경외과학회 회장(제48대), 同학회지 편집위원, 노동부 산업재해보상보험심사위원회 전문위원, 근로복지공단 산재자문의, 천안아산경제정의실천시민연합 상임대표, 국가보훈처 보훈심사위원회 위원 2015년 순천향대 의대 명예교수(현) 2015~2018년 굿스파인병원 진료원장 2009~2019년 사람사는세상 노무현재단 대전 · 세종 · 충남지역위원회 상임대표 2017년 더불어민주당 제19대 문재인 대통령후보 충남도선거대책위원회 상임위원장 2018년 제19대 문재인 대통령 자문의 2018년 제20대 국회의원(충남 천안시丙 재보궐선거 당선, 더불어민주당)(현) 2018년 국회 보건복지위원회 위원(현) 2018~2019년 국회 4차산업혁명특별위원회 위원 2019년 국회 세종의사당추진특별위원회 위원(현)

윤일중(尹一重) YUN IL JUNG

(생)1972 · 4 · 14 (본)파평(坡平) (출)서울 (주)대전광역시 동구 산내로 1398-41 대전소년원(042-272-4644) (학)1991년 서울용문고졸 2000년 중앙대 심리학과졸 2004년 경기대 대학원 범죄심리학과졸 (경)2001년 행정고시 합격(45회) 2003년 서울소년분류심사원 분류심사관 2005년 법무부 범죄예방정책국 법문화진흥팀 사무관 2010년 同대전보호관찰소 논산지소장 2011년 同대전청소년비행예방센터장 2014년 同인천보호관찰소 부천지소장 2015년 同범죄예방정책국 소년과 서기관 2016년 부산소년원 부산청소년비행예방센터장(서기관) 2018~2019년 법무부 소년보호과 근무(서기관) 2019년 대전소년원장(현)

윤장원(尹章源) YOON Jang Won

(생)1961 · 1 · 26 (본)파평(坡平) (출)대구 (주)부산광역시 연제구 법원로 42 대한빌딩 301호 법무법인 장원(051-949-0011) (학)1980년 대구 달성고졸 1984년 경북대 행정학과졸 1986년 同대학원 법학과 수료 (경)1987년 사법시험 합격(29회) 1990년 사법연수원 수료(19기) 1990년 軍법무관 1993년 부산지검 검사 1995년 대구지검 영덕지청 검사 1996년 서울지검 검사 1998년 부산지법 판사 2000년 부산고법 판사 2003년 부산지법 판사 2005년 창원지법 부장판사 2008~2012년 부산지법 부장판사 2012년 변호사 개업, 법무법인 장원 대표변호사(현)

윤장현(尹壯鉉) YOON Jang Hyun

(생)1949 · 4 · 26 (본)파평(坡平) (출)광주 (주)서울특별시 서대문구 통일로 107-39 (사)통일을생각하는사람들의모임(02-734-5400) (학)광주살레시오고졸, 조선대 의대졸, 同대학원졸, 의학박사(조선대) (경)1983~2005년 중앙안과의원 개원 1987~2000년 천주교 광주대교구 정의평화위원회 부위원장 1990년 히말라야 낭가파르밧원정대 부대장 1992~2000년 광주 · 전남환경운동연합 공동의장 1992년 에베레스트원정대 단장 1992~2000년 광주시민연대 대표 1993년 YMCA 이사 겸 시민사업위원장 1993~2001년 조선대 임시관선이사 1995년 실크로드탐사대 단장 1996~2000년 (사)빛고을미래사회연구원 이사장 1998년 씨튼은혜학교 이사 1999년 광주비엔날레 이사 2000년 우리민족서로돕기운동 공동대표 2001년 아시아인권위원회 이사 2003~2008년 광주 · 전남남북교류협의회 상임대표 2003년 기아자동차 광주공장 경

영자문위원 2003~2013년 (사)광주국제교류센터 이사장 2004~2008년 아름다운가게 전국대표 2004~2008년 광주과학기술원 이사 2005년 대한산악연맹 부회장 2005년 국가인권위원회 정책자문위원 2005~2014년 아이안과(舊중앙안과) 원장 2005~2006년 광주YMCA 이사장 2006년 (사)광주·전남vision21 이사장 2006년 광주·전남6.15공동준비위원회 상임대표 2006~2008년 한국YMCA전국연맹 수석부이사장 2008~2010년 同이사장 2008년 아시안브릿지 대표 2010년 특임장관 정책자문위원 2010년 아시아월드뮤직페스티벌 이사장 2012~2014년 (사)통일을생각하는사람들의모임 공동대표 2013년 (사)광주국제교류센터 상임고문 2013년 광주미래포럼 상임대표 2013년 국민과함께하는새정치추진위원회 공동위원장 2014년 (사)통일을생각하는사람들의모임 고문(현) 2014년 새정치연합 창당준비위원회 공동위원장 2014~2018년 광주광역시장(새정치민주연합·더불어민주당) 2015년 중국 후난대 명예교수(현) 2015년 광주복지재단 이사장 2016·2018년 빛가람혁신도시공공기관장협의회 공동회장 2016~2017년 전국시·도지사협의회 부회장 (상)무등의림 대상(2005), 행정자치부장관 감사장(2006), 보건복지부장관표창(2007), 아시아태평양안과학회(APAO) 공로상(2011), 통일부장관표창(2013), 살레시오중·고 총동문회 자랑스런 살레시안상(2015), 세계전기자동차협회 전기차 모범도시상(2017) (종)천주교

윤재기(尹在基) YOON Jae Ki (장산)

(생)1944·8·14 (본)함안(咸安) (출)충남 공주 (주)서울특별시 서초구 반포대로30길 63 영서빌딩 7층 윤재기법률사무소(02-536-1151) (학)1963년 경기고졸 1968년 서울대 법대졸 1972년 단국대 대학원 수료 (경)1973년 사법시험 합격(15회) 1975년 사법연수원 수료(5기) 1975년 서울지검 검사 1978년 同인천지청 검사 1980년 서울지검 검사 1981년 변호사 개업(현) 1984년 在京공주향우회 회장 1988년 제13대 국회의원(공주, 신민주공화당·민주자유당) 1988년 공화당 원내부총무 1990년 민자당 공주지구당위원장 1990년 同원내부총무 1995년 자민련 법률고문 1996년 同총선대책기획단장 1997년 한나라당 법률고문 2004년 17대 국회의원선거 출마(공주·연기, 한나라당) 2010년 법무법인 으뜸 변호사 (상)홍조근정훈장 (저)'형법정해' '사심이 없으면 하늘이 노한다' (종)기독교

윤재남(尹在南·女)

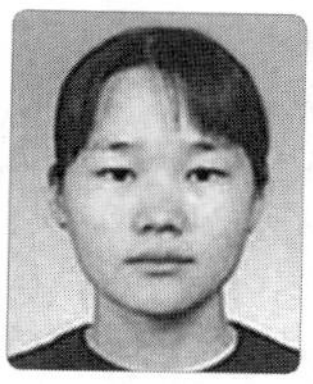

(생)1974·10·17 (출)전북 남원 (주)인천광역시 미추홀구 소성로163번길 17 인천지방법원 총무과(032-860-1169) (학)1993년 상명여고졸 1997년 연세대 법학과졸 (경)1999년 사법시험 합격(41회) 2002년 사법연수원 수료(31기) 2002년 서울지법 판사 2004년 서울서부지법 판사 2006년 대전지법 판사 2009년 수원지법 안양지원 판사 2011년 서울중앙지법 판사 2013년 서울남부지법 판사 2017년 부산가정법원 부장판사 2019년 인천지법 부장판사(현)

윤재명(尹在明) YOON Jae Myung (仁康)

(생)1932·1·15 (본)해남(海南) (출)전남 강진 (주)서울특별시 중구 동호로7길 17 임마누엘빌딩 609호 (사)한일문화친선협회(02-514-9933) (학)1952년 목포 문태고졸 1958년 고려대 국어국문학과졸 (경)1960년 현대평론 사장 1961년 고려인삼판매공사 대표 1967년 제7대 국회의원(영암·강진, 민주공화당) 1968년 한국국악협회 이사장 1969년 전국시조연합회 회장 1971년 제8대 국회의원(영암·강진, 민주공화당) 1971년 민주공화당 원내부총무 1976년 (사)한일문화친선협회 회장(현) 1979년 제10대 국회의원(장흥·강진·영암·완도, 무소속) 1980~1986년 프로태권도협회 회장 1980~1989년 한국학원총연합회 회장 1987년 고려대국어국문학과교우회 회장 1992년 (주)다산개발 회장 1994~2004년 고려대문과대학교우회 회장 2000~2004년 해남윤씨중앙종친회 회장 2003~2004년 고려대교우회 수석부회장 2010년 국민통합전국시도민연합회 명예총재(현) 2010년 대한민국평생교육원로회 이사장(현) 2012년 고려대교우회 고문(현) 2012년 해남윤씨행당공(杏堂公)기념사업회 이사장(현) (상)국민훈장 목련장(1987), 한일문화교류센터 왕인문화상(2009), 문화체육관광부장관표창(2015) (저)'한 그루 느티나무처럼' (역)'박사왕인과 일본문화' (종)가톨릭

윤재문(尹載文) YOON Jai Moon

(생)1944·12·27 (본)파평(坡平) (출)강원 강릉 (주)서울특별시 구로구 디지털로31길 20 에이스테크노타워5차 201호 코리아프린테크(주) 비서실(02-2109-5788) (학)강릉제일고졸, 한양대 공대 전자공학과졸, 연세대 공학대학원 전자공학과졸 (경)ROTC 임관(통신) 1971~1994년 한국IBM(주) 근무 1974~1978년 한양대 전자·정보·통신공학과동문회 회장 1995년 코리아프린테크(주) 대표이사 사장(현) (저)'Switching Regulator 전원 안정화'

윤재민(尹在珉) YUN JEA MIN (常樂)

(생)1964·4·7 (본)남원(南原) (출)전남 광주 (주)세종특별자치시 도움4로 9 국가보훈처 제대군인국 제대군인일자리과(044-202-5730) (학)1981년 광주사레지오고졸 1989년 육군3사관학교 안보행정학졸 2000년 영남대 행정대학원 정책분석학졸 2013년 행정학박사(목포대) (경)1984년 육군 소위 임관(3사21기) 2006년 육군본부 인사참모부 제대군인지원처 군내취업장교 2007년 同인사참모부 제대군인지원처 직업보도교육계획장교 2009년 同인사사령부 제대군인지원처 전직지원교육계획장교 2015년 국방부 국방전직교육원 취업부 취업지원팀장 2017년 同국방전직교육원 취업부 해외연수사업팀장 2017년 국가보훈처 제대군인국 제대군인일자리과장(서기관)(현) (상)대통령표창(2009), 병무청 병역명문가 선정(2015), 보국포장(2017) (종)기독교

윤재상(尹在相) Yun Jae Sang

(생)1958·11·15 (주)인천광역시 남동구 정각로 29 인천광역시의회(032-440-6052) (학)1976년 삼량종합고졸 (경)인천 삼량고총동문회 회장, 同강화군축구협회 수석부회장, 한국자유총연맹 내가면 청년회장, 인천 내가면기동순찰대장, 同내가면예비군 부중대장, 同강화군재향군인회 이사, 인천해병전우회 부회장, 전등사신도회 회장, 민주평통 자문위원 2002~2006년 인천 강화군의회 의원 2006년 인천시의원선거 출마(열린우리당) 2010~2014년 인천시의회 의원(무소속·새누리당) 2015~2018년 인천 강화군의회 의원(재·보궐선거 당선, 무소속·자유한국당) 2016년 同의장 2016년 인천시 군·구의장협의회 회장 2018년 인천시의회 의원(자유한국당)(현), 同운영위원회 위원(현), 同산업경제위원회 위원(현), 同예산결산특별위원회 위원(현), 同윤리특별위원회 위원(현) (종)불교

윤재식(尹載植) YOON Jae Sik

(생)1942·4·9 (출)전남 강진 (주)서울특별시 서초구 서초중앙로 215 법무법인 민주(02-591-8400) (학)1960년 광주제일고졸 1964년 서울대 법대졸 1967년 同사법대학원졸 (경)1965년 사법시험 합격(4회) 1967년 육군 법무관 1970~1980년 춘천지법·원주지원·서울지법 동부지원·서울형사지법·서울민사지법 판사 1980년 서울고법 판사 1981년 대법원 재판연구관 1981년 광주지법 부장판사 1983년 사법연수원 교수 1984~1987년 서울민사지법 부장판사 1984년 법원행정처 조사국장 겸임 1987년 광주고법 부장판사 1987년 광주지법 수석부장판사 겸임 1989년 서울고법 부장판사 1993년 서울지법 동부지원장 1994년 광주지법원장 1995년 수원지법원장 1997년 서울지법원장 1998년 서울고법원장 1999~2005년 대법관 2006년 변호사 개업 2008년 법무법인 민주 고문변호사(현) (저)'주석형법Ⅲ·Ⅳ'(共) '형법각칙'

윤재엽(尹在燁) YOON Jae Yeob

(생)1954·8·11 (주)서울특별시 종로구 종로33길 31 삼양홀딩스 사장실(02-740-7111) (학)1974년 광주제일고졸 1984년 경희대 경제학과졸 1996년 연세대 대학원 경영학과졸 (경)2007년 (주)삼양사 재경실장(상무) 2008년 삼양데이타시스템·삼양웰푸드 감사 2011년 삼양그룹 재경실장 겸 운영그룹장 2011년 삼양홀딩스 부사장 2012~2014년 (주)경방 사외이사 2013년 JB금융지주 비상임이사(현) 2014~2018년 전북은행 사외이사 2019년 삼양홀딩스 Staff그룹장(사장)(현)

윤재옥(尹在玉) Yun Jae Ok

(생)1961·9·10 (본)파평(坡平) (출)경남 합천 (주)서울특별시 영등포구 의사당대로 1 국회 의원회관 917호(02-784-4871) (학)1980년 대구 오성고졸 1985년 경찰대학 법학과졸(1기) 2004년 연세대 행정대학원 경찰행정학과졸 2009년 동국대 대학원 경찰행정학 박사과정 수료 (경)1998년 경북 고령경찰서장(총경) 2000년 대구지방경찰청 보안과장 2000년 대구 달서경찰서장(총경) 2001년 경찰청 외사관리관실 외사2담당관 2002년 서울 구로경찰서장 2003년 경찰청 경찰혁신기획단 근무 2004년 대통령비서실 파견 2005년 대구지방경찰청 차장(경무관) 2006년 경찰청 기획정보심의관 2006년 중앙경찰학교장(치안감) 2007년 경찰청 생활안전국장 2008년 경북지방경찰청장 2009년 경찰청 정보국장 2010년 경기지방경찰청장(치안정감) 2011년 한양대 특임교수 2012년 제19대 국회의원(대구시 달서구乙, 새누리당) 2012년 새누리당 기획위원장 2012~2014년 국회 행정안전위원회 위원 2012년 국회 정보위원회 위원 2012년 새누리당 인재영입위원회 위원 2012년 同제18대 대통령선거 종합상황실 정세분석단장 2013년 국회 안전행정위원회 위원 2013년 국회 운영위원회 위원 2013~2014년 새누리당 원내부대표 2013년 국회 국가정보원댓글의혹사건등의진상규명을위한국정조사특별위원회 위원 2014년 국회 세월호침몰사고의진상규명을위한국정조사특별위원회 위원 2014년 국회 교육문화체육관광위원회 위원 2014년 새누리당 국민공감위원장 2014년 同권영진대구시장후보시민선거대책위원회 총괄본부장 2015~2016년 同대구시당 수석부위원장 2015년 국회 예산결산특별위원회 위원 2016년 제20대 국회의원(대구시 달서구乙, 새누리당·자유한국당〈2017.2〉)(현) 2016~2017년 국회 안전행정위원회 간사 2016~2017년 새누리당 대구시당 위원장 2016~2017년 同정책위원회 부의장 겸 안전행정정책조정위원장 2017년 국회 헌법개정특별위원회 위원 2017년 자유한국당 대구시당 위원장 2017년 同정책위원회 부의장 겸 행정안전정책조정위원장 2017년 국회 행정안전위원회 간사 2017년 자유한국당 대표최고위원 특보 2017년 同정치보복대책특별위원회 부위원장 2017년 同중앙직능위원회 제1본부장 2017~2018년 同원내수석부대표 2017~2018년 同지방선거기획위원회 부위원장 2017~2018년 국회 운영위원회 간사 2017·2018년 국회 행정안전위원회 위원(현) 2018년 국회 윤리특별위원회 위원(현) 2018년 자유한국당 6.13지방선거총괄기획단 대여투쟁본부장 2019년 同강성귀족노조개혁특별위원회 위원장(현) (상)대통령표창(1985), 한국일보 선정 '2000년대를 빛낼 100인'(1992), 대통령표창(2003), 홍조근정훈장(2006), 법률소비자연맹 선정 국회 헌정대상(2013), 대구예술상 감사장(2015) (저)'첫 번째 펭귄은 어디로 갔을까'(2011, 큰곰) (종)기독교

윤재웅(尹載雄) YOON Jae Woong

(생)1970·1·14 (본)파평(坡平) (출)서울 (주)세종특별자치시 도움5로 20 법제처 사회문화법제국 법제심의관실(044-200-6561) (학)1988년 휘문고졸 1992년 서울대졸 1995년 同대학원 행정학과졸 2002년 미국 미시간대 대학원 행정학과졸 2005년 미국 서던캘리포니아대 대학원 행정학 박사과정 수료 (경)1994년 행정고시 합격(38회) 1995년 총무처 행정사무관 시보 1996년 법제처 법제조정실 행정사무관 1998년 同행정심판관리국 행정사무관 2005년 同혁신인사기획관실 서기관 2007년 同경제법제국 서기관 2007년 同행정교육심판팀장 2008년 同대변인 2009년 同사회문화법제국 법제관 2009년 同경제법제국 법제관 2012년 駐싱가포르 주재관 2016년 법제처 법제지원단 법령입안지원과장 2017년 同법제지원국 법제지원총괄과장(부이사관) 2017년 同법제정책국 법제정책총괄과장 2018년 同사회문화법제국 법제심의관(고위공무원)(현)

윤재윤(尹載允) YUN Jae Yun

(생)1953·5·30 (출)경기 수원 (주)서울특별시 종로구 종로3길 17 디타워 23층 법무법인 세종(02-316-4205) (학)1971년 경기고졸 1975년 서울대 법대졸 1981년 同대학원졸 (경)1979년 사법시험 합격(21회) 1981년 사법연수원 수료(11기) 1981년 수원지법 판사 1983~1987년 서울민사지법·서울가정법원 판사 1987년 마산지법 거창지원장 1989년 미국 워싱턴주립대 객원연구원 1990년 서울지법 남부지원 판사 1991년 서울고법 판사 겸 서울형사지법 판사 1992년 법원행정처 조사심의관 1994년 서울고법 판사 1998년 인천지법 부장판사 1999년 서울지법 남부지원 부장판사 2000년 서울지법 부장판사·언론중재위원 2004년 부산고법 부장판사 2005년 서울고법 부장판사 2010~2012년 춘천지법원장 2010년 강원도선거관리위원회 위원장 2012~2015년 법무법인 세종 대표변호사, 同파트너변호사(현) 2012년 광운대 건설법무대학원 겸임교수(현) 2013년 삼성미래기술육성재단 감사(현) 2013년 대한상사중재원 중재인(현) 2015년 한국건설법학회 초대회장(현) 2015년 국토교통부 감정평가관리·징계위원회 위원장(현) 2016년 대한변호사협회 전문분야심사위원(현) (상)한국언론법학회 제5회 철우언론법상 우수저서 선정(2006), 미국 워싱턴대 한국총동문회 '올해의 동문상'(2014) (저)'건설분쟁 관계법'(2003·2006·2008·2011·2014·2015, 박영사) '언론분쟁과 법(共)'(2005, 청림출판) '우는 사람과 함께 울라'(2010, 좋은생각) (종)기독교

윤재인(尹載仁) YOON Jae In

(생)1960·6·25 (본)남원(南原) (출)전북 남원 (주)서울특별시 강남구 영동대로 517 아셈타워 24층 가온전선(주) 임원실(02-6921-3805) (학)전주고졸, 서울대 서양사학과졸, 미국 워싱턴대 경영전문대학원졸(MBA) (경)1986년 LG전선(주) 입사, 同OPGr 산업재팀장 2005년 同OPGr그룹장(이사) 2005년 LS전선(주) OPGr그룹장(이사) 2007년 同전력사업부장(상무) 2009년 同전력사업부 전력영업담당 상무 2011년 同전력사업부 전력영업담당 전무 2012년 同에너지사업본부장(전무) 2013년 同영업본부장(전무) 2015년 同사업총괄 대표이사 부사장 2017년 가온전선 대표이사 사장(CEO)(현) (종)기독교

윤재천(尹在天) YUN Jae Chun (雲亭)

(생)1932·4·28 (본)파평(坡平) (출)경기 안성 (주)서울특별시 서초구 서초중앙로 69 서초르네상스오피스텔 902호 현대수필(02-523-4515) (학)1952년 안성농고졸 1956년 중앙대 국문학과졸 1958년 同대학원졸 (경)1960년 중앙대 강사 1966년 상명여자사범대 조교수 1968년 同국어교육과장 1972년 同도서관장 1975년 同학생처장 1975년 한국수필문학회 회장 1976년 상명여자사범대 학생지도연구소장 1980~1994년 중앙대 국문학과 교수 1982~1988년 중앙문인회 회장 1982년 중앙대 안성캠퍼스 생활관장 1985년 同신문사 주간 1987년 同학생생활연구소장 1989년 同학생처장 1989~1995년 한국문인협회 감사 1992년 현대수필문학회 회장 1992년 '현대수필' 발행인(현) 1992년 서울문인협회 수필분과위원장 1993년 한국수필학회 회장(현) 1994년 한국수필학연구소 소장(현) 1995~2004년 국제펜클럽 이사 1995년 한국

문인협회 이사 2009년 국제펜클럽 이사 2010년 한국문예학술저작권협회 이사(현) 2011년 한국문인협회 고문(현) 2013년 국제펜클럽 고문(현) (상)한국수필문학상(1989), 鷺山문학상(1991), 한국문학상(1996), 흑구문학상(2010), 국제펜클럽 펜문학상(2010), 조경희문학상(2011) (저)'국문학사전' '수필작법' '신 문장론' '수필문학론' '신 문장작법' '수필창작의 이론과 실제' '세계 명수필의 이해' '수필문학 산책' '수필작법론' '수필작품론' '수필문학의 이해' '여류수필작가론' '현대수필작가론' '수필 이야기' '나의 수필쓰기' '여류수필 작품론' '운정의 삶과 수필' '어느 로맨티스트의 고백(2권)' '청바지와 나' '지성의 눈' '정겨운 대화들' '소부리의 대화들' '사색하는 마음' '다리가 예쁜 여인' '잊어버리고 싶은 여인' '문을 여는 여인' '요즈음 사람들' '나를 만나는 시간에' '처음과 끝, 그리고 그 사이' '나뉘고 나눠어도 하나인 우리를 위하여' '구름카페' 수화집 '바람은 떠남이다'(2005) '또 하나의 신화'(2005) 이론서 '명수필 바로알기'(2006) '떠남에서 신화로'(2007) '그림과 시가 있는 수필'(2009) '그림 속의 수필'(2010) '윤재천 수필론'(2010) '퓨전수필을 말하다'(2010) '수필아포리즘'(2012) '윤재천 수필세계'(2012) '오늘의 한국 대표수필 100인선'(2013) '구름 위에 지은 집'(2018)

윤재춘(尹在春) YOON JAE CHUN

(생)1959·10·15 (주)서울특별시 강남구 봉은사로114길 12 (주)대웅 사장실(02-550-8008) (학)계명전문대졸, 서울디지털대 경영대학졸, 한국과학기술원(KAIST) 테크노경영대학원 경영학 석사과정 수료 (경)1985년 (주)대웅제약 입사 2001년 同공장관리부장 2007년 同공장관리센터 상무, 同헬스케어사업본부 상무 2010년 同헬스케어사업본부 전무 2010~2017년 (주)DNC 대표이사 사장 2013년 (주)대웅 이사 2014년 (주)대웅제약 부사장 겸 최고운영책임자(COO) 2015년 (주)대웅 대표이사 사장(현) 2015년 한올바이오파마 공동대표이사(현) 2018년 (주)대웅제약 대표이사 사장 겸임(현)

윤재필(尹載弼) YOON Jae Pil

(생)1967·5·11 (출)울산 (주)서울특별시 강남구 테헤란로52길 16 테헤란IPARK 102동 1301호 윤재필법률사무소 (학)1986년 울산 학성고졸 1990년 부산대 법학과졸 1993년 同행정대학원졸 (경)1993년 사법시험 합격(35회) 1996년 사법연수원 수료(25기) 1999년 광주지검 검사 2000년 창원지검 통영지청 검사 2002년 수원지검 검사 2004년 서울중앙지검 마약조직범죄수사부 검사 2006년 제주지검 특수부 검사 2009년 서울중앙지검 부부장검사 2010년 수원지검 강력부장 2011년 청주지검 제천지청장 2012년 수원지검 안양지청 형사3부장 2013년 서울중앙지검 강력부장 2014년 의정부지검 형사3부장 2015년 서울북부지검 형사1부장 2016년 서울고검 검사 2017년 부산지검 서부지청 차장검사 2017년 수원지검 안산지청 차장검사 2018~2019년 서울고검 검사 2019년 변호사 개업(현)

윤재홍(尹在洪) YOON Jae Hong (淸岩)

(생)1946·6·15 (본)해남(海南) (출)광주 (주)서울특별시 중구 세종대로 124 한국프레스센터 11층 뉴스통신진흥회(02-734-4813) (학)1967년 중동고졸 1974년 성균관대 법률학과졸 1985년 미국 캘리포니아주립대 노스리지교 수학(저널리즘전공) 1987년 중앙대 신문방송대학원졸(문학석사) 1996년 성균관대 신문방송대학원졸(정치학박사) (경)1973년 문화방송(MBC) 보도국 기자 1975년 한국방송공사(KBS) 사회부 기자 1984년 同외신부 차장 1988년 同기획보도실 차장 1989년 同정치부 차장 1993년 同춘천방송총국 보도국장 1994년 同제주방송총국 보도국장 1995년 同전국부장 1997년 同기동취재부장 1998년 同TV뉴스 편집부주간 1998년 同보도본부 해설위원 1998년 同여수방송국장 2001년 同홍보실장 2002~2003년 同제주방송총국장 2003년 제주대 언론홍보학과 겸임교수 2004년 한국방송공사(KBS) 보도국 보도위원(국장급) 2004~2011년 경기대 예술대학 언론미디어학과 교수·학과장 2005년 방송위원회 보도교양심의위원회 위원 2005년 한국정치커뮤니케이션학회 수석부회장 2008년 한국방송비평회 홍보이사 2008년 서울 서대문구선거관리위원회 위원 2010년 한국지역지능재단 자문위원 2010년 한국정치커뮤니케이션학회 고문(현) 2011년 육아방송 고문(현) 2011년 가나문화콘텐츠그룹 부회장(현) 2011년 성균관대 언론정보대학원 초빙교수 2013년 리빙TV 상임고문(현) 2018년 연합뉴스 뉴스통신진흥회 이사(현) (상)KBS 방송대상 한국기자상, 한국기자협회 제21회 한국기자상 방송보도제작부문(1989), 한국방송기자클럽 제2회 방송보도상(1991), KBS 보도작품상·보도특종상 외 5개, 한국서가협회 대한민국서예전람회 입선(2000), 대한민국미술전람회 서예부문 입선(2003), 세계서법문화예술대전 동상(2018), 세계서법문화예술대전 3체(해서·행초서·전서)상(2018) (저)'신문방송 기사문장(共)'(1995) 'TV뉴스 취재에서 보도까지'(1998) '방송기자로 성공하는 길-입사시험에서 데스크까지'(2002) '아프리카 추장이 되었다'(2011)

윤재환(尹在換) YOON Jae Hwan

(생)1955·2·10 (주)서울특별시 강서구 화곡로64길 23 TJ미디어 비서실(02-3663-4700) (학)아주대 산업대학원졸, 한양대 국제관광대학원졸 (경)1991년 태진음향(주) 설립·대표이사 사장 1997년 태진미디어(주) 대표이사 사장 2005년 TJ미디어(주) 대표이사 회장(현)

윤재흥(尹在興)

(생)1960·3·30 (주)광주광역시 북구 첨단과기로208번길 43 광주지방교정청(062-975-5900) (학)오산고졸, 고려대 사회학과졸, 同정책대학원 공안행정학과졸 (경)1988년 공직임용(제30회 7급 공채) 2008년 성동구치소 총무과장 2009년 서울지방교정청 총무과장 2010년 서울구치소 부소장 2011년 영월교도소장 2012년 충주구치소장 2013년 통일교육원 통일미래지도자과정 수료 2014년 여주교도소장 2015년 법무부 직원훈련과장 2015년 화성직업훈련교도소장 2016년 법무부 보안정책단장(고위공무원) 2018년 서울구치소장 2019년 광주지방교정청장(현)

윤점식(尹點植) Yoon, Jeom Sik

(생)1957·3·1 (출)전남 해남 (주)서울특별시 강남구 논현로86길 21 대한사회복지회(02-552-1027) (학)연세대 경영학과졸, 한국과학기술원(KAIST) 산업공학과졸(석사) (경)1995년 푸르덴셜생명보험 재무기획 이사 1999년 同재무기획·자산운용 상무 2001년 同자산운용·계약심사·고객서비스·영업관리 전무 2003년 同자산운용·계약심사·고객서비스·업무지원 부사장 2004년 푸르덴셜필리핀생명보험 대표이사 사장 2005년 푸르덴셜생명보험 부사장(CFO) 2006년 同본사총괄 부사장 2010년 同영업총괄 부사장 2011~2013년 同본사총괄 부사장(COO) 2017년 대한사회복지회 회장(현)

윤점홍(尹点洪) YOON, Jeom Hong

(생)1958·10·10 (본)해남(海南) (주)경기도 오산시 남부대로 374 이화다이아몬드공업(주) 경영관리본부(031-370-9050) (학)금오공고졸, 동국대 경영학과졸, 연세대 경영전문대학원졸, 한양대 일반대학원졸(경영학박사) (경)삼성인력개발원 교육담당과장 2000년 삼성자동차(주) 동경주재 구매부장 2005년 삼성SDI(주) 구매본부 통합구매팀장(상무) 2009년 이화다이아몬드공업(주) 경영관리본부장(현) (저)'구매 자재관리 총론'(2008) '해외조달실무'(2017) '자재관리실무'(2019) (종)기독교

윤정국(尹正國) YOON Joung Kuk

(생)1958·8·18 (본)파평(坡平) (출)경남 김해 (주)경상남도 김해시 김해대로2060 김해문화재단(055-320-1234) (학)1977년 동래고졸 1981년 서울대 국사학과졸 2003년 한양대 언론정보대학원졸 2011년 공연예술학박사(성균관대) (경)1983년 동아일보 정치부·문화부 기자 1996년 미국 캘리포니아대 버클리교 연수 1999년 동아일보 문화부 차장 2000년 同이슈부 메트로팀장 2000년 同문화부 차장 2001년 同오피니언팀장 2001년 同오피니언팀 부장 2003년 同문화부장 2005년 同문화부 전문기자 2006~2008년 충무아트홀 사장 2009~2012년 한국문화예술위원회 사무처장 2013년 성균관대 겸임교수 2013년 (사)빅이슈코리아 사무총장 2015~2016년 부산관광공사 '2017부산원아시아페스티벌' 사업단장 2017~2018년 김해문화의전당 사장 2019년 (재)김해문화재단 문화예술본부장 2019년 同대표이사(현) (저)'명저의 고향(共)'(1994) (종)기독교

윤정로(尹晶老) YOON Jeung Rho

(생)1949·9·16 (출)충북 괴산 (주)서울특별시 종로구 경희궁길 26 세계일보 부회장실(02-2000-1201) (학)청운대 방송영상학과졸, 고려대 언론정보대학원 언론학과졸 2006년 명예 철학박사(선문대) (경)세계평화초종교초국가연합 한국회장, (재)선문학원 부이사장, 피스컵코리아조직위원회 부위원장 2008년 평화통일가정당 부총재 겸 사무총장 2008년 제18대 국회의원선거 출마(비례대표, 평화통일가정당) 2008~2010년 세계일보 사장 2010년 한국신문협회 이사 2010~2013년 선문대 부총장 2012~2014년 천주평화연합(UPF) 한국회장 2012년 강한대한민국 범국민운동본부 회장 2016년 (사)한국사회교육진흥원 이사장 2016년 효정포럼 이사장 2017년 세계일보 부회장(현)

윤정록(尹丁錄)

(생)1958·1·15 (주)울산광역시 남구 중앙로 201 울산광역시의회(052-229-5125) (학)동의대 행정대학원 행정학과졸 (경)울산 울주군 언양읍장, 同삼남면장 2018년 울산시의회 의원(자유한국당)(현) 2018년 同산업건설위원회 위원(현)

윤정배 YOON JEONG BAE

(생)1979·6·27 (주)서울특별시 종로구 세종대로 209 정부서울청사 4층 대통령직속 국가균형발전위원회 정책조정실(02-2100-1123) (학)1998년 안산동산고졸 2007년 연세대 법학과졸 2015년 同행정대학원 공공정책학과졸 (경)2017년 서경대 공공인적자원학부 겸임교수(현) 2017~2018년 대통령직속 지역발전위원회 정책기획관 2018년 대통령직속 국가균형발전위원회 정책조정실장(국장급)(현)

윤정석(尹晶石) YUN Jung Sok

(생)1958·1·12 (출)경북 군위 (주)서울특별시 중구 후암로 110 서울시티타워 18층 한국의료분쟁조정중재원 원장실(02-6210-0100) (학)1976년 경북고졸 1981년 성균관대 법학과졸 1990년 미국 코넬대 Law School졸 (경)1980년 사법시험 합격(22회) 1982년 사법연수원 수료(12기) 1983년 육군 법무관 1985년 서울지검 검사 1988년 수원지검 여주지청 검사 1989년 대전지검 검사 1991년 대검찰청 검찰연구관 1993년 서울지검 검사 1993년 서울고검 검사 1994년 오스트리아 비엔나 유엔사무소 파견 1996년 법무부 검찰국 검사 1997년 서울지검 의정부지청 부장검사 1998년 창원지검 형사1부장 1999년 사법연수원 교수 2001년 서울지검 공판1부장 2002년 대구지검 포항지청장 2003년 서울고검 검사 2004년 변호사 개업 2007년 법무법인 세창 파트너변호사 2008년 삼성비자금의혹 특별검사보 2011~2015년 법무법인 유비즈 대표변호사 2012~2014년 한국저작권위원회 비상임감사 2015~2018년 한국소비자원 소비자분쟁조정위원회 위원장 2019년 한국의료분쟁조정중재원 원장(현) (저)'유엔범죄방지 프로그램'

윤정식(尹正植) YOON Jeong Shik

(생)1967·3·15 (본)해남(海南) (출)전남 해남 (주)세종특별자치시 갈매로 477 기획재정부 차세대예산회계시스템구축추진단(044-215-2114) (학)1985년 영흥고졸 1992년 건국대 행정학과졸 1998년 서울대 행정대학원 수료 (경)1994~1999년 통일부 통일교육원 교류협력국 사무관 1999~2002년 경수로기획단 사무관 2002년 통일부 인도지원국 사무관 2002년 기획예산처 기금정책국 기금총괄과 사무관 2003년 同기금정책국 기금총괄과 서기관 2004년 同사회재정1과 서기관 2006년 국가균형발전위원회 평가제도국 과장 2007년 기획예산처 홍보관리팀장 2008년 기획재정부 홍보담당관 2009년 同재정정책국 재정집행관리팀장 2010~2012년 同재정정책국 타당성심사과장 2012년 대통령 국정과제1비서관실 행정관(부이사관) 2013년 기획재정부 정책관리담당관 2014년 同기획조정실 창조정책담당관 2015년 同복권총괄과장 2015년 국외 직무훈련(고위공무원) 2017년 기획재정부 재정정보공개및국고보조금통합관리시스템구축추진단장 2017년 同보조금통합관리시스템관리단장 2018년 同재정기획심의관 2019년 同차세대예산회계시스템구축추진단장(현) (상)근정포장(2009)

윤정원(尹鼎源) YOON JEONG WON

(생)1966·11·30 (출)경기 용인 (주)인천광역시 연수구 아카데미로 23 셀트리온 임원실(032-580-5000) (학)1985년 수성고졸 1989년 서울대 응용생물화학과졸 1991년 同대학원 생물화학공학과졸 (경)1990~1997년 (재)목암생명공학연구소 근무 1997~2000년 (주)녹십자 종합연구소 근무 2000~2001년 (주)바이오이너젠 근무 2001~2002년 한국생산기술연구원 생물산업기술실용화센터 근무 2002년 (주)셀트리온 엔지니어링부문 근무 2004년 同생산부문 근무 2014년 同엔지니어링부문 근무 2015년 同생산본부장 2017년 同수석부사장(현)

윤정인(尹廷引) Jung-In Youn

(생)1967·6·2 (본)파평(坡平) (출)전북 (주)세종특별자치시 갈매로 477 기획재정부 국제금융국 다자금융과(044-215-4810) (학)완산고졸 1990년 고려대 법학과졸, 미국 하와이주립대 대학원 경제학과졸 2008년 경제학박사(미국 하와이주립대) (경)1998년 행정고시 합격(42회) 1998년 사법시험 합격(40회) 2001년 사법연수원 수료(30기) 2001년 재정경제부 국제금융국 국제기구과 사무관 2004년 同국제금융국 국제금융과 사무관 2008년 기획재정부 예산실 민간투자제도과 사무관 2009년 대통령직속 국가브랜드위원회 기획총괄과장 2011년 기획재정부 재정관리국 서기관 2011년 同국제금융국 IMF팀장 2013~2015년 세계은행 Finance Market Global Practice, Senior Financial Specialist 파견 2016년 기획재정부 정책조정국 규제프리존T/F팀장 2017년 同세제실 관세협력과장 2018년 同세제실 부가가치세제과장 2019년 同국제금융국 다자금융과장(현) (저)'코리아 브랜드파워'(2010, 매경출판사)

윤정인(尹貞仁·女)

(생)1974·10·3 (출)대구 (주)강원도 영월군 영월읍 영월향교 1길 53 춘천지방법원 영월지원(033-371-1101) (학)1993년 대구 송현여고졸 1997년 고려대 법학과졸 (경)1999년 사법시험 합격(41회) 2003년 사법연수원 수료(32기) 2003년 대구지법 예비판사 2005년 同판사 2006년 인천지법 판사 2009년 서울서부지법 판사 2011년 서울행정법원 판사 2014년 서울북부지법 판사 2016~2018년 헌법재판소 파견 2018년 서울중앙지법 판사 2019년 춘천지법 영월지원장(현)

윤정혜(尹貞惠 · 女) YOON Jung Hai

(생)1954 · 10 · 27 (주)인천광역시 미추홀구 인하로 100 인하대학교 사회과학대학 소비자학과(032-860-8112) (학)1974년 서울대졸 1981년 同대학원졸 1992년 문학박사(서울대) (경)1983~2006 · 2009~2014년 인하대 생활과학대학 소비자아동학과 조교수 · 부교수 · 교수 1994~1995년 미국 스탠퍼드대 방문학자 2000~2004년 인천녹색소비자연대 공동대표 2002~2004년 인하대 생활과학대학장 2002~2004년 한국소비자학회 회장 2004~2006년 21세기여성포럼 공동대표 2005년 공정거래위원회 정책평가위원 2006년 同소비자본부장 2007~2009년 同소비자정책국장 2010년 금융감독원 금융소비자자문위원 2012년 한국금융소비자학회 회장 2014년 인하대 사회과학대학 소비자학과 교수(현) (저)'가정경제학'(共) '가계재정'(共) '소비자학의 이해'(共) '복지국가와 가족정책'(1995) '세계화시대의 사회통합'(1998)

윤정환(尹晶煥) YOON Jung Hwan

(생)1963 · 11 · 13 (주)서울특별시 종로구 대학로 101 서울대학교병원 내과(02-2072-2731) (학)1982년 대구고졸 1988년 서울대 의대졸 1992년 同대학원 의학석사 1997년 의학박사(서울대) (경)1988년 서울대병원 수련의 1989년 同내과전공의 1995년 同내과전임의 1997년 同내과 외래진료의 1998~2010년 서울대 의대 내과학교실 조교수 · 부교수 2001~2003년 Mayo Medical School Clinic and Foundatio Research Fellow 2010년 서울대 의대 내과학교실 교수(현) 2010년 대한간학회 학술이사 2010년 서울대병원 간연구소장 2018년 同내과 과장(현)

윤제균 Yoon Jekyun

(생)1969 · 5 · 14 (출)부산 (주)서울특별시 강남구 논현로142길 5 JK필름(02-517-9904) (학)1988년 사직고졸 1996년 고려대 경제학과졸 (경)JK필름 소속 영화감독(현) 2009년 LG애드 전략기획팀 근무, 同광고 카피라이터, 심마니 엔터펀트 기획, 한국인터넷진흥원 118 홍보대사, 남해지방해양경찰청 명예 홍보대사 2010년 제9회 미쟝센단편영화제 코미디부문 심사위원 2010년 클린콘텐츠 홍보대사 2010년 제2회 대한민국서울문화예술대상 심사위원장 2015년 한국해양대 제1호 명예선장(현) (상)세계 인터넷 광고 공모전 최고상(1997), 태창흥업 주최 시나리오 공모전 대상(1999), 제18회 부일영화상 최우수감독상 · 각본상(2009), 제18회 부일영화상 각본상(2009), 제46회 대종상영화제 기획상(2009), 제12회 디렉터스 컷 어워드 올해의 제작자상(2009), 제7회 맥스무비 최고의 영화상 최고의 감독상(2010), 제1회 서울문화예술대상 영화감독부문 대상(2010), 제46회 백상예술대상 영화부문 대상(2010), 제3회 한국문화산업대상 개인부문 수상(2010), 자랑스런 고대인상(2015), 제52회 대종상영화제 최우수작품상 · 감독상(2015), 아름다운예술인상 대상(2015) (작)영화 각본 · 연출 '두사부일체'(2001) 영화 각본 · 감독 · 기획 · 제작 '색즉시공'(2002) 영화 각본 · 연출 · 제작 '낭만자객'(2003), '해운대'(2009) 영화 연출 · 제작 '1번가의 기적'(2007) 영화 각본 · 제작 '하모니'(2010) 영화 각색 · 제작 '퀵'(2011), '댄싱퀸'(2012), '협상'(2018) 영화 기획 '7광구'(2011) 영화 연출 '템플 스테이'(2012) 영화 제작 · 연출 · 각색 '국제시장'(2014) 영화 제작 · 각색 '히말라야'(2015), '공조'(2017) 영화 제작 '그것만이 내 세상'(2017)

윤제용(尹齊鏞) Yoon, Jeyong

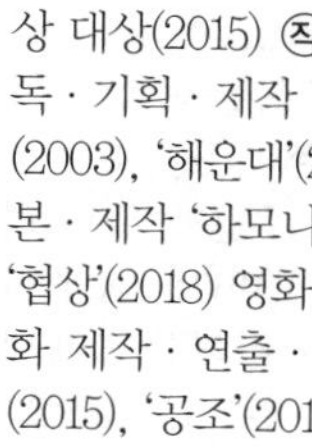

(생)1961 · 10 · 17 (본)파평(坡平) (출)서울 (주)서울특별시 관악구 관악로 1 서울대학교 공과대학 화학생물공학부(02-880-8927) (학)1980년 서라벌고졸 1984년 서울대 공업화학과졸 1986년 同대학원 공업화학과졸 1990년 미국 노스캐롤라이나주립대 대학원 환경공학과졸 1993년 환경공학박사(미국 뉴욕주립대) (경)1985년 서울대 환경안전연구소 연구원 1988년 同환경계획연구소 연구원 1988~1990년 미국 노스캐롤라이나주립대 연구원 1991~1993년 미국 뉴욕주립대 연구원 1993~1999년 아주대 환경공학과 조교수 · 부교수 1995년 환경마크협회 환경마크심의위원 1995~1996년 공업진흥청 ISO환경분석방법 심사위원 1999년 서울대 공대 화학생물공학부 조교수 · 부교수 · 교수(현) 2000~2001년 대통령자문 국가지속가능발전위원회 수자원분과 위원 2001년 (사)시민환경연구소 이사 2005~2008년 수도연구회 회장 2005~2006년 미국 몬타나생물막공학연구소 방문교수 2007~2008년 (사)시민환경연구소 소장 2011~2013년 서울대 공과대학 학생부학장 2013~2016년 국경없는과학기술자회 회장 2015~2016년 국가과학기술심의회 에너지 · 환경전문위원회 위원 2015년 (사)적정기술학회 공동회장 2018년 한국공학한림원 회원(화학생명공학 · 현) 2018년 한국환경정책 · 평가연구원(KEI) 원장(현) (상)환경부장관표창, 대통령표창(2004)

윤제철(尹濟哲) YOON Je Chul

(생)1947 · 12 · 28 (본)파평(坡平) (출)경기 (주)인천광역시 부평구 체육관로 30 이리옴프라자 9층 로맥세무회계사무소(032-519-2981) (학)1966년 서울대사대부고졸 1970년 서울대 경영학과졸 2008년 동국대 경영대학원 경영학과졸(석사) (경)1973~1976년 한양투자금융(주) 근무 1976~1986년 한양건설(주) 입사 · 상무이사 1986년 진로그룹 입사 · 상무이사 1995~1997년 (주)영원무역 해외사업본부장 1998~2005년 한국자산관리공사 본부장 2005~2011년 삼정KPMG그룹 부회장 2010~2015년 (주)대우인터내셔널 사외이사 겸 감사위원장 2010~2013년 동국대 회계학과 겸임교수 2011~2012년(사)대불 이사장 2013~2015년 불교방송 감사 2013년 로맥세무회계사무소 대표(현) 2014년 (주)영원무역 사외이사(현) 2016년 대한유도회 감사(현) (상)금융감독위원장표창(1999), 재정경제부장관표창(2002) (저)'외환위기는 끝났는가'(2007) (종)불교

윤제춘(尹堤春) YUN Jei Choon

(생)1961 · 11 · 18 (본)파평(坡平) (출)전북 (주)전라북도 전주시 완산구 마전중앙로 30 한국방송공사 전주방송총국(063-270-7101) (학)1979년 전주고졸 1984년 서울대 정치학과졸 1986년 同행정대학원 정책학과 중퇴 2013년 중앙대 신문방송대학원졸 (경)1986년 조흥은행 영업부 근무 1988년 한국방송공사(KBS) 보도국 외신부 · 사회부 · 문화부 · 편집부 기자 2001년 한국방송문화연구원 기자 2001년 한국방송공사(KBS) 보도제작국 기자(경제전망대 제작) 2002년 同정치부 차장대우 2006년 同워싱턴지국 특파원(부장) 2006년 同워싱턴지국장(팀장) 2010년 同보도국 라디오뉴스제작팀장 2010년 同보도본부 보도국 라디오뉴스제작부장 2011년 同보도본부 시사제작국 탐사제작부장 2013년 同보도본부 해설위원 2014년 同'특파원 현장보고' 앵커 2015년 同보도본부 해설위원(국장급) 2018년 同전주방송총국장(현) 2019년 육군 35사단 자문위원(현) (종)기독교

윤종건(尹鍾建) YUN JONG GEON

(생)1966 · 1 · 18 (본)파평(坡平) (출)경남 창녕 (주)세종특별자치시 국세청로 8-14 국세청 법인납세국 소비세과(044-204-3371) (학)1983년 마산고졸 1991년 경성대 경영학과졸 (경)1993년 국세공무원 임용(7급 공채) 2000년 세무주사 승진, 중부지방국세청 조사1국 근무, 국세청 조사2과 근무, 同세원정보과 근무, 서울지방국세청 조사4국 근무 2009년 사무관 승진 2011년 서울 남대문세무서 재산법인세과장, 국세청 대변인실 사무관 2014년 同대변인실 서기관 2015년 부산 동래세무서장 2016년 서울지방국세청 조사3국 조사관리과장 2017년 국세청 자산과세국 자본거래관리과장 2017년 同법인납세국 소비세과장(서기관) 2019년 同법인납세국 소비세과장(부이사관)(현)

윤종구(尹鍾九) YOON Jong Koo

(생)1963·3·13 (출)경북 영천 (주)서울특별시 서초구 서초중앙로 157 서울고등법원(02-530-1114) (학)1982년 계성고졸 1986년 서울대 법과대학졸 1988년 대구대 대학원 법학과졸 2003년 독일 베를린자유대 연수 (경)1989년 사법시험 합격(31회) 1992년 사법연수원 수료(21기) 1992년 수원지법 판사 1994년 서울민사지법 판사 1996년 광주지법(영광군법원·장성군법원) 판사, 서울지법 남부지원 판사 2001년 서울지법 판사 2004년 법원행정처 법정심의관 2005년 서울중앙지법 파산부 판사 2006년 법원행정처 기획조정실 판사 2006년 서울고법 판사 2007년 대구지법 부장판사 2008년 대법원 재판연구관 2010년 수원지법 부장판사 2011년 서울동부지법 형사11부 부장판사 2013년 서울중앙지법 형사31부·민사합의31부 부장판사 2014년 부산고법 창원재판부 부장판사 2016년 서울고법 부장판사(현)

윤종규(尹鍾圭) Yoon Jong Kyoo

(생)1955·10·13 (출)전남 나주 (주)서울특별시 영등포구 국제금융로8길 26 KB금융지주 비서실(02-2073-7000) (학)1974년 광주상고졸 1982년 성균관대 경영학과졸 1985년 서울대 대학원 경영학과졸 1999년 경영학박사(성균관대) 1999년 미국 하버드대 경영대학원 PWC International Business Program 수료 2004년 한국방송통신대 법률학과졸 (경)1973~1980년 한국외환은행 행원 1980년 공인회계사 합격 1981년 행정고시 합격 1986~1988년 Coopers & Lybrand Tokyo Office 교환근무 1986년 미국 공인회계사 등록 1992년 한국공인회계사회 기업회계연구위원 1994년 同장기발전특별위원회 실무위원 1995년 성균관대 강사·겸임교수 1998년 동아건설 Workout Project 총괄책임자 1998년 삼일회계법인 전무이사 1999~2002년 同부대표 2001년 예금보험공사 운영위원 2002년 국민은행 재무본부장(부행장) 2004년 同개인금융그룹 대표(부행장) 2005년 성균관대 초빙교수 2005~2010년 김&장법률사무소 상임고문(회계사) 2005년 인천항만공사 항만위원 2006~2008년 KT 사외이사 겸 감사위원 2010~2013년 KB금융지주 최고재무책임자(CFO·부사장) 2010~2013년 KB국민은행 기타비상무이사 2014년 KB금융지주 대표이사 회장(현) 2014~2017년 KB국민은행장 겸임 (상)재정경제부장관표창, 한국상장회사협의회 감사대상 외부감사인상, 성균관대 경영대학 자랑스러운 동문상(2013), 대한민국 금융혁신대상 경영혁신대상(2015), 금융감독원장표창(2015), 이데일리 대한민국금융산업대상 금융위원장상(2016), 대한민국금융대상 올해의 금융인상(2016), 자랑스러운 성균인상(2017), 한국능률협회 한국의 경영자(2019) (종)기독교

윤종기(尹宗基) Yoon Jong Key

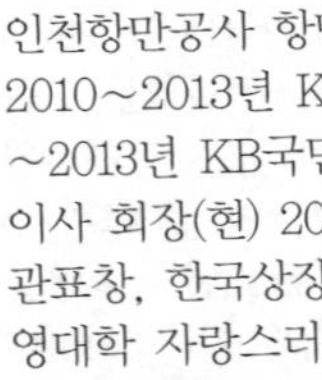

(생)1959·4·10 (출)전남 고흥 (주)강원도 원주시 혁신로 2 도로교통공단(033-749-5000) (학)1978년 광주 인성고졸 1983년 동국대 경찰행정학과졸 2007년 고려대 정책대학원 행정학과졸 (경)1983년 경위 임용 1999년 경찰특공대장 2002년 충남지방경찰청 경비교통과장 2003년 충남 서천경찰서장 2004년 서울지방경찰청 제1기동대장 2006년 서울 혜화경찰서장 2007년 서울지방경찰청 경비2과장 2008년 同교통안전과장 2010년 충북지방경찰청 차장 2011년 서울지방경찰청 경비부장 2013년 同차장(치안감) 2013년 충북지방경찰청장 2014~2015년 인천지방경찰청장(치안정감) 2016년 더불어민주당 인천연수乙지역위원회 위원장 2016년 제20대 국회의원선거 출마(인천 연수구乙, 더불어민주당) 2016년 더불어민주당 중앙당 정책위원회 부의장 2018년 도로교통공단 제15대 이사장(현) (상)대한민국경제리더대상 리더십경영부문(2018)

윤종남(尹鍾南) YOON Jong Nam

(생)1948·8·12 (본)파평(坡平) (출)충남 천안 (주)서울특별시 서초구 반포대로34길 14 정명빌딩 301호 법률사무소 청평(02-599-9977) (학)1973년 연세대 법대졸 (경)1974년 사법시험 합격(16회) 1976년 사법연수원 수료(6기) 1976년 부산지검 검사 1979년 대구지검 검사 1981년 서울지검 검사 1983년 수원지검 검사 1985년 해외 연수 1986년 법무연수원 연구관 1988년 춘천지검 속초지청장 1989년 대전지검 부장검사 1990년 광주지검 강력부장 1991년 법무부 조사과장 1993년 부산지검 강력부장 1993년 서울지검 북부지청 형사3부장 1995년 대검 감찰2과장 1996년 서울지검 형사2부장 1996년 同형사1부장 1997년 부산지검 동부지청 차장검사 1998년 서울지검 서부지청 차장검사 1999년 同북부지청장 2000년 부산고검 차장검사 2001년 제주지검 검사장 2002년 대검찰청 공판송무부장 2002년 법무부 보호국장 2003년 수원지검장 2004년 서울남부지검장 2005년 변호사 개업 2008년 법무법인 이우 대표변호사 2009년 법무법인 두우&이우 대표변호사 2010년 同고문변호사 2011년 법률사무소 청평 대표변호사(현) 2013년 하나대투증권 사외이사 2014~2018년 하나금융지주 사외이사 2015~2018년 同이사회 의장 (상)홍조근정훈장 (저)'美國의 警察制度' '미국 연방법무부의 조직과 기능' '소년교도소의 運營實態와 改善方案' (종)기독교

윤종록(尹宗錄) Yoon Jong-lok

(생)1957·12·17 (출)광주 (주)경기도 성남시 수정구 성남대로 1342 가천대학교 컴퓨터공학과(031-750-5768) (학)1975년 광주고졸 1980년 한국항공대 항공통신공학과졸 1992년 연세대 산업대학원 전자공학과졸 1996년 미국 미시간주립대 전자통신과 수료 2003년 서울대 최고경영자과정 수료 (경)1980년 기술고등고시 합격(15회) 2001년 (주)KT e-Biz사업본부장(상무) 2003년 同마케팅기획본부장(전무) 2003년 同기술본부장(전무) 2003년 한국정보통신기술협회 표준총회 의장 2004년 (주)KT 신사업기획본부장 2005년 同성장전략부문장 2005년 同R&D부문장 겸 인프라연구소장(부사장) 2005년 한국정보통신산업협회 초대회장 2006~2008년 (주)KT 성장사업부문장(부사장) 2008~2009년 한국통신학회 비상근부회장 2008년 한국디지털미디어산업협회 부회장 2012년 연세대 미래융합기술연구소 연구교수 2013년 제18대 대통령직인수위원회 교육·과학분과 전문위원 2013~2015년 미래창조과학부 제2차관 2015~2018년 정보통신산업진흥원 원장 2015년 세계경제포럼 Creative Economy 분과위원 2018년 가천대 컴퓨터공학과 석좌교수(현) (상)산업포장(2003), 대한민국창조경영인상(2007) (저)'호모디지쿠스로 진화하라'(2009) '후츠파로 일어서라'(2013) '이매지노베이션'(2015) (역)'창업국가(Start-Up Nation)'(2010) (종)천주교

윤종명(尹鍾鳴) YOON Jong Myeong

(생)1956·12·21 (출)충남 부여 (주)대전광역시 서구 둔산로 100 대전광역시의회(042-270-5170) (학)충북대 산업대학원 건설공학과(토목전공)졸 (경)광명토건(주) 대표, 화인종합건설(주) 대표, (주)어울림 대표이사, 대전 동구 가양2동주민자치위원회 위원장 2007년 대전시의원선거 출마(재·보궐선거, 국민중심당), 더불어민주당 중앙당 정책위원회 부의장 2018년 대전시의회 의원(더불어민주당)(현) (상)안전행정부장관표창(2013), 대전시장표창(2017)

윤종민(尹鍾玟) YOON Jong Min

(생)1960·11·28 (출)대구 (주)서울특별시 송파구 올림픽로 300 롯데지주(주) 경영전략실(02-771-2500) (학)청구고졸, 서울대 철학과졸, 중앙대 대학원 글로벌인적자원개발학과졸 (경)1985년 롯데그룹 입사 2003년 롯데쇼핑(주) 이사대우 2005년 롯데제과(주) 인사제도담당 이사 2008년 롯데그

롭 정책본부 상무 2009년 同정책본부 인사팀장(상무) 2011년 同정책본부 인사팀장(전무) 2014년 同정책본부 인사실장(부사장) 2017년 同경영혁신실 HR혁신팀장(사장) 2017년 롯데지주(주) HR혁신실장(사장) 2019년 同경영전략실장(사장)(현)

윤종서(尹鍾瑞)

(생)1973·12·9 (출)부산 (주)부산광역시 중구 중구로 120 중구청 구청장실(051-600-4001) (학)부산남고졸, 동아대 경영대학원 경영학 석사과정 재학 중 (경)FC푸드 회장, 민주평통 자문위원 2013~2018년 부산 중구청년연합회 회장 2018년 경남중·고등학교총동창회 부회장(현) 2018년 더불어민주당 부산시당 해양수도특별위원회 부위원장 2018년 부산 중구청장(더불어민주당)(현), 더불어민주당 중앙당 정책위원회 부의장(현)

윤종석(尹鍾碩) YUN Jong-seok

(생)1966·3·5 (본)파평(坡平) (출)경북 영덕 (주)세종특별자치시 갈매로 408 정부세종청사 14-1동 해외문화홍보원(044-203-3300) (학)1988년 서울대 독어교육과졸 1990년 同대학원 교육학과졸(석사) 1997년 독일 베를린자유대 대학원 미디어학과 수료 (경)1988년 서울 용산고 교사 1991~1997년 공보처 행정사무관 1998년 문화관광부 행정사무관 1999~2002년 국정홍보처 홍보기획국 기획관리과 서기관 2003~2006년 駐독일 한국대사관 문화홍보관 2007년 국정홍보처 미디어지원단 정책광고팀장 2008년 문화체육관광부 외신과장 2009년 同홍보콘텐츠정책관실 홍보콘텐츠기획과장 2009년 同관광산업국 녹색관광과장 2011년 同홍보지원국 홍보콘텐츠기획관실 정책광고과장 2012~2016년 駐독일대사관 공사참사관 겸 한국문화원장(공위공무원) 2016년 문화체육관광부 국민소통실 홍보콘텐츠기획관실 뉴미디어홍보지원과장 2017~2019년 대통령비서실 행정관(부이사관) 2019년 해외문화홍보원 駐오스트리아 문화홍보관(현) (상)외교통상부장관표창(2005), 근정포장(2011) (역)'위험사회와 새로운 자본주의'(2008, 한울) '국가이미지 전쟁'(2008, 커뮤니케이션북스) '흔들리는 세계의 축-포스트 아메리칸 월드'(2008, 베가북스) '글로벌 트렌드 2025'(2009, 예문) '세상을 만드는 커뮤니케이션'(2009, 한울) 등 10여권

윤종섭(尹鍾燮) YOON Jong Sup

(생)1970·6·26 (출)경남 거제 (주)서울특별시 서초구 서초중앙로 157 서울중앙지방법원(02-530-1114) (학)1989년 진주고졸 1993년 경희대 법학과졸 (경)1994년 사법시험 합격(36회) 1997년 사법연수원 수료(26기) 2000년 청주지법 판사 2003년 서울지법 의정부지원 판사 2004년 의정부지법 판사 2006년 서울중앙지법 판사 2008년 서울고법 판사 2010년 서울가정법원 판사 2012년 춘천지법 부장판사 2014년 수원지법 부장판사 2016년 서울중앙지법 부장판사(현)

윤종수(尹鍾洙) YOON Jong Soo

(생)1958·8·13 (출)충북 제천 (주)인천광역시 연수구 송도과학로 85 연세대학교 국제캠퍼스 자유관 A 205호 유엔지속가능발전센터(UNOSD)(032-822-9088) (학)1982년 서울대 영어영문학과졸 1987년 同행정대학원졸 (경)1982년 행정고시 합격(26회) 1996년 환경부 법무담당 서기관 1997년 同장관비서관 1998년 同폐기물자원국 폐기물재활용과장 1998~2001년 駐유엔대표부 참사관 2001년 환경부 국제협력관실 지구환경담당관 2001년 同폐기물자원국 폐기물정책과장 2002년 同기획관리실 기획예산담당관 2002년 同총무과장 2003년 同공보관 2004년 同폐기물자원국장 2005년 同자원순환국장 2006년 중앙공무원교육원 파견 2007년 환경부 상하수도국장 2008년 同환경전략실 기후대기정책관 2009년 同환경정책실 기후대기정책관 2010년 同환경정책실장 2011~2013년 同차관 2013년 유엔지속가능발전센터(UN-OSD) 소장(현) (상)국무총리표창, 대통령표창(2006), 홍조근정훈장(2007), 지속가능발전대상(2012) (종)기독교

윤종수(尹鍾洙)

(생)1964·5·15 (주)경상남도 창원시 의창구 중앙대로 166 창원상공회의소 회원지원본부(055-210-3026) (학)1990년 경남대 경제학과졸 2004년 창원대 대학원 경영학과졸 2007년 경영학박사(창원대) (경)1989년 창원상공회의소 전산정보팀장·기업지원부장·조사연구팀장 2018년 同회원지원본부장(현) 2019년 연합뉴스 경남취재본부 콘텐츠자문위원(현)

윤종수(尹鍾秀) Yoon Jong Soo

(생)1964·10·17 (출)경기 부천 (주)서울특별시 중구 남대문로 63 한진빌딩 법무법인 광장(02-6386-6601) (학)1983년 홍익대사대부고졸 1987년 서울대 법학과졸 1989년 서울시립대 대학원 법학과졸 (경)1990년 사법시험 합격(32회) 1993년 사법연수원 수료(22기) 1993년 부산지법 판사 1996년 同동부지원 판사 1997년 수원지법 성남지원 판사 1997년 천리안 AV동호회 회장 2000년 서울지법 판사 2002년 同북부지원 판사 2004년 서울고법 판사 2005년 (사)크리에이티브커먼즈코리아(CCKorea) 설립자 2006년 서울북부지법 판사 2008년 대전지법 논산지원장 2010년 인천지법 형사4부·민사16부 부장판사 2009~2015년 한국저작권위원회 위원 2011년 한국정보법학회 부회장(현) 2011~2017년 콘텐츠분쟁조정위원회 위원 2012~2014년 서울북부지법 부장판사 2014년 카카오 정보보호 자문위원(현) 2014~2016년 (사)한국지적재산권변호사협회 부회장 2014년 크리에이티브 커먼즈(Creative Commons) 이사(현) 2014~2016년 법무법인 세종 파트너변호사 2015년 개인정보보호위원회 정책자문위원(현) 2015년 공공데이터전략위원회 위원(현) 2015~2017년 방송통신위원회 고객정책대표자회의 위원 2016년 법무법인 광장 변호사(현)

윤종식 YOON JONG SIK

(생)1961·9·26 (주)경기도 용인시 기흥구 삼성로 1 삼성전자(주) Foundry기술개발실(031-209-7114) (학)1984년 한양대졸 1987년 미국 캘리포니아대 로스앤젤레스교(UCLA) 대학원 재료공학과졸 1991년 재료공학박사(미국 UCLA) (경)삼성전자(주) 시스템LSI사업부 TD팀장, 同시스템LSI사업부 TD팀 연구위원(상무) 2011년 同반도체연구소 연구위원(전무) 2014년 同시스템LSI사업부 Foundry사업팀 연구위원(전무) 2015~2017년 同시스템 LSI사업부 Foundry사업팀장(부사장) 2017년 同Foundry기술개발실장(부사장)(현) (상)자랑스런 삼성인상 기술상(2010)

윤종언(尹鍾彦) YOON Jong On

(생)1955·11·13 (출)대구 (주)충청남도 천안시 서북구 직산읍 직산로 136 충남테크노파크 원장실(041-589-0600) (학)경북고졸 1980년 서울대 경영학과졸 1983년 同대학원 경영학과졸 2002년 경영학박사(일본 나고야대) (경)한국과학기술연구소 근무 1986년 과학기술정책연구소 연구원 1988년 삼성경제연구소 산업연구실 선임연구원 1992년 同산업2팀장 1994년 同산업연구실장 1998년 同경영전략실장 1999년 同기술산업실장(상무보) 2003년 同기술산업실장(상무이사) 2012년 인제대 교수 2013년 부산테크노파크 정책기획단장 2017년 충남테크노파크 원장(현)

윤종연(尹鍾淵) Jong Yeon Yoon

(생)1962·6·4 (출)경기 (주)서울특별시 강남구 테헤란로 223 큰길타워 한국도시가스협회 임원실(02-567-7230) (학)1981년 광성고졸 1988년 연세대 경제학과졸 1996년 同대학원 경영학과졸 2003년 미국 플로리다대 대학원 경제학과졸 (경)1988년 행정고시 합격(32회) 1989년 상공부 산업정책국 산업환경과 근무 1998년 산업자원부 섬유생활산업과 서기관 2000년 同투자정책과 서기관 2004년 同신재생에너지과장 2006년 同지역혁신지원담당관 2006년 유엔 무역개발회의 파견 2010년 지식경제부 무역정책과장 2012년 同한국형헬기개발사업단 부장 2013년 同방산물자교역지원센터장 2013년 駐이탈리아 공사 겸 영사 2015년 산업통상자원부 적합성정책국장 2017년 한국도시가스협회 상근부회장(현)

윤종열(尹鍾烈) YUN Jong Yul

(생)1960·12·13 (출)충남 천안 (주)서울특별시 종로구 율곡로 6 트윈트리타워B 서울경제신문 지방취재총괄본부(02-724-8600) (학)1987년 단국대졸 법학과졸 (경)1988년 서울경제신문 사회문화부 기자 2000년 同사회문화부 차장대우 2002년 同사회부장 직대 2003년 同사회문화부장 직대(차장) 2004~2005년 同편집국 부동산부 부장대우 2006년 법률신문 편집국장 2008년 서울경제신문 사회부 수도권취재본부장 2010년 同사회부 지방취재총괄본부장(부장) 2011년 同사회부 지방취재총괄본부장(부국장대우) 2016년 同편집국 사회부장(부국장) 2017년 同사회부 지방취재총괄본부장(현) 2019년 경기도광역주거복지센터 운영위원(현)

윤종용(尹鍾龍) YUN Jong Yong

(생)1944·1·21 (출)경북 영천 (주)서울특별시 강남구 테헤란로52길 21 파라다이스벤처빌딩 한국공학교육인증원(02-6261-3001) (학)1962년 경북사대부고졸 1966년 서울대 공대 전자공학과졸 1988년 미국 매사추세츠공과대(MIT) Sloan School Senior Executive과정 수료, 同경영대학원 최고경영자과정 수료 (경)1966년 삼성그룹 입사 1977년 삼성전자공업(주) 동경지점장 1979년 同기획조정실장 1980년 同TV사업부장(이사) 1981년 同VIDEO사업부장 1984년 同상무이사 1985년 삼성전자(주) 종합연구소장 1988년 同전자부문 부사장 1990년 同가전부문 대표이사 1992년 同가전부문 대표이사 사장 1992년 삼성전기(주) 대표이사 사장 1993년 삼성전관(주) 대표이사 사장 1995~1996년 삼성그룹 일본본사 대표이사 사장 1996년 同전자소그룹장 1996~1999년 삼성전자(주) 총괄사장 1998년 한국공학한림원 이사장 1998년 同최고경영인평의회 의장 1998년 대한전자공학회 회장 1999~2008년 삼성전자(주) 대표이사 부회장 2000년 한국정보산업연합회 회장·명예회장(현) 2000년 미국 Business Week 'The Top Managers of the Year' 선정 2000년 미국 Fortune 'Asia's Business of the Year' 선정 2000년 미국 Business Week '아시아의 스타 경영자 50인' 선정 2001년 월드사이버게임즈조직위원회 공동조직위원장 2002년 한국공학교육인증원 이사장(현) 2004년 미국 Business Week 'The Best Managers of the Year' 17인 선정 2004년 미국 Fortune 'Asia's Most Powerful People in Business' 5위 선정 2004~2012년 한국전자산업진흥회·한국전자정보통신산업진흥회 회장 2004년 서울대 경영대학 초빙교수 2004·2006·2008~2010년 한국공학한림원 회장 2005년 대구경북과학기술원 이사장·비상임이사 2005~2009년 대·중소기업협력재단 이사장 2005년 국가이미지 홍보대사 2005년 미국 투자잡지 배런스 선정 '세계 30대 CEO(최고경영자)' 2005년 과학기술부 미래국가유망기술위원회 대표공동위원장 2005년 대통령직속 국가과학기술위원회 민간위원 2005년 미국 Fortune 선정 '영향력 큰 아시아 기업인 1위' 2006년 고려대 경영대학 겸임교수 2006년 삼성 전략기획위원회 위원 2006년 서울대·한국공학한림원 선정 '한국을 일으킨 엔지니어 60인' 2007년 미국 경제주간지 배런스 선정 '세계 30대 최고 기업지도자' 2008년 삼성전자(주) 상임고문·고문 2008년 국제전기전자기술자협회(IEEE) 명예회원(현) 2009년 새만금 명예자문관(현) 2010년 Harvard Business Review 'The Best-Performing CEOs in the World' 2위 선정 2011~2015년 대통령소속 국가지식재산위원회 위원장(초대·2대) (상)동탑산업훈장(1990), 금탑산업훈장(1992), 한국능률협회 최고경영자상(1992), 미국산업공학회 최고경영자상(1998), 한국능률협회 한국경영자상(1999), 인촌상(2000), 세계적가치공학(VE)전문단체 공로상(2001), 신산업경영대상 올해의 신산업경영인 선정(2002), 정보통신부장관표창, CNBC 아시아비지니스리더상(2002), 과학기술훈장 창조장(2003), 한국경영인협회 가장 존경받는 기업인상(2004), 헝가리 십자공로훈장(2005), 250억불 수출의탑, 한국경제를 빛낸 최고경영자(CEO) 1위 선정, 산업자원부장관표창(2005), 400억불 수출의탑(2005), 자랑스러운 서울대인(2007) (저)'초일류로 가는 생각'(2004) (종)불교

윤종웅(尹鍾雄) YOON Jong Woong

(생)1950·1·13 (본)파평(坡平) (출)충남 공주 (주)서울특별시 강남구 영동대로114길 5 (주)이브자리(02-6490-3100) (학)1969년 충남고졸 1973년 국민대 경제학과졸, 연세대 경영대학원 최고경영자과정(AMP) 수료, 고려대 언론대학원 수료 2005년 명예 경영학박사(공주대) (경)1975년 조선맥주(주) 입사 1979년 同과장 1983년 同경리부 차장 1985년 同경리부장 1988년 동서유리공업(주) 상무이사 1991년 조선맥주(주) 상무이사 1996년 同전무이사 1997년 YTN 감사 1998년 하이트맥주 전무이사 1999~2007년 同대표이사 사장 2003년 한국광고주협회 감사 2007~2011년 진로(주) 대표이사 사장 2011~2013년 하이트진로(주) 경영고문(비상근이사) 2011~2018년 국민대총동문회 회장 2013~2018년 (주)이브자리 부회장 2013년 학교법인 국민학원 이사(현) 2018년 (주)이브자리 공동대표이사 부회장(현) (상)연세 최고경영인상(2000·2005), 제11회 국민인의상(2000), 한국능률협회컨설팅 2005 대한민국마케팅대상 최고경영자상(2005), 제1회 CEO그랑프리 음식료부문(2006), 제1회 한국경제를 빛낸 경영인대상(2007), 자랑스런 충청인대상(2009), 은탑산업훈장(2011)

윤종인(尹鍾寅) YOON Jong In

(생)1964·11·15 (출)충남 홍성 (주)세종특별자치시 정부2청사로 13 행정안전부 차관실(044-205-1100) (학)1983년 상문고졸 1988년 서울대 서양사학과졸 1995년 同대학원 행정학과졸 2003년 행정학박사(미국 조지아대) (경)1988년 행정고시 합격(31회) 1997년 총무처 조직기획과 서기관 2003년 행정자치부 행정관리국 행정제도과장 2004년 同조직진단과장 2004년 同혁신평가과장 2005년 同혁신평가팀장(부이사관) 2006년 同정부혁신본부 부본부장 겸 혁신전략팀장 2007년 아산시 부시장(고위공무원) 2008년 행정안전부 자치제도기획관 2010년 한국지방행정연구원 파견(고위공무원) 2010년 駐미국대사관 파견(고위공무원) 2014년 안전행정부 창조정부기획관 2014년 대통령 정무수석비서관실 행정자치비서관 2016년 충남도 행정부지사 2016년 행정자치부 창조정부조직실장 2017년 행정안전부 정부혁신조직실장 2017년 同지방자치분권실장 2018년 대통령소속 개인정보보호위원회 상임위원 2018년 행정안전부 차관(현) 2019년 한·아세안공공행정협력단장(현)

윤종진

(생)1964·2 (주)서울특별시 종로구 종로3길 33 (주)KT 광화문빌딩 East 홍보실(02-3495-3000) (학)서강대 신문방송학과졸 (경)삼성전자 홍보팀 근무, SK텔레콤 홍보실 홍보기획팀장, (주)KT Rental IMC본부장, 同비서실 3담당 2016년 同홍보실장(전무) 2018년 同홍보실장(부사장)(현)

윤종진(尹鍾鎭) Yoon Jong Jin

(생)1967 · 2 · 27 (본)파평(坡平) (출)경북 포항 (주)경상북도 안동시 풍천면 도청대로 455 경상북도청 행정부지사실(054-880-2010) (학)1986년 포항고졸 1990년 연세대 행정학과졸 2004년 미국 플로리다주립대 대학원 행정학과졸 2009년 연세대 대학원 행정학과 수료 (경)1991년 행정고시 합격(34회) 1992년 내무부 사무관 1992~1996년 경기도 지방공무원교육원 · 산업정책과 사무관 1997년 내무부 주민과 파견 1998년 행정자치부 재난관리과 사무관 2000년 同기획예산담당관실 서기관 2002년 同전자민원서류 위 · 변조대책반장 2004년 정부혁신세계포럼준비기획단 기획팀장 2005년 행정자치부 전자정부제도팀장 2006년 同지방혁신전략팀장 2007년 同재정정책팀장 2008년 대통령실 국정기획수석실 행정관 2009년 행정안전부 자치제도과장 2010년 同자치행정과장 2010년 경북도 기획조정실장(고위공무원) 2013년 안전행정부 윤리복무관 2014년 駐미국대사관 공사참사관(고위공무원) 2016년 행정자치부 대변인 2016년 대통령 인사수석비서관실 인사혁신비서관 2017년 행정자치부 자치제도정책관 2017년 행정안전부 자치분권정책관 2018년 경북도 행정부지사(현) 2019년 대구경북통합신공항추진단(T/F) 단장(현) (상)녹조근정훈장(2005)

윤종진(尹鍾振)

(출)경북 고령 (주)대구광역시 수성구 무학로 227 대구지방경찰청 경무과(053-804-7031) (학)능인고졸, 경북대 법학과졸, 同법학대학원졸 (경)1993년 경위 임용(경찰간부후보 41기) 1999년 경감 승진 2004년 경정 승진 2008년 대구지방경찰청 경무과 기획예산계장 2010년 同경무과 경무계장 2011년 同청문감사담당관실 감찰계장 2013년 同여성청소년과장 2014년 총경 승진 2014년 경북 영양경찰서장 2015년 대구지방경찰청 경무과장 2016년 대구남부경찰서장 2017년 대구지방경찰청 정보화장비과장 2018년 대구중부경찰서장 2019년 대구지방경찰청 경무과장(현)

윤종필(尹鍾畢 · 女) YOON Jong Pil

(생)1953 (출)경북 고령 (주)서울특별시 영등포구 의사당대로 1 국회 의원회관 605호(02-747-1388) (학)1971년 대구 경북여고졸 1976년 국군간호사관학교졸(17기) 1996년 동국대 행정대학원졸 2005년 서울대 보건대학원 보건의료정책최고관리자과정 수료 (경)1976년 간호장교 임관(소위) 1991년 일동병원 간호부장 1993년 육군본부 인사운영감실 간호보직장교 1995년 양주병원 간호부장 1997년 대구병원 간호부장 1999년 국군간호사관학교 교수부장 2001년 국방부 보건과 건강증진담당 2003년 의무사령부 의료관리실장 2005~2007년 국군간호사관학교 학교장(준장) 2008~2014년 대한간호협회 이사 2009~2016년 청소년흡연음주예방협회 회장 2009~2015년 대한민국재향군인회 이사 2014~2016년 국군간호사관학교 총동창회장 2016년 제20대 국회의원(비례대표, 새누리당 · 자유한국당〈2017.2〉)(현) 2016 · 2018년 국회 보건복지위원회 위원(현) 2016~2018년 국회 여성가족위원회 간사 2016~2017년 국회 저출산 · 고령화대책특별위원회 위원 2017년 자유한국당 경기성남분당甲당원협의회 운영위원장(현) 2017년 同제19대 홍준표 대통령후보 중앙선거대책본부 여성본부 공동본부장 2017년 同여성위원회 위원장 2017년 同북핵위기대응특별위원회 위원 2018년 국회 여성가족위원회 위원(현) (상)보건복지부장관표창(2002), 대통령표창(2002), 의무사령관표창(2004), 국방부장관표창(2005), 플로렌스 나이팅게일 기장(2007), 2016 입법 및 정책개발 우수국회의원(2017), 2018 입법및정책개발 우수국회의원(2019), 2019 대한민국공헌대상 입법부문 입법대상(2019) (종)불교

윤종훈(尹鍾薰) YOUN Jong Hoon

(생)1961 · 3 · 27 (출)인천 (주)서울특별시 중구 퇴계로 100 한국투자공사 감사실(02-2179-1000) (학)1979년 장충고졸 1990년 연세대 경제학과졸 (경)1990년 공인회계사 합격 1990~1992년 산동회계법인 근무 1992~1994년 삼일회계법인 근무 1994~2008년 윤종훈세무회계사무소 대표 1996~2001년 참여연대 조세개혁팀장 1998년 재정경제부 세제발전심의위원회 위원 1999~2000년 성공회대 외래교수 1999~2001년 참여연대 감사 2002~2004년 同조세개혁센터 실행위원 2003년 노무현 대통령당선인 대통령직인수위원회 경제분과 자문위원 2004~2005년 민주노동당 조세담당 정책연구원 2004~2005년 진보정치연구소 감사 2004~2007년 한국노동조합총연맹 외부감사위원 2008~2010년 법무법인 로직공인회계사 2011~2014년 한겨레신문 상근감사 2015~2016년 충남도 감사위원장 2017년 한겨레신문 재무담당 전무이사 2018년 한국투자공사(KIC) 상임감사(현) (저)'억울한 세금 내지 맙시다'(1996) '바람난 여자가 알아야 할 세금'(1996) '택시운전사에서 회계사까지'(1997) '알면 이기는 조세소송'(1998) '노동자의 경영지식'(1998) '작지만 강한 회사를 키우는 10가지 경영법칙'(1999) '창업자가 꼭 알아야 할 세금상식'(1999) '유리지갑 홍대리의 세금이야기'(2000) '삼성 3세 이재용(共)'(2001) '강한 회사로 키우는 CEO의 경영노트'(2007)

윤주헌(尹柱憲) YOON Joo Heon

(생)1957 · 12 · 27 (출)대구 (주)서울특별시 서대문구 연세로 50-1 연세대학교 의과대학 이비인후과학교실(02-2228-3610) (학)1982년 연세대 의대졸 1988년 同대학원 의학석사 1991년 의학박사(연세대) (경)1982년 세브란스병원 인턴 1983년 육군 제2공병여단 의무실장 1986~1989년 세브란스병원 이비인후과 전공의 1989년 연세대 의과대학 이비인후과학교실 교수(현) 1994년 일본 가고시마대 방문교수 1995~1997년 미국 NIEHS · NIH 방문교수 2003년 세계이비인후과의학자위원회(Collegium Oto-Rhino-Laryngologicum) 정회원(현) 2004~2012년 연세대 The Airway Mucus Institute 소장 2005년 한국과학기술한림원 정회원(의약학분야)(현) 2007~2012년 한국과학재단 우수연구센터 생체방어연구센터 소장 2008~2010년 연세대 의대 교무부학장 2009년 대한민국의학한림원 정회원(현) 2009년 보건복지부 총괄분과 전문위원 2009년 Editorial Board Am J Respir Cell Mol Biol(현) 2010~2014년 연세대 의과대학장 2011~2013년 대한비과학회 회장 2012~2014년 연세대 의학전문대학원장 2014년 미국 웨일코넬대 의과대학 방문교수 (상)대한이비인후과학회 석당학술상(1994), 한국과학기술단체총연합회 우수논문상(2000), 연세대 우수업적교수표창(2003), 연세대 의과대학 연구활동우수교수상(2004), 서울시의사회 의학상 대상(2004), 대한이비인후과학회 학술상 금상(2005), 대한비과학회 최우수학술상(2005 · 2008), 대한의사협회 의과학상 우수상(2008), 제47회 유한의학상 우수상(2014), 보건의료기술진흥 유공 보건복지부장관표창(2014), 연세대 학술상 의학부문(2015) (저)'4천만의 알레르기' '임상비과학' 'Cilia, Mucus and Mucociliary Interaction' '코 임상해부학'(2001) (종)기독교

윤주현(尹紬懸 · 女) Juhyun Eune

(생)1967 (주)경기도 성남시 분당구 양현로 322 한국디자인진흥원(031-780-2000) (학)1990년 한국과학기술원(KAIST) 산업디자인학과졸 1993년 同대학원 산업디자인학과졸 1997년 미국 뉴욕대 대학원졸 2013년 산업디자인학박사(한국과학기술원) (경)1990~1991년 (주)대우전자 시스템사업부 Smart Kitchen 제품 · 인테리어 · 시스템 디자이너 1992~1993년 서울산업대 · 동덕여대 시간강사 1996~1997년 뉴욕 타임(Time Inc.) 웹 · 3D디자이너 1997~1999년 우송대 뉴미디어디자인센터 실장 겸 강의전담교수 1997~2002년 숙명여대 산업디자인학과 강사 · 겸임교수 1998~2001년 Korea Computer Art Association(K-

CAA) 멀티미디어분과 위원장 1999~2002년 (주)네타워크 CEO 겸 Creative Director 2002~2013년 서울대 미술대학 디자인학부 전임강사·조교수·부교수 2005년 한국디자인학회 상임이사 2006년 미국 조지워싱턴대 파견교수 2008~2011년 인포디자인학회 이사 2008~2009년 세계디자인학회 조직위원 2009년 디지털디자인학회 이사 2010~2012년 한국컴퓨터그래픽스학회 부회장 2010년 한국HCI학회 상임이사 2010~2013년 한국디자인경영학회 홍보섭외부회장·좌장 2010년 서울대 정보화위원회 운영위원 2011년 同연계전공 글로벌창의교육사업단장 겸 통합창의프로그램 주임교수 2011년 同미술대학 대외협력실장 2012년 디자인융복합학회 부회장 2012~2014년 한국HCI학회 부회장 2013년 서울대 미술대학 디자인학부 교수(현) 2013년 미국 세계인명사전 'Marquis Who's Who in the World' 2014년판에 등재 2018년 한국디자인진흥원 원장(현) (상)미래창조과학부장관표창(2013) (저)'그린아이티'(2012) '통합 창의 디자인 01(共)'(2012) '비주얼 스토리텔링'(2015) '창의혁명(共)'(2018)

윤주현

(생)1968 (출)전남 신안 (주)광주광역시 광산구 용아로 112 광주지방경찰청 정보과(062-609-2413) (학)목포고졸, 명지대 법학과졸 (경)1995년 경위 임용(경찰 간부후보 43기) 2008년 광주서부경찰서 경비교통과장 2009년 광주광산경찰서 정보보안과장(경정) 2010년 광주지방경찰청 정보과 정보3계장 2011년 同정보과 정보2계장 2016년 총경 승진 2017년 제주지방경찰청 정보과장 2017년 同치안지도관(교육 파견) 2017년 同청문감사담당관 직대 2018년 전남 담양경찰서장 2019년 광주지방경찰청 정보과장(현)

윤주환(尹周煥) YUN, Zuwhan

(생)1954·8·17 (본)파평(坡平) (출)경북 (주)세종특별자치시 조치원읍 세종로 2511 고려대학교 세종캠퍼스 과학기술대학 환경시스템공학과(044-860-1452) (학)1976년 고려대 토목공학과졸 1979년 同대학원 환경공학과졸 1988년 환경공학박사(미국 폴리테크닉대) (경)1991~2019년 고려대 세종캠퍼스 과학기술대학 환경시스템공학과 교수 2003년 한국물환경학회 부회장 2004년 서울시 건설기술자문위원 2005년 국제물학회(IWA) 한국위원회 총무 2006~2013년 고려대 환경기술정책연구소장 2007년 건설교통부 중앙건설기술심의위원회 위원 2007년 서울시 하수도포럼 위원 2007년 한국물환경학회 회장 2008년 대통령자문 국가지속가능발전위원회 위원 2008년 C40기후리더십그룹 제3차정상회의 조직위원 2009년 환경부 중앙환경보전자문위원(현) 2009년 국제물학회(IWA) 한국대표 겸 한국위원회 위원장 2011년 국무총리실 새만금위원회 위원 2012~2013년 국토해양부 국토정책위원회 위원 2012년 同신발전지역위원회 위원 2012~2016년 한국상하수협회(KAWW) 이사 2013~2014년 국토교통부 국토정책위원회 위원 2014년 한국공학한림원 정회원(현) 2015년 한국물산업협의회 회장(현) 2019년 고려대 세종캠퍼스 과학기술대학 환경시스템공학과 명예교수(현) (상)환경부장관표창(2005), 한국과학기술단체총연합회 우수논문상(2006), 홍조근정훈장(2010) (역)'폐수처리공학'(2003) '수질분석'(2007)

윤준구(尹俊求) Yoon, Joon-Koo

(생)1959·8 (출)경기 연천 (주)서울특별시 영등포구 의사당대로 21 한국기업데이터 경영지원부문(02-3215-2730) (학)1978년 의정부고졸 1986년 중앙대 경제학과졸 1998년 고려대 대학원 경영학과졸 (경)1986년 IBK기업은행 입행 2003년 同변화추진단 팀장 2006년 同인재개발원장 2007년 同비서실장 2009년 同런던지점장 2010년 同인사부장 2011년 同강북지역본부장 2012년 同강남지역본부장 2014년 同글로벌·자금시장본부 부행장 2015~2018년 同글로벌·자금시장그룹장(부행장) 2018년 한국기업데이터 경영지원부문장(전무)(현)

윤준병(尹準炳) YUN Jun Byeong

(생)1961·3·3 (출)전북 정읍 (주)전라북도 전주시 완산구 홍산로 269 더불어민주당 전북도당(063-236-2161) (학)전주고졸, 서울대 독어독문학과졸 (경)행정고시 합격(26회) 1992년 서울시 송무1계장 1996년 서기관 승진 1999년 서울시 대중교통과장 2001년 同교통관리실 교통기획과장 2002년 同상수도사업본부 경영관리부장 2003년 同상수도사업본부 경영부장 2005년 同공무원교육원 교육기획과장 2006년 同산업지원과장 2007년 同교통국 교통기획관 직대(부이사관) 2008년 同도시교통본부 교통기획관 2009년 同행정국 부이사관 2010년 同가족보건기획관 2010년 서울 관악구 부구청장 2012~2013년 서울시 도시교통본부장 2014년 교육 파견 2015년 서울 은평구 부구청장 2016년 서울시 도시교통본부장(관리관) 2017년 同상수도사업본부장 2017년 同기획조정실장 2018~2019년 同행정1부시장 2018년 同시장 권한대행 2019년 더불어민주당 전북정읍·고창지역위원회 위원장(현)

윤준상(尹畯相) Yun Junsang

(생)1987·11·20 (출)서울 (주)서울특별시 성동구 마장로 210 한국기원 홍보팀(02-3407-3870) (학)충암고졸, 한국외국어대 중국어과졸 (경)권갑용 문하생 2001년 프로바둑 입단 2003년 2단 승단 2004년 3단 승단 2005년 4단 승단 2006년 오스람코리아배 신예연승최강전 준우승 2007년 국수전·SK가스배 우승 2007년 5단 승단 2007년 6단 승단 2007년 KT배 왕위전·국수전 준우승 2008년 농심신라면배 한국대표 2008년 7단 승단 2010년 8단 승단 2011년 물가정보배 준우승·천원전 준우승 2011년 9단 승단(현) 2015년 오카게배 국제신예바둑대항전 한국대표 우승 2017년 맥심배 준우승 (상)2015 KB바둑리그 6월 MVP(2015), 2015 KB바둑리그 다승상(2015)

윤준하(尹畯河) YOON Jun Ha (無庵)

(생)1947·7·22 (본)파평(坡平) (출)함남 원산 (주)서울특별시 종로구 필운대로 23 시민환경연구소(02-735-7000) (학)1966년 용산고졸 1971년 고려대 정치외교학과졸 (경)1969년 전국반독재학생총의 의장 1969년 범고대민주수호 투쟁위원장 1969~1971년 교련반대운동으로 보안사령부 피감 1971~1974년 육군 복무 1975~1980년 아세아자동차 인사과장 1980~1990년 도서출판 인간사 발행인 1988~1997년 (주)한알 사장 1991년 공해추방운동연합 집행위원 1992~1993년 UN 환경회의 한국위원회 재정위원장 1993~2003년 서울환경운동연합 의장 1993~2003년 환경운동연합 중앙집행위원회 의장 1997~2000년 한국청각장애인복지재단 이사 1998~2002년 (사)국제민주연대 이사 1998년 (주)하코 회장 2002~2013년 환경재단 이사·대표 2003년 전국쓰레기문제해결을위한시민운동협의회 상임대표 2003~2011년 자원순환사회연대 공동대표 2003년 환경운동연합 에코생활협동조합 이사(현), 同이사장 2005~2009년 환경운동연합 공동대표·고문 2005년 전국시민단체연대회의 공동대표 2006년 운하백지화국민행동 상임대표 2006년 서울환경운동연합 고문(현) 2007년 서울그린트러스트 이사 2007~2012년 서울시 녹색서울시민위원회 공동위원장 2009~2015년 6월 민주포럼 대표 2013년 (사)시민환경연구소 이사장(현) 2016~2017년 희망새물결 상임대표 2016년 바꿈(세상을 바꾸는 꿈) 이사(현) (상)대통령표창(1995), 산업포장(1997), 국민훈장 동백장(2013) (종)불교

윤준헌(尹俊憲) Yoon, Junheon

(생)1968·5·26 (본)칠원(漆原) (출)서울 (주)대전광역시 유성구 가정북로 90 환경부 화학물질안전원 사고예방심사2과(042-605-7040) (학)1987년 반포고졸 1991년 고려대 농화학과졸 1995년 同대학원 농화학과졸 2004년 농화학박사(고려대) (경)1996~2007년 환경부 국립환경과학원 위해성평

가연구과 연구사 2008~2011년 同위해성평가연구과 연구관 2012년 同바이오안전연구팀장 2013년 同화학물질안전관리센터장 2014년 同화학물질안전원 사고예방심사2과장(현)

윤준호(尹俊皓) YUN JUNE HO

(생)1967·6·7 (주)서울특별시 영등포구 의사당대로 1 국회 의원회관 1007호(02-784-0797) (학)1985년 밀양고졸 1992년 동아대 정치외교학과졸 1994년 同교육대학원 교육학과졸 2010년 중국 북경과학기술대 대학원 과학기술교육관리학 박사과정 수료 (경)(주)코렘에듀 대표이사, 해운대코렘어학원 대표, 한국해양대 겸임교수 2014~2015년 새정치민주연합 부산해운대기장甲지역위원회 위원장 2014년 同부산시당 대변인 2014년 부산시 해운대구청장선거 출마(새정치민주연합) 2014년 제19대 국회의원 보궐선거 출마(부산 해운대구·기장군甲, 새정치민주연합) 2015~2016년 더불어민주당 부산해운대기장甲지역위원회 위원장 2016년 同부산해운대乙지역위원회 위원장 2016년 제20대 국회의원선거 출마(부산 해운대구乙, 더불어민주당) 2016~2018년 더불어민주당 부산시당 공동대변인 2017년 同부산시당 乙지키는민생실천위원회 공동위원장(현) 2018년 제20대 국회의원(부산 해운대乙 재보궐선거 당선, 더불어민주당)(현) 2018년 국회 운영위원회 위원 2018년 국회 농림축산식품해양수산위원회 위원(현) 2018년 국회 예산결산특별위원회 위원(현) 2018년 국회 윤리특별위원회 위원(현) 2019년 더불어민주당 아프리카돼지열병예방대책특별위원회 부위원장(현) 2019년 同해양수산특별위원회 위원장(현)

윤중근(尹重根) YOUN JOONG GEUN

(생)1960·2·3 (본)파평(坡平) (출)경북 경주 (주)서울특별시 종로구 율곡로 75 현대중공업지주(주)(02-746-4501) (학)1978년 양정고졸 1982년 연세대 금속공학과졸 1984년 同대학원 금속공학과졸 1992년 재료공학박사(영국 케임브리지대) (경)1984~2012년 同산업기술연구소장·재료연구실장 2012~2013년 同기술경영실 총괄중역 2014~2016년 同엔진기계사업본부 중형·발전·연구소부문장 2015년 현대아반시스(주) 비상무이사 2016년 현대중공업(주) 로봇사업부문 대표(전무) 2017년 현대로보틱스(주) 대표이사 부사장 2018년 현대중공업지주(주) 현대로보틱스사업 대표 2018년 同자문(현) (상)동탑산업훈장(2013)

윤중기(尹重棋) Yun Jung Ki

(생)1967·10·7 (출)부산 (주)서울특별시 서초구 반포대로 158 서울중앙지방검찰청(02-530-4340) (학)1986년 부산 동인고졸 1990년 서울대 사법학과졸 (경)1993년 사법시험 합격(35회) 1996년 사법연수원 수료(25기) 1996년 감사원 부감사관 2006년 대구지검 검사 2008년 수원지검 안산지청 검사 2009년 춘천지검 부부장검사 2010년 서울중앙지검 부부장검사 2011년 인천지검 외사부장 2012년 제주지검 형사1부장 2013년 창원지검 거창지청장 2014년 서울북부지검 형사3부장 2015년 수원지검 성남지청 부장검사 2016~2018년 부산고검 검사 2018년 서울중앙지검 부장검사(현)

윤중현(尹中鉉) YOON Joong Hyun

(생)1971·8·9 (출)전남 강진 (주)부산광역시 연제구 법원로 15 부산지방검찰청 형사3부(051-606-4312) (학)1990년 광주 대동고졸 1998년 고려대 법학과졸 (경)1999년 사법시험 합격(41회) 2002년 사법연수원 수료(31기) 2002년 서울지검 검사 2004년 춘천지검 속초지청 검사 2005년 대구지검 검사 2007년 인천지검 검사 2009년 수원지검 안산지청 검사 2011년 대전지검 검사 2013년 서울북부지검 검사 2015년 서울중앙지검 검사 2016년 同부부장검사 2017년 수원지검 안양지청 부부장검사 2018년 서울동부지검 공판부장 2019년 부산지검 형사3부장(현)

윤증현(尹增鉉) YOON Jeung Hyun

(생)1946·9·19 (본)파평(坡平) (출)경남 마산 (주)서울특별시 영등포구 은행로 54 신한빌딩 3층 윤경제연구소 (학)1965년 서울고졸 1969년 서울대 법대졸 1986년 미국 위스콘신대 매디슨교 대학원졸 (경)1971년 행정고시 합격(10회) 1971년 국세청·재무부 이재국 근무 1983년 재무부 국제금융과장 1986년 同은행과장 1987년 同금융정책과장 1989년 同금융실명제실시준비단장 1990년 同세제실 심의관 1992년 同증권국장 1994년 同금융국장 1995년 재정경제원 금융총괄심의관 1996년 同세제실장 1997년 同금융정책실장 1998년 세무대학장 1999년 아시아개발은행(ADB) 이사 2004~2007년 금융감독위원회 위원장 겸 금융감독원장 2007~2008년 제17대 대통령직인수위원회 경제1분과위원회 자문위원 2008~2009년 김앤장법률사무소 고문 2008년 국민경제자문회의 자문위원 2009~2011년 기획재정부 장관 2009~2011년 대통령소속 지방분권촉진위원회 위원 2011년 윤경제연구소 소장(현) 2015년 새정치민주연합 국정자문회의 자문위원 2015년 두산인프라코어(주) 사외이사(현) 2015년 한국사회책임네트워크(KSRN) 고문(현) 2016년 현대오일뱅크 사외이사(현) 2017년 전국경제인연합회 혁신위원회 위원(현) (상)근정포장(1978), 청조근정훈장(2007), 제3회 대산보험대상(2008), 자랑스런 위스콘신 동문상(2014)

윤지영(尹智英·女)

(생)1969·8·18 (출)경북 영주 (주)강원도 춘천시 중앙로 1 강원도의회(033-256-8035) (학)1987년 영주여고졸 1992년 숙명여대 정치외교학과졸 2007년 한림대 사회복지학과졸 2013년 문학박사(한림대) (경)강원도성별영향분석평가센터장, 강원도여성가족연구원 연구위원, 한림대 고령사회연구소 연구원, 더불어민주당 강원도당 부대변인(현), 同강원도당 여성위원회 부위원장(현) 2018년 강원도의회 의원(더불어민주당)(현) 2018년 同사회문화위원회 위원(현) 2018~2019년 同예산결산특별위원회 위원

윤지영(尹智暎·女)

(생)1970·7·3 (주)부산광역시 연제구 중앙대로 1001 부산광역시의회(051-888-8245) (학)부산대 대학원 정치외교학 박사과정 수료 (경)(사)부산시 여성단체협의회 사무국장, 자유한국당 부산시당 여성정책팀장 2018년 부산시의회 의원(비례대표, 자유한국당)(현) 2018년 同복지환경위원회 부위원장(현) 2018년 同운영위원회 부위원장(현) 2018년 同민생경제특별위원회 부위원장(현) 2018년 同윤리특별위원회 위원(현) 2018년 자유한국당 부산시당 지방의원여성협의회장(현) 2018년 同부산시당 대변인(현)

윤지완(尹志完) YOON, Jiwan

(생)1976·7·30 (주)서울특별시 종로구 사직로8길 60 외교부 유럽국 서유럽과(02-2100-7450) (학)1999년 서울대 영어영문학과졸 2009년 미국 스탠퍼드대 대학원 러시아·동유럽지역학과졸 (경)2002년 외무고시 합격(36회) 2002년 외교통상부 지역협력과 외무관 2007년 同정책총괄과 2등서기관 2008년 국외 교육훈련(미국 스탠퍼드대) 2009년 국외 교육훈련(러시아 모스크바국립대) 2010년 외교통상부 의전장실 2등서기관 2011년 同국제기구국 군축비확산과 1등서기관 2012년 駐헝가리 1등서기관 2015년 駐영국 1등서기관 2017년 외교부 정책기획관실 정책분석담당관 2018년 同유럽국 서유럽과장(현)

윤지현(尹知鉉·女) YOON Ji Hyun

(생)1954·3·5 (출)대구 (주)경상북도 영천시 신녕면 대학길 105 성덕대학교 총장실(054-330-8866) (학)1973년 신명여고졸 1977년 대구가톨릭대 음대 관현악과졸 1985년 이화여대 교육대학원 음악교육학과졸 2004년 심리치료학박사(대구대) (경)1996년 대구음악치료학회 서울본부 이사 겸 대구

경북지부 지부장 1997년 성덕대 기획실장 1998년 同산학협동처장 1999년 同음악연구소장, 同음악계열 부교수, 同부학장 2001년 同학장 2009년 同총장(현) (상)부총리 겸 교육인적자원부장관표창, 한국참언론인대상 공로상(2011)

윤진보(尹珍普)

(생)1956·2·22 (출)전남 광양 (주)광주광역시 서구 상무대로 760 광주도시철도공사(062-604-8000) (학)조선대 토목공학과졸 1987년 同대학원 건축공학과졸 2003년 공학박사(전남대) 2004년 미국 캘리포니아주립대 CM·PM과정 수료 (경)1980~2002년 전남도청·광주시청·순천시청·광양시청·담양군청 근무 2002~2004년 미국 캘리포니아주립대 교육연수 2005년 전남도 재난상황실장 2006년 同F1지원과장 2008년 同F1대회준비기획단장 2010년 同공무원교육원장 2012년 同건설방재국장 2013~2015년 목포시 부시장(지방부이사관) 2019년 광주도시철도공사 사장(현) (상)미국 캘리포니아주립대 성적우수상(2004), 근정포장(2007), 홍조근정훈장(2012)

윤진섭(尹鎭燮) YOON Jhin Sup

(생)1948·5·15 (출)경남 함안 (주)서울특별시 종로구 사직로 130 적선빌딩 1001호 레이크힐스리조트그룹(02-736-8011) (학)1966년 경동고졸 1970년 경희대 정치외교학과졸 1988년 연세대 경영대학원 최고위정책과정 수료 1999년 고려대 최고위정보통신과정 수료 (경)1978년 속리산관광호텔 대표이사 1980년 부곡관광호텔 대표이사 1989년 (주)천룡종합개발 대표이사 1996년 (주)용송종합개발 대표이사 2000년 (주)레이크힐스골프텔 대표이사 2000년 (주)레이크힐스(레이크힐스 제주C.C) 대표이사 2001년 (주)레이크힐스 경남(레이크힐스 경남C.C) 대표이사 2001년 레이크힐스리조트그룹 회장(현) (종)불교

윤진수(尹眞秀) YUNE Jin Su

(생)1955·2·27 (본)파평(坡平) (출)광주 (주)서울특별시 관악구 관악로 1 서울대학교 법학전문대학원(02-880-7599) (학)1973년 경기고졸 1977년 서울대 법대졸 1985년 同대학원 법학과졸 1993년 법학박사(서울대) (경)1976년 사법시험 합격(18회) 1979년 사법연수원 수료(9기) 1982년 서울민사지법 판사 1983년 서울형사지법 판사 1985년 서울가정법원 판사 1986년 전주지법 정주지법 판사 1989년 광주고법 판사 1990년 헌법재판소 헌법연구관 1990년 서울고법 판사 1992년 대법원 재판연구관 1993년 전주지법 부장판사 1995년 수원지법 부장판사 1997~2006년 서울대 법학과 부교수 1999년 법무부 민법개정위원회 위원 2000년 서울대 도서관 법학분관장 2001년 한국가족법학회 총무이사 2002년 한국법경제학회 부회장 2003~2004년 미국 Univ. of Virginia 방문연구원 2004년 서울대 법학연구소 법률상담실장 2004년 법무부 가족법개정특별분과위원회 위원 2004년 한국비교사법학회 수석부회장 2005~2009년 민사실무연구회 부회장 2005~2007년 한국법경제학회 회장 2006년 서울대 법학전문대학원 교수(현) 2006년 한국가족법학회 부회장 2006~2008년 한국비교사법학회 회장 2008~2009년 한국가족법학회 회장 2008년 민사판례연구회 회장(현) 2009년 법무부 민법개정위원회 5분과위원장 2010년 한국민사법학회 수석부회장 2010년 법무부 민법개정위원회 실무분과위원장 2010~2015년 대법원 가사소송법개정위원회 위원장 2011년 한국민사법학회 회장 2011~2012년 법무부 가족법개정특별위원회 위원장 2019년 법조윤리협의회 위원장(현) (상)법학논문상(2001), 황조근정훈장(2013), 서울대 학술연구상(2017) (저)'주석 채권각칙' '민법주해'(共) '주석 강제집행법'(共) '주석민법'(共) '절차적 정의와 법의 지배'(2003) '民法論攷1 - 7'(2007~2015) '2013년 개정민법 해설(共)'(2013) '주해친족법 1, 2(編)'(2015) (종)기독교

윤진용(尹振容) YOON Jin Yong

(생)1966·3·30 (출)충남 부여 (주)대전광역시 서구 둔산중로78번길 15 대전지방검찰청 형사3부(042-470-4307) (학)1984년 대전고졸 1989년 고려대 법학과졸 (경)1998년 사법시험 합격(40회) 2001년 사법연수원 수료(30기) 2001년 인천지검 부천지청 검사 2003년 청주지검 영동지청 검사 2004년 인천지검 검사 2006년 전주지검 검사 2008년 서울남부지검 검사 2011년 수원지검 안산지청 검사 2014년 同안산지청 검사(공정거래위원회 파견) 2015년 同안산지청 부부장검사(공정거래위원회 파견) 2016년 춘천지검 원주지청 부장검사 2017년 부산지검 여성아동범죄조사부장 2018년 대전지검 여성아동범죄조사부장 2019년 同형사3부장(현)

윤진원(尹振源) YOON Jin Won

(생)1964·8·11 (출)서울 (주)서울특별시 종로구 종로 26 SK빌딩 29층 SK그룹 SUPEX추구협의회(02-2121-1709) (학)1983년 성남고졸 1987년 서울대 사법학과졸 (경)1986년 사법시험 합격(28회) 1989년 사법연수원 수료(18기) 1989년 軍법무관 1992년 서울지검 남부지청 검사 1994년 춘천지검 강릉지청 검사 1996년 대구지검 검사 1999년 법무부 검찰1과 검사 2000년 서울지검 검사 2001년 광주지검 부부장검사 2001년 청주지검 충주지청장 2002년 서울지검 부부장검사 2004년 서울서부지검 부부장검사(예금보험공사 파견) 2005년 대검찰청 범죄정보2담당관 2006년 同혁신기획과장 2007년 서울중앙지검 형사6부장 2008년 변호사 개업 2008년 SK C&C 윤리경영실장(부사장) 2009년 SK그룹 회장비서실장(부사장) 2010년 SK(주) 윤리경영부문장 2013년 SK이노베이션 윤리경영총괄 부사장 2017년 SK그룹 SUPEX(Super Excellent)추구협의회 자율·책임경영지원단장 겸 법무지원팀장(사장)(현) (종)가톨릭

윤진필(尹晋鉍) YOON Jin Pil (湧泉)

(생)1949·9·9 (본)파평(坡平) (출)경북 영천 (주)경상북도 경산시 진량읍 공단4로 94 동양정밀 비서실(053-854-1707) (학)대구상고졸 1997년 영남이공대학 화학환경공업과졸 2001년 경일대 공업화학과졸 2005년 대구가톨릭대 국제대학원 국제통상·비즈니스학과졸 (경)1994년 송하산업 대표 1995년 동양정밀 대표(현) 2002년 중국Business CEO포럼 회장, 경산시 중소기업경영인연합회장 2003년 경산이업종교류회 회장 2004년 경북도 열린우리당 후원회 부회장 2005년 국민은행 CEO커뮤니티포럼 회장 2009년 (주)동양에스티 대표이사 2010년 경산산업단지관리공단 이사장(현) 2012년 경일대총동창회 회장 (상)경산시장표창, 대구지방국세청장표창, 산업자원부장관표창, 경북도중소기업대상, 수출100만불탑, 석탑산업훈장(2013) (종)불교

윤진한(尹鎭漢) YOON Jin Han

(생)1947·7·6 (출)경남 김해 (주)경상남도 김해시 김해대로2635번길 26 정산장학재단(055-330-1486) (학)1972년 부산대 의과대학졸 1978년 同대학원 의학석사 1983년 의학박사(부산대) (경)1973~1977년 同비뇨기과 전공의 수료 1980~1981년 부산시립병원 비뇨기과장 1981~1989년 부산대 의과대학 비뇨기과 전임강사·조교수·부교수 1983~1984년 일본 국립오사카대 연구유학 1986년 미국 UCLA & UCA 연수 1989~1993년 동아대 의과대학 비뇨기과 부교수 1989~1990년 미국 Havard대 의대 MGH 병원연수 1993~2012년 동아대 의과대학 비뇨기과학교실 교수 1997~2001년 同의료원 대학병원장 2003년 同의과대학장 2004년 한남비뇨기과학회 회장 2005~2008년 동아대 대외협력부총장 2007~2008년 석파학원 이사장 2008년 한국전립선연구재단 이사장(현) 2011~2015년 한국인재뱅크 이사장 2012년 정산장학재단 이사장(현) 2014~2018년 대동대 총장 (상)옥조근정훈장(2012)

ㅇ

윤진호(尹塡皓) YOON Jin Ho

(생)1966·5·8 (출)전북 군산 (주)서울특별시 중구 퇴계로 387 (재)중구문화재단(02-2230-6618) (학)1984년 군산제일고졸 1995년 고려대 산업공학과졸 (경)1990년 고려대 총학생회장 1990년 서울지역총학생회연합 의장 1990년 전국대학생대표자협의회 의장 권한대행 2000년 엔피아시스템즈 부장 2000년 파이언소프트 이사 2001년 통일부 미래전략연구원 초빙연구원 2002년 아이비젠 이사 2003년 한국인터넷정보학회 이사 2003년 우리성북만들기 대표 2010~2011년 서울 성북구 생활구정기획단장 2018~2019년 서울주택도시공사 미래전략실장 2019년 (재)중구문화재단 사장(현) (종)기독교

윤진환(尹進宦) Yoon, Jin Hwan

(생)1970·2·20 (출)경남 마산 (주)세종특별자치시 도움6로 11 국토교통부 자동차정책과(044-201-3836) (학)1988년 마산고졸 1993년 고려대 사회학과졸 (경)1997년 행정고시 합격(41회) 1998~2006년 건설교통부 철도국 일반철도과·물류혁신본부 종합교통기획팀 행정사무관 2006~2009년 同물류정책관실 물류정책과·용산공원조성추진기획단 서기관 2012년 국토지리정보원 기획정책과장 2013년 국토교통부 교통물류실 자동차운영과장 2015~2017년 베트남 교통부 산하 도로총국 글로벌협력과정 파견 2017년 국토교통부 항공정책실 항공정책과장(서기관) 2018년 同항공정책실 항공정책과장(부이사관) 2019년 同자동차정책과장(현)

윤창규(尹昌奎) Chang Kyu Youn (兮亮)·(思伯)

(생)1957·9·28 (본)파평(坡平) (출)강원 강릉 (주)서울특별시 강남구 언주로 711 건설회관 6층 법무법인(유) 주원(02-6710-0300) (학)1976년 대일고졸 1984년 국민대 법정대학 행정학과졸 2001년 고려대 노동대학원 노동정책학과졸 (경)1977~1980년 전통유학의 거유 중재 김황 선생 한학 사사 1978~1980년 대일고총동창회 회장 1987~1988년 민정당 총재 청년담당보좌관 1988~1991년 同다산중앙청년회 중앙회장 1991~1995년 민자당 중앙상무위원 1991~1992년 한·중문화협회 상임자문위원 1992년 공명선거실현청년단체연합 공동대표 1994~1995년 IPAC(International Planning & Analysis Center) 부회장 1995년 광복50주년기념순국선열합동위령대회 지도위원 1995~2002년 21세기정치연구소 소장 1999년 한나라당 청년위원회 운영위원 1999~2007년 同중앙위원회 환경분과 수석부위원장·총간사·서울시연합회 부회장 2001~2006년 同정책위원회 환경노동위원 2001~2002년 (주)트리플아이 부회장 2002~2005년 (주)조&윤인베스트먼트 싱가폴 대표이사 2005~2010년 (주)케이칸코퍼레이션 대표이사 회장 2006년 한나라당 서울시장 선거대책위원회 시민참여네트워크 자문위원장 2007년 同제17대 대통령중앙선거대책위원회 정책특별보좌역 2007~2009년 국민대총동문회 부회장 2008~2011년 (사)한자녀더갖기운동연합 중앙이사 2009~2014년 (사)한중일지역경제문화협회 초대회장·고문·이사장 2010~2011년 청산리전투승전기념사업회 설립추진위원장 2011년 한나라당 서울시장선거대책위원회 조직총괄본부 단장 겸 직능총괄본부장 2011~2012년 IBK신용정보(주) 상임고문 2011~2012년 국무총리소속 대일항쟁기강제동원피해조사 및 국외강제동원희생자등지원위원회 자문위원 2011~2012년 고려대 노동대학원총교우회 고문 2012~2014년 새누리당 재정위원 2012년 同정책위원회 행정안전위원(현) 2012년 법무법인(유) 주원 상임고문(현) 2012년 새누리당 제18대 대통령중앙선거대책위원회 인재관리위원장 겸 금융산업본부 부본부장 2013~2014년 강원도 투자유치자문역 2013년 동아시아센터 초대회장(현) 2013~2016년 아주경제 객원논설위원 2013년 파평윤씨대종회 부회장(현) 2014년 (사)강원도민회중앙회 부회장(현) 2015년 (사)대한경영교육학회 부회장 2015~2016년 KNS뉴스통신 논설실장 2016년 (사)동북아평화연대 고문(현) 2016년 서울서부지법 민사조정위원(현) 2016년 아시아뉴스통신 고문(현) 2016년 일제강제동원피해자지원재단 자문위원(현) 2016년 2018평창동계올림픽지원단 후원단장(현) 2016년 세종대왕나신곳성역화국민위원회 공동대표(현) 2017년 한아세안포럼 고문(현) 2017년 (사)매헌윤봉길의사기념사업회 지도위원(현) 2017년 (재)일제강제동원피해자지원재단 감사위원(현) 2018년 세종대왕 즉위 600돌 기념조직위원회 공동대표 2018년 민주평화통일자문회의 자문위원 2019년 성균관 자문위원회 위원 (상)제9회 뉴스매거진인물대상 국제교류대상(2011), 제5회 글로벌 자랑스런 세계인·한국인대상 시민사회부문 대상(2016) (종)유교

윤창렬(尹昌烈) YOON Chang Yul

(생)1967·7·11 (본)파평(坡平) (출)강원 원주 (주)세종특별자치시 다솜로 261 국무조정실 사회조정실(044-200-2280) (학)1985년 원주 대성고졸 1989년 서울대 외교학과졸 1991년 同행정대학원 행정학과 수료 2001년 미국 아메리칸대 대학원 행정학과졸 (경)행정고시 합격(제34회) 2001년 국무총리 정무비서관실 서기관(정책담당) 2002년 국무총리 정무업무담당비서관실 과장 2004년 국무조정실 복권위원회사무처 기금운용과장 2004년 국무총리 의전비서관실 행정관 2005년 국무총리 정무2비서관실 과장 2006년 국무총리 민정2비서관 2007년 미국 United Way 교육훈련 파견(고위공무원) 2008년 국무총리실 駐韓미군기지이전지원단 부단장 2009년 同정무실 정무운영비서관 2009년 국가경쟁력강화위원회 추진단 규제개혁팀장 2010년 국무총리실 일반행정정책관 2012년 同교육문화여성정책관 2013년 국무조정실 정부업무평가실 정책평가관리관 2013년 駐말레이시아 공사 2016년 국무총리 의전비서관 2017년 국무조정실 사회조정실장(현)

윤창륙(尹昌陸) YOON Chang Lyuk (俗山)

(생)1955·12·12 (본)파평(坡平) (출)서울 (주)광주광역시 동구 필문대로 303 조선대학교 치과병원(062-220-3895) (학)1983년 경희대 치의학과졸 1985년 연세대 대학원 치의학과졸 1995년 치의학박사(연세대) 2001년 광주대 법학과졸 (경)1983~1986년 연세대 치과대학 전공의 1986년 해군 작전사령부 의무대 치과 과장 1988년 국군 군의학교 연구관 1989년 조선대 치과대학 구강내과학교실 교수(현) 1993년 경희대 치과대학 외래교수 1995년 국립과학수사연구소 자문위원 1995년 대한법의학회 법치이사 1998년 조선대 치과대학 치의학과장 1999년 同부속치과병원 진료부장 2003~2005년 同학생처장 2010~2012년 대한안면통증구강내과학회 회장 2012~2014년 조선대 교수평의회 의장 2013~2014년 同개방이사추천위원회 위원장, 국립과학수사원 자문위원 겸 촉탁부검의사, 경찰청 과학수사 자문위원(현), 대한법률구조공단 자문의사 2014년 국립과학수사연구원 운영심의회 위원장 겸 고유사업평가단장(현), 스웨덴 국립법의원 연구교수 2015년 대검찰청 법의학자문위원회 위원(현) (상)내무부장관표창, 행정자치부장관표창, 경찰청장표창, 조선대 1·8민주대상(2014) (종)기독교

윤창번(尹敞繁) YOON Chang Bun

(생)1954·1·10 (본)파평(坡平) (출)서울 (주)서울특별시 종로구 사직로8길 39 세양빌딩 김앤장법률사무소(02-3703-1555) (학)1973년 경기고졸 1978년 서울대 공대 산업공학과졸 1981년 미국 컬럼비아대 경영대학원졸 1986년 경영학박사(미국 노스웨스턴대) (경)1977~1979년 대우실업(주) 근무 1979년 미국 벨포어맥클레인(주) 특별자문역 1986~1987년 미국 휴스턴대 경영대학원 교수 1987~1989년 산업연구원 연구위원 1988~1989년 삼성코닝(주) 경영고문 1989~1997년 통신개발연구원 연구위원·동향분석실장 1990~1993년 同기획조정실장 1993~1994년 체신부 장관 자문관 1995년 통신개발연구원 정보사회정책연구실

장 1996년 同기획조정실장 1997년 同부원장 1997~2000년 정보통신정책연구원 선임연구위원 1997~2000년 同부원장 1999~2003년 SBS 사외이사 2000~2003년 정보통신정책연구원 원장 2001~2003년 KT 사외이사·감사위원 2003~2005년 하나로텔레콤(주) 대표이사 사장 2003~2006년 한국정보산업연합회 부회장 2005~2006년 하나로텔레콤(주) 회장 2006~2007년 한국과학기술원(KAIST) 정보미디어경영대학원 교수 2008~2013년 同정보미디어경영대학원 겸임교수 2008년 제17대 대통령직인수위원회 경제2분과 상임자문위원 2008년 대한전선 사외이사 2008년 2012여수세계박람회 IT자문위원장 2008~2011년 국무총리실 경제·인문사회연구회 이사 2008~ 2012년 새누리당 국민행복추진위원회 방송통신추진단장 2013·2016년 김앤장법률사무소 고문(현) 2013년 제18대 대통령직인수위원회 경제2분과 전문위원 2013년 대통령자문 국민경제자문회의 창조분과 민간위원 2013~2015년 대통령 미래전략수석비서관 (상)정보통신부장관표창(1996), 대통령표창(1997), 국민훈장 동백장(2002), 올해의 정보통신인상(2004), 한국경영대상 최고경영자상(2004) (종)천주교

윤창보(尹彰輔) Yoon Chang Bo

(생)1963·5·5 (본)파평(坡平) (출)서울 (주)서울특별시 강남구 테헤란로87길 22 유니베스트투자자문(주) 임원실(02-3453-9922) (학)1986년 광운대 경영학과졸 (경)한화증권(주) 근무, 한화투자신탁운용(주) 근무, 신한투자신탁운용(주) 근무, LG투자신탁운용(주) 주식운용2팀장 2003년 튜브투자자문 CEO 2005년 KB자산운용 주식운용본부장 2007년 수성투자자문 대표이사 2008년 GS자산운용 운용본부장(전무), 同최고투자책임자(CIO) 2014~2015년 아이앤제이투자자문(주) 운용부문 대표(부사장) 2015년 유니베스트투자자문(주) 대표이사(현) (종)기독교

윤창복

(생)1974·9 (출)제주 (주)서울특별시 종로구 청와대로 1 대통령 반부패비서관실(02-770-0011) (학)제주제일고졸, 고려대 경제학과졸 (경)2000년 행정고시 합격(44회) 2011년 국세청 정책조정담당관실 서기관 2012~2013년 서울지방국세청 조사1국 조사2과 서기관 2014년 경기 남양주세무서장 2015년 중부지방국세청 감사관 2016년 금융위원회 파견(서기관) 2016~2017년 서울 도봉세무서장 2017년 대통령 반부패비서관실 행정관(현)

윤창욱(尹敞郁) YUN Chang Wook

(생)1964·5·13 (출)경북 구미 (주)경상북도 안동시 풍천면 도청대로 455 경상북도의회(054-880-5126) (학)김천고졸, 대구대 사회복지학과졸, 경북대 행정대학원 일반행정과졸 (경)구미청년회의소(JC) 회장, 한나라당 구미시지구당 사무국장, 김성조 국회의원 특별보좌관, 구미시체육회 사무국장 2006·2010년 경북도의회 의원(한나라당·새누리당) 2006~2010년 同행정보건복지위원회 위원 2006년 同예산결산특별위원회 위원 2008~2010년 同윤리특별위원회 부위원장 2010~2012년 同운영위원회 위원장 2012년 同새누리당 원내부대표 2012년 同건설소방위원회 위원 2012년 同예산결산특별위원회 위원장, 同운영위원회 위원장, 同남부권신공항특별위원회 위원 2014~2018년 경북도의회 의원(새누리당·자유한국당) 2014년 同문화환경위원회 위원 2014~2016년 同부의장 2016년 同교육위원회 위원 2016년 同행정보건복지위원회 위원 2016년 同예산결산특별위원회 위원 2016년 同윤리특별위원회 위원, 同자유한국당 원내대표 2018년 경북도의회 의원(자유한국당)(현) 2018년 同건설소방위원회 위원(현) 2018년 同통합공항이전특별위원회 위원(현) 2018년 同공동주택정책연구회 위원(현) 2019년 同예산결산특별위원회 위원(현) (상)전국지역신문협회 광역의원부문 의정대상(2012)

윤창운(尹昌運) YOON Chang Woon

(생)1954·3·6 (주)인천광역시 연수구 송도과학로 32 송도IT센터 코오롱글로벌(주) 사장실(032-420-9111) (학)1973년 서라벌고졸 1981년 고려대 경영학과졸 (경)(주)코오롱 SPB사업팀장, 同산자사업본부 산자B/C장 겸 산자사업팀장(상무보) 2005년 同상무 2006년 同산자BC장(상무) 2008년 SKC코오롱 PI 대표이사 2013년 코오롱글로벌(주) 대표이사 사장(현)

윤창의(尹彰義)

(생)1965·9·15 (주)서울특별시 영등포구 여의대로 38 금융감독원 임원실(02-3145-5336) (학)1983년 전주고졸 1987년 경희대 법학과졸 2008년 성균관대 대학원 경영학과졸 (경)1995년 신용관리기금 입사 1999년 금융감독원 검사3국 근무 1999년 同은행검사2국 근무 2000년 同인력개발실 근무 2003년 同은행검사1국 근무 2007년 同비은행검사2국 근무 2009년 同서민금융지원실 반장 2011년 同자본시장조사2국 팀장 2013년 同저축은행검사국 팀장 2015년 지방자치단체 파견(실장급) 2016년 금융감독원 저축은행감독국장 2017년 同비서실장 2017년 同중소서민금융담당 부원장보(현)

윤창현(尹暢賢) YUN Chang Hyun

(생)1960·7·28 (출)충북 청주 (주)서울특별시 동대문구 서울시립대로 163 서울시립대학교 경영학부(02-6490-2237) (학)1979년 대전고졸 1984년 서울대 물리학과졸 1986년 同경제학과졸 1987년 同대학원 경제학과졸 1993년 경제학박사(미국 시카고대) (경)1993~1994년 한국금융연구원 연구위원 1994~1995년 고려대 국제대학원 객원교수 1995~2005년 명지대 무역학과 교수 2004년 바른사회를위한시민회의 사무총장 2005년 서울시립대 경영학부 교수(현) 2005~2015년 고용기금및산재기금운영위원회 위원 2006년 (사)시대정신 이사 2008~2010년 바른사회시민회의 사무총장 2008년 한국고등교육재단 비상임이사 2009~2012년 국가경쟁력강화위원회 위원 2009년 교육과학기술부 법학교육위원회 위원 2009년 국민건강보험 기금운용위원회 위원 2009~2011년 국민경제자문회의 민간위원 2010년 바른사회시민회의 상임집행위원 2012·2015년 삼성물산(주) 사외이사 겸 감사위원 2012~2015년 한국금융연구원 원장, 금융산업발전심의회 글로벌금융분과 위원장 2013~2016년 한국사학진흥재단 비상임이사 2014~2016년 대통령직속 규제개혁위원회 위원 2015년 금융위원회 금융개혁회의 위원 2015~2017년 공적자금관리위원회 민간위원장 2017년 대한법률구조공단 비상임이사 2017년 자유한국당 혁신위원회 위원 2018년 한반도선진화재단 정책위원회 의장(현) 2018년 자유한국당 국가미래비전특별위원회 위원 (저)'금융선물옵션거래'(2002, 금융연수원) '파생금융상품론'(2004, 경문사) '자본시장통합법시대 사천만의 이슈경제학'(2008, 세경) '자본주의 대토론'(2009, 기파랑) '노무현 시대와 포퓰리즘'(2010, 기파랑) '금융위기 이후 우리나라 금융이 나아갈 방향'(2010, FKI미디어)

윤창호(尹暢皓) Chang Ho Yoon

(생)1967·7·8 (출)경북 예천 (주)서울특별시 종로구 세종대로 209 금융위원회 금융산업국(02-2100-2940) (학)1991년 서울대 외교학과졸 1993년 同행정대학원졸 2003년 미국 일리노이대 대학원 경영학과졸 (경)1991년 행정고시 합격(35회) 1993년 총무처 수습행정관 1994년 재무부 기획예산담당관실 사무관 1998년 재정경제부 경제협력국 지역협력과 사무관 2001년 금융감독위원회 감독정책1국 은행감독과 사무관 2003년 同감독정책2국 비은행감독과 사무관 2004년 同감독정책2국 비은행감독과 서기관 2005년 국무조정실 파견 2006년 同기획행정실 기획과장 2007년 同복합금융감독과장 2008년 금융위원회 기획조정관실 의

사운영정보팀장 2008년 미국 파견 2010년 금융위원회 기획재정담당관 2011년 同산업금융과장 2012년 同은행과장 2013년 同행정인사과장 2014년 미래창조과학부 우정사업본부 보험사업단장(고위공무원) 2015년 금융위원회 중소서민금융정책관 2016년 국가공무원인재개발원 교육파견 2017년 금융위원회 중소서민금융정책관 2017년 同구조개선정책관 2017년 대법원 회생파산위원회 위원 2019년 금융위원회 금융산업국장(현)

윤채영(尹彩映) Yoon, chae-young

(생)1962·2·24 (본)파평(坡平) (출)충남 서산 (주)서울특별시 중구 퇴계로 10 한국재정정보원(02-6908-8502) (학)1981년 유신고졸 1988년 중앙대 독어독문학과졸 (경)2007년 기획재정부 국고국 출자관리과 근무 2008년 同공공정책국 민영화과 근무 2011년 同공공정책국 인재경영과 서기관 2014년 충남도 재정협력관 2015년 기획재정부 운영지원과 관리팀장 2017년 同기획조정실 정보화담당관 2019년 한국재정정보원 상임이사(현)

윤채한(尹采漢) YOON Chae Han

(생)1947·2·28 (본)파평(坡平) (출)대전 (주)강원도 평창군 대화면 금당계곡로 544-20 (주)우리집농장(033-333-3050) (학)1965년 대전상고졸 1971년 경희대 정치외교학과졸 (경)1965년 '문학춘추'에 '인상'으로 시인 등단, 국제펜클럽 한국본부 회원, 한국문인협회 회원, 한국현대시인협회 이사(현) 1988년 우리문학 발행인 겸 편집인, 한국위성방송인협회 감사 1993~1994년 서원대 평생교육원 문예창작과 교수, 우리문학 발행인 겸 편집인(현) 1996년 (주)우리집농장 대표이사(현) 1999년 (주)우리집사람들 대표이사(현), '후광문학상'·'우리문학상' 운영주체(현), 중국 길림성 훈춘시 인민정부 고급경제고문(현) 2010년 2018평창동계올림픽 유치위원 2013년 중국 훈춘시 우리집 항공식품유한공사 대표이사(현) (저)시집 '탑을 위한 연가' '벽으로 트인 풍경' '에로스시고' '흐르는 물은 얼지않는다' '이 허망한 세월' '어디있냐고 묻거든' '너희가 시를 아느냐' '가슴을 적시는 그리움으로' '오직 나 하나만을 위하여' '어디있냐고 묻거든'(1998)

윤천호(尹天鎬) YOON Cheon Ho

(생)1954·7·30 (주)경기도 용인시 처인구 명지로 116 명지대학교 자연과학대학 화학과(031-330-6181) (학)1977년 서울대 화학교육과졸 1979년 한국과학기술원(KAIST) 화학과졸(석사) 1986년 화학박사(미국 텍사스대) (경)1979~1983년 한국화학연구소 연구원 1986~1988년 미국 텍사스대 연구원 1988~2019년 명지대 자연과학대학 화학과 조교수·부교수·교수 1991·2002년 한국진공학회 운영이사 1995~1996년 미국 캘리포니아대 버클리교 방문교수 2013~2015년 명지대 방목기초교육대학장 2019년 同자연과학대학 화학과 명예교수(현) (저)'일반화학실험'(1991)

윤철민(尹喆玟)

(생)1973·6·13 (출)경북 울진 (주)인천광역시 미추홀구 소성로163번길 49 인천지방검찰청 인권감독관실(032-860-4373) (학)1992년 포항제철고졸 1997년 한양대졸 (경)1998년 사법시험 합격(40회) 2001년 사법연수원 수료(30기) 2001년 공익법무관 2004년 광주지검 순천지청 검사 2006년 울산지검 검사 2008년 창원지검 검사 2010년 인천지검 검사 2012년 서울남부지검 검사 2014년 부산지검 동부지청 검사 2015년 수원지검 안산지청 부부장검사 2016년 수원지검 부부장검사 2017년 전주지검 군산지청 부장검사 2017년 대구지검 포항지청 형사1부장 2018년 부산지검 서부지청 형사2부장 2019년 인천지검 인권감독관(현)

윤철수(尹澈守) YUN Choel Soo

(생)1967·10·28 (본)파평(坡平) (출)제주 (주)제주특별자치도 제주시 서문로 2 헤드라인제주(064-727-1919) (학)1986년 오현고졸 1993년 제주대 무역학과졸 2005년 同대학원 언론홍보학과졸 2018년 언론홍보학박사(제주대) (경)1992년 제주대총학생회 회장 1993~2002년 제주일보 기자 2001년 제주도기자협회 기획부장 2003~2004년 제주관광신문 편집국장 2004~2005년 인터넷신문 미디어제주 편집국장 2006~2010년 同대표이사 2006년 제주대 강사(현) 2010년 인터넷신문 헤드라인제주 대표이사(현) (저)'제주민주화운동사-타는 목마름으로'(2008) (종)불교

윤철운

(생)1962·11·21 (주)경기도 수원시 영통구 삼성로 129 삼성전자(주) 영상디스플레이(VD)사업부 글로벌운영팀(031-200-1114) (학)1985년 경북대 전자공학과졸 2000년 한국과학기술원 경영학과졸(석사) (경)1985년 삼성전자(주) 영상디스플레이 사업부 개발팀 선임연구원 2000년 同VD사업부 평가그룹장 2002년 同VD사업부 개발운영그룹장 2006년 同VD사업부 개발기획그룹장 2007~2010년 同VD사업부 글로벌CS팀장(전무) 2011년 同SESK법인장(상무) 2012년 同SESK법인장(전무) 2013년 同SAMEX법인장(전무) 2017년 同VD사업부 글로벌운영팀장(부사장)(현)

윤철지(尹徹知) YOON Chul Ji

(생)1950·1·28 (출)경남 진주 (주)경상남도 진주시 진양호로 532 (주)서경방송(055-740-3240) (학)1969년 진주고졸 1977년 고려대 철학과졸 (경)1977년 진주상호신용금고 영업과장 1979년 同상무이사 1994~2012년 진주상호저축은행 대표이사 1995년 (재)삼광문화연구재단 이사 1997년 (주)한국케이블TV 서경방송 이사 2006년 서경방송 사장 2007년 (재)삼광문화연구재단 이사장(현) 2012년 법무부 범죄예방 자원봉사위원(현) 2012년 서경방송 대표이사 2012년 진주상호저축은행 기타비상무이사(현) 2015년 서경방송 대표이사 회장(현) 2017년 서경타니골프앤리조트(주) 대표이사(현) (상)국세청장표창(2011), 대통령표창(2018)

윤철호

(생)1962·3·3 (주)서울특별시 마포구 월드컵북로12길 17 (주)사회평론(02-326-1168) (학)1985년 서울대 철학과졸 (경)1991~1992년 월간 '길을 찾는 사람들' 편집장 1993년 (주)사회평론 대표이사(현) 2011~2014년 한국출판인회의 부회장 2013년 출판유통심의위원회 위원장 2014~2015년 대한출판문화협회 이사 2014~2015년 한국출판인회의 회장 권한대행 2014년 국방부 민관군 병영문화혁신위원회 위원 2015~2017년 한국출판인회의 회장 2015년 한국출판문화진흥재단 이사(현) 2016년 출판도시문화재단 이사(현) 2017년 대한출판문화협회 제49대 회장(현)

윤청광(尹青光) YOON Chung Kwang

(생)1941·6·17 (본)해남(海南) (출)전남 영암 (주)서울특별시 종로구 삼봉로 95 종로대성스카이렉스 101동 201호 한국출판문화진흥재단(02-732-1434) (학)1959년 동국대 영문학과 입학 2002년 同명예 졸업(필화사건으로 43년만에 졸업) (경)1965~1973년 문화방송 보도국 작가 1965~1982년 대한불교청년회 기획부장·이사 1969년 MBC TV 개국기념 작품현상공모 당선 1970년 (사)한국방송작가협회 사무국장 1980년 동국출판사 설립·대표(현) 1982년 조계종 전국신도회중앙회 감사 1984~2003년 한국방송작가협회 감사·이사 1987~1993년 불교신문 논설위원 1989~1995년 방송위원회 방송심의위원 1990~1996년 대한출판문화협회 상무이사·부회장·저작권대책위원장 1993~1998년

한국방송대상 심사위원 1996년 법보신문 논설위원 1996~2004년 대한출판문화협회 이사 1998~2004년 (재)한국출판연구소 이사장 1999~2008년 한국출판협동조합 이사 2000~2018년 (재)한국출판문화진흥재단 이사 2008~2016년 한국방송작가협회 저작권위원장 2018년 (재)한국출판문화진흥재단 이사장(현) (상)대통령표창, 문화공보부장관표창, 방송윤리위원회 방송윤리상, 간행물윤리위원회 저작상, 불교방송문화대상, 불교진흥원 대원상·행원상, 영축문화대상 포교원력부문(2017) (저)사회비평집 '으째야 좋을랑고' '불경과 성경 왜 이렇게 같을까' '불교를 알면 평생이 즐겁다' '회색고무신' '고승열전(25권)' '큰스님 큰 가르침' '영축산에 달뜨거든' (작)드라마 시나리오 '오발탄' '신문고' '고승열전' '세계속의 한국인' (종)불교

윤춘구(尹春九) YOON Choon Koo

(생)1964·3·30 (출)충북 청원 (주)경상남도 창원시 성산구 창이대로 669 창원지방검찰청(055-239-4200) (학)1982년 세광고졸 1986년 서울대 공법학과졸 (경)1994년 사법시험 합격(36회) 1997년 사법연수원 수료(26기) 1997년 대구지검 검사 1999년 同안동지청 검사 2002년 서울지검 동부지청 검사 2004년 울산지검 검사 2006년 서울북부지검 검사 2009년 의정부지검 검사, 정부법무공단 파견 2009년 서울서부지검 부부장검사 2010년 전주지검 군산지청 부장검사 2011년 광주지검 순천지청 부장검사, 전주지검 형사3부장 2012년 대구지검 서부지청 부장검사 2013년 서울남부지검 공판부장 2014년 광주고검 검사 2015년 수원지검 안양지청 형사2부장 2016년 서울동부지검 부부장검사 2016년 서울고검 검사 2018년 창원지검 부장검사(현)

윤춘성(尹春成) YOON Chun Sung

(생)1964·2·1 (주)서울특별시 종로구 새문안로 58 LG트윈타워 (주)LG상사 임원실(02-3773-1114) (학)1982년 보성고졸 1986년 연세대 지질학과졸 1988년 同대학원 지질학과졸 (경)1989년 (주)LG상사 입사 2006년 同석탄팀장(부장) 2008년 同석탄사업부장(부장) 2009년 同석탄사업부장(상무) 2013년 同인도네시아지역총괄(전무) 2015년 同자원부문장(전무) 2018년 同자원부문장(부사장) 2019년 同대표이사 부사장(CEO)(현)

윤춘식(尹春植) YOON Choon Sik

(생)1958·3·24 (주)서울특별시 강남구 언주로 211 강남세브란스병원 영상의학과(02-2019-3515) (학)1983년 연세대 의대졸 1987년 同대학원 의학석사 1998년 의학박사(중앙대) (경)1991~1994년 同강남세브란스병원 진단방사선과 전임강사 1994~1995년 캐나다 토론토 의대 The Hospital for Sick Children 연수 1994년 연세대 의대 진단방사선과학교실 조교수·부교수 2006년 同의과대학 영상의학교실 교수(현) 2011~2014년 강남세브란스병원 적정진료관리(QI)실장 2016년 同영상의학과장(현)

윤충원(尹忠沅) YOON Chung Weon (義林)

(생)1947·10·9 (본)파평(坡平) (출)전북 익산 (주)전라북도 전주시 덕진구 권삼득로 379 승한빌딩4층 중소기업무역지원센터(063-252-0218) (학)1966년 이리고졸 1971년 전북대 무역학과졸 1981년 同대학원졸 1988년 경제학박사(전주대) (경)1983~1995년 전북대 무역학과 전임강사·조교수·부교수 1990년 미국 일리노이대 객원교수 1992년 전북대 무역학과장 1995~2013년 同무역학과 교수 1997년 한국무역학회 부회장 1999년 전북대 산업경제연구소 인터넷무역지원센터장 2000~2002년 同경영대학원장 겸 상과대학장 2000~2001·2004년 국제지역학회 부회장 2004년 한국무역통상학회 회장 2005년 同명예회장(현) 2006~2009년 대한무역투자진흥공사 비상임이사 2007년 (사)한국무역학회 회장·명예회장·고문(현), 한국국제상학회 부회장, 한국무역상무학회 부회장, 전북대 글로벌무역전문가 양성사업단장, 전북도 FTA대책위원회 위원, 새만금·군산자유구역청 국제법률자문단 위원 2011~2013년 同투자유치자문단 위원 2013년 전북대 무역학과 명예교수(현) 2013~2016년 중소기업무역투자진흥원 원장 2013년 글로벌무역경영연구원 원장(현) 2015년 (사)글로벌에코비전 이사장(현) 2015년 중국 상해금융대 명예교수(현) 2016년 중소기업무역지원센터 소장(현) (상)산업포장(2007), 한국무역학회 공로표창(2008), 지식경제부장관표창(2010), 옥조근정훈장(2013) (저)'미국통상정책과 통상법'(2004) '무역계약론'

윤태기(尹泰基) YOON Tae Ki

(생)1951·6·11 (주)서울특별시 중구 한강대로 416 서울스퀘어 2층 차여성의학연구소 서울역센터(02-2002-0300) (학)연세대 의대졸, 同대학원 의학석사 1987년 의학박사(연세대) (경)경희대 의대 교수, 포천중문의대 산부인과 교수, 미국 예일대 의대 산부인과 불임 및 생식의학 Post-Doc. Fellowship, 강남차병원 불임센터 여성의학연구소장 1986년 국내 최초 '나팔관 아기 시술' 성공 1999년 '난자 유리화 동결에 의한 임신' 세계최초 개발 2009년 차의과학대 의학전문대학원 산부인과학교실 교수(현) 2012년 同의학전문대학원장 2012년 '백혈병 환자 냉동 난자'로 임신 출산 성공 2013~2017년 차의과학대 강남차병원장 2013년 대한병원협회 학술이사 2015년 차여성의학연구소 서울역센터 원장(현) (상)세계생식의학회 최우수논문상, 미국 생식의학회 최우수논문상, 한국과학기술단체총연합회 우수논문상(1997), 국무총리표창(2014) (저)'Die Endoskopischen Operationen in der Gynakologie(共)'(2000) 'VITRIFICATION in ASSISTED REPRODUCTION(共)'(2007)

윤태식(尹泰植) YOON Tae Sik

(생)1964·3·25 (본)파평(坡平) (출)서울 (주)서울특별시 서초구 서초대로 250 스타갤러리브릿지 11층 법무법인 담박(淡泊)(02-548-4301) (학)1983년 홍익대사대부고졸 1987년 서울대 사법학과졸, 국민대 대학원 산업재산권학과졸 (경)1996년 사법시험 합격(38회) 1999년 사법연수원 수료(28기) 1999년 서울지법 북부지원 판사 2001년 서울지법 판사 2003년 춘천지법 강릉지원 판사 2006년 의정부지법 판사 2010년 서울북부지법 판사 2014년 울산지법 부장판사 2016~2017년 의정부지법 부장판사 2017년 법무법인 담박(淡泊) 구성원변호사(현) 2017년 이화여대 법학전문대학원 겸임교수(현)

윤태식(尹泰植) YOON Tae Shik

(생)1965·3·22 (본)해남(海南) (출)서울 (주)서울특별시 송파구 법원로 101 서울동부지방법원(02-2204-2102) (학)1984년 서라벌고졸 1988년 연세대 법학과졸 1990년 同대학원 법학과졸 (경)1992년 사법시험 합격(34회) 1995년 사법연수원 수료(24기) 1995년 법무법인 미래 변호사 1999년 광주지법 판사 2001년 同순천지원 판사 2003년 수원지법 안산지원 판사 2005년 일본 도쿄대 대학원 법학정치학연구과 객원연구원 2006년 특허법원 판사 2008년 대법원 재판연구관 2010년 대전지법 부장판사 2011년 의정부지법 형사재판부 부장판사 2013년 同민사재판부 부장판사 2014년 서울북부지법 부장판사 2016년 서울중앙지법 부장판사 2019년 서울동부지법 수석부장판사(현) (저)'판례중심 특허법'(2013)

윤태식(尹泰植) YOON, TAE SIK

(생)1969·1·6 (본)파평(坡平) (출)서울 (주)세종특별자치시 갈매로 477 기획재정부 국제금융국(044-215-4700) (학)영동고졸, 서울대 경영학과졸 2000년 미국 일리노이대 대학원 경영학과졸 (경)행정고시 합격(36회) 1993~1994년 총무처 수습행정관(5급) 1994년 충무세무서 관세과

장 1994~1998년 재정경제부 세제실 근무 1998~2000년 해외유학 2000년 재정경제부 경제정책국 사무관 2002년 同국제금융국 서기관 2005~2008년 경제협력개발기구(OECD) 사무국 근무 2008년 기획재정부 국제금융국 국제기구과장 2009~2010년 同대외경제국 통상정책과장 2010년 대통령 경제금융비서관실 행정관 2012년 기획재정부 국제금융정책국 외화자금과장 2012년 同국제금융정책국 국제금융과장 2014년 고용 휴직 2016년 기획재정부 다자개발은행연차총회준비기획단장 2017년 同개발금융국장 직대 2018년 同개발금융국장(고위공무원) 2018년 同대변인 2019년 同국제금융국장(현)

윤태영(尹太英)

(생)1966 · 10 · 5 (출)전남 장흥 (주)경기도 수원시 팔달구 중부대로143번길 102 수원보호관찰소(031-212-7151) (학)건국대 법학과졸, 충북대 대학원 법학과졸 (경)1996년 행정고시 합격(40회) 1997년 공무원 임용, 광주보호관찰심사위원회 근무, 전주보호관찰소 정읍지소장 2010년 법무부 보호관찰과 서기관 2010년 광주보호관찰소 행정지원과장 2011년 대전보호관찰소 관찰과장 2011년 인천보호관찰소 부천지소장 2014년 청주보호관찰소장 2016년 수원보호관찰소 성남지소장 2017년 청주보호관찰소장 2018~2019년 서울남부보호관찰소장 2019년 수원보호관찰소장(현)

윤태용(尹太鏞) Taeyong Yoon

(생)1959 · 9 · 3 (본)파평(坡平) (출)경북 영일 (주)서울특별시 마포구 월드컵북로 400 문화콘텐츠센터 한국저작권보호원(02-3153-2701) (학)1978년 용문고졸 1983년 서울대 경제학과졸 1986년 同행정대학원 행정학과졸 1994년 미국 오리건주립대 대학원 경제학과졸 1997년 경제학박사(미국 오리건주립대) (경)1985년 국세청 사무관 1988~1992년 재정경제부 세제실 조세정책과 · 국제조세과 · 소비세제과 근무 1996~2001년 同금융정책실 은행제도과 · 산업자금과 · 금융정책과 근무 2001년 아시아개발은행(ADB) 이사실 보좌관 2005년 재정경제부 국제기구과장 2006년 同정책상황팀장 2007년 同정책상황팀장(부이사관) 2007년 대통령비서실 행정관 2008년 미국 라자드자산운용 파견 2009년 기획재정부 자유무역협정국내대책본부 지원대책단장(국장급) 2009년 同대외경제협력관 2011년 同대외경제국장 2014~2016년 문화체육관광부 문화콘텐츠산업실장 2017년 한국저작권보호원 원장(현) (상)대통령표창(2001), 근정포장(2006), 홍조근정훈장(2015) (종)기독교

윤태진(尹泰鎭) YOON Tae Jin

(생)1964 · 2 · 5 (출)서울 (주)서울특별시 서대문구 연세로 50 연세대학교 커뮤니케이션대학원(02-2123-3992) (학)1981년 숭문고졸 1985년 연세대 신문방송학과졸 1989년 미국 매사추세츠주립대 대학원 커뮤니케이션학과졸 1997년 Ph.D. in Mass Communication(미국 Univ. of Minnesota) (경)1997년 한국언론연구원 연구위원 1998년 단국대 언론영상학부 교수 2002년 연세대 커뮤니케이션대학원 영상학전공 교수(현) 2010~2011년 한국언론정보학보 편집위원장 2012~2013년 한국방송학회 총무이사 2014년 KBS 경영평가위원 2017년 방송통신위원회 방송미래발전위원회 제2분과(편성 · 제작의자율성제고) 방송미디어분야 위원(현) 2018년 연세대 커뮤니케이션대학원장(현) (저)'한국Television 예능 · 오락 프로그램의 변천과 발전(共)'(2002) '방송의 언어문화와 미디어교육(共)'(2004) '방송저널리즘과 공정성위기(共)'(2006) '인터넷과 아시아의 문화연구(共)'(2007) '게임과 문화연구(共)'(2008) '게임포비아(共)'(2013) '방송보도를 통해 본 저널리즘의 7가지 문제(共)'(2013) (역)'미디어 연구의 질적 방법론(共)'(2005) '영상문화의 이해(共)'(2006)

윤태진 Yun Tae Jin

(생)1965 (주)전라북도 익산시 왕궁면 동촌제길 110 국가식품클러스터지원센터 이사장실(063-720-0501) (학)단국대 지역개발학과졸, 同대학원 경영학과졸 (경)대한교육보험(現 교보생명보험) 영업부 근무, 삼성물산 유통사업부 근무, 한국건설관리공사 기획관리부 근무 2006~2017년 새정치민주연합 정책위원회 전문위원, 더불어민주당 정책위원회 수석전문위원(정책실장 겸임) 2018년 국가식품클러스터지원센터 이사장(현)

윤태호(尹胎鎬) YOON Tae Ho

(생)1969 · 8 · 27 (본)파평(坡平) (출)광주 (주)서울특별시 중구 소파로 131 한국만화가협회(02-757-8485) (경)1988년 만화계 입문 1993년 점프에 '비상착륙' 연재 1996년 미스터블루에 '혼자사는남편'으로 데뷔 1996년 미스터블루에 '연씨별곡' 연재 1997년 미스터블루에 '춘향별곡' 연재 1997년 부킹에 '야후' 연재 1999년 '수상한 아이들' 발표 2001년 잡지에 '발칙한인생' 연재, 스포츠신문에 '로망스' 연재 2007년 스포츠신문에 '주유천하' 연재 2007년 웹진에 '이끼' 연재 2008년 미디어다음 만화속세상에 '이끼' 재연재 2014년 한국만화가협회 부회장 2017년 同회장(현) (상)문화관광부 오늘의우리만화상(1999), 대한민국출판만화대상 저작상(2002), 대한민국만화대상 우수상(2007), 부천국제만화대상 우수상(2008), 대한민국대중문화예술상 문화체육관광부장관표창(2010), 2010대한민국콘텐츠어워드 만화부문 대통령표창(2010), 사회발전부문 홍진기창조인상(2015), 일본문화청 제20회 미디어예술제 만화부문 우수상(2017) (작)'연씨별곡'(1996) '야후'(1998) '열풍학원'(1998) '수상한 아이들'(1999) '로망스'(2001) '주유천하'(2007) '이끼'(2008) '미생'(2012)

윤태화(尹泰和) Tae Hwa Yoon

(생)1959 · 10 · 27 (본)파평(坡平) (출)충북 청주 (주)경기도 성남시 수정구 성남대로 1342 가천대학교 경영대학 경영학과(031-750-5516) (학)1978년 청주고졸 1983년 연세대 경영학과졸 1985년 同대학원 경영학과졸 1994년 경영학박사(연세대) (경)1985~1987년 안권회계법인 공인회계사 1987~1988년 한국기업평가(주) 근무 1989~1997년 한국금융연수원 교수 1998~2012년 경원대 경영회계학과 교수 2001~2002년 미국 노스캐롤라이나대 방문교수 2005년 경원대 입시본부장 2007년 同경상대학장 2007~2013년 기획재정부 공공기관경영평가단 위원 2007년 同국세예규심사위원회 위원 2008~2016년 同세제발전심의위원회 위원 2009~2010년 미국 듀크대 방문교수 2009~2015년 행정안전부 공무원연금운영위원 2010~2012년 한국회계학회 부회장 2012년 가천대 경영대학 경영학과 교수(현) 2012~2014 · 2018년 同경영대학장(현) 2012~2016년 국세청 자체평가위원회 위원장 2012년 조세심판원 비상임심판관 2013~2014년 국세청 세무조사감독위원회 위원 2013년 가천대 경영대학원장(현) 2013년 한국거래소 코스닥시장 기업심사위원회 위원 2013년 경제 · 인문사회연구회 연구기관평가단 평가위원 2013년 한국세무학회 회장 2016년 한국회계정보학회 회장 2016년 한국고용정보원 비상임감사 (상)대통령표창(2009), 홍조근정훈장(2014) (저)'현대사회와 세금'(2011) '세법개론'(2015)

윤택림(尹擇林) YOON Taek Rim

(생)1958 · 12 · 30 (출)광주 (주)광주광역시 남구 덕남길 80 빛고을전남대학교병원 정형외과(062-670-9475) (학)1984년 전남대 의대졸 1987년 同대학원 의학석사 1992년 의학박사(전남대) (경)1985~1989년 화순전남대병원 전공의 1989년 同정형외과 전문의 1992~1993년 同전임의 1992년 일본 구루메대 전임의 1993~2004년 전남대 의과대학 정형외과학교실 전임강사 · 조교수 · 부교수 1996~1997년 미국 존스홉킨스대병

원 정형외과 연수 2004년 전남대 의과대학 정형외과학교실 교수(현) 2004년 화순전남대병원 관절센터장 2008~2010년 同진료처장 2011년 국제대학스포츠연맹(FISU) 의무위원회 위원(현) 2014년 광주권의료관광협의회 회장(현) 2014년 한국생체재료학회 회장 2014~2015년 빛고을전남대병원 초대원장 2014~2017년 전남대병원장 2014~2017년 광주전남해바라기아동센터 센터장 2015년 한국생체재료학회 고문 2016년 同명예회장(현) 2016~2017년 전국국립대학교병원장협의회 회장 2017년 광주시문화예술인연합회 초대 총재(현) 2017년 우즈베키스탄 보건부 행정고문(현) 2019년 대한고관절학회 부회장(현) 2019년 광주의료산업발전협의회 회장(현) 2019년 광주광역시 시청자자문회 사무총장(현) (상)대한고관절학회 학술상(1996), 대한골절학회 학술상(1998), 대한정형외과학회 학술상(2001), 보건복지부장관표창(2006·2011·2017), 광주·전남 사회공헌대축전 대상(2015), 대한민국 세종대왕 나눔봉사 대상(2015), 국회 교육문화체육관광위원장표창(2015), '올해의 광주시민대상' 학술부문 대상(2016), 광주시의사회 무등의림상 학술상(2016), 녹조근정훈장(2017), 대한민국자랑스러운한국인대상 의료행정부문(2017), DBS동아방송대상 선정 2017 광주전남을 빛낸 인물 사회공헌부문 대상(2017) (저)'증례로 보는 골절치료' '생체재료와 조직공학' '줄기세포-간엽줄기 세포와 골조직공학' (역)'환자의 입장에서 본 현명한 암치료'(2004) '알기쉬운 불심의 세계'(2004)

윤풍영(尹豊榮)

(생)1974·11 (주)서울특별시 중구 을지로 65 SK텔레콤(주) Corporate센터(02-6100-2114) (학)연세대 기계공학과졸, 프랑스 인시드대 대학원 경영학과졸 (경)1999년 IBM Korea 근무 2007년 SK텔레콤(주) BMI팀 근무 2009년 同사업개발전략담당 2010년 同NewBiz개발팀 근무 2013년 SK C&C 성장사업기획팀장 2015년 同전략기획팀장 2016년 SK주식회사 C&C 기획본부장(상무) 2017년 同기획본부장 겸 사업개발담당 2018년 SK텔레콤(주) PM그룹장 2019년 同Corporate센터장(현)

윤학섭(尹學燮) Yoon, Hak Sup

(생)1964·9·29 (출)경북 영천 (주)서울특별시 강남구 테헤란로 152 강남파이낸스센터 27층 Tax부문(02-2112-0001) (학)1982년 대구상업고졸 1991년 동국대 경영학과졸 2016년 서울대 인문대학 최고경영자과정 수료 2018년 同경영대학 최고경영자과정 수료 (경)1991~2000년 산동회계법인 근무 2000년 삼정KPMG 근무 2000~2003년 호주 시드니 KPMG 근무 2012~2013년 삼정KPMG B&F부문 3본부장 2013~2018년 同Deal Advisory부문 2본부장 2015년 同부대표 2016년 同PPC SG 위원장(현) 2018년 同Tax부문 리더 2019년 同Tax부문 리더(대표)(현)

윤한홍(尹漢洪) YOON Han Hong

(생)1962·11·1 (출)경남 창원 (주)서울특별시 영등포구 의사당대로 1 국회 의원회관 823호(02-784-2371) (학)1981년 마산고졸 1985년 서울대 독어독문학과졸 1987년 同대학원 행정학과졸 2014년 행정학박사(서울시립대) (경)1988년 행정고시 합격(32회) 1990년 서울 중구 문화공보실장 1992년 서울시 행정과 주민계장 1994~1999년 同행정과 행정관리계장 2002~2003년 同세무운영과장 2005년 同행정과장 2007년 同기획담당관 2007~2008년 제17대 대통령직인수위원회 기획조정분과위원회 실무위원(파견) 2008~2010년 대통령 인사비서관실 선임행정관(고위공무원) 2010~2011년 대통령실 선임행정관 2011~2012년 대통령 행정자치비서관 2013~2015년 경남도 행정부지사 2016~2017년 새누리당 창원마산회원구당원협의회 운영위원장 2016년 제20대 국회의원(창원시 마산회원구, 새누리당·자유한국당〈2017.2〉)(현) 2016~2017년 국회 산업통상자원위원회 위원 2016~2017년 국회 지방재정·분권특별위원회 위원 2016년 한국아동인구환경의원연맹(CPE) 회원(현) 2016~2017년 새누리당 누진제당정TF 위원 2017년 자유한국당 창원마산회원구당원협의회 운영위원장(현) 2017년 同제19대 홍준표 대통령후보 비서실장 2017~2018년 국회 산업통상자원중소벤처기업위원회 위원(현) 2017년 자유한국당 대표최고위원 정무특보 2017~2018년 同조직담당 사무부총장 2017년 同지방선거기획위원회 위원 2017년 同정책위원회 부의장 2018년 국회 사법개혁특별위원회 간사(현) 2019년 자유한국당 사법개혁특별위원회 위원(현) (저)'윤한홍, 꿈을 엮다'(2015)

윤해수(尹海水) YOON Hae Soo

(생)1952·2·14 (주)서울특별시 서초구 남부순환로356길 85 서울외국어대학원대학교 총장실(02-2182-6000) (학)1979년 영남대 전기공학과졸 1981년 연세대 대학원 행정학과졸 1985년 미국 인디애나주립대 대학원 정치학과졸 1989년 정치학박사(미국 코네티컷주립대) (경)1990년 미국 콜롬비아대 동아시아연구소 객원교수 1991~2013년 명지대 사회과학대학 정치외교학과 교수 1994년 대통령자문 정책기획위원회 간사위원 1995년 (사)한국외교문제연구원 원장 1998년 미국 조지워싱턴대 객원교수 2004년 서울외국어대학원대 이사장 2013년 同총장(현) 2016년 同법인이사 겸임(현) 2016년 (주)KT&G 사외이사(현) (저)'북한곡예외교론'(1999)

윤헌주(尹憲柱) YOON, Hean-Joo

(생)1959·3·7 (본)파평(坡平) (출)부산 (주)서울특별시 성북구 화랑로14길 5 한국과학기술연구원 감사실(02-958-5021) (학)부산대 기계설계과졸, 영국 리즈대 대학원 기계공학과졸 (경)1998년 과학기술부 장관비서관 1998년 同연구개발정책실 연구개발3담당관 1999년 국무총리국무조정실 경제행정조정관실 산업심의관실 서기관 2000년 과학기술부 기초과학인력국 기초과학지원과장 2000년 駐중국대사관 과학관 2004년 과학기술부 과학기술인력과장 2005년 同평가정책과장 2005년 대통령 정보과학기술보좌관실 파견(부이사관) 2007년 국제원자력기구(IAEA) 파견(고위공무원) 2009년 교육과학기술부 과학기술정책기획관 2010년 同기초연구정책관 2011년 駐스웨덴대사관 공사 겸 총영사 2014년 미래창조과학부 과학기술정책국장 2015년 同과학기술전략본부 과학기술정책관 2016년 同지식재산전략기획단장 2018년 한국과학기술연구원(KIST) 상임감사(현) (상)홍조근정훈장(2015)

윤혁경(尹赫敬) YOUN Hyeok Kyung

(생)1953·12·4 (본)파평(坡平) (출)경남 창녕 (주)서울특별시 송파구 충민로 52 가든파이브웍스 4층 에이앤유디자인그룹건축사사무소(02-2047-3100) (학)1973년 영남대병설공업고등전문학교졸 1999년 서울산업대 건축공학과졸 2001년 서울시립대 대학원 건축학과졸 2003년 서울대 환경대학원 지구단위계획최고전문가과정 수료 2005년 한양대 대학원 디벨로퍼CEO과정 수료 (경)1990~1995년 서울시 동작구·용산구·송파구 건축과장 1995~2002년 同주택국·도시계획국 팀장 1997년 한국건축도시법제학회 총무이사 2002~2010년 한국도시설계학회 이사 2004년 서울시 주택국 주거정비과장 2005년 한국경관학회 상임이사 2006년 (주)대림산업 건축사업본부 상무 2007년 서울시 도시계획국 도시관리과장 2008년 同디자인서울총괄본부 도시경관담당관 2009년 에이앤유디자인그룹건축사사무소 대표이사(현) 2011년 한국경관학회 부회장 2011년 서울시 시민디자인위원회 위원 2012년 한국도시설계학회 부회장 2012~2015년 서울시 공공건축가 2012년 同공공디자인위원 2013년 대한건축사협회 법제이사 2013년 제주특별자치도 경관위원회 위원 2014년 국토교통부 중앙건축위원회위원 2014~2018년 한국건축정책학회 부회장 2015~2016년 대한건축사협회 부회장 2016~2018년 대통령직속 국가건축정책위원회 위원 (상)서울시장표창, 건설교통부장관표창, 행정자

치부장관표창, 녹조근정훈장(1993), 홍조근정훈장(2009) (저)'건축법·조례해설'(1994~2016) '알기쉬운 건축여행'(1997) '도시·건축 엿보기'(2001) '주택법 도시 및 주거환경정비법 해설'(2003~2011) '국토의 계획 및 이용에 관한 법률해석'(2005) '건축+법 바로알기'(2007~2013) (종)기독교

윤혁노(尹赫老) YOON Hyuk Noh

(생)1965·4·10 (본)해평(海平) (출)서울 (주)서울특별시 종로구 율곡로2길 19 SK건설(주) Hi-Tech사업부문(02-3700-7114) (학)1984년 서울고졸 1991년 연세대 경제학과졸 2002년 미국 펜실베이니아대 와튼스쿨졸(MBA) (경)1991~1998년 삼성물산 근무 1999~2000년 한솔텔레컴 근무 2001년 The Monitor Group 근무 2002~2003년 SK(주) 근무 2003~2008년 SK텔레콤(주) 경영경제연구소IHC팀 근무 2008년 SK건설(주) 플랜트전략기획실장(상무) 2011년 同USA 상무 2014년 同화공마케팅본부장(상무) 2014년 同기업문화실장(상무) 2015년 同현장경영부문장(상무) 2016년 同현장경영부문장(전무) 2017년 同국내플랜트 Operation부문장(전무) 2018년 同국내플랜트 Operation부문장 겸 Hynix Project본부장(전무) 2019년 同Hi-Tech사업부문장 겸 Hi-Tech마케팅본부장(전무)(현)

윤현덕(尹炫悳) YUN Hyun Duck

(생)1968·7·20 (출)서울 (주)세종특별자치시 한누리대로 422 산업재해보상보험재심사위원회(044-202-8499) (학)1987년 영등포고졸 1991년 한양대 법학과졸 (경)1990년 행정고시 합격(34회) 1998년 법제처 경제심판담당관실 서기관 1998년 同경제법제국 서기관 1999년 同법제행정담당관실 서기관·여성특별위원회 차별조정관실 과장 2001년 여성부 조사1과장 2002년 同기획예산담당관 2003년 同차별개선국 조사과장 2005년 同재정기획관 2005년 여성가족부 정책총괄과장 2006년 同정책기획평가팀장 2007년 同행정지원팀장(서기관) 2007년 同행정지원팀장(부이사관) 2008년 보건복지가족부 가족정책과장 2010년 보건복지부 보건의료정책실 한의약정책과장 2011년 同저출산고령사회정책실 노인정책관 2012년 국방대 안보과정 파견 2013년 보건복지부 장애인정책국장 2014년 同질병관리본부 국립인천공항검역소장 2015년 同질병관리본부 생명의과학센터장 2016년 同사회복지정책실 사회서비스정책관(국장급) 2017년 고용노동부 산업재해보상보험재심사위원회 위원장(현)

윤현봉(尹玹峯·女) YOON Hyun-bong

(생)1960·2·3 (주)서울특별시 종로구 사직로8길 60 외교부 인사운영팀(02-2100-7141) (학)1982년 이화여대 사회학과졸 1986년 同대학원 사회학과졸 2001년 同대학원 사회학 박사과정 수료 (경)1986~1990년 한국여성단체협의회 간사·부장 1998~2003년 대통령 제2부속실 행정관 2003~2018년 국제개발협력민간협의회 사무총장 2006~2013년 지구촌빈곤퇴치시민네트워크 공동운영위원장 2010~2012년 국제개발협력시민사회포럼 운영위원장 2012~2016년 한국국제협력단 비상근·비당연직 민간이사 2013~2018년 국제개발협력학회 부회장 2015~2018년 서울시 공정무역위원장 2018년 駐브루나이 대사(현)

윤현석(尹炫晳) Yoon Hyunseok

(생)1974·1·2 (출)경남 마산 (주)서울특별시 성동구 마장로 210 한국기원 홍보팀(02-3407-3870) (경)1989년 프로바둑 입단 1991년 2단 승단 1992년 3단 승단 1992년 박카스배·바둑왕전 본선 1993년 제11기 박카스배 준우승 1993년 바둑왕전·기성전 본선 1994년 동양증권배 본선 1994·1995년 패왕전 본선 1996년 4단 승단 1996년 천원전 본선 1998년 5단 승단 1998년 천원전 본선 1999년 기성전·천원전·KBS바둑왕전·신인왕전 본선 2000년 6단 승단 2000년 왕위전·KBS바둑왕전·신인왕전 본선 2002년 7단 승단 2002년 제4회 농심신라면배 한국대표(우승) 2003년 명인전·LG정유배·한국바둑리그 본선 2005년 8단 승단 2005년 국수전·GS칼텍스배 프로기전·한국물가정보배 본선 2006년 국수전 시드 2007년 맥심커피배 입신최강·원익배 십단전·KBS바둑왕전 본선 2007년 9단 승단(현) 2011년 원익배 십단전 본선 2011·2012년 KB바둑리그 SK에너지 감독 2015년 同CJ E&M 감독

윤현수(尹賢洙) YOON Hyun Soo

(생)1971·8·23 (출)서울 (주)서울특별시 종로구 청와대로 1 대통령정책실 농림해양수산비서관실(02-770-0011) (학)1990년 잠실고졸 1995년 서울대 정치학과졸 (경)1995년 해양수산부 해양환경과·항만운영정보과 근무 2003년 同해운물류국 항만물류기획과 사무관 2004년 同해운물류국 항만물류과 서기관, 同혁신기획관실 BSC팀장 2005년 국립수산과학원 연구기획실 행정예산과장, 미국 워싱턴주립대 연수 2007년 해양수산부 해양정책본부 해양환경기획관실 해양생태팀장 2008년 국토해양부 해양생태과장 2009년 同국토정책국 도시규제정비팀장 2009년 同국토정책국 도시재생과장 2011년 同규제개혁법무담당관 2012년 교육 파견(서기관) 2015년 해양수산부 해양정책과장 2016년 同해양정책과장(부이사관) 2017년 同해운물류국 해운정책과장 2018년 同수산정책관(고위공무원) 2018년 대통령정책실 농림해양수산비서관실 선임행정관(현) (상)해양수산부장관표창(2002)

윤현철(尹賢澈)

(생)1958 (주)서울특별시 용산구 한강대로 100 삼일회계법인(02-709-0790) (학)서울대 경영학과졸, 연세대 대학원 경영학과졸 (경)1985년 삼일회계법인 입사, 同미국 클리브랜드지사 교환 근무 2005년 同전무 2010년 同부대표 2014년 同감사부문대표(COO) 2019년 同상임고문(현)

윤형권(尹亨權) YOON Hyung Kweon

(생)1963·3·2 (주)세종특별자치시 한누리대로 2120 세종특별자치시의회(044-300-7000) (학)체육교육학박사(공주대) (경)한국일보 기자, 세종포스트 대표이사, 대전일보 정치행정부 차장, 세종참여자치시민연대 창립회원, 세종특별자치시검도회 고문 2014~2018년 세종특별자치시의회 의원(새정치민주연합·더불어민주당) 2014~2016년 同부의장 2014·2016년 同행정복지위원회 위원 2014·2016~2018년 同교육위원회 위원 2015년 同예산결산특별위원회 위원 2016~2018년 同산업건설위원회 위원 2018년 세종특별자치시의회 의원(더불어민주당)(현) 2018년 同의회운영위원회 위원(현) 2018년 同교육안전위원회 부위원장(현) 2019년 同행정수도완성특별위원회 위원장(현) (상)지방의원 매니페스토 약속대상(2015)

윤형두(尹炯斗) YOON Hyung Doo (汎友)

(생)1935·12·17 (본)파평(坡平) (출)일본 고베 (주)경기도 파주시 광인사길 9-13 도서출판 범우사(031-955-6900) (학)1954년 순천농림고졸 1963년 동국대 법학과졸 1975년 고려대 경영대학원 수료(경영진단사) 1984년 중앙대 신문방송대학원 출판잡지전공 수료 2002년 명예 출판학박사(순천대) (경)1956년 월간 '신세계' 기자 1957년 월간 '고시계' 편집장대리 1961년 민주당 당보 '민주정치' 기자 1966~2005년 도서출판 '범우사' 창업·사장 1967~1969년 월간 '신세계' 주간 1970~1972년 월간 '다리' 주간·편집인·발행인 겸임 1971년 월간 '다리' 필화사건으로 투옥 1972년 수필문학에 '콩과 액운'으로 등단 1974년 월간 '다리' 필화사건 대법원에서 무죄판결 1974년 국제앰네스티 한국위원회 재무이사 1982년 한국도서유통협의회 회장 1983

년 한국출판학회 부회장 1984 · 1992년 대한출판문화협회 선임부회장 1987년 민족문학작가회의 창립회원 1988년 한국출판협동조합 이사장 1989년 한국출판학회 회장 1990년 한국서지학회 이사 1990년 한국언론학회 이사 1990~1992년 월간 '역사산책' 발행인 1991~1999년 중앙대 신문방송대학원 객원교수 1991년 범우장학회 설립 1992년 '책의해준비위원회' 위원장 1992년 월간 '책과 인생' 발행인 1992년 1993책의해조직위원회 부위원장 1997년 계간 '한국문학평론' 발행인 1998년 대한산악연맹 부회장 1998년 한국도서관협회 이사 1998년 한국국악진흥회 이사 1999년 (사)정보환경연구원 이사장 1999년 문화연대 공동대표 1999 · 2007~2012년 미국 세계인명사전 'Marquis Who's Who in the World'에 등재 1999년 한국출판학회 회장 · 명예회장 2002년 미국 Barons Who's Who '21세기초 위대한 아시아 500인'에 선정 2003년 정동로타리클럽 회장 2003~2010년 범우출판문화재단 설립 · 재단이사 2005년 도서출판 '범우사' 회장(현) 2006년 한국출판문화진흥재단 이사장 2007년 미국 세계인명사전 'Marquis Who's Who in America' 및 'Marquis Who's Who in Asia'에 동시 등재 2011~2014년 대한출판문화협회 회장 2011년 범우출판문화재단 이사장(현) 2012년 미국 인명정보기관(ABI) 및 영국 국제인명센터(IBC) 인명사전 등재 (상)한국출판문화상(1981 · 1991 · 1994 · 1995), 문화공보부장관표창(1982), 법무부장관표창(1982), 대통령표창(1988), 한국출판학회 저술상(1989), 애서가상(1989), 현대수필문학상(1991), 서울시문화상(1992), 동국문학상(1994), 국민훈장 석류장(1995), 한국서점조합연합회표창(1995), 인쇄문화상(1997), 자랑스런 여수인상(2000), 간행물윤리대상(2000), 백상출판문화상(2001 · 2002), 보관문화훈장(2001), 자랑스런 중앙인상(2001), 한국시인협회 감사장(2002), 대한산악연맹 부산시연맹 금정대상(2002), 한국출판문화상 백상특별상(2009), 남해출판문화상(2019) (저)'출판물유통론'(1989) 수필집 '사노라면 잊을날이'(1979) '넓고 넓은 바닷가에'(1983) '책의 길 나의 길'(1990) '아버지의 산 어머니의 바다'(1995) '여정일기 잠보 잠보 안녕'(1995) '책이 좋아 책하고 사네'(1997) '눈으로 보는 책의 역사'(編) '한국출판의 허와 실'(2002) '옛 책의 한글판본'(2003) '산사랑 책사랑 나라사랑'(2003) '한 출판인의 중국 나들이'(2004) '한 출판인의 외길 50년'(2004) '한 출판인의 일본 나들이'(2005) '지나온 세월 속의 편린들'(2006) '옛 책의 한글판본 2'(2007) '한 출판인의 여정일기'(2010) '한 출판인의 자화상'(2011) '바다가 보이는 창'(2016, 범우) (역)'일본출판물유통'(1988) '출판물판매기술'(1994) '눈으로 보는 책의 역사'(1997) '출판사전'(2002)

윤형식(尹炯植) YOON Hyoung Sik

(생)1961 · 5 · 21 (출)광주 (주)서울특별시 중구 퇴계로 190 매일경제신문 매경BIZ(02-2000-2114) (학)1986년 전남대 경제학과졸 2014년 한양대 언론정보대학원졸(석사) (경)1987년 매일경제신문 입사 1999년 同금융부 차장대우 2001년 同증권부 차장 2004년 同베이징특파원(부장대우) 2006년 同편집국장석 중국담당 부장대우 2006년 同부동산부장 2008년 同사회부장 2009년 同사회부장(부국장대우) 2010년 매경닷컴 총괄국장(파견) 2010년 同속보국장 직대 2012년 同대표이사 2014년 同총괄국장 2015년 同대표이사 2015년 국제아동안전기구 (사)세이프키즈코리아 이사(현) 2015년 매경BIZ 대표(현) 2015~2016년 포털뉴스제휴평가위원회 위원

윤형원(尹炯元) Yun Hyeung-won

(생)1966 · 10 · 17 (본)파평(坡平) (출)경북 예천 (주)충청남도 부여군 부여읍 금성로 5 국립부여박물관 관장실(041-830-8402) (학)1984년 대구 덕원고졸 1990년 서울대 고고미술사학과졸 1999년 同대학원 고고학과졸 2004년 同대학원 고고학박사과정 수료 2008년 명예 고고학박사(몽골국립고고학연구소) (경)1990~1992년 서울대 박물관 연구원 1992~1998년 국립경주박물관 학예연구실 학예연구사 1998~2002년 국립중앙박물관 고고부 학예연구사 2002~2004년 同고고부 학예연구관 2005~2006년 문화재청 국립경주문화재연구소 학예연구실장 2007~2008년 국립중앙박물관 고고부 학예연구관 2008~2009년 同기획총괄과 학예연구관 2010~2012년 국립대구박물관 학예연구실장 2011년 (사)한국몽골학회 연구이사(현) 2011~2014년 (사)중앙아시아학회 기획 · 학술이사 2012~2015년 국립전주박물관 학예연구실장 2015년 문화재청 국립해양문화재연구소 전시홍보과장 2015~2018년 (사)중앙아시아학회 부회장 2017년 국립부여박물관장(현) 2018년 (사)중앙아시아학회 회장(현) (상)국립중앙박물관장표창(1999), 몽골국립고고학연구소 Mon-Sol Project 공로상(2004), 몽골정부 최고학술상(2010) (저)국내조사보고서 '석촌동 고분군'(1987) '몽촌토성'(1988 · 1989) '경주 죽동리 고분군'(1996) '경주유적지도 1:10:000'(1997) '홍해 옥성리 고분군 Ⅰ · Ⅱ · Ⅲ'(1999) '법천리 Ⅰ · Ⅱ · Ⅲ'(2000 · 2001 · 2008), 특별전 기획 및 도록 '신라인의 무덤'(1997) '통일신라'(2003) '발굴에서 전시까지'(2007) '아시아의 전통복식'(2010) '흙에서 찾은 영원한 삶'(2011) '명량'(2015) 국제조사보고서 · 연구서 · 도록 '몽골 모린톨고이 흉노무덤'(2001) '몽골 호드긴톨고이 흉노무덤'(2002) '몽골 유적조사 5년'(2002) '몽골 흉노무덤 자료집성'(2008) '명나라 무역선 난아오 1호'(2016) (작)특별전 '신라인의 무덤'(1997) '몽골 유적조사 5년'(2002) '통일신라'(2003) '발굴에서 전시까지'(2007) '아시아의 전통복식'(2010) '완주 상림리 청동검'(2014) '고승호-격랑의 청일해전' '명량'(2015) '명나라 무역선 난아오 1호'(2016)

윤형주(尹亨柱) YOON Hyung Joo (율성)

(생)1947 · 11 · 19 (출)서울 (주)서울특별시 중구 동호로 195-7 송죽빌딩 한국해비타트(1544-3396) (학)1963년 경기고졸 1966년 연세대 의예과졸 2014년 명예 선교학박사(고신대) (경)듀엣 「트윈폴리오」 멤버 1982년 MBC라디오 '한밤의 데이트' 진행 1988년 KBS라디오 '윤형주의 음악앨범' 진행 1992년 한빛기획 대표 2000년 인트보 부사장 2002년 문화관광부 아동평화대사 2005년 한국가수권리찾기협의회 대표 2009년 독도의용수비대기념사업회 홍보대사 2011년 몰디브 명예영사(현) 2014년 아세아연합신학대(ACTS) 홍보대사 2016년 서울 서초구 홍보대사 2017년 (사)한국해비타트(Habitat for Humanity Korea) 이사장(현) (상)동아광고대상(1977 · 1978), KBS가요대상 음반기획상(1984), 가톨릭매스컴위원회 공로상(1984), 대한민국대중문화예술상 대통령표창(2010) (저)'윤형주 창작 복음성가 모음'(1991) '또하나의 아름다움'(1992) (종)기독교

윤형주(尹亨柱) Yoon Hyung Joo

(생)1961 · 5 · 8 (본)파평(坡平) (출)대구 (주)서울특별시 양천구 목동중앙로 212 서울지방식품의약품안전청(02-2640-1301) (학)1981년 배재고졸 1985년 동의대 생물학과졸 1987년 경희대 대학원 생물학과졸 (경)2010년 식품의약품안전청 식품관리과장 2012년 同식중독예방과장 2013년 식품의약품안전처 불량식품근절추진단 T/F 총괄기획팀장 2014년 同처장 정책비서관 2016년 同식품안전정책국장 2019년 서울지방식품의약품안전청장(현) (상)국무총리표창(2000), 대통령표창(2003)

윤호영 Daniel.yun

(생)1971 · 6 · 20 (출)경기 안양 (주)서울특별시 용산구 한강대로 372 KDB생명타워 16층 한국카카오은행(1599-3333) (학)신성고졸, 한양대 경영학과졸 (경)1996~2003년 대한화재해상보험(주) 기획조정실 근무 2003~2008년 에르고다음다이렉트 경영기획팀장 2009~2014년 다음 경영지원부문장 2014~2016년 (주)카카오 모바일뱅크태스크포스팀(TFT) 부사장 2016년 한국카카오은행 공동대표이사(현)

윤호일(尹鎬一) YOON Hoil

(생)1943 · 11 · 22 (출)충남 부여 (주)서울특별시 강남구 영동대로 517 아셈타워 22층 법무법인 화우(02-6003-7501) (학)1961년 대전고졸 1965년 서울대 법학과졸 1967년 同사법대학원졸 1973년 법학박사(미국 Notre Dame대) (경)1965년 사법시험 합격(4회) 1967~1970년 공군 법무관 1970년 서울민사지법 판사 1973~1989년 미국 Baker & Mckenzie 법률회사 시카고사무소 근무 1973년 미국 일리노이주 변호사자격 취득 1977년 미국 연방최고법원 변호사 등록 1979년 미국 Baker & Mckenzie 법률회사 파트너 1981년 미국 워싱턴특별구 변호사 등록 1982년 미국중재협회 상사중재위원 1982~1988년 미국 시카고한인봉사회 이사 1983~1984년 미국 시카고韓人실업인협회장 · 미국변호사협회 한국관계 小위원장 1984~1988년 미국 U.S.- Korea Society 이사 1985년 미국 세계인명사전 'Marquis Who's Who in American Law'에 등재 1985~1987년 미국 뉴욕컬럼비아대 법대 초청강사 1986년 미국 세계인명사전 'Marquis Who's Who in the World'에 등재 1987~1989년 미국 Baker & Mckenzie법률회사 뉴욕사무소 파트너 1988년 미국 뉴욕주변호사 등록 1989~2003년 법무법인 우방 대표변호사 1990년 서울한강로타리클럽 회원(현) 1991년 대한변호사협회 이사 1991년 대한상사중재원 중재위원(현) 1992~2000년 국제투자분쟁해결본부 조정위원 1996~2007년 한국증권선물거래소 주가지수운영위원회 위원 1996~1998년 공정거래위원회 비상임위원 1999~2001년 同경쟁정책자문위원 2000~2002년 외교통상부 대외경제통상대사 2002~2004년 한국선물학회 부회장 2002~2004년 도하개발아젠다(DDA) 민관합동포럼 민간위원 2002년 국제경쟁네트워크(International Competition Network) 민간전문가(현) 2003년 법무법인 화우 대표변호사(현) 2004년 Global Competition Review지 '세계경쟁법 전문가' 명사록 게재 2005년 아시아지역 법률관련소식지 아시아 리갈 비즈니스(Asia Legal Business)지 선정 '2004년 아시아의 탁월한 변호사 100인' 2005~2009년 한국경쟁포럼 회장 2005~2011년 공정거래위원회 경쟁정책자문위원 2006년 Asia Law Leading Lawyers '선도적인 법률전문가 (leading expert)' 선정 2006년 Global Competition Review 선정 '세계공정거래 전문가' 명사록 게재 2006년 International Financial Law Review 선정 '세계공정거래 전문가' 명사록 게재 2007년 조선일보 선정 '공정거래분야 최고전문가' 2007~2012년 미국변호사협회(American Bar Association) 경쟁법부문(Section of Antitrust, International Cartel Task Force & International Task Force) 임원 2008년 공정거래위원회 법령선진화추진단 자문위원 2010~2014년 아시아경쟁연합(ACA) 초대회장 2011~2013년 공정거래위원회 국제협력정책자문단 자문위원 2016년 Legal 500 Asia-Pacific (2016)에 '리딩 변호사(leading individual)'로 선정 (상)대통령표창(1984), Euromoney선정 '세계 경쟁법 변호사' (1999 · 2000 · 2006 · 2008 · 2012), 국민훈장 동백장(2006), 서울지방변호사회 명덕상(2010) (종)기독교

윤호일(尹鎬一) YOON Ho Il

(생)1960 · 12 · 12 (본)파평(坡平) (출)인천 (주)인천광역시 연수구 송도미래로 26 극지연구소 소장실(032-770-8401) (학)1979년 인천 대건고졸 1983년 인하대 해양학과졸 1985년 同대학원 해양학과졸 1995년 이학박사(인하대) (경)1983년 한국동력자원연구소 해양지구물리탐사실 위촉연구원 1984년 한국해양연구소 해양지질실 연구원 1991~2001년 대한민국남극과학연구단 하계대장 1992년 한국해양연구원 극지연구센터 선임연구원 1997년 同극지연구소 책임연구원 2002년 한국해양학회지 편집위원 2002년 대한지질학회지 편집위원 2002년 국제남극과학위원회 지질분과 한국대표 2003~2005년 세종기지 월동대장 2005년 한국해양연구원 극지연구소 극지환경연구부장 2007년 同극지기후연구센터 책임연구원 2012년 한국해양과학기술원 극지기후연구센터 책임연구원 2013년 同극지연구소 극지기후변화연구부장(책임연구원) 2014년 同극지연구소 선임연구본부장 2015년 同극지연구소 부소장 2016년 同극지연구소장(현) (상)부총리 겸 과학기술부장관표창, 대한민국과학기술인협회 우수논문상

윤호주(尹鎬周) YOON Ho Joo

(생)1960 · 9 · 3 (출)전남 광양 (주)서울특별시 성동구 왕십리로 222-1 한양대학교병원(02-2290-8114) (학)1985년 한양대 의대졸 1988년 同대학원졸 1994년 의학박사(한양대) (경)2001년 한양대 의대 내과학교실 교수(현) 2009년 한양대의료원 대외협력실장 2011년 한양대병원 호흡기센터 소장 2013년 同기획관리실장 2015년 한양대 국제병원장 2018년 대한천식알레르기학회 이사장(현) 2019년 한양대병원장(현) (상)대한내과학회 학술상(1993), 한양대병원 공로상(2003), 청산우수논문상(2006) (저)'호흡기학 통합강의'(2002) '알레르기질환의 치료와 관리'(2002) '일차진료의를 위한 약처방 가이드'(2004) '2005 한국 기관지천식 치료지침'(2005) '4천만의 알레르기'(2005)

윤호중(尹昊重) YUN Ho Jung

(생)1963 · 3 · 27 (본)파평(坡平) (출)경기 가평 (주)서울특별시 영등포구 의사당대로 1 국회 의원회관 641호(02-784-4961) (학)1981년 춘천고졸 1989년 서울대 철학과졸 (경)1983년 서울대 인문대학보 편집장 1984년 同학원자율화추진위원장 · 학생운동으로 투옥 1987년 사면 복권 1988년 평민당 기획조정실 기획위원 1990년 평화민주통일연구회 정세분석반장 1991년 한광옥 국회의원 비서관 1992년 민주개혁정치모임 정책기획실 부실장 1995년 민주당 경기양평 · 가평지구당 위원장 1995년 국민회의 창당발기인 1996년 同부대변인 1999년 대통령 민정비서관실 국장 2000년 대통령 정책기획비서관실 국장 2000년 새천년민주당 구리시지구당 위원장 2001년 同부대변인 2003년 통일미래연구원 국제협력위원장 2003년 열린우리당 창당준비위원 2003년 同구리시지구당 지도위원장 2003년 코리아거버넌스포럼 이사장 2004~2008년 제17대 국회의원(구리시, 열린우리당 · 대통합민주신당 · 통합민주당) 2006년 열린우리당 기업도시특별위원회 위원장 2007년 同원내대표 비서실장 2007년 同공동대변인 2008년 대통합민주신당 홍보위원장 2008~2009년 민주당 전략기획위원장 2008~2009년 同민주정책연구원 부원장 2009~2010년 同수석사무부총장 2011년 민주통합당 구리시지역위원회 위원장 2012~2013년 同사무총장 2012년 제19대 국회의원(구리시, 민주통합당 · 민주당 · 새정치민주연합 · 더불어민주당) 2012 · 2014~2015년 국회 평창동계올림픽및국제경기대회지원특별위원회 위원 2013년 민주당 구리시지역위원회 위원장 2013년 同전략기획단 위원 2014년 국회 기획재정위원회 야당 간사 2015년 국회 서민주거복지특별위원회 야당 간사 2015년 새정치민주연합 디지털소통본부장 2016년 더불어민주당 총선정책공약단 더불어성장본부 공동본부장 2016년 제20대 국회의원(구리시, 더불어민주당)(현) 2016년 더불어민주당 서민주거TF 주거안정소위원회 위원장 2016~2018년 국회 기획재정위원회 위원 2016년 (사)국회입법정책연구회 회장(현) 2016년 더불어민주당 경기구리시지역위원회 위원장(현) 2016~2017년 同정책위원회 의장 2016~2017년 同호남특별위원회 수석부위원장 2017년 同제19대 문재인 대통령후보 중앙선거대책본부 정책본부 공동본부장 2017년 국정기획자문위원회 기획분과위원장 2018년 국회 예산결산특별위원회 간사 2018년 국회 환경노동위원회 위원 2018년 국회 국토교통위원회 위원(현) 2018년 더불어민주당 사무총장(현) 2018년 同지방혁신균형발전추진단장(현) 2019년 同조직강화특별위원회 위원장(현) 2019년 同4.3재보궐선거 공천관리위원회 위원장 (상)대한민국우수국회의원대상 대상(2013), 유권자시민행동 대한민국유권자대상(2015 · 2016 · 2017), 한국외식업중앙회 감사패(2015), 대한민국의정대상(2015 · 2016) (저)'한국경제 3.0시대로 가자'(2013, 연인M&B) (종)천주교

윤호진(尹浩鎭) YUN Ho Jin

(생)1948·6·7 (출)충남 당진 (주)서울특별시 강남구 논현로 815 Burda Moon빌딩 4층 (주)에이콤(02-2250-5900) (학)1972년 홍익대 정밀기계과졸 1980년 동국대 대학원 연극영화과졸 1987년 미국 뉴욕대 대학원 공연학과졸 (경)1970년 극단 '실험극장' 입단 1976년 연극 '그린 줄리아' 연출·데뷔 1977~1983년 연극 '신의 아그네스' 등 연출 1991~2012년 단국대 예술조형대학 공연영화학부 교수, 同대중문화예술대학원장 1991년 뮤지컬전문프로덕션 (주)에이콤 설립·대표이사(현) 1991~1995년 한국연출가협회 회장 1995년 뮤지컬 '명성황후' 제작·연출(현) 1996년 '명성황후'로 제2회 한국뮤지컬대상 대상 및 연출상 수상 1997년 '명성황후'로 뉴욕 링컨센터 아시아 최초 진출 2001~2003년 예술의전당 공연예술감독 2006·2009~2011년 (사)한국뮤지컬협회 이사장 2010년 서울문화예술대상 심사위원 2012~2017년 홍익대 공연예술대학원 교수 2012~2017년 同공연예술대학원장 2013년 제18대 대통령취임준비위원회 총감독 (상)동아연극상 대상(1977·1981), 동아연극상 베스트연출상(1978·1980), 서울연극제 연출상(1989), 문화인상(1996), 한국뮤지컬대상 대상(1997), 옥관문화훈장(1997), 예총 예술문화상(1998), 허규예술상(2007), 다산대상 문화예술부문(2009), 국민훈장 동백장(2014) (작)'들소' '사의찬미' '신의 아그네스' 뮤지컬 '아가씨와 건달들' '심수일과 이순애' '명성황후' '겨울나그네' 등

윤홍근(尹洪根) YOON Hong Geun (仁谷)

(생)1955·7·17 (출)전남 순천 (주)서울특별시 송파구 중대로 64 (주)제너시스 회장실(02-3403-9113) (학)1981년 조선대 수석졸업 1984년 연세대 대학원 외식산업고위자과정 수료 2000년 국제산업디자인대학원대 뉴밀레니엄과정 수료 2001년 조선대 경영대학원졸 2005년 경영학박사(조선대), 서울대 바이오(Bio)최고경영자과정 수료, 同4TCEO과정 수료, 同지배구조개선과정 수료, 同음식평론CEO과정 수료 (경)1984년 예편(육군 중위) 1984~1992년 육군학사장교총동문회 수석부회장 1984~1995년 (주)미원마니커 입사·영업부장 1995년 (주)제너시스(BBQ·닭익는 마을) 설립·회장(현) 1998~2005년 한국프랜차이즈협회 회장 2000년 한국소매업협의회 부회장 2002년 한국유통학회 고문 2002년 서울상공회의소 상공의원 2002년 한중여성교류협회 고문(현) 2002년 한국능률협회 부회장 2003년 한국유통클럽 회장 2003년 서비스CEO포럼 부회장 2004년 한국치킨외식산업협회 회장 2004년 서울시스쿼시연맹 회장 2005년 한국프랜차이즈협회 명예회장(현) 2006~2015년 한미경제협의회 부회장 2006년 보건산업최고경영자회의 공동회장(현) 2007년 (사)한중외식협회 명예회장(현) 2008~2011년 한국외식산업협회 공동대표 2010년 한국가맹사업공정거래협회 명예회장 2010년 한국중견기업연합회 부회장(현) 2011년 (사)한국외식산업협회 제3·4·5·6대 상임회장(현) 2011년 NGO 아이러브아프리카 초대총재 2011년 대한민국100대프랜차이즈CEO포럼 회장(현) 2012~2016년 대한상공회의소 상임의원 2012~2016년 (재)한식재단 비상임이사 2012년 (사)한국말산업중앙회 고문 2014~2017년 바르게살기운동중앙협의회 회장 (상)동탑산업훈장(2003), 대통령표창(2005), 국제경영프런티어 최고경영자(CEO) 대상(2005), 스페인 국왕 시민훈장(The Civil Merit)(2007), 은탑산업훈장(2009), 한국능률협회 한국의경영자상(2009), 한국표준협회 창조경영인상(2009), 한국취업진로학회 고용창출선도대상(2011), 올해의 글로벌 마케팅대상 최고경영자상(2012), 윤동주상 민족상(2012), 5.16민족상(2013), Korea CEO Summit 창조경영대상(2013), 한국의 최고경영인상 미래경영부문(2013), 한국창업대상 '글로벌 비즈니스'부문 수상(2013), 금탑산업훈장(2015) (저)'BBQ 원칙의 승리'(2006, 중앙M&B)

윤홍식(尹洪植) YOON Hong Sik

(생)1959·8·3 (본)파평(坡平) (출)경북 예천 (주)서울특별시 종로구 우정국로 68 동덕빌딩 6층 대성홀딩스(주) 임원실(02-3700-1710) (학)1978년 안동고졸 1982년 동국대 경상대학 경제학과졸 2001년 서강대 경영대학원 최고경영자과정 수료 2003년 에너지경제연구원 최고위과정 수료 2007년 명지대 크리스천최고경영자과정 수료 2009년 서울과학기술대 에너지환경대학원 최고경영자과정수료 2010년 동국대 대학원 경제학과졸 (경)1982~1995년 유원건설(주) 기획·국내외 공사관리·감사·개발·원가관리·공무·법제 등 업무수행 1996~2001년 대성산업(주) 원가관리·M&A업무 담당 2001~2004년 대성그룹 기획팀장 2002년 대성창업투자 비상근감사(현) 2004~2012년 대구에너지환경(주) 이사 2004년 R&R건설(주) 감사(현) 2004년 대성그룹 이사 2005년 대구도시가스 경영지원본부장 2007년 대성그룹 경영지원실장 2009~2010년 同구조조정실 상무 2010년 대성홀딩스(주) 상무이사(현) 2012년 대성환경에너지 상무이사(현) (종)기독교

윤화섭(尹和燮) YOON Wha Sub

(생)1955·9·5 (본)파평(坡平) (출)전남 고흥 (주)경기도 안산시 단원구 화랑로 387 안산시청 시장실(031-481-2001) (학)광주상고졸, 상지대 행정학과졸, 고려대 정책대학원 행정학과졸(석사), 한양대 대학원 행정학 박사과정 중 (경)새정치국민회의 안산乙지구당 사무국장, 새천년민주당 안산단원지구당 상임부위원장, 열린우리당 경기도당 상무위원, 안산YMCA 사회체육위원장, 안산문화원 이사, (사)경기서부지역혁신연구원 운영위원, 신안산선선부동노선유치위원회 공동위원장, (사)민족통일평화체육문화축전조직위원회 위원 2002년 경기도의원선거 출마(새정치국민회의), 안산발전시민연대 대표, 안산시 단원구 원곡2동 자율방범운영위원 2007·2010년 경기도의회 의원(무소속·통합민주당·민주당·민주통합당·민주당·새정치민주연합) 2011년 同구제역행정사무조사특별위원회 위원장, 同민주당대표의원 2012~2013년 同의장 2014~2018년 경기도의회 의원(새정치민주연합·더불어민주당) 2014·2016~2018년 同문화체육관광위원회 위원 2016년 同의장 2016~2018년 同다문화가족·이주민지원특별위원회 위원 2016년 전국시·도의회의장협의회 부회장 2017년 더불어민주당 문재인 대통령후보 조직특보 2018년 경기 안산시장(더불어민주당)(현) 2019년 더불어민주당 경기안산단원乙지역위원장 직대(현) 2019년 안산시협치협의회 회장(현) 2019년 경기도시장군수협의회 부회장(현) 2019년 안산시 지역사회보장협의체 제8기 대표협의체 공공위원장(현) (상)한국전문기자협회 의정부문대상(2012), 도전 대한민국 나눔봉사대상 지방의회부문(2015), 대한민국 위민의정대상 우수상(2016), TV조선 한국의 영향력 있는 CEO 상생경영부문 대상(2019), TV조선 지역경제활성화부문 자치행정경영대상(2019), 산업통상자원부장관표창(2019) (종)천주교

윤화중(尹華重) YOON Hwa Joong

(생)1960·1·10 (본)파평(坡平) (출)서울 (주)경기도 안산시 단원구 진흥로38번길 8 튤리스러쎌코터스코리아(주) 대표이사실(031-499-1151) (학)1978년 경신고졸 1982년 단국대 경영학과졸 1989년 일본 와세다대 대학원 국제경영학과졸 1998년 서울대 최고경영자과정(공정거래법) 수료 (경)1982년 삼성그룹 공채입사(22기) 1996년 한솔제지 전략팀장 1998년 팬아시아 출판영업팀장, 페이퍼코리아(주) 영업담당 상무이사 2008~2012년 同영업구매총괄 전무 2010~2017년 (주)나투라미디어 대표이사 2017년 튤리스러쎌코터스코리아(주) 대표이사(현) (종)기독교

윤 황(尹 煌) YOUN HWANG

(생)1958·7·15 (본)파평(坡平) (출)전남 고흥 (주)충청남도 공주시 연수원길 73-26 충남연구원 원장실(041-840-1101) (학)1977년 여수고졸 1989년 건국대 정치학과졸 1992년 同대학원 정치학과졸 1998년 정치학박사(건국대) (경)1990~1991년 건국대 정치외교학과 조교 1992~1999년 경인여고 교사 1993~2000년 (사)북한연구소 비상임연구위원 1999~2006년 건국대 사회과학연구소 연구위원 1999년 KBS 사회교육방송「시사초점」·BBS「박계동의 아침 저널」·TBS「교통백과」·K-TV·EBS TV·매일경제TV·VOA·CBS 패널리스트 2000~2008년 경찰대학 치안정책연구소 범죄수사연구실 연구관 2003~2008년 선문대 북한학과 겸임교수 2003~2009년 평화문제연구소 객원연구위원 2004~2007년 동강신문 논설위원 2005~2006년 국제정치학회 북한통일분과 위원 2005~2009년 통일부 통일교육위원 2006~2010년 21세기정치학회 이사 2006~2007년 전국대학통일문제연구소협의회 사무국장 2008년 한국동북아학회 남북관계위원장 2008년 한국세계지역학회 감사 2008~2018년 선문대 동북아학과·글로벌한국학과 교수 2009년 한국정치학회 무임소이사 2009~2012년 한국평화연구학회 부회장 2010년 한국정치학회 특임이사 2011~2012년 중부일보 객원논설위원 2011~2014년 (사)평화연구학회 수석부회장 2012년 국제정치학회 부회장 2012년 한국민족통일학회 회장(현) 2013년 한국정치학회 부회장 2013년 경기신문 객원논설위원(현) 2015년 북한연구학회 부회장 2015년 (사)평화연구학회 회장 2017~2018년 대통령직속 정책기획위원회 평화번영분과 위원 2018년 중부미래포럼 상임대표(현) 2018년 충남연구원 원장(현) (상)국립경찰대학장 공로표창(2003) (저)'북한총람(共)'(1994) '북한학대사전(共)'(1999) '분단극복을 위한 초석-한국과 독일의 분단과 통일(共)'(2003) '북한핵문제의 실체적 해부(共)'(2005) '북한의 통일외교(共)'(2006) '북한 인권문제의 실체적 해부(共)'(2006) '북한핵실험과 한반도 안보지형(共)'(2007) '제2차 남북정상회담과 한반도 평화체제(共)'2008) '통일시대 남북공동체 : 기본구상과 실천방안(共)'(2008) '한반도 안보환경의 이해(共)'(2010) '김정일과 북한의 정치 : 어제 오늘 그리고 내일(共)'(2010) '북한총람(共)'(2011) '통일비전개발(共)'(2011) '현대문명의 위기 : 공생의 대안문명을 찾아서'(2014) (종)천주교

윤효식(尹孝植) YUN Hyo Sik

(생)1967·2·25 (본)파평(坡平) (출)충남 청양 (주)서울특별시 종로구 세종대로 209 여성가족부 청소년가족정책실(02-2100-6220) (학)1985년 장훈고졸 1991년 중앙대 행정학과졸 1995년 서울대 행정대학원 행정학과졸 (경)1994년 행정고시 합격(38회) 2001년 여성부 여성정책실 인력개발담당관실 서기관 2002년 同행정법무담당관실 국제협력담당관 2005년 여성가족부 정책홍보관리실 혁신인사기획관 2006년 同정책홍보관리본부 혁신인사기획팀장 2007년 同보육정책국 보육재정팀장 2008년 여성부 기획조정실 기획재정담당관 2010년 여성가족부 여성인력개발과장(부이사관) 2010년 同경력단절여성지원과장 2011년 同가족정책과장 2012년 同운영지원과장 2013년 同청소년정책관(고위공무원) 2014년 중앙공무원교육원 파견(고위공무원) 2014년 여성가족부 청소년가족정책실 가족정책관 2017년 同기획조정실장 2019년 同청소년가족정책실장(현)

윤효춘(尹孝春) Yoon, Hyo Choon

(생)1958·12·11 (본)칠원(漆原) (출)전남 보성 (주)경기도 고양시 일산서구 킨텍스로 217-60 킨텍스 마케팅본부(031-995-8100) (학)1978년 진흥고졸 1985년 부산대 경영학과졸 2002년 미국 뉴욕주립대 대학원 정보통신경영학과졸 (경)2004년 대한무역투자진흥공사(KOTRA) 뭄바이무역관장 2007년 同기획조정실 e-KOTRA팀장 2009년 同IT산업처장 2010년 同다렌무역관장 2013년 同중소기업글로벌지원센터장 2013년 同수출지원실장 2014년 同중국지역본부장 겸 베이징무역관장(상임이사) 2015~2016년 同중소기업지원본부장(상임이사) 2016년 킨텍스(KINTEX) 마케팅본부장(부사장)(현) (상)산업자원부장관표창(2007), 국가경쟁력강화위원장표창(2012)

윤후덕(尹厚德) Yoon, Hu Duk

(생)1957·1·9 (본)파평(坡平) (출)경기 파주 (주)서울특별시 영등포구 의사당대로 1 국회 의원회관 943호(02-788-2587) (학)1975년 중동고졸 1983년 연세대 사회학과졸 2002년 同대학원 경제학과졸 2009년 정치학박사(경기대) (경)1993~2001년 김원길 국회의원 보좌관 2001년 보건복지부 장관실 근무 2002년 새천년민주당 대통령선거대책위원회 부대변인 2003년 제16대 대통령직인수위원회 경제1분과위원회 전문위원 2003년 해양수산부 장관 정책보좌관 2003년 행정자치부 장관 정책보좌관 2003년 대통령 정무비서관 2004년 대통령 업무조정비서관 2005년 대통령 기획조정비서관 2005년 대통령 정책조정비서관 2006년 대통령자문 정책기획위원회 국정과제비서관(사무처장 겸임) 2007년 국무총리 비서실장 2008년 제18대 국회의원선거 출마(파주시, 통합민주당) 2008년 민주당 정책위원회 부의장 2012년 제19대 국회의원(파주시甲, 민주통합당·민주당·새정치민주연합·더불어민주당) 2012년 민주통합당 전략기획위원장 2012년 국회 국토해양위원회 위원 2012년 민주통합당 문재인 대통령후보 비서실 부실장 겸 1수행단장 2013년 同전략홍보위원장 2013년 국회 국토교통위원회 위원 2013년 민주당 전략홍보위원장 2013년 同정책위원회 제3정책조정위원장 2013년 국회 정치개혁특별위원회 위원 2014년 새정치민주연합 원내부대표 2014년 국회 국방위원회 야당 간사 2014~2015년 국회 군인권개선및병영문화혁신특별위원회 위원 2014년 국회 운영위원회 위원 2014~2015년 국회 예산결산특별위원회 위원 2014년 새정치민주연합 국민공감혁신위원장 비서실장 2016년 제20대 국회의원(파주시甲, 더불어민주당)(현) 2016년 더불어민주당 청년일자리TF 위원 2016~2018년 국회 국토교통위원회 위원 2016~2017년 국회 남북관계개선특별위원회 간사 2016년 더불어민주당 경기파주시甲지역위원회 위원장(현) 2017년 同제19대 문재인 대통령후보 중앙선거대책본부 정책본부 부본부장 2017~2018년 同민생담당 원내부대표 2017년 국정기획자문위원회 경제1분과위원회 위원 2017~2018년 국회 예산결산특별위원회 간사 2017년 국회 예산결산특별위원회 추경예산안등조정소위원회 위원 2018년 국회 기획재정위원회 위원(현) 2018년 국회 예산결산특별위원회 간사 2018년 국회 남북경제협력특별위원회 위원(현) 2019년 더불어민주당 민생입법추진단 단장(현) (상)황조근정훈장(2006), 부총리 겸 재정경제부장관표창(2007), 부총리 겸 교육인적자원부장관표창(2007), 통일부장관표창(2007), 해양수산부장관표창(2008), 법률소비자연맹 '제20대 국회 1차년도 국회의원 헌정대상'(2017) (저)'당신이 있어서 행복합니다'(2008, 청년사) '윤후덕의 따뜻한 동행'(2011, 동녘) (종)기독교

윤후명(尹厚明) YUN Humyong

(생)1946·1·17 (본)파평(坡平) (출)강원 강릉 (학)1965년 용산고졸 1969년 연세대 철학과졸 (경)1967년 경향신문 신춘문예에 詩 '빙하의 새' 당선 1979년 한국일보 신춘문예에 소설 '산역' 당선 2000년 문학비단길 고문(현) 2001~2003년 연세대 강사 2005~2016년 국민대 문예창작대학원 겸임교수 2014~2016년 체코 브르노 콘서바토리 교수 2014년 연합뉴스·수림문화재단 제정 '수림문학상' 심사위원장(현) 2015년 강릉 문화작은도서관 명예관장(현) (상)녹원문학상(1983), 소설문학작품상(1984), 한국일보 한국창작문학상(1985), 제39회 현대문학상(1994), 제19회 이상문학상(1995), 이수문학상, 현대불교문학상(2007), 김동리문학상(2007), 고양행주문학상(2012), 만해님시인상 작품상(2013), 연세대 연문인상 문화예술부문(2017) (저)시집 '명궁'(1977, 문학과지성사), '홀로 등불을 상처 위에 켜다'(1992, 민음사), '먼지 같은 사랑'(2012, 지만지), '쇠물닭의 책'(2012, 서정시학) 소설

집 '둔황의 사랑'(1982), '부활하는 새'(1985), '모든 별들은 음악소리를 낸다'(1987, 고려원), '원숭이는 없다'(1989, 민음사), '별까지 우리가'(1990, 둥지), '약속없는 세대'(1990, 세계사), '알함브라 궁전의 추억'(1990, 나남), '여우 사냥'(1993), '협궤열차'(1995), '귤'(1996), '가장 멀리 있는 나'(2001), '무지개를 오르는 발걸음'(2005, 일송포켓북), '삼국유사 읽는 호텔'(2005, 랜덤하우스코리아), '새의 말을 듣다'(2007), '꽃의 말을 듣다'(2012), '강릉'(2016), '숨어버린 사람들(共)'(2017), '윤후명 소설전집세트-전 12권'(2017, 은행나무) 산문집 '이 몹쓸 그립은 것아'(1990), '곰취처럼 살고싶다', '꽃:윤후명의 식물 이야기'(2003), '나에게 꽃을 다오 시간이 흘린 눈물을 다오' 창작동화 '너도 밤나무 나도 밤나무'(1994, 비룡소), '두부를 훔친 소년'(2018, 노루궁뎅이) (종)불교

윤흥구(尹興求) Yoon Heung Koo

(생)1956·10·9 (본)파평(坡平) (출)충남 (주)대구광역시 달서구 호산동로 12-9 LS메카피온(주)(053-580-9179) (학)1974년 수도공고졸 1979년 아주대 기계공학과졸 1985년 연세대 산업대학원졸 (경)1981년 LS산전(주) 입사 1991년 同부장 2005년 同자동화기기사업부장(이사), 同자동화솔루션사업부 이사 2010~2014년 LS파워세미텍 대표 2014년 LS메카피온(주) 대표이사(현)

윤흥길(尹興吉) YUN Heung Gil

(생)1942·12·14 (출)전북 정읍 (주)서울특별시 서초구 반포대로 37길 59 대한민국예술원(02-3479-7223) (학)1961년 전주사범학교졸 1973년 원광대 국어국문학과졸 (경)소설가(현) 1964~1968년 춘포국민학교 교사 1968년 한국일보 신춘문예에 소설 '회색 면류관의 계절' 당선으로 문단 데뷔 1973년 숭신여고 교사 1975~1977년 일조각 근무 1995년 한서대 문예창작학과 교수 1996~1999년 同인문사회·예체능계열 부장 1999년 민족문학작가회의 부이사장 2016년 대한민국예술원 회원(소설·현) (상)한국문학작가상(1976), 한국일보문학상(1983), 현대문학상(1983), 한국창작문학상, 요산문학상(1995), 21세기문학상 대상(2000), 대산문학상(2004), 현대불교문학상 시부문(2010) (저)장편소설 '묵시의 바다'(문지사), '순은의 넋'(은애출판사), '에미'(한국방송사업단 출판국), '완장'(현대문학사), '청산아, 네 알거든'(한국일보), '백치의 달'(삼성출판사), '옛날의 금잔디'(지학사), '밟아도 아리랑'(문학과비평), '산에는 눈, 들에는 비'(세계사), '낫'(문학동네), '빛 가운데로 걸어가면'(현대문학사), '문신'(2018, 문학동네) 중단편 창작집 '황혼의 집'(문지사), '무지개는 언제뜨는가'(창비사), '장마'(민음사), '문학동네 그 옆동네'(전예원), '꿈꾸는 자의 나성'(문지사), '말로만 중산층'(청한출판사), '쌀'(푸른숲), '낙원? 천사?'(민음사), '소라단 가는 길'(창비사) 수필집 및 콩트집 '환상의 날개'(삼연사), '바늘구멍으로 본 세상살이'(대학문화사), '달국 씨 일가의 꾀죄죄한 나날들'(작가정신), '텁석부리 하나님'(문학동네), '내 영혼의 봄날'(예찬사) 기행문집 '윤흥길의 전주 이야기'(신아출판사), '아홉 켤레의 구두로 남은 사내'(문지사), '기억속의 들꽃'(다림), '비늘'(범우사) (종)기독교

윤희근(尹熙根) Yoon Hee Keun

(생)1968·9·9 (본)파평(坡平) (출)충북 (주)충청북도 청주시 흥덕구 월명로236번길 15 청주흥덕경찰서(043-270-3220) (학)1991년 경찰대졸(7기), 중국사회과학원 법학석사 (경)1991년 경위 임관 2004년 충북지방경찰청 정보3계장, 서울 수서경찰서 경비과장, 서울지방경찰청 정보2계장·3계장 2011년 충북지방경찰청 정보과장(총경) 2012년 교육 파견(치안정책과정) 2012년 충북 제천경찰서장 2014년 경찰청 경무담당관 2015년 서울 수서경찰서장 2016년 서울지방경찰청 정보1과장 2017년 同정보2과장 2019년 충북 청주흥덕경찰서장(경무관)(현) (상)녹조근정훈장(2010), 대통령표창(2015) (종)불교

윤희도(尹熙道)

(생)1972 (출)서울 (주)서울특별시 영등포구 의사당대로 88 한국투자증권(주) 리서치센터(02-3276-6945) (학)1999년 고려대 경영학과졸 2007년 同경영대학원 재무학석사 (경)1999~2001년 동원경제연구소 기업분석 애널리스트 2001~2005년 동원증권 기업분석 애널리스트 2005~2016년 한국투자증권(주) 기업분석부 애널리스트 2017년 同리서치센터장(상무)(현) (상)아주경제신문 제1회 증권인대상 기업분석부문(2009)

윤희성(尹熙盛) Hee-sung Yoon

(생)1961·9·27 (주)서울특별시 영등포구 은행로 38 한국수출입은행 혁신성장금융본부(02-3779-6114) (학)1980년 휘문고졸 1984년 서울대 경제학과졸 1986년 同대학원 행정학과졸 (경)1988년 한국수출입은행 입행 1989년 同조사·기획·국제금융담당 1996년 수은싱가포르종합금융회사 근무 1999년 한국수출입은행 해외사업금융부 해외여신관리실 과장 2002년 同자금부 차장 2003년 同국제투자금융실 부부장 2004년 同국제금융부 부부장 2005년 同영국은행 부부장 2008년 同국제금융부 외화조달2팀장, 同외화조달팀장 2012년 同홍보실장 2013년 同국제금융부장 2014년 同자금부장 2014년 同자금시장단장 2018년 同혁신성장금융본부장(현) (상)기획재정부장관표창(2009), 한국수출입은행장표창(2013·2016)

윤희수(尹喜洙) YUN Hee Soo

(생)1959·10·10 (주)서울특별시 중구 소파로 145 대한적십자사(02-3705-3705) (학)2000년 단국대 대학원 경영학과졸 (경)1982년 대한적십자사 입사 1996년 同서부혈액원 헌혈운영과장 1997년 同서부혈액원 헌혈기획과장 1998년 同기획관리국 인사행정팀장 1999년 同기획관리국 기획예산팀장 2001년 同기획관리국 정책기획과장 2004년 同감사실장 2005년 同기획관리국장 2005년 同기획조정실장 2007년 同사회봉사본부장 2008년 同서울지사 사무처장 2010년 同재난구호봉사본부장, 同경남혈액원장 2015년 同혈액관리본부 서울동부혈액원장 2016년 同혈액관리본부 혈액기획관리국장 2017년 同혈액관리본부 서울남부혈액원장 2018년 同사무총장(현)

윤희식(尹喜植) YOON HEESIK

(생)1963·8 (출)경남 고성 (주)서울특별시 강남구 영동대로517 아셈타워 법무법인(유) 화우(02-6003-7573) (학)1982년 진주고졸 1990년 건국대 행정학과졸 (경)1991년 사법시험 합격(33회) 1994년 사법연수원 수료(23기) 1994년 대구지검 검사 1996년 창원지검 통영지청 검사 1998년 창원지검 검사 2000년 제주지검 검사 2002년 서울지검 검사 2004년 서울중앙지검 검사 2005년 수원지검 성남지청 검사 2006년 수원지검 부부장검사 2007년 법무부 감찰관실 검사 2009년 춘천지검 영월지청장 2010년 인천지검 특수부장 2011년 서울중앙지검 금융조세조사3부장 2012년 대구지검 형사1부장 2013년 금융정보분석원 심사분석실장(파견) 2014년 법무부 감찰담당관 2015년 대검찰청 반부패부 선임연구관(수사기획관) 2016년 서울서부지검 차장검사 2017년 법무법인(유) 화우 변호사(현) (상)홍조근정훈장(2015)

윤희웅(尹熙雄) YOON Hee Woong

(생)1965·10·28 (출)부산 (주)서울특별시 강남구 테헤란로 518 법무법인 율촌(02-528-5237) (학)1983년 부산 성도고졸 1987년 서울대 법학과졸 1989년 同법과대학원졸 1996년 미국 베이커앤드맥켄지 전문조세프로그램 수료 1997년 미국 조지워싱턴대 법학대학원졸(LL.M.) 1998년 한국기

업금융연수원(주) 주관 고급M&A전문가과정 이수 (경)1989년 사법시험 합격(31회) 1992년 사법연수원 수료(21기) 1992~2001년 우방종합법무법인 변호사 1996~2000년 사법연수원 국제계약 실무강사 1999년 대한상공회의소 자문위원 2001~2005년 공정거래위원회 하도급전문위원 2001~2019년 법무법인 율촌 변호사 2004~2006년 공정거래위원회 경쟁정책자문위원 2005~2006년 법무부 기업환경개선위원회 위원 2005년 증권선물거래소 분쟁조정심의위원, IFLR(International Financial Law Review) 선정 '2005 한국의 Capital Market 분야 Leading Lawyer' 2008년 ALBmagazine 선정 '2008 Hot 100 attorneys in Asia' 2010~2011년 한국신용평가정보 사외이사 2012~2014년 방송시장경쟁상황 평가위원 2013~2016년 방송통신위원회 방송광고균형발전위원회 위원 2013년 미래창조과학부 · 과학기술정보통신부 고문변호사(현) 2013년 금융감독원 자체규제심사위원회 위원 2017~2018년 NICE평가정보(주) 사외이사 2019년 법무법인 율촌 공동대표변호사(현)

윤희종(尹熙宗) YOON Hee Jong

(생)1947 · 10 · 20 (출)경북 예천 (주)경기도 시흥시 공단1대로 295 시화공업단지 3나 607호 (주)위닉스(031-499-5085) (학)1969년 영남대 상경대학 중퇴 (경)1973~1986년 유신기업사 대표 1986~2000년 (주)유원전자 대표 2000년 (주)위닉스 대표이사 사장 2015년 同대표이사 회장(현) (상)석탑산업훈장(1997), 동탑산업훈장(2015)

윤희찬(尹喜餐) YOON HEE CHAN

(생)1963 · 8 · 25 (본)파평(坡平) (출)경북 경주 (주)서울특별시 종로구 사직로8길 60 외교부 인사운영팀(02-2100-7141) (학)1982년 태화종합고졸 1990년 부산대 일어일문학과졸 2015년 일본 규슈대 대학원 국제사회문화과졸 (경)1991~1995년 외무부 입부 · 조약과 · 인사과 근무 1995년 駐밴쿠버부영사 1998년 駐멕시코 3등서기관 2003년 駐국제연합 2등서기관 2006년 駐이라크 2등서기관 2007년 駐센다이 영사 2012년 일본 규슈대 연구원 2011년 일본 미야기현 홍보대사(현) 2014년 駐후쿠오카영사 2017년 외교부 재외동포영사국 여권과 법무팀장 2017년 同재외동포영사국 여권과장 2019년 駐요코하마 총영사(현) (종)기독교

윤희찬(尹希燦) YOON Hee Chan

(생)1973 · 11 · 1 (출)경남 거제 (주)경기도 성남시 수정구 산성대로 451 수원지방법원 성남지원(031-737-1558) (학)1992년 울산 학성고졸 1998년 서울대졸 (경)1997년 사법시험 합격(39회) 2000년 사법연수원 수료(29기) 2000년 변호사 개업(서울會) 2001년 軍법무관 2004년 서울중앙지검 검사 2006년 춘천지검 원주지청 검사 2008년 울산지검 검사 2009년 대구지법 서부지원 판사 2013년 인천지법 판사 2016년 부산지법 부장판사 2018년 수원지법 성남지원 부장판사(사법연구)(현)

은백린(殷伯麟) EUN Baik Lin

(생)1959 · 11 · 22 (본)행주(幸州) (출)전북 (주)서울특별시 구로구 구로동로 148 고려대학교 구로병원 소아청소년과학교실(02-2626-2021) (학)1984년 고려대 의대졸 1987년 同대학원 의학석사 1993년 의학박사(고려대) (경)1993~1999년 고려대 의대 소아청소년과학교실 조교수 · 부교수 1995~1997년 미국 미시건대 소아신경학 연수 1999년 고려대 의대 소아청소년과학교실 교수(현) 2000년 대한소아과학회 간행위원 2000~2006년 同의료정보 및 홍보위원 2001~2007년 대한소아신경학회 보험위원장 2001~2004년 同학술위원 2002년 대한소아과학회 보험위원 2003년 대한간질학회 학술위원 2006~2015년 대한소아과학회 보험이사 2007년 대한소아신경학회 학술위원장 2007년 영유아건강검진실무반 자문위원(현) 2008년 대한임상보험의학회 이사 2013~2015년 대한뇌전증학회 소아청소년위원장 2013~2015년 대한소아과학회 세부전문의관리이사 2014년 고려대 구로병원 연구부원장 2015~2018년 대한소아과학회 부이사장 2015~2016년 대한뇌전증학회 부회장 2016~2017년 고려대 구로병원장 2016~2018년 대한병원협회 수련교육위원장 2017년 대한수련병원협의회 총무이사(현) 2018년 수련환경평가위원회 위원(현) 2018년 대한병원협회 병원평가부위원장(현) 2018년 대한의학회 학술진흥이사(현) 2018년 대한소아청소년과학회 이사회(현) (상)대통령표창(2015), 한국의 최고경영인상(2016), 고려대학교 석탑연구상(2016) (저)'제9판 홍창의 소아과학' '소아신경학' '뇌전증학'

은성수(殷成洙) EUN Sung Soo

(생)1961 · 5 · 19 (출)전북 군산 (주)서울특별시 종로구 세종대로 209 금융위원회 위원장실(02-2100-2700) (학)1979년 군산고졸 1984년 서울대 경제학과졸 1996년 경제학박사(미국 하와이대) (경)1983년 행정고시 합격(27회) 1997년 재정경제원 금융정책과 서기관 2002년 재정경제부 국제금융국 국제기구과장 2003년 同금융협력과장 2005년 대통령비서실 행정관 2006년 세계은행(IBRD) 파견 2009년 기획재정부 본부 근무(국장급) 2010년 同국제금융정책관 2011년 同국제금융국장 2012년 同국제금융정책국장 2013년 제18대 대통령직인수위원회 경제1분과 전문위원 2013년 기획재정부 국제경제관리관 2014년 국제부흥개발은행(IBRD) 상임이사 2016년 한국투자공사(KIC) 사장 2017~2019년 한국수출입은행장 2018년 한국무역협회 비상근부회장 2019년 금융위원회 위원장(장관급)(현) (상)근정포장(2010), 기획재정부 '정책 MVP'(2012)

은성호(殷成鎬) Eun Sung Ho

(생)1967 · 1 · 30 (주)세종특별자치시 도움4로 13 보건복지부 인사과(044-202-2161) (학)1986년 서울고졸 1993년 서울시립대 행정학과졸 1998년 서울대 대학원 행정학과 수료 2009년 미국 워싱턴대 대학원 행정학과졸 (경)1995년 행정고시 합격(38회) 2010년 보건복지부 보험급여과장 2010년 同공공의료과장 2013년 同지역복지과장 2014년 同복지정책과장 2015년 同사회서비스정책과장 2016년 同읍면동복지허브화추진단장 2017년 同질병관리본부 기획조정부장(일반직고위공무원) 2018년 국가공무원인재개발원 교육파견(국장급) 2019년 대통령직속 저출산고령사회위원회 파견(현) (상)대통령표창(2014)

은수미(殷秀美 · 女) EUN Soo Mi

(생)1963 · 12 · 6 (출)서울 (주)경기도 성남시 중원구 성남대로 997 성남시청 시장실(031-729-3001) (학)미림여고졸 1998년 서울대 사회학과졸 2001년 同대학원 사회학과졸 2005년 사회학박사(서울대) (경)1984~1997년 노동 운동 2002~2004년 서울대 사회학과 사회발전연구소 연구조교 2005년 서울대 사회학과 강사 2005~2012년 한국노동연구원(KLI) 노사관계연구본부 부연구위원 2007년 한국경찰60년사 집필위원 2007년 대통령자문 양극화민생대책위원회 운영위원 2008~2010년 국회 환경노동위원회 노동정책자문위원 2009~2012년 국가인권위원회 인권자료실 자료선정위원 2011~2012년 同사회권전문위원회 위원 2011~2012년 同차별시정전문위원회 위원 2011년 서울시 희망서울정책자문위원회 위원 2011~2012년 한국방송공사 객원해설위원 2012년 청년유니온 자문위원(현) 2012~2016년 제19대 국회의원(비례대표, 민주통합당 · 민주당 · 새정치민주연합 · 더불어민주당) 2012~2013년 민주통합당 윤리위원회 위원 2012년 국회 노동복지포럼 연구책임의원 2012 · 2014년 국회 환경노동위원회 위원 2012년 민주통합당 정책위원회 부의장 2013년 국회 운영위원회 위원 2013년 민주당 서울시당 윤리위원회 부위원장 2013년 同상향식

공천제도개혁위원회 위원 2013년 同정치혁신실행위원회 위원 2013년 同'乙'지키기 경제민주화추진위원회 현장조사분과장 2013년 同노동담당 원내부대표 2014년 국회 윤리특별위원회 위원 2014년 새정치민주연합 공적연금발전TF 위원 2014~2015년 국회 국민안전혁신특별위원회 위원 2015년 새정치민주연합 제4정책조정위원회 위원장 2015년 同경제정의·노동민주화특별위원회 위원 2015년 同재벌개혁특별위원회 위원 2015년 同경기도당 을지로위원회 위원장 2015년 同전국노동위원회 부위원장 2015년 더불어민주당 제4정책조정위원회 위원장 2016년 同성남시중원구지역위원회 위원장 2016년 제20대 국회의원선거 출마(성남시 중원구, 더불어민주당) 2017~2018년 대통령정책실 사회수석비서관실 여성가족비서관 2018년 경기 성남시장(더불어민주당)(현) (상)경제정의실천시민연합 국정감사 우수의원(2014) (저)'한국사회의 연결망 연구'(2004) '그대는 왜 촛불을 끄셨나요(共)'(2009) 'IMF 위기'(2009) '우리시대의 교양 : 리영희 프리즘(共)'(2010) '역동적 복지국가의 논리와 전략(共)'(2010) '좌우파 사전 : 대한민국을 이해하는 두 개의 시선(共)'(2010) '한국진보정치운동의 역사와 쟁점(共)'(2011) '비정규 노동과 복지 : 노동시장 양극화와 복지전략(共)'(2011) '날아라 노동 : 꼭꼭 숨겨진 나와 당신의 권리'(2012) '대한민국, 복지국가의 길을 묻다(共)'(2012) '산업사회의 이해 : 노동세계의 탐구(共)'(2012) '대선 독해 매뉴얼(共)'(2012) '우리는 한 배를 타고 있다(共)'(2012) '을을 위한 행진곡(共)'(2013) (작)'2005년도 노사분규 실태분석 및 평가 : 보건의료'(2005, 노동부) '사회적 대화 전제조건 분석 : 상호관계와 사회적 의제형성을 중심으로'(2006, 한국노동연구원) '2006년도 사내하청 노사분규 실태분석 및 평가'(2006, 노동부) '여성 비정규직 근로자의 현황과 정책과제'(2007, 여성가족부) '노동권 지표의 구성'(2008, 국가인권위원회) '산별노사관계, 실현 가능한 미래인가?(共)'(2008)

은순현(殷淳鉉) Eun, Sun-hyun

(생)1962·6·15 (본)행주(幸州) (주)대전광역시 서구 청사로 189 통계청 사회통계국(042-481-2230) (학)청구고졸, 영남대졸 (경)2009년 통계교육원 교육기획과장(서기관) 2009년 통계청 사회복지통계과장 2010년 同고용통계과장 2011년 同통계정책과장 2013년 同운영지원과장(부이사관) 2015년 同통계서비스정책관(고위공무원) 2017년 同통계데이터허브국장 2019년 同사회통계국장(현)

은종방(殷鐘邦) EUN Jong Bang

(생)1959·4·8 (출)전북 정읍 (주)광주광역시 북구 용봉로 33 전남대학교 농식품생명공학부(062-530-2145) (학)1981년 전남대 식품가공학과졸 1985년 同대학원졸 1991년 식품학박사(미국 미시시피주립대) (경)1978년 미국식품과학회(IFT) Prof. Member(현) 1992~2003년 전남대 응용생물공학부 식품공학전공 조교수·부교수 1995년 미국 미주리주립대 초빙교수 1997년 미국 플로리다주립대 방문교수 1998년 미국 농무성 과채류품질연구소 초빙연구원 1999~2000년 미국 버지니아주립대 수산식품연구소 초청연구원 2000~2002·2007~2008년 전남대 식품공학과장 2003년 同농식품생명공학부 식품공학전공 교수(현) 2003~2004년 同평생교육원 부원장 2005~2007년 한국식품과학회 수산분과위원회 위원장 2006~2007년 보건복지부 건강기능식품심의위원회 심의위원 2006~2008년 전남도농업기술원 겸임연구관 2007년 (사)먹거리사랑시민연합 광주·전남운동본부 공동대표(현) 2008~2010년 보건복지가족부 식품위생심의위원 2009년 한국식품영양과학회 지부장 2009~2011년 교육과학기술부 실업계고교교과서 심의위원 2009~2010년 농림수산식품기술기획평가원 R&D자문위원 2009~2010년 보건복지가족부 종합심사위원회 위원 2010년 한국식품영양과학회 감사 2011년 식품저장유통학회 부회장 2012~2014년 한국차학회 회장 2014년 同명예회장(현) 2015년 한국식품저장유통학회 편집위원 2018년 同회장 2018년 한국식품과학회 부회장 2019년 同차기회장(2021년부터)(현) (상)한국과학기술단체총연합회 과학기술우수논문상(2011), 대통령표창(2015), 한국식품과학회 인제식품화학상(2019) (저)'식품영양실험핸드북 : 식품편'(2000) '식품 속에 생로병사의 해답이 있다'(2007)

은종일(殷鍾一) EUN Jong Il

(생)1940·2·25 (본)행주(幸州) (출)경북 군위 (학)1958년 대구 계성고졸 1964년 연세대 정법대학 정치외교학과졸 1989년 한양대 행정대학원 신문방송학과졸 (경)1964년 합동통신 입사 1975년 同정치부 차장 1979년 同정치부장 1981년 연합통신 지방국 부국장 1982~1983년 미국 미주리대 신문대학원 연수 1983년 연합통신 지방국장 1985년 同상무이사 1988~1991년 同전무이사 1991년 두산산업 부사장 1992년 두산 RENTAL 사장 1995년 두산그룹 사장 1997~1998년 두산신협 이사장 2005~2009년 두산회 회장 2006~2009년 두산중공업 사외이사 2013~2014년 (주)두산 고문 (종)천주교

은 택(殷 澤) EUN Taek

(생)1962·1·2 (출)전북 부안 (주)서울특별시 서초구 서초대로 269 법무법인 에토스(02-595-6100) (학)1980년 전주고졸 1985년 서울대 공법학과졸 1987년 同대학원 행정학과 수료 (경)1990년 매일경제신문 정치부 기자 1994년 사법시험 합격(36회) 1997년 사법연수원 수료(26기) 1998년 광주지법 판사 겸 장흥지원 판사 1999년 同순천지원 판사 2001년 수원지법 성남지원 판사 2004년 의정부지법 고양지원 판사 2006년 서울동부지법 판사 2008년 서울고법 판사 2010년 서울북부지법 판사 2012년 전주지법 부장판사 2015~2017년 의정부지법 부장판사 2017년 법무법인 에토스 대표변호사(현)

음두헌(陰斗憲) EUM Doo Hun

(생)1960·4·29 (출)서울 (주)서울특별시 도봉구 삼양로144길 33 덕성여자대학교 정보미디어대학 디지털미디어학과(02-901-8345) (학)1984년 서강대 전자공학과졸 1987년 미국 오리건주립대 대학원 전자공학과졸 1990년 공학박사(미국 오리건주립대) (경)1991~1992년 한국전자통신연구소 선임연구원 1992~2004년 덕성여대 컴퓨터과학부 전임강사·조교수·부교수 1993년 NewDB연구모임 총무 1994~1996년 한국데이타베이스연구회 총무 1996년 서울 도봉구 정보화자문위원 1997년 서울시 정보화사업추진위원 2004~2010년 덕성여대 컴퓨터시스템전공 교수 2004~2006년 同정보통신대학원장 2009년 同정보공학대학장 2010년 同정보미디어대학 디지털미디어학과 교수(현) 2017년 同정보미디어대학장(현) (저)'C++을 이용한 객체지향 프로그래밍'(1995) '인터넷과 멀티미디어(共)'(1997) '컴퓨터 기초와 활용(共)'(1998) '컴퓨터 기초(共)'(2000) (역)'데이터베이스시스템(共)'(1997)

음선필(陰善澤) Sun Pil Eum

(생)1963 (주)서울특별시 마포구 와우산로 94 홍익대학교 법과대학 법학부(02-320-1846) (학)서울대 법대졸 1987년 同대학원 법학과졸 1997년 법학박사(서울대) (경)1991~1995년 서울대 법학연구소 연구원 1998년 충북대·서울대·한남대·광운대 시간강사 2000~2007년 순천향대 교수 2000년 한국헌법학회 기획이사 2003년 한국공법학회 이사 2006년 한국제도경제학회 총무이사, 홍익대 법과대학 법학부 교수(현) 2007년 국회 입법지원위원회 위원(현) 2014년 한국헌법학회 부회장 2016년 한국제도경제학회 부회장·법인이사(현) 2016~2018년 한국입법학회 회장 2017년 한국공법학회 부회장 2017~2019년 홍익대 법과대학장 2019년 同기획처장(현) (저)'현행헌법상 헌법재판제도의 문제점과 개선방안'(2005) '비례대표선거제론'(2007) '정치적 통제 정치적 경쟁과 국회의원선거체계'(2007)

이각규(李覺珪) LEE Gak Gyu

(생)1957·9·28 (본)벽진(碧珍) (출)부산 (주)서울특별시 마포구 동교로 156-13 동보빌딩 501호 한국지역문화이벤트연구소(02-764-8474) (학)1976년 부산 혜광고졸 1984년 부산산업대 응용미술과졸 2006년 배재대 관광경영대학원 이벤트축제경영학과졸 (경)1985~1990년 (주)대홍기획 프로모션국 이벤트팀장 1991년 세륭기획 엑스포사업부장 1993~1994년 투웨이프로모션 대표 1995~1998년 (주)서울광고기획 SP국 부국장 1995~2008년 문화체육관광부 문화관광축제 자문위원 2002년 경희대 언론정보대학원 겸임교수 2002년 동국대 경영대학원 이벤트매니지먼트과정 전문교수 2003년 배재대 관광이벤트경영학과 겸임교수 2004년 문화관광부 민속축제 심사위원 2005년 同지역축제조사및개선사업 자문위원 2005·2007년 同지역문화컨설팅사업 심사위원 2005년 인천시 아시아육상대회 공식행사 심사위원 2006년 아시아·태평양난전시회 운영심사위원 2006~2007년 문화관광부 '문화관광축제 10년사 백서' 집필위원 2008년 서울관광대상 심사위원 2008~2009·2015~2016년 (사)한국이벤트프로모션협회 회장 2009년 경기도자비엔날레 개회식 및 주요행사 심사위원 2009~2012년 여수세계박람회 자문위원 2009~2011년 同브랜드마케팅 자문위원 2009년 인천시 컨벤시아 자문위원 2009~2011년 2011대장경천년세계문화축전 자문위원 2010년 2012여수세계박람회 홍보관기념품샵 운영업체선정 심사위원 2010년 同지정업소명칭및상징체계공모 심사위원 2010년 同공식상품화권사업 심사위원 2010년 한국관광공사 공연관광축제대행사선정 심사위원 2011년 2012여수세계박람회 휘장사업대행선정 심사위원 2011년 同공식행사대행선정 심사위원 2011~2012년 2012CIOFF 안성세계민속축전 추진위원 2011~2012년 문화체육관광부 문화관광축제선정 심사위원 2012년 2012여수세계박람회 특별기획공연대행선정 심사위원 2012~2013년 2013산청세계전통의약엑스포 자문위원 2013년 同세계약선요리대회 심사위원 2013년 산업부·미래부 R&D성과전시회용역제안서 평가위원 2014년 한국관광공사 R16 Korea 2014세계비보이대회 심사위원 2014년 인천아시안게임 전국순회홍보프로모션대행선정 심사위원 2014년 한국콘텐츠진흥원 ITS GAME 2014 개최대행선정 심사위원 2015년 소상공인시장진흥공단 전통시장연간홍보대행선정 심사위원 2015년 同전국소상공인대회 행사대행 심사위원 2015년 同전국우수시장박람회 행사대행 심사위원 2016년 2016춘천월드레저대회 행사대행 선정평가위원 2016년 2016고양국제꽃박람회 행사운영대행선정 심사위원 2016년 한국콘텐츠진흥원 평가위원(현), 同2016문화기술연구개발지원사업 선정평가위원 2016년 소상공인시장진흥공단 전통시장특성화사업 선정평가위원 2016~2017년 코트라 2017아스타나세계박람회 한국관 자문위원 2017년 통일부 한국·독일통일연구위원회 행사대행 선정평가위원 2017년 인천관광공사 KME 2017인천MICE홍보관 제작및운영 선정평가위원, 한국지역문화이벤트연구소 소장 겸 이벤트프로젝트 프로듀서(현), (사)한국이벤트프로모션협회 고문(현) 2017년 2030부산엑스포유치 자문위원(현) (상)금산인삼축제 공로감사패(1996), 이천도자기축제 공로감사패(1999), 한국이벤트대상 저술상(2002), 안동국제탈춤페스티벌 공로감사패(2002), 영암왕인축제 공로감사패(2003), 한국이벤트대상 학술상(2006), 한국이벤트대상 지역축제부문 최우수상(2009), 한국이벤트대상 학술부문 대상(2012) (저)'21세기 지역이벤트전략'(2000, 커뮤니케이션북스) '이벤트 성공의 노하우'(2001, 월간이벤트) '이벤트 성공의 노하우(개정판)'(2007, 커뮤니케이션북스) '문화관광축제 변화와 성과 1996~2005'(2007, 문화관광부) '지역이벤트'(2008, 커뮤니케이션북스) '한국의 근대박람회'(2010, 커뮤니케이션북스) '세계박람회 기업관의 전략과 실제'(2015, 커뮤니케이션북스) '박람회프로듀스'(2015, 커뮤니케이션북스) '이벤트 성공의 노하우(최신 개정판)'(2017, 컬처플러스) (역)'기적을 만드는 이벤트전략'(1994, 김영사) '스페셜 이벤트 Inside&Out'(2002, 월간이벤트) '기업은 이런 축제에 투자한다'(2011, 커뮤니케이션북스) '국제박람회 역사와 일본의 경험'(2011, 커뮤니케이션북스) '국제박람회와 메가이벤트 정책'(2012, 커뮤니케이션북스) (종)천주교

이각범(李珏範) LEE Kark Bum

(생)1948·2·11 (본)함평(咸平) (출)부산 (주)서울특별시 영등포구 여의나루로 7 광장아파트 10동 107호 (재)한국미래연구원(02-6335-6355) (학)1966년 경기고졸 1971년 서울대 사회학과졸 1977년 독일 빌레펠트대 대학원 사회학과졸 1983년 사회학박사(독일 빌레펠트대) (경)1981년 독일 빌레펠트대 사회발전연구소 연구원 1983년 서울대·연세대 강사 1984년 동국대 사회학과 조교수 1986~1995년 서울대 사회학과 조교수·부교수 1989년 미국 캘리포니아대 버클리교 노사관계연구소 연구원 1995~1998년 대통령 정책기획수석비서관 1998년 독일 자유베를린대 객원교수 1998~1999년 일본 게이오대 방문연구교수 1999~2009년 한국정보통신대 경영학부 교수 2000~2008년 (재)IT전략연구원 원장 2000~2006년 한국정보사회학회 회장 2005년 선진화정책운동 공동대표 2006년 선진화국민회의 공동대표 2007~2010년 정보문화포럼 의장 2009년 (재)한국미래연구원 원장(현) 2009~2013년 한국과학기술원(KAIST) 경영과학과 교수 2009~2011년 대통령직속 국가정보화전략위원회 위원장 2010~2012년 대한민국소프트웨어공모대전 대회장 2013년 한국과학기술원(KAIST) 기술경영학부 명예교수(현) 2017~2019년 대한불교진흥원 이사장 (상)황조근정훈장(1998) (저)'한국노사관계의 공정성' '퓨처코드(編)'(2008, 한국경제신문) (종)불교

이감규(李淦圭) LEE Kam Gyu

(생)1959·1·22 (주)서울특별시 금천구 가산디지털1로 51 LG전자 가산R&D캠퍼스 에어솔루션사업부(02-6915-1080) (학)동래고졸, 부산대 기계공학과졸, 同대학원 기계공학과졸 (경)LG전자(주) 에어컨연구소 연구위원, 同천진법인장(상무) 2010년 同AC사업본부 CAC사업부장(전무) 2012년 同시스템에어컨사업부장(전무) 2014년 同AE연구소장(전무) 2015년 同CTO부문 L&E연구센터장(전무) 2015년 同CTO부문 L&E(Living & Energy)연구센터 부사장 2017년 同에어솔루션사업부장(부사장)(현)

이 갑(李 甲)

(생)1962·9·28 (주)서울특별시 중구 을지로 30 롯데면세점(02-759-6600) (학)1981년 여의도고졸 1988년 고려대 사회학과졸 (경)1987년 (주)롯데쇼핑(롯데백화점) 식품부 근무 1997년 同판촉기획과장 2002년 同마케팅영업전략팀장 2005년 同잡화매입팀장 2007년 同대구점장 2009년 同여성패션부문장 2011년 同마케팅부문장 2013~2015년 同정책본부 운영실 운영2팀장(전무) 2016년 (주)대홍기획 대표이사 2019년 호텔롯데(주) 롯데면세점 대표이사(현)

이갑수(李甲洙) LEE Khap Soo

(생)1957·2·18 (출)울산 (주)서울특별시 성동구 뚝섬로 377 (주)이마트 비서실(02-380-9065) (학)1976년 부산고졸 1980년 경희대 섬유공학과졸 (경)1982년 (주)신세계 입사 1989년 同미아점 판촉팀 과장 1994년 同마케팅담당 판촉과장 1999년 同이마트부문 서부산점장 2004년 同이마트부문 판매본부 판매1담당 상무보 2005년 同이마트부문 상품본부 마케팅담당 상무 2008년 同이마트부문 가전레포츠담당 상무 2009년 同이마트부문 판매본부장(부사장보) 2011년 (주)이마트 고객서비스본부장(부사장보) 2012년 同고객서비스본부장(부사장) 2014년 同영업총괄부문 대표이사(부사장) 2014~2018년 한국체인스토어협회 회장 2014년 유통산업연합회 공동회장 2016년 (주)이마트 대표이사 사장(현) (상)동탑산업훈장(2015)

이갑수(李甲洙)

(생)1964 (출)경북 청송 (주)경상북도 안동시 풍천면 검무로 77 경북지방경찰청 수사과(054-824-2166) (학)1987년 경찰대졸(3기), 연세대 대학원 행정학과졸 (경)1987년 경위 임용 2007년 경북지방경찰청 과학수사계장 2009년 同정보2·3계장 2011년 대구지방경찰청 수사과장(총경) 2011년 경북 김천경찰서장 2013년 경북지방경찰청 경무과장 2014년 대구 중부경찰서장 2015년 대구지방경찰청 보안과장 2016년 대구 달서경찰서장 2017년 경북지방경찰청 보안과장 2017년 경북 영천경찰서장 2019년 경북지방경찰청 수사과장(현)

이갑영(李甲泳) LEE Kab Young

(생)1954·12·25 (출)경기 파주 (주)인천광역시 연수구 아카데미로 119 인천대학교 글로벌법정경대학 경제학과(032-835-8536) (학)1984년 인천대 경영학과졸 1986년 숭실대 대학원 경제학과졸 1991년 경제학박사(숭실대) (경)1993년 인천대 글로벌법정경대학 경제학과 교수(현) 2000년 인천지방노동위원회 공익위원 2000~2001년 인천대 노동과학연구소장 2001~2002년 영국 셀포드대 방문교수 2003년 사회비판아카데미 편집위원 2005년 인천대 사회과학대학원 설립추진위원 2005년 同기획처장 2005년 同인천학연구원장 2007년 同대학발전본부장 2008~2010년 同동북아경제통상대학장 2010년 同시민대학장 2011~2013년 同동아시아평화경제연구원장 2011~2012년 同부총장 2013~2015년 인천발전연구원 원장 2017년 인천대 교무처장 2018년 同중국학술원장(현) (저)'로자 룩셈부르크의 재인식을 위하여'(1993) '맑스주의 정치경제학'(2002) '부평사'(2007) '인천학의 탐구'(2007, 인천학연구원) '자본주의에 유죄를 선고한다'(2007, 박종철출판사) '인천항사'(2008, 인천항만공사) '맑스주의와 정치'(2009, 문학과학사)

이갑진(李甲珍) LEE Kap Jin

(생)1944·3·16 (출)경남 진주 (주)서울특별시 종로구 경희궁길 46 축구회관 6층 대한민국축구사랑나눔재단(02-2002-0758) (학)1963년 진주고졸 1967년 해군사관학교졸(21기) 1977년 미국 해병상륙전학교 고군반 수료 1978년 해군대학 수료 1981년 미국 해병대 참모대학 수료 1987년 국방대학원 안보과정졸, 서울대 행정대학원 수료 2005년 경기대 정치전문대학원 외교안보학 박사과정 수료 (경)1967년 해병 소위 임관 1971년 1사단 31대대 본부중대장 1982년 해병대 1사단 대대장 1988년 同연대장 1989년 同작전참모처장 1992년 同참모장 1993년 同제6여단장 1995년 同부사령관 1996년 同제1사단장 1997년 해군본부 해병보좌관 1998~1999년 제23대 해병대 사령관(중장) 2000년 군사연구위원회 연구위원 2001년 대한축구협회 부회장 2007년 同상벌위원장 겸임 2009~2013년 同고문, 해병대전략연구소 부소장(상임이사) 2012년 대한민국축구사랑나눔재단 이사장(현) 2014년 해병대전략연구소 소장(상임이사)(현) (상)월남동성무공훈장(1972), 국방부장관표창(1993), 보국훈장 천수장(1994), 대통령표창(1997), 보국훈장 국선장(1998), 대통령표창(1999), 미국 근무공로훈장(2001), 체육훈장 맹호장(2002) (종)기독교

이강국(李康國) LEE Kang Kook

(생)1945·9·17 (본)전주(全州) (출)전북 전주 (주)서울특별시 강남구 테헤란로44길 8 아이콘빌딩9층 법무법인 클라스(02-5555-007) (학)1963년 전주고졸 1967년 서울대 법대졸 1969년 同사법대학원졸 1973년 고려대 대학원 수료 1978년 독일 괴팅겐대 대학원 헌법학과 수료 1981년 법학박사(고려대) 2011년 명예 법학박사(러시아 상트페테르부르크대) (경)1967년 사법시험 합격(8회) 1972~1980년 대전지법·서울민사지법 판사 1980년 서울고법 판사 1983년 대법원 재판연구관 1984년 부산지법 부장판사 1986년 법원행정처 조사국장 1989년 대법원 도서관장 1991년 서울민사지법 부장판사 1992년 부산고법 부장판사 1993년 서울고법 부장판사 1999년 同수석부장판사 2000년 대전지법원장 2000~2006년 대법관 2001~2003년 법원행정처장 2007~2013년 헌법재판소장 2010년 아시아헌법재판소연합 초대회장 2013년 전북대 법학전문대학원 석좌교수 2013~2015년 서울대 법학전문대학원 초빙석좌교수 2014년 바른사회운동연합 자문위원 2015~2018년 법무법인 한결 상임고문변호사 2015~2018년 同통일시대의헌법과헌법재판연구소 소장 2018년 법무법인 클라스 고문변호사(현) (상)청조근정훈장(2006), 제21회 자랑스러운 서울법대인 선정(2013), 자랑스러운 전주고인상(2014), 대한민국법률대상 사법부문 대상(2016) (저)'통치행위의 연구'

이강국(李康局) LEE, KANG-KOOK

(생)1970·6·11 (본)전주(全州) (출)울산 울주 (주)경상남도 진주시 동진로 33 경남과학기술대학교 사무국(055-751-3146) (학)1989년 울산 학성고졸 1995년 부산대 행정학과졸 2005년 미국 플로리다주립대 대학원 행정학과졸 (경)2015년 교육부 학교안전총괄과장(서기관) 2016년 대통령직속 청년위원회 실무추진단 인재양성부장(부이사관) 2017년 교육부 이러닝과장 2017년 금오공대 사무국장 2019년 경남과학기술대 사무국장(현)

이강노(李康魯) LEE Kang Ro

(생)1958·1·9 (주)경기도 수원시 장안구 서부로 2066 성균관대학교 약학대학(031-290-7710) (학)1975년 보문고졸 1980년 성균관대 약학대학졸 1982년 서울대 대학원 생약학과졸 1989년 천연물화학박사(독일 본대) (경)1983~1985년 대웅제약 중앙연구소 주임 1989~1990년 한국과학기술연구원(KIST) 선임연구원 1991년 성균관대 약학대학 약학과 전임강사·조교수·부교수·교수(현) 1993년 대한약학회 편집위원 1998년 약사심의위원회 생약제제분과 위원 2000~2004년 농촌진흥청 농업산학협동심의회 전문위원 2004~2006년 성균관대 약학대학 약학과장 2007~2009년 한국기초과학지원연구원 운영위원 2008년 동아제약 중앙연구소 자문위원 2010~2011년 성균관대 교수평의회 감사 2014년 한국생약학회 수석부회장 2015년 同회장 (상)대한약학회 학술장려상(1998), 한국생약학회 우수논문상(1999), 대한약학회 약학연구상(2006), 한국생약학회 학술상(2009), 성균관대 Premier Researcher(2009·2010·2011·2012·2013), 대한약학회 활명수약학상(2013)

이강덕(李康德) LEE Kang Deok

(생)1962·1·14 (출)경북 포항 (주)경상북도 포항시 남구 시청로 1 포항시청 시장실(054-270-0001) (학)1981년 대구 달성고졸 1985년 경찰대 법학과졸(1기) 2002년 포항공대 기술혁신최고경영자과정 수료(16기) 2006년 고려대 정책대학원 공안행정학과졸, 명예 경영학박사(용인대), 명예 법학박사(목포해양대), 서울대 행정대학원 국가정책과정 수료, 중앙대 최고경영자과정 수료, 동국대 대학원 법학 박사과정 수료 (경)1995년 경찰청 기획관리관실 조직·국회·기획계장 2000년 경찰대 교무과장 2001년 경북 포항남부경찰서장 2002년 경북 구미경찰서장 2003년 경찰청 혁신기획단 업무혁신팀장 2004년 서울지방경찰청 경비2과장 2005년 서울 남대문경찰서장 2006년 경찰청 혁신기획과장 2006년 경북지방경찰청 차장 2007년 제17대 대통령직인수위원회 법무행정분과위원회 전문위원 2008년 대통령 민정수석비서관실 공직기강팀장 2009년 대통령 치안비서관 2010년 부산지방경찰청장 2010년 경기지방경찰청장 2011년 서울지방경찰청장 2012~2013년 해양경찰청장(치안총감), 단국대 초빙교수, 미국 미주리주립대·일리노이주립대 객원연구원 2014~2018년 경북 포항시장(새누리당·자유한국당) 2014~2018년 (재)포항시장학회 이사장 2015~2016년

전국대도시시장협의회 회장 2016~2017년 경북사과주산지시장·군수협의회 회장 2018년 경북 포항시장(자유한국당)(현) (상)대통령표창(1999·2003), 홍조근정훈장(2009), 자랑스런 달고인상(2010), 한국을 빛낸 창조경영대상 글로벌경영부문(2016), 한국의 최고경영인상(2016), 대한민국재향군인회 최고 명예휘장 '향군대휘장'(2017) (저)'포항 & 이강덕'(2014)

이강두(李康斗) LEE Kang Too

(생)1937·1·26 (본)전주(全州) (출)경남 거창 (주)서울특별시 용산구 한강대로15길 30 한국화랑도협회(02-798-7957) (학)1955년 마산고졸 1961년 고려대 정치외교학과졸 1973년 서울대 행정대학원졸 1978년 캐나다 윈저대 대학원 경제학과 수료 1984년 국방대학원 수료 1987년 행정학박사(성균관대) 2002년 명예 정치학박사(러시아 국립하바로브스크대) 2002년 고려대 컴퓨터과학기술대학원 최고위정보통신과정 수료 (경)1962~1976년 경제기획원 기술협력국·투자진흥국 근무 1976년 同총무과 인사계장·행정관리담당관 1977년 同경제협력1과장 1981년 同총무과장 1983년 同경제교육기획관 1985년 同통계계획관 1985~1988년 성균관대 행정대학원 강사 1986년 경제기획원 공정거래실 심사관 1988년 同예산실 예산심의관 1989년 同대외경제조정실 제1협력관 1989년 중앙공무원교육원 객원교수 1991~1992년 駐소련대사관 공사 1992년 제14대 국회의원(거창, 무소속·민자당·신한국당) 1996년 전국게이트볼연합회 회장 1996년 제15대 국회의원(경남 거창·합천, 신한국당·한나라당) 1996년 신한국당 제2정책조정위원장 1997년 同대표비서실장 1998년 한나라당 총재비서실장 1998년 同정책실장 2000년 同중앙위원회 수석부의장 2000년 同예산결산특별위원회 위원장 2000년 제16대 국회의원(경남 함양·거창, 한나라당) 2000년 국회 디지털경제연구회 회장 2001년 한나라당 국가혁신위원회 민생복지분과 위원장 2001년 同경남도지부장 2001년 同정책위 의장 2002~2003년 국회 정무위원장 2003년 한나라당 정책위 의장 2004년 (사)한국화랑도협회 총재(현) 2004~2008년 제17대 국회의원(경남 산청·함양·거창, 한나라당) 2004~2006년 한나라당 최고위원 2005년 (사)국가발전정책연구원 이사장(현) 2006~2008년 한나라당 중앙위원회 의장 2007년 同제17대 대통령중앙선거대책위원회 부위원장 2008년 국민생활체육협의회 회장 2009~2012년 국민생활체육회 회장 2009~2014년 세계생활체육연맹(TAFISA) 회장 (상)녹조근정훈장(1976), 제21회 대한민국을 빛낸 한국인물대상 정치공로부문 대상(2016) (저)'세계화의 지평을 열면서'(1995) '머뭇거릴 시간없다'(1997) '21세기 농업에 도전한다'(1998) '거꾸로 가는 시장경제와 민주주의'(1999) '알기 쉬운 디지털경제'(2001) '차기정부 국정과제'(2002) '시장경제의 기본질서와 정부의 역할' '시장경제의 기본질서와 정부의 역할'(2005) '선진복지국가로 가는길'(2006) (종)기독교

이강래(李康來) LEE Kang Rae

(생)1953·3·2 (본)전주(全州) (출)전북 남원 (주)경상북도 김천시 혁신8로 77 한국도로공사 사장실(1588-2504) (학)1972년 대경상고졸 1982년 명지대 행정학과졸 1984년 서울대 행정대학원 행정학과졸 1995년 행정학박사(서울대) (경)1984년 한국국제관계연구소 연구원 1992년 민주당 정책연구실장 1992년 同김대중 총재비서실 차장 1994년 아·태평화재단 선임연구원 1995년 국민회의 정책연구실장 1997년 同총재특보 1997년 정부조직개편위원회 실행위원 1998년 국가안전기획부 기획조정실장 1998년 대통령 정무수석비서관 1999년 국민회의 총재특보 2000~2004년 제16대 국회의원(전북 남원·순창, 무소속 당선·새천년민주당·열린우리당) 2000년 새천년민주당 총재특보 2002년 同지방선거기획단장 2002년 同노무현 대통령후보 기획특보 2004년 제17대 국회의원(전북 남원·순창, 열린우리당·대통합민주신당·통합민주당) 2004년 열린우리당 정당개혁위원장 2004년 국회 정치개혁특별위원회 위원장 2004년 국회 바른정치실천연구회 대표 2005~2007년 열린우리당 부동산정책기획단장 2006년 국회 예산결산특별위원회 위원장 2006~2007년 열린우리당 비상대책위원회 비상임위원 2007년 대통합민주신당 제17대 대통령중앙선거대책위원회 상임선거대책본부장 2008년 제18대 국회의원(남원·순창, 통합민주당·민주당·민주통합당) 2008년 민주당 당무위원 2009~2010년 同원내대표 2010~2012년 국회 기획재정위원회 위원 2012년 제19대 국회의원선거 출마(전북 남원·순창, 민주통합당) 2012~2016년 서울대 행정대학원 초빙교수 2014~2016년 명지전문대학 석좌교수 2016년 제20대 국회의원선거 예비후보(서울 서대문乙, 더불어민주당) 2017년 대한체육회 남북체육교류위원회 위원장 2017년 한국도로공사 사장(현) (상)한국인사조직학회 피플어워드(2019) (저)'수서사건 백서'(1991) '12월 19일, 정권교체의 첫 날'(2011) '핵보유국 북한'(2014, 폴리티쿠스) (종)천주교

이강만(李康萬) LEE Kang M. (美生)

(생)1963·12·24 (본)전주(全州) (출)전북 장수 (주)서울특별시 영등포구 여의대로 56 한화손해보험(주) 비서실(02-316-0200) (학)1982년 전주고졸 1989년 고려대 법학과졸 2011년 연세대 대학원 최고경영자과정 수료 2015년 서울대 행정대학원 국가정책과정 수료 2016년 서강대 최고의회자과정 수료 (경)2000년 한화그룹 구조조정본부 차장 2004년 同경영기획실 부장 2008년 한화손해보험 상무보 2009년 同법인마케팅담당 겸 법인2사업부장 2010~2012년 同법인1사업부장(상무보), 在京전주고동창회 회장(59회), 매경·휴넷MBA총동창회 회장 2012년 한화손해보험 법인영업본부장(상무) 2013년 同법인영업부문장(상무) 2015년 한화그룹 경영기획실 경영지원팀장(전무) 2018년 한화손해보험(주) 부사장(현) (저)'미생이야기'(2014) (종)기독교

이강민(李康民) Kangmin Yi

(생)1958·10·29 (본)전주(全州) (출)전북 전주 (주)경기도 안산시 상록구 한양대학로 55 한양대학교 국제문화대학 일본학과(031-400-5337) (학)1977년 전주고졸 1982년 한국외국어대졸 1986년 同대학원졸 1989년 일본 교토대 대학원졸 1994년 문학박사(일본 교토대) (경)1995년 한양대 국제문화대학 일본언어문화학부 교수, 同국제문화대학 일본학과 교수(현) 2001년 일본 쓰쿠바대 초빙연구원 2003년 일본 규슈대 초빙연구원 2003~2004년 캐나다 요크대 객원교수 2006~2008년 고려대 일본학연구센터 편집위원 2009~2011년 한국일본학회 회장 2009~2012년 한국간행물윤리위원회 위원 2009년 한일문화교류회의 사무국장(현) 2009년 한중일문화교류포럼 사무국장(현) 2009~2012년 한국간행물윤리위원회 외국간행물심의위원장 2011~2013년 한국일본학회 편집위원장 2011년 국립중앙도서관 외국자료추천위원(현) 2011년 한양대 일본학국제비교연구소장(현) 2014~2016년 한국연구재단 인문사회본부 전문위원 2018년 일본 국제일본문화연구센터 객원연구원 (저)'한국 일본학의 현황과 과제'(2007) '한일지성과의 대화'(2011) (역)'아시아 신세기'(2007)

이강복(李康福)

(생)1954·2·4 (주)서울특별시 중구 남대문로 109 건설근로자공제회(02-519-2001) (학)1972년 덕수상업고졸 1984년 동국대 무역학과졸 (경)1972년 서울은행 입행 1983년 同망우동지점 대리 1990년 同인사부 과장 1995년 同종로4가지점 차장 1997년 同고객지원부 차장 1998년 同세류동지점장 2000년 同센트럴시티지점장 2002년 同마케팅팀장 2002년 하나은행 가계금융부장 2004년 同서북지역본부장 2006년 同가계영업추진본부장(부행장보) 2007년 同가계영업기획본부 부행장보 2008년 同가계영업본부 부행장보 2008년 同가계마케팅본부 부행장보 2009~2012년 태산LCD(주) 상임감사 2012~2015년 (주)휴먼리소스코리아 대표이사 2018년 건설근로자공제회 전무이사(현)

이강섭(李康燮) LEE Kang Seop

(생)1964·9·29 (본)수안(遂安) (주)세종특별자치시 도움5로 20 법제처 차장실(044-200-6506) (학)1983년 서울 양정고졸 1987년 연세대 경영학과졸 1990년 서울대 대학원 행정학과졸 2003년 법학박사(미국 시라큐스대) (경)1987년 행정고시 합격(31회) 1997~1999년 법제처 법제관 2004년 同공보관 2004년 미국 변호사자격 취득(뉴욕주·뉴저지주) 2005년 법제처 혁신인사기획관 2007년 同사회문화법제국 법제관 2008년 同사회문화법제국 법제심의관(고위공무원) 2009년 헌법재판소 파견 2011년 법제처 법령해석정보국 법령정보정책관 2012년 同법제지원단장 2012년 同사회문화법제국장 2014년 국회사무처 법제실 파견 2016년 국외 파견 2016년 법제처 경제법제국장(고위공무원) 2017년 同법령해석국장 2019년 법제처 차장(현) (상)대통령표창 (종)기독교

이강신(李康信) Lee Kang Shin

(생)1953·11·25 (출)인천 (주)인천광역시 남동구 은봉로60번길 46 인천상공회의소(032-810-2890) (학)인천고졸, 한양대졸 (경)1977년 (주)영진공사 입사 1985년 同이사 1994년 인천상공회의소(제15~17대) 상공의원 1995년 (주)영진공사 대표이사 사장 2004년 인천상공회의소(제18~21대) 부회장 2006년 (주)영진공사 대표이사 부회장 2009년 同대표이사 회장(현) 2009년 범죄예방협의회 인천지역본부 부회장 2015·2018년 인천상공회의소 제22·23대 회장(현) 2015·2018년 대한상공회의소 부회장(현) 2017년 인천자동차발전협의회 공동대표(현) (상)인천시민의날 산업분야시민상(2009), 인천지검장표창(2009)

이강신(李康信)

(생)1960·11·19 (출)충남 (주)서울특별시 영등포구 여의대로 60 NH투자증권(주)(02-768-7007) (학)1988년 고려대 농업경제학과졸 (경)1988년 농협중앙회 입회 2009년 同비서실 비서역 2010년 同자금부 단장 2012년 同정부중앙청사지점장 2013년 NH농협금융지주 시너지추진부장 2014년 同경영지원부장 2015년 NH농협은행 충남영업본부장(부행장보) 2017년 同수석부행장 2018년 NH농협금융지주 경영기획본부장(부사장) 2019년 NH투자증권 경영지원총괄 수석부사장(현) 2018년 同프로골프단장 겸임(현)

이강연(李康演) LEE Gang Yon (일덕)

(생)1940·5·8 (본)전주(全州) (출)서울 (주)서울특별시 종로구 삼봉로 81 809호 한미협회 부회장실(02-730-1181) (학)1958년 서울고졸 1962년 연세대 경제학과졸 1967년 미국 뉴욕대 경영대학원졸 1968년 미국 뉴욕 Manufacturers Hanover 은행 고급관리자과정 이수 1970년 IMF 국제수지과정 이수 1971년 미국 국무성 AID주최 국제자본시장과정 이수 (경)1968년 경제과학심의회의 재정금융담당관 1969년 재무부 외환관리과·국제금융과·국고과 사무관 1975~1980년 同외국인투자담당관·금융제도심의담당관·지도과장·보험2과장·출자관리과장·외화자금과장 1980~1984년 관세공무원교육원 교수부장·관세청 관세조사과장 1984년 미국 워싱턴 관세청 파견(부이사관) 1987년 駐미국대사관 관세관 1990~1995년 관세청 평가협력국장(이사관) 1992~1999년 연세대·동국대·법무연수원 강사 1995년 관세청 심리기획관 1996년 同조사국장 1997~1999년 同차장 1999~2007년 대외경제정책연구원 자문위원 2000~2001년 재정경제부 대외금융거래정보시스템구축기획단 자문위원장 2000~2002년 학교법인 적십자학원 감사 2000~2006년 리인터내셔날특허법률사무소 고문 2001~2006년 단국대 산업경영대학원 초빙교수 2002~2005년 학교법인 단국대 이사 2002~2003년 국가안전보장회의 사무처 정책전문위원 2002~2011년 학교법인 적십자학원 이사 2002~2005년 재정경제부 금융정보분석원 자금세탁방지정책자문위원장 2004~2006년 리인터내셔날특허법률사무소 부설 무역투자연구원 이사 2004~2007년 신동아화재보험 사외이사 2004~2006년 현대중공업 사외이사 2005~2008년 삼정KPMG 상임고문 2006~2007년 단국대 경영대학원 겸임교수 2006~2009년 한국가스공사 사외이사 겸 이사회 의장 2008~2012년 삼정KPMG 부설 세정관세법인 회장 2008~2013년 도이치은행 아태지역자문위원회 위원 2009~2012년 CJ E&M 사외이사 2010~2012년 한국무역보험공사 선임비상임이사 2011~2012년 2018세계가스총회유치위원회 유치위원 2011~2015년 CJ프레시웨이 사외이사 2011년 한국선진화포럼 자문위원 2011~2017년 휠라코리아 경영고문 2012~2017년 아·태무역관세사무소 회장 2013년 한미협회 부회장(현) 2013년 리인터내셔날법률사무소 고문 2014년 바른사회운동연합 자문위원(현) 2017년 대한상선 고문(현) 2017년 한미동맹재단 운영이사(현) (상)재무부장관표창(1974), 농수산부장관표창(1974), 문교부장관표창(1982), 홍조근정훈장(1992) (저)'부정자금위장'(1994) '돈세탁' '자금세탁'(1999) (종)기독교

이강오

(생)1957 (주)전라북도 전주시 완산구 효자로 225 전라북도청 대외협력국(063-280-4300) (학)전라고졸, 전주대 법학과졸, 전북대 대학원 행정학과졸 (경)1981년 임실군 근무, 전북도의회 공보담당, 전북도 기획담당·정책개발담당, 同전략산업국 주력산업과장 2013년 순창군 부군수 2014년 전북도 일자리경제정책관 2015년 同자치행정국장 2017년 同대외협력국장(현)

이강오(李康五) RHEE Kang Oh

(생)1957·12·5 (출)대전 (주)대전광역시 동구 충정로 21 대전보건대 총장실(042-670-9205) (학)1983년 한남대 화학과졸 1988년 미국 링컨대 대학원 생물학과졸 1998년 충남대 보건대학원 보건학과졸 2003년 의학박사(충남대) (경)1994년 대전보건대 보건계열 안경광학과 교수, 同보건의료학부 안경광학과 교수(현) 1996년 同기획실 부실장 1997년 同기획실장 1998년 同부학장 2002~2005년 同학장, 同부총장, 同총장 직무대리 2018년 同총장(현)

이강우(李康佑) LEE Kang Woo

(생)1960·10·23 (주)경기도 파주시 문산읍 문향로 46 문산우체국 사서함1호 남북출입사무소(031-950-5022) (학)1979년 부산중앙고졸 1987년 부산대 조선공학과졸 1992년 서울대 행정대학원 행정학과졸 (경)2003년 통일부 통일교육원 교육과장(서기관) 2005년 同통일정책실 평화협력기획과장 2005년 同정책홍보실 국제협력담당관 2008년 同정보분석본부 분석총괄팀장 2008년 同통일교육원 지원관리과장 2009년 同남북협력지구지원단 관리총괄과장(부이사관) 2010년 同운영지원과장 2011년 同6.25전쟁납북진상규명위원회 사무국장(일반직고위공무원) 2012년 외교안보연구원 교육파견 2013년 통일부 DMZ세계평화공원추진기획단 태스크포스팀장 2013년 同남북교류협력협의사무소장 2014년 同남북협력지구발전기획단장 2015년 통일연구원 통일준비연구단장 2017년 통일부 남북협력지구발전기획단장 2018년 同남북출입사무소장(현)

이강웅(李康熊) LEE, Kang Woong

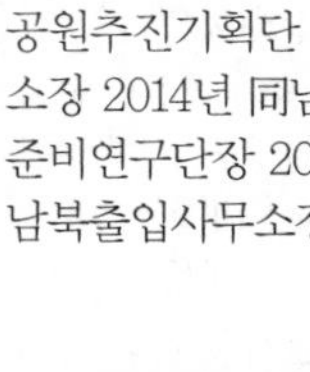

(생)1957·7·7 (본)전주(全州) (출)충남 태안 (주)경기도 고양시 덕양구 항공대학로 76 한국항공대학교 비서실(02-300-0003) (학)1976년 용산고졸 1980년 한국항공대 항공전자공학과졸 1982년 서울대 대학원 전자공학과졸 1989년 전자공학박사(서울대) (경)1983~1984년 삼성전자(주) 컴퓨터개발부 연구원 1989년 한국항공대 항공전자 및 정보통신학부 교수(현)

1994~1995년 미국 미시간주립대 방문교수 2002~2004년 국토해양부 자동차제작결함심사평가위원회 위원 2009~2013년 同공과대학장 겸 일반대학원장 2012~2015년 경기과학기술진흥원 진흥위원회 위원 2014년 한국항공대 총장(현) 2014년 국토교통부 항공정책심의위원회 위원(현) 2014년 (사)대한민국항공회 부회장(현) 2018년 대한민국공군 정책발전자문위원회 위원(현) 2019년 한국사립대학총장협의회 감사(현) 2019년 고양시정연구원 이사(현) (저)'마이크로컴퓨터 인터페이스'(1986) '신호 및 시스템'(2006) (역)'자동제어시스템'(2005)

이강원(李康源) LEE Kang Won

(생)1960·7·5 (본)진성(眞城) (출)경북 안동 (주)대구광역시 달성군 유가읍 테크노순환로 320 한국생산기술연구원 대경지역본부(053-580-0101) (학)1982년 아주대 기계공학과졸 1984년 同대학원 기계공학과졸 1999년 공학박사(한양대) (경)1984년 대우조선공업(주) 기술연구소 입사·대리 1989년 한국과학기술연구원 기계공학부산업기계연구실 연구원 1999년 한국생산기술연구원 입사 2004년 同연구혁신센터장 2007년 同생산시스템본부 메카트로닉스팀장 2007년 同생산시스템본부장 2008년 同충청강원권기술지원본부장 2009년 同대경권기술지원본부장 2009~2014년 同대경권지역본부장 2013년 同항공전자시스템기술센터장 겸임 2014년 同대경지역본부 융복합기술연구실용화그룹 수석연구원 2017년 同대경지역본부장(현) (상)상공부장관표창(1992), 국무총리표창(2008)

이강원(李康源) Lee Kang Won

(생)1960·8·18 (본)전주(全州) (출)서울 (주)부산광역시 연제구 법원로 31 부산고등법원(051-590-1114) (학)1979년 우신고졸 1983년 성균관대 법정대학졸 1984년 同대학원 수료 (경)1983년 사법시험 합격(25회) 1985년 사법연수원 수료(15기) 1986년 軍법무관 1989년 수원지법 성남지원 판사 1991년 서울지법 서부지원 판사 1993년 춘천지법 속초지원 판사 1996년 서울지법 판사 1997년 서울고법 판사 1997년 법원행정처 송무심의관 겸임 1999년 서울고법 판사 2001년 청주지법 부장판사 2003년 서울가정법원 부장판사 2006년 서울중앙지법 부장판사 2007년 대구고법 부장판사 2009년 서울고법 부장판사 2015년 창원지법원장 2015년 경남도선거관리위원회 위원장 2017년 서울고법 부장판사 2019년 부산고법원장(현) (저)'주석형법(共)'(2006) (종)기독교

이강일(李康一) LEE Kang Il (一松)

(생)1943·1·14 (본)전주(全州) (출)전북 장수 (주)인천광역시 연수구 먼우금로 98 나사렛의료재단(032-899-9999) (학)1962년 국립교통고졸 1972년 경희대 한의학과졸 1995년 아태평화아카데미 수료 1999년 경희대 대학원 의료경영학과졸 1999년 명예 인문학박사(미국 플로리다장로교대학) (경)1972년 한의사국가고시 합격 1973년 한의원 개원 1993년 인천시한의사회 회장 1993년 나사렛의료재단 설립·이사장(현) 1994~2015년 나사렛한방병원 원장 1995년 새정치국민회의 창당발기인 1997년 인천YMCA 청년합창단장 1997년 새정치국민회의 인천남동甲지구당 위원장 1997년 통일민주협회 상임대표(현) 1998년 경희대 한의대학 외래교수 1999년 인천시양궁협회 회장 2000년 인천 구월성당 효도대학 이사장 2000년 국제라이온스클럽 354-F(인천)지구 총재 2001년 국제와이즈맨 한국중부지구 총재 2002년 새천년민주당 노무현 대통령후보 인천남동甲지구당 선거대책위원장 2004년 제17대 국회의원선거 출마(인천 남동甲, 열린우리당) 2004년 윤이상평화재단 부이사장, 가천의과학대 외래교수, 민족화해협력범국민협의회 공동의장(현), 통일교육협의회 이사, 인천호남향우회 회장 2010년 영세중립통일협의회 공동대표(현) 2010년 6.15공동선언실천협의회 인천본부 상임대표(현) (상)와이즈멘클럽 국제연맹 Elmur Crow Award(1991), 라이온스국제연맹 Old Monarc Sevron(1993), 적십자 박애장 금장(1999), 보건복지부장관표창(2001), 행정자치부장관표창(2002), 국민포장(2006), 안전행정부장관표창(2014), 기획재정부장관표창(2017), 외국인환자 유치 유공자 표창(2018) (저)'중풍과의 전쟁 이야기'(2004) '중풍 잡는 풍 박사'(2008) '임상 한양방골관절질환'(2008) (종)가톨릭

이강일 LEE Kang Il

(생)1959·5·1 (출)서울 (주)경상북도 경산시 대학로 280 영남대학교 경영대학 회계세무학과(053-810-3181) (학)1982년 영남대 경영학과졸 1990년 미국플로리다 대학원졸 1995년 회계학박사(미국네브래스카대) (경)1984~1987년 삼성물산 근무 1991년 미국 공인회계사, 영남대 회계세무학과 교수(현) 1998년 공인회계사 시험출제위원 2019년 영남대 경영대학장(현)

이강진(李康珍) LEE Kang Jin

(생)1961·9·10 (출)부산 (학)1980년 부산남고졸 1986년 연세대 사학과졸 (경)1983년 학원시위주도로 집시법위반 구속 1986~1988년 지역·노동운동 1988~1992년 예원기획 대표 1992년 민주당 당무기획실·대선기획단 전문위원 1994년 개혁정치모임 이사 1995·2002~2004년 이해찬 국회의원 보좌관 1995·1998~2002년 서울시의회 의원(국민회의·새천년민주당) 1998년 젊은한국 부회장 2002년 새천년민주당 노무현 대통령선거대책본부 정세분석국장 2003년 열린우리당 창당기획단 실무간사 2004~2006년 국무총리 공보수석비서관 2018년 더불어민주당 이춘희 세종특별자치시장후보 선거대책위원회 총괄본부장 2018년 세종특별자치시 정무부시장 2018~2019년 세종특별자치시 정무부시장

이강천(李康千) Rhee, Kang Cheon (石浦)·(泰昊)

(생)1949·3·9 (본)전주(全州) (출)충남 계룡 (주)서울특별시 강남구 선릉로90길 10 샹제리제센터 A동 1309호 태안쏠라 (학)1967년 대입검정고시 1973년 성균관대 경제학부졸 1976년 同대학원 경제학부졸 1998년 경제학박사(경기대) (경)1975~1983년 현대증권(주) 강남지점장·영업부장·조사부장 1985~1988년 동양증권 동양경제연구소 경제조사실장 1988~1991년 동양투자자문(주) 상무 1991~1995년 동양증권 상무이사 1996~1997년 동양그룹 기획조정실 감사 1997~2000년 경기대 경제학과 겸임교수 1998~2012년 (주)동우파트너스 대표이사 사장 2003년 성균관대 겸임교수(현) 2009년 태안쏠라 대표이사(현) (상)재무부장관표창(1976), 국세청장표창, 서울시장표창, 동작구청장표창, 강남구청장표창 (종)가톨릭

이강철(李强喆) Kang-chul Lee

(생)1966·5·24 (출)광주 (주)경기도 수원시 장안구 경수대로 893 KT 위즈(1899-5916) (학)광주제일고졸, 동국대졸 (경)1988년 '1989 KBO 신인드래프트' 1차로 해태 타이거즈에 지명 1989~1999년 프로야구 해태 타이거즈 소속(투수) 1989·1991·1993·1996·1997년 프로야구 한국시리즈 우승(해태 타이거즈) 1989~1998년 10년 연속 10승·100탈삼진 달성 1992년 프로야구 탈삼진 1위 1996년 프로야구 한국시리즈 MVP 2000~2001년 프로야구 삼성 라이온즈 소속(투수) 2001~2005년 프로야구 기아 타이거즈 소속(투수) 2005년 현역은퇴 2006년 프로야구 기아 타이거즈 2군 투수코치 2007~2012년 同1군 투수코치 2013~2016년 프로야구 넥센 히어로즈 1군 수석코치 2017년 야구 국가대표팀 투수코치 2017년 프로야구 두산 베어스 2군 투수코치 2017년 同2군 감독 2018년 同1군 수석코치 2018년 프로야구 KT 위즈 감독(현)

이강택(李康澤)

(생)1962 · 2 · 9 (주)서울특별시 마포구 매봉산로 31 교통방송(02-311-5114) (학)1980년 경복고졸 1989년 서울대 정치학과졸, 성공회대 대학원 비정부기구학과졸 (경)1990년 한국방송공사(KBS) 프로듀서 1992년 同노동조합 홍보국장, 同노동조합 편집국장 2002~2004년 同PD협회 회장 2003~2004년 한국PD연합회 회장 2011~2013년 전국언론노동조합 제6대 위원장 2011년 6.15공동선언실천 남측위원회 언론본부 대표 2018년 연합뉴스 사장추천위원회 위원 2018년 한국방송공사(KBS) 전략기획실 방송문화연구소장 2018년 교통방송(TBS) 대표(현)

이강평(李康平) LEE Kang Pyung

(생)1944 · 10 · 6 (출)서울 (주)서울특별시 은평구 갈현로4길 26-2 서울기독교대학교 총장실(02-380-2525) (학)1963년 조선대부속고졸 1970년 한양대 체육학과졸 1972년 미국 Vanderbilt Univ. 대학원 체육학과졸 1978년 철학박사(미국 톨레도대) 1987년 연세대 연합신학대학원졸 1997년 미국 Westminster Theological Seminary 목회학 박사과정 수료 (경)1972년 미국 플로리다대 조교수 1977년 미국 여자배구국가대표팀 감독 1978~1999년 한양대 설립자 겸 한양학원 이사장 비서실장 1978~1984년 한양대 체육대학 조교수 · 부교수 1979년 同체육과학연구소장 1980년 同기획실장 1980~1992년 대한올림픽위원회(KOC) 위원 1984~1999년 한양대 체육학과 교수 1985~1988년 서울올림픽조직위원회 경기1국장 · 경기차장보 · 정책연구실장 1987~1990년 서울기독대 이사장 1989년 한양대 체육대학장 1991년 한국체육학회 회장 1992~1998년 한양대 국제협력처장 1993년 KOC 사무총장 1993년 민주평통 상임위원 1994년 대한배구협회 부회장 1997년 KOC 부위원장 1998년 한양대 교육대학원장 1999년 한국대학배구연맹 회장 1999~2010 · 2013년 서울기독대 총장(현) 2001년 대한올림픽위원회 남북체육교류위원장 2008~2013년 한국기독교총연합회 공동회장 2013년 同명예회장(현) (상)미국 배구협회 최우수코치상 (저)'운동생리학' '비교체육학' '체육학 연구법' '갈라디아서 강해' '위대한 말씀' 등 (종)기독교

이강행(李康行) LEE Kang Heang

(생)1959 · 9 · 25 (본)함평(咸平) (출)광주 (주)서울특별시 영등포구 의사당대로 88 한국투자금융지주 임원실(02-3276-4021) (학)1978년 광주 숭일고졸 1986년 서강대 경제학과졸 (경)2000년 동원증권(주) 자산운용부문 이사 2002~2003년 同경영지원본부장(부사장) 2005년 한국투자증권 경영지원본부장(전무), 한국투자파트너스 이사 2007년 한국투자증권 경영기획본부장(전무) 2008년 同경영기획그룹장(전무) 2008~2015년 중앙노동위원회 사용자위원 2009년 한국투자증권(주) 경영기획본부장 겸 자산운용본부장(전무) 2011년 同경영기획본부장(전무) 2012년 同경영기획본부장(부사장) 2015년 同개인고객그룹장(부사장) 2016년 한국투자금융지주 부사장 2019년 同사장(현) (상)한국경영인협회 선정 '제11회 대한민국 가장 존경받는 기업인 · 가장 신뢰받는 기업'(2013) (종)기독교

이강혁(李康赫) LEE Kang Hyuk

(생)1961 · 7 · 20 (출)대구 (주)서울특별시 서초구 효령로 275 비씨카드(주) 사업인프라부문(02-3496-1881) (학)달성고졸 1983년 경북대 회계학과졸 1985년 同대학원 경영학과졸 (경)1988년 BC카드(주) 입사 1994년 同종합기획부 과장 1995년 同경영정보팀 과장 1995년 同신용관리부 과장 1996년 同인력개발팀 과장 1997년 同BC플러스팀 과장 1998년 同종합기획부 팀장 1998년 同데이타웨어하우징팀장 2000년 同마케팅정보실장 2003년 同대전지점장 2004년 同마케팅팀장 2005년 同경영혁신팀장 2006년 同경영관리담당 상무 2007년 同경영관리 · 정보통신(IT) · 고객서비스부문 부사장 2008년 同전략기획본부장 2009년 同경영지원부문장 겸 경영관리본부장(부사장) 2010년 同COO(부사장) 2010년 同고객서비스부문장(부사장) 2011년 同마케팅본부장 겸 마케팅기획실장(부사장) 2012년 同전략기획본부장(부사장) 2013년 同경영고문 2015년 同사업지원총괄부문장(전무) 2017년 同사업인프라부문장(부사장)(현)

이강현(李康縣) Lee Kang Hyun

(생)1962 · 2 · 4 (출)서울 (주)서울특별시 영등포구 여의대방로 359 KBS아트비전(02-6099-7601) (학)1980년 영동고졸 1988년 연세대 불어불문학과졸 1996년 미국 클리블랜드주립대 커뮤니케이션학과 수료 2005년 세종대 언론홍보대학원졸 (경)1987년 한국방송공사(KBS) 프로듀서 입사(공채 15기) 1994~1996년 미국 클리블랜드주립대 연수 1997년 한국방송공사(KBS) TV제작본부 드라마1팀 프로듀서 2002년 同PD협회 사무국장 2004년 同PD협회 회장 2005년 한국프로듀서연합회 회장 2009년 한국방송공사(KBS) TV제작본부 드라마제작국 EP 2010년 同콘텐츠본부 드라마국 EP 2012년 KBS아트비전 제작이사 2013년 한국방송공사(KBS) 콘텐츠본부 드라마국장 2014년 同심의부 심의위원 2015년 同TV본부 드라마국 제작위원(국장급) 2016년 同드라마사업부 프로듀서(국장급) 2017년 KBS미디어 콘텐츠사업본부장(이사) 2019년 한국방송공사(KBS) 청주방송총국장 2019년 KBS아트비전 부사장(현)

이강현(李康賢) LEE Kang Hyun

(생)1963 · 7 · 15 (주)강원도 원주시 일산로 20 원주세브란스기독병원 응급의학과(033-741-1612) (학)1989년 연세대 의대졸 1996년 同대학원 의학석사 2004년 의학박사(아주대) (경)1997~2002년 연세대 원주의과대학 응급의학교실 조교수 2003년 同원주의과대학 응급의학교실 부교수 · 교수(현) 2004년 同원주의과대학 응급의학교실 주임교수 2004년 원주기독병원 응급실장 · 응급센터 소장 2004~2005년 대한외상학회 총무위원장 2010년 同교육관리위원장, 원주응급의료정부센터 소장, 대한응급의학회 간행위원 2013~2015년 同이사장 2014~2016년 국제응급의학연맹(IFEM) 아시아지역 대표이사 2015년 한국항공응급의료협회 회장(현) 2017 · 2019년 연세대 원주의과대학장(현) 2017~2018년 대한외상학회 회장 (상)옥조근정훈장(2015) (저)'응급구조와 응급처리'(2005) '외상학'(2005)

이강호(李姜鎬)

(생)1962 (출)전남 영암 (주)세종특별자치시 도움4로 13 보건복지부 사회복지정책실 사회서비스정책관실(044-202-3200) (학)광주 인성고졸, 서울대 경제학과졸, 同행정대학원 박사과정 수료 (경)1993년 행정고시 합격(37회), 기획재정부 성장전략팀장 2008년 국가경쟁력강화위원회 파견 2009년 기획재정부 국제금융국 국제기구과장 2011년 同국부운용과장 2012년 同성과관리과장 2012년 아시아태평양재정협력체(PEMNA) 운영위원회 공동의장 2014년 기획재정부 타당성심사과장 2015년 同대변인실 홍보담당관(부이사관) 2016년 보건복지부 인구정책실 인구아동정책관 2019년 同사회복지정책실 사회서비스정책관(현)

이강호(李康豪) LEE Kang Ho

(생)1967 · 4 · 8 (본)전주(全州) (출)전북 전주 (주)인천광역시 남동구 소래로 633 남동구청 구청장실(032-453-2001) (학)전주대 무역학과졸, 인천대 행정대학원 사회복지학과졸 (경)나사렛한방병원 총무과장, 민주당 인천시당 청년위원장 2006~2010년 인천시 남동구의회 의원 2006~2008년 同총

무위원장 2010년 인천시의회 의원(민주당·민주통합당·민주당·새정치민주연합) 2010~2012년 同문화복지위원장 2011~2015년 (재)인천시의료관광재단 이사 2011~2015년 (주)인천유나이티드 프로축구단 감사 2012~2014년 인천시의회 기획행정위원회 위원 2012~2014년 同예산결산특별위원회 위원 2013년 2014인천아시아경기대회조직위원회 자문위원 2013년 인천노인종합문화회관 운영위원장 2014~2018년 인천시의회 의원(새정치민주연합·더불어민주당) 2014년 同운영위원회 위원 2014년 同교육위원회 위원 2016~2018년 同제2부의장 2016~2018년 同문화복지위원회 위원, 박남춘 국회의원 정책특보 2018년 인천시 남동구청장(더불어민주당)(현) (상)2015 지방의원 매니페스토약속대상 광역의원 우수상(2015), 올해의봉사대상 의정봉사상(2016), 대한민국충효대상 지역발전공로대상(2017), 매니페스토365캠페인 소통·청렴대상 소통부문 우수상(2017), 2017매니페스토약속대상 최우수상 좋은조례분야(2017), (사)자치법연구원 공로상(2017), 2018한국을빛낸사람들대상 정치부문 공로대상(2018), 2019 대한민국 공헌대상(2019) (종)기독교

이강후(李康厚) LEE Kang Hoo

(생)1953·6·4 (본)전주(全州) (출)강원 원주 (주)서울특별시 영등포구 버드나루로 73 자유한국당 탈원전저지특별위원회(02-6288-0200) (학)1970년 원주고졸 1976년 강원대 법학과졸 1978년 서울대 행정대학원 행정학과졸 1994년 미국 조지워싱턴대 대학원 행정학과졸 1999년 행정학박사(고려대) 2011년 명예 경영학박사(몽골 후리정보통신기술대) 2014년 명예 경제학박사(서울과학기술대) (경)1978년 행정고시 합격(22회) 1980년 상공부 사무관 1980년 同기획관리실 사무관 1982년 同통상진흥국 사무관 1984년 駐제네바대표부 상무관 1994년 국회사무처 파견 1995년 통상산업부 중소기업국 창업지원과장 1996년 同아주통상1담당관 2002년 미국 UC버클리 파견 2003년 산업자원부 무역위원회 무역조사실장 2004년 중소기업청 기획관리관 2005~2007년 대통령자문 동북아시대위원회 경제협력팀장 2007년 산업연구원 파견 2007년 제17대 대통령직인수위원회 기후변화협약TF 전문위원 2008~2009년 지식경제부 우정사업정보센터장(일반직고위공무원) 2010~2012년 대한석탄공사 사장 2010년 在京원주고동문회 회장 2011년 몽골 후리(HUREE)정보통신기술대 에너지자원공학과 명예교수(현) 2012~2017년 새누리당 원주시乙당원협의회 운영위원장 2012~2016년 제19대 국회의원(원주乙, 새누리당) 2012년 국회 지식경제위원회 위원 2013년 국회 산업통상자원위원회 위원 2014년 국회 통상관계대책특별위원회 위원 2014년 새누리당 경제혁신특별위원회 공기업개혁분과 위원 2015년 同통일위원회 위원장 2015년 同나눔경제특별위원회 위원 2015년 국회 평창동계올림픽및국제경기대회지원특별위원회 위원 2016년 제20대 국회의원선거 출마(강원 원주시乙, 새누리당) 2017년 바른정당 원주시乙당원협의회 운영위원장 2019년 자유한국당 탈원전저지특별위원회 위원(현) (상)국회의장표창(1983), 대통령표창(2010), 한국경제신문 올해의 CEO대상 가치경영(공공)부문(2011) (저)'한국의 벤처산업발전론'(2006, 명신사) '새로운 성장동력 대체에너지'(2007, 북스힐) '이강후의 새로운 도전'(2011, 북스힐) '화석에너지의 종말 신재생에너지의 탄생'(2013)

이강훈(李江薰) RHEE Kang Hoon

(생)1943·8·23 (본)전주(全州) (출)서울 (주)경상북도 구미시 1공단로6길 151-97 (주)한국이포 회장실(054-461-6080) (학)1961년 서울고졸 1965년 서울대 경제학과졸 (경)1964년 한국일보 입사 1977년 중앙일보 경제부 차장 1978년 동양나이론(주) 기획실 부장 1980년 同이사 1980년 효성바스프(주) 이사 1985년 同상무이사 1989년 同전무이사 1995년 효성물산(주) 부사장 1997년 효성그룹 화학사업부 사장 1998년 효성물산 대표이사 사장 1998년 (주)효성 고문 1998년 (주)한국이포 회장(현) (상)석탑산업훈장 (종)기독교

이강훈(李康薰) LEE Kang Hoon

(생)1953·1·20 (출)경기 양평 (주)서울특별시 강남구 영동대로 308 (주)오뚜기 사장실(02-2010-0811) (학)1971년 신일고졸 1975년 연세대 식품공학과졸 1987년 同산업대학원 식품공학과졸 (경)(주)오뚜기 제조본부장, 同영업본부 전무이사, 同부사장 2008년 同대표이사 부사장 2010년 同대표이사 사장(현) (상)서울AP클럽 올해의 광고인상(2014), 은탑산업훈장(2017)

이강훈(李康勳) Lee kang hun

(생)1970·8·17 (주)서울특별시 송파구 올림픽로 300 애비뉴엘 9층 롯데물산 임원실(02-3213-5801) (학)부산 남일고졸, 고려대졸 (경)1996년 호텔롯데 입사 2011년 롯데쇼핑 정책본부 홍보실 근무 2012년 롯데면세점 홍보·마케팅팀장 2014년 同부산점장(상무보B) 2015년 롯데물산 홍보담당 상무보B 2017년 同홍보담당 상무보A(현)

이개호(李介昊) LEE Gae Ho

(생)1959·6·23 (본)전주(全州) (출)전남 담양 (주)서울특별시 영등포구 의사당대로 1 국회 의원회관(02-788-2226) (학)1977년 광주 금호고졸 1981년 전남대 경영학과졸 (경)1980년 행정고시 합격(24회) 1981년 총무처·전남도·국세청 수습행정관 1982년 목포세무서 총무과장 1982년 전남도 서무과 사무관 1984년 同전산2계장·여권계장·경제분석계장·기획계장 1991년 同전산담당관·어정과장·농업정책과장·총무과장 1995년 광양시 부시장·전남도 기획관 1997년 내무부 지방자치기획단·대통령직인수위원회 근무 1999년 전남도지사 비서실장 2000년 목포시 부시장·여수시 부시장 2001년 전남도 관광문화국장 2002년 同자치행정국장 2005년 同기획관리실장 2006년 행정자치부 자치경찰제실무추진단장 2007년 同공무원노사협력관 2008년 국방대 안보과정 교육파견 2008년 행정안전부 기업협력지원관 2009~2011년 전남도 행정부지사 2012년 포뮬러원(F1)국제자동차경주대회조직위원회 사무총장 2014년 제19대 국회의원(전남 담양군·함평군·영광군·장성군 보궐선거 당선, 새정치민주연합·더불어민주당) 2014년 국회 미래창조과학방송통신위원회 위원 2014~2015년 새정치민주연합 원내부대표 2014~2015년 국회 창조경제활성화특별위원회 위원 2014~2015년 국회 운영위원회 위원 2015년 새정치민주연합 윤리심판원 부원장 2015년 국회 예산결산특별위원회 위원 2015~2018년 더불어민주당 전남도당 위원장 2016년 제20대 국회의원(전남 담양군·함평군·영광군·장성군, 더불어민주당)(현) 2016년 더불어민주당 비상대책위원회 위원 2016~2017년 국회 농림축산식품해양수산위원회 간사 2016~2018년 더불어민주당 전남 담양군·함평군·영광군·장성군지역위원회 위원장 2016년 국회 예산결산특별위원회 예산안조정소위원회 위원 2017년 더불어민주당 정책위원회 제4정책조정위원장 2017년 국정기획자문위원회 경제2분과위원회 위원장 2017·2018년 국회 농림축산식품해양수산위원회 위원 2017~2018년 더불어민주당 최고위원 2018년 同전남도당 위원장 2018년 同최고위원 2018년 국회 보건복지위원회 위원 2018~2019년 농림축산식품부 장관 2018년 대통령직속 국가균형발전위원회 위원(현) 2019년 국회 과학기술정보방송통신위원회 위원(현) 2019년 제21회 함평나비대축제 대회장(현) 2019년 대통령직속 농어업·농어촌특별위원회 위원(현) (상)대통령표창(1988), 홍조근정훈장(2003), 전남대 자랑스런 윤봉인상(2010), 광주일보 광주·전남발전을 이끌 뉴파워 58인 선정(2010), 법률소비자연맹 국회의원 헌정대상(2017·2018), 한국다문화가족지원센터 다문화정책발전 우수의원상(2017), 시사매거진 정치부문 지역발전상(2017), 선플재단 선플운동본부·국회선플정치위원회 제5회 국회의원 아름다운말 선플상(2017), (사)부패방지총연합회 정치분야 청렴인 대상(2017), 2018 자랑스러운 전남대 경영대인상(2018), 제6회 대한민국 입법대상(2018) (저)'나는 산으로 간다'(2001) '나는 일꾼이다'(2011) (종)불교

이건개(李健介) Kun K. LEE (宙源)

(생)1941·10·17 (본)안악(安岳) (출)평남 평양 (주)서울특별시 강남구 언주로 711 건설회관6층 법무법인 주원(02-6710-0300) (학)1959년 경기고졸 1963년 서울대 법대졸 1965년 同사법대학원졸 1976년 미국 하버드대 대학원 국제정치학과 수료 1981년 명예 법학박사(중화학술원) (경)1963년 사법시험 합격(수석수료)(1회) 1965년 육군 법무관 1966년 서울지검 검사 1969년 대통령비서실 파견 1971년 대통령 사정담당 비서관 1971년 서울시 경찰국장 1973년 치안본부 제1부국장 1977년 서울지검 검사 1979년 대검찰청 검찰연구관 1980년 서울고검 검사 1980년 건국대 중공문제연구소 부소장 1980년 법무부 인권과장 1981년 대검찰청 중앙수사부 1과장 1982년 서울지검 공안부장 1985년 서울고검 검사 1986년 서울지검 제3차장 1987년 법무연수원 기획부장 1988년 대검찰청 형사2부장 1989년 同공안부장 1992년 서울지검장 1993년 대전고검장 1995년 변호사 개업 1995년 나라미래준비모임 대표(현) 1996년 제15대 국회의원(전국구, 자민련) 1996년 자민련 생활법제개혁위원장 2000년 同구리지구당 위원장 2000년 법무법인 가람 대표변호사 2000년 유진합동법률사무소 대표변호사 2001년 김·장·리법률사무소 대표변호사 2001년 주원전문지식서비스그룹 회장(현) 2005년 법무법인 케이씨엘 고문변호사 2007년 국민실향안보당 대표 2009년 법무법인 주원 대표변호사(현) 2014년 국회의장직속 헌법개정자문위원회 위원 (상)홍조근정훈장(1972) (저)'대통령중심제 : 국회개조론'(1969, 장문사) '동굴의 대통령 열린 대통령'(1996, 학연사) '올바른 나라의 틀을 후손에게' '미래를 향한 뿌리운동'(1998, 디오디커뮤니케이션) '새천년을 대비한 외교·통일정책상의 문제점과 방향' '대통령권한 줄이기 운동을 위한 신사고' '일하는 대통령, 말하는 대통령–대통령이 구조조정되어야 나라가 산다'(2001, 월간조선사) '대통령제가 죽어야 나라가 산다'(2004, 월간조선사) '현 정치권의 분권대통령 논쟁의 방향제시 및 제왕적 대통령 개혁의 방향제시' '포퓰리즘은 죽어야 한다'(2007, 랜덤하우스코리아) '역대 정권의 병폐와 새로운 한국의 길–긴급수배, 잃어버린 국가정신'(2012, 알에이치코리아) (종)기독교

이건국(李建國) LEE KUN KOOK

(생)1961·5·16 (출)충북 중원 (주)경기도 수원시 영통구 센트럴타운로 114-4 (주)코리아나화장품(031-722-7000) (학)1984년 충북대 화학과졸 1986년 同이과대학원 유기 및 생화학과졸 1999년 유기및생화학박사(충북대) (경)1988~1993년 (주)럭키 근무 1993년 (주)코리아나화장품 입사 2006년 同상무보 2009년 同상무이사 2014년 同부사장(현) (상)보건복지부장관표창(1997), 대통령표창(2003), 동암연구개발대상(2004), 지식경제부장관표창(2008), 산업포장(2009), 은탑산업훈장(2016)

이건기(李建基)

(생)1955·3·13 (출)전남 장성 (주)서울특별시 중구 세종대로9길 42 부영빌딩 13층 해외건설협회(02-3406-1114) (학)서울시립대 건축공학과졸, 한양대 산업대학원 건축공학과졸 (경)7급 공무원시험 합격 1988년 서울시 구로구 건축2계장 1991년 同동대문구 건축1계장 1992년 서울시립대 시설과장 1998년 서울시 영등포구 건축과장 2006년 서울시 도시계획국 도심상권부활반장 2008년 同균형발전본부 도심재정비1담당관 2009년 同주택국 건축과장 2011년 同주택본부 주택기획관 2012년 同주택정책실장 2014~2015년 同행정2부시장, 서울시립대 도시공학대학 초빙교수 2017년 대통령직속 북방경제협력위원회 민간위원 2018년 해외건설협회 회장(현) 2018년 대한건설단체총연합회 부회장(현) (상)녹조근정훈장(2011), 황조근정훈장(2015)

이건령(李健領)

(생)1971·2·5 (출)전북 장수 (주)경기도 수원시 영통구 법조로 91 수원지방검찰청 공공수사부(031-5182-4453) (학)1989년 전일고졸 1998년 전북대 법학과졸 (경)1999년 사법시험 합격(41회) 2002년 사법연수원 수료(31기) 2002년 서울지검 동부지청 검사 2004년 전주지검 군산지청 검사 2005년 부산지검 검사 2008년 대전지검 검사 2011년 법무부 공안기획과 검사 2012년 서울중앙지검 검사 2015년 부산지검 검사 2016년 同부부장검사 2018년 대검찰청 검찰연구관 2018년 대전지검 논산지청장 2019년 수원지검 공안부장 2019년 同공공수사부장(현)

이건리(李建茬) LEE Kun Ree

(생)1963·6·11 (출)전남 함평 (주)세종특별자치시 도움5로 20 국민권익위원회 부위원장실(044-200-7021) (학)1981년 전주고졸 1985년 서울대 법학과졸 2001년 연세대 보건대학원 의료와법고위자과정 수료 2005년 同법무대학원 민법학과졸 2007년 법학박사(한양대) 2013년 서울대 법대 최고위과정 수료 (경)1984년 사법시험 합격(26회) 1987년 사법연수원 수료(16기) 1990년 서울지검 북부지청 검사 1992년 광주지검 목포지청 검사 1994년 서울지검 남부지청 검사 1996년 부산지검 검사 1998년 대검찰청 검찰연구관 2000년 창원지검 밀양지청장 2001년 서울지검 부부장검사 2002년 사법연수원 교수 2004년 대검찰청 정보통신과장 2005년 서울중앙지검 형사6부장 2006년 부산지검 동부지청 차장검사 2007년 춘천지검 차장검사 2008년 전주지검 차장검사 2009년 서울고검 송무부장(검사장급) 2009년 광주고검 차장검사 2010년 제주지검장 2011년 창원지검장 2012~2013년 대검찰청 공판송무부장 2012년 同형사부장 직무대행 2014~2017년 법무법인(유) 동인 변호사 2016년 (재)한사랑농촌문화재단 이사장 2017년 국방부 5·18특별조사위원회 위원장 2017~2018년 법무법인(유) 동인 구성원변호사 2018년 국민권익위원회 부위원장 겸 사무처장(현) (상)모범검사 표창(1997), 사무감사 우수검사 표창(1998)

이건모(李健模) Kun Mo LEE

(생)1952·10·18 (본)평창(平昌) (출)서울 (주)경기도 수원시 영통구 월드컵로 206 아주대학교 공과대학 환경공학과(031-219-2405) (학)1974년 서울대 생물학과졸 1978년 同대학원 미생물학과졸 1985년 공학박사(미국 유타대) (경)1989~2018년 아주대 공과대학 환경안전공학과 조교수·부교수·교수 1992년 한국전과정평가학회 부회장 1996년 통상산업부 산업정책자문위원 1997년 품질·환경경영체제심사원 자격인증위원회 위원장 1998~2002년 ISO/TC 207 의장고문단 한국대표 1999~2002년 ISO/TC 207/WG3 Ecodesign Convener 2000~2001년 태평양지역표준화기구(PASC) 총회 의장 2001~2011년 국제전기전자표준화기구(IEC) 환경자문위원회(ACEA) 위원 2005년 아시아태평양경제협력체(APEC) 표준및적합성평가소위원회 의장 2005년 국제전기전자표준화기구(IEC) TC111 한국대표단장 2005년 IEC/TC 111/WG2(전기전자제품 환경표준) 환경친화제품설계 전문가(현) 2007~2012년 아시아태평양경제협력체(APEC) 무역촉진TFTF 공동의장 2015~2018년 아주대 공학대학원장 2018년 아주대 공과대학 환경안전공학과 명예교수(현) (상)미국 Water Environment Federation 최우수연구상(1987), 미국 연방정부 환경청(EPA) 연구상(1991), 국제표준시스템 경영상(2004), 대통령표창(2007) (저)'환경 라벨링과 기업에 미치는 영향'(1996) '환경 전과정평가(LCA)의 이론과 지침'(1998) 'Best Practices of ISO 14021(Self-Declared Environmental Claims)'(2003) 'Ecodesign Implementation'(2004, Springer) 'The RoHS manual for SMEs'(2008) 'ECODESIGN-The Comepetitive Advantage'(2010, Springer) 'Handbook of Sustainable Engineering'(2013, Springer)

이건배(李建培) LEE Geon Bae

(생)1964·7·15 (출)전남 영광 (주)경기도 수원시 영통구 법조로 105 수원지방법원 총무과(031-210-1101) (학)1982년 남성고졸 1986년 고려대 법대졸 (경)1988년 사법시험 합격(30회) 1991년 사법연수원 수료(20기) 1991년 광주지법 판사 1993년 同순천지원 판사 1995년 수원지법 성남지원 판사 1999년 서울지법 남부지원 판사 2001년 서울지법 판사 2002년 서울고법 판사 2004년 서울북부지법 판사 2006년 인천지법 부장판사 2009년 서울동부지법 부장판사 2011년 서울중앙지법 부장판사 2014년 서울서부지법 부장판사 2015년 同수석부장판사 2017년 광주지법·광주가정법원 부장판사 2019년 수원지법 수석부장판사(현)

이건선(李建先)

(생)1949·2·8 (주)전라북도 군산시 시청로 17 민주평통 군산시협의회(063-452-4770) (학)1969년 군산고졸 (경)군산수산업협동조합 대의원, 평화민주당 옥구군 상무위원, 새정치국민회의 옥도면지방자치위원회 위원장, 새천년민주당 군산지구당 상무위원, 군산수산업협동조합 이사 2002·2006~2010년 전북 군산시의회 의원 2002~2004년 同예산결산특별위원회 간사 2008~2010년 同부의장 2010년 전북 군산시의원선거 출마(무소속) 2017년 민주평통 군산시협의회 회장(현) (종)기독교

이건수(李健洙) LEE Kun So

(생)1942·6·30 (출)서울 (주)서울특별시 중구 퇴계로 18 대우재단빌딩 13층 (주)동아일렉콤 회장실(02-757-2050) (학)1964년 경희대 정치외교학과졸 1986년 연세대 산업대학원 수료 1999년 명예 경영학박사(경희대) 2001년 명예 인문학박사(미국 페어레이디킨슨대) (경)1967년 뉴욕 KS무역 HAN&LEE(주) 대표이사 1976년 Delta무역(주) 대표이사 1986년 동아전기(주) 대표이사 1992년 한국통신산업협회 부회장 1996년 (주)동아일렉콤 대표이사 회장 2000년 한국통신학회 협동부회장 2002년 경희대 경영학부 겸임교수 2005년 차이나넷콤 경영고문 2005년 (주)동아일렉콤 회장(현) 2007년 제17대 대통령직인수위원회 자문위원 2013년 한국전쟁기념재단 정전60주년기념사업추진위원회 위원 2014~2017년 학교법인 경희학원 이사 (상)대통령표창(1989·1993), 국세청장표창(1989), 체신부장관표창(1989), 한국통신사장표창(1990), 동탑산업훈장(1991), 국무총리표창(1992·1996), 정보통신부장관표창(1997·1999·2005), 은탑산업훈장(1999), 베트남정부 공로훈장(2002), 매일경제 선정 '대한민국 글로벌 리더'(2014), 대한민국ROTC중앙회 2016 자랑스러운 ROTC인상 선정(2016)

이건수(李建洙) LEE Kun Soo

(생)1953·1·26 (본)전주(全州) (출)경기 양평 (주)서울특별시 광진구 광나루로56길 85 테크노마트 사무동1905호 (학)1971년 장충고졸, 건국대 무역학과졸 (경)포항제철(주) 경영지원실 대외협력실장, 同서울사무소장, (주)포스코 포항제철소 행정담당 부소장 2006년 포스코건설 전무이사 2007~2011년 전남드래곤즈 대표이사 사장 2011~2013년 同고문 2013년 KSC 대표이사 회장(현) (상)석탑산업훈장 (종)불교

이건수(李健洙) LEE Keon Soo

(생)1958·8·6 (출)서울 (주)대전광역시 유성구 대학로 99 충남대학교 불어불문학과(042-821-5357) (학)1981년 연세대 불어불문학과졸 1982년 프랑스 프로방스대 대학원 불어불문학과졸 1984년 불어불문학박사(프랑스 프로방스대) (경)1985년 충남대 불어불문학과 전임강사·조교수·부교수·교수(현) 1991~1993년 同인문과학연구소 간사 1995년 同불어불문학과장 1999년 同인문과학연구소 부소장 2001~2003년 同인문대학 부학장 2003~2005년 同인문대학 불어불문학과장 2018년 同인문대학장 겸 인문학연구원장(현) (역)'가죽이 벗겨진 소'(1995, 솔출판사) '벌거벗은 내 마음'(2001, 문학과지성사) '어설픈 경쟁'(2001, 열린책들) '두브의 집과 길에 대하여'(2001, 민음사) '라 팡파를로'(2002, 솔출판사)

이건수(李建洙) LEE KEON SOO

(생)1966·8·23 (본)광주(廣州) (출)경기 여주 (주)경기도 성남시 분당구 성남대로343번길 9 SK주식회사 C&C Vitality사업그룹(02-6400-1023) (학)서울대 신문학과졸, 성균관대 대학원 경영학과졸 (경)1992년 선경그룹 홍보실 근무 1996년 SK텔레콤 프로모션팀 근무 2000년 同판매기획팀 근무 2009년 同MD기획팀 근무 2012년 SK C&C Device사업본부장 2014~2015년 同Device사업본부장(상무) 2015년 SK주식회사 C&C Device사업본부장 2017년 同BPO사업본부장 2018년 同NewBiz추진본부장 2018년 同Vitality사업그룹장(현)

이건양(李健良)

(생)1968·6·25 (출)충남 서천 (주)대구광역시 동구 첨복로 10 병무청 중앙신체검사소(053-607-0201) (학)2012년 단국대 대학원 특수교육학 석사과정 수료 (경)1989년 소위 임관, 국군논산병원 인사행정과장, 육군 3군사령부 의무보급정비장교 2012년 예편(중령) 2018년 병무청 중앙신체검사소장(현)

이건영(李健永) LEE Geun Young

(생)1944·3·8 (본)전주(全州) (출)서울 (주)서울특별시 중구 소공로 94 OCI빌딩 13층 (주)유니온 비서실(02-757-3801) (학)1962년 경동고졸 1967년 중앙대 경영학과졸 1971년 미국 미시간주립대 대학원 경영학과졸 (경)1974년 (주)유니온 이사 1978년 同상무이사 1984년 同전무이사 1987년 同대표이사 사장 2007년 同대표이사 회장(현) (종)불교

이건용(李建鎔) Geon-yong Lee

(생)1960·4·8 (출)경기 화성 (주)경기도 의왕시 철도박물관로 37 현대로템(주) 임원실(031-8090-8010) (학)1978년 영동고졸 1986년 한양대 생산기계공학과졸 (경)1985~1999년 현대정공(주) 근무 1999~2008년 기아자동차 근무 2009년 현대글로비스 영업지원실장(이사) 2013년 同사업지원실장(상무) 2015년 同구매지원사업부장(전무) 2016년 同경영지원본부장(전무) 2018년 현대로템(주) 대표이사 부사장(현)

이건우(李建雨) LEE Kunwoo

(생)1955·12·11 (출)서울 (주)서울특별시 관악구 관악로 1 서울대학교 공과대학 기계항공공학부(02-880-7141) (학)1974년 경기고졸 1978년 서울대 기계공학과졸 1981년 미국 매사추세츠공과대 대학원 기계공학과졸 1984년 공학박사(미국 매사추세츠공과대) (경)1984~1986년 미국 일리노이대 기계공학과 조교수 1986~1995년 서울대 공과대학 기계설계학과 조교수·부교수 1990~1992년 同공과대학 최고산업전략과정 부주임 1992~1993년 미국 매사추세츠공과대 기계공학과 객원부교수 1994~1996년 서울대 공과대학 기계설계학과장 1995년 同공과대학 기계항공공학부 교수(현) 2003~2004년 미국 스탠퍼드대 기계공학과 객원교수 2004~2014년 자동설계국제학술지 'CAD 저널' 편집장 2005~2007년 서울대 공과대학 교무부학장 2006~2009

년 同차세대융합기술연구원장 2006년 한국과학기술한림원 정회원(현) 2007년 한국공학한림원 정회원(현) 2013년 대한기계학회 회장 2013~2017년 서울대 공과대학장 2013년 미국기계학회(ASME) 석학회원(Fellow)(현) 2015 · 2017년 한국공학한림원 부회장(현) 2015~2017년 한국공과대학장협의회 회장 2015~2017년 세계공과대학장협의회(GEDC) 집행위원 2015~2017년 서울대 공학전문대학원장 2017~2018년 한국공학교육학회 회장 (상)한국공학한림원 젊은공학인상(2005), 경암학술상(2006), 일본기계학회 설계공학및시스템부문 공적상(2008), Elsevier Editor Emeritus Award(2014), 과학기술훈장 창조장(2018) (저)'컴퓨터그래픽과 CAD' '기계제도' 'Principles of CAD/CAM/CAE Systems'

이건웅(李健雄) LEE Ken Woong

(생)1944 · 11 · 1 (본)재령(載寧) (출)경남 함안 (주)서울특별시 강남구 영동대로 401 한성인베스트먼트 사장실(02-2185-3071) (학)1968년 서울대 언어학과졸 (경)1980~1986년 독일 SCHABE무역 한국지사장 1986~1988년 서울올림픽조직위원회 운영본부 사무차장 1989~1992년 쌍용자동차 이사 1993년 쌍용화재해상보험 상무이사 1996~2001년 쌍용양회 전무이사, 쌍용그룹 비서실장 2001~2004년 한국보이스카우트지원재단 상임이사 2004년 한성자동차(주) 부사장 2005년 한성인베스트먼트 대표이사 사장(현) 2006년 한성자동차(주) 사장 2010~2011년 同공동대표이사 (상)세계잼버리대회유공 대통령표창, 2002한일월드컵대회(유공) 국민체육포장

이건정(李健姃 · 女) Lee, gunjeong

(주)서울특별시 종로구 세종대로 209 여성가족부 여성정책국(02-2100-6140) (학)1981년 상명대사대부속여고졸 1985년 이화여대 화학과졸 1990년 同대학원 여성학과졸 2003년 미국 컬럼비아대대학원 사회학과졸 2005년 사회학박사(미국 컬럼비아대) (경)2006~2012년 미국 컬럼비아대 연구조교수 2012년 이화여대 건강과학대학 조교수 2013년 (사)한국여성연구소 소장 2013년 한국여성학회 이사 2016~2017년 이화여대 간호대학 조교수 2017년 한국여성민우회 이사 2017년 이화간호과학연구소 소장 2017년 여성가족부 여성정책국장(현) (저)'Gender and Social Capital : Structured Utilization of Health Services among People with HIV/AIDS in New York City'

이건주(李健周) LEE Keonjoo (闇然)

(생)1963 · 10 · 14 (본)전주(全州) (출)경남 진해 (주)서울특별시 종로구 종로3길 17 디타워 23층 법무법인 세종(02-316-4211) (학)1982년 인천고졸 1986년 서울대 법대졸 1996년 영국 런던대 수료 2006년 서울대 공과대학 최고산업전략과정(AIP) 수료(36기) 2013년 성균관대 경영대학원졸(MBA) (경)1985년 사법시험 합격(27회) 1988년 사법연수원 수료(17기) 1988년 해군 법무관 1991년 변호사 개업 1992년 서울지검 서부지청 검사 1994년 대전지검 천안지청 검사 1995년 인천지검 검사 1997년 법무부 검찰4과 검사 1999년 서울지검 검사 2000년 창원지검 부부장검사 2001년 대전지검 천안지청 부장검사 2002년 부산지검 총무부장 2002년 부산고검 검사 2003년 반부패세계회의준비사무국 기획부장 2003년 대검찰청 환경보건과장 2004년 인천지검 형사4부장 2005년 대검찰청 정보통신과장 2006년 서울중앙지검 첨단범죄수사부장 2007년 대구고검 검사 2007년 국가정보원 파견 2008년 대검찰청 과학수사기획관 2009년 의정부지검 차장검사 2009년 수원지검 안산지청장 2010년 광주지검 차장검사 2011년 법무연수원 기획부장 2012년 법무부 범죄예방정책국장 2013년 대전지검장 2013~2015년 사법연수원 부원장 2015년 법무법인 세종 파트너변호사(현) (상)홍조근정훈장(2009) (저)'문답식 국제상거래뇌물방지법 해설'(1999, 법무부) '탈바꿈의 동양고전'(2014, 예문)

이건준(李建俊) LEE Keon Jun

(생)1964 · 7 · 23 (주)서울특별시 강남구 테헤란로 405 보광빌딩 BGF(02-528-9927) (학)춘천고졸, 고려대 경제학과졸 (경)1993년 (주)보광훼미리마트 입사 2005년 同이사 2008년 同기획실장 겸 경영지원본부장(상무) 2009년 同전략기획실장(상무) 2011년 同경영지원본부장(전무) 2012년 BGF리테일 경영지원본부장(전무) 2013년 同경영지원부문장(전무) 2015년 同경영지원부문장(부사장) 2017년 BGF 대표이사 사장(현)

이건창(李建昶) LEE Kun Chang

(생)1959 · 4 · 2 (본)함평(咸平) (출)충남 공주 (주)서울특별시 종로구 성균관로 25-2 성균관대학교 경영대학(02-760-0505) (학)1977년 한성고졸 1982년 성균관대 경영학과졸 1984년 한국과학기술원(KAIST) 경영과학과졸(석사) 1988년 공학박사(한국과학기술원) (경)1988~1990년 보람투자신탁(주) 조사분석부 차장 1990~1995년 경기대 경영정보학과 교수 1995년 성균관대 경영학부 경영학전공 교수 1997년 미국 세계인명사전 'Marquis Who's Who in the World'에 등재 2000년 홍콩과학기술대 방문교수 2008년 한국지식경영학회 회장 2010년 미국 하버드대 케네디스쿨 방문교수 2010년 Online Information Review저널 편집위원, Scientia저널 편집위원, Journal of Universal Computer Science저널 편집위원 2011년 Computers in Human Behavior저널 게스트에디터 2011년 Online Information Review저널 게스트에디터 2011년 Electronic Commerce Research and Applications저널 게스트에디터 2011년 성균관대 경영대학 교수(현) 2011년 同경영대학 부학장 2017년 국세청 빅데이터자문단 국세트렌드분과 위원(현) (상)영국 ANBAR전자정보 최우수논문상, 성균펠로우(2006), 한국지식경영학회 최우수논문상(2008), 한국경영과학회 최우수논문상(2009), 한국경영정보학회 최우수논문상(2010) (종)기독교

이건청(李健淸) Lee Geon Cheong

(생)1942 · 3 · 30 (본)벽진(碧珍) (출)경기 이천 (주)서울특별시 서초구 논현로19길 15 양재빌딩 6층 문화저널21(02-2635-0100) (학)1961년 양정고졸 1966년 한양대 국어국문학과졸 1978년 同대학원 국어국문학과졸(문학석사) 1986년 문학박사(단국대) (경)1967년 한국일보 신춘문예 등단 · 시인(현) 1980~2007년 한양대 사범대학 국어교육과 전임강사 · 조교수 · 부교수 · 교수 1983년 한국시인협회 사무국장 1997년 同상임위원장 2002~2004년 한양대 사범대학장 2007년 同명예교수(현) 2007년 목월문학포럼 회장(현) 2008년 문화저널21 주간(현) 2009년 한양대 국어국문학과 총동문회장(현) 2010~2012년 한국시인협회 회장 (상)녹원문학상(1986), 현대문학상(1990), 한국시인협회상(1996), 한국예술발전상(2005), 올해의 최우수예술가상(2007), 홍조근정훈장(2007), 목월문학상(2010), 현대불교문학상(2010), 고산문학상(2010), 자랑스러운 양정인상(2010), 김달진문학상(2017) (저)'이건청 시집'(1970, 월간문학사) '목마른 자는 잠들고'(1975, 조광출판사) '망초꽃 하나'(1983, 문학세계사) '청동시대를 위하여'(1989, 탑출판사) '하이에나'(1990, 문학세계사) '코뿔소를 찾아서'(1995, 고려원) '석탄형성에 관한 관찰기록'(2000, 시와시학사) '푸른 말들에 관한 기억'(2005, 세계사) '소금창고에서 날아가는 노고지리'(2007, 서정시학), 시선집 '해 지는 날의 짐승에게'(1991, 미래사) '이건청 문학선집(전4권)'(2007, 민족문학사) '움직이는 산'(2009) '반구대 암각화 앞에서'(2010, 동학사) '굴참나무 숲에서'(2012, 서정시학) '무당벌레가 되고 싶은 시인'(2013, 시인생각) '문학개론'(1982, 현대문학사) '나의 별에도 봄이 오면'(1982, 문학세계사) '초월의 양식'(1983, 민족문학사) '신념의 길과 수난의 인간상'(1994, 건국대출판부) '한국 전원시 연구'(1996, 문학세계사) '한국현대시인탐구'(2004, 새미) '곡마단 뒷마당엔 말이 한 마리 있었네'(2017, 서정시학)

이건호(李建浩)

(생)1970·8·15 (출)충남 아산 (주)충청남도 당진시 시청1로 1 당진시청 부시장실(041-350-3021) (학)서울대 대학원 보건학과졸 (경)2002년 지방고등고시 합격(8회) 2004년 충남도 유통가공팀장 2009년 同농산과장 2011년 同친환경농산과장 2012년 한국개발연구원(KDI) 교육파견 2014년 충남도 친환경농산과장 2017년 지방행정연수원 교육파견 2018년 충남도 미래성장본부장 2019년 충남 당진시 부시장(현)

이건홍(李建弘) LEE Kun Hong

(생)1956·11·23 (본)경주(慶州) (출)경남 밀양 (주)경상북도 포항시 남구 청암로 77 포항공과대학교 화학공학과(054-279-2271) (학)1975년 경기고졸 1979년 서울대 화학공학과졸 1981년 한국과학기술원(KAIST) 화학공학과졸(석사) 1986년 화학공학박사(미국 델라웨어대) (경)1981~1982년 전엔지니어링(주) 근무 1986년 독일 도르트문트대 방문학자 1987~1988년 미국 델라웨어대 박사 후 연구원 1987~2000년 포항공대 화학공학과 조교수·부교수 1992년 일본 九州大 JSPS Fellow 1997년 포항공대 교무처장 2000년 同화학공학과 교수(현) 2017~2018년 한국탄소학회 회장 2019년 포항공대 대학원장(현) (저)'Cold Cathodes'(2001) 'Electrically Based Microstructural Characterization 3'(2002) 'Nanotube-Based Devices'(2003) (역)'화학 및 공학의 열역학'(1994) (종)기독교

이건화(李建化)

(생)1964·6·24 (출)전남 영암 (주)경기도 의왕시 오봉로 10 의왕경찰서(031-8086-0321) (학)광주고졸, 경찰대 행정학과졸(3기), 연세대 언론홍보대학원 석사 (경)전남 목포경찰서 수사과장, 서울 관악경찰서 형사과장, 서울지방경찰청 과학수사계장, 同광역수사대 강폭력범죄수사계장, 서울 강남경찰서 형사과장, 전남지방경찰청 보안과장 2016년 전남 영암경찰서장 2017년 경기북부지방경찰청 형사과장 2019년 경기 의왕경찰서장(현)

이건휘(李建輝) LEE, GEON HWI

(생)1961·4·5 (본)경주(慶州) (출)전남 승주 (주)전라북도 완주군 이서면 농생명로 166 국립농업과학원 농업생물부(063-238-2800) (학)1980년 순천고졸 1984년 전남대 농생물학과졸 1987년 同대학원 농생물학과졸 1999년 해충관리학박사(전남대) (경)1987년 제주도농업기술원 연구사 1991년 농촌진흥청 호남농업시험장 연구사 2005년 同영남농업시험장 농업연구관 2008년 同호남농업시험장 연구관 2012년 同식량팀장 2014년 국립식량과학원 간척지농업과장 2015년 同작물재배생리과장 2018년 국립농업과학원 농업생물부장(고위공무원)(현) (상)농촌진흥청 최고농업연구대상(2002), 국무총리표창(2009) (저)'콩병해충 및 잡초 도감'(2001, 농촌진흥청) '병해충 및 잡초 생물적 방제'(2001, 농촌진흥청) '세밀화로 그린 곤충도감'(2002, 도토리출판사) '벼·보리 2모작 재배요령'(2003, 농촌진흥청) '수도작 표준영농교본 저술'(2005, 농촌진흥청) '자운영 이용 친환경 쌀 생산기술'(2007, 농촌진흥청)

이건희(李健熙) LEE, KUN-HEE

(생)1942·1·9 (본)경주(慶州) (출)대구 (주)서울특별시 서초구 서초대로74길 11 삼성전자(02-2255-0114) (학)1961년 서울대사범대학부속고졸 1965년 일본 와세다대 경영학 학사 1966년 미국 조지워싱턴대 경영대학원 경영학 석사과정 수료 2000년 서울대 명예 경영학박사 2005년 고려대 명예 철학박사 2010년 일본 와세다대 명예 법학박사 (경)1966년 동양방송 입사 1968년 중앙일보·동양방송 이사 1978년 삼성물산 부회장 1979~1987년 삼성그룹 부회장 1980년 중앙일보 이사 1981년 한·일경제협회 부회장 1982~1997년 대한아마추어레슬링협회 회장 1982년 대한올림픽위원회(KOC) 상임위원 1987~2017년 전국경제인연합회 부회장 1987~1998년 삼성그룹 회장 1993~1996년 대한올림픽위원회(KOC) 부위원장 1996~2017년 국제올림픽위원회(IOC) 위원 1997년 대한레슬링협회 명예회장(현) 1998~2008년 삼성전자(주) 대표이사 회장 1998년 한국장애인복지체육회 회장(현) 1998~2008년 삼성문화재단 이사장 2002년 2010평창동계올림픽유치위원회 특별고문 2009년 대한올림픽위원회(KOC) 이사(현) 2010년 삼성전자(주) 회장(현) 2011~2015년 삼성문화재단 이사장 2011년 2018평창동계올림픽대회조직위원회 고문 2012~2015년 삼성생명공익재단 이사장 2017년 국제올림픽위원회(IOC) 명예위원(현) (상)체육기자연맹 공로상, 체육포장, 체육훈장 맹호장(1984), 체육훈장 청룡장(1986), IOC 올림픽훈장(1991), 한국경영학회 경영자대상(1993), 전문직여성클럽한국연맹 골든어워드상(1993), 한국무역학회 무역인 대상(1994), 국제체계과학회 마거릿 미드상(1997), 국민훈장 무궁화장(2000), 세계안내견협회 공로상(2002), 프랑스 최고훈장 레종 도뇌르 코망되르상(2004), 홍콩 산업기술통상부 디자인경영자상(2004), 미국 코리아소사이어티 밴 플리트상(2006) (저)'이건희 에세이-생각 좀 하며 세상을 보자'(1997)

이경규(李瓊揆) lee kyung-kyoo

(생)1966·11·21 (출)광주 (주)세종특별자치시 다솜2로 94 정부세종청사 5동 해양수산부(044-200-5070) (학)조선대부고졸, 연세대졸 (경)1995년 행정고시 합격(39회), 인천지방해양수산청 해무과장, 해양수산부 수산정책국 유통담당, 同해운물류국 항만물류과 사무관 2004년 同해운물류국 항만물류과 서기관 2006년 동북아의평화를위한바른역사정립기획단 독도팀장 2007년 해양수산부 해양정책본부 해양법규팀장 2008년 국토해양부 해양정책국 해양영토과장 2009년 해외유학(서기관) 2011년 국무총리실 세종특별자치시지원단 파견(서기관) 2012년 국토해양부 기획조정실 정책기획관실 국제협력담당관 2013년 해양수산부 수산정책실 유통가공과장 2014년 同기획조정실 창조행정담당관 2016년 同장관 비서실장(부이사관) 2017년 同수산정책과장 2017~2019년 대통령비서실 행정관 2019년 해양수산부 국장급(교육훈련)(현)

이경근(李景根) LEE Kyung Geun

(생)1960·11·23 (출)충북 충주 (주)세종특별자치시 도움4로 9 국가보훈처 보훈심사위원회 사무국(044-202-5810) (학)1978년 서울 대신고졸 1987년 중앙대 사회복지학과졸 2001년 서울대 행정대학원 수료 2004년 미국 미네소타대 대학원 행정학과졸 (경)1993년 행정고시 합격(37회) 2002년 국가보훈처 보훈선양국 기념사업과 서기관 2004년 同제대군인국 지원과장 2005년 同제대군인국 제대군인취업과장 2005년 同처장 비서관 2006년 同보훈선양국 선양정책과장 2008년 同창의혁신담당관(부이사관) 2009년 同운영지원과장 2010년 캐나다 국가보훈처 파견(부이사관) 2012년 국가보훈처 보훈선양국장(일반직고위공무원) 2015년 서울지방보훈청장 2018년 국가보훈처 보훈심사위원회 사무국장(현) (상)대통령표창(2001), 홍조근정훈장(2013)

이경돈(李炅燉) Lee kyung don

(생)1960·10·10 (주)서울특별시 동작구 보라매로5길 51 롯데알미늄(주) 소재사업본부(02-801-8000) (학)문경종합고졸 1984년 경남대 경영학과졸 (경)1987년 롯데알미늄(주) 입사(공채) 2007년 同기획실장 2009년 同제관사업부문장(이사대우) 2011년 同알미늄사업본부장(이사) 2014년 同경영지원부문장(상무보A) 2017년 同경영지원부문장(상무) 2017년 同생산본부장(상무) 2017년 同소재사업본부장(상무)(현) (종)기독교

이경득(李景得) LEE Kyung Deuk

(생)1961 · 7 · 29 (본)청해(靑海) (출)서울 (주)서울특별시 강남구 논현로28길 34 고려제약(주) 관리본부(02-529-6100) (학)국민대 경영학과졸 (경)동신에스엔티(주) 근무, 고려제약(주) 관리담당 이사 2009년 同관리본부 상무 2014년 同관리본부 전무(현) (종)기독교

이경렬(李京烈) Lee Kyong-yul

(생)1962 · 3 · 1 (출)서울 (주)서울특별시 종로구 종로 38 서울글로벌센터 7층 세계스마트시티기구(WeGO)(02-720-2934) (학)1980년 우신고졸 1985년 서울대 경제학과졸 1992년 미국 펜실베이니아대 대학원 국제정치학과졸 (경)1985년 외무고시 합격(19회) 1985년 외무부 입부 1994년 駐보스턴 영사 1995년 駐프랑스 1등서기관 1998년 駐이스라엘 1등서기관 2002년 외교통상부 통상교섭본부 국제경제국 경제기구과장 2004년 駐베트남 참사관 2005년 駐미국 참사관 2007년 駐카자흐스탄 공사참사관 겸 駐키르기스스탄 대사 대리 2008년 駐폴란드 공사참사관 겸 총영사 2010년 외교통상부 한미원자력협정T/F팀장 2011~2014년 보건복지부 기획조정실 국제협력관 2014년 駐앙골라 대사 2016년 외교부 국립외교원 글로벌리더쉽과정 파견 2017~2018년 국립외교원 경력교수 2018년 세계스마트시티기구(WeGO) 사무총장(현)

이경묵(李京默) LEE Kyung Mook

(생)1964 · 12 · 25 (출)충북 보은 (주)서울특별시 관악구 관악로 1 서울대학교 경영대학 SK경영관507호(02-880-6926) (학)보은고졸 1986년 서울대 경영대학 경영학과졸 1988년 同경영대학원 경영학과졸 1995년 경영학박사(미국 Univ. of Pennsylvania Wharton School) (경)1984~1985년 삼일회계법인 근무 1995년 Reginald H. Jones Center(미국 펜실베이니아대 와튼스쿨) 연구수행 1996년 서울대 경영대학 경영학과 전임강사 · 조교수 · 부교수 · 교수(현), 同경영전문대학원 교수 겸임(현) 2007~2009년 同경영대학 학생부학장 2008년 한국인사조직학회 이사 2009년 Seoul Journal of Business 편집위원장 2010년 한국경영학회 상임이사 2011~2014년 중앙노동위원회 공익위원 2013년 서울대 경영대학 교무부학장 2013년 同경영전문대학원 부원장 2014년 한국인사조직학회 부회장 2014~2017년 서울대 영원무역 석학교수 2015년 롯데그룹 기업문화개선위원회 공동위원장(현) 2015년 대한리더십학회 회장 2016년 한국중소기업학회 부회장 2016년 한화손해보험(주) 사외이사(현) 2017년 롯데푸드(주) 사외이사(현) 2019년 한국인사조직학회 회장(현) (상)서울대상대동창회 선정 올해의 교수상(2003), 미국경영학회 발간 Academy of Management Journal 최우수논문상(2003), 리더십학회 백범리더십논문상(2006), 한국경영학회 제1회 SERI중견경영학자상(2013), 정진기언론문화상 경제 · 경영도서부문 대상(2014) (저)'삼정피앤에이의 변신 : 육체노동 기업에서 지식노동기업으로'(2009) '삼성웨이'(2013) '한국 조선산업의 성공요인'(2013) '미라클경영'(2017) '초고령사회, 조직활력을 어떻게 높일까?'(2017) '기업의 미래을 여는 사회가치 경영'(2018) (종)천주교

이경배(李景培) LEE Kyung Bae

(생)1959 · 11 · 14 (출)서울 (주)서울특별시 용산구 한강대로 366 CJ올리브네트웍스 임원실(02-6252-0100) (학)1978년 배재고졸 1983년 동국대 전자계산학과졸 1997년 연세대 공학대학원졸 2010년 경영학박사(단국대) (경)1982년 삼성생명보험 정보시스템실 팀장 1995년 삼성전자(주) 전략기획실 차장 1996년 삼성SDS 정보기술연구소장 2000년 건국대 경영대학 겸임교수 2003년 삼성SDS 삼성정보전략실장 · 유통서비스사업부장 · 국방개발단장 · 품질경영팀장(상무) 2010년 同경영혁신팀장 · ICT인프라본부장 · K-PJT팀장(전무) 2012년 단국대 공과대학 겸임교수 2016년 CJ올리브네트웍스 IT사업부문 대표이사(현) (상)삼성그룹 기술상 회장상(1989), 정보통신부장관표창(2001), 전국경제인연합회 기업변혁우수사례 최우수상(2003), 대한민국SW공모대전 대통령표창(2003), 올해의 CIO 대상(2018) (저)'ABAP/4 실전 프로그래밍'(共) (역)'SOA 서비스지향 아키텍처'(共) '중동 비즈니스 성공전략'(共)

이경상(李京相) LEE KYUNG SANG

(생)1962 · 2 · 15 (본)영해(寧海) (출)강원 강릉 (주)서울특별시 중구 세종대로 39 대한상공회의소 경제조사본부(02-6050-3441) (학)1980년 강릉고졸 1990년 서울대 경제학과졸 (경)2002년 대한상공회의소 경제정책팀장 2003~2010년 同기업정책팀장 2010년 국가경쟁력강화위원회 법제도선진화추진단 인허가간소화TF 위원 2011년 YWCA 소비자분쟁조정위원회 위원 2011~2013년 대한상공회의소 산업정책팀장 2012년 지식경제부 산업경쟁력영향평가TF 위원 2013년 대한상공회의소 경제연구실장 2013년 고용노동부 고용동향포럼 위원 2014년 국무총리실 규제총량제민간합동TF 위원 2014년 여성가족부 가족친화인증위원회 위원 2014년 행정자치부 지방규제개혁추진실적 평가위원 2014년 국가표준원 기술규제혁신포럼 위원 2015~2017년 대한상공회의소 기업환경조사본부장(상무이사) 2015년 고용노동부 고용보험위원회 및 고용보험심사위원회 위원 2015년 同산재보험 및 예방심의위원회 위원 2015년 국민건강보험공단 재정운영위원회 위원 2015년 한국대학교육협의회 산업계관점대학평가운영위원회 위원 2015년 한국공학한림원 차세대공학교육혁신위원회 위원 2015년 관세청 민관합동규제개혁추진단 위원, 보건복지부 국민연금심의위원회 위원, 법무부 공익신탁자문위원회 위원 2016년 기획재정부 부담금운용심의위원회 위원(현) 2016년 공정거래위원회 청렴시민감사관 2016년 동반성장위원회 중소기업적합업종실무위원회 위원 2016년 국세청 국세행정개혁위원회 세무조사실무분과위원 2016년 산업통상자원부 규제개혁위원(현) 2017년 공정거래조정원 공정거래자율준수프로그램 등급평가위원 2017년 대한상공회의소 경제조사본부장(현) 2018~2019년 (사)지속가능경영원 원장 겸임 2018년 기획재정부 혁신성장옴부즈만 공동지원단장(현) 2018년 보건복지부 기금운용위원회 위원(현) 2018년 국무총리실 미세먼지특별대책위원회 위원(현) (상)재정경제부장관표창(1998), 국민경제자문회의 사무처장표창(2000), 공정거래위원장표창(2009), 산업자원부장관표창(2013), 제13회 공정거래의날 유공 대통령표창(2014)

이경석(李景錫) LEE Kyeong Seok

(생)1954 · 1 · 23 (본)원주(原州) (출)전남 장흥 (주)충청남도 천안시 동남구 충절로 537 천안의료원(041-570-7200) (학)1972년 광주제일고졸 1978년 한양대 의대졸 1981년 同대학원 의학석사 1987년 의학박사(한양대) (경)1986~1996년 순천향대 의대 신경외과학교실 전임강사 · 조교수 · 부교수 1994년 대한신경외과학회 이사 1997~2019년 순천향대 의대 신경외과학교실 교수 2002~2004년 대한신경손상학회 회장 2003년 대한의료감정학회 초대회장, 대한신경외과학회지 편집위원장 2007년 대한민국의학한림원 정회원(현) 2012~2015년 대한의학회 정책이사, 대한의사협회 국민권익특별위원회 자문위원 2015~2017년 同장애평가위원회 위원장 2018년 충남도 천안의료원장(현) 2019년 순천향대 의대 신경외과학교실 명예교수(현) (상)대한신경외과학회 학술상(1990), 인봉학술상(2002), 국민포장(2016), 대한의학회 공로상(2016) (저)'배상과 보상의 의학적 판단' '두부외상학' '요통의 진단과 치료' '허리통증 뿌리뽑기' '요통의 새로운 치료' '장애평가와 의료감정' '통증의 이해' (종)가톨릭

이경석(李炅錫) KYUNGSUK LEE

(생)1972 · 9 · 25 (본)경주(慶州) (출)광주 (주)세종특별자치시 도움6로 11 국토교통부 건축정책관실 건축문화경관과(044-201-3775) (학)1990년 광주 문성고졸 1997년 서울대 토목공학과졸 2000년 同건축학과졸 2002년 同대학원 건축계획 및 설계학과졸 2016년 한국개발연구원(KDI) 개발정책학과

졸 2017년 영국 셰필드대 대학원 도시 및 지역계획학과졸 (경)2003년 기술고등고시 합격(38회) 2004년 건설교통부 건축기획과 근무 2006년 국무조정실 농수산건설심의관실 근무 2008년 국가경쟁력강화위원회 파견 2009년 국토해양부 기획담당관실 서기관 2012년 同공공주택개발과장 2013년 2015세계물포럼조직위원회 기획총괄과장 · 홍보지원과장 2017년 국토교통부 건축정책관실 건축문화경관과장(현) (상)대통령표창(2011)

이경선(李京洗 · 女)

(생)1978 · 1 · 30 (주)서울특별시 중구 세종대로 125 서울특별시의회(02-3702-1400) (학)경희대 NGO대학원 시민사회학 석사과정 수료 (경)노무현재단 사료편찬위원회 근무, 민주연구원 객원연구위원, 더불어민주당 부대변인 2018년 서울시의회 의원(더불어민주당)(현) 2018년 同도시계획관리위원회 부위원장(현) 2018년 同청년 특별위원회 위원(현) 2019년 同윤리특별위원회 위원(현)

이경섭(李炅燮) Lee Kyung-Sub

(생)1956 · 11 · 9 (주)전라남도 나주시 건재로 185 동신대학교 공과대학 전기공학과(061-330-3201) (학)1983년 조선대 전기공학과졸 1986년 同대학원졸 1991년 공학박사(조선대) (경)1988년 동신대 공대 전임강사 · 조교수 · 부교수, 同공과대학 전기공학과 교수(현) 1994년 일본 동경대 객원연구원 1994~1999년 한국전기전자재료학회 편수위원 · 총무이사 2012년 동신대 전기공학과장 2019년 同에너지융합대학장(현) (상)한국전기전자재료학회 학술상 · 논문상, 한국조명전기설비학회 학술상 (저)'전기화재공학'(2000) '최신 광전자공학'(2006) 'PLC및 전기기기실험'(2007) '현장실무를 위한 전기설비설계'(2007) '광방사의 기초(編)'(2008) 'CAD를 이용한 전력설비설계응용'(2008) '그린에너지공학'(2008) '고주파방전'(2008) '전기공학도를 위한 기초전기수학'(2009) '시퀀스제어'(2009) '전기기기'(2009) '신편 회로이론'(2009) '최신 전기설비설계'(2009) '알기쉬운 자동제어'(2009) (역)'기초전기수학'(2009)

이경섭(李炅燮) LEE Kyung Seop

(생)1960 · 1 · 20 (본)진성(眞城) (출)경북 안동 (주)경상북도 경주시 동대로 87 동국대학교 경주병원 비뇨의학과(054-770-8266) (학)1979년 명지고졸 1985년 계명대 의대졸 1990년 同대학원 의학석사 1997년 의학박사(영남대) (경)1985~1990년 계명대 동산의료원 전공의 1990~1993년 육군 제2군사령부 25사단 군의관 1993년 동국대 의대 비뇨기과학교실 전임강사 · 조교수 · 부교수 · 교수(현), 대한내비뇨기과학회 이사, 대한전립선학회 교육이사 · 학술이사, 경북도의사회 학술이사 · 부회장, 대한비뇨기종양학회 학술위원 · 감사 · 이사, 대한남성과학회 이사(현) 2003년 동국대 교육연구부장 2003년 同응급진료부장 2007~2009년 同진료부장 2008~2010 · 2012년 영국인명사전 등재 2009~2012년 동국대 경주병원장 2011~2013년 대한전립선학회 회장 2011~2012년 경주시의사회 부회장 2011~2016년 대한암연구재단 집행위원 2011~2012년 대한의사협회 자문위원 2012년 대한비뇨기초음파학회 이사장 · 고문(현) 2012년 대한전립선학회 고문(현) 2014~2016년 대한전립선레이저연구회 회장 2014 · 2015년 영국 국제인명센터(IBC) '올해의 100대 의학자'로 선정 2015~2017년 동국대 경주병원 국제힐링센터장 (상)국방부 군수지원단장표창(1990), 대한전립선학회 우수연제상(2002), 대한비뇨기종양학회 애보트학술상(2003), 경북도지사표창(2007), 대한전립선학회 최우수논문상(2009), 대한비뇨기과학회 임상부분 최우수논문상(2009 · 2010), 대한의사협회 공로상(2010), 대구지검 경주지청장표창(2010), 제1회 자랑스런 동국의학인상(2013), 삼일문화재단 · 포항MBC 삼일문화대상 특별상(2013), 제2회 자랑스런 계명의대인상 학술연구부분(2015), 대한비뇨기초음파학회 최우수초록상(2015), 제29회 경주시문화상 문화예술상(2017), 대한비뇨기초음파학회 최우수학술상(2018), 유럽비뇨기과학회 베스트 포스터상(2018) (저)'전립선 바로알기'(2009) '전립선암 종양표지자'(2013)

이경수(李慶秀) LEE Kyoung Soo

(생)1946 · 5 · 30 (출)황해 송화 (주)경기도 성남시 분당구 판교로 255 판교이노밸리 E동 401호 코스맥스(주)(031-789-3070) (학)1970년 서울대 약학과졸 1990년 同경영대학원 최고경영자과정 수료 2008년 미국 펜실베이니아대 와튼스쿨 와튼-KMA 최고경영자과정 수료 (경)1973~1976년 동아제약 영업부 근무 1976~1981년 (주)오리콤 기획국 차장 1981~1992년 대웅화학 마케팅담당 전무이사 1992년 코스맥스(주) 대표이사 2010~2015년 同대표이사 회장 2013년 대한화장품협회 부회장(현) 2015년 코스맥스(주) 각자대표이사 회장(현) 2015년 코스맥스BTI(주) 공동대표이사 겸임(현) (상)제15회 한국경영학회 강소기업가상(2013), 기업은행 기업인 명예의전당 헌정(2014), 서울대 AMP대상(2014), 매일경제 선정 '대한민국 글로벌 리더'(2015), 은탑산업훈장(2015), 한국능률협회 한국의 경영자상(2016), 서울대 약학대학 발전공로상(2017)

이경수(李京洙) LEE Gyung Su

(생)1956 · 6 · 7 (출)대구 (주)대전광역시 유성구 과학로 169-148 국가핵융합연구소(042-879-6000) (학)1979년 서울대 물리학과졸 1985년 이학박사(미국 텍사스주립대) (경)1986~1989년 미국 Oak Ridge국립연구소 선임연구원 · 미국 MIT 플라즈마연구센터 책임연구원(겸임교수) 1989~1991년 한국표준과학연구원 기초과학지원연구소 책임연구원 1992년 한국물리학회 플라즈마물리학분과 위원장 1996~1998년 한국표준과학연구원 기초과학지원연구소 통합시스템연구부장 1996년 국가핵융합연구개발사업 총괄연구책임자 1999년 한국기초과학지원연구소 핵융합연구개발사업단장 2000년 국제원자력기구 국제핵융합연구평의회 의원 2001~2005년 한국기초과학지원연구원 핵융합연구개발사업단장 2003년 한국핵융합협의회 총무이사 · 이사 2005년 한국기초과학지원연구원 부설 핵융합연구센터 선임부장 2007년 국제원자력기구 국제핵융합연구평의회(IFRC) 의장 2007년 한국기초과학지원연구원 부설 국가핵융합연구소 선임부장 2007~2008년 국가핵융합연구소 ITER한국사업단장 2008~2011년 同소장 2009년 한국물리학회 이사 2009년 한국가속기 및 플라즈마연구협회 이사 2010년 국제열핵융합실험로(ITER) 경영자문위원회(MAC) 의장 2010년 국가과학기술위원회 운영위원회 민간위원 2010년 국가핵융합위원회 위원 2011~2015년 국가핵융합연구소 연구위원 2013년 국제핵융합실험로(ITER) 이사회 부의장 2014년 강원연구원 핵융합부문 자문위원(현) 2015년 국제핵융합실험로(ITER) 국제기구 기술총괄 사무차장(COO)(현) (상)과학기술처장관표창, 新한국인상, 미국 핵융합에너지협의회(FPA) 리더십 어워드(Leadership Award)(2009), 미국 텍사스대 자랑스런 동문상(2009), 과학기술훈장 웅비장(2013) (종)기독교

이경수(李慶洙) LEE Kyung Soo

(생)1956 · 8 · 8 (본)광주(廣州) (출)서울 (주)서울특별시 강남구 일원로 81 삼성서울병원 영상의학과(02-3410-2518) (학)1975년 중앙고졸 1982년 서울대 의대졸 1986년 同대학원 의학석사 1992년 의학박사(중앙대) (경)1982~1986년 서울대병원 인턴 · 진단방사선과 전공의 1986~1989년 軍의관 1989년 서울중앙병원 전임의 1989~1993년 순천향대 의대 진단방사선과 전임강사 · 조교수 1993~1994년 캐나다 밴쿠버 General Hospital 임상전임의 1994년 삼성서울병원 영상의학과 전문의(현) 1997년 성균관대 의대 영상의학과 부교수 2002년 同교수(현) 2004년 세계적흉

부질환학술지 '플라이슈너 소사이어티' 정회원(현) 2004~2006년 대한흉부영상의학회 회장 2005년 세계적방사선학 학술지 AJR(American Journal of Roentgenology) 부편집장 2006~2007년 아시아흉부영상의학회 초대회장 2007년 삼성서울병원 영상의학연구센터장 2008~2011년 同영상의학과장 2008년 한국과학기술한림원 정회원(현) 2014~2017년 성균관대 의과대학장 겸 의학전문대학원장 2018년 同의무부총장(현) (상)삼성서울병원 우수연구자상(1997), 삼성생명공학연구소 우수논문상(1999), 미국 흉부방사선의학회 대상, 성균관대 Fellowship 선정(2006), Wunsch(분시)의학상 본상(2006), 아산사회복지재단 임상의학부문 아산의학상(2014) (종)기독교

이경숙(李慶淑 · 女) LEE Kyung Sook (靜荷)

(생)1931 · 11 · 16 (본)인천(仁川) (출)서울 (주)서울특별시 서초구 반포대로37길 59 대한민국예술원(02-3479-7224) (학)1950년 숙명여고졸 1955년 서울대 음악대학졸 1957년 미국 오버린대 대학원졸 (경)1958년 동남아 6개국 순회 KBS교향악단 독창자 1962~1978년 서울대 음대 전임강사 · 조교수 · 부교수 1962년 국립오페라 창립단원 1964년 동남아 순회 독창회 1972년 방콕 · 싱가포르 · 쿠알라룸푸르 순회 독창회 1976~1980년 보인학원 이사장 1978~1997년 서울대 음대 성악과 교수 1984년 성악예술동인회 회장, 국내외 독창회 · 오페라 주연 등 200여 회 공연 1997년 서울대 음대 명예교수(현) 2003년 대한민국예술원 회원(성악 · 현) (상)국민훈장 석류장(1997), 자랑스런 숙명인상(2003), 대한민국 예술원상(2005) (저)'대지의 노래'(1983) '예술가곡 개론'(1990) '예술가곡서설'(1995) '말러와 그의 가곡'(2002) '예술가곡의 이해'(2003) (역)'미국의 음악'(1959) '예술가곡개론'(1990) (작)음반 '이경숙 애창곡집' '그리움 이경숙가곡집' (종)천주교

이경숙(李慶淑 · 女) LEE Kyung Sook

(생)1943 · 3 · 6 (본)전주(全州) (출)서울 (주)서울특별시 종로구 북촌로 104 아산나눔재단(02-741-8220) (학)1961년 경기여고졸 1965년 숙명여대 정치외교학과졸 1967년 同대학원 정치외교학과졸 1969년 미국 매컬레스터대학 수료 1971년 미국 캔자스대 대학원 정치학과졸 1975년 정치학박사(미국 사우스캐롤라이나대) 1994년 명예 교육학박사(러시아 상트페테르부르크국립대) 1996년 명예 교육학박사(미국 사우스캐롤라이나대) 2002년 명예 인문학박사(미국 Coe College) 2003년 명예 인문학박사(미국 매컬레스터대) 2006년 명예 인문학박사(필리핀 필리핀여자대) 2009년 명예 인문학박사(대만 중국문화대) (경)1976~1989년 숙명여대 정치외교학과 조교수 · 부교수 1979년 아메리카학회 감사 1979년 국제정치학회 이사 1980년 입법회의 의원 1981년 제11대 국회의원(전국구, 민주정의당) 1985년 숙명여대 정법대학장 1989~2008년 同정치외교학과 교수 1990년 同기획처장 1993~1997년 민주평통 북한연구회장 1994~2008년 숙명여대 총장 1995년 사립대총학장협의회 부회장 1995년 한국대학총장협회 감사 1996년 96정보엑스포추진위원회 위원 1997년 방송위원회 위원 1998년 통일고문 1998년 유네스코 석좌교수 1998년 삼성물산 사외이사 1998년 제2의건국범국민추진위원회 공동위원장 2001년 UN 아동특별총회 특별대표 2005~2008년 한국교육학술정보원 비상임이사 2006~2010년 사회복지공동모금회 이사 2007~2010년 서울시여성가족재단 이사장 2007년 제17대 대통령직인수위원회 위원장 2008~2017년 대한적십자사 중앙위원 2009년 同미래전략특별위원장 2009~2010년 사회복지공동모금회 부회장 2009년 대통령자문 통일고문회의 고문 2009~2013년 한국장학재단 초대 이사장 2009~2012년 유네스코 한국위원회 민간부위원장 2010년 육군사관학교 자문위원 2010년 북한이탈주민지원재단 이사 2016년 (사)대한민국국가조찬기도회 회장 2016년 아산나눔재단 이사장(현) 2016년 한국장학재단 명예이사장(현) (상)국민훈장 모란장, 세계총장협의회(IAUP) 공로상, 대통령표창, 경기여고 英邁상, 자랑스러운 숙명인상, 미국 남동부정치학회 논문우수상, 대한적십자사 유공은장, 루마니아 문화상, 한국의 경영자상, 청조근정훈장(2008) (저)'Communist Chinese Leadership' 'Controlling Violence in the Global System' '한국외교정책'(共) '북한40년'(共) '중국여성연구'(共) '북한여성생활'(共) '남북한 사회문화 비교'(共) '세상을 바꾸는 부드러운 힘'(共) (종)기독교

이경숙(李慶淑 · 女) Kyung Sook LEE

(생)1944 · 1 · 2 (본)경주(慶州) (출)울산 (주)서울특별시 서대문구 연세로 50 연세대학교 음악대학 피아노과(02-2123-3055) (학)서울예고졸, 미국 줄리어드음대 수료 1967년 미국 커티스음대졸 (경)1980~1981년 경희대 음악대학 교수 1981~1993년 연세대 음악대학 교수 1993~1998년 한국예술종합학교 음악원 피아노과 교수 · 음악원장 1994년 독주회(호암아트홀) 1997년 독일 뮌헨 세계 음악콩쿠르 심사위원 1997년 일본 다카히로 소노다 세계피아노콩쿠르 심사위원 1998~2008년 연세대 음악대학 기악과 교수 1999년 이경숙 초청연주회(예술의전당) 2007~2008년 연세대 음악대학장 2007~2010년 예술의전당 이사 2008~2009년 연세대 음악대학 피아노과 교수 2009년 同명예교수(현) 2009년 대한민국예술원 회원(피아노 · 현) 2010년 예술의전당 피아노부문 자문위원 2018년 가톨릭영화인협회 회장(현) (상)제네바국제콩쿠르 입상(1967), 제1회 올해의 음악가상(1984), 난파음악상(1987), 올해의 예술가상(1988), 김수근 공연예술상(1988), 제26회 대한민국 문화예술상(1994), 옥관문화훈장(1995), 한국음악상(1998), 우경문화예술상(2000), 대한민국 예술원상 음악부문(2007) (종)기독교

이경식(李京植) LEE Kyung Shik

(생)1935 · 10 · 20 (출)평북 정주 (주)서울특별시 관악구 관악로 1 서울대학교 영어영문학과(02-880-6078) (학)1955년 용산고졸 1960년 서울대 문리대학 영어영문학과졸 1963년 同대학원 영문학과졸 1964년 영국 리즈대 대학원 영문학과졸 1989년 영문학박사(서강대) (경)1965~1980년 서울대 영어영문학과 전임강사 · 조교수 · 부교수 1974년 미국 하버드대 객원교수 1975 · 1988 · 1999년 영국 케임브리지대 객원교수 1976년 영국 옥스퍼드대 객원교수 1980~2001년 서울대 영어영문학과 교수 1985~1987년 同교무처장 1990~1992년 한국셰익스피어학회 회장 1992년 同이사 1999~2000년 미국 헌팅턴대 명예연구원 2001년 서울대 영어영문학과 명예교수(현) 2004년 대한민국학술원 회원(영문학 · 현) (상)황조근정훈장(2002), 5.16민족상(2003), 학술원상(2003), 제59회 대한민국학술원상 인문학부문(2014) (저)'셰익스피어의 본문비평'(1978) '셰익스피어의 본문연구'(1980) '셰익스피어의 생애와 작품'(1980) '영국희곡 연구-셰익스피어와 그의 동시대 극작가들'(1981) '셰익스피어 사극'(1982) '영문학 개론(共)'(1985) '엘리자베스시대 비극의 세네카 전통'(1991) '분석 서지학-이론과 실제'(1995) '셰익스피어-햄릿, 오셀로, 리어왕, 맥베스'(1996) '아리스토텔레스의 시학과 신고전주의'(1997) '셰익스피어 비평사(上·下)'(2002) '셰익스피어연구'(2004) (역)'The History of Korea'(英文) '한우근의 한국통사' (종)기독교

이경식(李敬植)

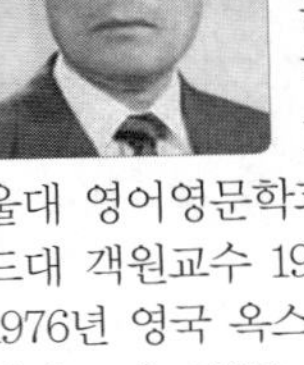

(생)1962 · 2 · 28 (출)강원 영월 (주)충청북도 진천군 덕산면 교연로 778 법무연수원 교정연수부(043-531-1737) (학)마차고졸, 부산대 법학과졸, 연세대 대학원 법학과졸 (경)1996년 교정간부 임용(행정고시 40회) 2004년 법무부 교정기획과 근무 2007년 서기관 승진 2008년 안양교도소 부소장 2010년 해남교도소장 2011년 강릉교도소장 2012년 원주교도소장 2013년 서울남부교도소장 2014년 창원교도소장 2015년 화성직업훈련교도소장 2015년 인천구치소장(고위공무원) 2016년 수원구치소장 2017년 서울구치소장 2018년 법무부 보안정책단장 2018년 광주지방교정청장 2019년 법무연수원 교정연수부장(현)

ㅇ

이경식(李炅植) Lee Kyung-Sik

(생)1969 · 9 · 11 (출)부산 (주)서울특별시 종로구 청와대로 1 대통령정책실 통상비서관실(02-770-0011) (학)1988년 서초고졸 1996년 서울대 경제학과졸 1999년 同행정대학원 수료 2001년 미국 예일대 경영대학원 경영학과졸 (경)1995년 행정고시 합격(39회) 1996년 산업자원부 중소기업정책관실 · 산업진흥반 · 기획예산담당관실 · 산업환경과 · 자본재산업통상팀 · 국제협력기획단 · 수송기계산업과 · 전자상거래과 · 자유무역협정팀 행정사무관 2006년 同자유무역협정팀 서기관 2007년 同자유무역협정지원팀장 2007년 한 · EU자유무역협정(FTA)협상 한국측 서비스 · 투자공동분과장 2008년 지식경제부 기업환경개선팀장 2009년 국무총리실 파견(서기관) 2010년 지식경제부 산업환경과장 2011년 同정책기획팀장 2012년 駐가나 주재관 2015년 산업통상자원부 자유무역협정무역규범과장 2016년 同통상협력총괄과장 2016년 同통상정책총괄과장(서기관) 2017년 同통상정책총괄과장(부이사관) 2017년 대통령정책실 통상비서관실 행정관(현)

이경열(李京烈)

(생)1966 (출)전남 보성 (주)경기도 수원시 장안구 경수대로 1110-17 중부지방국세청 감사관실(031-888-4303) (학)1984년 조선대부속고졸 1990년 서울대 경영학과졸 2004년 미국 퍼듀대 대학원 경영학과졸 (경)1996년 행정고시 합격(40회) 2008년 국세청 법무과 서기관 2010년 전북 정읍세무서장 2010년 중부지방국세청 신고관리과장 2011~2012년 캐나다 국세청(해외파견) 2012년 중부지방국세청 조사2국 조사관리과장 2013년 서울지방국세청 국제조사관리과장 2014년 기획재정부 파견(서기관) 2014년 국세청 법무과장 2016년 同감사담당관(서기관) 2017년 同감사담당관(부이사관) 2018년 대전지방국세청 조사1국장 2019년 중부지방국세청 감사관(현)

이경영(李慶永) LKY KYUNG YOUNG (日峴)

(생)1956 · 2 · 10 (본)덕수(德水) (출)경기 시흥 (주)경기도 부천시 소사구 호현로387번길 41 진영고등학교 교장실(032-349-6004) (학)1973년 인천 대헌공고졸 1978년 재능대학졸 1999년 성공회대 사회학과졸 2001년 인하대 교육대학원졸 (경)1982년 진영중 · 고 설립 · 교장(현) 1991년 시흥청년회의소 회장 1995~1998년 바르게살기운동본부 시흥시협의회장(제4 · 5대) 1998~2007년 시흥시교육발전위원회 위원장 1998~2010년 경기도의회 의원(제5 · 6 · 7대) 1999~2003년 민주평통 시흥시협의회장(제5 · 6대) 2002~2007년 경기도청소년자원봉사센터 시흥시지부장 2006~2008년 경기도의회 문화공보위원장 2008년 진영초 및 유치원 설립 · 이사장(현) 2011년 (재)일현장학재단 설립 · 이사장(현) 2015~2016년 (사)한국문인협회 시흥지부 회장 (상)검찰총장표창(1987), 내무부장관표창(1987 · 1992), 교육부장관표창(1989 · 2000), 문화체육부장관표창(1994), 법무부장관표창(1995), 선도대상봉사상(2001), 경기사도대상(2001), 대통령표창(2002), 스포츠투데이 '2004아름다운얼굴20인' 선정(2004), 제1회 아상교육상(2006) (저)'보람찾는 야학'(1994) '작은 학교에서 큰 꿈을 키운다'(1997) '무너지는 교실 이대로는 안된다'(2000) '시흥의 미래, 꿈과 희망이 보입니다'(2002) '솔향기 은은한 언덕에서'(2004) '아름다운 사연 보고 싶은 얼굴'(2007) '교육자의 길에서 행복을 만나다'(2012)

이경용(李京容) Lee Kyung Yong

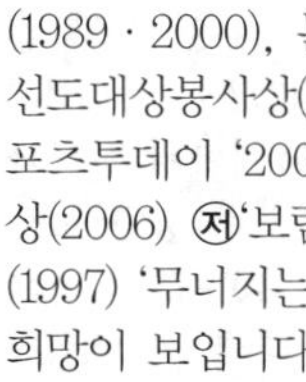

(생)1966 · 10 · 7 (출)제주 서귀포 (주)제주특별자치도 제주시 문연로 13 제주특별자치도의회(064-741-1860) (학)남주고졸, 경희대 법학과졸, 同대학원 법학과졸, 법학박사(경희대) (경)법무사 개업(현), 제주특별자치도 서귀포시 감사위원회 위원, 제주지법 서귀포시법원 민사조정위원(현), 자비봉사회 임원(현), 제주특별자치도연합청년회 자문위원(현), 제주특별자치도 서귀포JC 자문위원(현) 2010년 제주특별자치도의원선거 출마(한나라당) 2014~2018년 제주특별자치도의회 의원(무소속 · 새누리당 · 바른정당 · 바른미래당 · 무소속) 2014년 同환경도시위원회 부위원장 2014년 同예산결산특별위원회 위원 2014년 同인사청문특별위원회 위원 2015년 同예산결산특별위원회 위원장 2016~2018년 同농수축경제위원회 위원 2017년 바른정당 제주서귀포시당원협의회 조직위원장 2018년 바른미래당 제주서귀포시지역위원회 공동위원장, 민주평통 서귀포시협의회 위원(현) 2018년 제주특별자치도의회 의원(무소속)(현) 2018년 同문화관광체육위원회 위원장(현) 2018년 同운영위원회 위원 겸 윤리특별위원회 위원(현) (상)2016 매니페스토약속대상 공약이행분야(2017), 2017 대한민국 TOP LEADERS 대상(2017)

이경우(李慶雨) LEE Kyung Woo

(생)1945 · 1 · 8 (본)경주(慶州) (출)울산 (주)서울특별시 마포구 마포대로 12 한신빌딩 301호 평화의료재단(02-703-5566) (학)1963년 부산고졸 1968년 서울대 법학과졸 1975년 프랑스 파리국제정치대학원 수료 2006년 미국 펜실베이니아대 와튼스쿨 CEO과정 수료 (경)1968년 외무부 입부 1976년 駐프랑스대사관 3등서기관 1978년 駐세네갈 대사관 2등서기관 1981년 영국 런던국제해사기구(IMO) 파견 1983년 駐시카고 총영사관 영사 1985년 駐모리셔스 대사대리 1987년 외무부 특전담당관 1989년 同서구2과장 1990년 駐영국대사관 경제참사관 1993년 대통령 의전비서관 1996년 외무부 아프리카중동국장 1997년 駐요르단 대사 2000년 2010세계박람회유치위원회 사무총장 2002년 駐미얀마 대사 2005년 2014평창동계올림픽유치위원회 사무총장 2006년 同부위원장 2006년 21C한 · 중교류협회 대외사무총장 2007년 한국골프장경영자협회 자문위원 2007년 외교안보연구원 명예교수 2009~2011년 포항시 명예자문대사 2010년 한국해비타트 운영위원 2011~2014년 인천재능대 석좌교수 2014년 평화의료재단 고문(현) 2015년 한 · 미얀마연구회 고문(현) (상)대통령표창, 홍조근정훈장(1994), 요르단왕국 1등 독립훈장(2000), 황조근정훈장(2006) (저)수필집 '열정의 행진'(共) (종)기독교

이경우(李慶雨) LEE Kyung Woo

(생)1955 · 3 · 14 (본)경주(慶州) (출)경기 평택 (주)서울특별시 종로구 종로 1 교보빌딩16층 법무법인 한결(02-3458-9500) (학)1975년 경기고졸 1983년 서울대 법학과졸 1999년 고려대 노동대학원졸 (경)1982년 사법시험 합격(24회) 1985년 사법연수원 수료(14기) 1985년 변호사 개업 1993년 한울합동법률사무소 · 한울노동문제연구소 개설 1996년 노동법률 편집위원 1997년 미국 워싱턴주립대 잭슨스쿨 객원교수 1997년 민주사회를위한변호사모임 노동위원장 1997~2018년 중앙노동위원회 공익위원 1997~2005년 서울지방노동위원회 공익위원 2000~2012년 서울시노사정위원회 서울모델협의회 공익위원 2002~2011년 법무법인 한울 대표변호사 2003년 서울지방고용평등위원회 위원장 2004년 대검찰청 감찰위원회 위원 2004년 同공안자문위원회 위원, 서울중앙지법 조정위원(현), 국가인권위원회 조정위원 2008~2013년 산재재심사위원회 공익위원 2010년 고용노동부 고문변호사(현) 2011~2015년 손해보험협회 구상금분쟁조정위원회 위원 2011년 법무법인 한결한울 대표변호사 2012년 법무법인 한결 대표변호사(현) 2012~2015년 법제처 법령해석심의위원회 위원 2012년 고용노동부 근로시간면제심의위원회 위원(현) 2013~2014년 국민대통합위원회 자문위원 2013~2018년 중앙노동위원회 보통징계위원회 위원 (저)'알기 쉬운 비정규직차별시정제도 해설(共)'(2007) (종)원불교

이경일(李敬一) LEE Kyoung Il

(생)1958·1·4 (본)전주(全州) (출)강원 고성 (주)강원도 고성군 간성읍 고성중앙길 9 고성군청(033-680-3207) (학)1976년 속초고졸 1985년 관동대 행정학과졸 1988년 경희대 행정대학원졸 2005년 행정학박사(광운대) (경)9급 공채 합격 1987년 산림청 감사담당관실 근무 1998년 同산림경영과 근무 1999년 同국유림관리과 근무 2001년 同총무과 인사담당 서기관 2003년 同사유림지원과장 2004년 同국유림경영과장 2005년 동부지방산림청장 2005년 산림청 산불방지과장 2006년 대통령 총무비서관실 선임행정관 2010년 산림청 산림항공본부장 2013년 중앙공무원교육원 파견(고위공무원) 2014~2016년 동부지방산림청장 2016~2018년 강릉영동대 부총장 2018년 강원 고성군수(더불어민주당)(현) (상)녹조근정훈장(2005), 국무총리표창, 대통령표창, 농림부장관표창, 재정경제부장관표창, 산림청장표창

이경자(李璟子·女) LEE Kyung Ja

(생)1948·1·28 (출)강원 양양 (주)서울특별시 동대문구 청계천로 517 서울문화재단(02-3290-7000) (학)1966년 양양여고졸 1968년 서라벌예술대 문예창작과졸, 경남대 북한대학원대학교북한대학원 고위과정 수료 (경)1973년 서울신문 신춘문예에 '확인3'으로 등단·소설가(현), 한국문인협회 회원 1995년 서울운현여성로타리클럽 회원 2000·2005년 환경부 환경홍보사절 2002년 민족문학작가회의(現 한국작가회의) 부이사장 2005년 남북작가회의 추진위원회 추진위원 2006년 민족문학작가회의 자문위원 2018년 한국작가회의 이사장(현) 2018년 서울문화재단 이사장(현) (상)올해의 여성상(1990), 한국생활문학회 문학상(1998), 3.1문화상 작품상(1998), 한무숙문학상(1999), 제비꽃 문학상(2009), 고정희상(2011), 제17회 한국가톨릭문학상(2014) (저)소설집 '배반의 성'(1982) '할미소에서 생긴 일'(1984) '오늘도 나는 이혼을 꿈꾼다'(1992) '살아남기'(1993) '혼자 눈뜨는 아침'(1993) '황홀한 반란'(1996) '사랑과 상처(전2권)'(1998) '정은 늙지도 않아'(1999) '머나먼 사랑(전2권)'(2002) '그 매듭은 누가 풀까'(2003) '천개의 아침'(2006) '귀비의 남자'(2006) '빨래터'(2009) '순이'(2010), 작품집 '절반의 실패'(1988) '꼽추네 사랑'(1990), 수필집 '그럼 우린 어떠할까요'(1979) '봄의 마지막 날들'(1980) '오늘도 어제가 부끄럽다'(1990) '소중한 친구에게 주고 싶은 책'(1993) '그리운 친구에게 주고 싶은 책'(1993), 산문집 '이경자, 모계사회를 찾다'(2000) '남자를 묻는다'(2005) '딸아, 너는 절반의 실패도 하지마라'(2006)

이경재(李敬在) LEE Kyeong Jae

(생)1941·12·17 (본)광주(廣州) (출)경기 이천 (주)서울특별시 용산구 회나무로44가길 35 H2O품앗이운동본부(02-595-3325) (학)1960년 강화고졸 1964년 서울대 사회학과졸 1994년 고려대 언론대학원 최고위과정 수료 1997년 同컴퓨터대학원 최고위과정 수료 (경)1964년 육군 소위(ROTC 2기) 1967~1980년 동아일보 기자 1983년 한국방송광고공사 기획부장 1984년 동아일보 출판국 편집위원 1988년 同논설위원 1988년 同정치부장 1990년 同논설위원 1991년 미국 조지워싱턴대 객원교수 1992년 민자당 총재 공보특보 1993년 대통령 공보수석비서관 1993~1995년 공보처 차관 1995년 민자당 인천계양·강화乙지구당 위원장 1996년 제15대 국회의원(인천 계양구·강화乙, 신한국당·한나라당) 1998년 한나라당 원내부총무 1998년 同문화관광위원장 2000년 同인천西·강화乙지구당 위원장 2000년 同제3정책조정위원장 2001년 同홍보위원장 2002년 제16대 국회의원(인천 서구·강화乙 보궐선거 당선, 한나라당) 2003년 한나라당 인천시지부장 2003년 H2O품앗이운동본부 이사장(현) 2004년 제17대 국회의원(인천 서구·강화乙, 한나라당·무소속) 2004~2006년 국회 환경노동위원장 2006년 한나라당 10.25재보궐선거 공천심사위원장 2008년 제18대 국회의원(인천 서구·강화乙, 무소속·한나라당·새누리당) 2009년 한나라당 인천西乙당원협의회 위원장 2009~2010년 同인천시당 위원장 2011~2012년 국회 정치개혁특별위원회 위원장 2013~2014년 방송통신위원회 위원장(장관급) (상)황조근정훈장(1995), 서울대 자랑스러운 ROTC 동문상(2009), 한국언론인연합회 자랑스러운 한국인대상 언론창달부문(2013), 자랑스런 고려대 언론인상(2014) (저)'유신 쿠데타' '코리아 게이트' (종)기독교

이경재(李炅在) LEE Kyung Jae (虛靜)

(생)1947·9·9 (본)경주(慶州) (출)서울 (주)서울특별시 중구 서소문로 141 한화손해보험빌딩 5층 학교법인 북일학원(02-316-0010) (학)1962년 서울상고졸 1970년 한양대 정치외교학과졸 2002년 고려대 언론대학원졸 (경)1970~1973년 대한일보 기자 1974~1975년 동아일보 기자 1982~1997년 대한아마복싱협회 부회장 1998~1999년 한화에너지 상무이사 1999~2000년 (주)한컴 대표이사 2002~2010년 한화이글스 대표이사 2009~2011년 국제복싱연맹 마케팅분과위원장 겸 아시아연맹 집행위원 2015년 한화케미칼 상근고문(현) 2019년 학교법인 북일학원 이사장(현) (종)가톨릭

이경재(李炅在) Lee Kyung-Jae

(생)1949·10·30 (본)성산(星山) (출)경북 고령 (주)서울특별시 서초구 법원로 15 정곡빌딩서관 415호 법무법인 동북아(02-536-3330) (학)1967년 경북대 사대부고졸 1972년 서울대 법학과졸 1991년 미국 워싱턴주립대 로스쿨 법학과졸 (경)1972년 사법시험 합격(14회) 1974년 사법연수원 수료(4기) 1975년 춘천지검 검사 1977년 서울지검 남부지청 검사 1980년 부산지검 검사 1983년 대전지검 검사 1986년 대구지검 상주지청장 1987년 서울지검 고등검찰관 1989년 대검찰청 공안3과장 1989년 법무부 검찰4과장 1991년 법무연수원 연구위원 1993년 서울지검 북부지청 형사1부장 1994년 서울지검 형사1부장 1995년 서울고검 검사 1996년 춘천지검 차장검사 1997년 대구지검 제1차장검사 1999년 변호사 개업 2007~2009년 대법원 양형위원회 위원 2008년 대한변호사협회 통일문제연구위원장 2009~2012년 통일연구원 감사 2012~2015년 법무법인 동북아 대표변호사 2016년 同변호사(현) (저)'417호 대법정'(2019)

이경재(李景宰) LEE Kyung Jae

(생)1959·12·7 (출)서울 (주)서울특별시 용산구 백범로90다길 13 (주)오리온 임원실(02-710-6251) (학)1977년 배명고졸 (경)1977년 (주)오리온 입사, 同대구지사장, 同경기지사장, 同제3사업부장, 同영업본부장, 同국내영업담당 상무이사 2007년 同베트남법인장(부사장), 同베트남법인 총괄사장 2015년 同대표이사 사장(현)

이경조(李暻祚) LEE Kyung Jo

(생)1953·9·27 (본)안성(安城) (출)서울 (주)서울특별시 중구 통일로 86 뱅크웨어글로벌(02-501-6415) (학)고려대 영어영문학과졸, 숭실대 대학원 정보과학과졸, IT정책경영학박사(숭실대), 전경련 국제경영원(IMI) 최고경영자과정 수료 (경)1978년 한국IBM 입사 1986년 同금융산업영업본부 Advisory SE 1988년 미국 IBM 금융제품기획 프로그램매니저 1991년 한국IBM 금융솔루션개발담당 Senior System Engineer 1995년 同금융산업솔루션담당 컨설턴트 1996년 同금융산업SI사업부 실장 2001년 同금융산업서비스사업본부 이사 2002년 同금융산업서비스사업본부 상무 2004년 同글로벌테크놀로지서비스사업본부 총괄대표 2007년 同글로벌테크놀로지서비스(GTS) 대표(부사장) 2008년 同클라이언트밸류이니셔티브 총괄부사장 2008년 同글로벌비지니스서비스(GBS) 대표 2009~2010년 同클라이언트밸류이니셔티브(CVI) 부사장 2010년 뱅크웨어글로벌 사장(현) (저)'프론트 스테이지 법칙'(2010) (종)천주교

이경주(李炅周) LEE Kyung Joo

(생)1958 · 3 · 22 (본)전주(全州) (출)전북 전주 (주)서울특별시 마포구 와우산로 94 홍익대학교 경영대학 경영학부(02-320-1727) (학)서울대 경제학과졸, 미국 펜실베이니아대 대학원졸, 보험학박사(미국 펜실베이니아대) (경)홍익대 경영대학 무역학과 교수 2008년 同경영대학 경영학부 교수(현), 한국교육개발원 경영경제분야 자문위원, (주)유진데이타 사외이사 2014년 한국금융소비자학회 회장 (저)'신경영 패러다임10(共)'(1996, 한국언론자료간행회) (역)'기업혁신을 위한 10가지 새로운 아이디어'(1996, 중앙M&B)

이경주(李炅主) LEE Kyung Ju

(생)1958 · 9 · 23 (주)서울특별시 구로구 디지털로27길 12 (주)웰크론 임원실(02-2107-6600) (학)한양대 섬유공학과졸, 전북대 대학원 섬유공학과졸 (경)1985~1998년 (주)효성 근무 1998년 (주)은성코퍼레이션 입사 2003년 同기술연구소장(이사) 2004년 同기술연구소장(상무이사) 2005~2007년 同생산기술총괄 상무이사 2008년 (주)웰크론 생산기술총괄 전무이사 2013년 同사장(현) (상)대통령표창(2016)

이경주(李慶柱) LEE Kyeong Ju

(생)1960 · 10 · 10 (본)경주(慶州) (출)대구 (주)경기도 안성시 양성면 동항공단길 49 (주)오션브릿지 사장실(031-8052-9030) (학)1978년 신흥고졸 1982년 원광대졸 1984년 고려대 대학원 경영학과졸 1992년 경영학박사(고려대) (경)고려대 · 국민대 경영학과 강사, 한국기업혁신연구소 대표컨설턴트 1998년 남성(주) 사외이사, ESQ 고문, 해태음료 경영자문, 인지컨트롤스(주) 경영자문위원, 인지디스플레이(주) 대표이사 사장, 제우스 대표이사 사장, 인지디스플레이(주) 부회장, 3Z 대표이사 사장 2012년 (주)오션브릿지 대표이사 사장(현) (상)상생기업 대통령표창(단체), 국무총리표창(2008 · 2012), 삼성전자 특별공로상(2008) (저)'바보경영'

이경춘(李京春) LEE Kyung Choon

(생)1949 · 6 · 26 (출)경기 광명 (주)경기도 광명시 도덕로38번길 3 세중전설(주)(02-2625-5214) (학)2002년 한국산업기술대 전기공사특별교육과정(EEP) 수료 2002년 한양대 경영대학원 Cyber E-Business CEO과정 수료 (경)1982년 세중전설(주) 대표이사 사장(현) 1999~2002년 (주)한국전기신문 이사 2002~2005년 한국전기공사협회 이사 2007년 전기공사공제조합 이사 2008~2012년 (주)한국전기신문 대표이사 사장 (상)산업자원부장관표창(2000), 대통령표창(2004), 철탑산업훈장(2017)

이경태(李炅泰) LEE Kyung Tae

(생)1955 · 10 · 17 (출)서울 (주)서울특별시 서대문구 연세로 50 연세대학교 경영대학(02-2123-2527) (학)1980년 연세대 경영학과졸 1983년 미국 워싱턴대 대학원 경영학과졸 1992년 경영학박사(미국 Univ. of California Los Angeles) (경)1992~1994년 미국 Pennsylvania State Univ. 조교수 1993년 연세대 경영대학 회계학전공 교수(현) 2003~2004년 同경영대학 부학장 겸 학과장 2004~2005년 同재무처장 2005년 同재단기획실장, 디케이유아이엘(주) 사외이사 2008~2009년 한국관리회계학회 회장, (주)지투알 사외이사 겸 감사위원 2016 · 2018년 연세대 국제캠퍼스 부총장(현) (저)'원가회계(10판)'(2001, Pearson Education Korea) (종)기독교

이경태(李京泰) LEE Kyung Tae

(생)1957 · 8 · 17 (본)경주(慶州) (출)서울 (주)서울특별시 광진구 능동로 209 세종대학교 기계항공우주공학부(02-3408-3285) (학)1973년 경기고졸 1980년 서울대 항공공학과졸 1982년 한국과학기술원(KAIST) 항공공학과졸(석사) 1990년 항공우주공학박사(미국 스탠퍼드대) (경)1982~1985년 대한항공 항공기술원 주임연구원 1990년 삼성항공 항공우주연구소 과장 1991년 同소형산업용가스터빈엔진개발팀장(부장) 1993년 同위성사업개발 원격측정 명령계개발팀장 1997년 同KTX-2 구조설계팀장 1997년 同항공우주연구소장(이사) 1998년 한국항공우주학회 사업이사 · 총무 1999년 세종대 기계항공우주공학부 항공우주공학전공 교수(현) 1999년 同세종-록히드마틴 우주항공연구소장 2005년 同산학협력단장 2005~2007년 同연구산학협력처장 2006~2011년 한국항공우주학회 총무이사 2012~2014년 同부회장 2013~2014년 항공안전기술센터 대표 2014~2016년 항공안전기술원 원장 2015년 한국항공우주학회 회장 (상)과학기술훈장 진보장(2018)

이경하(李炅河) LEE KYUNG HA

(생)1963 · 8 · 29 (출)서울 (주)서울특별시 서초구 남부순환로 2477 JW홀딩스 비서실(02-840-6600) (학)1982년 서울고졸 1986년 성균관대 약학과졸 1989년 미국 Drake Univ. 경영대학원졸(MBA) (경)1986년 (주)중외제약 입사 1988~1989년 미국 MDS 파견 1989~1991년 일본 쥬가이제약 파견 1991년 (주)중외제약 국제과장 1995년 同마케팅본부 DI팀장(이사대우) 1996년 同마케팅본부장(상무이사) 1997년 同전무이사 1998년 C&C신약연구소 대표이사 사장 겸 중외제약 총괄전무 1999년 (주)중외제약 부사장 2001~2009년 同대표이사 사장 2001~2018년 한국신약개발연구조합 부이사장 2002년 (주)중외 대표이사 사장 2003년 한국만성질환관리협회 이사 2004~2008년 한국제약협회 부이사장 2005년 중외신약 대표이사 사장 2005년 중외메디칼 대표이사 사장 2007년 중외홀딩스 대표이사 사장 2009년 JW홀딩스 · JW중외제약 · JW생명과학 · JW중외메디칼 · JW중외신약 부회장 겸임 2015년 JW홀딩스 대표이사 회장(현) 2015~2017년 JW중외제약 대표이사 회장 (상)한국신약개발연구조합 대한민국신약개발상(2002), 경기도 환경그린대상(2003), 산업평화상 기업체부문 대상(2003), IR52 장영실상(2006) (종)불교

이경한(李景韓) Lee Kyung-Han

(생)1960 · 11 · 30 (출)광주 (주)서울특별시 강남구 일원로 81 삼성서울병원 핵의학과(02-3410-2630) (학)1986년 서울대 의대졸 1989년 同대학원 의학석사 1996년 의학박사(서울대) (경)1986~1990년 서울대병원 인턴 · 내과 레지던트 1991~1993년 국군수도병원 핵의학과 군의관 1993~1995년 서울대병원 핵의학과 전임의 1995년 삼성서울병원 핵의학과 전문의 1996~1998년 미국 Massachussets General Hospital Cardiovascular Research Center 연구원 1997년 성균관대 의대 핵의학과 교수(현) 2005~2019년 삼성서울병원 핵의학과장 2010년 분자영상학회 부회장 2011~2016년 삼성서울병원 분자세포영상센터장 2016~2017년 분자영상학회 회장 2018년 아시아분자영상학회협의회 회장(현) (종)기독교

이경한(李勁翰) Lee Kyung Han

(생)1967 · 7 · 22 (주)세종특별자치시 한누리대로 499 인사혁신처 인재채용국 공개채용2과(044-201-8260) (학)1993년 강원대 법학과졸 2005년 성균관대 대학원 행정학과졸 (경)1992~1996년 강원도 양구군청 근무 1997~2016년 내무부 · 행정자치부 · 중앙인사위원회 근무 2017년 인사혁신처 인재채용국 시험출제과장 2019년 同인재채용국 공개채용2과장(현)

이경호(李京鎬) Lee, Kyung-ho

(생)1950·1 (출)황해 장연 (주)인천광역시 남동구 논현고잔로 63 영림목재(주) 회장실(032-811-9051) (학)1968년 인천고졸 1974년 중앙대 경영학과졸 1996년 서강대 대학원 최고경영자과정 수료 1998년 서울대 대학원 최고경영자과정 수료 (경)1975년 대우전자 해외영업부 근무 1978년 영림목재(주) 입사 1986년 同대표이사 회장(현) 2004년 대한적십자사 인천지사 상임위원 2007년 한국목재공학회 이사 2007~2009년 한국목조건축협회 회장 2007년 한국녹색문화재단 이사 2007년 한국가구학회 부회장 2009년 한국목조건축협회 고문(현) 2009~2016년 한국목재공업협동조합 이사장 2011년 한국파렛트컨테이너협회 회장 2011년 중소기업중앙회 부회장 2012년 아세아파렛트시스템연맹 부회장 2012~2016년 대한적십자사 인천지사 부회장 2014년 목재산업단체총연합회 회장 2014년 駐韓피지 명예영사(현) 2014년 대한농구협회 부회장(현) 2014년 목재문화진흥회 이사 2017년 대한적십자사 고액기부자클럽 '레드크로스 아너스클럽' 가입 2017년 同인천지사 회장(현) (상)대통령표창(1997), 미국 펜실베이니아주지사 공로상(2002), 산업포장(2009), 석탑산업훈장(2014)

이경호(李京浩) Lee Kyong Ho

(생)1959·10·11 (주)서울특별시 중구 세종대로21길 15 대한성공회 서울교구(02-738-6597) (학)1987년 한신대졸 1990년 同신학대학원 실천신학과졸 1991년 대한성공회 성미카엘 신학원졸 2002년 성공회대 신학대학원 박사과정 수료(신약성서신학 전공) (경)1991년 부제 서품 1991~1999년 대한성공회 선교교육원 신부 1993년 사제 서품 1999~2005년 산본교회 관할사제 2005~2009년 대한성공회 서울교구 교무국장 2009년 同서울주교좌 보좌사제 2010~2016년 同서울주교회 주임사제, 同서울교구 어머니연합회 지도사제, 同전국상임위원, 同서울교구 상임위원, 한국기독교가정생활협회 회장, 성공회대 신학과·신학대학원 강사 2016~2017년 인천 간석교회 관할사제 2017년 대한성공회 서울교구장(제6대 주교)(현)

이경호(李京鎬) Lee kyoung-ho

(생)1965·6·24 (출)서울 (주)경기도 용인시 처인구 명지로 45 용인소방서(031-8021-0213) (학)서울시립대 대학원 도시행정학과졸 (경)1993년 소방위 임용(소방간부 후보생 7기) 1993~2005년 경기 평택소방서·광명소방서·고양소방서·구리소방서·김포소방서·양평소방서 등 근무 2006~2009년 경기도 제2소방재난본부 행정계장·행정과장 2010년 경기 양주소방서장 2012년 중앙소방학교 교육기획과장 2013년 소방방재청 방호조사과 위험물계장 2014년 국민안전처 방호조사과 방호계장 2015년 경기 연천소방서장 2017년 경기 의정부소방서장 2018년 경기 수원소방서장 2019년 경기 용인소방서장(현) (상)대통령표창(2006)

이경호(李京鎬) Kyung-ho Lee

(생)1966·4·16 (본)경주(慶州) (출)부산 (주)세종특별자치시 한누리대로 402 산업통상자원부 지역경제총괄과(044-203-4410) (학)1985년 경남고졸 1992년 부산대 행정학과졸 2011년 기술경영학박사(영국 맨체스터대) (경)2001년 산업자원부 구아협력과 사무관 2002년 同산업입지환경과 사무관 2003년 同지역산업과 서기관 2004년 同산업정책과 서기관 2005년 同디지털전자산업과 서기관 2008년 지식경제부 자유무역협정지원팀장 2009년 同성과관리고객만족팀장 2010년 同미래생활섬유과장 2011년 駐인도네시아 상무관 2014년 산업통상자원부 무역진흥과장(서기관) 2016년 同무역진흥과장(부이사관) 2016년 同통상교섭실 FTA정책기획과장 2017년 同에너지신산업정책과장 2018년 同신재생에너지정책과장 2018년 同지역경제총괄과장(현)

이경호(李京昊)

(생)1971·12·23 (주)광주광역시 서구 내방로 111 광주광역시의회(062-613-5044) (학)호남대 무역경제학과졸 (경)2017년 제19대 대통령선거 중앙선거대책위원회 청년위원회 광주본부장, 더불어민주당 정책위원회 부의장(현) 2018년 광주시의회 의원(더불어민주당)(현) 2018년 同의회운영위원회 위원장(현) 2018년 同교육문화위원회 위원(현) 2018년 同청년발전특별위원회 위원(현)

이경호(李景顥·女)

(생)1976·9·25 (출)경기 부천 (주)경상북도 김천시 물망골길 39 대구지방법원 김천지원(054-251-2502) (학)1995년 여의도여고졸 2000년 고려대 법학과졸 (경)2000년 사법시험 합격(42회) 2003년 사법연수원 수료(32기) 2003년 서울지법 예비판사 2005년 서울서부지법 판사 2007년 창원지법 판사 2010년 의정부지법 고양지원 판사, 인천지법 부천지원 판사 2015년 서울중앙지법 판사 2016년 사법연수원 교수 2019년 대구지법 김천지원·대구가정법원 김천지원 부장판사(현)

이경화(李慶和·女) LEE kyung hwa

(생)1957·3·8 (출)부산 (주)서울특별시 동작구 상도로 369 숭실대학교 인문대학 평생교육학과(02-820-0319) (학)1981년 숙명여대 독어독문학과졸 1983년 同대학원 교육학과졸 1991년 교육학박사(숙명여대) (경)1989년 동국대 강사 1992~1994년 숙명여대 교육대학원 강사 1997년 숭실대 사회과학대학 평생교육학과 교수(현) 1997년 미국 조지워싱턴대 심리학 연구 1997년 교육심리학회 이사 1998년 숭실대 교육대학원 유아교육과정 주임교수 2000년 국제영재교육학회 이사 2001년 한국영재교육학회 부회장 2001년 한국창의력교육학회 부회장 2003년 한국영재학회 이사 2004년 숭실대 영재교육연구소장(현) 2005년 同교수학습센터장 2006년 同영재교육연구소장 2006년 미국 윌리엄메리대 Center for Gifted Education 교환교수 2006년 숭실대 아동교육원장 2007년 同교직주임교수(현) 2009~2011년 한국창의력교육학회 회장 2012~2013년 한국영재교육학회 회장 2013~2017년 숭실대 교육대학원장 2013년 同아동청소년교육센터장(현) 2017년 同인문대학장 2017년 글로벌미래융합교육원 이사장(현) (상)서울시 청소년지도육성회 공로상(1990), 한국교육심리학회 공로상(2008) (저)'인간 행동의 심리학적 기초(編)'(1992) '부모교육'(1994) '현대사회와 교육'(1995) '심리학개론'(1996) '가족놀이치료'(1997) '유아, 아동을 위한 정신건강' '교육심리학 용어사전(編)'(1999) '영재교육의 이론과 방법'(2001) '유아영재교육'(2004) '유아, 아동 발달'(2005) '영재교육'(2005) '유아교육의 이해'(2005) '우리아이 영재로 기르기'(2007) '경험연구에 기초한 영재교육'(2007) '특수아동교육의 이해'(2008) '유아언어교육'(2010, 공동체) '유아영재교육'(2010, 동문사) '유아동기 정신건강의 이해'(2010, 동문사) (역)'놀이치료 핸드북'(1997) '영재교육의 이론과 방법'(2001) '창의성 계발과 교육'(2001) '유아영재교육의 이해'(2002, 학문사) '영재교육'(2005) '교수-학습의 이론과 실제(5판)'(2006) '창의성 이론과 주제'(2009, 시그마프레스) (종)기독교

이경환(李慶桓) LEE Kyung Hwan (圓堂)

(생)1957·3·21 (본)성주(星州) (출)충남 천안 (주)서울특별시 강남구 영동대로 517 아셈타워 22층 법무법인 화우(02-6003-7571) (학)1975년 경기고졸 1979년 서울대 법학과졸 1992년 연세대 보건대학원졸 2000년 보건학박사(연세대) (경)1985년 사법시험 합격(27회) 1988년 사법연수원 수료(17기) 1988~2002년 변호사 개업 1997~2012년 천안녹색소비자연대 공동대표 2000년 선문대 법학부 겸임교수 2000~2002년 국방부 의무자문관 2000~2006년 대전종합법무법인 변호사 2000년 한국의료법학회 이사 겸 감사(현) 2002~2006년 연세대 의료법윤리학과 조교

수 · 부교수 2002~2008년 대한변호사협회 환경위원회 위원 2003년 대한영양사협회 고문변호사(현) 2004년 금연운동협회 자문변호사 2004~2006년 대한의사협회 윤리위원 2004년 녹색소비자연대 전국연합회 이사 2005년 한국방재정보학회 감사 2005~2008년 한국간호평가원 이사 2005년 연세의료원 생명윤리위원회 위원 · IRB 위원 · QI 위원 · 분쟁조정위원회 위원 2006년 연세대 의대 외래교수 2006년 법무법인 화우 파트너변호사(현) 2006년 가톨릭대 의대 외래교수(현) 2007년 서울대병원 병원윤리위원회 위원(현) 2007년 대한의료법학회 이사 2007~2010년 연세대 법학전문대학원 겸임교수 2007~2010년 同법학전문대학원 및 보건대학원 의료법규 겸임교수 2007~2013년 보건복지부 신의료기술평가위원회 위원 2007년 대한내과학회 윤리위원회 위원 2008~2012년 학교법인 성광학원(치의과대) 감사 2009~2015년 환경부 환경보건위원회 위원 2009년 한국배상의학회 이사 2009년 이화여대 의과대학 외래교수(현) 2010년 한국영양교육평가원 이사 2010년 대한상사중재원 중재인(현) 2010년 서울중앙지법 조정위원(현) 2011년 환경관리공단 석면피해구제심사위원회 위원장(현) 2011년 법제처 법령해석심의위원회 위원 2011년 서울지방변호사회 의료커뮤니티위원장(현) 2012년 녹색소비자연대 전국협의회 공동대표(현) 2013년 환경부 환경보건위원회 위원 2015년 한국의료분쟁조정중재원 비상임조정위원(현) 2019년 환경부 중앙환경분쟁조정위원회 위원(현) (상)보건복지가족부장관표창(2008) (저)'의료법윤리학서설(共)'(2002) '최신의료판례(共)'(2003)

이경환(李京煥) LEE Kyung Hwan

(생)1967 · 1 · 2 (출)경남 함안 (주)서울특별시 용산구 한강대로 211 대우월드마크용산 102동 604호 법무법인 가우(02-3453-0291) (학)1992년 연세대 정치외교학과졸 1994년 同대학원 법학과졸 (경)1997년 사법시험 합격(39회) 2000년 사법연수원 수료(29기) 2000년 법무법인 아람 변호사 2000년 (주)글로벌벤처컨설팅 이사 2001년 법무법인 서정 변호사, 가우합동법률사무소 대표변호사 2010년 (주)르네코 사외이사, 법무법인 가우 대표변호사(현), 한국납세자연맹 법률지원단장(현), 대한변호사협회 재개발재건축법률지원변호사단 상임위원(현), 이데일리TV 부동산종합뉴스 자문변호사(현), 일제강제동원피해자지원재단 감사(현), 한국자산관리공사 고문변호사(현) 2017년 자유한국당 수석부대변인 2017년 同중앙홍보위원회 부위원장 2018년 同경기고양시甲당원협의회 운영위원장 2018년 同좌파정권방송장악피해자지원특별위원회 위원(현) 2019년 同경기고양시甲당원협의회 운영위원장(현) 2019년 同미디어특별위원회 법률자문단장(현)

이경훈(李京薰) Yi Kyung-Hoon

(생)1964 · 9 · 30 (주)세종특별자치시 갈매로 388 국립국악원 기획운영단장실(02-580-3008) (학)1984년 능인고졸 1990년 경북대 고고인류학과졸 2002년 영국 요크대 대학원 고고학과졸 (경)1993년 행정고시 합격(37회) 2005~2006년 세종대왕유적관리소장 2006~2009년 유네스코 세계유산센터 파견 2010~2013년 문화재청 국제교류과장 · 국제협력과장 2013년 同유형문화재과장(서기관) 2014년 同유형문화재과장(부이사관) 2014년 同활용정책과장 2015년 同문화재정책국장(고위공무원) 2016년 同기획조정관 2017년 국가공무원인재개발원 교육파견 2018년 문화재청 문화재정책국장 2018년 문화체육관광부 문화정책관 2019년 국립국악원 기획운영단장(현)

이경훈(李庚勳) LEE Kyung Hoon

(생)1965 · 8 · 17 (출)충남 홍성 (주)서울특별시 강남구 테헤란로13길 12 10층 법무법인(유) 태평양(02-3404-0185) (학)1983년 남대전고졸 1990년 고려대 법학과졸 2008년 同법무대학원 금융법학과졸 (경)1991년 사법시험 합격(33회) 1994년 사법연수원 수료(23기) 1994년 변호사 개업 1997년 부산지검 동부지청 검사 1998년 청주지검 충주지청 검사 2002년 울산지검 검사 2005~2007년 금융감독위원회 파견 2005년 의정부지검 고양지청 검사 2006년 同고양지청 부부장 2007년 서울중앙지검 부부장 2008년 대구지검 서부지청 부장 2009년 대전지검 특수부장 2009년 인천지검 특수부장 2010년 서울동부지검 형사5부장 2011년 법무법인(유) 태평양 변호사(현) 2012년 금융감독원 금융감독자문위원회 위원(현) 2014년 준법감시협의회 준법감시제도발전자문위원회 위원(현) 2015년 국민검사청구 심의위원회 위원(현) 2016~2017년 태양씨앤엘 사외이사 (저)'사례를 통해 본 증권범죄론(共)'(2012)

이경훈(李璟勳)

(생)1974 · 9 · 25 (출)경북 포항 (주)서울특별시 서초구 서초중앙로 157 서울고등법원(02-530-1114) (학)1992년 대구 대륜고졸 1996년 서울대 경영학과졸 (경)1997년 사법시험 합격(39회) 2000년 사법연수원 수료(29기) 2000년 공군 법무관 2003년 서울지법 판사 2004년 서울중앙지법 판사 2005년 서울남부지법 판사 2007년 창원지법 판사 2010년 인천지법 판사 2013년 대법원 재판연구관 2016년 대전지법 부장판사 2017년 서울고법 판사(현)

이경희(李京姬 · 女) LEE Kyung Hee

(생)1946 · 2 · 16 (출)부산 (주)서울특별시 종로구 돈화문로 13 서울극장(02-2277-3015) (학)1964년 부산여고졸, 홍익대 미대 공예과 중퇴 (경)1965년 영화 '난의 비가'로 데뷔, 은아필름 창립 1980~1995년 CBS '새롭게 하소서' 진행 1997년 (주)서울극장 대표이사 사장(현) 2003년 한국국제기아대책기구 산하 '행복한 나눔' 이사장(현) (상)부일영화상 신인상(1966), 대일영화상 신인여우상(1966), 청룡 영화상 인기여우상(1966 · 1972 · 1973), 제8회 백상예술대상 여자최우수연기상(1972), 대종상 여우 주연상(1972 · 1978), 백상예술대상 인기상(1974), 대종상 영화발전 공로상(2012), 여성영화인모임 '2013 올해의 여성영화인상' 공로상 (작)영화 '며느리', '과부', '갯마을', '소복', '소령 강재구', '물레방아', '까치소리', '여자의 얼굴', '겨울새', '상노', '저 높은 곳을 향하여', '율곡과 신사임당' 등 드라마 '사모곡', '추풍령', '즐거운 우리집', '은하의 계절', '제2공화국' 등 100여 편에 출연

이경희(李庚熙) Lee, Kyung-Hui

(생)1950 · 7 · 9 (출)대구 (주)대전광역시 대덕구 한남로 70 한남대학교 법학부(042-629-7641) (학)1969년 경북고졸 1973년 연세대 법학과졸 1975년 영남대 대학원졸 1988년 법학박사(연세대) (경)1984~1995년 한남대 법정대학 전임강사 · 조교수 · 부교수 1989년 同학생처 부처장 1990년 同학생처장 1994년 미국 루이빌대 로스쿨 객원교수 1995~2003년 한국법학교수회 상임이사 1995년 한남대 법과대학 법학전공 교수 1995~1998년 同법과대학장 1995~1999년 同과학기술법연구소장 1999년 同교학처장 2002년 한국비교사법학회 부회장 2005~2007년 중국 연변대 겸직교수 2010년 한국가족법학회 회장 2011~2013년 한남대 과학기술법연구원장, 同법정대학 법학부 명예교수(현) 2016~2019년 한국마약퇴치운동본부 이사장 (저)'법학개론' '의학발달에 따른 법과 윤리' '현대사회와 법' '주석 상속법' '친족상속법' (종)기독교

이경희(李慶姬 · 女) LEE Kyung Hee

(생)1958 · 5 · 25 (출)경기 이천 (주)서울특별시 영등포구 여의공원로 13 한국방송공사 심의실(02-781-1000) (학)1976년 인일여고졸 1980년 서울대 식품영양학과졸 (경)2000년 한국방송공사(KBS) 정책기획실 멀티미디어 부주간 2001년 同정보시스템부 부주간 2004년 同디지털미디어센터 정보시스템팀장 2015년 同보도본부 보도국 네트워크부장 2018~2019년 同춘천방송총국장 2019년 同심의실 심의위원(현)

이경희(李京熙) LEE Kyoung Hee

(생)1965 (본)연안(延安) (출)서울 (주)제주특별자치도 제주시 문연로 5 제주특별자치도교육청 부교육감실(064-710-0111) (학)1984년 명지고졸 1988년 서울대 경영학과졸 1991년 同대학원 경영학과졸 1999년 경제학박사(영국 버밍엄대) (경)1990년 행정고시 합격(34회) 2002년 과학기술부 과학기술협력국 기술협력2과 서기관 2003년 同과학기술협력국 동북아기술협력과장, 駐OECD대표부 주재관 2008년 교육과학기술부 인력수급통계과장 2008년 同학연협력지원과장 2009년 同기획조정실 행정관리담당관 2010년 국방대 파견(부이사관) 2011년 교육과학기술부 교육복지국 학생건강안전과장 2012년 同연구개발정책실 과기인재정책과장 2012년 창원대 사무국장(일반직고위공무원) 2014년 강원도 부교육감 2014년 교육부 교육정보통계국장 2015년 同교육안전정보국장 2016년 충남대 사무국장 2018년 제주특별자치도 부교육감(현)

이경희(李炅姬·女)

(생)1969·2·10 (출)충남 홍성 (주)대전광역시 서구 둔산중로78번길 45 대전지방법원 총무과(042-470-1684) (학)1987년 대전 호수돈여고졸 1991년 이화여대 법학과졸 1995년 同대학원 법학과졸 (경)1999년 사법시험 합격(41회) 2002년 사법연수원 수료(31기) 2002년 수원지법 판사 2003년 서울고법 판사 2004년 서울중앙지법 판사 2006년 광주지법 판사 2009년 서울중앙지법 판사 2011년 서울동부지법 판사 2015년 서울중앙지법 판사 2017년 부산지법 동부지원 부장판사 2019년 대전지법 부장판사(현)

이계경(李啓卿·女) LEE Kei Kyung

(생)1950·12·21 (출)서울 (주)서울특별시 서초구 강남대로 201 서초문화예술회관 3층 한국문화복지협의회(02-773-5465) (학)1967년 경기여고졸 1974년 이화여대 사회복지학과졸 1983년 同대학원 사회복지학과졸 1995년 고려대 언론대학원 최고위과정 수료 1998년 경남대 북한대학원 최고위과정 수료(2기) 2000년 국제디자인대학원 뉴밀레니엄과정 수료(2기) 2002년 이화여대 국제대학원 탑리더과정 수료(1기) 2003년 한국예술종합학교 CAP과정 수료 2005년 고려대 노동대학원 수료 (경)1974~1983년 청년여성운동연합회 회장 1980년 크리스찬아카데미 여성사회간사 1983년 여성의전화 창설·총무 1984년 여성사회연구회 회장 1987년 숭의여자전문대학 강사 1988~2002년 여성신문 발행인 겸 편집인·대표이사 1989년 정무2장관실 여성정책심의실무위원 1991년 성폭력상담소 상임이사 1992년 성폭력위기센터설립위원회 공동대표 1998년 감사원 부정방지대책위원회 부위원장 2002년 한나라당 대통령중앙선거대책위원회 미디어대책위원회 부위원장 겸 대선기획단 기획위원 2003년 同17대 총선 공천심사위원 2004~2008년 제17대 국회의원(비례대표, 한나라당) 2004~2005년 한나라당 제6정책조정위원장 2006~2007년 同대외협력위원장 2007년 (사)양성평등실현연합 대표 2008년 한나라당 서울송파丙당원협의회 운영위원장 2008년 한국문화복지협의회 회장(현) 2010~2011년 보건복지부 산하 중앙생활보장위원회 위원 2014년 제16회 서울국제여성영화제 조직위원장 2019년 (사)한국여성인력개발센터연합 회장(현) (상)서울시장표창(1984), 한국여성의전화 공로패, (사)한국성폭력상담소 공로패(1993), 유네스코서울협회 자랑스러운 유네스코인상(1994), 한국여성단체연합 올해의 여성운동상(1997), 국무총리표창(1998), 국제소롭티미스트한국협회 '여성을 돕는 여성상'(2000) (종)불교

이계문(李啓聞) LEE KYE MOON (雲亭)

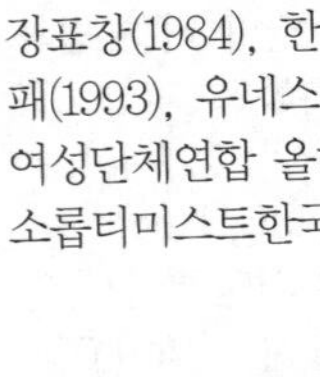

(생)1960·12·16 (본)함평(咸平) (출)경기 가평 (주)서울특별시 중구 세종대로 124 프레스센터 신용회복위원회 위원장실(02-6362-2011) (학)1979년 조종종합고졸 1984년 동국대 산업공학과졸 1994년 서울대 행정대학원졸 2005년 태국 아시아공과대(AIT) 대학원졸(EMBA) (경)1990년 행정고시 합격(34회) 1991~1994년 경제기획원 예산실 사무관 1995~1997년 재정경제원 금융정책실 외화자금과·산업자금과 사무관 1998~1999년 재정경제부 국제금융국 외환제도과 사무관 2001년 同기획관리실 기획예산담당관실 서기관 2003년 駐태국대사관 파견 2006년 재정경제부 정책조정국 서비스경제과장 2008년 기획재정부 예산실 문화방송예산과장 2009년 同예산실 국방예산과장 2011년 同기획조정실 규제개혁법무담당관(부이사관) 2011년 同기획조정실 기획재정담당관 2013년 駐미국 공사참사관(고위공무원) 2016년 기획재정부 기획조정실 정책기획관 2017~2018년 同대변인 2018년 신용회복위원회 위원장(현) 2018년 서민금융진흥원 원장 겸임(현) (상)대통령표창(2011)

이계성(李啓聖) LEE Kye Sung

(생)1957·2·28 (본)함평(咸平) (출)전남 나주 (주)서울특별시 영등포구 의사당대로 1 국회의장 정무수석비서관실(02-788-2215) (학)1976년 광주고졸 1981년 서울대 정치학과졸 (경)1984년 한국일보 입사 1999년 同정치부 차장 2003년 同국제부장 2004년 同논설위원 2005년 同통일문제연구소장 겸임 2006년 同정치담당 부국장 2007년 同논설위원 2008~2010년 관훈클럽 신영연구기금 감사 2008년 한국일보 논설위원 겸 한반도평화연구소장 2012년 同수석논설위원 2013년 同편집국장 직대 2014년 同수석논설위원 2014~2018년 同한반도평화연구소장 2014년 대통령직속 통일준비위원회 언론자문단 자문위원 2016~2018년 한국일보 논설위원실장 2018년 同논설고문 2018~2019년 국회 대변인 2019년 국회의장 정무수석비서관(현) (상)한국기자협회상(1990) (저)'지는 별 뜨는 별'

이계안(李啓安) LEE Kye Ahn

(생)1952·3·28 (출)경기 평택 (주)서울특별시 종로구 새문안로 82 S타워 8층 대통령직속 경제사회노동위원회(02-721-7100) (학)1971년 경복고졸 1975년 서울대 경영학과졸 (경)1996~1998년 현대그룹 종합기획실 전무이사 1999~2001년 현대자동차(주) 대표이사 사장 2001~2004년 현대캐피탈 대표이사 회장 2001~2004년 현대카드(주) 대표이사 회장 2002년 서울대총동창회 이사(현) 2002년 경복고총동창회 부회장(현) 2003~2007년 아산사회복지재단 사회복지부문 자문위원 2004~2008년 제17대 국회의원(서울 동작乙, 열린우리당) 2007년 사회복지법인 다일복지재단 대외협력대사(현) 2008년 한겨레신문 경영자문위원회 위원장 2008~2009년 미국 하버드대 케네디스쿨 Ash Institute 초빙연구원, 한국기독교실업인회(CBMC) 동서남북지회 회장(현) 2009년 (사)2.1연구소 이사장(현) 2010년 법무법인 율촌 고문 2011~2013년 (사)한반도비전과통일 정책분야 대표, (사)빗물모아지구사랑 공동대표 2011~2013년 서울대 경영대학 초빙교수 2012~2014년 한반도재단 이사 2012~2013년 민주통합당 서울동작乙지역위원회 위원장 2013~2015년 전국지역아동센터협의회 이사 2013년 국민과함께하는새정치추진위원회 공동위원장 2013~2016년 (주)동양피앤에프 대표이사 회장 2014년 새정치연합 창당준비위원회 공동위원장 2014년 민주당·새정치연합 신당추진단 당헌당규분과 공동위원장 2014년 새정치민주연합 최고위원 2014~2015년 同서울시당 공동위원장 2015년 한국사회책임네트워크(KSRN) 고문(현) 2015~2017년 (재)평택지속가능연구소 이사장 2016년 (사)국제장애인지원협회 이사장, 同회장(현) 2016년 굿피플인터내셔널 이사(현) 2016년 제20대 국회의원선거 출마(경기 평택시乙, 국민의당) 2016~2019년 (주)동양피앤에프 사내이사 2016년 국민의당 평택시乙지역위원회 위원장 2017년 同정치연수원장 2017년 (재)평택지속가능연구소 상임이사(현) 2018년 바른미래당 경기평택시乙지역위원회 수석부위원장 2018년 대통령직속 경제사회노동위원회 공익위원(현) (상)여성신문 '명예평등부부 100쌍'에 선정(1997), 민주당 파워블로그어워드 우수블로거(2009), 월간중앙 2016 CEO리더십대상 사회책임경영부문(2015) (저)'학교가 알려

주지 않는 세상의 진실(共)'(2009) '누가 칼레의 시민이 될 것인가?'(2009) '진보를 꿈꾸는 CEO(共)'(2010) '한반도의 미래에 관한 대담한 생각'(2013, 위너스 북) '잘사는 나라, 따뜻한 사회'(2015, 티핑포인트) (종)기독교

이계양(李啓養)

(생)1962·7·21 (주)충청남도 예산군 삽교읍 도청대로 600 충청남도의회(041-635-5314) (학)충남 예산고졸, 고려대 경제학과졸 (경)예당철강 대표, 충남 합덕읍체육회 수석부회장, 충남 당진시 주민자치위원, 더불어민주당 국토정보화진흥특별위원회 부위원장(현) 2018년 충남도의회 의원(비례대표, 더불어민주당)(현)

이계연(李桂淵) LEE KYE YON

(생)1960·11·5 (본)전주(全州) (출)전남 영광 (주)서울특별시 종로구 율곡로 88 삼환기업(주) 비서실(02-740-2325) (학)1978년 전남 법성상고졸(상과) 1982년 전남대 회계학과졸 1984년 同대학원 경영학과졸 1998년 무역학박사(국민대) 2014년 사회복지학박사(성공회대) (경)1986~2005년 삼성화재해상보험(주) 기획조사실·상품개발팀장 등 2005~2007년 코리아크레딧뷰로(주) 기획실장 2007~2010년 한화손해보험(주) 법인영업총괄상무 2010~2016년 전남신용보증재단 이사장 2017년 중앙대 산업창업경영대학원 외래교수(현) 2018년 HSD엔진(주) 사외이사(현) 2018년 삼환기업(주) 대표이사 사장(현) (상)대통령표창(2012)

이계영(李桂榮) LEE Kye Young

(생)1961·6·8 (출)전북 전주 (주)충청남도 당진시 송악읍 북부산업로 1480 현대제철(주) 당진제철소 연구개발본부(041-680-0114) (학)전주고졸, 서울대 금속공학과졸, 同대학원 금속공학과졸, 공학박사(호주 퀸즐랜드대) (경)현대제철(주) 제강기술개발담당 이사대우, 同상무 2012년 同전무 2015년 同기술연구소장(부사장) 2016년 同연구개발본부장(현) 2018년 同기술품질본부장 겸임(현)

이계영(李啓榮) LEE Kye Young

(생)1961·7·15 (본)함평(咸平) (출)서울 (주)서울특별시 광진구 능동로 120-1 건국대병원 정밀의학 폐암센터(02-2030-7747) (학)1985년 서울대 의대졸 1993년 同대학원 의학석사 1997년 의학박사(서울대) (경)1985~1989년 서울대병원 인턴·내과 전공의 1992년 同전임의 1993~2005년 단국대 의대 내과학교실 교수 1997년 미국 스탠퍼드대 의대 Post-Doc. Fellow 2005년 건국대 의대 내과학교실 교수(현) 2005년 건국대병원 호흡기센터장 겸 호흡기분과장 2009~2012년 同호흡기알레르기내과분과장 2009~2012년 同폐암센터 소장 2013~2014년 대한폐암학회 총무이사 2015년 건국대병원 정밀의학 폐암센터장(현) 2017~2018년 대한폐암학회 이사장 (상)함춘의학상(2000), 유럽호흡기학회 젊은과학자상(2000), 대한암학회 SB학술상(2000) (저)'내과학(1)'(1998)

이계영(李棨英)

(생)1962 (출)경남 하동 (주)부산광역시 연제구 중앙대로 1079 화승비나 사장실(051-850-7000) (학)김해고졸, 경성대 영어영문학과졸 2014년 베트남 호치민경제대 경영대학원졸 (경)2002년 화승비나 입사(부장) 2004년 同이사부장 2005년 同이사 2007년 同상무이사 2009년 同전무이사 2011년 同부사장 2014년 同대표이사 2015년 화승엔터프라이즈 대표이사(현) 2017년 화승비나 대표이사 사장(현) (상)아디다스그룹 리더십최우수상(2012)

이계영(李啓榮) Lee Kye Young

(생)1965·9·24 (출)광주 (주)광주광역시 서구 무진대로 904 금호고속(주) 임원실(062-360-8007) (학)1984년 동신고졸, 전남대 대학원 재무학과졸 (경)1990년 금호그룹 입사 1996~2000년 금호미술관 관리과장 2001년 (재)금호문화재단 사무국장 2002년 (주)금호고속 고속사업부 경리2팀 기획파트장 2003~2007년 광주시축구협회 총무이사 2004년 금호산업(주) 고속사업부 터미널사업팀장 2005년 同고속사업부 인사노무2팀장 2006년 同고속사업부 영업2팀장 2007년 同고속사업부 해외사업팀장 2007년 同고속사업부 베트남 금호삼코버스라인스법인장 2014년 금호고속(주) 직행본부 기술담당 상무보 2015년 同직행본부 지원담당 상무 2016년 同직행본부 영업담당 상무 2016년 광주시축구협회 이사(현) 2018년 금호고속(주) 직행본부장(전무)(현) (상)지역상공발전부문 상공부장관표창(2005), 베트남 호치민시 노동단체위원장표창(2012), 베트남 호치민시 인민위원장표창(2013), 베트남 교통부장관표창(2013), 베트남 호치민시 인민위원회포장(2014), 산업포장(2016)

이계원(李季源) LEE Kye Won

(생)1958·11·20 (본)광산(光山) (출)전남 강진 (주)광주광역시 동구 필문대로 309 조선대학교 경상대학 경영학부(062-230-6815) (학)1981년 조선대 경영학과졸 1984년 同대학원 경영학과졸 1993년 경영학박사(성균관대) (경)1992년 조선대 경상대학 경영학부 교수(현) 1996년 한국경영학회 운영위원 1996~2014년 광주지방국세청 납세자보호위원회·공정과세위원회·과세적부심사위원회·국세심사위원회 위원 2003~2004년 행정자치부 정책자문위원회 위원 2004~2008년 재정경제부 세제발전심의위원회 위원 2006~2010·2012~2017년 광주시 물가대책위원회 위원 2007·2012~2013년 한국회계정보학회 부회장 2008~2014년 대한상사중재원 중재인 2009~2010년 행정안전부 감사청구심의회 위원 2012~2015년 전남지방노동위원회 조정담당공익위원 2013년 한국경영교육학회 부회장 2014~2017년 同청렴위원회 외부위원 2014년 광주 주민감사청구심의회 위원(현) 2014~2016년 조선대학교 경상대학장 겸 경영대학원장 2015년 한국경영학회 및 한국세무학회 부회장 2015년 국무총리 조세심판원 비상임심판관(현) 2016년 한국재무학회 재무위원장 2016년 광주 남구 사회적경제육성위원회 위원(현) 2016년 KBC광주방송 시청자위원(현) 2016~2018년 한전KPS(주) 청렴옴브즈만 위원장 2018년 한국토지주택공사 기술심사평가위원(현) 2019년 광주신용보증재단 감사(현) (저)'세법강의'(1995·1996) '알기쉬운 세법'(1998·1999·2000) (역)'재무제표를 이용한 경영분석과 가치평가(共)'(2004) '신 경영분석'(2005)

이계진(李季振) LEE Ke Jin (觀峰)

(생)1946·11·23 (출)강원 원주 (주)서울특별시 용산구 두텁바위로 54-99 국방홍보원 국방FM(02-2079-3950) (학)1965년 원주고졸 1970년 고려대 국어국문학과졸 (경)1970년 원주 대성고 교사 1973~1992년 KBS 아나운서 1992~1994년 SBS 아나운서 부국장대우 1995~2003년 프리랜서 아나운서 2004년 제17대 국회의원(원주, 한나라당) 2004년 한나라당 인터넷방송국장·국민참여위원장 2005~2006년 同대변인 2008~2010년 제18대 국회의원(원주, 한나라당) 2008~2009년 한나라당 강원도당 위원장 2009~2010년 同홍보기획본부장 2010년 강원도지사 선거 출마(한나라당) 2013년 국방FM 정책시사프로그램 '국민과 함께 국군과 함께' 진행(현) (상)KBS 방송대상 MC부문 개인상, 국토통일원장관표창, 한국문인협회 선정 가장문학적인상, 서울예술대학 학생 선정 방송의빛상, 국립국어원장감사패(2011) (저)'아나운서되기' '뉴스를 말씀드리겠습니다. 딸꾹' '사랑을 주고 갈 수만 있다면' '정말 경찰을 부를까?' '남자도 가끔은 옛사랑이 그립다' '바보 화가 한인현 이야기' '주말농부 이계진의 산촌일기'(2010) '똥꼬 할아버지와 장미꽃 손자'(2014, 하루헌), 장편소설 '솔베이지의 노래' (종)불교

이계철(李啓徹) LEE Kye Cheol

(생)1940·9·24 (출)경기 평택 (주)서울특별시 마포구 월드컵북로 396 ICT대연합(02-2132-2101) (학)1960년 서울대사대부고졸 1965년 고려대 법학과졸 (경)1967년 행정고시 합격(5회) 1967년 체신부 행정사무관 1977년 남원우체국장 1978~1981년 체신부 경영개선담당관·경영분석담당관·계획1과장 1981년 同장관비서관 겸 계획2과장 1982년 同장관비서관 겸 총무과장 1983년 同총무과장·경북체신청장 1988년 체신공무원교육원장 1989년 체신부 전파관리국장 1990년 同체신금융국장 1991년 同기획관리실장 1994~1996년 정보통신부 차관 1996년 한국전기통신공사 사장 2000년 한국통신사업자연합회 회장 2002년 한국정보보호진흥원 이사장 2007년 同선임비상임이사, 한국전파진흥원 이사장 2012~2013년 방송통신위원회 위원장(장관급) 2017년 한국정보방송통신대연합(ICT대연합) 회장(현) (상)정보통신부장관표창(1973·1988), 대통령표창(1975), 홍조근정훈장(1992), 황조근정훈장(1997)

이계한(李桂漢)

(생)1971·9·25 (출)부산 (주)서울특별시 양천구 신월로 390 서울남부지방검찰청 형사4부(02-3219-4315) (학)1989년 낙동고졸 1994년 고려대 법학과졸 (경)1998년 사법시험 합격(40회) 2001년 사법연수원 수료(30기) 2001년 부산지검 동부지청 검사 2003년 창원지검 진주지청 검사 2005년 수원지검 검사 2007년 창원지검 검사 2009년 법무부 국가송무과 검사 2011년 서울중앙지검 검사 2014년 울산지검 검사 2015년 同부부장검사 2016년 서울중앙지검 부부장검사 2017년 대전지검 여성아동범죄조사부장 2017년 광주지검 강력부장 2018년 인천지검 강력부장 2019년 서울남부지검 형사4부장(현)

이계형(李啓炯) LEE Gye Hyung

(생)1954·3·5 (본)경주(慶州) (출)충남 보령 (주)경기도 용인시 수지구 죽전로 152 단국대학교 대학원동 435호(031-8005-3331) (학)1977년 서울대 사회교육학과졸 1993년 미국 위스콘신대 메디슨교 대학원 정책학과졸 (경)1976년 행정고시 합격(19회) 1979년 상공부 기획예산담당관실 사무관 1981년 同공보관실 사무관 1982년 同행정관리담당관실 사무관 1984년 同수출1과 사무관 1987년 同제철과 사무관 1993년 대통령비서실 사회간접자본기획단 과장 1994년 대통령 경제비서관실 과장 1994년 통상산업부 불공정수출입조사과장 1995년 同세계무역기구(WTO) 담당관 1995년 同장관비서관 1996년 同석유정책과장 1997년 중소기업청 기술개발과장 1998년 同정책총괄과장 1998년 同벤처기업국장 1999년 산업자원부 중소기업정책반장 2000년 同감사관 2002년 同무역조사실장 2003년 대통령비서실 국가균형발전위원회 팀장 2004년 산업자원부 무역유통심의관 2004년 同무역투자실장 2005~2008년 한국표준협회 회장 2008년 한국산업기술평가원 원장 2009~2015년 단국대 산학부총장 2012~2017년 同산학협력선도대학사업단장 2013~2014년 전국산학협력선도대학사업단(LINC)협의회 회장 2014년 한국나노기술원 이사 2017년 단국대 대학원 석좌교수(현) (상)홍조근정훈장(1998) (저)'101가지 경제메모'(2002) (종)기독교

이곤형(李坤炯)

(생)1977·4·7 (출)경북 포항 (주)충청남도 천안시 동남구 청수14로 67 대전지방검찰청 천안지청 형사2부(041-620-4304) (학)1996년 포항고졸 2001년 서울대 법학과졸 (경)2000년 사법시험 합격(42회) 2003년 사법연수원 수료(32기) 2003년 공익법무관 2006년 대구지검 검사 2008년 춘천지검 강릉지청 검사 2012년 서울중앙지검 검사 2015년 의정부지검 검사 2017년 대전지검 천안지청 검사 2017년 同천안지청 부부장검사 2018년 의정부지검 고양지청 부부장검사 2019년 대전지검 천안지청 형사2부장(현)

이공주(李公珠·女) Lee, Kong Joo

(생)1955·10·23 (출)서울 (주)서울특별시 종로구 청와대로 1 대통령정책실(02-730-5800) (학)1977년 이화여대 제약학과졸 1979년 한국과학기술원(KAIST) 생화학과졸(석사) 1986년 이학박사(미국 스탠퍼드대) (경)1986~1987년 미국 스탠퍼드대 Medical School Post-Doc. 1989~1994년 한국표준과학연구원 분석화학연구부 선임연구원 1994~2019년 이화여대 약학대학 약학과 교수 2005~2006년 同연구처장 겸 산학협력단장 2005~2007년 대한여성과학기술인회 회장 2005년 제13회 세계여성과학기술인대회(ICW ES13) 조직위원장 2006~2019년 이화여대 세포신호전달계바이오의약연구센터 소장 2010~2014년 同대학원장 2011~2014년 세계여성과학기술인네트워크(INWES) 회장 2016년 한국과학기술한림원 국내학술부장(현) 2019년 대통령정책실 과학기술보좌관(현) (상)올해의 여성과학기술자상(2005), 마크로젠 여성과학자상(2008), 이화여대 연구비 최우수교수상(2009), 한국로레알-유네스코 여성생명과학상 학술진흥상(2012) (종)기독교

이공현(李恭炫) LEE Kong Hyun (명산)

(생)1949·10·27 (본)홍주(洪州) (출)전남 구례 (주)서울특별시 서대문구 충정로 60 KT&G 서대문타워 10층 법무법인(유) 지평(02-6200-1770) (학)1967년 광주제일고졸 1971년 서울대 법대졸 1983년 미국 하버드대 로스쿨졸(LL.M.) (경)1971년 사법시험 합격(13회) 1973년 사법연수원 수료(3기) 1973~1978년 서울형사지법·서울민사지법 판사 1978년 서울지법 성동지원 판사 1979년 대전지법 금산지원장 1981년 서울민사지법 판사 1983년 대구고법 판사 1984년 서울고법 판사 1987년 대법원 재판연구관 1988년 부산지법 부장판사 1988년 미국 하버드대 로스쿨 Visiting Scholar(Fulbright Fellow) 1991년 사법연수원 교수 1993년 서울민사지법 부장판사 1994년 부산고법 부장판사 1997년 법원행정처 사법정책연구실장 1999년 대법원장 비서실장 2001년 서울지법 민사수석부장판사 2003년 법원행정처 차장 2003년 사법개혁위원회 부위원장 2005~2011년 헌법재판소 재판관 2010년 국제법률자문기구 '법을 통한 민주주의 유럽위원회'(베니스위원회) 집행위원 2011년 법무법인 지평지성 대표변호사 2013~2015년 대한변호사협회 변호사연수원장 2014~2018년 법무법인 지평 대표변호사 2016년 (재)여시재 감사(현) 2017년 헌법재판소 자문위원회 위원(현) 2018년 법무법인(유) 지평 대표변호사(현) 2019년 대법원 공직자윤리위원회 위원장(현) (상)청조근정훈장(2011) (종)기독교

이공휘(李控徽) Lee Kong Hwi

(생)1970·5·15 (출)충남 아산 (주)충청남도 예산군 삽교읍 도청대로600 충청남도의회(041-635-5147) (학)천안북일고졸, 광운대 전자통신공학과졸 (경)삼성전자(주) 정보통신총괄본부 연구원, 박완주 국회의원 비서관, 용암초 운영위원 2014~2018년 충남도의회 의원(새정치민주연합·더불어민주당) 2014년 同문화복지위원회 위원 2015년 同예산결산특별위원회 위원 2016~2018년 同행정자치위원회 위원 2016~2018년 同운영위원회 위원 2017~2018년 同백제문화유적세계유산확장등재 및 문화관광활성화특별위원회 위원 2018년 충남도의회 의원(더불어민주당)(현) 2018년 同행정자치위원회 위원장(현) (상)천안 불당동 주민자치위원회 지역발전공로패(2016)

이관석(李官石) LEE Kwan Seok

(생)1963·12·18 (출)전남 해남 (주)서울특별시 서초구 헌릉로 13 대한무역투자진흥공사 인사팀(02-3460-7040) (학)1984년 울산남고졸 1991년 한국외국어대 아랍어과졸 2002년 아주대 경영대학원 경영학과졸 (경)1991년 대한무역투자진흥공사(KOTRA) 입사 1991년 同아중동부 근

무 1992년 同기획조사부 근무 1994년 同국제경제처 근무 1996년 同이집트 카이로무역관 근무 1999년 同투자지원처 근무 2000년 同투자홍보팀 근무 2002년 同오만 무스카트무역관장 2006년 同주력산업팀 부장 2007년 同주력산업팀 차장 2007년 부산진해경제자유구역청 유치지원실 투자지원자문관 2008년 대한무역투자진흥공사 리야드무역관장 2008년 同리야드코리아비즈니스센터장 2011년 同자원건설플랜트팀장 2012년 同전략마케팅본부 산업자원협력실 프로젝트총괄팀장 2014년 同체코 프라하무역관장 2017년 同소비재사업실장 2018년 同중동지역본부장 겸 두바이무역관장(현)

이관세(李寬世) LEE Kwan Se

(생)1952·5·20 (출)충남 천안 (주)서울특별시 종로구 북촌로15길 2 극동문제연구소 소장실(02-3700-0700) (학)천안고졸, 한국외국어대 법학과졸 1990년 고려대 대학원 정치학과졸 2003년 정치학박사(경남대) (경)1981년 별정직 특채 1995년 통일원 남북회담사무국 기획과장 1996년 同남북회담사무국 서무과장 1997년 同통일정책실 정책1담당관 2000년 통일부 공보관 2001년 同정보분석국 정보분석심의관 2001년 同남북회담사무국 회담운영부장 2002년 同정보분석국장 2003년 同남북회담사무국 상근회담대표 2005년 同통일정책실장 2005년 同정책홍보실장 2006년 同정책홍보본부장 2007년 同남북회담본부장 2007~2008년 同차관 2018년 극동문제연구소 소장(현) 2019년 민주평통 평화발전분과위원회 상임위원(현) (상)자랑스런 외대인상(2008) (저)'현지지도를 통해 본 김정일의 리더쉽'(2009, 전략과문화)

이관수(李寬洙)

(생)1952 (주)서울특별시 성동구 왕십리로 222 한양대학교 공과대학 기계공학부(02-2220-0426) (학)1976년 한양대 공과대학졸 1978년 同대학원 공학석사 1982년 공학박사(한양대) (경)1982~2017년 한양대 공과대학 기계공학부 조교수·부교수·교수·특대교수 1989~1991년 한국동력자원연구소 위촉연구원 1990~1991년 한국과학기술연구원(KIST) 위촉연구원 1992·1996~1997년 한국자동차부품종합기술연구소 공조연구팀 위촉연구원 1994~1999년 대한설비공학회 편집이사 1996~1998년 한국기계공업진흥회 산업기술개발금 일반기계분야 실무위원 1997년 세광산업 기술고문 1997~1998년 LG기계 기술자문 1998~2005년 특허청 심사자문위원 1999~2013년 한양대 BK21기계분야사업단장 2001~2005년 기술신용보증기금 기술자문위원 2002~2003년 대한기계학회 편집이사 2002~2005년 현대·기아자동차 기술자문위원 2002~2006년 에너지관리공단 에너지사용계획협의위원 2004~2006년 한국건설교통기술평가원 심의위원 2004~2006년 한국산업기술평가원 기술개발기획평가단 평가위원 2005~2007년 한양대 기계기술연구소장 2006~2008년 同기계공학부장 2006~2013년 同2단계BK21기계분야사업단장 2006년 대한기계학회 열공학부문 회장 2006년 LS전선 기술자문위원 2008~2010년 한양대 한양공학원 제IV공학대학장 2009~2010년 LG전자 Supporting Group 자문 2010년 한국공학한림원 정회원(현) 2013~2015년 한양대 공과대학장 겸 공학대학원장 2015~2017년 Energy Conversion and Management 편집이사 2016~2017년 한양대 교학부총장 겸 대학원장 2017년 한국과학기술한림원 정회원(공학부·현) 2018년 한양대 공과대학 기계공학부 석좌교수(현) (상)한국과학기술단체총연합회 과학기술우수논문상(1995), 공기조화냉동공학회 학술상(1996), 대한설비공학회 학술상(1996), 대한기계학회 남헌학술상(1997), 한양대 백남학술상(1998), 한양대 교수업적평가 우수상(1998·1999), 대한기계학회 학술상(2002), 한양대 Best Teacher상(2003·2004), LG전자 DA 산학과제 최우수상(2003), LG 산학협동 최우수상(2006), 한양대 백남석학상(2014)

이관순(李寬淳) LEE Gwan Sun

(생)1960·1·10 (출)충남 서산 (주)서울특별시 송파구 위례성대로 14 한미약품(주) 임원실(02-410-8705) (학)대전고졸, 서울대 사범대학 화학교육과졸, 한국과학기술원(KAIST) 화학과졸, 이학박사(한국과학기술원) (경)1984년 한미약품(주) 입사 1997년 同연구소장(이사) 2001년 同연구소장(상무이사) 2005년 同중앙연구소장(전무이사) 2010년 同R&D본부 사장 2010~2017년 同대표이사 사장 2012년 한국제약협회 부이사장 2012년 同연구개발위원장 2017년 한미약품(주) 상근고문 2017년 한미정밀화학(주) 사내이사 2019년 한미약품(주) 글로벌전략 부회장(현) (상)특허청 충무공상(2003), IR52 장영실상(2005), 1억달러 수출의 탑(2015), 2015 KAIST 자랑스런 동문상(2016) (종)불교

이관식(李寬植) LEE Kwan Sik

(생)1957·5·19 (출)서울 (주)서울특별시 강남구 언주로 211 강남세브란스병원 내과(02-2019-3314) (학)1981년 연세대 의대졸 1984년 同대학원 의학석사 1993년 의학박사(연세대) (경)1982~1985년 同내과 전공의 1985~1988년 육군 軍의관 1988~2003년 연세대 의대 내과학교실 전임강사·조교수·부교수 1992년 대한소화기내시경학회 평생회원(현) 1993~1995년 미국 Univ. of California(San Diego) 연수 1998년 대한소화기학회 평생회원(현) 2000년 대한간학회 평생회원(현) 2002~2003년 同보험위원장 2002~2005년 대한내과학회 고시위원 2002~2006년 同간행위원 2003년 연세대 의대 내과학교실및소화기내과 교수(현) 2003~2004년 대한간암연구회 총무이사 2005~2007년 대한간학회 학술이사 2007~2008·2014~2015년 대한간학회 B형간염진료가이드라인 개정위원장 2010~2014년 강남세브란스병원 간암클리닉 팀장 2012~2013년 대한간암연구학회 회장 2014~2016년 강남세브란스병원 내과 과장 (상)대한간학회 클락소웰컴 간염학술상(1997), 연세의대 우현학술상(1998), 대한간학회 간염학술상(1999) (저)'간경변증(共)'(2000) '근거중심의 소화기병학(共)'(2002) '소화기내시경학(共)'(2003) 'Harison의 내과학(共)'(2003) '알기쉬운 간질환 119'(2005) '간세포암(共)'(2007) (역)'근거중심의 소화기병학 : 상부소화관암(共)'(2002) '해리슨의 내과학 교과서 : 윌슨병(共)'(2003)

이관용(李官勇) LEE Kwan Yong

(생)1967·2·25 (출)전북 전주 (주)서울특별시 서초구 서초중앙로 157 서울중앙지방법원(02-530-1690) (학)1985년 전주 신흥고졸 1991년 서울대 법학과졸 (경)1994년 사법시험 합격(36회) 1997년 사법연수원 수료(26기) 1997년 전주지법 판사 2000년 同군산지원 판사 2000년 변호사 개업 2004년 창원지법 판사 2006년 의정부지법 판사 2008년 서울고법 판사 2010년 서울중앙지법 판사 2013~2015년 청주지법 부장판사 2013~2015년 同영동지원 부장판사 겸임 2015년 의정부지법 부장판사 2017년 서울동부지법 부장판사 2019년 서울중앙지법 부장판사(현)

이관형(李貫珩) LEE Kwan Hyong

(생)1950·5·16 (출)충남 공주 (주)대전광역시 서구 둔산중로78번길 26 민석타워 3층 법률사무소 내일(042-483-5555) (학)1967년 공주고졸 1971년 고려대 법학과졸 (경)1973년 사법시험 합격(15회) 1975년 사법연수원 수료(5기) 1976년 해군 법무관 1978년 대전지법 판사 1984년 同공주지원장 1986년 광주고법 판사 1987년 서울고법 판사 1989년 대법원 재판연구관 1991년 대전지법 홍성지원장 1993년 대전지법 부장판사 1997~1999년 대전고법 부장판사 1999년 변호사 개업 1999년 금강합동법률사무소 개업 대표변호사 1999년 조달청·혜천대·철도청 고문변호사 2001~2003년 대전지방변호사회 회장 2001년 대전시 소청심사위원회 위원장 2001년 대전일보·공주영상정보대 고문변호사 2011~2018

년 법무법인 내일 대표변호사 2011~2012년 대전지방변호사회 고문 겸 이사 2014년 충남사회복지공동모금회 회장(현), 대전선거방송토론위원회 위원장, TJB 시청자위원, 우송대 법률고문, 대전과학기술대 법률고문, 한국영상대 법률고문, 대전예총 법률고문, 대전교총 법률고문, 스카우트 대전연맹장 2019년 법률사무소 내일 변호사(현)

이관형(李官炯)

(생)1975·8·18 (출)전남 나주 (주)인천광역시 미추홀구 소성로163번길 17 인천지방법원 총무과(032-860-1169) (학)1994년 광주고졸 1999년 성균관대 법학과졸 (경)1998년 사법시험 합격(40회) 2001년 사법연수원 수료(30기) 2001년 軍법무관 2004년 대구지법 판사 2007년 수원지법 판사 2010년 서울동부지법 판사 2012년 서울중앙지법 판사 2014년 서울서부지법 판사 2016년 대구지법 부장판사 2018년 인천지법 부장판사(현)

이관호(李官浩) Lee Kwan Ho

(생)1962·11·30 (본)전의(全義) (출)충남 홍성 (주)서울특별시 종로구 삼청로 37 국립민속박물관 민속연구과(02-3704-3200) (학)1981년 홍주고졸 1986년 한남대 역사교육학과졸 1993년 한양대 대학원 문화인류학과졸 2009년 한국학박사(연세대) (경)1991~1992년 한양대 민족학연구소 연구조교 1993~2010년 한남대·서경대·서울예대·중앙대 시간강사 1993~2002년 국립민속박물관 학예연구사 2002년 同학예연구관(현) 2009~2011년 同전시운영과장 2011~2016년 同어린이박물관과장 2011년 한양대·서울교대 겸임교수(현) 2012년 문화체육관광부 학예사자격증 심사위원 2014~2015년 아시아문화원 어린이문화원 콘텐츠위원회 위원 2016년 국립민속박물관 민속연구과장(현) (상)문화관광부장관표창(2000), 국무총리표창(2007) (저)'홍성 수룡동 당제'(2010)

이광구(李光九) LEE, KWANG GU

(생)1973·4·5 (주)경기도 안산시 단원구 별망로25번길 24 (주)트레이스(031-499-8960) (학)1989~1991년 경남과학고 수료 1995년 한국과학기술원(KAIST) 공학사 1997년 同대학원 공학석사 2002년 공학박사(한국과학기술원) 2012년 서울대 국제대학원 글로벌최고경영자과정 수료 (경)2000~2001년 i-NERI 신개념에너지국제연구개발단 위촉연구원 2002년 한국과학기술단체총연합회 기술위원회 위원 2002~2003년 한국과학기술원(KAIST) Post-Doc. 2004년 (주)트레이스 대표이사 사장(현) (상)IR 장영실상-과학기술부총리 포상(2005), 1천만불 수출의탑(2010), IR52 장영실상-과학기술부장관표창(2011), 기술경영우수기업상 지식경제부장관표창(2012), 한국방송통신위원회 뉴미디어대상(2012), 제8회 전자IT의날 산업포장(2013)

이광국(李光國)

(생)1963·1 (주)서울특별시 서초구 헌릉로 12 현대자동차(주) 임원실(02-3464-1114) (학)연세대 경영학과졸 (경)현대자동차(주) HMUK법인장(부장·이사대우), 同수출지원실장(이사대우), 同브랜드전략팀장(이사), 同해외정책팀장(이사·상무이사), 同워싱턴사무소장(상무이사·전무이사) 2016년 同국내영업본부장(부사장)(현) 2016년 전북현대모터스FC(주) 대표이사 겸임(현)

이광렬(李光烈) LEE Gwang Yeoul

(생)1946·12·6 (본)성주(星州) (출)충남 부여 (주)서울특별시 마포구 마포대로14길 14 태영빌딩 7층 변호사이광렬법률사무소(02-702-5585) (학)1965년 서울대사대부고졸 1970년 서울대 법대졸 (경)1972년 사법시험 합격(14회) 1974년 사법연수원 수료(4기) 1975년 육군 법무관 1977년 대전지법 판사 1978년 同강경지원 판사 1980년 대전지법 판사 1982년 수원지법 판사 1983년 서울지법 남부지원 판사 1985년 서울고법 판사 1988년 대법원 재판연구관 1990년 대전지법 부장판사 1991년 수원지법 부장판사 1993년 서울지법 동부지원 부장판사 1994년 서울형사지법 부장판사 1995년 서울지법 부장판사 1996년 대구고법 부장판사 1999년 서울고법 부장판사 2004년 同수석부장판사 2004년 청주지법원장 2005년 서울서부지법원장 2005년 변호사 개업 2007~2012년 법무법인 프라임 변호사 2012년 고려합동법률사무소 변호사 2015년 (주)로만손 사외이사 2016년 변호사이광렬법률사무소 변호사(현)

이광만(李光萬) LEE Kwang Man

(생)1962·4·21 (출)부산 (주)서울특별시 서초구 서초중앙로 157 서울고등법원(02-530-1114) (학)1981년 동인고졸 1985년 서울대 법학과졸 (경)1984년 사법시험 합격(26회) 1987년 사법연수원 수료(16기) 1990년 서울지법 북부지원 판사 1992년 서울민사지법 판사 1994년 제주지법 판사 1996년 부산지법 동부지원 판사 1997년 부산고법 판사 1998년 법원행정처 인사3과담당관 1999년 同인사1과담당관 2000년 부산고법 판사 2002년 창원지법 부장판사 2003년 대법원 재판연구관 2005년 서울서부지법 부장판사 2007년 서울중앙지법 부장판사 2009년 대전고법 부장판사 2010년 대전지법 수석부장판사 2010년 충남도선거관리위원회 위원장 2010년 서울고법 민사23부 부장판사 2014~2015년 사법정책연구원 수석연구위원 2015년 서울고법 부장판사 2017년 부산지법원장 2019년 서울고법 부장판사(사법연구)(현)

이광범(李光範) LEE Kwang Bum

(생)1959·1·18 (본)함평(咸平) (출)전남 영암 (주)서울특별시 서초구 법원로 15 정곡빌딩 서관 403호 법무법인 LKB & Partners(02-596-7007) (학)1977년 광주제일고졸 1981년 서울대 법학과졸 2000년 同대학원졸 (경)1981년 사법시험 합격(23회) 1983년 사법연수원 수료(13기) 1983년 軍법무관 1986년 서울민사지법 판사 1988년 우리법연구회 설립 1989년 서울지법 북부지원 판사 1990년 광주지법 판사 1992년 서울지법 남부지원 판사 1994년 서울고법 판사 1995년 서울지법 판사 1995년 서울고법 판사 1996년 대법원 재판연구관 1998년 광주지법 부장판사 2000년 사법연수원 교수 2003~2005년 서울중앙지법 부장판사 2003년 법원행정처 건설국장 겸임 2003년 同송무국장 겸임 2005년 광주고법 부장판사 2005년 대법원장 비서실장 2005년 법원행정처 인사실장 2006~2007년 同사법정책실장 2006년 서울고법 부장판사 2010~2011년 서울행정법원 수석부장판사 2011~2012년 변호사 개업 2012년 법무법인 엘케이비앤파트너스 대표변호사(현) 2012년 '이명박 대통령 내곡동 사저부지 매입의혹' 특별검사 2013~2014년 검찰개혁심의위원회 위원 2015~2016년 롯데손해보험(주) 사외이사 겸 감사위원 (종)천주교

이광복(李光馥) LEE Kwang Bok (淸南)

(생)1951·4·30 (본)한산(韓山) (출)충남 부여 (주)서울특별시 양천구 목동서로 225 대한민국예술인센터 1017호 (사)한국문인협회(02-744-8046) (학)1970년 논산 대건고졸 (경)1973년 문화공보부 문예창작 현상모집 장막희곡 입선 1974년 「신동아」 논픽션 현상모집 당선 1976년 「현대문학」에 단편 '불길'로 소설가 등단, 소설가(현) 1979년 「월간독서」 장편소설 현상모집 당선, 노동청 공보담당관실 근무, 독립기념관건립추진위원회 전문위원, 한국소설가협회 사무차장, 同사무국장, 同감사, 同운영위원 1992~2012년 한국문인협회 이사(제19대~23대까지 연임) 1995~2017년 국제펜클럽 한국본부 이사(제28대~34대까지 연임) 2001년 국제펜클럽 한국본부 문화정책위원장 겸 사무

처장 2001년 한국소설가협회 이사 2005~2006년 한국문인협회 이사 겸 편집국장 2007년 同소설분과 제24대 회장 2010~2011년 한국소설가협회 제10대 부이사장 2010년 대한민국 명예해군(현) 2011년 한국문인협회 제25대 부이사장 겸 상임이사 2012년 한국소설가협회 이사 2015년 한국문인협회 제26대 부이사장 겸 상임이사 2016~2017년 한국소설가협회 제13대 부이사장 2016년 한국문학진흥 및 국립한국문학관건립 공동준비위원장 2017년 문화체육관광부 문학진흥정책위원회 위원(현) 2017년 국립국어원 말다듬기위원회 위원(현) 2017년 국제펜클럽 한국본부 자문위원(현) 2018년 한국소설가협회 제14대 부이사장 2019년 한국문인협회 제27대 이사장(현) 2019년 한국예술문화단체총연합회 부회장(현) 2019년 한국문예학술저작권협회 이사(현) 2019년 국립한국문학관 이사(현) (상)대통령표창(1987·1995), 동포문학상(1990), 시와시론문학상 본상(1992), 한국소설문학상(1994), 조연현문학상(1995), 문학저널 창작문학상(2005), 한국예총 예술문화상 공로상(2005), 노동부장관표창(2007), 한국펜문학상(2012), 들소리문학상 대상(2014), 부여100년을 빛낸인물 문화예술부문상(2014), 한국예술문화단체총연합회 예술문화대상(2016), 익재문학상(2016), 정과정문학상 대상(2017), 한국지역연합방송(KNBS) 문학부문 대상(2017), 문화체육관광부장관표창(2017) (저)장편소설 '풍랑의 도시'(1978, 고려원) '목신의 마을'(1979, 월간독서출판부) '폭설'(1980, 민문고) '열망'(1989, 문예출판사) '술래잡기'(1990, 문이당) '겨울무지개'(1993, 우석출판사) '바람잡기'(1994, 남송) '송주임'(1995, 자유문학사) '이혼시대(전3권)'(1995, 자유문학사) '삼국지(전8권)'(1997, 대교출판사) '한권으로 읽는 삼국지'(1999, 대교출판사) '사랑과 운명(2001, 행림출판사) '불멸의 혼(계백)'(2004, 조이에듀넷) '계백'(2011, 청어) '구름잡기'(2012, 새미) '안개의 계절'(2013, 지성의샘) '황금의 후예'(2016, 청어), 소설집 '화려한 밀실'(1980) '사육제'(1980) '겨울여행'(1986) '먼길'(2001, 행림출판사) '동행'(2007, 청어) '만물박사(전3권)'(2018, 청어), 콩트집 '풍선 속의 여자'(1980, 육문사) '슈퍼맨'(1991, 예원문화사), 동화 '에밀레종'(1986, 일신각), 항해일지 '태평양을 마당처럼'(1998, 지혜네), 교양집 '세계는 없다'(2003, 연인) '끝나지 않은 항일투쟁'(2004) '금강경에서 배우는 성공비결 108가'(2010, 청어) '천수경에서 배우는 성공비결 108가지'(2011, 청어) '문학과 행복'(2017, 도화) (종)천주교

이광복(李光馥) LEE Kwang Bok

(생)1953·2·22 (주)서울특별시 마포구 독막로 324 동서식품(주) 임원실(02-3271-0015) (학)경동고졸, 서울대 식품공학과졸 (경)(주)동서유지 대표이사 사장, 동서식품(주) 전무이사, 同부사장 2014년 同대표이사 사장(현) 2014~2017년 한국표준협회 비상근부회장

이광복(李光馥) Lee Gwang Bok

(생)1953·6·18 (본)한산(韓山) (출)충남 논산 (주)서울특별시 종로구 율곡로2길 25 연합뉴스 동북아센터(02-398-3114) (학)1979년 한국외국어대 불어과졸 1999년 연세대 언론홍보대학원 수료 2016년 한국방송통신대 일본학과졸 (경)1978년 동양통신 외신부 기자 1981년 연합통신 외신부 기자 1982년 同사회부 기자 1989년 同정치부 기자 1998년 연합뉴스 정치부장 2000년 同편집국 정치담당 부국장직대 2003년 同논설위원 2005년 同경기지사장 2006년 同전략사업본부장 2008년 同논설위원실 고문 2010~2011년 同논설위원실 주간(이사대우) 2011~2013년 한국감정원 비상임이사 2011년 아시아미래포럼 이사(현) 2014년 대한주택보증(주) 비상임이사 2015~2016년 주택도시보증공사 비상임이사 겸 이사회 의장 2017년 국회 헌법개정특별위원회 자문위원 2018년 방송통신심의위원회 방송자문특별위원(현) 2018년 연합뉴스 동북아센터 비상임이사(현) (상)외대 언론인상(2011)

이광복(李光馥) Kwang Bok Lee

(생)1958·3·26 (본)한산(韓山) (출)충북 청주 (주)서울특별시 관악구 관악로 1 서울대학교 공과대학 전기정보공학부(02-880-8415) (학)1976년 서울고졸 1982년 캐나다 토론토대 전자공학과졸 1986년 同대학원 전자공학과졸 1990년 전자공학박사(캐나다 맥매스터대) (경)1982~1985년 캐나다 모토로라 연구원 1990~1996년 미국 모토로라 이동통신연구소 Senior Staff Engineer 1996~2012년 서울대 공대 전기공학부 교수 2002~2012년 IEEE Transaction on Wireless Communications Editor 2005년 同ICC Wireless Communication Symposium 공동위원장 2006년 同Communication Society Asia Pacific Board Officer(Vice Director)(현) 2007~2009년 서울대 뉴미디어통신공동연구소장 2011년 국제전기전자기술자협회(IEEE) Fellow(현) 2012년 서울대 공대 전기공학부 학부장 2012년 同공대 전기정보공학부 교수(현) 2014년 한국통신학회 부회장 2015~2016년 同감사 2016년 한국공학한림원 정회원(현) 2016년 한국연구재단 기초연구본부장 (상)서울대 공과대학 우수강의상(2003·2006), 삼성전자 종합기술원 특별상(2005), 교육과학기술부·한국연구재단 선정 한국공학상(2010), 대한민국학술원상 자연과학응용부문(2017)

이광복(李光馥) LEE Kwang Bok

(생)1963·7·5 (주)대전광역시 서구 둔산로 100 대전광역시의회(042-270-5142) (학)대신고졸, 중경공업전문대 건축과졸, 대전대 건축공학과졸, 同경영행정사회복지대학원 경영학과졸 2011년 국제통상학박사(배재대) (경)서대전청년회의소 회장, 대전충남장애인재활협의회 이사, 대청라이온스클럽 부회장, 정림동주민자치위원회 위원, 정림동재향군인회 부회장, 자녀안심하고학교보내기운동 서구협의회 회장, 장애인먼저실천 대전충남본부 이사, 열린우리당 대전西甲당원협의회 운영위원 2006·2010년 대전시 서구의회 의원(민주당·민주통합당·민주당·새정치민주연합) 2008년 同도시건설위원장 2010년 同의장 2012년 同도시건설위원장 2014~2018년 대전시 서구의회 의원(새정치민주연합·더불어민주당), 同부의장 2018년 대전시의회 의원(더불어민주당)(현) 2018년 同산업건설위원장(현) (상)2016 매니페스토약속대상 공약이행분야(2017)

이광석(李光釋) LEE Kwang Seok

(생)1962·7·27 (주)경기도 성남시 분당구 판교로 310 SK케미칼 커뮤니케이션실(02-2008-2008) (학)동인고졸, 부산대 경영학과졸 (경)2002년 SK건설 도시정비영업1팀장 2008년 同주택영업2본부장 2008년 同SKMS실천본부장(상무) 2010년 同홍보실장(상무) 2012~2019년 SK케미칼 커뮤니케이션실장(전무) 2015~2019년 SK가스 커뮤니케이션실장(전무) 겸임 2016~2017년 SK건설 홍보실장(전무) 2018년 SK디스커버리 윤리경영담당 전무 2019년 同윤리경영담당 임원(현) 2019년 SK케미칼 커뮤니케이션실장(현) 2019년 SK가스 커뮤니케이션실장 겸임(현)

이광석(李光錫)

(생)1965 (출)경북 포항 (주)서울특별시 중구 마장로 45 서울지방경찰청 기동본부(02-2237-8103) (학)포항고졸, 경찰대 법학과졸(4기) (경)1988년 경위 임용 2009년 울산 동부경찰서장 2010년 경찰청 수사구조개혁팀장 2011년 同인사과장 2011년 서울 수서경찰서장 2013년 서울지방경찰청 지하철경찰대장 2014년 同보안2과장 2015년 경찰청 여성청소년과장 2015년 경북지방경찰청 제2부장(경무관) 2017년 대구지방경찰청 제2부장 2018년 대구 성서경찰서장 2019년 경찰대학 교수부장 2019년 서울지방경찰청 기동단장(현)

이광선(李光善) Rhee Kwang Sun (三思)

(생)1944·2·27 (출)경북 영덕 (주)서울특별시 용산구 한강대로 211 대우월드마크 102동 704호 (사)한국외항선교회(02-324-3747) (학)1963년 경북 경안고졸 1965년 경안성서학원졸 1972년 장로회신학대졸 1974년 연세대 연합신학원졸 1983년 목회학박사(미국 Fuller·ACTS대) (경)1974~1976년 내곡교회 담임목사 1977~2011년 신일교회 담임목사 1995년 장신대 성지연구원 후원이사 겸 운영위원 1995년 이스라엘 장신대 예루살렘연구소협동소장 1999~2003년 대한예수교장로회총회 연금재단 이사 1999년 우크라이나 키에프신학교 이사장 2002~2003년 대한예수교장로회 서울노회장 2004년 콩고민주공화국 루붐바시 자유대학교 이사장(현) 2005년 (사)한국외항선교회 훈련원 이사장 2006~2007년 대한예수교장로회 총회장 2006년 목사장로신문사 대표회장 2006~2007년 한국기독공보 이사장 2006~2007년 CTS기독교TV 공동대표이사 2007~2012년 (재)한국찬송가공회 이사장 2007년 대한예수교장로회 통합측 증경총회장(현) 2007~2011년 서울여대 이사 2008년 경안대학원대학교 이사장(현) 2009~2016년 (사)한국외항선교회 법인부이사장 겸 공동총재 2009년 GoodTV 공동대표이사 2009년 사학진흥법제정국민운동본부 공동상임대표(현) 2010년 한국기독교총연합회 대표회장 2010년 한국종교지도자협의회(7대종단) 대표의장 2010년 아세아연합신학대 이사장 2012년 한국미래포럼 대표회장 2012년 신일교회 원로목사(현) 2013년 (사)한국외항선교회 상임회장(현) 2016년 한국기독교총연합회 증경대표회장(현) 2018년 장신대 반동성애운동본부 공동대표(현)

이광성(李桄聖)

(생)1958·12·16 (주)서울특별시 중구 세종대로 125 서울특별시의회(02-3702-1404) (학)명지대 아동학과졸 (경)서울 강서구 비서실장, 강서상사 대표이사(현), 더불어민주당 서울시당 지방자치발전특별위원장 2018년 서울시의회 의원(더불어민주당)(현) 2018년 同환경수자원위원회 부위원장(현) 2018년 同서부지역 광역철도 건설 특별위원회 위원(현) 2019년 同김포공항주변지역활성화특별위원회 위원(현)

이광수(李光洙) LEE Kwang Soo

(생)1964·3·13 (본)전주(全州) (출)서울 (주)서울특별시 서초구 서초대로 248 오퓨런스빌딩 1602호 법무법인(유) 로월드(02-6223-1000) (학)1983년 한영고졸 1987년 서울대 법학과졸 1998년 미국 펜실베이니아대 로스쿨졸(LL.M.) (경)1986년 사법시험 합격(28회) 1989년 사법연수원 수료(18기) 1989년 軍법무관 1992년 인천지검 검사 1994년 광주지검 순천지청 검사 1996년 서울지검 동부지청 검사 1999년 부산지검 검사 2001년 同부부장검사 2001년 서울지검 부부장검사 2002년 법무연수원 기획부 교수 2004년 춘천지검 부장검사 2005년 대전지검 형사2부장 2006년 서울고검 검사·서울동부지검 형사3부장 직무대리 2007년 수원지검 안산지청 부장검사 2008년 법무연수원 연구위원 2009년 국민권익위원회 파견 2010~2011년 서울고검 검사 2011년 법무법인(유) 로월드 변호사(현) (상)검찰총장표창(1996), 법무부장관표창(2002), 대통령표창(2011)

이광식(李光植) LEE Kwang Sik

(생)1947·11·5 (출)대전 대덕 (주)서울특별시 송파구 새말로 117 환인제약(주) 회장실(02-405-3000) (학)1964년 남성고졸 1970년 서울대 약학과졸 1977년 同보건대학원졸 (경)1970~1977년 (주)종근당 과장 1977~1978년 한보약품상사 대표 1978~1982년 환인제약소 대표 1982~1997년 환인제약(주) 대표이사 1998년 同대표이사 회장(현) (종)기독교

이광식(李光植) LEE Kwang Sik

(생)1963·1·14 (출)대전 (주)충청북도 청주시 청원구 오창읍 연구단지로 162 한국기초과학지원연구원 오창센터 환경분석연구부(043-240-5337) (학)1987년 서울대 지질과학과졸 1989년 同대학원 지질과학과졸 1997년 지질과학박사(서울대) (경)1990년 한국기초과학지원연구원 연구원 1997년 同선임연구원 1997~1998년 미국 조지아대 Post-Doc. 2000~2009년 충남대 지질학과 겸임교수 2000~2003년 국립환경연구원 전문위원 2001~2003년 공주대 겸임교수 2002년 한국기초과학지원연구원 환경과학연구부 책임연구원 2005년 同동위원소환경연구부 환경추적자팀장 2006년 대한자원환경지질학회 감사 2008~2009년 한국기초과학지원연구원 환경과학연구부장 2012년 同선임부장 2013~2015년 同선임본부장 겸 대덕운영본부장 2015~2016년 同부원장 2016~2019년 同원장 2019년 同환경분석연구부 책임연구원(현) (상)한국기초과학지원연구원 올해의 KBSI인상(2008), 한국과학기술단체총연합회 과학기술우수논문상(2008), 제45회 과학의날 대통령표창(2012), 과학기술훈장 웅비장(2015)

이광열(李光烈) LEE Kwang Yol

(생)1955·10·10 (출)경남 (주)서울특별시 영등포구 국제금융로8길 32 DB금융투자(주) 임원실(02-369-3000) (학)1982년 서울대 경영학과졸 (경)1985년 쌍용투자증권 입사, 굿모닝신한증권 목동지점장, 同경북영업본부장, 同영업본부장(상무), 현대통신(주) 비상근감사, (주)오스코텍 CFO, 同COO 2009년 동부증권(주) 전략담당 부사장(CFO) 2011년 同경영지원총괄 부사장(CFO) 2017년 同준법감시인 겸 인사담당 부사장 2017년 DB금융투자(주) 준법감시인 겸 인사담당 부사장(현)

이광영(李光榮)

(생)1962·12·21 (출)대구 (주)서울특별시 중구 을지로5길 26 센터원빌딩 10층 롯데자산개발(주)(02-2086-3333) (학)1985년 영남대 경영학과졸 (경)1985년 롯데그룹 공채 1987년 롯데백화점 근무 1999년 롯데물산 근무 2008년 同이사 2009년 롯데쇼핑 CP프로젝트본부총괄 이사 2011년 롯데자산개발(주) 리싱부문장 2012년 同상무 2015년 同전무 2017년 同대표이사 전무 2018년 同대표이사 부사장(현) 2019년 롯데물산(주) 대표이사 부사장 겸임(현)

이광영(李光永) LEE Kwang Young

(생)1970·8·2 (출)서울 (주)서울특별시 서초구 서초중앙로 157 서울중앙지방법원(02-530-1114) (학)1990년 우신고졸 1994년 서울대 법학과졸 (경)1994년 사법시험 합격(36회) 1997년 사법연수원 수료(26기) 1997년 軍법무관 2000년 서울지법 판사 2002년 同남부지원 판사 2004년 대전지법 판사 2007년 수원지법 안산지원 판사 2008년 서울고법 판사 2010년 대법원 재판연구관 2012년 부산지법 부장판사 2013년 의정부지법 부장판사 2014년 서울고법 판사 2015년 서울남부지법 부장판사 2018년 서울중앙지법 부장판사(현)

이광우(李光雨) LEE KWANGWOO

(생)1954·10·12 (본)경주(慶州) (출)충남 천안 (주)경기도 군포시 번영로 502 (사)한국농식품미래연구원 임원실(031-391-7200) (학)1974년 덕수상고졸 1982년 서경대 법학과졸 (경)1978년 농수산물유통공사 입사 1998년 同기획관리실 경영관리부장 2001년 同수출진흥처 수출기획부장 2004

년 同기획관리본부 총무처장 2005년 同일본마케팅팀장 2007년 同aT센터 운영본부장 2007년 同기획실장 2008년 同유통이사 2010년 同부사장 겸 기획이사 2011년 同사장 직대 2012년 (사)한국농식품미래연구원 대표(현) 2013년 충북대 농업생명환경대학 산림학과 초빙교수, 同겸임교수 (상)농림부장관표창(1999), 대통령표창(2006) (종)기독교

이광우(李光雨) LEE Kwang Woo

(생)1954 · 12 · 3 (출)서울 (주)서울특별시 강남구 영동대로 517 아셈타워 (주)LS 비서실(02-2189-9730) (학)1973년 서울고졸 1977년 연세대 영어영문학과졸 (경)1979년 LG건설 입사 1986년 LG전자 과장 1990년 同부장 1997년 同이사대우 1998년 同이사(시카고지사 근무) 2000년 同하이미디어사업그룹 ZEST담당 상무보, 同TBOBU장 상무, 同DTV팀 상무 2006년 LS산전 경영전략담당 전무 2008년 同경영전략담당 부사장 2008년 (주)LS 대표이사 사장(CEO) 2013년 LSI&D(주) 대표이사 사장(현) 2015년 (주)LS 대표이사 부회장(CEO) 겸임(현)

이광우(李光偶)

(생)1972 · 10 · 6 (출)서울 (주)인천광역시 미추홀구 소성로163번길 17 인천지방법원 총무과(032-860-1169) (학)1991년 성남고졸 1999년 서강대 법학과졸 (경)1999년 사법시험 합격(41회) 2002년 사법연수원 수료(31기) 2002년 창원지법 진주지원 예비판사 2004년 同진주지원 판사 2005년 수원지법 평택지원 판사 2007년 서울남부지법 판사 2009년 서울중앙지법 판사 2011년 서울가정법원 판사 2013년 서울서부지법 판사 2016년 서울가정법원 판사 2017년 청주지법 부장판사 2019년 인천지법 부장판사(현)

이광웅(李光雄) Lee, Kwang-Woong

(생)1967 (주)서울특별시 종로구 대학로 101 서울대병원 간담췌외과(02-2072-2114) (학)1991년 서울대 의대졸 2000년 同대학원 의학석사 2002년 의학박사(서울대) (경)1999~2000년 서울대병원 전임의 2000~2001년 삼성서울병원 전임의 2001~2005년 성균관대 의대 외과학교실 조교수 · 부교수 2005~2007년 미국 존스홉킨스대 방문부교수 겸 생체간이식 자문의 2007년 서울대병원 임상의학연구소 연구원 2008~2010년 국립암센터 간암센터 연구의사 2009년 同간담췌암연구과 선임연구원 2009~2011년 대한이식학회 감사 2009~2011년 대한간학회 학술위원 2009~2013년 한국간담췌외과학회 학술위원 2010~2012년 서울대 의대 외과학교실 간담췌분과 부교수 2013년 同교수(현) 2013~2018년 한국간담췌외과학회 학술위원장 2013년 대한이식학회 상임이사(현) 2014~2019년 서울대병원 국제진료센터 소장 2017~2019년 同국제사업본부장 (저)'조직공학과 재생의학(共)'(2000, 군자출판사)

이광원(李光元) Lee Kwang Won

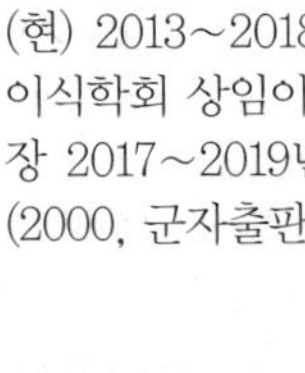

(생)1949 · 5 · 9 (주)서울특별시 동대문구 청계천로 431 능도빌딩 능원금속공업 · 정우금속공업 비서실(02-3290-9000) (학)중앙대사대부고졸, 고려대 대학원졸 (경)신한금속공업사 대표, 정우금속공업 대표이사 사장, 능원금속공업 대표이사 사장 1979년 정우금속공업 대표이사 회장(현) 1986년 능원금속공업 대표이사 회장 겸임(현) 2007년 에스엠아이 회장 겸임(현) (상)통상산업부장관표창(1996), 국세청장표창(1998), 세계일류상품 선정(2005), 동탑산업훈장(2006), 이달의 자랑스러운 중소기업인(2014), 금탑산업훈장(2014), 자랑스런 양주인 대상(2015), 나눔문화 유공 경기도지사 표창(2017), 2017년도 원직장복귀 우수기업 고용노동부 장관 표창(2018)

이광원(李光遠) Lee Kwang Won

(생)1958 · 11 · 11 (주)대전광역시 유성구 대덕대로 989번길 111 한국전력기술(주) (042-868-4003) (학)경북고졸, 원자력공학박사(한국과학기술원) 2005년 한국외국어대 대학원 글로벌고급경영자과정 수료 (경)1989년 한국원자력연구소 발전로안전해석실 중대사고 및 PSA 선임연구원 1992년 同사고해석실 LBLOCA REM개발 선임연구원 1993년 캐나다원자력공사 파견 1994~1996년 한국원자력연구소 냉각계통설계분야 선임연구원 1997년 한국전력기술(주) 냉각계통설계분야 일차계통소분야 책임연구원 2000년 同냉각계통설계분야 일차계통소분야 주임연구원 2001~2007년 同유체계통설계처 안전계통설계분야 주임연구원 2002~2004년 同중수로NUCIRC코드 최적모델링 및 통합관리DB 개발용역 주임연구원 2007년 同신고리3 · 4호기및APR+기술개발사업 APM 주임연구원(처장) 2011년 同신형로개발사업 PM 수석연구원 2014년 同원자로사업개발처장(상무) 2016년 同원자로설계개발단장(전무대우) 2018년 同원자로설계개발단 유체계통설계그룹장(현)

이광윤(李光潤) LEE Kwang Youn

(생)1954 · 6 · 22 (본)양산(梁山) (출)부산 (학)1977년 성균관대 법대졸 1981년 同대학원 공법학과졸 1988년 법학박사(프랑스 파리제12대) (경)1988~1998년 성균관대 법대 대우조교수 · 조교수 · 부교수 1988~2002년 행정판례연구회 이사 1988년 한국공법학회 이사 1995년 프랑스 파리제12대 초빙교수 1996년 미국 워싱턴대 방문연구원 1998~2019년 성균관대 법학전문대학원 교수 1998년 변리사시험위원회 위원 1998년 사법시험위원회 위원 1998년 행정고시위원회 위원 1999~2003년 한국토지공법학회 이사 · 부회장 2001~2003년 성균관대 법과대학장 2002년 국무총리 행정심판위원 2003년 한국법학교수회 부회장 · 감사 · 부회장 2003년 프랑스 파리제1대 초빙교수 2007년 한국환경법학회 회장, (사)미국헌법학회 사외이사 2009~2017년 경기도 행정심판위원회 위원 2009년 한국환경법학회 고문(현) 2010년 유럽헌법학회 회장 2011년 同고문(현) 2011년 환경포럼 대표 2013~2018년 서울시 행정심판위원회 위원 2016~2019년 한국행정법학회 회장 2019년 안양시의회 입법고문(현) (상)한국공법학회 학술장려상 (저)'행정법강의'(共) '행정법이론' '행정작용법론' '최신행정법론' '최신행정판례연구' '칼 슈미트 연구' '법학개론' '행정법' '일반공법학 강의' 등

이광일(李光一)

(생)1961 (출)부산 (주)서울특별시 종로구 종로 33 GS건설(주)(02-2154-1114) (학)1980년 부산기계공고졸 1994년 창원기능대졸 2005년 한국교육개발원 기계공학과졸 2009년 전남대 대학원 기업경영학과졸 (경)1985년 해태유업 입사 1989년 LG화학 입사 1994년 삼성엔지니어링 입사 2006년 GS건설 입사 2009년 同No.3 HOU PJT 공사 SRU 현장소장(부장) 2011년 同사우디 IPC EVA PJT 현장소장(부장) 2013년 同플랜트공사담당 상무보 2014년 同플랜트공사담당 상무 2015년 同사우디 RabighII PJT CP-3/4 공사총괄 겸 RabighII PJT UO1 공사총괄 상무 2017년 同플랜트부문 RabighII PJT CP-3/4 공사총괄 겸 RabighII PJT UO1 공사총괄 전무 2018년 同Ruwais총괄 겸 RRW PJT/ PD(전무) 2019년 同플랜트부문 대표(부사장)(현)

이광일(李光日) LEE Gwang Il

(생)1964 · 11 · 25 (출)전남 (주)전라남도 무안군 삼향읍 오룡길 1 전라남도의회(061-286-8200) (학)광주대 신문방송학과졸, 전남대 행정학과졸, 단국대 행정대학원 석사 중퇴, 순천대 경영행정대학원 수료 2010년 광주대 언론홍보대학원 언론학과졸 (경)여수대총동문회 신문편집장, 광주매일 복간추진위원장 · 발행인, 부영초 운영위원장, 여수남초 운영위원장,

여수시 평생학습교육원 강사협의회장, 한국해양소년단 전남동부연맹 사무처장, 여수지역아동센터 선정위원, 여수교육청 교육행정발전자문위원, 여수선거관리위원회 방송토론위원, (사)아버지학교 여수12기 회장, 민주당 전남도당 5.31지방선거 대변인, 同중앙당 농어민특별위원회 부위원장, 同전남도당 부대변인, 同전남도당 엑스포관광위원장 2010~2014년 전남도의회 의원(민주당·민주통합당·민주당·새정치민주연합) 2011년 同2012UN기후변화협약당사국총회 여수유치특별위원회 위원장 2011년 同여수세계박람회특별위원장 2012년 同농수산위원회 위원 2014년 전남도의원선거 출마(새정치민주연합) 2016년 더불어민주당 전남도당 상무위원 2018년 同전남도당 수석부대변인 2018년 전남도의회 의원(더불어민주당)(현) 2018년 同예산결산특별위원회 위원장 2018년 同광양만권해양생태계보전특별위원회 위원장(현), 同윤리특별위원회 부위원장(현), 同농수산위원회 위원(현)

이광재(李光宰) LEE Kwang Jae

(생)1965·2·28 (본)전주(全州) (출)강원 평창 (주)서울특별시 서대문구 연세로 50 연세대학교 동서문제연구원(02-2123-3526) (학)1983년 원주고졸 2001년 연세대 법학과졸 (경)1988년 노무현 국회의원 비서관 1992년 민주당 전문위원 1993년 지방자치실무연구소 기획실장·자치경영연구원 기획실장 1995년 새정치국민회의 조순 서울시장후보 선거대책위원회 기획팀장 2002년 새천년민주당 노무현 대통령후보 기획팀장 2002년 노무현 대통령당선자 기획팀장 2003년 대통령비서실 국정상황실장 2003년 대통령비서실 국정상황팀장 겸 국정상황실장 2004년 제17대 국회의원(태백·정선·영월·평창, 열린우리당·대통합민주신당·통합민주당) 2004년 열린우리당 원내부대표 2005년 同강원도당 위원장 2006년 同전략기획위원장 2006년 同의장 특보 2008~2010년 제18대 국회의원(태백·정선·영월·평창, 통합민주당·민주당) 2008년 민주당 정책위원회 부의장 2008년 同강원도당 위원장 2008년 同당무위원 2009년 사람사는세상 노무현재단 묘역조성지원위원장 2010~2011년 강원도지사(민주당) 2011년 원주시 투자유치자문위원 2011년 연세대 동서문제연구원 객원교수, 同동서문제연구원 특임교수(현) 2011~2013년 중국 칭화대(清華大) 공공관리대학원 객좌교수 2016년 (재)여시재(與時齋) 부원장 2017년 사람사는세상 노무현재단 이사(현) 2017년 (재)여시재(與時齋) 원장(현) (저)'대한민국 어디로 가야 하는가'(2014) (작)'우통수의 꿈'(2004) (종)불교

이광진(李光珍) LEE Kwang Jin

(생)1957·11·3 (출)서울 (주)경기도 수원시 영통구 법조로 91 수원지방검찰청 중요경제범죄조사단(031-210-4200) (학)1976년 용산고졸 1981년 서울대 법학과졸 (경)1983년 (주)삼성전자 근무 1989년 사법시험 합격(31회) 1992년 사법연수원 수료(21기) 1992년 대구지검 검사 1994년 대전지검 천안지청 검사 1995년 서울지검 검사 1997년 수원지검 성남지청 검사 1999년 전주지검 검사 2002년 광주지검 검사 2004년 同부부장검사 2005년 서울동부지검 부부장검사 2006년 서울고검 검사 2007년 청주지검 부장검사 2008년 전주지검 부장검사 2009년 서울고검 검사 2011년 의정부지검 형사1부장 2012년 광주고검 검사 2014~2016년 서울고검 검사 2014년 서울중앙지검 중요경제범죄조사팀 파견 2015년 同중요경제범죄조사단 파견 2016~2018년 대전고검 검사 2016~2017년 충남도청 파견 2018년 수원지검 중요경제범죄조사단장(현)

이광철(李光哲) Lee, Kwang Chul

(생)1957·3·17 (본)전주(全州) (출)서울 (주)서울특별시 마포구 와우산로 94 홍익대학교 경영학과(02-320-1731) (학)1975년 신일고졸 1980년 서울대 경영학과졸 1982년 同대학원 국제경영학과졸 1986년 경영학박사(미국 사우스캐롤라이나대) (경)1980~1982년 한국은행 국제부 근무 1986~1987년 미국 South Carolina주정부 자문위원 1987~1988년 정보통신정책연구원((KISDI) 연구위원 1988년 홍익대 경영학과 교수(현) 1995~1996년 재정경제원 정부투자기관 평가위원 1996~1997년 미국 워싱턴대 교환교수 2000~2003년 (주)서울증권 사외이사 2003년 (사)한국경영연구원 연구위원 및 이사 2006년 (사)정보통신정책학회 회장 2006~2012년 (사)국제무역경영연구원 비상임연구위원 2007년 (사)한국국제경영학회 회장 2007년 (사)정보통신정책학회 고문(현) 2007~2009년 정보통신국제협력진흥원 비상임이사 및 이사회의장 2007~2009년 홍익대 경영대학원장·세무대학원장 2008년 (사)한국국제경영학회 고문(현) 2009~2011년 민주평통 자문위원 2009~2011년 경제인문사회연구회 정보화자문위원장 2009~2011년 한국인터넷진흥원 비상임이사 2010~2011년 (사)한국경영학회 부회장 2011~2014년 KB부동산신탁 사외이사 겸 감사위원장 2012년 문화관광부 콘텐츠미래전략포럼 위원 2013~2015년 (사)텔코경영연구원 비상임연구위원 2014~2016년 한국조각가협회 자문위원 2014~2019년 JB우리캐피탈 사외이사 2016년 문화체육관광부 한류기획단 위원 2017년 홍익대 대학원장 2018년 同관리담당 부총장(현) (상)미국 국제경영학회 최우수논문상(1987), 미정부 Fulbright Fellowship(1996), 국무총리표창(2010) (저)'국제경영학(共)'(1998) '글로벌경영:전략적 접근'(2015, 한경사) (역)'초우량기업의 비즈니스 대실수'(1995)

이광철(李光哲)

(생)1971·8·28 (주)서울특별시 종로구 청와대로 1 대통령 민정비서관실(02-770-0011) (학)서울 보성고졸, 한림대 법학과졸 (경)2004년 사법시험 합격(46회) 2007년 사법연수원 수료(36기) 2007년 변호사 개업, 법무법인 동안 변호사 2010~2012년 민주사회를위한변호사회 사무처장 2010년 참여연대 민생희망본부 실행위원·교육팀장 2010년 서울시 성북구청 지방세심의위원 2017년 대통령 민정비서관실 행정관 2018년 대통령 민정수석비서관실 선임행정관 2019년 대통령 민정수석비서관실 민정비서관(현)

이광축(李光丑)

(생)1966·9·19 (본)인천(仁川) (주)대전광역시 유성구 엑스포로 131 TJB대전방송 사장실(061-281-1303) (학)1993년 고려대 신문방송학과졸 2012년 한양대 국제관광대학원 엔터테인먼트학과졸 (경)1993~1996년 금강개발(주) 근무 1996년 TJB대전방송 관리부 입사 2003년 同정책기획팀장 2007년 同편성사업국 문화사업팀장 2010년 同기획개발실 문화콘텐츠팀장 2012년 同광고사업국장 직대 겸 문화콘텐츠팀장 2014년 同광고사업국장 2017년 同콘텐츠사업국장 2018년 同대표이사 사장(현)

이광택(李光澤) LEE Kwang Taek (德裕)

(생)1948·11·16 (본)여주(驪州) (출)대전 (주)서울특별시 성북구 정릉로 77 국민대학교 법학부(02-2679-8033) (학)1967년 경기고졸 1975년 서울대 법과대학졸 1977년 同대학원 법학과졸 1987년 법학박사(독일 Univ. Bremen) (경)1975~1976년 한국일보(The Korea Times) 기자 1976~1977년 크리스찬아카데미 간사 1978~1985년 산업연구원 책임연구원 1987~1988년 독일 Bremen대 노동정치연구소 연구위원 1988~1991년 한국노동연구원 연구위원 1989~2009년 한국노사발전연구원 연구위원·부원장 1991~2000년 대한상사중재원(KCAB) 중재인 1993년 산업사회연구소 소장(현) 1994~2014년 국민대 법학부 사회법전공 교수 1996~1997년 참여연대 노동관계위원장 1998~2002년 한겨레노동교육연구소 선임연구원·이사 1998~2008년 최종길교수 고문치사진상규명및명예회복추진위원회 실행위원장 2001~2017년 여성가족부 규제개혁위원장

2001년 YTN 미디어비평위원('시청자의눈', '뉴스 엔 오피니언' 진행) 2001~2017년 경실련 노동위원장 · 조직위원장 · 윤리위원장 · 상임집행부위원장 · 중앙위 부위원장 · 지도위원 · 경제정의연구소 이사장 2002~2011년 국가인권위원회 조정위원 2003~2008년 대통령비서실 사회통합기획단 자문위원 2003년 (사)사월회 이사(현) 2003년 함께일하는재단 이사(현) 2003년 국제노동사회법학회(ISLSSL) 부회장 · 집행위원(현) 2004년 CBS 객원해설위원 2004~2006년 한국노동법학회 회장 2004~2006년 노동부 정책자문위원 2004~2005년 한국노사관계학회 회장 2004~2014년 전국보건의료산업노동조합 노동정책자문위원 2005~2009년 (사)전태일기념사업회 이사장 2006년 (사)노동인권회관 이사(현) 2007년 다솜이재단 이사장 · 이사(현) 2007~2013년 한국사회법학회 회장 2008~2010년 국회 환경노동위원회 자문위원 2012년 (사)71동지회 회장 · 고문(현) 2013~2017년 (사)한국ILO협회 부회장 2014년 국민대 법학부 명예교수(현) 2017년 해마로푸드서비스(주) 사외이사(현) 2017년 (사)한국ILO협회 회장(현) (상)국무총리표창(1984 · 1998) (저)'團體協約의 內容과 課題(共)'(1989, 韓國勞動研究院) '勞動關係法의 回顧와 展望(共)'(1993, 産業社會研究所) '노동시장론(共)'(1999, 박문각) '여성관련 노동법 및 정책연구'(2000, 한국노총중앙연구원) '노동의 미래와 신질서(共)'(2003, 한국노동연구원) '고용 및 직업생활상의 차별금지법의 필요성 및 제정 방향에 관한 연구'(2003, 한국노총중앙연구원) '전자노동감시의 실태와 개선과제(共)'(2003, 한국노동연구원) '노사의 마주섬과 협력의 노사공동체 윤리(共)'(2006, 노사문제협의회) '성차별사례연구'(2007, 국민대 출판부) '노동법강의'(2007, 국민대 출판부) '전환기의 노동법'(2007, 국민대 출판부) '사회적기업, 새로운세계(共)'(2007, 실업극복국민재단) '서울법대 학생운동사 : 정의의 함성(共)'(2008, 서울법대 학생운동사 편찬위원회) '조선질경이 이소선'(2008, 전태일기념사업회) '경제사회변동과 공동체 패러다임(共)'(2011, 함께일하는재단) '공동결정제도 도입을 위한 연구(共)'(2012, 한국노동조합총연맹) '협동사회와 일자리 창출(共)'(2013, 함께일하는재단) '노동법제정 60년의 평가와 발전과제(共)'(2013, 한국노동조합총연맹) '德裕 이광택 교수 정년기념논문집 「복지사회를 위한 노동사회법과 노사관계」'(2014, 중앙경제) (역)'獨逸의 雇傭促進法'(1993, 한국산업인력관리공단) '독일노동조합연맹규약'(1994, 산업사회연구소) '한국의 노동조합 기본권'(1994, 산업사회연구소) '독일산별노조의 특성과 단체교섭제도'(1994, 산업사회연구소) '사회적기업영역, 어디까지인가'(2011, 함께일하는재단) (종)기독교

이광표(李光杓) LEE Kwang Pyo

(생)1930 · 11 · 15 (출)서울 (학)1949년 경기고졸 1953년 서울대 상과대학 경제학과졸 (경)1955~1961년 한국일보 기자 1964~1965년 조선일보 차장 1965~1973년 중앙일보 경제부장 · 편집국장 대리 1973~1974년 상공부 · 건설부 대변인 1974년 대통령 비서관 1978년 문화공보부 차관 1980~1982년 同장관 1982년 국정교과서 사장 1984년 同이사장 1984년 한국언론회관 이사장 1986년 연합통신 사장 1986년 IPI 한국위원장 1987년 서울신문 사장 1987년 한국신문협회 회장

이광현(李光鉉) Lee Kwanghyun

(생)1961 · 10 · 1 (본)경주(慶州) (출)대구 (주)서울특별시 서초구 바우뫼로27길 2 일동홀딩스(주) 커뮤니케이션실(02-526-3300) (학)1980년 중앙고졸 1986년 경희대 산업공학과졸 (경)1993년 일동제약(주) 환경사업부 관리 · 영업담당 1999년 同비서실장 2012년 同헬스케어팀장 2014~2016년 同홍보광고팀장(이사) 2014년 한국광고주협회 홍보위원(현) 2014년 한국제약협회 홍보전문위원(현) 2015년 同홍보위원(현) 2016년 일동홀딩스(주) 홍보광고팀장(이사) 2019년 同커뮤니케이션실장(상무이사)(현) (종)기독교

이광형(李光炯) LEE Kwang Hyung

(생)1949 · 5 · 30 (주)충청남도 금산군 추부면 서대산로 459 (주)이지 부회장실(041-750-7722) (학)1971년 육군사관학교졸 1986년 연세대 행정대학원졸 (경)1979~1980년 대통령비서실 행정관 1980~1988년 한국방송공사(KBS) 사장비서실장 · 경영관리실장 · 자금관리국장 1990년 화진공영 상무이사 1991~1993년 (재)육영재단 기획관리실장, 대한합기도협회 감사 1996년 (주)이지(EG) 대표이사 사장, 同대표이사 부회장 2013년 同부회장(현) (상)보국훈장 광복장, 납세자의날 대통령표창(2000) (종)기독교

이광형(李光炯) Kwang H. LEE

(생)1954 · 11 · 15 (출)전북 정읍 (주)대전광역시 유성구 대학로 291 한국과학기술원(KAIST) 바이오및뇌공학과(042-350-4313) (학)1973년 서울사대부고졸 1978년 서울대 공대 산업공학과졸 1980년 한국과학기술원(KAIST) 석사 1982년 프랑스 응용과학원(INSA) 대학원 전산학과졸 1985년 공학박사(프랑스 INSA) 1988년 공학박사(프랑스 리옹제1대) (경)1985년 한국과학기술원(KAIST) 전산학과 조교수 · 부교수, 同바이오 및 뇌공학과 교수(현) 1986~1987년 프랑스 응용과학원 방문연구원 1996~1997년 미국 스탠포드대 초빙교수 1999~2012년 미래산업 사외이사 1999년 일본 동경공대 초빙교수 2000년 한국과학기술원(KAIST) 석좌교수(현) 2000~2004년 同정보보호교육연구센터장 2001~2004년 同국제협력처장 2001~2002년 동아일보 객원논설위원 2003년 퍼지지능시스템학회 회장 2004년 파크시스템 사외이사(현) 2004~2006년 한국과학기술원(KAIST) 학제학부장 2004~2006년 同바이오 및 뇌공학과장 2005~2006년 한국생물정보학회 회장 2006~2010년 한국과학기술원(KAIST) 교무처장 2006~2012년 同과학영재교육연구원장 2009~2013년 同이노베이션학부장 2010~2013년 同과학저널리즘대학원 책임교수 2011년 동아일보 객원논설위원 2011~2012년 한국과학기술정책연구회 회장 2012~2013년 대통령소속 지식재산위원회 분쟁조정전문위원회 위원장 2013 · 2016년 국가과학기술위원회 운영위원 겸 정책조정전문위원장 2013~2014년 한국과학기술원(KAIST) 미래전략대학원장 2013년 국회 특허허브추진위원회 공동위원장(현) 2013년 미래창조과학부 창조경제문화운동 민간위원장 2013~2015년 同과학기술심의위원회 전문위원 2013~2015년 서울시교육청 교육발전위원 2014~2016년 미래컴퍼니 사외이사 2014년 조선일보 고정 칼럼리스트 2014~2017년 미래창조과학부 미래준비위원장 2015년 대법원 IP-(Intellectual Property) 허브 코트(Hub Court) 추진위원회 위원 2015~2017년 미래창조과학부 기초연구추진위원장 2015~2018년 대통령소속 국가지식재산위원회 제3기 민간위원 2016~2018년 미래학회 초대 회장 2018년 국회미래연구원 이사(현) 2018년 중앙일보 과학칼럼리스트 2019년 한국과학기술원(KAIST) 교학부총장(현) (상)백암학술상 기술부문(1990), 정보문화진흥상(1990), 신지식인상(1999), KAIST 공적상(2000), 한국과학기술단체총연합회 우수논문상(2001), KAIST 특별공로상(2004), 프랑스훈장 기사장(2004), 동아일보 선정 '10년 후 대한민국을 빛낼 100인'(2010), KAIST 자랑스런 동문상(2014), 국민훈장 동백장(2016) (저)'퍼지이론 및 응용' '달팽이와 TGV' '포철같은 컴퓨터를 가진다면' '멀티미디어에서 사이버 스페이스까지' '21세기 벤처대국을 향하여' '벤처기업 나도 할 수 있다' '그러나 그의 삶은 따뜻했다' 'Introduction to Systems Programming'(1997, Prentice Hall) 'First Course on Fuzzy Theory'(2005, Springer) '3차원 창의력 개발법'(2012, 비즈맵) '미래를 생각한다, 2013+5'(2012, 비즈맵) 'Three Dimensional Creativity'(2014, Springer) '3차원 예측으로 보는 미래경영'(2015, 생능) '누가 내 머릿속에 창의력을 심어놨지'(2015, 문학동네) '세상의 미래'(2018, MID)

이광호(李光浩) LEE, Kwang Ho

(생)1955 · 4 · 23 (출)서울 (주)서울특별시 서초구 명달로 41 한국식품산업협회(02-3470-8100) (학)1974년 경동고졸 1982년 고려대 식품공학과졸 1986년 미국 하와이주립대 대학원 식품과학과졸 1990년 미국 럿거스대 대학원 식품과학과졸 (경)1990~1996년 (주)서통기술연구소 근무 1996~2005년 식품의약품안전청 근무 2005년 同식품규격평가부 식품규격과장 2006년 경인지방식품의약품안전청 시험분석센터장 2008년 식품의약품안전청 식품평가부장 2009년 식품의약품안전평가원 식품위해평가부장 2012~2013년 同원장 2017년 한국식품산업협회 상근부회장(현) (상)근정포장(2010) (저)'식품포장학'

이광호(李洸浩) LEE Kwang Ho

(생)1956 · 6 · 20 (출)서울 (주)경기도 수원시 영통구 광교산로 154-42 경기대학교 휴먼서비스학부(031-249-9374) (학)1981년 연세대 교육학과졸 1983년 同대학원 교육학과졸 1991년 교육학박사(연세대) (경)1989~2003년 한국청소년정책연구원 선임연구위원 2002년 同육성정책연구실장 2003년 경기대 청소년학과 교수, 同지식정보서비스대학 휴먼서비스학부 교수(현) 2005~2007년 국가청소년위원회 청소년정책단장 2008년 보건복지가족부 청소년보호위원회 위원 2009~2011 · 2015~2016년 경기대 입학처장 2013~2014년 同교무처장 겸 본부대학장 2015~2016년 同입학처장 2017~2019년 여성가족부 청소년보호위원회 위원 2018년 한국청소년활동진흥원 이사장(현) (상)문화체육부장관표창(1993), 대통령표창(2003), 녹조근정훈장(2015) (저)'청소년문화론(共)'(1992) '청소년관계법과 행정(共)'(1993) '구한말 근대교육체제와 학력주의 연구'(1996) '청소년지도학(共)'(1999) '청소년집단역학(共)'(2002) '청소년정책론(共)'(2003) '청소년수련활동론(共)'(2003)

이광호(李光浩)

(생)1962 · 8 · 5 (주)서울특별시 중구 세종대로 125 서울특별시의회(02-3702-1400) (학)한양공고졸 (경)한국노총 서울지역본부 부의장, 더불어민주당 중앙위원회 위원(현), 同중앙당 전국노동위원회 부위원장(현) 2018년 서울시의회 의원(비례대표, 더불어민주당)(현) 2018년 同기획경제위원회 위원(현) 2018년 同서부지역 광역철도 건설 특별위원회 위원(현) 2018년 서울시농수산식품공사 사장 후보자 인사청문특별위원회 위원(현) 2019년 서울시의회 김포공항주변지역활성화특별위원회 위원장(현) 2019년 同독도수호특별위원회 위원(현)

이광호(李光鎬) Lee Kwang-ho

(생)1965 (출)충남 아산 (주)서울특별시 종로구 청와대로 1 대통령 교육비서관실(02-770-0011) (학)천안고졸, 한양대 국어국문학과졸, 동국대 대학원 국어교육과졸 (경)2009년 경기도교육청 혁신학교추진위원회 위원, 이우학교설립위원회 사무국장 2003년 대안학교 '이우학교' 교사 2015년 同교장 2017년 교육부 학교교육혁신분과위원회 정책자문위원 2017년 경기도교육청 학교정책과 장학관 2018년 대통령 사회수석비서관실 교육비서관(현)

이광호(李光鎬) Lee Kwang-Ho

(생)1971 · 9 · 7 (주)대전광역시 서구 청사로 189 산림청 산사태방지과(042-481-4270) (학)1990년 울산고졸 1997년 경북대 임학과졸 2002년 同대학원 임학과졸 (경)2015년 산림청 기술서기관 2016년 同이용국 기술서기관 2017년 同산림복지국 산림복지정책과 기술서기관 2017년 同보호국 수목원조성사업단 시설과장 2017년 同홍천국유림관리소장 2019년 同산사태방지과장(현)

이광회(李光會) LEE KWANG HOE

(생)1962 · 5 · 1 (출)서울 (주)서울특별시 중구 세종대로21길 52 조선일보 AD본부(02-724-5114) (학)1980년 서울 우신고졸 1987년 성균관대 신문방송학과졸 (경)1995년 조선일보 입사 2001~2004년 조선일보 홍콩특파원 2008~2009년 同인터넷뉴스부장 2010년 同애드마케팅팀장 2011년 同산업부장 2014년 同편집국 부국장 2015년 (주)조선경제i 대표이사 2016년 조선일보 편집국 부국장급 2016년 同AD본부 부본부장 2017년 同AD본부장(현) 2017년 한국신문협회 광고협의회 부회장(현)

이광희 LEE Kwang Hee

(생)1964 · 10 · 17 (주)서울특별시 은평구 진흥로 235 한국행정연구원(02-2007-0569) (학)1989년 서울대 외교학과졸 1999년 同대학원 정치학과졸 2003년 정치학박사(서울대) (경)2000~2003년 서울대 사회과학연구원 한국정치연구소 연구원 2003년 한국행정연구원 수석연구원, 同국정평가연구센터 소장 2009년 同국정연구본부장 2010년 同수석연구위원 2014년 同국무조정연구부장 2015 · 2017년 同국정평가연구실 선임연구위원(현) 2016~2017년 同평가연구부장 (상)대통령표창(2016) (저)'한국지방자치와 민주주의 : 10년의 성과와 과제'(2002) '정책평과와 성과관리(共)'(2006)

이교선(李敎善) LEE Kyo Sun

(생)1956 · 2 · 22 (출)서울 (주)서울특별시 강남구 영동대로 333 일동빌딩 10층 일진건설(02-3452-3798) (학)신일고졸, 경희대 건축공학과졸, 고려대 대학원 건축공학과졸, 도시계획학박사(경원대) (경)현대건설(주) 입사 2009년 同건축사업본부 상무 2011년 同주택사업본부 전무 2012년 STX건설 건축사업본부장(전무) 2013~2014년 同사업총괄 전무 2013년 새롬성원산업(주) 대표이사 겸임 2015년 가천대 IPP사업단 교수 2016년 삼영글로벌(주) 대표이사 2017년 한국공학한림원 일반회원(건설환경공학) 2018년 일진건설 대표이사(현) 2019년 한국공학한림원 정회원(현) (상)노동부장관표창, 부산직할시장표창, 대통령표창(2009) (종)천주교

이교선(李敎善) LEE Kyo Seon

(생)1959 · 3 · 2 (출)인천 강화 (주)경기도 고양시 일산서구 고양대로 283 한국건설기술연구원(031-910-0013) (학)1982년 동국대 건축공학과졸 1987년 同대학원 건축공학과졸 1996년 건축공학박사(동국대) (경)1999년 건설교통부 중앙건설기술심의위원 2000년 한국건설기술연구원 기술정책연구그룹장, 同수석연구원 2001년 건설교통부 장관자문관 2002년 한국건설기술연구원 건설관리연구부 수석연구원 2002년 同기획조정실장 2003년 同기획조정부장 2004~2006년 同건설관리연구부장, 同건설관리 · 경제연구실장 2010년 同건설시스템혁신연구본부장 2010년 同선임연구위원 2011년 同건설시스템혁신연구본부 건설관리 · 경제연구실 선임연구위원 2012년 同건설정책연구센터장 2014년 한국건설기술연구원 건설정책연구소 선임연구위원 2018년 同산업혁신부원장 겸 건설정책연구소장 2019년 同건설산업고도화센터 선임연구위원(현) (상)건설교통부장관표창(2009) 등

이교성(李敎聲) Lee Kyo Sung

(생)1959 · 5 · 1 (출)경북 영주 (주)경상남도 거제시 장평3로 75 쏘테크(주)(055-630-8723) (학)경북고졸, 서울대 조선공학과졸 (경)삼성중공업(주) 기술영업2그룹장 2006년 同기본설계2팀장(상무) 2011년 同고객지원담당 전무 2014~2017년 同총괄PM 나이지리아법인장(전무) 2017년 同자문역 2018년 거제대 연구교수 2019년 쏘테크(주) 대표이사(현) (종)기독교

이교영(李敎榮) LEE Kyo Young

(생)1954 · 12 · 20 (주)서울특별시 서초구 반포대로 222 가톨릭대학교 서울성모병원(1588-1511) (학)1980년 가톨릭대 의대졸 1988년 同대학원 임상병리학과졸 1993년 임상병리학박사(가톨릭대) (경)1984~1987년 부산국군통합병원 임상병리과장(군의관) 1992~2002년 가톨릭대 의대 임상병리학교실 조교수 · 부교수 1993~1995년 미국 텍사스대 Health Science Center at San Artonio 교환교수 2000~2002년 대한병리학회 기획이사 2004년 가톨릭대 의대(강남성모병원) 병리학교실 교수(현) 2006~2008년 대한세포병리학회 총무이사 2006~2008년 대한병리학회 심폐병리연구회 대표 2006~2010년 가톨릭대 의대 병원병리학교실 주임교수 2015년 대한세포병리학회 윤리위원장 2019년 대한병리학회 회장(현) (저)'알기쉽게 이해하는 임상병태생리학'(2008)

이교진(李敎珍) LEE Kyo Jin

(생)1949 · 6 · 4 (본)전의(全義) (출)전북 김제 (주)서울특별시 마포구 마포대로 45 일진제강 임원실(02-707-9166) (학)1968년 전주고졸 1974년 서울대 금속공학과졸 (경)1973년 현대양행 입사 1977년 금호실업 근무 1979년 국제상사 근무 1985년 일진경금속(주) 대표이사 1999년 일진전선 대표이사 2001~2003년 (주)일진 대표이사 2006~2012년 (주)대흥알앤티 대표이사 사장 2017년 일진제강 대표이사 사장(현)

이구범(李九範) Lee Ku Beom

(생)1964 · 3 · 12 (본)함평(咸平) (주)서울특별시 중구 을지로5길 26 미래에셋캐피탈 임원실(02-3774-5943) (학)고려대 경영학과졸, 同경영대학원 재무관리학과졸(석사) (경)1986년 LG전자 입사 1997년 동원증권 기업금융팀장 2000년 미래에셋증권 기업금융본부장(이사) 2005년 同IB센터장(부사장) 2006~2007년 同기업금융사업부 대표(사장) 2008~2011년 同투자금융사업부 대표(사장) 2011~2016년 부동산114(주) 대표이사 2017년 미래에셋캐피탈 투자금융부문 대표(현)

이구영(李九永)

(생)1964 · 4 (출)서울 (주)서울특별시 중구 청계천로 86 한화케미칼(주) 임원실(02-729-2700) (학)1983년 대신고졸 1990년 연세대 정치외교학과졸 (경)2009년 한화케미칼 뉴욕지사 상무보 2013년 同솔라영업담당 상무 2015년 한화큐셀 EA모듈사업부장(상무) 2016년 同EA모듈사업부장(전무) 2018년 한화케미칼(주) 사업전략실장(전무) 2018년 同사업총괄 부사장 2019년 同대표이사 부사장(현)

이구익

(생)1962 · 5 · 5 (주)경기도 양주시 평화로 1215 경기지방중소벤처기업청 경기북부사무소(031-820-9000) (학)1981년 금오공업고졸 1990년 인천대 무역학과졸 2007년 미국 미시간주립대 대학원 국제전문인양성과정(VIPP) 수료 (경)2005년 서울지방중소기업청 사무관 2005~2007년 국외훈련(미국 미시간주립대) 2007년 중소기업청 중소기업정책본부 국제협력과 사무관 2009년 同중소기업정책국 기업협력과 사무관 2010년 同감사담당관실 사무관 2010~2012년 국무총리실 공직윤리지원관실 파견 2012년 중소기업청 경영지원국 기업금융과 · 판로정책과 사무관 2012년 同경영판로국 판로정책과 사무관 2013년 同감사담당관실 사무관 2014년 대전충남지방중소기업청 기업환경개선과장(서기관) 2014년 강원지방중소기업청 창업성장지원과장 2015년 중소기업청 창조행정법무담당관실 서기관 2017년 경기지방중소벤처기업청 경기북부사무소장(현) (상)국무총리표창(2002)

이구찬

(생)1960 (출)경북 영천 (주)서울특별시 영등포구 국제금융로8길 27-8 NH농협캐피탈 비서실(1644-3700) (학)경북 산동고졸, 경북대 임학과졸, 同대학원 경영학과졸(석사) (경)1987년 농협중앙회 입사, 同창녕군지부 근무 2004년 同경북본부 지도홍보팀장 2008년 同경북본부 기획조정팀장 2009년 同경북본부 기획홍보팀장 2010년 同경주시지부 금융지점장 2011년 同영천시지부장, 同상호금융 여신부 · 투자부 단장 2014년 同상호금융 기획부장 · 수신부장 2017년 同상호금융 자산운용본부장(상무) 2019년 NH농협캐피탈 대표이사(현)

이구환(李九煥)

(생)1961 (출)경남 진주 (주)서울특별시 중구 새문안로 16 농업협동조합중앙회 임원실(02-2080-5093) (학)진주 대아고졸, 부산대 수학과졸 (경)1988년 농협중앙회 입사 2004년 同인사팀장 2008년 同경기지역본부 백마지점장 2010년 同신용보증추진단장 2011년 同PB마케팅부 마케팅혁신단장 2012년 NH농협은행 마케팅지원부장 2015년 同인사부장 2016년 同경남영업본부장 2017년 농협중앙회 경남지역본부장 2018년 同농업농촌지원본부장(상무)(현) (상)농림부장관표창(2007), 농림수산식품부장관표창(2010)

이국노(李國老) LEE Kook Noh (蜘蛛 · 太仙)

(생)1947 · 11 · 29 (본)전주(全州) (출)충북 진천 (주)서울특별시 영등포구 양산로 88-1 (주)사이몬(02-2676-0583) (학)1965년 청주기계공고졸 1973년 한양대 공과대학 재료공학과졸 1978년 연세대 경영대학원졸 1995년 숭실대 중소기업대학원 최고경영자과정 수료 1997년 한양대 환경대학원 수료 2006년 서울대 경영대학원 최고경영자과정 수료 2016년 명예 체육학박사(용인대) (경)1973년 지주산업 창업 1986년 (주)지주 법인설립 · 대표이사 1990년 민주평통 서대문구 부회장 1991~2009년 (주)유화수지 창업 · 대표이사 1993~2002년 한국플라스틱공업협동조합연합회 이사장 1993 · 2006년 한국플라스틱기술연구사업협동조합 이사장(현) 1993년 신용보증기금 운영위원 1993년 한국플라스틱시험원 원장 1993년 대통령자문 국가경쟁력강화위원회 민간위원 1995년 (사)대한검도회 김포검도협회 회장 1995년 한국플라스틱재활용협회 회장 1996년 (주)사이몬 회장(현) 1998 · 1999년 중소기업협동조합중앙회 부회장 1998년 중소기업특별위원회 실무위원 1998년 중소기업진흥공단 운영위원 1999년 국제표준화기구(ISO) 운영위원 2002~2005년 (사)한국플라스틱자원순환협회 회장 2003년 (사)한국플라스틱자원순환공제조합 이사장 2006년 한양대환경대학원총동문회 회장(현) 2007~2011년 서울여자간호대 평의회 의장 2009년 서울대AMP총동문회 부회장(현) 2009년 한국화학융합시험연구원 이사(현) 2011년 (재)한국예도문화장학체육재단 이사장(현) 2013~2016년 (사)대한검도회 수석부회장 2013년 同검도8단(교사) 2014년 同8단 심사위원(현) 2014년 서울특별시검도회 지도사범 겸 심사위원(현) 2018년 용인대검도동문회 고문(현) (상)아시아검도선수권 국가대표 3위(1988), 특허청장표창(1990), 대통령표창(1992 · 2009), 상공부 · 문화체육부장관표창(1993), 경기도지사표창(1994), 산업포장(1999), 동탑산업훈장(2001), 산업통상자원부장관표창(2013), 대한검도회 공로상(2013), 자랑스러운 진천인상(2015), 중소기업청 · 중소기업중앙회 '자랑스런 중소기업인' 헌정(초상)(2015), 중소기업청 · 중소기업중앙회 '자랑스런 중소기업인' 헌정(동판)(2016), 서울대 AMP 대상(2018) (저)'플라스틱코리아' '배를 째라 그리고 판을 바꾸어라' '우리검도'(2016, 직지출판사) (역)'플라스틱용어사전' '플라스틱 성형기술' '플라스틱재료기술' (작)10월 동아일보 (종)천주교

이국종(李國鍾) John Cook-Jong LEE

(생)1969·4·22 (출)서울 (주)경기도 수원시 영통구 월드컵로 206 아주대학교병원 외상외과(031-219-7764) (학)1995년 아주대 의대졸 1999년 同대학원 의학석사 2002년 의학박사(아주대) (경)2001년 아주대 의대 외과학교실 연구강사·조교수·부교수·교수(현) 2003년 미국 캘리포니아대 샌디에이고교 외상외과 연수 2007~2008년 영국 로열런던병원 외상센터(The Royal London Hospital Trauma Center) 연수 2010~2019년 아주대병원 외상외과장 2010년 同권역외상센터 소장(현) 2015년 해군 홍보대사 2016년 육군항공 홍보대사 2017년 명예 해군 소령 2018년 아주대학교의료원 외상연구소장(현) 2018년 명예 합참인(현) 2018년 해양경찰청 홍보대사(현) 2018년 명예 해양경찰(경정)(현) 2018년 명예 해군 중령(현) 2019년 경기도 외상체계지원단장(현) (상)국민포장(2011), 유민문화재단 홍진기창조인상 사회부문(2012), 포니정재단 올해의 혁신상(2017), 환경재단 세상을 밝게 만드는 사람들 사회부문(2017), 국민훈장 무궁화장(2019) (저)'골든아워 1·2'(2018)

이국헌(李國憲) LEE Kook Hun (元齊)

(생)1936·12·17 (본)광산(光山) (출)전북 순창 (주)경기도 고양시 덕양구 화정로 53 새롬플라자803호 이국헌가나안법률사무소(031-963-7000) (학)1955년 숭일고졸 1961년 고려대 법학과졸 1969년 同대학원 정치외교학과졸 1971년 미국 캘리포니아대 버클리교 대학원 수료 1983년 미국 하버드대 국제정치학과 수료 (경)1961년 공군 법무관 1966~1979년 대구지검·법무부·서울지검 검사 1976년 서울지검 특별수사부 수석검사 1979년 대구지검 부장검사 1980년 대검찰청 특수부 부장검사 1986년 서울시 법률고문변호사 1992년 법무법인 한국종합법률사무소 대표변호사 1996년 제15대 국회의원(고양 덕양, 신한국당·한나라당) 1998년 한나라당 이회창 총재 정책특보 2000년 同고양덕양甲지구당 위원장 2006년 이국헌가나안법률사무소 대표변호사(현) (상)홍조근정훈장(1981) (종)기독교

이국현(李國賢) LEE Kook Hyun

(생)1956·6·26 (출)서울 (주)서울특별시 종로구 대학로 101 서울대병원 마취통증의학과(02-760-2567) (학)1981년 서울대 의대졸 1987년 同대학원 의학석사 1990년 의학박사(서울대) (경)1981년 서울대병원 인턴 1982~1985년 공군 군의관 1985~1988년 서울대병원 마취과 전문의 1988년 일본 쿠마모토대 의학부 연구원 1989~2001년 서울대 의대 마취과학교실 전임강사·조교수·부교수 1991년 미국 미시간대 교환교수 1997년 독일 뒤셀도르프대 교환교수 2001년 서울대 의대 마취통증의학교실 교수(현) 2012년 同의대 마취통증의학교실 주임교수 2012·2014년 서울대병원 마취통증의학과 진료과장 2014~2016년 대한마취통증의학회 이사장 (상)애보트학술상(1995), 국제호흡관리학회 특별회원상(2001) (저)'중환자 진료학'(1996) '신생아보조환기요법'(1998) '임상소아마취'(1999) '동물실험지침'(2000) (역)'마취와 약물상호작용'(1996)

이국현(李國鉉)

(생)1977·6·20 (출)서울 (주)경상북도 포항시 북구 법원로 181 대구지방법원 포항지원(054-250-3050) (학)1996년 대일외국어고졸 2001년 서울대 법학과졸 (경)2000년 사법시험 합격(42회) 2003년 사법연수원 수료(32기) 2003년 軍법무관 2006년 서울북부지원 판사 2008년 서울중앙지법 판사 2010년 춘천지법 원주지원 판사 2013년 청주지법 판사 2013년 대전고법 청주재판부 판사 2014~2016년 법원행정처 사법지원실 사법지원심의관 2015년 수원지법 판사 2016년 서울고법 판사 2018년 대구지법 포항지원·대구가정법원 포항지원 부장판사(현)

이국형(李國炯) Lee, Kuk Hyung

(생)1965·2·23 (출)충남 보령 (주)서울특별시 영등포구 의사당대로 88 한국투자부동산신탁(02-3276-6400) (학)1982년 대전 대성고졸 1986년 충남대 법학과졸 2003년 건국대 부동산대학원 부동산학과졸 2006년 고려대 정책대학원 수료 2012년 부동산학박사(강원대) (경)1989년 한국토지공사 근무 1996년 한국토지신탁 근무 2004년 (주)다올부동산신탁 근무 2005년 同전략사업본부장(이사) 2008년 同사업1본부장(상무이사) 2010년 (주)하나다올신탁 경영지원본부장 2013년 (주)하나자산신탁 경영지원본부장 2015년 (주)하나자산운용 대표이사 2019년 한국투자부동산신탁 대표이사 내정(현)

이군자(李君子·女) LEE Koon Ja

(생)1958·1·9 (출)부산 (주)경기도 성남시 수정구 산성대로 553 을지대학교 안경광학과(031-740-7182) (학)1980년 연세대 생화학과졸 1984년 同대학원졸 1994년 이학박사(연세대) (경)1980~1982년 한국원자력연구소 연구원 1984~1988년 한양대 의과대학 해부학교실 조교·전임강사 1991년 서울보건대학 전임강사·조교수, 同안경광학과 부교수·교수, 同학술정보센터 소장, 대한시과학회지 편집위원장, 서울보건대 안경광학과장 2007년 을지대 안경광학과 교수(현) 2008년 同평생교육원장 2008년 同국제교류팀장 2011·2012년 미국 세계인명사전 'Marquis Who's Who in the World'에 등재 2014년 을지대 입학관리처장 2018년 同보건과학대학장(현) (상)범석학술상 최우수상(2000), 톱콘안광학학술상 대상(2000·2001·2003·2008·2010·2012), 국제콘택트렌즈교육자협의회(IACLE) 올해의 교육자상(2017) (저)'콘택트렌즈'(1995) '콘택즈렌즈실습'(2011) (역)'콘택트렌즈 임상사례'(2007)

이군현(李君賢) LEE Koon Hyon

(생)1952·3·12 (본)고성(固城) (출)경남 통영 (학)1971년 대경상고졸 1977년 중앙대 사범대학 영어교육학과졸 1980년 미국 캔자스주립대 대학원 교육행정학과졸 1983년 교육행정학박사(미국 캔자스주립대) (경)1983년 한국교육개발원 교육정책연구실장 1984~2003년 한국과학기술원(KAIST) 인문사회과학부 교수 1984년 同기획실장·교양과정학부장·학생부처장 1994년 교육부 국책공대 기획평가위원 1994년 한국과학기술원(KAIST) 교양과정학부장 겸 과학영재교육연구소장 2001~2004년 한국교원단체총연합회 회장 2001년 대통령자문 교육인적자원정책위원 2002년 바른사회를위한시민회의 공동대표 2003~2004년 중앙대 교육대학원 교수 2003년 한국신문윤리위원회 위원 2003년 한국간행물윤리위원회 위원 2004년 제17대 국회의원(비례대표, 한나라당) 2004~2005년 한나라당 제5정책조정위원장 2006년 同사학법무효화투쟁본부 산하 학습권수호특별위원장 2006년 同원내부대표 2008년 제18대 국회의원(통영·고성, 한나라당·새누리당) 2008~2010년 한나라당 중앙위원회 의장 2009~2015년 (사)한국청소년발명영재단 총재 2009년 전국도서지역기초의원협의회 고문 2010~2011년 한나라당 원내수석부대표 2010년 국회 운영위원회 간사 2010년 국회 여성가족위원회 위원 2010년 국회 문화체육관광방송통신위원회 위원 2011~2012년 한나라당 경남도당 위원장 2011년 국회 행정안전위원회 위원 2012년 제19대 국회의원(경남통영시·고성군, 새누리당) 2012년 국회 윤리특별위원회 위원장 2012년 새누리당 지역화합특별위원회 부위원장 2013년 국회 교육문화체육관광위원회 위원 2013~2014년 국회 예산결산특별위원회 위원장 2014년 국회 미래창조과학방송통신위원회 위원 2014~2015년 새누리당 사무총장 2014~2015년 同조직강화특별위원회 위원장 2015년 국회 국토교통위원회 위원 2015년 국회 농림축산식품해양수산위원회 위원 2015년 새누리당 교육개혁특별위원회 위원장 2016년 同제20대 총선 중앙선거대책위원

회 공동총괄본부장 2016~2018년 제20대 국회의원(경남 통영시·고성군, 새누리당·바른정당〈2017.1〉·자유한국당〈2017.5〉) 2016~2018년 국회 농림축산식품해양수산위원회 위원 2017년 바른정당 제19대 유승민 대통령후보 중앙선거대책위원회 교육혁신위원장 2018년 자유한국당 정책위원회 부의장 2018년 同정책혁신위원회 교육과학미래혁신분과 위원장 2018년 同6.13전국지방선거공약개발단 중앙핵심공약개발단 산하 교육과학미래혁신단장 2018년 국회 교육위원회 위원 (상)정보통신부장관표창(2002), 자랑스러운 중앙인상(2008), 한국과학기술원(KAIST) 선구자기념패(2009), 대한민국 국회의원 의정대상(2013) (저)'교육행정학' '영재교육학' '현대 문명의 위기와 기술철학' '다함께 행복한 통영·고성 만들기'(2011) (종)기독교

이권수(李權洙) LEE Kweon Soo

(생)1960·9·5 (주)광주광역시 북구 북문대로 21 고운건설(주)(062-528-8100) (학)광주 대동고졸, 조선대 이공대학졸 (경)고운건설(주) 대표이사 사장(현), 대한건설협회 광주시회 간사, 동부새마을금고 이사 2015~2019년 대한건설협회 광주시회장 2017년 건설경제신문 이사

이권재(李權載) LEE Kwon Jae

(생)1954·7·18 (본)광주(廣州) (출)광주 (주)인천광역시 미추홀구 소성로185번길 28 명인빌딩 303호 법무법인 명문(032-861-6300) (학)1974년 광주제일고졸 1978년 서울대 법학과졸 1980년 전남대 법학대학원 수료 (경)1983년 사법시험 합격(25회) 1985년 사법연수원 수료(15기) 1986년 부산지검 검사 1988년 광주지검 해남지청 검사 1989년 춘천지검 검사 1991년 대전지검 검사 1993년 서울지검 검사 1996년 수원지검 검사 1997년 광주고검 검사 1998년 광주지검 해남지청장 1999년 서울지검 부부장검사 2000년 광주지검 강력부장 2001년 인천지검 공안부장 2003년 대검찰청 공안1과장 2004년 서울남부지검 형사1부장 2005년 인천지검 형사1부장 2006년 법무법인 명문 변호사 2007년 同대표변호사(현)

이귀남(李貴男) LEE Kwi Nam

(생)1951·4·8 (본)전주(全州) (출)전남 장흥 (주)서울특별시 강남구 도산대로 310 916빌딩 401호 LKN법학연구소(02-529-0801) (학)1969년 인창고졸 1973년 고려대 법대졸 2011년 명예 법학박사(경북대) 2011년 명예 법학박사(순천향대) (경)1980년 사법시험 합격(22회) 1982년 사법연수원 수료(12기) 1982년 서울지검 동부지청 검사 1985년 광주지검 해남지청 검사 1986년 광주지검 검사 1988년 서울지검 검사 1991년 대검찰청 검찰연구관 1993년 서울지검 서부지청 검사 1993년 광주지검 해남지청장 1994년 同강력부장 1995년 同공안부장 1996년 수원지검 성남지청 부장검사 1997년 대검찰청 범죄정보관리과장 1998년 同중앙수사부 제3과장 1999년 서울지검 특수3부장 2000년 대통령 사정비서관 2001년 서울지검 형사1부장 2002년 대검찰청 범죄정보기획관 2003년 인천지검 제2차장검사 2004년 대구지검 제2차장검사 2005년 同제1차장검사 2005년 법무부 기획관리실장 2005년 同정책위원회 위원 2006년 대검찰청 공안부장 2007년 同중앙수사부장 2008년 대구고검장 2009년 법무부 차관 2009~2011년 同장관 2009년 정부공직자윤리위원회 위원 2010년 대법원 대법관제청자문위원 2010년 사랑의장기기증운동본부 생명나눔 친선대사 2013년 서울시 갈등관리심의위원회 위원장(현) 2013~2019년 (주)GS 사외이사 2014년 LKN법학연구소 변호사(현) 2015년 기아자동차 사외이사(현) 2016년 대한체육회 미래기획위원회 위원장 2018년 기아자동차 감사위원회 위원(현) (상)근정포장(1989), 황조근정훈장(2004), 자랑스런 인창인상(2009), 사회복지공동모금회 감사패(2010), 청조근정훈장(2012), 자랑스러운 고대법대인상(2017)

이귀영(李貴永) Lee, Kwee Young

(생)1962·9·23 (출)충남 청양 (주)전라남도 목포시 남농로 136 국립해양문화재연구소(061-270-2010) (학)1981년 공주사대부고졸 1985년 공주사범대 역사교육학과졸 1997년 공주대 대학원 역사학과졸 2011년 한국사학박사(고려대) (경)1989~1995년 국립중앙박물관 학예연구사 1995~2005년 同학예연구실 미술부 학예연구관·제주박물관 학예연구실장·학예연구실 미술부 학예연구관 2005~2013년 국립고궁박물관 유물과학과장·국립문화재연구소 미술문화재연구실장·국립고궁박물관 전시홍보과장 2013~2015년 국립고궁박물관장 2015년 교육 파견 2016년 국립해양문화재연구소 해양유물연구과장 2016년 同소장(현)

이귀재(李貴宰)

(주)전라북도 익산시 고봉로 79 전북대학교 특성화캠퍼스 환경생명자원대학 생명공학부(063-850-0836) (학)1986년 전북대 농학과졸 1988년 同대학원 농학과졸 1997년 농학박사(전북대) (경)1994~1996년 일본 도쿄대 농학부 연구원 1995~1998년 일본 농업연구센터 Post-Doc. 1999~2007년 전북대 농업생명과학대학 농생물학과 전임강사·조교수·부교수 2006~2007년 同학생처 부처장 2008~2009년 同종합인력개발원장 2008~2013년 국립식량과학원 겸임연구원 2008년 전북대 환경생명자원대학 생명공학부 교수(현) 2008~2010년 同환경생명자원대학 생명공학부장 2011~2012년 同취업지원본부장 2014년 한국자원식물학회 회장 2019년 전북대 대외협력부총장(현)

이규복(李圭復) LEE Kyu Bok

(생)1954·9·5 (출)대전 (주)부산광역시 부산진구 황령대로 25-9 애드인더스 비서실(051-634-8778) (학)1999년 부경대 경영대학원졸 (경)1985년 부산스텐 설립·대표 1994년 애드산업 대표이사 1995년 동남라이온스 부회장 1996년 울산·경남광고물협동조합 이사장 2001년 한국옥외광고사업협회 부산시지부 부회장 2001년 한국광고물제작공업협동조합연합회 이사 2003년 한국옥외광고사업협회 부산진구지회장 2005년 한국광고물제작공업협동조합연합회 회장(현) 2008년 애드인더스 대표이사(현) (상)경남도지사표창(1994), 중소기업중앙회장표창(1998), 부산시장표창(2000·2001) (종)불교

이규봉(李揆奉) Lee Gyu Bong

(생)1955·8·17 (본)전주(全州) (출)대전 (주)서울특별시 금천구 두산로 70 한국스마트제조산업 비서실(02-808-0828) (학)1974년 대전고졸 1978년 서울대 기계공학과졸 1980년 한국과학기술원 기계공학과졸 1989년 기계공학박사(한국과학기술원) (경)1981~1983년 대우조선공업 대리 1983~1989년 한국과학기술연구원(KIST) 선임연구원 1989년 한국생산기술연구원 청정생산시스템연구소 수석연구원, 同생산공정기술본부장 2010~2011년 한국정밀공학회 부회장 2012~2013년 한국생산기술연구원 엔지니어링플랜트기술본부장 2013년 同생산시스템연구실용화그룹 수석연구원 2015년 同스마트제조기술그룹 수석연구원 2017년 한국스마트제조산업협회 부회장(현), H20품앗이운동본부 이사(현) (상)과학기술우수논문상(2013) (종)불교

이규석(李圭晳) Lee Kyu Suk (敎山)

(생)1946·10·20 (본)경주(慶州) (출)경기 양평 (주)서울특별시 강남구 삼성로104길 17 대모빌딩 4층 한국시민자원봉사회(02-2663-4163) (학)1965년 한영고졸 1973년 서울대 지구과학교육과졸 1977년 同대학원 교육학과졸 1992년 교육학박사(한국교원대) (경)1974년 영등포고 교사 1981년 영등포여고

교사 1984년 교육부 장학편수실 교육연구사 1992년 同자연과학편수관실 교육연구관 1994년 서울 월곡중 교감 1998년 서울시과학교육원 탐구전시실장 1999년 서울시교육과학연구원 과학기술교육연구부장 1999년 서울 상경중 교장 2003년 서울시 강서교육청 학무국장 2003년 서울시교육과학연구원장 2004~2012년 중앙대 겸임교수 2005~2007년 한국교육연수회장 2006년 서울시교육청 평생교육국장 2007~2008년 서울고 교장 2009~2011년 교육과학기술부 학교교육지원본부장 2009~2014년 (사)한국과학교육단체총연합회 회장 2010~2014년 에너지기후변화교육학회 회장 2010년 한국자연보호학회 이사(현) 2011년 G20교육연합 공동대표 2011~2014년 한국교원대 교육정책전문대학원 초빙교수 2012년 한국자연탐사협의회 회장 2014년 한국시민자원봉사회 상임이사(현) 2015~2016년 同중앙부회장 2015년 한국문인협회 서울지회 이사(현) 2015년 한국인성진흥협의회 상임대표(현) 2016년 통일지도자협회 교육위원장(현) 2016년 한국시민자원봉사회 지도자문회의 의장(현) 2017년 (사)한국미래교육연구협의회 회장(현) (상)대통령표창(1991), 녹조근정훈장(2008), 청관대상 사도상(2011) (저)'오직 한마음으로'(2007), 수상집 '인디언 추장의 기우제'(2015) '초중고 교과서'(共) 외 50여 권 (역)'별과 우주'(1987)

이규석(李奎碩)

(생)1971 (주)서울특별시 마포구 상암산로 76 YTN 뉴스퀘어 11층 한국문화예술교육진흥원 원장실(02-6209-5900) (학)대원외고졸, 고려대 신문방송학과 중퇴 (경)2006~2009년 예술경영지원센터장 2009년 서울문화재단 남산예술센터 극장장 2012년 同예술지원본부장 2015~2018년 同창작지원본부장 2019년 한국문화예술교육진흥원장(현)

이규성(李圭晟) KYU-SUNG LEE

(생)1963·3·14 (주)서울특별시 강남구 일원로 81 삼성서울병원 비뇨의학과(02-3410-3554) (학)1981년 부평고졸 1987년 서울대 의대졸 1991년 同대학원 의학석사 1998년 의학박사(서울대) (경)1995년 삼성서울병원 비뇨기과 전임의 1997년 성균관대 의대 비뇨의학교실 조교수·부교수·교수(현) 2008년 대한배뇨장애요실금학회 연구이사·자문위원(현) 2009년 대한비뇨기과학회지 부편집인(현) 2011~2013년 대한배뇨장애요실금학회 회장 2013~2017년 삼성서울병원 의공학연구센터장 2014년 성균관대 의과대학 부학장(현) 2014년 同삼성융합의과학원 의료기기산업학과 학과장(현) 2015년 同의과대학 비뇨의학교실 주임교수(현) 2015~2019년 삼성서울병원 비뇨의학과 과장 2018년 대한비뇨기과학회 회장(현) 2018년 삼성서울병원 스마트헬스케어연구소장(현) (상)보건복지부장관표창(2017)

이규영(李圭永)

(생)1973·4·19 (출)서울 (주)강원도 강릉시 동해대로 3288-18 춘천지방법원 강릉지원(033-640-1000) (학)1991년 현대고졸 1998년 서울대 경제학과졸 (경)2000년 사법시험 합격(42회) 2003년 사법연수원 수료(32기) 2003년 서울지법 동부지원 예비판사 2004년 서울고법 예비판사 2005년 서울중앙지법 판사 2007년 창원지법 판사 2010년 인천지법 판사 2012년 의정부지법 고양지원 판사 2015년 서울북부지법 판사 2016년 서울고법 판사 2018년 춘천지법 강릉지원 부장판사(현)

이규원(李揆元) RHEE Kyu Won (凭我·溫山)

(생)1949·4·1 (본)전주(全州) (출)충남 홍성 (주)서울특별시 영등포구 국회대로74길 20 맨하탄21빌딩 511호 한국언론인연합회(02-782-9311) (학)1988년 한국방송통신대 중국어과졸 2003년 을지대 장례지도과졸 (경)1977~1987년 종교신문 취재부장 1987~1988년 월간 '광장' 편집장 1991년 세계일보 문화부 차장 1994년 同문화부장 직대 1995년 同문화부장 1995년 한국자유시인협회 이사 1997년 세계일보 논설위원 1998년 한국종교협의회 기획실장 2003년 전주이씨광평대군파종회 사무국장 2003년 (사)한국언론인연합회 이사, 온세종교신문 발행인, 同편집국장, 세계일보 풍수전문기자 2010년 세계종교신문 주필 2010년 (사)한국언론인연합회 사무총장(현) (상)제27회 한국기자상(1997), 제34회 한국출판문학상, 제6회 부원문학상, 제34회 한국출판문화상 (저)'우리가 정말 알아야 할 우리 전통예인 백사람'(1995) '대한민국 명당'(2009) '조선왕릉실록'(2012)

이규일

(생)1961 (출)경북 경주 (주)경상북도 봉화군 봉화읍 봉화로 1111 봉화군청(054-679-6005) (학)경주공고졸, 경일대 건축공학과졸 (경)1980년 공직 입문, 포항시 주택과장, 同건축과장, 同시설과장, 경북도 문화테마파크조성사업단장 2014년 同신도시조성과장(지방서기관) 2015년 同건축디자인과장 2016년 교육파견 2017년 경북도 문화유산과장 2018년 경북 봉화군 부군수(현)

이규재(李珪載) LEE Kyu Jae

(생)1948·11·22 (출)서울 (주)서울특별시 관악구 관악로 1 서울대학교 건설환경종합연구소(02-880-4192) (학)1967년 경기고졸 1971년 서울대 건축공학과졸 1993년 同대학원 건축학과졸 1996년 건축공학박사(서울대) (경)1975년 대림산업(주) 근무 1996년 同기획실장(이사) 1998년 同기획실장(상무보) 1999~2001년 同건설사업부 기획실장(상무·전무) 2001년 삼성물산 도곡동사업추진실장(전무) 2003년 同건설부문 도곡동사업추진실장(부사장) 2003~2012년 同건설부문 프로젝트추진실장(부사장) 2007년 한국공학한림원 정회원·원로회원(현) 2008~2012년 성균관대 초고층·장대교량학과 석좌교수 2009년 삼성물산 기술연구센터장 겸임 2012~2014년 성균관대 글로벌건설엔지니어링학과 석좌교수 2014년 서울대 건설환경종합연구소 산학협력중점교수(연구교수)(현) (상)건설부장관표창, 대한건축학회 기술상(2004)

이규철(李圭哲) Lee Kyu Chul

(생)1964·7·7 (출)대구 (주)서울특별시 강남구 테헤란로 317 동훈타워 법무법인(유) 대륙아주(02-3016-5335) (학)1983년 대구 성광고졸 1987년 고려대 법학과졸 (경)1990년 사법시험 합격(32회) 1993년 사법연수원 수료(22기) 1993년 서울지법 서부지원 판사 1995년 서울지법 판사 1997년 대전지법 강경지원 판사 1999년 同부여군법원 판사 2000년 서울지법 판사 2002년 同남부지원 판사 2004년 서울고법 판사 2006년 대법원 재판연구관 2008~2010년 춘천지법 원주지원장 2010~2018년 법무법인(유) 대륙아주 구성원변호사 2014~2016년 서울중앙지법 민사조정위원 2016~2017년 '박근혜 정부의 최순실 등 민간인에 의한 국정농단 의혹사건(최순실 특검법)' 특별검사보 겸 대변인 2018년 법무법인(유) 대륙아주 대표변호사(현)

이규철(李圭喆)

(생)1971·8·9 (출)경남 창녕 (주)대구광역시 수성구 동대구로 364 대구지방법원 총무과(053-757-6470) (학)1989년 명신고졸 1997년 고려대 법학과졸 (경)1998년 사법시험 합격(40회) 2001년 사법연수원 수료(30기) 2001년 대구지법판사 2004년 同김천지원 판사 2006년 대구지법 판사 2010년 同서부지원 판사 2012년 대구고법 판사 2014년 대법원 재판연구관 2017년 부산지법 부장판사 2019년 대구지법 부장판사(현)

이규택(李揆澤) LEE Q Taek

(생)1942·7·20 (본)전주(全州) (출)경기 여주 (학)1960년 성동고졸 1968년 서울대 사범대학 교육학과졸 2003년 명예 법학박사(충남대) (경)1969년 중앙일보 입사 1975~1982년 중앙일보·동양방송 문화사업부장 1983년 KBS 사업부장 1986년 민주화추진협의회 대외협력국장 1987년 통일민주당 창당발기인 1988년 同여주지구당 위원장 1988년 同대외협력위원회 부위원장 1990년 민주당 창당발기인 1990년 同대외협력위원회 부위원장 1992년 제14대 국회의원(여주, 민주당) 1992년 민주당 원내부총무 1993년 同경기도지부장 1995년 同대변인 1996년 제15대 국회의원(여주, 민주당·신한국당·한나라당) 1998년 한나라당 원내수석부총무 2000년 제16대 국회의원(여주, 한나라당) 2000~2002년 국회 교육위원장 2002~2003년 한나라당 원내총무 2004~2008년 제17대 국회의원(이천·여주, 한나라당·친박연대) 2004~2006년 한나라당 최고위원 2007년 同제17대 대통령중앙선거대책위원회 부위원장 2008년 친박연대 공동대표 2010년 미래희망연대 공동대표 2010년 미래연합 대표최고위원 2013년 서울종합예술학교 석좌교수 2013~2016년 한국교직원공제회 이사장 2014~2018년 서울대 사범대학총동문회 회장 (저)'다시 하나의 불씨가 되어' '어미 두꺼비의 사랑과 용기' '꺼지지 않는 불꽃'(2015) (역)'레이건의 현재와 미래'

이규필

(생)1961·5·28 (주)경기도 화성시 삼성전자로 1 삼성전자(주) 반도체연구소(031-209-7114) (학)1985년 한양대 재료공학과졸 2000년 미국 플로리다대 대학원 재료공학과졸 2003년 재료공학박사(미국 플로리다대) (경)삼성전자(주) 메모리사업부 차세대연구팀 수석 2007년 同메모리사업부 DRAMPA팀 연구위원 2009년 同메모리사업부 YE팀 전문위원 2010년 同메모리사업부 제조센터 상무 2011년 同반도체연구소 TD팀 연구위원(상무) 2012년 同메모리사업부 제조센터 전무 2014년 同메모리사업부 DRAM TD팀장(전무) 2016년 同메모리사업부 TD실장(전무) 2017년 同반도체연구소 메모리TD실장(부사장)(현)

이규항(李奎恒) LEE Kyu Hang (啓耀)

(생)1935·12·1 (본)양성(陽城) (출)서울 (주)경기도 의왕시 오전로 15 계요병원(031-455-3333) (학)1954년 경기고졸 1960년 서울대 의대졸 1971년 의학박사(고려대) 1982년 미국 코넬대 병원경영자과정 수료 2005년 명예 문학박사(안양대) (경)1966년 수도육군병원 신경정신과장 1967년 예편(소령) 1970년 중앙대 의대 부교수 겸 한강성심병원 신경정신과장 1974~1994년 안양신경정신병원 설립·원장 1977년 고려산업개발(주) 감사역 1980년 서울대 의대 외래교수 1980년 금강병원 설립·원장 1985년 의료법인 계요의료재단 설립·이사장(현) 1987년 대한신경정신의학회 감사 1989년 대한임상성학회 회장 1990년 국제로타리 3750지구 東안양로타리클럽 회장 1991년 대한정신병원협의회 회장 1991년 대한의료사회사업가협회 이사장 1992년 대한신경정신의학회 회장 1992년 미국정신의학회 Corresponding Fellow 1994년 계요병원 의무원장 1999~2000년 환태평양정신의학회 회장, 대한의료사회복지사협회 위원장 (상)법무부장관표창, 대통령표창(2007) (저)'오늘을 사는 지혜'(1986) '정신질환의 기본상식'(1994) '숨쉬는 마음'(2009) (종)기독교

이규현(李奎玹) Kyu-Hyeon Lee

(생)1962·2·5 (출)서울 (주)서울특별시 마포구 독막로 281 (주)로지시스(02-2125-6300) (학)1980년 경동고졸 1987년 한양대 영어영문학과졸 (경)1987년 대우퍼시픽 근무 1987~1990년 기성전산시스템 근무 1990~2002년 케이씨에스(舊 한국컴퓨터) 근무 2002~2003년 同부장 2004~2010년 同상무이사 2011년 同대표이사 2015년 (주)로지시스 대표이사(현)

이규현(李揆賢) Lee Kyuhyon

(생)1963·8·17 (본)전주(全州) (출)충북 청주 (주)서울특별시 종로구 북촌로 15 헌법재판소 심판사무국(02-708-3451) (학)한국외국어대 영어과졸 (경)2006년 헌법재판소 국제협력담당관 2008년 同인사관리과장 2011년 同재정기획과장(부이사관) 2013년 同인사관리과장 2015년 同행정관리국장(이사관) 2018년 同심판사무국장(현) (상)홍조근정훈장(2015) (종)기독교

이규형(李揆亨) LEE Kyu Hyung

(생)1951·10·24 (본)전주(全州) (출)부산 (주)서울특별시 서초구 서초대로74길 4 삼성경제연구소(02-3780-8116) (학)1970년 서울고졸 1974년 서울대 외교학과졸 1976년 同대학원 국제정치학 석사과정 수료 (경)1974년 외무고시 합격(8회) 1974년 외무부 입부 1976~1979년 해군 장교 1980년 駐유엔대표부 3등서기관 1981년 駐중앙아프리카공화국 2등서기관 1983~1985년 대통령비서실 파견 1985년 駐일본 1등서기관 1989년 외무부 국제연합과장 1991년 同국제연합1과장 1992년 미국 하버드대 국제문제연구소 연수 1993년 駐유엔대표부 참사관 1996년 외교안보연구원 연구관 1997년 외무부 공보관 1998년 외교통상부 국제기구정책관 1999년 駐중국 공사 2002년 외교안보연구원 아시아·태평양연구부 연구부장 2002년 駐방글라데시 대사 2004년 외교통상부 대변인 2005년 同제2차관 2007년 駐러시아 대사 2010년 외교안보연구원 겸임교수 2011~2013년 駐중국 대사 2013년 삼성경제연구소 고문(현) 2013~2017년 외교부 정책자문위원 2013년 한국·러시아대화 조정위원장(현) 2015년 한국·중국1.5트랙대화 민간대표 2016~2018년 국제백신연구소(IVI) 이사 (상)대통령표창(1985), 홍조근정훈장(1992), 황조근정훈장(2010), 서울고총동창회 자랑스러운 서울인상(2013), 한국문학예술상 특별부문(2014) (작)시집 '때로는 마음 가득한'(2005) '또 다시 떠나면서'(2009) '인연'(2013)

이규호(李奎浩) LEE Kyu-Ho

(생)1962·9·3 (본)전주(全州) (출)서울 (주)서울특별시 마포구 백범로 35 서강대학교 자연과학부 생명과학과(02-705-7963) (학)1985년 서울대 미생물학과졸 1987년 미국 조지아대 대학원 미생물학과졸 1994년 이학박사(미국 서던캘리포니아대) (경)1994년 미국 남가주대(USC) 박사후연구원 1994~1995년 미국 스탠포드대 박사후연구원 1995~2011년 한국외국어대 환경학과 전임강사·조교수·부교수·교수 2010~2012년 한국연구재단 기초연구본부 생명과학단 전문위원 2011년 서강대 생명과학과 교수(현) 2012년 한국미생물학회 영문지 'JM' 편집위원장 2013년 同실무위원장 2015년 한국미생물생명공학회 간사장 2018년 한국미생물생명공학회 학술지(JMB, MBL) 편집위원장(현) (상)미국미생물학회 Saber Fellowship(1994), 한국미생물생명공학회 학술장려상(2004), 한국외국어대 HUFS강의상(2007·2011), 한국미생물생명공학회 송암학술상(2010), 한국미생물학회 KRIBB학술상-선도과학자(2011), 한국과학기술단체총연합회 과학기술우수논문상(2016) (저)'환경과 삶'(2000)

이규홍(李揆弘) LEE Kyu Hong

(생)1944·12·15 (본)전주(全州) (출)충남 논산 (주)서울특별시 중구 남대문로 63 한진빌딩본관 18층 법무법인 광장(02-772-4400) (학)1963년 대전고졸 1967년 서울대 법학과졸 1969년 同법학대학원졸 (경)1967년 사법시험 합격(8회) 1969년 軍법무관 1972년 부산지법 판사 1981년 서울고법 판사 1982년 대법원 재판연구관 1983년 전주지법 부장판

사 1985년 사법연수원 교수 1988년 서울민사지법 부장판사 1991년 부산고법 부장판사 1993년 대전지법 수석부장판사 직대 1993년 서울고법 부장판사 1997년 서울지법 민사수석부장판사 1999년 서울고법 부장판사 1999년 제주지법원장 1999년 제주도 선거관리위원장 2000~2006년 대법관 2006~2012년 법무법인 광장 대표변호사 2010~2013년 대한변호사협회 한국법률문화상 운영위원 2012년 법무법인 광장 고문변호사(현) (상)청조근정훈장(2006) (종)천주교

이규홍(李揆弘) LEE Kyu Hong

(생)1957·6·14 (출)서울 (주)서울특별시 송파구 올림픽로 25 (주)LG스포츠 임원실(02-2005-5700) (학)1981년 연세대 정치외교학과졸 (경)1984년 (주)LG 기획조정실 입사 2000년 同구조조정본부 상무보 2000~2001년 同구조조정본부 상무 2004년 곤지암레저 대표이사 사장 2006~2014년 LG전자(주) 일본법인장(부사장), 駐일본 한국기업연합회 회장 2015~2018년 (주)서브원 대표이사 사장 2019년 (주)LG스포츠 대표이사 사장(현)

이규홍(李揆洪) LEE Kyu Hong

(생)1957·7·14 (출)서울 (주)서울특별시 용산구 백범로90다길 13 (주)오리온 임원실(02-710-6251) (학)서라벌고졸 1983년 중앙대 식품공학과졸 (경)1982년 (주)오리온 입사, 同청주공장 생산팀장(차장), 同익산2공장장(차장), 同익산공장장(부장), 同생산구매본부 생산담당 상무 2001년 同생산부문장 2010년 同생산부문 부사장 2017년 同중국법인 대표이사 부사장 2018년 同중국법인 대표이사 사장(현)

이규홍(李圭弘) LEE Kyu Hong

(생)1966·5·9 (본)수안(遂安) (출)서울 (주)대전광역시 서구 둔산중로 69 특허법원(042-480-1400) (학)1984년 배재고졸 1989년 연세대 경제학과졸 1991년 同법과대학졸 2009년 법학박사(연세대) (경)1992년 사법시험 합격(34회) 1995년 사법연수원 수료(24기) 1995년 부산지법 판사 1997년 同울산지원 판사 1998년 인천지법 판사 2002년 서울지법 판사 2004년 서울남부지법 판사 2005년 미국 프랭크린피어스로센터(VS) 장기연수 2007년 헌법재판소 파견 2010년 대전지법 부장판사 2011년 사법연수원 교수 2012년 한국저작권위원회 위원 2013년 의정부지법 고양지원 부장판사 2015년 서울중앙지법 부장판사 2018년 특허법원 부장판사(현) 2018년 한국저작권보호원 비상임이사(현) (저)'KOREAN BUSINESS LAW(共)'(2009, CALORINA ACADEMIC PRESS) '헌법판례백선(共)'(2010, 사법발전재단) '특허판례연구(共)'(2012, 박영사) '인터넷 그 길을 묻다(共)'(2012, 중앙북스) (역)'상표판례백선(共)'(2011)

이규홍(李圭洪) Lee Gyu Hong

(생)1967·9·7 (본)전주(全州) (출)전남 광양 (학)1986년 살레시오고졸 1992년 전남대 독어교육학과졸 2014년 중앙대 행정대학원 정책학과졸 (경)1999년 행정고시 합격(43회) 2001~2002년 여수출입국관리사무소 경비과장·관리과장 2007년 법무부 출입국기획과 인사서기관 2008년 駐러시아대사관 1등서기관 겸 영사 2011년 법무부 체류관리과장 2014년 同외국인정책과장 2015년 同서울남부출입국관리사무소장 2016년 同인천출입국관리사무소장(부이사관) 2017년 유엔(UN) 산하 국제이주기구(IOM) 이민국경관리자문관(Senior Advisor of Immigration and Border Management)(현) (저)'한미FTA의 노동시장 파급효과와 노동제도 변화(共)'(2008, 중앙경제) (종)천주교

이규황(李圭煌) LEE KYU- HWANG

(생)1947·10·3 (본)경주(慶州) (출)충북 진천 (주)서울특별시 강남구 테헤란로 124 삼원타워 9층 한국희귀·필수의약품센터(02-508-7316) (학)1966년 청주고졸 1970년 서울대 문리과대학 정치학과졸 1972년 同행정대학원 행정학과졸 1994년 경제학박사(미국 펜실베이니아대) (경)1971년 행정고시 수석합격(10회) 1971년 재무부 입부 1974년 건설부 행정사무관 1978~1986년 同해외·해외정책·해외협력과장 1986년 同해외건설국장 1988년 同토지국장 1990년 同국토계획국장 1995~2000년 삼성경제연구소 부사장 2000년 전국경제인연합회 상임고문 2001년 한국경제연구원 부원장 2003~2005년 전국경제인연합회 전략사업단장(전무이사) 2005~2007년 同국제경영원장 2007~2012년 한국다국적의약산업협회(KRPIA) 상근부회장 2010~2012년 서울대 정치외교학부 총동창회장 2010년 한국경제사회발전연구원 원장(현) 2011~2012년 한국의약품안전관리원 설립위원회 위원 2011년 한국희귀의약품센터 비상임이사(현) 2014~2018년 한국마사회 비상임이사 2014~2018년 同이사회 의장 (상)대통령표창, 서울대 정치외교학과총동창회 공로상(2010) (저)'토지공개념과 신도시 : 구상에서 실천까지'(1999, 삼성경제연구소) '기업도시, 대한민국신성장전략'(2008, 삼성경제연구소) (종)불교

이규희(李揆熙) Lee Gyu Hui

(생)1961·6·27 (출)충남 천안 (주)서울특별시 영등포구 의사당대로 1 국회 의원회관 436호(02-784-8540) (학)1979년 충남고졸 1989년 연세대 법과대학 법학과졸 (경)1983년 연세대 써클연합회장 1984년 同학원민주화추진위원회 위원장 1984년 전국민주화운동학생연합 공동의장 1992~1994년 민주개혁정치모임 정책실 부실장 1994~1996년 제정구 국회의원 비서 1996~1999년 미래정치문화연구회 사무국장 2002년 새천년민주당 노무현 대통령후보 천안甲지구당 선거대책위원장 2004~2009년 (사)한국청소년재단 이사 2005~2007년 정보통신윤리위원회 사무총장 2008~2010년 (주)T&S반도체 감사 2009년 청와대 신행정수도기획단 자문위원 2009년 세종시원안추진 천안시 특별위원장 2010년 천안시장선거 출마(민주당) 2011년 '천안에 살고싶다' 대표 2012년 민주당 충남도당 노동위원회 위원장 2012년 충남도장애인당구협회 회장 2012년 한국청소년재단 이사 2012년 멋진천안만들기 대표 2012년 봉서산황토길 만들기 시민모임 대표 2016년 더불어민주당 충남천안시甲지역위원회 위원장 2017년 同제19대 문재인 대통령후보 충남도선거대책위원회 공동위원장 2018년 제20대 국회의원(충남 천안시甲 재보궐선거 당선, 더불어민주당)(현) 2018년 국회 국토교통위원회 위원(현) 2018년 국회 4차산업혁명특별위원회 위원(현) 2019년 더불어민주당 원내부대표(현) 2019년 국회 세종의사당추진특별위원회 위원(현)

이균동(李均東) Lee Kyun-dong

(생)1957·2·26 (출)부산 (주)서울특별시 강남구 영동대로 511 트레이드타워 12층 한국소재부품투자기관협의회(02-6000-7070) (학)부산고졸 1980년 서울대 신문학과졸 (경)1979년 외무고시 합격(13회) 1982년 외무부 입부 1987년 駐인도 2등서기관 1990년 駐스웨덴 2등서기관 1995년 駐일본 1등서기관 1998년 외교통상부 서남아대양주과장 2000년 同동남아과장 2001년 駐중국 참사관 2004년 외교통상부 동아시아 업무지원담당 2005년 동북아평화를위한바른역사정립기획단 파견 2006년 동북아역사재단 전략기획실장 2007년 駐중국 공사 2010~2013년 駐나고야 총영사 2014~2016년 대구시 국제관계대사 2016년 한국소재부품투자기관협의회 상근부회장(현)

이균용(李均龍) LEE Gyun Ryong

(생)1961·11·7 (출)경남 함안 (주)서울특별시 서초구 서초중앙로 157 서울고등법원(02-530-1114) (학)1980년 부산중앙고졸 1984년 서울대 법대졸 (경)1984년 사법시험 합격(26회) 1987년 사법연수원 수료(16기) 1990년 서울민사지법 판사 1992년 서울지법 북부지원 판사 1994년 일본 게이오대 연수 1995년 부산지법 울산지원 판사 1996년 부산고법 판사 1997년 인천지법 판사 1998년 서울고법 판사 2000년 대법원 재판연구관 2002년 대전지법 부장판사 2003년 대법원 재판연구관 2005년 서울북부지법 부장판사 2007년 서울중앙지법 부장판사 2009년 광주고법 부장판사 2010년 서울고법 부장판사 2017년 서울남부지법원장 2019년 서울고법 부장판사(사법연구)(현)

이균철(李均徹) LEE Gyun Cheol

(생)1967·4·25 (출)경남 함안 (주)경상남도 진주시 진양호로 303 창원지방법원 진주지원(055-760-3211) (학)1985년 창원고졸 1989년 서울대 법대졸 (경)1994년 사법시험 합격(36회) 1997년 사법연수원 수료(26기) 1997년 창원지법 판사 2000년 同진주지원 판사 2002년 창원지법 판사 2003년 同함안군법원·의령군법원 판사 2007년 부산고법 판사 2010년 대법원 재판연구관 2012년 창원지법 부장판사 2016년 부산지법 부장판사 2018년 창원지법 부장판사 2019년 同진주지원장(현)

이 근(李 根) Lee keun

(생)1959·9·10 (출)서울 (주)서울특별시 마포구 와우산로 94 홍익대학교 디자인학부(02-320-1937) (학)1978년 경기고졸 1987년 홍익대 산업디자인학과졸 1990년 同대학원 산업디자인학과졸 1992년 영국 Royal College of Art 자동차디자인학과졸 (경)1986~2001년 대우자동차 디자인센터 책임연구원 2001~2006년 홍익대 산업디자인학과 교수 2006년 同디자인학부 산업디자인전공 교수(현) 2012~2015년 同국제디자인전문대학원장 2013~2015년 同퍼스널모빌리티연구센터장 2015~2018년 서울디자인재단 대표이사 2018년 홍익대 국제디자인전문대학원장(현)

이 근(李 根) Lee, Geun

(생)1963·5·20 (주)제주특별자치도 서귀포시 신중로 55 한국국제교류재단 이사장실(064-804-1010) (학)1986년 서울대 외교학과졸 1988년 미국 위스콘신대 대학원 정치학과졸 1996년 정치학박사(미국 위스콘신대) (경)서울대 국제대학원 교수(현), 세계경제포럼(다보스포럼) 지역거버넌스위원회 위원(현), 외교부 정책자문위원(현), 다보스포럼 한국위원회 의장 1997~2000년 외교통상부 외교안보연구원 교수 1998년 한국유엔협회 자문교수 2002~2007년 국가안전보장회의 정책전문가위원 2003년 대통령직인수위원회 외교통일안보분과 자문위원 2004~2007년 미래전략연구원 원장 2010~2012년 대통령직속 미래기획위원회 위원 2010~2012년 국제지역연구 편집위원장 2010~2012년 서울대 국제학연구소장 2012년 동아일보 '10년 뒤 한국을 빛낼 100인' 선정 2014~2015년 서울대 국제대학원 부원장 2015~2016년 일본 게이오대 수퍼글로벌 초빙교수 2016~2018년 서울대 국제협력본부장 2019년 한국국제교류재단(KF) 이사장(현)

이근모(李根模) LEE Keun Mo

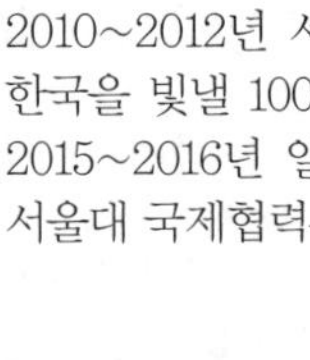

(생)1955·9·12 (본)평창(平昌) (출)서울 (주)경상남도 거제시 거제대로 3370 대우조선해양 임원실(055-735-2114) (학)1975년 경기고졸 1979년 서울대 조선공학과졸 1989년 미국 워싱턴주립대 대학원 경영학과졸 (경)1989~1998년 베어링증권 조사및영업담당 상무이사 1998년 환은살로먼스미스바니증권 조사분석담당 상무이사 1999년 굿모닝증권 상무이사·전무이사 2002~2004년 굿모닝신한증권 법인·국제·조사본부장(부사장) 2005년 미래에셋증권 부회장 2008년 삼정KPMG어드바이저리(주) 대표이사 2012년 리버사이드컴퍼니 한국대표 겸 아시아파트너 2018년 대우조선해양 재경본부장(부사장)(현) (상)워싱턴대 자랑스러운 동문인(2010) (종)천주교

이근배(李根培) LEE Keun Bea (沙泉)

(생)1940·3·1 (본)경주(慶州) (출)충남 당진 (주)서울특별시 서초구 반포대로37길 59 대한민국예술원(02-3479-7223) (학)1960년 서라벌예술대학 문예창작과졸 (경)1961~1964년 서울신문·경향신문·동아일보·한국일보에 신춘문예 당선·시인(현) 1968~1976년 동화출판공사 주간 1973~1975년 한국문인협회 시조분과위원장 1975년 한국시인협회 상임위원 1976~1984년 한국문학 발행인 겸 주간 1977년 한국시조시인협회 부회장 1982년 서울예술전문대학 강사 1983년 한국문인협회 부이사장 1994~1996년 한국시조시인협회 회장 1997~2009년 지용회 회장 1997년 중앙대 강사 1999년 재능대학 초빙교수 2002~2004년 한국시인협회 회장 2003년 만해시인학교 교장 2005~2017년 신성대학 학사지원부 초빙교수 2006년 현대시조포럼 의장(현) 2007년 계간 '문학의 문학' 주간(현) 2008년 대한민국예술원 회원(詩·현) 2012~2015년 간행물윤리위원회 위원장 2015~2017년 대한민국예술원 부회장 (상)문화공보부 신인예술상(1963·1964), 가람시조문학상(1983), 중앙시조대상(1987), 한국문학작가상(1987), 육당문학상(1997), 월하문학상(1999), 편운문학상(2000), 현대불교문학상(2002), 시와시학작품상(2004), 유심작품상(2007), 고산문학상 시조부문(2009), 은관문화훈장(2011), 제46회 한국시인협회상 본상(2014), 제4회 이설주문학상(2014), 인산문학제 한국시낭송문학상(2015), 심훈문학대상(2017) (저)시집 '사랑을 연주하는 꽃나무'(1960), '북위선'(1964), '노래여 노래여'(1981), '한강'(1985), '시가있는 국토기행'(1997), '사람들이 새가 되고싶은 까닭을 안다'(2004), '종소리는 끝없이 새벽을 깨운다'(2006), '달은 해를 물고'(2007), '아토지여 생명이여(共)'(2008), '살다가 보면'(2013) 등 다수 (종)유교

이근병(李根秉) LEE Keun Byung

(생)1960·10·22 (출)대전 (주)서울특별시 강남구 테헤란로 133 법무법인(유) 태평양(02-3404-0124) (학)1979년 우신고졸 1983년 서울대 법학과졸 1991년 미국 뉴욕대 법과대학원졸 (경)1982년 사법시험 합격(24회) 1984년 사법연수원 수료(14기) 1987년 법무법인(유) 태평양 변호사(현) 1991년 미국 뉴욕주 변호사시험 합격 1991~1992년 미국 뉴욕주 Kelley Drye & Warren 법률사무소 근무 1992년 미국 워싱턴주 National Association of Securities Dealers 근무 1992년 영국 런던 Simmons & Simmons 법률사무소 및 룩셈부르크 Arendt & Medernach 법률사무소 근무 1996~1998년 증권감독원 분쟁조정위원 1998~2001년 서울지법 민사조정위원 1999~2002년 대한상사중재원 중재인 2002~2006년 금융감독원 분쟁조정위원회 위원 2010~2014년 채권금융기관조정위원회 위원

이근석(李根碩) LEE Keun Seok

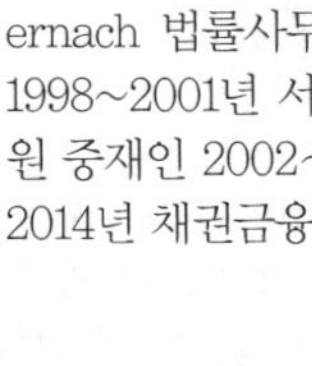

(생)1966·8·12 (주)경기도 고양시 일산동구 일산로 323 국립암센터 부속병원 유방암센터(031-920-1220) (학)1991년 서울대 의대졸 1995년 同대학원 의학석사 2011년 의학박사(서울대) (경)1991~1992년 서울대병원 인턴 1992~1996년 同내과 전공의 1996~1999년 육군 군의관 1999~2000년 서울대병원 혈액종양내과 전임의 2000~2001년 인제대 일산백병원 혈액종양내과 전임강사 2001~2004년 한림대 강동성심병원 혈액종양내과 조교수 2005년 국립암센터 부속병원 유방암센터 의사(현) 2006~2009년 同부속병원 대장암센터 전문의

2008~2009년 同부속병원 임상시험센터장 2009년 同부속병원 임상시험센터 전문의(현) 2010~2011년 同부속병원 외래주사치료실장 2011~2012년 미국 MD Anderson Cancer Center 연수 2014년 국립암센터 부속병원 유방암센터장(현)

이근수(李根壽) LEE Gun Soo

(생)1966·2·7 (본)광주(廣州) (출)경기 남양주 (주)서울특별시 서초구 서초중앙로 157 서울중앙지방법원(02-530-1114) (학)1984년 동화고졸 1991년 고려대 법대졸 (경)1993년 사법시험 합격(35회) 1996년 사법연수원 수료(25기) 1996년 인천지법 판사 1998년 서울지법 북부지원 판사 2000년 청주지법 영동지원 옥천군법원 판사 2003년 서울행정법원 판사 2005년 서울남부지법 판사 2006년 서울고법 판사 2008년 서울동부지법 판사 2009년 대법원 재판연구관 2011년 대전지법 부장판사 2012년 대구지법 포항지원·대구가정법원 포항지원 부장판사 2015년 수원지법 부장판사 2017년 서울중앙지법 부장판사(현) (종)기독교

이근식(李根植) LEE Keun Sik (東泉)

(생)1946·2·10 (본)함안(咸安) (출)경남 고성 (주)서울특별시 광진구 능동로 120 건국대학교 사회과학대학 융합인재학과(02-450-3114) (학)1965년 경남고졸 1969년 서울대 법학과졸 2003년 명예 정치학박사(우즈베키스탄 국립사발칸트사범대) (경)1971년 행정고시 합격(10회) 1971~1979년 경제기획원 경제조사관실·경제기획국·경제협력국 사무관 1979~1981년 同투자심사1과장·물가1과장 1982년 미국 南캘리포니아대 연수 1982년 경제기획원 공정거래실 거래과장 1983년 경남 거제군수 1985년 대통령 민정비서관실 서기관 1988년 내무부 지역경제과장 1989년 장승포시장 1990년 국무총리 정무비서관 1992년 국무총리 의전비서관 1993년 대통령 행정비서관 1994년 경남도 부지사 1995년 대통령 행정비서관 1996년 대통령 민정비서관 1996년 대통령 공직기강비서관 1997년 내무부 차관 1998년 공무원연금관리공단 이사장 2000년 새천년민주당 통영·고성지구당 위원장 2000년 同제1정책조정위원회 부위원장 2000년 한국감정원 원장 2000년 한국건강관리협회 서울시지부장 2000년 부동산컨설팅협회 회장 2001~2003년 행정자치부 장관 2003년 일본 센슈대 법학부 연구원 2004~2008년 제17대 국회의원(서울 송파丙, 열린우리당·중도개혁통합신당·중도통합민주·대통합민주신당·통합민주당·한나라당) 2005년 열린우리당 당의장 특보단장 2006~2007년 同제2정책조정위원장 2007년 중도개혁통합신당 사무총장 2007년 중도통합민주당 최고위원 2007년 대통합민주신당 정동영 대통령후보 행정특보단장, 법무법인 민(民) 고문(현) 2011~2013년 경남기업 사외이사 2015년 새정치민주연합 국정자문회의 자문위원 2016년 더불어민주당 더불어경제선거대책위원회 공동부위원장 겸 서울시선거대책위원회 공동위원장 2018년 건국대 사회과학대학 융합인재학과 석좌교수(현) 2019년 금호산업 사외이사(현) (상)대통령표창(1979), 홍조근정훈장(1989), 청조근정훈장(2002) (종)기독교

이근식

(생)1962·10 (주)충청남도 천안시 동남구 병천면 송정리2길 59 SK바이오랜드(041-550-7700) (학)연세대 경영학과졸 (경)2010년 SKC(주) PO/PG사업본부장(상무) 2013년 同PET필름사업본부장(상무) 2017년 同New Biz. 개발부문장(상무) 2017년 SK바이오랜드(주) 대표이사 전무 2019년 同대표이사(현)

이근영(李瑾榮) LEE Keun Young

(생)1937·9·16 (본)수안(遂安) (출)충남 보령 (주)서울특별시 강남구 테헤란로 432 DB그룹 비서실(02-3484-1001) (학)1957년 대전고졸 1961년 고려대 법학과졸 1987년 경희대 경영대학원 수료 (경)1968년 행정고시 합격(6회) 1969년 안동세무서 총무과장 1970년 대구동부세무서 법인세과장 1973년 세무공무원교육원 교수(행정사무관) 1974년 예산세무서장 1976년 국세청 징세국 징세과장 1978년 남산세무서장 1979년 북부세무서장 1982년 국세심판소 심판관 1984년 서울지방국세청 간세국장 1985년 광주지방국세청장 1986년 국세청 조사국장 1989년 재무부 세제국장 1990년 민자당 전문위원 1991년 재무부 국세심판소장 1994년 同세제실장 1994년 한국투자신탁 사장 1996년 신용보증기금 이사장 1998년 한국산업은행 총재 2000~2003년 금융감독위원회 위원장 겸 금융감독원장 2000년 노사정위원회 위원(정부 대표) 2004~2014년 법무법인 세종 고문 2008년 동부메탈·동부생명 사외이사 2010년 동부화재 사외이사 2013년 同고문 2016년 동부그룹 고문 2017년 DB그룹 회장(현) 2018년 DB김준기문화재단 이사장(현) (상)제14회 수출의날 유공 근정포상(1977), 경영혁신 최고경영자상 대상(1997) (종)천주교

이근영(李瑾榮) LEE Keun-Young

(생)1953·3·25 (출)전북 군산 (주)전라북도 군산시 수송북로 7 5층 세무법인 한결멘토(063-466-1362) (학)익산 남성고졸, 서울대 경영학과졸 (경)1980년 행정고시 합격(24회), 국세공무원교육원 교학과 근무 1996년 국세청 행정관리담당관실 서기관 1998년 나주세무서장 1999년 국세청 재산세3과장 1999년 중부지방국세청 조사1국 4과장 2000년 서울지방국세청 조사1국 3과장 2001년 同조사4국 2과장 2003년 국세청 조사국 조사2과장 2005년 同법인납세국 원천세과장 2006년 同심사1과장 2006년 同감사담당관 2007년 광주지방국세청 조사2국장 2008년 중부지방국세청 감사관 2010년 서울 삼성세무서장 2011~2012년 세무법인 오늘 부회장 겸 고문 2012년 세무법인 한결멘토 대표세무사(현) (상)녹조근정훈장(2009)

이근영

(생)1961 (주)서울특별시 마포구 양화로10길 49 BK빌딩101호 프레시안(02-722-8494) (학)중앙대 예술대학 문예창작과졸, 고려대 대학원 사회학과졸, 영국 에식스대 대학원 영문학과·정치경제학과졸 (경)KBS 근무, GTV 본부장, SDN 인터넷 총괄본부장, 프레시안 경영실장 2005년 프레시안플러스 대표 2013년 프레시안 전무이사 겸 경영대표(현), 빅히스토리연구소 소장(현) 2017년 한국인터넷신문협회 회장(현) 2017~2019년 제2·3기 포털뉴스제휴평가위원회 위원장 (상)제2회 유미과학문화상(2016) (저)'농담(共)'(2003, 이른아침) '편견(共)'(2004, 이른아침) '변명(共)'(2005, 이른아침) '막시무스의 지구에서 인간으로 유쾌하게 사는 법 1'(2006, 갤리온) '막시무스의 날마다 조금씩 부드러워지는 법'(2008, 갤리온) '막시무스 트위터 명언집 1~25'(2011, 이펍코리아) '막시무스, 인간 동물원을 걷다 1~5'(2011, 이펍코리아) (역)'30분에 읽는 니체'(2003) '30분에 읽는 마르크스'(2003) '30분에 읽는 프로이트'(2003, 중앙M&B) '수메르, 혹은 신들의 고향'(2004, 이른아침) '30분에 읽는 다윈'(2004, 랜덤하우스코리아) '손녀딸 릴리에게 주는 편지'(2005, 랜덤하우스코리아) '30분에 읽는 뉴턴'(2005, 랜덤하우스코리아) '틴문 그리고 하늘에 이르는 계단 1·2'(2006, 이른아침) '빅히스토리'(2009, 프레시안북) '사랑 수업'(2009) '보수는 어떻게 지배하는가'(2010, 웅진지식하우스) '시간의 지도'(2013, 심산) '릴리에게, 할아버지가'(2015, 알에이치코리아)

이근영(李根永)

(생)1970·12·22 (출)강원 삼척 (주)서울특별시 도봉구 마들로 749 서울북부지방법원(02-910-3114) (학)1989년 강릉고졸 1994년 한양대 법학과졸 (경)1996년 사법시험 합격(38회) 1999년 사법연수원 수료(28기) 1999년 대한법률구조공단 근무 2006년 의정부지법 판사 2009년 서울북부지법 판사 2010년 서울중앙지법 판사 2011년 서울고법 판사 2013년 서울북부지법 판사 2014년 전주지법 군산지원 부장판사 2016년 의정부지법 부장판사 2018년 서울북부지법 부장판사(현)

이근우(李根友) LEE Keun Woo

(생)1955·12·8 (본)전주(全州) (출)서울 (주)서울특별시 서대문구 연세로 50-1 연세대학교 치과대학 보철학과교실(02-2228-3158) (학)1979년 연세대 치의학과졸 1982년 同대학원 치의학과졸 1988년 치의학박사(연세대) (경)1979~1982년 연세대 치과병원 보철과 전공의 수료 1982~1985년 국군통합병원 치과부장 1985~1987년 광주기독병원 치과과장 1987년 연세대 치대 보철과학교실 교수(현) 1990년 미국 네브라스카대 치대 방문교수 1991년 미국 UCLA 치대 방문교수 1996년 연세대 치대 학생부장 1997~1998년 독일 아헨 치대 방문교수 2000년 연세대 치과대학병원 교육연구부장 2002~2004년 同치과대학병원 중앙기공실장 2002년 同치과대학병원 임플란트클리닉 진료실장 2004~2008년 同치대 보철과학교실 주임교수, 同치과병원 보철과 임상과장 2004~2008년 대한구강악안면임프란트학회 부회장 2005~2011년 대한치과보철학회 이사 2008~2010년 연세대 치과대학병원 진료부장 2009년 대한치과보철교육연구회 회장(현) 2009년 대한컴퓨터수복재건치의학회 부회장(현) 2011~2013년 대한치과보철학회 감사 2012~2016년 연세대 치의학전문대학원장 2012~2016년 同치과대학장 2012년 한국치과대학장 2012년 치의학전문대학원장협의회 회장 2013~2015년 대한디지털치의학회 회장 2013~2015년 의치의학교육입문검사협의회 이사장 (저)'제2판 최신 고정성 치과보철학'(2007) (역)'fundamentals of COLOR'(2006) (종)기독교

이근우(李根雨) LEE Keun Woo

(생)1957·1·26 (출)광주 (주)광주광역시 동구 준법로 25 법무법인 로컴(062-236-2800) (학)1975년 광주제일고졸 1979년 서울대 법학과졸 1983년 전남대 법과대학원졸 (경)1981년 사법시험 합격(23회) 1983년 사법연수원 수료(13기) 1986년 해군 법무관(중위) 1986년 광주지법 판사 1989년 同순천지원 판사 1991년 광주지법 판사 1993년 광주고법 판사 1996년 대법원 재판연구관 1998년 광주지법 판사 1999년 同부장판사 1999년 同소년부지원장 겸임 2000년 同장흥지원장 2002년 미국 보스턴대 로스쿨 객원연구원 2002~2003년 광주지법 부장판사 2003년 변호사 개업, 법무법인 로컴 대표변호사(현) 2003년 열린우리당 중앙위원 2003년 광주전남비전21 감사 2012~2013년 웰스브릿지 사외이사 2014~2015년 새정치민주연합 광주시당 공동위원장

이근우(李根雨)

(생)1968 (출)경북 경주 (주)경상북도 경주시 중앙로 63 경주경찰서(054-760-0333) (학)경주고졸, 경찰대(5기)졸 (경)1989년 경위 임용(경찰대 5기) 1997년 경감 승진 2007년 경정 승진, 경북 안동경찰서 수사과장, 경북 영주경찰서 수사과장, 경북 성주경찰서 수사과장, 경북 구미경찰서 형사과장, 경북지방경찰청 수사2계장, 同치안지도관 2017년 총경 승진, 同수사과장 2019년 경북 경주경찰서장(현)

이근웅(李根雄) LEE Keun Woong

(생)1948·7·5 (출)충남 당진 (주)서울특별시 강남구 영동대로 416 KT&G타워 8층 법률사무소 에스앤엘파트너스(02-6207-1145) (학)1969년 고려대 법대졸 1970년 서울대 사법대학원 수료 (경)1969년 사법시험 합격(10회) 1971년 공군 법무관 1974~1982년 부산지법 진주지원·서울지법 의정부지원·서울지법 동부지원 판사 1982년 서울고법 판사 1984년 대법원 재판연구관 1985년 춘천지법 부장판사 1987년 인천지법 부장판사 1989년 서울지법 남부지원 부장판사 1991년 서울형사지법 부장판사 1992년 서울지법 의정부지원장 1993년 부산고법 부장판사 1994년 사법연수원 수석교수 1996년 서울고법 부장판사 1999년 서울지법 형사수석부장판사 2000년 춘천지법원장 2001년 대전지법원장 2002년 서울행정법원장 2003년 대전고법원장 2004~2005년 사법연수원장 2004년 중앙선거관리위원회 위원 2005~2015년 법무법인 세종 파트너변호사 겸 고문 2015~2018년 법률사무소 신&박 파트너변호사 2018년 법률사무소 에스앤엘파트너스 대표변호사(현) (종)기독교

이근윤(李根潤) LEE Gun Yoon

(생)1955·3·16 (출)경남 고성 (주)서울특별시 서초구 서초대로 250 스타갤러리브릿지 13층 법무법인 청신(02-582-6300) (학)1975년 경동고졸 1983년 서울대 법대졸 (경)1982년 사법시험 합격(24회) 1984년 사법연수원 수료(14기) 1985년 서울지법 남부지원 판사 1987년 서울형사지법 판사 1989년 제주지법 판사 1993년 서울가정법원 서부지원 판사 1996년 서울고법 판사 1997년 대법원 재판연구관 겸임 1999년 서울지법 판사 2000년 청주지법 부장판사 2001년 사법연수원 교수 2004년 서울서부지법 부장판사 2006~2007년 서울중앙지법 부장판사 2007년 법무법인 한승 변호사 2007년 중앙노동위원회 심판담당 공익위원(현) 2009년 법무법인 정평 대표변호사 2009년 법무법인 청신 대표변호사(현) 2009~2010년 디초콜릿E&TF 사외이사 2013~2015년 대한장애인체육회 감사 2013~2018년 한국도핑방지위원회 위원

이근주(李根柱) LEE Geun Joo

(생)1965·2·8 (주)서울특별시 서대문구 이화여대길 52 이화여자대학교 사회과학대학 행정학과(02-3277-4062) (학)1987년 서울대 인문대학졸 1991년 同행정대학원졸 1999년 행정학박사(미국 인디애나대) (경)2000~2002년 세종대 겸임교수 2001년 국무조정실 정책평가위원회 전문위원 1999~2002년 한국행정연구원 부연구위원·수석연구원·동향분석실장 2000년 경기도 정보화추진위원 2002년 한국행정연구원 정책평가센터 소장 2003년 행정자치부 정책평가위원 2003년 이화여대 사회과학대학 행정학과 교수(현) 2004년 정부혁신지방분권위원회 인사개혁전문위원 2004년 이화여대 행정학과장 2006년 同국가인적자원개발연구원 부원장(현) 2011년 同정책과학대학원 교학부장 겸 정보과학대학원 교학부장 2017~2019년 同연구처장·산학협력단장·기업가센터장·연구윤리센터장 겸임 2018년 국무총리소속 공직인사혁신위원회 민간위원(현) 2018년 한국인사행정학회 회장(현) 2018년 정부공직자윤리위원회 위원(현) (상)Academy of Management Best Dissertation Award, 한국인사행정학회 하태권학술상, 대통령표창, 인사혁신처장표창

이근표(李根杓) LEE GEUN-PYO

(생)1947·2·6 (본)전주(全州) (출)제주 (주)충청북도 음성군 감곡면 대학길 76-32 극동대학교 경찰행정학과(043-880-3884) (학)1966년 동북고졸 1970년 고려대 행정학과졸 2005년 한세대 경찰법무대학원졸 2007년 서울대 경영대학 최고경영자과정 수료 (경)1973년 경찰대 입교(제22기 경찰간부후보) 1974년 경위 임관 1982~1991년 대통령비서실 행정관(경감·경정) 1991년 경기 여주경찰서장(총경) 1992년 경찰청 방범기획과장 1993년 同감사과장 1995년 서울 도봉경찰서장 1995년 서울지방경찰청 정보1과장 1998년 충북지방경찰청 차장 1999년 경찰청 감사관 1999년 인천지방경찰청 차장 2000년 서울지방경찰청 보안부장 2001년 경찰청 경무기획국장(치안감) 2002년 경기지방경찰청장 2003~2004년 서울지방경찰청장(치안정감) 2005~2008년 한국공항공사 사장 2005년 한국항공진흥협회 회장 2006년 ACI(국제공항협회) 아시아·태평양지역이사회 이사 2008년 극동대 경찰행정학과 석좌교수(현) 2012~2014년 제주국제자유도시개발센터(JDC) 비상임이사 (상)대통령표창(1993), 홍조근정훈장(2002)

이근행(李近行)

(생)1966 · 10 · 24 (주)서울특별시 마포구 성암로 267 문화방송 시사교양본부(02-789-0011) (학)광주서석고졸 1989년 서울대 교육학과졸 2015년 성균관대 언론정보대학원 언론매체학과졸 (경)1991년 문화방송(MBC) 교양제작국 입사 2009~2011년 전국언론노동조합 문화방송본부 위원장 2012년 뉴스타파 PD 2013년 문화방송(MBC) 복직 2017년 同시사교양본부장(현)

이근후(李根厚) Lee Keun Hoo

(생)1969 (출)부산 (주)대전광역시 서구 청사로 189 관세청 심사정책국 심사정책과(042-481-7860) (학)혜광고졸, 연세대 경영학과졸, 미국 인디애나대 대학원 공공정책행정학과졸 (경)1999년 행정고시 합격(43회) 2008년 관세청 심사정책과 서기관 2009년 同정보협력국 교역협력과장 2011년 同외환조사과장 2013년 駐일본 참사관 2016년 관세청 국제협력팀장 2017년 同정보협력국 정보기획과장 2019년 同심사정책국 심사정책과장(부이사관)(현)

이근희(李根熹) Lee, Geun hee

(생)1964 · 7 · 11 (주)부산광역시 부산진구 중앙대로 955 부산시 상수도사업본부 본부장실(051-669-4001) (학)창원고졸, 부산대 환경공학과졸, 同대학원 환경공학과졸, 도시공학박사(일본 도쿄대) (경)1991년 기술고시 합격(27회) 1995년 부산시 청소관리과 청소시설계장 2005년 同낙동강조성사업단 기술부장 2006년 同화명정수사업소장 2007년 同하천관리과장 2011년 同낙동강사업본부 사업부장 2013년 同낙동강관리본부장 2015년 同기후환경국장 2019년 同상수도사업본부장(현)

이금기(李金器) KUM-KI, LEE

(생)1933 · 12 · 13 (본)전주(全州) (출)서울 (주)서울특별시 광진구 구의강변로 77 일동후디스(주) 비서실(02-2049-2115) (학)1955년 보성고졸 1959년 서울대 약대졸 1967년 고려대 경영대학원 수료 1978년 同경영대학원 최고경영자과정 수료 1988년 서울대 경영대학원 최고경영자과정 수료 2005년 명예 경영학박사(경남대) (경)1960년 일동제약(주) 입사(생산 · 영업담당) 1961년 同생산부장 1963년 同영업부장 1966년 同상무이사 1971년 同전무이사 1974년 맥슨전자(주) 이사 1976년 일동제약(주) 부사장 1984년 대한약품공업협회 이사 1984년 일동제약(주) 대표이사 사장 1986년 한국신약개발연구조합 부이사장 1987년 한국제약협회 부회장 1989년 전국경제인연합회 기업의식재정립소위원회 위원장 1990년 한국광고주협회 부회장 1991년 의약품성실신고회원조합 이사장 1992년 한국생물산업협회 부이사장 1994~2010년 일동제약(주) 대표이사 회장 1994년 한국광고주협회 회장 · 고문 1995년 한국제약협회 회장 · 자문위원 1996년 서울대총동창회 부회장 1996년 일동후디스(주) 대표이사 회장(현) 2004년 서울대 약학대학동창회 명예회장(현) 2004년 한 · 뉴질랜드경제협의회 한국측 위원장 2014년 한국경영인협회 고문(현) 2015년 일동제약 명예회장 2015년 한 · 베문화교류협회 이사장 (상)약업신문 제24회 藥의賞(1985), 국민훈장 동백장(1989), 고려대 경영대학원 선정 經營大賞(2000), 보성교우회 제11회 자랑스러운 보성인상(2003), 한국전문경영인학회 제4회 한국CEO대상(2004), 한국언론인연합회 제4회 자랑스런 한국인대상(2004), 미디어인텔리전스 대한민국 자랑스러운 기업인상(2006), 여성사랑 베스트기업인상(2006), 아름다운 기업인상(2007), 대한민국 지속가능성대상 로하스부문 유공자상(2008), 철탑산업훈장(2009), 한국경영인협회 선정 '가장 존경받는 기업인'(2010), 매일경제 선정 '대한민국 글로벌 리더'(2015), 자랑스러운 서울대 약대인(2016)

이금로(李今魯) LEE Keum Ro

(생)1965 · 9 · 10 (본)전의(全義) (출)충북 증평 (주)서울특별시 서초구 서초중앙로 156 블루원빌딩 5층 법무법인 솔(02-535-1177) (학)1983년 청주 신흥고졸 1987년 고려대 법과대학졸 2003년 한양대 행정대학원 부동산학과졸 (경)1988년 사법시험 합격(30회) 1991년 사법연수원 수료(20기) 1991년 군법무관 1994년 서울지검 동부지청 검사 1996년 춘천지검 강릉지청 검사 1998년 수원지검 검사 2000년 대검찰청 검찰연구관 2002년 서울지검 검사 2003년 광주지검 부부장검사 2004년 서울중앙지검 부부장검사 2004년 독일 막스플랑크 국제형법연구소 연수 2005년 대구지검 부부장검사(헌법재판소 파견) 2007년 서울북부지검 형사6부장 2008년 법무부 공공형사과장 2009년 서울중앙지검 형사4부장 2009년 서울고검 검사 2009~2011년 국회 법사위원회 전문위원 2011년 대검찰청 중앙수사부 수사기획관 2012년 서울중앙지검 제2차장검사 2013년 대구지검 제1차장검사 2013년 대전고검 차장검사(검사장급) 2015년 대검찰청 기획조정부장(검사장급) 2015~2017년 인천지검장 2016년 '주식대박 진경준 사건' 특임검사 2017년 법무부 차관(고등검사장급) 2017년 同장관 직무대행 2018년 대전고검장 2019년 수원고검 초대 검사장 2019년 법무법인 솔 대표변호사(현) (상)모범검사 선정(1999), 검찰총장표창(2000), 근정포장(2003), 황조근정훈장(2019) (저)'공직선거 및 선거부정방지법 벌칙 해설(共)'(2000) '선거사범수사실무자료집(共)'(2002) (종)기독교

이금룡(李今龍) LEE Keum Ryong

(생)1951 · 4 · 13 (본)전주(全州) (출)인천 (주)서울특별시 서초구 서초중앙로 188 아크로비스타오피스동 401호 (주)코글로닷컴(02-558-5875) (학)1970년 인천 제물포고졸 1976년 성균관대 법학과졸 1996년 동국대 경영대학원 무역학과졸 2005년 경제학박사(광운대) (경)1977년 삼성그룹 공채(17기) 입사 1985년 삼성물산 기획조사과장 1987~1992년 삼성그룹 비서실 차장 1992~1997년 삼성물산 북한 · 중국부장 · 유통물류부장 1997~1998년 同유통부문 마케팅이사 1998~1999년 同인터넷사업부장(이사) 1999~2002년 (주)옥션 대표이사 2000년 한국인터넷기업협회 초대회장 · 고문(현) 2001~2003년 한국외환은행 사외이사 2001~2004년 벤처기업협회 부회장 2001년 이마켓플레이스협의회 회장 2002~2004년 YTN 사외이사 2003~2005년 (주)이니시스 대표이사 사장 2003~2006년 한성대 디지털중소기업대학원 겸임교수 2004~2008년 경향신문 사외이사 2005~2006년 넷피아 국내부문 총괄대표이사 사장 2005~2012년 중소기업협동조합중앙회 벤처기업위원장 2005년 (주)나자인 사외이사 2006년 (주)코글로닷컴 대표이사(현) 2006년 원천기술수출협회 회장 2007~2008년 (주)오픈옥션 회장 2008년 동국대 MBA 겸임교수(현) 2008년 벤처산업협회 마케팅위원장 2012년 영산대 사이버경찰학과 석좌교수(현) 2012년 서강대 기술경영대학원 겸임교수(현) 2017년 (사)도전과나눔 이사장(현) (상)한국무역협회 중소기업수출마케팅 최우수논문상(1986), 국무총리표창, 전국경제인연합회 국제경영원 벤처경영인대상(2001), 올해의 디지털CEO 3위(2001), 석탑산업훈장(2002), 문화관광부장관표창(2005) (저)'수입실무' 'ubiquotus란 무엇인가?'(2005) '이금룡의 고수는 확신으로 승부한다'(2009) (종)가톨릭

이금순(李琴順 · 女) Lee, Keum-Soon

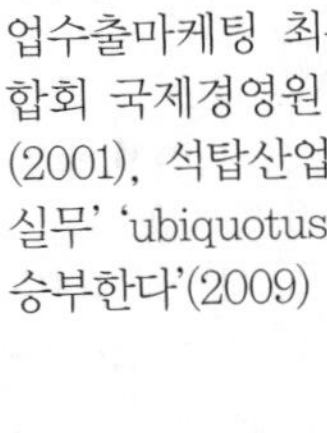

(생)1963 · 1 · 15 (주)서울특별시 종로구 세종대로 209 통일부 북한인권기록센터(02-2135-7047) (학)서울대 영어영문학과졸, 미국 마케트대 대학원 정치학과졸, 정치학박사(미국 퍼듀대) (경)숭실대 · 숙명여대 강사, 통일연구원 선임연구위원, 통일준비위원회 전문위원, 통일부 정책자문위원 2003~2018년 통일연구원 북한인권연구센터 선임연구위원 2006

~2007년 북한이탈주민연구학회 회장 2007~2009년 납북피해자보상및지원심의위원회 위원장 2008·2013~2015년 통일연구원 북한인권연구센터 소장 2010년 사회통합위원회 세대분과위원 2014년 대통령직속 통일준비위원회 사회문화분과위원회 전문위원 2015~2017년 통일교육원 원장 2018년 통일부 북한인권기록센터장(고위공무원)(현) (저)'The Border-Crossing North Koreans : Current Situations and Future Prospects'(2006) '개혁·개방 과정에서 인권의제 : 이론과 실제(共)'(2006) '북한주민의 거주·이동 : 실태 및 변화전망'(2007) '국제사회의 인권개선 전략 : 이론과 실제(共)'(2008) '북한인권 침해구조 및 개선전략(共)'(2009) '북한주민 인권의식 실태연구(共)'(2010) '북한인권백서 2011(共)'(2011) '북한부패와 인권의 상관성(共)'(2012) '유엔 조사위원회(COI) 운영사례 연구(共)'(2013) '인도적 지원을 통한 북한 취약계층 인권 증진 방안 연구(共)'(2013) '법치지원과 인권증진 : 이론과 실제(共)'(2014)

이금형(李錦炯·女) Lee Kum Hyoung

(생)1958·2·14 (출)충북 청주 (주)충청북도 청주시 서원구 무심서로 377-3 서원대학교 경찰행정학과(043-299-8114) (학)1977년 충북 대성여상졸 1995년 한국방송통신대 법학과졸 2002년 동국대 행정대학원졸 2008년 경찰행정학박사(동국대) (경)1977년 순경공채 임용, 경찰청 과학수사계장 2001년 同방범국 여성대책실장(총경) 2002년 교육 파견 2003년 충북 진천경찰서장 2004년 경찰청 생활안전국 여성청소년과장 2006년 서울 마포경찰서장 2007년 경찰청 여성청소년과장 2009년 충북지방경찰청 차장(경무관) 2010년 경찰청 교통관리관 2010년 同생활안전국장 2010년 서울지방경찰청 생활안전부장 2011년 광주지방경찰청장(치안감) 2012년 경찰청 경무국장 2013년 경찰대학장(치안정감) 2013~2014년 부산지방경찰청장(치안정감) 2014~2016년 청소년폭력예방재단(푸른나무 청예단) 고문 2014년 서원대 경찰행정학과 객원교수(현) 2015~2016년 한국양성평등교육진흥원 초빙교수 2015~2017년 한국청소년활동진흥원 비상임이사 2017년 국무총리소속 사행산업통합감독위원회 위원(차관급)(현) 2017년 (사)복지국가소사이어티 공동대표(현) 2017년 국무총리자문 국민안전안심위원회 위원(현) (상)국가인권위원장표창, 대통령표창(2000), 녹조근정훈장(2004), 한국여성단체연합 디딤돌상(2005·2013), 한국여성단체협의회 올해의 여성상(2009), 의암주논개상(2012), '2013년을 빛낸 도전한국인 10인' 치안부문 대상(2014), 대통령표창(2014) (저)'공부하는 엄마의 시간은 거꾸로 간다'(2015, 알에이치코리아)

이긍규(李肯珪) LEE Keung Kyu

(생)1941·10·20 (본)한산(韓山) (출)충남 서천 (주)서울특별시 영등포구 의사당대로 1 대한민국헌정회(02-757-6612) (학)1961년 군산고졸 1965년 동국대 법학과졸 1993년 서울대 공대 산업전략과정 수료 (경)1967~1980년 신아일보 정치부 차장·논설위원 1976·1981년 한국기자협회 회장 1980년 경향신문 특집기획부 차장·부장 1982년 국제기자연맹(IFJ) 부회장 1982년 한국기자협회 고문(현) 1985년 KBS사업단 상무이사 1988년 민주정의당 부대변인 1988년 제13대 국회의원(서천, 민정당·민자당) 1990년 민자당 정책위원회 부의장 1992년 제14대 국회의원(서천, 민자당·자민련) 1992년 민자당 충남도지부장 1995년 자민련 총재 비서실장 겸 당무위원 1996년 제15대 국회의원(서천, 자유민주연합) 1996~1998년 국회 환경노동위원장 1998년 노사정위원회 위원 1999년 방송개혁위원회 위원 1999년 자민련 원내총무 2000년 同보령·서천지구당 위원장 2001~2003년 방송위원회 상임위원 2001년 남북방송교류추진위원회 위원장 2015~2019년 대한민국헌정회 이사 2019년 同위원(현) (상)국제존타클럽 미스터 존타상 (저)'하이테크에 의한 방송환경의 변화' (종)천주교

이기광(李起光) Lee Ki Kwang (忍香·路井)

(생)1955·4·21 (본)전주(全州) (출)경북 군위 (주)대구광역시 수성구 동대구로 351 법무법인 중원(053-214-7000) (학)1975년 대구고졸 1981년 영남대 법학과졸 (경)1983년 사법시험 합격(25회) 1985년 사법연수원 수료(15기) 1986년 전주지법 군산지원판사 1987년 대구지법 김천지원 판사 1990년 대구지법 판사 1996년 대구고법 판사 1999년 대구지법 판사 2001년 同부장판사 2008년 대구고법 부장판사 2012~2015년 同수석부장판사 2012~2015년 경북도선거관리위원회 위원장 2015년 대구고법 부장판사 2016~2018년 울산지법원장 2018년 법무법인 중원 변호사(현)

이기권(李基權) LEE Ki Kweon

(생)1957·9·21 (출)전남 함평 (학)1977년 광주고졸 1980년 중앙대 행정학과졸 1982년 서울대 행정대학원졸 2005년 행정학박사(중앙대) (경)1981년 행정고시 합격(25회) 1982년 노동부 입부 1986년 울산지방노동사무소 직업안정과장 1988년 駐쿠웨이트대사관 노무관 1991년 노동부 노사협력관실 서기관 1994년 同직업안정국 정책담당 서기관 1995년 同기획관리실 행정관리담당관 1997년 울산지방노동사무소장 1998년 대통령 노사관계비서관실 행정관 2001년 노동부 총무과장 2002년 노사정위원회 운영국장 2003년 해외 훈련 2004년 노동부 공보관 2004년 同노사정책국장 겸임 2005년 同홍보관리관 2005년 광주지방노동청장 2006년 노동부 감사관 2007년 同고용정책본부 고용정책심의관 2008년 同근로기준국장 2009~2010년 서울지방노동위원회 위원장 2010년 대통령 고용노사비서관 2011년 경제사회발전노사정위원회 상임위원 2011~2012년 고용노동부 차관 2012년 한국기술교육대 총장 2014~2017년 고용노동부 장관 2018년 일자리상생연구소 대표(현) (상)근정포장(1991), 황조근정훈장(2013), 한국의 영향력있는 CEO 인재경영부문대상(2013·2014), 중앙대언론동문회 특별상(2015) (종)기독교

이기길(李起吉) LEE Gi Kil

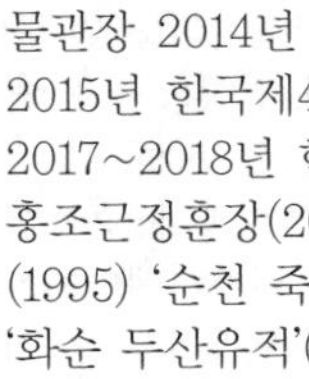

(생)1957·1·2 (주)광주광역시 동구 필문대로 309 조선대학교 역사문화학과(062-230-6509) (학)1980년 연세대 사학과졸 1984년 同대학원 고고학과졸 1994년 고고학박사(연세대) (경)1987년 연세대 학예연구원 1991~2002년 조선대 사학과 전임강사·조교수·부교수 1996년 한국고대학회 회원 2002~2014년 조선대 사학과 교수 2002~2004년 同박물관장 2007년 한국구석기학회 평의원 겸 편집위원 2008년 한국제4기학회 부회장 2008~2016·2016~2018년 조선대 박물관장 2014년 同인문과학대학 역사문화학과 교수(현) 2014~2015년 한국제4기학회 회장 2015~2016년 호남고고학회 회장 2017~2018년 한국구석기학회 회장 2019년 同윤리위원(현) (상)홍조근정훈장(2006) (저)'우리나라 신석기시대의 질그릇과 살림'(1995) '순천 죽내리 유적'(2000) '순천 월평유적'(2002·2004) '화순 두산유적'(2002) '영광 마전, 군동, 원당, 수동유적'(2003) '진안 진그늘 선사유적'(2005) '호남구석기도감'(2006) '임실 하가유적'(2008) 등

이기남(李起南) LEE Ki Nam

(생)1948·5·24 (출)서울 (주)경기도 화성시 금곡로 63-27 삼지전자(주)(031-5187-8000) (학)1967년 서울고졸 1971년 서울대 수학과졸 1990년 同경영대학원 최고경영자과정 수료 2000년 同대학원 정보통신정책과정 수료 (경)1975년 서울전자요소공업(주) 기획실장 1976년 코리아정공(주) 상무이사 1980년 삼지실업 대표이사 1981년 삼지전자(주) 대표이사 사장 2000년 同대표이사 회장 2010년 同회장(현), 푸로테크국제무역

(주) 이사, (주)에스제이원텍 비상근이사, (주)에스제이일레콤 이사, (주)에스제이원텍 이사 (상)국무총리표창(1996), 모범중소기업인상(1996), 신지식인 선정(1999) (종)기독교

이기동(李基東) LEE Ki Dong (石門)

(생)1943 · 10 · 3 (본)고성(固城) (출)서울 (주)서울특별시 중구 필동로1길 30 동국대학교 사학과(02-2260-8671) (학)1965년 서울대 문리과대학 사학과졸 1970년 同대학원 사학과졸 (경)1967년 예편(육군 소위) 1968~1972년 숭문고 교사 1972~1976년 한국외국어대 강사 1976~1983년 경북대 전임강사 · 조교수 1983~1988년 동국대 사학과 부교수 1986년 문교부 국사교육심의위원 1988~2009년 동국대 사학과 교수 1997~2006년 국사편찬위원회 위원 1998년 한 · 일역사연구촉진 공동위원 1999~2003년 문화재위원회 위원 2002년 문화체육관광부 동상 · 영정 심의위원 2005년 대한민국학술원 회원(한국사)(현) 2009년 동국대 사학과 석좌교수 · 명예교수(현) 2009~2015년 국사편찬위원회 위원 2016~2017년 한국학중앙연구원 원장 (상)보병 제1사단장 공로표창(1967), 월봉저작상(1981), 3 · 1문화상 인문사회과학부문(2000), 수당상 인문사회부문(2009), 옥조근정훈장(2009) (저)'신라골품제사회와 화랑도' '비극의 군인들' '백제사 연구' '신라사회사연구' '전환기의 한국사학' '백제의 역사'(2006) (역)'광개토왕릉비의 탐구' '일본인의 한국관'

이기동(李炁東) LEE Ki Dong

(생)1956 · 8 · 30 (출)전북 전주 (주)전라북도 전주시 덕진구 사평로 13 법무법인(유) 정송(063-277-1134) (학)1974년 전주고졸 1979년 전북대 법학과졸 1981년 同대학원 법학과졸 (경)1986년 사법시험 합격(28회) 1989년 사법연수원 수료(18기) 1989년 서울지검 북부지청 검사 1991년 광주지검 순천지청 검사 1993년 수원지검 검사 1995년 전주지검 검사 1997년 서울지검 의정부지청 검사 1999년 서울지검 검사 2001년 전주지검 부부장검사 2001년 광주지검 장흥지청장 2002년 서울지검 부부장검사 2003년 부산지검 동부지청 형사2부장 2003년 同동부지청 형사1부장 2004년 대전지검 형사3부장 2005년 서울고검 검사 2006년 광주지검 형사2부장 2007년 同형사1부장 2008년 서울고검 검사 2010년 춘천지검 강릉지청장 2011~2012년 광주고검 검사 2012년 변호사 개업 2016년 법무법인 한동 대표변호사 2017년 법무법인(유) 정송 대표변호사(현) (상)검찰총장표창(1992), 대통령표창(2000 · 2001)

이기동(李基東) Lee Gi-Dong

(생)1971 · 2 · 20 (주)서울특별시 중구 을지로5길 26 미래에셋대우 투자자산관리센터여의도 멀티3영업본부(1588-6800) (학)계명대 경영학과졸 (경)2005년 미래에셋증권 홍보팀장 2007년 同홍보실장 2011년 同홍보실장(이사대우) 2015년 同홍보실장(상무보) 2016년 미래에셋대우 커뮤니케이션본부장 2018년 同IWC2 RM4본부장 2019년 同투자자산관리센터여의도 멀티3영업본부장(현)

이기리(李기리)

(생)1971 · 4 · 27 (출)서울 (주)광주광역시 동구 준법로 7-12 광주지방법원 총무과(062-239-1710) (학)1990년 구정고졸 1995년 서울대 산업공학과졸 1997년 同대학원 산업공학과졸 (경)2000년 사법시험 합격(42회) 2003년 사법연수원 수료(32기) 2003년 서울지법 북부지원 예비판사 2004년 서울고법 예비판사 2005년 서울중앙지법 판사 2007년 전주지법 군산지원 판사 2010년 수원지법 평택지원 판사, 同성남지원 판사 2014년 서울중앙지법 판사, 서울고법 판사 2017년 서울동부지법 판사 2017년 법원도서관 조사심의관 겸임 2018년 광주지법 부장판사(현)

이기명(李淇明) Kimyeong Lee

(생)1959 · 5 · 27 (본)인천(仁川) (출)전남 장흥 (주)서울특별시 동대문구 회기로 85 고등과학원 물리학부(02-958-3729) (학)1981년 서울대 물리학과졸 1983년 미국 Columbia Univ. 대학원 물리학과졸 1987년 물리학박사(미국 Columbia Univ.) (경)1986~1988년 미국 페르미 국립가속기연구소(FERMILAB) 박사후연구원 1988~1990년 미국 보스턴대 물리학과 박사후연구원 1989~1990년 미국 하버드대 물리학과 외부방문연구원(Affiliate) 1990~1998년 미국 컬럼비아대 물리학과 조교수 · 부교수 1992~1993년 유럽 공동가속기연구소(CERN) 연구원 1993~1997년 미국 프린스턴고등연구소(Institute for Advanced Study) 방문연구원 1998~1999년 서울대 자연과학대학 물리학과 부교수 1999년 한국과학기술원(KAIST) 부설 고등과학원 물리학부 교수(현) 2003년 한국과학기술한림원 회원(현) 2006~2008년 한국과학기술원(KAIST) 물리학부장 2006년 교육인적자원부 및 한국학술진흥재단 선정 '대한민국 국가석학(Star Faculty)' 2013~2016년 한국과학기술원(KAIST) 부설 고등과학원 부원장 (상)미국 Presidential Young Investigator National Science Foundation(1990), Alfred Sloan Fellow A. Sloan Foundation(1991), 미래창조과학부 및 한국과학기술단체총연합회 대한민국최고과학기술인상(2014)

이기문(李基文) LEE Ki Moon

(생)1930 · 10 · 23 (출)평북 정주 (주)서울특별시 관악구 관악로 1 서울대학교 국어국문학과(02-880-9019) (학)1949년 중앙고졸 1953년 서울대 문리과대학 국어국문학과졸 1957년 同대학원 국어학과졸 1973년 문학박사(서울대) (경)1959년 고려대 조교수 1962~1972년 서울대 문리대학 전임강사 · 조교수 · 부교수 1972년 同문리대학 교수 1975~1996년 同인문대학 국문학과 교수 1981~1985년 同한국문화연구소장 1982년 대한민국학술원 회원(국어학 · 현) 1985년 서울대 도서관장 1985년 국어국문학회 대표이사 1988년 국어연구소 소장 1988년 국어학회 회장 1996년 서울대 국어국문학과 명예교수(현) 1998년 문화관광부 국어심의회 한글분과위원회 위원 2001년 미국 언어학회 명예회원(현) (상)한국출판문화상(1962), 3.1문화상(1985), 보관문화훈장(1990), 대한민국학술원상(1993), 국민훈장 목련장(1998), 후쿠오카아시아문화상대상(1998), 위암장지연상(1998) (저)'국어사개설' '속담사전' '국어음운사연구' '국어어휘사연구' (종)기독교

이기배(李棋培) YI Kie Bae

(생)1954 · 6 · 7 (본)전주(全州) (출)전남 목포 (주)서울특별시 서초구 서초대로 254 오퓨런스빌딩 1602호 법무법인(유) 로월드(02-6223-1000) (학)1971년 경기고졸 1975년 서울대 법학과졸 1988년 미국 워싱턴대 수료 (경)1975년 사법시험 합격(17회) 1977년 사법연수원 수료(7기) 1977년 육군 법무관 1980년 전주지검 검사 1983년 대전지검 서산지청 검사 1985년 서울지검 동부지청 검사 1987년 법무부 검찰2과 검사 1990년 서울지검 검사 1990년 광주지검 순천지청 부장검사 1991년 대전지검 부장검사 1993년 미국 조지워싱턴대 방문연구원 1994년 사법연수원 교수 1996년 서울지검 송무부장 1997년 同특수3부장 1997년 同강력부장 1998년 대구지검 김천지청장 1999년 수원지검 성남지청장 2000년 서울지검 3차장검사 2001년 법무연수원 기획부장 2001년 광주고검 차장검사 2002년 법무연수원 기획부장 2003년 대검찰청 공안부장 2003년 법무부 법무실장 2004년 광주지검장 2005년 수원지검장 2006년 변호사 개업 2008년 법무법인(유) 로월드 대표변호사(현) 2012~2018년 선창산업(주) 사외이사 2013~2015년 하나은행 사외이사 (상)홍조근정훈장(1999), 황조근정훈장(2005)

이기범(李起範) LEE Gi Beom

(생)1957·8·19 (출)서울 (주)서울특별시 용산구 청파로47길 100 숙명여자대학교(02-710-9343) (학)1981년 한국외국어대 영어학과졸 1988년 미국 일리노이대 대학원 교육학과졸 1993년 철학박사(미국 일리노이대) (경)1994년 숙명여대 교육학과 조교수·부교수·교수, 同교육학부 교수(현) 1998년 (사)남북어린이어깨동무 사무총장 1999년 아동권리학회 이사, (사)공동육아와공동체교육 상임이사 2000~2002년 숙명여대 통일문제연구소장 2001~2004년 (사)통일교육협의회 이사 2001~2002년 통일부 통일교육분과 정책자문위원 2005년 한국방송공사 자문위원 2006년 교육철학연구회 편집위원 2008~2010년 숙명여대 입학처장 2008년 한국다문화학회 회장 2010년 서울경인지역입학처장협의회 회장 2010년 숙명여대 교무처장 겸 산학협력단장 2012년 同산학협력단장 2016년 북한어린이지원단체 (사)어린이어깨동무 이사장(현)

이기봉(李起奉) Lee Kee Bong

(생)1957·2·20 (본)전주(全州) (출)경남 합천 (주)서울특별시 영등포구 의사당대로1길 25 하남빌딩 302호 어반브로스(주) 임원실(02-548-2491) (학)1975년 대구 청구고졸 1981년 영남대 정치외교학과졸 (경)1982~1999년 신한은행 행원·대리·과장·차장 2000년 同서부기업금융센터 지점장 2002년 同여의도기업지점장 2005년 同광교기업영업부장 2007년 同대구경북영업본부장 2008년 同경기서부영업본부장 2009~2012년 연합자산관리(주) 부사장 2012년 어반브로스(주) 부회장(현) (종)불교

이기봉(李起鳳) Lee, Ki-Bong

(생)1963·6·24 (본)전주(全州) (출)전북 전주 (주)전라남도 무안군 삼향읍 어진누리길 10 전라남도교육청 부교육감실(061-260-0212) (학)1986년 연세대 교육학과졸 1992년 同대학원 교육행정학과졸 2003년 교육학박사(미국 펜실베이니아주립대) (경)1988년 교육인적자원부 사무관·서기관 2006년 同지방교육혁신과장 2006년 同대학지원국 대학학무과장(서기관) 2006년 同대학지원국 대학학무과장(부이사관) 2007년 同대학지원국 학술진흥과장 2007년 同대학지원국 대학정책과장 2008년 교육과학기술부 대학자율화추진단장 2008년 同대학제도과장 2008년 충남대 사무국장(일반직고위공무원) 2010년 교육과학기술부 교육선진화정책관 2011년 駐미국대사관 공사참사관(고위공무원) 2014년 교육부 대변인(고위공무원) 2014년 同사회정책협력관 2015년 대통령 교육문화수석비서관실 교육비서관 2016년 교육부 기획조정실장 2017년 전라남도 부교육감(현) 2018년 同교육감 권한대행 (상)홍조근정훈장(2014) (종)천주교

이기상(李起相) LEE Ki Sang

(생)1958·8·19 (주)서울특별시 관악구 관악로 1 서울대학교 314동 현대·기아 차세대자동차연구관 5층 현대엔지비(주) 임원실(02-870-8000) (학)인하대 대학원 항공공학과졸 (경)현대자동차(주) 하이브리드개발팀장(이사) 2009년 同하이브리드개발팀장(상무) 2013년 同하이브리드개발팀장(전무) 2013년 同남양연구소 환경기술센터장(전무) 2019년 현대엔지비(주) 대표이사 전무(현) (상)은탑산업훈장(2011)

이기석(李琦錫) Lee Ki-Suk

(생)1940·11·30 (본)용인(龍仁) (출)대전 (주)서울특별시 관악구 관악로 1 서울대학교 사범대학 지리교육과(02-880-5114) (학)1963년 서울대 지리학과졸 1968년 同대학원졸 1973년 미국 미네소타대 대학원졸 1977년 지리학박사(미국 미네소타대) (경)1980~1990년 서울대 사범대학 지리교육과 조교수·부교수 1990~2006년 同교수, 중국 연변대 겸직교수 1994년 (사)동해연구회 부회장 1999~2000년 한국도시지리학회 회장 2001~2002년 대한지리학회 회장 2005년 (사)동해연구회 회장 2005년 대한민국학술원 회원(인문지리학·현) 2006년 서울대 명예교수(현) 2010~2015년 (사)동해연구회 명예회장 2010~2013년 국토해양부 국가지명위원회 초대위원장 2010년 (사)한국영토학회 회장 2013~2016년 국토교통부 국가지명위원회 위원장 2015년 (사)동해연구회 고문(현) (상)근정포장(2004), 부총리 겸 교육인적자원부장관표창(2006), 청관대상 학술상(2010) (저)'한국의 도시와 촌락연구'(1980) '지도로 본 서울'(1994) '이천년 동안 쓰인 명칭, 동해' '두만강 하구 녹둔도 연구'(共)

이기석(李基錫) Lee Ki-seog

(생)1960·2·26 (주)서울특별시 종로구 사직로8길 60 외교부 운영지원과(02-2100-7136) (학)1986년 한국외국어대 아랍어과졸 (경)1987년 외무부 입부 1993년 駐아랍에미리트 3등서기관 1999년 駐샌프란시스코 부영사 2002년 駐이집트 2등서기관 2007년 駐보스턴 영사 2009년 駐카타르 참사관 2011년 외교통상부 운영지원담당관 2014년 駐세부 분관장 2016년 駐수단 대사(현) (상)근정포장(2010)

이기선(李基宣) LEE Ki Seon

(생)1965·11·6 (출)전남 영암 (주)대전광역시 서구 둔산중로78번길 15 대전지방검찰청 중요경제범죄조사단(042-470-4802) (학)1984년 부산고졸 1990년 서울대 국제경제학과졸 1996년 同법학대학원졸 2003년 법학박사(서울대) (경)1994년 사법시험 합격(36회) 1997년 사법연수원 수료(26기) 1997년 수원지검 검사 1999년 대구지검 상주지청 검사 2000년 전주지검 검사 2002년 수원지검 성남지청 검사 2004년 서울서부지검 검사 2007년 부산지검 검사 2009년 서울중앙지검 부부장검사 2011년 대전지검 공판부장 2012년 서울고검 검사, 울산지검 형사2부장 2014년 수원지검 성남지청 부장검사 2015년 서울서부지검 형사3부장 2016년 수원지검 안산지청 부장검사 2017년 광주고검 검사 2019년 대전지검 중요경제범죄조사단 부장(현)

이기선(李起先) LEE Ki Seon

(생)1968·12·30 (출)전북 부안 (주)경기도 성남시 수정구 산성대로 451 수원지방법원 성남지원(031-737-1100) (학)1987년 전주 상산고졸 1991년 성균관대 법학과졸 (경)1996년 사법시험 합격(38회) 1999년 사법연수원 수료(28기) 1999년 인천지검 검사 2001년 광주지검 목포지청 검사 2003년 부산지검 동부지청 검사 2005년 광주지검 검사 2008년 서울중앙지검 검사 2010년 전주지법 판사 2011년 광주고법 판사 2013년 전주지법 판사 2014년 수원지법 성남지원 판사 2015년 광주지법 부장판사 2017년 전주지법 군산지원 부장판사 2019년 수원지법 성남지원 부장판사(현)

이기수(李基秀) LEE Ki Su (橫川)

(생)1945·12·30 (본)전주(全州) (출)경남 하동 (주)서울특별시 강남구 영동대로 511 트레이드타워 4307호 (사)대한중재인협회(02-551-2277) (학)1964년 부산 동아고졸 1969년 고려대 법대 법학과졸 1972년 서울대 대학원 법학과졸 1977년 고려대 대학원 박사과정 수료 1983년 법학박사(독일 튀빙겐대) 2010년 명예 법학박사(일본 와세다대) 2010년 명예 교육학박사(연세대) 2010년 명예 법학박사(일본 메이지대) 2010년 명예 법학박사(러시아 상트페테르부르크대) (경)1972년 육군사관학교 법학과 전임강사 1975~1977년 고려대·이화여대·강원대·덕성여대 강사 1983년 고려대·한국외국어대 강사 1984년 고려대 법대 부교수 1987년 同법대 교수 1992년 同학생처장 1992년 한국법학교수회 사무총장 1993년 전국대학학생처장협의회 회장 1994년 고려대 기

획처장 1994년 同비교법연구소장 1994년 안암법학회 회장 1995년 한국법학교수회 부회장 1995년 미국 하버드대 교환교수 1996년 고려대 법학연구소장 1996년 한국경영법률학회 회장 1997년 한국지적소유권학회 회장 1997·1999년 독일 Marburg대 객원교수 1998년 고려대 법과대학장 1998년 同특수법무대학원장 1998년 同법학연구원장 1999년 국제거래법학회 회장 1999년 고려대 경제·지식재산권법연구센터 소장 2000~2006년 (사)한국복사전송권관리센터 이사장 2002년 한국상사법학회 회장 2002년 미국 위스콘신메디슨법학대학원 '저명한 교환교수' 2003년 한독법률학회 회장 2005~2006년 일본 와세다대 로스쿨 교환교수 2006~2008년 한국법학교수회 회장 2006년 한국중재학회 회장 2006~2008년 한국독일학회 회장 2007년 한국저작권법학회 회장(현) 2008~2011년 고려대 총장 2008년 아데코(ADeKo : 한국독일동문네트워크) 초대회장 2008년 한국법과인권교육학회 명예회장(현) 2009년 한국사립대학총장협의회 회장 2009년 한국대학교육협의회 부회장 2009년 경제사회개발위원회 국제통신기술및개발연맹(UNDESA AID) 전략위원(현) 2009년 헌법재판소 자문위원(현) 2010~2011년 한국대학교육협의회 회장 2010년 한·러대화한국조정위원회 위원장 2010년 한국전쟁기념재단 부이사장 2011년 한일법학회 회장 2011년 미국 텍사스 휴스턴시 명예시민 겸 친선대사(현) 2011년 미국 조지워싱턴대 로스쿨 객원석좌교수(현) 2011~2015년 건국대통령이승만박사기념사업회 회장 2011~2013년 대법원 양형위원회 위원장 2011년 한미법학회 초대회장(현) 2012년 아시아투데이 상임고문(현) 2013년 백세시대나눔운동본부 상임공동대표(현) 2013년 서울고검 검찰시민위원회 위원장 2014년 대법관후보추천위원회 위원장 2015년 대법원 사실심충실화사법제도개선위원회 위원장(현) 2016년 국무총리산하 경제·인문사회연구회 원로자문위원(현) 2017년 대한중재인협회 회장(현) 2017년 아세아헌법재판소연합 운영법인 감사(현) 2017년 한국학중앙연구원 비상임이사(현) (상)한국법률문화상, 대한민국 중재인대상(2009), 독일 대공십자 공로훈장(2010), 대한민국 무궁화 대상 교육부문(2010), 러시아 푸시킨메달(2011), 국민훈장 동백장(2011) (저)'상법' '회사법' '어음법·수표법' '보험법·해상법' '상업법규'(共) '지적재산권법'(共) '기업법의 행방'(共) '상법학(上·下)' '경제법' '국제거래법' '기업법' '객관식 경제법' '증권거래법' (역)'독점금지법'

이기순(李基順·女) LEE Ki Soon

(생)1962·8·14 (출)경기 가평 (주)부산광역시 해운대구 센텀중앙로 79 센텀사이언스파크 7층 한국청소년상담복지개발원(051-662-3003) (학)송곡여고졸 1985년 고려대 사학과졸 1998년 캐나다 요크대 대학원 여성학과졸 2016년 여성학박사(이화여대) (경)1987년 문화공보부 국립중앙박물관 근무 1989년 정무제2장관실 기획조정관실 근무 1991년 同제1조정관실 근무 1998년 여성특별위원회 협력조정관실 근무 1998년 여성부 정책조정관실 근무 2001년 同권익증진국 권익기획과장 2003년 대통령비서실 행정관 2005년 여성가족부 정책홍보관리실 재정기획관 2006년 同재정기획팀장(부이사관) 2007년 同정책홍보관리본부 혁신인사기획팀장 2008년 여성부 운영지원과장 2008년 同아동·여성보호대책추진단장 2008년 同권익증진국장(고위공무원) 2009년 同여성경제위기대책단장 2010년 중앙공무원교육원 교육파견(고위공무원) 2011년 여성가족부 가족정책관 2011년 同여성정책국장 2013년 제18대 대통령직인수위원회 여성문화분과 전문위원 2013년 여성가족부 대변인 2015년 同여성정책국장 2016년 同기획조정실장 2017~2018년 同청소년가족정책실장 2018년 한국청소년상담복지개발원 이사장(현)

이기업(李起業) LEE Ki Up

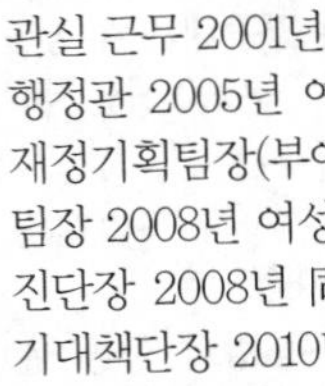

(생)1955·8·26 (출)서울 (주)서울특별시 송파구 올림픽로43길 88 서울아산병원 내분비내과(02-3010-3243) (학)1980년 서울대 의대졸 1984년 同대학원 의학석사 1986년 의학박사(서울대) (경)1980~1984년 서울대병원 인턴 1981~1984년 同내과 레지던트 1984~1986년 同내분비내과 전임의 1986~1988년 캐나다 캘거리대 연구원 1989~2000년 울산대 의대 내과학교실 전임강사·조교수·부교수 2000년 同의대 내과학교실 교수(현) 2007년 서울아산병원 내분비내과 전문의(현) 2011년 同아산생명과학연구소장 2011년 同의생명연구소장 2014~2015년 대한당뇨병학회 이사장 2014년 한국과학기술한림원 정회원(의약학부·현) (상)함춘의학상, 제10회 에밀 폰 베링 의학대상(2005)

이기열(李基列)

(생)1965·7·11 (주)경기도 성남시 분당구 성남대로343번길 9 SK주식회사 C&C(02-6400-0114) (학)한양대 산업공학과졸, 同대학원 산업공학과졸 (경)1991년 쌍용정보통신 근무 1996년 SK텔레콤 근무 2000년 IBM GTS 근무 2007년 SK C&C(주) Value Offering팀장 2010년 同전략OS본부장(상무) 2014년 同전략사업부문장(전무) 2015년 SK(주) C&C 전략사업부문장(전무) 2016년 同금융·Cloud사업부문장 겸 Cloud사업본부장(전무) 2016년 同Digital·금융사업부문장 겸 Digital마케팅본부장 2017년 同ITS사업장 2018년 同Digital총괄·Digital전략사업부문장·Digital기술부문장 겸임(부사장) 2018년 同Digital총괄·DT플랫폼&Tech부문장·Digital GTM부문장 겸임(현)

이기영(李基榮) LEE Ki Young

(생)1959·5·4 (출)충북 충주 (주)서울특별시 서대문구 연세로 50 세브란스병원 마취통증의학과(02-2228-4443) (학)1985년 연세대 의대졸 1990년 同대학원 의학석사 2006년 의학박사(충남대) (경)1985~1988년 세브란스병원 인턴·마취과 레지던트 1989~1992년 공군 군의관 1992~2001년 연세대 의대 마취통증의학교실 연구강사·전임강사·조교수 2002년 同의대 마취통증의학교실 부교수·교수(현) 2014~2018년 연세대의료원 연세암병원 마취통증의학과장 2018년 연세대 마취통증의학교실 주임교수(현) 2018년 同마취통증의학연구소장(현) 2018년 세브란스병원 마취통증의학과장(현) 2018년 同수술실장(현)

이기영(李基榮)

(생)1974·12·11 (출)충북 청원 (주)인천광역시 미추홀구 소성로163번길 49 인천지방검찰청 총무과(032-860-4770) (학)1993년 경기고졸 1998년 고려대 법학과졸 (경)1999년 사법시험 합격(41회) 2002년 사법연수원 수료(31기) 2002년 수원지검 검사 2004년 부산지검 검사 2006년 수원지검 안산지청 검사 2009년 법무부 국제법무과 검사 2012년 서울중앙지검 검사 2015년 부산지검 동부지청 검사 2016년 同동부지청 부부장검사 2017년 법무부 국제법무과장 2018년 의정부지검 부장검사 2019년 인천지검 부부장검사(현) 2019년 駐미국대사관 파견(현)

이기옥(李起玉)

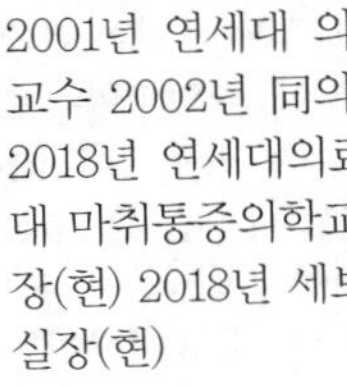

(생)1969·9·28 (출)충남 예산 (주)서울특별시 강남구 영동대로 517 아셈타워 법무법인(유) 화우(02-6003-7586) (학)1987년 천안고졸 1993년 연세대 법학과졸 (경)1996년 사법시험 합격(38회) 1999년 사법연수원 수료(28기) 1999년 서울지검 북부지청 검사 2001년 대전지검 서산지청 검사 2002년 울산지검 검사 2004년 수원지검 검사 2006년 서울중앙지검 검사 2009년 청주지검 검사 2011년 대검찰청 연구관 2012년 수원지검 평택지청 부장검사 2014년 대구지검 형사4부장 2015년 수원지검 안산지청 부장검사 2016년 법무법인(유) 화우 파트너변호사(현)

이기우(李基雨) LEE Gi Woo

(생)1948 · 3 · 25 (본)경주(慶州) (출)경남 거제 (주)인천광역시 동구 재능로 178 인천재능대학교 총장실(032-890-7001) (학)1967년 부산고졸 1988년 안양대 행정학과졸 1994년 부산대 교육대학원졸 2001년 교육학박사(경성대) 2003년 명예경영학박사(한국해양대) (경)1967~1978년 체신청 · 거제교육청 · 성포중 · 지세포중 · 경남도교육청 근무 1978~1987년 경남도교육청 · 진주여고 · 창원기계공고 · 문교부 근무(행정사무관) 1987~1989년 한국해양대 서무과장(서기관) 1989~1991년 문교부 편수관리관실 과장 1991~1993년 교육부 행정관리담당관 1993~1994년 同총무과장 1994~1995년 충북대 사무국장(부이사관) 1995~1996년 교육부 공보관 1996~1997년 부산시교육청 부교육감(이사관) 1997~1998년 교육부 지방교육행정국장 1998년 대통령직인수위원회 전문위원 1998년 교육부 교육환경개선국장(이사관) 1999년 同교육자치지원국장(이사관) 1999~2001년 同기획관리실장(관리관) 2001~2003년 교육인적자원부 기획관리실장(관리관) 2003~2004년 同정책자문위원회 기획재정분과위원장 2003~2004년 한국교직원공제회 이사장 2004~2006년 국무총리비서실장(차관급) 2006년 교육인적자원부 차관 2006년 인천재능대 총장(현) 2010~2014 · 2016 · 2018년 한국전문대학교육협의회 회장(현) 2015~2016년 WCC21(World Class College21) 총장협의회장 2015~2016년 (사)한국전문대학법인협의회 회장 2017년 교육부 대학구조개혁위원회 위원(현) 2017년 대통령직속 국가교육회의 위원(현) (상)근정포장(1977), 대통령표창(1985), 녹조근정훈장(1985), 황조근정훈장(2002), 한국비서협회 공로상(2011), 한국비서협회 베스트리더상(2014), 한국인터넷기자협회 교육부문 사회공헌상(2014), 태촌문화대상 교육부문대상(2015), 월간조선 주최 '한국의 미래를 빛낼 CEO' 참교육 부문대상(2015), 대한민국경제리더대상 인재경영부문대상(2015), 국회 교육문화체육관광위원회 감사패(2015), TV조선 경영대상 참교육경영부문(2015 · 2016 · 2017), TV조선 '한국의 영향력 있는 CEO' 인재경영부문(2016), 공공정책대상 교육부문(2016 · 2017), 한국경제를움직이는CEO대상 창의인재경영부문대상(2017), 제3회 한국경제를 빛낸 인물 창의인재양성부문(2017)

이기우(李琦雨) KI WU LEE

(생)1956 · 9 · 10 (본)경주(慶州) (출)울산 (주)인천광역시 미추홀구 인하로 100 인하대학교 법학전문대학원(032-860-7865) (학)1975년 경기고졸 1980년 동국대 법대 법학과졸 1983년 同대학원 법학과졸 1989년 법학박사(독일 뮌스터대) (경)1990년 한국지방행정연구원 주임연구원 1990~2001년 한국지방자치학회 상임이사 1991~2000년 인하대 사회교육과 조교수 · 부교수 1998년 한국YMCA전국연맹 지방자치위원장 1999년 미국 오리건주립대 대우교수 2000~2007년 인하대 사회교육과 교수 2002~2003년 한국지방자치학회 부회장 2003~2007년 대통령소속 정부혁신지방분권위원회 위원 2004~2007년 조례연구소 소장 2004~2008년 대통령직속 지방이양추진위원회 위원 2005~2009년 법제처 법령해석심의위원회 위원 2007년 인하대 법학부 교수, 同법학전문대학원 교수(현) 2007~2008년 한국공법학회 부회장 2010~2011년 경제정의실천시민연합 정책위원장 2010년 인하대 정석학술정보관장 2010년 한국일보 시사칼럼 필진 2011~2013년 인하대 법학전문대학원장 2011~2012년 대한교육법학회 회장 2014~2016년 경제정의실천시민연합 중앙위원회 부의장 2014~2017년 국가평생교육진흥원 이사 2015~2017년 대통령소속 지방자치발전위원회 위원 2016년 조선일보 '열린포럼' 필진(현) 2017년 국회 헌법개정특별위원회 자문위원 2017년 지방분권개헌국민행동 상임의장(현) 2017년 행정안전부 자치분권전략회의 위원(현) (상)홍조근정훈장(2013) (저)'지방자치 행정법'(1992) '지방자치이론'(1994) '지방분권과 시민참여'(2004) '한국지방자치론' '지방자치법'(2007) '지방행정체제개편론'(2009) '분권적 국가개조론'(2014) '모든권력은 국민에게 속한다 이제는 직접민주주의다'(2016)

이기우(李基宇) LEE Ki Woo

(생)1966 · 8 · 16 (본)영천(永川) (출)경기 수원 (주)서울특별시 영등포구 의사당대로 1 국회의장 비서실(02-788-2114) (학)1985년 유신고졸 1992년 성균관대 금속공학과졸 2005년 아주대 공공정책대학원졸 (경)1989년 성균관대총학생회 회장 1989년 전국대학생대표자협의회 수원지역대학생대표자협의회 의장 1990년 민주화운동관련 구속 수감(5년) 1991년 전국민족민주운동연합 · 민주주의민족통일전국연합 경기남부 조직부장 1995년 수원시민광장 사무국장 1996년 수원지역인권영화제 환경한마당 집행위원 1998년 경기도의회 의원 1998년 민주평통 자문위원 2001년 새천년민주당 경기도지부 대변인 2002년 同진념 경기도지사후보 비서실장 2002년 팍스코리아나21 수원지회장 2002년 새천년민주당 노무현 대통령후보 수원권선선거대책위원장 2004~2008년 제17대 국회의원(수원 권선, 열린우리당 · 대통합민주신당 · 통합민주당) 2005~2007년 열린우리당 경기도당 중앙위원 2006년 同의장 특보 2006년 同청년조직강화특별위원회 위원장 2006년 同시민사회특별위원회 위원장 2007년 同원내공보부대표 2007년 대통합민주신당 제5정책조정위원장 2007~2014년 보건산업최고경영자회의 이사장 2008년 대통합민주신당 대표비서실장 2008~2010년 장안대학 사회복지전공 겸임교수 2008~2011년 민주당 보건의료특별위원회 위원장 2008~2012년 同수원시권선지역위원회 위원장 2009~2012년 성균관대 산학협력단 전담교수 2010~2014년 (사)일촌공동체 이사 2010년 아주대 공공정책대학원총동문회 회장 2011~2012년 (사)경기미래발전연구원 원장 2012~2013년 아주대 공공정책대학원 초빙교수 2013~2014년 수원산악연맹 창립회장 2014~2016년 경기도 사회통합부지사 2015년 同경기연정실행위원회 공동위원장 2015년 同메르스대응민관합동의료위원회 공동위원장 2018~2019년 국회의장 정무수석비서관 2019년 同비서실장(차관급)(현)

이기우(李起雨)

(생)1967 · 6 · 6 (출)전남 나주 (주)전라남도 나주시 문화로 227 한국농수산식품유통공사(aT)(061-931-0200) (학)1986년 영산포고졸 1995년 고려대 농업경제학과졸 (경)2005년 (사)자치분권연구소 정책위원회 부위원장 2014~2016년 국회의원 보좌관 2018년 한국농수산식품유통공사(aT) 수급본부 이사(상임이사)(현)

이기욱(李基旭) LEE Ki Wook

(생)1962 · 7 · 3 (출)대구 (주)부산광역시 남구 신선로 428 동명대학교 항만물류시스템학과(051-629-1432) (학)계명대 전산학과졸, 동국대 대학원 전산학과졸, 컴퓨터공학박사(계명대) (경)동명대 항만물류시스템학과 교수(현) 2002 · 2006년 한국정보처리학회 논문지 심사위원 2004~2008년 한국e-비즈니스학회 편집위원 2005년 부산시교육연구정보원 기술평가위원 2005년 부산정보산업진흥원 IT평가위원(현) 2006~2008년 同지역S/W특화육성지원사업 자문위원, 동명대 항만물류학부장 2009년 同입학지원처장 2011년 同입학홍보처장(현) 2017~2018년 전국대학교입학관련처장협의회 회장 (저)'오라클8 데이터베이스'(2002) '쉽게 배우는 C언어 세계'(2002) 'u-Port 시스템'(2006)

이기웅(李起雄) YI Ki Ung

(생)1940 · 9 · 30 (출)서울 (주)경기도 파주시 광인사길 25 파주출판도시 도서출판 열화당(031-955-7022) (학)1960년 강릉상고졸 1964년 성균관대 철학과졸 1997년 고려대 언론홍보대학원 수료 (경)1971년 도서출판 열화당 설립 · 대표(현) 1979년 대한출판문화협회 이사 1980년 출판협동조합 이사 1981년 대한출판문화협회 상무이사 1984년 서울예술전문대 강사 1984~1994년 한국출판금고 이사 1986년 출판연구소 이사 1987

년 출판저널 편집인 1989년 한국출판문화산업단지건설추진위원회 위원장 1990년 대한출판문화협회 부회장 1990~1996년 한국출판협동조합 이사장 1991년 파주출판문화산업단지사업협동조합 이사장 1992년 대한출판문화협회 이사 1996년 한국출판유통(주) 운영위원장 2003~2013년 파주출판도시·출판도시문화재단 이사장 2005년 2005프랑크푸르트도서전 주빈국조직위원회 집행위원장 2013년 파주출판도시 명예이사장(현) 2014년 무형유산창조협력위원회 위원장 2016년 同위원(현) (상)한국출판학회상, 대통령표창, 중앙언론문화상, 대한민국 문화예술상, 한국출판문화상, 한국가톨릭매스컴상, 제20회 인촌상 언론출판부문(2006), 김세중 한국미술저작·출판상(2012), 21세기대상 특별상(2013), 자랑스러운 ROTCian상(2013), 은관문화훈장(2013) (저)'출판도시를 향한 책의 여정' 사진집 '세상의 어린이들' (역)'풍속의 역사'(共) '안중근 전쟁 끝나지 않았다' (종)기독교

이기원(李起原) LEE Ki Won

(생)1971·7·28 (출)서울 (주)경기도 성남시 분당구 대왕판교로645번길 14 네오위즈블레스스튜디오(031-8023-6600) (학)1990년 보성고졸 1998년 명지대 무기재료공학과졸, 고려대 대학원 경영학과졸 (경)1997년 (주)네오위즈 입사, 同사업기획부장 2006년 (주)네오위즈재팬 사업기획부장 2010~2013년 (주)네오위즈인터넷 대표이사 2013년 네오위즈게임즈 최고운영책임자(COO) 2013~2017년 同대표이사(CEO) 2017~2018년 (주)네오위즈 대표이사(CEO) 2017년 (주)네오위즈블레스스튜디오 대표이사(현) (종)천주교

이기일(李基日)

(생)1964·4·29 (출)충남 공주 (주)세종특별자치시 도움4로 13 보건복지부 건강보험정책국(044-202-2700) (학)1983년 국립철도고졸 1992년 건국대 행정학과졸 2005년 미국 오레곤대 대학원 행정학과졸 2011년 보건학박사(인제대) (경)1993년 행정고시 합격(37회) 1995년 국립의료원·식품의약품안전본부 사무관 1997년 보건복지부 재활지원과 사무관 1998년 제2의건국범국민추진위원회 파견 1999년 보건복지부 보험정책과 사무관 2000년 同차관 비서관 2003년 미국 오레곤대 파견 2005년 보건복지부 노인요양제도과 서기관 2005년 同정책홍보관리실 성과관리팀장 2006년 同저출산고령사회정책본부 기획총괄팀장 2006년 대통령비서실 행정관 2008년 보건복지가족부 보육정책과장 2009년 同인사과장 2010년 보건복지부 인사과장 2010년 同나눔정책추진단장 2012년 대통령실장실 선임행정관 2013년 미국 랜드연구소 파견 2014년 보건복지부 보육정책관 2016년 同대변인 2017년 同보건의료정책실 보건의료정책관 2019년 同건강보험정책국장(현)

이기정(李基晶) LEE Ki Jeong

(생)1959·7·30 (출)경남 진해 (주)서울특별시 성동구 왕십리로 222 한양대학교 영어영문학과(02-2220-0777) (학)1978년 우신고졸 1983년 한양대 영어영문학과졸 1990년 미국 미네소타대 대학원졸 1992년 언어학박사(미국 미네소타대) (경)1994년 한양대 영어영문학과 교수(현) 2001년 同비서실장 겸 국제협력실장 2003년 同국제어학원장 2004년 同국제협력실장 2004년 한국대학교류협회 회장 2006년 한국음운론학회 회장 2010년 한양대 국제협력처장, 同국제처장(현) (종)기독교

이기준(李基俊) LEE Ki Jun

(생)1938·7·28 (본)고성(固城) (출)충남 아산 (주)서울특별시 강남구 테헤란로 305 한국기술센터15층 한국공학한림원(02-6009-4000) (학)1957년 서울대사대부고졸 1961년 서울대 공대 화학공학과졸 1964년 同대학원 화학공학과졸 1966년 미국 미시간대 대학원 화학공학과 수료 1971년 화학공학박사(미국 워싱턴대 시애틀교) 2000년 명예 철학박사(일본 北海道大) (경)1963~1965년 금속연료종합연구소 연구원 1971~1982년 서울대 공대 화학공학과 조교수·부교수 1973~1979년 문교부 교육정책심의회 전문위원 1973년 국무총리실 정책심의회 연구위원 1976년 아태지역공학교육협회 사무총장 1978년 IBRD주관 한국공학교육연구단장 1981년 경제기획원 정책자문위원 1982년 미국 미시간주립대 초빙교수 1982~2003년 서울대 공대 화학공학과 교수 1985~1989년 同중앙교육연구전산원장 1989~1993년 同공과대학장 1992년 전국공대학장협의회 회장 1993~1997년 한국유변학회 회장 1994~1996년 한국공학기술학회 회장 1994년 대통령 교육개혁위원회 위원 1996~2004년 한국공학한림원 회장 1997년 국가과학기술자문회의 자문위원 1998~2002년 서울대 총장 1998년 LG화학 사외이사 1999년 민주평통 자문위원 2000~2002년 한국공학교육인증원(ABEEK) 이사장 2001년 한국대학교육협의회 회장 2001~2005년 한국산업기술재단 이사장 2001년 대통령자문 국민경제자문회의 위원 2001년 사이언스북스타트운동 공동대표 2003년 서울대 명예교수 2004년 한국공학한림원 명예회장(현) 2005년 부총리 겸 교육인적자원부 장관 2005년 스웨덴 왕립공학한림원 회원(현) 2005년 호주 공학한림원 회원(현) 2005년 귀뚜라미문화재단 이사장 2008~2011년 한국과학기술단체총연합회 회장 2012년 한국산업기술대 이사장 2015년 한국과학기술단체총연합회 명예회장(현) (상)대통령표창, 국민훈장 목련장, 청조근정훈장, APRU 총장회의 공로상, 서울대총동창회 관악대상 협력부문(2014) (저)'화학공학요론'(共) '반응공학'(共) '이동현상'(共) '공학기술복합시대'(共) (종)기독교

이기준(李基俊)

(생)1961 (주)서울특별시 영등포구 문래북로 122 신한신용정보(주) 사장실(02-2164-7001) (학)1980년 선린상업고졸 1990년 국제대 무역학과졸 1996년 고려대 경영정보대학원 재무회계학과졸 (경)1980년 조흥은행 입행 2005년 신한은행 이대역지점장 2009년 同여신기획부장 2012년 同기업개선본부장 2014년 同중부금융본부장 2015년 同부행장보 2017년 同여신심사그룹 부행장 2019년 신한신용정보 대표이사 사장(현)

이기중(李起中) LEE Kee Joong

(생)1953·5·19 (본)성산(星山) (출)경남 창원 (주)부산광역시 연제구 법원로 28 부산법조타운 1208호 법무법인 정인(051-911-6161) (학)1970년 부산고졸 1974년 서울대 법대졸 (경)1976년 사법시험 합격(18회) 1978년 사법연수원 수료(8기) 1978년 대전지법 판사 1980년 同강경지원 판사 1982년 대전지법 판사 1983년 부산지법 판사 1987년 대구고법 판사 1989년 부산고법 판사 1991년 대법원 재판연구관 1992년 부산지법 울산지원 부장판사 1994년 부산지법 부장판사 1998년 울산지법 부장판사 2000년 부산고법 부장판사 2002년 부산지법 수석부장판사 직대 2004년 同동부지원장 2005년 부산고법 수석부장판사 2006년 울산지법원장 2007년 부산지법원장 2007년 부산시선거관리위원회 위원장 2009~2010년 부산고법원장 2010년 법무법인 정인(正人) 변호사(현) 2010~2015년 부산은행 사외이사 2015~2017년 (재)부산문화재단 이사 (상)황조근정훈장(2010) (종)천주교

이기중(李基中) LEE Ki Gung

(생)1962·1·15 (본)전주(全州) (출)강원 원주 (주)강원도 춘천시 중앙로 1 강원도소방본부 소방행정과(033-249-5110) (학)대성고졸, 삼척공업전문대학 화학공학과졸 (경)1985년 소방공무원 임용, 강원 원주소방서 근무, 강원 홍천소방서 근무, 강원도 소방본부 근무, 강원 영월소방서 구조구급담

당, 同방호담당, 강원 원주소방서 예방담당 2009년 강원도 소방본부 소방행정과 소방교육계담당 2011년 강원 원주소방서 현장지휘대장 2012년 강원도 소방안전본부 소방행정과 기획예산담당 2015년 강원 정선소방서장 2017년 강원 홍천소방서장 2019년 강원 영월소방서장 2019년 同소방본부 소방행정과장(현) (상)행정자치부장관표창, 강원도지사표창, 행정안전부장관표창(2012), KBS 춘천방송총국장표창 개인부문(2013), 녹조근정훈장(2017)

이기창(李基昌) Ki-Chang Lee

(생)1962·8·1 (주)서울특별시 종로구 율곡로2길 25 연합뉴스 비서실(02-398-3114) (학)1981년 성남서고졸 1985년 성균관대 행정학과졸 2016년 건국대 언론홍보대학원졸(언론학 석사) (경)1989년 연합통신 편집국 수습기자(9기) 1990~1994년 同경제2부·경제1부·정치부 기자 1994년 YTN 파견 1996년 연합통신 외신2부 기자 1999년 연합뉴스 카이로특파원 2005년 同워싱턴특파원(차장) 2008년 同영상취재부장 2011년 同사회부장 2011년 연합뉴스TV 보도국 뉴스진행부장 2012년 연합뉴스 논설위원(부국장대우) 2013년 同뉴미디어본부장 2015년 同편집국 국제에디터 2015년 同경기취재본부장 2017년 同기획조정실장 2018년 同경영전략담당 상무이사(현) (상)성균언론인회 '자랑스러운 성균언론인상' 언론부문(2018)

이기철(李基哲) LEE Key-cheol

(생)1957·10·15 (출)경북 안동 (주)서울특별시 마포구 서강로 60 유니세프 한국위원회(02-724-8506) (학)1976년 중앙고졸 1984년 서울대 법학과졸 1989년 미국 위스콘신대 대학원 행정학과졸 (경)1985년 외무고시 합격(19회) 1985~1991년 외교통상부 북미과·조약과·인사과 사무관 1991년 駐영국 2등서기관 1993년 駐리비아 1등서기관 1996년 외교통상부 인사과 서기관 1997년 同북미1과 서기관 1998년 駐유엔대표부 1등서기관 2001년 駐이스라엘 참사관 2003년 외교통상부 대북정책과장 2004년 駐오스트리아 참사관 2006년 유엔거버넌스센터 파견 2008년 외교통상부 아중동국 심의관 2008년 同재외동포영사국 심의관 2009년 同조약국장 2010년 同국제법률국장 2011~2014년 駐네덜란드 대사 2014년 외교부 장관 특별보좌관 2015년 同재외동포영사대사 2016~2017년 駐로스앤젤레스 총영사 2018년 국립외교원 겸임교수(현) 2018년 유니세프 한국위원회 사무총장(현) (상)외무부장관표창(1993), 최우수활동보고서상(1995), 근정포장(1997), 외교통상부장관표창(2007), 제1회 올해의 외교인상 현직외교관부문(2009), 대한민국 공무원상(2015), 월드코리아 베스트외교관상(2017)

이기태(李基泰) LEE, GI TAE

(생)1962 (출)충남 아산 (주)세종특별자치시 다솜3로 95 조세심판원 행정실(044-200-1710) (학)충남 아산고졸 1984년 세무대학졸(2기), 방송통신대 법학과졸 2009년 고려대 정책대학원졸 (경)1984년 국세청 공무원 임용(8급 특채) 1984년 성남세무서 총무과 근무 1988년 부천세무서 부가가치세과 근무 1990년 의정부세무서 재산세과 근무 1991년 성남세무서 법인세과 근무 1993년 경인지방국세청 재산세국 부동산조사담당관실 근무 1996년 국세심판소 행정실 근무 2006년 재정경제부 정책홍보관실 재정기획관실 사무관 2008년 국무총리실 조세심판원 사무관 2013년 국무조정실 조세심판원 사무관 2014년 同조세심판원 서기관 2015~2016년 서울 강동세무서장 2016년 국무조정실 조세심판원 제6상임심판관실 서기관 2017년 同조세심판원 제4심판부 9심판조사관 2018년 同조세심판원 제4심판부 8심판조사관 2018년 同조세심판원 3심판부 6심판조사관 2019년 同조세심판원 1심판부 2심판조사관 2019년 同조세심판원 행정실장(현)

이기택(李起宅) LEE Ki Taik

(생)1959·7·9 (본)전주(全州) (출)서울 (주)서울특별시 서초구 서초대로 219 대법원(02-3480-1100) (학)1978년 경성고졸 1982년 서울대 법과대학 법학과졸 1993년 미국 하버드대 법대 국제조세과정 수료 (경)1981년 사법시험 합격(23회) 1984년 사법연수원 수료(14기) 1985년 서울민사지법 판사 1987년 서울지법 동부지원 판사 1989년 마산지법 충무지원 판사 1991년 서울지법 서부지원 판사 1993년 서울민사지법 판사 1995년 법원행정처 사법정책연구심의관 1996년 서울고법 판사 1999년 대구지법 김천지원장, 서울가정법원 판사 2001년 대법원 재판연구관 2003년 서울지법 동부지원 부장판사 2004년 서울동부지법 부장판사 2005년 서울중앙지법 부장판사 2006년 특허법원 부장판사 2007년 同수석부장판사 2008년 서울고법 지적재산권 전담부 부장판사 2014~2015년 서울서부지법원장 2015년 대법원 대법관(현)

이기표(李記豹) Lee, Gi-Pyo

(생)1962 (주)광주광역시 동구 문화전당로 38 아시아문화원 원장실(062-601-4300) (학)1980년 광주동신고졸 1988년 전남대 일어일문학과졸 2002년 조선대 대학원 신문방송학과졸 (경)1988년 광주일보 기자, 일본 게이오대 객원연구원, 일본 히로시마슈도대 사회학과 강사, 광주방송 기자·앵커·취재부장 2008년 同보도기획부장 2010년 同광고사업국장 2012년 同경영광고국장 겸 광고사업팀장 2012년 同서울본부장 2015년 同경영본부장 겸 신사옥실무추진단장 2017년 더불어민주당 광주선거대책위원회 공동선대위원장 2017~2019년 광주대 기초교양학부 조교수 2018년 아시아문화원 원장(현)

이기헌(李基憲) LEE Ki Heon

(생)1947·12·31 (본)전주(全州) (출)평남 평양 (주)경기도 의정부시 신흥로 261 천주교 의정부교구청(031-850-1400) (학)1966년 경동고졸 1973년 가톨릭대 신학과졸 1975년 同대학원 신학과졸 (경)1975년 사제 서품 1975~1978년 천호동·상봉동·명동성당 보좌신부 1978~1982년 육군 군종장교 1982년 잠원동성당 주임신부 1987년 석관동성당 주임신부 1990년 일본 東京한인성당 주임신부 1995년 천주교 서울대교구 교육국장 1998년 同서울대교구 사무처장 1999년 주교 서품 1999~2010년 천주교 군종교구장 2000년 한국천주교주교회의 선교사목주교위원회 위원(현) 2005~2010년 同문화위원회 위원장 2009년 同선교사목주교위원회 위원장(현) 2010년 천주교 의정부교구장(현) 2010년 한국천주교주교회의 민족화해주교특별위원회·시복시성주교특별위원회 위원(현) 2010~2012년 同청소년사목위원회 위원장 2010년 한일주교교류모임 한국측 연락담당(현) 2011년 한국천주교중앙협의회 감사(현) 2012년 한국천주교주교회의 민족화해위원회 위원장(현) (종)천주교

이기헌(李起憲) LEE Ki Heon (潭鹿)

(생)1955·1·14 (본)부평(富平) (출)경기 오산 (주)서울특별시 중구 충무로 14-4 301호 (사)한국청소년문화체육협회(02-761-9400) (학)1974년 용문고졸 1978년 건국대 축산학과졸 1983년 동국대 행정대학원 행정학과졸 (경)1976년 ROTC 16기 육군소위 임관 1980년 육군 대위 예편 1988~1996년 국회 입법보좌관·국회정책연구위원 1997년 민주평통 정책자문위원 1997년 자민련 박태준 총재 비서실 국장 2000년 국무총리실 민정국장 2000년 총리실 주최 NGO 단체인솔 독일 해외연수단장 2006년 (사)한국청소년문화체육협회 회장(현) 2008년 대한민국ROTC중앙회 부회장 2008년 한나라당 제18대 국회의원 예비후보(경기 오산시) (상)스포츠조선 '올해 아름다운 한국인 100인' 선정(2008) (저)'담록은 땀 방울 떨어진 곳에 아름다운 삶을 살아왔구나!!' (종)기독교

이기헌(李基憲) LEE, Gie Hun

(생)1963 · 1 · 27 (본)함안(咸安) (출)충남 홍성 (주)대전광역시 서구 청사로 189 조달청 전자조달기획과(042-724-7139) (학)1982년 충남 홍성고졸 1989년 한국외국어대 독일어과졸 (경)1990~2008년 재무부 · 재정경제부 근무 2008년 금융위원회 금융정책국 산업금융과 근무 2008~2010년 국무총리실 정보비서관실 파견 2010년 금융위원회 행정인사과 · 금융정책국 금융시장분석과 서기관 2012년 조달청 전자조달국 고객지원팀장 2014년 同대변인 2016년 충북지방조달청장 2018년 조달청장 비서관 2019년 同비서관(부이사관) 2019년 同전자조달기획과장(현) (상)대통령표창(2012) (종)기독교

이기형(李基亨) LEE Ki Hyung

(생)1959 · 12 · 23 (본)전주(全州) (출)전북 완주 (주)서울특별시 영등포구 국제금융로6길 26 보험개발원(02-3775-9014) (학)1992년 한국외국어대 대학원 경영학과졸 2002년 경영학박사(국민대) (경)1987년 한국손해보험료율산정회 입사 1989년 보험개발원 근무 1994년 同보험연구소 선임연구원 1998년 同해상보험팀장 1999년 同특종보험팀장 2000년 보험연수원 강사 2001년 보험개발원 화재해상보험팀장 2002년 한국감정평가연구원 자문위원 2003년 보험개발원 보험연구소 연구위원 2004년 공정거래위원회 자문위원 2004년 보험개발원 보험연구소 연구조정실장 2005년 同보험연구소 산업연구팀장 2005년 금융감독위원회 금융규제전면재정비규제개혁작업단 민관합동TF 외부전문가 2006년 재정경제부 제로베이스금융규제TFT 팀원 2006년 보험개발원 손해보험본부장 2007년 同보험연구소 선임연구원 2008년 同산업연구실장 2011년 同금융정책실장(선임연구위원) 2015년 同선임연구위원(현)

이기형(李基衡) Kee-Hyoung Lee

(생)1960 · 2 · 18 (주)서울특별시 성북구 인촌로 73 고려대학교의료원 부속실(02-920-5007) (학)1985년 고려대 의대졸 1992년 同대학원 의학석사 1994년 의학박사(고려대) (경)1985~1988년 고려대병원 인턴 · 소아과 레지던트 1992년 고려대부속 안암병원 임상강사 1994년 고려대 의과대학 소아과학교실 조교수 · 부교수 · 교수(현) 1996년 미국 노스캐롤라이나대 소아내분비과 연수 1999~2007년 대한소아내분비학회 총무이사 2004~2005년 고려대 안산병원 교육수련위원장 2007~2009년 대한소아내분비학회 간행이사 2009~2011년 同학술이사 2009~2012년 고려대 안암병원 기획실장 2009~2012년 대한비만학회 소아청소년비만위원회 위원장 2011~2015년 대한소아내분비학회 부회장 2012~2014년 고려대 안암병원 진료부원장 2014~2015년 同안암병원 소아청소년과장 · 진료협력센터장 2015~2017년 대한소아내분비학회 회장 2016~2017년 고려대 안암병원장 2017년 대한비만학회 회장 2017년 대한소아내분비학회 고문(현) 2017년 고려대 의무부총장 겸 의료원장(현) 2017년 대한병원협회 부회장(현) (상)한국최고의 경영자대상 사회공헌부문(2016) (저)'소아내분비학'(2004) '소아, 청소년 비만관리 지침서'(2006) '임상비만학'(2008)

이기형(李奇衡) LEE Ki Hyung

(생)1960 · 9 · 27 (주)경기도 안산시 상록구 한양대학로 55 한양대학교 ERICA캠퍼스 공학대학 기계공학과(031-400-5251) (학)1983년 한양대 공과대학 기계공학과졸 1986년 同대학원 기계공학과졸 1989년 공학박사(일본 고베대) (경)1986년 일본 고베대 자연과학연구과 연구조교 1989년 일본 가와사키중공업 기술총괄부 연구원 1990년 닛산자동차중앙연구소 연구원 1993년 한국자동차공학회 편집위원 1993~2001년 한양대 기계공학과 조교수 · 부교수 1996년 한국액체미립화학회 편집이사 1999년 同사업이사 2001년 산업표준심의회 수송기계부회 전문위원 2001년 한양대 ERICA캠퍼스 공학대학 기계공학과 교수(현) 2010년 同ERICA캠퍼스 산학협력실장 겸 창업보육센터 소장 2012년 同학술연구처 부처장 겸 산학협력단 부단장 2015~2017년 同산학협력단장 2015~2016년 同학술연구처장 2018년 同ERICA캠퍼스 공학대학장(현) (저)'레이저응용연소계측'(2001) '2006자동차 환경백서'(2006) '2007자동차환경백서(共)'(2007) (역)'자동차공학'(1998)

이기형(李奇衡) LEE Ki Hyung

(생)1963 (주)서울특별시 강남구 삼성로 512 삼성동빌딩 19층 (주)인터파크홀딩스(02-6004-6800) (학)1982년 경기고졸 1987년 서울대 자연과학대학 물리천문학과졸 (경)1997~2017년 인터파크 대표이사 2007~2009년 G마켓 의사회 의장 2009~2012년 (주)인터파크INT 대표이사 2011~2015년 한국온라인쇼핑협회 회장 2014~2016년 아이마켓코리아 대표이사 2015년 (주)인터파크홀딩스 대표이사 회장(현) 2015년 카오스재단 이사장(현) (상)대통령표창(1999), 한국전자상거래대상 우수상, 국무총리표창, 정보통신부장관표창, 전자상거래골드브랜드 대상, 인터넷 30주년 공로상, 행정자치부장관표창

이기형(李奇衡) Keehyoung Lee

(생)1971 · 9 · 30 (주)경기도 수원시 팔달구 효원로 1 경기도의회(031-8008-7000) (학)1990년 김포종합고졸 2017년 중앙대 행정대학원 도시행정학과졸 (경)2010년 경기 김포시의원선거 출마(무소속) 2014년 경기 김포시의원선거 출마(새정치민주연합) 2014~2017년 김포시 민원조정관 2017년 더불어민주당 제19대 문재인 대통령후보 선거대책위원회 조직 · 국가균형발전특보 2017년 同제19대 문재인 대통령후보 김포시乙선거연락사무소장, 同주거복지특별위원회 부위원장 2018년 경기도의회 의원(더불어민주당)(현) 2018년 同제1교육위원회 위원(현)

이기화(李基和) LEE Kie Hwa

(생)1941 · 5 · 28 (출)전남 나주 (주)서울특별시 관악구 관악로 1 서울대학교 지구환경과학부(02-880-5008) (학)1959년 광주제일고졸 1963년 서울대 물리학과졸 1975년 지구물리학박사(미국 피츠버그대) (경)1975년 캐나다 Victoria지구물리연구소 연구원 1978년 서울대 사범대학 조교수 1981~1988년 同자연과학대학 조교수 · 부교수 1988~2006년 同지구환경과학부 교수 1994년 대한지하수환경학회 편집위원장 1998년 대한지구물리학회 회장 2006년 서울대 명예교수(현) 2006~2016년 법보신문 논설위원 2016년 대한민국학술원 회원(지구물리학 · 현) (상)과학기술부장관표창, 근정포장(2012), 3.1문화상 학술상 자연과학부문(2013) (저)'Geology of Korea'(共) '진동 및 내진설계'(共) (종)불교

이기화(李起花 · 女) Lee, Ki hwa

(생)1959 (주)서울특별시 서대문구 충정로7길 12 한국공인회계사회(02-3149-0100) (학)1982년 계명대 회계학과졸 1994년 서울대 대학원 경영학과졸 2009년 세무학박사(서울시립대) (경)1981년 공인회계사시험 합격, 삼일회계법인 · 삼화회계법인 공인회계사 1995년 한국여성경제인협회 감사 1997년 미국 공인회계사시험 합격 1999년 국무총리실산하 인문사회연구회 이사 1999년 한국공인회계사회 국세연구위원회 위원 2000년 미국 일리노이대 회계학연구소 연수, 법무법인 광장 공인회계사 2002~2006년 한국여성공인회계사회 회장 2005~2018년 다산회계법인 대표이사 2011년 금융위원회 공적자금관리위원회 위원 2012년 한국공인회계사회 감사, 국민연금기금운용실무평가위원

회 위원 2014~2016년 한국교육학술정보원 비상임감사 2017년 이화여대 법인이사회 감사(현) 2018년 한국회계기준원 회계기준위원회 비상임위원(현) 2019년 한국공인회계사회 부회장(현) 2019년 다산회계법인 이사(현) (상)대통령표창(2017)

이기화(李起和)

(생)1965·5·27 (출)경기 평택 (주)강원도 춘천시 동면 소양강로 290 강원도선거관리위원회 사무처장실(033-257-4404) (학)연세대 대학원 형사사법과졸 (경)2014년 선거연수원 제도연구부장 2015년 同시민교육부장 2015년 관악구선거관리위원회 사무국장 2016년 인천시선거관리위원회 관리과장 2018년 세종연구소 파견 2019년 세종시선거관리위원회 관리과장 2019년 강원도선거관리위원회 사무처장(현)

이기환(李基焕) LEE Ki Hwan

(생)1959·2·17 (주)부산광역시 영도구 태종로 727 한국해양대학교 해운경영학부(051-410-4387) (학)중앙대 경영학과졸, 同대학원졸 1993년 경영학박사(영국 맨체스터대) (경)1982~1995년 한국개발연구원 주임연구원 1995~2006년 한국해양대 해운경영학과 전임강사·조교수·부교수 1999~2004년 (주)피스트글로벌 이사 2001년 한국중소기업학회 이사 2001년 한국증권학회 이사 2003~2004년 미국 Univ. of Michigan Business School Visiting Scholar 2003년 정부투자기관경영평가단 위원 2005년 정부기금운용평가단 위원 2006년 한국해양대 해운경영학부 교수(현) 2006~2008년 同교무처장 2012~2014년 同국제대학장 2013~2018년 (재)APEC기후센터 비상임감사 2017~2018년 BNK금융그룹 백년대계위원회 해양금융발전분과 위원장 2018년 한국해양대 해양금융대학원장(현) (저)'기업신용분석'(2006)

이기훈(李沂勳) LEE KI HUN

(생)1970·7·25 (주)광주광역시 동구 중앙로196번길 3 (재)지역문화교류호남재단(062-234-2727) (학)전남대졸 (경)(재)지역문화교류호남재단 상임이사(현), 광주문화도시협의회 공동대표(현), 광주문화재단 문화예술자문위원, 광주환경공단 시민감사관(현), 광주폴리시민협의회 위원(현), 아시아문화중심도시지원포럼 위원(현) 2019년 연합뉴스 광주전남취재본부 콘텐츠자문위원(현), 광주시시민권익위원회 위원(현), 광주NGO센터 운영위원(현)

이기흥(李起興) Lee Kee Heung

(생)1955·1·3 (출)충남 논산 (주)서울특별시 송파구 올림픽로 424 대한체육회(02-2144-8114) (학)1985년 충남대 행정대학원 수료 1999년 고려대 경영전문대학원 수료 2004년 한국체육대 사회체육대학원 최고경영자과정 수료 2011년 명예 체육학박사(용인대) 2014년 명예 철학박사(동국대) (경)1985년 신민당 이민우총재 비서관 1989년 (주)우성산업개발 대표이사 1999년 고려대 교우회 이사 2000년 대한근대5종연맹 부회장 2004년 대한올림픽위원회(KOC) 상임위원 2004~2009년 대한카누연맹 회장 2004년 아테네올림픽 한국선수지원단 홍보·의전담당 임원 2005~2009년 대한체육회 부회장·전국체육대회위원장 2007년 아시아카누연맹(ACC) 제1부회장 2007년 민주평통 자문위원(13기) 2007년 고려대 경영대학원교우회 부회장(제30·31대) 2008년 베이징올림픽한국선수지원단 홍보담당 임원 2008년 대한체육회 조직·재정특별위원회 위원 2008년 대한불교조계종중앙신도회 부회장 2009년 세계카누연맹 아시아대륙 대표 2009년 전국소년체전 대회장 2009년 대한체육회 전국체전위원장 2009년 전국체전소청심사위원회 위원장 2009년 2014인천아시아게임조직위원회 위원 2010~2016년 대한수영연맹 회장 2010년 광저우아시아경기대회 대한민국선수단장 2012년 런던올림픽 대한민국선수단장 2012년 대한불교조계종중앙신도회 회장(현) 2012년 (사)날마다좋은날 이사장 2012~2016년 아시아수영연맹(AASF) 부회장 2012년 2019 세계수영선수권대회유치위원회 위원장 2013~2016년 대한체육회 부회장 2013~2014년 2014인천아시아경기대회조직위원회 부위원장 2015~2016년 대한체육회·국민생활체육회통합추진위원회 위원장 2016년 국제수영연맹(FINA) 집행위원 2016년 (사)서담 이사장(현) 2016년 대한체육회(KSOC) 회장(현) 2019년 국제올림픽위원회(IOC) 위원(현) (상)대한불교조계종 불자대상(2011) (종)불교

이기흥(李基興) LEE Gee Heung

(생)1963·9·21 (출)서울 (주)서울특별시 중구 세종대로7길 37 오렌지라이프 임원실(02-2200-9122) (학)충암고졸 1989년 서울대 수학과졸 2011년 미국 헐트국제경영대학원졸(MBA) (경)1989년 삼성생명보험 계리부 근무 1994년 同기획부 근무 1998년 同기업혁신&IT기획팀 근무 2003년 同베이징 신사업기획팀 2004년 푸르덴셜생명보험 시스템개발 2005년 同시스템개발 상무 2010~2014년 同운영&고객서비스부문 상무 2014~2018년 ING생명보험 운영본부 총괄부사장 2018년 同고객유지트라이브장(부사장) 2018년 오렌지라이프 고객유지트라이브장(부사장)(현) (종)가톨릭

이길섭(李吉燮) LEE Kil Seob

(생)1959·7·10 (본)전주(全州) (출)서울 (주)충청북도 청주시 흥덕구 2순환로 1322 MBC충북 사장실(043-229-7001) (학)1978년 중앙사대부고졸 1983년 한국외국어대 영어과졸 1989년 미국 포담대 대학원 철학과졸 (경)1984년 MBC(문화방송) 편성PD 2003년 同편성국 TV편성부장(부장대우) 2006년 同월드컵방송기획단 특임CP(부장대우) 2006년 同편성국 부국장 2008년 同편성국 프로그램개발TF팀장 2009년 同심의평가부장 2018년 MBC충북 대표이사 사장(현)

이길여(李吉女·女) LEE Gil Ya (嘉泉)

(생)1932·5·9 (본)전주(全州) (출)전북 군산 (주)인천광역시 남동구 남동대로774번길 21 가천길재단 회장실(032-460-3500) (학)1951년 이리여고졸 1957년 서울대 의대졸 1977년 의학박사(일본 니혼대) 1989년 연세대 행정대학원 고위정책과정 수료 2003년 명예 교육학박사(단국대) 2008년 명예 이학박사(한국과학기술원) (경)1957년 적십자병원 인턴 1958~1978년 산부인과의원 개원 1964~1965년 미국 Mary Immaculate Hospital 인턴 1965~1968년 미국 Queen's Hospital Center 레지던트 1978년 의료법인 길의료재단 설립 1981년 승례원 이사장 1981~2003년 민주평통 여성부의장 1981~2005년 同상임위원 1982년 양평길병원 개원 1982~1984년 한국여자의사회 회장 1983년 국무총리 여성정책심의위원 1985년 대한의약협회 감사 1985년 UN여성대회 정부대표(케냐) 1985~1996년 대한적십자사 중앙조직위원 1987년 중앙길병원 개원 1988년 철원길병원 개원 1991년 서울대 의대 외래교수 1991년 한국성인병예방협회 부회장 1991년 가천문화재단 설립·이사장 1991~1994년 대한의사협회 부회장 1992년 새생명찾아주기운동본부 설립·이사장 1993년 남동길병원·산업의학연구소 개원 1993년 (사)가천미추홀청소년봉사단 설립 1993년 한센국제협력후원회 회장 1994년 한국암연구재단 이사 1994년 동국인천한방병원 개원 1994년 학교법인 가천학원(가천의대·가천길대·신명여고) 이사장 1995~2005년 서울대의대동창회 회장 1995년 백령길병원 개원 1995년 한국여성개발원 이사 1995년 가천박물관 설립 1998년 가천의대 설립 1998~2000년 학교법인 경원학원(경원대·경원전문대) 이사장 1999년 경원인천한방병원 개원 1999년 경인일보 회장(현) 2000~2012년 경원대 총장 2002년 가천길재단 회장(현) 2002년 청소년보호위원회 위원 2003~2004년 중앙인사위

원회 인사정책자문회 의장 2003~2007년 대한의사협회 한국의학100주년기념사업위원회 위원장 2007~2008년 한국과학기술기획평가원 이사장 2008~2017년 의료법인 길의료재단 이사장 2010년 가천미추홀청소년봉사단 총재(현) 2011년 대한민국의학한림원 명예회원(현) 2011~2013년 헌법재판소 자문위원 2011~2012년 서울대 초대이사 2012년 통합 가천대 초대총장(현) 2014~2016년 경인지역대학총장협의회 회장 (상)국민훈장 목련장(1985), 대통령표창(1991·1996·1998), 용신봉사상(1993), 보건복지부장관표창(1993), 전북 애향대상(1995), 문화체육부장관표창(1995), 부총리 겸 재정경제원장관표창(1996), 자랑스런전북인 대상(1997), 전북일보 선정 20세기 전북인물 50인, 서울대총동창회 관악대상(2003), 국민훈장 무궁화장(2003), 대한민국문화예술상(2003), 자랑스런 서울대인상(2003), 서울대총동창회 유공동문상(2006), 가장존경받는경영인상(2006), 함춘대상 사회공헌부문 대상(2007), 자랑스런 한국인대상(2007), 성산효행대상(2009), 과학기술훈장 창조장(2009), 몽골 홍테트 템데그 외국인수여 보건의료 최고훈장(2009), 제12회 효령상 사회봉사부문(2009), 인천사랑 대상(2010), 여성신문 올해의 인물상(2011), 한국과학기자협회 우남과학진흥상(2011), 인촌상 공공봉사부문(2012), 미국 뉴스위크 선정 '2012 Women in the World 150'(2012), 하와이 이민110주년기념식 공로패(2013), 미국 경제전문지 포브스 선정 '아시아의 기부 영웅'(2013), 키르기스스탄 '아뜰리치 즈드리바 아흐라네니아' 보건의료 최고훈장(2015), 대한적십자사 박애장 금장(2015), 한국여자의사회 공로상·특별기여상(2016), 한국YWCA연합회 한국여성지도자상 대상(2016), 대한민국을 빛낸 호남인상(2017), 올해의 인천인 대상(2017), 성남시장표창(2018) (저)'어미새의 노래'(2000) '끝없는 태동, 끝없는 도약'(2002) '꿈은 멈추지 않는다'(2002) '바람을 부르는 바람개비'(2006) '간절히 꿈꾸고 뜨겁게 도전해라'(2008) '아름다운 바람개비'(2012, 메디치미디어)

이길용(李佶鎔) Lee giul yong

(생)1966·11 (본)성산(星山) (출)경남 거창 (주)경기도 수원시 장안구 경수대로 1110-17 중부지방국세청 징세과(031-888-4341) (학)거창 대성고졸, 세무대학졸(5기) (경)1987년 국세공무원 임용(8급) 1997년 서울지방국세청 조사2국 정보관리과 근무 1999년 국세청 조사2과 근무 2003년 同운영지원과 인사계 근무 2008년 동안양세무서 재산세과장(행정사무관) 2010년 국세청 직원고충담당관 2012년 同운영지원과 서무계장 2013년 同운영지원과 서무계장(서기관) 2014년 경남 김해세무서장 2015년 중부지방국세청 운영지원과장 2016년 서울지방국세청 조사4국 조사3과장 2017년 서울 서초세무서장 직무대리 2018년 서울 양천세무서장 2019년 중부지방국세청 징세과장(현)

이길우(李吉雨) kilwoo LEE

(생)1966·4·18 (본)경주(慶州) (출)경북 경주 (주)서울특별시 서초구 마방로 68 한국과학기술기획평가원 사업조정본부(02-589-2806) (학)1984년 경주고졸 1991년 한국외국어대 경영학과졸 1998년 同대학원 행정학과졸 2004년 행정학박사(한국외국어대) (경)1998년 국무조정실 파견 1999년 한국과학기술기획평가원 연구원·연구위원·선임연구위원(현) 2006년 국가과학기술자문회의 파견 2008년 한국과학기술기획평가원 지식확산단 정보분석팀장 2009년 영국 맨체스터대 객원연구원 2010년 한국과학기술기획평가원 연구제도실장 2010년 同경영관리단장 2012~2016년 同성과확산실장 2016년 同평가분석본부 R&D평가센터장 2017년 同사업조정본부장(현) (상)과학기술부장관표창(1998) (저)'생산적인 연구 환경 조성을 위한 연구관리 개선방안 연구'(2005, 한국과학기술기획평가원) '연구관리전문기관 운영효율화 방안 연구'(2006, 한국과학기술기획평가원) '국가연구개발사업의 성과관리 실태분석 및 종합관리 개선방안'(2006, 한국과학기술기획평가원) '연구관리전문기관 성과관리 실태분석 및 개선방안 연구'(2007, 한국과학기술평가원) '정부평가의 이해와 실제(共)'(2007, 대영출판사) '정부 R&D 연구관리전문기관 기능개선 방안 연구'(2007, 기획예산처) '국가연구개발사업 조사·분석 강화를 위한 성과지표 개선 및 활용방안 연구'(2008, 한국과학기술기획평가원) '정부 연구개발사업의 평가 및 관리체계에 관한 연구 – 영국의 사례 비교분석과 한국에의 시사점-'(2009, 한국과학기술기획평가원) '국가연구개발사업의 조사분석 강화를 위한 성과지표 개선 및 활용방안'(2009, 한국과학기술기획평가원) '농생명 미래성장동력사업 예비타당성조사 보고서'(2010, 한국과학기술기획평가원) '친환경 바이오기술개발사업 예비타당성조사 보고서'(2010, 한국과학기술기획평가원) '지식재산의 창출·보호·활용 활성화 기반 강화'(2012, 국가과학기술위원회) '국가연구개발사업 기술이전·사업화 제고 방안 연구'(2013, 한국과학기술기획평가원) (종)기독교

이길원(李吉遠) LEE Gil-Won (碧泉)

(생)1945·3·9 (본)한산(韓山) (출)충북 청주 (주)서울특별시 영등포구 국회대로76길 18 오성빌딩 1105호 (사)국제펜클럽 한국본부(02-782-1337) (학)1962년 청주고졸 1970년 연세대졸 (경)시문학 '목동 허수아비'를 통해 등단·시인(현), 월간 '주부생활' 편집부장, 국제펜클럽 한국본부 이사, 同한국본부 이사장, 문학의집 서울 이사(현), '문학과 창작' 편집주간(현), '미네르바' 편집고문(현) 2010년 국제펜클럽 세계본부 이사(현) 2013년 同한국본부 명예이사장(현), 망명북한작가PEN센터 고문(현) (상)천상병 시상, 윤동주 문학상, 대한민국문화예술상(2009), 서울시 문화상(2016) (저)시집 '어느 아침 나무가 되어'(1993) '계란껍질에 앉아서'(1998, 시문학사) '은행 몇 알에 대한 명상'(2000, 시문학사) '하회탈 자화상'(2002) '해이리 시편'(2008), 시선집 '노을'(2012, 시월) 英譯시집 'Sunset Glow' 'Poems of Lee Gil-Won'(2005) 'Mask'(2013, 범우) 'La riviere du crepuscule' 'Napfenypalast' '시창작 다이제스트-시 쓰기의 실제와 이론'(2018, 문학아카데미)

이길재(李吉載) Lee Gil Jae (유랑)

(생)1964·6·3 (본)광주(廣州) (출)전남 보성 (주)서울특별시 송파구 정의로 30 서울동부지검 집행과(02-2204-4584) (학)1983년 광주진흥고졸 1990년 전남대 법학과졸 2005년 단국대 행정법무대학원 부동산법학과졸 (경)2006년 대검찰청 운영지원과 기획사무관 2007년 서울남부지검 검사 직대 2012년 인천지검 부천지청 검사 직대 2013년 수원지검 검사 직대 2014년 서울중앙지검 검사 직대 2015년 서울남부지검 수사과장 2017년 인천지검 총무과장 2018년 서울동부지검 집행과장(현) (종)불교

이길한(李吉漢) LEE Gil Han

(생)1962·9·20 (출)경남 진주 (주)서울특별시 강남구 도산대로 449 (주)신세계인터내셔날 임원실(02-3440-1001) (학)진주고졸 1985년 서울대 무역학과졸 (경)1984년 삼성물산(주) 입사 1993년 同산티아고지점장 2000년 同인사부장 2003년 同대만법인지사장 2004년 同모스크바지사장(상무보) 2008년 (주)호텔신라 면세유통사업부 상무 2011년 同면세유통사업부 MD본부장(전무) 2013년 同면세유통사업부 마케팅본부장(전무) 2016년 HDC신라면세점(주) 공동대표이사 사장 2017년 (주)신세계인터내셔날 글로벌2본부장(부사장) 2019년 同코스메틱부문 대표이사(현)

이길형(李吉炯) Lee, Gil-hyung

(생)1954·5·10 (주)경기도 성남시 분당구 양현로 322 코리아디자인센터 213-2호 한국디자인단체총연합회(031-788-7104) (학)1981년 홍익대 응용미술학과졸 1999년 同대학원 광고홍보학과졸 (경)선광커뮤니케이션스 제작본부장 1999~2003년 (주)브랜드업 부사장, 선연커뮤니케이션스 광고본부장(상무), 쌍용그룹 홍보실 광고제작팀장, (주)심펙트 이사, 대한

민국 미술대전 디자인부문 초대작가 2002~2005년 홍익대 겸임교수 2005년 同미술대학 디자인학부 교수, 同산업미술대학원 교수(2019년 8월 퇴직) 2006년 同홍보위원회 전문위원 2014년 국제전기통신연합(ITU) 전권회의(Plenipotentiary Conference) 행사분야 자문위원, 대한민국미술대전 디자인부문 초대작가, 조달청 기술평가위원 2014~2015년 한국시각정보디자인협회 회장 2015~2016년 국가상징위원회 자문위원 2015년 광주디자인비엔날레 운영위원 2016년 세계친환경디자인박람회 조직위원 2016~2017년 한국디자인단체총연합회 감사 2017년 문화체육관광부 국가상징위원회 자문위원, 2018 평창동계올림픽브랜드디자인 전문위원 2018년 (사)한국디자인단체총연합회 회장(현) 2019년 광주디자인비엔날레 총감독(현) 2019년 서울시 휴먼시티어워드 운영위원(현)

이길형(李吉炯) Lee Gil Hyung

(생)1956 · 8 · 17 (주)서울특별시 강서구 까치산로24길 47 KC대학교 총장실(02-2600-2420) (학)1984년 서울대 산업공학과졸 1994년 서강대 경영대학원 경영학과졸 1998년 경영정보학박사(한국과학기술원) (경)1984~1994년 한국IBM Advisory SE 1996~1998년 한보정보통신(주) 대표이사 1998년 그리스도대 경영학부 경영정보학전공 교수 2015년 KC대 경영학부 경영정보학과 교수(현) 2018년 KC대 총장(현)

이나영(李娜榮 · 女)

(생)1986 · 3 · 11 (주)경기도 수원시 팔달구 효원로 1 경기도의회(031-8008-7000) (학)태원고졸, 중앙대 도시및지역계획학과졸 (경)성남시 정책기획과 대외협력팀 주무관, 同민선6기 시민행복위원회 대변인, 민주당 이재명 성남시장후보 선거대책본부 정책특별보좌관 2014년 경기도의원선거 출마(새정치민주연합) 2016~2018년 경기도의회 의원(보궐선거 당선, 더불어민주당) 2016~2018년 同여성가족교육협력위원회 위원 2016년 同예산결산특별위원회 위원 2016~2018년 同미래신산업육성및일자리창출특별위원회 위원, 同더불어민주당 대변인 2018년 경기도의회 의원(더불어민주당)(현) 2018년 同제1교육위원회 부위원장(현) 2019년 同예산결산특별위원회 부위원장(현)

이낙연(李洛淵) LEE Nak Yon

(생)1952 · 12 · 20 (본)전주(全州) (출)전남 영광 (주)세종특별자치시 다솜로 261 국무총리실(044-200-2114) (학)1970년 광주제일고졸 1974년 서울대 법과대학 법학과졸 (경)1978년 한국토지신탁 근무 1979년 동아일보 정치부 · 외신부 · 기획특집부 기자 1990년 同東京특파원 1994년 同정치부 · 기획부 · 국제부 차장 1997년 同논설위원 1999년 同국제부장 2000년 제16대 국회의원(함평 · 영광, 새천년민주당) 2000년 새천년민주당 제1정책조정위원장 2001년 同대변인 2002년 同대선기획단 부단장 2002년 同대변인 2002년 노무현 대통령당선자 대변인 2003년 새천년민주당 대표비서실장 2003년 同기획조정위원장 2004년 同총선기획단 공동단장 2004년 제17대 국회의원(함평 · 영광, 새천년민주당 · 민주당 · 대통합민주신당 · 통합민주당) 2004년 새천년민주당 원내대표 2005~2006년 민주당 원내대표 2005년 同함평 · 영광지역위원회 위원장 2007~2008년 대통합민주신당 대변인 2007년 同정동영 대통령후보 공보특보단장 2008년 제18대 국회의원(함평 · 영광 · 장성, 통합민주당 · 민주당 · 민주통합당) 2008~2010년 국회 농림수산식품위원장 2008~2012년 한 · 일의원연맹 부회장 겸 간사장 2008년 국회 지역균형발전협의체 공동회장 2010년 국회 UN새천년발전목표포럼(UN-MDGs) 공동대표 2010~2011년 민주당 사무총장 2010~2011년 同전남도당 위원장 2012~2014년 제19대 국회의원(담양 · 함평 · 영광 · 장성, 민주통합당 · 민주당 · 새정치민주연합) 2012년 국회 기획재정위원회 위원 2012년 국회 민생포럼 회장 2012년 국회 UN새천년발전목표포럼(UN-MDGs) 공동대표 2012년 민주통합당 제18대 대통령중앙선거대책위원회 공동선거대책위원장 2012년 한 · 일의원연맹 수석부회장 2013년 민주당 전국대의원대회 중앙당선거관리위원장 2014~2017년 전남도지사(새정치민주연합 · 더불어민주당) 2014~2015년 전국시 · 도지사협의회 부회장 2016년 더불어민주당 전남도당 상임고문 2016~2017년 영호남시도지사협력회의 의장 2017년 빛가람혁신도시공공기관장협의회 공동회장 2017년 제45대 국무총리(현) 2019년 대통령소속 국가물관리위원회 공동위원장(현) (상)제7회 인물대상 의정대상(2009), 국회를 빛낸 바른 언어상 으뜸언어상(2011), 국회 헌정우수상(2011), 공동선 의정활동상(2011), 자랑스러운 국회의원상(2011), NGO모니터단 국정감사 우수의원(2012), 주간경향 선정 최우수의원(2013), 한국문화예술유권자총연합회 국정감사 최우수국회의원상(2013), 자랑스런대한국민대상 국회의정대상(2013), 국제평화언론대상 의정부문 최우수상(2013), 한국공공자치연구원 올해의 지방자치CEO(2016) (저)'80년대 정치현장' '세상이야기' '때론 치열하게 때로는 나지막이'(共) '이낙연의 낮은 목소리' '어머니의 추억' '식(食)전쟁-한국의 길'(2009) '농업은 죽지 않는다'(2012) '전남, 땅으로 적시다'(2014) (종)기독교

이난영(李蘭榮 · 女) LEE, NAN YOUNG

(생)1970 · 4 · 3 (출)인천 (주)세종특별자치시 다솜로 261 국무조정실 교육문화여성정책관실(044-200-2323) (학)1989년 인천여고졸 1993년 서울대 영어교육과졸 2000년 미국 미시간대 대학원 교육정책학과졸 (경)1994년 행정고시 합격(38회) 1995년 교육인적자원부 교육행정사무관 2009년 교육과학기술부 교원단체협력팀장 2010~2011년 同인사과장 2015년 교육부 장관비서실장 2016년 同재외동포교육담당관 2016년 부산대 사무국장(고위공무원) 2017년 교육부 사회정책협력관 2018년 대통령비서실 선임행정관 2019년 국무조정실 교육문화여성정책관(현)

이남경(李南京 · 女)

(생)1969 · 2 · 7 (출)대전 (주)충청북도 음성군 맹동면 용두로 54 한국소비자원 소비자분쟁조정위원회(043-880-5500) (학)1986년 대전 호수돈여고졸 1990년 서울대 약학과졸 (경)2000년 사법시험 합격(42회) 2003년 사법연수원 수료(32기) 2003년 창원지검 검사 2005년 同진주지청 검사 2007~2011년 의정부지검 검사, 법무법인 다래 변호사 · 변리사, (주)보령홀딩스 법무 · 특허팀장 2019년 한국소비자원 소비자분쟁조정위원회 상임위원(현)

이남균(李南均)

(생)1969 · 4 · 8 (출)경남 진주 (주)서울특별시 강남구 테헤란로44길 8 아이콘역삼빌딩 9층 법무법인(유) 클라스(02-555-5007) (학)1987년 명신고졸 1991년 서울대 법학과졸 (경)1997년 사법시험 합격(39회) 2000년 사법연수원 수료(29기) 2000년 부산지법 판사 2004년 同가정지원 판사 2006년 인천지법 판사 2009년 서울중앙지법 판사 2011년 서울동부지법 판사 2012년 대법원 재판연구관 2014년 서울중앙지법 판사 2015년 대구지법 · 대구가정법원 안동지원장(대구지법 · 대구가정법원 의성지원 부장판사 겸임) 2017~2018년 수원지법 안산지원 부장판사 2018년 법무법인(유) 금성 변호사 2019년 법무법인(유) 클라스 변호사(현)

이남두(李南斗) LEE Nam Doo

(생)1949 · 2 · 24 (출)제주 북제주 (주)경상남도 창원시 의창구 용지로 244 경남개발공사 사장실(055-269-0400) (학)1968년 부산상고졸 1974년 한국외국어대 경제학과졸 2006년 창원대 경영대학원 수료 (경)1976년 천우사 근무 1976년 한국중공업 경리부 근무 1981년 同경리부 과장 1990년 同경리부

장 1996년 同경리부 이사 1998년 同기획담당 상무이사 2000년 同경영관리본부장(전무) 2001년 HSD엔진 부사장 2003년 同대표이사 사장 2005년 두산엔진(주) 대표이사 사장 2006년 두산중공업(주) 대표이사 사장 2007~2008년 同대표이사 부회장 2008년 한국신재생에너지협회 회장 2008~2009년 두산엔진(주) 대표이사 부회장 2009~2012년 同고문 2018년 경남개발공사 사장(현) (상)철탑산업훈장(1999), 한국e-비즈니스 대상(2003), 2004디지털지식경영 대상(2004), 재정경제부장관표창(2005), 5억불수출의탑(2005), 아름다운 관세 행정파트너(2005), 삼성중공업 공로상(2005), 국가품질경영대회 우수분임조 금상(2005), 한국품질경영인 대상(2006), 한국회계정보학회 투명경영대상(2007) (종)불교

이남석(李南錫)

(생)1967 · 9 · 19 (출)서울 (주)서울특별시 서초구 법원로1길 5 5층 법무법인 경림(02-6242-8000) (학)1986년 영훈고졸 1990년 고려대 법학과졸 (경)1997년 사법시험 합격(39회) 2000년 사법연수원 수료(29기) 2000년 대구지검 검사 2002년 춘천지검 원주지청 검사 2003년 서울지검 의정부지청 검사 2004년 의정부지검 검사 2005년 서울중앙지검 검사 2008년 수원지검 여주지청 검사 2010년 대검찰청 중앙수사부 검사 2012년 변호사 개업, 삼성전자 법무팀 상무 2017년 법무법인 경림 대표변호사(현)

이남식(李南植) LEE Nam Sik

(생)1955 · 6 · 13 (본)단양(丹陽) (출)서울 (주)경기도 안산시 단원구 예술대학로 171 서울예술대학교 총장실(031-412-7100) (학)1974년 중앙고졸 1978년 서울대 농대 농화학과졸 1981년 한국과학기술원 산업공학과졸 1987년 산업공학박사(한국과학기술원) 2008년 명예박사(미국 블룸필드대) (경)1981년 고려대 강사 1988년 미국 Univ. of Michigan 박사 후 연구원 1990~1994년 한국표준과학연구원 인간공학연구실 책임연구원 1991~1994년 한국과학기술원 산업공학과 겸직교수 1991년 대한인간공학회 이사 1991~1997년 한성대 산업안전공학과 교수, 同학부장 1997~2003년 국제디자인대학원대 교수 · 부학장 · 학장 1999년 同뉴밀레니엄 · 뉴비전최고경영자과정 주임교수 2001 · 2002년 한국디자인경영대상 심사위원장 2002~2014년 학교법인 신동아학원 이사 2002~2003년 대한인간공학회 회장 2003~2011년 전주대 총장 2003년 LG화재해상보험 사외이사 2003년 현대카드 사외이사 2004년 전주시지역혁신협의회 공동의장 2004~2007년 한지산업기술발전진흥회 회장 2006~2012년 LIG손해보험 사외이사 2007년 국가균형위원회 종합조정위원장 2007년 전북도지역혁신협의회 의장 2008년 새만금위원회 위원 2011~2019년 국제미래학회 회장 2011~2012년 서울과학종합대학원 총장 2011년 국가브랜드위원회 위원 2012년 지식경제부 산하 기술인문융합창작소장 2012~2016년 계원예술대 총장 2013년 산업통상자원부 산하 기술인문융합창작소장 2013~2016년 한국전문대학교육협의회 전문대학윤리위원회 위원 2015년 백남준문화재단 이사장 2015년 K밸리재단 초대이사장 · 이사(현) 2017년 수원대 제2창학위원회 위원장 2019년 서울예술대 총장(현) 2019년 국제미래학회 명예회장(현) (상)홍조근정훈장(2004), KAIST 자랑스런 동문상(2006), 국가균형발전위원회 지역혁신리더 선정(2006), 캄보디아정부 훈장(2010), 한국표준과학연구원 표준동문상(2012) (저)'산업공학용어사전'(1992) '디자인 강국의 꿈' 'GUI 가이드라인' '제품디자인 핸드북' (종)기독교

이남우(李南雨) LEE, Namwoo

(생)1967 · 1 · 30 (본)전주(全州) (출)서울 (주)서울특별시 용산구 이태원로 22 국방부 인사복지실(02-748-6130) (학)1985년 명지고졸 1989년 서울대 공법학과졸 2003년 미국 캘리포니아대 샌디에이고캠퍼스(UCSD) 대학원 국제관계학과졸 (경)1991년 행정고시 합격(35회) 1992년 총무처 사무관 임용 1992~1994년 국방부 법무관리관실 송무과 근무 1997년 同조직인력관실 조직기획과 근무 1999년 同군비통제관실 군비기획과 근무 2001년 해외 연수 2003년 국방부 정책기획국 대미정책과 서기관 2004년 외교통상부 파견 2005년 방위사업청 개청준비단 조직인력팀장 2006년 청와대 안보실 행정관 2007년 국방부 국제정책관실 동북아정책과장 2008~2009년 해외 연수(미국) 2010년 국방부 기획조정관실 조직관리담당관(부이사관) 2012년 同보건복지관(고위공무원) 2014년 중앙공무원교육원 교육파견(고위공무원) 2015년 국방부 주한미군기지이전사업단 기획지원부장 2016년 同기획조정실 기획관리관 2017년 同인사복지실장(현)

이남주(李南周) Lee, Namjoo

(생)1964 (주)부산광역시 남구 수영로 309 경성대학교 토목공학과(051-663-4755) (학)연세대 토목공학과졸, 서울대 대학원 토목공학과졸, 토목공학박사(서울대) (경)경성대 토목공학과 교수(현) 2006년 同공과대학 부학장 2006~2008년 부산시 상수도사업본부 설계자문위원 2007~2009년 낙동강유역환경청 사전환경성검토 및 환경영향평가자문위원회 위원 2008~2010년 부산산업단지개발지원센터 자문위원 2009~2010년 부산시 남구 건설공사설계자문단 위원 2011~2013년 낙동강유역환경청 산업단지환경평가지원단 전문위원 2011~2016년 부산지역환경기술개발센터 환경홈닥터 · 위원 2011~2014년 낙동강물환경연구소 낙동강수계유역관리연구센터 연구위원 2014 · 2018년 경성대 기획조정처장(현) 2015년 同CK사업단장 2018년 同기획부총장 겸임(현)

이남훈(李南勳) LEE Nam Hoon

(생)1961 · 6 · 3 (본)영천(永川) (출)경북 의성 (주)경기도 안양시 만안구 삼덕로37번길 22 안양대학교 스마트창의융합대학 환경에너지공학전공(031-467-0891) (학)1980년 대구 청구고졸 1985년 영남대 도시공학과졸 1987년 同대학원 도시공학과졸 1993년 공학박사(일본 규슈대) (경)1988년 경북산업대 · 신일전문대 강사 1989년 일본 후쿠오카대 연구원 1993년 일본규슈대 방문연구원 1993~1995년 (주)삼성엔지니어링 환경기술연구소 선임연구원 1993~2001년 한국폐기물학회 매립분과간사 1995년 한국유기성폐자원학회 평이사 1995년 안양대 스마트창의융합대학 환경에너지공학전공 조교수 · 부교수 · 교수(현) 2011년 同창업보육센터장 2011 · 2016~2018년 同산학협력단장 2014년 同환경에너지공학과장 2019년 同스마트창의융합대학장(현) (상)환경부장관표창(2000), 한국과학기술단체총연합회 과학기술우수논문상(2012), 한국환경산업기술원 환경기술우수상(2013), 국무총리표창(2013), 한국폐기물자원순환학회 학술상(2014) (저)'산업폐수처리공학'(1996) '산성비 조사연구법'(1996) '폐기물처리'(1998 · 2003) '폐기물처리 재활용'(1998)'산업폐기물처리'(2000) '환경공학개론'(2001) '폐기물자원화실무'(2001) '폐기물처리실험방법'(2002) '폐기물매립공학'(2005) '저탄소 녹색성장을 위한 기후변화협약의 이해와 실무 응용'(2011) (종)기독교

이남훈(李南薰) LEE Nam Hoon

(생)1967 · 8 · 19 (출)서울 (주)서울특별시 종로구 세종대로 209 여성가족부 권익정책과(02-2100-6381) (학)연세대 심리학과졸 (경)2002년 여성부 여성정책실 정책총괄과 서기관 2003년 同행정법무담당관(과장급) 2004년 同혁신인사담당관 2005년 여성가족부 보육재정과장, 同보육재정팀장 2007년 同여성정책본부 인력개발기획팀장 2008년 여성부 여성정책국 성별영향평가과장 2010년 同업무이관추진단 가족 · 청소년정책개발팀장(서기관) 2010년 여성가족부 홍보담당관 2011년 同법무정보화담당관 2011년 해외연수(서기관) 2013~2015년 여성가족부 기획재정담당관(부이사관) 2015년 대통령비서실 파견 2017년 여성가족부 권익정책과장(현)

이남훈(李南勳) lee namhun

[생]1970·4·28 [본]청주(淸州) [출]충북 단양 [주]세종특별자치시 도움5로 19 우정사업본부 재정기획담당관실(044-200-8130) [학]잠실고졸, 한국외국어대 경영학과졸, 한양대 경영전문대학원 금융MBA졸, 건국대 대학원 부동산학 박사과정 재학 중 [경]2001~2006년 한영회계법인·삼정회계법인 회계사 2015년 미래창조과학부 우정사업본부 예금위험관리팀장 2016년 同우정사업본부 예금대체투자팀장 2017년 과학기술정보통신부 우정사업본부 예금대체투자과장 2018년 同우정사업본부 공주우체국장 2018년 同우정사업본부 재정기획담당관(현)

이남희(李南姬·女) Lee, Namhee

[생]1962·9·18 [출]충북 청주 [주]충청북도 청주시 상당구 목련로 27 충북미래여성플라자 A동 2층 충북여성재단(043-285-2420) [학]1981년 청주여고졸 1985년 서울대 인문대학 서양사학과졸 1988년 同대학원 서양사학과졸 1999년 서양사학박사(서울대) [경]2000~2001년 미국 U.C. Irvine 박사후연수 2001~2002년 무크지『여성과사회』편집장 2002~2004년 서울대 인문학연구원 선임연구원 2004~2005년 (사)여성문화예술기획 사무처장 2005~2008·2017~2018년 여성가족부 장관정책보좌관 2008~2013년 서울대 여성연구소 책임연구원 2009년 서울국제청소년창의서밋 집행위원장 2012~2014년 (사)한국여성연구소 소장 2013~2015년 한국여성정책연구원 여성친화도시 책임컨설턴트 2014~2017년 한국양성평등교육진흥원 전문강사모니터단 위원 2019년 충북여성재단 대표이사(현) [저]'세계화시대의 서양현대사(共)'(2010, 아카넷) '몸으로 역사를 읽는다(共)'(2011, 푸른역사) '나에게 품이란 무엇일까 : 공동체에 대한 고민(共)'(2014, 철수와영희) '젠더와 사회 : 15개의 시선으로 읽는 여성과 남성(共)'(2014, 동녘) '성·사랑·사회(共)'(2016, 한국방송통신대 출판문화원) '여성의 삶과 문화(共)'(2019, 한국방송통신대 출판문화원)

이내영(李來榮) LEE NAE YOUNG

[생]1958 [주]서울특별시 성북구 안암로 145 고려대학교 정경관 316호(02-3290-2193) [학]1982년 고려대 정치외교학과졸 1984년 同대학원 정치외교학과졸 1993년 정치학박사(미국 위스콘신대 메디슨교) [경]1990년 멕시코 국립자치대 국제관계학과 객원연구원 1990~1993년 미국 위스콘신대 메디슨교 글로벌연구프로그램 연구원 1993~1994년 고려대 아세아문제연구소 연구교수 1994~1995년 사회과학원 연구위원 1995~1997년 세종연구소 연구위원 1996년 한국세계지역연구협의회 총무이사 1996~1998년 대통령자문 정책기획위원회 비상임전문위원 1997~2001년 경희대 아태국제대학원 조교수 1999~2001년 同아태국제대학원장 2001~2008년 한국라틴아메리카학회 부회장 2001년 고려대 BK21 동아시아교육·연구사업단 총무간사 2001~2017·2019년 同정경대학 정치외교학과 교수(현) 2002년 동아시아연구원 여론분석센터 소장 2003~2006년 국회도서관 자료선정위원회 자문교수 2003년 대통령직인수위원회 정치개혁실 자문위원 2004~2006년 강원관광대 교육부 관선이사 2004~2006년 고려대 정치외교학과장 2007~2008년 미국 스탠퍼드대 아시아태평양연구소 객원연구원 2007~2013년 고려대 아세아문제연구소장 2010~2012년 중앙선거관리위원회 자문위원 2011~2014년 한국국제교류재단 성과관리위원 2012년 한국국제정치학회 부회장 2012년 동아일보 대선 공정보도위원회 위원 2012년 (사)사회과학원 감사 2013~2015년 한국연구재단 전문위원 2013~2016년 안암정치학회 회장 2014년 동아일보 객원논설위원 2014~2015년 대만 국립대만대학 동아시아연구소 방문교수 2015년 한국일보 총선보도 자문위원 2015년 국회의장 산하 선거제도개혁자문위원회 부위원장 2015~2017년 고려대 평화와민주주의연구소장, 한국정치학회 이사(현) 2017~2019년 국회입법조사처장(차관급) [저]'변화하는 국제질서와 동아시아'(2001) '2002년 대선평가와 노무현 정부의 과제'(2003) '노무현 정부의 딜레마와 선택'(2003) '동아시아의 민주화와 과거청산'(2004) '세계화와 라틴아메리카의 이주와 시민'(2005) '신자유주의 시대 라틴아메리카 시민사회의 대응과 문화변동'(2005) '라틴아메리카 신자유주의 경제개혁의 정치경제학'(2005) '변화하는 한국 유권자 : 5.31지방선거와 유권자의 선택'(2007) '변화하는 한국유권자 3 : 2008년 총선'(2009) '변화하는 한국유권자 4 : 2010년 지방선거'(2011) '동북아 지역질서의 형성과 전개 : 역사적 성찰과 정치경제적 쟁점'(2011) '한국인, 우리는 누구인가? : 여론조사를 통해 본 한국인의 정체성'(2011) '변화하는 한국유권자 5 : 2012년 총선과 대선'(2013) '세력전환기 동아시아의 국가 정체성과 지역 인식'(2014, 고려대 아세아문제연구소) 'Cross-Strait Relations and Inter-Korean Relations'(2016, Asiatic Research Institute) '한국인의 정체성 : 변화와 연속, 2005-2015'(2016, 동아시아연구원) '한국의 민주화와 민주화운동 : 성공과 좌절'(2016, 한울아카데미) '한국의 선거 Ⅶ : 2016년 제20대 국회의원선거분석'(2017, 오름)

이내주(李來柱) LEE Nai Joo

[생]1962·3·2 [출]대전 [주]서울특별시 마포구 마포대로 174 서울서부지방법원(02-3271-1114) [학]1981년 대전고졸 1985년 서울대 법대 사법학과졸 [경]1984년 사법시험 합격(26회) 1987년 사법연수원 수료(16기) 1990년 광주지법 판사 1992년 同목포지원 판사 1994년 인천지법 판사 1998년 서울지법 판사 1999년 서울고법 판사 2001년 서울지법 판사 2002년 대구지법 부장판사 2004년 수원지법 부장판사 2005년 의정부지법 부장판사 2007년 서울중앙지법 부장판사 2009년 서울행정법원 수석부장판사 2010년 인천지법 부천지원장 2013년 인천지법 부장판사 2016년 대전가정법원장 2018년 서울서부지법 부장판사(현)

이내흔(李來炘) LEE Nae Heun (畛石)

[생]1936·4·13 [출]충남 논산 [주]서울특별시 영등포구 여의대방로 107 현대통신(주) 회장실(02-2240-9101) [학]1955년 대전고졸 1960년 성균관대 법학과졸 1969년 同산업개발대학원 수료 1977년 연세대 대학원 최고경영자과정 수료 1988년 서울대 대학원 최고경영자과정 수료 1997년 성균관대 경영대학원졸 2001년 국제산업디자인대학원대학교(IDAS) 뉴밀레니엄과정 수료 [경]1969~1970년 대통령 총무비서실 근무 1970년 현대건설 입사 1976년 同이사 1983~1993년 대한배구협회 부회장 1987~1991년 현대건설 부사장 1990년 한국지역사회교육중앙협의회 부회장 1991~1998년 현대건설 대표이사 사장 1993~1998년 한국건설업체협의회 회장 1993~1998년 한국원자력산업회의 부회장 1993~1997년 성균관대 총동창회 부회장 1993~1998년 대한역도연맹 회장 1994~1998년 한국도로협회 부회장 1994~1999년 아시아역도연맹 회장 1995년 서울지역사회교육협의회 회장 1995년 대한건설협회 수석부회장 1996~1998년 현대유니콘스 프로야구단 회장 1996년 현대산업개발 대표이사 사장 1997~1998년 현대그룹 영업위원 1998년 현대중공업(주) 이사회 이사 1998년 한국건설사업관리협회 회장 1998년 현대건설(주) 고문 1998년 건연CLUB 회장(현) 1999년 아시아역도연맹 명예회장(현) 1999~2012년 현대통신 대표이사 회장 2002년 서울신문 자문위원(현) 2003~2007년 대한야구협회 회장 2003년 아시아야구연맹 부회장 2003년 민주평통 자문위원 2003년 서울지역사회교육문화협회 회장 2003년 국제산업디자인대학원 총동창회장 2004년 충청향우회중앙회 부총재 2004년 (사)한국여성유권자연맹 자문위원(현) 2005~2009년 대한올림픽위원회(KOC) 부위원장 2005~2009년 아시아야구연맹 회장 2005~2009년 국제야구연맹 大陸부회장 겸 집행위원 2005~2008년 대한체육회 선수촌건립추진위원장 2006년 숙명창학100주년기념 홍보대사 2007년 대한야구협회 명예회장(현) 2012년 현대통신(주) 회장(현) [상]금탑산업훈장(1996), 한국건설인 대상(1997), 연세경영자상(1997), 체육훈장 맹호장(1999), 대한야구협회 감사패(2009), 성균경영인상(2010)

이노공(李魯公 · 女)

(생)1969 · 7 · 14 (출)인천 (주)경기도 성남시 수정구 산성대로 451 수원지방검찰청 성남지청(031-739-4329) (학)1988년 서울 영락고졸 1992년 연세대 법학과졸 1994년 同대학원 법학과졸 (경)1994년 사법시험 합격(36회) 1997년 사법연수원 수료(26기) 1997년 수원지검 성남지청 검사 1999년 서울지검 서부지청 검사 2001년 인천지검 검사 2003년 법무부 법무심의관실 검사 2005년 대전지검 천안지청 검사 2007년 서울남부지검 검사 2009년 사법연수원 교수 2011년 수원지검 공판송무부장 2012년 대검찰청 형사2과장 2013년 서울중앙지검 공판3부장 2014년 청주지검 영동지청장 2015년 서울남부지검 형사3부장 2016년 법무부 인권정책과장 2017년 인천지검 부천지청 차장검사 2018년 서울중앙지검 제4차장검사 2019년 수원지검 성남지청장(현)

이노근(李老根) LEE No Keun

(생)1954 · 3 · 9 (출)충북 청주 (주)서울특별시 영등포구 국회대로76길 22 기계회관 신관3층 자유한국당 서울시당(02-704-2100) (학)1973년 청주공고졸 1977년 중앙대 경제학과졸 1977년 서울대 행정대학원 1년 중퇴 1999년 경기대 국제관계대학원 수료 2005년 중앙공무원교육원 고위정책과정 수료 2007년 경기대 정치전문대학원 공공정책학과졸, 행정학박사(경기대) (경)1976년 행정고시 합격(19회) 1985~1988년 올림픽준비단 문화담당관 · 문화계장 1989년 서울시공무원교육원 교학과장 1990년 대통령비서실 행정서기관 1993년 서울시 강남구 시민국장 1994년 서울시공무원교육원 교학과장 1994년 서울시 문화과장 1997년 同주택기획과장 1998년 산업진흥재단 파견 1999년 서울시 시정개혁단장 1999년 同금천구 부구청장 2002년 同종로구 부구청장 겸 구청장 권한대행 2006~2010년 서울시 노원구청장(한나라당) 2010년 서울시 노원구청장선거 출마(한나라당) 2010~2011년 경복대 행정학과 외래교수, 광운대 겸임교수 2011년 대우건설 사외이사 겸 감사위원 2012~2016년 제19대 국회의원(서울 노원구甲, 새누리당) 2012년 국회 국토해양위원회 위원 2012년 국회 지방재정특별위원회 위원 2013 · 2014년 국회 국토교통위원회 위원 2013년 국회 공공의료정상화를위한국정조사특별위원회 위원 2013년 국회 정치개혁특별위원회 위원 2014년 국회 국민안전혁신특별위원회 위원 2015년 국회 서민주거복지특별위원회 위원 2015년 국회 예산결산특별위원회 위원 2015년 새누리당 중앙재해대책위원장 2016년 제20대 국회의원선거 출마(서울 노원구甲, 새누리당) 2017년 자유한국당 서울노원구甲당원협의회 운영위원장(현) 2019년 자유한국당 당대표 특별보좌역(현) (상)근정포장(1987), 녹조근정훈장(1996), 홍조근정훈장(2002), 서울시장표창(2006), 서울석세스어워즈 2009 정치부문상(2009), 예술경영리더스포럼 예술경영리더상(2009), 서울시 창의상(2010), 세계자유민주연맹 자유장(2010), 국정감사 NGO모니터단 국정감사 우수의원상(2012), 법률소비자연맹 선정 제19대 국회 1차년도 국회의원 헌정대상(2013), 시민일보 의정 · 행정대상(2015) (저)'경복궁 기행열전'(2005) 칼럼집 '긍정의 힘'(2009) 기행에세이 '운주사로 날아간 새'(2009) (종)기독교

이달곤(李達坤) Dalgon Lee

(생)1953 · 9 · 11 (본)광주(廣州) (출)경남 창원 (주)경기도 성남시 수정구 성남대로 1342 가천대학교 행정학과(031-750-8961) (학)1972년 동아고졸 1977년 서울대 공과대학 전자과졸 1981년 同행정대학원 행정학과졸 1983년 미국 이스트캐롤라이나대 대학원 정치학과졸, 미국 하버드대 대학원 케네디스쿨 정책학과졸 1987년 정책학박사(미국 하버드대) (경)1991~1998년 서울대 조교수 · 부교수 1996~1997년 일본 와세다대 방문교수 1998~2010년 서울대 행정대학원 교수 1998~2000년 한국지방행정연구원 원장 1999~2000년 중국 북경행정학원 객좌교수 2000년 한국협상학회 회장 2004~2006년 서울대 행정대학원장 2007년 한국행정학회 회장 2007년 제17대 대통령직인수위원회 법무행정분과 위원 2008~2009년 제18대 국회의원(비례대표, 한나라당) 2008~2009년 한나라당 대표특보 2009~2010년 행정안전부 장관 2010년 경남도지사선거 출마(한나라당) 2010년 서울대 행정대학원 초빙교수 2011년 서울시정개발연구원 이사장 2011년 지방행정체제개편추진위원회 민간위원 2011년 경원대 행정학과 석좌교수 2011년 同행정학과 교수 2011 · 2013년 가천대 행정학과 교수(현) 2012년 지방분권촉진위원회 위원장 2012~2013년 대통령 정무수석비서관 2014~2017년 가천대 미래위원회 위원장 2014년 이명박대통령기념재단 이사 2014년 2018창원세계사격선수권대회추진준비위원회 위원장 2015년 2018창원세계사격선수권대회조직위원회 공동위원장 2018년 국제사격연맹(ISSF) 이사 겸 집행위원(현) (상)홍조근정훈장(2002) (저)'노사협상전략' '한국의 과제와 전망' '지방정치와 행정'(共) '50년대의 지방자치'(共) '한국지방정부론' '주5일 근무제로 인한 행정단위별 업무변화' '지방정부의 지도자-도지사' '한국지방자치와 민주주의 : 10년의 성과와 과제' '지방정부론' '한국의 사회발전 전략(共)'(1994) '협상론'(1995 · 2005) '한국행정의 연구(共)'(1997) '공기업 자율경영을 위한 정부-기업관계 재구조화 방향'(1997) '정보통신 틀을 다시짜자(共)'(1998) '한국행정론(共)'(1998) '지방정부론'(2003) '세계화시대의 국가정책(共)'(2004) '행정의 시차적 접근(共)'(2005) '정책사례연구(共)'(2006) '통일시대의 북한근로자 직업훈련(共)'(2008) 국제사격연맹(ISSF) 청십자훈장(2018) (역)'닉슨의 치국책 10계명'(2003) (종)천주교

이 담(李 燂)

(생)1960 · 7 · 10 (출)경북 의성 (주)대구광역시 수성구 동대구로 359-15 럭키빌딩 5층 법무법인 어울림(053-746-3900) (학)1979년 대구 대건고졸 1983년 경북대 경제학과졸 1985년 同법학대학원 법학과 수료 (경)1987년 사법시험 합격(29회) 1990년 사법연수원 수료(19기) 1990년 부산지법 울산지원 판사 1992년 대구지법 판사 1996년 同경주지원 판사 1998년 대구지법 판사 1999년 同영천시법원 판사, 법무법인 어울림 대표변호사(현) 2013~2014년 대구지방변호사회 제2부회장 2014년 대구지법 민사조정위원(현) 2014년 경북도 행정심판위원회 위원(현), 대구시 감사청구심의회 위원(현) 2014년 대구지방국세청 납세자보호위원(현) 2015년 대구지방변호사회 제1부회장 2017~2018년 同회장 2018년 DGB금융지주 사외이사(현)

이담호(李淡浩) LEE Damho

(생)1962 · 7 · 4 (본)경산(京山) (출)부산 (주)경기도 용인시 수지구 수지로 124 비전안과(031-548-1614) (학)1981년 부산남고졸 1987년 서울대 의학과졸 1991년 同대학원 의학석사 2000년 의학박사(서울대) (경)1995년 미국 하버드대 의대 매사추세츠안이센터(MEEI) 연구전임의 1996년 미국 웨인대 크레스기안연구소(KEI) 연구전임의 1997~2000년 성균관대 의대 안과 조교수 2000년 비전안과 원장(라섹/ICL 전문의)(현) (종)천주교

이대건(李大鍵)

(생)1971 · 7 · 7 (주)대전광역시 서구 청사로 189 중소벤처기업부 기획재정담당관실(042-481-6830) (학)1995년 연세대 경영학과졸 (경)중소기업청 창업벤처정책과 사무관 2006년 同창업벤처정책팀 서기관 2007년 同청장 비서관 2009년 충북지방중소기업청장 2011년 중소기업청 인력지원과장 2013~2016년 同중소기업정책국 동반성장지원과장 2016년 스위스 국제무역센터(ITC) 교육훈련 파견 2017~2019년 중소벤처기업부 옴부즈만지원단장 2019년 同지역기업정책관실 지역기업육성과장 직대 2019년 同기획조정실 기획재정담당관(현)

이대경(李大敬) LEE Dae Kyeong

(생)1958·11·19 (본)아산(牙山) (출)서울 (주)서울특별시 서초구 서초중앙로 157 서울중앙지방법원(02-530-1114) (학)1977년 충암고졸 1981년 서울대 법학과졸 (경)1980년 사법시험 합격(22회) 1983년 사법연수원 수료(13기) 1983년 서울민사지법 판사 1985년 서울형사지법 판사 1987년 청주지법 판사 1989년 서울지법 서부지원 판사 1992년 서울민사지법 판사 1994년 서울고법 판사 1996년 대법원 재판연구관 1998년 대구지법 경주지원 부장판사 1999년 同경주지원장 2000년 사법연수원 교수 2003년 서울중앙지법 부장판사 2005년 부산고법 부장판사 2006~2012년 서울고법 부장판사 2007~2010년 중앙토지수용위원회 위원장 2012년 제주지법원장 2012~2013년 제주도선거관리위원회 위원장 2013년 서울동부지법원장 2014년 서울고법 부장판사 2016년 특허법원장 2018년 서울중앙지법 부장판사(현)

이대공(李大公) LEE Dai Kong

(생)1941·6·6 (출)경북 포항 (주)경상북도 포항시 남구 포스코대로 437 애린복지재단(054-272-2241) (학)1960년 경기고졸 1964년 서울대 법학과졸 (경)1969년 포항종합제철(주) 입사 1978년 同홍보실장 1982년 同연수원장 1983년 同비서실장 1983년 同총무이사 1985년 포항공대 건설본부장(상무이사) 1989~1993년 포항종합제철(주) 부사장 1998~2012년 포스코교육재단 이사장 1998년 애린복지재단 이사장(현) 1999년 포항공대 이사 겸 부이사장 2004~2008년 포항지역발전협의회 회장 2004년 포항극동방송 운영위원장 2005~2013년 포항범죄피해자지원센터 이사장 2009~2011년 포항공대 이사 2009년 포항극동방송 상임고문(현) 2011~2014년 경북사회복지공동모금회 회장 2012~2013년 포스코교육재단 고문 2014년 포항범죄피해자지원센터 고문(현) (상)상공부장관표창(1978), 문화공보부장관표창(1979), 국무총리표창(2016), 포항시민상(2019) (종)기독교

이대길(李大吉) Lee, Dai Gil

(생)1952·1·19 (본)경주(慶州) (출)충남 논산 (주)대전광역시 유성구 대학로 291 한국과학기술원 기계공학과(042-350-3221) (학)1975년 서울대 기계공학과졸 1977년 한국과학기술원(KAIST) 기계공학과졸(석사) 1985년 공학박사(미국 매사추세츠공과대) (경)1978년 부산대 기계설계학과 전임강사·조교수 1986년 한국과학기술원(KAIST) 기계공학과 조교수·부교수·교수 2000~2002년 대한기계학회 편집이사 2004년 한국과학기술한림원 정회원(현) 2006년 한국과학기술원(KAIST) Complex Systems 설계연구소장 2009년 한국복합재료학회 회장 2015년 한국과학기술원(KAIST) EEWS연구센터장 2019년 한국과학기술원(KAIST) 기계공학과 명예교수(현) (상)KAIST 학술상(1997), 통상산업부장관표창(1997), ICCS최우수논문상(2회), 한국과학기술단체총연합회 우수논문상(2회), 대한기계학회 학술상(2001), 과학기술우수논문상(2002), Best Paper Award of Composite Structures, 산업협력대상(2003), 대통령근정포장, IR52 장영실상(2004), 대한민국 특허왕(2009), 대한민국학술원상 자연과학응용부문(2010), 올해의 KAIST인상(2010), ICCS 공로상(2013·2017), 한국복합재료학회 학술상(2013), 옥조근정훈장 (저)'Axiomatic Design and Fabrication of Composite Structures'(2006, Oxford University Press) (역)'로보틱스 입문'(1991) (종)기독교

이대봉(李大鳳) LEE Dae Bong

(생)1941·12·15 (출)경남 합천 (주)서울특별시 용산구 한강대로 296 참빛빌딩 2층 참빛그룹(02-790-0021) (학)성균관대 경영학과졸, 同대학원 경영학과 수료, 미국 하버드대 최고경영자과정 수료, 서울대 최고경영자과정 수료, 고려대 컴퓨터과학기술대학원 최고컴퓨터과정 수료 (경)한국항공화물협회 회장, 이대응음악장학회 이사장, 동아항공화물(주) 대표이사 회장, 동아도시산업(주) 대표이사 회장 2003년 참빛그룹 회장(현) 2006~2010년 동아항공스카이(주) 대표이사 회장 2010년 학교법인 서울예술학원(서울예고·예원학교) 이사장(현) (상)성균관대 총장표창, 대통령표창, 철탑산업훈장, 고대ICP경영대상(2006), 대통령 산업포장(2007), 서울대 AMP 대상(2008), 베트남 문화체육관광부 보훈훈장(2012), 한국언론인연합회 자랑스러운 한국인 대상 글로벌경영부문(2013), 한국언론인연합회 대한민국 나눔봉사대상 최고대상(2017), 제2회 대한민국혁신경영인대상 사회공헌부문 수상(2017), 베트남총리표창(2018)

이대산(李大山) LEE Dae San

(생)1961·1·10 (본)전주(全州) (출)강원 속초 (주)서울특별시 강남구 테헤란로 422 (주)KT에스테이트 비서실(02-2040-3002) (학)1979년 철도고졸 1987년 한양대 전자공학과졸 1995년 미국 Univ. of Southern California 대학원 전기공학과졸 (경)2001년 (주)KTF 연구개발본부 상무보 2001년 同부산사업본부 네트워크담당 상무보 2003년 同기획조정실 정책개발담당 상무보 2003년 同신사업부문 인터넷사업실장(상무보) 2004년 同윤리경영실장 2006년 (주)KT 기획부문 전략기획실 출자경영담당 전문임원(상무대우) 2007년 KTF 대전네트워크본부장(전무) 2009년 同네트워크부문 수도권네트워크본부장 2009년 (주)KT 무선네트워크본부장(상무) 2010~2012년 同유선네트워크운용본부 강남유선네트워크운용단장(상무) 2012년 同연구위원 2013년 同네트워크부문 대구네트워크운용단장 2014년 同비서실 그룹담당 전무 2015년 同경영지원부문장(전무) 2017년 同경영관리부문장(부사장) 2019년 KT에스테이트 대표이사 사장(현)

이대순(李大淳) LEE Dai Soon (凡村)

(생)1933·4·18 (본)성주(星州) (출)전남 고흥 (주)경상남도 창원시 마산합포구 경남대학로 7 학교법인 한마학원(055-249-2042) (학)1953년 순천고졸 1957년 서울대 법대 법학과졸 1973년 同행정대학원 행정학과졸 1994년 명예 법학박사(경남대) 1996년 명예 문학박사(미국 요크대) (경)1973년 문교부 체육국장 1974년 同고등교육국장 1978년 同기획관리실장 1979년 전남도 교육감 1981년 민주정의당(민정당) 정책위원회 부의장 1981년 성암청소년육성회 이사장 1981년 제11대 국회의원(보성·고흥, 민정당) 1984년 (재)한일문화교류기금 이사(현) 1985년 민정당 윤리위원장 1985년 제12대 국회의원(고흥·보성, 민정당) 1985년 민정당 사무차장 1986년 체신부 장관 1987년 민정당 원내총무 1987년 국회 운영위원장 1988년 한국전기통신공사 이사장 1988년 민정당 서울강남甲지구당 위원장 1991~1998년 (사)문우회 회장 1992년 서울오페라단 이사장 1992년 대전세계박람회조직위원회 교육위원장 1992년 한·일친선협회 부회장 1992년 한일협력위원회 부회장 1994~1998년 호남대 총장 1994년 한국대학교육협의회 부회장 1995~1999년 한국대학총장협회 부회장 1995년 한국사립대학총장협의회 부회장 1999~2000년 경원대 총장 1999~2001년 한국고등교육학회 회장 1999~2000년 한국대학사회봉사협의회 회장 1999~2013년 아시아태권도연맹 회장 1999~2003년 (재)한미교육문화재단 이사장 1999년 복지개혁시민연합 공동대표 2000~2005년 경원대 명예교수 2000~2001년 한국대학총장협회 회장 2001~2003년 일본 국립교육정책연구소 객원연구원 2002~2003년 서울대 법과대학 동창회장 2004년 한국대학총장협회 이사장 2004~2005년 태권도공원조성추진위원회 위원장 2004년 세계태권도연맹 부총재 겸 집행위원 2005~2011년 (재)태권도진흥재단 초대이사장 2010년 학교법인 한마학원 이사장(현) 2011년 한국대학법인협의회 회장 2011~2014년 대학구조개혁위원회 위원 2013년 세계태권도연맹 명예부총재(현) 2013년 아시아태권도연맹 명예회장(현) 2015~2016년 대한체육회 고문 2016년 '2017무주세계태권도선수권대회' 조직위원회 명예위원장 (상)국민훈장 모란장, 청조근정훈장, 일본 훈

2등욱일중광장(勳2等旭日重光章), 캄보디아 모하사하(국가발전공로) 훈장(2012), 자랑스러운 서울법대인상(2015) (저)'벽오동 심은 뜻은' '鶴志'(共) '벽오동을 가꾸며' (종)기독교

이대연(李大衍) LEE Dae Yeon

(생)1966·5·11 (출)서울 (주)서울특별시 양천구 신월로 386 서울남부지방법원(02-2192-1114) (학)1984년 광주 석산고졸 1989년 고려대 독어독문학과졸 (경)1990년 사법시험 합격(32회) 1993년 사법연수원 수료(22기) 1996년 인천지검 검사 1998년 창원지검 진주지청 검사 2000년 수원지검 검사 2002년 부산지검 동부지청 검사 2004년 서울동부지검 검사 2005년 同부부장검사 2006년 수원지검 부부장검사 2007년 대구지검 포항지청 부장검사 2007년 사법연수원 법관임용 연수 2008년 대전지법 판사 2009년 대전고법 판사 2011년 인천지법 판사 2012년 청주지법 부장판사 2013년 인천지법 부장판사 2015년 서울중앙지법 부장판사 2016~2018년 언론중재위원회 위원 2018년 서울남부지법 부장판사(현)

이대영(李大寧) Lee Dae Yeong

(생)1959·6·22 (출)강원 원주 (주)충청남도 공주시 공주대학로 56 공주대학교 환경교육과(041-850-8810) (학)원주고졸, 공주사범대 생물교육과졸, 한양대 대학원졸(이학박사) (경)1982년 중랑중·성동고·구정고·금옥여고·수도여고 생물교사 2001년 서울시교육청 중등교육과 장학사·장학관 2008년 교육과학기술부 홍보담당관실 근무 2010년 同대변인 2011년 연세대 교육대학원 겸임교수 2011년 서울시교육청 부교육감 2012년 同교육감 권한대행 2013년 한국교육정책연구소 연구교수 2013~2017년 서초고 교장 2013년 한국청소년연맹 이사(현) 2013년 (사)미래희망기구 이사(현) 2013년 책읽어주기운동본부 고문(현) 2015~2017년 서울중앙지법 시민사법위원회 위원 2016년 강원도민회 부회장(현) 2016년 한국청소년진흥협회 이사장(현) 2016~2017년 이화여대 학교폭력예방연구소 운영위원 2016년 서울시자전거연맹 부회장(현) 2016년 시민안전네트워크 고문(현) 2017~2019년 무학여고 교장 2017년 매헌윤봉길의사기념사업회 부회장(현) 2017년 독도사랑운동본부 수석상임위원(현) 2019년 공주대 사범대학 환경교육과 초빙교수(현) (상)대통령표창(2009)

이대영(李大泳) LEE Dae Young

(생)1960·4·13 (주)서울특별시 마포구 성암로 267 문화방송 드라마본부 드라마2국(02-789-0011) (학)1979년 충남고졸 1985년 서울대 영어영문학과졸 (경)1990년 MBC 편성국 TV편성부 MD 1991년 同TV제작국 연속극 담당 1992년 同단막극 담당 1994년 同종합특집극팀 근무 1996년 同드라마2팀 근무 2000년 同드라마국 프로듀서9 프로듀서(차장) 2002년 同TV제작1국 프로듀서9 차장 2003년 同드라마국 프로듀서5 부장대우 2004년 同프로듀서1 부장대우 2005년 同특임4CP(부장대우) 2006년 同2CP(부장급) 2007년 同드라마국 특임1CP 프로듀서(부장급) 2008년 同드라마기획센터장 2008년 同드라마국 연속극CP 2009년 同드라마국 드라마1부장 2011년 同드라마예능본부 드라마1국장 2012년 同드라마본부 드라마2국장 2014년 同드라마본부 드라마1국장 2017년 同드라마본부 드라마2국장(현)

이대영(李垈穎) Lee Dae-Young

(생)1961·9·17 (본)덕수(德水) (출)서울 (주)서울특별시 동작구 흑석로 84 중앙대학교 예술대학원 공연영상학과(02-820-5813) (학)1985년 중앙대 문예창작과졸 2000년 同대학원 연극학과졸 2007년 국문학박사(중앙대) (경)1985년 중앙일보 신춘문예 당선(희곡부문) 1990~1999년 동양제철화학 총무홍보과장 2000~2002년 커뮤니타스 대표이사 2002~2003년 영화사 '백두대간' 이사 2003년 극단 '그리고' 대표 2004년 현대문예창작회 희곡분과장 2005년 국제극예술협회 이사 2005년 전국예술대학교수연합 사무국장 2005년 자유주의연대 문화위원장 2005년 한국문화산업진흥위원회 위원 2007년 중앙대 문예창작학과 교수 2008~2016년 同연극학과 교수 2008년 문화체육관광부 정책위원 2008~2011년 한국문화예술교육진흥원 원장 2009년 유네스코 한국위원회 문화분과위원 2009~2010년 同세계문화예술교육대회 집행위원장 2013년 제18대 대통령직인수위원회 여성·문화분과 전문위원 2014~2015년 방송통신심의위원회 연예오락방송특별위원회 위원 2016년 중앙대 예술대학원 공연영상학과 교수(현) (상)한국인터넷기업협회 게임시나리오부문 베스트아이디어상(2000) (저)소설 'SF소설 리미노이드'(2002) '아톰시대 야만인'(2006, 예니) '이대영희곡집'(2006) (역)'나의 소풍'(2007, 한솔교육) '아기문어'(2007, 한솔교육) (작)방송극본 'KBS 겨울에서 겨울까지'(1987) MBC 베스트셀러극장 '한 소년'(1988) 연극 연출 '미묘한 균형'(1984, 중앙대) 단막극 연출 '바다를 향하는 사람들'(1985, 국립극장 소극장) '정의의 사람들'(1985, 중앙대) '상복이 어울리는 엘렉트라'(1987, 중앙대) '리타'(1992, 학전소극장) '세일럼의 마녀들'(1998, 중앙대) '박무근 일가'(2003, 동덕여대 극장) '광화문 거리연극 대단원'(2003, 교보문고 광장) '바다를 향하는 사람들'(2003, 유씨어터) '대왕은 죽기를 거부했다'(2004, 국립극장 별오름극장) '환생경제'(2004, 대학로 열린극장·부산시민회관) 뮤지컬 연출 '방황하는 별들'(2005, 어린이회관 무지개극장) (종)기독교

이대영

(생)1962 (주)대전광역시 유성구 대덕대로 755 행정안전부 국가정보자원관리원 정보자원관리과(042-250-5900) (학)전북대 전산통계학과졸 (경)행정자치부 공공정보정책과 근무, 행정안전부 행정제도과 근무, 同제도총괄과 근무, 同서비스정보화과 근무, 행정자치부 자치정보화담당관실 근무 2015년 국가기록원 기록정책부 기록정보기반과장 2019년 국가정보자원관리원 정보자원관리과장(현)

이대영(李大泳) Lee Dae Young

(생)1963·12·12 (본)전주(全州) (출)전남 (주)경기도 성남시 수정구 수정로 157 한국사회적기업진흥원 협동조합본부(031-697-7702) (학)1981년 전남대 사회학과 입학 2008년 同사회학과졸 (경)1988~1990년 도서출판 인동 편집장 1990~1991년 주간 노동자신문 기자 1991년 경제정의실천시민연합 근무 1991년 월간 '경제정의' 기자 1991~1992년 同편집장 1993~1994년 시민의신문 창간준비위원회 간사 및 업무부장 1995년 경제정의실천시민연합 정책실 부장 1996년 同국제국장·기획실장·조직국장 1999년 여수경실련 사무처장 2000년 경제정의실천시민연합 조직국장·정책실장 2002년 同사무처장 2006년 同협동사무총장 2008~2010년 同사무총장 2010년 조선일보 독자권익보호위원회 위원, 한국사회적기업진흥원 기획홍보본부장 2014년 同사업운영본부장 2014년 同창업육성본부장 2018년 同협동조합본부장(현)

이대원(李大遠) Lee, Dae Won

(생)1954·6·10 (출)충남 홍성 (주)경상북도 경주시 동대로 123 동국대학교 경주캠퍼스 총장실(054-770-2011) (학)1972년 홍성고졸 1980년 동국대 농업생물학과졸 1989년 독일 키엘대 대학원 식물학과졸 1993년 이학박사(독일 키엘대) (경)1980~1983년 경기 낙생고 교사 1989~1993년 독일 키엘대 식물학연구소 연구원 1993~2017년 동국대 경주캠퍼스 바이오학부 교수 2006~2008년 同경주캠퍼스 교수회장(제9·10대) 2016년 同경주캠퍼스 총장(현) 2017년 同생명신소재융합학부 바이오제약공학전공 교수(현)

이대중(李大中) LEE, DAE JOONG

(생)1973·11·6 (주)세종특별자치시 갈매로 477 기획재정부 통상정책과(044-215-7670) (학)1992년 미국 테프트고졸 1995년 미국 캘리포니아대 버클리교 경제학과졸 1996년 미국 터프츠대 대학원 경제학과졸 2017년 한국과학기술원(KAIST) 미래전략대학원졸 (경)2004~2006년 재정경제부 경제분석과·복지생활과·서비스경제과·소비자정책과 근무 2006~2008년 대통령 정책실장실 행정관(4급) 2008년 ASEM 재무장관회의준비기획단 팀장 2008~2011년 駐영국대사관 1등서기관(홍보) 2011~2012년 기획재정부 협동조합법팀장 2012~2014년 한·중·일3국협력사무국 정무팀장 2014~2016년 대통령직속 청년위원회 과장 2016~2017년 駐베트남 한국문화원장 2017년 기획재정부 국제금융국 국제통화과장 2018년 同통상정책과장(현)

이대직(李昊稙) LEE Dae Jik

(생)1961·9·10 (출)경기 여주 (주)경기도 이천시 부악로 40 이천시청 부시장실(031-644-2010) (학)1979년 여흥고졸 2000년 한경대 행정학과졸 2006년 경희대 테크노경영대학원 경영학과졸 (경)1983년 공직 입문 2000년 경기 안산시 통상협력과장(지방행정사무관) 2005년 경기도 가족여성정책과 가족정책담당 2006년 同도지사 비서관 2010년 경기도인재개발원 역량개발지원과장(지방서기관) 2011년 경기도 대변인실 언론담당관 2013년 同총무과장 2015년 경기 과천시 부시장 2016년 국립외교원 교육파견 2017년 경기 여주시 부시장(지방부이사관) 2018년 경기 파주시 부시장 2019년 경기도 농정해양국장 2019년 경기 이천시 부시장(현) (상)경기도지사표창(1989), 국무총리표창(1992), 내무부장관표창(1998), 대통령표창(2009)

이대택(李大澤) LEE Dae Taek

(생)1964·1·12 (출)서울 (주)서울특별시 성북구 정릉로 77 국민대학교 체육대학 스포츠건강재활학과(02-910-4781) (학)1986년 연세대 체육교육학과졸 1988년 미국 노스캐롤라이나대 대학원졸 1994년 이학박사(미국 플로리다주립대) (경)1994~1996년 미국 연방과학기술자문위원회 장학연구원(Research Associate) 1994~1996년 미국 연방육군환경의학연구소 객원연구원 1997~2001년 국민체육진흥공단 체육과학연구원 책임연구원 2001~2017년 국민대 체육학부 전임강사·조교수·부교수·교수 2007~2008년 미국올림픽위원회 올림픽트레이닝센터 방문연구원 2010~2012년 국민대 스포츠산업대학원장 겸 체육대학장 2017년 同체육대학 스포츠건강재활학과 교수(현) 2019년 스포츠혁신위원회 민간위원(현) (저)'인간은 환경에 어떻게 적응하는가'(1998) '저랑 우주여행 하실래요'(2001) '인간사냥꾼은 물위를 달리고 싶어했다'(2009) '비만 히스테릭'(2010)

이대현(李大賢) Daihyun Lee

(생)1961·4·1 (출)서울 (주)서울특별시 영등포구 은행로 14 KDB인베스트먼트(02-787-4000) (학)1980년 연천 전곡고졸 1985년 서강대 경영학과졸 1997년 미국 워싱턴대 경영대학원 경영학과졸(MBA) (경)1985년 KDB산업은행 입행 2002년 同투자금융실 PF팀 부부장 2002년 同헝가리은행 부부장 2006년 同국제금융실 팀장 2008년 同기업금융3실 팀장 2009년 同종합기획부 신사업추진팀장 2011년 同PF2실장 2012년 同홍보실장 2013년 同비서실장 2014년 同기획관리부문장(집행부행장) 2015년 同정책기획부문장(부행장·상임이사) 2016~2018년 同수석부행장(전무이사) 2019년 KDB인베스트먼트 대표이사(현)

이대형(李岱衡)

(생)1966·6·15 (본)고성(固城) (출)대구 (주)서울특별시 서대문구 통일로 97 경찰청 보안1과(02-3150-2291) (학)대구 계성고졸 1989년 경찰대 법학과졸(5기) (경)2005년 서울지방경찰청 경비부 12경호대장 2006년 同보안부 보안1·2계장 2012년 경북 봉화경찰서장(총경) 2014년 경북지방경찰청 112종합상황실장 2015년 경찰청 보안2과장 2016년 서울 도봉경찰서장 2017년 경찰청 인권보호담당관 2019년 同보안1과장(현)

이대호(李大浩) Dae-Ho Lee

(생)1982·6·21 (출)부산 (주)부산광역시 동래구 사직로 45 롯데자이언츠(051-505-7422) (학)2001년 경남고졸 (경)2000년 캐나다 세계청소년야구대회 국가대표 2001~2011년 프로야구 롯데 자이언츠 소속 2005·2006·2007년 프로야구 올스타전 동군대표 2006년 도하아시안게임 동메달 2008년 제29회 베이징올림픽 금메달 2009년 제2회 월드베이스볼클래식(WBC) 국가대표 2009년 네오위즈게임즈 슬러거 홍보대사 2009~2011년 부산지검 범죄예방홍보대사 2010년 세계 프로야구 최다 경기 연속 홈런 기록(9경기 연속 홈런·세계신기록) 2010년 광저우아시안게임 금메달 2011년 조계종 홍보대사 2011년 현대자동차 홍보대사 2011년 '한국 방문의 해' 명예미소국가대표 2011년 싱가포르항공·싱가포르관광청 홍보대사 2011~2013년 일본 프로야구 오릭스 버팔로스 소속 2012년 일본 관광청 스포츠관광 마이스터 2013년 제3회 월드베이스볼클래식(WBC) 국가대표 2013~2016년 일본 프로야구 소프트뱅크 호크스 소속(계약 기간 2+1년·계약금 5000만엔 포함 총액 20억5000만엔-약 208억원) 2014년 일본 프로야구 정규리그 성적(타율 0.300·홈런 19·타점 68·득점 60) 2014·2015년 일본 프로야구 퍼시픽리그 우승 및 재팬시리즈 우승(통합 2연패) 2015년 일본 프로야구 정규리그 성적(타율 0.282·홈런 31·타점 98·득점 68) 2015년 세계야구소프트볼연맹(WBSC) 주관 '2015 프리미어 12' 국가대표(우승) 2016년 미국 프로야구(MLB) 시애틀 매리너스 입단(계약기간 1년·인센티브포함 최대 400만 달러) 2016년 아시아나항공 미주 홍보대사 2016년 시즌 MLB 성적(104경기 출전·타율 0.253·14 홈런·49 타점) 2017년 프로야구 롯데 자이언츠 입단(4년간 150억원)(현) 2017년 제4회 월드베이스볼클래식(WBC) 국가대표 2019년 한국프로야구선수협회 회장(현) (상)올해의 부산야구 MVP(2000), 스포츠조선 올해의 선수 성취상(2004), 프로야구 올스타전 MVP(2005·2008), 한국프로야구선수협회 올해의 선수상(2006), 삼성PAVV 프로야구 페어플레이상(2006), 프로야구 골든글러브 1루수부문(2006·2007·2011·2017), 제11회 일구상 최우수선수상(2006), 제일화재 프로야구대상 최고타자상(2007), 삼성PAVV 프로야구 장타율상(2007), 프로야구올스타전 MVP(2008), 프로야구올스타전 홈런레이스1위(2009), 사랑의 골든글러브상(2009), 프로야구 정규시즌 MVP(2010), CJ마구마구 일구대상 최고타자상(2010), 조아제약 프로야구대상 대상(2010), 골든글러브 3루수부문(2010), 동아스포츠대상 야구부문(2010), 스포츠토토 올해의 상 올해의 선수상·올해의 기록상(2010), 프로야구 올스타전 최고인기상(2011), 제1회 카스포인트 어워즈 타자부문(2011), 대한민국 국회대상 올해의 스포츠상(2011), 일본 프로야구 퍼시픽리그 타자부문 월간 MVP 2회(2012년 5월·7월), 일구상 특별공로상(2012), 조아제약 프로야구대상 특별상(2012·2014), 제50회 저축의 날기념 국무총리표창(2013), 일본 프로야구 퍼시픽리그 6월 MVP(2014), 일본 프로야구 퍼시픽리그 5월 MVP(2015), 일본 프로야구 재팬시리즈 MVP(2015), 2015시즌 일본프로야구 퍼시픽리그 지명타자부문 '베스트 9'(2015), 조아제약 프로야구대상 특별상(2015), 2015년을 빛낸 도전한국인 10인 대상(2016), KBO 골든글러브 지명타자부문(2018) (작)CF '부산은행'(2007), '한국펩시콜라'(2007) 영화 '나는 갈매기'(2009), '해운대'(2009)

이대훈(李大勳) LEE Dae Hoon

(생)1952·11·20 (출)서울 (주)서울특별시 송파구 올림픽로 424 올림픽회관 409호 대한자전거연맹 부회장실(02-420-4247) (학)1971년 경기고졸 1977년 서울대 경영학과졸 1981년 미국 뉴욕대 경영대학원 수료 (경)LG상사 근무, 동국합섬(주) 영업본부 전무, 동국무역(주) 영업본부 부사장 2007년 (주)국제상사 대표이사 사장 2008년 LS네트웍스 대표이사 사장 2008년 (주)케이제이모터라드 비상근이사 2009~2015년 대한사이클연맹 수석부회장 2010년 LS네트웍스(주) 대표이사 부회장 2011~2016년 同부회장 2013년 아시아사이클연맹 집행위원(현) 2015년 대한자전거연맹 수석부회장(현) 2016~2018년 LS네트웍스(주) 고문 (상)수출유공표창

이대훈

(생)1960·6·21 (출)경기 포천 (주)서울특별시 중구 통일로 120 NH농협은행 임원실(02-2080-3001) (학)1979년 동남종합고졸 1981년 농협대 협동조합학과졸 1996년 한국방송통신대 경영학과졸 1998년 중앙대 대학원 유통산업학과졸 (경)1985년 농업협동조합중앙회 입회 1994년 同안성교육원 조교수 2001년 同중소기업센터출장소장 2004년 NH농협은행 경기도청출장소장 2009년 同서수원지점장 2010년 同광교테크노밸리지점장 2012년 同프로젝트금융부장 2014년 同경기영업본부장(부행장보) 2016년 同서울영업본부장(부행장보) 2016~2017년 농업협동조합중앙회 상호금융 대표이사 2017년 NH농협은행장(현)

이대희(李大熙) Daehee LEE (精而·頤齋)

(생)1955·8·30 (본)경주(慶州) (출)충북 진천 (주)서울특별시 노원구 광운로 20 광운대학교 행정학과(02-940-5335) (학)서울대 농학과졸, 同대학원 행정학과졸, 행정학박사(서울대) (경)1988~1997년 광운대 사회과학대학 행정학과 조교수·부교수 1991~1992년 동양고전학회 회장 1994~1995년 행정사연구회 회장, 경제정의실천시민연합 서울도봉·노원·강북지부 공동대표 1997년 광운대 행정학과 교수(현) 2001년 서울행정학회 회장 2004년 (사)한국산악문화협회 부회장·회장 겸 이사장(현) 2009년 한국행정학회 회장 2009~2010년 광운대 기획처장 2010~2012년 同교무처장 2010~2013년 (사)한국녹색문화재단 이사장 2010년 아시아행정포럼 회장 2012·2014~2015년 광운대 상담복지정책대학원장 2013~2014년 (사)한국산림복지문화재단 이사장 2015~2017년 동양고전학회 회장 (상)대통령표창(2009) (저)'문화산업론'(2001) '한국의 행정사(共)'(2002) '새 행정학(共)'(2005) '감성정부'(2007)

이대희(李大熙) LEE Dae Hee

(생)1956·3·25 (본)진성(眞城) (출)경북 문경 (주)강원도 인제군 인제읍 인제로 197 인제대학교 전자IT기계자동차공학부(055-320-3185) (학)1981년 한양대 기계공학과졸 1984년 미국 캘리포니아대 대학원 기계공학과졸 1987년 기계공학박사(미국 캘리포니아대) (경)1980년 대우조선공업 근무 1982~1988년 미국 Univ. of California at Davis 기계공학과 연구조교·강사 1988~1992년 미국 California State Univ. at Sacramento 기계공학과 조교수·부교수 1992년 포항공과대 초빙교수 1992~1994년 미국 Univ. of California at Berkeley 객원교수 겸 Lawrence Berkeley Laboratory 객원연구원 1994~2015년 인제대 기계자동차공학부 교수 1996~2004년 同연구교류처장 겸 산학협력단장 2000~2002년 同공과대학장 2000년 同메카노(MK)21사업단장 2004~2005년 미국 Univ. of California at Davis 초빙교수 2008~2011년 인제대 교무처장 2014~2018·2019년 同대학원장(현), 세계공학인사전 'Who's Who in Finance and Industry'에 등재, 미국 세계인명사전 'Marquis Who's Who in the World'에 등재 2015년 인제대 전자IT기계자동차공학부 교수(현) (상)교육인적자원부장관표창, 대학발전공로상, 경남도 산학협력공로상 (저)'공업수학(Ⅰ·Ⅱ)' '쉽게 배우는 열전달' '대학행정 무엇이 문제인가' '자동차 열유체 계측 및 실습' (종)기독교

이덕기(李德基) LEE Duk Kee

(생)1961·11·6 (본)합천(陜川) (출)부산 (주)서울특별시 동작구 여의대방로16길 61 기상청 지진화산연구과(02-2181-0900) (학)1980년 부산고졸 1985년 서울대 지질과학과졸 1988년 同대학원 지질과학과졸 1996년 지질과학박사(미국 텍사스주립대 오스틴교) (경)1996~2000년 한국해양연구원 박사후 연수연구원 2000~2005년 기상청 해양기상지진연구실 연구관 2003년 대한지구물리학회 이사 2005년 기상청 지진감시과장 2007년 同지진감시담당관 2007년 한국지구물리·물리탐사학회 이사 2007년 대한지질학회 전문위원 2008년 기상청 지진감시과장 2009년 同관측기반국 지진정책과장 2015년 국립기상과학원 지구환경시스템연구과 지진화산연구팀장 2017년 기상청 지진화산연구과장(현) (상)우수공무원 대통령표창(2017)

이덕모(李德模) LEE Duk Mo

(생)1953·3·16 (출)경북 영천 (주)인천광역시 미추홀구 학익소로 19 석목법조빌딩 601호 법무법인 경인(032-861-7100) (학)1971년 대구 경북고졸 1975년 서울대 민사법학과졸 (경)1981년 사법시험 합격(23회) 1984년 사법연수원 수료(14기) 1985년 서울지검 동부지청 검사 1987년 울산지검 검사 1988년 인천지검 특수부 검사 1990년 변호사 개업 1997년 인천시교육청 고문변호사 1999~2001년 인천지방변호사회 부회장 2000년 법무법인 경인 대표변호사(현) 2003년 인천시지하철공사 고문변호사 2003~2004년 한나라당 행정자치위원회 정책자문위원 2004~2005년 제17대 국회의원(영천, 한나라당) 2005년 중국 천진한인회·한인상회 고문 2005년 중국 천진기적항시법률사무소 특별고문 2009년 인천메트로 고문변호사 (역)'중국을 뒤흔든 불멸의 여인들1·2'(2011)

이덕승(李德昇) LEE Duk Seung

(생)1954·3·4 (출)서울 (주)서울특별시 용산구 효창원로70길 27 녹색소비자연대 이사장실(02-3273-7117) (학)1980년 연세대 법학과졸 (경)1980~1982년 대한YMCA연맹 간사 1983년 서울YMCA 청년·대학시민의식개발 간사 1988년 同시민중계실장 1993~1995년 同시민사회개발부장 1996~1997·1999~2004년 녹색소비자연대 창립·사무총장 2000년 에너지시민연대 공동대표 겸 운영위원장 2004~2006년 대통령자문 국가에너지자문위원회 위원 2004년 한국녹색구매네트워크(GPN) 공동대표(현) 2004년 녹색소비자연대 공동대표 겸 상임위원장(현) 2005년 대통령자문 농어업·농어촌특별대책위원 2005~2007년 대통령소속 의료산업선진화위원회 위원 2006년 국가에너지위원회 위원 2006~2008년 한국환경회의 공동대표 2008년 국무총리실 식품안전정책위원회 자문위원 2009년 한국간행물윤리위원회 위원 2010년 행정안전부 공정거래위원회 소비자정책자문위원회 위원, 대통령자문 국가에너지위원회 위원 2014~2016년 한국소비자단체협의회 회장 2014~2016년 축산물안전관리인증원 비상임이사 2017년 녹색소비자연대 이사장(현) (종)기독교

이덕연(李德淵) LEE DUCK YEON (聳岩)

(생)1955·9·9 (본)전주(全州) (출)전남 화순 (주)서울특별시 서초구 신반포로 194 (주)금호고속 비서실(02-530-6002) (학)1974년 광주 살레시오고졸 1985년 조선대 법학과졸 1991년 고려대 대학원 금호MBA과정 수료 2008년 서울대 대학원 과학기술혁신최고전략과정(SPARC) 수료 2015년

연세대 대학원 AMP과정 수료 (경)1984년 (주)금호고속 입사 1996년 同총무2팀장 1999년 同안전2팀장 2002년 同인사노무2팀장 2003년 同패밀리랜드사업팀장 2004년 同영업2팀장 2005년 同영업2팀 · 안전2팀 · 기술2팀담당 상무보 2005년 同경영기획 · 인사노무1팀 · 경리1팀담당 상무보 2006년 同고속지원담당 상무 2009년 同고객만족팀 · 영업1팀 · 안전1팀담당 상무 2010년 同고속영업담당 상무 2011년 同고속총괄 전무 2014년 同고속총괄 부사장 2015년 同대표이사 부사장 2015년 제25회 세계도로대회조직위원회 위원 2015년 전남버스운송사업조합 이사장(현) 2015년 전국버스운송사업조합연합회공제조합 전남지부장(현) 2015년 중앙노동위원회 사용자위원(현) 2016~2019년 전라남도교통연수원 이사장 2016년 (주)금호고속 대표이사 사장(현) 2016년 전국버스연합회 부회장(현) (상)대통령표창(1997), 화순군민의 상(2016), 은탑산업훈장(2017)

이덕재

(생)1968 · 9 · 20 (주)서울특별시 마포구 상암산로 66 CJ E&M 임원실(02-371-8600) (학)1996년 고려대 신문방송학과졸 (경)1995~1999년 현대방송 PD 1999~2001년 NTV 근무 2001년 부동산TV 제작팀장 2002~2003년 현대홈쇼핑 근무 2003~2011년 CJ미디어 영화채널팀 · XTM팀 · tvN팀 · 채널GM 근무 2011년 tvN 콘텐츠기획담당 2013년 同본부장 2014년 CJ E&M 방송콘텐츠부문 대표 2016년 同미디어콘텐츠부문장(상무) 2018년 同E&M미국사업담당 상무(현)

이덕주(李德柱) LEE Duck Joo

(생)1954 · 4 · 29 (출)서울 (주)대전광역시 유성구 대학로 291 한국과학기술원 공과대학 기계항공공학부 항공우주공학과(042-350-3702) (학)1977년 서울대 항공공학과졸 1980년 미국 스탠포드대 대학원 항공우주공학과졸 1985년 항공우주공학박사(미국 스탠포드대) (경)1980~1985년 미국 스탠포드대 연구원 1986년 미국 NASA Ames Research Center/NRC Fellow 1988~1998년 한국과학기술원(KAIST) 항공공학과 조교수 · 부교수 1998~2019년 同항공우주공학과 교수 2003년 한국항공우주학회 총무이사 2003~2004년 산업자원부 국가연구개발사업 평가 및 사전조정위원 2004년 한국과학기술기획평가원 국가기술지도자문위원 2005년 한국음향학회 국제교류위원장 2005~2006년 한국소음진동공학회 이사 2006년 한국음향학회 영문편집위원장 2006년 WESPAC 9 국제학술대회 학술위원장 2007~2008년 미국헬리콥터학회(AHS : Americal Helicopter Society) Journal Associate Editor 2007~2009년 한국소음진동공학회 항공우주위원장 2007~2008년 ICVFM2008 국제학술대회 조직위원장, 한국과학기술원(KAIST) 항공우주공학과장 2015~2017년 미국 헬리콥터학회 부회장 2019년 한국과학기술원(KAIST) 항공우주공학과 명예교수(현) (상)과학기술우수논문상(1988), 한국음향학회 학술상(2003), 한국항공우주학회 학술상(2005), 아시아 · 호주회전익항공기포럼(ARF) 공로상(2015)

이덕진(李德珍)

(생)1975 · 3 · 20 (주)서울특별시 서초구 반포대로 157 대검찰청 정보통신과(02-3480-2032) (학)1994년 서울 남강고졸 1994년 서울대 생물교육과졸 (경)1999년 사법시험 합격(41회) 2002년 사법연수원 수료(31기) 2002년 육군 군법무관 2005년 인천지검 검사 2007년 청주지검 제천지청 검사 2009년 서울중앙지검 검사 2012년 부산지검 동부지청 검사 2015년 수원지검 안산지청 검사 2016년 同안산지청 부부장검사 2017년 창원지검 진주지청 형사2부장 2018년 대검찰청 부장검사 2019년 同정보통신과장(부장검사)(현)

이덕청(李德淸) Peter(Tuck Chung) Lee

(생)1965 · 12 · 19 (본)전주(全州) (출)전남 장흥 (주)서울특별시 종로구 종로 33 그랑서울 미래에셋자산운용 임원실(02-3774-8288) (학)1984년 광주 살레시오고졸 1988년 서울대 경제학과졸 1991년 同대학원 경제학과졸 2001년 경제학박사(미국 일리노이주립대) (경)1993~1994년 LG경제연구원 선임연구원 1994~2004년 LG투자증권 리서치센터 팀장 2004년 미래에셋증권 리서치센터 팀장 2005년 미래에셋자산운용 운용전략센터장 2005년 미래에셋생명 자산운용본부장(CIO) 2007년 미래에셋자산운용 글로벌자산배분본부장(상무) 2009년 同홍콩법인 대표(CEO) 2010년 同리서치담당 임원 2011년 同미국법인 전무 2012년 同글로벌자산배분부문 대표 2013년 同글로벌투자부문 대표(부사장) 2016년 同미국법인 대표(CEO)(현) (종)천주교

이덕춘(李德賰) Lee Deok Choon

(생)1975 · 12 · 19 (본)광주(廣州) (출)전북 완주 (주)전라북도 전주시 완산구 여울로 35 법률사무소 한서(063-903-0090) (학)1994년 전북대사대부고졸 2002년 고려대 사회학과졸 (경)2002~2003년 한국외환은행 계장 2006~2008년 전북일보 기자 2014년 변호사시험 합격(3회) 2014~2015년 법무법인 최상 변호사 2015년 법률사무소 한서 대표변호사(현) 2016~2017년 전라북도학교운영위원장협의회 회장 2016년 우석대 겸임교수 2016년 전북도의회 고문변호사(현) 2018년 한국국토정보공사 비상임이사(현) 2019년 연합뉴스 전북취재본부 콘텐츠자문위원(현)

이덕행(李德行) LEE Duck Hang

(생)1960 · 9 · 20 (본)함평(咸平) (출)강원 홍천 (주)서울특별시 종로구 세종대로 209 통일부 개성공단 남북공동위원회사무처(02-2100-2325) (학)우신고졸, 고려대 행정학과졸, 미국 시러큐스대 대학원 수료 (경)1988년 행정고시 합격(32회), 통일원 정보분석실 제3분석관실 서기관, 통일부 총무과 서기관 1999년 駐미국 주재관 2002년 통일부 교류협력국 교류1과장 2004년 同통일정책실 국제협력담당관 2004년 同장관 비서관 2008년 同창의혁신담당관 2008년 同교역지원과장 2009년 同북한이탈주민정착지원사무소 교육기획과장 2011년 同북한이탈주민정착지원사무소 교육기획과장(부이사관) 2012년 同통일정책실 정책기획과장 2013년 同통일정책협력관(고위공무원) 2016년 同남북회담본부 상근회담대표 2017년 同대변인 2017년 국가안보실 통일정책비서관 2018~2019년 통일부 기획조정실장 2019년 同개성공단 남북공동위원회 사무처장(현) (종)불교

이덕형(李德衡) LEE Dukhyoung

(생)1957 · 1 · 25 (본)단양(丹陽) (출)경남 진해 (주)서울특별시 중구 퇴계로 307 한국공공조직은행(02-3785-1827) (학)서울대 의학과졸, 의학박사(서울대) (경)1992년 미국 펜실베이니아대 보건경제연구소 방문연구원 1997년 보건복지부 방역과장 1998년 同보건자원과장 1999년 同질병관리과장 2000년 同보건증진국 암관리과장 2001년 국립마산결핵병원 원장 2003년 국립인천공항검역소 소장 2004년 보건복지부 질병관리본부 전염병관리부장 2005년 同질병관리본부 전염병대응센터장(일반직고위공무원) 2007년 국방대 파견 2008년 보건복지가족부 질병정책관 2010년 보건복지부 질병정책관 2010~2013년 同질병관리본부 질병예방센터장 · 질병관리본부 장기이식센터장 겸임 2013년 同질병관리본부장 직무대리 2013~2017년 국립암센터 국가암관리사업본부장 2014년 암정복추진기획단 암관리연구전문위원회 위원장 2015년 국제암연구소 과학위원회 위원(Scientific Council Member) 2018년 한국공공조직은행 은행장(현) (상)보건사회부장관표창(1990), 근정포장(2001) (종)기독교

이덕환(李悳煥) LEE Duckhwan

(생)1954 · 6 · 22 (본)진보(眞寶) (출)서울 (주)서울특별시 마포구 백범로 35 서강대학교 화학과(02-705-8409) (학)1977년 서울대 화학과졸 1979년 同대학원 화학과졸 1983년 이학박사(미국 코넬대) (경)1983년 미국 프린스턴대 연구원 1985~1994년 서강대 화학과 조교수 · 부교수 1990년 미국 코넬대 방문연구원 1994~2019년 서강대 화학과 교수 1995년 일본 분자과학연구소 방문교수 1999년 대한화학회 홍보부회장 2004~2006년 한국과학저술인협회 부회장 2005년 한국과학기술단체총연합회 이사 2005년 '과학과 기술' 편집인 2005~2006년 국제화학올림피아드조직위원회 사무총장 2006~2019년 서강대 대학원 과학커뮤니케이션협동과정 교수 2006~2009년 산업기술이사회 이사 2007~2013년 과학독서아카데미 회장 2008~2010년 한국과학창의재단 비상임이사 2008~2010년 학교법인 경기학원 이사 2008~2011년 국제화학올림피아드운영위원회 위원장 2009~2011년 유네스코 한국위원회 위원 2011년 대한화학회 수석부회장 2012년 기초과학관련학회연합체 회장 2012년 경찰청 과학수사자문위원회 위원(현) 2012년 (사)대한화학회 회장 2013년 同탄소문화원장(현) 2014~2019년 교수신문 논설위원 2016년 조선일보 독자권익보호위원회 위원(현) 2016년 네이버문화재단 열린연단 자문위원(현) 2019년 서강대 화학과 명예교수(현) (상)한국과학저술인협회 저술상(2002), 대한민국 과학문화상(2004), 닮고싶고 되고싶은 과학기술인(2006), 과학기술훈장 웅비장(2008), 국회가 정한 국민대표(2009), 과학과 사회 소통상(2011) (저)'이덕환의 과학세상' '이덕환의 사이언스 토크토크' '문진 총서 1 · 2 · 3 · 4' '과학과 커뮤니케이션' (역)'같기도 하고 아니같기도 하고' '확실성의 종말' '거의 모든 것의 역사' 외 다수

이덕환(李德桓)

(생)1974 · 6 · 16 (출)경북 경산 (주)대구광역시 수성구 동대구로 364 대구지방법원(053-757-6600) (학)1993년 대구 덕원고졸 1998년 서울대 공법학과졸 (경)1999년 사법시험 합격(41회) 2002년 사법연수원 수료(31기) 2002년 육군 법무관 2005년 부산지법 동부지원 판사 2009년 부산지법 판사 2011년 창원지법 마산지원 판사 2013년 부산고법 창원재판부 판사 2014~2015년 사법정책연구원 연구위원 2016년 부산지법 판사 2017년 同부장판사 2018년 대구지법 부장판사(현)

이덕훈(李悳薰) LEE Deok Hoon

(생)1957 · 8 · 20 (출)충남 (주)대전광역시 대덕구 한남로 70 총장실(042-629-7005) (학)1984년 한남대 경영학과졸 1988년 일본 게이오대 대학원 경영학과졸 1991년 경영학박사(일본 게이오대) (경)1992~2016년 한남대 경영학부 교수 1992년 필리핀국립대 방문교수 1994년 일본 게이오대 객원교수 1994년 한남대 일본연구소장 2000년 미국 Babsom College(-Boston) 방문교수 2001년 한남대 경영연구소장 2002년 同학술정보처장 2005년 同기획조정처장 2016년 同총장(현) 2016~2018년 대전CBS 시청자위원장 2017년 한남대 경영 · 국방전략대학원장 겸임 2018년 대한경영학회 회장 2018년 통일교육위원중앙협의회 부의장 2018년 한남대 사회적경제지원단장 2019년 통일교육위원협의회 대전협의회 회장(현) 2019년 대전CBS 유지이사회 회장(현) 2019년 한남대 한남사회혁신원 원장(현)

이도경(李度京)

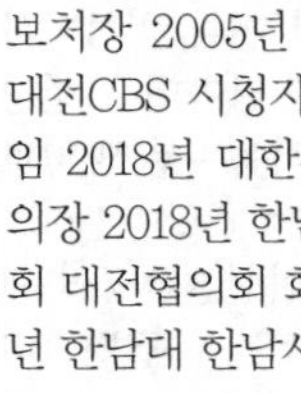

(생)1966 · 1 · 18 (출)경남 (주)서울특별시 영등포구 여의공원로 13 한국방송공사 시청자센터(02-781-1000) (학)서울 동북고졸, 서울대 국제경제학과졸 (경)1990년 한국방송공사(KBS) 입사(공채 17기), 同제작본부 TV센터 PD 2005년 同PD협회장, 한국방송프로듀서연합회 회장 2007~2009년 한국방송공사(KBS) 보도국 파리특파원 2012년 同글로벌센터 콘텐츠사업국 콘텐츠사업부 팀장 2014~2015년 同글로벌한류센터 KBS월드사업부장 2018년 同인사청문회준비단장 2018년 同전략기획실장 직대 2019년 同시청자센터장(현)

이도선(李道先) LEE Do Sun (天馬)

(생)1932 · 5 · 5 (본)합천(陜川) (출)전남 광양 (학)1952년 순천농고졸 1961년 전남대 농대졸 1969년 중앙대 대학원졸(행정학석사) 1984년 연세대 행정대학원 고위정책과정 수료 (경)1968년 민주공화당 중앙훈련원 교수 1971년 제8대 국회의원(전국구, 민주공화당) 1973년 제9대 국회의원(통일주체국민회의, 유신정우회) 1973년 유신정우회 정책위원 겸 원내수석부총무 1979년 제10대 국회의원(여수 · 광양 · 여천, 민주공화당) 1980년 교보문고 사장 1982년 대한교육보험 사장 1985년 同부회장 1988년 제13대 국회의원(전국구, 민정당 · 민자당) 1988년 민정당 중앙정치연수원장 1988년 同중앙집행위원 1988년 한 · 일의원연맹 부회장 1990년 민자당 중앙정치교육원장 1990년 同전남도지부 위원장 1990년 同광양시 · 광양군지구당 위원장 1992년 同당무위원 1993년 대한교육보험 부회장 1994년 同회장 1995년 교보생명보험 회장 1998년 재단법인 미래연구소 회장 (저)'인재의 육성과 활용'(1989) '사장학'(1998) (역)'인간관계론'(1994) (종)기독교

이도선(李道先) Yi Dosun

(생)1951 · 12 · 20 (주)서울특별시 서초구 서초대로 78길 42 905호 선진사회만들기연대(02-585-2448) (학)한국외국어대 영어과졸, 미국 UCLA 경영대학원 연수, 한국개발연구원(KDI) 국제정책대학원 경제정책과정 수료, 연세대 언론홍보대학원졸 (경)1979년 합동통신 기자 1981년 연합통신 기자 1993년 同경제1부 차장대우 1994년 同경제1부 차장 1997년 同특신부 차장 1998년 同특신부 부장대우 1999년 연합뉴스 워싱턴특파원(부장대우) 2002년 同워싱턴지사장 2002년 同국제뉴스국 기획위원 2002년 同인터넷취재팀 부국장대우 2003년 同부국장대우 경제부장 2004년 同논설위원 2006년 同논설위원실장(부국장급) 2007년 한국신문방송편집인협회 감사 2007년 연합뉴스 논설위원실장(국장대우급) 2008~2009년 同논설위원실 고문 2009년 한국신문방송편집인협회기금 감사 2009~2013년 연합뉴스 동북아센터 상무이사 2010년 선진사회만들기연대 편집위원(현) 2013년 한국외국어대 미디어커뮤니케이션학부 외래교수 2014~2017년 백석대 초빙교수 2015~2018년 연합뉴스 동북아센터 비상임이사

이도영(李道英)

(생)1968 · 8 · 13 (출)경남 고성 (주)세종특별자치시 한누리대로 422 고용노동부 고용서비스정책과(044-202-7327) (학)1995년 부산대 정치학과졸 2009년 영국 요크대 대학원 행정학과졸 (경)2012년 고용노동부 기획조정실 국제협력담당관 2012년 서울지방고용노동청 서울북부고용노동지청장 2013년 중앙노동위원회 사무처 교섭대표결정과장 2015년 고용노동부 고용정책실 고용문화개선정책과장 2017년 중부지방고용노동청 강원고용노동지청장(부이사관) 2017년 대통령직속 일자리위원회 일자리기획단 정책개발부장 2018년 同일자리기획단 국장 2018년 고용노동부 고용서비스정책과장(현) (종)불교

이도행(李挑行)

(생)1978 · 12 · 11 (출)대구 (주)서울특별시 서초구 서초대로 219 대법원 양형위원회 운영지원단(02-3480-1926) (학)1997년 서울 광문고졸, 연세대 정치외교학과졸 (경)2002년 사법시험 합격(44회) 2005년 사법연수원 수료(34기) 2005년 軍법무관 2008년 대구지법 판사 2012년 의정부지법 판사 2015년 서울행정법원 판사 2017년 서울동부지법 판사(현) 2018년 대법원 양형위원회 운영지원단장 겸임(현) (종)기독교

이도형(李鍍衡) Lee Do Hyoung

(생)1942 · 4 · 10 (출)충남 예산 (주)경기도 수원시 권선구 서수원로63번길 139 창진운수(주)(031-292-7111) (학)1989년 수원대 산업경영대학원 수료 1991년 경기대 행정대학원 수료 (경)1978년 창진운수 대표 1991년 수원시의회 의원 1992년 경기도 택시운송사업조합 이사장 1997년 생활체육 수원시축구연합회 회장 1997년 한나라당 경기도지부 부위원장 1998 · 2002~2006년 경기도의회 의원(한나라당) 2004~2006년 同건설교통위원장, 창진상운택시(주) 대표, 창진운수(주) 대표이사 회장(현), 경기도새마을회 회장 (종)불교

이도훈(李度勳) LEE Do Hoon

(생)1961 · 5 · 25 (출)서울 (주)경기도 고양시 일산동구 일산로 323 국립암센터 부속병원 진단검사의학과(031-920-1734) (학)1980년 배명고졸 1986년 서울대 의대졸 1990년 同대학원 의학석사 1997년 의학박사(서울대) (경)1986~1987년 서울대병원 인턴 1987~1990년 同임상병리과 레지던트 1990년 청송의료원 공중보건의 1990~1993년 문경병원 공중보건의 1993~1997년 충북대 의대 전임강사 · 조교수 1993~1997년 대한임상화학회 간행이사 1997~2000년 同이사 · 부총무 2000년 대한진단검사의학회 보험이사 2003년 대진의료재단 분당제생병원 진단검사의학과장 2003년 국립암센터 진단검사의학과 전문의(현) 2003~2006 · 2011~2017년 同부속병원 진단검사의학과장 2004~2006년 대한진단검사의학회 특임이사 2005년 同문항개정소위원회 위원장 2005~2006년 국립암센터 부속병원 교육훈련부장 2006~2008년 同부속병원 진료지원센터장 2008년 同홍보실장 2012~2015년 同진단검사센터장 2019년 同감염관리실 전문의(현) (상)국립암센터 우수연구자 SCI 저작장려상(2006), 국립암센터 우수연구자 SCI IF장려상(2006) (저)'임상병리학'(1994 · 1996 · 1998 · 2001)

이도훈(李度勳) LEE Do-hoon

(생)1962 · 8 · 20 (주)서울특별시 종로구 사직로8길 60 외교부 한반도평화교섭본부(02-2100-8054) (학)1985년 연세대 경제학과졸 1992년 영국 옥스퍼드대 연수 (경)1985년 외무고시 합격(19회) 1985년 외무부 입부 1994년 駐UN 1등서기관 1997년 駐잠비아 1등서기관 1998년 駐튀니지 1등서기관 2001년 국가안전보장회의 전출 2002년 대통령비서실 파견 2003년 외교안보연구원 기획조사과장 2004년 외교통상부 차관보좌관 2004년 同국제연합과장 2005년 駐UN참사관 2008년 駐이란공사 2010년 외교통상부 국제기구협력관 2010년 同장관보좌관 2010년 대통령실 파견 2012년 외교통상부 북핵외교기획단장 2013년 외교부 북핵외교기획단장 2014년 駐세르비아 대사 2016년 대통령 외교안보수석비서관실 외교비서관 2017년 외교부 한반도평화교섭본부장(차관급) 겸 6자회담 한국수석대표(현)

이도희(女)

(생)1968 · 1 · 27 (주)서울특별시 종로구 율곡로 75 현대건설 힐스테이트 배구단(02-746-3701) (학)일신여상졸 (경)1985년 호남정유 여자배구단 선수 1991~1996년 여자배구 국가대표팀 선수 2008~2009년 흥국생명 핑크스파이더스 코치 2010~2011년 GS칼텍스 서울 KIXX 배구단 코치 2013년 여자배구 국가대표팀 코치 2013년 SBS ESPN 배구해설위원 2014년 SBS Sports 해설자 2017년 현대건설 힐스테이트 배구단 감독(현)

이돈구(李敦求) LEE Don Koo (雅泉)

(생)1946 · 9 · 3 (본)한산(韓山) (출)충북 청주 (주)대전광역시 유성구 대학로 99 충남대학교 농업생명과학대학(042-821-5712) (학)1965년 청주고졸 1969년 서울대 임학과졸 1971년 同대학원졸 1975년 미국 아이오와주립대 대학원 임학과졸 1978년 임학박사(미국 아이오와주립대) 2007년 명예박사(러시아 모스크바국립산림과학대) 2017년 명예 임학박사(태국 Kasetsart Univ.) (경)1979~1981년 산림청 임목육종연구소 전문직원 1981~2012년 서울대 농업생명과학대학 산림과학부 조교수 · 부교수 · 교수 1985년 스웨덴 농과대 임학대 방문교수 1986~1988년 서울대 농업생명과학대학 연습림장 1989~1991년 同산림자원학과장 1992~1994년 산림청 임업연구원 겸직연구관 1994~1996년 서울대 농업과학공동기기센터 소장 1994년 한국과학기술한림원 정회원, 同종신회원(현) 1996~2000년 세계산림연구기관연합회(IUFRO) 집행위원 1997년 캐나다 브리티시 컬럼비아대 교환교수 1997~1999년 서울대 농업생명과학대학 도서관장 1998~2001년 한국임산에너지학회 회장 1998년 동북아산림포럼 공동대표 1999~2001년 서울대 농업생명과학대학장 1999~2004년 국제임업연구센터 상임이사 2000~2002년 한국농업과학협회 회장 2000~2011년 외교통상부 한 · 아세안환경협력사업단장 2001~2005년 세계산림연구기관연합회 부회장 2002~2004년 한국임학회 부회장 2003년 스웨덴 왕립한림원 정회원(Fellow)(현) 2004~2006년 한국임학회 회장 2004~2011년 (사)생명의숲국민운동 공동대표 2004~2011년 동북아산림포럼 공동대표 겸 이사장 2006~2009년 산림청 기후대별산림생태계기능복원연구사업단장 2006~2010년 세계산림연구기관연합(IUFRO) 회장 2007~2009년 중국 북경임업대 객좌교수 2008~2011년 평화의숲 공동대표 2009년 미국 오리건주립대 교환교수 2011~2013년 산림청장 2011~2013년 유엔사막화방지협약(UNCCD) 10차 총회 의장 2012년 서울대 명예교수(현) 2013~2019년 영남대 박정희새마을대학원 석좌교수 2015~2016년 한국과학기술한림원 학술담당 부원장 2015~2018년 (사)생명의숲국민운동 이사장 2016~2019년 (재)국가농림기상센터 이사장 2017년 강원연구원 산림분야 자문위원(현) 2017년 한국과학기술한림원 감사(현) 2018년 충남대 농업생명과학대학 겸임교수(현) (상)한국임학회 본상(1980), 세계산림연구기관연합회 감사장(1998), 소호문화재단 제1회 가산상(2002), 서울대 농업생명과학대학 제14회 상록연구대상(2006), 황조근정훈장(2013), 제3회 기후변화 그랜드리더스어워드(2013), 세계산림연구기관연합회 명예회원어워드(2014), 미국 아이오와주립대 조지 워싱턴 카버상(2015) (저)'임학개론' '조림' '조림학본론' '임목육종학' 'Restoration of Boreal and Temperate Forests'(2004) 'Forests in the Global Balance-Changing Paradigms'(2005) 'Keep Asia Green Volume Ⅰ : Southeast Asia'(2006) 'Keep Asia Green Volume Ⅱ : Northeast Asia'(2007) 'Keep Asia Green Volume Ⅲ : South Asia'(2008) 'Forest Formations of the Philippines'(2008) 'Keep Asia Green Volume Ⅳ : West and Central Asia'(2009) '조림학-숲의 지속가능한 생태관리'(2010) '숲의 생태적 관리'(2012) 'Restoration of Boreal and Temperate Forests(2nd Edition)'(2016) 'Tropical Forestry Handbook(2nd Edition · 共)'(2016) 'Forest Pathways through National Reforestation Programs and Innovative Public-Private Forest Investments : Lessons from the Republic of Korea'(2018) (역)'조림학원론' (종)기독교

이돈섭(李敦燮) LEE Don Sup (亨岩)

(생)1939 · 2 · 5 (본)전주(全州) (출)강원 춘천 (주)강원도 춘천시 중앙로 17 대한적십자사 강원도지사(033-255-9595) (학)1959년 춘천고졸 1965년 강원대 농화학과졸 1985년 고려대 경영대학원 수료 1991년 연세대 대학원 행정학과졸 1991년 명예인문학박사(미국 Midwest대) 1993년 강원대 경영행정대학원 수료, 미국 Midwest대 대학원 상담학 박사과정 휴학중 (경)강원도 기획담당관 1988~1991년 강원도 인제군수 · 원주군

수 1991년 강원도 식산국장 1991년 同보건사회환경국장 1993년 同재무국장 1993년 강원도의회 사무처장 1995년 속초시장 1995년 강원도 동해출장소장 1997~1998년 同정무부지사 1998~2001년 강원대 강사 1999~2003년 연세대 초빙교수 1999년 강원도 행정부지사 1999~2003년 민주평화통일자문회의 부의장 2001년 새강원포럼 회장 2003년 연세대 초빙교수 2003~2005년 동아국제문화교류회 총재 2005년 춘천시행정동호회 회장 2005년 세계평화통일지도자 강원도회장 2005년 국가원로자문회의 자문위원 2011~2017년 강원대총동창회 회장 2014~2015년 대한노인회 노인의료나눔재단 이사장 2015~2017년 대한노인회 부회장 2017년 대한적십자사 강원도지사 회장(현) [상]무임소장관표창, 내무부장관표창, 국무총리표창, 미국 육군성 공무훈장, 녹조·황조근정훈장, 국민훈장 모란장(2014) [저]'지방자치 시대의 중앙과 지방의 관계' [종]기독교

이돈태 LEE Don Tae

[생]1968·9·1 [출]강원 강릉 [주]서울특별시 서초구 성촌길 56 삼성전자(주) 디자인경영센터(02-2255-0114) [학]강릉고졸 1995년 홍익대 산업디자인과졸 1998년 영국 왕립예술학교 제품디자인과졸(석사) 2014년 생활디자인학박사(연세대) [경]1998년 영국 Tangerine Direction & Design 입사 2003년 同아시아지역총괄담당 부사장 2005년 同공동대표 2005~2014년 홍익대 산업디자인학과 조교수 2006~2012년 삼성물산 주택사업부 디자인고문 2015년 삼성전자(주) 디자인경영센터 글로벌디자인팀장(전무) 2017년 同디자인경영센터 부센터장(전무) 2017년 同디자인경영센터장(부사장)(현) 2018년 삼성디자인교육원(SADI) 원장 겸임(현) [상]매일경제 선정 '미래의 영웅'(2007), 대한민국 굿디자인상 대통령표창(2008), 한국최고경영자회의 창조경영부문대상(2009)

이돈희(李敦熙) LEE Don Hee (霞田)

[생]1937·9·28 [본]연안(延安) [출]경남 양산 [주]서울특별시 관악구 관악로 1 서울대학교 사범대학(02-880-5114) [학]1956년 동래고졸 1960년 서울대 사범대학 교육학과졸 1964년 同대학원졸 1974년 교육철학박사(미국 웨인주립대) [경]1965~1984년 서울대 사범대학 교육학과 전임강사·조교수·부교수 1975년 한국교육학회 도덕교육연구회 회장 1976년 서울대 사범대학 교육행정연수원 부원장 1980년 同교육연구소장 1984~2003년 同사범대학 교육학과 교수 1984년 세계대학봉사회 한국위원회장 1985년 서울대 사범대학장 1988년 미국 일리노이주립대 교환교수 1989~1993년 서울대 교육행정연구원장 1990년 교육부 중앙교육심의위원 1992년 同교육이념분과 위원장 1992~1994년 교육철학연구회 회장 1994~1998년 대통령자문 교육개혁위원회 위원 1995~1998년 한국교육개발원 원장 1996~1998·2002~2012년 한국열린교육협의회 이사장 1998~2000년 한국교육학회 회장 1999~2000년 새교육공동체위원회 위원장 2000~2001년 교육부 장관 2001~2004년 세계교육한국협회 회장 2002~2004년 한국사회과학연구협의회 회장 2003년 서울대 명예교수(현) 2003년 (재)영산법률문화재단 이사(현) 2003~2008년 민족사관고 교장 2006년 대한민국학술원 회원(교육철학·현) 2008년 세계교육협회 공동부회장 2008~2009년 국가교육과학기술자문회의 부의장 2008~2011년 한국학중앙연구회 이사 2009년 울산시교육청 정책자문위원 2009~2012년 단국대 석좌교수 2009~2010년 한국교육방송 시청자위원장 2009년 세계화교육문화재단 이사장(현) 2013~2017년 학교법인 숙명학원 이사장 2016~2017년 김포대 총장 [상]대한민국학술원상 인문과학부문(1997), 국민훈장 동백장(1998), 인촌상 교육부문(2019) [저]'교육철학개론'(1977·1983) '도덕교육원론'(1980·1986) '교육정의론'(1992·1999) '교육적 경험의 이해'(1994) '교육사상사—동양편'(1997) '한국교육사(共)'(1997) '교육학개론(共)'(1998·2003) '세기적 전환과 교육학적 성찰'(2003) '대한민국의 희망은 교육이다'(2007) [역]'존듀이 교육론'(1992) [종]기독교

이돈희(李敦熙) LEE Don Hui

[생]1938·7·14 [출]경북 선산 [주]서울특별시 서초구 서초중앙로24길 10 공도빌딩 201호 이돈희법률사무소(02-533-1055) [학]경북 오상고졸 1961년 서울대 법학과졸 1972년 미국 캘리포니아대 대학원 법학과 수료 [경]1965년 전주지법 군산지원 판사 1966년 전주지법 판사 1973~1994년 변호사 개업 1988년 대한변호사협회 총무이사 겸 사무총장 1991~1994년 同법률구조회장 1994~2000년 대법원 대법관 2000년 변호사 개업(현) 2010년 대한상사중재원 중재위원 [종]기독교

이동건(李東建) LEE Dong Kurn (良村)

[생]1938·10·29 [본]여주(驪州) [출]경북 경주 [주]서울특별시 강남구 삼성로 528 (주)테크로스 임원실(02-562-1124) [학]1957년 서울고졸 1961년 연세대 정치외교학과졸 2012년 명예박사(미국 샘퍼드대) 2015년 명예박사(단국대) [경]1987~1993년 서울은행 비상근이사 1988년 부산과학기술대 재단이사(현) 1990~1992년 부산염색공단 이사장 1991~2001년 세명대 재단이사 1994~2005년 駐韓이탈리아 명예영사 1995~1996년 국제로타리제3650지구 총재 1995~1999년 연세대 사회과학대동창회 회장 1998년 일민문화재단 감사 2001~2003년 국제로타리 이사 2002~2003년 서울고총동창회 회장 2003~2007년 국제로타리 재단관리위원 2005~2007년 외교통상부 국제친선대사 2008~2009년 국제로타리클럽 회장 2009년 대한적십자사 중앙위원 2010년 (주)테크로스 회장(현) 2010~2015년 리홈쿠첸 회장 2010~2013년 사회복지공동모금회 회장 2012년 한국국제협력단 자문위원 2013~2014년 국제로타리재단 이사장 2015~2016년 (주)부방 회장 2016년 유엔글로벌콤팩트(UNGC) 한국협회 회장(현) 2016년 단국대 이사(현) [상]석탑산업훈장(1992), 국제로타리재단 특별공로상(2004), 자랑스러운 서울인상(2006), 자랑스런 연세인상(2007), 소아마비없는세상을위한봉사상 국제부문(2009), 만해대상 평화부문(2010), 국민훈장 무궁화장(2010)

이동건(李東建) LEE Dong Kun (靑民)

[생]1949·7·20 [본]진성(眞城) [출]대구 [주]대구광역시 수성구 상록로 53 삼화건업(주)(053-764-0114) [학]대륜고졸, 영남대 국문과졸 2000년 同대학원 한국학과졸 2010년 한국학박사(영남대) [경]1978년 삼화건업(주) 회장(현) 1999년 한독진공(주) 회장 2002년 (주)우신 회장, 국제퇴계학회 대구경북지부 이사장 2003년 대구상공회의소 상공의원 2008년 영남퇴계학연구원 이사장 2011년 경북도 선비분과위원장 [종]유교

이동걸(李東傑) LEE Dong Gull

[생]1953·4·9 [출]경북 안동 [주]서울특별시 영등포구 은행로 14 KDB산업은행 회장실(02-787-6001) [학]1972년 경기고졸 1977년 서울대 경제학과졸 1994년 경제학박사(미국 예일대) [경]1994~1998년 산업연구원 연구위원 1997년 금융개혁위원회 전문위원 1998년 경제비상대책위원회 전문위원 1998년 대통령경제비서실 행정관 1998년 대통령정책기획비서실 행정관 1999년 한국개발연구원 연구위원 1999년 한국금융학회 이사·간사 1999년 한국재무학회 이사 1999년 대통령자문 정책기획위원 2000~2003년 한국금융연구원 선임연구위원 2002년 同은행팀장 2002년 하이닉스반도체 사외이사 2002년 대통령직인수위원회 경제1분과(재정·금융)위원 2003~2004년 금융감독위원회 부위원장 겸 증권선물위원회 위원장 2004~2007년 한국금융연구원 금융정책제도팀 선임연구위원 2005년 LG텔레콤 사외이사 2007~2009년 한국금융연구원 원장 2013년 동국대 경영대학 초빙교수 2014년 한겨레신문 사외이사 2015년 새정치민주연합 국정자문회의 자문위원 2017년 KDB산업은행 회장(현) [저]'한국경제의 진로

와 대기업정책'(共) '재정과 금융의 역할 재정립' '금융개혁보고서'(共) 'IMF체제하의 기업구조조정 촉진방안' '금융구조조정의 향후과제'(共) '새천년의 한국경제 : 개혁과 발전'(共) '은행산업의 현황과 과제'(共) '은행산업의 과거 · 현재 · 미래'(共) '중소기업은행의 중장기 발전방안'(共) '공적자금 회수규모 추정 및 상환대책'(共)

이동경(李東璟) LEE DONG KYONG

(생)1968 · 10 · 1 (본)경주(慶州) (출)경북 호미곶 (주)서울특별시 종로구 율곡로2길 25 연합뉴스 전국부(02-398-3114) (학)1987년 포항고졸 1994년 건국대 경제학과졸 2019년 同언론홍보대학원졸 (경)1995년 연합뉴스 입사 1995년 同대구경북취재본부 기자 2000년 同국제뉴스부 기자 2001년 同경제부 기자 2004년 同스포츠레저부 기자 2006년 同스포츠레저부 차장대우 2009년 同산업부 차장 2012년 미국 듀크대 연수 2013년 연합뉴스 멕시코시티특파원(부장대우) 2016년 同정보사업국 홍보사업팀장 2018년 同국제뉴스1부 부장급 2019년 同전국부 부장급(현)

이동곤(李東坤) Donkon Lee

(생)1959 · 2 · 21 (본)재령(載寧) (주)대전광역시 유성구 유성대로1312번길 32 선박해양플랜트연구소 친환경운송연구본부(042-866-3410) (학)1981년 부산대 조선공학과졸 1983년 同대학원 조선공학과졸 1995년 공학박사(부산대) (경)1983~2012년 한국해양연구원 해양시스템안전연구소 해양운송연구부 연구원 · 선임연구원 · 책임연구원 1999~2000년 영국 Univ. of Strathclyde Visiting Academic 2012년 한국해양과학기술원 선박해양플랜트연구소 해양운송연구부장, 同선박해양플랜트연구소 친환경운송연구본부 선임연구부장, 同선박해양플랜트연구소 친환경운송연구본부 책임연구원(현) 2017~2018년 세월호선체조사위원회 위원 (상)대한조선학회 논문상(1993), 한국경영과학회 · 대한산업공학회 우수논문상(1993), 해양연구원 우수연구상 은상 학술부문(1995), 해양연구원 우수연구상 금상 학술부문(1997), 해양연구원 발전상(2002), 해양연구원 우수논문상(2004 · 2005), 해양연구원 우수연구상(2004), 해양연구원 최우수논문상(2006 · 2007) (종)불교

이동구(李東久) LEE Dong Koo

(생)1945 · 8 · 13 (출)경북 성주 (주)대구광역시 수성구 달구벌대로528길 15 학교법인 수성대학교(성요셉교육재단)(02-537-7307) (학)1963년 경북고졸 1969년 경북대 의대졸 1975년 의학박사(경북대) (경)1976~1985년 경북대 의대 교수 1982~1983년 同부속병원 해부병리과장 1985~1997년 이동구해부병리과의원 원장 1997년 청효정해부병리과의원 원장 1998년 대구의료원장 2001~2007년 대한적십자사 대구지사 회장 2001년 전국지방의료원연합회 회장 2010~2012년 대한병원협회 경영이사 2013~2014 · 2016년 학교법인 성요셉교육재단(수성대학교) 이사장(현), 칠곡가톨릭병원 명예원장(현) 2013년 LDK클리닉 원장 2017년 천주교 대구대교구 평신도위원회 위원장 (상)행정자치부장관표창(1999), 대통령표창(2001), 감사원장표창(2001), 국무총리표창(2004), 국민훈장 동백장(2005) (저)'한국인 위암발생의 원인' (종)천주교

이동국(李東國) LEE Dong Kuck (월촌)

(생)1957 · 7 · 26 (출)대구 (주)대구광역시 남구 두류공원로17길 33 대구가톨릭대학교병원 신경과(053-650-4261) (학)1976년 경북고졸 1984년 경북대 의대졸 1988년 계명대 대학원 의학석사 1991년 의학박사(계명대) (경)1986년 계명대 동산의료원 신경과 전공의 1992년 同의대 전임강사 1994년 대구가톨릭대 의대 신경과학교실 조교수 · 부교수 · 교수(현) 1997년 미국 앨라배마대 연구원 1999년 대한임상신경생리학회 이사 · 감사, 대한신경과학회 고시위원 · 수련위원 · 편집위원 · 재무이사, 대한임상노인의학회 자문위원, 대한근전도학회 감사, 대한뇌신경과학회 이사 2013~2015년 대구가톨릭대병원장 2013~2015년 대한임상신경생리학회 회장 2017~2018년 대한신경과학회 회장 (저)'신경과학 Ⅰ · Ⅱ'(共)

이동권(李東權)

(생)1957 · 8 · 5 (출)울산 (주)울산광역시 북구 산업로 1010 북구청 구청장실(052-241-7000) (학)1976년 울산고졸 1988년 동아대 법학과졸, 同대학원 법학 석사과정 수료 2000년 법학박사(고려대) 2012년 서울대 행정대학원 국가정책과정 수료 (경)대통령 국민권익비서관, 서울지방경찰청 근무, 서울시장 비서실 근무, 대통령 민정수석비서관실 공직기강비서관실 감찰팀장(고위공무원 2급), 대통령경호실 부장, 호서대 경호학과 초빙교수, 민주평통 자문회의 울산북구협의회 회장, 더불어민주당 중앙당 정책위원회 부의장, 同울산시당 민생 · 치안안전특별대책위원회 위원장, 同울산북구지역발전위원회 위원장 2018년 울산시 북구청장(더불어민주당)(현) (상)국무총리표창(1995 · 2010), 홍조근정훈장(2009) (저)'경찰무기론' '멀리 보면 길을 잃지 않는다'

이동규(李東珪) LEE Dong Kyoo

(생)1945 · 4 · 3 (주)서울특별시 동작구 여의대방로16길 61 기상청 수치모델링센터(02-2181-0900) (학)서울대 기상학과졸, 미국 위스콘신대 대학원졸, 기상학박사(미국 위스콘신대) (경)서울대 대기과학과 교수 1998~2000년 한국기상학회 회장 2000~2010년 서울대 지구환경과학부 교수 2010년 同지구환경과학부 명예교수(현), APEC 기후센터 이사장 2015년 기상청 국립기상과학원 수치모델연구부장 2017년 기상청 수치모델링센터장(현) (상)홍조근정훈장(2003)

이동규(李東圭) LEE, Dong-Kyu

(생)1952 · 11 · 29 (본)전주(全州) (출)서울 (주)부산광역시 영도구 와치로 194 고신대학교 보건복지대학 보건환경학부(051-990-2323) (학)1976년 경희대 생물학과졸 1979년 同대학원 생물학과졸 1989년 곤충학박사(미국 텍사스A&M대) (경)고신대 자연과학대학 보건환경학부 교수, 同보건복지대학 보건환경학부 교수, 한국곤충학회 회장, 한국위생곤충연구회 회장, 국제학술지 「Entomological Research」 위생곤충분야 편집위원장, 한국응용곤충학회 상임평의원, 보건복지부 질병관리본부 말라리아퇴치사업단 자문위원, 한국방역협회 전문위원, 고신대 사회교육원장, 同중앙기기센터 소장 2012년 同자연과학대학장 2014~2018년 同보건환경학부장 2018년 同보건복지대학 보건환경학부 석좌교수(현) (상)고신대 공로상(2000), 고신대 제1 · 2회 최우수연구교수상(2001 · 2002), 한국과학재단 우수연구성과30선상(2001), 대통령표창(2014) (저)'바퀴의 정체와 방제'(1996, 아카데니서적) '바퀴 방제법'(1997, 한국방역협회) '환경생물학'(2000, 정문각) '인류 최대의 적 모기'(2002, 해바라기) '살충 살균 구서를 위한 방역소독 지침-위생해충 방제편'(2008, 질병관리본부) (종)기독교

이동근(李東根) LEE Dong Keun

(생)1951 · 4 · 8 (본)성주(星州) (출)전남 보성 (주)서울특별시 송파구 송파대로 445 한솔병원 원장실(02-413-6363) (학)1977년 조선대 의대졸 1979년 同대학원 의학석사 1983년 의학박사(조선대) (경)조선대 의대 외과 조교수, 한림대 의대 외래교수, 성균관대 의대 외래교수, 캐나다 토론토의대부속병원 대장항문외과 연수, 일본 마쓰시다대 장항문병원 연수, 덴마크 할레브대병원 연수, 미국 사우스베일로대 교수 1990년 이동근외과의원 개원 1998년 한솔병원 원장(현) 2007~2008년 대한대장항

문학회 부회장 2008년 항문질환연구회 회장 2011~2012년 대한대장항문학회 회장 2012년 同자문위원(현) (상)대한대장항문학회 감사장(2013), 이데일리 제2회 글로벌헬스케어대상 대장항문전문병원부문(2015), 유니세프한국위원회 감사장(2015), 기획재정부장관표창(2017), 송파구청장표창(2017) (저)'변비의 원인과 치료' '치질, 변비 깨끗이 낫는다' '대장항문병' '항문외과의 실제' '변비탈출' '대장항문 다스리기' (종)기독교

이동근(李東根) LEE Dong Geun

(생)1957·1·15 (출)서울 (주)서울특별시 종로구 율곡로 194 현대그룹빌딩 서관 3층 현대경제연구원 원장실(02-2072-6300) (학)1975년 대광고졸 1979년 연세대 행정학과졸 1981년 서울대 행정대학원졸 1996년 미국 밴더빌트대 대학원 경제학과졸, 행정학박사(동국대) (경)1979년 행정고시 합격(23회) 1980년 노동부 공공훈련과 사무관, 상공부 공보관실·기획예산담당관실·산업정책과·정보기기과·차관실 사무관 1991년 서기관 승진 1997년 통상산업부 산업표준과장 1998년 駐LA총영사관 상무관 2000년 산업자원부 자원기술과장 2001년 同기획예산담당관 2002년 同총무과장(부이사관) 2003년 同감사관 2005년 同산업정책국장 2006년 대통령직속 국가균형발전위원회 균형발전총괄국 부단장 겸 총괄국장(일반직고위공무원) 2007년 국방대 교육훈련 2008년 산업자원부 남북산업협력기획관 2008년 지식경제부 에너지자원실 기후변화에너지정책관 2008년 同성장동력실장 2009~2010년 同무역투자실장 2010~2017년 대한상공회의소 상근부회장 2010년 국세청 국세행정위원회 위원 2013~2015년 대통령자문 지방자치발전위원회 위원 2013~2017년 국세청 국세행정개혁위원회 위원 2014년 노사발전재단 비상임이사 2017년 (주)CJ헬로비전 사외이사(현) 2017년 현대경제연구원 원장(현) (상)국민훈장 모란장(2015) (저)'한국경제 톡톡톡(talk talk talk)'(2013)

이동근(李東根) LEE Dong Keun (沅制)

(생)1966·8·26 (출)부산 (주)서울특별시 서초구 서초중앙로 157 서울고등법원(02-530-1114) (학)1985년 가야고졸 1989년 서울대 법대졸 (경)1990년 사법시험 합격(32회) 1993년 사법연수원 수료(22기) 1993년 軍법무관 1996년 수원지법 판사 1998년 서울지법 판사 2000년 창원지법 통영지원 판사 2003년 부산고법 판사 2004년 법원행정처 사법정책연구심의관 2006년 同사법정책실 판사 2006년 서울고법 판사 2007년 서울중앙지법 판사 2008년 전주지법 부장판사 2009~2012년 인천지법 부장판사 2010년 법원행정처 공보관 2011년 同기획총괄심의관 2012년 서울서부지법 부장판사 2014년 서울중앙지법 부장판사 2016년 대전고법 부장판사 2018년 서울고법 부장판사(현) (저)'독일에서의 양형에 관한 이론과 실무' '독일의 사법보조제도' '불구속재판의 시행과 관련된 몇가지 문제점' '선박집행'

이동기(李東旡) LEE Dong Ki

(생)1956·5·17 (본)전의(全義) (출)전북 정읍 (주)서울특별시 서초구 법원로4길 13 춘광빌딩 203호 법무법인(유) 우송(02-598-0123) (학)1974년 동북고졸 1978년 한양대 법과대학졸 1981년 同대학원 법학과졸 2006년 법학박사(한양대) (경)1978년 사법시험 합격(20회) 1980년 사법연수원 수료(10기) 1980년 육군 법무관 1983년 대구지검 검사 1986년 광주지검 목포지청 검사 1987년 서울지검 남부지청 검사 1989년 일본 慶應大 법학부 방문연구원 1991년 부산지검 고등검찰관 1992년 전주지검 정읍지청장 1993년 同군산지청 부장검사 1993년 전주지검 부장검사 1994년 법무연수원 기획과장 1995년 법무부 송무과장 1997년 사법연수원 교수 1999년 서울지검 형사5부장 2000년 전주지검 차장검사 2000년 창원지검 차장검사 2001년 대전고검 검사(국가정보원 파견) 2002년 서울지검 동부지청 차장검사 2003년 서울고검 공판부장 2004년 대검찰청 공판송무부장 2004년 전주지검장 2005년 대검찰청 형사부장 2006년 서울지검장 2007~2008년 수원지검장 2008년 변호사 개업 2008~2012년 환경부 중앙환경분쟁조정위원회 재정위원 2010년 법무법인 두우&이우 대표변호사 2011년 법무법인(유) 우송 대표변호사(현) 2011~2012년 성결대 객원교수 2014년 안양대 겸임교수 2014년 중앙행정심판위원회 심판위원(현) 2015년 안양대 석좌교수(현) (상)법무부장관표창(1992), 홍조근정훈장(2002)

이동기(李東起) LEE Dong Ki

(생)1957·4·23 (주)서울특별시 관악구 관악로 1 서울대학교 경영대학 경영학과(02-880-8251) (학)1980년 서울대 상학과졸 1982년 同대학원졸 1990년 경제학박사(미국 뉴욕대) (경)1987년 미국 뉴욕대 강사 1989~1993년 미국 뉴저지주립대 경영대학 조교수 1993년 서울대 경영대학 경영학과 교수(현) 2008년 한국국제경영학회 회장 2009년 서울대 경영대학 교무부학장 겸 경영전문대학원 부원장 2010년 국민은행 사외이사 2010년 NH투자증권 사외이사 2014~2019년 (사)한국중견기업학회 회장 2014~2017년 국무총리산하 경제·인문사회연구회 비상임이사 2015~2017년 서울대 공기업고급경영자과정 주임교수 2017~2019년 중견기업연구원(HERI) 원장 2017년 서울대 경영연구소장

이동기(李東起) LEE Dong Ki

(생)1958·4·14 (주)광주광역시 동구 필문대로 309 조선대학교 공과대학 기계시스템미래자동차공학부 교수(062-230-7015) (학)1980년 조선대 정밀기계공학과졸 1983년 同대학원 기계공학과졸, 공학박사(국민대) (경)1985년 조선대 공대 기계시스템미래자동차공학부 교수(현) 2007년 同학생처장 2015년 同공과대학장·산업기술융합대학원장·공학교육혁신센터장 겸임(현)

이동기(李東起) LEE Dong Ki

(생)1958·10·17 (본)전주(全州) (출)서울 (주)서울특별시 강남구 언주로 211 강남세브란스병원 소화기내과(02-2019-3214) (학)1984년 연세대 의학과졸 1988년 同대학원 의학석사 1996년 의학박사(연세대) (경)1985~1986년 연세대 인턴 1986~1989년 同내과 수련의 1989~1990년 同소화기내과 전임의 1990~1992년 同원주의대 소화기내과 전임의 1992~2003년 同의대 소화기내과학교실 조교수·부교수 1996~1997년 미국 Univ. of Washington Senior Research Fellow 2001~2003년 대한소화기내시경학회 학술이사 2003년 연세대 의대 소화기내과학교실 교수(현) 2009년 강남세브란스병원 소화기내과장, 同암병원 진료부장 2011~2015년 同암병원장, 대한내과학회 총무이사, 미국 소화기내시경학회지 국제편집이사 2016년 강남세브란스병원 내과부장(현) 2017년 대한소화기학회 이사장(현) (상)대한소화기내시경학회 월봉상, 대한소화기내시경학회 우수포스터상, 대한소화기학회 우수외국논문상 (저)'췌장염(共)'(2006) '담도학'(2008)

이동기(李東琪)

(생)1962·8·15 (주)대전광역시 서구 둔산중로 77 대전지방경찰청 생활안전과(042-609-2146) (학)대전 대신고졸, 경찰대 행정학과졸(2기) (경)1986년 경찰공무원 임용 2010년 총경 승진 2011년 충남 연기경찰서장 2012년 전북지방경찰청 경비교통과장 2013년 대전 대덕경찰서장 2014년 대전지방경찰청 청문감사담당관 2015년 대전 서부경찰서장 2016년 대전지방경찰청 정보화장비과장 2017년 대전 유성경찰서장 2019년 대전지방경찰청 생활안전과장(현)

이동기(李東紀)

(생)1965 · 8 · 31 (출)전북 전주 (주)서울특별시 성북구 정릉로 77 국민대학교 법과대학 법학부(02-910-5443) (학)1983년 전주고졸 1987년 연세대 법학과졸 (경)1994년 사법시험 합격(36회) 1997년 사법연수원 수료(26기) 1997년 대전지검 검사 1999년 전주지검 정읍지청 검사 2000~2006년 변호사 개업 2006년 문화관광부 법무팀장 2007년 국민대 법과대학 사법학전공 조교수 · 부교수 2008년 한국저작권위원회 위원 2016년 한국저작권보호원설립추진단 위원 2016~2018년 한국저작권보호원 감사, 국민대 법과대학 사법학전공 교수(현), 同기업융합법학과 주임교수(현) 2019년 同총무처장(현)

이동렬(李東烈) Rhee Dong-yeol

(생)1972 · 2 · 14 (본)경주(慶州) (출)강원 강릉 (주)서울특별시 종로구 사직로8길 60 외교부 평화외교기획단(02-2100-8107) (학)강릉고졸, 서울대졸, 미국 인디애나주립대 대학원졸 (경)미국 연수, 외교통상부 동구과 근무, 同정책총괄과 근무, 駐러시아 2등서기관, 외교통상부 북미1과 1등서기관 2012년 駐미국 1등서기관 2013년 대통령비서실 파견 2013년 외교부 한반도평화교섭본부 대북정책협력과장 2015년 駐일본 참사관 2016년 駐러시아 공사참사관 2018년 외교부 평화외교기획단장(현) (종)불교

이동면(李東勉) Dongmyun Lee

(생)1962 · 10 · 15 (출)서울 (주)경기도 성남시 분당구 불정로 90 (주)KT 미래플랫폼사업부문(031-727-0114) (학)1985년 서울대 전자공학과졸 1987년 한국과학기술원(KAIST) 전기전자공학과졸(석사) 1991년 전기전자공학박사(한국과학기술원) (경)1991~2003년 (주)KT 선임연구원 2003년 同기술전략팀장 2005년 MIT 파견 2006년 (주)KT BcN 본부장 2008년 同신사업개발TFT장 2009년 同기업고객부문 FI본부장 겸 IMO본부장 2010년 同기술전략실장(상무) 2012년 同기술전략실장(전무) 2012년 同종합기술원장 직대(전무) 2013년 同종합기술원 Infra연구소장 2014년 同융합기술원장(전무) 2015년 同융합기술원장(부사장) 2018년 同융합기술원장(사장) 2018년 同미래플랫폼사업부문장(사장)(현)

이동명(李東明) LEE Dong Myung (범송)

(생)1957 · 3 · 11 (본)여주(驪州) (출)경북 경주 (주)서울특별시 서초구 서초대로49길 18 법무법인 처음(02-3476-6800) (학)1975년 경기고졸 1979년 서울대 법과대학졸 (경)1978년 사법시험 합격(20회) 1981년 사법연수원 수료(11기) 1981년 육군 법무관 1984년 서울형사지법 판사 1986년 서울민사지법 판사 1989년 청주지법 충주지원 판사 1991~1996년 서울고법 판사 1991~1993년 법원행정처 법정심의관 겸임 1994년 미국 산타클라라대 교환교수 1996년 대구지법 김천지원장 1998년 사법연수원 교수 2001년 서울지법 부장판사 2003~2008년 서울고법 부장판사 2003~2005년 인천지법 수석부장판사 겸임 2008년 서울중앙지방법원 민사수석부장판사 2009년 법원도서관장 2010~2011년 의정부지법원장 2011년 법무법인 처음 대표변호사(현) 2016년 동양 사외이사(현) (종)불교

이동명(李東明) Lee, Dong-Myung

(생)1968 · 10 · 10 (본)재령(載寧) (출)경북 안동 (주)세종특별자치시 도움5로 19 우정사업본부 보험사업단 보험기획과(044-200-8610) (학)1984년 경북 경일고졸 1992년 단국대 행정학과졸 2004년 同대학원 행정학과졸 (경)1993년 행정고시 합격(36회) 1996년 정보통신부 기획관리실 근무 1999년 同국제협력관실 근무 2001년 同국제협력관실 협력기획담당관실 근무(서기관) 2003년 경북체신청 안동우체국장 2007년 중앙전파관리소 전파보호과장 2008년 지식경제부 지식경제공무원교육원 기획연구팀장 2010년 同우정사업본부 우편사업단 새주소우편전략팀장 2011년 同우정사업본부 홍보팀장 2012년 同우정사업본부 우편정책과장 2013년 미래창조과학부 우정사업본부 우편정책과장 2013년 同우정사업본부 보험사업단 보험사업과장 2013년 同우정사업본부 보험사업단 보험개발심사과장(서기관) 2015년 同우정사업본부 보험사업단 보험개발심사과장(부이사관) 2015년 서울광진우체국장 2016년 통일교육원 교육파견(부이사관) 2017년 미래창조과학부 우정사업본부 보험사업단 보험기획과장 2017년 과학기술정보통신부 우정사업본부 보험사업단 보험기획과장 2018년 同우정사업본부 감사담당관 2019년 同우정사업본부 보험사업단 보험기획과장(현) (상)대통령표창(2001)

이동민(李東旼 · 女) Dong-Min Lee

(생)1961 · 6 · 26 (주)서울특별시 종로구 율곡로2길 25 연합뉴스(02-398-3114) (학)1980년 미국 존마쉘고졸 1984년 미국 버클리대 영어영문학과졸 (경)1987~1990년 코리아헤럴드 교정부 · 해외부 · 사회부 기자 1990년 연합통신 해외부 기자 1995년 YTN 파견 1996년 연합통신 해외부 기자 1999년 연합뉴스 영문뉴스부 기자 2000년 同영문뉴스부 차장대우 2002년 同영문뉴스부 차장 2005년 同워싱턴특파원(부장대우) 2008년 同외국어뉴스1부 부장대우 2008년 同외국어뉴스1부장 2009년 同영문뉴스부장 2009년 同영문뉴스부 부장급 2010년 同영문뉴스부장 2011년 同국제국 기획위원(부국장대우) 2013년 同영문경제뉴스부장(부국장대우) 2015년 同편집국 외국어에디터 2015년 同영문경제뉴스부 선임기자(부국장) 2019년 同아태뉴스통신사기구(OANA) 사무국 준비단(OANA 사무국장 내정)(현)

이동민(李東敏) Lee, dong-min

(생)1962 · 8 · 10 (주)전라북도 임실군 임실읍 호국로 1702 임실경찰서(063-640-0231) (학)1981년 전주해성고졸 1989년 동국대 경찰행정학과졸 (경)1989년 경위 임관(경찰 간부후보 37기), 전북지방경찰청 경무과 경무계장 · 청문감사담당관실 감찰계장 2011년 제주지방경찰청 생활안전과장 2012년 서귀포경찰서장(총경) 2013년 전북지방경찰청 정보화장비담당관 2013년 전북 군산경찰서장 2014년 전북지방경찰청 정보과장 2015년 전북 익산경찰서장 2016년 전북지방경찰청 보안과장 2017년 전북 부안경찰서장 2018년 전북지방경찰청 청문감사담당관 2019년 전북 임실경찰서장(현)

이동복(李東馥) LEE Dong Bok

(생)1937 · 9 · 26 (본)한산(韓山) (출)서울 (학)1957년 경기고졸 1963년 서울대 문리대학 정치학과 중퇴 1963~1964년 미국 인디애나대 신문학과 연수 1976년 서울대 행정대학원 발전정책과정 수료 1989년 서강대 경영대학원 최고경영자과정 수료 (경)1958년 한국일보 입사 1969년 同정치부 차장 1971년 同외신부 차장 1972년 남북조절위원회 서울측 대변인 1980년 '남북총리간 대화를 위한 실무접촉' 대표 1980~1982년 통일원 남북대화사무국장 1982년 삼성그룹 회장 고문 1982년 평통 자문위원 1982년 삼성항공산업 대표이사 부사장 1985년 삼성유나이티드에어로스페이스(주) · 삼성의료기기 사장 1988년 민정당 서울서초乙지구당 위원장 1988년 국회의장 비서실장 1991년 국무총리 특별보좌관 1991년 국가안전기획부 제1특별보좌관 1992년 남북고위급회담 대표 겸 대변인 1994년 민족통일연구원 초청연구위원 1996년 자민련 선거대책위원회 대변인 1996년 제15대 국회의원(전국구, 자민련) 1996~1997년 자민련 총재 비서실장 1997년 同당무위원 2000~2003년 명지대 법정대학 객원교수 2002년 일천만이산가족위원회 상임고문(현) 2004년 북한민주화포럼 대표(현) 2010년 자유민주주의시민연합 공동의장 2010년 신아시아연구소 수석연구위원(현) 2012~2017년 국가인권위원회 정책자문위원 (상)보국훈장 천수

장(1980), 홍조근정훈장(1982), 황조근정훈장(1992), 북한연구소 자유문화상(2010) (저)'통일의 숲길을 열어가며'(1999) '북한의 세습 후계체제가 남북관계에 미치는 영향' (종)천주교

이동빈(李東彬) Lee Dong-bin

(생)1960 · 2 · 18 (본)평창(平昌) (출)강원 평창 (주)서울특별시 송파구 오금로 62 Sh수협은행(02-2240-2114) (학)1978년 원주고졸 1983년 부산대 경영학과졸 (경)1983년 상업은행 입행 2004년 우리은행 기업여신팀 수석심사역 2005년 同구리역지점장 2007년 同중기업심사부장 2011년 同부산경남동부영업본부장 2011년 同검사실 영업본부장대우 2012년 同서대문영업본부장 2014년 同기업금융단 상무 2014~2017년 同여신지원본부장(부행장) 2017년 (주)우리피앤에스 대표이사 2017년 Sh수협은행장(현) (상)금융감독원장표창(2012) (종)불교

이동섭(李銅燮) LEE Dong Sup

(생)1956 · 11 · 7 (본)성주(星州) (출)전남 고흥 (주)서울특별시 영등포구 의사당대로 1 국회 의원회관 525호(02-784-2577) (학)전남 고흥농고졸, 용인대 체육학과졸, 명지대 정치외교학과졸, 용인대 대학원 체육학과졸, 고려대 정책대학원 정치학과졸, 법학박사(국민대), 명예 체육학박사(용인대) (경)경문대 외래교수, 전남과학대 객원교수, 나사렛대 객원교수, 우석대 객원교수, 고려대 정책대학원 제18대 총학생회장, 민주평통 자문위원, 신문명정책연구소 상임이사(국가정책위원장), 한국문화정책연구원 이사장, 세계태권도선교협회 상임회장, 한 · 미문화교류재단 이사장 2000년 제16대 국회의원선거 출마(서울 노원구乙, 민주국민당) 2001년 푸른정치연합 대변인 2002년 새천년민주당 제16대 대통령선거 청년실업특별위원회 부위원장 2003년 고려대 정책대학원 제21기 동문회장 2004년 제17대 국회의원선거 출마(서울 노원구丙, 새천년민주당) 2006년 민주당 서울노원丙지역위원회 위원장 2006년 국가전략연구소 자문교수 2006년 민주당 서울시당 부위원장 2006~2007년 同부대변인 · 유세정책위원장 · 공천심사위원 · 청년위원장 2006년 同중앙위원 2007년 전남도체육회 부회장 2007년 국민대 법학연구소 선임연구위원 2007년 대통합민주신당 제17대 대통령중앙선거대책위원회 정무특보 · 전국청년선거대책위원장 2008년 순복음노원교회 장로(현) 2008년 同전국청년위원장 2008년 김희철 국회의원 보좌관 2008년 통합과창조포럼 지방자치위원장 2008~2011년 민주당 서울노원구丙지역위원회 위원장 2008년 同정세균 대표최고위원 정무특보 2010년 국민대 법과대학 겸임교수 2011년 민주통합당 서울노원구丙지역위원회 위원장 2011년 同서울시당 수석부위원장 2012년 서울시체육회 부회장 2012년 민주통합당 당무위원 2012년 同제18대 대통령선거 서울시당 공동선거대책위원장 2013년 민주당 서울노원구丙지역위원회 위원장 2013년 同당무위원 2013년 同사무부총장 2014년 서울시태권도협회 회장 2014~2015년 새정치민주연합 서울노원구丙지역위원회 위원장 2014~2015년 同당무위원 2014~2015년 同사무부총장 2014년 국민생활체육 서울시태권도연합회장 2015년 세계태권도연맹 총재(국기원 공인 9단)(현) 2016년 국민의당 대외협력위원장 2016년 제20대 국회의원(비례대표, 국민의당 · 바른미래당〈2018.2〉)(현) 2016년 국민의당 당무담당 원내부대표 2016~2018년 국회 교육문화체육관광위원회 위원 2016~2018년 국회 평창동계올림픽 및 국제경기대회지원특별위원회 간사 2016~2018년 국민의당 당헌당규제 · 개정위원회 제2소위원장 2016년 유네스코 한국위원회 위원(현) 2016년 국민의당 4.13총선 선거대책위원회 안철수 · 천정배 공동대표 비서실장 2017년 同원내대변인 2017년 同조직위원장 2017년 同제19대 안철수 대통령후보 중앙선거대책본부 대외협력위원장 2017년 (재)사랑의장기기증운동본부 친선대사(현) 2017~2018년 국회 운영위원회 위원 2018년 국회 평창동계올림픽 및 국제경기대회지원특별위원회 위원 2018년 바른미래당 서울도봉구甲지역위원회 위원장 2018년 同서울시당 공동위원장 2018년 同당무부대표 2018년 국회 문화체육관광위원회 간사(현) 2018년 국회 남북경제협력특별위원회 위원(현) 2018년 바른미래당 경기용인시甲지역위원회 위원장(현) 2019년 同원내수석부대표(현) (상)86아시안게임기장, 88올림픽기장, 로마 교황청 기장, 내무부장관표창, 서울시장표창, 미국 알바쿠키시 명예시민권 취득, 미국 뉴멕시코주지사 감사장, 국회사무처 입법 및 정책개발 우수국회의원(2016), 국정감사 NGO 모니터단 우수의원(2016), 우수정치공로부문 대한민국을 빛낸 한국인물대상(2016), 대한인터넷신문협회 INAK 사회공헌대상 체육공로대상(2016), 법률소비자연맹 '제20대 국회 1차년도 국회의원 헌정대상'(2017), 글로벌자랑스런세계인상 국제의정발전부문(2017) (저)'이동섭의 열정'(2010) '이동섭 박사의 희망'(2011) (종)기독교

이동섭(李東燮)

(생)1962 · 3 · 2 (출)충북 충주 (주)충청북도 충주시 수안보면 수회리로 138 중앙경찰학교 교무과(043-870-2322) (학)충북고졸, 충북대졸, 同대학원졸 (경)1989년 경위 임관(경찰 간부후보 37기) 2002년 충북지방경찰청 강력계장 2008년 同홍보담당관(총경) 2009년 충북 보은경찰서장 2011년 충북 청주상당경찰서장 2012년 대전지방경찰청 정보과장 2013년 충북 청주흥덕경찰서장 2016년 충북지방경찰청 112종합상황실장 2017년 충남지방경찰청 112종합상황실장 2017년 충북 괴산경찰서장 2019년 중앙경찰학교 교무과장(현)

이동수(李東秀) LEE Dong Soo (불원)

(생)1950 · 7 · 14 (본)진성(眞城) (출)경북 안동 (주)경상북도 안동시 서동문로 203 (사)안동문화원(054-859-0825) (학)1968년 대구공고졸 1972년 영남대 전기공학과 중퇴 1987년 同경영대학원 AMP과정 수료 1999년 경산대 동양철학과졸 2006년 대구한의대 대학원 철학과졸 (경)1977년 한전안동변전소 소장 1984년 한진전설 대표 1991년 안동시의회 의원 1994년 적십자봉사회 후원회장 1995~1998년 경북도의회 의원 1999년 경주문화엑스포 자문위원 2005년 한진이엔씨 대표 2006년 안동상공회의소 회장 2006년 (재)안동축제관광조직위원회 이사장 2010년 경북 안동시장 후보(무소속) 2010~2018년 (사)안동문화원 부원장 2010년 (사)도산서원선비문화수련원 상임이사 2010년 (사)고택소유자협의회 동부회장 2010~2012년 성균관청년유도회 중앙회장 2011년 도산구곡문화연대 공동대표 2018년 (사)안동문화원 원장(현) (상)산업자원부장관표창(2000), 문화관광부장관표창(2001) (저)'자랑스러운 우리역사와 안동'(2011) '도산구곡 예던 길'(2011)

이동수(李東洙)

(생)1971 · 5 · 20 (출)강원 원주 (주)서울특별시 마포구 마포대로 174 서울서부지방검찰청 식품의약조사부(02-3270-4309) (학)1990년 진광고졸 1997년 서울대 경영학과졸 (경)1998년 사법시험 합격(40회) 2001년 사법연수원 수료(30기) 2001년 서울지검 검사 2003년 청주지검 충주지청 검사 2005년 부산지검 동부지청 검사 2007년 수원지검 안산지청 검사 2009년 서울서부지검 검사 2013년 대전지검 검사 2015년 서울중앙지검 부부장검사 2016년 대구지검 영덕지청장 2017년 서울북부지검 형사6부장 2018년 부산지검 형사3부장 2019년 서울서부지검 식품의약조사부장(현)

이동순(李東順 · 女) LEE Dong Soon

(생)1958 · 7 · 5 (출)서울 (주)서울특별시 종로구 대학로 101 서울대병원 진단검사의학과(02-2072-3986) (학)1976년 경기여고졸 1982년 서울대 의대졸 1985년 同대학원 의학석사 1994년 의학박사(서울대) (경)1986~1991년 부천세종병원 임상병리과장 1991~1998년 원자력병원 임상병리과장

1998년 서울대 의대 임상병리학교실 전임강사·조교수 2001년 同의대 검사의학교실 부교수·교수(현) 2002~2004년 同의대 연구부학장보 2010년 대한민국의학한림원 정회원(현) 2016년 서울대의대 진단검사의학교실 주임교수 2016년 서울대병원 진단검사의학과장(현)

이동순(李東珣)

생1962·6·17 주서울특별시 용산구 한강대로 100 (주)아모레퍼시픽 임원실(02-709-5114) 학동아대 산업공학과졸, 同대학원 산업공학과졸 경(주)태평양 대전공장장, (주)아모레퍼시픽 구매팀장, 同매스뷰티사업장 공장장 2008년 同SCM부문 SCP사업부장(상무) 2011년 同SCM부문 뷰티사업장 품질담당 상무 2014~2017년 (주)퍼시픽패키지 대표이사 2017년 (주)아모레퍼시픽 SCM부문 전무(현)

이동식(李東植)

생1971·1·25 출경북 청도 주경기도 수원시 영통구 법조로 105 수원지방법원 총무과(031-210-1101) 학1989년 포항고졸 1999년 연세대 법학과졸 경1998년 사법시험 합격(40회) 2001년 사법연수원 수료(30기) 2001년 대전지법 판사 2002년 대전고법 판사 2003년 대전지법 판사 2004년 수원지법 판사 2007년 서울중앙지법 판사 2010년 서울동부지법 판사 2012년 서울중앙지법 판사 2014년 대법원 재판연구관 2016년 울산지법 부장판사 2019년 수원지법 부장판사(현)

이동신(李東信) LEE Dong Shin

생1967·3·9 출충북 충주 주부산광역시 연제구 연제로 12 부산지방국세청 청장실(051-750-7200) 학울산 학성고졸, 고려대 경제학과졸 경1992년 행정고시 합격(36회) 1994년 서대전세무서 총무과장 1995년 제천세무서 직세과장 1996년 국세청 직세국 소득세과 근무 1998년 양재세무서 부가가치세과장 1999년 국세청 조사국 국제조사과 근무 2005년 서기관 승진 2006년 서울지방국세청 조사1국 조사1과 서기관 2006년 미국 국세청(IRS) 파견 2008년 제주세무서장 2009년 서울지방국세청 국제조사3과장 2009년 국세청 국제조세관리관실 국제세원관리담당관 2010년 同국제조사과장(서기관) 2012년 同국제조사과장(부이사관) 2013년 대전지방국세청 조사1국장 2014년 중부지방국세청 조사2국장(고위공무원) 2015년 同조사1국장 2016년 同조사4국장 2017년 국세청 자산과세국장 2019년 대전지방국세청장 2019년 부산지방국세청장(현)

이동언(李東彦) Dong Un Lee

생1961·7·28 주서울특별시 영등포구 여의대로 24 FKI타워 LG CNS(02-2099-0114) 학영남대 경영학과졸 경2008년 (주)LG화학 상무, 同경리담당 상무 2013년 (주)LG 정도경영TFT 상무 2015년 (주)LG하우시스 최고재무책임자(CFO·상무) 2017년 LG CNS 최고재무책임자(CFO·전무)(현)

이동언(李東彦)

생1976·9·23 출전남 여수 주경기도 과천시 관문로 47 법무부 운영지원과(02-2110-3063) 학1995년 여수고졸 2000년 서울대 정치학과졸 경2000년 사법시험 합격(42회) 2003년 사법연수원 수료(32기) 2003년 軍법무관 2006년 서울남부지검 검사 2008년 광주지검 목포지청 검사 2010년 同순천지청 검사, 서울중앙지검 검사 2016년 대검찰청 검찰연구관 2018년 수원지검 평택지청 형사2부장 2019년 법무부 국제형사과장(부장검사)(현)

이동연(李東淵)

생1961·2·25 출충남 주서울특별시 마포구 월드컵북로60길 17 우리에프아이에스 임원실(02-3151-7000) 학1977년 강경상고졸 2006년 서울디지털대 부동산학과졸 2009년 연세대 행정대학원 정치행정리더십학과졸 경1977년 한일은행 입행 2002년 우리은행 전략기획단 부부장 2007년 同HR운용팀 부장 2007년 同역삼역지점장 2010년 同강남교보타워지점장 2011년 同포스코센터지점장 2014년 同여신업무센터 영업본부장대우 2015년 同연금신탁사업단 상무 2017년 同중소기업그룹 상무 2017~2018년 同중소기업그룹장(부행장) 2019년 우리에프아이에스(FIS) 대표이사 사장(현) 2019년 우리은행 최고정보책임자(CIO) 겸임(현) 상문화관광부장관표창(2004)

이동연(李東連)

생1964·2·28 출전남 강진 주서울특별시 서초구 서초중앙로 157 서울중앙지방법원(02-530-1114) 학1982년 전남 장흥고졸 1986년 서울대 법대 사법학과졸 경1994년 사법시험 합격(36회) 1997년 사법연수원 수료(26기) 1997년 대전지법 판사 2000년 同논산지원 판사 2002년 대전지법 판사 2006년 대전고법 판사 2009년 서울남부지법 판사 2012년 대전지법 부장판사 2014년 수원지법 안산지원 부장판사 2016년 서울동부지법 부장판사 2018년 서울중앙지법 부장판사(현)

이동열(李東烈) LEE Dong Youll

생1960·8·24 주서울특별시 강서구 마곡중앙로 150 에스앤아이코퍼레이션 임원실(02-3773-1114) 학1979년 대구 달성고졸 1984년 고려대 경영학과졸 경1984년 럭키 입사 1996년 LG상사 부장 2003년 LG화학 관리팀 상무 2007년 (주)서브원 경영지원부문장(부사장) 2012년 同MRO사업부장(부사장) 2015년 同MRO사업부장(사장) 2019년 同대표이사 사장 2019년 에스앤아이코퍼레이션 대표이사 사장(현)

이동열(李東烈) LEE Dong Yoel

생1966·7·19 출경기 안양 주서울특별시 서초구 서초대로 254 오퓨런스 7층 710호 이동열법률사무소(02-6408-6861) 학1985년 안양 신성고졸 1989년 연세대 법학과졸 1995년 同대학원 법학과(행정법전공)졸(석사) 2001년 호주 멜버른대 Asian Law Center 방문학자과정 수료 경1990년 사법시험 합격(32회) 1993년 사법연수원 수료(22기) 1993년 군법무관 1996년 서울지검 서부지청 검사 1998년 대구지검 포항지청 검사 2000년 광주지검 검사 2002년 서울지검 검사 2005년 대검찰청 검찰연구관 2007년 대전지검 공주지청장 2008년 대검찰청 첨단범죄수사과장 2009년 同범죄정보1담당관 2010년 서울중앙지검 특수1부장 2011년 서울고검 검사(금융부실책임조사본부 파견) 2012년 법무부 대변인 2013년 서울고검 검사 2013년 대검찰청 검찰연구관 2014년 광주지검 순천지청장 2014년 대전고검 검사 2015년 법무연수원 연구위원(용인분원장) 2016년 서울중앙지검 제3차장검사 2017년 법무연수원 기획부장(검사장급) 2018년 청주지검장 2018~2019년 서울서부지검장 2019년 변호사 개업(현)

이동우(李東雨)

생1960 출충남 홍성 주충청남도 논산시 대학로 17 논산소방서(041-730-0266) 학공주대 경영행정대학원졸 경1986년 충남 공주소방서 근무, 충남 예산소방서 소방행정과장, 충청소방학교 교학과장, 충남도 소방안전본부 소방행정과 근무 2011년 충남 홍성소방서장 2013년 충남 공주소방서장 2015년 충남도 소방본부 화재대책과장 2017년 충남 금산소방서장 2018년 충남 논산소방서장(현) 상녹조근정훈장(2013)

이동우(李東雨) LEE Dong Woo

(생)1960·9·7 (주)서울특별시 강남구 삼성로 156 롯데하이마트(주)(080-770-0070) (학)건국대 경영학과졸, 연세대 경영대학원졸 (경)2007년 롯데백화점 잠실점장·경영지원부문장 2012년 (주)호텔롯데 롯데월드사업본부 대표이사 부사장 2015년 롯데하이마트(주) 대표이사 부사장 2017년 同대표이사 사장(현) (상)철탑산업훈장(2014), 한국경영대상 고객만족경영부문 종합대상(2014), G.W.P코리아 선정 '한국에서 가장 존경받는 CEO'(2016)

이동우(李東雨) LEE Dong Woo

(생)1960·12·8 (출)경남 남해 (주)부산광역시 기장군 기장읍 기장해안로 216 국립수산과학원 기반연구부(051-720-2200) (학)1979년 부산 금성고졸 1984년 부경대 자원생물학과졸 1989년 同대학원 자원생물학과졸 2011년 해양생물학박사(부경대) (경)1985~2000년 국립수산과학원 수산연구사 2000~2010년 同수산연구관 2010~2015년 同자원관리과장 2015년 同기반연구부장(현)

이동우(李東雨) LEE Dong Woo

(생)1969·2·10 (본)경주(慶州) (출)강원 강릉 (주)강원도 춘천시 동내면 세실로 49 강원지방경찰청(033-248-0114) (학)강릉고졸, 경찰대 법학과졸(7기), 강원대 대학원 행정학과졸 (경)강릉경찰서 방순대장, 동해경찰서 경비교통과장, 강원지방경찰청 기획계장, 춘천경찰서 교통사고조사계장, 同조사계장, 삼척경찰서 수사과장, 강원지방경찰청 혁신기획팀장, 평창경찰서 생활안전교통과장, 同경무과장, 홍천경찰서 생활안전과장, 강원지방경찰청 경비교통과장 2013년 同경무과 경무계장 2017년 강원지방경찰청 치안지도관(총경) 2017년 同평창올림픽기획단장 2018년 강원 고성경찰서장 2019년 강원지방경찰청 홍보담당관(현) (상)강원지방경찰청장표창(3회), 내무부장관표창

이동욱(李東昱) LEE Dong Wook

(생)1948·10·15 (출)대구 (주)서울특별시 강남구 강남대로 656 무림그룹 비서실(02-3485-1529) (학)1967년 중동고졸 1971년 연세대 경영학과졸 1995년 서울대 최고경영자과정 수료 (경)1973년 무림제지 입사 1977년 同상무이사 1979년 同전무이사 1980년 同대표이사 1981년 신무림제지 대표이사 1984년 세림제지 대표이사 1989년 同회장 2006년 무림그룹 회장(현) (상)산업포장(1981), 은탑산업훈장(1985), 산업평화의탑 금탑(1996) (종)불교

이동욱(李東旭) Lee Dong Wook

(생)1961·5·20 (본)학성(鶴城) (출)울산 (주)경상북도 포항시 남구 중흥로 93 경북일보(054-289-2222) (학)울산 학성고졸, 동국대 국어국문학과졸 (경)1991년 경북일보 입사 2001년 '작가정신'에 시 발표·등단, 시인(현) 2004년 경북일보 문화부 차장 2006년 同편집부장 2009년 同편집국 부국장 2010년 同편집국장 2013년 同논설실장 2014년 同편집국장 2018년 同논설실장 겸 제작총괄국장(현) (상)신문협회상(2007) (저)'포항의 역사(共)'(2003) '형산강(共)'(2003)

이동욱(李東昱) LEE Dong Wook

(생)1964·7·4 (본)전주(全州) (출)서울 (주)세종특별자치시 한누리대로 402 산업통상자원부 운영지원과(044-203-5061) (학)1983년 여의도고졸 1987년 연세대 경영학과졸 1991년 서울대 대학원 행정학과졸 2006년 프랑스 파리 제11대 경제학 박사과정 수료 (경)1990년 행정고시 합격(34회) 1991년 조달청 사무관 1993년 산업자원부 구주협력과 사무관 1995년 同자동차조선과 사무관 1997년 同아주협력과 사무관 1999년 同장관 비서관 2001년 同전기위원회 경쟁기획과 서기관 2003년 프랑스 파리 OECD사무국 파견 2005년 산업자원부 남북경협총괄지원팀장 2006년 同산업정책본부 투자입지팀장 2007년 同입지총괄팀장 2008년 대통령직속 국가경쟁력강화위원회 파견 2009년 지식경제부 장관비서관 2009년 同성장동력실 성장동력정책과장 2010년 同성장동력실 성장동력정책과장(부이사관) 2012년 대한무역투자진흥공사(KOTRA) 외국인투자지원센터 종합행정지원센터장(고위공무원) 2013년 해외 파견 2014년 국가기술표준원 적합성정책국장 2015~2016년 보건복지부 보건산업정책국장 2017년 산업통상자원부 중견기업정책관 2018년 국외 훈련 2018년 駐제네바대표부 공사참사관(현) (종)기독교

이동욱(李銅郁) LEE Dong Wook

(생)1966·8·12 (출)서울 (주)서울특별시 서초구 서초중앙로 157 서울중앙지방법원(02-530-1114) (학)1985년 한영고졸 1990년 서울대 사법학과졸 1992년 同대학원졸 (경)1994년 사법시험 합격(36회) 1997년 사법연수원 수료(26기) 1997년 부산지법 울산지원 판사, 울산지법 판사 2003년 인천지법 판사 2006년 서울중앙지법 판사 2008년 서울고법 판사 2009년 서울남부지법 판사 2012년 대전지법 천안지원·대전가정법원 천안지원 부장판사 2014년 의정부지법 부장판사 2016년 서울동부지법 부장판사 2018년 서울중앙지법 부장판사(현)

이동욱(李東旭)

(생)1970·7·19 (출)경북 경주 (주)부산광역시 해운대구 재반로112번길 20 부산지방법원 동부지원(051-780-1114) (학)1989년 경주고졸 1993년 고려대 법학과졸 (경)1999년 사법시험 합격(41회) 2002년 사법연수원 수료(31기) 2002년 인천지법 판사 2004년 서울북부지법 판사 2006년 대구지법 의성지원 판사 2009년 서울행정법원 판사 2011년 서울서부지법 판사 2014~2017년 서울중앙지법 판사 2015~2017년 헌법재판소 파견 2017년 창원지법 마산지원 부장판사 2019년 부산지법 동부지원 부장판사(현)

이동욱(李東昱) Dong-Wook Lee

(생)1973·8·24 (본)재령(載寧) (출)인천 (주)경기도 안산시 상록구 항가울로 143 한국생산기술연구원 로봇그룹(031-8040-6312) (학)1996년 중앙대 제어계측공학과졸 1998년 同대학원 제어계측공학과졸 2000년 공학박사(중앙대) (경)2002~2004년 중앙대 정보통신연구원·연구전담교수 2004~2005년 미국 Univ. of Tennessee 방문연구원 2005년 한국생산기술연구원 로봇기술연구본부 선임연구원 2011년 同융복합연구부문 로봇융합연구그룹 수석연구원 2013년 同로봇연구실용화그룹 수석연구원 2015년 同로봇그룹 수석연구원(현) 2015년 同로봇그룹장

이동욱(李東昱) LEE DONG WOOK

(생)1974·7·17 (출)부산 (주)경상남도 창원시 마산회원구 삼호로 63 마산종합운동장 NC 다이노스(1644-9112) (학)부산 동래고졸, 동아대졸 (경)1996년 제26회 애틀랜타올림픽 야구 국가대표팀 1996년 '1997 KBO 신인드래프트' 2차 2라운드에서 롯데 자이언츠에 지명 1997~2003년 프로야구 롯데 자이언츠 소속(내야수) 2003년 현역 은퇴 2004~2005년 프로야구 롯데 자이언츠 2군 수비코치 2006년 同전력분석관 2007~2011년 프로야구 LG 트윈스 2군 수비코치 2012년 프로야구 NC 다이노스 수비코치 2013~2017년 同1군 수비코치 2018년 同잔류군 수비코치 2018년 同감독(2020년까지 계약)(현)

이동원(李東遠) LEE Dong Won

(생)1959·5·3 (출)경북 안동 (주)서울특별시 강남구 영동대로 513 (주)코엑스(02-6000-1001) (학)1978년 대구 대건고졸 1984년 성균관대 정치외교학과졸 1995년 고려대 언론대학원 언론홍보학과 수료 (경)1986년 (주)LG애드 입사 1996~2004년 同뉴욕지사 파견·국장 2005~2013년 同Global본부장(상무) 2009~2010년 서울시 자문위원 2013~2014년 (주)HS애드 Account Service부문장(전무) 2014~2018년 同AS2부문장(전무) 2018년 (주)코엑스(COEX) 대표이사 사장(현) (상)한국광고대회 국무총리표창(2010), 산업포장(2017), 한국마이스관광학회-한국무역전시학회 마이스진흥대상(2019) (종)기독교

이동원(李東源)

(생)1963 (출)경북 김천 (주)경기도 안산시 단원구 화랑로 373 안산단원경찰서(031-8040-0321) (학)서울 경동고졸, 고려대 지리교육학과졸 (경)1991년 경위 임용(경찰 간부후보 39기) 2007년 경기 여주경찰서 정보보안과 근무(경정), 경기 과천경찰서 정보보안과장, 경기지방경찰청 교통계장 2015년 同정보3계장 2016년 충북지방경찰청 경비교통과장(총경) 2016년 충북 영동경찰서장 2017년 경기남부지방경찰청 경비과장 2019년 경기 안산단원경찰서장(현)

이동원(李東遠) LEE Dong Won

(생)1963·2·7 (출)서울 (주)서울특별시 서초구 서초대로 219 대법원 대법관실(02-3480-1100) (학)1982년 경복고졸 1986년 고려대 법대졸 (경)1985년 사법시험 합격(27회) 1988년 사법연수원 수료(17기) 1988년 軍법무관 1991년 서울형사지법 판사 1993년 서울민사지법 판사 1995년 춘천지법 강릉지원 판사 1996년 同삼척시·동해시법원 판사 1997년 同강릉지원 판사 1998년 서울지법 판사 1998년 일본 와세다대 연수 1999년 서울고법 판사 2001년 대법원 재판연구관 2003년 전주지법 부장판사 2004년 대법원 재판연구관(부장판사) 2006년 서울중앙지법 부장판사 2009년 수원지법 평택지원장 2010년 대전고법 부장판사 2012·2016년 서울고법 부장판사 2015년 수원지법 수석부장판사 2018년 제주지법원장 2018년 제주특별자치도 선거관리위원장 2018년 대법원 대법관(현) (종)기독교

이동원(李東原) LEE Dong Won

(생)1964·9·17 (출)전남 광양 (주)서울특별시 중구 퇴계로 190 MBN(매일방송) 사업본부(02-2000-3337) (학)1983년 광주 동신고졸 1988년 전남대 정치외교학과졸 1991년 한국외국어대 대학원 정치외교학과졸 (경)1990년 매일경제신문 입사 1998년 매일경제TV 기자 2000년 同사회생활부 기자 2002년 同사회생활부장 2003년 同정경부장 2006년 同해설위원 2009년 同신규사업추진사무국장 겸임 2011년 同신규사업추진사무국장 겸 기획실장 직대(부국장대우) 2011년 매일방송(MBN) 산업부장 2012년 同보도국 국차장 겸 산업부장(부국장) 2013년 同보도국장 2014년 同보도본부장 2017년 同보도본부장(이사대우) 2018년 同보도본부장(이사) 2019년 同사업본부장 겸 MBN프라퍼티 대표(상무)(현) (저)'부동산 가이드' '리츠시대 돈 버는 부동산'(共)

이동윤(李東潤) LEE Dong Yoon

(생)1966·3·26 (출)부산 (주)부산광역시 남구 문현금융로 40 부산국제금융센터 한국주택금융공사 감사실(051-663-8012) (학)부산진고졸, 서울대 외교학과졸 (경)1993년 부산매일신문 기자, 부산 동래대신학원 강사, 부산학원 강사 겸 기획실장, 한나라당 부산시당 부대변인, 해운대지구발전협의회 이사 2006·2010~2014년 부산시의회 의원(한나라당·새누리당) 2010년 同행정문화위원장 2012~2013년 同기획재경위원회 위원 2012년 同지방분권특별위원회 위원장 2013년 同행정문화위원회 위원 2017년 더불어민주당 문재인 대통령후보 부산시선거대책위원회 대외협력단장 2018년 한국주택금융공사 감사(현)

이동익(李東益) LEE Dong Ik

(생)1956·2·5 (본)여강(驪江) (출)경북 (주)서울특별시 서초구 동광로 102 천주교 서울대교구 방배4동성당(02-3477-1901) (학)1975년 동성고졸 1979년 가톨릭대 신학부졸 1987년 이탈리아 라테라노대 알폰소대학원졸 1990년 윤리신학박사(이탈리아 라테라노대 알폰소대학원) (경)1983~1984년 천주교 서울대교구 청량리천주교회 보좌신부 1991~2006년 가톨릭대 신학대학 신학과 교수 1991년 천주교 출판물검열위원 1992~1994년 가톨릭대 신학대학 전산실장 1995년 천주교 사회교리교재 편찬위원 1998~2000년 가톨릭대 신학대학 출판부장 1999~2015년 교황청 생명학술원 회원 2001~2018년 한국천주교주교회의 생명윤리위원회 총무 2003~2004년 가톨릭대 신학대학 도서관장 겸 전산실장 2005년 同사목연구소장 2006~2013년 同의과대학 인문사회의학과 교수 2007년 同생명대학원장 2007년 국가인권위원회 정책자문위원(현) 2009~2012년 가톨릭대 가톨릭중앙의료원장 2009~2012년 CMC생명존중기금 공동후원회장 2013~2015년 국민대통합위원회 자문위원 2013~2018년 천주교 서울대교구 공항동성당 주임신부 2015년 대통령소속 국가생명윤리심의위원회 위원(현) 2015년 천주교 서울대교구청 생명윤리자문위원회 부위원장(현) 2018년 천주교 서울대교구 방배4동성당 주임신부(현) (상)문화관광부 우수학술도서 선정(2004) (저)'생명의 관리자 : 의학윤리를 위한 몇 가지 주제들'(1994) '교회와 사회'(1994) '가톨릭사회교리 I·II'(1995) '식탁의 기도'(1997) '인간, 교회의 길'(1998) '생명의 위기'(2001) '멍에는 사라지고'(2001) '실천윤리신학'(2003) '기초윤리신학'(2003) '생명공학과 가톨릭윤리'(2004) '생명, 인간의 도구인가?'(2004) '의학윤리지침서'(2008) '국가생명윤리심의위원회의 효과적 운영방안'(2008) '가톨릭 의료기관 임상연구자를 위한 생명윤리'(2009) '자녀출산조절에 대한 천주교 신자 부부들의 지식, 태도 및 실천 상태 조사연구'(2010) 등 (역)'성 토마스 아퀴나스의 신학대전요약'(1994) '인간생명, 가장 놀라운 신비'(1995) '이혼자에게 출구는 없는가?'(1999) '아픈 이 곁에서'(2003) '아픈이에게 도움을'(2003) '의료윤리'(2005) '토마스 아퀴나스와 가톨릭의 생명이해'(2007) '메타생명윤리와 생명의학 : 원인과 응용의 조합'(2008) '생명과 죽음'(2010) 등 (종)천주교

이동익(李東益) LEE DONG IK

(생)1958·6·19 (학)1981년 고려대 경제학과졸 1987년 미국 조지워싱턴대 대학원 경영정보시스템학과졸 1991년 同대학원 경영학과졸 (경)1987~1997년 세계은행산하 국제금융공사 Market Analyst 1997~2001년 삼성생명보험 해외투자팀장 2001~2006년 스틱인베스트먼트 투자본부장 2006~2008년 Key Partners 파트너 2008년 한국투자공사(KIC) 대체운용실장 2012~2013년 同투자운용본부장(CIO) 2014년 同고문 2016년 아시아인프라투자은행(AIIB) 민간투자자문관 2017년 同민간투자국장(현)

이동일(李東一) LEE Dong Il

(생)1953·11·23 (본)영천(永川) (출)전북 전주 (주)서울특별시 영등포구 선유로45길 3 대한약품공업(주) 사장실(02-2678-3911) (학)2003년 고려대 보건대학원 보건학졸 (경)1999년 제일제당 CJ제약사업본부 대표 2004년 한일약품공업(주) 대표이사 2009년 대한약품공업(주) 사장(현)

이동재(李東載) LEE Dong Jae

(생)1948 · 11 · 7 (출)전북 남원 (주)서울특별시 용산구 청파로 56 알파(주) 임원실(02-3788-6101) (학)전주상고졸 1996년 중앙대 경영대학원 수료 (경)1971년 알파문구 개업 · 대표 1987년 알파유통 대표, 남원장학재단 이사 2003년 (사)한국문구인연합회 회장 2006년 연필장학재단 이사장(현) 2009년 알파(주) 대표이사 회장(현) 2010~2014년 (사)한국문구인연합회 이사장 2015~2019년 한국문구공업협동조합 이사장 2019년 同명예이사장(현) (상)대통령표창(2006), 지식경제부장관표창(2011), 매일경제 선정 '대한민국 글로벌 리더'(2014 · 2015)

이동재(李東宰) Lee Dong Jae

(생)1963 · 11 · 12 (출)대구 (주)부산광역시 영도구 해양로 367 한국해양수산연수원(051-620-5701) (학)1982년 경신고졸 1989년 서울대 경제학과졸 1992년 同행정대학원 행정학과졸 2001년 미국 보스턴대 대학원 경영학과졸 (경)2002년 재정경제부 국민생활국 물가정책과 서기관, 스위스 유엔무역개발회의(UNCTAD) 파견 2007년 재정경제부 경제협력국 통상조정과장 2008년 기획재정부 대외경제국 통상조정과장 2009년 同재정정책국 성과관리과장 2010년 同예산실 지식경제예산과장 2011년 同국고국 국고과장(부이사관) 2012~2013년 국가경쟁력강화위원회 경쟁력기획관 2013년 해양수산부 기획조정실 정책기획관 2015년 同세월호배상및보상지원단장 2016년 국립외교원 교육훈련(고위공무원) 2017~2018년 국립해양조사원 원장 2019년 한국해양수산연수원 원장(현) (상)대통령표창(2002)

이동주(李東柱) Lee, Dong-Joo

(생)1969 · 11 · 26 (본)성주(星州) (출)경북 선산 (주)서울특별시 영등포구 국제금융로 10 LG하우시스 임원실(02-6930-1570) (학)1988년 대구고졸 1994년 성균관대 경영학과졸 (경)1994년 LG화학 EP사업부 근무 1997년 同홍보팀 근무(과장) 2006~2009년 同업무팀 근무(차장) 2009년 LG하우시스 업무홍보팀장(부장) 2016년 同대외협력담당 부장 2019년 同홍보 · 대외협력담당 상무(현)

이동준(李東俊) RHEE Dong Joon

(생)1940 · 12 · 15 (출)인천 강화 (주)서울특별시 중구 남대문로 63 한진빌딩 본관 1207호 코리아골프 앤 아트빌리지 비서실(02-753-2251) (학)경동고졸, 건국대 영어영문학과졸, 연세대 경영대학원졸 (경)1986년 코리아골프 앤 아트빌리지(기흥관광개발 및 뉴경기관광) 회장(현), 한 · 칠레경제협력위원회 위원, 서울상공회의소 수출입업위원회 부위원장, 유성 대표이사 사장 2005~2007년 경동고총동창회 회장 2008년 연세대 경영전문대학원총동창회 회장 2010년 고언회 회장(현) (상)동탑산업훈장, 철탑산업훈장, 대통령표창, 올해의 자랑스런 경동인(2009), 국제지역학회 글로벌경영대상(2010)

이동진(李東鎭) LEE Dong Jin

(생)1945 · 10 · 1 (본)전주(全州) (출)전남 진도 (주)전라남도 진도군 진도읍 철마길 25 진도군청 군수실(061-540-3233) (학)1963년 광주고졸 1972년 서울대 법학과졸 2001년 단국대 대학원 부동산경영학과졸 2006년 행정학박사(단국대) (경)1975년 한국토지공사 입사 1991년 同제주지사장 1991년 同특별기획단장 1993년 同특별사업처장 · 국외사업처장 1995년 同해외사업실장 1996년 同중국지사장 1998년 同서울지사장 1999년 同단지본부장(상임이사) 2001~2003년 한국토지신탁 사장 2006년 전남 진도군수선거 출마(무소속) 2006~2009년 전남개발공사 사장 2010년 전남 진도군수(민주당 · 민주통합당 · 민주당 · 새정치민주연합) 2014~2018년 전남 진도군수(새정치민주연합 · 더불어민주당) 2018년 전남 진도군수(더불어민주당)(현) (상)대한민국CEO리더십대상 정도경영부문(2015), 올해의 공감경영대상 지자체부문 대상(2016), 대한민국문화예술스타대상 문화발전공로대상(2017), DBS동아방송대상 광주 · 전남을 빛낸 인물 우수자치단체장부문(2017), 동아일보 주관 한국지방자치경영대상 투자확대부문(2017), 제32회 예총예술문화상 특별공로상(2019)

이동진(李東秦) LEE Dong Jin

(생)1960 · 9 · 8 (본)전주(全州) (출)전북 정읍 (주)서울특별시 도봉구 마들로 656 도봉구청 구청장실(02-2091-2000) (학)1979년 전주고졸 1995년 고려대 문과대학 영어영문학과졸 2001년 서울시립대 도시과학대학원 도시행정학 수료 (경)1990~1992년 전국민족민주운동연합 사회부장 1994~1995년 통일시대민주주의국민회의 부대변인, 통일시대국민정치모임 조직국장 1998~2002년 서울시의회 의원(국민회의 · 민주당), 한반도경제발전전략연구재단 운영이사 2003~2004년 국회의원 김근태 보좌관 2004~2005년 남서울대 겸임교수 2010년 민주당 부대변인 2010년 서울시 도봉구청장(민주당 · 민주통합당 · 민주당 · 새정치민주연합) 2012~2013년 동북4구발전협의회 의장 2014년 서울시 도봉구청장(새정치민주연합 · 더불어민주당) 2014~2017년 서울시구청장협의회 부회장 2016년 목민관클럽 상임공동대표 2017년 한국열린사이버대 뷰티건강디자인학과 석좌교수 2018년 서울시 도봉구청장(더불어민주당)(현) 2018년 유니세프 아동친화도시지방정부협의회 회장(현) 2018년 혁신교육지방정부협의회 회장(현) (상)한국국제연합봉사단 세종대왕나눔봉사대상(2015), 대한민국 공공정책대상 자치경영부문 우수상(2019) (저)'참여로 투명하게 복지로 행복하게'(2013, 방패연) (종)천주교

이동철(李東哲) Dong Cheol Lee

(생)1961 · 10 · 4 (주)서울특별시 종로구 새문안로3길 30 대우빌딩 KB국민카드 임원실(02-6936-2000) (학)1980년 제주제일고졸 1985년 고려대 법학과졸 1999년 미국 툴레인대 로스쿨졸(LL.M. · 국제법률) (경)1990년 KB국민은행 입행 2002년 미국 Simpson Thacher & Bartlett 근무 2004년 KB국민은행 뉴욕지점장 2006년 同전략기획부장 2007년 同지주회사설립 사무국장 2008 · 2010년 KB금융지주 전략기획부장 2009년 KB국민은행 태평동지점장 2010년 KB금융지주 경영관리부장 2012년 同전략기획부장(상무) 2015년 KB생명보험 경영기획본부 부사장 2015년 KB금융지주 전략기획부 · 시너지추진부 · 재무기획부 · 보험유닛 · IR부 총괄전무 2016년 KB증권 기타비상무이사 2017년 KB금융지주 전략총괄담당 부사장(CSO) 2018년 KB국민카드 대표이사 사장(현) 2019년 (주)KB금융지주 개인고객부문장 겸임(현)

이동탁(李東倬) LEE Dong Tak

(생)1963 · 4 · 5 (본)진성(眞城) (출)경북 안동 (주)세종특별자치시 다솜로 261 국무조정실 제주특별자치도지원단(044-200-2254) (학)1981년 안동고졸 1988년 안동대 행정학과졸 2012년 연세대 행정대학원졸 (경)2002년 국무총리실 정무업무담당비서관실 서기관 2003년 同정무비서관실 행정관 2008년 同의전관실 행사행정관 2010년 同의전관실 행사의전행정관(부이사관) 2011년 同사회통합정책실 고용정책과장 2012년 同규제개혁실 사회규제관리관(고위공무원) 2013년 고용휴직(고위공무원) 2014년 국무조정실 제주특별자치도정책관 · 제주특별자치도지원단 부단장(현)

이동필(李桐弼) LEE Dong Phil

(생)1955 · 8 · 29 (본)경주(慶州) (출)경북 의성 (주)경상북도 안동시 풍천면 도청대로 455 경상북도청(054-880-3430) (학)1974년 대건고졸 1978년 영남대 축산경영학과졸 1981년 서울대 대학원 경제학과졸 1991년 농업경제학박사(미국 미주리대) (경)1980~1997년 한국농촌경제연구원 책임연구원 · 부연구위원 1996년 UN ESCAP CGPRT센터 기술자문위원 1997~2000년 한국관광농업학회 총무이사 1997~2003년 한국농촌경제연구원 연구위원 1998~1999년 국무조정실 파견 2000~2004년 농협중앙회 사외이사 2000년 한국농촌경제연구원 지식정보센터장 2001년 (주)농협고려인삼 이사 2002~2003년 한국농촌경제연구원 기획조정실장 2003년 同선임연구위원 2004년 농림수산식품부 규제심사위원장 2005년 미국 미주리대 객원연구원 2006년 농어촌농어업발전특별위원회 산업소위원장 2006년 농림수산식품부 규제심사위원장 2008년 대통령직속 지역발전위원회 전문위원 2008년 한국농촌경제연구원 농촌발전연구센터장 2009~2010년 同농업농촌정책연구본부장 2011~2013년 同원장 2013~2016년 농림축산식품부 장관 2017년 2017금산세계인삼엑스포 조직위원장 2019년 경북도 농업정책과 농촌살리기정책자문관(5급)(현) (상)국민포장(1999), 국민훈장 동백장(2011), 자랑스러운 영남대인상(2016) (저)'80년대 농정의 기본방향(共)'(1980) '2000년대를 향한 농촌정주생활권개발기본구상(共)'(1982) '농공지구개발의 기본방향과 정책과제(共)'(1984) '농촌공업의 규모, 성격 및 성장분석'(1987) '인삼산업의 중장기 발전방향에 관한 연구(共)'(1992) '애그리비지니스 발전을 위한 농업관련정보산업의 육성'(1994) '국내재배 한약재의 수급전망과 유통체계 개선방향(共)'(1998) '농산물전자상거래 실태와 활성화방안에 관한 연구(共)'(2000) '농업, 가축 및 농용시설의 개념과 범위에 관한 규정정비방안'(2001) '도농간 소득 및 발전격차의 실태와 원인분석(共)'(2004) '중국의 인삼산업실태에 관한 연구'(2006) (역)'폴란드 농업문제와 전망'(1981)

이동학(李東學) Lee Dong Hak

(생)1961 · 10 · 5 (본)진성(眞城) (출)경북 봉화 (주)광주광역시 동구 금남로 196 금광기업(주) 임원실(062-239-8100) (학)1980년 서울 서라벌고졸 1988년 한양대 토목공학과졸 2002년 한국해양대 대학원 토목공학과 수료 (경)1987~2007년 금호산업(주) 근무 2007~2015년 同토목사업담당 상무 2015~2017년 同토목플랜트본부장(전무), 한국터널공학회 이사, 한국암반공학회 이사 2018년 금호건설(주) 토목플랜트사업본부장(부사장) 2019년 금광기업(주) 사장(현) (상)건설교통부장관표창(2007), 동탑산업훈장(2012) (종)기독교

이동한(李東翰) LEE Dong Han

(생)1959 · 3 · 20 (출)부산 (주)서울특별시 마포구 상암산로 34 (주)조선뉴스프레스(02-724-6875) (학)1977년 양정고졸 1981년 서울대 정치학과졸 1984년 同대학원 정치학과졸 (경)1986년 조선일보 기자 1996년 同사건팀장 1999년 同경제과학부 기자 2000년 同경제과학부 차장대우 2001년 同사회부 차장대우 2002년 同독자서비스센터 차장대우 2003년 同편집국 사회부 차장대우 2005년 同전국뉴스부장 직대 2006년 同전국뉴스부장 2009년 同사회부장 2011년 同논설위원, 同총무국장 2018년 (주)조선뉴스프레스 대표이사 사장(현)

이동한(李東翰) LEE DONG HAN

(생)1965 · 7 · 30 (본)전주(全州) (출)충남 연기 (주)대전광역시 유성구 대학로 211 유성구청 부구청장실(042-611-2020) (학)1984년 남대전고졸 1991년 고려대 경영학과졸 2012년 스웨덴 룬드대 대학원졸 (경)1991~1993년 (주)유공 근무 1998~2003년 대전 유성구 지방행정사무관 2003~2006년 대전시 지방행정사무관 2006~2009년 국민권익위원회 지방서기관 2009~2010년 행정안전부 파견 2010~2011년 대전시 경제정책과장 2012~2014년 국무조정실 파견 2015~2016년 대전시 국제협력담당관 2016~2017년 세종연구소 교육파견 2017년 대전시 환경녹지국장(지방부이사관) 2017년 同감사관 2019년 同건설관리본부장 2019년 대전 유성구 부구청장(현) (상)홍조근정훈장(2019)

이동혁(李東革) Lee Donghyeok

(생)1965 · 8 · 4 (본)예안(禮安) (출)경북 안동 (주)서울특별시 종로구 세종대로 209 행정안전부 차세대지방세입정보화추진단(02-2100-4191) (학)1983년 경주고졸 1992년 경북대 행정학과졸 2014년 서울시립대 도시과학대학원 수료 (경)1994년 행정고시 합격(38회) 1998년 대구시 국제협력과 사무관 2002년 同기계공업과 사무관 2002년 同과학기술진흥실 사무관 2005년 同문화산업과장(서기관) 2005년 同테크노폴리스추진단장 2006년 同산업입지과장 2008년 同경제정책과장 2008년 미국 미주리대 직무훈련 2010년 대구시 예산담당관 2011년 행정안전부 지역일자리단장 2013년 안전행정부 세입정보관리단장 2014년 同지방세정책과장 2014년 행정자치부 지방세정책과장(서기관) 2015년 同지방세정책과장(부이사관) 2016년 세종특별자치시 기획조정실장(고위공무원) 2017년 영국 교육훈련 파견(고위공무원) 2018년 부마민주항쟁보상지원단 파견(고위공무원) 2019년 행정안전부 지방재정경제실 차세대지방세입정보화추진단장(현)

이동현(李東炫) Lee Dong Hyeon

(생)1950 · 12 · 24 (주)전라남도 무안군 삼향읍 오룡길 1 전라남도의회(061-286-8200) (학)순천제일대학 경영세무과졸 (경)새마을문고 전남도지부장, 전남 보성군생활체육회 회장, 더불어민주당 전남도당 상임고문(현) 2018년 전남도의회 의원(더불어민주당)(현), 同의회운영위원회 위원 겸 농수산위원회 위원(현), 同윤리특별위원회 위원장(현)

이동현(李東炫) LEE Dong Hyun

(생)1958 · 10 · 20 (출)서울 (주)경기도 안양시 동안구 시민대로 267 아크로팰리스 (사)남북함께살기운동(031-381-0236) (학)1989년 정치학박사(건국대) (경)1990년 교육부 국사편찬위원회 연구위원 1994~2001년 중앙일보 통일문화연구소 전문기자 2002~2005년 同통일문화연구소 북한팀 전문위원 2004~2005년 건국대 겸임교수 2005~2006년 (주)오마이뉴스 대북사업담당 부사장 2005년 (사)남북함께살기운동 대표(현), 새벽별교회 담임목사(현) (상)특종상, 특별기획상 (저)'한국신탁통치연구' '이슈로 본 한국현대사' '실록 박정희' '다시 쓰는 한국현대사' 등

이동현(李東炫) LEE Dong Hyun

(생)1960 · 4 · 27 (본)경주(慶州) (출)대구 (주)서울특별시 중구 정동길 3 경향신문 임원실(02-3701-1010) (학)1979년 대륜고졸 1984년 경희대 국어국문학과졸 1987년 同대학원 신문방송학과졸 (경)1993년 경향신문 편집부 입사 1999년 同편집국 편집부 기자 2000년 同편집1부 차장 2005년 同편집1부 부장대우 2006년 同종합편집장 2008년 同광고마케팅국장 2008년 同특집기획부장 2009년 同광고국장 2014년 同광고국장(상무보) 2015년 同대표이사 사장(현) 2015년 헌법재판소 자문위원회 자문위원(현) 2016년 한국신문협회 이사(현) 2016년 한국신문윤리위원회 윤리위원(현) 2017년 한국장학재단 홍보자문위원(현) 2018년 한국디지털뉴스협회 감사(현) 2018년 디지털저널리즘복원특별위원회 위원(현) (상)경희언론인상(2016)

이동현(李東炫)

(생)1977·8·4 (주)경기도 수원시 팔달구 효원로 1 경기도의회(031-8008-7000) (학)단국대 행정학과졸 (경)경기도지사인수위원회 농정·건설분과 간사위원(전문위원), 조정식 국회의원 비서관 2017년 대통령직속 국정기획자문위원회 국토정책전문보좌역 2018년 경기도의회 의원(더불어민주당)(현) 2018년 同의회운영위원회 위원(현) 2018년 同안전행정위원회 위원(현) 2019년 同예산결산특별위원회 부위원장(현)

이동현(李東炫)

(생)1991·10·17 (주)서울특별시 중구 세종대로 125 서울특별시의회(02-3702-1400) (학)가톨릭대 행정학과졸 (경)2017년 더불어민주당 제19대 문재인 대통령후보 조직특보, 同서울시당 지역경제발전특별위원회 위원장 2018년 서울시의회 의원(더불어민주당)(현) 2018년 同운영위원회 위원(현) 2018년 同행정자치위원회 위원(현) 2018년 同청년 특별위원회 위원장 2019년 同독도수호특별위원회 위원(현)

이동호(李同浩) LEE Tong Ho (仁山)

(생)1937·6·9 (본)인천(仁川) (출)충북 영동 (주)서울특별시 영등포구 여의나루로 27 사학연금회관 9층 RG자산운용(02-6670-1800) (학)1956년 대전고졸 1961년 고려대 법과대학 행정학과졸 1975년 연세대 경영대학원졸 1981년 영국 케임브리지대 대학원 수료 1987년 서울대 행정대학원 수료 1987년 경영학박사(명지대) 1994년 미국 하버드대 대학원 최고경영자과정 수료 (경)1962년 재무부 근무 1970~1976년 同법무과장·증권과장·이재1과장·보험과장 1976년 同증권보험국장 1979년 同재정금융심의관 1980년 同재산관리국장 1981년 同국고국장 1983년 민정당 정책조정실 전문위원 1986년 재무부 제1차관보 1987년 행정고시 시험위원 1988년 관세청장 1988년 재무부 차관 1990년 한국산업은행 총재 1990년 충북도지사 1992년 내무부 장관 1992년 한국산업은행 고문 1993년 명지대 정보산업대학원 교수 1994년 금강지역정보센터 이사장 1995~1996년 영동대 교수 1996년 신한국당 보은·옥천·영동지구당 위원장 1996년 同정책평가위원장 1996~1999년 전국은행연합회 회장 1996년 저축추진중앙위원회 회장 1997년 금융개혁위원 1998년 민주평통 상임위원 1998년 제2의건국범국민추진위원회 위원 1999~2009년 한국자유총연맹 부총재 2000년 가락종친회 고문 2001~2008년 민주평통 충북도 부의장 2004년 꽃동네현도사회복지대 총장 2010~2015년 한국승강기안전기술원 비상임이사 2011~2016년 RG에너지자원자산운용 회장 2012년 금융소비자뉴스 회장 2014년 한국자유총연맹 고문 2017년 RG자산운용 명예회장(현) (상)대통령표창(1972·1981), 홍조근정훈장(1972), 청조근정훈장(1992), 자랑스런 가톨릭실업인 대상(1999), 자랑스런 대능인상(2006), 자랑스런 충북인상(2007), 가락종친회 금장(2010) (저)'국가경제와 지역발전'(1993) '국가경제와 지방자치단체의 역할'(1993) '지역경제발전과 지역금융기관의 역할'(1994) (종)천주교

이동호(李東昊) Lee Dong Ho

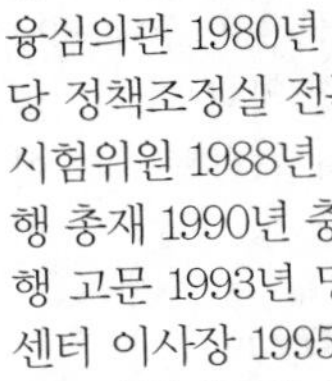

(생)1953·4·3 (출)부산 (주)서울특별시 송파구 올림픽로43길 88 울산대학교 의과대학 교학행정국(02-3010-4207) (학)1971년 경남고졸 1979년 서울대 의대졸 1988년 同대학원 의학석사 1992년 의학박사(서울대) 2006년 고려대 경영대학원졸(MBA) (경)1987년 한양대 의대 마취과학교실 교수 1993년 미국 예일대 교환교수 2001년 한국글락소스미스클라인 학술부문 부사장 2004년 (주)삼양사 의약사업본부장·연구소장·부사장 2007·2014~2018년 울산대 의대 마취통증의학교실 교수 2007년 서울아산병원 임상연구센터 소장 2008년 국가임상시험사업단 부단장 2011~2014년 (재)범부처신약개발사업단 단장 2016년 한미약품 사외이사(현) 2018년 한국제약바이오협회 인공지능신약개발지원센터추진단장(현) 2018년 울산대 의대 마취통증의학교실 명예교수(현)

이동호(李東浩) LEE Dong Ho

(생)1954·11·8 (출)전남 완도 (주)서울특별시 종로구 사직로8길 39 세양빌딩 김앤장법률사무소(02-3703-1683) (학)1974년 광주제일고졸 1983년 중앙대 법학과졸 1996년 국방대학원 수료 (경)1983년 사법시험 합격(25회) 1985년 사법연수원 수료(15기) 1986년 대구지검 검사 1988년 광주지검 목포지청 검사 1990·1997년 광주지검 검사 1992년 서울지검 서부지청 검사 1994년 수원지검 성남지청 검사 1997년 同부부장검사 1998년 대통령비서실 파견 2000년 대검찰청 검찰연구관 2001년 서울지검 의정부지청 형사5부장 2002년 대검찰청 범죄정보1담당관 2003년 서울지검 남부지청 형사3부장 2004년 서울중앙지검 형사3부장 2005년 법무부 감찰담당관 2006년 부산지검 2차장검사 2007년 광주지검 순천지청장 2008년 서울고검 검사 2008년 김앤장법률사무소 변호사(현) 2009~2017년 법무부 형사소송법개정특별분과위원회 위원 2009~2015년 同규제심사위원회 위원장 2013~2016년 남해화학(주) 사외이사

이동호(李同昊) Lee Dong Ho

(생)1956·4·25 (출)전남 (주)서울특별시 강남구 압구정로 201 현대백화점그룹 부회장실(02-3416-5290) (학)광주제일고졸 1979년 조선대 경영학과졸 (경)(주)현대백화점 경영지원실 경영기획팀장 2003년 同이사대우 2004년 同기획조정본부 기획담당 겸 관리본부 재경담당 이사 2005년 同기획담당 상무 2005년 同기획조정본부 상무, (주)디씨씨 비상근이사 2006년 (주)호텔현대 대표이사 상무 2007년 (주)현대그린푸드 비상근이사(현) 2008년 (주)호텔현대 대표이사 전무 2008~2009년 (주)현대백화점 기획조정본부 부본부장(전무) 2009년 (주)HCN 비상근이사 2009년 한무쇼핑(주) 비상근이사 2009년 (주)현대백화점 기획조정본부 부본부장(부사장) 2010년 同기획조정본부장(부사장) 2011~2016년 同기획조정본부장(사장) 2012~2018년 (주)한섬 비상근이사 2013~2017년 (주)현대리바트 이사 2014년 한무쇼핑(주) 대표이사(현) 2016년 현대백화점그룹 부회장(현)

이동호(李東浩) Lee Dong-Ho (대원)

(생)1960·3·8 (본)전의(全義) (출)경남 의령 (주)부산광역시 연제구 중앙대로 1001 부산광역시의회(051-888-8245) (학)1986년 부산대 상과대학 경영학과졸 2002년 同경영대학원 경영학과졸(MBA) (경)부산외국어대 경영학과 겸임교수, 시장경영진흥원 상인대학 교수, 부산대 MBA석사과정 학생회장, 부산대MBA총동문회 수석부회장 2014~2018년 부산시 북구의회 의원(새정치민주연합·더불어민주당) 2014~2018년 同운영위원장, 더불어민주당 부산시의원협의회 수석부회장 2018년 부산시의회 의원(더불어민주당)(현) 2018년 同해양교통위원회·민생경제특별위원회·윤리특별위원회 위원(현) 2018년 부산광역시산하공공기관장후보자인사검증특별위원회 위원 (상)LG그룹(유통) 최우수사원상(1992)

이동환(李東桓) LEE, DONG-HWAN

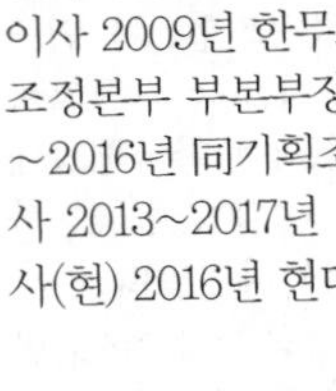

(생)1964·5·26 (주)인천광역시 부평구 부평북로 141 (주)SIMPAC 프레스사업부문(032-510-0120) (학)1983년 대구 능인고졸 1991년 영남대 경영학과졸 (경)1991년 (주)SIMPAC 입사 2008년 同국내영업본부장(이사대우) 2009년 同국내영업본부장(이사) 2011년 同영업본부장(상무이사) 2015~2016년 同영업부문장(전무이사) 2017년 同영업부문장(부사장) 2018년 同프레스사업부문장(사장) 2018년 同프레스사업부문 경영총괄 사장(현)

이동훈(李東燻) LEE Dong Hoon

(생)1959·8·14 (출)경북 경산 (주)충청남도 아산시 탕정면 삼성로 181 삼성디스플레이(주)(041-535-1114) (학)1978년 우신고졸 1985년 고려대 영어영문학과졸 (경)1985년 삼성그룹 입사 1985년 삼성SDI CPT판매팀 부장 2002년 同상무보 2005년 同Digital Display영업본부 CPT판매팀장(상무) 2006~2008년 同브라운관본부 마케팅팀장(상무) 2009년 삼성모바일디스플레이 전략마케팅실장(전무) 2011년 同전략마케팅실장(부사장) 2013년 삼성디스플레이(주) 전략마케팅실장(부사장) 2013년 同사내이사(현) 2015년 同OLED사업부장(부사장) 2017년 同대표이사 사장(현) 2018년 한국디스플레이산업협회 회장(현)

이동훈(李東勳) Lee Donghoon

(생)1963·1·23 (출)경남 창원 (주)경상남도 창원시 성산구 창원대로 790 창원세관(055-210-7600) (학)1981년 부산 동아고졸 1983년 국립세무대학 관세학과졸, 한국방송통신대 법학과졸 1994년 경희대 경영대학원 세무관리학과졸(석사) (경)1983~2007년 관세청 장승포세관·부산세관·창원세관·마산세관·김포세관 등 근무 2008년 同자유무역협정이행과 사무관 2010년 창원세관 통관지원과장 2011년 부산세관 통관지원1과장 2014년 同심사총괄과장 2016년 同수출입기업지원센터장 2017년 동해세관장 2019년 창원세관장(현)

이동훈(李東勳) Lee Dong Hoon

(생)1968·7·21 (출)대구 (주)서울특별시 강남구 테헤란로92길 7 법무법인 바른(02-3479-2670) (학)1987년 서울 청량고졸 1992년 고려대 법대졸 (경)1991년 사법시험 합격(33회) 1994년 사법연수원 수료(23기) 1994년 軍법무관 1997년 대전지법 판사 2000년 同홍성지원 판사 2001년 수원지법 판사 2004년 서울중앙지법 판사 2005년 미국 미시간대 연수 2006년 서울고법 판사 2007년 대법원 재판연구관 2009년 부산지법 부장판사 2011년 수원지법 부장판사 2014~2018년 법무법인 바른 구성원변호사 2019년 법무법인(유) 바른 대표변호사(현)

이동훈(李東勳) Lee Dong Hoon

(생)1971·3·31 (본)재령(載寧) (출)서울 (주)서울특별시 종로구 청와대로 1 대통령 국정기획상황실(02-770-0011) (학)1990년 구정고졸 1996년 서울대 경제학과졸 1999년 同대학원 경제학과 수료 (경)2001~2008년 금융감독위원회 감독정책과·은행감독과·기획과 사무관 2008~2009년 금융위원회 금융정책과 사무관 2009~2010년 국무총리비서실 수행과장 2010년 금융위원회 금융정책과 서기관 2011년 同비서팀장 2012년 同금융제도팀장 2013년 同금융시장분석과장 2015년 同보험과장 2016년 同기업구조개선과장 2017년 대통령 국정기획상황실 행정관(현)

이동훈(李東勳) Lee Dong-hoon

(생)1998·2·4 (출)전북 전주 (주)서울특별시 성동구 마장로 210 한국기원 홍보팀(02-3407-3870) (경)2009년 대한생명배 어린이국수전 최강부 우승 2011년 프로 입단 2011년 제1회 KC&A배 신인왕전 준우승 2013년 2단 승단 2013년 동아팜텍배 신인왕전 준우승 2013년 제4회 인천실내&무도아시안게임 바둑남자개인전 동메달·남자단체 금메달 2014년 3단 승단 2014년 제42기 하이원리조트배 명인전 준우승 2014년 4단 승단 2015년 제33기 KBS바둑왕전 우승 2015년 5단 승단 2015년 리민(利民)배 세계신예최강전 준우승 2016년 6단 승단 2016년 제1회 엘리트마인드게임스 바둑부문 남자단체전 우승 2016년 제21기 GS칼텍스배 우승 2016년 8단 승단 2017년 9단 승단(현) (상)한국바둑리그 신인왕(2012)

이동휘(李東輝) LEE Dong Hee

(생)1956·4·15 (본)전주(全州) (출)제주 (주)서울특별시 서초구 서초대로74길 14 삼성물산(주)(02-2145-3481) (학)1975년 제주제일고졸 1979년 성균관대 무역학과졸 1998년 고려대 경영대학원졸 2014년 경영학박사(순천향대) (경)1981년 삼성물산 입사 1998년 同경영지원실 재무팀장(이사) 2001년 同경영지원실 재무팀장(상무) 2005년 同전략기획실 재무팀장(전무) 2009~2011년 同경영기획실장 겸 CFO(부사장) 2011~2014년 삼성BP화학(주) 대표이사 사장 2015년 삼성물산(주) 상담역(사장) 2017년 同고문(사장)(현) (상)자랑스러운 성균경영인상(2012), 동탑산업훈장(2014) (종)기독교

이동흡(李東洽) LEE Dong Heub

(생)1951·1·27 (본)고성(固城) (출)대구 (주)서울특별시 서초구 효령로 304 국제전자센터 10층 법무법인 우면(02-3465-2200) (학)1968년 경북고졸 1972년 서울대 법대졸 1977년 同대학원 법학과졸 1986년 미국 조지타운대 대학원 법학과졸 (경)1973년 사법시험 합격(15회) 1975년 사법연수원 수료(5기) 1976년 육군 법무관 1978년 부산지법 판사 1981년 同마산지원 판사 1983년 同판사 1985년 서울지법 동부지원 판사 1986년 서울고법 판사 1989년 대법원 재판연구관 1991년 대구지법 부장판사 1992년 헌법재판소 헌법연구부장 1993년 사법연수원 교수 1995년 인천지법 부천지원장 1997년 서울지법 부장판사 1998년 대전고법 부장판사 2000년 수원지법 수석부장판사 2000년 서울고법 부장판사 2005년 同수석부장판사 2005년 서울가정법원장 2005년 수원지법원장 2006~2012년 헌법재판소 재판관 2010~2011년 아시아헌법재판소연합준비위원회 위원장 2015~2017년 법무법인 우면 대표변호사 2017년 '박근혜 대통령 탄핵소추안' 심판대리인 2017년 법무법인 우면 고문변호사(현) (상)청조근정훈장(2012) (저)'주석 행정소송법'(共) '주석 민사소송법'(共) '세계로 나아가는 한국의 헌법재판 I'(2011, 박영사) '헌법소송법'(2015, 박영사) '세계로 나아가는 한국의 헌법재판 II'(2015, 박영사) (종)불교

이동희(李東熙)

(생)1964 (출)전북 정읍 (주)충청북도 청주시 흥덕구 오송읍 오송생명2로 187 오송보건의료행정타운 식품의약품안전평가원(043-719-4114) (학)1981년 전북 경성고졸 1989년 우석대 약학과졸 1991년 同대학원 약학과졸 2006년 약학박사(우석대) (경)1991년 보건사회부 약정국 7급 경력직 채용 2001~2007년 식품의약품안전청 의약품안전국 의약품안전과·의약품본부 의약품안전정책팀·통상협상지원T/F팀 근무(약무사무관) 2007~2014년 同의약품안전국 의약품관리총괄과장·의약품안전국 의약품정책과장(기술서기관) 2014년 식품의약품안전처 의약품정책과장(부이사관) 2016년 국방대 안보과정교육 파견 2017년 식품의약품안전처 바이오생약국장(고위공무원) 2018년 同기획조정관 2019년 식품의약품안전평가원 원장(현)

이두봉(李枓奉) LEE Du Bong

(생)1964·12·2 (출)강원 양양 (주)서울특별시 서초구 반포대로 157 대검찰청 과학수사부(02-535-9484) (학)1983년 강릉고졸 1991년 서울대 공법학과졸 1999년 同대학원 법학과졸 (경)1993년 사법시험 합격(35회) 1996년 사법연수원 수료(25기) 1996년 창원지검 검사 1998년 대전지검 공주지청 검사 1999년 서울지검 의정부지청 검사 2001년 서울지검 검사 2003년 부산지검 검사 2005년 대검찰청 연구관 2008년 서울북부지검 검사 2009년 서울중앙지검 부부장검사 2009년 대전지검 천안지청 형사2부장 2010년 대구지검 상주지청장 2011년 대검찰청 디엔에이수사담당관 2012년 同중앙수사부 첨단범죄수사과장 2013년

대구지검 부장검사 2013년 대검찰청 특별수사체계개편추진T/F 파견 2013년 同수사지휘과장 2014년 서울중앙지검 형사2부장 2015년 청주지검 부장검사 2016년 수원지검 성남지청 차장검사 2017년 서울고검 검사 2017년 대검찰청 부패범죄특별수사단장 겸임 2018년 서울중앙지검 제4차장검사 2018년 同제1차장검사 2019년 대검찰청 과학수사부장(검사장급)(현)

이두식

(생)1959 (출)경기 파주 (주)세종특별자치시 연동면 명학산단남로 62 이텍산업(주)(044-715-7201) (학)홍익대 영어영문학과졸, 충남대 평화안보대학원 최고위정책과정 수료 (경)1994~2018년 이텍산업(주) 설립·대표이사 2008년 중소기업융합대전세종충남연합회 부회장 2008년 대전충남경영자총협회 부회장 2012년 대전지검 범죄피해자지원센터 이사장 2012년 대전상공회의소 부회장 2012년 대전지방국세청 세정자문위원 2013년 정부조달우수제품협회 회장 2015년 사회복지공동모금회 아너소사이어티(1억원 이상 고액기부자클럽) 가입 2018년 이텍산업(주) 회장(현) 2018년 세종상공회의소 초대 회장(현) (상)산업포장(2006), 조달청장표창(2008), 지식경제부장관표창(2012), 500만불 수출탑(2013), 대통령표창(2013), 고용노동부장관표창(2014), 산업통상자원부장관표창(2014), 1천만불수출탑(2015), 동탑산업훈장(2015), (사)한국인사관리학회 경영자대상(2016), 기획재정부장관표창(2017)

이두식(李斗植) LEE Doo Sik

(생)1962·12·8 (출)충남 당진 (주)서울특별시 종로구 종로3길 17 디타워 23층 법무법인 세종(02-316-4045) (학)1981년 천안고졸 1988년 단국대 법학과졸 (경)1989년 사법시험 합격(31회) 1992년 사법연수원 수료(21기) 1992년 서울지검 검사 1994년 대전지검 강경지청 검사 1995년 인천지검 부천지청 검사 1997년 부산지검 검사 1999년 법무부 법무심의관실 검사 2001년 서울지검 남부지청 검사 2003년 대전지검 검사 2004년 同부부장검사 2005년 수원지검 여주지청 부장검사 2006년 광주지검 장흥지청장 2007년 법무부 법무심의관실 검사 2008년 同상사법무과장 2009년 서울중앙지검 마약·조직범죄수사부장 2009년 법무연수원 교수 2010년 법무부 법질서담당관 2011년 대검찰청 연구관 2011년 同형사정책단장 2012년 同수사기획관 2013년 울산지검 차장검사 2014년 광주지검 차장검사 2015년 서울고검 형사부장 2016년 법무법인 세종 파트너변호사(현)

이두아(李枓娥·女) LEE Doo Ah

(생)1971·1·17 (출)경북 의성 (주)서울특별시 영등포구 버드나루로 73 우성빌딩 자유한국당(02-6288-0200) (학)1989년 대구 경화여고졸 1994년 서울대 법학과졸, 同대학원 법학과졸 (경)1993년 사법시험 합격(35회) 1996년 사법연수원 수료(25기) 1996년 변호사 개업 2001년 법무법인 광장 변호사 2005년 법무법인 성지 변호사 2005년 시민과함께하는변호사들 총괄간사 2005년 북한인권국제대회 집행위원 2005년 변호사 개업 2007~2010년 북한민주화네트워크 이사 2007년 법무법인 서울 변호사 2007년 한나라당 이명박대선후보 인권특보 2008년 제18대 국회의원 선거출마(비례대표 23번, 한나라당) 2008~2010년 법무법인 비전인터내셔널 변호사 2009년 제18대 국회의원(비례대표 승계, 한나라당·새누리당) 2010~2012년 국회 법제사법위원회 위원 2010~2012년 국회 정보위원회 위원 2010~2012년 국회 사법제도개혁특위 위원 2011년 한나라당 원내대변인 2012년 새누리당 원내부대표 2012년 법무법인 비전인터내셔널 변호사 2013년 법무법인 로월드 변호사 2015~2018년 법무법인 비전인터내셔널 변호사 2019년 자유한국당 신정치혁신특별위원회 위원(현)

이두영(李斗榮) LEE Doo Young

(생)1951·5·23 (출)경기 이천 (주)충청북도 청주시 서원구 사운로 59-1 청주방송 회장실(043-279-3909) (학)1970년 경남종합고졸 1981년 카자흐스탄 알마아타국립대 수료 1991년 충북대 경영대학원 최고경영자과정 수료 1996년 명예 경영학박사(카자흐스탄 알마아타국립대) 1997년 고려대 언론대학원 최고위과정 수료 (경)1986년 (주)두진종합공영 회장 1987~2000년 (주)두진 대표이사 1991~1997년 충북도배구협회 회장 1993~1998년 민주평통 자문위원 1994~1998년 한국자유총연맹 충북도지회장 1995년 두진문화재단 이사장(현) 1997~1998년 청주기독교문화원 이사장 1997년 (주)청주방송 대표이사 회장(현) 1998년 청주지법 조정위원(현), (주)두진 회장(현) 2001~2013년 충북안전생활실천시민연합 공동대표 2003~2004년 충북대 경영대학원 최고위과정 총동문회장 2006~2010년 충북도 선거관리위원회 위원 2006~2013년 청주지검 범죄피해자지원센터 이사장 2010~2017년 육군 제2작전사령부 안보자문위원 2012~2013년 청주상공회의소 제21대 부회장 2012~2014년 청주지법 시민사법참여위원장 2018년 청주상공회의소 제23대 회장(현) 2018년 대한상공회의소 부회장(현) (상)국무총리표창(1995), 대통령표창(1998), 법무부장관표창, 보건복지부장관표창, 문화체육관광부장관표창 (종)기독교

이두영(李斗英) LEE DOO YOUNG

(생)1967·1·10 (주)충청북도 청주시 서원구 모충로 25번길 22 충북경제사회연구원(043-277-7801) (학)1985년 청주공고졸 2005년 미국 미시간주립대 국제전문인과정 수료 2009년 경희사이버대 NGO학과졸(행정학과 복수전공) 2011년 충북대 대학원 환경도시공학과 수료 (경)1984~1987년 삼성전자(주) 생산기술연구소 근무 1989~1993년 한국야금(주) 생산기술연구소 근무 1993~2014년 청주경제정의실천연합 상근활동(사무처장 14년) 1998~2001년 청주시인력관리센터 사무국장 겸 충북지역실업극복시민사회단체협의회 사무국장 2002~2004년 충북시민사회단체연대회의 상임집행위원장 2002~2004년 대청호살리기운동 정책실장(現 대청호보전운동본부) 2002~2011년 지방분권국민운동 전국및충북본부 집행위원장 2002~2012년 수도권과밀반대 전국연대및충북협의회 공동집행위원장 2002~2012년 분권·균형발전전국회의 공동집행위원장 2002~2012년 과학벨트 사수 민·관·정 충북공동대책위원회 상임집행위원장 2003~2005년 대통령직속 신행정수도건설추진위원회 자문위원 2003~2007년 대통령직속 국가균형발전위원회 자문위원·전문위원 2003~2008년 신행정수도·행정도시 원안사수 충북및충청권대책위 집행위원장 2005~2017년 충북노사정포럼 운영위원 2008년 세종특별자치시정상추진 충청권대책위원회 운영위원장(현) 2011년 국제과학비즈니스벨트 조성 충청권추진협의회 위원 2012~2014년 청원·청주통합시민협의회 사무국장 2012~2014년 청원·청주통합공동추진위원회 위원 2012~2014년 사회적기업활성화충북네트워크 운영위원장 2012년 균형발전지방분권 충북본부 공동대표 겸 집행위원장(현) 2013~2014년 충북지역경제살리기네트워크 운영위원장 2014년 (사)충북경제사회연구원 원장(현) 2014년 충청북도균형발전위원회 위원장(현) 2015~2016년 녹색청주협의회 상임위원 겸 갈등조정단장 2015~2016년 전국시도지사협의회 지방분권특별위원회 위원, 청주지법 시민사법참여위원회 위원 2015년 지방분권개헌국민행동 공동의장(현) 2015년 문장대온천개발저지대책위원회 운영위원장(현) 2016년 청주시도시재생선도지역사업추진협의회 위원(현) 2017년 녹색청주협의회 농업농촌위원회 위원장(현) 2017년 충청북도국토균형발전및지방분권촉진협의회 집행위원장(현) 2017년 충청북도국토균형발전및지방분권촉진센터 센터장(현) 2017년 지방분권전국연대 공동대표 겸 균형발전특별위원장(현), 대전고검 청주지부 항고심사위원회 위원(현), 충북지방경찰청 시민감찰위원회 위원(현) 2018년 대통령직속 정책기획위원회 국민헌법자문특별위원 2018년 청주로컬푸드네트워크 공동대표(현) 2018년 대통령직속 국가균형발전위원회 국민소통특위 부위

원장(현) 2019년 연합뉴스 충북취재본부 콘텐츠자문위원(현) (상)환경부장관표창(2001), 충북시민사회단체연대회의 동범상(2007), 대통령표창(2007), 충청북도지사 감사패(2012), 충청북도지사 공로패(2012), 충북도의회 의장 공로패(2012), 세종특별자치시 4호 명예시민증(2012), (사)이재민사랑본부 공로패(2013), 청주문화원 운초문화상(2013), 국민포장(2015), 2015충북환경대상(2015), 충북 기자 100명이 선정한 '충북의 리더 30인'에 공동10위로 선정(2015), 녹색청주협의회 공로패(2016) (저)'21세기 한국 지방자치의 비전을 말한다(共)'(2002) '유권자가 제안하는 지방자치 100대 개혁의제(共)'(2002)

이두원(李斗遠) LEE Doo Won (令巖)

(생)1964 · 12 · 10 (본)한산(韓山) (출)서울 (주)서울특별시 서대문구 연세로 50 연세대학교 상경대학 경제학과(02-2123-2489) (학)1983년 한성고졸 1987년 연세대 경영학과졸 1988년 미국 노스웨스턴대 대학원 경제학과졸 1991년 경제학박사(미국 노스웨스턴대) (경)1991 · 2002~2003년 미국 캘리포니아대 샌디에이고교 객원교수 1994~2006년 연세대 경제학과 조교수 · 부교수 1997~2005년 한국비교경제학회 편집위원 2000~2004년 아 · 태경제학회 사무국장 · 운영이사 2003~2005년 연세대 리더십센터 국제부장 2003~2004년 동북아시아대위원회 자문위원 2003~2005년 한국개발연구원 경제전문가모니터위원 2004년 감사원 재정금융감사국 자문위원 2004~2006년 연세대 경제대학원 부원장 2004~2006년 한국경제학회 Korea Economic Review 편집위원회 국제경제분야 간사위원 2004년 전국경제인연합회 차이나포럼 경제산업분과위원 2005년 한국동북아지식인연대 상임집행위원 2006년 연세대 상경대학 경제학부 교수(현) 2006년 중앙일보 중앙시평 고정필진 2006년 한국동북아경제학회 감사 · 편집위원 2006년 대외경제정책연구원 동북아센터 연구자문위원 2007년 연세대 언더우드국제대학 부학장 2008년 한국주택금융공사 비상임이사 2012 · 2014년 연세대 대외협력처 부처장 2014~2017년 同미래교육원장 2016~2017년 한국경제발전학회 회장 2017~2018년 한국동북아경제학회 회장 2018년 연세대 국제처장(현) (저)'이행경제의 체제전환-유럽 · 아시아 그리고 북한'(1997) '한중경제발전 비교'(1999) '동북아 경제에서의 세계화와 지역주의'(2005)

이두원(李斗元) Lee, Doo-won

(생)1974 · 5 · 12 (주)대전광역시 서구 청사로 189 통계청 경제동향통계심의관실 물가동향과(042-481-2530) (학)서령고졸, 중앙대 영어영문학과졸 (경)2014~2015년 통계청 행정자료관리과장 2015년 同행정통계과장 2015~2017년 同빅데이터통계과장 2017~2019년 국외훈련 2019년 통계청 경제동향통계심의관실 물가동향과장(현)

이두익(李斗益) LEE Doo Ik

(생)1948 · 10 · 10 (출)서울 (주)인천광역시 옹진군 백령면 백령로 233 인천광역시의료원 백령병원 원장실(032-836-1731) (학)경희대 의대졸, 同대학원졸 1982년 의학박사(경희대) (경)1981~2008년 경희대 의대 마취과 교수 1988~1993년 同의대 교학과장 1993~1996년 同의료원 기획관리실장 1998~2008년 同의료원 통증치료실장 2000~2004년 대한통증학회 부회장 2002~2004년 대한체열진단학회 회장 2002~2003년 경희대 의대부속병원 수술부장 2003~2005년 同의대부속병원 마취통증의학과 과장 · 주임교수 2003~2005년 대한통증연구학회 신경병증통증연구회 회장 2005~2007년 同회장 2005년 同신경병증통증연구회 위원장 · 자문위원 2008년 인하대병원 의료원장 2008~2014년 인하대 의대 마취통증의학과 교수 2008년 대한병원협회 의무위원장 2009년 인천시병원회 회장 2014년 인하대 의대 마취통증의학과 명예교수(현) 2014년 인천광역시의료원 백령병원장(현) (상)홍조근정훈장(2010) (종)천주교

이두정(李斗渟) LEE Doo Jeong

(생)1931 · 9 · 27 (출)경남 삼천포 (주)경기도 구리시 검배로 10 (주)남양저축은행 회장실(031-566-3300) (학)덕수상고졸, 고려대 행정학과졸 (경)조흥은행 영업부장 1983~2002년 남양상호신용금고 대표이사 사장 2002년 (주)남양상호저축은행 대표이사 사장 2010년 (주)남양저축은행 대표이사 사장 2017년 同회장(현)

이두헌(李頭櫶) LEE DOO HEUN

(생)1960 · 11 · 2 (본)전주(全州) (출)전남 목포 (주)광주광역시 북구 제봉로 322 전남매일 임원실(062-720-1006) (학)1979년 목포고졸 1983년 전북대졸 1996년 전남대 행정대학원졸 (경)1991년 전남매일 입사 1997년 同사회교육팀 차장 2000년 同부장대우 지역사회팀장 2000~2001년 광주전남기자협회 전남매일 지회장 2003년 전남매일 사회부장 겸 제2사회부장 2004년 同편집국 정치경제부장 2007년 同편집부국장 겸 사회부장 2008년 同편집국장 2015년 同상무이사 2016년 同편집국장 겸임 2018년 同동부권취재본부장(전무이사) 2019년 同주필 겸 월간국장(전무이사) 2019년 同주필(전무이사)(현) (상)광주 · 전남기자협회 올해의 기자상(1996)

이두형(李斗炯) LEE Doo Hyoung

(생)1959 · 7 · 12 (본)경주(慶州) (출)전남 광양 (주)서울특별시 서초구 법원로3길 22 영인빌딩 4층 법무법인 휴텍(02-592-3399) (학)1977년 순천고졸 1982년 고려대 법학과졸 1993년 미국 위스콘신대 대학원 법학과졸 1995년 법학박사(미국 위스콘신대) (경)1984년 사법시험 합격(26회) 1987년 사법연수원 수료(16기) 1987년 특허청 상표심사관 1988년 영업비밀보호연구회 간사 1995년 미국 뉴욕주 변호사시험 합격 1998년 통상산업부 무역위원회 서기관 1999년 특허청 기업예산담당관, 충남대 법대 겸임교수 2000년 특허법원 판사 2003년 대전고법 판사 2005년 광주지법 부장판사 2007년 수원지법 부장판사 2009년 서울중앙지법 부장판사 2012년 서울동부지법 부장판사 2014~2016년 서울북부지법 부장판사 2016년 법무법인 휴텍 대표변호사(현) 2016~2018년 특허청 고문변호사 (상)근정포장(1997)

이두희(李斗熙) Doo-Hee LEE

(생)1957 (출)경북 (주)서울특별시 성북구 안암로 145 고려대학교 경영대학 경영학과(02-3290-1931) (학)1982년 고려대 경영학과졸 1983년 미국 위스콘신대(River Falls) 경영학과졸 1985년 미국 위스콘신대(Madison) 대학원 경영학과졸(MBA) 1990년 경영학박사(미국 미시간주립대) (경)1986~1990년 미국 미시간주립대 강사 1990~1999년 고려대 경영대학 경영학과 조교수 · 부교수 1993년 한국마케팅학회 상임이사 1996~1997년 건설교통부 자문위원 1997~1999년 공정거래위원회 자문위원 1999년 고려대 경영대학 경영학과 교수(현) 2001~2002년 同마케팅연구센터 소장 2001~2002년 한국소비문화학회 회장 2002~2003년 고려대 기업경영연구원장 2003~2006년 同대외협력처장 2005~2006년 한국광고학회 회장 2006년 아시아태평양국제교육협회(APAIE) 창설 · 회장(제1 · 2 · 3대), 同명예회장(현) 2006~2008년 고려대 국제교육원장 2008년 세계국제교육기구연맹(NIEA) 상임이사 2009년 우리금융지주 사외이사 2009년 아시아태평양리더스(APL) 창설 · 이사장(현), 한국경영학회 부회장, 한국마케팅학회 부회장, 중국 인민대학 명예교수(현), 중국 길림대학 객좌교수(현), 한 · 중밀레니엄포럼 공동위원장, 미국광고학회 공동학술대회 공동위원장, 한국유선방송광고 심의위원, 한국광고자율심의기구 감사 2009년 대통령직속 국가브랜드위원회 기획분과위원장, 한러대화(KRD) 차세대분과 위원장 2011~2012년 한국마케팅학회 회

장 2013~2014년 고려대 경영대학장 2013~2014년 同경영전문대학원장 2014~2015년 (사)한국경영대학·대학원협의회 이사장, 정과재능나눔 회장(현) 2018년 한국경영학회 회장 (상)한국상품학회 우수논문상, 한국능률협회 인터넷대상, 한국소비문화학회 최우수논문상(2010), 한국경제마케팅대상, 동아일보 한국의 최고경영인상 글로벌인재부문 대상(2013) (저)'한국의 마케팅 사례 : 마케팅 전략과 광고' '한국의 마케팅 사례Ⅱ' '한국의 마케팅 사례Ⅲ' '광고론 : 통합적 광고' '통합적 인터넷 마케팅' 'e-마케팅(중국정부인정 대학교재)' '인터넷 마케팅' '사례로 짚어보는 인터넷 마케팅' 'Frontier@Internet Marketing' (역)'광고핸드북' '자기노출'

이득로(李得魯) LEE Deug Lo

(생)1957·8·28 (출)전북 정읍 (주)서울특별시 종로구 세종대로23길 47 미도파광화문빌딩 4층 404호 (사)대한손해사정법인협회(02-707-3977) (학)1977년 익산 남성고졸 1986년 건국대 수학교육과졸 2002년 연세대 경제대학원졸 (경)1997년 손해보험협회 의료연수팀장 2000년 同자동차보상팀장 2003년 同자동차보장사업팀장 2004년 손해보험협회 자동차보험부장 2007년 건설교통부 자동차보험진료수가 심의위원(현) 2007~2015년 공정거래위원회 CCMS평가심사위원 2007~2015년 사회복지공동모금회 사랑의열매 자문위원 2007~2015년 손해보험협회 자동차보험본부장(상무) 2008~2015년 태평양전쟁희생자지원위원회 위원 2008~2015년 금융감독원 금융분쟁조정위원 2008~2015년 국무조정실 교통안전정책자문위원 2012년 한국손해사정학회 감사(현) 2015~2018년 보험연수원 부원장 2015년 리스크학회 이사(현) 2015년 한국보험법학회 이사(현) 2015년 한국보험학회 상임이사(현) 2015년 안전생활실천시민연합 안전정책연구소 고문(현) 2019년 (사)대한손해사정법인협회 회장(현) (상)한·미연합사령관표창(1980), 재정경제부장관표창(2001), 경찰청 감사장(2003), 건설교통부장관표창(2004) (저)'자동차보험 손해사정이론'(1994) '외상의학(編)'(1998) (종)기독교

이득홍(李得洪) LEE Deuk Hong

(생)1962·7·7 (출)대구 (주)서울특별시 서초구 서초대로 250 스타갤러리브릿지 11층 법무법인 담박(淡泊)(02-548-4301) (학)1981년 관악고졸 1985년 고려대 법학과졸 (경)1984년 사법시험 합격(26회) 1987년 사법연수원 수료(16기) 1987년 서울지검 검사 1989년 부산지검 울산지청 검사 1991년 수원지검 검사 1993년 부산지검 검사 1995년 대전지검 검사 1997년 서울지검 검사 1999년 대구지검 부부장검사 1999년 대구고검 검사 2000년 창원지검 진주지청 부장검사 2001년 대구지검 강력부장 2002년 同특수부장 2003년 대검찰청 감찰2과장 2004년 서울중앙지검 컴퓨터수사부장 2005년 同첨단범죄수사부장 2005년 수원지검 특수부장 2006년 대전지검 서산지청장 2007년 대검찰청 과학수사기획관 2008년 서울북부지검 차장검사 2009년 법무연수원 기획부장(검사장급) 2009년 제주지검장 2010년 서울고검 차장검사 2011년 서울북부지검장 2012년 부산지검장 2013년 대구고검장 2013년 법무연수원장 2015년 부산고검장 2015년 서울고검장 2016년 법률사무소 담박(淡泊) 변호사 2017년 법무법인 담박(淡泊) 대표변호사(현)

이란우(李蘭雨)

(생)1962·7·30 (본)전주(全州) (출)전북 장수 (주)전라북도 전주시 덕진구 건지로 20 전북대병원 상임감사실(063-250-2002) (학)전주대 경영학과졸 (경)전북일보 기자, 새전북신문 기자 2001~2004년 서울 동작구청장 비서실장 2005~2006년 전북도 공보관 2006년 전북도의원선거 출마(무소속) 2015~2018년 서울 동작구시설관리공단 상임이사·이사장 2018년 전북대병원 상임감사(현) (저)'그래서 난 가끔 별을 본다'(2013, 북랩) '빵터지는 건배사'(2017, 오래)

이래운(李來橒) LEE Rae Woon

(생)1959·12·25 (출)전북 김제 (학)서울 중앙고졸, 고려대 정치외교학과졸 2014년 동국대 언론정보대학원 언론학과졸, 서울대 자연과학대학 최고전략과정(SPARC) 수료, 연세대 언론홍보대학원 최고위과정 수료 (경)1999년 연합뉴스 사회부 차장대우 2000년 서울지방노동청 자문위원 2000년 연합뉴스 사회부 차장 2001년 同정치부 차장 2002년 同정치부 부장대우 2003년 同지방부 부장대우 2004년 同뉴욕지사장(부장대우) 2005년 同뉴욕지사장(부장) 2006년 同정치부장 2008년 同편집국 정치분야 에디터(부국장대우) 2009년 관훈클럽 감사 2009년 연합뉴스 편집국 경제분야 에디터 2010년 同편집국 정치분야 에디터 2011년 同편집국장 2012년 연합뉴스TV(뉴스Y) 보도국장 2013~2014년 국회방송자문위원회 부위원장 2013~2015년 연합뉴스TV 보도본부장 겸 상무이사 2015~2018년 을지대 초빙교수 2015년 고려대 일민국제관계연구원 연구위원 (상)한국참언론인대상 국제부문(2009), 장한 고대언론인상(2012) (종)기독교

이련주(李鍊周) LEE, Ryun Joo

(생)1966·11·30 (출)서울 (주)세종특별자치시 다솜로 261 국무조정실 규제조정실(044-200-2390) (학)1984년 경성고졸 1988년 서울대 외교학과졸 2008년 同행정대학원 정책학과졸 (경)1988년 행정고시 합격(32회) 1990~1993년 경기도청 근무 1993~2000년 국무조정실 경제행정조정관실 근무 2000~2001년 同국회과장 2005년 同정책공보과장·기획총괄과장 2010년 同개발협력정책관(국장) 2012년 同일반행정정책관 2013년 국무총리 의전비서관 2014년 국무조정실 경제조정실장 2015년 同국정운영실장 2016~2017년 대통령 국정과제비서관 2017년 국무조정실 규제조정실장(현) (상)근정포장(2000)

이리형(李利衡) LEE Li Hyung (靑南)

(생)1941·10·21 (본)여주(驪州) (출)경기 부천 (주)서울특별시 성동구 왕십리로 222 한양대학교 공과대학 건축공학부(02-2220-4379) (학)1960년 중동고졸 1964년 한양대 건축학과졸 1970년 일본 도쿄대 대학원 건축학과졸 1974년 공학박사(일본 도쿄대) (경)1975년 미국 캘리포니아대 버클리교 연구원 1977년 한양대 건축공학과 부교수 1978년 대한주택공사 자문위원 1980~2006년 한양대 건축공학부 교수 1981~1982년 과학기술처 정책자문위원 1982~1997년 대한건축학회 이사·부회장 1983년 감사원 정책자문위원 1984년 일본 東京大 교환교수 1988년 서울시 건축심의위원·기술심의위원 1990~1998년 한국전산구조공학회 감사·부회장·회장 1990~2002년 한국콘크리트학회 이사·부회장·회장 1994~1998년 한국건설기술연구원 이사 1994~1999년 한양대 대외부총장 1994~2003년 한국과학재단 지정 초대형구조시스템연구센터 소장 1996년 한국공학한림원 창립 정회원·명예회원(현) 1998년 한국공학기술학회 부회장 1998년 대한상사중재원 중재인(현) 1998~2007년 한국과학기술단체총연합회 이사·부회장 2001년 한국공학기술학회 감사 2001년 전국우수연구센터소장협의회 회장 2002년 미국 콘크리트학회(ACI) Fellow(현) 2002년 한국철도학회 부회장 2002년 헝가리공학원 명예회원(현) 2004년 한양대 대학원장 2004~2006년 同부총장 2004~2006년 同사회봉사단장 2004년 한국과학기술한림원 정회원·명예회원(현) 2004~2006년 한국건축연합회(FIKA) 공동대표 2004~2006년 대한건축학회 회장 2004~2006년 한국공학기술단체중앙회 부회장 2005년 전국대학부총장협의회 회장 2005년 문화재청 문화재위원 2006~2010년 한국면진제진협회 회장 2006~2010년 청운대 총장 2007년 한양대 공과대학 건축공학부 명예교수(현) 2008년 일본건축학회 H.Fellow(현) 2009~2010년 전국산업대학교총장협의회 회장 2009~2010년 한국대학교육협의회 이사 2009~2010년 대전·충남지역총장협의회 회장 2010~2014년 한국건설생활환경시험연구원(KCL) 이사장

2011년 청운대 명예총장(현) 2011~2012년 (주)마이다스아이티 부회장 2012년 LH공사 청라시티타워자문위원회 위원장 2013년 청일엔지니어링(주) 기술고문 (상)대한건축학회 학술상(1995), 국민훈장 동백장(1997), 미국 콘크리트학회 학술공로상(1997), 과학기술훈장 혁신장(2006), 대한민국글로벌경영인대상(2007), 올해의 건축문화인상(2007), 자랑스러운 한양공대인상(2008), 토목건축기술대상 건설인부문 대상(2009), 자랑스러운 중동인상(2010), 대한건축학회 대상(2012), 자랑스러운 동경대인상(2016) (저)'구조계획' '구조역학' 'R.C구조' '건설안전구조학' '최신 콘크리트공학' '건축시공' (역)'고층건물의 구조' 'MATRIX구조해석법' '강구조' 등 (작)'63빌딩' '국제방송센터' '국제그룹 본사사옥' '올림픽조형물' '기업은행 본점' '대전월드컵경기장' '영종도 KAL HANGAR 구조설계' (종)천주교

이만규(李萬圭) LEE Man Gyu

(생)1954 · 11 · 11 (주)대구광역시 중구 공평로 88 대구광역시의회(053-803-5041) (학)2008년 영남대 경영학과졸, 同경영대학원 경영학과졸 (경)보임광고 대표, 한나라당 대구시중 · 남구지구당 중앙위원, 한국옥외광고협회 대구시지부장, 대구시중구통합방위협의회 간사, (주)에스디광고 대표이사 2006~2010년 대구시 중구의회 의원(한나라당) 2010년 대구시 중구의원선거 출마(미래연합) 2014~2018년 대구시 중구의회 의원(새누리당 · 자유한국당) 2014 · 2016~2018년 同의장, 대한노인회중구지회 자문위원 2018년 대구시의회 의원(자유한국당)(현) 2018년 同운영위원장(현) (상)제8회 지방의정봉사대상(2016)

이만기(李萬基) LEE MAN KI (如山)

(생)1961 · 11 · 22 (본)전주(全州) (출)인천 (주)서울특별시 서초구 고무래로 6-6 선경빌딩 4층 (주)유웨이중앙교육 교육평가연구소(02-2102-2411) (학)1979년 송도고졸 1986년 인하대졸 1992년 同대학원 국어교육과졸 2016년 연세대 언론홍보대학원 FCC과정 수료 (경)1986~2002년 인천 문일여고 교사 2002~2005년 메가스터디 강사 · 평가연구소장 2005년 (주)유웨이중앙교육 교육평가연구소장 겸 상무이사(현) 2007년 경민대 아동독서지도과 외래교수 (상)인천시교육감표창(1990), 교육부장관표창(1996) (저)'한국의 대표설화'(1994, 빛샘출판사) '2017 대학입시 로드맵'(2013, 경향에듀) '두고 보는 수능 국어 절대 어휘'(2018, 동아일보) (종)가톨릭

이만기(李萬基) LEE Man Gi

(생)1963 · 7 · 30 (출)경남 의령 (주)경상남도 김해시 인제로 197 인제대학교 문리과대학 스포츠헬스케어학과(055-320-3173) (학)1981년 마산 용마고졸 1986년 경남대 사범대학 체육교육과졸 1988년 同대학원 체육학과졸 2001년 이학박사(중앙대) (경)1984~1991년 씨름선수 1990년 울산대 강사 1991년 인제대 자연과학대학 사회체육학과 전임강사 1991~1995년 同씨름단 감독 1991년 한국방송공사(KBS) 씨름 해설위원 1995년 인제대 자연과학대학 사회체육학과 교수, 同문리과대학 스포츠헬스케어학과 교수(현) 1996년 한국씨름연맹 이사 1998년 제2의건국범국민추진위원회 위원 2000년 김해시 사회복지관후원회 회장 2003년 인제대 체육부장 2003년 열린우리당 중앙위원 2003년 同체육진흥특별위원장 2004년 제17대 국회의원선거 출마(마산 합포, 열린우리당) 2010~2011년 경남문화재단 대표이사 2010년 김해시생활체육회 회장 2010년 전국체육대회 명예홍보대사 2012년 경남사랑의열매 홍보대사 2013~2014년 인제대 평생교육원장 2013년 대장경세계문화축전조직위원회 명예홍보대사 2016년 제20대 국회의원선거 출마(경남 김해시乙, 새누리당) 2016년 경상남도배드민턴협회 초대 회장(현) 2016년 새누리당 경남도당 혁신위원회 부위원장 2017년 同경남도당 대변인 2017년 자유한국당 김해시乙당원협의회 위원장 (상)천하장사 10회, 백두장사 18회, 한라장사 7회(1984~1990), 경남도문화상 체육부문(2009) (저)'씨름'(2002, 대원사)

이만득(李萬得) YI Man Deuk

(생)1956 · 4 · 21 (출)서울 (주)서울특별시 영등포구 국제금융로6길 42 (주)삼천리(02-368-3256) (학)동성고졸 1981년 고려대 경영학과졸 1985년 미국 International Univ. 경영대학원졸 2006년 서울과학종합대학원 CEO과정 수료 2008년 명예 경영학박사(서울과학종합대학원) (경)1986년 삼천리열처리(주) 이사 1987년 (주)삼천리 상무이사 1990년 삼천리기술투자(주) 대표이사 1991년 (주)삼천리 부사장 1992년 삼천리그룹 부회장 1993~2016년 (주)삼천리 회장 2008~2016년 한국도시가스협회 회장 2015~2018년 서울상공회의소 부회장 2016년 (주)삼천리 명예회장(현) (상)석탑산업훈장(1994), 철탑산업훈장(2001), 금탑산업훈장(2009), 자랑스런 한국인대상 에너지산업부문(2009), 매경이코노미 선정 올해의 CEO(2012) (종)기독교

이만방(李萬芳) YI Man Bang (彦杰 · 地山)

(생)1945 · 12 · 1 (출)경남 거창 (주)서울특별시 용산구 청파로47길 100 숙명여자대학교 음악대학 작곡과(02-710-9532) (학)1963년 거창고졸 1968년 연세대 음대 작곡과졸 1976년 同대학원 작곡과졸 1984년 서독 프라이부르크국립음대 대학원 작곡과졸 (경)1976~1978년 서울예전 · 연세대 · 청주여자사범대 강사 1979~1981년 프라이부르크 · 취리히 · 다름슈타트에서 '악' · '기타삼중주' · 'Flumen' 初演 1983년 숙명여대 전임강사 1983년 대한민국음악제서 관현악곡 '무당' 初演 1985~1994년 숙명여대 음대 조교수 · 부교수 1986년 서독국제음악제 입상 1987년 홍콩국제음악제 입상 1991년 스위스 취리히 ISCM국제음악제 입상 1994년 숙명여대 음악대학 작곡과 교수 · 명예교수(현) 1995년까지 각종 국제음악제 20여회 출연 1997년 '작곡가의 초상' 공연 2000~2002년 숙명여대 음악대학장 2005년 (사)한국작곡가협회 이사장 2009년 同명예이사장(현) (상)공간대상(음악부문), 알프레도카셀라 국제콩쿠르 입상(실내관현악부문), 국제현대음악가협회 콩쿠르입상, 대한민국작곡상 최우수상, 보관문화훈장(2008), 서울시 문화상 서양음악부문(2013) (역)'악기론(2~7권)' (작)'樂' '회상' '무당' '고백' '관현악을 위한 산조' 'Flute Solo를 위한 흐름' '현악4중주12번' '기타삼중주' '관현악을 위한 詩選' '아쟁협주곡' '첼로독주를 위한 허튼가락' '클라리넷트독주를 위한 연작시' 'Tamtam Solo를 위한 心' '대편성관현악을 위한 五章'

이만섭(李萬燮) Lee Man Sub

(생)1968 · 10 · 30 (본)안성(安城) (주)전라남도 영암군 삼호읍 대불로 93 현대삼호중공업(주) 임원실(061-460-2056) (학)성남고졸, 인하대 선박해양공학과졸 2004년 미국 브리검영대 단기MBA과정 수료 (경)1992년 한라중공업 입사 1993년 대한조선학회 회원(현) 2010년 현대삼호중공업(주) 부장 2014년 同상무(현) (상)제37회 상공의날 지식경제부장관표창(2010), 해양수산부장관표창(2014) (종)기독교

이만수(李萬守) LEE Man Soo

(생)1952 · 10 · 14 (본)경주(慶州) (출)부산 (주)서울특별시 구로구 디지털로32가길 16 1403호 법무법인 한중(02-782-9330) (학)1970년 용산고졸 1979년 연세대 경영학과졸 1993년 同행정대학원 고위정책과정 수료 1994년 同특허법무대학원 고위자과정 수료 (경)1980년 사법시험 합격(22회) 1982년 사법연수원 수료(12기) 1982년 춘천지검 검사 1985년 광주지검 장흥지청 검사 1986년 인천지검 검사 1988년 전주지검 검사 1989년 전주보호관찰소장 1990년 서울지검 의정부지청 검사 1990~1995년 변호사 개업 1995~1998년 중국 북경정법대 연수 1998년 법무법인 한중 설립 · 대표변호사(현) 2004년 중국법연구소 개설 2004~2018년 (주)엠케이차이나컨설팅 설립 · 대표이사 2004년 중국북경

만한상무자순유한공사 동사장(현) (상)검찰총장표창(1987) (저)'중국에서의 기업활동'(2000, 청림출판사) '작은 밑천으로 중국에서 대박가게 차리기'(2006, 매일경제출판사) (종)기독교

이만수(李萬洙) Lee Man-Soo

(생)1958·9·9 (출)강원 철원 (학)대구상고졸, 한양대졸 (경)1977~1978년 청소년야구 국가대표 1978~1981년 야구 국가대표 1982~1997년 프로야구 삼성 라이온즈 소속 1998년 미국 마이너리그 싱글A 클리블랜드 인디언스 소속 1999년 미국 시카고 화이트삭스 트리플A팀 샬럿나이츠 객원코치 2000~2006년 미국 메이저리그 시카고 화이트삭스 볼펜코치(2005년 월드시리즈 우승) 2006년 프로야구 SK 와이번스 수석코치 2011년 同2군 감독 2011~2014년 同감독 2011·2012년 한국프로야구 한국시리즈 준우승 2014년 라오스 최초 야구단 '라오스 브러더스' 구단주(현) 2015~2017년 한국야구위원회(KBO) 육성위원회 부위원장 2016년 (사)헐크파운데이션 설립·이사장(현) 2017년 라오스 야구협회 부회장(현) 2018년 대한신경과학회 홍보대사(현) (상)한국야구위원회 프로야구 20년통산 포지션별 최고스타 포수부문(2002), 한국야구위원회 공로패(2007), 라오스총리 훈장(2016), 우리민족교류협회 한반도평화메달(2016), 국민포장(2017), 조아제약 프로야구대상 공로상(2017) (종)기독교

이만열(李滿烈) LEE Man Yeol

(생)1964·4·5 (출)경남 (주)서울특별시 중구 을지로5길 26 미래에셋대우 Global부문(02-6030-0001) (학)1982년 창원고졸 1982년 서울대 경영학과졸 1997년 영국 런던 임페리얼대 대학원졸(MBA) 2009년 서울대 최고경영자과정 수료 (경)장기신용은행 근무, 삼성증권 근무 2005년 미래에셋증권 마케팅2본부장 2005년 同AI·신탁본부장(상무보) 2006년 同경영전략부문장 겸 전략기획본부장(상무) 2006년 同경영전략부문장(상무), 同장외파생운용본부장(상무) 2009년 同파생상품운용본부장(상무) 2009년 同브라질법인 개설준비위원장 2010년 同브라질법인 대표 2015년 同기업RM2부문 대표(전무) 2017년 미래에셋대우 Global부문 대표(전무) 2018년 同Global부문 대표(부사장)(현)

이만우(李萬雨) LEE Man Woo

(생)1950·8·25 (출)경남 창원 (주)서울특별시 성북구 안암로 145 고려대학교 경제학과(02-3290-2200) (학)1968년 경남고졸 1973년 고려대 경제학과졸 1978년 미국 위스콘신대 대학원 경제학과졸 1983년 경제학박사(미국 미네소타대) (경)1983~2015년 고려대 경제학과 교수 1987년 재정경제부 세제발전심의위원 1988년 행정고시·입법고시 출제위원 1996년 내무부·행정자치부 지방세제심의위원 겸 자문교수 1999년 한국개발연구원 연구자문위원 1999년 한국조세연구원 연구자문위원 1999년 부정부패추방시민연합 공동대표 1999~2001년 삼성전자(주) 사외이사 2000년 한국공공경제학회 회장 2000년 부정부패추방시민연합 공동대표 2001년 한국경제신문 '시론' 집필 2001~2004년 재정경제부 세제발전심의위원 2002년 고려대 경제연구소장 2002~2003년 아·태경제학회 회장 2002~2004년 보건복지부 연금발전위원회 재정분석위원장 2004~2006년 고려대 정경대학장 2005~2006년 同정책대학원장 2005년 호남석유화학 사외이사 2007년 한국경제연구학회 회장 2008년 세제발전심의위원회 부위원장 2008년 롯데손해보험(주) 사외이사 2008·2010년 농업협동조합중앙회 사외이사 2008년 국무총리산하 정부업무평가위원회 민간위원 2008~2010년 국민경제자문회의 자문위원 2009년 국세청 국세행정위원회 위원 2009년 기획재정부 공공기관평가단장 2011년 지방행정체제개편추진위원회 민간위원 2012~2016년 한국경제학회 회장 2012~2016년 제19대 국회의원(비례대표, 새누리당) 2012·2014년 국회 기획재정위원회 위원 2013년 새누리당 일자리창출특별위원회 창조경제생태계조성분과 위원장 2014년 同경제혁신특별위원회 공기업개혁분과 위원 2015년 同정책자문위원회 부위원장 2015년 同국가간호간병제도특별위원회 위원 2015년 고려대 경제학과 명예교수(현) (상)선플운동본부 '국회의원 아름다운 말 선플상'(2014) (저)'후생경제학' '공공경제학' '미시경제학' '경제원론'

이만우(李晩雨) LEE Man Woo

(생)1954·11·22 (본)경주(慶州) (출)강원 동해 (주)서울특별시 성북구 안암로 145 고려대학교 경영대학 경영학과(02-3290-1927) (학)1972년 강원 묵호고졸 1977년 고려대 경영학과졸 1984년 미국 시라큐스대 대학원 회계학과졸 1987년 경영학박사(미국 조지아대) (경)1977~1978년 한국투자금융 근무 1980년 삼일회계법인 공인회계사 1981년 한국종합기술금융 책임관리역 1988년 고려대 경영학과 교수(현) 1988년 공인회계사 시험위원 1988년 세무사 시험위원 1990년 미국 하와이대 초빙교수 1990년 재정경제부·기획재정부 세제발전심의위원(현) 1990~1997년 회계제도자문위원 겸 회계기준심의위원 1991년 국세청 국세심사위원 1994년 재정경제부 세제발전심의위원 1997년 사법시험위원 1997년 한국담배인삼공사 비상임이사 1997~2006년 KT&G 사외이사 1999~2002년 기획예산처 정부투자기관운영위원 1999~2002년 공정거래위원회 경쟁정책자문위원 1999~2001년 현대산업개발 사외이사 2001~2007년 예금보험공사 예금보험위원 2001~2007년 증권선물거래소 유가증권상장위원회 위원 2001년 재정경제부 자체평가위원 2002년 LG카드 사외이사 2002년 대학교육협의회 대학교육편집위원장 2004년 고려대 체육위원장 2004년 GS홈쇼핑 사외이사 2005년 조세개혁특별위원회 위원 2006년 한국세무학회 회장 2006~2008년 근로장려세제(EITC) 정책자문위원장 2006~2008년 국민경제자문회의 자문위원 2006년 건설교통부 항공교통심의위원 2006~2009년 국세청 조사대상선정자문위원회 위원 2006년 KBS 객원해설위원(현) 2007년 국회 입법지원위원 2007~2008년 STX조선 사외이사 2007~2009년 금융감독원 감리위원회 감리위원 2007년 한국회계학회 회장 2008년 현대중공업 사외이사 2009년 국세청 국세행정위원회 위원 2010년 국민경제자문회의 위원 2011~2013년 대통령소속 지방행정체제개편추진위원회 위원 2012년 신한금융지주 감사위원장 겸 사외이사(현) 2013~2018년 국세청 국세행정개혁위원회 위원 2018년 조세심판원 비상임심판관(현) (상)근정포장(2005) (저)'세법' '회계원리' '회계감사' '고급회계' '회계감사의 사회적 기능' '세금이 없다면' (종)기독교

이만우(李晩雨) Lee, Man Woo

(생)1959·1·20 (출)서울 (주)서울특별시 중구 세종대로 39 대한상공회의소 16층 한국바스프 스페셜티사업부문(02-3707-3262) (학)1977년 서울 서라벌고졸 1981년 성균관대 화학공학과졸 (경)1985년 LG화학(주) 근무 1986년 덕우상사(주) 근무(ELF ATOCHEM, France) 1989년 한국바스프 영업 및 마케팅부서 근무(BASF, Germany) 2003년 同유화사업부문 엔지니어링플라스틱사업부장(이사) 2005년 同유화사업부문 엔지니어링플라스틱사업부장 겸 LOM(A-KTA/U) 상무 2005~2010년 BASF Future Business·Venture Capital Representative(Korea) 겸임 2005~2010년 아이컴포넌트(주) 사외이사 2008~2011년 한국바스프 스페셜티사업부문장(사장) 2009년 두본정밀화학 대표이사(현) 2010~2011년 두본정밀화학(주) 대표이사 사장 겸임 2011~2013년 BASF 아시아태평양 건축토목화학산업총괄 Group Vice President(중국 상해·싱가포르 소재) 2011~2013년 同Construction Chemicals(China) Managing Director(CEO) 겸임 2011~2013년 同Construction Chemicals(Sichuan) Managing Director(CEO) 겸임 2013~2015년 한국바스프 화학사업부문장(사장) 2016년 同스페셜티사업부문장(사장)(현) 2018년 한국폴리우레탄산업협회 회장(현) 2018년 코오롱바스프이노폼(주) 공동대표이사 겸임(현) (상)금탑산업훈장(2011) (종)불교

이만의(李萬儀) LEE Maan Ee

(생)1946·6·15 (출)전남 담양 (주)서울특별시 강남구 테헤란로 621 강남벤처랜드 4층 W필하모닉오케스트라 단장실(02-3442-4285) (학)1965년 광주제일고졸 1969년 조선대 사범대학 영어교육과졸 1975년 서울대 환경대학원졸 1987년 연세대 행정대학원 행정학과졸 1991년 동국대 대학원 박사과정 수료 1995년 국방대학원 수료 1997년 경희대 국제법무대학원 지도자과정 수료 (경)1972년 행정고시 합격(11회) 1972~1976년 내무부 총무과·새마을상황실 행정사무관 1976~1981년 同지방행정연수원 교수부·새마을교육·새마을기획과 근무 1981년 同민방위본부 편성운영과장 1982년 同지방개발국 새마을기획과장 1985년 同지방재정국 세정과장 1988년 同재정과장 1989년 여천시장 1991년 광주시 기획관리실장 1992년 목포시장 1993년 제주도 부지사 1994년 광주시 부시장 1995년 내무부 민방위재난통제본부 재난관리국장 1997년 同지방세제국장 1998년 행정자치부 자치지원국장 1998년 同인사국장 1998년 제2의건국범국민추진위원회 기획운영실장 2000년 대통령 공직기강비서관 2000년 대통령 행정비서관 2002~2003년 환경부 차관 2003~2006년 환경관리공단 이사장 2006년 단국대 행정대학원 겸임교수 2007년 동신대 행정학과 겸임교수 2007년 2012여수엑스포유치위원회 상임고문 2007년 한나라당 제17대 대통령중앙선거대책위원회 광주선거대책위원장 2008~2011년 환경부 장관 2012~2014년 2013순천만국제정원박람회조직위원회 공동위원장 2013년 W필하모닉오케스트라 단장(현) 2013년 흥사단 명예단우(현) 2014년 2016세계친환경디자인박람회 명예위원장 (상)내무부장관표창, 새마을훈장 근면장, 홍조근정훈장, 황조근정훈장, 자랑스런 조대인상(2004), 한국문학예술상 특별부문(2014), 전북임실 소충사선문화상 특별상(2018) (종)기독교

이만희(李萬熙) LEE Man Hee

(생)1962·5·18 (본)경주(慶州) (출)강원 원주 (주)강원도 춘천시 중앙로 1 강원도청 총무행정관실(033-254-2011) (학)1980년 원주고졸, 강원대 중퇴 (경)강원 평창군 기획실 근무, 강원도 예산담당관실 근무, 同기반조성과 근무, 同세무회계과 근무, 同밀레니엄기획단, 同공보관실 공보지원담당, 강원 홍천군의회 전문위원, 강원도 공보지원담당, 同향토문화담당, 同정책개발담당 2009년 同의회사무처 정책지원전문위원 2011년 同자치행정국 체육청소년과장 2012년 同경제진흥국 투자기반조성과장 2013년 교육 파견 2014년 강원도 보건복지여성국 복지정책과장 2014년 강원 원주시 부시장 2015년 강원발전연구원 정책연구위원 2016년 2018평창동계올림픽조직위원회 숙박국장 2018년 강원도 인재개발원장(부이사관) 2019년 장기교육 파견(부이사관)(현) (상)내무부장관표창, 국무총리표창

이만희(李晩熙) LEE Man Hee

(생)1963·12·11 (출)경북 영천 (주)서울특별시 영등포구 의사당대로 1 국회 의원회관 602호(02-784-5901) (학)1982년 대구고졸 1986년 경찰대 법학과졸 2002년 고려대 정책대학원 공공행정학과졸 (경)1986년 치안본부 경무과 근무 1994년 대구달서경찰서 경비과장 1995년 대구남부경찰서 형사과장 1997년 경찰청 형사국 근무 2002년 경북지방경찰청 방범과장 2003년 경북 영천경찰서장 2004년 駐뉴욕 주재관, 경찰청 외사수사과장 2007년 서울 성동경찰서장 2008년 서울지방경찰청 형사과장(총경) 2009년 경기지방경찰청 제3부장(경무관) 2010년 대통령 치안비서관(치안감) 2011년 경북지방경찰청장 2012년 경찰청 기획조정관 2013년 경기지방경찰청장(치안정감) 2014년 안전행정부 소청심사위원회 상임위원(고위공무원) 2014~2015년 인사혁신처 소청심사위원회 상임위원 2015~2016년 새누리당 여의도연구원 정책자문위원 2016~2017년 同경북영천시·청도군당원협의회 운영위원장 2016년 제20대 국회의원(경북 영천시·청도군, 새누리당·자유한국당〈2017.2〉)(현) 2016년 새누리당 원내부대표 2016년 국회 운영위원회 위원 2016년 국회 가습기살균제 사고 진상규명과 피해구제 및 재발방지 대책 마련을 위한 국정조사특별위원회 위원 2016~2017년 국회 농림축산식품해양수산위원회 위원 2016~2017년 국회 미래일자리특별위원회 위원 2016~2017년 국회 '박근혜 정부의 최순실 등 민간인에 의한 국정농단 의혹 사건 진상규명을 위한 국정조사특별위원회' 위원 2017년 자유한국당 경북영천시·청도군당원협의회 운영위원장(현) 2017년 同제19대 홍준표 대통령후보 중앙선거대책위원회 국가대개혁위원회 국민안전대책위원장 2017년 同인권위원장(현) 2017~2018년 국회 농림축산식품해양수산위원회 간사 겸 제1법안심사소위원장 2017년 자유한국당 정치보복대책특별위원회 위원 2018년 국회 농림축산식품해양수산위원회 위원(현) 2018년 국회 운영위원회 위원(현) 2018년 자유한국당 원내부대표 겸 원내대변인(현) 2019년 同사법개혁특별위원회 위원(현) (상)국회를 빛낸 바른정치언어상(2019), 한국여성유권자연맹 우수국회의원상(2019), 2019코리아리더대상 의정부문대상(2019), 법률소비자연맹 국회의원 헌정대상(2019)

이만희(李晩熙) LEE Man Hee

(생)1964·3·26 (본)연안(延安) (출)서울 (주)서울특별시 중구 을지로5길 26 미래에셋캐피탈 임원실(02-6202-5700) (학)송원고졸, 고려대졸 (경)상업은행 근무, 하나은행 근무, 미래에셋증권(주) 대치지점장 2006년 同리테일사업부문 AI신탁본부장(이사) 2006년 同AI신탁본부장(상무보) 2008년 同마케팅본부장(상무) 2009년 同퇴직연금서울사업본부장(상무) 2010년 同리테일사업부 대표(전무) 2011년 同경영서비스부문 대표(전무) 2013년 同리테일부문 대표(전무) 2015년 同기업RM1부문 대표(전무) 2016년 미래에셋대우 대형복합점포(IWC)부문장(부사장) 2018년 미래에셋캐피탈 대표이사(현)

이면기(李冕基) LEE Myon Kee

(생)1945·5·25 (본)벽진(碧珍) (출)충북 충주 (주)서울특별시 강남구 테헤란로 305 한국기술센터 15층 한국공학한림원(02-6009-4000) (학)1964년 청주고졸 1968년 서울대 화학공학과졸 1972년 미국 일리노이대 시카고교 대학원 화학공학과졸 1974년 공학박사(미국 일리노이대 시카고교) (경)1968~1970년 충주비료(주) 근무 1974~1976년 미국 육군건설공학연구소 연구원 1976~1979년 라이프시스템(주) Program Manager 1979~1981년 미국 바텔콜롬비아연구소 Principal Research Scientist 1981~1990년 아모코화학(주) Senior Research Engineer 1990년 (주)선경인더스트리 석유화학연구소장(상무대우) 1991년 同상무이사 1994년 同석유화학연구소장(전무대우), 同고문 1997~2000년 한국엔지니어클럽 화공분과 이사 1997~2016년 (주)아신기술 대표이사 사장 1998년 (주)SK케미칼 비상근고문 2006년 한국공학한림원 외국회원(현) 2016~2019년 (주)아신기술 사장 (상)다산기술대상(1997), 국무총리표창(1997) (종)기독교

이면우(李勉雨) LEE Myon U

(생)1959·10·4 (본)경주(慶州) (출)경기 포천 (주)강원도 춘천시 공지로 126 춘천교육대 과학교육과(033-260-6465) (학)1978년 서울 서라벌고졸 1985년 서울대 지구과학교육과졸 1988년 同대학원 지구과학교육과졸 1997년 교육학박사(서울대) (경)1985~1998년 서울 자양고·경동고·한성과학고 교사 1985년 한국과학사학회 총무이사 1989년 한국지구과학회 편집위원 1998년 춘천교육대 과학교육과 교수(현) 1998년 한국초등과학교육학회 총무이사 2001년 춘천교육대 과학교육과장 2008년 同과학영재교육센터장 2008년 한국과학사학회 부회장 2009년 순천대 학생처장 겸 생활관장 2011년 한국지구과학회 부회장 2011년 한국일본교육학회 학회장 2011년 에너지기후변화교육학회 편집위

원장 2013~2017년 춘천교육대 총장 2015~2016년 강원지역대학총장협의회 회장 (상)한국지구과학회 학술상(2001) (저)'중국의 과학과 문명'(2000, 까치) '서운관지'(2003, 소명출판사) (종)불교

이면재(李勉宰) Myeon Jae, Lee

(생)1961 · 5 · 31 (본)전주(全州) (출)강원 춘천 (주)경기도 포천시 호국로 1007 대진대학교 총장실(031-539-1013) (학)1979년 보성고졸 1984년 서울대 정치학과졸 2011년 경희대 NGO대학원 시민사회학과졸 (경)1994년 사법시험 합격(36회) 1997년 사법연수원 수료(26기) 1997년 변호사 개업, 법무법인 이산 대표변호사 2007~2011년 (재)대진테크노파크 이사 2007년 서울지방변호사회 이사 겸 인권위원장 2007~2016년 (사)서비스사이언스 전국포럼 감사 2007년 대한변호사협회 총무위원 2007~2016년 법무법인 다온 대표변호사 2008년 서울시 인사위원회 인사위원(부위원장) 2009년 서울시시설관리공단 고문변호사 2009년 (사)매헌윤봉길의사기념사업회 이사 2009년 경기도 고문변호사 2009~2010년 미국 캘리포니아대 버클리교 Law School 객원연구원 2012년 SH공사 고문변호사 2013년 동아시아미래재단 사무총장 2016~2017년 방송통신위원회 시청자권익보호위원회 위원 2016년 대진대 총장(현), 법무법인 다온 고문변호사(현) 2017년 한국접경지역통일학회 회장(현) (저)자전적 에세이 '승부 3.0'

이명관(李明寬) LEE Myung Kwan

(생)1960 · 12 · 5 (출)전북 정읍 (주)서울특별시 영등포구 여의대로 128 (주)LG 인사팀(02-3777-1114) (학)1979년 신흥고졸 1988년 서울대 철학과졸 2004년 미국 오하이오주립대 대학원 인사관리학과졸 (경)1987년 럭키 입사 1995년 LG그룹 회장실 근무 1998년 同구조조정본부 인사지원팀 근무 2005년 (주)LG CNS 인사 · 경영지원부문장(상무) 2008년 (주)LG 인사팀장(상무) 2010년 同인사팀장(전무) 2015년 同인사팀장(부사장) 2015년 (주)LG경영개발원인화원 원장 2016~2017년 同대표이사(부사장) 2017~2018년 (주)LG화학 최고인사책임자(CHO · 부사장) 2018년 (주)LG 인사팀장(부사장)(현)

이명교(李明敎)

(생)1965 (출)충남 서산 (주)충청남도 예산군 삽교읍 청사로 201 충남지방경찰청 청장실(041-336-2321) (학)충남 서령고졸, 성균관대 법학과졸 (경)1996년 사법시험 합격(38회) 1999년 경찰공무원 임용, 대전 중부경찰서 수사과장 2006년 충남지방경찰청 광역수사대장 2007년 同강력계장 2009년 제주지방경찰청 홍보담당관(총경) 2010년 同해안경비단장 2010년 경찰청 규제개혁법무담당관 2011년 충남 당진경찰서장 2012년 경찰청 수사국 특수수사과장 2013년 서울지방경찰청 국회경비대장 2014년 서울 혜화경찰서장 2015년 경찰청 지능범죄수사1과장 2017년 국가공무원인재개발원 파견(경무관) 2018년 충북 청주흥덕경찰서장(경무관) 2018년 경찰청 수사국 수사기획관 2019년 서울지방경찰청 수사부장(치안감) 2019년 충남지방경찰청장(현)

이명구(李名九) LEE Myung Koo

(생)1952 · 10 · 21 (본)전주(全州) (출)경남 사천 (주)서울특별시 강서구 공항대로 467 송원그룹 임원실(02-3661-8011) (학)1970년 부경고졸 1975년 건국대 경제학과졸 1989년 서강대 경영전문대학원졸 2007년 서울대 경영대학 최고경영자과정 수료 2009년 同자연과학대학 최고전략과정 수료 (경)1975~1978년 해군장교 복무 1975~1978년 서울신탁은행 근무 1978~1981년 동오실업(주) LA지사 1982년 태경산업(주) 입사 · 기획실과장 1987~2014년 同이사 1993년 同기획관리실장(상무) 1995년 同전무이사 2000년 송원그룹 기획관리실장(부사장) 2002년 同기획관리실장(사장) 2002년 태경유통 대표이사 사장 겸임 2002년 태경물산 대표이사 사장 겸임 2004년 송원그룹 총괄부회장(현) 2014년 태경산업(주) 각자대표이사 부회장 2018년 태경FNG 대표이사(현) (종)천주교

이명구(李明九) LEE, Myeong-ku

(생)1969 · 12 · 7 (출)경남 밀양 (주)서울특별시 강남구 언주로 721 서울본부세관(02-510-1000) (학)1987년 밀양고졸 1993년 서울대 경영학과졸 1999년 同행정대학원 행정학과졸 2003년 경제학박사(영국 버밍엄대) (경)1993년 행정고시 합격(36회) 1998~2004년 관세청 정보협력국 국제협력과 · 종합심사과 · 심사정책과 근무 2004~2007년 同청장 비서관 · 외환조사과장 2007~2011년 세계관세기구(WCO) 근무 2011년 관세청 기획재정담당관 2012년 부산본부세관 통관국장 2013년 관세청 정보협력국장 2014년 同자유무역협정집행기획관 2016년 同통관지원국장 2017~2018년 국가공무원인재개발원 교육파견(국장급) 2018년 대구본부세관장 2019년 서울본부세관장(현) (저)'관세정책과 관세법'(2007, 한국관세무역개발원) (종)기독교

이명규(李明奎) LEE Myung Gyu

(생)1956 · 1 · 10 (본)성주(星州) (출)대구 (주)대구광역시 수성구 동대구로 354 브라운스톤범어 402호 법무법인 광무(053-754-6200) (학)1973년 대구고졸 1980년 영남대 법과대학 법학과졸 1988년 同대학원 법학과졸 2002년 법학박사(영남대) (경)1988년 사법시험 합격(30회) 1991년 사법연수원 수료(20기) 1991~1995년 변호사 개업 1995~1997년 대구시 북구청장(무소속) 1996~1997년 영남대 법학과 객원교수 2004년 제17대 국회의원(대구北甲, 한나라당) 2004~2005년 국회 행정자치위원회 위원 2004~2005년 국회 정치개혁특별위원회 위원 2005~2006년 국회 정무위원회 위원 2005년 국회 운영위원회 위원 2005년 국회 중국의고구려사왜곡특별대책위원회 위원 2005~2006년 한나라당 원내부대표 2006년 同혁신위원회 위원 2006년 국회 산업자원위원회 간사 2006년 국회 대법원장(이용훈)임명동의에관한인사청문특별위원회 위원 2006~2007년 한나라당 여의도연구소 제1부소장 2006년 同대구시당 인수위원회 자문위원장 2006년 同대구시당 수석부위원장 2007년 同지방자치위원장 2007년 국회 헌법재판소장(이강국)임명동의에관한인사청문특별위원회 위원 2007년 국회 예산결산특별위원회 위원 2007년 한나라당 대통령선거중앙대책위 한반도대운하특별위원회 지도위원 2007년 同대통령선거 직능정책본부 산자위원장 2007년 同대통령선거 대구선거대책위원회 조직본부장 2008년 제18대 국회의원(대구北甲, 한나라당 · 새누리당 · 무소속) 2008~2012년 국회 지식경제위원회 위원 2008~2012년 국회 국제경기대회지원특별위원회 위원 2008년 한나라당 제1사무부총장 2008~2009년 同전략기획본부장 2008~2012년 대한태권도협회 부회장 2011년 한나라당 직능특별위원회 지역특별위원장(대구) 2011~2012년 同원내수석부대표 2012년 변호사 개업, 법무법인 광무 대표변호사(현) 2018년 대구제3산업단지관리공단 법률고문(현)

이명규(李明圭) Lee, Myeong gyu

(생)1961 · 1 · 13 (출)경남 창녕 (주)경상남도 통영시 통영해안로 515 통영시청 부시장실(055-650-3014) (학)경남 영산종합고졸, 한국방송통신대 행정학과졸 (경)1979년 공무원 임용 2009년 경남도 세입운용담당 사무관 2013년 同의회사무처 수석전문위원 직무대리 2014년 국립외교안보연구원 교육(서기관) 2015년 경남도 행정국 세정과장 2016년 同복지보건국 서민복지노인정책과장 2017년 경남 함양군 부군수 2018년 국내 장기교육(부이사관) 2019년 경남 통영시 부시장(현) (상)행정안전부장관표창, 경남도지사표창

이명규(李明揆) LEE Myung Kyu

(생)1964 · 3 · 20 (출)경북 문경 (주)서울특별시 강남구 테헤란로 133 한국타이어빌딩 법무법인 태평양(02-3404-0131) (학)1983년 용문고졸 1987년 서울대 법대 사법학과졸 (경)1986년 사법시험 합격(28회) 1989년 사법연수원 수료(18기) 1992년 대구지법 경주지원 판사 1994년 대구지법 판사 1996년 수원지법 판사 1997년 프랑스 파리제2대학 연수 1998년 서울지법 의정부지원 파주시법원 판사 1999년 同의정부지원 판사 1999년 특허법원 판사 2003년 대법원 재판연구관 2005~2008년 인천지법 부장판사 2008~2013년 법무법인 · 특허법인 다래 변호사 2009~2013년 지식경제부 무역위원회 비상임위원 2013년 법무법인 태평양 변호사(현) 2013~2015년 산업통상자원부 무역위원회 비상임위원 2013년 아세아(주) 사외이사(현) 2013년 대한상사중재원 중재인(현)

이명규(李明奎) LEE, MYOUNG KYU

(생)1965 · 7 · 19 (본)고성(固城) (출)경남 진해 (주)세종특별자치시 국세청로 8-14 국세청 소득지원국 학자금상환과(044-204-3871) (학)1983년 부산 브니엘고졸 1989년 서울대 경영학과졸 (경)1990~1998년 한국장기신용은행 신탁부 대리 1998~2007년 KB국민은행 신탁계정 유가증권운용기획 · 채권매매 담당 2007년 同외환 · 기업여신 담당 2008년 同퇴직연금사업부 팀장 2012~2015년 同신도림역지점 부지점장 2016년 국세청 소득지원국 학자금상환과장(현) (상)재정경제부장관표창(2005) (저)'퇴직연금(共)'(2011, 한국금융연수원)

이명균

(생)1963 · 1 · 30 (주)경기도 수원시 장안구 창룡대로 223 경기남부지방경찰청 과학수사과(031-888-2202) (학)영등포고졸 1985년 경찰대 행정학과졸(1기) (경)1985년 경위 임관 2010년 총경 승진 2010년 부산지방경찰청 형사과장 2011년 강원 삼척경찰서장 2012년 강원지방경찰청 청문감사담당관 2013년 수원중부경찰서장 2014년 경기지방경찰청 여성청소년과장 2015년 경기 광명경찰서장 2017년 경기남부지방경찰청 여성청소년과장 2017년 제주지방경찰청 112종합상황실장 2018년 강원 속초경찰서장 2019년 경기남부지방경찰청 과학수사과장(현)

이명근(李命根) LEE Myung Keun

(생)1944 · 11 · 5 (출)부산 (주)부산광역시 기장군 정관읍 농공길 2-9 (주)성우하이텍 비서실(070-7477-5001) (학)1964년 부산 동아고졸 1970년 고려대 법학과졸 (경)1975년 동우물산 대표 1977년 (주)성우금속 설립 · 대표이사 사장 1981년 (주)성우금속 대표이사 1989~2000년 오성공업(주) 설립 · 대표이사 사장 1993년 동아경영문제연구소 특별위원 1995년 (주)성주하이텍 설립 · 대표이사 1998~2009년 (주)성우금속코일센타 설립 · 대표이사 1999년 한국자동차공업협동조합 이사 2000년 (주)성우하이텍 대표이사 사장, 同대표이사 회장(현), (주)아산성우하이텍 대표이사 회장(현), (주)성우몰드 대표이사 회장(현), (주)MGL 대표이사 회장(현), EXR코리아(주) 대표이사 회장 (상)동탑산업훈장(2002), 은탑산업훈장(2007), 모범납세자 대통령표창(2010), 자랑스러운 고대법대인상(2011)

이명노(李明魯) LEE Myoung Ro

(생)1956 · 12 · 4 (본)전주(全州) (출)전북 진안 (주)서울특별시 강남구 언주로 711 건설공제조합(02-3284-2009) (학)1975년 전주고졸 1979년 성균관대 무역학과졸 1981년 서울대 행정대학원 행정학과졸, 경제학박사(성균관대) (경)1985년 건설부 평택공업지구건설사무소 관리과장 1986~1994년 同토지국 · 국토계획국 · 지가조사국 · 기획예산담당관실 행정사무관 1994년 同국토계획국 서기관 1994년 캐나다 연수 1997년 건설교통부 경인운하과장 1998년 同공보담당관 1998년 同건설경제과장 2001년 同지역정책과장 2002년 同감사담당관 2003년 同정책지원단장 2004년 同공공기관지방이전지원단장 2005년 익산지방국토관리청장 2006년 건설교통부 감사관 2007년 同토지기획관 2008년 국토해양부 토지정책관 2009년 중앙공무원교육원 고위정책과정 교육파견(고위공무원) 2010년 서울지방국토관리청장 2010~2011년 새만금군산경제자유구역청장 2012년 제19대 국회의원선거 출마(진안 · 무주 · 장수 · 임실, 무소속) 2014년 전북 진안군수선거 출마(새정치민주연합) 2018년 건설공제조합 전무이사(현) (상)대통령표창(1993), 근정포장(2002) (저)'희망의 지도를 그려라'(2012) '그대가 좋다, 진안이 좋다'(2014)

이명동(李明東)

(생)1965 · 4 · 8 (주)경기도 수원시 팔달구 효원로 1 경기도의회(031-8008-7000) (학)동지상고졸 (경)임종성 국회의원 국회보좌관(7급), 착한친환경협동조합 부이사장, (사)곰두리봉사회 경기도지회 상임이사, 행복한협동조합 이사장, (사)한국외식업중앙회 경기광주시지부 운영위원, 더불어민주당 경기광주乙지역위원회 부위원장(현) 2018년 경기도의회 의원(더불어민주당)(현) 2018년 同안전행정위원회 위원(현)

이명로(李明魯)

(생)1966 · 10 · 9 (주)대전광역시 서구 둔산북로90번길 34 대전지방고용노동청(042-480-6201) (학)1985년 전남고졸 1989년 한양대 행정학과졸 (경)1991년 행정고시 합격(35회) 1999년 노동부 기획관리실 행정관리담당관실 사무관 2001년 同기획관리실 행정관리담당관실 서기관 2005년 同국제협상팀장 2007년 경제사회발전노사정위원회 관리과장, 노동부 정보화기획팀장 2009년 同고용정책실 기업인력개발지원과장 2009년 同고용정책실 자격정책과장 겸 직업능력정책과장 직대 2010년 고용노동부 고용정책실 자격정책과장 2010년 광주지방고용노동청 광주고용지원센터 소장(부이사관) 2012년 고용노동부 인력수급정책국 장애인고용과장 2014년 중부지방고용노동청 인천고용센터 소장 2014년 충북지방노동위원회 위원장 2017년 국가공무원인재개발원 파견(고위공무원) 2018년 대전지방고용노동청장(현)

이명묵(李命默) LEE Myoung Mook

(생)1951 · 1 · 2 (출)서울 (주)경기도 부천시 호현로 489번길 28 부천세종병원(032-340-1208) (학)1976년 서울대 의대졸 1979년 同대학원 의학석사 1985년 의학박사(서울대) (경)1976~1981년 서울대병원 인턴 · 순환기내과 레지던트 1984~1992년 서울대 의대 순환기내과학교실 전임강사 · 조교수 1992년 同의대 순환기내과학교실 부교수 1994년 同내과중환자실 진료실장 2005~2016년 동국대 의대 순환기내과학교실 교수 2007년 同일산병원장 2007~2009년 同의무부총장 겸 의료원장 2015~2016년 대한고혈압학회 회장 2016년 부천세종병원장(현)

이명박(李明博) LEE Myung Bak (淸溪 · 一松)

(생)1941 · 12 · 19 (본)경주(慶州) (출)일본 오사카 (학)1957년 포항중졸 1960년 포항 동지상고 야간부졸 1965년 고려대 경영학과졸 1985년 서울대 경영대학원 수료 1994년 고려대 언론대학원 수료 1995년 同노동대학원 수료 1996년 연세대 언론홍보대학원 수료 1998년 명예 이학박사(한국체육대) 2004년 명예 경영학박사(서강대) 2004년 명예 정치학박사(카자흐스탄 구밀리요프 유라시아국립대) 2005년 명예 경제학박사(몽골국립대) 2005년 명예 경제학박사(목포대) 2009년 명예 경제

학박사(우즈베키스탄 세계경제외교대) 2009년 명예 행정학박사(미국 조지워싱턴대) 2011년 명예 인문학박사(프랑스 파리제7대) 2011년 명예 환경학박사(에티오피아 아디스아바바대) (경)1965년 현대건설 입사 1976년 한국포장건설 사장 1977~1988년 현대건설 대표이사 사장 1978~1981년 인천제철 대표이사 사장 1978년 한국철강협회 부회장 1980년 해외건설협회 부회장 1980년 한국원자력산업회의 부회장 1981년 대한알루미늄 사장 1981~1992년 대한수영연맹 회장 1982~1987년 현대엔지니어링 사장 1982~1992년 대한체육회 이사 · 상임위원 1982~1992년 대한상공회의소 부회장 겸 서울상공회의소 부회장 1983~1992년 한국능률협회 부회장 1983~1992년 해외건설협회 이사 1984~1992년 아시아수영연맹 회장 1984~1992년 세계수영연맹 집행위원 1985년 한라건설 대표이사 사장 1986~1999년 駐韓부탄왕국 명예총영사 1987~1992년 현대엔지니어링 대표이사 회장 1988~1992년 현대건설 대표이사 회장 1988~1992년 현대엔진공업 대표이사 회장 1988년 한무쇼핑(주) 대표이사 회장 1989~1991년 현대종합목재 대표이사 회장 1989년 한 · 소련경제협회 부회장 1990~1992년 현대자원개발 대표이사 회장 1991년 한국사회발전연구소 이사장 1991년 동북아민간경제협회 회장 1992~1994년 6.3동지회 회장 1992년 제14대 국회의원(전국구, 민자당 · 신한국당) 1992년 민자당 서울종로지구당 위원장 1992~2007년 미국 아칸소주 명예대사 1993년 한국청년실업인협의회 회장 1993년 세계한인상공인총연맹 운영이사회장 1994년 삼청로타리클럽 회장 1994~2002년 동아시아연구원 이사장 1996년 제15대 국회의원(서울종로, 신한국당 · 한나라당) 1998년 미국 조지워싱턴대 객원교수 1999~2002년 아태환경NGO 한국본부 총재 2000 · 2013년 캄보디아 훈센총리 경제고문 2001년 한나라당 국가혁신위원회 미래경쟁력분과 위원장 2002~2006년 제32대 서울특별시장(한나라당) 2002~2006년 전국시도지사협의회 의장 2006년 한양대 행정자치대학원 초빙교수 2007년 8월20일 한나라당 대통령후보 선출 2007년 시사주간지 타임 선정 '2007 환경의 영웅(TIME Hero of the Environment)' 2007년 12월 제17대 대통령 당선 2008~2013년 대한민국 제17대 대통령 (상)체육훈장 백마장(1982), 국민훈장 석류장(1984), 금탑산업훈장(1985), 체육훈장 거상장(1986), 대한국토계획학회 현정국토개발상(1987), 아시아수영연맹 공로상(1992), 자랑스런 한국인상(1996), 조선일보 대한민국 50년을 만든 50대 인물(1998), 전국경제인연합회 20세기 한국을 빛낸 30대 기업인(1999), 영국 파이낸셜타임즈 세계의 인물대상(2005), 몽골정부 우정훈장(2005), 국제로터리 영예의상(2009), 자이드 국제환경상(2011), 자이드 대훈장(2011), 국제물협회(IWA) 명예회원상(2011), 덴마크 최고훈장 '코끼리훈장'(2011), 미국 양심호소재단 세계지도자상(2011), 콜롬비아 보야카 대훈장(2012), 무궁화대훈장(2013) (저)자전에세이 '신화는 없다'(1995) '절망이라지만 나는 희망이 보인다'(2002) '청계천은 미래로 흐른다'(2005) '온몸으로 부딪쳐라'(2007) '이명박의 흔들리지 않는 약속'(2007) '어머니'(2007) 'The Uncharted Path'(2011), 회고록 '대통령의 시간 2008~2013'(2015, 알에이치코리아) '어머니-생각만해도 가슴저미는'(2017) (종)기독교

이명석(李明石) LEE Myung Seok

(생)1957 · 8 · 15 (출)서울 (주)서울특별시 용산구 청파로47길 100 숙명여자대학교 생명시스템학부(02-710-9418) (학)1983년 서울대 생물학과졸 1985년 미국 텍사스주립대 대학원 이학과졸 1991년 이학박사(미국 텍사스주립대) (경)1985~1991년 미국 텍사스대 의대 생화학과 연구조교 · 강의조교 1991년 미국 텍사스대 Southwestern Medical Center 박사 후 연구원 1992년 울산대 조교수 1992년 미국 Southwestern Medical Center 방문학자 1994년 숙명여대 생명시스템학부 교수(현) 2018년 同대학원장 겸 BK21플러스지원사업단장(현) (저)'인간과 환경' 'Cloning of the histidine biosynthetic genes from Corynebacterium glutamicum : Organization and analysis of the hisG and hisE genes'(2000, Can. J. Microbiol.) 'Isolation and analysis of the argG gene from Corynebacterium glutamicum'(2002, The Journal of Biological Chemistry) 'Isolation and analysis of the argG gene from Corynebacterium glutamicum'(2003, J. Microbiol. Biotechnol.) 'The effect of over-expression of DNA topoisomerase I on gene expression in Saccharomyces cerevisiae'(2004, Korean J. Genetics) 'ICAM-3-induced cancer cell proliferation through the PI3K'(2006, Cancer Lett.) 'Pro-apoptotic effect and cytotoxicity of genistein and genistin in human ovarian cancer SK-OV-3 cells'(2007, Life Sci. in press)

이명석(李明奭) LEE Myung Suk

(생)1961 · 2 · 1 (출)서울 (주)서울특별시 종로구 성균관로 25-2 성균관대학교 행정학과(02-760-1033) (학)1983년 성균관대 행정학과졸 1985년 同대학원 정책학과졸 1994년 정치학박사(미국 인디애나대) (경)1989~1994년 미국 인디아나대 연구원 1994~1995년 환경부 연구위원 1995년 영남대 행정학과 전임강사 · 조교수 1997년 성균관대 행정학과 조교수 2000년 同부교수 · 교수(현) 2013~2014년 同국정관리대학원장 2017년 同사회과학대학장(현) (저)'합리적 선택과 신제도주의' '정책학의 주요이론'

이명선(李明善 · 女) Myung Sun Lee

(생)1957 · 6 · 22 (출)서울 (주)서울특별시 서대문구 이화여대길 52 이화여자대학교 신산업융합대학 융합보건학과(02-3277-2583) (학)1981년 이화여대 건강교육과졸 1983년 연세대 대학원 보건학과졸 1989년 보건학박사(연세대) (경)1991~2014년 이화여대 건강과학대학 보건관리학과 조교수 · 부교수 · 교수 2003년 SAFE KIDS Korea 부대표(현) 2003~2004년 미국 Univ. of Georgia 연구교수 2005~2013년 교육부 교육과정심의회 위원 2006~2009년 이화여대 대외협력처장 2009년 대한보건협회 부회장(현) 2011~2015년 한국학교 · 지역보건교육학회 회장 2012~2013년 미국 Johns Hopkins Univ. 연구교수 2012~2014년 대통령직속 규제개혁위원회 위원 2013~2014년 여성가족부 정책자문위원 2013~2017년 서울시 안전관리위원회 위원 2013~2017년 (사)안전생활실천시민연합 어머니안전지도자중앙회 회장 2014년 (사)한국여성유권자연맹 자문교수(현) 2014년 통계청 국가통계위원회 민간위원(현) 2014~2017년 한국여성정책연구원 원장 2015년 국무조정실 광복70년기념사업추진위원회 위원 2015~2017년 국무총리소속 사회보장위원회 민간위원 2015~2017년 국무총리소속 양성평등위원회 민간위원 2015~2017년 고용노동부 고용정책심의회 위원 2015~2017년 국민안전처 정책자문위원 2015~2017년 제30대 유네스코한국위원회 집행위원 겸 인문사회 · 자연과학분과위원회 부위원장 2016년 행정안전부 안전정책분과 정책자문위원(현) 2016년 국가위기관리학회 회장 2016~2017년 국회 저출산 · 고령화대책특별위원회 자문위원 2017년 이화여대 신산업융합대학 융합보건학과 교수(현) 2019년 同이화리더십개발원장(현) (상)선진교통문화대상 행정자치부장관표창(2006), 선진교통안전대상 행정안전부장관표창(2010), 보건복지부장관표창(2012) (저)'안전보건학'(2002, 계축문화사) '초등학교 안전교육 지도서'(2003, 이화여대 사범대학) '아이들이 안전한 나라 행복한 나라'(2004, 한국산업안전공단) '신공중보건학'(2006, 계축문화사) '생활과 건강증진'(2007, 계축문화사) '고등학교 보건교과서 및 교사용 학습지침'(2009, 보건복지부) '고등학교 안전과 건강'(2011, 교육과학기술부) '국민안전교육 표준교재 및 지도서 개발'(2011, 안전행정부) '영유아 건강과 질병관리'(2012, 어린이집안전공제회) '어린이집 급식위생관리'(2012, 어린이집안전공제회) '어린이집 내 사고와 안전관리'(2012, 어린이집안전공제회) '아동학대 및 아동권리'(2012) '외국인근로자 진료기관 사업담당자 실무역량 강화 교육교재'(2012) '보건교육사를 위한 보건프로그램'(2013) 'Family Planning Initiatives'(2013) '보건교육사를 위한 보건학'(2014) '보건교육사를 위한 보건프로그램 개발 및 평가'(2014) '여성과 안전'(2014) '여성과 국제개발협력'(2014) '보건교육사를 위한 보건교육학'(2014) '생활과 건강증진'(2016)

이명수(李明洙) LEE Myoung Soo

(생)1955 · 2 · 11 (출)충남 아산 (주)서울특별시 영등포구 의사당대로 1 국회 의원회관 422호(02-788-2891) (학)1973년 대전고졸 1977년 성균관대 행정학과졸 1979년 同대학원 행정학과졸 2003년 행정학박사(성균관대) (경)1978년 행정고시 합격(22회) 1979년 아산군 수습사무관 1985년 충남도 지방공무원교육원 교관 1988년 충남도 법무담당관 1990년 同개발담당관 1992년 同기획담당관 1993년 충남 금산군수 1994년 대통령비서실 파견 1995년 내무부 법무담당관 1996년 충남도 백제문화권개발사업소장 1996년 同정책실장 1998년 同정책기획정보실장 1999년 국무조정실 자치행정심의관 1999년 同안전관리대책기획단 부단장 2000년 同안전관리개선기획단 부단장 2001~2004년 충남도 행정부지사 2003년 충남대 · 순천향대 대우교수 2004년 제17대 국회의원선거 출마(아산시, 자민련) 2005년 건양대 부총장 2006년 충남도지사선거 출마(국민중심당) 2006년 국민중심당 국민중심정책연구원장 2006년 나사렛대 부총장 2008년 제18대 국회의원(아산시, 자유선진당) 2008년 자유선진당 원내수석부대표 2008~2010년 同대변인 2008년 국회 규제개혁특별위원회 간사 2008년 자유선진당 제3정책조정위원장(사회분야담당) 2008년 국회 행정안전위원회 위원 2008년 자유선진당 정책연구원장 2011년 同정책위원회 의장 2012년 제19대 국회의원(아산시, 선진통일당 · 새누리당) 2013년 국회 국토교통위원회 위원 2013~2014년 국회 정치쇄신특별위원회 위원 2013년 국회 동북아역사왜곡대책특별위원회 위원 2014년 국회 보건복지위원회 여당 간사 2014~2015년 새누리당 정책위원회 제5정책조정위원장 2014년 국회 국민안전혁신특별위원회 안전관계법령정비소위원회 위원장 2014~2015년 새누리당 충남도당위원장 2015년 同아동학대근절특별위원회 부위원장 2015년 同정책위원회 부의장 2015년 同메르스비상대책특별위원회 위원장 2015년 국회 메르스대책특별위원회 여당 간사 2015년 새누리당 국가간호간병제도특별위원회 부위원장 2016년 同총선기획단 위원 2016년 (사)효창원7위선열기념사업회 회장 2016년 제20대 국회의원(아산시甲, 새누리당 · 자유한국당〈2017.2〉)(현) 2016~2017년 국회 안전행정위원회 위원 2016~2017년 국회 저출산 · 고령화대책특별위원회 위원 2016~2017년 새누리당 민생특별위원회 위원장 2017년 국회 한 · 아제르바이잔친선협회 회장(현) 2017년 자유한국당 민생특별위원회 위원장 2017년 국회 정치발전특별위원회 위원장 2017년 자유한국당 제19대 홍준표 대통령후보 중앙선거대책위원회 국가대개혁위원회 정치쇄신개혁위원장 2017년 同정책개발단장 2017~2018년 국회 행정안전위원회 위원 2017~2018년 국회 청년미래특별위원회 위원장 2017년 자유한국당 정책위원회 부의장 2018년 同정책혁신위원회 국민안전혁신분과 위원장 2018년 同6.13전국지방선거공약개발단 중앙핵심공약개발단 산하 국민안전혁신단장 2018~2019년 국회 보건복지위원회 위원장 2019년 자유한국당 4대강보파괴저지대책특별위원회 위원(현) 2019년 同인재영입위원회 위원장(현) (상)근정포장, 홍조근정훈장, 법률소비자연맹 국회의원 헌정대상(2013 · 2017 · 2018 · 2019), 유권자시민행동 국정감사 최우수상(2013), 대한민국 건설문화대상 의정부문 공로대상(2013), 국정감사 우수의원(2014 · 2015 · 2016), 머니투데이 더300 주관 '대한민국 최우수 법률상'(2016), 대한변호사협회 선정 '최우수 국회의원상'(2016), 대한민국 유권자대상(2016) (저)'독도/경주의 숨결(共)'(2012) '코리아 하모니'(2012) '충남도민 40인의 진심토론 : 충청이여 대한의 미래를 논하자'(2013, 오름에디션) (종)천주교

이명수(李明洙) LEE Myung Soo

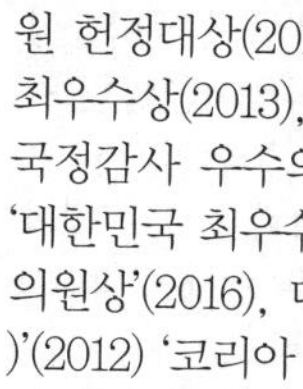

(생)1967 · 9 · 25 (주)서울특별시 강남구 영동대로 517 아셈타워 18층 법무법인(유) 화우(02-6003-7095) (학)1985년 광주 살레시오고졸 1994년 고려대 법과대학졸 2000년 서울대 법과대학 법학연구과정 금융거래법분야 수료 2005년 고려대 법무대학원 금융거래법학 석사과정 수료 (경)1997년 사법시험 합격(39회) 2000년 사법연수원 수료(29기) 2000년 금융감독원 분쟁조정국 근무 2002년 금융감독위원회 감독정책과 근무 2003년 금융감독원 공시심사실 수석조사역 2006년 同법무실 팀장 2009년 同기업공시국 팀장 2010~2013년 同금융분쟁조정위원회 전문위원 2010~2017년 법무법인(유) 화우 변호사 2011년 금융위원회 법률자문위원(현) 2012~2015년 한국거래소 코스닥시장상장위원회 심의위원 2012년 새마을금고중앙회 예금자보호준비금관리위원회 위원(현) 2012~2015년 신협중앙회 기금관리위원회 위원 2013~2014년 금융감독원 금융분쟁조정위원회 위원 2013~2015년 同파생상품조사실무위원회 위원 2014~2016년 (주)메리츠금융지주 사외이사 겸 감사위원 2015년 금융위원회 법령해석심의위원회 위원(현) 2015~2017년 同금융개혁자문단 자문위원 2015~2017년 서울시 대부업분쟁조정위원회 위원 2015년 한국거래소 유가증권시장상장공시위원회 위원(현) 2016~2018년 금융위원회 금융발전심의회 정책 · 글로벌금융분과 위원 2016~2018년 금융감독원 금융감독자문위원회 자문위원 2016년 同법률고문(법인)(현) 2017년 同제재심의위원회 위원(현) 2018년 법무법인 화우 경영전담 변호사(현) 2018년 한국증권금융 꿈나눔재단 이사(현) 2018년 코스닥협회 자문위원회 법제분과 위원(현)

이명숙(李名琡 · 女) LEE Myoungsook

(생)1959 · 12 · 13 (본)벽진(碧珍) (출)부산 (주)서울특별시 강북구 도봉로76가길 55 성신여자대학교 Health & Wellness College 식품영양학과(02-920-7211) (학)1983년 숙명여대 식품영양학과졸 1985년 同대학원 식품영양학과졸 1993년 이학박사(미국 오하이오주립대) (경)1993~1994년 숙명여대 · 충남대 강사 1994년 연세대 생화학과 Post-Doc. 1994년 성신여대 Health & Wellness College 식품영양학과 전임강사 · 조교수 · 부교수 · 교수(현) 2000~2001년 한국식품영양학과 교수협의회 재무이사 2001~2002년 미국 국립보건원(NIH) Visiting Scientist 2003~2004년 스포츠영양의학연구소 소장 2004년 성신여대 비만과학연구소장(현) 2004~2005년 한국운동영양학회 상임이사 2004년 성신여대 가족건강복지센터 영양의학실장 2005~2006년 한국영양학회 총무이사 · 재무이사 2007년 보건복지부 국민고혈압사업단 식품영양 자문위원(현) 2008~2009년 한국지질동맥경화학회 이사 2008~2010년 보건복지부 심혈관유전체사업단 자문위원 2008년 同국민고혈압사업단 자문위원 2009~2011년 성신여대 산학협력단장 2011~2014년 농림축산식품부 항비만바이오신소재사업단장 2014년 전국식품영양교수협의회 회장 2017년 성신여대 연구 · 산학협력단장 2018년 同대학원장(현) (상)숙명여대 공로상(1983), 우수대학원생 논문지원상(1992), Fellow Award Research Excellence(2002), 한국과학기술총연합회 18회 과학기술우수논문상(2008), 성신여대 산학실적 최우수상(2009), 한국임상영양학회 우수포스터상(2011) (저)'아포지단백질 대사'(2000, 효일출판사) '식품영양 실험핸드북'(2000, 한국식품영양과학회) '21세기 스포츠 영양'(2001, 교문출판사) '비만과 스포츠영양'(2003, 성신여대출판부) '리핀코트의 그림으로 보는 생화학'(2005, 신일상사) '최신 영양생화학실험'(2005, 교문사) '재미있는 영양이야기'(2007, 교문사) 'Vander's 인체생리학 10th edition'(2008, 지코사이언스) 'Metabolic Syndrome 2009대사증후군'(2009, 진기획) '이상지질혈증 치료지침'(2009, 한국지질동맥경화학회 치료지침제정위원회) (종)불교

이명숙(李明淑 · 女) LEE Myung Sook

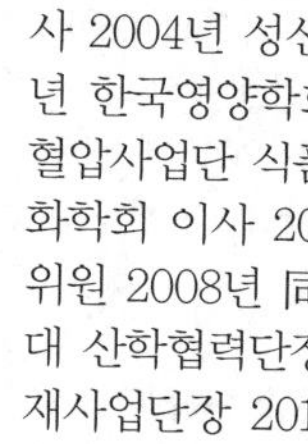

(생)1963 · 4 · 30 (본)한산(韓山) (출)경북 예천 (주)서울특별시 서초구 서초중앙로26길 9 동우빌딩 4층 법률사무소 나 · 우리(02-587-3200) (학)1982년 대구 신명여고졸 1986년 이화여대 법학과졸 2005년 고려대 법무대학원 의료법학과졸 2008년 이화여대 대학원 가족법박사과정 수료 (경)1987년 사법시험 합격(29회) 1990년 사법연수원 수료(19기) 1990년 변호사 개업 2000년 서울시 아동학대사례판정위원회 위원 2001년 경찰청 여성아동범죄대책 자문위원 2001~2008년 한국여성의전화 이

사 2001~2008년 여성부·여성가족부 고문변호사 2003년 다시함께센터 법률지원단장 2003~2009년 한국양성평등교육진흥원 감사 2004년 교육과학기술부 학교폭력기획위원회 위원 2004년 사법연수원 가사소송실무 강사 2004~2009년 해바라기아동센터 운영위원 2005~2008년 국가청소년위원회 비상임위원 2005년 여성·학교폭력피해자ONE-STOP지원센터 법률지원단장 2006년 한국아동학대예방협회 부회장 2007년 국가인권위원회 분쟁조정위원 2009년 대한변호사협회 청소년아동사랑위원장 2009년 同가사법전문분야등록심사위원 2009년 同인권이사 겸 인권위원장 2009년 한국성폭력상담소 자문위원 2011년 서울환경운동연합 공동의장 2012년 서울이주여성쉼터 운영위원 2012년 서울시 아동학대사례판정위원 2012년 서울가정법원 가사조정위원 2012년 보건복지부 정책자문위원 2012년 여성가족부 정책자문위원 2012~2016년 법무법인 나우리 대표변호사 2014~2016년 한국여성변호사회 회장 2014~2016년 대한변호사협회 부회장 2014년 서울중앙지법 시민사법위원회 위원(현) 2015~2018년 대통령소속 국가지식재산위원회 민간위원(3기) 2016년 법률사무소 나·우리 대표변호사(현) (상)여성부 남녀평등방송상(2004), 서울시 여성상(2009), 여성신문 미래의 여성지도자상(2010), 제7회 의암주논개상(2013) (저)'딸들아 일어나라 깨어라(共)'(1995)

이명순(李明純) LEE Myung Soon

(생)1968·7·19 (출)경남 의령 (주)서울특별시 종로구 세종대로 209 금융위원회 금융소비자국(02-2100-2980) (학)1987년 대구 대륜고졸 1991년 서울대 경제학과졸 2005년 미국 듀크대 대학원 국제개발정책학과졸 (경)1992년 행정고시 합격(36회) 2003년 금융감독위원회 기획행정실 기획과 서기관 2004년 한국개발연구원(KDI) 교육파견 2006년 금융감독위원회 감독정책1국 감독정책과 서기관 2006년 同기획행정실 의사국제과장 2007년 同기획행정실 기획과장 2007년 同감독정책1국 비은행감독과장 2007년 재정경제부 생활경제과장 2008년 금융위원회 위원장비서관 2009년 駐벨기에 재경관 2012년 금융위원회 금융정보분석원(FIU) 기획행정실장 2014년 同자본시장과장(부이사관) 2015년 자본시장연구원 파견 2015년 금융위원회 구조개선정책관 2017년 同중소서민금융정책관 2017년 同본부 근무(국장급) 2018년 국립외교원 파견 2019년 금융위원회 금융그룹감독혁신단장 겸 대변인 2019년 同금융소비자국장 겸 대변인(현)

이명식(李明植) LEE Myung Sik (一砂)

(생)1954·3·6 (본)수안(遂安) (출)서울 (주)서울특별시 종로구 홍지문2길 20 상명대학교 경영경제대학 경영학부(02-2287-5209) (학)1972년 서울고졸 1978년 서울대 섬유공학과졸 1980년 同경영대학원졸 1989년 경영학박사(미국 앨라배마대) (경)1995~2016년 상명대 경영대학 경영학과 교수 1996년 하나은행 자문교수 1998년 한국마케팅학회 상임이사 1998년 한국유통학회 이사 1998년 한국소비자문화학회 상임이사 2000년 정부혁신추진위원회 공기업평가단 금융부문 담당위원 2001년 하멕스인포텍 서비스마케팅 자문교수 2002년 한국신용카드학회 부회장 2002년 신용카드홍보교육위원회 위원 2003년 한국마케팅학회 부회장 2003년 한국FP협회 감사(현) 2008년 상명대 학생처장 2008~2009년 同경영대학장 2009년 한국신용카드학회 회장(현) 2010년 상명대 서울캠퍼스 입학처장 2010년 금융감독원 금융소비자자문위원 2011~2013년 상명대 복지상담대학원장 2011~2014년 기술보증기금 사외이사 2014~2015년 한국소비문화학회 공동회장 2014~2015년 한국서비스마케팅학회 회장 2015~2017년 삼성카드 소비자위원 2015~2017년 현대카드(주) 경영자문위원 2016년 상명대 경영경제대학 경영학부 교수 2017년 현대카드(주) 사외이사(현) 2019년 상명대 경영경제대학 경영학부 명예교수(현) (저)'서비스 마케팅' '마케팅 리서치' '관광서비스 마케팅' '사이버공동체발전론' '브랜드자산의 전략적관리' '개인신용평가제도: 이론과 실제' '전략적 브랜드마케팅' '마케팅리서치: 마켓센싱&인싸이트' (종)기독교

이명식(李明植) LEE Myung Sik

(생)1956·9·6 (출)서울 (주)서울특별시 서대문구 연세로 50-1 연세대학교 의과대학 신경과학교실(02-2019-2370) (학)1975년 중동고졸 1981년 연세대 의대졸 1989년 同대학원 의학석사 1992년 의학박사(연세대) (경)1988년 연세대 의대 전임강사·조교수·부교수·교수(현), 강남세브란스병원 신경과 의사(현) 1992~1994년 영국 런던대 퀸스퀘어신경학연구소 연구원 2001~2003년 아시아태평양파킨슨병학회 사무총장 2006~2009년 대한파킨슨병및이상운동질환학회 회장 (상)세계파킨슨병학회 우수논문상(1998·2007), 연세대학교 연구업적우수교수상(2002), 제1회 BI-KMDS 학술상(2008), 연세의대 연구업적 우수상(2008)

이명식(李明植) LEE Myung Sik

(생)1956·11·5 (출)경북 경주 (주)경기도 성남시 분당구 새마을로 257 새마을운동중앙회(031-620-2310) (학)1975년 동아고졸 1985년 고려대 법대졸 (경)1984년 민주화운동청년연합 인원부장 1985년 민주통일민중운동연합 조직국장 1995년 통일시대민주주의국민회의 정책위원장 1996년 김근태 국회의원 보좌관 1996~2000년 새정치국민회의 기획조정국장 2000년 同부대변인 2002년 새천년민주당 노무현 대통령후보 고양덕양乙선거대책위원장 2003년 同당보주간 겸 홍보위원회 상임부위원장 2003년 참여시대고양포럼 이사장 2003년 열린우리당 창당발기인 2003년 同고양덕양乙지구당 창당준비위원 2004년 同수도권대책특별위원회 부위원장 2005~2008년 인천국제공항공사 감사위원(상임이사) 2011년 산청전통의약엑스포 집행위원장 2018년 새마을운동중앙회 사무총장(현)

이명식(李明植) LEE Myung Shik

(생)1956·11·14 (출)서울 (주)서울특별시 서대문구 연세로 50-1 연세대 의과대학(02-2228-0877) (학)1975년 경기고졸 1981년 서울대 의대졸 1984년 同대학원 의학석사 1990년 의학박사(서울대) (경)1982~1985년 서울대병원 내과 레지던트 1985년 국군서울지구병원 근무 1988년 서울대병원 내분비내과 전임의 1989~1991년 원자력병원 내과 근무 1992~1995년 미국 The Scripps Research Institute Research Associate 1995년 삼성서울병원 내분비대사내과 전문의 1997~2015년 성균관대 의과대학 내과학교실 부교수·교수 2005년 삼성서울병원 내분비대사내과장 2011~2012년 대한면역학회 회장 2014~2016년 아시아미토콘드리아의학회 회장 2015년 연세대 의과대학 의생명과학부 교수(현) 2016년 한국분자세포생물학회 부회장 2017년 대한당뇨병학회 회장 2017년 한국과학기술한림원 정회원(의약학부)(현) (상)대한의과대학연합회 연구상(1978), 대한핵의학회 연구상(1988), 유한의학상(1992), 대한당뇨병학회 설원연구상(1998), 삼성생명과학연구소장상(1999·2001), 에밀폰 베링 의학대상(2002), SKKU Fellow(2005), 성균관대 성균학술상(2005), 삼성서울병원 개원기념 공로상수상(2007), 삼성서울병원 포스터-지표부문 최우수상(2007), 대한의학회 제23회 분쉬의학상 본상(2013), 아산의학상 임상의학부문(2015) (저)'당뇨병학'(1998) '내과학'(1998) '임상내분비학'(1999) '당뇨병과 함께 즐거운 인생을'(1999) '당뇨병 연구기법'(2003) '임상내과학(編)'(2004) (종)기독교

이명식(李明植) Myung-shik, Lee

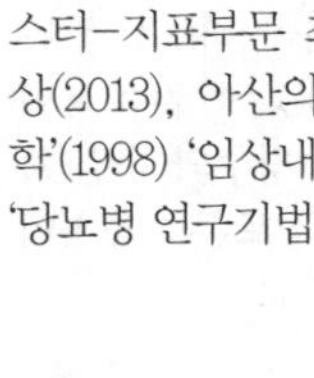

(생)1959·4·4 (주)서울특별시 영등포구 국제금융로 70 미원빌딩 19층 (주)케이탑자기관리부동산투자(02-783-5858) (학)1977년 대일고졸 1984년 고려대 경제학과졸 2007년 강남대 대학원 부동산학과졸 (경)1983~1998년 한국산업리스 팀장 2005~2008년 아주오토리스 대표이사 2007~2008년 대우캐피탈 부사장 2009~2010년 CNH(주) 감사 2011년 (주)케이탑자기관리부동산투자 대표이사(현)

이명연(李明衍) Lee Myeong Yeon

(생)1965 · 8 · 13 (주)전라북도 전주시 완산구 효자로 225 전라북도의회(063-280-3970) (학)전주 해성고졸, 원광대 사회과학대학 행정학과졸, 전북대 행정대학원 지방자치학과졸 (경)마음놓고학교가기 추진협의회 위원, 전북 전주시체육회 이사, 오천장학회 이사, 민주당 전북도당 기획실장, 전주시인재육성재단 이사, 전북교육포럼 공동대표, 중증장애인지역생활지원센터 이사 2002 · 2006 · 2010~2014년 전북 전주시의회 의원(민주당 · 민주통합당 · 민주당 · 새정치민주연합) 2008~2010년 同행정위원장 2010~2012년 同부의장 2012~2014년 同의장 2014~2018년 전북 전주시의회 의원(무소속 · 더불어민주당) 2016년 더불어민주당 전북도당 부대변인, 전북대 큰사람교육개발원 초빙교수 2018년 전북도의회 의원(더불어민주당)(현) 2018년 同환경복지위원회 위원 겸 예산결산특별위원회 위원(현) 2018년 同에너지거버넌스연구회 대표의원(현) 2018년 同공공기관유치지원특별위원회 위원장(현), (사)자치분권포럼 이사장(현) (저)'세계를 비벼, 그리고'(2014) 2019 대한민국 지방의회 의정대상(2019) (종)천주교

이명영(李明榮) LEE MYOUNG YOUNG

(생)1962 · 2 · 20 (주)서울특별시 종로구 종로 26 SK빌딩 SK이노베이션(주)(02-2121-5114) (학)1987년 연세대 경영학과졸 (경)1987~2012년 SK에너지(주) · SK(주) · SK가스(주) · SK네트웍스(주) 근무 2012년 SK하이닉스(주) 재무본부장 2016년 同재무기획본부장(전무) 2018년 同경영지원 · 재무담당 부사장 2019년 SK이노베이션(주) 사내이사(현)

이명우(李明祐) Lee Myoung-woo

(생)1954 · 1 · 5 (출)부산 (주)서울특별시 서초구 마방로 68 (주)동원산업 임원실(02-589-3333) (학)1972년 부산고졸 1977년 서울대 철학과졸 1994년 미국 펜실베이니아대 와튼스쿨 MBA 2010년 경영학박사(한양대) (경)1977년 삼성전자(주) 입사 1982년 同Jeddah지점장 1988년 同영국법인(London) 총괄 1990년 同컴퓨터구주판매법인(Frankfurt)장 1995년 同국제본부 마케팅팀장 1997년 同미주본사 전략기획팀장(이사보) 1998~2001년 同미주통합법인 가전부문장(이사) 2001~2005년 소니코리아(주) 대표이사 사장 2005년 미국 펜실베니아대 와튼스쿨 Visiting Scholar 2006~2007년 (주)한국코카콜라보틀링 회장 2007~2010년 아이리버(前 레인콤) 대표이사 사장 · 부회장 2010~2013년 한양대 경영대학 특임교수 2013~2019년 (주)포스코 사외이사 2014년 (주)동원산업 대표이사 사장(현) 2016~2017년 (주)포스코 이사회 의장 (상)국제휴머니테리언상(S. David Feir International Humanitarian Award)(1999) (저)'적의칼로 싸워라'(2013, 문학동네) '초일류 삼성의 성공엔진(共)'(2013, 한울)

이명재(李明載) LEE Myung Jae

(생)1943 · 3 · 5 (출)경북 영주 (주)서울특별시 강남구 테헤란로 133 한국타이어빌딩 법무법인 태평양(02-3404-0117) (학)1961년 경북고졸 1965년 서울대 법대졸 (경)1970년 사법시험 합격(11회) 1972년 사법연수원 수료(1기) 1972년 軍법무관 1975년 서울지검 남부지청 검사 1977년 전주지검 군산지청 검사 1979년 대검찰청 검찰연구관 1980년 서울지검 검사 1982년 대검찰청 검찰연구관(고등검찰관) 1985년 同감찰2과장 1985~1989년 同중수부 3과장 · 2과장 1990년 서울지검 특수1부장 1992년 부산지검 울산지청장 1993년 서울지검 동부지청 차장검사 1993년 同서부지청장 1994년 同동부지청장 1995년 사법연수원 부원장 1997년 대검찰청 총무부장 1998년 同중앙수사부장 1999년 부산고검장 2000년 서울고검장 2001년 변호사 개업 2002년 검찰총장 2003년 법무법인 태평양 고문변호사(현) 2004~2014년 녹십자 사외이사 2005년 신한장학재단 사외이사(현) 2009~2012년 두산인프라코어(주) 사외이사 2011년 TV조선 사외이사 2015~2017년 대통령 민정특보 (상)황조근정훈장 (종)불교

이명재(李明宰) LEE Myung Jae

(생)1960 · 4 · 11 (본)전주(全州) (출)충남 논산 (주)서울특별시 서초구 서초중앙로 119 세연타워 11층 법무법인 베이시스(02-522-3200) (학)1979년 경신고졸 1983년 고려대 법학과졸 (경)1983년 (주)금성사 근무 1986년 사법시험 합격(28회) 1989년 사법연수원 수료(18기) 1989년 서울지검 검사 1991년 부산지검 울산지청 검사 1993년 인천지검 검사 1995년 서울지검 의정부지청 검사 1997년 법무부 법무과 검사 1999년 서울지검 북부지청 검사 2001년 同북부지청 부부장검사 2002년 춘천지검 강릉지청 부장검사 2003년 대검찰청 연구관 2004년 인천지검 공안부장 2005년 서울중앙지검 부부장검사 2006년 법무부 감찰관실 검사 2007년 서울중앙지검 특수3부장 2008년 청주지검 충추지청장 2009년 법무부 감찰담당관 2009년 서울북부지검 차장검사 2010년 의정부지검 고양지청장 2011년 법무부 인권국장 2012년 서울고검 형사부장 2013년 제주지검장 2013년 의정부지검장 2015년 사법연수원 부원장(검사장급) 2015~2017년 법무연수원 기획부장(검사장급) 겸 부원장 2018년 법무법인 베이시스 변호사(현) (상)법무부장관표창(1997) (저)'객관식 민법'(1987) '新국적법해설'(1998)

이명재(李明宰) Lee Myung-Jai

(생)1965 · 12 · 1 (본)전주(全州) (출)전남 보성 (주)서울특별시 중구 세종대로 124 한국프레스센터 11층 뉴스통신진흥회(02-734-4812) (학)1984년 광주동신고졸 1991년 서울대 사회학과졸 (경)1992~2003년 동아일보 사회부 · 경제부 기자 · 노동조합 사무국장 · 공정보도위원회 간사 2004~2009년 국가인권위원회 법제개선담당관 · 인권연구과장 · 홍보협력과장 2012년 아시아경제 편집국 사회문화부장, 同편집위원 2015~2017년 同논설위원 2015년 (재)자유언론실천재단 운영위원 및 기획편집위원(현) 2017년 (사)다른백년(The TOMORROW) 논평기획위원장 2018년 뉴스통신진흥회 사무국장(현)

이명조(李明照) LEE Myong Jo

(생)1962 · 1 · 19 (본)경주(慶州) (출)경북 선산 (주)서울특별시 종로구 율곡로2길 25 연합뉴스 콘텐츠평가실(02-398-3114) (학)검정고시 합격 1989년 고려대 불어불문학과졸 2002~2003년 미국 텍사스대 저널리즘스쿨 연수 (경)1989년 연합뉴스 입사 1989년 同영문뉴스국 특집부 기자 1991년 同사회부 기자 1994년 同정치부 기자 1999년 同문화부 기자 2001년 同여론매체부 차장대우 2002년 同편집국장석 차장 2004년 同사회부 차장 2005년 同편집국 기획취재팀장 2005년 同국제경제부 차장 2006년 同국제경제부 부장대우 2007년 同파리특파원(부장대우) 2009년 同파리특파원(부장급) 2010년 同국제뉴스2부 부장급 2011년 同정치부장 2012년 同정치부장(부국장대우) 2013년 同논설위원 2014년 同콘텐츠평가실 콘텐츠평가위원 2015년 同유럽총국장 2018년 同국제뉴스2부 근무(부국장) 2019년 同콘텐츠평가실 콘텐츠평가위원(현)

이명준(李明俊) Lee Myoung Joon

(생)1968 · 11 · 27 (출)광주 (주)인천광역시 연수구 해돋이로 130 해양경찰청 경비과(032-835-2541) (학)1986년 광주 동신고졸 1990년 한국해양대졸 2009년 영국 서레이대 대학원 경영학과졸 (경)1995년 경위 임용(경찰간부 후보 43회) 2004년 해양경찰청 경무기획국 혁신계장(경정) 2004년 同경무기획국 혁신기획단 성과관리팀장 2008년 국외 훈련(영국 서

레이대) 2011년 해양경찰학교 교무계장 2011년 해양경찰청 미래전략기획단장(총경) 2012년 同기획조정관실 창의성과담당관 2013년 대통령 사회안전비서관실 행정관 2015년 대통령 재난안전비서관실 행정관 2016년 서귀포해양경비안전서장 2017년 국민안전처 해양경비안전본부 해양경비안전총괄과장 2017년 해양경찰청 혁신기획재정담당관 2017년 남해지방해양경찰청 부산해양경찰서장 2019년 해양경찰청 경비과장(현)

이명진(李明振) Yi Robert Myung

(생)1958 · 8 · 16 (출)서울 (주)서울특별시 서초구 서초대로74길 11 삼성전자(주) IR팀(02-2022-3730) (학)1981년 미국 뉴욕주립대 버펄로교 회계학과졸 2004년 미국 컬럼비아대 대학원 경영학과졸(MBA) (경)1988년 Choi&Yi 회계사무소 파트너 회계사 1990년 SK(주) 미주법인 매니저 1996년 삼성전자(주) SEA 디렉터 2004년 同경영지원총괄 IR그룹장 2007년 同IR팀 상무 2009년 同DS IR팀장(상무) 2010년 同IR팀장(상무) 2011년 同IR팀장(전무) 2014년 同IR그룹장(전무) 2017년 同IR그룹장(부사장) 2019년 同IR팀장(부사장)(현)

이명천(李明天) LEE Myoung Chun

(생)1957 · 12 · 19 (주)서울특별시 동작구 흑석로 47 중앙대학교 광고홍보학과(02-820-5507) (학)1976년 광주고졸 1982년 중앙대 광고홍보학과졸 1985년 同대학원 경영학과졸 1991년 신문방송학박사(한양대) (경)1992년 중앙대 광고홍보학과 교수(현) 1996~1998년 同신문방송대학원 교학부장 2000~2002년 同광고홍보연구소장 2001~2003년 한국광고홍보학회 회장 2003~2006년 (주)SBSi 사외이사 2004~2017년 (사)국제청소년지원단 이사장, 유엔환경계획(UNEP) 한국위원회 이사 2005~2007년 중앙대 신문방송대학원장 2008~2009년 한국홍보학회 회장 2010년 한마음한몸운동본부 이사(현) 2013년 한국기술교육대 교육이사(현) 2014년 이마에스트리 기획홍보책임자(CCO) 2019년 同커뮤니케이션 자문역(현) (저)'글로벌마케팅 커뮤니케이션'(2002) '광고연구방법론'(2003) '광고학개론'(2005) '문화콘텐츠마케팅'(2006) '한국PR의 역사'(2010) 'PR입문'(2011) (역)'인터넷광고론'(2000) '인터넷광고의 이해'(2003) '혼자서도 할 수 있는 비영리조직 PR'(2003) '위기관리 PR 커뮤니케이션'(2005)

이명철(李明哲) Myung Chul Lee

(생)1948 · 9 · 22 (출)경남 밀양 (주)경기도 성남시 분당구 돌마로 42 한국과학기술한림원 이사장실(031-726-7900) (학)1967년 서울고졸 1969년 서울대 문리과대학 의예과졸 1973년 同의과대학 의학과졸 1976년 同대학원 의학석사 1982년 의학박사(서울대) (경)1974~1978년 서울대병원 내과 레지던트 1978~1981년 국군수도통합병원 내과부장(군의관) 1981~2012년 서울대 의대 핵의학교실 조교수 · 부교수 · 교수 1984~1986년 미국 존스홉킨스의대 연구원 1990~1996년 서울대병원 핵의학과장 1990~1996년 서울대 환경안전연구소 운영부장 1993~1996년 대한핵의학회 이사장 1996~1999년 同고시수련위원장 1996~1998년 서울대 의학연구원 부원장 1996~2000년 同의대 연구부학장 · 교무부학장 1997~1998년 同의대 핵의학교실 주임교수 1997~2003년 한국원자력연구소 이사 1997~2000년 대한의학회 이사 1998~1999년 대한의용생체공학회 회장 1998~2011년 유럽핵의학회지 편집위원 1999~2011년 미국핵의학회지 편집위원 2001~2003년 아시아지역핵의학협력기구 의장 2002~2004년 대한뇌기능매핑학회 회장 2002~2006년 세계핵의학회 회장 2002~2004년 同학회지 편집위원장 · 명예 편집위원 · 수석편집위원 2002~2006년 서울대 대학원 방사선응용생명과학교실 주임교수 2002년 한국과학기술한림원 정회원(의약학부 · 현) 2003~2010년 한국방사성동위원소협회 부회장 2004년 세르비아 벤그레이드대 초빙교수 2004년 대한민국의학한림원 회원(현) 2004~2006년 대한핵의학회 부회장 2006~2007년 同회장 2006년 국제과학복합연구단지(청라지구 BIT Port) 추진단장 2007~2010년 서울대 생명공학공동연구원장 2008~2012년 한국바이오경제포럼 회장 2010~2016년 (사)한국동위원소협회 회장 2010~2012년 (재)서울대학교발전기금 부이사장 2010년 한국과학기술한림원 의약학부장 2010~2012년 방사선선진문화포럼 공동회장 2011~2014년 세계동위원소기구(WCI) 회장 2012~2013년 가천대 길병원장 2013년 同메디컬캠퍼스 부총장 2013~2014년 同메디컬캠퍼스 임상의학핵의학과 교수 2013~2014년 同뇌융합과학관 초대원장 2013~2016년 한국과학기술한림원 회원담당 부원장 2014~2016년 국군의무사령부 국군수도병원장 2014년 서울대 의대 명예교수(현) 2015~2018년 한국과학기술원(KAIST) 이사 2015~2017년 한국방사선진흥협회 회장 2015년 국가과학기술자문회의 미래전략분과 의장 2016~2019년 한국과학기술한림원 원장 2017년 국가과학기술자문회의 부의장 2017년 국무총리자문 국민안전안심위원회 위원(현), 세계동위원소기구(WCI) 국제협력조정관(현) 2019년 한국과학기술한림원 이사장(현) (상)대한핵의학회 Radim상(1996), 제8회 대한의용생체공학상(2001), 3 · 1문화상(2010), 한국핵의학상(2011), 과학기술훈장 창조장(2012), 옥조근정훈장(2014) (저)'핵의학용어집(共)'(1991) '핵의학I · II'(1992, 1997) '진단방사선과학'(1995) (역)'핵의학III'(2008) '핵의학길잡이'(2009) (종)기독교

이명철(李銘哲) LEE Myung Chul

(생)1958 · 5 · 29 (주)서울특별시 종로구 대학로 101 서울대학교병원 정형외과(02-2072-3212) (학)영동고졸 1983년 서울대 의대졸 1991년 同대학원 의학석사 1994년 의학박사(서울대) (경)1983~1986년 군의관 1991~1993년 충북대 의대 정형외과학교실 전임강사 1993~1994년 서울대 의대 정형외과학교실 임상강사 1994~2016년 同의대 정형외과학교실 전임강사 · 조교수 · 부교수 · 교수 1996~1998년 미국 Univ. of California San Diego 정형외과 연구교수 2004년 미국 Hospital for Special Surgery 연수 2007~2010년 대한슬관절학회 학술편집위원장 2008년 독일 하이델베르그대 Mannheim병원 연수 2013~2015년 대한정형외과연구학회 회장 2016년 서울대 의대 정형외과학교실 주임교수(현) 2016년 서울대병원 정형외과 과장(현) 2017년 한국생체재료학회 고문(현) 2017~2018년 대한슬관절학회 회장 2017~2018년 대한정형외과스포츠학회 회장 2017~2018년 대한정형외과컴퓨터수술학회(CAOS Korea) 회장 2017년 Asia Pacific Knee Arthroscopy Sports Medicine Society, President (저)'골절학(共)'(2001, 군자출판사) '스포츠의학(共)'(2001, 의학출판사) '정형외과학(제6판)(共)'(2006, 최신의학사)

이명철(李明哲)

(생)1970 · 8 · 30 (출)전남 화순 (주)서울특별시 서초구 서초대로 219 대법원(02-3480-1100) (학)1989년 광주제일고졸 1993년 서울대 법학과졸 (경)1996년 사법시험 합격(38회) 2001년 사법연수원 수료(30기) 2001년 서울지법 의정부지원 예비판사 2002년 서울고법 예비판사 2003년 서울지법 판사 2004년 서울중앙지법 판사 2005년 광주지법 판사 2008년 서울가정법원 판사 2010년 서울중앙지법 판사 2013년 서울남부지법 판사 2014년 사법연수원 교수 2017년 창원지법 통영지원 부장판사 2018년 대법원 재판연구관(현)

이명학(李明學) LEE Myung Hack

(생)1954 · 12 · 21 (본)전주(全州) (출)서울 (주)경기도 과천시 별양상가로 2 그레이스빌딩 12층 (주)천일사장실(070-7437-9772) (학)1978년 육군사관학교졸 1987년 한양대 산업대학원 토목공학과졸 (경)1984년 건설교통부 토목사무관 1992년 한국공항공사 토목처장 1994년 인천국제공항공사 토목사

업본부장 1999년 (주)한석엔지니어링 건축사 사장 2002년 (주)유신코퍼레이션 입사, 同사장 2006~2013년 (주)유신 사장 2013~2014년 同부회장 2014년 同기술자문 2014년 (주)천일 사장(현) (상)산업포장(2003) (종)기독교

이명학(李明學) LEE Myung Hak

(생)1955 · 5 · 30 (본)양성(陽城) (출)서울 (주)서울특별시 종로구 성균관로 25-2 성균관대학교 사범대학 한문교육과(02-760-0549) (학)성균관대 한문교육학과졸 1982년 同대학원졸, 중국 베이징사범대 대학원 중문학 박사과정 수료 (경)1989년 성균관대 사범대학 한문교육과 교수(현), EBS 교양한문 강사, 성균관대 신문사 · 방송국 주간교수, 同학생처장, 同입학처장, 대만 국립정치대 한국어과 교환교수 2003년 한국한문교육학회 회장 2006~2010년 성균관대 사범대학장 겸 교육대학원장 2009년 미국 세계인명사전 'Marquis Who's Who in the World'에 등재 2014~2017년 한국고전번역원 원장 (상)제1회 대한민국 스승상(2012), 녹조근정훈장(2012), 한국교육개발원(KEDI) 100대 좋은 대학강의상(2012) (저)'중학교 한문1 · 2 · 3' '고등학교 한문Ⅰ · Ⅱ' '비즈니스 한자 실무1 · 2 · 3' '고등학교 한문' 'EBS방송교재' '교양인을 위한 한문의 세계' '상무한검' '생각이 열리는 한자' (역)'고구려 사람들'(2007)

이명헌(李明憲) Lee Myunghun

(생)1959 · 7 · 10 (주)인천광역시 미추홀구 인하로 100 인하대학교 경상대학 국제통상학과(032-860-7805) (학)1982년 연세대 식품공학과졸 1984년 同대학원 경제학과졸 1988년 미국 뉴욕주립대 대학원 경제학과졸 1993년 경제학박사(미국 워싱턴대) (경)1994년 환경부 전문요원 1994년 연세대 · 인천대 강사 1994년 에너지관리공단 정보관리센터 실장(4급) 1994~1995년 고려대 강사 1994~1995년 한국환경기술개발원 선임연구원 1995~2005년 계명대 경제학과 교수 2005년 인하대 경상대학 국제통상학과 교수(현) 2017~2018년 한국환경경제학회 회장 2018년 同고문(현) (저)'지속가능한 환경과 에너지-제2의 생산-에너지수요관리(共)'(1995, 경실련) '환경과 인간(共)'(2000, 율곡출판사) '한국의 경제정책(共)'(2005, 박영사)

이명헌(李明憲) Myoung-Heon, Lee

(생)1965 · 2 · 28 (본)월성(月城) (출)서울 (주)경상북도 김천시 혁신8로 177 농림축산검역본부 조류인플루엔자연구진단과(054-912-0963) (학)1983년 충주고졸 1987년 충남대 수의학과졸 1989년 同대학원 수의학과졸 1998년 수의학박사(충남대) (경)1993~2003년 국립수의과학검역원 가축위생연구사 2003~2012년 농림축산검역본부 수의연구관 2008~2010년 미국 미주리대 초빙연구원 2011~2017년 대한수의사회 학술홍보국제협력위원 2012년 농림축산검역본부 질병진단과장 2014년 同구제역진단과장 2014년 대한수의학회 재무위원장 2014년 한국예방수의학회 학술위원장 2016년 농림축산검역본부 동물약품관리과장 2017년 同조류인플루엔자연구진단과장(현) 2018년 대한수의학회 부회장(현) 2018년 예방수의학회 부회장(현) 2018년 세계인명사전 'Marquis Who's Who'에 등재 (상)농림부장관표창(2000) (종)천주교

이명현(李明賢) LEE Myung Hyun (玄愚)

(생)1942 · 6 · 16 (본)단양(丹陽) (출)평북 신의주 (주)서울특별시 중구 동호로 240 환경빌딩 B1 심경문화재단 이사장실(02-521-1434) (학)1964년 서울대 철학과졸 1968년 同대학원졸 1974년 철학박사(미국 브라운대) (경)1964~1968년 공군사관학교 조교수 1973~1977년 한국외국어대 조교수 1977~1980년 서울대 인문대학 조교수 1980년 강제 해직 1982~1983년 독일 홈볼트재단 초청 독일 트리어대 연구교수 1984년 서울대 인문대학 철학과 교수 복직 1985~1987년 한국분석철학회 회장 1989~1991년 서울대 인문대학 철학과장 1989~1997년 (재)철학문화연구소 소장 1989~2015년 계간「철학과 현실」편집인 1994~1996년 대통령자문 교육개혁위원회 상임위원 1996~1997년 서울대 평의원 1997년 미국 하버드대 철학과 Visiting Scholar 1997~1998년 교육부 장관 1998~2000년 민주평통 자문위원 1999~2001년 서울대 철학사상연구소장 1999~2008년 (사)볼런티어21 이사장 2000~2001년 한국철학회 회장 2002~2003년 미국 뉴욕주립대 스토니브룩교 Visiting Scholar 2002~2004년 세종문화회관 이사 2005~2008년 2008세계철학자대회조직위원회 의장 2005~2016년 한국사학법인연합회 사학윤리위원회 위원 2006~2007년 선진화국민회의 공동상임위원장 2006~2007년 경인여대 이사장 2006~2007년 교육선진화운동본부 대표 2007년 서울대 인문대학 철학과 명예교수(현) 2009년 성숙한사회가꾸기모임 상임대표(현) 2009년 심경문화재단 이사장(현) 2009년 계간「철학과 현실」발행인(현) (상)대통령표창(1995), 국민훈장 동백장(1996), 청조근정훈장(2003) (저)'현대사회와 철학(共)'(1981) '이성과 언어'(1982) '비트겐슈타인의 이해(共)'(1984) '한국에서 철학하는 자세들(共)'(1986) '보통사람을 위한 철학'(1986) '열린마음 열린세상'(1989) '비트겐슈타인과 분석철학의 전개(共)'(1991) '길 아닌 것이 길이다'(1996) '신문법서설'(1997) '사회변혁과 철학(共)'(1999) '현대철학특강(共)'(1999) '새천년 한국문화(共)'(1999) 편저 'Selected Papers from the XXII World Congress of Philosophy, special supplement, Journal of Philosophical Research(編)'(2012, Philosophy Documentation Center) (역)'열린사회와 그 적들' '현대철학의 쟁점들' '칼 포퍼(共)' (종)기독교

이명호(李明昊) LEE Myung Ho (금제)

(생)1934 · 8 · 21 (출)부산 (주)부산광역시 사하구 하신번영로 27 한국선재(주)(051-200-4400) (학)1955년 경남상고졸 1961년 부산대 무역학과졸 1983년 同경영대학원 최고경영자과정 수료 (경)1968년 대선양조 전무 1972년 협신철강 대표 1974년 한국선재공업사 대표 1982년 부영철강(주) 대표이사 사장 1990년 한국선재(주) 대표이사 사장 2004년 同대표이사 회장(현) (상)1천만불 수출탑(1984), 재무부장관표창(1985)

이명호(李明浩) Lee Myungho

(생)1957 · 5 · 16 (출)서울 (주)서울특별시 송파구 올림픽로 424 대한장애인체육회(02-3434-4500) (경)1979~2001년 장애인역도 선수 1999년 아 · 태장애인경기대회 역도 동메달 2000~2015년 (사)부산시장애인체육회 상임부회장 2006~2013년 대한장애인체육회 생활체육부장 · 전문체육부장 · 체육진흥부장 · 시설운영부장 · 교육훈련부장 2008년 베이징패럴림픽대회 대한민국선수단 총감독 2014~2016년 대한장애인체육회 이천훈련원장 2014년 인천장애인아시아경기대회 대한민국선수단 총감독 2016년 리우패럴림픽대회 대한민국선수단 총감독 2017년 대한장애인체육회 회장(현) (상)대통령표창(2000), 부산광역시장표창(2002), 문화체육관광부장관표창(2008)

이명호(李明鎬) Lee Myung-Ho

(생)1962 (출)전남 고흥 (주)광주광역시 광산구 어등대로 551 광산경찰서(062-602-3321) (학)전남 순천고졸, 조선대 법학과졸, 전남대 행정대학원 행정학과졸 (경)1990년 경위 임관(경찰간부후보 38기) 2009년 광주지방경찰청 홍보담당관(총경) 2010년 전북 부안경찰서장 2011년 전남지방경찰청 정보과장 2012년 전남 나주경찰서장 2014년 전남지방경찰청 경비교통과장 2015년 同정보과장 2016년 전남 순천경찰서장 2017년 전남지방경찰청 정보과장 2019년 광주 광산경찰서장(경무관)(현)

이명훈(李明勳) LEE MYEONG HUN

(생)1961 (주)서울특별시 성동구 왕십리로 222 한양대학교 공과대학 도시공학과(02-2220-0419) (학)한양대 도시공학과졸 1986년 同대학원 도시공학과졸, 일본 쓰쿠바대 대학원 지역계획학과졸 1998년 지역계획학박사(일본 쓰쿠바대) (경)한양대 공대 도시공학과 교수(현) 1999년 同도시대학원 교수(현) 2006년 대한국토도시계획학회 이사(현) 2007년 한강유역환경청 환경영향평가위원(현) 2009~2011년 서울시 도시계획위원회 심의위원 2009~2011년 同도시계획건축공동위원회 심의위원 2009~2011년 경기 시흥시 도시계획위원 2010년 대한국토도시계획학회 편집위원회 부위원장(현) 2010년 서울 광진구 도시계획위원(현) 2011년 同성동구·구로구·서초구·강북구 도시계획위원(현) 2011년 한양대 대학평의원(현) 2011년 경기도 도시계획위원회 심의위원 2012년 국방부 군인복지연금기금운용 심의위원(현) 2019년 (사)한국도시재생학회 회장(현) 2019년 한양대 도시대학원장 겸 부동산융합대학원장(현) (상)대한국토도시계획학회 우수논문상 (저)'토지이용계획론' '도시개발론'

이명훈(李明薰)

(생)1961·2·10 (출)충남 아산 (학)대전고졸, 한양대 토목공학과졸 1999년 同대학원 토목공학과졸 (경)1987년 한국도로공사 근무 2003년 同호남건설사업소 공사부장 2004년 同무안·광주건설사업소 품질관리부장 2009년 同상주지사장 2011년 同울산·포항건설사업단장 2012년 同안동·영덕건설사업단장 2014년 同광주·전남지역본부장 2015년 同도로교통연구원장, 同인재개발원 처장급(1급) 2017~2018년 한국건설관리공사 대표이사 사장

이명훈(李明勳)

(생)1964·5·27 (출)경남 (주)세종특별자치시 다솜3로 95 공정거래위원회 감사담당관실 내부감찰팀(044-200-4110) (학)부산 금성고졸 1986년 경찰대졸(2기), 부산대 행정대학원 행정학과졸 (경)1986년 경위 임명 1991년 경감 승진 1998년 경정 승진 2007년 울산지방경찰청 수사과장(총경) 2008년 경북 영덕경찰서장 2009년 부산지방경찰청 경비과장 2010년 駐멕시코 주재관 2012년 서울서부경찰서장 2013년 중앙경찰학교 교무과장 2014년 경찰대 치안정책연구소 총경·교무과장 2015년 서울지방경찰청 교통관리과장 2016년 부천소사경찰서장 2017년 경기북부지방경찰청 경비교통과장 2018년 경기남부지방경찰청 경무과 총경(대기) 2019년 공정거래위원회 감사담당관실 내부감찰팀장(현)

이명희(李明熙·女) LEE Myung Hee

(생)1943·9·5 (본)경주(慶州) (출)경남 의령 (주)서울특별시 중구 소공로 63 신세계그룹 회장실(02-727-1062) (학)1961년 이화여고졸 1965년 이화여대 생활미술학과졸 (경)1979년 (주)신세계백화점 이사 1980년 同상무 1996년 同부사장 1997~1998년 同부회장 1998~2000년 同회장 2001년 (주)신세계 회장 2011년 신세계그룹 회장(현)

이명희(李明姫·女) Lee myung hee

(생)1946·12·23 (출)경북 상주 (주)대구광역시 남구 중앙대로22길 102 2층 (사)영남판소리보존회(053-793-9535) (학)1964년 문화고졸 (경)1985년 이명희 판소리연구소 소장 1987년 故김소희선생에게 사사 1992년 대구시무형문화재8호 판소리예능보유자 지정(현) 1995년 한국국악협회 대구지회 국극분과 위원장, 한국전통예술진흥회 대구·경북지부 부지부장 1998년 경주문화엑스포 명인명창전 주관, 흥보가·춘향가 완창발표회, 해외연주회 2002년 (사)영남판소리보존회 이사장(현) 2004~2011년 대구예술대 외래강사 2005년 한국국악협회 대구지회장 2006년 한국예술문화단체총연합회 대구지부 부회장 2012년 동국대 경주캠퍼스 외래강사 2015년 한국국악협회 대구지회 고문 (상)문화공보부장관표창, 대통령표창, 전주대사습놀이명창부 장원, 국악대상 판소리상, 금복문화상, 세계문화예술대상, 옥관문화훈장(2017) (종)불교

이명희(李明熙) Lee Myung Hee

(생)1960·3·5 (본)경주(慶州) (출)경북 문경 (주)충청남도 공주시 공주대학로 56 공주대학교 사범대학 역사교육과(041-850-8231) (학)1983년 서울대 사범대학 역사교육과졸 1992년 同대학원 수료 1994년 일본 쓰쿠바대 대학원 교육학과졸 1998년 교육학박사(일본 쓰쿠바대) (경)1983~1989년 서울 강동중·서운중·오금중 역사교사 1989~1991년 국립국악고 역사교사 1998~2002년 한국교육과정평가원 책임연구원·국가수준교육성취도평가팀장 1999~2004년 한국일본학회 이사 1999년 한국교과교육평가학회 이사 1999년 한국·일본교육학회 부회장 2000년 한국교과교육학회 이사 2000년 한국사회과교육연구학회 부회장·편집위원장 2001~2002년 한국외국어대 교육대학원 겸임교수 2002년 역사교육연구회 이사 2002년 공주대 사범대학 역사교육과 교수(현) 2005년 자유주의교육운동연합 운영위원장 2006년 서울시 교육자문위원 2007년 육군군사연구소 자문위원 2007년 (사)자유교육연합 상임대표 2008년 친일반민족진상규명위원회 위원 2008년 국회 교육과학기술위원회 자문교수 2008년 미래기획위원회 교육자문위원 2009년 교육과학기술부 미래교육공동체포럼 운영위원장 2009년 국무총리실 공교육정상화 및 사교육줄이기 민관협력위원 2010년 대통령직속 사회통합위원회 이념분과위원회 위원 2010~2013년 국립국제교육원 운영위원 2011~2012년 국가교육과학기술자문회의 과학기술분야 위원 2012~2014년 한국사회과교육연구학회 회장 2013년 한국현대사학회 회장(현) (상)서울시교육감표창(1989), 한국교육과정평가원장표창(2001) (저)'중학교국사(共)'(2002) '고등학교국사(共)'(2002) '자율과 책무의 학교개혁 : 평준화 논의를 넘어서(共)'(2002) '교과교육평가의 이론과 실제(共)'(2003) '아이들과 함께 성장하는 부모(共)'(2004) '21세기의 역사인식과 국제이해(共)'(2004) '일한교류수업과 사회과교육(共)'(2005) '교원양성은 이제 변한다(共)'(2007) '한미FTA 및 개방화에 따른 제도 개선과제(共)'(2007) '사립학교법의 폐지와 대체입법 방안(共)'(2009) '한일관계사연구논집21 : 한일 역사교과서 편찬제도 비교연구(編)'(2010) '한국교육을 토론하다'(2010) (종)천주교

이명희(李明熙) LEE Myung Hee

(생)1960·6·17 (본)경주(慶州) (출)강원 홍천 (주)서울특별시 강남구 밤고개로1길 10 수서현대벤처빌 922호 풀무원아이엔(주)(02-2040-4350) (학)1979년 원주 대성고졸 1987년 강원대 경영학과졸 (경)1987년 풀무원 입사(공채 3기) 1987~1994년 同인사기획 실무담당·팀장 1995~1998년 同수도권영업지점장 1999~2003년 同고객만족센터장 2004년 (사)기업소비자전문가협회(OCAP) 부회장 2009~2012년 (주)풀무원스프라우트 대표이사 2012~2016년 (주)풀무원 인사기획실장(부사장) 2014년 '아시아문예'에 수필가 등단 2016년 (주)풀무원 로하스아카데미 본부장(부사장) 2018년 풀무원아이엔(주) 대표이사(현) (상)공정거래위원회 위원장표창(2012)

이명희(李命喜)

(생)1963·5 (주)서울특별시 중구 세종대로 67 한국은행 인사경영국 인사팀(02-759-5572) (학)1981년 성남 양영상고졸 1988년 단국대 경영학과졸 2006년 일본 와세다대 대학원 경영학과졸 (경)1988년 한국은행 입행 1988년 同전산계산부 근무 1991년 同외환관리부 근무 1993년 同조사제2부

근무 1995년 同울산지점 근무 1997년 同인사부 근무 1999년 同국제국 근무 2003년 학술연수 파견 2006년 한국은행 국제국 근무 2009년 同북경사무소 근무 2012년 同커뮤니케이션국 근무 2013년 同경기본부 근무 2015년 同금융안전국 근무 2017년 同북경사무소장(현)

이목희(李穆熙) RHEE Mok Hee

(생)1953·9·10 (출)경북 상주 (주)서울특별시 종로구 세종대로 178 KT빌딩 12층 대통령직속 일자리위원회(02-397-1311) (학)1971년 김천고졸 1978년 서울대 무역학과졸 (경)1977년 국제경제연구원 연구원 1978년 전국섬유노동조합 기획전문위원 1981~1982년 노동조합관련 구속 1988년 한국노동연구소 소장 1988년 인천지역노동조합협의회 지도위원 1991년 노동조합관련 구속 1994년 통일시대민주주의국민회의 정책위원장 1994년 새정치국민회의 노동특별위원회 부위원장 1998년 노사정위원회 상무위원회 간사 1999년 同사무처장 2000년 同기획위원 2000년 새천년민주당 총재특보 2000년 사회정책연구소 소장 2001년 대우자동차희망센터 이사장 2001년 민주화운동 유공자 2002년 새천년민주당 노무현 대통령후보 노동특보 2002년 同서울금천지구당 위원장 2003년 대통령 노동개혁테스크포스 자문위원 2004~2008년 제17대 국회의원(서울 금천, 열린우리당·대통합민주신당·통합민주당) 2004~2006년 열린우리당 제5정책조정위원장 2004년 同빈부격차차별시정위원장 2006~2007년 同전략기획위원장 2007년 대통합민주신당 국민경선관리위원회 집행위원장 2008년 민주당 서울금천지역위원회 위원장 2010년 同대외협력위원장 2012~2016년 제19대 국회의원(서울 금천, 민주통합당·민주당·새정치민주연합·더불어민주당) 2012년 민주통합당 대선후보경선준비기획단 기획위원 2012~2014년 국회 보건복지위원회 야당 간사 2012~2013년 민주통합당 제4정책조정위원장 2012년 同제18대 대통령중앙선거대책위원회 '민주캠프' 산하 기획본부장 2013년 민주당 원내전략단장 2014년 국회 보건복지위원회 위원 2014~2015년 국회 남북관계및교류협력발전특별위원회 위원 2015년 새정치민주연합 정책위원회 의장 2015~2016년 더불어민주당 정책위원회 의장 2018년 대통령직속 일자리위원회 부위원장(장관급)(현) (저)'한국노동운동의 대중적 기초와 진로' (종)가톨릭

이무근(李茂根) LEE Mu Keun (愼堂)

(생)1940·10·13 (본)경주(慶州) (출)충북 영동 (주)서울특별시 관악구 관악로 1 서울대학교 농산업교육과(02-880-4830) (학)1960년 용산고졸 1964년 서울대 농대졸 1969년 同교육대학원졸 1977년 교육학박사(미국 일리노이대) (경)1969~1984년 서울대 농대 전임강사·조교수·부교수 1984~2001년 同농산업교육과 교수 1984년 직업교육학회 회장 1985~1987년 교육개혁심의회 전문위원 1988~1992년 농업교육학회 회장 1995~2009년 한국과학기술한림원 정회원 1997~2000년 한국직업능력개발원 원장 1998~2000년 새교육공동체위원회 위원 2001~2005년 경일대 총장 2001년 교육인적자원부 정책자문위원회 평생교육분과 위원장 2002~2004년 한국고등교육학회 회장 2003~2005년 대학설립심사위원회 위원장 2005~2006년 사립대학통폐합심사위원회 위원장 2006년 서울대 명예교수(현) 2006~2007년 연구컨설팅법인 '일과 교육' 대표 2006년 대학구조개혁지원사업관리위원회 위원장 2007~2011년 동명대 총장 2009년 한국과학기술한림원 종신회원(현) 2016~2019년 同이사장 (상)홍조근정훈장(2001), 청조근정훈장(2005), 미국 일리노이대 사범대학동문회 자랑스러운 교육동문상(2013), 미국 일리노이대 자랑스러운 국제동문상(2014) (저)'실업기술교육론'(1982) '전문대학교육론'(1985) '농업교육학(共)'(1997) '2000년도 직업교육과정과 평가(共)'(2000) '직업교육과정과 평가'(2000) '실기교육방법론'(2000·2012) '직업교육학 원론'(2004) '진로와 직업'(2004) '대학생의 진로멘토링'(2012) (역)'생애교육론(共)'(1988) (종)천주교

이무섭(李茂燮) MOO-SEOP, LEE

(생)1963·1·10 (출)서울 (주)서울특별시 종로구 종로5길 68 11층 코리안리재보험(주) 임원실(02-3702-6034) (학)1985년 서울대 자원공학과졸 (경)1985년 대한석탄공사 입사 1996년 코리안리재보험(주) 입사 2001년 同화재보험부 과장 2006년 同화재보험부 기술과 차장 2010년 同화재보험부 기술팀장 2011년 同화재보험부장 2015년 同화재보험부·특정보험부총괄 상무대우 2016년 同재무보험1팀·기술보험팀·특종보험팀·정산팀총괄 상무대우 2019년 同재무보험1팀·기술보험팀·특종보험팀·정산팀총괄 전무(현)

이무원(李茂元) Mooweon Rhee

(생)1968·6·26 (주)서울특별시 서대문구 연세로 50 연세대학교 경영대학(02-2123-2502) (학)1991년 연세대 경영학과졸 1993년 同대학원 경영학과졸 1998년 미국 UCLA 앤더슨경영대학원 경영학과졸 2003년 경영학박사(미국 스탠퍼드대) (경)1993~1995년 항공교통관제사 1995~1996년 포스코(POSCO) 과학연구소 연구원 1997년 서울과학기술대 시간강사 2003~2004년 미국 스탠퍼드대 스탠퍼드경영대학원 객원연구원 2004~2008년 미국 하와이대 시들러경영대학 경영학과 조교수 2008~2012년 同부교수 2013년 연세대 경영학과 교수(현) 2013년 현대자동차·YSB 석좌교수 2017년 더불어민주당 문재인 싱크탱크 '정책공간 국민성장' 산업경쟁력강화추진단장 2017~2019년 대통령직속 국민경제자문회의 거시경제분과 자문위원 2019년 同혁신경제분과 자문위원(현)

이문규(李文圭) LEE MOON KYU

(생)1956·8·4 (출)서울 (주)서울특별시 송파구 올림픽로 424 올림픽공원內 대한농구협회(02-420-4221) (학)한국체육대 대학원졸 (경)1978년 현대농구단 소속 1990년 현대산업개발 여자농구단 코치 1994년 한국화장품 여자농구단 코치 1996년 북경국제초청여자농구대회 대표팀 코치 1996년 제26회 애틀랜타올림픽 여자농구대표팀 코치 1998~2003년 신세계 쿨캣 감독 2000년 시드니올림픽 농구국가대표 임원 2002년 부산아시안게임 여자농구대표팀 감독 2004~2006년 KB국민은행 세이버스 감독 2012년 구리 KDB생명 위너스 코치, 상하이 옥토퍼스 감독 2018년 제18회 자카르타-팔렘방아시안게임 여자농구단일팀 감독(은메달) 2018년 FIBA 여자농구월드컵 국가대표팀 감독 2019년 여자농구 국가대표팀 감독(현) (상)춘계대학농구연맹전 미기상(1978), 체육훈장 기린장(1979), 농구대잔치 베스트5(1986·1987), 코리안리그 최우수선수상(1986), 대통령표창(1986), 농구대잔치 어시스트상(1987)

이문기(李文起) LEE MUN KI

(생)1966·7·26 (출)경남 밀양 (주)세종특별자치시 도움6로 11 국토교통부 주택토지실(044-201-3322) (학)1985년 대광고졸 1989년 서울대 경제학과졸 1998년 同행정대학원졸 2005년 미국 뉴욕대 대학원졸 (경)1990년 행정고시 합격(34회) 1991~2005년 건설교통부 주택도시국·항공국·토지국·국토정책국 사무관·서기관 2005년 同택지개발팀장(서기관) 2006년 同주거복지지원팀장 2007년 同주거복지기획팀장 2008년 국토해양부 주택정책과장(서기관) 2009년 同주택정책과장(부이사관) 2009년 국토해양부 건설경제과장 2011년 同공공주택건설추진단장(고위공무원) 2012년 중앙공무원교육원 교육파견(고위공무원) 2013년 경기도 도시주택실장 2014년 국토교통부 항공정책관 2016년 同주택정책관 2017년 국정기획자문위원회 경제2분과 전문위원 2017년 국토교통부 대변인 2018년 同주택토지실장(현)

이문배(李文培) LEE MOONBAE

(생)1971·11·22 (출)충북 충주 (주)서울특별시 종로구 사직로8길 60 외교부 인사운영팀(02-2100-7139) (학)1990년 선덕고졸 1996년 고려대 독어독문학과졸 (경)1999년 외무고시 합격(33회) 1999년 외교통상부 입부 2015~2017년 국립외교원 역량평가과장 2017~2018년 국무총리 의전비서관실 행정관 2018~2019년 외교부 유럽국 중유럽과장 2019년 사법연수원 파견(현)

이문석(李文錫) Moon Suk Lee

(생)1954·4·9 (본)전주(全州) (출)서울 (주)경기도 성남시 분당구 판교로 310 SK케미칼(02-2008-2008) (학)1972년 성동고졸 1980년 경희대 섬유공학과졸 2004년 고려대 노동대학원 최고지도자과정 수료 2017년 서울사이버대학 대학원 사회복지학과졸(석사) 2018년 연세대 행정대학원 사회복지학과졸(석사) (경)1979년 선경합섬(現 SK케미칼) 입사 1986년 SK케미칼(주) 직물생산부품질관리과장 1999년 同수원공장장(상무) 2002년 (주)SK 구조조정본부 인력사업개발팀 상무 2003년 서울지방노동위원회 심판위원 2003년 SK케미칼(주) 인력실장 겸 수원공장장(상무) 2004년 同기능성소재사업부문장·Acetate사업본부장·환경소재사업본부장·인력개발실장(전무) 2007년 同정밀화학사업부문장 겸 SK유화 대표이사 2009년 SK케미칼(주) Green Chemicals Biz. 사장 겸 SK Syntec 대표이사 2013년 SK케미칼(주) 대표이사 사장 2014년 SK(주) SUPEX(Super Excellent)추구협의회 동반성장위원회 상임위원 2014~2019년 SK미소금융재단 이사장 2015년 SK(주) SUPEX(Super Excellent)추구협의회 사회공헌위원회 위원장 2015년 同사회성과인센티브추진단 공동단장 2015년 (사)한국메세나협회 이사 2019년 SK케미칼 비상근고문(현) (상)캄보디아 왕국 수교훈장(knight class)(2004), 동탑산업훈장(2008) (종)불교

이문성(李文盛) LEE Moon Sung

(생)1958·8·27 (출)부산 (주)경기도 부천시 조마루로 170 순천향대학교 부천병원 소화기내과(032-621-5114) (학)1985년 한양대 의대졸, 同대학원 의학석사, 의학박사(한양대) (경)1989년 순천향대 의과대학 소화기내과학교실 교수(현) 2001~2007년 同부천병원 소화기내과장 2007~2009·2012~2013년 同부천병원 부원장 2013~2017년 同부천병원장 2017년 대한병원협회 학술이사 겸 보험이사 (상)대한소화기내시경학회 학술상(1991), 대한소화기학회 학술상(1992), 월봉학술상(2002), 대통령표창(2019) (저)'치료내시경'(1994) '염증성 장질환'(1999) '소화기학'(2000, 고려의학) 'CIVA 원색도해의학총서'(2000) '복부초음파진단학-소화기질환을 중심으로'(2000) '알기쉬운 궤양성 대장염'(2002)

이문성(李文聖)

(생)1967·6·22 (출)강원 홍천 (주)경기도 수원시 영통구 법조로 91 수원고등검찰청 총무과(031-5182-3307) (학)1986년 춘천 강원고졸 1993년 고려대 법학과졸 (경)1997년 사법시험 합격(39회) 2000년 사법연수원 수료(29기) 2000년 제주지검 검사 2002년 수원지검 여주지청 검사 2003년 수원지검 검사 2005년 서울남부지검 검사 2009년 대검찰청 연구관 2011년 울산지검 검사 2011년 국가정보원 파견 2013년 울산지검 부부장검사 2013년 서울중앙지검 부부장검사 2014년 창원지검 공안부장 2014년 광주고검 검사 2016년 전주지검 부장검사 2017년 서울서부지검 형사4부장 2018년 의정부지검 고양지청 부장검사 2019년 수원고검 검사(현)

이문세(李文世)

(생)1971·12·10 (출)충남 예산 (주)경기도 의정부시 녹양로34번길 23 의정부지방법원(031-828-0114) (학)1990년 신성고졸 1999년 동국대 법학과졸 (경)1999년 사법시험 합격(41회) 2002년 사법연수원 수료(31기) 2002년 서울지법 남부지원 판사 2003년 서울고법 판사 2004년 서울중앙지법 판사 2006년 전주지법 군산지원 판사 2009년 의정부지법 판사 2012년 서울북부지법 판사 2015년 서울중앙지법 판사 2017년 춘천지법 부장판사 2019년 의정부지법 부장판사(사법연구)(현)

이문수(李文秀) LEE Moon Soo

(생)1961·1·11 (출)충남 (주)충청남도 천안시 동남구 순천향6길 31 순천향대 천안병원(041-570-2024) (학)1986년 순천향대 의대졸 1990년 同대학원 의학석사, 의학박사(일본 도호대) (경)1986년 순천향대병원 수련의 1987년 同외과 전공의 1991년 군의관 1994년 순천향대 의대 외과학교실 교수(현), 同천안병원 응급실장, 同천안병원 수련부장, 同천안병원 진료부장, 同천안병원 부원장 2005년 대한위암학회 상임이사 2006년 대한의학회 편집위원 2010년 순천향대 천안병원장(현) 2010년 충남도의사회 특별분회 회장(현) 2010년 대전지검 천안지청 의료자문위원회 고문(현) 2010~2016년 대한외과대사영양학회 상임이사 2011~2012년 대한위암연구회 회장 2012~2015년 대한외과학회 수련위원 2013년 경찰청 장비자문위원(현) 2013년 순천향대 구미·천안병원 관리원장 2013년 대한의사협회 정책기획위원(현) 2013년 충청위암연구회 회장(현) 2013~2017년 대한위암학회 상임이사(재무위원장) 2014년 순천향대부속병원 관리원장(현) 2015년 대한외과학회 상임이사(교과서편찬위원장)(현) 2016~2018년 대한외과대사영양학회 부회장 2017~2018년 미국 세계인명사전 'Marquis Who's Who in the World'에 등재 2017~2019년 대한위암학회 이사장 2018년 대한외과대사영양학회 회장(현) 2019년 대한위장관외과학회 초대 회장(현) (상)한국종양학술상, 순천향대 공로상(2007), 순천향대 자랑스런 순천향인상(2012), 대한위암학회 종양학술상(2015), 국세청장 조세협조자표창(2015), 대한위암학회 최다논문게재상(2016) (저)'사비스톤 외과학'(2003, 정담) '위암과 위장관 질환'(2011, 일조각) '외과학'(2011, 군자) '임상대사영양학'(2016, 가본의학)

이문열(李文烈) LEE Moon Yul

(생)1948·5·18 (출)경북 영양 (주)경기도 이천시 마장면 서이천로634번길 25 부악문원(070-4123-0342) (학)1966년 안동고 중퇴(2009년 명예졸업) 1970년 서울대 사범대학 국어교육과 중퇴 (경)1979년 동아일보 신춘문예에 소설 '새하곡'으로 당선·소설가(현) 1994~1997년 세종대 국어국문학과 교수 1998년 부악문원 개설(현) 2000~2015년 동인문학상 종신심사위원 2001~2012년 광산문학연구소 개원 2009~2017년 한국외국어대 인문대학 석좌교수 2009년 同입학사정관 2009~2011년 대통령직속 사회통합위원회 위원 2012년 (사)산해문화 이사장 2016~2018년 한국예술인복지재단 이사장 (상)오늘의 작가상(1979), 동인문학상(1982), 이상문학상(1987), 대한민국문화예술상, 프랑스국가공로훈장, 우경문화예술상(1997), 21세기문학상(1998), 호암 예술상(1999), 대한민국예술원상 문학부문(2009), 제11회 동리문학상(2012), 일송기념사업회 일송상 사회봉사분야(2014), 은관문화훈장(2015) (저)'새하곡'(1979) '사람의 아들'(1979) '황제를 위하여'(1982) '영웅시대' '젊은날의 초상'(1982) '변경' '금시조'(1983) '영웅시대'(1984) '칼레파 타 칼라'(1985) '구로 아리랑'(1987) '추락하는 것은 날개가 있다'(1988) '변경'(1989) '시인'(1991) '시인과 도둑'(1992) '미로의 날들'(1993) '오디세이아 서울'(1993) '인생을 말한다'(1993) '우리들의 일그러진 영웅'(1998) '전야, 혹은 시대의 마지막 밤'(1998) '아가'(2000) '알 수 없는 일들'(2001) '그해 겨울'(2001) '레테의 연가'(2001) '청어와 삐삐'(2002) '그대 다시는 고향에 가지 못하리'(2003), 산문집 '신들메를 고쳐 매며'(2004) '호모 엑세쿠탄스'(2007) '불멸'(2010) '대륙의 한'(2010) '리투아니아 여인'(2011) (역)'수호지(전5권)'(1996) '삼국지(전10권)'(2002) '초한지(전10권)'(2008)

이문용(李文鎔) LEE Moon Yong

(생)1949 · 1 · 22 (본)합천(陜川) (출)경남 거창 (주)서울특별시 강남구 학동로 337 H타워 호식이두마리치킨(02-563-9922) (학)1968년 제물포고졸 1977년 서울대 농과대학졸 1980년 同대학원 수료 (경)1976년 (주)빙그레 R&D 입사 1980년 同기획관리실 대리 1983년 한화그룹 경영관리실 과장 · 차장 1986년 (주)빙그레 아이스크림 · 유음료마케팅부장 1989년 同김해 · 광주공장장(이사) 1993년 同회장실 이사 1994년 同물류본부장 1995년 (주)콜럼버스 대표이사 사장 1997년 (주)빙그레 생산구매본부장(상무이사) 1999년 同사업1본부장(전무이사) 2000년 同비상근고문 2001년 (주)하림 총괄부사장 · 사장 2002년 아주레미콘(주) 사장 2003년 (주)하림 사장 2005~2018년 同각자대표이사 사장, 한국마케팅학회 부회장 2010~2018년 한국육가공협회 회장, 한국육계협회 이사(현), 한국능률협회 마켓리더스클럽 부위원장 2014년 축산물안전관리인증원 비상임이사 2018년 익산상공회의소 회장 2018년 한국자유총연맹 부총재(현) 2018년 (주)하림 상임고문(현) 2019년 호식이두마리치킨 대표이사(현) (상)대통령표창(2013) (종)기독교

이문진 Lee Munjin

(생)1968 · 1 (주)경기도 성남시 분당구 성남대로343번길 9 SK주식회사 C&C Channel&Marketing그룹(02-6400-0114) (학)연세대 경영학과졸, 서울대 대학원 경영학과졸, 호주 본드대 대학원 MBA (경)1994년 LG애드 근무 1997년 PwC Australia ABAS Manager 1999년 LG애드 근무 2000년 PwC Consulting Korea 근무 2002년 IBM Korea 근무 2010년 SK C&C 전략OS담당 2012년 同전략사업1팀장 2014년 同전략사업개발본부장 2015년 同전략사업개발본부장(상무) 2015년 SK주식회사 C&C 전략사업개발본부장(상무) 2016년 同금융마케팅본부장(상무) 2016년 同Aibril사업본부장(상무) 2018년 同Aibril플랫폼본부장(상무) 2018년 同Channel&Marketing그룹장(현)

이문한(李文漢) Lee Mun Han

(생)1971 · 6 · 7 (출)경기 포천 (주)서울특별시 도봉구 마들로 747 서울북부지방검찰청(02-3399-4609) (학)1990년 휘문고졸 1994년 한양대 법대졸 (경)1995년 사법시험 합격(37회) 1998년 사법연수원 수료(27기) 1998년 서울지검 검사 2000년 춘천지검 원주지청 검사 2001년 대전지검 검사 2003년 수원지검 검사 2008년 서울동부지검 검사 2010년 대검찰청 연구관 2011년 서울서부지검 부부장검사 2011년 부산지검 동부지청 형사3부장 2012년 대구지검 상주지청장 2013년 대검찰청 공안3과장 2014년 同공안2과장 2015년 서울중앙지검 공공형사부장 2016년 광주지검 공안부장 2017년 서울고검 검사 2019년 서울북부지검 차장검사(현)

이문형(李文炯) LEE Moon Hyung

(생)1956 · 1 · 10 (출)강원 원주 (주)경기도 이천시 경충대로 2742 경기도의료원 이천병원 병원장실(031-639-4800) (학)경복고졸, 연세대 의대졸 1984년 同대학원 의학석사 1999년 의학박사(경희대) (경)1988~1997년 강원 원주의료원 일반외과 과장 1997년 同진료부장 1997~2007년 同원장 2008년 경기도립의료원 이천병원장 2009년 경기도의료원 이천병원장(현)

이문호(李文浩) LEE Moon Ho

(생)1942 · 3 · 27 (본)전의(全義) (출)서울 (주)서울특별시 영등포구 여의대로 128 LG트윈타워 LG공익재단(02-3773-1440) (학)1960년 서울사대부고졸 1964년 서울대 법학과졸 1966년 同행정대학원졸 (경)1966년 LG화학 입사 1987년 LG정유 전무이사 1991년 LG그룹 회장실 부사장 1995년 同회장실 사장 1998년 同구조조정본부장(사장) 1998년 LG텔레콤 사장 1999년 LG화재해상보험 부회장 1999년 LG캐피탈 부회장 1999년 데이콤 이사장 2001년 LG인화원 원장(대표이사 부회장) 2005~2009년 LG클럽 고문 2009~2015년 천안연암대학 총장 2018년 LG공익재단(LG연암문화재단 · LG연암학원 · LG복지재단 · LG상록재단) 이사장(현) (종)가톨릭

이문호(李文鎬) LEE Moon Ho

(생)1943 · 1 · 14 (본)청주(淸州) (출)충남 홍성 (학)1961년 경기고졸 1968년 연세대 정치외교학과졸 1981년 일본 게이오대 신문연구소 연수 (경)1967~1981년 동양통신 기자 1981년 연합통신 기자 1981년 同駐일본 특파원 1984년 同외신3부장 1986년 同정치부장 1988년 同외신부 기획위원 1990년 同駐미국 특파원 1993년 同편집국 부국장 1993년 국회 방송자문위원 1994~1997년 연합통신 편집국장 1995년 한국신문방송편집인협회 운영위원장 1997~1998년 연합통신 전무이사 1997~1999년 삼성그룹 언론이사 2000년 한화석유화학 사외이사 2003년 인터넷신문 뉴스앤뉴스 편집위원 2005~2008년 뉴스통신진흥회 이사 2014~2017년 同이사장 (저)'뉴스에이전시란 무엇인가'(2001) '뉴스통신 24시'(2012) (종)기독교

이문호(李文浩) Ree, Moonhor

(생)1954 · 8 · 17 (출)서울 (주)경상북도 포항시 남구 청암로 77 포항공과대학교 화학과(054-279-3814) (학)1977년 고려대 화학과졸 1979년 한국과학기술원(KAIST) 화학과졸(석사) 1987년 이학박사(미국 Univ. of Massachusetts at Amherst) (경)1978~1982년 선경화학(주) 연구원 1979년 한국과학기술원(KAIST) 화학과 방문연구원 1981~1982년 강원대 · 광운대 강사 1982년 미국 Univ. of Massachusetts at Amherst Teaching Assistant 1983~1987년 同Research Assistant 1983~1993년 미국 IBM Technology Division Advanced Polymer Sci. & Tech. Group Staff Scientist Advisory Sci. 1987~1988년 同Research Division Polymer Sci. & Tech. Post-Doc. Fellow 1993~2000년 포항공과대 화학과 조교수 · 부교수 1995년 한국방사광이용자협의회 SAXS Working GP 대표 1996년 포항가속기연구소 Manager 2000~2019년 포항공과대 화학과 교수 2004~2011년 同포항가속기연구소 부소장 · 소장 2010~2013년 同펠로우 2019년 同화학과 연구교수(현) (상)이태규학술상(2013) (저)'Structure and Properties of Polyimide Rods'(2001, Technomic publishing) 'New Photoalignable Polyimides and Their Ability to Control Liquid-Crystal Alignment'(2003, Technomic publishing) 등

이문환

(생)1963 · 10 (주)서울특별시 서초구 효령로 275 비씨카드(주)(02-520-4301) (학)광운대 전산계산학과졸, 한국과학기술원(KAIST) 통신경영학과졸(석사) (경)1995년 (주)KT 기획조정실 근무 2007년 同신사업개발담당 2009년 同기업고객부문 전략담당 2012년 同G&E전략본부장 2013년 同기업통신사업본부장 2014년 同전략기획실장(전무) 2015년 同경영기획부문장(전무) 2016~2017년 同기업사업부문장(부사장) 2016~2018년 한국클라우드산업협회 회장 2018년 비씨카드(주) 대표이사 사장(현)

이문희(李文熙) Paul Ri Moun Hi

(생)1935 · 9 · 14 (본)성산(星山) (출)대구 (주)대구광역시 중구 남산로4길 112 천주교 대구대교구청(053-250-3016) (학)1954년 경북고졸 1959년 경북대 법정대학 정치학과졸 1962년 프랑스 리옹신학대 철학과졸 1966년 프랑스 파리가톨릭대 신학부졸 (경)1957년 군복무 1965년 사제 서품 1966

년 동촌천주교회 주임신부 1968년 대구가톨릭액션협의회 지도신부 1969년 공군 종군신부 1972년 천주교 대구대교구 보좌주교 1972년 주교 서품 1985년 대주교(현) 1986~2007년 천주교 대구대교구 8대 교구장 1986년 가톨릭교육재단협의회 회장 1987년 천주교주교회의 부의장 1993~1996년 同의장 1994~2000년 한인신학원 총재 1999~2004년 천주교주교회의 교육위원회 위원장 2005~2007년 同성직주교위원회 위원장 2010년 (사)한국여기회 총재(현) (저)'밝은 날이 다가온다고 누가 알려줍니까' '하느님의 사람들' '사랑으로 부르는 평화의 노래'(2001) '형제 여러분' '저녁노을에 햇빛이' (역)'복음과 폭력과 평화' '구원하시는 하느님' '이 어린이와 같이 되지 않으면' '한 묶음인 세개의 장미회관' '사랑으로 부르는 평화의 노래' '신의 영역'(2010) '떼이야르 드 샤르댕의 종교사상'(2012) (종)가톨릭

이문희(李文熙) Lee Moonhee

(생)1972·1·17 (주)서울특별시 종로구 사직로8길 60 외교부 북핵외교기획단(02-2100-8067) (학)1998년 고려대 영어영문학과졸 2000년 미국 조지타운대 대학원 외교학과졸 (경)1996년 외무고시 합격(30회) 1996년 외무부 입부 2004년 駐미국 1등서기관 2007년 駐이라크 참사관 2009년 대통령실 파견 2012년 외교통상부 북핵협상과장 2013년 駐유엔 참사관 2016년 대통령비서실 파견 2017년 국가안보실 파견 2017년 외교부 장관정책보좌관 2019년 同북핵외교기획단장(국장급)(현)

이미경(李美卿·女) LEE Mi Kyung

(생)1950·9·20 (본)여주(驪州) (출)부산 (주)경기도 성남시 수정구 대왕판교로 825 한국국제협력단(KOICA)(031-740-0114) (학)1969년 이화여고졸 1973년 이화여대 영어영문학과졸 1982년 同대학원 정치외교학과졸 (경)1983년 한국기독교사회문제연구원 연구원 1987년 한국여성민우회 부회장 1987년 한국여성단체연합 상임부회장 1990년 한국정신대문제대책협의회 홍보위원장 1993년 한국여성단체연합 공동대표 1994~1996년 제4차 유엔 세계여성회의를위한한국위원회 공동대표 1996년 제15대 국회의원(전국구, 민주당·한나라당·무소속·새천년민주당) 2000년 새천년민주당 제16대 총선기획단 유세위원장 2000~2003년 제16대 국회의원(전국구, 새천년민주당) 2000년 새천년민주당 제4정책조정위원장 2001년 同제3정책조정위원장 2002년 同선거대책위원회 공동대변인 2003년 열린우리당 조직위원장 2004년 同상임중앙위원 2004년 同외부인사영입위원장 2004년 同새정치운동본부장 2004년 제17대 국회의원(서울 은평甲, 열린우리당·대통합민주신당·통합민주당) 2004~2006년 국회 문화관광위원장 2004년 국민통합실천위원회 위원장 2005년 열린우리당 상임중앙위원 2006~2007년 同비상대책위원회 상임위원 2006~2007년 同부동산대책과서민주거안정을위한특별위원회 위원장 2007년 대통합민주신당 최고위원 2008년 제18대 국회의원(서울 은평甲, 통합민주당·민주당·민주통합당) 2008~2010년 민주당 사무총장 2008년 同당무위원 2010년 同지방선거기획본부 공동본부장 2012~2016년 제19대 국회의원(서울 은평甲, 민주통합당·민주당·새정치민주연합·더불어민주당) 2012년 국회 국토해양위원회 위원 2012~2013년 국회 예산결산특별위원회 위원 2012~2013년 국회 아동·여성대상성폭력대책특별위원회 위원장 2012년 민주당 4대강불법비리진상조사위원회 위원장 2013·2014년 국회 국토교통위원회 위원 2014년 새정치민주연합 4대강불법비리진상조사위원장 2015년 국회 서민주거복지특별위원회 위원장 2015년 더불어민주당 4대강불법비리진상조사위원장 2016년 이화여대 정책과학대학원 초빙교수 2017년 더불어민주당 제19대 문재인 대통령후보 중앙선거대책위원회 공동위원장 겸 성평등본부장 2017년 (사)한국여성의정 공동대표(현) 2017년 한국국제협력단(KOICA) 이사장(현) (상)환경운동연합 녹색정치인상, 올해의 여성의원상, 국회를 빛낸 바른언어상 모범언어상(2011), 자랑스러운 이화인상(2012), 전국소상공인단체연합회 초정대상(2013), 법률소비자연맹 선정 국회헌정대상(2013)

이미경(李美敬·女) Miky Lee

(생)1958·4·8 (출)서울 (주)서울특별시 중구 소월로2길 12 CJ그룹 임원실(02-726-8114) (학)경기여고졸 1981년 서울대 가정관리학과졸 1987년 미국 하버드대 대학원 동아시아지역연구학과 석사 1992년 중국 푸단대(復但大) 대학원 역사교육학 박사과정 수료 2006년 명예 경영학박사(숙명여대) (경)1998년 제일제당 멀티미디어사업부 이사 2002년 CJ 엔터테인먼트사업부 상무 2005년 CJ엔터테인먼트·CJ미디어·CJ아메리카 부회장 2011년 CJ그룹 부회장(현) 2017년 미국 영화예술과학아카데미(AMPAS) 경영진부문 회원(현) (상)다보스 세계경제포럼 차세대 리더 100인(1997), 세계여성상 경영부문(2006), 한국경영자상(2007), 포브스 아시아 파워 여성기업인 50인(2012·2014)

이미경(李美京·女) LEE Mi Kyung

(생)1960·3·5 (본)한산(韓山) (출)전남 장성 (주)서울특별시 마포구 성지1길 32-42 (사)한국성폭력상담소(02-338-2890) (학)1979년 전주성심여고졸 1984년 원광대 행정학과졸 1989년 이화여대 대학원 여성학과졸 1997년 호주 뉴사우스웨일스대 대학원 정책학과졸 2001년 이화여대 대학원 여성학 박사과정 수료 (경)1989~2002년 이화여대·단국대·서강대·전북대·원광대 강사 1991~1993년 (사)한국성폭력상담소 총무 1997~2000년 同부소장·보호시설열림터 원장 2002~2008년 同소장 2003~2006년 전국성폭력상담소보호시설협의회 상임대표 2004~2008년 성폭력 수사·재판시민감시단장 2005년 경찰위원회 위원 2005~2007년 대검찰청 정책자문위원 2005~2007년 법무부 여성정책심의위원회 위원 2013~2014 이화여대 특임강사 2015년 (사)한국성폭력상담소 소장(현) 2017~2018년 법무부 법무·검찰개혁위원회 위원 2017년 대통령직속 정책기획위원회 포용사회분과 위원(현) 2018년 경찰청 경찰수사정책위원회 위원(현) 2018년 국방부 양성평등위원회 위원(현) (상)미래지도자상(2007), 삼성행복대상 여성선도상(2017) (저)'일그러진 성문화, 새로보는 성'(共) '성폭력, 법정에 서다'(共) (역)'Our Bodies Ourselves'(共)

이미경(李美景·女) Lee Mee Kyung

(생)1964·3·7 (출)서울 (주)서울특별시 중구 서소문로 106 동화빌딩 3층 환경재단(02-2011-4333) (학)1982년 이화여고졸 1986년 연세대 문과대학 국어국문학과졸 1989년 同문과대학 심리학과졸(학사) 1995년 同대학원 심리학과졸 2002년 同대학원 심리학 박사과정 수료 (경)1994~1996년 삼성사회봉사단 연구원 1996~2001년 한국리더십센터(Franklin Covey Korea) 창립멤버 2002~2005년 연세대 심리학과 강의 2002~2007년 환경재단 사무국장·운영처장·기획조정실장 2002~2007년 주간조선 옴부즈맨 칼럼연재 2004~2005년 문화방송(MBC) 시청자 심의위원 2005년 미국 국무성 초청 International Visitor Leadership Program 이수 2007~2017년 환경재단 사무총장, 친환경상품가게 '에코숍' 대표, 환경전문출판사 '도요새' 대표, 환경부 민관협력위원(현), 서울시교육청 환경위원(현), 안산환경재단 자문위원, 신재생에너지학회 이사(현), 산림청 임정평가위원 겸 혁신자문위원, 북부지방산림청 FSC산림인증 전문위원, 산업통상자원부 지정 브랜드상 심사위원, 서울시 녹색위원, 환경재단 기후변화센터 상임운영위원, 同기후변화리더십과정 주임교수, 同4차산업혁명리더십과정 주임교수(현) 2013~2014년 Lemon Tree誌 '이미경의 Green Talk' 인터뷰 칼럼 게재 2017년 기획재정부 공공기관 경영평가위원 2017년 환경재단 상임이사(현) 2018년 경향신문 정동칼럼 칼럼연재(현) 2018년 조선일보 환경대상 본선 심사위원 2019년 대통령직속 미세먼지문제해결을위한국가기후환경회의 홍보위원(현) (상)이화여고동창회 '이화를 빛낸 상'(2013)

이미경(李美暻 · 女) Lee Mi-Kyung

(생)1965 · 1 · 18 (주)서울특별시 동작구 흑석로 102 중앙대학교병원 진단검사의학과(02-6299-2719) (학)1990년 중앙대 의대졸 1995년 同대학원졸 1999년 의학박사(중앙대) (경)1997~2003년 중앙대부속 필동병원 진료조교수 2002~2003년 미국 질병관리예방센터(CDC) 초청연구원 2003~2006년 중앙대 의대 진단검사의학교실 조교수 2006년 同의대 진단검사의학교실 부교수 · 교수(현) 2008년 미국 세계인명사전 'Marquis Who's Who in the World 2009년판'에 등재 2017년 중앙대의료원 진단검사의학과장(현) (상)대한진단검사의학회 학술상(2003), 대한의진균학회 우수논문상(2007 · 2014), 대웅학술상(2007), 대한임상미생물학회 학술상(2009 · 2010 · 2011), 한국미생물 · 생명공학회 JMB학술상(2019)

이미선(李美善 · 女) LEE Mi Sun

(생)1970 · 1 · 18 (출)강원 화천 (주)서울특별시 종로구 북촌로 15 헌법재판소 재판관실(02-708-3456) (학)1988년 학산여고졸 1992년 부산대 법대졸 1995년 同대학원 법학과 수료 (경)1994년 사법시험 합격(36회) 1997년 사법연수원 수료(26기) 1997년 서울지법 판사 1999년 同북부지원 판사 2001년 청주지법 판사 2005년 수원지법 판사 2006년 대전고법 판사 2009년 대전지법 판사 2010년 대법원 재판연구관 2015년 수원지법 부장판사 2017~2019년 서울중앙지법 부장판사 2019년 헌법재판소 재판관(현)

이미숙(李美淑 · 女) Lee mi sook

(생)1966 · 11 · 24 (주)서울특별시 중구 세종대로 110 서울특별시청 보육담당관실(02-2133-5001) (학)1989년 서울시립대 영어영문학과졸 1998년 同도시행정대학원 도시재정학과졸 2007년 행정학박사(서울시립대) (경)1989년 서울시 노원구 사회복지과 근무 2010년 서울시 금천구 여성보육과장 2012년 同금천구 행정지원과장 2013년 同금천구 지역경제과장 2014년 同금천구 독산제3동장 2016년 서울 금천구의회 사무국장 2017년 서울시 시민소통기획관실 시민봉사담당관 2018년 同여성가족정책실 보육담당관(현) (저)'동장이 뭐예요'(2016, 참윤)

이미연(女) Lee Miyeon

(생)1963 (주)부산광역시 해운대구 센텀서로 39 영상산업센터 3층 영상물등급위원회(051-990-7203) (학)동덕여대 국어국문학과졸 (경)1986~1990년 극단 성좌 및 신시 연기지도 겸 조연출 1991~1994년 프랑스 사립 영화학교 ESEC에서 연출 수업 2000년 여성영화인모임 이사(현) 2002년 영화 '버스, 정류장'으로 데뷔 · 영화감독(현), 영화진흥위원회 위원 2011~2012년 영상물등급위원회 영화등급분류소위원회 위원 2018년 同위원장(현) (작)제작 '조용한 가족'(1998), 프로듀서 '반칙왕'(2000), 연출 '버스, 정류장'(2002), '세번째 시선'(2006)

이미연(李渼姸 · 女) LEE Miyon

(생)1968 · 2 · 6 (출)서울 (학)1986년 경기여고졸 1990년 서울대 동양사학과졸 1998년 미국 조지타운대 대학원 국제관계학과졸 (경)1993년 외무고시 합격(27회) 1993년 외무부 입부 1993년 同통상2과 사무관 1996년 미국 연수 1998년 외교통상부 WTO담당팀 사무관 1999년 同세계무역기구과 사무관 2002년 駐제네바 2등서기관 2003년 駐제네바 1등서기관 2004년 WTO 금융서비스위원회 의장 2005년 駐라오스 참사관 2008년 외교통상부 FTA정책기획과장 2009~2011년 同다자통상협력과장, APEC 서비스그룹의장 2011년 同녹색성장위원회 국제협력국장 2011~2014년 대통령 홍보수석비서관실 외신대변인 2014년 駐중국 참사관 2015년 駐중국 공사참사관 2017년 駐베트남 공사 2019년 駐제네바대표부 차석대사(현)

이미영(李美永 · 女) LEE MI YOUNG (청초)

(생)1971 · 7 · 13 (본)학성(鶴城) (출)부산 기장 (주)울산광역시 남구 중앙로 201 울산광역시의회(052-229-5125) (학)울산 중앙여고졸, 울산대 철학과졸 2018년 고려대 정책대학원 행정학과졸 (경)울산대학신문사 편집국장, 재능교육 지역국장, 안사모(안철수 팬클럽) 울산지부 총무 겸 운영위원, 새정치민주연합 울산시당 집행위원, 同중앙청년위원회 울산위원 2014~2018년 울산시 남구의회 의원(비례대표, 새정치민주연합 · 더불어민주당) 2015년 더불어민주당 울산시당 집행위원 2015년 同중앙청년위원회 울산위원, 同중앙당 전국여성위원회 부위원장(현) 2018년 울산시의회 의원(더불어민주당)(현) 2018년 同부의장(현) 2018년 同교육위원회 위원(현) (상)울산장애인인권포럼 지방의회 장애인정책 우수의원(2018)

이미정(李美貞 · 女) LEE Mi Jeong

(생)1963 · 7 · 1 (출)서울 (주)대전광역시 서구 청사로 189 특허심판원(042-481-5870) (학)1982년 성신여고졸 1986년 서울대 약학과졸 1988년 同대학원 약학과졸 1993년 약학박사(서울대) 2002년 충남대 특허법무대학원 특허법무학 석사 (경)미국 SUNY Buffalo Post-Doc., SK Chemicals 중앙연구소 선임연구원 1997년 박사 특채로 공직 입문 2001년 특허청 심사3국 약품화학심사담당관실 근무 2001년 특허심판원 행정지원담당 2003년 특허청 심사3국 약품화학심사담당관실 근무 2003년 영국 · 독일 국외훈련 2003년 특허청 화학생명공학심사본부 약품화학심사팀 근무 2006년 同약품화학심사팀 기술서기관 2007년 同특허심판원 심판6부 심판관 2008년 同인사과 기술서기관 2009년 同복합기술심사1팀장 2010년 특허법원 기술심리관 파견(과장급) 2011년 특허심판원 심판제6부 수석심판관 2013년 특허청 특허심사3국 바이오심사과장 2016년 특허심판원 심판제7부 수석심판관 2018년 同심판제7부 수석심판관(부이사관) 2019년 同심판장(고위공무원)(현) (상)대통령표창(2009) (종)기독교

이미정(李美貞 · 女)

(생)1975 · 1 · 5 (출)경북 성주 (주)부산광역시 연제구 법원로 31 부산가정법원(051-590-1114) (학)1994년 경북여고졸 1998년 경북대 법학과졸 (경)2000년 사법시험 합격(42회) 2003년 사법연수원 수료(32기) 2003년 대구지법 예비판사 2004년 대구고법 예비판사 2005년 대구지법 판사 2006년 창원지법 판사 2010년 부산지법 판사 2013년 부산고법 판사 2015년 부산가정법원 판사 2018년 同부장판사(현)

이미현(李美賢 · 女) LEE Mee-Hyon

(생)1961 · 1 · 20 (본)광주(廣州) (출)서울 (주)서울특별시 서대문구 연세로 50 연세대학교 법학전문대학원(02-2123-3004) (학)1979년 상명여고졸 1983년 서울대 법학과졸 1985년 同대학원졸 1995년 미국 하버드대 로스쿨졸(LL.M.) (경)1984년 사법시험 합격(26회) 1987년 사법연수원 수료(16기) 1987~2013년 법무법인 광장 파트너변호사 1995년 미국 뉴욕주 변호사자격 취득 1995년 미국 Rudnick & Wolfe 법률사무소 소속 외국변호사 1996~2012년 사법연수원 강사 2002~2006년 국무총리 행정심판위원회 위원 2003~2005년 국세청 국세심사위원회 위원 2004~2013년 금융발전심의회 위원 2005년 대한투자증권(주) 사외이사 2005~2008년 하나금융지주 사외이사 겸 감사위원 2008~2015년 기획재정부 세제발전심의위원회 위원 2009~2010년 하나은행 사외이사 2009~2011년 대한변호사협회 부회장 2010~2011

년 국세청 국세행정위원회 위원 2013년 연세대 법학전문대학원 교수(현) 2014년 기획재정부 국세예규심사위원회 위원(현) 2014~2016년 행정자치부 정보공개위원회 민간위원 2017년 한국씨티은행 사외이사 겸 감사위원(현) (상)기획재정부장관표창(2012), 안전행정부장관표창(2014)

이미혜(李美惠 · 女) Yi Mi Hie

(생)1960 · 1 · 12 (출)광주 (주)대전광역시 유성구 가정로 141 한국화학연구원 화학플랫폼연구본부(042-860-7291) (학)1983년 서울대 화학교육학과졸 1985년 한국과학기술원졸(석사) 1991년 이학박사(한국과학기술원) (경)1985년 한국화학연구원 화학소재연구부 1팀 선임연구원 2007년 同정보전자폴리머연구센터장 2008년 同화학소재연구단장 2008년 同화학소재연구본부장 2011년 同선임연구본부장 2014년 同그린화학소재연구본부 고기능고분자연구센터 연구위원 2018년 同화학플랫폼연구본부장(현) (상)국민포장(2000), 한국여성공학기술인협회 여성공학인대상(2010)

이민걸(李敏杰) LEE Min-Geol

(생)1955 · 9 · 8 (본)한산(韓山) (주)서울특별시 서대문구 연세로50의1 세브란스병원 피부과(02-2228-2085) (학)1980년 연세대 의대졸 1983년 同대학원 의학석사 1986년 의학박사(연세대) (경)1984~1986년 연세대 의대 피부과학교실 연구원 1985년 독일 함부르크 Institute of Hygiene(위생연구소) 연구원 1987~2001년 연세대 의대 피부과학교실 전임강사 · 조교수 · 부교수 1991~1993년 미국 국립암연구소(NCI) 피부과 방문교수 2001년 연세대 의과대학 피부과학교실 교수(현) 2005~2011년 同의료선교센터 소장 2005년 대한피부과학회 이사 2007~2009년 대한피부암연구회 회장 2007~2010년 대한피부과학회 상임이사 2011~2015년 연세대 의과대학 피부과학교실 주임교수 2011~2015년 同피부생물학연구소장, 대한피부과학회 평의원 2018년 同윤리법제위원회 위원장(현) 2012 · 2014~2015년 세브란스병원 피부과장, 몽골 국립의대 명예교수(현) 2017년 대한아토피부염학회 평의원(현) 2018년 연세대 의과대학 과목책임교수(현) 2018년 同의과대학 학습공동체위원회 위원(현) (상)현대약품 저작상(1987), 최우수포스터상(대한피부과학회)(1988), 대한피부과학회 동아학술상(1990), 대한피부과학회 현대약품학술상(1991), 대한의학협회 광혜학술상(1994), 대한암학회 SB학술상(1999), 우암학술상(2005), 연세대 우수업적교수상 봉사상(2011) (저)'천식과 알레르기 질환'(2002, 군자출판사) 'ebook of Dermatology'(2003, 휴민텍) 'HIV 감염'(2007, 군자출판사) '피부과학 교과서'(2008, 대한피부과학회) (종)기독교

이민걸(李敏杰) LEE Min Kul

(생)1961 · 12 · 16 (본)학성(鶴城) (출)경북 경주 (주)서울특별시 서초구 서초중앙로 157 서울고등법원(02-530-1114) (학)1980년 중앙고졸 1985년 서울대 법과대학졸 (경)1985년 사법시험 합격(27회) 1988년 사법연수원 수료(17기) 1988년 軍법무관 1991년 서울형사지법 판사 1993년 서울민사지법 판사 1995년 춘천지법 원주지원 판사 1998년 수원지법 성남지원 판사 1999년 서울지법 판사 1999년 서울고법 판사 겸 법원행정처 법무담당관 2000년 법원행정처 기획담당관 2002년 서울고법 판사 2003년 춘천지법 영월지원장 2004년 대법원 재판연구관 2006년 서울남부지법 부장판사 2007년 법원행정처 기획조정심의관 2009년 同사법등기국장 2010년 대전고법 부장판사 2010년 아시아 · 태평양대법원장회의 준비위원회 기획단장 2011년 법원행정처 사법정책실장 겸임 2014년 서울고법 부장판사 2015~2017년 법원행정처 기획조정실장 2017년 대법원 부장판사(사법연구) 2018년 서울고법 부장판사(현) (종)기독교

이민구(李敏九) LEE Min Goo

(생)1964 · 10 · 17 (주)서울특별시 서대문구 연세로 50-1 연세대학교 의과대학 약리학교실(02-2228-1737) (학)1990년 연세대 의대졸 1992년 同대학원 의학석사 1999년 의학박사(연세대) (경)1993~1996년 국립보건원 공중보건의 1996년 연세대 의대 약리학교실 강사 1996~1999년 미국 텍사스 의대(UTSW) Research Fellow 1998년 미국생리학회(APS) 정회원 1999년 연세대 의과대학 약리학교실 교수(현) 2002년 대한의사협회 '우수한국인 의학자 20인'에 선정 2012 · 2014~2016년 연세대 의과대학 약리학교실 주임교수 (상)대한의학회 분쉬의학상 젊은의학자상, 한국대학총장협회 우수학위지도교수상 생물학분야 장려상(2012), 경암학술상 생명과학부문(2013)

이민규(李珉奎) LEE Min Kyu

(생)1961 · 3 · 16 (본)전주(全州) (출)서울 (주)서울특별시 동작구 흑석로 84 중앙대학교 사회과학대학 미디어커뮤니케이션학부(02-820-5491) (학)1979년 한성고졸 1986년 중앙대 신문방송학과졸 1988년 미국 미주리대 대학원 언론학과졸 1992년 언론학박사(미국 미주리대) (경)1993~1994년 한국언론연구원 선임연구위원 1994~1995년 同객원연구위원 1994~2003년 순천향대 신문방송학과 전임강사 · 조교수 · 부교수 1997~2000년 同대외협력홍보부장 2000~2001년 同신문방송학과장 2002~2003년 미국 미주리대 언론대학원 초빙교수 2003~2006년 중앙대 신문방송학과 부교수 2004~2006년 한국언론학회 편집위원 2005~2009년 중앙대 홍보실장 2005년 한겨레신문 사외이사 2006~2007년 한국언론학회 편집이사 2006~2014년 중앙대 사회과학대학 신문방송학부 교수 2007~2009년 同비서실장 2009~2010년 同신문방송대학원장 2009~2011년 同미디어공연영상대학장 2009~2011년 KBS 시청자위원회 위원 2014년 중앙대 사회과학대학 미디어커뮤니케이션학부 교수(현) 2015~2016년 同사회과학대학장 2015~2016년 포털뉴스제휴평가위원회 위원 2015년 인터넷신문위원회 기사심의분과위원장(현) 2017~2018년 한국언론학회 회장 2018년 중앙대 신문방송대학원장(현) (상)한국인터넷신문협회 공로상(2017) (저)'올드미디어 뉴미디어'(1994) '국제커뮤니케이션'(1997) '메가넷'(1998) '신문의 위기'(2004) '신문기자의 뉴미디어 수용실태' '신문과 컴퓨터' '디지털 시대의 미디어'(共) (역)'미디어모포시스' (종)기독교

이민석(李旻錫) Min Suhk Lee

(생)1963 · 5 (출)서울 (주)서울특별시 중구 청계천로 86 한화빌딩 (주)한화 임원실(02-729-3111) (학)1982년 광성고졸 1986년 서울대 경영학과졸 1997년 미국 펜실베이니아대 와튼스쿨 경영학과졸(MBA) (경)2005년 한화케미칼 기획팀장 · 기획실장(상무보) 2009년 同CA영업담당 상무 2013년 同전략전략본부장(상무) 2014년 同경영진단팀장(전무) 2016년 (주)한화 무역부문 대표이사 부사장(현)

이민섭(李敏燮) LEE Min Sup (강촌)

(생)1939 · 2 · 28 (본)전주(全州) (출)강원 춘천 (주)서울특별시 마포구 월드컵북로 25 강원도민회중앙회(02-778-6430) (학)1959년 서울대사대부고졸 1965년 서울대 정치학과졸 1984년 중앙대 사회개발대학원 사회복지학과졸 1998년 행정학박사(경희대) (경)1965~1980년 서울신문 정치부 차장 · 논설위원 1978년 한국기자협회 부회장 1981년 제11대 국회의원(전국구, 민주정의당) 1981년 민주정의당 청년국장 · 조직국장 1982~1984년 한국아마추어무선연맹 이사장 1983년 민정당 중앙정치연수원 부원장 1985년 제12대 국회의원(춘천 · 춘성 · 철원 · 화천, 민주정의당) 1987년 민주정의당 원내부총무 1987년 同대변인 1988년 제13대 국회의원(춘성 · 양구 · 인제, 민주정의당 · 민주자유당) 1990

년 국회 문화공보위원장 1992년 제14대 국회의원(춘성·양구·인제, 민주자유당·신한국당) 1993~1994년 문화체육부 초대장관 1995년 한우리독서문화운동본부 회장 1995년 민주자유당 강원도지부장 1995년 대한민국체육상 심사위원장 1996~1999년 강원우리꽃사랑모임 회장 1996~1998년 동아그룹 고문 1997~2000년 한림대 객원교수 1998년 자민련 춘천乙지구당 위원장 1998년 同부총재 1999년 강원도민회중앙회 고문(현) 2006년 수원대 석좌교수 2002~2008년 (사)한국골프장경영협회 상임고문 2013~2015년 대한민국헌정회 홍보편찬위원회 의장 (상)한국보이스카우트연맹 무궁화금장(1995), 청조근정훈장(1995) (종)기독교

이민수(李民壽)

(생)1948·5·26 (주)광주광역시 북구 상무대로 1270 광주불교방송 사장실(062-520-1114) (학)1969년 조선대부고졸 1973년 조선대 법정대학 정치외교학과졸 2006년 同대학원 경영학과졸 2008년 경영학박사(조선대) (경)(주)동양건설 대표이사 회장(현), 전남도건설협회 대의원, 전남도인라인연맹 회장 2009년 전남경영자총협회 회장(현) 2000~2001년 (사)광주JC특우회 회장 2012년 (사)한국JC특우회 중앙회장 2014년 광주불교방송 사장(현) 2015년 전남도인라인연맹 회장 2018년 조선대총동창회 회장(현)

이민수(李旼洙)

(생)1967 (출)전북 정읍 (주)경기도 안양시 만안구 냉천로 63 안양 만안경찰서(031-8041-6321) (학)전주 신흥고졸, 고려대 법학과졸 (경)2006년 경정 경채(45회), 경찰청 마약지능수사계장, 同지능범죄수사계장 2016년 제주지방경찰청 수사1과장(총경) 2016년 충북 보은경찰서장 2017년 서울지방경찰청 제2기동대장 2019년 경기 안양만안경찰서장(현)

이민수(李珉秀) LEE Min Su

(생)1968·12·26 (출)전남 목포 (주)서울특별시 송파구 법원로 101 서울동부지방법원(02-2204-2114) (학)1988년 광주 광일고졸 1992년 건국대 법학과졸 (경)1995년 사법시험 합격(37회) 1996년 사법연수원 수료(27기) 1998년 부산지법 예비판사 2000년 同판사 2002년 수원지법 판사 2006년 서울중앙지법 판사 2008년 수원지법 안산지원 판사 2010년 수원지법 판사 2013년 부산지법 부장판사 2015년 수원지법 부장판사 2017년 서울동부지법 부장판사(현)

이민수(李敏洙) Lee Min-su

(생)1971·12·1 (출)서울 (주)서울특별시 서초구 강남대로 193 서울가정법원(02-2055-7114) (학)1990년 대원고졸 1997년 서울대 사법학과졸 (경)1998년 사법시험 합격(40회) 2001년 사법연수원 수료(30기) 2001년 광주지법 판사 2004년 同목포지원 판사 2006년 인천지법 판사 2009년 광주지법 순천지원 판사 2011년 광주고법 판사 2013년 서울중앙지법 판사 2015년 서울가정법원 판사 2016년 同부장판사(현)

이민영(李珉榮·女) LEE Min Young

(생)1971·1·1 (주)세종특별자치시 한누리대로 402 산업통상자원부 규제개혁법무담당관실(044-203-5540) (학)서울대 식품영양학과졸 (경)2001년 산업자원부 유통물류과 행정사무관 2004년 同자원정책실 석유산업과 행정사무관 2008년 지식경제부 성장동력실 바이오나노과 행정사무관 2009년 미국 시라큐스대 교육훈련 2012년 지식경제부 지역경제총괄과 서기관 2013년 산업통상자원부 산업기반실 지역경제총괄과 서기관 2014년 휴직(서기관) 2015년 산업통상자원부 산업기술개발과 서기관 2016~2018년 국무조정실 농림국토해양정책관 파견 2018년 산업통상자원부 규제개혁법무담당관(현)

이민영(李旼映·女)

(생)1978·2·28 (출)충북 청주 (주)충청남도 천안시 동남구 청수14로 77 대전지방법원 천안지원(041-620-3000) (학)1996년 이화여자외국어고졸 2001년 서울대 경제학과졸 (경)2000년 사법시험 합격(42회) 2003년 사법연수원 수료(32기) 2003년 서울지법 북부지원 예비판사 2004년 서울고법 예비판사 2005년 서울중앙지법 판사 2007년 울산지법 판사 2010년 의정부지법 판사 2012년 서울중앙지법 판사 2014년 서울동부지법 판사 2016년 서울고법 판사 2018년 대전지법 천안지원·대전가정법원 천안지원 부장판사(현)

이민우(李民友) LEE Min Wo

(생)1944·10·7 (출)서울 (주)서울특별시 중구 무교로 16 대한체육회관 8층 한국체육언론인회(02-777-6072) (학)1963년 경기고졸 1971년 고려대 사학과졸 (경)1971~1973년 대한일보 기자 1974년 합동통신 기자 1975년 중앙일보 체육부 기자 1985년 同체육부 차장 1989년 同체육부장 대우 1991년 同체육부장 1995~1997년 同체육문화담당 부국장 1999년 명지대 마케팅부 홍보차장 2001년 同체육부장 2008~2017년 한국체육언론인회 부회장 2013년 디지털서울문화예술대 사회체육학과 석좌교수 2019년 한국체육언론인회 회장(현) 2019년 디지털서울문화예술대 총장(현)

이민우(李玟雨) Minwoo Lee

(생)1974 (출)경기 안양 (주)서울특별시 종로구 청와대로 1 대통령정책실 산업정책비서관실(02-770-0011) (학)1993년 서울고졸 2000년 고려대 경제학과졸 2007년 미국 카네기멜론대 대학원 e-비즈니스학과졸 (경)1999년 행정고시 합격(43회) 2000년 산업자원부 석유산업과·공보관실·투자진흥과·산업구조과·반도체전기과 사무관 2009년 지식경제부 에너지자원정책과 사무관 2009년 同에너지자원정책과 서기관·인사팀장 2011~2012년 대통령실 행정관 2012~2015년 駐애틀랜타총영사관 영사 2015년 산업통상자원부 홍보지원팀장 2016년 同무역투자실 수출입과장 2017년 대통령정책실 경제수석비서관실 산업정책비서관실 행정관(현) (상)산업자원부장관표창(2006), 대통령표창(2009)

이민원(李敏元) LEE Min Won

(생)1957·5·19 (본)양성(陽城) (출)광주 (주)광주광역시 남구 효덕로 277 광주대학교 세무경영학과(062-670-2249) (학)광주 동신고졸 1981년 전남대 경제학과졸 1983년 고려대 대학원 경제학과졸 1990년 경제학박사(고려대) (경)1983~1989년 에너지경제연구원 연구원 1988~1989년 경희대 인류사회재건연구원 학술연구원 1989년 광주대 중국통상학과 교수 2002년 지방분권국민운동 공동의장, 한국미래연구원 이사 2006~2008년 광주 경제정의실천시민연합 공동대표 2006년 대통령직속 지방이양추진위원회 위원 2007~2008년 대통령자문 국가균형발전위원회 위원장 2009~2010년 광주연구소 소장 2009년 광주대 글로벌경영학과 교수, 同세무경영학과 교수(현) 2012년 제19대 국회의원선거 출마(광주 남구, 통합진보당) 2013년 지방분권국민운동 의장(현) 2013~2016년 광주시지방분권협의회 대표 2015년 정부혁신도시포럼 대표(현) 2017년 대통령직속 지역발전위원회 혁신도시특별위원회 초대 위원장(현) (저)'고급미시경제학' '현대인플레이션론'

이민원(李敏媛·女) LEE Min Won

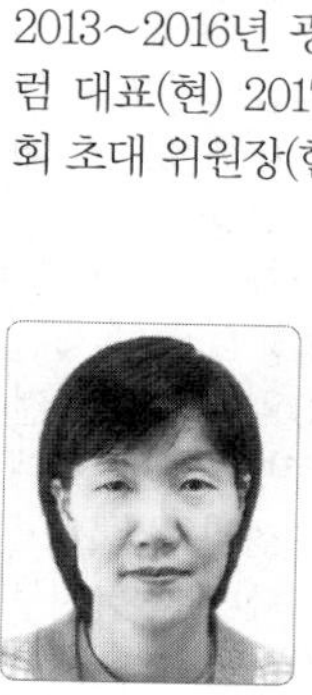

(생)1968·1·15 (주)충청북도 청주시 흥덕구 오송읍 오송생명2로 187 질병관리본부 긴급상황센터(043-719-7012) (학)구미여고졸, 연세대 사회학과졸, 미국 시라큐스 맥스웰대 대학원졸, 사회학박사(미국 시라큐스 맥스웰대) (경)1993년 행정고시 합격(37회) 2005년 보건복지부 혁신인사기획

관실 서기관 2005년 국무조정실 파견 2007년 보건복지부 보건의료정책본부 의약품정책팀장 2008년 보건복지가족부 의약품정책과장 2008년 同암정책과장 2008년 同아동청소년가족정책실 다문화가족과장 2009년 同아동청소년가족정책실 보육사업기획과 서기관 2010년 보건복지부 저출산고령사회정책실 보육사업기획과장 2014년 同기획조정실 국제협력담당관 2015년 同보건산업정책국 해외의료진출지원과장 2016년 同보건산업정책국 해외의료사업지원단장 2016년 同보건산업정책국 해외의료사업지원관 직대 2017년 同보건산업정책국 해외의료사업지원관(고위공무원) 2018~2019년 同고위공무원(중국 교육훈련) 2019년 同질병관리본부 긴급상황센터장(현)

이민재(李民載·女) LEE Min Jai

(생)1944·12·25 (본)광주(廣州) (출)충남 청양 (주)서울특별시 마포구 성지길 25 (주)엠슨 비서실(02-338-4412) (학)1963년 서울여상졸, 수도여자사범대학 중퇴 1992년 전국경제인연합회 최고경영자과정 수료 1997년 연세대 경제대학원 최고경영자과정 수료 2000년 세종대 대학원 세계경영최고위과정 수료 2001년 서강대 언론대학원 PI최고위과정 수료 2003년 이화여대 여성최고지도자과정 수료 2004년 서울대 국제대학원 글로벌최고경영자과정(GLP) 수료 (경)1987~2005년 (주)광림무역상사 설립·대표이사 회장 1996년 통상산업부 정책자문위원 1998년 서울시 여성정책위원 1998년 한국여성경제인협회 부회장 1999년 대한무역투자진흥공사 사외이사 1999년 밝은사회한국본부 부총재 1999년 한국여성경제인협회 서울지회 수석부회장 2001년 서울시 중소기업육성기금운영위원회 위원 2002년 한국여성경제인협회 서울지회장 2002년 중견기업연합회 부회장 2002년 밝은사회전국여성클럽연합회 회장 2002년 서울여상 운영위원장 2003년 서울시 사회복지정책위원 2004년 서울적십자사 상임위원 2004년 수입업협회 부회장 2004년 서울 마포구시설관리공단 비상임이사 2004년 (주)엠슨 대표이사 회장(현) 2006년 서울 마포구상공회 회장 2008년 충청장학문화재단 이사 2009년 한국무역협회 비상근부회장(현) 2009년 마포세무서 세정협의회 위원(현) 2010~2012년 한국수입업협회 연수원장 2011년 민주평통 상임위원 2013~2015년 한국여성경제인협회 회장 2015년 대한적십자사 박애문화위원회 전문위원 2016~2018년 한국여성경제인협회 명예회장 2017년 민주평통 용산협의회 회장(현) (상)율곡대제전 서예부문 입상(1985), 밝은사회국제클럽 국제본부 루비상(2002), 성실납세의무표창(2004), 적십자회원유공장 은장(2005), 장애인실천상(2005), 대한적십자사 포장증(2009), 적십자회원유공장 동백포장증(2010), 우수기업인상(2011)

이민주(李民柱) LEE Min Joo

(생)1948·10·28 (출)서울 (주)서울특별시 강남구 테헤란로103길 9 제일빌딩 5층 (주)에이티넘파트너스 회장실(02-550-4777) (학)1968년 서울고졸 1972년 연세대 응용통계학과졸 (경)1974년 다나무역 입사 1975년 조선무역 대표이사 1975년 (주)에이티넘파트너스 회장(현), 한국무역협회 이사, 한미리스 이사 1988년 한미창업투자 회장 2000~2008년 (주)씨앤앰 회장 2000~2007년 (주)케이에스넷 회장 (종)기독교

이민준(李民晙) LEE Min Jun

(생)1964·6·2 (출)전남 나주 (주)전라남도 무안군 삼향읍 오룡길 1 전라남도의회(061-286-8200) (학)1983년 나주공고졸 2002년 동신대 경영학과졸, 전남대 정책대학원 도시및지역정책학과졸 (경)1997년 남도뷔페 대표, 나주시수영연맹 회장 2001년 새천년민주당 청년위원회 부위원장 2002~2006년 전남도의회 의원(새천년민주당·민주당) 2002년 민주당 전남도지부 부대변인 2005년 同대변인 2005년 同청년위원회 수석위원장 2006년 전남도의원선거 출마(무소속) 2007년 대통합민주신당 전남지부 정책위원장 2009년 국민평화민주연대 대변인 2009년 민주평통 자문위원 2010년 전남도의원선거 출마(무소속), 나주시체육회 이사, 금성라이온스클럽 회장, 나주시재향군인회 이사 2014~2018년 전남도의회 의원(새정치민주연합·더불어민주당) 2014년 同건설소방위원회 부위원장 2014년 同운영위원회 위원 2016~2018년 同윤리특별위원회 위원 2016년 同FTA대책특별위원회 위원 2016년 同여성정책특별위원회 위원 2016~2018년 同농림해양수산위원회 위원 2018년 더불어민주당 중앙당 정책위원회 부의장(현) 2018년 전남도의회 의원(더불어민주당)(현) 2018년 同부의장(현), 同기획행정위원회 위원(현) 2019년 더불어민주당 전남도당 상임부위원장(현) (종)기독교

이민지(女) Minjee Lee

(생)1996·5·27 (출)호주 퍼스 (학)2013년 고교졸 (경)호주 국가대표 2012년 US여자주니어챔피언십 우승 2014년 유럽여자프로골프투어(LET) 볼빅 RACV 레이디스 마스터스 2위 2014년 미국여자프로골프(LPGA)투어 퀄리파잉 스쿨 공동수석 2014년 프로 데뷔 2014년 'IMG'와 계약 2014년 KEB하나은행 골프단 입단(현) 2015년 미국여자프로골프(LPGA)투어 킹스밀 챔피언십 우승 2016년 LPGA투어 롯데 챔피언십 우승 2016년 LPGA투어 블루베이 우승 2018년 유럽여자프로골프투어(LET) 및 호주프로골프투어(ALPG) 오츠 빅 오픈 우승 2018년 LPGA투어 볼빅 챔피언십 우승 2019년 LPGA투어 휴젤-에어프레미아 LA오픈 우승

이민철(李珉徹) LEE Min Cheol

(생)1954·3·22 (본)함평(咸平) (출)전남 나주 (주)광주광역시 북구 용봉로 77 전남대학교(062-530-1022) (학)1979년 전남대 의대졸 1983년 同대학원 의학석사 1986년 의학박사(전남대) (경)1979~1983년 전남대병원 인턴·해부학병리 전공의 1983년 전남대 의과대학 병리학교실 전임강사·조교수·부교수, 同의과대학 병리학교실 교수 1986~1988년 군복무 1991~1993년 미국 오하이오주립대병원 신경병리학과 펠로우 겸 임상교수 1994년 캐나다 브리티쉬컬럼비아대 신경내과학교실 연구교수 1997~1998년 일본 아사히카와대 신경외과학교실 연구교수 1998~2007년 한국과학재단 뇌질환연구센터 책임연구원 2001~2010년 同프론티어사업(자생식물단) 평가단장 2000~2002·2008~2010년 전남대 의과대학 병리학교실 주임교수 겸 전남대병원 병리과장 2004~2009년 전남대 의과대학 의학박물관장 2004~2009년 농림부 가축보건위생분야 자문교수 2006~2008년 전남대 의과대학 부학장 2007~2009년 신경병리연구회 회장 2009년 광주고법 조정위원(현) 2010~2012년 전남대 의과대학장 겸 의학전문대학원장 2011~2012년 한국의과대학·의학전문대학원협회 정책이사 2012~2014년 同창립30주년기념사업준비특별위원장 2012~2013년 대한병리학회 감사 2013~2016년 同윤리위원장 2016년 同회장 2019년 전남대 명예교수(현) (상)전남대병원 최우수논문상(1994), International Society of Neuropathology 최우수연구상(1995), 한국의과대학·의학전문대학원협회 올해의 교수상(2018) (저)'일반병리학(共)'(1999·2001) '신경병리학'(1999) '생체재료와 조직공학'(2000) '병리학(共)'(2000·2005·2007·2010·2017) '노벨 의학상의 발자취'(2001) '줄기세포'(2002) '신경손상학(共)'(2002) '임상간질학'(2009) '각성과 도전(共)'(2014) '신경손상학(共)'(2014) '임상뇌전증학(共)(3판)'(2018) '임상신경과학(共)'(2018) (종)기독교

이민철(李旼澈)

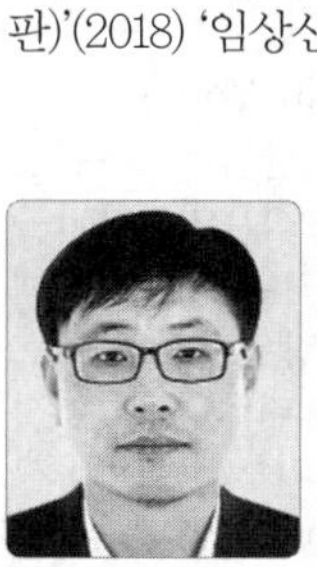

(생)1967 (출)부산 (주)서울특별시 송파구 중대로 135 IT벤처타워 동관 한국철강협회 부회장실(02-559-3500) (학)1985년 부산진고졸 1992년 연세대 정치외교학과졸 2014년 서울과학기술대 에너지환경대학원 에너지정책학과졸 (경)1993년 외무고시 합격(27회) 2008년 외교통상부 대변인실 외신담당관 2008~2013년 외교통상부 에너지기후변화과 근무·駐체코 참사관·駐나고야총영사관 영사 2013년 산업통상자원부 다자통

상협력과장 2014년 同자원개발전략과장 2014년 同자원개발전략과장(부이사관) 2015년 同통상협력국 심의관 2017년 同자유무역협정(FTA)정책관 2018년 한국철강협회 상근부회장(현)

이민혁

(생)1972·2·17 (주)서울특별시 서초구 성촌길 56 삼성전자(주) 디자인경영센터 디자인혁신팀(02-2255-0114) (학)경희대 산업디자인학과졸 (경)2005년 삼성전자(주) 무선사업부 디자인팀 책임자 2008년 同무선사업부 디자인그룹 수석디자이너 2010년 同무선사업부 디자인그룹 상무대우 2014년 同무선사업부 디자인팀장(상무대우) 2015년 同무선사업부 디자인팀장(전무대우) 2017년 同디자인경영센터 디자인혁신팀장(전무대우)(현) (상)코리아 인더스트리얼 디자인어워드 최우수상(2002), KAID 어워드 최우수상(2003), 모바일 기술대상(2003), 레드닷(Reddot) 어워드(2004), 3GSM어워드(2005), 자랑스러운 삼성인상 디자인상(2005)

이민호(李民浩) LEE Min Ho

(생)1962·1·8 (출)경기 용인 (주)서울특별시 서초구 헌릉로 13 대한무역투자진흥공사 무역기반본부(02-3460-7400) (학)1981년 대전고졸 1985년 서강대 정치외교학과졸 (경)1989년 대한무역투자진흥공사(KOTRA) 입사 1989년 同통상진흥부 근무 1989년 同구아부 근무 1991년 대전세계박람회조직위 파견 1993년 대한무역투자진흥공사(KOTRA) 기획조사부 근무 1994년 同트리폴리무역관 근무 1996년 同LA무역관 근무 1998년 同기획조정실 근무 1999년 同전략경영추진프로젝트팀 근무 2000년 同기획조정실 근무 2000년 同충북무역관 근무 2001년 同밴쿠버무역관 근무 2005년 同감사실 검사역 2008년 同타이베이무역관장 2008년 同타이베이KBC센터장 2011년 同신흥자본유치팀장 2011년 同경영관리팀장 2013년 同경영관리팀장(처장) 2013년 同칭다오무역관장 2014년 同상하이무역관장 2016년 同수출기업화지원실장 2017년 同고객서비스기획실장 2018년 同중소기업실장 2018년 同무역기반본부장(상임이사)(현)

이방무(李芳武) Lee, Bangmoo

(생)1974·8·29 (출)울산 (주)세종특별자치시 한누리대로 411 행정안전부 재정정책과(044-205-3702) (학)1993년 울산 학성고졸 1998년 서울대 경영학과졸 2010년 미국 펜실베이니아대 대학원 행정학과졸 (경)1999년 행정고시 합격(43회) 2000년 행정자치부 급여정책과·고위공무원단실무추진단 등 사무관 2006년 同고위공무원정책과 서기관 2007~2008년 대통령 혁신비서관실 행정관 2008년 행정안전부 조직진단과 서기관 2011년 同정부통합전산센터 서비스운영과장 2012~2015년 駐인도네시아대사관 파견(서기관) 2015년 행정자치부 지역금융지원과장 2017년 同자치제도과장(부이사관) 2017년 행정안전부 지방자치분권실 자치분권과장(부이사관) 2019년 同장관 비서실장 2019년 同재정정책과장(현)

이방수(李邦洙) LEE Bang Soo

(생)1958·11·19 (출)경남 산청 (주)서울특별시 영등포구 여의대로 128 (주)LG CSR팀(02-3777-1114) (학)1977년 영등포고졸 1984년 한양대 경영학과졸 (경)LG전자(주)·LG 회장실 홍보팀 근무 2000~2003년 LG상남언론재단 사무국장 2004년 LG전자(주) 홍보팀 상무 2004년 LG필립스LCD(주) 업무홍보담당 상무 2008~2010년 LG디스플레이(주) 업무홍보담당 상무 2010년 同경영지원센터장(상무) 2010년 同경영지원센터장(전무) 2012년 同경영지원그룹장(전무) 2015~2018년 同경영지원그룹장(부사장) 2019년 (주)LG CSR팀장(부사장)(현)

이방우(李邦雨) Lee Bang Woo

(생)1952·1·20 (주)대전광역시 대덕구 평촌2길 59 한국철도공사 시설장비사무소(042-932-3147) (학)1970년 용산공고졸 1996년 한국방송통신대 행정학과졸 1999년 인하대 교통대학원졸 (경)2001년 철도경영연수원 서기관 2002년 한국철도공사 서울철도차량정비창 동력차량국 서기관 2003년 同부산차량사무소장 2006년 同수도권동부지사 일반차량팀장 2007년 同수도권북부지사 일반차량팀장 2008년 同수도권북부지사 광역차량팀장 2009년 同수도권서부본부 차량팀장 2010년 同감사실 일반감사처장 2011년 同토목시설처장 2012년 同기술본부 시설기술단 선로관리처장 2012년 同서울본부 시설처장 2014년 同대전충남본부 시설처장 2014년 同대구본부 시설처장 2018년 同기술본부 시설계획처장 2019년 同시설장비사무소장(현)

이방주(李邦柱) LEE Bang Joo

(생)1943·10·22 (본)전주(全州) (출)서울 (주)서울특별시 강남구 언주로 431 제이알투자운용(주) 회장실(02-564-7004) (학)1962년 보성고졸 1966년 고려대 상대 경제학과졸 (경)1968년 예편(육군 중위) 1969년 현대자동차 입사 1980~1994년 同재정부장·재정담당 이사 1994년 同관리본부장 1995년 同전무이사 1997~1998년 同부사장 1998년 同자동차산업연구소장 겸임 1998년 同사장 1999년 현대산업개발(주) 대표이사 사장 1999년 한국주택협회 비상근부회장 2004~2007년 同회장 2006년 현대산업개발(주) 부회장 2006년 대한건설단체총연합회 부회장 2008년 현대산업개발(주) 고문 2008년 제이알투자운용(주) 회장(현) 2009~2012년 (재)명동·정동극장 이사장 2010년 한국부동산중개학회 회장 2013년 한국부동산경영학회 회장(현) 2013~2016년 한미글로벌 사외이사 2018년 현대산업개발 사외이사 겸 감사위원(현) (상)한국토지공사 감사패(1999) (종)기독교

이방현(李芳炫)

(생)1973·6·28 (출)경남 진주 (주)경상북도 포항시 북구 법원로 181 대구지방검찰청 포항지청 형사1부(054-250-4397) (학)1992년 대아고졸 2000년 서울대 공법학과졸 (경)2001년 사법시험 합격(43회) 2004년 사법연수원 수료(33기) 2004년 수원지검 검사 2006년 대구지검 경주지청 검사 2008년 대구지검 검사 2010년 서울중앙지검 검사 2013년 법무부 범죄예방기획과 검사 2015년 광주지검 검사 2016~2017년 '박근혜 정부의 최순실 등 민간인에 의한 국정농단 의혹 사건'(최순실 특검법) 파견 2017년 서울남부지검 검사 2018년 同부부장검사 2019년 대구지검 포항지청 형사1부장(현)

이배수(李培秀)

(생)1954·8 (주)경상북도 김천시 혁신로 269 한국전력기술(주) 사장실(054-421-3114) (학)부산고졸, 연세대 천문기상학과졸 1982년 同대학원 대기과학과졸 (경)1983년 한국전력기술(주) 입사, 同환경기술처장 2003년 同플랜트사업개발처장, 同미국·중국사무소장, 同경영기획처장 2009년 同마케팅처장 2009년 同기획마케팅본부장(전무), 삼성엔지니어링 상임고문, 同경영관리본부장, 한국발전기술(주) 부사장 2018년 한국전력기술(주) 대표이사 사장(현)

이배용(李培鎔·女) LEE Bae Yong (東昭)

(생)1947·1·5 (본)전주(全州) (출)서울 (주)서울특별시 마포구 토정로 296 이연빌딩 4층 (사)코피온(02-733-1387) (학)1969년 이화여대 사학과졸 1971년 同대학원 사학과졸 1984년 문학박사(서강대) (경)1985~2012년 이화여대 사학과 교수 1991~1993년 同사학과장 1993~1997년 한국여성연구원 원장 1994~1997년 한국여성학회 운영위원·부회장 1995년 노

동부 여성정책자문위원 1996~1998년 제2정무장관실 성차별개선위원 1997~2002년 한국사상사학회 부회장 1997~2000년 이화여대 이화사학연구소장 1997~1999년 同사학과장 1999년 국가보훈처 공훈심사위원 2000~2006년 이화여대 평생교육원장 2003~2004년 한국사상사학회 회장 2003~2009년 국사편찬위원회 위원 2004~2006년 한국여성사학회 회장 2006년 이화여대 인문과학대학장 2006~2007년 조선시대사학회 회장 2006~2010년 이화여대 총장 2008~2016년 한중정책포럼 회장 2008년 이명박 대통령당선인 정책자문위원 2008~2009년 한국사립대학총장협의회 회장 2008~2009년 한국대학교육협의회 부회장 2009~2013년 대통령자문 통일고문회의 고문 2009~2012년 경기도가족여성연구원 이사장 2009~2010년 한국대학교육협의회 회장 2009~2016년 포스코청암재단 이사 2009년 한국대학협의회 교육협력위원회 초대위원장 2009~2011년 헌법재판소 자문위원 2009~2014년 국립암센터 비상임이사 2009~2012년 대한민국역사박물관 건립위원회 위원 2009~2013년 국립중앙박물관 운영자문위원회 위원장 2009~2013년 대통령직속 사회통합위원회 위원 2010~2013년 교육과학강국실천연합 이사장 2010년 사회적기업활성화포럼 공동대표 2010~2012년 국가브랜드위원회 위원장(장관급) 2011년 역사교육과정개발추진위원회 위원장 2012~2013년 건양대 교양학부 석좌교수 2012년 이화여대 명예교수(현) 2012년 새누리당 제18대 대통령중앙선거대책위원회 공동의장 2012~2013년 (사)코피온 총재 2013년 여성들의새물결 초대회장 2013~2016년 한국학중앙연구원 원장 2013년 민주평통 여성부의장 2013년 한국양성평등교육진흥원 이사장 2013~2014년 대법원 사법정책자문위원 2013~2016년 (사)코피온 명예총재 2013~2017년 1090평화와통일운동 공동대표 2014년 안전행정부 국가공무원시험 정책자문위원장 2014~2018년 통일교육위원중앙협의회 의장 2015년 (재)한국의서원통합보존관리단 이사장(현) 2016년 (사)코피온 총재(현) 2017년 영산대 석좌교수(현) 2017~2019년 문화재청 문화재위원회 부위원장 겸 세계유산분과 위원장 2018년 영산대 한국학학술원장(현) (상)이화여고 자랑스러운 이화인상(2008), 미국 사우스플로리다대 글로벌리더십상(2010), 베스트드레서 백조상 특별상(2010), 한국여성단체협의회 전국여성대회 김활란 여성지도자상(2011), 청조근정훈장(2012), 5.16 민족상 사회교육부문(2013), 21세기경영인클럽 올해의21세기경영인상(2015), 대한민국무궁화대상 장한어머니부문(2015), 유네스코 세계유산 '한국의 서원' 등재기념식 감사패(2019) (저)'한국 근대 광업침탈사 연구'(1989) '한국사회사상사'(1996) '한국사의 새로운 이해'(1997) '통일을 대비한 남북한 여성의 삶의 비교'(1997) '우리나라 여성들은 어떻게 살았을까(共)'(1999) '역사교육, 무엇을 어떻게 가르칠까'(2001) '개화기 한국과 세계의 상호이해'(2003) '신여성-한국과 일본의 근대 여성상'(2003) '조선전기 가부장제와 여성'(2004) '개화기 서울 사람들'(2004) '한국 역사 속의 여성들'(2005) 'Women in Korean History'(2008) (종)기독교

이백금(李栢金) Lee Baeg Geum

(생)1956 · 8 · 10 (본)함평(咸平) (출)전남 함평 (주)서울특별시 영등포구 국제금융로6길 30 백상빌딩 708호 코리아철강(주)(02-784-8020) (학)1975년 학다리고졸 1983년 조선대 기계공학과졸 2012년 한양대 공학대학원 건축환경 및 설비공학과졸(공학석사) 2015년 고려대 정책대학원 수료 (경)1993~2010년 삼성물산 건설부문 상무이사 2001~2002년 향교초등학교 19회 동창회장 2006~2007년 (사)한국설비기술협회 사업이사 2009~2012년 서울시교육청 교육환경심의회 위원 2010~2011년 在京학다리고 제24회동창회장 2011~2017년 에이엔에이(주) 대표이사 2012~2014년 在京조선대기계공학과총동문회 회장 2013~2017년 서울시 관악구 건축위원회 위원 2014~2018년 서울시 영등포구 건축위원회 위원 2014~2018년 조선대수도권총동창회 이사 2015~2016년 한반도미래연구원 부원장 2014~2016년 서울시 영등포구 도시 · 건축공동위원회 위원 2015년 민주평통 자문위원(현) 2015~2016년 서울시 영등포구 제안평가위원회 위원 2017년 코리아철강(주) 대표이사(현) 2018년 서울 · 부산 · 대구 · 대전 · 광주고등법원 전문심리위원(현) 2018년 특허법원 전문심리위원(현) 2019년 在京학다리중 · 고 동문회장(현) 2019년 고려대교우회 상임이사(현) 2019년 서울시 시민기자(현) (상)삼성물산 신경영우수사례 우수상(1997), 수원시장 노인복지효부상(1998), 한국능률협회 전국대회 제안왕(1998), 삼성물산 전국대회 제안왕(1998), 삼성사회봉사단 자원봉사 우수상(1998), 중앙일보 자원봉사우수상(1998), 삼성물산 자랑스런물산인상(1999), 행정자치부장관표창(2007), 철탑산업훈장(2007), 삼성물산 사회봉사부문 우수상(2007), 경기도지사표창(2008) (저)'다중이용시설 환기설비 설치 방안'(2005)

이백만(李百萬) LEE Baek Man

(생)1956 · 2 · 23 (출)전남 진도 (주)서울특별시 종로구 사직로8길 60 외교부 인사운영팀(02-2100-7143) (학)1975년 광주제일고졸 1979년 서울대 사회과학대학 경제학과졸 2010년 중앙대 신문방송대학원졸 (경)1983년 매일경제신문 기자 1988년 서울경제신문 기자 1991년 한국일보 기자 1999년 同경제부 차장 2000년 同경제부장, 금융발전심의회 국제금융분과위원 2001년 한국일보 논설위원 2001년 머니투데이 부국장 겸 경제부장 2002년 同편집국장 2002년 한국경제TV 보도본부장 2003년 同이사 겸 보도본부장 2004년 국정홍보처 차장 2006년 대통령 홍보수석비서관 2007년 대통령 홍보특보 2007년 자유무역협정(FTA) 국내대책위원회 간사위원 2007~2009년 예금보험공사 비상임이사 2007~2010년 목포대 경제학과 초빙교수 2009년 국민참여당 언론정책자문위원 2010년 同최고위원 2010년 서울시 도봉구청장 후보(국민참여당) 2011년 국민참여당 도봉지역위원회 위원장 2011년 同대변인 2012~2013년 사람사는세상노무현재단 노무현시민학교장 2016년 캄보디아 하비에르학교 홍보대사 2017년 가톨릭 선교사 2018년 駐교황청 대사(현) (저)칼럼집 '염소뿔 오래 묵힌다고 사슴뿔 되더냐?'(2006) '불멸의 희망'(2009, 21세기북스) (종)가톨릭

이백순(李伯純) Lee Baek-soon

(생)1959 · 6 · 13 (본)전주(全州) (출)부산 (주)서울특별시 종로구 사직로8길 60 외교부 인사운영팀(02-2100-7863) (학)1977년 경북고졸 1982년 서울대 독어독문학과졸 1985년 同대학원 외교학과 수료 1989년 미국 버지니아대 대학원 국제정치학과졸 (경)1985년 외무고시 합격(19회) 1985년 외무부 입부 1991년 駐구주공동체 2등서기관 1993년 駐가봉 1등서기관 1997년 駐국제연합 1등서기관 2002년 외교통상부 기획조사과장 2003년 대통령 외교보좌관실 선임행정관 2004년 외교통상부 안보정책과장 2005년 駐미국대사관 참사관 2008년 외교통상부 종합상황실장 2008년 同북미국 심의관 직대 2010년 同북미국 심의관 2010년 대통령실 파견(고위공무원) 2010년 외교통상부 인사기획관 2012년 同북미국장 2013년 외교부 북미국장 2013년 駐미얀마 대사 2016년 국회사무처 국회의장 외교특임대사 2018년 駐호주 대사(현) (상)대통령표창 (저)'신세계 질서와 한국' 시집 '세월에 등 기대어'(2013, 푸른나무)

이백철(李白哲) LEE Baik Chul (효일)

(생)1955 · 9 · 12 (본)경주(慶州) (출)전남 목포 (주)경기도 수원시 영통구 광교산로 154-42 경기대학교 휴먼서비스학부(031-249-9340) (학)고려대 중어중문학과졸, 대만 국립정치대 대학원 법학과졸, 미국 미시간주립대 대학원 형사사법학과졸, 형사사법학박사(미국 미시간주립대) (경)한국교정교화사업연구소 연구실장 1989년 중국 베이징 법학과 객원연구원 1991년 경기대 교정보호학과 교수, 同휴먼서비스학부 교정보호전공 교수(현) 1999~2001년 同대외협력처장 2000년 미국 조지타운대 객원교수 2001년 미국 콜로라도대 객원교수 2004~2005년 경기대 교무처장, 법무연수원 비상임연구위원, 경찰청 치안연구소 지도연구위원, 청소년보호위원회 연구위원, 천주교 사회교정사목위원회 이사 및 감사(현), 법무부 국제수형자이송심사위원, 同교정행정자

문위원장, 同자체평가위원 2007년 (사)아시아교정포럼 회장 2009년 한국보호관찰학회 부회장 2010년 (사)아시아교정포럼 이사장(현) 2012년 미국 미시간주립대 한국총동문회 회장(현) 2013년 고려대중문과교우회 회장 2013~2016년 한국보호관찰학회 회장 2013년 법무부 서울구치소 교정위원(현) 2014년 同서울소년원 소년보호위원(현) 2014년 同수원보호관찰소 특별범죄예방위원(현) 2016년 同교정심리치료중앙자문위원장(현) (상)천주교 서울대교구장 공로패(2010), 미국 미시간주립대 공로패(2015) (저)'교정교육학'(1995) '중간처우제도에 관한 연구'(1995) '미국의 형사사법제도'(1998) '교정학'(2015) (역)'자신을 찾아가는 사람들'(1999) '절망 속의 기도'(1999) '미국의 범죄와 형벌'(2004) (종)천주교

이 범(李 範) Brian Lee

(생)1962·4·9 (본)덕은(德恩) (출)충남 논산 (주)서울특별시 서초구 서초대로74길 14 삼성화재해상보험(주) 기획실(02-2272-5114) (학)1981년 서대전고졸 1985년 고려대 수학과졸 (경)1988년 삼성화재해상보험(주) 입사 2003년 同기업영업총괄 제도보험개발팀장 2010년 同기업마케팅담당 상무, 同기업영업3사업부장(상무) 2013년 同전무 2015년 同기업영업총괄 전무 2015년 同일반보험본부장(전무) 2018년 同일반보험본부장(부사장) 2019년 同기획실장(부사장)(현) (상)국무총리표창(2004), 금융감독위원장표창(2006)

이범관(李範觀) RHEE Beum Kwan

(생)1943·8·4 (본)전주(全州) (출)경기 여주 (주)서울특별시 서초구 서초대로49길 12 한승아스트라 2차 207호 이범관법률사무소(02-3478-9200) (학)1961년 서울대사대부고졸 1966년 연세대 법대졸 (경)1968년 한일은행 근무 1971년 행정고시 합격(10회) 1971년 법제처 사무관 1972년 사법시험 합격(14회) 1974년 사법연수원 수료(4기) 1974~1985년 서울·수원·대구·춘천·제주지방검찰청 검사 1985년 창원지검 통영지청장 1986년 법무부 대변인 1987년 同관찰과장 1989년 수원지검 공안부장 1990년 부산지검 공안부장 1991년 대검찰청 공안1과장 1992년 서울지검 서부지청 특수부장 1993년 서울지검 공안부장 1994년 국회 법제사법위원회 수석전문위원 1995년 서울지검 남부지청 차장검사 1996년 인천지검 차장검사 1997년 서울지검 제1차장검사 1998년 대통령 민정비서관 1999년 대구고검 차장검사 1999년 법무부 기획관리실장 2000년 대검찰청 공안부장 2001년 인천지검장 2002년 서울지검장 2003년 광주고검장 2004년 합동법률사무소 다솔 대표변호사 2007~2008년 한나라당 국책자문위원 2007년 同이명박 대통령후보 상임특보 2008년 제18대 국회의원(이천·여주, 한나라당·새누리당) 2010년 국회 환경노동위원회 위원 2012~2017년 법률사무소 규원 대표변호사 2018년 변호사 개업(현) (상)홍조근정훈장, 황조근정훈장 (종)천주교

이범권(李範權) LEE Bum Kwon

(생)1957·12·7 (출)경기 안성 (주)서울특별시 강동구 양재대로 1378 (주)선진 임원실(02-2225-0777) (학)1975년 성동고졸 1982년 서울대 축산학과졸 (경)부국사료 근무, 두산곡산 근무 2002년 (주)선진 대표이사 상무 2002~2008년 同대표이사 부사장 2009년 同대표이사 사장(현) (종)천주교

이범균(李釩均) Lee Buhm Gyun

(생)1964·3·10 (본)한산(韓山) (출)서울 (주)서울특별시 서초구 서초중앙로 157 서울고등법원(02-530-1114) (학)1983년 경성고졸 1987년 서울대 법대 사법학과졸 (경)1989년 사법시험 합격(31회) 1992년 사법연수원 수료(21기) 1992년 軍법무관 1995년 부산지법 판사 1999년 인천지법 판사 2002년 서울행정법원 판사 2004년 서울고법 판사 2005년 대법원 재판연구관 2007년 同연구법관 2007년 창원지법 진주지원 부장판사 2009년 수원지법 여주지원장 2011년 서울남부지법 부장판사 2013년 서울중앙지법 형사21부 부장판사 2015년 대구고법 부장판사 2017년 서울고법 부장판사(현)

이범래(李泛來) LEE Bum Rae

(생)1959·1·26 (출)경남 고성 (주)서울특별시 서초구 서초대로 255 고덕빌딩 4층 법무법인 홍윤(02-2688-2233) (학)1977년 우신고졸 1982년 서울대 법학과졸 2007년 경희대 경영대학원 경영학과졸 (경)1981년 사법시험 합격(23회) 1984년 사법연수원 수료(14기) 1986년 2사단 검찰관 1987년 육군본부 보통군사법원 군판사 1989년 서울지검 검사 1989년 변호사 개업 1991년 경제정의실천시민연합 중앙위원 1997년 교통문제를 연구하는시민의모임 대표 1998년 도덕성회복국민운동본부 자문위원 1999년 교통시민연합 상임운영위원장 2004년 제17대 국회의원 선거 출마(서울 구로甲, 한나라당) 2008년 제18대 국회의원(서울 구로甲, 한나라당) 2008~2009년 한나라당 원내부대표 2008~2012년 대한태권도협회 부회장 2009~2012년 한국과학기술원(KAIST) 공정거래연구센터 상임운영위원 2010~2012년 법무법인 홍윤 대표변호사 2011년 한나라당 직능특별위원회 정책지원단장 2011년 同대표비서실장 2012년 제19대 국회의원선거 출마(서울 구로甲, 새누리당) 2012년 새누리당 서울구로甲당원협의회 위원장 2012년 법무법인 홍윤 변호사, 선명 법무법인 대표변호사 2015~2018년 (주)씨엘인터내셔널 사외이사 2017년 법무법인 홍윤 대표변호사(현) (종)기독교

이범석(李範錫) Lee Bum-Suk

(생)1964·1·3 (본)원주(原州) (출)강원 원주 (주)서울특별시 강북구 삼각산로 58 국립재활원 원장실(02-901-1501) (학)1982년 중동고졸 1988년 연세대 의학과졸 1997년 同보건대학원졸 (경)1988~1992년 연세대 세브란스병원 재활의학과 인턴·전공의 1992~1995년 국군수도병원 재활의학과장(군의관·육군 대위) 1995~2017년 국립재활원 척수손상재활과장 겸 병원부장 2017년 국립재활원 원장(현) 2017년 同연구소장 겸임(현), 한국장애인재활협회(RI KOREA) 건강분과위원장(현), 대한공공의학회 부회장(현), 대한척수손상학회 부회장(현), 대한성학회 상임이사(현), 대한재활의학회 이사(현), 아시아척수손상네트워크(ASCoN) 한국대표(현) (상)대통령표창(2015), 고운문화상 공무원부문(2019)

이범욱(李範昱)

(생)1960 (주)전라북도 완주군 이서면 오공로 12 한국전기안전공사(063-716-2040) (학)중대사대부고졸, 숭실대 전기공학과졸 (경)1987년 한국전기안전공사 입사 2009년 同서울서부지사 검사부장 2012년 同미래전략실 부장 2014년 同경기지역본부 경기중부지사장 2015년 同기획조정처 제도개선부장 2016년 同대전충남지역본부장 2017년 同전력설비검사처장 2018년 同경기북부지역본부장 2018년 同기술이사(현)

이범종(李範鍾) LEE Beom Jong

(생)1959·10·12 (주)경상남도 김해시 인제로 197 인제대학교 문리과대학 의생명화학과(055-320-3223) (학)1982년 서울대 화학교육학과졸 1984년 한국과학기술원(KAIST) 화학과졸(석사) 1987년 이학박사(한국과학기술원) (경)1987년 인제대 의생명화학과 교수 1990~1992년 일본 JST·ERATO 화학조직프로젝트 연구원 1993~1999년 인제대 자연과학대학 화학과 교수 1994년 일본 나고야대 객원연구원 1997~1999년 인제대 교수평의회 간사 1998~2000년 同대학원 부원장 1999년 同신소재공정공학부 교수, 同문리과대학 의생명화학과 교수(현) 2001~2004

년 同RRC 부소장 2003~2004년 同교무부처장 2004년 同RRC 소장 2004~2012년 同바이오헬스소재연구센터 소장 2018~2019년 同문리과대학장 2019년 同교학부총장(현) (상)교육인적자원부장관표창(2001), 인제대 대학원 우수논문상(2002) (저)'첨단기계 및 신소재' '자동차용 고분자재료(共)'

이범주(李範柱) Lee Beum Ju (雲漂)

(생)1963·4·25 (본)전주(全州) (주)서울특별시 강서구 하늘길 210 김포공항세관(02-6930-4900) (학)1983년 영흥고졸 1985년 국립세무대학졸 1998년 연세대 행정대학원 사법공안행정과졸 (경)2008년 평택세관 조사심사과장 2010년 인천공항세관 감사담당관 2012년 同세관운영과장 2014년 서울본부세관 외환조사과장 2015년 관세국경관리연수원 교수부장 2016년 군산세관장 2017년 관세청 조사감시국 국제조사팀장 2018~2019년 인천본부세관 휴대품통관2국장 2019년 김포공항세관장(현) (상)국회의장표창(1997), 대통령표창(2002), 기획재정부장관표창(2012) 등 다수

이범진(李凡珍) Lee, Beom-Jin

(생)1962·10·9 (출)전북 완주 (주)경기도 수원시 영통구 월드컵로 206 아주대학교 약학대학(031-219-3442) (학)1984년 서울대 제약학과졸 1986년 同약학대학원 물리약학과졸 1992년 약제학박사(미국 오리건주립대) (경)1993~2012년 강원대 약학과 전임강사·조교수·부교수·교수 1998~2000년 보건복지부 중앙약사심의위원 1999~2000년 한국응용약물학회 평의원·편집위원 1999년 영국 런던대 방문교수 1999~2001년 강원대 약학대학 부학장 1999~2002년 한미약학과학자협회 부회장 2000~2004년 (사)한국약제학회 총무위원장·평의원 2001년 (주)팜트리 대표이사 2002~2004년 강원대 종합약학연구소장 2003~2008년 과학기술부 국가지정연구실 연구책임자 2005~2007년 강원대 약학대학장 2005~2007년 (사)한국약제학회 국제협력위원장 2006~2008년 강원대 산학협력단 운영위원 2006~2008년 在美약학과학자협회 회장 2006년 중국 쑤저우대 약학원 겸임교수(현) 2006년 한국발명진흥회 기술자문위원 2006~2008년 보건산업진흥원 품질인증심의위원 2007년 한국과학재단 심사평가위원 2007~2009년 (사)대한약학회 총무위원장·이사 2008~2010년 식품의약품안전청 중앙약사심의위원 2008~2009년 (사)한국약제학회 학술위원장 2009년 (사)한국에프디시법제학회 부회장·이사 2009~2012년 (사)대한약학회 사무총장 2009년 (사)보건사회약료경영학회 이사(현) 2009~2010년 (사)대한약학회 재무위원장·이사 2009~2011년 보건복지가족부 보건의료기술정책심의위원회 전문위원 2009~2010년 지식경제부 산업기술연구회 전문위원 2010~2012년 한국과학기술단체총연합회 과학기술자문단 자문위원 2010~2012년 강원대 종합약학연구소장 2010~2012년 (사)한국약학교육협의회 교과과정위원회 간사 2010년 (사)한국제약협회 기획정책위원회 자문교수 2010년 (사)한국약제학회 정보위원장 2010년 同의약품기술연구사업단장(현) 2011년 (사)보건사회약료경영학회 부회장(현) 2011년 (사)대한약학회 이사(현) 2011년 (재)한국마약퇴치운동본부 부이사장·이사(현) 2011년 (사)한국약제학회 기획위원장 2012년 同부회장 2012년 한국약학교육평가원 대외협력위원장 2012년 (사)대한약학회 선거관리위원장 2012~2013년 대한약사회 약사공론주간 일반의약품활성화연구단 연구위원 2012년 CJ제일제당 제약R&D본부 자문위원 2012년 한국PDA·팜텍 전문위원 2012년 아주대 약학대학 교수(현) 2012·2014·2018년 同약학대학장(현) 2012~2013년 월간「의약정보」편집자문위원 2012~2013년 보건복지부 안전상비의약품지정심의위원회 위원 2013년 식품의약품안전처 기획전문위원회 위원 2013년 한국보건의료인국가시험원 외국대학인정심의위원(현) 2013년 (재)한국마약퇴치운동본부 마약퇴치연구소장(현), 한국약제학회 부회장 2014~2016년 (사)한국약학교육협의회 이사장 2015~2016년 한국에프디시법제학회 회장 2015년 미국 메릴랜드대 겸임교수(현) 2017년 대한약사회 약사미래발전연구원장(현) 2018년 한국약제학회 수석부회장 2019년 同회장(현) (상)한국약제학회 논문장려상(1999), 대한약학회 학술장려상(2000), 송파구청장표창(2003), 강원대총장표창(2003·2006), 제8회 송음 이선규 약학상(2005), 대한약학회 최다인용논문상(2006), 한국신약개발연구조합 공로패(2007), 한국과학기술단체총연합회 과학기술우수논문상(2007), 한국보건산업진흥우수상(2007), 보건복지부장관표창(2008·2011), 대학약학회 공로패(2009), 在美약학과학자협회 공로패(2009), 올해의 활명수약학상(2010), 의학신문 의약사 평론가상(2010), 산학협동재단 산학협동상(2011), 한국약제학회 학술대상(2011), 약업신문 동암 약의상(2012), 과학기술훈장 도약장(2016), 대한민국참봉사대상 의약발전공로대상(2016) (저)'제형의 원리와 기술'(2000, 신일상사) 'Pharmaceutical Manufacturing Handbook : Production and Processes(共)'(2008, 미국 Wiley Inc.) 'MT약학(共)'(2011, 청아람주니어)

이범진(李氾鎭) LEE BHUM JIN

(생)1969·8·22 (주)서울특별시 강남구 강남대로 382 메리츠화재해상보험 경영지원실(1566-7711) (학)연세대 대학원 회계학과졸 (경)PwC(프라이스워터하우스쿠퍼스) 이사, 딜로이트컨설팅 상무, AT커니코리아 금융사업부문 부사장, 오픈타이드 금융사업본부 전무 2014년 메리츠금융지주 최고보안책임자(CSO·상무) 2015년 메리츠화재해상보험 경영지원실장 겸 경영관리팀장(전무) 2019년 同경영지원실장 겸 경영관리팀장(부사장)(현)

이범철(李範喆) Lee Bumchul

(생)1962·7·20 (본)성산(星山) (출)부산 (주)부산광역시 연제구 중앙대로 1001 부산광역시청 행정자치국(051-888-3400) (학)1981년 부산상고졸 1988년 부산대 상과대학 경영학과졸 (경)1997~2003년 부산시 남구 문화공보과장·지역경제과장 2003~2005년 재정경제부 경제자유구역기획단 파견 2005~2009년 부산시 경제기획계장·투자기획계장 2009년 同금융중심지기획단장(서기관) 2011~2012년 미국 볼링그린주립대 파견 2013년 부산시 해양수산국 해양정책과장 2015년 同기획담당관 2015년 同부이사관(미국 조지아대 교육훈련) 2016년 同인재개발원장 2017년 同시정혁신본부장 2018년 同남구 부구청장 2018년 同문화체육관광국장 2019년 同행정자치국장(현) (종)가톨릭

이범호(李凡虎) LEE Beom Ho

(생)1959·8·23 (출)경남 함양 (주)서울특별시 서초구 효령로60길 16 금강공업(주) 임원실(02-3415-4000) (학)1978년 선린상고졸 2003년 강남대 경영학과졸 (경)2000년 금강공업(주) 경영지원본부장(상무이사) 2000년 同관리본부장 2001년 금강도카 감사 2002년 금강공업(주) 상무 2006년 同전무이사 2006년 금강정보시스템 감사 겸 고려산업 전무 2008년 금강공업(주) 부사장 2011년 同대표이사 부사장 2011~2015년 同대표이사 사장 2011년 同대표이사(현)

이범희(李範熙) LEE Beom Hee

(생)1955·5·29 (본)연안(延安) (출)서울 (주)서울특별시 관악구 관악로 1 서울대학교 공과대학 전기·정보공학부(02-880-7311) (학)1978년 서울대 전자공학과졸 1980년 同대학원 전자공학과졸 1985년 공학박사(미국 미시간대) 2010년 감리교신학대 대학원 신학과졸 (경)1980년 중앙대 전자공학과 전임강사 1981년 미국 미시간대 연구원 1985년 미국 퍼듀대 전기과 조교수 1987~1995년 서울대 제어계측과 조교수·부교수 1990~2016년 미국전기전자학회(IEEE) 로봇및자동화분야 한국지부장 1993년 한국마이크로로봇경연대회 대회장 1995년 서울대 전기컴퓨터공학부 교수, 同공과대학 전기·정보공학부 교수(현)

1995~2001년 서울시 창업보육센터 소장 1999년 서울벤처지원협의회 공동위원장 2001년 세계로봇및자동화국제학술대회 학술위원장 2001년 미국 세계인명사전 'Marquis Who's Who in the World'에 등재 2001 · 2003년 미국 세계인명사전 'Marquis Who's Who in Finance and Industry'에 등재 2002년 영국 국제인명센터(IBC) '1000 Great Scientists'에 등재 2002년 서울대 자동화시스템공동연구소장 2002년 리더스앙상블오케스트라 후원회장 2003년 미국인명연구소(ABI) '500 Leaders of Science'에 등재 2004년 서울대 Science for Leaders Program 위원장 2004년 미국전기전자학회(IEEE) Fellow 2008~2010년 서울대 정보화본부장 겸 중앙전산원장 2008년 한국로봇학회 수석부회장 2009년 同회장 2010년 목사안수 2012년 목사(현) 2014~2017년 한국특허정보원 이사장 (상)대통령표창, 대한전기학회 논문상 · 학술상, 일본 계측제어학회 국제 Fellowship 수상 (저)'21세기 신기술 시나리오'(1993) '전기전자공학개론'(1993) (종)기독교

이법산(李法山) LEE Bup San

(생)1945 · 11 · 23 (본)성주(星州) (출)경남 남해 (주)서울특별시 중구 필동로1길 30 동국대학교 이사장실(02-2260-3114) (학)1971년 동국대 인도철학과졸 1973년 同대학원 인도철학과졸 1985년 철학박사(대만 중국문화대) (경)1977년 동국대 인도철학과 강사 1980년 대한불교조계종 상임포교사 1981~1986년 대한불교 在대만 홍법원장 1986~1995년 동국대 불교대 선학과 조교수 · 부교수 1988~2004년 同정각원장 1992~1993년 일본 류코쿠대 객원교수 1995년 동국대 불교대학 선학과 교수 1997~1999년 同불교대학장 2000년 조계종 고시위원장 2002년 한국선학회 회장 2002년 동국대 불교문화연구원장 2003~2004년 同불교대학장 2004~2006년 한국정토학회 회장 2004년 보조사상연구원 원장 2005년 인도철학회 회장 2007년 동국대 불교대학장 겸 불교대학원장 2016년 동국대 명예교수(현) 2016~2019년 학교법인 동국대 이사 2017년 조계종 법계위원회 위원(현) 2018년 학교법인 승가학원 이사(현) 2019년 학교법인 동국대 이사장(현) (상)문화체육부장관표창(1995), 종정예하 표창패(2008) (저)'말있는 곳에서 말없는 곳으로' '한국불교인물사상사' '한국불교사의 재조명' '물속의 물고기가 목말라 한다' '문답으로 풀어보는 불교입문' '과학종교 윤리의 대화' (종)불교

이별나(李별나 · 女) LEE Byul La

(생)1958 · 11 · 9 (본)경주(慶州) (출)대구 (주)대구광역시 달서구 송현로 205 대구공업대학교 총장실(053-560-3900) (학)1981년 영남대 식품영양학과졸 1983년 同대학원졸 1987년 이학박사(영남대) (경)1983년 대구공업대 식품영양학과 교수 1989년 학산유치원 원장 2008년 대구공업대 유아교육과 교수 2013년 同부총장 2013년 同총장(현)

이병건(李炳建) RHEE Byung Geon

(생)1956 · 11 · 13 (출)부산 (주)인천광역시 중구 서해대로 366 SCM생명과학(주) 임원실(032-881-3600) (학)1975년 경남고졸 1979년 서울대 화학공학과졸 1981년 同대학원 화학공학과졸 1985년 화학공학박사(미국 라이스대) (경)1987~1994년 LG안전성센터장 1994~2002년 (주)삼양사 의약사업본부장 2002~2004년 미국 Expression Genetics CEO 2004~2008년 (주)녹십자 부사장 2009~2013년 同대표이사 사장 2010년 한국산업기술진흥협회 부회장 2013년 한국공학한림원 정회원(현) 2013년 한국바이오협회 이사장 2013~2017년 녹십자홀딩스 대표이사 사장 2015년 (주)제넥신 사외이사 2017년 (주)종근당홀딩스 대표이사 부회장 2018년 同부회장 2018년 SCM생명과학(주) 대표이사(현) 2018년 국제백신연구소(IVI) 한국후원회 이사장(현) (상)대한약학회 신약기술개발대상(2011)

이병관 LEE Byung Kwan

(생)1955 · 2 · 28 (주)강원도 강릉시 범일로579번길 24 가톨릭관동대학교 공과대학 소프트웨어학과(033-649-7573) (학)1979년 부산대 기계설계학과졸 1986년 중앙대 대학원 전자계산학과졸 1990년 공학박사(중앙대) (경)1988~2014년 관동대 공과대학 컴퓨터학과 교수, 기술고시 위원, 강원도지방공무원 임용고시 출제위원 2013년 미국 세계인명사전 'Marquis Who's Who in the World'에 등재 2013~2015년 관동대 전산정보원장 겸 도서관장 2014~2016년 가톨릭관동대 공과대학 컴퓨터공학과 교수 2015~2017년 同산학연구처장 겸 산학협력단장 2016년 同공과대학 소프트웨어학과 교수(현) 2017~2018년 同에너지자원융합대학원장 겸 공과대학장 2017 · 2018년 同일반대학원장 (저)'알기쉬운 컴퓨터 네트워크'(2003) 외 다수

이병구(李柄九) Lee, Byung-Koo

(생)1946 · 6 · 6 (출)대구 (주)서울특별시 서초구 남부순환로 2415 하임빌딩 (주)네패스(02-3470-2711) (학)계성고졸 1978년 경남대 영어영문학과졸 1997년 서울대 대학원 최고경영자AMP과정 수료 2006년 미국 펜실베이니아대 와튼스쿨 KMA-CEO과정 수료 2010년 서울대 대학원 나노융합IP전략과정 수료 2010년 명예 경영학박사(충북대) (경)1987년 LG반도체(주) 시설관리부장 1990년 同생산기술센터장 1991년 (주)네패스 대표이사 회장(현) 2007년 한국정밀화학공업진흥회 회장 2007년 한국보건정책연구원 수석부원장 2008년 이화여대 경영대학 겸임교수(현) 2013~2019년 충북경제포럼 대표 2015~2017년 월드클래스300 부회장 2016년 EDM포럼 대표(현) (상)500만불 수출의탑(1995), 중소기업창업부문 대상(1995), 신산업경영대상(1996), 1천만불 수출의탑(1996), 벤처기업대상(1998), 은탑산업훈장(2006), 윤리경영대상 투명경영부문 대상(2006), 산업자원부장관표창(2007), 한국인사조직학회 창업기업인상(2008), 대통령표창(2010), 지식경제부 GWP(일하기 좋은 기업)선정(2011), 지식경제부 · 중소기업청 지속가능대상(2011), 고용노동부 국가인적자원개발컨소시엄 사업운영기관 선정(2012), 산업통상자원부 지속가능경영 우수기업(2014), 아시아 · 유럽미래학회 글로벌CEO 국제경영부문 대상(2015), 중소기업청 '월드클래스300 및 글로벌전문기업' 선정(2015), 한중경영대상 특별상(2016), 한국인간개발연구원(HDI) 인간경영대상 인재경영부문대상(2016), 경영학자 선정 강소기업가상(2017), 국가경쟁력혁신위원회 국가경쟁력대상 제조부문 대상(2018) (저)'경영은 관계다-그래티튜드 경영'(2016) 'Success Attitude-4차원 경영'(2018) (종)기독교

이병구(李炳龜) LEE Byoung Goo

(생)1963 · 2 · 3 (출)전남 해남 (주)세종특별자치시 도움4로 9 국가보훈처 차장실(044-202-5100) (학)광주고졸, 한양대 행정학과졸, 영국 워릭대 대학원 사회보건학과졸 (경)1986년 행정고시 합격(30회) 1996년 국가보훈처 보상지원국 직업보도과장 2004년 同혁신기획관 2007년 同보훈선양국장 2008년 서울지방보훈청장 2010년 국가보훈처 기획조정관 2013년 同보상정책국장 2015년 광주지방보훈청장 2017년 국가보훈처 기획조정실장 2018년 同차장(차관급)(현) (상)홍조근정훈장(2005)

이병국(李炳國) Lee Byung Kook

(생)1957 · 2 · 19 (출)충남 보령 (주)서울특별시 종로구 종로5길 13 삼공빌딩 8층 이촌세무법인(02-735-5781) (학)충남고졸, 충남대졸, 同대학원졸 (경)1994년 청주세무서 총무과장 1996년 동수원세무서 소득세과장 1998년 국세청 전산기획담당관실 사무관 2000년 同전산기획담당관실 서기관 2002년 서울지방국세청 조사4국 조사4과 서기관 2002년 同법인납세과 서기관 2004년 보령세무서장 직대, 서울지방국세청 조사4국

4과장, 대통령 사정수석비서관실 행정관 2008년 서울지방국세청 조사1국 조사1과장(부이사관) 2009년 同세원관리국장(고위공무원) 2010년 同납세지원국장 2010년 국세공무원교육원장 2010~2012년 서울지방국세청장 2012년 이촌세무법인 회장(현) 2014~2018년 LS산전(주) 사외이사 겸 감사위원 2015년 현대자동차(주) 사외이사 겸 감사위원(현) 2018년 계룡건설산업(주) 사외이사(현)

이병국(李秉國) LEE Byoung Gook

(생)1960·6·9 (본)함평(咸平) (출)서울 (주)서울특별시 서초구 명달로 120 S&M빌딩 2층 세계미래포럼 비서실(02-6204-7600) (학)서울고졸 1984년 성균관대 정치학과졸 1986년 서울대 행정대학원졸, 행정학박사(광운대) (경)1985년 행정고시 합격 1985년 총무처 근무 1986년 내무부 근무 1990년 국무총리행정조정실 사무관 1993년 프랑스 연수 1995년 국무총리행정조정실 서기관 1998년 국무총리국무조정실 일반행정심의관실 서기관 2000년 同기획심의관실 서기관 2001년 同국회과장 2002년 同공보과장 2003년 同총무과장 2004년 同복권위원회사무처 복권총괄과장 2004년 同복권위원회사무처 복권정책과장 2004년 대통령 경제정책비서관실 행정관 2006년 국무총리국무조정실 의정심의관 2007년 국방대 파견(부이사관) 2007년 국무총리국무조정실 기후변화대응기획단 국장 2007년 同기후변화대응기획단 기획부장 2008년 국무총리실 기후변화대책기획단 기획부장 2008년 同기후변화대책기획단 기후정책기획관 2009년 同일반행정정책관 2009년 同새만금사업추진기획단장 2012년 同규제개혁실장 2013년 국무조정실 정부업무평가실장 2013~2017년 새만금개발청 초대 청장 2018년 (사)세계미래포럼 대표(현) (상)근정포장(1992) (종)천주교

이병국(李炳國)

(생)1961·2·14 (주)경상북도 안동시 퇴계로 115 안동시민회관 (사)한국예술문화단체총연합회 경상북도연합회(054-856-4430) (학)안동대 미술학과졸 (경)교사, 한국미술협회 경북도지회장 2006년 경북도 교육위원선거 출마 2010년 (사)한국예술문화단체총연합회 경북도연합회장(현) 2014년 同전국지역예총협의회 부회장 (상)제45회 조형예술부문 경북도문화상, 대한민국사회공헌 문화인부문 대상(2010)

이병권(李炳權) LEE Byung Gwon

(생)1957·3·5 (본)합천(陜川) (출)경남 합천 (주)서울특별시 성북구 화랑로14길 5 한국과학기술연구원 원장실(02-958-5001) (학)1980년 서울대 화학공학과졸 1982년 同대학원 화학공학과졸 1989년 공학박사(미국 Univ. of Akron) (경)1982년 한국과학기술연구원(KIST) 연구원·선임연구원·영년직연구원(현) 2003~2014년 同센터장·부장·본부장·부원장·원장 직무대행 2010~2014년 한국수소및신에너지학회 학술부회장·편집위원장 2013~2014년 출연연발전위원회 위원장 2013년 한국공학한림원 정회원(현) 2014~2016년 한국수소및신에너지학회 회장 2014~2016년 환경연구기관장협의회 회장 2014~2016년 과학기술출연기관장협의회 회장 2014년 한국과학기술자단체총연합회 부회장(현) 2014년 한국과학기술연구원(KIST) 제23·24대 원장(현) 2015~2018년 한국과학기술기획평가원 이사 (상)한국수소및신재생에너지학회 학술상(2005), 서울공대 자랑스런동문상(2018)

이병규(李丙圭) LEE Byung Kyu

(생)1953·8·11 (출)경기 시흥 (주)서울특별시 중구 새문안로 22 문화일보 임원실(02-3701-5000) (학)1972년 서울고졸 1977년 연세대 경영학과졸 (경)1977~1991년 현대건설 입사·현대그룹 명예회장비서실장 1990~1991년 同문화실장 1992년 통일국민당 대표최고위원 비서실장, 同특별보좌역 1994~1995년 문화일보 수석부사장 1995~1999년 아산사회복지사업재단 사무처장 겸 서울아산병원 관리담당 부원장 1998년 (주)현대백화점 대표이사 부사장 1999년 同대표이사 사장 2003년 同상임고문 2004~2014년 문화일보 대표이사 사장 2008~2010년 한국신문협회 부회장 2009~2012년 광주과학기술원 이사 2010·2014~2016년 한국신문협회 이사 2010~2016년 사회복지공동모금회 이사 2011~2013년 아산나눔재단 이사 2013년 아산사회복지재단 이사(현) 2014년 문화일보 대표이사 회장 겸 발행인(현) 2016년 한국신문협회 회장(현) (상)국민포장(1998), 한국능률협회 한국인재경영인대상(1999), 한경비즈니스 올해의 경영자상(2001), 동탑산업훈장(2002), 한국능률협회 최고경영자상(2002), 자랑스런 연세상경인상(2008), 연세언론인상(2009), 대한언론인회 대한언론상 논설·논평부문(2012), 서울고총동창회 '자랑스런 서울인상'(2015)

이병기(李秉基) LEE Byeong Gi

(생)1951·5·12 (출)충남 보령 (주)서울특별시 관악구 관악로 1 서울대학교 전기·정보공학부(02-871-5974) (학)1974년 서울대 전자공학과졸 1978년 경북대 대학원 전자공학과졸 1982년 공학박사(미국 UCLA) (경)1982~1984년 미국 Granger통신회사 연구원 1984~1986년 미국 AT&T 벨연구소 연구원 1986~2016년 서울대 전기공학부 조교수·부교수·교수 1990~1993년 JCCI(통신정보합동학술대회) 조직위원장 1997년 한국공학한림원 정회원(현) 1997~1998년 국제전기전자기술자협회 ComSoc Global Communications Newsletter 편집장 1997년 同Fellow 1998~2000년 APCC Steering Committee 위원장 1998년 한국공학교육인증위원회 설립준비위원회 위원장 1999년 同설립실무위원회 위원장 1999~2002년 JCN(Journal of Communications and Networks) 창립·초대 부편집장 1999~2000년 미국 조지워싱턴대 Visiting Professor 2000~2001년 서울대 뉴미디어통신연구소장 2001~2002년 서울대 연구처장 2002~2004년 Journal of Communications and Networks(JCN) 편집장 2003~2004년 한국공학교육학회 제6대 회장 2005~2007년 대통령자문 정책기획위원회 위원 2005~2008년 바른과학기술사회실현을위한국민연합 상임대표 2006~2007년 국가과학기술자문회의 위원 2006~2009년 IEEE 통신학회 부회장 2007년 한국통신학회 회장 2007~2008년 법무부 정책위원회 위원 2008~2010년 방송통신위원회 상임위원 2008~2010년 同지역방송발전위원회 위원 2008년 바른과학기술사회실현을위한국민연합 명예대표(현) 2009~2010년 남북방송교류추진위원회 위원장 2010년 종합편성보도채널사업자선정을위한 심사위원회 위원장 2010~2011년 IEEE 통신학회 회장 2012~2018년 삼성전자(주) 사외이사 2014년 대한민국학술원 회원(정보통신공학·현) 2016년 서울대 전기·정보공학부 명예교수(현) (상)국방부장관표창(1974), Myril B. Reed Best Paper Award(1984), AT&T Bell Laboratories Exceptional Contribution Awards(1984·1985), 한국과학기술단체총연합회 최우수논문상(1999), 한국통신학회 공로대상(2000), 대한민국학술원상(2001), 자랑스런 전자동문상(2001), 경암학술상(2005), 과학재단 선정 한국의 대표적 기초연구성과 30선(2005), KRnet 인터넷기술상(2010), 한국전파진흥협회 전파방송정책진흥부문 공로패(2010), 정보통신대상(2011), 황조근정훈장(2012), IEEE Donald W. McLellan Meritorious Service Award(2013) (저)'전자공학실험시리즈'(1977·1978·1979, 탑출판사) '전자공학실험시리즈 개정판'(1988·1989·1990·1991, 희중당) '종합정보통신망 기술개론(共)'(1990, 기다리) 'HDTV용어사전'(1991, 교학사) '그래서 나는 실험실 불을 끌 수 없었다(共)'(1992, 동아일보) '광대역 통신 시스템(共)'(1992, 교학사) '전기·전자 공학 개론(共)'(1992, 대영사) 'Broadband Telecommunications Technology(共)'(1993, Artech House(Boston)) 'Scrambling Techniques for Digital Transmission(共)'(1994, Springer-Verlag(London)) '광대역 정보통신기술(英文·共)'(1994) '광대역 정보통신 개정증보판(共)'(1994, 교학사) '21세기 인간과 공학(共)'(1995, 고려원미디어) 'Broadband Telecommunications Technology 2nd

Edition(共)'(1996, Artech House(Boston)) '신문 명칼럼 컬렉션4(共)'(1997, 문이당) '디지털공학실험-강의, 실험 그리고 설계'(2000, 사이텍미디어) 'Scrambling Techniques for Wireless Communications(共)'(2001, Kluwer Academic Publishers) 'Integrated Broadband Networks IP ATM and Optics(共)'(2002, Artech House(Boston)) '광대역 네트워크(共)'(2003, 교학사) 'Mobile WiMAX & WiFi : Broadband Wireless Access and Local Networks(共)'(2008, Artech House(Boston)) 'Wireless Communications Resource Management(共)'(2008, John Wiley & Sons(Asia)) (역)'선형 및 비선형 회로(共)'(1988, 희중당)

이병기(李丙玘) LEE Byoung Ki

(생)1957·11·2 (본)전주(全州) (출)서울 (주)경기도 성남시 분당구 대왕판교로 700 신신제약(주)(031-776-1111) (학)1980년 서울대 전자공학과졸 1982년 同대학원 전자공학과졸 1987년 미국 미시간대 대학원 컴퓨터공학과졸 1992년 공학박사(미국 미시간대) (경)1989~1991년 미국 FORD社 Engineer 1991년 미국 TRW社 Engineer 1993년 명지대 산업시스템공학부 조교수·부교수 1995~1996년 대한산업공학회 IE매거진 편집위원 1996~2002년 한국생산성본부 생산성대상 심사위원 1996년 신신제약(주) 비상임감사 1997~2006년 학교법인 가농학원 재단이사 1997년 산업기술정책연구소 기술정책총괄교류회 위원 1997~1998년 명지대 산업기술대학원 교학과장 1998~2000년 同특수대학원 교학부장 2000년 미국 Univ. of Washington 교환교수 2001~2004년 명지대 공과대학 학장보 2003~2018년 同산업경영공학과 교수 2003~2004년 산업자원부 국가청정생산지원센터 심의위원 2004~2005년 한국학술진흥재단 책임전문위원 2005~2006년 대한산업공학회 이사 2007~2008년 同감사 2008년 미국 Illinois Institute of Technology 방문학자 2015~2016년 학교법인 명지학원 개방이사추천위원회 위원장 2015~2016년 同대학평의원회 의장 2015~2016년 금융위원회 종합신용정보집중기관 통합추진위원회 위원 2016년 신신제약(주) 등기이사(현) 2018년 同각자대표이사(현) 2018년 명지대 석좌교수(현) (상)미국 FORD社 'Customer Driven Quality Award'(1991) (저)'3차원 CAD/CAM 응용 및 실습'(2004)

이병길(李秉吉) LEE Byung Gil

(생)1955·12·29 (출)경기 여주 (주)서울특별시 강남구 테헤란로 133 한국타이어빌딩 법무법인 태평양(02-3404-0328) (학)1983년 고려대 정치외교학과졸 1985년 서울대 행정대학원 행정학과졸 1992년 행정학박사(서울대) (경)1985년 입법고시 합격(7회) 1987년 국회사무처 입법조사국 문화공보자료담당 1988년 同섭외국 협력3담당 1990년 同입법조사국 문화공보담당 1992년 同의사국 의사2담당 1995년 同환경노동위원회 입법조사관 1996년 同국제국 국제기구과장 1999년 同문화관광위원회 입법조사관(서기관) 2000년 미국 인디애나대 방문교수 2000년 국회사무처 문화관광위원회 입법조사관(부이사관) 2002년 同운영위원회 입법심의관 2003년 同운영위원회 입법심의관(이사관) 2004년 同행정자치위원회 전문위원 2004년 同국제국장 2006년 同기획조정실장(이사관) 2007년 同기획조정실장(관리관) 2008년 同정보위원회 수석전문위원 2008년 同환경노동위원회 수석전문위원 2011년 同예산결산특별위원회 수석전문위원 2013~2014년 同사무차장 2014년 국회의정연수원 겸임교수(현) 2014~2018년 경기도 규제개혁위원회 위원장 2014년 법무법인(유) 태평양 고문(현) 2015~2018년 인하대 행정학과 겸임교수 2016년 (사)국가미래준비포럼 대표(현) 2016년 국회 윤리심사자문위원회 위원 2017년 식품의약품안전처 식품의약품등의안전기술위원회 위원(현) 2019년 국회 의회외교자문위원회 위원(현) (상)국회의장표창(1993), 홍조근정훈장(1998) (저)'달라진 정치관계법'(2004) '여강, 그리고 여의도'(2014)

이병남(李秉南) RHEE Byung Nam

(생)1963·5·14 (출)서울 (주)서울특별시 중구 을지로5길 26 센터원빌딩 동관 31층 보스턴컨설팅그룹 서울사무소(02-399-2500) (학)1981년 상문고졸 1986년 연세대 경영학과졸 1988년 同대학원 마케팅학과졸 1991년 미국 미시간대 대학원 경영학과졸 (경)1988년 현대종합금융 근무 1991년 P&G 한국지사 근무 1992년 보스턴컨설팅그룹(BCG) 부사장 2004년 세계경제포럼(WEF) 선정 '아시아 차세대 지도자' 2005년 보스턴컨설팅그룹(BCG) 서울사무소 공동대표(현)

이병대(李炳大) LEE Byoung Dae (一善)

(생)1941·11·10 (본)전주(全州) (출)경북 (주)서울특별시 중구 세종대로 124 프레스센터 1405호 대한언론인회(02-732-4797) (학)1965년 서울대 정치학과졸 (경)1965년 동아일보 기자 1980~1991년 KBS 보도본부24시 부장·뉴스센터 부주간·기획보도실장·보도본부 해설위원·안동방송국장·제주방송총국장 1992년 同스포츠국장 1995년 同사회교육국장 1997~1998년 同해설위원 2002년 대한언론인회 이사 2010년 同부회장 2016년 同회장(현) (상)한국방송대상 (종)불교

이병대(李炳垈) LEE Byeong Dae

(생)1952·1·23 (출)경북 의성 (주)서울특별시 강남구 논현로81길 13 삼화빌딩 2층 세무법인 세연 회장실(02-539-7788) (학)1970년 부산고졸 1974년 육군사관학교졸 1983년 고려대 경영대학원 회계학과졸 (경)1980년 공직 입문(특채4기·5급 사무관) 1990년 서기관 승진 1998년 양재세무서장 1999년 용산세무서장 1999년 국세청 징세과장 1999년 同청장 비서관 2001년 同민원제도과장 2001년 同법인납세국 소비세과장 2003년 한국조세연구원 파견 2003년 국세청 전산정보관리관 2004년 국세심판원 상임심판관 2005년 국세청 법인납세국장 2006년 同감사관 2006년 同법무심사국장 2007~2008년 부산지방국세청장 2008년 세무법인 세연 회장(현) 2011~2019년 현대위아(주) 사외이사 겸 감사위원 (종)가톨릭

이병대(李炳昊) LEE Byung Dae

(생)1973·1·18 (출)경북 군위 (주)서울특별시 마포구 마포대로 174 서울서부지방검찰청 총무과(02-3270-4542) (학)1991년 대구 영남고졸 1997년 서울대 공법학과졸 (경)1998년 사법시험 합격(40회) 2001년 사법연수원 수료(30기) 2001년 공익법무관, 춘천지검 원주지청 검사 2006년 대구지검 검사 2008~2012년 인천지검·대구지검·부산지검 검사 2012년 서울중앙지검 검사 2015년 의정부지검 고양지청 부부장검사 2016년 대전지검 형사3부장 2017년 부산지검 서부지청 형사3부장 2018년 수원지검 안산지청 형사3부장 2019년 서울서부지검 부부장검사(현) 2019년 국민권익위원회 파견(현)

이병도(李炳道) Lee Byeongdo

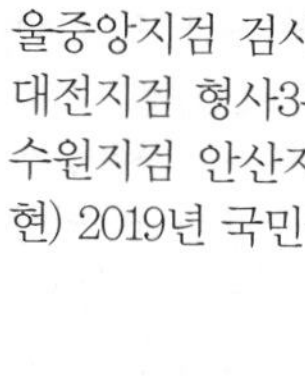

(생)1966·3·25 (출)전북 장수 (주)전라북도 전주시 완산구 효자로 225 전라북도의회(063-280-3970) (학)전북 신흥고졸 1990년 전북대 공과대학 섬유공학과졸, 同행정대학원 정치학과졸 (경)국회의원 비서관, 열린우리당 전북도당 교육연수국장, 민주당 전북도당 조직국장, (재)효경복지재단 이사장, 전북민주화운동기념사업회 운영위원, 민주평통 자문위원, 전북대 큰사람교육개발원 초빙교수(현) 2002년 전북도의원선거 출마(무소속) 2006년 전북도의원선거 출마(열린우리당) 2010년 전북 전주시의회 의원(민주당·민주통합당·민주당·새정치민주연합) 2012년 同운영위원회 위원 2012년 同문화경제위원회 위원

2014~2018년 전북 전주시의회 의원(새정치민주연합·더불어민주당) 2014~2016년 同운영위원장 2018년 전북도의회 의원(더불어민주당)(현) 2018년 同문화건설안전위원회 위원(현) 2018년 同운영위원회 위원(현), 전북도관광사업투자촉진위원회 위원(현)

이병도(李秉道)

(생)1973·1·10 (주)서울특별시 중구 세종대로 125 서울특별시의회(02-3702-1400) (학)홍익대 문과대학 국어국문학과졸 (경)서울 은평구 주민함께아카데미 운영위원장, 더불어민주당 서울 은평甲아카데미 운영위원장 2018년 서울시의회 의원(더불어민주당)(현) 2018년 同보건복지위원회 부위원장(현) 2019년 同체육단체비위근절을위한행정사무조사특별위원회 위원(현) 2019년 同윤리특별위원회 위원(현)

이병락(李秉洛) LEE Byung Rak

(생)1955·1·26 (출)대전 (주)세종특별자치시 조치원읍 세종로 2511 고려대학교 세종캠퍼스 글로벌비지니스대학 글로벌경영학부(044-860-1534) (학)1979년 고려대 정치외교학과졸 1986년 미국 캔자스대 대학원졸 1989년 경제학박사(미국 캔자스대) (경)1994년 고려대 세종캠퍼스 무역학과 교수, 同글로벌비즈니스대학 글로벌경영학부 교수(현) 2000년 미국 오리건주립대 경제학과 방문교수 2003~2004년 고려대 산업개발연구소장 2008~2010년 同세종캠퍼스 기획처장 2017~2019년 同글로벌비지니스대학장 겸 경영정보대학원장 2017~2019년 同세종캠퍼스 경상대학장

이병래(李炳來)

(생)1962·11·13 (주)인천광역시 남동구 정각로 29 인천광역시의회(032-440-6021) (학)서울대 농과대학 농공학과졸 (경)(주)윈스쿨 대표(현), 인천광역시학원연합회 회장, 더불어민주당 중앙당 정책위원회 부의장 2018년 인천시의회 의원(더불어민주당)(현) 2018년 同기획행정위원회 위원장(현), 더불어민주당 중앙당 전국직능대표자회의 부의장(현)

이병래(李丙來) LEE Byung Rhae

(생)1964·5·5 (출)충남 서산 (주)부산광역시 남구 문현금융로 40 부산국제금융센터 한국예탁결제원 사장실(051-519-1528) (학)1981년 대전고졸 1985년 서울대 무역학과졸 1995년 同행정대학원졸 1998년 경제학박사(미국 미주리주립대) (경)1989년 행정고시 합격(32회) 2002년 금융감독위원회 감독정책1국 시장조사과장 2004년 국외 직무훈련 2006년 금융감독위원회 감독정책1국 비은행감독과장 2007년 同감독정책2국 보험감독과장 2008년 금융위원회 금융서비스국 보험과장 2008년 同혁신행정과장 2009년 同혁신행정과장(부이사관) 2009년 同금융정책국 금융정책과장 2009년 同국가경쟁력강화위원회 금융선진화팀장 2010년 몽골 파견(고위공무원) 2011년 금융위원회 대변인 2013년 同금융서비스국장 2014년 국립외교원 교육파견(고위공무원) 2015년 금융위원회 금융정보분석원(FIU) 원장 2016년 同증권선물위원회 상임위원 2016년 한국예탁결제원 사장(현) 2017년 아시아태평양지역중앙예탁기관협의회(ACG) 의장(현) (상)홍조근정훈장(2013)

이병렬(李柄烈) Lee Byeong Ryeol

(생)1952·7·14 (출)경북 영덕 (주)서울특별시 영등포구 국제금융로8길 25 주택건설회관빌딩 805호 세무법인 호연(02-782-8200) (학)한성고졸, 광주대 회계학과졸, 성균관대 경영대학원 세무학과졸 2013년 경영학박사(가천대) (경)2003년 국세청 소득세과 서기관 2005년 서울지방국세청 국제조세2과장 2005년 同국제조사2과장 2006년 국세청 전산기획담당관 2007년 同부동산납세관리국 종합부동산세과장(서기관) 2008년 同부동산납세관리국 종합부동산세과장(부이사관) 2009년 同납세지원국 납세자보호과장 2010년 중부지방국세청 조사2국장(고위공무원) 2011년 광교세무법인 대표 2012년 신승회계법인 부회장 2014년 가천대 경영대학 경영학과(경영학트랙) 겸임교수 2017년 세무법인 호연 부회장 겸 대표세무사(현) (상)홍조근정훈장(2011)

이병로(李炳魯) LEE Byung Ro

(생)1948·9·10 (출)대구 달성 (주)서울특별시 마포구 마포대로 180 마포법조빌딩 602호 법무법인 세강(02-713-6500) (학)1967년 경북고졸 1971년 고려대 법학과졸 (경)1984년 사법시험 합격(26회) 1987년 사법연수원 수료(16기) 1987년 서울민사지법 판사 1989년 서울지법 동부지원 판사 1991년 대구지법 상주지원 판사 1993년 서울지법 남부지원 판사 1995년 서울지법 판사 1997년 同북부지원 판사 1999년 서울고법 판사 2000년 서울가정법원 판사 2002년 서울지법 의정부지원 부장판사 2004년 의정부지법 부장판사 2005년 서울북부지법 부장판사 2007년 서울중앙지법 부장판사 2010~2011년 서울서부지법 수석부장판사 2011~2014년 변호사 개업 2014년 법무법인 세강 대표변호사(현)

이병로(李炳魯) LEE Byung Ro

(생)1956·4·7 (출)경북 칠곡 (주)대구광역시 달서구 달구벌대로 1095 계명대학교 인문국제학대학 일본학과(053-580-5107) (학)1985년 계명대 일본학과졸 1990년 일본 고베대 대학원졸 1994년 문학박사(일본 고베대) (경)1994~1995년 경주대·상주산업대·효성여대 강사 1995년 계명대 인문국제학대학 국제지역학부 일본학과 교수(현) 2004년 同연구교수처부처장 2006~2008년 同입학처장 2010년 同학생처장 2012~2015년 同동산도서관장 2014년 同국제학대학장 2015년 同인문국제학대학장(현) 2016~2017년 교육부 대학인문역량강화사업(CORE)발전협의회 초대 회장 (저)'논쟁을 통해 본 일본사상(共)'(2001, 성균관대 출판부) '일본의 이해(共)'(2002, 태학사) '새로운 일본의 이해(共)'(2002, 다락원) '무사도'(2005) '한일관계 2천년(고중세)(共)'(2006)

이병로(李炳魯) LEE Byung Ro

(생)1959·7·18 (출)서울 (주)서울특별시 종로구 율곡로2길 25 연합뉴스 비서실(02-398-3114) (학)1978년 영훈고졸 1986년 한국외국어대 러시아어과졸 (경)2000년 연합뉴스 국제경제부 차장 2002년 同국제경제부 부장대우 2004년 同국제뉴스부장 2006년 同편집국 부국장(국제뉴스담당) 2006년 同사회부장 2008년 同편집국 사회에디터(부국장대우) 2009년 同논설위원 2010년 同대구·경북취재본부장 2011년 同대구·경북취재본부장(부국장급) 2012년 同논설위원 2013년 同논설실장 2013년 同편집총국장(편집국장 겸임) 2013~2015년 한국신문방송편집인협회 부회장 2015년 연합뉴스 논설위원 2018년 同부사장(현) (상)한국외국어대 언론인회 외대언론인상(2014) (저)'에또 러시아' '독일통일의 명암'(共)

이병률(李秉律) LEE BYUNG RUL

(생)1962·11·4 (본)영천(永川) (출)경북 영덕 (주)서울특별시 관악구 관악로 1 서울대학교(02-880-5561) (학)1981년 대구고졸 1985년 영남대 경제학과졸 1996년 일본 사이타마대 대학원 정책학과졸 (경)2002년 감사원 기획관리실 국제협력담당관 2002년 同기획관리실 법무조정심사관실 심사제1담당관 2003년 同자치행정감사국 총괄과 감사관 2007년 同기획홍보관리실 결산담당관 2007년 同전략감사본부 감사제2팀장 2009년 同감사연구원 연구기획실장 2009년 同감사연구원 연구기획실장(

부이사관) 2010년 同재정·경제감사국 제2과장 2010년 同재정·경제감사국 제3과장 2011년 감사교육원 감찰정보단장 직대(고위감사공무원) 2012년 농림수산식품부 감사관 2013년 농림축산식품부 감사관 2014년 감사원 감사청구조사국장 2015년 同대변인 2016년 同감사연구원장 2017~2018년 한국금융연구원 파견(고위감사공무원) 2018년 서울대 상근감사(현)

이병만(李炳萬) LEE BYUNG MAN

(생)1950·11·20 (본)영천(寧川) (출)대구 (주)서울특별시 서초구 효령로77길 28 (주)경농 임원실(02-3488-5821) (학)1969년 양정고졸 1973년 고려대 생물학과졸 1992년 서울대 최고산업전략과정 수료 2014년 명예 이학박사(고려대) (경)1976년 조선비료 이사 1977년 경북농약 이사 1979년 同상무이사 1980년 한미유기화학 대표이사 1983년 (주)경농 부사장 1985년 동오화학 대표이사 1992년 (주)경농 대표이사 사장 1993년 신농약개발연구조합 이사장 1993년 (주)조비 부회장 1995년 (주)경농 대표이사 부회장 1999년 농약공업협회 회장 2004년 조비경농장학재단 이사장(현) 2013년 (주)경농 대표이사 회장(현) (상)한국농촌지도사중앙연합회 공로감사패(2001), 은탑산업훈장(2010), 고려대경제인회 소유경영인부문 경제인대상(2014)

이병모(李炳模) Lee Byung Mo

(생)1957·8·16 (본)전주(全州) (출)서울 (주)서울특별시 용산구 한강대로71길 4 (주)한진중공업(02-450-8114) (학)경기고졸, 서울대 조선공학과졸, 同대학원 조선공학과졸(석사), 미국 미시간대 대학원 경영학과졸(석사) (경)1982년 대우조선해양(주) 입사 2010년 同경영지원부문장(전무) 2011~2015년 同부사장 2011~2015년 대한조선(주) 대표이사 사장 겸임 2015~2016년 STX조선해양(주) 대표이사 사장 2017년 인하대 조선해양공학과 산학협력교수 2019년 (주)한진중공업 대표이사 사장(현)

이병무(李秉茂) LEE Byung Moo (東泉)

(생)1941·10·27 (본)우봉(牛峰) (출)경북 문경 (주)서울특별시 강남구 논현로 430 아세아시멘트(주) 비서실(02-527-6501) (학)1959년 경복고졸 1963년 연세대 경영학과졸 1967년 同경영대학원졸 2008년 명예 경영학박사(연세대) (경)1967년 캐피탈호텔 대표이사 사장 1967년 수안보온천관광호텔 대표이사 1968년 아세아시멘트공업(주) 상무이사 1971년 同전무이사 1977년 同부사장 1982년 同대표이사 1983년 전국경제인연합회 상임이사 1985년 아세아제지(주) 대표이사 1986년 우신벤처투자(주) 대표이사 1988년 同회장 1989년 아세아제지(주) 회장(현) 1990년 (주)디지콤 대표이사 회장 1992~2002년 아세아시멘트공업(주) 회장 1992년 한국양회공업협회 회장 1994년 아세아산업개발 회장 1995년 아진건업 회장 1995년 태산상호신용금고 회장 1996년 한국케이블TV 구로방송 회장 1996년 기륭전자(주) 회장 1997년 문경학원 이사장(현) 2002년 아세아시멘트(주) 회장(현) 2002~2008년 연세대동문회 회장 2002~2006년 (주)아세아페이퍼텍 회장 (상)재무부장관표창(1983·1986), 동탑산업훈장(1988), 대통령표창(1994), 국민훈장 석류장, 자랑스러운 연세인상(2009) (종)기독교

이병무(李炳武)

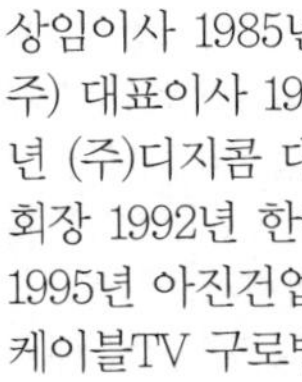

(생)1964 (주)경기도 고양시 일산동구 동국로 32 동국대학교 바이오시스템대학 생명과학과(031-961-5130) (학)고려대 농학과졸 1992년 同대학원 농학과졸, 유전학박사(미국 텍사스A&M대) (경)동국대 바이오시스템대학 생명과학과 교수(현) 2017년 同바이오자원생태농장장(현) 2019년 同바이오시스템대학장(현)

이병백(李秉白) Lee Byoung-Bag

(생)1957·4 (주)서울특별시 성동구 성수이로24길 3 (주)신도리코 임원실(02-460-1114) (학)1976년 경복고졸 1982년 서울대 공과대학졸 1994년 한국과학기술원(KAIST) 시스템제어공학과졸(석사) (경)1987년 (주)신도리코 입사 2006년 同기술연구소 2사업연구소장(이사) 2010년 同기술연구소장(상무) 2013년 同R&D본부장(전무) 2016년 同부사장 2018년 同대표이사 부사장(현) (상)기술품질원장표창(1994), 대통령표창(2000), 산업자원부장관표창(2013)

이병삼(李炳三) LEE Byung Sam

(생)1965·3·3 (출)경북 구미 (주)대구광역시 달서구 장산남로 30 대구지방법원 서부지원(053-570-2114) (학)1984년 대구 심인고졸 1988년 연세대 법학과졸 (경)1993년 사법시험 합격(35회) 1996년 사법연수원 수료(25기) 1996년 대구지법 판사 1999년 同김천지원 판사 2000년 同김천지원 구미시법원 판사 2001년 대구지법 판사 2003년 변호사 개업 2004년 대구지법 가정지원 판사 2006년 대구지법 판사 2007년 대구고법 판사 2009년 대구지법 판사 2011년 울산지법 부장판사 2012년 사법연수원 연구법관 2013년 대구지법 부장판사 2018년 同서부지원 부장판사(현)

이병삼(李炳三)

(생)1967·12·24 (출)충북 단양 (주)경기도 여주시 현암로 21-12 수원지방법원 여주지원(031-650-3100) (학)1986년 청주고졸 1990년 서울대 공법학과졸 (경)1997년 사법고시 합격(39회) 2000년 사법연수원 수료(29기) 2000년 변호사 개업 2006년 춘천지법 판사 2009년 수원지법 안산지원 판사 2012년 서울동부지법 판사 2013년 서울고법 판사 2015년 서울중앙지법 판사 2016년 대전지법 부장판사 2019년 수원지법 여주지원장(현)

이병석(李秉錫) LEE Byung Suk

(생)1952·10·28 (본)영천(永川) (출)경북 포항 (주)경상북도 포항시 북구 두호로 35 독도평화재단 이사장실(054-244-6400) (학)1968~1969년 동지상고 수학(2년) 1969년 검정고시 합격 1979년 고려대졸 1982년 同대학원졸 1982년 대만 국립대만대 법학원 수료 1987년 정치학박사(고려대) 2009년 한국방송통신대 법학과졸 (경)1982~1990년 고려대 정경대·법대 강사 1982~1989년 (주)사회발전연구소 연구부장 1985~1986년 미국 인디애나대 객원교수 1989년 대륙연구소 상임이사 1989~1992년 월간「전망」발행인 겸 편집인 1990~1992년 계간「북한연구」발행인 겸 편집인 1992년 (주)한국정책과학원 원장 1993~1996년 대통령 교육문화비서관·정무비서관 1995년 (사)한국정책연구원 원장 1996년 신한국당 부대변인 1996년 同포항北지구당 위원장 1997년 한나라당 포항北지구당 위원장 1997~1998년 국립공원관리공단 상임감사 2000년 제16대 국회의원(포항北, 한나라당) 2000년 국회 행정자치위원회 간사 2001년 한나라당 이회창총재 특보 2003년 同원내부총무 2004년 제17대 국회의원(포항北, 한나라당) 2004년 국회 산업자원위원회 간사 2004년 한나라당 원내부대표 2005년 한·중의원외교협의회 간사장 2006~2007년 한나라당 원내수석부대표 2007년 同제17대 대통령중앙선거대책위원회 국민통합특별위원회 총괄간사 2008년 포항동지중고총동문회 회장 2008년 제18대 국회의원(포항北, 한나라당·새누리당) 2008~2010년 국회 국토해양위원장 2008년 국회 자원외교와에너지안보포럼 대표위원 2008년 한나라당 우리땅우리역사지키기특별위원회 위원장 2008년 同기독인회 회장 2008~2012년 한·중의원외교협의회 부회장 2008~2012년 한·베트남의원친선협회 회장 2009~2017년 (재)독도의용수비대기념사업회 회장 2009년 KTX 경제권포럼 공동대표 2010년 한나라당 비상대책위원회 위원 2010~2012년 同직능특별위원장 2010년 同국민통합포럼 회장 2010~

2012년 한·이스라엘의원친선협회 부회장 2011년 독도평화재단 이사장(현) 2012~2016년 제19대 국회의원(포항北, 새누리당) 2012~2014년 국회 부의장 2012~2014년 한·중의회정기교류체제 회장 2013~2015년 대한야구협회 회장 2013년 국회 외교통일위원회 위원 2013년 국제야구연맹(IBAF) 집행위원 2013년 한국방송통신대 운영위원장 2014년 국회 법제사법위원회 위원 2014년 한·미의원외교협의회 회장 2015년 국회 정치개혁특별위원회 위원장 2019년 체코 프라하대 초청연구원(현) [상]한국방송통신대 자랑스런 방송대인상(2009), 동지중·고총동문회 자랑스러운 동지인상(2015) [저]'한국정치의 이해'(1992) '토지개혁과 정치발전'(1995) '제3세계 토지개혁과 정치발전' '혁명적 신념의 기원' '반정치의 정치' '대통령과 권력' '헌법개정은 시대정신의 반영입니다'(2005) '몸을 낮추면 하늘에 닿지 않은 것이 없다'(2007) '어느 날, 엎드려 흐르던 강이 솟았다'(2010) [역]'대통령의 권력-리더십의 정치학 루스벨트에서 레이건까지'(2014, 다빈치) [종]기독교

이병석(李炳奭) LEE Byung Seok

[생]1956·2·22 [주]서울특별시 서대문구 연세로 50-1 세브란스병원(02-2228-5000) [학]1981년 연세대 의대졸 1985년 同대학원 의학석사 1990년 의학박사(연세대) 2018년 명예 박사(카자흐스탄 알파라비대) [경]1985~1988년 육군 군의관 1988~2003년 연세대 의대 산부인과학교실 강사·조교수·부교수 1994~1996년 미국 하버드대부속 Brigham & Women's Hospital 연구교수 2003년 연세대 의대 산부인과학교실 교수(현) 2003~2007년 同강남세브란스병원 기획관리실 부실장 2006~2008년 同강남세브란스병원 산부인과장 2008~2011년 同의대 산부인과학교실 주임교수 2011~2014년 同강남세브란스병원장 2011~2014년 (사)강남구의료관광협회 회장 2011~2012년 보건복지부 한국의료글로벌 자문관 2011~2013년 대한피임생식보건학회 회장 2012~2014년 대한산부인과내시경·최소침습수술학회 회장 2012년 아시아·태평양피임위원회 국제학술대회(APCOC) 조직위원장 2013년 대한피임생식보건학회 명예회장(현) 2013~2014년 대한병원협회 병원평가위원장 2013년 Journal of Andrology & Gynaecology Editional Board Member(현) 2013~2014년 박근혜 대통령 양방주치의 2014~2016년 연세대 의과대학장 겸 의학전문대학원장 2015~2016년 대한폐경학회 회장 2016년 연세대 신촌세브란스병원장(현) 2018년 대한자궁내막증학회 회장(현) 2018년 대한병원협회 기획위원장(현) [상]연세대 의대 우수업적교수상(2008), BIO&MEDICAL KOREA 2014글로벌헬스케어유공 보건복지부장관표창(2014), 서울시병원회 대웅병원경영혁신상(2018) [저]'부인과 내시경학(共)'(2003, 군자출판사) '생식내분비 불임학(共)'(2005, 칼빈서적) '골다공증(OSTEOPOROSIS)(共)'(2005, 대한골대사학회) '의과대학 평가인정제도와 의학교육의 질(共)'(2006, 연세대 출판부) '폐경기 건강(共)'(2007, 군자출판사) '폐경기 여성의 관리(共)'(2007, 군자출판사) '부인과학(제4판)(共)'(2007, 고려의학) '산부인과학(둘째판-지침과 개요)(共)'(2010, 군자출판사) '부인과 내분비학(共)'(2012, 군자출판사) [종]기독교

이병석(李炳錫)

[생]1968·3·21 [출]서울 [주]경기도 수원시 영통구 법조로 91 수원지방검찰청 형사3부(031-5182-4359) [학]1987년 극동사대부고졸 1995년 성균관대 사회학과졸 [경]1998년 사법시험 합격(40회) 2001년 사법연수원 수료(30기) 2001년 대구지검 검사 2003년 광주지검 순천지청 검사 2005년 전주지검 검사 2007년 서울북부지검 검사 2010년 수원지검 안산지청 검사 2012년 부산지검 검사 2014년 서울남부지검 검사 2015년 同부부장검사 2016년 수원지검 부부장 2017년 울산지검 공판송무부장 2017년 부산지검 서부지청 형사2부장 2018년 광주고검 검사 2018년 서울중앙지검 중요경제범죄조사단 부장검사, 전주지검 형사2부장 2019년 수원지검 형사3부장(현)

이병석(李炳碩) Lee Byong-suk

[생]1968·11·17 [본]성주(星州) [출]경남 산청 [주]부산광역시 수영구 남천동로 100 수영구청 부구청장실(051-610-4000) [학]1986년 동인고졸 1994년 부산대졸 2002년 법학박사(미국 툴사대) [경]1994년 행정고시 합격(37회) 2006년 부산시 영상문화산업과장 2010년 同법무담당관 2012년 同문화예술과장 2013년 同기획재정관(부이사관) 2014년 同부이사관(미국 미주리대 교육파견) 2015년 同문화관광국장 2016년 부산 수영구 부구청장 2018년 부산시 감사관 2018년 同기획관리실 정책기획관 2019년 부산 수영구 부구청장(현)

이병선(李炳宣) LEE Byoung-Sun

[생]1963·5·1 [본]평창(平昌) [출]서울 [주]대전광역시 유성구 가정로 218 한국전자통신연구원 방송·미디어연구소 무인이동체시스템연구그룹(042-860-4903) [학]1986년 연세대 천문기상학과졸 1988년 同대학원졸 2001년 이학박사(연세대) [경]1989~1995년 한국전자통신연구원 위성통신기술본부 연구원 1989~1994년 정지궤도위성실험실모델 위성관제시스템 개발 1992~1994년 무궁화위성기술전수단 파견 1995~1999년 다목적실용위성 1호 관제시스템 개발 1995~2002년 한국전자통신연구원 위성통신연구단 선임연구원 2000~2006년 다목적실용위성 2호 관제시스템 개발 2003년 한국전자통신연구원 통신위성연구그룹 위성관제기술연구팀 책임연구원 2004~2010년 통신해양기상위성 관제시스템 개발 2006~2010년 다목적실용위성 3호 및 5호 관제시스템 개발 2011년 무궁화위성 7호 및 5A호 관제시스템 개발 2011년 한국전자통신연구원 위성무선융합연구부 위성시스템연구팀 책임연구원 2013년 同위성무선융합연구부 위성시스템연구실장 2016년 同방송·미디어연구소 우주항공시스템연구실장 2017년 同방송·미디어연구소 무인이동체시스템연구그룹장(현) [상]정보통신부장관표창(2002), 부총리 겸 과학기술부장관표창(2008), 교육과학기술부장관표창(2012) [저]'훤히 보이는 위성 세계'(2010) [종]기독교

이병선(李秉璿) LEE Byeong Seon

[생]1965·3·21 [출]서울 [주]제주특별자치도 제주시 첨단로 242 (주)카카오 임원실(064-795-1500) [학]서울 용산고졸 1988년 고려대 정치외교학과졸 [경]1988~1991년 일본 아사히신문 스트링어 1991년 문화일보 정치부·국제부 기자 1998년 일본 게이오대 방문연구원 2000년 문화일보 도쿄특파원 2003년 同사회1부 차장대우 2004년 同IT부동산부 차장대우 2004년 同정치부 기자 2004년 한국기자협회 서울지회장 2005년 문화일보 국제부장 직대 2005년 同문화부장, 同국제부장, (주)시스맘네트웍스 사외이사 2006~2008년 오마이뉴스 인터내셔널일본담당 부국장 2008년 (주)다음커뮤니케이션 기업커뮤니케이션본부장 2014~2015년 다음카카오 경영정책팀 대외협력파트장(이사) 2015년 K밸리재단 비상임이사 2015년 (주)카카오 경영정책팀 대외협력파트장(이사) 2015년 同대외협력담당 부사장(현) 2017년 방송통신위원회 방송통신정책고객대표자회의 위원(현) 2017년 방송통신위원회 인터넷문화정책자문위원회 위원(현)

이병수(李柄洙) LEE BYEONG SOO

[생]1959·3·13 [주]서울특별시 강동구 상일로6길 26 삼성물산(주) 건설부문(02-2145-5114) [학]청주기계공고졸, 충북대 토목공학과졸 [경]2012년 삼성물산(주) 건설부문 토목PPP팀장 2013년 同건설부문 사우디 리야드메트로현장담당 상무 2015년 同건설부문 Civil사업부 PM본부장(전무) 2017년 同건설부문 Civil사업부장(PM팀장·견적그룹장 겸임)(전무) 2018년 同건설부문 Civil사업부장(PM팀장·견적그룹장 겸임)(부사장)(현)

이병언(李秉彦) Lee Byeong Eon

(생)1955 · 11 · 6 (주)서울특별시 중구 세종대로 17 코리아타임스 사장실(02-724-2359) (학)1973년 서울고졸 1977년 서울대 섬유고분자공학과졸 1984년 미국 워싱턴주립대 경영대학원졸 (경)1977년 대우그룹 입사 1995년 동화기업 입사, 동화홀딩스(주) 이사, 동화홍콩인터내셔날 부사장 2006년 동화기업 사장 2015~2018년 한국일보 미래전략 총괄 고문 2018년 코리아타임스 대표이사 사장 겸 발행인(현)

이병옥(李炳玉) Lee Byung Ok (辰岩)

(생)1927 · 4 · 17 (본)전주(全州) (출)전북 부안 (학)1959년 단국대 법률학과졸, 육군사관학교졸(7기) (경)육군본부 예산편성과장 1963년 제6대 국회의원(부안, 공화당) 1967년 제7대 국회의원(부안, 공화당) 1969년 공화당 정책연구실장 1970년 경제담당 무임소 장관 1971년 제8대 국회의원(부안, 공화당) 1971년 공화당 정책위원회 부위원장 1973년 제9대 국회의원(고창 · 부안, 공화당) 1973년 국회 농수산위원장 1979년 전국택시여객자동차운송사업연합회 택시공제조합 이사장 (상)충무무공훈장, 청조근정훈장 (저)'추억을 벗 삼아 : 무명정객 辰岩 李炳玉의 자전적 에세이'(2014, 대성사) '횡설수설' (종)기독교

이병완(李炳浣) LEE Byung Wan

(생)1954 · 11 · 11 (출)전남 장성 (주)서울특별시 강서구 공항대로 355 한국여자농구연맹(02-752-7493) (학)1973년 광주고졸 1980년 고려대 정경대학 신문방송학과졸 2005년 한양대 대학원 언론학과졸 (경)1982~1988년 한국방송공사 근무 1994년 서울경제신문 정경부 차장 1995년 同정경부장 1998년 한국일보 경제부장 1998년 예금보험공사 이사 1999년 대통령 국정홍보조사비서관 2000년 대통령 국내언론2비서관 2001년 새천년민주당 국가경영전략연구소 부소장 2002년 同정책위원회 상임부의장 2002년 제16대 대통령직인수위원회 기획조정분과위원회 간사 2003년 대통령 기획조정비서관 2003년 대통령비서실 정무팀장 겸 대통령 정무기획비서관 2003년 대통령 홍보수석비서관 2005년 대통령 홍보문화특보 2005년 대통령 비서실장 2007~2008년 대통령 정무특보 2007년 참여정부평가포럼 대표 2008년 한양대 언론정보대학원 초빙교수 2009년 국민참여당 창당준비위원장, 同상임고문 2010~2014년 광주시 서구의회 의원(국민참여당 · 통합진보당 · 새정치민주연합) 2010년 同기획총무위원회 위원 2011년 사람사는세상 노무현재단 이사 2012~2014년 同이사장 2014년 광주광역시장선거 출마(무소속) 2016~2017년 단국대 석좌교수 2018년 한국여자농구연맹(WKBL) 총재(현)

이병용(李秉容) LEE Byung Yong

(생)1957 · 8 · 3 (본)광주(廣州) (출)강원 철원 (주)서울특별시 종로구 경희궁길 33 내자빌딩 5층 보다나은미래를위한반기문재단 기획정책실(02-739-9094) (학)1976년 강원고졸 1981년 강원대 법학과졸 (경)1984년 민정당 국책연구소 연구원 1989년 同강원도지부 조직부장 · 청년부장 1992년 민자당 조직1부장 1993년 同청년1부장 1994년 同정책위원회 심의위원 1995년 同기획조정국 부국장 1996년 同여의도연구소 기획실 부실장 1997년 同사무총장 보좌역 1997년 한나라당 이회창 대통령후보 보좌역 · 총재보좌역 1998년 同명예총재 보좌역 2001년 同홍보국장 2004년 同기획조정국장 2005년 同부대변인 2005년 同상근전략기획위원 2005년 국회 정책연구위원(1급) 2006년 여의도연구소 정책관리실장 2007년 제18대 대통령직인수위원회 정무분과 전문위원 2008~2010년 국무총리 정무실장 2010년 2018평창동계올림픽유치위원회 위원 2010년 한국방송광고공사 감사 2012~2015년 한국방송광고진흥공사 감사 2015~2016년 강원고총동문회 회장 2016~2018년 농업기술실용화재단 비상임이사 2016년 대한민국사회공헌명예의전당 사무총장 2019년 보다나은미래를위한반기문재단 기획정책실장(현) (종)불교

이병욱(李炳旭) Lee, Byung-Wook

(생)1956 · 8 · 20 (본)학성(鶴城) (출)경북 포항 (주)서울특별시 광진구 능동로 209 세종대학교 공공정책대학원 산업환경학과(02-3408-4058) (학)1978년 연세대 경영학과졸 1980년 한국과학기술원(KAIST) 대학원 산업공학과졸 1995년 경영학박사(영국 Manchester Business School) (경)1995년 포스코경영연구소 환경경영연구센터장 1996년 환경부 환경친화기업 심사위원 1997년 연세대 경영대학원 외래교수 2000년 대한상공회의소 환경안전위원회 위원 2001년 서울대 환경대학원 초빙교수 2002년 환경부 자체평가위원 2003년 LG환경연구원 원장 2004년 포항공대 환경공학부 겸직교수 2005년 대한상공회의소 지속가능경영원 원장 2005년 한국환경경영학회 회장 2005년 국회 환경정책연구회 자문위원 2007~2008년 세종대 지구환경과학과 초빙교수 2008년 同정책과학대학원 교수 2008~2010년 환경부 차관 2011년 한국환경정책학회 회장 2011~2014년 한국환경정책 · 평가연구원(KEI) 원장 2014년 세종대 공공정책대학원 산업환경학과 교수(현) (상)자랑스런 연세상경인상(2008), 황조근정훈장(2012), 캄보디아정부 공로훈장(2014) (저)'환경경영론'(1997) '주가를 높이는 환경경영'(2000) '환경정책(共)'(2003) '지속가능경영 사례집'(2003) '환경경영(共)'(2005) '환경경영의 이해(共)'(2015)

이병욱(李炳旭) Lee Byung Woog

(생)1958 · 1 · 14 (본)평택(平澤) (출)충북 음성 (주)서울특별시 마포구 마포대로 49 성우빌딩 802호 동아시아지속가능발전연구원(02-701-4572) (학)1988년 고려대 경영대학원 경영학과졸 2002년 미국 보스턴대 대학원 경영학과졸(MBA) 2005년 경영학박사(경희대) (경)1992~1993년 미국 해리티지재단 객원연구원 1997~1998년 전국경제인연합회 금융재정실장 1998~2000년 同기업구조조정지원센터소장 2003~2008년 同산업본부장(상무) 2004~2008년 지속가능발전기업협의회 사무국장 겸임 2005년 교육인적자원부 교육정책관련자문위원 2005년 환경부 환경규제심사위원 2006년 문화관광부 한류정책관련자문위원 2006~2009년 사회복지법인 사랑의성모공동체 이사장 2007~2009년 친환경상품진흥원 이사 2008년 교육과학기술부 교육정책관련자문위원 2009~2011년 한국경제연구원 경제교육본부장 2009년 同선임연구위원 2011~2014년 동아시아지속가능발전연구원 대표(CEO) 2011년 同원장(현) 2011~2015년 외국인유학생정책추진위원회 위원 및 위원장 2011~2012년 국회 디자인코리아포럼 연구위원 2012~2015년 경희대 경영학과 겸임교수 2013~2018년 환경부 중앙환경정책위원회 위원 2014년 (주)케이티스(KT is) 전무이사 2014년 한국헬프에이지 사외이사(현) 2015~2017년 평화방송 발전위원회 위원 2016~2018년 (주)케이티스(KT is) 경영고문 2017년 숙명여대 객원교수(현) 2018년 기상청 자체평가위원(현) (상)산업자원부장관표창(1999), 대통령표창(2006), 교육과학기술부장관표창(2010) (저)'창조적 디자인경영'(2008) '창업비밀과외'(2012) '한류포에버-동남아편'(2012) '사업의 길'(2016) '우리의 미래, 환경이 답이다(共)'(2017) (종)천주교

이병웅(李柄雄) LEE Byoung Woong

(생)1941 · 3 · 28 (출)서울 (주)서울특별시 중구 퇴계로20길 1-5 한서대학교 국제인도주의연구소(02-757-7885) (학)1958년 대광고졸 1962년 경희대 법학과졸 1973년 고려대 경영대학원졸 1993년 단국대 행정대학원졸 2003년 명예 사회학박사(러시아 이르쿠츠크국립대) (경)1965년 육군정훈학교 교관 1968년 국방부 전략기획국 근무 1969년 국정원 북한사회기획관 1971년 남북적십자회담사무국 회담운영부 차장 1974년 대한적십

자사 기획관리부 차장 1982년 同총무부장 1985~1998년 남북적십자회담 대표 1986년 대한적십자사 기획관리실장 1992~1998년 남북적십자실무회담 수석대표 · 대한적십자사 사무총장 1992~2005년 민주평통 상임위원 1992년 한국방송공사(KBS) 사회방송자문위원 1998년 남북적십자교류위원회 실행위원장 1998년 남북이산가족교류협의회 실행위원장 1998년 민족화해협력범국민협의회 수석집행위원장 · 공동의장 1999년 남북지역교류중앙협의회 상임의장(현) 1999년 국민화합운동연대 공동대표 2000년 통일부 남북회담자문위원장 2000~2010년 대한적십자사 전국대의원 2000년 서울적십자 부회장 겸 청년소년위원장 2001~2004년 대한적십자사 총재특보 2001년 남북적십자회담 수석대표 2001년 한서대 아동청소년복지학과 교수 2001년 同국제인도주의연구소장 2008년 同국제인도주의연구소 상임고문(현) 2004~2008년 남북이산가족교류협의회 회장 2009년 대한적십자사 사우회 회장(현) 2010년 同중앙위원 (상)인헌무공훈장(1968), 국민포장(1997), 적십자 광무훈장(2000), 대통령표창(2017) (저)'적십자개론'(1999) '평화의 기를 들고'(2006) '하나되기를 그리며'(2009) '한 번 쓴 편지'(2019, 하다) (종)기독교

이병원(李炳源) LEE, BYUNG WON

(생)1972 · 5 · 27 (주)서울특별시 종로구 청와대로 1 대통령 경제수석비서관실(02-770-0011) (학)1991년 세화고졸 1998년 연세대 경제학과졸 2000년 서울대 행정대학원 수료 2007년 미국 인디애나대 Kelley Business School졸(MBA) 2008년 同로스쿨졸(LL.M.) (경)2010년 국무총리실 개발협력지원과장 2012~2014년 World Bank Sustainable Development Network 근무 2015년 한국은행 외환거시건전성정책반장 2015년 同시장정보반장 2015년 기획재정부 정책조정국 기업환경과장 2018년 대통령정책실 경제수석비서관실 행정관(현)

이병윤(李丙允) Lee, Byoung Yoon

(생)1962 · 10 · 1 (출)충남 천안 (주)인천광역시 서구 환경로 42 국립생물자원관 생물자원연구부(032-590-7170) (학)1980년 천안고졸 1987년 고려대 생물학과졸 1989년 同대학원 생물학과졸 1998년 식물학박사(미국 일리노이대 어배나 샘페인교) (경)2000~2002년 서울대 BK21생명과학인력양성사업단 계약조교수 2002~2005년 국립환경과학원 생물다양성연구부 연구관 2003년 UN 생물다양성협약(CBD) 정부대표단 2005~2007년 환경부 국립생물자원관 건립추진단 연구관 2007~2011년 국립생물자원관 전시교육과 · 식물자원과 연구관 2011년 同미생물자원과장 2011년 同식물자원과장 2018년 同생물자원연구부장(현) (상)국무총리표창(2009) (저)'자원식물학(共)'(2013, KNOU press)

이병윤(李秉允) LEE Byungyoon

(생)1964 · 5 · 4 (출)서울 (주)서울특별시 중구 명동11길 19 한국금융연구원(02-3705-6343) (학)1983년 서울고졸 1987년 고려대 경제학과졸 1990년 同대학원 경제학과졸 2000년 경제학박사(미국 Univ. of Wisconsin-Madison) (경)1990~2001년 한국은행 행원 · 조사역 2002년 한국금융연구원 연구위원 2004~2005년 대통령 정책특보 겸 대통령자문 정책기획위원장 자문관 2006~2007년 「금융연구」 편집위원 2007년 기금평가위원 2008년 미국 UC버클리 방문학자 2009~2011년 한국금융연구원 금융산업경영연구실장 2010~2011년 금융발전심의위원회 위원 2010~2013년 전북은행 사외이사 2011~2013년 한국금융연구원 연구조정실장 겸 특임연구실장 2012~2013년 同선임연구위원 2012년 한국금융학회 이사 2012년 방송통신발전기금 자산운용성과 평가위원 2013~2016년 한국금융연구원 부원장 2016년 同선임연구위원(현) (상)고려대총장표창(1987), 부총리 겸 재정경제부장관표창(2007), 한국금융연구원장표창(2010), 국가경쟁력강화위원장표창(2012) (저)'금융기관론(共)'(2011 · 2013, 율곡출판사) (종)기독교

이병은(李炳殷)

(생)1962 · 1 · 23 (출)강원 원주 (주)강원도 원주시 남원로 487 원주소방서(033-769-1100) (학)원주고졸, 한국방송통신대 행정학과졸 (경)1986년 소방공무원 임용 1986년 태백소방서 근무 2008년 원주소방서 방호구조과장 2009년 同현장지휘대장 2011년 강원도소방학교 교육운영과장 2012년 同상황총괄담당 소방령 2013년 同소방행정담당 소방령 2014년 강원 횡성소방서장 2015년 강원도소방본부 방호구조과장(지방소방정) 2017년 강원 횡성소방서장 2018년 강원 원주소방서장(현)

이병일(李炳馹) LEE Byoung Yil (春谷)

(생)1937 · 3 · 17 (본)전주(全州) (출)경기 화성 (주)서울특별시 관악구 관악로 1 서울대학교 식물생산과학부(02-880-1395) (학)1957년 동산고졸 1963년 서울대 농학과졸 1966년 일본 도쿄대 대학원 농생물학과졸 1969년 농학박사(일본 도쿄대) (경)1970~1982년 서울대 농대 원예학과 전임강사 · 조교수 · 부교수 1974년 농촌진흥청 겸직연구관 1982~2002년 서울대 농대 원예학과 교수 1982년 同부속 농장장 1985년 농협중앙회 자문위원 1991~1995년 한국생물생산시설환경학회 회장 1993~2000년 한국유기농업협회 부회장 1994~1999년 한국과학기술단체총연합회 이사 1994년 한국과학기술한림원 정회원 1997~1998년 한국원예학회 회장 1998년 한국유기농업학회 회장 1998~2002년 '2006 IHC' 조직위원장 2000년 대한민국학술원 회원(원예학 · 현) 2000~2004년 한국원예저장유통연구회 회장 2001년 한국과학기술한림원 종신회원(현) 2002년 서울대 식물생산과학부 명예교수(현) 2002년 한국원예학회 명예회원(현) 2003년 대한민국학술원 자연과학부 제5분과 회장 2004년 한국엄 · 에리연구소 소장 2006~2013년 (사)한국블루베리협회 회장 2013년 同명예회장(현) (상)禹長春원예상(1971), 원예학회 학술상(1988), 한국원예학회 학술공적상(1998), 옥조근정훈장(2002) (저)'시설원예' '채소원예학' '채소원예학각론' '원예학개론' '시설원예학'(2005, 항문사) (작)발명특허'종자를 번식수단으로 이용하는 미나리재배법' '미나리체세포배의 대량생산 및 이를 이용한 재배방법' (종)유교

이병주(李炳周) LEE Byung Ju

(생)1951 · 10 · 14 (출)서울 (주)서울특별시 강남구 테헤란로 133 한국타이어빌딩 법무법인 태평양(02-3404-7515) (학)1970년 경기고졸 1976년 서울대 경영학과졸 1979년 同행정대학원 행정학과졸 1983년 미국 사우스캐롤라이나대 대학원 국제경영학과졸 1994년 경제학박사(미국 하와이대) (경)1977년 행정고시 합격(20회) 1978년 경제기획원 행정사무관, 同투자심사국 · 예산실 · 물가정책국 행정사무관 1984~1986년 경원대 경제학과 강사 1986~1989년 한국외국어대 무역대학원 강사 1990년 경제기획원 경제교육기획국 교육조사과장 1994년 同심사평가국 심사평가3과장 1994년 同정책조정국 조정4과장 1995년 同경쟁국 하도급과장 1996년 同독점국 기업집단과장 1997년 同정책국 총괄정책과장 1998~1999년 단국대 경제학과 강사 1999년 국방대학원 파견 2001년 공정거래위원회 기획관리관 2002년 同경쟁국장 2003년 同정책국장 2003~2004년 ICN(International Competition Network) 운영위원회 부의장 2004년 공정거래위원회 조사국장 2005년 同독점국장 2005년 서울지방공정거래사무소장 2006~2008년 공정거래위원회 상임위원 2007~2008년 경제협력개발기구(OECD) 경쟁위원회 부의장 2008년 법무법인 태평양 고문(현) 2011~2014년 현대모비스(주) 사외이사 2013~2017년 (주)효성 사외이사 2014년 현대모비스(주) 사외이사 겸 감사위원(현) 2015~2017년 (주)효성 감사위원 (상)부총리 겸 경제기획원장관표창, 대통령표창(1987), 황조근정훈장(2006) (저)'기업집단에 대한 규제'(1977, 서울대 법학연구소) 'Determinants of Inter-industry wage Differentials in Korea'(1995, Seoul Journal of Economics) '사례중심

의 공정거래법 해설'(1999, 한국공정경쟁협회) '구조조정과 경쟁정책과제'(1999, 한국산업조직학회) '경제력 집중문제와 재벌체제 개선방안'(2000, 국방대) '독과점적 시장구조의 개선'(2001, 자유경쟁과 공정거래) '동북아 경제통합과 경쟁정책'(2003, 동아세아의 경제통합과 법세미나) '시장개혁과 공정거래위원회의 역할'(2004, 서울대 법학연구소) '인텔의 로얄티 리베이트 제공행위 심결 주요내용과 의의'(2008, 경쟁저널) (종)불교

이병주(李炳柱) Byeong-Joo Lee

(생)1961·11·22 (출)서울 (주)경상북도 포항시 남구 청암로 77 포항공과대학교 신소재공학부(054-279-2715) (학)1984년 서울대 금속공학과졸 1986년 同대학원 금속공학과졸 1989년 공학박사(서울대) (경)1989~2002년 한국표준과학연구원 연구원·선임연구원·수석연구원 1991년 스웨덴 왕립공대 연구원 1999~1999년 同초빙연구원 2002년 포항공대 신소재공학과 부교수·교수(현) 2013년 BK21플러스 창의산업형소재인력양성사업단장, 국제전산열역학회 부편집장, 대한금속재료학회 편집자문위원 2017년 한국과학기술한림원 정회원(공학부)(현) 2017년 포항공대 효성·포스텍산학일체연구센터장(현) 2019년 한국공학한림원 정회원(현) 2019년 한국연구재단 기초연구본부 공학단장(현) (상)과학기술처 추천연구원(1995), 대한금속재료학회 신진학술상(1997), 대한금속재료학회 세아해암학술상(2010), 국제전산열역학회(CALPHAD) 최우수논문상(2011), 대한금속·재료학회 춘계학술대회 포스코학술상(2017)

이병준(李秉俊)

(생)1963·6·26 (주)경기도 수원시 영통구 매영로 150 삼성전기(주) 모듈솔루션사업부(031-210-5114) (학)서강대 전자공학과졸 (경)삼성전자(주) 시스템LSI사업부 AP개발팀 수석 2009년 同시스템LSI사업부 AP개발팀 연구위원 2010년 同시스템LSI사업부 CSE팀장(연구위원) 2012년 同시스템LSI사업부 전략마케팅팀 연구위원 2013년 同시스템LSI사업부 전략마케팅팀 연구위원(전무) 2016년 삼성전기(주) DM사업부장(전무) 2017년 同모듈솔루션사업부장(부사장)(현)

이병천(李炳天) byung chun lee

(생)1956·2·11 (출)전북 완주 (주)전라북도 전주시 완산구 팔달로 161 전북예술회관 3층 전라북도문화관광재단(063-230-7400) (학)1975년 전주고졸 1984년 전북대 국어국문과졸 2012년 우석대 대학원 문예창작학과졸 (경)1981년 조선일보 신춘문예 '우리의 숲에 놓인 몇개의 덫에 대한 확인' 통해 시인 등단 1982년 경향신문 신춘문예 '더듬이의 혼' 통해 소설가 등단, 시운동 동인, 남민시 동인, 전북민족문학인협회 회원 1998~2000년 전주대 겸임교수 1998년 전주MBC 심의홍보부 차장대우 2000년 同편성제작부 차장 2003년 同편성국 R제작부장 2007년 아시아아프리카문학페스티벌 집행위원장 2007~2012년 전북작가회의 회장 2010~2012년 우석대 겸임교수 2010년 (사)혼불문학 이사장(현) 2016년 전북문화관광재단 대표이사(현) 2016년 한국광역문화재단연합회 이사 2016~2018년 同부회장 2016년 同이사(현) (작)소설 '애기똥풀' '어머니의 매' '아들 그리고 어머니, 아버지'

이병천(李柄千) Byeong Chun Lee

(생)1965·1·5 (본)전주(全州) (출)충북 청원 (주)서울특별시 관악구 관악로 1 서울대학교 수의과대학 수의학과(02-880-1269) (학)1987년 서울대 수의학과졸 1989년 同대학원 임상수의학과졸 1993년 수의학박사(서울대) (경)1993~1994년 미국 미네소타주립대 수의과대 Post-Doc. 1994~1995년 일본 도쿄대 농업생명과학부 수의학과 수탁연수원 1995~2007년 서울대 수의학과 전임강사·조교수·부교수 1996년 세계수정란이식학회(IETS) 회원(현) 2001~2002년 미국 뉴올리언즈대 방문교수 2007년 한국생명공학연구원 Adjunct Researcher 2007년 서울대 수의과대학 수의학과 교수(현) 2011~2013년 同동물병원장 2017~2019년 同실험동물자원관리원장 (상)한국과학기술단체총연합회 우수논문상(2004), 국가연구개발우수성과 선정(2010·2014) (저)'수의산과학' (역)'개 질병의 아틀라스'(2000) '소동물 번식 및 신생아 매뉴얼'(2005)

이병철(李炳哲) LEE Byung Chul (如流)

(생)1949·7·8 (본)성산(星山) (출)경남 고성 (주)경기도 군포시 속달로110번길 38 (사)전국귀농운동본부 생태귀농학교(031-408-4080) (학)1969년 경남고성고졸 1974년 부산대 국어국문학과 중퇴 2006년 同명예졸업 (경)1974년 민청학련 사건으로 구속·제적 1976~1980년 한국가톨릭농민회 경남연합회장 1987년 민주쟁취국민운동 조직국장 1989~2003년 한국가톨릭농민회 사무국장 1993~2001년 환경운동연합 감사 1994~2000년 생활협동조합중앙회 부회장 1995년 한살림 감사 1996년 우리농촌살리기운동본부 기획실장 1996~2008년 (사)전국귀농운동본부 이사장 2001~2008년 (사)우리한약재살리기운동본부 공동대표 2001~2005년 녹색연합 공동대표 2003년 녹색대학이사회 상임이사 2003년 우리농업살리기연대 상임공동대표 2004~2011년 생명의숲 감사 2004~2011년 생태산촌만들기모임 공동대표 2004~2008년 생명평화결사 운영위원장 2007년 국가지속가능발전위원회 자문위원 2007년 대통령자문 농어업·농어촌특별대책위원회 위원 2008년 (사)전국귀농운동본부 생태귀농학교 교장(현) 2009년 지리산 생태영성학교 교장(현) 2009년 생명평화결사 평생교사(현) 2014년 한살림 연수원 마음살림위원장 겸 전임교수(현) (저)'밥의 위기, 생명의 위기'(1994) '살아남기, 근원으로 돌아가기'(2000) '생태마을 길잡이(共)'(2000) '녹색운동의 길찾기(共)'(2002) '한국민중교육론(共)'(2005) '나는 늙은 농부에 미치지 못하네'(2007) 시집 '당신이 있어'(2007), '흔들리는 것들에 눈 맞추며'(2009), '고요한 중심 환한 미소'(2015) (종)가톨릭

이병철(李炳哲) LEE Byeong Cheol

(생)1960·11·9 (주)서울특별시 강남구 강남대로 308 강남랜드마크타워 18층 한국조선해양플랜트협회(02-2112-8181) (학)서울대 원자핵공학과졸 (경)1986년 행정고시 합격(30회) 2004년 산업자원부 지역투자입지담당관 2008년 지식경제부 전력산업과장(서기관) 2008년 同전력산업과장(부이사관) 2009년 同자원개발총괄과장 2011년 同투자정책관(고위공무원) 2012년 同우정사업본부 예금사업단장 2013년 미래창조과학부 우정사업본부 예금사업단장 2013년 부산지방우정청장 2015년 경북지방우정청장 2015년 미래창조과학부 우정사업본부 경영기획실장 2017~2018년 과학기술정보통신부 우정사업본부 경영기획실장 2019년 한국조선해양플랜트협회 부회장(현)

이병철(李炳徹) LEE BYEONG CHEOL

(생)1961·7·3 (출)경북 상주 (주)서울특별시 영등포구 국회대로70길 19 대하빌딩 10층 전국전세버스운송사업조합연합회(02-792-2916) (학)2010년 영남고졸 2012년 계명대 경영학과 재학 중 (경)2002년 경북도전세버스운송사업조합 이사장(현) 2002년 상주시축구협회 부회장 2006년 한나라당 경북도당 부위원장 2007년 同제17대 대통령선거 경북도당선거대책위원회 상주시 부위원장·이명박 대통령 예비후보 상주시 지역보좌역·경북도당 선거대책위원회 운수단체본부장 2007~2009년 경북교통연수원 이사장 2007년 상주시 투자유치위원회 위원 2007년 현대자동차 블루핸즈 수정정비 대표이사(현) 2008년 경상북도교통단체협의회 회장(현) 2009년 한나라당 경북도당 정책자문위원 2010

~2012년 미래경북전략위원회 위원 2010년 제5회 전국동시지방선거 한나라당 경상북도당 선거대책위원회 운수단체전세단장 2010~2012년 경북 새경북위원회 위원 2010년 한나라당 제5회 전국동시지방선거 경북도당 공약개발단 위원 2011년 (주)굿모닝푸드 대표이사(현) 2012년 상주시체육회 이사 2012년 새누리당 제18대 박근혜 대통령후보 중앙선거대책위원회 직능총괄본부 경북·상주시 직능총괄대책위원장 2012년 同상주시당원협의회 부위원장 2013년 전국전세버스운송사업조합연합회 회장(현) 2014년 2015 경북·문경세계군인체육대회 수송전문위원회 위원 2015년 전국교통단체총연합회 회장(현) (상)소방방재청장표창(2004), 경북도지사표창(2005), 상주시장표창(2011), 국토해양부장관표창(2011), 농림수산식품부장관표창(2012), 대통령표창(2012)

이병철(李炳喆) Lee Byungchul

(생)1961·12·7 (주)전라북도 전주시 완산구 효자로 225 전라북도의회(063-280-3970) (학)전라고졸, 전주대 영어영문학과졸 (경)전북도국제교류센터장, 이병철영어학원 원장, (재)전주인재육성재단 이사, 포럼미래 대표 2018년 전북도의회 의원(더불어민주당)(현) 2018년 同환경복지위원회 위원(현) 2018년 同예산결산특별위원회 부위원장(현)

이병철(李秉鐵)

(생)1968·3·26 (출)경북 문경 (주)서울특별시 영등포구 여의대로 66 KTB금융그룹 임원실(02-2184-2200) (학)태릉고졸, 고려대 경영학과 중퇴 (경)2004년 하나다올신탁 대표이사 사장 2006년 하나다올자산운용 경영협의회 의장 2010년 同대표이사 사장 2010년 (주)하나금융지주 부동산그룹장 2014년 다올인베스트먼트 대표이사 사장 2016년 KTB투자증권 대표이사 부회장 2018년 KTB금융그룹 부회장(현)

이병한(李炳翰) LEE Byung Han

(생)1964·2·13 (출)경북 경주 (주)서울특별시 종로구 종로3길 17 디타워 23층 법무법인 세종(02-316-4208) (학)1983년 포항고졸 1989년 서울대 사회학과졸 1998년 同법과대학원 수료 2006년 고려대 법무대학원 공정거래법학과 수료 (경)1992년 사법시험 합격(34회) 1995년 사법연수원 수료(24기) 1995년 서울지법 남부지원 판사 1997년 서울지법 판사 1999년 제주지법 판사 2000년 同서귀포지원 판사 2002년 서울지법 남부지원 판사 2006년 캐나다 브리티시컬럼비아대 법대 객원연구원 2006년 서울고법 판사 2008년 대법원 재판연구관 2010~2012년 춘천지법 원주지원장 2012년 법무법인 세종 파트너변호사(현) 2015년 법제처 법령해석심의위원회 해석위원(현) 2014년 사법연수원 노동법 교수(현)

이병헌(李秉憲)

(생)1971·6·15 (주)강원도 춘천시 중앙로 1 강원도의회(033-256-8035) (학)상지대 무역학과졸 (경)상지영서대 총무과 근무, (주)대한항공 수입관리부 근무, 민주통합당 원주지역청년위원회 위원장, 민주당 강원도당 조직국장, (사)강원전통연보존회 이사장(현) 2018년 강원도의회 의원(더불어민주당)(현) 2018년 同교육위원회 위원(현)

이병현(李炳鉉) Lee Byong-hyun

(생)1957·10·29 (출)전남 여수 (학)1975년 광주제일고졸 1979년 서울대 불어불문학과졸 1984년 프랑스 국제행정대학원졸 (경)1979년 외무고시 합격(13회) 1979년 외무부 아프리카국 외무사무관 1982년 同의전담당관실 근무 1985년 駐포르투갈 2등서기관 1987년 駐르완다 1등서기관 겸 대사대리 1990년 외무부 아프리카2과 외무서기관 1992년 同국제연합1과 외무서기관 1993년 駐UN대표부 참사관 1997년 외무부 국제연합정책과장(부이사관) 1999년 同국제연합과장 1999년 駐말레이시아 참사관 2002년 駐UN대표부 공사 2005년 교육인적자원부 국제교육정보화국장(이사관) 2008년 駐프랑스 공사 2010~2013년 駐노르웨이 대사 2013~2015년 교육부 국립국제교육원장 2015~2019년 駐유네스코대표부 대사 2017년 유네스코 집행이사회 의장(현) (상)대통령표창(1996), 노르웨이대십자장(2013)

이병혜(李丙惠·女) LEE Byoung Hye (여진)

(생)1956·7·24 (출)서울 (주)서울특별시 서대문구 거북골로 34 명지대학교 디지털미디어학과(02-300-0713) (학)1975년 수도여고졸 1979년 경희대 정치외교학과졸 1986년 同대학원 신문방송학과졸 2005년 언론학박사(경희대) (경)1978년 KBS 아나운서(5기) 입사 1979~1981년 同9시뉴스 앵커 1987년 同저녁7시뉴스 앵커 1989년 同사회교육방송 1991년 도미(渡美) 1994년 EBS 예술의 광장·TV 원예·음악실 등 진행 1996년 평화방송TV '주교님 제 말씀 좀 들어보세요' 진행 1996년 KBS 1TV '이것이 인생이다' 및 '20C 한국 톱10' 진행·KBS 2TV '사랑의 카네이션 기행' 진행 1999년 YTN '이병혜의 집중조명' 앵커 2000~2005년 경희대 언론정보대학원 겸임교수 2004년 평화방송 TV '모든이에게 모든것, 정진석 대주교와 함께' 진행 2005년 미래전략연구원 세계화위원회 특임연구위원 2005년 명지대 디지털미디어학과 조교수·부교수·교수(현) 2012~2015년 한국방송공사(KBS) 이사

이병호(李炳浩) LEE Byung Ho

(생)1941·3·10 (출)전북 완주 (주)전라북도 전주시 완산구 기린대로 100 천주교 전주교구청(063-230-1012) (학)1961년 성신고졸 1969년 가톨릭대졸 1972년 전북대 대학원 농촌사회학과졸 1982년 신학박사(프랑스 파리가톨릭대) (경)1969년 전주 중앙천주교회 보좌신부 1971년 정읍천주교회 주임신부 1975년 대건신학대 전임강사 1977년 프랑스 파리 교포사목 1983~1990년 광주가톨릭대 교수·대학원장 1990~2017년 천주교 전주교구장 1990년 천주교 주교(현) 1990~2017년 학교법인 해성학원 이사장 1995~2017년 전주가톨릭사회복지회 이사장 2003~2006년 아시아주교회의연합회(FABC) 성직자위원회 위원 2005~2010년 한국천주교주교회의 사회주교위원회 위원장, 同이주사목위원장 2008~2010년 同해외이주민사목담당위원장 2010년 同선교사목주교위원회 위원 (저)'신앙인의 사색' '대희년 길잡이Ⅱ·Ⅳ' '그리스도, 그리스도인, 그리스도교' '생명을 주는 힘이신 성령' (역)'그리스도' '물질의심장' (종)천주교

이병호(李柄浩)

(생)1955·4·5 (출)충남 계룡 (주)전라남도 나주시 문화로 227 한국농수산식품유통공사(aT) 사장실(061-931-1500) (학)1975년 경기고졸 2004년 서울대 농경제사회학과졸 2010년 同대학원 농경제사회학 석사과정 수료 (경)2003~2005년 농림수산식품부장관 정책보좌관 2005~2012년 (사)통일농수산사업단 상임이사 2008~2012년 (사)농수산식품유통연구원 원장 2012~2015년 서울시농수산식품공사 사장 2018년 한국농수산식품유통공사(aT) 제18대 사장(현)

이병호(李丙晧) LEE Byung Ho

(생)1956·6·24 (주)서울특별시 서초구 헌릉로 12 현대자동차(주) 인사팀(02-3464-1114) (학)성남고졸, 동국대 경제학과졸 (경)현대자동차(주) 해외판촉팀장 2005년 同해외마케팅실장(이사) 2007년 同해외마케팅실장(상무) 2007년 同연구개발지원사업부장, 기아자동차 해외마케팅사업부 상무

2009년 현대자동차(주) HMA법인장(전무) 2010~2014년 同HMA 법인장(부사장) 2014~2015년 현대위아 공작·기계·차량부품사업담당 부사장 2015년 중국 북경현대기아자동차 총경리 2016년 현대자동차(주) 중국영업사업부장 2017년 同중국사업본부장 2018년 同중국사업본부장·중국사업총괄 사장(현) (상)무역의 날 동탑산업훈장(2013)

이병호(李竝浩) LEE Byoungho

(생)1964·7·6 (출)서울 (주)서울특별시 관악구 관악로 1 서울대학교 공과대학 전기정보공학부(02-880-7245) (학)1983년 대광고졸 1987년 서울대 전자공학과졸 1989년 同대학원 전자공학과졸 1993년 전기공학박사(미국 캘리포니아대 버클리교) (경)1994~2005년 서울대 전기컴퓨터공학부 전임강사·조교수·부교수 1999~2004년 서울대·과학기술부지정 국가지정 홀로그래피 기술연구실 책임자 2002년 국제光공학회(SPIE) 석좌회원(Fellow)(현) 2005년 서울대 공과대학 전기·정보공학부 교수(현) 2005년 미국광학회(OSA) 석좌회원(Fellow)(현) 2006~2008년 同이사(Director-at-Large) 2006~2008·2012~2013년 Optical Society of America Board of Directors 2007~2016년 액티브 플라즈모닉스 응용시스템 창의연구단장 2007~2016년 창의적연구진흥사업연구단장 2011년 한국과학기술한림원 정회원(현) 2014년 국제전기전자공학회(IEEE) 석학회원(현) 2014~2015년 한국정보디스플레이학회 부회장 2014~2017년 한국광학회 부회장 2015년 서울대 공과대학 전기·정보공학부장(현) 2016년 환태평양레이저·전자광학학술회의 운영위원장(현) 2016년 BK21 PLUS 창의정보기술 인재양성사업단장(현) 2017년 국가평생교육진흥원 이사(현) 2018년 한국공학한림원 정회원(전기전자정보공학·현) 2019년 한국광학회 회장(현) (상)대통령 제5회 젊은과학자상(2002), 서울대 공대 제1회 신양공학학술상(2005), 한국광학회 학술상(2006), 한국연구재단·한국과학기술한림원 이달의 과학기술자상(2009), 서울대 학술연구상(2013), 한국정보디스플레이학회 특별상(2013), 일본 오카와 재단 OkawaGrant Award(2013), Special Recognition Award(2015), 과학기술훈장 진보장(2016), The Knight of Holography HOLOKNIGHT(2017), 수당상 응용과학부문(2018)

이병화(李丙和) LEE Byung Hwa

(생)1954·8·27 (출)경북 (주)서울특별시 강남구 언주로146길 18 두산건설(주) 사장실(02-510-3114) (학)1981년 영남대 건축과졸, 同대학원졸 (경)두산산업개발(주) 부장 2005~2007년 同상무 2007년 두산건설(주) 건축사업본부 상무 2010년 同건축개발사업1담당 2010년 同건축BG 전무 2011년 同건축BG장(부사장) 2015년 同각자대표이사 사장(CEO)(현) 2017년 대한건설협회 회원부회장(현) (상)은탑산업훈장(2013) (종)천주교

이병화(女)

(생)1961·5·1 (주)서울특별시 성북구 화랑로13길 60 동덕여자대학교 교양교직학부(02-940-4122) (학)1984년 이화여대 법학과졸 1986년 同대학원 법학과졸 1992년 법학박사(이화여대) (경)1989~1995년 이화여대 국제사법·법학개론 강사 1991~1992년 명지대 국제사법 강사 1994~1995년 국민대 국제사법 강사 1996~2000년 동덕여대 민법·생활법률 강사 1998~2000년 고려대 법학개론 강사 2000년 동덕여대 교양교직학부 일반교양과정 교수(현) 2006년 同입학관리실장 2010~2012년 同교양교직학부장 2011년 同동덕리더십센터 소장 2012~2014년 同교무처장 겸 교수학습개발원장 2016년 同교양교직학부장 2018년 同교양대학장 2018~2019년 同기획처장 겸 교육혁신원장 겸 한국어교육원장

이병환(李炳桓) LEE Byoung Hwan

(생)1958·12·22 (주)경상북도 성주군 성주읍 성주로 3200 성주군청 군수실(054-930-6002) (학)1977년 대구 계성고졸 1984년 경북대 농대졸 1992년 연세대 행정대학원 행정학과졸 (경)1983년 7급 공채 1993~1997년 내무부 근무 1996년 지방행정사무관 승진 1996년 경북도 내무국 총무과 근무 1997년 同기획관리실 근무 2000~2005년 同자치행정국 자치행정과 근무 2005년 지방서기관 승진 2005년 경북도 자치행정국 총무과 지방서기관 2006년 同경제통상실 국제통상과장 2006년 同투자통상본부 통상외교팀장 2008년 영주시 부시장 2009년 경북도의회 총무담당관 2010년 자치행정연수원 교육파견 2011년 경북도 비서실장 2012년 同낙동강살리기사업단장 2013년 국방대 교육파견 2014년 경북도 일자리투자본부장 2014년 同안전행정국장 2015년 同자치행정국장 2015~2017년 同의회 사무처장 2018년 경북 성주군수(자유한국당)(현)

이병훈(李炳勳) LEE Byung Hoon (素石)

(생)1953·6·7 (출)경북 선산 (주)대구광역시 달서구 달구벌대로 1750 명문의료재단 이사장실(053-606-1623) (학)1971년 계성고졸 1977년 영남대 약학과졸 1990년 경산대 한의학과졸 2006년 대구한의대 한의학과졸 2008년 한의학박사(대구한의대) (경)1980년 명문약국 경영 1988년 은평교회 장로 1999년 대구기독병원 원장 1999년 기독한방병원 원장 2000년 명문의료재단 이사장(현), 대한약침학회 정회원, 대한추나학회 정회원, 대구대은교회 시무장로 2011년 대구기독병원·기독한방병원 원장 2012년 기독한방병원 병원장 (종)기독교

이병훈(李炳勳) LEE Byung Hoon

(생)1957·3·18 (출)전남 보성 (주)광주광역시 서구 내방로 111 광주광역시청(062-613-2861) (학)1975년 광주제일고졸 1980년 고려대 법대졸 2005년 전남대 행정대학원졸 2009년 행정학박사(전남대) (경)1980년 행정고시 합격(24회) 1981~1985년 국가보훈처 근무 1985~1989년 문화체육부 국제체육국 해외협력담당관실 근무 1989~1993년 대통령비서실 서기관 1994년 전남 광양군수 1995년 전남도 도청이전사업본부장 1995년 同지방공무원교육원장 1997년 同문화관광국장 1998년 同문화환경국장 2001년 同자치행정국장 2001~2003년 同의회 사무처장(2급) 2001~2003년 목포대 경영행정대학원 지역발전정책학과 겸임교수, 조선대 정책대학원 겸임교수 2003~2005년 전남도 기획관리실장(2급) 2005~2006년 국방대 파견 2006~2007년 행정중심복합도시건설청 주민지원본부장(2급) 2007년 대통령자문 국가균형발전위원회 평가제도국장(2급) 2007년 문화관광부 아시아문화중심도시추진단장(1급) 2008~2012년 문화체육관광부 아시아문화중심도시추진단장 2010년 (사)한국거버넌스학회 이사, 同문화정책위원회 위원장 2010~2011년 한국지방자치학회 부회장 2011~2013년 한국과학기술원 미래도시연구소 자문위원 2012년 제19대 국회의원선거 출마(광주 동구, 무소속) 2013~2015년 사회적협동조합 아시아도시재생연구원 이사장 2013~2019년 전남대 행정대학원 총동창회 제19~21대 회장 2015년 (사)한국거버넌스학회 문화정책위원회 위원 2016~2018년 더불어민주당 광주동구·남구乙지역위원회 위원장 2016년 제20대 국회의원선거 출마(광주 동구·남구乙, 더불어민주당) 2017년 더불어민주당 제19대 대통령선거대책위원회 광주시당 총괄선대본부장 2018년 광주시 문화경제부시장(현) (상)국무총리표창(1986), 문화공보부장관표창(1987), 대통령표창(1990), 근정포장(1991), 홍조근정훈장(2000), 제31회 현대문예 수필부문 신인문학상(2006), 세계평화언론대상(2017) (저)'문화 속에 미래가 있다'(2001, 디자인하우스) '아시아로 통하는 문화'(2011, 열화당) '문화가 밥이다'(2016, 전라도닷컴)

이병훈(李秉薰) BYUNG HOON LEE

(생)1962·6·28 (출)서울 (주)서울특별시 성동구 아차산로 78 에코넷센터 (주)유니베라 비서실(02-460-8865) (학)1981년 경복고졸 1986년 미국 위스콘신대 사회학과졸 1987년 同대학원 사회학과졸 (경)1988~1998년 미국 알로콥(ALOECORP) 설립·대표이사 1988년 국제알로에기준심의협회(IASC) 이사 1989년 알로에연구재단 부회장 1994년 미국 화장품공업협회 이사 1995~1998년 미국 유니젠 생명과학(Unigen Pharmaceuticals) 설립·대표이사 1996~2006년 (주)남양알로에 대표이사 1996년 한국건강보조식품협회 부회장 1998년 세계기능식품연맹 운영위원 1998년 청강학원 이사장 2000년 (주)남양 대표이사 2000년 국제알로에기준심의협회(IASC) 회장 2000년 미국 에코넷홀딩스 설립·대표이사(현) 2000년 (주)유니젠 설립·이사회 의장(현) 2001년 국제알로에기준심의협회(IASC) 명예의전당 헌정 2002년 (주)휴맥스 사외이사 2002년 세계경제포럼(WEF) 아시아 차세대리더(NAL) 2003년 同차세대리더 2004년 同위원회 의장 2005년 한국인권재단 이사 2006~2018년 (주)유니베라 대표이사 총괄사장 2006~2018년 ECONET 총괄사장 2007년 한국건강기능식품협회 회장 2018년 (주)유니베라 회장(현) 2018년 ECONET 회장(현) (상)미국 위스콘신대 수석졸업상(1986), 미국 할링젠시 최우수경영인상(1991), 미국 텍사스대 경영인상(1993) (종)기독교

이병희(李秉熙) LEE Byeing Hee

(생)1959·1·16 (출)경남 밀양 (주)경상남도 창원시 의창구 상남로 290 경상남도의회(055-211-7240) (학)1978년 밀성고졸 1979년 인천체육전문대학 전기과졸, 창원대 행정학과졸, 同행정대학원 행정학과졸 (경)한국화이바그룹 부사장, 한국자유총연맹 밀양시지부 사무국장, 한국청년정책연구소 청년정책실장, 밀양청년회의소 회장, 경남지구청년회의소 사무처장 1999년 한국청년회의소 연구개발위원장 2001년 밀양시태권도협회 회장 2002·2006~2010년 경남도의회 의원(한나라당) 2006~2008년 同기획행정위원장, 새누리당 경남도당 부위원장 2014~2018년 경남도의회 의원(새누리당·무소속·자유한국당) 2014~2016년 同부의장 2014년 同건설소방위원회 위원 2016년 同예산결산특별위원회 위원 2016~2018년 同교육위원회 위원 2016~2018년 同해외친선의원연맹 회장 2018년 자유한국당 경남밀양시·의령군·함안군·창녕군당원협의회 운영위원장 2018년 경남도의회 의원(자유한국당)(현) 2018년 同교육위원회 위원(현) 2018년 同의회운영위원회 위원(현) (상)베트남 국가체육훈장, 대한민국 반부패청렴대상(2016) (종)불교

이병희(李炳熹)

(생)1975·5·30 (출)경북 칠곡 (주)서울특별시 서초구 서초중앙로 157 서울고등법원 총무과(02-530-1114) (학)1994년 서울고졸 2000년 서울대 공법학과졸 (경)1999년 사법시험 합격(41회) 2002년 사법연수원 수료(31기) 2002년 육군 법무관 2005년 광주지법 판사 2006년 수원지법 안산지원 판사 2007년 광주지법 판사 2009년 수원지법 판사 2013년 서울행정법원 판사 2015년 대법원 재판연구관 2017년 창원지법 부장판사 2018년 휴직 2018년 부산지법 부장판사 2019년 서울고법 부장판사(현)

이보길(李保吉) Bo-Kil LEE (炫碩)

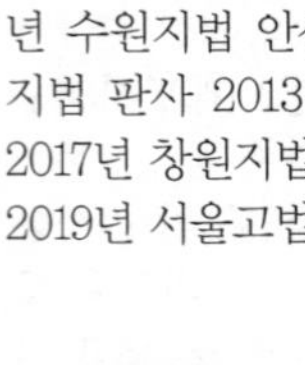

(생)1943·1·25 (본)합천(陜川) (출)서울 (주)서울특별시 서대문구 충정로 53 한국방송신문협회(070-8939-1288) (학)보성고졸 1968년 중앙대 신문학과졸 1998년 동국대 언론정보대학원 신문방송학과졸(석사), 경희대 국제법무대학원 최고지도자과정 수료 (경)1967년 동양방송 아나운서 1973~1980년 同편집부·정경부·사회부 기자 1980년 KBS 경제부 기자 1982년 同경제특집부 차장 1987년 同청주방송총국 편집부장 1988년 同보도국장 직대 1989년 同보도본부 24시담당 부장대우 1990~1995년 同홍보부장 1995~2001년 同해설위원 겸 전문기자 1996~1998년 同1라디오 뉴스중계탑 앵커 2000~2003년 同1라디오 경제전망대 앵커, 同환경담당 객원해설위원 2000년 동국대 언론정보대학원 겸임교수, KBS 라디오 동서남북 경제해설자 2001~2003년 국무총리실 물관리민간위원 2002년 KBS 뉴미디어국 전문위원 2002~2005년 환경마크협회 부회장 2002~2004년 국민신용정보 상임고문 2003년 KBS 보도국 모바일뉴스편집위원 2004~2005년 한국바이오산업 상임고문 2005년 (사)아리랑공동체 공동대표 2006년 오메가텐더 부사장 2009년 대한언론인회 편집위원 겸 건강포럼 간사 2010년 소이바코리아 고문 2010년 유민엔터테인먼트 홍보담당 상임고문 2010년 비전21국민희망연대 공동대표 2010년 독도수호국민연합 대외언론위원장(현) 2011년 독도시사신문 논설위원장(현) 2012년 한국언론인재단(NIE) 강사 2014~2016년 대한언론인회 회원사업위원장 2016년 (사)한국방송신문연합회 회장 2019년 한국방송신문협회 회장(현) (상)문화공보부장관표창(1984), 석탑산업훈장(1985), 농촌문화상(1995), 대한민국을 빛낸 한국인물대상(2018), (사)대한언론인회 공로상, 한국방송공사(KBS) 공로상 (종)기독교

이보라미(李보라미·女) Lee Bo Ra Mi

(생)1968·4·7 (주)전라남도 무안군 삼향읍 오룡길 1 전라남도의회(061-286-8200) (학)서초고졸 1991년 중앙대 화학공학과졸 (경)1990년 한라중공업 근무 1998년 同노동조합 조사통계부장 2004년 同지회 정책교육부장·비정규직특별위원장 2004~2006년 민주노동당 중앙대의원 2005~2006년 전국민주노동조합총연맹 중앙대의원 2006·2010~2014년 전남 영암군의회 의원(민주노동당·통합진보당·무소속·진보정의당·정의당) 2010~2012년 同자치행정위원장 2012년 同운영위원회 위원 2012년 同자치행정위원회 위원 2012년 同경제건설위원회 간사, 영암군친환경무상급식실현주민운동본부 공동대표 2014년 전남도의원 선거 출마(정의당), 현대삼호중공업(주) 선행도장부 방식기술팀 대리 2018년 전남도의회 의원(정의당)(현), 同의회운영위원회 부위원장(현), 同보건복지환경위원회 위원 겸 예산결산특별위원회 위원(현)

이보현(李寶鉉) Bo-Hyun Lee

(생)1959·2 (출)서울 (주)서울특별시 영등포구 국제금융로8길 32 DB금융투자(주) 감사실(02-369-3200) (학)1976년 경북고졸 1988년 성균관대 경영학과졸 (경)2005년 금융감독위원회 기획행정실 혁신행정과 서기관 2006년 국무조정실 규제개혁기획단 파견 2008년 금융위원회 금융정보분석원 제도운영과장 2009년 同감사담당관(부이사관) 2012~2015년 신용보증기금 경영기획부문 상임이사 2016년 동부증권 감사(사내이사) 2017년 DB금융투자(주) 감사(사내이사)(현)

이보형(李寶衡) Bo-hyoung Lee

(생)1972·4·25 (출)서울 (주)서울특별시 영등포구 국제금융로 10 Two IFC 16층 마콜컨설팅그룹(02-6915-3000) (학)1991년 광덕고졸 1995년 서울대 지리학과졸 2009년 연세대 언론홍보대학원 언론홍보학과졸(석사) (경)1998~2000년 대한생명보험 기획실 근무 2000년 마콜컨설팅그룹 사장(현) 2016년 대한암협회 이사(현)

이복남(李福男)

(생)1952·3·15 (주)서울특별시 관악구 관악로 1 서울대학교(02-880-4189) (학)1976년 인하대 토목공학과졸 (경)1976년 현대건설 본사 및 현장 실무 1978년 원자력발전소 시스템 및 구조해석 교육파견(벨기에) 1996~2014년 한국건설산업연구원 연구위원 2000~2009년 (주)포스코건설 프로세스혁신컨설팅담당 2003년 DR 콩고 국가건설산업발전전략 개발지원

2003년 한국도로공사 기술지도(HTRM) 개발주도 2003년 한국수력원자력 사업관리프로세스 혁신컨설팅담당 2006년 과학기술부 국가성장동력발굴위원회 인프라분과위원 2008년 국토교통부 건설산업선진화위원회 발주제도분과 위원장 2009년 국제핵융합시험로건설 조직 및 경영진단(프랑스) 2010~2012년 국제표준화기구(ISO) PM특별위원회 위원 2010년 교토국제컨퍼런스 위원(세미나 발제 및 토론) 2014년 서울대 건설환경종합연구소 산학협력중점교수(현) 2017~2018년 외교부 아시아인프라협력대사 (저)'이복남의 건설생각'(2012) '한국건설의 가치를 말하다'(2015) '건설의 미래를 알면 청년의 미래가 보인다(共)'(2016)

이복실(李馥實 · 女) Bok Sil Lee

(생)1961 · 8 · 20 (출)서울 (주)서울특별시 금천구 가산디지털2로 11 세계여성이사협회 한국지부(02-3479-9114) (학)1979년 창덕여고졸 1984년 서울시립대 도시행정학과졸 1991년 미국 서던캘리포니아대 대학원 교육학과졸 1996년 교육학박사(미국 서던캘리포니아대) (경)1984년 행정고시 합격(28회) 1985년 총무처 수습사무관 1987년 경기도 교육위원회 근무 1992년 한국학술진흥재단 파견 1994년 정무제2장관실 제1조정관실 사무관 1997년 同제3조정관실 고용담당관 1998년 여성특별위원회 총무과장 2000년 同정책조정관실 기획담당관 2000년 미국 워싱턴주정부 파견 2002년 여성부 총무과장 2003년 대통령직인수위원회 파견(사회문화여성행정관) 2003년 여성부 여성정책실 기획관리심의관 2004년 同차별개선국장 2005년 여성가족부 가족정책국장 2005년 同보육정책국장 2008년 중앙공무원교육원 고위정책과정 교육파견 2009년 여성부 권익증진국장 2010년 여성가족부 대변인 2010년 同청소년가족정책실장 2013~2014년 同차관 2015년 숙명여대 생활과학대학 가족자원경영학과 초빙교수 2015~2017년 (주)케이티스 사외이사 겸 감사위원 2015년 롯데그룹 기업문화개선위원회 위원(현) 2015~2018년 국가인권위원회 정책자문위원 2016~2018년 IBK연금보험 사외이사 겸 감사위원 2016년 세계여성이사협회 이사(현) 2017년 롯데칠성음료(주) 사외이사 겸 감사위원(현) 2019년 (사)세계여성이사협회(WCD) 한국지부 회장(현) (상)홍조근정훈장(2013) (저)'나는 죽을 때까지 성장하고 싶다'(2015, 클라우드나인)

이복영(李福永) LEE Bok Young

(생)1947 · 8 · 4 (출)서울 (주)서울특별시 서초구 양재대로 246 삼광글라스(주) 임원실(02-489-8000) (학)1966년 경복고졸 1970년 서울대 법학과졸 1975년 미국 오하이오주립대 경영학과졸 (경)1975년 아세아시멘트 공업(주) 기획실 입사 1976년 한불화학(주) 감사 1977년 同이사 1991년 동양화학공업(주) 감사 1991년 한불화학(주) 대표이사 사장 1994년 한국카리화학(주) 대표이사 사장 1994~1997년 (주)유니드 대표이사 사장 1997~2001년 동양화학공업(주) 대표이사 사장 1998년 오덱(주) 이사 1998년 한국능률협회 이사 2000~2005년 한국정밀화학공업진흥회 회장 2000년 (주)유니드 이사 2001~2005년 동양제철화학(주) 대표이사 사장 2005년 한국화학산업연합회 부회장 2005~2010년 삼광유리공업(주) 대표이사 회장, 동양제철화학(주) 비상근이사 2006년 (주)이테크건설 공동대표이사 회장(현) 2006년 군장에너지(주) 이사 2010년 삼광유리(주) 대표이사 회장 2013년 삼광글라스(주) 대표이사 회장 2019년 同공동대표이사 회장(현) (상)납세자의날 산업포장(2001) (종)불교

이복웅(李福雄) Lee, Bok-ung

(생)1945 · 5 · 18 (본)전주(全州) (출)전북 군산 (주)전라북도 군산시 구영신창길 31 (사)군산역사문화연구원(063-446-0935) (학)1964년 군산고졸 1987년 호원대 경영학과졸 1994년 청주대 대학원 문헌정보학과졸(문학석사) (경)1980년 「시문학」에 '삐걱거리는 바다' '비오는 날' '흔들리는 아파트'로 시인 등단, 시인(현), 한국문인협회 이사 · 윤리위원회 부위원장 · 자문위원(현), 한국시문학회 부회장, 한국시문학 문인회 지도위원(현), 전북문인협회 부회장 · 자문위원(현), 한국문인협회 군산지부장, 향토사연구소 소장 2004~2013년 전북문화원연합회 회장, 채만식문학상 운영위원(현), 국제펜클럽 이사 · 회원(현), 한국현대시인협회 이사 · 감사 · 지도위원(현), 한국문인협회 윤리위원회 부위원장, 군산시 시민자치대학 운영위원, 문화예술진흥기금운용 심의위원, 최호장군추모제전 위원, 옥구농민항일항쟁기념행사 추진위원장, 군산발전포럼 운영위원 · 회원, 군산시지역혁신협의회 위원, 군산시 지명위원회 위원(현), 오성문화제전 위원장, 군산시 문화재위원, 전북도문화예술위원회 위원, 전북도민일보 독자위원, KCN 시청자위원, 민주평통 자문위원, 민속의해 전북추진위원 2009~2014년 전주세계소리문화축제 조직위원, 군산근대화문화벨트화사업추진위원회 부위원장, 군산문화원 원장 2013년 同고문 2013년 (사)군산역사문화연구원 원장(현) 2013년 한국시문학회 지도위원(현), 금강일보 · 서해신문 · 호남매일 객원논설위원, 데일리전북 객원논설위원(현), 군산해양경찰서 치안정책자문위원, 군산중고 총동창회 부회장, 군산시배드민턴협회 부회장, 호원대총동창회 부회장, 군산시국책사업단 이사, 세계철새페스티벌 조직위원, 한국비평문학회 회원, 한국저작권협회 회원(현), 군산예총 부회장, 한국자유문인협회 이사, 채만식탄생100주년기념사업회 집행위원, 군산시 도시계획위원회 위원, 군산시 축제위원회 위원 (상)군산시민문화장, 군산문학상, 국무총리표창, 문화체육부장관표창, 대한민국 문화예술상(2013), 한국문인협회 월간문학상(2017) (저)'삐걱거리는 바다'(1986) '군산풍물지'(1990) '임피문화와 역사'(1996) '군산의 지명유래'(2005) '군산향토문화'(2008) '전북구비문화 자료집'(2008) '전북의 향교와 서원'(2011) '조선시대 효이야기'(2011) 시집 '흔들리는 새들아' 등 (작)'걸어가는 아파트' '여치의 피향' '바다의 시간' '비오는 날' '흔들리는 새야' '나운동새' '고향은' '해망동' '대천 모습' '건망증' '봄은 옵니다' 등 300여편 (종)기독교

이복태(李福泰) LEE Bok Tae

(생)1950 · 8 · 23 (본)경주(慶州) (출)경남 밀양 (주)서울특별시 강남구 테헤란로87길 36 도심공항타워빌딩 14층 법무법인 로고스(02-2188-2818) (학)1970년 경성고졸 1979년 성균관대 법학과졸 1981년 경희대 대학원 법학과 수료 2017년 명예 법학박사(원광대) (경)1979년 사법시험 합격(21회) 1981년 사법연수원 수료(11기) 1981년 대구지검 검사 1983년 同영덕지청 검사 1985년 전주지검 군산지청 검사 1986년 일본 慶應大 법학부 방문연구원 1987년 서울지검 남부지청 검사 1989년 부산지검 동부지청 검사 1991년 서울지검 동부지청 검사 1993년 대전고검 검사 1993년 창원지검 거창지청장 1994년 창원지검 진주지청 부장검사 1995년 광주지검 형사2부장 1996년 인천지검 강력부장 1998년 부산지검 형사2부장 1998년 서울지검 남부지청 형사2부장 2000년 서울지검 형사5부장 2000년 同형사1부장 2001년 광주지검 순천지청장 2002년 서울고검 검사 2003년 부산지검 제1차장검사 2004년 부산고검 차장검사 2005년 전주지검장 2006년 대검찰청 형사부장 2007년 법무부 감찰관 2008~2009년 서울동부지검장 2009년 법무법인 로고스 고문변호사 2011년 同대표변호사 2011년 DK유아이엘 사외이사 2013년 하이자산운용 사외이사 2015년 법무법인 로고스 상임고문변호사(현) (상)홍조근정훈장(2003)

이복현(李卜鉉)

(생)1972 · 10 · 5 (출)서울 (주)서울특별시 서초구 반포대로 158 서울중앙지방검찰청 특수4부(02-530-3566) (학)1991년 경문고졸 1995년 서울대 경제학과졸 (경)1998년 공인회계사시험 합격 2000년 사법시험 합격(42회) 2003년 사법연수원 수료(32기) 2003년 서울지검 남부지청 검사 2004년 서울남부지검 검사 2005년 전주지검 군산지청 검사 2011년 법무부 법무과 검사 2013년 서울중앙지검 검사 2016~2017년 춘천지검 검사 2016~2017년 '박근혜 정부의 최순실 등 민간인에 의한 국정농단 의혹 사건'(최순실 특검법) 파견 2017년 서울중앙지검 부부장검사 2018년 춘천지검 원주지청 형사2부장 2019년 서울중앙지검 특수4부장(현)

이봉관(李鳳官) LEE Bong Kwan

(생)1945 · 3 · 7 (출)평남 평양 (주)서울특별시 서초구 남부순환로 2583 서희타워 (주)서희건설(02-3416-6500) (학)1966년 경주 문화고졸 1970년 경희대 상경대학 경영학과졸 1992년 서울대 경영대학원 최고경영자과정 수료 1999년 고려대 언론대학원 최고경영자과정 수료 2008년 명예 경영학박사(순천향대) 2018년 명예 재활학박사(나사렛대) (경)1970~1983년 포항종합제철(주) 입사(공채 2기) · 근무 1983~2014년 (주)유성티엔에스 회장 1994년 (주)서희건설 회장(현) 1999년 (재)문화장학회 이사장(현) 2003~2014년 在京경주경제인연합회 회장 2010~2014년 경희대총동문회 회장 2010년 소년소녀가장후원회 회장(현) 2011~2014년 在京경주향우회 회장, 민주평통 자문위원, 경희비즈니스클럽 회장, 제29회 대한민국현대미술대전 대회장, 장신리더십아카데미총동문회 회장, 在京문화중 · 고총동문회 회장, (재)기독교사회봉사단 공동대표(현), 국가조찬기도회 부회장(현), 학교법인 대전기독학원(한남대재단) 이사 2017년 내남초총동창회 회장(현) (상)국무총리표창(2001), 국세청장표창(2003), 동탑산업훈장(2003), 사회공헌 기업대상(2006), 건설교통부장관표창(2009), 한국건축문화대상(2009), 서울대 AMP(최고경영자과정) 대상(2016) (저)'CEO의 기도'(2016, 와웸퍼플) (종)기독교

이봉구(李奉煦) LEE Bong Ku

(생)1957 · 8 · 2 (출)부산 (주)서울특별시 영등포구 버드나루로 84 (주)한국경제TV(02-6676-0011) (학)1976년 부산사대부고졸 1980년 서울대 신문방송학과졸 (경)1983년 한국경제신문 증권부 기자 1994년 同일본특파원 1997년 同산업부 차장 1998년 同증권부장 1999년 同국제부장 직대 2000년 同증권1부장 2001년 同생활경제부장 2002년 同산업부장(부국장대우) 2003년 同논설위원 2008년 同수석논설위원 2011년 同기획조정실장(이사대우) 2011년 同감사실장 겸임 2013~2015년 同기획조정실장(이사) 2013~2016년 한국신문협회 기조협의회장 2015년 한국경제신문 기획조정실장(상무) 2016년 한국신문협회 기조협의회 고문 2016년 한국경제신문 경영지원실장(상무) 2018년 同경영지원실장(전무) 2019년 (주)한국경제TV 대표이사 사장(현) (저)'추락하는 일본경제'(1997) '삼성경영철학'(2006)

이봉규(李奉圭) LEE Bong Kyu

(생)1960 · 8 · 10 (본)광주(廣州) (출)전남 보성 (주)서울특별시 송파구 법원로11길 12 한양타워 (주)한양 건축사업본부(02-721-8114) (학)1978년 국립철도고졸 1982년 한양대 건축공학과졸 2004년 중앙대 행정대학원 고위정책과정 수료 2007년 건국대 부동산대학원 최고위과정 수료 2010년 서울대 건설산업최고전략과정 수료 (경)1981년 (주)동부건설 건축사업부 근무 2006년 同상무, (사)건설관리학회 이사, (사)한국생태환경건축학회 이사 2014년 (주)한양 건축주택사업본부 상무이사 2016년 同건축주택사업본부장(전무) 2016년 同건축사업본부장(전무)(현) (종)가톨릭

이봉규(李鳳奎) Bong Gyou Lee

(생)1961 · 8 · 19 (본)전주(全州) (출)서울 (주)서울특별시 서대문구 연세로 50 연세대학교 정보대학원(02-2123-6524) (학)1980년 서울 보성고졸 1988년 연세대 상경대학 경제학과졸 1992년 미국 Cornell Univ., Dept. of CRP(MS) 1994년 미국 Cornell Univ., Dept. of CRP(Ph.D) (경)1997~2005년 한성대 공과대학 정보전산학부 교수 2005년 연세대 정보대학원 교수(현) 2007~2008년 정보통신부 통신위원회 위원 2009년 연세대 방송통신정책연구소장(현) 2009~2018년 학교법인 ICT폴리텍대학 이사 2013~2014년 기획재정부 공공기관경영평가단 위원 2013~2014년 한국인터넷정보학회 회장 2014~2017년 서울시 정보화전략위원회 위원 2014년 중앙선거관리위원회 선거자문위원회 위원(현) 2014년 국무총리소속 정보통신전략위원회 실무위원(현) 2014~2018년 한국인터넷진흥원 이사 2016~2018년 연세대 정보대학원장 2016년 (사)글로벌ICT포럼 회장(현) 2016년 문화체육관광부 여론집중도조사위원회 부위원장(현) 2016~2018년 방송통신위원회 자체평가위원회 위원장 2018년 연세대 학술정보원장(현) (상)국무총리포상(2000), 근정포장(2009), 장관표창(2013), 연세대 우수업적교수상(2014 · 2015 · 2016 · 2017), 대한전자공학회 우수논문상(2014), 대통령표창(2014), 한국인터넷정보학회 우수논문상(2015), 한국인터넷정보학회 공로상(2015), 연세대 공헌교수상(2015), 홍조근정훈장(2016), 경찰청장 감사장(2016), 행정안전부장관 감사장(2017) (저)'보안윤리'(2015, 이한출판사) '비주얼 씽킹과 프레젠테이션(共)'(2018, 성안당) (역)'호주 정부 2.0 태스크포스 보고서 : 참여와 소통의 정부 2.0'(2011, 아이앤유)

이봉균(李奉均)

(생)1967 (출)경남 합천 (주)부산광역시 사하구 을숙도대로 665 사하경찰서(051-290-2324) (학)1985년 부산 브니엘고졸 1994년 동아대 법학과졸 2011년 同법무대학원졸 (경)1996년 경위 임용(경찰간부후보 44기) 1996년 부산진경찰서 부전파출소장 2003년 울산지방경찰청 기동3중대장(경감) 2007년 부산 해운대경찰서 교통과장(경정) 2008년 부산 서부경찰서 정보과장 2010년 부산지방경찰청 작전계장 2013년 同경비계장 2016년 同제1부 경무과(총경 · 교육 파견) 2016년 울산지방경찰청 경비교통과장 2017년 경북 영주경찰서장 2018년 부산지방경찰청 사이버안전과장 2019년 부산 사하경찰서장(현)

이봉서(李鳳瑞) LEE Bong Suh

(생)1936 · 2 · 24 (본)전주(全州) (출)서울 (주)서울특별시 중구 소월로 10 단암산업(주) 회장실(02-774-9971) (학)1955년 경기고졸 1959년 미국 펜실베이니아대 경제학과졸 1965년 경제학박사(미국 하버드대) (경)1963년 미국 연방은행 조사역 1965년 세계은행 EDI 교수 1968년 同조사역 1971년 국무총리 경제담당비서관 1973년 국무총리 행정조정실 제2행정조정관 1978~1983년 동력자원부 기획관리실장 · 자원정책실장 1983년 대통령 경제비서관 1983년 동력자원부 차관 1988~1990년 同장관 1990~1991년 상공부 장관 1993~1998년 아시아개발은행(ADB) 부총재 1998년 국제화재해상보험 회장 2001년 단암산업(주) 회장(현) 2004년 해남경제과학연구원 설립 · 이사장(현) 2010년 한국능률협회 회장(현) 2011년 2018세계가스총회 유치위원회 명예위원장 2015~2017년 국총회 회장 (상)청조근정훈장, 페루 특별공로훈장(1등급), 브루네이왕국 명예훈장(1등급), 홍조근정훈장, 미국 펜실베이니아대 와튼스쿨 학장상(Dean's Medal)(2010) (종)기독교

이봉수(李奉洙)

(생)1954 · 5 · 25 (출)서울 (주)충청북도 제천시 세명로 65 세명대학교 저널리즘스쿨(043-649-1147) (학)1978년 서울대 국어교육학과졸 1980년 同대학원 도시계획학과졸, 언론학박사(영국 골드스미스대) (경)영국 케임브리지대 경제학과 객원연구원, LG그룹 기획조정실 근무 1984년 조선일보 편집부 · 사회부 기자 1988년 한겨레신문 경제부 기자 1994년 同경제부 차장 1996년 同논설위원 1999~2000년 同생활과학부장, 同경제부장, KBS 자문위원, 한겨레신문 시민편집인 2008년 세명대 저널리즘스쿨 조교수 · 부교수 · 교수(현) 2014~2019년 同저널리즘스쿨대학원장 2015년 KBS 경영평가위원 2017년 (사)단비뉴스 발행인 겸 대표(현) 2018년 연합뉴스 수용자권익위원회 위원 2019년 同수용자권익위원회 위원장(현)

이봉수(李奉守)

(생)1973 · 6 · 21 (출)부산 (주)경상남도 창원시 성산구 창이대로 681 창원지방법원 총무과(055-239-2009) (학)1992년 해운대고졸 (경)1999년 사법시험 합격(41회) 2002년 사법연수원 수료(31기) 2002년 서울지법 남부지원 예비판사 2004년 서울중앙지법 판사 2006년 창원지법 판사 2010년 부산지법 동부지원 판사 2012년 인천지법 판사 2013년 수원지법 안양지원 판사 2014년 부산고법 판사 2016년 부산지법 동부지원 판사 2017년 대구지법 서부지원 부장판사 2019년 창원지법 부장판사(현)

이봉승

(생)1966 · 6 · 27 (출)전북 익산 (주)서울특별시 종로구 돈화문로 72 중앙빌딩 503호 (사)한국주얼리산업연합회 회장실(02-766-1588) (학)2010년 서울산업대 공예문화정보디자인학과졸 2012년 경기대 서비스경영전문대학원 보석마케팅및디자인경영학과졸, 同대학원 e-비즈니스학 박사과정 수료 (경)2001년 프리베 대표(현) 2012~2016년 서울주얼리산업협동조합 이사장 2016년 (사)한국주얼리산업연합회 회장(현) 2018~2019년 중소기업중앙회 비상임이사 (상)산업통상자원부장관표창(2013), 국회의장표창(2016), 중소기업을 빛낸 국민영웅 자유부문(2017)

이봉우(李鳳佑) Lee Bong Woo

(생)1967 · 11 · 6 (주)서울특별시 양천구 지양로 139 서울과학수사연구소(02-2600-4600) (학)1984년 창원고졸 1990년 부산대 의대졸 1996년 同대학원 의학석사 1998년 의학박사(부산대) (경)1998~2008년 국립과학연구소 법의학과 법의관 2008~2015년 행정안전부 법의관 · 국립과학수사연구원 대전과학수사연구소장 2015년 국립과학수사연구원 법의관 2017년 同중앙법의학센터장 2018년 同서울과학수사연구소장(고위공무원)(현)

이봉의(李奉儀) Lee Bong-Eui

(생)1966 · 1 · 17 (출)경기 이천 (주)서울특별시 관악구 관악로 1 서울대학교 법학전문대학원(02-880-2606) (학)1989년 서울대 경영학과졸 1991년 同대학원 법학과졸 1994년 법학박사(서울대) 2000년 법학박사(독일 마인츠요하네스구텐베르크대) (경)2001~2002년 공정거래위원회 WTO대책반 경성카르텔분과 자문위원 2001~2007년 경북대 법학부 조교수 · 부교수 2001~2006년 한국경쟁법학회 총무이사 2003년 공정거래위원회 카르텔자문위원회 자문위원 2003년 同경쟁정책평가위원 2003~2007년 사법연수원 공정거래법 강사 2006~2007년 공정거래위원회 하도급법선진화위원회 T/F팀장 2006~2008년 同시장경제선진화 T/F위원 2006년 변호사시험 · 가맹거래사시험 출제위원(현) 2007년 서울대 법학전문대학원 부교수 · 교수(현) 2008년 방송통신위원회 법률자문단 위원(현) 2009년 공정거래위원회 법령선진화 T/F위원 2009년 방송통신위원회 KT · KTF합병 심사위원 2009년 방송통신위원회 LGT · LG데이콤 · LG파워콤합병 심사위원 2009년 서울대 법학연구소 경쟁법센터장(현) 2010년 한국경쟁법학회 편집위원장 2013년 同부회장 2013 · 2017년 미래창조과학부 규제심사위원, 同규제심사위원장 2015~2017년 한국경쟁법학회 회장 2017년 과학기술정보통신부 규제심사위원, 공정거래위원회 경쟁정책자문위원(현), 중소벤처기업부 상생협력조정위원회 위원(현), 동반성장위원회 수위탁기업분쟁조정협의회 위원장(현), 한국인터넷광고재단 이사(현) (상)대통령표창(2007) (저)'통신산업과 경쟁법'(2004) '공정거래와 법치'(2004, 법문사) '정보통신과 공정거래'(2006, 법문사) '정보통신분야의 경쟁법정책'(2007, 법제연구원) '공정거래법과 규제산업'(2007, 법문사) '소비자와 법의 지배'(2008, 서울대 출판부) '공정거래법의 쟁점과 과제'(2010) '독점규제법'(2010) '경제법연습'(2011) '기업결합규제법'(2012) '독일경쟁법'(2016)

이봉주(李鳳周) LEE Bong Ju

(생)1926 · 2 · 8 (본)전주(全州) (출)평북 정주 (주)경상북도 문경시 가은읍 은성로 796-13 납청유기촌 전수회관(054-571-3564) (경)1957년 방자유기공장 운영 1983~2013년 중요무형문화재 제77호 유기장(방짜) 기능보유자 1983년부터 기능보유자작품전 출품 1988~1995년 (사)전통공예기능보존협회 이사장 1993년 특대징 제작 1993년 개인전 개최 1993년 국립박물관 개관전시용 작품기증 1999년 일본 오사카문화원 반상기 기증 2002년 일본 교토전통공예전시 출품 2003년 납청유기촌 전수회관 운영(현) 2013년 국가무형문화제 제77호 유기장(방짜) 명예보유자(현) (상)문화공보부장관표창 (저)'납청양대'(방자유기) '메질 많이 해야 황금으로 빛난다'(2011, 나눔사) (종)기독교

이봉주(李奉柱) Lee, Bong Joo

(생)1961 · 6 · 11 (출)서울 (주)서울특별시 관악구 관악로 1 서울대학교 사회과학대학 사회복지학과(02-880-5724) (학)1985년 서울대 사회과학대학 사회복지학과졸 1987년 미국 노퍽스테이트대 대학원 사회복지학과졸 1992년 사회복지행정학박사(미국 시카고대) (경)1992~1994년 미국 시카고대 체핀홀 아동정책센터 연구원 1994~1996년 미국 보스턴대 사회복지대학원 교수 1996~2002년 미국 시카고대 교수 2002년 서울대 사회과학대학 사회복지학과 부교수 · 교수(현) 2004년 한국사회복지학회 학술기획분과 · 국제협력분과 · 영문저널편집분과 위원장 2004~2011년 We Start 운동본부 운영위원 2004~2008년 보건복지부 아동정책실무위원회 위원 2005~2007년 한국사회복지연구회 사회복지연구편집위원장 2005~2007년 경제 · 인문사회연구원 기획평가위원 2006~2008년 서울대 사회과학대학 학생부학장 2007~2009년 한국아동복지학회 회장 2007년 한나라당 제17대 대통령선거 이명박 예비후보 사회복지특별보좌역 2008년 사회복지법인 굿네이버스 이사(현) 2008~2012년 서울대 대학신문사 주간 2008~2009년 한국사회복지사협회 자격제도위원장 2008년 한나라당 정책위원회 정책자문위원 2009년 한국사회복지사협회 서울국제사회복지대회 홍보출판위원장 2009~2011년 한국청소년상담원 비상임이사 2009~2010년 대통령 사회정책수석비서관실 보건복지분야 및 여성가족분야 정책자문위원 2010~2011년 삼성고른기회장학재단 선정평가위원 2010년 국무총리 정부업무평가위원회 위원 2011~2013년 한국사회복지협의회 국제교류 · 협력분과 위원장 2011~2016년 한국사회복지행정학회 부회장 2011~2014년 경제 · 인문사회연구회 이사 2011~2013년 국가보훈처 국가보훈위원회 위원 2012~2014년 서울대 아시아에너지환경지속가능발전연구소 교육연구센터장 2012년 We Start 운동본부 운영위원장 · 이사 2012년 대통령소속 사회통합위원회 계층분과 위원 2012~2013년 특임장관 정책자문위원 2016년 한국사회복지학회 수석부회장 2017년 同회장 2017년 보건복지부 조직문화및제도개선위원회 위원장(현) 2018년 서울대 사회과학대학장(현) 2019년 전국시장군수구청장협의회 복지대타협특별위원회 공동위원장(현) (저)'Abuse and Neglect of the Children(共)'(1997, Washington, DC : Urban Institute Press) 'Measuring and Monitoring Children's Well-Being(共)'(2001, Kluwer Academic Publishers) 'Matching and Cleaning Administrative Data(共)'(2002, National Academy Press : Washington, D.C.) '비교빈곤정책론(共)'(2005, 나남) '청소년복지론(共)'(2005, 교육과학사) '아동복지론(共)'(2005, 대왕사) 'The Entry of Children from the Welfare System into Foster Care : Differences by Race(共)'(2005, Child Welfare League of America) '사회복지개론(共)'(2007, 나남) '사회복지 프로그램 기획의 이해와 적용(共)'(2008, 신정) '아동과 가족 : 통합적 접근(共)'(2008, 한울아카데미) '사회복지서비스와 공급체계 : 쟁점과 대안(共)'(2008, EM커뮤니티) 'Consequences of Teen Childbearing for Child Abuse, Neglect, and Foster Care(共)'(2008, The Urban Institute Press) 'Residential Care in Korea: Past, Present, and Future(共)'(2009, Residential Care of Children Comparative

Perspectives New York : Oxford Univ. Press) '자유기업 경제하에서의 한국사회의 통합(共)'(2010, 서울대 출판문화원) '그들이 아닌 우리를 위한 복지 : 21세기 한국 사회의 새로운 복지 패러다임(共)'(2011, 학지사) '사회서비스정책론(共)'(2011, 나눔의 집) '사회복지행정론(共)'(2012, 나남) 'Social Exclusion in Cross-National Perspective: Actors, Actions, and Impacts from Above and Below(共)'(2019, Oxford University Press)

이봉주(李奉柱) Bong Ju Lee

(생)1961·7·10 (본)전주(全州) (출)강원 춘천 (주)강원도 태백시 계산11길 62 (주)그린사이언스 대표이사실(033-554-4979) (학)1980년 춘천고졸 1984년 한양대 원자력공학과졸 1991년 플라즈마공학박사(미국 위스콘신대 메디슨교) (경)1991년 미국 캘리포니아대 LA교 연구조교수 1994년 同SanDiego교 연구부교수 1996년 미국 프린스턴대 방문교수 1996년 한국기초과학지원연구원 핵융합연구센터 책임연구원 2005년 同응용연구부장, 同핵융합연구센터 응용기술연구실장 2007년 국가핵융합연구소 응용기술연구실장 2007년 同선임연구단 응용기술개발그룹장 2008년 同응용기술개발부장 2010년 同응용복합플라즈마연구센터 NAP사업팀장(책임연구원) 2011년 한동대 대학원 첨단그린에너지환경학과 교수(현) 2011년 (주)그린사이언스 대표이사(현) (상)대통령표창(2006) (종)기독교

이봉주

(생)1963·3·3 (주)경기도 용인시 기흥구 삼성로 1 삼성전자(주) DS부문 인사팀(031-209-7114) (학)1987년 서강대 경제학과졸 2003년 한국과학기술원(KAIST) 경영학과졸(MBA) (경)삼성전자(주) 메모리사업부 인사팀 부장 2008년 同메모리사업부 인사팀 상무 2009년 同메모리사업부 인사팀장(상무) 2013년 同시스템LSI사업부 인사팀장(전무) 2017년 同DS부문 인사팀장(부사장)(현)

이봉진(李奉振) LEE Bong Jin

(생)1958·7·6 (출)서울 (주)서울특별시 관악구 관악로 1 서울대학교 약학대학 제약학과(02-880-7869) (학)1981년 서울대 약학과졸 1985년 同대학원 제약학과졸 1990년 약학박사(일본 오사카대) (경)1981~1983년 57후송병원 약제과장 1986~1987년 일본 오사카대 단백질연구소 연구원 1990~1991년 일본 단백질공학연구소 선임연구원 1991~2001년 서울대 약대 물리약학과 조교수·부교수 1992~2002년 한국응용약물학회 서무간사 1993~1997년 한국생화학회지 뉴스편집위원 1993~1995년 대한약학회 학술위원 1993~1996년 한국생물물리학회 학술간사 1995~2000년 LG Biotech Ltd. 자문위원 1995~2001년 서울대 약대 제약학과장 1996~1997년 일본 오사카대 단백질연구소 초빙교수 1998~1999년 대한약학회 국제협력위원회 간사 1998~2000년 제3회 동아시아생물물리심포지움조직위원회 학술위원 2000년 한국분자생물학회 출판운영위원 2000~2001년 Crystal Genomics Ltd. 자문위원 2000년 프로메디텍 대표이사 2001~2003년 서울대 종합약학연구소 의약품개발연구부장 2001년 同약학대학 제약학과 교수(현) 2002~2006년 식품의약품안정청 자문위원 2002~2007년 과학기술부 지정 국가지정연구실(NRL) 운영책임자 2003~2005년 식품의약품안정청 종합약학연구소 기초약학연구부장 2005년 경기바이오센터 자문위원 2005~2008년 교육부·산업자원부·노동부 공동지정 최우수실험실 운영책임자 2006년 한국학술진흥재단 콜로키움운영단장 2007~2011년 오창 초고자장 NMR센터 운영위원회 부단장·단장 2007~2015년 한국기초과학지원연구원 K-MeP사업 기술자문위원 2007년 서울대 약학대학 교무부학장 2008~2010년 한국약제학회 평의원 2008년 BBA(Proteins and Proteomics) Editor(현) 2008~2012년 바이오신약장기사업단 이사 2009~2014년 보건복지부 신약개발구조정보통합연구센터장 2009~2011년 서울대교수협의회 이사 2010년 同지식재산관리본부장 2010~2012년 同연구부처장 겸 산학협력단 부단장 2010~2012년 한국신약개발연구자협의회 운영위원 2010~2011년 서울대 종합약학연구소 감사 2010년 (재)의약바이오컨버전스연구단 이사(현) 2010~2015년 (주)비씨월드제약 자문교수 2010~2012년 교육과학기술부 바이오제약평가위원회 위원 2010~2012년 한국자기공명학회 감사 2011~2013년 약학회지 편집위원 2011년 (사)한국청소년미래과학교육연구소 이사 2012~2014년 한국자기공명학회 편집위원장 2013~2019년 서울대 약학대학장 2013년 同종합약학연구소장(현) 2013년 同약학대학 교육연구재단 이사장(현) 2013년 同임상약학연수원장(현) 2013~2016년 한국약학교육평가원 판정위원 2014~2016년 (사)한국약학교육협의회 이사 2014~2016년 한국펩타이드단백질학회 회장 2015년 한국과학기술단체총연합회 대의원(현) 2016년 한국펩타이드단백질학회 고문 2016~2018년 한국자기공명학회 회장 2016~2017년 대한약학회 이사·부회장·물리약학분과회 회장 (상)동성제약 이선규약학상(2003), 보건복지부장관표창(2012), 한국자기공명학회 이조웅학술상(2012), 한빛사 선정 한국을 빛내는 사람들(2012·2014·2016), 의약사 평론가상(2016), 한독학술대상(2017) (저)'물리학(共)'(1994, 동명사) 'NMR BASIC CD-TITLE'(2002) '마틴의 물리학(共)'(2011, 신일북스) '물리학 요약집(共)'(2015, 신일북스)

이봉창(李奉昶)

(생)1969·4·18 (출)전북 익산 (주)서울특별시 서초구 법원로1길 1 서호빌딩 203호 이봉창법률사무소(02-595-9400) (학)1987년 원광고졸 1996년 한양대 법학과졸 (경)1996년 사법시험 합격(38회) 1999년 사법연수원 수료(28기) 1999년 창원지검 검사 2001년 전주지검 군산지청 검사 2003년 서울지검 고양지청 검사 2004년 의정부지검 고양지청 검사 2005년 수원지검 검사 2006년 친일재산환수단 파견 2009년 서울동부지검 검사 2011년 同부부장검사 2012년 서울중앙지검 부부장검사 2013년 대전지검 천안지청 부장검사 2014년 광주지검 목포지청 부장검사 2015년 서울동부지검 공판부장 2016~2017년 의정부지검 형사4부장 2017년 변호사 개업(현) (상)근정포장(2014)

이봉철(李奉澈) LEE BONG CHEOL

(생)1958·5·23 (주)서울특별시 송파구 올림픽로 300 롯데지주(주) 재무혁신실(02-750-7035) (학)1985년 부산대 경영학과졸 (경)1986년 롯데그룹 입사, 대홍기획 재무팀 근무, 롯데그룹 정책본부 재무팀 상무 2012년 롯데손해보험(주) 전무 2012~2014년 同대표이사 전무 2014년 롯데그룹 정책본부 지원실장(전무) 2014~2015년 BS금융지주 비상임이사 2015~2017년 롯데쇼핑 정책본부 지원실장(부사장) 2015년 同지배구조개선TF팀장 2015~2017년 BNK금융지주 비상임이사 2017년 롯데그룹 경영혁신실 재무혁신팀장(부사장) 2017년 롯데지주(주) 재무혁신실장(부사장) 2018년 同재무혁신실장(사장)(현)

이봉호(李鳳浩) LEE Bong Ho

(생)1954·10·3 (출)서울 (주)서울특별시 노원구 화랑로 621 서울여자대학교 사회과학대학 경제학과(02-970-5525) (학)1973년 경기고졸 1980년 서울대 경제학과졸 1985년 경제학박사(미국 신시내티대) (경)1980년 한국개발연구원 연구원 1985~1986년 미국 신시내티대 초빙조교수 1986~1991년 통신개발연구원 연구위원 1991년 서울여대 사회과학대학 경제학과 교수(현) 1994~1998년 경인지역정보화추진협의회 위원 1995~1997년 서울여대 국제협력부장 2002년 同기획정보처장 2004년 정보통신정책학회 회장 2010~2012년 서울여대 대학원장 2016년 同사회과학대학장 겸 사회과학연구소장(현) (종)기독교

이부섭(李富燮) LEE Boo Sup

(생)1937 · 11 · 22 (출)서울 (주)서울특별시 마포구 월드컵북로 402 KGIT센터 23층 (주)동진쎄미켐(02-325-9451) (학)1956년 경기고졸 1960년 서울대 화학공학과졸 1962년 同대학원 화학공학과졸 (경)1962년 대한사진화학연구실 근무 1964년 한국생산성본부 기술부장 1967~2002년 (주)동진쎄미켐 대표이사 사장 1995년 한국공학한림원 회원(화학생명공학 · 현) 1997년 한국반도체산업협회 이사 2002년 한국공업화학회 회장 2002년 (주)동진쎄미켐 대표이사 회장(현) 2007년 한국반도체산업협회 고문 2009~2014년 한국엔지니어클럽 회장 2011년 한국과학기술단체총연합회 부회장 2014~2017년 同회장 (상)상공부장관표창(1978), 대통령상표창(1998), 산업포장(1998), 5천만불 수출탑(1998), 한국공학기술상(1999), 1억불 수출탑(2002), 금탑산업훈장(2006), 아시아화학연맹(FACS) 경제발전공로상(2007), 2억불 수출탑(2010), 제4회 반도체의 날 자랑스러운 반도체인 특별공로상(2011), 대한민국 벤처창업대전 대통령표창(2012), 3억불 수출탑(2012) (종)기독교

이부영(李富榮) LEE Buyoung (靑牛)

(생)1942 · 9 · 26 (본)전주(全州) (출)서울 (주)서울특별시 종로구 자하문로5길 37 (재)자유언론실천재단(02-6101-1024) (학)1961년 용산고졸 1969년 서울대 정치학과졸 (경)1968~1975년 동아일보 기자 1975년 자유언론운동 관련 복역 1979년 통일주체국민회의 대통령선출 반대관련 복역 1984년 민중민주운동협의회 공동대표 1985년 민주통일민중운동연합 상임위원장 · 사무처장 1986년 5.3인천사건관련 복역 1988년 광주학살진상규명투쟁위원회 공동위원장 1988년 전두환 前대통령 구속수사요구관련 복역 1989년 전국민족민주운동연합 상임의장 1989년 문익환목사 방북 및 현대중공업파업관련 복역 1991년 민주개혁정치모임 의장 1991년 민주당 부총재 1991년 同최고위원 1992~1995년 제14대 국회의원(서울 강동甲, 민주당) 1995년 민주당 부총재 1995년 同최고위원 1996년 제15대 국회의원(서울 강동甲, 민주당 · 한나라당) 1999년 한나라당 원내총무 2000~2004년 제16대 국회의원(서울 강동甲, 한나라당 · 무소속 · 열린우리당) 2000~2002년 한나라당 부총재 2000년 국회 환경경제연구회장 2000년 국회 기후변화협약대책특별위원회 위원장 2003년 국민통합신당 추진위원장 2004년 열린우리당 상임중앙위원 2004년 同새정치운동본부장 2004년 장준하선생기념사업회 회장 2004~2005년 열린우리당 의장 2005년 同상임고문 2006년 중도시민운동 화해상생마당 창립 · 초대 운영위원장 2011년 민주평화복지포럼 상임대표 2011년 (사)몽양여운형선생기념사업회 이사장(현), (사)복지국가소사이어티 고문 2011년 민주통합당 상임고문 2012년 同서울강동甲지역위원회 위원장 2012년 제19대 국회의원선거 출마(서울 강동甲, 민주통합당) 2013년 민주당 상임고문 2014~2015년 새정치민주연합 상임고문 2015년 2월 정계은퇴선언 2015년 2015동아시아평화국제회의 조직위원장, 동아시아평화회의 운영위원장(현), 동북아평화연대 명예이사장(현), 동아자유언론수호투쟁위원회 위원(현) 2019년 (재)자유언론실천재단 이사장(현) (상)백봉신사상(2003) (저)'언론과 사회'(共) '尹龍河평전' '희망의 정치로 가는 길' '다시 서는 저 들판에서' (역)'민중의 외침' '히로시마의 증인들' (종)천주교

이부영(李富榮) Lee Pu Young

(생)1946 · 11 · 22 (본)연안(延安) (출)경기 용인 (주)서울특별시 서대문구 경기대로 82 광신빌딩6층 전국교직원노동조합(02-2670-9300) (학)1965년 이천농고졸 1974년 단국대 국어국문학과졸 2012년 고려대 교육대학원 행정학과 석사과정 수료 (경)1975년 경기 대부중 교사 1976~1989년 서울 송곡여고 교사 1988년 서울교사협의회 회장 1989년 전국교직원노동조합 수석부위원장 겸 서울지부장 1989년 해직 및 구속 1991년 2차 구속 1993년 전국교직원노동조합 부위원장 1998년 해직교사복직추진위원회 위원장 1998~2003년 서울북공고 복직 · 교사 1999~2000년 전국교직원노동조합 합법 초대위원장 2000~2003년 대통령자문 교육인적자원정책위원 2001년 전국교직원노동조합 지도위원(현) 2003~2004년 2차 해직 2005년 경기기계공고 복직 · 교사 2006~2010년 서울시교육위원회 교육의원 2010년 서울시 교육의원선거 출마 2011년 도봉구 교육발전협의회 부의장(현) 2011년 한국교육복지포럼 상임대표 2012년 서울시 교육 · 복지민관협의회 정책위원장(현) 2014년 (사)함께배움 이사장(현) (종)불교

이부영(李富泳)

(생)1957 · 9 · 28 (주)경기도 수원시 권선구 수인로 126 수원도시공사 사장실(031-240-2801) (학)1976년 인덕공고졸 1994년 한국방송통신대 경영학과졸 2002년 同행정학과졸 2007년 경희대 경영대학원 경영학과졸 (경)2009년 경기도 정보화기획단장 2010년 同디자인총괄추진단장 2011년 同과학기술과장 2013년 同경제정책과장 2014~2015년 경기 양평군 부군수 2015년 경기도시공사 경제진흥본부장 2016년 同북부본부장 겸 부사장 2017~2018년 同경영기획본부장 겸 부사장 2018년 수원도시공사 초대 사장(현)

이부영(李富榮) LEE Bu Young

(생)1958 · 10 · 1 (출)강원 인제 (주)경기도 안양시 동안구 시민대로 273 효성인텔리안 203호 법무법인 삼우(031-388-9700) (학)1977년 서울대사대부고졸 1982년 한양대 법학과졸 1985년 同행정대학원 수료 (경)1984년 사법시험 합격(26회) 1987년 사법연수원 수료(16기) 1990년 인천지검 검사 1992년 대전지검 서산지청 검사 1993년 서울지검 남부지청 검사 1997년 수원지검 검사 1999년 부산지검 부부장검사 2000년 전주지검 군산지청 부장검사 2001년 서울고검 검사 2001년 서울지검 남부지청 부장검사 2002년 사법연수원 교수 2004년 서울동부지검 형사4부장 2005년 서울중앙지검 공판1부장 2006년 대구지검 경주지청장 2007년 의정부지검 고양지청 차장검사 2008년 서울고검 검사 2009년 수원지검 안양지청장 2009년 변호사 개업 2009~2011년 경기 의왕시 고문변호사 2012년 법무법인 삼우 변호사, 同대표변호사(현)

이부영(李富寧)

(생)1962 · 11 · 19 (출)충남 서산 (주)대구광역시 동구 이노밸리로 291 한국감정원 도시건축본부(053-663-8740) (학)서령고졸, 서울시립대 토목공학과졸 (경)2013년 국토교통부 수자원정책국 수자원정책과 서기관 2015년 同수자원정책국 수자원개발과 서기관 2015년 同국토도시실 도시정책과 서기관 2018년 同국토지리정보원 공간영상과장 2018년 同국토교통인재개발원 교육과장 2019년 同국토교통인재개발원 운영지원과장 2019년 한국감정원 도시건축본부장(상임이사)(현)

이부진(李富眞 · 女) LEE Boo Jin

(생)1970 · 10 · 6 (본)경주(慶州) (출)서울 (주)서울특별시 중구 동호로 249 (주)호텔신라(02-2230-3131) (학)대원외국어고졸 1994년 연세대 아동학과졸 (경)1995년 삼성복지재단 기획지원팀 입사 1998년 삼성전자(주) 전략기획팀 과장 2001년 호텔신라 기획부장 2004년 同경영전략담당 상무보 2005년 同경영전략담당 상무 2009년 同경영전략담당 전무 2009년 삼성물산(舊 삼성에버랜드) 경영전략담당 전무 2010년 同상사부문 고문 2010년 (주)호텔신라 대표이사 사장(현) (상)포춘 '2015 가장 영향력 있는 아시아 · 태평양지역 여성기업인 25人', 한경비즈니스 '올해의 CEO 유통업부문 1위'(2년 연속), 매경이코노미 '대한민국 100대 CEO'(5년 연속), 포브스 '2016 아시아 파워 여성 기업인 50人'(2년 연속), 포브스 '2016 영향력 있는 여성 100명'(2년 연속)

이붕우(李鵬雨) Lee Bungwoo

(생)1959·11·8 (주)서울특별시 용산구 두텁바위로 54-99 국방홍보원 원장실(02-2079-3001) (학)금오공고 1984년 육군사관학교 국제관계학과졸(40기), 연세대 대학원 정치학과졸, 미국 미주리대 저널리즘스쿨 연수, 고려대 언론대학원 최고위과정 이수 (경)국방부 공보담당, 이라크 자이툰부대 정훈공보 참모, 국방부 공보과장 겸 부대변인, 합동참모본부 공보실장, 대한민국호국미술대전 운영위원장, 육군 정훈공보실장 2014년 同정책연구위원 2014년 현역 은퇴(육군 준장) 2014년 상명대 특임교수 2016년 국방홍보원 원장(현) (저)에세이 '소년과 장군'(2016)

이사철(李思哲) LEE Sa Churl (吾丁)

(생)1952·9·15 (본)전주(全州) (출)경기 부천 (주)서울특별시 서초구 서초대로 265 대신빌딩5층 법무법인 신세기(02-599-2580) (학)1971년 경복고졸 1981년 서울대 법학과졸 1987년 미국 서던메소디스트대 대학원졸(LL.M.) (경)1974년 사법시험 합격(16회) 1976년 사법연수원 수료(6기) 1979년 수원지검 검사 1982년 제주지검 검사 1983년 서울지검 검사 1988년 인천지검 고등검찰관 1989년 대구지검 의성지청장 1990년 부산지검 동부지청 특수부장 1991년 법무부 검찰4과장 1992년 同검찰2과장 1993년 同검찰3과장 1993년 서울지검 남부지청 특수부장 1994년 변호사 개업 1995년 민자당 부천원미乙지구당 위원장 1996년 제15대 국회의원(부천시 원미구乙, 신한국당·한나라당) 1996년 신한국당 부대변인 1997년 同대변인 1997·1999년 한나라당 대변인 1998년 同정책위원회 정무위원장 1998년 한·중친선협회 상임고문 2000년 한나라당 부천시원미구乙지구당 위원장 2004년 제17대 국회의원선거 출마(부천시 원미구乙, 한나라당) 2006~2008년 한나라당 법률지원단장 2008년 제18대 국회의원(부천시 원미구乙, 한나라당·새누리당) 2009년 한나라당 대표 특보단장 2009~2011년 국회 정무위원회 간사 2011년 한나라당 경기도당 위원장 2011년 同직능특별위원회 지역특별위원장(경기) 2016년 제20대 국회의원선거 출마(부천시 원미구乙, 새누리당), 법무법인 신세기 대표변호사(현) 2016~2017년 자유한국당 경기부천시원미구乙당원협의회 운영위원장 (상)홍조근정훈장 (종)기독교

이산하(李山河) Lee San Ha

(생)1956·1·1 (출)부산 (주)부산광역시 연제구 중앙대로 1001 부산광역시의회(051-888-8245) (학)부산 동성고졸, 부산외국어대 법학과졸, 同대학원 법학과졸 (경)부산시 남구노인대학협의회 회장, 부산시 동래청년회의소 회장, 한국청년회의소 연수원 운영위원장, 한나라당 부산남구甲지구당 부위원장, 한양프라자메리트가구 대표 1995~2006년 부산시 남구의회 의원, 同예산결산특별위원장 2006·2010~2014년 부산시의회 의원(한나라당·새누리당) 2006~2010년 同건설교통위원회 위원 2006~2010년 同운영위원회 위원 2010년 同창조도시교통위원회 위원 2010년 同예산결산특별위원회 위원장 2012년 同창조도시교통위원회 위원장 2018년 부산시의회 의원(더불어민주당)(현) 2018년 同해양교통위원회 위원(현) 2018년 同예산결산특별위원회 위원(현) 2018년 부산광역시산하공공기관장후보자인사검증특별위원회 위원(현) (종)불교

이삼수

(생)1961·4·15 (주)서울특별시 종로구 창경궁로 136 보령제약 임원실(02-708-8000) (학)서울대 제약학과졸, 同대학원 약제학과졸, 약제학박사(서울대) (경)(주)태준제약 공장장, (주)한미약품 세파플랜트 상무이사, 同평택공장장, 셀트리온제약 오창·진천공장장(부사장), 보령제약(주) 생산본부장(전무) 2018년 同생산본부장(부사장) 2018년 同연구·생산부문 각자대표이사 부사장 2019년 同연구·생산부문 각자대표이사 사장(현)

이삼열(李杉烈) LEE Sam Yull (達山)

(생)1930·7·13 (본)성주(星州) (출)충북 영동 (주)서울특별시 금천구 가산디지털2로 61 국도화학(주) 회장실(02-3282-1405) (학)1954~1956년 미국 고등군사반 이수 1962년 단국대 경제학과졸 1964년 서울대 경영대학원졸 (경)1971~1973년 정안상사(주) 대표이사 1973~1976년 정도화성(주) 대표이사 1976~1997년 국도화학공업(주) 대표이사 사장 1997년 同회장 1998년 한국능률협회 이사 1999년 국도화학(주) 회장(현) (상)화랑무공훈장, 은탑산업훈장(1995), 국가유공자(1997)

이삼열(李三悅) LEE Sam Uel

(생)1941·6·20 (본)경주(慶州) (출)평북 철산 (주)서울특별시 종로구 평창6길 35 대화문화아카데미(02-395-0781) (학)1959년 서울대사대부고졸 1963년 서울대 철학과졸 1967년 同대학원 철학과졸 1976년 사회과학박사(독일 괴팅겐대) (경)1977~1980년 독일 보쿰시 사회선교부 상담실장 1980년 세계교회협의회 도시농촌선교부 간사 1982년 숭실대 철학과 조교수·부교수 1987~2000년 同기독교사회연구소장 1988~2005년 同철학과 교수 1990년 同사회봉사관장 1992~1994년 한국기독자교수협의회 회장 1994~1995년 참여연대 창립·초대 운영위원장 1995~1996년 개혁신당 정책위원장 1995~1998년 사회와철학연구회 회장 1996~2011년 현대교회 장로 1998~2006년 세계교회협의회(WCC) 중앙위원 겸 실행위원 1998년 숭실대 인문과학연구원장 1998~2000년 철학연구회 회장 1999년 한국기독교교회협의회(KNCC) 국제위원장 2000~2004년 유네스코 아·태국제이해교육원 초대원장 2004~2008년 유네스코 한국위원회 사무총장 2006년 대통령자문 지속가능발전위원회 자문위원 2006~2008년 세종문화회관 이사 2007년 국가이미지개발위원회 위원장 2007~2008년 한국철학회 회장 2008~2013년 세계철학회연맹(FISP) 집행위원 2009~2012년 (사)에코피스아시아 이사장 2009~2012년 한국문화재정책학회 회장 2011년 한국기독교사회발전협회 이사장(현) 2012~2015년 유네스코 아태무형유산센터 사무총장 2012~2016년 동아시아평화를위한역사NGO포럼 상임대표 2017년 대화문화아카데미 이사장(현) (상)국무총리표창(2006) (저)'기독교와 사회이념'(1986) '사회발전과 사회운동'(1990) '도시주민 지역운동'(1990) '새롭게 하시는 성령과 한국교회'(1991) '평화의 철학과 통일의 실천'(1991) '삶과 일'(1992) '사회봉사의 신학과 실천'(1992) '학문 어떻게 할 것인가?'(1993) '사회봉사의 현장에서'(1993) '철학의 물음과 사색'(1994) '사회발전을 향한 지방자치'(1994) '하버마스의 사상, 주요 주제와 쟁점들'(1996) '생명의 신학과 윤리'(1997) '21세기의 아시아와 기독교대학'(1998) '민족통일을 앞당기는 국학'(1998) '사회변혁과 철학'(1999) '한국사회발전과 기독교의 역할(共)'(2000) '세계화 시대의 국제이해교육'(2003) '현실 개조를 향한 사회철학의 모색'(2017) '평화체제를 향하여 – 한반도의 평화통일과 기독교의 사명'(2019) (종)기독교

이삼용(李三鎔) LEE, Sam-Yong

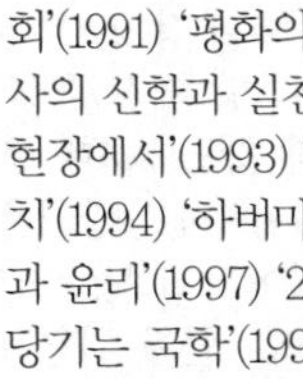

(생)1956·3·17 (출)전남 (주)광주광역시 동구 제봉로 42 전남대병원 원장실(062-220-6351) (학)1976년 광주제일고졸 1982년 전남대 의대졸 1989년 同대학원 의학석사 1992년 의학박사(전남대) (경)1985~1990년 전남대 의대 인턴·성형외과 전공의 1990~1996년 同의대 성형외과학교실 전임강사·조교수 1993년 미국 버지니아주립대·텍사스 휴스톤 엠디앤더슨 암연구소 교환교수 1994년 대한성형외과학회 광주전남지회 총무 1996년 전남대 의대 성형외과학교실 부교수·교수(현) 1997년 전남대병원 성형외과장 1997~2001년 대한수부재건외과학회 이사 1998년 독일 본대 이비인후과 초청교수 1998년 대한성형외과학회 간행홍보위원 1999~2003년 전남대병원 의료질관리실장 2001년 同성형외과장 2001~2004년 대한의료QA학회 이사 2002~2004년 대한성형외과학회 국제협력위원 겸 수련교육위원 2003

년 대한수부외과학회 이사 2004~2006년 대한미용성형외과학회 학술위원 겸 기획위원 2004년 대한성형외과학회 상대가치기획평가위원 2004~2005년 同고시위원 2005년 한국학술진흥재단 기초과학지원단 심사위원 2005년 대한두개안면학회 의무이사 2005년 대한성형외과학회 광주전남지회장, 대법원 전문심리위원(현), 광주지검 의료자문위원(현) 2017년 전남대병원 병원장(현) 2018년 광주전남병원회 회장(현) (저)'임상의학 입문'(2005) '개체발달학'(2005 · 2007 · 2008) (종)천주교

이삼호(李杉鎬)

(생)1961 · 6 · 2 (출)서울 (주)전라남도 무안군 삼향읍 후광대로359번길 28 전남지방경찰청 보안과(061-289-2191) (학)1980년 서울 용산공고졸 2012년 한국방송통신대졸 (경)1987년 순경 임용(공채) 1997년 경위 승진 2001년 경감 승진 2007년 인천 서부경찰서 경비교통과장 2007년 경정 승진 2008년 인천 삼산경찰서 부흥지구대장 2009년 인천 서부경찰서 생활안전과장 2011년 인천 남동경찰서 청문감사관 2012년 인천지방경찰청 112종합상황실장 2013년 同생활안전계장 2014년 인천 부평경찰서 경무과장 2015년 인천지방경찰청 112종합상황실장(총경) 2016년 전남 무안경찰서장 2016년 무안군 명예이장(현) 2016년 전남지방경찰청 경비교통과장 2017년 同치안지도관(총경 · 교육파견) 2017년 전남 순천경찰서장 2019년 전남지방경찰청 보안과장(현)

이삼희(李三熙)

(생)1969 · 1 · 10 (출)경남 마산 (주)경상남도 창원시 의창구 중앙대로 300 경상남도청 행정국(055-211-3500) (학)1987년 부산 배정고졸 1995년 부산대 행정학과졸 2014년 창원대 대학원 행정학과졸 (경)1999년 지방행정사무관(지방고시) 1999~2004년 마산시 가포동장 · 교통행정과장 · 문화공보과장 · 경제통상과장 2004년 경남도 보도지원담당 사무관 · 기획조정실 정책기획담당 사무관 2010년 외교통상부 영사(일반계약직 4호) 2013년 경남도의회 사무처 총무담당관 · 경남도 서부권개발본부 서부청사추진단장(지방서기관) 2015년 경남 함안군 부군수 2017년 경남도 서부권개발국장 2018년 同행정국장(현) (상)대통령표창(2009)

이상갑(李尙甲) LEE Sang Kab

(생)1967 · 11 · 25 (출)전남 신안 (주)광주광역시 동구 지산로 73 법무법인 공감(062-222-5050) (학)1986년 서석고졸 1991년 서울대 정치학과졸 2003년 전남대 대학원 법학과 수료 (경)1996년 사법시험 합격(38회) 1999년 사법연수원 수료(28기) 1999년 변호사 개업, 천지합동법률사무소 변호사 1999년 (사)지체장애인협회 고문변호사 1999년 민주사회를위한변호사모임 광주전남지부 사무국장 2000년 광주전남기자협회 고문변호사 2002년 국가인권위원회 조사위원 2003년 광주지방변호사회 공보이사 2006년 전남도 환경분쟁조정위원회 위원 2006년 광주시 광산구청장선거 출마(열린우리당) 2009~2012년 민주사회를위한변호사모임 광주전남지부장 2012년 무소속 안철수 대통령후보선거대책위원회 민원팀장 2015년 법무법인 공감 대표변호사(현) (상)대한변호사협회 '변호사 공익대상'(2014) (종)기독교

이상경(李相卿 · 女) LEE Sang Kyung

(생)1955 · 10 · 3 (본)경주(慶州) (출)경기 남양주 (주)서울특별시 용산구 청파로53길 5 솔밤빌딩 4층 (주)현대리서치연구소(02-3218-9600) (학)1974년 이화여고졸 1979년 연세대 사회학과졸 1983년 이화여대 대학원 철학과졸 2002년 연세대 대학원 사회학 박사과정 수료 (경)1983~1987년 한국여성정책연구원 조사연구실 연구원 1987년 (주)현대리서치연구소 대표이사(현) 1998년 사회복지공동모금회 중앙회 기획분과 부위원장(현) 1998~2000년 기획예산처 행정개혁위원회 위원 2000~2001년 대통령직속 여성특별위원회 비상임위원 2001~2003년 국무총리실 정책평가심의위원회 위원 2001~2003년 노동부 노동정책심의위원회 위원 2001~2008년 同고용정책전문위원회 위원 2004~2006년 한국온라인광고협회 회장 2004~2008 · 2013년 (사)한국조사협회 이사(현) 2005~2008년 정보통신부 자체평가심의위원회 위원 2006~2008년 국가보훈처 실무위원회 위원 2006년 한국온라인광고협회 고문(현) 2006~2007년 대통령직속 정책기획위원회 위원 2007년 한국조사연구학회 이사(현) 2007~2008년 기획예산처 공공기관운영위원회 위원 2007~2010년 서울시 관광진흥위원회 위원 2007~2013년 同정보화추진위원회 위원 2008년 한국방정환재단 이사장(현) 2010~2015년 한국여학사협회 회장 2010~2011년 덕성여대 사회학과 초빙교수 2010년 고용노동부 개방형직위 면접위원(현) 2011~2013년 대통령직속 지방행정체제개편추진위원회 민간위원 2012~2013년 여성가족부 정책자문위원회 위원 2014~2015년 안전행정부 고위공무원단 면접심사위원 2014~2016년 산업통상자원부 통상조약국내대책위원회 위원 2016~2017년 서울시의회 정책연구위원 2016년 양성평등교육진흥원 자문위원(현) 2016년 서울시 성평등위원회 위원(현) 2017년 식품의약품안전처 자체평가심의위원(현) 2018년 국방부 국민소통전문가단(현) (상)국민훈장 목련장(2003), 이화를 빛낸상(2004), 자랑스러운 연세 여동문상(2017) (역)'멀티미디어시대의 도표사전' (종)기독교

이상경(李相炅) Sang Gyeong Lee

(생)1956 · 5 · 13 (주)경상남도 진주시 진주대로 501 경상대학교 총장실(055-772-0022) (학)1979년 경상대 사범대학 과학교육과졸 1985년 同대학원 화학과졸 1989년 이학박사(경상대) (경)1991~2002년 경상대 자연과학대학 화학과 전임강사 · 조교수 · 부교수 1994~1995년 일본 동경공업대학 · 동경대 객원교수 1999~2001년 경상대 학생기숙사 사감장 2002년 同자연과학대학 화학과 교수(현) 2005~2006년 미국 유타대 화학과 파견교수 2007~2009년 경상대 학생처장 2009~2011년 同교무처장 2014~2015년 同기초과학연구소장 2014~2015년 전국기초과학연구소장협의회 부회장 2015년 대한화학회 이사 2016년 경상대 총장(현) 2016년 경상대병원 이사장(현) 2018~2019년 부산 · 울산 · 경남 · 제주지역대학교총장협의회 부회장 2018년 한국대학교육협의회 감사(현) 2019년 거점국립대학교총장협의회 회장(현)

이상경(李相境 · 女) LEE Sang Kyung

(생)1956 · 10 · 3 (주)서울특별시 도봉구 삼양로144길 33 덕성여자대학교 인문과학대학 일어일문학과(02-901-8225) (학)1979년 일본 릿쇼대 영어영문학과졸 1981년 同대학원 일어일문학과졸 1992년 일어일문학박사(일본 릿쇼대) (경)1982~1984년 부산여대 전임강사 1986~2003년 덕성여대 인문과학대학 일어일문학과 전임강사 · 조교수 · 부교수 1989년 한국일어일문학회 회원 1990년 한국일본학회 회원 1990~1991년 일본 도쿄대 국어국문학연구실 연구원 2003년 덕성여대 인문과학대학 일어일문학과 교수(현) 2013년 同인문과학대학장

이상경(李相庚) LEE Sang Kyeong

(생)1964 · 2 · 22 (본)경주(慶州) (출)광주 (주)서울특별시 강남구 테헤란로 306 카이트타워 14층 선명법무법인(02-559-0900) (학)1982년 광주제일고졸 1986년 서울대 경영학과졸 1988년 同대학원졸 1995년 연세대 특허법무대학원 수료 1995년 고려대 의료법학연구과정 수료 1998년 서강대 경제대학원 경제학과졸 2001년 전북대 대학원 경제학 박사과정 수료 2004년 서울대 대학원 경영학과 · 법학과졸(석사) (경)1990년 행정고시 합격(34회) 1990년 사법시험 합격(32회) 1993년 사법연수원 수료(22기) 1993~1998년 변호사 개업 1993년 민주사회를위한변

호사모임 환경특별위원회 위원 · 언론특별위원회 위원 1998년 전주지법 판사 2001년 同정읍지원 판사 2003~2004년 인천지법 판사 2004~2008년 제17대 국회의원(서울 강동乙, 열린우리당 · 대통합민주신당 · 통합민주당) 2007년 열린우리당 홍보기획위원장 2008~2011년 법무법인 선명 대표변호사 2011~2012년 법무법인 중추 변호사 2012년 제19대 국회의원선거 출마(서울 강동乙, 민주통합당) 2012년 선명법무법인 변호사(현) (종)기독교

이상고(李相高) LEE Sang Go

(생)1956 · 2 · 17 (출)울산 (주)부산광역시 남구 용소로 45 부경대학교 해양수산경영학과(051-629-5955) (학)1984년 부산수산대 자원경제학과졸 1986년 同대학원 자원경제학과졸 1991년 경제학박사(미국 로드아일랜드주립대) (경)1992~1997년 부산수산대 자원경제학과 전임강사 · 조교수 1995~1999년 수산업사연구소 부소장 1996~2000년 OECD 수산위원회 자문교수 1997~1999년 부경대 수산경영학과 조교수 · 부교수 1997~2000년 同해양문화연구소장 1998년 외교통상부 통상교섭 민간자문위원 1999년 부경대 해양산업정책학부장 1999~2014년 同수산과학대학 해양산업경영학부 교수 2004년 同해사문제연구소장 2005년 (사)해외어업협력센터 소장 2005년 해양수산부 자문위원 2006년 부경대 박물관장 2008년 同대학원발전연구위원 겸 취업지원센터 소장 2008년 OECD 수산위원회 부의장 2014~2019년 유엔식량농업기구(FAO) 수산위원회 부의장 2014년 부경대 수산과학대학 해양수산경영학과 교수(현) 2017년 同세계수산대학원장(현)

이상구(李相龜) Sang-Gu Lee

(생)1959 · 7 · 4 (본)경주(慶州) (출)서울 (주)경기도 수원시 장안구 서부로 2066 성균관대학교 자연과학대학 수학과(031-290-7025) (학)1981년 성균관대 수학과졸 1987년 미국 유타주립대 대학원 수학과졸 1991년 이학박사(미국 유타주립대) (경)1991~2001년 성균관대 자연과학대학 수학과 전임강사 · 조교수 · 부교수 1998~1999년 미국 The College of William & Mary 방문교수 1998~1999년 미국 유타주립대 방문교수 2001년 성균관대 자연과학대학 수학과 교수(현) 2006~2007년 미국 노던아이오대 · 아이오와대 방문교수 2006~2016년 한국수학교육학회 시리즈 E 〈數學敎育 論文集〉 편집위원장 2006~2013년 성균관대 BK21 수학적모델링사업단장 2010~2014년 2014서울세계수학자대회 조직위원 2010~2016년 한국수학사학회 사료이사 2015~2016년 대한수학회 부회장 2015~2016년 강원경기수학회 회장 2015~2016년 대한수학회 70년사편찬위원회 상임위원 2017년 한국수학교육학회 부회장, 同회장(현) 2017~2018년 성균관대 입학처장 2019년 同자연과학대학장(현) (상)제22회 스승의날 기념 교육인적자원부장관표창(2003), 대한민국과학기술창작대전 한국과학창의재단 이사장표창(2014), 노원수학문화관 최우수상(2016) (저)'현대선형대수학 with Sage'(2012, 경문사) '한국 근대수학의 개척자들'(2013, 사람과 무늬) 'Calculus with Sage, Kyung Moon Sa'(2014) '선형대수학'(2014) 'Linear Algebra with Sage'(2016) '최신 공학수학 with Sage 1 · 2'(2016, 한빛아카데미) '수학 IN 문화'(2016, 교우사) (역)'수학 : 형식과 기능'(2001, 청음사) '사회수학 : 400년의 파란만장'(2011, 경문사) (종)기독교

이상구(李相九) LEE Sang Ku

(생)1965 · 1 · 3 (주)울산광역시 남구 여천로217번길 19 롯데정밀화학(주) 생산본부(052-270-6114) (학)서라벌고졸, 서울대 화학교육학과졸, 한국과학기술원(KAIST) 화학과졸(석사), 화학박사(한국과학기술원) (경)2004년 (주)삼성정밀화학 메셀로스연구팀 부장 2009년 同메셀로스연구담당 상무 2011년 同셀룰로스연구담당 상무 2012년 同그린소재연구담당 상무 2014년 同그린소재사업부장(상무) 2016년 롯데정밀화학(주) 기술총괄 상무 2017년 同연구개발부문장(상무), 同생산본부장(상무)(현)

이상국(李相菊) Lee Sang-Kook

(생)1960 · 8 · 15 (본)경주(慶州) (주)서울특별시 종로구 율곡로 75 현대엔지니어링(주) 재경본부(02-2134-1500) (학)성광고졸, 경북대 회계학과졸 (경)1985년 현대강관 입사, 현대하이스코(주) 재정팀장 2006년 同재경본부장(이사대우) 2008년 同재경본부장(이사) 2010년 同재경본부장(상무) 2012년 同재경본부장 겸 전략기획실장(상무) 2013년 同재경본부장 겸 전략기획실장(전무) 2014년 同대표이사 전무 2015년 同경영관리본부장(전무) 2015년 현대엔지니어링(주) 재경본부장(전무 · CFO) 2018년 同재경본부장(부사장 · CFO)(현) (상)동탑산업훈장(2016)

이상국(李相國) LEE SANG KUK

(생)1964 · 9 · 10 (출)경기 안성 (주)서울특별시 중구 을지로 79 IBK기업은행 임원실(1566-2566) (학)1983년 경기 안성고졸 1987년 중앙대 경영학과졸 2006년 핀란드 헬싱키경제대 대학원 경영학과졸(MBA) (경)1989년 IBK기업은행 입행 2010년 同오포지점장 2012년 同업무지원부장 2013년 同인력개발부장 2014년 同인사부장 2017년 同경기남부지역본부장 2018년 同미래채널그룹장(부행장) 2018년 同디지털그룹장(부행장)(현)

이상권(李商權) LEE Sang Kwon (文谷)

(생)1955 · 1 · 27 (출)충남 홍성 (주)충청남도 홍성군 홍성읍 법원로 37 이상권법률사무소(041-631-3301) (학)1973년 홍성고졸 1982년 건국대 법학과졸 1995년 경원대 대학원 법학과졸 (경)1982년 사법시험 합격(24회) 1984년 사법연수원 수료(14기) 1999년 청주지검 부장검사 2000~2001년 인천지검 부장검사 2001~2011년 변호사 개업 2002년 한나라당 대통령선거대책위원회 인천시공약개발위원장 2004~2012년 同인천계양乙당원협의회 운영위원장 2006년 同부대변인 2010년 同인천시당 선거대책위원회 대변인 2010년 제18대 국회의원(인천 계양乙 재보선 당선, 한나라당 · 새누리당) 2010~2012년 국회 지식경제위원회 위원 2011년 한나라당 원내부대표 2012년 제19대 국회의원선거 출마(인천 계양乙, 새누리당) 2012~2013년 새누리당 인천계양乙당원협의회 운영위원장 2012~2013년 同인천시당 위원장 2014~2017년 한국전기안전공사 사장 2019년 변호사 개업(현) (상)법무부장관표창(1991), 대통령표창(1993), 자랑스런 한국인대상 의정활동부문(2010), 한국전기문화대상 대상(2014) (저)'쥐뿔도 없는 자존심 덩어리'(2011, 야누스)

이상권(李相權) LEE SANG KWON

(생)1957 · 2 · 27 (본)경주(慶州) (출)충북 충주 (주)강원도 춘천시 동산면 영서로 1290-31 한국폴리텍Ⅲ대학(033-260-7600) (학)청주대 행정학과졸, 숭실대 경영대학원졸 (경)2001년 국민은행 용암동지점장 2002년 同광진구 화양동 기업금융지점장 2005년 同중소기업팀장, 同기업금융부장 2008년 同영업지역본부장, 同기업금융본부장 2011년 同경영자문위원 2012~2015년 사회적기업 한국이지론(주) 대표이사 2018년 한국폴리텍Ⅲ대학(강원권역) 학장(춘천 · 강릉 · 원주캠퍼스)(현) (상)중소기업지원유공 국무총리표창(2007) (종)불교

이상권(李相權)

(생)1960 · 12 · 18 (출)경남 함양 (주)울산광역시 중구 종가로 365 국립재난안전연구원 원장실(052-928-8001) (학)진주 대아고졸, 경상대 농공학과졸, 연세대 대학원 토목공학과졸 (경)1995~2004년 행정자치부 재난관리과 · 지역균형발전과 근무 2004~2010년 소방방재청 방재대책과 · 평가

관리과 근무 2010~2014년 同복구지원과 · 재해경감과 · 방재대책과 근무 2014년 同재난상황실장 2014년 국민안전처 자연재난대응과장 2016년 同중앙재난안전상황실장(고위공무원) 2017년 행정안전부 중앙재난안전상황실장(고위공무원) 2018~2019년 同재난관리안전본부 재난관리실 재난복구정책관, 2019년 국립재난안전연구원 원장(현)

이상규(李尙圭) RHI Sang Kyu (梧堂)

(생)1933 · 7 · 1 (본)전주(全州) (출)전북 남원 (주)서울특별시 강남구 영동대로 511 트레이드타워 205호 법무법인 세아(02-6000-0040) (학)1951년 전주 농림고졸 1955년 건국대 법학과졸 1961년 미국 서던메소디스트대 법과대학원 수료 1992년 명예 법학박사(미국 하딩대) 1999년 명예 법학박사(대구대) (경)1952년 고등고시 행정과 합격(3회) 1953년 고등고시 사법과 합격(4회) 1961년 법제처 법제관 1961년 미국 텍사스주 명예시민 1962년 변호사 등록 1968~1971년 문교부 고등교육 · 편수국장 1971년 국립중앙도서관장 1972년 한국라운드테이블연맹 총재 1974년 문교부 기획관리실장 1977~1985년 환경법학회 회장 1977년 문교부 중앙교육연구원장 1979년 同기획관리실장 1980년 同차관 1981년 변호사 개업 · 법무법인 세아 변호사 1981~2002년 중앙교육진흥연구소 이사장 1982~1996년 고려대 객원교수 1982~1988년 중앙환경분쟁조정위원 1985년 환경법학회 명예회장(현) 1987~1992년 대한변호사협회 외국변호사대책위원장 1989년 서울변호사협회 법제위원장 1991년 대한변호사협회 상임이사 · 법제위원장 1995년 LAWASIA 한국위원회장 1995~2001년 환태평양법조협회(IPBA) 이사 1997~2001년 대한변호사협회 변호사연수원장 2004~2005년 환태평양변호사협회(IPBA) 회장 2010년 법무법인 세아 고문변호사(현) (상)홍조근정훈장(1970), 서울변호사회 공로상(1990), 미국 테네시주 명예대령(1992), 대한변호사회 공로상(1999) (저)'미국행정법론'(1963, 법문사) '신행정법론(上 · 下)'(1964 · 1973 · 1979 · 1986 · 1988 · 1993 · 1995, 법문사) '신선거법해설' '주석 판례행정법 1'(1977, 삼영사) '주석 판례행정법 2'(1979, 삼영사) '신행정쟁송법'(1985, 법문사) '환경(공해)판례의 연구'(1993, 삼영사) '국가보상법'(1995, 법문사) '환경법론'(1998, 법문사) '금강경의 세상'(2000, 삼지원) '영미행정법'(2001, 법문사) '전해오는 부처의 가르침'(2004, 해조음) '경전과 함께 보는 붓다의 발자취'(2006, 불광출판사) '산다는 것은'(2009, 법문사) '아함경과 함께 보는 금강경'(2009, 선연) '괴로움에서 벗어나는 길'(2010, 해조음) (종)불교

이상규(李祥圭) LEE Sang Kyoo

(생)1958 · 2 · 14 (주)경기도 화성시 봉담읍 와우안길 17 수원대학교 경상대학 경제학부(031-229-8568) (학)1981년 경희대 경제학과졸 1986년 미국 위스콘신주립대 대학원 경제학과졸 1991년 경제학박사(미국 위스콘신주립대) (경)수원대 경제학과 교수, 同경상대학 경제학부 교수(현) 2010 · 2012년 同경영대학원장 2015년 同금융공학대학원장 겸 입학관리처장 2015년 同고용서비스대학원장(현) 2019년 同경상대학장(현)

이상규(李祥圭) LEE Sang Gyu

(생)1961 · 1 · 27 (주)서울특별시 영등포구 여의대로 128 LG전자(주) 한국모바일그룹(02-3777-1114) (학)진주 동명고졸, 한국외국어대 불어불문학과졸, 미국 워싱턴대 대학원 MBA (경)1988년 금성사 광학기기영업부 입사 2003년 LG전자 에어컨마케팅팀장 2005년 同마케팅전략지원실장 2008년 同한국HAC마케팅담당 상무 2010년 同CAC마케팅담당 상무 2011년 同한국B2C그룹 전략유통담당 상무 2012년 同한국B2C그룹장(상무) 2016년 同한국모바일그룹장(전무) 2018년 同한국모바일그룹장(부사장)(현)

이상규(李相奎) LEE Sang Kyu

(생)1963 · 10 · 7 (출)전북 전주 (주)서울특별시 서초구 법원로 16 정곡빌딩동관 208호 이상규법률사무소(02-599-4500) (학)1982년 전주 영생고졸 1987년 서울대 법학과졸 1989년 同대학원졸 (경)1992년 사법시험 합격(34회) 1995년 사법연수원 수료(24기) 1995년 법무법인 삼정 변호사 1997년 서울지검 의정부지청 검사 1999년 춘천지검 속초지청 검사 2000년 서울지검 검사 2003년 수원지검 검사 2005년 대구지검 검사 2007년 同부부장검사 2007년 서울남부지검 부부장검사 2009년 헌법재판소 파견 2010년 의정부지검 공판송무부장 2011년 춘천지검 부장검사 2012년 전주지검 부장검사 2013년 수원지검 안산지청 부장검사 2014년 서울고검 검사 2016년 변호사 개업(현) (종)천주교

이상규(李尙圭) LEE Sang Kyu

(생)1966 · 10 · 19 (출)경북 상주 (주)서울특별시 은평구 통일로 684 서울혁신파크 1동 605호 아시아공정무역네트워크(070-4465-6007) (학)1985년 달성고졸 1990년 서울대 국제경제학과졸 (경)1990~1993년 공군 장교 1990년 현대증권 근무 1993~1997년 데이콤 전략기획본부 근무 1997~1999년 데이콤인터파크 사업총괄이사 1999년 同부사장 2000~2001년 G마켓 대표이사 겸임 2001~2005년 인터파크여행 대표이사 2003년 느티나무도서관재단후원회 회장(현) 2005~2008년 인터파크여행 대표이사 사장(CEO) 2008~2010년 인터파크 대표이사 2009~2014년 한국온라인쇼핑협회 부회장 2011~2014년 아이마켓코리아 사장 2011년 인터파크비즈마켓 대표이사 2012년 아시아공정무역네트워크 이사(현) 2013년 벤처기업협회 부회장 2014년 스파크 이사(현) 2015년 한국온라인쇼핑협회 회장 2016~2017년 인터파크홀딩스 사장 2017~2018년 (주)인터파크 대표이사 2017년 한국온라인쇼핑협회 부회장 2017~2018년 (주)인터파크송인서적 이사 (상)자랑스런 달고인상(2010)

이상균(李相均) Lee Sang Kyoun

(생)1960 · 12 · 29 (주)서울특별시 종로구 사직로 8길 60 외교부 인사운영팀(02-2100-7863) (학)1984년 한국외국어대 이란어과졸 (경)1988년 외무부 입부 1994년 駐카타르 3등서기관 1999년 駐이란 3등서기관 2002년 駐뭄바이 2등서기관 2006년 2014평창동계올림픽유치위원회 파견 2007년 駐토론토 영사 2010년 駐젯다 영사 2012년 외교통상부 영사콜센터 소장 2014년 駐이집트 참사관 2018년 駐젯다 총영사(현)

이상균

(생)1961 · 1 (주)전라남도 영암군 삼호읍 대불로 93 현대삼호중공업(주) 임원실(061-460-2000) (학)장흥고졸, 인하대 조선공학과졸 (경)1983년 현대중공업(주) 입사 2011년 同외업부문담당 상무 2015년 현대삼호중공업(주) 생산부문장(전무) 2017년 同부사장 2018년 同대표이사 사장(현)

이상균(李相均) LEE Sang Gyun

(생)1964 · 12 · 20 (본)합천(陜川) (출)경북 고령 (주)대구광역시 수성구 동대구로 364 대구지방법원 총무과(053-757-6449) (학)1983년 대구 심인고졸 1988년 서울대 공법학과졸 (경)1993년 사법시험 합격(35회) 1996년 사법연수원 수료(25기) 1996년 대구지법 판사 1999년 同의성지원(청송군법원 · 군위군법원) 판사 2001년 대구지법 판사 2008년 특허법원 판사 2011년 창원지법 부장판사 2013~2015년 대구지법 안동지원장 겸 대구가정법원 안동지원장 2015년 대구지법 부장판사(현)

이상기(李尚基) RHEE Sang Ki (淡淵)

생1951 · 6 · 5 본전주(全州) 출대구 주충청남도 아산시 신창면 순천향로 22 순천향대학교 의료과학대학 의약공학과(041-530-1627) 학1971년 경기고졸 1975년 서울대 미생물학과졸 1977년 한국과학기술원(KAIST) 석사 1980년 생물공학박사(한국과학기술원) 경1980년 호주 New South Wales대 연구원 1982년 한국과학기술원(KAIST) 유전공학센터 선임연구원 1987년 미국 국립보건연구원(NIH) 초빙연구원 1993년 생명공학연구소 응용미생물연구그룹장(책임연구원) 1996년 同응용미생물연구부장 1996년 同생명공학정보화사업단장 1997년 한국생명공학연구원 선임연구부장 1999년 同미생물공정연구실장 2000년 (주)바이오홀딩스 대표이사 2001~2009년 미국 세계인명사전 'Marquis Who's Who in the World'에 9년간 연속 등재 2003년 한국생명공학연구원 대사공학연구실장 2004년 한국산업기술평가원 신성장기술본부장 2005~2008년 한국생명공학연구원 원장 2005년 한국과학기술한림원 종신회원(현) 2007년 영국 케임브리지 국제인명센터(IBC) '21세기를 대표하는 최고의 지성 2000인'에 2007년판 및 2008년판에 등재 2007년 영국 IBC 발간 '올해의 과학자'(The International Scientists of the Year) 선정 2008년 한국생명공학연구원 오믹스융합연구센터 연구위원 2008년 한국미생물학회 회장 2008년 한국미생물학회연합회 회장 2009년 호주 멜번대 초빙교수 2009~2016년 순천향대 의료과학대학 의약공학과 교수 2009~2016년 SCH 의약바이오인재양성센터장 2009~2011년 순천향대 의과학대학장 2011년 세계미생물학회연합 집행위원회 이사(현) 2012~2013년 SCH LINC센터장 2012~2014년 순천향대 의약바이오특성화사업단장 2013년 (사)한국미생물생명공학회 회장 2013~2015년 태국 국립유전생명공학연구소 국제자문위원 2016년 순천향대 의료과학대학 의약공학과 석좌교수(현) 2017년 세계미생물학회연합 부회장(현) 2017년 세계미생물학회연합총회(IUMS2020) 학술대회 조직위원장(현) 상한국과학기술단체총연합회 우수논문상(2000 · 2004), 국민훈장 목련장(2003), 칭찬하고 싶은 박물관인상(2008), 과학기술훈장 웅비장(2014), 한국미생물생명공학회 학술대상(2014), 보건복지부장관표창(2017) 저'Handbook of Biopolymers(독일)' 외 저서 9편 종기독교

이상기(李相起) LEE Sang Ki

생1958 · 1 · 4 본경주(慶州) 출서울 주서울특별시 종로구 혜화로 35 화수회관 207호 아시아엔(THE AsiaN)(02-712-4111) 학1977년 영동고졸 1986년 한국외국어대 영어과졸 1987년 서울대 서양사학과졸 2002년 경남대 북한대학원 지도자과정 수료 2002년 한국개발연구원(KDI) 국제정책과정 수료 2003년 생산성본부 CEO과정 수료 2005년 한양대 언론정보대학원 수료 2010년 건국대 농축대학원 생명자원과정 수료, 서울대 인문학최고위과정 수료 경1988년 한겨레신문 입사(공채 1기) 1989년 同민권사회부 · 정치부 · 편집부 · 체육부 기자 1994년 同기동취재팀장 1995~2000년 육군종합행정학교 정훈공보학처 초빙교수 1998년 한겨레신문 교육팀장 2000년 同수도권팀장 2000~2008년 서울시인재교육원 외래강사 2001년 한겨레신문 집중기획팀장 2002~2005년 한국기자협회 제38 · 39대 회장 2002~2005년 한국신문윤리위원회 비상임이사 2002~2005년 한국언론재단 비상임이사 2003~2005년 사회복지공동모금회(사랑의 열매) 홍보분과 부위원장 2004년 아시아기자협회(AJA) 창립회장 2004~2007년 경찰청 과거사진상규명위원회 간사위원 2004~2007년 (사)자살예방협회 이사 2004~2009년 보건복지가족부 혈액관리위원 2004년 만해상 심사위원(현) 2005~2007년 교육인적자원부 사학분쟁조정위원 2006년 한겨레신문 사람팀장(부장대우) 2006~2017년 서울대동창회보 논설위원 2006년 IFJ국제기자연맹 특별총회 준비조직위원회 고문 2006~2008년 한겨레신문 지역부문 편집장 · 스포츠부문 편집장 2006~2008년 EBS 시청자위원 2008년 엄홍길 휴먼재단 감사 2008년 평양과학기술대 설립이사 2008년 서울대 인문대 멘토 2008~2010년 한겨레신문 편집국 사람팀 선임기자 2010~2013년 서울대 관악언론상 심사위원 2011년 아시아엔(The AsiaN) 대표이사 겸 발행인(현) 2011년 아시아기자협회 상임이사 2013년 매거진N 발행인 겸 대표이사(현) 2015~2017년 금융감독원 자문위원 상보건복지부장관표창(2005), 몽골건국800년 기념훈장(2007) 저'신한국군리포트(共)'(1997) '요즘 한국기자들'(2005) '그대 떠난 자리에 별이 뜨고'(2007)

이상기(李相基) LEE SAHNG KI

생1960 주서울특별시 종로구 종로 33 GS건설(주) 인프라부문(02-2154-1114) 학중앙대사대부고졸, 중앙대 기계공학과졸 경1984년 GS건설(주) 입사 2006년 同베트남SPC담당 상무보 2008년 同호치민사업담당 상무 2009년 同중동지사장(상무) 2009년 同개발사업실장(상무) 2014년 同토건중동 · 아프리카지역담당 상무 2015년 同인프라부문 대표(전무) 2018년 同인프라부문 대표(부사장)(현)

이상길(李相吉) Lee Sang Gil

생1964 · 2 · 10 출경북 고령 주대구광역시 중구 공평로 88 대구광역시청 행정부시장실(053-803-2020) 학1982년 성광고졸 1987년 경북대 행정학과졸 1993년 서울대 행정대학원 행정학과졸 2006년 미국 시라큐스대 대학원 행정학과졸 경1992년 행정고시 합격(35회) 1993년 대구시 내무국 총무과 지방행정사무관 1993년 同지방공무원교육원 교수부 지방행정사무관 1994년 同국제통상협력실 지방행정사무관 1996년 同경제국 국제협력과 지방행정사무관 1996년 同경제국 경제분석과 지방행정사무관 1998년 同경제산업국 경제정책과 지방행정사무관 1999년 同내무국 · 행정관리국 총무과 지방행정사무관 2001년 同문화체육국 체육진흥과 지방서기관 2004년 同문화체육국 체육청소년과 지방서기관 2004년 同행정관리국 총무과 지방서기관 2007년 同신기술산업본부 과학기술팀 지방서기관 2008년 同기획관리실 정책기획관 2009년 同기획관리실 정책기획관(지방부이사관) 2009년 同신기술산업국 첨단의료복합단지기획팀 지방부이사관 2012년 행정안전부 재정관리과장 2013년 안전행정부 재정관리과장 2014년 부마민주항쟁보상지원단장(일반직고위공무원) 2014년 과거사관련업무지원단장 2014년 행정자치부 지방행정연수원 기획부장 2015년 대구시 기획관리실장 2016년 同기획조정실 정책기획관 2016년 행정자치부 지방재정세제실 지방재정정책관 2017년 행정안전부 지방재정세제실 지방재정정책관 2018년 대구시 행정부시장(현)

이상길(李相吉) LEE Sang Gil

생1970 · 1 · 2 출전남 장흥 주광주광역시 동구 지산로 73 동명빌딩 401호 법무법인 감동으로(062-223-0500) 학1989년 광주 대동고졸 1994년 전남대 사법학과졸 경1998년 사법시험 합격(40회) 2001년 사법연수원 수료(30기) 2001년 변호사 개업 2003년 대한법률구조공단 변호사 2004년 전주지검 군산지청 검사 2006년 광주지검 검사 2008년 의정부지검 검사 2010년 서울북부지검 검사 2013년 대구지검 검사 2015년 서울서부지검 검사 2016년 광주지검 부부장검사 2017년 同순천지청 형사2부장 2018년 대구고검 검사 2018년 서울중앙지검 중요경제범죄조사단 부장검사 2019년 법무법인 감동으로 변호사(현)

이상대(李相大) Lee Sang-dae

생1960 주경상남도 진주시 대신로 570 경상남도농업기술원(055-254-1114) 학1990년 한국방송통신대 농학과졸 1993년 경상대 대학원 응용곤충학과졸 1998년 응용곤충학박사(경상대) 경1980년 울주군농촌지도소 농촌지도원보 1992년 경남도농업기술원 시험국 식물환경과 농업연구사 1998년

同시험연구국 농산가공담당 2004년 同시험연구국 토양비료 농업연구관 2008년 同시험연구국 양파연구소장 2013년 同미래농업과학센터 팀장 2013년 同연구개발국 친환경연구과장 2014~2017년 (재)진주바이오산업진흥원 이사 2014년 경남도농업기술원 연구개발국장 2015~2018년 경남한방약초연구소 이사 2017년 경남도농업기술원 원장(현) 2018년 경남한방항노화연구원 이사(현)

이상대(李相大)

(생)1966·1·10 (출)충북 충주 (주)서울특별시 서초구 서초대로 280 법무법인 화인(02-523-3200) (학)1984년 서울 동성고졸 1988년 고려대 법학과졸 (경)1989년 사법시험 합격(31회) 1992년 사법연수원 수료(21기) 1992년 軍법무관 1995년 인천지검 검사 1997년 대전지검 홍성지청 검사 1998년 부산지검 검사 2000년 수원지검 성남지청 검사 2002년 서울지검 북부지청 검사 2004년 서울북부지검 부부장검사 2005년 대전지검 부부장검사 2006년 광주고검 검사 2008년 서울고검 검사 2010년 대전고검 청주지부 검사 2010~2011년 법제처 파견, 법무법인 화인 대표변호사(현) (상)법무부장관표창, 검찰총장표창, 법조봉사대상 (저)수필집 '이상대 검사와 함께 사는 세상'(2010)

이상덕(李相悳·女) LEE Sang Deok

(생)1956·10·21 (출)대전 (주)서울특별시 종로구 자하문로24길 20 이음빌딩 2층 이주배경청소년지원재단(02-733-7587) (학)1975년 대전여고졸 1980년 이화여대 가정대 의류직물학과졸 1998년 중앙대 대학원 사회복지학과졸 (경)1982년 한국기독교교회협의회(KNCC) 산하 월간 '새 가정' 편집장 1985년 한국여성의전화 교육부장 1988년 여성신문 기획관리부장 1989~1992년 朴英淑국회의원 비서관·보좌관 1992년 한국환경사회정책연구소 교육실장 1995~1998년 여성의전화 상임부회장 1997년 서울여성의전화 회장 1998년 여성특별위원회 협력조정관 1999년 同정책조정관 2001년 여성부 차별개선국장 2002년 대통령 여성정책비서관 2003~2006년 안성여자기능대 학장 2004년 전국기능대학학장협의회 회장 2004년 '여성이 만드는 일과 미래' 이사장 2006~2009년 한국폴리텍 I 대학 학장 2007년 울산과학기술대 이사, 군장대학 사회복지학과 교수 2011~2012년 한국여성재단 사무총장 2012~2016년 한국폴리텍다솜고등학교 교장 2016~2018년 평택대 교양학부 교수 2018년 이주배경청소년지원재단 이사장(현) 2018년 우송대 특임교수(현) (종)기독교

이상덕(李相德) Lee Sang-deok

(생)1960·8·31 (주)대구광역시 북구 연암로 40 대구광역시청(053-803-0114) (학)1986년 한국외국어대 포르투갈어과졸 1992년 미국 조지아주립대 대학원 정치학과졸 (경)1988년 외무고시 합격(22회) 1988년 외무부 입부 1995년 駐일본 2등서기관 1997년 駐몽골 1등서기관 2002년 駐애틀란타 영사 2004년 駐일본 1등서기관 2005년 외교통상부 서남아대양주과장 2007년 同동남아과장 2008년 대통령실 파견 2009년 駐중국 공사참사관 2011년 駐일본 공사참사관 2012년 외교통상부 동북아시아국 심의관 2014년 외교부 동북아시아국장 2016~2018년 駐싱가포르 대사 2018~2019년 외교부 본부 근무 2019년 대구시 국제관계대사(현)

이상도(李相熹) LEE Sang Do

(생)1955·8·11 (본)경주(慶州) (출)경북 영일 (주)서울특별시 강남구 테헤란로87길 36 도심공항타워 14층 법무법인(유) 로고스(02-2188-2803) (학)1974년 대구고졸 1980년 서울대 법학과졸 (경)1980년 사법시험 합격(22회) 1982년 사법연수원 수료(12기) 1982년 軍법무관 1985년 부산지검 검사 1988년 춘천지검 강릉지청 검사 1989년 서울지검 동부지청 검사 1992년 대구지검 고등검찰관 1993년 부산고검 검사 1994년 대구지검 영덕지청장 1995년 대검찰청 검찰연구관 1997년 同환경과장 1998년 서울지검 남부지청 형사5부장 1998년 同남부지청 형사4부장 1999년 同남부지청 형사3부장 2000년 同북부지청 형사2부장 2001년 광주고검 검사 2002년 창원지검 진주지청장 2003년 서울지검 동부지청 차장검사 2004년 서울고검 송무부장 2005년 광주고검 차장검사 2006년 춘천지검장 2007~2008년 법무부 보호국장 2008년 법무법인(유) 로고스 변호사(현)

이상도(李相道) LEE Sang Do

(생)1958·1·24 (주)서울특별시 송파구 올림픽로43길 88 서울아산병원(02-3010-3011) (학)1982년 서울대 의대졸 1989년 同대학원 의학석사 1992년 의학박사(서울대) (경)1988년 서울대병원 내과 전임의 1990~1995년 충북대 의대 조교수 1995년 울산대 의대 내과학교실 교수(현) 1996년 미국 Univ. of Colorado Health Sciences Center Pulmonary Hypertension Center 연구교수 2007년 서울아산병원 진료지원실장 겸 지원부장 2008년 同호흡기내과 과장 2009년 同기획조정실장 2011년 同진료부원장 2017년 同병원장(현) (저)'임상호흡기학'(1990) 'COPD-Heterogeneity and Personalized Treatment'(2017)

이상돈(李相敦) LEE Sang Don

(생)1951·12·4 (본)경주(慶州) (출)부산 (주)서울특별시 영등포구 의사당대로 1 국회 의원회관 918호(02-784-4750) (학)1970년 경기고졸 1974년 서울대 법학과졸 1976년 同대학원졸 1980년 미국 툴레인대 로스쿨졸(LL.M.) 1981년 미국 마이애미대 로스쿨졸(M.C.L.) 1983년 법학박사(미국 툴레인대) (경)1983~2013년 중앙대 법학과 조교수·부교수·교수 1993년 미국 Georgetown Univ. Law Center Fulbright Senior Scholar 1995~2003년 조선일보 비상임논설위원 1996년 미국 Loyola Law School(LA) 방문교수 2001~2003년 중앙대 법과대학장 2007~2009년 同법학연구소장 2011년 한나라당 비상대책위원회 위원 2012년 새누리당 정치쇄신특별위원회 위원 2013년 중앙대 법과대학 명예교수(현) 2016년 국민의당 선거대책위원회 공동위원장 2016년 제20대 국회의원(비례대표, 국민의당·바른미래당〈2018.2〉)(현) 2016년 국민의당 최고위원 2016·2018년 국회 환경노동위원회 위원(현) 2017년 국회 헌법개정특별위원회 위원 2017~2018년 국민의당 전국당원대표자대회 의장 2017년 同제19대 안철수 대통령후보 중앙선거대책본부 재외선거대책위원장 (상)근정포장(2013) (저)'미국의 헌법과 연방대법원' '환경정책법' '국제거래법' '환경위기와 리우회의' '지구촌 환경보호와 한국의 환경정책' '환경법'(共) '여성과 법'(共) '세계의 트렌드를 읽는 100권의 책'(2006) '비판적 환경주의자'(2006) '위기에 처한 대한민국'(2007) '공부하는 보수'(2014, 책세상) (역)'에코스캠'(1999) '중상모략(共)'(2007) '반역(共)'(2008) (종)천주교

이상돈(李商惇) LEE Sang Don

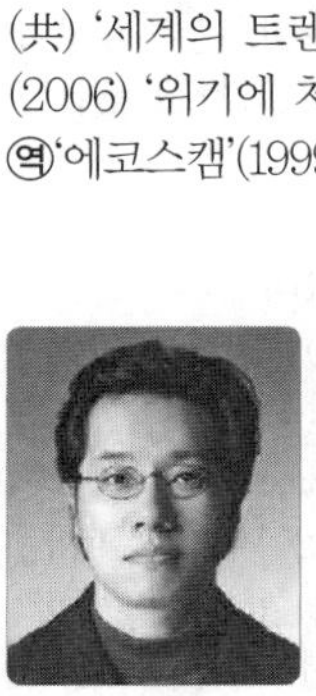

(생)1960·3·9 (본)성주(星州) (출)서울 (주)서울특별시 서대문구 이화여대길 52 이화여자대학교 공과대학 환경공학과(02-3277-3545) (학)1983년 서울대졸 1985년 미국 텍사스공과대졸 1993년 환경생태학박사(미국 워싱턴대) (경)1993~1994년 폴란드 과학원 생태학연구소 전임연구원 1994~1995년 캐나다 토론토대 생명과학부 박사 후 연구원 1997~2002년 한국환경정책평가연구원 환경영향평가부 연구위원 2003년 이화여대 공학부 환경학과 조교수, 同공과대학 환경공학과 조교수·부교수·교수(현) 2005년 한국IUCN(국제자연보호연맹) 이사 2018년 한국환경영향평가학회 회장(현) 2019년 국토교통부 신도시포럼 환경분과 위원장(현) (상)환경부장관표창(2005) (저)'기린'(2003) '생명과학(共)'(2007) '도로와환경(共)'(2011) (역)'새들의여행'(2011)

이상돈(李相敦) Lee Sang Don

(생)1963·9·14 (본)경주(慶州) (출)충북 음성 (주)경기도 안산시 단원구 한양대학로 158 안산성마리아성당(031-410-9191) (학)1982년 서울 성신고졸 1986년 가톨릭대 신학과졸 1992년 수원가톨릭대 대학원 역사신학과졸 2005년 서강대 가톨릭경영자과정 수료(SCAMP 8기) (경)1992년 천주교 고등동성당 보좌신부 1993년 同과천성당 보좌신부 1994년 同대학동성당 보좌신부 1994년 同수원교구 사제평의회 보좌신부 대표위원 1994년 천주교 단대동성당 보좌신부 1995년 同안성성당 주임신부 1996년 안법고 지도신부 겸 종교교사 2000년 천주교 수원교구 사제평의회 안성지구 대표위원 2001년 효명고 교목실장 겸 종교교사 2003년 효명중 교목실장 2004년 천주교 수원교구 사제평생교육위원회 위원 2005년 학교법인 광암학원 법인전담 신부 2006년 천주교 수원교구 사제평의회 위원 2007~2011년 안법고 교장 2007년 천주교 수원교구 평택대리구 사제평의회 학교대표위원 2008년 학교법인 광암학원 이사 2012~2017년 천주교 수원교구청 신갈성당 주임신부 2017년 同안산성마리아성당 주임신부(현) (종)천주교

이상돈(李相敦) LEE Sang Don

(생)1966·2·17 (주)세종특별자치시 시청대로 370 한국직업능력개발원 미래인재자격연구본부(044-415-5025) (학)1988년 성균관대 경제학과졸 1990년 同대학원 경제학과졸 1996년 경제학박사(성균관대) (경)2001년 한국직업능력개발원 연구위원 2007년 同전략정보팀장 2008년 同패널·통계센터 소장 2008년 한국경제연구학회 이사(현) 2009년 한국직업능력개발원 신성장인재연구실장 겸 HRST공동연구센터 소장 2010년 同미래인재연구실 HRST공동연구센터 소장 2013년 同교육훈련·노동연계연구실 선임연구위원 2014년 同연구조정본부장(선임연구위원) 2017년 同미래인재·자격연구본부 선임연구위원(현)

이상로(李相魯) LEE Sang Ro

(생)1964·12·5 (출)충남 태안 (주)인천광역시 남동구 예술로152번길 9 인천지방경찰청 청장실(032-455-2113) (학)1982년 공주고졸 1989년 동국대 경찰행정학과졸 2003년 同행정대학원 공안행정학과졸 (경)1989년 경위 임관(간부후보 37기) 2007년 충남지방경찰청 청문감사담당관(총경) 2008년 충남 서산경찰서장 2009년 경찰청 정보1과장 2010년 경기 고양경찰서장 2011년 서울 동작경찰서장 2012년 경찰청 교통안전담당관 2014년 광주지방경찰청 제2부장(경무관) 2015년 충남지방경찰청 제1부장 2017년 서울지방경찰청 경무부장 2017년 경찰청 경무인사기획관(치안감) 2018년 대전지방경찰청장(치안감) 2018년 인천지방경찰청장(치안정감)(현)

이상록(李相綠) LEE Sang Rok

(생)1953·12·19 (출)전북 전주 (주)대전광역시 유성구 가정북로 156 한국기계연구원 나노융합기계연구본부 나노응용역학연구실(042-868-7619) (학)1976년 서울대 조선공학과졸 1980년 한국과학기술원(KAIST) 생산공학과졸(석사) 1987년 공학박사(미국 워싱턴주립대) (경)1976년 현대중공업(주) 설계기사 1980년 한국기계연구원 선임연구원 1987년 同책임연구원 1999~2002년 同신교통기술연구부장 2002~2013년 同나노메카트로닉스기술개발사업단장 2013년 同나노융합기계연구본부 나노역학연구실 책임연구원 2014년 同대외협력실장 2015년 同나노융합기계연구본부 나노응용역학연구실 책임연구원(현) (상)올해의 기계인(2015)

이상룡(李相龍) LEE Sang Ryong (雅泉)

(생)1941·2·10 (출)경기 포천 (주)경기도 용인시 수지구 죽전로 152 단국대학교 음악대학 국악과(031-8005-3926) (학)1962년 국립국악고졸 1966년 서울대 국악과졸 1983년 연세대 교육대학원 음악학과졸 (경)1969~1972년 국립국악원 국악사 1972~1985년 국악고 교사 1985~2007년 단국대 국악과 조교수·부교수·교수 1997년 同예술대학장 1997년 중요무형문화재 제1호 종묘제례악 전수교육조교(현) 1998년 한국국악진흥회 이사 2000~2007년 대금연구회 이사장, 국립국악원 한국공연예술문화재단 이사 2007년 단국대 음악대학 국악과 명예교수(현), 종묘제례악보존회 회장 (상)문교부장관표창, 황조근정훈장(2007) (저)'한국음악사'(1971) '대금정악'(1979) '한국전통음악지도서'(1983) '대금정악'(1984) '한범수류 대금 산조'(1984) (종)천주교

이상률(李相律) LEE Sang Ryool

(생)1960·3·2 (출)경북 포항 (주)대전광역시 유성구 과학로 169-84 한국항공우주연구원 부원장실(042-860-2012) (학)1984년 서울대 공대 항공공학과졸 1986년 同대학원 항공공학과졸 1990년 프랑스 ENSAE(Sup'Aero) 발사체·인공위성 전문석사 1990년 프랑스 폴사바티에(UPS)대 제어·우주응용학석사(DEA) 1993년 제어·우주응용학박사(프랑스 폴사바티에(UPS)대) (경)1986~1989년 천문우주과학연구소 우주공학실 연구원 1990~1998년 한국항공우주연구소 선임연구원 1999년 한국항공우주연구원 책임연구원(현) 2002~2005년 同다목적위성체계그룹장 2005~2006년 同아리랑위성3호사업단장 2006년 同위성연구본부 다목적실용위성5호사업단장 2009년 同위성연구본부장 2011년 同항공우주시스템연구소장 2015년 同위성연구본부 정지궤도복합위성사업단장 2018년 한국공학한림원 회원(기계공학·현) 2018년 한국항공우주연구원 부원장(현) (상)한국항공우주연구소장 공로상(1994), 국민포장(2000), 국가정보원장표창(2002), 과학기술훈장 웅비장(2007), 한국공학한림원 선정 '대한민국 100대 기술과 주역'(2010)

이상률(李尙律)

(생)1966·11 (출)경남 (주)충청남도 아산시 신창면 황산길 100-50 경찰대학 교수부장실(041-968-2111) (학)1984년 김해고졸 1988년 경찰대 법학과졸(4기) 2007년 고려대 정책대학원 행정학과졸 (경)1988년 경위 임용 1997년 서울지방경찰청 101경비단 중대장 2002년 부산영도경찰서 경비교통과장 2002년 경정 승진 2006년 경찰청 정보3과 3계장 2007년 同정보2과 5계장 2010년 경남지방경찰청 정보과장 2011년 총경 승진 2011년 부산 북부경찰서장 2013년 서울지방경찰청 정보1과장 2015년 서울 은평경찰서장 2016년 경찰청 정보1과장 2017년 서울지방경찰청 정보1과장 2019년 부산지방경찰청 제3부장(경무관) 2019년 경찰대 교수부장(현)

이상만(李商萬) LEE Sang Man (도암)

(생)1926·2·11 (본)성주(星州) (출)경북 김천 (주)서울특별시 관악구 관악로 1 서울대학교 지질학과(02-880-5114) (학)1944년 김천고졸 1950년 서울대 지질학과졸 1957년 미국 미시간공대 대학원 지질공학과졸 1962년 이학박사(캐나다 맥길대) (경)1960년 캐나다 퀘백자원조사국 연구관 1963~1964년 연세대 이공대학 부교수 1964~1991년 서울대 지질학과 교수 1966년 대한지질학회 부회장 1971~1992년 국제지질과학총연맹 한국위원장 1974~1991년 세계지질도편찬위원회 아시아변성지질도 편찬위원장 1985년 대한지질학회 회장 1985~1987년 서울대 자연과학종합연구소장 1987~1989년 同자연대학장

1988년 대한민국학술원 회원(지질학 · 현) 1989~1993년 남북교수학술교류추진위원회 부위원장 1991년 서울대 명예교수(현) 1992년 한국암석학회 회장 1992년 지질과학협의회 회장 1992~1993년 국제과학재단 한국위원장 1994년 한국암석학회 명예회장(현) 1998~1999년 대한민국학술원 자연과학부 제2분과 회장 2014년 (사)한국통일문인협회 고문(현) (상)화랑무공훈장(1953), 과학기술상 대통령표창(1974), 운암지질학상(1977), 국민포장(1991), 학술원상(1991), 천상병詩賞(1999) (저)'지구과학개론(共)'(1970) '아시아 변성지질도'(1990) '곡선에 깃든 생명'(共) '나의 인생'(1991) (역)'The Earthis Crust(共)'(1977) 'Geology of Korea(共)'(1988) (작)시집 '다시 태어날 봄을 위하여' '풍화작용' '화석', 산문집 '나의 인생' (종)기독교

이상만(李相萬) LEE SANG MAN

(생)1960 · 11 · 5 (출)경북 상주 (주)울산광역시 중구 종가로 340 근로복지공단(052-704-7000) (학)영남대 법학과졸 (경)1988년 근로복지공단 입사 1995년 同산재심사국 심사장 1997년 고려대 교육파견 1998년 근로복지공단 복지개발국 근무, 同경인지역본부 관리부장 2008년 同경영혁신국 비전전략팀장 2011년 同대전업무상질병판정위원장 2013년 서울대 교육파견 2014년 근로복지공단 복지연금국장 2015년 同의료사업본부장 2019년 同대전지역본부장 2019년 同급여재활이사(현)

이상만(李相萬) Lee, Sang Man

(생)1970 (주)경기도 남양주시 진접읍 장현천로 197 산림교육원(031-570-7302) (학)경기고졸, 서울대 경제학과졸, 同대학원 행정학과졸, 미국 보스턴대 대학원 경영학과졸 (경)행정고시 합격(38회) 2006년 농림부 구조정책과 서기관 2007년 同농업구조정책국 맞춤형농정팀장 2008년 농림수산식품부 식품산업팀장(서기관) 2008년 同식품산업정책단 식품산업정책팀장 2009년 미래기획위원회 파견 2012년 농림수산식품부 국제개발협력과장 2013년 농림축산식품부 국제협력국 국제개발협력과장 2013년 同축산정책국 축산정책과장(서기관) 2014년 同축산정책국 축산정책과장(부이사관) 2015년 同농업정책국 식량정책과장 2016년 同농림축산검역본부 동식물위생연구부장 2017년 국립외교원 파견(국장급) 2018년 산림청 산림교육원장(고위공무원)(현)

이상모(李尙模)

(생)1962 · 3 · 14 (출)경남 거창 (주)경기도 김포시 김포한강1로 22 김포세무서(031-980-3242) (학)경남 거창고졸, 명지대졸 (경)1990년 세무공무원 임용(9급 공채) 2011년 경기 안양세무서 조사과장 2012년 중부지방국세청 조사2국 조사2과 근무 2014년 국세청 징세법무국 세정홍보과 홍보기획계장 2016년 서기관 승진 2017년 경남 통영세무서장 2019년 경기 김포세무서장(현) (상)근정포장(2002), 모범공무원선정 국무총리표창(2010)

이상목(李相睦) LEE Sang Mok

(생)1955 · 2 · 28 (출)충북 진천 (주)서울특별시 강남구 논현로 430 아세아타워 15층 과학기술인공제회 이사장실(02-3469-7701) (학)1973년 경복고졸 1978년 연세대 토목공학과졸 1986년 한국과학기술원(KAIST) 토목공학과졸(석사) 1996년 영국 맨체스터대 대학원 과학기술정책과정 수료 (경)1979년 기술고등고시 합격(13회) 1980~1984년 과학기술처 대덕단지관리소 근무 1986~1991년 同연구개발조정관실 근무 1992~1994년 同대덕단지관리소 과장 · 소장 1994년 국외 훈련(영국 맨체스터대) 1996년 과학기술처 인력개발과장 1998년 과학기술부 기술진흥과장 · 원자력개발과장 1999년 同연구개발국 전략기술개발과장 2000년 同과학기술정책실 종합조정과장 2003년 同공보관 2005년 중앙공무원교육원 파견 2006년 과학기술부 기초연구국장 2008~2010년 교육과학기술부 과학기술정책실장 2010~2013년 한국과학기술단체총연합회 사무총장 2013~2014년 미래창조과학부 제1차관 2014~2018년 충남대 국가정책대학원 특임교수 2018년 과학기술인공제회 이사장(현) (상)과학기술처장관표창(1987), 녹조근정훈장(1997) (종)천주교

이상목(李尙穆) Lee, Sangmok

(생)1973 (출)서울 (주)세종특별자치시 갈매로 477 기획재정부 경제구조개혁국 경제구조개혁총괄과(044-215-8510) (학)1997년 서울대 경제학과졸 2014년 경제학박사(미국 일리노이대 어배나 샘페인교) (경)1997년 행정고시 합격(41회) 1998~2015년 기획예산처(기획관리실 · 예산실 등) · 국무총리실 세종시기획단 · 기획재정부(경제정책국 · 정책조정국 · 대외경제국) 근무 2015년 기획재정부 대외경제국 국제경제과장 2016년 同예산실 예산기준과장 2016년 대통령비서실 파견(서기관) 2017년 기획재정부 부총리정책보좌실 담당관 2019년 同경제구조개혁국 경제구조개혁총괄과장(현)

이상무(李相武) Lee Sang Moo

(생)1968 · 12 · 8 (출)부산 (주)경기도 성남시 분당구 황새울로351번길 10 여암빌딩 504호 (주)쏘시오리빙(031-724-0377) (학)1987년 부산 대동고졸 1992년 서울대 경제학과졸 1995년 同경영대학원 재무 · 금융학과 수료 (경)1996년 행정고시 합격(40회) 1998년 정보통신부 정보화기획실 사무관 2002년 同통신진흥국 사무관 2004년 同총무과 인사담당 서기관 2005년 同우정사업본부 자금운용팀장(예금 · 보험 통합) 2008~2010년 미국 컬럼비아대 비즈니스스쿨 초빙교수 2010년 방송통신위원회 네트워크정책국 네트워크윤리과장 2010년 스코틀랜드왕립은행(RBS) 서울지점 전무(금융기관영업 총괄) 2011년 同한국대표 및 Markets(Sales & Trading)부문 총괄 2012~2016년 同한국대표 및 회장 2016년 (주)다날쏘시오 대표이사(현) 2017년 경기도 공유경제촉진위원회 위원(현) 2017년 (주)쏘시오리빙 대표이사(현) 2018년 코스닥시장위원회 위원(현) (상)대통령표창(2003) (종)천주교

이상무(李相武)

(생)1973 · 2 · 27 (출)경북 포항 (주)서울특별시 서초구 서초중앙로 158 법무법인 무본(02-593-2500) (학)1991년 포항고졸 1995년 서울대 법대졸 (경)1995년 사법시험 합격(37회) 1998년 사법연수원 수료(27기) 1998년 軍법무관 2001년 수원지법 판사 2003년 서울지법 판사 2004년 서울중앙지법 판사 2005년 대구지법 포항지원 판사 2009년 서울중앙지법 판사 2011년 서울고법 판사 2012 서울가정법원 판사 2013년 부산지법 부장판사 2015~2018년 수원지법 부장판사 2018년 법무법인 무본 대표변호사(현)

이상묵(李尙默) LEE Sang Mook

(생)1961 · 4 · 20 (본)전주(全州) (출)제주 (주)서울특별시 서초구 서초대로74길 11 삼성생명보험(주) 기획실(1588-3114) (학)1980년 대성고졸 1986년 연세대 경제학과졸 1998년 경제학박사(미국 캘리포니아대) (경)재무부 사무관, 피앤알컨설팅 대표, 삼성화재해상보험(주) 정책연구실장(상무보), 삼성증권 기획담당 상무보 2007년 삼성생명보험(주) 경영전략팀 상무 2009년 同경영기획그룹 상무 2010년 同해외사업팀 · IR팀장(상무) 2010~2011년 同해외사업팀 · IR팀장(전무) 2011년 同보험금융연구소 전무 2012년 삼성화재해상보험(주) 기획실장(CFO · 전무) 2012년 同기획실장(전무) 2014년 同기획실장(부사장) 2018년 삼성생명보험(주) 기획실장(부사장)(현) (종)천주교

이상민(李尙玟) Sang Min LEE (明昇)

(생)1942·4·18 (본)장수(長水) (출)경남 사천 (주)서울특별시 영등포구 의사당대로 1 대한민국헌정회(02-757-6612) (학)1963년 동국대 지방행정학과졸 1969년 同행정대학원 지방행정학과 수료(1년) 1982년 미국 캘리포니아주립대 수료 (경)1967년 금속문구생산협회 회장 1970년 신민당 총재보좌역 1975년 同경남도당 부위원장 1975년 명승도자기공업 대표 1979년 제10대 국회의원(진주·삼천포·진양·사천, 무소속·신민당) 1982년 태림상사 사장 1985년 제12대 국회의원(진주·진양·삼천포·사천, 민한당·신한민주당) 1985년 민주화추진협의회 상임운영위원 1985년 전국웅변인협회 총재 1986년 신한민주당 정무위원 1986년 同삼천포·사천지구당 위원장 1990년 민주당 정무위원 1995~1999년 대한민국헌정회 사무총장 2004년 제12대 국회의원동우회 회장 2005년 대한민국헌정회 경남지회장 2007~2009년 同운영위원장 2017년 同운영위원회 의장(현) (저)'찬란한 문화유산', 시집 '봄을 기다리는 마음' '가자 꽃마을로' (종)불교

이상민(李相敏) LEE Sang Min

(생)1955·2·13 (출)전남 여수 (학)1975년 서울 경동고졸 1979년 한국외국어대 법학과졸 1981년 연세대 행정대학원 석사과정 수료 (경)1985년 사법시험 합격(27회) 1988년 사법연수원 수료(17기) 1988년 부산지검 검사 1990년 대전지검 강경지청 검사 1991년 서울지검 검사 1993년 청주지검 검사 1995년 수원지검 검사 1996년 변호사 개업 2006~2007년 평택변호사회 회장 2013~2017년 법무법인(유) 강남 평택분사무소 변호사 2017년 '박근혜 정부의 최순실 등 민간인에 의한 국정농단 의혹 사건(최순실 특검법)' 특별검사보(현) (상)검찰총장표창

이상민(李相珉) LEE Sang Min

(생)1958·1·22 (출)대전 (주)서울특별시 영등포구 의사당대로 1 국회 의원회관 401호(02-784-0924) (학)1976년 충남고졸 1981년 충남대 법학과졸 1996년 서울대 대학원 지적재산권법과정 수료 1998년 同대학원 조세법과정 수료 (경)1992년 사법시험 합격(34회) 1995년 사법연수원 수료(24기) 1995년 변호사 개업 1995년 충남대 강사 1996년 한국노동조합총연맹 고문변호사 1996년 대전·충남지방중소기업청 고문변호사 1997년 충남도 행정심판위원 1997년 대전YMCA 이사·시민사업개발위원장 2001년 대덕대학 겸임교수 2002년 대전경실련 감사·조직위원장 2003년 대통령 인사보좌관 자문위원 2004년 대덕밸리벤처연합회 고문 2004년 한국기자협회 고문변호사 2004년 제17대 국회의원(대전시 유성구, 열린우리당·대통합민주신당·통합민주당·자유선진당) 2004년 국회 지역균형발전연구모임 공동대표 2006년 열린우리당 대전시당 위원장 2008년 제18대 국회의원(대전시 유성구, 자유선진당·민주통합당) 2008년 미래한국헌법연구회 공동대표 2008년 자유선진당 원내대표 대행 2008년 국회 미래전략 및 과학기술특별위원회 위원장 2008년 자유선진당 대전시유성구당원협의회 위원장 2009~2010년 同정책위 의장 2009년 同정치개혁특별위원회 간사 2010년 국회 UN새천년발전목표포럼(UNMDGs) 공동대표 2012년 민주통합당 원내부대표 2012년 제19대 국회의원(대전시 유성구, 민주통합당·민주당·새정치민주연합·더불어민주당) 2012년 민주통합당 대전시당 위원장 2012년 국회 교육과학기술위원회 위원 2012~2013년 국회 예산결산특별위원회 위원 2012년 국회 헌법재판소재판관인사청문특별위원회 위원장 2012년 국회 교통안전포럼 공동대표 2013년 민주통합당 전당대회준비위원회 부위원장 2013년 국회 미래창조과학방송통신위원회 위원 2013년 민주당 대전시당 위원장 2013년 同과학기술특별위원장 2013년 국회 방송공정성특별위원회 위원장 2013년 국회 헌법개정연구회 공동회장 2014년 민주당·새정치연합 신당추진단 당헌당규분과 공동위원장 2014~2015년 새정치민주연합 대전시당 위원장 2014년 同과학기술특별위원회 위원장 2014년 국회 법제사법위원회 위원장 2014년 새정치민주연합 전국대의원대회준비위원회 부위원장 2015년 더불어민주당 과학기술특별위원회 위원장 2016~2018년 同대전시유성구乙지역위원회 위원장 2016년 제20대 국회의원(대전시 유성구乙, 더불어민주당)(현) 2016~2017년 국회 미래창조과학방송통신위원회 위원 2016년 국회 예산결산특별위원회 위원 2016년 한국아동인구환경의원연맹(CPE) 회원(현) 2017년 국회 헌법개정특별위원회 위원 2017년 더불어민주당 제19대 문재인 대통령후보 중앙선거대책위원회 지역균형정책위원장 2017·2018년 국회 과학기술정보방송통신위원회 위원(현) 2019년 더불어민주당 과학기술·정보통신특별위원회 위원장(현) 2019년 국회 사법개혁특별위원회 위원장 2019년 국회 세종의사당추진특별위원회 위원(현) (상)21세기 최고의 한국인상 정치부문(2009), 한국과학기술단체총연합회 선정 2012 과학기술분야 의정활동 우수의원(2013), 대한민국 참봉사대상 과학발전공로대상(2015), 국정감사NGO모니터단 선정 '국정감사 우수상임위원장'(2015), 한국언론기자협회·서경일보 선정 모범국회의원대상 특별대상(2015), 대한민국법률대상 사법개혁부문 대상(2016), 대한민국지역사회공헌대상(2016), 유권자시민행동 선정 '대한민국 유권자대상'(2016), '자랑스런 지체장애인 대상' 국회의장표창(2018) (종)가톨릭

이상민(李相旻) LEE Sang Min

(생)1962·12·10 (출)충북 청주 (주)세종특별자치시 시청대로 370 한국교통연구원 글로벌교통연구본부(044-211-3070) (학)1981년 청주고졸 1985년 연세대 공대 건축공학과졸 1987년 同대학원 도시계획학과졸 1998년 교통경제학박사(영국 리즈대) (경)1989년 교통개발연구원 정책경제연구실 근무 1993년 同기획조정실 연구조정과장 1998년 同책임연구원 1999년 연세대 강사 2000년 서울시립대 강사 2001~2004년 인하대 강사 2002년 경기도 교통영향심의위원 2003년 교통개발연구원 국가교통DB센터장(연구위원) 2004년 同광역도시교통연구 연구위원 2004년 同국가교통DB센터장(연구위원) 2005~2010년 한국교통연구원 연구위원 2005년 同국가교통DB센터장 2008년 同기획관리실장 2008년 同기획조정실장 2009~2010년 월드뱅크 선임교통전문위원 2010년 한국교통연구원 기획경영본부장 2010년 同선임연구위원 2012년 同대중교통·교통복지연구실장 2013년 同종합교통본부장 2014년 同지식경영본부장(경영부원장) 2018년 同글로벌교통연구본부장(현) (저)'한국의 교통정책'

이상민(李相敏) LEE Sang Min

(생)1965·7·7 (출)대전 (주)서울특별시 용산구 한강대로 32 LG유플러스 임원실(1544-0010) (학)대전고졸, 고려대 전자공학과졸, 同대학원 멀티미디어학과졸 (경)LG정보통신 근무, LG텔레콤 단말데이터사업본부 플랫폼담당 부장 2006년 同단말사업부장(상무), 同단말·데이터기술실 단말사업담당 상무 2009년 同인터넷사업담당 상무 2010년 (주)LG유플러스 컨버전스기술담당 상무 2011년 同4G사업추진단 서비스담당 상무 2012년 同SD기술전략담당 상무 2012년 同SD기술전략담당 전무 2013년 同SC본부 서비스플랫폼사업부장(전무) 2014년 同SD기술개발부문장(전무) 2015년 同기술개발부문장(전무) 2017년 同기술개발그룹장(전무) 2017년 同FC부문장(전무)(현) (상)서울AP클럽 올해의 홍보인상(2012)

이상민(李相旻) LEE, Sang-Min

(생)1970·2·15 (본)경주(慶州) (출)서울 (주)서울특별시 종로구 세종대로 209 통일부 대변인실(02-2100-5620) (학)1988년 서울고졸 1992년 고려대 행정학과졸 2000년 서울대 행정대학원 행정학과졸 2007년 미국 뉴욕대 행정대학원졸 (경)1991년 행정고시 합격(35회) 2003년 국가안전보장회의 사무처 서기관 2004년 통일부 공보관실 서기관 2004년 同개성공단사업지원단 운영지원과장 2007년 同정책홍보본부 홍보협력팀장

2008년 同통일교육원 교육운영과장 2008년 同정치사회분석과장 2009년 同통일정책국 정책총괄과장 2010년 同통일정책실 정책총괄과장(부이사관) 2012년 세계보건기구 파견(부이사관) 2014년 통일부 교류협력국 교류협력기획과장 2015년 同남북협력지구발전기획단장 2017년 국가공무원인재개발원 교육파견 2018년 통일부 기획조정실 정책기획관 2019년 同대변인(현) ㊐기독교

이상민(李相旼) LEE Sang Min

㊐1972·11·11 ㊐서울 ㊟경기도 용인시 기흥구 보정로 5 삼성트레이닝센터 1층 서울 삼성 썬더스(031-260-7630) ㊞홍익대사대부고졸 1995년 연세대졸 ㊞1993년 국가대표 농구선수 1996년 애틀랜타올림픽 국가대표 1998년 방콕아시아경기대회 국가대표 1999년 제20회 아시아남자농구선수권대회 국가대표 1999년 대전 현대 걸리버스 입단 2000년 시드니올림픽 국가대표 2001년 전주 KCC 이지스 입단 2002년 부산아시아경기대회 국가대표 2007~2010년 서울 삼성 썬더스 소속(가드) 2012년 同코치 2014년 同감독(현) ㊛동국대총장기 최우수선수상·득점상(1990), 농구대잔치 신인상(1992), 농구대잔치 베스트5(1993·1994·1995·1996), 점보대상(1994), 어시스트왕(1994), 농구협회 최우수공로패(1997), 프로농구 베스트5(1998·1999·2002·2004), 프로농구 최우수선수상(1998·1999), 프로농구 어시스트상(1999), 훼르자농구대상 대상(1999), 연세체육회 자랑스러운연세체육인(2003), 프로농구챔피언결정전 최우수선수상(2004), 남자프로농구 올스타(2007·2008), SK텔레콤T프로농구 스포츠토토한국농구대상 인기상·우수선수상(2008), 스포츠토토 한국농구대상 베스트5·인기상(2009), 스포츠토토 한국농구대상 인기상(2010) ㊐기독교

이상배(李相培) LEE Sang Bae

㊐1939·10·10 ㊏경주(慶州) ㊐경북 상주 ㊟서울특별시 영등포구 버드나루로 73 자유한국당(02-788-2366) ㊞1958년 경기고졸 1962년 서울대 법대졸 ㊞1961년 고등고시 행정과 합격(13회) 1966~1967년 울진군수 1971~1973년 안동시장 1984~1986년 내무부 차관보 1986~1988년 경북도지사 1988~1989년 환경청장 1989~1990년 내무부 차관 1990~1991년 대통령 행정수석비서관 1991~1992년 총무처 장관 1992~1993년 서울특별시장 1996~2000년 제15대 국회의원(상주, 신한국당·한나라당) 2000~2004년 제16대 국회의원(상주, 한나라당) 2002~2003년 한나라당 정책위원회 의장 2004~2008년 제17대 국회의원(상주, 한나라당) 2005~2006년 국회 농림해양수산위원장 2005년 국회 저출산및고령화사회대책특별위원회 위원장 2007~2008년 국회 정치관계법특별위원회 위원장 2007년 국회 헌법재판소장인사청문특별위원회 위원장 2009~2013년 정부공직자윤리위원회 위원장 2018년 자유한국당 상임고문(현) ㊛홍조근정훈장(1984), 황조근정훈장(1991), 청조근정훈장(1993) ㊗'농촌과 도시의 교류-어떻게 할 것인가' '나는 토종세대입니다' ㊐불교

이상배(李相培) LEE Sang Bae

㊐1956·8·2 ㊐부산 ㊟서울특별시 성북구 화랑로14길 5 한국과학기술연구원 미래융합기술연구본부 나노포토닉스연구센터(02-958-5714) ㊞1983년 서강대 물리학과졸 1985년 同대학원졸(양자광학전공) 1993년 광섬유광학박사(서강대) ㊞1985~1992년 한국과학기술연구원(KIST) 정보전자연구부 연구원 1989년 한국광학회 회원(현) 1993~1998년 한국과학기술연구원(KIST) 정보전자연구부 선임연구원 1996~2003년 IEEE LEOS Member 1996년 미국 광학회(OSA) Member(현) 1997~2007년 한국과학기술연구원(KIST) 광기술연구센터 책임연구원 1999~2000년 한국광학회 재무간사 2007년 한국과학기술연구원(KIST) 지능시스템연구본부 책임연구원 2008~2015년 한국광학회 사업이사·부회장·감사 2010~2015년 한국과학기술연구원(KIST) 포토닉스센서시스템센터 책임연구원 2014년 미국 광학회(OSA) 석학회원(현) 2015년 한국과학기술연구원(KIST) 미래융합기술연구본부 나노포토닉스연구센터 책임연구원(현) 2016년 한국광학회 회장 ㊛대통령표창(2006), 한국광학회 학술대상(2008), 이탈리아 문화훈장(2009), 과학기술훈장 도약장(2011), 한국광학회 해림광자공학상(2012)

이상범(李相範) LEE SANG BUM

㊐1954·7·19 ㊏전의(全義) ㊐충북 음성 ㊟경기도 수원시 팔달구 경수대로428번길 31 덕수빌딩 2층 CTS기독교TV 경기남부방송(031-236-5291) ㊞명지대 행정학과졸 ㊞1972년 MBC 보도국 편집부 근무 1981년 同TV편집1부 근무 1984년 同보도국 보도관리부 근무 1991년 同관재국 구매부 근무 1998년 同관재부 부장대우 2000년 同관리운영국 관재부장 2001년 同보도본부 보도운영팀장(부장) 2003년 同보도본부 보도운영팀장(부국장급) 2005년 同재무운영국 부국장 2008년 同재무운영국장 2008~2010년 MBC미술센터 이사 2012년 CTS기독교TV 자문위원 2012년 同예술단 운영실장 2013년 同마케팅본부 마케팅국장 2014년 同대외협력국장 2015년 同선교국장 2017년 同대외협력본부장 2017년 아성 대표(현) 2018년 CTS기독교TV 광고사업담당 이사 2019년 同경기남부방송 지사장(현) ㊐기독교

이상범(李相範) LEE Sang Bumm

㊐1963·3·25 ㊟대구광역시 남구 현충로 170 영남대병원 안과(053-620-4330) ㊞1987년 영남대 의대졸 1990년 同대학원 의학석사 2001년 의학박사(경북대) ㊞1992~1994년 국군 대구병원 안과 과장 1994년 영남대 의과대학 안과학교실 전임강사·조교수·부교수·교수(현) 1996~1998년 대한안과학회 대구경북지회 총무이사, 한국외안부연구회 이사 2009년 영국 국제인명센터(IBC) '선도의학자'로 등재 2010년 영국 국제인명센터(IBC) '2010 세계100대 의학자'로 선정 2016~2017년 한국외안부학회 회장 2017~2019년 영남대병원 기획조정처장 ㊛보건복지부장관표창(2016)

이상범

㊐1969·3·8 ㊟서울특별시 강남구 테헤란로 432 DB금융센터 DB프로미농구단(02-3011-3176) ㊞대전고졸, 연세대졸 ㊞1992~1997년 서울방송 농구선수 1997~2000년 SBS농구단 선수 2005년 프로농구 안양 KT&G 카이츠 코치 2008년 同감독대행 2009~2010년 同감독 2010~2011년 프로농구 안양 KGC 인삼공사 감독 2013년 제27회 국제농구연맹(FIBA) 아시아남자농구선수권대회 국가대표팀 코치 2014년 세계남자농구월드컵 국가대표팀 코치 2014년 제17회 인천아시안게임 남자농구 국가대표팀 코치 2017년 프로농구 원주 동부 프로미 감독 2017년 프로농구 원주 DB프로미농구단 감독(현) 2018년 '2017~2018 프로농구 정규리그' 우승 ㊛스포츠조선 한국농구대상 감독상(2012), 2017~2018 프로농구 정규리그 감독상(2018)

이상복(李相福) LEE Sang Bok (玄巖)

㊐1948·12·31 ㊏경주(慶州) ㊐부산 ㊟서울특별시 강남구 테헤란로8길 8 동주빌딩10층 범주해운(주) 비서실(02-559-3153) ㊞1967년 부산상고졸 1971년 부산대 상학과졸 1986년 연세대 경영대학원 최고경영자과정 수료 2009년 고려대 공학대학원 도시개발최고위과정 수료 ㊞1971년 협성해운(주) 입사 1975년 범주해운(舊 협성쉬핑) 입사 1977년 양양운수 감사 1982년 (주)범주해운 감사 1982년 협성항공 감사 1991년 범주해운(주) 관리총괄 부사장 1993년 同공동대표이사 부사장 1994~

2001년 범주산업(주) 대표이사 겸임, (주)화인텍 감사 2003년 한국국제해운대리점협회 부회장 겸 운영위원장 2003년 범주해운(주) 대표이사 사장(현) 2004년 한국선주협회 이사(현) 2004년 일본 코베시항만총국 한국대표(현) 2006년 한국국제해운협회 회장 2006년 부산항만공사 항만위원 2012년 서울상공회의소 상공의원(현) 2013년 대한상공회의소 노사인력위원회 부위원장(현) 2016년 한국해사재단 감사(현) [상]대통령표창(2001), 석탑산업훈장(2013)

이상복(李相馥) Lee Sang Bok

[생]1962 · 9 · 25 [출]서울 [주]서울특별시 마포구 백범로 35 서강대학교 법학전문대학원(02-705-7848) [학]1981년 서울고졸 1989년 연세대 경제학과졸 2000년 서울대 법과대학 전문법학연구과정 수료 2000년 고려대 대학원 법학과졸 2004년 법학박사(고려대) [경]1996년 사법시험 합격(38회) 1999년 사법연수원 수료(28기) 1999년 변호사 개업 1999~2001년 서울지방변호사회 중소기업고문변호사단 상담위원 1999~2004년 한국증권거래소 연구위원 · 상근변호사 2000~2005년 한국증권법학회 총무이사 · 연구이사 2002~2003년 미국 스탠퍼드대 로스쿨 객원교수 2003~2005년 한국금융법학회 이사 2005년 고려대 대학원 증권거래법 외래교수, (주)세화 비상근이사 2005년 랜드마크 법률사무소 변호사 2006~2007년 숭실대 법과대학 부교수 2007년 서강대 법학전문대학원 교수(현) 2014~2017년 同법학전문대학원장 겸 법학부 학장 2015~2018 · 2019년 금융위원회 증권선물위원회 비상임위원(현) [저]'개인투자자가 꼭 알아야 할 인터넷 증권사기'(2001) '증권범죄와 집단소송'(2004) '증권집단소송론'(2004) '알기 쉬운 증권집단 소송'(2005) '기업범죄와 내부통제'(2005) '모래무지와 두우쟁이'(2005) '방황도 힘이 된다'(2014)

이상복(李相福) Sang Bok Lee

[생]1969 [주]서울특별시 마포구 상암산로 48-6 JTBC 보도국(02-751-6600) [학]1988년 경기고졸, 서울대 심리학과졸 2008년 연세대 언론홍보대학원 저널리즘전공 석사, 영국 웨스트민스터대 대학원 글로벌미디어전공 석사 2012년 언론학박사(고려대) [경]1994년 중앙일보 입사 1994~2010년 同편집국 사회부 · 기획취재팀 · 문화부 · 정치부 기자 2011년 同편집국 정치부 차장대우 2011년 同워싱턴특파원 2015년 JTBC 미디어문화부장 2015년 同보도국 정치2부장 2015년 同뉴스쇼 '정치부 회의' 진행(현) 2018년 同보도국장(현) [상]한국기자상 기획보도부문(2002), 한국언론대상 신문보도부문(2002), 성대언론대상 일반언론인부문(2002) [저]'미디어 빅뱅 – 한국이 바뀐다(共)'(2005) '신문의 파워(共)'(2006) '한국의 미디어 정책'(2010)

이상봉(李相奉) Lie Sang Bong

[생]1955 · 1 · 25 [출]서울 [주]서울특별시 강남구 선릉로99길 7 (주)이상봉(02-553-3314) [학]1986년 서울예술대학 방송연예과졸 [경]1985년 (주)이상봉 대표(현) 1985~1993년 중앙디자인 컬렉션 1994년 서울컬렉션 참가 1995년 일본 오사카 세계월드패션쇼 참가 1995년 광주비엔날레 국제미술의상전 참가 1996년 죽산국제예술제 패션 퍼포먼스 1996년 PAN MUSIC FESTIVAL 패션 퍼포먼스 1997년 예술의전당 10주년 패션 퍼포먼스 1999년 중앙디자이너그룹 회장 1999년 한국패션협회 이사 1999년 프랑스 파리 프레타포르테 살롱 참가 2000년 한일월드컵기념 Super Expo 참가 2002년 프랑스 파리 프레타포르테 컬렉션 참가 2002년 일본 도쿄 한일월드컵기념 초청패션쇼 2002년 웰컴투코리아시민협의회 홍보위원 2003년 인도 뉴델리 한국인도수교30주년 기념패션쇼 2003년 미국 코트리 전시참가 2005년 스타일큐브잔다리1주년개관기념전시 2005년 독일 베를린 에스모드 심사위원, 연합뉴스 객원기자 2006년 이상봉 '한글달 빛 위를 걷다' 패션 아트 전시 2006년 프랑스 파리 한불수교120주년 기념갈라전시 기획 및 참가 2006년 LG전자 샤인폰 Designer's Edition 런칭기념쇼 2007년 중국 상하이 Preview in Shanghai 오프닝패션쇼 2007년 KT&G 에쎄골든리프 이상봉에디션 출시 및 모스크바 런칭쇼 2007년 Save the Pine Trees 환경재단 홍보쇼 2007년 라비타 이상봉 문화 · 라이프스타일 관련 전시 2007년 스와로브스키 코리아 Crystallized 전시 2007년 환경재단 홍보대사 2008년 문화체육관광부 주최 '패션 문화를 만나다' 패션쇼 개최 2008년 모터스포츠 A1GP 2008년 프랑스 파리 미키마우스탄생80주년 기념전시 2008년 서울디자인올림픽 홍보대사 2008년 청주공예비엔날레 홍보대사 2008년 한글 홍보대사 2008년 서울시 홍보대사 2009년 서울디자인올림피아 홍보대사 2009년 駐英한국문화원 개관1주년기념 '한글=마음' 전시 2009년 일본 도쿄 ROSES 자선전시 2009년 미국 뉴욕 Blank Space Gallery 패션 아키텍트 뜨레드 컨스트럭션 전시 2010년 현대자동차 소나타 2.4GDI 신차런칭쇼 2010년 에스모드 튀니지 심사위원장 2010년 서울국제자전거디자인공모전 심사위원 2010년 국제패션아트비엔날레 인 서울 심사위원 2010년 에스모드 서울 심사위원 2010년 러시아 모스크바 한국러시아수교20주년기념 패션쇼 2010년 강남패션페스티벌 대한민국 대표디자이너 패션쇼 2010년 제26회 코리아베스트드레서2010백조시상식 초청디자이너 패션쇼 2010년 G20 성공기원 스타서포터즈 2010년 이상봉브랜드설립25주년기념 청주전시 2010년 564회 한글날 어린이기자단 청와대 초청 한글작품 전시 2010년 신세계백화점 경기점 초청전시 2011년 한류문화산업포럼 초청 한글디자인명인전 전시 2011년 국립중앙박물관 특별전 바로크 · 로코코 시대의 궁정문화 의상디자인 전시 · 특별홍보대사 2011년 VOGUE KOREA 창간15주년기념 Fashion into Arts 전시 참가 2011년 영국 런던 Harrods 백화점 초대 전시 2011년 컨셉코리아Ⅲ 프레젠테이션 및 전시 2011년 인천공항개항10주년 기념 갈라디너패션쇼 2011년 섬유의날 25주년 기념 패션쇼 2011년 환경재단 후원의 밤 초청패션쇼 2011년 도시환경 광주정상회의 홍보대사 2011년 에스모드 베를린 심사위원 2012년 페루사진전 두 시선 전시 2012년 일본 도쿄 KISS 패션쇼 2012년 런던올림픽 초청패션쇼 2012년 한국패션디자이너연합회(CDFK) 초대 회장 2013년 2013 청주국제공예비엔날레 홍보대사 2013년 문화체육관광부 우리말수호천사 2013년 유엔 세계 평화의 날 홍보대사 2014년 2014인천아시안게임 개 · 폐회식 의상부문 연출 2018년 홍익대 패션대학원 석좌교수(현) 2018년 同패션대학원 초대 원장(현) [상]중앙디자인콘테스트 입상(1983), 서울패션인상 올해의 디자이너상(1999), 대통령표창(2009), 외신홍보상 디자인부문(2010), 제2회 대한민국한류대상 한스타일한글분야(2010), 대한민국 패션품질대상(2011), 제18회 삼우당 대한민국섬유국제문화교류공로상(2012), 패션대상 세계화부문(2011), 삼우당 섬유패션대상 특별공로상(2017) [저]'Fashion is Passion'(2013)

이상봉(李相奉) Lee Sang Bong

[생]1957 · 7 · 2 [본]경주(慶州) [출]강원 홍천 [주]서울특별시 영등포구 여의대로 128 LG전자(주) 임원실(02-3777-1114) [학]1976년 동래고졸 1980년 동아대 기계공학과졸 1995년 중앙대 국제경영대학원졸 [경]1982년 LG전자(주) 기계사업부 입사 1994년 同생산기술원 책임연구원 2000년 同생산기술원 연구위원(상무) 2005년 同생산기술원장(상무) 2010년 同MC본부 글로벌오퍼레이션센터장(부사장) 2012년 同생산기술원장(부사장) 2015년 同에너지사업센터장(부사장) 2015년 同B2B부문장 겸 에너지사업센터장(사장) 2018년 同상근고문(현) 2018년 한국공학한림원 정회원(기계공학 · 현) [상]과학기술훈장 웅비장(2015), 자랑스러운 동아인상(2017), '2019년도 기술경영인상' 최고기술책임자부문(2019) [종]불교

이상봉(李相鳳) LEE Sang Bong

[생]1962 · 5 · 14 [본]경주(慶州) [출]충남 부여 [주]충청북도 청주시 서원구 충렬로18번길 50 청주시립미술관(043-201-2650) [학]보문고졸 1989년 중앙대 예술대학 조소과졸 1993년 同대학원 조소과졸 1998년 독일 베를린국립조형예술대 조형미술 마이스터과정졸 [경]1999~2014년 중앙대 · 목원

대 · 한남대 겸임교수 2005~2007년 대전조각가협회 이사장 2005~2014년 공간조형연구소 대표 2011~2014년 황진문화연구소 대표 2014~2018년 대전시립미술관 관장 2019년 청주시립미술관 관장(현) (상)동아미술제 특선(1993), 모란미술대상전 특선(2004), 한국철도공사 상징조형물 1등상(2008)

이상봉(李祥奉)

(생)1969 · 1 · 15 (주)제주특별자치도 제주시 문연로 13 제주특별자치도의회(064-741-1923) (학)제주오현고졸, 제주대 공과대학 통신공학과졸, 同행정대학원 행정학과 재학 중 (경)국회의원 보좌관, 제주특별자치도 제주시연합청년회 회장, (사)행복나눔제주공동체 공동대표, 제주주민자치연대 제도개선특별위원회 위원장(현), 더불어민주당 원내대표 2014~2018년 제주특별자치도의회 의원(새정치민주연합 · 더불어민주당) 2014년 同행정자치위원회 위원 2014년 同FTA대응특별위원회 위원 2014년 同인사청문특별위원회 위원 2015년 同예산결산특별위원회 부위원장 2016년 同운영위원회 위원 2016~2018년 同행정자치위원회 부위원장 2016년 同윤리특별위원회 위원 2016년 同제주특별법제도개선및토지정책특별위원회 위원 2017~2018 · 2019년 同예산결산특별위원회 위원(현) 2017~2018년 同행정자치위원장 2017~2018년 同운영위원회 위원 2018년 제주특별자치도의회 의원(더불어민주당)(현) 2018년 同환경도시위원회 위원(현) 2018년 同대규모개발사업장에대한행정사무조사를위한특별위원회 위원장(현) (상)전국시 · 도의회의장협의회 우수의정 대상(2016), 2017매니페스토약속대상 최우수상 공약이행분야(2017)

이상석(李相石) LEE Sang Seok

(생)1954 · 10 · 5 (본)경주(慶州) (출)충북 청원 (주)서울특별시 마포구 월드컵북로 400 문화콘텐츠센터 서울경제TV 사장실(02-3153-2604) (학)1973년 청주고졸 1980년 경희대 영어영문학과졸 1988년 미국 컬럼비아대 신문대학원 수료 (경)1980년 코리아헤럴드 기자 1988년 한국일보 기자 1994년 同워싱턴특파원 1997년 同국제부장 1998년 駐韓미국대사관 전문위원 1999년 한국일보 기획취재부장 1999년 同편집위원 2000년 同인터넷부장 2001년 同편집국 부국장 2001년 코리아타임스 편집국장 2004년 관훈클럽 감사 2004년 코리아타임스 이사 겸 편집국장 2004~2006년 同사업본부장(상무이사) 2005년 同부설 국제교육원장 2005년 한국신문방송편집인협회 이사 2006년 코리아타임스 부사장 2007년 한국일보 대외협력실장 2007~2009년 경희언론인회 회장 2008~2011년 한국일보 부사장 2009~2011년 한국방송편집인협회 부회장 2009년 인터넷한국일보 부사장 겸임 2009년 카투사전우회 회장 2009년 인터넷한국일보 대표이사 2009년 한국신문방송편집인협회기금 이사 2011년 한국일보 대표이사 부사장 2011년 HMG퍼블리싱 대표이사 2011년 한국일보 대표이사 사장 겸 발행인 2013년 同부회장 2015년 HMG퍼블리싱 고문(현) 2016년 서울경제TV(SEN) 이사 2017년 同대표이사 사장(현) 2017년 미주한국일보 회장 비서실장 겸임(현) (상)경희언론문화인상(2007), 포춘코리아 선정 '2013 한국경제를 움직이는 인물'(2013)

이상선(李相善) LEE Sang Sun

(생)1957 · 1 · 30 (출)경북 군위 (주)대구광역시 수성구 청호로 345 태왕아너스아파트 102동 1807호(053-752-4159) (학)1976년 경북고졸 1981년 서울대 법학과졸 1983년 영남대 법학대학원졸 (경)1983년 사법시험 합격(25회) 1987년 사법연수원 수료(16기) 1987년 대구지법 판사 1991년 同경주지원 판사 1993년 대구지법 판사 1996년 同소년부지원장 1996년 대구고법 판사 2000년 대구지법 판사 2002년 同경주지원장 2004~2007년 대구지법 부장판사 2007년 변호사 개업, 법무법인 중원 대표변호사, 同구성원변호사, 이상선법률사무소 변호사(현)

이상선 LEE Sang Seon

(생)1961 · 9 · 23 (주)경기도 이천시 부발읍 경충대로 2091 SK하이닉스(주)(031-630-4114) (학)1980년 충암고졸 1985년 고려대 전기공학과졸 (경)SK하이닉스 생산기술담당, 同FAB제조본부 M11그룹장, 同FAB제조본부 M11제조기술 · 신제품그룹장, 同청주FAB센터장 2017년 同제조 · 기술부문장(부사장) 2018년 同제조 · 기술담당 부사장(현) (상)국무총리표창(2009)

이상섭(李相燮) LEE Sang Sup (仵堂)

(생)1931 · 2 · 24 (출)경남 함안 (주)서울특별시 관악구 관악로 1 서울대학교 약학과(02-880-7825) (학)1954년 서울대 약학과졸 1956년 同대학원 약학과졸 1966년 약학박사(미국 위스콘신대) (경)1956~1974년 서울대 약학과 전임강사 · 조교수 · 부교수 1969~1971년 同교무과장 1974~1996년 同약학대학 약학과 교수 1978~1981년 同약학대학장 1981년 대한민국학술원 회원(약학 · 현) 1981년 한국생화학회 회장 1982년 유전공학학술협의회 부회장 1983년 대한약학회 회장 1985~1989년 서울대 종합약학연구소장 1986~1988년 한국환경성돌연변이발암원학회 회장 1990~1993년 한국과학재단 연구개발심의위원장 1992년 국제독성학회 집행위원 · 이사 1994~2002년 한국과학기술한림원 종신회원 1996년 서울대 약학과 명예교수(현) 1996년 (주)태평양 기술연구원 고문 1998~2001년 한국과학기술한림원 부원장 2002년 同종신회원(현) 2006년 아모레퍼시픽 기술연구원 고문(현) (상)대한약학회 학술상(1966), 약업신문 약의상(1972), 한국생화학회 학술상(1977), 대한민국학술원 저작상(1984), 국민훈장 목련장(1996), 한국생화학회 무사학술상(1996), 한국과학기술한림원장표창(2008), 자랑스러운 서울대약대인(2016), 윤광열 약학공로상(2019)

이상수(李相洙) LEE Sang Soo

(생)1946 · 12 · 10 (본)경주(慶州) (출)전남 고흥 (주)서울특별시 서초구 서초대로 264 현대드림시티빌 11층 법무법인 우성(02-599-1928) (학)1965년 여수공고졸 1973년 고려대 법학과졸, 同언론대학원 최고위과정 수료, 중앙대 행정대학원 고위정책과정 수료 (경)1969년 3선개헌반대비상학생총회 회장 1978년 사법시험 합격(20회) 1980년 광주지법 판사 1982년 변호사 개업 1983년 한국노동법률사무소장 1985년 고려대교우회 상임이사 1985년 노동법률상담소 소장 1986년 대한변호사협회 인권위원 · 천주교 정의평화위원회 중앙위원 1987년 민주쟁취국민운동본부 민권위원장 1987년 공정선거감시운동전국본부 상임집행위원장 1988년 MBC 노동조합 법률고문 1988~1992년 제13대 국회의원(서울 중랑甲, 평화민주당 · 신민당 · 민주당) 1988년 평민당 대변인 1989년 同당무위원 1991년 신민당 당무위원 1991년 민주당 서울중랑甲지구당 위원장 1995년 우성 종합법무법인 변호사 1996년 제15대 국회의원(서울 중랑甲, 새정치국민회의 · 새천년민주당) 1997년 새정치국민회의 지방자치위원장 1999년 同노동위원장 1999년 同제1정책조정위원장 1999년 시사랑문화인협의회 이사(현) 2000년 새천년민주당 제1정책조정위원장 2000~2004년 제16대 국회의원(서울 중랑甲, 새천년민주당 · 열린우리당) 2000년 새천년민주당 총재특보단장 2001년 同원내총무 2001년 국회 운영위원장 2002년 새천년민주당 중앙선거대책위원회 총무본부장 2002년 同사무총장 2003년 열린우리당 지구당창당 및 개편심의위원장 2004~2017년 한국오페라단 이사장 2005년 열린우리당 고문, 한국오페라단후원회 회장 2006~2008년 노동부 장관 2008년 제18대 국회의원선거 출마(서울 중랑甲, 무소속) 2008년 민주당 당무위원 2009년 법무법인 우성 대표변호사(현) 2012년 제19대 국회의원선거 출마(서울 중랑구甲, 무소속) 2013년 한민족원로회 운영위원 2017년 국회 헌법개정특별위원회 자문위원 (상)새천년밝은정치인상(2000), 계간 문예수필 문학상(2007) (저)수필집 '사람값과 사람대접'(1997) '나는 충무경찰서 유치당 초대가수였습니다'(2002) '충무경찰서 초대가수'(2005) (종)천주교

이상수(李商守) Lee Sang Su

(생)1964·5·10 (출)충북 청주 (주)충청북도 청주시 청원구 2순환로 168 충북지방경찰청 경무과(043-240-2121) (학)1982년 청주 세광고졸 1987년 경찰대 행정과졸(3기) (경)1987년 경위 임용(경찰대 3기) 1994년 충북 보은경찰서 과장(경감) 2003년 청주동부경찰서 과장(경정) 2009년 충북지방경찰청 경무과 인사계장 2012년 同치안지도관 2012년 충남지방경찰청 생활안전과장 2013년 충북 옥천경찰서장 2014년 충북지방경찰청 경무과장 2015년 세종경찰서장 2016년 대전지방경찰청 청사경비대장 2017년 청주상당경찰서장 2018년 충북지방경찰청 경무과장(현)

이상수(李相秀) Sang Su Lee

(생)1969·7·4 (본)경주(慶州) (출)전북 정읍 (주)세종특별자치시 도움5로 20 법제처 법제정보담당관실(044-200-6650) (학)1988년 금오공고졸 1997년 원광대 법학과졸 2010년 한양대 대학원 법학과졸 2015년 법학박사(원광대) (경)1998년 행정고시 합격(41회) 1999~2005년 법제처 사무관 2007년 국무총리행정심판위원회 사회문화심판팀장 2008년 법제처 법제정보과장 2009년 대한무역투자진흥공사(KOTRA) 근무 2010년 캐나다 직무훈련 2012년 법제처 법제총괄담당관 2013년 제주특별자치도 법제자문관(파견) 2015년 법제처 행정법제국 교육부전문법제관 2018년 同기획조정관실 법제정보담당관(부이사관)(현) (상)법제처장표창(2002·2005), 사회부총리 겸 교육부장관표창(2015) (저)'법제관아빠가 딸에게 들려주는 법이야기'(2016) (종)가톨릭

이상식(李相植)

(생)1968·12·18 (주)충청북도 청주시 상당구 상당로 82 충청북도의회(043-220-5116) (학)서원대 국어국문학과졸, 한국방송통신대 관광학과졸, 청주대 산업경영대학원 관광학과 재학 중 (경)노영민 국회의원 비서관·보좌관, 더불어민주당 충북도당 정책실장, 한국해양소년단 충북연맹 이사, 단재신채호선생기념사업회 집행위원 2018년 충북도의회 의원(더불어민주당)(현)

이상아(李嫦娥·女)

(생)1975·3·14 (출)대전 (주)대전광역시 서구 둔산중로78번길 45 대전지방법원(042-470-1114) (학)1994년 대전성모여고졸 2000년 서울대 사법학과졸 (경)1999년 사법시험 합격(41회) 2002년 사법연수원 수료(31기) 2002년 인천지법 판사 2003년 서울고법 판사 2006년 부산지법 판사 2009년 서울서부지법 판사 2013년 서울중앙지법 판사 2015년 서울동부지법 판사 2017년 대전지법 부장판사(현)

이상억(李相億) LEE Sang Eok

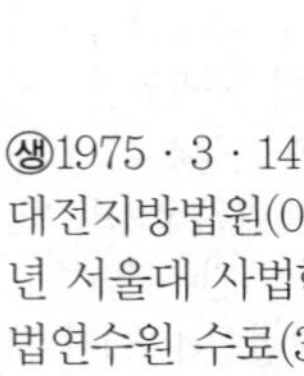

(생)1965·8·15 (출)충북 음성 (주)서울특별시 강남구 테헤란로 126 대공빌딩 7층 법무법인 민(民)(02-6250-0174) (학)1983년 청주 세광고졸 1990년 고려대 법학과졸 (경)1994년 사법시험 합격(36회) 1997년 사법연수원 수료(26기) 1997년 춘천지검 검사 1998년 대전지검 논산지청 검사 2000년 서울지검 검사 2002년 수원지검 안산지청 검사 2004년 대전지검 천안지청 검사 2005~2009년 서울남부지검 검사(식품의약품안전청 파견) 2009년 의정부지검 고양지청 부부장 2010년 창원지검 통영지청 부장 2011년 광주지검 강력부장 2012년 서울남부지검 공판부장 2013년 부산지검 형사5부장 2014년 서울서부지검 형사4부장 2015년 서울동부지검 형사4부장 2016년 인천지검 부천지청 형사1부장검사 2016년 법무법인 민(民) 구성원변호사(현)

이상언(李相彦) LEE Sang Eun

(생)1961·11·25 (본)경주(慶州) (출)경북 포항 (주)서울특별시 중구 통일로 92 에이스타워빌딩 4층 중앙일보플러스(02-6416-3900) (학)포항고졸 1982년 경희대 신문방송학과졸 (경)1997년 중앙일보 사회부 차장 2002년 同전략기획실 기획팀장(부장대우) 2003년 同시민언론부장 2004년 同사건사회부장 2006년 同편집국 사회부 사회에디터(부국장대우) 2008년 同회장비서실장(이사) 2011년 중앙일보시사미디어 총괄대표이사 2015년 중앙일보플러스 대표이사 2018년 同대표이사(부사장)(현)

이상연(李相淵) Lee Sang Yeon

(생)1949·7·15 (출)경북 (주)경상남도 창원시 성산구 공단로 424 (주)경한코리아(055-237-2828) (학)1968년 예천 대창고졸 1986년 경남대 경영대학원 수료 2002년 창원대 행정대학원 수료 2003년 한국방송통신대 경영학과졸 2017년 명예 경제학박사(경남대) (경)(주)경한코리아 대표이사(현), 대경테크 태국 라이온공장 대표이사, (사)밝은사회창원클럽 회장, 한국방송통신대 학생회장, 창원대 경영대학원 총학생회장, 경남지방경찰청 행정발전연합회장, 바르게살기경남도협의회 부회장, (사)한국중소기업이업종교류연합회 수석부회장, 同경남도연합회장, 경남안전생활실천시민연합 공동대표·고문 2006~2009년 (사)한국중소기업이업종교류연합회 회장 2008년 경한타일랜드 대표이사(현) 2009년 (사)중소기업이업종중앙회 회장 2010년 同명예회장(현) 2011~2016년 경남미래교육재단 이사 2016년 (재)예천곤충엑스포조직위원회 지원협의회장 (상)중소기업진흥공단 모범중소기업인상, 국방부장관표창, 행정자치부장관 감사장, 한국마케팅과학회 마케팅대상, 금탑산업훈장(2014)

이상열(李相烈) LEE Sang Yeol (文岩)

(생)1952·1·22 (본)경주(慶州) (출)전남 신안 (주)전라남도 목포시 정의로 22 세종법조빌딩 302호 이상열법률사무소(061-242-3000) (학)1971년 경복고졸 1975년 서울대 문리대학 정치학과졸 1990년 목포대 대학원 법학과졸 (경)1974년 행정고시 합격(15회) 1979년 예편(공군 중위) 1979~1982년 노동부 행정사무관 1982년 사법시험 합격(24회) 1984년 사법연수원 수료(14기) 1985년 변호사 개업 1987~1995년 MBC·KBS 법률상담위원 1988~1994년 목포대 강사 1988~1994년 목포YMCA 이사·시민사업위원장 1994년 목포신문 공동대표 1995년 목포YMCA 이사장 1999년 대불대 겸임교수 1999년 전남서남권발전연구회 공동의장 1999~2002년 목포지방변호사회 회장 2001년 목포극동방송 운영위원장 2002년 태양라이온스클럽 명예회장 2002년 목포사랑회 명예회장 2004~2008년 제17대 국회의원(목포, 새천년민주당·민주당·대통합민주신당·통합민주당·무소속) 2004년 새천년민주당 원내부대표 2005년 민주당 원내수석부대표 2006~2007년 同공동대변인 2005년 同목포지역운영위원회 위원장 2007년 同정책위 의장 2008년 변호사 개업(현) 2010년 국회 의정활동강화자문위원회 위원 2014년 전남 목포시장선거 출마(새정치민주연합) (상)노동부장관표창, 치안본부장표창 (저)'이상열의 법 길라잡이'(2003) '법정에서 못다한 희망 이야기' (종)기독교

이상열(李相烈) LEE SANG YEAL

(생)1953·10·9 (주)서울특별시 강남구 논현로 606 동도빌딩 6층 한국실명예방재단(02-718-1102) (학)1977년 연세대 의과대학졸 1980년 同대학원 의학석사 1984년 의학박사(연세대) (경)1994~1999년 연세대 의과대학 안과학교실 부교수 2000~2014년 同의과대학 안과학교실 교수 2004년 同의과대학 안과학교실 주임교수 겸 안과 과장 2012~2014년 대한안과

학회 이사장 2014년 연세대 의과대학 명예교수(현) 2014년 이상열안과의원 원장, 우리연세안과의원 원장(현) 2016년 한국실명예방재단(아이러브재단) 부이사장 2018년 同이사장(현)

이상열(李相烈) LEE Sang Yeol

(생)1957·8·28 (출)강원 춘천 (주)경상남도 진주시 진주대로 501 경상대학교 자연과학대학 생명과학부(055-772-1351) (학)1976년 춘천고졸 1980년 서울대 식품공학과졸 1982년 同대학원 효소화학과졸 1985년 공학박사(한국과학기술원) (경)1987~1989년 미국 국립보건원(NIH) Post-Doc. 1990~1999년 경상대 우수연구센터 총무부장 1990년 일본 Kyoto Univ. 연구교수 1991~2015년 경상대 생화학과 교수 1991년 미국 국립보건원 방문연구교수 1997년 경상대 의예과장 1999년 同인사위원 2000~2003년 프런티어사업단(자생식물) 평가위원 2002~2003년 미국 국립보건원 연구교수 2003년 경상대 환경생명과학국가핵심연구센터 소장 2010년 농촌진흥청 시스템합성농생명공학사업단장(현) 2015년 한국분자·세포생물학회 회장 2015년 경상대 자연과학대학 생명과학부 교수(현) (상)2004년을 빛낸 KAIST 동문상(2004), 한국과학재단 우수연구성과 50선에 연구과제 선정(2005), 카길한림생명과학상(2018), 제63회 대한민국학술원상 자연과학기초부문(2018) (종)천주교

이상열(李祥烈) LEE Sang Ryul

(생)1965·9·12 (주)서울특별시 종로구 사직로8길 60 외교부 인사기획관실(02-2100-7139) (학)1988년 성균관대 정치외교학과졸 1991년 同대학원 행정학과졸 2001년 미국 위스콘신주립대 대학원 법학과졸 (경)1991년 외무고시 합격(25회) 1991년 외무부 입부 2002년 駐덴마크 1등서기관 2004년 駐모로코 참사관 2007년 외교통상부 북서아프리카과장 2009년 同중동2과장 2009년 駐프랑스 참사관 2012년 駐체코 공사참사관 2015년 駐타이베이부 대표 2017년 駐프랑스 공사 2019년 駐코트디부아르 대사(현) (상)근정포장(2010)

이상열(李相烈)

(생)1966·5·9 (주)경상남도 창원시 의창구 상남로 290 경상남도의회(055-211-7222) (학)부산대 대학원 아동가족학과 수료 (경)양산서전학원 원장(현), 양산시 학원연합회 회장, 양산시 물금읍문화체육회 회장, 더불어민주당 양산시물금읍당원협의회 회장(현) 2018년 경남도의회 의원(더불어민주당)(현) 2018년 同경제환경위원회 위원(현) 2019년 더불어민주당 경남양산甲지역위원장 직대(현)

이상엽(李相燁) Lee, Sang Yup

(생)1964·4·12 (출)서울 (주)대전광역시 유성구 대학로 291 한국과학기술원 공과대학 생명화학공학과(042-350-3930) (학)1986년 서울대 화학공학과졸 1987년 미국 노스웨스턴대 대학원 화학공학과졸 1991년 화학공학박사(미국 노스웨스턴대) (경)1992년 한국과학기술원(KAIST) 생물공정연구센터 선임연구원 1994~2007년 同생명화학공학과 교수 2000년 同대사공학국가지정연구실장 2000년 同생물공정연구센터 소장(현) 2003년 同생물정보연구센터 소장(현) 2004년 호주 Univ. of Queensland 명예교수(현) 2005년 LG화학 석좌교수 2005년 미국 미생물학술원(American Academy of Microbiology) Fellow(현) 2005년 한국공학한림원 준회원 2007년 한국과학기술원(KAIST) 특훈교수(현) 2007년 한국과학기술한림원 정회원(현) 2007년 미국 American Association for the Advancement of Science Fellow(현) 2008~2013년 한국과학기술원(KAIST) 생명과학기술대학장 2008년 세계경제포럼 Global Agenda Council Member(현) 2010년 미국 Society for Industrial Microbiology Fellow(현) 2010년 미국 National Academy of Engineering Foreign Associate(현) 2010년 녹색성장위원회 위원 2011년 한국공학한림원 화학생명공학분과 정회원(현) 2011년 아시아생물정보학회연합체 회장 2011~2012년 세계경제포럼 미래기술글로벌아젠다위원회(GAC) 의장 2011년 미국화학회 합성생물학지 부편집인(현) 2012년 '어드밴스드 펑셔널 머티리얼스(Advanced Functional Materials, AFM)'지 편집자문위원(현) 2012~2013년 세계경제포럼 생명공학글로벌아젠다위원회(GAC) 의장 2012년 미국 화학공학회(American Institute of Chemical Engineers) Fellow(석학회원)(현) 2013년 중국과학원 미생물연구소 명예교수(현) 2013년 미국 의생명공학원(American Institute for Medical and Biological Engineering, AIMBE) Fellow(석학회원)(현) 2013~2015년 한국과학기술원(KAIST) 연구원장 2013년 중국 상해교통대 자문교수 2013년 유네스코 세계과학학술원(The World Academy of Sciences) Associate Fellow(현) 2013년 삼성미래기술육성재단 이사(현) 2014년 중국 우한대 명예교수(현) 2014년 중국 북경화공대 명예교수(현) 2014년 국가과학기술자문회의 자문위원 2015년 생명분야국제학술誌 '셀 시스템즈(Cell Systems)' 초대 창간 편집위원(현) 2015년 영국 '네이처 바이오테크놀로지' 선정 '2014년 세계 최고 응용생명 과학자 20인' 2016년 세계경제포럼(WEF) 산하 생명공학위원회 초대 공동의장(현) 2016~2018년 국무총리소속 정부업무평가위원회 민간위원 2017년 한국과학기술원(KAIST) 연구원장 겸 KI융합연구혁신센터장(현) 2017년 미국국립과학원(National Academy of Sciences) 외국회원(현) 2017년 중국과학원 특훈교수(Distinguished Professor) 국제펠로우(현) 2017년 同텐진산업생명공학연구소(Tianjin Institute of Industrial Biotechnology) 명예교수(현) 2017년 '세계에서 가장 영향력 있는 연구자(Highly Cited Researcher)'로 선정 2018년 미국 국립발명학술원(NAI : National Academy of Inventors) Fellow(현) 2018년 효성첨단소재(주) 사외이사(현) (상)KAIST 학술상(1997), 제1회 젊은과학자상(1998), 한국생물공학회 신인학술상(1998), New Century Award, BARONS WHO'S WHO(1999), The First Elmer Gaden Award(2000), Citation Classic Award(2000), 과학기술부장관표창(2001), 대한민국특허기술상 세종대왕상(2001), 대통령 과학기술포장(2001), British Chevening Scholarship Award(2001), 아시아 차세대리더/아시아 기술혁신 공로자(2002), IBM SUR Award(2002, through the Dept. of Bio Systems), 올해의 KAIST인상(2003), 닮고 싶고 되고 싶은 과학기술인상(2003), KAIST 연구대상(2004), 제9회 한국공학한림원 젊은 공학인상(2005), Excellent Paper Award, Korean Biochip Society(2006), 올해의 과학인상(2006), Merck Award for Metabolic Engineering(2008), The Top 10 Registered Patents Award(2009), 2010 Fellow Award, Society for Industrial Microbiology(2010), 포스코청암상(2011), 미국화학회 마빈존슨상(2012), 미국산업미생물생명공학회 찰스톰상(2012), 제1회 야코부스 반트 호프 강연자상(2013), 한국과학기자협회 올해의 과학자상(2013), 제24회 호암상 공학상(2014), 제50회 발명의날 홍조근정훈장(2015), 제임스 베일리상(2016), 대한민국 최고과학기술인상(2017), 덴퀴츠 기념강연상(P.V. Danckwert's Memorial Lecture)(2018), 조지워싱턴 카버상(2018), 에니상(Eni Awards)(2018), 제23회 한국공학한림원 대상(2019) (저)'나는 잘 먹고 잘 사는 세상을 만들고 싶다'(2005) '작지만 위대한 미생물 세상'(2008) 'Systems Biology and Biotechnology of E. coli(대장균의 시스템 생물학 및 생명공학)'(2009, 독일 스피링거사)

이상엽(李相燁) Lee Sang Yeop

(생)1967·9·24 (출)서울 (학)1993년 건국대 사범대학졸 (경)제우미디어 근무, 일본 윈클릭社 상무이사 2002년 일본 (주)게임온社 온라인게임사업본부장·상무·전무 2007년 同대표이사 2009~2011년 (주)네오위즈게임즈 대표이사 사장 2011년 일본 게임온 대표이사(현)

이상엽(李相燁) Sang Yeop Lee

(생)1967·12·12 (본)성주(星州) (출)서울 (주)울산광역시 남구 대학로 93 울산대학교 철학과(052-259-2572) (학)1986년 고려고졸 1989년 성균관대 한국철학과 수료 1990년 독일 베를린자유대 철학과졸 1993년 同대학원 철학과졸 1999년 철학박사(독일 베를린자유대) (경)2005~2012년 울산대 철학과 조교수·부교수 2009~2011년 同학생복지부처장 2009~2010년 同학보사 주간 2009~2010년 同교육방송국장 2009~2010년 同미디어 주간 겸임 2009~2010년 국가교육과학기술자문회의 전문위원 2012~2013년 미국 유타대 방문연구원(visiting scholar) 2012년 울산대 철학과 교수(현) 2015년 한국해석학회 부회장(현) 2018년 한국니체학회 부회장(현) 2019년 울산시 미래비전위원회 행정혁신분과 위원(현) 2019년 연합뉴스 울산취재본부 콘텐츠자문위원(현) (저)'니체의 문화철학'(2007, UUP) '철학의 전환점'(2012, 프로네시스) (역)'문화학이란 무엇인가'(2004) '문화철학이란 무엇인가'(2006) '미디어철학'(2008) '니체와 소피스트'(2015) '이 사람을 보라'(2016)

이상영(李相永) Lee, Sang Young

(생)1956·10·28 (본)경주(慶州) (출)대전 (주)서울특별시 광진구 능동로 120 건국대학교 이과대학 물리학과(02-450-3166) (학)1979년 서울대 물리학과졸 1984년 미국 오하이오주립대 대학원 물리학과졸 1987년 물리학박사(미국 오하이오주립대) (경)1983~1984년 미국 오하이오주립대 교육조교 1984년 미국물리학회 정회원 1985년 미국 오하이오주립대 연구조교 1987~1992년 한국과학기술연구원(KIST) 선임연구원 1987~1996년 고온초전도협의회 간사보 1988년 한국물리학회 정회원·평의원(현) 1992년 건국대 이과대학 물리학과 조교수·부교수·교수(현) 1998년 한국초전도학회 편집이사(편집위원) 2000년 대한전자공학회 정회원(현) 2002~2003년 미국 NIST 객원연구원 2004년 국제전기기술위원회(IEC) Convener(현) 2010~2011년 서울대 초빙교수 2011~2014년 한국초전도학회 부회장 2012~2016년 건국대 이과대학장 2014~2018년 초전도(IEC TC90) 전문위원회 위원장 2015~2016년 한국초전도학회 포상위원회 위원장 (상)한국과학기술연구원 우수논문상(1991), KCMAS 위원회 초전도기술상(1998), 건국대 Best teacher award(2001), 민주화운동 인정(2006), 국제전기기술위원회(IEC) 1906 Award(2009), 건국대 20년 근속상(2012), 국무총리표창(2013), 국가기술표준원 특별공로패(2014) (종)천주교

이상영(李相永) LEE SANG YOUNG

(생)1958·8·18 (본)전주(全州) (출)충북 단양 (주)충청북도 청주시 흥덕구 풍산로 6 충청북도관광협회 회장실(043-231-5563) (학)상지전문대학 관광학과졸 2001년 우송대 관광경영학과졸 2009년 청주대 대학원 관광경영학과졸 2014년 관광학박사(청주대) (경)1978년 서울 뉴코리아관광 근무 1985년 (주)속리관광개발 대표이사(현) 1993년 (합)단양속리관광개발 대표(현) 2006년 충북도관광협회 회장(현) 2006년 청주국제공항 활성화대책 추진위원 2007년 한나라당 전국위원 2009년 청주대 관광경영학과 겸임교수, 바르게살기운동중앙협의회 충북지회 이사(현), 민주평통 청주지부 부위원장(현), 단양군민회 회장, 제천중고동문회 회장(현), 도담초총동문회 회장(현) 2016년 전국시·도관광협회 회장단협의회장(현) (상)산업포장(2008) (종)불교

이상영(李相寧) LEE Sang Young

(생)1969·6·10 (주)세종특별자치시 갈매로 477 기획재정부 공공제도기획과(044-215-5530) (학)1988년 천안고졸 1995년 서울대 사회교육과졸 1999년 同대학원 행정학과 수료 (경)1997년 행정고시 합격(41회) 1998년 행정자치부 수습행정관 1999년 국가보훈처 기획관리실 행정법무담당관실 행정사무관 2001년 同기획관리실 행정협력담당관실 행정사무관 2001년 기획예산처 기획관리실 감사법무담당관실 행정사무관 2002년 同기금정책국 기금총괄과 행정사무관 2003년 同기금정책국 경제기금과 행정사무관 2004년 同기금정책국 산업기금과·재정기획실 균형발전지원2과 행정사무관 2005년 同성과관리본부 성과관리제도팀 행정사무관 2006년 同성과관리본부 성과관리제도팀 서기관 2008년 기획재정부 재정정책국 재정기획과·재정정책국 재정정책과 서기관 2009년 한국조세연구원 파견 2010년 대일항쟁기강제동원피해조사및국외강제동원희생자등지원위원회 파견 2012년 경찰대 제25기 치안정책과정 교육훈련 2012년 국가경쟁력강화위원회 파견 2013년 기획재정부 재정관리국 재정관리총괄과 재정제도개혁1팀장 2014년 2015세계군인체육대회조직위원회 파견 2015년 기획재정부 기획조정실 창조정책담당관실 경제교육홍보팀장 2015년 同재정관리국 민간투자정책과장 2017년 同예산실 국방예산과장 2018년 同예산실 산업정보예산과장 2019년 同공공제도기획과장(현)

이상오(李相五)

(생)1972·11·21 (출)경북 의성 (주)경상북도 안동시 강남로 304 대구지방법원 안동지원(054-850-5020) (학)1990년 대구 대륜고졸 1996년 서울대 사법학과졸 (경)1997년 사법시험 합격(39회) 2000년 사법연수원 수료(29기) 2000년 해군 법무관 2003·2008년 대구지법 판사 2006년 同경주지원 판사 2013년 대법원 재판연구관 2015년 대구지법 부장판사 2019년 대구지법 안동지원장 겸 대구가정법원 안동지원장(현)

이상옥(李相沃) LEE Sangok (友溪)

(생)1936·3·2 (본)경주(慶州) (출)경북 김천 (주)서울특별시 관악구 관악로 1 서울대학교 영어영문학과(02-880-5114) (학)1954년 김천고졸 1958년 서울대 영어영문학과졸 1963년 同대학원 영어영문학과졸 1975년 문학박사(미국 뉴욕주립대 스토니브룩) (경)1961~1964년 서울고 교사 1965~1982년 서울대 영어영문학과 전임강사·조교수·부교수 1982~2001년 同교수 1984년 同미국학연구소장 1993년 同인문대학장 1995년 미국 브리검영대 파견교수 1997년 한국비교문학회 회장 1998년 서울대 대학원장 1998년 同교수윤리위원장 1998~2000년 한국현대영미소설학회 회장 1999~2001년 한국영어영문학회 회장 2001년 서울대 영어영문학과 명예교수(현) 2012년 이효석문학재단 이사장, 同이사 (상)현대문학평론상(1993), 홍조근정훈장(2001) (저)'영문학개론'(共) '조셉콘라드 연구'(1986) '문학과 자기성찰'(1986) '李孝石– 문학과생애'(1992) '문학·인문학·대학'(2000) '이효석의 삶과 문학'(2004) '이효석전집(編)'(2016, 서울대 출판문화원) '들꽃, 시를 만나다'(2018) (역)'젊은 예술가의 초상' '걷지 않은 길' '암흑의 핵심' '미겔 스트리이트' '기싱의 고백' '로드 짐' '지중해 오디세이'(2007) '굴뚝청소부 예찬'(2011) '헨리 라이크로프트의 내밀한 기록'(2018) (작)산문집 '두견이와 소쩍새'(1997, 시와시학사) '가을 봄 여름 없이'(2010, 신구문화사) '이제는 한걸음 물러서서'(2013, 서울대 출판문화원)

이상옥(李相玉·女)

(생)1968·1·12 (주)울산광역시 남구 중앙로 201 울산광역시의회(052-229-5125) (학)대구 원화여고졸, 경북대 조경학과졸 (경)대성N학원 원장, T&S1319학원 원장, 더불어민주당 정책위원회 부의장 2018년 울산시의회 의원(더불어민주당)(현) 2018~2019년 同예산결산특별위원회 위원장 2018년 同교육위원회 위원(현) 2018년 同에너지특별위원회 위원(현)

이상용(李相龍) LEE Sang Yong

(생)1967·9·18 (출)광주 (주)서울특별시 서초구 서초대로 274 법무법인 도울(02-523-3100) (학)1986년 광주진흥고졸 1990년 서울대 법학과졸 2000년 미국 조지타운대 법과대학원졸 (경)1990년 사법시험 합격(32회) 1993년 사법연수원 수료(22기) 1996년 서울지검 검사 1998년 광주지검 순천지청 검사 2000년 미국 뉴욕주 변호사시험 합격 2000년 법무부 관찰과 검사 2001년 同국제법무과 검사 2004년 서울동부지검 검사 2005년 同부부장검사 2005년 駐제네바대표부 법무협력관 2008년 수원지검 평택지청 부장검사 2009년 법무부 사회보호정책과장 2009년 同국제법무과장 2010년 서울동부지검 형사3부장 2011년 서울고검 검사 2011~2014년 국회사무처 법제사법위원회 전문위원 2014년 서울북부지검 차장검사 2015년 수원지검 안양지청장 2016년 변호사 개업 2019년 법무법인 도울 대표변호사(현) (저)'EU 통상법연구' (종)천주교

이상우(李相禹) RHEE Sang Woo (盤山)

(생)1938·4·16 (본)전주(全州) (출)함남 함흥 (주)서울특별시 영등포구 국회대로76길 18 오성빌딩601호 (사)신아시아연구소 비서실(02-784-7161) (학)1957년 서울고졸 1961년 서울대 법대 행정학과졸 1966년 同대학원 법학과졸 1969년 미국 하와이대 대학원 정치학과졸 1971년 정치학박사(미국 하와이대) (경)1971년 미국 하와이대 국가차원연구소 부소장 1973년 경희대 부교수 1976년 서강대 정치외교학과 부교수 1979~2003년 同정치외교학과 교수 1981~2007년 계간「Korea & World Affairs」편집인 1982~1984년 공산권연구협의회 부회장 1984~1986년 공산권연구협의회 회장 1988년 외무부 정책자문위원장 1988년 서강대 공공정책대학원장 1991년 국제정치학회 회장 1993~1994년 21세기위원회 위원장 1993년 서강대 사회과학대학장 1993년 신아세아질서연구회 회장 1995년 한·일문화교류기금 이사장(현) 1998년 국방개혁추진위원회 위원 2003~2006년 한림대 총장 2005~2008년 한림국제대학원대 총장 2006년 (사)신아시아연구소 소장(현) 2009년 대통령자문 통일고문회의 고문 2009년 국방선진화추진위원회 위원장 2010년 대통령직속 국가안보총괄점검회의 의장 2014년 국방과학연구소 비상임이사 (상)국민훈장 목련장(1984), 몽골 친선훈장(2005) (저)'Dimensions of Nations'(1973) '한국안보의 제문제와 정책방향'(1976) '한국의 안보환경'(1977·1986) '국제관계이론 : 국가간의 갈등원인과 질서유지'(1979·1987·2006) '분단과 통일 그리고 민족주의'(1984) '북한40년'(1988) '북한의 주체사상'(1989) '함께 사는 통일'(1993·1995) '새 국제질서와 통일환경 : 통일정책 분명히 합시다'(1995) '북한정치론'(1996) '21세기의 이해'(1996) '현대정치의 이해'(1997) '북한정치입문 : 김정일 정권의 특성과 작동원리'(2000) '국제정치학강의'(2005) '우리들의 대한민국'(2006) '우리가 바라는 통일'(2006) '우리가 살아갈 21세기'(2007) '북한정치 : 신정체제의 진화'(2008) '살며 지켜본 대한민국 70년사 : 반산(盤山)일기 1945-2015'(2017) (종)유교

이상우(李祥雨) LEE Sang Woo

(생)1938·9·12 (본)경주(慶州) (출)경남 산청 (주)서울특별시 영등포구 국회대로74길 20 맨하탄21리빙텔 1015호 한국추리작가협회(02-3142-3221) (학)1957년 대구상고졸 1961년 청구대 국어국문학과졸 (경)1959년 영남일보 기자 1959~1966년 대구일보 기자·편집부장 1966년 한국일보 입사 1969~1982년 同편집제1부장·종합편집부장·편집부국장·편집국 차장 1982년 同주간편집국장 1983년 한국추리작가협회 부회장 1984년 한국일보 편집위원·전산편집운영국장 1985년 서울신문 이사대우·스포츠서울 편집국장 1989년 同상무이사 1990년 同사장 직대 1990~2006년 한국추리작가협회 회장 1991~1993년 서울신문 전무이사 1995년 한국일보 일간스포츠담당 부사장 1997년 同일간스포츠담당 사장 1998년 국민일보 신매체창간준비위원장(사장대우) 1999~2001년 스포츠투데이 편집인 겸 사장 1999년 국민일보 대표이사 사장 2000년 파이낸셜뉴스 편집인 겸 사장 2000년 아세트넥스트미디어(주) 사장 2001년 경향미디어그룹 대표이사 회장 2002~2004년 굿데이 대표이사 회장 2006~2009년 한국추리작가협회 명예회장 2008년 굿데이신문 회장 2009년 한국추리작가협회 상임고문 2012~2015년 법률방송 상임고문 2015년 한국추리작가협회 이사장(현) 2018년 한국증권신문 회장(현) (상)한국신문상(1983), 한국추리문학대상(1987), 중앙언론문화상(1991) (저)'한국현대신문편집론(共)'(1991) '추리소설 칼럼'(1991), 장편소설 '신 임꺽정'(1961) '호박이 열리는 장미'(1983) '북악에서 부는 바람'(1994) '역사에 없는 나라'(1995) '세종대왕(上·下)'(1997) '화홍문 가는 길'(1998), 장편추리소설 '화분살인사건'(1984) '화조 밤에 죽다'(1986) '악녀 두 번 살다'(1986) '안개도시'(1988) '안개의 성'(1993) '개와 시인'(1997), 추리안내서 '이상우추리소설탐험'(1992) '권력은 짧고 언론은 영원하다'(2010)

이상우(李祥雨) Sang Woo Lee

(생)1956·4·13 (본)경주(慶州) (출)서울 (주)경기도 안산시 단원구 적금로 123 고려대학교 안산병원 소화기내과(031-412-5580) (학)1982년 고려대 의대졸 1985년 同대학원 의학석사 1989년 의학박사(고려대) (경)1986~1991년 서울을지병원 제1내과 과장 1991년 고려대 의료원 내과 임상강사 1992~2001년 同의대 내과학교실 조교수·부교수 2001년 同의대 내과학교실 교수(현) 2001~2004년 대한Helicobacter연구학회 학술위원장 2001~2007년 대한내과학회 고시위원 2001~2004년 대한소화기내시경학회 감사 2003~2005년 대한소화기학회 재무이사 2004~2009년 대한내과학회 평의원 2004년 대한소화기학회 평의원(현) 2004~2006년 대한상부위장관·헬리코박터학회 보험이사 2005~2007년 고려대의료원 안산병원 진료부원장 2006~2008년 대한상부위장관·헬리코박터학회 재무이사 2007년 대한소화기내시경학회 평의원(현) 2008년 대한상부위장관·헬리코박터학회 부회장 2010년 同회장 2012년 고려대의료원 안산병원장 2015~2017년 대한소화기학회 이사장

이상우(李相雨) Lee Sang-woo

(생)1966·3·10 (본)경주(慶州) (출)경북 울진 (주)서울특별시 종로구 율곡로2길 25 연합뉴스 미디어기술국 서비스개발부(02-398-3114) (학)1983년 경북고졸 1987년 경북대 통계학과졸 (경)1987~1990년 금융결제원 전산부 근무 1990년 연합뉴스 전무국 기술2부 입사 2001년 同전산부 차장대우 2004년 同전산부 차장 2007년 同전산부 부장대우 2009년 同정보통신국 전산부장(부장대우) 2011년 同정보통신국 IT운영부장 2011년 同정보통신국 제작개발팀장 2011년 同정보통신국 IT개발부장 2012년 同정보통신국 운영부장 2013년 同정보통신국 시스템운영부장 2013년 同뉴미디어개발부 기획위원 2014년 同뉴미디어개발부 기획위원(부국장대우) 2015년 同미디어기술국 뉴미디어개발부 근무(부국장대우) 2015년 同미디어기술국 ICT기획부 근무(부국장대우) 2016년 同미디어기술국 뉴미디어개발부 부국장대우 2016년 同미래전략실 개발전략팀 근무(부국장대우) 2018년 同미디어기술국장 겸 IT기획팀장 2019년 同미디어기술국 서비스개발부 선임(현)

이상욱(李相旭) LEE Sang Uk (藕洋)

(생)1946·11·21 (본)경주(慶州) (출)충북 영동 (주)서울특별시 서초구 양재천로21길 15 정우빌딩 3층 (사)한국자동차자원순환협회(02-579-2428) (학)1965년 대성고졸 1984년 한국외국어대 영어과졸 1992년 연세대 행정대학원 수료, 세종대 언론홍보대학원 신문방송학과졸 (경)1983년 한국방송공사 올림픽방송본부 차장 1985년 同올림픽방송본부 제작부장 1986~1988년 同올림픽방송본부 기획부장·운영부장·협력부장 1988년 同방송개혁발전위원회 기획운영부장 1990년 同라디오제작2국 2라디오부장 1992년 同라디오제작1국장 1993년 同라디오제작2국장

1995년 同라디오1국장 1996년 同라디오본부장 1998년 同사장 특별보좌역 1999년 KBS제작단 사장 1999~2001년 한국방송제작단 사장 2001년 월드이벤트TV 대표이사 2002년 코리아위성방송 회장 2009년 (사)한국자동차자원순환협회 회장(현) (상)산업포장, 대전 EXPO 기간 현장방송국운영 공로상(1993)

이상욱(李相旭) Lee, Sang-Uk

(생)1957 · 10 · 26 (주)부산광역시 서구 감천로 262 고신대학교복음병원 간내과(051-990-2205) (학)조선대 의대졸 1991년 고신대 대학원 의학석사 1994년 의학박사(고신대) (경)1986년 고신대 의과대학 내과학교실 교수(현), 同복음병원 부원장, 부산국제암엑스포 자문위원 2012~2015년 고신대복음병원장 2014~2016년 대한기독병원협회 회장 2015년 성산장기려선생기념사업회 상임이사 2016년 同이사(현) 2018년 고신대 대학원장(현) (상)국민건강보험공단 감사패(2013)

이상욱(李商旭)

(생)1958 · 3 · 23 (주)충청북도 청주시 상당구 상당로 82 충청북도의회(043-220-5116) (학)충북고졸, 청주대 경상대학 무역학과졸, 同사회복지행정대학원졸 (경)(주)유비콤 대표이사, 시엘링크 대표이사, 충북고총동문회 회장, (사)미래도시연구원 기획위원, 더불어민주당 충북도당 일자리창출특별위원장, 2018년 충북도의회 의원(더불어민주당)(현) 2018년 同윤리특별위원회 위원장(현)

이상욱(李尙昱) LEE Sang Uk

(생)1968 · 2 · 13 (주)서울특별시 종로구 북촌로 112 감사원 대변인실(02-2011-2803) (학)1986년 대구 청구고졸 1991년 서울대 법대 공법학과졸 2003년 同행정대학원졸 2005년 미국 샌디에이고대 대학원 법학과졸 (경)1996년 행정고시 합격(38회) 1997~2000년 해양수산부 근무 2010년 감사원 기획관리실 결산담당관 2011년 同지방행정감사국 제2과장 2011년 同공공기관감사국 제1과장 2012년 同지방행정감사국 제1과장 2014년 외교부 감사관 2016년 감사원 비서실장 2018년 同대변인(현)

이상욱(李尙昱) LEE Sang Wook

(생)1969 · 12 · 12 (출)부산 (주)서울특별시 강남구 테헤란로87길 36 도심공항타워 8층 법무법인 로고스(02-2188-1000) (학)1988년 부산 내성고졸 1997년 연세대 법학과졸 (경)1996년 사법시험 합격(38회) 1999년 사법연수원 수료(28기) 1999년 수원지검 검사 2001년 창원지검 거창지청 검사 2002년 울산지검 검사 2004년 서울중앙지검 검사 2006년 인천지검 검사 2008년 법무부 국가송무과 검사 2011년 부산지검 검사 2011년 同부부장검사 2012년 대구지검 경주지청 부장검사 2013년 同서부지청 부부장검사 2014년 창원지검 밀양지청장 2015년 부산지검 동부지청 형사2부장 2016년 법무부 국가송무과장 2017년 서울중앙지검 공판1부장 2018~2019년 인천지검 부부장검사 2018~2019년 공정거래위원회 파견 2019년 법무법인 로고스 파트너 변호사(현)

이상욱 LEE Sang-Wook

(주)전라북도 무주군 설천면 무설로 1482 태권도진흥재단(063-320-0114) (학)서울 중앙고졸, 연세대 독어독문학과졸 (경)리타산업 대표이사 2009~2012년 중앙아시아태권도연맹(CATU) 창설 초대 부회장 2010~2015년 아시아태권도연맹(ATU) 마케팅위원장 2013년 (사)한국유라시아학회 상임고문(현) 2018년 태권도진흥재단 이사장(현) 2018년 대한장애인태권도협회 상임고문(현)

이상운(李相雲) LEE Sang Woon

(생)1952 · 3 · 18 (본)공주(公州) (출)서울 (주)서울특별시 마포구 마포대로 119 (주)효성 비서실(02-707-7085) (학)1969년 경기고졸 1976년 서울대 섬유공학과졸 (경)1976년 효성그룹 입사 1988년 효성물산(주) 밀라노지점장 1990년 同부장 1994년 同이사대우 1995년 同이사 1998년 同상무이사 1998년 (주)효성 상무이사 1999년 同비서실장(전무) 2001년 同전략본부장(전무) 2002년 同대표이사 사장 2002년 효성그룹 최고운영책임자(COO)(현) 2007~2017년 (주)효성 대표이사 부회장 2014~2016년 신화인터텍(주) 대표이사 2015년 (주)효성 창조경제지원단장 2015년 FMK(포르자모터스코리아) 사내이사(현) 2017년 (주)효성 부회장(현) (상)국무총리표창, 금탑산업훈장(2011), 인촌기념회 인촌상 산업기술부문(2013)

이상원(李相源) LEE Sang Won

(생)1953 · 5 · 7 (출)경북 성주 (주)서울특별시 구로구 경인로 662 대성산업가스(주) 임원실(02-721-0875) (학)성주고졸, 영남대 응용화학과졸 (경)대성산업가스(주) 상무 2006년 同BULK영업담당 전무 2014년 同BULK영업담당 부사장(현)

이상원(李相沅) LEE Sang Won

(생)1956 · 12 · 16 (본)경주(慶州) (출)충북 청원 (주)서울특별시 성북구 삼선교로16길 116 한성대학교 디자인대학 ICT디자인학부 영상 · 애니메이션디자인트랙(02-760-4151) (학)1975년 청주상업고졸 1983년 홍익대 미술대학 응용미술학과졸 1985년 同대학원 시각디자인학과졸 1997년 영국 Royal College of Art 수학 1999년 영국 University College for the Creative Arts(舊 KIAD) 대학원 애니메이션과졸 2002년 미술학박사(홍익대) (경)1983~1985년 한국디자인진흥원 연구원 1989년 한성대 디자인대학 ICT디자인학부 영상 · 애니메이션디자인트랙 교수(현) 1994~2003년 (주)KD-net 애니메이션감독 및 자문위원 2003~2005년 국제애니메이션영화협회(ASIFA Korea) 부회장 2005~2007년 (주)대원미디어 사외이사 2005~2013년 한성대 예술대학원장 · 예술대학장 · 평생교육원장 2006~2008년 (사)한국애니메이션예술인협회 이사 2007~2009년 (사)한국애니메이션학회 회장 2010년 同명예회장(현) 2009년 서울시 한국100대캐릭터선정위원장 2009~2010년 보은군 속리산도깨비페스티벌 애니메이션제작 총감독 2009~2012년 여수세계박람회조직위원회 문화예술 · 브랜드 · UIT 자문위원 2011년 한성백제박물관 4D입체영상애니메이션 · 캐릭터개발 자문위원 2011~2014년 문화체육관광부 콘텐츠분쟁조정위원회 위원 2012~2013년 태권도진흥재단 무주태권도원 핵심디지털콘텐츠제작 총감독 2013~2014년 미래창조과학부 디지털콘텐츠정책포럼 위원 2014년 문화체육관광부 문화기술(CT) R&D전략기획추진단 전문위원(애니메이션 · 캐릭터분과) 2014~2017년 (사)한국도시문화학회 초대회장 2017년 同명예회장(현) 2017~2018년 문화체육관광부 경영평가단 평가위원 (상)조일광고대상전 본상(1982), 대한민국산업디자인전 특선(1984 · 1985 · 1986), 중앙광고대상전 대상(1987), 우수교원 우수봉사상(2005), 우수교원 봉사업적평가 최우수봉사업적상(2006), 최우수봉사상(2010), ASKO우수저술상(2010), 서울시장표창(2012) (저)'디자인분야 논문작성 실제'(2001) '애니메이션 Movement 표현하기'(2009) '애니메이션 미학과 연출론'(2017, 커뮤니케이션북스) (작)애니메이션 'Animation for Autumn Story'(1998) 'Animation for Korea's Four Seasons Story'(1999) '속리산 도깨비'(2009) '태권 히어로즈'(2013) '지수화풍'(2014) '아생여당 애니메이션'(2014) '꿈이 이루어지는 홍천사(정릉원찰)'(2015) 외 영상디자인 및 미술디자인 관련 개인전 20회, 단체전 100여 차례 이상 출품 (종)불교

이상원(李相沅) Lee Sangwon

(생)1966 · 5 · 9 (주)서울특별시 종로구 세종대로 178 KT빌딩 12층 대통령직속 국민경제자문회의 지원단(02-731-2401) (학)1984년 서울 영일고졸 1988년 연세대 경제학과졸 1991년 同대학원 경제학과졸 2005년 미국 오리건대 대학원졸(MBA) (경)1990년 행정고시 재경직 합격(34회) 2001년 서기관 승진 2005년 재정경제부 경제자유구역기획단 교육의료팀장 2006년 대통령 경제정책비서관실 행정관 2007년 재정경제부 국채과장 2009년 기획재정부 인력정책과장 2010년 同경제분석과장 2011년 녹색성장위원회 녹색기술산업국장 2012년 일반직고위공무원 승진 2013년 국방대 안보과정 교육훈련 2014년 미래창조과학부 민관합동창조경제추진단 부단장 2015년 통계청 통계정책국장 2016년 기획재정부 세제실 재산소비세정책관 2017년 同미래경제전략국장 2017~2018년 同예산실 복지예산심의관 2018년 同고위공무원 2019년 대통령직속 국민경제자문회의 지원단장(현) (상)대통령표창(2001), 홍조근정훈장(2013)

이상원(李尚原)

(생)1969 · 1 · 3 (주)세종특별자치시 갈매로477 기획재정부 인사과(044-215-2253) (학)1987년 경문고졸 1991년 서울대 사회학과졸 1999년 同대학원 행정학과졸 2008년 경제학박사(미국 미주리대) (경)1994년 행정고시 합격(38회) 1995년 총무처 수습행정관 2009년 대통령 연설기록비서관실 행정관 2010년 대통령 사회정책수석비서관실 행정관 2011년 기획재정부 재정정책국 성과관리과장 2013년 同국제금융협력국 거시협력과장(서기관) 2014년 同예산실 지역예산과장(서기관) 2015년 同예산실 문화예산과장 2016년 同예산실 고용환경예산과장 2017년 고용휴직(영국 유럽부흥개발은행(EBRD))(현)

이상원(李賞元) Sang-Won Lee

(생)1969 · 12 · 5 (본)진성(眞城) (출)경북 안동 (주)서울특별시 종로구 율곡로2길 25 연합뉴스 디지털뉴스부(02-398-3114) (학)1987년 영문고졸 1993년 고려대 경제학과졸 2008~2009년 미국 조지타운대 연수 (경)1994~2008년 연합뉴스 입사 · 경제2부 · 사회부 · 스포츠레저부 · 경제부 기자 2009~2010년 同특별취재팀장 2010~2011년 同뉴미디어위원회 위원 2010~2011년 同퍼스널미디어팀장 2011~2014년 同뉴욕특파원 2014~2017년 同경제부 기자 2017년 同소비자경제부장 2018년 同디지털뉴스부장(현)

이상원(李祥源)

(생)1974 · 5 · 14 (출)서울 (주)경기도 의정부시 녹양로34번길 23 의정부지방법원(031-828-0114) (학)1993년 대성고졸 1997년 서울대 사법학과졸 (경)1999년 사법시험 합격(41회) 2002년 사법연수원 수료(31기) 2002년 서울지법 의정부지원 판사 2003년 서울고법 판사 2004년 서울중앙지법 판사 2006년 부산지법 판사 2009년 서울중앙지법 판사 2011년 서울남부지법 판사 2015년 서울중앙지법 판사 2017년 춘천지법 강릉지원 부장판사 2019년 의정부지법 부장판사(사법연구)(현)

이상윤(李相潤) LEE Sang Youn

(생)1959 · 9 · 21 (주)서울특별시 영등포구 여의대로 128 LG트윈타워 LG전자(주) 임원실(02-3777-1114) (학)조선대부고졸, 전남대 영어영문학과졸, 同대학원 국제경영학과 수료 (경)1984년 금성사 광주오디오영업과 입사 2005년 LG전자 서부마케팅 지사장(상무) 2008년 同하이프라자 대표이사 상무 2011년 同한국마케팅본부 B2C그룹장(상무) 2013년 同한국마케팅본부 B2B그룹장(전무) 2017년 同한국영업본부 B2B그룹장(부사장)(현)

이상윤(李相潤) LEE Sang Yoon

(생)1971 · 2 · 27 (출)부산 (주)서울특별시 서초구 서초중앙로 157 서울중앙지방법원(02-530-1114) (학)1989년 잠실고졸 1994년 서울대 법대 사법학과졸 (경)1993년 사법시험 합격(35회) 1996년 사법연수원 수료(25기) 1999년 대구지법 판사 2002년 부산지법 판사 2005년 의정부지법 판사 2007년 서울중앙지법 판사 2008년 서울고법 판사 2010년 서울북부지법 판사 2011년 부산지법 부장판사 2012년 의정부지법 부장판사(해외연수) 2013년 수원지법 부장판사 2015년 서울동부지법 부장판사 2017년 서울중앙지법 부장판사(현)

이상율(李尙栗) LEE Sang Yool

(생)1963 · 11 · 4 (출)부산 (주)세종특별자치시 갈매로 477 기획재정부 인사과(044-215-2259) (학)1982년 동아고졸 1989년 서울대 경제학과졸, 미국 서던캘리포니아대 대학원 경제학과졸 (경)1990년 행정고시 합격(34회) 2001년 재정경제부 세제실 소득세제과 서기관 2002년 同세제실 산업관세과 서기관, 同세제실 관세심의관실 관세협력과 서기관 2008년 기획재정부 세제실 소득세제과장 2009년 同세제실 부가가치세제과장 2010년 同세제실 조세분석과장 2011년 同세제실 재산소비세정책관실 재산세제과장(부이사관) 2012년 통계청 기획조정관 2014년 교육 파견(고위공무원) 2015년 국회 기획재정위원회 파견(고위공무원) 2016년 기획재정부 세제실 관세국제조세정책관 2018년 同세제실 소득법인세정책관 2019년 同본부 근무(고위공무원)(현)

이상은(李相垠) LEE Sang Eun

(생)1948 · 6 · 24 (본)전주(全州) (출)전북 고창 (주)경기도 안산시 상록구 한양대학로 55 한양대학교 건설환경공학과(031-400-5140) (학)1966년 경기고졸 1972년 서울대 전기공학과졸 1977년 미국 캘리포니아대 버클리교 대학원 환경공학과졸 1981년 환경공학박사(미국 캘리포니아대 버클리교) (경)1972~1973년 (주)미원 근무 1973~1975년 일본 (주)요시노제작소 서울사무소 주임 1982년 미국 Merek Sharp & Dohme Research Lab. Engineering Associate 선임연구원 1984~1988년 한국건설기술연구원 수석연구원 · 환경연구실장 1988년 同기획조정실장 1991년 同부원장 1995년 同기술관리센터 소장 1998~2001년 한국환경정책평가연구원 원장 2001~2013년 아주대 환경건설교통공학부 교수 2002년 환경마크협회 회장 2003년 정부정책평가위원회 위원 2004~2006년 아주대 산업대학원장 2004년 신행정수도추진위원회 위원 2004년 대한환경공학회 회장 2005년 한국환경정책학회 회장 2006년 푸른경기21실천협의회 대표 2007년 한국환경정책학회 명예회장 2008년 환경관리공단 비상임이사 2008~2011년 진흥기업(주) 사외이사 2008년 경기녹색성장포럼 대표 2011~2018년 한국환경한림원 회장 2013~2017년 전국지속가능발전협의회 회장 2014~2016년 한양대 공학대학 건설환경플랜트공학과 특임교수 2015~2016년 (주)평화엔지니어링 고문 2017년 한양대 공학대학 건설환경공학과 특임교수(현) (상)대통령표창(1990), 국민훈장 동백장(2003) (저)'폐수처리 미생물'(共) '생물학적 폐수처리 공정과 설계'(1985) '공학기술로 21세기 앞장서자(共)'(2002) '21세기를 지배하는 10대 공학기술(共)'(2002) (종)기독교

이상은(李相恩 · 女) LEE Sang Eun

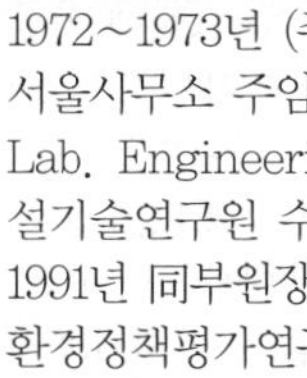

(생)1948 · 7 · 8 (출)서울 (주)서울특별시 서초구 서초중앙로5길 10-8 우성쁘띠오피스텔 901호 세계전통복식문화연구원 (학)1967년 창덕여고졸 1972년 한양대 의류학과졸 1975년 이화여대 대학원 복식학과졸 1995년 의류학박사(한양대) (경)1982~2013년 건국대 충주캠퍼스 의상디자인학과 전임강사 · 조교수 · 부교수 · 교수 1982~1993년 MBC-TV 의상고증 자문

위원 1988년 건국대 예술대학장 1995년 KBS-TV 의상고증 자문위원 1998년 동서문화조형학회 부회장 2000년 충주시박물관 자문위원 2002년 대한민국전승공예대전 심사위원 2002년 전국기능경기대회 한복부문 심사위원 2002년 한국공예대전 심사위원 2002년 한국의상디자인학회 회장 2002년 대한민국 명장 심사위원(한복부문) 2002년 교육부 1종 도서심의위원 2003년 해외관광공사 해외패션쇼 심사위원 2003~2005년 충북일보 논설위원 2004~2006년 건국대 디자인대학원장 2004년 한국동양예술학회 부회장 2005년 제40회 전국기능경기대회 한복부문 심사위원장 2009년 세계전통복식문화연구원 원장(현) 2010년 세계복식문화연맹(WCCF) 회장(현) 2011~2013년 한복문화학회 회장 2011~2013년 동양예술학회 회장 2013년 한국인체미용예술학회 회장 2013년 건국대 패션디자인학과 명예교수(현) 2014~2017년 한국공예디자인문화진흥원 비상임이사 2015년 한국인체미용예술학회 고문(현), 충북도 문화재위원 (상)충북도 공적표창(2002), 부총리 겸 교육인적자원부장관표창(2003), 근정포장(2013) (저)'조선왕조복식사론'(1992) '현대사회와 패션'(2002) '역사인물초상화대사전'(2003) '한국복식도감'(2004) (종)기독교

이상익(李商翊) LEE Sang Ik

(생)1953·8·13 (본)전주(全州) (출)경남 하동 (주)경상남도 함안군 대산면 옥렬로 145 새길동산 신관(055-584-0031) (학)1972년 마산상고졸, 한양대 정치외교학과졸, 한국방송통신대 행정학과졸, 고려대 경영대학원 수료, 경남대 행정대학원 사회복지학과졸, 명예 경영학박사(금오공과대) (경)1974년 민청학련사건관련 1차투옥 1979년 대통령 간선반대 국민총궐기대회관련 2차투옥 1984년 마산YMCA 사무총장 1986년 경남노동자협의회 고문 1986년 경남한살림협동조합 창립발기인·총무이사 1987년 경남민주헌법쟁취국민운동본부 공동대표 1992년 민주당 경남도지부 상임부지부장 1992년 同창원甲지구당 위원장 1997년 국민통합추진회의 경남대표 1999년 창원시지체장애인연합회 후원회장 2000년 대한맹인복지회 상임고문 2000년 새천년민주당 창원甲지구당 위원장 2001년 사회복지법인 '가야' 이사장(현) 2003년 새천년민주당 경남도지부장 2003년 열린우리당 창원甲당발전위원장 2004~2007년 한국도로공사 감사 2005년 한국YMCA연맹 지도력개발위원회 위원 2005년 노인요양원 '새길동산' 설립·원장(현) 2006년 성균관대 사회복지대학원 겸임교수 2006년 시인으로 문단 등단 2006년 대통령자문 동북아시대위원회 자문위원 2012년 한국노인복지중앙회 이사(현) 2013년 함안군문인협회 부회장·감사(현) 2013~2016년 경남노인복지협회 회장 (저)'다시 빈들에 서서'(1988) '잃은 자유 얻은 진실'(1992), 시집 '우리가 물이라도 되어 흐른다면'(2006) '더불어 가기'(2013) (역)'나의 눈물이 나의 노래 되어'(1981) '혁명의 노래'(1987) (종)기독교

이상인(李祥仁·女) LEE Sang In

(생)1955·2·10 (주)경기도 안양시 만안구 성결대학로 53 성결대학교 음악학부(031-467-8141) (학)1970년 이화여대 작곡과졸 1977년 同대학원졸 1985년 이학박사(독일 에센대) (경)1991년 성결대 음악학부 작곡전공 교수(현) 2006년 同예술대학장 겸 뷰티디자인학부장 2007년 同대외협력처장 2009~2012년 同문화예술대학원장 2013년 同다문화평화연구소장 2016~2018년 同대외홍보처장 2019년 同부총장 겸 입학교류처장(현) (저)'Blume und Sprach"fur Frauenstimme und V.Cello'(1995)

이상인(李相仁) LEE Sang In

(생)1959·9·21 (출)경기 파주 (주)서울특별시 서초구 서초중앙로 118 카이스시스템빌딩 5층 법무법인 오늘(02-532-4800) (학)1978년 경성고졸 1983년 서울대 법학과졸 (경)1985년 사법시험 합격(27회) 1988년 사법연수원 수료(17기) 1988년 대구지법 판사 1991년 同김천지원 판사 1993년 인천지법 판사 1996년 서울지법 북부지원 판사 2000년 서울지법 판사 2000년 서울고법 판사 2001년 대법원 재판연구관 2003~2005년 인천지법 부장판사 2005년 법무법인 로시스 대표변호사 2006년 변호사 개업 2008년 BBK사건 특별검사보 2008년 법무법인 오늘 대표변호사(현) 2008년 (사)한국사법교육원 이사(현) 2009~2015년 한국방송공사(KBS) 이사

이상인(李相寅) lee sang in

(생)1960·2·15 (본)함안(咸安) (출)경남 창원 (주)경상남도 창원시 의창구 상남로 290 경상남도의회(055-211-7222) (학)1977년 경상고졸 1983년 경남대 사범대학졸 2001년 同행정대학원졸(행정학석사) 2012년 정치학박사(경남대) (경)민간사회안전망운동 양덕2동위원장(현) 1991~1993년 경상고총동창회 회장 1996~2000년 새마을지도자양덕2동협의회 회장 2000년 경남대 행정대학원 총학생회장 2001~2008년 새마을문고 마산시지부 회장 2001~2004년 마산세무서 공평과세위원 2003~2005년 해병대마산시연합전우회 이사 2005년 마산교육청 학교평가위원 2006~2010년 경남 마산시의회 의원 2006~2008년 同보사상하수위원회 위원장 2007년 경남대 행정대학원 총동창회 회장 2007년 양덕2동새마을금고 이사 2010~2014년 경남 창원시의회 의원 2010~2012년 同의회운영위원회 위원장 2014~2018년 경남 창원시의회 의원 2014~2016년 同경제복지문화여성위원회 위원장 2018년 경남도의회 의원(더불어민주당)(현) (상)경상남도지사표창(1997), 행정자치부장관표창(1998), 새마을대상(2000), 대통령표창(2004), 한국매니페스토실천본부 매니페스토약속대상(2009~2018, 10년 연속 수상) (종)불교

이상일(李相日) RHIE Sang Il (海史)

(생)1933·6·21 (본)경주(慶州) (출)경남 통영 (주)서울특별시 종로구 성균관로 25-2 성균관대학교 독어독문학과(02-760-0291) (학)1953년 마산고졸 1957년 서울대 문리과대학 독어독문학과졸 1960년 부산대 대학원 철학과 수료 1963년 서울대 대학원 독어독문학과졸 1969년 스위스 취리히대 수료 1979년 문학박사(성균관대) (경)1965~1975년 성균관대 조교수 1967년 스위스연방정부 장학생 취리히대 민족학박물관 연구원 1969년 국제극예술협회(ITI) 한국본부 상임위원 1975~1998년 성균관대 독어독문학과 교수 1980년 同시청각교육원장 1981년 한국독어독문학회 회장 1981~1983년 성균관대 도서관장 1982년 국제극평가협회(IATC) 한국본부 및 서울극평가그룹 대표 1983년 공연예술평론가협회 회장 1983년 일본국제교류기금 펠로우십 쓰쿠바대 객원교수 1986년 성균관대 인문과학연구소장 1986년 同교학처장 1988년 서울올림픽개폐회식 자문위원 1988년 서울국제연극제 운영위원 1989년 한국브레히트학회 창립회장 1989~1991년 KBS 시청자위원 1991년 통일원 남북교류자문위원장 1991년 한국연극학회 회장 1993년 축제문화협의회 공동의장 1994년 여가문화연구회 회장 1997년 서울세계연극제 운영위원 1998년 성균관대 독어독문학과 명예교수(현) 1998년 다움문화예술기획연구소 소장 1999~2001년 한국교육방송공사(EBS) 시청자위원 2004~2012년 다움문화예술기획연구회 이사장 2007년 문화관광부 공연예술분야 평가위원 2012년 (사)문화다움 이사장(현) 2016년 문화예술멘토원로회의 대표(현) (상)문화예술평론상(1983), 심산학술상(1991) (저)'한국사상의 원천(共)'(1972) '충격과 창조' '한국의 장승'(1976) '전통사회의 민중예술' '한국인의 굿과 놀이'(1980) '민족심상의 예능학'(1984) '축제와 마당극'(1986) '굿-그 황홀한 연극'(1991) '변신이야기' '브레히트 연구' '축제의 정신'(1998) '깨어있는 의식과 문화형성력'(2000) '춤의 세계와 드라마'(2006) '융복합예술과 무용리뷰'(2012) 시집 '서정무가'(2012) (역)'유럽의 민화' '독일의 개구쟁이 틸 오일렌슈피겔'(2012)

이상일(李相一) LEE Sang Il

(생)1938·6·10 (본)전의(全義) (출)경기 파주 (주)서울특별시 강남구 삼성로 527 (주)일진글로벌(02-2192-9101) (학)1957년 경기상고졸 1963년 고려대 상학과졸 1989년 서울대 경영대학원 최고경영자과정 수료 1992년 고려대 국제대학원 최고국제관리과정 수료 2003년 명예 경영학박사(세종대) 2005년 명예 경영학박사(고려대) (경)1963~1973년 한국전력 근무 1973년 일진산업(주) 대표이사 1974~1982년 일진물산(주) 대표이사 1978~2003년 (주)일진오토모티브 회장 1982년 (주)일진블럭스위치 회장 1993~2001년 현대자동차협동회 회장 1997년 한국무역협회 이사 1999~2005년 한국자동차공업협동조합 이사장 2001년 (주)일진글로벌 대표이사 회장(현) 2003년 (주)일진베어링 회장 (상)동탑산업훈장, 국무총리표창, 금탑산업훈장, 5억달러 수출의 탑(2015), 자랑스러운 고대인상(2019)

이상일(李尙逸) Sangil Lee

(생)1968·8·26 (본)전주(全州) (출)경남 합천 (주)세종특별자치시 도움6로 11 국토교통부 혁신도시발전추진단 혁신도시정책총괄과(044-201-4456) (학)1993년 경북대 행정학과졸 2005년 미국 피츠버그대 대학원졸 (경)2003년 해양수산부 해운물류국 항만물류기획과 서기관 2003년 同해운물류국 항만물류과 서기관, 同수산정책국 어촌어항과 서기관 2007년 同수산정책국 수산경영과장 2008년 인천지방해양항만청 선원해사안전과장 2009년 국토해양부 물류항만실 항만유통과장 2009년 同물류항만실 항만운영과장 2011년 同항공정책실 항공산업과장 2013년 국토교통부 항공정책실 항공산업과장 2013년 同주택도시실 부동산산업과장 2015년 同교통물류실 물류정책과장(서기관) 2017년 同교통물류실 물류정책과장(부이사관) 2017년 同자동차운영보험과장 2018년 同자동차정책과장 2019년 同혁신도시발전추진단 혁신도시정책총괄과장(현) (종)기독교

이상임(李尙任·女) LEE SANG IM

(생)1977·3·20 (주)세종특별자치시 한누리대로 422 고용노동부 청년취업지원과(044-202-7451) (학)1996년 부산동여고졸 2001년 부산대 행정학과졸 (경)2003년 행정고시 합격(47회) 2004년 중앙인사위원회 수습행정관 2005~2007년 노동부 보험운영지원팀·고용보험정책팀 근무 2007년 同인적자원개발과 근무 2010~2012년 고용노동부 인력수급정책과·외국인력정책과 근무 2012년 同노동시장정책과 근무 2013~2014년 同노사관계법제과 근무 2014~2016년 대통령 고용노동비서관실 행정관 2016년 경제사회발전노사정위원회 기획과장 2017년 고용노동부 청년취업지원과장(현)

이상재(李相載) Lee, Sang-Jae

(생)1967·2·15 (출)경남 고성 (주)전라북도 전주시 덕진구 농생명로 300 농촌진흥청 기획조정관실(063-238-0400) (학)1985년 동래고졸 1989년 서울대 농학과졸 1996년 일본 사이타마(埼玉)대 대학원 정책학과졸 (경)기술고시 합격(24회) 1989년 농림부 국립농업자재검사소 농약잔류검사과·국립농업자재검사소 생물검사과·국립농산물검사소·국제농업국 통상협력과 농업사무관 2000년 同국제농업국 통상협력과 농업서기관 2003년 同사회통계국 농어업생산통계과장 2003년 同품종보호심판위원회 상임위원 2004~2007년 UN세계식량농업기구 농업전문관 2008년 통계청 사회통계국 농어업생산통계과장 2008년 同OECD세계포럼준비기획단 과장 2008년 同OECD세계포럼준비기획단 사무국 총괄기획과장 2008년 농촌진흥청 기획조정관실 미래전략팀장 2008년 同기획조정관실 미래전략팀장(부이사관) 2009년 同연구정책국 첨단농업과장 2009년 同연구정책국 연구개발과장 2010년 同연구정책국 생명자원관리과장 2011년 同기술협력국 국제기술협력과장 2012년 식품의약품안전평가원 식품위해평가부장(고위공무원) 2014년 국립축산과학원 축산생명환경부장 2016년 同원장 직무대행 2016년 교육파견(고위공무원) 2016년 국립축산과학원 축산자원개발부장 2019년 농촌진흥청 기획조정관(현) (종)기독교

이상정(李尙政)

(생)1965·8·15 (주)충청북도 청주시 상당구 상당로 82 충청북도의회(043-220-5116) (학)고려대 사회학과졸 (경)음성농협 감사, 음성군민중연대 공동대표(현), 맹동생명환경수호위원회 지도위원(현), 충북도 소이면 산업폐기물반대 집행위원장(현), 음성군식생활교육네트워크 공동대표(현), 음성군농업인단체연합회 부회장(현), 음성군농민회 회장 2014~2018년 충북 음성군의회 의원(무소속·더불어민주당) 2018년 충북도의회 의원(더불어민주당)(현) 2019년 충북도의회 예산결산특별위원회 부위원장(현)

이상제(李相禔) Lee Sangche

(생)1960·11·30 (주)서울특별시 영등포구 여의대로 38 금융감독원 금융소비자보호처(02-3145-5009) (학)1979년 영등포고졸 1984년 서울대 경제학과졸 1986년 同대학원 경제학과졸 1998년 경제학박사(미국 컬럼비아대) (경)1994년 미국 컬럼비아대 국제대학원·경영대학원 조교 1996년 The World Bank 국제경제학분과 자문 1999년 한국금융연구원 거시금융팀 연구위원 2002년 同국제금융팀 연구위원 2003년 同국제금융팀장 2004년 同금융시장팀장 2005년 금융감독위원회 위원장 자문관 2007년 한국금융연구원 금융시장연구실 연구위원 2009년 기획재정부 장관 자문관 2010~2017년 한국금융연구원 금융시장제도연구실 선임연구위원 2011~2014년 금융위원회 상임위원 2014년 한국금융연구원 통일금융연구센터장(선임연구위원) 2014~2016년 신용보증기금 비상임이사 2015년 한국금융연구원 금융산업연구실장 겸 연구조정실장 2015~2016년 同기획협력실장 2016년 同해외금융협력지원센터장 2017년 금융감독원 금융소비자보호처장(부원장)(현) (저)'채무면제·채무유예 금융 서비스와 정책 과제'(2006, 한국금융연구원) '신용정보업의 현안과 정책과제(共)'(2006, 한국금융연구원) '은행 소유규제 합리화 방안'(2008, 한국금융연구원) '원칙중심감독 도입방안(共)'(2008, 한국금융연구원) 'Economic Effects of Positive Credit Information Sharing : The Case of Korea(共)'(2008, 한국금융연구원) '키코 파생상품의 이해(共)'(2009, 한국금융연구원) 'Global Financial Crisis : Background, Prospects, and Its Impacts on Korea(共)'(2009, Seoul Journal of Economics) '키코 파생상품 계약의 위험성과 적합성 원칙'(共) '은행법연구 제2권 1호'(2009, 은행법학회)

이상주(李相周) LEE Sang Joo (泉浦)

(생)1937·8·19 (본)인천(仁川) (출)경북 영주 (학)1956년 부산사범학교졸 1960년 서울대 사범대학졸 1966년 同대학원 교육심리학과졸 1971년 철학박사(미국 피츠버그대) (경)1960년 공군사관학교 교관 1970년 행동과학연구소 부소장 1971년 한국교육개발원 책임연구원 1971~1980년 서울대 사범대학 조교수·부교수 1978년 한국정신문화연구원 교육연구실장·기획실장 1980년 대통령 교육문화수석비서관 1982~1988년 강원대 총장 1982~1985년 대학태권도연맹 회장 1983~1988년 아시아태권도연맹 회장 1986년 대학교육협의회 부회장 1988~1996년 울산대 총장 1993년 러시아 Tomsk Polytechnic Univ. 명예교수 1996~1998년 한림대 총장 1996년 한국지역사회교육협의회 회장 1996년 유네스코 한국위원회 부위원장 1996년 한국교원단체총연합회 교육정책위원장 1999~2000년 '2001년 한국방문의 해' 추진위원

장 2000년 한국사회과학연구협의회 회장 2001년 경희대 평화복지대학원장 2001년 한국정신문화연구원 원장 2001년 대통령 비서실장 2002~2003년 부총리 겸 교육인적자원부 장관 2003~2006년 교육공동체시민연합 상임공동대표 2003~2006년 성신여대 총장 2004년 열린사이버대 이사장 (상)국민훈장 모란장(1984), 청조근정훈장(2004) (저)'교육의 사회학적 기초'(共) '교육혁신 전파에 관한 이론적 기초'(共) '미래를 위한 한국교육' '학교가 무너지면 미래는 없다' (역)'미래를 위한 학습' (종)천주교

이상주(李相柱)

(생)1961·1·15 (주)전라북도 전주시 완산구 유연로 180 전북지방경찰청 수사과(063-280-8166) (학)1978년 전북 이리고졸 1985년 원광대 법학과졸 (경)1987년 경위 임용(경찰간부후보 35기) 2011년 전북지방경찰청 수사과장 2011년 전북 김제경찰서장 2013년 전북지방경찰청 청문감사담당관 2014년 전북 부안경찰서장 2016년 전북지방경찰청 형사과장 2017년 전북 익산경찰서장 2019년 전북지방경찰청 수사과장(현)

이상주(李尙伷) LEE Sang Ju

(생)1963·10·1 (본)전주(全州) (출)충북 음성 (주)충청북도 청주시 서원구 산남로62번길 51 청주지방법원(043-249-7114) (학)1982년 충북고졸 1986년 서울대 사법학과졸 (경)1984년 사법시험 합격(26회) 1988년 사법연수원 수료(17기) 1988년 공군 법무관 1991년 서울지법 북부지원 판사 1993년 서울민사지법 판사 1995년 대전지법 홍성지원 판사 1997년 대전고법 판사 1998년 미국 워싱턴대 연수 1998년 수원지법 판사 1999년 서울지법 판사 2000년 서울고법 판사 2001년 대법원 재판연구관 2003년 대전지법 부장판사 2003년 영국 케임브리지대 파견 2004년 대법원 재판연구관 2006년 서울중앙지법 부장판사 2009년 수원지법 안산지원장 2010년 광주고법 전주재판부 부장판사 2012년 인천지법 수석부장판사 2013년 서울고법 부장판사 2018년 청주지법원장(현) 2018년 대전고법 청주재판부 부장판사 겸임(현) 2018년 충북도선거관리위원회 위원장(현) (종)불교

이상주(李相周)

(생)1968·6·28 (출)대전 (주)서울특별시 서초구 서초중앙로 157 서울중앙지방법원(02-530-1114) (학)1987년 대전 충남고졸 1991년 서울대 경제학과졸 1996년 同대학원졸 (경)1995년 사법시험 합격(37회) 1998년 사법연수원 수료(27기) 1998년 서울지법 서부지원 판사 2000년 서울지법 판사 2002년 청주지법 판사 2005년 수원지법 성남지원 판사 2008년 서울중앙지법 판사 2010년 서울고법 판사 2011년 대법원 재판연구관 2016년 춘천지법 원주지원장 2018년 서울중앙지법 부장판사(현)

이상준(李相駿) LY Sang Joon

(생)1958·12·3 (출)서울 (주)서울특별시 서대문구 충정로 50 골든브릿지금융그룹 회장실(02-360-9500) (학)1997년 서울대 공대 자원공학과졸 (경)1987년 전태일노동자료연구소 정보화팀장 1989년 전국보험노동조합연맹 홍보부장 1991년 삼요건설(주) 기획실장 1992년 다처산업(주) 대표이사 1998년 김영선 국회의원 보좌관 2000년 (주)골든브릿지 설립 2001년 (주)골든브릿지기술투자 대표이사 2002년 (주)지비정보기술 대표이사 2002년 (주)지비사무수탁 대표이사 2003년 쌍용캐피탈(주) 대표이사 2004년 골든브릿지자산운용 대표이사 2005~2007년 브릿지증권 대표이사 회장 2005년 골든브릿지 대주주(현) 2007~2008년 골든브릿지투자증권 대표이사, 골든브릿지금융그룹 회장(현)

이상준(李尙俊) LEE Sang Joon

(생)1976·8·16 (주)서울특별시 강남구 봉은사로 135 현대약품(주) 서울본사 임원실(02-2600-3831) (학)신목고졸, 동국대 독어독문학과졸, 미국 샌디에이고대 대학원졸(MBA) (경)2003년 현대약품(주) 입사, 同경영관리본부 상무, 同미래전략본부장(상무), 同미래전략본부장(부사장) 2017년 同신규사업·R&D부문 총괄 사장 2018년 同대표이사 사장(현)

이상직(李相稷) LEE Sang Jik

(생)1963·1·30 (출)전북 전주 (주)경상남도 진주시 동진로 430 중소벤처기업진흥공단 이사장실(055-751-9000) (학)1981년 전주고졸 1989년 동국대 경영학과졸 2005년 고려대 경영대학원 경영학과졸(석사) (경)2001년 (주)케이아이씨 대표이사 사장 2006~2012년 이스타항공그룹 총괄회장 2008년 전주대 경영학부 객원교수 2009년 전북대 초빙교수 2010~2012년 중앙대 행정대학원 객원교수 2010~2013년 굿월드자선은행 대표 2012~2016년 제19대 국회의원(전주 완산乙, 민주통합당·민주당·새정치민주연합·더불어민주당) 2012년 민주통합당 정책위원회 부의장 2012~2013년 同원내부대표 2012~2013년 同직능위원장 2014년 민주당 전국직능위원회 수석부의장 2014년 同사회적경제정책협의회 위원 2014년 새정치민주연합 전국직능대표자회의 총괄본부장 2014년 국회 정무위원회 위원 2014년 국회 동북아역사왜곡대책특별위원회 위원 2014년 새정치민주연합 전주완산乙지역위원회 위원장 2014년 同정책엑스포조직위원회 추진부단장 2015년 국회 예산결산특별위원회 위원 2015~2018년 전북대 초빙교수 2015년 더불어민주당 전국직능대표자회의 총괄본부장 2015년 同전주완산乙지역위원회 위원장 2015년 同정책엑스포조직위원회 추진부단장 2016~2018년 원광대 초빙교수 2016년 더불어민주당 전주乙지역위원회 위원장 2016년 同전북도당 윤리심판위원회 부위원장 2016~2018년 이스타항공그룹 회장 2017년 더불어민주당 제19대 문재인 대통령후보 중앙선거대책본부 직능본부 수석부본부장 2017~2018년 대통령직속 일자리위원회 위원 2018년 중소기업진흥공단 이사장 2019년 중소벤처기업진흥공단 이사장(현) (상)유권자시민행동 대한민국유권자 대상(2013·2015), 국정감사 최우수상(2013), 한국소비자협회 대한민국소비자대상 소비자입법부부문 금융소비자상 대상(2013), 한국을 빛낸 위대한 한국인 100인 대상 의정공직부문 경제민주화혁신공로대상(2013), 한국을 빛낸 자랑스런 한국인대상(2013·2014·2015), 한국예술문화단체총연합회 특별공로상(2015), 시사경제매거진 국정감사 우수국회의원 대상(2015), 국정감사NGO모니터단 국정감사 우수의원(2015), 대한민국생산성CEO대상(2018), 한국경영학회 최우수경영 대상(2019) (저)'텐배거'(2007) '촌놈 하늘을 날다'(2011)

이상직(李象稙) LEE Sang Jik

(생)1965·9·6 (본)예안(禮安) (출)경북 안동 (주)서울특별시 강남구 테헤란로 133 법무법인(유) 태평양(02-3404-0650) (학)1984년 대구 영진고졸 1988년 고려대 법학과졸 2004년 미국 캘리포니아주립대 산타크루즈교 정보통신과정 수료 (경)1994년 사법시험 합격(36회) 1997년 사법연수원 수료(26기) 1997~1998년 정보통신부 정책실 기술기획과 행정사무관·통신위원회 재정과장 1998·1999·2001년 서울체신청 경영평가위원 1999년 대한상사중재원 정보통신분야 중재인(현) 2000년 전자거래분쟁조정위원회 위원 2000년 YMCA시민정보위원회 위원 2006년 법무부 전자어음분쟁조정위원회 위원 2006년 정보통신부 정보통신망침해사고민관합동조사단 전문가 2009년 (주)KT 윤리경영실 법무담당TFT 상무 2010년 同윤리경영실 법무센터장(상무) 2010~2012년 同윤리경영실 법무센터장(전무) 2012년 同그룹윤리경영실 준법지원인 2013년 법무법인(유) 태평양 변호사(현) 2013~2015년 공무원연금공단 대체투자위원회 위원 2013~2014년 미래

창조과학부 규제개선추진위원회 위원 2014~2016년 同클라우드전문위원회 위원 2014~2019년 방송통신위원회 청렴옴부즈만 2014~2019년 同행정심판위원회 위원 2015년 개인정보보호법학회 부회장(현) 2015~2017년 미래창조과학부 규제심사위원회 위원 2016~2017년 同고문변호사 2017년 과학기술정보통신부 · 법무부 전자문서및전자거래기본법개정위원회 위원 2017~2019년 同규제심사위원 2017~2018년 同고문변호사 2018년 한국인터넷진흥원 비상임이사(현) (상)대통령표창(2016), 과학기술정보통신부장관표창(2019) (저)'통신법개론'(1999)

이상진(李相鎭) LEE Sang Jin

(생)1958 · 5 · 14 (본)경주(慶州) (출)경북 경주 (주)경기도 평택시 삼남로 283 한국복지대학교 총장실(031-610-4603) (학)경주고졸 1980년 영남대 법학과졸, 미국 오리건대 대학원졸 1999년 교육정책학박사(미국 오리건대) (경)1979년 행정고시 합격(23회), 문교부 교육시설과 · 법무담당관실 · 학술진흥과 근무 1993년 순천대 학생과장 1995년 해외 유학(미국 오리건대) 1999년 교육부 평생학습정책과장(서기관) 2000년 同평생학습정책과장(부이사관) 2000년 同교육정책담당관 2001년 교육인적자원부 정책총괄과장 2001년 同지방교육기획과장 2002년 부산시교육청 기획관리국장 2005년 목포대 사무국장 2005년 노동부 직업능력개발심의관 2006년 부산시교육청 부교육감(이사관) 2008년 경희대 교육대학원 객원교수 2009년 교육과학기술부 교육복지지원국장(고위공무원) 2009년 同교육복지국장 2010년 同인재정책실장 2012년 同제1차관 2012~2015년 駐유네스코대표부 대사 2015~2016년 한국방송통신대 프라임칼리지 석좌교수 2016년 한국복지대 총장(현) 2017~2018년 한국장학재단 정책연구위원회 위원 (상)홍조근정훈장(2009)

이상진(李相鎭) LEE Sang Jin

(생)1962 · 2 · 28 (출)경기 평택 (주)서울특별시 종로구 사직로8길 60 외교부 재외동포영사대사실(02-2100-8052) (학)1980년 부평고졸 1988년 서울대 공법학과졸 1994년 同행정대학원 행정학 석사과정 수료 1999년 일본 도쿄도립대 대학원 정치학과졸 (경)1990년 행정고시 합격(34회) 1991년 행정사무관 시보 임용 1992년 서울 마포구청 과장 1994~2000년 서울시 국제협력담당관실 · 예산과 계장 2001년 국무조정실 규제개혁조정관실 사무관 2003~2004년 同일반행정심의관실 과장(서기관) 2004~2006년 일본 도쿄대 법정대학원 객원연구원 2006년 국무조정실 심사평가조정관실 성과관리과장 2007~2009년 駐일본 1등서기관 겸 영사 2009년 국무총리실 복지여성정책관실 보건복지정책과장 2010년 同규제개혁실 규제총괄과장 2011년 同지식재산전략기획단 지식재산정책관(고위공무원) 2012년 고용 휴직(고위공무원) 2013년 교육 파견(고위공무원) 2014년 국무조정실 공직복무관리관 2015년 同경제조정실장 2016년 행정자치부 국가기록원장 2017년 행정안전부 국가기록원장 2017년 同과거사관련업무지원단장 2018년 외교부 재외동포영사대사 겸 재외동포영사실장(현) (상)근정포장(2004)

이상진(李相珍) Lee Sang Jin

(생)1962 · 6 · 12 (출)경북 예천 (주)서울특별시 강남구 테헤란로 305 한국표준협회(02-6009-4500) (학)1981년 안동고졸 1985년 고려대 경영학과졸 1990년 서울대 행정대학원 행정학과졸 1997년 행정학박사(미국 오하이오주립대) (경)1988년 행정고시 합격(32회) 2001년 OECD 과학기술산업국 프로젝트매니저 2003년 정보통신부 정보통신정책국 소프트웨어진흥과장 2004년 同정보통신전략기획관실 동향분석담당관 2005년 同정보통신협력국 협력기획과장 2006년 同통신이용제도팀장 2007년 同미래정보전략본부 기획총괄팀장(부이사관) 2008년 대통령 방송통신비서관실 행정관 2009년 지식경제부 소프트웨어진흥과장 2010년 충청체신청장 2011년 국무총리실 산업정책관(고위공무원) 2013년 국무조정실 경제조정실 산업통상미래정책관 2013년 산업통상자원부 기술표준원 적합성정책국장 2013년 同국가기술표준원 적합성정책국장 2014년 同통상협력국장 2016년 同무역투자실 투자정책관 2016년 同대변인 2016년 同무역위원회 상임위원 2017년 同통상교섭실장(고위공무원 가급) 2018년 한국표준협회 회장(현) (상)대통령표창(1998), 근정포장(2006), 홍조근정훈장(2015) (저)英文단행본 'United East Asia'(2016)

이상진(李尙璡)

(생)1970 · 2 · 2 (출)광주 (주)서울특별시 강남구 테헤란로92길 7 법무법인 바른(02-3476-5599) (학)1988년 조선대부고졸 1993년 고려대 법학과졸 (경)1998년 사법시험 합격(40회) 2001년 사법연수원 수료(30기) 2001년 서울지검 북부지청 검사 2003년 광주지검 해남지청 검사 2004년 광주지검 검사 2006년 서울중앙지검 검사 2010년 법무부 형사법제과 검사 2012년 대구지검 검사 2014년 대검찰청 검찰연구관 2016년 광주지검 장흥지청장 2017년 의정부지검 공안부장 2018~2019년 부산지검 공안부장 2019년 법무법인 바른 변호사(현)

이상천(李相千) LEE Sang Cheun

(생)1949 · 10 · 17 (출)경북 포항 (주)경상북도 안동시 풍천면 도청대로 455 민주평화통일자문회의 경북지역회의(054-858-3435) (학)1969년 부산 동성고졸 1993년 계명대 무역대학원 수료 (경)1985년 영일군유도회 부회장 1990년 오천청년회 회장 1991 · 1995 · 1998 · 2002 · 2006~2010년 경북도의회 의원(한나라당) 1997~1998년 同내무위원장 2000년 同부의장 2002~2005년 同한나라당의원협의회 회장 2002년 (주)중앙건업 대표이사 회장(현) 2002년 (주)형산 대표이사 회장(현) 2006 · 2008~2010년 경북도의회 의장 2007~2008년 지역균형발전지방의회협의회 공동부의장 2008~2010년 전국시도의회의장협의회 회장 2011~2013 · 2017년 민주평통 경북지역회의 부의장(현) (상)국민훈장 모란장(2014)

이상천(李相千)

(생)1961 · 5 · 1 (주)충청북도 제천시 내토로 295 제천시청 시장실(043-641-5001) (학)1980년 제천고졸 1989년 한양대 독어독문학과졸 2017년 세명대 대학원 재학중 (경)1987년 7급 공채 합격 1998년 제천시청 근무 2007~2009년 同미래경영본부 축제영상팀장 2009~2010년 오송바이오진흥재단 파견 2011~2013년 제천시 송학면장 2013년 同건설환경국 산림공원과장 2013년 同안전건설국 산림공원과장 2014년 同전략사업단 한방바이오과장 2014년 同기획감사담당관 2015년 同행정복지국 자치행정과장 2016년 同행정복지국장 2018년 더불어민주당 충북도당 부위원장 2018년 충북 제천시장(더불어민주당)(현) (상)행정자치부장관표창(2001), 국무총리표창(2015)

이상철(李相哲) LEE Sang Chul

(생)1948 · 2 · 20 (출)서울 (학)1967년 경기고졸(63회) 1971년 서울대 공대 전기공학과졸 1973년 미국 버지니아폴리테크닉주립대 대학원졸 1976년 전기공학박사(미국 듀크대) (경)1976~1979년 미국 Western Union Spacecom 선임연구원 · NASA 통신위성설계담당 1979~1982년 미국 Computer Sciences Corp. 책임연구원 · 국방성 지휘통신자동화체제 설계담당 1982~1991년 국방과학연구소 책임연구원 1991년 한국전기통신공사 통신망연구소장 1993년 同사업개발단장 1996년 同무선사업본부장 1996~2000년 한국통신프리텔(주) 대표이사 사장 2001~2002

년 한국전기통신공사 사장 2002~2003년 정보통신부 장관 2003~2004년 고려대 석좌교수 2004년 신한금융지주회사 사외이사 2004년 코오롱그룹 상임고문 2004~2016년 (사)한국장애인재활협회 회장 2005~2009년 광운대 총장 2007~2008년 아이에스하이텍 사외이사 2010년 (주)통합LG텔레콤 대표이사 부회장 2010~2015년 (주)LG유플러스 대표이사 부회장 2010~2012년 한국산업융합협회 회장 2015~2017년 (주)LG유플러스 상임고문 2017~2018년 화웨이 총괄고문 2017~2018년 IGM세계경영연구원 이사회 의장·회장 (상)국방과학상 은상(1987), 국방부장관표창(1991), 산업포장(1994), 한국능률협회 경영혁신대상 최고경영자상(1998), 한국통신학회 통신경영대상(1999), 청조근정훈장(2004), 미국 듀크대 올해의 자랑스런 듀크동문상(2009), 제6회 대한민국인터넷대상 개인공로상(2011), 한국통신학회 정보통신대상(2013), 제22회 다산경영상 전문경영인부문(2013) (저)'PCS Planning in Korea'

이상철(李相喆) LEE Sang Cheol

(생)1956·10·11 (주)경상북도 구미시 대학로 61 금오공과대학교 총장실(054-478-7685) (학)1980년 서울대 섬유공학과졸 1986년 同대학원졸 1989년 공학박사(서울대) (경)1989~1990년 일본 도쿄농공대 연구원 1990~2001년 금오공대 고분자공학과 전임강사·조교수·부교수 1999~2000년 미국 코넷티컷주립대 객원교수 2001~2014년 금오공대 신소재시스템공학부 고분자공학과 교수 2003년 同기획협력과장 2005년 同산업대학원장 2007~2008년 同교무연구처장 2014~2017년 同화학소재융합공학부 고분자공학과 교수 2017년 同총장(현)

이상철(李相喆) Lee, Sang-Chul

(생)1960·6·20 (출)충남 (주)경기도 수원시 영통구 삼성로 129 삼성전자(주) 인사팀(031-200-1114) (학)인하대 산업공학과졸 (경)삼성전자(주) SEBN법인장(상무보) 2007년 삼성생명보험(주) 상무대우 2010년 삼성전자(주) SEI법인장(전무) 2012년 同SEI법인장(부사장) 2012년 同중남미총괄 부사장 2014년 同독립국가연합(CIS)총괄 부사장 2015년 同무선사업부 전략마케팅실장(부사장) 2017년 同동남아총괄 부사장(현)

이상철(李相喆) Lee Sang Chul

(생)1960·8·12 (주)전라남도 무안군 삼향읍 오룡길 1 전라남도의회(061-286-8200) (학)조선대부속고졸 1985년 조선대 토목공학과 중퇴 (경)2002년 새천년민주당 곡성군 사무국장 2002년 전남 곡성군의원선거 출마(무소속) 2006~2009년 곡성군생활체육협의회 회장, 새정치국민회의 전남 곡성·구례지구당 사무국장, 同곡성사무국장, 민주당 곡성군 운영위원 2006·2010~2014년 전남 곡성군의회 의원(민주당·민주통합당·민주당·새정치민주연합) 2010~2012년 同의장, 바르게살기운동 전남곡성군협의회장 2018년 전남도의회 의원(더불어민주당)(현), 同농수산위원회 위원(현) (종)기독교

이상철(李相哲) Lee, Sang-Cheol

(생)1961·2·21 (본)전의(全義) (출)강원 원주 (주)충청북도 청주시 상당구 상당로 195 충북개발공사 비서실(043-210-9100) (학)1980년 우신고졸 1985년 연세대 토목공학과졸 1989년 한국개발연구원(KDI) 국제정책대학원 공공정책학과졸 2009년 미국 럿거스대 대학원 도시계획학과졸 (경)1989~1990년 한국산업안전공단 근무 1990~1995년 한국전력공사 원자력건설처 근무 1996~1997년 행정자치부 근무 1997~2006년 건설교통부 도로관리과·기술정책과·철도정책팀 토목사무관 2006년 同철도정책팀 기술서기관 2008년 국외 훈련(미국 럿거스대) 2009년 원주지방국토관리청 도로시설국장 2010년 공공기관지방이전추진단 파견(서기관) 2011년 국토해양부 간선철도과장 2012년 同교통정책실 철도건설과장 2013년 국토교통부 동서남해안및내륙권발전기획단 기획총괄과장 2014~2016년 同하천계획과장 2016년 국무조종실 세종특별자치시지원단 파견(부이사관) 2017년 세종연구소 교육파견(부이사관) 2018년 행정중심복합도시건설청 공공건축추진단 공공시설건축과장 2018년 국토교통부 국토정보정책과장 2019년 행정중심복합도시건설청 기반시설국장 2019년 충북개발공사 사장(현)

이상철

(생)1962 (출)경남 거창 (주)인천광역시 동구 우각로 75 인천세무서(032-770-0200) (학)세무대학졸(1기) (경)세무공무원 임용(8급 특채), 서울 청량리세무서 소득세과 근무, 서울 강남세무서 법인세과 근무, 인천세무서 소득세과 근무, 중부지방국세청 조사1국2과 근무, 남인천세무서 조사과 근무, 중부지방국세청 감사관실 감사계 근무, 경기 안산세무서 소득지원과 근무, 강원 삼척세무서 세원관리과장, 국세청 소득지원국 근로소득세과 근무 2014년 중부지방국세청 조사4국 조사3과 5계장 2014년 서기관 승진 2016년 충북 제천세무서장 2017년 북대전세무서장 2018년 중부지방국세청 개인납세2과장 2019년 인천세무서장(현)

이상철(李相哲) SANG CHUL LEE

(생)1962·12·13 (출)경북 김천 (주)서울특별시 강남구 테헤란로 133 한국타이어빌딩 10층 법무법인(유) 태평양(02-3404-0181) (학)1981년 대구 능인고졸 1985년 고려대 법학과졸 1987년 同대학원 법학과졸 (경)1991년 사법시험 합격(33회) 1994년 사법연수원 수료(23기) 1994년 서울지검 검사 1996년 창원지검 거창지청 검사 1997년 부산지검 검사 1999년 대구지검 검사 2002년 법무부 송무과 검사 2004년 서울동부지검 검사 2006년 同부부장검사 2007년 청주지검 부장검사 2008년 대구지검 공판부장 2009년 대검찰청 공판송무과장 2010~2011년 법무부 국가송무과장 2011년 법무법인(유) 태평양 변호사(현) 2017년 중앙환경분쟁조정위원회 조정위원(현) 2018년 서울지검 형사상고심의위원회 위원(현)

이상철(李相哲) LEE Sang Cheol

(생)1964·8·23 (출)충남 홍성 (주)대전광역시 서구 문정로48번길 48 특허정보진흥센터(042-719-2401) (학)안양공고졸, 한양대졸 (경)기술고시 합격(25회) 1997년 특허청 사무관 2003년 同심사2국 제어기계심사담당관 2004년 특허법원 기술심리관 2006년 특허청 기계금속건설심사본부 제어기계심사팀장 2008년 특허심판원 심판관 2010년 특허청 기계금속건설심사국 일반기계심사과장 2010년 同기계금속건설심사국 일반기계심사과장(부이사관) 2010년 특허심판원 심판관 2012년 특허청 전기전자심사국 특허심사정책과장 2012년 특허심판원 심판4부 심판장(고위공무원) 2014년 중앙공무원교육원 파견(고위공무원) 2015년 특허심판원 심판장 2015년 특허청 특허심사2국장 2018년 특허심판원 심판5부 심판장 2018년 특허정보진흥센터 소장(현)

이상춘(李尙春) Sang-Chun Lee

(생)1955·9·16 (주)서울특별시 강남구 테헤란로 410 금강타워 18층 한국캐피탈(02-6206-0001) (학)부산상고졸, 동아대졸, 부산대 대학원졸 (경)1974년 부산은행 입행 1995년 롯데캐피탈(주) 경영관리부장 2001년 同기업금융부장 2002년 同기업금융부 이사 2004년 同영업총괄 이사 2006년 同경영관리본부장(이사) 2007년 同기업금융본부장(이사) 2007년 同개인금융본부장(이사) 2009년 同개인금융본부장(상무) 2010년 同감사 2010~2016년 BNK캐피탈(주) 대표이사 2017년 한국캐피탈 대표이사(현)

이상춘(李相春) LEE SANG CHUN

(생)1965 · 12 · 26 (출)경북 경주 (주)인천광역시 연수구 인천타워대로 241 (주)포스코건설 커뮤니케이션실(032-748-3068) (학)경주고졸, 건국대 경영학과졸 (경)1990년 (주)포스코 입사 2007년 同홍보실 홍보1팀장 2009년 同홍보실 홍보1팀장(부장) 2011년 同홍보그룹장 2015년 同경영인프라본부 상무보 2015년 同PR실장 직대 2015년 同경영지원본부 홍보실 상무보 2017년 同경영지원본부 홍보위원(상무) 2018년 同홍보실장(상무) 2019년 (주)포스코건설 커뮤니케이션실장(상무)(현)

이상탁(李相卓) Lee Sang tak

(생)1965 · 11 · 22 (출)경북 의성 (주)대구광역시 수성구 무학로 227 대구지방경찰청 형사과(053-804-7055) (학)1984년 대구 달성고졸 1988년 경찰대 행정학과졸(4기) 1998년 경북대 행정대학원 행정학과졸 (경)1988년 경위 임용 2007년 대구지방경찰청 정보과 정보3계장 2010년 同청문감사담당관실 감찰계장 2011년 경북지방경찰청 경무과장 2011년 同경비교통과장(총경) 2012년 대구동부경찰서장 2014년 대구지방경찰청 정보과장 2015년 대구 수성경찰서장 2016년 대구지방경찰청 수사과장 2016년 대구북부경찰서장 2017년 대구지방경찰청 형사과장(현)

이상택(李相澤) LEE SANG TAEK

(생)1957 · 9 · 23 (출)경북 안동 (주)대구광역시 중구 서성로 20 매일신문(053-251-1514) (학)경북고졸, 대구가톨릭대 신학과졸, 이탈리아 그레고리안대 대학원 사회학과졸, 사회학박사(이탈리아 그레고리안대) (경)1990년 사제 서품 1990년 대봉성당 보좌 1991~1997년 미국 아이오와대 · 이탈리아 그레고리안대 유학 1998년 동명성당 주임신부 1999년 대구가톨릭대 신학대학 교수 2001년 교황청 종교간대화평의회 아시아담당관 2005년 대구가톨릭대 신학대학 교수 2011~2015년 만촌성당 주임신부 2017년 성김대건성당 주임신부 2018년 매일신문 부사장 2018년 同대표이사 사장(현) 2018년 한국디지털뉴스협회 부회장(현) 2019년 한국신문협회 부회장(현)

이상풍(李相豊) LEE Sang Pung

(생)1935 · 2 · 21 (본)전의(全義) (출)충남 공주 (주)서울특별시 관악구 신림로59길 23 (사)농업사회발전연구원(02-884-3781) (학)1955년 예산농고졸 1960년 서울대 잠사학과졸 1975년 농학박사(동아대) (경)1961~1968년 농촌진흥청 잠업시험장 기사 · 연구사 1962~1963년 일본 농림성 잠사시험장 유전육종연구 1968년 농촌진흥청 잠업시험장 잠업연구관 1968~1971 · 1974~1975년 서울대 농대 강사 1970~1984년 농촌진흥청 육잠과장 1980~1983년 건국대 농대 강사 1984~1987년 UNDP/FAO유전육종전문가 1984~1886년 스리랑카 중앙잠업연구장 누에육종지도 1987년 농촌진흥청 잠업시험장 연구실장 1987년 육종학회 부회장 1988년 잠사학회 부회장 1990년 同회장 1990년 국제농업개발학회 부회장 1990년 농촌진흥청 잠업시험장 육잠과장 1993년 同잠업시험장 연구실장 1994년 同잠업시험장장 1995년 우즈베키스탄 수출잠종 특성지도 1995~1997년 농촌진흥청 석좌연구관 1996년 이집트 잠업연구소 양잠 및 육종지도 1996~1997년 필리핀 잠업시험장 잠종생산지도 1997~1999년 네팔 잠업연구소 잠품종 및 잠업전반지도 1997년 (사)농업사회발전연구원 연구위원 · 감사 · 연구위원(현) 1999년 우즈베키스탄 수출잠종 성상지도 2000년 방글라데시 잠종생산지도 2007년 전의 · 예안이씨화수회 부회장(현) 2016년 대사성공파종회 고문(현) (상)농촌진흥청표창(3회), 농림수산부장관표창(6회), 대통령표창(1983), 근정포장(1996), 산업포장(2012) (저)'근대양잠의 새기술'(1968) '북한 잠사업의 현황(남북한 교류협력 여건)'(1972, 한국잠사학회) '누에품종 육종연구 35년'(1996) '북한의 농업기술(共)'(1998) '중국의 농업(共)'(2006) '전의이씨 공주문중지(編)'(2006) '증보 전의이씨 공주문중지(編)'(2015) (역)'잠종총론'(1972, 한국양잠기술보급회) (종)천주교

이상하(李相河) Lee Sang Ha

(생)1959 · 10 · 26 (출)전북 (주)서울특별시 강남구 테헤란로 534 글라스타워 18층 네오플럭스 비서실(02-560-9700) (학)신흥고졸 1984년 전북대 경제학과졸 2013년 중앙대 경영대학원 경영학과졸 (경)1983년 오비맥주 입사 1992년 두산그룹 기획실 근무 2000년 (주)두산 전략기획본부 상무 2007년 두산인프라코어(주) 기획조정실 CFP(전무) 2009년 (주)두산 부사장 2011년 네오플럭스 대표이사 사장(현)

이상학(李相學) LEE Sang Hak

(생)1966 · 1 · 9 (본)경주(慶州) (출)서울 (주)대구광역시 동구 동촌로 1 경북지방우정청(053-940-1301) (학)1984년 서울 영일고졸 1991년 서울대 외교학과졸 1994년 同대학원 행정학과졸, 영국 맨체스터대 대학원 박사과정 수료 (경)2002년 정보통신부 국제기구담당관실 서기관 2003년 부산우체국장 2004~2006년 국제전기통신연합 파견 2006년 정보통신부 정보문화팀장 2007년 同정보통신협력본부 국제기구팀장 2007년 OECD 통신인프라-서비스정책분과위원회 부의장 2008년 방송통신위원회 위원장 비서관 2009년 同방송정책국 방송정책기획과장 2011년 同통신정책기획과장 2012년 同2014국제전기통신연합전권회의준비기획단 부단장 2013년 미래창조과학부 2014국제전기통신연합전권회의준비기획단 부단장(부이사관) 2013년 同국제전기통신연합전권회의 아시아태평양지역사전준비회의 부의장 겸 정책위원회 의장 2014년 同2014국제전기통신연합전권회의 준비기획단 부단장(고위공무원) 2014~2015년 민관합동창조경제추진단 부단장 2015년 미래창조과학부 미래인재정책관 2015년 同미래인재정책국장 2016년 국가공무원인재개발원 교육훈련(고위공무원) 2016년 미래창조과학부 소프트웨어정책관 2017년 과학기술정보통신부 정보통신정책실 소프트웨어정책관 2017년 국가정보원 사이버위협합동대응팀 파견(국장급) 2019년 과학기술정보통신부 우정사업본부 경북지방우정청장(현) (상)홍조근정훈장(2015) (종)천주교

이상한(李相翰) LEE Sang Hann

(생)1952 · 4 · 28 (본)경주(慶州) (출)부산 (주)서울특별시 성북구 삼선교로16길 116 한성대학교 총장실(02-760-4202) (학)1970년 서울고졸 1978년 서강대 수학과졸 1986년 미국 뉴욕주립대 올바니교 대학원 경제학과졸 1989년 경제학박사(미국 뉴욕주립대 올바니교) (경)1978년 한국개발연구원 연구원 1989~2016년 한성대 사회과학대학 경제학과 교수 1992년 한국주택학회 이사 · 편집위원장 1992~1996년 경희대 · 건국대 · 한국외국어대 · 숙명여대 강사 1993년 전국경제인연합회 자문위원 1995년 지방고등고시 출제위원 1995년 한국주택학회 부회장 1998~1999년 한성대 사무처장 1999~2001년 한국주택학회 회장 2001년 주거복지연대 이사 2002년 한국주택학회 명예회장 2002~2003년 뉴질랜드 Univ. of Otago 초빙교수 · 초빙연구위원 2004년 한성대 교수협의회장 2005년 건설교통부 임대주택정책검토위원회 위원 2005~2007년 한성대 교무처장 2005년 한국주택학회 고문(현) 2007년 행정자치부 임대주택인센티브효과성검증위원회 위원 2007~2009년 한성대 대학원장 2007년 국민주택기금운용위원회 위원 2008년 미국 뉴욕주립대 올바니교 한국총동문회장 2008년 국토해양부 장관 정책자문위원 2010년 (사)주거복지연대 이사장 2012년 한국주거복지포럼 상임대표 2016년 한성대 총장(현) 2018년 한국주거복지포럼 이사장(현) (상)한국주택협회 공로상(2007), 미국 뉴욕주립대 명예메달(2016) (저)'주택생산 관련 산업의 발전방안에 관한 연구' '환경보전과 산업발전 : 염색가공산업' '환경법의 경제학적 분석'

이상해(李相海) LEE Sang Hae

(생)1948·1·11 (출)경북 (주)경기도 파주시 탄현면 헤이리로 12 전통건축부재보존센터 2층 전통건축수리기술진흥재단 이사장실(031-929-8300) (학)1970년 서울대 건축학과졸 1981년 미국 코넬대 대학원 건축공학과졸 1986년 건축공학박사(미국 코넬대) (경)1986~2013년 성균관대 공과대학 건축학과 교수 1995년 중국 청화대 방문학자 1996~1998년 대한건축학회 학회지편집위원장 1997~1999년 한국건축역사학회 부회장 1999~2003년 문화재위원회 전문위원 2001년 同건축문화재분과 위원 2002~2004년 한국건축역사학회 회장 2003년 성균관대 건축·조경 및 토목공학부장 2003년 국제기념물유적협의회(ICOMOS) 한국위원회 부위원장 2003년 한국건축가협회 명예이사(현) 2005년 문화재위원회 사적분과 위원 2007년 국제기념물유적협의회(ICOMOS) 한국위원장 2008년 외교통상부 문화외교자문위원 2009년 한국의서원 추진관리단 전문위원(현) 2009~2013년 문화재위원회 세계유산분과·사적분과위원회 위원 2011~2013년 同세계유산분과 위원장 2012년 백제역사유적지구 유네스코세계유산등재추진준비위원회 위원 2013년 성균관대 공과대학 건축학과 명예교수(현) 2013년 문화재청 '미래를 위한 국가유산자문위원회' 위원(현) 2015~2017년 문화재청 문화재위원회 위원장 겸 세계유산분과위원장 2016년 국민대 테크노디자인대학원 석좌교수(현) 2017년 전통건축수리기술진흥재단 이사장(현) (상)대한건축학회 남파상(1998), 한국간행물윤리위원회 저작상(1999), 대통령표창(1999), 장관표창(2007), 소우 저작상(2008) (저)'한국건축사'(1996) 'Anywise/건축의 도전(共)'(1997) '한국의 세계문화유산(共)'(1997) '서울건축사(共)'(1999) '서울 도시와 건축'(2000) '도산서원'(2001) '우리건축100년'(2001) '한국의 풍수문화'(2002) '서원'(2002) '서울의 문화재'(2003) '미술사와 나'(2003) '경기도건축문화유산'(2003) '궁궐·유교건축'(2004) '미술로 본 동아시아의 문화교류'(2006) '한국의 미, 최고의 예술품을 찾아서'(2007) '산·수·풍의 조화를 꿈꾸는 풍수'(2007) (역)'중국 고전건축의 원리와 이해'(共)

이상헌(李相憲) LEE Sang Heon

(생)1954·7·10 (출)울산 (주)서울특별시 영등포구 의사당대로 1 국회 의원회관 341호(02-784-8630) (학)1973년 울산고졸 1996년 한국방송통신대졸 1998년 동국대 지역개발대학원 행정학과졸 2011년 호텔관광경영학박사(동국대) (경)1973~1980년 명성재건중 교사 1994~2000년 울산흥사단 회장 2000년 제16대 국회의원선거 출마(울산 북구, 새천년민주당) 2002년 새천년민주당 노무현 대통령후보 조직특보 2002년 同노무현 대통령후보 울산시선거대책본부장 2003년 민주당 울산시지부장 2004년 전국야학연합회 자문위원 2004~2007년 한국가스기술공사(주) 감사, 민주당 울산시북구지구당 위원장 2014년 새정치민주연합 울산시북구지역위원회 위원장 2015년 同울산시당 위원장 2015~2016·2018년 더불어민주당 울산시당 위원장(현) 2015년 同울산시북구지역위원회 위원장 2016년 同제20대 국회의원선거 출마(비례대표 26번), 동북아관광개발연구소 원장(현) 2018년 더불어민주당 중앙당 정책위원회 부의장(현) 2018년 제20대 국회의원(울산 북구 재보궐선거 당선, 더불어민주당)(현) 2018년 국회 문화체육관광위원회 위원(현) 2018·2019년 국회 예산결산특별위원회 위원(현)

이상헌(李相憲) Sang-heon Lee

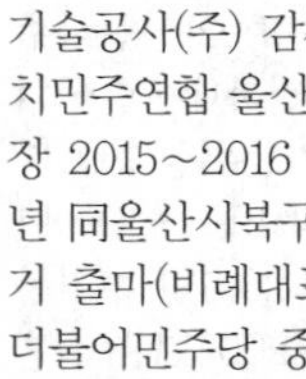

(생)1964·6·29 (출)전남 해남 (주)경기도 성남시 분당구 대왕판교로644번길 49 한컴그룹 부회장실(031-627-7000) (학)1982년 광주 동신고졸 1989년 서울대 사회학과졸 2003년 한국과학기술원(KAIST) 테크노경영대학원 최고텔레콤경영자과정 수료 2006년 미국 캘리포니아대 샌디에이고교 대학원 비즈니스과정 수료 (경)1989~1994년 코오롱상사 해외영업담당 1995~2001년 코오롱그룹 기획조정실 과장 2001~2007년 MDS테크놀로지(주) 신규사업총괄 부사장 2008~2009년 同신규사업총괄 공동대표이사 사장 2009~2010년 同사업총괄(COO) 사장 2010~2016년 同대표이사 사장 2015~2016년 국가과학기술심의회 ICT·융합전문위원회 위원 2015~2017년 (주)한컴시큐어 대표이사 2015~2016년 미래창조과학부 정보·통신방송(ICT) 연구개발사업 심의위원회 위원 2016년 한국과학기술기획평가원 과학기술예측조사총괄위원회 위원 2017년 한컴그룹 부회장(현) 2017년 대한상공회의소 중소기업위원회 부위원장(현) (상)미래창조과학부 SW산업발전유공 산업포장(2013)

이상헌(李相憲)

(생)1966 (출)대구 (주)세종특별자치시 다솜3로 95 조세심판원 제1상임심판관실(044-200-1801) (학)대구 청구고졸, 연세대 경영학과졸 (경)1992년 행정고시 합격(36회), 서대구세무서 총무과장, 경주세무서 간세과장, 의정부세무서 부가가치세2과장, 재정경제부 국세심판소 조사관실 근무, 한국은행 파견, 국무조정실 조세심판원 조사관, 同행정실장 2016년 同조세심판원 제4상임심판관 2018년 同조세심판원 제3상임심판관 2018년 同제1상임판관(현)

이상헌(李相憲) Sang Heon, Lee

(생)1972·5·20 (출)부산 동래 (주)세종특별자치시 도움6로 11 국토교통부 도로정책과(044-201-3875) (학)1990년 부산대사대부고졸 1998년 연세대 토목공학과졸 (경)원주지방국토관리청 하천국장, 서울지방국토관리청 하천국장, 부산지방국토관리청 하천국장 2011년 한강홍수통제소 하천정보센터장 2012~2014년 駐미국대사관 국토교통관 2017년 국토교통부 첨단도로안전과장 2017년 同간선도로과장 2019년 同건설정책국 해외건설지원과장 2019년 同도로정책과장(현)

이상혁(李相赫) LEE Sang Hyuk (爾山·想泉)

(생)1935·3·10 (본)경주(慶州) (출)서울 (주)서울특별시 서초구 서초중앙로5길 10-8 우성쁘띠오피스텔 901호 이상혁법률사무소(02-525-1001) (학)1953년 서울중앙고졸 1958년 서울대 법과대학 행정학과졸 1987년 법학박사(한양대) (경)1958년 고등고시 사법과·행정과1부 합격(10회) 1959~1961년 내무부 지방국 사무관 1961~1962년 변호사 개업 1962~1967년 전주·원주·제주지법 판사 1963~1964년 육군본부보통군법회의 법무관(대위) 1967년 변호사 개업 1972년 서울구치소교화협의회 자원봉사교화위원·독지방문위원·교화위원(현) 1974년 (사)사충서원 이사·이사장(현) 1976~2003년 서울대법대동창회 사무처장·부회장 1976년 서울대낙산장학회 사무처장·이사 1978~1980년 대한변호사협회 감사 1979~1997년 국세심판소 비상임심판관, 서울법대장학재단 이사장 1982~2003년 서울구치소교화협의회장 1983~1998년 동아일보 이사 1983~1997년 한성학원 이사 1985~1989년 국무총리행정심판위원회 위원 1986~1988년 보건사회부 중앙의료감시위원 1989~2011년 한국사형폐지운동협의회 초대회장 1992~2003년 서울시·종로구 법률고문 1993~1996년 한국유니세프 법률분과위원장 1995~2012년 고려중앙학원 감사 1995~1997년 대한변호사협회 부회장 1996~1999년 통상산업부 무역위원회 위원 1999~2001년 포스코개발 상임고문 2000년 법의인간화를위한모임 회장(현) 2003~2004년 서울대법대동창회 회장 2003~2012년 공증인가고려합동법률사무소 공증인 2011년 한국사형폐지운동협의회 명예회장(현) 2012년 변호사 개업(현) 2014~2016년 서울대총동창회 및 관악회 감사 2015년 서울법대장학재단 명예이사(현) (상)국민훈장 동백장(1987), 서울모범교화인상(1992), 자랑스러운 중앙인(2003), 자랑스러운 서울법대인(2006)

(저)'부동산 임대차의 현대적 법리'(1987) (역)'세계사형백과(사형의 기원과 역사, 그 희생자들-카를 브루노 레더)'(1991) '사형폐지론(共)'(2001) (종)유교

이상혁(李相赫) Lee Sanghyuk

(생)1963·2·11 (출)경북 문경 (주)서울특별시 서대문구 이화여대길 52 이화여자대학교 분자생명과학부(02-3277-2888) (학)1981년 청주고졸 1985년 서울대 화학과졸 1987년 同대학원 물리화학과졸 1994년 물리화학박사(미국 코넬대) (경)1994~1995년 미국 프린스턴대 Post-Doc. 1995~2006년 이화여대 화학전공 교수 1995~2000년 대한화학회 편집위원회·출판위원회·학술위원회 위원 1996~1999년 한국자기공명학회 학술지 편집간사 2000~2001년 미국 국립보건원 암연구소 방문연구원 2002년 한국생물정보시스템생물학회 조직이사·총무이사·기획이사·학술이사 2005~2008년 한국생화학분자생물학회 정보간사 2006년 이화여대 분자생명과학부 생명과학전공 교수(현) 2007년 한국프로테오믹스학회(KHUPO) World Congress 정보간사 2008·2016·2018년 이화여대 시스템생물학연구소장(현) 2009년 한국생물정보시스템생물학회 시스템생물학분과 부회장 2009~2012년 한국생명공학연구원 국가생명연구자원정보센터장(KOBIC) 2011~2012년 한국생물정보시스템생물학회 회장 2016년 이화여대 대학원 바이오정보학협동과정 주임교수(현) 2016년 同이화·잭슨랩암면역치료법연구센터 소장(현)

이상현(李相賢) LEE Sang Hyun

(생)1960·11·9 (출)부산 (주)경기도 성남시 수정구 대왕판교로851번길 20 세종연구소 안보전략연구실(031-750-7644) (학)1984년 서울대 외교학과졸 1986년 同대학원 외교학과졸 1993년 미국 일리노이대 어배나교 대학원 정치학과졸 1999년 정치학박사(미국 일리노이대 어배나교) (경)1986~1988년 한국국제관계연구소 연구원 1988~1990년 한국국방연구원 연구원 2001년 미래전략연구원(KIFS) 연구위원 2002~2006년 연세대 국제교육교류부 강사 2002~2011년 세종연구소 안보연구실장(수석연구위원) 2006년 한국선진화포럼 국제정치분과 위원 2007년 KBS 남북교류협력및통일방송연구 자문위원 2010년 국가미래연구원 외교안보분야 발기인 2011년 외교통상부 정책기획관 2013년 외교부 정책기획관 2013년 세종연구소 안보전략연구실장 2015년 同연구기획본부장 2018년 同안보전략연구실 수석연구위원(현) (저)'네트워크 지식국가 : 21세기 세계정치의 변환'(2006) '한국의 국가전략 2020'(2007)

이상현(李相賢) Lee Sang Hyeon

(생)1963·11·16 (본)경주(慶州) (출)울산 울주 (주)울산광역시 남구 돋질로 44 융진빌딩 3층 연합뉴스 울산취재본부(052-256-9300) (학)1982년 부산동고졸 1990년 울산대 영어영문학과졸 (경)1989~1992년 경상일보 근무 1992~1995년 울산매일신문 근무 1995년 연합뉴스 울산취재본부 근무 2011년 同울산취재본부 부장대우 2016년 同울산취재본부 취재부본부장 겸 취재국장 2018년 同울산취재본부장(현) (종)기독교

이상현(李相顯) LEE Sang Hyun

(생)1965·11·19 (출)경북 경주 (주)서울특별시 종로구 사직로8길 31 서울지방경찰청 보안1과(02-700-6010) (학)대구 대건고졸 1989년 경찰대 법학과졸(5기) 2008년 경북대 수사과학대학원 과학수사학과졸 (경)1989년 경위 임관 2009년 대통령 민정수석비서관실 파견 2013년 경북지방경찰청 경무과장 2014년 同정보과장 2014년 경북 경산경찰서장 2015년 경찰교육원 교무과장 2017년 서울 종암경찰서장 2017년 서울지방경찰청 보안1과장(현) (상)대통령표창(2009)

이상현(李相弦) LEE Sang Hyun

(생)1966·12·10 (출)서울 (주)서울특별시 용산구 한강대로98길 3 KCC IT타워 10층 KCC정보통신(주) 임원실(02-6090-7802) (학)1985년 경기고졸 1989년 서울대 전자공학과졸 1991년 영국 워릭대 대학원졸 (경)1989년 삼성전자(주) 근무 1990년 한국전자계산(주)(現 KCC정보통신) 근무 1993년 KCC정보통신(주) 기획조정실장 1994년 同이사 1995년 同대표이사 전무 1996~2011년 同대표이사 사장, KCC서비스(주) 대표이사 사장 2003년 (주)종하 E&C 대표이사 사장(현) 2004년 KCC모터스(주) 대표이사 사장(현) 2011년 KCC오토(주) 대표이사 부회장(현) 2011년 KCC정보통신(주) 대표이사 부회장(현) 2011년 KCC홀딩스(주) 대표이사 부회장(현) 2012년 KCC오토모빌(주) 대표이사 부회장(현) 2016년 한국정보산업연합회 회장(현) (종)천주교

이상현(李相鉉)

(생)1967·9·28 (출)전남 장흥 (주)서울특별시 양천구 신월로 386 서울남부지방법원(02-2192-1152) (학)1986년 장흥고졸 1993년 중앙대 법대졸 (경)1994년 사법시험 합격(36회) 1997년 사법연수원 수료(26기) 1997년 수원지법 판사 1999~2000년 서울지법 판사 2001년 전주지법 남원지원 판사 2002년 同남원지원(장수군법원·순창군법원) 판사 2003년 同남원지원 판사 2004년 수원지법 안산지원 판사 2007년 서울중앙지법 판사 2008년 대법원 연구법관 2009년 서울고법 판사 2011년 서울동부지법 판사 2012년 광주지법 부장판사 2013년 수원지법 안산지원 부장판사 2016년 서울중앙지법 부장판사 2019년 서울남부지법 부장판사(현)

이상현(李相賢)

(생)1974·8·14 (출)서울 (주)울산광역시 남구 법대로 45 울산지방검찰청 공공수사부(052-228-4307) (학)1993년 경복고졸 2002년 서울시립대 도시행정학과졸 (경)2001년 사법시험 합격(43회) 2004년 사법연수원 수료(33기) 2004년 서울북부지검 검사 2006년 대구지검 영덕지청 검사 2008년 울산지검 검사 2010년 대전지검 천안지청 검사 2012년 서울중앙지검 검사 2016년 제주지검 검사 2018년 서울중앙지검 부부장검사 2019년 울산지검 공안부장 2019년 同공공수사부장(현)

이상형(李尙衡)

(생)1966·10 (주)서울특별시 중구 세종대로 67 한국은행 통화정책국(02-759-4451) (학)1985년 부산 동천고졸 1989년 서울대 국제경제학과졸 1993년 同대학원 국제경제학과졸 2006년 한국과학기술원(KAIST) 경영학과졸(석사) (경)1993년 한국은행 입행 1993년 同조사제1부 근무 1996년 同전산정보부 근무 1997년 同자금부 근무 2000년 同기획국 근무 2001년 외교통상부 파견 2002년 한국은행 금융시장국 근무 2004년 학술연수 파견 2005년 한국은행 금융시장국 근무 2007년 同정책기획국 근무(3급) 2008년 同기획국 근무 2010년 同정책기획국 근무 2014년 同통화정책국 근무(2급) 2017년 同통화정책국 부국장(1급) 2017년 同정책보좌관 2018년 同금융시장국장 2019년 同통화정책국장(현)

이상호(李相鎬) LEE Sang Ho

(생)1946·11·26 (출)서울 (주)경기도 안양시 동안구 귀인로 9 서호전기(주)(031-463-6612) (학)1965년 경기고졸 1970년 서울대 전기공학과졸 (경)1970~1981년 대한전선(주) 근무 1981년 서호전기(주) 대표이사 2007년 同회장(현) 2015년 안양과천상공회의소 회장(현)

이상호(李相昊) LEE Sang Ho

(생)1950·9·9 (출)부산 (주)서울특별시 강남구 학동로 445 우리들병원 회장실(02-513-8007) (학)1975년 부산대 의대졸, 연세대 대학원 의학석사 1985년 의학박사(연세대) 1986년 프랑스 파리제5대 데카르트의과대학원 수료 1988년 서울대 보건대학원 보건의료정책최고관리자과정 수료 1988년 미국 캘리포니아주립대 샌프란시스코교 의대 척추연수회 수료 1989년 미국 워싱턴대 의대 척추연수회 수료 1990년 미국 유니폼드서비스대 의대 척추연수회 수료 1991년 미국 펜실베이니아대 의대 척추연수회 수료 1996년 스위스 취리히대 의대 척추연수회 수료 (경)1975~1980년 국립의료원 인턴·신경외과 전문의 1976년 '현대문학'에 '하나가 되는 하늘' 시 추천완료 1976년 '신동아'에 non-fiction '무의촌과 수련의' 당선 1980~1981년 103야전병원 신경외과 과장 1981~1982년 녹십자병원 신경외과 과장 1982~1984년 이상호신경외과 원장 1984~2005년 우리들병원 원장 1986년 사회복지법인 오순절평화의마을 이사(현) 1993년 국제최소침습척추외과학회(IS-MISS) 국제 Faculty(현) 1994년 동아대 의대 신경외과학교실 외래교수(현) 1994년 프랑스 척추수술연구회(GIEDA) Faculty(현) 1995년 미국 척추신경외과학회(Joint Meeting of Spine) 정회원(현) 1995년 미국 신경외과협회(AANS) 정회원(현) 1996년 연세대 의대 해부학교실 외래교수(현) 1997년 세계신경외과학회(WFNS) 정회원(현) 1997년 미국신경외과학회(CNS) 정회원(현) 1998년 어린이보호재단(Save the Children) 이사(현) 2000년 가톨릭대 의대 신경외과학교실 외래교수(현) 2000년 북미척추학회(NASS) 정회원(현) 2000년 유럽인공척추관절학회(ARGOS) 국제회원(현) 2003년 아시아미세침습척추외과학술원(AAMISS) 회장(현) 2003년 제16대 노무현대통령 척추신경외과 주치의 2003~2004년 미국신경외과학회(AANS) 국제 Faculty 2003~2004년 국제근골격레이저학회(IMLAS) 한국개최조직위원회 사무총장 2004년 우리들의료재단 이사장(현) 2005~2006년 대한신경외과학회(KNS) 의료정책이사 2005~2006년 同서울경인지회 부회장 2005~2006년 대한병원협회 법제이사 2005~2006년 국제근골격레이저학회(IMLAS) 회장 2005~2006년 대한최소침습척추외과학회(KOSMISS) 부회장 2005~2006년 대한근골격레이저 및 고주파학회(KOMULARS) 회장 2005~2006년 국제최소침습척추외과학회(ISMISS) 명예회장 2005~2006년 대한의학레이져학회(KSLMS) 학술이사 2005년 경찰청 시민감사위원회 위원(현) 2005년 아세아태평양레이저학회 부회장·이사(현) 2006년 Journal of Minimal Invasive Spine Technique 편집위원(현) 2006년 세계미세침습척추수술 및 치료학회(World Congress of MISST) 회장 2006년 국방부 의무자문관(현) 2006년 대한신경외과학회 서울경인지회 회장 2007~2008년 국제디스크내치료학회(IITS) 명예회장 2007년 미국 신경외과 척추및말초신경분과학회 정회원(현) 2007~2008년 국제디스크치료학회(IITS) 회장 2008년 대한의학레이저학회(KSLMS) 이사장 2008년 同명예회장 2008년 The Journal of Spine Critical Cases(JCSC) 선임편집위원장(현) 2008~2009년 세계미세침습척추수술및치료학회(World Congress of MISST) 명예회장 2008년 척추인공관절학회(SAS) 정회원 및 SAS Journal 심사위원(현) 2009년 서울대보건대학원보건의료정책최고관리자과정(H.P.M.)총동문회 회장(현) 2009년 한국보건정보정책연구원 원장(현) 2009년 서울시병원회 SHA(Seoul Hospital Association)위원장(현) 2009~2013년 세계신경외과학회(WFNS) 부회장 2010년 부산대 의학전문대학원 외래강사(현) 2010년 한국광학회지(Journal of the Optical Society of Korea) 편집위원(현) 2010년 아시아최소침습척추수술및치료학회(ACMISST) 고문(현) 2010년 대한병원협회 제35대 홍보위원장(현) 2011년 Acta Radiologica Short Reports 심사위원(현) 2011~2014년 국제최소침습척추수술학회(ISMISS) 회장 2012~2014년 한국병원경영연구원 이사장 2013년 세계신경외과학회(WFNS) 부회장 2014년 우리들병원 회장(현) 2014~2015년 대한의학레이저학회(KSLMS) 회장 2017~2019년 대한척추통증학회 고문 (상)신동아 논픽션 '무의촌과 수련의' 당선(1976), 중앙의학평론가상(1977), 국제근골격레이저학회 우수논문상(1996), 국제최소침습척추수술학회 올해의 거장상(2004), 올해의 부부상(2005), 아시아병원경영상 인적자원개발부문(2005), 모범성실납세자표창(2006), 자랑스런 아카데미인상(2006), 서울대 보건대학원 보건의료정책 총동문회 공로상(2006), 한독학술경영대상(2011), 더 파비즈 캄빈상(2015), 북미척추학회 '더파비즈캄빈상' 골드상(2019) (저)'당신의 허리는 튼튼합니까'(1989) '허리디스크'(1998) '목디스크'(1999) '최소침습척추디스크치료'(2006) '척추 디스크 환자를 위한 바른 자세와 운동'(2010) '정상조직을 보존하는 내시경 허리 디스크 시술'(2011) '디스크를 잘라내지 않고 성형한다'(2011) (역)'창가의 침대'(1994) '닥터 포겔에게 물어보세요'(1994) (작)시집 '아름다운 생명'(1968) '안개 저편에 길이 있을 것이다'(1987) '뉴욕드라큘라'(1996) '우리는 함께 시간속을 걸어가네'(2005) '당신은 아름다운 사람입니다'(2006)

이상호(李祥昊) LEE Sang Ho

(생)1957·5·21 (출)서울 (주)광주광역시 동구 필문대로 303 조선대학교치과병원 소아치과(062-220-3860) (학)1983년 연세대 치의학과졸 1987년 同대학원 치의학과졸 1991년 치의학박사(연세대) (경)1988년 조선대 치과대학 소아치과학교실 조교·강사·조교수·부교수·교수(현) 1988~1999년 同치과병원 소아치과장 1995년 미국 캘리포니아 치과대학 객원교수 1996년 조선대 치과대학 소아치과 학과장 1997~2005년 대한레이저치의학회 이사·감사 1997~2003년 조선대 치과대학 부학장·학장 1999~2003년 同치과대학 교육문화재단 초대이사장 2001년 대한소아치과학회 총무이사 2005년 대한레이저치의학회 부회장 2007~2009년 조선대부속 치과병원장 2007년 대한치과병원협회 부회장, 조선대 치의학전문대학원 전환준비위원장, 同인증평가준비위원장, 同치의학교육연구센터장 2013년 서울세계소아치과학회 조직위원장 2014~2016년 대한소아치과학회 회장 (상)백상교육상(2011) (저)'소아치과학' '치과총론' '소아·청소년 치과학' '소아치과학 기초 및 임상실습' '소아교정학'

이상호(李相昊) Lee, Sang-ho

(생)1960·11·2 (출)전남 보성 (주)서울특별시 영등포구 국제금융로2길 32 여의도파이낸스타워 17층 (주)브리지텍(02-3430-4114) (학)1979년 신흥고졸 1983년 전북대 전자공학과졸 2000년 한국과학기술원(KAIST) 최고벤처경영자(AVM)과정 수료(3기) (경)1985~1989년 대우통신 종합연구소 선임연구원 1989~1992년 삼보컴퓨터 통신사업본부 선임연구원 1992~1994년 삼보정보통신 솔루션사업팀장 1995년 (주)삼우티비에스 공동창업·영업이사 1997년 同대표이사 1999년 (주)브리지텍 대표이사(현) (상)정보통신부장관표창(1999), 지식경제부장관표창(2010)

이상호(李相昊) LEE SANG HO

(생)1964·4·8 (본)재령(載寧) (출)경남 김해 (주)서울특별시 강남구 언주로 711 건설회관內 한국건설산업연구원 원장실(02-3441-0801) (학)1983년 김해고졸 1987년 서울대 정치학과졸, 同행정대학원 행정학과졸 1995년 행정학박사(서울대) (경)1995~2007년 한국건설산업연구원 정책연구실장 2007~2013년 GS건설 경제연구소장 2009년 한국주택학회 이사 2009년 한국스마트그리드협회 이사 2010년 행정안전부 지방재정분과 정책자문위원 2010년 (사)건설산업비전포럼 기획위원장 2013~2015년 한미글로벌(주) 사장 2015년 한국건설산업연구원 원장(현) 2017년 건설산업비전포럼 공동대표(현) 2018년 대한무역투자진흥공사(KOTRA) 해외수주협의회 회장(현) (상)국무총리표창(2002), 건설교통부장관(2005), 국토해양부장관표창(2009), 대통령표창(2017) (저)'한국건설산업 대해부'(2003, 보성각) '코리안 스탠다드에서 글로벌 스탠다드로'(2006, 보문당) '일류 발주자가 일등 건설산업 만든다'(2007, 보문당) '4차 산업혁명 건설산업의 새로운 미래'(2018, RHK) '인프라 평균의 시대는 끝났다'(2018, 건설경제)

이상호(李相護) LEE Sang Ho

(생)1965 · 10 · 17 (출)부산 (주)부산광역시 연제구 중앙대로 1117 부원사옥 8층 더불어민주당 부산광역시당(051-802-6677) (학)1984년 부산동고졸 2010년 서울디지털대 경영학부졸, 경원대 사회정책대학원 사회복지학과졸 (경)1989~1998년 부산백화점 복합쇼핑몰 총괄MD 1998년 (주)한골상사 대표이사 2002년 부산노사모 대표일꾼 2002년 새천년민주당 노무현 대통령후보 국민참여운동본부 백만서포터사업단 부단장 2003년 생활정치네트워크국민의힘 공동대표 2004년 탄핵반대 다음카페 '국민을 협박하지 말라' 개설 2004년 열린우리당 총선 국민참여운동본부 수석집행위원장 2005년 국민참여연대 수석부의장 겸 집행위원장 2005~2006년 열린우리당 전국청년위원장 2007년 제17대 정동영 대통령후보 가족행복위원회 집행위원장 2010년 민주희망쇄신연대 집행위원장 2011년 민주통합당 전국청년위원장, 성남산업진흥재단 이사 2012년 제19대 국회의원선거 예비후보(성남 수정, 민주통합당), 평화재단 기획본부장 2017~2019년 전문건설공제조합 상임감사 2019년 더불어민주당 부산사하乙지역위원회 위원장(현)

이상호(李相虎) LEE Sang Ho

(생)1967 · 8 · 20 (출)충남 논산 (주)서울특별시 서초구 서초중앙로 148 희성빌딩 13층 법무법인 율우(02-3482-0500) (학)1986년 충남고졸 1991년 고려대 법학과졸 (경)1990년 사법시험 합격(32회) 1993년 사법연수원 수료(22기) 1993년 軍법무관 1996년 서울지검 남부지청 검사 1998년 광주지검 순천지청 검사 1999년 법무부 검찰국 검사 2001년 서울지검 검사 2004년 대전지검 검사 2005년 同부부장검사 2005년 대검찰청 연구관 2006년 미국 스탠퍼드 후버연구소 파견 2007년 인천지검 부부장검사 2008년 대검찰청 공판송무과장 2009년 법무부 공공형사과장 2009년 同공안기획과장 2010년 서울고검 검사 2010년 국가정보원 파견 2011년 서울중앙지검 공안1부장 2013년 부산지검 제2차장검사 2014년 서울남부지검 차장검사 2015년 서울중앙지검 제2차장검사 2015년 법무부 범죄예방정책국장(검사장급) 2017년 대전지검장 2018년 법무연수원 기획부장(검사장급) 2018년 법무법인 율우 대표변호사(현)

이상호(李相浩)

(생)1971 · 3 · 9 (출)충남 서천 (주)경기도 성남시 분당구 판교로 264 11번가(주) 임원실(1599-0110) (학)1993년 동국대 전자계산학과졸 1995년 한국과학기술원(KAIST) 자연어처리 석사 2000년 음성처리박사(한국과학기술원) (경)2000~2003년 LG전자기술원 선임연구원 2004~2005년 한국산업기술대 전임강사 2005~2006년 '첫눈' 검색랭킹팀장 2006~2011년 NHN 검색품질랩장 2012년 다이알로이드 대표 2013~2014년 다음커뮤니케이션 검색그룹장 2014~2016년 카카오 추천팀장 2016~2017년 SK플래닛 기술총괄(CTO) 2017~2018년 SK텔레콤 서비스플랫폼사업부장 2018년 11번가(주) 대표이사 사장(CEO)(현) 2019년 SK텔레콤(주) 커머스사업부장 겸임(현)

이상호(李相湖)

(생)1973 · 1 · 25 (주)강원도 춘천시 중앙로 1 강원도의회(033-256-8035) (학)한양대 행정자치대학원 지방자치학과졸 (경)아청학원 원장(현), 태백문화관광포럼 대표(현), 태백시장애인연합회 후원회장(현), 자유한국당 중앙당 청년위원회 청년조직위원장 2018년 강원도의회 의원(자유한국당)(현) 2018년 同경제건설위원회 위원(현)

이상호(李相虎)

(생)1975 · 1 · 16 (출)경북 포항 (주)경기도 수원시 영통구 법조로 105 수원고등법원(031-639-1555) (학)1993년 포항고졸 2000년 서울대 정치학과졸 (경)1997년 사법시험 합격(39회) 2000년 사법연수원 수료(29기) 2000년 軍법무관 2003년 수원지법 판사 2005년 서울중앙지법 판사 2007년 대구지법 경주지원 판사 2011년 인천지법 판사 2011년 법원행정처 기획조정심의관 2013년 서울중앙지법 판사 2014년 서울고법 판사 2015년 부산지법 동부지원 부장판사 2016년 서울고법 판사 2019년 수원고법 판사(현)

이상홍(李上弘) Sang Hong Lee

(생)1960 · 7 · 27 (주)울산광역시 중구 종가로 323 한국에너지공단(052-920-0003) (학)1979년 경주고졸 1985년 동의대 물리학과졸 (경)1985년 한국에너지공단 입사 2011년 同부산울산지역본부장 2012년 同기획조정실장 2013년 同서울지역본부장 2015년 同에너지복지실장 2017년 同자금지원실장 2017년 同경영전략이사(부이사장)(현) 2018년 同이사장 직대 (상)산업포장(2016)

이상화(李相和) LEE Sang Hwa

(생)1959 · 10 · 5 (출)경남 진주 (주)서울특별시 양천구 신정이펜1로 20 서울특별시 서남병원(02-2650-6159) (학)1984년 연세대 의과대학졸 1991년 同대학원 의학석사 1996년 의학박사(연세대) (경)1984~1987년 연세대 세브란스병원 가정의학과교실 전공의 1990~1992년 同세브란스병원 가정의학과교실 연구강사 1992~1993년 강동가톨릭병원 가정의학과장 1993~2014년 미국노인의학회 정회원 1993~2001년 이화여대 동대문병원 가정의학과장 1993~2002년 대한일차의료학회 학술이사 1998년 대한가정의학회 평의원 1998~2000년 同홍보이사 2001년 이화여대 목동병원 가정의학과 교수(현) 2004~2005년 캐나다 맥길대 의과대학 노인병센터 교환교수 2004년 대한임상노인의학회 이사 2004년 대한가정의학회 학술위원 2005년 이화여대 목동병원 가정의학과장 2005년 이화여대 가정의학교실 주임교수 2006~2008년 대한임상노인의학회 학술이사 2010년 同기획이사 2015년 이화여대운영 서울시 서남병원 진료부원장(현) 2016년 대한갱년기학회 부회장(현) 2016년 대한임상노인의학회 감사(현) 2017년 대한생활습관병학회 이사장(현)

이상화(李相和) Lee Sang-hwa

(생)1968 · 3 · 26 (출)대구 (주)서울특별시 종로구 사직로8길 60 외교부 인사운영팀(02-2100-7141) (학)선인고졸 1991년 고려대 서문학과졸 (경)1991년 외무고시 합격(25회) 1991년 외무부 입부 2000년 駐유엔 1등서기관 2003년 駐콜롬비아 참사관 2006년 제8대 유엔사무총장 인수팀원 2007년 유엔사무총장 보좌관 2014년 외교부 상황실장 겸 정책기획관실 업무지원 2015년 同장관정책보좌관 2016년 同북핵외교기획단장 2018년 駐미얀마 대사(현)

이상환(李相煥) LEE Sang Hwan

(생)1955 · 1 · 28 (출)서울 (주)경기도 과천시 홍촌말로 44 중앙선거관리위원회(02-503-1114) (학)1979년 연세대 정치외교학과졸 1983년 同대학원 정치외교학과졸 1988년 한국정신문화연구원 수학 2000년 연세대 대학원 정치학 박사과정 수료 (경)1984년 한국정신문화연구원 근무 1985~1987년 광운대 · 이화여대 강사 1988~1998년 평민당 · 신민당 · 민주당 · 국민회의 전문위원 1990~1995년 국회 정책연구위원 1995년 국민회의 창당준비위원회 기획위원 1996년 同정책연구1실장 1998년 제15대 대통령직인수위원회 정책분과 전문위원 1998년 대통령 정무

비서관 1998년 대통령 정무2비서관 2001년 대통령 정무기획비서관 2002~2005년 부패방지위원회 상임위원 2008년 민주당 기획조정위원장 2008년 통합민주당 총선기획단 부단장 2008년 민주당 정책위원회 부의장 2010년 진실화해를위한과거사정리위원회 상임위원 2011년 목원대 행정학과 객원교수 2013년 언론중재위원회 선거기사심의위원회 위원 2014년 중앙선거관리위원회 위원(현) (상)근정포장 (저)'주요정치합의문서자료집' '지방자치법 이렇게 만들어졌다'

이상환(李相桓) Lee Sang-Hwan

(생)1963·1·5 (본)함안(咸安) (출)서울 (주)서울특별시 동대문구 이문로 107 한국외국어대학교 정치외교학과(02-2173-3118) (학)1985년 한국외국어대 정치외교학과졸 1987년 미국 미시간주립대 대학원 정치학과졸 1994년 정치학박사(미국 미시간주립대) (경)1986~1990년 미국 미시간주립대 정치학과 조교·강사 1993년 International Studies Association 정회원(현) 1997~2000년 창원대 국제관계학과 전임강사·조교수 2000~2002년 한국외국어대 정치외교학과 조교수·부교수 2000년 21세기정치학회 편집이사·서울지회장·이사(현) 2002년 한국외국어대 사회과학대학 정치외교학과 교수(현) 2002~2004년 同정치외교학과장 2002~2016년 同외무고시반 지도교수 2002년 동아시아국제정치학회 부회장·편집이사·이사 2003~2005년 민주평통 자문위원 2003년 한국정치학회 부회장·섭외이사·정치교과서특별위원장·이사 2003년 한국세계지역학회 총무이사·편집이사 2006~2008·2010년 대통령실 자문위원 2007~2010년 한국외국어대 연구산학협력단장 2007년 한국국가정보학회 총무이사, 同정보분석위원회 위원장 겸 부회장(현) 2008~2010년 포스코청암아시아지역학센터장 2009년 대통령 외교안보수석비서관실 '대통령중앙아시아순방 관련 민간전략대화사절단' 단장 2009~2010년 서울동부지역산학단장협의회 회장 2010년 유엔한국협회 이사(현) 2011년 교육부 대학평가위원장 2011~2013년 한국외국어대 글로벌정치연구소장 2012년 한국정치정보학회 회장·홍보이사·명예회장(현) 2012년 국제학술지 'International Area Studies Review' 부편집장 2012~2014년 한국외국어대 학생복지처장 2012~2014년 한국연구재단 정치학분야 RB 2013~2014년 한국국제교류재단 글로벌시티즌십프로그램사업 주관교수 2013년 미국 미시간주립대 총동문회 부회장 2013~2015년 동아이지에듀 한국외국어대 외교스쿨 담당교수 2014년 Midwest Political Science Association 정회원(현) 2014~2016년 한국외국어대 Language & Diplomacy 학부장 2015~2016년 同Language & Trade 학부장 2016년 Council for European Studies 정회원(현) 2016~2017년 미국 미시간주립대 아시아연구센터 Fulbright Scholar 2018년 한국외국어대 서울캠퍼스 정치행정언론대학원장(현) 2018년 한국국제정치학회 부회장 2019년 同회장(현) (상)APSA Conference Grant Award(1994), Global Young Scholar Award(1994), ISA Conference Grant Award(2002), 한국외국어대 우수교원표창(2004·2005·2006·2007·2008) (저)'현대 미국정치의 쟁점과 과제(共)'(1996) '정치의 대전환 : 포스트모던 공동체와 결사체 민주주의(共)'(1997) '21세기 국제관계연구의 쟁점과 과제(共)'(2002) '동아시아 지역질서와 국제관계(共)'(2002) '지역연구 : 영역, 대상, 전략(共)'(2002) '가치변화에 따른 투표행태 : 1990년대 한국과 미국의 대통령선거에 대한 비교분석(共)'(2003, 집문당) '동북아 신질서 : 경제협력과 지역안보(共)'(2004, 백산서당) '현대국제정치의 이해(共)'(2004, 도서출판 오름) '동유럽의 민주화(共)'(2004, 한국외국어대 출판부) 'Globalization and Regionalism in East Central Europe and East Asia : Comparison(共)'(2004, Institute of Political Studies, Charles University in Prague) '국제질서의 패러독스(共)'(2005, 인간사랑) '정치학이란(共)'(2005, 인간사랑) '라틴아메리카의 민주주의 : 이행과 공고화(共)'(2006, 한국외국어대 출판부) 'Six Party Non-Governmental Dialogue in Northeast Asia(共)'(2006, Korean Association of International Relations) '현대정치학강의(共)'(2007, 명지사) '현대외교정책론(共)'(2007·2011, 명인문화사) '정치학 이해의 길잡이(共)'(2008, 법문사) '정치 @ 영화 : 영화 속에서 본 정치(共)'(2008, 한국외국어대 출판부) '지구시민권과 지구 거버넌스(共)'(2009, 도서출판 오름) '미래 한일협력의 정치학(共)'(2009, 인간사랑) '한국외교정책 : 역사와 쟁점(共)'(2010, 도서출판 사회평론) '현대정치의 쟁점(共)'(2011·2014, 인간사랑) '인간과 정치 : 현대 정치학의 시각과 영역(共)'(2011, 명지사) '한국외교정책 : 역사와 쟁점(共)'(2014, 도서출판 사회평론) '국제관계학 : 인간과 세계 그리고 정치(共)'(2015, 박영사) 외 다수 (역)'민주화의 이론과 사례 : 이상과 현실의 갈등(共)'(1999) '국제화와 국내정치(共)'(1999) '축구 세계인의 스포츠(共)'(2007) '국제기구의 이해 : 글로벌거버넌스의 정치와 과정(共)'(2007·2011) '헤게모니 이후(共)'(2012) 외 다수 (종)기독교

이상훈(李相薰) LEE Sang Hoon (芝田)

(생)1933·6·26 (본)경주(慶州) (출)충북 청원 (학)1951년 경기고졸 1955년 육군사관학교졸(11기) 1967년 미국 육군참모대학 수료 1985년 서울대 경영대학원 최고경영자과정 수료 (경)1970년 韓·美 1군단 정보참모 1971년 연대장 1973년 군단 작전참모 1974년 부사단장 1974년 수도군단 참모장 1976년 군사령부 작전참모 1978년 사단장 1980년 육군본부 작전참모부장 1981년 군단장 1983년 합동참모본부 의장 1983년 한·미연합사령부 부사령관 1985년 예편(육군 대장) 1986~1988년 국가안보회의 상근위원 겸 비상기획위원장 1988~1990년 국방부 장관 1992~1993년 한국야구위원회 총재 2000·2003~2006년 대한민국재향군인회 회장 2000~2006년 통일부 통일고문 2004년 대한민국민생치안단 총재 2006년 국가원로자문회의 공동의장, 애국단체총협의회 회장, 同상임의장(현) 2010년 국기원 고문 2014~2017년 새로운한국을위한국민운동 상임대표 (상)화랑무공훈장(1968), 충무무공훈장(1969), 월남 은성십자용맹훈장(1969), 무공포장(1969), 보국훈장 삼일장(1973), 보국훈장 천수장(1975), 대통령표창(1979), 화랑무공훈장(1981), 미국 공로훈장(1982·1985), 보국훈장 통일장(1985), 5.16민족상(2005), 제6회 우남이승만애국상 단체부문(2013), 자랑스러운 충청인 특별대상 국방부문(2016), 자랑스러운 충북인상(2017) (저)'오직 외길, 튼튼한 안보를 위해서' (종)천주교

이상훈(李相勳) LEE Sang Hun

(생)1952·12·20 (출)서울 (주)서울특별시 중구 을지로 100 파인애비뉴빌딩 한솔제지 사장실(02-3287-6324) (학)1971년 서울고졸 1975년 서울대 화학공학과졸 1987년 서강대 경영대학원졸 (경)1975년 LG화학 입사 1978년 한국바스프(주) 입사 2000년 同화학·무역사업부문담당 사장 2003년 同독일바스프 마케팅담당 임원 2003~2007년 同화학및기능성제품사업부문담당 사장 2010~2012년 태광산업(주) 대표이사 사장 2012년 한솔제지 대표이사 사장(현) 2014년 한국공학한림원 정회원(현) 2017~2019년 한국제지연합회 회장 (종)천주교

이상훈(李相勳) LEE Sang Hoon

(생)1955·4·25 (출)경북 영천 (주)서울특별시 서초구 서초대로74길 11 삼성전자(주)(02-2255-6003) (학)1974년 경북사대부고졸 1982년 경북대 경제학과졸 (경)1982년 삼성전자(주) 통신경리과 사원 1984~1990년 同통신관리과 담당과장 1990~1994년 삼성그룹 비서실 경영관리1팀 담당차장 1994년 삼성전자(주) 경영지원그룹 담당차장 1996년 同국제회계그룹장 1998년 同경영지원그룹장 1999년 同북미총괄 SEA법인 경영지원팀장 2001년 同북미총괄 경영지원팀장 2002년 同해외지원팀 담당임원 2004년 삼성그룹 구조조정본부 재무팀 담당임원 2006~2008년 同전략기획실 전략지원팀 담당임원 2008년 삼성전자(주) 사업지원팀장(부사장) 2009~2016년 同등기이사 2010년 同사업지원팀장(사장) 2010년 삼성그룹 미래전략실 전략1팀장(사장) 2012~2017년 삼성전자(주) CE 및 IM부문 경영지원실장(CFO·사장) 2018년 同이사회 의장(현)

이상훈(李尙勳) LEE Sang Hoon

(생)1956 · 10 · 9 (본)함평(咸平) (출)광주 (주)서울특별시 서초구 법원로 15 정곡빌딩 502호 이상훈 법률사무소(02-537-2606) (학)1974년 광주제일고졸 1978년 서울대 법과대학졸 1980년 同대학원 법학과졸 1988년 프랑스 국립사법관학교 수료 1991년 법학박사(서울대) (경)1977년 사법시험 합격(19회) 1980년 사법연수원 수료(10기) 1980년 육군 법무관 1983년 인천지법 판사 1985년 서울지법 동부지원 판사 1988년 마산지법 진주지원 판사 1989년 대구고법 판사 1990년 서울고법 판사 1993년 대법원 재판연구관 1993년 법원행정처 사법정책 연구심의관 1994년 광주지법 부장판사 1997년 사법연수원 교수 2000년 서울지법 부장판사 2001년 대전고법 부장판사 2003년 서울고법 부장판사 2006년 서울중앙지법 형사수석부장판사 2008년 제주지법원장 2009년 인천지법원장 2010년 법원행정처 차장 2011~2017년 대법원 대법관 2017~2018년 사법연수원 석좌교수 2019년 법조공익모임 나우 이사장(현) 2019년 변호사 개업(현) (종)천주교

이상훈(李尙勳) Rhee Sang-Hoon

(생)1957 · 6 · 18 (주)대구광역시 동구 첨단로 120 한국가스공사 감사위원실(053-670-0114) (학)양정고졸, 아주대 화학공학과졸, 동국대 대학원 행정학과졸 (경)2006~2010년 한나라당 평화통일위원회 위원장 2010년 겨레얼살리기국민운동본부 대외협력위원장 2010~2012년 한국전기안전공사 상임감사 2011년 민주평통 상임위원 2013년 화쟁리더십연구소 회장 2017년 한국가스공사 상임감사위원(현)

이상훈

(생)1959 · 7 · 29 (주)경기도 수원시 영통구 삼성로 129 삼성전자(주) 생활가전사업부 글로벌운영센터(031-200-1114) (학)1986년 동아대 기계공학과졸 (경)1990년 삼성전자(주) 개발팀(영상) 근무 1994년 同일본지역 전문가 1998년 同직시형TV 책임위원 2001년 同기구그룹(VD) 수석 2003년 同Mecha그룹(VD) 수석 2006년 同영상디스플레이사업부 Mecha 3 Lab장 2009년 同생활가전사업부 금형팀장(연구위원) 2010년 同생활가전사업부 메카솔루션팀장(연구위원) 2013년 同생활가전사업부 메카솔루션팀장(전무) 2017년 同생활가전사업부 메카솔루션팀장(부사장) 2019년 同생활가전사업부 글로벌운영센터장(부사장)(현)

이상훈(李相勳) LEE Sang Hun

(생)1959 · 11 · 3 (출)경남 함안 (주)서울특별시 서초구 반포대로 138 양진빌딩 4층 법무법인 삼우(02-536-8100) (학)1978년 한성고졸 1985년 서울대 법대졸 1987년 同대학원 법학과 수료 1999년 미국 듀크대 로스쿨졸(LL.M.) (경)1987년 사법시험 합격(29회) 1990년 사법연수원 수료(19기) 1990년 서울지법 북부지원 판사 1992년 서울형사지법 판사 1994년 청주지법 판사 1997년 서울지법 서부지원 판사 1999년 서울가정법원 판사 2002년 서울고법 판사 2002~2004년 헌법재판소 파견 2005년 전주지법 군산지원 부장판사 2006년 同군산지원장 2007년 사법연수원 교수 2010년 서울중앙지법 부장판사 2011년 변호사 개업 2012년 법무법인 삼우 대표변호사(현)

이상훈(李相勳)

(생)1960 · 3 · 23 (주)경상북도 김천시 혁신6로 17 한국교통안전공단 철도항공안전실 항공안전처(054-459-7982) (학)경북고졸, 대구대졸, 同대학원졸(석사) (경)교통안전공단 감사팀장 2008년 同경기지사 연구교육처장 2009년 同경기지사 안전관리처장 2010년 同부산경남지사 안전지원처장 2011년 同대구경북지사 안전관리처장 2011년 同울산지사장 2013년 同대구경북지역본부 안전관리처장 2014년 同기획본부 전략기획실 창조혁신처장 2015년 同울산지사장 2017년 同부산경남지역본부장 2018년 한국교통안전공단 대구경북본부장 2019년 同철도항공안전실 항공안전처 수석위원(현)

이상훈(李相薰) LEE Sang Hoon

(생)1961 · 8 · 30 (본)전의(全義) (출)전북 전주 (주)서울특별시 동대문구 이문로 107 한국외국어대학교 일본어대학 융합일본지역학부(02-2173-3187) (학)1987년 한국외국어대 정치외교학과졸 1990년 同대학원 동아시아지역연구학과졸 1999년 정치학박사(일본 오사카대) (경)1995~2004년 일본 오사카대 법학부 전임강사 2002~2004년 국민대 일본학연구소 책임연구원 2004~2008년 강릉대 일본학과 교수 2006년 한국외국어대 일본연구소 연구원 2006년 한국일어일문학회 재무이사 2007년 일본어문학회 이사 2008년 한국외국어대 일본학부 교수 2010년 同일본어대학 부학장 2014년 同일본어대학 융합일본지역학부 교수(현) 2014~2017년 同일본연구소장 2019년 同일본어대학장(현) (저)'일본의 정치과정-국제화시대의 행정개혁'(2003) '일본형 시스템 : 위기와 변화(共)'(2005) '정치학이란(共)'(2005) '日本政治 — 過去と現在の對話 —(共)'(2005) '일본사회와 문화(共)'(2006) (역)'내셔널리즘론의 명저 50(共)'(2010, 일조각)

이상훈(李相勳) Lee, Sang Hoon

(생)1963 · 6 · 10 (출)충북 청주 (주)서울특별시 중구 세종대로 124 서울신문 경영기획실(02-2000-9000) (학)연세대 중어중문학과졸 (경)1999년 대한매일 편집팀 기자 2004년 서울신문 편집부 차장급 2008년 同편집부 차장 2008년 同편집국 편집1부 차장 2009년 同편집국 편집2부장 2010년 同편집국 편집1부장 2012년 同경영기획실 기획부장 2013년 同경영기획실 부국장급 2013년 同경영기획실 부실장 2014년 同경영기획실장 겸 기획부장 2015년 同편집국 부국장 겸 선임기자 2015년 同온라인뉴스국 부국장 2018년 同경영기획실장 2019년 同경영기획실장(국장급)(현) (상)한국편집기자협회 한국편집상 레이아웃부문(2009)

이상훈(李相勳) Lee Sang Hoon

(생)1963 · 10 · 13 (출)대구 (주)대전광역시 서구 청사로 189 중소벤처기업부 기획조정실(042-481-3901) (학)1982년 경북사대부고졸 1986년 한양대 행정학과졸 (경)1992년 행정고시 합격(36회) 2000년 중소기업청 기획관리관실 사무관 2001년 국무조정실 파견(서기관) 2004년 중소기업청 중소기업정책국 정책총괄과 서기관 2004년 同중소기업정책국 정책평가과장 2006년 同혁신인사기획팀장 2008년 同기획재정담당관(서기관) 2009년 同기획재정담당관(부이사관) 2010년 同기술혁신국 기술정책과장 2011년 同기술혁신국장(고위공무원) 2012년 중앙공무원교육원 교육파견 2013년 대구·경북지방중소기업청장 2014년 중소기업청 소상공인정책국장 2015년 고용 휴직 2016년 중소기업청 경영판로국장 2017년 중소벤처기업부 중소기업정책실 성장지원정책관 2017년 同중소기업정책실 중소기업정책관 2018년 同소상공인정책실장 2019년 同기획조정실장(현)

이상훈(李尙勳)

(생)1964 · 1 · 2 (출)경기 (주)인천광역시 남동구 논현고잔로 239 인천 논현경찰서(032-454-9321) (학)1976년 동성고졸 1986년 경찰대 법학과졸(2기) (경)1986년 경위 임용 1995년 경감 승진 2001년 경정 승진 2008년 인천지방경찰청 정보2계장 2010년 同정보3계장 2011~2012년 同정보과장(총경) 2012~2015년 駐벤쿠버 경찰주재관 2015년 인천지방경찰

청 치안지도관 2016년 同제3부 정보과장 2016년 인천 남동경찰서장 2017년 인천지방경찰청 제3부 정보과장 2019년 인천 논현경찰서장(현)

이상훈(李相勳) Sang-Hun Lee

(생)1966·8·21 (출)부산 (주)세종특별자치시 가름로 194 과학기술정보통신부 정보통신정책실 정보보호기획과(044-202-6420) (학)1984년 부산 브니엘고졸 1988년 서강대 정치외교학과졸 1992년 프랑스 스트라스부르대 대학원 정치학과졸 2009년 서강대 대학원 기술경제학과졸 (경)1998년 대통령비서실 행정관 2003년 정보통신부 기획관리실 행정관리담당관실 서기관 2004년 同국제협력관실 협력기획과·지역협력과 서기관 2006년 국제전기통신연합(ITU) 파견 2008년 방송통신위원회 이용자네트워크국 그린IT팀장 2009년 同네트워크정책국 네트워크정보보호팀장 2009년 同대변인실 공보팀장 2011년 同네트워크정보보호팀장 2012년 同국제기구협력담당관 2013년 미래창조과학부 다자협력담당관 2015년 아·태전기통신협의체(APT) 관리위원회 부의장 2016년 미래창조과학부 다자협력담당관(부이사관) 2017년 외교부 교육파견(부이사관) 2018년 대통령직속 4차산업혁명위원회 지원단 파견 2018년 과학기술정보통신부 정보통신정책실 정보보호기획과장(현) 2018년 아·태전기통신협의체(APT) 관리위원회 의장(현) (상)근정포장(2013)

이상훈(李相勳) Lee Sanghoon

(생)1967·7·8 (본)경주(慶州) (출)서울 (주)충청북도 음성군 맹동면 이수로 93 국가기술표준원 표준정책국(043-870-5303) (학)1986년 성동고졸 1993년 한양대 전기공학과졸 2006년 미국 매사추세츠공과대(MIT) 대학원졸(MS) (경)1992년 기술고시 합격(28회) 1999년 정보통신부 정보화기획실 인터넷정책과 사무관 2001년 同정보화기획실 인터넷정책과 서기관 2001년 同정보통신정책국 산업기술과 서기관, 同정보통신협력국 협력기획과 서기관, 同중앙전파관리소 전파보호과장 2007년 同소프트웨어진흥단 소프트웨어기술혁신팀장 2008년 지식경제부 전기위원회 전기소비자보호과장 2008년 同소프트웨어산업과장 2009년 同소프트웨어정책과장 2009~2011년 유엔무역개발협의회(UNCTAD) 파견(서기관) 2011년 지식경제부 지식서비스과장 2013년 산업통상자원부 에너지절약정책과장(부이사관) 2013년 同에너지수요관리정책과장 2015년 국민안전처 특수재난실 특수재난지원관(고위공무원) 2017년 산업통상자원부 산업기술정책관 2018년 국가기술표준원 표준정책국장(현)

이상훈(李尙勳) LEE Sang Hoon

(생)1968·12 (출)서울 (주)서울특별시 영등포구 의사당대로 82 하나금융투자 임원실(02-3771-7114) (학)남대전고졸, 서울시립대졸, 한국과학기술원(KIST) 금융공학과졸(석사) (경)하나대투증권 상품전략부 팀장, 同상품기획본부장, 同선물영업본부장(상무보) 2012년 同New 비즈니스본부장(상무) 2015년 同PIB본부장(상무) 2015년 하나금융투자 PIB본부장(상무) 2016년 同경영지원본부장(상무) 2017년 同경영지원본부장 겸 CIO(전무) 2018년 同경영관리그룹장 겸 디지털사업본부장(전무) 2019년 同경영관리그룹장(부사장)(현)

이상훈(李尙勳)

(생)1969·9·26 (주)서울특별시 중구 세종대로 125 서울특별시의회(02-3702-1400) (학)경희대 사학과졸 (경)서울시 정책자문특별보좌관, 더불어민주당 서울시당 도시재생특별위원회 위원장 2018년 서울시의회 의원(더불어민주당)(현) 2018년 同도시계획관리위원회 위원(현) 2018년 同예산결산특별위원회 위원(현) 2018년 同청년 특별위원회 위원(현) 2019년 同김포공항주변지역활성화특별위원회 부위원장(현)

이상훈(李尙勳) Lee Sang Hoon

(생)1970·12·3 (주)서울특별시 중구 덕수궁길 15 서울특별시청 기후환경본부 환경정책과(02-2133-3510) (학)고려대 정치외교학과졸, 미국 시라큐스대 대학원(Maxwell School)졸 (경)1998년 지방고시 합격(3회) 2009년 서울시 한강사업본부 운영부장 2012년 同복지본부 자활지원과장 2015년 同복지본부 인생이모작지원과장 2015년 同도시교통본부 버스정책과장 2017년 同도시교통본부 교통정책과장 2017년 同기후환경본부 환경정책과장(현)

이상훈(李相勳) Lee Sanghun

(생)1973·12·2 (출)경기 용인 (주)서울특별시 성동구 마장로 210 한국기원 홍보팀(02-3407-3870) (경)1989년 프로바둑 입단 1990년 2단 승단 1991년 국수전 본선 1993년 KBS바둑왕전 본선 1994년 3단 승단 1994년 연승바둑최강전 본선 1995년 연승바둑최강전·KBS바둑왕전 본선 1996년 4단 승단 1996년 패왕전 본선 1997년 5단 승단 1999년 6단 승단 1999년 LG정유배·배달왕전·패왕전 본선 2000년 기성전·KBS바둑왕전·LG배 세계기왕전 본선 2001년 7단 승단 2002년 제21기 KBS바둑왕전 준우승 2003년 KBS바둑왕전·TV바둑아시아 본선 2004년 8단 승단 2004년 박카스배 천원전 본선 2005년 9단 승단(현) 2005년 기성전 본선 시드 2007년 기성전·원익배 십단전·맥심커피배 입신최강 본선 2011년 원익배 십단전 본선 2012~2017년 KB국민은행 바둑리그 티브로드 감독

이상훈(李商熏)

(생)1974·8·1 (출)충남 당진 (주)경기도 수원시 영통구 법조로 105 수원지방법원(031-210-1114) (학)1993년 서초고졸 1997년 서울대 사법학과졸 (경)1997년 사법시험 합격(39회) 2000년 사법연수원 수료(29기) 2000년 육군 법무관 2003년 서울지법 북부지원 판사 2004년 서울북부지원 판사 2005년 서울중앙지법 판사 2007년 제주지법 판사 2011년 수원지법 판사 2013년 대법원 재판연구관 2016년 광주지법 부장판사 2018년 수원지법 부장판사(현)

이상훈(李相勳) Lee Sanghoon

(생)1975·3·22 (주)서울특별시 성동구 마장로 210 한국기원 홍보팀(02-3407-3870) (경)1990년 프로바둑 입단 1991년 왕위전·명인전 본선 1993년 제29기 패왕전·제4기 비씨카드배·제17기 국기전·제2기 연승바둑최강전 본선 1994년 3단 승단 1999년 제18기 KBS바둑왕전 본선 2000년 신예프로10걸전 우승 2002년 바둑도장 개원(현) 2002년 4단 승단 2004년 KBS바둑왕전 본선 2004년 전자랜드배 왕중왕전 준우승 2004년 5단 승단 2006년 6단 승단 2008년 7단 승단 2010년 KB국민은행 한국바둑리그 우승(신안천일염 감독) 2011년 8단 승단 2012년 KB국민은행 한국바둑리그 준우승 2015년 9단 승단(현) 2016년 제10회 지지옥션배 우승

이상희(李相熙) LEE Sang Hee

(생)1932·1·8 (본)합천(陜川) (출)경북 성주 (학)1953년 성주고졸 1957년 고려대 법학과졸 1963년 경북대 대학원졸 (경)1969년 진주시장 1971~1975년 내무부 세정과장·재정과장 1975년 同재정담당관 1976~1978년 전북도 부지사·경남도 부지사 1978~1980년 내무부 지방재정국장·지방행정국장 1980년 同기획관리실장 1981년 산림청장 1982년 대구시장 1985년 경북도지사 1986년 내무부 차관 1987~1988년 同장관 1988년 한국수자원공사 사장 1989년 한국토지개발공사 사장 1990~1991년 건설부 장관 2000~2003년 영광학원(대구대 유지재단) 재단이사장 2000년 우리식물살리기운동 이사장 2012~2014년 학교법인 영광학

원(대구대) 이사장 2014~2018년 대구대 석좌교수 (상)올해의 애서가상(1987), 청조근정훈장(1988), 대통령표창 (저)'지방세 개론' '지방재정론' '波臣의 눈물'(1997) '꽃으로 보는 한국문화'(1998) '우리꽃 문화답사기' '매화' '오늘도 걷는다마는'(2003) '술-한국의 술 문화'(2009)

이상희(李祥羲) RHEE Shang Hi (陽江)

(생)1938·9·1 (본)고성(固城) (출)경북 청도 (주)서울특별시 서초구 남부순환로 2497 호서대학교벤처대학원 904호 (사)녹색삶지식원(02-508-2385) (학)1966년 서울대 약학과졸 1973년 약학박사(서울대) 1976년 미국 조지타운대 로스쿨 수료 1978년 서울대 경영대학원 최고경영자과정 수료 1978년 同행정대학원 발전정책연구과정 수료 2000년 고려대 컴퓨터과학기술대학원 최고위정보통신과정 수료 2001년 同언론대학원 최고위언론과정 수료 2001년 명예 경제학박사(부경대) (경)1966년 동아제약 입사 1973년 변리사자격 취득 1974년 특허협회 전문위원 1976년 대한상공회의소 상담역 1980년 동아제약 상무이사 1981년 제11대 국회의원(전국구, 민주정의당) 1981년 한국과학기술원(KAIST) 대우교수 1982~1994년 발명특허협회 고문 1982년 민주정의당(민정당) 정책연구소 당이념제3연구실장 1985년 同정책조정실 부실장·정책위원회 부의장·2천년대국가발전연구특별위원회 위원장 1985년 제12대 국회의원(전국구, 민정당) 1985년 녹색삶기술경제연구원 이사장 1988년 민정당 부산진甲지구당 위원장 1988년 同국책연구소 부소장 겸 정책연구실장 1988년 부산사회체육센터 회장·이사장 1988~1989년 과학기술처 장관 1990년 한국우주소년단 총재 1990년 제철학원 부이사장 1990년 기계연구소 이사장 1991년 과학기술진흥재단 이사장 1991년 한국영재학회 회장 1993~1996년 국가과학기술자문회의 위원장 1994년 민자당 국책자문위원회 교육문화분과 위원장 1994년 한국발명진흥회 회장·명예회장(현) 1994년 영상산업발전민간협의회 회장 1995년 중국 칭화대 객좌교수 1996년 제15대 국회의원(부산 南甲, 신한국당·한나라당) 1997년 전국검정고시총동문회 회장 1998년 한나라당 정책위원회 의장 2000~2004년 제16대 국회의원(전국구, 한나라당) 2000~2001년 국회 과학기술정보통신위원장 2001년 한국범선진흥협회 회장 2001년 한국유러닝연합회 회장(현) 2002년 한국과학발명영재단 초대이사장 2004~2006년 대한변리사회 회장 2004년 러시아 모스크바대 객원교수 2004년 지식재산포럼 공동대표·고문(현) 2005년 세계사회체육연맹(TAFISA) 회장 2006년 중소기업중앙회 자문변리사 2008년 대한변리사회 회장 2008년 가천의과학대 석좌교수 2009~2011년 국립과천과학관장 2010년 부경대 석좌교수(현) 2010년 GTX(수도권광역급행철도)포럼 공동대표 2012년 대한변리사회 고문(현) 2012년 (사)녹색삶지식경제연구원 이사장 2012~2016년 (사)한국클라우드센트럴파크협회 회장 2012~2017년 (사)녹색삶지식경제연구원 이사장 2013~2017년 세계한인지식재산전문가협회(WIPA) 회장 2015~2016년 대한민국헌정회 정책연구위원회 의장, 한국의과학연구원 원장(현), 한국BI기술사업화협회 회장(현), LED산업포럼 위원장(현), 한국영재학회 명예회장(현) 2016년 (사)한국클라우드협회 회장(현) 2016~2017년 서울웹페스트 조직위원장 2017년 한국기술거래사회 명예회장(현) 2017년 세계한인지식재산전문가협회(WIPA) 고문(현) 2017년 (사)녹색삶지식원 이사장(현) 2018년 대한민국헌정회 국가과학기술헌정자문회의 의장(현) 2018년 우석대 석좌교수(현) (상)청조근정훈장(1990), 미국 스포츠아카데미 아이젠하워 피트니스 어워드(2009), 대한인터넷신문협회 INAK(Internet Newspaper Association of Korea) 과학기여상(2015) (저)'유전공학 육성정책(英文)' '첨단사회의 이상향' '한국항공우주산업 기술개발을 위한 정책연구' '대체에너지 개발촉진을 위한 관계법제도연구' '생명공학 육성을 위한 국가정책방향' 'IQ100 천재, IQ150의 바보' '돈방석대학생 발명과 창업으로 뛴다' '돈방석주부 발명과 창업으로 뛴다' '어머니를 위한 영재 뇌 자연발육법'(共) '과학원 괴짜들 특허전쟁에 뛰어들다' '이제 미래를 이야기 합시다' '21세기 대통령감이 읽어야 할 책'(編) '발명왕에 도전하기' '부산이 살아야 한국이 산다' (역)'창조성과 정신' (종)기독교

이상희(李相憙) LEE Sang Hee

(생)1945·8·12 (출)강원 원주 (학)1964년 경기고졸 1970년 육군사관학교졸(26기) 1974년 서울대 문리과대학 사회학과졸 (경)1970~1972년 보병 소위 임관 1990~1991년 제9사단 29연대장 1991~1992년 합동참모본부 전략기획본부 군사전략과장 1992~1994년 대통령 국방정책비서관 1994~1995년 미국 메릴랜드대 국제분쟁연구소 연수 1995년 육군본부 전력기획참모부 전력계획처장 1995년 同전력계획처장 1996년 제30기계화보병사단장 1998년 국방부 정책기획국장 1999년 제5군단장 2001년 합동참모본부 전략기획본부장 2002년 同작전본부장 2003년 제3야전군사령관(대장) 2005~2006년 합참의장(대장) 2007년 미국 브루킹스연구소 연수 2008~2009년 국방부 장관 2012~2015년 한국전략문제연구소 소장 2015~2019년 한국국가전략연구원 원장 (상)대통령표창, 보국훈장 삼일장·천수장·국선장, 미국 공로훈장, 터키 훈장

이상희(李相喜) LEE Sang Hee (謙誠)

(생)1960·9·30 (본)경주(慶州) (출)충북 영동 (주)경기도 용인시 처인구 명지로 116 명지대학교 자연과학대학 생명과학정보학과(031-330-6195) (학)1980년 용산고졸 1988년 서울대 미생물학과졸 1990년 同대학원졸 1993년 이학박사(서울대) (경)1990년 유전공학연구소 연구조교 1993~1995년 미국 Univ. of Wisconsin-Madison Post-Doc. 1995~1998년 영동공과대 전임강사·조교수 1998~2001년 영동대 유전공학과 조교수 2000년 중소기업청 자문위원 2001년 미국 미생물학회 정회원(현) 2001~2003년 영동대 유전공학과 부교수 2002년 미국 세계인명사전 'Marquis Who's Who in the World'에 연속 등재 2002~2005년 (주)리앤조바이오텍 R&D연구소장 2003년 한국과학기술기획평가원 평가위원(현) 2003~2016년 명지대 자연과학대학 생명과학정보학부 교수 2003년 영국 응용미생물학회지 논문심사위원(현) 2004년 영국 캠브리지 국제전기센터(IBC) '21세기 우수과학자 2000인'에 선정 2004년 한국산업기술평가원 평가위원(현) 2005년 영국 캠브리지 국제전기센터(IBC) 부이사장(현) 2005년 미국 아카데미저널 편집위원장(현) 2006년 미국 Recent Patents on Anti-infective Drug Discovery 편집자(현) 2006년 미국 Research Journal of Microbiology 편집위원장(현) 2006년 The World Congress of Arts Sciences and Communications 부대표 2008년 서울대동창회 이사(현) 2008년 유전자변형생물체 보건안전 전문가(현) 2008년 미국 The Open Pharmacology Journal 편집자(현) 2009년 영국 의학전문학술지 The Lancet 논문심사위원(현) 2009년 한국미생물학회 감사 2009년 프랑스 French National Research Agency 평가위원(현) 2011년 국가지정연구실(도약연구) 책임자(현) 2013년 영국 타임지 세계대학순위평가위원(현) 2016년 명지대 자연과학대학 생명과학정보학과 교수(현) (상)부총리 겸 교육인적자원부장관표창(2003), 미국 Outstanding Professional Award(2004), 영국 Lifetime Achievement Award(2004), 명지대 최우수연구상(2006·2007), 보건산업진흥유공자 우수상(2006), 영국 IBC 선정 Top Two Hundred(2007), JM 우수논문상(2008), 영국 The Final Honours List(2010), 한국교육대상(2011), 한국을 이끄는 혁신리더(2011), 생물안전관리유공자 보건복지부장관표창(2017) (저)'중합효소연쇄반응 및 DNA 서열분석에 유용한 생명정보학'(2004) 'Emerging non-metallo-carbapenemases in multi-resistant Gram-negative aerobes'(2005) 'Practical Methods for General and Molecular Microbiology(共)'(2005) 'Characterization of beta-lactam-resistant genes from a metagenomic library of cold-seep sediments in deep-sea'(2006) 'Characterization and molecular epidemiology of Enterobacter cloacae clinical isolates producing extended-spectrum beta-lactamases'(2009) 'Handbook of Molecular Microbial Ecology II: Metagenomics in Different Habitats(共)'(2011) (종)천주교

이상희(李尙熺) LEE Sang Hee

(생)1961 · 2 · 16 (출)대구 (주)경상남도 김해시 삼계로 208 가야대학교 총장실(055-330-1010) (학)1979년 대구 계성고졸 1983년 경북대 정치학과졸 1985년 同대학원졸 1991년 정치학박사(경북대) (경)1989~1991년 부산외국어대 조교수 1992년 가야대 정치학과 교수 2001년 同부총장, 同행정대학원장 2006~2015년 同총장 2010~2011년 부산 · 울산 · 경남 · 제주지역대학교총장협의회 회장 2015~2017년 가야대 이사장 2017년 同총장(현)

이상희(李象熙) Lee Sanghee

(생)1964 · 12 · 9 (출)충남 (주)세종특별자치시 도움4로 13 보건복지부 노인정책과(044-202-3250) (학)1983년 대전 대성고졸 1990년 성균관대 사회학과졸 2014년 인제대 대학원 보건경영학과졸 (경)2006년 서기관 승진 2010년 보건복지부 연금정책국 연금급여팀장 2011년 同노인지원과장 2011년 同기초노령연금과장 2012년 국방대 파견 2013년 보건복지부 장애인서비스과장 2014년 고용노동부 장애인고용과장 2015년 보건복지부 요양보험운영과장 2017년 同사회서비스자원과장 2018년 同노인정책과장(현) (상)대통령표창(2006)

이상희(李相喜 · 女) LEE SANGHUI

(생)1975 · 5 · 3 (주)세종특별자치시 갈매로 477 정부세종청사 기획재정부(044-215-7750) (학)1993년 포항여고졸 1998년 영남대 행정학과졸 2003년 한국개발연구원(KDI) 국제정책대학원 정책학과졸(석사) 2004년 미국 듀크대 대학원 정책학과졸 (경)1998년 행정고시 합격(41회) 1999~2005년 국방부 군수협력과 · 운영평가과 · 관재보상과 행정사무관 2005년 외교부 통상전략과 행정사무관 2006년 同경제안보과 행정사무관 2008년 同경제협력과 2등서기관 2008년 同에너지기후변화과 1등서기관 2010년 일본 一橋대 객원연구원 2012년 외교부 아프리카과 1등서기관 2013년 駐뉴욕총영사관 영사 2015년 외교부 중유럽과 1등서기관 2015년 국무조정실 외교안보정책관실 1등서기관 2016년 외교부 중미카리브과 1등서기관 2016~2018년 同중미카리브과장 2019년 기획재정부 남북경제과장(현)

이생강(李生剛) LEE Saeng Kang (竹鄕 · 竹香)

(생)1937 · 3 · 16 (본)경주(慶州) (출)일본 도쿄 (주)서울특별시 성북구 성북로 27 동방빌딩B1층 죽향 이생강전수관(02-762-5244) (학)1958년 북부산고졸 (경)1942~1960년 이수덕 · 지영희 · 전추산 · 오진석 · 방태진 · 이충선 · 한일섭 · 임동선 선생께(피리 · 단소 · 퉁소 · 소금 · 태평소 · 대금) 사사 1947~1962년 한주환 선생께 대금산조 사사 1960년부터 프랑스 파리 · 아프리카 · 유럽 · 중동 · 동남아시아 · 미국 등 국내외 약 6천여 회 공연 1970년 청도종합민속예술학원 설립 1988년 중앙대 음대 강사 1988년 88올림픽 폐회식 대금연주 1992년 중요무형문화재 제45호 대금산조 예능보유자 후보 1996년 세계피리축제 한국대표 공연 1996년 국가무형문화재 제45호 대금산조 예능보유자 지정(현), (사)한국국악협회 부이사장, 한국종합예술학교 강사, 서울국악예술중 · 고 강사, 한국종합예술민속악학원 원장, 중앙대 국악대학 강사 2006년 (사)죽향대금산조원형보존회 이사장(현) 2011년 (사)국가무형문화재기 · 예능협회 부이사장(현) (상)진주개천예술제 국악부 특상(1958), 문화공보부장관표창(1968), TBC 명인대상(1970), 국민훈장 목련장(1973), 전주대사습 장원(1978), 문화예술진흥원장표창(1983), 신라문화예술제 대통령표창(1984), KBS 방송대상(1984 · 1987), 한국국악협회 공로상(1990), 서울시 자랑스런 시민상(1994), 한국예술문화단체총연합회 예술문화대상(1995), 대한민국 국민상 예술부문(1997), 한국예술실연자단체연합회 국악대상(2001), 제19회 한국국악대상(2002), 한국예술실연자단체연합회 대상(2004), 방일영국악상(2005) (저)'단소교본' '대금교본' '민속악단소교본 · 대금교본' '일흔살의 피리부는 소년(구술)' (작)'희망가' '전통무용음악곡 전집' '창작무용음악 전집' '전통관악기 산조' '단소산조' '대금산조' '피리산조' '퉁소산조' '태평소' '시나위' '소금' '강원풍류' (종)불교

이서구(李瑞九) RHEE Sue Goo

(생)1943 · 6 · 6 (출)서울 (주)서울특별시 서대문구 연세로 50 연세대학교 의과대학 의생명과학부(02-2228-0630) (학)1965년 서울대 물리대학 화학과졸 1972년 이학박사(미국 아메리카가톨릭대) (경)'세포 노화를 일으키는 활성산소 연구' 분야 세계 최고의 권위자 1973년 미국 국립보건원(NIH) Post-Doc. 1979~1988년 同선임생화학자 1988년 同세포신호전달연구실장 1996년 同Senior Biomedical Research Service 1997~2005년 이화여대 생물학과 석좌교수 1997~2005년 同대학원 분자생명과학부 교수 2004년 同세포신호전달연구센터 책임연구원 2005년 同대학원 생명 · 약학부 석좌교수 2005년 同분자생명과학기술원장 2006년 과학기술부 선정 '제1호 국가과학자' 2007~2013년 이화여대 이화학술원 석좌교수 2013~2017년 연세대 의과대학 의생명과학부 석좌교수 2015년 기초과학연구원 이사장 2017년 연세대 의과대학 의생명과학부 객원교수(현) (상)미국 국립보건원(NIH) 최우수 연구자상, 미국 과학정보연구소(ISI) 과학기술분야 최다 피인용 논문저자 선정, 호암상, 국제활성산소생물의학회(SFRBM) 디스커버리상(SFRBM Discovery Awards)(2005), 과학기술훈장 웅비장(2006), 이화학술상(2011) (저)'Regulation of glutamine synthetase activity and the repression of its biosynthesis E. coli are mediated by two nucle-otidylation/denucleotidylation cycles.In Dynamics of Soluble and Immobilized Enzymes(P.B.Chock, L. Tsou and C.Y Hunag, eds), Springer-Verlag, Amsterdam, pp. 136 145'(1987) 외 다수

이서례(李瑞禮 · 女) LEE Suh Rae

(생)1935 · 2 · 25 (출)전남 나주 (주)서울특별시 중구 퇴계로 190 매일경제신문 감사실(02-2000-2127) (학)1951년 광주여중졸 1983년 고려대 경영대학원 수료 (경)1964년 홍진향료 대표이사 1966년 매일경제신문 감사(현) 1970~1975년 삼정공업사 대표 1977년 고려연초가공 감사 1981년 정진기언론문화재단 이사장 · 명예이사장(현) 1996년 서울적십자사 여성봉사특별자문위원(현) 2008~2011년 同상임위원 (상)박애장금장 (종)불교

이서영(李誓永)

(생)1969 (출)전북 완주 (주)전라북도 순창군 순창읍 장류로 311 전북 순창경찰서(063-650-8210) (학)전주 덕진고졸 1992년 경찰대 행정학과졸(8기) (경)1992년 경위 임용 1999년 전북 전주중부경찰서 경비계장(경감) 2007년 대전 동부경찰서 정보과장(경정), 서울 남대문경찰서 교통과장, 서울지방경찰청 교통조사계장 · 교통안전계장 2017년 대전지방경찰청 정부대전청사경비대장(총경) 2018년 전북지방경찰청 경비교통과장 2019년 전북 순창경찰서장(현)

이서항(李瑞恒) Lee Seo-hang

(생)1951 · 2 · 9 (출)경북 문경 (주)서울특별시 마포구 월드컵북로5길 59 우양빌딩 한국해양전략연구소 소장실(02-333-2536) (학)1969년 서울대사대부고졸 1973년 서울대 정치학과졸 1976년 同대학원 정치학과졸 1984년 국제정치학박사(미국 켄트주립대) (경)1986년 한국과학기술원 해양연구소 선임연구원 1989년 외무부 입부 1989년 외교안보연구원 국제경제연구부 조교수 1993년 同안보통일연구부 부교수 1994년 同안보통일연구부장 직대 1995~1997년 영국 국제전략문제연구소 집행위원 1995년

한국해로연구회 운영위원장 1996년 아·태안보협력이사회(CSCAP) 한국위원회 위원장 1998년 외교안보연구원 안보통일연구부 부교수 2001년 同안보통일연구부 교수 2004년 同연구실장 2005~2006년 남극해양생물보존협약(CCAMLR) 총회 의장 2008년 외교안보연구원 안보통일연구부 교수 2010~2012년 駐뭄바이 총영사 2013년 단국대 우석한국영토연구소장 2014년 국제전기통신연합(ITU) 전권회의(Plenipotentiary Conference) 의장분야 자문위원 2015년 한국해양전략연구소 소장(현) (저)'동북아의 평화와 안정' (종)천주교

이서현(李敍顯·女) LEE Seo Hyun

(본)경주(慶州) (출)서울 (주)서울특별시 용산구 이태원로55길 64 삼성복지재단(02-2014-6810) (학)1992년 서울예고졸 1997년 미국 파슨스디자인학교졸 (경)2002년 제일모직 패션연구소 부장 2004년 同패션부문 기획팀 부장 2005년 同패션부문 기획담당 상무 2010년 同패션부문 기획담당 전무 2010년 제일기획 기획담당 전무 2010년 미국 패션디자이너협회(CFDA) 위원 2010~2013년 제일모직 패션부문 경영전략담당 부사장 2011년 제일기획 경영전략담당 부사장 2013년 제일모직 패션부문 경영기획담당 부사장 2014년 삼성에버랜드 패션부문 경영기획담당 사장 2014~2015년 제일기획 경영전략부문장 2014년 제일모직 패션부문 경영기획담당 사장 2015년 삼성물산(주) 패션부문 경영기획담당 사장 2015~2018년 同패션부문장(사장) 2019년 삼성복지재단 이사장(현) 2019년 삼성미술관 리움 운영위원장(현)

이 석(李 碩) LEE Suk

(생)1961·12·11 (주)부산광역시 금정구 부산대학로63번길 2 부산대학교 공과대학 기계공학부(051-510-2320) (학)1984년 서울대 기계공학과졸 1985년 미국 펜실베이니아주립대 대학원졸 1990년 기계공학박사(미국 펜실베이니아주립대) (경)1990~1993년 미국 신시네티대 조교수 1993~2004년 부산대 공과대학 기계공학부 전임강사·조교수·부교수 2004년 同공과대학 기계공학부 교수(현) 2013~2014년 同기계공학연구정보센터장 2007년 (주)바텍 차세대의료기술연구센터장 2016년 부산대 공과대학장·산업대학원장·환경대학원장 2016~2018년 同기술창업대학원장 2016년 한국공과대학 학장협의회 회장

이 석(李 碩) LEE Suk

(생)1963·8·22 (주)세종특별자치시 남세종로 263 한국개발연구원 연구본부 경제전략연구부(044-550-4207) (학)1986년 서울대 경제학과졸 1988년 同대학원졸 1998년 영국 워릭대 경제대학원졸 2003년 경제학박사(영국 워릭대) (경)1989~1994년 한국장기신용은행 펀드매니저 1994~1996년 국가안전기획부 근무 2003년 통일연구원 부연구위원 2005년 同통일학술정보센터 소장 직대 2007~2008년 同남북협력연구실 부연구위원 2008년 한국개발연구원 재정·사회개발연구부 부연구위원, 同국제개발협력센터 북한경제연구실 연구위원 2011년 同북한경제연구팀장 2013년 同북한경제연구부 연구위원 2017년 同북한경제연구부장 2018년 同연구본부 경제전략연구부장 겸 북방경제실장(현) (저)'북한의 경제개혁과 이행'

이석구(李奭九) LEE Suk Koo

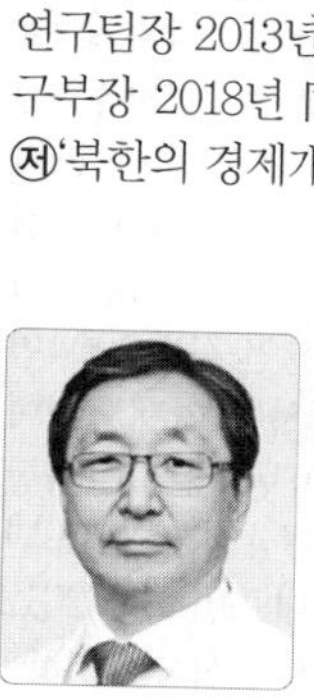

(생)1954·10·17 (본)양성(陽城) (출)경남 진해 (주)서울특별시 강남구 일원로 81 삼성서울병원 소아외과(02-3410-3464) (학)1975년 서울대 의예과 수료 1979년 同의대졸 1984년 同대학원졸 1990년 의학박사(가톨릭대) (경)1979~1984년 서울대병원 인턴·레지던트 1984~1987년 육군 군의관(대위 예편) 1987~1989년 서울대병원 소아외과 전임의 1989~1991년 한림대 의대 일반외과 조교수 1991~1994년 미국 하버드대 의대 외과 전임의 1994년 삼성서울병원 외과 전문의(현) 1995~1996년 미국 Johns Hopkins의대 이식외과 연수 1997년 성균관대 의과대학 외과학교실 부교수·교수(현) 1999~2009년 삼성서울병원 소아외과장 1999~2005년 同임상시험센터장 1999년 대한소아외과학회 이사 1999~2002년 대한이식학회 이사 2001~2016년 대한외과학회 이사 2001~2009년 삼성서울병원 장기이식센터장 2002년 대한이식학회 상임이사·이사(현), 同차기(2019년 12월부터)회장(현) 2002~2007년 대한임상연구심의기구협의회 부회장 2003~2004년 식품의약품안전청 중앙약사심의위원회 소분과위원회 위원 2005~2009년 KONOS(국립장기이식관리센터) 간이식분과위원회 위원 2005~2008년 건강보험심사평가원 중앙심사위원회 위원 2007~2012년 대한임상연구심의기구협의회 회장 2008~2012년 식품의약품안전처 중앙약사심의위원회 위원 2009~2013년 삼성서울병원 소아청소년센터장 2010~2012년 보건복지부 보건의료기술정책심의위원회 위원 2010년 가톨릭대 생명대학원 겸임교수(현) 2011~2013년 대한간이식연구회 회장 2012~2014년 국제백신연구소(IVI) IRB(기관윤리위원회) 위원장 2012~2013년 대한소아외과학회 회장 2012~2016년 대한외과학회 수련이사 2012년 식품의약품안전처 중앙약사심의위원회 전문가(현) 2013년 성균관대 의과대학 외과학교실 주임교수 2013년 삼성서울병원 외과 과장 2014~2015년 대한이식학회 이사장 2015~2018년 대통령소속 국가생명윤리심의위원회 위원 2018년 대한민국의학한림원 정회원(외과학·현) (상)대한이식학회 종근당학술상(2003), 성균관대 '국제학술지다수논문발표'표창(2005), 성균관대 의과대학 '10년근속'표창(2007), 화이자의학연구상 임상의학분야(2008), 대웅의료상-이승규 간이식 임상연구상(2015) (저)'생체조직공학-개념과 응용'(1998, 고려의학) '간담췌 외과학-사체 간이식'(2000, 의학문화사) '조직공학과 재생의학'(2002, 군자출판사) (역)'Chassin 외과수술의 원칙와 실제'(2007, 가본의학)

이석근(李碩根) LEE Suk Geun

(생)1963·8·31 (출)서울 (주)서울특별시 마포구 백범로 35 서강대학교(02-705-8013) (학)1982년 배문고졸 1986년 서강대 경영학과졸(전체 수석) 1989년 영국 헤리오트와트대 대학원졸(국제금융학석사·국비유학) 1995년 미국 시카고대 경영대학원졸(경영학석사) (경)1996년 A.T.Kearney 수석컨설턴트 1997~2001년 Andersen Consulting 이사 1998년 금융감독위원회 구조개혁기획단 민간자문위원 1998년 은행감독원 은행경영평가위원 1998년 증권감독원 증권사경영개선계획 평가위원 1998년 기획예산위원회 공기업민영화추진위원회 실무추진위원 2001~2003년 액센츄어 글로벌 파트너(전무), 서강대 국제대학원 겸임교수 2003년 액센츄어 부사장 겸 아태지역자본시장 총괄파트너 2005년 증권선물거래소 이사장 경영자문위원 2005년 한국기업데이타 사외위원 2005년 아서디리틀(ADL) 대표이사 2006년 同아시아금융총괄 2006년 증권선물거래소 IT통합자문위원 2008~2012년 아서디리틀(ADL) 아시아총괄 대표이사 사장 2009~2012년 同최고운영위원회 위원 2012~2014년 롤랜드버거 스트래티지컨설턴츠(Roland Berger Strategy Consultants) 서울사무소 대표 2013~2015년 대통령자문 국민경제자문회의 공정경제분과 민간위원 2013~2016년 기획재정부 경제혁신3개년계획 국민점검반 위원 2014년 서강대 석좌교수(현) 2015년 同사회적기업가센터장(현) 2016~2017년 기획재정부 세제발전심의위원회 위원 (상)서강대 4년장학금(1982~1984), Citi Bank 경영학 우수장학금(1984~1986), 서강대최우수총장표창(1986), 영국 Heriot-Watt Univ. 영국외무성장학금(1987~1989), 미국 Univ. of Chicago 성적우등상(1993~1994), 자랑스러운 서강경영인상(2013) (저)'기업재창조를 위한 M&A 성공전략'(1998, 매경출판) '한국케이블산업의 현황과 개선방안'(2001, 방송개발원) '우당 서상룡교수 퇴임기념논문집'(2003, 박영사) '상생혁신리포트 Connecting Korea'(2006, 대한상공회의소) 'G5 대한민국 플랜트 강국 보고서'(2007, 한국플랜트산업협회/MBN) '1인 미디어의 힘(共)'(2008, 매일경제신문) 'Hand Media'

(2009, 모바일 레볼루션) 'Consultantly yours'(2012, 조선앤북) '핀테크 혁신 미래산업과 금융의 판을 바꾸다'(2017, 북랩) 「차 산업혁명과 퓨처노믹스'(2017, 한스미디어)

이석란(李石蘭 · 女) Seok Rahn, LEE

(생)1977 · 4 · 23 (출)서울 (주)서울특별시 종로구 세종대로 209 금융위원회 금융시장분석과(02-2100-2856) (학)1996년 이화여자외국어고졸 2000년 연세대 경영학과졸 (경)2000년 행정고시 합격(44회) 2004년 중소기업청 기업성장지원국 해외시장과 사무관, 재정경제부 금융정책과 은행제도과 행정사무관 2007년 同금융정책국 중소서민금융과 행정사무관 2008년 기획재정부 중소서민금융과 행정사무관 2008년 금융위원회 금융서비스국 중소서민금융과 행정사무관 2009년 미국 캘리포니아대 국외훈련(사무관) 2012년 금융위원회 금융서비스국 보험과 행정사무관 2014년 同금융서비스국 은행과 서기관 2014년 同연금팀장 2015년 同정책홍보팀장 2016년 同공정시장과장 2017년 대통령비서실 정책실장실 행정관 2019년 금융위원회 금융시장분석과장(현)

이석래(李錫來) Lee Seok Lae

(생)1966 · 3 · 25 (본)영천(永川) (출)전북 남원 (주)세종특별자치시 가름로 194 과학기술정보통신부 연구개발정책과(044-202-4520) (학)1985년 남원성원고졸 1989년 서울대 농업생물학과졸 2013년 한양대 대학원 과학기술정책학과 재학 중 (경)1997년 총무처 행정사무관 1998~2000년 과학기술부 원자력국 · 과학기술정책실 근무 2001년 월드컵조직위원회 파견 2002년 과학기술부 연구개발국 생명환경기술과 근무 2006년 국립중앙과학관 서기관 2007년 국무조정실 산업심의관실 과학기술정책과장 2008~2010년 미국 유타대 약물전달연구소 근무 2010년 교육과학기술부 사교육대책팀장 2011년 국가과학기술위원회 과학기술정책국 정책조정과장 2013년 미래창조과학부 창조경제기획관실 융합기획담당관(부이사관) 2014년 同연구개발정책실 연구공동체정책관실 연구개발특구과장 2016년 세종연구소 교육파견(국가전략연수과정) 2017년 미래창조과학부 연구개발정책실 기초원천연구정책관실 생명기술과장 2017년 과학기술정보통신부 연구개발정책실 기초원천연구정책관실 생명기술과장 2017년 同연구개발정책실 기초원천연구정책관실 연구개발정책과장(현) (상)대통령표창(2002) (종)가톨릭

이석로(李錫魯) LEE Seokro

(생)1963 · 10 · 27 (주)서울특별시 영등포구 의사당대로 88 한국투자신탁운용(주) 임원실(02-3278-4112) (학)청구고졸, 경북대 경영학과졸 (경)2006년 한국투자증권(주) 기획조정부 상무보 2006년 한국투자금융지주(주) 상무보 2010년 한국투자증권(주) e-biz기획부 상무보 2011년 同e-biz본부장(상무) 2015년 同경영기획본부장(상무) 2016년 同경영기획본부장(전무) 2017년 한국투자신탁운용(주) COO(부사장)(현)

이석문(李碩文) Lee Seok Moon

(생)1959 · 1 · 14 (출)제주 (주)제주특별자치도 제주시 문연로 5 제주특별자치도교육청 교육감실(064-710-0101) (학)제주 오현고졸 1983년 제주대 사범대학 영어교육과졸 (경)친환경학교급식제주연대 상임대표, 전국교직원노동조합 제주지부장, 제주4 · 3유족회 중부지회장, 아이건강연대 공동대표 2010~2014년 제주특별자치도의회 교육위원회 교육의원 2010년 同제주교육발전연구회 간사 2012~2013년 同교육위원회 부위원장 2012년 同환경 · 경제부지사(김선우) 인사청문특별위원회 위원 2013년 同예산결산특별위원회 위원 2013년 제주교육발전연구회 회장 2014~2018 · 2018년 제주특별자치도 교육감(현)

이석민(李碩旻) LEE Seok Min

(생)1957 · 5 · 13 (출)전북 (주)서울특별시 송파구 올림픽로 289 (주)한라(02-3434-5114) (학)서울고졸 1983년 고려대 사회학과졸 (경)한라건설(주) 경영전략담당 상무보 2007년 同현장지원본부 상무 2008년 (주)만도 인재개발실장(전무) 2010년 同인재개발본부장(부사장) 2013~2015년 한라인재개발원 부원장(부사장) 2013~2018년 안양한라아이스하키단 단장(구단주) 2015~2018년 한라인재개발원 원장(수석부사장) 2018~2019년 한라홀딩스 대표이사 사장 2019년 (주)한라 대표이사 사장(현)

이석배(李石培) Lee Sok-bae

(생)1955 · 1 · 12 (주)서울특별시 종로구 사직로8길 60 외교부(02-2100-7139) (학)1985년 한국외국어대 러시아어과졸 1987년 영국 런던정치경제대 대학원 소련정치학과졸 (경)1991년 駐러시아 1등서기관 1996년 駐토론토영사 1998~1999년 駐러시아 1등서기관 · 참사관 2000년 외교통상부 홍보과장 2001년 同구주2과장 2002년 駐세르비아몬테네그로 참사관 2004년 駐카자흐스탄 공사참사관 2007년 駐러시아 공사참사관 2008년 駐상트페테르부르크 총영사 2011년 駐러시아 공사 2014년 駐블라디보스톡 총영사 2019년 駐러시아 대사(현) (상)홍조근정훈장(2013)

이석범(李錫範)

(생)1960 · 12 · 20 (주)대전광역시 서구 청사로 189 특허심판원(042-481-5877) (학)1980년 서울 용산공고졸 1987년 인하대 항공공학과졸 (경)1988년 법무부 기획관리실 시설관리담당관실 서기관 1996년 특허청 심사2국 운반기계심사담당관실 사무관 2003년 同심사2국 공조기계심사담당관실 서기관 2004년 同기계금속심사국 공조기계심사담당관실 서기관 2007년 同특허심판원 심판5부 심판관 2011년 同기계금속건설심사국 운반기계심사과장 2012년 특허법원 파견(과장급) 2015년 특허심판원 심판5부 심판관 2015~2017년 同특허심사1국 국토환경심사과장 2017년 同특허심사3국 차세대수송심사과장 2019년 同특허심판원 심판4부 심판관(현)

이석범(李錫範) Lee, Suk Bum

(생)1971 · 2 · 20 (출)경기 평택 (주)경기도 광주시 행정타운로 50 광주시청 부시장실(031-760-2010) (학)고려대 행정학과졸, 영국 버밍엄대 대학원졸 (경)1994년 행정고시 합격(38회) 2005년 경기도 기획관리실 기획담당 2006년 同문화체육과장 2006년 국무총리비서실 파견 2007년 경기도 기업지원과장 2011년 同기획행정실 군관협력담당관 2012년 同교육정책과장 2013년 경기 과천시 부시장 2015년 장기훈련 파견(지방서기관) 2016년 경기 여주시 부시장 2016년 황해경제자유구역청 사업총괄본부장 2017년 경기도 기획조정실 정책기획관 2018년 경기 광주시 부시장(현)

이석수(李碩洙) Lee Seok Su

(생)1963 · 3 · 9 (출)서울 (학)1981년 상문고졸 1985년 서울대 법대졸 1987년 同대학원 법학과졸 (경)1986년 사법시험 합격(28회) 1989년 사법연수원 수료(18기) 1989년 서울지검 동부지청 검사 1991년 대구지검 경주지청 검사 1993년 인천지검 검사 1995년 대구지검 검사 1997년 서울지검 검사 2001년 인천지검 부부장검사 2002년 대검찰청 검찰연구관 2004년 부산지검 공안부장 2005년 서울중앙지검 부부장검사(사법제도개혁추진위원회 파견) 2006년 대검찰청 감찰2과장 2007년 同감찰1과장 2008년 창원지검 통영지청장 2009년 춘천지검 차장검사 2009년 전주지검 차장검사 2010~2015년 법무법인 승재 대표변호사 2012년 '이명박 대통령 내곡동 사저부지 매입 의혹' 특별검사보 2015~2016년 대통령소속 특별감찰관 2017~2018년 법무법인 이백 변호사 2018년 국가정보원 기획조정실장(차관급)(현)

이석연(李石淵) LEE Seog Yeon

(생)1954 · 4 · 25 (본)전주(全州) (출)전북 정읍 (주)서울특별시 서초구 서초중앙로 125 로이어즈타워 1303호 법무법인 서울(02-3472-8404) (학)1971년 고졸검정고시 합격 1978년 전북대 법학과졸 1980년 同대학원 법학과졸 1985년 서울대 대학원 법학 박사과정 수료 1991년 법학박사(서울대) (경)1979년 행정고시 합격(23회) 1981~1989년 법제처 사무관·법제관 1985년 사법시험 합격(27회) 1988년 사법연수원 수료(17기) 1989~1994년 헌법재판소 헌법연구관 1989~2002년 경희대·동국대·한양대·건국대 강사 1994~2008년 변호사 개업 1994~1996년 한국교원단체총연합회 교권옹호위원 1994년 경제정의실천시민연합 정책위원·시민입법위원회 부위원장·상임집행위원 1994년 참여연대 공익소송센터 부소장 1995~2003년 대한변호사협회 인권위원·감찰위원 1996년 기독교방송 객원해설위원 1996년 국세청 고문변호사 1997년 전북대 초빙교수 1998년 대한상사중재원 중재인 1998~1999년 경제정의실천시민연합 시민입법위원장 1999~2001년 同사무총장 2000년 재정경제부 세제발전심의위원 2000년 감사원 부정방지대책위원 2001년 시민사회단체연대회의 공동운영위원장 2003~2005년 일본 게이오대 Visiting Scholar 2003년 감사원 부정방지대책위원장 2003년 뉴스통신진흥회 설립위원 2003년 경찰대학 혁신위원 2003년 한국공법학회 부회장 2004년 신행정수도이전헌법소원청구인단 간사 2004~2008년 헌법포럼 상임대표 2005~2008년 시민과함께하는변호사들 공동대표 2005년 동아일보 객원논설위원 2006년 선진화국민회의 공동상임위원장 2006~2008년 뉴라이트전국연합 상임대표 2006년 부패방지위원회 고문변호사 2006년 한국전력공사 사외이사 2006년 감사원 국민감사청구심사위원장·부정방지대책위원장·정책자문위원장 2006년 한반도선진화재단 이사 2007년 동국대 법대 겸임교수 2007~2008·2011년 법무법인 서울 대표변호사(현) 2008년 제조하도급분쟁조정협의회 공익위원·위원장 2008년 21C비즈니스포럼 공동대표(현) 2008년 서울시립교향악단 이사 2008~2010년 제28대 법제처장 2010년 한국세무사회 고문(현) 2010년 홍명보장학재단 이사(현) 2011~2016년 아시아기자협회 부이사장 2011년 아산나눔재단 이사(현) 2012년 책권하는사회운동본부 상임대표(현) 2013년 한국시민사회연합 공정거래감시본부 상임고문(현) 2014년 한국자산관리공사 비상임이사(현) (상)조세의날 대통령표창(1999), 애산법률문화상(2005), 고대언론대학원대상(2005), 경남대 북한대학원총동창회 올해를 빛낸 북한대학인상(2005), 대한민국법률대상 인권부문(2011), 황조근정훈장(2012) (저)'형법총론 예해'(1986) '헌법소송의 이론과 실제'(1992) '헌법재판소 판례총람'(1997) '헌법등대지기'(2001) '헌법과 반헌법'(2006) '침묵하는 보수로는 나라 못 지킨다'(2006) '헌법의 길 통합의 길'(2007) '책, 인생을 사로잡다'(2012) '여행, 인생을 유혹하다'(2013) (종)불교

이석우(李錫雨) LEE Suk Woo

(생)1948 · 3 · 3 (출)경기 양주 (주)경기도 수원시 장안구 정조로 944 자유한국당 경기도당(031-248-1011) (학)1967년 양정고졸 1971년 해군사관학교졸(25기) 1985년 연세대 행정대학원 행정학과졸 2006년 명예 경영학박사(몰도바국립체육대) 2006년 명예 정치학박사(몽골국립대) 2007년 명예 박사(벨라루스 민스크경영대) (경)1982년 지방행정연수원 교수부 교관 1986년 경남도지방공무원교육원 교수부장 1989년 경기도지방공무원교육원 교수부장 1989년 송탄시 부시장 1989년 미금시 부시장 1994년 경기도지방공무원교육원장 1994년 경기도 지역경제국장 1995년 同보사환경국장 1996년 구리시장 1998년 남양주시 부시장 1999년 평택시 부시장 1999년 안양시 부시장 2002년 고양시 부시장 2004년 수원시 부시장 2005~2006년 경기도 행정2부지사 2006년 세계도자기엑스포 사무총장 2006·2010년 경기 남양주시장(한나라당·새누리당) 2014~2018년 경기 남양주시장(새누리당·자유한국당) 2018년 자유한국당 남양주시乙당원협의회 운영위원장(현) (상)근정포장(2003), 경기도박물관인상 공로상(2009), 대한노인회 남양주시지회 노인복지대상(2010), 대통령표창(2011), 매니페스토 공약이행부문 최우수상(2011), 명예농업인패(2011), 월간중앙 2013 대한민국 CEO리더십 소통경영부문 대상(2012), 언론인연합협의회 2013 대한민국 자랑스러운 시민대상(2013) (저)'사자와 소에게서 복지를 배우다'(2014) (종)천주교

이석우(李錫遇) LEE Seok Woo

(생)1963 · 6 · 16 (주)세종특별자치시 다솜로 261 국무총리실 공보실(044-200-2690) (학)고려대 중어중문학과졸 (경)1999년 대한매일 편집국 정치팀 기자(차장급) 2000년 同편집국 통일팀 차장 2001년 同편집국 국제팀 차장 2002년 同편집국 전국팀 차장 2003년 同편집국 국제부 차장 2004년 서울신문 편집국 국제부 차장 2006년 同편집국 국제부 차장(부장급) 2007년 同편집국 국제부장 2008년 同국제전문기자 2008년 同편집국 정치부 선임기자 2009년 同경영기획실 부장급 2010년 同국제부 부장급 2011년 同편집국 국제전문기자 2011년 同편집국 편집위원 2012년 同정책뉴스부 선임기자 2015년 同도쿄특파원 2019년 국무총리실 공보실장(현)

이석우(李碩祐) LEE Sirgoo

(생)1966 · 2 · 6 (본)고성(固城) (출)서울 (주)서울특별시 강남구 테헤란로4길 14 두나무(주)(1588-5682) (학)서울대 동양사학과졸 1997년 법학박사(미국 루이스앤드클라크대 로스쿨) (경)1992~1994년 중앙일보 사회부·국제부 기자 1996~1998년 미국 로펌 Weiss Jensen Ellis & Howard 변호사 1999~2004년 한국IBM 근무 2007년 NHN(주) 이사, 同USA법인 대표, (주)카카오 부사장 2011~2014년 同대표이사 2013년 대검찰청 사건평정위원회 위원 2014~2015년 다음카카오 공동대표이사 2015년 (주)카카오 경영자문역 2015~2017년 조인스닷컴(주) 공동대표이사 2015년 중앙일보 디지털전략·제작담당·디지털기획실장 겸임 2016~2017년 同디지털총괄 2016~2018년 NHN엔터테인먼트(주) 사외이사 2018년 두나무(주) 대표이사(현) 2018년 (사)아시아기자협회 이사(현) 2018년 한국블록체인협회 이사(현) (상)21세기 대상 기획부문(2014)

이석우(李石雨) LEE Seok Woo

(생)1968 · 1 · 11 (출)경북 상주 (주)경기도 성남시 수정구 단대로 3 2층 법률사무소 율해(031-698-3335) (학)1986년 대구 영남고졸 1990년 서울대 공법학과졸, 미국 노스캐롤라이나대 로스쿨 수료 (경)1991년 사법시험 합격(33회) 1994년 사법연수원 수료(23기) 1994년 軍법무관 1997년 부산지검 검사 1999년 대전지검 공주지청 검사 2000년 인천지검 검사 2002년 서울지검 의정부지청 검사 2004년 서울중앙지검 검사 2006년 대구지검 부부장검사 2007년 인천지검 부부장검사 2008년 창원지검 진주지청 부장검사 2009년 대구지검 서부지청 1부장검사 2009년 대구지검 형사4부장 2010년 부산지검 동부지청 형사1부장 2011년 인천지검 부천지청 부장검사 2012년 수원지검 성남지청 부장검사 2013년 서울고검 검사 2013년 법무법인 이담 대표변호사 2014~2017년 법무법인 현석 대표변호사 2017년 법률사무소 율해 변호사(현)

이석원

(생)1968 (주)전라북도 전주시 덕진구 기지로 180 국민연금공단 기금운용본부 주식운용실(063-711-0100) (학)고려대 경제학과졸, 同경영대학원 재무관리과졸 (경)1995년 장은투자신탁운용 근무 2005년 미래에셋자산운용 근무 2006년 KB자산운용 주식운용팀 이사 2011년 하이자산운용 주식운용본부장(상무) 2018년 국민연금공단 기금운용본부 주식운용실장(현)

이석재(李錫載) LEE Seok Jae

(생)1951·3·7 (출)경기 김포 (주)경기도 부천시 원미구 원미로 12 천주교 인천교구청 부천1지구 소사성당(032-665-2111) (학)1969년 서울 성신고졸 1977년 가톨릭대 신학과졸 1979년 同대학원 신학과졸 2000년 문학박사(인하대) (경)1979~1980년 천주교 인천교구 도화동교회 보좌신부 1980~1981년 同인천교구 강화교회 보좌신부 1981~1984년 육군 군종신부 1984~1987년 천주교 인천교구 주원교회 주임신부 1987~1991년 同교육국장 1991~1994년 同인천교구 제물포교회 주임신부 1995~1996년 同인천교구 부평5동교회 주임신부 1996년 인천가톨릭대 신학과 교수 2000년 同사무처장 2002년 同도서관장 2003~2005년 同교무처장 겸 대학원장 2007~2011년 同총장 2012~2016년 천주교 인천교구청 주안3동성령성당 주임신부 2016년 천주교 인천교구청 부천1지구소사성당 주임신부(현) (저)'성서40주간문제집'(1996) '신난다 첫 영성체교리'(1998) '그리스도교 역사'(2003) (역)'죽음이 마지막 말은 아니다(共)'(1989)

이석재(李碩載)

(생)1968·7·27 (출)전남 보성 (주)인천광역시 미추홀구 소성로163번길 17 인천지방법원 총무과(032-860-1169) (학)1987년 서울 보성고졸 1992년 서울대 법학과졸 (경)1998년 사법시험 합격(40회) 2001년 사법연수원 수료(30기) 2001년 인천지법 판사 2003년 서울지법 판사 2004년 서울중앙지법 판사 2005년 부산지법 동부지원 판사 2008년 서울남부지법 판사 2011년 서울중앙지법 판사 2013년 서울남부지법 판사 2014년 서울고법 판사 2016년 전주지법 부장판사 2018년 인천지법 부장판사(현)

이석종(李錫宗) LEE Seok Jong

(생)1959·1·23 (주)충청북도 청주시 서원구 충대로 1 충북대학교 자연과학대학 수학과(043-261-2249) (학)1981년 제주대 수학교육과졸 1986년 연세대 대학원 수학과졸 1990년 이학박사(연세대) (경)1991년 충북대 자연과학대학 수학과 교수(현) 1994년 미국 퍼듀대 수학과 방문교수 1995~1996년 캐나다 Carleton University 박사 후 연구원 2003~2004년 미국 Wayne State University 방문교수 2009년 대만 National Taiwan University 방문교수 2011년 한국지능시스템학회 회장 2016~2018년 대한수학회 부회장 2016년 충청수학회 회장 2016~2018년 충북대 자연과학대학장 (상)과학기술우수논문상(2016) (저)'집합과 논리'(2009) '위상수학의 기초 제5판'(2015) '미적분학'(2015) '대학수학'(2016) '기초미적분학'(2016)

이석종(李奭鍾) Suk Jong Lee

(생)1961·9·27 (주)서울특별시 영등포구 여의대로 128 LG전자(주) 글로벌생산센터(02-3777-1114) (학)영남대 경영학과졸 (경)1988년 금성사 입사 2012년 LG전자 COO 마나우스생산법인장(상무) 2015년 同글로벌생산부문 브라질 마나우스생산법인장 2017년 同MC글로벌오퍼레이션그룹장(전무) 2019년 同글로벌생산센터장(전무)(현)

이석주(李錫柱) Lee Suk Joo

(생)1954·8·4 (주)서울특별시 중구 세종대로 125 서울특별시의회(02-3702-1400) (학)서울공고졸, 서울산업대 건축공학과졸, 한양대 산업대학원 건축공학과졸, 도시공학박사(한양대) (경)서울시 중구청·구로구청·강동구청·서초구청·종로구청 근무, 同강남구 재건축팀장, (주)금산종합건축사무소 대표, 한국건축가협회 도시·환경전문위원, 한국리모델링협회 법률분과위원, 국제라이온스협회 삼성L/C클럽 임원, 강남구 대치2동주민자치센터 운영위원회 고문, 同대치2동방위협의회 위원, 바르게살기운동 강남구협의회 부회장, 민주평통 자문위원 2002·2006~2010년 서울시 강남구의회 의원 2008~2010년 同도시건설위원장 2010년 서울시 강남구의원선거 출마(한나라당) 2014~2018년 서울시의회 의원(새누리당·바른정당·자유한국당) 2014년 同도시안전건설위원회 위원 2014년 同싱크홀발생원인조사및안전대책특별위원회 위원 2015년 同대변인 2015년 同지역균형발전지원특별위원회 위원 2015년 同예산결산특별위원회 위원 2016년 同서부지역광역철도건설특별위원회 위원 2016년 同도시계획관리위원회 위원 2018년 서울시의회 의원(자유한국당)(현) 2018년 同도시계획관리위원회 위원(현) 2018년 同윤리특별위원회 위원(현) 2019년 同예산결산특별위원회 위원(현)

이석주(李碩柱) SEOK JOO LEE

(생)1966·4·29 (본)광주(廣州) (출)서울 (주)경기도 성남시 분당구 대왕판교로712번길 22 글로벌R&D센터 (주)이수앱지스(031-696-4700) (학)1985년 상문고졸 1989년 연세대 수학과·경영학과졸 (경)1998년 대우전자 외환업무 미주법인관리담당 1998~2005년 이수화학(주) 기획실 재무및기획담당 임원 2005~2008년 이수건설 재무및관리본부장·개발사업본부장 2009~2012년 이수페타시스 해외영업담당 겸 미국법인장(전무) 2013년 이수화학(주) 관리본부장(전무) 2013년 同대표이사 2014년 同관리본부장(전무) 2015년 (주)이수창업투자 대표이사 전무 2016년 (주)이수앱지스 대표이사 전무 2018년 同대표이사 부사장(현)

이석주(李碩柱) Lee Seok Joo

(생)1969·10·28 (주)서울특별시 강서구 하늘길 210 국제화물청사 366 제주항공 비서실(070-7420-1000) (학)서울대 경영학과졸, 미국 시카고대 대학원 경영학과졸(MBA) (경)V&S 투자자문 대표 2008년 애경산업 신규산업·혁신부문장 2012~2014년 제주항공 감사 2014년 애경산업 마케팅화장품부문 디자인전략기획실 총괄 2014년 제주항공 마케팅본부장(전무) 겸임 2015년 同커머셜본부장(부사장) 2017년 同대표이사 사장(현)

이석준(李碩埈) LEE Seok Joon

(생)1954·7·12 (본)광주(廣州) (출)경남 의령 (주)서울특별시 종로구 청계천로 35 관정빌딩 13층 삼영화학그룹 비서실(02-757-2291) (학)1973년 서울사대부고졸 1977년 성균관대 경상대학 경영학과졸 1983년 미국 루스벨트대 대학원졸 1995년 미국 하버드대 최고경영자과정(AMP ISMP) 수료 2009년 서울대 법학대학원 최고지도자과정 수료 (경)1976~1980년 현대건설 인사부 근무 1980~1983년 삼영화학공업(주) 이사 1983년 국제통신공업(주) 근무 1983~1987년 삼영화학공업(주) 상무이사 1994~1997년 同대표이사 2007~2013년 삼영화학그룹 부회장 2009년 삼영중공업(주) 이사·대표이사 2011~2014년 관정이종환교육재단 이사장 2013년 삼영화학그룹 회장(현) 2015년 삼영화학공업(주) 각자대표이사 회장 2015년 同대표이사 회장(현) (상)자랑스러운 성균관대 경영대학 동문상(2013)

이석준(李錫駿) LEE Sukjoon

(생)1959·5·18 (출)부산 (주)서울특별시 강남구 언주로 870 (주)LF 임원실(02-3441-8114) (학)1978년 동아고졸 1982년 서울대 경제학과졸 1984년 중앙대 대학원 경제학과졸 1992년 미국 매사추세츠공과대 경영대학원졸 (경)1983년 행정고시 합격(26회) 1996~2001년 대통령비서실(정책기획) 근무·駐제네바 국제연합사무처 및 국제기구대표부 1등서기관 2001년 재정경제부 증권제도과장 2003년 연합인포맥스 자문위원 2004년 재정경제부 총무과장 2005년 同혁신기획관 2005년 기획예산처

장관정책보좌관 2007년 同행정재정기획단장 2008년 기획재정부 성과관리심의관 2008년 同행정예산심의관 2009년 同경제예산심의관 2010년 同정책조정국장 2011년 금융위원회 상임위원 2012년 기획재정부 예산실장 2013년 同제2차관 2013~2015년 국립중앙의료원 비상임이사 2014년 미래창조과학부 제1차관 2016~2017년 국무조정실장(장관급) 2019년 AXA손해보험(주) 사외이사 겸 감사위원(현) 2019년 (주)LF 사외이사 겸 감사위원(현)

이석준(李碩埈) LEE Seok Jun

(생)1964·4·12 (본)경주(慶州) (출)광주 (주)경기도 성남시 분당구 성남대로 381 우미사옥 우미건설(주)(031-728-1878) (학)1983년 광주 금호고졸 1987년 서울대 전자공학과졸 1989년 한국과학기술원(KAIST) 전기전자공학과졸(석사) (경)1989년 LS산전(주) 연구원 1993년 우미건설(주) 기획실장 1995년 同상무이사 2000년 同대표이사 부사장 2006년 同대표이사 사장(현) (상)행정자치부 주택건설진흥공로표창(2002), 철도청 경부고속철도시공표창(2003), 행정자치부 납세자의날 성실납세의무이행표창(2005), 한국경제신문 주거문화대상 우량기업대상(2007), 광주지방국세청 납세자의날 성실납세의무이행표창(2009), 국가보훈처 국가유공자 노후주택개선사업공로표창(2009), 건설교통부 및 매일경제신문 선정 제13회 살기좋은아파트대상(2009), 중앙일보 선정 녹색건설대상 최우수상(2009), 국토해양부 주택품질소비자만족도 우수업체선정(2009), 한국토지주택공사 우수시공업체선정(2010), 한국경제신문 주거문화대상 고객만족대상(2010), 국토해양부 주택품질소비자만족도 우수업체선정(2010)

이석태(李錫兌) Lee, Suk-tae

(생)1953·4·17 (출)충남 서산 (주)서울특별시 종로구 북촌로 15 헌법재판소 재판관실(02-708-3546) (학)1972년 경복고졸 1982년 서울대 법학과졸 (경)1982년 사법시험 합격(24회) 1984년 사법연수원 수료(14기) 1985년 변호사 개업 1989~2015년 법무법인 덕수 대표변호사 1999~2001년 한겨레신문 사외이사 2000~2001년 대한변호사협회 인권위원장 2003~2004년 대통령 공직기강비서관 2004~2006년 민주사회를위한변호사모임 회장 2005년 민족화해협력범국민협의회 공동의장 2005~2010년 민주화운동기념사업회 이사 2007~2008년 외교통상부 인권대사 2008년 시민평화포럼 공동대표 2011~2014년 참여연대 공동대표 2014~2018년 (사)포럼진실과정의 공동대표 2015~2016년 4.16세월호참사특별조사위원회 위원장 2017년 포럼 '진실과 정의' 공동대표 2018년 민주사회를위한변호사모임 공익인권변론센터 대표 2018년 헌법재판소 재판관(현) (상)국민훈장 무궁화장(2018) (저)'무죄다라고 말할 수 있는 용기(共)'(1998) '일본군 위안부문제 – 법적 쟁점의 정리와 최근 동향의 분석(共)'(2009) '한국의 공익인권 소송(共·編)'(2010) (역)'비교정부론(共)'(1985) '아름다운 삶, 사랑 그리고 마무리'(1997) '네루 평전'(2009)

이석하(李錫夏) LEE SUK HA

(생)1946·10·7 (주)서울특별시 종로구 종로 69 서울YMCA 회장실(02-734-1900) (학)건국대 법학과졸 1981년 미국 캘리포니아유니언대 대학원 경영학과졸 1982년 경희대 대학원 경영학과 수료 1982년 일본 도쿄정치학교 정치학과 수료, 명예 경영학박사(미국 호놀룰루대) (경)1979~1982년 (사)한국산업경영연구소 연구위원 1984~1999년 (사)한국번역가협회 상임이사 1991~2001년 칠성전자공업(주) 대표이사 1999~2000년 (사)한국기독교청소년선교회 이사장 2004~2012년 사회복지법인 삼동소년촌 상임이사 2010~2011년 (주)원보 대표이사 2011~2017년 서울YMCA 청소년수련원 위원장 2011~2017년 同이사 2012년 사회복지법인 삼동소년촌 이사장(현) 2014년 (사)아이코리아 이사(현) 2015년 同미래발전위원장(현) 2016년 서울YMCA 회장(현)

이석하(李錫河) Suk-Ha Lee

(생)1959·7·9 (출)전남 (주)서울특별시 관악구 관악로 1 서울대학교 농업생명과학대학 식물생산과학부(02-880-4545) (학)1980년 서울대 농과대학 농학과졸 1985년 同대학원 농학과졸 1990년 농학박사(미국 조지아대) (경)1986~1990년 미국 조지아대 연구조교 1986~1991년 농촌진흥청 축산시험장 농업연구사 1992~1998년 同작물시험장 농업연구사 1998년 서울대 농업생명과학대학 식물생산과학부 작물생명과학전공 교수(현) 2005~2009년 同생명과학공동기기원장 2006년 同BK21 친환경작물생명과학 핵심사업팀장 2008~2012년 세계작물학회 회장 2011년 한국작물학회 회장 2011년 중국 칭다오대 겸임교수(현) 2012년 한국과학기술한림원 정회원(농수산학부·현) 2015~2017년 서울대 농업생명과학대학 교무부학장 2017년 同농업생명과학대학장 겸 국제농업기술대학원장(현) (상)농림수산부장관표창(1991), 농촌진흥청장표창(1996), 화농연합재단 화농상(2010)

이석한(李錫漢) LEE SUK HAN

(생)1948·11·23 (출)서울 (주)경기도 수원시 장안구 서부로 2066 성균관대학교 정보통신대학 전자전기공학부(031-290-7150) (학)1967년 경기고졸 1972년 서울대 전기공학과졸 1974년 同대학원 전기공학과졸 1982년 전기공학박사(미국 퍼듀대) 2009년 명예 박사(프랑스 블레이즈바스칼대) (경)1974~1978년 육군사관학교 교수요원 1974~1978년 인하대 전기공학과 전임강사 1983~1997년 미국 Univ. of Southern California 조교수·부교수 1990~1997년 미국 NASA Jet Propulsion Laboratory Califonia Institute of Technology 책임연구원(Senior Member of Technical Staff) 1995년 한국과학기술원(KAIST) 초빙교수 1998년 삼성종합기술원 System&Control Sector 연구소장(전무) 1998년 미국 Univ. of Southern California 겸임교수 2000~2003년 삼성종합기술원 Microsystem 총괄전무(Chief Research Officer) 2001년 성균관대 전기전자컴퓨터공학부 석좌겸임교수 2002~2012년 21세기프론티어사업 나노메카트로닉스 운영위원장 2002년 '세계 첫 국가기술지도' 작성지휘 2003~2014년 성균관대 지능시스템연구소 창립소장 2003~2013년 同정보통신공학부 전자전기공학과 교수 2003년 한국로봇공학회 부회장 2004년 IEEE Robotics & Automation Society 부회장 2005~2010년 한국지능로봇표준화포럼 의장 2007~2013년 미래과학기술전략포럼 회장 2007~2013년 미국 Georgia Tech. 겸임교수 2008년 성균관대 Interaction Science학과 WCU교수 2010~2018년 필드로봇 소사이어티(FIROS: Field Robot Society) 회장 2011~2013년 성균관대 일반대학원장 2014~2018년 同행단석좌교수 2016년 한국과학기술한림원 학술담당 부원장(현) 2018년 성균관대 정보통신대학 전자전기공학부 특임교수(현) (상)과학기술부장관 공로패(2003), 한국과학기술기획평가원장 공로패(2003), 대한기계학회 우수논문상(2005), 성균관대 연구부문 우수교수상(2007·2008·2009) (저)'Computer Aided Mechanical Assembly Planning'(1991) 'Recent Progress in Robotics: Viable Robotic Service to Human'(2008) 'Multisensor Fusion and Integration for Intelligent Systems'(2009) 'Frontiers of Assembly and Manufacturing'(2010) (종)기독교

이석행(李錫行) LEE Suk Haing

(생)1958·3·13 (주)인천광역시 부평구 무네미로 478 인천노동복지합동청사 한국폴리텍대학 이사장실(032-650-6780) (학)1978년 전북기계공고졸 (경)1977년 대동공업(주) 입사 1980년 대동중공업 노동조합 설립발기인 1984년 同노조위원장(4·5대) 1991년 전국노동조합협의회 사무차장 1995년 전국자동차산업연맹 부위원장 1998년 전국금속산업연맹 부위원장 2002년 시그네틱스 투쟁 관련 투옥 2004년 전국민주노동조합총연

맹 사무총장 2007~2009년 同위원장 2007년 한국노동교육원 비상임이사 2007년 노동부 청년실업대책특별위원회 위원 2007년 국무총리소속 사회보장심의위원회 위원 2010~2013년 인천시 노동특별보좌관 2011~2016년 인천크리켓협회 초대 회장 2012년 민주통합당 문재인 대통령후보 중앙선거대책위원회 대외협력위원회 공동위원장 2013년 민주당 전국노동위원장 2014년 새정치민주연합 전국노동위원장 2014~2015년 同전국노동위원회 공동수석부위원장 2015년 (재)피플 상임고문 2015년 더불어민주당 전국노동위원회 공동수석부위원장 2016년 同더불어경제선거대책위원회 공동부위원장 2017년 한국폴리텍대학 이사장(현)

이석현(李錫玄) LEE Seok Hyun

(생)1951·3·16 (출)전북 익산 (주)서울특별시 영등포구 의사당대로 1 국회 의원회관 813호(02-784-1631) (학)1969년 전북 남성고졸 1978년 서울대 법학과졸, 고려대 대학원 경제학과졸 (경)전국가톨릭학생회총연합회 회장 1984년 민주화추진협의회 기획위원 1985년 신민당 창당정책위원 1986년 통일민주당 창당발기인 1987년 同직선개헌특별위원회 전문위원 1987년 평민당 창당발기인 1988년 同부대변인 1988년 同안양시乙지구당 위원장 1992년 제14대 국회의원(안양시 동안구, 민주당·국민회의) 1995년 국민회의 전국대의원대회 부의장 1996년 제15대 국회의원(안양시 동안구乙, 국민회의·새천년민주당) 1997년 국민회의 정책위원회 수석부의장 1998년 同제3정책조정위원장 2000년 새천년민주당 제2정책조정위원장 2000년 同정책위원회 부의장 겸임 2000년 同안양시동안구지구당 위원장 2000년 同정책위원회 부의장 2001~2003년 환경관리공단 이사장 2003년 열린우리당 수도권대책특별위원회 위원장 2004년 제17대 국회의원(안양시 동안구甲, 열린우리당·대통합민주신당·통합민주당) 2004~2006년 국회 보건복지위원장 2004년 국회 민생경제연구회 대표 2005~2007년 열린우리당 경기도당 중앙위원 2005년 국회 국민연금개선특별위원회 위원장 2006년 열린우리당 비상대책위원회 비상임위원 2007년 대통합민주신당 정동영 대통령후보 총괄특보단장 2008년 제18대 국회의원(안양시 동안구甲, 통합민주당·민주당·민주통합당) 2008년 국회 공기업관련대책특별위원회 위원장 2008년 국회 저출산고령화대책특별위원회 위원장 2008년 민주당 당무위원 2011년 同정치개혁특별위원장 2011년 국회 연금제도개선특별위원회 위원장 2012년 제19대 국회의원(안양시 동안구甲, 민주통합당·민주당·새정치민주연합·더불어민주당) 2012년 국회 국방위원회 위원 2012년 국회 남북관계발전특별위원회 위원 2012년 국회 국무총리실산하 민간인불법사찰및증거인멸사건진상규명을위한국정조사특별위원회 위원 2012년 한·일의원연맹 고문 2012년 민주당 정치개혁의원모임 대표 2014년 새정치민주연합 전당원투표및국민여론조사관리위원회 위원장 2014~2016년 국회 부의장 2014년 국회 환경노동위원회 위원 2014년 새정치민주연합 전당대회 의장 2014년 同새로운대한민국위원회 위원장 2014~2015년 同비상대책위원회 위원 2016년 제20대 국회의원(안양시 동안구甲, 더불어민주당)(현) 2016·2018년 국회 외교통일위원회 위원(현) 2016년 더불어민주당 경기안양시동안구甲지역위원회 위원장(현) 2017년 同제19대 문재인 대통령후보 중앙선거대책위원회 공동위원장 겸 국민참여본부장 2018년 同중앙당 선거관리위원회 위원장 2018년 同한반도경제교류특별위원회 위원장(현) 2018년 (사)민주화추진협의회 공동회장(현) 2019년 더불어민주당 중앙의원회 의장(현) 2019년 同귀환중국동포권익특별위원회 공동위원장(현) (상)녹색공무원상(2002), 국정감사 NGO모니터단 우수 상임위원장표창(2004), 남성충동창회 '자랑스러운 남성인'(2015), 전국청소년선플SNS기자단 선정 '국회의원 아름다운 말 선플상 대상'(2015), 백봉신사상 올해의 신사의원 베스트10(2015), 범시민사회단체연합 선정 '올해의 좋은 국회의원'(2015), 대한민국무궁화대상 정치부문(2015) (저)'너도밤나무 아래서 쓴 나도 밤나무 이야기' '소라게는 정말 이사했을까' '첫눈을 기다리는 은행나무' '대포를 쏘다'(2011, 생각하는 백성) (종)천주교

이석현(李碩鉉) Lee Suk-Hyun

(생)1969·9·30 (주)서울특별시 종로구 세종대로 163 현대해상화재보험(주) 자동차업무본부(1588-5656) (학)1994년 서강대 경영학과졸 (경)1993년 현대해상화재보험(주) 입사 2005년 同기획실 변화지원팀장 2007년 同강서사업부 영업지원팀장 2010년 同순천사업부장 2012년 同융자부장 2013년 同기업금융부장 2014년 同기획실장 2017년 同경영기획본부장 2018년 同경영기획본부장(상무B) 2019년 同자동차업무본부장(현)

이석형(李錫炯) LEE Seok Hyung (牛性)

(생)1949·7·10 (본)홍양(興陽) (출)전남 고흥 (주)서울특별시 중구 세종대로 124 프레스센터 15층 언론중재위원회(02-397-3114) (학)1968년 광주제일고졸 1977년 서울대 법학과졸 1980년 경희대 법률대학원 수료 2002년 한국방송통신대 행정학과졸 2005년 서울대 행정대학원 정책과정 수료 (경)1980년 사법시험 합격(22회) 1982년 사법연수원 수료(12기) 1982~1991년 서울지법·광주지법 순천지원·서울지법 남부지원 판사 1992년 서울가정법원 판사 1993년 서울고법 판사 1994~1999년 경실련 상임집행위원 1996~1999년 同부정부패추방운동본부장 1998~2000년 한국토지공사 사외이사 1998~1999년 SBS·TBS 법률자문위원 1998~2006년 법무법인 한백 대표변호사 1998년 감사원 부정방지대책위원 1998년 한국법정신의학회 부회장 1998년 김대중대통령 변호인 1998년 한국토지공사 사외이사 1999년 서울지방변호사회 인권위원 1999년 한국화랑청소년육성회 총재 2000~2001년 국민체육진흥공단 상임고문 2000년 새천년민주당 인권위원회 부위원장 2000~2004년 同서울은평乙지구당 위원장 2000년 세계태권도협회봉사단 부총재 2001~2004년 환경관리공단·대한석탄공사·경기도청·하나은행 법률고문 2002년 노무현 대통령후보 법무행정특별위원회 위원장 2002년 민주평통 중앙전문위원 2003년 同중앙상임위원 2003년 민주당 중앙위원 2003년 GS Leaders Forum 운영위원 2004년 대한무역투자진흥공사 비상임이사 2006~2009년 감사원 감사위원 2009년 법무법인 산경 대표변호사(현) 2010년 김대중기념사업회 감사(현) 2018년 KB캐피탈 사외이사(현) 2018년 언론중재위원회 제16대 위원장(현) (상)여성신무사 명예평등부부상(2000), 황조근정훈장(2009) (저)'대폭발! 아줌마 에너지'(2000, 도서출판 형성) '새로운 시대를 위하여'(2001, 한마당)

이석형(李碩炯) LEE Suk Hyung

(생)1951·3·18 (본)경주(慶州) (출)대구 (주)서울특별시 구로구 경인로 662 대성환경에너지(02-2170-2100) (학)1974년 서울대졸 1983년 미국 오하이오주립대 대학원졸 1989년 공학박사(미국 서던감리교대) (경)1990~1992년 디비엔지니어링 기술연구소장 1992년 대구도시가스(주) 책임연구원, 同이사 2001년 同상무이사 2005~2012년 대구에너지환경(주) 대표이사 2011~2017년 대성에너지(주) 기술본부장(상무) 2012년 대성환경에너지(주) 대표이사(현) 2018년 대성에너지(주) 가스솔루션본부장(상무) (종)기독교

이석형(李錫炯) LEE Seug Hyung (덕천)

(생)1958·11·7 (출)전남 함평 (주)서울특별시 송파구 석촌호수로 166 산림조합중앙회(02-3434-7100) (학)1978년 함평실업고졸 1986년 전남대 농학과졸 2001년 同행정대학원졸 2003년 同농업정책대학원졸 (경)1984년 전남대 총학생회장 1986년 한중문화협회 사무국장 1987년 KBS 농어촌담당PD 1988년 밀알중앙회 조직국장 1996년 광주·전남프로듀서연합회 회장 1998년 국민회의 전남함평·영광지구당 부위

원장 1998 · 2002 · 2006~2009년 전남 함평군수(국민회의 · 새천년민주당 · 무소속 · 민주당) 2001년 (사)중국조선족장애인한국후원회 부이사장 2002~2004년 새천년민주당 국정자문위원 2004년 국가균형발전위원회 지역개발전문위원 2005년 대통령직속 농어업특별대책위원회 자문위원 2005년 팔만대장경도판간행범국민추진위원회 자문위원 2009년 2010제천국제한방Bio엑스포 고문 2010년 경북 영양군 특별자문위원, 조선대 정책대학원 교수 2010년 곤충산업발전포럼 공동위원장 2010~2013년 밀알중앙회 총재 2014 · 2018년 산림조합중앙회 회장(현) 2016년 (사)이상설선생기념사업회 회장(현) 2016년 한국벤처농업대학 명예교수(현) 2016~2018년 국제협동조합연맹 아시아태평양총회(ICA-AP) 임업분과위원회 초대위원장 2017~2018년 한국협동조합협의회 회장 (상)전국환경경영대상(2000), 대통령표창(2000 · 2003), 다산목민대상(2009), 한국지방자치경영대상 최고경영자상(2009), 한국농업경영인중앙연합회 감사패(2009), 대한민국 축제리더상(2009), 국민포장(2015), 산림환경대상(2015), 공공정책대상 공공기관부문대상(2016), 자랑스러운 광주전남인상(2017) (저)'세상을 바꾸는 나비효과'(2010) '시대는 장보고를 부른다'(2014) (종)천주교

이석환(李錫煥) LEE Suk Hoan

(생)1960 · 12 · 12 (출)전북 군산 (주)서울특별시 서초구 남부순환로 2620 (주)SPC삼립(080-739-8572) (학)1978년 전주고졸 1985년 고려대 경제학과졸 (경)1986년 SK 입사 1999년 SK텔레콤(주) CM본부 판매기획팀장 2000년 同CS본부 영업본부장(상무) 2002년 同마케팅전략본부장(상무) 2006년 同중국사업부문장(전무) 겸 중국법인(SKTC) 사장 2009년 同SKTCH 대표 겸 중국C&I부문장 2010년 SK네트웍스 통신마케팅컴퍼니 사장 2012~2013년 同IM(정보통신)컴퍼니 사장, (주)프리텔레콤 사장 2018~2019년 한국알뜰통신사업자협회 회장 2019년 (주)SPC삼립 각자대표이사 사장(현)

이석환(李錫煥) LEE Seok Hwan

(생)1964 · 6 · 5 (출)광주 (주)서울특별시 서초구 서초대로 324 서원빌딩 5층 2호 이석환법률사무소(02-581-1900) (학)1983년 광주 숭일고졸 1987년 고려대 법학과졸 1990년 同대학원 수료 (경)1989년 사법시험 합격(31회) 1992년 사법연수원 수료(21기) 1992년 軍법무관 1995년 대한법률구조공단 기획부장 1997년 광주지검 검사 1999년 同순천지청 검사 2000년 서울지검 검사 2003년 인천지검 검사(금융감독위원회 파견) 2004년 同부부장검사 2005년 춘천지검 강릉지청 부장검사 2006년 서울중앙지검 부부장검사 2007~2008년 미국 조지워싱턴대 로스쿨 객원연구원 2008년 광주지검 해남지청장 2009년 대검찰청 중수2과장 2010년 서울중앙지검 금융조세조사1부장 2011년 대구지검 김천지청장 2012년 청주지검 차장검사 2013년 서울고검 검사(공정거래위원회 파견) 2014년 법무연수원 연구위원 2014년 대검찰청 과학수사기획관 2015년 서울고검 감찰부장 2015년 제주지검장 2017년 청주지검장 2018년 광주고검 차장검사(검사장급) 2018년 변호사 개업(현) 2019년 KTB투자증권 사외이사(현) (종)기독교

이석훈(李錫勳) LEE Seok Hoon

(생)1962 · 2 · 22 (본)벽진(碧珍) (출)경북 성주 (주)대전광역시 유성구 과학로 169-148 한국기초과학지원연구원 소재분석연구부(042-865-3443) (학)1985년 서울대 지질과학과졸 1987년 同대학원 지질과학과졸 1999년 지질과학박사(서울대) (경)1989년 한국기초과학지원연구원 책임연구원 2001년 ISO/TC202(Microbeam Analysis) Expert(현) 2002~2006년 한국광물학회 편집위원 2004~2007년 대덕밸리 나노신소재클러스터 부회장 2004~2009년 산업자원부 기술표준원 산업표준심의회 위원 2004~2011년 한국광물학회 이사 2004~2005년 한국기초과학지원연구원 나노환경연구부장 2005~2007 · 2011년 同전자현미경연구부장 2006~2010년 충남대 지구환경학부 겸임교수 2007~2009년 국제표준위원회(ISO/TC202/SC2) 자문위원 2008년 한국기초과학지원연구원 기획부장 2009년 同정책연구부장 2010년 同대외협력부장 2016년 同환경 · 소재분석본부 전자현미경연구부장, 同소재분석연구부 책임연구원(현) (상)학술상(2002), 대전시교육감표창(2008), 이달의 과학문화인상(2008) (저)'주사전자현미경 분석과 X선 미세분석'(2005)

이석희(李錫熙) SEOK-HEE LEE

(생)1965 · 6 · 23 (출)경북 경산 (주)경기도 이천시 부발읍 경충대로 2091 SK하이닉스(주)(031-630-4114) (학)1988년 서울대 무기재료공학과졸 1990년 同대학원 무기재료공학과졸 2001년 재료공학박사(미국 스탠퍼드대) (경)1990~2000년 현대전자 선임연구원 2000~2010년 미국 인텔 Principal Engineer · Process Integration Group leader 2010~2013년 한국과학기술원(KAIST) 전기및전자공학과 부교수 2013년 SK하이닉스 미래기술연구원장(전무) 2015년 同DRAM개발사업부문장(부사장) 2017년 同사업총괄 사장 2018년 同대표이사 사장(현) 2019년 한국공학한림원 정회원(전기전자정보공학 · 현) (상)한국통계학회 올해의통계학응용상(2015), 은탑산업훈장(2017) (종)기독교

이선경(李宣暻) LEE Seon Kyung

(생)1954 · 11 · 13 (출)서울 (주)서울특별시 강동구 동남로 892 강동경희대학교병원 산부인과(02-440-6139) (학)1979년 경희대 의대졸 1985년 同대학원 의학석사 1990년 의학박사(고려대) (경)미국 밴더빌트대 연수 1991~1992년 미국 HCA Laser training center 연수 1993년 경희대 의대 산부인과학교실 부교수 · 교수(현) 2007년 同동서신의학병원 산부인과장 겸 여성의학센터장 2008~2014년 同의대 산부인과 주임교수 2009년 同동서신의학병원 협진진료처장 2010~2014년 강동경희대병원 산부인과장 겸 여성의학센터장 2013년 同암센터장

이선구

(생)1952 · 3 · 5 (주)서울특별시 송파구 올림픽로 25 잠실주경기장 B211호 대한배구협회(02-578-9025) (학)인천남고졸, 한양대졸 (경)1970~1977년 국가대표팀 선수 1979년 인하사대부고 코치 1987~1988년 국가대표팀 트레이너 1993~1994년 사우디아라비아 대표팀 감독 1995~1998년 쿠웨이트 대표팀 감독 2006~2007년 대한배구협회 강화이사 2009~2010년 한국배구연맹 경기위원 2010~2011년 同경기위원장 2011~2016년 GS칼텍스 KIXX 감독 2014년 그랑프리 세계여자배구대회 국가대표팀 감독 2014년 제17회 인천아시안게임 여자배구 국가대표팀 감독 2017년 대한배구협회 수석부회장(현)

이선구(李宣求)

(생)1958 · 8 · 10 (주)경기도 수원시 팔달구 효원로 1 경기도의회(031-8008-7000) (학)한국방송통신대 농학과졸 (경)국제로타리 3690지구 새부천R.C 클럽 회장, 도당초교 운영위원장, 부천시체육회 사무처장, 부천 북여중 운영위원장, 부천시 충청향우회 총회장, 김만수 부천시장 선거대책위원장, 문재인 대통령후보 선거대책위원회 조직특보, 더불어민주당 부천원미甲지역위원회 부위원장(현) 2018년 경기도의회 의원(더불어민주당)(현) 2018년 同도시환경위원회 위원(현), 同예산결산특별위원회 위원(현)

이선규(李宣揆) LEE Sun Kyu

(생)1949·7·7 (출)서울 (주)울산광역시 남구 사평로 60 (주)한주 비서실(052-270-5120) (학)1968년 동성고졸 1972년 경희대 법률학과졸 (경)대한유화공업(주) 이사·상무이사·전무이사 2001년 同부사장 2007~2011년 同대표이사 2009~2011년 한국석유화학공업협회 감사 2011년 同부회장 2011년 (주)한주 대표이사 사장(현)

이선규(李善圭·女)

(생)1974·7·14 (주)충청북도 청주시 흥덕구 오송읍 오송생명2로 187 질병관리본부 위기분석국제협력과(043-719-7550) (학)캐나다 맥길대 미생물학·면역학과졸, 연세대 대학원 보건학석사(의료법윤리학), 보건학박사(연세대) (경)연세대 의과대학 의료법윤리학과 연구강사, 同보건대학원 의료법윤리학과 연구강사, 보건복지부 전략조정팀·건강증진과·보건의료기술개발과·통상협력담당관실 사무관, 질병관리본부 기획조정과 기술서기관 2017년 국립제주검역소장 2018년 질병관리본부 위기분석국제협력과장(현)

이선근(李瑄根) Lee, Sun Keun

(생)1959·2·4 (출)서울 (주)서울특별시 중구 세종대로 124 한국프레스센터 1403호 관훈클럽(02-732-0876) (학)1981년 고려대 법학과졸 2006년 한양대 대학원 언론학과졸 (경)1986년 연합뉴스 입사 1993년 同베를린특파원 1999년 同정치부 차장대우 2000년 同정치부 차장 2002년 同논설위원 2004년 同국제경제부 부장대우 2005년 同국제경제부장 2006년 同편집위원실 편집위원 2006년 同외국어뉴스1부장 2008년 同외국어뉴스1부장(부국장대우) 2008년 同외국어뉴스국 부국장 2009년 同편집국 정치분야 에디터 2010년 관훈클럽 감사 2010년 연합뉴스 편집국 경제분야 에디터 2011년 同통합뉴스국장 2011년 同지방국 경기취재본부장 2012~2013년 同편집총국장 겸 편집국장 2013~2014년 同논설위원실장(부국장급) 2013년 한국신문방송편집인협회 부회장 2014~2015년 연합뉴스 논설위원실장(국장대우) 2015년 관훈클럽 총무 2015~2018년 (주)연합인포맥스 대표이사 사장 2017년 관훈클럽 신영연구기금 이사(현) 2019년 연합인포맥스 고문(현)

이선두(李善斗) Lee Seon-doo

(생)1957·5·28 (출)경남 의령 (주)경상남도 의령군 의령읍 충익로 63 의령군청(055-570-2012) (학)부산공고졸, 한국방송통신대졸 2003년 창원대 행정대학원졸 (경)1976년 지방공무원 합격 2001년 창녕군 지역경제과장 2006년 경남도 자치행정국 후생담당 2008년 同도시계획과 도시행정담당 2010년 김해시 정책담당관 2010년 同도서관사업소장 2010년 同문화관광사업소장 2012년 경남도 행정지원국 열린행정과장 2013년 同감사관 2014~2015년 사천시 부시장 2018년 경남 의령군수(자유한국당)(현) (상)국무총리표창(1995·2009), 대통령표창(2012)

이선록

(생)1960 (출)경남 밀양 (주)경상남도 의령군 의령읍 충익로 53 경남 의령경찰서(055-570-0221) (학)가야고졸, 동아대 영어영문과졸 (경)1987년 경사 특채 1991년 경위 승진 1997년 경감 승진 2001년 부산지방경찰청 보안과 근무(경정), 경북 울진경찰서 보안과장, 부산 금정경찰서 교통조사계장, 부산 동래경찰서 방범과장, 부산경찰청 생활안전과장, 同경무과 치안지도관 2013년 경남 함양경찰서장(총경), 부산지방경찰청 보안과장, 부산 중부경찰서장, 울산지방경찰청 치안지도관, 同보안과장, 경남 밀양경찰서장, 경남지방경찰청 보안과장, 경남 의령경찰서장(현)

이선봉(李善鳳)

(생)1966·3·30 (출)경남 고성 (주)서울특별시 강남구 영동대로 517 아셈타워 법무법인 화우(02-6003-7000) (학)1985년 고성종합고졸 1993년 성균관대 법학과졸 (경)1995년 사법시험 합격(37회) 1998년 사법연수원 수료(27기) 1998년 변호사 개업 2001년 광주지검 검사 2003년 대전지검 논산지청 검사 2004년 서울중앙지검 검사 2006년 인천지검 검사 2008년 부산지검 검사 2010년 대검찰청 연구관 2012년 광주지검 해남지청장 2013년 서울동부지검 형사6부장 2014년 서울중앙지검 금융조세조사3부장 2015년 대전지검 형사3부장 2016년 수원지검 형사2부장 2017년 대구지검 인권감독관 2018년 전주지검 군산지청장 2019년 법무법인 화우 변호사(현) (상)대검찰청 올해의 우수형사부장(2016)

이선애(李宣厓·女) Lee Seon-Ae

(생)1967·1·3 (출)서울 (주)서울특별시 종로구 북촌로 15 헌법재판소 재판관실(02-708-3328) (학)1985년 숭의여고졸 1989년 서울대 법과대학 사법학과졸 (경)1989년 사법시험 수석합격(31회) 1992년 사법연수원 수료(21기) 1992년 서울민사지법 판사 1994년 서울지법 동부지원 판사 1996년 대전지법 판사 1999년 서울지법 판사 2001년 서울행정법원 판사 2003년 대법원 산하 법관제도개선위원회 위원 2003~2004년 서울고법 판사 2004~2006년 재정경제부 세제발전심의위원회 위원 2004~2006년 헌법재판소 헌법연구관 2004년 헌법실무연구회 회원(현) 2006~2017년 법무법인 화우 변호사 2006년 행정자치부 정책자문위원회 행정혁신분과위원 2006~2012년 국세청 조세법률고문 2007~2009년 국무총리 행정심판위원회 위원 2008년 전문건설공제조합 법률자문위원 2009년 법무부 변호사시험 공법문제유형연구위원회 위원 2009~2011년 기획재정부 국세예규심사위원회 위원 2010~2011년 법무부 인권정책과 차별금지법특별분과위원회 위원 2010~2012년 국세청 국세심사위원회 위원 2010년 법제처 행정심판위원회 위원 2011년 대법원 법관인사제도개선위원회 위원 2011년 사법연수원 민사변호사실무담당 변호사 2012년 同국민법제관 법령해석분야 위원 2012년 법률신문 논설위원 2013년 서울지방국세청 조세법률고문 2013년 법제처 법령해석심의위원회 위원 2013년 同행정심판위원회 위원 2014·2017년 국가인권위원회 비상임위원 2014년 법무부 검사적격심사위원회 위원 2014년 안전행정부 고위공무원임용심사위원회 위원 2015년 (사)한국여성변호사회 이사 2017년 헌법재판소 재판관(현) (종)천주교

이선영(李善永·女)

(생)1976·5·29 (출)충남 당진 (주)충청남도 예산군 삽교읍 도청대로 600 충청남도의회(041-635-5223) (학)충남 합덕여고졸, 천안공업대학 전자계산과졸 (경)충남 순성중 행정실무원, 전국민주노동조합총연맹 세종충남지역노조 충남공립학교호봉제회계직지회 수석부지회장, 정의당 당대표 노동특보(현) 2018년 충남도의회 의원(비례대표, 정의당)(현) 2018년 同윤리특별위원회 부위원장(현)

이선우(李宣雨) LEE Sun Woo

(생)1958·4·15 (주)서울특별시 종로구 대학로 86 한국방송통신대학교 행정학과(02-3668-4606) (학)1982년 고려대 농학과졸 1987년 同행정학과졸 1990년 미국 위스콘신대 메디슨교 대학원 행정학과졸 1992년 미국 시라큐스대 대학원 행정학과졸 1996년 정책학박사(미국 시라큐스대) (경)2000~2001년 이화여대 사회과학대학 정경학부 행정학전공 조교수 2000년 서울지방경찰청 심의위원 2001년 행정자치부 평가

위원 2001년 입법고등고시 출제위원 2001년 한국방송통신대 사회과학대학 행정학과 교수(현) 2005~2014년 경제정의실천시민연합 갈등해소센터 이사장 2006년 한국방송통신대 원격교육연구소장 겸 독학학위검정원장 2007년 한국행정학회 이사 2008년 한국인사행정학회 회장 2008~2010년 정부공직자윤리위원회 위원 2010~2012년 한국방송통신대 기획처장 겸 산학협력단장 2011~2014년 국무총리 산하 경제·인문사회연구회 비상임이사 2013년 4대강사업조사평가위원회 민간위원 2013년 한국갈등학회 초대회장 2014~2015년 한국사회갈등해소센터 이사장 2015년 한국가스공사 비상임이사 2015년 해양수산부 초대 청렴옴부즈맨 2015~2016년 한국수력원자력(주) 원전안전·소통위원회 공동위원장 2015년 행정자치부 공적심사위원회 위원(현) 2015~2017년 同분쟁닥터운영위원회 위원장 2015~2017년 국무총리소속 인사혁신추진위원회 위원 2019년 한국갈등학회 고문(현) [상]서울시 서울정책인대상(2002)

이선욱(李善旭) LEE Sun Wook

[생]1970·10·27 [출]경북 안동 [주]서울특별시 서초구 반포대로 158 서울고등검찰청 총무과(02-530-3261) [학]1989년 서울 휘문고졸 1994년 서울대 사법학과졸 [경]1995년 사법시험 합격(37회) 1998년 사법연수원 수료(27기) 1998년 軍법무관 2001년 서울지검 검사 2003년 대구지검 포항지청 검사 2005년 부산지검 동부지청 검사 2006년 대검찰청 연구관 2008~2010년 서울남부지검 검사 2009~2010년 형사사법통합정보체계추진단 파견 2011년 서울중앙지검 부부장검사 2012년 대전지검 공주지청장 2013년 제18대 대통령직인수위원회 법질서·사회안전분과 실무위원 2013년 법무부 국제형사과장 2014년 同형사기획과장 2015년 同검찰과장 2017년 부산지검 형사1부장 2018년 대전지검 천안지청 차장검사 2019년 서울고검 검사(현)

이선장

[생]1963·8·24 [주]서울특별시 서초구 서초대로70길 15 롯데칠성음료 제3지역부문(02-3479-9114) [학]인천대 경제학과졸 [경]1992년 롯데그룹 공채(30기) 1992년 롯데칠성(주) 영업지원실 근무 2003년 同특판사업부 지점장·지사장 2009년 同북경주재사무소 근무 2010년 롯데칠성주류(주) 위스키1지사장 2012년 同특수유통부문장 2014년 롯데칠성(주) 커피믹스TF 이사 2014년 롯데네슬레코리아(주) 영업부문장 2017~2018년 同영업부문장(상무) 2018년 롯데칠성음료 제3지역부문장(상무)(현)

이선재(李善宰·女) Lee Sun Jae

[생]1963·4·17 [출]전북 전주 [주]광주광역시 광산구 여대길 201 광주여자대학교 총장실(062-350-3511) [학]조선대 특수교육학과졸 2011년 특수교육학박사(조선대) [경]2006~2011년 동강대·남부대·초당대·조선대 강사 2012~2013년 학교법인 송강학원 이사장 2013년 광주시체육회 부회장(현) 2013년 여성벤처연합회 고문(현) 2013년 광주여대 총장(현) 2014년 한국대학양궁연맹 회장(현) 2014년 한국정서행동장애아교육학회 이사 2015년 (재)광주방송문화재단 이사(현) 2016년 광주사회복지공동모금회 위원(현) [종]불교

이선종(李善宗·女) LEE Sun Jong

[생]1944·9·15 [출]전북 진안 [주]서울특별시 종로구 창덕궁길 51 원불교(02-763-1155) [학]동주여고졸 1972년 원광대 원불교학과졸, 경남대 북한대학원 민족공동체지도자과정 수료(1기), 삼성경제연구소 지도자과정 연수, 서강대 방송아카데미 경영자과정 수료 2004년 서울대 환경대학원 CEO경영과정 수료 [경]1995~1997년 원불교 중앙총부 문화부장 1999~2004년 同종로교당교감 및 종로지구장 1999~2009년 (사)아프리카어린이돕는모임 이사 2001년 원불교 천지보은회 상임대표 2002~2004년 전북자연환경연수원 원장 2004~2015년 원불교 은덕문화원장 2004~2006년 同특별교구장 2004~2006년 참여연대 공동대표 2005~2008년 시민방송 운영위원 2006~2009년 원불교 여자정화단 총단장 2006~2012년 同수위단원 2007~2009년 同서울교구장 2009~2011년 노무현재단 고문 2009~2011년 한반도평화포럼 이사 2010~2012년 한국여성단체연합 후원회장 2010~2012년 원불교 중앙중도훈련원장 2011~2012년 살림정치여성행동 공동대표 2011~2012년 희망2013·승리2013원탁회의 위원 2011년 여성평화외교포럼 이사(현) 2011~2015년 국가인권위원회 정책자문위원 2011년 국립민속박물관 운영자문위원(현) 2012~2018년 서울시 원전하나줄이기 위원 2012~2018년 서울시 시정고문단 2013년 환경재단 대표 2013년 국립여성사박물관추진위원회 위원(현) 2014년 3.1혁명100주년기념사업추진위원회 고문(현) 2015년 원불교 교무(현) 2016년 희망새물결 고문(현) 2016년 은덕문화원 상임고문(현) [상]환경부장관표창(2001), 한겨레신문 '한국 미래를 열어갈 종교인' 선정(2004), 환경재단 '우리 사회를 밝게 빛낸 사람들 100인' 선정(2005), 여수시지역사회 공로상 [종]원불교

이선주(李善周) Lee, Seonjoo

[생]1971·2·20 [본]전주(全州) [출]대전 [주]서울특별시 영등포구 의사당대로 1 국회사무처 예산결산특별위원회(02-788-2280) [학]1989년 남대전고졸, 연세대 경제학과졸 [경]2004년 입법고시 합격(20회) 2004년 국회예산정책처 사업평가국 사업평가관실 근무 2006년 국회사무처 정무위원회 입법조사관실 근무 2010년 同기획조정실 예산담당 2013년 국회예산정책처 예산분석실 법안비용추계2과장 2015년 同예산분석실 경제예산분석과장 2016년 同예산분석실 법안비용추계3과장(부이사관) 2016년 同예산분석실 사회예산분석과장 2017년 국회사무처 기획조정실 기획예산담당관 2018년 同예산결산특별위원회 입법조사관(현)

이선주(李宣周·女)

[생]1981 [출]서울 [주]세종특별자치시 국세청로 8-14 국세청 심사2담당관실(044-204-2771) [학]서인천고졸, 고려대 경제학과졸 [경]2004년 행정고시 합격(48회) 2006년 충남 서산세무서 징세조사과장(행정사무관) 2006년 同총무과장 2007년 국세청 국제협력담당관실 국제협력5·4계장 2009년 서울지방국세청 국제조사3과 사무관 2013년 同국제조사2과 4계장, 영국 런던대 유학 2015년 국세청 조사2국 조사1과 3계장 2015년 同국제조사1계장(서기관) 2016년 논산세무서장 2017년 보령세무서장 2019년 국세청 심사2담당관(현)

이선중(李善中) LEE Sun Jung

[생]1924·1·20 [본]전주(全州) [출]경북 금릉 [학]1947년 서울대 법과대학졸 [경]1947년 변호사시험 합격 1950~1958년 대구지검·부산지검 검사 1958년 대구지검·서울지검 부장검사 1960년 제주지검 검사장 1961~1962년 광주고검·대구고검 차장검사 1962~1965년 광주지검·대전지검·대구지검 검사장 1965년 대검찰청 검사 1966~1971년 법무부 법무실장 1971~1973년 同차관 1973년 법제처장 1975년 검찰총장 1976~1978년 법무부 장관 1979년 변호사 개업 1980~1999년 필동합동법률사무소 변호사 2000년 同대표변호사, 동방종합 법무법인 변호사 [상]황조·청조근정훈장, 녹조·홍조소성훈장, 대만 대수경성훈장 [저]'판례학설 주석' '형사소송법'

이선태(李宣泰) LEE Sun Tae

(생)1965·1·11 (출)경남 진해 (주)서울특별시 마포구 성암로 267 문화방송 편성실(02-789-0011) (학)1983년 경남 진해고졸 1988년 서울대 사회학과졸 (경)1991년 문화방송(MBC) 입사 2003년 同시사교양국 시사교양4부 차장대우 2005년 同외주센터 프로듀서1부 차장대우 2005년 同외주센터 전문프로듀서1부 차장대우 2006년 同외주센터 프로듀서1부 차장 2006년 同편성국 편성기획부 차장 2010년 한국프로듀서연합회 사무처장 2010년 MBC 편성국 편성기획부장 2011년 同편성국 편성콘텐츠부장 2012년 同부장급 2017년 同편성국장 2018년 同편성실장(현) (상)통일언론상 대상(2003)

이선혁(李宣赫)

(생)1968·10·18 (출)전남 보성 (주)서울특별시 서초구 반포대로 157 대검찰청 운영지원과(02-3480-2032) (학)1987년 광주서석고졸 1991년 서울대 공법학과졸 1997년 同대학원 법학과 수료 (경)1999년 사법시험 합격(41회) 2002년 사법연수원 수료(31기) 2002년 서울지검 검사 2004년 대전지검 홍성지청 검사 2006년 수원지검 안산지청 검사 2008년 광주지검 검사 2010년 수원지검 안양지청 검사 2012년 서울중앙지검 검사 2015년 헌법재판소 파견 2016년 서울중앙지검 부부장 2017년 인천지검 부부장(헌법재판소 파견) 2017년 청주지검 형사3부장 2018년 '드루킹 불법 댓글 조작 의혹 수사 특별검사팀' 파견 2018년 의정부지검 공판송무부장 2019년 대검찰청 검찰연구관(현) 2019년 同인권수사자문관 겸임(현)

이선호(李善浩) LEE Sun Ho (快山)

(생)1939·10·11 (본)전의(全義) (출)서울 (주)서울특별시 강남구 봉은사로29길 24 동천테라스 502호 (학)1958년 서울사대부고졸 1964년 서울대 경제학과졸 1966년 미국 보스턴대(Boston College) 대학원 석사 1997년 한국과학기술원(KAIST) 최고경영자과정 수료 1998년 서울대 최고경영자과정 수료 2002년 고려대 기업지배구조최고과정 수료 (경)1967년 한국외환은행 입행 1970년 아시아개발은행(ADB) 전문역 1974년 한국외환은행 과장 1976년 한국수출입은행 비서역 1977년 同뉴욕사무소장 1981년 同심사부장 1988년 同해외투자연구소장 1991년 同이사 1992~2013년 상지경영컨설팅(주) 대표이사 1996년 한국수출입은행 전무이사 1999~2000년 SK증권 비상근고문 2000~2003년 현대중공업(주) 사외이사 2000~2002년 대신통상(주) 대표이사 사장 2003~2004년 그린화재해상보험(주) 사외이사 2004~2007년 극동유화(주) 사외이사 2004~2005년 (주)인터플랙스 사외이사 2005년 (사)한미협회 비상근이사(현) 2006~2008년 한국철도공사 투자 및 자금업무 심의위원 2006~2012년 제주국제자유도시개발센터 투자심의위원 2006년 코리아타임스 독자권익보호위원회 옴부즈만(현) 2009~2012년 근화제약(주) 사외이사 2009년 (주)코람코자산신탁 비상근자문위원 2010~2016년 삼양통상(주) 사외이사 (상)재무부장관표창(2회), 부총리 겸 경제기획원장관표창, 산업포장 (저)'Contributions to "Thoughts of The Times" Column of The Korea Times from 1967 to 1997'(英)(1998, 신신문화인쇄사) (역)'봉쇄성장과 개방성장' '상대평론'(1964, 서울대 상과대학 출판부)

이선호(李先鎬) Lee Seon Ho

(생)1960·10·4 (주)울산광역시 남구 문수로 382 울주군청 군수실(052-229-7001) (학)2007년 울산대 행정학과졸 (경)열린우리당 노동특보, 대통합신당 유시민후보 울산선대본부장 2010년 울산 울주군수 선거 출마(국민참여당), 통합진보당 울산시당 공동위원장 2012년 제19대 국회의원선거 출마(울산 울주군, 통합진보당) 2015~2016년 정의당 울산시당 부위원장 2017년 더불어민주당 제19대 문재인 대통령후보 울산선거대책위원회 공동본부장, 同울산시당 국립병원유치위원장 2018년 울산 울주군수(더불어민주당)(현) 2019년 더불어민주당 울산울주군지역위원장 직대(현)

이선홍(李善洪)

(생)1947·2·12 (출)전북 남원 (주)전라북도 전주시 덕진구 팔달로 304-38 합동건설(주)(063-253-0110) (학)전주공업대학 토목정보과졸 (경)1983년 합동종합중기 대표이사 1989년 합동건설(주) 대표이사 회장(현) 1992년 성전건설 회장(현) 1999년 석정수 회장(현), 합동토건 대표이사 2004년 전북애향운동본부 이사 2006~2012년 대한건설협회 전북도회장 2009~2012년 대한건설협회 부회장 2011년 전북도자원봉사종합센터 이사 2012년 법무부 법사랑위원 전주지역협의회장(현) 2013년 전북경제살리기도민회의 이사(현) 2013년 대한적십자사 전북지사 상임위원 2015년 전주상공회의소 회장(현) 2015년 대한상공회의소 부회장(현) 2015년 육군 35사단 자문위원(현) 2016년 사회복지공동모금회 고액기부자클럽 '아너소사이어티' 가입 2018년 세계서예전북비엔날레 조직위원장(현) (상)건설교통부장관표창(1987), 국세청장표창(1997), 법무부장관표창(1997), 한국은행총재표창(2005), 지방국세청장표창(2008), 은탑산업훈장(2012)

이선효(李宣孝) LEE Seon Hyo

(생)1957·10·2 (본)전주(全州) (출)전북 군산 (주)서울특별시 강남구 광평로 281 수서오피스빌딩 6,7층 네파(주) 대표이사실(02-3407-0247) (학)1976년 보성고졸 1983년 연세대 경영학과졸 (경)1983년 삼성물산 입사 1999년 제일모직 근무 2002년 모다아울렛 경영총괄 2003년 신세계인터내셔날 VOV사업부장 2004년 同국내사업부장(상무) 2006~2008년 同GAP사업부장(상무) 2010년 동일드방레 대표이사 부사장 2012~2016년 同대표이사 사장 2016년 네파(주) 대표이사(현) (종)기독교

이선훈(李善勳) LEE Sun Hoon

(생)1964·7·15 (출)대전 (주)경기도 수원시 영통구 법조로 91 수원고등검찰청 총무과(031-5182-3307) (학)1983년 대전고졸 1988년 고려대 법학과졸 (경)1988년 사법시험 합격(30회) 1991년 사법연수원 수료(20기) 1994년 대전지검 검사 1995년 창원지검 통영지청 검사 1997년 서울지검 검사 1999년 춘천지검 검사 2001년 전주지검 검사 2003년 同부부장검사 2003년 수원지검 부부장검사 2005년 부산고검 검사 2006년 광주지검 순천지청 부장검사 2008년 대전지검 형사3부장 2008~2010년 친일반민족행위자재산조사위 파견 2009년 광주지검 부장검사 2010년 서울고검 검사 2012년 대전고검 검사 2012~2013년 충남도 파견 2015년 서울고검 검사 2017년 광주고검 검사 2019년 수원고검 검사(현)

이선희(李仙熙) Lee Sun Hi

(생)1946·8·30 (본)연안(延安) (출)전북 전주 (주)서울특별시 종로구 새문안로 42 한국투명성기구(02-717-6211) (학)1964년 전주고졸 1970년 공군사관학교졸(18기) 1984년 미국 공군고급지휘관 및 참모(정규)과정 수료 1991년 연세대 행정대학원 외교안보학과졸 1994년 인도 국방대학원 수료 2005년 아주대 정보통신대학원 정보통신학과졸 2005년 행정학박사(경희대) (경)1992년 한미연합사령부 정책처장 1993년 공군 전투발전단장 1994년 공군 교육사령부 항공병학교장 1995년 제1전투비행단장 1997년 국방부 고등훈련기사업단장 1998년 공군 복지근무지원단장 1999년 예편(준장) 2000년 (주)DKI 부사장 2002년 (주)휴니드테크놀러지스 부사장 2005~2006년 아주대 겸임교수 2005년 방위사업청 개청준비단 정책기획부장 2006년 同계약관리본부장 2006~2008년 同청장 2010~2013년 공군사관학교총동창회 회장 2015년 한국투명성기구 공동대표(현) (종)천주교

이선희(李善姬 · 女) LEE Seon Hee

(생)1962 · 5 · 10 (주)서울특별시 서대문구 이화여대길 52 이화여자대학교 의과대학(02-2650-5783) (학)1988년 이화여대 의과대학졸 1991년 연세대 대학원졸 1994년 보건학박사(연세대) (경)1997년 이화여대 의과대학 예방의학교실 교수(현) 2002년 同대학보건소장 2006~2012년 대한의학회 의료정책이사 2008년 한국의료QA학회 총무이사 2008~2012년 한국병원경영학회 학술부회장 2009년 보건복지부 의료기관평가위원회 위원 2010년 건강보험심사평가원 평가위원, 국무총리 행정심판위원 2011년 한국희귀의약품센터 비상임이사 2012~2013년 한국보건의료연구원 원장 2016~2018년 이화여대 교수평의회 의장, 同경영전문대학원 경영학과 겸임교수(현) (상)한국보건행정학회 우수연구자상(2002) (저)'의료보험관리공단 일산병원 건축설계지침' '상대가치에 따른 의료수가 산출방법개발' '고양시지역 보건의료계획 수립' '고양시 일산구 건강증진센터 건립기본계획' '의료서비스 마케팅'

이선희(李善姬 · 女)

(생)1962 · 9 · 17 (주)경상북도 안동시 풍천면 도청대로 455 경상북도의회(054-880-5126) (학)영남대 행정대학원 문화행정학과졸 (경)(주)둥지 대표이사(현), 자유한국당 경북도당 여성위원장, 同경북도당 상임부위원장(현) 2018년 경북도의회 의원(비례대표, 자유한국당)(현) 2018년 同의회운영위원회 위원(현) 2018년 同문화환경위원회 위원(현) 2018년 同윤리특별위원회 위원(현) 2018년 同지진대책특별위원회 부위원장(현), 글로벌 대구관광포럼 운영위원(현) 2019년 경북도의회 예산결산특별위원회 부위원장(현)

이선희(李善熙 · 女)

(생)1976 · 9 · 17 (출)서울 (주)광주광역시 동구 준법로 7-12 광주지방법원(062-239-1710) (학)1995년 성심여고졸 2001년 연세대 법학과졸 (경)2000년 사법시험 합격(42회) 2003년 사법연수원 수료(32기) 2003년 청주지법 예비판사 2005년 同판사 2006년 인천지법 부천지원 판사 2009년 서울서부지법 판사 2013년 서울중앙지법 판사 2015년 서울남부지법 판사 2017년 서울중앙지법 판사 2018년 광주지법 부장판사(현)

이 성(李 星) LEE Sung

(생)1956 · 11 · 1 (출)경북 문경 (주)서울특별시 구로구 가마산로 245 구로구청 구청장실(02-860-2323) (학)1976년 덕수상고졸 1980년 고려대 법과대학 행정학과졸 2008년 미국 텍사스대 달라스교 대학원 행정학과졸, 동국대 대학원 행정학 박사과정 수료 (경)1980년 행정고시 합격(24회) 1985년 서울올림픽 홍보계장 1994년 대통령비서실 행정관, 서울시 기획담당관, 同시장 정책비서관, 同자치행정과장 2000년 同시정개혁단장, 同시정기획관 2002~2006년 서울 구로구 부구청장 2006년 미국 텍사스주립대 댈러스캠퍼스 행정학석사과정 교육파견 2008년 서울시 경쟁력강화본부장 2009~2010년 同감사관 2010년 서울 구로구청장(민주당 · 민주통합당 · 민주당 · 새정치민주연합) 2014년 서울 구로구청장(새정치민주연합 · 더불어민주당) 2014~2017년 서울시구청장협의회 부회장 2016년 전국다문화도시협의회 회장 2018년 서울 구로구청장(더불어민주당)(현) (상)문학세계 신인문학상(1999), 도전한국인운동본부 제1회 자랑스러운 지방자치단체장 복지부문 대상(2013), 2014 매니페스토 약속대상 지방선거부문 공약집분야 최우수상(2014), 한국문화가치대상 우수상(2019), 2019대한민국소비자대상 글로벌베스트행정부문(2019) (저)'온 가족 세계 배낭여행기'(2001) '돈 바위산의 선물'(2010, 생각의나무) '구로, 날씨 맑음'(2013, 하누리)

이성경(李聖卿) LEE Sung Kyung

(생)1960 · 8 · 15 (출)경남 양산 (주)서울특별시 영등포구 국제금융로6길 26 한국노동조합총연맹(02-6277-0086) (학)1979년 부산디자인고졸 2004년 양산대 생활체육과졸 (경)1988년 미쉐린코리아타이어 노조위원장 1992년 한국노동조합총연맹 양산지역지부 사무국장 1996년 우성타이어 노조위원장 1997년 우성그룹 비상대책위원회 의장 2000년 한국노동조합총연맹 양산지역지부 의장 2000년 경남지방노동위원회 근로자위원 2000~2017년 전국고무산업노동조합연맹 타이어분과 의장 2000~2017년 한국노총 경남본부 부의장 2000년 同중앙위원 2001년 넥센타이어 노조위원장 2002년 양산시 물가대책위원 2004년 녹색사민당 경남대표위원 2004년 제17대 국회의원선거 출마(양산, 녹색사민당) 2017년 한국노동조합총연맹 사무총장(현) 2018년 고용노동부 최저임금위원회 근로자위원(현) (상)산업평화상, 산업포장

이성구(李聲九) LEE Sung Ku (無號)

(생)1942 · 3 · 17 (본)영천(永川) (출)대구 (주)서울특별시 용산구 한남대로11길 12 (주)고마스방수(02-790-9200) (학)1960년 경북사대부고졸 1967년 서울대 경제학과졸 (경)1973년 (주)고마스방수(舊동방포루마) 회장(현), 국민교육신문 논설위원 1991 · 1995 · 1998 · 2002~2004년 서울시의회 의원(한나라당) 1991년 同재무경제위원장 1991년 서울시공직자윤리위원회 부위원장 1998~2000년 서울시의회 부의장 2002~2004년 同의장 2002~2004년 전국시도의회의장협의회 회장 2005년 제17대 국회의원(비례대표 승계, 한나라당) 2005년 국회 국방위원회 위원 2007년 (주)고마스빌딩 회장(현) 2015년 대한민국헌정회 이사(현)

이성구(李聖求) LEE Sung Koo

(생)1954 · 7 · 25 (출)서울 (주)서울특별시 금천구 디지털로130 에이스테크노타워 9차 405호 안트로젠 임원실(02-2104-0391) (학)1973년 양정고졸 1977년 서울대 약학과졸 1981년 同대학원 약학과졸 (경)1987년 한국메리카공업(주) 개발부 차장 1987년 새수도약국 약사 1988년 부광약품공업(주) 기획차장 1989년 同기획부장 1993년 부광약품(주) 기획담당 이사대우 · 이사 1997년 同상무이사 2001년 同전무이사 2004~2012년 同대표이사 사장 2006년 안트로젠 대표이사 사장(현) (종)불교

이성구(李城求) LEE Seong Gu

(생)1962 · 12 · 10 (출)충북 제천 (주)서울특별시 서초구 서초중앙로 148 김영학원사옥 3층 법무법인 시그니처(02-6673-0077) (학)1980년 청주고졸 1984년 서울대 법학과졸 (경)1989년 사법시험 합격(31회) 1992년 사법연수원 수료(21기) 1992년 서울지법 남부지원 판사 1994년 서울민사지법 판사 1996년 대전지법 서산지원 태안 · 당진군법원 판사 1998년 대전지법 판사 1999년 서울지법 남부지원 판사 2001년 서울지법 판사 2003년 서울고법 판사 2005년 서울동부지법 판사 2007년 춘천지법 수석부장판사 2008년 수원지법 부장판사 2011년 서울남부지법 부장판사 2013년 서울중앙지법 부장판사 2016~2018년 서울서부지법 부장판사 2018년 법무법인 윈앤윈 대표변호사 2019년 법무법인 시그니처 변호사(현)

이성구(李晟求) Lee Seong-Gu

(생)1964 · 8 · 14 (출)충남 보령 (주)세종특별자치시 갈매로 388 문화체육관광부 국민소통실 소통지원과(044-203-3039) (학)2010년 연세대 대학원 광고홍보학과졸 (경)1988년 중앙일보 기자 2004년 랜덤하우스중앙 임프린트 대표 2007년 중앙북스 총편집인 2009년 국토해양부 홍보

전문관 2011년 숙명여대 홍보광고학과 겸임교수 2013년 국토교통부 온라인대변인 2016년 문화체육관광부 국민소통실 홍보전문위원 2018년 同국민소통실 소통지원과 홍보전문위원 2019년 국회사무처 미디어담당관실 미디어기획팀장(현) (상)중앙일보 특종상(1990), 랜덤하우스중앙 베스트리더십 대상(2005), 대통령표창(2013)

이성구(李成九) LEE Seong Koo

(생)1964·9·23 (주)서울특별시 서대문구 거북골로 34 명지대학교 경영대학 국제통상학과(02-300-0765) (학)1987년 연세대 경제학과졸, 미국 오리건대 대학원 경제·통계학과졸, 경제학박사(미국 오리건대) (경)1994~1995년 연세대 경영대학원 강사 1995~1999년 명지대 경영무역학부 조교수 1999~2004년 同무역학과 부교수 2002~2003년 미국 버지니아대 Visiting Scholar 2004년 명지대 무역학과 교수 2006년 同경영대학 국제통상학과 교수(현) 2008년 同경력개발원장 2010년 同인문캠퍼스 학생지원처장 2017년 同경영대학장(현) (저)'국제경제학'(2005)

이성권(李成權) Lee, Seong Gweon

(생)1960·9·5 (출)경남 밀양 (주)서울특별시 영등포구 국제금융로8길 2 NH선물(주)(02-3774-0500) (학)1978년 마포고졸 1983년 서강대 영어영문학과졸 2015년 同대학원 OLP(오피니언리더십프로그램) 수료 2017년 서울대 인문대학 최고지도자 인문학과정(AFP) 수료(22기) (경)1986년 농협중앙회 입회 2007년 同자금시장부 채권운용팀장 2011년 同서울기업금융지점장 2013년 NH농협은행 서울영업부장 2014년 同자금운용부장 2017년 NH선물(주) 대표이사 사장(현) (상)국채시장발전유공 기획재정부장관표창(2009), 외환 및 국제금융업무발전유공 한국은행총재표창(2010), NH선물 공로상(2019)

이성권(李成權) LEE Seong Kweun

(생)1968·9·22 (본)경주(慶州) (출)경남 남해 (주)부산광역시 부산진구 엄광로 176 동의대학교 경영학부 회계학전공(051-890-1445) (학)1987년 남해고졸 1996년 부산대 철학과졸 1999년 경남대 극동문제연구소 남북경협아카데미 수료 2004년 일본 와세다대 대학원 국제정치학과졸 (경)1995~1996년 부산대 총학생회장 1996~2000년 박관용 국회의원 비서관 2001~2004년 일본 자민당 고노타로국회의원 비서 2002년 한나라당 이회창 대통령후보 보좌역 2002년 한일정책연구소 사무처장·연구원 2002년 (사)한국의길 이사 2002년 한국의길포럼 부산본부 대표 2004~2008년 제17대 국회의원(부산진구乙, 한나라당) 2004년 한나라당 청년위원장 2004년 국회 인권포럼 책임연구위원 2005년 한·일의원연맹 21세기위원회 부위원장 2007년 한나라당 이명박 대통령후보 수행실장 2008년 선진부산포럼 공동대표 2008~2010년 대한무역투자진흥공사(KOTRA) 감사 2009~2012년 선진부산포럼 대표 2010~2011년 대통령 시민사회비서관 2011~2012년 동의대 정치외교학과 겸임교수 2012~2015년 駐고베 총영사 2015~2017년 동의대 상경대학 글로벌경영학과 겸임교수 2017년 同경영학부 회계학전공 겸임교수(현) 2017년 바른정당 부산시당 수석부위원장 겸 수석대변인 2017~2018년 同부산진구乙당원협의회 운영위원장 2017년 同19대 유승민 대통령후보 중앙선거대책위원회 대변인 2017~2018년 同부산시당 위원장 2018년 바른미래당 부산시당 공동위원장 2018년 同부산진구乙지역위원회 공동위원장 2018년 부산광역시장선거 출마(바른미래당) 2018년 바른미래당 중앙당 정치연수원장 (저)'소통은 권력을 이긴다'(2011, 글통) '인재공화국을 넘어'(2015, 다움북스)

이성규(李成珪) LEE Seong Kyu

(생)1946·10·10 (출)서울 (주)서울특별시 관악구 관악로 1 서울대학교 동양사학과(02-880-5114) (학)1972년 서울대 사학과졸 1975년 同대학원 사학과졸 1984년 문학박사(서울대) (경)1978년 수도여자사범대학 전임강사 1979~1980년 서울대 전임강사 1981~1985년 同동양사학과 조교수 1983~1984년 미국 Harvard-Yenching연구소 방문학자 1985~1990년 서울대 동양사학과 부교수 1990~2011년 同동양사학과 교수 1997~1999년 同동아문화연구소장 1999~2001년 한국동양사학회 회장 2003~2005년 서울대 역사문제연구소장 2005~2006년 同규장각관장 2005년 대한민국학술원 회원(동양사·현) 2009~2012년 국사편찬위원회 위원 2011년 서울대 동양사학과 명예교수(현) (저)'中國古代帝國成立史硏究'(1984) '음애이자와 기묘사림(共)'(2004) '동북아시아 선사 및 고대사 연구의 방향(共)'(2004) '항일노동운동의 선구자 서정희上·下'(2006)

이성규(李聖揆) LEE Seong Gyu (몽암)

(생)1957·9·25 (본)전주(全州) (출)경북 상주 (주)충청남도 천안시 동남구 단대로 119 단국대학교 몽골학과(041-550-3231) (학)1983년 단국대 국어국문학과졸 1988년 同대학원 국어국문학과졸 1999년 몽골어박사(성균관대) 2007년 명예박사(몽골국립대) (경)1983년 풍생고 교사 1990년 몽골국립대 객원연구원 1993~2005년 단국대 몽골학과 전임강사·조교수·부교수 1996~1999년 한몽경제학회 사무총장 2003년 한국몽골학회 부회장 2005~2008년 단국대 몽골어과 교수 2005년 몽골국립대 연구교수 2006~2007년 단국대 천안캠퍼스 교무처장 2008년 同몽골학과 교수(현) 2009~2010년 한국몽골학회 회장 2010~2016년 단국대 몽골연구소장 2012~2013년 同인문과학대학장 2012~2015년 同율곡기념도서관장 2013~2015년 同외국어대학장 2013~2016년 同몽골바이오문화연구센터장 2014~2015년 한국사립대학도서관협의회 회장 2014~2016년 한글학회 세종·충남지회장 2016년 단국대 북방문화연구소장(현) (상)문교부장관표창(1971), 몽골 교류협력상(2000), 駐韓몽골대사표창(2010), 몽골 대통령 북극성 훈장(2016) (저)'몽학삼서의 몽고어 연구'(2002) '17세기 몽문연대기의 몽고어 연구'(2005) '알타이어족 언어의 관직명연구'(2013) '한국상고문화기원연구'(2013) '만주지역고문자연구'(2014) '동북아유목문화대사전'(2017) (역)'국역요사'(2012) '국역 금사'(2016) (종)불교

이성규(李成圭) LEE Sung Kyu

(생)1957·10·1 (본)연안(延安) (출)충북 청주 (주)인천광역시 미추홀구 인하로 100 인하대학교 일본언어문화학과(032-860-8064) (학)1982년 한국외국어대 일본어과졸 1987년 일본 쓰쿠바대 대학원 일본어학과졸 2003년 언어학박사(일본 쓰쿠바대) (경)인천전문대 교수 1989년 인하대 일본어학과 교수, 同생활관장 2000년 同문과대학 일본언어문화학과 교수(현) 2003년 한국일본학회 부회장 2007~2009년 同회장 2017~2018년 인하대 산학협력단장 (상)인하대 연구상(2004·2008), 대한민국학술원 우수학술도서상(2007), 서송한일학술상(2008), (사)한국번역가협회 번역가상(2017), 인하대 학술연구상(2018) (저)'도쿄 일본어 1·2·3'(1992·1993·1994) '현대일본어연구 1·2'(1995) '현대일본어 경어의 연구'(1999) '현대일본어 문법연구 1·2·3·4(共)'(2006)

이성규(李城圭) Lee Seong Gyu

(생)1961·7·12 (출)충남 부여 (주)서울특별시 동대문구 서울시립대로 163 서울시립대학교 사회복지학과(02-6490-2082) (학)1979년 경성고졸 1984년 고려대 경제학과졸 1988년 서울대 행정대학원 행정학과졸 1997년 사회복지정책학박사(영국 런던정경대) (경)1990~1997·1998~1999년 한국장

애인고용촉진공단 직업재활국장 1997~1998년 대통령 사회복지수석비서관실 행정관 1999~2003년 공주대 사회복지학과 교수 2003년 서울시립대 사회복지학과 교수(현), 同사회복지학과장 2006~2010년 서울시복지재단 대표이사 2007~2011년 국가인권위원회 조정위원 2007~2008년 대통령직인수위원회 교육사회분과 상임자문위원 2008~2010년 한국장애인복지학회 회장 2008~2011년 同장애인고용정책위원 2008년 소액서민미소금융재단 이사 2008~2013년 대통령비서실 사회정책자문위원 2009~2011년 대통령자문 사회통합위원회 계층분과위원 2010~2012년 국제지역사회개발협회(IACD) 이사 겸 아시아디렉터 2010~2012년 KBS 시청자위원 2010년 국무총리실 사회보장심의위원회 위원 2011년 同장애인정책조정위원회 위원 2011~2014년 한국장애인고용공단 이사장 2011년 서울국제장애인기능올림픽위원회 위원장 2011년 국제장애인기능올림픽연합(IAF) 부회장 2012년 국제장애인직업능력개발협회(VCI) 의장 2015~2019년 서울시립대 사회과학연구소 복지사회연구센터장 2015 · 2016년 한국장애인재단 이사장(현) (저)'사회통합과 장애인복지정치'(2000) '보건복지정책 중장기 추진 전략'(2008) 외 다수

이성규(李晟圭) Sungkyu Lee

(생)1973 · 12 · 6 (본)전주(全州) (출)충북 충주 (주)경기도 안양시 동안구 관평로212번길 52 수원지방검찰청 안양지청 차장검사실(031-470-4302) (학)1992년 충주고졸 1997년 서울대 사법학과졸 2009년 미국 컬럼비아대 로스쿨졸(LL.M.) (경)1996년 사법시험 합격(38회) 1999년 사법연수원 수료(28기) 2002년 서울지검 남부지청 검사 2003년 미국 캘리포니아주 공인회계사시험(AICPA) 합격 2004년 광주지검 순천지청 검사 2006년 법무부 형사기획과 검사 2008년 서울중앙지검 검사 2009년 미국 뉴욕주 변호사시험 합격 2009년 미국 뉴욕주 나소카운티검찰청 연수 2010년 서울중앙지검 검사 2011년 대검찰청 연구관 2013년 대전지검 공안부장 2014년 법무부 국제형사과장 2015년 同공안기획과장 2016년 서울중앙지검 공안2부장 2017년 수원지검 부부장검사 2017~2018년 한국형사정책연구원 파견 2018년 인천지검 형사1부장 2019년 수원지검 안양지청 차장검사(현) (상)검찰총장표창(2005) (종)불교

이성근(李誠槿) LEE SUNG GEUN

(생)1957 · 5 · 18 (출)서울 (주)서울특별시 중구 남대문로 125 대우조선해양(주)(02-2129-0101) (학)1976년 경기고졸 1980년 서울대 조선해양공학과졸 1984년 미국 뉴욕공과대 대학원 금속공학과졸 1992년 공학박사(미국 오하이오주립대) (경)1979년 대우조선공업(주) 입사 2006년 대우조선해양(주) 선박해양기술연구소장(상무) 2009년 同미래연구소장(전무) 2011년 同중앙연구소장(전무) 2012년 同설계부문장(전무) 2013년 同기술총괄 전무 2015년 同조선소장(전무) 2016년 同조선소장(부사장) 2016년 同선박사업본부장(부사장) 2017년 同조선소장(부사장) 2019년 同대표이사 사장(현) 2019년 한국조선해양플랜트협회 회장(현)

이성글(李성글) Lee Sung Geul

(생)1972 (출)서울 (주)세종특별자치시 국세청로 8-14 국세청 국제조세관리관실(044-204-2961) (학)1991년 광주 숭일고졸 1999년 고려대 통계학과졸 (경)2001년 행정고시 합격(45회) 2002~2003년 중앙공무원교육원 교육파견 2003년 군산세무서 납세지원과장 2003년 同납세자보호담당관 2004~2005년 고양세무서 세원관리1과장 · 세원관리2과장 · 세원관리3과장 2006~2008년 영국 멘체스터대 교육파견 2008년 국세청 기획조정관실 창의혁신담당관실 사무관 2009년 同국제조세관리관실 국제협력담당관실 사무관 2011년 同국제조세관리관실 국제협력담당관실 전문관 2012년 同국제조세관리관실 국제협력담당관실 서기관 2014년 외교부 주재관 2017년 부천세무서장 2018년 국세청 국제조세관리관실 상호합의담당관(현)

이성기(李成基) Lee sung kee

(생)1953 · 5 · 11 (주)경상남도 김해시 주촌면 골든루트로 80-16 김해중소기업비즈니스센터 내 경상남도사회서비스원(055-211-4822) (학)1977년 서울대 임학과졸 1982년 同행정대학원졸 1996년 사회복지학박사(서울대) (경)1982년 국책연구소 사회정책담당연구원 1985~1986년 보건사회부 사회보장심의위원회 연구참사 1986~1997년 한국보건사회연구소 연구위원 1997~2018년 인제대 사회과학대학 사회복지학과 교수 1998~2000년 김해발전전략연구원 원장 1999~2003 · 2011 · 2013~2016년 김해시종합사회복지관 관장 2006년 인제대 사회복지대학원장 2009년 전국사회복지대학원장협의회 초대회장 2012~2015년 인제대 사회복지연구소장 2015~2016년 同사회복지대학원장 2018년 同명예특임교수(현) 2019년 경남도사회서비스원 원장(현) (저)'한국사회복지연감(共)'(1996) '현대사회의 자원봉사론(共)'(1997)

이성기(李性基) LEE Sung-Ki

(생)1958 · 5 · 10 (출)부산 (주)충청남도 천안시 동남구 병천면 충절로 1600 한국기술교육대학교 총장실(041-560-1114) (학)1976년 국립철도고졸 1982년 건국대 행정학과졸 1995년 영국 런던정경대(LSE) 대학원 노사관계학 석사 2010년 IT정책경영학박사(숭실대) (경)1982~1986년 서울신탁은행 행원 · 계장 1988년 행정고시 합격(32회) 1997년 노동부 기획예산담당관실 서기관 1998년 同국제노동협력관실 해외협력과장 2000년 駐제네바국제연합사무처 국제기구대표부 1등서기관 2004년 노동부 기획관리실 혁신담당관(서기관), 同혁신기획관(서기관) 2005년 同정책홍보관리본부 혁신기획팀장(서기관) 2006년 同정책홍보관리본부 혁신기획팀장(부이사관) 2007년 同국제협력국 국제노동정책팀장 2007년 인천지방노동위원회 위원장 2008년 노동부 기획조정실 국제협력관 2009년 同노사협력정책국 공공노사정책관(일반직고위공무원) 2010년 同노사정책실 공공노사정책관 2010년 고용노동부 노사정책실 공공노사정책관 2011~2012년 서울지방고용노동청장 2012~2015년 한국산업인력공단 능력개발이사 2015~2017년 한국기술교육대 교양학부 특임교수 2017~2018년 고용노동부 차관 2019년 한국기술교육대 총장(현) (상)근정포장(2006)

이성기(李晟基)

(생)1966 · 2 · 25 (출)경북 구미 (주)충청북도 청주시 서원구 산남로62번길 51 청주지방법원(043-249-7114) (학)1984년 대구 오성고졸 1989년 서울대 사법학과졸 1991년 同대학원 법학과 수료 (경)1996년 사법시험 합격(38회) 1999년 사법연수원 수료(28기) 1999년 청주지법 판사 2003년 인천지법 판사 2006년 대전지법 판사 2006년 스페인 마드리드 해외연수 2009년 대전고법 판사 2012년 대전지법 천안지원 · 대전가정법원 천안지원 판사 2014년 대전지법 부장판사 2017년 청주지법 부장판사(현)

이성덕(李成德) YI Seong Deog

(생)1963 · 4 · 6 (출)경북 구미 (주)서울특별시 동작구 흑석로 84 중앙대학교 법학전문대학원(02-820-5858) (학)1986년 서울대 법과대학 사법학과졸 1989년 同대학원 법학과졸 1994년 법학박사(영국 옥스퍼드대) (경)1993년 홍익대 법학과 조교수 · 부교수 · 교수, 同법학과장 2002~2003년 미국 듀크대 로스쿨 방문학자 2007년 홍익대 대학원 교학부장 2007년 중앙대 법과대학 교수(현), 同법학전문대학원 교수(현) 2010년 대한국제법학회 부회장 · 상임이사 2011~2012년 중앙대 법학전문대학원장 겸 법과대학장 2019년 대한국제법학회 회장(현) (저)'국제법'(2006) '유럽연합사법제도론'(2007) 'EU법 강의'(2012)

이성덕(李聖悳) Sung Duk Lee

(생)1964·10·15 (출)충북 청주 (주)충청북도 청주시 서원구 사운로 59-1 청주방송 사장실(043-279-3930) (학)1983년 운호고졸 1989년 청주대 경영학과졸 (경)1991년 CBS청주방송 보도국 1997년 CJB 청주방송 보도국 2009년 同취재팀 팀장 2014년 同보도국 국장 2016년 同충주본부 본부장 2019년 同사장(현)

이성도 LEE Sung Do

(생)1973·12·18 (출)강원 춘천 (주)세종특별자치시 다솜로 261 국무조정실 규제혁신제도과(044-200-2446) (학)춘천고졸, 강원대 행정학과졸, 서울대 행정대학원졸 (경)2000년 지방고시 합격(6회) 2001년 양구군 지방행정사무관 시보(국가전문행정연수원 연수) 2002년 同기획감사실 시책개발팀장 2005년 국무조정실 기업애로해소센터 사무관 2005년 同심사평가1심의관실 사무관 2008년 同정책분석평가실 평가총괄사무관 2009년 同국무차장 비서관(서기관) 2010년 同국정운영1실 행정관리팀장 2011년 녹색성장위원회 파견(서기관) 2012년 국무총리실 연구지원팀장 2013년 국무조정실 국정운영실 연구지원과장 2014년 대통령 민정수석비서관실 행정관 2016년 駐샌프란시스코 영사 2019년 국무조정실 규제혁신제도과장(현) (상)대통령표창(2008)

이성림(李盛林) LEE Sung Rim

(생)1963·7·11 (출)부산 (주)부산광역시 해운대구 센텀서로 30 (주)KNN(051-850-9110) (학)1982년 대동고졸 1988년 부산대 사회학과졸 (경)1988년 CBS 기자 1992년 SBS 기자 1995년 부산방송 기자 2000년 부산시기자협회 회장 2000년 부산방송 정경사회팀 차장 2001년 同편집CP 2002년 同보도제작사회팀장(부장급) 2004년 同정치경제팀장 2006년 (주)KNN 보도정보팀장 2007년 同광고사업국장 2009년 同방송본부 보도국장 2012년 同경남본부장(이사대우) 2014년 同방송본부장(상무) 2016년 同경영사업본부장(상무) 2016년 同대표이사 사장 2018년 同부회장(현) (상)이달의 기자상(1996), 한국 참언론인 대상(2011)

이성림(李星林·女) Lee Seonglim

(생)1965·7·30 (본)전주(全州) (출)전북 고창 (주)서울특별시 종로구 성균관로 25-2 성균관대학교 소비자가족학과(02-760-0521) (학)1984년 덕성여고졸 1988년 서울대 가정관리학과졸 1990년 同대학원 소비자학과졸 1998년 소비자경제학박사(미국 오하이오주립대) (경)1990~1992년 서울대 소비자아동학과 조교 1993~1994년 미국 일리노이대 어배나 샴페인교 소비자경제학과 조교 1994~1995년 미국 오하이오주립대 박사연구원 1996~1998년 同연구조교 1998~1999년 동국대·서울대·인하대·성균관대 시간강사 1999~2000년 경북대 경제경영연구소 박사후연구원 2000~2001년 통계청 사회통계과 사무관 2001~2005년 울산대 아동가정복지학과 조교수 2005~2011년 성균관대 소비자가족학과 부교수 2011년 同소비자가족학과 교수(현) 2012년 미국 시카고대 경제학과 방문교수, 대통령자문 빈부격차·차별시정위원회 위원, 대통령자문 사회양극화위원회 위원, 중앙생활보장위원회 전문위원, 소비자분쟁조정위원회 위원, (사)소비자와함께 연구위원 2016년 성균관대 생활과학대학원장 (상)서울대총장표창(서울대 가정대학 수석입학)(1984), Family Economics and Resource Management & Family Relations and Human Development Conference 최우수논문상(1997), 한국소비자정책교육학회 최우수논문상(2008), 공정거래위원회 소비자의날 대통령표창(2014) (저)'생각하는 소비문화(共)'(2006, 교문사) (종)가톨릭

이성모(李聲模) Lee Sung-Mo

(생)1959·7·5 (본)고성(固城) (출)충남 태안 (주)경기도 성남시 분당구 황새울로319번길 8-6 대한수의사회(031-702-8686) (학)1978년 인천고졸 1982년 서울대 수의학과졸 1994년 건국대 농축대학원 수의학과졸 2003년 수의학박사(강원대) 2013년 한국방송통신대 대학원 행정학과졸 (경)1982~1984년 軍복무(보병11사단 근무) 1984~1991년 (주)빙그레 양주·인천 집유소장 1991년 인천시보건환경연구원 입사(수의 7급) 1994~2005년 안산1대·가천길대 외래교수 1997년 한국예방수의학회 이사(현) 1999년 인천시보건환경연구원 시험검사실장(수의연구관) 2007~2018년 한국식품위생안전성학회 이사 2009년 인천시보건환경연구원 가축질병방역부장 2009년 농림수산식품기술기획평가원 평가위원(현) 2010~2012년 한국가축위생학회 회장 2011년 (사)대한수의학회 평의원(현) 2011~2014년 대한수의사회 방역식품안전위원회 위원 2012~2013년 가축위생방역지원본부 이사 2015~2019년 인천시보건환경연구원장 2017년 대한수의사회 감사(현) (상)한국방송통신대총장표창(2013), 대통령표창(2015) (종)기독교

이성문(李星門)

(생)1974·5·28 (주)부산광역시 연제구 연제로 2 연제구청 구청장실(051-665-4001) (학)1993년 부산진고졸 2002년 서울대 사회과학대학 경제학부졸 (경)2003년 사법시험 합격(45회) 2006년 사법연수원 수료(35기) 2006년 법무법인 신우 변호사 2007년 대한상사중재원 건설클레임전문가과정 수료 2009년 법무법인 국제 변호사 2014~2015년 부산진세무서 납세자보호위원회 위원 2014~2018년 법무법인 율하 변호사, 부산고법 국선변호인, 부산지법 국선변호인, 부산시 여성정책위원회 위원, 同양성평등위원회 위원, 同연제구 공동주택관리분쟁조정위원회 위원, (주)거림베스트 고문변호사 2018년 더불어민주당 부산연제구지역위원회 수석부위원장 2018년 同부산시당 교육특별위원회 위원장 2018년 同중앙당 정책위원회 부의장 2018년 同중앙당 법률위원회 부위원장 2018년 부산 연제구청장(더불어민주당)(현)

이성민(李聖民) LEE Sung Min

(생)1969·9·4 (출)서울 (주)경기도 이천시 신둔면 경충대로 3321 한국세라믹기술원 이천분원(031-645-1441) (학)1991년 포항공대 재료금속공학과졸 1994년 한국과학기술원(KAIST) 무기재료공학과졸(석사) 1999년 재료공학박사(한국과학기술원) (경)1999년 (주)대한중석초경 근무 2001년 요업기술원 도자기연구센터 선임연구원, 同구조세라믹부 선임연구원 2001년 同엔지니어링세라믹센터 선임연구원 2009년 한국세라믹기술원 엔지니어링세라믹센터 선임연구원 2016년 同엔지니어링세라믹센터장 2018년 同이천분원장(현)

이성배(李誠培)

(생)1976·5·27 (주)서울특별시 중구 세종대로 125 서울특별시의회(02-3702-1400) (학)한양대 행정학과졸 (경)자유한국당 중앙청년위원회 부위원장, 同서울시당 청년위원장 2018년 서울시의회 의원(비례대표, 자유한국당)(현) 2018년 同운영위원회 위원(현) 2018년 同기획경제위원회 위원(현) 2018년 서울시농수산식품공사 사장 후보자 인사청문특별위원회 위원(현) 2019년 서울시의회 예산정책연구위원회 위원(현) 2019년 同체육단체비위근절을위한행정사무조사특별위원회 위원(현) 2019년 同예산결산특별위원회 위원(현) 2019년 同윤리특별위원회 위원(현) 2019년 同김포공항주변지역활성화특별위원회 위원(현)

이성보(李晟補) LEE Sung Bo

(생)1956·10·27 (본)전주(全州) (출)서울 (주)서울특별시 서초구 서초대로74길 4 법무법인(유) 동인(02-2046-0680) (학)1975년 경기고졸 1979년 서울대 법학과졸 1981년 同대학원 법학과 수료 (경)1978년 사법시험 합격(20회) 1981년 사법연수원 수료(11기) 1981년 공군 법무관 1984년 서울민사지법 판사 1986년 서울형사지법 판사 1989년 제주지법 판사 1990년 미국 캘리포니아대 버클리교 연수 1991년 광주고법 판사 1992년 법원행정처 조사심의관 1994년 서울고법 판사 1996년 대전지법 부장판사 1998년 사법연수원 교수 2000년 인천지법 부천지원장 2002년 대전지법 수석부장판사 2004년 사법연수원 수석교수 2005년 서울고법 부장판사 2009년 同수석부장판사 2009년 청주지법원장 2010년 서울동부지법원장 2012년 서울중앙지법원장 2012~2015년 국민권익위원회 위원장(장관급) 2013~2015년 세계옴부즈만협회(IOI) 아시아 이사 2016년 법률사무소 형산 대표변호사 2018년 이성보·박민표법률사무소 대표변호사 2019년 법무법인(유) 동인 변호사(현) (상)청조근정훈장(2017) (저)'형사소송법'(共) '주석 형법'(共)

이성복(李星馥) Richard Leesungbok (東谿·應大)

(생)1958·5·13 (본)한산(韓山) (출)서울 (주)서울특별시 강동구 동남로 892 강동경희대학교병원 치과대학병원(1577-5800) (학)1984년 경희대 치의학과졸 1987년 同대학원졸 1993년 치의학박사(경희대) (경)1984년 경희대부속 치과병원 전공의 1987년 군의관(대위 예편) 1991~1992년 일본 오우대 치학부 보철과 박사과정 선발장학생 유학 1993~2001년 경희대 치과대학 치의학과 조교수·부교수 1994년 일본치과대학 치학부 방문교수 1997~1999년 미국 하버드대 보철과 및 임플란트과 교환교수 2001년 경희대 치과대학 치의학과 교수(현) 2001~2017년 국제임플란트학자연맹(ITI) 한국지부 교육위원장 겸 교육위원회 위원 2003년 대한턱관절교합학회 부회장 2006년 강동경희대병원 치과대학병원 심미치과센터소장 2006~2017년 同치과대학병원 생체재료보철과장 2008~2016년 대한스포츠치의학회 부회장 2009년 강동경희대병원 치과대학병원 기획진료부원장 2009년 경희대 치과대학·치의학전문대학원 주임교수 겸 학생지도실장 겸 학과장 2009~2015년 대한치과감염학회 부회장 2010~2013년 대한턱관절교합학회 회장 2010~2018년 미국 세계인명사전 'Marquis Who's Who in the World' 등재 2011년 경희대 치과대학 보철학교실 주임교수 2012년 영국 국제인명센터(IBC) 등재 2012~2017년 국제치의학연구회(IADR) 임플란트연구분과 본부이사 2013~2017년 강동경희대병원 치과대학병원장 2015~2016년 대한치과감염학회 회장 2016~2017년 국제치의학연구회(IADR) 차기회장 2016~2017년 대한스포츠치의학회 회장 2017년 국제임플란트학자연맹(ITI) 한국지부 회장(현) 2017년 아시아골유착임플란트학회(AAO) 회장 2017년 강동경희대병원 치과대학병원 국제교류위원회 위원장(현) (상)제1회 대한치과보철학회 신인학술상(1992), 고황의학상 은상(1996), 국제자석치의학연구프로젝트 우수연구자상(2003), 국제자석치의학연구프로젝트 우수교육자상(2004), 'Marquis Who's Who in the World' 평생 공로자 등재(2016) (저)'이성복교수의 Top-Down Implant Dentistry'(2004) 'Implant Dentistry with New Generation Magnetic Attachments(in English)'(2004, Quintessence International Publishing) 'Implant Dentistry with New Generation Magnetic Attachments(in Japanese)'(2005, Quintessence International Publishing) '턱기능교합학 실습'(2010, 예낭출판사) '가철성 국소의치학'(예낭출판사) '턱관절교합학'(예낭출판사) '가철성국소의치학 실습'(예낭출판사) 'ITI Treatment Guide Book'(2016, Quintessence International Publishing) (역)'임상 교합학 입문'(한국 퀸테센스) '현대의 임상보철'(신흥 인터내셔날) '교합학 용어 및 도해'(신흥 인터내셔날) '악기능 이상과 교합'(신흥 인터내셔날) '엇갈린 교합의 보철'(지성출판사) '고정성보철의 심미수복 심미분석'(대한나래) '완벽을 추구하는 인상채득'(대한나래) '자연치-임플란트지지 보철물'(지성출판) 'The provisional restorations'(한국 퀸테센스) '궁극의 임플란트 심미'(한국 퀸테센스) '치주-보철 maintenance(共)'(대한나래)

이성복(李誠馥)

(생)1960·6·16 (출)서울 (주)서울특별시 서초구 서초중앙로 157 서울중앙지방법원(02-530-1114) (학)1979년 대광고졸 1983년 고려대 법학과졸 (경)1984년 사법시험 합격(26회) 1987년 사법연수원 수료(16기) 1990년 대구지법 판사 1992~1993년 법제처 파견 1993년 독일 뮌헨대 연수 1995년 춘천지법 판사 1996년 수원지법 성남지원 판사 1999년 서울고법 판사 1999~2003년 법무법인 화백 변호사 2001년 조양상선(주) 파산관재인 2002년 대한공증협회 재무이사 2003년 사법연수원 외래교수 2003~2007년 법무법인 화우 변호사 2007년 대구고법 판사 2009년 서울중앙지법 판사 2010년 광주지법 부장판사 2011년 인천지법 부장판사 2013년 서울동부지법 부장판사 2014년 인천지법 부천지원장 2016년 수원지법 부장판사 2017~2018년 전국법관대표회의 의장 2018년 서울중앙지법 부장판사(현) 2018년 대법원 '국민과 함께하는 사법발전위원회' 제2연구반장

이성복(李誠馥) LEE Sung Bok

(생)1964·1·13 (본)한산(韓山) (출)충북 충주 (주)서울특별시 중구 서소문로 89-20 뉴데일리 임원실(02-702-1043) (학)1982년 청석고졸 1989년 서울대 불어불문학과졸, 고려대 언론대학원졸 (경)1990~1997년 조선일보 편집부 기자 1997년 디지틀조선일보 영상사업부장 2001년 조선닷컴 편집국 부국장 2002년 同편집국장 2008년 대통령 홍보기획비서관실 행정관 2008년 대통령 홍보2비서관 2009년 대통령 국정홍보비서관 2013년 뉴데일리 편집장 2014년 同부사장(현) 2014~2018년 뉴데일리경제 공동대표이사 겸임 2018년 同대표이사 겸임(현) (저)'불안은 영혼을 잠식한다'(1994) '말론 브랜도냐 디카프리오냐'(1998)

이성봉(李性奉) Lee Seongbong

(생)1968·9·27 (본)함평(咸平) (출)광주 (주)세종특별자치시 가름로 194 과학기술정보통신부 정책기획관실(044-202-4410) (학)1986년 광주 금호고졸 1990년 서울대 경영학과졸 1998년 영국 서섹스대 대학원 정책학과졸 2009년 서울대 대학원 기술경영경제정책 박사과정 수료 (경)1993년 행정고시 합격(35회) 2011년 교육과학기술부 국제과학비즈니스벨트기획단장 2012년 국립과천과학관 전시연구단장 2014년 중앙전파관리소 서울전파관리소장 2014년 미래창조과학부 미래인재정책관 2015년 민관합동경제추진단 부단장 2016년 미래창조과학부 과학기술전략회의지원단장 2016년 同정책기획관 2017년 과학기술정보통신부 기획조정실 정책기획관(현)

이성수(李成壽) Lee, Sung-Soo

(생)1956·10·5 (출)전북 남원 (주)전라북도 군산시 동장산2길 6 (재)전라북도자동차기술원 원장실(063-472-2300) (학)1975년 전주고졸 1988년 전주대 경영학과졸 2001년 우석대 대학원 경영학과졸 2008년 행정학박사(전북대) (경)2006년 전북도 지역경제과장 2007년 순창군 부군수 2009년 지방행정연수원 교육파견 2010년 전북도 과학산업과장 2010년 同일자리창출정책관 2011년 同민생일자리본부장(지방부이사관) 2014년 군산시 부시장 2014~2015년 전북도 경제산업국장 2016년 (재)전라북도자동차기술원 원장(현)

이성수(李誠洙)

(생)1967 (출)경기 안양 (주)경상남도 창원시 성산구 공단로 799 한화디펜스(주) 임원실(055-280-6114) (학)서울고졸, 서울대 경영학과졸, 미국 하버드대 대학원 경영학과졸(MBA) (경)2006년 한화케미칼(주) 전략기획담당 상무보 2011년 同신사업담당 상무 2013년 (주)한화 방산기획실장(상무) 2016년 한화디펜스(주) 사업총괄 전무 2017년 同대표이사(현) 2018년 한화지상방산 대표이사 겸임

이성숙(李聖淑 · 女) Lee Sung Sook

(생)1963 · 1 · 1 (출)부산 (주)부산광역시 연제구 중앙대로 1001 부산광역시의회(051-888-8245) (학)덕성여고졸, 홍익대 미술대학 공예과졸, 동아대 정책과학대학원 사회복지학과졸 (경)(재)YMCA 그린닥터스 이사, (사)부산시여성단체협의회 부장 2010~2014년 부산시의회 의원(비례대표, 민주당 · 민주통합당 · 민주당 · 새정치민주연합) 2010년 同보사환경위원회 위원 2010년 同운영위원회 위원, 민주통합당 부산시당 상임여성위원장, 同부산시당 대변인 2012년 부산시의회 윤리특별위원회 위원 2014년 부산시의원선거 출마(새정치민주연합), 최인호 국회의원 특별보좌역, 민주평통 부산시 사하구협의회 사회복지분과위원장(현) 2018년 부산시의회 의원(더불어민주당)(현) 2018년 同부의장(현) 2018년 同복지환경위원회 위원(현) 2018년 同남북교류협력특별위원회 위원(현)

이성열(李成烈) LEE Sung Yeol

(생)1955 · 9 · 17 (출)강원 동해 (주)강원도 강릉시 강동면 임곡로 102-16 (주)삼양레미콘(033-644-6676) (학)보인상고졸, 관동대 무역학과졸, 同경영행정대학원 무역학과졸 (경)1988년 (주)삼양레미콘 대표이사(현), 강원도레미콘공업협동조합 감사 · 이사 2015년 同이사장(현)

이성열(李誠烈) LEE Sung Youl

(생)1961 · 12 · 18 (출)서울 (주)서울특별시 강남구 남부순환로 2806 군인공제회관 28층 SAP Korea(02-2194-2400) (학)연세대 영어영문학과졸, 미국 마이애미대 경영학과졸, 경영학박사(미국 네브래스카주립대) (경)세화회계법인 경영컨설팅부문장, 프라이스워터하우스 CGS 상무 2004~2008년 한국IBM(주) 비지니스컨설팅서비스 대표 2008~2011년 IBM(뉴욕본사) 글로벌전자전기산업부문 글로벌인더스트리 대표 2011~2014년 한국IBM(주) 글로벌비지니스서비스(GBS) 대표 2015~2018년 AT커니코리아 대표이사 사장 2018년 SAP Korea 대표이사 사장(현) (저)'IBM한국보고서'(2007, 한국경제신문) '기업은 혁신을 통해 성장한다'(2006, 한국경제신문) '4차 산업혁명 환경 하에 디지털 경영혁신'(2017, 맥그로힐) (종)천주교

이성열(李聖悅) Lee Sungyoul

(생)1962 · 11 · 8 (주)서울특별시 용산구 청파로 373 국립극단(02-3279-2201) (학)1985년 연세대 사학과졸, 상명대 문화예술대학원졸 (경)극단 백수광부 대표, 청운대 연기예술학과 교수, 同산학협력중점 교수, 한국연극연출가협회 부회장, 서울연극협회 부회장, 한국공연예술센터 이사 2017년 (재)국립극단 예술감독(현) (상)한국백상예술대상 신인연출상(1998), 서울연극제 연출상(2005 · 2009 · 2016), 김상렬연극상(2007), 동아연극상 작품상(2012), 이해랑연극상(2013), 대한민국연극대상 작품상(2014), 서울연극제 대상(2016), 대한민국연극대상 대상(2018) (작)연출 '키스', '굿모닝? 체홉', 'Green Bench', '여행', '봄날', '야매의사', '미친극', '과부들', '햄릿 아비', '오슬로'

이성엽(李省燁) LEE Sung Yup

(생)1970 · 11 · 18 (출)대구 (주)경상북도 경산시 진량읍 공단6로 77 SL(주) 비서실(053-856-8511) (학)1989년 덕원고졸 1994년 미국 위스콘신주립대 경제학과졸 1998년 미국 드렉셀대 대학원졸(MBA) (경)1998년 와이즈디베이스 근무 1999년 현대증권(주) 국제기획팀 근무 2002년 삼립산업(주) 전무이사 2004년 SL(주) 부사장 2008년 同사장 2009~2013년 DRB동일(주) 사외이사, SL(주) 대표이사 사장(현) (상)제13회 공정거래의날 유공 대통령표창(2014)

이성영(李成永) Seong-Young Lee

(생)1964 · 10 · 19 (본)신평(新平) (출)충남 천안 (주)서울특별시 중구 남대문로 117 동아빌딩 한국감정원 서울중부지사(02-735-7141) (학)1982년 천안북일고졸 1989년 서울대 임학과졸 2001년 한국개발연구원 국제정책대학원 경영학과졸 (경)1989~1995년 한국감정원 기획조정부 근무 1994 · 2007년 PPC(범태평양평가회의) 대표 참가 1996~1999년 한국감정원 부동산연구소 근무 1998~1999년 서울시 환경정책자문위원 1999 · 2000 · 2008년 IVSC(국제평가기준위원회) 대표 참가 1999년 한국자산유동화연구회 설립(발기인) 2002년 한국감정원 기획조정부 차장 2004년 同전략기획팀장 2005년 同혁신전략실장 2006~2007년 국토연구원 연구자문위원 2007년 한국정책평가학회 이사(현), 한국감정원 KAB40부단장 2010년 同부동산연구원 연구개발실장 2011년 同기획조정실장(2급) 2013년 同기획조정실장(1급) 2014~2017년 同천안지사장 2017년 同대전지사장 2019년 同서울중부지사장(현) (상)한국감정원장표창(1991~1994 · 2004 · 2008), 건설교통부장관표창(1998)

이성용(李成容) Sunny Yi

(생)1962 · 3 · 25 (주)서울특별시 중구 세종대로9길 20 신한미래전략연구소(02-6360-3000) (학)미국 육군사관학교(West Point) 항공우주공학과졸, 미국 Univ. of South Carolina 대학원 정보기술공학과졸, 미국 하버드대 대학원 경영학과졸(MBA) (경)미국 항공우주국 항공우주 엔지니어, AT커니 서울지사장 2000년 베인앤컴퍼니 시니어파트너 입사 2004년 同글로벌디렉터 2006년 同아시아 금융대표 2007년 同아시아Operations 프랙티스 대표 2008년 同최고의사결정기구 이사회(Management & Board Committee) 멤버 2010~2017년 베인앤드컴퍼니코리아 대표 2013년 대통령직속 국민경제자문회의 창조경제분과 자문위원 2015~2016년 금융위원회 금융개혁회의 위원 2017년 새마을휘트니스 회장 2019년 신한금융지주 미래전략연구소장(현) (상)매경이코노미 선정 '한국에서 가장 영향력 있는 경영大家 10명'(2008) (저)'트랜스포메이션 경영'(1997, 한국경제신문) '디지털경영 원칙으로 승부하라'(2001, 한국경제신문) '기업을 위한 지방세감면'(2003, 한국지방세연구회) '한국을 버려라'(2004, 청림출판) '한국을 찾아라'(2005, 청림출판) '한국의 임원들'(2006, 청림출판) '세일즈는 과학이다'(2007, 청림출판) '평생 필요한 비즈니스 스킬'(2010, 김영사)

이성용(李成龍) LEE Sung Ryong

(생)1964 · 9 · 25 (주)경기도 성남시 분당구 판교역로241번길 20 부동산114(주)(031-789-1114) (학)1983년 용산고졸 1991년 고려대 독어독문학과졸 1999년 미국 피츠버그대 경영대학원졸(MBA) (경)(주)제일모직 근무, (주)현대산업개발 사업1 · 2팀담당 상무보 2008~2010년 한국주택협회 운영홍보위원 2010년 (주)현대산업개발 상무 2010년 호텔아이파크(주) 상무 2014~2018년 同대표이사 전무 2018년 부동산114(주) 대표이사 전무(현) (종)기독교

이성용(李聖鎔)

(생)1970·1·17 (출)강원 춘천 (주)서울특별시 서초구 강남대로 193 서울행정법원(02-2055-8114) (학)1988년 휘문고졸 1993년 서울대 사법학과졸 1997년 同대학원 법학과졸 (경)1996년 사법시험합격(38회) 1999년 사법연수원 수료(28기) 1999년 청주지법 예비판사 2001년 同판사 2002년 수원지법 성남지원 판사 2005년 서울중앙지법 판사 2008년 서울서부지법 판사 2010년 서울고법 판사 2012년 서울중앙지법 판사 2014년 대구지법 부장판사 2016년 의정부지법 고양지원 부장판사 2018년 서울행정법원 부장판사(현)

이성우(李性雨) Rhee, sung woo

(생)1961·12·9 (출)경북 (주)서울특별시 금천구 가산디지털1로 212 (사)한국융복합관광산업진흥원(02-2082-7541) (학)경영학박사(한국항공대) (경)1988년 미국 델타항공 마케팅 대리, 아시아나항공 여객사업본부 영업기획·교육팀장, Westin Starwood 그룹 인사·교육과장, BMW Korea CS·QMA관리부장 2005년 한국철도공사 고객총괄1급처장, 전북도새만금경제자유구역청 투자유치·홍보팀장, 농림축산식품부 수석전문관, 국가식품클러스터지원센터 투자유치본부장 2015년 (사)한국융복합관광산업진흥원 원장(현)

이성원(李晟源) Chris LEE

(생)1966·9·24 (출)서울 (주)서울특별시 영등포구 의사당대로 88 한국투자금융지주(주) 전략기획실(02-3276-4220) (학)1985년 미국 비버리힐스고졸 1989년 미국 캘리포니아대 버클리교(UC Berkeley) 화학공학·재료공학과졸 1996년 미국 캘리포니아대 로스앤젤레스교 앤더슨경영대학원 기업금융학과졸 (경)맥킨지 근무, 소프트뱅크엔플랫폼 수석부사장, 국민은행 전략기획팀장 2005년 한국투자금융지주(주) 상무이사 2008년 同전략기획실장(상무) 2008년 KIARA Capital & Advisors 대표이사 2011년 한국투자금융지주(주) 전략기획실장(전무) 2019년 同전략기획실장(부사장)(현) (종)기독교

이성윤(李盛潤) LEE Seong Yun

(생)1962·9·12 (출)전북 고창 (주)경기도 과천시 관문로 47 법무부 검찰국(02-2110-3005) (학)1981년 전주고졸 1985년 경희대 법학과졸 1987년 同대학원졸 (경)1991년 사법시험 합격(33회) 1994년 사법연수원 수료(23기) 1994년 서울지검 검사 1996년 청주지검 충주지청 검사 1997년 서울지검 동부지청 검사 2000년 전주지검 군산지청 검사 2001년 법무부 검사 2003년 서울지검 동부지청 검사 2004년 대통령 사정비서관실 특별감찰반장 2006년 서울동부지검 부부장검사 2007년 전주지검 부장검사 2008년 광주지검 특수부장 2009년 인천지검 마약·조직범죄수사부장 2009년 서울서부지검 형사5부장 2010년 서울중앙지검 금융조세조사2부장 2011년 법무연수원 교수 2012년 서울동부지검 형사2부장 2013년 서울고검 검사 2014년 광주지검 목포지청장 2015년 서울고검 검사(금융위원회 조사기획관 파견) 2017년 대검찰청 형사부장(검사장급) 2017년 同강력부장 직대 겸임 2018년 同반부패강력부장(검사장급) 2019년 법무부 검찰국장(검사장급)(현) (상)황조근정훈장(2019)

이성일(李成一)
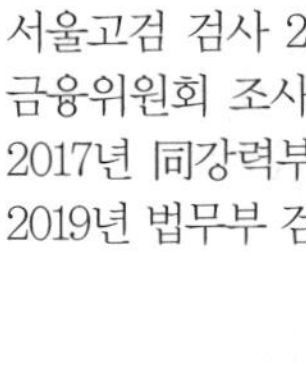
(생)1956·1·26 (주)충청남도 천안시 서북구 입장면 양대기로길 89 한국생산기술연구원 원장실(041-589-8101) (학)1978년 서울대 기계설계학과졸 1980년 한국과학기술원(KAIST) 기계공학과졸(석사) 1986년 기계공학박사(한국과학기술원) (경)1989~2016년 한국생산기술연구원 수석연구원·본부장·부원장 2000~2002년 고려대 기계공학과 겸임교수 2000~2002년 과학기술연합대학원대학 설립추진기획단 전문위원 2002~2003년 국가기술 지도전문위원 2003년 과학기술연합대학원대 교수(현) 2004~2008년 한양대 산학연클러스터 겸임교수 2008년 산업기술연구회 사무국장 2016년 한국생산기술연구원 제11대 원장(현)

이성일(李星一) LEE Sung Il
(생)1973·1·14 (출)강원 춘천 (주)서울특별시 송파구 정의로 30 서울동부지방검찰청 중요경제범죄조사단(02-2204-4319) (학)1991년 봉의고졸 1995년 연세대 법학과졸 (경)1999년 사법시험 합격(41회) 2002년 사법연수원 수료(31기) 2002년 춘천지검 검사 2004년 전주지검 검사 2006년 서울남부지검 검사 2009년 부산지검 검사 2011년 서울북부지검 검사 2013~2015년 의정부지검 검사 2013~2015년 법조윤리협의회 파견 2016년 의정부지검 부부장검사 2017년 부산지검 서부지청 부부장검사 2018년 대구지검 포항지청 형사1부장 2019년 서울동부지검 중요경제범죄조사단 부장검사(현)

이성재(李聖宰) LEE Seoung Jae

(생)1958·7·26 (본)전주(全州) (출)경기 광주 (주)서울특별시 마포구 마포대로 109 롯데캐슬프레지던트 101동 1001호 법무법인 로직(02-567-2316) (학)1976년 경신고졸 1981년 경희대 법대졸 1995년 미국 워싱턴대 로스쿨졸(LL.M.) 2001년 가톨릭대 대학원 국제학과졸 2008년 同대학원 보건학박사과정 수료 (경)1984년 사법시험 합격(26회) 1987년 사법연수원 수료(16기) 1987년 이성재법률사무소 개업 1987년 장애인권익문제연구소 소장 1987년 도서출판「함께걸음」발행인 겸 대표 1987년 장애인 인권상담소 소장 1988년 장애인복지법률쟁취를위한공동대책위원회 사무총장 1995년 시민단체협의회 집행위원 1996년 제15대 국회의원(전국구, 국민회의·새천년민주당) 1996년 국민회의 장애인특위 위원장 1998년 同제3정책조정위원회 부위원장 2000년 새천년민주당 정책위원회 부의장 2000년 한국마사회 상임감사 2002년 새천년민주당 대통령선거대책위원회 상황실장 2003~2006년 국민건강보험공단 이사장 2005년 국제사회보장협회(ISSA) 아태지역 대표이사 2008년 법무법인 덕수 변호사 2008년 법무법인 CL 대표변호사 2008년 제주대 법학전문대학원 석좌교수, 법무법인 로직 대표변호사(현) (저)'우리에겐 역전승이 남아있다'(1999, 시공사) (종)천주교

이성재(李成在)

(생)1963 (주)서울특별시 영등포구 여의대로 38 금융감독원 임원실(02-3145-5329) (경)1988년 은행감독원 근무, 금융감독원 기업금융개선국 기업금융개선1팀장, 同기업금융개선국 기업금융개선총괄팀장, 同특수은행검사국 부국장 2015년 同보험영업검사실장 2016년 同보험준법검사국장 2017년 同은행준법검사국장 2018년 同여신금융검사국장 2019년 同보험담당 부원장보(현)

이성재(李聖宰) Lee Sung Jae

(생)1977·9·19 (출)서울 (주)서울특별시 성동구 마장로 210 한국기원 홍보팀(02-3407-3870) (학)2001년 경희대 체육학과졸 (경)1989년 오리온배 우승 1992년 프로바둑 입단 1993년 명인전 본선 1995년 KBS바둑왕전·패왕전 본선 1996년 제3회 롯데배 한중대항전 국가대표 1996년 대왕전·명인전·LG배 본선 1997년 제14기 대왕전 준우승 1997년 LG배·삼성화재배·동양증권배·명인전·대왕전·비씨카드배 신인왕전·SK가스배 신예10걸전 본선 1998년 5단 승단 1998년 제2기 SK가스배 신예프로10걸전 우승 1998년 제33기 패왕전 준우승 1998년 삼성화재배·동양증권배 본선 1999년 삼성화재배 본선 시드 1999년 배달왕전·패왕전·비씨카드배 신인왕전·SK가스배 신예프로10걸전 본선 2000년 6단 승단 2000년 제35기 패왕전 준우승 2000년 KBS바

둑왕전 · 명인전 본선 2001년 KBS바둑왕전 · KT배 본선 2002년 7단 승단 2005년 한국물가정보배 · 원익배 십단전 · 전자랜드배 본선 2006년 전자랜드배 · 원익배 십단전 본선 2006년 8단 승단 2007년 KB국민은행 바둑리그 출전 2007년 왕위전 본선 2008년 전자랜드배 본선 2009년 9단 승단 2009년 원익배 십단전 · 한국물가정보배 · 맥심커피배 본선 2009년 9단 승단(현) 2010년 비씨카드배 · 맥심커피배 본선 2017년 지지옥션배 본선 (상)바둑문화상 신예기사상(1997)

이성준(李成俊) LEE Sung Joon (明古)

(생)1945 · 7 · 8 (본)전주(全州) (출)서울 (주)서울특별시 송파구 올림픽로35길 137 한국광고문화회관 9층 한국ABC협회(02-783-4983) (학)1963년 서울고졸 1968년 서울대 문리대학졸 (경)1969년 한국일보 입사 1969년 同편집부 · 사회부 · 정치부 기자 1984년 同사회부장 1991년 同정치부장 1993년 同편집국장 대리 겸 논설위원 1993년 통일안보연구소 소장 1994년 한국일보 편집국장 1997~1998년 同편집인(상무) 1998~2002년 同대표이사 부사장 1991년 관훈클럽 총무(제38대) 1994년 서울대동창회보 논설위원 1994~2009년 백상재단 이사 1994~1996년 한국신문편집인협회 운영위원장 1995~1996년 LG상남언론재단 이사 1997~1999년 한국신문방송편집인협회 운영위원장 1999~2004년 관훈클럽신영기금 이사 2007년 세종로포럼 사무총장 2008년 제17대 대통령직인수위원회 자문위원 2008~2009년 대통령 언론문화특별보좌관 2010~2013년 한국언론진흥재단 초대 이사장 2010~2013년 언론진흥기금위원회 위원장 2010~2013년 한국프레스클럽 운영위원장 2010년 한중교류협회 자문위원 2010년 한러재단 이사 2010년 한국저작권협회 이사 2010년 다산정약용기념회 이사 2011년 한국정보기술연구원 이사 2013년 한국기자협회 자문위원장 2013년 언론중재위원회 자문위원장 2014년 한국ABC협회 회장(현) (상)관훈클럽 국제보도상(1992), 대한언론인회 취재부문상, 백상기자대상(3회), 한국신문협회 신문산업진흥공로상, 한국기자협회 공로상, 한국여기자협회 여기자지위향상 공로상, 대한언론인회 퇴직언론인복지향상기여상, 사진기자협회 공로상, 잡지협회 공로상, 관훈클럽 신문발전과 언론인지위향상 공로상, 대한언론인회 대한언론상(2012), 대통령표창, 보건복지부 특별상, 한국국제문화교류운동본부 특별공로상 (종)기독교

이성진(李星珍) LEE Sung Jin (雲泉)

(생)1934 · 6 · 6 (본)인천(仁川) (출)경남 마산 (주)서울특별시 관악구 관악로 1 서울대학교 교육학과(02-880-5114) (학)1953년 마산고졸 1957년 서울대 사범대 교육학과졸 1962년 미국 조지피바디대 대학원 심리학과졸 1967년 철학박사(미국 캔자스대) (경)1965~1970년 미국 캔자스주립뇌병원 심리임상교수 1970~1980년 서울대 사범대학 조교수 · 부교수 1972년 한국행동과학연구소 부소장 1974년 同소장 1976년 한국교육심리연구회 회장 1980~1999년 서울대 교육학과 교수 1980~1999년 한국교육학회 상임이사 · 사무국장 1983~1985년 한국카운슬러협회 회장 1994년 교육개혁위원 1999년 서울대 명예교수(현) 2007년 대한민국학술원 회원(교육심리학 · 현) (상)국무총리표창, 대통령표창, 대한민국학술원상 인문 · 사회과학부문(2006) (저)'행동수정의 원리'(1972) '부모의 자녀관'(1973) '현대교육심리학'(1975) '국가발전과 어린이(共 · 編)'(1976) '국가발전과 청소년(共 · 編)'(1977) '현대사회와 유아' '교육심리학서설' '鄭範謨교육론'(編) '한국교육학의 맥'(編) '행동수정' '한국인의 성장 · 발달 : 30년 종단적 연구'(2005) (역)'교육평가핸드북' (종)기독교

이성진(李成珍)

(생)1970 (출)부산 (주)세종특별자치시 국세청로 8-14 국세청 운영지원과(044-204-2243) (학)해운대고졸, 고려대졸 (경)1997년 행정고시 합격(41회), 전주세무서 징세과장, 의정부세무서 조사2과장, 국세청 제산세과 근무 2008년 국세청 고객만족센터 고객기획팀장(서기관) 2011년 목포세무서장 2013년 서울지방국세청 개인신고분석과장 2014년 국세청 소득지원과장 2016년 同심사1담당관 2017년 同전산정보관리관실 전산기획담당관 2018년 서울 성동세무서장(부이사관) 2019년 국세청 본부 근무(현)

이성진(李成振)

(생)1971 · 3 · 11 (출)서울 (주)부산광역시 연제구 법원로 31 부산지방법원 총무과(051-590-1507) (학)1990년 충남고졸 1995년 서울대 사법학과졸 (경)2001년 사법시험 합격(43회) 2004년 사법연수원 수료(33기) 2004년 수원지법 예비판사 2006년 서울중앙지법 판사 2008년 전주지법 판사 2011년 수원지법 성남지원 판사 2014년 서울남부지법 판사 2016년 서울중앙지법 판사 2018년 서울동부지법 판사 2019년 부산지법 부장판사(현)

이성창(李城彰) Lee, Seong Chang

(생)1968 · 12 · 22 (본)한산(韓山) (출)경기 의정부 (주)서울특별시 중구 세종대로 110 서울특별시청 공공개발기획단(02-731-2120) (학)1987년 신일고졸 1991년 성균관대 건축공학과졸 1994년 同대학원 건축학과졸 2004년 건축학박사(성균관대) (경)2004년 성균관대 건축조경및토목공학부 박사후연구원 2004~2005년 일본 도쿄대 생산기술연구소 협력연구원 2006~2012년 서울시정개발연구원 연구위원 2013년 서울시 도시계획국 공공개발센터장 2015년 同도시재생본부 공공개발센터장 2018년 同도시재생본부 전략개발협력관 2019년 同공공개발기획단장(현) (저)'서울의 도시형태연구'(2010) '도시경관을 고려한 서울시 미디어파사드 설치 및 관리방안 연구'(2012) '건물전면 옥외영업 가이드라인 수립 연구'(2012)

이성천(李成天) LEE SUNG-CHEON

(생)1960 · 5 · 25 (본)성주(星州) (출)대구 (주)서울특별시 중구 서소문로11길 19 배재정동빌딩 B동 11층 (주)빙그레(02-2022-6330) (학)1979년 대구 심인고졸 1986년 경북대 경영학과졸 2008년 연세대 경영전문대학원 AMP 수료 2011년 동국대 불교대학원 BEMC 수료 (경)1986년 제일합섬(주) 자금팀 사원 1988년 (주)빙그레 근무 1994~1998년 同기획조정 · 감사팀장 1998년 同사내 마케팅대학평가위원(현) 2008년 同마케팅 이사 2011년 同사업2부 상무보 2014년 同사업1부 상무 2016년 同신유통사업부문 상무 2019년 同냉동사업담당 상무(현) (상)한국능률협회컨설팅 한국산업의고객만족도(KCSI) 1위(2007 · 2008 · 2009 · 2010), 한국능률협회컨설팅 한국산업의고객추천도(KNPS) 1위(2008 · 2009 · 2010), 웹어워드코리아 web AWARD식품부문 최우수상(2008 · 2010), 한경비즈니스 · 포브스코리아 · 월간퀸지 브랜드 마케팅 대상(2008 · 2009 · 2010), 한국브랜드경영협회 대한민국 녹색성장브랜드 선정(2009), 한국상품학회 마케팅혁신대상(2009), 한국경제신문 · 브랜드앤컴퍼니 · CJ경영연구소 해방후 한국경제를 움직인 대한민국 1000대 브랜드 선정(2009), 국가브랜드위원회 · 한국경제신문 대한민국 명품브랜드 대상(2010), 한국CM전략연구소 · 한국경제신문 고객감동방송광고 1위(2010), 서울경제신문 · 뉴스위크 한국판 대한민국 일류브랜드 대상 · 글로벌마케팅 대상(2010), 국가브랜드위원회 대한민국을 빛낸 브랜드 선정(2010), 한국디자인진흥원주관 지식경제부선정 Good Design상(2011)

이성철(李成哲) LEE Sung Chul

(생)1955 · 1 · 12 (출)서울 (주)서울특별시 서대문구 연세로 50-1 세브란스병원 안이비인후과병원(02-2228-3576) (학)1979년 연세대 의대졸 1982년 同대학원 의학석사 1991년 의학박사(연세대) (경)1987~1989년 미국 Ohio주립대 Clinical Instructor 1988년 연세대 의과대학 안과학교실 교

수(현) 1993년 일본 Keio대 Visiting Researcher 2004년 미국 Wills 안과병원 Visiting Doctor 2008년 연세대 의대 안과학교실 주임교수 2008년 同의대 시기능개발연구소장 2008년 세브란스병원 안이비인후과병원 안과 과장 2008년 同진료부장 2014~2016년 同안이비인후과병원장

이성철(李性哲) LEE Sung Chul

(생)1957 · 11 · 2 (출)전남 순천 (주)충청북도 청주시 서원구 산남로62번길 51 청주지방법원(043-249-7114) (학)1976년 경동고졸 1980년 연세대 법학과졸 1983년 同행정대학원졸 1989년 서울대 사법발전정책과정 수료 1991년 영국 런던대 법학대학원 연수 2001년 법학박사(한국해양대) (경)1984년 사법시험 합격(26회) 1987년 사법연수원 수료(16기) 1987년 변호사 개업 1994년 중소기업협동중앙회 분쟁중재위원 1996년 경희대 국제법무대학원 강사 1998년 광주지법 순천지원 판사 2000년 대전고법 판사 2002년 서울고법 판사 2003년 광주지법 순천지원 부장판사 2005년 수원지법 부장판사 2007년 서울중앙지법 부장판사 2010년 서울동부지법 수석부장판사 2012년 서울서부지법 부장판사 2014년 수원지법 부장판사 2018년 청주지법 부장판사(현)

이성철(李聖澈) LEE Seong Cheol

(생)1958 · 10 · 16 (본)전주(全州) (출)경기 가평 (주)경기도 화성시 봉담읍 와우안길 17 수원대학교 체육대학 체육학부(031-220-2462) (학)1977년 서울 영훈고졸 1982년 서울대 사범대학 체육교육과졸 1984년 同대학원 체육교육과졸 1996년 교육학박사(서울대) (경)1982~1984년 서울올림픽대회조직위원회 종합기획실 근무 1984~1991년 서울 서대문중 · 부산 덕포여중 · 낙동고 교사 1992~1998년 수원대 체육학부 시간강사 · 전임강사 · 조교수 1998년 同체육학부 부교수 · 교수(현) 2005~2009년 同축구부장 2009~2011년 同체육대학장 2012~2014년 同학생지원처장 2015년 同체육대학장 2015년 同체육의료복지대학장 2019년 同건강과학대학장(현) (저)'사회체육프로그램 순회지도서'(1993) '축구 : 기초 및 응용전술'(2001) '스키&스노우보드의 길잡이'(2004) (종)불교

이성철(李成鐵) Lee Sung Chul

(생)1965 · 11 · 9 (출)서울 (주)서울특별시 중구 세종대로 17 한국일보 콘텐츠본부(02-724-2114) (학)1984년 서울사대부고졸 1988년 서울대 외교학과졸 1990년 同대학원졸 (경)1991년 한국일보 편집국 기자 1991년 同사회부 기자 1999년 同경제부 기자 2006년 同편집국 경제부 차장대우 2009년 同편집국 경제부장 2011년 同편집국 산업부장 2014년 同편집국 부국장 2015년 同편집국 디지털부문장 2016년 同뉴스부문장 2017년 同편집국장 2018년 同콘텐츠본부장 겸임 2019년 同콘텐츠본부장(현) (저)'2040 경제학 스트레칭'(2006, 플루토북)

이성춘(李成春) Lee Sung-Chun

(생)1960 · 11 · 18 (출)전남 함평 (주)서울특별시 서대문구 충정로 29 동아일보 충정로사옥 스포츠동아(02-361-1610) (학)1979년 대일고졸, 한양대 신문방송학과졸 (경)1988년 스포츠서울 입사 2000년 스포츠서울21 야구팀장(부장) 2002년 同연예부장 2003년 同연예부장(부국장급) 2003년 同야구부장(부국장급) 2004년 同판매부장(부국장급) 2005년 同편집국장 2006년 同경영기획실장 2007년 同사업국장 2008년 스포츠동아 편집국장 2012년 同이사 2016년 同상무(현)

이성춘(李成春) LEE Sung Chyun

(생)1965 · 11 · 16 (출)광주 (주)서울특별시 종로구 세종대로 209 정부서울청사 3.1운동및대한민국임시정부수립100주년기념사업추진기획단(02-2100-1411) (학)1983년 광주 금호고졸 1987년 서울대 사회복지학과졸 1998년 同대학원 행정학과졸 (경)행정고시 합격(33회) 2003년 국가보훈처 처장실 서기관 2005년 同기획관리실 기획예산담당관 2005년 同정책홍보관리실 재정기획담당관 2007년 同정책홍보관리실 재정기획담당관 2008년 교육파견 2009년 국가보훈처 제대군인국장 2011년 同보훈심사위원회 상임위원 겸 사무국장 2015년 同복지증진국장 2017년 국가공무원인재개발원 교육훈련 파견 2018년 국가보훈처 보훈선양국장 2019년 同기획조정실장 직대 2019년 대통령직속 3.1운동및대한민국임시정부수립100주년 기념사업추진기획단 파견(현) (상)홍조근정훈장(2014)

이성칠(李星七) Lee Sung Chil

(생)1962 · 1 · 21 (출)경북 경주 (주)경기도 과천시 관문로 47 법무부 범죄예방기획과(02-2110-3912) (학)1990년 성균관대 행정학과졸 2004년 同행정대학원 공안행정학과졸 (경)1997년 행정고시 합격(40회) 1998~2001년 대구 · 서울보호관찰소 보호관찰관 2002~2003년 한국형사정책연구원 부연구위원(파견) 2006년 대구보호관찰소 서부지소장 2007년 춘천보호관찰소 강릉지소장 2009년 同원주지소장 2009년 부산보호관찰소 행정지원팀장(서기관) 2010~2011년 솔로몬파크 센터장 2011년 대전보호관찰소 행정지원과장 2011년 위치추적대전관제센터장 2013년 대구보호관찰소 서부지소장 2015년 대구소년원장 2017년 창원보호관찰소장 2018년 부산소년원장 2019년 법무부 범죄예방기획과 소년범죄예방팀장(현) (상)법무부장관표창(2004), 법무부 우수지식인상(2007)

이성태(李成泰) LEE Sung Tae

(생)1957 · 1 · 26 (출)경남 밀양 (주)대구광역시 달성군 논공읍 논공로 602 대동금속(주) 사장실(053-610-5000) (학)1975년 세종고졸 1985년 동국대 영어영문학과졸 (경)(주)혜인 이사, 同제천지점장 · 전무이사, 同장비사업본부장(상무) 2008년 同대표이사 사장 2013년 대동금속(주) 대표이사 사장(현) (종)기독교

이성태(李成泰) LEE Sung Tae

(생)1967 · 9 · 9 (본)경주(慶州) (출)경북 영덕 (주)서울특별시 중구 세종대로7길 37 오렌지라이프 PR&커뮤니케이션실(02-2200-9920) (학)1986년 대구 경원고졸 1993년 서울대 정치학과졸 (경)1994~2006년 한국경제신문 기자 2006년 (주)알리안츠생명보험 커뮤니케이션실장(상무보) 2010~2014년 同소비자보호&커뮤니케이션실장(상무) 2014년 한화케미칼 커뮤니케이션담당 상무 2014년 ING생명보험(주) PR&커뮤니케이션실장(상무) 2016~2018년 同PR&커뮤니케이션실장(전무) 2018년 오렌지희망재단 사무국장(현) 2018년 오렌지라이프 PR&커뮤니케이션실장(전무) 겸임(현)

이성택(李盛澤) LEE Sung Taek

(생)1952 · 3 · 10 (출)경북 상주 (주)서울특별시 강남구 테헤란로 432 동부금융센터 동부금융연구소(02-3011-4589) (학)1970년 경북고졸 1974년 고려대 경영학과졸 (경)1974~1983년 동부건설(주) 차장 1983~1989년 동부화재(주) 실장 1989년 동부애트나생명보험(주) 부장 1990년 동부투자금융(주) 이사 1991년 동부증권(주) 감사 1993년 동부화재해상보험(주) 이사대우 1993년 同이사 1996년 同상무이사 2000년 同전무이사 2003년 同신사업추진부문장(부사장) 2005년 同금융분야 전략기획실장(부사장) 2009~2014년 동부생명보험(주) 대표이사 사장 2014년 동부금융연구소 소장(현)

이성팔(李聖八) Seong Pal LEE

(생)1952·9·25 (본)전주(全州) (출)대전 (주)대전광역시 유성구 가정로 218 한국전자통신연구원 위성시스템연구실(042-860-6220) (학)1979년 서울대 전기공학과졸 1986년 미국 뉴욕폴리테크닉대(Polytechnic Institute of New York University) 대학원 전기전자공학과졸 1990년 공학박사(미국 뉴욕폴리테크닉대) (경)1980년 한국전자통신연구소 연구원 1990년 무궁화위성기술전수단 중계기시스템분야 파견 1995년 한국전자통신연구소 위성시스템연구실 책임연구원 1997년 한국전자통신연구원 위성시스템연구실 책임연구원(현) 1998~2000년 同위성통신시스템연구부장 2000~2003년 同통신위성개발센터장 (상)국민포장(2000), 과학기술훈장 웅비장(2013)

이성하(李星夏) RHEE Seongha

(생)1957·1·19 (본)전주(全州) (출)서울 (주)서울특별시 동대문구 이문로 107 한국외국어대학교 영어대학 ELLT학과(02-2173-3171) (학)1975년 태성고졸 1986년 한국외국어대 영어교육과졸 1996년 언어학박사(미국 텍사스주립대) (경)1985~1991년 駐韓미국대사관 영사과 근무 1986~1990년 KBS 생활영어 방송 1988년 KBS-IOC 올림픽방송 Script Writer 1994년 미국 텍사스주립대 아시아학과 강사 1997년 한국외국어대 영어학과 전임강사·조교수·부교수·교수 1999~2003년 同교육대학원 교학부장 2001~2003년 同외국어연수평가원 연수평가부장 2002년 同언어연구소 편집위원장 2003~2004년 미국 스탠퍼드대 Fulbright 연구 및 강의교수 2004년 한국외국어대 대학원 TESOL학과 주임교수 2005~2007년 담화인지언어학회 편집위원장 2006년 한국외국어대 외국어종합연구센터장 겸 연수평가원장 2008~2010년 同언어연구소장 2008년 同FLEX센터장 2009~2010년 同영어대학 부학장 2009~2011년 담화인지언어학회 회장 2010~2012년 한국외국어대 교무처장 2012~2013년 同TESOL대학원장 2013~2014년 한국언어학회 회장 2013~2015년 한국외국어대 대외부총장 2018년 同영어대학 ELLT학과 교수(현) (상)문교부장관표창(1984), Meritorious Service Award(1991, 駐韓 미국대사), 한국언어과학회 봉운학술상(2017) (저)'Semantics of Verbs and Grammaticalization'(1997) '문법화의 이해'(1998) '언어와 문화'(2005) (역)'언어와 언어학'(1999) '형태론'(2000) '문법의 인지적 기초'(2004) (종)기독교

이성한(李成漢) Lee Sung-Han

(생)1957·3·5 (출)강원 양구 (주)경기도 성남시 수정구 대왕판교로 825 한국국제협력단 감사실(031-740-0114) (학)1976년 성동고졸 1981년 연세대 경영학과졸 1992년 미국 일리노이대 대학원 경제학과졸 (경)2001년 재정경제부 경제협력국 국제경제과장 2004년 同경제협력국 경협총괄과장(서기관) 2005년 同경제협력국 경협총괄과장(부이사관) 2006년 국방대 파견 2007년 국민경제자문회의 사무처 총괄기획국장 2008년 재정경제부 개발전략심의관 2008년 기획재정부 대외경제국장 2009년 同FTA국내대책본부장 2010년 국제금융센터 소장 2012~2013년 同원장 2019년 한국국제협력단(KOICA) 감사(현) (상)근정포장(1995)

이성한(李盛漢) Sunghan Lee

(생)1966·8·9 (본)경기도 (출)인천 (주)서울특별시 종로구 율곡로2길 25 연합뉴스 편집국(02-398-3114) (학)1985년 인하대사대부고졸 1990년 성균관대 정치외교학과졸 (경)1990년 연합뉴스 입사 1992년 同사회부 기자 1993년 同경제3부 기자 1995~1997년 同사회부 경찰팀·시청팀 기자 1998~2000년 同사회부 시경캡 2001~2003년 同사회부 노동담당 기자 2004~2005년 호주 그리피스대 연수 2005년 연합뉴스 사회부 교육팀장 2007년 同사회부 법조팀장 2009~2011년 同런던특파원 2012년 同지방국 전국부장 2014년 同사회부장(부국장대우) 2015년 同편집국 국제뉴스1부장 2015년 同인천취재본부장 2017년 同편집국 전국·사회에디터 2018년 同기획조정실장 2019년 同편집총국장(편집국장·편집인겸임)(현)

이성해(李成海) LEE Seong Hai

(생)1966·6·8 (본)전주(全州) (출)서울 (주)세종특별자치시 도움6로 11 국토교통부 건설정책국(044-201-3704) (학)환일고졸 1992년 서울대 토목공학과졸 1997년 영국 리즈대 대학원 교통공학과졸 (경)1991년 기술고시 합격(27회) 1993년 건설부 수자원국 근무 1994년 건설교통부 수자원개발과 근무 1995~1996년 同기술정책과 근무 1998~2000년 同주택도시국 도시관리과 근무 2002~2003년 同수자원국 수자원정책과 서기관 2004~2006년 서울대 파견(서기관) 2006년 건설교통부 연구개발총괄팀장 2007년 駐나이지리아 주재관(서기관) 2010년 국토해양부 4대강살리기추진본부 사업지원3팀장(기술서기관) 2011년 同4대강살리기추진본부 정책총괄팀장 2012년 同4대강살리기추진본부 정책총괄팀장(부이사관) 2013년 국토교통부 도로국 도로정책과장 2014년 同수자원정책국 수자원개발과장 2015년 부산지방국토관리청장 2016년 국토교통부 국토정보정책관 2017년 同기술안전정책관 2018년 同국토도시실 도시정책관 2019년 同건설정책국장(현) (상)대통령표창(2001), 근정포장(2012)

이성헌(李性憲) LEE Sung Hun

(생)1958·5·30 (본)전주(全州) (출)전남 영광 (주)서울특별시 영등포구 국회대로76길 22 기계회관 신관 3층 자유한국당 서울시당(02-736-1011) (학)1976년 명지고졸 1985년 연세대 체육학과졸 1992년 同행정대학원졸 2005년 신문방송학박사(성균관대) (경)1983년 연세대 총학생장 1985년 민주화추진협의회 김영삼공동의장 비서 1986년 同기획위원 1986년 同민주통신 편집위원 1987년 통일민주당 김영삼총재 비서 1990년 중앙청년위원회 사무국장 1991년 민자당 대표최고위원실 부국장 1993년 대통령비서실 정무행정관 1993년 대통령 사회·여성담당 정무비서관 1996년 신한국당 서울서대문甲지구당 위원장 1996년 同부대변인 1997년 미국 컬럼비아대 동아시아연구소 객원연구원 1997년 한나라당 서울서대문甲지구당 위원장 1997년 同이회창총재 정무특보 2000~2004년 제16대 국회의원(서울 서대문甲, 한나라당) 2000년 한나라당 원내부총무 2001년 同미래연대 공동대표 2001년 한국장애인문화협회 고문 2003년 한나라당 대외협력위원장 2004년 同대표비서실장 2004~2006년 同제2사무부총장 2006년 同서울시당 클린위원장 2008년 제18대 국회의원(서울 서대문甲, 한나라당·새누리당) 2008~2009년 한나라당 제1사무부총장 2012년 새누리당 서울서대문甲당원협의회 운영위원장 2012년 제19대 국회의원선거 출마(서울 서대문甲, 새누리당) 2012년 새누리당 원외당협위원장협의회 대표 2012년 同제18대 대통령중앙선거대책위원회 국민소통본부장 2013년 민족화해협력범국민협의회 상임집행위원장 2015~2018년 同공동의장 2016년 제20대 국회의원선거 출마(서울 서대문구甲, 새누리당) 2017년 자유한국당 서울서대문구甲당원협의회 운영위원장(현) 2017~2018년 同전국원외위원장협의회 회장 2017년 同조직담당 사무부총장 2017년 同제19대 홍준표 대통령후보 중앙선거대책위원회 중앙선거대책본부 조직총괄본부장 (상)입법우수의원상(2008·2009·2010), 매니페스토 웹소통 최우수상(2008), 국정감사 우수의원(2008·2009·2010·2011), 매니페스토 약속대상 최우수상(2009), 자유경제입법상(2010) (저)수필 '손과 발' '아름다운 사랑'(1996) '세상은 꿈꾸는 자의 것이다', 자서전 '어떻게, 계속 할까요'(2010, 연우커뮤니케이션) (역)'상징의 정치시대'(1996, 고려원) (종)기독교

이성혁(李晟赫) LEE Sung Hyuk

(생)1970·4·23 (출)서울 (주)경기도 안양시 동안구 학의로 268 메가밸리 701호 단암시스템즈 임원실(031-420-4300) (학)1989년 대일외고졸 1993년 서울대 경제학과졸 1999년 미국 터프츠대 국제대학원 수료 (경)1993년 관세청 평가1과 행정사무관 1997~2002년 단암전자통신(주) 부사장 1998년 단암데이타시스템(주) 기획관리이사 2000년 단암USA 대표이사 2001년 단암에퀴터블 대표이사 2001년 단암시스템(주) 대표이사 2003~2008년 단암전자통신(주) 대표이사 사장 2008년 단암시스템즈(주) 대표이사 사장(현)

이성호(李聖浩) LEE Sung Ho

(생)1938·12·18 (본)경주(慶州) (출)경기 남양주 (주)경기도 남양주시 수동면 소래비로 209 (주)원일산업 임원실(031-594-8033) (학)1958년 서울농고졸 1962년 고려대 법대졸 1996년 同노동대학원졸 (경)1967년 민주공화당 공채 3기 1972~1975년 새세대문제연구회 사무국장 1975~1980년 민주공화당 청년국장·지방국장·기획조정실 차장 1980년 민주정의당(민정당) 중앙정치연수원 교수 1981년 同경기지부 사무국장 1985년 제12대 국회의원(전국구, 민정당) 1985년 보이스카우트 경기도 연맹장 1986년 민정당 청년분과 위원장·조직국장 1987년 同중앙정치연수원 부원장 1988년 제13대 국회의원(남양주, 민정당·민자당) 1991년 민자당 당기위원회 부위원장 1991년 同청년봉사단 총단장 1992년 제14대 국회의원(미금·남양주, 민자당·신한국당) 1992년 민자당 원내수석부총무 1993년 국회 제도개선소위원회 위원장 1993년 국회 스카우트의원연맹 회장 1993년 한·에콰도르친선협회 회장 1994년 국회 청소년정책연구회장 1994년 국회 건설위원장 1995~1996년 보건복지부 장관 1996년 제15대 국회의원(남양주, 신한국당·한나라당·국민회의·새천년민주당) 1998년 국민회의 당무위 부의장 1999년 同중앙위 의장 2000년 새천년민주당 남양주지구당 위원장 2001년 명지대 사회복지대학원 겸임교수 2002년 새천년민주당 고충처리위원장 2002~2010년 (주)원일산업 회장 2011년 同명예회장(현) (상)청조근정훈장, 보이스카우트 무궁화금장 (종)기독교

이성호(李成浩) Sungho Lee

(생)1957·7·16 (출)경기 양주 (주)경기도 양주시 부흥로 1533 양주시청 시장실(031-8082-5001) (학)1975년 의정부공고졸, 교육인적자원부 학점은행 행정학과졸 2011년 고려대 정책대학원 행정학과졸, 도시설계학박사(대진대) (경)2011년 양주시 도로교통국장 2012년 同산업환경국장·문화복지국장, 국회의원 정성호 정책특보 2014년 민주당 전철7호선연장국지도39호선조기추진특별위원장 2014년 새정치민주연합 경기도당 교육복지정책특별위원장 2014년 경기 양주시장선거 출마(새정치민주연합) 2015년 더불어민주당 경기도당 민생경제특별위원장 2016~2018년 경기 양주시장(재선거 당선, 더불어민주당) 2018년 경기 양주시장(더불어민주당)(현) (상)양주군수표창(1981·1983·1987), 경기도지사표창(1992·1997), 장관표창(1997), 국무총리표창(2001·2010), 양주시장표창(2009), 대한민국 고용친화 모범경영대상(2017)

이성호(李聖昊) Sung-Ho Lee

(생)1957·8·29 (본)영천(永川) (출)충북 영동 (주)서울특별시 서초구 효령로 304 법무법인 우면(02-3465-2200) (학)1976년 신일고졸 1980년 서울대 법대 법학과졸 1990년 미국 캘리포니아대(UCLA) 법과대학원 법학과졸 (경)1980년 사법시험 합격(22회) 1982년 사법연수원 수료(12기) 1982년 軍법무관 1985년 서울지법 의정부지원 판사 1987년 同남부지원 판사 1990년 마산지법 판사 1992년 부산고법 판사 1993년 서울고법 판사 1995년 대법원 재판연구관 1998년 대전지법 천안지원 부장판사 1998년 同천안지원장 1999년 수원지법 부장판사 2000년 서울지법 동부지원 부장판사 2002년 서울지법 부장판사 2004년 서울중앙지법 부장판사 2005년 특허법원 부장판사 2006년 同수석부장판사 2006년 서울고법 형사3부 부장판사 2011년 同민사24부 부장판사 2011년 同수석부장판사 2012년 서울남부지법원장 2013~2015년 서울중앙지법원장 2013~2015년 서울시선거관리위원회 위원장 2015~2018년 국가인권위원회 위원장(장관급) 2016~2018년 세계국가인권기구연합(GANHRI) 고령화실무그룹 의장 2019년 법무법인 우면 대표변호사(현) (상)청조근정훈장(2019) (저)'지적재산소송실무(共)'(2006) '판례소법전'(編) (종)천주교

이성호(李成浩) LEE Sung Ho

(생)1958·11·3 (출)경남 합천 (주)서울특별시 종로구 세종대로 209 금융위원회 상임위원실(02-2100-2702) (학)1977년 부산 금성고졸 1982년 서울대 법학과졸 1992년 미국 조지워싱턴대 로스쿨졸(LL.M.) 1995년 미국 서던캘리포니아대 경영대학원졸(MBA) (경)1984년 사법시험 합격(26회) 1987년 사법연수원 수료(16기) 1987년 법무법인 태평양 변호사 1994년 미국 뉴욕주 변호사시험 합격 1996년 대한상사중재원 중재인 2002년 법무법인 한빛 변호사 2002년 장애인먼저실천운동본부 감사·본부장 2006년 국민체육진흥공단 친환경대중골프장조성사업심의위원회 위원장 2006년 아리지컨트리클럽 전무·부사장 2008년 서해합동법률사무소 변호사 2009년 법률사무소 한강 변호사 2011년 법무법인 조율 변호사 2014년 문화체육관광부 스포츠혁신위원회 위원 2015년 법률사무소 소호 변호사 2017년 금융위원회 상임위원(현)

이성호(李誠浩) Lee Seong-ho

(생)1966·9·27 (주)서울특별시 종로구 사직로8길 60 외교부 인사운영팀(02-2100-7136) (학)서라벌고졸 1989년 서울대 국제경제학과졸 (경)1989년 외무고시 합격(23회) 1989년 외무부 입부 1998년 駐미국 1등서기관 2002년 駐세네갈 1등서기관 2004년 대통령 외교보좌관실 파견 2005년 외교부 북미통상과장 2007년 駐벨기에 참사관 2011년 외교부 통상법무과장 2012년 同자유무역협정정책국 심의관 2013년 산업통상자원부 통상협력국 심의관 2014년 외교부 국제경제국장 2015년 駐OECD대표부 차석대사(현) (상)홍조근정훈장(2015)

이성호(李誠浩)

(생)1967·2·18 (출)서울 (주)서울특별시 서초구 서초중앙로 157 서울중앙지방법원(02-530-1690) (학)1985년 대일고졸 1989년 서울대 외교학과졸 (경)1995년 사법시험 합격(37회) 1998년 사법연수원 수료(27기) 1998년 서울지법 의정부지원 판사 2000년 同서부지원 판사 2002년 부산지법 동부지원 판사 2005년 서울행정법원 판사 2007년 서울동부지법 판사 2009년 서울고법 판사 2011년 서울중앙지법 판사 2013년 춘천지법 강릉지원 부장판사 2015년 수원지법 부장판사 2017년 서울북부지법 부장판사 2019년 서울중앙지법 부장판사(현)

이성호(李星鎬) Seong Ho Lee

(생)1970·4·19 (주)경기도 화성시 큰재봉길 7 한림대학교 동탄성심병원(031-8086-2730) (학)1996년 한림대 의대졸 2000년 同대학원 의학석사(비뇨기과학) 2002년 의학박사(한림대) (경)2001~2012년 한림대 의대(춘천성심병원) 비뇨기과학교실 임상강사·조교수·부교수 2008~2012년 同춘천성심병원 비뇨기과장 2011~2012년 미국 버지니아대 비뇨기과 초빙교수 2011~2012년 同비뇨기과 선임연구원 2012~2018

년 한림대 동탄성심병원 수련교육부장 2012~2018년 同동탄성심병원 비뇨기과장 2016~2018년 同동탄성심병원 적정진료지원실장 2017~2018년 同동탄성심병원 로봇수술센터장, International Neurourology Journal(SCIE) Editor, 근로복지공단 수원·평택지사 산재보험자문의, 대한배뇨장애요실금학회 학술위원·편집위원·간행위원·국제교류위원·교과서편찬위원, 대한병원협회 병원신임위원회 위원, 대한비뇨기과학회 법제위원·교과서편찬위원, 대한요로감염학회 이사, 대한생식의학회 정보통신위원 2018년 미국 세계인명사전 'Marquis Who's Who in the World'에 등재 2018년 대한노인요양비뇨의학회 이사(현) 2018년 대한배뇨장애요실금학회 간행이사(현) 2018년 한림대 동탄성심병원장(현) (상)대한배뇨장애요실금학회 학술상

이성호(李成浩) Lee Sung Ho

(주)경기도 의정부시 금오로23번길 22-49 경기북부지방경찰청 112종합상황실(031-961-2600) (학)안법고졸, 청주대 국어국문학과졸 (경)서울 서대문경찰서 생활안전과장, 충북지방경찰청 정보통신담당관 2011년 충남지방경찰청 생활안전과장 2012년 충남 논산경찰서장, 국립과학수사연구원 행정지원과장 2014년 인천연수경찰서장 2015년 서울지방경찰청 지하철경찰대장 2016년 서울 중랑경찰서장 2017년 강원지방경찰청 보안과장 2018년 강원 홍천경찰서장 2019년 경기북부지방경찰청 112종합상황실장(현)

이성환(李晟瑍) LEE Seong-Whan

(생)1962·6·2 (주)서울특별시 성북구 안암로 145 고려대학교 정보통신대학 뇌공학과(02-3290-3197) (학)1984년 서울대 계산통계학과졸 1986년 한국과학기술원(KAIST) 전산학과졸(석사) 1989년 전산학박사(한국과학기술원) (경)1987~1989년 네덜란드 Delft Univ. of Technology 패턴인식그룹 객원연구원 1989~1990년 캐나다 Concordia Univ. 패턴인식 및 기계지능연구센터 객원교수 1989~1995년 충북대 컴퓨터과학과 조교수 1995년 고려대 컴퓨터학과 교수 1995~1997년 한국정보과학회 뉴로컴퓨팅연구회 부위원장 1995~1997년 同컴퓨터비전및패턴인식연구회 부위원장 1996년 국제전기전자공학회(IEEE) Computer Society Senior Member 1996년 국제패턴인식협회(International Association for Pattern Recognition) 이사 1996~2000년 한국정보과학회 인간과컴퓨터상호작용연구회 운영위원 1997년 과학기술부 창의적연구진흥사업 책임자 1997~2008년 고려대 인공시각연구센터 연구소장 1998년 국제패턴인식협회(IAPR) Fellow(현) 1998년 한국뇌학회 이사 2000~2002년 한국정보과학회 컴퓨터비젼및패턴인식연구회 운영위원장 2001~2002년 미국 MIT Department of Brain and Cognitive Sciences 객원교수 2003~2010년 고려대 일반대학원 바이오정보학협동과정 주임교수 2006~2008년 同컴퓨터정보통신대학원 부원장 2007~2011년 국제전기전자공학회(IEEE) Systems·Man and Cybernetics Society Korea Chapter 지부장 2008~2010년 同집행이사 2008~2013년 고려대 뇌공학연구소장 2009년 同정보통신대학 뇌공학과 교수(현) 2009년 同현대·기아차 자연과학 석좌교수(현) 2009년 한국과학기술한림원 공학부 정회원(현) 2010~2011년 한국인지과학회 부회장 2010년 국제전기전자공학회(IEEE) Fellow(현) 2010~2012년 同석학강연자(Distinguished Lecturer) 2012년 한국뇌공학회 부회장 2012년 국제전기전자공학회(IEEE) Systems·Man and Cybernetics Society 부회장 2013년 한국인지과학회 회장 2015~2017년 (주)아이콘트롤스 사외이사 2015~2017년 한국정보과학회 인공지능소사이어티 회장 2017~2019년 한국인공지능학회 회장 2018년 HDC아이콘트롤스(주) 사외이사(현) 2019년 고려대 일반대학원 인공지능학과 주임교수(현) (상)한국정보과학회 최우수논문상(1986), 2nd International Conference on Document Analysis and Recognition Outstanding Young Researcher Award(1993), 충북대 최우수연구교수상(1994), 한국정보과학회 학술상(1996), 한국정보과학회 공로상(2000), 25th Annual Pattern Recognition Society Award(2000), International Conference on Neural Information Processing 공로상(2000), LG연암문화재단 연암해외연구교수상(2001), 한국정보과학회 추계학술대회 우수발표논문상(2002), 한국정보과학회 공로상(2003), 한국정보과학회 논문공헌상(2008), 국제전기전자공학회(IEEE) 기계학습및사이버네틱스 국제학술대회(ICMLC) 공헌상(2008·2009), 국제전기전자공학회(IEEE) Trans. on Pattern Analysis and Machine Intelligence(7월호) 선정 'Featured Article'(2009), 고려대 학술연구상(2009), 국제전기전자공학회(IEEE) 기계학습및사이버네틱스국제학술대회(ICMLC) 최우수논문상(2011), 이달의 과학기술자상(2012), 한국정보과학회 제15회 가헌학술상(2013) (저)'Character Recognition : Theory and Practice'(1994, Hongneung Science Publisher) 'Principles of Pattern Recognition'(1994, Hongneung Science Publisher) 'Advances in Oriental Document Analysis and Recognition Techniques'(1998, World Scientific Publishing Co.) 'Document Analysis Systems, Lecture Notes in Computer Science'(1999, Springer Verlag) 'Advances in Handwriting Recognition'(1999, World Scientific Publishing Co.) 'Biologically Motivated Computer Vision, Lecture Notes in Computer Science'(2000, Springer Verlag) 'Pattern Recognition with Support Vector Machines, Lecture Notes in Computer Science'(2002, Springer Verlag) 'Biologically Motivated Computer Vision, Lecture Notes in Computer Science'(2002, Springer Verlag) 'Chapter 4 : Reconstruction of High-Resolution Facial Images for Visual Surveillance, Handbook of Pattern Recognition and Computer Vision(3rd Edition)'(World Scientific) 'Chapter 17 : SVDD-based Face Reconstruction in Degraded Images, Advances in Biometrics : Sensors, Algorithms and Systems'(2007, Springer Verlag) 'Advances in Biometrics, Lecture Notes in Computer Science'(2007, Springer Verlag) (역)'World Scientific'

이성효(李聖孝) LEE Seong Hyo

(생)1957·7·6 (출)경남 진주 (주)경기도 수원시 장안구 이목로 39 천주교 수원교구청(031-257-3553) (학)1976년 수원고졸 1980년 아주대 전자공학과졸 1985년 서울대 대학원 전자공학과졸 1987년 수원가톨릭대 신학과졸 1992년 독일 트리어대 신학대학원 교부학과졸 2000년 신학박사(프랑스 파리가톨릭대) (경)1992년 사제 서품 1992년 천주교 수원교구 호계동본당 보좌신부 2001년 同수원교구 오산본당 주임신부 2001년 수원가톨릭대 강사 2003~2011년 同교수 2004년 同사목부장 겸 영성관장 2006~2008년 同교무처장 2006년 同대학원장 2006~2010년 同평생교육원장 2008~2010년 同이성과신앙연구소장 2008~2010년 한국가톨릭신학학회 편집위원장 2011년 주교 서품 2011년 천주교 수원교구 보좌주교(현) 2012~2017년 한국천주교주교회의 교리주교위원회 위원 2012~2017년 同생명윤리위원회 위원 2012~2017년 同생명운동본부장 2014·2019년 교황청 문화평의회 위원(현) 2017년 한국천주교주교회의 가정과생명위원회 위원장(현) 2017년 同선교사목주교위원회 위원(현) 2018년 천주교 수원교구 제1대리구장(현) (저)'선포와 봉사'(2003, 기쁨과 희망 사목연구원) '교부학 인명(共)'(2004, 한국교부학연구회) (역)'아우구스티누스의 인내론'(2005, 수원가톨릭대 출판부) '아우구스티누스의 입문자 교리 교육'(2005, 수원가톨릭대 출판부)

이성훈(李聖勳) LEE Sung Hoon

(생)1958·8·11 (본)장수(長水) (출)부산 (주)서울특별시 강남구 테헤란로92길 7 법무법인 바른(02-3479-7559) (학)1977년 인창고졸 1981년 서울대 법학과졸 (경)1982년 사법시험 합격(24회) 1984년 사법연수원 수료(14기) 1985년 전주지법 판사 1987년 同군산지원 판사 1989년 서울지법 의정부

지원 판사 1993년 同남부지원 판사 1995년 서울민사지법 판사 1995년 서울지법 판사 1995~1996년 미국 U.C.버클리 로스쿨 연수(V.S과정) 1996년 서울고법 판사 1998년 대법원 재판연구관 2000년 광주지법 부장판사 2002년 서울지법 북부지원 부장판사 2004년 서울북부지법 부장판사 2005년 서울중앙지법 부장판사 2007~2008년 수원지법 안산지원장 2008년 법무법인 바른 변호사(현) 2010~2012년 언론중재위원회 위원 2010~2012년 한국문화예술위원회 위원 (종)천주교

이성훈(李誠訓) Lee, seong-hoon

(생)1973·10·6 (주)세종특별자치시 도움6로 11 국토교통부 물류정책과(044-201-3993) (학)1997년 고려대 토목공학과졸 (경)국토교통부 재정담당관실 서기관, 同투자심사팀장, 서울지방국토관리청 건설관리실장 2013년 국토교통부 물류시설정보과장(서기관) 2015년 同도로운영과장 2017년 同도시광역교통과장 2018년 同토지정책관실 부동산개발정책과장 2019년 同물류정책과장(현)

이성희(李成熙) Rhee, Sunghee (玄馬)

(생)1942·6·26 (본)진성(眞城) (출)경북 안동 (주)서울특별시 종로구 종로39길 40 현마빌딩 9층 (재)현마육영재단(02-742-9770) (학)1961년 대구고졸 1965년 한국외국어대 외교학과 중퇴 1975년 연세대 경영대학원 수료 1995년 한국외국어대 외교학과 명예 졸업 2002년 명예 경영학박사(카자흐스탄 알파라비국립대) 2008년 명예 경영학박사(한국외국어대) (경)1972~1978년 (주)부신 대표이사 1994년 (주)현마산업 이사회장(현) 1995년 駐한국 앤티가바부다 명예영사(현) 1997~2001년 한국외국어대총동문회 부회장 1997~2002년 한국무역협회 이사 1999~2011년 대한상사중재원 중재인 1999~2000년 국제로타리3650지구 동서울로타리클럽 회장 1999~2001년 (사)한국수입협회 14대 회장 1999~2002년 중국 단동시 인민정부 경제고문 1999~2004년 (사)UN한국협회 이사 2001~2002년 조선대 겸임교수 2001~2011년 한국외국어대 초빙교수 2004~2006년 진성(眞城)이씨서울종친회 회장 2004~2005년 (사)서울컨트리클럽 이사 2007년 한나라당 이명박 대통령후보 정책특보 2009년 제14·15·16·17·18기 민주평통 자문위원(현) 2010~2016년 (사)서울컨트리클럽 감사 2010년 (재)현마육영재단 이사장(현) 2013년 국가원로회의 자문위원(현) 2014~2015년 국제로타리 3650지구 총재특별대표 2016년 전국장학재단협의회 부회장 (상)자랑스런 외대인상(1999), 한국로타리 장학문화재단 고액기부자상(2004), 한국외국어대 강의상(2005·2006), 석탑산업훈장(2017) (저)'완전독일어' '세계시장을 뛰는 작은거인들' '나의 사업이야기'(2000) '그래도 머뭇거릴 수 없다'(2012)

이성희(李聖熙) Sung Hee Lee

(생)1948 (주)서울특별시 종로구 대학로 19 기독교회관 706호 한국기독교교회협의회 회장실(02-763-8427) (학)1975년 연세대 철학과졸 1978년 장로회신학대 신학대학원 목회학과졸 1982년 미국 풀러신학교 대학원 신학과졸 1984년 목회학박사(미국 풀러신학교) 1991년 신학박사(미국 샌프란시스코신학교) (경)1990년 대한예수교장로회 연동교회 담임목사(현) 1990~1993년 세계선교협의회(CWM) 총대·실행위원 1994~1997년 (재)대한성서공회 이사 1998~2018년 (사)외항선교회 법인이사·공동총재 2000~2004년 학교법인 정신학원 이사장 2000년 복지법인 실로암시각장애인복지원 이사(현) 2006~2007년 대한예수교장로회 서울노회장 2008~2009년 同총회 서기 2009~2013년 기독교방송(CBS) 이사 2011~2015년 한국기독교교회협의회(NCCK) 교회발전연구원장 2013년 학교법인 연세대 이사(현) 2013년 한국생명의전화 이사·이사장(현) 2014~2018년 대한예수교장로회 총회 손양원정신문화계승사업회 이사장 2014~2018년 학교법인 한남대 이사 2016~2017년 대한예수교장로회 총회장 2017~2018년 학교법인 한남대 이사장 2018년 한국기독교교회협의회(NCCK) 회장(현) (저)'교회행정학'(1994, 한국장로교출판사) '미래목회대예언'(1998, 규장) '디지털 목회리더십'(2000, 규장) '침묵의 은총'(2001, 두란노) '수도원 영성의 향기'(2003, 두란노) '도시 속의 사막'(2004, 한국장로교출판사) '세상을 바꾸는 미래교회'(2007, 좋은씨앗) '영으로 걸으라'(2009, 한국장로교출판사) '평신도를 위한 소요리문답'(2014, 한국장로교출판사) '시간을 잡아라'(2014, 대한기독교서회) 외 다수

이성희(李成熙) Lee Sung Hee

(생)1950·9·2 (출)경북 (주)충청남도 아산시 온천대로 1459 경남기업(주)(02-2210-0500) (학)1969년 대륜고졸 1974년 서울대 무역학과졸 (경)현대중공업(주) 근무, 동산토건 근무 1994년 두산건설(주) 이사 2000년 同상무이사 2002년 두산중공업(주) 재무관리부문장(부사장) 2008년 두산엔진(주) 대표이사 사장 2011년 同부회장 2015년 경남기업(주) 법정관리인 2016년 同대표이사 2019년 同사내이사(현)

이성희(李成熙) LEE Sung Hee

(생)1954·9·18 (출)경북 경주 (주)경상남도 창원시 마산회원구 팔용로 262 창신대학교 사무처(055-250-3103) (학)1974년 경주고졸 1985년 영남대 행정학과졸 1996년 고려대 교육대학원 교육학과졸 2010년 명예 교육학박사(부산대) (경)2001년 교육부총리 비서관 2002년 교육인적자원부 교육자치지원국 유아교육지원과장 2002년 경기도교육청 지원국장 2005년 교육인적자원부 사학지원과장 2005년 同사립대학지원과장 2006년 同감사총괄담당관(서기관) 2006년 同감사총괄담당관(부이사관) 2007년 제주특별자치도 부교육감 2008년 교육과학기술부 감사관 2009년 부산대 사무국장 2009년 교육과학기술부 학교지원국 학교자율화추진관 2010년 서울시교육청 부교육감 2010년 同인사위원회 위원 2011년 한나라당 수석전문위원 2011년 교육과학기술부 기획조정실장 2012년 대구시교육청 부교육감 2012~2013년 대통령 교육비서관 2013년 경북도교육청 부교육감 2014년 신한대 교학부총장 2015년 법무법인(유) 로고스 고문 2017년 경주대 총장 2019년 창신대 총장(현)

이성희(李成熙)

(생)1964·5·24 (출)충남 홍성 (주)서울특별시 서초구 서초대로 250 스타갤러리브릿지 11층 법무법인 담박(02-548-4301) (학)1982년 충남 홍성고졸 1988년 고려대 법학과졸 (경)1993년 사법시험 합격(35회) 1996년 사법연수원 수료(25기) 1996년 인천지검 검사 1998년 대전지검 서산지청 검사 1999년 대구지검 검사 2001년 대전지검 검사 2003년 서울지검 검사 2004년 서울중앙지검 검사 2005년 수원지검 검사 2008년 대전지검 검사 2009년 同부부장검사 2010년 창원지검 특수부장 2011년 서울동부지검 형사6부장 2012년 서울중앙지검 외사부장 2013년 부산지검 형사4부장 2014년 서울서부지검 형사2부장 2015년 인천지검 형사1부장 2016년 대전지검 천안지청 차장검사 2017년 서울고검 감찰부장 2018~2019년 대전지검 차장검사 2019년 법무법인 담박 구성원변호사(현)

이세구(李世九) Se-Koo Rhee

(생)1956·9·13 (출)충북 충주 (주)경기도 수원시 권선구 수인로 126 수원시정연구원 연구기획실(031-220-8001) (학)경동고졸, 한양대 경제학과졸, 경제학박사(미국 아이오와주립대) (경)1996년 서울연구원 근무, 同도시경영연구부 연구위원 2000년 아시아개발은행(ADB) 지역자문관 2001

~2004년 한양대 경제금융학부 겸임교수 2001년 서울시 인재개발원 강사(현) 2002년 서울연구원 공공투자분석팀장 2003년 同도시경영연구부장 2007년 미국 아이오와주립대 경제학과 객원교수 2008~2009년 한국행정연구원 국정평가연구센터 객원연구위원 2008년 서울연구원 창의시정연구본부 선임연구위원 2009~2016년 한국지방재정학회 국제이사·섭외이사·이사 2009~2015년 한국지방행정연구원 '지방행정연구' 편집위원 2011~2013년 서울연구원 기획조정본부장 2014~2016년 同서울공공투자관리센터 소장 2017~2018년 서울시립대 국제도시과학대학원 초빙교수 2018~2019년 충남연구원 충남공공투자관리센터장 2019년 수원시정연구원 연구기획실장(현) (종)천주교

이세기(李世基) LEE Sei Kee

(생)1936·12·3 (본)전주(全州) (출)경기 개풍 (주)서울특별시 종로구 창경궁로 143 인성빌딩5층 (사)한중친선협회(02-737-8041) (학)1956년 동아고졸 1961년 고려대 정치외교학과졸 1979년 정치학박사(고려대) (경)1960년 고려대 총학생회장 1962~1970년 유네스코 한국위원회 간사·청소년부장 1970년 고려대 총장 비서실장 겸 조교수 1976년 국제경제연구원 책임연구원 1979년 고려대 정경대학 교수 1981년 제11대 국회의원(서울 성동, 민주정의당) 1981년 민정당 서울시지부장 1981년 국회 올림픽지원특별위원장 1985년 제12대 국회의원(서울 성동, 민정당) 1985년 국토통일원 장관 1985년 민정당 원내총무 1986년 同중앙집행위원 1986~1987년 체육부 장관 1988년 민정당 평화통일위원장 1992년 제14대 국회의원(서울 성동甲, 민자당·신한국당) 1993년 민자당 정책위 의장 1995년 同서울시지부장 1996년 제15대 국회의원(서울 성동甲, 신한국당·한나라당) 1996년 국회 문화체육공보위원장 1998년 국회 문화관광위원장 2000년 한나라당 서울성동지구당 위원장 2000~2001년 同남북관계특별위원장 2002년 (사)한중친선협회 회장(현) 2008년 한나라당 상임고문 2008년 대한체육회 고문 2010년 국가보훈처 안중근의사유해발굴추진단 자문위원장(현) 2012~2017년 새누리당 상임고문 2014년 대한민국헌정회 통일문제연구특별위원회 위원장(현) 2017년 자유한국당 상임고문(현) (상)건국공로포장, 청조근정훈장, 자랑스러운 고대인상(2010) (저)'중소대립과 한국전쟁' '올림픽과 국가발전' '통일조국의 미래' (종)기독교

이세돌(李世乭) Lee Sedol

(생)1983·3·2 (출)전남 신안 (주)서울특별시 성동구 마장로 210 한국기원 홍보팀(02-3407-3870) (학)비금중졸 (경)권갑용 프로기사(6단) 문하생 1995년 프로바둑 입단 1998년 2단 승단 1999년 3단 승단 2000년 박카스배 천원전·배달왕전 우승·32연승 기록(역대 3위) 2001년 LG배 세계기왕전 준우승 2001년 바둑TV배 신예연승최강전 우승 2002년 비씨카드배 신인왕전·KTF배·후지쯔배·SK가스배 신예프로10걸전·LG정유배 우승 2002년 왕위전 준우승 2002년 TV바둑아시아컵 한국대표 2003년 LG배 세계기왕전·후지쯔배 우승 2003년 KT배 준우승 2003년 CSK배 바둑아시아대항전 한국대표 2003년 6단 승단 2003년 7단 승단 2003년 9단 승단(현) 2003년 바둑TV '생생 바둑 한게임' MC 2004년 삼성화재배 세계바둑선수권대회 우승 2004년 왕위전 준우승 2005년 도요타덴소배 세계바둑왕좌전·맥심커피배 입신최강전·후지쯔배 세계선수권대회 우승 2005년 중환배 세계바둑선수권대회 준우승 2006년 맥심커피배 입신최강전·한국물가정보배 프로기전·KBS 바둑왕전·GS칼텍스배 우승 2007년 도요타배 세계바둑대회·맥심커피배 입신최강전·KB국민은행 한국바둑리그·TV바둑아시아선수권·한국물가정보배·강원랜드배 명인전·국수전 우승 2007년 GS칼텍스배 준우승 2008년 삼성화재배 세계바둑오픈·LG배 세계기왕전·TV바둑아시아선수권대회·제36기 하이원배 명인전 우승 2008년 한국물가정보배 준우승 2008년 세계마인드스포츠게임 남자단체전 금메달 2008년 농심신라면배 한국대표 2009년 국수전·삼성화재배 우승 2009년 LG배·KBS바둑왕전·TV바둑아시아선수권대회·박카스배 천원전 준우승 2009년 중국 봉황고성배 세계바둑정상대결 우승 2009년 휴직 선언(2009.7.1~2009.12.31) 2010년 비씨카드배 월드바둑챔피언십·한국물가정보배·olleh KT배 우승 2010년 후지쯔배 준우승 2010년 광저우아시안게임 단체전 금메달 2011년 KB국민은행 바둑리그 신안천일염 우승(대회MVP) 2011년 원익배십단전·비씨카드배 월드바둑챔피언십·춘란배 세계바둑선수권대회·olleh KT배 우승 2012년 GS칼텍스배·olleh kt배·삼성화재배·하이원리조트배 명인전 우승 2012년 12월26일 1000승 달성(국내 6번째) 2013년 맥심커피배·춘란배·삼성화재배·하이원리조트배 명인전 준우승 2014년 국수전·국수산맥 한중단체바둑대항전 준우승 2014년 KBS바둑왕전·맥심커피배·TV바둑아시아선수권·렛츠런파크배 우승 2014년 국가대표 바둑팀 기술위원 2014년 '2014 서울시 차 없는 날' 홍보대사 2014년 바둑연구실 개설(현) 2015년 제27회 TV바둑아시아선수권대회 우승 2016년 하이원리조트배 명인전·맥심커피배 입신최강전·국수산맥 국제바둑대회 단체바둑대항전 우승 2016년 몽백합배 준우승 2016년 '구글 딥마인드 챌린지 매치'에서 인공지능 프로그램 '알파고'와 대국(1승4패) 2016년 제17회 맥심커피배 입신최강전 우승 2016년 '2016 세계친환경디자인박람회' 홍보대사 2018년 제5회 동준약업배 세계바둑명인전 우승 2018년 세계바둑명인전 3각 토너 우승 2018년 JTBC챌린지매치 2차 바둑TV컵 우승 2018년 제23기 GS칼텍스배 준우승 2018년 해비치 이세돌VS커제 바둑대국 우승 (상)바둑문화상 최우수기사상(2000·2002), 바둑대상 승률상(2005), 바둑대상 최우수기사상(2006·2007·2008·2010·2011·2012), 바둑대상 다승상(2008), 바둑대상 다승상·연승상(2010), 홍진기 창조인상 사회발전부문(2016), 자랑스러운 전남인상(2016), 국수(國手) 선정(2018)

이세라(李世羅·女)

(생)1976·5·4 (출)경북 예천 (주)광주광역시 동구 준법로 7-12 광주지방법원(062-239-1710) (학)1994년 휘경여고졸 1999년 연세대 법학과졸 (경)2000년 사법시험 합격(42회) 2003년 사법연수원 수료(32기) 2003년 서울지법 동부지원 예비판사 2004년 서울고법 예비판사 2005년 서울중앙지법 판사 2007년 청주지법 제천지원 판사 2011년 수원지법 평택지원 판사 2014년 서울중앙지법 판사 2016년 서울고법 판사 2018년 광주지법 부장판사(현)

이세열(李世列)

(생)1957·11·1 (주)서울특별시 중구 세종대로 125 서울특별시의회(02-3702-1400) (학)1994년 한국방송통신대 법학과 제적(2년) (경)서울 마포구 비서실장·재무과장·총무과장, 더불어민주당 서울마포구甲지역위원회 정책실장 2018년 서울시의회 의원(더불어민주당)(현) 2018년 同행정자치위원회 위원(현) 2018년 同서부지역광역철도건설특별위원회 위원(현)

이세엽(李世燁) LEE SE YOUP

(생)1959 (본)경주(慶州) (출)대구 (주)대구광역시 중구 달성로 56 계명대학교 의과대학 안과학교실(053-250-7720) (학)1985년 계명대 의대졸 1994년 同대학원 의학석사 1998년 의학박사(영남대) (경)1985~1986년 계명대 동산의료원 인턴 1986~1989년 同동산의료원 안과 레지던트 1989년 안과 전문의 취득 1989~1992년 軍의관 및 국군마산병원 안과 과장 1992~1994년 운경재단 곽병원 안과 과장 1994년 서울대병원 소아안과 단기 연수 1994~2007년 계명대 의대 안과학교실 전임강사·조교수·부교수 2000~2002년 대한안과학회 학술위원 2001~2002년 미국 UCLA Jules Stein Eye Institute Clinical Fellowship 2003~2006년 대한안과학회 전문의고시 출제위원 2004~2006년 한국사시·소아안과학회 고시이사 2006년 한국사시소아안과학회

정보통신이사 2006년 대한안과학회 정보통신위원 2007년 계명대 의대 안과학교실 교수(현), 대한안과학회 논문심사위원, 의료기관평가인증원 조사위원 2014~2016년 동산병원장 2017~2019년 계명대 의과대학장 2018년 한국사시소아안과학회 회장(현) (상)대구시의사회 학술상(2000) (종)기독교

이세영(李世永) LEE Sei Young

(생)1963·7·4 (본)전주(全州) (출)전북 정읍 (주)세종특별자치시 조치원읍 세종로 2449 법무법인 새롬(044-868-8630) (학)1982년 전주 신흥고졸 1989년 서울대 독어독문학과졸, 중앙대 경영전문대학원 최고경영자과정 수료 (경)1996년 사법시험 합격(38회) 1999년 사법연수원 수료(28기) 1999년 백두합동법률사무소 변호사 2002~2014년 한국자산관리공사 법률고문 2006년 새롬합동법률사무소 대표변호사 2007년 대통합민주신당 대통령예비후보 이해찬 경선대책위원회 법률지원단장 2007~2012년 한국무역보험공사 법률고문 2009~2013년 신용보증기금 법률고문 2013년 서울메트로 법률고문 2014년 법무법인 새롬 대표변호사(현) 2014년 세종특별자치시 투자유치위원회 위원(현) 2016년 同소방본부 징계위원회 위원(현) 2016년 同시설관리공단 비상임감사(현) 2016년 제20대 국회의원선거 이해찬 선거대책위원회 공동선대본부장 겸 법률지원단장 2017년 더불어민주당 제19대 대통령선거 중앙선거대책위원회 조직본부특보단 상임부단장 2018년 세종특별자치시 지방세심의위원회 위원(현) 2018년 한국감정원 비상임이사(현) 2018년 대통령소속 규제개혁위원회 위원(현) 2019년 세종특별자치시 출자·출연기관 운영심의위원회 위원(현) 2019년 더불어민주당 인권위원회 부위원장(현)

이세웅(李世雄) Lee Sei-Woong

(생)1939·12·16 (출)평북 의주 (주)서울특별시 강북구 솔매로49길 60 학교법인 신일학원(02-944-5264) (학)1976년 경제학박사(성균관대) 1993년 명예 경영학박사(러시아 St. Petersburg Univ.) 1999년 명예 법학박사(미국 Indiana Univ.) (경)1976~1978년 서울대 경영대학원 강사 1978~1999년 한국산업가스(주) 대표이사 사장 1985년 신일기업(주) 회장(현) 1985~1988년 대통령직속 교육개혁심의회 위원 1988~2017년 학교법인 신일학원(신일중등교·서울사이버대) 이사장 2017년 同명예이사장·이사(현) 1993~2000년 한러문화협회 회장 1995~1998년 학교법인 숙명학원 이사 겸 이사장 1996~2000년 한국유리공업(주) 대표이사 회장 1996년 세계대학총장협회 집행이사 1998~2000년 학교법인 성신학원 이사장 2001~2002년 국민은행 사외이사 2002~2006년 대한적십자사 부총재 2002~2010년 국립발레단 이사장 2003~2012년 예술의전당 이사장 2005~2012년 한서문화협회 회장 2007~2008년 대한적십자사 총재 2010년 국립발레단 명예이사장(현) 2013년 예술의전당 명예이사장 2017년 민주평통 서울지역회의 부의장 (상)은탑산업훈장(1992), 국민훈장 무궁화장(2002), 스웨덴 The Royal Order of Polar Star First Class(2006), 몽블랑 예술후원자상(Montblanc de la Culture Arts Patronage Award 2008), 러시아 국가문화훈장 푸쉬킨메달(2011) (저)'국제경영론'(1995) '글로벌 경영과 전략'(2003)

이세준(李世濬) Sejun Lee

(생)1964·5·16 (출)충남 보령 (주)세종특별자치시 시청대로 370 과학기술정책연구원 제도혁신연구단(044-287-2119) (학)1988년 서울대 자원공학과졸 1990년 同대학원 자원시스템공학과졸 1995년 자원경제학박사(서울대) (경)1996~1997년 (주)한보경제연구원 에너지연구실 책임연구원 1997~1998년 서울대 에너지자원신기술연구소 특별연구원 1998~1999년 (주)EAGC 기획팀장 2000년 기획예산처 행정사무관 2001년 한국과학기술연구원 연구정책팀장 2003년 대통령비서실 행정관 2005~2007년 과학기술부 기술혁신평가국 성과관리과장 2007~2008년 과학기술정책연구원 미래연구센터 소장 2008년 同기획조정실장 2008년 同기획행정실장 2010년 同비전·전략팀장 2011년 同과학기술정책분석단장 겸 정책기획팀장 2011년 同혁신정책연구본부장 2013년 同정책분석평가팀 연구위원 2013~2015년 미래창조과학부 국가과학기술자문회의지원단장 2015년 과학기술정책연구원 혁신정책연구본부 연구위원 2016년 同혁신정책연구본부장 2017년 同혁신시스템연구본부 제도혁신연구단 선임연구위원(현) (상)과학기술유공자 국무총리표창(2011) (종)천주교

이세중(李世中) LEE Sae Joong

(생)1935·2·13 (출)서울 (주)서울특별시 중구 세종대로 93 광학빌딩 801호 이세중법률사무소(02-752-3941) (학)1953년 경기고졸 1957년 서울대 법대 행정학과졸 1998년 명예 법학박사(광운대) (경)1956년 고등고시 행정과·사법과(8회) 합격 1957년 육군 법무관 1960~1963년 춘천지법 강릉지원·서울지법 판사 1963년 현대합동법률사무소 대표변호사 1979~1984년 공연윤리위원회 위원 1982년 대한상사중재원 중재위원 1985년 서울지방변호사회 제1부회장 1985년 운화학원 이사장 1987년 서울지방변호사회 회장 1988년 방송심의위원회 위원 1993년 대한변호사협회 회장 1993년 환경운동연합 공동대표 1993년 감사원 부정방지대책위원장 1995년 한국시민단체협의회 공동대표 1996~1998년 통일고문 1997년 생활개혁범국민협의회 의장 1998년 국무총리자문 정부정책평가위원장 1998년 학교법인 광운학원 이사장 1998~2000년 한국방송공사 이사장 2000년 광화문포럼 회장 2002년 대한적십자사 법률고문 2002년 환경과생명을지키기위한환경재단준비위원회 이사장 2002~2017년 (재)환경재단 이사장 2003년 국무총리소속 교육행정정보화위원회 위원장 2005~2009년 사회복지공동모금회 회장 2005년 한국사학법인연합회 사학윤리위원장, 고려제약 사외이사 2006년 미래와경제 회장 2006~2009년 한국에너지재단 이사장 2009년 경제위기극복을위한노사민정(勞使民政)비상대책회의 공동대표 2010년 대한변호사협회 인권재단 초대 이사장(현) 2010년 대종상영화제 조직위원 2010년 변호사 개업(현) 2014년 새로운한국을위한국민운동 상임대표 2017년 (재)환경재단 명예이사장(현) 2018년 (주)부영 법규총괄 회장 직무대행 2018년 同대표이사 사내이사(현) (상)국민훈장 무궁화장(1995), 효령대상(2005), 2014만해대상 만해실천대상(2014) (종)기독교

이세진(李世鎭) LEE Se Jin

(생)1956·6·4 (출)서울 (주)충청남도 홍성군 홍성읍 대학길 25 혜전대학교 총장실(041-630-5201) (학)1978년 홍익대 컴퓨터공학과졸 1998년 서강대 대학원 IT경제학과졸 2004년 교육학박사(한양대) (경)1980년 동아건설산업(주) 입사 1980~1999년 同기획실·리이바본부·런던지점·회장 비서실·정보시스템실장 1999~2008년 학교법인 공산학원 사무국장, 동아방송예술대학 사무처장, 同학장 직대 2008~2011년 同총장, 학교법인 공산학원 이사 2018년 혜전대 총장(현) (상)2011 한국을 빛낸 창조경영대상(2011) (종)기독교

이세창(李世昌)

(생)1968·2·8 (출)전남 해남 (주)인천광역시 미추홀구 소성로163번길 17 인천지방법원 총무과(032-860-1169) (학)1986년 석산고졸 1990년 중앙대 법학과졸 (경)1999년 사법시험 합격(41회) 2002년 사법연수원 수료(31기) 2002년 광주지법 예비판사 2004년 同판사 2005년 同목포지원 판사 2007년 인천지법 판사 2010년 서울남부지법 판사 2012년 서울중앙지법 판사 2015년 서울남부지법 판사 2017년 대전지법 서산지원·대전가정법원 서산지원 부장판사 2019년 인천지법 부장판사(현)

이세철(李世哲) LEE Se Choul

[생]1957·7·22 [주]서울특별시 중구 한강대로 416 서울스퀘어빌딩 7층 KG동부제철(주)(02-3450-8114) [학]서울고졸, 서울대 금속공학과졸 [경]대우 호주법인장 겸 대우인터내셔널 호주지사장 2009년 대우인터내셔널 금속본부장(상무) 2010년 同쿠알라룸푸르지사장(상무) 2011년 同말레이시아무역법인 대표(상무) 2012~2019년 넥스틸 부사장 2019년 KG동부제철(주) 대표이사 사장(현)

이세협

[생]1967 [출]전북 옥구 [주]경기도 수원시 장안구 경수대로 1110-17 중부지방국세청 개인납세1과(031-888-4451) [학]전주 해성고졸, 세무대졸(6기) [경]8급 특채, 이리세무서 총무과 근무, 진안세무서 간세과 근무, 동대문세무서 부가세과 근무, 의정부세무서 부가2과 근무, 서울지방국세청 조사4국 조사3과 근무, 서울 도봉세무서 조사2과 근무, 재정경제부 세제실 근무, 안양세무서 재산법인세과 근무, 중부지방국세청 조사2국 1과 1팀장, 同조사2국 1과 1계장, 同조사4국 1과 1계장 2016년 남원세무서장 2017년 익산세무서장 2018년 중부지방국세청 개인납세1과장(현) [상]제21회 익산상공대상(2018)

이소연(李昭姸·女) Lee So-Yeon

[생]1962 [주]대전광역시 서구 청사로 189 행정안전부 국가기록원 원장실(042-481-6201) [학]이화여대 도서관학과졸, 同대학원 문학과졸, 박사(미국 텍사스 오스틴대) [경]2002~2006년 한국여성개발원 연구위원 2005~2014년 한국기록학회 이사 2007~2017년 덕성여대 문헌정보학과 교수 2014~2015년 한국기록학회 편집위원장 2016~2017년 同회장 2017년 행정안전부 국가기록원장(현) [저]'정보사회와 디지털문화(共)'(2017, 한국방송통신대학교출판문화원)

이소영(李昭永) LEE So Young

[생]1949·7·20 [출]경남 남해 [주]부산광역시 금정구 금강로 465 일화빌딩 2층 삼지건설(주)(051-582-8195) [학]1996년 경남대 경영대학원 최고경영자과정 수료 [경]1979~1989년 신흥건설(주) 기술이사 1989~1992년 정림개발(주) 공동대표이사 1992년 삼지건설(주) 설립·대표이사 회장(현) 1996년 대한전문건설협회 철근콘크리트협의회 운영위원 겸 대표회원 1998년 대한전문건설공제조합 대의원 2003년 대한전문건설협회 부산시회 운영위원 겸 철근콘크리트분과위원회 위원장 2006년 同부산시회 수석부회장 2007년 한국자유총연맹 부산시회 부회장 [상]대한전문건설협회 부산지회 공로패(1998), 대통령표창(2002), 지역건설산업발전기여 부산광역시장표창(2004), 대한전문건설협회장표창(2005), 두산산업개발사장표창(2006), 부산작전기지건설사업단장표창(2006), 대한전문건설협회 철근콘크리트협의회 표창(2006) [종]불교

이소영(李素英·女) LEE So Young

[생]1961·12·3 [출]서울 [주]서울특별시 마포구 월드컵북로 375 (사)대한민국오페라단연합회(050-2399-0001) [학]1981년 서울예술고졸 1985년 연세대 성악과졸 1988년 이탈리아 실비오다미꼬(SILVIO D'AMICO) 국립연극학교 연출과 수학 1990년 이탈리아 에우로페오(EUROPEO) 공연예술과 수석졸 [경]2002년 한국예술종합학교 강사 2003년 국립오페라단 초대상임연출가 2005년 솔오페라단 창단·단장(현) 2008~2011년 국립오페라단 단장 겸 예술감독 2017~2018년 (사)대한민국오페라단연합회 수석부이사장 2019년 同이사장(현) 2019년 대한민국오페라페스티벌조직위원회 위원장(현) [작]대표작 '라 보엠' '마농레스꼬' '가면무도회' '라 트라비아타' '돈 카를로' '마술피리' '파우스트' '오르페오와 에우리디체' 등 오페라 연출

이소희(女) Lee So-Hee

[생]1994·6·14 [주]인천광역시 중구 공항로 272 인천국제공항 스카이몬스(032-741-6097) [학]울산 범서고졸, 건국대 체육교육과 재학 중 [경]2010년 U-17 청소년대표 2010년 아시아주니어배드민턴선수권대회 여자복식 금메달 2013년 대교눈높이 여자배드민턴단 소속 2013년 대만오픈 배드민턴 그랑프리골드 여자복식 은메달 2015년 인천국제공항 배드민턴단 스카이몬스 소속(현) 2015년 제28회 광주하계유니버시아드대회 여자 배드민턴 국가대표 2015년 同배드민턴 혼합단체전 금메달 2015년 同배드민턴 여자복식 금메달 2015년 빅터 코리아오픈 배드민턴 슈퍼시리즈 여자복식 2위 2015년 전주 빅터 코리아마스터즈 배드민턴 그랑프리골드 여자복식 1위 2015년 태국오픈 배드민턴 그랑프리골드 여자복식 2위 2015년 미국오픈 배드민턴 그랑프리 여자복식 2위 2016년 제31회 리우데자네이루올림픽 여자 배드민턴 국가대표 2016년 뉴질랜드오픈 배드민턴 그랑프리골드 여자복식 2위 2017년 덴마크오픈 배드민턴 슈퍼시리즈 프리미어 여자복식 1위 2017년 프랑스오픈 배드민턴 슈퍼시리즈 여자복식 2위 2018년 제18회 자카르타-팔렘방 아시안게임 배드민턴 국가대표 2018년 중국오픈 배드민턴 선수권대회 여자복식 1위 2018년 홍콩오픈 배드민턴 선수권대회 여자복식 2위 2018년 세계배드민턴연맹(BWF) 월드투어 파이널 여자복식 2위 [상]제23회 대한민국 윤곡여성체육대상 신인상(2011)

이 송(李 松) LEE Song

[생]1956·9·3 [주]서울특별시 동대문구 왕산로 259 서울성심병원(02-957-0118) [학]1980년 경희대 의대졸, 同대학원 의학석사, 의학박사(경희대) [경]서울을지병원 정형외과 과장 1991년 서울성심병원장(현), 대한병원협회 보험이사 2009~2012년 同정책위원장 2012~2015년 한국의료분쟁조정중재원 비상임이사 2015년 경희대 의과대학·의학전문대학원총동문회 회장(현) 2016~2018년 대한중소병원협회 회장 2018년 대한병원협회 부회장

이송호(李松虎) LEE SONGHO (竹泉)

[생]1965·1·12 [본]전주(全州) [출]전남 신안 [주]서울특별시 서초구 신반포로 194 서울고속터미널 9층 904호 금호고속(주)(02-530-6103) [학]1983년 목포마리아회고졸 1991년 아주대 경제학과졸 2005년 서강대 대학원 금호MBA 수료 [경]1990년 금호고속(주) 입사 1996년 중국 심천대 어학연수 1996~2001년 금호고속(주) 중국부법인장(성도·심천) 2002~2003년 同중국법인장(무한) 2004년 同영업기획팀장 2005년 同인재경영팀장 2008년 同영업1팀장 2012년 同고속영업&해외담당 상무 2015년 同고속영업담당 상무 2018년 同고속전세사업본부장(전무)(현) [상]중국 호북성 무한시장표창(2003), 국토해양부장관표창(2009), 국무총리표창(2015)

이수경(李洙京)

[생]1963·5·1 [주]경상북도 안동시 풍천면 도청대로 455 경상북도의회(054-880-5126) [학]1982년 대구 경원고졸 2003년 상주대 축산학과졸 [경]1992년 금수면 새마을청소년회장 1999년 한국농업경영인연합회 성주군연합회 사무국장 2001년 同성주군연합회장 2001년 성주군 농정심의위원 2003년 한국농업경영인연합회 경북도연합회 정책부회장, 한국농업경영인연합회 성주군금수면 회장 2006년 경북도의원선거 출마(무

소속) 2007 · 2010~2014년 경북 성주군의회 의원(한나라당 · 새누리당) 2009년 성주참외자조금위원회 위원장 2014~2018년 경북도의회 의원(새누리당 · 자유한국당) 2014년 同건설소방위원회 위원 2014 · 2016년 同예산결산특별위원회 위원 2014 · 2016년 同경북대구상생발전특별위원회 부위원장 2016년 同운영위원회 위원 2016년 同농수산위원회 위원 2016년 同대구공항이전특별위원회 부위원장 2017년 同정책연구위원회 위원 2018년 경북도의회 의원(자유한국당)(현) 2018년 同농수산위원회 위원장(현) (상)경북도 의정봉사대상(2011) (종)불교

이수곤(李壽坤) Lee Su-Gon

(생)1953 · 12 · 1 (본)광주(廣州) (출)대구 (학)1973년 양정고졸 1980년 고려대 지질학과졸 1982년 영국 리즈대 대학원 토목지질공학과졸 1987년 토목지질공학박사(영국 임페리얼칼리지런던대) (경)1979~1980년 국제종합엔지니어링(주) 근무 1987~1995년 한국지질자원연구원 환경지질연구부 선임연구원 1995~2019년 서울시립대 공대 토목공학과 조교수 · 부교수 · 교수 2010년 국제학회공동산사태기술위원회(JTC-1) 한국대표(현) 2013~2015년 문화재청 건축문화재분과 · 세계유산분과 위원 (저)'한국의 산사태 조사연구'(1989, 과학기술부) '사면재해예측 및 대응기술개발'(2009, 소방방재청 R&D과제)

이수구(李壽久) Lee Soo-Ku

(생)1947 · 2 · 28 (본)광주(廣州) (출)경북 칠곡 (주)서울특별시 중구 세종대로20길 23 원창빌딩 이치과의원(02-776-4117) (학)1966년 마산고졸 1972년 서울대 치과대학졸 1975년 고려대 대학원 의학과졸 1981년 의학박사(고려대) 2004년 서울대 보건대학원 최고정책과정 수료 (경)1972년 고려대병원 치과 인턴 · 레지던트 1978년 이치과의원 원장(현) 1982년 고려대 의과대학 치과학교실 외래교수 1987년 신아라이온스클럽 회장 1995년 민주평통 자문위원 1996~1998년 서울시 중구치과의사회 부회장 · 회장 2001년 대한악기능교합학회 회장, 서울대치과대학동문회 부회장 2001년 남북치의학교류협력위원회 운영위원 및 부의장 · 공동대표(현), 한민족복지재단 의료분과 운영위원 2002~2005년 서울시치과의사회 회장 2003년 (재)스마일복지재단 이사(현), 대한치과의사협회 수석부회장, 청메포럼 운영위원장, 同공동대표 2007년 삼성고른기회장학재단 선정평가위원(현) 2008~2011년 대한치과의사협회 회장 2008~2011년 한국치의학교육평가원 이사장 2008년 우리민족서로돕기운동본부 공동대표 2010~2011년 한국보건의료인국가시험원 이사장 2010년 세계치과의사연맹(FDI) 서울총회 조직위원장 2010년 대통령 및 가족 의료자문의 2011년 (사)건강사회운동본부 이사장(현) 2012~2015년 한국국제보건의료재단 총재 2015년 바이오산업연구원 이사(현) 2015~2017년 인체조직기증지원본부 이사 2016~2017년 민주평통 자문회의 운영위원 겸 종교복지분과위원장 (상)서울시치과의사회 공로대상(2012), 국민훈장 목련장(2012) (종)가톨릭

이수권(李秀權) LEE Soo Kwon

(생)1968 · 10 · 13 (출)서울 (주)부산광역시 해운대구 재반로112번길 19 부산지방검찰청 동부지청 총무과(051-780-4542) (학)1987년 영동고졸 1992년 서울대 사법학과졸 (경)1994년 사법시험 합격(36회) 1997년 사법연수원 수료(26기) 1998년 인천지검 검사 2000년 춘천지검 강릉지청 검사 2002년 울산지검 검사 2004년 서울중앙지검 검사 2007~2008년 대통령비서실 파견 2008년 수원지검 검사 2009년 同부부장검사 2010년 대검찰청 연구관 2011년 광주지검 해남지청장 2012년 서울남부지검 형사6부장 2013년 수원지검 부부장검사(駐미국대사관 파견) 2016년 同안양지청 부장검사 2017년 대검찰청 공안기획관 2018년 수원지검 제2차장검사 2019년 부산지검 동부지청장(현)

이수근(李秀根) LEE Soo Geun

(생)1953 · 5 · 9 (주)부산광역시 영도구 봉래나루로 254 대선조선(주)(051-419-5000) (학)1972년 경신고졸 1976년 인하대 조선과졸 (경)1978년 현대중공업(주) 조선사업부 근무 1993년 同조선사업부 기술영업 PM 2006~2009년 同조선사업부 상무 2010년 (주)현대미포조선 조선설계총괄 전무 2015년 同상근 자문역 2016년 부산대 조선해양학과 연구교수 2016년 대선조선(주) 조선설계 · 기술본부장(부사장) 2019년 同대표이사 사장(현) (상)무역의날 대통령표창(2004)

이수근(李秀根) LEE Soo Keun

(생)1960 · 6 · 14 (주)서울특별시 강서구 하늘길 260 (주)대한항공(02-2656-7977) (학)서울고졸, 인하대 항공공학과졸, 미국 매사추세츠대 대학원 경영학과졸(MBA) (경)(주)대한항공 자재부담당 상무, 同ERP추진본부 자재부문 책임임원(상무) 2009년 同환경건설관리부담당 상무A 2012년 同정비본부 부본부장 겸 환경건설관리부담당 전무B 2014년 同정비본부장(전무A) 2015년 (주)왕산레저개발 대표이사 2016년 아이에이티(주) 대표이사(현) 2017년 (주)대한항공 부사장(현) (상)교육과학기술부장관표창(2010) (종)불교

이수능(李秀能) LEE Soo Neung

(생)1959 · 11 · 1 (주)경상남도 창원시 마산회원구 봉암공단2길 6 (주)무학(070-7576-2000) (학)진해고졸, 창원대 무역학과졸 (경)1984년 무학주조(주) 총무부 입사 1992년 同기획조정실 과장 1997년 同마케팅부장 2002년 (주)무학 관리사업부 이사 2003년 同주류사업부 상무 2004년 同산청샘물 감사 2005년 同주류사업부 영업이사, 同좋은데이 사업부장 2008년 同상무이사 2012년 무학그룹 비서실장 2013년 (주)무학 기획 · 관리 · 생산지원 대표이사 전무 2015년 同기획 · 관리 · 생산지원 대표이사 부사장 2016년 同수도권영업본부장(부사장) 2017년 同대표이사(현)

이수덕(李壽德 · 女) LEE Soo Duk (少棠)

(생)1926 · 9 · 24 (본)익산(益山) (출)황해 연백 (주)서울특별시 서초구 반포대로37길 59 대한민국예술원(02-593-8740) (학)1957년 문교부 고등학교 교원검정고시 합격(서예) 1995년 숭실대 중소기업대학원 여성경영자과정 수료 (경)1944~1950년 해송 · 행정 · 금성 연백국민학교 교원 1957년 수원 매산국민학교 교원 1960년 수원시 교육위원 1968~1977년 정신여고 교원 · 숭의여자전문대학 · 수원여대 강사 1974년 한중서화부흥협회 회장(현) 1977~1997년 한국여류서예가협회 이사장 1985 · 1987년 대한민국미술전람회 심사위원, 중국미술협회 회원 1989~1995년 (사)한국미술협회 경기도지회장 1991년 중화민국 성덕신학대학 객좌교수(현) 1992년 (사)한국서가협회 이사 · 경기지회장 · 공동회장 · 고문(현) 2003년 제11회 대한민국서예전람회 운영위원장 2003년까지 개인전 10회 2003년 대한민국예술원 회원(서예 · 현) 2009년 민주평통 자문위원(현), 황해도중앙도민회 부회장 2011~2012년 행정안전부 이북5도위원회 황해도 행정자문위원 2012~2013년 대한민국예술원 미술분과 회장 (상)대한민국미술전람회 입선(13회) · 특선(2회), 경기도 문화상(1974), 대한민국미술전람회 문화공보부장관표창(1979), 경기도전 초대작가상(1984), 황해도 명예도민상(1986), 경기도여성대상(1987), 신사임당상(1995), 중화민국 내정부장관표창, 타이페이 천수이벤시장표창(1998), 중화민국 이등휘총통상장(1998), 보관문화훈장(2004), 효령상(2014) (저)'우리 글씨체본(上 · 下)'(1969 · 1991) '楷書正法入門'(1970) '人物書藝史'(1987) '正祖御製 詩文選'(1993) '黃海墨蹟'(1994) '인간과 글씨와 그리고 地靈'(1994) '正祖大王御筆墨蹟集'(1999) '李壽德 書集'(2002) 시집 '고향을 돌려다우'(1994) '正祖大王墨蹟集(編)'(2004) '歐法에 依한楷書正法入門'(2007) '松雪趙孟頫千字文(編)'(2008) '國文漢陽

歌(編)'(2008) '異体農家月令歌(編)'(2008) '興福寺碑(編)'(2009) '靑天白日과같은大儒李珥先詩詩選'(2009) '高麗書風을이룬高麗名筆'(2009) '小棠李壽德金石書選'(2011) (작)'安居樂道'(1979, 국립현대미술관 소장) '我愛大韓民國大屛'(1987, 청와대 소장) '朱子格言'(1988, 예술의전당 소장) '治家格言屛'(고려대) '李栗谷擊蒙要訣'(경기도의회) '李退溪先生詩'(오지호미술관) '石潭九曲八曲屛'(목포시청) (종)가톨릭

이수만(李秀滿) LEE Soo Man

(생)1952 · 6 · 18 (출)서울 (주)서울특별시 강남구 압구정로 423 (주)에스엠엔터테인먼트(02-6240-9800) (학)경복고졸, 서울대 농업기계학과졸, 미국 캘리포니아주립대 대학원 컴퓨터공학과졸 (경)1989년 SM기획 설립 1995년 (주)SM엔터테인먼트그룹 설립 · 회장(현) 2006년 MBC대학가요제 심사위원장 2009년 프랑스 샤또 무똥 로칠드 기사작위 2011년 경남 고성공룡세계엑스포 홍보대사 (상)SBS 가요대상 최고기획자상(1997 · 1998), SBS 가요대전 올해의음반프로듀서상(2004), 중국 동남 경폭음악방시상식 최고해외제작인상(2005), 제23회 골든디스크시상식 제작자상(2008), 제2회 대한민국 서울문화예술대상 대중가요 프로듀서대상(2011), 문화체육관광부장관 감사패(2011), 한국경영학회 강소기업가상(2011), 대한민국대중문화예술상 은관문화훈장(2011), 자랑스러운 한국인대상 국위선양부문(2011), 코리아소사이어티 문화상(2012), 자랑스런 경복인상(2012), 아시아게임체인저어워즈(Asia Game Changer Awards) 글로벌혁신가상(2016), 영산외교인상(2017), 코틀러어워드 최고경영자상(2017) (종)기독교

이수명(李樹明) Soo-Myoung Lee

(생)1968 · 5 · 10 (출)부산 (주)세종특별자치시 갈매로 388 문화체육관광부 관광산업정책과(044-203-2861) (학)1987년 동아고졸 1993년 고려대졸 2002년 한국개발연구원(KDI) 국제정책대학원 경제정책학과졸 (경)1994년 행정고시 합격(37회) 1995~2001년 문화체육부 문화정책과 · 국제관광과 · 관광개발과 · 게임과 사무관 2002년 한국개발연구원(KDI) 국제정책대학원 파견 2005년 문화관광부 문화정책과 서기관 2006년 국가균형발전위원회 파견 2007년 문화관광부 저작권산업과장 2008~2011년 駐폴란드 한국문화원장 2011년 문화체육관광부 홍보담당관 2012년 同문화콘텐츠산업실 게임콘텐츠산업과장 2014년 同문화정책국 문화여가정책과장 2015년 同기획조정실 정책기획관실 창조행정담당관(서기관) 2015년 同기획조정실 정책기획관실 창조행정담당관(부이사관) 2016년 駐이탈리아 문화홍보관 2019년 문화체육관광부 관광산업정책과장(현) (저)'판타스틱 폴란드(共)'(2010, 커뮤니케이션북스)

이수민(李洙旻 · 女)

(생)1976 · 6 · 8 (출)서울 (주)광주광역시 동구 준법로 7-12 광주지방법원(062-239-1710) (학)1995년 가락고졸 1999년 서울대 법학과졸 (경)2000년 사법시험 합격(42회) 2003년 사법연수원 수료(32기) 2003년 서울지법 예비판사 2005년 서울남부지법 판사 2007년 대구지법 가정지원 판사 2009년 同서부지원 판사 2010년 수원지법 판사 2014년 서울서부지법 판사, 서울중앙지법 판사 2016년 서울서부지법 판사 2018년 광주지법 부장판사(현)

이수범(李秀範) LEE Soo Bum

(생)1963 · 8 · 15 (본)광주(廣州) (출)서울 (주)인천광역시 연수구 아카데미로 119 인천대학교 사회과학대학 신문방송학과(032-835-8592) (학)1982년 서울고졸 1986년 한국외국어대 노어과졸 1990년 서강대 대학원 신문방송학과졸 1997년 커뮤니케이션학박사(미국 오클라호마대) (경)1998년 방송위원회 정책연구실 연구원 1999년 정보통신윤리위원회 조사연구팀장 2000년 서강대 영상대학원 조교수 2002년 인천대 사회과학대학 신문방송학과 조교수 · 부교수 · 교수(현) 2004~2005년 영상물등급위원회 심의위원 2005~2007년 방송위원회 심의위원 2005~2008년 한국방송학회 광고연구회장 2006~2011년 인천영상위원회 위원 2008~2013년 한국언론학회 홍보연구회장 2008년 기획재정부 정책자문위원 2009~2010년 한국광고학회 연구위원장 2009~2011년 공익광고협의회 위원 2009년 한국광고홍보학보 편집위원장 2010년 한국PR학회 홍보학연구 편집위원장 2011~2012년 同기획이사 2012년 광고연구 편집위원장 2012~2014년 방송통신심의위원회 정보공개심의위원 2012~2013년 한국광고홍보학회 부회장 2013~2014년 同회장 2013~2014년 정보통신정책연구원 방문교수 2013~2016년 한국옥외광고센터 옥외광고심의위원 2013~2016년 한국수자원공사 홍보자문위원 2014년 인천시선거관리위원회 선거여론조사공정심의위원회 위원(현) 2014~2016년 한국농수산식품유통공사 경영자문위원 2015년 한국광고홍보학보 편집위원장 2015~2016년 한국언론학회 부회장 2016~2017년 인천시청자미디어센터 발전협의회 위원 2016~2017년 중앙일보 독자위원회 위원장 2016년 의약품광고심의위원회 위원(현) 2017년 한국방송광고진흥공사 경영자문위원 2018년 인천발전연구원 연구자문관(현) 2018년 인천대 대학신문사 주간(현) 2019년 방송통신위원회 방송광고균형발전위원회 위원(현) (상)인천대 학술연구상(2011 · 2014), 한국광고학회-제일기획 저술부분학술상(2013), 미국 방송학회 최우수 논문상(2014), 한국갤럽 학술논문상(2014), 한국연구재단 학술지원사업 우수평가자 선정(2016) (저)'사이버윤리'(2003) '영화 마케팅 PR론'(2005) '디지털미디어와 광고'(2007) '시장개방 20년과 한국의 광고산업'(2010) 'Hallyu : Influence of Korean Popular Culture'(2011) '디지털 시대의 음악 산업'(2012) '스마트 시대의 광고 미디어'(2012) '문화예술 PR전략'(2016) '다문화사회에서의 미디어 역할'(2017) (역)'숨겨진 신화 : 광고의 구조와 상징'(1999) '대통령 선거 마케팅'(2000) '인터넷 마케팅의 원칙'(2002) '상품세계의 인식과 설득 : 일본의 브랜드 구축과 광고전략, 그리고 사례분석'(2007) '퍼블릭 스피킹'(2011)

이수봉(李壽奉) SU BONG LEE

(생)1961 · 10 · 30 (본)광주(廣州) (출)경북 칠곡 (주)충청남도 아산시 탕정면 만전당길 30 코닝정밀소재 경영지원실(041-520-1114) (학)오성고졸, 경북대졸, 同대학원 재무학과졸 (경)삼성코닝정밀유리 관리그룹장, 同재무그룹장 2006년 同기획팀장(상무보) 2007년 同기획팀장(상무이사) 2008년 同경영지원팀장(상무이사) 2010년 삼성코닝정밀소재 경영지원팀장(상무) 2011년 同경영지원실장(전무) 2014년 코닝정밀소재 경영지원실장(전무) 2014년 同경영지원실장(부사장)(현)

이수빈(李洙彬) LEE Soo Bin

(생)1939 · 1 · 16 (출)경북 성주 (주)서울특별시 서초구 서초대로74길 4 삼성경제연구소 비서실(02-3780-8000) (학)1957년 서울대사대부고졸 1961년 서울대 상대 경제학과졸 1985년 미국 하버드대 최고경영자과정 수료, 명예 경영학박사(세종대) (경)1965년 삼성그룹 입사 1972년 同회장비서실 차장 1977년 제일모직 전무이사 1978~1983년 同사장 1979년 제일합섬 사장 겸임 1980~1984년 제일제당 사장 1982년 프로야구 삼성라이온스 단장 1984년 삼성항공 사장 1985년 동방생명보험 사장 1985년 서울상공회의소 감사 1989년 삼성생명보험(주) 사장 1991년 同부회장 1991년 삼성그룹 비서실장 1993~1995년 삼성증권 회장 1994년 삼성그룹 금융소그룹장 1995~2001년 삼성생명보험(주) 대표이사 회장 1996~2006년 삼성사회봉사단 단장 1999년 삼성 구조조정위원회 위원장 2002~2018년 삼성복지재단 이사장 2002~2019년 삼성생명보험(주) 회장 2002~2012년 삼성생명공익재단 이

사장 2003~2017년 프로야구 삼성라이온즈 구단주 2019년 삼성경제연구소 회장(현) (상)은탑산업훈장(1981), 대통령표창(1987), 미국 촛불재단 최우수자원봉사상(1998), 한국능률협회 한국경영자대상(1998), 국민훈장 목련장(1998) (종)천주교

이수성(李壽成) LEE Soo Sung (又凡)

(생)1939·3·10 (본)광주(廣州) (출)함남 함흥 (주)서울특별시 종로구 창경궁로 112-7 인의빌딩 12층 평화와통일을위한복지기금재단(02-764-2656) (학)1956년 서울고졸 1961년 서울대 법학과졸 1964년 同대학원 법학과졸 1976년 법학박사(서울대) 1999년 명예 정치학박사(원광대), 명예박사(카자흐스탄대), 명예박사(러시아 모스크바극동문제연구소), 명예박사(중국 사회과학원) (경)1967~1978년 서울대 법대 전임강사·조교수·부교수 1970~1971년 미국 피츠버그대 교환교수 1978~1979년 프랑스 파리제2대 형법연구원 1978~1992년 서울대 법대 법학과 교수 1980년 同학생처장 1986~1988년 한국형사정책학회 회장 1988년 서울대 법과대학장 1992년 서암학술장학재단 이사 1993년 나라정책연구회 고문 1994년 신사회공동선운동연합 공동대표 1995년 제20대 서울대 총장 1995년 서울대병원 이사장 1995년 한국형사정책연구원 이사장 1995년 삼성언론재단 초대이사장 1995~1997년 제29대 국무총리 1996년 2000서울세계지리학대회 조직위원장 1996년 97세계환경의날 행사추진위원회 명예위원장 1997년 신한국당 상임고문 1997년 한국방정환기금 이사장 1998년 소파방정환선생기념관건립위원회 위원장 1998년 한국어린이보호회 명예총재 1998~2000년 민주평통 수석부의장 1998~2000년 백범김구선생기념사업회 회장 1998년 3.1독립운동기념탑건립위원회 위원장 1998년 평화와통일을위한복지기금재단 상임이사 1998년 제2의건국범국민운동추진위원회 공동위원장 1998년 장애인먼저실천중앙협의회 상임대표 1999년 99대한민국소비문화대전 조직위원장 2000년 평화와통일을위한복지기금재단 이사장(현) 2001년 한국민속박물관회 초대회장 2001년 평화운동연합 총재 2003~2007년 새마을운동중앙회 회장 2003~2005년 민족화해협력범국민협의회 대표상임의장 2003~2010년 (사)장애인먼저실천운동본부 이사장 2006년 (사)과학선현장영실선생기념사업회 회장 2007년 동북아시아지도자포럼 이사장 2007년 세계학생UN본부 총재 2007년 화합과도약을위한국민연대 대표 2009년 건강한사회만들기운동본부 고문 2009년 2010세계대백제전 고문 2010년 한국전쟁기념재단 고문 2010년 평화의쌀모으기국민운동본부 상임고문 2011년 (사)건강사회운동본부 고문(현) 2012년 국학원 명예총재(현) 2013년 한국재난구호 상임고문 2013년 동아시아센터 명예이사장(현) 2013년 한민족원로회 공동의장·상임의장(현) 2014년 바른사회운동연합 고문(현) 2014년 말산업박람회 조직위원장 2014년 벤자민인성영재학교 명예이사장(현) 2016년 관정이종환교육재단 이사장 2018년 한국블록체인기업진흥협회 명예총재(현) (상)서울고총동창회 올해의 서울인상(1995), 여의도클럽 국가경영최고지도자금인사 3위(1997), 청조근정훈장(1997) (저)'세계범죄학의 연구동향분석'(1985) '형법총론'(1986) '형사정책'(1987) '신뢰와 희망 그 조용한 변혁을 위하여'(1997) '정치는 사랑이다'(2002) (역)'범죄와 형벌' '新사회방위론' (종)천주교

이수연(李繡連·女) Lee, Soo-Youn

(생)1964·8·7 (본)인천(仁川) (출)경기 (주)세종특별자치시 도움4로 13 보건복지부 건강보험정책국 보험평가과(044-202-2770) (학)1983년 예일여고졸 1987년 고려대 생물학과졸 1989년 同대학원 생물학과졸 1993년 이학박사(고려대) (경)2012년 보건복지부 건강보험정책국 보험정책과 기술서기관 2013년 同질병관리본부 유전체센터 생물자원은행과장 2015년 同질병관리본부 긴급상황센터 자원관리과장 2017년 보건복지부 노인정책관실 요양보험운영과장 2018년 同보건의료정책실 생명윤리정책과장 2019년 同건강보험정책국 보험평가과장(현)

이수연(李秀淵)

(생)1968·2·25 (출)강원 태백 (주)서울특별시 중랑구 봉화산로 179 중랑구청 부구청장실(02-2094-1100) (학)서울대 산림자원학과졸, 미국 캘리포니아 웨스턴대 로스쿨졸(LL.M.), 한국개발연구원(KDI) 국제정책대학원 공공정책학과졸 (경)1996년 지방고등고시 합격(1회), 서울시 경영기획실 기획담당관, 同경영기획실 법무담당관 2009년 同디자인서울총괄본부 도시경관(디자인기획)담당관(지방서기관) 2010년 同여성가족정책관실 청소년담당관 2011년 同기획조정실 평가담당관 2014년 同국제교류담당관실 해외도시협력반장 2015년 同기획조정실 조직담당관 2017년 同대변인실 언론담당관 2017년 同푸른도시국 서울로운영단장(지방부이사관) 2018년 서울 중랑구 부구청장(현) (상)대통령표창(2003)

이수열(李秀烈)

(생)1972·3·15 (출)전남 고흥 (주)경기도 성남시 수정구 산성대로 451 수원지방법원 성남지원(031-737-1100) (학)1991년 광주 서석고졸 1999년 서울대 경제학과졸 (경)1998년 사법시험 합격(40회) 2001년 사법연수원 수료(30기) 2001년 서울지법 예비판사 2003년 同서부지원 판사 2005년 대전지법 공주지원 판사 2008년 의정부지법 판사 2011년 서울중앙지법 판사 2012~2014년 법원도서관 조사심의관 겸임 2016년 울산지법 부장판사 2017년 대법원 재판연구관 2019년 수원지법 성남지원 부장판사(현)

이수영(李秀永) LEE Soo Yung

(생)1961·11·26 (출)경북 김천 (주)경기도 용인시 기흥구 마북로 207 LIG넥스원 경영관리본부(1644-2005) (학)1980년 부산상고졸 1986년 연세대 경영학과졸 (경)1986년 LIG손해보험 입사 2006년 LIG넥스원 상근감사(상무) 2013년 (주)LIG 상근감사(전무) 2015년 LIG시스템 최고재무책임자(CFO·전무) 2016년 同대표이사 2017년 LIG넥스원 경영관리부문장(전무) 2017년 同경영관리본부장(전무) 2019년 同경영관리본부장(부사장)(현)

이수영(李秀英) Lee Su Young

(생)1962·1·18 (출)충북 음성 (주)세종특별자치시 한누리대로 422 고용노동부 중앙노동위원회 사무처장실(044-202-8203) (학)청주고졸, 고려대 경영학과졸, 미국 코넬대 노사관계대학원졸 (경)1989년 행정고시 합격(33회) 1998년 노동부 근로여성정책과 서기관 1999년 同노사협의과 서기관 1999년 同신노사문화추진기획단장 2000~2002년 대통령비서실 삶의질향상기획단 파견 2002년 노동부 고용관리과장 2004년 同국제협력담당관 2005년 同장관 비서관 2006년 同노사정책국 노사협력복지팀장 2007년 同정책홍보관리본부 혁신성과관리단장(부이사관) 2008년 同기획조정실 기획재정담당관 2008년 서울지방노동위원회 사무국장 2010년 한국고용정보원 기획조정실장 2011년 대구지방고용노동청장(고위공무원) 2012년 대통령 고용노사비서관실 선임행정관 2013년 고용노동부 인력수급정책국 고령사회인력심의관 2015년 교육파견(고위공무원) 2016년 서울지방노동위원회 상임위원 2017년 고용노동부 직업능력정책국장 2017년 중앙노동위원회 상임위원 2018년 同사무처장(현)

이수영(李秀暎)

(생)1966·7·14 (주)경상남도 창원시 의창구 중앙대로 300 소방본부 소방행정과(055-211-5311) (학)용마고졸, 경남대 경제학과졸, 同행정대학원 경제학과졸 (경)1993년 소방위 임용(소방간부후보 7기) 2011년 경남도 소방본부 항공구조구급대장 2012년 同소방본부 119종합상황실장(지방소방정)

2013년 경남 산청소방서장 2014년 경남도 소방본부 예방대응과장 2015년 경남 고성소방서장 2017년 경남 의령소방서장 2019년 경남도 소방본부 소방행정과장(현)

이수영(李水映 · 女) LEE Soo Young

(생)1968 · 2 · 25 (출)전남 해남 (주)경기도 과천시 코오롱로 13 코오롱에코원(주) 대표이사 비서실(02-2120-8790) (학)1986년 전남여고졸 1990년 서울대 노어노문학과졸 1993년 연세대 국제정치대학원졸 2001년 미국 노스웨스턴대 대학원 경영학과졸(MBA) (경)2001~2002년 호주 BMS파머슈티컬스 근무 2003년 코오롱그룹 WellnessTF 차장 2005년 同Wellness담당 상무보 2006년 同경영전략본부 상무 2008년 同경영기획실 전략사업팀장(상무) 2009년 同워터앤에너지 SBU 상무 2009~2010년 녹색성장위원회 위원 2011년 코오롱워터앤에너지(주) 전략사업본부장(전무) 2012년 코오롱엔솔루션 대표이사 2012~2015년 코오롱워터앤에너지(주) 공동대표이사 부사장 2015년 코오롱에코원(주) 대표이사(현)

이수영(李洙瑛 · 女) Lee, Soo Young

(생)1968 · 8 · 20 (출)서울 (주)서울특별시 서초구 서초중앙로 157 서울중앙지방법원(02-530-1114) (학)1987년 서문여고졸 1991년 서울대 법학과졸 1993년 同대학원 법학과졸 (경)1992년 사법시험 합격(34회) 1995년 사법연수원 수료(24기) 1995년 창원지법 판사 1997년 同진주지원 판사 1999년 인천지법 판사 2002년 서울지법 남부지원 판사 2004년 서울남부지법 판사 2007년 헌법재판소 파견 2010년 울산지법 부장판사 2011년 사법연수원 교수 2014년 서울가정법원 부장판사 2016년 서울중앙지법 부장판사(현)

이수영

(생)1969 · 11 (주)서울특별시 종로구 창경궁로 120 종로플레이스 14층 웅진그룹 비서실(02-2076-4500) (학)한국외국어대 경제학과졸 (경)엑센츄어코리아 상무, LG CNS 전문위원, 비즈테크파트너스 대표이사, 솔리드이엔지 대표이사 2018~2019년 웅진그룹 각자대표이사 전무 2019년 웅진그룹 대표이사 전무(현)

이수영(李洙咏)

(생)1971 · 12 · 22 (출)울산 (주)서울특별시 서초구 서초중앙로 157 서울고등법원(02-530-1114) (학)1990년 울산 학성고졸 1995년 서울대 공법학과졸 (경)1994년 사법시험 합격(36회) 1997년 사법연수원 수료(26기) 1997년 軍법무관 2000년 수원지법 판사 2002년 서울지법 판사 2004년 창원지법 통영지원 판사 2008년 서울중앙지법 판사 2009년 서울고법 판사 2010년 대법원 재판연구관 2012년 춘천지법 강릉지원 부장판사 2013년 서울고법 판사(현)

이수완(李壽完) Lee Su Wan

(생)1961 · 2 · 3 (출)충북 진천 (주)충청북도 청주시 상당구 상당로 82 충청북도의회(043-220-5116) (학)2009년 청주대 대학원 사회복지학과졸 (경)재난구조협회 진천군지회장, 징검다리 진천군지회장 2010~2014년 충북도의회 의원(민주당 · 민주통합당 · 민주당 · 새정치민주연합) 2010년 同건설소방위원회 위원, 同예산결산특별위원회 위원, 同윤리특별위원회 부위원장 2012년 同산업경제위원회 위원 2012년 同윤리특별위원회 위원 2012년 同예산결산특별위원회 부위원장, 진천군푸드뱅크 운영위원 2014년 충북도의원선거 출마(새정치민주연합), 진천군푸드뱅크 센터장 2018년 충북도의회 의원(더불어민주당)(현) 2018년 同건설환경소방위원회 위원장(현)

이수용(李秀容) Soo Yong Lee

(생)1956 · 1 · 16 (출)부산 (주)서울특별시 영등포구 경인로 775 에이스하이테크시티 2동 501호 (주)지티원(02-2167-3456) (학)경남고졸 1975년 서울대 수학과졸 1994년 한국과학기술원(KAIST) 경영정보학과 수료 2005년 서울대 경영대학원 최고경영자과정 수료, 한국과학기술원(KAIST) IT최고경영자과정 수료, 미국 Columbia Univ. 최고위과정 수료 (경)1982~1987년 대우통신 시스템엔지니어 1987~1998년 펜타시스템테크놀러지 총괄상무이사 1998년 아이티플러스(주) 대표이사 사장, 한국소프트웨어산업협회 부회장, 한국정보기술컨설턴트협회 회장, 중소소프트웨어사업자협의회 회장, GS인증사협의회 부회장, 소프트웨어하도급분쟁조정협의회 위원 2003년 코스닥상장법인협의회 비상근이사 2008년 (주)지티원 대표이사(현) 2011년 지티플러스(주) 회장 (상)한국e-비지니스대상 산업자원부장관표창(2001), 한국우수벤처기업상 우수기업상(2001), 전국경제인연합회 국제경영원 최우수벤처경영인상(2002), 대통령표창(2005) (종)천주교

이수일

(생)1962 · 4 · 26 (주)서울특별시 강남구 테헤란로 133 한국타이어앤테크놀로지 임원실(02-2222-1000) (학)경북대 무역학과졸, 미국 미시간주립대 경영대학원졸(석사) (경)1987년 한국타이어(주) 입사(공채) 1998년 同사우디아라비아 제다지점 근무 2001년 同프랑스법인 근무 2006년 同마케팅담당 상무 2009년 同미국지역본부장(전무) 2013년 同중국지역본부장(부사장) 2017년 同마케팅본부장 · 경영운영본부장 · 유통사업본부장 겸임 2018년 同각자대표이사 사장(COO) 2019년 한국타이어앤테크놀로지 각자대표이사 사장(COO)(현)

이수진(李壽珍 · 女)

(생)1969 · 5 · 14 (본)한산(韓山) (출)대전 (주)서울특별시 영등포구 국회대로68길 7 더불어민주당(1577-7667) (학)1991년 삼육간호보건대학 간호학과졸, 연세대 행정대학원 공공정책학과졸(석사) (경)2010년 한국갈등해결센터 이사 2010~2014년 한국노총 서울지역본부 여성위원장 2010~2014년 同서울본부 부의장 2011~2017년 연세의료원 노조위원장 2012년 민주통합당 청년대표 국회의원선출특별위원회 위원 2012~2013년 同당무위원회 위원 2013~2014년 민주당 당무위원회 위원 2014년 새정치민주연합 당무위원회 위원 2014년 전국의료산업노동조합연맹 위원장(현) 2015년 국민건강보험공단 재정운영위원회 위원(현) 2015년 새정치민주연합 부대변인 2015년 同전국여성위원회 부위원장 2015년 同전국노동위원회 부위원장 2015년 중앙노동위원회 근로자위원(현) 2015~2016년 더불어민주당 부대변인 2016년 同인재영입위원회 위원 2016년 同제20대 국회의원 후보(비례대표 21번) 2016년 同조직강화특별위원회 위원 2016~2018년 전태일재단 운영위원 2016년 건강보험정책심의위원회 위원(현) 2017~2018년 더불어민주당 전국노동위원회 위원장 2017년 아시아평화와역사교육연대 운영위원(현) 2017년 더불어민주당 지방선거기획단 위원 2018년 노사발전재단 이사(현) 2018년 더불어민주당 최고위원(현) (상)대통령표창(2007), 한국정신대문제대책협의회 나비의 꿈상(단체표창)(2010), 여성신문 주관 '제11회 미래를 이끌어갈 여성지도자상'(2013)

이수진(李秀眞 · 女)

(생)1969 · 11 · 3 (출)서울 (주)경기도 고양시 일산동구 호수로 550 사법정책연구원 연구위원실(031-920-3573) (학)1988년 전주 성심여고졸 1996년 서울대 경제학과졸 (경)1998년 사법시험 합격(40회) 2002년 사법연수원 수료(31기) 2002년 인천지법 판사 2003년 서울고법 판사 2004년 서울중앙지법 판사 2006년 부산지법 가정지원 판사 2009년 서울중앙지법 판사 2011년 서울남부지법 판사 2014년

서울중앙지법 판사 2015년 대법원 재판연구관 2017년 대전지법·대전가정법원 부장판사 2019년 수원지법 부장판사(현) 2019년 사법정책연구원 연구위원(현)

이수철(李秀哲) Rhee Soo Cheol

(생)1955·7·9 (본)인천(仁川) (출)경남 합천 (주)경기도 성남시 분당구 정자일로 177 분당인텔리지 B동 1201호 (재)한국디자인연구재단(031-782-5980) (학)1981년 한양대 응용미술학과졸 1983년 同대학원졸 1996년 이학박사(한양대) (경)1995~2014년 한양대 디자인대학 교수, 개인전 8회, 해외초대전 10회, 한국섬유작가 100인초대전(공평아트센터), 대한민국현대디자인대전 초대전(산업디자인포장개발원), 일본중경화랑 초대전, 한국디자이너협의회 회원전, 한국텍스타일디자인협회 회원전, 한국미술협회 회원전, 스위스 알드릴갤러리 초대전, 신미술대전 초대작가, 디자인대전 심사위원, 서울텍스타일디자인경진대회 심사위원장, 코리아디자인페어 심사위원장, 장춘국제디자인교류전 운영위원장, 한양국제디자인컨퍼런스 대회장, 한국공예디자이너협회 이사장 2001~2004년 한양대 디자인대학장 겸 디자인대학원장 2001~2008년 미국 브리지포트대 UB한양디자인센터 Director 2002~2014년 한국디자인문화학회 회장 2004~2014년 (사)한국텍스타일디자인협회 회장 2004년 중국 길림예술대학 Life Tenure of Honorary Professor(현) 2008년 경기관광공사 이사 2011~2013년 한국산업기술진흥원 이사 2011년 (재)한국디자인연구재단 이사장(현) (상)근정포장(2005), 한양대 최우수교수상(2009), 시사투데이 대한민국혁신리더 대상(2010), 한국일보 THE BEST KOREA AWARDS(2010), 한양대 백남학술상(2011) (저)'텍스타일디자인'(1993) '텍스타일디자인 입문'(1997) '현대인의 교양을 위한 공예의 이해'(2000) '인터넷과 함께 하는 현대디자인'(2003) '현대인을 위한 패션컬러코디네이션'(2006) '색과 생활'(2007)

이수철(李秀澈) YI Soo Cheol

(생)1965·8·7 (본)전주(全州) (출)충북 충주 (주)경상남도 창원시 성산구 창이대로 669 창원지방검찰청 중요경제범죄조사단(055-239-4200) (학)1984년 충주고졸 1988년 서울대 사법학과졸 1990년 同대학원 법학과 수료 (경)1989년 사법시험 합격(31회) 1993년 사법연수원 수료(21기) 1993년 해군 법무관 1996년 서울지검 동부지청 검사 1998년 대전지검 홍성지청 검사 2000년 전주지검 검사 2002년 인천지검 검사 2003년 미국 뉴욕시 브루클린검찰청 연수 2004년 서울남부지검 검사 2005년 同부부장검사 2006년 대전고검 검사 2007년 울산지검 형사2부장 2008년 광주고검 검사 2009년 청주지검 1부장검사 2009년 대구지검 형사3부장 2010년 서울서부지검 형사4부장 2011년 서울북부지검 형사3부장 2012년 서울고검 검사 2013년 광주지검 목포지청장 2014~2018년 서울고검 검사 2016년 수원지검 중요경제범죄조사단 파견 2017년 同중요경제범죄조사단장 2018년 창원지검 중요경제범죄조사단장(현) (종)기독교

이수태(李樹泰) LEE Soo Tae(Robert)

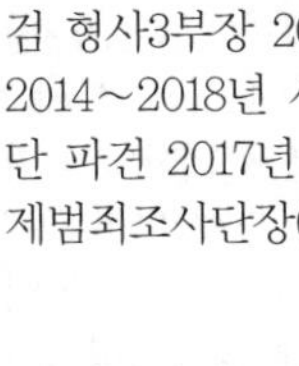

(생)1955·3·3 (본)학성(鶴城) (출)울산 (주)부산광역시 강서구 미음산단3로 55 (주)파나시아(051-831-1010) (학)부산대 기계공학과졸, 미국 카네기멜론대 경영대학원졸, 일본 와세다대 최고경영자과정 수료, 서울대 공과대학 최고전략과정 수료, 한국해양대 대학원졸 (경)현대중공업(주) 조선설계부 근무, 한국레벨(주) 근무 1989~2007년 범아정밀(주) 대표이사 2007년 (주)파나시아 대표이사(현), 울산 학성고 在釜山총동문회장 2008년 부산조선해양기자재공업협동조합 이사(현) 2013년 부산시배구협회 부회장 2017년 법사랑위원 부산서부지역연합회 부회장(현) 2017년 현대중공업(주) 통합협의회 회장(현) 2017년 부산유비쿼터스사물인터넷협회(U-IOT) 회장(현) 2018년 부산상공회의소 제22·23대 의원(현) (상)부산시 벤처기업인상(2004), 싱글PPM단체상(2012), 산업기술진흥 유공 금탑산업훈장(2013), World Class 300지정(2014), 고용노동부 강소기업 선정(2015), 한국산업단지공단(KICOX) 글로벌 선도기업 인증(2015), 무역의날 칠천만불 수출탑(2015), 산업평화상(2015), IR52 장영실상(2016) (종)불교

이수택(李洙澤) LEE Soo Teik

(생)1957·12·25 (주)전라북도 전주시 덕진구 건지로 20 전북대학교병원 소화기내과(063-250-1684) (학)1982년 전북대 의대졸 1984년 同대학원 의학석사 1994년 의학박사(전남대) (경)1983년 전북대병원 내과 전공의 1987~1991년 국군논산병원·전주영동병원·전주한국병원 내과 과장 1991~2006년 전북대 의과대학 내과학교실 교수 1993~1995년 미국 로체스터대 Issac Gorden center 연구원 1999~2002년 전북대병원 종합검진센터 소장 2003~2006년 同교육연구실장 2006년 전북대 의학전문대학원 내과학교실 교수(현) 2006~2009년 전북대병원 진료처장 2013~2017년 同건강증진센터장 2013~2017년 대한소화기내시경학회 전북지회장 2014~2015년 대한소화기학회 부회장 2017년 대한소화기암학회 회장 2018년 대한소화기내시경학회 회장 2019년 대한소화기기능성질환운동학회 회장(현)

이수혁(李秀赫) LEE Soo Hyuck

(생)1949·1·4 (본)전주(全州) (출)전북 정읍 (주)서울특별시 종로구 사직로8길 60 외교부 인사운영팀(02-2100-7141) (학)1972년 서울대 문리과대학 외교학과졸 1977년 영국 런던대 수학 2003년 연세대 행정대학원 국제관계학과졸(정치학석사) (경)1975년 외무고시 합격(9회) 1975년 외무부 입부 1978년 駐유엔대표부 3등서기관 1980년 駐페루 2등서기관 1985년 駐벨기에 참사관 1988년 駐코트디부아르대사관 참사관 1989년 외무부 법무담당관 1990년 同동구1과장 1992년 駐유엔대표부 참사관 1995년 駐폴란드 공사참사관 1997년 駐미국 공사참사관 1999년 대통령 외교통상비서관 2001년 외교통상부 구주국장 2002년 駐유고슬라비아 대사 2003년 외교통상부 차관보 2003년 북핵 6자회담 초대 수석대표 2005년 駐독일 대사 2006~2008년 국가정보원 제1차장 2008년 연세대 정치외교학과 특임교수 2012년 미국 코넬대 방문연구원 2013~2017년 단국대 석좌교수 2016~2018년 더불어민주당 한반도경제통일특별위원회 위원장 2016년 同제20대 총선 선거대책위원회 위원 2016년 同총선정책공약단 한반도평화본부 공동본부장 2017~2019년 제20대 국회의원(비례대표 승계, 더불어민주당) 2017~2018년 국회 외교통일위원회 위원 2017~2019년 더불어민주당 전북정읍·고창지역위원회 위원장 2018~2019년 국회 외교통일위원회 간사 2018년 국회 예산결산특별위원회 위원 2018년 더불어민주당 국제위원장 2018년 同제2정조위원장(외교·통일·국방·정보) 2019년 더불어민주당 당대표 외교·안보 특보 2019년 국회 산업통상자원중소벤처기업위원회 위원 2019년 駐미국 대사(현) (상)녹조근정훈장(1992), 황조근정훈장(2009) (저)'통일독일과의 대화'(2006) '전환적 사건 : 북핵문제 정밀 분석'(2008) '북한은 현실이다'(2011) (종)기독교

이수현(李秀鉉)

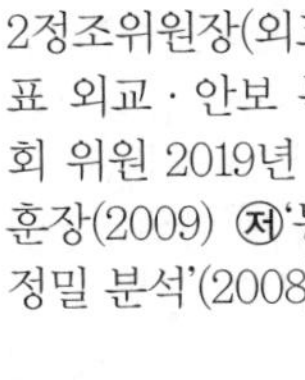

(생)1959·9·15 (주)서울특별시 서초구 청계산로 10 농협유통 대표이사실(02-3498-1285) (학)1979년 광주상고졸 1986년 숭실대 경영학과졸 (경)1979년 농협중앙회 함평군지부 입사 2000년 농협중앙회 문화홍보부 사이버홍보CD팀장 2004년 同농촌복지홍보부 차장 2005년 同양평군지부 부지부장 2008~2011년 同합정동지점장 2012년 NH농협은행 수탁업무부장 2014년 同농업금융부장 2015년 농협중앙회 IT전략부장 2016년 농협정보시스템 전무이사 2016년 농협중앙회 회원종합지원본부장(상무) 2017년 同기획조정본부 상무 2018년 농협유통 제14대 대표이사(현)

이수형(李秀衡) Su Houng Lee

(생)1962 · 6 · 30 (출)서울 (주)서울특별시 서대문구 연세로 50 연세대학교 과학관 305 A호(02-2123-2618) (학)1984년 연세대 물리학과졸 1988년 이학박사(미국 뉴욕주립대 스토니브룩교) (경)1985~1988년 미국 뉴욕주립대 스토니브룩교 Research Assistant 1988~1990년 미국 메릴랜드대 Post-Doc. 1990~2000년 연세대 물리학과 조교수 · 부교수 1993~1994년 미국 워싱턴대 Visiting Scientist 1997~1998년 독일 GSI 연구소 Humboldt Fellow 2000년 연세대 물리학과 교수(현) 2002~2003년 미국 텍사스 A&M대 방문교수 2006년 교육인적자원부 및 한국학술진흥재단 '대한민국 국가석학(Star Faculty)'에 선정 2007년 연세대 언더우드 특훈교수 (저)'강입자와 핵'(2001)

이수형(李洙衡) LEE Soo Hyung (樹木堂)

(생)1973 · 2 · 20 (본)여주(驪州) (출)부산 (주)서울특별시 송파구 올림픽로35길 137 한국광고문화회관 10층 한국온라인광고협회(02-2144-4422) (학)1998년 부산대 경제학과졸, 미국 웨스트조지아대 최고위과정 수료, 연세대 언론홍보대학원 최고위과정 수료, 同언론홍보대학원 광고홍보학과 석사과정 휴학 (경)2000~2005년 (주)다음커뮤니케이션 e-비즈니스본부장 · 검색사업본부장 2002~2005년 (주)나무커뮤니케이션 대표이사 2005~2007년 (주)투어익스프레스 대표이사, (주)퍼플젯에어라인즈 대표이사, 한림국제대학원대 컨벤션이벤트경영학과 겸임교수 2009년 (주)다음커뮤니케이션 부산경남센터장 2010년 부산시펜싱협회 회장 2012년 이수형의 아름다운 선데이 브런치 운영자 겸 쉐프, 번개장터 Chief Business Network Office 겸 감사, 인터넷마케팅협회 홍보이사, 한국디지털대행사협회 서울AP클럽 이사, 한국온라인광고협회 서울AP클럽 이사(현), 동물사랑실천협회 이사(현) 2013년 대한민국광고대상 집행위원 2014~2016년 한국블로그산업협회 부회장 2014~2015년 국제로터리클럽 3650지구 청년회원증강위원회위원장 2014~2016년 한국디지털기업협회 디지털마케팅분과 위원장 2014년 한국온라인광고협회 이사(현) 2014~2018년 (사)한국소셜콘텐츠진흥협회 회장 2015년 (주)카카오 부산경남센터장 2015년 한국예술원 명예교수(현) (작)음원 '갈매기와 소라' '살다 보면'

이수호(李秀浩) LEE Soo Ho

(생)1949 · 4 · 16 (본)성주(星州) (출)경북 영덕 (주)서울특별시 종로구 창신길 39-10 전태일재단(02-3672-4138) (학)1968년 대구 계성고졸 1972년 영남대 국어국문학과졸 1980년 고려대 교육대학원졸 (경)1977~1989년 신일중 · 고 교사 1986년 서울YMCA교사회 회장 1986년 서울교사협의회 회장 1987년 전국교사협의회 부회장 1989년 전국교직원노동조합 사무처장 1989년 해직 1990년 국민연합 집행위원장 1991년 전국교직원노동조합 부위원장 1994년 同서울지부장 1997년 전국교직원노동조합 수석부위원장 1998~2008년 선린인터넷고 복직 · 교사 1999년 전국교직원노동조합 부위원장 1999년 전국민주노동조합총연맹 사무총장 겸임 2001~2002년 전국교직원노동조합 위원장, 同지도자문위원(현) 2003~2006 · 2006~2008년 방송문화진흥회 이사 2004~2005년 전국민주노동조합총연맹 위원장 2006년 同지도위원(현) 2008년 민주노동당 혁신 · 재창당위원장 2008~2010년 同최고위원 2008~2010년 국가인권위원회 정책자문위원, 전태일기념사업회 이사 2010년 한국갈등해결센터 상임이사 2011년 노나메기재단추진위원회 공동대표 2011년 박원순 서울시장 공동선거대책위원장 2013~2015년 한국갈등해결센터 상임이사 2014년 (사)이주노동희망센터 이사장 2015년 전태일재단 이사장(현) 2015년 한국갈등해결센터 고문(현) 2016~2018년 희망새물결 상임대표 2017년 (사)이주노동희망센터 고문(현) 2019년 전태일기념관 관장(현) (저)'일어서는 교실' '까치가족' '달리는 자전거는 넘어지지 않는다' '사랑의 교육' '희망의 교육' '나의 후배는 너다' '사람이 사랑이다' '다시 학교를 생각한다'(2012) '겨울나기'(2014) (종)기독교

이수홍(李樹泓) Lee Soo-hong

(생)1961 · 10 · 28 (본)연안(延安) (출)서울 (주)서울특별시 마포구 와우산로 94 홍익대학교 조소과(02-320-1946) (학)1980년 중경고졸 1984년 홍익대 조소과졸 1989년 同대학원 조각과졸 1992년 미국 프랫인스티튜트 대학원 조각과졸 (경)1988~2000년 개인전 16회 1995년 홍익대 조소과 조교수 1998년 대한주택공사 미술심의위원 2003~2005년 홍익대 조소과 부교수 2006년 同조소과 교수(현), 同환경미술연구소장, 한국아세아현대조각회 회장(현), 대학미술협의회 운영위원 2008~2014년 서울시 공공미술위원회 위원, 한국현대조각회 회장(현), 한국조각가협회 부회장(현), 마을미술프로젝트 추진위원 2011년 (재)아름다운MAP 부이사장, 同이사장(현) 2013~2017년 (사)한국영상미디어협회 회장 2016년 행정중심복합도시건설청 문화예술분과 자문위원장 2016~2018년 홍익대 미술대학 기획발전위원장 (상)석남미술상(1994), 김세중청년조각상(1997), 몽골해외봉사상 (종)가톨릭

이수화(李秀華) LEE Soo Hwa

(생)1955 · 1 · 16 (출)경북 청도 (주)경기도 용인시 수지구 죽전로 152 단국대학교 미래ICT융합학과 (학)1973년 경북고졸 1978년 성균관대 행정학과졸 1992년 미국 미주리주립대 대학원 경제학과졸 1994년 경제학박사(미국 미주리주립대) (경)1976년 행정고시 합격(19회) 1977년 경북도청 새마을담당관 1978년 농수산부 사무관 1987년 농림수산부 사무관 1989년 同서기관 1990년 해외연수 1994년 농림수산부 농업금융과장 1995년 同식량정책과장 1996년 농림부 농정기획과장 1998년 同농업정책과장 1999년 국가전문행정연수원 농업연수부장 1999년 농림부 농업정보통계관 2000년 駐미국대사관 농무관 2003년 국립농산물품질관리원 원장 2004년 농림부 식량정책국장 2004년 산림청 차장 2008~2009년 농촌진흥청장 2010~2011년 경북대 초빙교수 2011~2013년 농협경제연구소 대표이사 2015년 단국대 대학원 미래ICT융합학과 초빙교수(현) 2015년 식품의약품안전처 식품의약품안전정책심의위원(현) 2017~2019년 한국농수산식품유통공사 비상임이사 (상)근정포장(1983), 황조근정훈장(2006) (저)'금융정책의 효과측정연구' '피셔가설과 불확실성의 영향분석' '조건불리지역 및 환경보전에 대한 직접지불제도 조사연구'(共) '일주일에 읽는 농업경제학' (종)불교

이수훈(李洙勳) LEE Suhoon

(생)1954 · 12 · 13 (본)인천(仁川) (출)경남 창원 (주)경상남도 창원시 마산합포구 경남대학로 7 정치외교학과(055-249-2532) (학)1973년 마산고졸 1977년 부산대 문리대학 영어영문학과졸 1979년 同대학원 영문학과졸 1982년 미국 Univ. of Alabama 대학원 사회학과졸 1986년 사회학박사(미국 존스홉킨스대) (경)1986년 경남대 극동문제연구소 연구위원 1987~1996년 同사회학과 조교수 · 부교수 1989년 한국공해추방운동연합 정책실장 1992년 환경운동연합 지도위원 1995년 정치개혁시민연합 운영위원 1996~2016년 경남대 사회학과 교수 2001년 同극동문제연구소 연구실장 2003년 대통령자문 정책기획위원 2004년 대통령자문 동북아시대위원회 자문위원 2005년 경남대 극동문제연구소 부소장 2005년 대통령자문 동북아시대위원회 위원장 2009~2014년 경남대 극동문제연구소장 2011년 민주당 부산비전위원회 공동위원장 2012년 민주통합당 문재인 대통령후보 선대위 '미래캠프' 산하 남북경제연합위원회 위원 2016~2017년 경남대 정치외교학과 교수 2017년 국정기획자문위원회 외교안보분과 위원장 2017~2019년 駐일본 대사 2019년 경남대 정치외교학과 교수(현) (저)'사회과학의 개방'(1996) '세계체제의 인간학'(1996) '세계체제론'(1999) '자본주의 세계경제론' '사회과학의 계량분석 기초'(共) '위기와 동아시아 자본주의'(2001)

이숙애(李淑愛 · 女)

(생)1961 · 3 · 30 (주)충청북도 청주시 상당구 상당로 82 충청북도의회(043-220-5116) (학)청주여상졸, 한국방송통신대졸, 청주대 행정대학원 사회복지학과졸, 공주대 대학원 사회복지학 박사과정 수료 (경)청주여성의전화 사무국장, 청주성폭력상담소 소장, 충북생활정치여성연대 대표여성위원장, 중원실버빌리지 원장, 제일노인복지센터 소장, 효드림재가장기요양기관 원장, 청주시자원봉사센터 센터장 2014~2018년 충북도의회 의원(비례대표, 새정치민주연합 · 더불어민주당) 2014 · 2016~2018년 同교육위원회 위원 2014년 同운영위원회 위원 2015년 同윤리특별위원회 부위원장 2016~2017년 同예산결산특별위원회 부위원장 2016년 더불어민주당 충북도당 교육발전위원장 2018년 충북도의회 의원(더불어민주당)(현) 2018년 同교육위원회 위원장(현) (상)전국시 · 도의회의장협의회 우수의정 대상(2016)

이숙종(李淑鍾 · 女) LEE Sook Jong

(생)1957 · 9 · 28 (출)서울 (주)서울특별시 종로구 성균관로 25-2 성균관대학교 행정학과(02-760-0252) (학)1980년 연세대 사회학과졸 1984년 미국 하버드대 대학원 사회학과졸 1989년 사회학박사(미국 하버드대) (경)1989~1994년 연세대 · 고려대 · 서강대 · 동국대 강사 1994~2005년 세종연구소 연구위원 2003~2004년 미국 Brookings Institution Visiting Fellow 2004~2005년 미국 Johns Hopkins대 국제대학원 Professorial Lecturer 2005년 성균관대 행정학과 교수(현) 2008~2018년 동아시아연구원 원장 2008~2011년 국정관리연구 편집위원장 2009년 현대일본학회 회장 2009년 외교통상부 한일신시대공동연구위원회 위원 2009~2010년 대통령직속 미래기획위원회 자문위원 2010~2011년 대통령 외교안보수석비서관 정책자문위원 2011~2013년 대통령직속 지방행정체제개편추진위원회 위원 2013년 국무총리소속 재외동포정책위원회 위원 2013년 국가안보자문단 외교분야 자문위원 2014~2017년 대통령직속 통일준비위원회 외교안보분과위원회 민간위원 2014년 한국국제협력단(KOICA) 자문위원 2014~2018년 외교부 정책자문위원회 자문위원 (상)연세대 문과대학 동창회 연문인상(2014) (저)'일본, 일본학 : 현대 일본연구의 쟁점과 과제(共)'(1994, 오름) '일본의 정계개편과 정책변화(共)'(1996, 세종연구소) '일본의 新정치경제'(1998, 세종연구소) '일본의 금융위기 : 불량채권문제를 중심으로'(1999, 세종연구소) '21세기 일본의 국가개혁(共)'(2000, 서울대 출판부) '달러 · 유로 · 엔 : 국제통화질서의 재편(共)'(2000, 세종연구소) '일본의 도시사회(共)'(2001, 서울대 출판부) '전환기의 한일관계(編)'(2002, 세종연구소) '한국 시민단체의 정책제언활동'(2002, 세종연구소) '경제위기와 복지의 정치(編)'(2003, 세종연구소) '작은 정부와 일본 시민사회의 발흥(編)'(2005, 한울아카데미) '일본사회의 변화와 개혁(編)'(2006, 한울아카데미) '한국사회와 일본사회의 변용(共)'(2006, 고려대 아세아문제연구소) '일본정치론(共)'(2007, 논형) '세계화 제2막(共)'(2010, 동아시아연구원) '일본과 동아시아(共)'(2011, 동아시아연구원) 'Public Diplomacy and Soft Power in East Asia(共)'(2011, Palgrave) (역)'일본 허울뿐인 풍요(共)'(1998, 창작과 비평사) '전쟁을 기억한다'(2003, 일조각)

이 순

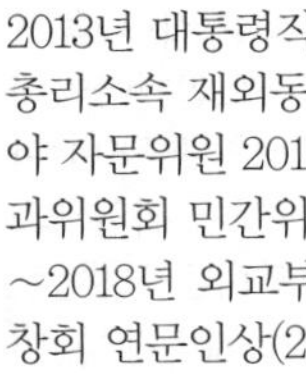

(생)1943 (주)충청남도 아산시 배방읍 호서로79번길 20 학교법인 호서학원(041-540-5004) (학)장로회신학대 기독교교육학과졸, 同신학대학원졸(M. Div), 同대학원졸(STM), 명예 신학박사(호서대), 명예 신학박사(장로회신학대) (경)1984년 페루선교회 회장, 同고문(현) 1987~2013년 천안중앙교회 담임목사 1997~1998년 대한예수교장로회 대전서노회장 1998~2002년 한일장신대 이사 1998년 천안시기독교연합회 회장 1999~2003년 대전신학대 이사 1999~2007년 한남대 이사 2000~2008년 한국해비타트 천안아산지회 이사장 2003~2004년 기독교총회 재판국장 2007~2008년 同사회부 사회문제위원장 2007~2011년 페루장로회신학교 이사장 2008~2011년 한국해비타트 이사장 2008~2011년 기독교총회 해양의료선교회 이사장 2008~2013년 CTS 기독교TV 중부방송 이사장 2013년 천안중앙교회 원로목사(현) 2017~2019년 학교법인 호서학원 이사장 2019년 同명예이사장(현)

이순교(李舜教) LEE Soon Kyo

(생)1960 · 7 · 25 (출)경북 봉화 (주)서울특별시 중구 퇴계로 97 고려대연각센터 1201호 동광제약(주) 비서실(02-776-7641) (학)1978년 안동고졸 1982년 중앙대 약학과졸 (경)1983년 국제약품공업(주) 제1공장 제품생산과 근무 1986년 同생산부 계장 1989년 同생산부 과장 1991년 同생산부 차장 1995년 同생산부장 1997년 同부공장장 겸 생산부장 1998년 同생산본부장(이사대우) 겸 공장장 2000년 同상무 2002~2007년 同부사장 2008년 동광제약(주) 생산본부 전무 2016년 同업무총괄 부사장(현)

이순국(李淳國) Lee soon kook

(생)1949 · 9 · 22 (출)황해 사리원 (주)경기도 수원시 장안구 경수대로973번길 6 경기일보(031-250-3331) (학)1967년 수원고졸 1971년 경희대 상경대학 상학과졸 (경)1972~2010년 대림제약(주) 대표이사 1981년 신보건약품(주) 대표이사 1981~1982년 (사)수원시청년회의소 회장 1993년 경기도조정협회 회장 1995년 경희대 수원지역 부회장 2000~2010년 한국법무보호복지공단 경기지부장 2002~2008년 경희대총동문회 부회장 2004년 삼죽양돈 대표 2005~2009년 민주평통 자문위원 2006년 수원지법(민사) 조정위원 수석부회장(현) 2006년 수원여객 이사회 회장(현) 2006년 수원중 · 고총동문회 회장 2007년 성실장학회 이사장(현) 2007년 수원지역범죄피해자지원센터 이사장(현) 2008년 경희대총동문회 자문위원(현) 2010년 피그넷 대표 2010년 (재)수원사랑장학재단 이사(현) 2010년 대림제약(주) 회장 2012년 경기지방경찰청 경찰발전위원회 위원 2014~2017년 경기일보 사장 2017년 同이사회 의장(현) (상)국민포장(2010)

이순늠(李順廩 · 女) LEE SUNNEEM

(생)1962 · 12 · 10 (본)경주(慶州) (출)경북 예천 (주)경기도 수원시 장안구 경수대로 1150 경기도인재개발원 원장실(031-290-2000) (학)1979년 안동여고졸 1983년 영남대 지역사회개발학과졸 2012년 아주대 대학원 지방자치법학과졸 (경)2004년 경기도 여성정책국 여성정책과 정책개발팀장 2005년 하남시 춘궁동장 2006년 同사회복지과장 2007년 경기도 기획조정실 법무담당관실 행정심판팀장 2009년 同감사관실 감사담당관실 행정감사1팀장 2011년 同기획조정실 창조행정담당관실 창조전략팀장 2014년 同여성가족국 다문화가족과장 2015년 경기도북부여성비전센터 소장 2016년 경기도 여성가족국 보육정책과장 2018년 同교육협력국 교육정책과장 2018년 同여성가족국 여성정책과장 2019년 同복지여성실장 직대 2019년 경기도인재개발원장(현)

이순동(李淳東) LEE Soon Dong

(생)1947 · 3 · 29 (출)경기 수원 (주)서울특별시 서초구 강남대로43길 14-1 서초빌딩 3층 (사)한국자원봉사문화 이사장실(02-415-6575) (학)1965년 배재고졸 1969년 연세대 정치외교학과졸 1971년 同행정대학원졸 2006년 언론학박사(한양대) (경)1972~1980년 중앙일보 편집국 기자 1987년 삼성전자 홍보실장 1991년 삼성 회장비서실 이사 1994년 한국광고자율심의기구 심의위원 1996~1997년 삼성전자(주) 상무이사 1998년 삼성 회장비서실 전무이사 2001~2006년 同기업구조조정본부 부사장 2001~2010년 전국경제인연합회 경제홍보협의회장 2003~2006년 한국광고주협회 운영위원장 2003~2009년 한국PR협회 회장

2006~2007년 삼성 전략기획실 기획홍보팀장(부사장) 2007~2008년 同전략기획실 사장(실장보좌역) 2008~2009년 同브랜드관리위원회 위원장 2009년 삼성사회봉사단 단장 2009~2010년 한국광고주협회 회장 2009~2011년 국가브랜드위원회 기업IT분과위 위원장 2010~2011년 삼성미소금융재단 이사장 2011년 삼성전자(주) 고문 2011~2019년 한국광고총연합회 회장 2011년 (사)한국자원봉사문화 이사장(현) 2016년 한국프로골프협회(KPGA) 자문위원(현) 2017~2018년 국제로터리 3650지구 총재 2018년 국제로타리 '로타리 이미지' 코디네이터(RPIC)(현) (상)대통령표창(1994), 국민포장(1999), 중앙언론문화상(2004), 국민훈장 모란장(2006), 부산국제광고제 국제명예상(2013) (종)기독교

이순미(李順美·女) LEE Soon Mi

(생)1970·1·20 (주)세종특별자치시 다솜3로 95 공정거래위원회 유통정책관실 가맹거래과(044-200-4631) (학)서울대 생물교육학과졸, 한국방송통신대 법학과졸, 미국 시라큐스대 행정대학원졸 (경)1996년 행정고시 합격(40회) 1998년 공정거래위원회 소비자보호국 약관심사과 근무 2002년 同심판관리2담당관실 근무 2004년 同심판관리1담당관실 근무 2005년 同카르텔조사단실 제조카르텔팀 사무관 2007년 同카르텔조사단실 카르텔정책팀 서기관 2008년 同카르텔정책과 서기관 2008년 同심판관리관실 송무담당관 2008년 미국 유학 2010년 미국 FTC 근무 2012년 공정거래위원회 규제개혁법무담당관 2012년 경제협력개발기구(OECD) 파견(과장급) 2015년 공정거래위원회 경쟁심판담당관 2017년 同카르텔조사국 입찰담합조사과장 2018년 同기업거래정책국 가맹거래과장 2019년 同유통정책관실 가맹거래과장(부이사관)(현)

이순영(李順榮·女) Lee Sun Yeong

(생)1958·4·12 (주)부산광역시 연제구 중앙대로 1001 부산광역시의회(051-888-8245) (학)동아대 대학원 국어국문학과졸, 부경대 대학원 국어국문학 박사과정 수료 (경)(주)푸드다산 영업이사, 민주평통 부산시 북구 자문위원, 민주당 부산북구·강서구甲지역위원회 위원장, 同부산시당 여성위원장 2006년 부산시 북구의원선거 출마(열린우리당) 2010~2014년 부산시 북구의회 의원(비례대표, 민주당·민주통합당·민주당·새정치국민연합) 2012년 同주민도시위원장 2014년 부산시의원선거 출마(새정치민주연합) 2015~2018년 더불어민주당 부산시당 여성위원장 2016년 同제20대 국회의원 후보(비례대표 34번) 2018년 부산시의회 의원(더불어민주당)(현) 2018년 同교육위원회 위원(현) 2018년 同예산결산특별위원회 위원(현) 2018년 同남북교류협력특별위원회 위원(현)

이순영(李舜瑛) LEE Soon Young

(본)진성(眞城) (출)경북 의성 (주)서울특별시 영등포구 국회대로70길 19 대하빌딩 1109호 녹색재단(02-2088-2983) (학)1979년 동국대 법정대학 경찰행정학과졸 1985년 미국 노스이스턴대 대학원 형사사법학과졸 1991년 법사회정책학박사(미국 보스턴대) (경)1985년 全미주지역한국인학생연합 창설·대표 1985년 在미국 한인학생봉사센터 대표 1986년 全美洲한인학생학술대회장 1987년 미주학생신문 발행인 1991~1998년 미국 메릴랜드대·동국대·국민대·중앙대·숭실대 강사 1993~1997년 한세정책연구원 부원장 1994년 월간 북한경제 발행인 겸 편집인 1994~2002년 정책연구지 한세정책 발행인 겸 편집인 1994년 맑은물되찾기운동연합회 부회장 1994~1999년 서울시사격연맹 회장 1995년 대외경제정책연구원 세계화 전문가 풀 위원 1995년 대통령자문 세계화추진위원회 전문위원 1995~1998년 서울시교육위원회 교육위원·부의장·의장 직대 1995~1998년 대한사격연맹 수석부회장·회장 직대 1997년 한세정책연구원 원장 1998년 세계사격연맹(ISSF) 이사 1998년 제2의건국범국민추진위원회 중앙위원 1999년 서울씨랜드어린이안전공원건립추진위원회 위원장 2002년 의회신문 설립·대표 2005년 (사)한국선거관리협회 부회장 2005년 한중대 총장 2009년 성균관재단 이사장 2009년 녹색재단 이사장(현) 2010년 서울외국어대학원대 석좌교수(현) 2011년 녹색재단 상임대표 2016~2017년 (사)자연보호중앙연맹 부총재 2018년 친구협동조합 이사장(현) 2018년 담배문제시민행동 상임대표(현) (저)'정치화 경찰과 한국민주주의' '원자력과 핵은 다른건가요?'(1996, 한세) '그린행정실무'(2012, 이담북스) (역)'뇌물의 역사'(1996, 한세)

이순원(李順遠) Soon Won Lee

(생)1956·7·8 (출)서울 (주)경기도 수원시 장안구 서부로 2066 성균관대학교 자연과학대학 화학과(031-290-7066) (학)1980년 서울대 화학과졸 1982년 同대학원 화학과졸 1989년 화학박사(미국 캘리포니아대 샌디에이고교) (경)1982~1985년 한국과학기술원(KAIST) 무기화학연구실 연구원 1989~1990년 미국 Univ. of Southern California Post-Doc. 1990~2001년 성균관대 이과대학 화학과 조교수·부교수 1991~1999년 한국결정학회 편집위원 1996~2002년 同이사 2000~2003년 同학회지(화학분야) 상임편집위원 2000년 대한화학회 학회지 상임편집위원 2002년 성균관대 화학과 교수(현) 2004년 한국결정학회 편집위원장 2004년 화학올림피아드 여름학교 교장 2005년 한국학술진흥재단 기초과학지원단 전문위원 2006~2009년 同자연과학단장 2008~2010년 한국결정학회 부회장 2011~2018년 성균관대 산학협력단 연구부단장 2015~2019년 同일반대학원장 2016~2017년 同성균융합원장 (상)수원시 문화상(2002), 교육인적자원부장관표창(2005) (저)'Inorganic Chemistry Laboratory Manual'(1992) '무기화학'(2000)

이순재(李順載) LEE Soon Jae

(생)1935·10·10 (본)광주(廣州) (출)함북 회령 (주)서울특별시 강남구 봉은사로18길 70 SG연기아카데미(02-564-5998) (학)1953년 서울고졸 1958년 서울대 철학과졸, 고려대 언론대학원 최고위언론과정 수료 2000년 명예 한의학박사(경희대) (경)탤런트(현) 1956년 드라마 '나도 인간이 되련가'로 데뷔 1960년 KBS 1기 탤런트 1971·1972·1988년 한국방송연기자협회 회장 1980년 민정당 창당발기인 1988년 同서울중랑甲지구당 위원장 1992년 제14대 국회의원(서울 중랑구甲, 민자당·신한국당) 1993년 민자당 부대변인 1993년 한·일의원연맹 간사 1995년 민자당 교육연수원 부원장 1998년 대한적십자사 친선대사 2001~2009년 MBC아카데미 연극음악원장 2007년 대한민국UCC대전 홍보대사 2008년 서울시 홍보대사 2009년 한국방송영상산업진흥원 '방송인 명예의 전당' 헌정 2009년 제8회 전국평생학습축제 홍보대사 2009년 (사)코리아드라마페스티벌조직위원회 부위원장 2010년 국민연금 홍보대사 2010년 DMZ다큐멘터리영화제 조직위원 2010년 국제SF영화제 홍보대사 2010년 서울디딤돌 나눔의거리 홍보대사 2010년 서울문화예술대상 심사위원 2011년 SG연기아카데미 원장(현) 2011년 가천대 연기예술과 석좌교수(현) 2012년 2013산청세계전통의약엑스포 홍보대사 2012년 2012수원화성국제연극제 홍보대사 2012년 거창국제연극제 홍보대사 2012년 EK티처 한국어교사원격평생교육원장(현) 2014년 태화복지재단 홍보대사 2014년 어르신교통안전 명예홍보대사 2016~2018년 문화체육관광부 예술인복지정책 홍보대사 2016년 코리아문화수도조직위원회(KCOC) 선정위원(현) 2017년 대한민국인성영화제 조직위원장(현) 2018년 2018실버문화페스티벌 홍보대사 2018년 (사)한국후견협회 홍보대사(현) 2019년 '2019 실버문화' 홍보대사(현) (상)백상예술대상 영화 남자최우수연기상(1977), MBC 명예의 전당(2002), 보관문화훈장(2002), 동대문세무서장표창(2007), 코리아드라마페스티벌 공로상(2007), 백상예술대상 TV부문공로상(2009), MBC방송연예대상 공로상(2009), 서울문화예술대상 문화예술인대상(2010), 중국 금계백화영화제 외국영화부문 남우주연상(2011), 대한민국 CEO그랑프리 문화

CEO부문 특별상(2011), 제1회 K-드라마 스타어워즈 공로상(2012), 한국갤럽 선정 올해를 빛낸 탤런트 6위(2013), 이데일리 문화대상 공로상(2016), 은관문화훈장(2018) ㉠'나는 왜 아직도 연기하는가'(2011) ㉡TV드라마 '나도 인간이 되련가'(1956), '기적'(1967), '단발머리'(1967), '순정산하'(1968), 'KBS 형'(1969), 'KBS 풍운'(1982), 'MBC 제2공화국'(1989), 'MBC 사랑이 뭐길래'(1991), 'MBC 제3공화국'(1993), 'KBS 목욕탕집 남자들'(1996), 'SBS 꿈의 궁전'(1997), 'MBC 보고 또 보고'(1998), 'MBC 허준'(1999), 'MBC 신귀공자'(2000), 'MBC 상도'(2001), 'SBS 수호천사'(2001), 'SBS 이 부부가 사는 법'(2001), 'SBS 야인시대'(2002), 'KBS 내사랑 누굴까'(2002), 'MBC 현정아 사랑해'(2002), 'SBS 요조숙녀'(2003), 'KBS 진주목걸이'(2003), 'SBS 흥부네 박터졌네'(2003), 'SBS 백수탈출'(2003), 'KBS 장희빈'(2003), 'KBS 낭랑18세'(2004), 'MBC 12월의 열대야'(2004), 'SBS 토지'(2004), 'KBS 어여쁜 당신'(2005), 'SBS 루루공주'(2005), 'KBS 포도밭 그 사나이'(2006), 'MBC 거침없이 하이킥'(2006), 'KBS 꽃피는 봄이 오면'(2007), 'MBC 이산'(2007), 'KBS2TV 엄마가 뿔났다'(2008), 'MBC 베토벤 바이러스'(2008), 'MBC 사랑해 울지마'(2008), 'MBC 선덕여왕'(2009), 'MBC 지붕뚫고 하이킥'(2009), 'SBS 별을 따다줘'(2010), 'SBS 커피하우스'(2010), 'MBC 욕망의 불꽃'(2010), 'SBS 대물'(2010), 'MBC 마이 프린세스'(2011), 'KBS 공주의 남자'(2011), 'MBC 천 번의 입맞춤'(2011), 'MBC 더킹 투하츠'(2012), 'MBC 마의'(2012), 'JTBC 무자식 상팔자'(2012), 'SBS 못난이 주의보'(2013), 'KBS2TV 왕의 얼굴'(2014), 'KBS2TV 착하지 않은 여자들'(2015), 'MBC 여자를 울려'(2015), 'MBC 밤을 걷는 선비'(2015), 'SBS 그래,그런거야'(2016), 'MBC 돈꽃'(2017), 'tvN 라이브(Live)'(2018), 'JTBC 리갈하이'(2019), 출연영화 '초연'(1966), '상처'(1969), '여고시절'(1972), '탈출'(1975), '어머니'(1976), '남궁동자'(1977), '하늘나라에서 온 편지'(1979), '평화의 길'(1984), '파랑주의보'(2005), '음란서생'(2006), '굿모닝 프레지던트'(2009), '그대를 사랑합니다'(2011), '로맨틱 헤븐'(2011), '덕구'(2018), '로망'(2019), 연극 '돈키호테'(2010 · 2012), '아버지'(2012), '사랑별곡'(2014 · 2016~2018), '황금연못'(2014), '유민가'(2015), '헤이그 1907'(2015), '시련'(2015), '법대로 합시다'(2016), '세일즈맨의 죽음'(2016 · 2017), '사랑해요 당신'(2017~2019), '앙리할아버지와 나'(2017 · 2018), '장수상회'(2018 · 2019), '협력자들'(2018), '그대를 사랑합니다'(2018 · 2019)

이순재(李淳在) LEE Soon-Jae

㉢1956 · 3 · 9 ㉣서울 ㉤서울특별시 광진구 능동로 209 세종대학교 경영대학 경영학부(02-3408-3709) ㉥1980년 서강대 영어영문학과졸 1986년 미국 텍사스주립대 대학원졸(MBA) 1992년 경영학박사(미국 오하이오주립대) ㉦1992~1995년 미국 Gardner-Webb Univ. 조교수 1995~1999년 삼성화재해상보험(주) 부장 · 경영기획팀장 1999~2001년 보험개발원 이사 · 보험연구소장 2000~2002 · 2004~2006년 재정경제부 금융발전심의회 위원 2001년 세종대 경영대학 경영학부 교수(현) 2004~2007년 서울보증보험 사외이사 2004~2010년 알리안츠생명보험 사외이사 2007~2008년 예금보험공사 자문위원 2007년 재정경제부 보험업법개정 자문위원 2007년 한국리스크관리학회 임원 2007년 한국보험학회 임원 2007~2008년 휴면예금관리재단 설립위원회 위원 2008년 생명보험공익사업추진위원회 위원 2008년 리스크관리학회 이사 2008년 한국보험학회 이사 2009~2010년 同상임이사 2009~2011년 한국사회보장학회 이사 2010~2011년 한국보험학회 회장 2010년 푸르덴셜생명보험 사외이사 2010~2012년 Asia-Pacific Risk and Insurance Association(APRIA) 집행위원회 임원 2010~2011년 금융감독원 자문위원 2010~2011년 예금보험공사 자문위원 2015~2016년 아시아태평양리스크보험학회(APRIA) 회장 ㉧부총리 겸 재정경제부장관표창(1997), 재정경제부장관표창(2007), 세종대총장표창(2007) ㉠'보험과 리스크관리'(2006) '연금의 진화와 미래'(2010) '건강보험의 진화와 미래'(2012) ㉨기독교

이순종(李舜鍾) LEE Soon Jong

㉢1952 · 2 · 15 ㉣경기 광주 ㉤서울특별시 관악구 관악로 1 서울대학교 미술대학 49동 202호(02-880-8966) ㉥1970년 인천고졸 1974년 서울대 미대 응용미술학과졸 1980년 同대학원 응용미술학과졸 1984년 미국 일리노이공대 대학원 제품디자인전공(MS in Design)졸 2010년 제품디자인전략전공 박사(핀란드 알토대) ㉦1977~1979년 금호전자 디자인실 제품디자이너 1979년 홍익전문대학 전임강사 1984~1994년 서울대 · 이화여대 강사 1984~1995년 국민대 전임강사 · 조교수 · 부교수 1984년 한국산업디자이너협회 이사 1989년 일본 나고야 국제산업디자인단체협의회(ICSID)총회 한국측 대표 1990년 미국 범태평양지역 디자인커뮤니케이션회의실무위원회 한국측 대표 1991 · 1997년 대한민국산업디자인전 심사위원 1991년 대한민국 굿디자인선정 심사위원 1992년 한국인더스트리얼디자이너협회(KAID) 부회장 1993년 세계산업디자인단체협의회(ICSID) 싱가폴아시아지역회의(AMCOM) 한국측 대표 1994년 한국산업디자이너협회 연구분과위원장 1995~1999년 국민대 교수 1995년 삼성디자인연구원 자문교수 1996년 통상산업부 산업디자인정책수립 자문위원 1996년 핀란드 UIAH대 교환교수 1998년 세계산업디자인단체협의회(ICSID) 'Oullim'저널(영문판) 기획및편집위원 1999년 同인터디자인 서울대회추진위원회 부위원장 1999~2017년 서울대 미술대학 디자인학부 부교수 · 교수 2003년 同한국디자인연구센터소장 2003~2005년 同출판부 상임이사 2004년 한국디자인학회 회장 2004년 세계디자인학회 이사 2005년 2005광주디자인비엔날레 디자인총감독 2011년 서울대 미술대학장 2011년 한국디자인단체총연합회 회장 2013년 同명예회장(현) 2012~2015년 전국미술디자인계열대학학장협의회 회장 2015~2016년 한국디자인산업연구센터장 2016년 한국미래디자인연구센터 대표(현) 2017년 서울대 미술대학 디자인학부 명예교수(현) ㉧대한민국산업디자인전 특선(1972 · 1973 · 1977 · 1978 · 1979), 대한민국산업디자인전 입선(1975), 미국 Arrango 국제디자인공모전 장려상(Mentionable AwardArrango International Furniture Design Competition)(1982), 미국 DEC(Digital Equipment Co.) 우수논문상(1983), 산업포장(2001) ㉠'디자인사전'(2008) '디자인의 시대' '트렌드의 시대'(2010) '미래가 보인다'(2013) 'Korea Power'(2013) '엉뚱한 생각'(2014)

이순칠(李淳七) Soonchil Lee

㉢1957 · 9 · 7 ㉣서울 ㉤대전광역시 유성구 대학로 291 한국과학기술원 자연과학대학 물리학과(042-350-2533) ㉥1980년 서울대 물리학과졸 1986년 이학박사(미국 노스웨스턴대) ㉦1986년 한국과학기술원(KAIST) 전기전자과 박사후연구원 1987년 同자연과학대학 물리학과 조교수 · 부교수 · 교수(현) 1997~1998년 미국 Bell Lab. Consultant 2006년 한국과학기술원(KAIST) 물리학과장 2013~2017년 同자연과학대학장 ㉧American Association of Physic Sylvia Sorkin Greenfield Award(1990) ㉠'양자컴퓨터-21세기 과학혁명'(2003)

이순탁(李舜鐸) LEE Soon Tak

㉢1940 · 3 · 4 ㉩여주(驪州) ㉣대구 ㉤경상북도 경산시 대학로 280 영남대학교 건설시스템공학과(053-810-2412) ㉥1962년 영남대 토목공학과졸 1964년 同대학원 수공학과졸 1968년 영국 뉴캐슬어펀타인대 대학원 수자원공학과졸 1975년 수공학박사(고려대) ㉦1964년 충주공대 교수 1966~2005년 영남대 공대 토목공학과 교수 1972~1974년 호주 New South Wales대 Teaching Fellow 1977~2001년 UNWRC(유엔수자원회의) · UNESCO · WMO(수문위원회) · ESCAP · IHP 한국정부대표 1978~1980년 미국 Illinois대 방문교수 1980년 미국 애리조나대 시스템공학과 방문교수 1980~2001년 미국 지구물리학회

(AGU) 정회원 1985~2001년 국제수리학회(IAHR) 정회원 1989~1991년 한국수문학회(KAHS) 부회장 1990~2001년 일본 수문과학회(JAHS) 정회원 1991~1994년 대한토목학회(KSCE) 수공위원장 1994년 同부회장 1994~2001년 同대구경북지회 회장 1994~1997년 국제수자원학회(IWRA) 집행이사 1995~2001년 중국 산동공대 객좌교수 1997~2001년 유네스코 국제수문수자원계획(UNESCO IHP) 아태지역운영회의(RSC) 의장 1998~2001년 한국수자원공사 이사 2005년 영남대 건설환경공학부 토목공학전공 석좌교수 2005년 국제수문환경협회(IHES) 회장(현) 2006년 한국물학술단체연합회 회장 2009년 영남대 건설시스템공학과 석좌교수(현) 2010년 세계물위원회 이사(현) 2010년 유네스코 국제수문수자원계획(UNESCO IHP) 정부간위원회 의장·부의장 2011년 대구경북물포럼 회장 2013~2015년 제7차 세계물포럼 국제운영위원회(ISC) 공동위원장 ㊥불교

이순형(李純炯) LEE Soon Hyung (仁汕)

㊀1936·9·5 ㊁서울 ㊂서울특별시 중구 마른내로 9 인제학원 이사장실(02-2270-0515) ㊃1956년 경기고졸 1962년 서울대 의대졸 1964년 同대학원 의학과졸 1967년 의학박사(서울대) ㊄1965년 육군 군의관 1969~1975년 서울대 의대 전임강사·조교수 1975~1980년 중앙대 의대 부교수·교수 1981~1983년 대한기생충학회 회장 1981년 서울대 의대 기생충학교실 부교수 1984~1990년 同의과대학 학장보 1985~1994년 同의대 기생충학교실 주임교수 1986~2002년 同의대 기생충학교실 교수 1986~1997년 同의대 풍토병연구소장 1986~1997년 WHO 윤충질환연구협력센터 소장 1994~1998년 서울대 의대학장 1995~2006년 한국과학기술한림원 종신회원 1995~2004년 한국건강관리협회 부회장 2002년 서울대 의대 기생충학교실 명예교수(현) 2003년 대한민국학술원 회원(기생충학·현) 2005~2009년 한국건강관리협회 회장 2006년 한국과학기술한림원 원로회원(현) 2017년 학교법인 인제학원 이사장(현) ㊅대한기생충학회 학술상(1967), 대한의학협회 화이자의학상(1978), 보건사회부장관표창(1993), 국민훈장 동백장(1994), 홍조근정훈장(2002), 한국과학기술한림원 학술상(2006), 서울대의대총동창회 함춘대상 학술연구부문(2009) ㊆'내과학-기생충질환'(1976) '약물요법과 처방-기생충약'(1977) '열대풍토병-리슈마니아증·구충증 및 분선충증'(1987) '약물요법-기생충감염증'(1988) '가정의학-기생충질환'(1993) '면역학-원충 및 윤충에 대한 면역'(1993) '임상기생충학 개요(共)'(1996) '세월에 점 하나 찍고, 그리움에 점 하나 찍고'(2006) '임상기생충학(共)'(2011)

이순형(李舜珩) LEE Soon Hyung

㊀1949·2·10 ㊇전주(全州) ㊁서울 ㊂서울특별시 마포구 양화로 45 (주)세아홀딩스 회장실(02-6970-0022) ㊃1967년 경기고졸 1971년 한양대 경영학과졸 ㊄1983년 해덕철강(주) 대표이사 1985년 해덕강업(주) 대표이사 1987년 해덕전기(주) 대표이사 겸임 2001년 (주)세아홀딩스 대표이사 부회장 2006년 (주)해덕기업 회장 2011년 (주)세아홀딩스 회장(현) 2013년 (주)세아제강 회장(현) 2013년 서울상공회의소 부회장(현) 2013년 한국메세나협회 부회장(현) 2013년 한국철강협회 부회장(현) 2014~2019년 (주)세아베스틸 회장 ㊥기독교

이순형(李淳珩) LEE Soon Hyung

㊀1970·10·15 ㊇전주(全州) ㊁서울 ㊂서울특별시 강남구 봉은사로86길 6 라온시큐어 사장실(02-561-4545) ㊃1989년 서울고졸 1996년 한양대 화학공학과졸 2006년 연세대 대학원 경영학과졸 2011년 경영학박사(건국대) ㊄1995~2000년 소프트포럼(주) 창업멤버 및 경영총괄 부사장(COO) 2006년 한국PKI포럼 인증분과 기술위원 2008년 국제해킹방어대회 코드게이트 초대조직위원장 2008년 한국정보보호학회(KIISC) 자문위원 2010~2012년 매그넘벤처캐피탈(주) 대표이사 2011~2012년 건국대 대학원 벤처전문기술학과 겸임교수 2012년 라온시큐어(주) 대표이사 사장(CEO)(현) 2015년 한국정보보호학회(KIISC) 부회장(현) 2016년 한국정보보호산업협회(KISIA) 부회장(현) ㊅미래창조과학부장관표창(2014) ㊆'미래사회와 보안문화'(2016)

이순형(李珣衡) LEE Soon Hyung

㊀1972·5·29 ㊁전북 무주 ㊂서울특별시 서초구 서초중앙로 157 서울중앙지방법원(02-530-1114) ㊃1991년 전주 상산고졸 1996년 서울대 사법학과졸 ㊄1996년 사법시험 합격(38회) 1999년 사법연수원 수료(28기) 1999년 법률구조공단 영동지부 근무 2002년 부산지법 판사 2005년 인천지법 판사 2009년 서울중앙지법 판사 2011년 서울고법 판사 2013년 서울중앙지법 판사 2014년 전주지법 부장판사 2016년 인천지법 부장판사 2018년 서울중앙지법 부장판사(현)

이숭덕(李崇德) Soong Deok Lee

㊀1963·7·3 ㊂서울특별시 종로구 대학로 103 서울대병원 기초연구동 237호(02-740-8353) ㊃1987년 서울대 의대졸 1990년 同대학원 의학석사(법의학) 1994년 의학박사(서울대) 1997년 한국방송통신대 법학과졸 ㊄1987~1988년 서울대병원 인턴 1988년 서울대 조교 1989~1992년 서울대병원 전공의 1992~1995년 국방부 과학수사연구소 법의감식관 1995~2005년 서울대 의대 법의학교실 기금전임강사·기금조교수·부교수 1998년 미국 국립보건원 연구원 1999년 국립과학수사연구소 촉탁의사(현) 2001~2006년 대한의사협회 법제위원 2002~2004년 서울대 의대 학생부학장보 2002년 국방부 허일병사망사건진상조사위원회 자문위원 2004~2006년 서울대 의대 교무부학장보 2005~2007년 소비자분쟁조정위원회 전문위원 2005~2006년 대한의사협회 윤리지침개정특별위원회 위원 2005년 서울대 의대 법의학교실 부교수·교수(현) 2006년 국방부과학수사연구소 전문자문위원(현) 2006~2008년 서울대 의대 기획조정실장 2007~2012년 국무총리 중앙행정심판위원회 위원 2010~2012년 서울대 연건기숙사 사감 2010~2017년 DNA신원확인정보DB관리위원회 위원·위원장 2011년 질병관리본부 예방접종피해보상전문위원회 위원(현) 2011년 대검찰청 과학수사자문위원회 위원(현) 2011~2013년 KAPO(Korean Association of Paleopathology and Osteoarcheology)연구회 회장 2012~2017년 대한의료법학회 부회장·감사 2012~2015년 한국의료분쟁조정중재원 조정위원 2012년 서울대 의대 법의학교실 주임교수(현) 2012~2014년 한국의약품안전관리위원회 안정성평가전문위원회 위원 2013년 대한민국의학한림원 정회원(현) 2013년 국민권익위원회 행정심판 자문위원 2017~2018년 대한의료법학회 회장 2018년 대한법의학회 회장(현) ㊅근정포장(2013), 과학수사대상 대통령표창(2015)

이숭용(李崇勇)

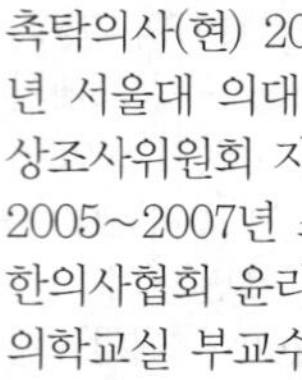

㊀1971·3·10 ㊁서울 ㊂경기도 수원시 장안구 경수대로 893 수원 KT 위즈 파크(1899-5916) ㊃서울 중앙고졸, 경희대 체육학과졸 ㊄1993년 '1994 KBO 신인드래프트' 2차 1라운드에서 전체 1번으로 태평양 돌핀스에 지명 1994~1995년 프로야구 태평양 돌핀스 소속(1루수) 1996~2007년 프로야구 현대 유니콘스 소속(1루수) 1998·2000·2003·2004년 프로야구 한국시리즈 우승 2008~2011년 프로야구 넥센 히어로즈 소속(1루수) 2011년 개인통산 2000경기 출장기록 2011년 현역은퇴 2012~2013년 XTM 야구해설자 2014년 프로야구 KT 위즈 타격코치 2015~2016·2018년 同1군 타격코치 2017~2018년 同2군 타격코치 2018년 同2군 단장(현) ㊅춘계리그 타격상(1993), 프로야구 페어플레이상(2007), 조아제약 프로야구 대상 특별상(2011) ㊥개신교

이스란(李스란 · 女) Lee Seu Ran

(생)1972 · 7 · 30 (출)서울 (주)세종특별자치시 도움4로 13 보건복지부 연금정책국 국민연금정책과(044-202-3610) (학)건국대 정치외교학과졸, 서울대 보건대학원 보건정책학과 수료, 미국 카네기멜론대 보건정책학과졸 (경)1996년 행정고시 합격(40회), 보건복지부 보험정책과 사무관, 同아동복지과 사무관 2006년 同보건의료정책본부 의료정책팀 서기관 2007년 同사회복지정책본부 민간복지협력팀장 2007년 同복지자원팀장 겸 사회복무지원TF팀장 2007년 同장관비서관 2008년 보건복지가족부 국민연금재정과장 2010년 보건복지부 보건의료정책실 보험급여과장 2012년 세계보건기구(WHO) 파견 2015년 보건복지부 인구정책실 요양보험제도과장 2016년 同보건의료정책실 의료자원정책과장 2017년 同보육정책과장 2017년 대통령정책실 사회수석비서관실 여성가족비서관실 행정관 2018년 보건복지부 기획조정실 혁신행정담당관(부이사관) 2019년 同연금정책국 국민연금정책과장(현)

이승건 LEE SeungGun

(생)1982 · 1 · 30 (주)서울특별시 강남구 테헤란로 146 현익빌딩5층 (주)비바리퍼블리카(1599-4905) (학)영동고졸 2007년 서울대 치의학과졸 (경)2007년 삼성의료원 · 푸르메치과재단 치과의사 2013년 (주)비바리퍼블리카 설립 · 대표이사(현) 2015년 간편송금서비스 '토스(TOSS)' 출시 2016년 한국핀테크협회 초대 회장(현) 2018년 (사)코리아스타트업포럼 이사(현) (상)청년기업인상 중소기업청장 표창(2014), 제63회 정보통신의 날 대통령 표창(2018)

이승구(李昇九) LEE Seung Koo

(생)1946 · 8 · 15 (본)우봉(牛峰) (출)서울 (주)서울특별시 송파구 송파대로 260 제일오피스텔 613호 (사)한국원자력안전아카데미(02-554-7330) (학)1965년 양정고졸 1972년 한양대 금속학과졸 (경)1972~1985년 과학기술처 근무 1985년 同대덕단지관리소 운영과장 1987년 同원자력국 원자로과장 1990년 同원자력정책과장 1991년 同안전심사관 1994년 同자원해양연구조정관 1994년 해외 연수 1995년 과학기술처 안전심사관 1997년 同원자력정책관 1998년 과학기술부 과학기술정책국장 1998년 국립중앙과학관장 2002~2003년 과학기술부 차관 2003~2008년 과학기술인공제회 이사장 2009년 (사)한국기술경영연구원장 2009년 한국엔지니어클럽 부회장 2011년 한국원자력안전아카데미 이사장(현) 2012년 (사)과우회 회장 2013~2015년 (사)한국기술경영연구원 회장 (상)국무총리표창, 홍조근정훈장, 황조근정훈장

이승구(李承玖) LEE Seung Gu

(생)1952 · 5 · 17 (출)경북 청도 (주)서울특별시 강남구 영동대로 416 KT&G타워 8층 법률사무소 에스앤엘파트너스(02-6207-1145) (학)1970년 대구 대륜고졸 1975년 경북대 법학과졸 1977년 同대학원 수료 (경)1978년 사법시험 합격(20회) 1981년 사법연수원 수료(11기) 1981년 서울지검 북부지청 검사 1983년 춘천지검 강릉지청 검사 1985년 서울지검 검사 1988년 법무부 조사과 검사 1989년 서울지검 검사(대통령 사정비서관 파견) 1993년 수원지검 여주지청장 1993년 부산지검 울산지청 부장검사 1994년 대구지검 특수부장 1995년 법무부 관찰과장 1997년 대검찰청 강력과장 1998년 同중앙수사부 제2과장 1998년 同중앙수사부 제1과장 2000년 서울지검 특수1부장 2001년 同북부지청 차장검사 2002년 광주지검 차장검사 2003년 同순천지청장 2004년 서울고검 검사 2005년 법무부 보호국장 2005년 同감찰관 2006년 서울서부지검장 2007~2008년 서울동부지검장 2008년 법무법인 세종 변호사, 同파트너변호사 2017년 법률사무소 신&박 파트너변호사 2018년 법률사무소 에스앤엘파트너스 변호사(현)

이승규(李承奎) LEE Seung Gyu

(생)1949 · 1 · 11 (출)서울 (주)서울특별시 송파구 올림픽로43길 88 서울아산병원(02-3010-3001) (학)1973년 서울대 의대졸 1984년 同대학원 의학석사 1986년 의학박사(서울대) (경)1973년 서울대병원 인턴 1974년 同외과 전공의 1978년 시립아동병원 외과 과장 1978~1983년 신영외과병원 전임의사 · 원장 1983~1989년 고려대 부교수 1989~2014년 울산대 의대 일반외과학교실 교수, 미국 Boston Lahey Clinic 연수, 일본 Tokyo 국립암센터 연수 2000~2014년 울산대 의대 서울아산병원 간센터 소장 2002~2012년 同서울아산병원 장기이식센터 소장 2008년 同서울아산병원 간이식 · 간담도외과 과장 2009년 대한간학회 회장 2013년 대한민국학술원 회원(외과학 · 현) 2014년 울산대 의대 석좌교수(현) (상)쉐링임상의학상(2005), 제3회 성산 장기려상(2008), 아산의학상(2010), 대한의사협회 화이자국제협력특별공로상(2010), 자랑스러운 경기인상(2011), 근정포장(2014) (저)'간이식과 새로운 삶'(2005) 'Living Donor organ Transplantation(共)'(2008) 'Multidisciplinary Treatment of Hepatocellular Carcinoma(共)'(2013) 외 다수

이승규(李承揆) Lee, Seung Kyu

(생)1976 · 2 · 23 (출)서울 (주)경기도 고양시 일산동구 호수로 550 사법연수원(031-920-3114) (학)1994년 선덕고졸 1999년 서울대 사법학과졸 (경)1998년 사법시험 합격(40회) 2001년 사법연수원 수료(30기) 2001년 軍법무관 2004년 서울중앙지법 판사 2006년 서울동부지법 판사 2008년 청주지법 충주지원 판사 2011년 수원지법 판사 2011년 독일 베를린자유대 파견 2013년 사법연수원 교수 2014년 인천지법 판사 2014년 법원행정처 사법정책심의관 겸임 2015년 서울중앙지법 판사 2016년 광주지법 순천지원 · 광주가정법원 순천지원 부장판사 2018년 사법연수원 교수(현)

이승근(李承根) LEE Sung Kun

(생)1965 · 11 · 4 (출)경남 (주)서울특별시 강남구 학동로31길 12 벤처캐슬 4층 (주)SCK 비서실(02-2187-0009) (학)서울대 정치학과졸, 미국 드렉셀대 대학원졸(MBA) (경)1995년 LG세미콘 미국법인 근무, 이앤컴파티 근무 2000년 소프트뱅크벤처스 펀드매니저, 同부사장, (주)이상네트웍스 이사(비상근) 2009년 소프트뱅크커머스코리아 대표이사 2013~2018년 (주)SBCK 대표이사 2018년 (주)SCK 대표이사(현)

이승도(李承都)

(생)1964 (출)강원 홍천 (주)경기도 화성시 봉담읍 시청로 1311 사서함601-206-10 해병대사령부(031-227-7174) (학)1982년 강원 홍천고졸 1986년 해군사관학교졸(40기), 미국 상륙전 고군반 수료, 한국외국어대 대학원 공공정책과졸, 국방대 안보과정 수료 (경)1986년 소위 임관 2009년 해병대 연평부대장(대령) 2012년 준장 진급 2013년 해병대 교육훈련단장 2014년 해병대사령부 참모장 2016년 해병대사령부 부사령관(소장) 2016년 해병대 제2사단장 2018년 합동참모본부 국방전비태세검열단장 2019년 해병대 사령관(서북도서방위사령관 · 연합해병구성군사령관 겸임)(중장)(현)

이승련(李承蓮) LEE Seung Ryun

(생)1965 · 11 · 15 (본)인천(仁川) (출)전남 장흥 (주)서울특별시 서초구 서초중앙로 157 서울중앙지방법원(02-530-1114) (학)1984년 경기고졸 1988년 서울대 법학과졸 2002년 미국 하버드대 로스쿨 연수 (경)1988년 사법시험 합격(30회) 1991년 사법연수원 수료(20기) 1991년 軍법무관 1994년 서울지

법 남부지원 판사 1996년 서울지법 판사 1998년 전주지법 군산지원 판사 2000년 광주고법 판사 2001년 서울지법 판사 2003년 법원행정처 사법정책담당관 2005년 사법제도개혁추진위원회 파견 2007년 전주지법 부장판사 2008년 법원행정처 인사총괄심의관 2011년 서울중앙지법 부장판사 2013년 부산고법 부장판사 2015년 서울고법 부장판사 2017년 법원행정처 기획조정실장 2019년 서울중앙지법 민사제1수석부장판사(현)

이승렬(李昇烈)

(출)경북 칠곡 (주)경상북도 성주군 성주읍 성주순환로 251 성주경찰서(054-930-0331) (학)대구 달성고졸, 경찰대학졸(10기), 서울대 대학원 행정학과졸 (경)2009년 행정안전부 자치경찰제 실무추진단 근무 2010년 경찰청 기획조정 규제개혁법무담당 계장 2011년 同기획조정 미래발전담당 계장 2016년 同기획조정 R&D기획 계장 2017년 서울 광진경찰서 여성청소년과장 2019년 서울지방경찰청 치안지도관 2019년 경북 성주경찰서장(현)

이승로(李承魯) LEE Seung Ro

(생)1960·2·18 (출)전북 정읍 (주)서울특별시 성북구 보문로 168 성북구청 구청장실(02-2241-3333) (학)정읍농림고졸, 한국방송통신대 행정학과 수학, 고려대 정책대학원 도시 및 지방행정학과졸 (경)신계륜 국회의원 보좌관, 서울성북소방서 의용소방대 총무부장, 석관1동 자율방범순찰대장, 청일조기축구회 부회장, 새정치국민회의 서울성북乙지구당 청년특별위원장, 민주통합당 서울시당 사무처장 1995·1998년 서울시 성북구의회 의원, 同지역개발위원회·운영위원회 간사 2006년 서울시 성북구의원선거 출마 2014~2015년 새정치민주연합 민원담당 사무부총장 2014~2018년 서울시의회 의원(새정치민주연합·더불어민주당) 2014년 同도시계획관리위원회 위원 2014~2015년 同예산결산특별위원회 위원 2015년 同지역균형발전지원특별위원회 위원 2015년 同청년발전특별위원회 위원 2016년 同환경수자원위원회 부위원장 2018년 한성대 겸임교수(현) 2018년 서울시 성북구청장(더불어민주당)(현) (상)전국시·도의회의장협의회 우수의정 대상(2016), 2017 대한민국파워리더 지방의회공헌부문 대상(2017), 대통령표창(2017)

이승목(李昇穆)

(생)1968·8·24 (출)대구 (주)경상북도 청도군 청도읍 새마을로 1362 경북 청도경찰서(054-370-1331) (학)경북고 졸, 경희대 졸 (경)1995년 경위 임용(경찰간부후보 43기) 2000년 경감 승진, 경북 청도경찰서 수사과장, 경북 의성경찰서 수사과장, 울산 울주경찰서 수사과장 2009년 경정 승진, 경북 경주경찰서 수사과장, 경북지방경찰청 광역수사대장, 同강력계장 2017년 경북지방경찰청 치안지도관(총경) 2019년 경북 청도경찰서장(현) (상)행정자치부장관표창(2000), 대통령표창(2011)

이승문(李承文) LEE Seung Moon

(생)1947·10·22 (본)고부(古阜) (출)제주 (주)서울특별시 중구 퇴계로30길 24 205호 세무법인 택스원(02-778-1271) (학)1977년 성균관대 법률학과졸 1982년 同대학원 법학과 수료 2000년 경희대 국제법무대학원 국제조세학과졸 2005년 법학박사(성균관대) (경)1977~1979년 재무부 세제실 직접세과 근무 1977년 세무사시험 합격(제14회) 1979년 세무사 개업 1998~2013년 (주)노루홀딩스 사외감사 1999년 미국헌법학회 감사 2001~2010년 (주)아이피케이 감사 2001년 세무법인 택스원 대표이사(현) 2002년 서울시립대 법학과 강사 2005년 한국세무사회 부설 한국조세연구소 연구위원(현) 2006~2007년 서울시립대 세무학과 강사 2007년 경희대 경영대학원 강사 2008~2010년 국민대 대학원 법학과 강사 2010년 서울시립대 세무대학원 강사 2011~2014년 국민대 법학과 겸임교수 (상)국세청장표창(1994), 재정경제부장관표창(2004), 우수세무사표창 (저)'국세징수법론(共)'(2009, 도서출판 나라) (역)'독일세무사법(共)'(1996)

이승미(李承美·女)

(생)1975·5·12 (주)서울특별시 중구 세종대로 125 서울특별시의회(02-3702-1400) (학)경희대 언론정보대학원 언론학과졸 (경)2018년 서울시의회 의원(더불어민주당)(현) 2018년 同교통위원회 위원(현) 2018년 同정책위원회 위원(현) 2018년 同예산결산특별위원회 위원 2019년 同체육단체 비위근절을 위한 행정사무조사 특별위원회 위원(현) 2019년 同윤리특별위원회 부위원장(현)

이승민(李承敏) LEE Seung Min

(생)1948·11·8 (본)전주(全州) (출)인천 (주)인천광역시 중구 축항대로211번길 37 (주)선광 임원실(032-880-6520) (학)1967년 제물포고졸 1971년 한국해양대 항해학과졸 1975년 고려대 경영대학원 무역학과졸 (경)1993년 동부고속(주) 이사대우 1997년 同이사 1999년 同상무이사 2000~2002년 동부건설(주) 물류부문 상무이사 2004년 (주)선광 부사장 2009~2015년 同공동대표이사 사장 2010~2013년 인천항만물류협회 회장 2010년 인천항만공사(IPA) 항만위원회 위원 2015년 (주)선광 부회장, 同고문(현) (상)해양수산부장관표창(1998), 철탑산업훈장(2008)

이승민(李承玟) LEE Seung Min

(생)1965·2·9 (출)전남 해남 (주)경기도 안양시 동안구 시민대로 312 칼라힐빌딩 229호 법무법인 샘(031-382-9545) (학)1983년 목포고졸 1988년 한양대 행정학과졸 1990년 서울대 행정대학원졸, 연세대 보건대학원 수료 (경)1986년 행정고시 수석합격(30회) 1988~1996년 보건복지부 의정국 행정사무관 1997년 사법시험 합격(39회) 2000년 사법연수원 수료(29기), 변호사 개업, 대통령직속 의료제도발전특별위원회 전문위원, 대한의사협회 자문변호사, 국립의료원 자문변호사 2001년 식품의약품안전청 자문변호사 2005년 보건복지부 한국보건복지인력개발원 외래교수, 한국의료법학회 이사, 안양시 생활법률상담변호사, 법무법인 율목 대표변호사 2006년 안양시장선거 출마(열린우리당) 2007년 법무법인 샘 대표변호사(현) 2010년 안양시 고문변호사 (저)'사회학강의(1·2)'(編) '떨어지는 공부 합격하는 비결' (종)천주교

이승보(李承保)

(생)1961·1 (주)서울특별시 강남구 테헤란로 131 한국발명진흥회 경영관리본부(02-3459-2716) (학)제주대 행정학과졸, 고려대 대학원 최고위정책과정 재학 중 (경)1991~1994년 경제기획원 예산실 농림수산예산과·예산정책과 근무 1995~1997년 재정경제부 예산실 농림해양예산과 근무 1998~2001년 기획예산처 예산실 예산기준과·예산총괄과 근무 2002~2004년 同예산실 국방예산과 근무 2004년 특허청 기획재정과 근무 2010년 同기획재정담당관실 서기관 2010년 同상표디자인심사국 디자인2심사팀 서기관 2013년 특허심판원 서기관 2017년 同심판관(과장급) 2018년 특허청 서울사무소장(부이사관) 2019년 한국발명진흥회(KIPA) 경영관리본부장(현) (상)재정경제부장관표창(1996), 대통령표창(2009), 특허청장표창(2015)

이승복(李承馥) LEE Seung Bok
(생)1966·1·3 (본)한산(韓山) (출)전북 전주 (주)세종특별자치시 갈매로 408 교육부 대학학술정책관실(044-203-6860) (학)1984년 전주 영생고졸 1992년 연세대 교육학과졸 1998년 미국 오하이오대 대학원 교육행정학과졸 2008년 교육행정·경영학박사(건국대) (경)1992년 행정고시 합격(35회) 1993~1998년 경기도교육청 사무관 1998~2001년 교육부 정책담당관실·장관비서실·대학학사제도과·공보관실 사무관 2002~2006년 同지방교육재정과·한일역사공동연구위원회 서기관 2007~2008년 同정책상황팀장 2007년 국가균형발전위원회 과장 2008년 교육과학기술부 학술연구윤리과장 2009년 同학교선진화과장 2010년 同인사과장 2010년 부산대 사무국장 2011년 서울대 사무국장(일반직고위공무원) 2012년 국방대 파견 2013년 서울시교육청 기획조정실장 2014년 교육부 기획조정실 정책기획관 2014년 同대학지원관 2015년 同대변인 2016년 세종특별자치시 부교육감 2018년 同교육감 권한대행 2019년 교육부 대학학술정책관(현) (상)홍조근정훈장(2014)

이승섭(李承燮) LEE Seung Sup
(생)1962·8·12 (출)서울 (주)서울특별시 강남구 테헤란로 133 법무법인 태평양(02-3404-0155) (학)1981년 한성고졸 1985년 서울대 법학과졸 (경)1985년 사법시험 합격(27회) 1988년 사법연수원 수료(17기) 1988년 서울지검 남부지청 검사 1990년 대전지검 천안지청 검사 1992년 법무부 특수법령과 검사 1994년 서울지검 검사 2000년 창원지검 부부장검사 2000년 청주지검 충주지청장 2001년 서울지검 부부장검사 2001년 헌법재판소 연구관 2002년 광주지검 부부장검사 2003년 법무부 특수법령과장 2005년 서울중앙지검 첨단범죄수사부장 2006년 법무법인 태평양 변호사(현) 2012~2017년 SK증권 사외이사 2013~2015년 한솔제지 사외이사 겸 감사위원

이승수(李昇洙) Lee Seung Su
(생)1969·6·7 (출)서울 (주)세종특별자치시 국세청로 8-14 국세청 운영지원과(044-204-2243) (학)서울 영동고졸, 서울대 경영학과졸, 同행정대학원졸 (경)1997년 행정고시 합격(41회) 2000년 국세청 소득세과 근무 2002년 同차장 비서관 2003년 서울지방국세청 조사2국 조사4과·조사3과 근무 2004년 同국제거래조사국 국제조사2과 근무 2004~2006년 미국 조지워싱턴대 교육파견 2006년 국세청 기획조정관실 기획1계장 2010년 강원 원주세무서장 2011년 대통령 민정1비서관실 근무 2011년 서울지방국세청 조사1국 조사3과장 2012년 서울 양천세무서장 2014년 국세청 정책보좌관 2014년 서울지방국세청 첨단탈세방지담당관 2014~2016년 駐뉴욕총영사관 파견 2016년 서울지방국세청 감사관 2017년 국세청 대변인 2019년 同대변인 2019년 同운영지원과장(현)

이승신(李昇信) LEE Seung Shin
(생)1968·11·5 (주)서울특별시 종로구 세종대로 209 통일부 통일정책실 통일정책협력관실(02-2100-5790) (학)1987년 동북고졸 1991년 서울시립대 법학과졸 2015년 연세대 대학원졸(통일학박사) (경)1993년 행정고시 합격(37회) 1994~2005년 통일부 행정사무관 2005년 同서기관 2006년 대통령 안보전략비서관실 행정관 2008년 통일부 남북출입사무소 출입총괄과장 2008년 경기도 남북협력담당관(파견) 2010년 통일부 정책홍보과장 겸 온라인대변인 2012년 국외훈련(서기관) 2014년 통일부 교류협력국 남북경협과장 2015년 同정세분석국 정세분석총괄과장 2015년 同정세분석국 정세분석총괄과장(부이사관) 2016년 同기획조정실 기획재정담당관 2017~2018년 同통일교육원 교육기획부장 직무대리 2018년 개성공업지구지원재단 사무국장 2018년 통일부 통일정책실 통일정책협력관(고위공무원)(현)

이승아(李昇亞·女)
(생)1975·9·4 (주)제주특별자치도 제주시 문연로 13 제주특별자치도의회(064-741-1952) (학)중앙여고졸, 제주대졸, 同대학원 체육학과졸 (경)제주4.3도민연대 운영위원(현), (사)김대중기념사업회 사무처장(현), 더불어민주당 대외협력부위원장(현), 同제주도당 여성국장(현) 2018년 제주특별자치도의회 의원(더불어민주당)(현) 2018년 同문화관광체육위원회 위원 겸 4.3특별위원회 위원(현) 2019년 同예산결산특별위원회 위원(현)

이승열(李承悅) LEE Seung Youl
(생)1958·2·10 (출)강원 철원 (주)서울특별시 서초구 남부순환로 2351 국제방송교류재단 아리랑TV(02-3475-5000) (학)배재고졸 1982년 성균관대 사학과졸 2002년 한양대 언론정보대학원졸 (경)1982~1990년 MBC 사회부·보도제작부 기자 1991년 SBS 사회문화부 기자 1993년 同경제부 차장대우 1996년 同편집2부 차장 1997년 同정치부 차장 1998년 同보도본부 차장 2000년 同문화CP(부장급) 2001년 同보도본부 국제CP 2002년 同보도본부 동경지국장 2005년 同보도본부 편집2부장 2007년 同보도본부 보도제작1부장 2007년 同보도제작국장, 同나이트라인 앵커 2009~2010년 同보도본부 논설위원(부국장급) 2009~2018년 수림문화재단 이사 2011년 하이트맥주 전무 2011년 하이트진로 부사장 2012년 同사회공헌팀·홍보팀·정책팀 총괄부사장 2013년 同대외협력실 부사장 2015~2016년 同총무팀담당 부사장 2016년 同고문 2016~2017년 한겨레신문 열린편집위원 2016년 불교방송 경영자문위원 2017년 문재인 전 더불어민주당 대표 방송분야 미디어특보 2018년 국제방송교류재단 아리랑TV 사장(현)

이승열
(생)1963 (주)서울특별시 중구 을지로 66 하나금융지주 임원실(02-2002-1110) (학)경북고졸, 서울대 경제학과졸, 同대학원 경제학과졸(석사) (경)1991년 외환은행 입행 2011년 同IR팀장 2012년 同재무기획부 재무기획팀장 2013년 同재무기획부장 2014년 同전략기획부장 2015년 KEB하나은행 경영기획부장 2016년 同경영기획그룹 본부장 2017년 同경영기획그룹 상무 2018년 同경영기획그룹장(전무) 2019년 하나금융지주 그룹재무총괄 부사장(현)

이승염(李承琰) LEE Seong Yum
(생)1959·8·23 (출)경북 경주 (주)제주특별자치도 제주시 문연로 35 제주문화방송 사장실(064-740-2114) (학)1978년 경주고졸 1985년 전남대 영어영문학과졸 (경)1984년 MBC 입사 1985년 同인사부 근무 1990년 同기획실 인력개발부 근무 1993년 同광고국 광고기획부 근무 1994년 同광고사업국 광고정책부 근무 1995년 同전략프로젝트추진팀 근무 1996년 同광고정책팀 근무 1996년 同광고업무팀 근무 1998년 同광고업무부 차장 2000년 同광고업무부장 2004~2006년 MBC플러스 경영본부장 겸 채널사 경영본부장 2007년 MBC 광고국 부국장 2008년 同광고국장 2010년 同감사국장 2018년 제주문화방송 대표이사 사장(현) (종)기독교

이승엽(李承燁) LEE Seung Yeop
(생)1972·7·4 (주)서울특별시 서초구 법원로 15 정곡빌딩 법무법인 LKB & Partners(02-596-0093) (학)1991년 마포고졸 1996년 서울대 사법학과졸 2006년 벨기에 루뱅가톨릭대 인권법 연수 2009년 전남대 대학원 철학 석사 (경)1995년 사법시험 합격(37회) 1998년 사법연수원 수료(27기) 1998년 軍법무관 2001년 서울지법 서부지원 판사 2003

년 서울지법 판사 2004년 서울중앙지법 판사 2005년 광주지법 판사 2007년 전주지법 판사 2008년 광주고법 판사 2009년 인천지법 판사 2010년 서울고법 판사(헌법재판소 파견) 2013년 울산지법 부장판사 2015~2017년 의정부지법 부장판사 2017년 법무법인 LKB & Partners 대표변호사(현)

이승엽(李承燁) LEE Seoung Yuop

(생)1976 · 8 · 18 (본)광주(廣州) (출)대구 (주)서울특별시 강남구 강남대로 278 한국야구위원회(02-3460-4600) (학)1995년 경북고졸 2002년 대구대 행정학과졸 (경)1994년 캐나다 브랜든 세계청소년야구선수권대회 국가대표 1995~2003년 프로야구 삼성 라이온즈 소속 2000년 제27회 시드니올림픽 동메달 2002년 연봉 4억1000만원 2002년 부산아시안게임 금메달 2002년 프로야구 한국시리즈 우승 2003년 연봉 6억3000만원 2003년 6월 세계 최연소 300홈런 달성(26세 10개월 4일) 2003년 10월 아시아 홈런신기록 달성(56홈런) 2003~2006년 일본프로야구 지바롯데 마린스 소속 2005년 일본 재팬시리즈 우승 2006~2010년 일본프로야구 요미우리 자이언츠 소속 2006년 월드베이스볼클래식(WBC) 국가대표(1루수 올스타 선정) 2008년 제29회 베이징올림픽 금메달 2009년 서귀포시 명예대사 2009년 제주국제자유도시개발센터 명예홍보대사 2010년 일본프로야구 오릭스 버팔로스 입단 2011~2017년 프로야구 삼성 라이온즈 소속 2012년 프로야구 정규리그 · 한국시리즈 우승(한국시리즈 MVP) 2013년 제3회 월드베이스볼클래식(WBC) 국가대표 2014년 KBS 인천아시안게임 야구 해설위원 2014년 6월3일 KBO리그 최초 통산 400홈런 달성(한 · 일 통산 559홈런) 2015년 국내프로야구 정규시즌 성적(타율 0.332 · 홈런 26 · 타점 90 · 안타 156 · 득점 87개) 2015년 프로야구 삼성 라이온즈와 FA 재계약(2년간 36억원 : 계약금 16억원 · 연봉총액 20억원) 2016년 8월24일 KBO리그 역대 최다 1390타점 달성 2016년 9월7일 KBO리그 통산 2000안타 달성 2017년 5월2일 KBO리그 역대 최다 1300득점 달성 2017년 5월21일 KBO리그 최초 450홈런 달성 2017년 7월29일 KBO리그 최초 '4천 루타' 달성 2017년 현역 은퇴(KBO 리그 기록 : 최다홈런 : 467홈런 및 1,355득점 · 1,498타점 · 4,077루타 · 464개 2루타 신기록) 2018년 한국야구위원회(KBO) 홍보대사(현) 2019년 국가대표 야구팀 기술위원(현) 2019년 SBS스포츠 해설위원(현) 2019년 세계야구소프트볼연맹(WBSC) 기장 세계청소년야구선수권대회 홍보대사(현) (상)KBO 수상내역 : 정규리그 MVP(1997 · 1999 · 2001 · 2002 · 2003), 골든글러브(1997 · 1998 · 1999 · 2000 · 2001 · 2002 · 2003 · 2012 · 2014 · 2015), 한국시리즈 MVP(2012), 홈런왕(1997 · 1999 · 2001 · 2002 · 2003), 타점왕(1997 · 1999 · 2002 · 2003), 득점왕(1998 · 1999 · 2000 · 2002 · 2003), 출루율 1위(1999), 장타율 1위(1998 · 1999 · 2002), 최다안타 1위(1997), NPB(일본프로야구)수상내역 : 일본시리즈 우수 선수상(2005), 월간 MVP(2006. 6), 도쿄 돔 MVP(2006), 기타 수상내역 : 일간스포츠 2003 제일화재 프로야구 대상(2003), 자황컵 체육대상 프로선수상(2003), 한국언론인연합회 선정 자랑스런 한국인대상(2003), 제일화재 프로야구 대상 특별상(2006), 대한체육회 체육상 대상(2009), (사)일구회 일구대상(2016), 조아제약 프로야구대상 공로상(2016), 한국프로야구은퇴선수협회 레전드 특별상(2017), 조아제약 프로야구대상 특별상(2017), 동아스포츠대상 특별상(2017), 스포츠서울 프로야구 특별상(2017), 카스포인트 어워즈 공로상(2017) (작)CF출연 '한국인삼공사 정관장'

이승영(李承寧) LEE Seung Young

(생)1962 · 3 · 7 (출)서울 (주)서울특별시 서초구 서초중앙로 157 서울고등법원(02-530-1186) (학)1979년 서울 양정고졸 1984년 연세대 법대졸 (경)1983년 사법시험 합격(25회) 1985년 사법연수원 수료(15기) 1986년 軍법무관 1989년 청주지법 판사 1994년 수원지법 판사 1997년 서울고법 판사 1999년 대법원 재판연구관 2001년 대전지법 부장판사 2003년 사법연수원 교수 2006년 서울행정법원 부장판사 2008년 부산고법 부장판사 2010~2016년 서울고법 부장판사 2012~2014년 사학분쟁조정위원회 위원 2016년 제주지법원장 2016년 제주특별자치도 선거관리위원회 위원장 2017년 서울동부지법원장 2018년 서울고법 부장판사(현) (저)'문제탐구 형사소송법'

이승영(李承永) LEE Seung Young

(생)1963 · 2 · 20 (출)경기 화성 (주)인천광역시 미추홀구 소성로163번길 49 인천지방검찰청 중요경제범죄조사단(032-860-4000) (학)1981년 인천 광성고졸 1985년 한양대 법학과졸 1990년 同행정대학원 수료 (경)1986년 사법시험 합격(28회) 1989년 사법연수원 수료(18기) 1991년 軍법무관 1992년 수원지검 검사 1994년 청주지검 제천지청 검사 1995년 전주지검 검사 1997년 서울지검 의정부지청 검사 1999년 同남부지청 검사 2001년 울산지검 부부장검사 2002년 광주지검 순천지청 부장검사 2003년 청주지검 부장검사 2003년 광주지검 조사부장 2004년 서울중앙지검 부부장검사 2006년 인천지검 형사4부장 2007년 대전고검 검사 2007년 법무법인 서정 변호사 2008년 법무법인 정 변호사 2011년 대구고검 검사 2013년 서울고검 검사 2015년 인천지검 부장검사 2015년 同중요경제범죄조사단장 겸임 2017년 서울고검 검사 2017~2018년 인천광역시 파견 2018년 인천지검 중요경제범죄조사단장(현)

이승옥(李承沃) Lee Seung Ok

(생)1956 · 10 · 1 (본)인천(仁川) (출)전남 강진 (주)전라남도 강진군 강진읍 탐진로 111 강진군청 군수실(061-430-3201) (학)1973년 장흥고졸 1984년 한국방송통신대 행정학과졸 1993년 전남대 행정대학원 행정학과졸 2011년 행정학박사(호남대) (경)1981년 강진군 군동면사무소 근무(7급 공채) 1987년 전남도 지리산국립공원관리사무소 근무, 전남도 총무과 근무, 同지방공무원교육원 근무, 同문화예술과 근무, 同지방과 근무 1996년 강진군의회 전문위원, 강진군 지역개발과장(사무관) 1999년 전남도 지방공무원교육원 근무, 同사회복지과 재활복지담당, 同공보관실 근무, 同기획실 기획담당 2005년 同노인복지과장(서기관) 2007년 同사회복지과장 2008년 同행복마을과장 2010년 同종합민원실장 2010년 同기획조정실 정책기획관 2011년 同행정지원국장(지방부이사관) 2012년 同관광문화국장 2014~2016년 전남 여수시 부시장, 더불어민주당 전남도당 농산물유통발전특별위원회 위원장 2018년 전남 강진군수(더불어민주당)(현) (상)한국을 빛낸 2019대한민국 충효대상(2019)

이승용(李丞鎔) LEE Seung Yong

(생)1964 · 5 · 28 (출)서울 (주)충청북도 청주시 흥덕구 오송읍 오송생명2로 187 식품의약품안전처 수입식품안전정책국(043-719-2151) (학)1981년 서울 용문고졸 1986년 서울대 식품공학과졸 1989년 캐나다 맥길대 대학원 식품미생물학과졸 1994년 생물공학박사(한국과학기술원) (경)1994년 미국 텍사스A&M대 식품단백질연구소 연구원 1996년 보건복지부 식품위생사무관 1996년 광주지방식품의약품안전청 시험분석실장 1998년 식품의약품안전청 식품안전과 사무관 2000년 이탈리아 로마 UN산하 국제식량농업기구(FAO) Codex담당관 2005년 식품의약품안전청 식품본부 식품안전기준팀장 2006년 보건복지부 보건의료정책본부 식품정책팀장 2008년 同식품정책과장 2008년 식품의약품안전청 식품안전국 식품안전정책과장 2009년 해외 파견 2012년 식품의약품안전청 식품안전국 식품안전정책과장 2013년 식품의약품안전처 식품안전정책국장 직대 2013~2014년 同식품영양안전국 식중독예방과장 2014~2017년 駐미국대사관 파견 2017년 식품의약품안전처 수입식품안전정책국 수입식품정책과장 2018년 同수입식품안전정책국장(고위공무원)(현)

이승우(李升雨) LEE Seung Woo

(생)1956·5·8 (출)전북 군산 (주)전라북도 군산시 성산면 군장대길 13 군장대학교 총장실(063-450-8000) (학)1975년 경기고졸 1979년 서울대 법학과졸 1982년 同대학원 행정학과졸 1988년 미국 하버드대 케네디스쿨 정책학과졸 2002년 행정학박사(성균관대) (경)1979년 행정고시 합격(제23회) 1983~1985년 올림픽조직위원회 파견·홍보문화국 홍보계장 1990년 대통령 공보담당관실 행정관 1990~1992년 대통령 행정수석비서관실 보좌관 1992~1994년 전북 순창군수 1994년 대통령 행정쇄신비서관실 행정관 1995년 대통령 지방행정비서관실 행정관 1995년 내무부 지방행정국 지방공무원과장 1996년 同지방재정경제국 교부세과장 1998년 행정자치부 지방재정경제국 교부세과장 1999~2002년 전북도 기획관리실장 2002년 월드컵문화시민운동중앙협의회 운영국장 2002~2003년 행정자치부 제2건국월드컵아시안게임지원국장 2003년 민주당 행정자치수석전문위원 2003~2009년 (사)시민을위한정책연구원 초대원장 2005년 국제디지털대 부총장 2005~2006년 전북도 정무부지사 2007~2008년 중앙공무원교육원 원장 2008년 군장대 총장(현) 2009년 세계한식요리경연대회 조직위원장 2009~2011년 전북자동차포럼 공동의장 2009~2013년 대한치어리딩협회 회장 2009~2011년 행정안전부 녹색성장위원회 자문위원·행정정책위원 2010년 전주문화방송 시청자위원회 위원 2010년 한국사학법인연합회 부회장 2010년 한국전문대학교육협의회 부회장 2010년 同전북도협의회장 2010년 서울대법과대학동창회 상임이사 2011년 법제처 국민법제관 2011~2014년 전문대학기관평가인증위원회 위원장 2011년 군산시교원총연합회 회장 2012~2015년 전북도교원단체총연합회 회장 2012년 한국스포츠산업협회 회장 2012~2015년 한국전문대학법인협의회 회장 2013~2015년 한국해양구조협회 전북·충남남부지부 초대지부장 2014~2016년 한국전문대학교육협의회 회장 2015년 전북자동차포럼 공동의장(현) 2016~2017년 행정자치부 정책자문위원회 지방행정분과 위원장 2016~2019년 동학농민혁명기념재단 이사장 2017년 한국장학재단 정책연구위원(현) 2017년 국무총리실 새만금위원회 토지개발분과위원장(현) (상)홍조근정훈장(2002) (저)'한국지방재정조정제도의 성과와 전망'(2003)

이승우(李承雨) Lee, Suang Wu

(생)1957·10·11 (본)경주(慶州) (출)충북 청주 (주)인천광역시 미추홀구 인하로 100 인하대학교(032-860-7114) (학)1976년 청주고졸 1977년 육군사관학교 중퇴(2년) 1985년 단국대 토목공학과졸 2001년 서강대 대학원 북한학과졸 2009년 부동산학박사(단국대) (경)1985~1990년 한국토지개발공사 입사·인천지사·산업단지기획처·노동조합 사무처장 1991년 한국토지공사 일산신도시사업단 1단계 감독소장 1991~1998년 同북한사업단·베트남사업단 개발부장 1998~2005년 同경북지사 계획부장·용인사업단 개발부장 2005년 同지역균형개발처 지역개발부장 2005년 同인천경제자유구역 청라·영종사업단장 2009년 한국주택토지공사(LH) 신도시(동탄·고덕·오산·검단)계획처장 2010년 중앙공무원교육원 제18기 고위정책과정 수료 2010년 한국주택토지공사(LH) 위례사업본부장 2014년 同토지주택대학교 기술학과 전임교수(부교수) 2015~2017년 인천도시공사 사업개발본부장(상임이사) 2018년 인하대 초빙교수(현) 2018년 (사)부동산투자분석전문가협회(CCIM 한국협회) 수석부회장(현) (저)'갈등영향분석개론(이론과실무)'(2015, 우공출판사) (종)불교

이승우(李承雨) Paul S. LEE

(생)1958·1·5 (출)서울 (주)서울특별시 중구 을지로5길 26 센터원빌딩 서관 15층 길리어드사이언스코리아(02-6030-3330) (학)1982년 캐나다 앨버타대 경영학과졸 1990년 미국 컬럼비아대 경영대학원 경영학과졸 (경)1984~1994년 존슨앤존슨메디컬 한국지사 근무 1988년 同미국지사 근무 1990년 同싱가포르지사 근무 1992년 同타이완지사 근무 1994년 한국스트라이커 대표이사 1995~2003년 한국MSD(주) 대표이사 1999년 駐한국 미국상공회의소 제약분과 공동회장 1999~2000년 한국다국적의약산업협회(KRPIA) 회장, 미국 제약회사협회 한국지역 회장 2001년 한국장애인스키협회 회장 2001년 한국다국적의약산업협회 이사 2001년 한국에이즈예방재단 상임이사 2003년 MSD 아시아담당 Executive Director 2003년 한국아스트라제네카 대표이사 2005년 대한암협회 이사 2008년 한국와이어스(주) 대표이사 2011년 길리어드사이언스코리아 총괄대표(현) (상)국제경영프론티어대상(2006) (종)천주교

이승우(李承雨) LEE Seung Woo

(생)1959·10·29 (출)부산 (주)서울특별시 중구 퇴계로 10 메트로타워 6층 천호엔케어(02-6312-8981) (학)성균관대 산업심리학과졸 (경)1982년 (주)LG화학 입사 2004년 同기능재사업부장(상무), 同HS사업부장(상무) 2009년 LG하우시스 장식재사업부장 2010년 (주)아워홈 기획실 상무 2010~2015·2015년 同대표이사 사장 2017년 천호식품(주) 대표이사 2018년 천호엔케어 대표이사(현)

이승우(李承雨) Lee Seung Woo

(생)1968·1·13 (본)경주(慶州) (출)충북 충주 (주)세종특별자치시 정부2청사로 13 행정안전부 재난안전관리본부 사회재난대응정책관실(044-205-6300) (학)1985년 대원고졸 1993년 고려대 행정학과졸 (경)1993년 행정고시 합격(36회) 1994년 충북도 예산담당관실 공기업계장 1998년 同관광과 관광기획담당 1999년 同정책연구담당관실 정책1담당 2000년 同기획관실 기획담당 2003년 同첨단산업과장(서기관) 2005년 同경제과장 2008년 세종연구소 교육파견 2009년 충북도 공보관 2010년 同정책기획관 2010년 충주시 부시장 2011년 행정안전부 지역희망일자리추진단장 2011년 同재난안전실 재난위기종합상황실장 2012년 同재난안전실 재난안전정책과장(부이사관) 2013년 안전행정부 재난총괄과장 2013년 국가안보실 위기관리센터 행정관 2015년 교육 파견 2015년 국민안전처 대변인 2017년 행정안전부 재난안전관리본부 특수재난협력관 2018년 同재난안전관리본부 사회재난대응정책관(현)

이승우(李承雨) Lee, Seungwoo

(생)1968·10·6 (본)경주(慶州) (출)서울 (주)세종특별자치시 도움4로 9 국가보훈처 보훈심사위원회(044-202-5814) (학)1987년 광성고졸 1992년 고려대 행정학과졸 2008년 미국 로체스터대 경영학과졸 (경)1997년 행정고시 합격(41회) 1998~2006년 국가보훈처 사무관 2006년 미국 유학 2008년 국가보훈처 규제개혁법무담당관 2010년 同생활안정과장 2012년 同나라사랑정책과장 2012년 同운영지원과장(서기관) 2013년 同운영지원과장(부이사관) 2015년 교육 파견(부이사관) 2017년 국가보훈처 보훈예우국 예우정책과장 2017년 同보훈단체협력관 2018년 同보훈심사위원회 상임위원(현)

이승우(李承雨) LEE Seung Woo

(생)1968·12·25 (주)충청북도 음성군 맹동면 이수로 93 국가기술표준원(043-870-5300) (학)성균관대 기계공학과졸, 영국 서섹스대 대학원 경제지리학과졸 (경)1992년 기술고시 합격(27회) 1993년 상공자원부 기계공업국 수송기계과 사무관 1994년 同무역국 무역협력과 사무관 1994년 통상산업부 통상무역실 무역협력과 사무관 1996년 同자원정책실 에너지관리과 사무관 1998년 산업자원부 자원정책실 에너지관리과 사무관 1999년 同자본재산업국 기초소재산업과 사무관 1999년 同생활산업국 반도체전기과 사무관 2000년 同자본재산업국 산업기계과 사무관 2001년 同자본재산업국 산업기계과 서기관 2002년 同자본재산업국 자본재산업총괄과 서기관 2006년 同자원정책실 유전개발팀장

2006년 同에너지자원개발본부 유전개발팀장 2008년 지식경제부 정보전자산업과장 2009년 同철강화학과장 2011년 同부품소재총괄과장(부이사관) 2012년 駐제네바유엔사무처 및 국제기구대표부 공사참사관(고위공무원) 2015~2016년 산업통상자원부 국가기술표준원 제품안전정책국장 2017년 산업통상자원부 산업기반실 시스템산업정책관 2018년 대한무역투자진흥공사(KOTRA) 외국인투자지원센터 파견(국장급) 2018년 산업통상자원부 국가기술표준원장(현)

이승욱(李承旭) Lee Seungwook

(생)1967·2·13 (주)경기도 수원시 영통구 삼성로 129 삼성전자(주) 사업지원TF(031-200-1114) (학)1989년 서울대 섬유공학과졸 1992년 미국 애크런대 대학원 고분자공학과졸 1994년 고분자공학박사(미국 애크런대) (경)1995년 제일모직(주) 입사 2007년 同광학필름사업팀장 2009년 同전략기획팀장 2010년 同전략기획담당 상무 2012년 同전략기획팀장(상무) 2012년 同전자재료사업부 편광필름사업팀장(상무) 2013년 삼성전자(주) 미래전략실 상무 2015년 同미래전략실 전무 2017년 同기획팀 전무 2017년 同사업지원TF 전무 2019년 同사업지원TF 부사장(현)

이승욱(李承昱) LEE SEUNGWOOK

(생)1972·1·22 (주)세종특별자치시 갈매로 477 기획재정부 인사과(044-215-2230) (학)1990년 휘문고졸 1997년 서울대 국제경제학과졸 2005년 미국 미시간주립대 대학원 경제학과졸 (경)1997년 행정고시 합격(41회) 1998년 행정자치부 실무수습(사무관) 1999년 기획예산처 예산관리국 관리총괄과 근무 2001년 同예산실 예산총괄과 근무 2002년 同예산실 과학환경예산과 근무 2003년 同기획관리실 감사법무담당관실 근무 2003년 미국 미시간주립대 교육파견 2005년 기획예산처 공공혁신본부 공기업정책팀 근무 2006년 서기관 승진 2006년 기획예산처 재정전략실 성장전략팀 서기관 2006년 同재정전략실 전략기획팀 서기관 2008년 기획재정부 예산실 복지예산과 서기관 2009년 同예산실 예산제도과 서기관 2009년 同재정정책국 재정정책과 서기관 2010년 대통령실 파견 2011년 駐프랑스 1등서기관 2015년 국민경제자문회의지원단 파견 2015년 기획재정부 대외경제국 개발협력과 국제개발정책팀장 2015년 同세제실 관세국제조세정책관실 산업관세과장 2016년 同국제금융협력국 국제통화협력과장 2017년 同재정관리국 민간투자정책과장 2018년 同인사과장(현)

이승원(李承源)

(생)1969 (주)광주광역시 서구 계수로 41 전남지방우정청(062-600-4510) (학)서울대 사회학과졸 (경)1994년 행정고시 합격(37회) 1995년 정보통신부 서울체신청 성남분당우체국 근무 1996년 同우정국 국제우편과 근무 1997년 同정보화기획실 정보화제도과 근무 2002년 同기획관리실 기획예산담당관실 근무 2005년 同우정사업본부 경북체신청 북대구우체국장 2005년 외교통상부 駐제네바국제연합사무처 및 국제기구대표부 정보통신관 2009년 방송통신위원회 중앙전파관리소 지원과장 2010년 同방송통신융합정책관실 기금팀장 2011년 同대변인실 홍보기획팀장 2012년 同네트워크정책국 네트워크정보보호팀장 2013년 미래창조과학부 정보화전략국 정보보호정책과장 2014년 국가안보실 위기관리센터 행정관 2015년 同사이버안보비서관실 행정관 2016년 미래창조과학부 정보통신정책실 소프트웨어산업과장 2016년 駐중국 공사참사관 2019년 과학기술정보통신부 우정사업본부 전남지방우정청장(현)

이승원(李承遠)

(생)1973·7·22 (출)충북 진천 (주)서울특별시 마포구 마포대로 174 서울서부지방법원(02-3271-1104) (학)1992년 운호고졸 1997년 서울대 경영학과졸 (경)1996년 사법시험 합격(38회) 1999년 사법연수원 수료(28기) 1999년 육군 법무관 2002년 인천지법 판사 2004년 서울중앙지법 판사 2006년 울산지법 판사 2010년 서울고법 판사 2012년 대법원 재판연구관 2014년 부산지법 부장판사 2016년 수원지법 부장판사 2019년 서울서부지법 부장판사(현)

이승윤(李承潤) LEE Seung Yun (耘草)

(생)1931·11·7 (본)전주(全州) (출)인천 (주)서울특별시 종로구 새문안로 92 오피시아빌딩 1820호 한일협력위원회(02-3276-3551) (학)1951년 인천고졸 1954년 서울대 영문과 수료 1957년 미국 미주리대 대학원졸 1960년 경제학박사(미국 위스콘신대) (경)1961~1964년 서울대 상과대학 조교수·부교수 1964년 서강대 경상대학 교수·경제경영문제연구소장 1970~1975년 同경상대학장 1971년 금융통화운영위원 1976년 제9대 국회의원 1979년 제10대 국회의원(유신정우회) 1980~1982년 재무부장관 1983년 해외건설협회 회장 1988년 제13대 국회의원(인천 북구乙, 민주정의당·민자당) 1988년 민주정의당 정책조정실장 1988년 同정책위원회 의장 1990년 부총리 겸 경제기획원 장관 1992년 제14대 국회의원(인천 북구乙, 민자당·신한국당) 1993년 한·일협력위원회 사무총장 1994년 국제민주정당연합(IDU) 부회장 1995년 민자당 정책위원회 의장 1996~2008년 금호아시아나그룹 고문 1997~1998년 한나라당 후원회장 1998년 전국경제인연합회 원로자문위원(현) 1999년 한·일협력위원회 부회장·이사장·회장(현) 1999년 중국 天津市 경제고문 1999~2002년 재경회 회장 2000년 동북아경제포럼 한국위원회 운영위원장 2001~2006년 인천향우회 회장 2003~2011년 IBC포럼 이사 2005~2013년 한국선진화포럼 비상임이사 2011년 대한민국헌정회 정책위원회 의장 2013~2016년 한국선진화포럼 이사장 2016년 同명예이사장(현) (상)청조근정훈장, 일본 욱일대수장 (저)'신화폐금융론' '한국의 금융제도와 정책' '설비금융의 현황과 과제' '전환기의 한국경제' '한국경제의 이상과 현실' '전환의 시대를 넘어' (역)'경제발전에 있어서의 화폐와 자본' (종)유교

이승율(李承律) LEE Seung Yool (창해)

(생)1952·4·24 (본)고성(固城) (출)경북 청도 (주)경상북도 청도군 화양읍 청화로 70 청도군청 군수실(054-370-6001) (학)청도 모계고졸, 서라벌대학 경찰복지행정과졸, 영남대 경영대학원 최고경영자과정 수료, 경북대 농업개발대학원 농산물디지털유통전문과정 수료 (경)청도농협 조합장, 한나라당 청도군연락소장, 청도군체육회 사무국장, 청도초육성회 회장, 모계중·고 운영위원장 2006년 경북 청도군의회 의원 2008년 同의장 2014~2018년 경북 청도군수(새누리당·자유한국당) 2018년 경북 청도군수(자유한국당)(현) (상)농협중앙회장 포상(2003), 대통령표창(2008), 농협중앙회 지역농업발전 선도인상(2017) (종)불교

이승재(李承栽) LEE Seung Jae

(생)1953·8·29 (본)전주(全州) (출)전남 광양 (주)서울특별시 서초구 서초대로74길 4 삼성생명 서초타워 17층 법무법인(유) 동인(02-2046-0678) (학)1972년 광주제일고졸 1976년 고려대 법학과졸 1978년 同대학원 석사과정 수료 2006년 명예 법학박사(한국해양대) (경)1982년 사법시험 합격(24회) 1984년 사법연수원 수료(14기) 1985년 경찰 특채(경정) 1985년 치안본부 인사교육과 경정 1985년 여수경찰서 보안과장 1986년 전남도경찰국 수사계장 1986년 치안본부 대공1부 근무 1988년 同정보4과 근무 1992년 전남지방경찰청 수사과장(총경) 1993년 나주경찰서장 1993년 대통령비서실 파견 1996년 서울 서초경찰서장 1997년 서울지방경찰청 정보2과장 1998년 경찰청 정보2과장 1999년 同기획정보심의관(경무관) 1999년 서울지방경찰청 수사부장 2000년 경찰청 외사관리관 2001년 同수사국장(치안감) 2002년 인천지방경찰청장 2003년 경기지방경찰청장 2003년 경찰종합학교장 2004년 해양경찰청장(치안정감) 2005~2006년 해양경찰청장(치안총감) 2006~2011년 법무법인(유) 동인 대표변호사 2010~2018년 (

주)삼성전기 사외이사 2011년 법무법인(유) 동인 구성원변호사(현) 2014년 (재)경찰대학 교육진흥재단 이사장(현) 2017~2018년 삼성전기(주) 이사회 의장 2018년 기업은행 사외이사(현) (상)대통령표창(1990·1995), 근정포장(1999), 황조근정훈장(2004) (종)불교

이승재(李丞宰) LEE Seung Jae

(생)1960·12·20 (본)전주(全州) (출)전북 (주)서울특별시 서초구 강남대로 273 송남빌딩 11층 민간발전협회(02-566-2547) (학)1979년 전주고졸 1983년 서울대 독어독문학과졸 1985년 同행정대학원졸 2000년 미국 오리건대 대학원 경제학과졸 (경)1985년 행정고시 합격(28회) 1992년 상공부 에너지정책과 행정사무관 1997년 통상산업부 유통산업과 서기관 2005년 산업자원부 시장개척과장 2006년 同국제협력팀장 2007년 同통상협력정책팀장 2007년 同바이오나노팀장(부이사관) 2008년 지식경제부 지역경제총괄과장 2008년 同무역위원회 무역조사실장(고위공무원) 2011년 同전기위원회 사무국장 2011년 서울지방우정청장 2013년 경인지방우정청장 2015~2017년 충청지방우정청장 2017년 (사)민간발전협회 상근부회장(현)

이승재(李承宰) Lee Seungjae

(생)1965·6·23 (출)서울 (주)서울특별시 강서구 금낭화로 154 국립언어원 언어정보과(02-2669-9751) (학)1984년 대일고졸 1992년 서강대 국어국문학과졸 1994년 同대학원 국어국문학과졸 2004년 국어국문학박사(서강대) (경)1993~1995년 국립국어연구원 사전편수원 근무 1996~2002년 同학예연구사 1996~2014년 상명대·서강대·홍익대·연세대 시간강사 2002~2006년 국립국어원 학예연구관 2007~2013년 同국어정책팀장·국어정보화팀장·한국어진흥팀장·언어정보팀장 2014년 同어문연구과장 2016년 국립한글박물관 연구교육과장 2018년 국립국어원 언어정보과장(현)

이승재(李昇宰) LEE Seung Jae

(생)1965·10·13 (출)전북 전주 (주)서울특별시 서초구 서초대로 397 B동 1003호 (주)바이오코즈글로벌코리아 (학)1984년 휘문고졸 1987년 서울대 경제학과졸 1991년 同행정대학원 정책학과졸, 경제학박사(미국 컬럼비아대) (경)2001년 재정경제부 국제금융국 외화자금과 서기관 2002년 同국제금융국 국제금융과 서기관 2005년 기획예산처 조사1국장 2007년 同교육문화재정과장 2008년 기획재정부 국제금융국 금융협력과장 2009~2014년 아시아개발은행(ADB) 파견(과장급) 2014년 삼성생명보험(주) 기획실 전무 2017년 同경영지원실 전무 2018년 삼성화재해상보험(주) 기획실장(부사장) 2019년 (주)바이오코즈글로벌코리아 대표(현)

이승재(李承宰) LEE, SUNG JAE

(생)1965·11·11 (주)서울특별시 영등포구 의사당대로 1 국회사무처 교육위원회(02-784-1367) (학)고려대 행정학과졸, 미국 밴더빌트대 대학원 경제학과졸, 행정학박사(고려대) (경)1994년 입법고시 합격(12회) 2000년 국회사무처 환경노동위원회 입법조사관(서기관) 2004년 同과학기술정보통신위원회 입법조사관 2007년 同사회법제과장 2007년 同국제국 아시아태평양과장(부이사관) 2008년 同국제국 유럽아프리카과장 2009년 同총무과장 2009년 同인사과장 2012년 同의정종합지원센터장 2013년 同정보위원회 입법심의관 2013년 同교육문화체육관광위원회 입법심의관 2014년 국립외교원 파견(이사관) 2015년 국회사무처 의정연수원장 2017년 同농림축산식품해양수산위원회 전문위원 2018년 국회예산정책처 예산분석실장(관리관) 2019년 국회사무처 교육위원회 수석전문위원(차관보급)(현)

이승종(李勝鍾) LEE Seung-Jong

(생)1955·8·19 (출)서울 (주)서울특별시 관악구 관악로 1 서울대학교 행정대학원(02-880-8546) (학)용산고졸 1979년 서울대 사범대 사회교육과졸 1983년 同행정대학원졸 1989년 정치학박사(미국 노스웨스턴대) (경)1978년 행정고시 합격(22회) 1979~1980년 행정사무관 시보 1980~1989년 경기도 교육위원회 지방행정사무관 1984년 예편(육군 중위) 1986~1988년 미국 Northwestern Univ. 교육조교 1988~1989년 Research Fellow, Center for Urban Affairs Northwestern Univ. 1989~1994년 한국지방행정연구원 수석연구원·지방행정연구실장 1994~1997년 고려대 행정학과 교수 1997~2002년 서울대 사범대학 사회교육과 교수 1999년 한국정책학회 편집위원장 2001~2002년 미국 Univ. of Chicago 초빙교수 2002~2004년 성균관대 행정학과 교수 2004년 서울대 행정대학원 행정학과 교수(현) 2005년 한국정책학회 편집위원장 2005년 한국지방정부학회 부회장 2006년 한국지방자치학회 편집위원장 2007년 한국행정학회 편집위원장 2012년 同회장 2013년 제18대 대통령직인수위원회 법질서·사회안전분과 인수위원 2013~2015년 한국지방행정연구원 원장 2013년 대통령소속 지방자치발전위원회 자치제도분과 위원장 2015~2016년 경찰청 새경찰추진자문위원회 위원장 2015~2017년 대통령소속 지방자치발전위원회 부위원장 2016~2018년 서울대 행정대학원장 (저)'새 정부혁신의 전략과 과제(共)'(1991, 법문사) '한국의 지방자치와 지역개발(共)'(1993, 박문각) '지방자치의 발전전략(共)'(1994, 박문각) '한국형 지방자치의 청사진(共)'(1995, 길벗) '민주정치와 시민참여(共)'(1995, 삼영) '한국의 도전과 선택 : 21세기 국가경영론(共)'(1997, 나남출판) '한국시민사회의 전개와 공동체 시민의식(共)'(1997) '21세기 지역주민의 삶의 질(共)'(1998) '한국지방민주주의의 위기(共)'(2002) '한국의 지방분권(共)'(2003) '지방자치론 : 정치와 정책'(2003) '한국민주시민교육론(共)'(2004) '행정의 시차적 접근(共)'(2005) '새 한국정부론(共)'(2006) '새 정치문화는 정말로 존재하는가(共)'(2006)

이승준(李承俊) LEE Seung Joon

(생)1964·10·5 (출)서울 (주)강원도 춘천시 백령로 156 강원대학교병원 원장실(033-258-2000) (학)건국대사대부고졸, 서울대 의대졸 1996년 同대학원 의학석사 1999년 의학박사(서울대) (경)서울대병원 내과 전공의 1999년 한림대 춘천성심병원 호흡기내과 조교수, 미국 예일대 의대 연구전임의 2000년 일본 감염증연구소 연수, 강원대 의대 내과학교실 교수, 同의학전문대학원 호흡기내과학교실 교수(현) 2007년 同의과대학장, 同의학전문대학원장 2008년 강원대병원 보건진료처장 2012년 강원도재활병원장 2015~2018년 속초의료원장 2016년 대한공공의학회 강원지부회장 2018년 강원대병원장(현)

이승진(李承晋) LEE Seung Jin

(생)1957·8·28 (본)전주(全州) (출)서울 (주)서울특별시 서대문구 이화여대길 52 이화여자대학교 약학관 B동 305호(02-3277-3043) (학)1976년 서울고졸 1980년 서울대 제약학과졸 1982년 同대학원졸 1987년 약학박사(미국 유타대) (경)1987년 이화여대 약학대학 교수(현) 2004~2015년 한국의약전달시스템학회(KCRS) 회장 2004년 미국 CRS Korean Chapter 회장(현) 2006~2007년 이화여대 약학연구소장 2006년 한국생체재료학회 부회장 2007년 대한약학회 부회장 2007년 한국조직공학재생의학회 부회장 2008~2009년 한국약제학회 회장 2008년 제17대 대통령취임준비위원회 자문위원 2008년 유엔 환경계획 한국위원회(UNEP) 이사 2008년 민주평통 상임위원·자문위원 2009~2011년 보건복지부 R&D협의회 민간위원 2009년 충청광역경제권선도산업지원단 이사 2009년 (사)꿈에품에 이사장 2010~2012년 식품의약품안전청 식품의약품안전연구정책심의위원 2010~2011년 한국줄기세포학회 부회장, 미국 Journal of Controlled Release 편집위원

2011~2012년 한국생체재료학회 회장 2012~2015년 同고문 2012~2014년 한국의학학술지원재단 이사 2013~2015년 정부 미래성장동력추진단 스마트바이오생산시스템 단장 2014년 우리들제약(주) 사외이사(현) 2014년 정부 미래성장동력추진단 생체모사디바이스분야 단장 2015~2016년 이화여대 임상보건과학대학원장 2015~2017년 同약학대학장 2015년 同PHC센터 소장 2015년 의약전달학회 회장(현) 2016년 한국생체재료학회 명예회장(현) (상)한국약제학회 학술상(2001), 한국과학기술단체총연합회 과학기술우수논문상(2005), 한국학술진흥재단 최우수 PM상(2007)

이승진(李丞鎭) Lee Seung Jin

(생)1960·9·28 (본)전주(全州) (출)전북 고창 (주)서울특별시 마포구 효창목길 6 한겨레신문 임원실(02-710-0114) (학)1976년 서라벌중졸 1979년 한성고졸, 홍익대 영어영문학과졸 (경)2002년 한겨레신문 광고국 광고영업1팀장 2004년 同광고국 영업1부장 2007년 同광고국 광고영업1부장(부국장대우) 2008년 同광고국 부국장 2009년 同미디어사업국 광고담당 부국장 2010년 同미디어사업국 부국장·국장 2011년 同애드국장 2014년 同광고국 광고전문위원 2017년 同영업담당 상무이사(현) 2019년 문화체육관광부 정부광고자문위원(현)

이승찬(李昇燦) LEE Seung Chan

(생)1976·11·27 (출)대전 (주)대전광역시 서구 문정로48번길 48 계룡건설산업(주) 임원실(042-480-7273) (학)1995년 대전고졸 1999년 연세대 경제학과졸 (경)두산건설 근무 2002년 계룡건설산업(주) 이사 2004년 同관리본부 상무 2007년 同관리본부장(전무) 2010년 同총괄부사장 2014년 同공동대표이사 사장 2017년 同각자대표이사 사장(현) (종)불교

이승철(李承哲) LEE Seung Cheol

(생)1959·12·1 (출)부산 (주)서울특별시 강남구 테헤란로 317 법무법인(유) 대륙아주(02-3016-8706) (학)1978년 경기고졸 1983년 고려대 경제학과졸 1985년 미국 오하이오주립대 대학원졸 1989년 경제학박사(미국 오하이오주립대) (경)1985~1989년 미국 오하이오주립대 강사 1989~1990년 고려대 강사 1990~1999년 한국경제연구원 연구위원·선임연구위원·연구조정실장 1997~1998년 미국 스탠퍼드대 후버연구소 객원연구원 1999년 전국경제인연합회 기획본부장 겸 지식경제센터 소장 2003년 同경제조사본부장(상무) 2006~2017년 국민연금공단 비상임이사 2006~2007년 성균관대 학부대학 초빙교수 2007년 전국경제인연합회 전무 2008~2012년 한국규제학회 이사 2008~2010년 한국소비자원 비상임이사 2013~2017년 전국경제인연합회 상근부회장 2013~2017년 국제경영원(IMI) 원장 2013~2017년 중소기업협력센터 이사장 2013~2017년 한국경제연구원 대표이사 2013~2017년 대·중소기업협력재단 이사 2013년 (사)나눔국민운동본부 공동대표 2013년 한국문화산업교류재단 이사 2013년 한국장애인재활협회 이사 2013~2017년 (주)기협기술금융 이사 2013~2017년 사회복지공동모금회 이사 2013~2017년 한국산업기술대 이사 2014~2016년 민관합동창조경제추진단 공동단장 2014년 한국공학한림원 종합심의위원회 위원(현) 2015년 금융위원회 금융개혁회의 위원 2015~2016년 한국학중앙연구원 비상임이사 2018년 법무법인(유) 대륙아주 고문(현) 2019년 KG케미칼(주) 사외이사(현) (상)대통령표창(1992), 대한상공회의소 회장표창(2002) (저)'불공정거래행위의 경쟁정책' '규제완화의 방향과 과제' '한국의 가격규제(共)'(한국경제연구원) '민영화와 규제완화'(共) '정책적 규제비판'(共) '경제법령 이렇게 고치자'(共) '내부거래의 경제분석과 경쟁정책'(한국경제연구원) '서비스산업의 뉴라운드 대응전략'(한국경제연구원) '공정거래경제학'(한국경제연구원) '디지털경제학'(전국경제인연합회) '국내자동차산업의 수요구조분석과 경기전망' (종)기독교

이승철(李承哲) LEE Seung Cheul

(생)1963·2·13 (출)부산 (주)세종특별자치시 갈매로 477 기획재정부 재정관리관실(044-215-2005) (학)1981년 부산동고졸 1985년 연세대 경제학과졸 1987년 서울대 대학원 행정학과졸 (경)1988년 행정고시 합격(32회) 2000년 기획예산처 과학환경예산과 서기관 2001년 同기획예산담당관실 서기관 2002년 경남도 파견 2003년 기획예산처 감사법무담당관 2004년 同산업정보예산과장 2005년 교육훈련 파견(영국 버밍엄대) 2006년 기획예산처 산업정보재정과장(서기관) 2007년 同산업정보재정과장(부이사관) 2008년 기획재정부 재정정책국 성과관리과장 2009년 同공공정책국 제도기획과장 2010년 同공공정책국 정책총괄과장 2011년 보건복지부 기획조정실 정책기획관 2013년 대통령 국정기획수석비서관실 기획비서관실 선임행정관 2015년 대통령 정책조정수석비서관실 기획비서관실 선임행정관 2015년 기획재정부 공공정책국 공공혁신기획관 2017년 同재정관리국장 2018년 대통령직속 지역발전위원회 지역발전기획단장 2018년 대통령직속 국가균형발전위원회 기획단장 2018년 기획재정부 재정관리관(차관보)(현) 2018~2019년 대통령직속 정책기획위원회 산하 재정개혁특별위원회 위원

이승택(李承垞) LEE Seung Taek

(생)1964·9·9 (출)경북 예천 (주)서울특별시 강남구 테헤란로 317 동훈타워 법무법인(유) 대륙아주(02-562-2900) (학)1983년 동국대사대부고졸 1987년 연세대 법학과졸 1992년 同대학원 법학과졸 (경)1990년 사법시험 합격(32회) 1993년 사법연수원 수료(22기) 1993년 공군 법무관 1996년 서울지법 의정부지원 판사 1998년 인천지법 판사 1998년 서울지법 판사 2000년 전주지법 군산지원 판사 2003년 서울지법 남부지원 판사 2004년 서울고법 판사 2006년 대법원 재판연구관 2008년 청주지법 제천지원장 2010년 사법연수원 교수 2013년 서울행정법원 행정1부 부장판사 2016~2017년 창원지법 진주지원장 2017년 법무법인(유) 대륙아주 변호사(현)

이승한(李承漢) LEE Seung Han

(생)1946·12·23 (출)경북 칠곡 (주)서울특별시 강남구 테헤란로 322 한신인터밸리24빌딩 동관 1417호 넥스트앤파트너스 회장실(02-559-6000) (학)1965년 계성고졸 1969년 영남대 경영학과졸 1998년 한양대 도시계획학과졸 2001년 同대학원 도시계획학 박사과정 수료 2004년 도시공학박사(한양대) 2006년 명예 경영학박사(영남대) (경)1970년 제일모직 입사(삼성그룹 공채 11기) 1974년 삼성그룹 비서실 기획팀장·마케팅팀장 1976년 삼성물산 회계과장·감사실장 1978년 同런던지점장 1983년 同외환부장·해외영업부장 1986년 同해외사업본부 총괄임원 이사 1990년 同개발사업본부장(상무) 1993년 삼성그룹 SOC추진TF팀장(전무) 겸임 1994년 同회장비서실 신경영추진팀장(전무) 1996년 同회장비서실 보좌역(부사장) 1997년 삼성물산 유통부문 대표이사 1999~2008년 홈플러스 삼성테스코(주) 대표이사 사장 2002~2005년 ECR 아시아지역 공동의장 2003~2014년 한국체인스토어협회 회장 2003~2013년 대한상공회의소 유통위원회 위원장 2004년 한국능률협회 전략경영위원회 위원장 2004년 EAN(European Article Number)인터내셔널 부회장 2004년 세계표준화기구(GSI) 부회장 2004년 미국 하버드대 운영 상임이사 2005~2010년 SC제일은행 사외이사 2005년 대한국토도시계획학회 이사 2006년 서울시 100일창의서울추진본부 공동본부장 2007년 한국와튼최고경영자과정총동문회(Wharton CEO Alumni Association) 회장 2007년 창의서울포럼 대표 2008~2013년 홈플러스그룹 대표이사 회장 2008년 UNEP Korea 이사 2009년 서울사이버대 국제무역물류학과 석좌교수 2009~2010년 녹색성장위원회 위원 2009~2014년 홈플러스e파란재단 이사장 2010년 서울상공회의소 부회장 2010~2016년 유엔글로벌콤팩트(UNGC) 한국협회장 2010년 SC제일은행

특별고문 2011년 가족친화포럼 공동대표 2013년 유통산업연합회 공동회장 2013~2014년 홈플러스그룹 회장 2013년 미국 보스턴대 초빙교수 겸 초빙사업가(Entrepreneur in Residence) 2015년 넥스트앤파트너스(n&p) 회장(현) 2017년 학교법인 숙명학원(숙명여대) 이사장(현) (상)서울시장표창, 품질경영 최고경영자상(2002), 한국능률협회 녹색경영대상 최고경영자상(2004), 금탑산업훈장(2004), 서울정책인대상(2007), 대한민국창조경영인상(2007), CEO서미트 주관 2008 Korea CEO Summit 창조경영대상(2008), 한국능률협회 한국의 경영자상(2008), 대영제국 커맨더훈장(CBE · Commander of the Order of British Empire)(2008), 아시아 · 유럽미래학회 2009글로벌CEO대상(2009), 한국표준협회 2009한국서비스대상 최고경영자상(2009), 포브스코리아 경영품질대상 리더십부문(2009), 와튼KMA대상 사회공헌부문(2009), 국민훈장 동백장(2010), 올해의 자랑스러운 한국인대상 경영혁신부문(2010), 서울대총동창회 공로패(2011), 한국윤리경영대상 최고윤리경영인(2011), 한국전문경영인(CEO)학회 '한국을 빛내는 CEO Ⅲ'선정(2011), 국제라이온스협회 한국사자봉사대상(2012), 한국표준협회 최고경영자상(2012), 전문직여성한국연맹(BPW) BPW 골드 어워드(2013), 한국백혈병소아암협회 감사패(2013), 월드리테일콩그레스(WRC)아시아퍼시픽 평생업적상(2015) (저)'해외도시 · 건축 복합개발 사례'(1995) '세계중심국가가 되기 위한 방안'(1996) '월드베스트 인프라스트럭쳐'(1998) '창조바이러스 H2C'(2009, 랜덤하우스코리아) '청춘을 디자인하다(共)'(2012, 코리아닷컴) (종)기독교

이승한(李承翰) LEE Seung Han

(생)1969 · 3 · 17 (출)서울 (주)서울특별시 서초구 서초중앙로 157 서울고등법원(02-530-1114) (학)1987년 성동고졸 1991년 서울대 법대졸 (경)1990년 사법시험 합격(32회) 1993년 사법연수원 수료(23기) 1993년 육군 법무관 1996년 서울지법 판사 1998년 서울행정법원 판사 2000년 춘천지법 속초지원 고성군법원 판사 2004년 법원행정처 송무심의관 2006년 同사법정책실 판사 2006년 서울고법 판사 2008년 광주지법 목포지원 부장판사 2009년 대법원 부장판사 2009년 同재판연구관 2011년 의정부지법 부장판사 2013년 서울행정법원 행정12부 부장판사 2016년 대전고법 청주재판부 부장판사 2018년 서울고법 부장판사(현) 2018~2019년 법원행정처 사법지원실장 겸임

이승한(李承翰) Seunghan Lee

(생)1975 · 10 · 18 (본)사천(泗川) (출)부산 (주)서울특별시 종로구 청와대로 1 대통령비서실(02-770-0011) (학)1994년 부산 개금고졸 1998년 서울대 경제학과졸 2001년 同대학원 경제학과졸 2014년 미국 워싱턴대 대학원 경제학과졸 2017년 경제학박사(미국 워싱턴대) (경)2001~2003년 재정경제부 경제홍보기획단 해외홍보과 사무관 2003~2006년 해군 장교(중위 예편) 2006년 재정경제부 경제협력국 경협총괄과 사무관 2007년 同경제협력국 남북경협과 사무관 2008년 기획재정부 대외경제국 국제경제과 사무관 2008년 同경제정책국 물가정책과 사무관 2010년 同경제정책국 경제분석과 서기관 2011년 同경제정책국 종합정책과 서기관 2017년 同미래경제전략국 미래사회전략팀장 2017년 同경제구조개혁국 일자리제도반 서기관 2018년 同정책조정국 기업환경과장 2018년 대통령비서실 행정관(현) (상)해군참모총장표창(2006), 대통령표창(2010)

이승헌(李承憲) LEE Seung Heun (一指)

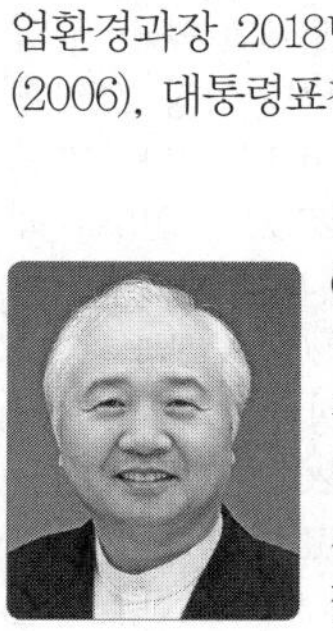

(생)1950 · 12 · 24 (출)충남 천안 (주)서울특별시 강남구 압구정로32길 11 글로벌사이버대학교 총장실(02-2160-1126) (학)1968년 천안고졸 1977년 단국대 체육교육과졸 1999년 명예 한의학박사(미국 사우스베일로한의대) (경)1985년 단월드(舊 단학선원) 설립 · 회장 1987년 현대국학운동민족정신광복국민운동본부 설립 1988년 (사)한문화원 설립 · 초대원장 1990년 한국뇌과학연구원(舊 한국인체과학연구원) 설립 · 원장(현) 1997년 미국 애리조나주 세도나 일지명상센터 설립 1998년 홍익운동연합(舊 한문화운동연합) 발족 · 총재 · 명예총재 2000년 새천년평화재단(NMPF) 설립 · 총재 2000년 밀레니엄세계평화회의 이사 및 아시아평화회의 회장 2000년 (사)한문화원 명예회장 2000년 BR Consulting Inc. 대표이사 2000년 세계한민족개천절기념사업회 창립 · 공동회장 2001년 제1회 휴머니티컨퍼런스및지구인선언대회 대회장 2002년 세계지구인연합회 창립 · 회장 2002년 미국 세도나 한국민속촌건립위원장 2002년 국학원 설립 2002년 미국 텍사스주 휴스턴시 친선대사 2002년 국제평화대학원대 설립 · 이사장 2004년 미국 하와이주립대 객원교수 2005~2007년 국제평화대학원대 총장 2006년 (사)국제뇌교육협회 회장(현) 2006년 제주특별자치도 명예시민(현) 2007년 세계한민족총연합회 설립 · 공동회장 2007년 국제뇌교육종합대학원대학교 총장(현) 2007년 부산시 명예시민(현) 2007년 대전시 명예시민(현) 2007년 한 · 코스타리카 친선명예대사(현) 2008년 제주특별자치도 명예홍보대사(현) 2008년 한민족역사문화공원 설립 2008년 제2회 세계지구인축제 대회장 2010년 글로벌사이버대 총장(현) 2011~2016년 제주일보 논설위원 2014년 벤자민인성영재학교 설립 2016년 국제뇌교육학회 설립 · 초대 회장(현) (상)행정자치부장관표창, 서울언론문화상, 국방부장관표창, 미국 조지아주 애틀란타시 'Phoenix Award' 수상(2002), 국민훈장 석류장(2002), 미국 캘리포니아주 LA시 'LA Award'수상(2003), 제주도지사 감사패(2010), 주간인물 대한민국신지식인상(2012), 국제영화제 페스티벌 2013 골드어워드(2013), 미국 노틸러스 북어워드(Nautilus Book Awards) 개인성장 · 자기개발분야 은상(2014), TV조선 참교육경영대상(2015), 보건복지부 감사패(2015), 국민생활체육회 공로패(2015), 서울시 감사패(2015), 경기도 공로패(2015), 대전시 감사패(2015), 대구시 감사패(2015), 경북도 감사패(2015), 강원도생활체육회 공로패(2015), 대한체육회 감사패(2017), 미국 노틸러스 2017출판상 은상(2018), 엘살바도르 정부 최고상 '호세 시메온 까냐스'(2018), 대한민국체육상 진흥상(2018) (저)'단학 그 이론과 수련법' '신성을 밝히는 길' '운기단법' '단학' '단학인' '상단전의 비밀' '수험생을 위한 단전호흡' '피는 꽃마다 아름답구나' '뇌호흡1 · 2' '나에게서 나에게로' '사람안에 율려가 있네' 'Dahn Meditation'(英文) 'Brain Respiration'(英文) 'Dahnhak'(英文) '뇌호흡1'(日文) '힐링소사이어티' '한국인에게 고함' '숨쉬는 평화학' '깨달음과 희망의 붉은 악마' '힐링차크라' 'The Twelve Enlightenments for Healing Society'(英文) '지구인의 꿈'(2004) '아이 안에 숨어있는 두뇌의 힘을 키워라'(2005) '휴먼테크놀로지'(2006) '한국인에게 고함-개정판'(2006) '뇌를 알면 행복이 보인다(共)'(2006) '걸음아 날 살려라 : 장생보법'(2007) '뇌를 알면 인생이 바뀐다'(2007) '뇌안의 위대한 혁명 BOS'(2007) '성공적인 노년을 위한 뇌교육(共)'(2008) '뇌파진동'(2008 · 2009) '세도나스토리'(2011) '변화 : 가장 위대한 나를 실현하는 삶의 연금술'(2013, 한문화) '붓 그림 명상'(2014) '솔라바디'(2015) '면역력이 답이다'(2015) '지구경영, 홍익에서 답을 찾다(共)'(2016) 'The Power Brain'(2016) '5분 배꼽힐링'(2016) '나는 120살까지 살기로 했다'(2017) '대한민국에 이런 학교가 있었어?'(2018) 등

이승헌(李承憲) LEE Seung Heon

(생)1964 · 9 · 19 (출)서울 (주)서울특별시 중구 남대문로 39 한국은행 부총재보실(02-759-5821) (학)1983년 경신고졸 1991년 서울대 경제학과졸 2001년 미국 에모리대 대학원 경영학과졸 (경)1991년 한국은행 입행 1991년 同자금부 근무 1994년 同전산정보부 근무 1996년 同자금부 근무 1998년 同정책기획부 근무 1998년 同기획부 근무 2001년 同금융시장국 근무 2002년 同전산정보국 근무 2005년 同정책기획국 근무 2006년 同금융통화위원회실 근무 2008년 同금융시장국 근무 2011년 IMF 이사실 파견 2013년 한국은행 국제국 근무 2016년 同공보관 2017년 同국제국장 2019년 同부총재보(현)

이승협(李承協)

(생)1968 (주)서울특별시 성동구 왕십리광장로 9 성동경찰서(02-2286-0321) (학)1991년 경찰대졸(7기), 미국 카네기멜론대 대학원졸 (경)1991년 경위 임용, 서울지방경찰청 기동단 2기동대장, 서울 중랑경찰서 정보보안과장 2011년 경찰청 정보국 정보4과 1계장 2014년 서울지방경찰청 치안지도관(총경) 2015년 경찰대학 교수부 기획협력과장 2016년 경기 과천경찰서장 2017년 경찰교육원 운영지원과장 2017년 경찰청 피해자보호담당관 2019년 서울 성동경찰서장(현)

이승형(李承衡)

(생)1967 · 8 · 20 (출)충남 예산 (주)서울특별시 서초구 법원로 10 정곡빌딩 법무법인 에스앤파트너스(02-533-9100) (학)1985년 예산고졸 1989년 경찰대 법학과졸 (경)1989년 충남지방경찰청 전경대 · 기중대 소대장 1991년 서울 마포경찰서 파출소장 · 강력1반장 1995년 사법시험 합격(37회) 1998년 사법연수원 수료(27기) 1998년 수원지법 판사 2000년 서울지법 판사 2002년 광주지법 해남 · 장흥지원 판사 2003년 광주지법 판사 2005년 서울북부지법 판사 2007년 서울중앙지법 판사 2009년 서울고법 판사 2011년 서울동부지법 판사 2013년 청주지법 부장판사 2015~2017년 수원지법 부장판사 2017년 법률사무소 덕우 대표변호사 2018년 법무법인 에스앤파트너스 대표변호사(현)

이승호(李勝鎬) LEE Seung Ho

(생)1958 · 8 · 20 (출)울산 (주)대구광역시 중구 공평로 88 대구광역시청 경제부시장실(053-803-2050) (학)1977년 경북고졸 1984년 한국외국어대 영어과졸 1990년 경북대 행정대학원 수료 1993년 미국 오리건대 대학원 도시계획과졸 (경)1985년 행정고시 합격(29회) 1987년 대구시 관광지도계장 1988년 同고시계장 1989년 同지하철기획단 기획담당 1991년 同지하철건설본부 관리과장 1993년 同건설주택국 주택행정계장 1995년 同비서실장, 同교통기획계장 1996년 同중소기업과장 1998년 同경제정책과장 2000년 同기획관 2003년 同교통국장, 同문화체육국장 2004년 국무총리국무조정실 복지정책과장 2005년 同사회총괄과장 2007년 건설교통부 광역교통기획관 2008년 국토해양부 철도정책관 2011년 서울지방항공청장 2011년 대전지방국토관리청장 2012년 국토해양부 교통정책실 도로정책관 2015~2017년 同교통물류실장 2017~2018년 (주)SR 대표이사 사장 2018년 대구시 경제부시장(현)

이승호(李昇鎬) LEE Seung Ho

(생)1960 · 4 · 19 (출)서울 (주)서울특별시 광진구 능동로 120 건국대학교 법학전문대학원(02-450-3597) (학)1978년 청주고졸 1982년 서울대 법학과졸 1985년 同대학원 법학과졸 1991년 법학박사(서울대) (경)한국형사정책연구원 선임연구원 1992~1997년 충북대 법학과 교수 1997~2008년 건국대 법과대학 법학과 부교수 · 교수 2004~2005년 同법과대학장, 同법학연구소장 2008년 同법학전문대학원 교수(현), 한국형사정책학회 이사, 同부회장 2016년 同고문(현) 2018년 건국대 법학전문대학원장(현) (저)'한국감옥의 현실(共)'(1998) '법의 이해(共)'(1999) '인권길라잡이 : 교정편(共)'(2002) '형사정책기초이론'(2007) (역)'범죄학이론(共)'(2000)

이승호(李勝鎬) LEE Seung-Ho

(생)1960 · 8 · 15 (출)서울 (주)서울특별시 서초구 명달로 88 축산회관 4층 (사)한국낙농육우협회(02-588-7055) (학)1979년 리라공고졸 2003년 한경대 최고경영자과정 수료 2015년 세종대 경영전문대학원 경영학과졸 (경)1999년 서울우유 여주군낙우회장 2001년 여주축산업협동조합 이사 2002년 서울우유 여주군 축산계장 2002년 한국낙농육우협회 청년분과위원장 2004~2013년 同회장 2004~2013년 한국유가공기술과학회 · 가축위생방역지원본부 이사 2005~2006년 한국영양학회 부회장 2005~2013년 한국축산경제연구원 이사 2005~2008년 대통령자문 농어업농어촌특별대책위원회 제1분과위원회 위원 2005~2010년 농민연합 공동대표 2005~2013년 축산물품질평가원 이사 2006~2013년 농축산업발전을위한건전경마추진위원회 부위원장 2006~2013년 낙농자조금활동관리위원회 위원장 2006~2013년 축산물위해요소중점관리기준원 이사 2006~2013년 농림수산검역검사본부 역학조사위원회 위원 2008~2013년 농협중앙회 농정자문위원회 위원 2008~2013년 한국마사회 경마발전위원회 위원 2008~2014년 축산관련단체협의회 회장 2009~2013년 농림축산식품부 축산물위생심의위원회 위원 2009~2013년 육우자조금관리위원회 위원장 2010~2013년 농협재단 이사 2011~2013년 농촌진흥청 녹색성장기술위원회 위원 2011~2013년 농수축산연합회 운영위원 2011년 한국소비생활연구원 이사(현) 2011~2012년 한나라당 구제역대책특별위원회 위원 2012~2013년 (사)나눔축산운동본부 공동대표 2013년 同이사(현) 2013~2017년 농업협동조합중앙회 사외이사 2014년 우유자조금관리위원회 위원장(현) 2016년 국민농업포럼 이사 2016년 (사)한국낙농육우협회 회장(현) 2018~2019년 한국농축산연합회 상임대표 (상)농림부장관표창(2003), 동탑산업훈장(2014)

이승호(李丞鎬) LEE Seung Ho

(생)1964 · 4 · 28 (출)경남 창원 (주)서울특별시 종로구 종로3길 17 디타워 23층 법무법인 세종(02-316-4027) (학)1983년 부산남고졸 1987년 서울대 법대 사법학과졸 (경)1986년 사법시험 합격(28회) 1989년 사법연수원 수료(18기) 1989년 軍법무관 1992년 부산지법 울산지원 판사 1996년 서울지법 의정부지원 판사 1997년 同의정부지원 고양시법원 판사 1998년 인천지법 부천지원 판사 1999년 서울지법 판사 1999년 일본 동경대 객원연구원 2001년 서울고법 판사 2002년 대법원 재판연구관 2004년 창원지법 부장판사 2006년 부산지법 부장판사 2008년 서울남부지법 부장판사 2010~2011년 서울중앙지법 부장판사 2011년 법무법인 세종 파트너변호사(현)

이승환(李承煥) Lee Seung Hwan

(생)1958 · 10 · 20 (주)서울특별시 중구 장충단로 84 민주평화통일자문회의 사무처(02-2250-2205) (학)1984년 고려대 경제학과졸 2006년 경남대 대학원졸 2011년 경남대 박사과정 수료 (경)1998~2000년 통일맞이 사무처장 2010년 시민평화포럼 공동대표 2015년 민족화해협력범국민협의회 공동의장, 흥사단 민족통일운동본부 공동대표 2017년 (사)남북교류협력지원협회 회장 2019년 민주평통 사무처장(차관급)(현) (상)국민훈장 모란장(2017)

이승훈(李承勳) LEE SEUNG-HOON

(생)1955 · 2 · 13 (출)서울 (주)서울특별시 노원구 한글비석로 68 을지대학교의료원(1899-0001) (학)1980년 서울대 의대졸 1983년 同대학원 의학석사 1993년 의학박사(서울대) (경)1980~1985년 서울대병원 인턴 · 레지던트 1983~1986년 육군 군의관 1988~2000년 원자력병원 신경외과장 1993년 일본 국립암센터 생물물리부 Research Fellow 1997년 원자력병원 연구부 세포생물학연구실장 1999년 同연구부장 2000~2015년 국립암센터 특수암센터 전문의 2001년 同책임연구원 겸 뇌척수암연구과장 2001~2004년 同특수암연구부장 2002~2004년 同부속병원 진료지원센터장 2002~2004년 同교육훈련부장 2003~2004년 同부속병원 부원장 2004~2006년 同부속병원장 2007~2008년 同연구소 이행성임상제2연구부장 2008~2011 · 2013~2014년 同연구소장 2008~2014년 同암정복추진기획단장 2009~2011년 보건

의료기술정책심의위원회 전문위원 2009~2010년 항암제개발B&D 사업추진기획단 단장 2009~2011년 건강보험심사평가원 암질환심의위원장 2010~2011년 국가과학기술위원회 사회기반기술전문위원회 위원 2011~2013년 대한신경종양학회 회장 2011년 국립암센터 대외협력실장(수석연구원) 2014~2015년 국제암대학원대 시스템종양생물학과 겸임교수 2014~2015년 국립암센터 특수암연구과장 2014~2017년 한국원자력의학원 비상임이사 2015~2016년 대한암학회 회장, 同자문위원(현) 2015~2016년 을지대병원 의무원장 2016년 을지대 의과대학장(현) 2017년 同의료원장(현) 2019년 대한민국의학한림원 정회원(현) (상)대한신경외과학회 학술상(2002), 대한뇌종양학회 학술상(2002 · 2006), 국민훈장 동백장(2012), 로슈학술상(2012) (저)'신경종양학'(1998) (종)기독교

이승훈(李昇勳) YI Sung Hoon

(생)1960 · 2 · 20 (출)전남 나주 (주)전라남도 영암군 삼호읍 녹색로 1113 세한대학교 총장실(061-469-1101) (학)1983년 서울대 경영학과졸 1988년 미국 미시간대 경영대학원졸(MBA), 서강대 대학원 자본시장전공 박사과정 수료, 의료경영학박사(전주대) (경)학술연구지원사업 학술연구심사평가위원회 위원, 전남지방경찰청 치안자문위원회 위원, 한국경제연구학회 이사, 공명선거실천시민운동협의회 전남협회장, (사)한중교류협회 한중지도자포럼 사무총장, (사)4월회 자문위원 2010~2012년 대불대 총장 2012년 세한대 총장(현) 2014 · 2018년 (사)4월회 부회장(현) 2015~2017년 同공동의장 2017~2018년 한국사립대학총장협의회 회장 (상)교육부장관표창(1995), (사)21C한중교류협회 공로표창(2005), 목포시장공로표창(2005), 한국유네스코협회연맹회장감사표창(2005), 자랑스러운 미시간대 동문상(2012), 전남도지사공로패(2013), 충남도지사표창(2014)

이승훈(李承薰) LEE Seung Hoon

(생)1960 · 8 · 12 (출)서울 (주)대전광역시 유성구 과학로 169-84 한국항공우주연구원 위성연구본부 위성탑재체개발부(042-860-2426) (학)1983년 서강대 물리학과졸 1985년 同대학원 물리학과졸 1994년 물리학박사(서강대) (경)1984 · 1994년 서강대 기초과학연구소 연구원 1988~1995년 충북대 · 서강대 · 호서대 시간강사 1994년 한국원자력연구소 Post-Doc. 1995년 한국항공우주연구원 선임연구원 · 책임연구원 1995~1999년 아리랑위성1호 전자광학카메라(EOC) 미국기술이전 1996~1997년 미국 TRW사 파견 2000~2006년 아리랑위성2호 고해상도카메라(MSC) 이스라엘과 공동개발 2002~2004년 이스라엘 ELOP사 파견 2005년 한국항공우주연구원 위성광학기술팀장 2006~2012년 아리랑위성3호 고성능카메라(AEISS) 책임개발 2011년 한국항공우주연구원 위성탑재체실장 2015년 同위성연구본부 위성탑재체연구단장 2018년 同위성연구본부 위성탑재체개발부 책임연구원(현) (상)과학기술부장관표창(2000), 대통령표창(2007), 국민포장(2013) (종)기독교

이승훈(李承勳) Lee Seung Hoon

(생)1961 · 6 · 24 (출)충북 충주 (주)강원도 춘천시 공지로 284 춘천지방법원 법원장실(033-259-9000) (학)1979년 청주고졸 1984년 서울대 법학과졸 (경)1985년 사법시험 합격(27회) 1988년 사법연수원 수료(17기) 1988년 공군 법무관 1991년 서울지법 동부지원 판사 1993년 서울민사지법 판사 1995년 청주지법 영동지원 판사 1997년 대전고법 판사 2000년 대전지법 공주지원장 2001년 대전지법 판사 2003년 同논산지원장 2005년 대전지법 부장판사 2008년 同천안지원장 2010년 대전지법 부장판사 2010년 언론중재위원회 대전중재부장 2011년 대전지법 수석부장판사 2013년 대전고법 수석부장판사 2013~2016년 충남도 선거관리위원장 2016년 대전고법 부장판사 2019년 춘천지법원장(현)

이승희(李勝熙) LEE Seung Hee

(생)1965 · 12 · 2 (출)서울 (주)경기도 성남시 분당구 판교역로 220 쏠리드스페이스 (주)쏠리드 비서실(031-627-6100) (학)1987년 고려대 전자공학과졸 1992년 전자공학박사(미국 Northwestern대) (경)1993~1998년 삼성종합기술원 선임연구원 1998년 (주)쏠리테크 연구소장(상무이사) 2004년 同사업총괄 부사장 2009년 同각자대표이사 2012년 (주)쏠리드 사업담당 각자대표이사(현)

이승희(李升熙) Seung Hee Lee

(생)1967 · 1 · 24 (출)전북 김제 (주)전라북도 전주시 덕진구 백제대로 567 전북대학교 공과대학 고분자 · 나노공학과(063-270-2343) (학)1989년 전북대 물리학과졸 1991년 미국 Kent State Univ. 대학원 물리학과졸 1994년 물리학박사(미국 Kent State Univ.) (경)1989~1994년 미국 Kent State Univ. 물리학과 실험 및 연구조교 1995~1998년 현대전자 LCD사업부 선임연구원 1999~2001년 하이닉스반도체 LCD사업부 책임연구원 2001~2010년 전북대 공과대학 고분자 · 나노공학과 조교수 · 부교수 2007년 미국 Univ. of Central Florida 교환교수 2008년 세계정보디스플레이학회(SID) Fellow(현) 2010년 전북대 공과대학 고분자 · 나노공학과 교수(현) 2010년 同BIN융합공학과 교수 겸임(현) (상)한국전기전자재료학회 충헌 논문상(2005), 한국물리학회 포스터부분 우수발표상(2007), 전북대 우수연구교수 최고상 학술대상(2007), 세계정보디스플레이학회 특별공로상(2012), 잔 라크만상(2016)

이시복(李是服)

(생)1959 · 2 · 2 (주)대구 중구 공평로 88 대구광역시의회(053-803-5041) (학)2016년 한국방송통신대 환경보건학과졸 (경)대구시 고등학교운영위원협의회 회장, 자유한국당 대구시당 장애인위원장(현) 2018년 대구시의회 의원(비례대표, 자유한국당)(현)

이시영(李時榮) LEE See Young

(생)1937 · 1 · 31 (본)전주(全州) (출)서울 (주)경기도 성남시 분당구 정자일로 1 코오롱트리폴리스 A동 2807호 시니어선교한국(070-7656-4080) (학)경기고졸 1959년 서울대 문리대학 정치학과졸 1965년 스위스 제네바대 국제대학원 연수 2003년 명예 교육학박사(필리핀 국립누에바에시아대) (경)1961년 외무부 입부 1967년 駐유엔대표부 3등서기관 1972년 외무부 국제연합과장 1976년 駐유엔대표부 참사관 1980년 외무부 국제기구국장 1981년 同국제기구조약국장 1983년 駐유엔 공사 겸 駐미국 공사 1985년 駐세네갈 · 駐감비아 · 駐기니비사우 대사 겸임 1987년 미국 하버드대 국제문제연구소 국제연구원 1988년 외무부 아 · 태담당 대사 1991년 同외교정책기획실장 1991년 서울APEC각료회의 사무총장 1992~1994년 駐오스트리아 대사 겸 駐비엔나국제기구대표부 대사 1993년 77그룹 의장 1994년 유엔 마약위원회 의장 1995년 외무부 차관 1996년 駐프랑스 대사 1998년 駐유엔대표부 대사 2000년 서울대 국제지역원 초빙교수 2000~2001년 외교통상부 본부대사 2002~2003년 전주대 총장 2003년 세계유엔협회(WFUNA) 집행위원 2004년 서울대 국제대학원 초빙교수 2004년 COME선교회 국제이사장 2004년 유네스코 국제문화진흥기금(IFPC) 실행이사 2008년 한동대 국제어문학부 석좌교수 2010년 한국위기관리재단 이사장 2011~2017년 시니어선교한국 대표 2014년 한국위기관리재단 고문(현) 2018년 시니어선교한국 이사(현) (상)홍조근정훈장, 녹조근정훈장, 프랑스 국가공로훈장, 오스트리아 국가공로훈장, 세네갈 국가공로훈장, 한국피스메이커 피스메이커상(2014) (종)기독교

이시우(李時雨) RHEE Shi Woo (中安齋)

(생)1952·2·25 (본)연안(延安) (출)대전 (주)서울특별시 용산구 청파로47길 100 숙명여자대학교 과학관 453호(02-2077-7351) (학)1970년 서울고졸 1974년 서울대 공과대학 화학공학과졸 1976년 한국과학기술원(KAIST) 화학공학과졸(석사) 1984년 공학박사(미국 MIT) (경)1976~1979년 한국과학기술연구원(KIST) 연구원 1984년 미국 매사추세츠공과대 재료공학과 연구원 1986년 포항공과대 화학공학과 교수, 同명예교수(현) 1995년 同교무부처장 1997~1998년 同연구처장 2001~2002년 한국화학공학회 재료부문위원장 2002년 포항공과대 시스템온칩공정기술연구소장 2012~2018년 한화케미칼(주) 사외이사 2013년 한국공학한림원 정회원(현) 2015년 숙명여대 공대설립추진사업단 부단장 2016년 同공과대학 초대학장 2016년 同공과대학 화공생명공학부 석좌교수(현) (상)화학공학회 형당교육상(2008), 화학공학회 석명우수화공인상(2010), 화학공학회 우성일 재료상(2017) (저)'CVD핸드북'(1993, 반도출판사) '재료과학과 공학'(2010, 교보문고) '소자재료공정개론'(2014, 카오스북)

이시우(李時雨)

(생)1962·11·25 (주)울산광역시 남구 중앙로 201 울산광역시의회(052-229-5125) (학)중앙대 행정대학원 지방행정학 석사과정 중 (경)더불어민주당 울산시당 정책특별위원회 제1정책조정 부위원장(현), 同중앙당 부대변인(현) 2018년 울산시의회 의원(더불어민주당)(현) 2018년 同의회운영위원회·산업건설위원회 부위원장(현) 2018년 同예산결산특별위원회 위원(현)

이시원(李時源) SI-WON LEE (曉山)

(생)1945·4·7 (본)성주(星州) (출)대구 (주)서울특별시 강남구 선릉로111길 32 송현빌딩 1층 (주)부천(02-2189-7504) (학)1963년 계성고졸 1967년 영남대 상과대학 상학과졸 1975년 연세대 경영대학원 최고경영자과정(5기) 수료 1996년 서울대 최고경영자과정(41기) 수료 2008년 同최고지도자인문학과정(3기) 수료 2018년 명예 경영학박사(영남대) (경)1967~1975년 남선물산(주) 근무 1975년 (주)부천 회장(현) 2000년 삼원산업(주) 대표이사(현) 2000~2003년 한성대 예술대학원 겸임교수·외래교수 2004~2005년 在京영남대총동창회 회장 2004~2009년 대·중소기업협력재단(정부출연재단) 이사 2005~2006년 경편직물수출협의회 회장 2006~2008년 학교법인 영남학원(영남대) 재단이사 2009년 同재단감사 2009년 在京계성중·고교총동창회 회장 2009~2015년 세이브더칠드런코리아 재단이사 2012~2013년 학교법인 영남학원(영남대) 재단이사 2016년 同이사(현) (상)중부지방국세청장표창(1992), 이달의 자랑스런 중소기업인(1995), 수출의날 국무총리표창(1999), 연세대 연세경영자상(2000), 대한민국 섬유소재품질대상(2004), 섬유의날 은탑산업훈장(2005), 자랑스러운 영남대인상(2009), 납세자의날 지식경제부장관표창(2012) (종)원불교

이시원(李시원) LEE Shi Won

(생)1972·4·3 (출)경북 성주 (주)서울특별시 강남구 테헤란로 521 파르나스타워 38층 법무법인(유) 율촌(02-528-5210) (학)1991년 영동고졸 1996년 서울대 공법학과졸 2008년 미국 Duke Univ. 대학원 법학석사(LL.M.) (경)1996년 사법시험 합격(38회) 1999년 사법연수원 수료(28기) 1999년 軍법무관 2002년 서울지검 검사 2004년 수원지검 성남지청 검사 2006년 제주지검 검사 2009년 법무부 검찰과 검사 2011년 서울중앙지검 부부장검사 2013년 춘천지검 영월지청장 2014년 서울남부지검 형사6부장 2014년 대구고검 검사 2016년 법무연수원 기획과장 2017~2018년 수원지검 형사2부장 2018년 법무법인(유) 율촌 변호사(현) 2019년 (주)한솔케미칼 사외이사(현)

이시윤(李時潤) LEE She Yoon (松泉)

(생)1935·10·10 (본)단양(丹陽) (출)서울 (주)서울특별시 강남구 테헤란로 317 법무법인(유) 대륙아주(02-563-2900) (학)1954년 서울고졸 1958년 서울대 법학과졸 1960년 同법과대학원졸 1976년 법학박사(서울대) (경)1958년 고등고시 사법과 합격(10회) 1962년 서울지법 판사 1964~1970년 서울대 법대 조교수 1970년 서울고법 판사 1974년 대법원 재판연구관 1975년 사법연수원 교수 1977~1981년 서울민사지법·서울형사지법 부장판사 1981년 광주고법 부장판사 1982년 서울고법 부장판사 1986년 중앙노동위원장 직대 1987년 춘천지법원장 1988년 수원지법원장 1988~1993년 헌법재판소 재판관, 同공직자윤리위원회 부위원장, 국제인권법학회 부회장 1993~1997년 제11대 감사원장 1994~1998년 한국민사소송법학회 회장 1998년 명지대 석좌교수 1998년 한국민사법학회 회장 1998년 한국통신·국민은행 법률고문 1999~2005년 법무부 민법개정특별위원회 위원장 1999년 법무법인 CHL 고문변호사 1999~2001년 경희대 법대 교수 2000년 同법과대학장 겸 법학부장 2001년 경희대 국제법률대학원장 2002~2006년 同법대 객원교수 2002년 감우회(감사원퇴직자모임) 회장 2003년 법무법인(유) 대륙아주 고문변호사(현) 2007~2017년 고려대 강사·서울시립대 겸임교수 2014년 법무부 민사소송법특별개정위원회 위원장 (상)자랑스러운 서울고인상(1996), 청조근정훈장(1998), 한국법률문화상(2000), 자랑스러운 서울법대인(2010), 대한민국법률대상(2012), 천고(天古)법치문화상(2016) (저)'소송물에 관한 연구'(1977) '민사소송법' '주석 민사소송법(共)'(1992) '강제집행법(共)'(1992) '판례 소법전'(2000) '신민사소송법'(2002) '신민사집행법'(2004)

이시종(李始鍾) LEE Si Jong

(생)1947·4·18 (본)전의(全義) (출)충북 충주 (주)충청북도 청주시 상당구 상당로 82 충청북도청 도지사실(043-220-2001) (학)1966년 청주고졸 1971년 서울대 문리과대학 정치학과졸 (경)1971년 행정고시 합격(10회) 1971년 충북도 내무국 근무 1975년 내무부 법무담당 1981년 강원도 기획담당관 1981년 영월군수 1984년 내무부 행정관리담당관 1985년 대통령비서실 근무 1987년 충남도 기획관리실장 1989년 충주시장 1991년 부산시 재무국장 1992년 충북도 기획관리실장 1992년 국무총리행정조정실 사정기획심의관 1993년 내무부 공보관 1994년 同지방기획국장 1994년 同지방자치기획단장 1995~1998년 충주시장(민자당·신한국당·한나라당) 1998년 충주시장(무소속·한나라당) 2002~2003년 충주시장(한나라당) 2004년 제17대 국회의원(충주시, 열린우리당·대통합민주신당·통합민주당) 2004년 열린우리당 원내부대표 2006~2007년 同정책위 부의장 2007년 同교육연수위원장 2008~2010년 제18대 국회의원(충주시, 통합민주당·민주당) 2008~2010년 민주당 충북도당 위원장 2008년 同당무위원 2008년 한국무술총연합회 회장(현) 2008년 국회 예산결산특별위원회 민주당 간사 2008년 국회 지방자치연구포럼 대표의원 2010년 충북도지사(민주당·민주통합당·민주당·새정치민주연합) 2011년 전국시·도지사협의회 부회장 2012~2014년 지역균형발전협의체 공동회장 2013년 2014오송국제바이오엑스포조직위원회 위원장 2014~2018년 충북도지사(새정치민주연합·더불어민주당) 2014~2015년 전국시·도지사협의회 회장 2016년 청주세계무예마스터십 공동조직위원장 2016년 '2017제천국제한방바이오산업엑스포' 조직위원회 공동위원장 2018년 충북도지사(더불어민주당)(현) (상)홍조근정훈장

이시진(李時溱) LEE Si Jin

(생)1956·11·30 (출)대구 (주)경기도 수원시 영통구 광교산로 154-42 경기대학교 환경에너지공학과(031-249-9731) (학)1975년 경북대사대부고졸 1980년 영남대 토목공학과졸 1983년 미국 맨하탄대 대학원 환경공학과졸 1987년 환경공학박사(미국 아이오와주립대) (경)1980~1981년 대구 경상공

고 토목과 교사 1981~1983년 미국 맨하탄대 연구조교 1984년 미국 아이오와주립대 Dept. of Civil & Environmental Engineering 연구조교 1987~1989년 同연구원 1989~1998년 경기대 환경공학과 조교수·부교수 1992~1997년 同환경문제연구소장 1994~2001년 한강유역환경관리청 한강수질보전자문위원 1994~1995년 미국 아이오와주립대 교환교수 1995~2001년 월간 '공해대책' 편집위원 1995~2001년 환경부 먹는샘물자문회의 위원 1996~1997년 수원시 2095발전기획단 연구위원 1996~2001년 국방부 특별건설기술심의위원 1997~2001년 환경부 중앙환경보전자문위원회 폐기물처리분과위원 1997~2001년 국립환경연구원 수질분과위원 1998~2008년 경기대 토목환경공학부 환경공학전공 교수 2001년 환경부 상하수도민영화자문위원회 위원장 2008~2011년 대한환경공학회 부회장 2008년 경기대 환경에너지시스템공학과 교수 2013~2016년 한국환경공단 이사장 2014년 경기대 환경에너지공학과 교수(현) [저]'수질모형과 관리(共)'(1993) '상하수도공학' '수질모델링' '공업계 고등학교 상하수도 계획(共)'(1997) '환경모델링(共)'(1999) '유해폐기물관리(共)'(2002) '유해폐기물처리(共)'(2008) '환경에너지공학(共)'(2009) [종]천주교

이시창(李時暢) LEE Si Chang

[생]1962·9·1 [출]서울 [주]서울특별시 금천구 가산디지털2로 61 국도화학(주) 임원실(02-3282-1400) [학]1981년 성남고졸 1987년 숭실대 회계학과졸 [경]국도화학 무역부장, 同경영기획부장, 同경영기획이사, 국도정밀화학(주) 이사, 국도화학(주) 상무이사 2008년 同사업본부장(전무이사) 2011년 同대표이사 사장(현)

이신동(李信東) Lee Shin Dong

[생]1957·8·15 [출]경북 의성 [주]충청남도 아산시 신창면 순천향로 22 순천향대학교 특수교육과(041-530-1150) [학]1986년 고려대 사범대학 교육학과졸 1988년 同대학원 교육학과졸 1992년 교육학박사(고려대) [경]1991~1995년 고려대 교육학과 강사 1993~1995년 홍익대 교육학과 강사 1993~1995년 감리교신학대 기독교교육과 강사 1994년 상명여대 교육학과 강사 1995~1996년 미국 스탠퍼드대 교육연구소 연구원 1995~2003년 한국교육심리학회 이사 1996~1999년 순천향대 교육심리학전공 조교수 2001~2003년 국제영재교육학회 부회장 2002년 순천향대 교육과학부 교육심리학전공 부교수 2007년 同특수교육과 교수(현), 同교육과학부장, 한국창의력교육학회 편집이사, 한국특수교육학회 이사, A+중앙교육 자문교수, 아이큰숲 교육연구소장, 미국 퍼듀대 영재교육연구소(GERI) 연구교수, 한국영재교육학회 부회장 2010~2012년 同회장 2011년 순천향대 SCH특수아동교육연구소장(현) 2011년 同특수교육과 학과장 2013년 同교직과정부장 2013년 同영재교육원장(현) 2014년 同교육대학원장 겸 중등교육연수원장(현) [저]'학습전략과 교육(共)'(2001) '학습부진아의 이해와 교육'(2001) '유아영재교육의 이해(共)'(2002) '행복한 영재가 진짜 영재'(2008) '영재교육의 주요 이슈와 실제(共)'(2009) '최신영재교육학개론(共)'(2009, 학지사)

이신두(李信斗) Sin-Doo Lee

[생]1957·2·27 [본]벽진(碧珍) [출]경북 칠곡 [주]서울특별시 관악구 관악로 1 서울대학교 공과대학 전기·정보공학부(02-880-1823) [학]1980년 서울대 물리학과졸 1982년 同대학원 물리학과졸 1988년 물리학박사(미국 브랜다이스대) [경]1988년 미국 Brandeis대 물리학과 연구원 1988~1990년 미국 벨통신연구소 연구원 1991~1992년 미국 Optron System(주) 전자광학실 수석연구원·전자광학실장 1992~1997년 서강대 물리학과 조교수·부교수 1994~1999년 상공부·통상산업부·산업자원부 기술기획평가단 위원 1996년 미국 세계인명사전 'Marquis Who's Who in the World'에 등재 1997~2001년 서울대 전기·컴퓨터공학부 부교수 2000~2001년 한국과학기술평가원(KISTEP) 정보전자분야 전문위원 2001년 서울대 공과대학 전기·정보공학부 교수(현) 2002~2004년 同디스플레이연구센터장 2004~2006년 국무총리 정책평가위원회 위원 2005~2008년 서울대 산학협력재단 기술경영평가본부장 2008년 국제액정학회 대회장 2008년 한국정보디스플레이학회 편집위원장 겸 부회장 2008~2009년 한국정책학회 국정과제평가단 위원 2009~2015년 개인정보분쟁조정위원회 위원 2010~2011년 방송통신위원회 기술자문위원 2013~2017년 미래창조과학부 정책자체평가위원장 2014년 한국정보디스플레이학회 수석부회장 2015년 同회장 2015년 미국 광학회(OSA) 석학회원(현) 2016~2018년 한국지식재산전략원 비상임이사 2016~2018년 국가과학기술심의회 전문기관효율화특별위원회 위원장 2016년 국제광전자공학회(SPIE) 석학회원(현) 2017년 국제정보디스플레이학회(SID) 석학회원(현) 2017년 과학기술정보통신부 정책자체평가위원장(현) 2017년 산업통상자원부 산업기술보호위원회 위원 겸 디스플레이전문위원회 위원장(현) 2018년 과학기술정보통신부 기관평가총괄위원회 위원장(현) [상]Outstanding Intellectuals of the 21st Century(2002, International Biographical Centre), Most Influential Scientist of the Decade(2002, American Biographical Institute), 제1회 Merck 디스플레이기술대상(2004), 제16회 과학기술우수논문상(2006), 지식경제부장관표창(2009), 교육과학기술부장관표창 정보디스플레이기초원천기술부문대상(2011), 과학기술훈장 혁신장(2014), 대한민국학술원상 자연과학응용부문(2014), 미국정보디스플레이학회 공로상(2016), 한국디스플레이산업협회·한국정보디스플레이학회 공동 특별공로상(2016) [저]'Liquid Crystallinity in Polymers : Principles and Fundamental Properties, Chap.9'(1991) 'Spatial Light Modulator Technology : Materials, Devices, and Applications, Chap.2'(1995) '디스플레이 공학I'(2000) '디스플레이공학I(LCD)'(2005) [역]'액정'(1994) [종]천주교

이신석(李信錫) Shin-Seok Lee

[생]1965·4·13 [본]양성(陽城) [출]광주 [주]광주광역시 남구 덕남길 80 빛고을전남대학교병원(062-670-9400) [학]1983년 광주인성고졸 1989년 전남대 의대졸 1992년 同대학원 의학석사 1998년 의학박사(전남대) [경]1989~1994년 전남대병원 인턴·레지던트 1994~1997년 軍의관 1997~1998년 전남대병원 알레르기내과분과 전문수련의 1998~1999년 가톨릭대 강남성모병원 류마티스내과 임상강사 1999~2002년 전남대병원 류마티스내과 임상조교수 2001~2004년 대한내과학회 류마티스분과 위원 2002~2013년 전남대 의대 내과학교실 기금조교수·조교수·부교수 2005~2007년 미국 존스홉킨스대 의대 류마티스내과 박사 후 연구원 2005~2011년 미국 세계인명사전 'Marquis Who's Who in the World' 2006·2007·2008·2009·2010·2011·2012년판에 등재 2007년 대한내과학회 법제위원 2007~2017년 섬유근통연구회 회장 2008~2010년 대한류마티스학회 무임소이사 2010~2016년 同임상연구이사 2012년 바른과학기술사회실현을위한국민연합 집행위원(현) 2012~2017년 대한임상시험센터협의회 부회장 2013년 전남대 의대 내과학교실 교수(현) 2013~2015년 경상대병원 농업안전보건센터 자문위원 2013~2014년 건강보험심사평가원 진료심사평가위원회 비상근심사위원 2014년 (재)류마티스학연구재단 이사(현) 2014~2017년 빛고을전남대병원 진료부장 2016년 대한류마티스학회 학술이사(현) 2017~2018년 건강보험심사평가원 진료심사평가위원회 전문위원 겸 비상근심사위원 2017년 빛고을전남대학교병원 병원장(현) [상]동아일보 류머티즘 베스트 중견의사로 선정(2001), 동아일보 류마티스분야 전국의 명의로 선정(2002), 대한류마티스학회 임상화보상(2002·2003), 관절염사진공모전 최우수상(2003), 대한류마티스학회 학술상(2006), 대한내과학회 우수논문상(2008), 전남대병원 의학연구학술상 공로부문(2013), 보건복지부장관표창(2014), 전남대 10년근속표창(2014) [저]'면역 및 알레르기학' '임상류마티스학' '노인의학'

이신화(李信和 · 女) Lee Shin-Wha

(생)1965 · 9 · 22 (출)서울 (주)서울특별시 성북구 안암로 145 고려대학교 정치외교학과(02-3290-2194) (학)1988년 이화여대 영어영문학과졸 1994년 국제정치학박사(미국 메릴랜드대) (경)1992~1993년 미국 세계은행(World Bank) 연구원 1994~1997년 미국 하버드대 국제관계연구원(CFI-A) · post doc fellow 1997~1999년 고려대 국제대학원 연구조교수 1999~2000년 미국 유엔본부 코피아난 사무총장 르완다독립조사위원회 특별자문관 1999~2003년 프랑스 유네스코본부 UNESCO Chair on Democracy Human Rights and Peace 조정관 2000~2001년 동아시아비전그룹(EAVG) 아세안+3 의장자문관 2000~2008년 고려대 일민국제관계연구원 연구위원 · 연구실장 2003년 싱가포르 난양대 국제국방전략연구원(IDSS) 단기초빙교수 2003~2004년 국가안전보장회의 위기관리센터 자문교수 2003~2005년 합동참모본부 전략자문위원 2003~2007년 통일부 전략총괄과 자문위원 2003년 서울국제포럼 회원(현) 2003년 삼극위원회(The Trilateral Commission) 위원 겸 한국위원회 간사(현) 2004년 미국 프린스턴대 동아시아학과 단기초빙교수 2005~2006년 동북아시대위원회 위원 2006~2008년 외교부 북미과 자문위원 2008년 고려대 정치외교학과 교수(현) 2008~2011년 미국 유엔체제학회(ACUNS) 이사 · 집행위원 2008년 호주 Asia Pacific Centre for the Responsibility to Protect(현), 호주 퀸즈랜드대 국제자문위원 2008~2013년 영국 GR:EEN(Green Re-Ordering Evolution through European Networks) 국제자문위원 2009~2010년 미국 콜럼비아대 정치학과 및 국제공공정책대학원(SIPA) full-time 방문강의교수 2011~2012년 고려대 글로벌리더십센터장 겸 사회봉사단 기획운영실장 2012년 同국제처장 2012년 서울국제포럼 연구위원장(현) 2013년 서울국제포럼 연구이사(현) 2014~2017년 유엔 평화구축기금(PBF) 사무총장 자문위원 2016~2017년 미국 MIT 국제관계연구원(CIS) 초빙학자 2017년 공공외교위원회 민간위원(현) (저)'Environment Matters : Conflicts, Refugees & International Relations'(2001) '동북아 다자안보협력 현황과 군사적 방안모색'(2004)

이 심(李 沁) LEE SIM (心川)

(생)1939 · 11 · 18 (본)성주(星州) (출)경북 성주 (주)서울특별시 강서구 강서로 466 (주)주택문화사(02-2664-7114) (학)1964년 건국대 정치대학 법학과졸 1978년 연세대 경영대학원 최고경영자과정 수료 1991년 서울대 행정대학원 국가정책과정 수료 1994년 고려대 국제대학원 최고국제관리과정 수료 1994년 고려대 언론대학원 최고위과정 수료 1999년 연세대 언론홍보대학원 최고위과정 수료 2003년 홍익대 국제디자인대학원 수료 2008년 고려대 박물관 문화예술최고위과정 수료(3기) 2009년 세종문화회관 세종르네상스 수료(2기) 2009년 순천향대 대학원 건강과학CEO과정 수료(13기) 2014년 명예 효학박사(성산효대학원대) 2016년 명예 사회복지학박사(건국대) 2016년 한국학중앙연구원 한국학최고지도자과정 수료 (경)1964~1969년 대한무역진흥공사(KOTRA) 부참사 1969~1980년 삼기물산(주) 상무이사 1980~1982년 에스콰이어(주) 상무이사 1990년 (주)주택문화사 대표이사 회장(현) 1999년 월간 '전원속의 내집' 발행인(현) 2001~2005년 한국잡지협회 회장 2001~2005년 한국간행물윤리위원회 위원 2001~2005년 (사)한국광고단체연합회 이사 2001~2005년 민주평통 자문위원 2001~2005년 한국출판협회 이사 2005~2010년 노년시대신문 발행인 2010~2017년 대통령소속 저출산고령화사회위원회 위원 2010~2017년 제15 · 16대 대한노인회 회장 2011~2014년 2018평창동계올림픽유치지원민간단체협의회 상임고문 2011~2014년 제주세계7대자연경관선정범국민추진위원회 노익장 홍보대사 2012년 여수시 홍보대사(현) 2012년 아시아투데이 상임고문(현) 2012~2016년 순천만국제정원박람회 홍보대사 2013년 국가원로회의 부의장(현) 2014년 노인지원재단 이사(현) 2015~2018년 한국효행인성교육운동본부 상임고문 2015~2017년 괴산세계유기농산업엑스포 명예홍보대사 2015~2017년 2016장흥국제통합의학박람회 홍보대사 2016년 2017완도국제해조류박람회 홍보대사 2016~2018년 국회 저출산 · 고령화대책특별위원회 자문위원 2018년 (사)대한민국국가조찬기도회 부회장(현) 2019년 (사)대한노인체육회 총재(현) 2019년 (사)서울컨트리클럽 이사장(현) 2019년 노인의료나눔재단명예이사장(현) (상)문화공보부장관표창(1986), 국무총리표창(1991), 공보처선정 제1회 우수잡지상(1992), 대통령표창(1996), 한국잡지언론 유공상(1999), 건국대총동문회 자랑스러운 건국인상(2003), 은관문화훈장(2005), 서울대 행정대학원 '자랑스러운 국가정책인상'(2010), 백강복지재단 백강상 사회복지공헌부문(2011), 연세대 언론홍보대학원 '최고위 명예패'(2012), 제1회 자랑스러운 KOTRA맨 대상(2014), 국가원로회의 공로상(2014), 제14회 자랑스런 한국인대상(2014), 국민훈장 무궁화장(2015), 연세대 경영전문대학원 '자랑스런 연경인상'(2015), 노인복지CEO대상(2015) (저)수상록 '아흔아홉보다 더 큰 하나'(1984, 현대공론사) '주거의식 주거문화'(1988, 현대공론사) '좋은나라 노인은 걸음도 예쁘다(共)'(2008, 노년시대신문사) '노년의 아름다운 삶(共)'(2008, 한국노년학회)

이안복(李晏馥)

(생)1960 (출)충남 서천 (주)충청남도 금산군 금산읍 인삼로 201 금산경찰서(041-750-0351) (학)천안고졸, 충남대 법학과졸 (경)1987년 경사 임관 2006년 충남 당진경찰서 생활안전과장 2008년 충남지방경찰청 생활질서계장 2009년 대전지방경찰청 교육계장 2011년 同생활안전계장 2014년 충남지방경찰청 생활안전과장 2014년 同치안지도관 2015년 정부대전청사경비대장 2015년 공주경찰서장 2016년 대전지방경찰청 청문감사담당관 2017년 대전 대덕경찰서장 2018년 대전지방경찰청 정보화장비과장 2019년 충남 금산경찰서장(현)

이애주(李愛珠 · 女) LEE Ae Ju

(생)1947 · 10 · 17 (본)아산(牙山) (출)서울 (주)서울특별시 관악구 관악로 1 서울대학교 체육교육과(02-880-7787) (학)1965년 창덕여고졸 1969년 서울대 체육교육학과졸 1971년 同대학원 무용과졸 1999년 이학박사(서울대) (경)1954년 국립국악원 김보남선생께 사사 1970년 벽사 한영숙선생께 사사 1971~1978년 서울대 · 동덕여대 강사 1982~1996년 서울대 사범대학 체육교육과 전임강사 · 조교수 · 부교수 1984년 '춤패신' 창단 1996~2013년 서울대 사범대학 체육교육과 교수 1996년 네덜란드 세계민속축제 한국대표 1996년 중요무형문화재 제27호 승무 예능보유자(현) 1998년 한성준춤소리연구회 회장 1999년 한국전통춤회 예술감독(현) 2007~2009년 한국정신과학학회 회장 2010년 동방문화진흥회 부회장(현) 2013년 서울대 명예교수(현) 2019년 경기도문화의전당 이사장(현) (상)문화공보부 신인예술상 최우수상(1968), 서울신문대상(1971), 중요무형문화재 전수발표회 1등상(1971 · 1972), 만해대상 예술부문(2003), 옥조근정훈장(2013) (저)'삼진삼퇴의 춤사위' '불교민속학의 세계' '민속춤의 역사' '한국민속사논총' (작)'나눔굿' '도라지꽃' '바람맞이' '하늘땅 소리굿' '한맥의 춤'

이애형(李愛炯 · 女)

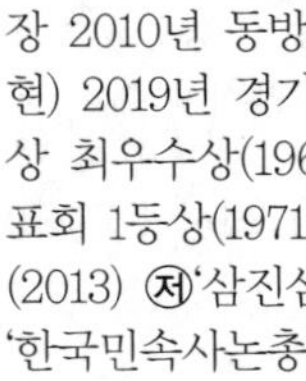

(생)1962 · 2 · 5 (주)경기도 수원시 팔달구 효원로 1 경기도의회(031-8008-7000) (학)숙명여대 제약학과졸 (경)홈케어생명약국 약국장, 대한약사회 약바로쓰기운동본부장, 한국마약퇴치운동본부 경기본부 부본부장 2018년 경기도의회 의원(비례대표, 자유한국당)(현) 2018년 同의회운영위원회 위원(현) 2018년 同보건복지위원회 위원(현) 2019년 同예산결산특별위원회 위원(현)

이양섭(李亮燮) LEE Yang Sup

(생)1937 · 11 · 8 (본)전주(全州) (출)경기 파주 (주)서울특별시 강남구 논현로 815 부르다문빌딩 4층 명신산업(주) 회장실(02-547-9004) (학)1957년 용산고졸 1963년 고려대 상대 상학과졸 2012년 명예 경영학박사(고려대) (경)1968년 현대건설(주) 공무부장 1969년 현대자동차(주) 관리부장 1977년 同전무 1979년 同사장 1987~1990년 기계공업진흥회 부회장 1990~1992년 현대증권 회장 1992년 명신산업(주) 회장(현) 1992년 (주)엠에스오토텍 회장(현) 1993년 고려대교우회 부회장 1996년 고려대 경영대학교우회 회장 2011~2013년 고려대교우회 회장 (상)울산시민의장(1978), 은탑산업훈장(1998)

이양수(李亮樹)

(생)1963 · 2 · 25 (출)경북 의성 (주)대구광역시 수성구 무학로 203 대구광역시교통연수원 2층 대구광역시개별화물자동차운송사업협회(053-742-5252) (학)1981년 대구 청구고졸 1986년 서울대 사법학과졸 1989년 경북대 대학원 법학과 수료 (경)1993년 사법시험 합격(35회) 1996년 사법연수원 수료(25기) 1996년 창원지법 판사 1999년 창원지법 진주지원 판사 2000년 대구지법 판사 2003년 同포항지원 판사 2005년 대구지법 판사 2007년 변호사 개업(현) 2019년 대구광역시개별화물자동차운송사업협회 이사장 직대(현)

이양수(李亮壽) LEE YANGSOO

(생)1967 (주)서울특별시 영등포구 의사당대로 1 국회 의원회관 938호(02-784-8150) (학)1986년 속초고졸 1994년 고려대졸 (경)속초설악정치경제연구소 소장, 정치평론가 2012년 새누리당 제18대 대통령중앙선거대책위원회 조직총괄본부 기획실장, 대통령비서실 행정관, 새누리당 수석부대변인 2016~2017년 同속초시 · 고성군 · 양양군당원협의회 운영위원장 2016년 제20대 국회의원(속초시 · 고성군 · 양양군, 새누리당 · 자유한국당〈2017.2〉)(현) 2016년 새누리당 원내부대표 2016년 국회 운영위원회 위원 2016 · 2018년 국회 농림축산식품해양수산위원회 위원(현) 2016년 국회 지방재정 · 분권특별위원회 위원 2016년 국회 대법관(김재형)임명동의에관한인사청문특별위원회 위원 2016년 한국전화결제산업협회(KPBIA) 회장 2016~2017년 새누리당 청년소통특별위원회 위원 · 민생특별위원회 위원 · 법률자문위원회 부위원장 2017년 자유한국당 속초시 · 고성군 · 양양군당원협의회 운영위원장(현) 2017년 同청년소통특별위원회 위원 2017년 同민생특별위원회 위원 2017년 同법률자문위원회 부위원장 2017년 同인재영입위원회 위원 2017년 同소상공인특별위원회 위원(현) 2017년 국회 정치발전특별위원회 위원 2017년 자유한국당 대선기획단 청년본부 공동본부장 2017~2018년 국회 여성가족위원회 위원 2018년 국회 운영위원회 위원(현) 2018년 자유한국당 원내부대표 겸 원내대변인(현) 2018~2019년 同강원도당 위원장 2018년 同국가미래비전특별위원회 위원(현) 2019년 同전당대회준비위원회 위원 (상)대한민국평화 · 안보대상 의정발전공헌부문 대상(2016), 유권자시민행동 대한민국유권자대상(2017), 국정감사NGO모니터단 국정감사 우수국회의원(2017), 법률소비자연맹 국회의원헌정대상(2017 · 2018), 한국수산업경영인중앙연합회 국정감사 우수국회의원(2018), 국정감사NGO모니터단 국정감사 국리민복상(2018), 제8회국회를빛낸바른정치언어상 '으뜸언어상'(2019)

이양희(李亮喜 · 女) Lee Yanghee

(생)1956 · 7 · 24 (출)서울 (주)서울특별시 종로구 성균관로 25-2 성균관대학교 아동 · 청소년학과(02-760-0528) (학)1979년 미국 조지타운대 불어불문학과졸 1983년 미국 미주리대 대학원 특수교육학과졸 1987년 특수교육학박사(미국 미주리대) (경)1991년 성균관대 아동 · 청소년학과 교수(현) 1996~2012년 한국아동학대예방협회 이사 1999년 성균관대 사회교육원장 1999~2001년 서울시 사회복지위원회 위원 2000년 경제정의실천시민연합 어린이환경위원회 정책위원 2002년 성균관대 생활과학부장 2002~2004년 同생활과학대학원장 2002~2004년 同생활과학연구소장 2003년 UN 아동권리위원회(Committee on the Rights of the Child) 위원 2003년 유니세프 이사(현) 2004~2010년 Save The Children Korea 이사 2004~2006년 국가인권정책기본계획추진기획단 위원 2004년 한국아동학회 이사 2004~2016년 한국장애아동인권학회 회장 2004~2007 · 2013~2015년 아동정책조정위원회 위원 2005~2007 · 2011~2013년 UN 아동권리위원회 부위원장 2007~2011년 UN 아동권리위원회 위원장 2007~2016년 아프리카아동정책포럼 위원 2007~2009년 법무부 아동법교육자문위원단 위원 2007~2009년 한국아동학회 부회장 2009~2011년 대한변호사협회 성폭력피해아동지원위원회 위원 2010년 삼성서울병원 임상시험심사위원회(IRB) 위원(현) 2010~2012 · 2012~2014 · 2014~2016년 국가인권위원회 국제인권전문위원회 위원 2011년 성균관대 기관생명윤리심의위원회 위원(현) 2011년 국제아동인권센터 이사장 · 대표(현) 2011~2014년 여성가족부 정책자문위원회 위원 2012년 국제아동학대예방협회(ISPCAN) 집행이사(현) 2012~2014년 법무부 여성정책심의위원회 위원장 2014~2015년 국가인권위원회 인권교육지원법입법추진자문위원회 자문위원 2014년 UN 인권이사회 미얀마담당특별보고관(현) 2014년 서울중앙지검 아동보호자문단장(현) 2016~2017년 UN 특별절차 조정위원회 의장 2016~2018년 국가인권위원회 정책자문위원회 위원 2017년 통일부 제6기 남북관계발전위원회 민간위원(현) (상)한국여성단체협의회 선정 '제22회 올해의 여성상'(2007), 국민훈장 석류장(2009), 효령상 사회봉사부문(2011), 영산외교인상(2015) (저)'어린이 마음을 여는 기술'(1997) '한국의 아동지표'(2001) '행동요법'(2001) '영유아 보육시설 특별활동(과학, 환경) 프로그램'(2002) '교육, 그 숲을 걷는 이들의 발걸음'(2003) 'Investing against evidence : The global state of early childhood care and education(共)'(2015)

이양희(李羊姬 · 女)

(생)1973 · 11 · 27 (출)광주 (주)광주광역시 동구 준법로 7-12 광주지방법원 총무과(062-239-1503) (학)1992년 광주여상졸 1999년 조선대 법학과졸 (경)1992년 농업협동조합 근무 2000년 사법시험 합격(42회) 2003년 사법연수원 수료(32기) 2003년 광주지법 예비판사 2004년 광주고법 예비판사 2005년 광주지법 판사 2006년 同목포지원 판사 2008년 광주지법 판사 2012년 同가정지원 판사 2015년 광주지법 · 광주가정법원 장흥지원 강진군법원 판사 2016년 대법원 재판연구관 2019년 광주지법 부장판사(현)

이어령(李御寧) LEE O Young (凌宵)

(생)1934 · 1 · 15 (본)우봉(牛峰) (출)충남 아산 (주)서울특별시 종로구 평창길 247 (재)한중일비교문화연구소(02-733-3150) (학)1952년 부여고졸 1956년 서울대 문리대학 국어국문학과졸 1960년 同대학원 국문학과졸 1987년 문학박사(단국대) (경)1960~1972년 서울신문 · 경향신문 · 중앙일보 · 조선일보 논설위원 1966~1989년 이화여대 문리대학 교수 1972년 경향신문 논설위원 1972~1973년 同프랑스 파리특파원 1972~1986년 월간 '문학사상' 주간 1981~1982년 일본 도쿄대 비교문화연구소 객원연구원 1987년 이화여대 기호학연구소장 1990~1991년 문화부 초대장관 1992년 올림픽기념사업추진위원회 위원 1993년 국제일본문화연구소 외국인연구원 1993년 범국민독서 새물결운동추진위원회 상임고문 1993년 한백연구재단 자문위원 1994년 광복50주년 기념사업위원회 위원 1994년 국제화추진위원회 위원 1994년 대한민국예술원 회원(문학평론 · 현) 1995~2001년 이화여대 국어국문학과 석좌교수 1995년 세계화추진위원회 위원 1995년 조선일보 21세기정보화포럼 위원 1997년 산업디자인진흥원 산업디자

인발전자문위원회 위원장 1998년 통일고문회의 통일고문 1998~1999년 제2의건국범국민추진위원회 상임위원장 1999년 同공동위원장 1999년 새천년준비위원회 위원장 2001년 사이언스 북 스타트 운동 공동대표 2001~2015년 중앙일보 상임고문 2005년 앙코르-경주세계문화엑스포2006 한국측 조직위원 2007~2013년 이화여대 이화학술원 명예석좌교수 2007년 2009인천세계도시엑스포조직위원회 고문 2008년 서울디자인올림픽2008조직위원회 위원 2008년 (재)한중일비교문화연구소 이사장(현) 2009~2012년 경기창조학교 교장 2009년 일본 나라현립대 명예총장 2009년 제3회 제주세계델픽대회 명예고문 2009~2010년 유네스코 세계문화예술교육대회 조직위원장 2009년 Korea CEO Summit 명예이사장 2010~2012년 건국대 문화콘텐츠창조위원장 2011년 이화여대 명예교수 2011~2012년 가족친화포럼 고문 2011~2012년 마중물여성연대 고문 2012~2013년 배재대 석학교수 2012년 한국국제협력단(KOICA) 자문위원 2012년 세종학당 명예학당장(현) 2012년 황순원학회 고문 2014년 2015동아시아문화도시추진위원회 청주시 명예조직위원장 (상)대한민국예술상(1979), 체육훈장 맹호장(1989), 일본 문화디자인상(1992), 녹조근정훈장(1992), 서울시문화상(2001), 예술원상 문학부문(2003), 자랑스런 서울대인상(2006), 마크 오브 리스펙트상(2006), 삼일문화예술상(2007), 자랑스러운 이화인상(2011) (저)에세이 '흙속에 저 바람속에'(1960) '축소지향의 일본인'(1984, 갑인출판사) '푸는 문화 신바람의 문화'(1984, 갑인출판사), 소설 및 시나리오 '둥지속의 날개'(1984, 홍성사) '장군의 수염'(1984, 갑인출판사) '기적을 파는 백화점'(1984, 갑인출판사) '현대인이 잃어버린 것들'(1985, 서문당) '세계문학에의 길'(1985, 갑인출판사) '젊은이여 어디로 가는가'(1985, 갑인출판사) '사색의 메아리'(1985, 갑인출판사) '떠도는 자의 우편번호'(1986, 문학사상사) '이것이 한국이다'(1986, 문학사상사) '이것이 여성이다'(1986, 문학사상사) '바람이 불어오는 곳'(1986, 삼중당) '서양의 유혹'(1986, 기린원) '거부하는 몸짓으로 이 젊음을'(1986, 삼중당) '한국인이여 고향을 보자'(1986, 기린원) '저항의 문학'(1986, 기린원) '장미밭의 전쟁'(1986, 기린원) '오늘보다 긴 이야기'(1986, 기린원) '하나의 나뭇잎이 흔들릴 때'(1987, 문학사상사) '아들이여 이 산하를'(1987, 문학사상사) '세계 지성과의 대화'(1987, 문학사상사) '세번은 짧게 세번은 길게'(1987, 기린원) '무익조'(1987, 기린원) '지성과 사랑이 만나는 자리'(1989, 세명문화사) '불나라 물나라'(1990, 대교) '한국문학연구사전'(1990, 우석출판사) '정보사회의 기업문화'(1990, 한국전기통신공사 출판부) '축소지향의 일본인'(1991, 고려원) '기업의 성패 그 문화가 좌우한다'(1992, 종로서적) '한국 단편 문학 시리즈'(1993, 모음사) '둥지 속의 날개 상·하'(1993, 한국문원) '한일문화의 동질성과 이질성'(1993, 신구미디어) '불 나라 물 나라'(1996, 삼성출판사) '내 마음의 열두 친구'(1997, 웅진출판) '한자는 옛 문화의 공룡 발자국'(1997, 웅진출판) '너 정말로 한국 말 아니?'(1997, 웅진출판) '나도 그런 사람이 될테야'(1997, 웅진출판) '아빠, 정보가 뭐야?'(1997, 웅진출판) '생각을 바꾸면 미래가 달라진다'(1997, 웅진출판) '나는 지구의 산소가 될래'(1997, 웅진출판) '제비가 물어다 준 생각의 박씨'(1997, 웅진출판) '엄마 나, 한국인 맞아?'(1997, 웅진출판) '내 마음의 열구 친구2'(1997, 웅진출판) '누가 맨 먼저 시작했나?'(1997, 웅진출판) '물음표에서 느낌표까지'(1997, 웅진출판) '이어도'(1998, 교보문고) '환각의 다리'(2002, 한국문학번역원) '이어령 라이브러리 전30권'(2004) '그래도 바람개비는 돈다' '가위바위보의 문명론'(2005) '디지로그'(2006) '젊음의 탄생'(2008, 생각의나무) '생각'(2009, 생각의나무) '흙 속에 저 바람 속에'(2008, 문학사상사) '생각이 뛰노는 한자'(2009, 푸른숲) '지성에서 영성으로'(2010, 열림원) '십이지신 토끼'(2010, 생각의나무), 산문집 '어머니를 위한 여섯가지 은유'(2010, 열림원) '어느 무신론자의 기도'(2010, 개정 증보판) '빵만으로는 살 수 없다'(2011, 열림원) '이어령의 80초 생각나누기 인성창의진로지도교육교재'(2012, 아이스크림) '지성과 영성의 만남'(2012, 홍성사) '우물을 파는 사람'(2012, 두란노) '생명이 자본이다'(2013, 마로니에북스) '젊음의 탄생'(2013, 마로니에북스) '짧은 이야기, 긴 생각'(2014, 시공미디어) '생각 깨우기'(2014, 푸른숲주니어) '읽고 싶은 이어령'(2014, 여백) '소설로 떠나는 영성순례'(2014, 포이에마) '딸에게 보내는 굿나잇 키스'(2015, 열림원) '이어령의 보자기 인문학'(2015, 마로니에북스) '언어로 세운집'(2015, 아르테) '이어령의 가위바위보 문명론'(2015, 마로니에북스) '이어령의 지의 최전선'(2016, 아르테) '우리는 무엇으로 행복해지나'(2016, 프런티어) (작)JTBC '8020 이어령 학당'(2011~2012) 'tvN '대학토론배틀 시즌3'(2012)

이어룡(李魚龍·女) LEE Auh Ryong

(생)1953·9·9 (출)충북 괴산 (주)서울특별시 중구 삼일대로 343 대신금융그룹 비서실(02-769-2033) (학)1976년 상명여대 사범대학 체육교육학과졸 2015년 명예 경영학박사(상명대) 2017년 명예 경영학박사(동신대) (경)(주)대신경제연구소 비상근이사 2004년 대신증권(주) 회장 2004년 대신금융그룹 회장(현) 2006~2007년 대신송촌문화재단 이사장 (상)서울과학종합대학원 2009 자랑스러운 원우상(2009), 중앙SUNDAY 선정 '2013 한국을 빛낸 창조경영대상'(2013)

이억기(李億基) LEE Oug Ki

(생)1954·6·17 (본)평창(平昌) (출)강원 평창 (주)서울특별시 구로구 부일로1가길 42 (주)쎄번(02-2612-3399) (학)1974년 육민관고졸 1993년 연세대 산업대학원 고위경영자과정 수료 2000년 고려대 산업정보대학원 반도체최고위과정 수료 2002년 한국외국어대 최고위과정 수료 2004년 서울대 공대 최고산업전략과정(AIP) 수료 (경)1979~1986년 백현전자 창업·대표 1986~1996년 평창산업 대표 1996~2000년 평창하이테크산업(주) 대표이사 사장 2001년 (주)파이컴 대표이사 부회장 2003년 한국디스플레이장비재료산업협회 이사·회장, 강원도민회중앙회 이사·부회장, 평창군민회 회장 2009년 (주)파이빅 회장 2010~2011년 강원테크노파크 원장 2012년 평창군 명예군수 2012년 (주)파이라이팅 대표이사 회장 2013년 (주)파이컨 대표이사 회장 2013년 (주)지비엠 대표이사 회장 2015년 (주)쎄번 대표이사 회장(현) 2018년 (주)화이컴(PHICOM) 대표이사 회장(현) (상)중소기업청 선정 신지식인, 벤처기업대상 대통령표창, 과학기술부장관표창, 대한민국기술대전 은상, 장영실상, 대한민국신성장 경영대상, 산업자원부 세계일류상품 선정, 반도체산업대전 국무총리표창, 대한민국 10대 신기술 선정(2006), 산업포장(2007) (종)천주교

이억원(李億遠)

(생)1967·6·8 (주)세종특별자치시 갈매로 477 기획재정부 경제정책국(044-215-2700) (학)서울대 경제학과졸, 경제학박사(미국 미주리주립대) (경)1991년 행정고시 합격(35회) 1992년 재무부 관세국·재정경제원 경제정책국 근무 1998년 재정경제부 국제금융국·대통령비서실 근무 2005~2009년 중남미개발은행그룹미주투자공사(IIC) 트러스트펀드담당관 2009~2013년 기획재정부 미래전략과장·물가정책과장·인력정책과장·종합정책과장 2013년 대통령직인수위원회 파견 2013~2016년 駐제네바대표부 공사참사관 2015~2016년 세계무역기구(WTO) 국내규제작업반(WPDR) 의장 2017년 기획재정부 경제구조개혁국장 2019년 同경제정책국장(현)

이언정(李彦政) LEE Eun Jeong

(생)1954·3·5 (출)부산 (주)전라북도 익산시 무왕로 895 원광대학교 한의학과(063-270-1000) (학)1980년 원광대 한의대졸 1982년 同한의과대학원졸 1986년 한의학박사(원광대) (경)1984~1995년 원광대 한의대 전임강사·조교수·부교수 1987년 同한방병원 교육부장 겸 신계내과장 1991년 同전주한방병원 진료부장 겸 신계내과장 1995~2019년 同한의학과 교수 1995~1999·2005~2012년 同전주한방병원장 2019년 同한의학과 명예교수(현)

이언주(李彦周 · 女) Lee Un Ju

(생)1972 · 11 · 8 (본)벽진(碧珍) (출)부산 (주)서울특별시 영등포구 의사당대로 1 국회 의원회관 809호(02-784-6201) (학)1995년 서울대 불어불문학과졸 2004년 미국 Northwestern Univ. 대학원 법학과졸 2011년 연세대 법무대학원 경제법무학과졸 (경)1997년 사법시험 합격(39회) 2000년 사법연수원 수료(29기), S-Oil 법무총괄 상무, 한국여성변호사회 상임이사, 서울지방변호사회 인권위원 2012년 제19대 국회의원(광명시乙, 민주통합당 · 민주당 · 새정치민주연합 · 더불어민주당) 2012 · 2014년 국회 운영위원회 위원 2012년 국회 보건복지위원회 위원 2012년 국회 아동 · 여성성폭력대책특별위원회 위원 2013년 국회 예산 · 재정개혁특별위원회 위원 2014~2015년 새정치민주연합 전국청년위원회 공동위원장 2014년 同6 · 4지방선거 공직선거후보자추천관리위원회 위원 2014년 국회 국토교통위원회 위원 2014~2015년 새정치민주연합 조직강화특별위원회 위원 2015년 국회 서민주거복지특별위원회 위원 2015년 새정치민주연합 원내대변인 2015년 同재벌개혁특별위원회 위원 2015~2016년 더불어민주당 원내대변인 2016년 제20대 국회의원(광명시乙, 더불어민주당 · 국민의당〈2017.4〉 · 바른미래당〈2018.2〉 · 무소속〈2019.4〉)(현) 2016년 국회 기획재정위원회 위원 2017년 국회 헌법개정특별위원회 위원 2017년 국민의당 제19대 안철수 대통령후보 중앙선거대책본부 뉴미디어본부장 2017년 同원내수석부대표 2017년 국회 운영위원회 간사 2018년 국회의원모임 시장경제살리기연대 대표 2018~2019년 국회 산업통상자원중소벤처기업위원회 간사 2019년 국회 행정안전위원회 위원(현) 2019년 시민단체 행동하는 자유시민 공동대표 (상)법률소비자연맹 선정 국회 헌정대상(2013 · 2017), 사회정의시민행동 선정 '공동선 의정활동상'(2013), 국정감사NGO모니터단 선정 '국정감사 우수국회의원상'(2015), 국제언론인클럽 글로벌 자랑스런 한국인대상 의정발전공헌부문(2015), 대한변호사협회 선정 '최우수 국회의원상'(2016), 대한민국 참봉사대상 지역발전혁신대상(2016), 법률소비자연맹 '제20대 국회 1차년도 국회의원 헌정대상'(2017) (저)'나는 왜 싸우는가'(2019)

이여진(李麗振 · 女)

(생)1972 · 6 · 30 (출)경남 창녕 (주)강원도 강릉시 동해대로 3288-18 춘천지방법원 강릉지원(033-640-1000) (학)1991년 서울 고척고졸 1995년 단국대 법학과졸 (경)1999년 사법시험 합격(41회) 2002년 사법연수원 수료(31기) 2002년 수원지법 판사 2004년 서울중앙지법 판사 2006년 창원지법 판사 2009년 서울중앙지법 판사 2012년 서울서부지법 판사 2015년 대법원 재판연구관 2018년 춘천지법 강릉지원 부장판사(현)

이연숙(李嫣淑 · 女) LEE Yun Sook

(생)1935 · 12 · 11 (본)여주(驪州) (출)강원 화천 (주)서울특별시 영등포구 버드나루로 73 우성빌딩 자유한국당(02-6288-0200) (학)1953년 수도여고졸 1957년 이화여대 사범대학 교육학과졸 (경)1960~1967년 서울 중앙여중 · 고 교사 1968~1992년 駐한국 미국공보원 상임고문 1970년 한국소비자연맹 이사 1970~1982 · 1993~1997년 대한가족계획협회 이사 1986~1994년 이건식품문화재단 이사장 1992년 국제존타서울클럽 회장 1992년 한국여성단체협의회 수석부회장 1993년 KBS 'TV 심야토론' 사회자 1994~1997년 한국재해대책협의회 부회장 · 한국여성단체협의회장 1996년 방송위원회 연예오락심의위원장 1996년 성균관대 이사 1996~2000년 한국유권자운동연합 상임공동대표 1997년 정무제2장관 1997~2000년 세계여성단체협의회(ICW) 수석이사 1998년 환경마크협회 회장 1998년 통일고문 1998년 민족화해협력범국민협의회 상임의장 1998~2003년 한국UN협회 부회장 1998년 한국여성단체협의회 명예회장 2000~2004년 제16대 국회의원(전국구, 한나라당) 2000~2002년 한나라당 부총재, 同상임고문 2000~2002년 국회 여성특별위원장 2003년 UN한국협회 고문 · 이사(현) 2004년 일본 세계여성지도력발전회(GEWEL) 고문(현) 2006년 강원도삶의질일등도위원회 위원장 2012~2017년 새누리당 상임고문 2014년 한국주민자치중앙회 총재(현) 2015년 한국양성평등교육진흥원 초빙교수 2017년 자유한국당 상임고문(현) 2017년 (사)한국여성의정 상임대표(현) (상)국제소롭티미스트한국협회상(1997), 한국여성단체협의회상(1999), 명원문화재단 명원차문화대상 공로상(2001), 자랑스런 강원여성상(2008), 제45회 전국여성대회 김활란여성지도자상(2009)

이연숙(李連淑 · 女) LEE Yeun Sook

(생)1954 · 10 · 20 (출)서울 (주)서울특별시 서대문구 연세로 50 연세대학교 생활과학대학 실내건축학과(02-2123-3133) (학)1977년 연세대 주거환경학과졸 1979년 同대학원 주거환경학과졸 1983년 주거환경 및 실내디자인박사(미국 오클라호마주립대) (경)1983~1993년 연세대 가정대학 주생활학과 조교수 · 부교수 1987년 미국 텍사스대 환경대학원 방문교수 1992년 한국실내디자인학회 부회장 · 감사 1993년 연세대 생활과학대학 실내건축학과 교수(현) 1995년 미국 펜실베이니아주립대 풀브라이트 교환교수 1996년 미국 로드아일랜드대 디자인대학 교환교수 1997~2002년 연세대 환경대학원 실내환경디자인전공 주임교수 1998~2000년 대한주택공사 설계자문위원 2001년 연세대 밀레니엄환경디자인연구소장 2001년 同미래환경디자인연구센터장(현) 2003년 (사)한옥문화원 이사 2004~2005년 한국실내디자인학회 부회장 2006~2008년 同회장 2006년 서울시 융합과학기반실버산업연구개발사업단장 2006~2008년 BK21과학기술핵심사업 고령친화디지털웰페어하우스사업팀장 2006년 미래디자인국제대회 조직위원장 2006~2008년 아시아실내디자인학회연맹 회장 2007~2011년 한국생태환경건축학회 수석부회장 · 회장 2008년 디자인과건강세계대회 자문위원 2009~2015년 나눔과돌봄문화재단 이사 2009년 한국노년학회 회장 2009년 세계노년대회 조직위원 2010~2017년 연세대 사회통합커뮤니티재생기술연구센터장 2011~2014년 전주도시재생지원센터 센터장 2011년 Symbiotic Life-TECH 연구원장(현) 2011~2014년 유비쿼터스도시위원회 위원 2018년 행정안전부 종합민원실 공간혁신컨설팅 원장(현) (상)국제실내디자인학회 작품상 · 작품대상, 한국생태환경건축학회 공로상(2014), 한국과학기술 우수논문상(2016), 한국주거복지 대상(2016), 대한민국 생태환경건축대상 교육부문 대상(2016), 한국 주거학회 논문공헌상(2019) (저)'주택과 실내디자인'(1991) '미래주택과 공유공간'(1995) '실내환경과 심리행태론'(1998) '실내디자인양식사'(1998) 등 (역)'스웨덴의 주택연구와 디자인' '주택 · 주거 · 집' '유니버설디자인' (작)'대우주택 미래관' '둔촌 삼성어린이집' (종)천주교

이연승(李娟昇 · 女)

(생)1968 · 2 · 24 (출)부산 (주)세종특별자치시 아름서길 27 선박안전기술공단 이사장실(044-330-2380) (학)1987년 울산여고졸 1991년 부산대 조선해양공학과졸 1993년 同대학원 조선해양공학과졸 1995년 독일 베를린공과대 대학원 교통기계시스템공학과졸 2000년 교통기계시스템공학박사(독일 베를린공과대) (경)1996~1999년 독일 베를린공과대 선박해양연구소 연구원 2000~2005년 현대중공업 선박해양연구소 선임연구원 2005~2010년 대우조선해양 성능연구소 수석연구원 2010~2015년 한국과학기술원 연구부교수 2016~2017년 홍익대 조선해양공학과 교수 2017년 선박안전기술공단 이사장(현)

이연재(李演宰)

(생)1961 (주)부산광역시 부산진구 복지로 75 인제대학교 부산백병원 원장실(051-890-6114) (학)1987년 인제대 의대졸 1996년 同대학원 의학석사 1999년 의학박사(고신대) (경)1990~1995년 인제대 부산백병원 인턴 · 전공의 1996년 同의대 임상의학교실 소화기내과 교수(현) 2002~2004년 미국

워싱턴대 메디컬센터 방문교수 2007~2009년 인제대 의대 임상교육연구 부학장 2012년 同부산백병원 책임교수 2013년 同의대 연구담당 부학장 겸 의무산학협력부단장 2013년 同부산백병원 인당생명의학연구원장 겸 연구부원장 2014년 同의대 통합교육과정 부책임교수 2015~2018년 同부산백병원 진료부원장 2016년 同의대 통합교육과정 책임교수(현) 2019년 同부산백병원 원장(현) (상)대한간학회 우수논문상

이연재(李淵載)

(생)1967·9·12 (출)전북 익산 (주)전라북도 진안군 진안읍 우화산길 3 전북 진안경찰서(063-430-0221) (학)남성고졸, 전북대 재료공학과졸 (경)1993년 경위 임용(경찰간부후보 41기) 2003~2006년 서울지방경찰청 제101경비단 중대장 2008년 서울은평경찰서 경비교통과장 2009년 서울지방경찰청 기동단 기동대장 2016년 경찰청 보안1·2계장 2016년 서울 송파경찰서 생활안전과장 2017년 전북지방경찰청 형사과장(총경) 2019년 전북 진안경찰서장(현)

이연주(李蓮珠·女) LEE Yeon Ju

(생)1960·8·10 (본)광주(廣州) (출)대구 (주)서울특별시 서대문구 연세로 50 연세대 GS칼텍스 산학협력관 창의공학연구원 403호(02-312-4871) (학)1979년 대구 효성여고졸 1983년 연세대 정치외교학과졸 1986년 同행정대학원졸(외교안보전공) 1993년 프랑스 파리제4대(소르본느대) 수학 2006년 고려대 일민미래국가전략최고위과정 수료(1기) 2006년 연세대 언론홍보대학원 최고위과정 수료(22기) (경)1983년 연세대 여학생처 교직원 1985~1988년 대통령 제2부속실 행정관(5급) 1989년 현대사회연구소 연구원 1999~2002년 한국여성유권자연맹 중앙이사 2001~2005년 연세대 생활환경대학원 여성고위지도자과정 책임교수 2002~2004년 한국여성유권자연맹 홍보부회장 2003년 연세대여자동창회 부회장 2003년 연세대총동문회 상임부회장(현) 2004~2010년 한국여성유권자연맹 중앙회장(15·16대) 2004년 서울지역교육문화협의회 이사 2004~2013년 여성가족부 정책자문위원 2004~2007년 국회 여성정책포럼 자문위원 2004~2013년 국정감사NGO모니터단 공동단장 2005~2008년 경찰청 시민감사위원회 부위원장 2005~2017년 민주평통 상임자문위원 2005~2011년 한국스페셜올림픽위원회 부회장 2006~2017년 경찰청 집회시위위원회 자문위원 2006~2010년 공명선거실천협의회 공동대표 2006~2008년 과학기술부 국가기술특별위원회 민간위원 2007~2010년 중앙선거관리위원회 선거자문위원 2008년 제17대 대통령취임식준비위원회 자문위원 2008~2010년 국회 외교통상통일위원회 정책자문위원 2008~2010년 YTN 시청자위원 2008년 한국걸스카우트연맹 발전위원 2008~2011년 서울시 여성위원회 위원 2008~2010년 국회 외교통상통일위원회 정책자문위원 2009~2013년 대법원 양형위원회 위원 2009~2013년 통일부 남북교류협력추진협의회 민간위원 2009~2011년 국토해양부 NGO정책자문위원 2009~2014년 기초지방선거 정당공천폐지국민운동본부 상임대표 2010년 한나라당 제5회 지방선거 공천심사위원 2010~2012년 대통령실 사회통합정책자문위원 2010~2018년 한국청년유권자연맹 초대운영위원장(대표) 2010년 한국여성유권자연맹 고문(현) 2011~2012년 연합뉴스 수용자권익위원회 위원 2012년 한나라당 대통령경선관리위원 2012~2013년 同재보궐선거 공천심사위원 2013년 국회 정치쇄신자문위원회 위원 2013~2014년 안전행정부 정책자문위원 2013~2017년 검찰청 시민위원회 위원 2014년 새누리당 7.30재보선공천관리위원 2014~2018년 지방분권개헌국민행동 공동의장 2015~2017년 국민권익위원회 자문위원 2018년 (사)한국청년유권자연맹 상임고문(현) 2018년 (사)창의공학연구원 부원장(현) 2019년 한국자유총연맹 부총재(현) (상)대통령표창(1988), 자랑스런 연세여동문상(2006), 민주평통의장표창(2006), 연세 미래여성지도자 100인에 선정(2007), 한국언론인연합회 공로상(2007), 행정자치부장관 감사장(2007), 선거유공 국민포장(2008), 연세여성공로상(2012), 자랑스런 대한국민대상(사회공익부문)(2018) (종)불교

이연택(李衍澤) LEE Yun Taek

(생)1936·9·25 (출)전북 고창 (주)제주특별자치도 서귀포시 중산간서로 95-1 서귀포시동아마라톤센터(064-730-5200) (학)1955년 전주고졸 1961년 동국대 법학과졸 1964년 고려대 대학원졸 1997년 행정학박사(단국대) 1998년 명예 경영학박사(전북대) 1999년 명예 교육학박사(공주대) 2012년 명예 체육학박사(용인대) (경)1961년 재건국민운동본부 조직관리담당관 1965~1979년 국무총리비서실 비서관·국무총리행정조정실 심의관 1980년 국무총리행정조정실 제1행정조정관 1981년 서울올림픽조직위원회 사무차장 겸임 1988년 대통령 행정수석비서관 1990~1991년 총무처 장관 1992~1993년 노동부 장관 1992~1995년 민자당 전주완산지구당 위원장 1994년 영국 옥스퍼드대 객원교수 1996년 중앙대 객원교수 1996년 한국행정연구원 고문 1997년 광주방송 회장 1998년 정부조직개편위원회 심의위원 1998년 한국행정연구원 이사장 1998~2000년 국민체육진흥공단 이사장 1998년 제2의건국범국민추진위원회 상임위원 1998~2000년 정부규제개혁위원회 위원 1998년 2002월드컵축구대회조직위원회 집행위원 2000년 同공동위원장 2000년 한국방송공사 이사 2000~2007년 동국대 법대 석좌교수 2001~2010년 在京전북도민회 회장 2002~2005년 대한체육회 회장 겸 대한올림픽위원회(KOC) 위원장 2003년 제7회 서울평화상 심사위원 2006년 동아마라톤 꿈나무재단 이사장(현) 2006년 국제한국학연구지원센터 이사장(현) 2007년 (사)전북경제살리기도민회의 이사장 2008~2009년 대한체육회 회장 겸 대한올림픽위원회(KOC) 위원장 2009년 대통령자문 통일고문회의 고문 2009년 대한체육회 명예회장 2009년 2014인천아시아경기대회 조직위원장 2009~2014년 동국대총동창회 회장 2013~2015년 국무총리소속 새만금위원회 위원장 2013~2016년 대한체육회 고문 2016년 '2017 무주세계태권도선수권대회' 조직위원회 공동위원장 2017년 국총회 회장(현) (상)홍조근정훈장(1988), 체육훈장 맹호장(1988), 청조근정훈장(1992), 국민훈장 무궁화장, 경영혁신공기업경영자표창(2001), 자랑스러운 동국인상(2008) (저)'세계의 행정개혁과 21세기 한국정부'

이연화(李娟和·女) youn wha lee

(생)1954·3·31 (본)전주(全州) (출)서울 (주)경기도 안성시 대덕면 서동대로 4726 중앙대학교 음악학부(031-670-3285) (학)1974년 이화여대 피아노과 중퇴 1976년 미국 워싱턴대 음대졸 1978년 同대학원졸 1980년 미국 줄리어드음대 대학원졸 (경)1983~2011년 중앙대 음대 피아노과 교수, 국내외 독주·협연 연극활동, 콩쿨심사위원 2009년 중앙대 음악대학장 2010~2013년 同예체능계열 부총장 2011~2019년 同음악학부 피아노전공 교수 2019년 同음악학부 명예교수(현) (작)'베토벤 피아노 소나타 전곡CD' (종)기독교

이연희(李蓮姬·女) LEE YEAN HI

(생)1960·11·20 (본)경주(慶州) (출)울산 (주)울산광역시 남구 수암로 4 템포빌딩 9층 울산매일신문 비서실(052-243-1001) (학)1979년 성광여고졸 1983년 신라대 음악학과졸 2009년 동국대 대학원 행정학과졸 2009년 同대학원 박사과정 중 (경)1988년 울산중앙적십자사 회장 2005년 국제로타리 3720지구 총재특별대표 2005년 자유주의교육운동연합 공동대표 2007~2011년 울산시 단기청소년쉼터위원회 위원장 2008년 울산매일신문 대표이사(현) 2011년 민주평통 울산지역회의 상임위원 2012년 同자문위원 2012년 울산노사민정협의회 위원

이 영(李 英) Lee Young (白松)

(생)1947 · 5 · 15 (출)경남 거제 (주)부산광역시 부산진구 중앙대로 955 민주평통 부산지역회의(051-866-6363) (학)1966년 부산남고졸 1975년 부산대 정치외교학과졸 1989년 同행정대학원 최고경영자과정 수료 (경)1976년 제9대 국회의원 보좌관, 성산개발(주) 대표이사, 제1~4대 부산시의회 의원(한나라당), 제4대 부산시의회 의장, (사)2002부산아시아드지원협의회 공동회장, 부산아시안게임조직위원회 부회장 겸 집행위원, 신라대 국제관계학과 겸임교수, 전국시도의회의장협의회 지방분권위원장, 부산남북교류지원 범시민협의회 공동대표 2005년 APEC부산유치범시민추진협의회 공동대표, 열린우리당 APEC지원특별위원회 위원장, 부산상공회의소 상근부회장, 남해안시대포럼 상임의장 2005~2014년 국민생활체육전국낚시연합회 회장, 우리민족서로돕기운동 부산경남 공동대표, 부산대 사회과학대학 동문회장, 김해공항가덕이전범시민운동본부 상임대표, 부산상공산업단지개발(주) 대표이사 2012년 제19대 국회의원선거 출마(부산 영도구, 무소속) 2015~2017년 在釜거제향인회 회장 2017년 민주평통 부산지역회의 부의장(현) (상)대통령표창, 법무부장관표창, 체육훈장 맹호장 (종)기독교

이 영(李 英) LEE Young

(생)1954 · 3 · 6 (출)서울 (주)경기도 성남시 수정구 성남대로 1342 가천대학교 글로벌캠퍼스 건축학과(031-750-5298) (학)1977년 서울대 건축학과졸 1980년 同대학원 건축계획학과졸 1981년 미국 버지니아대 대학원 건축설계학과졸 1992년 건축계획학박사(서울대) (경)1977~1980년 광장건축연구소 연구원 1983~1985년 송민구건축연구소 실장 1985년 일건건축연구소 실장 1990~2012년 同공과대학 건축학과 교수 1995년 미국 위스콘신대 교환교수 2005년 경원대 산업환경연구소장 2005~2008년 同공과대학장 2011~2012년 가천대 경원캠퍼스 환경대학원장 겸 디자인대학원장 2012~2015년 同글로벌캠퍼스 건축대학 건축학과 교수 2013년 同건축대학 건축학과장 2015~2019년 同글로벌캠퍼스 공과대학 건축학과 교수 2019년 同글로벌캠퍼스 공과대학 건축학과 명예교수(현) (상)건설부 대한민국국전 건축부문 입선(1980), 국립중앙박물관 국제현상입상 포상(1995), 경기도건축문화상 주택부문 은상(1998), 성남청소년문화센터 현상당선(2001), 경기도교육청 제2과학고등학교 현상당선(2003), 중원구청소년센터 현상당선(2005) (저)'건축 인테리어 시각표현 사전'(1995) '경기문화재대관-국가지정편'(1999) (역)'건조환경의 의미'(1990) '스티븐 홀 작품집'(1993) '시각인식력의 입문서'(1994) '건축의 형상과 구조'(1995) (종)기독교

이 영(李 榮) Young Lee

(생)1965 · 7 · 14 (출)서울 (주)서울특별시 성동구 왕십리로 222 한양대학교 경제금융대학 경제금융학부(02-2220-1023) (학)1983년 상문고졸 1987년 서울대 경제학과졸 1989년 同대학원 경제학과졸 1998년 경제학박사(미국 미시간대 앤아버교) (경)1997년 미국 경제연구소 연구조교 1998~2000년 미국 메릴랜드대 경제학과 부설 IRIS연구소 연구위원 1998~2000년 미국 World Bank 컨설턴트(세계은행內 WBI · ECA · ESA 부서 업무수행) 2000~2002년 한국개발연구원 부연구위원 2002~2011년 한양대 경제금융대학 경제금융학부 조교수 · 부교수 2002~2004년 국무조정실 정책평가위원회 전문위원 2004~2005년 한국재정공공경제학회 총무이사 2005~2007년 한양대 경제금융대학 경제금융학부장 2006~2015년 교육부 정책자문위원 2007~2009년 한국경제학회 이사 2011~2015 · 2017년 한양대 경제금융대학 경제금융학부 교수(현) 2012~2015년 同기획처장 2015~2017년 교육부 차관 (상)한양대 강의 우수교수 선정(2005), 한국재정 · 공공경제학회 한국재정공공경제학상(2006), 미국 National Tax Association 최우수논문상급 Richard Musgrave Prize(2008), 한국경제학회 청람학술상(2009) (역)'Rosen의 재정학(共)'(2011, 맥그로힐)

이 영(李 永 · 女) Young Lee

(생)1969 · 6 · 6 (출)서울 (주)서울특별시 구로구 디지털로26길 61 에이스하이앤드타워 2차 602호 (주)테르텐(02-6952-7075) (학)1993년 광운대 수학과졸 1995년 한국과학기술원(KAIST) 암호학과졸(석사) 1999년 同대학원 암호학 박사과정 수료 (경)1995~1996년 한국정보통신기술협회 ISO 정보보안(JTC1/SC27) 표준화위원 2000~2010년 (주)테르텐 부사장 2006~2009년 테르텐미디어 대표이사 2010년 (주)테르텐 대표이사(현) 2010년 한국인터넷진흥원 KISA포럼 인터넷정보보호분과 자문위원 2012~2015년 (사)한국여성벤처협회 수석부회장 2012년 지식경제부 클라우드산업포럼 R&D기반확충분과 위원 2012년 한국CSO협회 이사 2012년 한국소프트웨어산업협회 이사 2012년 한국소프트웨어전문기업협회 이사 2014년 국세청 자체평가위원회 위원(현) 2014~2016년 정보통신산업진흥원(NIPA) 이사 2014~2016년 국가과학기술심의회 미래성장동력특별위원회 위원 2014년 요즈마그룹 한국법인 고문(현) 2015년 同운영위원회 정책조정전문위원회 위원 2015~2017년 (사)한국여성벤처협회 회장 2015~2017년 전자부품연구원 이사 2015년 한국무역협회 부회장 2015년 대한적십자사 글로벌인도주의여성리더양성프로그램 전문위원 2015년 여성가족부 청년여성멘토링 대표멘토(현) 2015~2017년 同양성평등위원회 민간위원 2015~2017년 대한적십자사 글로벌인도주의여성리더양성프로그램 전문위원 2015~2017년 특허청 지식재산정책자문위원회 자문위원 2015~2017년 공공데이터전략위원회 위원 2015년 한국엔지니어클럽 이사(현) 2016년 국가지식재산위원회 전문위원 2016년 새누리당 제20대 국회의원 후보(비례대표 30번) 2016년 대한무역투자진흥공사 이사 2016년 한국과학창의재단 이사(현) 2016년 청년희망재단 이사 2016년 대통령직속 국가과학기술자문회의 위원 2016년 한국소프트웨어산업협회 부회장 2017년 중소기업중앙회 중소벤처기업혁신성장위원회 위원(현) 2017년 한국과학기술원(KAIST) 비전2031위원회 위원(현) 2017년 산업통상자원부 산업기술보호위원회 위원(현) 2018년 한국저작권보호원 비상임이사(현) 2018년 국가보안기술연구소 자문위원(현) 2019년 사이버작전사령부 자문위원(현) (상)정보통신부장관표창(2002), 과학기술부장관표창(2003), 제15 · 19회 대한민국멀티미디어기술대상 대상(2008 · 2012), 대한민국 미래산업경영대상(2008), 한국여성벤처협회 우수여성벤처인 특허청장표창(2009), 국무총리표창(2009), 미래창조과학부장관표창(2013), 씨티-중소기업연구원 여성기업인상 인재경영상(2014) (저)'#여자 #공학인 #4차 산업혁명(共)'(2017, 한국여성공학기술인협회) '여성 과학자가 들려주는 산업현장 이야기'(2017, 대한여성과학기술인회)

이영갑(李永甲) LEE Young Gap

(생)1963 · 10 · 15 (출)경남 사천 (주)부산광역시 연제구 법원로 28 법무법인 정인(051-911-6161) (학)1982년 김해고졸 1986년 한양대 법대졸 (경)1989년 사법시험 합격(31회) 1992년 사법연수원 수료(21기) 1992~1995년 軍법무관 1995년 부산지법 판사 1997년 同동부지원 판사 1999년 부산지법 판사 2002~2004년 부산고법 판사 2004년 법무법인 정인(正人) 변호사(현) 2009년 부산지방변호사회 홍보이사 2011~2012년 同제2부회장, 同분쟁조정위원장 2019년 부산지방변호사회 회장(현)

이영관(李泳官) LEE YOUNG KWAN

(생)1947 · 9 · 12 (본)해주(海州) (출)대전 (주)서울특별시 영등포구 여의대로 24 전경련회관 36층 도레이첨단소재(주) 임원실(02-3279-1007) (학)문산고졸 1974년 홍익대 화학공학과졸, 서울대 경영대학원 최고경영자과정 수료 2003년 고려대 경영대학원 국제경영학과졸 2013년 경영학박사(홍익대) (경)1973년 제일합섬(주) 입사 1994년 同기획담당 이사 1994년 同C-7건설본부 사업부장 1995년 同상무이사 1997년 (주)새한 전무이

사 1998년 同소재그룹장 겸 구미사업장장 1999년 同부사장 1999~2010년 도레이새한(주) 대표이사 사장 2006년 한국공학한림원 정회원(현) 2007년 중국 도레이폴리텍난퉁(주) 동사장(회장)(현) 2008년 일본 도레이社 한국대표(현) 2009~2014년 한국소비자안전학회 회장 2010~2013년 홍익대총동문회 회장 2010~2012년 도레이첨단소재(주) 대표이사 사장 2011년 한국고분자학회 회장 2011~2016년 한국표준협회 부회장 2011년 한국능률협회 부회장(현) 2011년 한국섬유산업협회 감사(현) 2011년 전국경제인연합회 감사(현) 2011년 도레이폴리텍자카르타 사장 2012~2013년 고려대MBA교우회 회장 2013년 도레이첨단소재(주) 대표이사 회장(현) 2014~2019년 도레이케미칼(주) 대표이사 회장 2018년 한국도레이과학진흥재단 이사장(현) 2019년 도레이첨단소재(주) 이사회 의장 겸임(현) (상)동탑산업훈장(1998), 대한민국에너지상 최고경영자상(2001), 금탑산업훈장(2003), 한국품질대상(2004), 국가품질경영대회 품질경영상, 삼우당 대한민국 섬유·패션대상 수출부문(2008), 한국능률협회 한국의경영자상(2009), 대통령표창(2009), 서울대 AMP대상(2010), 외국인투자기업상, 한국품질경영학회 품질한국 50년 공로상(2015), 고려대 MBA교우회 'MBA경영대상'(2017) (종)불교

이영광(李榮光)

(생)1974·1·3 (출)서울 (주)서울특별시 양천구 신월로 386 서울남부지방법원(02-2192-1152) (학)1992년 상문고졸 1997년 서울대 법학과졸 (경)1997년 사법시험 합격(39회) 2000년 사법연수원 수료(29기) 2000년 육군 법무관 2003년 인천지법 판사 2005년 서울중앙지법 판사 2007년 광주지법 해남지원 판사 2009년 청주지법 영동지원 판사 2011년 인천지법 부천지원 판사 2012~2014년 헌법재판소 파견 2014년 서울고법 판사 2015년 춘천지법 강릉지원 부장판사 2017년 인천지법 부장판사 2019년 서울남부지법 부장판사(현)

이영구(李榮九) LEE Young Koo

(생)1958·7·27 (출)서울 (주)서울특별시 종로구 종로3길 17 디타워 23층 법무법인 세종(02-316-4057) (학)1977년 장훈고졸 1981년 서울대 법학과졸 (경)1981년 사법시험 합격(23회) 1983년 사법연수원 수료(13기) 1983년 서울지법 동부지원 판사 1985년 서울민사지법 판사 1987년 광주지법 순천지원 판사 1990년 서울지법 남부지원 판사·서울민사지법 판사 1994년 서울고법 판사 1995년 법원행정처 인사관리심의관 1995년 同인사제1담당관 1998년 서울지법 판사 1999년 대전지법 제천지원장 2000년 인천지법 부장판사 2002년 서울지법 부장판사 2004년 서울중앙지법 부장판사 2005년 광주고법 부장판사 2006년 수원지법 수석부장판사 2006~2008년 서울고법 부장판사 2008년 법무법인 세종 파트너변호사(현) 2012년 국민권익위원회 비상임위원 2012~2015년 한국도산법학회 회장 2015년 同고문(현) 2017년 서울회생법원 조정위원(현)

이영구(李渶具) Lee Young Goo

(생)1959 (본)양성(陽城) (주)서울특별시 영등포구 신길로 1 강남성심병원 부속실(02-829-5013) (학)1983년 전남대 의대졸 1988년 중앙대 대학원 의학석사 1994년 의학박사(중앙대) (경)1991년 한림대 의대 비뇨기과학교실 교수(현) 1997~1998년 미국 미시건대 암센터 해외연수 1998년 미국비뇨기과학회 정회원(현) 2004년 세계비뇨기과학회 정회원(현) 2002~2006년 한림대부속 강남성심병원 CSQI위원회 위원장 2002년 대한전립선학회 이사(현) 2004년 대한비뇨기종양학회 이사(현) 2005년 NYPH Columbia Univ. 및 NYPH Cornell Univ. 로봇수술 해외연수 2006~2008년 한림대부속 강남성심병원 기획실장 2007년 한림대의료원 강남성심병원 로봇수술센터장(현) 2007년 대한의사협회 상대가치연구단 위원(현) 2007년 NYPH Cornell Univ. 로봇수술 해외연수 2008~2014년 대한비뇨기과학회 보험이사 2008~2014년 한림대부속 강남성심병원 의무기록위원장 2008년 건강보험심사평가원 임상전문가조정패널위원회 비뇨기과위원(현) 2008~2016년 한림대부속 강남성심병원 종양위원회 위원장 2008~2016년 同나눔봉사단장 2008년 한림대의료원 홍보위원회 위원장 2009~2017년 한림대 의과대학 비뇨기과학교실 주임교수 2010~2017년 건강보험심사평가원 직접비용개선검토소위원회 동료평가위원 2012년 유럽비뇨기과학회(EAU) 정회원(현) 2013년 건강보험심사평가원 진료심사평가위원회 비상근심사위원(현) 2013년 보건복지부 신의료기술평가위원회 전문평가위원회 위원(현) 2013년 통계청 질병분류상담센터 전문위원(현) 2013~2016년 한림대부속 강남성심병원 비뇨기과장 2014년 대한비뇨기과학회 부회장(현) 2014년 同보험정책사업단장 겸임(현) 2014년 보건복지부 건강보험분쟁조정위원회 위원(현) 2014~2016년 식품의약품안전처 중앙약사심의위원회 위원 2015년 한국의약품안전관리원 DUR분과 위원(현) 2016년 한림대부속 강남성심병원장(현) 2016~2018년 대한임상보험의학회 부회장 2016~2018년 대한의사협회 상대가치연구단장 2017년 건강보험심사평가원 임상전문가자문단 고정위원(현) 2018년 대한임상보험의학회 이사장(현) (상)천주교 서울대교구 산하 전진상 의원 영세민 장기의료봉사상(1996·2004), 대한전립선학회 학술상(2003), Mighty Hallym CS 공로상(2005), 대한비뇨기과학회 우수연제발표상(2006), 대한비뇨기종양학회 공모논문학술상(2007), Mighty Hallym Global Player Award(로봇수술부분)(2010) (저)'전립선비대증(共)'(일조각) '비뇨기과학 4·5판(共)'(일조각)

이영구(李榮求) Lee young gu

(생)1962·7·20 (주)서울특별시 송파구 올림픽로 269 롯데칠성음료 음료BG(02-3479-9114) (학)1981년 중앙대사대부고졸 1988년 숭실대 산업공학과졸 (경)1987년 롯데그룹 입사 1987~1993년 롯데칠성음료(주) 근무 1993~1997년 롯데알미늄 영업1과, 영업2과 근무 1997~2009년 롯데정책본부 개선실 근무 2009년 롯데칠성음료(주) 영업전략부문장(상무) 2012년 同마케팅부문장(상무) 2014년 同음료영업본부장(상무) 2016년 同음료BG 영업본부장(전무) 2017년 同음료BG총괄 겸 대표이사 전무 2019년 同음료BG 대표이사 부사장(현)

이영구(李映九) Lee Younggoo

(생)1987·8·23 (주)서울특별시 성동구 마장로 210 한국기원 홍보팀(02-3407-3870) (경)권갑용 6단 문하생, 세계청소년바둑대회 우승, 삼성생명배 준우승 2001년 프로바둑 입단 2002년 2단 승단 2003년 3단 승단 2004년 비씨카드배 신인왕전 준우승 2005년 전자랜드배 왕중왕전 준우승 2005년 4단 승단 2005년 오스람코리아배 신예연승최강전 준우승 2006년 5단 승단 2006년 KT배 왕위전 준우승 2006년 6단 승단 2006년 SK가스배 준우승 2007년 한국물가정보배 준우승 2007년 KB국민은행 2007한국바둑리그 주장(대구 영남일보) 2008년 KB국민은행 2008한국바둑리그 주장 2008년 세계마인드스포츠게임 남자단체전 금메달 2008년 7단 승단 2010년 8단 승단 2011년 9단 승단(현) 2011년 한국물가정보배 우승 2011년 스포츠어코드 세계마인드게임 한국대표 준우승 2013년 제9기 한국물가정보배 준우승 2017년 제4회 오카게배 국제신예바둑대항전 준우승 (작)'이영구 八단의 신출귀몰'(조선일보)

이영권(李永權) LEE Young Kwon

(생)1936·6·3 (본)인천(仁川) (출)전남 장흥 (주)서울특별시 영등포구 의사당대로 1 대한민국헌정회(02-757-6612) (학)목포공고졸 1959년 조선대 법학과졸 1977년 고려대 경영대학원졸 1989년 연세대 행정대학원졸 1995년 명예 법학박사(조선대) (경)1980년 광운대 강사 1982년 민권당 대변

인 1985년 민주화추진협의회 운영위원 1985년 제12대 국회의원(장흥·강진·영암·완도, 신한민주당) 1987년 평화민주당(평민당) 부대변인 1988년 同정책위원회 부의장 1988년 제13대 국회의원(장흥, 평민당·신민당·민주당) 1988년 한·프랑스친선협회 부회장 1990년 평민당 전남도지부장 1992년 제14대 국회의원(장흥, 민주당·국민회의) 1993년 민주당 지방자치제특별위원장 1994년 국회 교육위원장 1996년 한양대 행정대학원 객원교수 1999년 장흥대학 학장 2000년 남도대학 학장 2001~2005년 동남보건대학 학장 2004년 평화의료재단 이사 2013년 대한민국헌정회 전남지회장 2015~2019년 同이사 2018년 민주평화당 고문(현) 2019년 대한민국헌정회 위원(현) 상서울시 효자상 종천주교

이영규(李榮珪) LEE Young Kyu

생1959·11·10 출서울 주서울특별시 구로구 디지털로27길 12 (주)웰크론(02-2107-6600) 학1978년 서울 영동고졸 1985년 한양대 섬유공학과졸 경1985년 (주)동양나이론 원사개발실 근무 1986~1990년 (주)약진통상 해외무역부 대리 1991년 (주)스완무역 해외무역부 차장 1992~2007년 (주)은성코퍼레이션 대표이사 사장 2007년 (사)한국패션소재협회 회장(현) 2007~2011년 (주)웰크론 대표이사 사장 2007~2012년 (주)예지미인 대표이사 2008년 (사)서일회 사업협력분과위원장(현) 2008년 한국섬유산업연합회 이사(현) 2010년 (사)서울일류중소기업협회 회장(현) 2010~2012년 (주)한텍엔지니어링 대표이사 2010~2012년 강원비앤이(주) 대표이사 2012년 (주)웰크론 대표이사 회장(현) 2012년 (주)웰크론한텍 대표이사(현) 2012~2013년 (주)웰크론강원 대표이사 2012년 (주)웰크론헬스케어 대표이사(현) 2014년 (주)웰크론강원 각자대표이사(현) 상중소기업기술혁신공로 산업포장(2001), 디지털이노베이션 대상 산업자원부장관표창(2001), 수출증대공로 산업자원부장관표창(2002), 중소기업경영혁신공로 대통령표창(2003), 부품소재기술개발공로 산업자원부장관표창(2006) 종불교

이영규(李暎珪) LEE Young Gyu

생1960·8·20 본한산(韓山) 출충남 서천 주대전광역시 서구 문예로 73 변호사회관 906호 이영규법률사무소(042-471-5277) 학1978년 공주사대부고졸 1983년 서울대 정치학과졸 1985년 同행정대학원 행정학과졸 경1982년 행정고시 합격(26회) 1988년 사법시험 합격(30회) 1991년 사법연수원 수료(20기) 1991년 서울지검 검사 1993년 대전지검 공주지청 검사 1994년 대구지검 검사 1996년 독일연방 법무부 파견 1997년 법무부 특수법령과 검사 1999년 서울지검 검사 2000년 남북정상회담준비기획단 파견 2001년 창원지검 검사 2003년 同부부장검사 2003~2004년 서울지검 부부장검사 2004년 제17대 국회의원선거 출마(대전西甲, 한나라당) 2004~2006·2007년 변호사 개업(현) 2006~2007년 대전시 정무부시장 2008년 제18대 국회의원선거 출마(대전 서구甲, 친박연대) 2012년 새누리당 대전서구甲당원협의회 운영위원장 2012년 제19대 국회의원선거 출마(대전 서구甲, 새누리당) 2014년 새누리당 대전시당 6.4지방선거공천관리위원회 부위원장 2014~2015년 同대전시당 위원장 2016년 제20대 국회의원선거 출마(대전 서구甲, 새누리당) 2017년 자유한국당 대전서구甲당원협의회 운영위원장(현) 상법무연수원장표창(1995), 법무부장관표창(1998), 검찰총장표창(2002) 저'북한법의 체계적 고찰Ⅲ'(共) '독립국가연합의 체제개혁 개관'(共)

이영균(李榮均) LEE Young Kyun

생1958·9·13 본전주(全州) 출서울 주경기도 안산시 상록구 성호로 31 ITS인증성능평가센터 수출지원센터(031-478-0402) 학1981년 연세대 토목공학과졸 1983년 同대학원 토목공학과졸 1986년 미국 퍼듀대 대학원 토목공학과졸 1994년 교통공학박사(미국 오하이오주립대) 경1987년 미국 오하이오주립대 조교 1993년 미국 플로리다인터내셔널대 토목환경공학과 조교수 1997년 국토연구원 연구위원 2001년 교통개발연구원 연구위원 2001년 同ITS연구센터장 2004년 건설교통부 수송정책실 교통정보기획과장 2005년 同생활교통본부 교통정보기획팀장 2008년 국토해양부 교통정보팀장 2008~2009년 한국건설기술연구원 첨단교통연구실 책임연구원 2009~2010년 제17회 부산ITS세계대회조직위원회 사무총장 2011년 한국지능형교통체계협회(ITS Korea) 기술연구센터장 2013년 同표준연구센터장 2014년 同신기술연구센터장 2014년 同수출지원센터장(현)

이영균(李永均) LEE Young Gyun

생1959·12·3 본성산(星山) 출경북 성주 주경기도 성남시 수정구 성남대로 1342 가천대학교 글로벌캠퍼스 행정학과(031-750-5250) 학1978년 성주고졸 1985년 영남대 행정학과졸 1987년 한양대 대학원졸 1993년 정치학박사(미국 템플대) 경1990~1993년 미국 필라델피아 천주교 한글학교 교감 1993년 한양대 강사 1995년 감사원 감사교육원 조교수 1996~2012년 경원대 행정학과 교수 2002년 同대학원 행정실장 2004년 同정책조정실장 2005~2007년 同성남발전연구소장 2006~2007년 국방부 자체평가위원 2007~2008년 성남시 인사위원 2007~2008년 경인일보 독자위원 2009년 한국정책분석평가학회 회장 2009~2010년 경원대 사회정책대학원장 2010년 同사회과학대학장 2014년 한국행정학회 부회장 2016년 성남시 시민감사관(현) 2018년 가천대 사회과학대학 행정학과 교수 2018년 성남시 자치분권협의회 위원장(현) 2018년 대검찰청 검찰수사심의위원회 위원(현) 2018년 가천대 법과대학장(현) 2019년 同법과대학 행정학과 교수(현) 2019년 경기도 옴부즈만(현) 상경북도교육감표창, 경원학술상(2003·2008) 저'정보사회론'(共) '자체감사론(共)'(2007) '세계의 감사원(共)'(2009) '행정학'(2010) '글로벌시대 행정학(共)'(2011) '조직관리론'(2014)

이영균

생1973·6·5 출서울 주서울특별시 용산구 백범로90다길 13 오리온 홍보실(02-710-6271) 학연세대 신문방송학과졸 2001년 同대학원 신문방송학과졸 경1997년 듀오정보 홍보업무 2001년 온미디어 근무 2003년 同홍보팀장 2011년 CJ E&M 방송부문 홍보팀장 2012년 同통합홍보팀장 2013년 同홍보총괄(임원 대행) 2015년 오리온 홍보실장(이사) 2017년 同홍보실장(상무)(현) 저'미르몽의 원더풀 트위터 라이프'(2010, 고즈윈) '제대로 통하는 소셜마케팅 7가지 법칙(共)'(2011, 다우) '세상을 움직이는 힘, 홍보'(2015, 컬처룩)

이영근(李永根) LEE Yeung Keun (亮谷)

생1924·2·4 본전주(全州) 출평북 정주 학평북 오산고등보통학교졸 1948년 평양의학전문학교 중퇴(4년) 1949년 육군사관학교졸 1958년 국제대 화학과졸 1960년 육군대학졸 경1957년 육군방첩부대 처장 1961년 중앙정보부 차장 1965년 반공연맹 사무총장 1967년 민주공화당(공화당) 사무처장 1967년 제7대 국회의원(전국구, 공화당) 1972년 국무총리 비서실장 1973년 제9대 국회의원(통일주체국민회의, 유신정우회) 1973년 유신정우회(유정회) 원내부총무 1975년 同원내총무 1979년 제10대 국회의원(통일주체국민회의, 유정회) 1979년 국회 건설위원장 1979년 유정회 원내총무 1982년 삼양식품 고문 1985년 (주)유공 고문 1987년 공화당 총재 당무담당 특별보좌관·당무위원 1988년 同고문 1990~2007년 민족중흥회 부회장 겸 사무총장 1995~1996년 자민련 고문 2006~2011년 오산학원 이사장 상화랑무공훈장, 충무무공훈장, 홍조근정훈장, 황조근정훈장 저'五峰山을 향한 旅路'

이영근(李榮根) LEE Young Keun

(생)1953 · 3 · 25 (출)경북 예천 (주)서울특별시 성북구 안암로 145 고려대학교 정책대학원(02-3290-1380) (학)1971년 용산고졸 1975년 고려대 법학과졸 1989년 미국 워싱턴대 대학원 경제학과졸 (경)1975년 행정고시 합격(17회) 1986년 경제기획원 장관비서관 1989년 同기획예산담당관 1991년 同건설환경예산담당관 · 농수산예산담당관 · 교육문화예산담당관 1994년 재정경제원 경제조사과장 · 자금과장 1996년 同금융정책실 산업자금담당관 1997년 부산시 경제협력단장 1999년 기획예산처 재정개혁단장 2001년 同행정개혁단장 2002년 同예산관리국장 2003년 同재정기획총괄심의관 2004년 부패방지위원회 정책기획실장 2005년 국가청렴위원회 정책기획실장(관리관) 2008~2011년 국민권익위원회 부위원장(차관급) 2012~2016년 민간투자사업심의위원회 위원 2012~2013년 경제발전경험공유사업(KSP) 에콰도르 수석고문 2013~2016년 강원대 초빙교수 2013년 한국협동조합진흥연구원 원장 2014~2015년 경제발전경험공유사업(KSP) 파키스탄 수석고문 2014년 공정거래위원회 감사자문위원회 위원장 2015~2019년 한국민간투자학회 회장 2016년 고려대 정책대학원 초빙교수(현) 2016년 국토교통부 청렴자문위원회 위원장 (상)홍조근정훈장, 미국 워싱턴대 한국총동문회 선정 '올해의 자랑스런 동문인'(2010), 황조근정훈장

이영근(李英根) Lee Young-keun

(생)1960 · 12 · 9 (주)서울특별시 종로구 사직로8길 60 외교부 인사운영팀(02-2100-7863) (학)1991년 한국외국어대 독어과졸 (경)1991년 외무부 입부 1993년 駐루마니아 3등서기관 1996년 駐프랑스 3등서기관 2002년 駐코스타리카 2등서기관 2004년 駐프랑크푸르트 영사 2008년 駐인도네시아 2등기관 2011년 駐이라크 1등서기관 2012년 駐이스탄불 영사 2014년 외교부 감사담당관 2016년 同운영지원담당관 2018년 駐에콰도르 대사(현)

이영기(李領基) Young Kee LEE

(생)1966 · 9 · 23 (본)전주(全州) (출)서울 (주)세종특별자치시 도움6로 11 환경부 자원순환정책관실(044-201-7330) (학)1985년 대일고졸 1993년 서울시립대 환경공학과졸 1999년 미국 오리건주립대 대학원 토목환경공학과졸 (경)2003년 환경부 하수도과 서기관 2005년 同국립생물자원관건립추진기획단 전시생물팀장 2006년 미국 콜로라도주립대 교육 파견 2008년 국립환경인력개발원 교육혁신기획과장 2009년 同교육기획과장 2009년 환경부 환경보건정책관실 생활환경과장 2011년 同환경정책실 기후변화협력과장 2011년 同상하수도정책관실 생활하수과장 2012년 同물환경정책국 물환경정책과장(서기관) 2013년 同물환경정책국 물환경정책과장(부이사관) 2015년 국립환경인력개발원 원장(고위공무원) 2016년 국방대 교육파견 2017년 환경부 물환경정책국 상하수도정책관 2017년 국립환경과학원 환경자원연구부장 2019년 환경부 자연환경정책실 자원순환정책관(현)

이영기(李永基)

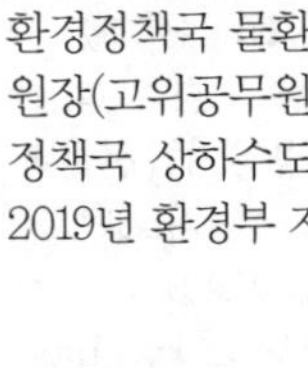

(생)1969 · 1 · 5 (출)전북 장수 (주)서울특별시 서초구 법원로 15 정곡빌딩 법무법인 엘케이비앤파트너스(02-596-7007) (학)1987년 석관고졸 1992년 고려대 법대졸 (경)1993년 사법시험 합격(35회) 1996년 사법연수원 수료(25기) 1996년 부산지검 검사 1998년 춘천지검 원주지청 검사 1999년 서울지검 검사 2001년 同의정부지청 검사 2003년 청주지검 검사 2004년 미국 파견 2006년 인천지검 검사 2006년 금융정보분석원 심사분석실 팀장(검사) 2008년 인천지검 검사 2009년 서울중앙지검 부부장검사 2009년 춘천지검 원주지청 부장검사 2010년 인천지검 강력부장 2011년 대검찰청 마약과장 2012년 同조직범죄과장 2013년 의정부지검 형사4부장 2014년 서울동부지검 형사3부장 2015년 서울중앙지검 공판1부장 2016년 광주지검 순천지청 차장검사 2017년 수원지검 안양지청 차장검사 2018~2019년 서울고검 감찰부장 2019년 법무법인 엘케이비앤파트너스 대표변호사(현) (상)근정포장(2013)

이영남(李英南 · 女) LEE Young Nam

(생)1957 · 9 · 3 (본)전주(全州) (출)부산 (주)경기도 성남시 분당구 대왕판교로644번길 49 다산타워 (주)노바스이지 사장실(070-8611-9782) (학)1981년 동래여전졸 1997년 아주대 경영대학원 수료 2000년 한국과학기술원(KAIST) 테크노경영대학원 수료 (경)1981~1984년 광덕물산 근무 1988년 서현전자 설립 1996년 (주)서현전자 대표이사 1999년 (주)이지디지털 대표이사 사장 1999년 한국여성경제인연합회 부회장 2001~2005년 한국여성벤처협회 회장 2001년 벤처기업협회 부회장 2002년 과학기술부 여성과학기술정책자문위원 2004년 규제개혁위원회 민간위원 2005년 국세청 세정자문위원 2009년 정보통신위원회 사외이사 2010~2014년 KB금융지주 사외이사 2012년 (주)노바스이지 대표이사 사장(현) (상)통상산업부장관표창, 대통령표창, 철탑산업훈장, 산업협력대상 (종)기독교

이영남(李榮男)

(생)1970 · 9 · 6 (출)경남 통영 (주)서울특별시 서초구 반포대로 158 서울중앙지방검찰청 조사2부(02-530-4398) (학)1989년 통영고졸 2000년 서울대 심리학과졸 (경)1999년 사법시험 합격(41회) 2002년 사법연수원 수료(31기) 2002년 서울지검 검사 2004년 전주지검 군산지청 검사 2006년 부산지검 검사 2009년 대전지검 홍성지청 검사 2011년 법무부 법조인력과 검사 2013년 서울동부지검 검사 2015년 대전지검 검사 2016년 서울중앙지검 부부장검사 2017년 청주지검 영동지청장 2018년 법무부 법조인력과장 2019년 서울중앙지검 조사2부장(현)

이영남(李永男)

(생)1971 · 11 · 19 (출)광주 (주)전라남도 목포시 정의로 29 광주지방법원 목포지원(061-270-6753) (학)1990년 광주진흥고졸 1995년 서울대 법학과졸 (경)2001년 사법시험 합격(43회) 2004년 사법연수원 수료(33기) 2004년 수원지법 안산지원 예비판사 2005년 서울고법 예비판사 2006년 서울중앙지법 판사 2008년 광주지법 해남지원 판사 2011년 수원지법 판사 2013년 서울중앙지법 판사 2015년 서울동부지법 판사 2017~2019년 헌법재판소 파견 2019년 광주지법 목포지원 · 광주가정법원 목포지원 부장판사(현)

이영대(李榮大) LEE Young Dae

(생)1962 · 12 · 15 (본)장수(長水) (출)서울 (주)서울특별시 서초구 서초중앙로 69 법무법인 수호(02-525-4102) (학)1981년 숭실고졸 1985년 서울대 법학과졸 1990년 同대학원 경제법률학과졸 1995년 미국 하버드대 대학원 경제법률학과 수료, 법학박사(서울대), 연세대 경영대학원졸 (경)1984년 사법시험 합격(26회) 1987년 사법연수원 수료(16기) 1987년 軍법무관 1990년 서울형사지법 판사 1994년 대전지법 강경지원 판사 1995~1997년 대전지법 부여군법원 파견 1996년 논산시 공직자윤리위원장 1997년 수원지법 성남지원 판사 1998년 분당구 선거관리위원장 1998년 서울고법 판사 1998년 변호사 개업 1999~2001 경희대 법과대학 교수 2001년 법무법인 수호 대표변호사(현) 2009~2011 강남세무서 국세심사위원 2011년 한국콘텐츠진흥원 분쟁조정위원회 조정위원장(현) 2014년 국방부 방위사업청 자문위원(현) 2014~2017년 공정거래위원회 민간심사위원, 문화체육관광부 콘텐츠분쟁조정위원회 위원(현) 2015년 인천항만공사 법률자문위원(현) 2015

년 국민연금관리공단 법률자문위원(현) 2015년 미래창조과학부 디지털콘텐츠 상생협력지원센터 법제도개선위원회 위원장(현) 2016년 의료조정중재원 중재위원(현) 2017년 대한상사중재원 중재위원(현) 2018년 S/W하도급 분쟁조정위원장(현) (종)기독교

이영돈(李榮敦) LEE Young Don

(생)1959·9·13 (출)제주 (주)제주특별자치도 제주시 조천읍 함덕5길 19-5 제주대학교 해양과학연구소(064-782-8922) (학)1985년 제주대 증식학과졸 1987년 부경대 대학원 자원생물학과졸 1990년 이학박사(부경대) (경)1991년 제주대 해양과학연구소 교수(현) 1997~1998년 일본 류쿠대 외국인연구원 2000년 제주도해양수산자원연구소 수산종묘운영협의회 위원 2001년 제주도 제주도바이오산업발전협의회 위원 2002년 국립수산과학원 제주수산연구소 겸임연구관 2003년 (사)제주학회 연구위원 2003년 제주하이테크산업진흥원 자문및운영위원회 위원(현) 2003년 제주대 생명과학기술혁신센터 운영위원 2004~2005년 한국해양수산개발원 수산특정연구개발산업 전문위원 2004년 미국 세계인명사전 'Marquis Who's Who in Science and Engineering'에 등재 2005~2008년 제주하이테크산업진흥원 용암해수사업단장 2006년 미국 세계인명사전 'Who's Who in Science and Enginneering 8th Edition'에 등재 2006년 한국수산과학회 평의원·편집위원(현) 2007~2009년 (사)제주바이오포럼 초대이사 2009년 제주광어브랜드육성사업단장(현) 2012~2015년 제주대 해양과환경연구소장 2013년 GSP(Golden Seed Project) '붉바리 우량종자 개발과 산업화' 과제 총괄책임(현) 2016년 (사)한국발생생물학회 회장 2017년 한국광어연구회 회장(현) (상)미국 인명정보기관(ABI) 해양생물과학분야 'American Medal of Honor'(2005), 영국 국제인명센터(IBC) 'Top 100 Scientists Pinnacle of Achievement Award'(2005), 제13회 농림수산식품과학기술대상 장관표창(2010), 어류번식생리학 국제심포지움 최우수포스터 발표상(2011) (저)'우리바다 해양생물'(2002)

이영란(李榮蘭·女) LEE Young Rahn

(출)서울 (주)서울특별시 용산구 청파로47길 100 숙명여자대학교 법과대학(02-710-9494) (학)1967년 경기여고졸 1971년 서울대 법과대학졸 1973년 同대학원졸 1987년 법학박사(서울대) (경)1980~1985년 국립경찰대 교수 1985~2014년 숙명여대 법과대학 교수 1991년 미국 하버드대 교환교수 1996년 미국 일리노이대 교환교수 1998년 대통령직속 규제개혁위원회 위원 2000년 한국형사정책학회 회장 2001년 한국형사법학회 회장 2001년 대통령자문 정책기획위원회 위원 2002~2005년 무역위원회 위원장 2007~2016년 법무부 형법개정위원회 위원 2010~2016년 同형사법개정특별위원회 위원장 2014년 숙명여대 법과대학 명예교수(현) (상)황조근정훈장, 한국출판문화상 저작상, 유기천교수기념사업출판재단 유기천법률문화상(2014) (저)'한국양형론' '말 없는 다수를 위하여' '유죄답변협상제도에 관한 연구' '구속적부심제도에 관한 연구' '형법학 : 각론강의'(2008) '한국형사소송법'(2008) '형법학 : 총론강의'(2012) (역)'신사회방위론' '여성과 범죄' '법, 자유, 도덕' '법 앞에 불평등한 여성들' '흔들리는 법원'(2004)

이영렬(李永烈) LEE Young Ryeol

(생)1958·3·22 (출)서울 (주)서울특별시 서초구 서초대로 274 법무법인 도울(02-523-3100) (학)1977년 경복고졸 1981년 서울대 법대졸 1983년 경희대 대학원 사법행정학과 수료 (경)1986년 사법시험 합격(28회) 1989년 사법연수원 수료(18기) 1989년 부산지검 검사 1991년 광주지검 순천지청 검사 1993년 서울지검 검사 1996년 법무부 특수법령과 검사 1998년 한반도에너지개발기구(KEDO) 뉴욕본부 파견 2001년 부산지검 부부장검사 2001년 대검찰청 연구관 2003년 대구지검 공판부장 2004년 법무부 검찰국 검찰4과장 2006년 서울중앙지검 외사부장 2006~2008년 대통령 사정비서관 2008년 서울고검 검사 2008년 수원지검 평택지청장 2009년 인천지검 2차장검사 2009년 서울남부지검 차장검사 2010년 인천지검 부천지청장 2011년 서울고검 송무부장 2012년 대전고검 차장검사 2013년 전주지검장 2013년 서울남부지검장 2015년 대구지검장 2015~2017년 서울중앙지검장(고등검사장급) 2016년 '박근혜-최순실 게이트' 특별수사본부장 2017년 부산고검 차장검사 2019년 법무법인 도울 대표변호사(현) 2019년 동성제약(주) 사외이사(현) (상)황조근정훈장(2014)

이영렬(李榮烈) Youngryeol Lee

(생)1961·7·4 (본)전주(全州) (출)강원 원주 (주)경상남도 창녕군 부곡면 부곡로 145 국립부곡병원(055-520-2511) (학)1980년 우신고졸 1987년 중앙대 의과대학 의학과졸 1990년 중앙대 대학원 의학석사 (경)2008~2012년 보건복지부 국립공주병원장 2013~2014년 국립서울병원 의료부장 2014년 국립부곡병원 병원장(현) (상)세계 마약퇴치의 날 기념 마그미상(2016), 세계 보건의 날 기념 대통령표창(2017) (저)'주식회사 마음의 쉼터'(2005, 차림) (종)기독교

이영림(李榮林·女) LEE Young Lim (蒼農)

(생)1941·3·20 (출)경북 청도 (주)서울특별시 서초구 반포대로 81 영림한의원(02-587-4325) (학)1974년 경희대 한의학과졸 1976년 연세대 경영대학원 수료 1978년 의학박사(이란 FARA대) 2003년 한의학박사(경산대) (경)1976~1995년 이란 왕실병원 근무(비상근) 1976년 이란 국왕 아랴멜 팔레비 저서 '백색혁명' 번역 출판, 아랴멜 팔레비 국왕·이란 대통령(호메이니, 라프산자니) 주치의 1977~1980년 동남이란종합건설 설립·회장, 이란 FARA 의대 초청교수, 이란동양의학센터장 1994~2000년 영림한방병원 개원·원장 1999년 同한방산후조리원 개원 2000년 영림한의원 원장(현) 2002년 (사)효애실천운동본부 설립·총재(현) 2004~2006년 국제존타 서울1클럽 회장 2005~2007년 대한여한의사회 명예회장단 회장 2006년 국제존타 32지구 유엔위원장, 同재단대사, 경희대총동문회 여성동문회장·수석부회장 2009~2017년 민주평통 서초구협의회 수석부회장 2014~2017년 북한이탈청소년 멘토 2014~2019년 (사)국가안보포럼 이사장 2016~2018년 국가원로회의 부의장 2019년 (사)국가미래포럼 이사장(현) (상)자랑스러운 경희인상(2010), 대통령표창(2013), 육군사관학교 智仁勇刀(2014), 국제로타리회장 특별표창(2017) (저)'이영림박사의 한방건강이야기'(2001) 'Traditional Medicine in English(共)'(2003) 'Gold Finger 가정동의보감'(2004) '몸이 예뻐지는 웰빙 건강법(編)'(2006) (역)'백색혁명'(1976)

이영림(李映林·女)

(생)1971·6·3 (주)서울특별시 서초구 반포대로 158 서울중앙지방검찰청 형사6부(02-530-4771) (학)1990년 강릉여고졸 1994년 이화여대 법학과졸 (경)1998년 사법고시 합격(40회) 2001년 사법연수원 수료(30기) 2001년 창원지검 검사 2003년 춘천지검 원주지청 검사 2005년 의정부지검 고양지청 검사 2007년 서울북부지검 검사 2010년 대전지검 천안지청 검사 2012년 대전지검 검사 2014년 청주지검 검사 2015년 창원지검 부부장검사 2016년 대구지검 부부장검사 2017년 대전지검 천안지청 형사3부장 2018년 대검찰청 인권기획과장 2019년 서울중앙지검 형사6부장(현)

이영만(李靈蔓) Lee Young Man

(생)1964·1·3 (출)전남 화순 (주)서울특별시 서초구 서초대로50길 8 관정빌딩 법무법인 평안(02-6010-6565) (학)1980년 대입검정고시 합격 1987년 서울대 인문대학 국어국문학과졸 (경)1988년 사법시험 합격(30회) 1991년 사법연수원 수료(20기) 1991년 서울지검 남부지청 검사 1993년 전주지

검 정읍지청 검사 1994년 광주지검 검사 1996년 서울지검 의정부지청 검사 1998년 법무부 검찰3과 검사 2000년 서울지검 검사 2001년 법무연수원 연구위원(대통령비서실 파견) 2002년 수원지검 검사(대검찰청 검찰연구관 파견) 2003년 同부부장검사 2004년 창원지검 공안부장 2005년 서울고검 검사 2006년 법무부 공공형사과장 2007년 서울남부지검 형사6부장 2008년 서울중앙지검 공안2부장 2009년 대검찰청 감찰1과장 2009년 수원지검 평택지청장 2010년 대검찰청 공안기획관 2011년 의정부지검 차장검사 2012년 서울동부지검 차장검사 2013년 서울고검 검사 2014~2015년 同공판부장 2015년 법무법인 평안 변호사(현)

이영면(李永勉) LEE Young Myon

(생)1960·7·30 (출)광주 (주)서울특별시 중구 필동로1길 30 동국대학교 경영대학 경영학과(02-2260-3288) (학)1984년 연세대 경영학과졸 1986년 서울대 대학원졸 1992년 노사관계학박사(미국 미네소타대) (경)1992~1994년 미국 미네소타대 객원조교수 1994년 동국대 경영대학 경영학과 전임강사·조교수·부교수·교수(현) 1996~1998년 同경영학과장 1996~1997년 대통령자문 노사관계개혁위원회 전문위원 2000~2001년 미국 미네소타대 방문교수 2007~2010년 서울지방노동위원회 공익위원 2007년 대통령자문 경제사회발전노사정위원회 임금체계개선위원회 공익위원 2009년 동국대 전략기획본부장 2009년 한국인사조직학회 부회장 2009년 대통령자문 경제사회발전노사정위원회 근로시간임금제도개선위원회 위원 2010년 한국노동연구원 노동정책연구·산업관계연구 편집위원 2011년 중앙노동위원회 공익위원(현) 2011년 한국노사관계학회 부회장 2011년 동국대 경영관리실장 2013~2015년 同경영전문대학원장 겸 경영대학장 2016년 중소기업진흥공단 청렴·윤리경영위원회 외부위원 2016~2018년 한국윤리경영학회 회장 2018~2019년 한국인사조직학회장 회장 2019년 한국경영학회 차기(2020년 3월부터) 회장(현) (상)경영관련학회 하계통합학술대회 매경 우수논문발표상(2008) (저)'새턴자동차공장 작업장 혁신의 성과와 시사점'(2009) '직무만족의 의미와 측정'(2011) '고용관계론-제4판 개정판'(2012)

이영목(李榮穆) LEE Young Mok

(생)1972·7·17 (본)전주(全州) (출)대전 (주)서울특별시 서초구 서초중앙로 14 하이트진로 홍보팀(02-520-3577) (학)1991년 남대전고졸 1998년 충남대 신문방송학과졸 2007년 미국 텍사스주립대 알링턴교 대학원 경영학과졸(MBA) 2008년 미국 선더버드대 국제경영대학원 국제경영학과졸(MGM) (경)2001년 현대카드·현대캐피탈 홍보팀 근무 2010년 대통령실 정책홍보비서관실 행정관(4급) 2011년 하이트진로 홍보팀·사회공헌팀 담당임원(상무보) 2014년 同홍보팀·사회공헌팀·문화팀·교육팀 담당임원(상무) 2015년 同홍보팀·사회공헌팀·문화팀·교육팀·기업문화실문화팀 총괄임원(상무) 2017년 同기업문화실·경영혁신팀 상무 2019년 同홍보팀·나눔문화팀 상무(현) (종)천주교

이영무(李永茂) LEE Young Moo

(생)1954·10·23 (출)서울 (주)경기도 성남시 분당구 돌마로 42 한국과학기술한림원(031-726-7900) (학)1977년 한양대 고분자공학과졸 1979년 同대학원 고분자공학과졸 1986년 공학박사(미국 노스캐롤라이나주립대) (경)1986년 미국 Rensselaer Polytechnic Inst. 연구원 1987년 미국 3M Co. 선임연구원 1988~1997년 한양대 공업화학과 조교수·부교수 1990년 한국공업화학회 조직이사 1992년 한양대 공업화학과장 1992년 한국과학기술원(KAIST) 객원책임연구원 1997년 미국 Case Western Reserve Univ. 방문교수 1997~2015년 한양대 공과대학 에너지공학과 교수 1998년 한국공학한림원 정회원(현) 1999~2004년 과학기술부 국가지정 분리막연구실장 1999~2004년 에너지관리공단 자발적협약자문위원 2001년 한국과학기술한림원 종신회원(현) 2002년 국가과학기술자문회의 전문위원 2002년 한양대 공과대학 응용화학공학부장 2002~2005년 同BK21 재료사업단장 2003년 국제SCI(과학기술논문 인용색인)등재 학술지 '막학(膜學) 저널(JMS)' 편집인(현) 2004~2010년 LG화학 사외이사 2004~2006년 교육인적자원부 Post BK기획단 위원 2004~2006년 한양대 학술연구처장 2005년 I&Eng. Chemistry Research Editorial Board 2006~2008년 한양대 총무처장 2007년 한국막학회 부회장 2008년 과학기술부 '미래를 만드는 우수과학자' 선정 2010년 한국막학회 회장 2010년 한양대 공과대학 에너지공학과장 2013~2015년 同공학부총장 2013년 同사회봉사단장 2015~2019년 同총장 (상)미국 TAPPI학회 우수논문발표상(1985), 대통령표창(2002), 한국공업화학회 공로상(2004), 과학기술부장관표창(2008), 미래연구정보포럼 지식창조대상, 경암학술상(2012), CES(Consumer Technology Show)2019 혁신상(2018) (저)'고분자공학개론'(1996) '조직공학'(2000) (역)'고분자화학'(1991·1992) '유기화학'(1994)

이영묵(李英默) LEE Young Mook

(생)1949·1·2 (출)황해 신계 (주)부산광역시 수영구 수영로427번길 39 천주교 부산교구청(051-629-8700) (학)광주가톨릭대 신학대학졸 1976년 同대학원졸 (경)1976년 사제수품(천주교 부산교구), 부산교구 동항·중앙성당 보좌신부 1977~2001년 천주교 부산교구 거제·전하·복산·수정·가야·광안·월평성당 주임신부 1987~2014년 同부산교구 사제평의회 평의원 1999~2006년 부산평화방송 사장 2003년 천주교 부산교구유지재단 감사 2006년 同부산교구 화명성당 주임신부 2007년 同부산교구 당감성당 주임신부 2008년 同부산교구 총대리 2008년 몬시뇰(명예 고위성직자) 2011~2014년 천주교 부산교구 동대신성당 주임신부 2014년 同몬시뇰(은퇴사제)(현) (종)천주교

이영문(李泳文) Young Moon Lee

(생)1962·7·4 (주)서울특별시 마포구 매봉산로 31 서울시공공보건의료재단(02-2126-4710) (학)1981년 대구 심인고졸 1987년 연세대 의대졸 1995년 同대학원 의학석사 2002년 미국 텍사스주립대 대학원 보건학 석사과정 수료 2003년 호주 멜버른대 대학원 국제정신보건학 석사과정 수료 (경)연세대 세브란스병원 인턴·레지던트 1994~2011년 아주대 의과대학 정신과학교실·인문사회의학교실 교수 2007~2013년 보건복지부 중앙정신보건사업지원단장 2008~2011년 아주대 정신건강연구소장 2008~2012년 경기도 광역정신보건센터장 겸 자살예방센터장 2009년 한국자살예방협회 부회장·이사(현) 2011~2012년 이음병원 정신건강의학과 전문의 겸 교육자문 2013~2015년 국립공주병원 병원장 2016~2017년 아주편한병원 교육원장 2017년 아주대 인문대학 의료인문학 특임교수(현) 2017년 서울시공공보건의료재단 대표이사(현) (상)국민포장(2018)

이영미(李永美·女) Lee, Young Mi

(생)1965·10·11 (본)전주(全州) (출)전북 (주)전라북도 전주시 덕진구 반룡로 110-5 (재)전북테크노파크(063-219-2201) (학)1988년 원광대 약학과졸 1990년 同약학대학원졸 1995년 약학박사(원광대) 2001년 의학박사(일본 오사카대) (경)1995년 한국생명공학연구원 연구원 1996~1997년 일본 오사카대 의학부 객원연구원 2000년 원광대 약학대학 한약학과 전임강사·조교수·부교수·교수(현) 2000년 한국보건의료인국가시험원 위원(현) 2002~2016년 식품의약품안전청 중앙약사심의위원회 위원 2002~2006년 여성생명과학기술포럼 전북지부 총무이사 2002~2006년 원광대 약학대학 한약학과장·대학원 주임교수 2002~2010년 한국생약학회 이사 2006~2007년 미국 National Institute of Health 방문교수 2008~2010년 진안군 지역협력단 위원 2008~

2010년 同홍삼한방산업클러스터사업단 위원 2008~2014년 원광한약연구소 소장 2008~2010년 종근당건강(주) 자문위원 2010~2012년 남원군 특화작목산학연협력단 기술전문위원 2010~2012년 원광대 약학대학장 2010년 전북도 과학기술위원회 위원(현) 2010~2014년 농림축산식품부 과학기술위원회 위원 2010년 대한한약학회 부회장·이사(현) 2011년 보건복지부 한의약발전심의위원회 위원 2011~2012년 (사)대한약학회 연구기획위원장 2011~2012년 식품의약품안전청 R&D기획단 한약운영위원 2011~2012년 전북동부권발전방안연구기획위원회 분과장 2011~2012년 농림축산식품과학기술위원회 종자산업기술분야평가위원회 위원 2012년 同수의과학기술개발사업 단위사업평가위원회 위원 2012년 농림축산식품부 농생명소재산업화기술개발사업 기술기획위원회 위원 2012년 전북도 동북권발전위원회 위원(현) 2012년 (재)순창군건강장수연구소 자문위원·이사(현) 2012~2015년 산업통상자원부 광역경제권연계협력사업 시니어케어식의약품개발사업단장 2013년 농림축산식품과학기술위원회 융복합정보기술산업분야 평가위원장 2013년 중소기업기술로드맵전문위원회 전문위원 2013~2014년 전북도 향토기능성식품생명소재로드맵 위원장 2013년 산업통상자원부 산업융합기반구축사업 기획위원회 위원 2013년 同산업전문인력양성강화사업 기획위원회 위원 2014년 전북도 지역산업발전종합5개년계획 기획위원장 2014년 同천연물CSI사업단장(현) 2014~2015년 산학협력선도대학(LINC)사업단 부단장 2014년 지방대학특성화(CK-1)사업단 단장(현) 2015~2016년 원광대 산학협력단장 2015년 同학교기업 총괄책임자(현) 2017년 전북 익산시의회 행동강령운영자문위원회 부위원장(현) 2017년 전북 익산시 투자유치심의위원회 위원(현) 2017년 보건복지부 화장품클러스터연합회 부회장 겸 전북지회장(현) 2018년 전북도 제7기 과학기술위원회 위원(현) 2018년 식품의약품안전처 중앙약사심의위원회 전문가위원(현) 2018년 전북 익산시 용역과제 심의위원회 위원(현) 2018년 (사)대한약학회 산학협동위원회 위원장(현) 2018년 교육부 (사)한국학교기업협회 이사(현) 2018년 과학기술정보통신부 (재)연구개발특구진흥재단 이사(현) 2019년 (재)전북테크노파크 정책기획단장(현) (상)대한민국인물대상선정위원회 대한민국 인물대상 산학협력분야(2015)

이영민 Lee, Young Min

(생)1965 (주)서울특별시 서초구 서초대로45길 16 한국벤처투자(주)(02-2156-2000) (학)서울대 경영학과졸, 포항공과대 대학원 산업공학과졸, 경영학박사(상명대) (경)에이티넘인베스트먼트 근무, 코웰창업투자 근무 2008년 알바트로스인베스트먼트 공동설립·대표이사 2015~2019년 서울대 벤처경영기업가센터 산학협력교수 2019년 한국벤처투자(주) 대표이사(현)

이영백(李英白) LEE, Youngbaek

(생)1962·11·20 (출)부산 (주)울산광역시 울주군 온산읍 온산로 68 온산공장 에쓰오일 생산운영본부(052-231-2911) (학)1981년 부산 동성고졸 1987년 성균관대 전기공학과졸 (경)1987년 에쓰오일 입사 2007년 同공무부문 상무 2009년 同정비부문 상무 2014년 同Reliability기술본부 전무 2015년 同Reliability본부장(부사장) 2016년 同생산운영본부장(부사장)(현)

이영범(李永範) LEE Yeung Beum

(생)1941·2·7 (출)경북 문경 (주)서울특별시 서초구 서초대로 280 태양빌딩 5층 법무법인 화인(02-3486-3366) (학)문경고졸 1963년 서울대 법대졸 1964년 同사법대학원 석사과정 수료 (경)1962년 고등고시 사법과 합격(15회) 1964년 육군 법무관 1968년 검사 1970~1980년 대전지법·천안지원·서울지법 수원지원·서울형사지법·서울민사지법·서울고법 판사 1980년 대법원 재판연구관 1981년 대전지법 부장판사 1982년 서울형사지법 부장판사 1983년 사법연수원 교수 1985년 대구고법 부장판사 1987~1993년 서울고법 부장판사 1987~1988년 수원지법 수석부장판사 겸임 1991~1993년 서울형사지법 수석부장판사 1993년 서울고법 수석부장판사 겸임 1993년 대전지법원장 1994년 광주고법원장 1995년 변호사 개업, 법무법인 화인 고문변호사(현) 1997~2000년 경찰위원회 위원장 2019년 (사)운강이강년의병대장기념사업회 회장(현) (종)천주교

이영봉(李榮琫)

(생)1968·1·18 (주)경기도 수원시 팔달구 효원로 1 경기도의회(031-8008-7000) (학)조선대 무역학과졸 (경)의정부시체육회 사무국장, 호원초등학교 운영위원장(현), 더불어민주당 의정부시甲지역위원회 부위원장 2018년 경기도의회 의원(더불어민주당)(현) 2018년 同보건복지위원회 위원(현)

이영빈(李英彬) LEE, YOUNG-BIN (瞳攝)

(생)1976·1·5 (출)서울 (주)서울특별시 용산구 이태원로 22 국방부 계획예산관실(02-748-5300) (학)1994년 서울 명덕고졸 1997년 성균관대 건축공학과졸 1997년 미국 캘리포니아대 어바인교 MHA과정 수료 2004년 성균관대 과학기술대학원 건축학과졸 2008년 同경영대학원 국방핵심MBA과정 수료 2009년 同국정관리대학원 행정학 박사과정 수료 2009년 同국정관리대학원 공공기관관리자과정 수료(24기) (경)1996년 지방기술고시 최연소 합격(2회) 1996년 행정고시 건축직 수석합격(40회) 1998~2001년 해군본부 시설감실 건설과 중위(O.C.S. 93기) 2001년 안산시도시개발사업소 소장 2001년 안산시 원곡2동장 2002~2003년 同상록구 도시관리과장 2004년 同관광통상과장(시설서기관대우) 2005년 同건축과장 2005~2006년 기획예산처 재정전략실 균형발전재정기획관실 균형정책담당 2006~2007년 안산시 단원구 도시관리과장 2007년 국방부 시설국 국유재산과 재원조성담당 2009~2011년 同차관정책비서관·군사시설재배치과 총괄 2011~2014년 同시설국 총괄(기술서기관)·미군기지사업단 예산회계팀장 2014~2017년 同건설관리과장·계획예산관실 예산편성과장(부이사관) 2017년 同기획조정실 인력운영예산담당관 2018년 국가공무원인재개발원 교육파견(고위공무원) 2019년 국방부 기획조정실 계획예산관(현) (상)성균관대총장표창(1996), 경기도지사표창(2003·2004·2005), 국방부장관표창(2008·2011·2013), 한국감정원장표창(2008), 한국감정원장 감사장(2008), 국군 정보사령관표창(2011), 환경부장관표창(2015)

이영상(李泳相) LEE Young Sang

(생)1962·4·4 (출)서울 (주)서울특별시 중구 마른내로 34 KT&G을지로타워 6층 투썸플레이스(주)(1577-4410) (학)1985년 연세대 상경대졸 1997년 미국 펜실베니아대 와튼스쿨 MBA졸 (경)1990년 산업리스 영업팀장 1991년 산업리스홍콩유한공사 이사 1994년 한국산업리스(주) 국제투자과장 1995년 同산업할부금융설립 준비위원 1997년 同회사발전기획팀장 1998년 Rhodia 재무팀장 2000년 Rhodia S.A., Business Analyst 2001년 Rhodia Polyamide 아시아담당 이사 2001~2002년 (주)보루네오가구 대표이사 사장, 오비맥주(주) 최고재무책임자(CFO·부사장)(2016년까지) 2019년 투썸플레이스(주) 대표이사(현)

이영상(李永相)

(생)1965·12·21 (출)경북 예천 (주)서울특별시 서대문구 통일로 97 경찰청 교통국(02-3150-2251) (학)경북 영주중앙고졸, 중앙대 회계학과졸, 한세대 경찰법무대학원 경찰학과졸 (경)1992년 경위 임용(경찰 간부후보 40기) 1996년 경감 승진 2000년 경정 승진 2009년 총경 승진 2010년 경찰교육

원 운영지원과장 2011년 경찰청 사이버테러센터장 2011년 수원서부경찰서장 2013년 서울지방경찰청 광역수사대장 2014년 서울 성동경찰서장 2015년 경찰청 사이버범죄대응과장 2015년 수원남부경찰서장(총경) 2016년 수원남부경찰서장(경무관) 2017년 경찰청 수사기획관 2018년 同수사제도개편단장(경무관) 2018년 서울지방경찰청 생활안전부장(경무관) 2019년 同생활안전부장(치안감) 2019년 경찰청 교통국장(현)

이영상(李榮祥) LEE Yeong Sang

(생)1973·11·8 (출)서울 (주)서울특별시 강남구 테헤란로 521 파르나스타워 38층 법무법인(유) 율촌(02-528-5200) (학)1992년 경복고졸 1996년 서울대 사법학과졸 (경)1997년 사법고시 합격(39회) 2000년 사법연수원 수료(29기) 2000년 공익법무관 2003년 서울지검 서부지청 검사 2004년 서울서부지검 검사 2005년 수원지검 평택지청 검사 2009년 법무부 국제형사과 검사 2012년 서울중앙지검 검사 2013년 同부부장검사 2014년 부산지검 부부장검사(법무부 정책기획단 파견) 2014년 대통령 민정수석비서관실 행정관 2016년 대검찰청 범죄정보1담당관 2017~2018년 대구지검 형사3부장 2018년 법무법인(유) 율촌 변호사(현)

이영서(李永瑞) LEE Young Suh (하정)

(생)1943·7·22 (본)교하(交河) (출)서울 (주)서울특별시 서대문구 충정로7길 23 아세아연합신학연구원內 (주)SNF(02-3147-0174) (학)1961년 경기고졸 1965년 서울대 상학과졸 1988년 同경영대학원 최고경영자과정 수료 1994년 미국 하버드대 대학원 MGO과정 수료 (경)1968~1973년 국제화재해상보험 차장 1973년 대우실업 부장 1977년 同미국 시카고·디트로이트지사장 겸임 1985년 대우전자(주) 전무이사 1987년 同부사장 1990~1997년 동양매직(주) 사장 1990~1997년 동양토탈 사장 1995~1997년 한국전기용품안전관리협회 회장 1997년 동양매직·동양토탈 부회장 1998년 국제화재해상보험(주) 대표이사 사장 2000년 同부회장 2000년 크리스탈투자자문 회장 2001년 효성(주) 섬유1PG장(사장) 2003년 (주)SNF 회장(현) (상)석탑·금탑산업훈장 (종)기독교

이영석(李永錫)

(생)1963·4·12 (출)대구 (주)경상남도 창원시 의창구 창이대로532번길 50 중소벤처기업부 경남지방중소벤처기업청(055-268-2501) (학)1982년 경북대사대부고졸 1989년 영남대 법학과졸 (경)1996년 공무원 임용(7급 공채), 중소기업청 감사담당관실·기획예산담당관실 근무 2006년 同정책홍보관리본부 혁신인사기획팀 사무관 2009년 同해외시장과 사무관 2011년 同국제협력과 사무관 2012년 同인력지원과 사무관 2015년 同소상공인지원과 서기관 2017년 대구경북지방중소벤처기업청 경북북부사무소장 2017~2019년 同창업성장지원과장 2017~2018년 同청장 직대 겸임 2019년 경남지방중소벤처기업청장(현)

이영석(李泳錫) Lee Young Seok

(생)1967·8·2 (주)경상북도 경주시 양정로 260 경주시청 부시장실(054-779-8585) (학)1986년 대구 경신고졸 1990년 경북대 행정학과졸 (경)1991년 행정고시 합격(35회) 1992년 내무부 사무관 1993~2006년 경북도 지방공무원교육원·문화산업과·국제통상과 팀장 2006~2012년 同종합문화테마파크사업단장·통상외교과장·문화예술과장·새마을봉사과장 2012~2014년 同서기관(미국 Millennium Promise재단 파견) 2014년 同규제개혁추진단장 2014~2016년 경주세계문화엑스포 사무처장(서기관) 2017~2018년 同글로벌협력단장(부이사관) 2018년 경북도 지방공무원교육원장 2019년 경북 경주시 부시장(현)

이영석(李榮奭) Lee Young Seok

(생)1971·8·24 (본)성주(星州) (출)서울 (주)세종특별자치시 도움6로 11 환경부 운영지원과(044-201-6210) (학)1990년 영일고졸 1996년 서울대 식품공학과졸 1998년 同환경대학원 환경계획학과 수료 (경)2009년 낙동강유역환경청 유역관리국장 2010년 대통령직속 국가경쟁력강화위원회 파견 2011년 환경부 온실가스관리팀장 2013~2016년 케냐 유엔환경계획(UNEP) 파견 2016년 환경부 환경협력과장 2017년 同통합허가제도과장 2018년 同자연보전정책관실 국토환경정책과장 2018년 同운영지원과장(현)

이영선(李榮善) LEE Young Sun

(생)1947·8·26 (본)충주(忠州) (출)서울 (주)서울특별시 서대문구 연세로 50 연세대학교 경제학과(02-2123-2477) (학)1966년 대광고졸 1970년 서울대 경제학과졸 1976년 경제학박사(미국 메릴랜드대) (경)1976년 미국 메릴랜드대 수석연구원 1978년 한국국제경제연구원 수석연구원 1981~2008년 연세대 경제학과 조교수·부교수·교수 1991~1995년 동서문제연구원 북한센터소장 1996년 연세대 통일연구원장 1998~2002년 同기획실장 2001~2003년 한국비교경제학회 회장 2002~2004년 연세대 국제학대학원장 2002~2004년 한국국제경제학회 회장 2006년 연세대 국가관리연구원장 2007~2008년 한국경제학회 회장 2008년 同명예회장(현) 2008~2012년 한림대 총장 2008년 연세대 경제학과 명예교수(현) 2009년 한림국제대학원대 총장 겸임 2009·2012~2014년 (주)포스코 사외이사 2012년 교육과학기술부 대학구조개혁위원회 위원장 2013년 교육부 대학구조개혁위원회 위원장 2013~2014년 (주)포스코 이사회 의장 2013~2016년 (사)코피온 총재 2013~2014년 국립대학법인 서울대 이사 2014~2015년 1090평화와통일운동 공동대표 2015~2017년 대한적십자사 부총재 2015년 (재)통일과나눔 이사(현) 2015년 同'통일나눔펀드' 기금운용위원회 위원장(현) 2015~2017년 대통령직속 국민경제자문회의 부의장(장관급) 2017~2018년 경기도일자리재단 이사장 (상)한국경제학회 청람상, 미국 사우스플로리다대(Univ. of South Florida) Global Leadership Award(2011), 청조근정훈장(2012) (저)'경제계획론' '민주주의와 경제정책' '산업구조' '우리나라 중화학공업제품의 수출마케팅' '우리나라 수출상품의 비교우위 분석과 전망' '해외경제여건과 국내정책변화의 효과분석'(共) (역)'평등과 효율' '신좌파의 정치경제학' (종)기독교

이영성(李永成) YI Yung Sung (悲烏)

(생)1952·4·30 (본)여주(驪州) (출)경기 이천 (주)서울특별시 마포구 동교로 55-10 계명헌(02-322-2145) (학)1971년 장호원고졸 1980년 국민대 국어국문학과졸 1982년 同대학원졸 (경)1979년 동양통신 입사 1981~1992년 연합통신 인사부 근무 1983년 국민대 국어국문학과 강사 1993~1996년 연합통신 인사부 차장 1995년 사회복지법인계명헌 이사(현) 1997년 연합통신 인사부장 직대 1998년 연합뉴스 인사부장 직대 1999년 同인사교육부장 직대 2000년 同인사교육부장 2003년 인사교육부장(부국장대우) 2005년 同관리국장 2008~2010년 同관리국 기획위원 2012~2018년 뉴스통신진흥회 사무국장 (저)'한국근대작가론고' '李箱 詩의 심상과 그 구조적 특성' '한국구비문학大系(Ⅰ)', 수필집 '술래잡기' '지난 시간과 떠난 자리' '겨울 허수아비' '가을일기' (종)가톨릭

이영성(李榮星) LEE Young Sung

(생)1960·12·4 (주)서울특별시 중구 세종대로 17 와이즈빌딩 한국일보 부사장실(02-724-2004) (학)1979년 전주고졸 1983년 서울대 정치학과졸 1985년 同행정대학원졸 (경)1986년 KBS 입사 1987년 한국일보 사회부 기자 1989년 同경제부 기자 1992년 同국제부 기자 1993년 同정치부

기자 1999년 同정치부 차장대우 2002년 同정치부 차장 2003년 同국제부 차장 2004년 同국제부 부장대우 2004년 同정치부 부장대우 2005년 同정치부장 2006년 同정치부장(부국장대우) 2006년 同편집위원 2007년 同편집국 부국장 2008년 同정치부장 겸임 2009년 同편집국 부국장 2011년 同논설위원 2012년 同편집국장 2013년 同창간60주년기획단장 2013년 同논설위원 2014년 同부사장(현) 2015·2017년 한국신문방송편집인협회 부회장 2017~2019년 한국신문방송편집인협회기금 이사 2019년 한국일보 편집인(현) (상)이달의 기자상(1994), 한국일보 백상기자상 대상, 소충·사선문화상 언론부문(2015) (저)'시대정신 대논쟁'(2007, 아르케) '외눈박이 시대의 외눈박이 기자'(2008, 커뮤니케이션북스)

이영성(李榮成) LEE Young Sung

(생)1964·3·13 (출)서울 (주)서울특별시 중구 퇴계로 173 한국보건의료연구원(02-2174-2700) (학)1987년 서울대 의대졸 1994년 同대학원 의료관리학과졸 1997년 의료관리학박사(서울대) (경)1989~1990년 인도주의실천의사협의회 사무국 차장 1996년 충북대 의과대학 의료정보학및관리학교실 교수(현) 1997~2016년 同의학연구정보센터 소장 2000~2006년 대한의학회 의료정보이사 2002~2004년 한국보건의료인국가시험원 정보위원장 2006~2007년 미국 스탠퍼드대 객원연구원 2008년 국립암센터 암관리사업부장 2008~2011년 대통령실 국가과학기술위원회 전문위원, 충북대병원 공공보건의료사업실장 2010년 대한민국의학한림원 정책개발위원회 위원(현) 2016년 한국보건의료연구원(NECA) 제4대 원장(현) (상)한국보건의료관리연구원장표창(1995), 보건복지부장관표창(2001), 충북대 공적상(2003), 대한의학회 공로장(2006)

이영세(李英世) LEE Young Sae (誠正)

(생)1947·6·15 (본)전의(全義) (출)대구 (주)대구광역시 달서구 달구벌대로 1095 계명대학교 성서캠퍼스 사회과학대학 국제통상학과(053-580-5494) (학)1965년 경북고졸 1969년 서울대 상대 경제학과졸 1971년 서강대 대학원졸 1978년 경제학박사(미국 펜실베이니아대) (경)1978~1979년 서강대 경제학과 조교수 1979~1981년 미국 미네소타대 경제학과 초청교수 1981년 국제경제연구원 수석연구원 1982~1986년 산업연구원 연구위원(산업1실장·대구지원장) 1987년 同선임연구위원 1991년 同부원장 1995년 同선임연구위원 1996년 同미국지원장 1998년 同산업정책연구센터 소장 1999~2001년 한빛은행 사외이사 2000~2001년 산업기술정보원 원장 2000년 세계경제연구원 상임연구자문위원 2001년 한국외국어대 국제지역대학원 강사 2002년 새길디지털대 총장 2002~2012년 대구사이버대 총장 2005~2010년 한국원격대학협의회 회장 2006년 대구은행 사외이사 2010~2012년 한국무역협회(KITA) 정보화추진위원장 2011년 국가평생교육진흥원 이사장 2013~2017년 국가인권위원회 정책자문위원 2013년 계명대 사회과학대학 국제통상학과 특임교수(현) (상)산업연구원 특별공로상(1985) (저)'A New Trade and Industrial Policy in the Globalization of Korea'(1996, KIET) '이영세의 경제컬럼'(2004, 자유미디어) '사이버대학과 함께 한 나의 삶'(2012) (역)'제로섬 해법'(1986) '21세기 미국의 금융산업'(1998) '선진국의 국제개혁사례'(1998) (종)기독교

이영세(李榮世·女)

(생)1955·8·9 (주)세종특별자치시 한누리대로 2120 세종특별자치시의회(044-300-7000) (학)이학박사(중앙대) (경)한국여성개발원 연구원, 충남도여성정책개발원 정책연구실장·교육실장 2008~2010년 (재)전남여성플라자 초대 원장 2018년 세종특별자치시의회 의원(비례대표, 더불어민주당)(현) 2018년 同제2부의장(현) 2018년 同의회운영위원회·행정복지위원회 위원(현) 2019년 同예산결산특별위원회 위원(현)

이영수(李榮秀) LEE Young Soo

(생)1927·8·19 (본)전의(全義) (출)충북 음성 (주)경기도 성남시 분당구 대왕판교로 700 코리아바이오파크 C동 4층 신신제약(주) 회장실(031-776-1111) (학)1945년 만주 대련상고졸 (경)1945~1953년 조선의약품(주) 근무 1953~1958년 삼양산업(주) 상무 1958년 대한화학공업(주) 전무 1961년 신신제약 사장 1971년 대한약품공업협동조합 이사장 1991~2017년 신신제약(주) 대표이사 회장 1993년 의약품성실신고조합 부이사장 2000년 한국의약품수출입협회 이사 2018년 신신제약(주) 각자대표이사 회장(현) (상)국민훈장 동백장, 대통령표창, 국세청장표창, 보건복지부장관표창, 한국창업대상(2009) (종)불교

이영수(李永洙)

(생)1963·6·17 (주)경기도 성남시 분당구 판교로255번길 58 씨즈타워 501호 (주)씨프로(070-8633-8712) (학)1987년 인하대 전기전자공학과졸 (경)1987~1992년 금성산전(주) 연구소 입사·선임연구원 1992~1995년 (주)아신전자 연구소 실장 1995~1996년 (주)선인정보통신 기술이사 1996년 (주)씨프로 대표이사(현) 2013~2019년 한국디지털CCTV연구조합 부이사장·이사장 2015~2016년 한국첨단안전산업협회 수석부회장 2016~2019년 同회장 2016년 경찰청 연구개발사업심의위원(현)

이영숙(李永淑·女) LEE Young Sook

(생)1955·12·16 (출)광주 (주)경상북도 포항시 남구 청암로 77 포항공과대학교 생명과학과(054-279-2296) (학)1978년 서울대 식물학과졸 1980년 同대학원 식물학과졸 1988년 식물생리학박사(미국 코네티컷대) (경)1988~1990년 미국 하버드대 박사 후 연구원 1990년 포항공대 생명과학과 조교수·부교수·교수(현) 2001년 환경정화용식물개발 국가지정연구실장 2011년 국가과학기술위원회 생명보건분과 위원 2018년 한국과학기술한림원 정회원(이학부·현) (상)한국식물학회 논문상(1994), 한국과학기술단체총연합회 과학기술우수논문상(2002), 한국과학재단 올해의 여성과학자(2003), 과학기술부·한국과학문화재단 선정 '닮고 싶고 되고 싶은 과학기술인'(2004), 한국로레알-유네스코 여성생명과학진흥상(2008), 한국생화학분자생물학회 마크로젠 여성과학자상(2009), 미국학술원 코자렐리 논문상(2011), 미국식물학회 커러스펀딩멤버상(2013) (저)'한국생물과학협회 생물학 실험'(1993, 도서출판 아카데미) 'Regulation of Plant Growth and Development by Light : Reverside Symposium in Plant Physiology'(1996) 'Phospholipid metabolism and light regulation of stomatal opening and leaf movement'(1996) '식물생리학(14·15·18장)(共)'(1997) 'Actin : A dynamic framework for multiple plant cell function(chapter24 : Structure and function of actin filaments in mature guard cells)(共)'(2000) 'Structure and function of actin filaments in mature guard cells'(2000) 'Biotechnology and Sustainable Agriculture'(2007) 'Lipid Signaling in Plants : Plant Phosphatidy Linosital 3-Kinase'(2010)

이영숙(李英淑·女) Lee Young Sook

(생)1970·7·5 (출)경북 김천 (주)경상남도 창원시 성산구 창이대로 681 창원지방법원(055-239-2009) (학)1987년 경북여고졸 1991년 이화여대 법학과졸 (경)1990년 사법시험 합격(32회) 1993년 사법연수원 수료(22기) 1993년 창원지법 판사 1996년 대구지법 판사 1999년 同김천지원 판사 2001년 대구지법 판사 2004년 대구고법 판사 2006년 대구지법 판사 2008년 同부장판사 2011년 同서부지원 형사1부 부장판사 2013~2016년 대구지법 민사11부 부장판사 겸 칠곡군법원 판사 2016년 대구지법 부장판사 2018년 창원지법 부장판사(현)

이영순(李榮純) LEE Yong Soon (一如)

(생)1944 · 10 · 16 (본)청해(靑海) (출)평남 양덕 (주)서울특별시 관악구 관악로 1 서울대학교 수의과대학(02-2036-7582) (학)1963년 서울고졸 1972년 서울농업대 수의학과졸 1975년 일본 東京大 대학원졸 1978년 박사(일본 東京大) (경)1978~1979년 일본 도쿄대 의과학연구소 객원연구원 1979년 서울대 전임강사 · 조교수 · 부교수 1990~2010년 同수의과대학 공중보건학교실 교수 1991~1997년 同수의과대학 교무학장보 및 부학장 1994~1999년 한국실험동물학회 회장 1994년 The Journal of Veterinary Medical Science誌 Guest Editor 1998~2000년 한국독성학회 회장 1998~2000년 환경성돌연변이발암원학회 회장 1998년 한국환경호르몬연구회 회장 1999~2001년 서울대 수의과대학장 2000년 Experimental Animals誌 Invited Editor 2000년 식품의약품안전청 다이옥신대책위원장 2001년 한국과학기술한림원 종신회원(현) 2001~2003년 한국수의공중보건학회 회장 2001년 농림부 축산물위생심의위원장 2002~2003년 식품의약품안전청장 2002년 한국독성병리학회 창립회장 2003년 대한수의학회 회장 2003~2005년 (주)오리엔트 사외이사 2003년 한국화학융합시험연구원(KTR) 이사(현) 2003~2013년 GSI 이사 2003~2006년 LG생명과학 사외이사 2004~2006년 아시아실험동물학회(AFLAS) 회장 2005~2009년 서울대 인수(人獸)공통질병연구소장 2005~2008년 청해이씨대종회 회장 2006~2010년 알앤엘바이오 사외이사 2009년 생명공학연구원 멘토교수 2010년 서울대 수의과대학 명예교수(현) 2011~2013년 사회복지법인 베데스다생명과학재단 이사장 2011~2017년 (사)한국실험동물협회 회장 2012~2016년 상명대 그린과학과 석좌교수 2013년 대한민국학술원 회원(수의병리학 · 현) 2014~2017년 한국과학기술단체총연합회 부회장 2016~2018년 한국마사회 비상임이사 (상)대한수의학회 학술대상(1997), 한국과학기술단체총연합회 우수학술논문상(1998), 환경부장관표창(2002), 대한보건협회 보건대상(2003), 황조근정훈장(2004), 자랑스런 시립대인상(2006), 자랑스런 서울인상(2007) (저)'실험동물의학' '수의공중보건학' '어류질병학' '독성학' '독성병리학' (역)'수의병리학개론' '수의병리학각론'

이영식(李永植) LEE Young Sik (明輪)

(생)1955 · 12 · 19 (본)원주(原州) (출)서울 (주)강원도 인제군 인제읍 인제로 197 인제대학교 역사고고학과(055-320-3321) (학)1979년 고려대 사학과졸 1983년 同대학원졸 1991년 사학박사(일본 와세다대) (경)1993년 인제대 가야문화연구소장(현) 1993~2004년 同사학과 교수 1995~2015 · 2018년 경남도 문화재위원(현) 1997~1999년 한국고대사학회 연구이사 2005년 인제대 역사고고학과 교수(현) 2007~2009년 同인문사회과학대학장 2007년 同박물관장(현) 2017년 문화재위원회 사적분과위원(현) (저)'시민을 위한 가야사'(1996) '한국과 일본, 왜곡과 콤플렉스의 역사 1 · 2'(1998) '한국사와 한국인'(2003) '이야기로 떠나는 가야역사 여행'(2009) (종)기독교

이영식(李榮植) LEE YOUNG SIK

(생)1959 · 11 · 15 (출)서울 (주)서울특별시 마포구 성암로 179 (주)한샘 경영지원실(02-6908-3106) (학)1985년 서울대 경제학과졸 1988년 同경영대학원 경제학과졸 2003년 한국과학기술원(KAIST) 최고경영자AIM과정 수료 2006년 서울대 CFO아카데미전략과정 수료 2015년 (사)한반도미래포럼 통일리더쉽아카데미 수료 (경)1985년 대한상공회의소 근무 1994~1996년 세동회계법인 근무 1996년 (주)한샘 입사(차장) 2000년 同관리부 이사 2007년 (주)한샘넥서스 대표이사 2014년 (주)한샘 경영지원실 부사장 2016년 同경영지원실장(사장)(현) 2016~2017년 (주)한샘서비스투 대표이사 (상)국세청장표창(2015)

이영실(李英室 · 女)

(생)1962 · 12 · 15 (주)경상남도 창원시 의창구 상남로 290 경상남도의회(055-211-7426) (학)동국대 사범대학 가정교육과졸 (경)(주)쿱스토어경남 대표이사, 아이쿱생협 활동연합회 경남권 활동팀장, 정의당 노회찬 원내대표 사회복지특보, 진주 · 사천아이쿱생협 감사(현), 정의당 안전한시민공동체특별위원회 부위원장(현) 2018년 경남도의회 의원(비례대표, 정의당)(현) 2018년 同문화복지위원회 위원(현) 2018년 同의회운영위원회 위원(현)

이영실(李英實 · 女) LEE Young Sil

(생)1967 · 5 · 20 (주)서울특별시 중구 세종대로 125 서울특별시의회(02-3702-1400) (학)혜원여고졸, 덕성여대 의상학과졸 (경)(주)소이어패럴 소이아동복디자인실장, (주)조이어패럴 디자인총괄본부장, (주)NFN 디자인기획이사, (주)에프비에이취코퍼레이션 상품기획이사, 해피아이아동복 디자이너 2011년 민주통합당 서울시당 서민대책특별위원회 위원장, 同서울중랑甲지역위원회 위원, 서영교 국회의원 정책특별보좌역 2012년 서울 중랑구의회 의원(재선거 당선, 민주통합당 · 민주당 · 새정치민주연합) 2013년 同운영위원회 위원 2013년 同복지건설위원회 위원 2014~2018년 서울 중랑구의회 의원(새정치민주연합 · 더불어민주당), 더불어민주당 서울시당 대변인 2018년 서울시의회 의원(더불어민주당)(현) 2018년 同운영위원회 부위원장(현) 2018년 同보건복지위원회 위원(현) 2019년 同예산결산특별위원회 위원(현) 2019년 同윤리특별위원회 위원(현)

이영애(李玲愛 · 女) Young A. LEE

(생)1948 · 9 · 21 (본)전주(全州) (출)서울 (주)서울특별시 서초구 남부순환로333길 20 산지빌딩 3층 법무법인 산지(02-2055-3305) (학)1967년 경기여고졸 1971년 서울대 법대졸 1977년 미국 하버드대 로스쿨졸(LL.M.) (경)1971년 사법시험 합격(13회) 1973년 사법연수원 수료(3기) 1973~1983년 서울민사지법 · 서울형사지법 · 서울가정법원 판사 1984년 서울고법 판사 1986년 대법원 재판연구관 1988년 수원지법 부장판사 1991년 서울지법 동부지원 부장판사 1992년 사법연수원 교수 1993년 서울민사지법 부장판사 1995년 서울지법 부장판사 1995년 대전고법 부장판사 1998년 특허법원 부장판사 1999년 서울고법 부장판사 2004년 춘천지법원장 2004년 국제존타 서울1클럽 제1부회장 2004년 변호사 개업 2005년 미국 Harvard Law Club Korea 회장 2005년 삼성생명공익재단 이사 2005년 천주교 서울대교구 생명위원회 법조위원장 2006년 국제존타 서울1클럽 회장 2006~2013년 법무법인 바른 파트너변호사 · 고문변호사 2007년 가톨릭대 생명대학원 겸임교수 2008~2010년 자유선진당 최고위원 2008~2012년 제18대 국회의원(비례대표, 자유선진당) 2008~2009년 국회 지식경제위원회 위원 2010년 국회 환경노동위원회 위원 2010~2012년 국제존타 32지구 총재 2011~2012년 국회 기획재정위원회 위원 2014년 법무법인 산지 고문변호사(현) (상)한국여성단체협의회 올해의 여성상(1995), 대통령근정포장(2004) (종)천주교

이영애(李榮愛 · 女) Lee, Young Yea

(생)1951 · 9 · 23 (주)서울특별시 동작구 흑석로 84 중앙대학교 (사)한국특허학회(02-823-9777) (학)부여여고졸 2003년 성균관대 행정대학원 행정학과졸 (경)(주)코래곤 대표이사, (사)한국유엔봉사단 여성위원장 2007년 한나라당 국책자문위원 2007년 同중앙위원회 정보과학분과위원장 2011년 제18대 국회의원(비례대표, 한나라당 · 새누리당) 2011년 국회 농림수산식품위원회 위원 2014~2016년 중소기업진흥공단 상임감사 2016년 (사)한국특허학회 회장(현)

이영애(李英愛 · 女) LEE Young Ae

(생)1956 · 11 · 29 (주)대구광역시 중구 공평로 88 대구광역시의회(053-803-5041) (학)사천여상졸 2009년 대구공업대학 복지경영과졸 (경)노인간병 인봉사단 단원, 대구 달서구 여성단체협의회 회원, 성서농협주부대학 총동창회장 2006 · 2010년 대구 달서구의회 의원(한나라당 · 새누리당 · 무소속) 2008~2010년 同복지환경위원장 2014~2018년 대구 달서구의회 의원(무소속 · 자유한국당) 2016~2018년 同부의장 2018년 대구시의회 의원(자유한국당)(현) 2018년 同문화복지위원장(현)

이영열(李榮悅) Lee Youngyoul

(생)1966 · 1 · 24 (출)서울 (주)세종특별자치시 갈매로 388 문화체육관광부 운영지원과(044-203-2111) (학)명지고졸 1991년 고려대 행정학과졸 2002년 미국 콜로라도대 대학원 행정학과졸 (경)1994년 행정고시 합격(38회) 1996년 문화체육부 문화정책과 사무관 1998년 제2의건국범국민추진단 파견 2004년 문화관광부 혁신인사기획관실 서기관 2006년 同문화중심도시조성추진기획단 정책기획팀장 2007년 同문화산업국 게임산업팀장 2008년 미래기획단 파견 2009년 문화체육관광부 저작권산업과장 2010년 同미디어정책과장 2010년 대통령실 문화체육비서관실 행정관(부이사관) 2013년 문화체육관광부 인사과장 2013년 同운영지원과장 2014년 대한민국예술원 사무국 관리과장 2016년 문화체육관광부 문화여가정책과장 2017년 同문화예술정책실 예술정책관 직대 2018년 同문화예술정책실 예술정책관 2018년 同정책기획관 2019년 국가공무원인재개발원 파견(국장급)(현) (상)대통령표창

이영우(李永雨)

(생)1956 · 3 · 7 (주)충청남도 예산군 삽교읍 도청대로 600 충청남도의회(041-635-5222) (학)용산공고졸, 공주대 식물자원학과졸 (경)보령시 자치행정국장 · 경제개발국장 · 의회사무국장, 대천중총동창회 회장, 同사회복지협의회장 2018년 충남도의회 의원(더불어민주당)(현)

이영일(李榮一) LEE Young Il (中圓)

(생)1939 · 11 · 17 (본)함평(咸平) (출)전남 함평 (주)서울특별시 마포구 마포대로 86 창강빌딩 410호 (사)한중문화협회(02-785-3117) (학)1958년 광주제일고졸 1964년 서울대 정치학과졸 1973년 동국대 행정대학원 수료 1973년 서울대 행정대학원 발전정책연구과정 수료 2003년 명예 정치학박사(우즈베키스탄 사마르칸드외국어대) 2008년 명예 법학박사(호남대) (경)1969년 동양통신 · 기독교방송 해설위원 1970년 통일원 상임연구위원 1972년 同정치외교정책담당관 1975년 同교육홍보국장 1976년 同대변인 겸임 1977년 同교육홍보실장 1980년 同통일연수원장 1981년 민주정의당 청년국장 1981년 제11대 국회의원(전국구, 민주정의당) 1981년 민주정의당 중앙정치연수원장 1982년 남북한고위회담 대표 1983년 민주정의당 의식개혁추진본부장 1985년 同총재비서실장 1985년 제12대 국회의원(광주西, 민주정의당) 1986년 민주정의당 윤리위원장 1987년 국회 문교공보위원장 1988년 일본 쓰쿠바(筑波)대 방문연구원 1990년 민주자유당 광주시지부 위원장 1990년 광주권발전연구소 이사장 1995년 새정치국민회의(국민회의) 총재특보 1996년 同홍보위원장 1996~1998 · 2001~2009년 호남대 초빙교수 1997년 국민회의 총재 홍보담당 특보 1997년 제15대 국회의원(광주東보선, 국민회의 · 새천년민주당) 1998~2014년 (사)한 · 중문화협회 회장 1999년 국민회의 대변인 2000년 새천년민주당 당무위원 2001년 한민족복지재단 공동대표 2002년 한 · 아프간친선협회 회장 2008~2010년 전주우석대 테크노경영대학원 초빙교수 2011년 한 · 아프간친선협회 명예회장 2014년 (사)한 · 중문화협회 산하 한 · 중정치외교포럼 회장(현) 2019년 대한민국헌정회 통일연구위원장 (상)홍조근정훈장(1979), 벨기에 대십자수교훈장(1985) (저)'분단시대의 통일논리'(1981) '80년대와 한국정치' '용서와 화해의 정치' '햇볕정책의 종언'(2008) '미워할 수 없는 우리들의 대통령-4.19주역이 말하는 이승만, 박정희, 전두환'(2018, 늘픔플러스) (역)'협상의 전략'(1972) (종)기독교

이영자(李英子 · 女) LEE Young Ja

(생)1943 · 10 · 15 (본)경주(慶州) (출)전남 진도 (주)서울특별시 강남구 봉은사로 406 국가 무형문화재 전수교육관 국가무형문화재기능협회(02-3453-1685) (경)1978년 중요무형문화재 제51호 남도들노래 전수장학생 선정 1978년부터 지방 및 중앙발표공연 다수 1982년 중요무형문화재 제51호 남도들노래 이수자 선정 1990년 일본 초청공연 1996년 중요무형문화재 제51호 남도들노래 전수보육보조자 선정 2001년 국가무형문화재 제51호 남도들노래(창) 예능보유자 지정(현) 2008~2016년 남도들노래보존회 회장

이영작(李英作) Lee Young Jak

(생)1942 · 2 · 25 (출)서울 (주)서울특별시 중구 퇴계로 97 (주)LSK글로벌파마서비스 임원실(02-546-1008) (학)경기고졸 1964년 서울대 공대 전자공학과졸 1972년 미국 오하이오대 대학원 통계학과졸 1974년 통계학박사(미국 오하이오대) (경)1979~1999년 미국 국립보건원(NIH) 근무 1979~1980년 미국 국립암연구소 통계학자 1980~1989년 미국 신경성병및뇌졸중연구소 통계학자 1989~1999년 미국 아동건강및인간생성연구소 통계학 실장 1999~2007년 한양대 석좌교수 2000~2001년 Westat-Korea 대표 2001~2005년 Lifecord Stat-Korea 대표이사 2004~2005년 식품의약품안전청(KFDA) 임상시험 강의 2005년 라이프코드인터내셔날(주) 회장 2007년 (주)LSK글로벌파마서비스 대표이사(현) 2014년 한국임상CRO협회 초대 회장 2016년 同제2대 회장(현) (상)보건복지부장관표창(2017)

이영재(李榮載) Lee young jae

(생)1970 · 12 · 12 (본)광주(廣州) (출)전북 남원 (주)서울특별시 서초구 반포대로 158 서울고등검찰청 총무과(02-530-3261) (학)1989년 전주 신흥고졸 1993년 고려대 법학과졸 1996년 同대학원 법학과 수료 (경)1996년 사법시험 합격(38회) 1999년 사법연수원 수료(28기) 1999년 공익법무관 2002년 대전지검 검사 2004년 대구지검 검사 2006년 서울중앙지검 검사 2009년 울산지검 검사 2010년 사법연수원 교수 2012년 대전지검 서산지청 부장검사 2013년 울산지검 공안부장 2014년 광주지검 해남지청장 2015년 의정부지검 공안부장 2016년 법무부 법조인력과장 2017년 서울북부지검 형사3부장 2018년 대전지검 형사2부장 2019년 서울고검 검사(현)

이영조(李永朝) LEE Young Jo

(생)1943 · 4 · 17 (본)여주(驪州) (출)서울 (학)1961년 배재고졸 1968년 연세대 작곡과졸 1970년 同대학원졸 1980년 독일 뮌헨국립음악대 최고위과정졸 1989년 작곡학박사(미국 American Conservatory of Music), 경남대 북한대학원 최고위과정 수료 (경)미국 시카고현대음악제 기획 · 운영 1980~1986년 연세대 음대 작곡과 교수 1989년 미국 아메리칸콘살바토리대 작곡과 교수 1994~2008년 한국예술종합학교 음악원 작곡과 교수 1997~2001년 同음악원장 1998년 이영조의 작품세계(예술의 전당 리사이트홀) 2000년 전주세계소리축제 예술총감독 2001~2003년 코리안심포니오케스트라재단 이사장 2005~2011년 국립한국예술영재교육원 원장 2005년 네덜란드 Maastricht Konservatorium 현대음악회 주제작곡가 2006년 한국예술종합학교 Nong Project 주

제작곡가 2008~2009년 한국예술영재교육연구원 원장 2009년 아시아작곡가연맹 세계대회 조직위원장 2010년 국립오페라단 이사 2011년 웅진재단 이사(현) 2011년 한국예술영재교육원 강사 2012년 국립합창단 이사 2013~2018년 한국문화예술교육진흥원 이사장 2013년 예술의전당 비상임이사(현) 2017년 문화체육관광부 한국문화예술교육지원위원회 위원장(현) (상)채동선작곡상(1987), 대한민국 최우수예술인 음악부문(1998), 한국작곡가대상(2003), 한국비평가협회 한국의음악가상(2006), 화관문화훈장(2013), 난파기념사업회 난파음악상(2015) (저)'화성학 연구와 실제 상·하'(1991, 정음문화사) '오선지위에 쓴 이력서'(2002, 작은우리) (역)'12음 작곡기법 입문'(세광출판사) '전조의 연구'(수문당) '대위법 연구'(수문당) '쉥커의 그래프 분석법' '관현악법'(세광출판사) '시창 청음'(수문당) (작)Orchestra '오케스트라를 위한 「적벽」'(1979), '오케스트라를 위한 「자명고」'(1983), '무용 조곡 「사군자」'(1995), '도깨비 춤'(1996), '관악합주를 위한 「소리」'(1997), '사랑 춤'(2002), '현을 위한 진혼곡'(2002), '현악을 위한 두 개의 아리랑'(2003), '섬집아기 환상곡'(2007), 'Farewell Fanfare for Horn Ensemble'(2007), '대하지곡(大河之曲)'(2007), '무늬, Muni(Nazca Lines) for Orchestra'(2008), '아리랑 환타지(2009, 2010, 2012), '조우-II (遭遇)'(2010), '승무'(2011), '여명(黎明)'(2013) Concerto '동양적 명상'(1982), '사랑가'(1998), '뱃노래, 첼로와 오케스트라'(1998), '피리와 오케스트라를 위한 협주곡(전3악장)'(2000), '겨울나무'(2006) Opera '처용'(1987), '황진이'(1999), '목화'(2003), 'Sontag Hotel'(2005), '이사부'(2015), Chamber Music '바리톤 독창과 8명의 주자를 위한 오감도'(1974), '세 개의 플룻, 피콜로와 타악기를 위한 서라벌'(1975), '금관악기와 오르간을 위한 시리우스(Sirius)'(1980), '목관 5중주를 위한 투카나(Tucana)'(1980), '타악기와 테이프를 위한 Cosmos-II'(1980), '대금, 피리, 해금, 가야금과 징을 위한 류(流)-III'(1981), '무제한 연주자를 위한 호흡'(1981), '한 명의 낭송자와 타악기 앙상블을 위한 李想의 시'(1984), 'Monologue and Dialogue for Cello and Piano'(1987), '피아노 3중주를 위한 놀이'(1989), 'Etude for Two Vibraphones'(1993), '줄풍류-I'(1995), '서울 현악 사중주 위촉곡'(1995), '줄풍류-II'(1995), 'Eroica for Horn Ensemble'(1995), '첼로와 테프를 위한 성불사'(1997), '봉선화(홍난파) 주제에 의한 12개의 변주곡'(1997), '섬집아기(이홍렬) 주제에 의한 피아노 4중주'(1998), '타악기 앙상블을 위한 넷이 놀이'(1998), '대풍류(竹風流)-I(1999), '대금과 첼로를 위한 Duo'(2002), '바이올린, 첼로와 피아노를 위한 셋이 놀이 허 트리오 위촉곡'(2003), ' 비올라 앙상블을 위한 겨울나무'(2007), '세대의 기타와 국악기를 위한 아리랑'(2008), 'Arirang Fantasy for Viola Ensemble'(2009), 'Arirang-Sakura for Violin and Piano'(2011), 'Mosaic for Piano Trio'(2014), '가야금, 해금, 바이올린, 첼로와 장구를 위한 만남'(2014), Computer Music 'Cosmos-II for Tape and Percussion'(1980), '보리 언덕 To the Calvary'(1997), '찢어진 휘장 Torn Curtain'(1997) Piano Music 'Three pieces for Piano, Prologue-Episode-Epilogue'(1971), '바우고개 변주곡'(1983), '3B Variations, Bach-Beethoven-Brahms'(1983), 'Schubert-Lee Variations'(1984), '춤 , Tchum for Piano'(1984), '피아노를 위한 다섯 개의 이야기'(1998), '다섯 개의 한국 춤'(1998), 'Fantasy for Piano, Prologue-Sonatine-Fugato-Epilogue'(2005), 'Six Asian Folk Songs for Piano'(2006), '피아노 혼자 놀이, Commissioned by the 7th International Piano Competition'(2010), '어머님 마음(이홍렬) 주제에 의한 피아노 변주곡'(2011), '섬집아기 변주곡'(2014), '우리의 소원 변주곡'(2014), 'Monologue for Piano'(2014), 'Arirang Fantasy for Piano'(2014), 'Dreaming Fantasy for Piano'(2014), Organ Music 'Sirius for Organ and Brass Quintet'(1980), '소리, Sori No. 8 for Organ'(1983), 'Cosmos for Organ'(1983), '선(禪)-I, Zen-I for Organ'(1984), 'Credo for Organ'(2006), 'Crucifix for Organ'(2008), '선(禪)-II, Zen- II for Organ'(2011), Chorus Music '섬집아기 변주곡'(2014), '우리의 소원 변주'(2014), 'Monologue for Piano'(2014), 'Arirang Fantasy for Piano'(2014), 'Dreaming Fantasy for Piano'(2014) 남성합창 '섬집아기 자장가'(2014), '남성합창을 위한 사계'(2015) 외 다수 (종)기독교

이영조(李榮祚) LEE Young Jo

(생)1955·6·19 (본)성주(星州) (출)경북 성주 (주)경기도 용인시 기흥구 덕영대로 1732 경희대학교 국제대학원(031-201-2347) (학)1973년 대구 계성고졸 1977년 서울대 정치학과졸 1982년 同대학원 정치학과졸 1990년 정치학박사(미국 하버드대) (경)1990년 한국고등교육재단 연구원 1991년 고려대 국제대학원 객원조교수 1994년 경희대 국제관계학과 교수 1997년 同아태국제대학원 교수 2002년 바른사회를위한시민회의 사무총장 2003년 미국 아메리칸대 풀브라이트 교수 2005년 경희대 국제대학원 교수(현) 2005~2009년 진실화해를위한과거사정리위원회 위원 2006~2009년 同상임위원 2009~2010년 同위원장 2011~2012년 바른사회시민회의 사무총장 2015년 同공동대표(현) 2016년 경기연구원 이사 2016~2018년 同이사장 2017~2018년 국무총리 소속 시민사회발전위원회 위원 (저)'한국사회와 민주주의 : 한국 민주화 10년의 평가와 전망(共)'(1997, 나남) '네트워크 트렌드 : 정보기술혁명과 사회변화'(1997, 삼성경제연구소) '현대정치경제학의 주요 이론가들(共)'(2000, 아카넷) 'Institutional Reform and Democratic Consolidation in Korea(共)'(2000) '바른한국의 비전과 과제(共)'(2002) '대한민국희망프로젝트 : 우리는 실패에서 희망을 본다'(2005) 'The Park Chung Hee Era(共)'(2011) (종)가톨릭

이영주(李映周) LEE YEONG JOO (호은)

(생)1942·2·13 (본)한산(韓山) (출)충북 청주 (주)서울특별시 강남구 강남대로84길 23 한라클래식 1701호 (사)중국정경문화연구원(02-2052-1155) (학)1960년 청주고졸 1970년 대만 국립정치대 외교학과졸 1971년 미국 캘리포니아주립대(UCLA) 아세아문제연구소 수학 1985년 건국대 행정대학원 행정학과졸 1996년 국제정치학박사(중국 북경대) (경)1970년 국토통일원 상임연구위원 1974년 행정사무관 특별채용고시 합격(25회) 1974년 문화공보부 해외공보관 해외·섭외· 외신담당관 1979년 한국국제문화협회 문화부장 1981년 문화공보부 해외공보관 전문위원 1984년 성심외국어전문대학 강사 1985년 한국외국어대 중국문제연구소 비상임연구위원 1989년 포항종합제철(주) 중국사무소 수석대표 1993년 (주)청구 중국본부장 1994년 중국 북경시 통주구 인민정부 고급고문 1994년 駐중국 대한민국건설기업협의회 회장 1995년 (주)쌍방울 부사장(중국본부장) 1996년 충북도 명예대사 1998년 중국 길림대 객원교수 1998년 새정치국민회의 국제협력위원회 부위원장 1999년 중국 북경광파대학 객원교수 1999년 중국 베이징대 객원교수(현) 2000년 새천년민주당 국제협력특별위원회 부위원장 2001년 경기도 명예대사 2002~2006년 (주)대우경제연구소 대표이사 회장 2003년 민주평통 민족화합분과위원장·운영위원 2003년 在韓중국유학생연합회 특별고문(현) 2003년 (사)중국정경문화연구원 이사장(현) 2004년 중국 강소성 상주시 국가고신기술산업개발구 고급고문 2005년 한국중국유학박사협회 회장(현) 2005년 (사)한·중우호협회 부회장 2005년 (사)한국청소년연합 총재 2006년 한중평화포럼 대표 2007년 민주평통 운영위원 2007년 충북도 명예대사 2009년 대통령 외교안보수석비서관실 정책자문위원 2009년 국회 외교통상통일위원회 정책자문위원 2009년 중국 북경대 국제전략연구중심 객좌연구원(현) 2009년 同총동창회 이사(현) 2009년 중국 호북성 형주시 고급경제고문(현) 2009년 중국 산동성 위해시 경제고문(현) 2010년 한·중포럼 추진위원장 2010년 새만금 군산경제자유구역 자문위원 2010년 민주평통 상임위원 2010년 중국 연변대 명예교수(현) 2010년 중국 산동대학 위해분교 객좌교수(현) 2011~2018년 외교통상부 정책자문위원 2012년 중국 전매대학 객좌교수(현) 2013년 (사)한·중우호협회 부회장 2014년 새누리당 국제위원회 부위원장 2014년 이영주한중인재양성장학재단 이사장(현) 2016년 중국 베이징대 국제관계대학 원우회 한국회장(현) 2017년 자유한국당 국제위원회 위원장 (상)대한민국 인물대상 민간외교대상(2014) (저)'韓中關係與亞太局勢'(1993) '中國的新外交戰略和韓中關係-중문판'(1998) '중국의 신외교전략과 한중관계-한국어판'(1999) (종)기독교

이영주(李榮柱) Lee Young Joo
(생)1963·3·14 (본)전주(全州) (출)충남 천안 (주)대전광역시 유성구 과학로 124 한국지질자원연구원 총무복지실(042-868-3722) (학)1982년 중동고졸 1986년 연세대 지질학과졸 1988년 同대학원 퇴적암석학과졸 1997년 석유지화학박사(충남대) (경)1989년 연세대학교 자연과학연구소 연구원 1990~2005년 한국자원연구소 석유해저자원연구부 연구원·선임연구원 1998~2008년 연세대·충남대 석유지질학 강사 2003~2009년 한국해양시추사업(IODP) 총괄사업책임자 2005~2007년 대한지질학회 국제협력담당 이사 2005년 대한자원환경지질학회 학술 및 국제협력 이사(현) 2006년 한국해양학회 평의원(현) 2006~2016년 한국석유지질학회 이사·부회장·회장 2007~2009년 UN이정한지구의해 자원분과 위원장 2008~2012년 한국지질자원연구원 대외협력실장 2013~2016년 同석유해저연구본부장 2013~2016년 산업통상자원부 자원개발전문위원 2014~2015년 국제아시아해양지질학술대회(ICAMG-8) 운영위원장 2015~2016년 IGC 2024 한국유치위원회 부위원장 2016년 세계수리학회(IAH) 국제협력위원(현) 2016~2019년 한국지질자원연구원 글로벌협력본부장 2016~2017년 신규물리탐사선 예비타당성조사사업 책임자 2017년 아시아제4기학회(ASQUA) 과학위원 2017~2018년 IGC 2024 준비위원회 사무총장 2018년 ICAMG-9 국제자문위원(현) 2018년 국가과학기술연구회 행정선진화 국제협력분과장(현) 2018년 아시아지질자원위원회(CCOP) 사무총장(현) (상)UN 지구의해 한국위원회 공로상(2008), 국토해양부장관표창(2010), 한국지질자원연구원 특별공로상(2017), 과학기술훈장 진보장(2018), 국제아시아해양지질학회(ICAMG) 특별공로상(2018) (저)'Proceedings of the Ocean Drilling Program Volume 204 Initial Reports: Drilling Gas Hydrates on Hydrate Ridge, Cascadia Continenntal margin/Ocean Drilling Program'(2003, Texas A&M University) 'Proceedings of the Ocean Drilling Program Volume 204 Scientific Results: Drilling Gas Hydrates on Hydrate Ridge, Cascadia Continenntal margin/Ocean Drilling Program'(2006, Texas A&M University) (종)불교

이영주(李英珠·女) LEE Young Joo
(생)1967·2·26 (출)서울 (주)경기도 고양시 일산동구 호수로 550 사법연수원(031-920-3007) (학)1985년 혜화여고졸 1989년 서울대 법학과졸 1993년 同대학원졸 (경)1990년 사법시험 합격(32회) 1993년 사법연수원 수료(22기) 1993년 서울지검 남부지청 검사 1995년 춘천지검 강릉지청 검사 1997년 서울지검 검사 1999년 수원지검 검사 2002년 전주지검 검사 2003년 법무부 여성정책담당관 2006년 서울동부지검 부부장검사 2007년 사법연수원 교수 2009년 대검찰청 형사2과장 2010년 서울서부지검 형사3부장 2011년 서울동부지검 형사2부장 2012년 수원지검 형사1부장 2013년 同부부장검사(한국형사정책연구원 파견) 2014년 인천지검 부천지청 차장검사 2015년 춘천지검 차장검사 2016년 법무연수원 용인분원장 2017년 춘천지검장 2018년 법무연수원 기획부장(검사장급) 2019년 사법연수원 부원장(검사장급)(현) (상)홍조근정훈장(2014)

이영주(李榮柱)
(생)1970 (주)경기도 수원시 팔달구 효원로 1 경기도의회(031-8008-7000) (학)언론학박사(성균관대) (경)2006~2010년 언론연대 정책위원, 문화연대 미디어문화센터 부소장 2008~2014년 한국예술종합학교 한국예술연구소 책임연구원 2009~2012년 방송통신심의위원회 특별위원 2013~2016년 한양대 미디어커뮤니케이션학과 겸임교수 2016~2017년 YTN 시청자위원 2016년 제3언론연구소장(현) 2016~2017년 성균관대 사회과학대학 연구교수 2017년 한국입법학연구소 연구위원(현) 2018년 경기도의회 의원(더불어민주당)(현) 2019년 경기도 사회적경제위원회 위원(현) 2019년 더불어민주당 경기도당 사회적경제위원회 부위원장(현) (저)'작은 문화콘텐츠 만들기(共)'(2011, 한울아카데미) '고어텍스와 소나무 : 물질문화를 통해 본 소비의 문화정치(共)'(2015, 한울) (역)'마르크스, TV를 켜다(共)'(2013, 한울) '커뮤니케이션의 이해 : 이론과 사상'(2012, 커뮤니케이션북스)

이영준(李英俊) LEE Young Jun (茂巖)
(생)1938·9·19 (본)아산(牙山) (출)충남 (주)서울특별시 서초구 법원로 15 (재)한중일민상법통일연구소(02-535-2155) (학)1957년 춘천고졸 1961년 서울대 법과대학졸 1963년 同대학원졸 1969년 법학박사(독일 프랑크푸르트대) (경)1960년 고등고시 사법과 합격(12회) 1961년 육군 법무관 1963~1965년 춘천지법 원주지원 판사 1969년 서울민사지법·서울형사지법 판사 1971년 미국 캘리포니아대 버클리교에서 연구 1973년 서울형사지법 판사 1974년 대법원 재판연구관 1975년 서울고법 판사 1977년 서울민사지법 부장판사 겸 사법연수원 교수 1981년 법무부 민법·상법개정 특별심의위원 1982년 수원지법 부장판사 1983년 서울형사지법 부장판사 겸 사법연수원 교수 1983~1985년 독일 프라이부르크대에서 연구 1987년 부산지법 부장판사 1988년 서울고법 부장판사 1989년 서울지법 의정부지원장 1989년 한·독법률학회 부회장 1991년 법전합동법률사무소 대표변호사 1999년 법무부 민법개정특별분과위원 제1소위원장 1999~2003년 한·독법률학회 회장 1999년 한국민사법학회 부회장 1999~2004년 동국대 법과대학 교수 2002~2004년 한국민사법학회 회장 2004년 한·중·일 통일민상법연구회 총회장 겸 한국측회장 2006년 (재)한·중·일 민상법통일연구소 소장(현) 2007년 중국 해양대 겸임교수 2007년 한국홈볼트학회 회장 2009년 아시아계약법원칙(PACL)제정기구 공동대표 (상)국민훈장 목련장(1996), 홍조근정훈장(2004), 자랑스런 서울법대인(2008) (저)'주석민법(共)'(1972·1973) '대한민국판례대전'(1975·1976) '민법 연습(共)'(1976) '민법총칙'(1987·2007) '물권법'(1990·2009) '새로운 體系에 의한 韓國民法論'(2004) '民法總則'(2007) 'Draft Articles Non-Performance of Contract for Principles of Asian Contract Law'(2010) 외 다수

이영준(李映準) LEE Young Jun
(생)1965·9 (주)경기도 의왕시 고산로 56 롯데첨단소재(주) PC사업본부(031-596-3607) (학)1988년 고려대 화학공학과졸 1991년 한국과학기술원(KAIST) 고분자공학과졸(석사) 1994년 고분자공학박사(한국과학기술원) (경)2004년 제일모직(주) 케미칼연구소 EPgroup팀장 2008년 同생산기술연구센터장 2009년 同케미칼연구소장(상무) 2012년 同케미칼사업부 개발팀장(상무) 2013년 同여수사업장 공장장(전무) 2014년 삼성SDI 여수사업장 공장장(전무) 2014~2016년 同케미칼사업부 PC사업팀장(전무) 2016년 롯데첨단소재(주) PC사업본부장(전무)(현)

이영중(李榮中)
(생)1965·9·3 (출)경북 문경 (주)세종특별자치시 국세청로 8-14 국세청 자본거래관리과(044-204-3471) (학)경희고졸 1987년 세무대학졸(5기), 고려대 대학원 경제학과졸 (경)1987년 국세공무원 임용 2000년 재정경제부 세제실·혁신인사기획관실 근무 2007년 국세심판원 조사관실 근무 2008년 조세심판원 행정팀장·심판부 근무 2012년 서기관 승진 2014년 서울지방국세청 조사2국 조사1과 근무 2015년 대

구지방국세청 징세송무국장 2016년 경기 남양주세무서장 2017년 중부지방국세청 조사3국 조사1과장 2019년 국세청 자본거래관리과장(현)

이영직(李永直) LEE Young Jick

(생)1974·1·16 (본)덕은(德恩) (출)대전 (주)서울특별시 종로구 세종대로 209 금융위원회 행정인사과(02-2100-2765) (학)1992년 경성고졸 1998년 연세대 경영학과졸 (경)1996년 행정고시 합격(39회) 1998~1999년 행정자치부 수습사무관 1999~2002년 조달청 기획예산담당관실·시장정보과 근무(행정사무관) 2002~2006년 재정경제부 국고국 회계제도과 근무 2006년 同공적자금관리위원회 사무국 회수관리과 총괄서기관 2008년 금융위원회 기획조정관실 기획재정담당관실 총괄서기관 2008년 同금융정보분석원 기획행정실 기획협력팀장(서기관) 2009년 직무훈련(중국 Ernst & Young Advisory Limited Principal Research Fellow) 2010년 직무훈련(프랑스 BNP Paribas International Research Fellow), 금융위원회 금융정책국 국제협력팀 총괄서기관 2012년 국무총리실 파견 2014년 금융위원회 글로벌금융과 국제협력팀장(서기관) 2016년 대통령직속 청년위원회 청년창업팀 과장, 국민경제자문회의지원단 파견 2018년 금융위원회 혁신기획재정담당관 2019년 보험연구원 파견(서기관)(현) (상)재정경제부장관표창(2005), 금융위원장표창(2009) (저)'조달행정개혁백서'(2001) '공적자금관리백서'(2007·2008) '자금세탁방지백서'(2009) (종)기독교

이영진(李榮眞) Lee Young Jin

(생)1961·7·25 (출)충남 홍성 (주)서울특별시 종로구 북촌로 15 헌법재판소 재판관실(02-708-3456) (학)1980년 남강고졸 1984년 성균관대 법학과졸 1992년 同대학원 법학과 수료 1998년 법학박사(성균관대) (경)1990년 사법시험 수석 합격(32회) 1993년 사법연수원 수료(22기) 1993년 청주지법 판사 1996년 同제천지원 판사 1997년 수원지법 판사 1999년 同오산시법원 판사 2000년 서울지법 판사 2002년 同동부지원 판사 2004년 법원행정처 사법제도연구담당 판사 2005년 同사법정책담당관 2006년 同사법정책실 판사 2006년 서울고법 판사 2008년 전주지법 부장판사 2009년 수원지법 부장판사 2009년 국회 법제사법위원회 전문위원 2012년 서울중앙지법 조정전담 부장판사 2015년 부산고법 창원재판부 부장판사 2017년 서울고법 부장판사 2018년 헌법재판소 재판관(현)

이영진

(생)1961·8·18 (주)제주특별자치도 제주시 광양9길 10 제주시청 부시장실(064-728-2065) (학)1979년 제주중앙고졸, 한국방송통신대졸 (경)1981년 공무원 임용 2011년 제주특별자치도의회 예결전문위원 2015년 제주특별자치도 기획조정실 예산총괄담당 2016년 同기획조정실 청렴감찰관 2016년 同기획조정실 예산담당관 직대(사무관) 2017년 同기획조정실 예산담당관(서기관) 2017~2019년 同총무과장 2019년 제주시 부시장 직대(현)

이영찬(李榮讚)

(생)1958·7·17 (주)부산광역시 연제구 중앙대로 1001 부산광역시의회(051-888-8245) (학)울산대 영어영문학과졸 (경)중앙노동위원회 부산지방노동위원회 근로자위원(현), 同고문 2017년 한국노동조합총연맹 부산지역본부 사무처장 2018년 자유한국당 부산시당 노동위원장(현) 2018년 부산시의회 의원(비례대표, 자유한국당)(현) 2018년 同해양교통위원회 위원(현) 2018년 同남북교류협력특별위원회 부위원장(현) 2018년 同윤리특별위원회 부위원장(현)

이영창(李英彰)

(생)1971·7·28 (출)전북 전주 (주)부산광역시 연제구 법원로 15 부산지방검찰청 강력부(051-606-4320) (학)1990년 전북사대부고졸 1998년 서울대 공법학과졸 (경)2001년 사법시험 합격(43회) 2004년 사법연수원 수료(33기) 2004년 인천지검 부천지청 검사 2006년 대구지검 의성지청 검사 2008년 수원지검 검사 2010년 광주지검 검사 2012년 서울중앙지검 검사 2015년 인천지검 검사 2018년 대검찰청 검찰연구관 2019년 서울중앙지검 부부장검사 2019년 부산지검 강력부장(현)

이영철(李英哲) LEE Young Chul (一心)

(생)1949·5·26 (본)봉산(鳳山) (출)부산 (주)부산광역시 수영구 장대골로19번길 20 봄헬스케어(주)(051-751-3484) (학)부산고졸, 국민대 행정학과졸 2003년 한국외국어대 정책과학대학원 신문방송학과 수료 2004년 동의대 경영대학원 최고경영자과정 수료 (경)1977~1980년 시사통신 사회부·경제부 기자 1981~1991년 연합통신 지방부·경제부 기자 1992년 同경제부 차장 1997년 同전국부 부장대우 1998년 同지방2부장 1998년 연합뉴스 지방2부장 1999년 同민족뉴스취재본부 남북관계부장 1999~2000년 同스포츠레저부장 2001~2002년 同부국장대우 기사심의위원 2003~2005년 同부산지사장(부국장급) 2006~2007년 同기사심의위원(국장급) 2007~2012년 SK네트웍스(주) 사외이사 겸 감사위원장 2011~2017년 (주)부경랩 대표이사 회장 2017년 봄헬스케어(주) 회장(현)

이영철(李英哲) LEE Young Cheol

(생)1957·2·14 (주)전라북도 완주군 이서면 농생명로 245 한국식품연구원 전통식품연구센터 인삼연구팀(063-219-9071) (학)제주대 식품공학과졸, 고려대 대학원졸, 식품공학박사(고려대) (경)농수산물유통공사 종합식품연구원 연구원, 한국식품개발연구원 농산물이용연구부 선임연구원 2007년 한국식품연구원 전통식품연구단장 겸 책임연구원 2008년 同산업진흥연구본부장(책임연구원) 2014년 同전략산업연구본부 인삼연구센터 책임연구원 2015년 同선임본부장 2015년 同부원장 2016년 同전통식품연구센터 인삼연구팀 책임연구원(현)

이영철(李永喆) LEE Young Chul (淸岩)

(생)1957·4·27 (본)전주(全州) (출)전북 군산 (주)서울특별시 서초구 효령로55길 45-8 봉양빌딩 2층 도서출판 청어(02-586-0477) (경)1984년 「한국문학」에 '도시로 부는 바람'으로 시인 등단 1995년 「언어세계」에 '청어와 삐삐꽃'(1·2)으로 소설가 등단, 언어세계 주간, 한국소설가협회 편집장, 대한최면지도사협회 부회장, 한국문인협회 상벌위원, 한국소설가협회 중앙위원, 同이사(현), 남북문학교류위원회 위원(현), 한국문인협회 이사(현), 독서신문 편집위원, 한류문예 발행인 1999년 도서출판 청어 대표(현) 2009년 청어미디어영화사 회장 (상)한국문예진흥원 문인창작기금(1995), 제6회 한국문인협회 작가상, 제38회 한국소설문학상, 한국문학백년상(2018) (작)시집 '도시로 부는 바람'(1984) '겨울 사진첩에 내리는 비'(1994) '사랑도 그렇게', 장편소설 '청어와 삐삐꽃(1·2)'(1995) '비오는 날의 쇼팽(1~3)'(1996) '신의 향수'(1997) '더블 클릭(1·2)'(2000) '예수(1·2)' '마침내 나는 꿈을 꾼다', 시나리오 '최후의 만찬'(2003) '해바라기', 장편동화 '서울 촌놈' '뚱보 천사' '보고 싶어, 토토' '학교폭력 흔내주자(1·2)' '예수님 이야기(1~5)' '이젠 울지 않을 거예요' '무궁화 이야기', 영화입문서 '108개의 모놀로그', 창작집 '성불' 교양서 '세상을 바꿀, 한국의 27가지 녹색기술' '겨울 벚꽃'(2018) (종)천주교

이영철(李英哲)

(생)1966 (출)대구 (주)대구광역시 달서구 당산로38길 33 서대구세무서(053-659-1242) (학)영남고졸 1987년 세무대학졸 (경)1987년 세무공무원 임용(8급 특채) 1987년 대구세무서 근무 2008년 대구지방국세청 인사주무 2009년 강원 영월세무서 세원관리과장 2009년 경북 포항세무서 부가가치세과장 2011년 대구지방국세청 징세법무국 전산관리과장 2013년 同세원분석국 법인신고분석과장(사무관) 2014년 同세원분석국 법인신고분석과장(서기관) 2014년 同납세자보호담당관 2015년 경북 안동세무서장 2016년 대구지방국세청 징세송무국장 2017년 북대구세무서장 직무대리 2019년 서대구세무서장(현)

이영철(李榮喆)

(생)1969 · 4 · 1 (출)대구 (주)대구광역시 수성구 동대구로 364 대구지방법원(053-757-6600) (학)1986년 계성고졸 1990년 고려대 법학과졸 (경)1997년 사법시험 합격(39회) 2000년 사법연수원 수료(29기) 2000년 부산지검 검사 2002년 대구지검 안동지청 검사 2003년 수원지검 안산지청 검사 2005~2007년 대전지검 검사 2007년 대구지법 판사 2010년 同경주지원 판사 2011년 대구고법 판사 2013년 대구지법 판사, 대구가정법원 판사 2016년 부산지법 동부지원 부장판사 2018년 대구지법 부장판사(현)

이영춘(李榮春 · 女) LEE Young Chun (산나리)

(생)1941 · 2 · 11 (본)전주(全州) (출)강원 평창 (주)강원도 춘천시 한림대학길 1 한림대학교 평생교육원 시창작반(033-248-3011) (학)1959년 원주여고졸 1964년 경희대 국어국문학과졸 1986년 同교육대학원 국어교육학과졸 (경)1964년 강원일보 문화부 기자 1965~1990년 강릉 경포중 · 고성중 · 춘천농공고 · 춘천여고 · 강원대부고 교사 1976년 「월간문학」에 '바다' · '빛'으로 시인 등단, 시인(현), 삼악시회 회장 · 미래시 동인회장 · 수향시회 회장 · 춘천여성문학회 초대회장 · 강원여성문학인회 초대회장 · 강원문인협회 부회장 1990~2003년 춘천여중 교감 · 강원도교육청 교육연구사 · 원주여고 교장 1994~2002년 한림성심대학 외래교수 2000년 한림대 평생교육원 시창작반 교수(현) 2006~2011년 강원여성문화예술인연합회 회장, 한국여성문학회 이사 · 감사, 한국여성문학인회 자문위원(현), 한국현대시인협회 이사, 강원여성인권공동체 이사, 춘천지법 가사조정위원 · 사법위원(현), 강원도교육청 공직자윤리위원 2011년 한국문인협회 감사 · 자문위원(현) 2011~2016년 춘천시문화재단 이사 2011년 한국시인협회 심의위원겸 감사(현) 2012~2017년 이효석문학재단 이사 2012~2014년 강원 평창군 명예군수 2013~2016년 강원도문화예술위원회 위원 (상)월간문학 신인문학상(1976), 윤동주문학상 우수상(1987), 강원도문화상(1987), 경희문학상(1993), 춘천시민상 문화부문(1999), 제5회 대한민국 향토문학상 시부문(2005), 강원여성문학상 대상(2009), 한국시인작가협회 '시인들이 뽑은 시인상'(2009), 제1회 인산문학상(2011), 제12회 고산문학대상(2012), 제9회 동곡문화예술상(2014), 제6회 한국여성문학상(2015), 제14회 유심작품상 특별상(2016), 제5회 허난설헌 시문학상(2017), 천상병귀천문학대상 대상(2017) (저)시집 '종점에서'(1978, 월간문학사), '시시포스의 돌'(1980, 한국문학사), '귀 하나만 열어 놓고'(1987, 문학세계사), '네 살던 날의 흔적'(1989, 문학세계사), '점 하나로 남기고 싶다'(1990, 오상출판사), '그대에게로 가는 편지'(1994, 시와시학), '난 자꾸 눈물이 난다'(1995, 둥지출판사), '슬픈도시락'(1999, 현대시 한국문연), '꽃 속에는 신의 속눈썹이 보인다'(2002, 현대시 한국문연), 수필집 '그래도 사랑이여'(1991, 오상출판사), '시간의 옆구리'(2006, 현대시 한국문연), 시선집 '들풀'(2009, 북인), '봉평장날'(2011, 서정시학), '노자의 무덤을 가다'(2014, 서정시학), '신들의 발자국을 따라'(2015, 시와표현), '가족이 뭐길래(共)'(2015, 스타북스), '오줌발, 별꽃무늬'(2016, 시와소금), '유심작품상수상집(共)'(2016, 인북스), '노을빛 함께 단둘이서'(2017, 문학공원), 번역시집 '해, 저 붉은 얼굴'(2018, 시와소금) (역)일어번역시 '길', '오늘 또 하루의 삶', 영어번역시 '들풀', '아버지와 짜장면', 영어 · 일어번역시 '해 저 붉은 얼굴', '노자의 무덤을 가다', '봉평장날'(2011), '뫼비우스 장미가시', '핵야, 그 사랑', '어머니의 강, 그 눈물' 외 다수 (종)기독교

이영탁(李永鐸) LEE Young Tak (恒心)

(생)1947 · 2 · 5 (본)덕산(德山) (출)경북 영주 (주)서울특별시 서초구 명달로 120 S&M빌딩 2층 세계미래포럼 이사장실(02-6204-7600) (학)1965년 대구상고졸 1969년 서울대 상대졸 1976년 미국 윌리엄스대 대학원 경제학과졸 2001년 경제학박사(성균관대) (경)1969년 행정고시 합격(7회) 1970년 경제기획원 사무관 1977년 同예산실 서기관 1981년 대통령비서실 서기관 1983년 IBRD(세계은행) 파견 1985년 경제기획원 경제기획국 서기관 1986년 同종합기획과장 1987년 재무부 저축심의관 1989년 同감사관 1990년 同증권국장 1991년 同경제협력국장 1992년 同국제금융국장 1993년 대통령 경제비서관 1994년 경제기획원 예산실장 1995년 재정경제원 예산실장 1995~1997년 교육부 차관 1997~1998년 국무총리 행정조정실장 1998년 세계경제연구원 연구자문위원 1999~2003년 KTB Network(주) 회장 2002년 한국기업구조조정전문회사협회(CRC) 회장 2003~2004년 국무총리 국무조정실장 2005~2008년 한국증권선물거래소 이사장 2007년 세계거래소연맹(WFE) 이사 2008~2009년 세계경제연구원 원장 2009~2010년 사회통합위원회 위원 2009년 세계미래포럼 이사장(현) (상)대통령표창, 녹조근정훈장(1986), 황조근정훈장(2003) (저)'시민을 위한 경제이야기'(1990) '지식경제를 위한 교육혁명'(1998) '소백의 정기가 낙동을 감싸안고'(2004) '미래와 세상'(2010, 미래를소유한사람들) '이정구-벌족의 미래1'(2012, 미래를소유한사람들) (역)'미래진단법 : 더 나은 미래를 선택하라'(2005) (종)천주교

이영탁(李英卓) LEE Young Tak

(생)1955 · 2 · 9 (출)충남 아산 (주)서울특별시 강남구 일원로 81 삼성서울병원 흉부외과(02-3410-3480) (학)1981년 서울대 의과대학졸 1989년 同대학원 의학석사 1995년 의학박사(서울대) (경)1984~1989년 서울대병원 인턴 · 레지던트 1989~1998년 부천세종병원 흉부외과장 1998~2001년 同흉부외과 부장 2001년 同진료부장 2001년 삼성서울병원 흉부외과 전문의(현) 2003년 성균관대 의과대학 흉부외과 교수(현) 2003~2005년 삼성서울병원 심장혈관센터 부센터장 2005~2009년 同심장외과장 2007~2011년 同흉부외과장 2007~2011년 성균관대 의과대학 흉부외과학교실 주임교수 2009~2011년 삼성서울병원 심장혈관센터장 (상)삼성서울병원 올해의 교수상(2013)

이영태(李榮台) LEE YOUNG TAE

(생)1962 · 1 · 11 (본)전주(全州) (출)전남 순천 (주)인천광역시 중구 서해대로 366 인천지방해양수산청 항로표지과(032-885-0010) (학)1982년 순천고졸 2005년 한국방송통신대 영어영문학과졸 2015년 고려대 행정대학원 정책학과졸 2016년 한국해양대 해양경찰학과 재학 중 (경)1995년 해운항만청 항로표지기지창 기술과 주무관 1998 · 2002년 여수지방해양수산청 항로표지과 주무관 1999년 부산지방해양수산청 선원선박과 주무관 2003년 해양수산부 항로표지담당관실 주무관 2005년 同감사담당관실 감사 2008년 국토해양부 감사담당관실 감사 2009년 同정책기획관실 주무관 2010년 동해지방해양항만청 해양교통시설과장(사무관) 2012년 국토해양부 해사안전정책관실 계장(사무관) 2013년 해양수산부 감사담당관실 감찰계장 2016년 부산지방해양수산청 항로표지과장(서기관) 2018년 인천지방해양수산청 항로표지과장(현) (상)해양수산부장관표창(2004), 국무총리표창(2010), 중앙공무원교육원 제99기 5급승진자과정 성적최우수상(2010), 감사원 최우수감사관상(2017)

이영팔(李永八)

(생)1968·2·25 (주)세종특별자치시 정부2청사로 13 소방청 119종합상황실(044-205-7070) (학)포항고졸, 영남대졸, 동국대 대학원 행정학과졸 (경)1995년 소방공무원 임용, 서울소방학교 교관단장, 서울소방재난본부 구조대책팀장, 同대응전략팀장, 서울소방학교 인재개발과장 2014년 서울소방재난본부 현장대응단장(지방소방정) 2015년 서울 강남소방서장 2017년 국민안전처 소방정책국 소방제도과 소방정 2017년 소방청 기획조정관실 기획재정담당관 2018년 同기획조정관실 혁신행정감사담당관 2019년 同119종합상황실장(소방준감)(현)

이영풍(李榮豊)

(생)1972·12·17 (출)전북 군산 (주)서울특별시 서초구 서초중앙로 157 서울중앙지방법원(02-530-1114) (학)1990년 동암고졸 1993년 서울대 정치학과졸 1994년 同대학원 법학과 수료 (경)1996년 사법시험 합격(38회) 1999년 사법연수원 수료(28기) 1999년 서울고검 법무관 2002년 광주지법 판사 2004년 同순천지원 판사 2006년 수원지법 안산지원 판사 2010년 서울고법 판사 2012년 대법원 재판연구관 2014년 청주지법 부장판사 2016년 인천지법 부장판사 2018년 서울중앙지법 부장판사(현)

이영필(李永弼)

(생)1948·5·15 (주)서울특별시 서초구 서초대로50길 24 청화빌딩 리&목특허법률사무소(02-588-8585) (학)1971년 서울대 항공공학과졸 (경)1976~1981년 삼성항공 근무 1982년 변리사시험 합격 1983~1985년 목특허사무소 변리사 1985년 이영필특허사무소 개업 1999년 잘만테크 설립자·대표이사(현) 2003년 리&목특허법률사무소(KPAA) 대표변리사(현), 대한변리사회 부회장 (상)철탑산업훈장(2019)

이영하(李榮夏) Lee Young Ha

(생)1964·5·23 (출)대구 달성 (주)서울특별시 종로구 북촌로 112 감사원 특별조사국(02-2011-2710) (학)1983년 대구 능인고졸 1988년 고려대 경영학과졸 1995년 同대학원 경영학과졸 (경)1996~2005년 감사원 제2국 제5과·제4국 제5과·제2국 제3과·법무담당관실·제2국 제1과·재정금융감사국 제4과·행정안보감사국 제4과 근무 2006~2008년 同행정안보감사국 제4과·심의실 심사2담당관실·결산감사본부 감사제2팀 근무 2008년 대통령실 기획조정비서관실 파견 2009~2011년 감사원 과장·대통령실 기획조정비서관실 파견·감사원 금융기금감사국 제4과장 2011~2015년 감사원 국방감사단장 직대·방산비리특별감사단 감사부 과장·방산비리특별감사단 부단장 직대 2015년 同방산비리특별감사단 부단장·국방감사단장 직대(고위감사공무원) 2017년 국방대 파견(고위감사공무원) 2018년 감사원 감사청구조사국장 2019년 同특별조사국장(현) (상)장관급표창(2000), 대통령표창(2005), 홍조근정훈장(2016)

이영학(李永鶴) LEE Young Hak

(생)1954·2·27 (출)서울 (주)경기도 용인시 처인구 모현읍 외대로 81 한국외국어대학교 인문대학 사학과(031-330-4336) (학)1978년 서울대 국사학과졸 1984년 同대학원 국사학과졸 1990년 사학박사(서울대) (경)1985~1992년 가톨릭대·서울대 강사 1990년 한국역사연구회 편집위원 1990년 서울대 한국문화연구소 특별연구원 1992~2001년 한국외국어대 사학과 조교수·부교수 2000년 미국 델라웨어대 초빙교수 2001년 한국국가기록연구원 상임연구위원 2001~2019년 한국외국어대 인문대학 사학과 교수 2001년 한국역사연구회 회장 2002년 한국외국어대 역사문화연구소장 2002년 同50년사편찬위원장 2004~2006년 同교무처장 2007년 同세계민속박물관장 2008년 한국기록학회 회장 2009~2013년 한국외국어대 인문대학장 2013~2015년 同역사문화연구소장 2019년 同인문대학 사학과 명예교수(현)

이영한(李榮漢) LEE Young-Han

(생)1957·3·30 (출)충남 부여 (주)서울특별시 노원구 공릉로 232 서울과학기술대학교 건축학부(02-970-6522) (학)1975년 충남고졸 1981년 서울대 건축학과졸 1985년 同대학원 건축학과졸 1991년 건축학박사(서울대) 2013년 한국방송통신대 중국어문학과졸 2016년 同일본학과졸 (경)1982~1983년 (주)현대건설 종합설계실 근무 1985~1987년 아키프랜종합건축사사무소 근무 1988~1991년 바로종합건축사사무소 소장 1991~1992년 아키프랜종합건축사사무소 소장 1992년 서울과학기술대 건축학부 교수(현) 1999~2000년 캐나다 토론토대 예술학과 방문교수 2000년 서울과학기술대 도시건축연구소장(현) 2003~2004년 同기획실장 2003~2009년 한국건축가협회 건축대전 초대작가 2005~2009년 서울과학기술대 산업대학원 최고위건축개발과정 교수 2006~2016년 경기지방공사 설계자문위원회 위원 2007~2008년 교육부 우수시설학교심사위원회 위원 2007~2009년 인천도시개발공사 설계자문위원회 위원 2008년 정부합동 이공계인력육성및지원기본계획 자문위원 2008~2010년 서울시 디자인위원회 위원 2008~2010년 한국건축설계교수회 이사 2008~2012년 국방부 특별건설기술심의위원회 위원 2008~2010년 대한건축학회 계획위원회 위원장 2009~2010년 同이사 2009~2011년 서울SH공사 디자인자문위원회 자문위원 2009~2011년 대한민국APEC등록건축사위원회 위원 2010~2012년 인정기관심의위원회 프로그램인증소위원회 위원 2010~2012년 건축리더십아카데미 AAL 초대위원장 2012~2013년 경기도 건설기술심의위원회 위원 2012~2015년 한국IT융합기술협회 부회장 2012~2019년 서비스산업총연합회 부회장 겸 운영위원장 2013~2015년 조달청 최저가낙찰제대상공사입찰금액적정성 심사위원 2013~2015년 한국FTA산업협회 자문위원 2013년 서울과학기술대 교수평의회 평의원 겸 기획연구분과위원장 2013년 同발전기금재단 이사 2014년 지속가능과학회 회장 2014년 녹색건축인증 심의위원(현) 2016~2017년 서울과학기술대 주택도시대학원장 2018년 BF인증 심의위원(현) 2018년 한국교육방송공사(EBS) 비상임이사(현) (상)대한건축학회 공로상(2011), 한국생태환경건축학회 학술상(2012), 지속가능과학회 공로상(2013), 제10회 대한민국생태환경건축대상 교육부문 대상(2015), 한국생태환경건축학회 우수논문발표상(2016), 부총리 겸 기획재정부장관표창(2016·2017) (저)'서울의 건축'(1995) '한국건축가론'(1998) '서울건축사'(1999) '르꼬르뷔제 건축 작품 읽기'(1999) '대지조닝 대지주차'(2001) '지형계획 대지단면'(2001) '대지분석 대지계획'(2001) '평면계획(총론)'(2001) '평면설계(각론)'(2001) '서울의 문화재 제1권 건조물'(2003) '카도백서(2005.1.~2009.6.)'(2009) '서울산업대학교 100년사'(2010) '서울산업대학교 2003 백서'(2010) '주거학'(2010) '주택디자인'(2010) '공동주택디자인'(2010) '지식타운구상'(2010) '서울의 문화재-증보판(1권 건조물, 6권 근대등록문화재)'(2012) '전환기 한국, 지속가능발전 종합전략'(2015)

이영헌(李永憲) LEE Young Heon (마리오)

(생)1948·6·5 (본)함평(咸平) (출)전남 나주 (주)광주광역시 서구 상무대로 980 천주교 광주대교구청(062-380-2801) (학)1974년 광주가톨릭대 신학과졸 1979년 오스트리아 인스부르크대 신학대학원 성서학과졸 1984년 성서학박사(오스트리아 인스부르크대) (경)1984년 영국 케임브리지대 Visiting Scholar 1985년 예루살렘성서대학 Visiting Scholar 1986년 완도천주교회 주임신부 1988년 광주가톨릭대 신학과 부교수대우·부교수 1990~2001년 同출판부장·학생처장·도서관장 1993년 同교수 2002년 同대학원장 겸 교학처장 2002~2006년 同총장 2006년 광주 치평동성당 주임신부 2010~2014년 순천 저전동성당 주임신부 2014~2018년 목포 옥암동성당 주임신부 2018년 천주교 광주대교

구 원로사목자(현) (저)'Jesus und Die Judische Autorilt at' '이스라엘 성지 어제와 오늘' '하느님과 인간의 지혜' '마르코가 전하는 하느님의 아들 예수그리스도' '요한복음서' '요한이 전하는 하느님의 외아들 예수그리스도' '함께 걷는 하느님과 인간' '예수의 어머니 마리아' '예수그리스도와 함께' '바오로신학 기본사상' '히브리서 강해' '갈라티아서의 모든 것' '로마서 강해' (종)천주교

이영혜(李英惠 · 女) LEE Young Hye

(생)1953 · 9 · 23 (출)강원 원주 (주)서울특별시 중구 동호로 310 태광빌딩 (주)디자인하우스(02-2262-7101) (학)1972년 원주여고졸 1976년 홍익대 미술대학 응용미술과졸 1986년 중앙대 대학원 신문방송출판잡지과정 수료 1993년 미국 스탠퍼드대 출판전문가과정 수료 1999년 국제산업디자인대학원대 뉴밀레니엄과정 수료 2004년 서울대 자연과학대학 과학및정책최고연구과정 수료 (경)1977년 월간 '디자인' 편집부 기자 1980년 同발행인(현) 1987년 (주)디자인하우스 설립 · 대표이사(현) 1987년 월간 '행복이 가득한집' 창간 · 발행인(현) 1988년 월간 '공예' 창간 1995년 월간 '워킹우먼' 창간 2001년 월간 '도베' 창간 · 발행인 2005년 월간 '스타일H' 창간, 월간 '마이웨딩' · '앙팡' · '럭셔리' 발행인 2006년 월간 '맨즈헬스' 한국판 창간, (사)한국마케팅클럽(KMC) 고문(현), 한국CEO포럼 운영위원, 서울시 창의서울포럼 전략사업부문 부대표, 대통령 교육과학문화수석비서관실 문화체육관광분야 정책자문위원, 중앙공무원교육원 객원교수 2009년 대통령직속 국가브랜드위원회 위원 2010년 2013평창동계스페셜올림픽 문화행사위원회 위원, 서울디자인재단 비상임이사, 전주시 명예시민(현) 2012년 2013광주디자인비엔날레 총감독 2012~2018년 2018평창동계올림픽 문화행사전문위원회 자문위원 2015년 백남준문화재단 대표 이사장(현) (상)출판문화발전공로 문화부장관표창(1990), 한국잡지협회 제25회 잡지언론상 경영상(1991), 제1회 디자인주간 상공자원부장관표창(1993), 한국아트디렉터즈클럽(ADCK)선정 우수디자인잡지(1996), 문학인선정 가장문학적인 잡지상(1996), 한국일보 출판문화상(1997), 국무총리표창(1998), 한국전통식품산업화연구회 제1회 전통식품산업화상(1998), 중소기업협동조합중앙회 중소기업인상(2000), 산업자원부장관표창(2001), 제1회 외국기업의날 우수외자유치상(2001), 동탑산업훈장(2002), 산업포장(2002), 국무총리표창(2005), 자랑스러운 홍익인상(2008), 이탈리아정부 최고문화훈장(2008) (저)'정말 하고 싶은 이야기'(2012)

이영호(李泳浩) Lee Young-ho

(생)1956 · 12 · 19 (주)전라북도 전주시 덕진구 팔과정로 164 전라북도국제교류센터(063-280-6100) (학)1984년 성균관대 정치외교학과졸 (경)1988년 외무고시 합격(22회) 1988년 외무부 입부 1992년 미국 터프츠대 플래처스쿨 연수 1993년 駐태국 2등서기관 겸 영사 1996년 駐남아프리카공화국 1등서기관 2000년 駐카자흐스탄 1등서기관 2002년 駐영국 1등서기관 겸 영사 2004년 외교통상부 동남아통상과장 2005년 同영사과장 2005년 同재외국민보호과장 2007년 駐홍콩 부총영사 2009년 駐중국 공사참사관 겸 총영사 2011년 외교통상부 재외동포영사국 심의관 2013~2016년 駐예멘 대사 2017년 전북도 국제교류센터장(현) (상)근정포장(2006)

이영호(李榮鎬) LEE Yeong Ho

(생)1958 · 8 · 23 (출)경북 영천 (주)서울특별시 송파구 올림픽로 300 롯데그룹 식품BU(02-750-7380) (학)1977년 경북대사대부고졸 1981년 고려대 농화학과졸 1991년 同대학원 경영학과졸 (경)1983년 롯데칠성 입사 2007년 롯데칠성음료(주) 마케팅담당 임원 2009년 同중국법인 총경리 2011년 同영업본부장 2012년 롯데푸드 대표이사 2014년 롯데네슬레코리아(주) 등기이사 2019년 롯데그룹 식품BU장(사장)(현) 2019년 롯데제과(주) 공동대표이사 사장(현) (상)동탑산업훈장(2017)

이영호(李榮鎬) LEE Young Ho

(생)1959 (주)서울특별시 강동구 상일로6길 26 삼성물산 건설부문(02-2145-5114) (학)1978년 숭문고졸 1985년 고려대 경영학과졸 2002년 同대학원 경영학과졸 (경)1985년 삼성 입사 2003년 삼성SDI 상무 2005년 삼성 기업구조조정본부 상무 2006년 同전략기획실 상무 2010년 同미래전략실 경영진단팀 전무 2012년 삼성물산 건설부문 경영지원실장(부사장) 2015년 同최고재무책임자(CFO) 겸 건설부문 경영지원실장 2018년 同건설부문장(사장) 2018년 同건설부문 대표이사 사장(현)

이영호(李永浩) LEE Young-Ho

(생)1960 · 2 · 12 (본)재령(載寧) (출)부산 (주)경기도 구리시 경춘로 153 한양대학교구리병원 소아청소년과(1644-9118) (학)1984년 한양대 의대졸 1988년 同대학원졸 1992년 의학박사(한양대) (경)1984~1988년 인제대부속 부산백병원 인턴 · 소아과 레지던트 1989~2005년 동아대 의대 소아과학교실 교수 1991~1992년 미국 UCLA Medical Center Postgraduate Researcher 2002년 대한조혈모세포이식학회 제대혈위원장 2005년 한양대 의대 소아청소년과학교실 교수(현) 2005~2016년 한국조혈모세포은행협회 홍보위원장 2006년 국립장기이식관리센터 골수분과위원(현) 2008년 한양대병원 조혈모세포이식센터 소장 2009~2015년 대한혈액학회 제대혈이식연구회 위원장 2011년 보건복지부 제대혈위원회 위원장 (상)교육과학기술부장관표창(2009), 대통령표창(2010), 국제소아종양학회 최우수연제상(2012), 대한소아혈액종양학회 학술공로상(2016)

이영호(李榮浩) Lee Young Ho

(생)1961 · 4 · 28 (출)충북 청주 (주)대구광역시 동구 동내로 88 대구경북첨단의료산업진흥재단(053-790-5114) (학)1978년 청주고졸 1983년 한양대 경제학과졸 1997년 서울대 대학원 보건학과졸 (경)1984년 행정고시 합격(28회) 1997년 보건복지부 전산통계담당관(서기관) 1999년 同지역보건과장 2000년 국립의료원 장기이식기획팀장 2001년 해외 훈련(영국 요크대) 2004년 보건복지부 한방정책관실 한방의료담당관(부이사관) 2005년 同건강증진국 건강정책과장 2005년 경제협력개발기구(OECD) 아시아사회정책센터 파견 2007년 보건복지부 보건산업육성사업단장 2007년 식품의약품안전청 정책홍보관리본부장 2008년 同기획조정관 2009년 대통령직속 사회통합위원회 파견 2009년 보건복지가족부 아동청소년가족정책실 아동청소년복지정책관(국장급) 2010년 보건복지부 아동청소년복지정책관 2010년 同저출산고령사회정책실 보육정책관(고위공무원) 2011년 駐미국 공사참사관 2014년 국립인천공항검역소장 2014~2016년 보건복지부 감사관 2016년 새누리당 보건복지위원회 수석전문위원 2017년 자유한국당 보건복지위원회 수석전문위원 2017~2018년 보건복지부 사회복지정책실장 2018년 대구경북첨단의료산업진흥재단 이사장(현)

이영호(李英鎬) LEE Young Ho

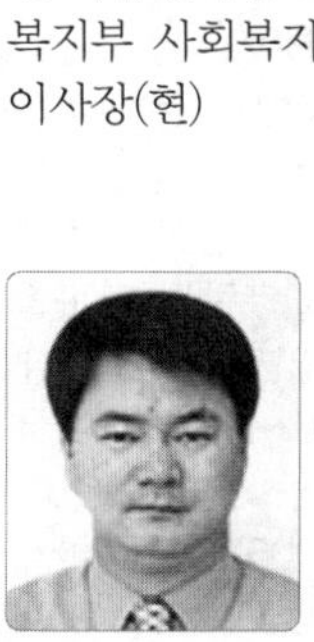

(생)1963 · 8 · 10 (출)경북 상주 (주)대전광역시 서구 둔산남로 46 디트뉴스24 편집국(042-471-8814) (학)1999년 청주대 대학원 신문방송학과졸 (경)1990~2001년 대전매일신문 정치부 · 사회부 · 문화체육부 기자 · 차장 2001년 同북부본부 취재부장 2003년 同북부본부장 2003년 同사회부장 2004년 同문화레저부장 2005년 충청투데이(제호변경) 문화레저부장 2006년 同경제부장 2008년 同기획조정실장 2008년 同마케팅사업국장 2010년 금강일보 편집국장 2012년 同총괄국장 2014년 同충남취재본부장(상무이사) 2015년 同총괄국장(상무이사) 2016년 同상무이사 2016년 디트뉴스24 편집국장(상무이사)(현)

이영호(李榮浩) LEE Young Ho

(생)1963 · 9 · 25 (본)원주(原州) (출)전남 해남 (주)서울특별시 마포구 마포대로 45 일진제강 경영지원실(02-707-9166) (학)1989년 연세대 경영학과졸 2001년 아주대 대학원 투자금융학과졸 (경)2003~2008년 일진전기(주) 경영지원실장(상무), 일진네트웍스 대표이사 겸임 2013년 일진전기(주) 구매전략실장(상무) 2013년 同차단기사업부장(상무) 2015~2016년 同전선사업부장(상무) 2016년 일진제강 경영지원실장(현) 2018년 同통합구매실장 겸임(현)

이영호(李榮鎬) LEE Young Ho

(생)1964 · 4 · 15 (출)서울 (주)광주광역시 동구 준법로 7-12 광주고등검찰청 사무국(062-233-2169) (학)1987년 연세대 법학과졸 1992년 同행정대학원졸 (경)1991년 행정고시 합격(35회) 1992년 서울지검 수사2과장 · 법무부 장관실 근무 1999년 서울지검 범죄정보과장 2000년 대검찰청 범죄정보1담당관실 서기관 2004년 국무총리실 조사비서관실 · 민정비서관실 근무 2006년 서울동부지검 집행과장 2007년 서울중앙지검 증거물과장 2008년 국무총리실 공직윤리지원관실 파견 2009년 부산지검 동부지청 사무국장(고위공무원) 2010년 울산지검 사무국장 2010년 서울남부지검 사무국장 2012년 중앙공무원교육원 파견 2013년 서울동부지검 사무국장 2014년 대전지검 사무국장 2015년 인천지검 사무국장 2016년 서울북부지검 사무국장 2017년 대구고검 사무국장 2017년 서울고검 사무국장 2018년 광주고검 사무국장(현)

이영호(李榮鎬) LEE Young-Ho

(생)1965 · 8 · 30 (출)서울 (주)경상북도 경산시 진량읍 공단6로 98 조일알미늄(주)(053-856-5252) (학)1984년 영진고졸 1988년 미국 뉴욕대 재정학과졸 1992년 미국 포드햄대(Fordham Univ.) 대학원졸 (경)1989~1996년 조일알미늄공업(주) 비상임이사 1992~1995년 현대정공 뉴욕지사 영업담당대리 1996년 조일알미늄공업(주) 종합기획실장 1997년 同전무이사 2002년 同부사장 2004년 同대표이사 2004년 조일알미늄(주) 대표이사 사장(현), 대구상공회의소 미래전략위원회 위원장

이영호(李榮鎬)

(생)1968 · 4 · 8 (출)전북 전주 (주)경상남도 진주시 진양호로 303 창원지방법원 진주지원(055-760-3211) (학)1987년 완산고졸 2002년 전북대 법학과졸 (경)2001년 사법시험 합격(43회) 2004년 사법연수원 수료(33기) 2004년 전주지법 예비판사 2006년 同판사 2008년 同정읍지원 판사 2010년 전주지법 판사 2013년 광주고법 판사(전주지법 소재지 근무) 2015년 제주지법 서귀포시법원 판사 2016년 제주지법 판사 2017년 전주지법 판사 2019년 창원지법 진주지원 부장판사(현)

이영화(李永禾) LEE Yeong Hwa

(생)1959 · 6 · 24 (본)성산(星山) (출)대구 (주)경상북도 경산시 한의대로 1 대구한의대학교 소방방재안전학부(053-819-1419) (학)1981년 영남대 공과대학 토목공학과졸 1986년 同대학원 토목공학과졸 1991년 공학박사(영남대) (경)1993년 대구한의대 소방방재안전학부 교수(현) 1996~1997년 미국 루이지애나주립대 연구교수 2005년 미국 세계인명사전 'Marquis Who's Who in Science and Enginering'에 등재 2005년 영국 국제인명센터(IBC) '21세기우수과학자'에 등재 2006~2014년 경북도 재해복구사업 사전심의위원 2007~2011년 대구한의대 웰빙복지대학장 2008~2012년 대구시 하수도자문위원 2008~2010년 同사전재해영향성 검토위원 2009~2011년 경북도 사전재해영향성 검토위원 2011~2012년 한국수자원학회 이사 2011~2012년 대구한의대 기획처장 2011~2012년 국토해양부 4대강살리기 자문위원 2012~2013년 한국환경과학회 부회장 2014~2015년 경북도 공공하수도자문위원회 자문위원 2014년 대구한의대 산학협력단장 2016년 同교학부총장(현) (상)교육과학기술부장관표창(2010), 경북도지사표창(2010) (저)'수자원환경공학(共)'(2000) (역)'알기쉬운 환경과학'(1999)

이영화(李永和) LEE YOUNG WHA (仁補)

(생)1963 · 2 · 19 (본)경주(慶州) (출)경북 경주 (주)대전광역시 서구 둔산중로78번길 45 대전지방법원(042-470-1114) (학)1982년 대구 심인고졸 1986년 한양대 법학과졸 (경)1985년 사법시험 합격(27회) 1988년 사법연수원 수료(17기) 1988년 軍법무관 1991년 창원지법 판사 1994년 同밀양지원 판사 1995년 대구지법 판사 1997년 同소년부지원장 1998년 대구고법 판사 2001년 대구지법 판사 2003년 창원지법 거창지원장 2005년 대구지법 부장판사 2010년 同포항지원장 2012년 대구지법 부장판사 2017년 대전지법 부장판사(현) (종)기독교

이영환(李英煥) LEE Young Hwan

(생)1961 · 3 · 19 (출)대구 (주)서울특별시 강남구 논현로 508 GS칼텍스(주) Supply & Trading본부(02-2005-6700) (학)1980년 보성고졸 1986년 한국외국어대 불어과졸 (경)1986년 LG칼텍스정유(주) 입사 1993년 同제품무역부 과장 2000년 同싱가폴현지법인 부장 2004년 同원유 · 제품부문장(상무) 2005년 GS칼텍스(주) 원유 · 제품부문장(상무) 2010년 同원유 · 제품부문장(전무) 2015년 同Supply & Trading본부장(부사장)(현) (종)천주교

이영환(李榮煥)

(생)1971 · 1 · 13 (출)경북 봉화 (주)경기도 의정부시 녹양로34번길 23 의정부지방법원 총무과(031-828-0102) (학)1989년 대구 덕원고졸 1995년 서울대 공법학과졸 1997년 同대학원 법학 석사과정 수료 (경)1997년 사법시험 합격(39회) 2000년 사법연수원 수료(29기) 2000년 육군 법무관 2003년 서울지법 북부지원 판사 2004년 서울북부지법 판사 2005년 서울중앙지법 판사 2007년 대구지법 안동지원 판사 2009년 대전지법 천안지원 판사 2011년 수원지법 판사 2011년 법원행정처 윤리감사제1심의관 2012년 同윤리감사기획심의관 2013년 서울고법 판사 2015년 광주지법 목포지원 · 광주가정법원 목포지원 부장판사 2016년 사법연수원 교수 2018년 의정부지법 부장판사(현)

이영회(李永檜) LEE Young Hoi

(생)1947 · 1 · 31 (출)전남 목포 (주)서울특별시 중구 만리재로 159 (주)영원무역 임원실(02-390-6114) (학)1966년 서울사대부고졸 1971년 서울대 경제학과졸 1984년 미국 인디애나대 경영대학원졸(MBA) (경)1972년 행정고시 합격(11회) 1973~1980년 재무부 사무관 1980~1991년 同국제기구과장 · 외자관리과장 · 국제조세과장 · 보험정책과장 1991년 국제통화기금(IMF) 자문관 1996년 재정경제원 사회교육예산심의관 1997년 同예산총괄심의관 1997년 세계은행(IBRD) 이사 1999년 재정경제부 기획관리실장 2001~2003년 한국수출입은행장 2003~2006년 아시아개발은행(ADB) 사무총장 2007~2011년 아시아자산신탁 대표이사 2012~2014년 아시아신탁(주) 회장 2012년 (주)영원무역 사외이사 2014년 同사내이사 2014년 同부회장(현) (상)근정포장, 홍조근정훈장

이영훈(李英勳) LEE Young Hoon

(생)1949 · 9 · 21 (출)부산 (주)경기도 성남시 분당구 백현로 93 (주)후너스홀딩스 임원실(031-603-9600) (학)1967년 경남고졸 1971년 연세대 화학과졸 (경)1975년 삼정화공약품상사 근무 1979년 세정산업 대표이사, 삼정신역(주) 대표이사 사장 1995~1999년 이영 대표이사 1997년

SJ AMERICA Inc. 대표이사 2000년 로지트코퍼레이션(주) 대표이사 사장 2011년 (주)후너스 대표이사 회장 2011~2014년 (주)로지트 대표이사 회장 2014년 (주)후너스홀딩스 대표이사 회장(현) (종)천주교

이영훈(李永勳) LEE Young Hoon

(생)1954·4·21 (출)서울 (주)대전광역시 유성구 대학로 291 한국과학기술원 자연과학대학 화학과(042-350-2802) (학)1976년 서울대 화학과졸 1978년 同대학원 화학과졸 1984년 생화학박사(미국 미주리대) (경)1978~1980년 한국과학기술연구원(KIST) 연구원 1984년 미국 코넬대 생화학과 박사 후 연구원 1986~1989년 전북대 분자생물학과 조교수 1989~2019년 한국과학기술원(KAIST) 자연과학대학 화학과 조교수·부교수·교수 2011년 同학생지원본부장 2011년 同학생정책처장 2019년 同자연과학대학 화학과 명예교수(현) (상)한국과학기술단체총연합회 과학기술우수논문상 (역)'Stryer 생화학 6판'(共) '생화학'(2003)

이영훈(李永勳) LEE Young Hoon

(생)1954·11·19 (본)전주(全州) (출)서울 (주)서울특별시 영등포구 여의공원로 101 여의도순복음교회(02-6181-9191) (학)1977년 연세대 신학과졸 1978년 순복음신학원 신학과졸 1983년 연세대 연합신학대학원졸 1984년 미국 웨스트민스터신학대학원 신학석사과정 수료, 미국 템플대 대학원 종교철학과졸 1984년 종교철학박사(미국 템플대) (경)순복음신학원 강사, 한세대 교수 1981년 여의도순복음교회 국제신학연구원 교육연구소 정전도사 1982년 同국제신학연구원 교육연구소장 1982년 목사 안수 1983년 미국 워싱턴순복음제일교회 담임목사 1992년 여의도순복음교회 국제신학연구원장, 한국기독교교회협의회 신학위원장 1998년 미국 베데스다대학 학장 2001년 일본 순복음동경교회 담임목사, 일본 순복음신학대학 학장 2003년 여의도순복음교회 교무담당 부목사 2005년 미국 나성순복음교회 담임목사 2007~2008년 여의도순복음교회 담임목사 서리 2008년 同당회장 서리 2008년 同위임목사(현) 2008년 同당회장 겸임(현) 2010년 아세아연합신학대(ACTS) 임시이사 2010년 굿피플(NGO) 대표이사 2011년 한국기독교교회협의회(NCCK) 회장 2011년 굿피플(NGO) 이사장(현) 2011년 순복음선교회 이사장(현) 2013년 기독교대한하나님의성회(여의도순복음총회) 총회장(현) 2014~2017년 한국기독교총연합회 대표회장, (사)우리민족교류협회 대표회장 2017년 한국교회총연합(UCCK) 공동대표회장(현) 2018년 한국교회봉사단 공동대표회장(현) (저)'펜사콜라 기적의 현장 브라운스빌교회'(1997) (역)'오순절/은사주의 조직신학 제2권'(1993) '오순절/은사주의 조직신학 제3권'(1995) '종말의 시작'(1997) (종)기독교

이영훈(李榮薰) LEE YOUNG HOON

(생)1959·8·19 (주)인천광역시 연수구 인천타워대로 241 포스코건설(주)(032-748-2114) (학)1978년 장충고졸 1983년 서울대 경제학과졸 1985년 同대학원 경제학과졸 1992년 경제학박사(영국 런던대) (경)1985년 포항종합제철 입사 2001년 同자금관리실 자금기획팀장 2004년 포스코(주) 자금관리실 IR팀장 2005년 同경영기획실 경영전략그룹리더 2008년 同기획재무부문 경영기획실장(상무) 2009년 同재무투자부문 재무실장(상무) 2010년 同전략기획총괄부문 재무실장 2011년 同전략기획총괄부문 경영전략1실장 2012~2013년 同경영전략2실장(전무) 2013~2014년 (주)포스코건설 부사장 2014년 포스코ICT 비상무이사 2014~2016년 (주)포스코 재무투자본부장(부사장) 2016~2018년 (주)포스코켐텍 대표이사 사장 2018년 포스코건설(주) 대표이사 사장(현) 2018년 대한체조협회 회장(현)

이영훈(李永薰) LEE Young Hoon

(생)1970·8·1 (출)대전 (주)서울특별시 서초구 서초중앙로 157 서울중앙지방법원(02-530-1114) (학)1989년 영등포고졸 1994년 서울대 사법학과졸 (경)1994년 사법시험 합격(36회) 1997년 사법연수원 수료(26기) 1997년 軍법무관 2000년 서울지법 남부지원 판사 2002년 서울지법 판사 2004년 춘천지법 판사 2008년 서울고법 형사정책심의관 2009년 법원행정처 형사심의관 2010년 서울고법 판사 2012년 전주지법 부장판사 2013년 대법원 재판연구관 2015년 수원지법 부장판사 2015년 법원행정처 전산정보관리국장 겸임 2017년 서울중앙지법 부장판사(현) (종)기독교

이영휘(李玲徽·女) LEE Young Whee

(생)1957·10·23 (출)서울 (주)인천광역시 미추홀구 인하로 100 인하대학교 간호학과(032-860-8202) (학)1980년 연세대 간호학과졸 1986년 同대학원졸 1994년 간호학박사(연세대) (경)1994년 인하대 간호학과 교수(현) 2000년 인천남구치매센터장(현) 2010~2014년 인천시간호사회 부회장 2011~2012년 노인간호학회 회장 2011~2015년 전문직여성(BPW)한국연맹 인천클럽 회장 2013년 국가치매관리위원회 자문위원 2013년 노인간호학회 감사 (상)연세대 대학원 최우수논문상(1995), 보건복지부장관표창(2001·2006·2015), 연세 미래여성지도자상(2006), 대한간호협회 공로상(2008), 한국간호과학회 우수논문심사자상(2011·2013), 한국간호과학회 공로상(2012), 인하대 우수연구자상(2012), 인천시장표창(2014·2015·2016), 숙명여고 주관 여성리더상(2014) (저)'건강사정실습서'(2004) '노인질환관리 I·II'(2006) '노인전문간호사과정 실습'(2007) '건강사정'(2007) (역)'성인간호학'(2011)

이영희(李永熙) LEE Young Hee

(생)1955·7·28 (출)전북 김제 (주)경기도 수원시 장안구 서부로 2066 성균관대학교 물리학과(031-299-6507) (학)1976년 철도고졸 1982년 전북대 물리학과졸 1983년 미국 켄트주립대 대학원 물리학과졸 1986년 물리학박사(미국 켄트주립대) (경)1982~1984년 미국 켄트주립대 물리학과 조교 1984~1986년 同물리학과 연구원 1987~1998년 전북대 물리학과 전임강사·조교수·부교수 1989~1990년 미국 아이오와주립대 에임스국립연구소 방문연구원 1993년 스위스 취리히IBM연구소 방문연구원 1996~1997년 미국 미시간주립대 객원연구원 1998년 전북대 물리학과 교수 2001년 성균관대 물리학과 교수(현) 2004년 同Post Doctoral Fellow 2006년 '국가석학 지원사업 대상자(물리학분야)' 선정 2008년 성균관대 대학원 에너지과학과 교수 겸임(현) 2012년 同나노구조물리연구단(IBS 연구단) 단장(현) (상)한국과학기술단체총연합회 제7회 과학기술우수논문상(1997), 자랑스런 전북대인상(1997), 자랑스런 전북인상(1999), 성균관대 올해의 펠로우(2004), 한국물리학회 학술상(2005), 제23회 수당상 기초과학부문(2014), 제15회 경암상 자연과학부문(2019) (저)'기초전자기학'(1989) 'Carbon Nanotube-Based Supercapacitors'(2004) 'Carbon Nanotube-Based Field Emitters'(2004) '나노-미시세계가 거시세계를 바꾼다'(2005) (종)기독교

이영희(李永熙) LEE Young Hee

(생)1957·2·22 (주)강원도 원주시 일산로 20 연세대학교 원주의과대학 재활의학교실(033-741-1421) (학)1983년 연세대 의대졸 1986년 同대학원 의학석사 1993년 의학박사(연세대) (경)1990~1993년 연세대 의과대학 재활의학교실 연구강사 1994~2001년 同원주의과대학 재활의학교실 조교수·부교수 1999~2000년 Case Western Reserve Univ. Clinical Research Fellow 2002년 연세대 원주의과대학 재활의학교실 교수(현) 2007년 同원주의과대학 교무부학장 2013~2016년

同원주세브란스기독병원 부원장 2013~2018년 2018평창동계올림픽조직위원회 최고의료책임자(CMO) 2017~2019년 연세대 원주의료원장 겸 원주세브란스기독병원장 2019년 한국도핑방지위원회 위원장(현)

이영희(李英熙) LEE Younghee

(생)1961·3·10 (본)경주(慶州) (출)경남 양산 (주)부산광역시 동구 중앙대로 338 연합뉴스 부산취재본부(051-462-7373) (학)1980년 부산 동아고졸 1987년 부산대 무역학과졸 (경)1987년 연합통신 입사 1999년 연합뉴스 부산·경남취재본부 차장대우 2001년 同부산·경남취재본부 차장 2004년 同부산지사 부장대우 2007년 同부산지사 부장 2009년 同경남취재본부장 2009년 同경남취재본부장(부국장대우) 2012년 同경남취재본부장(부국장급) 2014년 同부산취재본부장 2015년 同부산취재본부 선임기자 2018년 同부산취재본부 선임기자(국장대우) 2019년 同부산취재본부 기자(선임)(현) (종)천주교

이오규(李五揆) LEE O Gyoo

(생)1958·2·11 (출)전북 고창 (주)서울특별시 종로구 종로1길 42 이마빌딩 15층 (주)삼표(02-460-7111) (학)1977년 광주상고졸 1984년 고려대 경영학과졸 (경)1983년 두산그룹 입사 2001년 (주)두산 전략기획본부 상무 2007년 同전략기획본부 전무 2008년 同관리본부 부사장 2008년 두산인프라코어(주) 경영관리총괄 부사장 2011년 同사장 2013~2015년 同경영관리본부 사장 2018년 (주)삼표 대표이사 사장(현)

이오상(李旿相)

(생)1974·4·14 (주)인천광역시 남동구 정각로 29 인천광역시의회(032-440-6076) (학)원광대 화학과졸 (경)사회복지사(현), 나사렛한방병원 원무과장, 두리봉사단 인천남동구지회장, 인천돌봄센터 기획실장 2010~2014년 인천시 남동구의회 의원(민주당·민주통합당·민주당·새정치민주연합) 2014~2018년 인천시 남동구의회 의원(새정치민주연합·더불어민주당) 2016년 同사회도시위원장, 박남춘 국회의원 후원회사무소 사무국장 2018년 인천시의회 의원(더불어민주당)(현), 同교육위원회 위원(현), 同윤리특별위원회 위원(현)

이오영(李旿永) Lee Oh Young

(생)1961·4·6 (주)서울특별시 성동구 왕십리로 222-1 한양대학교 국제병원(02-2290-8343) (학)1987년 한양대 의대졸 1993년 同대학원 의학석사 1997년 의학박사(가톨릭대) (경)1997~1999년 미국 캘리포니아대 로스앤젤레스교 소화기연구소 연구원 2007~2013년 한양대 서울병원 소화기내과 과장 2008년 同의대 내과학교실 교수(현), 同의대 의학과장, 同의학전문대학원 의학과장 2013년 대한소화기내시경학회 총무기획이사 2015년 한양대 서울병원 기획관리실장, 同서울병원 기획조정실장 2017~2019년 대한소화기기능성질환·운동학회 이사장 2018년 (주)대웅 사외이사(현) 2019년 한양대 국제병원장(현)

이오영(李午榮)

(생)1973·2·17 (출)충남 서천 (주)서울특별시 도봉구 마들로 749 서울북부지방법원(02-910-3310) (학)1991년 서울 경복고졸 1998년 서강대 법학과졸 (경)1997년 사법시험 합격(39회) 2000년 사법연수원 수료(29기) 2000년 서울지법 판사 2002년 同북부지원 판사 2004년 청주지법 판사 2007년 대전지법 판사 2008년 인천지법 판사 2011년 서울중앙지법 판사 2012년 서울고법 판사 2014년 서울서부지법 판사 2015년 울산지법 부장판사 2017년 수원지법 부장판사 2019년 서울북부지법 부장판사(현)

이 옥(李 玉·女) LEE Ok

(생)1964·8·9 (출)전남 고흥 (주)서울특별시 종로구 사직로8길 39 세양빌딩 김앤장법률사무소(02-3703-1639) (학)1982년 살레시오여고졸 1986년 고려대 법학과졸 2005년 한양대 행정대학원졸 (경)1989년 사법시험 합격(31회) 1992년 사법연수원 수료(21기) 1992~1994년 서울지검 북부지청 검사 1994~1996년 수원지검 성남지청 검사 1996~1998년 同검사 1998~1999년 서울지검 동부지청 검사 1999~2001년 법무부 여성정책담당관 2001~2004년 서울지검 검사 2004년 춘천지검 부부장검사 2004~2006년 대검찰청 검찰연구관 2006년 대구고검 검사(파견) 2006~2007년 법무부 인권옹호과장 2007~2008년 수원지검 공판송무부장 2008~2009년 인천지검 형사5부장 2009년 서울중앙지검 공판2부장 2009~2010년 서울중앙지검 형사7부장 2010년 김앤장법률사무소 변호사(현) 2012년 서울시 법률고문(현) 2012년 고려대 법학전문대학원 겸임교수(현) 2012~2016년 서울시 정보공개심의회 위원 2013~2014년 보건복지부 건강보험공표심의위원회 위원 2013~2018년 서울시 소청심사위원회 위원 2013년 대검찰청 정책연구심의위원회 위원(현) 2015년 제4회 변호사시험 출제위원 2015년 Unicef 한국위원회 이사(현) 2016년 통일부 자체규제심사위원회 위원(현) 2017년 법무부 범죄피해자보호위원(현) 2017년 행정자치부 규제심사위원회 위원(현) 2018년 서울가정법원 국선보조인(현) (상)법무부장관표창(2003)

이옥경(李玉卿·女) LEE Ok Kyung

(생)1948·11·24 (출)부산 (주)서울특별시 동작구 여의대방로54길 18 서울특별시여성가족재단(02-810-5000) (학)1972년 이화여대 신문방송학과졸 1983년 同대학원 사회학과졸 (경)1972~1980년 이화여대 영상연구소 연구원 및 강사·성신여대 강사 1988~1993년 여성민우회 부회장 1995년 내일신문 편집위원 1997년 同뉴욕특파원 2000년 同시사여성주간지 '미즈앤' 편집장·대표 2003년 방송문화진흥회 이사 2004~2005년 내일신문 편집국장 2004~2006·2010년 同이사 2006~2009년 방송문화진흥회 이사장 2006~2010년 삼성고른기회장학재단 이사 2010~2011년 삼성꿈장학재단 이사 2011년 (주)내일이비즈 부회장 2011~2014년 내일신문 사외이사 2013년 서울시여성가족재단 이사장(현) 2014년 내일신문 부사장(현) 2016년 同편집인 겸임(현) (상)올해의 이화언론인상(2005), 이화여대 언론홍보영상학부를 빛낸 동창상(2010)

이옥규(李玉揆·女)

(생)1965·11·20 (주)충청북도 청주시 상당구 상당로 82 충청북도의회(043-220-5116) (학)서원대 경영학과졸, 同대학원 향장미용학과졸, 패션디자인정보학박사(충북대) (경)서원대 뷰티학과 부교수, (사)대한미용사회충북도지회 부회장, (사)한국BBS중앙연맹 부총재, 자유한국당 충북도당 여성위원장(현) 2018년 충북도의회 의원(비례대표, 자유한국당)(현)

이옥선(李沃鮮·女)

(생)1964·7·26 (주)경상남도 창원시 의창구 상남로 290 경상남도의회(055-211-7310) (학)1996년 덕성여대 약학과졸 2008년 경남대 대학원 NGO협동과정학과졸 (경)민주노동당 마산시위원장, 마산여성노동자회 이사, 마산시약사회 홍보위원장·부의장 2006~2010년 경남 마산시의회 의원(비례대표) 2010년 경남 창원시의회 의원(진보신당·무소속) 2014~2018년 경남 창원시의회 의원(무소속·더불어민주당) 2014~2016년 同예산결산특별위원장 2016~2018년 同경제복지여성위원장 2018년 경남도의회 의원(더불어민주당)(현) 2018년 同기획행정위원회 위원장(현), 경상남도약사회 근무약사위원장(현)

이옥섭(李玉燮) LEE Ok Sub

(생)1951 · 10 · 20 (출)경남 (주)충청남도 천안시 동남구 병천면 송정리2길 59 (주)SK바이오랜드(041-550-7700) (학)1967년 부산고졸 1974년 서울대 공업화학과졸 1984년 한양대 대학원졸 1997년 이학박사(서울대) (경)(주)태평양 화장품생활연구소 수석연구원, 同의약건강연구소장, 同기술연구원장(전무) 2004년 同기술연구원 부사장 2006~2013년 대한화장품학회 회장 2006년 (주)아모레퍼시픽 기술연구원장 2013년 (주)SK바이오랜드 부회장(현) (상)세종대왕상(2000), 장영실상(2000), 다산기술상(2000), 대통령표창(2002), 정진기언론문화상 대상(2006)

이옥철(李沃哲)

(생)1962 · 11 · 8 (출)경남 고성 (주)경상남도 창원시 의창구 상남로 290 경상남도의회(055-211-7222) (학)마산상고졸 (경)공인중개사(현), 더불어민주당 경남도당 고성군경제활성화특별위원장(현), 고성초총동창회 사무국장, 고성신문사기자, 고성부동산공인중개사무소 대표, 고성군민주평통 자문회의 자문위원 2018년 경남도의회 의원(더불어민주당)(현) 2018년 同농해양수산위원회 위원(현)

이완구(李完九) LEE One Koo

(생)1950 · 6 · 2 (본)여주(驪州) (출)충남 홍성 (학)1970년 양정고졸 1975년 성균관대 법과대학 행정학과졸 1984년 미국 미시간주립대 대학원 형사정책학과졸 1990년 국방대학원 수료 1991년 서울대 행정대학원 수료 1994년 행정학박사(단국대) 2008년 명예 법학박사(충남대) 2009년 명예 경영학박사(공주대) (경)1974년 행정고등고시 합격(15회) 1974년 홍성군 사무관 1975년 경제기획원 사무관 1981년 충남 홍성경찰서장 1986년 駐LA총영사관 내무영사 1993년 충북지방경찰청장 1994년 충남지방경찰청장 1995년 경기대 교수 1995년 민자당 청양 · 홍성지구당 위원장 1996년 제15대 국회의원(청양 · 홍성, 신한국당 · 한나라당 · 자유민주연합) 1996년 신한국당 대표비서실장 1997년 同대선기획단 조직1본부 중부권대책단장 1998년 자유민주연합 제1사무부총장 · 사무총장 대행 1998년 同대변인 1998년 국회 농림해양수산위원회 위원 및 간사 2000년 제16대 국회의원(청양 · 홍성, 자유민주연합 · 한나라당) 2000년 남북정상회담 남측대표단 2001년 국회 2002월드컵등국제경기대회지원특위 위원장 2001년 자유민주연합 원내총무 2001년 同지도위원장 2006~2009년 충남도지사(한나라당) 2006년 국가균형발전위원회 민간위원 2008년 한국지역신문협회 명예회장 2010~2011년 우송대 석좌교수 2012년 새누리당 충남도당 명예선대위원장 2013~2016년 제19대 국회의원(부여 · 청양 재선거 당선, 새누리당) 2013~2014년 국회 농림축산식품해양수산위원회 위원 2013년 새누리당 세종특별자치시지원을위한특별위원회 위원장 2013년 운정회(雲庭會) 부회장 2014~2015년 새누리당 원내대표 2014~2015년 국회 운영위원회 위원장 2014년 새누리당 비상대책위원회 위원장 2014년 국회 안전행정위원회 위원 2014~2015년 국회 정보위원회 위원 2015년 제43대 국무총리 (상)보국훈장 광복장(1980), 대통령표창(1985), 홍조근정훈장(1991), 국제최고경영자상, (사)한국언론인연합회 제1회 자랑스런 한국인 대상(2001), 미국 LA아시안상공회의소연합회 국제최고경영자상(2008), 백봉신사상 대상(2014), 성균관대총동창회 공직자부문 '2014 자랑스런 성균인상'(2015) (종)천주교

이완규(李完揆) LEE Wan Kyu

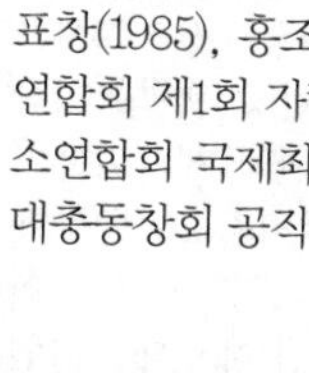

(생)1961 · 2 · 4 (본)전주(全州) (출)인천 (주)서울특별시 서초구 서초대로74길 4 삼성생명 서초타워 법무법인(유) 동인(02-2046-0668) (학)1979년 인천 송도고졸 1986년 서울대 법학과졸 1988년 同대학원 법학과졸 2005년 법학박사(서울대) (경)1990년 사법시험 합격(32회) 1994년 사법연수원 수료(22기) 1994년 서울지검 검사 1996년 부산지검 울산지청 검사 1997년 전주지검 검사 1999년 서울지검 서부지청 검사 2000년 독일 연수 2003년 대검찰청 검찰연구관 2005년 광주지검 검사 2006년 同부부장검사 2006년 대검찰청 혁신기획과 파견 2007년 서울고검 검사 2008년 서울중앙지검 부부장검사 2009년 청주지검 제천지청장 2010년 대검찰청 형사1과장 2011년 서울남부지검 형사4부장 2012년 법무연수원 교수 2013년 대전지검 서산지청장 2014년 청주지검 차장검사 2015년 서울북부지검 차장검사 2016~2017년 인천지검 부천지청장 2017년 법무법인(유) 동인 구성원변호사(현) 2018년 언론중재위원회 제7회 전국동시지방선거 선거기사심의위원회 위원 (상)홍조근정훈장(2014) (저)'독일어휘연구' '수험독일어연구' (종)천주교

이완근(李浣根) LEE Wan Keun (석담)

(생)1941 · 1 · 23 (본)전주(全州) (출)경기 시흥 (주)경기도 성남시 분당구 대왕판교로395번길 8 신성이엔지(031-788-9115) (학)1959년 성남고졸 1965년 성균관대 교육학과졸 1989년 서울대 경영대학원 AMP 수료, 동국대 대학원 불교문화예술학과졸 2001년 명예 경영학박사(성균관대), 성균관대 유학대학원졸 (경)1970~1973년 경원세기산업 영업과장 1973~1976년 중앙설비 대표 1977~2000년 (주)신성엔지니어링 대표이사 1979~1987년 냉동공조공업기술협회 회장 1996~2000년 (주)신성이엔지 대표이사 사장 1996년 (주)신성기술연구소 각자대표이사 사장 1998년 한국공기청정협회 부회장 1998년 한국반도체산업협회 부회장 2000년 신성환경기술(주) 대표이사 사장 2000~2019년 (주)신성이엔지 대표이사 회장 2004~2006년 한국냉동공조공업협회 회장 2004~2007년 한국산업기술평가원 이사 2005년 우리기술투자(주) 공동대표이사 2006~2010년 한국냉동공조협회 회장 2007년 우리기술투자(주) 대표이사 회장(현) 2008~2010년 성균관대총동창회 회장 2008~2010년 (주)신성홀딩스 대표이사 회장 2008~2014년 한국태양전지연구조합 이사장 2008년 신성그룹 회장 2011년 신성솔라에너지 대표이사 회장 2015년 한국태양광산업협회 회장(현) 2017년 기후변화센터 공동대표(현) 2019년 (주)신성이엔지 회장(현) (상)우수기계상(1990), 철탑산업훈장(1991), IR52 장영실상(1993), 금탑산업훈장(2005), 다산경영상 창업경영인부문(2007), 중소기업문화대상(2007 · 2008), 한국인사조직학회 창업기업인상(2010), 고용창출우수기업 대통령표창(2010), 자랑스러운 성균인 기업인부문(2011), 태양광발전학회 공로상(2014), 5천만불 수출의탑(2014) (저)'태양광 선언'(2016) (종)불교

이완수(李完洙) LEE Wan Soo

(생)1959 · 1 · 15 (출)경북 영덕 (주)서울특별시 서초구 서초중앙로 215 법무법인 민주(02-591-8400) (학)1977년 대구고졸 1981년 서울대 법학과졸 (경)1980년 사법고시 합격(22회) 1983년 사법연수원 수료(13기) 1983년 軍법무관 1986년 전주지검 검사 1988년 대구지검 경주지청 검사 1990년 서울지검 검사 1992년 법무부 법무심의관실 검사 1994년 서울고검 검사 1995년 대전지검 공주지청장 1996년 대검찰청 검찰연구관 1998년 인천지검 형사3부장 1998년 同특수부장 1999년 부산지검 공안부장 2000년 서울지검 동부지청 형사5부장 2001년 同동부지청 형사4부장 2002년 대검찰청 감찰1과장 2003년 창원지검 차장검사 2004년 대전지검 차장검사 2005~2006년 서울고검 검사 2006~2015년 변호사 개업 2015~2017년 감사원 사무총장(차관급) 2018년 법무법인 민주 고문변호사(현)

이완신(李完信) Lee Wan Shin

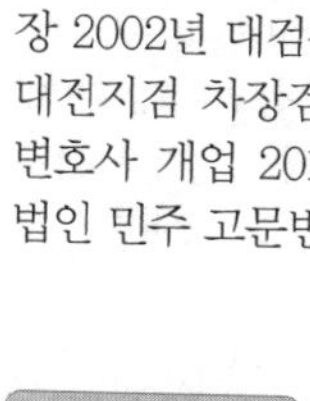

(생)1960 · 10 · 2 (주)서울특별시 영등포구 양평로21길 10 롯데홈쇼핑 임원실(02-2168-5252) (학)1979년 서울 문일고졸 1987년 고려대 중어중문학과졸 1998년 연세대 대학원 마케팅학과졸 2010년 벤처경영학박사(건국대) 2013년 연세대 경영전문대학원 유통전문경영자과정(ADMP) 수료 (경)1987년 롯

데쇼핑 입사 2001년 同백화점사업본부 본점 숙녀1팀장 2003년 同백화점사업본부 안양점장 2005년 同백화점사업본부 강남점장(이사대우부장) 2007년 同백화점사업본부 노원점장(이사) 2010년 同백화점사업본부 부산본점장(상무) 2012년 同백화점사업본부 본점장 2014년 同백화점사업본부 마케팅부문장(전무) 2017년 롯데홈쇼핑 대표이사 전무 2018년 同대표이사 부사장(현) [상]매일경제 광고대상 '올해의 광고인상'(2015), 연세경영자상(2017), 대통령표창(2017), 동탑산업훈장(2018), 전문직여성한국연맹 BPW Gold Award(2019)

이완재(李完在) LEE WAN JAE

[생]1959 · 9 · 19 [본]전주(全州) [출]강원 원주 [주]서울특별시 종로구 종로1길 50 더케이트윈타워 B동 12층 SKC(주)(02-3787-1134) [학]1977년 원주고졸 1984년 고려대 경영학과졸 [경]1984~1992년 유공 석유전략기획팀 근무 1992~1999년 同소매지원팀 과장 1999년 SK에너지판매(주) 대전지사부장 2000년 同ERP추진팀장 2002년 同인력팀장 2003년 SK네트웍스(주) 전략기획팀장 2004년 同경북지역본부장 2005년 同소매지원팀장 2006년 同CRM담당임원(상무) 2007년 同R&M전략기획본부장(상무) 2009~2010년 GLDP 연수(Global Leadership Development Program) 2010년 SK(주) 사업지원1실장(상무) 2012년 同LNG사업추진TF장(전무) 2012년 SK E&S LNG사업부문장 2013년 同전력사업부문장 겸 평택에너지서비스 대표이사 2014년 同전력사업부문장 2016년 SKC(주) 대표이사 사장(현)

이완형(李琓炯)

[생]1973 · 10 · 1 [출]울산 [주]경상남도 창원시 성산구 창이대로 681 창원지방법원 총무과(055-239-2009) [학]1992년 부산 사직고졸 1997년 고려대 법학과졸 [경]1999년 사법시험 합격(41회) 2002년 사법연수원 수료(31기) 2002년 육군법무관 2005년 청주지법 판사 2008년 수원지법 성남지원 판사 2011년 서울중앙지법 판사 2013년 서울동부지법 판사 2015년 대법원 재판연구관 2018년 창원지법 부장판사(현)

이완희(李完熙) LEE Wan Hee

[생]1960 · 9 · 2 [출]인천 [주]인천광역시 계양구 살라리로2번길 9 천주교 인천교구 서운당성당(032-553-6573) [학]1983년 가톨릭대 신학과졸 1987년 同대학원졸 1994년 신학박사(이탈리아 성안셀모대) [경]1987년 사제 서품 1996년 인천가톨릭대 신학과 부교수 2000년 同도서관장 2005~2007년 同사무처장 2007년 同대학원장 겸 교무처장 2014~2018년 인천 대건고 교장 2018년 천주교 인천교구 서운동성당 주임신부(현) [종]천주교

이완희(李玩熹)

[생]1968 · 7 · 11 [출]충북 청주 [주]충청북도 청주시 서원구 산남로62번길 51 대전고등법원 청주재판부(043-249-7114) [학]1987년 충북고졸 1993년 서울대 사법학과졸 [경]1995년 사법시험 합격(37회) 1998년 사법연수원 수료(27기) 1998년 청주지법 예비판사 2000년 同판사 2002년 수원지법 판사 2006년 서울중앙지법 판사 2009년 서울고법 판사 2011년 대법원 재판연구관 2013년 창원지법 부장판사 2014년 서울고법 판사 2019년 대전고법 청주재판부 판사(현)

이왕건(李旺建) Lee, Wang Geun

[생]1963 · 7 · 18 [본]성산(星山) [주]세종특별자치시 국책연구원로 5 국토연구원 도시연구본부(044-960-0242) [학]1986년 계명대 공과대학 도시공학과졸 1989년 서울대 환경대학원 환경조경학과졸 2002년 도시 및 지역계획학박사(미국 텍사스 A&M대) [경]1989~1990년 특수전문요원(석사장교) 1991~1992년 계명대 공과대학 시간강사 1992년 국토연구원 녹색국토 · 도시연구본부 연구위원, 同도시재생전략센터장, 同도시재생지원사업단장 2003~2004년 신행정수도건설추진지원단 파견 2006년 건설교통인재개발원 건설교통기술연구개발사업 도시재생시스템사업단 기획위원 2006년 서울시립대 도시공학과 시간강사 2006 · 2009년 안양대 도시정보공학과 시간강사 2006년 경기도 제2사전재해영향성검토위원회 위원 2006~2008년 성남시 도시계획위원회 위원 2007~2008년 단국대 대학원 시간강사 2007년 양주시 도시계획위원회 위원 2007~2011년 여주군 정책자문단 도시건설분과위원장 2008~2009년 아주대 공공정책대학원 겸임교수 2008년 서울시 투자심사위원회 위원 2008~2011년 안양지식산업진흥원 자문위원 2009년 성결대 도시계획 · 부동산학과 강사 2012년 국토연구원 도시재생사업센터장 2013년 同국토관리도시연구본부 연구위원 2015년 同국토관리도시연구본부 선임연구위원 2015년 同도시재생연구센터장 2017년 同도시재생연구센터 선임연구위원, 同도시연구본부장(현) [상]건설교통부장관표창(2006) [저]'공간이론의 사상가들(共)'(2001, 도서출판 한울) '세계의 도시 : 도시계획가가 본 베스트 53(共)'(2002, 도서출판 한울) '공간이론 석학과의 대화(共)'(2005, 도서출판 한울) '현대 공간이론의 사상가들(共)'(2005, 도서출판 한울) '살기좋은 지역만들기(共)'(2007, 국가균형발전위원회) '살기좋은 지역만들기 정책의 추진(共)'(2007, 코리아프린테크) 'Promoting a Livable Community/City Making Policy(共)'(2007, Presidential Committee on Balanced National Development) '글로벌시대의 녹색성장과 미래국토전략'(2009, 국토연구원) [역]'스마트성장개론(This is Smart Growth)(共)'(2010)

이왕열(李汪烈) LEE Wang-Yul (李八龍)

[생]1943 · 2 · 15 [본]영천(永川) [출]경북 구미 [주]서울특별시 강남구 학동로 106 동일빌딩 4층 기네스리그룹(02-415-9393) [학]1958년 체신고 입학 · 중퇴 1962년 대입검정고시 합격 1970년 한국외국어대 동양어대졸 1986년 건국대 행정대학원 행정학과졸 1987년 미국 조지워싱턴대 경영행정대학원졸 1988년 연세대 경영대학원 마케팅 · 국제경영학과졸 1991년 서울대 행정대학원졸 1991년 명예 경영학박사(미국 링컨대) 1993년 경영학박사(미국 뉴포트대) 1993년 명예 행정학박사(미국 미드아메리카대) 1994년 명예 교육학박사(미국 뉴포트대) 1995년 명예 국제정치학박사(미국 아메리칸코스트라인대) 1996년 행정학박사(미국 미드아메리카대) 1996년 미국 링컨대 대학원 경영학과졸 1997년 고려대 교육대학원 교육행정학과졸 포함 116개 학위수료증 [경]보통고시 합격(16회), 사법 · 행정요원 예시 합격(1회), 5급공무원 채용시험 합격(11회), 외무부 4급공무원 특채서류전형시험 합격 1967년 한국동남아학생협회 회장 1969년 한국관광공사 근무 1969년 KAL 국제선 스튜어드 1973~1987년 현대그룹 입사 · 부장 1981년 민정당 입당 1983년 오대양주택건설 대표이사 1987~1992년 민정당 중앙상무위원 1987년 건설정책연구원 전문위원 1988년 국제라이온스협회 309복합지구 재무총장 · 354-A지역 부총재 1989년 국제전략경영연구원 원장(현) 1989~2003년 미국 링컨대 객원교수 1991~1995년 서울시의회 의원(대변인) 1992~1997년 민자당 중앙상무위원 1993년 최다 학위수료증 보유기록(2017년 현재 116개로 기네스북 등재) 1994년 서울시학교육성회장단총연합회 회장 1994년 전국육성회회장연합회 회장 1994년 전국대학원총학생회장연합회 회장 1995~2000년 미국 뉴포트대 경영학과 교수 1996년 국제라이온스협회 309-A지역 부총재 1998년 한나라당 중앙상무위원 2000년 同중앙위원회 자문위원단 회장 2002년 同중앙위원회 5역협의회 부회장 · 제16대 대통령선거자문위원회 특보단장 2002년 세계대통령연구소 · 차세대대통령연구소 · 대통령재단 회장 2003년 바르게살기운동중앙회 부회장, 아이브레인컨설팅(주) 이사 2010년 기네스리그룹 회장(현) 2012년 미국 링컨대 국제관계담당학장 겸 정규박사학위(DBA)프로그램 글로벌 코디네이터(현) [상]제17대 이명박대통령당선자 감사장(4회), 미국 버락오바마 대통령 체육보건공로상 동상, 미국 하버드대 정치학부 코헨회장 특별감사패, 駐韓말레이시

아 대사표창, 인도네시아 자카르타시 경찰국 표창, 리비아 브레가 국영운송회사 표창, 미국 로스엔젤레스 한인상공회의소 회장 감사패, 국제라이온스협회 309-A지구 및 K지구 무궁화 사자대상(금), 국제라이온스협회 309(한국) 복합지구의장(89-90)감사패, 국제라이온스협회 309(한국)복합지구 한국사자대상, 국제라이온스협회장 감사장, 서울올림픽대회 자원봉사요원 올림픽기장(봉사장), 고려대 총장 감사패, 연세대 총장 감사패 (역)'한국의 세계 수출추세와 정책에 관한 연구'(영역) '한국기업의 지도력 상호작용과 효과'(국역) '남북 통일에 향한 경제협력과 전망'(영역) '교사들의 교장에 대한 자발적 평가에 관한 연구'(영역) '한국 교육문제'(영역) '한국에 있어서 교장과 지도력과 교사 사기에 관한 연구'(영역) '국민교육헌장 정신이 국군심리전 잠재력 제고 방안 수립에 미치는 영향력 관계'(영역) '대남 심리전에 대한 한국의 대책'(영역) '한용운 자유사상과 한국사에 미친 영향'(영역) '사회 마케팅 전략'(영역) '보상행정과 인적자원 관리'(국역) '한국의 중앙 지방행정기능의 적정화'(영역) (종)불교

이왕익(李旺益)

(생)1963·6·2 (주)서울특별시 서초구 서초대로74길 11 삼성전자(주) 재경팀(02-2255-0114) (학)1986년 서울대 국제경제학과졸 2001년 한국과학기술원(KAIST) 경영학과졸(석사) (경)삼성물산(주) 근무 2009년 삼성증권(주) 경영관리팀 상무, 삼성생명(주) 지원팀담당 임원 2010년 삼성전자(주) 미래전략실 전략1팀 상무 2015년 同미래전략실 전략팀 전무 2017년 同재경팀 부사장(현)

이왕재(李旺載) LEE Wang Jae

(생)1955·4·24 (본)광주(廣州) (출)경기 평택 (주)서울특별시 종로구 대학로 101 서울대학교 의과대학 해부학교실(02-740-8208) (학)1975년 경기고졸 1982년 서울대 의대졸 1986년 同대학원 의학석사 1990년 의학박사(서울대) (경)1982~1983년 인제대 서울백병원 수련의 1983~1987년 서울대 의대 해부학교실 조교 1987~1990년 경상대 의대 강사 1990년 서울대 의대 해부학교실 전임강사·조교수·부교수, 同의대 해부학교실 교수(현) 1993~1995년 미국 시카고대 의대 연구교수 2001년 서울대 교무처 부처장 2002년 同기초교육원장 2004년 미국 세계인명사전 'Marquis Who's Who in the World'에 등재 2004~2006년 서울대 의대 연구부학장 2005~2012년 同의대 해부학교실 주임교수 2007년 성산생명윤리연구소 소장 2008년 국가과학기술위원회 운영위원 2008년 첨단의료복합단지위원회 추진위원 2009년 대한면역학회 회장 2012~2014년 서울대 의대 통일의학센터 소장 2013~2015년 한국보건의료연구원 비상임이사 2016~2018년 대한해부학회 이사장 2016년 (주)코디엠 사외이사 (상)빛날상(1999), 영국 IBC '올해의 의학자상'(2004), 영국 IBC '세계 100대 의학자상'(2005), 영국 IBC Greatest Lives '21세기를 빛낸 저명위인'에 선정(2006) (저)'비타민-C가 보이면 건강이 보인다' '비타민-C 박사의 생명이야기' '과학과 신앙'(共) '건강에 비결이 있을까?'(共) '스트레스는 없다'(共) '음악이 건강에 미치는 영향'(共) (종)기독교

이왕준(李旺埈) Lee Wang Jun

(생)1964·9·12 (출)전북 전주 (주)경기도 고양시 덕양구 화수로14번길 55 명지병원 재단 이사장실(031-810-5009) (학)1983년 전라고졸 1992년 서울대 의대졸 2002년 인하대 대학원 의학석사 2006년 의학박사(서울대) (경)1998년 의료법인 인천사랑의료재단 이사장(현) 1999년 주간신문 '청년의사' 대표이사 겸 발행인 1999년 (사)한국이주민건강협회 회장 2002년 대한중소병원협의회 부회장 2002년 한국이주노동자인권센터 이사장 2006~2012년 대한병원협회 정책이사 겸 국제이사 2008년 한국의료QA학회 이사 2009년 의료법인 명지의료재단 이사장(현) 2009년 관동대 의료원장 2009년 대한외과학회 부회장 2010년 의료법인 명지의료재단 제천명지병원 이사장(현) 2011년 (사)한국이주민건강협회 부회장(현) 2012년 청풍호노인사랑병원 이사장(현) 2012년 주간신문 '청년의사' 대표이사 겸 발행인(현) 2013~2017년 한국의료수출협회 회장 겸 이사장 2014년 한국헬스케어디자인학회 회장 2015년 同이사장(현) 2015년 대한병원협회 메르스대책위원회 위원장 2015년 경기도 메르스대응민관합동의료위원회 위원 2016년 대한기독병원협회 회장(현) 2016년 대한병원협회 정책부위원장 2016년 인천시체조협회 초대회장(현) 2017년 아시아항암바이러스협회 초대회장(현) 2017년 대한병원협회 국제위원장(현) (상)국무총리표창(2010), 러시아 보건훈장(2011), 보건복지부장관표창(2011), 대통령 인증패(2012), 국제병원연맹세계병원총회 사회적책임우수상(2015) (저)'종합병원 청년의사들'(1994, 열음사) '종합병원 청년의사들'(2014, 청년의사) (종)기독교

이외수(李外秀) LEE Oi Soo

(생)1946·8·15 (본)전주(全州) (출)경남 함양 (학)1964년 인제고졸 1972년 춘천교육대 중퇴 (경)소설가(현) 1972년 강원일보 신춘문예에 「견습 어린이들」로 당선 1975년 「세대」誌에 중편 '훈장'으로 신인문학상 수상 1975년 강원일보 근무 1977년 춘천 세종학원 강사 1978년 원주 원일학원 강사 1990년 이외수·이목일·이두식·마광수 4인의 에로틱아트전(나우갤러리) 1994년 仙華개인전(신세계미술관) 2003년 퍼포먼스 묵행 : 강원삼색공연(3월)·마임개막전(5월)·한국실험예술제(9월)·대구문화방송 갤러리M초대전 「이외수 봉두난방 특별전」(10월) 2005년 제2회 천상병예술제 이외수 특별초대전 「붓으로 낚아챈 영혼」 2008년 MBC 라디오 '이외수의 언중유쾌' 진행 2008년 포스코갤러리 「기획초대 이외수 선화전」 2008년 춘천MBC 「선화 작품전」 2010년 바둑TV 토크쇼 '별난 생각' 진행 2010년 도광역정신보건센터 자살예방 홍보대사 2011년 KBS2 TV '두남자의 수상한 쇼' 진행 2012년 '2012 독서의 해' 홍보대사 2012년 화천군 홍보대사 2013년 초록우산어린이재단 홍보대사 2014년 2018평창동계올림픽 홍보대사 2015년 안중근의사동상건립범국민운동 홍보대사 2018년 남예종예술실용전문학교 학장(현) (상)강원일보 신춘문예(1972), '세대'지 신인문학상(1975), 환경재단 세상을 밝게 만든 사람들(2010), 2015년을 빛낸 도전한국인 10인 대상(2016), 한국인권신문 한국인권대상(2017) (저)중단편 '겨울나기'(1980), '장수하늘소'(1986), '훈장', '자객열전', '박제', '고수', '언젠가는 다시 만나리', '붙잡혀 온 남자', '틈', '개미귀신', '술잔 속의 하나님', 장편소설 '꿈꾸는 식물'(1978), '들개'(1981), '칼'(1982), '벽오금학도'(1992), '황금비늘1·2'(1997), '괴물1·2'(1997), '장외인간1·2'(2005), 우화집 '사부님 싸부님1·2'(1983), '외뿔'(2001), 산문집 '내 잠속에 비 내리는데'(1985), '감성사전'(1994), '그대에게 던지는 사랑의 그물'(1998), '내가 너를 향해 흔들리는 순간'(2003), '날다 타조'(2003), '뼈'(2004), '바보바보'(2004), 시집 '말더듬이의 겨울수첩'(1986), '풀꽃 술잔 나비'(1987), '그리움도 화석이 된다'(2000) '글쓰기의 공중부양'(2006), 선화집 '숨결'(2006), 에세이집 '여자도 여자를 모른다'(2007), '이외수의 생존법 하악하악'(2008), '이외수의 소생법 청춘불패'(2009), '아불류 시불류'(2010), '코끼리에게 날개 달아주기'(2011), '절대강자(이외수의 인생 정면 대결법)'(2011), '사랑외전(이외수의 사랑법)'(2012), '마음에서 마음으로(생각하지 말고 느끼기 알려하지 말고 깨닫기)'(2013), '완전변태'(2014), '쓰러질때마다 일어서면 그만'(2014) '보복대행전문주식회사1·2권'(2017) '시간과 공간이 정지하는 방'(2017) '이외수의 캘리북'(2018)

이 용(李 龍) Lee Yong

(생)1960·1·5 (출)서울 (주)서울특별시 서초구 반포대로 158 서울고등검찰청 총무과(02-530-3261) (학)1978년 경기고졸 1983년 서울대 법대졸 1989년 同대학원졸 2016년 同법학전문대학원 전문박사(형사법 전공) (경)1988년 사법시험 합격(30회) 1991년 사법연수원 수료(20기) 1991년 서울민사지법 판사 1992년 서울지검 검사 1994년 창원지검 충무지청 검사 1995

년 인천지검 부천지청 검사 1997년 부산지검 검사 1999년 법무부 특수법령과 검사 2001년 서울지검 남부지청 검사 2003년 同남부지청 부부장검사 2003년 대검찰청 연구관 2003년 대전고검 검사·한반도에너지개발기구(KEDO) 파견 2004년 울산지검 부부장검사 2005년 의정부지검 부부장검사 2006년 부산지검 외사부장(KEDO 파견복귀) 2007년 수원지검 형사3부장 2008년 서울남부지검 형사3부장 2009년 同형사1부장 2009년 법무연수원 연구위원 2010년 대검찰청 과학수사기획관 2011년 서울고검 검사 2011~2012년 국민권익위원회 파견 2013년 전주지검 군산지청장 2014년 인천지검 부장검사(법무연수원 연구위원 파견) 2015년 서울고검 검사(서울시 법률자문검사 파견) 2016년 대검찰청 검찰연구관 2018년 대전지검 홍성지청장 2019년 서울고검 검사(현) 상검찰총장표창(1995), 홍조근정훈장(2013) 저'불법집단행동 규율의 비교법적 분석'(2015)

이용걸(李庸傑) LEE Yong Geol

생1957·11·27 출부산 주충청북도 제천시 세명로 65 세명대학교 총장실(043-649-1112) 학경기고졸 1980년 서울대 경제학과졸 1982년 同행정대학원졸 1987년 미국 밴더빌트대 대학원 경제학과졸 경1980년 행정고시 합격(23회) 1997년 재정경제원 장관실 서기관 1998년 대통령직인수위원회 위원장실 행정관 1998년 기획예산위원회 재정협력과장 1999년 기획예산처 산업과학예산과장 2000년 同농림해양예산과장 2001년 同재정정책과장 2002년 同기획총괄과장(부이사관) 2003년 국가균형발전위원회 파견(국장급) 2004년 기획예산처 사회재정심의관 2005년 同사회재정심의관(이사관) 2005년 同산업재정기획단장 2005년 同정보화예산혁신TF팀장 겸임 2006년 同재정정책기획관 2006년 同재정운용기획관 2007년 同공공혁신본부장 2007년 同정책홍보관리실장 2008년 기획재정부 예산실장 2009~2010년 同제2차관 2010~2013년 국방부 차관 2013~2014년 방위사업청장 2015년 세명대 총장(현) 2016~2018년 한국해양과학기술원 이사장 2016년 '2017제천국제한방바이오산업엑스포' 조직위원회 공동위원장

이용경(李容璟) LEE Young Kyung

생1943·6·11 본광주(廣州) 출경기 안양 주서울특별시 용산구 서빙고로59길 8 CGNTV 임원실(02-796-9800) 학1960년 경기고졸 1964년 서울대 전자공학과졸 1969년 미국 오클라호마대 대학원 전자공학과졸 1975년 공학박사(미국 캘리포니아대 버클리교) 경1975~1977년 미국 일리노이주립대 조교수 1977년 미국 Exxon 책임연구원 1979년 미국 AT&T 벨연구소 연구원 1984년 미국 Bell Communications Research 연구원 1986~1991년 미국 AT&T 벨연구소 연구원 1991년 한국통신연구개발단 기초기술연구부 책임연구원 1991년 同선로기술연구소 책임연구원 1993년 同연구개발단장 1994년 同연구개발원장 1995년 同무선통신개발장 1996년 同연구개발본부장(전무) 1997년 한국정보통신기술협회(TTA) 정보통신표준총회 의장 1999년 국가과학기술자문위원회 연구전문위원 2000년 한국통신학회 협동부회장 2000년 한국통신프리텔 대표이사 사장 2000년 국제전자상거래연합회(GBDe : Global Business Dialogue on Electronic Commerce) 공동의장 2001년 KTF 대표이사 사장 2001년 유엔 정보통신위원회(ICT) 민간위원 2002~2005년 KT 대표이사 사장 2002년 한국통신사업자연합회 회장 2003년 국제전자상거래연합회 의장 2005년 한국과학기술원(KAIST) 정보미디어경영대학원 텔레콤MBA과정 초빙교수 2005~2006년 미국 노스웨스턴대 켈로그스쿨 강의 2007년 창조한국당 공동대표 2008년 同고문 2008년 제18대 국회의원(비례대표, 창조한국당) 2008~2009년 창조한국당 정책위원회 의장 2008년 국회 문화체육관광방송통신위원회 위원, 국회 예산결산특별위원회 위원, 국회 정치개혁특별위원회 위원, 국회 미래과학기술방송통신포럼 공동대표, 한·몰타의원친선협회 회장 2009년 창조한국당 원내대표 2010년 한·러의원외교협의회 부회장 2012년 한국과학기술원 정보미디어경영대학원 겸임교수 2012년 同경영대학 경영공학과 겸임교수 2014년 새정치민주연합 최고위원 2016년 CGNTV 대표(현) 상동탑산업훈장, 기술경영인상 CTO부문, 한국능률협회 최고경영자상, 금탑산업훈장, 과학기술부·한국과학문화재단 10명 선정 '2004 닮고 싶고 되고 싶은 과학기술인'(2004), 미국 전기·전자기술자협회 IEEE 프레드릭 필립스 어워드(2006), 의정행정대상 국회의원부문(2010) 저'남 따라 하지 마라'(2011, U-북) 종기독교

이용관(李龍寬)

생1956·5·16 출충남 당진 주부산광역시 남구 유엔평화로76번길 1 (재)부산문화회관(051-607-6006) 학1983년 부산대 영어영문학과졸 1999년 단국대 경영대학원 예술경영학과졸 2004년 공연예술학박사(성균관대) 경1982~1998년 호암아트홀 수석부장 2003~2004년 (재)부천문화재단 전문위원 2004~2007년 안양문화예술회관 관장 2007~2013년 (사)한국예술경영연구소 소장 2013~2015년 대전문화예술의전당 관장 2015~2018년 (사)한국예술경영연구소 소장 2018년 (재)부산문화회관 대표이사(현) 2019년 부산시 오페라하우스·부산국제아트센터 총괄(PM)(현)

이용관

생1959·8·30 출전남 진도 주대전광역시 서구 청사로 189 관세청 운영지원과(042-481-7620) 학1988년 광주경상전문대학졸 경1979년 부산본부세관 감시1관실 근무 2005년 울산세관 감시과 감시계장 2010년 부산본부세관 감시장비과 장비계장 2014년 여수세관 조사심사과장 2015년 사천세관장 2016년 사천세관비즈니스센터장 2016~2019년 부산본부세관 감시장비과장, 공로연수(현)

이용구(李容九) LEE Yong Koo

생1946·10·1 출서울 학보성고졸 1971년 연세대 건축공학과졸 경1971년 대림산업(주) 입사·해외영업부장 1984년 同이사대우 1986년 同이사 1991년 同해외부문담당 상무이사 1996년 대림그룹 기획조정실장(전무이사) 1997~1999년 대림엔지니어링 공사본부장(전무이사) 1999년 대림산업(주) 공사본부장(전무이사) 1999년 同행정부문장(부사장) 2000년 同대표이사 사장 2001년 同건설부문 대표이사 사장 2001년 대한건설협회 부회장 2006~2009년 해외건설협회 회장 2006년 대한건설단체총연합회 이사 2006년 대림산업(주) 대표이사 부회장 2006~2011년 대림산업(주) 대표이사 회장 2012년 동아건설 회장 2015~2016년 프라임개발(주) 회장 상금탑산업훈장(2003), 조선일보 광고대상(2004) 종기독교

이용구(李鎔九) Lee Yong Goo

생1954·2·6 출충남 서산 주서울특별시 동작구 흑석로 84 중앙대학교 경영경제대학 응용통계학과(02-820-5499) 학1972년 대광고졸 1980년 고려대 정경대학 경제학과졸, 미국 미네소타대 대학원졸 1986년 통계학박사(미국 미네소타대) 경1986~2016년 중앙대 응용통계학과 교수 1993~1994년 미국 미네소타대 방문부교수 1997~2001년 중앙대 신문사·방송국 주간교수 1999~2002년 한국분류학회 회장 2002~2004년 IFCS(International Federation of Classification Society) Council Member 2003~2005년 중앙대 입학처장 2007~2012년 한국정보산업연합회 CRM·BI협의회장 2007~2009년 한국데이터마이닝학회 부회장 2009~2012년 한국정보산업연합회 이사 2012년 한국통계학회 부회장 2013~2016년 중앙대 총장 2014~2016년 대통령직속 통일준비위원회 통일교육자문단 자문위원 2015~2016년 서울총장포럼 초대회장 2016년 서울총장포럼 공유대학추진단장 2016년 중앙대 경영경제대학 응용통계학과 명예교수(현) 2016

년 새누리당 당무감사위원장 2017~2018년 자유한국당 당무감사위원장 2017년 同비상대책위원회 위원 2017~2018년 同조직강화특별위원회 위원장 (저)'통계학원론'(1991, 율곡출판사) '회귀분석(共)'(1996, 율곡출판사) '마케팅 조사 통계분석(共)'(1998, SPSS 아카데미) 'SPSS를 활용한 마케팅조사분석'(2000, SPSS 아카데미) '수리통계학 개론(共)'(2000 · 2007, 경문사) '생활과 통계(共)'(2000, 한국방송통신대 출판부) '통계학의 이해-Excel 실습'(2001, 율곡출판사) '데이터마이닝-모델링과 사례(共)'(2003 · 2008, SPSS 아카데미) '다변량분석(共)'(2008, 한국방송통신대 출판부)

이용구(李容九) Lee Yong Gu

(생)1964 · 7 · 10 (출)경기 용인 (주)경기도 과천시 관문로 47 법무부 법무실(02-503-7006) (학)1983년 대원고졸 1992년 서울대 법학과졸 1996년 고려대 노동대학원졸 2002년 독일 본대 노동법연구소 수료 (경)1991년 사법시험 합격(33회) 1994년 사법연수원 수료(23기) 1994년 인천지법 판사 1996년 서울지법 판사 1998년 전주지법 정읍지원 판사 2000년 同정읍지원 부안군 · 고창군법원 판사 2001년 서울지법 북부지원 판사 2004년 서울행정법원 판사 2005년 법원행정처 송무심의관 2006년 同사법정책실 판사 2007년 대법원 양형위원회 운영지원단장 2008년 서울고법 판사 2009년 광주지법 부장판사 2010~2013년 사법연수원 교수 2013~2017년 법무법인 엘케이비앤파트너스 변호사 2013~2017년 법조공익단체 나우 이사 2014~2017년 민주화보상심의위원회 위원 2015~2017년 서울시행정심판위원회 위원 2016~2017년 서울지방국세청 국세심사위원회 위원 2016~2017년 대법원 형사사법발전위원회 외부위원 2017년 법무부 법무실장(현) 2017~2019년 同검찰과거사위원회 위원 2018년 '국민과 함께하는 사법발전위원회' 위원(현)

이용규(李墉圭) Lee Yong Kyu

(생)1942 · 12 · 22 (출)전북 (주)경기도 성남시 수정구 산성대로405번길 9 성남성결교회(031-745-0336) (학)1961년 군산고졸 1970년 성결대 신학과졸 1988년 서울신학대 신학대학원졸(M. Div) 1994년 목회학박사(서울신학대) 2005년 신학박사(서울신학대) (경)1970~1978년 부용중앙성결교회 담임목사 1973년 목사안수 1978~1979년 전주성결교회 부목사 1979~2011년 성남성결교회 담임목사 1982~1984년 성남신학교 이사장 1982년 성남시기독교연합회 회장 1984년 경기동지방회 회장 1993년 성결교회부흥사회 회장 1994~1998년 학교법인 서울신학대 이사 1997~2000년 세계바울부흥사선교협의회 대표회장 1998년 (사)한국기독교부흥협의회 대표회장 1998~2005년 민주평통 자문위원 1999년 세계기독교전도부흥협의회 총재 1999~2002년 대한예수교장로회 총회 이단사이비특별대책위원회 위원장 2000년 성결부흥운동협의회 대표회장 2000년 서울신학대대학원총동문회장 2000년 총회 심리부장 2001년 중부지역총회 총회장 2002년 세계바울부흥선교협의회 총재(현) 2002년 교단 장학회 회장 2002년 同부총회장 2003년 한국기독교총연합회 교회발전위원장 2003년 同부회장 2003년 기독교대한성결교회 총회장 2004~2005년 세계성결연맹 회장 2005년 한국기독교총연합회 공동회장 2006년 기성교단부흥사회 총재 2007년 한국기독교총연합회 대표회장 2011년 성남성결교회 원로목사(현)

이용규(李容圭) LEE Yong Kyu

(생)1957 · 11 · 25 (본)전주(全州) (출)경기 수원 (주)서울특별시 동작구 흑석로 84 중앙대학교 공공인재학부(02-820-5063) (학)1983년 중앙대 법학과졸 1985년 미국 플로리다주립대 대학원 행정학과졸 1989년 행정학박사(미국 플로리다주립대) (경)1988년 미국 플로리다주립대 강사 1988년 미국 플로리다주정부 도시및환경문제연구소 연구원 1989년 미국 시튼홀대 교수 1991~2010년 중앙대 행정학과 교수, 同학생지원처장 2001~2007년 디지털콘텐츠산업협회 회장 2005~2007년 중앙대 행정대학원장 2006년 국가안정보장이사회(NSC) 자문위원 2009년 우리지역경제포럼 초대회장 2010년 APEC TEL 한국대표(현), 국가지식정보관리위원회 위원, 동작구 인사위원회 위원 2010년 중앙대 공공인재학부 교수(현) 2014년 ITU(국제전기통신연합) 전문위원(현) 2017년 가습기구제계정운용위원회 위원 2018년 同위원장(현) (저)'행정정보시스템' '사용자중심의 행정정보시스템' (종)기독교

이용규(李容圭) Lee Yong Gyu

(생)1961 · 3 · 3 (출)충남 부여 (주)서울특별시 강남구 학동로 429 기계설비건설공제조합(02-6240-1000) (학)1980년 청주고졸 1984년 충북대 토목과졸 (경)2002년 건설교통부 기술안전국 건설환경과 서기관 2003년 대전지방국토관리청 예산국도유지건설사무소장 2004년 부산지방국토관리청 영주국도유지건설사무소장 2004년 서울지방국토관리청 하천국장 2005년 건설교통부 건설선진화본부 안전기획팀장 2007년 익산지방국토관리청 건설관리실장 2008년 국토해양부 하천계획과장 2008년 同건설수자원정책실 건설안전과장 2009년 공공주택건설추진단 파견(기술서기관) 2009년 서울지방국토관리청 도로시설국장 2010년 국토해양부 항공정책실 공항정책과장 2012년 교육 파견(서기관) 2016년 국토교통부 하천계획과장 2018년 同동서남해안및내륙권발전기획단 기획관(부이사관) 2018~2019년 서울지방항공청장 2019년 기계설비건설공제조합 이사장(현)

이용균(李鎔均) LEE Yong Kyun

(생)1963 (주)울산광역시 중구 북부순환도로 375 울산광역시교육청 부교육감실(052-210-5310) (학)1982년 충주고졸 1986년 성균관대 행정학과졸 1995년 미국 플로리다공대 대학원 석사 2010년 평생교육학박사(숭실대) (경)1987년 행정고시 합격(31회), 駐러시아연방대사관 1등서기관 2005년 교육인적자원부 전문대학정책과장 2006년 同학자금정책팀장 2007년 同대학지원국 대학재정복지팀장 2008년 교육과학기술부 진로취업지원과장(서기관) 2009년 同진로취업지원과장(부이사관) 2009년 세종연구소 교육파견 2010년 미래기획위원회 파견 2011년 목포해양대 총무과장 2012년 서울과학기술대 사무국장 2014년 제주대 사무국장(고위공무원) 2015년 한국교원대 사무국장 2017년 대전시 부교육감 2018년 同교육감 권한대행 2019년 울산시 부교육감(현) (상)대통령표창

이용균(李勇均)

(생)1969 · 7 · 15 (출)경남 함안 (주)경상남도 통영시 용남면 동달안길 67 창원지방법원 통영지원(055-640-8500) (학)1988년 마산고졸 1992년 서울대 법학과졸 1996년 同대학원 법학과 수료 (경)1997년 사법시험 합격(39회) 2000년 사법연수원 수료(29기) 2000년 대전지법 판사 2004년 同천안지원 판사 2007년 同가정지원 판사 2009년 청주지법 판사 2010년 대전고법 판사 2012~2015년 대전지법 서산지원 및 홍성지원 · 대전가정법원 서산지원 및 홍성지원 판사 2015년 전주지법 부장판사 2017년 창원지법 마산지원 부장판사 2018년 同통영지원장(현)

이용근(李鎔根) LEE Yong Keun

(생)1958 · 7 · 27 (출)강원 춘천 (주)서울특별시 동작구 흑석로 84 중앙대학교 경영학부(02-820-5558) (학)1977년 춘천고졸 1981년 중앙대 무역학과졸 1984년 同대학원 무역학과졸 1990년 경영학박사(중앙대) (경)1988년 한국무역연수원 강사 1991년 영국 웨일즈대 Post-Doc. 1991~1999년 중앙대 경영학부 조교수 · 부교수 1992년 한국국제상학회 사무국장 1999년 중앙대 경영학부 교수(현) 2000년 同국제경영대학원 국제통

상물류전공 학과장, 同부원장 2009~2011년 同대외협력처장 2009~2013년 同한국전자무역연구소 소장 겸 연구책임자 2012년 한국국제상학회 회장 2019년 중앙대 경영전문대학원장(현) (저)'무역관습론' '무역계약론' '무역실무' '인코텀즈 2000과 무역관습' '무역학개론'

이용근(李鎔根) LEE Yong Ken

(생)1959·11·7 (주)서울특별시 중구 삼일대로 340 나라키움 저동빌딩 국가인권위원회 운영지원과(02-2125-9710) (학)1980년 대구 청구고졸 1984년 경북대졸 2001년 프랑스 그르노블제2대 대학원 공공행정학과졸(석사) (경)1986~2001년 정보통신부 국제업무담당 1999~2001년 프랑스 유학 2002~2015년 국가인권위원회 북한인권팀장·이주인권팀장 2015년 同광주인권사무소장 2017년 同조사국 장애차별조사1과장 2018~2019년 同대구인권사무소장 2019년 공로연수(현)

이용길(李庸吉) LEE Yong Kil

(생)1945·6·15 (본)경주(慶州) (출)대구 (주)대구광역시 중구 남산로4길 112 천주교 대구대교구청(053-250-3000) (학)서울 성신고졸, 대건신학대 신학과졸, 同대학원 신학과졸, 로마 울바노대 수학 (경)1973년 사제 서품 1973~1974년 천주교 계산교회 보좌신부 1974~1976년 同신암교회 보좌신부 1976~1979년 同안강교회 주임신부 1979~1983년 유학(로마) 1983~1986년 천주교 대구대교구 교육국장 겸 가톨릭문화관 관장 1985~1986년 성토마스교회 주임신부 1986~1990년 산격교회 주임신부 1990~1993년 대구가톨릭대 사무처장 1993~1994년 큰고개교회 주임신부 1994년 천주교 대구대교구 사목국장 1995년 同대구대교구 비서실장 겸 기획실장 1996~1998년 바울로관 관장 1996~1999년 성바울로교회 주임신부 1999~2005년 가톨릭신문 사장 2005~2007년 한국성모의자애수녀회 지도신부 2005~2009년 안심원 사회복지이사 겸 지도신부 2007~2008년 매일신문 대표이사 사장 2007년 한국디지털뉴스협회 감사 2008~2009년 한국신문협회 부회장 2009~2011년 천주교 대구대교구 1대리구청 주교대리신부 2011~2014년 同대구대교구 교구총대리 2014년 同대구대교구 원로사제(현)

이용득(李龍得) LEE Yong Deuk

(생)1953·9·13 (출)경북 안동 (주)서울특별시 영등포구 의사당대로 1 국회 의원회관 429호(02-784-1730) (학)1974년 덕수상고졸 1983년 성균관대 경영학과졸 (경)1984년 한국상업은행 노동조합 여성담당 부위원장 1986년 同노조위원장 1988년 전국금융노동조합연맹 시중은행협의회 의장 1990년 同상임부위원장 1993년 UNI-KLC(국제사무·정보노동조합연합 한국협의회) 집행위원장 1996년 한국노동조합총연맹 교육국장·조직국장 1996년 同노동악법저지투쟁본부 상황실장 2002년 同개혁특별위원회 공동위원장 2004년 중앙노동위원회 심판위원 2004년 노사정위원회 상무위원 2004년 UNI-KLC 의장 2004년 전국금융산업노동조합 위원장 2004~2008·2011~2012년 한국노동조합총연맹 위원장 2004년 금융경제연구소 설립 2007·2011년 노사발전재단 공동이사장 2007년 FTA국내대책위원회 민간위원 2009~2010년 우리은행 신탁사업단장 2012년 민주통합당 최고위원 2012년 同제18대 대통령중앙선거대책위원회 노동위원장 2013년 同비상대책위원 2013년 민주당 상임고문 2013~2014년 同최고위원 2014~2015년 새정치민주연합 최고위원·전국노동위원장 2015년 同경제정의·노동민주화특별위원회 부위원장 2015~2016년 더불어민주당 최고위원 2015년 同상임고문(현) 2015년 同전국노동위원장 2016년 제20대 국회의원(비례대표, 더불어민주당)(현) 2016·2018년 국회 환경노동위원회 위원(현) (상)전태일재단 전태일노동상(2001), UNI global union 공포로부터의자유상(2014), 2018 입법 및 정책개발 우수국회의원(2019) (저)'노동은 밥이다 : 노사의 벽을 넘는 담쟁이가 되어'(2014, 미래를소유한사람들)

이용락(李容洛) LEE Yong Rak

(생)1963·3·10 (본)청안(淸安) (출)경북 경주 (주)경상북도 포항시 북구 법원로 177 법무법인 동해(054-252-3200) (학)1981년 경주고졸 1989년 영남대 행정학과졸 2002년 同법과대학원졸 (경)1995년 사법시험 합격(37회) 1998년 사법연수원 수료(27기), 변호사 개업, 경북도 고문변호사, 경북도 포항시·영덕군 고문변호사, 포항철강산업단지관리공단 고문변호사, 대구지방변호사회 중소기업법률지원변호사, 대한변호사협회 북한이탈주민법률지원변호사, 同장애인법률지원변호사, 법무법인 동해 대표변호사(현) 2019년 경북 울릉군 고문변호사(현)

이용만(李龍萬) RHEE Yong Man

(생)1933·8·29 (본)전주(全州) (출)강원 평강 (주)서울특별시 강남구 테헤란로 534 글라스타워빌딩 3층 (주)무궁화신탁(02-3456-0083) (학)1959년 고려대 법대졸 1966년 서울대 행정대학원졸 1976년 미국 코넬대 대학원졸 (경)1962년 내각수반기획통제관실 계획관 1963년 국무총리기획조정실 계획관 1966년 대통령비서실 서기관 1967~1971년 재무부 이재2·이재1과장 1971년 同이재국장 1975년 同기획관리실장 1977년 同재정차관보 1980년 경제과학심의위원회 상임위원 1982년 중앙투자금융 사장 1985년 신한은행장 1988년 한국외환은행장 1988년 대한상공회의소 부회장 1990년 은행감독원장 1991~1993년 재무부 장관 2007~2008년 제17대 대통령직인수위원회 취임준비위원회 자문위원 2009~2013년 대통령자문 국민원로회의 위원 2009년 (주)무궁화신탁 회장(현) 2011년 금호석유화학(주) 사외이사 겸 감사위원(현) 2011~2014년 우리금융지주 사외이사 2013~2014년 同이사회 의장 (상)홍조근정훈장, 중화민국 대수경정훈장, 고려대 특별공로상(2009) (종)기독교

이용만(李龍萬) LEE Young Man

(생)1959·12·18 (출)경북 김천 (주)서울특별시 성북구 삼선교로16길 116 한성대학교 미래융합사회과학대학(02-760-4494) (학)1985년 연세대 경제학과졸 1989년 同대학원졸 1995년 경제학박사(연세대) (경)1995~2000년 LG경제연구원 부연구위원 2000년 한성대 사회과학대학 부동산학과 교수(현) 2006~2010년 同부동산대학원장 2013년 同부동산학과장 2013년 한국주택학회 회장 2013~2014년 한국부동산분석학회 회장 2016·2018년 한성대 대학원장(현) (저)'부동산 금융론 : 이론과 실제(共)'(2017)

이용민(李庸民) Lee Yong Min

(생)1960·11·28 (주)전라북도 전주시 완산구 효자로 225 전북도청 건설교통국(063-280-3600) (학)전라고졸, 원광대 건축공학과졸 (경)1987년 공무원 임용 2008년 전주시 주택과장 2014년 전북도 공동주택지원팀장 2015년 同주택건축과장 2017년 자동차융합기술원 파견 2018년 전북도 건설교통국장(지방부이사관)(현)

이용민(李溶民) Lee Yong Min

(생)1964·5·25 (출)경북 성주 (주)경기도 수원시 영통구 법조로 91 수원고등검찰청(031-5182-3114) (학)1983년 대구 심인고졸 1988년 서울대 법학과졸 1989년 同대학원 수료 (경)1989년 사법시험 합격(31회) 1992년 사법연수원 수료(21기) 1995년 대전지검 검사 1997·2003년 대구지검 의성지청 검사 1998년 수원지검 검사 2000년 서울지검 검사 2001년 중국 북경대 장기연수 2004년 대구지검 부부장검사 2005년 대구고검 검사 2006년 수원지검 성남지청 부장검사 2007년 서울고검 검사 2008년 인천지검 부장검사 2008년 駐중국대사관 파견 2010년 수원지검 형사2부장 2011년 서울서부지검 형사1부장 2012년 서울고검 형사부

검사 2014~2016년 대전고검 검사 2014년 서울중앙지검 중요경제범죄조사팀 파견 2015년 同중요경제범죄조사단 파견 2016년 대구지검 김천지청장 2017년 서울고검 검사 2019년 수원고검 검사(현)

이용배(李庸培) LEE Yong Bae

(생)1961·4·8 (주)서울특별시 영등포구 국제금융로2길 32 파이낸스타워 21층 현대차증권 임원실(02-3787-2020) (학)영락상고졸 1991년 경희대 대학원 경영학과졸 (경)현대자동차(주) 경영분석팀장, 同회계팀장, 同회계관리실장(이사대우) 2007년 同회계관리실장(이사) 2008년 同회계관리실장(상무) 2009년 同경영기획담당 전무 2009년 케피코(주) 감사 2011년 현대자동차(주) 경영기획담당 부사장 2012~2013년 同기획조정3실장(부사장) 2013년 현대위아 기획담당 부사장 2016년 HMC투자증권 영업총괄 부사장 2017년 同대표이사 사장 2017년 현대차투자증권 대표이사 사장 2018년 현대차증권 대표이사 사장(현)

이용배(李容培) LEE Yong-Bae

(생)1965·12·31 (출)경북 포항 (주)서울특별시 종로구 사직로8길 31 서울지방경찰청 정보2과(02-700-5789) (학)1984년 계성고졸 1988년 경찰대 법학과졸(4기) (경)2011년 경북 청송경찰서장(총경) 2013년 부산지방경찰청 경비과장 2014년 경찰청 정보국 정보3과장 2015년 서울 양천경찰서장 2016년 경찰청 정보국 정보4과장 2017년 同정보국 정보3과장 2019년 서울지방경찰청 정보2과장(현)

이용범(李龍範) LEE Yong Beom

(생)1951·12·3 (출)인천 (주)서울특별시 동대문구 서울시립대로 163 서울시립대학교 환경원예학과(02-2210-2385) (학)1975년 서울시립대 농대 원예학과졸 1982년 서울대 대학원 원예학과졸 1991년 원예학박사(서울대) (경)1975~1985년 농촌진흥청 원예시험장 연구사 1987~2017년 서울시립대 환경원예학과 조교수·부교수·교수 1995~1997년 원예연구소 연구관 1995~2001년 서울시도시철도공사 환경자문위원 1997~2001년 충북농업기술원 연구관 2000년 월드비전 북한농업 상임자문위원(현) 2003년 원예연구소 연구관 2007년 서울시립대 자연과학대학장 2007년 同자연과학연구소장 2008~2010년 한국생물환경조절학회 회장 2009년 월드비전 북한농업연구소장(현) 2010년 농림수산식품부 농산물수출연구사업단협의회 회장 2011~2013년 서울시립대 대학원장 2011~2013년 한국원예학회 회장 2013~2014년 농림축산식품부 농산물수출연구사업단협의회 회장 2017년 서울시립대 환경원예학과 명예교수(현) 2017년 원광대 원예학과 석좌교수(현) (상)한국원예학회 학술상(1995) (저)'家庭園藝學'(1991) '시설원예'(1995) '양액재배'(1996) '생활원예'(2002) '원예학용어집'(2003) '생물환경조절공학'(2003) '식물호르몬'(2005) '식물공장'(2008) '시설원예학'(2010) (종)기독교

이용범(李龍範) LEE Yong Bum

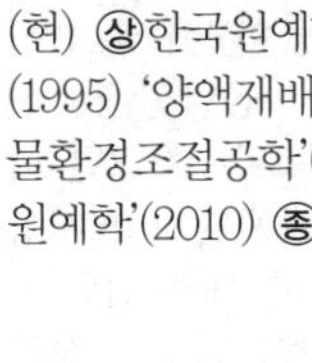

(생)1952·12·1 (본)함평(咸平) (출)전남 장성 (주)인천광역시 남동구 정각로 29 인천광역시의회(032-440-6001) (학)경기대 경영학부졸 2012년 인천대 교육대학원 상업교육과졸 (경)송영길 국회의원 교육특별보좌관 2001년 인천시학원연합회 회장, 이보영토킹클럽어학원 원장 2006년 인천시의원선거 출마(열린우리당) 2008년 인천지법 가사상담위원회 위원 2008년 인천시장애인빙상연맹 회장 2009년 안남초 운영위원장, 민주평통 자문위원, 민주당 인천시당 교육특별위원장 2010년 인천시의회 의원(민주당·민주통합당·민주당·새정치민주연합) 2010년 同문화복지위원회 위원 2010년 同2014인천아시아경기대회지원특별위원회 위원장 2012년 同기획행정위원장 2014~2018년 인천시의회 의원(새정치민주연합·더불어민주당) 2014년 同제2부의장 2014·2016년 同기획행정위원회 위원 2016년 同더불어민주당 원내대표, 경인교대 대학원 발전위원회 위원(현) 2018년 인천시의회 의원(더불어민주당)(현) 2018년 同의장(현) (상)대통령표창, 행정자치부장관표창, 교육부장관표창, 시장표창, 교육감표창, 매니페스토약속대상 최우수상(2012), 대한민국위민의정대상 전국최우수상(2014), 한국언론인연대·한국언론인협동조합 선정 '2015 대한민국 창조혁신대상'(2015), 2016 매니페스토약속대상 공약이행분야(2017)

이용복(李用福) LEE Yong Bok

(생)1959·2·10 (주)광주광역시 북구 용봉로 77 전남대학교 약학대학(062-530-2931) (학)1982년 서울대 제약학과졸 1984년 同대학원졸 1993년 약학박사(서울대) (경)1985~1991년 전남대 약학대학 조교·전임강사 1991~1992년 서울대 약학대학 교류교수 1991~2000년 전남대 약학대학 조교수·부교수 1993년 한국임상약학회 편집이사 1996~1997년 미국 뉴욕주립대 객원교수 1998년 보건복지부 중앙약사심의위원 2000년 전남대 약학대학 교수(현) 2000~2002년 同약학부 학부장 2012~2014년 同약학대학장 2013년 同생명윤리심의위원회 위원장 2013~2014년 한미약학자연합회 부회장 2014년 한국신약개발연구조합 자문역(현) 2015~2017년 전남대 대학원장 겸 광주캠퍼스 부총장 2015년 (사)한국약제학회 회장 2015~2016년 한미약학자연합회 회장 2016~2017년 대학연구윤리협의회 회장 2016년 전남대 총장 직대 2017년 조선대 임시이사(현) 2019년 대한약학회 회장(현) (상)보건산업기술대상, 한국보건산업진흥원장표창(2009), 교육과학기술부장관표창(2011), 그린크로스 법제과학상(2011) (저)'약사법규연습(共)'(2002) '알기 쉬운 약물동태학(共)'(2003) (역)'약물속도론 연습-기초편·응용편'(共)

이용복(李容馥) LEE Yong Bok

(생)1961·12·2 (출)대구 (학)1980년 양정고졸 1984년 동국대 법학과졸 1986년 同법과대학원졸 2001년 한국해양대 해사법학 박사과정 수료 (경)1986년 사법시험 합격(28회) 1989년 사법연수원 수료(18기) 1989년 軍법무관 1992년 부산지검 검사 1994년 대전지검 서산지청 검사 1995년 서울지검 의정부지청 검사 1997년 서울지검 검사 1999년 대구지검 검사 2001년 同부부장검사 2002년 同김천지청 부장검사 2003년 대구지검 총무부장 2003년 同형사5부장 2004년 의정부지검 형사5부장 2005년 사법연수원 교수 2007~2008년 서울남부지검 형사1부장 2008년 변호사 개업 2010년 법무법인 가교 변호사 2012년 '중앙선거관리위원회 디도스 공격사건' 특별검사보 2015년 법무법인(유) 에이스 변호사 2016년 '박근혜 정부의 최순실 등 민간인에 의한 국정농단 의혹 사건(최순실 특검법)' 특별검사보(현)

이용빈(李龍彬) LEE YONG BIN (世彬)

(생)1964·12·15 (본)전주(全州) (출)광주 (주)광주광역시 서구 죽봉대로 37 더불어민주당 광주시당(062-385-8400) (학)1983년 광주 금호고졸 1983년 육군사관학교 자퇴 1996년 전남대 의대졸 (경)1987년 전남대 총학생회 부회장 1987년 同오월제 준비위원장 1987년 호헌철폐및최루탄추방을위한특별대책위원회 위원장, 서울아산병원 가정의학과 전공의과정 수료 2001년 이용빈가정의학과 원장(현) 2005~2009년 광주시가정의학과의사회 회장 2012~2014년 광주시의사협회 사회참여이사 2013년 광주비정규직센터 이사장(현) 2013~2016년 광주이주민건강인권센터 이사장 2013년 대한가정의학회 광주·전남지회장(현) 2013년 광주·전남직접민주연구원 공동대표(현) 2013~2016년 틔움키움네트워크 이사장 2014~2015년 시민플랫폼 '나들' 대표일꾼 2016년 더불어민주당 정책위원회 부의장(현) 2016년 同광주시광산구甲지역위원장(현) 2016~2018년 同광주시당 국민통합위원장 2016년 제20대 국회의원선거 출마(광주 광산구甲, 더불어민주

당) 2017년 더불어민주당 60년계승위원회 광주상임단장(현) 2017년 同광주시당 제19대 대통령선거 공동선대위원장 2019년 대통령직속 국가균형발전위원회 자문위원(현) (상)대한가정의학회 자랑스러운 개원회원상(2009), 보건복지부장관표창(2010), 광주시장표창(2012), 대한가정의학회 올해의 가정의상(2014) (종)가톨릭

이용석(李龍錫)

(생)1967 · 4 · 7 (출)전남 광양 (주)전라남도 무안군 삼향읍 후광대로359번길 28 전남지방경찰청 수사과(061-289-2221) (학)광주석산고졸, 전남대졸 2011년 同행정대학원 사법경찰행정학과졸 (경)1995년 경위 임용(경찰간부후보 43기) 2006년 해남경찰서 생활안전교통과장 2009년 전남지방경찰청 기획예산계장 2012년 同감찰계장 2013년 同여성청소년과장 2014년 총경 승진 2014년 전남 담양경찰서장 2015년 전남지방경찰청 경무과장 2016년 전남 여수경찰서장 2017년 전남지방경찰청 청문감사담당관 2018년 전남 목포경찰서장 2019년 전남지방경찰청 수사과장(현)

이용석(李庸碩) LEE YONG SEOK

(생)1970 · 3 · 24 (본)전주(全州) (출)서울 (주)세종특별자치시 다솜로 261 국무조정실 외교안보정책관실 통일안보정책과(043-200-2123) (학)1988년 서울고졸 1993년 성균관대 경영학과졸 1998년 서울대 대학원 경영학과졸 (경)2001년 행정자치부 입부(5급 공채) 2002~2007년 국무조정실 경제조정관실 재경금융심의관실 사무관 2007년 同경제조정관실 총괄 서기관 2008년 기획재정부 정책조정국 정책조정총괄과 서기관 2008년 同정책조정국 부동산정책팀장 2010년 국무총리실 국정운영2실 녹색성장정책팀장 2011년 同규제개혁실 사회규제심사3팀장 2011년 국무총리실장 비서관 2013년 해외 파견(과장급) 2016년 국무조정실 사회조정실 안전환경정책관실 안전정책과장 2017년 同외교안보정책관실 통일안보정책과장 2019년 同외교안보정책관실 통일안보정책과장(부이사관)(현)

이용석(李庸碩) Yong Suk Lee

(생)1971 · 3 · 20 (본)강진(康津) (출)충남 연기 (주)세종특별자치시 한누리대로 2130 세종특별자치시청 기획조정실(044-300-2100) (학)1990년 포항제철고졸 1994년 한국항공대 항공통신정보공학과졸 2005년 캐나다 브리티시컬럼비아대 대학원 경영학과졸 (경)1993년 기술고시 합격(30회) 1995년 정보통신공무원교육원 교학과 사무관 1999년 정보통신부 정보통신정책국 산업기술과 사무관 2002년 同전파방송관리국 방송위성과 사무관 2003년 同전파방송관리국 방송위성과 서기관, 同정보화기획실 광대역통합망과 서기관 2005년 同정부통합전산센터 통신망운영팀장, 同정부통합전산센터 통신망관리팀장 2008년 행정안전부 유비쿼터스기반과장 2008년 同유비쿼터스기획과장 2010년 충남도 기획관리실 정책기획관 2012년 충남 당진시 부시장 2013년 안전행정부 공공정보정책과장 2014년 국외훈련(과장급) 2016년 행정자치부 정보기반보호정책과장 2017년 同정부통합전산센터 운영기획관(고위공무원) 2017년 행정안전부 국가정보자원관리원 운영기획관 2018년 국가기록원 기록관리부장 2019년 세종특별자치시 기획조정실장(현) (상)근정포장(2010)

이용선(李龍善) LEE Yong Sun

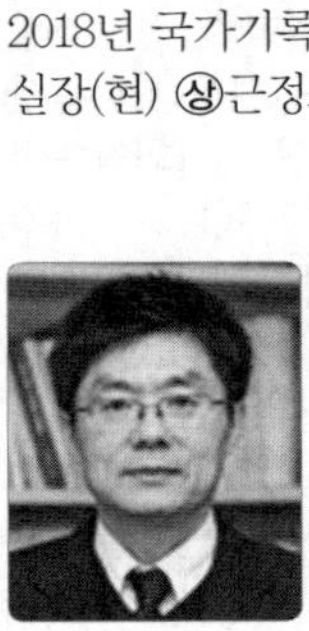

(생)1959 · 8 · 18 (주)전라남도 나주시 빛가람로 601 한국농촌경제연구원 농림산업정책연구본부 식품 · 유통연구센터(061-820-2320) (학)고려대 농업경제학과졸 1987년 同대학원졸 1995년 경제학박사(일본 쓰쿠바대) (경)고려대 농업경제학과 조교, 일본 쓰쿠바대 연구조교, 同교육조교, 한국농촌경제연구원 농산업경제연구부 책임연구위원 2004년 同연구위원 2008년 同식품정책연구센터장, 同농식품정책연구본부 식품 · 유통팀 연구위원 2012~2013년 同원예실장 2013년 同과일과채관측실 연구위원 2014년 同과일과채관측실 선임연구위원 2015년 同농업관측센터 모형 · 정책지원실장 2015년 同농업관측센터장 2016년 同농림산업정책연구본부 식품 · 유통연구센터 선임연구위원(현)

이용선(李鎔善)

(생)1969 · 6 · 8 (주)인천광역시 남동구 정각로 29 인천광역시의회(032-440-6045) (학)인하대사대부고졸 2018년 한국방송통신대 청소년교육과 수료(2년) (경)인천시체육회 씨름협회 이사, 인천 부평구 삼산경찰서운영위원회 이사, 국회 부평구甲지역위원회 사무국장, 인천 부평구甲이성만후보캠프 조직국장, 대통령선거 더불어민주당 인천시당 유세지원팀 현장팀장, 인천 부평구 부사모봉사단체 부회장(현), 부평동초 어르신밥상회 회원(현), 인천 부개동부평골의료생협 대의원(현), 새희망성조장학회 회원(현), 인천 부평구 무지개봉사단 회원(현), 더불어민주당 인천부평구甲지역위원회 운영위원(현) 2018년 인천시의회 의원(더불어민주당)(현), 同문화복지위원회 위원(현), 同예산결산특별위원회 위원(현)

이용섭(李庸燮) LEE Yong Sup

(생)1951 · 8 (본)함평(咸平) (출)전남 함평 (주)광주광역시 서구 내방로 111 광주광역시청 시장실(062-613-2001) (학)1969년 전남 학다리고졸 1974년 전남대 상과대학 무역학과졸 1989년 미국 미시간대 대학원 경제학과졸 1999년 경제학박사(성균관대) (경)1974년 행정고시 합격(14회) 1975년 국세청 사무관 1979년 재무부 사무관 1985년 대통령비서실 행정관 1989년 재무부 국제조세과장 1989년 同조세정책과장 1990년 同법인세제과장 1992년 同조세정책과장 1994년 재정경제원 조세정책과장 1995년 同국세심판소 상임심판관 1997년 국방대 파견 1997년 재정경제원 국세심판소 상임심판관 1998년 재정경제부 감사관 1998년 同재산소비세심의관 1999년 同세제총괄심의관 2000년 同국세심판원장 2001년 同세제실장 2002년 관세청장 2003~2005년 국세청장 2005년 대통령 혁신관리수석비서관 2006년 행정자치부 장관 2006~2008년 건설교통부 장관 2008년 제18대 국회의원(광주 광산구乙, 통합민주당 · 민주당 · 민주통합당) 2008년 민주당 제4정책조정위원장 2010년 同정책위 수석부의장 2011년 同대변인 2012년 민주통합당 정책위 의장 2012~2014년 제19대 국회의원(광주 광산구乙, 민주통합당 · 민주당 · 새정치민주연합 · 무소속) 2012년 국회 교육과학기술위원회 위원 2012년 국회 국가재정연구포럼 공동대표 2013년 국회 교육문화체육관광위원회 위원 2014~2015년 한반도미래연구원 원장 2016년 더불어민주당 선거대책위원회 위원 · 비상대책위원회 위원 · 총선정책공약단장 · 선거대책본부 공동본부장 겸임 2016년 건국대 석좌교수 2017년 더불어민주당 제19대 문재인 대통령후보 중앙선거대책위원회 비상경제대책단장 2017~2018년 대통령직속 일자리위원회 부위원장(장관급) 2018년 광주광역시장(더불어민주당)(현) 2019년 한국상하수도협회 회장(현) 2019년 광주시 제5기 노사민정협의회 위원장(현) (상)녹조근정훈장(1984), 청조근정훈장(2008), 조선일보 선정 의원이 뽑은 국감 우수의원(2008), 경실련 선정 국정감사 우수의원(2008 · 2009 · 2010 · 2011), NGO모니터단 선정 국정감사 우수의원(2008 · 2009 · 2010 · 2011), 백봉신사상 올해의 신사의원 베스트 10(2009), 제1회 매니페스토 약속대상 최우수상(2009), 국회 보좌진 선정 2009 가장 돋보인 의정활동의원 2위, 백봉신사상 올해의 신사의원 베스트 11(2010 · 2013), 의정행정대상 국회의원부문(2010), 납세자권익상(2012), 한국문화예술유권자총연합회 제19대 국정감사 우수의원상(2013), 함평군민의 상(2016) (저)'국제조세'(1985) '국제조세론'(1999) '외국인 투자에 대한 조세지원 효과에 관한 연구'(1999) '대한민국 희망에너지 혁신'(2006) '초일류 국가를 향

한 도전'(2008) '학생농사꾼에서 장관까지'(2008) '연어가 민물로 돌아온 까닭은'(2010) '성장과 행복의 동행'(2013) '벽오동은 겨울에도 푸르다'(2016) '일자리경제'(2018)

이용섭(李鎔燮) LEE Yong Seop

(생)1955 · 5 · 17 (주)전라남도 완도군 신지면 신지로 121-56 풍진해운(주)(061-552-1171) (학)조선대 경영대학원졸, 목포해양대 대학원 국제물류학박사과정 수료 (경)풍진해운(주) 대표이사 사장(현), 한국청년회의소 완도JC 회장, 광주소년법원 청소년자원봉사위원, 광주지법 해남지원 조정위원, 한국해운조합 14 · 15 · 17 · 19대 의원 · 부회장, 민주당 전남도당 인권위원장, 완도군번영회 부회장, 완도군새마을회 회장 2010년 전남도의회 의원 후보(무소속) 2012~2013 · 2016년 한국해운조합 회장(현)

이용섭(李龍燮) LEE Yong Sup

(생)1960 · 6 · 13 (본)전의(全義) (출)경북 영주 (주)서울특별시 동대문구 경희대로 26 경희대학교 약학과(02-961-0370) (학)1983년 서울대 공업화학과졸 1985년 한국과학기술원 대학원 화학과졸 1992년 화학박사(한국과학기술원) (경)1985년 한국과학기술연구원 천연물화학연구실 연구원 1992~2004년 同의약화학연구센터 선임연구원 · 책임연구원 1994~1995년 미국 노스캐롤라이나주립대 박사후연구원 1998~2004년 한양대 · 고려대 · 경희대 객원교수 1999~2001년 대한화학회 의약화학분과 간사 2000~2004년 한국과학기술원 강릉천연물과학연구소 설립추진위원 2000년 보건복지부 보건의료기술개발사업과제선정 · 평가위원 2004년 과학기술연합대학원대 · 한국과학기술연구원 International R&D Academy 교수요원 2004년 식품의약품안전청 잔류화학물질분과 심의위원 2005년 경희대 약학대학 약학과 교수(현) 2008년 보건복지가족부 중앙약사심의위원회 위원 2016년 경희대학교 대학원 KHU-KIST 융합과학기술학과장(현) 2017년 한국약학교육협의회 유기의약품화학분과회 회장(현) (저)'무기의약품화학(共)'(2007)

이용섭(李龍燮) Lee Yong Seob

(생)1962 · 11 · 13 (출)경남 의령 (주)제주특별자치도 제주시 연삼로 506 제주특별자치도선거관리위원회(064-722-4495) (학)1981년 경남 마산공고졸 2008년 한국방송통신대 행정학과졸 2010년 同교육학과졸 2013년 연세대 교육대학원졸 (경)2006~2008년 구리시 · 의정부시선거관리위원회 사무국장 2009년 중앙선거관리위원회 선거연수원 교수기획부 전임교수 · 시민교육과장(서기관) 2013년 同선거연수원 시민교육부장(부이사관) 2017년 경남도선거관리위원회 사무처장(이사관) 2018년 중앙선거관리위원회 선거연수원장 2018년 제주특별자치도선거관리위원회 상임위원(관리관)(현)

이용세(李鎔世) Lee, Yong Se

(생)1956 · 2 · 4 (본)전주(全州) (출)충남 서산 (주)경상북도 경산시 진량읍 대구대로 201 대구대학교 생명환경학부(053-850-5002) (학)1975년 대광고졸 1979년 고려대 농학과졸 1984년 同대학원 농학과졸 1987년 同대학원 농학 박사과정 수료 1991년 식물병리학박사(독일 괴팅겐대) (경)1991년 대구대 생명환경학부 교수(현) 1992년 한국식물병리학회 상임평의원(현) 2002 · 2005 · 2007년 중앙인사위원회 국가고시 출제위원 2004~2006년 대구시 신기술사업단 운영위원 2004~2006년 경북도 전략사업기획단 자문위원 2005~2006년 농촌진흥청 산학협동심의회 전문위원 2005~2007년 경북도 농업기술원 전문위원 2005년 풍국장학재단 감사(현) 2010년 한국잔디학회 상임위원(현) 2010~2011년 대구대 생명환경대학장 2018년 同부총장(현) 2018년 同특성화사업추진단장(현) 2018년 同교육혁신본부장(현)

이용수(李容秀) LEE Young Soo

(생)1959 · 12 · 27 (출)서울 (주)서울특별시 광진구 능동로 209 세종대학교 체육학과(02-3408-3325) (학)1977년 서울체육고졸 1981년 서울대 체육교육학과졸, 同대학원졸 1990년 운동생리학박사(미국 오리건주립대) (경)1983년 한국상업은행 축구단 소속 1984년 프로축구 럭키금성 소속 1985년 할렐루야 축구단 소속 1990~1993년 한국체육과학연구원 선임연구원 1993~2002년 세종대 체육학과 부교수 1993년 대한축구협회 연구분과위원장 1997~2000년 KBS 축구해설위원 1998년 대한축구협회 기술위원 2000년 월드컵지원단 기술지원팀장 2000년 축구전문포털사이트 사커로닷컴 이사 2000~2002 · 2014~2017년 대한축구협회 기술위원장 2002년 세종대 체육학과 교수(현) 2006년 KBS 독일월드컵 해설위원 2013년 대한축구협회 미래전략기획단 공동단장 2016~2017년 同부회장 2019년 스포츠혁신위원회 민간위원(현) (상)올해의 KBS 해설위원(1998), 체육훈장 청룡장(2002) (저)'운동과 건강' '운동요법' (종)기독교

이용수(李瑢洙) Yongsoo Lee

(생)1966 · 4 · 12 (본)한산(韓山) (출)전북 무주 (주)서울특별시 종로구 사직로8길 60 외교부 인사운영팀(02-2100-7136) (학)1988년 서울대 서문학과졸 1996년 미국 오리건대 대학원 경제학과졸 (경)1988년 외무고시 합격(22회) 1988년 외무부 입부 1999년 駐오스트레일리아 1등서기관 2002년 駐필리핀 참사관 2003년 駐멕시코 참사관 2005년 외교통상부 재외동포정책1과장 2007년 同개발협력과장 2008년 駐아일랜드 참사관 2011년 駐유엔 공사참사관 2014년 외교부 의전기획관 2015년 同개발협력국장 2017년 駐오스트리아 차석대사(현) (상)근정포장(2015)

이용숙(李容淑 · 女) LEE Yong Sook

(생)1953 · 1 · 29 (출)경기 수원 (주)서울특별시 도봉구 삼양로144길 33 덕성여자대학교 문화인류학과(02-901-8582) (학)서울대 대학원졸 1984년 교육인류학박사(미국 노스웨스턴대) (경)1974~1975년 간송미술관 부설 한국민족미술연구소 연구원 1979년 미국 뉴욕주립대 인류학과 연구조교 1981년 미국 노스웨스턴대 인류학과 강의조교 1982년 同Center for Health Service and Policy Research 연구조교 1983년 同Chicago Field School 조교 1983년 同사범대학 국립교육연구소 연구원 1985~1996년 한국교육개발원 책임연구원 1995~2018년 덕성여대 문화인류학과 교수 2002 · 2006~2018년 同열린교육연구소장 2003~2005년 同교육대학원장 2005년 미국 California State Poly Univ. 방문교수 2005년 미국 뉴욕대 Fulbright Visiting Professor 2008년 덕성여대 교수학습개발센터장 2009년 한국에스너그라피연구소 소장 2018년 덕성여대 문화인류학과 명예교수(현) (상)교육부장관표창(1994) (저)'Teaching about Korea : Elementary and Secondary Activities'(1986) '한국교실수업의 이해(共)'(1999) '교육현장 개선과 함께 하는 실행연구방법(共)'(2005)

이용식(李鎔植) LEE YONG SHIK

(생)1958 (주)인천광역시 서구 심곡로 98 인천연구원 원장실(032-260-2600) (학)1981년 서울대 임학과졸 1985년 고려대 대학원 경제학과졸 1992년 행정학박사(인하대) (경)1986~1988년 인하대 행정학과 전임조교 1990~1993년 한국지방행정연구원 책임연구원 1992~1993년 인하대 박사 후 연구원 1993~1996년 계간 「황해문화」 상근편집위원 1996~2014년 인천발전연구원 연구원 · 연구부장 · 연구실장 2014~2018년 同부원장 2018년 인천연구원 원장(현)

이용식(李容式) LEE Yong Sik

(생)1961·7·14 (본)전주(全州) (출)경북 청도 (주)서울특별시 중구 새문안로 22 문화일보 논설위원실(02-3701-5028) (학)1983년 서울대 공과대학졸 1999년 미국 미주리대 저널리즘스쿨 수료 2009년 미국 존스홉킨스대 국제관계대학원 수료 (경)1984년 서울신문 기자 1987년 한겨레신문 기자 1991년 문화일보 기자 1994년 同정치부 차장대우 1995년 同정치부 차장 1999년 同정치부 부장대우 2000년 同정치부장 2003년 同경제부장 2004년 同편집국 부국장대우 2005년 同편집국장 2008~2012년 同논설위원 2009년 미국 존스홉킨스대 국제관계대학원(SAIS) 연구원 2011~2017년 한국신문방송편집인협회 이사 2012~2016년 문화일보 논설위원실장, 중앙선거관리위원회 자문위원 2014년 관훈클럽 총무 2014년 同신영연구기금 이사 2014년 육군 발전자문위원 2016년 관훈클럽 신영연구기금 이사(현) 2016년 문화일보 논설주간 2017~2019년 관악언론인회 회장 2019년 문화일보 주필(현) (상)한국기자협회 한국기자상(1991), 서울언론인클럽 특별상(1991), 한국기자협회 제16대 대선 기획보도상(2003), 대한토목학회 제13회 송산토목문화대상 언론부문(2014), 관악언론인회 '서울대 언론인대상'(2015) (저)'김영삼권력의 탄생' (역)'미국 기자들 이렇게 취재한다'

이용우(李勇雨) LEE Yong Woo

(생)1942·5·12 (출)경북 의성 (주)서울특별시 강남구 테헤란로87길 36 도심공항타워 법무법인 로고스(02-2188-1013) (학)1960년 경북대사대부고졸 1964년 서울대 법대졸 1967년 同사법대학원 수료 (경)1964년 사법시험 합격(2회) 1967년 해군 법무관 1970년 대구지법 판사 1973년 대구지법 경주지원·서울민사지법·서울형사지법 영등포지원 판사 1977년 서울민사지법 판사 1977년 미국 하버드대 연수 1978년 서울형사지법 판사 1980년 서울고법 판사 1981년 대구지법 부장판사 1984년 서울민사지법 부장판사 겸 사법연수원 교수 1986년 서울민사지법 부장판사 1989년 대구고법 부장판사 1991년 서울고법 수석부장판사 1997년 수원지법원장 1998년 서울지법원장 1999~2005년 대법원 대법관 2005년 법무법인 로고스 상임고문변호사(현) 2013~2017년 희망과동행 이사 2017년 同이사장(현) (저)회고록 '자유민주주의를 위한 일념으로'(2017)

이용우(李庸友) LEE Young Woo (庸齊)

(생)1944·5·27 (출)서울 (학)1968년 서울대 공과대학졸 1979년 미국 네브래스카대 링컨교 대학원졸 1983년 공학박사(미국 네브래스카대 링컨교) (경)1971~1985년 단국대 공과대학 토목환경공학전공 전임강사·조교수·부교수 1975년 미국 조지아주립대 교환교수 1983년 건설기술교육원 외국인교인 초청교수 1984·1987년 국가기술고등고시 시험위원 1985~2009년 단국대 공과대학 토목환경공학과 교수 1986년 同대학원 교학부장 1989년 대한출판연합회 회장 1990~1993년 단국대 이사장 1998년 행정자치부 지방행정고시 선정·채점위원 2002~2004년 단국대 총장 2009년 同공과대학 토목환경공학과 석좌교수 (상)청조근정훈장(2009)

이용우(李龍雨) Lee young woo

(생)1949·1·17 (출)서울 (주)서울특별시 강남구 봉은사로4길 1 (주)바이하츠 비서실(02-556-1518) (학)1967년 환일고졸 2000년 서울대 공대 최고전략과정 수료, 同법대 최고위과정 수료 (경)1981~2012년 (주)판교 대표이사 2000~2017년 (주)파노피스 대표이사 2000년 김포이업종교류회 회장 2001년 인천지법 부천지원 조정위원(현) 2001년 국제로타리3640지구 한가람로타리 회장 2002년 서울중앙지검 범죄예방위원서울협의회 서초지구 대표 2005년 한국범죄피해자지원중앙센터 이사장 2005~2009년 김포상공회의소 회장, 한국범죄피해자지원중앙센터 이사장(현), 법무부 스마일센터장 2012년 (주)바이하츠 대표이사(현) (상)중소기업청장표창(2000), 법무부장관표창(2002), 서울시장표창(2002), 대통령표창(2004), 산업자원부장관표창(2004), 국민포장(2008) (저)'보호와 지원'(2007·2008)

이용우(李容佑) LEE YONG U

(생)1959·3 (주)서울특별시 서초구 헌릉로 12 현대자동차(주) 인사팀(02-3464-1114) (학)광주고졸, 고려대 영어영문학과졸 (경)(주)이노션 WMG법인장(이사), 同미주지역본부장(상무), 현대자동차(주) 아중동사업부장, 同해외판매사업부장(전무), 同HMB법인장 2014년 同HMB법인장(부사장) 2019년 同북미권역본부장(현)

이용우(李龍雨) LEE Yong Woo

(생)1964 (본)경주(慶州) (출)경북 영덕 (주)서울특별시 용산구 한강대로 372 KDB생명타워 16층 한국카카오은행(1599-3333) (학)1982년 부산 가야고졸 1986년 서울대 경제학과졸 1988년 同대학원 경제학과졸 1995년 경제학박사(서울대) (경)1992~1996년 현대경제연구원 연구위원 1996~1997년 현대그룹 종합기획실 근무 1999년 미국 존스홉킨스대 방문교수 2002~2005년 동원증권(주) 상무이사 2004~2005년 同전략기획실장 2005년 한국투자금융지주(주) 전략기획실 상무이사 2005~2008년 同전략기획실장 2008년 同운용지원TF팀장(전무) 2008년 同투자전략실 전무 2008~2011년 同투자전략실장, 코너스톤에퀴티파트너스 비상근이사 2011년 한국투자증권(주) 채권운용본부장(전무) 2012년 同자산운용본부장(전무) 2014년 한국투자신탁운용 전무 2015년 同CIO 2016년 한국투자금융지주 전무(현) 2016년 한국카카오은행 공동대표이사(현)

이용우(李用雨)

(생)1978·4·14 (출)경남 양산 (주)서울특별시 서초구 서초대로 219 대법원 재판연구관실(02-3480-1100) (학)1997년 서울 중산고졸 2001년 서울대 법학과졸 (경)2000년 사법시험 합격(42회) 2003년 사법연수원 수료(32기) 2003년 軍법무관 2006년 수원지법 판사 2008년 서울행정법원 판사 2010년 제주지법 판사 2012년 광주고법 판사 겸임 2014년 인천지법 판사 2016년 대법원 재판연구관 2018년 창원지법 부장판사 2019년 대법원 재판연구관(현)

이용욱(李龍旭) LEE Yong Wook

(생)1964·10·25 (주)서울특별시 강서구 오정로 443-83 아시아나타운 본관 아시아나항공 임원실(02-2669-5701) (학)광주고졸, 고려대 법학과졸, 미국 워싱턴대 법과대학졸, 연세대 경영전문대학원(MBA)졸 (경)아시아나항공(주) 전략경영본부 법무담당 상무보 2010년 同전략경영본부 법무담당 상무 2011년 同구매총괄 상무 2014년 금호아시아나그룹 전략경영실 상무 2015~2017년 同전략경영실 전무 2018년 아시아나항공 법무실 전무(현) (종)기독교

이용욱(李容旭) LEE Yong Wook

(생)1968·7·24 (주)전라북도 군산시 새만금북로 466 새만금개발청 개발사업국(063-733-1005) (학)1986년 전일고졸 1993년 연세대 토목공학과졸 (경)2001년 건설교통부 도로국 도로정책과 사무관 2002년 서기관 승진, 건설교통부 민자도로사업팀장 2005년 대전지방국토관리청 하천국장(서기관) 2005년 영국 사우스햄턴대 교육파견(서기관) 2009년 국토지리정보원 기획정책과장 2010년 국토해양부 건설수자원정책실 기술기준과장 2012년 대통령실 파견(기술서기관) 2013~2014년 국토교통부 첨단도로환경과장 2014년 해외 파견 2017년 국토교통부 도로국 도로정책과장 2018년 同도로국 도로정책과장(부이사관) 2019년 새만금개발청 개발사업국장(현)

이용욱(李鎔旭) Lee, Yong-wook

(생)1969·1·28 (주)세종특별자치시 갈매로 477 기획재정부 국고과(044-215-5150) (학)1986년 대구 영남고졸 1993년 서울대 국제경제학과졸 1996년 同행정대학원 행정학과졸 2010년 미국 캘리포니아대 로스앤젤레스교 대학원 경제학과졸 (경)1996년 행정고시 합격(40회) 1997~2006년 기획예산처 재정정책과·예산실 산업정보예산과·국방재정과 사무관 2006~2012년 同재정감사·혁신인사·국가경쟁력강화위원회·대통령실 서기관 2012~2017년 기획재정부 지방재정팀장(부이사관)·駐아랍에미리트 참사관 2017년 기획재정부 공공정책국 제도기획과장(부이사관) 2018년 同국고국 국유재산정책과장 2019년 同국고과장(현)

이용웅(李勇雄) Lee Yong Woong

(생)1959·4·1 (본)전주(全州) (출)전북 전주 (주)서울특별시 종로구 종로1길 42 이마빌딩 11층 아주경제(02-767-1500) (학)1978년 전주고졸 1985년 성균관대 불문학과졸 (경)1986~1988년 대한항공 근무 1988년 서울경제신문 입사 2003년 同문화부장 2004~2005년 同정치부장 2005~2008년 同경제부장 2008~2011년 서울경제TV 보도제작본부장 2012년 同부사장 2014년 서울경제신문 편집국장(이사) 2017년 서울경제TV 부사장 2017년 아주경제 대표이사 겸 총괄편집국장 2019년 아주닷컴 사장 2019년 아주경제 사장 겸 편집국장(현) (역)'문화와 유행상품의 역사'(1997)

이용익(李鎔益) LEE Yong Ik

(생)1956·5·29 (출)서울 (주)서울특별시 중구 청파로 450 (주)신흥 임원실(02-6366-2117) (학)1976년 홍익대사대부고졸 1980년 동국대 농업경제학과졸 (경)1980년 (주)신흥 입사 1991년 同상무이사 1994년 신흥인터내셔날(주) 대표이사 1995~1999년 서울파이낸스(주) 대표이사 사장 1998년 (주)신흥 대표이사 사장(현) 1999~2011년 신흥캐피탈(주) 대표이사 사장 2011년 신흥캐피탈(주) 사내이사(현), 신성치과기재 대표이사 사장 겸임(현)

이용일(李龍一) LEE Yong Il

(생)1968·1·10 (출)전남 고흥 (주)대구광역시 달서구 장산남로 40 대구지방검찰청 서부지청 지청장실(053-570-4311) (학)1986년 광주 사레지오고졸 1994년 고려대 법학과졸 (경)1996년 사법시험 합격(38회) 1999년 사법연수원 수료(28기) 1999년 서울지검 동부지청 검사 2001년 광주지검 순천지청 검사 2003년 부산지검 동부지청 검사 2005년 수원지검 검사 2007년 대검찰청 검찰연구관 2008년 서울중앙지검 검사 2011년 청주지검 검사 2011년 同부부장검사 2013년 전주지검 부장검사 2014년 서울북부지검 형사6부장 2015년 수원지검 특수부장 2016년 서울중앙지검 강력부장 2017년 同방위사업수사부장 2018년 수원지검 여주지청장 2018년 국방부 군사안보지원사령부 창설준비단 법무팀장 2018년 국방부 군사안보지원사령부 감찰실장 2019년 대구지검 서부지청장(현)

이용재(李勇宰) LEE Yong Jae

(생)1962·7·15 (본)전주(全州) (출)전남 (주)전라남도 무안군 삼향읍 오룡길 1 전라남도의회(061-286-8200) (학)순천 매산고졸 1988년 동아대 경영학과졸 (경)(주)백제택시 대표이사, (주)백제 대표이사(현), 민주당 전남도당 상무위원, 同원내정책국장, 同조직국장, 민주평통 자문위원(현), 광양상공인회 부회장(현), 용강초 운영위원장, 광양로타리클럽 회장, 법무부 범죄예방위원회 위원(현), 112자전거봉사대 부대장, 한울회 회장 2005~2010년 한국청소년육성회 광양지구 회장 2006년 전남 광양시의원(비례대표)선거 출마 2010년 전남도의회 의원(민주당·민주통합당·민주당·새정치민주연합) 2011년 同친환경무상급식추진특별위원회 위원 2011년 同여성정책특별위원회 위원 2012년 同2013순천만국제정원박람회특별위원회 위원 2012년 同건설소방위원회 위원 2012년 동아대총동문회 부회장(현) 2012~2014년 광양경제자유구역청조합회의 의장 2013년 전남도의회 윤리특별위원장 2014~2018년 전남도의회 의원(새정치민주연합·더불어민주당) 2014년 同건설소방위원장 2016~2018년 同윤리특별위원회 위원 2016~2018년 同보건복지환경위원회 위원, 더불어민주당 중앙당 정책위원회 부의장(현) 2018년 전남도의회 의원(더불어민주당)(현) 2018년 同의장(현) 2019년 더불어민주당 전남광양곡성구례지역위원장 직대(현) (상)2017 대한민국 TOP LEADERS 대상(2017) (종)기독교

이용주(李勇周) Lee Yong Ju

(생)1968·6·14 (출)전남 여수 (주)서울특별시 영등포구 의사당대로 1 국회 의원회관 532호(02-784-6090) (학)1987년 여수고졸 1992년 서울대 법대졸, 同법과대학원 수료 (경)1992년 사법시험 합격(34회) 1995년 사법연수원 수료(24기) 1998년 서울지검 북부지청 검사 2000년 광주지검 순천지청 검사 2002년 법무부 범죄예방정책국 보호과 검사 2004년 서울중앙지검 검사 2007년 광주지검 부부장검사 2009년 청주지검 충주지청 부장검사 2009년 서울중앙지검 부부장검사 2010년 서울동부지검 공판부장 2011년 창원지검 형사2부장 2012년 서울고검 검사 2013년 법무법인 더원 대표변호사 2013~2016년 법무법인 태원 대표변호사, 서울대총동창회 종신이사(현) 2016년 제20대 국회의원(여수시甲, 국민의당·민주평화당〈2018.2〉·대안정치연대〈2019.8〉)(현) 2016~2017년 국민의당 법률담당 원내부대표 2016~2018년 同여수시甲지역위원회 위원장 2016~2018년 국회 법제사법위원회 간사 2016년 국회 예산결산특별위원회 위원 2016년 국회 지방재정·분권특별위원회 위원 2016년 국회 대법관(김재형)임명동의에관한인사청문특별위원회 간사 2016~2017년 국회 '박근혜 정부의 최순실 등 민간인에 의한 국정농단 의혹 사건 진상규명을 위한 국정조사특별위원회' 위원 2017년 국민의당 법률위원장 2017년 同제19대 안철수 대통령후보 중앙선거대책위원회 공명선거추진단장 2017~2018년 同정책위원회 제1정책조정위원장 2017년 국회 정치개혁특별위원회 위원 2017년 국회 재난안전대책특별위원회 위원 2018년 민주평화당 원내수석부대표 2018~2019년 민주평화당 여수시甲지역위원회 위원장 2018~2019년 同전남도당 위원장 2018년 국회 산업통상자원중소벤처기업위원회 위원(현) 2019년 국회 정치개혁특별위원회 위원(현) 2019년 국회 예산결산특별위원회 위원(현)

이용주(李勇周) LEE, Yong Ju

(생)1970·10·12 (본)합천(陜川) (출)대구 (주)세종특별자치시 갈매로 477 기획재정부 인사과(044-215-2252) (학)1989년 오성고졸 1995년 서울대 국제경제학과졸 2004년 영국 맨체스터대 대학원 MBA (경)1999년 재정경제부 세제실 소비세제과 사무관 2001년 同세제실 소득세제과 사무관 2004년 同경제정책국 경제분석과 사무관 2006년 同경제정책국 종합정책과 서기관 2006년 駐LA총영사관 영사 2010년 대통령 경제수석비서관 보좌관 2011년 기획재정부 세제실 다자관세협력과장 2012년 同세제실 환경에너지세제과장 2013년 서울 강서세무서장 2015년 기획재정부 세제실 소득세제과장 2017년 同세제실 재산세제과장 2018년 同본부 근무(과장급) 2018년 OECD대한민국정책센터 파견(국장급)(현)

이용준(李容焌) LEE Yong Joon

(생)1962·4·3 (출)서울 (주)서울특별시 종로구 청계천로 35 서린빌딩 21층 한국화장품(주) 사장실(02-738-5454) (학)경복고졸 1985년 한국외국어대 영어영문학과졸 1988년 미국 미시간주립대 대학원 영어영문학과졸 (경)1995년 대보기획 부사장 2006~2007년 同대표이사 사장 2007년 한국화

장품(주) 총괄담당 부사장 2009년 同대표이사 사장(현) 2010년 (주)한국화장품제조 공동대표이사 부회장(현) 2010년 (주)더샘인터내셔날 대표이사(현) (종)불교

이용준(李鎔俊) LEE Yong Jun

(생)1967·11·21 (본)전주(全州) (출)경기 (주)서울특별시 영등포구 의사당대로 1 국회사무처 법제실(02-788-2279) (학)1986년 풍생고졸 1993년 고려대 행정학과졸 2003년 미국 조지아주립대 대학원 행정학과졸 2010년 고려대 대학원 행정학 박사과정 수료 (경)1994년 국회사무처 재정경제위원회 입법조사관 1999년 同법제예산실 법제2과 법제관 2003년 同재정경제위원회 입법조사관 2004년 국회예산정책처 사회행정사업평가팀장 2006년 국회사무처 산업자원위원회 입법조사관 2007년 同국제국 미주과장(서기관) 2007년 同국제국 미주과장(부이사관) 2009년 국방대 파견 2010년 국회사무처 법제실 재정법제과장 2011년 同법제실 법제총괄과장 2012년 同농림수산식품위원회 입법심의관 2013년 同외교통일위원회 전문위원 2014년 국외(미국) 훈련 2016년 국회사무처 산업통상자원위원회 전문위원(이사관) 2017년 同산업통상자원중소벤처기업위원회 전문위원 2018년 同법제실장(현) (상)국회의장표창(2004) (저)'공공부문사업평가'

이용찬(李容贊) LEE Yong Chan (동야)

(생)1955·11·30 (본)광주(廣州) (출)전남 (주)서울특별시 중구 세종대로9길 20 신한은행빌딩 법무법인 충정(02-772-2892) (학)광주고졸 1977년 중앙대 법과대학 법학과졸 1979년 同법학대학원졸 1990~1991년 독일 빌레펠트대 학술연수 2004년 법학박사(중앙대) (경)1982년 한국은행 입행 2000년 금융감독원 검사총괄실 팀장 2002년 同검사총괄국 검사제도팀장 2002년 同검사지원국 부국장 2006년 同총괄조정국 제재심의실장 2007년 同비은행검사2국장 2008~2009년 同상호금융서비스국장 2009년 상호저축은행중앙회 전무 2010~2012년 同부회장 2011년 '한국문학정신'으로 시인 등단 2012~2014년 NH농협은행 상근감사위원 2014년 법무법인 충정 고문(현), 농협대 협동조합경영과 겸임교수 (상)한국은행총재표창(1985), 재무부장관표창(1987), 한국감사인대회 자랑스러운감사인상 금상(2013) (저)'법규 및 윤리'(2002, 금융연수원출판사) '금융지주회사제도의 감독제도에 관한 연구'(2004) 시집 '흔들리며 살아도'(2012) '내안의 그대'(2014) (종)기독교

이용찬(李容讚) LEE Yong Chan

(생)1962·5·4 (출)서울 (주)서울특별시 서대문구 연세로 50-1 세브란스병원 소화기내과(02-2228-1960) (학)1981년 영동고졸 1987년 연세대 의대졸 1990년 同대학원 의학석사 1998년 의학박사(연세대) (경)1987~1991년 세브란스병원 인턴·레지던트 1991년 軍군의관 1994년 연세대 의과대학 내과학교실 전임강사·조교수·부교수·교수(현) 2009년 세브란스병원 식도암전문클리닉 팀장 2010년 同교육수련부 수련1차장 2012년 소화기학과간장학저널 위장관분야 편집위원 2013~2016년 세브란스병원 소화기병센터 내시경검사실장 2015~2017년 연세암병원 식도암센터장 2016년 세브란스병원 소화기내과장(현)

이용철(李庸哲) LEE Yong Cheul

(생)1967·6·15 (출)경기 연천 (주)세종특별자치시 한누리대로 411 행정안전부 별관 지방세제정책관실(044-205-3800) (학)1986년 중앙고졸 1993년 서울대 인류학과졸 1996년 同대학원 정책학과졸 (경)1993년 행정고시 합격(37회) 1995~2000년 인천시 근무 2003년 행정자치부 지방재정경제국 재정과 서기관 2004년 同지방재정국 재정정책과 서기관 2007년 同도로명및건물번호부여지원단장 2007년 同새주소정책팀장 2008년 행정안전부 새주소정책과장 2008년 同지방세분석과장 2009년 대통령 시민사회비서관실 행정관(파견) 2011년 행정안전부 지방재정세제국 교부세과장 2012년 同재정정책과장 2013년 안전행정부 재정정책과장 2014년 同정부대전청사관리소장(고위공무원) 2014년 행정자치부 정부대전청사관리소장 2015년 인천시 기획조정실장 2018년 행정안전부 지방세제정책관(현)

이용출(李勇出) Lee Yongchool

(생)1971·11·7 (본)전주(全州) (출)충남 부여 (주)서울특별시 종로구 북촌로 112 감사원 재정·경제감사국 제1과(02-2011-2111) (학)1990년 대전 보문고졸 1999년 연세대 행정학과졸 2012년 미국 피츠버그대 행정국제대학원(GSPIA) 정책학과졸 (경)2013년 감사원 공보관실 공보담당관 2014년 同대변인실 홍보담당관 2014년 同행정안전감사국 제4과장 2016년 同IT감사단 제1과장(부이사관) 2017년 同인사혁신과장 2019년 同재정·경제감사국 제1과장(현) (종)천주교

이용택(李龍澤) LEE Yong Taek (義谷)

(생)1930·11·29 (본)성주(星州) (출)대구 달성 (주)서울특별시 용산구 한강대로 159-1 한성빌딩 501호 해외희생동포추념사업회(02-706-1146) (학)1951년 대구농고졸 1958년 단국대 법학과졸 1972년 고려대 경영대학원 수료 (경)1963~1980년 대한민국재향군인회 달성군연합분회장 1973년 중앙정보부 국장 1976년 대한불교청소년교화연합회 회장 1976년 보아기계공업 회장 1978년 대한지적공사 사장 1979년 새마을운동중앙협의회 감사 1980년 在京달성향우회 회장 1980년 대한불교조계종 전국신도회 부회장 1981년 제11대 국회의원(달성·고령·성주, 무소속) 1981년 해외희생동포추념사업회 회장(현) 1983년 국회 의정동우회 회장 1985년 제12대 국회의원(달성·고령·성주, 무소속) 1987년 자유민주총연맹 부위원장 1988년 민주정의당 달성·고령지구당 위원장 1992년 무학그룹 상임고문 1994년 홍원문화재단 이사(현) 1996년 대성포장 회장 1997년 대한민국헌정회 정책위원회 통일안보분과 위원장 1997년 농서장학회 이사장 1997년 성주이씨대종회 회장 1997년 국민회의 총재특보 1998~2000년 경북관광개발공사 사장 1998~2013년 광동제약(주) 사외이사 2002년 자유민주수호국민운동총연합 발기인·회장(현) 2003년 대한민국헌정회 대구시지회장 2005~2007년 대한민국 제12대 국회의원회 회장 2005~2008년 대한민국헌정회 이사 2008년 대한민국건국기념사업회 수석부회장·회장 2012~2013년 대한민국헌정회 부회장 2013년 同고문 2017년 한국반탁반공학생운동기념사업회 총재(현) 2019년 대한민국헌정회 원로위원(현) (상)3등보국훈장, 대통령표창, 국민훈장 모란장, 국민훈장 동백장 (저)'불멸의 빛' '하늘이여, 땅이여, 조국이여' '민들레꽃이 곱게 피던 시절' '용서는 하되 잊지는 말자' 회고록 '구름이 흘러가듯 떠돌다 가는 길에' (종)불교

이용표(李龍杓)

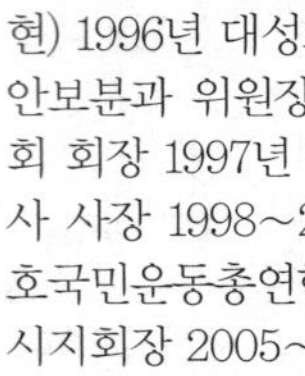

(생)1964·10·9 (출)경남 남해 (주)서울특별시 종로구 사직로8길 31 서울지방경찰청 청장실(02-700-2110) (학)1982년 진주고졸 1987년 경찰대 행정학과졸(3기) 2000년 한국체육대 대학원 체육학과졸 (경)1987년 경위 임용 1991년 대통령경호실 파견 1991년 서울지방경찰청 101경비단 근무 1992년 경북지방경찰청 경무과 근무(경감) 1992년 경북 의성경찰서 방범과장 1994년 서울지방경찰청 1기동대 근무 1997년 경찰종합학교 근무(경정) 2000년 서울 양천경찰서 정보보안과장 2001년 서울 구로경찰서 정보보안과장 2002년 서울 종로경찰서 정보과장 2003년 서울지방경찰청 정보관리부 정보1과 정보3계장 2006년 경찰청 총무혁신기획단 근무 2006년 행정자치부 자치경찰제실무추진단 파견(총경) 2007년 경남 산청경찰서장 2008년 경찰청 정보3과장 2009년 서울 노원경찰서장 2010년 서울지방경찰청 경무과 총경

(교육) 2011년 경찰청 정보국 정보3과장 2014년 경남지방경찰청 제2부장(경무관) 2014년 경기지방경찰청 제3부장 2015년 서울지방경찰청 정보관리부장 2017년 경찰청 정보국장(치안감) 2017년 경남지방경찰청장 2018년 부산지방경찰청장(치안정감) 2019년 서울지방경찰청장(현)

이용하(李容河) Lee, Yong ha

(생)1963·7·5 (주)전라북도 전주시 덕진구 기지로 180 국민연금연구원 원장실(063-713-6778) (학)1982년 경북고졸 1986년 고려대 농업경제학과졸 1989년 독일 프라이부르크대 대학원 경제학과졸 1993년 경제학박사(독일 프라이부르크대) (경)1995~2018년 국민연금연구원 책임연구원·부연구위원·연구위원·선임연구위원 2012~2016년 사회보장위원회 실무위원 2012~2018년 국민연금연구원 제도연구실장 2013~2015년 대통령직속 저출산고령사회위원회 분과위원 2017년 국민연금연구원 원장 직대 2018년 同원장(현)

이용헌(李龍憲) LEE Yong Heon

(생)1961·10·4 (본)함평(咸平) (출)광주 (주)광주광역시 서구 상무누리로 30 김대중컨벤션센터 컨벤션동 1층 광주관광컨벤션뷰로(062-611-3600) (학)1987년 전남대 불어불문학과졸 (경)1988~1996년 전남일보 기자 1996~1998년 광남일보 기자 1998년 광주타임스 기자 2003년 전남매일 편집국 경제팀 부장대우 2003년 同편집국 정치경제부장 2006년 同편집국장 2009~2014년 同논설실장 2015년 호남매일신문 편집국장 2018년 광주관광컨벤션뷰로 대표이사(현) (상)한국기자상(1995) (저)'WTO-월드보고서-세계농촌을 가다'

이용형(李龍炯)

(생)1964·10·15 (주)부산광역시 연제구 중앙대로 1001 부산광역시의회(051-888-8245) (학)1981년 경남상고졸 (경)(사)남구청년연합회, 더불어민주당 부산시당 남구乙지역위원회 부위원장 2018년 부산시의회 의원(더불어민주당)(현) 2018년 同도시안전위원회 부위원장(현) 2018년 同운영위원회 위원(현) 2018년 同남북교류협력특별위원회 위원(현)

이용형(李容亨)

(생)1973·7 (출)경북 울진 (주)세종특별자치시 다솜3로 95 조세심판원 3심판부 6심판조사관실(044-200-1860) (학)성일고졸, 서울대 동양사학과졸, 同대학원 행정학과졸 (경)2002년 행정고시 합격(45회), 재정경제부 국민생활국 근무, ADB준비기획단 근무, 재정경제부 감사담당관실 근무, 국무조정실 조세심판원 조사관실·행정실 기획팀장, 2015년 同조세심판원 심판조사관 2017년 청주세무서장 2018년 국무조정실 조세심판원 3심판부 7심판조사관 2018년 同조세심판원 5심판부 11심판조사관 2019년 同조세심판원 3심판부 6심판조사관(현)

이용호(李容鎬) LEE Yong Ho

(생)1960·3·20 (출)전북 남원 (주)서울특별시 영등포구 의사당대로 1 국회 의원회관 518호(02-784-2570) (학)1977년 전주고졸 1982년 서울대 산업공학과졸 1996년 미국 스탠퍼드대 연수, 한양대 행정대학원졸 (경)1984~1998년 경향신문 정치부·사회부·국제부 기자 1998년 同정치부 차장 1998년 국무총리 공보지원담당관 1999년 국무총리 정무비서실 정당담당관 2001년 국무총리 정책담당비서관 2003년 국무총리 공보담당비서관 2004년 제17대 국회의원선거 출마(남원시·순창군, 새천년민주당) 2004년 시사정경연구소 소장 2005년 민주당 전주시덕진구지역위원회 위원장 2010년 전북 남원시장선거 출마(무소속) 2013~2015년 국회사무처 홍보기획관 2016년 제20대 국회의원(남원시·임실군·순창군, 국민의당·무소속〈2018.2〉)(현) 2016년 국민의당 원내대변인 겸 공보담당 원내부대표 2016~2018년 同남원시·임실군·순창군지역위원회 위원장 2016년 국회 운영위원회 위원 2016~2017년 국회 안전행정위원회 위원 2016~2017년 국회 남북관계개선특별위원회 위원 2017년 국민의당 전국당원대표자대회 부의장 2017년 同정책담당 원내부대표 2017년 同원내대변인 2017년 同대선기획단 부단장 2017년 同경선관리TF팀장 2017년 同제19대 안철수 대통령후보 중앙선거대책본부 TV토론단장 2017~2018년 同정책위 의장 2017년 同비상대책위원 2017~2018년 국회 행정안전위원회 위원 2017~2018년 국민의당 여야정협의체TF팀장 2018년 국회 국토교통위원회 위원(현) 2019년 국회 예산결산특별위원회 위원(현) (상)한국을 빛낸 자랑스러운 한국인대상 지역사회발전공로부문(2016), 대한민국 참봉사대상 지역발전혁신부문(2016), 21세기 대한민국을 빛낸 한국인물대상 우수정치 공로부문(2017) (저)'권력막후' '권력의 탄생' '청와대 극비문서' (종)기독교

이용호(李容昊)

(생)1963·3·31 (출)경북 고령 (주)서울특별시 중구 소공로 106 (주)신세계조선호텔 비서실(02-771-0500) (학)1983년 부산 해동고졸 1989년 고려대 경제학과졸 (경)1988년 (주)신세계 인사기획 입사 1995년 同경영지원실 인사기획과장 1998년 同인사담당 서울파트장 2003년 (주)조선호텔 인사팀장(부장) 2005년 (주)신세계 관리담당 유통연수원 팀장(부장) 2008년 同경영지원실 유통연수원 팀장(수석부장) 2009년 (주)신세계푸드 FS담당 상무보 2011년 同FS담당 상무 2013년 (주)이마트 경영총괄부문 경영지원본부 인사담당 상무 2015년 (주)신세계조선호텔 지원담당 부사장보 2017년 同대표이사(현)

이용환(李龍煥) LEE Yong Hwan

(생)1949·7·28 (본)전주(全州) (출)충남 당진 (주)서울특별시 중구 퇴계로 197 충무빌딩 407호 한반도선진화재단(02-2275-8391) (학)성균관대 행정학과졸, 同대학원 경제학과졸, 행정학박사(성균관대), 미국 아이오와주립대 대학원 수학 (경)전국경제인연합회 총무부장, 同조사부장, 同조사담당 이사, 同조사·지원·홍보담당 상무, 성균관대 강사, 전국경제인연합회 국제경영원 부원장(전무), 同상임자문교수, 한국규제학회 부회장, 건국대 경영대학원 겸임교수, 동국대 사법경찰대학원 객원교수, 한국로지스틱학회 이사, 한국행정학회 이사, 한국사회정책학회 감사 2009년 한반도선진화재단 사무총장(현), 한국가스기술공사 사외이사, 사법시험위원회 위원, 최저임금심의위원회 위원, 노사정위원회 상무위원, 국민연금심의위원회 위원 2016~2018년 한국지역난방공사 비상임이사 (상)석탑산업훈장 (저)'한국기업의 세계화전략' '디지털사회의 경제와 문화' '21세기 사랑의 충전소 공동체를 살리자'(2007, 한반도선진화재단) '선진화 시대의 빈곤정책'(2008, 한반도선진화재단) '실업시대 희망사전'(2010, 이담북스) '큰 복지 작은 복지 선진통일시대의 한국형 복지'(2011, 한반도선진화재단) '대통령당선인의 67일(共)'(2012, 한반도선진화재단) '북한경제특구(개발구) 진출 기업에 대한 지원수요정책(共)'(2014, 국회입법조사처) '국정철학과 국가전략으로 본 대통령의 조건'(2017, 한반도선진화재단) (역)'21세기 기업생존전략'(2001, FKI미디어) (종)천주교

이용환(李龍煥) Yong-Hwan Lee

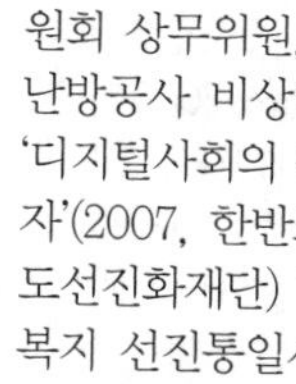

(생)1961·7·29 (출)강원 정선 (주)서울특별시 관악구 관악로 1 서울대학교 농업생명과학대학 응용생물화학부(02-880-4674) (학)1983년 서울대 농생물학과졸 1985년 同대학원졸 1991년 식물병리학박사(미국 루이지애나주립대) (경)1986~1988년 서울대 농과대학 농생물학과 조교 1988~1991년 미

국 루이지아나대 식물병리학과 연구조교 1991~1993년 미국 클렘슨대 식물병리학과 객원조교수 1993~1995년 LG화학 기술연구원 책임연구원 1995년 서울대 농업생명과학대학 농생명공학부·응용생물화학부 조교수·부교수·교수(현) 2003년 미국 North Carolina State Univ. Adjunct Professor(현) 2003~2005년 국립식물검역원 중앙심의위원회 위원 2005년 서울대 곰팡이유전자원은행장(현) 2006~2008년 同농생명공학부장 2006~2008년 同BK21농생명공학사업단장 2009~2011년 同농업생명과학대학 연구부학장 2010~2015년 핀란드 Univ. of Helsinki Distinguished Professor 2012~2016년 서울대 식물병원장 2016년 한국과학기술한림원 정회원(농수산학부·현) 2017년 미국 식물병리학회 Fellow(석학회원)(현) (상)서울대 농업생명과학대학 학술상(2008), 서울대 학술연구상(2009), 한국식물병리학회 학술상(2012), 미국 식물병리학회(American Phytopathological Society) 루스 알렌상(Ruth Allen Award)(2013), 대한민국학술원 학술원상 자연과학응용분야(2016)

이용환(李鎔煥) Lee Yong-Hwan

(생)1970·9·15 (본)평창(平昌) (출)대전 (주)세종특별자치시 한누리대로 402 산업통상자원부 에너지혁신정책관실(044-203-5210) (학)1989년 대전 유성고졸 1993년 서울대 경제학과졸 1997년 同행정대학원 정책학과 수료 2003년 미국 플로리다대 대학원 경영학과졸(MBA) (경)1992년 행정고시 합격(36회) 1996~2004년 산업자원부 산업표준품질과·산업기술정책과·가스산업과 근무 2005년 同인사계장(서기관) 2006~2007년 대통령비서실 행정관 2007~2011년 駐싱가포르 상무참사관 2011년 지식경제부 지역산업과장 2012년 同가스산업과장 2013년 산업통상자원부 가스산업과장 2014년 同석유산업과장 2016년 同장관비서관(부이사관) 2017년 同통상협력국 심의관 2017년 국정기획자문위원회 파견(고위공무원) 2018년 산업통상자원부 신통상질서협력관 2018년 同에너지산업정책관 2019년 同에너지혁신정책관(현)

이용훈(李容勳) LEE Yong Hun

(생)1941·12·26 (본)광주(廣州) (출)전남 보성 (주)서울특별시 종로구 청계천로 1 동아미디어센터 18층 (재)인촌기념회(02-2020-0205) (학)1959년 광주제일고졸 1963년 서울대 법학과졸 1967년 同사법대학원졸 (경)1962년 고등고시 사법과 합격(15회) 1964~1967년 육군 법무관(대위 예편) 1968~1977년 대전지법·강경지원·대전지법·의정부지원·서울민사지법·서울형사지법 판사 1977년 서울고법 판사 1980년 대법원 재판연구관 1981년 사법연수원 교수 1982년 서울민사지법 부장판사 겸 법원행정처 조사국장·감사관 1985년 광주고법 부장판사 1986년 서울고법 부장판사 1992년 서울지법 서부지원장 1993년 법원행정처 차장 1994~2000년 대법원 대법관 1998~2000년 중앙선거관리위원회 위원장 겸임 2000~2005년 변호사 개업 2004~2005년 정부공직자윤리위원회 위원장 2005~2011년 대법원장(14대) 2011~2016년 고려대 법학전문대학원 석좌교수 2014년 (재)인촌기념회 이사장(현) (상)청조근정훈장(2000), 국민훈장 무궁화장(2011), 제21회 자랑스러운 서울법대인 선정(2013) (저)'행정처분의 무효선언을 구하는 소송에 있어서의 주장 입증책임'(1982) '변칙적 담보에 있어서의 채권의 만족'(1992) '반사회적 법률행위로 인한 급부의 회수와 불법원인급여'(1993) '민사재판에 대한 전통적 의식과 재판에 대한 신뢰'(1993) (종)기독교

이용훈(李容勳) RI Yong Hoon

(생)1951·9·13 (본)광주(廣州) (출)경기 화성 (주)경기도 수원시 장안구 이목로 39 천주교 수원교구청(031-244-5001) (학)1970년 성신고졸 1977년 가톨릭대 신학과졸 1979년 同대학원졸 1986년 이탈리아 라테라노대 대학원 신학과졸 1988년 신학박사(이탈리아 라테라노대) (경)1979년 사제 서품 1979~1982년 안법고·성신고 교사 1982~1984년 수원가톨릭대 강사 1989년 同전임강사·조교수·부교수 1997~2007년 同교수 1998~2002년 同총장 2002년 同대학원장 2003년 천주교 수원교구 보좌주교 2003년 주교 서품 2003~2008년 천주교 수원교구 총대리(주교) 2004~2010년 한국천주교주교회의 교육위원회 위원장 2008년 천주교 수원교구 부교구장(주교) 2009년 同수원교구장(현) 2010년 한국천주교주교회의 정의평화위원회 위원장·사회주교위원회 위원장 2014년 同생명윤리위원회 위원장(현) 2016년 同서기(현) 2016년 한국천주교중앙협의회 상임이사(현) (저)윤리신학총서 '순례의 길목에 서서'(2004) '정의의 느티나무 숲을 이루기 위하여'(2005) '사람이여 당신은'(2005) '잃어버린 반쪽을 찾아서'(2008) '잃어버린 땀을 찾아서'(2008) '잃어버린 꽃을 찾아서'(2009) '잃어버린 잣대를 찾아서'(2010), 윤리신학총서 개정증보판 '세상의 빛 어제와 오늘'(2010) '그리스도와 자본주의'(2011), 신학단상집 '인생 그리고 행복'(2011) '생명 공학과 가톨릭 윤리'(2012) '지상에서 천국처럼'(2012) '신앙과 경제 Ⅰ·Ⅱ'(2015) (역)'교황 요한 23세의 회칙' '지상의 평화'(1995) (종)천주교

이용훈(李勇勳) Lee Yong Hoon

(생)1955·7·12 (출)서울 (주)대전광역시 유성구 대학로 291 한국과학기술원 공과대학 전기및전자공학부(042-350-3437) (학)1978년 서울대 전기공학과졸 1980년 同대학원 전기공학과졸 1984년 공학박사(미국 펜실베이니아대) (경)1982~1984년 미국 펜실베이니아대 연구조교 1984~1989년 미국 뉴욕주립대 버팔로교 조교수 1989년 한국과학기술원(KAIST) 전기및전자공학과 교수(현) 2000~2007년 同ITRC센터장 2001~2004년 同신기술창업지원단장 2004~2005년 同전기및전자공학부 학과장·정보기술 BK 사업단장 2005~2008년 同공과대학장·기계기술연구소장·정보전자연구소장 겸임 2008~2011년 同정보과학기술대학장 2011년 同ICC부총장 2011~2013년 同교학부총장 2014~2016년 한국연구재단 비상임이사 2018년 성남-KAIST 차세대ICT연구센터 센터장(현) 2019년 한국공학한림원 부회장(현) (상)한국과학기술원 연구발전상(1998), (주)SK텔레콤 올해의논문상(1998), 대한전자공학회 공로상(1998), 통신정보합동학술대회 JCCI 최우수논문 은종관상(2002), 대통령표창(2002), 정보통신부장관표창(2003), 중소기업특별위원회 위원장표창(2004), 한국통신학회 2015 추계종합학술발표회 우수논문상(2016), 통신정보합동학술대회(JCCI) 2016 우수논문상(2016), 한국통신학회 2017 하계종합학술발표회 우수논문상(2017), 한국과학기술원 창의강의대상(2018)

이용훈(李龍燻) Lee, Yong-Hoon

(생)1957·7·10 (출)부산 (주)부산광역시 금정구 부산대학로63번길 2 부산대학교 자연과학대학 수학과(051-510-2295) (학)1981년 부산대 수학과졸 1983년 同대학원 이학석사 1990년 이학박사(미국 Univ. of Alabama) (경)1992년 부산대 자연과학대학 수학과 교수(현) 2000~2002년 同수학과장 2002~2003년 캐나다 워털루대 방문교수 2005~2010년 부산대 자연과학대학 교육공무원인사위원회 위원 2006~2007년 한국학술진흥재단 전문위원 2006~2009년 부산대 수학과 2단계BK21 사업단장 2006~2009년 同자연과학대학 수학·통계학부장 2007~2008년 대한수학회 사업이사 2009~2011년 同해석학분과 위원장 2009~2018년 국가수리과학연구소 운영위원 2009~2011년 부산대 기초과학연구원장 2009~2011년 同자연과학대학장 2010~2016년 세계수학자대회(ICM) 조직위원 2010~2015년 한국연구재단 전문위원 2013년 아시아수학대회(AMC) 집행위원장 2013년 대한수학회 부회장 2013~2017년 부산대 수학과 BK21플러스사업단장 2015~2016년 대한수학회 회장 2017~2019년 한국연구재단 기초연구본부 자연과학단장 2018년 한국과학기술한림원 정회원(이학부·현) (상)한국학술진흥재단 최우수 PM상(2007), 부산대 Premier 교수(연구 상위 2%) 선정(2012), 과학기술훈장 혁신장(2018)

이용희(李龍熙) LEE Young Hee

(생)1931 · 6 · 10 (본)경주(慶州) (출)충북 옥천 (주)서울특별시 영등포구 국회대로68길 7 더불어민주당(1577-7667) (학)1951년 대전사범학교졸 1956년 건국대 정치외교학과졸 1991년 고려대 경영대학원 수료 (경)1963년 예편(육군 대위) 1971년 신민당 선전국장 겸 상임위원회 부의장 1971년 내외문제연구소 기획실장 1973년 제9대 국회의원(보은 · 옥천 · 영동, 무소속 · 신민당) 1974년 신민당 충북도지부장 1977년 同원내부총무 1979년 제10대 국회의원(보은 · 옥천 · 영동, 신민당) 1985년 제12대 국회의원(보은 · 옥천 · 영동, 민한당 · 신민당) 1985년 신민당 사무총장 1986년 민권회 이사장 1987년 민주당 부총재 1987년 헌정민권회 부회장 1987년 평민당 부총재 1988년 同서울영등포乙지구당 위원장 1988년 同당무지도위원회 의장 1991년 신민당 최고위원 1994년 민주당 상임고문 1996년 새정치국민회의 보은 · 옥천 · 영동지구당 위원장 1996년 同부총재 1998년 同지도위원 · 충북도지부장 2000년 새천년민주당 고문 2000년 同보은 · 옥천 · 영동지구당 위원장 2000년 同충북도지부장 2002년 同상임고문 2002년 同최고위원 2002년 同중앙선대위 상임고문 2003년 同조직강화특위 위원장 2003년 열린우리당 상임중앙위원 2004년 同상임고문 2004년 제17대 국회의원(보은 · 옥천 · 영동, 열린우리당 · 대통합민주신당 · 통합민주당 · 자유선진당) 2004~2006년 국회 행정자치위원장 2005년 열린우리당 재난안전특별위원회 위원장 2005년 同상임고문단장 2006년 同비상대책위원회 인선위원장 2006~2008년 국회 부의장 2007년 대통합민주신당 제17대 대통령중앙선거대책위원회 최고고문 2008년 제18대 국회의원(보은 · 옥천 · 영동, 자유선진당 · 민주당 · 민주통합당), 자유선진당 상임고문 2010년 同충북도당 위원장 2010년 국회 법제사법위원회 위원 2013년 민주당 상임고문 2014년 새정치민주연합 상임고문 2015년 더불어민주당 상임고문(현) (저)정치평론집 '인간주의 정치선언' (종)불교

이용희(李容熙) LEE YONG HEE

(생)1949 · 1 · 18 (본)경주(慶州) (출)울산 (주)대구광역시 달서구 호산동로 121 (주)제이브이엠 사장실(053-584-9999) (학)1967년 대구고졸 1972년 영남대 경제학과졸 2002년 同대학원 경영학과졸 (경)대한준설공사 · 한진종합건설 근무 2001년 대구상공회의소 물류연구회 부회장 2002년 (주)SL성산 대표이사 사장 2002년 (주)성일초자 대표이사 사장 2004년 SL(주) 구매본부장(부사장), 同구매본부장(사장) 2007년 대구경영자총협회 이사(현) 2008년 (주)SL서봉 대표이사 사장 2009년 (주)제이브이엠 대표이사 사장(현), 경북지방노동위원회 위원(현), 경북대 IT대학 컴퓨터학부 겸임교수, 대구장로회총연합회 회장 (상)노동부장관표창(1998 · 2004), 산업자원부장관표창(2002), 대구광역시장표창(2004 · 2019), 한국노동조합총연맹 올해의 기업인상(2005), 대한상공회의소 회장표창(2005), 생산성대상 산업포장(2007), 은탑산업훈장(2014) (종)기독교

이용희(李用熙) Yong-Hee Lee

(생)1955 · 6 · 3 (출)경북 안동 (주)서울특별시 동대문구 회기로 85 고등과학원 원장실(02-958-3764) (학)경기고졸 1977년 서울대 물리학과졸 1979년 한국과학기술원(KAIST) 물리학과졸(석사) 1986년 이학박사(미국 애리조나대) (경)1979~1982년 국방과학연구소 연구원 1987~1991년 미국 AT&T Bell Labs. 연구원(MTS) 1991년 한국과학기술원(KAIST) 물리학과 교수 · 특훈교수(현) 2004년 한국과학기술한림원 정회원(이학부 · 현) 2007년 미국 전기전자학회(IEEE) Fellow(석학회원)(현) 2007년 교육인적자원부 및 한국학술진흥재단 국가석학(우수학자) 선정 2010년 한국과학기술원(KAIST) 자연과학대학장 2016년 고등과학원(KIAS) 원장(현) (상)한국과학기술단체총연합회 과학기술우수논문상, 대한민국학술원상 자연과학부문, 미국 전기전자학회(IEEE) 레이저전자광학회(LEOS) 우수강연상(2003), KAIST 학술대상(2004), 한국광학회 학술상(2005), 한국과학재단 이달(2월)의 과학자상(2005), 교육인적자원부 · 한국학술진흥재단 선정 우수학자(2007), 일맥문화대상 학술연구상(2008), 대한민국 과학상 물리학부문(2010), KAIST 올해의동문상(2012), 미래창조과학부 · 한국과학기술단체총연합회 선정 '대한민국최고과학기술인상'(2015), 2015 자랑스러운 경기인상(2016)

이우근(李宇根) Lee Woo Keun (外木)

(생)1948 · 11 · 22 (본)단양(丹陽) (출)평북 용천 (주)서울특별시 중구 세종대로9길 42 부영빌딩 7층 법무법인 충정(02-750-9007) (학)1967년 경기고졸 1971년 서울대 법대졸 1976년 同대학원 법학과졸, 미국 워싱턴주립대 Law School LL.M. 과정 수료 1990년 서울장로회신학대 신학과졸 2011년 명예 신학박사(한국웨스트민스터 신학대학원) (경)1972년 사법시험 합격(14회) 1974년 사법연수원 수료(4기) 1975년 육군 법무관 1977년 청주지법 판사 1980년 수원지법 판사 1982년 서울민사지법 판사 1985년 서울고법 판사 1987년 미국 워싱턴주립대 로스쿨 방문연구원 1988년 법원행정처 송무심의관 1989년 대법원 재판연구관 1990년 청주지법 부장판사 1992년 수원지법 부장판사 1993년 서울지법 남부지원 부장판사 1995년 서울지법 부장판사 1996년 대구고법 부장판사 1999년 서울고법 부장판사 1999년 인천지법 수석부장판사 직대 2000년 사법연수원 수석교수 2000년 서울고법 부장판사 · 수석부장판사 2001년 중앙토지수용위원장 직대 2002년 서울내셔널심포니오케스트라 명예지휘자(현) 2004년 춘천지법원장 2005년 인천지법원장 2005~2019년 한국소아암재단 고문 2005~2006년 서울행정법원장 2006년 서울중앙지법원장 겸임 2006~2009년 법무법인 한승 대표변호사 2007년 예술의전당 이사 2007년 사학분쟁조정위원회 위원 2007~2008년 개인정보분쟁조정위원회 위원장 2007~2009년 기독교윤리실천운동본부 이사 2008~2010년 국회 공직자윤리위원회 위원장 2008~2011년 세종문화회관 감사 2009~2010년 사학분쟁조정위원회 위원장 2009년 법무법인 충정 대표변호사, 同고문변호사(현) 2010~2014년 중앙일보 칼럼니스트 2012~2013년 학교법인 성신학원 감사 2012년 1090평화와통일운동 이사(현) 2013년 한국고전번역원 이사 2013년 한반도인권과통일을위한변호사모임(한변) 고문(현) 2014~2017년 한국고전번역원 비상임이사 2014년 헌법재판소 자문위원(현), 언론중재위원회 위원, 서울시 선거관리위원회 위원장, 아시아투데이 칼럼니스트(현), 극동방송 칼럼니스트(현), 국가인권위원회 자문위원(현), 국제펜클럽 한국본부 정회원(현) 2017년 숙명여대 석좌교수(현) 2017년 국제펜클럽 한국본부 인권위원장(현) (상)황조근정훈장(2006), 한빛문화인상(2009), 서울언론인클럽 언론상 칼럼부문(2012) (저)'바보가 그리운 시대'(2007, 북스캔) '불신앙고백'(2007, 북스캔) '톨레랑스가 필요한 기독교'(2009) '사랑은 왜 낮은곳에 있는가'(2015, 행복에너지) '안락사에 관한 연구' '공범의 자백과 보강증거' '행정처분과 재량준칙' (종)기독교

이우룡(李雨龍) Lee Woo Ryong

(생)1964 · 4 · 28 (출)전남 장성 (주)서울특별시 서초구 반포대로30길 81 4층 법무법인 평산(02-582-8500) (학)1987년 연세대 법학과졸, 미국 골든게이트대 Law School졸 (경)1989년 사법시험 합격(31회) 1993년 사법연수원 수료(22기) 1993년 軍법무관, 미국 골든게이트대 Visiting Scholar 1996년 광주지법 판사 1998년 同해남지원 판사 1999년 同완도군 · 진도군법원 판사 2000년 광주지법 판사 2002년 광주고법 판사 2005년 수원지법 판사 2006년 대법원 재판연구관 2008년 광주지법 부장판사 2010~2011년 수원지법 부장판사 2011년 변호사 개업 2013년~2017년 법무법인(유) 세한 파트너변호사 2017년 법무법인 평산 대표변호사(현)

이우범(李佑範) LEE Woo Bum

[생]1962 · 11 · 10 [출]충북 보은 [주]충청북도 청주시 청원구 2순환로 168 충북지방경찰청 보안과(043-240-2091) [학]1982년 청주신흥고졸 1986년 충북대 국문학과졸 [경]1991년 경위 임관(경찰 간부후보 39기) 1999년 경감 승진 2005년 경정 승진 2007년 충북지방경찰청 경무계장, 同정보2 · 3계장 2014년 同112상황실장 2014년 교육 파견(총경) 2014년 충북지방경찰청 치안지도관 2015년 同정보과장 2015년 충북 옥천경찰서장 2017년 충북지방경찰청 여성청소년과장 2018년 청주상당경찰서장 2019년 충북지방경찰청 보안과장(현)

이우석(李愚錫) LEE Woosok

[생]1957 · 1 · 11 [출]서울 [주]서울특별시 강서구 마곡동로 110 코오롱생명과학(주)(02-3677-4100) [학]1974년 경기고졸 1979년 서울대 경제학과졸 1988년 미국 캘리포니아대 로스앤젤레스교 대학원졸(MBA) [경]1978년 행정고시 합격(22회) 1980~1991년 상공부 통상총괄과 · 전자부품과 · 차관비서관 · 통상협력담당관실 사무관 1991년 통상산업부 법무담당관 1992년 同장관비서관 1993년 同산업진흥과장 1995년 UN무역개발회의(UNCTAD) 파견 1998년 통상산업부 지역협력담당관 1998년 산업자원부 국제협력과장 1998년 同자본재산업국 수송기계산업과장 1999년 同장관비서관 2000년 同총무과장 2000년 同지역협력과장 2000~2015년 코리아e플랫폼(주) 대표이사 사장 2008년 코오롱제약 대표이사 사장(현) 2009~2012년 코오롱웰케어 대표이사 사장 2011년 코오롱생명과학(주) 대표이사 사장(현) 2014~2019년 미국 Tissuegene Inc. 대표이사 사장 겸임 2017년 코오롱제약 자율준수관리자(현)

이우성(李雨聲) LEE Woo Sung

[생]1952 · 4 · 6 [본]전주(全州) [출]경기 김포 [주]서울특별시 동대문구 이문로 107 한국외국어대학교 미디어커뮤니케이션학부(02-2173-2314) [학]1970년 경동고졸 1976년 한국외국어대 정치외교학과졸 2009년 성균관대 언론정보대학원 커뮤니케이션학과졸 [경]1977년 동양통신 사회부 기자 1978~1980년 同경제부 · 외신부 기자 1981년 쌍용그룹 비서실 근무 1986~1988년 (주)쌍용 인사과장 1988년 연합통신 외신부 기자 1993년 同경제부 차장 1995년 同경제국 경제1부 부장대우 1997년 同경제1부장 직대 1998년 同경제부장 1998년 금융발전심의위원회 위원 1998년 연합뉴스 경제부장 2000년 同국제뉴스국 기획위원(부국장대우) 2000년 同경제국 총괄데스크팀장 2000년 同경영기획실장 직대 2002년 同경제국 부국장 2003~2006년 同기획 · 총무담당 상무이사 2003~2006년 (주)연합인포맥스 이사 2006~2009년 同대표이사 사장 2010~2018년 한림대 언론정보학부 객원교수 2018년 한국외대 미디어커뮤니케이션학부 외래교수(현) [상]외대 언론인상(2008) [종]기독교

이우성(李宇盛) LEE Woo-Sung

[생]1963 · 12 · 6 [출]경남 의령 [주]세종특별자치시 갈매로 388 문화체육관광부 종무실(044-203-2301) [학]연세대 행정학과졸, 서울대 행정대학원졸, 미국 컬럼비아대졸 2008년 연세대 영상대학원 박사과정 재학 중 [경]1997년 문화체육부 문화정책국 국어정책과 서기관 1998년 문화관광부 문화정책국 국어정책과 서기관 2002년 대통령비서실 파견 2003년 문화관광부 관광국 관광개발과장 2004년 同관광국 관광자원과장 2005년 同문화미디어국 문화미디어산업진흥과장 2006년 同문화미디어국 문화미디어산업진흥과장(부이사관) 2006년 同문화미디어국 미디어정책팀장 2006년 同문화산업국 영상산업팀장 2007년 同부이사관 2008년 교육 파견(부이사관) 2009년 문화체육관광부 문화콘텐츠산업실 문화산업정책과장 2009년 同기획조정실 정책기획관(고위공무원) 2010년 駐뉴욕총영사관 영사 겸 한국문화원장 2014년 문화체육관광부 해외문화홍보원 해외문화홍보기획관 2015년 국립외교원 교육파견(고위공무원) 2016년 문화체육관광부 체육관광정책실 관광레저정책관 2016년 同관광정책실 국제관광정책관 2017년 同문화콘텐츠산업실장 2017년 同문화예술정책실장 2019년 同종무실장(현) [상]대통령표창(1996)

이우식(李佑植) LEE Woo Sig

[생]1954 · 11 · 12 [본]전의(全義) [출]전남 보성 [주]서울특별시 송파구 백제고분로 498 지산빌딩 3층 (주)한양건설 회장실(02-2240-4800) [학]1974년 광주제일고졸 1978년 서울대졸 1989년 연세대 경영대학원졸 [경]1978년 ROTC 16기 임관 1980년 예편(육군 중위) 1980년 조흥은행 입행 1990년 동화은행 입행 1998년 (주)보성건설 상무이사 1998년 (주)보성레저산업 대표이사 1998년 여산건설(주) 대표이사 2004년 (주)한양 대표이사 사장 2004년 한양주택 대표이사 사장 2008년 同회장 2010년 (주)한양건설 회장(현) [상]서울시장표창 [종]천주교

이우영(李宇榮) Woo Young Lee

[생]1959 · 4 · 29 [주]서울특별시 종로구 북촌로 15길 2 북한대학원대학교 심연북한연구소(02-3700-0727) [학]1982년 연세대 사회학과졸 1984년 同대학원 사회학과졸 1991년 사회학박사(연세대) 1995년 성균관대 대학원 한국사상학과졸 [경]1991~1996년 통일연구원 북한연구실 책임연구원 1994년 同정책연구실 책임연구원 1995~1997년 한국걸스카우트연맹 자문위원 1997~2001년 통일연구원 북한연구실 연구위원 1998년 同통일학술정보센터 소장 1999년 同경제사회연구실 연구위원 2000~2003년 同북한사회인권센터 연구위원 2000~2015년 국회 한민족통일연구회 자문위원 2000~2003년 경기도청 여성분과위원회 자문위원 2001~2004년 경남대 북한대학원 겸임교수 2004~2005년 同북한대학원 조교수 2005년 극동문제연구소 남북협력실장 2005~2007년 북한대학원대 조교수 2008~2013년 同부교수 2010~2013년 한국일보 시사칼럼 필자 2011년 한반도포럼 회원(현) 2012년 북한대학원대 심연북한연구소장(현) 2013년 同교수(현) 2016년 북한연구학회 회장 2019년 민주평통 사회문화교류분과위원회 상임위원(현) [저]'21세기남북관계론(共)'(2000, 법무사) '탈북단시대를 열며(共)'(2000, 삼인) '남북한비교론(共)'(2006) '북한의 사상과 역사인식(共)'(2006) '동아시아 발전, 동북아 경제통합과 화해협력(共)'(2007) '북한 도시주민의 사적 영역 연구(共)'(2008) '북한체제의 이해 – 제도와 정책의 지속과 변화(共)'(2009, 명인문화사)

이우영(李祐榮) LEE Woo Young

[생]1960 · 7 · 5 [본]원주(原州) [출]전북 무주 [주]충청남도 천안시 동남구 병천면 충절로 1600 한국기술교육대학교 기계공학과(041-560-1134) [학]1980년 대전고졸 1984년 한양대 기계공학과졸 1987년 서울대 대학원졸 1990년 공학박사(서울대) [경]1990~1992년 국방과학연구소 선임연구원 1992년 한국기술교육대 기계공학부 교수(현) 1995~1996년 미국 Univ. of California, Berkeley 연구교수 2003~2007년 한국기술교육대 지역혁신체계추진단(RIS)장 2004~2008년 한국연구재단 우수연구센터 평가위원 2006년 한국산업인력공단 평생능력개발사업 심의위원 2006~2010년 한국기술교육대 산학협력단장 2007~2009년 충남지역산학협력단장협의회 회장 2008년 산업통상부 국가R&D산업원천기술개발사업 평가심의위원 2008년 지식경제부 전국테크노파크 및 특화센터 경영평가위원 2008~2010 · 2012~2014년 한국기술교육대 능력개발교육원장 2009년 국가경쟁력강화위원회 평생능력개발선진화TF 위원 2010~2011년 한국과학기술정보연구원 충남지역과학기술정보협의회 운영위원 2010~2012년 삼성전자(계열) 대중소상생설비기술경진대회 유치 · 운영 2010~2013년

한국기술교육대 첨단금형기술교육센터장 2010~2014년 고용노동부 국가인적자원개발컨소시엄사업 허브사업단장 2011년 (사)한국생산제조시스템학회 학술분과이사 2011년 (사)한국정밀공학회 이사 2011~2014년 (사)한국실천공학교육학회 회장 2011~2013년 고용노동부 고용노동행정옴부즈만위원회 위원 2012~2013년 (사)한국반도체디스플레이학회 사업이사 2012~2013년 한국산업인력공단 국가인적자원개발 컨소시엄사업분과위원회 위원 2012~2018년 (재)노사발전재단 내일희망일터혁신지원사업 심사위원 2013~2017년 한국직업능력개발원 자문위원 2013~2016년 고용노동부 범부처국가인력양성실무협의회 공동위원장 2013~2015년 경제사회발전노사정위원회 위원 2014~2015년 국무조정실 국정과제평가(창의인재분야) 자문위원 2014년 고용노동부 지역산업맞춤형인력양성체계TF 단장 2014~2017년 여성가족부 정책자문위원회 위원 2014~2017년 학교법인 한국폴리텍 이사장 2015~2017년 글로벌인재포럼 자문위원 2016~2018년 청년희망재단 이사 2016~2017년 노사발전재단 자문위원 2017년 한국직업자격학회 대외협력위원 겸 이사 2018년 기획재정부 중장기전략위원회 위원(현) 2018년 동반성장위원회 정책자문위원(현) 2018년 외교통상부 정책자문위원(현) 2019년 한국직업자격학회 부회장(현) 2019년 한국기술교육대 일·학습병행대학장(현) 2019년 同평생교육처장(현) (상)녹조근정훈장(2007), 한국생산성본부 국제정보화리더상(2012), 노사정위원회 위원장표창(2012), 한국언론인연합회 대한민국참교육대상(2015), 한국생산제조시스템학회 산학협동최우수상(2016), 대전고총동창회 올해의 대능인상(2016), 중앙일보·산업통상자원부 대한민국 CEO리더십대상(2017), 산업통상자원부·농축산식품부·중앙일보 주관 국가브랜드 대상(2017), 한국생산제조학회 기술혁신최우수상(2017)

이우영(李瑀漢·女) Woo-young Rhee

(생)1971·5·25 (주)서울특별시 관악구 관악로 1 서울대학교 법학전문대학원(02-880-9065) (학)1994년 서울대 법학과졸 1996년 同대학원 법학과졸 1997년 미국 하버드대 로스쿨졸(LL.M.) 2001년 법학박사(미국 스탠퍼드대) (경)2001년 미국 스탠퍼드대 로스쿨 객원연구원 2001~2003년 미국 캘리포니아주 변호사 실무 2004~2013년 서울대 법과대학 조교수·부교수 2013~2018년 同법과대학 교수, 同법학전문대학원 교수(현) 2013~2014년 대법원 사법정책자문위원회 전문위원 2013~2015년 법무부 변호사제도개선위원회 위원 2013~2015년 법제처 법령해석심의위원회 위원 2017~2018년 대검찰청 검찰개혁위원회 위원

이우용(李祐鏞) Lee, Woo Yong

(생)1963 (주)서울특별시 강남구 일원로 81 삼성서울병원 외과(02-3410-3469) (학)1988년 서울대 의대졸 1991년 同대학원 의학석사 2000년 의학박사(서울대) (경)1988~1989년 서울대병원 인턴 1989~1993년 同일반외과 전공의 1993~1996년 군의관 1996년 삼성서울병원 외과 전문의(현) 1999년 성균관대 의대 외과학교실 조교수·부교수·교수(현) 2003~2004년 미국 듀크대 Medical center 외과 연수 2010년 의료기관평가인증원 조사위원 2011년 삼성서울병원 기획실장 2012~2013년 서울고법 민사·가사조정위원 2012년 삼성서울병원 의료기획팀장 2015년 同건강의학본부장 2017년 同암병원 대장암센터장(현) 2017~2019년 대한대장항문학회 이사장 2018년 대한의사협회 학술이사(현) 2019년 同의료감정원설립추진단 간사(현) (상)삼성서울병원 최우수 교수(2007)

이우일(李愚日) Woo Il LEE

(생)1954·7·3 (출)서울 (주)서울특별시 관악구 관악로 1 서울대학교 공과대학 기계항공공학부(02-880-1911) (학)1972년 경기고졸 1976년 서울대 기계공학과졸 1978년 同대학원 기계공학과졸 1983년 기계공학박사(미국 미시간대) (경)1979년 울산대 기계공학과 전임강사 1983년 미국 스탠퍼드대 항공우주과 연구원 1985년 한국기계연구원 선임연구원 1987~1998년 서울대 공과대학 조교수·부교수 1993년 미국 스탠퍼드대 방문교수 1998~2019년 서울대 공과대학 기계항공공학부 교수 2001~2004년 대학산업기술지원단 단장 2003년 프랑스 EMSE대 방문교수 2006년 한국과학기술한림원 회원(현) 2007년 한국공학한림원 정회원(현) 2007년 Journal of Composite Materials 아시아지역 Editor(현) 2009~2018년 현대모비스 사외이사 2009년 미국기계학회(ASME) Fellow(현) 2009~2010년 한국복합재료학회 회장 2011~2013년 서울대 공과대학장 2012~2015년 한국과학기술원(KAIST) 이사 2012~2015년 한국공학한림원 부회장 2012년 장영실상 심사위원장 2014~2015년 바른과학기술사회실현을위한국민연합 상임대표 2014년 포항산업과학연구원(RIST) 이사(현) 2014~2016년 서울대 연구부총장 2015년 한국과학기술기획평가원(KISTEP) 비상임이사(현) 2017년 한국과학기술단체총연합회 부회장(현) 2017~2019년 국제복합재료학회 수석부회장 2019년 한국과학기술단체총연합회 차기(2020년3월) 회장(현) 2019년 국제복합재료학회 회장(현) 2019년 서울대 공과대학 기계항공공학부 명예교수(현) (상)미국 Univ. of Michigan Outstanding Achievement Award(1983), 서울대 공대 훌륭한 공대교수상(2010), 한국복합재료학회 복합재료대상(2012), 올해의 기계인(2015), 제7회 과학기술분야 국회공로장 '국회의장표창'(2017) (종)천주교

이우재(李佑宰) LEE Woo Jae

(생)1936·9·13 (본)전주(全州) (출)충남 예산 (주)충청남도 예산군 덕산면 덕산온천로 182-10 (사)매헌윤봉길월진회(041-338-9514) (학)1955년 예산농고졸 1962년 서울대 수의학과졸 1965년 건국대 대학원졸 (경)1960년 서울대 총학생회 회장 1963년 한국농업근대화연구회 사무국장 1963~1970년 국민대 농업경제학과 강사 1979~1982년 크리스챤아카데미사건 관련 투옥 1985년 한국농어촌사회연구소장 1987년 대선단일화운동본부 정책실장 1988년 전국학술단체협의회 공동대표 1990년 민중당 상임대표 1992년 사회발전구로구협의회 회장 1994년 민자당 서울금천지구당 위원장 1996년 제15대 국회의원(서울 금천, 신한국당·한나라당) 1998~2010년 한국농어촌사회연구소 이사장 1998년 한나라당 부총재 1999~2005년 대한수의사회 회장 2000~2003년 한나라당 서울금천지구당 위원장 2002~2004년 제16대 국회의원(서울 금천 보선, 한나라당·무소속·열린우리당) 2004년 열린우리당 상임고문 2004년 아·태수의사회 회장 2005~2008년 한국마사회 회장 2009~2018년 (사)매헌윤봉길월진회 회장 2018년 同명예회장(현) (상)대한민국 생산성대상 공기업부문(2006) (저)'한국사회의 재인식'(共) '한국농업의 현상과 구조' '우리시대 민족운동의 과제'(共) '한국민족주의 운동과 민중'(共) '한국 현대정치사'(共) '한국농민운동사 연구', 칼럼집 '씨를 뿌리는 마음으로' '한국경제와 농업문제' '비록 골짜기에 있을지라도 맑은 향기를 내리라' '바이오 정치가 희망이다'

이우종(李愚鍾) LEE Woo Jong

(생)1954·1·20 (본)전주(全州) (출)서울 (주)충청남도 홍성군 홍성읍 대학길 25 청운대학교 총장실(041-630-3114) (학)1972년 경기고졸 1976년 서울대 공대 건축학과졸 1981년 同대학원 건축학과졸 1988년 도시공학박사(서울대) 1993년 미국 포틀랜드주립대 박사 후 과정(Post-Doc.) (경)1979년 한샘건축연구소 연구원 1981년 경원전문대학 전임강사 1984~1995년 경원대 공과대학 도시계획학과 전임강사·조교수·부교수 1988년 同학생생활연구소장 1992년 미국 포틀랜드주립대 객원교수 1994년 일본 도쿄대 도시공학과 객원교수 1995~2012년 경원대 공과대학 도시계획학과 교수 1997년 미국 하버드대 객원교수 1998년 경원대 환경계획연구소장 1998년 同기획처장 2000년 同환경정보대학원장 2000~2006년 건설교통부 중앙도시계획위원회 위원 2002년 경원대 공과대학장 2003~2004년 대통령직속 신행정

수도건설추진기획자문단 위원 2004~2005년 국무총리실 용산기지공원화기획자문위원회 위원 2005~2008 · 2011~2012년 경원대 부총장 2007~2010년 同비전타워건설본부장 2008~2012년 서울시 도시계획위원회 위원 2009~2014년 경기도 도시계획위원회 위원 2010~2011년 (사)대한국토 · 도시계획학회 학술부회장 2012~2014년 同회장 2012~2018년 가천대 공과대학 도시계획학과 교수 2014~2017년 (사)한국과학기술단체총연합회 부회장 겸 과학기술정책위원장 2014년 한국공학한림원 정회원(건설환경공학)(현) 2015~2017년 국토교통부 국토교통미래위원회 민간위원장 2015년 국회도시재생포럼 공동대표 2018년 청운대 총장(현) (상)건설교통부장관표창(2003), 교육부총리표창(2004), 국무총리표창(2009) (저)'도시계획론(共)'(2000) '도시개발론(共)'(2002) 'Global City Region(共)'(2003) '서양도시계획사(共)'(2004) '토지이용계획론(共)'(2008)

이우종(李佑鐘) Lee, Woo Joung

(생)1959 · 9 · 5 (출)경기 남양주 (주)경상북도 김천시 혁신8로 77 한국도로공사(054-811-1200) (학)1978년 금곡고졸 1987년 강원대 축산학과졸 (경)1994년 감사원 감사1국 · 총무과 근무 2002년 同특별조사국 · 산업금융감사국 근무 2010년 同국방감사국 · 방산비리특별감시단 · 국방감사국 제4과장 2018년 同국방감사단 제3과장(일반직고위감사공무원) 2018년 한국도로공사 상임감사위원(현) (상)감사원장표창(1999 · 2001), 바른감사인 표창(2014)

이우종(李玗鍾) Lee woo jong

(생)1962 · 10 (주)충청남도 아산시 탕정면 삼성로 181 삼성디스플레이(주)(041-535-1114) (학)서라벌고졸, 성균관대 전자공학과졸 (경)삼성SDI(주) LCD마케팅그룹장, 同PM유기EL사업추진TF 근무 2006년 同MD사업부 마케팅팀 상무보 2013년 삼성디스플레이(주) OLED 전략마케팅팀장(전무) 2017년 同OLED 전략마케팅팀장(부사장), 同기획팀장(부사장)(현)

이우종(李雨鍾) Lee Woo Jong

(생)1970 · 10 · 10 (출)충북 충주 (주)충청북도 청주시 상당구 상당로 82 충청북도청 기획관리실(043-220-2100) (학)1989년 충주고졸 1994년 서울대 역사교육학과졸 (경)1993년 행정고시 합격(37회) 1994년 내무부 행정사무관 임용 1995~2000년 충북도 지방과 · 자치행정과 · 국제통상과 근무 2000년 행정자치부 자치행정국 주민과 근무 2001년 同정책확인평가팀 파견 2001~2004년 同자치행정국 자치운영과 · 자치행정과 근무 2004년 정부혁신 · 지방분권위원회 파견(서기관) 2006~2008년 영국 엑스터대 교육파견 2008년 첨단의료복합단지지원특별법시행준비단 파견 2009년 행정안전부 지방재정세제국 회계공기업과장 2009~2011년 대통령실 행정관(부이사관) 2011년 행정안전부 지방재정세제국 재정관리과장 2012년 충북도 경제통상국장 2013년 충주시 부시장 2014년 충북도 자치연수원장 2015년 행정자치부 재정정책과장 2015~2017년 대통령 행정자치비서관실 선임행정관 2017년 국가공무원인재개발원 교육파견 2018년 충북도 기획관리실장(현)

이우진(李愚榬) LEE Woo Jin (철수)

(생)1954 · 11 · 17 (본)전주(全州) (출)전북 김제 (주)충청북도 진천군 광혜원면 진광로 941-5 (주)주원산오리 대표이사실(043-530-6201) (학)1972년 동흥고졸 2004년 고려대 생명과학대학원졸 (경)1988년 (주)하림식품 관리이사 1993년 (주)하림 재정담당 전무이사 2002년 (주)주원산오리 대표이사(현) 2007년 하림그룹 사장 (상)재정경제원장표창(1995), 농림부장관표창(2005), 충북지방중소기업청장표창(2011), 국무총리표창(2013), 농림축산식품부장관표창(2013) (종)기독교

이우진(李宇振) LEE Woo Jin

(생)1966 · 2 · 21 (주)경기도 고양시 일산동구 일산로 323 국립암센터 간담도췌장암센터(031-920-1130) (학)1990년 서울대 의대졸 2002년 충북대 대학원 의학석사 2005년 의학박사(서울대) (경)1990~1991년 서울대병원 수련의 1991~1995년 同소화기내과 전공의 1995~1998년 군의관 1998~1999년 서울대병원 소화기내과 전임의 1999~2000년 한일병원 소화기내과장 2001~2003년 인제대 일산백병원 소화기내과 조교수 2003~2019년 국립암센터 부속병원 간암센터 전문의 2009년 MD Anderson Cancer Center 연수 2010~2015년 국립암센터 부속병원 내시경실장 2012~2019년 同부속병원 내과 전문의 2014~2017년 同간담췌암연구과 선임연구원 2014~2019년 同부속병원 간암센터장 2017~2019년 同호발암연구과 선임연구원 2019년 同간담도췌장암센터 · 소화기내과분과 의사(현) 2019년 同임상의학연구부 책임연구원(현)

이우진(李宇鎭) Lee, Woo-Jin

(생)1972 · 1 · 25 (본)경주(慶州) (출)서울 (주)세종특별자치시 가름로 194 과학기술정보통신부 원천기술과(044-202-4548) (학)1990년 영일고졸 1994년 한양대 금속공학과졸 1996년 한국과학기술원(KAIST) 재료공학과졸(석사) 2000년 재료공학박사(한국과학기술원) (경)2000~2002년 (주)하이닉스반도체 선임연구원 2002~2004년 미국 미네소타대 박사 후 연구원 2004~2012년 공업사무관(과학기술부 · 교육과학기술부 · 국가과학기술위원회) 2012~2013년 국가과학기술위원회 기술서기관 2013~2014년 미래창조과학부 창조경제국 기술서기관 2014년 우정공무원교육원 미래교육과장 · 기획협력과장 · 교육기획과장 2016년 미래창조과학부 창조경제기획국 미래성장전략과장 2017년 과학기술정보통신부 과학기술혁신본부 과학기술정책국 성장동력기획과장 2017년 同정보통신정책실 소프트웨어정책관실 소프트웨어진흥과장 2019년 同원천기술과 기술서기관(현) (종)천주교

이우철(李祐哲) LEE Woo Chul

(생)1963 · 7 · 8 (출)서울 (주)서울특별시 서초구 서초중앙로 157 서울중앙지방법원(02-530-1114) (학)1982년 남강고졸 1986년 서울대 법학과졸 (경)1993년 사법시험 합격(35회) 1996년 사법연수원 수료(25기) 1996년 서울지법 판사 1998년 同의정부지원 판사 2000년 춘천지법 강릉지원 판사 2003년 서울지법 남부지원 판사 2006년 서울고법 판사 2008년 대법원 재판연구관 2010년 서울서부지법 판사 2011년 광주지법 부장판사 2012년 대법원 재판연구관 2014년 수원지법 안양지원 부장판사 2015년 서울서부지법 부장판사 2017년 서울중앙지법 부장판사(현)

이우탁(李宇卓) LEE WOOTAK

(생)1965 · 5 · 21 (본)전주(全州) (출)서울 (주)서울특별시 종로구 율곡로2길 25 연합뉴스 편집국(02-398-3114) (학)1984년 숭문고졸 1988년 서울대 동양사학과졸 1991년 미국 워싱턴주립대 잭슨스쿨 국제관계학과졸 (경)1994~2003년 연합뉴스 정치부 · 경제부 기자 2003~2006년 同상하이특파원 2006~2011년 同정치부 정당팀 통일외교팀장 2011~2014년 同워싱턴특파원 2014년 연합뉴스TV 사회부장 2015년 同정치부장 2016 · 2017년 관훈클럽 운영위원(기획) 2018년 한미클럽 이사(현) 2018년 연합뉴스 통일언론연구소 설립추진단 부단장 2018년 同평양지국개설준비위원회 부위원장(현) 2018년 同통일언론연구소 부소장 2019년 同편집국 북한뉴스에디터(현) (상)이달의 기자상(2000), 삼성언론상(2007) (저)'장보고, 김구, 앙드레김-이우탁특파원의 상하이 견문록'(2006, 동아시아) '김정일과 오바마의 생존게임-6자회담 현장의 기록'(2009, 창해) (종)기독교

이우현(李宇鉉) Lee Woo-Hyun

(생)1968 · 2 · 15 (본)전주(全州) (출)서울 (주)서울특별시 중구 소공로 94 OCI(주)(02-727-9301) (학)1992년 서강대 화학공학과졸 1996년 미국 펜실베이니아대 와튼스쿨 대학원 경영학과졸(MBA) (경)1992~1994년 미국 International Raw Materials(Philadelphia) Sales Engineer 1996~1998년 미국 BT Wolfensohn(New York) Associate 1998~2001년 홍콩 CSFB Vice President 2001~2005년 Capital Z Partners Managing Director 2005~2007년 동양제철화학 전략기획본부장(전무) 2007년 OCI(주) 사업총괄 부사장(CMO) 2013~2019년 同대표이사 사장 2018년 서울상공회의소 비상근부회장(현) 2018년 한국무역협회 비상근부회장(현) 2019년 OCI(주) 대표이사 부회장(현) (상)한국IR대상 유가증권부문 BEST IRO상(2011)

이우형(李愚馨) LEE Woo Hyung

(생)1944 · 2 · 25 (출)서울 (주)인천광역시 계양구 드림로 852 의료법인 인성의료재단 인천제2시립노인치매요양병원(032-554-8300) (학)1973년 연세대 의대졸 1977년 同대학원 의학석사 1982년 의학박사(연세대) (경)1978~1996년 이화여대 의대 교수 1978년 미국 세인트루이스대 의대 교환교수 1988~1989년 同부속병원 심장내과 연수 1993~1996년 이대목동병원 내과 과장 1996~2009년 인하대 의대 순환기내과 교수 2002~2004년 同의과대학장 2004년 인하대병원 심장혈관센터 소장 2008~2009년 대한심장학회 회장 2013~2016년 의료법인 인성의료재단 한림병원 심장내과장 겸 의무원장 2016년 同인천제2시립노인치매요양병원장(현)

이욱헌(李郁憲) Lee Wook-heon

(생)1960 · 4 · 24 (본)함평(咸平) (출)충남 부여 (주)서울특별시 종로구 사직로8길 60 외교부 인사운영팀(02-2100-7146) (학)1980년 대전고졸 1984년 건국대 정치외교학과졸 1990년 프랑스 국립행정학교(ENA) 대학원 국제행정학과졸 (경)1985년 외무고시 합격(19회) 1985년 외무부 입부 1991년 駐가봉 2등서기관 1993년 駐프랑스 2등서기관 1997년 외무부 총무과 서기관 1999년 駐벨기에유럽연합대표부 1등서기관 2002년 외교통상부 행정법무담당관 2004년 同구주국 구주1과장 2005년 駐탄자니아 공사참사관 겸 駐콩고민주공화국 대사대리 2007년 駐프랑스 공사참사관 2009년 한 · 아프리카포럼 준비기획단장 2009년 외교통상부 아프리카중동국 심의관(고위외무공무원) 2010년 駐프랑스 공사 2011년 외교통상부 유럽국장 2013년 외교부 유럽국장 2013년 駐우즈베키스탄 대사 2017년 외교부 의전장 2018년 駐태국 대사(현) (상)국무총리표창(2008), 근정포장(2012)

이욱희(李旭熙) LEE WOOK HEE

(생)1964 · 3 · 13 (본)경주(慶州) (출)충북 영동 (주)전라북도 전주시 덕진구 기지로 180 국민연금공단(063-711-0900) (학)1982년 충남고졸 1988년 충남대 회계학과졸 2015년 경희대 대학원 경영학 석 · 박사통합과정 수료 (경)1989~1998년 금융감독원 책임검사역 2008~2014년 우리아비바생명보험(주) 준법감시인 2014~2016년 한국소방산업기술원 감사 2015년 국민권익위원회 청렴연수원 청렴전문강사(현) 2015년 (사)한국감사협회 비상임부회장(현) 2015~2016년 오송첨단의료산업진흥재단 감사 2016년 과학기술정보통신부 우정사업본부 준법감시담당관(서기관) 2018년 국민연금공단 준법감시인(현) 2019년 국무조정실 청렴시민감사관(현) (상)재무부장관표창(1992) (저)'Wooki's 회계원리'(2006, 로이즈) '회계학 상 · 중 · 하'(2006, 로이즈)

이운조(李雲造) LEE Woon Cho

(생)1940 · 7 · 27 (본)경주(慶州) (출)경남 창원 (주)부산광역시 부산진구 서면문화로 6-1 하성빌딩 6층 법무법인 서면(051-808-3451) (학)1960년 부산고졸 1964년 고려대 법학과졸 1997년 법학박사(경성대) (경)1967년 軍법무관 임용시험 합격(1회) 1971년 공군 군수사령부 법무실장 1973년 공군 교육사령부 법무실장 1976년 공군 11전투비행대 법무실장 1978년 변호사 개업 1987년 법무법인 서면 변호사(현), 부산시한의사협회 법률고문(현), 부산국제외국어고 이사(현), 영광 해룡고 이사장(현)

이운주(李運周)

(생)1964 (주)서울특별시 마포구 마포대로 78 경찰공제회(1577-0112) (학)양곡종합고졸, 경찰대졸(2기) (경)2005년 강원 인제경찰서장(총경) 2009년 서울 방배경찰서장 2010년 서울지방경찰청 경무과 총경(교육) 2011년 경찰청 여성청소년과장 2011년 駐토론토 주재관(총경) 2012년 경찰청 외사기획과 근무(경무관) 2015년 同사이버안전국장(경무관) 2017년 인천지방경찰청 제1부장(경무관) 2018년 경찰공제회 감사(현)

이웅범(李雄範) LEE Ung Beom

(생)1957 · 2 · 10 (출)충남 부여 (주)경상남도 진주시 진주대로629번길 35 연암공과대학교(055-751-2008) (학)1976년 배문고졸 1983년 한양대 화학공학과졸 2003년 캐나다 맥길대 대학원 경영학과졸 (경)1986년 LG전자(주) 기술개발과장 1989년 同생산기술과장 1994년 同생산지원실장 1995년 同제조실장 1996년 同기획관리팀장 1997년 同생산실장 1999년 同DRM사업부장 2000년 同Digital Recording Media 사업부장 2002년 同DMC사업부장 2005년 同PCB사업부장 2006년 同MC사업본부 생산담당 부사장 2010년 LG이노텍(주) 부품소재사업본부장 2012년 同대표이사 2013~2016년 한국발명진흥회 비상임이사 2014년 LG이노텍(주) 대표이사 사장 2015~2017년 (주)LG화학 전지사업본부장(사장) 2017~2018년 한국전지산업협회 회장 2018년 연암공과대총장(현) 2018년 한국공학한림원 정회원(화학생명공학 · 현) (상)올해의 LG인상(1994), LG그룹 경영실천우수상(1995), 산업자원부장관표창(2002), 국무총리표창(2003), 한국PCB산업대상(2005), 동탑산업훈장(2007), 구미시 '올해의 최고기업인상'(2013), 한양언론인회 '자랑스런 동문상'(2014), 가족친화우수기업 국민포장(2014)

이웅진(李雄鎭) LEE Woong Jin

(생)1965 · 6 · 29 (본)전주(全州) (출)서울 (주)서울특별시 종로구 종로 19 르메이에르종로타운1 B동 1733호 (주)선우(02-747-2345) (학)2007년 성균관대 사회복지학과졸 (경)1991~2008년 (주)좋은만남 선우 대표이사 1998년 한국결혼문화연구소 소장(현) 2003~2004년 로버트 김(김채곤)후원회 회장 2008년 선우 대표이사(현), 우송정보대학 웨딩이벤트학과 겸임교수 2015년 웨딩TV 대표이사(현) (저)'나는 플레이보이가 좋다'(1996) '세상의 모든 싱글들에게'(1997) '화려한 싱글은 없다'(1998) '결혼한 여자 이혼한 여자 그리고 결혼할 여자'(1999) '책상 하나 전화기 두 대 눈물 세 방울'(2001) '화려한 싱글은 없다(두번째 이야기)'(2005) '이웅진의 해석남녀'(2008)

이　원(李　元) LEE Won

(생)1970 · 12 · 15 (출)서울 (주)서울특별시 서초구 서초중앙로 157 서울중앙지방법원(02-530-1114) (학)1989년 충암고졸 1994년 서울대 공법학과졸 (경)1994년 사법시험 합격(36회) 1997년 사법연수원 수료(26기) 1997년 軍법무관 2000년 서울지법 판사 2002년 同동부지원 판사 2004년 청주지

법 제천지원 판사 2008년 사법연수원 교수 2011년 서울고법 판사 2012년 창원지법 부장판사 2013년 대법원 재판연구관 2017년 서울중앙지법 부장판사(현)

이원곤(李源坤) YI Won Kon

(생)1964·5·16 (출)전남 함평 (주)서울특별시 서초구 반포대로30길 81 웅진타워 4층 법무법인 평산(02-582-8500) (학)1983년 동성고졸 1990년 고려대 법학과졸 (경)1992년 사법시험 합격(34회) 1995년 사법연수원 수료(24기) 1995년 변호사 개업 1998년 청주지검 검사 1999년 춘천지검 원주지청 검사 2001년 서울지검 검사 2003년 同의정부지청 검사 2004년 의정부지검 검사 2005년 대검찰청 연구관 2007년 인천지검 부부장검사 2009년 대구지검 영덕지청장 2010년 서울서부지검 형사5부장 2011년 대검찰청 과학수사담당관 2012년 서울동부지검 형사5부장 2013년 서울중앙지검 금융조세조사2부장 2014년 전주지검 부장검사 2015~2016년 대구지검 서부지청 차장검사 2016년 변호사 개업 2017년 법무법인 평산 대표변호사(현)

이원근(李垣根) LEE Won Keun

(생)1956·8·18 (주)경기도 용인시 처인구 명지로 116 명지대학교 생명과학정보학부(031-330-6194) (학)1980년 서울대 미생물학과졸 1982년 同대학원 미생물학과졸 1991년 분자생물학박사(미국 코넬대) (경)1985~1991년 미국 코넬대 연구조교 1992~2001년 명지대 생물학과 조교수·부교수 2001~2002년 同생명과학과 교수 2002년 同생명과학정보학부 교수(현) 2009년 同자연과학대학장 2015~2017년 同방목기초교육대학장 2018년 同교학부총장·대학원장·대학교육혁신원장·MJ대학창조일자리센터장 겸임(현) 2018년 同학술연구진흥위원회위원장 2018~2019년 同LINC+사업추진위원장

이원근(李元根) Lee Won Gun

(생)1957·12·25 (본)하빈(河濱) (출)경남 거창 (주)대전광역시 대덕구 한남로 70 한남대학교 특임부총장실(042-629-7105) (학)1976년 거창대성고졸 1980년 경북대 사범대학 사회교육과졸 1988년 미국 미네소타대 대학원 교육학과졸 2009년 교육학박사(동국대) (경)1978년 행정고시 합격(22회) 1996년 교육개혁위원회 과장 1997년 교육부 재외동포교육담당관 1997년 同학술연구지원과장 1998년 同지방교육재정과장 1999년 한국해양대 사무국장 2000년 서울시교육청 교육지원국장 2002년 국방대 파견 2003년 경상대 사무국장 2003~2004년 대통령직속 교육혁신위원회 사무국장 2004년 부산시교육청 부교육감 2006년 한국교원대 사무국장 2006년 대전시교육청 부교육감 2009년 교육과학기술부 학술연구지원관 2010년 同학교자율화추진관 2010~2012년 동북아역사재단 파견 2012~2013년 새누리당 정책위원회 교육과학기술위원회 수석전문위원 2013년 한국대학교육협의회 사무총장 2015년 광복70년기념사업추진위원회 위원 2016년 국가평생교육진흥원 정책연구관 2017년 同기획경영관리처장 겸임 2017년 同원장 직대 2018년 한남대 특임부총장(현) (상)홍조근정훈장(1998) (종)가톨릭

이원근(李元根)

(생)1972·9·4 (출)경북 예천 (주)경기도 수원시 영통구 법조로 105 수원지방법원 총무과(031-210-1114) (학)1991년 영주 대영고졸 1995년 서울대 사법학과졸 (경)1997년 사법시험 합격(39회) 2000년 사법연수원 수료(29기) 2000년 육군 법무관 2003년 대구지법 판사 2006년 同김천지원 판사 2007년 수원지법 안산지원 판사 2009년 인천지법 부천지원 판사 2011년 서울중앙지법 판사 2012년 서울고법 판사 2012년 서울남부지법 판사 2015년 전주지법 부장판사 2017년 수원지법 부장판사(현)

이원덕(李元德) LEE WON-DEOG

(생)1962 (주)서울특별시 성북구 정릉로 77 국민대학교 글로벌인문·지역대학 일본학과(02-910-4477) (학)1985년 서울대 외교학과졸 1987년 同대학원 외교학과졸 1994년 국제정치학박사(일본 도쿄대) (경)1994~1995년 서울대·경희대·한국외국어대·숙명여대 강사 1995~1996년 서울대 국제대학원 특별연구원 1996~1998년 세종연구소 연구위원 1998~2017년 국민대 사회과학대학 국제학부 일본정치학 교수 2003~2004년 미국 피츠버그대 동아시아연구소 객원연구원 2004~2005년 일본 동경대 대학원 국제사회과학전공 객원교수 2007년 외교부 정책자문위원 겸 대통령 안보정책실 자문위원 2008~2019년 국민대 일본학연구소장 2013~2018년 同동아시아현지화미래개척청년양성사업단장 2016~2017년 (재)화해·치유재단 이사 2018년 국민대 글로벌인문·지역대학 일본학과 주임교수(현)

이원덕(李源德)

(생)1962·1·15 (출)충남 (주)서울특별시 중구 소공로 51 우리은행 임원실(02-2002-3000) (학)1980년 공주사대부고졸 1984년 서울대 농업경제학과졸 1986년 同대학원 경제학과졸 (경)1990년 한일은행 입행 2006년 우리은행 전략기획팀 수석부부장 2007년 同일산호수지점장 2008년 同검사실 수석검사역 2009년 同자금부장 2012년 우리금융지주 글로벌전략부장 2013년 同전략기획부장 2014년 우리은행 전략사업부 부장대우 2014년 同미래전략부장(영업본부장) 2017년 同미래전략단장(상무) 2017년 同경영기획그룹장(상무) 2019년 同경영기획그룹 집행부행장(현)

이원로(李元魯) LEE Won Ro

(생)1937·12·27 (본)전의(全義) (출)서울 (주)경기도 고양시 일산서구 주화로 170 일산백병원(031-910-7500) (학)1962년 서울대 의대졸 1964년 同대학원 의학석사 1967년 의학박사(서울대) (경)1970년 서울대 의대 전임강사 1972년 미국 워싱턴주립대 연구교수 1974년 미국 조지타운대 연구교수 1976~1994년 同의대 심장학과 조교수·부교수·교수 1989년 월간문학으로 시인 등단 1992년 미국 제퍼슨병원 내과 부장 1994~1999년 삼성서울병원 내과 과장·심혈관센터 소장 1999~2001년 성균관대 의대 내과학교실 주임교수 1999년 대한동맥경화학회 회장 2001년 대한순환기학회 국제교류위원장 2001년 대한고혈압학회 국제교류위원장 2001년 삼성서울병원 심혈관센터 소장 2001년 한국과학기술한림원 종신회원(현) 2001년 한국지질동맥경화학회 자문위원(현) 2002년 인제대 의대 내과학교실 교수 2002~2009년 同일산백병원장 2002년 同일산백병원 비전21심장혈관센터 소장 2002년 대한고혈압학회 회장 2003년 제2차 아시아태평양과학포럼 좌장 2004년 대한고혈압학회 자문위원(현) 2005~2010년 인제대 백중앙의료원장 2010년 인제학원 이사 겸 명예의료원장 2010~2014년 인제대 총장 2014년 同백중앙의료원 명예 의료원장(현) (상)대한고혈압학회 공로상, 醫師문학제 문학상(2005), 대한의사협회 의사문학상(2005), 국가보훈처장표창(2006), 경기도지사표창(2006), 보건복지부장관표창(2007), 대한적십자사총재표창(2007), 서울의대동창회 함춘대상 학술연구부문(2015) (저)'임상심장학 Ⅰ·Ⅱ' '이원로박사의 최신의학정보' '이원로박사의 심장혈관병 최신정보', 시집 '빛과 소리를 넘어', '햇빛 유난한 날에', '청진기와 망원경', '팬터마임', '피아니시모', '모자이크', '순간의 창', '바람의 지도'(2010), '우주의 배꼽'(2011) 시선집 '시집가는 날'(2012), '시냅스'(2012), '기적은 어디에나'(2013), '신호추적자'(2014) 에세이 '화이부동 : 함께 사는 지혜'(2014), '시간의 주름'(2015), '울림'(2015), '반딧불'(2016), '피리 부는 사람'(2016), '꽃눈 나라'(2016), '별들의 노래'(2017), '멈출 수 없는 강물'(2017), '섬광'(2017), '미중물'(2017), '진주 잡이'(2017), '시간의 항해'(2017), '춤의 소용돌이'(2017), '불사조 행렬'(2018) (종)기독교

이원목

(생)1964 · 10 · 26 (주)서울특별시 중구 덕수궁길 15 서소문청사 서울특별시청 스마트도시정책관실(02-2133-2900) (학)한국외국어대 영어학과졸, 미국 포틀랜드주립대 행정대학원졸 (경)2011년 서울시 경제정책과 서기관 2011년 同기획조정실 창의과제추진반장 2012년 同투자유치과장 2013년 同보행자전거과장 2015년 同교통정책과장 2017년 同기획조정실 재정기획관 2018년 교육훈련 파견(부이사관) 2019년 서울시 도시교통실 교통기획관 2019년 同스마트도시정책관(현)

이원묵(李源默) LEE WON MOOK

(생)1952 (출)충남 공주 (주)대전광역시 서구 관저동로 158 건양대학교 총장실(041-730-5114) (학)1971년 공주고졸 1978년 충남대 화학공학과졸 1982년 연세대 대학원 화학공학과졸 1988년 화학공학박사(연세대) (경)1989~2017년 한밭대 공과대학 화학생명공학과 교수 1992~1993년 미국 캘리포니아대 버클리교 박사 후 연구원 2004~2010년 한밭대 화학소재상용화지역혁신센터(지식경제부지정) 소장 2009~2010년 교육과학기술부 그린화학산업연계망구축센터 소장 2010~2014년 한밭대 총장, 대전과학기술위원회 위원, (사)대덕기술사업화포럼 회장, 한국대학교육협의회 이사, 대전 · 충남지역총장협의회 회장 2017년 건양사이버대 총장(현) 2018년 건양대 총장(현) (상)대전시 경제과학대상(2007), 지식경제부장관표창(2009), 한국을 빛낸 창조경영인 혁신경영부문대상(2014), 황조근정훈장(2017)

이원범(李源範) LEE Won Bum

(생)1965 · 6 · 26 (출)대구 달성 (주)서울특별시 서초구 서초중앙로 157 서울고등법원(02-530-1114) (학)1984년 대구 영남고졸 1988년 서울대 법대 사법학과졸 (경)1988년 사법시험 합격(30회) 1991년 사법연수원 수료(20기) 1991년 軍법무관 1994년 서울지법 의정부지원 판사 1996년 서울지법 판사 1998년 대구지법 판사 1999년 同칠곡군법원 · 성주군법원 · 고령군법원 판사 2001년 대구고법 판사 2002년 서울고법 판사 2002~2004년 법원행정처 송무심의관 겸임 2006년 대구지법 부장판사 2007년 대법원 재판연구관 2011년 서울중앙지법 부장판사 2013년 대전고법 부장판사 2016년 서울고법 부장판사(현)

이원보(李元甫) Lee won bo

(생)1945 · 1 · 2 (본)전주(全州) (출)전북 남원 (주)서울특별시 마포구 마포대로 130 별정우체국연금관리단빌딩 8층 노사발전재단(02-6021-1111) (학)중동고졸 1971년 고려대 경제학과졸 1977년 경희대 경영행정대학원 노사관리학과졸 (경)1972~1976년 고려대 노동문제연구소 연구위원 1976~1994년 전국섬유노동조합연맹 기획전문위원 · 기획국장 1995~1997년 한국노동사회연구소 부소장 1997~2004년 同소장 2000년 한국비정규노동센터 이사 2000년 전태일기념사업회 이사 2000~2003년 KBS 시청자위원 2000~2003년 한겨레신문 자문위원 2002~2007년 한국노동교육원 자문위원 2002~2003년 서울지방노동위원회 공익위원 2003~2007년 중앙노동위원회 공익위원 2003년 한국직업능력개발원 자문위원 2004~2007년 한국노동사회연구소 이사장 2006년 한국고용정보원 이사 2007~2010년 중앙노동위원회 위원장(장관급) 2011~2018년 한국노동사회연구소 이사장 2017~2019년 서울시 일자리노동분야 명예시장 2017년 서울시 일자리위원회 제2기 위원(현) 2018년 노사발전재단 대표이사장(현) (저)'산별노조의 과거 현재 그리고 미래'(1996) '한국노동운동사-경제개발시대의 노동운동'(2004) '한국노동운동사-100년 기록'(2005 · 2013) 'KLSI 고용 지표 : OECD 국가 비교'(2010, 한국노동사회연구소)

이원복(李元馥) RHIE Won Bok

(생)1946 · 10 · 4 (출)대전 (주)서울특별시 마포구 상암로 189 중소기업DMC타워 16층 한국콘텐츠공제조합(02-3151-9000) (학)1965년 경기고졸 1965년 서울대 건축공학과 입학, 독일 뮌스터대 상업미술학과졸 1981년 同대학원졸(Diplom Designer) (경)작가(현) 1985년 독일 뮌스터시 초청개인전 1986년 서독 코스펠트시립도서관 초청개인전 1986~2012년 덕성여대 예술학부 시각디자인전공 교수 1991년 한국간행물윤리위원회 제3분과 위원 1991년 대전EXPO 전시연출전문위원 1993년 서울600년 홍보전문위원 1996년 1996서울국제만화페스티벌 기획운영본부장 1996년 한국만화학회 창립준비위원 1996년 조선일보 만화칼럼 연재 1996년 한국만화학회 부회장 1997년 한국간행물윤리위원회 제2심의위원회 위원 1998년 (사)한국만화애니메이션학회 초대 회장 1999년 대학생애니메이션페스티발 조직위원장 2002~2003년 덕성여대 FTB대학원장 2008~2012년 同예술대학장 2009 · 2011년 대통령직속 사회통합위원회 위원 2012~2015년 덕성여대 석좌교수 2012~2013년 기획재정부 중장기전략위원회 민간위원장 2013년 한국국제교류재단 문화나눔대사 2013~2015년 대통령소속 문화융성위원회 위원 2014년 한국콘텐츠공제조합 명예조합원(현) 2015~2018년 덕성여대 총장 2015~2017년 법무부 정책위원회 위원장 (상)도서잡지 윤리위원회상(2회), 독일뮌스터대학 총장상(1981), 올해의 책상, 한국간행물윤리위원회 금상, 한국색동회 눈솔상, 간행물윤리상, 보건복지부장관표창(2016) (작)'사랑의 학교' '사관이와 병호의 모험' '먼나라 이웃나라' '학습만화 세계사' '엑소더스' '학습만화 한국사' '만화로 보는 자본주의 · 공산주의' '공산이데올로기 시리즈' '세계의 만화 만화의 세계' '역사인물탐험-6백년 우리서울' '한국 · 한국인 · 한국경제' '현대문명진단' '나부터 변하자' '국제화시대의 세계경제'(共) '세계로 가는 우리경영'(共) '먼나라 이웃나라 시리즈' '펜끝으로 여는 세상' '만화로 떠나는 21세기 미래여행' '이원복교수의 진짜 유럽이야기' '새 먼나라 이웃나라 일본' '신의 나라 인간나라' '이원복 교수의 세상만사 유럽만사'(2010, 김영사) '역사만화 가로세로 세계사'(2014, 김영사)

이원상(李源祥)

(생)1970 · 4 · 2 (출)대전 (주)경상남도 양산시 상북면 상북중앙로 23 양산세관(055-783-7300) (학)1988년 대전 보문고졸 1994년 한국외국어대 러시아어과졸 (경)2001년 공무원 임용(7급 공채) 2001년 기획예산처 예산실 근무 2008년 기획재정부 예산실 예산총괄과 행정주사 2008년 사무관 승진 2009년 디지털예산회계시스템추진기획단 파견 2011년 관세청 기획조정관실 사무관 2011년 마산세관 통관지원과장 2016년 인천본부세관 협업검사센터장 2017년 조달청 국유재산관리과장(파견) 2018~2019년 목포세관장(서기관) 2019년 양산세관장(현)

이원석(李沅䄷) Lee one seok

(생)1969 · 5 · 14 (출)전남 보성 (주)서울특별시 서초구 반포대로 157 대검찰청 기획조정부(02-3480-2003) (학)1987년 중동고졸 1991년 서울대 정치학과졸 (경)1995년 사법시험 합격(37회) 1998년 사법연수원 수료(27기) 1998년 서울지검 동부지청 검사 2001년 부산지검 검사 2003년 서울지검 검사 2004년 서울중앙지검 검사 2006년 수원지검 검사 2008년 법무부 법무심의관실 검사 2010년 서울중앙지검 부부장검사 2011년 제주지검 부장검사 2012년 창원지검 밀양지청장 2013년 대전지검 부부장검사(국무조정실 파견) 2014년 대검찰청 수사지원과장 2015년 同수사지휘과장 2016년 서울중앙지검 특수1부장 2017년 수원지검 여주지청장 2018년 대검찰청 해외불법재산환수합동조사단장 2018년 서울고검 검사 2019년 대검찰청 기획조정부장(검사장급)(현) (상)매경 경제검사상(2011)

이원석(李沅錫)

(생)1971·10·9 (출)경남 합천 (주)경기도 수원시 영통구 법조로 105 수원지방법원 총무과(031-210-1101) (학)1990년 진주동명고졸 1995년 고려대 법학과졸 1998년 同대학원 법학과 수료 (경)1998년 사법시험 합격(40회) 2001년 사법연수원 수료(30기) 2001년 軍법무관 2004년 서울중앙지법 판사 2006년 서울남부지법 판사 2008년 춘천지법 판사 2010년 서울고법 판사 겸임 2011년 수원지법 판사 2014년 대법원 재판연구관 2017년 창원지법 부장판사 2019년 수원지법 부장판사(현)

이원선(李元善) LEE Weon Sun

(생)1960·7·13 (본)전주(全州) (출)충북 충주 (주)서울특별시 마포구 독막로 279 상장회사회관 한국상장회사협의회(02-2087-7004) (학)휘문고졸, 동국대 회계학과졸, 同대학원 회계학과졸 (경)(사)한국상장회사협의회 조사부장, 同상무보, 법무부 상법특별위원회 위원, 同변호사제도개선위원회 위원, 한국회계기준원 자문위원 2012년 (사)한국상장회사협의회 경영관리본부장(상무) 2015년 同전무(현) (상)재정경제원장관표창, 금융감독위원장표창 (저)'내재가치로 보는 좋은주식 나쁜주식'(共)

이원섭(李元燮) LEE Won Sup

(생)1959·11·15 (주)세종특별자치시 국책연구원로 5 국토연구원 국가균형발전지원센터(044-960-0156) (학)1985년 경북대 지리학과졸 1988년 同대학원 지리학과졸 1998년 지리학박사(미국 미시간주립대) (경)1988년 국토연구원 책임연구원 1999년 同국토계획·지역연구본부 연구위원 2003년 한국지역학회 이사, 同부회장(현) 2004~2007년 국가균형발전위원회 전문위원 2008년 同정책연구팀장 2010년 국토연구원 국토계획·지역연구본부 선임연구위원 2011~2013년 지역발전위원회 정책연구팀장 2013년 국토연구원 국토계획연구본부장 2015년 同기획경영본부장 2017년 同국토계획지역연구본부 선임연구위원 2019년 同국가균형발전지원센터 선임연구위원(현) (상)건설부장관표창(1992), 국토교통부장관표창(2013) (저)'지역정책론'(2013, 보성각)

이원수(李元秀) Wonsoo Yi (凡樵)

(생)1931·9·25 (본)성산(星山) (출)경남 함안 (주)서울특별시 중구 소파로 131 남산빌딩 417호 한국만화가협회(02-757-8485) (학)1951년 개성고졸(舊 부산상고)졸 1955년 부산대 법과대학 법학과졸 (경)1956년 金龍煥선생에 의해 주간희망에 데뷔 1956년 부산만화가협회 총무 1958년 한국만화가협회 회원(현) 1958~1961년 서범석 국회의원 보좌관 1959~1961년 한국일보 일요판 시사만화 게재 1959년 백양헌(부산과 개성고교의 역사와 문화를 사랑하는 모임) 대표(현) 1961~1962년 재건국민운동본부장(유진오 박사) 비서 1962~1968년 대한무역진흥공사 공채1기 입사·산업디자인과장·국내전시관장 1962~1968년 농림부 농가공품지도위원 1962~1968년 상공부 공업표준심의위원(상품포장부회) 1969~1971년 월간 '기업경영'에 광고평론 연재 1969~1971년 홍익공업전문대학 광고학 교수 1990년 한국산업진흥공방(前 한국만화공방) 창립 1991년 일본만화가협회 회원 1991년 일본 Kagoshima국제만화심포지엄 한국본부장 1991년 코믹만화 캐릭터 '코주부' 승계 1992년 스포츠조선 제1회 국제만화대상 초대작가 1992~1998년 서울신문 시사만화 연재 1994~1999년 홍콩 REVIEW지에 시사만화 연재 1994년 세계만화가연맹기구(FECO) 한국지부 회장 1994년 서울평화상 수상자 캐리커처 기증 작가(현) 1995~1998년 미국만화가협회·미국시사만화가협회 회원 1995~1998년 명지대 사회교육원 만화학 교수 1995년 CWS(Cartoonists & Writers Syndicate;미국 뉴욕주 맨해튼) 및 The New York Times Syndicate에 국제시사만화가 선임(현) 1997~1998년 평화신문에 '코주부' 연재 1997년 미국 만화전문지 Witty World 한국편집위원(현) 1997~2006년 국제시사만화전 6회 개최 1999년 해외교민지에 코주부 및 시사만화 연재 2002~2006년 코리아타임즈에 영문시사만화 연재 2006~2008년 JoongAng Daily에 영문시사만화 연재 2006년 국회 '국제시사 인권만화작품전시회'개최(국회의장으로부터 세계인권만화가 칭호 수여받음) 2006년 바른사회시민회의 고문(현) 2007~2014년 (사)미래숲(지구살리기운동NGO) 지도위원 2009년 조선일보 '오늘의 국제시사만화' 게재 2012년 코믹만화 코주부 70주년(2만4481점) 2013년 베이징 주중한국문화원 시사만화전시회 주최 (상)The Best Cartoons in Nippon 입상(1993·1995) (작)Queen Elizabeth(영국여왕), Jimmy Carter(前미국 대통령), Henry Kissinger(前미국 국무장관), Katharine Graham(前뉴스위크 및 워싱턴포스트 사주), William Cohen(前미국 국방장관), William Perry(前미국 국방장관), Dennis Hastert(前미국 하원 의장), Kofi Annan(前유엔 사무총장), Helmut Kohl(前독일 수상), Tony Blair(前영국 수상), Tomiichi Murayama(前일본 수상), Vaclav Havel(前체코 대통령), Alice Walker(미국 흑인인권운동 여류작가), Muhammad Yunus(2006년 노벨평화상 수상자), Ms. Suzanne Scholte(제9회 서울평화상수상자) 등 70여 명에게 작품 기증함. (종)가톨릭

이원식(李元植) LEE Won Sik

(생)1955·10·23 (본)재령(載寧) (출)경북 영양 (주)충청남도 천안시 서북구 번영로 208 천안시설관리공단(041-529-5001) (학)1974년 영남공업고등전문학교 토목과졸 1988년 경북산업대 토목공학과졸 1999년 연세대 산업대학원 도시계획학과졸(석사) 2012년 공학박사(안양대) (경)1979년 건설부 수자원국 개발과·도시국 도시계획과 근무 1994년 건설교통부 주택도시국 도시관리과 근무 1997년 국무총리실 수질개선기획단 근무 1998년 건설교통부 도시국 도시관리과·도시계획과·국토체계개편팀 근무 2004년 同토지규제합리화T/F팀장(서기관) 2005년 원주지방국토관리청 강릉국도유지건설사무소장 2007년 한강유역환경청 유역관리국장 2009년 국토해양부 수자원국 수자원개발과장 2010년 同국토정책국 녹색도시과장(서기관) 2011년 同국토정책국 녹색도시과장(부이사관) 2012년 행정중심복합도시건설청 도시계획국장(고위공무원) 2013~2017년 대한주택건설협회 상근부회장 2015년 경기도 도시계획위원 2015~2017년 행정중심복합도시건설청 자체평가위원 2015년 중앙건축위원회 위원(현) 2015년 한국주거환경학회 부회장 2015년 한국조경학회 상임이사 2016년 전문건설공제조합 운영위원 2017년 천안시시설관리공단 이사장(현) 2018년 충청권시설·관광관리공단이사장협의회 회장(현) (상)국무총리표창(1985·1992), 대통령표창(2002), 근정포장(2011), 홍조근정훈장(2013) (저)'도시개발사업 실무개론(共)'(2004, 백산출판사) '국토의 계획 및 이용에 관한 법률의 이해'(2007, 백산출판사) (종)기독교

이원식(李原植) LEE Won Sik

(생)1962·3·12 (주)서울특별시 서초구 바우뫼로 27길 2 일동제약빌딩 아이디언스(02-526-3622) (학)보성고졸, 서울대 의과대학졸, 同대학원 약물학과졸, 약리학박사(한양대) (경)한독사노피아벤티스 의학부 전무, 한국엠에스디 의학부 이사, 한림대 강남성심병원 가정의학과장 겸 건강검진센터 소장, 한국화이자제약(주) 의학부 전무, 한국약물경제성평가학회 홍보이사 2010~2012년 한국제약의학회 회장 2014년 한국화이자제약(주) 의학부 총괄 겸 혁신제약사업부문 의학부 대표(부사장) 2016~2018년 식품의약품안전처 의약품안전국장 2019년 아이디언스(주) 대표이사(현) (상)식품의약품안전청장표창(2001)

이원식(李元植) LEE WONSIK

(생)1962·7·11 (출)서울 (주)경기도 수원시 영통구 삼성로 129 삼성전자(주) 전장사업팀(031-200-1114) (학)승실고졸, 연세대 전자공학과졸, 미국 텍사스A&M대 경영대학원졸(MBA) (경)2006년 삼성전자

(주) 무선개발실 상무보 2007년 同무선개발기획팀장 2009년 同무선 북미상품기획그룹장 2010년 同DMC연구소 UX센터장 2011년 同무선 신규비지니스개발그룹장(전무) 2014년 同무선 UX혁신팀장(전무) 2016년 同전장사업팀 개발전략 · 대외협력그룹장(전무)(현)

이원신(李元臣) Lee Won Sin

(생)1969 · 11 · 30 (출)충남 보령 (주)서울특별시 서초구 서초중앙로 157 서울중앙지방법원(02-530-1690) (학)1988년 천안고졸 1993년 서울대 사법학과졸 (경)1995년 사법시험 합격(37회) 1998년 사법연수원 수료(27기) 1998년 軍법무관 2001년 인천지법 판사 2003년 서울지법 판사 2004년 서울중앙지법 판사 2005년 대구지법 안동지원 판사 2009년 사법연수원 교수 2011년 서울고법 판사 2013년 전주지법 군산지원 부장판사 2015년 수원지법 안양지원 부장판사 2017년 서울서부지법 부장판사 2019년 서울중앙지법 부장판사(현)

이원영(李源榮) LEE Won Young

(생)1954 · 4 · 7 (출)서울 (주)서울특별시 구로구 시흥대로 571 부호빌딩 3층 법무법인 이산(02-858-6700) (학)1972년 경기고졸 1977년 서울대 법학과졸 1981년 同대학원 법학과 수료 (경)1983년 사법시험 합격(25회) 1985년 사법연수원 수료(15기) 1986년 변호사 개업 1994년 민주사회를위한변호사모임 노동위원장 1996년 민주당 서울금천지구당 위원장 2000년 법무법인 이산 대표변호사(현) 2000~2003년 대통령소속 의문사진상규명위원회 위원 2002년 민주사회를위한변호사모임 부회장 2003년 열린우리당 창당발기인 2004~2008년 제17대 국회의원(광명甲, 열린우리당 · 대통합민주신당 · 통합민주당)

이원용(李元鎔) LEE Won Yong

(생)1963 · 7 · 28 (출)경기 (주)서울특별시 서대문구 연세로 50 연세대학교 이과대학 화학과(02-2123-2649) (학)1987년 연세대 화학과졸 1990년 同대학원 화학과졸 1995년 화학박사(미국 일리노이대 어배나 샘페인교) (경)1995~1996년 미국 캘리포니아대 버클리교 화학과 Post-Doc. 1996~2000년 LG전자(주) 종합기술원 선임 · 책임연구원 2000~2008년 연세대 이과대학 화학과 조교수 · 부교수 2008년 同교수(현) 2008~2012년 同연구처 정책부처장 겸 산학협력단 연구정책부단장 2009~2012년 교육과학기술부 연구윤리위원회 위원 2010~2014년 연세대 공동기기원장 2011~2012년 同시약센터 소장 2013~2015년 同화학과장 2013년 대한화학회 부회장 2013~2015년 한국전기화학회 센서분과회장 2015~2016년 대한연구윤리협의회 초대 사무총장 2016년 교육부 연구윤리자문위원회 위원(현) 2016년 국가과학기술연구회 기획평가위원회 위원(현) 2016~2017년 한국전기화학회 부회장 2018년 연세대 연구처장 겸 산학협력단장(현) 2019년 서울시산학연협력포럼 회장(현) (상)Travel Award of Biotechnology Research Center(1994), 대한화학회 최규원 학술상(2011), 한국분석과학회 공로상(2012), 한국전기화학회 공로상(2014) (저)'일반화학'(2002) 'Smart Biosensor Technology'(2006) (역)'Principles of Modern Chemistry 6th edition'(2008) 'Chemistry: The Practical Science'(2008) '왜 나는 수학이 어려울까?'(2009)

이원우(李原雨) Lee Won Woo

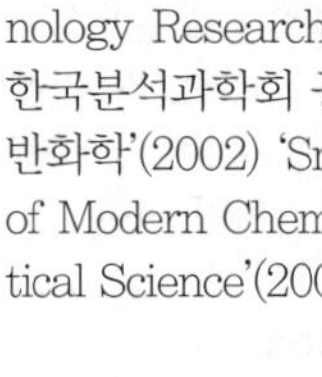

(생)1954 · 2 · 6 (본)경주(慶州) (출)경북 울진 (주)서울특별시 종로구 율곡로 75 현대건설(주) 플랜트사업본부(02-746-2030) (학)춘천고졸, 인하대 화학공학과졸, 울산대 대학원졸 (경)1982~2012년 현대건설(주) 플랜트사업본부 근무 2013~2014년 현대엔지니어링(주) 화공2사업본부장 2015년 同인프라사업본부장 2016년 同기본설계사업부 및 영업실 총괄 2016년 현대건설(주) 플랜트사업본부장(부사장)(현) (상)산업포장(2010), 금탑산업훈장(2018)

이원우(李元雨) Lee Won woo

(생)1963 · 3 · 22 (주)서울특별시 관악구 관악로 1 서울대학교 법학전문대학원(02-880-7551) (학)서울대 법학과졸 1988년 同대학원 법학과졸 1997년 법학박사(독일 함부르크대) (경)1990~1992년 육군사관학교 교수부 법학과 전임강사 1993~1996년 독일 드레스덴공과대 법과대학 공법연구소 연구원 1996~1997년 독일 함부르크대 경제법연구소 연구원 1998~2000년 한림대 법학과 조교수 2000~2004년 한양대 법학과 조교수 · 부교수 2005~2012년 서울대 법과대학 조교수 · 부교수 2008년 방송통신위원회 전파정책심의위원회 위원 2012~2018년 서울대 법과대학 교수 2014~2016년 同법과대학장 겸 법학전문대학원장 2014~2017년 행정자치부 정보공개위원회 위원장 2016~2017년 정보통신정책학회 회장 2018년 同고문(현) 2018년 서울대 법학전문대학원 교수(현) 2019년 한국금융투자협회 자율규제위원회 법률전문가 위원(현) (상)홍조근정훈장(2009) (저)'방송통신 정책과 전략(共)'(2016) 등 다수

이원욱(李元旭) LEE Won Wook

(생)1963 · 3 · 20 (본)전주(全州) (출)충남 보령 (주)서울특별시 영등포구 의사당대로 1 국회 의원회관 841호(02-784-6471) (학)고려대사대부고졸, 고려대 법학과졸 (경)2003년 열린우리당 e-party(전자정당)국장 2003년 대통령직속 정부혁신지방분권위원회 대외협력위원 2003년 녹색연합 정책위원회 위원 2003년 안양대 객원교수 2004년 경영컨설팅전문업체 딜로이트 자문위원 2004년 열린우리당 사이버운영실장 2006년 同총무팀장, 독도수호국제연대 대외협력위원장, 민족화해협력범국민협의회 정책위원, 한반도전략연구원 실장 2011년 사람사는세상 노무현재단 기획위원(현) 2011년 민주통합당 화성시乙지역위원회 위원장 2012년 同정책위원회 부의장 2012년 제19대 국회의원(화성시乙, 민주통합당 · 민주당 · 새정치민주연합 · 더불어민주당) 2012년 민주통합당 제18대 대통령중앙선거대책위원회 총무본부 부본부장 2013년 同비상대책위원회 대선공약실천위원회 인터넷소통위원장 2013년 국회 산업통상자원위원회 위원 2013년 민주당 화성시乙지역위원회 위원장 2013년 국회 동북아역사왜곡대책특별위원회 위원 2014년 새정치민주연합 경기도당 6.4지방선거공천관리위원회 위원 2014~2015년 국회 창조경제활성화특별위원회 위원 2015년 새정치민주연합 디지털소통본부 부본부장 2015년 더불어민주당 디지털소통본부 부본부장 2016년 제20대 국회의원(화성시乙, 더불어민주당)(현) 2016년 국회 국토교통위원회 위원 2016년 더불어민주당 경기화성시乙지역위원회 위원장(현) 2016년 국회 대법관(김재형)임명동의에관한인사청문특별위원회 위원 2016년 국회 신 · 재생에너지포럼 공동대표(현) 2016년 더불어민주당 전략기획위원장 2017년 同제19대 문재인 대통령후보 중앙선거대책본부 집단지성센터 단장 2017~2018년 국회 국토교통위원회 간사 2018~2019년 국회 기획재정위원회 위원 2019년 더불어민주당 원내수석부대표(현) 2019년 국회 과학기술정보통신위원회 위원(현) (상)한국인터넷신문방송기자협회 '대한민국 공정사회 발전대상 의정부문'(2015), (사)대한인터넷신문협회 INAK Press Club상(2016), 법률소비자연맹 '제20대 국회 1차년도 국회의원 헌정대상'(2017) (저)'그래도 정치가 희망이다'(2011, 나무와숲) '신재생에너지 백과사전'(2013, 나무와숲) '미래에너지 백과사전(共)'(2015, KPBooks)

이원웅(李元雄)

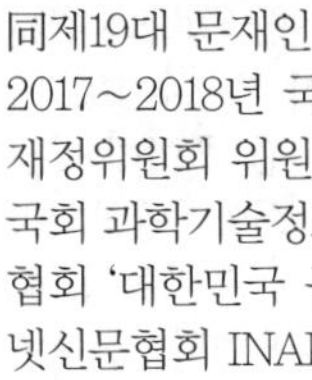

(생)1970 · 4 · 15 (주)경기도 수원시 팔달구 효원로 1 경기도의회(031-8008-7000) (학)성균관대 정치외교학과졸 (경)연오름학원 원장(현), 더불어민주당 경기도당 국민통합위원회 부위원장, 同경기도당 환경정책특별위원회 위원장, 同중앙당 부대변인 2017년 同제19대 문재인 대통령후보 선거대책위원회 조직특보 2018년 경기도의회 의원(더불어민주당)(현) 2018년 同문화체육관광위원회 위원(현) 2019년 同예산결산특별위원회 위원(현)

이원익(李元翼)

생1967 주서울특별시 용산구 이태원로 22 국방부 국제정책관실(02-748-6300) 학울산중앙고졸, 서울대 인류학과졸, 미국 워싱턴대 대학원 국제학과졸 경1992년 외무고시 합격(26회), 외교통상부 혁신인사기획관실 인사운영팀장, 駐중국 참사관, 駐베트남 공사참사관, 외교부 한반도교섭본부 심의관, 국가안보실 정책조정비서관실 선임행정관, 同안보전략비서관실 선임행정관 2018년 국방부 국제정책관(현)

이원일(李元一) LEE Won Il

생1958·3·9 출경북 칠곡 주서울특별시 강남구 테헤란로92길 7 법무법인(유) 바른(02-3479-2333) 학1976년 경복고졸 1980년 서울대 법학과졸 1985년 同대학원 법학과 수료 경1982년 사법시험 합격(24회) 1984년 사법연수원 수료(14기) 1985년 해군 법무관 1988년 서울민사지법 판사 1990년 서울지법 북부지원 판사 1992년 대구지법 김천지원 판사 1995년 서울지법 남부지원 판사 1996년 서울고법 판사 1998년 대법원 재판연구관 2000년 대전지법 부장판사 2001년 사법연수원 교수 2004년 서울서부지법 부장판사 2006년 서울중앙지법 부장판사 2007년 대전지법 수석부장판사 2008~2009년 서울고법 부장판사 2009~2014·2016년 법무법인(유) 바른 구성원변호사(현) 2011~2014년 국민권익위원회 비상임위원 2015년 법무법인(유) 바른 대표변호사 2015~2018년 한국방송공사(KBS) 이사 상국민훈장 동백장(2015)

이원장(李源章)

생1964·10 출서울 주서울특별시 종로구 종로 33 그랑서울 GS건설(02-2154-1114) 학1984년 대성고졸 1991년 한양대 토목공학과졸 경1991년 쌍용정유 입사 1997년 GS건설 입사 2009년 同PTT LNG Construction 부장 2011년 同RRE-7 PJT 부장 2014년 同토목해외CM팀장(상무보) 2017년 同플랜트CM3팀장(상무) 2017~2018년 同RRW PJT/CM(상무) 2019년 同플랜트공사담당 전무(현)

이원재(李源宰) LEE Won Jae

생1957·10·5 출대구 주서울특별시 강남구 일원로 81 삼성서울병원 영상의학과(02-3410-0512) 학1976년 경북고졸 1983년 서울대 의대졸 1992년 중앙대 대학원졸 1994년 의학박사(서울대) 경1983~1990년 서울대병원 인턴·레지던트 1990~1991년 동국대 포항병원 전임강사 1991~1994년 同경주병원 조교수 1995년 삼성서울병원 영상의학과 전문의(현) 1997~2002년 성균관대 의대 진단방사선과학 부교수 1997~1998년 미국 존스홉킨스대학병원 연수 2002년 성균관대 의대 영상의학과교실 교수(현) 2004~2009년 삼성서울병원 소화기영상의학과장 2004년 대한초음파의학회 학술이사·교육이사·총무이사, 同기획이사 2004년 대한복부영상의학회 학술이사·국제이사·총무이사 2015년 同회장 2016~2019년 대한초음파의학회 이사장 종불교

이원재(李元宰) LEE Won Jae

생1964·12·9 본전주(全州) 출충북 충주 주인천광역시 연수구 아트센터대로 175 인천경제자유구역청(032-453-7002) 학1983년 청주 운호고졸 1987년 서울대 경영학과졸 1990년 同행정대학원 행정학과졸 1995년 영국 요크대 대학원 경제학과졸 경1986년 행정고시 합격(30회) 1997년 건설교통부 기획예산담당관실 서기관 1999년 캐나다 British Columbia 주정부 근무 2000년 건설교통부 국토정책국 입지계획과 서기관 2001년 국무총리실 제주국제자유도시추진기획단 기획팀장 2002년 건설교통부 기획관리실 행정관리담당관 2003년 同주택국 주거복지과장 2004년 同장관비서관 2005년 同주택국 주택정책과장 2005년 대통령 경제수석비서관실 행정관 2007년 건설교통부 국토정책팀장 2007년 국무총리 산하 서남권등낙후지역투자촉진추진단 기획총괄국장 2008년 외교안보연구원 글로벌리더십과정 교육 2009년 국토해양부 국민임대주택건설기획단장 2009년 同토지정책관 2010년 同주택정책관 2012년 駐중국대사관 공사참사관 2015년 국토교통부 건설정책국장 2015~2017년 대통령 경제수석비서관실 국토교통비서관 2017~2018년 행정중심복합도시건설청장 2019년 인천경제자유구역청장(현) 상대통령표창(1998), 근정포장(2010)

이원종(李元鐘) LEE Won Jong (曉東)

생1942·4·4 본전주(全州) 출충북 제천 학1960년 제천고졸 1965년 성균관대 행정학과졸 1986년 한양대 행정대학원졸 1986년 국방대학원졸 1996년 명예 행정학박사(성균관대) 1998년 명예 행정학박사(충북대) 경1963년 체신부 근무 1966년 행정고시 합격(4회) 1967년 서울시 사무관 1975년 同기획담당관 1977년 同행정과장 1980년 용산구청장 1981년 서울시 주택국장 1981년 同보건사회국장 1982~1985년 성동구청장·강동구청장 1987년 성북구청장 1988년 동대문구청장 1988년 서울시 교통국장 1989년 同내무국장 1991년 대통령 내무행정비서관 1992년 충북도지사 1993년 서울시장 1995년 성균관대 행정대학원 대우교수 1996~1997년 서원대 총장 1998년 충북도지사(자민련) 2002~2006년 충북도지사(한나라당) 2006~2013년 성균관대 국정관리대학원 석좌교수 2011~2012년 한국지방세연구원 이사장 2012년 서울연구원 이사장 2013~2016년 대통령직속 지역발전위원회 위원장 2016년 대통령 비서실장(장관급) 상근정포장(1979), 홍조근정훈장(1990), 자랑스런성균인상(2006), 우관(又觀)이정규선생(독립운동가)기념사업회 우관상(2008) 저'생명속의 생명(共)'(2008) '공공정책과 기업가형 리더십(共)'(2009) '인생 네멋대로 그려라!'(2013) 종기독교

이원주(李元柱) Lee, Wonju

생1973·3·23 본광주(廣州) 출서울 주서울특별시 강남구 영동대로 517 아셈타워 40층 AT커니코리아 임원실(02-6001-8001) 학1992년 상문고졸 1998년 서울대 경영학과졸 경삼성전자(주) 전략기획총괄 2002년 딜로이트컨설팅 팀장 2006년 AT커니코리아 이사 2009년 同파트너 2012년 同부사장 2013년 同중공업·하이테크부문 대표 2015년 同중공업·하이테크부문 부사장 2018년 同대표이사 사장(현) 역'전사적 전략경영을 위한 SFO'(2001, 한언) '마케팅 ROI'(2006, 한경사)

이원주(李元柱) Lee Won Ju

생1974·10·3 주세종특별자치시 한누리대로 422 고용노동부 홍보기획팀(044-202-7772) 학1993년 명덕고졸 1997년 연세대 행정학과졸 경2002년 행정고시 합격(46회) 2003년 고용노동부 근무 2011년 同고용보험기획과 서기관 2016년 부산지방고용노동청 통영지청장 2017~2018년 중앙노동위원회 기획총괄과장 2018년 고용노동부 홍보기획팀장(현)

이원준(李元濬) Lee Won Joon

생1956·11·3 출충북 청원 주서울특별시 중구 을지로 30 롯데그룹 임원실(02-750-7380) 학청주상고졸 1977년 청주대 행정학과졸 경2000년 롯데쇼핑(주) 상품1부문장 겸 숙녀매입팀장 2002년 同상품본부 이사 2004년 同수도권판매본부 본점장 2006년 同수도권판매본부 본점장 2008년 同상품본부장 2011~2012년 同상품본부장 2011년 (주)롯데미도파 대표이사 겸임 2012~2014년 (주)호텔롯데 롯데면세점 대표이사 부사장 2012~2014년 (사)한국면세점협회 회장 2014~2017년 롯데쇼핑(주) 대표이사 사장 2014~2017년 同백화점사업본부(롯데백화점) 대

표이사 2014년 대한상공회의소 유통위원회 위원장(현) 2015~2017년 (사)한국백화점협회 회장 2017년 롯데그룹 유통BU장(부회장)(현) 2018년 롯데쇼핑(주) 대표이사 부회장(현) ㉯한국의 최고경영인상 상생경영부문(2013), 매일경제 선정 '대한민국 글로벌 리더'(2014)

이원중(李元中)

㉔1972·1·20 ㉦서울 ㉠인천광역시 미추홀구 소성로163번길 17 인천지방법원(032-860-1114) ㉮1990년 잠실고졸 1996년 서울대 중어중문학과졸 ㉢1998년 사법시험 합격(40회) 2001년 사법연수원 수료(30기) 2001년 공익 법무관 2004년 광주지법 판사 2006년 同목포지원 판사 2007년 인천지법 판사 2011년 서울중앙지법 판사 2013년 서울북부지법 판사 2014년 사법연수원 교수 2016년 제주지법 부장판사 2018년 인천지법 부장판사(현)

이원진(李源鎭) Lee Won Jin

㉔1967·8·4 ㉦서울 ㉠경기도 수원시 영통구 삼성로 129 삼성전자(주) 영상디스플레이사업부(031-277-0562) ㉮1986년 미국 로버트 루이스 스티븐슨고졸 1989년 미국 퍼듀대 전자공학과졸 1991년 同대학원 전자공학과졸 ㉢1991년 LG정보통신 위성사업부 연구원 1994년 한국엑센츄어 엔터프라이즈비즈니스솔루션센터 선임책임자 1998년 미국 i2테크놀러지 비즈니스개발사업부 아태지역 부사장 2001년 同CEO운용전략팀 겸 하이테크산업사업부 부사장 2003년 한국매크로미디어 지사장 2005년 한국어도비시스템즈 대표이사 2007~2011년 구글코리아 대표 2011년 구글 부사장 2014년 삼성전자(주) 영상디스플레이사업부 Service Business팀장(부사장)(현) 2016년 스마트TV포럼 의장(현)

이원창(李元昌) LEE Won Chang (昌安)

㉔1942·7·9 ㉯전주(全州) ㉦전북 전주 ㉠서울특별시 중구 정동길 3 경향신문 사우회(02-3701-1114) ㉮1963년 전주 신흥고졸 1969년 고려대 정치외교학과졸 1988년 일본 도쿄대 대학원 수료 ㉢1969년 경향신문 기자 1980년 同사회부 차장 1986년 同외신부 차장 1987년 同외신부장 1988년 同사회부장 1989년 同논설위원 1990년 同사회부장 1992년 同전국사회부장 1994년 同논설위원·편집부국장 1995년 同편집국 심의위원·경인본부장 1997년 同논설위원 1997년 신한국당 총재보좌역 1997년 한나라당 이회창 대통령후보 보좌역 1998년 同총재 공보특보 2000년 同제16대 총선 선거대책위원회 대변인 2000~2004년 제16대 국회의원(전국구, 한나라당) 2002년 한국신문윤리위원회 위원 2004년 시각장애인선교회후원회 회장 2004년 어린이박람회 조직위원회 조직위원장 2004년 프런티어타임스 대표이사 2004~2010년 (사)한국특허학회 회장 2004년 한나라당 서울송파丙당원협의회 운영위원장 2005년 同국책자문위원회 상근부위원장 2007년 同상임전국위원 2011년 한국방송광고공사(KOBACO) 사장 2012~2014년 한국방송광고진흥공사(KOBACO) 초대 사장 2015~2016년 대한민국헌정회 대변인 2016년 경향신문사우회 회장(현) ㉨'취발이와 말뚝이'(2003) ㉩기독교

이원형(李元炯) LEE Won Hyung

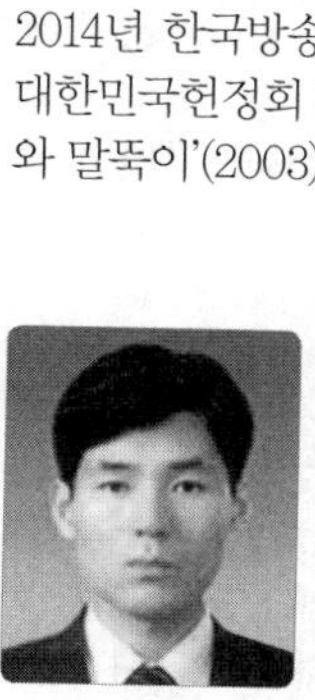

㉔1962·3·5 ㉦강원 춘천 ㉠서울특별시 서초구 서초중앙로 157 서울고등법원(02-530-2895) ㉮1980년 춘천고졸 1985년 서울대 법학과졸 1987년 同대학원졸 ㉢1988년 사법시험 합격(30회) 1991년 사법연수원 수료(20기) 1991년 춘천지법 판사 1996년 인천지법 판사 2000년 서울지법 판사 2002년 同남부지원 형사5부 판사 2003년 서울고법 판사 2004년 대법원 재판연구관 2006년 춘천지법 부장판사 2006년 언론중재위원회 강원중재부 중재부장 2008년 사법연수원 교수 2011년 서울중앙지법 부장판사 2014년 광주고법 전주재판부 부장판사 2015년 서울고법 부장판사(현)

이원호(李元虎) YI, Waon-Ho (義湛)

㉔1955·12·8 ㉯광주(廣州) ㉦서울 ㉠서울특별시 노원구 광운로 20 광운대학교 건축공학과(02-940-5195) ㉮1980년 한양대 건축공학과졸 1982년 同대학원 건축구조학과졸 1986년 미국 컬럼비아대 대학원 토목공학과졸 1991년 토목공학박사(미국 미시간주립대) ㉢1991년 광운대 건축공학과 교수(현), 국립건설시험소 주택기술심의위원 2004년 (사)한국건축구조기술사회 부회장 2004년 (사)대한건축학회 총무이사 2004년 대한주택공사 자문위원 2005년 한국시설안전기술공단 외래강사 2005년 소방방재청 자문위원 2006년 한국공학한림원 정회원(현) 2006년 조달청 기술평가위원 2007~2010년 국립방재연구소 소장 2010년 대한건축학회 연구1담당 부회장 2010~2013년 서울시 도시계획위원회 위원 2010~2016년 (사)한국면진제진협회 회장 2010~2013년 한국전산구조공학회 부회장 2011~2013년 한국방재학회 부회장 2011~2014년 광운대 공과대학장 2012~2014년 同환경대학원장 겸임 2014~2016년 규제개혁위원회 위원 2014~2016년 (사)한국전산구조공학회 회장 2014~2017년 국민안전처 안전혁신마스터플랜 민간자문단 위원 2015~2016년 광운대 대학원장 겸 광운한림원장 2015~2017년 국민안전처 정책자문위원 2015~2016년 중앙환경분쟁조정위원회 조정위원 2015~2016년 (사)한국화산방재학회 회장 2017년 행정안전부 정책자문위원(현) 2019년 (사)콘크리트 산업발전포럼 공동대표(현) ㉨'극한강도 설계법에 의한 철근콘크리트 구조설계 예제집'(1992) '철근 콘크리트 내력벽식 건축물 구조설계 지침'(1992) '구조용 용접철망의 설계 및 시방 지침서'(1992) '최신 콘크리트 공학'(1992) '프리플렉스 합성보의 구조설계 지침(안)'(1993) '프리플렉스 합성보의 시방서(안)'(1993) '해동 수퍼데크 설계편람'(1996) '구조계획'(1997) '허용응력설계법에 의한 철근콘크리트 구조계산 및 해석'(2000) '철골철근콘크리트 구조계산규준 및 해설'(2000) '멀티바의 설계 및 시공지침(안)'(2002) '건축구조설계의 이해'(2003) '건축구조설계기준'(2005) '건축기초구조설계기준'(2005) '건축구조60년사'(2006) 'Design Loads for Buildings and Other Structures'(2006) '2005년 분야별 과학기술 및 산업성과 : RCS복합구조시스템'(2006) '건축구조설계기준 및 해설'(2006) '미래유망기술25와 발전전략 : 고성능콘크리트'(2006) '미래유망기술25와 발전전략 : 지속가능 건축시스템 기술'(2006) '재난 및 사고피해 현장조사 자료집'(2007) '건축구조용어사전'(2008) '지진방재'(2008) '목조건축구조설계매뉴얼'(2008) '2008.5.12 중국 쓰촨성 원촨 대지진'(2008) '건축공사표준시방서 해설/프리캐스트 철근콘크리트 공사'(2009) '재난관리 60년사'(2009) 'Design Loads for Buildings and Other Structures'(2009) '면진구조설계지침 및 예제집'(2010) '제진구조설계지침 및 예제집'(2010) 'KICT 브랜드 총서 4 : 안전한 삶을 느끼며 누릴 수 있는 국토환경 건설'(2011) '건축 텍스트북 : 구조계획'(2011) '제진구조설계 기술검토 지침'(2012) '재학'(2012) '콘크리트구조기준 해설'(2012) '재난관리론'(2014) '화산재해 용어집'(2014) '면진구조 설계기법 및 국내 적용사례'(2015) '제진구조 설계기법 및 국내 적용사례'(2015) '리모델링 시공 사례'(2015) '포스트텐션 설계 및 시공'(2015) ㉪'강구조 : 설계를 통한 거동의 관리'(1997) 'World Trade Center 건물성능연구'(2003) '건축구조설계지침'(2004) '처음배우는 면진건축'(2004) '지진대책입문 : 면진구조'(2005) '초고층건축물 설계의 거장 : 파즐루 칸의 생애와 비전'(2011) '후지산 분화에 따른 피해 예측 보고서'(2014) ㉩기독교

이원희(李元熙) LEE Won Hee

㉔1954·12·1 ㉯진성(眞城) ㉦경북 문경 ㉠서울특별시 강남구 광평로 280 로즈데일오피스텔 1538호(02-3413-0109) ㉮1982년 중앙대 사회복지학과졸 2005년 충남대 경영대학원 수료 2007년 인하대 물류최고위과정(GLMP) 수료 2008년 한양대 경영대학원 최고위과정 수료 ㉢1982년 동아제약(주) 학술팀 입사 1998~2006년 同OTC&

박카스 사업본부장 2006년 용마로지스(주) 대표이사 사장 2010년 동아오츠카(주) 대표이사 사장 2015~2016년 동아제약(주) 대표이사 사장 2017년 同자문위원(현) (상)환경부장관표창(2015) (종)기독교

이원희(李元熙) LEE WON HEE

(생)1960·2·5 (출)경남 김해 (주)서울특별시 서초구 헌릉로 12 현대자동차(주) 임원실(02-3464-1114) (학)서울 대광고졸, 성균관대 경영학과졸, 미국 웨스턴일리노이대 대학원 회계학과졸 (경)1984년 현대자동차(주) 입사 2004년 同HMA(미국현지법인) 재경담당 이사 2009년 同HMA(미국현지법인) 재경담당 상무 2010년 同재경본부장(전무) 2010년 현대로템(주) 감사 2011년 현대자동차(주) 재경본부장(부사장) 2014년 同재경본부장(사장) 2015년 同기획·영업·마케팅·재경담당 사장 2016년 同업무총괄 대표이사 사장(현)

이원희(李元熙) LEE WON HEE

(생)1962·7·10 (본)경주(慶州) (출)충북 제천 (주)서울특별시 종로구 종로5길 68 코리안리빌딩 807호 UIB KOREA보험중개(주)(02-752-0868) (학)1981년 제천고졸 1989년 한양대 사학과졸 (경)1990~2009년 한화손해보험(주) 법인영업부 근무(기업보험 RISK MANAGEMENT&CONSULTING담당) 2011년 GP KOREA보험중개(주) 해외재보험담당 이사 2013년 同해외재보험담당 상무 2017년 同해외재보험담당 전무 2018년 UIB KOREA보험중개(주) 프로젝트4팀 전무(현) (종)가톨릭

이원희(李元熙) Wonhee Lee

(생)1970·6·3 (본)전주(全州) (출)부산 (주)세종특별자치시 한누리대로 402 산업통상자원부 자유무역협정교섭관실(044-203-4040) (학)부산 혜광고졸 1996년 서울대 경제학과졸 1998년 同대학원 행정학과졸 2008년 법학박사(미국 뉴햄프셔대) (경)산업자원부 자원정책과 근무, 국무총리실 심사평가심의관실 근무, 산업자원부 투자진흥과 근무, 同국제협력과 근무 2009년 지식경제부 부품소재총괄과 서기관, 대한무역투자진흥공사 파견, 우정사업본부 대체투자팀 근무 2016년 산업통상자원부 무역협력과장 2017년 同무역투자실 수출입과장 2019년 同자유무역협정교섭관실 과장(현) (저)'외국인 직접투자 얼마나 알고 계십니까?'(2002, 애드코아) '한일 투자협정 해설'(2003, 산업연구원) '대체투자 파헤치기(상) - 세계경제동향, 헤지펀드 편'(2014, 북랩) '대체투자 파헤치기(중) - PEF 편'(2015, 지식과감성) '대체투자 파헤치기(하) - 주주행동주의, 대기업그룹 편'(2015)

이 유(李 裕) LEE Yoo

(생)1961·2·11 (본)전주(全州) (출)서울 (주)서울특별시 종로구 율곡로2길 25 연합뉴스 마케팅본부(02-398-3114) (학)고려대 법학과졸 (경)1988년 연합통신 입사 1999년 연합뉴스 정치부 기자 2000년 同사회부 차장대우 2001년 同사회부 차장 2002년 同민족뉴스국 남북관계부 차장 2004년 同통일외교부 차장 2005년 同정치부 통일외교팀장(부장대우) 2006년 同국제뉴스부 부장대우 2006년 同제네바특파원(부장대우) 2008년 同제네바특파원(부장급) 2009년 同전국부장 2011년 同편집국 경제에디터 2011~2012년 同편집국 경제에디터(부국장대우) 2012년 관훈클럽 감사 2012년 연합뉴스 논설위원 2013년 同편집국 정치담당 부국장 2013년 同기획조정실 저작권팀장 겸임 2014년 同미주총국장(워싱턴DC, 부국장) 2017년 同논설위원 2018년 同마케팅본부장(현) (상)이달의 기자상(2002년, DMZ지뢰제거 유엔사 항의로 차질)

이유광(李惟光) LEE Yoo Kwang (이편지)

(생)1954·2·22 (출)서울 (주)경기도 광주시 곤지암읍 독고개길86번길 23 (주)선차일드(031-761-2681) (학)1972년 고려대사대부고졸 1980년 성균관대 전자과졸 (경)1982년 국민서관(주) 기획실장 1987년 同상무이사 1988년 한국출판경영협의회 감사 1989년 국민서관(주) 전무이사 1990년 대한출판문화협회 이사 1991~1998년 국민서관(주) 대표이사 사장 1998년 (주)선차일드 대표이사 2019년 同고문(현) (상)문화체육부장관표창 (종)불교

이유리(李瑠璃·女)

(생)1979·4·2 (출)경기 수원 (주)세종특별자치시 도움6로 11 국토교통부 주택토지실 주택건설공급과(044-201-3364) (학)1998년 안산동산고졸 2002년 서울대 건축공학과졸 (경)2005년 행정고시 수석합격(48회) 2007년 국토해양부 국토정책국 수도권정책과 사무관 2009년 同국토정책국 주택정책과 사무관 2011년 同건설수자원정책실 건설경제과 사무관 2012년 同건설수자원정책실 건설경제과 서기관대우 2013년 국토교통부 건설정책국 건설경제과 서기관대우 2016년 同미래전략담당관 2017년 同주택토지실 주택건설공급과장(현)

이유미(李惟美·女) LEE You Mi

(생)1962 (출)서울 (주)경기도 포천시 소흘읍 광릉수목원로 415 국립수목원(031-540-1001) (학)1985년 서울대 임학과졸 1987년 同대학원 임학과졸 1992년 산림자원학박사(서울대) (경)1986~1994년 서울대·경희대·서울시립대 등 강의 1994~1999년 산림청 임업연구원 중부임업시험장 수목원과 임업연구사 1999년 문화재청 문화재전문위원 1999~2002년 국립수목원 식물보전과 임업연구사 2002~2007년 同생물표본과 임업연구관 2007~2010년 同산림생물조사과 임업연구관 2010~2014년 同산림생물조사과장 2014년 同원장(고위공무원)(현) 2017년 문화재청 천연기념물분과 문화재위원(현) (상)국무총리표창(2000), 대통령표창(2011), 홍조근정훈장(2015) (저)'우리가 알아야 할 우리나무 100가지' '숲으로 가는길' '쉽게 찾는 우리나무'(현암사) '광릉숲에서 보내는 편지'(지오북) '한국의 야생화'(다른세상) '내마음의 야생화 여행' '내마음의 나무 여행'(진선출판사) '식별이 쉬운 나무도감' '한국의 천연기념물'(교학사) 등 (종)천주교

이유빈(女) LEE Yubin

(생)2001·4·23 (출)경기 부천 (주)경기도 성남시 분당구 분당로 87 서현고등학교(031-701-5993) (학)서현고 재학 중 (경)2016년 국제빙상연맹(ISU) 쇼트트랙주니어세계선수권대회 여자 500m 은메달(여자 종합3위) 2017년 제31회 전국남녀쇼트트랙·스피드스케이팅대회 여자고등부 1000m 금메달·여자고등부 1500m 금메달 2017년 국제빙상연맹(ISU) 쇼트트랙월드컵 2차대회 여자 1000m 동메달 2018년 제23회 평창동계올림픽 여자 3000m 계주 금메달

이유상(李有相) LEE Yoo Sang

(생)1946·4·14 (출)전남 나주 (주)서울특별시 중구 퇴계로 190 매경미디어센터 매일경제신문 임원실(02-2000-2122) (학)1983년 고려대 경영대학원 수료 (경)1983년 매일경제신문 회계과장 1985년 同기획부 차장 1988년 同회계감사부장 1991년 同기획실 심사부 겸 MIS부 부국장 1993년 同기획실장직대 1998년 同기획실장(이사대우) 1999년 同상무이사 1999년 同기획실장(전무이사) 2000년 매경인쇄(주) 대표 2001년 同경영담당 전무이사, 정진기언론문화재단 사무국장(현) 2007년 매일경제신문 부사장 2012년 同부회장(현) 2012년 매일방송(MBN) 부회장(현)

이유성(李有盛) Lee You Sung

(생)1957·4·1 (출)서울 (주)서울특별시 강서구 하늘길 260 (주)대한항공 스포츠단(02-2656-3941) (학)1976년 경기대 체육학과졸, 연세대 교육대학원 체육학과졸 2009년 체육학박사(연세대) (경)1982년 대한항공 탁구단 코치 1986년 同탁구단 감독 1989~1994년 국가대표탁구팀 코치·감독 1991년 탁구세계선수권대회(일본 지바) 남북단일팀 단체우승 1993년 스웨덴 요테보리 세계선수권대회 우승(현정화 단식) 2000~2001년 숙명여대 겸임교수 2002년 부산아시안게임 대표팀 감독 2002~2004년 국가대표팀 감독 2005년 대한항공 스포츠단 부단장 2005년 한국프로배구연맹 이사(현) 2006년 同스포츠단(배구·탁구·빙상 총괄) 단장(전무B) 2009년 대한탁구협회 부회장 겸 홍보위원장(현) 2009년 2018평창동계올림픽유치위원회 위원 2013년 대한체육회 경기력향상위원 2016년 同리우올림픽대회 대한민국선수단 참여임원 2017년 (주)대한항공 스포츠단(배구·탁구·빙상 총괄) 단장(전무A)(현) (상)체육훈장 기린장(1991), 대한체육회 지도상(1991), 체육훈장 백마장(1993) (종)불교

이유식(李洧植) LEE Yu Sik (青多)

(생)1938·9·6 (본)합천(陜川) (출)경남 산청 (주)서울특별시 양천구 목동서로 225 대한민국예술인센터 1017호 (사)한국문인협회(02-744-8046) (학)1957년 진주고졸 1964년 부산대 영어영문학과졸 1983년 한양대 대학원졸 1988년 세종대 대학원 박사과정 수료 (경)1961년 '현대문학' 誌로 평론가 데뷔 1964~1966년 월간 '세대'誌 기자 1966~1969년 부산 항도고 교사 1979~1981년 한국관광공사 교육원 교수 1983~1998년 배화여자전문대학 교수 1983~1989년 한국문인협회·한국문학평론가협회 이사 1984~1985년 배화여자전문대학 학보사 주간 겸 도서관장 1989~1995년 한국문인협회 평론분과 회장 1991~1998년 월간 '수필문학' 상임편집위원장 1995~1998년 한국문인협회 부이사장 1996년 강남문인협회 초대회장 1996~1997년 배화여자전문대학 교수협의회 초대회장 1998~2004년 배화여대 교수 1998년 한국문학비평가협회 상임고문(현) 2002년 하동문학작가회 창립고문(현) 2004년 청다한민족문학연구소 소장(현) 2004년 청다문학회 이사장(현) 2004~2006년 하동 평사리 토지문학제 추진위원장 2006년 강남문인협회 고문(현) 2008년 덕성여대 평생교육원 수필창작반 초빙교수 2008년 하동 평사리 토지문학제 명예추진위원장 2011년 한국문인협회 고문(현) (상)제16회 현대문학상(1970), 제2회 한국문학평론가협회상(1983), 제4회 우리문학상 본상(1995), 제11회 한국예술문화단체총연합회 예술문화대상(1997), 제10회 남명문학상 본상(1998), 제39회 한국문학상(2002), 제7회 한민족문학상 대상(2003), 제7회 한국글사랑문학상 본상(2007), 예술평론가협의회 예술평론공로상(2016), 국제펜클럽 한국본부 펜문학상 공로상(2017) (저)평론집 '한국소설의 위상'(1982) '우리문학의 높이와 넓이'(1994) '오늘과 내일의 우리 문학'(1996) '흘겨보기와 예쁘게 보기'(1997) '전환기의 새로운 길 찾기'(1998) '한국문학의 전망과 새로운 세기'(2002) '반세기 한국문학의 조망'(2003) '변화하는 시대 우리문학 엿보기'(2008) '새시대 수필이론 다섯마당'(2009) 수필집 '벌거벗은 교수님'(1989) '노래'(1992) '그대 떠난 빈자리의 슬픔'(1993) '찻잔너머의 여자'(2000) '내 마지막 노을빛사랑'(2001) '세월에 인생을 도박하고'(2007) '옥산봉에 걸린 조각달(共)·(編)'(2008) '도스토예프스키의 생애와 문학(編)'(1994) '알베르 카뮈의 문학과 인생(編)'(1995) '나의 작품 나의 명구·Ⅰ(編)'(2005) '나의 작품 나의 명구·Ⅱ(編)'(2005) '그러나 나는 이렇게 말한다(編)'(2006) '저 하늘에 사랑등불 매달고(共)'(2006) '저 빛나는 인생길의 합창(編)'(2007) '변화하는 시대 우리문학 엿보기'(2008) '남자 뺨을 때리는 여자들'(2008) '옥산봉에 걸린 조각달'(2008) '새 시대 수필이론 다섯마당'(2009) '이유식의 문단수첩 엿보기'(2011) '뻐꾹새 울음소리에 피어난 들장미'(2013) '새로운 장르 새로운 수필의 향연'(2016) '우리 시대 대표시 50선 평설'(2017) '구름에 인생을 그려 본다'(2017) (종)기독교

이유재(李侑載) YI You Jae

(생)1960·7·15 (출)충남 (주)서울특별시 관악구 관악로 1 서울대학교 경영대학 경영학과(02-880-6941) (학)1982년 서울대 경영학과졸 1987년 경영학박사(미국 스탠퍼드대) (경)1987~1993년 미국 미시간대 경영대 교수 1993년 서울대 경영대학 경영학과 교수(현) 2003~2005년 同경영대학 부학장 2004년 미국 마케팅교육저널 '아시아·태평양 마케팅 톱10'에 선정 2005~2009년 하나은행 사외이사 2006~2008년 한국소비자원 비상임이사 2007~2008년 한국소비자학회 회장 2007~2011년 Service Industries Journal 편집장 2009년 한국마케팅학회 회장 2011~2012년 서울대 경영연구소장 2011~2013년 KB국민카드 사외이사 2011~2014년 서울대 텝스사업본부장 2011~2019년 현대자동차 사외이사 2012~2015년 KT 석학교수 2018년 한국과학기술한림원 정회원(정책학부·현) (상)미국 마케팅과학회 최우수논문상, 미국 광고학회 최우수논문상, 한국마케팅학회 최우수논문상, 한국소비자학회 최우수논문상, 정진기재단 언론문화상, 한국조사연구학회 갤럽학술논문상, 학술진흥재단 우수학자, 한국경영학회 SERI중견경영학자상, 서울대 학술연구상 (저)'죽은 CRM, 살아 있는 CRM' '서비스마케팅' '소비자 행동론' '울고 웃는 고객이야기' '광고관리' '고객가치를 경영하라(共)'(2007) 'Customer Value Creation Behavior'(2014) (역)'신상품마케팅' '리포지셔닝'

이유진(李裕珍)

(생)1963 (주)서울특별시 영등포구 여의대로 24 팜한농(02-3159-5500) (학)홍익대 화학공학과졸 (경)1990년 LG화학 입사 2003년 同기획팀장 2006년 同합성고무마케팅팀장 2011년 LG도요엔지니어링 경영지원담당 겸 화공플랜트담당 상무 2015년 서브원 건설사업부 플랜트담당 상무 2016년 팜한농 PMI담당 상무 2018년 同경영혁신담당 상무 2019년 同대표이사 전무(현)

이유진(李有振·女) Lee, Eugene

(생)1976·10·10 (출)서울 (주)경기도 파주시 문산읍 문향로 46 문산우체국 사서함1호 남북출입사무소(031-950-5070) (학)1999년 숙명여자대 경제학과졸 2010년 서울대 행정대학원 정책학과졸 (경)2003~2006년 통일부 교류협력국 교류총괄과 근무 2016년 同대변인실 부대변인 겸 공보담당관 2019년 同남북출입사무소 경의선운영과장(현)

이유형(李有炯)

(생)1971·1·18 (출)경북 경주 (주)서울특별시 양천구 신월로 386 서울남부지방법원(02-2192-1152) (학)1989년 금성고졸 1993년 서울대 법학과졸 1996년 同행정대학원 수료 (경)1997년 사법시험 합격(39회) 2000년 사법연수원 수료(29기) 2000년 육군 법무관 2003년 서울지법 남부지원 판사 2004년 서울남부지법 판사 2005년 서울중앙지법 판사 2007년 춘천지법 판사 2009년 同강릉지원 판사 2011년 의정부지법 판사 2012년 서울고법 판사 2014년 서울중앙지법 판사 2015년 창원지법 부장판사 2017년 수원지법 안양지원 부장판사 2019년 서울남부지법 부장판사(현)

이윤규(李潤珪) LEE Yun Kyu

(생)1956·2·15 (출)충남 부여 (주)서울특별시 영등포구 여의나루로 27 DGB자산운용 비서실(02-707-4201) (학)1975년 마포고졸 1982년 중앙대 경제학과졸 (경)1982년 한국투자신탁운용 입사, 同주식매매부장, 同펀드평가부장, 同채권운용부장, 同운용본부장(CIO), 한국투자증권 IB(투자은행)사업본부장 2006년 동부투자신탁운용(주) 부사장 2007년 메가마이다스투자자문 대표이사 2008~2009년 사립학교교직원연금관리공단 자

금운용관리단장(CIO) 2010~2013년 사립학교교직원연금공단 자금운용관리단장 2013년 LS자산운용 대표이사 2016년 DGB자산운용 대표이사(현) (상)재정경제원장관표창(1994), 코리아어워드 CIO상(2011), 올해의 대한민국 최고운용책임자 CIO상(2011~2013), Asia Asset Management(AAM) '2014 대한민국 올해의 CEO'(2015)

이윤규(李倫圭) LEE YEUN KYU

(생)1965·10·11 (출)서울 (주)서울특별시 구로구 가마산로 242 애경산업(주) 비서실(02-818-1816) (학)1991년 건국대 영문학과졸 (경)2011년 애경산업(주) 2012년 同신채널부문장 2013~2014년 同신채널부문장 2015년 同제2영업부문장(상무보) 2016년 同제2영업부문장(상무) 2017년 同영업부문장(상무) 2017년 同대표이사 전무 2019년 同대표이사 부사장(현)

이윤덕(李潤德) Yoon Deock Lee

(생)1956·3·28 (출)서울 (주)경기도 수원시 영통구 광교로 109 한국나노기술원 원장실(031-546-6001) (학)1975년 중앙고졸 1979년 서울대 전자공학과졸 1989년 연세대 대학원 전산학과졸, 공학박사(연세대) (경)1987~2003년 삼성전자 근무 2003~2009년 정보통신진흥연구원 근무 2008~2011년 방송통신심의위원회 위원 2009~2012년 대구대 초빙교수 2009년 사물인터넷융합포럼 운영위원장(현) 2012년 성균관대 정보통신대학 교수(현) 2012년 同산학협력단 교수(현) 2014~2016년 미래창조과학부 사물인터넷(IoT)실증사업추진단장·과학기술일자리진흥원 신산업창조프로젝트전문가단장 2018년 한국나노기술원 원장(현) (상)정보통신부장관표창(2003·2008), 미래창조과학부장관표창(2011)

이윤모(李倫模) LEE Yun Mo

(생)1966·5·7 (주)서울특별시 용산구 한남대로 130 볼보빌딩 볼보자동차코리아 비서실(02-3781-3800) (학)1994년 한양대 대학원 산업공학과졸 (경)1994년 대우자동차 경영기획실 근무 1994~1999년 同아·중동수출본부 근무 2002~2009년 BMW코리아 딜러개발매니저 2010~2012년 同세일즈 상무 2013년 同애프터세일즈 상무 2014년 볼보자동차코리아 대표이사 사장(현)

이윤배(李允培)

(생)1959·9·15 (출)강원 속초 (주)서울특별시 영등포구 국제금융로6길 38 한국화재보험협회 이사장실(02-3780-0201) (학)1977년 속초고졸 1979년 농협대학 협동조합과졸 1991년 동국대 무역학과졸 (경)1979년 농협중앙회 입사 1989~1997년 同문화홍보부 근무·양주군지부 과장 2000~2006년 同경영기획팀·회계팀·손해공제팀·공제계약팀·생명공제팀장 2006년 同속초시지부 부지부장 2007년 同양양군지부장 2008년 同강원지역본부 교육지원부장 2009년 同리스트관리부 부부장 2010년 同리스크검증단장 2011년 NH투자증권 리스크관리본부장(상무) 2012년 농협은행 리스크관리부장 2013년 同강원영업본부장 2014년 농협중앙회 강원지역본부장(전무) 2015년 NH농협생명보험(주) 부사장 2016~2017년 NH농협손해보험(주) 대표이사 사장 2019년 한국화재보험협회 이사장(현)

이윤보(李尹傭) LEE Yoon Bo

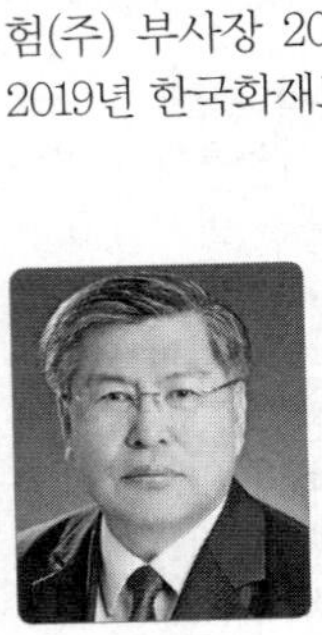

(생)1954·2·15 (출)경남 남해 (주)강원도 횡성군 우천면 하대5길 101 한국골프대학 총장실(033-810-1000) (학)1974년 진주고졸 1982년 건국대 경영학과졸, 同대학원졸, 일본 쓰쿠바대 대학원졸, 경영학박사(일본 쓰쿠바대) (경)건국대 경영학과 교수, 일본 중소기업연구소 연구위원, 중소기업진흥공단 연수원 자문위원·감사, 중소기업신문 논설위원 1997년 한국중소기업학회 감사·집행위원 1998년 건국대 대학원 교학부장 1998년 한국벤처연구소 정책연구실장 2000~2002년 건국대 경영대학원장 2004년 한국중소기업학회 회장 2004~2005년 중소기업협동조합중앙회 중소기업정책위원, 일본 센슈대 객원연구원, 전국경제인연합회 중소기업협력센터 이사, 중소기업청 자체평가위원장, 국민경제자문회의 전문위원, 한국벤처학회 부회장, 한일경상학회 부회장, 대통령직속 중소기업특별위원회 경영판로분과 평가위원장, 국가과학기술위원회 예산사전조정평가위원 2006~2012년 소상공인진흥원 이사장 2008~2010년 건국대 일반대학원장, 同언론홍보대학원장 2009년 (사)한국소상공인학회 회장 2009년 법치주의수호국민연대 공동대표 2013년 (사)한국소상공인학회 명예회장(현) 2015~2018년 학교법인 한국골프대학 이사장 2018년 同이사 2019년 한국골프대학 총장(현) 2019년 건국대총동문회 회장(현) (상)건국대총장상 우등상(1981), 녹조근정훈장(2004) (저)'변화의 경영학'(1994, 일본백도서방) '중소기업론'(1999, 경문사) '21C 중소기업의 진로'(2000, 한국중소기업학회) '중소기업 정책의 대전환-21세기의 한국 중소기업의 정책방향에 관한 연구'(2001, 동우관) '한국 미국 일본의 중소기업 정책'(2005, 중소기업연구원) '한국 중소기업 베트남 진출현황 및 투자성과 증대방안'(2007, 한국중소기업학회·기은경제연구소)

이윤석(李允錫)

(생)1958 (주)서울특별시 종로구 종로33길 15 연강빌딩 6층 두산솔루스(주) 서울사무소(02-3670-5300) (학)1980년 인하대 화학공학과졸 (경)1979년 한국오크공업(現 (주)두산 전자BG) 입사 2002년 (주)두산 전자BG 상무 2015년 同전자BG장(대표이사 부사장) 2019년 두산솔루스(주) 대표이사 사장(현)

이윤석(李潤錫) LEE Yoon Seok

(생)1960·3·16 (본)경주(慶州) (출)전남 무안 (주)전라남도 나주시 건재로 185 동신대학교(061-330-3114) (학)1984년 미국 아이오와대 연수 1987년 경남대 정치외교학과졸 1988년 연세대 행정대학원 언론홍보학과 수료 2001년 경남대 행정대학원 정치학과졸 2005년 정치학박사(경남대) 2011년 백석대 기독대학원 목회학과졸 2011년 연세대 경제대학원 경제학과졸 (경)1987년 민주화추진협의회 문화부 차장 1988년 국회의원 보좌관 1992년 민주당 전남도지부 조직국장 1995·1998·2002년 전남도의회 의원(국민회의·새천년민주당·열린우리당) 2000년 同운영위원장 2002~2004년 同의장 2004년 초당대 겸임교수 2005년 미국 페어리어디킨슨대 교환연구원 2007년 경기대 강사 2008~2012년 제18대 국회의원(전남 무안군·신안군, 무소속·민주당·민주통합당) 2009년 민주당 정책위 부의장 2010년 同원내부대표 2010년 국회 행정안전위원회 위원 2011년 국회 공직자윤리위원회 위원 2011년 민주통합당 무안·신안지역위원회 위원장 2011년 同원내부대표 2011년 국회 태안유류피해대책특별위원회 위원 2012~2016년 제19대 국회의원(전남 무안군·신안군, 민주통합당·민주당·새정치민주연합·더불어민주당·기독자유당) 2012년 국회 예산결산특별위원회 위원 2013년 민주당 제3정책조정위원장 2013년 同전남도당위원장 2013~2014년 국회 국토교통위원회 간사 2013년 국회 허베이스피리트호유류피해대책특별위원회 위원 2013년 민주당 의원담당 원내부대표 2014년 同수석대변인 2014년 새정치민주연합 수석대변인 2014~2015년 同전남도당 공동위원장 2014년 국회 국토교통위원회 위원 2014~2015년 새정치민주연합 조직강화특별위원회 위원 2015년 (사)국회입법정책연구회 회장 2015년 새정치민주연합 원내수석부대표 2015년 同조직본부장 2015년 同당무감사원 감사위원 2015~2016년 더불어민주당 원내수석부대표 2015~2016년 同당원자격심사위원장 2015~2016년 同당무감사원 감사위원 2016년 同조직1본부장 2016년 기독자유당 제20대 국회의원 후보(비례대표 1번) 2018년 동신대 객원교수(현) 2018년 제20대 국회의원 재보궐선거 출마(전남 영암군·무안군·신안군, 민주평화당) (상)법률소비

자연맹 선정 국회헌정대상(2013), 국정감사NGO모니터단 선정 '국정감사 우수국회의원상'(2015), 한국유권자총연맹 선정 '국정감사 최우수국회의원상'(2015), 대한민국 창조경영대상 선정 '국정감사 우수국회의원대상'(2015) (종)기독교

이윤선(李允善) LEE Yun Sun

(생)1961·1·16 (출)강원 양양 (주)서울특별시 종로구 세종대로 163 현대해상빌딩 11층 현대해상화재보험(주) 임원실(02-3701-3776) (학)1979년 양양고졸 1983년 강원대 경영학과졸 (경)1998년 현대해상화재보험(주) 경리부장 2004년 同기업보험지원부장 2006년 同기획관리부문장(상무) 2016년 同기획관리부문장(전무) 2019년 同기획관리부문장(부사장)(현)

이윤선(李閏善) LEE Yun Sun

(생)1961·11·15 (본)원주(原州) (출)경기 이천 (주)경기도 안양시 만안구 성결대학로 53 성결대학교 사회과학대학 경영학과(031-467-8147) (학)1985년 성결대 경영학과졸 1987년 필리핀 Univ. of Santo Tomas 대학원 경영학과졸 1991년 경영학박사(필리핀 Univ. of Santo Tomas) (경)1992~1995년 인천대·경원대·상명여대 강사 1995년 성결대 사회과학대학 경영학과 교수(현) 2003년 同경영학부장 2005~2007년 同학생지원처장 겸 종합인력개발센터 소장 2008년 同종합인력개발센터장 2012년 同영자신문 주간 2013~2015년 同교수협의회장 2018년 同사회과학대학장(현) (저)'The Economic Impact of Foreign Direct Investments:The case of Korea and Selected Asian Countries'(1993) '글로벌경영'(2007) '글로벌마케팅'(2010)

이윤성(李允盛) LEE Yoon Sung

(생)1944·10·2 (본)전주(全州) (출)함북 청진 (주)인천광역시 남동구 용천로 208 인천사회복지협의회(032-883-1773) (학)1964년 제물포고졸 1968년 한국외국어대 스페인어과졸 1982년 고려대 자연자원대학원 고위정책과정 수료 1999년 중앙대 국제경영대학원 최고경영자과정 수료 2000년 인천대 행정대학원 고위관리자과정 수료 (경)1970년 한국방송공사(KBS) 입사 1980년 同정치부 차장 1981~1988년 同'보도본부24시' 앵커 1988년 同사회부장 1989년 同도쿄특파원 1992년 同'뉴스광장' 앵커 1993~1995년 同'9시뉴스' 앵커 1995년 민자당 인천남동지구당 위원장 1996년 제15대 국회의원(인천 남동구甲, 신한국당·한나라당) 1997년 신한국당 대변인 1998년 한나라당 총재 대외협력특보 2000년 제16대 국회의원(인천 남동구甲, 한나라당) 2000~2002년 국회 국토해양위원회 위원 2001년 한나라당 국가혁신위원회 민생복지분과 부위원장 2002~2004년 국회 문화체육관광방송통신위원회 위원 2004년 제17대 국회의원(인천 남동甲, 한나라당) 2004년 한나라당 인천시당 위원장 2004년 同당헌·당규개정분과 위원장 2004년 국회 국회개혁특별위원회 위원장 2005년 한나라당 중앙당 전당대회 의장 2005년 국회 2010세계박람회유치특별위원회 위원 2006년 한나라당 전국위원회·상임전국위원회 의장 2006~2008년 국회 산업자원위원회 위원장 2007년 한나라당 제17대 대통령선거 중앙선거대책위원회 부위원장 2007~2008년 국회 로봇포럼 대표 2008년 제18대 국회의원(인천 남동구甲, 한나라당·새누리당·무소속) 2008~2010년 국회 부의장 2008년 한중의회 정기교류체제회장 2008년 한·일의원연맹 고문 2008년 한·남아공 의원친선협회장 2010년 국회 외교통상통일위원회 위원 2012년 제19대 국회의원선거 출마(인천 남동구甲, 무소속) 2013년 가천대 언론영상광고학과 석좌교수 2013~2015년 매일방송(MBN) 8시뉴스 앵커 2013년 2014인천아시안게임조직위원회 고문 2017년 인천사회복지협의회 회장(현) (상)대한민국 방송대상, 외대경영인상(2008), 외대를 빛낸 동문상(2009), 특별 외대언론인상(2010) (역)'위대한 리더들 : 잠든 시대를 깨우다' (종)기독교

이윤성(李允聖) LEE Yoon-seong (蒼史)

(생)1953·2·1 (본)함평(咸平) (출)강원 강릉 (주)서울특별시 금천구 가산디지털1로 88 한국보건의료인국가시험원 원장실(02-886-7700) (학)1971년 서울고졸 1977년 서울대 의과대학졸 1982년 同대학원 병리학과졸 1986년 병리학박사(서울대) (경)1978년 서울백중앙의료원 인턴 1979~1983년 서울대병원 해부병리과 전공의 1983년 同전임의 1983~1988년 경상대 의대 병리학교실 전임강사 1988년 서울대 의대 법의학교실 부교수 1999년 국방부 의문사특별조사단 자문위원 1999년 금융감독위원회 분쟁조정위원 2000년 서울지법 민사조정위원 2000년 대통령소속 의문사진상규명위원회 위원 2001년 대한의사협회 법제이사, 同부회장 2001~2018년 서울대 의대 법의학교실 교수 2010~2016년 한국의학교육평가원 이사장 2010~2016년 한국보건의료인국가시험원 비상임이사 2012년 대한의학회 부회장 2013~2018년 국가생명윤리정책연구원 원장 2013년 (재)국가생명윤리정책원 원장(현) 2015년 대검찰청 법의학자문위원회 위원(현) 2015년 대통령소속 국가생명윤리심의위원회 위원(현) 2015~2018년 대한의학회 회장 2016년 서울대 백남기사건특별조사위원회 위원장 2017년 조선일보 의학자문위원회 위원장(현) 2018년 서울대 의대 명예교수(현) 2018년 건강보험심사평가원 약제급여평가위원회 위원장(현) 2019년 한국보건의료인국가시험원 원장(현) (상)홍조근정훈장, 과학수사대상(2010) (저)'사망진단서, 이렇게 쓴다(共)'(2003) '법의학의 세계'(2003) (역)'자살이냐, 타살이냐(共)'(1997)

이윤수(李允洙) LEE Yoon Soo

(생)1938·9·16 (본)전주(全州) (출)경기 광주 (주)서울특별시 영등포구 의사당대로 1 대한민국헌정회(02-757-6612) (학)1957년 휘문고 중퇴 1972년 고려대 경영대학원 수료 1990년 미국 조지워싱턴대 행정대학원 수료 (경)1970년 신민당 김대중대통령후보 경호실장 1973년 민주통일당 성남·광주·여주·이천지구당 위원장 1984년 신한민주당 성남·광주지구당 위원장 1986년 헌정민권회 이사 1986년 민주화추진협의회 발기인 1988년 평민당 성남甲지구당 위원장 1988년 同경기도지부 부지부장 1989년 同당무지도위원 1990년 신민당 성남甲지구당 위원장 1991년 민주당 성남수정지구당 위원장 1992년 제14대 국회의원(성남 수정구, 민주당·국민회의) 1994년 민주당 원내부총무 1994년 한국내외문제연구회 경기도지부장 1996년 제15대 국회의원(성남 수정구, 국민회의·새천년민주당) 1996년 국민회의 경기도지부장 1999년 同당무위원 1999년 同원내수석부총무 1999년 국회스카우트연맹 회장 2000년 새천년민주당 원내수석부총무 2000~2004년 제16대 국회의원(성남 수정구, 새천년민주당) 2000년 한·멕시코의원친선협회 회장 2000년 한·중의원외교협의회 부회장 2001년 국회 환경노동위원장 2001~2004년 국회 입법정책연구회장 2003~2004년 국회 예산결산특별위원장 2006년 경기 광주시장선거 출마(민주당) 2007년 민주당 최고위원 2008년 제18대 국회의원선거 출마(성남 수정구, 무소속) 2009~2011년 대한민국헌정회 사무총장 2010년 국회 의정활동강화자문위원회 위원 2011년 대한민국헌정회 이사 2013년 同부회장, 同원로회의 위원(현) (상)국회의원 청렴상, 최우수국회의원상 2회, 율곡대상 (종)기독교

이윤수(李玧洙)

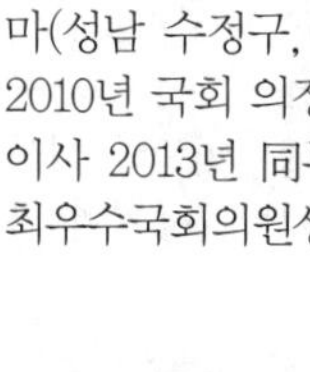

(생)1969 (주)서울특별시 종로구 세종대로 209 금융위원회 행정인사과(02-2100-2756) (학)인천 광성고졸, 서울대 국제경제학과졸, 미국 플로리다대 대학원 MBA (경)1995년 행정고시 합격(39회) 1995년 산업자원부 항공우주산업과 행정사무관 1999~2007년 금융감독위원회 법규심사과·위원장실·증권감독과·혁신행정과·비은행감독과·감독정책과 행정사무관 2008년 국가경쟁력강화위원회 파견(서기관) 2009년 대통령실

경제수석비서관실 행정관, 대통령 정책실 행정관 2011년 금융위원회 금융시장분석과장 2012년 同보험과장 2013년 제18대 대통령직인수위원회 파견 2013년 금융위원회 중소금융과장 2014년 同금융서비스국 은행과장(서기관) 2015년 同금융서비스국 은행과장(부이사관) 2018년 同자본시장조사단장 2019년 국무조정실 정부합동부패예방감시단 파견(고위공무원)(현)

이윤승(李胤承) LEE Yoon Seung

(생)1953·8·15 (출)전북 완주 (주)서울특별시 강남구 영동대로 517 아셈타워 22층 법무법인 화우(02-6003-7579) (학)1971년 중앙고졸 1975년 서울대 법대졸 (경)1976년 사법시험 합격(18회) 1978년 사법연수원 수료(8기) 1978년 해군본부 보통군법회의·고등군법회의 군판사 1981년 전주지법 판사 1985년 수원지법 성남지원 판사 1988년 인천지법 판사 1989년 서울고법 판사 1991년 대법원 재판연구관 1993년 대전지법 부장판사 1994년 서울지법 의정부지원 부장판사 1997년 同동부지원 부장판사 1998년 서울지법 부장판사 1999년 법원행정처 건설국장 겸임 2000~2006년 서울고법 부장판사 2000~2003년 인천지법 수석부장판사 겸임 2006년 서울북부지법원장 2008~2009년 서울가정법원장 2009~2014년 법무법인 화우 변호사 2014년 법무법인 화우 고문변호사(현)

이윤식(李允植) LEE Yoon-Shik

(생)1952·5·18 (본)인천(仁川) (출)전남 장흥 (주)서울특별시 동작구 상도로 369 숭실대학교 행정학부(02-822-0514) (학)1980년 한국외국어대 정치외교학과졸 1982년 미국 아이오와주립대 대학원 정치학과졸 1986년 정치학박사(미국 미시간대) (경)1987~2017년 숭실대 행정학부 교수 1995~1996년 미국 메릴랜드대 풀브라이트(Fulbright) 객원교수 겸 교육부 해외파견교수 1998~2003년 행정자치부 정책자문위원 1999년 숭실대 정보지원처장 1999년 同교무처장 2000년 (사)한국정책분석평가학회 회장 2001~2002년 숭실대 기획조정실장 2002~2005년 정보통신부 지식정보관리평가위원장 2002~2005년 행정자치부 전자정부위원회 위원장 2003년 (사)한국정책학회 회장 2003년 산업자원부 산업자원행정혁신공동위원장 2004년 대통령자문 정부혁신지방분권위원회 국가평가인프라구축TF팀장 2005~2006년 국무조정실 국가평가인프라구축추진단 자문위원장 2005~2008년 대통령자문 정부혁신지방분권위원회 위원 겸 평가간사 2006~2007년 대통령정책실 국가개혁과제점검평가단장 2006~2008년 국무총리 정부업무평가위원회 위원 겸 실무위원장 2007년 (사)한국평가감사연구원 원장(현) 2008~2010년 숭실대 사회과학대학장 2010년 (사)한국정책분석평가학회 고문 2010~2014년 한국정책학회 학술상위원회 위원장 2014년 미국 뉴욕대 객원교수 2014~2017년 안전행정부 지방규제개혁실적평가단장 2017년 숭실대 행정학부 명예교수(현) 2018년 한국문화관광연구원 이사장(현) 2019년 (사)한국평가감사연구원 이사장(현) (상)미국 국무성 Fulbright Award(1995), 홍조근정훈장(2008) (저)'정책평가-이론과 적용(共)'(1987) '행정정보체제론 상·하'(1990) 'An Evaluation of the Promotion Policies for SMEs'(1992) '정책학의 주요이론(共)'(1993) '한국정치연구의 대상과 방법(共)'(1993) '행정정보체제론(전정 1판)'(1994) '대통령과 국가정책(共)'(1994) '시민과 국가(共)'(1994) '시민이 열어가는 지식정보사회(共)'(1999) 'Building Effective Evaluation Capacity(共)'(2002) 'International Atlas of Evaluation(共)'(2002) '정부개혁과 정책평가'(2004) '정부업무평가의 새로운 패러다임(共)'(2005) 'From Studies to Stream: Managing Evaluative Systems'(共) '정부개혁과 정책평가'(共) '정부성과 관리와 평가제도(共)'(2006) 'Building an Innovative Infrastructure for the National Evaluation System'(2006) '21세기 한국 행정과 정책의 주요과제(共)'(2008) '신행정정보체제론'(2009) '정책평가론'(2010) '행정정보관리론'(2013) (종)기독교

이윤식(李潤植)

(생)1957·10·14 (주)경상북도 안동시 태사2길 55 경북 안동의료원(054-850-6000) (학)1976년 대륜고졸 1982년 경북대 의대졸 1992년 영남대 대학원 의학석사 1999년 의학박사(영남대) (경)1982~1987년 공군 11전투비행단 의무관·병원장 1990~2015년 왈레스기념 침례병원 기획조정실장·병원장 대행·구조조정본부장·외과부장 1997~1999년 고신대 의학부 외래교수 1997~2002년 미국 머서대 의대 외과 임상부교수 2001년 부산대 의대 외과 외래교수 2010~2011년 영남환자영양지원학회 회장 2012~2013년 부울경환자영양지원학회 회장 2014년 부산외과학회 회장, 대한외과학회 회원(현), 대한대장항문병학회 회원(현) 2015년 경북 안동의료원장(현) 2016년 한국정맥경장영양학회 부회장 2017~2018년 同회장

이윤영(李允永) LEE Yoon Young

(생)1953·2·20 (본)하빈(河濱) (출)서울 (주)대전광역시 대덕구 신일서로68번길 71 대전열병합발전(주) 사장실(042-930-0114) (학)1971년 중동고졸 1978년 한양대 전기학과졸 (경)두산중공업 울진3~6PM장, 同원자력사업관리총괄 상무 2001년 同변화관리담당 전무 2004년 同변화관리총괄 부사장 2004~2005년 同담수BG장(부사장) 2007~2009년 일진다이아몬드(주) 대표이사 사장 2011~2012년 일진전기 대표이사 사장 2013~2016년 강남도시가스 대표이사 사장 2013~2016년 삼척에너지(주) 대표이사 사장 2015년 대전열병합발전(주) 대표이사 사장(현) 2019년 (주)코엔텍 이사(현) (상)산업포장(1998)

이윤영(李允榮) Lee Yun-young

(생)1959·2·8 (주)서울특별시 종로구 사직로8길 60 외교부 인사운영팀(02-2100-7146) (학)1981년 성균관대 경제학과졸 1987년 서울대 대학원 경제학과졸 1990년 영국 런던대 대학원 경제학·유럽정치학과졸 (경)1987년 외무고시 합격(21회) 1987년 외무부 입부 1993년 駐미국 2등서기관 1996년 駐코트디부아르 1등서기관 2001년 대통령비서실 파견 2003년 외교통상부 통상정책기획과장 2004년 同자유무역협정2과장 2004년 同자유무역협정정책과장 2004년 駐유럽연합대표부 참사관 2008년 외교통상부 통상전문관 2009년 同자유무역협정정책국 심의관 2011년 同자유무역협정교섭국장 2012~2015년 駐방글라데시 대사 2015년 새누리당 외교통일수석전문위원 2017년 駐네덜란드 대사(현) 2017년 제23차 화학무기금지협약 당사국총회 의장(현)

이윤우(李閏宇) LEE Yoon Woo

(생)1944·6·12 (출)서울 (주)서울특별시 영등포구 선유로45길 3 대한약품공업(주) 비서실(02-2679-5316) (학)1963년 동성고졸 1967년 성균관대 약학과졸 (경)1967년 약사 1969~1980년 대한약품공업(주) 이사 1980년 同전무이사, 同대표이사 사장, 同대표이사 회장(현) 2006년 ROTC중앙회 부회장 2006·2008년 대한의약품수출입협회 수석부회장 2009년 민주평통 상임위원 2009~2011년 한국의약품수출입협회 회장 2012년 同이사(현) 2011년 한국제약협동조합 이사 (상)재무부장관표창(1988), 제48회 東巖 藥의상 제약부문(2011) (종)천주교

이윤우(李潤又) LEE, Youn Woo

(생)1958·1·15 (주)서울특별시 관악구 관악로 1 서울대학교 공과대학 화학생물공학부(02-880-1883) (학)1976년 제물포고졸 1980년 한양대 화학공학과졸 1982년 同대학원 화학공학과졸 1991년 화학공학박사(미국 랜실레어폴리테크닉대) (경)1991~2004년 한국과학기술연구원 책임연구원

1999~2004년 과학기술부 국가지정 초임계유체연구실장 2000~2004년 한국과학기술연구원 환경복원연구센터장 · 청정기술연구센터장 2003~2006년 한국화재소방학회 편집위원 · 위험물분과위원장 2003~2005년 한국공업화학회 편집위원 2003~2015년 Super Green Conference International Scientific Committee Member 2003년 한국정밀화학공업진흥회 편집위원 2004~2009년 서울대 공과대학 화학생물공학부 부교수 2005~2006년 한국화학공학회 조직이사 · 총무이사 2005년 한국청정기술학회 재무이사 2005~2006년 한국화재소방학회 편집위원 · Fire News 편집장 2005~2018년 한국초임계유체학회 창립총회위원장 · 총무이사 2006년 한국산업기술진흥협회 신기술인정제도(KT마크) 심사위원 2006년 ISHR&ICSTR2006 International Scientific Committee Member 2006년 International Symposium on Supercritical Fluids 회장 2007년 SUPERGREEN2007 회장 2009년 서울대 공과대학 화학생물공학부 교수(현) 2009년 IUPAC Subcommittee on Green Chemistry 한국대표(현) 2009년 R'09 Twin World Congress Honorary Board of Patrons 2009~2010년 Green Technology Innovators Forum Principal Investigator 2009~2010년 교육과학기술부 기획위원 2009년 일본 구마모토대 객원교수(현) 2010년 일본 토호쿠대 WPI-AIMR 객원교수 2010년 Asian-Oceanian Network on Green&Sustainable Chemistry 한국대표 2013~2015년 한국에너지기술기획평가원 산업공정기획민간위원장 2013~2014년 서울대 화학생물공학부 학부장 2013~2014년 同BK21화공인력양성사업단장 2014~2015년 同BK21플러스화공인력양성사업단장 2014년 한국경제신문 다산기술상 심사위원장(현) 2014년 INNOVEOX International Scientific Committee(현) 2014년 한국과학기술총연합회 최고과학기술자 선정위원 2014년 한국공학한림원 정회원(현) 2015년 서울대 공학전문대학원창립준비위원단장

이윤원(李潤源) Lee Yoon Won

(생)1955 · 7 · 3 (출)대구 (주)서울특별시 강남구 삼성로95길 23 남양빌딩 6층 특허법인 프렌즈드림(02-563-4593) (학)1975년 대구 계성고졸 1981년 경북대 고분자공학과졸 (경)1984년 총무처 5급 공채 1985년 상공부 섬유생활공업국 잡화공업과 사무관 1992년 同섬유생활공업국 요업과 사무관 1994년 특허청 심사3국 무기화학심사담당관실 사무관 2002년 同특허심판원 심판관 2003년 同심사3국 유전공학심사담당관 2004년 同기계금속심사국 심사조정과장(서기관) 2004년 同기계금속심사국 심사조정과장(부이사관) 2005년 특허심판원 심판장 2007년 특허청 화학생명공학심사본부장 2008년 특허심판원 제6부 심판장 2008~2012년 프렌즈국제특허법률사무소 대표변리사 2012년 특허법인 프렌즈 대표변리사 2014년 특허법인 프렌즈드림 대표변리사(현), (주)프렌즈기업기술경영 대표이사(현)

이윤재(李允宰) LEE Yoon Chai

(생)1934 · 10 · 9 (출)서울 (주)서울특별시 강남구 논현로 531 (주)피죤 홍보실(02-3451-2014) (학)1953년 서울고졸 1957년 고려대 상대졸 2006년 명예 경영학박사(미국 링컨대) (경)1959~1992년 동안물산 대표이사 1967~1979년 동남합성 대표이사 1976~1977년 대한배드민턴협회 부회장 1978~1992년 (주)피죤 대표이사 1982~1990년 민주평통 자문위원 1992년 (주)피죤 회장(현) 1994년 선일로지스틱 회장 1994년 중국 톈진(天津) 벽진일화유한공사 회장 2006년 중국 톈진(天津) 벽진일용품유한공사 회장 2007년 한남대 명예CEO교수 (상)대통령표창(1994), 대한상공회의소 노사화합부문 상공대상(1995), 고려대 경영대학 올해의 자랑스런 고대인상(2000), 노사문화 우수기업상(2005), 자랑스러운 서울인상(2006), 무역진흥상(2006), 고려대 경제인 대상(2008), 국세청장표창(2009), 한국 최고의 경영자 대상 친환경부문(2009), 2009 글로벌리더상(2009), 올해의 자랑스러운 한국인 대상 녹색성장부문(2010), 한국경제를 빛낸 인물(2016)

이윤재(李潤載) LEE Youn Jae

(생)1945 · 3 · 20 (출)경기 양평 (주)서울특별시 송파구 새말로5길 21 흥아해운(주) 회장실(02-3449-3020) (학)1964년 부산고졸 1969년 성균관대 경영학과졸 1985년 한국외국어대 무역대학원졸 2000년 서울대 최고경영자과정 수료 (경)1970년 흥아해운 입사 1976년 同동경사무소장 1978년 同영업부장 1980년 同이사 1983년 同영업상무 1984년 동보상선 회장 1985년 흥아해운(주) 대표이사 회장(현) 1988년 동보항공 회장 1993년 한국근해수송협의회 회장 1994~2012년 한국선주협회 부회장 1995년 해양소년단연맹 이사 1999년 한국선주상호보험조합 대표이사 2000년 흥사단 도산아카데미 운영이사 2003년 한국해사재단 이사 · 이사장(현) 2008년 在京부산중 · 고총동창회 회장 2013년 국제식물검역인증원 비상임이사(사외이사) 2013 · 2016년 한국선주협회 회장

이윤재(李允宰) Youn Jai Lee

(생)1956 · 12 · 18 (본)전주(全州) (출)충남 (주)서울특별시 동작구 상도로 369 숭실대학교 경제통상대학 경제학과(02-820-0557) (학)1983년 숭실대 경제학과졸 1987년 미국 노던일리노이대 대학원 경제학과졸 1991년 경제학박사(미국 노던일리노이대) (경)1982~1985년 한국개발연구원 연구원 1991년 숭실대 경제학과 교수(현) 1998~1999년 미국 Whitworth College Visiting Scholar 2002~2003년 숭실대 학생생활처장 2006~2007년 미국 일리노이대(UIC) 교환교수 2007~2009년 숭실대 교무처장 2011~2013년 同기획처장 2013~2017년 同경제통상대학장 2013~2016년 (재)중소기업연구원 비상임이사 2013년 한국중소기업학회 회장 2014년 고용노동부 자체평가위원(현) 2014~2016년 신용보증기금 비상임이사 2014~2015년 한국기독교경제학회 회장, 홈&쇼핑(주) 비상임이사 2016~2017년 중소상공인희망재단 이사장 직무대행 2017~2018년 대한체육회 고용 · 능력개발위원회 위원장 2018년 (재)중소상공인희망재단 이사장(현) (저)'Korean SMEs toward New Millennium Status and Prospects(編)'(2000) '성경속의 경제학'(2004, 숭실대 출판부) '사회적기업 경제'(2010) (역)'시사와 함께 하는 거시경제학'(2011, 탑북스) (종)기독교

이윤재(李允在) LEE YUNJAE

(생)1968 · 4 · 16 (본)전주(全州) (출)전북 완주 (주)서울특별시 중구 세종대로 110 서울특별시청 감사위원회(02-2133-3000) (학)1986년 전주해성고졸 1992년 서울대 경영학과졸 1994년 同행정대학원 정책학과 수료 2009년 중국 윈난대 행정대학원 행정학과졸 (경)1994년 행정고시 합격(38회) 1997~1998년 광주지방국세청 남광주세무서 총무과장 1999년 감사원 사무관 2006년 서기관 승진 2011년 감사원 감사교육원 교육운영1과장 2013년 同교육감사단 제1과장 2014년 同특별조사국 조사1과장(부이사관) 2015년 同행정안전감사국 제1과장 2017년 同전략감사단 제1과장 2019년 同산업 · 금융감사국 제1과장 2019년 서울시 감사위원장(현)

이윤제(李潤濟) Lee Yun Je

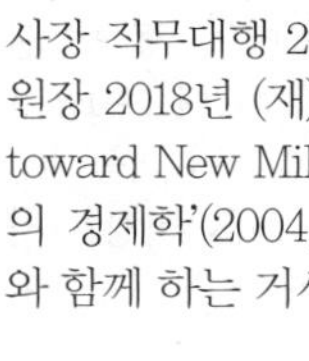

(생)1969 · 4 · 9 (출)충북 진천 (주)서울특별시 종로구 사직로8길 60 외교부 인사운영팀(02-2100-7139) (학)1988년 대일고졸 2000년 서울대 공법학과졸 2012년 아주대 대학원 법학과졸 2016년 법학박사(서울대) (경)1996년 사법시험 합격(38회) 2000년 사법연수원 수료(29기) 2000년 수원지검 검사 2002년 전주지검 군산지청 검사 2004년 청주지검 검사 2005~2006년 미국 Univ. of San Diego 방문학자 2007년 법무부 법무실 국제법무과 검사 2007~2013년 아주대 법학과 · 법학전문대학원 부교수 2013~2018년 同법학전문대학원 교수 2010~2011년 네덜란드 헤이그소재 유엔 구유고전범재판소 상소심 재판연구관

2014~2015년 공정거래위원회 민간심사위원 2014~2015년 미국 Univ. of Texas at Austin 방문학자(Fulbrighter) 2017~2018년 법무부 법무·검찰개혁위원회 위원 2017~2018년 강원랜드 사외이사 2018년 駐몬트리올 총영사 겸 駐국제민간항공기구 대사(현)

이윤종(李胤鍾) LEE Yoon Jong

(생)1961·9·22 (출)경남 삼천포 (주)서울특별시 강남구 테헤란로 145 (주)뉴트리바이오텍(02-3474-8527) (학)1979년 부산남고졸 1984년 서울대 경영학과졸 1993년 同대학원졸, 경영학박사(동국대) (경)1987년 세동회계법인 공인회계사 1990년 고합기획조정실 과장 1992년 고합물산 해외영업본부 과장 1993년 고합뉴욕생명 기획실장 1997년 同이사대우 1997년 고합 전략경영본부 이사대우 1997년 독일 EMTEC Magnetics GmbH 매니징디렉터(CFO) 1999년 고합 경영개선본부 재무회계담당 이사 1999년 同원가회계팀장(이사) 2000년 리젠트화재보험 부사장 2001년 리젠트증권 부사장 2002년 브릿지증권 공동대표이사 부사장 2003년 同부사장 2006년 아주그룹 코퍼레이트센터실장(전무) 2007년 同코퍼레이트센터실장(부사장) 2009년 대우캐피탈(주) 기획관리총괄 부사장 2009~2017년 아주캐피탈 대표이사 사장 2018년 (주)뉴트리바이오텍 대표이사 사장(현) (상)글로벌품질경영인대상(2015)

이윤종(李潤鐘) LEE Yoon Jong

(생)1961·10·9 (출)서울 (주)서울특별시 강남구 테헤란로 432 (주)DB하이텍 기술개발실(02-3484-2888) (학)1980년 대성고졸 1984년 서울대 전자공학과졸 1986년 한국과학기술원(KAIST) 전기 및 전자공학과졸(석사) 1994년 전기 및 전자공학박사(한국과학기술원) (경)1997년 현대전자(주) 메모리개발연구소 소자실장 2001년 아남반도체 소자 및 종합공정팀장 2004~2005년 동부아남반도체 품질부문장(상무) 2005년 정보통신연구진흥원 IT SoC·부품소재담당 PM(전문위원) 2008년 (주)동부하이텍 공정개발담당 상무 2011년 同MF사업부장 2012년 同품질경영실장 2014년 同공정개발실장(전무) 2015년 同기술개발실장(부사장) 2017년 (주)DB하이텍 기술개발실장(부사장)(현)

이윤직(李允稙) Lee Yoon Jik

(생)1963·9·20 (출)경북 안동 (주)대구광역시 달서구 장산남로 30 대구가정법원(053-570-1500) (학)1982년 대구 오성고졸 1986년 성균관대 법학과졸 1988년 同대학원 법학과졸 (경)1988년 사법시험 합격(30회) 1991년 사법연수원 수료(20기) 1994년 대구지법 판사 1997년 同경주지원 판사 1999년 대구지법 판사 2000년 同영천시법원 판사 2003년 대구고법 판사 2005년 대구지법 판사 2006년 同포항지원 부장판사 2007년 대법원 연구법관 2007년 창원지법 부장판사 2008년 대구지법 부장판사 2012년 同경주지원장 겸 대구가정법원 경주지원장 2012년 경주시선거관리위원회 위원장 겸임 2014년 대구지법 부장판사 2017~2018년 부산지법 부장판사 2019년 대구가정법원장(현)

이윤철(李允喆) LEE Yoon Cheol

(생)1964·3·24 (본)전주(全州) (출)부산 (주)경기도 고양시 덕양구 항공대학로 76 한국항공대학교 경영학과(02-300-0099) (학)1986년 서울대 경영학과졸 1988년 同경영대학원졸 1995년 경영학박사(서울대) (경)1988~1992년 국제기업전략연구소 선임연구원 1990~1992년 서울대·인하대 경영대학 시간강사 1992년 서울대 경영대학 조교 1993~1995년 일본 히토츠바시대 산업경영연구소 객원연구원 1995~1996년 산업정책연구원 연구위원 1995~1997년 서울대 경영대학 시간강사 1996년 산업정책연구원 이사 1996~2002년 한국항공대 경영학과 전임강사·조교수 2002년 同경영학과 부교수·교수(현) 2004년 同경영연구소장 2006~2011년 산업정책연구원 대표이사 원장 2011년 同부이사장 2011~2012년 한국전략경영학회 회장 2012년 한국전문경영인학회 부회장·상임이사 2012~2017년 산업정책연구원 이사장 2014년 한국항공대 입학처장 2017년 현대백화점 사외이사(현) 2018년 한국항공대 기획처장(현) (상)한국항공대 교원연구업적우수상(2004)

이윤태(李潤泰) LEE Youn Tae

(생)1960·6·28 (본)전주(全州) (출)경남 진주 (주)서울특별시 중구 퇴계로 173 남산스퀘어빌딩 21층 사회보장정보원(02-6360-4600) (학)1987년 경상대 경영학과졸 1990년 同경영행정대학원 경영학과졸 1999년 경영학박사(경희대) (경)1993~1999년 한국보건의료관리연구원 수석연구원 1999년 한국보건산업진흥원 수석연구원, 同보건의료사업단 의료산업경영팀장 2008년 同산업지원본부 의료산업팀장 2009년 同의료서비스산업단 의료산업팀장 2012년 同보건산업정책본부 의료산업정책단 의료정책팀장 2014년 同전략조정실장 2015~2017년 건강보험심사평가원 심사평가연구소장 2015~2017년 사회보장위원회 기획전문위원 2017년 한국보건행정학회 정책이사 2017년 한국보건산업진흥원 미래정책지원본부장(전문위원) 2017~2018년 4차산업혁명위원회 산하 헬스케어특별위원회 위원 2019년 사회보장정보원 사회보장정보연구소장(현) (상)대통령표창(2007) (저)'보건의료통계'(2006) (종)불교

이윤태(李潤泰) LEE Yun Tae

(생)1960·7·19 (주)경기도 수원시 영통구 매영로 150 삼성전기(주)(031-210-5114) (학)1978년 포항고졸 1981년 서울대 전기공학과졸 1983년 한국과학기술원(KAIST) 전기및전자공학과졸(석사) 1987년 전기및전자공학박사(한국과학기술원) (경)2001년 삼성전자(주) SOC기개발2팀 연구위원(상무보), 同Mobile Solution P/J장(연구위원·상무보), 同SOC개발실 연구위원(상무보), 同SOC연구소 연구위원(상무보) 2004년 同SOC연구소 연구위원(상무), 同시스템LSI사업부 상품기획팀 연구위원(상무) 2008년 同반도체총괄 시스템LSI사업부 상품기획팀장(전무), 同이미지개발팀장(전무) 2011년 同LCD사업부 개발실장(전무) 2011년 同LCD사업부 개발실장(부사장) 2012~2014년 삼성디스플레이 LCD사업부 개발실장(부사장) 2014년 삼성전기(주) 대표이사 사장(현) 2018년 한국공학한림원 정회원(전기전자정보공학·현) (상)한국과학기술원(KAIST) 최고박사논문상(1994), 삼성전자 협력 CES 최고 혁신상(2014), CDP 한국위원회 탄소경영 우수기업(2015), 한국기업지배구조원 ESG 우수기업 선정(2016)

이윤표 Yoon Pyo Lee

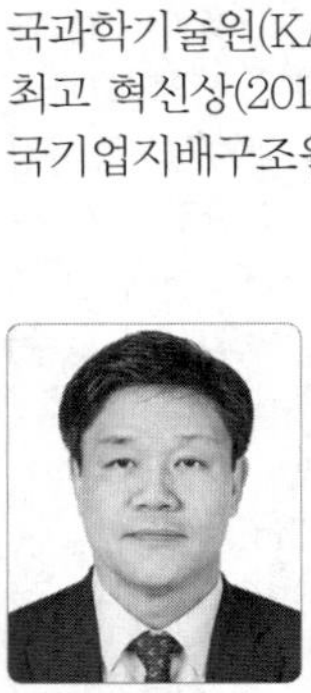

(생)1965·2·27 (주)서울특별시 종로구 새문안로 68 흥국생명빌딩 22층 모건스탠리(02-399-4848) (학)고려대 경영학과졸, 同대학원 경영학과졸, 同대학원 경영학 박사과정 수료 (경)1995~2001년 삼정KPMG 기업금융디렉터 2001~2006년 EY한영(Ernst&Young) 재무자문 디렉터 2006~2008년 맥쿼리그룹(Macquarie Group) 투자디렉터 2008년 국민연금공단 기금운용본부 해외대체팀장 2011년 同기금운용본부 해외대체실장 2013~2016년 同기금운용본부 운용전략실장 2016~2019년 트러스톤자산운용(주) 대표이사 부사장 2019년 모건스탠리(Morgan Stanley) 투자운용사업부문(Morgan Stanley Investment Management, MSIM) 한국본부장(현)

이윤하(李允河) LEE Youn Hah

(생)1958·10·13 (출)제주 (주)서울특별시 강남구 테헤란로 218 하나제약(주)(02-577-7667) (학)1985년 서울대 약대졸 1993년 생화학박사(미국 캔자스대) (경)CJ(주) 약리분석연구팀 수석연구원, 同R&D전략파트장, 同제약개발팀장(상무대우) 2004년 同제약연구소 R&D담당 겸 제약개발팀장

(상무) 2005년 한미약품 개발담당 상무이사 2007~2008년 수도약품공업(주) 대표이사 사장 2007~2011년 우리들제약 대표이사 사장 2011년 종근당 개발본부장 2014~2015년 (주)서울제약 대표이사 사장 2018년 하나제약(주) 대표이사 사장(현)

이윤학(李胤學)

(생)1965·11·28 (주)서울특별시 영등포구 국제금융로2길 28 BNK자산운용 비서실(02-6910-1111) (학)1984년 부산대 무역학과졸 1993년 同경영대학원 경영학과졸 2004년 경영학박사(명지대) (경)1991년 부국증권 투자분석팀 근무 1999년 제일투신 투자분석팀 근무 2000년 퓨젠홀딩스 대표 2001년 LG투자증권 리서치센터 연구위원, 우리투자증권 애널리스트 2009년 同신사업전략부장 2012년 同대안상품부장 2015~2017년 NH투자증권 100세시대연구소장 2017년 BNK자산운용 대표이사 사장(CEO)(현)

이윤호(李潤鎬) LEE Yoon Ho

(생)1948·10·21 (본)경주(慶州) (주)서울특별시 강남구 언주로 725 보전빌딩 12층 (주)솔트커뮤니케이션즈(02-3442-7211) (학)서울대 천연섬유학과졸, 同대학원 신문학과졸 (경)오리콤 본부장·이사, (주)솔트커뮤니케이션즈 대표이사(현)

이윤호(李允鎬) LEE Yoon Ho

(생)1950·10·6 (본)고성(固城) (출)서울 (주)서울특별시 종로구 창경궁로 136 보령빌딩 10층 소년한국일보(02-724-2807) (학)1982년 성균관대 경영대학원졸 (경)1975년 한국일보 광고국 근무 1982년 同광고국 과장 1986년 同차장대우 1988년 同차장 1988년 서울경제신문 광고국 3부장 직대 1990년 同영업2부장·영업3부장 1995년 한국일보 광고국 부국장 1999년 同광고국 국차장 1999년 同광고국장 직대 2000~2001년 코리아타임스 광고국장 2002년 소년한국일보 영업국장 2004년 한국일보 광고본부장(이사대우) 2006~2015년 소년한국일보 마케팅본부장(이사대우) 2015년 同이사 2016년 同대표이사 사장 2017년 同이사(현)

이윤호(李胤浩) Youn-Ho LEE

(생)1962·9·15 (본)전의(全義) (출)강원 홍천 (주)부산광역시 영도구 해양로 385 한국해양과학기술원 해양생태연구센터(051-664-3020) (학)1985년 서울대 해양학과졸 1987년 同대학원 해양학과졸 1994년 이학박사(미국 캘리포니아대 샌디에이고교) (경)1994~1997년 미국 캘리포니아공대(California Institute of Technology) Research Fellow 1997~1998년 同Senior Research Fellow 1998년 한국해양연구원 선임연구원 2004년 同해양생물자원연구부 책임연구원 2005년 과학기술연합대학원대 해양생물학과 교수(현) 2007~2008년 대통령자문 국가과학기술자문회의 기초연구팀장 2008~2012년 교육과학기술부 기초연구사업추진위원회 전문위원 2010~2013년 국가과학기술위원회 거대공공기술전문위원 2010~2013년 국토해양부 국토해양미래기술전문위원 2011~2012년 한국해양연구원 연구전략본부장 2012년 유네스코 정부간해양학위원회(IOC) 서태평양지역위원회(WESTPAC) 부의장 2012년 한국해양과학기술원 해양생태계연구부 책임연구원, 同전략개발실장(책임연구원) 2012년 한국해양학위원회 소위원장·위촉위원, 同부위원장(현) 2013년 해양수산부 해양수산미래기술위원 2014년 세계해양포럼 기획위원 2018년 한국해양과학기술원 해양생태연구센터 책임연구원(현) 2018년 국가지속가능발전위원회 위원(현) (상)부총리 겸 과학기술부장관표창(2007), 대통령표창(2012), 정부간해양학위원회 우수과학자상(2017) (저)'해양과학용어사전'(2005) '해양환경공학'(2008) (역)'진화학'(2004) (종)기독교

이윤호(李潤鎬)

(생)1967·3·5 (출)경북 칠곡 (주)대구광역시 수성구 동대구로 364 대구지방법원(053-757-6600) (학)1986년 대구 달성고졸 1990년 서울대 공법학과졸 (경)1997년 사법시험 합격(39회) 2000년 사법연수원 수료(29기) 2000·2005·2014년 부산지법 판사 2003년 同동부지원 판사 2008년 同가정지원 판사 2009년 부산고법 판사 2012년 창원지법 통영지원 판사 2015년 대전지법 부장판사 2017년 대구지법 부장판사(현)

이윤화(李潤和) LEE Yun Hwa

(생)1953·5·7 (본)연안(延安) (출)경북 군위 (주)경상북도 안동시 경동로 1375 안동대학교 사학과(054-820-6613) (학)1970년 경북 군위고졸 1974년 경북대 역사교육과졸 1976년 同대학원졸 1991년 문학박사(대만 중국문화대) (경)1980~1991년 안동대 사학과 전임강사·조교수·부교수 1991~2018년 同사학과 교수 1991년 同퇴계학연구소장 1993년 중국사회과학원 역사연구소 객원연구원 1995년 안동대 기획연구실장 1997년 중국 華東사범대 해외중국학연구중심 객좌교수 1998년 안동대 교무처장 2012년 同공자학원장 2013년 同박물관장 겸 역동서원 원감 2015~2017년 同대학원장 2016년 중국 공자연구원 니산학자(유학연구 석좌초빙교수)(현) 2016년 중국 공자연구원부설 해외유학연구전파센터 주임(현) 2016년 중국 산동성도서관 니산서원 특별초빙이사(현) 2017년 한국선비문화수련원 원장(현) 2017년 중국 곡부사범대학 강좌교수(현) 2018년 안동대 인문대학 사학과 명예교수(현) (상)중국 부총리표창(2015) (저)'中韓근대사학비교연구' (역)'宋季之明理學通錄'(共) '사통통석(전4권)' '논어전해' '공자가어통해(전2권)'

이윤희(李潤姬·女)

(생)1974·12·22 (주)세종특별자치시 한누리대로 2120 세종특별자치시의회(044-300-7000) (학)보건학박사(건양대) (경)소담유치원 운영위원장, 대전보건대 겸임교수 2018년 세종특별자치시의회 의원(더불어민주당)(현) 2018년 同의회운영위원회·행정복지위원회 부위원장(현)

이율범(李律範) LEE Ryul Beom

(생)1969·5·23 (출)충남 천안 (주)세종특별자치시 도움6로 11 환경부 환경경제정책관실 환경산업경제과(044-201-6701) (학)1988년 숭실고졸 1996년 서울시립대 환경공학과졸 (경)1997년 총무처 5급 공채 2000년 영산강환경관리청·전주지방환경관리청 측정분석과장(사무관) 2006년 환경부 혁신인사기획실 서기관 2007년 同환경정책실 화학물질안전과장 2007년 국외훈련(서기관) 2010년 환경부 장관비서관 2011년 同기획조정실 정보화담당관 2012년 同환경보건정책관실 화학물질과장 2012년 同온실가스종합정보센터 정보관리팀장 2013년 인천시 환경협력관 2014년 환경부 생물다양성협약당사국총회준비기획단 팀장 2017년 同물환경정책국 유역총량과장 2017년 同화학물질안전원 사고대응총괄과장 2018년 同화학물질안전원 기획운영과장 2018년 同환경경제정책관실 환경산업경제과장(현) 2019년 同환경경제정책관 직대(부이사관) 겸임

이융조(李隆助) Yung-jo LEE (大湖)

(생)1941·9·10 (출)충남 서산 (주)충청북도 청주시 상당구 용암북로120번길 25 (재)한국선사문화연구원(043-264-4190) (학)1963년 연세대 사학과졸 1967년 同대학원 사학과졸 1984년 문학박사(연세대) 2004년 고고학박사(러시아 크라스노야르스크 국립사범대) 2006년 명예 이학박사(중국과학원 고척추동물여고인류연구소) (경)1965년 연세대박물관 연구원 1972년 同수석연구원 1976~1988년 충북대 고고미술사학과 전임강사·조교수·부교수 1981년 미국 일리노이대 초빙교수 1983~1989년 충

북대 박물관장 1983~1987년 문화공보부 고고유물감정위원 1983년 충주댐수몰지구 문화유적발굴조사단장 1985년 중부고속도로 문화유적조사단장 1987년 국립대박물관장협의회 회장 1987년 중등학교국사교과서 편찬심의위원 1988~2007년 충북대 고고미술사학과 교수 1988년 세계박물관협의회 한국위원회 집행위원 1991년 서울외곽도로문화유적조사단 단장 1991년 충북대 문화유적조사단장 1991년 同선사문화연구소장 1992년 한국고대학회 회장 1995년 충북대 박물관장 1996~1999년 한국대학박물관협회 회장 1996년 '1997 문화유산의 해' 조직위원 1998~2002년 한국박물관학회 회장 1999년 한국고대학회 회장 1999년 국제기념물 및 유적협의회(ICOMOS) 한국위원회 부회장·회장 2000년 호서고고학회 회장 2001~2002년 한국구석기학회 회장 2003년 미국 캘리포니아대 산타바바라캠퍼스 인류학과 초빙교수 2005~2007년 충북대 박물관장 2005~2010년 (재)한국선사문화연구원 원장 2007년 충북대 고고미술사학과 명예교수(현) 2007~2010년 한국전통문화학교 초빙교수 2010~2011년 아시아구석기학회 회장 2010년 (재)한국선사문화연구원 이사장(현) 2012년 아시아구석기학회 명예회장(현) [상]충북도 문화상, 충북대 학술상, 무악실학상, 근정포장(2007), 자랑스런 박물관인상 원로부문(2010), 제35회 외솔상 문화부문(2013), 옥관문화훈장(2015), 용재학술상(2016) [저]'대청댐 수몰지구 유적발굴보고서' '한국선사문화의 연구' '청원 두루봉동굴 제2굴 구석기문화 중간보고서' '한국의 선사문화—그분석연구' '우리의 선사문화 1' '청원군 평리 청동기유적' '평라리 선사유적' 등

이 은(李 檼) LEE Eun

[생]1946·8·20 [본]영천(永川) [출]서울 [주]서울특별시 관악구 관악로 1 서울대학교 화학부(02-880-6664) [학]1965년 경기고졸 1969년 서울대 화학과졸 1974년 철학박사(미국 예일대) [경]1974년 미국 컬럼비아대 연구원 1975년 미국 조에콘(주) 연구원 1977~1987년 서울대 자연과학대학 화학과 조교수·부교수 1985년 영국 옥스포드대 유기화학과 방문교수 1987~2011년 서울대 화학부 교수 1996~1998년 同화학과장 1996년 대한화학회 간사장 2006년 同회장 2010년 대한민국학술원 회원(유기화학·현) 2011년 서울대 화학부 명예교수(현) 2011~2014년 한양대 화학과 석좌교수 [상]대한화학회 학술상(1995), 한국과학상(1998), 옥조근정훈장(2011)

이 은(李 恩) LEE Eun

[생]1961·7·10 [출]서울 [주]서울특별시 종로구 필운대로 13-4 명필름 대표이사실(02-2193-2000) [학]1989년 중앙대 영화학과졸, 同대학원 첨단영상학과졸 [경]영화감독(현) 1995년 (주)명필름 대표이사(현) 1997년 '해가 서쪽에서 뜬다면' 감독, 영화진흥위원회 위원, 영화인회의 기획위원장 2004년 (주)MK버팔로 각자대표이사 2005년 (주)MK픽쳐스 대표이사 2011년 DMZ국제다큐멘터리영화제 집행위원 2013년 한국영화제작가협회 회장(현)

이 은(李 誾) LEE Eun

[생]1964·2·28 [본]성주(星州) [출]경남 남해 [주]서울특별시 중구 세종대로 92 한화금융센터 한화토탈 20층 경영지원실(02-3415-9234) [학]1982년 혜광고졸 1983년 육군사관학교 중퇴 1988년 연세대 법학과졸 2016년 同경영전문대학원졸(MBA) [경]1990~1999년 한화L&C(주) 근무 1999년 한화케미칼(주) 근무 1999~2009년 여천NCC 인사총무팀 부장 2009년 한화케미칼(주) 법무팀 부장 2009년 제일화재해상보험(주) 경영관리담당 2010년 한화손해보험 경영지원실장 2013년 同자동차보험부문장 2014년 同경영지원실장 2015년 한화토탈 인사담당 상무 2016년 충남지방노동위원회 사용자위원 2016년 서산복지재단 이사 2017년 한화토탈 경영지원실장(전무)(현) 2019년 중앙노동위원회 사용자위원(현) [종]불교

이은강(李殷彊)

[생]1970·10·22 [출]광주 [주]서울특별시 도봉구 마들로 747 서울북부지방검찰청 형사3부(02-3399-4307) [학]1989년 광주 광덕고졸 1994년 고려대 동양사학과졸 [경]1998년 사법시험 합격(40회) 2001년 사법연수원 수료(30기) 2001년 변호사 개업 2003년 대한법률구조공단 변호사 2006년 의정부지검 검사 2008년 광주지검 순천지청 검사 2010년 광주지검 검사 2012년 서울중앙지검 검사 2015년 수원지검 부부장검사 2016년 광주지검 목포지청 부장검사 2017년 수원지검 공판송무부장 2018년 창원지검 형사2부장 2019년 서울북부지검 형사3부장(현)

이은경(李恩庚·女) LEE Eun Kyoung

[생]1964·10·15 [출]서울 [주]서울특별시 서초구 남부순환로333길 20 산지빌딩 2층 법무법인 산지(02-2055-3300) [학]1983년 숭의여고졸 1987년 고려대 법과대학졸 2008년 同법무대학원 국제거래법학과졸 [경]1988년 사법시험 합격(30회) 1991년 사법연수원 수료(20기) 1991~1998년 서울지법 남부지원·서울중앙지법·전주지법 판사 1997년 무주·진안·장수군선거관리위원회 위원장 1998~2002년 서울지법·서울지법 동부지원 판사 2002년 변호사 개업 2002~2008년 서울동부지법 민사조정위원 2003~2004년 사법연수원 외래교수 2004년 법무부 국가배상심의위원회 심의위원 2004년 서울동부범죄피해자지원센터 감사 2005~2007년 서울교육재정계획심의위원회 위원 2005~2006년 미국 버팔로 뉴욕주립대 방문교수(Visiting Scholar) 2007년 서울지방변호사회 법제위원장 2007년 법무법인 산지 대표변호사(현) 2007년 한나라당 대통령후보자 선거관리위원회 위원 2007·2013년 同재보궐선거 중앙당 공천심사위원회 위원 2007~2014년 KBS 자문변호사 2007년 (사)들꽃청소년세상 이사(현) 2008년 법무부 범죄피해자보호위원회 위원(현) 2009~2012년 대한변호사협회 대의원 2009년 서울동부범죄피해자지원센터 이사(현) 2009년 경찰청 인권보호위원회 위원 2012년 한국여성정책연구원 감사 2013년 대통령비서실 행정심판위원회 위원 2014년 새누리당 지방선거공천관리위원회 위원 2014~2015년 同기획위원회 위원 2014년 언론중재위원회 선거기사심의위원회 위원 2014년 대한변호사협회 이사 2014~2015년 방송통신심의위원회 통신특별위원회 위원 2014~2016년 한국여성변호사회 수석부회장 2015~2018년 국가인권위원회 비상임위원 2015년 무역위원회 위원(현) 2016~2018년 한국여성변호사회 회장 2016년 대한변호사협회 부회장(현) 2016~2017년 국세청 국세행정개혁위원회 위원 2016년 일본군위안부피해자지원을위한재단설립준비위원회 위원 2016~2017년 (재)화해·치유재단 이사 [상]서울지방변호사회 공로상(2008), 고려대 법무대학원장표창(2008), 국무총리표창(2015) [종]기독교

이은권(李殷權) Lee Eun Kwon

[생]1958·11·5 [출]충남 공주 [주]서울특별시 영등포구 의사당대로 1 국회 의원회관 538호(02-784-3457) [학]1977년 서대전고졸 1982년 단국대 토목공학과졸 2009년 同행정법무대학원 행정학과졸 [경]강창희 국회의원 보좌관, 한나라당 대전시중구지구당 사무국장, 同대전중구당원협의회 운영위원장, 同중앙당 지방자치위원회 부위원장 2006~2010년 대전시 중구청장(한나라당) 2010년 대전시 중구청장선거 출마(한나라당) 2014·2016~2017년 새누리당 대전시중구당원협의회 운영위원장 2014년 대전시 중구청장선거 출마(새누리당) 2016년 제20대 국회의원(대전시 중구, 새누리당·자유한국당〈2017.2〉)(현) 2016~2017년 국회 미래창조과학방송통신위원회 위원 2016년 국회 예산결산특별위원회 위원 2016~2017년 새누리당 대전시당 위원장 2017년 자유한국당 대전시중구당원협의회 운영위원장(현) 2017~2018년 同대전시당 위원장 2017~2018년 국회 과학기술정보방송통신위원회 위원 2017~2018년 국회 운영위원회 위원 2018

년 자유한국당 대전시당 공천관리위원회 위원장 2018년 국회 국토교통위원회 위원(현) 2018년 자유한국당 원내부대표(현) 2019년 同인권위원회 위원장(현) 2019년 同조직강화특별위원회 위원(현) (상)칭찬합시다 운동중앙회 칭찬주인공상(2010)

이은규(李隱揆)

(생)1967 (출)전북 정읍 (주)서울특별시 종로구 종로5길 86 서울지방국세청 조사4국 조사3과(02-2114-4298) (학)전라고졸, 세무대학졸(7기), 한국방송통신대졸 (경)1989년 국세공무원 임용(8급 특채), 국세청 조사국 조사1과 근무, 서울지방국세청 조사1국 1과 근무, 국세청 조사국 조사기획과 근무 2009년 강원 홍천세무서 세원관리과장 2011년 서울지방국세청 조사4국 1과 근무 2016년 국세청 역외탈세정보담당관실 2계장 2016년 서기관 승진 2017년 강원 강릉세무서장 2019년 서울지방국세청 조사4국 조사3과장(현)

이은기(李殷起) LEE Eun Kee

(생)1954 · 10 · 1 (출)충남 공주 (주)서울특별시 마포구 백범로 35 서강대학교 법학과(02-705-7842) (학)1973년 서울고졸 1977년 동국대 법학과졸 1984년 서울대 법학대학원 법학과졸 1995년 법학박사(서울대) (경)1986년 사법시험 합격(28회) 1989년 사법연수원 수료(18기) 1989~2000년 변호사 개업 1999~2002년 숙명여대 법학부 겸임교수 1999년 경제정의실천시민연합 감사 2000~2007년 법무법인 새시대 대표변호사 2006년 서강대 법학과 부교수 2006~2007년 한국공법학회 부회장 2007~2008년 환경법학회및지방자치법학회 부회장 2009년 법조윤리협의회 위원 2011년 서강대 법학과 교수(현) 2011년 同공공정책대학원 환경정책학과장 2012~2013년 미국 버클리대 로스쿨 Visiting Scholar 2013년 한국환경법학회 회장

이은방(李殷邦) Eun Bang Lee (清洋)

(생)1962 · 2 · 11 (본)전주(全州) (출)충남 (주)부산광역시 영도구 태종로 727 한국해양대학교 해양경찰학과(051-410-4236) (학)1981년 수성고졸 1985년 한국해양대 항해학과졸 1988년 同대학원졸 1995년 공학박사(일본 도쿄공대) (경)1986년 동진상운(주) 항해사 1987년 한국해양대 실습선 교관 1991~1992년 일본 도쿄공대 정밀공학연구소 연구원 1995년 한국해양대 전임강사 1997년 同해양경찰학과 조교수 · 부교수 · 교수(현) 2002년 미국 United States Coast Guard Academy 교환교수 2003~2006년 한국해양대 해양경찰학과장 2005~2007년 同승선생활관장 2010년 해양경찰청 자체규제심사위원회 위원장 2011년 同자체평가위원 2013년 해양환경안전학회 부회장 겸 상임이사 2014년 한국해양대 해양경찰학과장 2014~2016년 同해사대학장 2014년 국민안전처 규제개혁위원 2015년 同정책자문위원 2017년 (사)해양환경안전학회 회장(현) 2018년 해양수산부 중앙도선운영협의회 전문위원(현) 2018년 해양경찰청 정책자문분과 위원장(현) (상)문교부장관표창(1985) (저)'해양경찰학개론'(2002) '최신전파전자항해학'(2009) '해양경찰학'(2011) '항해기기론'(2012) '해양안전시스템'(2012) (역)'해상 비상상황과 대비대응'(2016) (종)기독교

이은백(李銀柏) Yi Eun Baik

(생)1973 · 8 · 13 (주)서울특별시 영등포구 국제금융로6길 42 (주)삼천리(02-368-3300) (학)2002년 미국 페퍼다인대 경영학과졸 2003년 同경영대학원졸(MBA) (경)2004년 (주)삼천리 기획본부 부장 2006년 同해외담당 이사, 同사업개발본부 부본부장(이사) 2009년 同전략기획실 부실장(상무) 2011년 同경영지원본부 해외사업담당 전무 2015년 同미주본부장(부사장)(현)

이은봉(李殷鳳) Lee Eun-Bong (杜谷 · 各自 · 長山)

(생)1953 · 5 · 24 (본)전주(全州) (출)충남 공주 (주)광주광역시 남구 효덕로 277 광주대학교 인문사회대학 문예창작과(062-670-2331) (학)1972년 대전 보문고졸 1978년 숭전대(現 한남대) 국어국문학과졸 1981년 숭실대 대학원 국어국문학과졸 1992년 문학박사(숭실대) (경)시인(현), 문학평론가(현) 1981~1995년 한남대 · 목원대 · 감리교신학대 · 침례신학대 · 숭실대 · 대전대 · 숭의여전 강사 1983년 '삶의문학' 편집인 1984년 자유실천문인협의회 연구조사분과 간사 1985년 동녘출판사 편집위원 1987년 민족문학작가회의 이사 · 감사 1993년 '시와사회' 편집인 1994년 도서출판 '새미' · '국학자료원' 편집위원 1995~2018년 광주대 문예창작과 교수 1999년 한국근대문학회 감사 2006년 '시와사람' 주간 2008년 '불교문예' 주간 2008년 문예창작학회 부회장, 同평의원(현) 2008년 한국현대문예비평학회 부회장 2009~2012년 '시와시' 주간 2010~2014년 한국작가회의 부이사장 2011~2012년 同사무총장, 同자문위원(현) 2011~2014년 실천문학사 이사 2011~2014년 창공클럽 회장 2011~2015년 신동엽학회 회장 2011~2013년 정의평화불교연대 공동대표 2013년 同고문(현) 2017~2019년 대전문학관 자문위원 2017년 충남시인협회 회장(현) 2017년 세종마루시낭독회 회장(현) 2017년 세종인문학연구소 소장(현) 2018년 광주대 문예창작과 명예교수(현) 2019년 예술인복지재단 이사(현) 2019년 세종특별자치시 문화예술진흥위원회 위원(현) 2019년 대전문학관 관장(현) (상)한성기문학상 시부문(2005), 유심작품상 시부문(2006), 한남문인상 시부문(2006), 충남시인협회상(2011), 가톨릭문학상 시부문(2012), 질마재문학상(2014), 송수권문학상(2016), 시와시학상(2016), 한남대 자랑스러운 한남인상(2017) (저)평론집 및 연구서 '한국 현대시의 현실인식'(1993), '송강문학연구(共)'(1993), '시와 리얼리즘'(1993), '실사구시의 시학'(1994), '진실의 시학'(1998), '시와 생태적 상상력'(2000), '시와 리얼리즘 논쟁'(2001), '한국 현대시 대표 선집'(2003), '시창작이란 무엇인가(共)'(2003), '이성부 산행시의 시계(共)'(2003), '화두 또는 호기심'(2005), '고향과 한의 미학-문순태의 소설 세계(共)'(2005), '홍희표 시 다시 읽기2(共)'(2008), '홍희표 시인 연구(共)'(2011), '증보판-화두 또는 호기심'(2015), '시와 깨달음의 형식'(2018) 시집 '좋은세상'(1986), '봄 여름 가을 겨울'(1989), '절망은 어깨동무를 하고'(1994), '무엇이 너를 키우니'(1996), '내 몸에는 달이 살고 있다'(2002), '길은 당나귀를 타고'(2005), '책바위'(2008), '첫눈아침'(2010), '걸레옷을 입은 구름'(2012), '봄바람. 은여우'(2016), '분청사기 파편들에 대한 단상'(2017), 시선집 '알뿌리를 키우며'(2007), '달과 돌'(2016), '초식동물의 피'(2018) (종)가톨릭

이은석(李殷錫) LEE EUN-SEOK

(생)1960 · 8 · 23 (주)전라남도 광양시 제철로 2148-139 (주)에스엔엔씨 사장실(061-797-9114) (학)1978년 충주고졸 1986년 충북대 금속과졸 (경)1986년 포항종합제철(주) 입사 2000년 同STS생산부 제강기술개발그룹 리더 2002년 (주)포스코 STS생산부 제강기술개발그룹 리더 2005년 同STS생산부 1제강공장장 2011년 同STS제강부장 2014년 同STS담당 부소장(상무) 2018년 同STS담당 부소장(전무) 2019년 (주)에스엔엔씨 대표이사 사장(현)

이은수(李恩守 · 女) Lee Eun Soo

(생)1965 · 12 · 7 (출)경북 구미 (주)서울특별시 강남구 테헤란로92길 7 법무법인 바른(02-3479-2385) (학)1984년 경북 오상고졸 1989년 경북대 법대 사법학과졸 2015년 고려대 법무대학원 지적재산권법학과졸 (경)1989년 한국개발연구원(KDI) 총무과 근무 1990년 군법무관임용시험 합격(9회) 1991년 軍법무관(여성 최초) 1993년 제11군단 검찰관 1995년 제36사단 법무참모 1996년 육군종합행정학교 교관 1998년 국방부 법

제과 국제사법담당 2002년 육군본부 법무실 송무계획장교 2005년 육군 보통군사법원장(중령)·육군 제2작전사령부 법무참모(대령) 2009년 육군본부 법무실 고등검찰부장 2011년 同병무병과장(준장) 2012~2014년 국방부 고등군사법원장 2015년 법무법인 바른 변호사(현)

이은숙(李銀淑·女) Lee Eun Sook

(생)1962·2·27 (출)경남 함안 (주)경기도 고양시 일산동구 일산로 323 국립암센터(031-920-1931) (학)마산여고졸 1986년 고려대 의대졸 1990년 同대학원 의학석사 1993년 의학박사(고려대) (경)1986~1991년 고려대부속 혜화병원 인턴·레지던트 1991~1993년 同안암병원 임상강사 1994년 미국 M.D. Anderson Cancer Center Post-doctoral Fellow 1995~2000년 고려대 의대 외과학교실 전임강사·조교수 1998~2000년 미국 R. Lurie Cancer Center of Northwestern Univ. 교환조교수 2000~2006년 국립암센터 유방암센터장 2001년 同유방내분비암연구과장 2003년 미국암학회(AACR) 정회원(현) 2006~2008년 국립암센터 암예방검진센터장 2008~2011년 고려대 의대 유방내분비외과 교수 2010~2012년 대한외과학회 총무이사 2011년 국립암센터 분자영상치료연구과 책임연구원 2011~2012년 同유방암센터 전문의 2011~2014년 同융합기술연구부장 2012~2016년 同NExT연구과 책임연구원 2012~2014년 同유방암센터장 2014~2017년 국제암대학원대 시스템종양생물학과 겸임교수 2014~2016년 국립암센터 연구소장 2015~2018년 한국보건의료원 위원 2016년 국립암센터 정밀의학연구소장 2016~2017년 同연구소 면역세포치료사업단장 2017년 同융합기술연구부 면역치료연구과 책임연구원 2017년 국제암대학원대 암의생명과학과 겸임교수 2017년 국립암센터 원장(현) 2017년 국제암대학원대 총장 겸임(현) 2018년 대한병원협회 상임이사(현) (상)대한초음파학회 우수논문상(1996), 국립암센터 개원공로상(2001), 미국 샌안토니오 유방암심포지엄 AACR중개연구상(2010)

이은신(李恩信·女) LEE Eun Shin

(생)1964·5·9 (출)울산 울주 (주)인천광역시 미추홀구 소성로163번길 17 인천지방법원 총무과(032-860-1136) (학)1983년 대전 청란여고졸 1987년 서울대 사법학과졸 (경)1988년 사법시험 합격(30회) 1991년 사법연수원 수료(20기) 1991년 서울민사지법 판사 1993년 서울가정법원 판사 1995년 대전지법 홍성지원 판사 1996년 대전지법 판사 1998년 대구지법 판사 2001년 대구고법 판사 2004년 대구지법 판사 2006년 대전지법 천안지원 부장판사 2008년 인천지법 부장판사 2010년 서울남부지법 부장판사 2012~2015년 서울중앙지법 부장판사 2014년 언론중재위원회 서울제6중재부 위원 2015년 서울남부지법 부장판사 2015~2016년 언론중재위원회 운영위원 2017년 대전지법 부장판사 2019년 인천지법 부장판사(현)

이은애(李垠厓·女) LEE Eun Ae

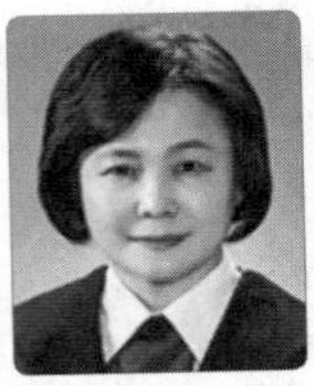

(생)1966·5·21 (출)광주 (주)서울특별시 종로구 북촌로 15 헌법재판소 재판관실(02-708-3456) (학)1984년 광주 사레지오여고졸 1988년 서울대 사법학과졸 1996년 同대학원 법학과졸 1999년 미국 캘리포니아대 버클리교 방문연구원과정 수료 (경)1987년 사법시험 합격(29회) 1990년 사법연수원 수료(19기) 1990년 서울지법 서부지원 판사 1992년 서울민사지법 판사 1994년 광주지법 판사 1999년 서울지법 남부지원 판사 2000년 同북부지원 판사 2002년 서울고법 판사 2002년 헌법재판소 파견 2005년 인천지법 형사9부 부장판사 2008년 서울동부지법 민사13부 부장판사 2010년 서울중앙지법 형사항소9부 부장판사 2012년 광주고법 전주재판부 부장판사 2014년 서울고법 부장판사 2017년 서울가정법원 수석부장판사 2018년 헌법재판소 재판관(현)

이은영(李銀榮·女) LEE Eun Young

(생)1952·3·1 (출)서울 (주)서울특별시 동대문구 이문로 107 한국외국어대학교 법학전문대학원(02-2173-2114) (학)1969년 경기여고졸 1973년 서울대 법대졸 1975년 同대학원 법학과졸 1977년 법학박사(독일 튀빙겐대) (경)1980~2004년 한국외국어대 법학과 조교수·부교수·교수 1990~1999년 공정거래위원회 약관심사위원 1996년 감사원 부정방지대책위원 1997년 노사관계개혁위원회 위원 1998년 노동부 근로여성정책위원 1998년 국무총리 부패방지대책위원 1999~2001년 대통령직속 반부패위원 2000년 한국외국어대 법과대학장 2001년 대통령자문 정책기획위원 2002년 대통령직속 규제개혁위원 2002년 저작권심의조정위원회 위원 2002년 제16대 대통령직인수위원회 정무분과 위원 2003년 사법개혁위원회 위원 2004~2008년 제17대 국회의원(비례대표, 열린우리당·대통합민주신당·통합민주당) 2004년 열린우리당 열린정책연구원 연구담당 부원장 2005년 同정책위 부의장 2005~2006년 同제1정책조정위원장 2006~2007년 同제6정책조정위원장 2007년 同국제협력위원장 2008~2011년 불교여성개발원 원장 2008년 한국외국어대 법학전문대학원 교수 2012년 (사)한국여성의정 이사(현) 2013년 통일부 한·독통일자문위원(현) 2016년 (사)소비자권익포럼 이사 2017년 同이사장(현) 2017년 국무총리자문 국민안전안심위원회 위원(현) 2017년 한국외국어대 법학전문대학원 명예교수(현) (상)근정포장 (저)'채권각론' '약관규제법' '채권총론' '민법총칙' '민법학강의' '물권법' '법여성학 강의' '한국의 부패와 반부패정책'(共) '부패추방 어떻게 하나'

이은영(李恩英·女) LEE Eun Young

(생)1974·4·16 (출)광주 (주)세종특별자치시 한누리대로 499 인사혁신처 인사혁신국 균형인사과(044-201-8320) (학)송원여고졸, 한국외국어대 영어과졸, 서울대 대학원 행정학과졸 (경)1998년 행정고시 합격(42회) 2000년 전남도 자치행정국 총무과 사무관 2004년 同능률행정과 사무관 2005년 행정자치부 지식행정팀 행정사무관 2006년 同지식행정팀 서기관, 同정책혁신본부 변화관리팀 서기관 2008년 교육 파견(서기관) 2009년 행정안전부 정보화전략실 서기관 2013년 안전행정부 균형인사정보과장 2014년 인사혁신처 대변인 2015년 同윤리복무국 복무과장(서기관) 2016년 同윤리복무국 복무과장(부이사관) 2016년 국외훈련 파견(부이사관) 2017년 인사혁신처 인사혁신국 균형인사과장(현)

이은용(李恩龍) Lee Eun-yong

(생)1964·7·15 (주)서울특별시 종로구 사직로8길 60 외교부 운영지원팀(02-2100-7855) (학)1992년 연세대 불어불문학과졸 (경)1991년 외무고시 합격(25회) 1991년 외무부 입부 1995년 駐가봉 2등서기관 1997년 駐프랑스 2등서기관 2002년 駐영국 1등서기관 2005년 외교통상부 차관보좌관 2006년 同문화협력과장 2007년 同중유럽과장 2008년 駐덴마크 참사관 2011년 駐프랑스 참사관 2013년 외교부 유럽국 심의관 2014년 駐프랑스 공사 2017년 외교부 문화외교국장 2018년 駐알제리 대사(현)

이은우(李垠雨) LEE Eun Woo

(생)1963·5·29 (출)대구 (주)경상북도 경산시 진량읍 북리1길 69 동원금속(주) 대표이사실(053-859-2213) (학)1982년 대구 대륜고졸 1989년 한양대 경영학과졸 (경)1988년 동원금속공업(주) 입사·기획실장·부사장 1998~2006년 同대표이사 사장·대표이사 부회장 2003~2006년 동원정공(주) 대표이사 사장 2006년 동원금속(주) 대표이사(현)

이은재(李恩宰 · 女) LEE Eun Jae

(생)1952 · 3 · 27 (출)경기 용인 (주)서울특별시 영등포구 의사당대로 1 국회 의원회관 937호(02-784-1751) (학)1976년 건국대 행정학과졸, 同대학원 행정학과졸 1982년 미국 클레어몬트대 대학원 행정학과졸 1986년 행정학박사(미국 클레어몬트대) (경)1982~1985년 미국 남가주한국학교 교장 1986~1993년 한국지방행정연구원 연구위원 · 원장 직대 1993~2008년 건국대 행정학과 교수 2000~2002년 同정치대학장 2001~2002 · 2004~2008년 同행정대학원장 2007~2012년 미래 · 도시포럼 초대회장 2008년 한나라당 제18대 총선 공천심사위원 2008~2012년 제18대 국회의원(비례대표, 한나라당 · 새누리당) 2008~2009년 한나라당 원내부대표 2009~2010년 同여성위원장 2010년 국회 법제사법위원회 위원 2010~2012년 한나라당 북한인권위원장 2011년 同직능특별위원회 부위원장 2012~2015년 한국행정연구원 원장 2015~2016년 건국대 행정학과 교수 2016년 새누리당 서울강남구丙당원협의회 운영위원장 2016년 제20대 국회의원(서울 강남구丙, 새누리당 · 바른정당〈2017.1〉 · 자유한국당〈2017.4〉)(현) 2016~2017년 국회 교육문화체육관광위원회 간사 2016~2018년 국회 평창동계올림픽 및 국제경기대회지원특별위원회 위원 2016~2018년 한국아동인구환경의원연맹(CPE) 회원 2016~2018년 한국신문윤리위원회 윤리위원 2017년 바른정당 제19대 유승민 대통령후보 중앙선거대책위원회 여성본부장 2017년 국회 교육문화체육관광위원회 위원 2017년 국회 예산결산특별위원회 위원 2017 · 2019년 자유한국당 대외협력위원회 위원장(현) 2017~2018년 同정책위원회 수석부의장 2018년 同서울시당 위원장(현) 2018년 국회 법제사법위원회 위원(현) 2018년 국회 정보위원회 간사(현) 2018년 국회 예산결산특별위원회 위원 2018년 국회 공직자윤리위원회 부위원장 (저)'여성과 행정' '발전행정'(1998) 정치에세이 '선진화로 가는 길'(2011)

이은정(李銀晶 · 女)

(생)1965 (출)경기 안양 (주)충청북도 충주시 수안보면 수회리로 138 중앙경찰학교(043-870-2219) (학)검정고시 합격, 동국대 경찰행정학과졸 (경)1988년 경사 특채, 경기 광주경찰서 생활안전과장, 경기 분당경찰서 수사과장, 경기 성남수정경찰서 수사과장 2009년 인천지방경찰청 청문감사담당관(총경) 2010년 강원 영월경찰서장 2011년 경찰교육원 교무과장 2011년 경찰청 여성청소년과장 2012년 同외사정보과장 2013년 서울 마포경찰서장 2014년 경찰청 보안1과장 2015년 경무관 승진 2016년 국립외교원 파견(경무관) 2017년 충남지방경찰청 제2부장 2018년 서울지방경찰청 생활안전부장 2018년 경찰청 경무인사기획관(치안감) 2019년 중앙경찰학교장(현) (상)국토교통부장관표창(2015)

이은정(李恩政 · 女)

(생)1977 · 3 · 26 (출)인천 (주)광주광역시 동구 준법로 7-12 광주지방법원 총무과(062-239-1503) (학)1996년 인천 박문여고졸 1996년 한국외국어대 정치외교학과 입학 (경)2001년 사법시험 합격(43회) 2004년 사법연수원 수료(33기) 2004년 부산지법 예비판사 2005년 부산고법 예비판사 2006년 부산지법 판사 2007년 수원지법 판사 2010년 서울남부지법 판사 2013년 서울중앙지법 판사 2015년 서울남부지법 판사 2019년 광주지법 부장판사(현)

이은주(李銀珠 · 女) LEE Yun Joo

(생)1922 · 10 · 6 (출)경기 양주 (주)서울특별시 종로구 율곡로10길 75 이은주경기창연구원(02-765-0355) (학)1936년 15세 때 원경태 선생께 경기민요사사 (경)1939년 경성방송국 데뷔 1946년 서울중앙방송국 전속 민요부원 1948년 킹스타레코드사 · 고려레코드사 음반 취입 1953년 국악원 민속연구회 부회장 1955년 단성사 명창대회 1위 1969년 국악협회 이사 1969년 중요무형문화재 제57호 경기민요 예능보유자 후보 1971년 한국민요연구회 부회장 1975년 국가무형문화재 제57호 경기민요 예능보유자 지정 1983년 이화여대 민요강사 1991년 고희기념 무대공연 2001년 공개행사 발표공연(국립극장) 2002년 월드컵 문화행사공연, 이은주경기창연구원 원장(현) 2006년 '소리인생 70주년' 기념공연(국립국악원) 2013년 국가무형문화재 제57호 경기민요 명예보유자(현) (상)TBC 명인명창대회 장원(1969), 한국국악협회상, 옥관문화훈장(1993), 방일영국악상(2006), 한민족문화예술대상 민요부문(2010)

이은주(李殷周 · 女) Lee, Eunjoo

(생)1968 · 8 · 17 (주)서울특별시 강북구 솔매로49길 60 서울사이버대학교 총장실(02-944-5100) (학)2000년 미국 텍사스주립대 대학원 사회학과졸 2002년 사회학박사(미국 텍사스주립대) 2009년 서울대 대학원 사회복지학 박사과정 수료 (경)미국 텍사스주립대 강사, 보건복지부 질병관리본부 모니터링팀장 2003년 서울사이버대 사회복지학부 교수(현) 2010~2011년 同입학처장 2010~2012년 同대학원 부원장 2011~2012년 同특성화추진단장 2012년 同교무처장 2012~2017년 同부총장 2013~2015년 한국인구학회 부회장 2014년 세계대학총장협회(IAUP) 집행이사(현), 구세군보건사업부 자문위원, 강북주거복지센터 자문위원 2015~2016년 한아세안사이버대학설립 사무국장 2016년 서울사이버대 학생부총장 2016년 한국인구학회 부회장(현) 2017년 서울사이버대 총장(현)

이은주(李殷周 · 女)

(생)1972 · 2 · 3 (주)경기도 수원시 팔달구 효원로 1 경기도의회(031-8008-7000) (학)전남과학대 유아교육학과졸, 성신여대 보건체육학과졸 (경)병점뉴질랜드어린이집 대표(현), 한국청소년운동연합 화성시지부 여성회장 2016~2018년 경기도의회 의원(보궐선거 당선, 더불어민주당) 2016~2018년 同보건복지위원회 위원 2016년 同예산결산특별위원회 위원 2016~2018년 同다문화가족 · 이주민지원특별위원회 간사 2016~2017년 同지방재정건전성강화특별위원회 간사 2017년 더불어민주당 미세먼지특별위원회 부위원장 2018년 경기도의회 의원(더불어민주당)(현) 2018년 同예산결산특별위원회 위원장(현) 2018년 同교육위원회 위원(현)

이은주(李垠周 · 女)

(생)1972 · 4 · 25 (주)서울특별시 중구 세종대로 125 서울특별시의회(02-3702-1400) (학)현경고졸, 목포전문대학 경영과졸, 광운대 경영대학원 경영학과 재학 중 (경)2010년 민주당 서울노원구甲지역위원회 지방자치위원장 2014~2018년 서울시 노원구의회 의원(비례대표, 새정치민주연합 · 더불어민주당), 더불어민주당 중앙당 부대변인(현) 2018년 서울시의회 의원(더불어민주당)(현) 2018년 同교통위원회 위원(현) 2019년 同예산정책연구위원회 위원(현) 2019년 同체육단체비위근절을위한행정사무조사특별위원회 부위원장(현) 2019년 同예산결산특별위원회 위원(현)

이은중(李銀重) LEE Eun Joong

(생)1961 · 11 · 26 (출)강원 춘천 (주)경기도 안양시 동안구 부림로 164 동안타워 2층 법무법인 제이원(031-425-2700) (학)1980년 춘천고졸 1985년 서울대 법학과졸 (경)1985년 사법시험 합격(27회) 1988년 사법연수원 수료(17기) 1988년 서울지검 검사 1990년 춘천지검 원주지청 검사 1992년 인천지검 검사 1993년 대검찰청 검찰연구관 1995년 서울지검 북부지청 검사 1998년 부산지검 검사 2000년 대구고검 검사 2001년 서울지검 남부지청 부부장검사 2002년 전주지검 부장검사 2003년 대구지검 특수부장 2004년 법무부 법무과장 2005년 서울동부지검 형사

4부장 2006년 의정부지검 형사1부장 2007년 대구지검 형사1부장 2008년 서울고검 검사(대검찰청 파견) 2009년 전주지검 군산지청장 2009~2010년 수원지검 안양지청장 2010년 변호사 개업 2010~2016년 안양시의회 고문변호사 2010~2016년 과천시 고문변호사 2010년 안양청소년육성재단 고문변호사(현) 2010~2016년 법무부 국적심의위원회 위원 2010년 同감찰위원회 위원(현) 2013년 법무법인 제이원 대표변호사(현)

이은직(李垠直) Lee, Eungik

(생)1969·12·6 (본)인천(仁川) (출)경북 김천 (주)경상북도 김천시 대학로 168 경북보건대학교 총장실(054-420-9200) (학)1988년 김천고졸 1996년 경북대 산업경제학과졸 1999년 단국대 대학원 경제학과졸 2004년 경제학박사(단국대) (경)2002~2013년 김천과학대학 도시디자인계열 교수 2004년 同산학협력처장 2004년 同산학협력단장 2007년 대구·경북혁신도시추진단 위원 2007년 김천시 혁신위원회 위원 2007년 김천과학대학 기획처장 2010년 同부총장 2011년 경북한중교류협회 수석부회장 2013년 대구지검 김천지청 검찰시민위원회 위원 2013년 김천시노사민정협의회 위원(현) 2013년 아이낳기좋은세상 김천본부 위원 2013년 김천·구미범죄피해자지원센터 위원(현) 2013~2015년 김천과학대학 총장 2014년 김천시지역치안협의회 의원(현) 2015년 경북보건대 총장(현)

이은철(李殷哲) Lee Eun-chul

(생)1964·10·26 (주)대전광역시 서구 둔산로 100 대전광역시청 국제관계대사실(042-270-2050) (학)1989년 고려대 영어영문학과졸 (경)1990년 외무고시 합격(24회) 1990년 외무부 입부 1996년 駐베네수엘라 2등서기관 1999년 駐시드니 영사 2004년 駐이탈리아 참사관 2007년 외교통상부 중미과장 2009년 同문화교류협력과장 2010년 駐보스턴 영사 2013년 외교부 중남미국 심의관 2014~2018년 駐에콰도르 대사 2018년 대전시 국제관계대사(현)

이은파(李殷坡) LEE EUN PA

(생)1965·3·9 (본)전주(全州) (출)충남 공주 (주)대전광역시 서구 대덕대로168번길 64 연합뉴스 대전·충남취재본부 서산주재(042-521-9700) (학)1984년 남대전고졸 1991년 충남대 경제학과졸 (경)1992~1994년 전자신문 기자 1994년 연합뉴스 대전충남지사·충청취재본부 기자 2004년 同대전충남지사 차장대우 2007년 同대전·충남취재본부 차장 2011년 同대전·충남취재본부 부장대우 2014년 同대전·충남취재본부 부장 2015년 同전국부 부장급 2016년 同대전·충남취재본부장 2019년 同대전·충남취재본부 서산주재 기자(부국장대우)(현) (상)국토교통부장관표창(2014) (종)기독교

이은호(李殷鎬) LEE Eun Ho

(생)1961·3·24 (출)서울 (주)서울특별시 종로구 사직로8길 60 외교부 인사운영팀(02-2100-7141) (학)1979년 보성고졸 1983년 서울대 기계공학과졸 1985년 同대학원 기계설계학과졸 1991년 공학박사(미국 조지아공대) (경)1987년 미국 조지아공대 물류연구소 연구원 1991년 서울대 제어계측신기술연구센터 선임연구원 1994년 국립공업기술원 자동화기술과 연구관 1996년 산업자원부 기술표준원 표준계획과 연구관 2000년 同국제표준과장 2005년 同전자상거래과장 2006년 駐베트남 1등서기관 겸 영사 2009년 지식경제부 기술표준원 기술규제대응과장 2010년 同기술표준원 표준계획과장 2011년 同적합성정책과장 2012년 同기술표준원 적합성평가과장(부이사관) 2012년 대통령 지식경제비서관실 행정관 2013년 산업통상자원부 통상협력국 동북아통상과장 2014년 駐아랍에미리트 상무관(현) (상)세계측정의날 측정공로상(2010) (저)'세상을 지배하는 표준 이야기'(2012, 한국표준협회미디어)

이은희(李隱姬·女) LEE Eun Hee

(생)1958·12·26 (본)성주(星州) (출)제주 제주시 (주)제주특별자치도 제주시 문연로 30 제주특별자치도청 제2청사 제2별관 3층 (재)제주여성가족연구원(064-710-4978) (학)1983년 제주산업정보대학졸 1996년 제주대 행정대학원졸 2002년 이화여대 정책과학대학원 정책학과졸 (경)1999년 대통령직속 여성특별위원회 정책조정관실 사무관 2001년 여성부 여성정책실 기획관리과 사무관 2002년 同공보관실 서기관 2004년 同권익증진국 권익기획과장, 同권익증진국 인권복지과장 2005년 대통령직속 고령화및미래사회위원회 파견(서기관) 2006년 여성가족부 협력지원팀장 2006년 同가족문화팀장 2008년 여성부 기획조정실 창의혁신담당관 2008년 일본 파견(직무연수) 2010년 여성부 여성정책국 인력개발기획과장 2010년 여성가족부 여성·청소년보호1팀장 2011년 同권익지원과장 2011~2013년 同경력단절여성지원과장 2013~2015년 한국건강가정진흥원 원장 2015~2016년 제주특별자치도 보건복지여성국장 2017년 (재)제주여성가족연구원 원장(현) (상)녹조근정훈장(2002)

이은희(李銀姬·女) Lee Eun Hee

(생)1969·12·12 (출)경북 영덕 (주)서울특별시 마포구 마포대로 174 서울서부지방법원(02-3271-1114) (학)1987년 영덕여고졸 1992년 한양대 법학과졸 (경)1991년 사법시험 합격(33회) 1994년 사법연수원 수료(23기) 1994년 수원지법 판사 1996년 서울지법 판사 1998년 대구지법 안동지원 판사 2001년 同가정지원 판사 2002년 서울가정법원 판사 2005년 서울중앙지법 판사 2006년 서울고법 판사 2006년 헌법재판소 파견 2009년 서울남부지법 판사 2010년 전주지법 부장판사 2011년 수원지법 부장판사 2012년 해외 연수 2014년 서울중앙지법 부장판사 2017년 서울서부지법 부장판사(현)

이응봉(李應奉)

(생)1965·8·15 (출)경북 김천 (주)서울특별시 종로구 종로5길 86 서울지방국세청 감사관실(02-2114-2403) (학)김천고졸 1985년 세무대학졸(3기), 고려대 정책대학원졸 (경)1985년 국세공무원 임용(8급 특채) 1985년 서울지방국세청 조사국·세무서 근무 2000년 同조사4국 근무 2003년 국세청 법인세과 근무 2007년 전북 익산세무서 조사과장 2009년 국세청 세정홍보과 근무 2011년 서울지방국세청 조사4국 사무관 2014년 同조사4국 서기관 2015년 대구 경산세무서장 2016년 중부지방국세청 조사3국 조사1과장 2016년 서울지방국세청 조사4국 조사관리과장 2017년 국세청 법인납세국 원천세과장 2018년 同개인납세국 소득세과장(서기관) 2019년 同개인납세국 소득세과장(부이사관) 2019년 서울지방국세청 감사관(현)

이응상(李應尙) LEE Eung Sang

(생)1964·10·15 (주)경기도 성남시 분당구 판교로 255번길 38 SK주식회사 C&C 전략기획센터(02-6400-0114) (학)서울대 경영학과졸, 미국 보스턴대 대학원 경영학과졸 (경)1988년 안암회계법인 근무 1992년 안진회계법인 근무 1995년 SK텔레콤 기획조정실 사업협력팀 근무 2004년 SK네트웍스 전략기획팀장 2008년 同Global사업추진실장(상무) 2012년 SK(주) 사업지원팀 상무 2013~2014년 SK C&C 사업개발본부장(상무) 2014년 SK텔레콤(주) Global사업개발부문장 2016년 同Global사업부문장 2017년 SK주식회사 C&C 전략기획부문장 2019년 同전략기획센터장(현)

이응세(李應世) LEE EUNGSE

(생)1962 · 5 · 28 (본)전의(全義) (출)충남 공주 (주)경상북도 경산시 화랑로 94 한약진흥재단(053-810-0202) (학)1980년 경동고졸 1986년 경희대 한의과대학졸 1988년 同한의과대학원 한방재활의학과졸 1989년 서울대 사범대학원 운동생리학전공졸 1995년 한의학박사(경희대) (경)1988년 한국체육과학원 연구원 1991~1999년 同한의과대학 한방재활의학과 전임강사 · 조교수 · 주임교수 1995년 同부속한방병원 기획실장 1996~1997년 同부속한방병원 부원장 1998~2000년 대한스포츠한의학회 부회장 1999~2003년 대한한방비만학회 부회장 1999년 예한의원 대표원장 2000~2003년 (주)퓨리메드 대표이사 2003~2005년 대한한의사협회 부회장 겸 남북민족의학교류위원장 2003~2018년 국제동양의학회 사무총장 2004~2006년 러시아연해주정부 보건부 의료고문 2005~2006년 한국한의학교육평가원 이사 2015~2017년 보건복지부 · 대한한의사협회 유라시아의학센터장 2017년 한약진흥재단 원장(현) (저)'한방재활의학과학'(1992) '피부카리스마'(2006) (역)'팻플러쉬 다이어트(Fat Flush Diet)'(2007)

이응세(李應世) LEE Eung Se

(생)1964 · 12 · 16 (출)서울 (주)서울특별시 강남구 테헤란로92길 7 법무법인(유) 바른(02-3479-7860) (학)1982년 대일고졸 1986년 고려대 법학과졸 1997년 영국 런던대 연수 2004년 고려대 법무대학원 법학과졸 2006년 同대학원 법학 박사과정 수료 2011년 한국과학기술원 경영대학 최고경영자과정 수료 2013년 서울대 금융법(신탁법)과정 수료 (경)1985년 사법시험 합격(27회) 1988년 사법연수원 수료(17기) 1988년 해군 법무관 1991년 부산지법 동부지원 판사 1993년 부산지법 판사 1996년 서울지법 의정부지원 판사 1998년 수원지법 판사 2000년 서울고법 판사 2002년 서울지법 판사 2003년 춘천지법 부장판사 2004년 사법연수원 교수 2007년 서울중앙지법 부장판사 2010~2012년 서울북부지법 부장판사 2012년 고려대 법학대학원 겸임교수 2012년 법무법인(유) 바른 변호사(현) 2014년 문화체육관광부 제2 · 3기 콘텐츠분쟁조정위원회 위원(현) 2017년 제주특별자치도 고문변호사(현) (저)'엔터테인먼트법(共)'(2008, 진원사)

이응숙(李應淑) LEE Eung Sug

(생)1958 · 2 · 27 (본)성산(星山) (출)경남 함안 (주)대전광역시 유성구 가정북로 156 한국기계연구원 나노융합기계연구본부 나노공정연구실(042-868-7140) (학)1980년 서울대 기계설계학과졸 1982년 同대학원졸 1997년 공학박사(한국과학기술원) (경)1982년 한국기계연구원 입사 2002년 同지능형정밀기계연구부장 2005년 同지능형정밀기계연구본부 나노공정장비연구센터장 2007~2008년 同나노기계연구본부장 2008년 同나노융합기계연구본부 나노기전팀 책임연구원 2009년 同나노공정장비연구실 책임연구원 2009년 한국과학재단 나노융합단장, 한국기계연구원 나노융합산업진흥센터장 2013년 한국정밀공학회 회장 2014년 한국기계연구원 선임연구본부장 2014년 同연구부원장 2015년 同나노융합기계연구본부 나노공정연구실 책임연구원(현) 2018년 한국공학한림원 정회원(기계공학 · 현) (상)과학기술부장관표창(2004), 대한기계학회 효석학술상(2005), 교육과학기술부 및 한국과학재단 선정 '이달의(8월) 과학기술자상'(2008)

이응주(李應柱) LEE Eung Joo

(생)1965 · 3 · 20 (출)경북 군위 (주)부산광역시 남구 신선로 428 동명대학교 정보통신소프트웨어공학과(051-629-1143) (학)1982년 대륜고졸 1990년 경북대 전자공학과졸 1992년 同대학원 전자공학과졸 1996년 공학박사(경북대) (경)1992년 국방과학연구소 부설 국방품질관리소 연구원 1997년 동명대 정보통신소프트웨어공학과 교수(현) 1997년 同정보통신공학과장 2000~2002년 (주)디지털넷뱅크 대표이사 2003~2005년 동명대 기획처장 2003~2004년 同창업보육센터장 2009년 同산학협력단장 2009년 同정보공학연구소 원장, 부산IT융합포럼 부회장, 부산지역산학협력단장협의회 부회장, 한국멀티미디어학회 부회장 2016~2018년 동명대 기획처장 2018년 同교육혁신본부 부총장 겸 교육혁신본부장(현) (상)MITA국제학회 우수논문상(2008 · 2010), 한국멀티미디어학회 공로상 · 학술상(2009), ACIIDS2009 국제학술대회 우수논문상(2009), 교육과학기술부장관표창(2010), 부산과학기술협의회 표창(2011) (저)'전기전자공학개론' '디지털신호처리' (역)'디지털영상처리'

이응진(李應溱) LEE, Eung Jin

(생)1964 · 2 · 19 (본)전주(全州) (출)경북 문경 (주)서울특별시 강남구 영동대로 616 아남빌딩 10층 법무법인 로플렉스(02-511-5671) (학)1982년 경성고졸 1986년 서울대 법학과졸 1992년 한양대 금융대학원 경영학과졸 1993년 미국 하버드대 로스쿨졸(LL.M.) 1995년 미국 뉴욕대 로스쿨졸(LL.M.) (경)1986년 사법시험 합격(28회) 1989년 사법연수원 수료(18기) 1990년 해군 법무관 1993년 미국 뉴욕주 변호사시험 합격 1993년 미국 Cleary Gottlieb Steen & Hamilton 뉴욕사무소 Visiting Attorney 1995~1999년 김앤장법률사무소 변호사 2000~2001년 (주)싸이더스 전무이사 2001년 한국외국어대 통역번역대학원 겸임교수 2001~2003년 (주)다이나릿시스템 부사장 2005~2008년 (주)스카이레이크 인큐베스트 부사장 2008년 법무법인 신우 대표변호사 2008년 법률사무소 로플렉스 변호사 2012년 법무법인 로플렉스 대표변호사(현) 2012년 대한상사중재원 중재인(현) 2013년 대한중재인협회 이사(현) 2013년 건국대 정보통신대학원 겸임교수

이응호

(생)1962 · 12 · 7 (주)서울특별시 영등포구 여의대로 14 (주)KT is(02-3215-2054) (학)1985년 서울대 지리학과졸 2004년 미국 선더버드국제경영대학원 경영학과졸(석사) (경)1998년 (주)KT 사장 비서실 근무 2004년 (주)KT 재무관리실 재무기획부 2007년 同전략2담당 상무대우 2010년 同윤리경영1담당 상무보 2012년 同윤리경영1담당 상무 2013년 KT T&C운영총괄 · T&C사업협력담당 2014~2018년 (주)KT cs 경영기획총괄 전무 2019년 (주)KT is 대표이사 사장(현)

이의경(李義景) LEE Eui Kyong

(생)1958 · 12 · 15 (출)경북 예천 (주)서울특별시 서초구 반포대로 158 서울고등검찰청 총무과(02-530-3261) (학)1977년 대륜고졸 1985년 고려대 법학과졸 1986년 同대학원 법학과 수료 (경)1986년 사법시험 합격(28회) 1989년 사법연수원 수료(18기) 1989년 서울지검 검사 1991년 대구지검 김천지청 검사 1993년 대구지검 검사 1995년 서울지검 남부지청 검사 1997년 인천지검 검사 1997~1999년 대검찰청 검찰연구관 직대 1999년 同검찰연구관 2001년 대구지검 부부장검사 2001년 同영덕지청장 2002년 서울지검 동부지청 부부장검사 2003년 대전고검 검사 2003년 청주지검 부장검사 2004년 부산지검 형사4부장 2005년 수원지검 안산지청 부장검사 2006년 서울북부지검 형사3부장 2007년 인천지검 형사1부장 2008년 춘천지검 강릉지청장 2009년 서울고검 검사 2009년 전주지검 군산지청장 2010년 서울고검 검사 2012년 대구고검 검사 2014년 서울고검 검사 2016년 광주고검 검사 2018년 서울고검 검사(현) (상)홍조근정훈장(2012)

이의경(李儀卿 · 女) Lee Eui Kyung

(생)1962 · 12 · 14 (주)충청북도 청주시 흥덕구 오송읍 오송생명2로 187 식품의약품안전처 처장실(043-719-1201) (학)1985년 서울대 약학대학 약학과졸 1987년 同대학원 약학과졸 1990년 약학박사(미국 아이오와대) (경)1991~2006년 한국보건사회연구원 보건의료연구실 선임연구위원 2005년 감사원 사회복지감사국 자문위원 2005~2007년 한국임상약학회 사회약학부문 이사 2006~2007년 외교통상부 한미FTA전문가자문위원단 위원 2006~2012년 숙명여대 부교수 2007~2009년 건강보험심사평가원 약제급여평가위원회 위원 2007~2010년 대한약학회 간사 2008~2012년 한국보건의료기술평가학회 부회장 2009~2010년 대통령실 사회정책수석실(보건복지분야) 정책자문위원 2009~2011년 한국보건의료관리연구원 기획위원회 위원 2009~2011년 식품의약품안전평가원 기획위원회 위원 2010년 국민건강보험공단 건강보장선진화위원회 지불제도분과 위원 2010~2012년 국제의약품경제성평가학회(ISPOR) Korea Chapter 회장 2011년 한국보건사회약료경영학회 부회장 2011년 식품의약품안전처 자체업무평가위원회 소위원회장 2012~2018년 보건복지부 독립적검토절차검토자 2012~2015년 성균관대 약학대학 약학과 부교수 2013년 한국보건의료기술평가학회 회장 2015~2019년 성균관대 약학대학 약학과 교수 2016~2019년 JW중외제약 사외이사 2019년 식품의약품안전처장(차관급)(현)

이의범(李義範) LEE Ui Bum

(생)1964 · 1 · 20 (출)충남 부여 (주)경기도 성남시 분당구 대왕판교로606번길 47 SG타워 7층 (주)에스지엔지 임원실(02-531-0102) (학)1982년 대전고졸 1987년 서울대 계산통계학과졸 (경)1990년 한국통신 입사 1990년 (주)컴퓨터신문 이사 1993년 (주)가로수 대표이사 1999년 한국생활정보신문협회 부회장 2000~2005년 (주)가로수닷컴 대표이사, 同계열사총괄이사(비상근), (주)마이크로오피스 대표이사, (주)고려 대표이사, (주)KM&I 대표이사 2005년 (주)에스지세계물산 대표이사(현) 2007년 충남방적(주) 대표이사 2008년 (주)SG&G 대표이사 회장(현) 2015년 국민생활체육전국바둑연합회 회장 2016년 (주)SG충방 대표이사(현) (상)대통령표창(2013), 한국국제연합봉사단 2014대한민국 세종나눔봉사대상 본상(2013), 대한적십자사총재표창(2013) (종)기독교

이의영(李義寧) Lee, Ui-Young

(생)1951 · 1 · 6 (주)충청북도 청주시 상당구 상당로 82 충청북도의회(043-220-5116) (학)청주상고졸, 청주대 경영학과졸 (경)충북도 청원군새마을지회장, 새마을지도자 오창읍협의회장, 한나라당 충북도당 정책개발위원, 오창읍재향군인회 회장, 오창읍라이온스클럽 회원 2010~2014년 충북 청원군의회 의원(민주당 · 민주통합당 · 민주당 · 새정치민주연합) 2010년 同산업건설위원장 2012~2014년 同의장 2014~2018년 충북도의회 의원(새정치민주연합 · 더불어민주당) 2014년 同산업경제위원회 위원 2016년 同산업경제위원회 부위원장 2016년 同운영위원회 위원 2016년 더불어민주당 충북도당 대외협력위원회 위원장 2016~2018년 충북도의회 윤리특별위원회 부위원장 2017~2018년 同산업경제위원회 위원장 2018년 충북도의회 의원(더불어민주당)(현)

이의영(李義榮) LEE Eui Young

(생)1958 · 7 · 27 (본)고성(固城) (출)전북 정읍 (주)전라북도 군산시 대학로 558 군산대학교 사회과학대학 행정경제학부(063-469-4475) (학)서울고졸 1981년 성균관대 경제학과졸 1983년 同대학원 경제학과졸 1991년 경제학박사(성균관대) 1994년 아세아연합신학대 대학원 목회학과졸(M.Div.) (경)1984~1988년 성균관대 · 한국외국어대 · 상명여대 · 아주대 강사 1985년 한국산업조직학회 간사 1988~1990년 미국 보스턴대 아시아개발연구소 연구원 1991~2015년 군산대 경제학과 교수 1996년 경제정의실천시민연합 정책위원장 · 경제정의연구소장 · 재벌개혁위원장 · 중소기업위원장 · 상임집행위원장 · 상임집행위원 1999~2000년 한국경제연구학회 사무차장 1999년 미국 센트럴플로리다대 객원교수 2003년 중소기업청 국민공모심사위원장 2003년 同정책자문위원, 同하도급분쟁조정위원 2003년 대통령직속 중소기업특별위원회 위원 2004년 Asia Conference of CSO 한국대표 2004년 생산성혁신연구회 회장 2005년 대통령자문 정부혁신지방분권위원회 특위위원 2006년 한국생산성학회 회장 · 고문 2006년 산업클러스터학회 부회장 2006년 국제경상교육학회 부회장 2007년 한국기업경영학회 부회장, 기획재정부 정부산하기관경영평가위원회 위원, 同기관평가팀장, 同세제발전심의위원, 지식경제부 공공기관평가위원회 위원장, 同공공기관선진화위원, 행정안전부 지방자치단체평가위원회 위원, 대통령직속 지역발전위원회 지역발전사업평가위원, 대중소기업협력재단 하도급분쟁조정위원, 同상생문화위원, 서울신문 고정칼럼 집필위원, 국민일보 고정칼럼 집필위원, 한국상업교육학회 부회장, 대한경영교육학회 부회장, 동반성장위원회 투자재원심의위원장, 국민연금공단 사회책임경영자문위원장, 중소기업시대포럼 이사, 한국기업지배구조원 사회책임위원, 한국표준협회 사회책임표준화포럼 연구위원, SR(사회책임)연구회 위원, (사)인성복지재단 감사 2010년 한국제품안전학회 회장 2012~2015년 (사)산업클러스터학회 회장 2014~2016년 산업혁신포럼 대표 2015년 군산대 사회과학대학 행정경제학부 경제학전공 교수(현) 2018년 국제지역학회 회장 2018년 경제정의실천시민연합 중앙위원회 의장(현) (상)녹조근정훈장, 매경비트학술상 우수논문상(2008), 황룡학술상, ICONI최우수논문상(2013) (저)'변화의 시대, 경제주체의 선택'(1998) '한국경제'(1998) '중소기업의 경제분석'(2003) '산업조직론'(2003) '한국경제의 산업조직'(2003) '세계경제질서의 변화와 대응방안'(2004) '중소기업 정책혁신'(2006) '눈앞의 생선보다 어장이 우선이다'(2006) '증권집단소송제 비교'(2007) '한국산업클러스터백서'(2007) '기업의 지배구조개선제도'(2008) '생산성연구의 신조류'(2008) 'Korean Policies for Small and Medium Businesses'(2008) '우리사회 이렇게 바꾸자'(2009) '생산성연구의 신조류'(2009) '지속가능경영을 위한 생산성연구'(2010) '중소기업의 연구개발투자: 정책과 효과'(2011) '융합시대의 생산성혁신'(2012) 'Political Economy of Economic Development in Korea'(2014) (종)기독교

이의준(李義駿) LEE Eui Joon

(생)1958 · 10 · 6 (출)인천 (주)서울특별시 강남구 역삼로 221 4층 한국여성경제인협회(02-369-0900) (학)1987년 홍익대 기계공학과졸 1998년 영국 버밍엄대 대학원 품질경영학과졸 2006년 경영학박사(연세대) (경)2000년 충북지방중소기업청 지원총괄과장 2001년 중소기업청 자금지원과 서기관 2003년 同기술정책과 서기관 2006년 同창업벤처국 균형성장지원과 서기관 2006년 同창업벤처본부 균형성장지원과장 2007년 同정책홍보관리본부 혁신인사기획팀장(부이사관) 2008년 同운영지원과장 2009년 同소상공인정책국장 2010년 교육파견(국장급) 2012~2014년 광주 · 전남지방중소기업청장(고위공무원) 2017~2018년 벤처기업협회 상근부회장 2018년 한국여성경제인협회 상근부회장(현) (저)'독립컨설턴트를 꿈꿔라'(2011, 새로운 제안) '남도경제 블루오션'(2013)

이의진(李義珍 · 女)

(생)1967 · 12 · 13 (주)제주특별자치도 제주시 남광북5길 3 제주지방법원 총무과(064-729-2423) (학)1986년 제주중앙여고졸 1992년 서울대 사범대학 불어교육과졸 (경)2000년 사법시험 합격(42회) 2003년 사법연수원 수료(32기) 2003년 전주지법 군산지원 예비판사 2005년 전주지법 판사 2007년 인천지법 판사 2010년 서울남부지법 판사 2014년 서울중앙지법 판사 2014~2015년 헌법재판소 파견 2015년 서울남부지법 판사 2016년 서울중앙지법 판사 2018년 제주지법 부장판사(현)

이이문(李利文) Lee Lie Moon

(생)1952·4·16 (주)부산광역시 수영구 구락로141번길 37 고려제강(주) 임원실(051-760-1700) (학)성지공고졸, 한양대 정밀기계공학과졸 (경)고려제강(주) 경강선공장장, KSB 전무, KSB 및 KCBS 대표이사 부사장, 고려제강(주) 부사장 2008년 同대표이사 사장 2014년 同대표이사 부회장(현) (상)제15회 부산수출대상 대상(2013), 은탑산업훈장(2014), 함안상공회의소 경영대상(2016)

이익수(李益洙) LEE Ik Soo

(생)1957·11·4 (본)광주(廣州) (출)경기 평택 (주)서울특별시 강남구 봉은사로 317 MK스포츠(02-2000-2473) (학)1983년 연세대 신문방송학과졸 (경)1983년 한국일보·일간스포츠 체육부 기자 1988년 세계일보 사회부 기자 1994년 同체육부 차장대우 1998년 同체육부장 직대 1999년 同특집부장 직대 2000년 同문화부장 직대 2001년 同문화부장 2002년 同체육부장 2003년 同사회부장 2004년 同경제부장 2005년 同논설위원 2006년 同편집국 부국장 2007년 同논설위원 2008년 同편집국장 2010년 同심의실 심의위원 2011년 同광고국장(상무보) 2013년 同영업본부장(상무보) 2014년 同광고국장(상무) 2016~2017년 스포츠월드 부사장 겸 편집인 2017년 데일리안 사장 2018~2019년 녹색경제신문 대표이사 사장 2019년 MK스포츠 사장(현)

이익수(李益秀) LEE IK SOO

(생)1965·12·15 (본)청주(淸州) (출)충북 보은 (주)세종특별자치시 한누리대로 2120 세종특별자치시의회(044-300-7000) (학)1883년 운호고졸 1988년 충남대 행정학과졸 1994년 서울시립대 대학원 행정학 석사과정 수료 2006년 한국방송통신대 법학과졸 (경)1996년 총무처 입처 1996년 同인사기획과 행정주사보 1996년 정부합동민원실 행정주사보 1997년 국민고충처리위원회 사무처 행정주사보 1999년 중앙인사위원회 인사정책과 행정주사 2003년 同혁신인사과 행정주사 2004년 同소청심사위원회 사무관 2006~2008년 同재정기획관실 사무관 2008년 행정안전부 인사정책과 사무관 2011년 同심사임용과 사무관 2013~2014년 同정책평가담당관실 서기관 2014년 충북도 관광항공과장 2015년 同창조전략담당관 2015년 同국제통상과장 2017년 국가기록원 대전기록관 행정지원총괄 서기관 2018년 同대통령기록관 기록콘텐츠과장 2019년 세종특별자치시의회 행정복지위원회 전문위원(현)

이익원(李翼源) Lee Ik One

(생)1963·2·3 (주)서울특별시 중구 통일로 92 케이지타워 이데일리 통합뉴스룸 편집보도국(02-3772-0344) (학)1982년 군산제일고졸 1986년 고려대 신문방송학과졸 1988년 同대학원 신문방송학과졸 (경)1991~2003년 한국경제신문 기자 2003년 同산업부 차장대우 2005년 同경제부 차장 2008년 同뉴욕특파원 2011년 同광고기획부장 2012년 同금융부장 2013년 同산업부장 2015년 同편집국 부국장 2016년 한경닷컴 총괄이사 2017년 이데일리 총괄에디터 2017년 同통합뉴스룸 편집보도국장(상무) 2018년 同통합뉴스룸 편집보도국장(전무)(현) 2019년 同경영총괄 겸임(현)

이익주(李益柱) LEE Ik Joo

(생)1962·10·3 (주)서울특별시 동대문구 서울시립대로 163 서울시립대학교 국사학과(02-2210-2610) (학)1984년 서울대 국사학과졸 1987년 同대학원 국사학과졸 1996년 사학박사(서울대) (경)1991~1997년 천안공업전문대학 교양과 전임강사·조교수 1997년 서울시립대 국사학과 교수(현) 1998년 한국역사연구회 사무국장 2003~2005년 서울시립대 박물관장 2011년 역사교육과정개발추진위원회 위원 2011년 서울시립대 학사교육원장 2019년 同인문대학장(현) (상)제33회 두계학술상(2014) (저)'이색의 삶과 생각'(2013)

이익형(李益炯) LEE Ik Hyung

(생)1964·1·30 (출)경북 상주 (주)서울특별시 종로구 김상옥로 29 SGI서울보증(주) 감사실(02-3671-7002) (학)1982년 경북사대부고졸 1987년 경북대 행정학과졸 2004년 미국 뉴욕주립대 대학원 행정학과졸 (경)1990년 행정고시 합격(34회) 1992년 체신부 통신진흥과 행정사무관 1992~2000년 감사원 제4국 제3과·공보담당관실·제7국 제6과·제5국 제3과 부감사관 2000~2007년 同제4국 제5과·제5국 제3과·심사2담당관실·특별조사국 총괄팀 감사관 2007년 同기획홍보관리실 혁신인사담당관 2008년 대통령 민정2비서관실 행정관 2009년 감사원 사회·문화감사국 제4과장 2009년 同사회·문화감사국 제4과장(부이사관) 2010년 同재정·경제감사국 제1과장 2011년 同전략과제감사단장(일반직고위감사공무원 나급) 2012년 同특별조사국장 2012년 국방대학원 교육파견(고위감사공무원) 2014년 감사원 대변인 2015년 同재정·경제감사국장 2015년 同기획조정실장(일반직고위감사공무원 가급) 2017년 同공직감찰본부장 2017~2018년 同제1사무차장 2018년 SGI서울보증 상근감사위원(현) (상)대통령표창(2006)

이익환(李益煥) LEE Ik Hwan (七峰)

(생)1943·2·6 (본)고성(固城) (출)전남 나주 (주)서울특별시 서대문구 연세로 50 연세대학교 영어영문학과(02-2123-2300) (학)1963년 서울고졸 1968년 서울대 영어교육과졸 1971년 同교육대학원 영어교육과졸 1979년 언어학박사(미국 텍사스대) (경)1979년 중앙대 영어교육과 조교수 1981~1987년 연세대 영어영문학과 부교수 1984·1994년 미국 하버드대 방문교수 1984년 미국 Baron's社 세계인명사전(Who's Who in the World)에 수록 1985~2016년 미국 하버드대 한국언어학국제학술대회 조직위원 1987~2008년 연세대 영어영문학과 교수 1992~2002년 한국언어학회 편집위원장·편집위원 1994년 미국 인디애나대 초청교수 1995년 연세대 교무차장 1996년 同대학원 교학처장 1996~1999년 한국인지과학회 부회장·회장 1999~2001년 연세대 문과대학장 2002년 同언어정보개발연구원장 2002년 미국 Baron's社 선정 '아시아 500인' 인명록에 등재 2002~2004년 한국언어학회 회장 2002년 일본영어학회 편집자문위원(현) 2004~2006년 한국영어학회 회장 2004~2008년 제18차 세계언어학자대회 조직위원장 2008년 연세대 영어영문학과 명예교수(현) 2008~2014년 상명대 영어교육과 석좌교수 2010~2011년 한국하버드옌칭학회 회장 2011~2019년 (사)행촌학술문화진흥원 이사장 2013~2014년 세계언어학자총회 집행위원 2014·2018년 同부회장(현) 2018년 세계환단학회 회장(현) (상)대우재단 우수논문상, 연세대 우수강의교수상(2005), 서울대 사대동창회 자랑스런동문상(2005), 근정포장(2008) (저)'현대의미론' '의미론개론' '현대영어학개관' '영어학개론' '영어의미론' '영어 결과문의 사건의미론적 분석 및 응용'(2013) (역)'화용론' '의미와 문법' (종)천주교

이익훈(李翊勳) LEE Ik Hoon

(생)1961·2·15 (본)성주(星州) (출)충북 영동 (주)대전광역시 서구 계룡로 314 대전일보 마케팅본부(042-251-3311) (학)1979년 세광고졸 1986년 충남대 영어영문학과졸 2016년 한남대 대학원 언론홍보광고학과졸 (경)1988년 대전일보 입사 1999년 同정치부 기자·정치행정부 차장대우 2000년 同정치행정부 차장 2001년 同사회부 차장 2002년 同제2사회부 부장대우 2003년 同편집부장 2006년 同편집팀장 겸 편집1부장 2006년 同교육문화체육부장 겸 교육팀장 2008년 同뉴미디어팀장(부장급)

2008년 同편집국 뉴미디어팀 부국장 2009년 同편집국 교육섹션팀장(부국장대우) 2010년 同광고국장(부국장대우) 2010년 同편집국장 2010년 同CS마케팅국장 2011~2013년 한국ABC협회 이사 2011~2013년 한국신문협회 광고협의회 이사 2011~2013년 同판매협의회 이사·부회장 2013년 대전일보 문화사업국장 2016년 同논설위원실장 2018년 同논설위원실장(이사) 2019년 同마케팅본부장(이사)(현) 2019년 연합뉴스 대전충남취재본부 콘텐츠자문위원(현)

이익훈(李翊勳) LEE Ik Hoon

(생)1962·7·13 (출)경북 의성 (주)경기도 고양시 일산서구 중앙로 1640 일산서부경찰서(031-839-7321) (학)1980년 경북 의성공고졸 1987년 동의대 사학과졸 2002년 연세대 행정대학원 사법행정학과졸 (경)2011년 경북 군위경찰서장 2013년 경찰교육원 교무과장 2014년 서울지방경찰청 서울지하철경찰대장 2015년 서울 동작경찰서장 2016년 경찰청 항공과장 2017년 서울지방경찰청 청문감사담당관 2019년 경기 일산서부경찰서장(현)

이익희(李益熙) Lee, Eek Hee

(생)1960·9·11 (출)충남 당진 (주)경기도 군포시 엘에스로 163 LS글로벌 임원실(070-4355-1005) (학)영동고졸, 고려대 통계학과졸, 한국외국어대 대학원 무역학과졸, 미국 워싱턴주립대 대학원졸(MBA) (경)LG전선(주) 경영진단팀장, 同경영기획실장 2005년 同경영혁신부문장(이사) 2005년 LS전선(주) 경영혁신부문장(이사) 2007년 同공조사업부장(상무) 2008년 LS엠트론(주) 공조사업부 상무 2010년 同공조사업부 전무 2012년 同CF사업부장(전무) 2013년 JS전선(주) 최고운영책임자(COO) 2014년 同대표이사 2015년 LS엠트론(주) 경영관리본부장 겸 CFO(부사장) 2017년 LS글로벌 대표이사 부사장(CEO)(현)

이익희(李翼熙)

(생)1960·12·17 (출)경북 청도 (주)강원도 원주시 건강로 32 국민건강보험공단 기획상임이사실(033-736-1100) (학)1979년 대구 경원고졸 1988년 경북대 지리학과졸 (경)1987년 청도군의료보험조합 입사 2000~2008년 국민건강보험공단 대구지역본부 부장·대구동부지사 부장·청송지사장 2008년 同구미지사장 2009년 同재정관리실장 2010년 同기획조정실장 2012년 同대구북부지사장 2014년 同재정누수클린업추진단장 2015년 同경인지역본부장 2017년 同대구지역본부장 2018년 同부산지역본부장 2018년 同기획상임이사(현) (상)의료보험연합회장표창(모범직원)(1990·1997), 국무총리표창(국민보건향상 기여)(2011)

이익희(李翼熙) Lee, Ricky

(생)1965·3·25 (주)대전광역시 서구 청사로 189 특허심판원(042-481-8672) (학)1987년 서울시립대 행정학과졸 2003년 충남대 특허법무대학원 법학과졸 (경)2012~2014년 특허청 상표심사관·이의신청심사관 2015년 同상표심사정책과 서기관 2016~2017년 同특허심판원 심판관 2017~2018년 국립외교원 파견 2018년 특허심판원 심판1부 심판관 2019년 특허청 상표심사3과장 2019년 특허심판원 심판관(현)

이 인(李 仁) LEE In

(생)1949·2·5 (본)전주(全州) (주)대전광역시 유성구 대학로 291 한국과학기술원 기계항공해양시스템공학부 항공우주공학과(042-350-3717) (학)1972년 서울대 항공공학과졸 1979년 同대학원 항공공학과졸 1986년 공학박사(미국 스탠퍼드대) (경)1972~1976년 공군사관학교 교관 1976~1982년 국방과학연구소 선임연구원 1986~1987년 미국 NASA 연구원 1987~2014년 한국과학기술원 기계항공해양시스템공학부 항공우주공학과 조교수·부교수·교수 2002년 한국항공우주학회 부회장 2005년 한국과학기술한림원 정회원(현) 2006~2007년 한국항공우주학회 회장, 영국항공학회 석학회원(현) 2008년 중국 난징항공항천대(NUAA) 명예교수(현) 2011년 한국공학한림원 기계공학분과 정회원(현) 2011년 미국항공우주학회(AIAA) 석학회원(현) 2011~2013년 국가우주위원회 위원 2012~2014년 한국과학기술원(KAIST) 인공위성센터 소장 2014년 同기계항공해양시스템공학부 항공우주공학과 명예교수(현) 2016년 에티오피아 국립아디스아바바대 과학기술원장 2019년 한국항공우주산업(주) 사외이사(현) (상)중국 우의상(友誼賞)(2011)

이인걸(李仁杰)

(생)1973·11·20 (출)서울 (주)서울특별시 서초구 서초대로 274 3000타워 7층 701호 법무법인 다전(02-3474-2900) (학)1992년 노원고졸 1997년 연세대 법학과졸 (경)2000년 사법고시 합격(42회) 2003년 사법연수원 수료(32기) 2003년 수원지검 검사 2005년 대구지검 안동지청 검사 2007년 대구지검 검사 2009년 서울중앙지검 검사 2012년 대검찰청 검찰연구관 2014~2016년 대전지검 검사 2016~2017년 김앤장법률사무소 변호사 2017~2018년 대통령 반부패비서관실 특별감찰반장 2019년 법무법인 다전 대표변호사(현) (상)검찰총장표창(2008), 국무총리표창(2010)

이인권(李仁權) LEE In Gweon

(생)1957·5·18 (출)충남 금산 (학)1978년 전남대 문리대학졸 2003년 국제디자인대학원대 뉴비전과정 수료 2006년 예원예술대 문화예술대학원졸 (경)1982년 예편(공군 중위) 1982~1988년 중앙일보 문화사업국 실무수석 1988~1996년 국민일보 창간요원·문화사업부장 1996~1998년 문화일보 문화사업국 부장 1998·1999년 ASEM 아시아·유럽젊은지도자회의(AEYLS) 한국대표 1998~2001년 경기문화재단 수석전문위원 겸 문예진흥실장 1998~2000년 정부산하 지방자치국제화재단 지자체 교육위원 1999년 외교통상부 국제회의자문위원 1999년 수원화성국제연극제 자문위원 2003~2015년 한국소리문화의전당 대표(CEO) 2003~2014년 예원예술대 겸임교수·객원교수 2003~2007년 한국공연예술경영인협회 이사 2003~2015년 한국문화예술회관연합회 부회장 2003년 지방자치단체 문화예술분야 자문위원·평가위원·교육위원 2003년 언론칼럼니스트 겸 문화커뮤니케이터(현) 2003~2016년 전주세계소리축제조직위원회 부위원장 겸 상임위원 2007~2015년 한국공연예술경영인협회 부회장 2007년 문화관광부 문화중심도시추진기획단 자문위원 2008년 同'문화로 모시기 운동' 홍보 컨설턴트 2008~2011년 아시아문화예술진흥연맹(FACP) 부회장 2011~2015년 한국문화예술회관연합회 호남·제주지회장 2012~2015년 국립극장 운영심의위원 2015년 예술의전당 국가인적자원개발콘서시엄 운영위원 2016~2017년 (사)한국언론사협회 문화예술위원장 2016~2017년 (사)과천축제 이사 2016년 (주)모젠스랩 경영컨설턴트 2016년 문화경영미디어컨설팅 대표(현) 2017년 대한제국선포120주년기념 재현행사 '대한의 시작 그날' 집행위원회 자문위원 2017년 인터넷언론 논설위원단장·논설위원장·긍정성공 강연가(현) (상)문화관광부장관표창(2003·2004·2007·2010·2014), 한국공연예술경영인협회 제1회 공연예술경영상 공로상(2008), 행정자치부장관표창(2009), 제6회 공연예술경영상 대상(2013), 창조경영인대상(2015), 글로벌기부문화공헌대상(2016), 대한민국교육공헌대상(2016), 대한민국 베스트브랜드 대상 퍼스널부문(2017) (저)영·한 에세이집 '65세의 영국 젊은이'(1995) '초라한 출세보다 화려한 성공을 꿈꾼다'(2001) '영어자기 스타일로 도전하라'(2002) '공연예술의 무대기획'(2003) '석세스 패러다임 70'(2004) '21세기 아트센터의 예술경영 리더십'(2006) '경쟁의 지혜'(2008) '예술의 공연 매니지먼트'(2009) 'Softer 감성

& 성공 Smarter'(2010) '영어로 만드는 메이저리그 인생'(2012) '프로필 칼럼집 – 긍정으로 성공하라'(2014) '문화예술 리더를 꿈꿔라'(2015) '긍정으로 성공하라'(2017) '공연기획 코디네이션의 이해'(共)(2018) (종)기독교

이인규(李仁圭) LEE In Kyoo

(생)1936·4·1 (출)서울 (주)서울특별시 관악구 관악로 1 서울대학교 생명과학부(02-880-6699) (학)1960년 서울대 식물학과졸 1962년 同대학원 식물학과졸 1968년 이학박사(일본 홋카이도대) (경)1963~2001년 서울대 생물학과 강사·조교수·부교수·교수 1977년 문교부 동식물도감 편찬위원 1993~1995년 서울대 자연과학대학장 1993년 국제조류학회 이사 1993년 교육부 기초과학심사평가위원장 1993년 전국자연과학대학장협의회 회장 1993년 한국생물다양성협의회 회장 1994~2000년 자연보호중앙협의회 회장 1995년 국방부 정책자문위원 1995년 문화재위원회 위원 1995~1997년 한국조류학회 회장 1995년 한국과학기술한림원 종신회원(현) 1997~2000년 한국생물과학협회 회장 1999~2006년 아세아태평양국제조류학회 회장 2001년 서울대 생명과학부 명예교수(현) 2001~2002년 국립환경연구원 생물다양성센터장 2002년 한나라당 이회창 대통령후보 정책자문단 공동대표 2003년 문화재위원회 천연기념물분과위원장 2009~2013년 同위원장 2009~2011년 同세계유산분과위원장 겸임 2013년 문화재청 미래를위한국가유산자문위원회 위원 (상)대한민국과학기술상 대통령표창(1995), 과학기술우수논문상(1996), 옥조근정훈장(2001), 미국조류학회 Award of Excellence(2001), 대한민국문화유산상 학술부문 대통령표창(2006) (저)'21세기 과학의 포커스'(1995) '과학과 신앙'(1997)

이인규(李仁珪) Lee, In-Kyu

(생)1961·9·2 (주)서울특별시 성북구 정릉로 77 글로벌인문·지역대학 영어영문학부(02-910-4371) (학)1983년 서울대 영문학과졸 1985년 同대학원 영문학과졸 1994년 영문학박사(서울대) (경)1994년 국민대 문과대학 영어영문학과 전임강사·조교수·부교수·교수, 同글로벌인문·지역대학 영어영문학과 교수(현) 2003년 건설교통부 출제위원 2006년 국민대 신문방송사 주간 2015년 同문과대학장 겸 문예창작대학원장 2017년 同글로벌인문·지역대학장 겸 대학원장 (저)'채털리 부인의 연인'(2003) '현대영미소설의 이해'(2005) '서양의 고전을 읽는다'(2006) '영미명작, 좋은 번역을 찾아서2'(2007)

이인규(李仁揆) LEE In Gyu

(생)1963·10·17 (출)경북 문경 (주)인천광역시 미추홀구 소성로163번길 17 인천지방법원 총무과(032-860-1169) (학)1982년 영동고졸 1986년 고려대 법학과졸 (경)1989년 사법시험 합격(31회) 1992년 사법연수원 수료(21기) 1995년 서울지법 판사 1998년 同동부지원 판사 1999년 대전지법 논산지원 판사 2000년 대전고법 판사 2003년 서울고법 판사 2004년 대법원 재판연구관 2006년 서울서부지법 판사 2007년 춘천지법 부장판사 2008년 의정부지법 고양지원 부장판사 2010년 서울서부지법 제1형사부 부장판사 2012년 서울중앙지법 부장판사 2015년 서울서부지법 부장판사 2017년 광주지법 부장판사 2019년 인천지법 부장판사(현)

이인기(李仁基) Lee in ki

(생)1953·2·26 (출)경북 칠곡 (주)경상북도 칠곡군 왜관읍 중앙로 237 이인기법률사무소(054-971-0015) (학)1972년 대구 계성고졸 1978년 서울대 법학과졸 (경)1982년 사법시험 합격(24회) 1984년 사법연수원 수료(14기) 1985~1990년 대구 수성경찰서 수사과장·서울시경 민생치안기획단 근무(경정) 1990년 변호사 개업 1992년 대구·경북지방경찰청 고문변호사 2000년 제16대 국회의원(칠곡, 한나라당) 2001~2002년 한나라당 원내부총무 2003년 同당기위원회 부위원장 2004년 제17대 국회의원(고령·성주·칠곡, 한나라당·무소속) 2006~2007년 국회 2012여수세계박람회유치특별위원장 2008~2012년 제18대 국회의원(고령·성주·칠곡, 무소속·한나라당·새누리당) 2008~2010년 한나라당 인권위원장 2008년 국회 기후변화대책특별위원회 위원장 2008년 국회 행정안전위원회 위원 2009년 한나라당 경북고령·성주·칠곡당원협의회 위원장, 한·덴마크의원친선협회 회장, 농업회생을위한국회의원모임 공동대표, 아시아의회총회(APA) 환경소위원회 위원장 2009년 한국지구환경의원연맹 회장 2010~2011년 한나라당 경북도당 위원장 2011~2012년 국회 행정안전위원장 2016년 변호사 개업(현) (저)자서전 '누가 고난을 두려워하랴'

이인기(李仁基)

(생)1960·5·15 (주)서울특별시 중구 통일로 120 NH농협카드 임원실(02-2080-5114) (학)1979년 목포고졸 1986년 전남대 경영학과졸 (경)1986년 농협중앙회 입사 2008년 同구로지점장 2010년 同카드회원추진부 단장 2011년 同공공금융부 단장 2012년 同안산시지부장 2014년 同카드회원사업부장 2015년 NH농협은행 전남영업본부장(부행장보) 2017년 NH농협카드 대표이사 사장(현)

이인람(李引籃)

(생)1956·7·17 (출)충남 서천 (주)서울특별시 서초구 반포대로 112 장생빌딩 5층 법무법인 창조(02-588-4411) (학)1975년 경기고졸 1978년 한양대 법대 법학과졸 1982년 同행정대학원졸, 고려대 언론대학원 최고위언론과정 수료, 연세대 경제대학원 경제과정 수료, 건국대 행정대학원 세무행정학과졸 (경)1980년 軍법무관 임용시험 합격(4회) 1981년 사법연수원 수료(11기) 1981년 사단 법무참모 1985년 육군 고등군사법원 군판사 1987년 국방부 고등군사법원 군판사 1990년 2군단 법무참모 1991년 변호사 개업 1995년 미국 워싱턴대 연수 1999~2014년 법무법인 창조 대표변호사 2004년 민주사회를위한변호사모임 부회장 2004년 의문사진상규명위원회 위원 2005~2008년 국방부 과거사진상규명위원회 민간위원 2006~2009년 KBS 이사 2010년 진실화해를위한과거사정리위원회 비상임위원 2014년 법무법인 창조 변호사(현) 2018년 대통령직속 군사망사고진상규명위원회 위원장(현)

이인범(李仁範) LEE In Beom

(생)1955·8·25 (출)서울 (주)경상북도 포항시 남구 청암로 77 포항공과대학교 화학공학과(054-279-2274) (학)1977년 연세대 화학공학과졸 1979년 한국과학기술원(KAIST) 대학원 화학공학과졸 1987년 화학공학박사(미국 퍼듀대) (경)1979~1988년 한국과학기술연구원(KAIST) 연구원 1979~1982년 미국 퍼듀대 Post Doc. 1988년 포항공과대 화학공학과 조교수·부교수·교수(현) 1989년 한국화학공학회 이사·평의원 1991년 제어자동화시스템공학회 이사·평의원 1998~2006년 공정산업의기능자동화연구센터 소장 2000년 포항공과대 환경연구소장 2000~2004년 同환경공학부장 2003년 한국공학한림원 정회원(현) 2004~2005년 미국 캘리포니아대 어바인교 방문교수 2008년 포스텍 이산화탄소연구소장(현) 2008~2009년 경북도 녹색성장위원회 위원 2009~2011년 대통령직속 녹생성장위원회 위원 2012~2015년 포항공과대 교무처장 (상)화학공학회 범석논문상, 화학공학회 박선원학술상(2013), 지식창조대상(2014) (저)'화학공정최적화' (역)'신재생에너지'(2014) (종)기독교

이인복(李仁福 · 女) LEE In Bok (마리아)

(생)1937 · 6 · 20 (본)청주(淸州) (출)인천 (주)서울특별시 종로구 평창문화로 92 나자렛성가회(02-391-3086) (학)1956년 인천 박문여고졸 1960년 숙명여대 국어국문학과졸 1978년 국문학박사(숙명여대) 2001년 한국가톨릭교리신학원졸 2004년 꽃동네현도사회복지대 사회복지과졸 (경)1960~1966년 효명실업고 교사 1967~1970년 동신고 · 영훈고 교사 1971~1976년 말레이시아 싸인즈국립대 조교수 1977~1978년 서울대 어학연구소 연구원 1978~2003년 가족폭력피해여성쉼터 나자렛성가회 원장 1980~2002년 숙명여대 국어국문학과 조교수 · 부교수 · 교수 1989~1996년 同아세아여성문제연구소장 · 박물관장 · 평생교육원장 1989년 사회복지법인 나자렛성가회 대표이사 1995~1999년 한국문학평론가협회 회장 1997~1998년 숙명국어국문학회 대표이사 1999~2001년 한국문학비평가협회 회장 1999~2001년 숙명문학인회 회장 2000년 사회복지법인 나자렛성가회 이사장(현) 2002년 숙명여대 명예교수(현) 2004~2005년 성매매피해여성쉼터 나자렛성가정공동체 원장 2013~2017년 나자렛동두천성가원 원장 겸 이사장 2014년 평신도기도공동체 요셉의집 대표(현) (상)동보문학상(1987), 대한민국 문학상(1989), 오늘의여성상(1990), 한국문학비평가협회 문학상(2002), 국제 소롭티미스트 탁월한 여성상(2003), 숙명문학인상(2004), 서울사랑시민상(2005), 숙명여대 창립 100주년 오늘의 숙명인상(2005), 제5회 유관순상(2006), YMCA한국 여성지도자상(2008) (저)'한국문학에 나타난 죽음의식의 사적 연구' '하느님을 체험한 성서의 여인들'(1987) '슬픔이 있는 곳에 기쁨을'(1989) '죽음과 구원의 문학적 성찰'(1989) '고통이 있는 곳에 행복을'(1991) '문학의 이해'(1994) '현대문학특수주제 연구'(1995) '막내딸의 혼인날'(1998) '우리 시인들의 방황과 모색'(2001) '우리 작가들의 번뇌와 해탈'(2002) '평화가 있는 곳에 행복이'(2007) '우리들 인생의 깔딱고개 이야기'(2010) '108그리움과 36의 꿈'(2011) '예수님의 눈물'(2011) (역)'죽는이와 남는이를 위하여'(1978) '죽음과 임종에 관한 의문과 해답'(1981) '치유를 위한 복음의 열쇠'(1990) '미사를 통한 치유'(1991) '사막의 영성 뿌스띠니아'(1993) '카톨릭은 왜 좋은가'(1994) '죽기 전에 해야할 열가지 일'(1995) '좋은 사람에게 나쁜 일이 일어날 때'(1996) '타협 없는 복음생활'(1997) '하느님 사랑의 예술'(1997) '예수님은 언제오시나'(2000) '그리스도 안에서'(2003) '예수 그리스도 수난의 시간' '구마에 대한 고찰' '현실에 경계를 넘어' '성령으로 힘을 얻어' '성령의 용어집'(2008) (종)가톨릭

이인복(李仁馥) LEE In Bok

(생)1956 · 8 · 5 (출)충남 논산 (주)서울특별시 서초구 서초중앙로24길 27 법무법인 한누리(02-537-7511) (학)1978년 서울대 법대 법학과졸 1980년 同대학원 법학과 수료 (경)1979년 사법시험 합격(21회) 1981년 사법연수원 수료(11기) 1981년 해군 법무관 1984년 서울민사지법 판사 1986년 서울지법 동부지원 판사 1989년 제주지법 판사 1991년 서울고법 판사 1993년 헌법재판소 파견 1995년 서울지법 판사 1996년 창원지법 진주지원 부장판사 1997년 同진주지원장 1998년 사법연수원 교수 2001년 서울지법 부장판사 2003년 대전고법 부장판사 2005년 서울고법 부장판사 2010년 춘천지법원장 2010년 강원도선거관리위원회 위원장 2010~2016년 대법원 대법관 2013~2016년 중앙선거관리위원회 위원장 2013년 세계선거기관협의회(A-WEB) 초대 의장 2016~2018년 사법연수원 석좌교수 2019년 법무법인 한누리 고문변호사(현)

이인상(李仁相)

(생)1965 · 4 · 13 (주)서울특별시 종로구 사직로8길 31 서울지방경찰청 외사과(02-700-6200) (학)1983년 부산 배정고졸 1988년 경찰대 법학과졸(4기) 2001년 연세대 행정대학원 사법공안과졸 (경)1992년 서울지방경찰청 제101경비단 소대장 · 훈련계장 1994년 대통령경호실 종합상황실 파견 1997년 서울 성북경찰서 조사계장 · 서울 강남경찰서 기동순찰대장 1999년 2002월드컵축구대회조직위원회 안전담당관 2004년 APEC 경호안전통제단 근무 2005년 서울 관악경찰서 · 양천경찰서 · 서대문경찰서 정보과장 2008년 경찰청 정보국 정보3과 근무 2010년 국무총리 민정비서관실 파견 2012년 부산지방경찰청 생활안전과장 2012년 강원 홍천경찰서장 2014년 서울지방경찰청 외사과장 2015년 서울 성북경찰서장 2016년 경찰청 생활질서과장 2017년 서울지방경찰청 외사과장(현)

이인석(李仁碩) LEE, Insuk

(생)1961 · 4 · 8 (출)부산 (주)서울특별시 마포구 백범로 35 서강대학교 경영학과(02-705-8707) (학)1985년 서강대 경영학사 1988년 미국 조지워싱턴대 경영학석사 1992년 미국 코넬대 경영학박사 (경)1993~1994년 The George Washington Univ. SGBA Assistant Visiting Professor 1995년 서강대 경영학과 교수(현) 2004~2006년 산업기술연구회(KOCI) 기획평가위원 2010~2013년 서울지방노동위원회 공익위원 2014년 중앙노동위원회 공익위원(현) 2018년 한국수출입은행 자문평가위원(현) 2018년 에이스에퀘티파터너스 리스크관리위원(현) 2018년 알바트로스 인베스트먼트 사외이사(현) (저)'인사조직 용어사전' '조직행동이론'(2014, 시그마프레스) (역)'해방경영(共)'(1994, 한국경제신문사) (종)천주교

이인선(李仁善 · 女) LEE In Seon

(생)1959 · 5 · 2 (출)대구 (주)대구광역시 동구 팔공로 227 대구경북경제자유구역청 청장실(053-550-1502) (학)1977년 경북여고졸 1982년 영남대 식품영양학과졸 1984년 同대학원졸 1988년 이학박사(영남대) (경)1992~2011년 계명대 식품가공학과 조교수 · 부교수 · 교수 1993년 일본 京都大 식품공학과 객원연구교수 1995~1997년 일본 국립의약품식품위생연구소(NIHS) 방문교수 2001~2002년 계명대 자연과학연구소장 2001~2007년 同전통미생물자원연구센터장 2003~2005년 국가과학기술위원회 위원 2004~2007년 (재)대구테크노파크 신기술사업단장 2006~2007년 국가과학기술자문회의 자문위원 2007년 지식경제부 산업기술발전위원회 위원 2007~2011년 대구경북과학기술원 원장 2010~2012년 지식경제부 지식경제R&D전략기획단 비상근단원 2010~2011년 교육과학기술부 지방과학기술진흥자문위원회 위원 2010~2012년 한국연구재단 광역경제권선도산업인재양성사업위원회 위원 2010~2012년 한국과학창의재단 이사 2011년 계명대 대외협력부총장 2011년 경북도 정무부지사 2014~2015년 同경제부지사 2016년 새누리당 대구수성구乙당원협의회 운영위원장 2016년 제20대 국회의원선거 출마(대구 수성구乙, 새누리당) 2017년 새누리당 대구수성구乙당원협의회 조직위원장 2017년 자유한국당 대구수성구乙당원협의회 운영위원장 2017년 대구경북경제자유구역청장(현) (상)국제소화기암학회 젊은 과학자상(1996), 국제푸드팩터학회 학술상(1999), 대구시 목련상(2004), 과학기술훈장 도약장(2011), 산업통상자원부장관표창(2013) (저)'식품영양실험핸드북'(2000) '농산물저장유통핸드북'(2000) '자세히 쓴 식품위생학'(2006) '세상을 향해 별을 쏘다'(2012) (종)기독교

이인선(李仁善) LEE In Sun

(생)1961 · 11 · 1 (출)서울 (주)서울특별시 서대문구 통일로 97 경찰위원회(02-3150-3117) (학)1980년 동국대사대부고졸 1985년 경찰대 행정학과졸(1기) 2009년 연세대 행정대학원 경찰사법행정학과졸 (경)1985년 경찰 임용(경위) 1999년 경찰청 기획계장 2004년 강원 양구경찰서장(총경) 2005년 강원 평창경찰서장 2006년 경찰청 교육과장 2007년 서울중부경찰서장 2008년 서울지방경찰청 홍보담당관 2009년 경찰청 인사과장 2010년 인천지방경찰청 차장(경무관) 2010년 경찰청 기본과원칙구현추진단장 2011년 경찰수사연수원 원장 2012년 경찰청 경무국장(치안감) 2012년 인천지방경찰청장 2013~2014년 경찰청 차장(치안정감) 2018년 경찰위원회 상임위원(현)

이인섭(李仁燮)

(생)1960·12·18 (출)충북 제천 (주)경상남도 진주시 동진로 430 중소벤처기업진흥공단 경영관리본부(055-751-9501) (학)1979년 제천고졸 1981년 경기공업전문대학 공업화학과졸 1994년 한국방송통신대 행정학과졸 2008년 배재대 대학원 국제경영학과졸 (경)1988년 국방부 인사국 주사보 1990년 상공부 무역위원회 근무 1993년 통상산업부 중소기업국 근무 1996년 중소기업청 기술국 근무 1999년 同대전·충남지방사무소 행정사무관, 同경영지원국 판로지원과 행정사무관 2005년 서기관 승진 2006년 중소기업청 기업성장지원국 공공구매지원과장 2006년 同성장지원본부 공공구매지원단장 2008년 同기획조정관실 창의혁신담당관 2009년 전북지방중소기업청장 2010년 중소기업청 감사담당관 2011년 同운영지원과장(부이사관) 2012년 국방대 교육파견 2013년 중소기업청 소상공인정책국 소상공인정책과장 2014년 대전·충남지방중소기업청장 2017년 대전·충남지방중소벤처기업청장 2018년 중소기업진흥공단 경영관리본부장(상임이사) 2019년 중소벤처기업진흥공단 경영관리본부장(상임이사)(현)

이인성(李仁誠) LEE In Sung

(생)1957·10·9 (주)강원도 원주시 연세대길 1 연세대학교 원주캠퍼스 정경대학 국제관계학과(033-760-2330) (학)1976년 경복고졸 1980년 연세대 정치외교학과졸 1983년 同대학원 정치외교학과졸 1990년 정치학박사(미국 텍사스 오스틴대) (경)1990년 미국 컬럼비아대 해리만 소련문제연구소 연구위원 1991년 러시아 과학아카데미 IMEMO연구소 객원연구위원 1992~1995년 연세대·중앙대·아주대·경희대 강사 1995년 연세대 원주캠퍼스 정경대학 국제관계학과 조교수·부교수·교수(현) 1998년 한국슬라브학회 이사 2003년 연세대 매지방송국 주간 겸 학보 주간 2006년 同교무처장 2008년 同정경대학장 겸 정경대학원장 2010년 同동아시아국제학부장 2012~2014년 同원주캠퍼스 부총장 (저)'세계정치의 쟁점과 이해'(1993) '21세기 세계화 체제의 이해'(2009, 아카넷) (종)기독교

이인숙(李仁淑·女) LEE In Sook

(생)1954·8·28 (주)서울특별시 종로구 대학로 103 서울대학교 간호대학 간호학과(02-740-8807) (학)1977년 서울대 간호학과졸 1983년 同대학원졸 1990년 보건학박사(서울대) (경)1992년 춘천전문대학 조교수 1996~2019년 서울대 간호대학 간호학과 조교수·부교수·교수 2007년 同간호대학 부학장 2010~2012년 임상건강증진학회 부회장 2010년 한국방문건강관리학회 회장 2010~2014년 한국재난간호학회 부회장 2011~2012년 서울대 간호대학장 2012년 한국지역사회간호학회 회장 2013년 한국건강증진개발원 비상임이사 2014~2015년 한국지역사회간호학회 국제학술대회(ICCHNR) 조직위원장 2015년 한국산림복지위원회 설립위원 2016~2017년 한국간호과학회 회장 2016~2017년 한국건강증진개발원 이사, 세계지역사회간호학회 기획재정위원장 2019년 서울대 간호대학 간호학과 명예교수(현)

이인식(李仁植) LEE In Shik

(생)1951·2·24 (본)전주(全州) (출)인천 (주)서울특별시 서초구 남부순환로 2433-7 서전빌딩 201호 한국여성경제진흥원(02-3486-7500) (학)1970년 서울고졸 1979년 서울대 경영학과졸 1989년 미국 캘리포니아주립대 대학원 경영학과졸(NBA) (경)1977년 행정고시 합격(21회) 1978년 국세청 근무 1984년 경제기획원 공정거래실 근무 1995년 통계청 통계분석과장 1997년 국무총리실 세계화추진기획관 파견 1997년 재정경제원 국세심판소 조사관 1998년 기획예산위원회 정부개혁실 과장 1999년 기획예산처 정부개혁처 정부개혁실 행정1팀장 1999년 同정부개혁실 개혁기획팀장 2001년 同예산실 국방예산과장 2002년 同총무과장(부이사관) 2003년 해외 직무훈련(미국 스탠포드대) 2005년 부패방지위원회 홍보협력국장 2005년 기획예산처 예산실 경제예산심의관 2005년 여성가족부 기획관리실장(정책홍보관리실장) 2008~2009년 여성부 차관 2009년 (재)한국여성경제진흥원 원장(현) 2016년 (사)다문화교류네트워크 이사장(현) (상)대통령표창(1990), 홍조근조훈장(2001·2005), 황조근조훈장(2012) (저)'경제일지'(1995) (종)기독교

이인실(李仁實·女) YI In Sill

(생)1956·7·23 (출)서울 (주)서울특별시 마포구 백범로 35 서강대학교 경제대학원(02-705-8503) (학)1975년 경기여고졸 1979년 연세대 지질학과졸 1981년 同대학원 경제학과졸 1991년 경제학박사(미국 미네소타대) (경)1991~1992년 연세대·서울여대·한국외국어대·고려대·중앙대 강사 1992~1999년 하나경제연구소 금융조사팀장 1996년 한국여성경제학회 부회장 1999~2003년 한국경제연구원 금융재정연구센터 소장(선임연구위원) 1999~2003년 통계청 통계위원 2000년 금융산업발전심의회 위원 2000년 공정거래위원회 정책평가위원 2000년 재정경제부 세제발전심의위원 2001년 국무총리실 정책평가위원 2001년 헤럴드경제신문 객원논설위원 2002년 대통령직속 규제개혁위원회 위원 2003년 대통령자문 정부혁신지방분권위원회 재정세제전문위원 2003~2006년 국회예산정책처 경제분석실장 2004~2007년 한국여성경제학회 회장 2006~2009·2011년 서강대 경제대학원 교수(현) 2009~2011년 통계청장 2013~2015년 서강대 대외교류처장 2013년 대학구조개혁위원회 위원 2014~2015년 법무부 정책위원회 위원 2019년 한국경제학회 회장(현) (상)산업포장, 여성신문미지여성상, 제45회 전국여성대회 여성1호상(2009), 자랑스런 연세상경인상 사회·봉사부문(2010), 서강경제대상(2017) (저)'무엇이 내 인생을 가치있게 만드는가'(2013, FKI미디어)

이인실(李仁實·女) LEE IN SIL

(생)1961·1·20 (출)부산 (주)서울특별시 서초구 반포대로 112 장생빌딩 6층 청운국제특허법인(02-3474-3344) (학)1983년 부산대 불어불문학과졸 1995년 프랑스 로베슈맹법과대학원(CEIPI)졸 2001년 이화여대 대학원 법학과졸 2005년 법학박사(미국 워싱턴대) 2011년 법학박사(고려대) (경)1985~1994년 김앤장법률사무소 근무 1995년 프랑스 Cabinet Lavoix 특허사무소 근무 1996년 청운국제특허법인 대표변리사(현) 1996~2001년 한국여성변리사회 회장 1998년 특허청 산업재산권분쟁조정위원회 위원 1998년 한국발명진흥회 지적재산권연구센터 비상임연구원 1999~2005년 국제산업재산권보호협회(AIPPI) 한국협회 상임이사 1999~2005년 특허청 특허정책평가위원회 위원 2002년 전자거래분쟁조정위원회 위원 2002년 한글인터넷주소분쟁조정위원회 위원 2008~2014년 무역위원회 비상임위원 2008년 경기도 과학기술진흥위원회 위원 2011년 국가지식재산위원회 전문위원 2011년 농림수산식품부 종자위원회 위원 2013~2017년 세계전문직여성(BPW) 한국연맹 회장 2013년 국가지식재산위원회 민간위원 2013년 同보호전문위원장 2014년 공정거래위원회 정책자문위원(현) 2015~2017년 세계전문직여성(BPW) 동아시아지역 의장 2015년 국제변리사연맹 한국협회(FICPI Korea) 회장(현) 2015년 대통령직속 규제개혁위원회 민간위원(현), 대한변리사회 부회장 2016년 새누리당 제20대 국회의원 후보(비례대표 44번), 자유한국당 당무감사위원회 위원 2018년 同6.13 전국지방선거 및 국회의원 재보선 공천관리위원회 위원 2019년 한국여성발명협회 회장(현) (상)철탑산업훈장(2015)

이인영(李寅榮) LEE In Young

(생)1953·12·11 (출)충남 서천 (주)서울특별시 종로구 창경궁로 136 (주)보령 비서실(02-708-8116) (학)1971년 성남고졸 1978년 국민대 경제학과졸 2007년 경희대 경영대학원졸 2010년 경영학박사(경희대) (경)보령제약(주) 감사실장·영업마케팅본부장·상무이사 1997년 同비서실장 1998년 (주)보령 대표이사(현) 2005~2010년 (주)보령수앤수 대표이사

이인영(李仁榮) Lee In Young

(생)1964·6·28 (출)충북 충주 (주)서울특별시 영등포구 의사당대로 1 국회 의원회관 440호(02-784-6811) (학)1983년 충주고졸 1988년 고려대 국어국문학과졸 2009년 同언론대학원 언론학과졸 (경)1987년 고려대 총학생회장 1987년 전국대학생대표자협의회 초대의장, 전국민족민주운동연합 정책실 간사, 민주주의민족통일전국연합 정치국 부국장·조직국장 1993~1997년 전대협동우회 회장 2000년 새천년민주당 당무위원 2000년 同청년위원장 2000년 同서울구로甲지구당 위원장 2002년 노무현 대통령후보 선대위 인터넷선거특별본부 기획위원장 2003년 새천년민주당 당개혁특별위원회 위원 2003년 대통령자문 동북아경제중심추진위원회 자문위원 2003년 열린우리당 중앙위원 2003년 同청소년특별위원장 2003년 한반도재단 동북아전략연구소장 2004~2008년 제17대 국회의원(서울 구로구甲, 열린우리당·대통합민주신당·통합민주당) 2008년 통합민주당 공천심사위원 2008년 민주당 서울구로구甲지역위원회 위원장 2010년 同서울시당 지방선서기획단장 2010년 同최고위원 2010년 同4대강·대운하반대특별위원회 위원장 2010년 同야권연대·연합을위한특별위원회 위원장 2010~2011년 同비정규직특별위원회 위원장 2011년 박원순 서울시장후보 상임선거대책본부장 2012년 민주통합당 최고위원 2012년 同서울구로구甲지역위원회 위원장 2012년 제19대 국회의원(서울 구로구甲, 민주통합당·민주당·새정치민주연합·더불어민주당) 2012년 민주통합당 문재인 대통령후보선거기획단 기획위원 2012년 同제18대 대통령선거 공동선거대책위원장 2013년 민주당 4대강불법비리진상조사위원회 부위원장 2014년 국회 환경노동위원회 야당간사 2014년 국회 여성가족위원회 위원 2014년 새정치민주연합 전국노동위원회 공동수석부위원장 2015년 국회 예산결산특별위원회 위원 2015년 새정치민주연합 경제정의·노동민주화특별위원회 간사 2015년 同남북관계발전및통일위원회 위원장 2015년 더불어민주당 전국노동위원회 공동수석부위원장 2015년 同경제정의·노동민주화특별위원회 간사 2016년 제20대 국회의원(서울 구로구甲, 더불어민주당)(현) 2016·2018년 국회 정보위원회 위원(현) 2016·2018년 국회 외교통일위원회 위원 2016년 더불어민주당 서울구로구甲지역위원회 위원장(현) 2017~2018년 국회 헌법개정 및 정치개혁특별위원회 간사 2017년 더불어민주당 제19대 문재인 대통령후보 중앙선거대책위원회 새로운정치위원회 위원장 2018년 국회 남북경제협력특별위원회 위원장 2019년 더불어민주당 원내대표(현) 2019년 국회 운영위원회 위원장(현) (상)제3회 대한민국을 빛낸 21세기 한국인상(2002), 제1회 박종철인권상(2003), 제9회 백봉신사상(2007) (저)'나의 꿈 나의 노래'(2007) '진보 보수 마주보기(젊은 한국을 위한 뉴코리아 플랜)'(2011) '산티아고 일기-함께 걸어갈 미래'(2011)

이인용(李仁用) RHEE In Yong

(생)1957·3·8 (본)고성(固城) (출)경북 안동 (주)서울특별시 서초구 서초대로74길 4 삼성생명서초타워 10층 사회공원위원회(02-2255-0114) (학)1976년 중앙고졸 1983년 서울대 동양사학과졸 (경)1982~1994년 MBC 입사·외신부·국제부·정치부 기자 1994년 同워싱턴특파원 1996~2000년 同보도국 뉴스데스크 앵커 1999~2001년 숙명여대 정보방송학과 겸임교수 2000년 MBC 해설위원 2002~2003년 미국 하버드대 니만펠로우 연수 2004년 MBC 통일외교부장 2005년 同보도국 부국장 2005년 삼성전자(주) 홍보팀장(전무) 2009년 삼성 미래전략실 커뮤니케이션팀장(부사장) 2012~2014년 同미래전략실 커뮤니케이션팀장(사장) 2014~2017년 삼성전자(주) 커뮤니케이션팀장(사장) 2017년 同사회공헌업무 총괄(상임고문)(현) (상)방우회 바른말 보도상(1991), 한국방송협회 한국방송대상 진행자부문(1999), 한국PR협회 올해의 PR인상(2011) (종)기독교

이인용(李仁龍) Lee In Yong

(생)1971·10·3 (본)경주(慶州) (출)경기 부천 (주)세종특별자치시 다솜로 261 국무조정실 청년정책추진단 청년정책과(044-200-2932) (학)1990년 부천고졸 2002년 연세대 전기공학과졸 (경)2004년 행정고시 합격(47회) 2004~2006년 특허청 심사관 2006~2012년 국무총리실 사무관 2012~2013년 同정무기획비서관실 서기관 2013~2017년 국무조정실 규제정보과장 2017~2019년 미국 조지아대 교육파견 2019년 국무조정실 청년정책추진단 청년정책과장(현) (상)국무총리표창(2010), 근정포장(2015) (종)기독교

이인우(李芢雨) LEE In Woo

(생)1949·7·10 (출)대구 (주)서울특별시 서초구 방배천로2길 12 사조동아원 비서실(02-789-9545) (학)1968년 경복고졸 1973년 서울대 경제학과졸 (경)1982~1984년 남우고무(주) 운영 1985~1991년 동신회계법인 근무 1992년 사조냉장(주) 감사 1996년 사조마을(주) 대표이사 1997~2004년 사조산업(주) 대표이사 사장 2004~2007년 (주)신동방 대표이사 사장 2007년 대림수산(주) 대표이사 사장 2007년 (주)사조오앤에프 대표이사 사장 2008~2015년 (주)사조해표 대표이사 사장 2008~2015년 (주)사조대림 대표이사 사장 2016~2017년 사조그룹 식품총괄사장 2016년 (주)동아원 대표이사(현) 2016년 한국제분(주) 공동대표이사 사장(현)

이인웅(李仁雄) LEE Inn Ung (寬松)

(생)1940·9·5 (본)양성(陽城) (출)충북 진천 (주)서울특별시 동대문구 이문로 107 한국외국어대학교 독일어과(02-2173-2283) (학)1959년 청주고졸 1965년 한국외국어대 독어과졸 1968년 同대학원졸 1972년 독문학박사(독일 뷔르츠부르크대) (경)1973~1982년 한국외국어대 조교수·부교수 1980년 同출판부장 1981~1993년 한독협회 문화이사 1982~2006년 한국외국어대 독일어과 교수 1984년 同기획실장 1986~1988년 중앙교육평가원 자비·국비 유학시험 출제위원 1987~1998년 교육부 국비유학자문위원회 위원 1988년 한국외국어대 교무처장 1990년 同교육대학원장 1992~1994년 한국헤세학회 초대·2대 회장 1994년 한국외국어대 통역대학원장 1994년 한국영상번역작가협회 부회장 1995~1999년 한국외국어대 총동문회 부회장 1998년 한국학술진흥재단 인문분과위원장 1999년 한국독어독문학회 회장 2002~2004년 한국외국어대 부총장 2004~2006년 충북 진천군 정책자문단 자문위원 2006년 한국외국어대 독일어과 명예교수(현) 2008~2010년 한국독일동문네트워크(ADeKo) 이사 (상)옥조근정훈장(2006) (저)'독일단편소설집(編)'(1974) '작가론 헤르만헤세(共)'(1980) '현대독일문학비평'(1988) '헤르만헤세와 동양의 지혜'(2000) '파우스트, 그는 누구인가(共)'(2006) (역)'데미안'(1974) '장미와 불의 꿈'(1974) '이별을 하고 건강하여라(共)'(1978) '발코니의 여인'(1978) '故障-방송극집'(1978) '나의 사랑 나의 슬픔 밀레나여'(1987) '황야의 이리'(1988) '꿈이 내 문을 두드릴 때'(1991) '인도여행'(1999) '파우스트-멈추어라, 너 정말 아름답구나'(2006) '젊은 베르테르의 슬픔'(2008·2017) '수레바퀴 아래서'·'데미안'(2011) '헤르만과 도로테아'(2011) '동방순례'(2013) '싯다르타'·'인도의 이력서'(2014) '카프카의 편지 : 밀레나에게'(2014) '크눌프, 황야의 이리'(2018) '수필선 : 최초의 모험'(2018) '헤세 시선'(2018) '싯다르타 / 인도의 이력서'(2019)

이인원(李寅源) LEE In Won (恒石)

(생)1937·4·29 (출)서울 (주)서울특별시 금천구 디지털로9길 47 한신IT타워 2차 14층 한국대학신문(주)(02-2223-5030) (학)양정고졸 1963년 연세대 정치외교학과졸 1971년 서울대 신문대학원졸 (경)1963~1969년 문화방송(MBC) 차장 1969년 駐미국대사관 공보원 1969~1972년 VOA 서울특파원 1973~1980년 KBS 외신부장·베이루트특파원·파리특파원·국제국장 1980~1981년 국제언론인협회 한국본부 사무총장 1982~1986년 대한조선공사 전무이사 1987년 유라통상 부사장 1987~1991년 KBS 심야토론 사회자 1991년 KBS 제작단 감사 1991년 문화일보 부사장 1992년 통일국민당 대변인 1992년 국민당 대표최고위원 홍보담당 특보 1995~1999년 문화일보(MBC) 부사장 1999년 同대표이사 부사장 1999년 현대그룹 PR사업본부 상임고문 2001년 한국대학신문(주) 회장(현) 2002년 국민통합21 당무조정실장 2002년 同중앙선대위 총무본부장 2003년 同대표대행 2006년 민주평통 상임위원 2008~2013년 울산대 초빙교수 2012~2016년 학교법인 동신교육재단 이사장 2013~2018년 광운대학교 초빙교수 2013년 한국외국어대 초빙교수(현) (상)88올림픽 유치공로훈장(1981), 한국방송대상(심야토론)(1987)

이인원(李仁遠) LEE Yin Won

(생)1952·3·7 (출)충남 서천 (주)서울특별시 관악구 관악로 1 서울대학교 농업생명과학대학 응용생물화학부(02-880-4640) (학)1974년 서울대 농생물학과졸 1979년 同대학원졸 1984년 식물병리학박사(미국 미네소타대) (경)1979~1984년 미국 미네소타대 식물병리학과 연구조교 1984~1985년 미국 메릴랜드대 화학과 박사후연구원 1986~1990년 서울대 농생물학과 조교수 1990~2017년 同응용생물화학부 부교수·교수 1990~1992년 농촌진흥청 농약연구소 겸임연구관 1995~1997년 서울대 기획실 부실장 1998년 한국연구재단 선도연구센터인 곰팡이병원성연구센터 소장, 미국 캔자스주립대 겸임교수(현) 2011년 미국 식물병리학회 Fellow 2013~2014년 국립대학법인 서울대 이사 2017년 서울대 농업생명과학대학 응용생물화학부 명예교수(현)

이인재(李仁宰) LEE In Jae

(생)1954·12·28 (본)전주(全州) (출)부산 (주)서울특별시 강남구 테헤란로 133 한국타이어빌딩 법무법인 태평양(02-3404-0334) (학)1973년 부산고졸 1977년 서울대 법대졸 1985년 同대학원졸 1987년 독일 본대 대학원 비교법학과졸 (경)1977년 사법시험 합격(19회) 1979년 사법연수원 수료(9기) 1979년 육군 법무관 1982년 서울형사지법 판사 1983년 서울민사지법 판사 1985년 서울지법 동부지원 판사 1987년 전주지법 남원지원장 1989년 광주고법 판사 1989년 서울고법 판사 1989년 헌법재판소 파견 1991년 법원행정처 인사관리심의관 1993년 부산지법 부장판사 1996년 사법연수원 교수 1998년 서울지법 부장판사 겸 법원행정처 송무국장 2000년 부산고법 부장판사 2002~2005년 서울고법 부장판사 2003년 법원행정처 사법정책연구실장 겸임 2003~2004년 사법개혁위원회 위원 2005년 서울행정법원 수석부장판사 2005년 서울고법 부장판사 2006년 인천지법원장 2008년 서울동부지법원장 2009~2010년 서울중앙지법원장 2010년 법무법인 태평양 변호사 2012~2014년 同대표변호사 2014년 同고문변호사(현) (종)불교

이인재(李仁在) in jae LEE

(생)1957·10·17 (주)강원도 원주시 흥업면 연세대길 1 연세대학교 원주캠퍼스 역사문화학과(033-760-2277) (학)1982년 연세대 사학과졸 1985년 同대학원졸 1995년 사학박사(연세대) (경)한양대·건국대 강사, 연세대 국학연구원 계약연구원, 연세대·이화여대·명지대·덕성여대·순천향대·한신대 강사, 연세대 원주캠퍼스 역사문화학과 교수(현) 2007년 同원주캠퍼스 학생복지처장 2013~2014년 同인문예술대학장 2017년 원주시 유네스코(UNESCO) 문학창의도시추진위원회 위원장(현) (저)'한국 전근대사의 주요 쟁점'(2003) '횡성금석문대관'(2004) '역주 운곡시사'(2007)

이인재(李寅宰) LEE, In-Jae (녹영)

(생)1962·1·28 (출)전북 고창 (주)세종특별자치시 정부2청사로 13 행정안전부 기획조정실(044-205-1200) (학)1981년 고창고졸 1987년 서울대 영어교육과졸 1990년 同행정대학원졸 1998년 행정학박사(미국 서던캘리포니아대) (경)1988년 행정고시 합격(32회) 1990년 공보처 해외공보관 근무 1992~1994년 駐미국 공보관보 1999년 전북도 투자통상과장 2001년 同국제협력관 2002년 同비서실장 2003년 同기획관 2005년 同문화관광국장 2006년 同투자유치국장 2007년 행정자치부 파견 2007년 同전자정부교육센터장 2008년 행정안전부 지역경제발전과장 2008년 同지역경제과장 2009년 한국지역진흥재단 파견(고위공무원) 2009년 대통령직속 지역발전위원회 지역협력국장 2010년 전북도 기획관리실장 2012년 행정안전부 자치경찰실무추진단장 2013년 안전행정부 제도정책관 2014년 同지역발전정책관 2014년 同지방행정정책관 2014년 행정자치부 지방행정실 지방행정정책관 2016년 同전자정부국장 2017년 대통령소속 지방자치발전위원회 지방자치발전기획단장 2018년 대통령소속 자치분권위원회 기획단장 2018년 행정안전부 기획조정실장(현) (상)홍조근정훈장(2013)

이인재(李寅載·女) Lee In Jae

(생)1963·10·29 (주)서울특별시 중구 세종대로 67 삼성카드(주) 디지털본부(1588-8700) (학)1982년 동덕여고졸 1986년 서울대 산업공학과졸 1988년 同대학원 산업공학과졸 1993년 미국 컬럼비아대 대학원 산업공학과졸 2002년 同대학원 경영학과졸 (경)1994년 삼성SDS 컨설팅사업팀 근무 1997년 삼성전자(주) IS기획팀 근무 1998년 루슨트테크놀로지 컨설턴트 2003년 삼성카드(주) 정보기획팀장 2010년 同경영혁신실 정보기획담당 상무 2011년 同경영혁신실장(상무) 2013년 同경영혁신실장(전무) 2015년 同디지털본부장(전무) 2018년 同디지털본부장(부사장)(현)

이인정(李仁禎) LEE In Jeong

(생)1945·6·10 (출)서울 (주)서울특별시 강남구 선릉로 806 킹콩빌딩 6층 (주)태인 비서실(02-558-3331) (학)1964년 중동고졸 1972년 동국대 상학과졸 1975년 同경영대학원 무역학과졸 1993년 서울대 경영대학원 AMP 수료 2001년 경영학박사(인천대) (경)1969년 월간「산」창간참여·기자 1980년 한국마나슬루(8156m) 등반대장 1981년 (주)우영 전무이사 1984년 (주)대륙 부사장 1988년 (주)태인 설립·대표이사(현) 1990년 태인체육장학회 설립 1990년 소련 코뮤니즘봉 등반대장 1993년 한국EVEREST등반대 단장 1993년 한국산악박물관 설립 1994년 한국산악도서관 설립 1997년 동국산악회 다울라기리원정대 단장 1997년 KSAF 가셔브룸 Ⅰ·Ⅱ봉원정대 단장 1997년 한국동계마나슬루원정대 단장 1998년 국립공원관리공단 비상근이사 1998~2002년 한국산악회 부회장 1998~2005년 대한산악연맹 부회장 1999년 민주평통 자문위원 1999~2003년 아시아산악연맹(UAAA) 사무총장, 월간「사람과 산」회장(현), 한국등산학교 교장, (사)4월회 부회장, 대한상사중재원 중재인, 駐韓네팔 명예총영사 2005·2009년 (사)대한산악연맹 회장 2009년 한·네팔친선협회 회장(현) 2009·2011·2013·2015년 아시아산악연맹(UAAA) 회장(현) 2013년 사회복지공동모금회 아너소사이어티 300호 회원(현) 2016년 대한체육회 상임이사(현), 민족화해협력범국민협의회 공동의장(현) (상)대한산악연맹 부산시연맹 금정대상(1997), 국무총리표창(1998), 자랑스러운 동국인상 체육부문(2009), 석탄산업훈장(2011), 아시아황금피켈상 평생 공로상(2015)

이인정(李仁正) Lee In Jung
(생)1961·10·23 (주)경기도 수원시 영통구 삼성로 129 삼성전자(주) 법무실 IP센터(031-200-1114) (학)배재고졸, 서울대 산업공학과졸, 미국 프랭클린피어스법률센터(現 뉴햄프셔대 법과대학)졸 (경)삼성전자(주) 경영지원총괄 법무팀 근무 2005년 同경영지원총괄 법무팀 상무보대우 2006년 同CPO IP전략팀 상무보대우 2008년 同IP전략실 상무보대우 2009년 同IP법무팀 상무대우 2010년 삼성전기(주) IP법무팀장(상무) 2012년 同IP법무팀장(전무) 2013년 삼성전자(주) IP센터 IP법무팀 전무대우 2014년 同IP센터 라이센싱팀장(전무대우) 2019년 同IP센터 라이센싱팀장(부사장) 2019년 同법무실 IP센터장(부사장대우)(현)

이인제(李仁濟) RHEE In Je

(생)1948·12·11 (본)전주(全州) (출)충남 논산 (주)충청남도 논산시 시민로 274 바인빌딩 2층 이인제법률사무소(041-736-7773) (학)1968년 경복고졸 1972년 서울대 법과대학 행정학과졸 (경)1979년 사법시험 합격(21회) 1981년 대전지법 판사 1983년 변호사 개업 1986년 민족문제연구소 이사 1987년 민주당 중앙상무위원회 위원 1988년 제13대 국회의원(안양시甲, 민주당·민주자유당) 1988년 민주당 원내부총무 1989년 同대변인 1990년 민주자유당 안양시甲지구당 위원장 1990년 同국책연구원 부원장 1991년 同정책위원회 제3정책조정실장 1992~1995년 제14대 국회의원(안양시 만안구, 민주자유당) 1992년 민주자유당 당기위원 1993년 노동부 장관 1994년 민주자유당 당무위원 1995~1997년 경기도지사(민주자유당·신한국당) 1997년 국민신당 제15대 대통령후보 1997~1998년 同상임고문 1998년 국민회의 당무위원 2000년 새천년민주당 중앙선거대책위원장 2000~2002년 제16대 국회의원(충남 논산시·금산군, 새천년민주당·자유민주연합) 2000년 새천년민주당 상임고문 2000년 同최고위원 2001~2002년 同상임고문 2002년 자유민주연합 총재권한대행 2004년 제17대 국회의원(충남 논산시·계룡시·금산군, 자유민주연합·국민중심당·민주당·통합민주당·무소속) 2006년 국민중심당 최고위원 2006년 同지방선거대책위원회 위원장 2007년 민주당 제17대 대통령선거 후보 2008년 제18대 국회의원(충남 논산시·계룡시·금산군, 무소속·자유선진당) 2012년 자유선진당 비상대책위원장 2012~2016년 제19대 국회의원(충남 논산시·계룡시·금산군, 선진통일당·새누리당) 2012년 선진통일당 대표최고위원 2012년 새누리당 제18대 대통령중앙선거대책위원회 공동위원장 2012년 한·일의원연맹 고문 2013년 박근혜 대통령당선인 스위스세계경제포럼(WEF·다보스포럼) 특사단장 2013년 새누리당 북핵안보전략특별위원회 고문 2013년 국회 농림축산식품해양수산위원회 위원 2014~2016년 새누리당 최고위원 2015년 同노동시장선진화특별위원회 위원장 2016년 同제20대 총선 중앙선거대책위원회 공동위원장 겸 충청권선거대책위원장 2016년 제20대 국회의원선거 출마(충남 논산시·계룡시·금산군, 새누리당) 2016~2019년 법무법인(유) 대륙아주 고문변호사 2016~2019년 (사)한국유엔봉사단 총재 2016년 새누리당 '혁신과 통합 보수연합' 공동대표 2017년 자유한국당 상임고문(현) 2017년 同제19대 홍준표 대통령후보 중앙선거대책위원회 공동위원장 겸 국가대개혁위원회 귀족강성노조개혁위원장 2017년 同전당대회선거관리위원장 2018년 충남도지사선거 출마(자유한국당) 2019년 이인제법률사무소 변호사(현) (상)일치를 위한 정치포럼 '제5회 국회를 빛낸 바른 언어상' 으뜸언어상(2015) (저)자서전 '출발선에 다시 서서'(2003) '한라에서 백두를 보네'(2007) '통일은 경제다'(2014)

이인중(李仁中) LEE In Joong

(생)1945·10·1 (본)벽진(碧珍) (출)대구 (주)대구광역시 수성구 동대구로 111 화성산업(주)(053-767-2111) (학)1963년 경북고졸 1967년 고려대 경영학과졸 (경)1969~1972년 한국은행 조사부·국고부 근무 1981년 대구테니스협회 회장 1983~1999년 화성산업(주) 동아백화점 대표이사 사장 1994~2006년 대구상공회의소 비상근부회장 1999~2010년 화성산업(주) 동아백화점 대표이사 회장 2000~2006년 대구시체육회 상임부회장 2000~2012년 법무부 범죄예방 대구·경북지역협의회 수석부회장 2001~2004년 대구발전동우회 회장 2003~2007년 민주평통 대구부의장 2006~2012년 대구상공회의소 회장 2006~2012년 대한상공회의소 부회장 2007년 2011대구세계육상선수권대회조직위원회 감사 2010~2019년 화성산업(주) 대표이사 회장 2010~2012년 대통령직속 사회통합위원회 대구지역협의회 위원 2011~2013년 육군 제2작전사령부 안보자문위원장 2012~2015년 대구상공회의소 명예회장 2013~2016년 대구경북과학기술원 비상임이사 2014년 법무부 법사랑위원회 대구·경북지역연합회 회장(현) 2015년 대구상공회의소 고문(현) 2019년 화성산업(주) 명예회장(현) (상)최우수기업상(1988), 마케팅대상(1988), 산업포장(1992), 법무부장관표창(1993), 한국인재개발대상(1994), 대통령표창(2002), 체육훈장 맹호장(2004), 국민훈장 동백장(2012)

이인찬(李仁燦) LEE In Chan

(생)1947·12·6 (출)서울 (주)서울특별시 용산구 이촌로 352 신동아건설(주) 사장실(02-709-7100) (학)1967년 서울상고졸 1974년 한양대 토목공학과졸 (경)(주)신성 부장 1992년 同이사 1999년 同상무이사 2003년 신성건설(주) 토목담당, 진흥기업 토목담당 전무, 同부사장 2008년 신동아건설(주) 대표이사 사장(현)

이인철(李仁哲)

(생)1961·9 (주)서울특별시 서초구 헌릉로 12 현대자동차(주) 상용사업본부(02-3464-2306) (학)성균관대 독어독문학과졸 (경)현대자동차(주) HMCA 법인장(이사대우·이사), 同해외판매사업부장(상무), 同상용수출사업부장(상무), 同상용수출사업부장(전무) 2018년 同상용사업본부장(부사장)(현)

이인철(李寅澈) Lee, Inchul

(생)1962·8·27 (출)경기 여주 (주)서울특별시 서대문구 충정로 29 동아일보 충정로사옥 스포츠동아(02-361-1610) (학)1988년 고려대 영어교육학과졸, 同교육대학원 수료 (경)1999년 동아일보 기획팀 기자 2001년 同이슈부 기자 2001년 同사회1부 차장대우 2003년 同사회1부 차장 2003~2004년 미국 플로리다주립대(FSU) 방문연구원 2004년 동아일보 편집국 차장 2004년 同교육생활부 차장 2007년 同교육생활부장 2008년 同편집국 사회부장 2011년 同편집국 부국장 겸 인력개발팀장 2012년 同출판국 신동아팀장(부국장급) 2013년 同문화사업본부장 겸 교육연구소장(부국장급) 2013년 (주)스포엑스컴(동아일보 자회사) 대표이사(현) 2014~2015년 교육부 대학수학능력시험개선자문위원회 위원 2015~2018년 동아일보 문화사업본부장 겸 교육연구소장(국장급) 2019년 스포츠동아 대표이사 사장(현)

이인태(李仁台) LEE IN TAE

(생)1959·12·15 (주)서울특별시 종로구 사직로8길 60 외교부 인사운영팀(02-2100-7136) (학)진주고졸 1982년 육군사관학교 영어과졸 1987년 한국외국어대 대학원 국제정치학과졸 1993년 아르헨티나 지휘참모대학졸 (경)1982년 육군 소위 임관 1988년 육군사관학교 스페인어과 강사 1992년 서부 사하라 PKO 파병 2001년 한미연합사령부 정후실장·지상군과장 2003년 이라크 자이툰사단 1진 파병 2005년 육군 제27사단 연대장 2007년 합동참모본부 정보본부 전략정보과장 2008년 국군 제777사령부 참모장 2009년 합동참모본부 정보분석처장(준장) 2010년 보병 제23사단장(소장) 2012년 정보사령관 2013년 합동참모본부 정보부장 2014~2016년 국군 777사령관 2016~2018년 한양대 공학대학원 전

기전자컴퓨터공학과 전자통신공학전공 특임교수 2016~2018년 국방과학연구소 전문위원 2018년 駐나이지리아 대사(현) (상)보국훈장 삼일장(2005), 대통령표창(2009), 보국훈장 천수장(2016)

이인형(李寅炯) LEE In Hyung

(생)1964·2·10 (출)서울 (주)서울특별시 영등포구 의사당대로 143 금융투자협회빌딩 한국자본시장연구원 부원장실(02-3771-0604) (학)1982년 경복고졸 1986년 서울대 국제경제학과졸 1987년 미국 브라운대 대학원졸 1992년 경제학박사(미국 브라운대) (경)1992~2008년 수원대 경영학부 전임강사·조교수·부교수·교수 1995년 LG경제연구원 금융연구부장 2006~2007년 수원대 금융공학대학원장, 에프앤가이드 평가사업본부장(부사장) 2008년 수원대 국제협력처장 2008년 한국자본시장연구원 선임연구위원 2011~2016년 대신증권(주) 사외이사 2014년 한국자본시장연구원 부원장(현) 2016년 코람코자산신탁 사외이사 (상)기획재정부장관표창(2011) (저)'금융공학을 위한 수학'(1998) '파생상품의 가격결정이론과 실제'(2001)

이인형(李仁亨) LEE In Hyeong

(생)1965·6·16 (출)서울 (주)서울특별시 중구 남대문로 63 한진빌딩 법무법인 광장(02-772-5990) (학)1983년 중앙대사대부고졸 1988년 서울대 법학과졸 (경)1988년 사법시험 합격(30회) 1991년 사법연수원 수료(20기) 1994년 광주지법 판사 1996년 同순천지원 판사 1998년 인천지법 판사 2002년 서울고법 판사 2004년 서울가정법원 판사 2006년 대전지법 홍성지원장 2008년 인천지법 부장판사 2010년 서울행정법원 부장판사 2013~2014년 수원지법 평택지원장 2014년 법무법인 광장 변호사(현) (저)'조세소송실무'(2012, 서울행정법원)

이인호(李仁鎬) In Ho Lee

(생)1957·7·10 (주)서울특별시 관악구 관악로 1 서울대학교 사회과학대학 경제학부(02-880-6366) (학)1976년 경기고졸 1980년 서울대 경제학과졸 1982년 한국과학기술원(KAIST) Operation Research 석사 1986년 미국 캘리포니아대 로스앤젤레스교(UCLA) 대학원 경제학과졸 1989년 미국 예일대 대학원 OR/MS(회계전공) 석사 1992년 경제학박사(미국 UCLA) (경)1982~1985년 한국개발연구원 연구원 1992~1993년 미국 UCLA 경제학과 강사 1993~1998년 영국 Southampton대 경제학과 조교수 1995년 프랑스 Toulouse대 교환교수 1995년 미국 캘리포니아공대(CalTech) 교환교수 1998~2001년 영국 Southampton대 경제학과 부교수 2001~2005년 서울대 경제학부 부교수 2003~2007년 한국경제학회지 미시분과 편집위원 2004~2014년 한국경제학회 청람상위원회 전문위원 2004~2005년 공정거래위원회 정보통신산업 경쟁정책 자문위원 2004~2006년 同카르텔자문위원회 위원 2004~2006년 계량경제학보 편집위원장 2005년 서울대 사회과학대학 경제학부 교수(현) 2005~2007년 공정거래위원회 경쟁정책자문위원회 시장구조분과위원 2006년 재정경제부 국책금융기관경영예산심의회 위원장 2006~2007년 한국금융학회 간사 2006년 재정경제부 금융발전심의회 은행분과 위원장 2006년 Seoul Journal of Economics 편집위원장, 同편집위원 2007~2008년 공정거래위원회 경쟁정책자문위원회(전체회의) 위원 2007~2008년 同카르텔자문위원회 위원 2007년 재정경제부 정책금융심의회 위원장 2017년 금융위원회 금융행정혁신위원회 위원 2017년 同금융발전심의회 위원장(현) 2019년 한국경제학회 차기(2020년 2월부터) 회장(현) (상)한국경제학회 청람상(2002), 한국학술진흥재단 선도연구자 선정(2003), 공정거래위원장표창(2005), 산업조직학회 춘당논문상(2007) (저)'RPI-X 가격상한규제'(1996) '한국의 신용평가제도'(2007) '신용정보 공유시스템의 경제적 가치와 향후 발전방향(共)'(2007)

이인호(李仁浩) Lee In Ho

(생)1962·1·15 (출)서울 (주)서울특별시 종로구 종로 14 한국무역보험공사(1588-3884) (학)1980년 광성고졸 1984년 서울대 경제학과졸 1986년 同행정대학원 정책학과졸 1999년 미국 하버드대 대학원 정책학과졸 (경)1988년 행정고시 합격(31회) 1989년 통상산업부 무역조사관실 사무관 1990년 同상역국 수출진흥과 사무관 1991~1994년 駐일본대사관 상무관보 1994년 상공자원부 통상진흥국 아주통상1과 사무관 1995년 대통령 비서실장실 서기관 1995년 대통령 경제비서실 서기관 1997년 하버드대 교육훈련 파견 1999년 산업자원부 무역투자실 무역정책과 서기관 2000년 경기도 파견 2000년 산업자원부 기획관리실 정보화담당관 2002년 駐OECD대표부 파견 2003년 同참사관 2006년 산업자원부 자원정책실 원전사업기획단 원자력산업과장 2006년 同원자력산업팀장 2007년 同장관비서관 2008년 同무역정책팀장(부이사관) 2008년 지식경제부 산업기술정책과장 2008년 同운영지원과장 2009년 同외국인투자지원센터 종합행정지원실장(고위공무원) 2009년 駐워싱턴총영사관 상무관 2012년 지식경제부 기획조정실 정책기획관 2013년 산업통상자원부 기획조정실 정책기획관 2014년 同창의산업정책관 2015년 同무역투자실장 2016년 同통상차관보 2017~2018년 同차관 2019년 한국무역보험공사 사장(현)

이일권(李一權) Lee Il Kwon

(생)1956·12·27 (출)부산 (주)부산광역시 부산진구 화지로 12 부산시교육청 감사관실(051-860-0230) (학)검정고시 합격, 부산교육대학졸, 한국방송통신대 법학·경영학과졸, 동아대 교육대학원졸 2003년 부산대 평생교육원 NGO지도자과정 수료 2006년 同동북아지역혁신연구원 지역혁신아카데미 수료 2010년 同대학원 박사과정 수료 (경)1977년 청룡초등학교 초임부임 1994~1998년 전국교직원노동조합 부산지부 교권국장 1999~2002년 교육개혁부산시민운동연대 운영위원 2003년 전국교직원노동조합 부산지부 초등동래지회장 2005~2007년 (사)부산교육연구소 소장 2006년 부산시교육위원 선거 출마, 부산분권혁신운동본부 공동대표, (사)부산교육연구소 상임이사 2007~2011년 구서롯데캐슬골드입주자대표회의 회장 2008년 부산NGO포럼 회장 2010~2014년 부산시의회 교육위원회 교육의원 2011~2014년 민주평통 부산금정구협의회 자문위원 2013년 부산시의회 교육위원회 부위원장 2014년 부산시의원선거 출마(무소속) 2015년 (사)부산교육연구소 소장 2016년 부산시교육청 감사관(현) (상)교육감표창(1981), 교육장표창(1994·1996·2001), 교육개혁 유공자상(1996), 교육부장관표창(2000), 대통령표창(2006) (저)'한국의 사회변동과 교육(共)'(2001) '위기의 공교육 어떻게 할 것인가?(共)'(2003) '삶과 교육 그리고 사회(共)'(2005) '민주적 의사 결정과 의사소통(共)'(2011)

이일로(李一魯) LEE Il Ro (양정)

(생)1940·3·10 (본)전의(全義) (출)충남 논산 (주)서울특별시 구로구 디지털로32길 29 키콕스벤처센터 601호 한국정보통신기술산업협회(02-784-0213) (학)1958년 대전공고졸 1971년 명지대 상학과졸 (경)1963년 서울텔레비전방송국 근무 1964년 공보부 방송관리국 근무 1973년 한국방송공사(KBS) 기술국 차장 1979년 同춘천방송국 기술부장 1980년 同보도본부 보도기술부장 1986년 同기술본부 방송망관리부장 1988년 同방송망관리실 운용국장 1989년 同TV기술국장 1993년 同기술본부장 1995년 KBS아트비전 사장 1997년 KBS영상사업단 고문 2000년 한국멀티넷(주) 기술부사장 2002년 한국디지털위성방송(주) 고문 2003년 (사)한국방송기술산업협회 회장(현) 2016년 (사)한국정보통신기술산업협회(ICTA) 회장(현) (상)공보부장관표창(1965), 제6회 백상미술대전 우수상(1987) (저)'TV프로그램 제작기법' '뉴미디어 시대가 오고 있다' '방송기술의 이해' (역)'디지털방송기술사전' (종)기독교

이일섭(李一燮) Yil-Seob Lee

(생)1957 · 9 · 5 (출)서울 (주)서울특별시 용산구 한강대로92 LS용산타워 9층 한국글락소스미스클라인(02-709-4100) (학)1976년 경복고졸 1983년 연세대 의대졸 1992년 同대학원 의학석사 1999년 약리학박사(고려대) 2003년 연세대 경영대학원 경영학과졸 (경)1983~1986년 공중보건의사 1986~1987년 영동세브란스병원 인턴 1987~1990년 同소아과 레지던트 1990~2004년 (주)한독약품 Medical Dirctor 1993~1995년 미국 코넬대 의과대학 임상약리학 연구원 2002~2005년 경희대 동서의학대학원 겸임교수 2002~2008년 대한임상약리학회 상임이사 · 부회장 2005~2008년 한국제약의학회 회장 2005~2011년 아주대 의과대학 겸임교수 2007년 서울대병원 제약의학과정 초빙교수 · 운영위원 2008~2011년 연세대 보건대학원 겸임교수, 한국글락소스미스클라인(GSK) 의학개발부 부사장(현) 2013~2014년 연세대 약학대학 겸임교수 2013~2014년 세계제약의사연맹(IFAPP) 회장 2016년 대한임상약리학회 회장 (종)기독교

이일염(李一鹽)

(생)1964 · 9 · 15 (출)충남 아산 (주)서울특별시 서초구 서초중앙로 157 서울중앙지방법원(02-530-1114) (학)1982년 부산 동아고졸 1989년 서울대 영어영문학과졸 1993년 同대학원 경영학과졸 (경)1989년 (주)대한투자신탁 근무 1995년 사법시험 합격(37회) 1998년 사법연수원수료(27기) 1998년 서울지법 남부지원 판사 2000년 서부지법 판사 2002년 대전지법 서산지원 판사 2003년 同서산지원(태안군법원 · 당진군법원) 판사 2005년 수원지법 성남지원 판사 2008년 서울중앙지법 판사 2009년 서울고법 판사 2010년 헌법재판소 파견 2012년 서울동부지법 판사 2013년 창원지법 부장판사 2015년 수원지법 안양지원 부장판사 2017년 서울중앙지법 부장판사(현)

이일영(李一永) ILL-YEONG LEE

(생)1954 · 8 · 4 (주)부산광역시 남구 신선로 365 부경대학교 공과대학 기계설계공학과(051-629-6121) (학)1978년 부경대 기관공학과졸 1980년 同대학원 기관공학과졸 1986년 공학박사(일본 도쿄공업대) (경)1980~1982년 부경대 기관공학과 조교 1982~1986년 일본 도쿄공업대학 연구원 1986~1995년 부경대 공과대학 기관공학과 조교수 · 부교수 1995~2010년 同공과대학 기계공학부 교수 1997년 한국동력기계공학회 편집이사 1998~1999년 미국 The Univ. of Oklahoma 객원연구원 2003년 유공압시스템학회 편집이사 2003~2006년 (사)한국공학교육인증원 홍보편집위원장 2010년 부경대 공과대학 기계자동차공학과 교수 2014~2015년 (사)유공압건설기계학회 회장 2015~2019년 부경대 공과대학 기계설계공학과 교수 2019년 同공과대학 기계설계공학과 명예교수(현) (상)일본 기계학회 논문장려상(1987), 일본 유공압기술진흥재단 학술논문상(1988) (저)'선박기관 2'(1987, 문교부) '기관일반'(1987, 문교부) '수산 · 해운계고등학교 선박보조기계'(1991, 교육부) '선박보조기계-2판'(1996, 세종출판사) '고등학교 선박보조기계'(1996, 대한교과서) '동력기계실습'(1997, 대한교과서) '창의적 팀프로젝트(共)'(2003, 세종출판사)

이일옥(李日玉 · 女) LEE Il Ok

(생)1958 · 11 · 10 (출)서울 (주)서울특별시 구로구 구로동로 148 고려대학교 구로병원 마취통증의학과(02-920-3234) (학)1984년 고려대 의대졸 1988년 同대학원 의학석사 1992년 의학박사(고려대) (경)1993년 고려대 의대 마취과학교실 전임강사 · 조교수 · 부교수 1995년 미국 하버드대 메디컬스쿨 방문교수 1999~2005년 대한마취과학회 고시위원 2002~2004년 대한소아마취학회 보험이사 2003년 고려대 의대 마취통증의학교실 교수(현), 同구로병원 마취통증의학과 전문의(현) 2006~2007년 캐나다 브리티시컬럼비아대 교환교수 2008년 대한마취과학회 학술위원 2008년 대한소아마취학회 운영위원 2011년 Case Reports in Anesthesiology Editor(현) 2012년 대한마취통증의학회 고시이사 2012~2014년 대한소아마취학회 회장 2013년 World Journal of Anesthesiology Editor 2016~2018년 대한마취통증의학회 이사장 2018년 대한민국의학한림원 정회원(마취통증의학 · 현)

이일우

(생)1961 · 11 · 28 (주)경상남도 사천시 사남면 공단1로 78 한국항공우주산업(주) KFX실(055-851-1000) (학)한국과학기술원(KAIST) 항공공학과졸(석사) (경)한국항공우주산업(주) KFX개발Group 전문위원 2015년 同고정익개발본부 비행체설계실장(상무보) 2018년 同KFX C.E(상무)(현)

이일주(李一周) Lee Il Ju

(생)1960 · 10 · 22 (출)부산 (주)부산광역시 연제구 법원로 31 부산가정법원(051-590-0065) (학)1979년 부산 동래고졸 1984년 서울대 법학과졸 1987년 同대학원졸 (경)1989년 사법시험 합격(31회) 1992년 사법연수원 수료(21기) 1992년 부산지법 동부지원 판사 1995년 부산지법 판사 1996년 同울산지원 판사 1997년 인천지법 판사 2000년 서울가정법원 판사 2002년 서울지법 판사 2004년 서울고법 판사 2006년 서울서부지법 판사 2007년 부산지법 부장판사 2011년 창원지법 제1행정부 부장판사 2013년 부산지법 부장판사 2018년 울산지법 부장판사 2019년 부산가정법원장(현)

이일항(李一恒) LEE EL HANG

(생)1947 · 12 · 19 (본)수안(遂安) (출)서울 (주)인천광역시 미추홀구 인하로100 인하대학교 정보통신공학부(032-860-7431) (학)1966년 경기고졸 1970년 서울대 공대 전기공학과졸 1977년 이학박사(미국 예일대) (경)세계 3대 인명사전 등재, 세계 학술대회 의장 · 학술위원장 · 좌장 · 자문 100여회 1978~1980년 미국 예일대 · 프린스턴대 연구펠로우 1978~2010년 미국 Sigma Xi 명예학회 회원 1980~1984년 미국 MEMC社 반도체연구소 특임과학자 1984~1990년 미국 AT&T Bell연구소 연구팀장 1990~1998년 한국전자통신연구원(ETRI) 기초기술 연구부장(단장) 1992년 한국과학기술원(KAIST) 초빙교수 1993년 미국 전기전자공학회(IEEE) 광자공학회 한국지부 창설대표 1993~2013년 同한국지부 회장 1995~2012년 미국 뉴욕과학학술한림원(NYAS) 정회원 1996~2012년 영국 왕립전기전자공학회(IET) Fellow(석학회원) 1997~2017년 한국과학기술한림원(KAST) 정회원 1999~2013년 인하대 정보통신공학부 교수 · 석학교수 2000~2002년 한국기술혁신학회 부회장 2001~2003년 한국광학회 부회장 2002~2004년 인하대 정보통신대학원장 2002~2012년 미국 광학회(OSA) Fellow(석학회원) 2002~2012년 미국 전기전자공학회(IEEE) Fellow(석학회원) 2004년 同Fellow(석학회원) 2005~2012년 미국 물리학회(APS) Fellow(석학회원) 2009~2011년 미국 전기전자공학회 'IEEE Photonics Technology Letters(PTL)' 학술저널 세계대표 편집위원장(Editor-in-Chief) 2013년 인하대 정보통신공학부 명예교수(현) 2013년 미국 물리학회(APS) Life Fellow(종신석학회원)(현) 2013년 미국 전기전자공학회(IEEE) Life Fellow(종신석학회원)(현) 2013년 미국 광학회(OSA) Life Fellow(종신석학회원)(현) 2013년 미국 광자공학회(SPIE) Life Fellow(종신석학회원)(현) 2014년 미국 전자파아카데미(EMA) Fellow(석학회원)(현) 2015년 한국시니어과학기술인협회(KASSE) 이사(현) 2018년 한국과학기술한림원(KAST) 종신회원(현) (상)국민훈장 목련장(1996), 미국 IEEE Millennium Medal상(2000), 미국 OSA 광학회 석학FELLOW상(2002), 미국 IEEE 학회 석학FELLOW상(2002), 세종문화상(2003), 미국 SPIE 학회 석

학FELLOW상(2003), 미국 APS 물리학회 석학FELLOW상(2005), 과학기술부 이달의 과학자상(2007), 미국 IEEE 세계석학 연사상(2007), 과학기술훈장 혁신장(2008), 미국 EMA 학회 석학 FELLOW상(2014) 외 다수 (저)'21세기 신기술 시나리오'(1996, 전자신문사) 'VLSI Micro and Nanophotonics : Science, Technology and Applications(英文)'(2010, 미국 CRC-Press) (종)기독교

이일형(李日衡) Lee Il Houng

(생)1958·6·27 (주)서울특별시 중구 세종대로 67 한국은행 금융통화위원회(02-759-4114) (학)1985년 영국 런던정경대 경제학과졸 1986년 영국 에식스대 대학원 경제학과졸 1990년 경제학박사(영국 워릭대) (경)1988~1989년 영국 워릭대 전임강사 1989~1996년 IMF 이코노미스트 1997~2000년 同개발이슈담당 선임 이코노미스트 2000~2005년 同아시아·태평양국 부과장 2005~2007년 同베트남현지사무소장 2005~2007년 베트남 하노이국립대 강사 2007~2010년 IMF 아시아·태평양국 자문관 2010~2013년 同중국현지사무소장 2013~2015년 외교부 G20국제협력대사 2013~2016년 대외경제정책연구원 원장 2013년 중국 길림대 객원교수 2016년 한국은행 금융통화위원회 위원(현)

이일훈(李一薰) LEE Il Hoon (白熊)

(생)1935·10·12 (본)전주(全州) (출)경기 포천 (주)서울특별시 마포구 마포대로 127 풍림VIP빌딩 523호 (재)백웅장학회(02-706-1785) (학)1955년 덕수상고졸 1960년 서울대 상과대학 상과졸 1970년 同경영대학원 수료 1999년 단국대 경영대학원졸 (경)1965년 한국상업은행 대리 1974~1978년 한국신탁은행 부산·신촌지점장 1978년 서울신탁은행 소문지점장 1980년 同국제영업부장 1982년 同LA지점장 1985년 同상무이사 1988년 동부그룹 종합조정실 부사장 1990년 동부투자금융 대표이사 1990년 동부창업투자 대표이사 1992년 충북생명보험 대표이사 부사장 1993년 (주)Fortune Gold 사장 1995년 수산업협동조합중앙회 부회장 1998~2014년 제일종합경영컨설팅 대표이사 1999년 미국 하와이대 교환교수 2000년 (재)백웅장학회 이사장(현) (저)수필집 '아름다운 추억'(2008) '아내없는 하루'(2011) (종)기독교

이임생(李林生) LEE LIM SAENG

(생)1971·11·18 (출)인천 (주)경기도 수원시 팔달구 월드컵로 310 수원 삼성 블루윙즈(031-247-2002) (학)부평고졸, 고려대졸 (경)1991년 포르투갈 FIFA 세계청소년축구선수권대회 국가대표 1992년 바르셀로나올림픽 국가대표 1994~1995년 유공 코끼리축구단 소속 1996~2002년 프로축구 부천SK 소속 1996년 애틀랜타올림픽 국가대표 1998년 프랑스월드컵 국가대표 2001년 FIFA 한국·일본 컨페더레이션스컵 국가대표 2002년 K리그 올스타 선정 2003년 프로축구 부산아이콘스 소속 2003년 프로축구 수원 삼성 블루윙즈 수비전담 트레이너 2006~2009년 同수석코치 2010~2014년 싱가포르 프로축구 홈유나이티드 감독 2015년 중국 슈퍼리그 선전 루비 FC 감독 2016년 중국 슈퍼리그 옌볜FC 수석코치 2016년 중국 슈퍼리그 텐진 테다FC 수석코치·감독대행 2017~2018년 대한축구협회 기술발전위원회 위원장 2018년 프로축구 수원 삼성 블루윙즈 감독(현) (상)프로축구 빅스포상(12월 빅스포)(1999) (종)기독교

이임성(李林成) Lee Im Seong

(생)1962·10·16 (출)서울 (주)경기도 의정부시 녹양로34번길 36 대원종합법무법인(031-871-5900) (학)1981년 경기고졸 1986년 한양대 법학과졸 1988년 同대학원졸 2000년 同대학원 박사과정 수료 (경)1989년 사법시험 합격(31회) 1992년 사법연수원 수료(21기) 1993년 軍법무관 1995~1998년 변호사 개업 1998년 인천지검 부천지청 검사 1999년 수원지검 여주지청 검사 2000년 서울지검 서부지청 검사 2003년 인천지검 검사 2004년 同부부장검사 2004년 미국 뉴욕 브루클린검찰청 연수 2005년 부산고검 검사 2006년 울산지검 형사2부장 2007년 서울중앙지검 부부장검사 2007년 수원지검 성남지청 부장검사 2009년 의정부지검 형사3부장 2009년 변호사 개업, 대원종합법무법인 변호사(현) 2019년 경기북부지방변호사회 회장(현) (저)'주관식 형법각론'(共)

이임수(李林洙) LEE Im Soo

(생)1942·6·27 (출)서울 (주)서울특별시 종로구 사직로8길 39 세양빌딩 김앤장법률사무소(02-3703-1010) (학)1960년 경복고졸 1964년 서울대 법학과졸 1966년 同사법대학원 수료 (경)1963년 사법시험 합격(1회) 1966년 육군 법무관 1969~1979년 부산지법·서울민사지법·서울형사지법 판사 1979년 서울고법 판사 1980년 법원행정처 기획담당관 1981년 사법연수원 교수 1982~1986년 서울민사지법 부장판사 1982~1985년 법원행정처 법정국장 1985년 서울법원청사 건설본부장 1986년 대구고법 부장판사 1987년 서울고법 부장판사 겸 법원행정처 기획조정실장 1991년 同부장판사 1993년 서울형사지법 수석부장판사 1993년 전주지법원장 1994~2000년 대법원 대법관 2000년 김앤장법률사무소 변호사(현) (상)청조근정훈장(2000)

이자스민(李자스민·女) Jasmine Lee

(생)1977·1·6 (본)한양(漢陽) (출)필리핀 마닐라 (학)1996년 필리핀 아테네오대 생물학과 중퇴 (경)서울시 외국인생활지원과 주무관, 다문화네트워크 물방울나눔회 사무총장 2012~2016년 제19대 국회의원(비례대표, 새누리당) 2012·2014년 국회 여성가족위원회 위원 2013년 국회 외교통일위원회 위원 2013년 새누리당 인권위원회 위원 2013년 同가족행복특별위원회 가정폭력대책분과장 2014년 2014인천아시아경기대회 다문화분야 홍보대사 2014년 국회 환경노동위원회 위원 2015년 새누리당 정책위원회 여성가족정책조정위원회 부위원장 2016~2017년 국민대통합 홍보대사 2017년 한·필헤리티지문화교육협회(FILKOHA) 대표(현) 2018년 한국문화다양성기구 이사장(현) (상)환경재단 선정 '세상을 밝게 만든 사람들'(2010), KBS 감동대상 한울타리상(2011), CICI KOREA 한국이미지맷돌상(2012), 미래를 이끌어갈 여성지도자상(2012), 법률소비자연맹 선정 국회 헌정대상(2013), 駐韓필리핀대사관 공로패(2016) (작)영화 '의형제'(2010) '완득이'(2011) (종)가톨릭

이자헌(李慈憲) LEE Ja Hon

(생)1935·4·14 (본)함평(咸平) (출)경기 평택 (학)1954년 경기고졸 1958년 서울대 정치학과졸 (경)1962년 조선일보 정치부 차장 1965년 서울신문 정치부장 1972년 同이사 겸 편집국장 1973년 제2무임소장관실 정무·정책관리실장 1979년 제10대 국회의원(통일주체국민회의, 유신정우회) 1981년 제11대 국회의원(평택·안성, 민주정의당) 1985년 제12대 국회의원(송탄·평택·안성, 민주정의당) 1985~1986년 체신부 장관 1986년 대통령 특사 1987년 민주정의당(민정당) 경기·인천지부 위원장 1987년 同중앙집행위원 1988년 제13대 국회의원(평택, 민정당·민주자유당) 1991년 민주자유당(민자당) 국책연구원장 1991년 同원내총무 1991년 국회 운영위원장 1992년 제14대 국회의원(평택, 민자당·국민당·신한국당) 1996년 신한국당 평택乙지구당 위원장 1996~1997년 미국 하버드대 통신정책연구소 수료 1997년 한나라당 평택乙지구당 위원장 1999년 同당무위원 2000년 同지도위원, 同상임고문 2010년 CSR KOREA 운동연합회 고문 2012년 새누리당 상임고문 2012~2015년 同경기도당 고문 2012년 법무법인 현 고문 (상)홍조·청조근정훈장 (종)천주교

이자형(李自炯) LEE Ja Hyung

(생)1957 · 2 · 24 (주)경기도 의왕시 고산로 56 롯데첨단소재(주) 임원실(031-596-3114) (학)광주고졸, 전남대 화학공학과졸 (경)1984년 호남석유화학(주) 입사, 同부장, 同이사대우 2008년 롯데케미칼(주) 울산공장장 2009년 (주)케이피케미칼 울산1공장장(상무) 2013년 롯데케미칼(주) 울산1공장장(전무) 2013년 同대산공장장(전무) 2015년 同생산본부장 2016년 同생산본부장(부사장) 2016년 롯데첨단소재(주) 대표이사 부사장 2019년 同대표이사 사장(현) (상)은탑산업훈장(2018)

이자형(李滋炯) RHEE Zha Hyoung

(생)1966 · 12 · 1 (주)서울특별시 종로구 사직로8길 60 외교부 인사운영팀(02-2100-7863) (학)1988년 서울대 사법학과졸 1999년 미국 유타대 법과대학원 환경법학과졸 2006년 미국 하버드대 법과대학원 법학과졸 (경)1996년 외무고시 합격(30회) 1996년 외무부 입부 2002년 駐이스라엘 2등서기관 2004년 駐애틀랜타 영사 2006년 駐이스라엘 1등서기관 2008년 駐이라크 참사관 2010년 駐네덜란드 참사관 2012년 외교통상부 정책총괄담당관 2013년 외교부 국제법규과장 2014년 駐유엔 참사관 2018년 駐아프가니스탄 대사(현)

이장규(李璋圭) LEE Chang Kyu

(생)1951 · 5 · 20 (본)전주(全州) (출)부산 (주)서울특별시 구로구 디지털로 272 한신IT타워 (주)짐코(02-2108-7913) (학)서울고졸 1977년 서강대 경제학과졸, 미국 미주리대 신문대학원 수료(1년) (경)1976년 중앙일보 사회부 기자 1978년 同경제부 기자 1989년 중앙경제신문 정경부 차장 1993년 同뉴욕특파원(차장급) 1994년 同뉴욕특파원(부장급) 1996~1997년 중앙일보 경제1부장 1997년 同편집국 경제담당 에디터 부국장 1998년 금융발전심의위원회 은행분과 위원 1999년 중앙일보 일본총국장 2000년 同전략기획실장 겸 회장비서실장(이사대우) 2002년 同편집국장(이사) 2003년 同경제전문 대기자(상무) 2005~2007년 중앙일보시사미디어(주) 대표이사 2005년 국민은행 사외이사 2005~2012년 한국금융연구원 자문위원 2006년 국민은행 이사회 경영전략위원장 2007~2010년 하이트진로그룹 부회장 2008~2010년 국민경제자문회의 자문위원 2009년 하이트홀딩스(주) 부회장 겸 그룹경영기획본부장 2010년 同대표이사 부회장 2011년 하이트진로그룹 고문 2011~2015년 서강대 경제대학원 초빙교수 2012~2014년 삼정KPMG 부회장 2014년 서강대 대외부총장 2015년 (주)LG 사외이사 겸 감사위원(현) 2017년 (주)짐코(GIMCO) 회장(현) (상)중앙일보 특종상(1983 · 1985 · 1989 · 1990), 중앙일보 노력상(1990), 서강언론상(2005) (저)'경제는 당신이 대통령이야'(1991 · 2008) '한국경제의 살길이 없다'(1993) '실록6공경제비사'(1994) '19단의 비밀, 다음은 인도다'(2004) '카스피해 에너지 전쟁'(2006) '중국의 FTA추진 전략과 정책적 시사점'(2006) '한 · 중 FTA대비 중국의 FTA서비스협정 분석과 정책제언'(2008) '경제가 민주화를 만났을 때'(2011) '대통령의 경제학'(2012 · 2014, 기파랑) '대한민국 대통령들의 한국경제 이야기 1 · 2'(2014 · 2017, 살림)

이장규(李章揆) LEE Chang Kyu

(생)1957 · 3 · 14 (본)전주(全州) (출)서울 (주)세종특별자치시 시청대로 370 대외경제정책연구원 동북아경제실 중국팀(044-414-1070) (학)1980년 서울대 경제학과졸 1982년 同대학원 경제학과졸 1995년 경제학박사(미국 피츠버그대) (경)1984~1986년 한국개발연구원 연구원 1995~1997년 현대경제사회연구원 연구위원 1999~2000년 한국조세연구원 전문연구위원 2001년 대외경제정책연구원 연구위원 · 선임연구위원 2001년 同동북아팀장 2004년 同북경대표처 소장 2006년 同세계지역연구센터 소장 2011년 同신흥지역연구센터 소장 2014년 同아시아태평양실장 2014년 同아시아태평양실 중국팀 선임연구위원 2015년 同동북아경제실 중국팀 선임연구위원(현) (저)'계획경제에서 화폐와 소득의 인과관계에 관한 연구' '중국의 서비스산업 개방과 대응방안' '중국 금융개혁의 과제와 전망' '한중교역의 환경변화와 한중FTA에 대한 시사점' '중국의 FTA추진전략과 정책적 시사점' '중국의 부상에 따른 국가전략연구'(共) '중국의 글로벌 금융위기의 대응과 미 · 중경제관계'(共) '중국경제와 세계경제'

이장규(李章揆) Lee jang kyoo

(생)1963 · 12 · 15 (출)경북 영천 (주)서울특별시 종로구 자하문로17길 18 메트로신문 편집국장실(02-721-9840) (학)1982년 대구 달성고졸 1989년 경북대 경영학과졸 2013년 성균관대 경영전문대학원졸 (경)1988년 동원증권 증권분석부 주임 1990년 서울경제신문 기자 2000년 同증권금융부 기자 2001년 파이낸셜뉴스 증권금융부 차장대우 2002년 同증권금융부 차장 2003년 同금융부 부장대우 2004년 同금융부장 2006년 同증권부장 2009년 同증권부장(부국장대우) 2009년 同산업부장(부국장대우) 2012년 同산업부장(부국장) 2012년 同편집국장 2012년 同편집인 2013년 同편집국장(이사대우) 2014년 同기획 · 영업전략본부장(이사) 2015년 메트로신문 대표이사 겸 편집국장(현) (상)경언회 경북대 언론인상(2013) (저)'IFRS 회계 국경이 사라진다(共)'(2008, 교보문고)

이장근(李長根) Lee Jang-keun

(생)1965 · 9 · 10 (본)전주(全州) (출)경기 김포 (주)서울특별시 종로구 사직로8길 60 외교부 인사기획관실(02-2100-7141) (학)1984년 한성고졸 1991년 연세대 정치외교학과졸 1995년 미국 뉴욕주립대 대학원 국제관계학과졸 1996년 연세대 행정대학원 외교안보학과졸 (경)1991년 외무고시 합격(25회) 1991년 외무부 입부 1991년 同국제경제국 사무관 1998~2000년 駐헝가리 2등서기관 2000~2002년 駐모로코 1등서기관 2003년 외교통상부 인사운영계장 2005년 駐유엔대표부 1등서기관 2008년 외교통상부 군축비확산과장 2009년 駐비엔나국제기구대표부 참사관 2012년 UN 대북제재위원회 위원(파견) 2014년 대통령 외교안보수석비서관실 파견 2015년 외교부 국제기구국 협력관 2016년 同국제기구국장 2018년 同본부 근무(국장급)(현) (종)기독교

이장무(李長茂) LEE Jang Moo

(생)1945 · 5 · 14 (출)서울 (주)대전광역시 유성구 대학로 291 한국과학기술원(042-350-2301) (학)1963년 경기고졸 1967년 서울대 공대 기계공학과졸 1975년 공학박사(미국 아이오와주립대) 2009년 명예 박사(루마니아 바베시보여이대) 2011년 명예 박사(일본 홋카이도대) (경)1976~1987년 서울대 공대 조교수 · 부교수 1979년 일본 東京大 방문교수 1982~1983년 미국 MIT 방문연구원 1987~2006년 서울대 기계항공공학부 교수 1987년 同기계설계학과장 1988년 同교무담당 학장보 1993년 同정밀기계설계공동연구소장 1994년 한국과학기술한림원 종신회원(현) 1996~1999년 한국정밀공학회 회장 1997~2002년 서울대 공과대학장 1998~2000년 전국공과대학장협의회 회장 1998~1999년 국가과학기술 자문위원 1998~2000년 교육부 교육정책심의회 대학교육분과 위원장 1999~2005년 한국산업기술평가원 이사장 2000년 대한기계학회 회장 2001~2006년 국립과학관추진위원회 위원장 2002~2006년 삼성이건희장학재단 이사 2002년 미국 기계공학회(ASME) 종신명예회원(Fellow)(현) 2003~2004년 과학기술영향평가위원회 초대위원장 2004~2006년 한국신재생에너지학회 회장 2004~2006년 국가기술혁신특별위원회 위원 2005~2007년 한국과학기술단체총연합회 부회장 2006~2010년 서울대 총장 2007~2008년 한국대학교육협의회 회장 2009년 대통령자문 통일고문

회의 고문 2010년 서울대 명예교수(현) 2010~2015년 (재)기후변화센터 이사장 2010년 경암교육문화재단 경암학술상위원회 위원장 2011~2017년 미래국제재단 이사회 공동의장·이사 2011~2016년 (재)기업가정신재단 이사장 2013~2017년 국가과학기술심의위원회 민간위원장 2013년 한국과학기술원(KAIST) 이사장(현) 2014년 대한민국학술원 회원(기계역학·현) 2017년 同자연과학부 회장 (상)대한기계학회 학술상(1985), 한국자동차학회 학술상(1996), 한국과학기술단체총연합회 우수논문상(1996), 한국정밀공학회 대상(2004), 대한민국학술원상(2005), 과학기술훈장 혁신장(2005), 청조근정훈장(2010), 자랑스러운 경기인상(2011) (저)'벽을 넘는다'(2010)

이장석(李長錫) LEE Jang Seog

(생)1952·4·5 (본)전주(全州) (출)광주 (주)전라남도 무안군 삼향읍 오룡길 1 전라남도의회(061-286-8200) (학)1970년 광주 살레시오고졸 1973년 홍익대 상경대학 무역학과 제적(2년) (경)1988년 영광기독병원·기독신하병원 상임이사 1995·2004년 전남 영광군의회 의원(무소속) 1998·2002년 전남 영광군의원선거 출마(무소속) 2000년 사회복지법인 난원 이사 2006~2010년 전남 영광군의회 의원(민주당) 2006~2008년 전남 영광군의회 의장 2006년 4.19민주혁명회 광주·전라지부 후원회장 2010년 전남도의회 의원(민주당·민주통합당·민주당·새정치민주연합) 2010년 同농수산환경위원회 위원 2011년 同농수산환경위원장, 同예산결산특별위원회 위원 2012년 同건설소방위원회 위원 2014~2018년 전남도의회 의원(새정치민주연합·더불어민주당) 2014년 同교육위원회 위원 2015년 同예산결산특별위원회 위원 2016~2018년 同제2부의장 2016~2018년 同보건복지환경위원회 위원, 더불어민주당 전남도당 수석부위원장 2018년 전남도의회 의원(더불어민주당)(현), 同한빛원전특별위원회 위원(현), 同교육위원회 위원 겸 윤리특별위원회 위원(현)

이장섭(李將燮)

(생)1963·5·14 (출)충북 제천 (주)충청북도 청주시 상당구 상당로 82 충청북도청 정무부지사실(043-220-2020) (학)1982년 충북 제천고졸, 충북대 국어국문학과졸 (경)1986년 충북민주화운동협의회 상임위원 1988년 청주민주운동청년연합 사무국장 1992년 통일시대국민회의 집행위원 2002년 민주당 충북도당 대변인 2004년 국회의원 보좌관 2011년 국회교섭단체(민주당) 정책연구위원 2012년 국회의원 보좌관 2016년 국회의장 비서관 2017년 대통령 경제수석비서관실 산업정책비서관실 선임행정관(별정직 고위공무원) 2017년 충북도 정무부지사(현)

이장수(李章洙) LEE Jang Soo

(생)1960·4·5 (출)서울 (주)서울특별시 강남구 도산대로53길 7 장우빌딩 로고스필름 대표이사 비서실(02-514-6776) (학)1982년 인하대 토목공학과졸 2009년 횃불트리니티신학대학원대 일반신학과졸 (경)1984년 문화방송(MBC) 입사 1984~1991년 同드라마 조연출 1991년 SBS 입사 1991~1996년 SBS 드라마 연출 1996~2003년 프리랜서 드라마 연출 2000년 로고스필름(주) 수석 감독 2003년 同드라마 연출 및 제작(현) 2017년 同대표이사(현) (상)한국노랫말대상 아름다운노랫말상(1988), MBC 프로그램 평가심의 TV제작부문 작품상(1990), SBS 프로그램 평가심의 연출부문 평가상(1992·1993), 제28회 휴스턴국제영화제 TV부문 특별상(1995), 뉴욕페스티벌 TV부문 특별상(1996), 제30회 휴스턴국제영화제 TV부문 금상(1997), 제34회 백상예술대상 TV부문 대상·연출상(1998), SBS 프로그램 평가심의 작품상(2001·2002), 제2회 앙드레김 TV부문 베스트스타어워즈(2004), 문화체육관광부장관표창(2011), 제5회 코리아드라마어워즈 작품상(2012), 제50회 백상예술대상 TV부문 작품상(2014), 방송진흥유공 대통령표창(2017), 제10회 코리아드라마어워즈 프로듀서상(2017) (저)'스무살까지만 살고 싶어요(共)'(1990) '미워했다면 사랑한 것이다'(2014) (작)연출 '사랑의 풍차'(1991) '청실홍실'(1992) '금잔화'(1992) '모래 위의 욕망'(1992) '사랑이라 부르는 것'(1993) '촛불 켜는 사람들'(1993) '도깨비가 간다'(1994) '아스팔트 사나이'(1995) '곰탕'(1996) '아름다운 그녀'(1997) '나는 원한다'(1997) '새끼'(1997) '사랑해 사랑해'(1998) '러브'(1999) '아름다운 날들'(2001) '별을 쏘다'(2002) '천국의 계단'(2003) '러브스토리 인 하버드'(2004) '천국의 나무'(2006) '내 눈에 콩깍지'(2009) '낙원 파라다이스'(2009) '로드 넘버 원'(2010), 제작 '스크린'(2003) '마지막 춤은 나와 함께'(2004) '해변으로 가요'(2005) '사랑은 기적이 필요해'(2005) '발칙한 여자들'(2006) '내 생애 마지막 스캔들'(2008) '리틀맘스캔들'(2008) '그대, 웃어요'(2009) '내 마음이 들리니?'(2011) '천상의 화원 곰배령'(2011) '컬러 오브 우먼'(2011) '왔어 왔어 제대로 왔어'(2011) '넝쿨째 굴러온 당신'(2012) '해피엔딩'(2012) '그녀의 신화'(2013) '굿 닥터'(2013) '급매 행복아파트 천사호'(2013) '기분좋은날'(2014) '리멤버-아들의 전쟁'(2015) '오 마이 금비'(2016) '김과장'(2017) '크로스'(2018) '무법변호사'(2018) (종)기독교

이장수(李章洙) LEE Jang Soo

(생)1962·9·1 (출)경남 합천 (주)서울특별시 서초구 서초대로 240 동일하이빌 법무법인 해승(02-593-1985) (학)1981년 진주고졸 1985년 경북대 법학과졸 1987년 同대학원 법학과졸 (경)1985년 사법시험 합격(27회) 1988년 사법연수원 수료(17기) 1988년 軍법무관 1991년 광주지검 검사 1993년 대전지검 천안지청 검사 1994년 서울지검 북부지청 검사 1996년 부산지검 동부지청 검사 1998년 수원지검 검사 2000년 서울지검 동부지청 부부장 2001년 전주지검 군산지청 부장 2002년 광주고검 검사 2003년 대구지검 조사부장 2004년 부산지검 전문부장 2005년 인천지검 전문부장 2005년 서울고검 공판부장(파견) 2006년 인천지검 전문부장 2007년 부산고검 검사 2007년 변호사 개업 2008년 법무법인 해승 변호사(현)

이장식(李章植)

(생)1964·3·6 (본)진성(眞城) (주)경상북도 경산시 남매로 159 경산시청 부시장실(053-810-5010) (학)대구 청구고졸, 대구대 행정학과졸 2014년 경북대 행정대학원 행정학과졸 (경)1991년 경북 경산시 동부동사무소 근무(행정 7급 공채) 1995년 경북도 공영개발산업단 관리과 근무 1999년 同가축위생시험소 북부지소 근무(6급) 2000년 同자치행정국 총무과 근무 2005년 同자치행정국 총무과 사무관 2008년 미국 미주리주립대 파견 2010년 경북도 기획조정실 광역협력팀 사무관 2011년 同행정지원국 인재양성과 사무관 2014년 同안전행정국 인재양성과장(서기관) 2015년 同지역균형건설국 도시계획과장 2016년 同일자리민생본부 청년취업과장 겸 일자리창출단장 2016년 경북 청도군 부군수 2017년 경북도 대변인(서기관) 2018년 교육 파견(부이사관) 2019년 경북 경산시 부시장(현) (상)경북도지사표창(1999), 국무총리표창(2001), 대통령표창(2013)

이장영(李長映) LEE Jang Young

(생)1960·1·12 (출)서울 (주)서울특별시 성북구 정릉로 77 국민대학교 사회과학대학 사회학과(02-910-4474) (학)1982년 고려대 영어영문학과졸 1986년 미국 사우스앨라배마대(Univ. of South Alabama) 대학원 사회학과졸 1991년 사회학박사(미국 텍사스 오스틴대) (경)1992년 국민대 사회과학대학 사회학과 교수(현) 1993년 同사회학과장 1994년 지방고시 출제위원·채점위원 1998년 미국 유타주립대 교환교수 1999년 통계청 통계조사원 출제위원 2004~2006년 국민대 사회과학대학장 2009년 同사회학과장 2012~2013년 同학생처장 2018년 同교양대학장(현) (상)대통령표창(2019) (종)기독교

이장우(李長羽) LEE JANG WOO (向新流春)

(생)1956·7·8 (본)창녕(昌寧) (출)경북 포항 (주)서울특별시 서초구 서초대로53길 20-17 명인빌딩 402호 이장우브랜드마케팅그룹 (학)1975년 동지상고졸 1982년 경희대 영어영문학과졸 1998년 연세대 경영대학원 최고경영자과정 수료 2001년 同경영대학원 경영학과졸 2003년 경영학박사(경희대) 2006년 공연예술학박사(성균관대) 2007년 미국 켈로그 경영대학원 소비재마케팅전공 이수 2009년 홍익대 국제디자인대학원 디자인학박사과정 수료 (경)1982년 한국3M(주) 영업담당 1991~1994년 同영업·마케팅본부장 1994년 3M USA 교육·영업부장 1994~1996년 同아시아태평양지역 국제영업·마케팅본부장 1996~2007년 이메이션코리아 대표이사 2001년 한양대 경영대학원 겸임교수 2002~2006년 경희대 경영대학 겸임교수 2002년 한국복지재단 후원대사 2003~2016년 이화여대 경영대학 겸임교수 2004~2006년 이메이션 아시아태평양지역 마케팅본부대표 2006년 同아시아태평양지역 소비재부문총괄부회장 2007년 同USA지역 글로벌브랜드 총괄대표 겸 마케팅본부장 2008년 同아시아태평양·중동지역사업개발 대표 2009년 이장우브랜드마케팅그룹 회장(현) 2009년 홍익대 국제디자인대학원 마케팅전공 강사 2009~2013년 대통령직속 국가브랜드위원회 자문위원 2009년 서울브랜드포럼 회장 2009년 국세청 홍보자문위원장 2009년 국무총리 자문위원(국격제고) 2009년 대통령실 메시지기획자문 2009년 경희대 겸임교수 2010년 서울충무로국제영화제 자문위원 2010년 중앙공무원교육원 교육정책자문위원 2010년 Social Media Marketing Lab 대표(현) 2011~2013년 대통령실 국정자문위원 2012년 (사)한국소셜네트워크협회 회장 2012~2016년 한류스타거리조성자문위원 2014년 한국소비자포럼 기업위원장(현) 2016년 한국마케팅협회 부회장(현) 2017년 패션그룹형지 고문(현) 2018년 한국인공지능포럼 회장(현) (상)교육부 영어경시대회 번역부문 우수상(1981), 한국외국어대 영어어휘력경시대회 최우수상(1981), 글로벌마케팅대회 최우수상, 글로벌소비자선호대상, 전경련 우수경영인대상(2003), 로얄브랜드대상, 인간공학디자인상(2007) (저)‘한국형 마케팅(共)’(1995) ‘당신도 경영자가 될 수 있다’(2000) ‘미래경영, 미래CEO’(2001) ‘인터넷쇼핑몰의 점포애호도 결정요인에 관한 연구’(2001) ‘마케팅 잘하는 사람, 잘하는 회사’(2001) ‘전문경영인 제도 활용을 통한 기업회생 연구 방안’(2002) ‘신상품 개발에 활용되는 컨조인트 분석의 예측 타당성에 관한 연구’(2003) ‘공연예술 소비자의 감성적경험이 브랜드 애호도에 미치는 영향에 관한 연구’(2003) ‘한국관객의 입장에서 본 한국영화 성공요인 분석 연구’(2004) ‘디자인+마케팅(共)’(2007) ‘14인 마케팅고수들의 잘난척하는 이야기(共)’(2007) ‘마케팅 빅뱅’(2009) ‘타이밍 파워, 오세훈’(2010) ‘세상은 문밖에 있다(共)’(2015) ‘몰랑몰랑’(2018) (역)‘내가 상상하면 현실이 된다(共)’(2007) ‘브랜드 심플(共)’(2008) ‘경영자vs 마케터’(2010) (종)불교

이장우(李章雨) LEE Jang Woo

(생)1957·2·16 (출)서울 (주)대구광역시 북구 대학로 80 경북대학교 경상대학 경영학부(053-950-5426) (학)1975년 경복고졸 1979년 서울대 경영대학 경영학과졸 1981년 한국과학기술원(KAIST) 산업공학과졸(석사) 1988년 경영과학박사(한국과학기술원) (경)1981년 대한전선 기획조정실 과장대리 1988년 경북대 경영학부 교수(현) 1991년 미국 퍼듀대 방문교수 1997년 미국 스탠퍼드대 방문교수 1999~2001년 한글과컴퓨터 이사회 의장 1999년 서울벤처인큐베이터센터장 2002년 한국전략경영학회 회장 2002년 문화산업포럼 공동대표(현) 2008년 대통령직속 미래기획위원회 위원 2010년 한국중소기업학회 회장 2010년 동반성장위원회 위원 2011년 대통령직속 국민경제자문회의 위원 2011~2013년 한국서부발전 비상임이사 2013년 대통령직속 국민경제자문회의 공정경제분과 자문위원 2013년 미래창조과학부 창조경제자문위원회 위원 2014~2015년 한국경영학회 회장 2014년 헌법재판소 자문위원(현) 2014년 (사)성공경제연구소 이사장 2016년 전자부품연구원(KETI) 제5대 이사장 2016년 산업통상자원부 기업활력제고를위한특별법(기활법)관련 사업재편계획심의위원회 민간위원 2017년 더불어민주당 신성장특별위원회 민간위원 2019년 제4회 대구국제뮤지컬페스티벌 이사장(현) 2018년 혁신경제공동대표(현) (상)Journal of Management 최고논문상(2001), 과학기술부장관표창(2005), 매일경제 비트 학술상(2007), 문화체육관광부장관표창(2010), 대통령직속 청년위원장표창(2013) (저)‘경영전략론’ ‘벤처경영’ ‘벤처기업현황과 발전방향’(共) ‘실리콘밸리에서 배우는 벤처기업의 성공비결’(共) ‘생명경영’(2000) ‘벤처창업’(2000) ‘초생명기업’(2000) ‘스몰 자이언츠 대한민국 강소기업’(2010, 미래인) ‘패자없는 게임의 룰, 동반성장’(2011, 미래인) ‘창조경제에서의 벤처창업(共)’(2014, 법문사) ‘창발경영’(2015, 21세기북스) (역)‘리얼타임’(共) (종)천주교

이장우(李莊雨) LEE Jang Woo

(생)1965·2·10 (출)충남 청양 (주)서울특별시 영등포구 의사당대로 1 국회 의원회관 322호(02-784-6931) (학)1984년 대전고졸 1991년 대전대 행정학과졸 1999년 同대학원 경영행정학졸 2004년 행정학박사(대전대) (경)1987년 대전대총학생회 회장 1993~1996년 대전발전위원회 정책실장 1997~2000년 국회의원(이양희) 비서관 2000~2004년 국회의원(이양희) 정책보좌관(4급) 2003년 신행정수도대전발전연구소 이사 2003~2006년 대전대 행정학과 겸임교수 2004년 동구발전연구원 원장 2005년 뉴라이트충청포럼 집행위원장 2005년 한나라당 대전시당 대변인 2006~2010년 대전 동구청장(한나라당) 2007~2009년 대전대총동문회 수석부회장 2008~2010년 (재)대전 동구 차세대인재육성장학재단 이사장 2009~2010년 대전 동구 생활체육협의회 회장 2009년 청목회(전국청년시장·군수·구청장회) 사무총장 2009~2011년 대전대총동문회 회장 2010~2012년 同행정학과 대우조교수 2012년 제19대 국회의원(대전시 동구, 새누리당) 2012~2013·2014~2015년 새누리당 원내부대표 2012~2013년 국회 국토해양위원회 위원 2012~2013년 국회 운영위원회 위원 2012년 국회 상임위원회위원정수에관한규칙개정특별위원회 위원 2012년 국회 태안유류피해대책특별위원회 위원 2013·2014·2015년 국회 국토교통위원회 위원 2013년 국회 방송공정성특별위원회 위원 2013년 국회 허베이스피리트호유류피해대책특별위원회 위원 2013년 국회 국가정보원댓글의혹사건등의진상규명을위한국정조사특별위원회 위원 2013년 새누리당 대전시당위원장 2013년 국회 예산결산특별위원회 예산안등조정소위원회 위원 2014년 국회 경제혁신특별위원회 규제개혁분과 위원 2014~2015년 새누리당 원내대변인 2014~2015년 국회 운영위원회 위원 2014년 국회 특별감찰관후보자추천위원회 위원 2015~2016년 새누리당 대변인 2016년 제20대 국회의원(대전시 동구, 새누리당·자유한국당〈2017.2〉)(현) 2016~2018년 국회 교육문화체육관광위원회 위원 2017년 자유한국당 제19대 홍준표 대통령후보 중앙선거대책위원회 국가대개혁위원회 상임부위원장 2017·2018년 국회 예산결산특별위원회 위원 2018년 국회 환경노동위원회 위원(현) 2018년 국회 예산결산특별위원회 결산심사소위원회 위원 2019년 국회 사법개혁특별위원회 위원(현) 2019년 자유한국당 전국위원회 부의장(현) 2019년 同노동개혁특별위원회 위원장(현) 2019년 同대전시당 위원장(현) (상)한국생산성본부 생산성인증센터 국가생산성대상 인재개발부문상(2008), 중앙일보 이코노미스트 대한민국차세대CEO상 공공부문(2009), 세계아태자유민주연맹 ‘국제자유장’(2010), 대한민국가족지킴이 대한민국실천대상 지역혁신부문(2012), 입법 및 정책개발 정당추천 우수 국회의원(2012~2014), 국회도서관 이용 최우수 국회의원(2015), 대한민국신문기자협회 2015 지역사회발전 공로대상 지역발전대상(2015), 유권자시민행동 2015 유권자대상(2015), 대한민국 참봉사대상 지역발전창조대상(2016) (저)‘스펙의 함정’(2013)

이장우(李長雨)

(생)1973·11·9 (출)전북 전주 (주)경상남도 진주시 진양호로 301 창원지방검찰청 진주지청 형사1부(055-760-4308) (학)1992년 반포고졸 2000년 서울대 사법학과졸 (경)2001년 사법시험 합격(43회) 2004년 사법연수원 수료(33기) 2004년 서울서부지검 검사 2006년 대전지검 홍성지청 검사 2008년 부산지검 검사 2010년 서울중앙지검 검사 2014년 인천지검 검사 2016년 광주지검 검사 2018년 서울중앙지검 부부장검사 2019년 창원지검 진주지청 형사1부장(현)

이장원(李暲沅) LEE Jang Won

(생)1963·4·17 (본)전주(全州) (출)서울 (주)세종특별자치시 시청대로 370 세종국책연구단지 경제정책동 721호 한국노동연구원 노사관계연구본부(044-287-6210) (학)1986년 연세대 사회학과졸 1992년 미국 시카고대 대학원 사회학과졸 1994년 사회학박사(미국 시카고대) (경)1994~2001년 연세대·국민대·아주대 강사 1994년 한화경제연구원 수석연구원 1996년 한국노동연구원 부연구위원 1997~2000년 대통령비서실 삶의질향상기획단 정책팀장 1998~2003년 대외경제전문가 풀(pool) 노동·고용·사회분야 위원 1999년 대통령 복지노동수석비서관실 노사관계행정관 2000~2004년 한국노동연구원 연구위원 2000~2001년 호주 시드니대 경영대학 객원연구위원 2001년 노동부 정책평가위원 2001~2002년 한국노동연구원 노사관계고위지도자과정 주임교수 2001~2002년 同연구조정실장 2002~2005년 同국제협력실장 2003~2004년 한국노사관계학회 총무이사 2004년 노동부 정책자문위원 2004년 한국노동연구원 노사관계연구본부 선임연구위원(현) 2005~2006년 미국 코넬대 노사관계대학원 객원연구위원 2005년 한국노동연구원 연구관리본부장 2008~2009년 同뉴패러다임센터 소장 2008~2009년 同고성과작업장혁신센터 소장 2009~2011년 同노사관계연구본부장 2011년 同연구관리본부장 겸 원장직대 2012~2017년 고용노동부 최저임금위원회 공익위원 2013~2015년 한국노동연구원 임금직무센터 소장 2014~2015년 한국고용노사관계학회 부회장 2017년 대통령직속 정책기획위원회 국민성장분과 위원(현) 2018년 국제노동고용관계학회(ILERA) 서울세계대회 조직위원장 2018년 同집행이사(현) 2019년 연세대 경제대학원 겸임교수(현) 2019년 한국고용노사관계학회 수석부회장 겸 차기(2020년 7월부터) 회장(현)

이장원(李章源) Lee, Jangwon

(생)1966·3·10 (본)전의(全義) (출)서울 (주)경기도 성남시 분당구 대왕판교로644번길 21 메디포스트(주) 제대혈사업·건강기능식품사업·카티스템사업본부(02-3465-6677) (학)1984년 서울고졸 1989년 고려대 경제학과졸 (경)1990~2009년 동양생명보험(주) 입사·방카슈랑스부장 2010~2011년 메디포스트(주) 마케팅본부장(전무) 2012~2016년 同마케팅본부장(부사장) 2016년 同제대혈건기식사업본부장(부사장) 2017년 同제대혈사업·건강기능식품사업·카티스템사업본부장(부사장)(현)

이장원(李長遠) LEE JANGWON

(생)1980·3·27 (본)한산(韓山) (주)세종특별자치시 도움6로 11 국토교통부 운영지원과(965-9726-0994) (학)1999년 강원과학고졸 2005년 서울대 지구환경시스템공학부졸 (경)2005년 건설교통부 시설사무관 2008년 국토해양부 시설사무관 2013년 국토교통부 시설사무관 2015년 同건설경제과 기술서기관 2016년 2018평창동계올림픽대회조직위원회 교통부장(파견) 2018년 국토교통부 시설안전과장 2019년 駐쿠웨이트대사관 파견(현) (상)대통령표창(2013), 국토교통부장관표창(2015)

이장한(李章漢) RHEE Jang Han

(생)1952·8·28 (출)서울 (주)서울특별시 서대문구 충정로 8 종근당 회장실(02-2194-0301) (학)1971년 서울고졸 1976년 한양대 경영대학 경영학과졸 1985년 미국 미주리대 대학원 언론학과졸 2006년 언론학박사(고려대) (경)1986~1990년 안성유리공업(주) 상무이사 1990~1991년 (주)한국로슈 상무이사 1991~1993년 한국롱프랑로라제약(주) 대표이사 1993년 (주)종근당 대표이사 부회장 1993년 한국능률협회 부회장(현) 1993년 전국경제인연합회 상임이사 1994년 종근당 회장(현) 1996년 한국경영자총협회 부회장(현) 1997년 한국바이오협회 명예회장(현) 1997년 한국무역협회 이사(현) 2003~2005년 한국제약협회 회장 2005년 同자문위원(현) 2006년 한국산업기술진흥협회 부회장(현) 2006년 대한상공회의소 지속가능경영위원회 부위원장(현) 2007년 전국경제인연합회 한·이탈리아경제협력위원회 위원장 2008년 서울대 생명공학공동연구원 Korea바이오경제포럼 회장(현) 2009년 전국경제인연합회 한미재계회의 의약의료분과 위원장 2012년 한국메세나협회 부회장(현) 2013~2016년 한국국제교류재단 비상임이사 2015년 전국경제인연합회 부회장(현) 2016년 同한국·쿠바 경제협력위원회 위원장(현) (상)국민훈장 모란장(2000), 서울대 AMP대상(2005), 금탑산업훈장(2010) (종)기독교

이장호(李長鎬) LEE Chang Ho

(생)1945·5·15 (출)서울 (주)서울특별시 마포구 성암로 330 DMC첨단산업센터 C동 1층 114호 서울영상위원회(02-777-7092) (학)1964년 서울고졸 1966년 홍익대 건축미술학과 중퇴(2년) (경)1965~1973년 영화계 입문·신필름 조감독 1971~1972년 민족극단 단원 1974년 '별들의 고향'으로 영화감독 데뷔·영화감독(현) 1984~1985년 이장호워크숍 설립 1986~1992년 판영화 대표이사 1992년 同이사 1996년 중부대 예술학부 연극영화과 부교수 1996~2000년 한국영화연구소 이사 1996년 아트센터영화학교 공동설립·사무총장 운영위원 1997년 제1회 부천국제판타스틱영화제 초대 집행위원장 1998년 판엔터프라이즈 대표 2000~2010년 전주대 영상콘텐츠학부 영화영상학과 교수 2000년 영화감독협회 부이사장 2000년 디지털드림시티(주) 회장 2006년 제10회 부천국제판타스틱영화제 집행위원장 2007년 부천국제판타스틱영화제조직위원회 부위원장 2008년 (사)신상옥감독기념사업회 이사장(현) 2009년 오페라 '내 잔이 넘치나이다 Perfect 27' 총연출자 2010년 서울영상위원회 위원장(현) 2010년 (사)해돋는마을 홍보위원장 2011년 경기국제항공전 홍보대사 2011년 '2012경남고성공룡세계엑스포' 홍보대사 2012년 북한인권국제영화제 조직위원장 2013~2018년 한국방송예술교육진흥원 부학장 2016년 전남 광양시 홍보대사(현) 2017년 '영화 다양성 확보와 독과점 해소를 위한 영화인 대책위원회' 고문(현) (상)제13회 대종상영화제 신인감독상(1974), 제19회 대종상영화제 감독상(1980), 제21회 대종상영화제 감독상(1982), 백상예술대상 작품상(1982), 베를린국제영화제 칼리가리상(1988), 제24회 백상예술대상 영화부문 특별상(1988), 베를린국제영화제 지티상(1988), 시카고국제영화제(Outstanding of Merit), 도쿄국제영화제 비평가상, 베를린국제영화제 칼리가리상·지티상, 기독교 문화대상(영화부문), 서울시 문화상, 옥관문화훈장(2003) (저)'모두 주고 싶다' '바보처럼 나그네처럼' (작)영화 '별들의 고향'(1974) '어제 내린 비'(1974) '너 또한 별이 되어'(1975) '그래 그래 오늘은 안녕'(1976) '바람불어 좋은날'(1980) '어둠의 자식들'(1981) '그들은 태양을 쏘았다'(1981) '낮은데로 임하소서'(1981) '바보선언'(1983) '일송정 푸른 솔은'(1983) '과부춤'(1983) '무릎과 무릎사이'(1984) '어우동'(1985) '일송정 푸른솔은' '이장호의 외인구단 1'(1986) 'Y의 체험'(1987) '나그네는 길에서도 쉬지 않는다'(1987) '이장호의 외인구단 2'(1988) '미스 코뿔소 미스터 코란도'(1989) '숲속의 방'(1992) '명자, 아끼꼬, 쏘냐'(1992) '천재선언'(1995) '마스터 클래스의 산책'(2011) '마스터 클래스의 산책-괴로우나 아름다워'(2011) '시선'(2014) (종)기독교

이장호(李章浩) LEE Jang Ho

(생)1953·8·29 (출)서울 (주)서울특별시 서초구 서초중앙로 160 법률센터 701호 법무법인 남강(02-558-3200) (학)1975년 검정고시 합격 1980년 건국대 법대졸 1984년 同대학원 법학과졸 1996년 연세대 특허법무대학원 고위자과정 수료 2001년 서울대 공대 최고산업전략과정 수료 2003년 미국 노스웨스턴대 로스쿨졸(LL.M.) (경)1981년 사법시험 합격(23회) 1983년 사법연수원 수료(13기) 1983년 수원지법 판사 1985년 서울지법 동부지원 판사 1987년 서울민사지법 판사 1988년 제주지법 판사 1990년 서울지법 북부지원 판사 1993년 서울형사지법 판사 1994년 서울민사지법 판사 1995년 서울고법 판사 1997년 서울지법 판사 1999년 특허법원 판사 2000년 대법원 재판연구관 2001년 변호사 개업 2002년 리인터내셔널법률사무소 대표변호사 2004년 법무법인 남강(南岡)·남강국제특허법률사무소 대표변호사(현) 2010년 대한상사중재원 중재인

이장호(李章昊) Lee, Jang Ho

(생)1961·7·22 (본)경주(慶州) (출)경북 경주 (주)서울특별시 영등포구 의사당대로82 하나대투증권빌딩 15층 하나UBS자산운용 글로벌운용본부(02-3771-7888) (학)1980년 개성고졸 1986년 서울대 경영학과졸 2011년 고려대 경영대학원졸(MBA) (경)1986~1994년 대우증권 을지로지점·국제영업부 과장 1994~1999년 同뉴욕현지법인 부사장 1999~2000년 우리자산운용 주식운용팀장 2001년 산업은행 유가증권실 부장 2001~2002년 KDB자산운용 주식운용팀장 겸 투자전략팀장 2003년 솔로몬투자자문 운용본부장 2004~2006년 우정사업본부 자금운용지원팀장 2007~2008년 새마을금고중앙회 대체투자팀장 2008~2014년 한국투자공사 간접운용팀장·투자전략팀장·기획조정실장 2014년 하나UBS자산운용 글로벌운용본부장(현) (상)기획재정부장관표창

이장화(李章和) LEE JANG HWA

(생)1956·3·22 (본)여주(驪州) (출)경북 예천 (주)경기도 고양시 일산서구 고양대로 283 한국건설기술연구원 인프라안전연구본부(031-910-0122) (학)1975년 서울 중앙고졸 1979년 연세대 토목공학과졸 1983년 同대학원 토목공학과졸 1995년 공학박사(연세대) 2004년 연세대 최고경영자과정 수료 2009년 同대학원졸(MBA) (경)1급 토목기사 자격취득 1979~1980년 육군 1795부대 소대장·군수과장 대리 1980~1981년 육군사관학교 토목공학과 교관 1984년 한국건설기술연구원 입원 1996~1998년 同구조연구실장 1998~1999년 미국 국립표준기술연구원(NIST) 객원연구원 2000~2002년 한국건설기술연구원 기획조정실장 2002년 同토목연구부 연구위원 2003년 同구조연구부장 2004~2006년 同기획조정실장 2007년 同구조재료연구실 연구위원 2008년 同선임연구부장 2009년 同기반시설연구본부 책임연구원 2009년 한국콘크리트학회 감사, 미국콘크리트학회(ACI) 회원, 한국도로공사 설계심의자문위원, 환경관리공단 설계심의자문위원 2010년 한국건설기술연구원 기반시설연구본부 선임연구위원 2015년 同구조융합연구소 선임연구위원 2015~2016년 국가과학기술심의회 공공·우주전문위원회 위원 2017년 한국건설순환자원학회 회장 2019년 한국건설기술연구원 인프라안전연구본부 선임연구위원(현) (상)토목의날 산업포장(2003), 과학기술훈장 도약장(2014) (저)'콘크리트 혼화재로서의 석탄회 이용방안연구'(1989) '국내 콘크리트구조물의 내구성평가를 위한 조사연구'(1989) '원자력 발전소 포스트텐션시스템 가동중 검사'(1990~1992) '국내쇄석골재의 화학반응성 분석'(1993) '바텀애시를 다량 활용한 CO2 배출 저감형 콘크리트 기술 개발'(2011)

이장희(李長熙) LEE Jang-Hie

(생)1950·2·4 (본)경주(慶州) (출)경북 월성 (주)서울특별시 동대문구 이문로 107 한국외국어대학교 법학전문대학원(02-2173-2461) (학)1968년 부산상고졸 1973년 고려대 법학과졸 1975년 서울대 대학원 법학과졸 1980년 고려대 대학원 박사과정 수료 1984년 국제법학박사(독일 Kiel대) (경)1975년 육군3사관학교 법학과 전임강사(대위 예편) 1978~1987년 안동대 법학과 조교수·부교수 1987년 한국외국어대 법학과 부교수·법학전문대학원 교수 1987~1988년 세계국제법협회 한국본부 이사·부회장 1990~1992년 미국 하와이 동서문화센터 객원연구원 1992년 고려대 아세아문제연구소 공동연구원 1992년 아시아사회과학연구원 원장(현) 1992년 독일 Bonn대 교환교수 1993년 대한국제법학회 부회장 1993~2005년 미군범죄근절범국민연대 공동대표 1993~1997년 민주평통 정치외교분과 상임위원 1994~2001년 경제정의실천시민연합 통일협회 정책위원장 겸 운영위원장 1995년 대한적십자사 인도법연구소 정책자문위원, 同국제인도법 자문위원장, 同자문위원 1996년 미국 예일대 로스쿨 객원연구원 1998년 민족화해협력범국민협의회 정책위원장, 同공동의장(현) 1999~2002년 한국대인지뢰금지캠페인(KCBL) 공동대표 2000년 6.15실천남북공동위원회 남측위원회 공동의장 2000년 한국외국어대 법학연구소장 2000~2006년 통일교육협의회 상임공동의장 2001~2002년 대한국제법학회 회장 2001년 평화통일시민연대 상임공동대표(현) 2002~2004년 한국외국어대 법과대학장 2002~2004년 안암법학회 회장 2003~2005년 세계국제법협회 한국본부 회장 2003~2004년 한국독일법률학회 부회장 2003년 남북경협국민운동본부 상임대표(현) 2004년 헤이그국제상설중재재판소(PCA) 재판관(현) 2005·2016년 해양경찰청 국제해양법위원회 위원장 2005~2008년 (사)언론인권센터 이사장 2005년 (사)통일교육협의회 상임공동의장 겸 고문 2006~2008년 한국외국어대 대외부총장 2006~2008년 대통령자문 정책기획위원회 위원 2006~2009년 동북아역사재단 이사 2007년 환경부 SOFA환경포럼위원회 공동위원장 2007~2010년 사학분쟁조정위원회 위원 2007~2012년 해양경찰청 국제해양법위원 2007년 제2차 정상회담 대통령자문위원 2008년 경북도지사 독도수호법률자문위원 2011년 외교통상부 위안부문제TF 자문위원, 민주평통 정치외교분과 위원장 2012년 동아시아역사네트워크 상임공동대표 2013년 세계역사NGO포럼 비상임공동대표(현) 2013년 (사)한반도통일시민단체협의회 이사장 2015년 한국외국어대 법학전문대학원 명예교수(현) 2016년 동아시아평화를위한역사NGO포럼 상임공동대표 겸 이사장(현) 2018년 강명구유라시아평화마라톤을사랑하는사람들 상임공동대표(현) 2019년 민주평통 통일법제분과위원회 상임위원(현) (상)대한국제법학회 현민학술상(2001), 국민훈장 모란장(2004), 대한적십자사 인도장 은장(2017) (저)'민족공동체헌장의 제도화에 관한 연구'(1990) '남과 북, 어떻게 하나가 되나?'(1992) '독일통일의 법적조명'(1994) '나는야 통일1세대'(1995) '국제통상과 WTO법(共)'(1996) '민족의 화해와 통일을 위하여'(1997) '환경보호와 국제법 질서(共)'(1997) '한·일간의 국제법적 현안문제(共)'(1998) '한반도 비핵화지대와 국제법'(1999) '민족화해와 남남대화'(1999) '우리 사회 이렇게 바꾸자'(2000) '현대국제조약집'(2000·2005) '한·미 주둔군지위협정 연구(共)'(2000) '민족화해와 평화정착'(2001) '한·미 주둔군지위협정(SOFA) 범죄에 대한 경찰초동수사 개선방안'(2007) '한국정전협정과 동북아시아 새평화체제 구축'(2007) '바른 한일어업 협정안'(2007) '1910년 한일병합조약의 역사적·국제법적 재조명'(2011) '국제법과 한반도의 현안 이슈들'(2015) (종)기독교

이장희(李章熙)

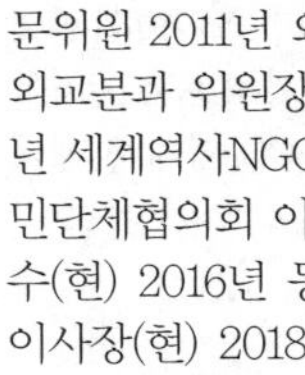

(생)1973·9·21 (주)서울특별시 서초구 서초중앙로 153 서울빌딩 법무법인 송담(02-532-8787) (학)1992년 김천고졸, 연세대 법대졸, 同법과대학원 행정법전공 석사과정 수료 2011년 단국대 행정법무대학원 인·허가법률전문가과정 수료 (경)2005년 사법시험 합격(47회) 2008년 사법연수원 수료

(37기) 2007년 서울남부지법 조정위원 2008년 법무법인 산지 변호사 2009~2016년 법무법인 케이파트너스 구성원변호사 2009~2011년 서울지방변호사회 대변인 2011년 同청년변호사지원대책특별위원회 위원 2011년 주택도시보증공사(舊 대한주택보증) 고문변호사(현) 2012~2015년 대한신학대학원대 이사 2012년 연세대 법학전문대학원 리걸클리닉 강사(현) 2012년 영도중 폭력대책위원회 위원(현) 2013년 서울지방변호사회 법제위원회·정보통신위원회 위원 2013년 서울시 서대문구 가재울7정비촉진구역 주택재개발정비사업추진위원회 고문(현) 2015~2016년 대한변호사협회 대의원·서울지방변호사회 교육위원회 위원 2016년 광운대 자산관리학과 강사(현) 2016년 법무법인 송담 대표변호사(현) 2016년 징벌적손해배상제도를위한변호사교수모임 사무총장(현) 2016년 서울중앙지검 기록물평가심의회 위원(현) 2017년 법무부 사법시험관리위원회 위원 2017년 대한변호사협회 사무총장(현) 2018년 방송통신심의위원회 제7회 전국동시지방선거 선거방송심의위원회 위원 2018년 언론중재위원회 제7회 전국동시지방선거 선거기사심의위원회 위원 (상)서울지방변호사회표창(2016), 대한변호사협회장표창(2017)

이재갑(李載甲) LEE Jae Kap

(생)1958·3·27 (본)함평(咸平) (출)서울 (주)세종특별자치시 한누리대로 422 고용노동부 장관실(044-202-7001) (학)1977년 서울 인창고졸 1981년 고려대 행정학과졸 1984년 서울대 행정대학원 행정학과졸 1993년 미국 미시간주립대 대학원 노사관계학과졸 (경)1982년 행정고시 합격(26회) 1987년 노동부 법무담당관실 사무관 1989년 同근로기준국 임금복지과 사무관 1993년 同직업안정국 고용정책과 사무관 1994년 同직업안정국 고용보험과 사무관 1995년 同고용정책실 고용보험운영과장 1995년 同법무담당관, 駐미국 노무관 2001년 노동부 고용정책실 고용총괄심의관실 고용정책과장(서기관) 2002년 同고용정책실 고용총괄심의관실 고용정책과장(부이사관) 2003년 駐OECD대표부 파견 2006년 사람입국·일자리위원회 파견 2007년 노동부 국제협력국장 2008년 同고용정책관 2010년 同노사정책실장 2010년 고용노동부 노사정책실장 2011년 同고용정책실장 2012~2013년 同차관 2013~2016년 근로복지공단 이사장 2018년 고용노동부 장관(현) (상)근정포장(1994), 대통령표창(1994) (종)기독교

이재강(李在康) Jaegang Lee

(생)1961·4·21 (본)경주(慶州) (출)경북 의성 (주)부산광역시 남구 문현금융로 40 주택도시보증공사 감사위원실(051-955-5400) (학)1980년 동아고졸 1984년 부산대 정치외교학과졸 1986년 同대학원 졸 1992년 同대학원 박사과정 수료 2005년 영국 런던정경대 대학원 정치학 박사과정 수료 (경)在英언론인, 在英한인회 부회장 2012년 제19대 국회의원선거 출마(부산 서구, 민주통합당), 새정치민주연합 정책위원회 부의장 2012년 더불어민주당 부산시당 원도심재생추진단장 2015년 同부산서구지역위원회 위원장, 同원도심재생특별위원회 위원장 2016년 同부산서구·동구지역위원회 위원장 2016년 제20대 국회의원선거 출마(부산 서구·동구, 더불어민주당) 2017년 더불어민주당 부산시당 대통령선거대책위원회 상임본부장 2017년 同도심재생특별위원회 위원장, 한국스카우트 부산연맹 이사 2018년 주택도시보증공사 상근감사위원(현) (저)'따뜻한 사람 이재강'(2016) (종)기독교

이재경(李在敬) YI Jae Kyung

(생)1959·7·20 (주)서울특별시 성북구 정릉로 77 국민대학교 기업경영학부(02-910-4554) (학)1984년 서울대 경영학과졸 1987년 미국 캘리포니아대 버클리교 대학원 경영학과졸 1992년 회계학박사(미국 텍사스대 오스틴교) (경)1984년 신한투자금융(주) 근무 1987~1992년 미국 Univ. of Texas at Austin 조강사·연구조교 1992~1993년 미국 Tulane Univ. 조교수 1993년 국민대 경영학부 경영학과 교수 2006~2008년 同경영대학장 겸 경영대학원장 2010년 同기업경영학부 교수(현) 2012~2013년 同기획처장 (저)'회계학원론'(2004) '가치중심경영과 EVA'(2004) '유비쿼터스 디자인을 위한 회계개론'(2005)

이재곤(李在坤)

(생)1961·1·19 (주)서울특별시 송파구 송파대로 28길 28 해양환경공단 지원사업본부(02-3498-8506) (학)1980년 경주고졸 1984년 한국해양대 기관학과졸 2003년 同대학원 해사법학과졸 (경)1984년 동진상운 근무 1989년 범양상선 근무 1991년 한국선주협회 근무 1997년 해양환경관리공단 방제과장 2004년 同군산지사장 2006년 同포항지사장 2008년 同방제운영팀장 2009년 同해역관리팀장 2010년 同MPA센터장 2011년 同전략기획팀장 2014년 同전략기획실장 2014년 同부산지사장 2016년 同해양환경교육원장 2016년 同평택지사장 2018년 해양환경공단 평택지사장 2018년 同감사실장 2019년 同지원사업본부장(현) (상)해양환경관리공단 이사장표창(1998), 해양수산부장관표창(2002), 국토해양부장관표창(2009)

이재관(李在官) Lee, Jae Kwan

(생)1965·3·1 (출)충남 천안 (주)세종특별자치시 정부2청사로 13 행정안전부 지방자치분권실(044-205-3001) (학)1983년 천안중앙고졸, 성균관대 행정학과졸 1990년 서울대 행정대학원 행정학과졸 (경)1988년 행정고시 합격(32회), 충남도 기획관, 충남 홍성군 부군수, 대통령 혁신관리비서관실 행정관 2009년 충남도 투자통상실장 2010년 행정안전부 기획재정담당관 2012년 同세종시출범준비단장(고위공무원) 2012년 同지역녹색정책관 2013년 안전행정부 정책기획관 2014년 세종특별자치시 행정부시장 2015년 새누리당 안전행정위원회 수석전문위원 2017~2019년 대전시 행정부시장 2017~2018년 同시장 권한대행 2019년 행정안전부 정부청사관리본부장, 2019년 同지방자치분권실장(현)

이재광(李載光) LEE Jae Kwang

(생)1959·3·17 (출)충남 홍성 (주)서울특별시 송파구 오금로 189 (주)광명전기 회장실(02-2240-8114) (학)1978년 대전 대성고졸 1987년 건국대 전기공학과졸 2011년 숭실대 중소기업대학원 경영학과졸 (경)1994~2003년 한빛일렉컴(주) 대표이사 2003년 (주)광명전기 대표이사 2005년 同대표이사 회장(현) 2008년 (사)한국국제기아대책기구 중앙이사(현) 2009~2015년 한국전기공업협동조합 이사장 2009~2015년 대한전기협회 감사 2010~2015년 대·중소기업동반성장위원회 위원(중소기업대표) 2011년 CIGRE 한국법인 부위원장 2011년 중소기업중앙회 부회장 2011년 안산시체육회 부회장 2012~2015년 중소기업사랑나눔재단 이사 2015년 한국전기에너지산업협동조합 이사장(현) 2007~2009년 한국전기산업진흥회 부회장 2013~2015년 (사)중소기업학회 부회장 2013~2015년 조달청 민·관 조달물자 선정위원회 위원 (상)산업포장(2008), 안산시 노사문화대상(2011), 자랑스러운 중소기업인(2012) (종)기독교

이재광(李載珖) LEE Chae Kwang

(생)1962·1·27 (출)광주 (주)부산광역시 남구 문현금융로 40 주택도시보증공사 사장실(051-955-5300) (학)전주고졸 1985년 서울대 경제학과졸 1987년 同대학원 경제학과졸 (경)1991년 UBS Warburg증권 근무 1994년 SEI Asset Korea Portfolio Manager 1997년 Daiwa SBCM증권 리서치팀장 1999년 베스트투자자문 전무이사 2001년 국민연금관리공단 기금운용본부 리서치팀장 2002년 同기금운용본부장 직무대행 2002~2005년 한일투자신탁운용 전무 2005~2008년 산은자산운

용·주식운용본부장(상무) 2006~2010년 공인재무분석사(CFA) 한국협회장 2008년 한국투자증권 리서치센터장(상무) 2009~2010년 同리서치본부장(상무) 2011~2013년 공인재무분석사(CFA)홍콩협회 임원 2013~2018년 ESG모네타(주) 대표 2018년 주택도시보증공사(HUG) 사장(현) [저]'누구도 가르쳐주지 않는 애널리스트&포트폴리오 매니저 되는 법'(2010, 21세기북스) [역]'가치를 창출하는 최고의 연기금으로 가는 길(共)'(2008) [종]천주교

이재교(李在敎) LEE Jae Kyo

[생]1960·6·3 [본]한산(韓山) [출]경기 가평 [주]서울특별시 광진구 능동로 209 세종대학교 법학부(02-3408-3851) [학]1980년 서울공고졸 1985년 연세대 법학과졸 2002년 미국 인디애나대 블루밍턴교 로스쿨졸 2004년 법학박사(미국 인디애나대 블루밍턴교) [경]1984년 사법시험 합격(26회) 1987년 사법연수원 수료(16기) 1987년 광주지법 판사 1989년 대구지법 김천지원 판사 1991년 대구지법 판사 1992년 인천지법 판사 1993년 변호사 개업 1995년 인천시 남구청 법률상담역 2007년 법무법인 정 변호사, Law & Tax법률사무소 대표변호사 2007~2009년 인하대 법학과 부교수, 同법학전문대학원 교수, 자유주의연대 부대표 2008년 뉴라이트재단 이사 2008~2012년 (사)시대정신 이사 2008년 공정언론시민연대 공동대표(현) 2009~2010년 진실화해를위한과거사정리위원회 위원 2009년 법무법인 충정 변호사 2009년 법무법인 서울국제 변호사 2009~2012년 법무법인 서울다솔 변호사 2012년 (사)시대정신 대표(현) 2012~2017년 세종대 자유전공학부 교수 2014년 방송통신심의위원회 6.4지방선거방송심의위원 2014~2016년 사학분쟁조정위원회 위원 2017년 세종대 법학부 교수(현) [저]'인권을 생각한다'(2012)

이재구(李載九) Lee-Jae-goo

[생]1964 [주]서울특별시 종로구 종로5길 68 코리안리빌딩 6층 손해보험협회 손해보험1본부(02-3702-8500) [학]천안북일고졸, 서강대 영어영문학과졸 [경]1990년 손해보험협회 입사 2004년 同기획조사부 연구개발팀장 2006년 同기획조사부 경영기획팀장 2007년 同마케팅지원부 마케팅지원팀장 2008년 同정보시스템부장 2010년 同기획조정부장 2015년 同시장업무본부장(이사) 2016년 同시장업무본부장(상무) 2019년 同손해보험1본부장(상무)(현)

이재구(李在九) LEE Jae Koo

[생]1964·7·8 [출]충남 홍성 [주]서울특별시 서초구 반포대로 158 서울고등검찰청(02-530-3114) [학]1982년 홍성고졸 1987년 연세대 법학과졸 1994년 同대학원 법학과졸 [경]1988년 사법시험 합격(30회) 1991년 사법연수원 수료(20기) 1991년 軍법무관 1994년 수원지검 검사 1996년 광주지검 목포지청 검사 1997년 수원지검 성남지청 검사 1999년 서울지검 검사 2001년 청주지검 검사 2003년 同부부장검사 2003년 서울중앙지검 부부장검사 2004년 춘천지검 강릉지청 부장검사 2005년 서울동부지검 부부장검사(미국연수) 2006년 사법연수원 교수 2008년 의정부지검 형사4부장 2009년 서울서부지검 형사2부장 2010년 同형사1부장 2010년 창원지검 통영지청장 2011년 대전고검 검사 2011~2012년 충남도 법률자문검사(파견) 2014년 서울고검 검사 2016~2017년 인천지검 중요경제범죄조사단장 파견 2018년 서울고검 검사(현)

이재국(李在國) LEE JAEKOOK

[생]1965·6·23 [본]성주(星州) [출]경남 창원 [주]서울특별시 서초구 효령로 161 한국제약바이오협회(02-581-2101) [학]1984년 마산고졸 1991년 서울대 사회복지학과졸 2006년 한양대 언론정보대학원졸(신문·잡지·출판전공) [경]1990년 경향신문 입사 1991년 同사회부 기자 1994년 同정치부 기자 2000년 同사회부 기자 2001년 同경제부 기자 2001년 同노동조합 신문개혁특별위원회 위원장 겸 정책실장 2003년 同종합기획부 기자 2003년 同종합기획부 차장대우 2004년 同미디어부 차장대우 2005년 同여론매체부 차장대우 2008년 同정치부 차장 2008년 同편집국 미디어팀장 2008~2009년 한국기자협회 부회장 겸 보도자유분과위원장 2009년 경향신문 정치부 부장대우 2009~2013년 (주)대웅제약 홍보이사 2013~2017년 (사)한국제약협회 커뮤니케이션실장(상무) 2017년 (사)한국제약바이오협회 상무이사(현) [상]한국기자협회 이달의 기자상(2008), 전국경제인연합회 지속가능발전기업협의회 KBCSD 지속가능경영언론상(2009), 한국제약산업 전문언론출입기자단 베스트PR상(2011)

이재권(李在權) LEE Jae Kwon

[생]1969·2·14 [출]제주 [주]제주특별자치도 제주시 남광북5길 3 광주고등법원 제주재판부(062-239-1114) [학]1987년 제일고졸 1992년 서울대 법과대학 법학과졸 [경]1991년 사법시험 합격(33회) 1994년 사법연수원 수료(23기) 1994년 軍법무관 1997년 서울지법 판사 1999년 서울행정법원 판사 2001년 제주지법 판사 2005년 법원행정처 사법정책연구심의관 2006년 同사법정책실 판사 2007년 서울고법 판사 2009년 제주지법 부장판사 2010~2012년 의정부지법 부장판사 2010년 법원행정처 대법원장비서실 부장판사 2012년 수원지법 부장판사 2014년 서울중앙지법 부장판사 2017년 광주고법 제주재판부 부장판사(현)

이재규(李梓揆) LEE Jae Kyu

[생]1946·12·17 [출]경남 의창 [주]서울특별시 영등포구 여의공원로 111 (주)태영건설(02-2090-2200) [학]1965년 마산고졸 1972년 서울대 경영학과졸, 同대학원 최고경영자과정 수료 [경]1972~1976년 호남정유 근무 1976~1982년 삼홍사 근무 1982년 (주)태영 전무이사 2000년 同부사장 2004년 同사장 2007년 同영업·기술부문 대표이사 사장 2007년 (주)태영건설 영업·기술부문 대표이사 사장 2008~2011년 同고문 2014~2015년 同사장 2015년 同각자대표이사 사장 2019년 同대표이사(부회장)(현) [종]기독교

이재규(李在奎) LEE Jae Kyu

[생]1951·5·17 [출]대구 [주]서울특별시 동대문구 회기로 85 한국과학기술원 경영대학 경영공학부(02-958-3612) [학]1969년 경북고졸 1973년 서울대 산업공학과졸 1975년 한국과학기술원(KAIST) 산업공학과졸(석사) 1985년 경영정보학박사(미국 펜실베이니아대) [경]1985~2013년 한국과학기술원(KAIST) 테크노경영대학원 교수 1989년 미국 Carnegie Mellon대 객원교수 1991년 한국경영과학회 전문가시스템연구회장 1993~1997년 한국지능정보시스템학회 초대회장 1994년 World Congress on Expert Systems 의장 1997년 한국진흥정보시스템학회 명예회장 1998~2000년 International Conference on Electronic Commerce 의장 1998~2014년 (사)국제전자상거래연구센터 소장 2001~2002년 국민은행 사외이사 2001~2005년 ECRA(Electronic Commerce Research & Applications) Editor-in-Chief 2001년 한일자유무역협정(FTA) 비즈니스포럼 정보기술분과 위원 2003년 웹코리아포럼 운영위원장 2004년 한국경영정보학회 회장 2005~2006년 Singapore Management Univ. 부학장 2006~2007년 한국과학기술원(KAIST) 경영대학장 겸 테크노경영대학원장 2007년 EEWS(에너지·환경·물·지속가능성) 기획단장 2009~2012년 현대중공업 사외이사 2009~2012년 정보통신산업진흥원 선임이사 2011년 세계정보시스템학회(AIS) Fellow(현) 2013~2015년 한국과학기술원(KAIST) EEWS연구센터 소장 2013년 同경영대학원 경영공학과 교수 2013

년 同녹색성장대학원장 2014년 同경영대학 경영공학부 교수 2014년 同경영공학부 석좌교수 2015~2016년 세계정보시스템학회(AIS) 회장 2015년 한국과학기술원(KAIST) 밝은인터넷연구센터장 2016년 미국 카네기멜론대 특훈초빙교수 2016년 중국 시안교통대 '글로벌 밝은 인터넷 연구센터' 공동센터장 겸 석좌교수(현) 2016년 한국과학기술원(KAIST) 경영대학 경영공학부 명예교수(현) 2016년 밝은인터넷글로벌서밋2017 의장 2017년 同'밝은인터넷연구센터' 공동센터장(현) 2017년 연세대 경영대학 석좌교수 2018년 중국 남방과기대 석좌교수 2018년 미국 세계인명사전 'Albert Nelson Marquis Lifetime Achievement Award · Marquis Who's Who in the World' 2018년판에 등재 2019년 중국 서안교통대 석좌교수(현) (상)국제학술대회 최우수논문상(HICSS)(1997), 한국경영정보학회 최우수논문상(1999), 지능정보시스템학회 최우수논문상(2002), 한국경영과학회 최우수논문상(2003), 대통령표창(2003), 매경 이코노미스트상(2004), 정보산업포장(2006), 2015 KAIST 자랑스런 동문상(2016) (저)'전문가시스템의 응용과 사례분석'(1995) 'UNIK를 이용한 전문가시스템의 개발'(1996) '전문가시스템의 원리와 개발'(1996) '전자상거래와 유통혁명'(2000) '경영정보시스템 원론'(2002) 'Electronic Commerce: A Managerial Perspective, Prentice Hall'(2002) '사용자 중심의 경영정보시스템' '경영정보시스템 원론(제2판)'(2005) '지식시스템'(2006) 'Premier eBusiness Cases from Asia'(2007) 'Electronic Commerce : A Managerial Perspective'(2010) '전자상거래 원론'(2011) '경영정보시스템 원론(제3판)'(2011) (역)'경영학을 만든 사람들'(共) (종)기독교

이재균(李在均) Lee jae gyoon

(생)1954 · 9 · 20 (본)전주(全州) (출)부산 (주)부산광역시 영도구 태종로 727 한국해양대학교 해운경영학부(051-410-4380) (학)1973년 부산고졸 1977년 연세대 행정학과졸 1979년 부산대 대학원 행정학과졸 1990년 스웨덴 세계해사대 대학원 해운학과졸 2003년 해운경영학박사(한국해양대) (경)1980년 행정고시 합격(23회) 1981년 해운항만청 수습사무관 1981~1983년 同재무담당관실 근무 1983~1986년 부산지방해운항만청 항무과 · 선원과 근무 1986~1988년 해운항만청 선원과 근무 1988~1990년 국외훈련(스웨덴 세계해사대학) 1991~1993년 해운항만청 선원과 근무 1993년 부산지방해운항만청 부두과장(서기관) 1994년 미국 뉴욕 뉴저지항만청 파견 1996년 해운항만청 기획예산담당관 1996년 해양수산부 장관비서관 1997년 同총무과장 1998년 마산지방해양수산청장(부이사관) 2001년 국방대학원 파견 2001년 해양수산부 공보관 2001년 부산지방해양수산청장 2003년 해양수산부 해운물류국장 2003년 同정책홍보관리실장 2008~2009년 국토해양부 제2차관 2009~2012년 해외건설협회 회장 2009~2012년 동아대 항만물류시스템학과 석좌교수 2012~2013년 제19대 국회의원(부산 영도, 새누리당) 2012년 국회 국토해양위원회 위원 2012년 국회 남북관계특별위원회 위원 2012년 새누리당 인재영입위원회 위원 2016년 한국해양대 해운경영학부 석좌교수(현) (상)대통령표창(1992 · 2002), 홍조근정훈장(2004), 자랑스러운 연세행정인상(2010) (저)'바보야, 부산은 해양수도야!'(2011)

이재근(李在根) Lee Jae-geun

(생)1953 · 2 · 15 (출)경남 산청 (주)경상남도 산청군 산청읍 산엔청로 1 산청군청(055-970-6003) (학)진주고 중퇴(2년) (경)김동영 국회의원 보좌역, 민자당 농수산국 부국장, 신한국당 민원국장, 同총무국장, 한나라당 연수국장, 同연수원 교수, 同조직국장, 同정책자문위원, 同중앙위원회 농림축산위원회 부위원장 2006 · 2010~2014년 경남 산청군수(한나라당 · 새누리당) 2015년 경남일보 대표이사 사장 2018년 경남 산청군수(자유한국당)(현)

이재근(李在根) LEE JAE KUN

(생)1968 · 1 · 26 (본)경주(慶州) (출)경북 청송 (주)서울특별시 강남구 헌릉로569길 9 강남지웰파인즈 717호 엠오에이쉬핑(주)(02-312-4766) (학)1986년 포항고졸 1990년 한국해양대 항해학과졸 2008년 아주대 공공정책대학원 정책학과졸 (경)1990~1994년 현대상선(주) 항해사 1995~1998년 조양상선(주) 과장대리 1999년 JLT RISK SOLUTIONS KOREA 차장 2003~2007년 디지털태인부동산중개(주) 대표이사 2008~2013년 에스알쉬핑(주) 이사 2013년 엠오에이쉬핑(주) 대표이사(현)

이재기(李在己) Jai-ki Lee (古泉)

(생)1950 · 10 · 9 (본)합천(陜川) (출)경남 산청 (주)서울특별시 성동구 왕십리로 222 한양대학교 원자력공학과(02-2220-0466) (학)1972년 서울대 원자력공학과졸 1977년 同대학원 핵공학과졸 1985년 공학박사(미국 일리노이대) (경)1975~1990년 한국원자력연구소 방사선관리실 연구원 · 선임연구원 1990~1993년 한국원자력안전기술원 방사선관리 책임연구원 · 전문위원실장 1993~2008년 한양대 원자시스템공학과 교수 2001~2005년 대한전기협회 방사선설계분과 위원장 2002~2003년 과학기술부 원자력안전위원회 안전전문위원 2002~2003년 대한방사선방어학회 부회장 2002년 과학기술부 원자력연구개발사업 심의위원 2002~2008년 한국방사선동위원소협회 이사 · 부회장 2003~2005년 과학기술부 원자력안전위원회 위원 2004년 국가정보원 대테러분야 정책자문위원 2004~2012년 한국동위원소협회 부회장 · 감사 2005~2009년 대한전기협회 원자력전문위원회 위원장 2007년 한국원자력학회 부회장 2008~2009년 대한방사선방어학회 회장 2009~2015년 한양대 원자력공학과 교수 2009~2015년 한국원자력통제기술원 이사 2011년 대통령직속 원자력안전위원회 전문위원 2012년 同규제심의위원회 위원장 2012~2014년 한양대 원자력공학과장 2012년 한국방사선안전재단 이사장 2015~2016년 한국원자력문화재단 원자력국민소통자문위원회 위원 2015년 한양대 공과대학 원자력공학과 명예교수(현) 2016년 대한방사선방어학회 방사선안전문화연구소장(현) 2016~2017년 국무총리소속 원자력안전위원회 비상임위원 2018년 대한방사선방어학회 자문위원(현) (상)대통령표창(1999), 녹조근정훈장(2012) (역)'2007년 국제방사선방호위원회 권고'(2009) (종)가톨릭

이재덕(李在德) LEE Jae Duk

(생)1963 · 5 · 5 (출)경기 화성 (주)대구광역시 수성구 동대구로 364 대구지방검찰청(053-740-4542) (학)1982년 동국대사대부고졸 1986년 서울대 법학과졸 1989년 同대학원 법학과졸 (경)1985년 사법시험 합격(27회) 1992년 사법연수원 수료(21기) 1992년 軍법무관 1995년 부산지검 검사 1997년 춘천지검 강릉지청 검사 1998년 전주지검 검사 2000년 서울지검 동부지청 검사 2003년 인천지검 검사 2004년 同부부장검사 2005년 창원지검 부부장검사 2006년 부산고검 검사 2007년 제주지검 부장검사 2008년 춘천지검 부장검사 2009년 서울고검 검사 2011년 광주고검 검사 2013년 서울고검 검사 2015년 부산고검 검사 2017년 대구지검 부장검사(현)

이재덕(李在德) Lee jae deok

(생)1967 · 11 · 15 (출)경북 김천 (주)경상남도 창원시 마산합포구 완월동7길 16 창원지방법원 마산지원(055-240-9300) (학)1986년 김천고졸 1990년 서울대 법학과졸 (경)1996년 사법시험 합격(38회) 1999년 사법연수원 수료(28기) 1999년 대구지법 판사 2002년 同의성지원(청송군법원 · 군위군법원) 판사 2004년 대구지법 판사 2008년 同서부지원 판사 2009년 대구고법 판사 2011년 대구지법 판사 2012년 대법원 재판연구관 2014년 부산지법 부장판사 2019년 창원지법 마산지원장(현)

이재도(李在道)

(생)1966 · 11 · 29 (주)경상북도 안동시 풍천면 도청대로 455 경상북도의회(054-880-5126) (학)동국대 경영대학원 경영학 석사과정 재학 중 (경)대아그룹 비서실장 2018년 경북도의회 의원(더불어민주당)(현) 2018년 同교육위원회 위원(현) 2018년 同예산결산특별위원회 위원(현) 2018년 同독도수호특별위원회 위원(현) 2018년 同공동주택정책연구회 회원(현), 더불어민주당 문화 · 관광 · 체육 · 예술특별위원장(현), 同정책위원회 부의장(현), 同중앙당 체육특별위원회 부위원장(현), 민주평통자문회의 자문위원(현)

이재동(李栽東) Lee Jae Dong (高山)

(생)1964 · 2 · 1 (출)서울 (주)서울특별시 동대문구 경희대로 23 경희대학교한방병원 침구과(02-958-9208) (학)경북고졸 1987년 경희대 한의학과졸 1990년 同대학원졸 1993년 한의학박사(경희대) (경)1994년 경희대 한의과대학 침구학교실 전임강사 · 조교수 · 부교수 · 교수(현) 2000~2002년 대한침구학회 편집위원장 2002년 경희대 국제한의학교육원(ISOM) 교수 2002년 同한의학연구소 상임연구원 2002~2006년 대한한의학회 편집위원장 2002년 경희의료원 동서의학연구소 임상침구연구부장 2003~2008년 한방척추관절학회 부회장 겸 운영위원 2004~2009년 대한침구학회 수석부회장 2008~2015년 경희대 한방병원 침구과장 2009년 대한침구학회 회장 · 감사 2011년 同한방척추관절센터장(현) 2013년 대통령 한방의료자문 2013~2016년 경희대 한방병원 연구부장 2014~2016년 同한방병원 임상한의학연구소장 2015~2016년 同한방병원 기획진료 부원장 2016~2017년 同한방병원 진료부원장 2017년 대한한의학회 수석부회장(현) 2018년 경희대 한의과대학장(현) 2018년 전국한의과대학학장협의회 회장(현) 2018년 보건복지부 근거중심한의약추진위원회 회장(현) (상)경희의료원 고황의학상 은상(2001), 경희의료원 미원임상의학상 동상(2006~2008), 경희의료원 고황의학상 동상(2009), 경희의료원 미원임상의학상 금상(2009~2012), 경희대 한의과대학 최우수교수 선정(2010 · 2012) (저)'침구학(上 · 下)(共)'(1988) '電鍼治療의 理解와 臨床(共)'(1993) '중국 침뜸의학의 역사(共)'(1997) '한방처방의 EBM(共)'(2004) '과학적인 침구임상(共)'(2005) '침구학(상 · 중 · 하)'(2008) '침구임상메뉴얼'(2014) 'K한의학 임상총론(2019)'

이재두(李在斗) Lee Jae Du

(생)1961 · 4 · 19 (출)전남 영광 (주)강원도 동해시 이원길 156 동해지방해양경찰청 경비안전과(033-680-2041) (학)전남 영광고졸, 목포해양대졸 (경)2012년 해양경찰교육원 함정훈련과 3011함장 2014년 목포해양경비안전서 3009함장 2016년 5002함 인수단장 2016년 서귀포해양경비안전서 5002함장 2017년 서귀포해양경비안전서장 2017년 해양경찰청 서귀포해양경찰서장 2018년 해양경찰교육원 교육훈련과장 2019년 동해지방해양경찰청 경비안전과장(현)

이재력(李在力)

(생)1959 (출)경북 성주 (주)대전광역시 유성구 가정로 201 한국연구재단 감사실(042-869-6007) (학)대구 달성고졸, 영남대 영어영문학과졸 (경)2011년 교육과학기술부 장관실 서기관 2013년 교육부 대학지원실 취업지원과장 2013년 同감사관실 사학감사담당관 2014년 同대변인실 홍보담당관(서기관) 2015년 同대변인실 홍보담당관(부이사관) 2017년 同사립대학제도과장 2017년 同사학혁신위원회 간사 2018년 同사립대학정책과장 2018년 한국연구재단 상임감사(현)

이재만(李栽萬) LEE JAE MAN (巨木)

(생)1964 · 8 · 12 (본)전의(全義) (출)서울 (주)서울특별시 구로구 가마산로25길 9-24 구로구의회(02-2083-3800) (학)우신고졸, 인천대 생물학과졸 2000년 홍익대 정보대학원 정보공학과 중퇴 (경)신도리코 근무, 한국전력 근무, PUBLIC SYSTEM(IT업체) 대표 2005년 민주평통 자문위원 2007년 한나라당 이명박 대통령예비후보 대외협력특보 2008년 국회사무처 공무원(4급) 2011년 한나라당 서울시장선거대책본부 직능총괄본부 홍보위원장 2012년 새누리당 제18대 대통령중앙선거대책위원회 조직총괄본부 · 시민사회본부 상근기획단장, (사)입법정책연구회 상임부회장(현) 2017년 더불어민주당 제19대 문재인 대통령후보 국민특보 2018년 서울 구로구의회 의원(더불어민주당)(현) (종)기독교

이재면(李在勉) Lee Jae-Myun

(생)1972 · 7 · 26 (본)성주(星州) (출)부산 (주)세종특별자치시 갈매로 477 기획재정부 세제실 조세특례제도과(044-215-4130) (학)1991년 대연고졸 2000년 연세대 경영학과졸 2013년 미국 일리노이대 어배나섐페인교 대학원 경제학과졸 2016년 경제학박사(미국 일리노이대 어배나섐페인교) (경)1999년 행정고시 재경직 합격(43회) 2000년 국세청 수습사무관 2001년 남대구세무서 납세지원과장 2002~2003년 서인천세무서 납세지원과장 2003년 재정경제부 세제실 조세정책과 사무관 2005~2008년 同세제실 법인세제과 사무관 2008년 기획재정부 세제실 재산세제과 서기관 2010년 同세제실 조세정책과 주무서기관 2011~2016년 국외교육훈련 파견 2016년 기획재정부 세제실 조세법령개혁팀장 2017년 同경제정책국 부동산정책팀장 2017년 대통령 경제수석비서관실 경제정책비서관실 행정관 2019년 기획재정부 세제실 조세특례제도과장(현) (상)재정경제부장관표창(2003), 대통령표창(2009), 대통령비서실장표창(2018) (종)천주교

이재명(李在明) Jae Myung Lee

(생)1964 · 12 · 22 (본)경주(慶州) (출)경북 안동 (주)경기도 수원시 팔달구 효원로 1 경기도청(031-8008-2001) (학)1981년 고졸검정고시 합격 1986년 중앙대 법과대학 법학과졸 2013년 한국방송통신대 영어영문학과 재학 중 (경)1986년 사법시험 합격(28회) 1989년 사법연수원 수료(18기) 1989~2010년 변호사 개업 1989년 민주사회를위한변호사모임 국제연대위원 2003~2004년 성남참여연대 집행위원장 2003~2004년 국가청렴위원회 성남부정부패신고센터 소장 2004년 성남시립병원설립추진위원회 공동대표 2006년 경기 성남시장선거 출마(열린우리당) 2008년 제18대 국회의원선거 출마(성남시 분당구甲, 통합민주당) 2010년 경기 성남시장(민주당 · 민주통합당 · 새정치민주연합) 2012년 민주통합당 지방자치단체장협의회 수석부회장 2012년 同기초자치단체장협의회 회장 2014~2018년 경기 성남시장(새정치민주연합 · 더불어민주당) 2015년 주빌리은행 공동은행장 2017년 더불어민주당 정당발전위원회 위원 2017년 同제19대 대통령 경선 후보 2018년 경기도지사(더불어민주당)(현) (상)성남NCC인권위원회 인권상(1995), 포브스코리아 선정 '대한민국 글로벌CEO'(2012), 중앙일보 '한국을 빛낸 창조경영대상'(2013), TV조선 선정 '한국의 영향력있는 CEO'(2013 · 2015), 매경미디어그룹 대한민국창조경제리더 투명부문(2013), 대한민국소통경영대상 공공부문(2013), 포브스 최고경영자대상 시민중심경영부문(2014), 한국경제신문 대한민국 미래창조경영대상 투명경영부문(2014), 대한민국 경제리더대상 사회책임경영부문(2014), 매니페스토 약속대상 지방선거부문 우수상(2014), 대한민국실천대상 지역발전부문(2014), 동아일보 한국의 최고경영인상(2014), 중앙대동창회 자랑스런 중앙인상(2014), 대한민국 CEO리더십대상 공유가치경영부문(2014), 시사저널 & 미디어리서치 선정 '가장 영향력있는 차세대 리더 100인'(2014), 대한민국 소

비자대상(2015), 헤럴드경제 대한민국 미래경영대상(2015), 전국기초자치단체장 매니페스토 최우수(2015), 대한민국 최고의 경영대상 사회공헌경영부문(2015), 대한민국CEO 일자리창출경영부문 대상(2016), 대한민국최고경영자대상 공공서비스부문(2016), 전국공동주택리모델링연합회 감사패(2017), 러시아 우수리스크 고려인 민족학교 감사패(2019) (종)기독교

이재범(李哉範) Lee Jae Beom

(생)1968·11·15 (본)공주(公州) (출)서울 (주)세종특별자치시 가름로 194 과학기술정보통신부 운영지원과(044-202-4144) (학)1986년 건국대사대부고졸 1993년 연세대 행정학과졸 (경)2000년 정보통신부 국제협력관실 협력기획담당관실 사무관, 同위성방송담당 사무관 2003년 同정보통신진흥국 통신경쟁정책과 사무관 2004년 同국제협력관실 국제기구담당관실 서기관, 同WTO통신협상팀장, 同OECD IT준비반장 2008년 방송통신위원회 대변인실 공보팀장 2008년 同기획조정실 규제개혁법무담당관 2010년 同이용자보호과장 2011년 同통신자원정책과장 2013년 미래창조과학부 방송통신융합실 디지털방송정책과장 2013년 同미래선도연구실 융합기술과장 2013년 同연구개발정책실 융합기술과장 2014년 同기획조정실 미주아시아협력담당관 2015년 同기획조정실 국제협력총괄담당관 2016년 同전파정책국 전파정책기획과장(부이사관) 2017년 국제전기통신연합(ITU) 고용휴직(현)

이재복

(생)1966·11·12 (출)충북 제천 (주)경기도 안산시 상록구 한양대학로 55 한양대학교 한국언어문학과(031-400-5319) (학)1985년 충주고졸 1992년 한양대 국어국문학과졸 1994년 同대학원 국문학과졸 2001년 국문학박사(한양대) (경)2005년 한양대 한국언어문학과 전임강사·조교수·부교수(현) 2005년 본질과현상 편집위원(현) 2007년 비평문학 편집위원(현) 2008년 한국어와문화 편집위원(현) 2008년 쿨투라 편집위원(현) 2009년 한국언어문화 편집위원(현) 2009년 한국문학평론가협회 상임총무이사(현) 2009년 문화비평연구회 회장(현) 2011년 시와사상 편집위원(현) 2015년 국제한인문학회 회장(현) 2015~2016년 한양대 ERICA캠퍼스 창의융합교육원장 2016년 同ERICA캠퍼스 문제중심학습(PBL)센터장 2017년 同한양인재개발원장(현) 2019년 同국제문화대학장(현) (상)소설과사상 신인상(1996), 오늘의 문예비평 고석규비평문학상(2004), 한국문학평론가협회 젊은평론가상(2004), 애지 비평상(2009), 편운문학상(2013)

이재부(李載富) Lee jae boo

(생)1949·2·24 (본)함평(咸平) (출)충남 예산 (주)인천광역시 중구 제물량로206번길 21 한국사법교육원(032-762-7511) (학)검정고시 합격 1983년 경희대 행정대학원 연구과정 수료 1990년 한국방송통신대 행정학과졸 1998년 중앙대 대학원 교육학과졸 2011년 사회복지학박사(백석대) (경)1981~1986년 법무부 재정과·관리과·경비과 주임(교위) 1990년 성동구치소 교감 1993년 법무부 보안제1과 교정관 1996년 서울구치소 접견영치과장 1997~2000년 법무연수원 외래교수 2001년 광주지방교정청 작업과장(교정감) 2002년 서울지방교정청 보안과장 2003년 同총무과장 2004년 천안개방교도소 부소장 2004년 진주교도소장(서기관) 2005년 원주교도소장 2006년 영등포교도소장 2006년 법무부 교정국 보안관리과장(부이사관) 2007~2009년 인천구치소장(일반직고위공무원) 2007~2009년 한국교정학회 이사 2007년 (사)아가페 전문위원(현) 2008~2009년 2009인천도시엑스포범시민추진위원회 고문 2009년 (사)한국사법교육원 교수(현) 2010년 백석대 기독교전문대학원 사회복지학박사과정원우회 회장 2011년 한국방송통신대 리더스클럽 회원(현) 2012년 법무부·대한변호사협회 Law Educator(현) 2012~2018년 통일부 통일교육위원 2012년 김포시사회복지협의회 이사 2012년 백석대 기독교전문대학원 박사학위논문심사위원(현) 2012년 영성과사회복지학회 이사(현) 2014년 열린사이버대 교정사회복지학과 교수 2014년 한국복지경영학회 이사(현) 2015년 열린사이버대 교정사회복지학과장 2016년 대한신학대학원대 특임교수 2016~2018년 세계사이버대 겸임교수 2017년 사회복지법인 오병이어복지법인 이사(현) (상)법무부장관표창(1985·1988), 국무총리표창(1990), 수도방위사령관표창(1999), 대통령표창(2000), 홍조근정훈장(2009) (종)기독교

이재삼(李在三) LEE Jae Sam

(생)1960·4·27 (출)경북 안동 (주)경기도 수원시 장안구 조원로 18 경기도교육청 감사관실(031-249-0130) (학)1977년 안동고졸 1984년 대구교육대 초등교육과졸 2013년 한국방송통신대 국어국문학과졸 2014년 아주대 공공정책대학원 행정학과(사회복지학 복수전공) 수료 (경)1985~1988년 경북 부곡초교·옥천초교 교사 1989~2002년 남양주 심석초교·교문초교 교사 2001~2002년 전국교직원노동조합 경기자치연구소장 2001년 同경기지부 부지부장 2002·2006·2010~2014년 경기도의회 교육위원회 교육의원 2006~2007년 대통령자문 교육혁신위원회 자문위원 2013~2014년 경기도의회 교육위원장 2015~2016년 경기도교육원 초빙연구위원 2017년 경기도교육청 대변인 2018년 同감사관(현) (상)의정행정대상 교육의원부문표창(2010)

이재서(李在緖) LEE Jae Seo

(생)1953·11·20 (출)전남 순천 (주)서울특별시 동작구 사당로 143 총신대학교 총장실(02-3479-0200) (학)서울맹학교졸, 총신대 신학과 수료 1986년 미국 필라델피아성서대 사회복지학과졸 1988년 미국 템플대 대학원 사회복지행정학과졸 1994년 사회복지정책학박사(미국 럿거스대) (경)1979~1988년 한국밀알선교단 창립·초대단장 1987~1996년 미주밀알선교단 설립·단장 1995년 (사)세계밀알연합 설립·총재(현) 1996~2001년 총신대 기독교인문사회학부 사회복지학과 교수 1998년 유럽밀알선교단 설립 2000~2004년 한국시각장애인아카데미 회장 2001~2004년 총신대 사회복지학과장 2002년 대한예수교장로회 사회복지재단 이사(현) 2004~2006년 (사)백범정신실천겨레연합 상임공동대표 2004~2008년 서울시 공익사업선정위원회 위원 2005~2007년 민주평통 자문위원 2007년 (사)세석밀알 설립·대표이사(현) 2010~2011년 총신대 사회복지대학원장 2011~2019년 同사회과학학부 사회복지학과 교수 2011~2014년 (사)한국시각장애인연합회 상임고문 2014~2017년 정부24 장애인정책조정위원회 위원 2015년 (사)한국시각장애인연합회중앙회 정책자문위원장 2015~2017년 더불어민주당 전국장애인위원회 부위원장 2019년 총신대 명예교수(현) 2019년 同총장(현) (상)국민훈장 목련장(2004), 백범봉사상(2009) (저)'밀알의 마음 강물로 흐르면'(2004, 한국밀알선교단 출판부) '아름다움은 마음의 눈으로 보인다'(2005, 랜덤하우스코리아) '사회봉사의 성서신학적 이해'(2006, 세계밀알) '담장 밖에 울고 계신 예수님'(2007, 세계밀알) '밀알 이야기'(2007, 세계밀알) '내게 남은 1의 가치'(2008, 토기장이) '신학으로 이해하는 장애인'(2009, 세계밀알) '성경과 장애인'(2013, 세계밀알) '기독교사회복지의 근원 : 복지신학으로 가는 길'(2013, 세계밀알) '하나님 나라와 장애인'(2015, 세계밀알)

이재서(李在瑞) RHEE Chae Seo

(생)1961·1·1 (주)서울특별시 종로구 대학로 103 서울대병원 의과대학(02-2072-2948) (학)1986년 서울대 의대졸 1994년 同대학원 의학석사 1997년 의학박사(서울대) (경)1987~1990년 軍의관 1997~2008년 서울대 의대 이비인후과학교실 조교수·부교수 2000년 미국 Univ. of California San Diego 방문교수 2002~2009년 대한비과학회 이사 2003~2007년 대한천식및알레르기학회 이사 2008~2009년 대한이비인후과학회

총무이사 2008~2009년 대한수면학회 총무이사 2008~2018년 서울대 의대 이비인후과학교실 교수 2008~2013년 질병관리본부 귀코목건강관리가이드라인제정위원회 위원 2009년 대한수면학회 부회장 2009~2012년 대한의학회 건강정보심의위원 2009년 아시아안면성형학회 이사 2010~2014년 분당서울대병원 이비인후과장 2011년 同IRB3위원장 2011년 금융분쟁조정위원회 전문위원 2011년 경기도아토피·천식교육정보센터 자문위원 2011년 (재)정숙장학회 이사 2012년 한국의료분쟁조정중재원 비상임조정위원 2012~2014년 분당서울대병원 진료협력센터장 2013~2015년 질병관리본부 국가건강영양조사 이비인후과질환분과 자문위원 2013년 대한천식알레르기학회 재무이사 2013년 대한두개저외과학회 학술상심의위원회 이사 2013~2015년 분당서울대병원 국제진료센터장 2014~2016년 同대외협력실장 2014~2016년 同공공의료사업단 부단장 2015년 대한안면성형재건학회 이사 2015년 건강보험심사평가원 비상근심사위원 2018년 대한이비인후과학회 이사장(현) 2018년 서울대 의대 이비인후과학교실 주임교수(현) 2018년 서울대병원 이비인후과장(현) (상)미국 비과학회 Cottle's Award 최우수상(1997), 대한이비인후과학회 석당학술상(1997), 대한비과학회 최우수학술상(2008), 질병관리본부장표창(2012), 대한이비인후과학회 석당학술상(2016), 한국과학기술단체총연합회 우수논문상(2016) (역)'Ear, Nose and Throat and Head and Neck Surgery'(2010)

이재석(李載錫) LEE Jae Suk

(생)1955·5·10 (출)전남 함평 (주)광주광역시 북구 첨단과기로 123 광주과학기술원 신소재공학과(062-715-2306) (학)1975년 광주제일고졸 1979년 전남대 화학공학과졸 1981년 한국과학기술원(KAIST) 화학공학과졸(석사) 1989년 공학박사(일본 도쿄공업대) (경)1989~1992년 일본 이화학연구소 Special Researcher 1992년 미국 오클라호마대 Research Associate 1993~1994년 일본 이화학연구소 프론티어 연구원 1994~2015년 광주과학기술원(GIST) 신소재공학과 부교수·교수 1998년 同신소재공학과장 1999년 미국 Virginia Polytech Institute 객원교수 2002년 광주과학기술원(GIST) 에너지환경연구센터 소장 2003년 同나노기술연구센터 소장 2008~2012년 同산학협력단장 2009~2012년 同연구처장 2014~2016년 한국연구재단 전문위원 2015년 광주과학기술원(GIST) 신소재공학과 교수(현) 2016년 한국과학기술한림원 정회원(공학부·현) (상)광주과학기술원(GIST) 교육상(2002), 한국고분자학회 고분자논문상(2006), 광주과학기술원(GIST) 기술상(2011), 광주과학기술원(GIST) 최다논문 연구상(2011·2013), 한국고분자학회 제1회 LG화학고분자학술상(2013), 과학기술포장(2014), 광주과학기술원(GIST) 기여봉사상(2015) (종)기독교

이재석(李在錫)

(생)1971·12·9 (출)전북 무주 (주)서울특별시 도봉구 마들로 749 서울북부지방법원(02-910-3310) (학)1990년 한일고졸 1994년 서울대 법대 사법학과졸 (경)1993년 사법시험 합격(35회) 1996년 사법연수원 수료(25기) 1999년 서울지법 서부지원 판사 2001년 서울지법 판사 2003년 대전지법 홍성지원 판사 2007년 법원행정처 형사정책심의관 2011년 의정부지법 부장판사 2014~2016년 사법정책연구원 선임연구위원 겸임 2016년 서울중앙지법 부장판사 2019년 서울북부지법 부장판사(현)

이재선(李在善) Lee Jae Seon

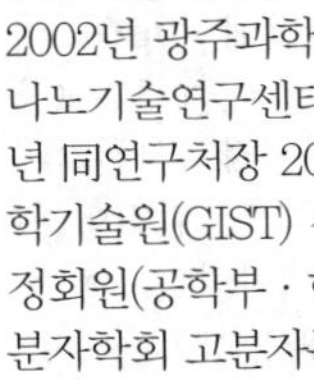

(생)1956·12·19 (본)성주(星州) (출)충남 보령 (학)1976년 대전 대신고졸 1983년 한남대 지역개발학과졸 1992년 同경영대학원졸 1999년 고려대 경영정보대학원 수료 2000년 경영학박사(한남대) (경)1987년 충남도테니스협회 회장 1989년 대전시테니스협회 회장 1993년 한국청년회의소 서대전청년회의소 회장 1994년 同대전지구 초대회장 1994년 대전경제정의실천시민연합 집행위원 1995년 자민련 총재특보 1996년 제15대 국회의원(대전서구乙, 자민련) 1997년 자민련 부대변인 1997년 同원내부총무 1997년 同청년위원장 1999년 同명예총재 정치특보 2000~2004년 제16대 국회의원(대전 서구乙, 자민련·한나라당) 2000년 자민련 정책위 의장 2001년 국회 월드컵지원특별위원회 위원장 2002년 국회 윤리특별위원회 위원장 2004·2006년 한나라당 대전시당 위원장 2005~2008년 대전시사회복지협의회 회장 2008년 제18대 국회의원(대전 서구乙, 자유선진당) 2008~2010년 자유선진당 대전시당 위원장 2010년 대전시의료관광협회 자문위원 2010년 국회 보건복지위원장 2012년 제19대 국회의원선거 출마(대전 서구乙, 자유선진당) 2013년 새누리당 대전시당 지방자치특별위원회 위원장 2013년 '역동적인 대전포럼' 이사장 2014년 새누리당 대전서구乙당원협의회 위원장 2016년 제20대 국회의원선거 출마(대전 서구乙, 새누리당) 2017년 자유한국당 대전서구乙당원협의회 운영위원장 (상)대한노인회 노인복지대상(2011) (저)'이재선의 시대공감 - 오늘을 읽고 내일을 이야기하자'(2011) '꿈 도전 열정'(2013, 오마이북스) (종)천주교

이재섭(李在燮) LEE Jae Sup (胤堂)

(생)1940·7·8 (본)경주(慶州) (출)대구 (주)대구광역시 수성구 달구벌대로 2532 대아빌딩 3층 (주)조광 회장실(053-751-8096) (학)1958년 대구 경북고졸 1965년 한양대 공업경영학과졸 1969년 영남대 경영대학원졸 (경)1969년 조광산업 사장 1970~1972년 경북비철금속공업협동조합 이사장 1974~1997년 조일알미늄공업사 설립·사장 1977년 경북도사격연맹 부회장 1987년 학교법인 상서학원(상서중·상서여자정보고) 이사장 1987년 대구지법 가사조정위원회 부위원장 1988년 춘곡장학회 이사장(현) 1990~1999년 대구시선거관리위원 1993년 학교법인 윤당교육재단(조일공고) 이사장(현) 1993년 (주)조광 회장(현) 1998년 조일알미늄(주) 회장(현) 2002년 조일상호저축은행 회장 2005년 대구지법 가사조정위원회 고문 (상)석탑산업훈장, 상공부·법무부·재무부장관표창, 프랑스 레종도뇌르훈장(1997) (종)불교

이재섭(李在攝) LEE Jae Sub

(생)1960·3·6 (학)1983년 건국대 전자공학과졸 1985년 同대학원 전자공학과졸 (경)1986~2004년 KT 입사·연구개발본부 전략기획부장 1992~1996년 국제전기통신연합 정보통신표준화부문 SG13(미래네트워크분야) 에디터 1999~2000년 同정보통신표준화부문 SG13 WP1(통신망구조) 의장 2001~2008년 同SG13 부의장 겸 WP2 의장 2003년 同정보통신표준화부문 SG13 NGN합동그룹 기술의장 2004~2012년 한국전자통신연구원 초빙연구원 2004~2005년 국제전기통신연합 NGN 포커스그룹 의장 2006년 同IPTV 포커스그룹 부의장 2009~2014년 同SG13 의장, 한국과학기술원 IT융합연구소 연구위원 2015년 국제전기통신연합(ITU) 표준화총국장(현)

이재성(李載星) LEE Jai Sung

(생)1952·12·10 (본)전주(全州) (출)서울 (주)경기도 안산시 상록구 한양대학로 55 한양대학교 재료화학공학과(031-400-5225) (학)1975년 한양대 재료공학과졸 1977년 同대학원졸 1979년 한국과학기술원(KAIST) 석사 1983년 금속학박사(독일 슈투트가르트대) (경)1980~1983년 독일 Max-Plank 금속연구소 연구원 1983~1992년 한양대 공과대학 금속재료공학과 조교수·부교수 1986년 독일 Muenster대 객원교수 1992~2017년 한양대 공과대학 재료화학공학과 교수 1993년 삼성전기(주) 종합연구소 자문교수 1996년 일본 오사카대 객원교수 1996년 한국산업기술진흥협회 KT마크 전문심의위원 2001년 한양대 교무처장 2001년 국가과학기술자문회의 전문위원 2003년 한양대 학연산클러스터사업단장 2006년 기초기술연구회 이사 2006년 독일훔볼트재단 학술대사 2007년 한국분말야금학회 회장 2012년 한국훔볼트회 회

장 2012년 한국연구재단 공학단 책임전문위원 2012년 과학기술연합대학원대 운영이사 2014년 미래창조과학부 · 산업통상자원부 3D프린팅기술전략기술로드맵수립분과 위원장 2015~2016년 한양대 ERICA캠퍼스 부총장 2016년 同프라임(PRIME)사업단장 2017년 한양대 ERICA자문위원회 위원장(현) 2018년 同ERICA캠퍼스 공학대학 재료화학공학과 특훈교수(현) 2018년 IR52장영실상 종합심의위원회 위원장(현) (상)과학기술우수논문상(1998), 독일 금속학회지 최우수논문상(2003), 부총리 겸 교육인적자원부장관표창(2005), 창성학술상(2014), 녹조근정훈장(2018) (종)기독교

이재성(李在成) Jae Sung, Lee

(생)1953 · 4 · 16 (출)전남 순천 (주)울산광역시 울주군 언양읍 유니스트길 50 울산과학기술원(UNIST) 에너지및화학공학부(052-217-2544) (학)1975년 서울대 화학공학과졸 1977년 한국과학기술원(KAIST) 화학공학과졸(석사) 1984년 공학박사(미국 스탠퍼드대) (경)1975년 삼성석유화학 Process Engineer 1984년 미국 스탠퍼드대 Postdoctorate 1986~2013년 포항공과대 화학공학과 교수 1993년 미국 예일대 방문교수 1998년 포항공과대 학생처장 2004년 세계적과학저널 'Applied Catalysis A: General' 편집위원 2007~2011년 포항공과대 부총장 2013년 울산과학기술대(UNIST) 나노생명화학공학부 교수 2014~2015년 同에너지 및 화학공학부 교수 2014~2015년 同교학부총장 · 대학원장 · 교무처장 겸임 2015년 울산과학기술원(UNIST) 에너지및화학공학부 교수(현) 2015년 同교학부총장 겸 대학원장 2015~2016년 同교무처장 2017년 同연구부총장(현) (상)늘푸른에너지공학상 학술부문

이재성(李在成) Jaesung Rhee

(생)1959 · 6 · 6 (본)전주(全州) (출)충남 홍성 (주)서울특별시 중구 삼일대로 340 (재)서울관광재단(02-3788-0815) (학)1978년 대전고졸 1982년 한국외국어대 서반어과졸, 미국 하와이대 관광경영자양성과정 수료, 미국 미시간주립대 국제관광전문가과정 수료, 성균관대 21C 공기업관리자과정 수료 2000년 연세대 경제대학원 경제학과졸 2012년 서울대 경영대학원 최고경영자과정 수료(72기) 2013년 관광학박사(경희대) (경)1985년 한국관광공사 인사부 입사 1993년 同시드니지사 차장 1997년 同기획조정실 평가과장 1999~2006년 同국내사업부장 · 런던지사장 2006년 同비서실장 2007년 同코리아컨벤션뷰로단장 2008년 서울시 국제회의산업육성위원회 위원 2008년 세계스카우트총회 준비위원 2008년 중앙공무원교육원 파견 2010년 한국관광공사 국내마케팅실장 2010년 同국제관광본부 해외마케팅실장 2010년 여수엑스포조직위원회 관광부문 자문위원 · 문화관광축제 평가위원 2011~2014년 한국관광공사 정책사업본부장 2012년 안성세계민속축전 자문위원 2012년 제주탐라대제전추진위원회 자문위원 2013년 한국공항공사 자문위원 2014년 인천도시공사 자문위원 2014년 항공정책고객위원회 자문위원 2014~2015년 한국관광공사 국제관광본부장(상임이사) 2014~2015년 同밀라노엑스포추진단장 겸임 2015년 관광진흥개발기금 운용위원회 위원 2015년 한국관광공사 경영본부장(부사장) 2016~2017년 同국내관광산업본부장(상임이사) 2018년 (재)서울관광재단 대표이사(현) (상)한국관광공사 사장표창(2000), 문화관광부장관표창(2005), 중앙공무원교육원장표창(2009), 국민포장(2016) (종)기독교

이재성(李在星) LEE Jae Sung

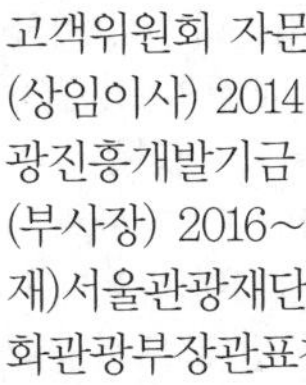

(생)1961 · 4 · 25 (출)대구 (주)서울특별시 영등포구 여의대로 24 LG CNS 하이테크사업부(02-3773-1114) (학)1979년 대구 청구고졸 1985년 고려대 산업공학과졸 2014년 정보통신학박사(한신대) (경)1985년 금성통신 전산부 입사 1987년 LG CNS시스템 근무 1996년 同중국지사장 2001년 同중국법인장 2005년 同중국법인장(상무) 2008년 同하이테크사업본부 전자사업부장(상무) 2012년 同하이테크사업본부 전자사업부장(전무) 2014년 同엔터프라이즈솔루션사업부문장(전무) 2016년 同하이테크사업부장(전무) 2017년 同금융 · 공공사업부장(전무) 2019년 同하이테크사업부장(부사장)(현)

이재수(李載洙) Lee Jea Su

(생)1964 · 6 · 25 (본)함평(咸平) (출)강원 춘천 (주)강원도 춘천시 삭주로 3 춘천시청 시장실(033-253-3700) (학)1983년 강원고졸, 강원대 회계학과졸, 同대학원 농업자원경제학 박사과정 수료 (경)춘천시 농어촌발전위원회 위원, 춘천시문화재단 이사, 봄내생활협동조합 상무 · 이사장, 춘천문화도시연대 운영위원장 · 대표, 춘천YMCA 이사, 춘천사회복지협의회 이사, 춘천지역농업연구소 소장, 춘천농정포럼 공동대표, 춘천시민행복발전소 소장, 사랑의연탄나눔 운영위원, 밀알재활원 운영위원 2002 · 2006 · 2010~2014년 춘천시의회 의원(무소속 · 민주통합당 · 민주당 · 새정치민주연합) 2006~2008년 同산업위원회 부위원장, 노무현재단 기획위원(현) 2014년 춘천시장선거 출마(새정치민주연합) 2017~2018년 대통령정책실 경제수석비서관실 농어업비서관실 선임행정관 2018년 강원 춘천시장(더불어민주당)(현) (종)기독교

이재숙(李在淑 · 女) LEE Chae Suk

(생)1941 · 5 · 31 (출)서울 (주)서울특별시 서초구 반포대로37길 59 대한민국예술원(02-596-6213) (학)1963년 서울대 국악과졸(1기) 1965년 同대학원 음악학과졸 (경)1964년 독주회(국내 최초 가야금 독주회) 1967~1982년 서울대 음대 국악과 조교수 · 부교수 1974~1975년 서울시립국악관현악단 단장 1982~2006년 서울대 음대 국악과 교수 1982년 한국국악협회 이사 1991년 (사)한국국악학회 부회장 1994년 아시아금(琴)교류회 회장 1995년 국악인인물상위원회 회장 1999년 서울시 문화재심의위원 2000년 국립국악원 자문위원 2001년 한국국악교육학회 고문 2004년 대한민국예술원 회원(음악 · 현) 2006년 서울대 명예교수(현) 2006~2013년 한양대 석좌교수 2012년 (사)가야금연주가협회 이사장 (상)대한민국 국악상(1967), 한국문화대상 국악부문 기악상(1968), 한국문화대상 특별상(1971), 한국음악상(1997), KBS국악대상 현악상 및 대상(2000), 한국방송대상 국악인상(2001), 대한민국예술원상(2002), 홍조근정훈장(2006), 제59회 서울시 문화상 국악분야(2010), 보관문화훈장(2015), 방일영국악상(2017) (저)'5流의 가야금 산조'(1971) '국악반주법'(1981) '금죽파류 가야금 산조'(1983) '성금연류 가야금 산조'(1985) '강태홍류 가야금 산조'(1996) '조선조 궁중의례와 음악(共)'(1998) '매화향기로 피어나는 열 두 노래'(2002) '가야금 산조 여섯 바탕 전집'(2008, 은하출판사) 'Korean Kayagum sanjo : A Traditional Instrumental Genre(共)'(2008) (작)음반 '국악 제2집 「속악」'(1987), '이성천 가야금 작품집 「바다」'(1991), '亞洲箏樂 名家演奏'(1995), '이재숙 가야금 산조'(1997), '이재숙 교수 첫 연주로의 초대'(2001) (종)기독교

이재순(李在淳) LEE Jae Sun

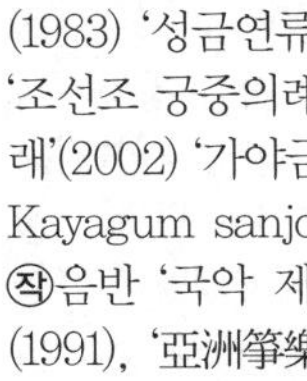

(생)1958 · 3 · 6 (출)충북 영동 (주)서울특별시 강남구 도곡로 194 일양빌딩 3층 법무법인 서평(02-6271-4300) (학)1976년 서울 신일고졸 1981년 서울대 법학과졸 1982년 同행정대학원 수료 (경)1984년 사법시험 합격(26회) 1987년 사법연수원 수료(16기) 1990년 서울지검 검사 1992년 수원지검 여주지청 검사 1994년 서울지검 의정부지청 검사 1997년 대검찰청 검찰연구관 1998년 국무총리실 산하 청소년보호위원회 파견 1999년 서울고검 검사 2000년 춘천지검 강릉지청 부장검사 2001년 광주고검 검사 2002년 인천지검 강력부장 2003년 대검찰청 공안3과장 2004년 의정부지검 형사2부장 2005년 서울중앙지검 형사3부장 2005~2006년 대통령 사정비서관 2007년 법무연수원 연

구위원 2008년 대전지검 천안지청장 2009년 서울고검 검사 2009년 한국법률센터 변호사 2010년 법무법인 소망 구성원변호사 2010년 법무법인 산호 구성원변호사 2011년 법무법인 도연 구성원변호사 2014년 법무법인(유) 강남 변호사 2017년 법무법인 서평 대표변호사(현) (상)검찰총장표창, 법무부장관표창 (저)'M&A법과 실제(共)'(2009) (종)불교

이재승 Lee Jae Seung

(생)1960·7·6 (주)경기도 수원시 영통구 삼성로 129 삼성전자(주) 생활가전사업부 개발팀(031-200-1114) (학)1984년 고려대 기계공학과졸 1986년 同대학원 기계공학과졸 (경)1986년 삼성전자(주) 냉동공조연구실(가전연) 근무 1994년 同냉장고개발팀 근무 1996년 同생활시스템연구소 근무 1998년 同선행연구그룹(SYS가전) 수석 2002년 同기반기술그룹(DA총괄) 수석 2003년 同시스템가전사업부 냉기그룹장 2006년 同생활가전사업부 시스템연구실장 2007년 同생활가전사업부 선행개발1그룹장 2008년 同생활가전사업부 개발팀 선행개발그룹장 2009년 同생활가전사업부 개발팀 냉기개발그룹장 2011년 同생활가전사업부 개발팀 냉장고개발그룹장 2015년 同생활가전사업부 개발팀장(전무) 2017년 同생활가전사업부 개발팀장(부사장)(현)

이재승(李在勝)

(생)1967 (출)전남 나주 (주)전라남도 장성군 장성읍 영천로 164 장성경찰서(061-399-4211) (학)광주 인성고졸 1987년 경찰대 행정학과졸(3기) 2002년 전남대 행정대학원졸 (경)1987년 경위 임용 1993년 경감 승진 1999년 경정 승진, 경찰청 사이버수사담당 2009년 총경 승진 2009년 경찰청 운영지원과 근무 2009년 광주지방경찰청 생활안전과장 2010년 전남 구례경찰서장 2012년 서울지방경찰청 경비1과 전의경관리단장 2012년 충남 아산경찰서장 2013년 충남지방경찰청 생활안전과장 2014년 경찰대 학생과장 2014년 서울 동대문경찰서장 2016년 경찰청 사이버수사과장 2017년 충남 예산경찰서장 2017년 경찰수사연수원 운영지원과장 2019년 전남 장성경찰서장(현)

이재승(李載昇)

(생)1974·5·11 (출)서울 (주)서울특별시 마포구 마포대로 174 서울서부지방검찰청 형사3부(02-3270-4313) (학)1993년 서울 숭실고졸 1998년 서울대 법학과졸 (경)1998년 사법시험 합격(40회) 2001년 사법연수원 수료(30기) 2002년 공군 법무관, 인천지검 검사 2006년 춘천지검 강릉지청 검사 2009년 서울중앙지검 검사 2012년 수원지검 안양지청 검사 2012년 외교통상부 파견 2013~2014년 외교부 파견 2015년 부산지검 부부장검사 2016년 대전지검 서산지청 부장검사 2017년 대검찰청 과학수사부 사이버수사과장 2018년 대구지검 형사3부장 2019년 서울서부지검 형사3부장(현)

이재연(李載淵) LEE Jay Yon (松坡)

(생)1931·3·21 (본)전주(全州) (출)경기 시흥 (주)서울특별시 용산구 녹사평대로 206 천우빌딩 2층 (주)아시안스타 회장실(02-543-8030) (학)1950년 배재고졸 1954년 연세대 상학과졸 1958년 미국 린필드대 경영학과졸 (경)1965년 럭키화학 상무이사 1971년 반도상사 전무이사 1974년 한국광업제련 사장 겸 희성산업 사장 1977년 한국콘티넨탈카본 사장 1982~1987년 금성통신 사장 1982년 한·독경제협력위원회 위원장 1987년 금성사 사장 1987년 한·일경제협회 부회장 1989년 LG신용카드 사장 1994년 同부회장 1995년 LG그룹 상임고문 1999년 (주)푸드스타 회장 2001년 (주)아시안스타 회장(현) (상)금탑산업훈장(1983), 자랑스런 배재인상(2009)

이재열(李在烈) YEE Jaeyeol

(생)1961·6·20 (본)경주(慶州) (출)충남 부여 (주)서울특별시 관악구 관악로 1 서울대학교 사회과학대학 사회학과(02-880-6408) (학)1984년 서울대 사회학과졸 1986년 同대학원 사회학과졸 1992년 사회학박사(미국 하버드대) (경)1986년 숭실대 강사 1992년 한림대 사회학과 조교수 1996~2005년 서울대 사회학과 조교수·부교수 1997~2001년 사회과학연구원 연구조정실장 2000년 한국사회과학연구협의회 Korean Social Science Journal 편집위원 2004~2007년 서울대 사회발전연구소장 2005년 同사회과학대학 사회학과 교수(현) 2006년 한국사회학회 연구이사, 국무총리산하 경제·인문사회연구회 기획평가위원 2008~2012년 대통령직속 미래기획위원회 사회정책분과 민간위원, (재)조선일보 미디어연구소 이사(현) 2009년 한국고등교육재단 비상근이사(현) 2014~2016년 서울대 사회과학도서관장 겸 사회과학정보센터 소장 2014~2016년 同기초학문진흥위원 2016년 同아시아연구소 학술연구부장 겸 한국사회과학자료원장(현) 2017~2019년 행정안전부 위기관리매뉴얼협의회 위원 2018년 사회적가치연구원 이사장, 同이사(현) (저)'충청지역의 사회의식과 지역정체성'(2004, 백산서당) '삶의 질과 지속가능한 발전(共)'(2006, 나남) '네트워크 사회의 구조와 쟁점3'(2007, 서울대출판부) '저출산 고령화의 삶의 질1(共)'(2011, 한국보건사회연구원) '당신은 중산층입니까(共)'(2014, 21세기북스) '한국 사회의 질(共)'(2015, 한울아카데미) '살림과 일(共)'(2015, 푸른숲) '문화의 안과 밖8 - 공동체의 삶(共)'(2016, 민음사) '사회적 경제와 사회적 가치(共)'(2016, 한울아카데미) '세월호가 묻고 사회과학이 답하다(共)'(2017, 오름) '한국사회의 변화를 돌아보다(共)'(2018, 진인진) '아픈 사회를 넘어 : 사회적 웰빙의 가치와 실천의 통합적 모색(共)'(2018, 21세기북스) '사회적 가치와 사회혁신 : 지속가능한 상생공동체를 위하여(共)'(2018, 한울아카데미) 대중교양서 '다시 태어난다면, 한국에서 살겠습니까'(2019, 21세기북스)

이재영(李在永) LEE Jae Young

(생)1956·10·11 (출)서울 (주)서울특별시 강남구 영동대로 312 엘앤티렉서스(02-2188-3515) (학)1975년 경기고졸 1980년 한양대 산업공학과졸 1982년 서울대 공과대학원졸 1986년 미국 보스턴대 대학원 공학석사 (경)(주)천보공업·동양고속관광(주) 근무 1990년 (주)동양고속건설 상무, (주)동양건설산업 상무이사, LEXUS D&TMOTORS 대표이사 사장 2000년 엘앤티렉서스 대표이사 사장(현)

이재영(李在榮) LEE Jai Young

(생)1960·9·20 (출)경기 평택 (주)서울특별시 동대문구 서울시립대로 163 서울시립대학교 도시과학대학 환경공학부(02-6490-2864) (학)1982년 중앙대 토목공학과졸 1988년 미국 웨인주립대 대학원 환경공학과졸(석사) 1994년 환경공학박사(미국 웨인주립대) (경)1982~1984년 장교전역(ROTC) 1984~1985년 대림산업 토목기사 1990~1994년 미국 웨인주립대 토목환경공학과 연구·교육조교 및 강사 1995~1996년 한국토지공사 토지연구원 책임연구원 1995년 건국대 강사 1996년 광운대·중앙대·서울시립대 강사 및 조교수 1996년 서울시립대 도시과학대학 환경공학부 교수(현) 1998년 한양대 강사 2003~2007년 서울시립대 도시과학대학원 환경공학센터장 2005년 서울지역환경기술개발센터장 2007년 법원행정처 전문심리위원 2008년 국방부 주한미군기지이전사업단 자문위원(현) 2010년 한국폐기물자원순환학회 총무위원장·수도권매립지 설계심사위원 2011년 한국지하수토양환경학회 부회장 2012년 한국환경공단 설계자문위원 2012년 국방시설본부 의사결정자문위원회 위원 2013년 국토해양부 중앙건설기술심의위원 2013년 한국지하수토양환경학회 회장 2014년 국방부 민간투자시설사업평가심의위원 2015년 한국환경공단 기술자문

위원 2015년 국방부 특별건설기술심의위원 2015년 경기도 도시계획위원회 심의위원 2016~2018년 서울시 환경영향평가위원 2016년 국방부 군공항이전사업단 자문위원(현) 2016년 한국철도시설공단 설계심의분과 위원(현) 2016년 한국폐기물자원순환학회 부회장, 同감사(현) 2017년 국방시설본부 건설심의위원(현) 2017년 한국광해관리공단 광해방지사업 자문위원(현) 2017년 조달청 설계심사위원(현) (상)육군참모총장상(1982), 공로상 ISEG(2002), 한국지하수토양환경학회 학술상(2003), 한국폐기물학회 우수발표논문상(2003·2005·2006·2007), 한국지하수토양환경학회 우수발표논문상(2004·2006·2011·2014·2017), 대한환경공학회 우수발표논문상(2005·2006), 한국폐기물학회 논문상(2007), 과학기술우수논문상(2007), 환경부장관표창(2007), 서울시립대 연구우수교수상(2008), 한국폐기물학회 학술상(2008), 한국폐기물자원순환학회 공로상(2012), 한국폐기물자원순환학회 우수발표논문상(2012·2016), 한국토목섬유학회 학술상(2014·2015), 대통령표창(2014), 한국지하수토양환경학회 공로상(2016) (저)'준설매립과 환경매립'(1999, 구미서관) '산업폐기물처리'(1999, 신광문화사) '환경모델링'(1999, 동일출판사) '2000년대 환경공학'(2000, 대웅도서출판) '토양환경공학'(2001, 향문사) '유해폐기물처리'(2004, 향문사) '지반환경'(2004, 구미서관) '토양지하수환경'(2006, 동화기술) '토목섬유의 특성평가 및 활용기법'(2007, 구미서관) (종)기독교

이재영(李宰榮) LEE Jae Young

(생)1963·10·8 (출)서울 (주)서울특별시 서초구 서초중앙로 157 서울고등법원(02-530-2365) (학)1982년 용문고졸 1986년 고려대 법학과졸 (경)1986년 사법시험 합격(28회) 1989년 사법연수원 수료(18기) 1989년 軍법무관 1992년 대전지법 판사 1995년 同천안지원 판사 1999년 인천지법 판사 2001년 서울고법 판사 2002년 대법원 재판연구관 2004년 의정부지법 부장판사 2006년 사법연수원 교수 2008년 서울북부지법 부장판사 2010년 서울중앙지법 형사항소2부 부장판사 2012년 부산고법 부장판사 2013년 서울고법 부장판사(현)

이재영(李在榮)

(생)1964·4·15 (주)충청북도 청주시 상당구 상당로 82 충청북도청 총무과(043-220-2114) (학)1982년 목도고졸 1990년 청주대 행정학과졸 (경)1983년 공무원 임용 1991년 충북도 보건사회국 사회과 근무 2007년 同세정과 세입관리팀장(사무관) 2008년 同관광항공과 공항지원팀장 2009년 同노인장애인복지과 사무관 2009년 보건복지가족부 파견 2010년 충북도 전략산업과 과학진흥팀장 2010년 同미래산업과 산업정책팀장 2012년 同총무과 총무팀장 2015년 同교통물류과장(서기관) 2015년 同비서실장 2017년 충북 증평군 부군수 2018년 충북도 기획관리실 정책기획관 2019년 2019충주세계무예마스터십 파견(부이사관)(현) (상)국무총리표창(2003), 대통령표창(2014)

이재영(李載榮) LEE JAE-YOUNG

(생)1964·10·25 (출)경남 양산 (주)세종특별자치시 시청대로 370 대외경제정책연구원 원장실(044-414-1100) (학)1988년 한양대 경영학과졸 1992년 同대학원 경영학과졸 1995년 경제학박사(러시아 모스크바국립대) 2010년 명예박사(몽골 칭기즈칸대) (경)1989~1990년 한양대 중소연구소 연구조교 1990~1991년 소련연방과학원 극동연구소 교환연구원 1991~1992년 러시아과학원 극동연구소 교환연구원 1996~2000년 한양대 중소연구소 선임연구원 1996~1997년 한국학술진흥재단 Post-Doc. 1997~2000년 한양대 아태지역연구센터 러시아실 책임연구원 2000~2002년 同아태지역연구센터 연구조교수 2002~2004년 미국 하버드대 러시아 및 유라시아센터 방문학자 2006~2008년 한국철도공사 남북철도협력위원회 자문위원 2008년 대외경제정책연구원(KIEP) 연구조정실장 2008년 국가정보원 자문위원 2009년 러시아과학원 극동지부 경제연구원 명예교수(현) 2009~2011년 민주평통 자문위원 2009~2011년 대외경제정책연구원(KIEP) 유럽팀장 2010년 서울신문 칼럼리스트 2010~2017년 한양대 국제학대학원 겸임교수 2011~2013년 한국중앙아시아경제학회 회장 2011~2012년 대외경제정책연구원(KIEP) 러시아CIS팀장 2012~2014년 지식경제부 자체평가위원 2013년 영국 옥스퍼드대 울프슨칼리지 방문학자 2013년 Spatial Economics, Russia and the Asia-Pacific Region 및 ECO 편집위원 2014~2016년 대외경제정책연구원(KIEP) 구미·유라시아실장 2016~2018년 同구미유라시아본부장 2016년 러시아 극동국제관계대 명예교수(현) 2017년 국가안보실 정책자문위원회 위원(현) 2017년 국가안보전략연구원 정책자문위원회 위원(현) 2017년 대통령직속 북방경제협력위원회 위원(현) 2018년 산업통상자원부 통상정책자문관(현) 2018년 남북정상회담준비위원회 전문가자문위원 2018년 한국태평양경제협력위원회(KOPEC) 회장(현) 2018년 대외경제정책연구원(KIEP) 제10대 원장(현) 2018년 외교부 정책자문위원(현) (상)몽골 대통령훈장(2011), 부총리 겸 기획재정부장관표창(2014), 국가정보원장표창(2018) (저)'Стратегии проникновения на российский рынок: опыт компаний Республики Корея(共)'(2009, 대외경제정책연구원) '글로벌 경제질서 재편과 G20 정상회의(共)'(2010, 부글북스) '신아시아 시대 한국과 몽골의 전략적 협력 방안(共)'(2010, 대외경제정책연구원) '한·러 극동지역 경제협력 20년 : 새로운 비전과 실현방안(共)'(2010, 대외경제정책연구원) 'Монгол-Солонгосын эдийн засгийн хамтын ажиллагаа ба Азийн шинэ эрин'(2011, Чингис Хаан Дээд Сургууль) '몽골 광물자원 개발 현황과 한국의 진출방안'(2011, 대외경제정책연구원) '포스트소비에트 20년 중앙아시아의 미래 : 통합 가능성과 균열 요인 연구'(2011, 대외경제정책연구원) 'CIS의 경제통합 추진현황과 정책 시사점 : 관세동맹을 중심으로(共)'(2011, 대외경제정책연구원) '몽골의 투자 환경과 한국기업의 진출 확대방안(共)'(2012, 대외경제정책연구원) '러시아의 해외직접투자 패턴과 한국의 투자유치 확대방안'(2012, 대외경제정책연구원) 'Regional Perspectives of Energy Security(共)'(2013, SAGE) 'Перспективы экономического сотрудничества Республики Корея и России(Prospects of Economic Cooperation between Republic of Korea and Russia)'(2013) 'Mongolia's Investment Environment and Measures to Expand the Market Entry of Korean Businesses(共)'(2014, BCI) '한·러 경제협력의 평가와 중장기 비전(共)'(2015, 대외경제정책연구원) '환동해 경제학 : 힘의 대륙 부의 바다(共)'(2015, 블루앤노트) 'The Political Economy of Pacific Russia(共)'(2017, Palgrave Macmillan) '한반도 평화번영과 남북러 3각협력(South Korea-North Korea-Russia Trilateral Cooperation for Peace and Prosperity on the Korean Peninsula)'(2018, 대외경제정책연구원) (역)'한국에서 무엇을 배워야 하는가? : 러시아 경제학자의 분석'(1994, 한양대 출판원) '러시아 경제사'(2006, 한길사)

이재영 Lee, Jae-Young

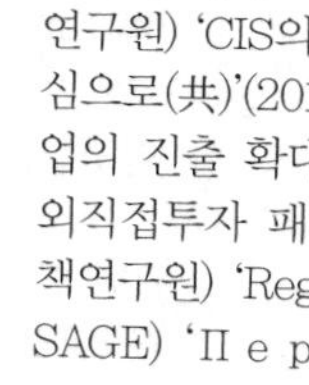

(생)1965 (주)서울특별시 관악구 관악로 1 서울대학교 인문대학 영어영문학과(02-880-6091) (학)1987년 서울대 영어영문학과졸 1989년 同대학원 영어영문학과졸 1994년 미국 일리노이대 대학원 언어학과졸 1996년 언어학박사(미국 일리노이대 어배나샘페인교) (경)전남대 전임강사 1999년 서울대 인문대학 영어영문학과 교수(현), 同대학신문 부주간 2010~2012년 同교무처 부처장 2012~2014년 同학생처장 2015~2017년 교육부 대학구조개혁위원회 위원 2016년 서울대 기초교육원장 2018년 同인문대학장(현) 2019년 인문학및인문정신문화진흥심의회 민간위촉위원(현)

이재영(李在榮) LEE Jae Young

(생)1966·1·28 (본)전주(全州) (출)전남 무안 (주)세종특별자치시 정부2청사로 13 행정안전부 정부혁신조직실(044-205-2100) (학)1985년 광주 진흥고졸 1989년 한양대 법학과졸, 영국 엑세터대 대학원 행정학과졸 (경)1988년 행정고시 합격(32회) 2001년 행정자치부 복무조사담당관실 서기관 2004년 영국 유학 2006년 행정자치부 정책홍보관리본부 공직윤리팀장 2006년 同공무원단체복무팀장 2007년 同근무지원팀장(부이사관) 2007년 국무총리국무조정실 일반행정심의관실 행정자치팀장 2008년 국무총리 일반행정정책관실 행정관리과장 2008년 국무총리 국정운영실 행정정책과장 2009년 행정안전부 제도정책관실 제도총괄과장 2010년 중앙공무원교육원 연구개발센터장(고위공무원) 2011년 행정중심복합도시건설청 기획조정관 2011년 지역발전위원회 연계협력국장 2012년 중앙공무원교육원 기획부장 2013년 미국 직무훈련(고위공무원) 2015년 행정자치부 기획조정실 정책기획관 2015년 同창조정부조직실 창조정부기획관 2016년 同창조정부조직실 조직정책관 2017년 행정안전부 정부혁신조직실 조직정책관 2017~2018년 전남도 행정부지사 2017년 同도지사 권한대행 2018년 행정안전부 정부청사관리본부장 2019년 同정부혁신조직실장(현)

이재영(李宰榮) Lee, Jaeyoung

(생)1975·11·16 (출)서울 (주)서울특별시 영등포구 국회대로76길 22 기계회관 신관 3층 자유한국당 서울시당(02-704-2100) (학)1998년 미국 조지타운대 경영학과졸 2012년 연세대 행정대학원 국제학 석사 (경)2009~2012년 세계경제포럼(WEF·다보스포럼) 아시아총괄담당 부국장 2012~2016년 제19대 국회의원(비례대표, 새누리당) 2012년 국회 기획재정위원회 위원 2012~2015년 대한오리엔티어링연맹 회장 2013년 국회 평창동계올림픽 및 국제경기대회지원특별위원회 위원 2013년 국회 아프리카새시대포럼 간사 2013년 국회 경제민주화실천모임 간사 2013년 국회 여성가족위원회 위원 2013~2018년 여의도연구원 청년정책연구센터장 2013년 박근혜 대통령당선인 스위스 세계경제포럼(WEF·다보스포럼) 특사단원 2013년 새누리당 국제위원회 위원 2013년 同가족행복특별위원회 자살예방분과위원장 2013~2014년 同중앙청년위원회 위원장 2014년 同재외국민위원회 아프리카·중동/아시아·대양주지역 부위원장 2014년 同서울시당 전략기획위원회 위원장 2014년 同군의료체계개선특별위원회 위원 2014년 同서울강동구乙당원협의회 운영위원장 2014년 同세월호피해자지원특별위원회 위원 2014년 국회 세월호침몰사고의진상규명을위한국정조사특별위원회 위원 2014년 국제청년민주연맹(IYDU : International Young Democrat Union) 부위원장 2014년 국회 미래창조과학방송통신위원회 위원 2014~2015년 국회 예산결산특별위원회 위원 2015~2016년 새누리당 원내부대표 2015년 국회 운영위원회 위원 2015년 국회 정무위원회 위원 2015년 새누리당 여의도연구원 부원장 2015년 국회 평창동계올림픽및국제경기대회지원특별위원회 위원 2016년 제20대 국회의원선거 출마(서울 강동구乙, 새누리당) 2017년 자유한국당 서울강동구乙당원협의회 운영위원장(현) 2017~2018년 同최고위원 (상)NGO모니터단 국정감사 우수국회의원상(2012), 국회의원 헌정대상(2013), 청년통통(소통+통합) 정치인상(2014), 한국인터넷기자협회 우수의정활동상(2014), 한국소비자협회 대한민국소비자 입법부문 대상(2015) (저)'다보스 이야기(共)'(2014, 와이즈베리) (종)기독교

이재오(李在五) LEE Jae Oh

(생)1945·1·11 (본)재령(載寧) (출)경북 영양 (주)서울특별시 영등포구 버드나루로 73 우성빌딩 자유한국당(02-6288-0200) (학)1963년 경북 영양고졸 1964년 중앙대 경제학과 입학 1965년 同제적 1993년 同복학 1996년 同경제학과졸 1972년 고려대 교육대학원 교육학과졸 1995년 同언론대학원 최고위과정 수료 2008년 명예 정치학박사(중앙대) (경)1967~1979년 중등교 교사 1971년 민주수호청년협의회 회장 1979년 국제사면위원회(엠네스티) 한국위원회 사무국장 1986년 민주통일민중운동연합 민족통일위원장 1987년 서울민주통일민중운동연합 의장 1987년 민주쟁취국민운동본부 상임집행위원 1987년 자주민주통일국민회의 사무국장 1989년 전국민족민주운동연합 조국통일위원장 1991년 민중당 사무총장 1996년 제15대 국회의원(서울 은평구乙, 신한국당·한나라당) 1998년 한국4-H연맹 총재 1998년 한나라당 정책위원회 교육위원장 2000년 제16대 국회의원(서울 은평구乙, 한나라당) 2000년 2002월드컵축구의원연맹 사무총장 2000년 한나라당 제1사무부총장 2001년 同원내총무 2002년 이명박 서울시장직무인수위원회 위원장 2003년 6.3동지회 회장 2003년 한나라당 사무총장 겸 비상대책위원장 2004년 국회 정치개혁특별위원회 위원장 2004년 제17대 국회의원(서울 은평구乙, 한나라당) 2005년 국회 대법관인사청문특별위원회 위원장 2006년 한나라당 원내대표 2006~2007년 同최고위원 2007년 同제17대 대통령선거중앙선거대책위원회 부위원장 2008년 이명박 대통령당선인 특사(러시아) 2008년 대통령직인수위원회 한반도대운하태스크포스 상임고문 2008~2009년 미국 존스홉킨스대 국제관계대학원 객원교수 2009년 중앙대 국제대학원 초빙교수 2009~2010년 국민권익위원회 위원장 2009년 세계옴부즈만협회(IOI) 아시아지역 부회장 겸 지역이사 2010년 제18대 국회의원(서울 은평구乙 재보선당선, 한나라당·새누리당) 2010~2011년 특임장관 2012~2016년 제19대 국회의원(서울 은평구乙, 새누리당·무소속) 2012년 새누리당 상임전국위원 2013년 국회 안전행정위원회 위원 2014년 국회 외교통일위원회 위원 2015년 중앙시민인권학교 명예교장(현) 2016년 제20대 국회의원선거 출마(서울 은평구乙, 무소속) 2016년 늘푸른한국당 창당준비위원회 공동위원장 2017년 同공동대표 2017년 同제19대 대통령 후보 2017~2018년 同대표 2018년 자유한국당 상임고문(현) 2019년 4대강보해체저지범국민연합 공동위원장(현) (상)한국발레협회 디아길레프상(2015) (저)'해방 후 한국학생운동사' '민족통일해방의 논리'(共) '한일관계사의 인식' '분단시대와 한국사회'(共) '민주공화국 40년'(共) '긴 터널 푸른 하늘' '대통령 대국민-나라 망치는 대통령 이대로 둘 것인가?'(共) '수채화 세계도시 기행'(2005) '물길 따라가는 자전거 여행'(2008) '백의에 흙을 묻히고 종군하라'(2008), 회고록 '함박웃음'(2009), 전자책 '이재오의 트위터 다라'(2008), 정치평론서 '이재오의 정치성찰'(2011) '이재오 전이어리'(2011), 정치평론서 '이재오의 정치성찰'(2011) '이재오 전집'(2011) (역)'한국학생운동사' '대만자유시대계열총서 제20호' (종)기독교

이재완(李在完) LEE Jae Wan

(생)1954·8·4 (본)함평(咸平) (출)충남 논산 (주)서울특별시 강남구 논현로106길 27 (주)세광종합기술단(02-330-6115) (학)1972년 서울 중앙고졸 1976년 연세대 토목공학과졸 1985년 프랑스 국립토목대학원 토목공학과졸 1988년 국제교통학박사(프랑스 파리1대) (경)1978~1996년 해양수산부 개발국·인천지방해양항만청 근무 1996년 해양수산부 항만건설국 기획과 시설서기관 1998년 한국항만경제학회 부회장 1999년 해양수산부 항만국 항만개발과장 1999~2002년 UN ESCAP 파견(선임해운항만전문관) 2003년 해양수산부 시설부이사관(명예퇴직) 2003~2008년 (주)세광종합기술단 대표이사 사장 2005~2011년 한국항만협회 이사·감사 2007~2015년 한국연안협회 부회장·회장 2007~2015년 연세대 공학대학원 겸임교수 2008년 (주)세광종합기술단 대표이사 회장(현) 2008년 국토해양부 정책평가위원·국토정책위원·감사자문위원·중앙건설기술심의위원·투자심사위원 2008~2015년 한국해양기업협회 회장 2009년 국제엔지니어링컨설팅연맹(FIDIC) 총회 집행위원 2010년 한국엔지니어링협회 서울FIDIC 조직위원장 2010~2015년 울산항만공사 항만위원회 위원·위원장 2010년 한국엔지니어링협회 부회장 2012~2018년 한국해양과학기술원 이사 2013~2015년 국제엔지니어링컨설팅

연맹(FIDIC) 부회장 2014년 한국엔지니어링협회 회장(현) 2014~2015년 한국어촌어항협회 비상임이사 2015~2019년 한국해양재단 이사장 2015~2017년 국제엔지니어링컨설팅연맹(FIDIC) 회장 2017년 同명예회장 겸 자문위원장(현) (상)대통령표창(1992), 은탑산업훈장(2007), 대한토목학회 제16회 송산토목문화대상 기술부문(2017) (저)'항만개발계획'(2009, 박영사) '항만과 도시'(2013, 블루앤노트)

이재완(李在浣) Lee Jae-wan

(생)1965 · 1 · 24 (주)서울특별시 종로구 사직로8길 60 외교부 인사기획관실(02-2100-7139) (학)1988년 고려대 법학과졸 1998년 미국 버지니아주립대 대학원 국제법학과졸 2003년 국제법학박사(고려대) (경)1991년 외무고시 합격(25회) 1991년 외무부 입부 2002년 駐오스트리아 1등서기관 2005년 駐코트디부아르 참사관 2007년 외교통상부 해양법규기획과장 2009년 同인도지원과장 2010년 駐제네바 참사관 2013년 駐필리핀 공사 겸 총영사 2017년 외교부 재외동포영사국 심의관 2017~2018년 同재외동포영사국장 2018년 同재외동포영사실 해외안전관리기획관 2019년 駐요르단 대사(현) (상)근정포장(2013)

이재용(李在容)

(생)1948 (주)서울특별시 서초구 명달로 88 축산회관 (사)한국종축개량협회 회장실(02-588-9301) (학)건국대 축산학과졸 (경)1974년 경북 군위군 농촌지도소 근무 1983년 농림부 축산국 근무 2007년 농림수산식품부 축산물등급판정소장 2010년 (사)한국종축개량협회 회장(현) 2010년 축산물품질평가원 비상임이사(현) 2013~2015년 가축위생방역지원본부 비상임감사 2018년 한국농축산연합회 감사(현)

이재용(李在庸) LEE Jae Yong

(생)1954 · 7 · 1 (본)영천(永川) (출)경북 상주 (주)대구광역시 남구 봉덕로 41 이재용 치과의원(053-473-2828) (학)1973년 경북고졸 1980년 서울대 치대졸 (경)1981~1989년 극단 '처용' 대표 1983~1995 · 2009년 이재용치과의원 원장(현) 1989~1991년 건강사회를위한치과의사회 대구회장 1991~1995년 대구환경운동연합 집행위원장 1993년 한국연극협회 회장 1993~1995년 사법개혁을위한시민모임 집행위원장 1994~2005년 대구장애우권익문제연구소 이사 1994년 교통문제연구소 이사 1995~2002년 대구 남구청장(무소속) 2000~2002년 전국시장 · 군수 · 구청장협의회 부회장 2000~2002년 전국지방자치개혁연대 공동대표 2002년 대구시장선거 출마(무소속) 2002년 전국연극인협의회 회장 2003년 환경운동연합 상임고문 2003년 녹색경제연구소 소장 2003년 열린우리당 대구시지부 창당준비위원장 2004~2005년 同대구시당 위원장 2004년 제17대 국회의원선거 출마(대구中 · 南, 열린우리당) 2004년 대구시장애인체육회 회장 2005년 열린우리당 대구시당 고문 2005~2006년 환경부 장관 2006년 열린우리당 대구시장 후보 2006년 국민건강보험공단 이사장 2008년 제18대 국회의원선거 출마(대구中 · 南, 무소속) 2012년 제19대 국회의원선거 출마(대구 中 · 南, 무소속) 2017~2018년 더불어민주당 대구시당 위원장 (상)한국문화예술대상(1995), 한국연극예술인상(1996) (저)'자치시대의 지역환경(共)'(1995) (종)불교

이재용(李載用) Jaiyong Lee

(생)1955 · 3 · 5 (출)서울 (주)서울특별시 서대문구 연세로 50 연세대학교 공과대학 전기전자공학과(02-2123-2873) (학)1973년 신일고졸 1977년 연세대 전자공학과졸 1984년 미국 아이오와주립대 대학원 컴퓨터공학과졸 1987년 공학박사(미국 아이오와주립대) (경)1977년 국방과학연구소 연구원 1987년 포항공대 전자계산학과 부교수 1994년 연세대 공대 전기전자공학과 교수(현) 1994년 개방형통신연구회 편집이사 2002~2003년 SK텔레콤 CEO아카데미 자문교수 2005년 개방형통신연구회 회장 2006년 연세대 입학처장 2008년 同연구처장 겸 산학협력단장 2009년 한국통신학회 부회장 2010~2012년 연세대 공과대학장 겸 공학대학원장 2011년 한국공과대학장협의회 회장 2011~2014년 Global Engineering Deans' Council(GEDC) 이사 2013년 한국통신학회 회장 2013~2016년 Giga-KOREA재단 이사장 2014년 한국공학한림원 정회원(현) 2014~2016년 연세대 항공전략연구원장 2016~2018년 同교학부총장 (상)한국정보과학회 특별공로상(1995), 한국통신학회 학술상(1997), 한국정보과학회 공로상(2001), 한국통신학회 공로상(2002), 연세대 최우수연구교수상(2005), 모토로라 학술상(2005), 연세대 우수연구교수상(2010 · 2013 · 2014), 미래창조과학부장관표창(2013), 5G Forum 공로상(2014), IITP 우수성과 창출과제상(2014) (저)'초고속정보통신망에서 LAN 서비스 제공 방안'(1997) 'Mobile communications, Lecture Note in Computer Science'(2003) (역)'UNIX 네트워크 프로그래밍'(1992) 'UNIX 네트워크 프로그래밍 개정증보판'(1999) 'UNIX 네트워크 프로그래밍 Third Edition'(2005) (종)기독교

이재용(李在鎔) Jay Y. Lee

(생)1968 · 6 · 23 (본)경주(慶州) (출)서울 (주)서울특별시 서초구 서초대로74길 11 삼성전자(주)(02-2255-7038) (학)1987년 경복고졸 1992년 서울대 동양사학 학사 1995년 일본 게이오기주쿠대 경영대학원 경영학 석사, 미국 하버드대 경영대학원 경영학 박사과정 수료 (경)1991년 삼성전자(주) 총무그룹 입사 2001년 同경영기획팀 상무보 2003~2007년 同경영기획팀 상무 2004~2008년 S-LCD 등기이사 2007년 삼성전자(주) 전무(CCO: Chief Customer Officer) 2010년 同부사장(최고운영책임자 · COO) 2010년 同사장(최고운영책임자 · COO) 2012~2017년 엑소르 사외이사 2012년 삼성전자(주) 부회장(현) 2015년 삼성생명공익재단 이사장(현) 2015년 삼성문화재단 이사장(현) 2016년 삼성전자(주) 등기이사(현) (상)체육포장

이재우(李梓愚) LEE Jae Woo

(생)1960 · 3 · 1 (출)서울 (주)서울특별시 서초구 반포대로 138 양진빌딩 4층 법무법인 삼우(02-536-8100) (학)1978년 한성고졸 1982년 고려대 법학과졸 1984년 同대학원 법학석사과정 수료 (경)1985년 사법시험 합격(27회) 1988년 사법연수원 수료(17기) 1993년 창원지검 진주지청 검사 1994년 서울지검 서부지청 검사 1996년 외무부 장관 특보 · 駐아랍에미리트대사관 행정관 1998년 대검찰청 검찰연구관 2000년 인천지검 부부장검사 2001년 대구지검 포항지청 부장검사 2002년 부산지검 부부장검사(헌법재판소 파견) 2004년 서울북부지검 형사6부장 2005~2006년 서울중앙지검 외사부장 2006년 변호사 개업 2006~2010년 국세청 조세법률 고문변호사 2009년 대한변호사협회 재무이사 2012년 법무법인 삼우 구성원변호사(현)

이재우(李在雨) LEE Jae Woo

(생)1966 · 1 · 15 (주)인천광역시 미추홀구 인하로 100 인하대학교 물리학과(032-860-7660) (학)1987년 인하대 물리학과졸 1989년 한국과학기술원(KAIST)졸(석사) 1992년 물리학박사(한국과학기술원) (경)1992~2003년 인하대 물리학과 전임강사 · 조교수 · 부교수 1996~1997년 미국 Clarkson Univ. 방문연구원 2003년 인하대 물리학과 교수(현) 2004~2005년 미국 플로리다주립대 방문교수 2007년 인하대 자연과학대학 부학장 2015~2017년 同학생지원처장 2019년 同자연과학대학장(현) (역)'대학물리학'

이재우(李才雨) Lee Jae Woo

(생)1968·11·13 (본)경주(慶州) (출)충북 청원 (주)대전광역시 서구 청사로 189 특허청 특허심판원(042-481-5264) (학)운호고졸, 청주대 행정학과졸 (경)1990년 행정고시 합격(34회), 국방부 근무, 정보통신부 근무, 특허청 관리국 발명진흥과 근무, 특허심판원 근무, 특허청 상표디자인심사국 상표심사정책과장, 지식재산연수원 근무, 특허청 인사과장, 同운영지원과장 2013년 同기획조정관 2014년 국외훈련 2015년 특허청 정보고객지원국장 2017년 특허심판원 심판11부 심판장 2018년 특허청 상표디자인심사국장 2019년 특허심판원 심판11부 심판장(현)

이재욱(李在昱) LEE Jae Wook (玄河)

(생)1953·5·9 (본)경주(慶州) (출)전남 담양 (주)서울특별시 구로구 디지털로 285 에이스트윈타워 1차 509호 이투뉴스(02-877-4114) (학)1972년 광주고졸 1978년 고려대 신문방송학과졸 2006년 同언론대학원 신문학과졸, 한국산업기술대 대학원 에너지정책학 박사과정 수료 (경)1977~1980년 동양통신 사회부 기자 1981년 연합통신 사회부 기자 1984년 同경제부 기자 1989~1991년 同정치부 기자·정치부 차장 1989~1990년 한국기자협회 부회장 1991년 연합통신 외신부 차장 1993~1997년 同동경특파원·동경지사장 1997년 同외신국 부장대우 1997년 同외신1부장 1998~2000년 연합뉴스 지방1부장·지방부장 2000년 同지방부장(부국장대우) 2000년 同수도권취재본부장 2003년 同지방국 부국장 2004~2005년 同기사심의실장 2005~2006년 우림건설 상임고문 2006년 이투뉴스(에너지환경일보) 대표이사·발행인(현)

이재욱(李在旭) Lee Jae-Wook

(생)1961·1·24 (주)서울특별시 강남구 테헤란로 432 DB생명보험(주) 경영지원실(1588-3131) (학)1979년 덕수상고졸 1985년 한국외국어대 경제학과졸, 同대학원 보험학과졸 (경)1988년 동부화재해상보험(주) 입사 1999년 同경영리스크관리파트장 2003년 同재무기획파트장(부장) 2004년 同경영기획파트장(부장) 2010년 同재무기획팀장(부장) 2012년 同재무기획팀 상무 2014년 동부생명보험 CFO(상무) 2016년 同경영지원실장 겸 CFO(부사장) 2017년 DB생명보험(주) 경영지원실장 겸 CFO(부사장)(현)

이재욱(李在彧) Lee Jae Ouk

(생)1963·3·7 (출)경북 안동 (주)세종특별자치시 다솜2로 94 농림축산식품부 차관실(044-201-1021) (학)1981년 안동농림고졸 1985년 서울대 농업교육학과졸 2005년 영국 애버딘대 대학원 경제학과졸 (경)1991년 기술고시 합격(26회) 1991~2003년 국립농산물검사소 검사관리과·농림부 사무관 2003~2006년 국립종자관리소 품종심사과·농림부 채소특작과·농산경영과 서기관 2006년 국립종자관리소 안동지소장 2007년 同품종심사과장 2007년 국무총리실 농림정책과장 2008년 국립농산물품질관리원 혁신기획과장 2009년 농림수산식품부 채소특작과장 2010년 대통령비서실 행정관 2012년 대통령비서실 선임행정관 2012년 국방대 파견 2014년 농림축산식품부 유통소비정책관 2015년 국립농산물품질관리원장 2016년 농림축산식품부 농촌정책국장 2018년 同식품산업정책실장 2019년 同기획조정실장 2019년 同차관(현)

이재욱(李在郁) LEE Jae Wook

(생)1967·2·24 (출)부산 (주)서울특별시 서초구 서초중앙로 160 법률센터 201호 보듬법률사무소(02-599-4568) (학)1985년 부산 동아고졸 1989년 서울대 사법학과졸 (경)1994년 사법시험 합격(36회) 1997년 사법연수원 수료(26기) 1997년 서울지법 의정부지원 판사 1998년 인천지법 부천지원 판사 1999년 서울지법 판사 2001년 부산지법 동부지원 판사 2004년 서울서부지법 판사 2006년 서울중앙지법 판사 2008년 서울고법 판사 2010년 서울남부지법 판사 2012년 부산지법 부장판사 2013~2015년 인천지법 부장판사 2015~2019년 법무법인 지유 서울사무소 대표변호사 2019년 변호사 개업(현)

이재욱(李宰旭) Lee Je Wook

(생)1978·12·25 (주)광주광역시 북구 제봉로 324 전남일보 임원실(062-510-0304) (학)미국 브라운대 국제관계학과졸 (경)2003년 외환펀드서비스 입사 2007년 (주)대주기공 부사장 2008년 同대표이사 사장(현) 2013년 전남일보 사장(현) 2014~2018년 한국디지털뉴스협회 부회장

이재웅(李載雄) Lee, Jeawoong

(생)1959·12·5 (출)경기 오산 (주)서울특별시 강북구 솔매로49길 60 서울사이버대학교 부동산학과(02-944-5041) (학)1992년 일본 고베대 대학원 법학연구과졸 1995년 법학박사(일본 고베대) (경)2002년 서울사이버대 부동산학과 교수(현) 2003~2005년 同학생지원처장·교무처장 2004년 同총장 직대 2005~2009년 同교무처장 2014년 한국부동산분석학회 이사(현) 2006년 대한부동산학회 학술이사 2010~2012년 서울사이버대 총장 (저)'부동산개발기획의 이론과 실무'(2004, 부연사) '부동산공시이론과 실제'(2009, 부연사) '부동산개발기획론'(2010, 부연사) (종)기독교

이재웅(李載雄) LEE JAE WOONG

(생)1970·9·16 (출)서울 (주)서울특별시 영등포구 여의대로 128 (주)LG 법무팀(02-3777-1114) (학)1989년 영등포고졸 1993년 서울대 법학과졸 2003년 미국 조지타운대 Law School졸 (경)1992년 사법시험 합격(34회) 1995년 사법연수원 수료(24기) 1998년 부산지검 검사 2000년 대구지검 경주지청 검사 2001년 서울지검 검사 2004년 서울중앙지검 검사 2005~2007년 대검찰청 검찰연구관, LG전자(주) 법무팀 전문상무, LG화학(주) 법무담당 상무, (주)LG유플러스 경영관리실 법무담당 상무 2015~2018년 同법무담당 전무 2019년 (주)LG 법무·준법팀장(전무)(현)

이재원(李在原) LEE Jae Won

(생)1957·10·9 (출)경남 진주 (주)서울특별시 송파구 올림픽로43길 88 서울아산병원 흉부외과(02-3010-3580) (학)1976년 경동고졸 1982년 서울대 의대졸 1986년 同대학원 의학석사 1991년 의학박사(서울대) (경)1983년 서울대병원 전공의 1987년 인천중앙길병원 흉부외과 주임과장 1992년 울산대 의대 흉부외과학교실 전임강사·조교수·부교수·교수(현) 1996년 캐나다 토론토대 토론토병원 임상전임의 2004~2008년 울산대 의대(서울아산병원) 흉부외과학교실 주임교수 겸 흉부외과 임상과장 2006~2009년 同의대(서울아산병원) 동맥질환센터 소장 2009~2015년 서울아산병원 심장병원 판막질환센터 소장 (상)조선일보 선정 심장수술분야 한국최고의사(2006) (종)기독교

이재원(李載沅) LEE Jae Won

(생)1958·2·15 (출)광주 (주)서울특별시 강남구 테헤란로 518 섬유센터 12층 법무법인(유) 율촌(02-528-5916) (학)1976년 광주제일고졸 1980년 서울대 법학과졸 (경)1982년 사법시험 합격(24회) 1984년 사법연수원 수료(14기) 1986년 부산지검 울산지청 검사 1987년 대구지검 검사 1989년 서울지검 검사 1992년 부산지검 검사 1994년 인천지검 검사 1996년 서울지검 동부지청 검사 1998년 광주지검 부부장검사 1998년 서울지검 부부

장검사 1999년 대전지검 특수부장 2000년 同형사2부장 2001년 대검찰청 강력과장 2002년 同중수3과장 2003년 서울지검 공안2부장 2004년 서울고검 검사 2005년 울산지검 차장검사 2006년 대구지검 1차장검사 2007년 수원지검 안산지청장 2008년 서울고검 형사부장 2009년 광주고검 차장검사 2009년 전주지검장 2009년 의정부지검장 2010년 서울동부지검장 2011년 사법연수원 부원장 2012~2013년 법제처장 2014~2016년 전국화물자동차운송사업연합회 운영위원 2014~2017년 의료법인 길의료재단 법률고문 2014년 한국공인회계사회 법률고문(현) 2015년 법무법인(유) 율촌 변호사(현) 2016년 롯데쇼핑 사외이사(현), 한국무역보험공사 비상임이사(현) [상]법무부장관표창(1994), 황조근정훈장(2013)

이재원(李宰源) LEE Jae Won

[생]1959·2·4 [출]서울 [주]서울특별시 금천구 가산디지털1로 205-28 대신정보통신(주)(02-2107-5017) [학]1982년 서울대 기계설계학과졸 1985년 미국 위스콘신대 매디슨교 대학원졸 1986년 공학박사(미국 위스콘신대 매디슨교) [경]1986~1989년 대우자동차 기술연구소 CAD/CAM 실장 1989~1993년 대신증권 전산실장 1993년 대신정보통신(주) 시스템통합사업부장 1994년 同이사 1997년 同대표이사 사장(현) 2000년 대신생명보험(주) 회장 2001년 한국소프트웨어산업협회 부회장(현), 한국소프트웨어컴포넌트컨소시엄 부회장, 대신EMS 사장 [상]체신부장관표창(1993), 대통령표창(2000), 동탑산업훈장(2013)

이재원(李宰遠) LEE Jae Won

[생]1961·6·14 [출]경남 마산 [주]서울특별시 성북구 안암로 145 고려대학교 정경대학 통계학과(02-3290-2237) [학]1983년 서울대 계산통계학과졸 1985년 同대학원 통계학과졸 1990년 통계학박사(미국 Wisconsin대) [경]1990~1991년 미국 미네소타대 통계학과 조교수 1991~1994년 미국 서던캘리포니아대 예방의학과 조교수 1994년 고려대 정경대학 통계학과 조교수·부교수·교수(현) 1994~1996년 同통계연구소 생물통계실장 1996~2000년 농촌진흥청 겸임연구관 1997~1999년 고려대 정경대학 통계학과장 2001~2003년 한국보건정보통계학회 이사 2003~2005년 고려대 통계연구소장 2007~2009년 한국통계학회 생물통계연구회장 2011년 同국제처장 2012~2013년 同입학처장 2017년 同정경대학장 겸 정책대학원장 [상]한국통계학회 한국갤럽학술상(2009)

이재원(李宰源) LEE Jae Won

[생]1961·8·30 [본]전주(全州) [출]서울 [주]인천광역시 중구 공항로 272 항공기상청(032-740-2820) [학]1980년 서울 중앙고졸 1985년 연세대 천문기상학과졸 1987년 同대학원 천문기상학과졸 1997년 대기과학박사(미국 미주리대 컬럼비아캠퍼스) [경]1988~1992년 기상청 예보국 위성담당 1998년 미국 미주리대 컬럼비아캠퍼스 Post-Doc. 1999~2007년 기상청 예보국 기상사무관 2007년 同예보국 예보상황팀 기술서기관 2009년 同예보국 예보상황5과장 2010년 同예보국 예보기술팀장 2011년 同기상자원과장 2014년 同기상레이더센터 레이더분석과장 2014~2015년 同국가기상위성센터장 2017년 同항공기상청장(고위공무원)(현) [상]대통령표창(2006) [종]기독교

이재원(李宰源) LEE Jae Won

[생]1968·9·29 [본]전주(全州) [출]서울 [주]경기도 성남시 분당구 정자일로 248 파크뷰타워 17층 (주)슈프리마(031-710-2400) [학]단국대사대부고졸 1991년 서울대 공대 제어계측공학과졸 1993년 同대학원 제어계측공학과졸 1997년 공학박사(서울대) [경]1997년 미국 스탠퍼드대 방문연구원 1997~2001년 삼성전자(주) 종합기술원 모바일시스템 책임연구원 2000년 (주)슈프리마 대표이사(현), 同이사회 의장(현) 2008년 한국바이오인식협의회(KBA) 부의장 2008년 지식정보보안산업협회(KISIA) 부회장 2009년 한국무역협회(KITA) 이사(현) 2012~2014년 성남상공회의소 상임의원 2013년 한국바이오인식협의회(KBID) 부회장(현) 2014년 벤처기업협회 부회장(현) 2018년 한국공학한림원 회원(전기전자정보공학·현) [상]삼성전자 주최 휴먼테크논문대상 은상(1996), 한국학술진흥재단 지정 신진연구인력 선정(1997), Young Author Prize(1997), 산업자원부장관표창(2005·2007), 정보통신부장관표창(2005), 성남중소벤처기업대상 우수상(2006), 신기술실용화유공기업표창(2006), 우수수출중소기업인상 해외시장개척부문상(2007), 중소기업인상 수출상(2007), 국무총리표창(2007), 한국을 빛낸 이달의 무역인상(2007), 중앙일보이코노미스트 대한민국차세대CEO상 IT부문(2009), 코트라·지식경제부 주최 글로벌IT CEO 전자신문사상(2010), Ernst&Young 최우수기업가상 'Rising Star'부문(2013), 은탑산업훈장(2013)

이재원(李在元) LEE Jaewon

[생]1970·11·25 [본]성주(星州) [출]서울 [주]서울특별시 강서구 양천로 401 강서한강자이타워 B동 507호 지우이앤이(주)(02-3453-6114) [학]1989년 휘문고졸 1996년 중앙대 토목공학과졸 1998년 서울대 대학원 토목공학과졸 2005년 토목환경공학박사(서울대) [경]1998~1999년 LG엔지니어링(주) 환경사업부 근무 2001~2011년 (주)지오웍스 대표이사 2011년 지우이앤이(주) 대표이사(현) 2011년 대한상사중재원 중재인 [상]환경부장관표창(2012)

이재원 Jaewon Lee

[생]1972 [주]서울특별시 영등포구 여의나루로 57 푸본현대생명 대표이사실(02-3284-7001) [학]미국 캘리포니아 버클리대 경영학과졸 [경]2004년 KB생명 전략총괄 부사장 2009년 삼성화재 글로벌비즈니스본부 담당 2010년 ING생명 마케팅본부 총괄책임자 2014~2016년 현대라이프생명 전략기획본부장 2017년 同대표이사 2018년 푸본현대생명 대표이사(현)

이재유(李在兪) Lee Jae Yoo

[생]1966·8·14 [본]경주(慶州) [출]충남 천안 [주]인천광역시 중구 서해대로 393 인천출입국·외국인청(032-890-6300) [학]1984년 관악고졸 1989년 서울대 지리학과졸 1995년 同공법학과졸 2001년 同법과대학원 법학과졸 [경]2006년 법무부 출입국기획과 서기관 2007년 인천공항출입국관리사무소 출국심사국장 2011년 법무부 체류조사과장 2012년 同국적난민과장 2013년 同출입국·외국인정책본부 국적과장 2014년 同제주출입국관리사무소장 2014년 駐몽골 주재관 2017년 인천출입국관리사무소 안산출장소장 2018년 법무부 출입국기획과장(부이사관) 2019년 同인천출입국·외국인청장(현)

이재윤(李在允) LEE Jae Yoon

[생]1950·5·7 [출]대구 달성 [주]대구광역시 중구 국채보상로 511 덕영치과병원(053-420-2615) [학]1969년 대구 계성고졸, 서울대 치대졸 [경]1982년 대구 덕영치과병원 원장(현) 1995년 대구교정연합회 부회장 1999년 한국기원 대구본부장 2001년 (사)대구시아파트입주자대표회의총연합회 회장 2001년 국제로타리 3700지구 총재 2001년 영남대 경영대학원 AMP총동창회장 2002년 세계인권옹호 대구지회 상임위원 2003년 대구시바둑협회 회장(현) 2006년 Rotary Korea 위원장, 전국아파트신문 발행인, 월간 우먼라이프 발행인, (사)전국아파트입주자

대표회의연합회 회장(현), 저출산고령화대책국민운동연합 공동대표 2007~2009년 법무부 교정위원중앙협의회 회장 2007~2013년 민족통일중앙협의회 의장 2008~2010년 한국바둑학회 회장 2009~2013년 대통령자문 통일고문회의 고문 2013년 한국기원 부총재 2013년 치학신문 발행인 2014년 (사)한국유스호스텔 대구연맹장 2016년 (사)자연보호중앙연맹 총재(현) 2017년 대한바둑협회 수석부회장 2017년 계성학교총동창회 제23대 회장(현) (상)국민훈장 동백장, 세계로타리최우수지구상, 문화체육관광부장관표창(2018) (저)'보리와 이빨' '위대한 사랑은 꽃잎가를 맴돌고' '비소리' '밀레니엄 이슈 上·下' '일등국으로 가는 길' '낭만적 사고' '치아임프란트 설명서' '인공치아이식(Implantology)' '한일아동미술교류전시회 화집 1·2·3' '2007년도 아파트 운영백과' '2008년도 아파트 운영백과' '2008년도 주택관리법령집' '자유동화'(2012) '임프란트 이야기'(2012)

이재윤(李在潤) Lee Jae Youn

(생)1960·8·4 (본)인천(仁川) (출)경북 경산 (주)대구광역시 동구 동대구로 441 영남일보 논설실(053-756-8001) (학)1979년 심인고졸 1984년 영남대 행정학과졸 1986년 영남대 경영대학원 계획학과졸(행정학석사) (경)1988년 영남일보 입사, 同제2사회부·문화부·정치부·제3사회부·사회과학부·제1사회부·경제부 기자 2003년 同제2사회부장 2005년 同논설위원 2007년 同기획특집부장·제1사회부장 2009년 同편집국 부국장 2010년 同광고사업국장 2012년 同편집부국장 2014년 同논설실장 2014~2016년 수성문화재단 운영위원 2014~2015년 대구시민회관 운영위원 2014년 달성문화재단 이사 2014~2017년 대구시공동모금회 운영위원 2014~2017년 대구시생활권발전협의회 위원 2014~2016년 영남대행정학과동문회 부회장 2014년 영남일보 편집국장 2017년 同경북본사 총괄국장 2019년 同논설실장(현) (상)대구경북기자협회 올해의기자상(2회) (종)개신교

이재은(李載殷) LEE Jae Eun

(생)1949·1·18 (본)덕수(德水) (출)충북 보은 (주)경기도 고양시 일산동구 태극로 60 빛마루방송지원센터 11층 고양시정연구원(031-8073-8341) (학)1967년 청주고졸 1972년 성균관대 경제학과졸 1974년 同대학원 경제학과졸 1985년 경제학박사(성균관대) (경)1978년 창원기능대 전임강사 1979~2014년 경기대 경제학과 전임강사·조교수·부교수·교수 1988년 미국 텍사스오스틴대 객원교수 1990년 경기도 지방재정계획심의위원 1994년 한국경제학회 이사·사무국장 1997년 일본 東京大 객원연구원 1997년 경기지방노동위원회 공익위원 1998년 한국재정학회 회장 1999년 同명예회장 2000~2002년 경기대 국제대학원장 2002년 행정자치부 자체평가위원회 위원 2002년 한국지방재정학회 회장 2003년 同명예회장 2005~2007년 경기대 국제·문화대학원장 2005~2007년 同대체의학대학원장 2005~2007년 同기획실장 2006년 행정자치부 자체평가위원회 위원장 2008년 경기대 대학원장 2008~2014년 행정안전부·안전행정부 자체평가위원회 위원 2010년 국민권익위원회 평가위원 2010~2013년 경기대 부총장 2013~2019년 수원시 자치분권협의회 의장 2014년 경기대 경상대학 경제학과 명예교수(현) 2014~2016년 지방재정부담심의위원회 위원 2014~2016년 전국시도지사협의회 지방분권특별위원회 공동위원장 2016~2018년 수원시정연구원 원장 2017~2018년 전국지방분권협의회 공동의장 2018년 대통령소속 지방자치발전위원회 위원 2018년 대통령소속 자치분권위원회 위원(현) 2018년 고양시정연구원장(현) 2019년 부산시 정책고문(현) 2019년 경기도 자치분권협의회 위원장(현) (상)교육부장관표창, 안전행정부장관표창(2013) (저)'재정학개론'(共) '재정학'(共) '한국재정론'(共) '한국경제의 구조'(共) '한국경제' '분권화와 지방세제 개혁'(2010) (역)'중국경제의 역사적 전개' '체제개혁의 정치경제학' '환경경제학'(共)

이재은(李在檃)

(생)1964·6·1 (출)부산 (주)서울특별시 도봉구 마들로 749 서울북부지방법원(02-910-3310) (학)1983년 대원고졸 1987년 서울대 법학과졸 1989년 同대학원 법학과졸 (경)1997년 사법시험 합격(39회) 2000년 사법연수원 수료(29기) 2000년 수원지법 판사 2002년 서울지법 판사 2004년 청주지법 영동지원 판사 2007년 서울남부지법 판사 2010년 서울가정법원 판사 2012년 서울중앙지법 판사 2014년 서울남부지법 판사 2015년 전주지법 부장판사 2017년 수원지법 부장판사 2019년 서울북부지법 부장판사(현)

이재응(李在應) LEE Jae Eyng

(생)1957·12·26 (주)서울특별시 동작구 흑석로 84 중앙대학교 공과대학 기계공학부(02-820-5332) (학)1981년 중앙대 기계공학과졸 1986년 미국 미시간대 대학원 기계공학과졸 1991년 공학박사(미국 Michigan대) (경)1991~1992년 대우중공업 중앙연구소 선임연구원 1993년 중앙대 공과대학 기계공학과 조교수·부교수·교수, 同공과대학 기계공학부 교수(현) 2011~2013년 同공과대학장, 同공학인증센터장 2014~2018년 同학술정보원장 2014~2018년 同박물관장 2016년 대한기계학회 교육부문 회장

이재인(李載仁) LEE Jae In

(생)1957·2·3 (본)덕수(德水) (출)충남 예산 (주)서울특별시 도봉구 삼양로144길 33 덕성여자대학교 자연과학대학 화학과(02-901-8354) (학)1979년 서울대 화학과졸 1982년 한국과학기술원(KAIST) 대학원 화학과졸 1985년 화학박사(한국과학기술원) (경)1985년 순천향대 시간강사 1985~1995년 덕성여대 자연과학대학 화학과 조교수·부교수 1990~1991년 미국 Univ. of California Post-Doc. 1995년 덕성여대 자연과학대학 화학과 교수(현) 2002년 同종합개혁발전처장 2004~2005년 同자연과학대학장 2011~2013년 同대학원장 (저)'유기화학실험' '유기화학'

이재일(李在一) LEE Jee Il

(생)1961·3·29 (출)부산 (주)서울특별시 종로구 대학로 101 서울대치과병원 구강병리과(02-2072-3621) (학)1985년 서울대 치의학과졸 1988년 同대학원 치의학석사 1993년 치의학박사(서울대) (경)1985~1988년 서울대병원 전공의 1988~1991년 원주시보건소 공중보건의 1991~1993년 서울대 치대 조교 1993년 International Association for Dental Research Member 1996년 서울대 치과대학 치의학과 교수·同치의학대학원 구강병리학교실 교수(현) 1996~1997년 미국 UCLA 방문연구원 1998년 서울대병원 의무장 1999년 서울대 치대 부학장보 2002~2004년 서울대병원 치과 과장 2003년 American Association for Dental Education Member 2003~2004년 서울대 치대 주임교수 2004년 Europe Association for Dental Education Member 2007년 서울대 치대 학생부학장 겸 치의학대학원 학생부원장 2007~2013년 한국치의학교육평가원 실행위원회 간사 2009~2013년 서울대치과병원 구강병리과장 2012년 치과의사국가시험연구소 소장 2013~2016년 서울대 치의학대학원장 2013~2014년 대한의료커뮤니케이션학회 총무이사 2013년 한국치과대학장·치의학전문대학원장협의회 회장 2017년 한국치의학교육평가원 원장(현)

이재정(李在禎) LEE Jae Joung (陽村)

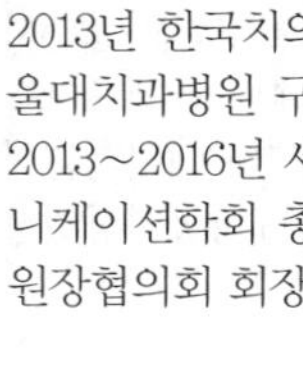

(생)1944·3·1 (본)경주(慶州) (출)충남 천안 (주)경기도 수원시 장안구 조원로 18 경기도교육청 교육감실(031-249-0007) (학)1962년 경기고졸 1969년 고려대 문과대학 독어독문학과졸 1974년 서울대 대학원 종교학과 수료 1984년 캐나다 매니토바대 대학원 종교학과졸(문학석사) 1988년 신

학박사(캐나다 토론토대) 2006년 명예 문학박사(캐나다 토론토대) [경]1977년 대한성공회 서울대성당 주임사제 1977년 한국기독교봉사회 회장 1978년 한국기독교학생총연맹 이사장 1988~1994년 성공회대 학장 1988년 한국신학교육연구원 이사 1994년 전국신학대학협의회 회장 1994~2000년 성공회대 총장 1996년 세계성공회협의회 상임위원 1997년 한국대학사회봉사협의회 부회장 1997년 아시아종교인평화회의 서울평화교육센터 원장 1997년 KNCC 통일과선교위원회 위원장 1998년 감사원 부정방지대책위원장 1998년 민주평통 상임위원 1998년 사법개혁추진위원 1999년 범종교단체남북교류협력협의회 공동대표의장 1999~2002년 국민정치연구회 이사장 2000년 새천년민주당 정책위원회 의장 2000~2003년 제16대 국회의원(전국구, 새천년민주당) 2000년 새천년민주당 당무위원 2000년 同시민사회특별위원장 2000년 同연수원장 2001년 새시대전략연구소 소장 2002년 同부이사장 2002년 새천년민주당 중앙선거대책위원회 유세본부장 2003년 열린우리당 총무위원장 2004년 대한성공회 샬롬의집(외국인노동자 쉼터) 사목 2004~2006년 민주평통 수석부의장 2005년 (사)이상설선생기념사업회 이사장 2006~2008년 제33대 통일부 장관 2008년 (재)심도학원 이사장 2008~2009년 성공회대 신학과 교수 2009~2010년 한국미래발전연구원 이사장 2009~2014년 성공회대 석좌교수 2009년 (사)한국기독교사회문제연구원 이사장 2009년 (사)한국라보 이사장 2009년 (사)노무현재단 이사 2010~2011년 국민참여당 대표 2012년 민주통합당 제18대 대통령중앙선거대책위원회 '미래캠프' 산하 남북경제연합위원회 위원 2013년 참여네트워크 대표 2014~2018 · 2018년 경기도 교육감(현) 2016~2018년 전국시도교육감협의회 회장 2017~2018년 교육부 교육자치정책협의회 공동의장 2017~2018년 대통령직속 국가교육회의 위원 [상]5월 정의상(1999), Arbor Award of University of Toronto(2006), 청조근정훈장(2009) [저]'한국성공회사 개관' '대한성공회 100년사'(1990) '성가수녀회 70년'(1990) '현대신학개관(共)'(1994) '사이와 사이에서'(2000) '한국교회운동과 신학적 실천'(2000) 회고록 '노무현의 한반도 평화구상-10 · 4 남북 정상선언(共)'(2015) [역]'요점 조직신학'(1999) [종]성공회

이재정(李在汀 · 女) LEE JAE JUNG

[생]1974 · 8 · 2 [주]서울특별시 영등포구 의사당대로 1 국회 의원회관 502호(02-784-2677) [학]1993년 대구 성화여고졸 1998년 경북대 법과대학 사법학과졸 [경]2003년 사법시험 합격(45회) 2006년 사법연수원 수료(35기), 법무법인 동화 변호사, 대한안과의사회 고문변호사, 투명사회를위한정보공개센터 이사, 민주사회를위한변호사모임 사무차장, 한국이주여성인권센터 상담위원, 참여연대 공익법센터 운영위원, 세계시각장애인경기대회 조직위원회 위원 겸 감사, 한국기독교장로회총회 고문변호사, 민주사회를위한변호사모임 언론위원회 위원, 더불어민주당 교육연수원 부원장, 同공정언론실현특별위원회 위원, 同조직강화특별위원회 위원(현) 2016년 제20대 국회의원(비례대표, 더불어민주당)(현) 2016~2017년 더불어민주당 원내대변인 2016~2017년 국회 운영위원회 위원 2016년 국회 미래창조과학방송통신위원회 위원 2016년 한국아동인구환경의원연맹(CPE) 회원 2016년 국회 대법관(김재형)임명동의에관한인사청문특별위원회 위원 2016~2017년 국회 안전행정위원회 위원 2017년 더불어민주당 제19대 문재인 대통령후보 중앙선거대책위원회 공보단 대변인 2017년 同정책위원회 부의장 2017 · 2018년 국회 행정안전위원회 위원(현) 2017~2018년 국회 여성가족위원회 위원 2017년 국회 헌법개정특별위원회 위원 2017년 더불어민주당 적폐청산위원회 위원 2017년 同정당발전위원회 위원 2018년 국회 사법개혁특별위원회 위원 2018년 국회 예산결산특별위원회 위원 2018년 국회 '공공부문채용비리의혹과 관련된 국정조사특별위원회' 위원 2018년 국회 남북경제협력특별위원회 위원(현) 2018년 더불어민주당 대변인(현) 2018년 同안양시동안乙지역위원장(현) 2018년 同경기도당여성위원장(현) 2018년 同한반도비핵화특별위원회 위원(현) 2018년 同동북아평화협력특별위원회 위원(현) 2018년 同역사와정의특별위원회 위원(현) 2018년 同남북문화체육협력특별위원회 부위원장(현) 2018년 同대구 · 경북발전특별위원회 위원(현) 2018년 同한반도경제통일교류특별위원회 위원(현) 2019년 同민주연구원 부원장(현) 2019년 同국회개혁특별위원회 위원(현) [상]국정감사NGO모니터단 국정감사 우수의원(2016 · 2017), 쿠키뉴스 국정감사 우수의원(2017), 경제정의실천시민연합 국정감사 우수의원(2017), 법률소비자연맹 국회의원 헌정대상(2018) [저]'일본군 위안부 문제'(2009, 민족문제연구소) '캐비닛의 비밀'(2018, 한티재)

이재준(李在浚) LEE Jae Joon (寒雨)

[생]1958 · 2 · 16 [본]경주(慶州) [출]충북 제천 [주]경상북도 구미시 대학로 61 금오공과대학교 토목공학과(054-478-7616) [학]1976년 성남고졸 1980년 연세대 토목공학과졸 1982년 同대학원 토목공학과졸(공학석사) 1987년 공학박사(연세대) [경]1982~1990년 연세대 산업기술연구소 연구원 · 객원연구원 1990~1991년 서울시 수도기술연구소 기술개발부장 1991년 금오공대 토목공학과 교수(현) 1995~1996년 同토목공학과장 1996~1997년 同건설기술연구소장 1997년 同환경연구소장 1999년 행정자치부 재해영향평가위원 1999~2001년 금오공대 기획연구실장 2002년 행정자치부 국립방재연구소장 2004년 소방방재청 국립방재연구소장 2012년 국토해양부 중앙건설기술심의위원 2013~2017년 금오공대 산업대학원장 겸 교육대학원장 2015~2016년 국가과학기술심의회 공공 · 우주전문위원회 위원 2016년 대구시 지방건설기술심의위원회 위원(현) 2016~2018년 국토교통부 중앙하천관리위원회 위원 2016년 한국수력원자력 특수계약심의위원회 외부전문위원(현) 2017년 경북도 지방건설기술심의위원회 위원(현) 2017년 한국수자원공사 일반기술심의위원회 위원(현) [상]한국수자원학회 학술상(2004), 교육인적자원부장관표창(2006), 행정자치부장관표창(2007), 한국방재학회 학술상(2007), 대한토목학회 저술상(2008), 대한토목학회 학술상(2012) [저]'소하천 시설기준(編)'(1999) '방재학개론'(2008) [역]'수문학'(2006) [종]불교

이재준(李載俊) LEE Jae Jun (鎭庵)

[생]1960 · 5 · 1 [본]덕수(德水) [출]충남 아산 [주]경기도 고양시 덕양구 고양시청로 10 고양시청 시장실(031-8075-2001) [학]1978년 천안중앙고졸 1987년 국민대 경제학과졸 [경]국민대 총학생회장, 쌍용정유 근무, 노무현 국회의원후보 비서, 민족문제연구소 고양지부장 2002년 새천년민주당 대통령중앙선거대책위원회 고양덕양甲선거대책위원회 부위원장, 민주평통 고양시 기획운영분과 부위원장, 민주화운동기념관건립추진위원회 경기북부 조직위원, 민족문제연구소 고양지부 고문, 국가균형발전위원회 자문위원 2006년 경기도의원선거 출마(열린우리당) 2010년 경기도의회 의원(민주당 · 민주통합당 · 민주당 · 새정치민주연합) 2010년 同도시환경위원회 위원 2010년 同민주당 대변인 2010년 同4대강사업검증특별위원회 간사 2012년 同여성가족평생교육위원회 위원 2012년 同예산결산특별위원회 위원 2013년 同민주당 정책위원장 2014년 同새정치민주연합 정책위원장 2014~2018년 경기도의회 의원(새정치민주연합 · 더불어민주당) 2014년 同기획재정위원회 위원 2015~2017년 同수도권상생협력특별위원회 위원 2015~2018년 同청년일자리창출특별위원회 위원 2016~2018년 同기획재정위원회 위원장 2016~2018년 同경제민주화특별위원회 위원 2016~2018년 더불어민주당 경기고양시甲지역위원회 위원장 2018년 경기 고양시장(더불어민주당)(현) [상]서울일보 공직대상(2011), 경기언론인연합회 의정대상(2011), 중부일보 제10회 율곡대상(2012), 2017 매니페스토약속대상 우수상 좋은조례분야(2017), 자랑스런 국민인의 상(2019) [저]'민원의 정치학-지금 이대로 좋은가'(2008) [역]'약속'(2005) [종]천주교

이재준(李在浚) Lee Jae Joon

(생)1965·3·15 (출)경북 포항 (주)경기도 수원시 팔달구 효원로 119 더불어민주당 경기도당(031-244-6501) (학)1983년 포항고졸 1987년 성균관대 조경학과졸 1990년 서울대 환경대학원 환경조경학과졸 1998년 도시환경계획학박사(서울대) (경)1988~1989년 서울대 환경계획연구소 연구원 1993~1999년 한국토지주택공사 연구원 1999~2011년 협성대 도시공학과 교수, 수원시 정책자문위원회 위원, 경기도 도시계획위원회 위원 2005~2011년 환경부 중앙환경보전자문위원회 위원 2005~2006년 대통령직속 지속가능발전위원회 국토분과 위원 2006~2011년 녹색환경연구소 소장 2008~2011년 국토해양부 토지이용규제심의위원회 위원 2009~2011년 同수도권정비실무위원회 위원 2010~2011년 행정안전부 녹색성장자문위원회 위원 2010~2011년 수도권광역경제발전위원회 자문위원 2011~2015년 수원시 제2부시장 2016년 제20대 국회의원 선거 예비후보(경기수원甲, 더불어민주당) 2017년 더불어민주당 경기수원甲지역위원회 위원장(현) 2017년 同정당발전위원회 기획단장 2017년 同경기도당 지방선거기획단 위원 (상)건설교통부장관표창(2005), 국토해양부장관표창(2008) (저)'도시가 미래다(共)'(2010, 오담문화기획) '녹색도시의 꿈'(2011, 상상디자인) '그린벨트-개발제한구역연구(共)'(2013, 박영사) '우리국토 좋은국토(共)'(2014, 사회평론) '나는 서울보다 수원이 좋다'(2016, 고려원북스) (종)기독교

이재준

(생)1966·1 (주)서울특별시 송파구 올림픽로35다길 13 영진약품(주)(02-2041-8200) (학)캐나다 브리티시컬럼비아대 기계공학과졸 1991년 同대학원 기계공학과졸, 의공학박사(미국 노스웨스턴대) (경)미국 AT커니 제약·헬스케어분야 컨설턴트, 삼성전자(주) 글로벌마케팅 담당 2008년 한국글락소스미스클라인(GSK) Strategic & BD팀 상무 2012년 동아ST(주) 개발기획실 상무 2016년 同글로벌사업본부장(전무) 2018년 영진약품(주) 대표이사 사장(현)

이재준(李在濬) Lee Jae Jun

(생)1974·5·10 (출)서울 (주)강원도 춘천시 삭주로 77 한림대부속 춘천성심병원 원장실(033-240-5113) (학)1993년 세화고졸 2000년 한림대 의대졸 2005년 同대학원 의학석사 2007년 강원대 대학원 의학 박사과정 중 (경)2001~2006년 한림대 춘천성심병원 인턴·수련교육부 레지던트 2006년 대한마취통증의학회 정회원(현) 2006~2011년 한림대 의대 마취통증의학교실 임상강사·임상전임강사 2006년 대한통증학회 정회원(현) 2007년 同세부전문의(현) 2008년 대한마취통증의학회 논문심사위원(현) 2011년 한림대 마취통증의학과 조교수·부교수(현) 2011~2015년 한림대 춘천성심병원 고객만족위원장 2015년 대한마취통증의학회 홍보위원 2015년 同강원지회 기획이사(현) 2015~2016년 한림대 춘천성심병원 기획실장 2016~2018년 대한마취통증의학회 학술위원 2016년 한림대 춘천성심병원장(현) 2016~2017년 대한병원협회 이사 2016~2017년 同강원도병원회 회장 (상)대한마취통증의학회장표창(2012), ARTHROSCOPY Prize 최우수논문상(2014)

이재진(李在鎭) LEE Jae Jin

(생)1964·9·17 (출)서울 (주)서울특별시 성동구 왕십리로 222 한양대학교 사회과학대학 미디어커뮤니케이션학과(02-2220-0851) (학)1983년 경성고졸 1987년 서울대 언론정보학과졸 1991년 同대학원 언론정보학과졸 1995년 미국 아이오와대 대학원 신문학과졸 1998년 신문학박사(미국 서던일리노이대) (경)1996년 미국 서던일리노이대 조교 1997년 한국언론연구원 해외통신원 1998~1999년 서울대·국민대 강사 1999년 한양대 사회과학대학 사회과학부 신문방송전공 전임강사·조교수·부교수·교수 2000년 중앙일보 옴부즈맨칼럼 기고 2000년 한국언론학회 이사 2002년 (사)한국언론법학회 총무이사·부회장 2004년 한국간행물윤리위원회 심의위원 2004~2005년 서울시선거관리위원회 선거방송토론위원회 위원 2006년 미국 오리건주립대 방문교수 2009년 방송통신심의위원회 위원 2010년 한국신문윤리위원회 윤리강령제정위원 2011년 한양대 사회과학대학 미디어커뮤니케이션학과 교수(현) 2016~2018년 (사)한국언론법학회 회장 2017년 언론중재위원회 서울제7중재부 위원(현) 2018년 한국언론학회 회장(현) (상)한국언론학회 우당신진학자 논문상(2000), 문화관광부 우수학술서 선정(2003), 한국방송학회 학술상(2006), 대한민국학술원 우수저서 선정(2007), 철우언론법상(2009), 한국방송학회 우수방송학자상(2014) (저)'한국저널리즘과 언론사상(共)'(1999) '언론지원정책(共)'(2001) '신문개혁을 위한 각국법제 비교(共)'(2001) '신문개혁 이렇게 합시다' '언론 소송 10년의 판례연구(共)'(2001) '대중매체의 이해와 활용(共)'(2002) '한국언론윤리법제의 현실과 쟁점'(2002) '언론과 명예훼손 소사전'(2003) '언론자유와 인격권의 충돌과 조화'(2006) '인터넷 언론자유와 인격권'(2009) '표현, 언론 그리고 집회결사의 자유(共)'(2011) '미디어 법'(2013) '미디어 윤리'(2013) '한국 언론ADR의 현실과 쟁점'(2015) '미디어와 법(共)'(2016) (역)'미디어 자유는 기본권이다(共)'(2017)

이재진(李在振) Lee Jae Jin

(생)1972·9·30 (주)경기도 파주시 회동길 20 웅진씽크빅(031-956-7111) (학)1991년 단국대사대부고졸 1995년 연세대 경제학과졸 2012년 同정보대학원졸(석사) (경)삼성물산 근무, PWC컨설팅 컨설턴트 2004년 웅진그룹 입사, (주)웅진홀딩스 IT서비스본부장(상무), 同사업총괄본부장(전무) 2014년 同대표이사 2015년 (주)웅진 대표이사 2018년 웅진씽크빅 대표이사(현)

이재창(李在昌) LEE Jai Chang

(생)1936·10·25 (본)경주(慶州) (출)경기 파주 (주)서울특별시 서초구 서초중앙로 63 경기도민회(02-2055-2320) (학)1956년 경복고졸 1960년 서울대 법과대학졸 1982년 국방대학원 안보과정 수료 1994년 한양대 행정대학원 도시행정학과졸 (경)1977~1979년 내무부 재정·행정과장 1980년 경기도 부지사 1982년 전남도 부지사 1983년 내무부 행정국장 1984년 同민방위본부장 1987년 인천시장 1989~1990년 환경청장 1989~1990년 교통부 차관 1990~1992년 경기도지사 1992~1993년 환경처 장관 1994년 미국 환경연구소 객원연구원 1994년 충남대 법학과 객원교수 1996년 자민련 파주지구당 위원장 1996년 제15대 국회의원(파주, 자민련·신한국당·한나라당) 1996년 자민련 환경노동분과 위원장 1998년 한나라당 평화통일위원장 1998년 同정책위원회 건설교통위원장 2000년 제16대 국회의원(파주, 한나라당) 2000년 한나라당 재해대책위원장 2000년 同경기도지부 위원장 2002년 同예산결산특별위원장·지방분권위원장 2003년 국회 정무위원장 2004~2008년 제17대 국회의원(파주, 한나라당) 2004년 한나라당 인사위원장 2005년 同공천심사위원장 2006년 同부동산대책특별위원회 위원장 2006년 同인사자문특별위원회 위원장 2007~2009년 同전국위원회 의장 2009~2013년 새마을운동중앙회 회장 2019년 경기도민회 회장(현) (상)대통령표창(1975), 홍조근정훈장(1981), 황조근정훈장(1992), 청조근정훈장(1993), 밝은정치시민연합 새천년밝은정치인상(2000), 율곡대상(2003), 경복동문대상(2010), 몽골 나이람달훈장(2010), 캄보디아정부 재건훈장(2012), 자랑스러운 국가정책인대상 정치행정부문상(2012) (종)기독교

이재천(李在天) LEE Jae Cheon

(생)1951·9·10 (본)경주(慶州) (출)경북 구미 (주)서울특별시 서초구 방배로 69 백석대학교 대학원(02-520-0714) (학)1971년 경신고졸 1979년 성균관대 중어중문학과졸 1981년 대만 국립정치대 공공행정과 수료 2001년 성균관대 언론정보대학원졸 2006년 전경련 부설 국제경영원 글로벌CEO과정 수료 2015년 명예 언론학박사(백석대) (경)1979년 CBS 입사, 同정치부 차장·경제부 차장·사회부 차장·청주방송본부 보도부장 1993년 同부산방송본부 보도제작국장 1994년 同경제부장 1995년 同경제부장 겸 해설위원 1996년 同부산방송본부 보도제작국장 1998년 同부국장 겸 경제부장 2002년 同청주방송본부장 2003년 同보도제작국장 2005년 同방송본부장 겸 보도국장 2006년 同기획조정실장 2007년 同마케팅본부장 2008년 同대전방송본부장 2009~2015년 同대표이사 사장 2009~2015년 한국방송협회 부회장 2014~2015년 세계한인기독교방송협회(WCBA) 회장 2015~2016년 백석대 대학원 특임부총장 2016년 백석대 대학원 행정부총장 2019년 同대학원 부총장(현) 2016년 생명보험사회공헌재단 이사(현) 2017년 한국장학재단 홍보자문위원 (상)올림픽봉사상(1988), 문화포장(2007), 한국교회연합과일치상(2011) (종)기독교

이재천(李在天) LEE Jae-chun

(생)1957·2·21 (본)재령(載寧) (출)경남 진주 (주)대전광역시 유성구 과학로 124 한국지질자원연구원 광물자원연구본부 자원회수연구센터(042-868-3613) (학)1975년 동래고졸 1979년 한양대 금속공학과졸 1981년 同대학원 금속공학과졸 1986년 금속공학박사(한양대) (경)1986~1991년 한국동력자원연구소 희유금속연구실 선임연구원 1990년 미국 Univ. of California at Berkeley Post-Doc. 1991년 한국지질자원연구원 자원활용연구부 책임연구원 2001~2003년 경기대 환경공학과 겸임교수 2002~2007년 한국지질자원연구원 자원활용소재연구부장 2004~2009년 과학기술연합대학원대 교수 2007~2008년 미국 Univ. of California at Berkeley, Visiting Research Scientist 2008~2012년 한국지질자원연구원 광물자원연구본부 금속회수연구실 책임연구원 2012년 同광물자원연구본부 희유자원연구센터 도시광산연구팀 책임연구원 2012년 과학기술연합대학원대 자원순환공학 교수(현) 2013년 인도공학한림원 외국석학회원 2015년 한국공학한림원 정회원(재료자원공학·현) 2016년 한국지질자원연구원 광물자원연구본부 자원회수연구센터 책임연구원(현) (상)과학기술처장관표창(1989), 과학기술처 연구개발상(1989), Clean Japan Center 리사이클링기술개발 혼다(本多)상(1998), 한국지질자원연구원 연구개발상 동상(2002), 환경부장관표창(2003), 한국자원리사이클링학회 학술상(2004), 한국과학재단 선정 2005대표적우수연구성과 50선(2005), 한국지구시스템공학회 학술상(2005), 한국지질자원연구원 우수논문상(2005), 과학기술훈장 혁신장(2008), 대한금속·재료학회 기술상(2011), 과학기술연합대학원대 우수교수상(2012), 한국지질자원연구원 올해의KIGAM인상(2013) (종)기독교

이재철(李載哲) LEE Jae Chul

(생)1948·5·10 (출)전남 나주 (주)경기도 수원시 영통구 광교중앙로248번길 95-9 캡틴법조타운 401호(031-213-6633) (학)목포고졸 1976년 서울대 법학과졸 (경)1976년 사법시험 합격(18회) 1978년 사법연수원 수료(8기) 1978년 대구지법 판사 1980년 同경주지원 판사 1982년 수원지법 인천지원 판사 1984년 서울지법 동부지원 판사 1986년 서울민사지법 판사 1988년 서울형사지법 판사 1988년 서울고법 판사 1993년 대전지법 홍성지원장 1995년 수원지법 부장판사 1995년 변호사 개업 1999년 신원컨트리클럽 회장 2003년 법무법인 마당 대표변호사(현) 2004~2009년 KTF 사외이사 2006년 기업은행 사외이사 2008~2010년 학교법인 경기대 이사장, 경기 이천시 고문변호사, 수원지법 조정위원(현) (종)기독교

이재철

(생)1960·11 (주)서울특별시 송파구 올림픽로35길 125 삼성SDS(주) 스마트팩토리사업부(02-6155-3114) (학)경북대 전자공학과졸 (경)1987년 삼성반도체통신 입사 2002년 삼성전자 기술정보그룹장 2010년 삼성SDS 시스템기술팀 상무 2011년 同생산관리시스템(MES) 2팀장(상무) 2016년 同생산관리시스템(MES) 개발팀장(전무) 2017년 同스마트팩토리사업부장(전무) 2019년 同스마트팩토리사업부장(부사장)(현)

이재철(李在喆)

(생)1965 (출)경기 오산 (주)경기도 수원시 팔달구 효원로 1 경기도청 인사과(031-8008-4032) (학)수원 수성고졸, 경기대졸 2006년 同대학원 외식산업학과졸 2009년 외식조리학박사(경기대), 영국 본머스대 대학원 관광경영학과졸 (경)1996년 지방고시 합격(1회), 수원시 국제협력과장, 경기도 고용정책과장, 同문화예술과장 2012년 경기 과천시 부시장 2013년 경기도 균형발전국장 2015년 同기획조정실 정책기획관 2017년 同균형발전기획실장 2017년 경기 성남시 부시장(지방이사관) 2018년 同시장 권한대행 2019년 장기 교육(현)

이재철(李宰徹) Lee, Jae Cheol

(생)1968·10·23 (출)서울 (주)서울특별시 종로구 새문안로3길 15 동원빌딩 4층 (주)피알와이드(02-3454-1226) (학)배재고졸, 성균관대 영어영문학과졸 2002년 同경영대학원 마케팅학과졸 (경)코리아컨벤션서비스 과장대리, 링크인터내셔널 PR팀 차장, Ogilvy PR Korea Account Director & Acting Head of Office, 다보스포럼 한국사무소 실장, 프레인 부사장·대표이사, (주)리턴커뮤니케이션즈 대표이사 2010년 (주)아이앤알 대표이사 2013년 (주)피알와이드 대표이사(현) (상)문화부장관표창(2007)

이재춘(李載春) LEE Jea Choon (白伊)

(생)1941·6·13 (본)진성(眞城) (출)경북 안동 (주)경상북도 안동시 육사로 239 탈춤공원內 안동차전놀이보존회(054-854-0300) (학)1959년 경북고졸 1973년 서울대 신문대학원 수료 1988년 대구대 사회개발대학원 수료 2003년 문화학교 학예과 전통예능학사 (경)1967~1972년 안동시 근무 1972년 안동문화방송 근무 1975년 매일신문 안동주재 제2사회부장 1989년 안동차전놀이보존회 회장(현) 1990년 안동시체육회 부회장 1991년 중요무형문화재 제24호 안동차전놀이(차전지도) 예능보유자(현) 1995~1997년 대구일보 경북북부지역본부장 2001~2010년 안동문화원 부원장 2007년 안동시의회 자문위원회 위원장 2010~2018년 안동문화원 원장 2012년 (재)안동축제관광조직위원회 이사(현) 2015~2018년 경북도문화원연합회 회장 2015~2018년 한국문화원연합회 부회장 (상)내무부장관표창(1971), 경북도문화상(1978), 자랑스러운 안동시민상(2000) (저)'안동차전놀이' (종)불교

이재필(李在弼) Lee, Jae-Phil

(생)1967·7·30 (주)대전광역시 서구 청사로 189 문화재청 문화재보존국 고도보존육성과(042-481-3100) (학)1986년 자인고졸 1991년 영남대 문화인류학과졸 1997년 同대학원 문화인류학과졸 (경)1999~2005년 국립문화재연구소 예능민속연구실 학예연구사 2005~2010년 문화재청 무형문화재과 학예연구관 2010~2012년 국립문화재연구소 무형문화재연구실 학예연구관 2012~2014년 문화재청 무형문화재과 학예관 2014년 국립무형유산원 조사연구기록과장 2019년 문화재청 문화재보존국 고도보존육성과장(현)

이재하(李在夏) LEE Jae ha

(생)1954 · 8 · 13 (출)경북 안동 (주)대구광역시 달서구 성서동로 142 삼보모터스(주)(053-582-9230) (학)계명대 서양미술학과졸 1983년 同대학원 교육학과졸, 경북대 최고경영자과정 수료, 명예 경영학박사(대구대) (경)1978년 대동고 교사 1985년 태창산업(주) 대표이사 1992년 한국대아진공(주) 대표이사 1995년 삼협산업(주) 대표이사, 삼보모터스(주) 대표이사 사장(현) 2011년 대구성서산업단지관리공단 이사장 2013년 대구사진비엔날레 조직위원장 2017년 계명대총동창회 회장(현) 2018년 대구상공회의소 회장(현) 2018년 대한상공회의소 부회장(현) (상)대구시장표창(2007), 은탑산업훈장(2008), 금탑산업훈장(2016), EY최우수기업가상 산업부문(2017)

이재혁(李載赫) Lee Chae Hyouk

(생)1955 · 10 · 19 (본)전주(全州) (출)서울 (주)서울특별시 강서구 마곡동로 110 코오롱인더스트리(주)(02-3677-3114) (학)경복고졸, 고려대 화학과졸 (경)2004년 코오롱유화(주) 기초수지사업본부장 2009년 코오롱인더스트리(주) 기초수지사업본부장 2011년 同사업5본부장(전무) 2013년 同사업5본부장(부사장) 2017년 同사장(현)

이재현(李載鉉)

(생)1949 · 9 · 10 (주)세종특별자치시 한누리대로 2120 세종특별자치시의회(044-300-7000) (학)한국방송통신대졸, 공주대 경영행정대학원 행정학과졸 (경)행정중심복합도시 건설지원사업소장 2010년 충남도의원선거 출마(자유선진당), 세종특별자치시 소정면 · 전의면 면장, 더불어민주당 전국대의원(현) 2018년 세종특별자치시의회 의원(더불어민주당)(현) 2018년 同운영위원회 위원장(현) 2018년 同산업건설위원회 위원(현)

이재현(李載鉉) LEE Jae Hyun

(생)1960 · 10 · 23 (출)전남 영광 (주)인천광역시 서구 서곶로 307 서구청 구청장실(032-560-4005) (학)1979년 광주 살레시오고졸 1988년 조선대 기계공학과졸 2004년 한양대 공학대학원 환경공학과졸 2008년 보건학박사(한양대) (경)1987년 기술고시 합격(23회) 1999~2000년 환경부 교통공해과장 2000~2003년 유엔환경계획 본부 파견 2003년 환경부 환경정책국 환경경제과장 2004년 同대기보전국 대기정책과장(서기관) 2005년 同대기보전국 대기정책과장(부이사관), 同수질정책과장 2007년 同재정기획관 2007~2013년 수단어린이장학회 이사장 2008~2009년 중앙공무원교육원 교육파견 2009년 낙동강유역환경청장 2010년 환경부 기후대기정책관(고위공무원) 2012년 同영산강유역환경청장 2012년 同물환경정책국 상하수도정책관(국장급) 2013~2015년 同기획조정실장 2015~2018년 수도권매립지관리공사 사장 2018년 더불어민주당 환경특별위원회 공동위원장 2018년 인천 서구청장(더불어민주당)(현) (상)대통령표창(1999), 홍조근정훈장(2006)

이재현(李載賢) LEE Jae Hyun

(생)1963 · 8 · 3 (본)덕수(德水) (출)경기 안성 (주)서울특별시 관악구 관악로 1 서울대학교 사회과학대학 언론정보학과(02-880-6471) (학)1985년 서울대 신문학과졸 1987년 同대학원 신문학과졸 1993년 언론학박사(서울대) (경)1988년 서울대 신문연구소 조교 1993년 한국방송공사(KBS) 편성실 책임연구원 1995~2006년 충남대 사회과학대학 전임강사 · 조교수 · 부교수 2006년 서울대 사회과학대학 언론정보학과 부교수 · 교수(현) 2015년 태광산업(주) 사외이사 겸 감사위원(현) (상)한국언론학회 희관언론상(2001) (저)'인터넷과 사이버사회'(2000) '인터넷과 온라인 게임'(2001) '멀티미디어와 디지털 세계'(2004) '모바일 미디어와 모바일 사회'(2004) '컨버전스와 다중미디어 이용(編)'(2011) '트위터란 무엇인가(編)'(2012) '뉴미디어이론'(2013) '디제라티'(2013) '디지털 문화'(2013) '디지털 시대의 읽기 쓰기'(2013) '멀티미디어'(2013) '모바일 미디어'(2013) '모바일 문화를 읽는 인문사회과학의 고전적 개념들'(2013) '인터넷'(2013) 'SNS의 열가지 얼굴'(2013) '풍요한 빈곤의 사회(共)'(2014) (역)'인터넷 연구방법 : 쟁점과 사례'(2000) '디지털 모자이크'(2002) '뉴미디어 백과사전'(2005) '재매개'(2006) '소프트웨어가 명령한다'(2014) (종)기독교

이재현(李在現) LEE Jae Hyun

(생)1964 · 3 · 25 (출)부산 (주)서울특별시 강남구 테헤란로 152 강남파이낸스센터 35층 이베이(02-589-8500) (학)1986년 미국 브라운대(Brown Univ.) 국제경제학과졸 1992년 미국 하버드대 대학원 경영학과졸 (경)1986~1990년 KDS 미국지사 근무 1992년 미국 보스톤컨설팅(BCG) 본사 입사 1994년 同한국지사 팀장 1996년 同한국지사 이사 1998년 同한국지사 부사장 2000년 두루넷 부사장 2001년 同사장 2002~2005년 (주)옥션 사장 2004년 미국 이베이(eBay) 아시아지역 총괄부사장 2005년 同아시아태평양지역본부 총괄대표 2017년 同유럽본부 총괄대표 2019년 同글로벌지역사업부 총괄대표(현) (종)기독교

이재현(李在鉉) Lee Jae Hyun

(생)1968 · 12 · 15 (출)전남 (주)서울특별시 영등포구 국제금융로8길 6 신영증권 별관빌딩 11층 제이앤제이자산운용(주)(02-785-7444) (학)1987년 전남 순천고졸 1991년 성균관대 통계학과졸 1996년 고려대 경영대학원 재무관리과졸 (경)1991년 대한투자신탁 근무 2000년 同주식운용팀장 2001년 외환코메르쯔투자신탁운용 주식운용본부장 2005년 KTB자산운용(주) 주식운용본부장 2007년 제이앤제이자산운용(주) 각자대표이사(CEO)(현) (상)대한투자신탁 선정 우수펀드매니저(1999), 한경비지니스 및 한국펀드평가 베스트펀드매니저 3위(1999), 한경스타워즈 수익률 게임 1위(1999), Lipper Korea 선정 2000년 최우수펀드(2000), 서울경제신문 선정 증권대상(2006), 매일경제 · 한국경제 펀드대상(2007), KG제로인 성장형펀드 1년 수익률 1위(2009), 생보사 선정 최우수 자산운용사(2010 · 2011), 연기금 선정 최우수 자산운용사(2011)

이재형(李在炯) Lee Jae Hyung

(생)1959 · 8 · 8 (본)경주(慶州) (출)서울 (주)서울특별시 서초구 남부순환로 2364 국립국악원 장악과(02-580-3030) (학)1978년 국립국악고졸 1986년 서울대 음악대학 국악과졸 (경)1987~2001년 국립국악원 장악과 근무 2001~2004년 국립민속국악원 장악과장 2004~2007년 국립국악원 장악계장 2007~2009년 국립민속국악원장 2009년 국립국악원 장악과장(현)

이재호(李在浩) Lee Jae Ho

(생)1960 (출)서울 (주)부산광역시 남구 문현금융로 40 한국예탁결제원 증권파이낸싱부 담보관리팀(051-519-1500) (학)고려대 경제학과졸 (경)1983년 한국산업은행 입행, 同인력개발부 팀장, 同외환영업실장, 同트레이딩센터장, 同국제금융부장, 同자금시장본부장 2005년 증권예탁결제원 안전관리실 선임안전관리역 2008년 한국예탁결제원 안전관리실 선임안전관리역 2016년 同증권대행부 대행업무팀장 2017년 同증권예탁부 증권보관팀장 2017년 同청산결제부 주식결제팀장 2018~2019년 同일자리창출본부장 2019년 同증권파이낸싱부 담보관리팀장(현)

이재호(李宰昊) LEE Jae Ho

(생)1960·10·2 (출)경남 거창 (주)서울특별시 중구 동호로 330 CJ제일제당(주) 임원실(02-6740-1114) (학)부산동고졸, 부산대 경제학과졸 (경)제일제당(주) 경리파트장 2001년 同재무팀장(상무) 2002년 CJ엠디원(주) 감사 2002년 CJ(주) 재무팀장(상무) 2002~2004년 삼양유지사료(주) 감사 2002년 CJ올리브영(주) 감사 2004년 수퍼피드(주) 감사 2004년 삼양유지(주) 감사 2004년 돈돈팜(주) 감사 2005년 CJ엠디원(주) 감사 2005년 CJ모닝웰(주) 감사 2005년 (주)신동방씨피 비상근감사 2005년 한일약품공업(주) 비상근감사 2007년 CJ푸드시스템(주) 경영지원총괄 부사장 2008년 CJ제일제당(주) 소재BU장(부사장) 2011년 同CSR추진단장(부사장) 2012년 同전략지원팀장(부사장) 2013년 同전략지원실장(부사장) 2014~2015년 (재)식품안전상생협회 감사 2016년 CJ(주) 대외협력단장(부사장) 2017년 CJ제일제당(주) 경영지원총괄 부사장(현)

이재호(李在昊) Lee, Jaeho

(생)1962·11·27 (주)경기도 성남시 분당구 구미로173번길 82 분당서울대병원 호흡기내과(031-787-2200) (학)1987년 서울대 의대졸 1996년 同대학원 의학석사 1998년 의학박사(서울대) (경)1988~1991년 서울대병원 전공의 1991~1994년 軍군의관 1994~2003년 서울대 의대 호흡기내과학교실 교수, 미국 Mayo Clinic 연구원, 서울대 의과대학 내과학교실 교수(현) 2009년 분당서울대병원 진료협력센터장 2010~2015년 同교육수련실장 2011년 同호흡기내과분과장 2016~2019년 同진료부원장

이재홍(李再弘) LEE Jae Hong

(생)1932·7·9 (본)전주(全州) (출)서울 (주)서울특별시 송파구 올림픽로 424 올림픽공원內 서울평화상문화재단(02-2203-4096) (학)1951년 경복고졸 1958년 한국외대 영어과졸 1984년 同대학원 영문학과졸 (경)1958년 공보실 선전과 근무 1962년 駐일본대사관 공보관 1967년 서울국제방송국 제2과장·문화공보부 보도과장 1969년 駐프랑스대사관 공보관 1973년 해외공보관 부관장 1975년 駐영국대사관 수석공보관 1979년 駐뉴욕 한국문화원장 1981년 서울올림픽조직위원회 해외홍보기획위원 1983년 同국제홍보국장·홍보문화국장 1985년 同홍보국장 1986년 同홍보보도국장 1986년 서울아시아경기대회 보도본부장 1988년 서울올림픽대회 보도본부 부본부장 1989년 서울올림픽조직위원회 청산단 정리국장 1989년 국제올림픽위원회(IOC) 보도분과위원 1990년 공보처 정책연구관 1991~1995년 한국방송광고공사 감사 1992~1995년 한국방송영상(주) 감사 1993년 KOC 국제분과위원 1995~2004년 서울평화상문화재단 사무총장 2005~2017년 同이사 2005년 同서울평화상심사위원(현) (상)독일 1등십자훈장, 대통령표창(1979), 홍조근정훈장(1986), IOC위원장표창(1989)

이재홍(李在弘) Lee Jae Hong

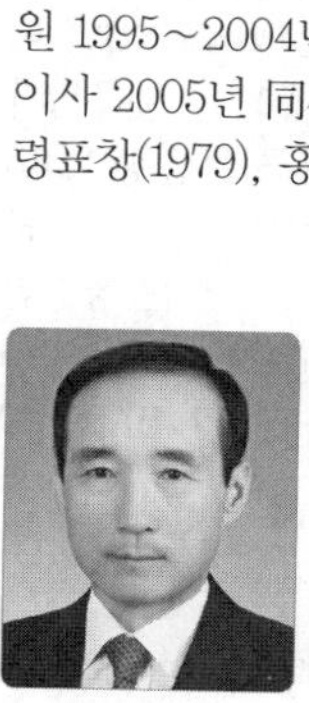

(생)1953·12·7 (출)경북 영덕 (주)서울특별시 관악구 관악로 1 서울대학교 공과대학 전기·정보공학부(02-880-7277) (학)1976년 서울대 전자공학과졸 1978년 同대학원 전자공학과졸 1986년 전기공학박사(미국 미시간대) (경)1978~1981년 해군사관학교 교관 1987~2012년 서울대 공대 전기공학부 정보통신및전파공학전공 교수 1991~1992년 미국 AT&T Bell 연구소 연구원(연구년) 1992~1994년 서울대 전자공학과장 2000~2002년 同공대 학생담당 부학장 2003년 제57회 국제전기전자공학회(IEEE) 이동체기술학술대회(VTC) 대회장 2003~2005년 서울대 뉴미디어통신공동연구소장 2004년 한국공학한림원 정회원·원로회원(현) 2004년 국제전기전자공학회(IEEE) 아·태이동통신심포지움(APWCS) 창설·이사회 초대 의장 2006~2007년 서울대 전기컴퓨터공학부장 2006~2007년 同BK21정보기술사업단장 2009년 대한전자공학회 회장 2010년 한국방송공학회 회장 2010~2011년 국제전기전자공학회(IEEE) 이동체공학회(VTS) 회장 2011년 同석학회원(현) 2011~2015년 同석학강연자 2012~2019년 서울대 공대 전기·정보공학부 교수 2014년 한국과학기술한림원 정회원(공학부·현) 2016·2017·2018년 국제전기전자공학회(IEEE) 석학회원 선정위원회(Fellow Committee) 위원(현) 2019년 서울대 공대 전기·정보공학부 명예교수(현) (상)해동학술상(2010), 황조근정훈장(2014), 서울대 훌륭한 공대 교수상(2014), 미국 미시간대 한국총동문회 자랑스런 동문상(2015) (종)불교

이재홍(李在洪) LEE Jae Hong

(생)1956·1·25 (본)경주(慶州) (출)충북 충주 (주)서울특별시 종로구 사직로8길 39 세양빌딩 김앤장법률사무소(02-3703-1525) (학)1974년 경기고졸 1978년 서울대 법학과졸 (경)1977년 사법시험 합격(19회) 1980년 사법연수원 수료(10기) 1980년 육군 법무관 1983년 서울민사지법 판사 1985년 서울형사지법 판사 1987년 춘천지법 판사 1989년 同강릉지원 판사 1990년 서울고법 판사 겸 법원행정처 사법정책연구심의관 1994년 춘천지법 강릉지원 부장판사 1996년 同강릉지원장 1997년 수원지법 부장판사 1997년 법원행정처 파견 1998년 서울지법 동부지원 부장판사 1999년 서울행정법원 부장판사 2001년 대전고법 부장판사 2003년 서울고법 부장판사 2007년 同수석부장판사 2008년 청주지법원장 2009년 수원지법원장 2010~2011년 서울행정법원장 2011년 김앤장법률사무소 변호사(현) 2011~2017년 동국제강(주) 사외이사 겸 감사위원

이재홍(李在弘) LEE Jae Hong

(생)1958·11·14 (주)서울특별시 영등포구 63로 50 63한화생명빌딩 한국신용평가(주)(02-787-2200) (학)충암고졸 1983년 고려대 경영학과졸 1991년 同경영대학원 경영학과졸 (경)1982~1990년 체이스맨해튼은행 서울지점 IB업무 담당 1991~1995년 JP모건 홍콩지점 부사장 1996년 UBS AG 서울지점 부지점장 2001~2003년 同서울지점 한국대표 2003~2014년 UBS Securities Ltd. 서울지점 한국대표 겸 UBS증권 공동대표 2015년 한국신용평가(주) 대표이사 사장(현) (상)고려대경영대교우회 올해의 교우상(2016) (종)기독교

이재홍(李在洪) Lee Jae Hong

(생)1959·10·17 (본)경주(慶州) (출)전남 목포 (주)부산광역시 해운대구 센텀서로 39 영상산업센터 2층 게임물관리위원회(051-720-6801) (학)1977년 서울 서라벌고졸 1980년 동서울대 전자공학과졸 1984년 숭실대 공학대학 전자공학과졸 1987년 同대학원 국어국문학과졸 1990년 일본 도쿄대 대학원 비교문화·비교문학과 연구과정 수료 1992년 同대학원 종합문화연구과졸 1998년 同대학원 종합문화연구과 박사과정 수료 2009년 문학박사(숭실대) (경)1981~1986년 서울 디지텍고(舊 유성전자공고) 교사 1995~1997년 공주영상정보대 영상문예창작과 조교수 1997~1999년 사이버서울문예대 교수 1997년 창조문학에 '팔녀각'으로 소설가 등단 1999~2003년 제주관광대·탐라대·상명대·숭실대·광운대·세종대·동국대·광주여대 강사 1999년 한국소설가협회 중앙위원(현) 2001~2003년 (주)서울게임대 전임강사 2003~2006년 서강대 게임교육원 게임시나리오학과 교수, 同게임교육원 부원장 2006~2014년 同게임교육원 디지털스토리텔링학과 교수, 同게임교육원 교학부장 2007·2009·2011·2013년 대한민국게임대상 심사위원장, 디지털스토리텔링학회 부회장(현), 한국문화콘텐츠기술학회 이사(현) 2009~2012년 (사)융합형콘텐츠산업포럼 가상산업분과위원장 2010년 경기도 기능성게임개발위원회 자문위원 2010·2011년 NHN 게임문학상 심사위원장 2011~2017년

콘텐츠분쟁조정위원회 위원 2012~2016년 SW+인문포럼 운영위원 2012년 ITKOREA정책포럼 인재양성분과 스마트클라우드소분과 위원 2013~2016년 (사)부천국제학생애니메이션페스티벌조직위원회 이사 2013~2014년 한국만화애니메이션학회 부회장 2013~2017년 한국게임학회 7대·8대 회장 2013~2017년 대한민국게임포럼 의장 2013~2014년 게임국가기술자격검정사업제도발전위원회 자문위원 2013~2014년 게임물등급위원회 등급분류기준정비위원장 2013~2014년 한국표준협회 3D/4D에듀테인먼트표준화분과위원 2014년 숭실대 예술창작학부 문예창작전공 조교수(현) 2014년 경기콘텐츠진흥원 이사(현) 2014~2016년 서울시 문화도시정책자문위원회 위원 2015~2017년 한국VR산업협회 이사 2015~2018년 광명국제판타지콘셉트 디자인공모전&판타지워크 조직위원 2015~2016년 성남시 지스타유치추진단정책협의회 위원 2017년 게임문화포럼 위원장 2017년 문화체육관광부 재정사업 통합평가 평가위원 2017~2018년 민관합동게임제도개선협의체 협의위원 2017~2018년 한국콘텐츠진흥원 비상임이사 2017년 한국모바일게임협회 명예회장(현) 2017년 한국캐릭터학회 부회장(현) 2018년 한국멀티미디어학회 특임회장(현) 2018년 게임물관리위원회 위원장(현) (상)창조문학신인상(1997), 한국게임학회 우수논문상(2008·2013), 경기도지사표창(2010·2015), 문화체육관광부장관표창(2015·2017), 한국모바일게임협회 감사패(2017) (저)'게임제작개론(共)'(2003) '게임시나리오1'(2004) '게임시나리오 작법론'(2004) '애니메이션 시나리오 작법론'(2004) '기초게임시나리오창작실습'(2005) 창작소설집 '팔녀각'(2005) '엄마! 게임해도 돼?'(2006) '게임 스토리텔링'(2011) '디지털콘텐츠스토리텔링-시나리오완성하기'(2018) '게임스토리텔링총론'(2018) (작)단편소설 '팔녀각'(1997) '점순이'(1998) '추방명령'(1998) '재수 없는 날'(1998) '변신'(1998) '저승사자의 실수'(1998) '사과 빨갱이의 결혼'(1999) '일주일 동안의 처용이'(1999) '여드렛당의 숙명'(1999) '숨비소리'(2000) '무너진 동굴'(2000) '화해'(2000) '까치야 까치야'(2001) '도깨비의 심판'(2001) '나는 긴 머리의 여자가 좋다(共)'(2002) '가면무도회'(2002) (종)천주교

이재홍(李材洪) Lee Jae-Hong

(생)1962·10·17 (본)광산(光山) (출)전남 진도 (주)광주광역시 서구 경열로17번길 12 중소벤처기업부 소상공인정책실(042-481-3912) (학)1980년 대일고졸 1984년 서강대 화학공학과졸 2005년 기술정책학박사(영국 맨체스터대) (경)1992년 수습사무관(기술고시 27회) 1992~2001년 상공부 산업진흥과 사무관·산업환경과 사무관·통상산업부 에너지기술과 사무관·화학생물산업과 사무관·산업자원부 자원기술과 사무관 2001년 산업자원부 자원기술과 서기관 2002년 駐네덜란드 1등서기관 2005년 산업자원부 기후변화대책팀장 2006년 同산업혁신과장 2006년 同산업혁신팀장 2007년 同산업기술개발팀장 2008년 지식경제부 산업기술개발과장 2009년 同기계항공시스템과장 2010년 同원자력산업과장(서기관) 2010년 한국전력기술 이사 2010년 지식경제부 원자력산업과장(부이사관) 2011년 同산업기술정책과장 2012년 충청지방우정청장 2013년 우정사업본부 우편사업단장 2013년 미래창조과학부 기획조정실 국제협력관 2015년 국외 훈련 2016년 미래창조과학부 우정사업정보센터장 2017년 중소벤처기업부 창업벤처혁신실 벤처혁신정책관 2019년 광주전남지방중소벤처기업청장 2019년 중소벤처기업부 소상공인정책실장(현) (상)대통령표창(2000), 환경부장관표창(2005) (종)기독교

이재홍(李在洪)

(생)1965·11·5 (출)경북 김천 (주)인천광역시 남동구 예술로152번길 9 인천지방경찰청 수사과(032-455-2166) (학)1983년 대구 심인고졸 1987년 경찰대 행정과졸(3기) (경)1987년 경위 임관 1995년 경감 승진 2004년 경정 승진 2006년 경기 광명경찰서 수사과장 2008년 경기 시흥경찰서 경비교통과장 2010년 경기 과천경찰서 경비과장 2011년 경기지방경찰청 제1부 경비계장 2014년 同제1부 치안지도관(총경) 2015년 인천지방경찰청 제2부 형사과장 2016년 경기 안산단원경찰서장 2016년 인천지방경찰청 형사과장 2017년 인천 서부경찰서장 2019년 인천지방경찰청 수사과장(현)

이재환(李在奐) RHEE Jae Hwan (淸南)

(생)1937·4·21 (본)하빈(河濱) (출)대전 (주)서울특별시 강남구 도산대로 176 대광빌딩 502호 한국원자력문화진흥원(02-577-6054) (학)1957년 대전고졸 1961년 고려대 정치외교학과졸 1965년 同대학원 정치학과졸 1982년 행정학박사(단국대) 2010년 서울대 국제대학원 최고경영자과정 수료 (경)1960년 고려대 4.18의거 및 4.19혁명 주도 1960년 4.19혁명전국대책위원회 부위원장 1961년 범민족청년회의 최고의원 1962~1964년 고려대 아세아문제연구소 연구조교 1964~1965년 문교부장관비서관 1966~1976년 단국대 법정대학 전임강사·조교수·부교수·교수 1969~1973년 숙명여대 정치외교학과 강사 1970년 고려대교우회 상임이사 1976~1979년 국무총리 총무수석비서관 1979~1993년 대한빙상경기연맹 부회장 1979~1980년 국가공무원(3급)특별시험 위원 1979~1981년 대통령실 행정처장 겸 기획관리관 1981~1985년 제11대 국회의원(대전中, 민주정의당) 1981~1983년 민주정의당 교육문화위원장 1981~1984년 同국민운동중앙본부 부본부장 1981~1984년 한·일의원연맹 간사 1981~1984년 한·자이르의원친선협회 부회장 1982~1984년 국회 88올림픽지원특별위원회 위원 1982~1990년 (재)백제문화연구원 이사 1983~1985년 민주정의당 행정분과위원장 1984~1985년 체육부 차관 1985~1988년 국회 사무총장 1988년 민정당 대전西·유성지구당 위원장 1990~2008년 대전지역개발연구소 설립·이사장 1990~1992년 (주)남해화학 상임고문 1991~1993년 (사)한국해양소년단중앙연맹 총재 1992~1996년 제14대 국회의원(대전西·유성, 무소속·민자당) 1992~1996년 민자당 대전시지부 위원장 겸 당무위원 1992년 제14대 대통령직인수위원회 위원 1995~2003년 서봉박병배의원기념장학사업회 회장 1995~1996년 국회 예산결산위원회 계수조정위원 1995~1997년 신한국당 대전시지부 위원장·당무위원 1996~1998년 同정책평가위원장 1997~1999년 한나라당 정책평가위원장 1997~2004년 同대전서구甲지구당 위원장 1997년 同이회창 대통령후보 건설교통특보역 1998~2000년 同대전시지부 위원장 겸 당무위원 1999~2004년 대전대·한남대 객원교수 및 충남대 겸임교수 1999~2000년 국제라이온스협회 대전·충남지구(355-D) 총재 2000~2004년 한나라당 중앙당기위원장 2002년 同대통령중앙선거대책위원회 직능대책위원회 전국부위원장 2005~2006년 국제라이온스협회 대전·충남지구(355-D)총재협의회 의장 2005~2007년 同대전·충남지구(355-D)연수원 1·2대 원장 2005~2008년 대전대 객원교수 2007년 한나라당 제17대 대통령중앙선거대책위원회 상임특보 겸 대전시선거대책위원회 상임고문 2008~2010년 대한체육회·대한올림픽위원회(KOC) 고문 2008~2011년 한국원자력문화재단 이사장 2015~2017년 대한민국헌정회 사무총장 2015년 (사)한국원자력문화진흥원 고문(현) (상)건국포장(1963), 홍조근정훈장(1978), 고려대 특별공로상(2010), 고려대 자랑스러운 정경인상(2011) (저)'사회복지행정론'(1988) '해돋는 한밭'(1989) '뜨거운 가슴 냉철한 머리로'(1991) '그래도 일어서서 뛰어야만 했다'(1999) (역)'일본의 사회복지동향'(1988) (종)기독교

이재환(李在桓)

(생)1962·10·12 (본)경주(慶州) (주)경기도 성남시 분당구 서현로180번길 19 CJ파워캐스트 임원실(031-780-0001) (학)배재고졸, 대만 국립대만대 정치학과졸 (경)CJ(주) 포틀랜드사무소 근무, 同경영기획파트 근무, 同동경사무소 부장, 同일본지사 부장, 同동경사무소장(상무), 同경영기획팀 상무, (주)재산커뮤니케이션 대표이사, CJ파워캐스트 대표이사, 同공동대표이사(현)

이재후(李載厚) LEE Jae Hoo

(생)1940·8·25 (출)서울 (주)서울특별시 종로구 사직로8길 39 세양빌딩 김앤장법률사무소(02-3703-1080) (학)1958년 서울고졸 1962년 서울대 법대졸 1976년 미국 조지타운대 법대 국제거래법연구소 수료 (경)1961년 고등고시 사법과 합격(13회) 1962년 해군 법무관 1965~1976년 대전지법·서울민사지법·서울형사지법·서울고법 판사 1977년 대법원 재판연구관 1979년 변호사 개업 1979년 김앤장법률사무소 대표변호사(현) 1985년 서울지방변호사회 부회장 1989년 공정거래위원회 위원 1995~2000년 (사)4월회 회장 1998년 현대종합상사 사외이사 2002~2015년 서울중앙지법 조정위원 2004~2007년 한·일변호사협의회 회장 2005~2012년 한국법학원 원장 2008년 엄홍길휴먼재단 이사장(현) 2009년 헌법재판소 자문위원 2010~2016년 사회복지공동모금회 이사 2010년 대한변호사협회 인권재단 이사(현) 2011~2013년 同법률구조재단 이사장 2014년 (재)이명박대통령기념재단 이사장 (상)자랑스러운 서울법대인(2009)

이재훈(李載勳) LEE Jae Hoon

(생)1955·9·26 (본)함평(咸平) (출)광주 (주)경기도 의왕시 내손순환로 132 (사)에너지미래포럼(02-6000-2963) (학)1974년 광주제일고졸 1978년 서울대 경제학과졸 1987년 미국 미시간대(Ann Arbor) 대학원 경제학과졸 2002년 행정학박사(성균관대) (경)1977년 행정고시 합격(21회) 1978년 화순군 수습행정사무관 1979~1985년 상공부 사무관 1985년 미국 유학 1987년 상공부 통상협력관실 사무관 1990년 同비상계획담당관 1991년 유엔무역개발회의(UNCTAD) 파견 1992년 상공부 다자협상담당관 1994년 상공자원부 미주통상과장 1994년 통상산업부 미주통상담당관 1996년 同자동차조선과장 1996년 同무역협력관·산업기계과 서기관 1998년 대통령 경제수석비서관실 행정관 1999년 산업자원부 국제협력심의관 1999년 同산업정책국장 2001년 同에너지산업심의관 2001년 駐미국 상무관 2004년 산업자원부 자본재산업국장 2004년 열린우리당 수석전문위원 2005년 산업자원부 무역투자실장 2006년 同차관보 2006년 同산업정책본부장 2007년 同제2차관 2008~2009년 지식경제부 제2차관 2009년 4.29재보선 국회의원선거 출마(부평乙, 한나라당) 2009~2011년 한나라당 인천부평乙당원협의회 위원장 2009년 김앤장법률사무소 고문 2010년 대통령직속 녹색성장위원회 위원 2011년 (사)에너지미래포럼 대표(현) 2014~2018년 한국산업기술대 총장 2015년 SK텔레콤(주) 사외이사 겸 감사위원(현) 2016년 (사)에너지밸리포럼 대표(현) 2017년 엔지니어링포럼 공동대표(현) (상)대통령표창(1990), 황조근정훈장(2006) (저)'공역-협상'(1988) '녹색성장과 에너지자원전략'(2010, 나남) (종)기독교

이재훈(李再勳) LEE Jae Hoon

(생)1957·11·14 (본)연안(延安) (출)인천 (주)인천광역시 남동구 남동대로774번길 21 가천대학교 길병원 혈액내과(032-460-2186) (학)1976년 제물포고졸 1982년 서울대 의대졸 1985년 同대학원 의학석사 1991년 의학박사(서울대) (경)1982~1986년 서울대병원 인턴·레지던트 1986년 同전공의 1987~1993년 서울대 의대 임상교수 1993년 미국 아칸소주립의대 연수 1995년 중앙길병원 내과 과장 1995년 대한혈액학회 평의원(현) 1996년 대한조혈모세포이식학회 평의원(현) 1999년 가천의대 내과 부교수 2001~2006년 同혈액종양내과 교수 2006~2011년 한국다발성골수종연구회 회장 2006~2012년 가천의과학대 혈액종양내과 교수 2008년 국제골수종연구그룹(IMWG: International Myeloma Working Group) 정회원(현) 2009~2010년 대한혈액학회 이사 2012년 가천대 메디컬캠퍼스 혈액종양내과학교실 교수(현) 2012~2013년 同임상의학연구소장 2015~2016년 대한조혈모세포이식학회 회장 (상)대한혈액학회 학술상(2016) (종)가톨릭

이재훈(李在薰) RHEE Jae Hoon

(생)1959·1·1 (출)경북 안동 (주)경상북도 경산시 삼풍로 27 경북테크노파크 원장실(053-819-3008) (학)1977년 대구상고졸 1983년 영남대 경영학과졸 1985년 서울대 대학원 경영학과졸 1996년 경영학박사(미국 코넬대) (경)1977~1979년 한국은행 기금운용부 근무 1984년 서울대 조교 1986~1987년 정보통신정책연구원 연구원 1996~2005년 영남대 상대 경영학부 조교수·부교수 1998~1999년 한국노동교육원 객원교수 1999~2000년 한국인사조직학회 상임이사 2000년 한국산업경영학회 상임이사 2000년 (재)경북테크노파크 기획연구개발부장 2002년 호주 시드니대 교환교수 2003년 (재)경북테크노파크 부단장 2004~2008년 同사업단장 2005~2014년 영남대 상경대학 경영학부 교수 2008년 同사회과학연구소장 2010년 同글로컬사업추진단장 2010년 同생활관장 겸임 2011년 同박정희정책새마을대학원 부원장 2012~2013년 同박정희정책새마을대학원장 2013년 同국제처장 2013~2014년 同대외협력처장 2013년 同한국어교육원장 2013년 同국제학부장 2013년 금융위원회 금융발전심의회 위원 2013~2015년 학교법인 경북교육재단(대구외국어대) 이사장 2014~2017년 국가평생교육진흥원 비상임이사 2014년 경북테크노파크 제6·7대 원장(현) 2014~2016년 한국테크노파크협의회 회장 2018년 한국테크노파크진흥회 회장(현) (상)국무총리표창(2019) (저)'중소기업경영론(共)'(1998) '新인적자원관리(共)'(1998·2001) '글로벌 경쟁력과 중소기업경영(共)'(2007) (역)'대립에서 협력으로' '인적자원관리' '노사공존의 길'

이재훈(李在薰) Lee Jae Hoon

(생)1959·10·12 (본)전주(全州) (출)충남 공주 (주)서울특별시 마포구 성암로 267 문화방송(MBC) 보도본부 논설위원실(02-789-1205) (학)1978년 명지고졸 1982년 고려대 영문학과졸 1994년 미국 펜실베이니아주립대 대학원 행정학과졸 2019년 행정학박사(명지대) (경)1986년 문화방송(MBC) 보도국 기자 입사 2000년 同보도국 사회부 차장대우 2001년 同보도국 경제부 차장대우·정치부 차장 2004년 한국기자협회 기자협회보 편집위원 2005년 문화방송(MBC) 보도국 정치부 부장대우 2006년 同보도국 사회정책팀장 2007년 同보도국 사회총괄데스크 2008년 同보도국 국제팀장 2008년 同보도국 네트워크팀장 2009년 同보도국 정치1부장 2010년 同보도국 워싱턴특파원 겸 지국장 2013년 同시사제작국 시사제작2부장 2014년 同보도본부 논설위원(부국장) 2017년 同보도본부 논설위원(국장)(현) 2019년 고려대 문과대학 겸임교수(현) 2019년 이화여대 프론티어저널리즘스쿨 강사(현) (종)기독교

이재훈(李在薰) LEE Jae Hoon

(생)1960·11·22 (출)경남 밀양 (주)서울특별시 중구 정동길 21-15 정동빌딩 김앤장법률사무소(02-2122-3900) (학)1978년 부산고졸 1982년 부산대 기계공학과졸 1989년 경북대 행정대학원졸 1998년 일본 도쿄대 경영과학 박사과정 수료 (경)1981년 기술고시 합격(17회) 1984~1991년 철도청 사무관 1992년 상공부 사무관 1994년 일본 東京大 파견 1996년 통상산업부 무역협력과·산업기계과 서기관 1997년 특허청 심사조정과 서기관 1998년 同운반기계심사담당관 2001년 특허심판원 심판관 2002년 일본 파견 2003년 특허청 공조기계심사담당관 2005년 同일반기계심사팀장 2005년 同기계금속건설심사본부 공조기계심사팀장 2006년 同기계금속건설심사본부 일반기계심사팀장 2007년 同경영혁신홍보본부 심사평가팀장 2008년 同심사품질담당관 2008년 특허심판원 제4부 심판장 2009년 특허청 정보기획국장 2009년 同기계금속건설심사국장 2012~2013년 특허심판원장 2014~2015년 뉴코리아국제특허법률사무소 대표변리사 2014년 한국산업재산권법학회 부회장(현) 2015년 특허청 산업재산권분쟁조정위원회 조정위원(현) 2016년 김앤장법률사무소 변리사(현) 2017년 서울고법 분쟁조정위원회 조정위원(현) (상)교통부장관표창, 근정포장(2007) (종)불교

이재훈(李在勳) LEE Jae Hoon

(생)1960·12·30 (주)경기도 용인시 수지구 죽전로 152 단국대학교 건축학과(031-8005-3706) (학)1983년 서울대 건축학과졸 1985년 同대학원 건축학과졸 1990년 공학박사(서울대) (경)1990~1991년 일건종합건축사사무소 책임연구원 1991년 단국대 건축대학 건축학과 조교수·부교수·교수(현) 1997년 同건축공학과장 1998년 同신소재연구소 상임연구위원 1999~2000년 대한건축학회 논문편집위원 2000~2002년 한국교육시설학회 편집위원 2001년 행정자치부 국가고시 출제위원 2001년 단국대 건설위원(현) 2002년 한국교육시설학회 편집이사 2008~2010년 同학술부회장 2008년 단국대 입학관리처장 2009~2010년 同입학처장 2012~2014년 (사)한국건축설계교수회 회장 2013~2015년 단국대 건축대학장 2014년 한국건축대학장협의회 회장 2019년 단국대 대학원장(현) (상)국무총리표창(2019)

이재훈(李載薰) LEE JAE HUN

(생)1961·3·4 (주)서울특별시 강서구 하늘길 78 한국공항공사 운영본부(02-2660-2206) (학)1981년 대동고졸 1988년 경남대 행정학과졸 1999년 한국항공대 항공산업대학원 항공교통학 석사 (경)1987년 한국공항공사 운영부 운영2과 근무 1993년 同기획조정실 기획과 근무(3급 행정직) 1997년 同사천지사 관리부장 1998년 同기획본부 기획팀장 2003년 同운영처 운영계획팀장 2006년 同제주지역본부 지원총괄팀장 2007년 同제주지역본부 지원총괄팀장(1급乙 관리직) 2008년 同제주지역본부 운영단장 2009년 서울대 경영대학 파견(1급乙 관리직) 2010년 한국공항공사 부산지역본부 운영단장(1급甲 관리직) 2014년 同마케팅실장 2016년 同서울지역본부장 2017년 同항공기술훈련원장 2019년 同운영본부장(상임이사)(현) (상)건설교통부장관표창(1999), 한국공항공사 올해의 공사인상(2004), 국무총리표창(2017)

이재휘 LEE Jae Hwi

(생)1965·10 (주)서울특별시 동작구 흑석로 84 중앙대학교 약학대학 약학부(02-820-5606) (학)1989년 중앙대 약학대학 약학과졸 1991년 同대학원 약학과졸 2000년 약학박사(영국 카디프대) (경)1991~1996년 대웅제약 중앙연구소 제제연구실 선임연구원 2000~2003년 미국 퍼듀대 박사 후 연구원 2003~2004년 미국 퍼듀대 AKINA연구소 수석연구원, (사)대한약학회 이사 겸 재산관리위원장(현), 중앙대 약학대학 제제설계학 교수 2012년 同약학대학 약학부 교수 겸 대학원 약학과 교수(현) 2019년 同약학대학장 겸 의약식품대학원장(현) (상)한국약제학회 학술장려상(2007), 중앙대 교내학술상(2008·2013), 한국약제학회 국제학술대회 산학기술상(2013) (저)'생물약제학과 약물속도론(共)'(2005, 신일상사) 'MT 약학(共)'(2008, 장서가) '제제학 : 의약품제형과약물전달시스템(共)'(2013, 신일북스) '약제학 실습(共)'(2013, 신일북스) '생물약제학과 약동학(共)'(2013, 신일북스) (역)'건강전문직을 위한 약리학(共)'(2010, 포너스출판사)

이재흔(李哉昕) Lee Jae Heun

(생)1969·10·14 (본)덕수(德水) (출)서울 (주)세종특별자치시 가름로 194 국가과학기술자문회의 지원단 기획총괄팀(044-202-6950) (학)1988년 대일고졸 1992년 서울대 조선해양공학과졸 1994년 同대학원 조선해양공학과졸 2015년 연세대 대학원 기술정책협동과정 재학 중 (경)2003년 행정고시 합격(제46회) 2003~2004년 특허청 사무관 2005~2007년 과학기술부 사무관 2008~2010년 교육과학기술부 사무관 2011~2012년 국가과학기술위원회 기획관리관실 서기관 2013년 미래창조과학부 과학기술정책국 서기관 2015년 同기초원천연구정책관실 연구개발정책과 IBS지원팀장 2016년 同지식재산전략기획단 과장급 2017년 同연구제도혁신과장 2017년 과학기술정보통신부 과학기술혁신본부 성과평가정책국 연구제도혁신과장 2019년 同국가과학기술자문회의 지원단 기획총괄팀장(현) (상)국무총리표창(2011) (종)천주교

이재흥(李在興) LEE, Jae Hung

(생)1960·12·9 (출)경북 경산 (주)서울특별시 영등포구 선유로 59 문래아카데미 3층 한국고용정보원(1577-7114) (학)대구 영신고졸, 영남대 경제학과졸, 미국 조지메이슨대 대학원 경제학과졸 (경)1988년 행정고시 합격(31회) 1999년 국무조정실 실업대책기획평가단 파견 2003년 노동부 고용평등국 여성고용과장 2003년 대통령비서실 파견 2004년 노동부 고용정책실 훈련정책과장 2005년 同고용정책본부 고용정책심의관실 고용정책팀장(서기관) 2006년 同고용정책본부 고용정책심의관실 고용정책팀장(부이사관) 2006년 대구지방노동청 대구종합고용지원센터 소장 2007년 노동부 국제협력국 국제노동정책팀장 2008년 同국제협력담당관실 국제노동정책팀장 2008년 同대변인(고위공무원) 2009년 해외 파견(고위공무원) 2010년 고용노동부 고용정책실 노동시장정책관 2013년 同고용정책실장 2016년 중앙노동위원회 사무처장 겸 상임위원 2016년 同위원장 직대 2016년 한국고용정보원 원장(현) (상)홍조근정훈장(2013)

이재희(李載熙) LEE Jae Hee

(생)1963·4·18 (주)서울특별시 중구 을지로 100 파인애비뉴 B동 25층 한솔홀딩스(02-3287-6074) (학)부산 중앙고졸, 서울대 경영학과졸, 同대학원 경영학과졸 (경)1994년 한솔그룹 입사, 한솔CSN(주) 경영기획실 부장 2003년 同경영기획실 기획재무팀장(상무), 한솔그룹 경영기획실 미래전략TF팀 상무, 同경영기획실 기획팀장 2009년 한솔홀딩스 경영기획실장(부사장) 2017년 同대표이사(현)

이재희(李在熙) LEE, JAE-HEE

(생)1969·12·15 (출)경기 포천 (주)대구광역시 수성구 동대구로 364 대구고등법원(053-757-6600) (학)1987년 의정부고졸 1992년 고려대 법학과졸 (경)1991년 사법시험 합격(33회) 1994년 사법연수원 수료(23기) 1994년 공군 법무관 1997년 전주지법 판사 1999년 同진안군법원·임실군법원·무주군법원 판사 2000년 전주지법 군산지원 판사 2001년 인천지법 판사 2004년 서울중앙지법 판사 2007년 서울고법 판사 2009년 광주지법 부장판사 2010년 의정부지법 부장판사 2013년 서울중앙지법 부장판사 2016년 서울북부지법 부장판사 2017년 대전지법 천안지원장 겸 대전가정법원 천안지원장 2018년 대구고법 부장판사(현)

이 정(李 鋌) Lee John

(생)1958·8·26 (주)서울특별시 동대문구 이문로 107 한국외국어대학교 법학과(02-2173-3042) (학)1993년 일본 도쿄대 대학원 노동법학과졸 1997년 노동법학박사(일본 도쿄대) (경)1989년 일본 도쿄대 법학부 노동법연구회 연구위원 1997~1998년 同법학부 특별초빙연구원 2001년 한국외국어대 법과대학 법학과 교수(현) 2003~2006년 同국제지역대학원 주임교수 2006~2007년 同법과대학 부학장 2009~2011년 同법학연구소장 2010년 한국노동법학회 국제학술이사 2016~2017년 한국외국어대 법학전문대학원장 2016~2017년 同법과대학장 (저)'일본노동법'(2007) '주요 선진국의 근로계약법제'(2007) (역)'注釋勞動基準法(上·下)'(2003) '雇用構造の變化と政勞使の課題'(2005)

이정곤(李丁坤)

(생)1967 (출)경남 마산 (주)경상남도 진주시 월아산로 2026 경상남도청 농정국(055-211-6200) (학)마산 경상고졸 1993년 경북대 농화학과졸 2001년 한국개발연구원 국제정책대학원 경제정책학과졸 2001년 미국 미시간주립대 대학원 인문학과졸(MA) (경)1997년 공무원 임용(지방농업사무관) 2003년 밀양시 농업기술센터 농정과장 2004년 경남도 자치행정국 총무과 근무 2008년 同농업자원관리원장 2008년 미국 미주리주립대 파견(국외훈련) 2011년 경남도 농업기술교육센터장(서기관) 2013년 同농정국 친환경농업과장 2014년 同농정국 농업정책과장 2015년 경남 고성군 부군수 2017년 경남도 여성가족정책관 2018년 同농정국장(현) (상)대통령표창(2006)

이정권(李廷權) LEE Jung Kwon

(생)1955 · 7 · 27 (출)경남 김해 (주)서울특별시 강남구 일원로 81 삼성서울병원 가정의학과(02-3410-2441) (학)1980년 서울대 의대졸 1988년 同대학원졸 1992년 의학박사(서울대) (경)1978~1983년 서울대병원 인턴 · 가정의학과 전공의 1986~1988년 서울대 의대 가정의학과 전임의 1988~2001년 한양대 의대 가정의학과 전임강사 · 조교수 · 부교수 · 교수 2001년 성균관대 의대 가정의학교실 교수(현) 2001년 삼성서울병원 가정의학과장 2003~2005년 대한가정의학회 이사장 2004년 한국호스피스완화의료학회 부회장 2007~2011년 성균관대 의대 교무부학장 2007년 삼성서울병원 완화치료팀장 2008~2009년 同삼성암센터 암교육센터장 2009~2011년 同삼성암센터 완화치료센터장 2010년 국가암관리사업지원단 완화의료사업위원회 위원 2010년 한국호스피스완화의료학회 부회장 2011~2012년 同교육위원회 교육교재편집자문위원 2011~2012년 세계가정의학회 아태학술대회 조직위원장 2013~2016년 同아시아태평양지역 회장 2017년 성균관대 건강센터장

이정권(李正權)

(생)1970 · 5 · 20 (출)충남 홍성 (주)경기도 수원시 영통구 법조로 105 수원지방법원 총무과(031-210-1114) (학)1988년 홍성고졸 1993년 서울대 사법학과졸 (경)1996년 사법시험 합격(38회) 1999년 사법연수원 수료(28기) 1999년 인천지법 예비판사 2001년 서울지법 남부지원 판사 2003년 대전지법 홍성지원 판사 2006년 수원지법 판사 2008년 서울중앙지법 판사 2011년 서울고법 판사 2013년 서울동부지법 판사 2014년 제주지법 부장판사 2016년 수원지법 부장판사(현)

이정규(李汀圭) Lee Jeong-Kyu

(생)1961 · 10 · 1 (출)서울 (주)서울특별시 종로구 사직로8길 60 외교부 인사운영팀(02-2100-7863) (학)1984년 서울대 경제학과졸 1991년 영국 런던대(LSE) 대학원 국제정치학과졸 (경)1987년 외무고시 합격(21회) 1987년 외무부 입부 1992년 駐영국 2등서기관 1995년 駐리비아 1등서기관 2000년 駐미국 1등서기관 2004년 국가안전보장회의 파견 2005년 외교통상부 SOFA운영실장 2006년 同북미3과장 2007년 同한미안보협력과장 2007년 駐인도 참사관 2009년 대통령실 외교안보수석실 파견 2011년 외교통상부 조정기획관 2012년 同기획조정실 인사기획관 2013년 외교부 기획조정실 인사기획관 2013~2015년 국방부 국방정책실 국제정책관 2015~2017년 대통령 국가안보실 정책조정비서관 겸 국가안전보장회의(NSC) 사무차장 2017년 외교부 차관보 2018년 駐스웨덴 대사(현) (상)근정포장(2011)

이정근(李正根) LEE Jeong Kun

(생)1959 · 11 · 11 (본)전주(全州) (출)경북 문경 (주)서울특별시 구로구 디지털로34길 55 코오롱싸이언스밸리 2차 901호 솔트웨어(주)(02-2025-0066) (학)1977년 경북 문경종합고졸 1985년 동국대 컴퓨터공학과졸 2004년 연세대 대학원 컴퓨터공학과졸 2014년 공학박사(숭실대) (경)1984~1993년 대우자동차(주) 전산실 입사 1993년 대우정보시스템(주) 신기술지원팀장 1995년 위즈정보기술(주) 시스템사업본부장 2003년 同대표이사 사장 2003년 솔트웨어(주) 대표이사(현) 2012년 한국상용소프트웨어협회 수석부회장 2012년 同회장 대행 2013년 同회장 2013년 한국특허정보원 비상임이사(현) 2013~2018년 가톨릭대 현장교수 2015년 한국상용소프트웨어협회 명예회장(현) 2018년 동국대 겸임교수(현) (상)동탑산업훈장(2014) (종)천주교

이정근(李廷根) LEE Jeong Keun

(생)1966 · 4 · 27 (본)전주(全州) (출)서울 (주)경기도 수원시 영통구 월드컵로 206 아주대학교 의과대학 치과학교실(031-219-4111) (학)1990년 서울대 치의학과졸 1994년 同대학원 치의학과졸 2001년 치의학박사(서울대) (경)1991년 서울대병원 구강악안면외과 레지던트 1995년 아주대 의대 치과학교실 연구강사 · 전임강사 · 조교수 · 부교수 · 교수(현) 2002년 미국 일리노이주립대(UIC) 구강악안면외과 Visiting Faculty 2003~2009년 아주대 의대 치과학교실 주임교수 · 아주대병원 치과 과장 2003년 대한악안면성형재건외과학회 기획이사(현) 2005~2008년 대한구강악안면외과학회 기획이사 2005~2009년 아주대의료원 치과진료센터 소장 2007 · 2012년 미국 세계인명사전 'Marquis Who's Who in Asia'에 등재 2008년 대한구강악안면외과학회 치아 · 뼈 · 줄기세포은행위원회 위원장(현) 2008 · 2010~2014년 미국 세계인명사전 'Marquis Who's Who in the World'에 등재 2009년 한국자가치아뼈은행 운영위원(현) 2012 · 2014 · 2015년 미국 세계인명사전 'Marquis Who's Who in America'에 등재 2010 · 2011년 미국 세계인명사전 'Marquis Who's Who in Medicine and Healthcare'에 등재 2011년 미국 세계인명사전 'Marquis Who's Who in Science and Engineering'에 등재 2011년 대한구순구개열학회 공보 · 기획이사 2011년 아주대 임상치의학대학원 구강악안면외과 전공주임교수(현) 2011년 미국 세계인명사전 'Marquis Who's Who in Medicine and Health Care 8th ed'에 등재 2012년 아주대 임상치의학대학원 교학부장(현), 대한치과이식임플란트학회 경기지부회장 2012년 미국 세계인명사전 'Marquis Who's Who in Asia 2nd ed · Marquis Who's Who in America 66th ed · Marquis Who's Who in the World 29th ed'에 등재 2013년 미국 세계인명사전 'Marquis Who's Who in the World 30th Pearl ed'에 등재 2014년 미국 세계인명사전 'Marquis Who's Who in America 68th ed · Marquis Who's Who in the World 31th ed'에 등재 2015년 미국 세계인명사전 'Marquis Who's Who in America 69th ed · Marquis Who's Who in Science and Engineering 12th ed'에 등재 2016 · 2018년 아주대 치과병원 치과진료센터장(현) 2017년 대한골다공증학회 감사(현) 2017년 미국 세계인명사전 'Marquis Who's Who Albert Nelson Marquis Lifetime Achievement Award'에 등재 (상)대한구순구개열학회 우수포스터상(2011), 대한골다공증학회 우수연제상(2012), Most valuable poster presentation in International Autotooth Bone Bank(2012), Poster Award in 96th Annual Meeting of American Association of Oral and Maxillofacial Surgeons(2014) (저)'악안면성형재건외과학'(2009) 'Dental Implants Book I'(2011) 'Implant Dentistry – A Rapidly Evolving Practice'(2011) '구강악안면외과학교과서 3판'(2013) 'Textbook of Advanced Oral and Maxillofacial Surgery'(2013) 'Advances in Biomaterials Science and Biomedical Applications'(2013) 'Advances in Oral Tissue Engineering'(2014) '치과위생사를 위한 구강악안면외과학'(2015) '악안면성형재건외과학교과서 3판'(2016) (역)'응급질환의 진단 및 치료'(2006)

이정길(李正吉) LEE Jung Keel

(생)1941·2·1 (본)전주(全州) (출)광주 (학)1959년 광주제일고졸 1966년 한국외국어대 영어과졸 1983년 미국 메릴랜드대 신문대학원 수학 (경)1966~1980년 합동통신 기자 1981~1983년 연합통신 워싱턴특파원 1983년 同외신부 차장 1985년 同외신부장 1988~1991년 同東京특파원 겸 지사장 1991년 同외신국 부국장 1994년 同논설위원실장 1995~1998년 同동북아정보문화센터 상임이사 1999~2003년 국정홍보처 해외홍보원 전문위원 (종)기독교

이정대(李廷大) LEE Jung Dae

(생)1955·10·27 (출)충남 논산 (주)서울특별시 강남구 도산대로 110 한국프로농구연맹(02-2106-3000) (학)대전상고졸, 충남대 경영학과졸 (경)1981년 현대정공 입사 1999년 현대자동차(주) 근무 2001년 同경영관리실장(상무) 2002년 同경영관리실장(전무) 2003년 同경영사업부장(전무) 2003년 同재경본부장(부사장) 2007년 同재경본부장 2007년 현대·기아자동차그룹 기획조정담당 사장 2008년 同기획조정실장(부회장) 2008년 同경영기획 및 CL(Car Life)사업부담당 부회장 2012년 현대모비스 부회장 2018년 한국프로농구연맹(KBL) 총재(현)

이정도(李正道)

(생)1965·12·25 (출)경남 합천 (주)서울특별시 종로구 청와대로 1 대통령 총무비서관실(02-770-0011) (학)초계종합고졸, 창원대 행정학과졸 2001년 고려대 대학원 도시행정학과졸 (경)1992년 공무원 임용(7급 공채) 2008년 기획재정부 장관 비서관, 대통령비서실 행정관 2009년 기획재정부 예산실 농림수산예산과장 2011년 同예산실 문화예산과장 2012년 同인사과장 2014년 同복권위원회 사무처장 2016년 국립외교원 파견 2016년 기획재정부 예산실 행정안전예산심의관 2017년 대통령 총무비서관(현)

이정동(李汀東) LEE Jung Dong

(생)1962·3·1 (출)경북 청도 (주)경상남도 양산시 물금읍 신주4길 8 양산경찰서(055-392-0337) (학)대구 오성고졸 1985년 경찰대 법학과졸(1기) (경)1985년 경위 임관 1990년 경감 임관 1999~2009년 경남 김해경찰서·진주경찰서 정보과장·경남지방경찰청 경무계장 2009년 경남지방경찰청 홍보담당관(총경) 2010년 경남 함안경찰서장 2011년 경남 김해서부경찰서장 2011년 경남지방경찰청 경무과장 2013년 경남 남해경찰서장 2014년 울산지방경찰청 경무과장 2014년 경남 김해중부경찰서장 2016년 경남지방경찰청 외사과장 2016년 경남 창원서부경찰서장 2017년 경남지방경찰청 외사과장 2019년 경남 양산경찰서장(현) (상)근정포장(2014)

이정동(李正東) LEE JEONG DONG

(생)1967·1·15 (주)서울특별시 관악구 관악로1 서울대학교 산업공학과(02-880-8982) (학)1986년 대구 계성고졸 1990년 서울대 자원공학과졸 1992년 同대학원 자원공학과졸 1996년 자원공학박사(서울대) (경)1999~2006년 서울대 공대 산업공학과 조교수·부교수, 동아일보 객원논설위원 2006년 서울대 공대 산업공학과 교수(현) 2006년 아시아태평양생산성컨퍼런스 조직위원장 2006~2008년 서울대 협동과정기술경영경제정책전공 부교수 2009년 同협동과정기술경영경제정책전공 교수(현) 2010~2012년 同기획부처장 2011년 한국경제신문 객원논설위원 2011년 한국생산성학회 회장 2012~2013년 서울대 대학원협동과정 기술경영경제정책전공 주임교수 2015년 한국산업기술평가관리원 비상임이사 2018년 한국공학한림원 정회원(기술경영정책·현) 2019년 대통령 경제과학특별보좌관(현) (상)정진기언론문화상 대상 경제경영도서부문(2016) (저)'축적의 시간'(2015, 지식노마드) '축적의 길'(2017, 지식노마드) '인공물의 진화(共)'(2017, 서울대 출판문화원)

이정두(李正斗) LEE Jung Doo

(생)1956·1·16 (출)경남 남해 (주)경상남도 양산시 어곡공단5길 39 (주)화승T&C 임원실(055-380-3600) (학)부산공고졸 1981년 부경대 기계설계학과졸 (경)1982년 (주)화승R&A 입사 1999년 同부장, 同W/S설계개발담당 이사대우 2003년 同이사 2007년 同W/S사업총괄 상무이사 2011년 同SL사업본부장(전무이사) 2013년 同SL사업본부장(전무이사) 겸 (주)화승소재 설비담당 2013년 同FL·SL사업본부장 겸 (주)화승소재 설비담당 2014년 同FL·SL사업본부장 겸 (주)화승T&C 대표이사 전무 겸 (주)화승소재 설비담당 2014년 (주)화승T&C 대표이사 2014년 (주)화승R&A 생산본부장·기술연구소장 겸임 2016년 (주)화승T&C 대표이사 부사장(현)

이정락(李定洛) LEE Jyung Nack

(생)1939·11·25 (본)청안(淸安) (출)경북 경주 (주)서울특별시 서초구 법원로 15 정곡빌딩서관 210호 이정락법률사무소(02-537-7575) (학)1958년 경주고졸 1962년 서울대 법대졸 1972년 미국 캘리포니아대 버클리교 법대 비교법학과졸 (경)1961년 고등고시 사법과 합격(13회) 1962년 공군 법무관실 법무사·검찰관 1965년 대구지법 경주지원 판사 1968년 대구지법 판사 1973년 대구고법 판사 1975년 대법원 재판연구관 1977년 청주지법 충주지원장 1979년 서울영등포지원 부장판사 1981년 서울고법 부장판사 1986~1988년 서울지법 남부지원장 겸임 1991년 인천지법원장 1992년 서울형사지법원장 1993년 변호사 개업(현) 1999년 한국정신문화연구원 감사 2005년 경주고도보존회 회장(현) 2007년 대한변협법률구조재단 이사장 2007년 무소속 이회창 대통령후보 법률지원팀장 (저)'민법총칙'(共) (종)기독교

이정렬(李正烈) Lee, Jeong-Ryul

(생)1956·3·1 (출)서울 (주)서울특별시 종로구 대학로 101 서울대학교병원 흉부외과(1588-5700) (학)경기고졸 1978년 서울대 자연대학 의예과졸 1982년 同의과대학 의학과졸 1985년 同대학원 의학석사 1987년 의학박사(서울대) (경)1982~1987년 서울대병원 인턴·흉부외과 전공의 1987~1990년 국군 서울지구병원 흉부외과장 1990년 서울대 의과대학 흉부외과학교실 교수(현) 1993~1995년 미국 UCLA Medical Center 심장외과 전임의 1999년 미국 밴더빌트대 Medical Center 방문교수 2001~2003년 대한흉부외과학회 총무이사 2003~2009년 同이사 겸 심사위원 2005~2006년 서울대병원 어린이병원 진료지원실장·소아흉부외과 분과장 2006~2010년 同교육수련부장 2010~2013년 同기획조정실장 2015년 대한흉부심장혈관외과학회 이사장 2016~2019년 중앙보훈병원 병원장 (상)사석학술연구비 지원상, 이영균학술상(1999) (저)'의대생을 위한 흉부외과학'(2000) (종)천주교

이정렬(李楨烈) Lee Jeongryeol

(생)1968·7·10 (출)충북 괴산 (주)세종특별자치시 정부2청사로 13 행정안전부 재난안전관리본부 재난협력정책관실(044-205-6100) (학)1986년 충북고졸 1991년 경희대 행정학과졸, 영국 엑세터대 대학원 공공정책학과졸 (경)1992년 행정고시 합격(36회) 2001년 행정자치부 인사국 인사과 사무관 2002년 同인사국 인사과 서기관 2006년 同정부혁신본부 혁신평가팀장 2007년 同혁신전략팀장 2008년 행정안전부 혁신기획과장

2008년 同정보화총괄과장 2009년 국무총리 일반행정정책관실 행정정책과장(부이사관) 2010년 충북도 정책관리실 정책기획관 2011년 同문화여성환경국장 2012년 행정안전부 연금복지과장 2014년 안전행정부 인사실 심사임용과장 2015년 중앙공무원교육원 고위정책과정 교육훈련(고위공무원 나급) 2016년 인사혁신처 인사관리국장 2018년 행정안전부 재난관리안전본부 안전조사지원관 2019년 同재난안전관리본부 재난협력정책관(현)

이정렬(李政烈)

(생)1977·7·2 (주)대구광역시 수성구 동대구로 364 대구지방검찰청 공판부(053-740-4626) (학)1996년 서울 상문고졸 2002년 서울대 법학과졸 (경)2001년 사법시험 합격(43회) 2004년 사법연수원 수료(33기) 2004~2006년 부산고검·대검찰청 공익법무관 2007년 에버그린 법률사무소 변호사 2008년 광주지검 목포지청 검사 2010년 부산지검 검사 2012년 서울중앙지검 검사 2016년 수원지검 성남지청 검사 2017~2019년 금융감독원 파견 2018년 수원지검 성남지청 부부장검사 2019년 서울남부지검 부부장검사 2019년 대구지검 공판부장(현)

이정린(李廷麟) Jeng rin Lee

(생)1966·5·2 (본)전주(全州) (출)전북 남원 (주)전라북도 전주시 완산구 효자로 225 전라북도의회(063-280-3970) (학)2003년 전남과학대학 화훼원예학과졸, 전북대 농업개발대학원 수료 (경)2002년 새천년민주당 제16대 대통령선거 노무현후보 연설위원, 이강래 국회의원 특보, 열린우리당 남원청년위원회 위원장 2006년 전북 남원시의원선거 출마 2010년 전북 남원시의회 의원(민주당·민주통합당·민주당·새정치민주연합) 2010년 同운영위원회 부위원장 2010년 同총무위원회 위원 2012년 同총무위원회 부위원장 2012년 同운영위원회 위원 2014~2018년 전북 남원시의회 의원(새정치민주연합·더불어민주당) 2014~2016년 同총무위원회 위원장 2016~2017년 同예산결산특별위원회 위원장 2016년 더불어민주당 전북도당 부대변인 2017년 제19대 대통령후보(문재인) 전북도 연설위원장 2018년 전북도의회 의원(더불어민주당)(현) 2019년 더불어민주당 전북도당 홍보소통위원장(현) (종)기독교

이정만(李廷萬) LEE Jung Man

(생)1962·1·3 (출)충남 보령 (주)서울특별시 서초구 서초중앙로22길 17 정성법률사무소(02-598-3375) (학)1980년 충남고졸 1985년 중앙대 법학과졸 2010년 연세대 법무대학원졸(석사) (경)1989년 사법시험 합격(31회) 1992년 사법연수원 수료(21기) 1992년 부산지검 동부지청 검사 1994년 대전지검 서산지청 검사 1995년 수원지검 검사 1997년 서울지검 남부지청 검사 2000년 창원지검 진주지청 검사 2001년 서울지검 검사 2004년 의정부지검 부부장검사 2005년 청주지검 충주지청 부장검사 2006년 창원지검 거창지청장 2007년 서울중앙지검 부부장검사 2008년 대검찰청 과학수사담당관 2009년 서울동부지검 형사3부장 2010년 수원지검 평택지청장 2011년 대검찰청 과학수사기획관 2013년 법무연수원 연구위원 2014년 대전지검 천안지청장 2015년 대전고검 검사(충남도 법률자문검사 파견) 2015년 법무법인 윈앤윈 변호사, 同대표변호사 2018년 정성법률사무소 변호사(현) (종)기독교

이정만(李貞滿) LEE Jeung Man

(생)1964·8·2 (주)충청남도 공주시 공주대학로 56 공주대학교 인문사회과학대학 행정학과(041-850-8466) (학)1987년 서울대 정치학과졸 1990년 同행정대학원졸 1996년 일본 도쿄대 대학원졸 2000년 행정학박사(일본 도쿄대) (경)2000~2002년 공주대 전임강사 2002년 同인문사회과학대학 행정학과 조교수·부교수·교수(현) 2006년 同행정학과장 2007년 同지방자치연구소장 2011년 同인문사회과학대학 부학장 2017년 한국거버넌스학회 부회장 2018년 공주대 인문사회과학대학장 겸 경영행정대학원장(현)

이정명(李正明) LEE Jeong Myung

(생)1942·11·26 (본)전주(全州) (출)대전 (학)1961년 경복고졸 1965년 서강대 경제학과졸 1973년 서울대 신문대학원 석사과정 수료 (경)1968~1980년 동양통신 외신부·경제부 기자·차장 1981년 연합통신 정치부 차장 1982년 同외신부 차장 1986년 同뉴욕특파원 1988년 同경제1부장 1991년 同부국장급 월간부장 1993년 同경제국 부국장 1993~1999년 IPI(국제언론인협회) 한국위원회 사무국장 1994년 연합통신 경제국 국장대우 부국장 1995년 同경제국장 직대 1995년 同경제국장 1997년 同논설위원 1998년 同이사대우 뉴미디어국장 1998년 同이사대우 논설고문 1998~2000년 연합뉴스 이사대우 논설고문 2001~2004년 대한광업진흥공사 비상임이사 2002~2004년 조흥은행 사외이사 2005~2008년 한국공항공사 비상임이사 2008~2011년 한국감정원 비상임이사 2011~2014년 언론중재위원회 위원 (종)기독교

이정무(李廷武) LEE Jung Moo (善雄)

(생)1941·4·9 (본)전주(全州) (출)경북 구미 (주)서울특별시 강남구 도곡로 133 정호빌딩 5층 한국물포럼(02-736-0430) (학)1959년 경북고졸 1964년 서울대 법학과졸 1975년 영남대 경영대학원졸 1999년 명예 경영학박사(순천향대) (경)1969년 대구백화점 이사 1976년 경북청년지도자연합회 회장 1981년 대구한·미친선회 회장 1984년 백화점협회 부회장 1985년 (주)대백프라자 대표이사 1986년 (재)호동원 이사장 1986년 대구시체육회 상임부회장 1988년 제13대 국회의원(대구南, 민주정의당, 민주자유당) 1989년 민주정의당 원내부총무 1990년 민주자유당 원내부총무 1990년 同대구南지구당 위원장 1996~2000년 제15대 국회의원(대구南, 자유민주연합) 1996년 자유민주연합 원내총무 1996년 한·스위스의원친선협회 회장 1998~1999년 건설교통부 장관 2000년 자유민주연합 대구南지구당 위원장 2000~2004년 한국체육대 총장 2003~2005년 대한체육회 부회장, (재)한국기원 상임이사 2005~2017년 한라대 총장 2012년 한국물포럼 총재(현) 2014~2015년 2015세계물포럼조직위원회 위원장 (상)국민훈장 석류장(1982), 청조근정훈장(2003) (종)기독교

이정미(李貞美·女) LEE Jung Mi

(생)1962·6·25 (출)울산 (주)서울특별시 성북구 안암로 145 고려대학교 법학전문대학원(02-3290-5391) (학)1980년 마산여고졸 1984년 고려대 법대졸 (경)1984년 사법시험 합격(26회) 1987년 사법연수원 수료(16기) 1987년 대전지법 판사 1991년 인천지법 판사 1992년 수원지법 판사 1994년 서울가정법원 판사 1996년 서울지법 판사 1998년 同서부지원 판사 1999년 서울고법 판사 2004년 사법연수원 교수 2007년 서울서부지법 부장판사 2009년 서울중앙지법 부장판사 2010년 부산고법 부장판사 2010년 대전고법 부장판사 2011~2017년 헌법재판소 재판관(수석재판관) 2017년 同소장 권한대행 2017년 고려대 법학전문대학원 석좌교수(현) (상)청조근정훈장(2017)

이정미(李貞味 · 女) LEE Jeong Mi

(생)1966 · 2 · 7 (출)부산 (주)서울특별시 영등포구 의사당대로 1 국회 의원회관 551호(02-784-4591) (학)1984년 인천 인성여고졸, 한국외국어대 중퇴(2년), 한국방송통신대 경제학과졸, 성공회대 NGO대학원 정치정책학 석사과정 수료 (경)1988년 (주)영원통신 입사 1989년 同노동조합 결성 · 해고 1995년 한국노동운동단체협의회 조직국장 1998년 민주주의민족통일전국연합 조직국장 2000년 同여성국장 2001년 반미여성회 조직위원장 2003년 同집행위원장 2003년 통일연대 여성위원회 부위원장 2003년 민주노동당 서울용산지구당 부위원장 2003년 同주한미군지위협정(SOFA)개정과한반도평화실현운동본부 본부장 2004년 同제17대 국회의원선거대책본부 이라크파병반대운동본부장 2004년 同자주평화담당 최고위원 2007년 同당대회 부의장 2008년 同대변인 2008년 제18대 국회의원선거 출마(서울 영등포구甲, 민주노동당) 2012년 통합진보당 최고위원 2012년 새진보정당추진회의 대선기획단 대변인 2012년 진보정의당 최고위원 겸 대변인 2012년 同제18대 대통령중앙선거대책위원회 대변인 2013~2016년 정의당 부대표 2013~2014년 同대변인 겸임 2016년 제20대 국회의원(비례대표, 정의당)(현) 2016~2017년 정의당 원내수석부대표 2016년 국회 가습기살균제사고진상규명과피해구제 및 재발방지대책마련을위한국정조사특별위원회 위원 2016 · 2018년 국회 환경노동위원회 위원(현) 2016~2017년 국회 여성가족위원회 위원 2017~2019년 정의당 대표 (상)국제동물보호단체 감사패(2017), 2018 입법 및 정책개발 우수국회의원(2019)

이정민(李廷玟) Chungmin Lee

(생)1939 · 9 · 22 (본)전주(全州) (출)서울 (주)서울특별시 관악구 관악로 1 서울대학교(02-880-1364) (학)1959년 경기고졸 1963년 서울대 영어영문학과졸 1968년 同대학원졸 1973년 언어학박사(미국 인디애나대) (경)1974~1984년 서울대 언어학과 조교수 · 부교수 1984~2005년 同교수 1986년 미국 UCLA 객원교수 1994년 한국인지과학회 회장 1999년 서울대 인지과학연구소장 2005년 同언어학과 명예교수(현) 2014년 대한민국학술원 회원(언어학 · 현) (상)근정포장(2005) (저)'의미론 서설'(共) '언어이론과 현대과학사상' '언어학사전'(共) '형식의미론과 한국어 기술'(共) '의미구조의 표상과 실현'(共) '의미구조와 통사구조 그리고 그 너머'(共) '부정과 부정어'(共) 'Topic and Focus(共 · 編)'(2006, Springer) 'The Handbook of East Asian Psycholinguistics(共 · 編)'(2009, Cambridge University Press) 'Contrastiveness in Information Structure, Alternatives and Scalar Implicatures(共 · 編)'(2017, Springer) (역)'마음의 구조(共)' '논리와 정보' (종)기독교

이정민(李正民) LEE Chung Min

(생)1960 · 2 · 28 (학)1978년 미국 마리아나폴리스고졸 1982년 연세대 정치외교학과졸, 미국 터프츠대 대학원 정치외교학과졸 1988년 정치학박사(미국 터프츠대) (경)1985년 미국 외교정책분석연구원 1988년 연세대 동서문제연구원 객원연구원 1989~1994년 세종연구소 연구위원 1993~1994년 국방부 합동참모본부 자문위원 1994~1995년 일본 방위연구소 객원연구위원 1995년 미국 랜드연구소(RAND) 정책분석관 1998~2003년 연세대 국제대학원 부교수 1998년 同대외협력처 차장 1998~1999년 외교통상부 ASEM 비전그룹 전문위원 1998~2004년 아태안보협력이사회 한국이사회 총무 1999~2000년 국무총리실 정책평가위원회 위원 1999~2001년 국가안보회의 사무처 자문위원 2000년 연세대 국제교육교류부장 2003~2018년 同국제학대학원 교수 2004~2005년 국가비상기획위원회 자문위원 2005~2007년 싱가포르국립대 리콴유 공공정책대학원 객원교수 2008~2012년 연세대 국제학대학원장 2008년 대통령직속 미래기획위원회 미래외교 · 안보분과 위원 2009년 同외교안보 · 통일분과 위원 2009~2011년 대통령 외교자문위원회 위원 2009~2013년 영국 국제전략문제연구소(IISS) 아시아안보담당 객원선임연구위원 2010~2011년 외교통상부 국제안보대사 2010~2012년 연세대 언더우드국제대학장 2010년 국가미래연구원 외교안보분야 발기인 2013년 제18대 대통령직인수위원회 외교 · 국방 · 통일분과 전문위원 2013~2016년 외교부 국가안보문제담당대사 2015년 미국 카네기국제평화재단(Carnegie Endowment for International Peace) 객원선임연구위원(현)

이정민(李正旻) Rhee jung min

(생)1969 · 3 · 27 (출)서울 (주)서울특별시 마포구 마포대로 174 서울서부지방법원(02-3271-1104) (학)1988년 성보고졸 1992년 서울대 법대 법학과졸 1994년 同대학원졸 (경)1993년 사법시험 합격(35회) 1996년 사법연수원 수료(25기) 1996년 軍법무관, 수원지법 판사 2003년 대전지법 공주지원 판사 2006년 수원지법 안산지원 판사 2007년 사법연수원 교수 2009년 서울고법 판사 2011년 청주지법 부장판사 2012년 대법원 재판연구관 2014년 의정부지법 부장판사 2014~2016년 법원행정처 기획총괄심의관 겸임 2016년 서울중앙지법 부장판사 2019년 서울서부지법 부장판사(현)

이정민(李正敏) LEE Jung Min

(생)1969 · 11 · 18 (주)세종특별자치시 한누리대로 499 인사혁신처 인사혁신국(044-201-8300) (학)1988년 김천고졸 1996년 한양대 행정학과졸 2001년 서울대 대학원 행정학과졸 (경)1995년 행정고시 합격(39회) 1998년 국민고충처리위원회 조사1국 기획총괄과 사무관 2002년 중앙인사위원회 인사정책과 사무관 2004년 同인사정책과 서기관 2004년 同인사정책국 정책총괄과 서기관, 국외 훈련(미국 콜로라도대) 2007년 중앙인사위원회 위원장비서실장 직대 2007년 同비서실장 2008년 중앙공무원교육원 인재양성1팀장 2008년 대통령 의전비서관실 행정관 2009~2011년 행정안전부 지방행정국 지방공무원과장 2011년 외교통상부 채용평가팀장(파견) 2012년 駐토론토 총영사 2013년 안전행정부 창조정부조직실 경제조직과장 2014년 同창조정부조직실 조직진단과장 2014년 同창조정부조직실 창조정부기획과장 2014년 행정자치부 창조정부조직실 창조정부기획과장 2015년 인사혁신처 인사혁신국 혁신기획과장(부이사관) 2017년 同국가공무원인재개발원 연구개발센터장 2017년 교육 파견(부이사관) 2018년 인사혁신처 인사혁신국장(현)

이정민(李政旻)

(생)1972 (출)부산 (주)서울특별시 서대문구 신촌로 217 서울서부보호관찰소(02-390-0714) (학)동천고졸, 한양대 법학과졸 (경)1999년 행정고시 합격(43회) 2000년 보호사무관 임용, 대구보호관찰소 집행과장 · 관찰과장, 창원보호관찰소 행정지원과장 2009년 창원보호관찰소 밀양지소장, 법무부 범죄예방정책국 보호법제과 근무 2011년 부산보호관찰소 관찰과장(서기관) 2012년 同행정지원과장 2012년 대구소년원 분류보호과장 2013년 同교무과장 2013년 법무부 범죄예장정책국 보호법제과 근무, 청주보호관찰소장 2017년 수원보호관찰소 성남지소장 2018년 대구보호관찰소 서부지소장 2019년 서울서부보호관찰소장(현)

이정민(李政玟 · 女)

(생)1974 · 8 · 17 (출)서울 (주)서울특별시 서초구 강남대로 193 서울행정법원(02-2055-8200) (학)1993년 명지여고졸 1997년 서울대 법학과졸 (경)1997년 사법시험 합격(39회) 2000년 사법연수원 수료(29기) 2000년 서울지법 판사 2002년 同서부지원 판사 2004년 대전지법 판사 2007년 수원지법 성남지원 판사 2009년 서울행정법원 판사 2011년 서울북부지법 판사 2013년 대법원 재판연구관 2015년 광주지법 순천지원 · 광주가정법원 순천지원 부장판사 2017년 수원지법 부장판사 2019년 서울행정법원 부장판사(현)

이정배(李楨培) LEE Jeong Bae

(생)1957·1·1 (출)경북 상주 (주)부산광역시 금정구 금샘로485번길 65 부산외국어대 글로벌IT대학 전자로봇공학과(051-509-5400) (학)1976년 경동고졸 1981년 경북대 전산학과졸 1983년 同대학원 전산학과졸 1995년 전산학박사(한양대) (경)1982~1991년 한국전자통신연구소 선임연구원 1991~2002년 부산외국어대 컴퓨터공학과 조교수·부교수·교수 2002~2014년 선문대 컴퓨터공학과 교수 2014년 부산외국어대 컴퓨터공학과 교수 2014년 同일본어창의융합학부 교수 겸임 2014년 同제1부총장, 同디지털미디어공학부 교수 2015년 同국고사업총괄본부장 2017년 同글로벌IT대학 전자로봇공학과 교수(현) 2017년 同대외부총장 2018년 同SW중심대학 추진단장 2019년 同특임부총장(현) (상)대통령표창(2013) (저)'인터넷의 세계' '인터넷 프로그래밍'

이정배(李禎培) Jung-Bae Lee

(생)1967·2·27 (주)경기도 화성시 삼성전자로 1-1 삼성전자(주) 메모리사업부 DRAM개발실 (학)1989년 서울대 전자공학과졸 1991년 同대학원 전자공학과졸 1995년 전자공학박사(서울대) (경)1995년 삼성전자(주) 메모리사업부 DRAM설계팀 수석 2004년 同디지털AV사업부 수석연구원 2006년 同메모리사업부 ATD팀 수석 2008년 同메모리사업부 DRAM개발실 DRAM설계팀 수석연구원(상무) 2011년 同메모리사업부 DRAM개발실 DRAM설계팀장 2013년 同메모리사업부 전략마케팅팀 상품기획팀장(전무) 2017년 同메모리사업부 품질보증실장(부사장) 2019년 同메모리사업부 DRAM개발실장(현) (상)산업포장(2006) (종)기독교

이정복(李定馥) LEE Jung Bok

(생)1960·2·2 (출)충남 아산 (주)서울특별시 중구 청계천로 100 시그니쳐타워 금호피앤비화학(주) 임원실(02-6961-1114) (학)중앙고졸, 고려대 화학공학과졸 (경)Shell Netherlands Chemie BV 근무, 금호피앤비화학(주) BPA증설팀장, 同기획팀장 2005년 同기획·구매담당 이사 2006년 同기획구매담당 상무 2012년 한국PC·BPA협의회 회장 2018년 금호피앤비화학(주) 전무(현)

이정봉(李政峯)

(생)1969·9·15 (출)부산 (주)서울특별시 양천구 신월로 390 서울남부지방검찰청 형사2부(02-3219-4309) (학)1988년 송도고졸 1992년 연세대 법학과졸 (경)1998년 사법시험 합격(40회) 2001년 사법연수원 수료(30기) 2001년 인천지검 검사 2003년 대전지검 홍성지청 검사 2005년 인천지검 부천지청 검사 2007년 서울중앙지검 검사 2011년 대검찰청 연구관 2013년 부산지검 검사 2014~2016년 금융정보분석원 파견 2014년 전주지검 검사 2015년 同부부장검사 2016년 춘천지검 강릉지청 부장검사 2017년 대구지검 서부지청 형사3부장 2018년 서울동부지검 형사5부장 2019년 서울남부지검 형사2부장(현)

이정삼(李廷三) Lee Jeong Sam

(생)1972·5·1 (주)세종특별자치시 다솜2로 94 농림축산식품부 유통정책과(044-201-2211) (학)1993년 서울대 농학과졸 1995년 同대학원 식물육종학과졸 2001년 농업생태학박사(서울대) 2003년 한국방송통신대 경영학과졸 (경)1995~2002년 서울대 농업생물신소재연구센터 근무 2002년 행정고시 합격(45회) 2002~2003년 중앙공무원교육원 교육 및 지방연수 2003~2005년 농림부 통상협력과 행정사무관 2005~2007년 同채소특작과 행정사무관 2007~2009년 뉴질랜드 링컨대 직무훈련 2009년 농림수산식품부 외식산업진흥과 행정사무관 2010년 同유통정책과 행정사무관 2011년 同유통정책과 서기관 2014년 농림축산식품부 창조행정담당관 2015년 同농촌산업과장 2016년 同수출진흥과장 2017년 同방역정책국 방역정책과장 2018년 同유통소비정책관실 유통정책과장(현) (상)대통령표창(2012), 근정포장(2015) (저)'벼'(2003, 웅진출판사) '뉴질랜드 농업세상 둘러보기'(2010, 자연과 사람)

이정석(李廷錫) LEE Chung Suk

(생)1965·12·24 (본)전주(全州) (출)전북 정읍 (주)서울특별시 서초구 서초중앙로 157 서울고등법원(02-530-1114) (학)1984년 대광고졸 1988년 서울대 법대 사법학과졸 1991년 단국대 대학원 법학과졸 2001년 미국 펜실베이니아대 대학원 법학석사(LL.M.)과정 수료 (경)1990년 사법시험 합격(32회) 1993년 사법연수원 수료(22기) 1993년 軍법무관 1996년 서울지법 판사 1999년 서울행정법원 판사 2000~2004년 제주지법 판사 2002년 광주고법 제주재판부 판사 2004년 서울고법 판사 2005년 법원행정처 공보관 2006년 同기획조정심의관 2007년 서울중앙지법 판사 2008년 전주지법 부장판사 2009~2012년 의정부지법 부장판사 2009년 대법원 전산정보관리국장 파견 2012년 서울중앙지법 부장판사 2015년 특허법원 부장판사 2018년 서울고법 부장판사(현) (종)가톨릭

이정섭(李政燮)

(생)1969 (출)대구 (주)경상북도 안동시 풍천면 검무로 77 경북지방경찰청 교통과(054-824-2151) (학)대구 경북고졸 1992년 경찰대졸(8기) (경)1992년 경위 임용 2009년 울산중부경찰서 형사과장 2010년 경북 경산경찰서 수사과장 2011년 경북지방경찰청 교통안전계장 2013년 同여성보호계장 2019년 同교통과장(총경)(현)

이정수(李廷洙) Lee Jeong Soo

(생)1950·4·5 (본)전주(全州) (출)충남 서산 (주)서울특별시 종로구 사직로8길 39 세양빌딩 김앤장법률사무소(02-3703-1430) (학)1968년 성동고졸 1973년 고려대 법학과졸 (경)1973년 사법시험 합격(15회) 1975년 사법연수원 수료(5기) 1978년 대구지검 검사 1980년 서울지검 의정부지청 검사 1982년 법무부 보호과 검사 1985년 수원지검 성남지청 검사 1985년 일본 중앙대 비교법연구소 객원연구원 1986년 대검찰청 검찰연구관 1987년 대전지검 서산지청장 1989년 마산지검 진주지청 부장검사 겸 한국형사정책연구원 연구실장 1991년 대검찰청 기획과장 1992년 국회 법제사법위원회 전문위원 1993년 서울지검 특수3부장 1995년 대검찰청 수사기획관 1997년 수원지검 제2차장검사 1998년 서울지검 제3차장검사 1998년 同제1차장검사 1999년 서울고검 차장검사 2000년 대검찰청 기획조정부장 2001년 대전지검장 2002년 대검찰청 공안부장 2003년 부산지검장 2003년 부산고검장 2004~2005년 대검찰청 차장검사 2005년 김앤장법률사무소 변호사(현) 2006~2008년 법무부 검사인사위원회 위원장 (상)황조근정훈장(1997), 홍조근정훈장(2007), 고려대 공로상(2010) (저)'일본법무부의 조직과 기능' '메스암페타민(히로뽕)사범의 실태와 대책' '개방교도소의 발전방향에 관한 연구' '갱생보호사업의 실태와 활성화방안'

이정수(李正洙)

(생)1957·1·9 (주)강원도 삼척시 동양길 20 (주)삼표시멘트(033-571-7000) (학)서울대 공대 화공학과졸, 한국과학기술원(KAIST) 화학공학과졸(석사) 1996년 화학공학박사(한국과학기술원) (경)1978~1998년 동양시멘트 프로젝트 디렉터 1998년 라파즈 해외지사 부사장 2004년 同차이나 충칭&귀조우지사 CEO 2007년 同차이나 부사장 2015년 삼표기초소재 대표이사(CEO) 겸 삼표그룹 최고기술책임자(CTO) 2015년 동양시멘트 최고기술책임자(CTO)·삼표기초소재 생산부문 대표이

사(CEO)·삼표그룹 최고기술책임자(CTO) 겸임 2016년 동양시멘트 최고기술책임자(CTO·사장) 2017년 (주)삼표산업 기술센터장 2018년 (주)삼표시멘트 고문(현)

이정수(李政洙) Lee Jeong Soo

(생)1962·8·23 ㊟서울특별시 영등포구 여의대로 128 LG트윈타워 LG전자(주) 소재기술원(02-3777-1114) (학)경동고졸, 고려대 금속공학과졸, 한국과학기술원(KAIST) 공학박사, 미국 애리조나주립대 대학원 Post-Doc. (경)LG전자(주) 소자재료연구소 근무 2005년 同LED연구소 상무, 同CTO(상무) 2009년 同CTO 전자기술원 산하임원(연구위원) 2009년 同CTO 전자기술원 LGE조명Task그룹장(연구위원) 2010년 同CTO 소자재료시스템연구소장(상무) 2011년 同CTO Emerging기술연구소장(상무) 2012년 同CTO 소재부품연구소장(상무) 2014년 同소재기술원장(상무) 2017년 同소재기술원장(전무)(현) (상)장영실상 (종)기독교

이정수(李正洙) LEE Jung Soo

(생)1969·3·15 (출)서울 ㊟경기도 부천시 상일로 127 인천지방검찰청 부천지청 총무과(032-320-4621) (학)1988년 남강고졸 1994년 서울대 사법학과졸 (경)1994년 사법시험 합격(36회) 1997년 사법연수원 수료(26기) 1997년 軍법무관 2000년 서울지검 검사 2002년 대전지검 천안지청 검사 2004년 부산지검 검사 2007년 대검찰청 검찰연구관 2009년 사법연수원 교수 2011년 대구지검 의성지청장 2012년 대검찰청 강력부 피해자인권과장 2013년 同기획조정부 정보통신과장 2014년 서울중앙지검 첨단범죄수사2부장 2014년 同개인정보범죄정부합동수사단장 2015년 同첨단범죄수사제1부장 2016년 법무부 형사사법공통시스템운영단장 2017~2018년 국가정보원 파견(법률자문관 겸 적폐청산TF 부장검사) 2017년 대전고검 검사 2018년 대검찰청 수사정보정책관 2019년 인천지검 부천지청장(현) (상)모범검사상(2004), 국제검사협회(IAP) '올해의 검사상'(2015)

이정숙(李貞淑·女) LEE Jeong Sook

(생)1965·10·1 (출)경남 함안 ㊟서울특별시 송파구 법원로 101 서울동부지방법원조정센터(02-2204-2102) (학)1984년 마산제일여고졸 1988년 건국대 법학과졸 2004년 同대학원졸 (경)1991년 사법시험 합격(33회) 1994년 사법연수원 수료(23기) 1994~1998년 법무법인 동서 변호사·법무법인 광장 변호사 1999년 삼성증권(주) 법무실 상무보 2001년 同법무실장(상무보) 2003년 同컴플라이언스실장(상무보) 2005년 同컴플라이언스실장(상무) 2006년 同법무팀장(상무) 2009년 同Compliance팀장(상무) 2014년 한국콘텐츠분쟁조정위원회 조정위원 2015~2019년 서울법원조정센터 상임조정위원 2016~2019년 산업통상자원부 전기위원회 위원 2019년 서울동부지법조정센터 상임조정위원(현)

이정술(李正術) LEE Jungsoul

(생)1956·11·10 ㊟서울특별시 관악구 조원로10길 45 광신빌딩 2층 (사)안전생활실천시민연합(02-843-8616) (학)1981년 현풍고졸 1999년 한국방송통신대 행정학과졸 2002년 한양대 지방자치대학원 자치행정학과졸 (경)1996~2000년 경기도 지방공무원교육원 교수부 교수팀장 2000~2004년 의문사진상규명위원회 행정과 서무팀장 2004년 소방방재청 혁신인사담당관실 근무 2005년 同정보통신담당관실 NDMS팀 근무 2005년 同안전문화지원팀장 2006년 同안전문화팀장 2006년 同예방전략과장 2009년 同기획재정담당관 2011~2012년 교육 파견 2012년 소방방재청 민방위과장 2012년 同운영지원과장 2014년 同중앙민방위방재교육원장 2014년 국민안전처 국가민방위재난안전교육원장 2015년 同안전정책실 안전총괄기획관 2016년 안전생활실천시민연합 사무총장(현)

이정식(李靜植) LEE Jung Sik

(생)1947·7·7 (출)서울 ㊟서울특별시 용산구 장문로6길 12 (주)범양사 임원실(02-799-3812) (학)1974년 경희대 행정학과졸 (경)(주)범양사 수출부 전무 1991년 同부사장 1996년 범양화섬 대표이사(현) 2005년 (주)범양사 대표이사 사장 겸임(현)

이정식(李廷湜) LEE Jung Sik

(생)1954·1·13 (본)전주(全州) (출)서울 ㊟서울특별시 용산구 새창로 221-19 (주)서울문화사(02-799-9114) (학)1972년 경복고졸 1976년 서울대 사범대학 지학과졸 1982년 중국 홍콩대 중국어문과정 수료 (경)1979년 CBS 사회부 기자 1980~1988년 KBS 외신부·사회부·정치부 기자 1988년 CBS 정치부 차장 1992년 同정치부 부장대우 1992년 同워싱턴특파원 1995년 同정치부장(부국장) 1998년 同청주방송 본부장 2000년 同부산방송 본부장 2002~2003년 同해설위원장 2003~2005년 한국신문방송편집인협회 이사 2003년 CBS 대구방송본부장 2003~2009년 同대표이사 사장 2003~2009년 IPI 한국위원회 이사 2004~2006년 세계한인기독교방송협회(WCBA) 회장 2004~2009년 한국방송협회 부회장 2009~2010년 (주)CBS노컷뉴스 회장 2010~2011년 청주대 신문방송학과 객원교수 2011년 (사)월드하모니 이사장 2011년 (주)뉴스1 대표이사 사장 2013년 同부회장 2013~2016년 예술의전당 비상임이사 2014년 푸르메재단 공동대표, 同이사(현) 2014~2019년 (주)서울문화사 사장 2019년 同부회장 겸 상임고문(현) (상)서울대 언론인대상(2009) (저)'북경특파원'(1985) '기사로 안 쓴 대통령이야기'(1992) '워싱턴 리포트'(1995) '이정식의 청주파일'(2000) '권력과 여인'(2000) '이정식 가곡 에세이-사랑의 시, 이별의 노래'(2011) '가곡의 탄생'(2017) (작)'애창가곡집 CD 1, 2집'(2001) '애창가곡집 CD 3집'(2009) '애창가곡집 CD 4집'(2011) (종)기독교

이정식(李正植) LEE Jeong Sik

(생)1961·2·23 (출)충북 제천 ㊟서울특별시 마포구 마포대로 130 노사발전재단 사무총장실(02-6021-1008) (학)1980년 대전고졸 1985년 서울대 경제학과졸, 한국노동연구원 노사관계 고위지도자과정 수료, 이탈리아 ILO 튜린센터 노사관계과정 수료 (경)한국노동조합총연맹 정책연구위원·조사부장·기획조정국장·정책기획국장·홍보국장·대외협력본부장·투쟁상황실장, 최저임금심의위원회 연구위원, 파견근로자연구회 연구위원, 제1·2기 노사관계개혁위원회 전문위원, 제1·2·3기 노사정위원회 전문위원, 21세기노사관계연구회 정책기획위원장, 한겨레신문 월드컵기획위원, 한국노동조합총연맹 기획조정본부장, 21세기노사관계연구회 회장, 언론개혁시민연대 정책기획위원, 대한매일 객원칼럼니스트 2003~2004년 한국사회민주당 대변인 2004년 서울디지털대 e-경영학부 전임교수 2004~2006년 건설교통부 장관정책보좌관 2011~2014·2015년 건설근로자공제회 비상임이사 2011년 한국노동조합총연맹 사무1처장 겸 정책본부장 2012년 同중앙연구원장 2012년 고용노동부 최저임금위원회 근로자위원 2014~2017년 한국노동조합총연맹 사무처장 2017년 노사발전재단 사무총장(현)

이정심(李正心·女) LEE Jeong Shim

(생)1963·9·29 (출)강원 동해 ㊟서울특별시 종로구 세종대로 209 여성가족부 가족정책관실(02-2100-6320) (학)강릉여고졸 1985년 성균관대 영어영문학과졸 1989년 경희대 대학원 행정학과졸, 미국 하버드대 대학원 행정학과졸 2009년 행정학박사(미국 시라큐스대) (경)1989~1998년 정무제2장관실 사무관 1998년 여성특별위원회 사무관 2005년 여성가족부

여성정책국 성별영향평가과장 2006년 同권익증진국 인권보호팀장 2008년 여성부 여성정책국 인력개발기획과장(서기관) 2008년 대통령 여성가족비서관실 행정관(파견) 2010년 여성가족부 청소년자립지원과장(부이사관) 2012년 UN Women 파견(부이사관) 2015년 여성가족부 청소년정책과장 2016년 同권익증진국장 2017년 同가족정책관(현) [상]정무제2장관표창(1992)

이정애(李正愛 · 女) LEE Jeong Ae

[생]1936 · 11 · 21 [본]전주(全州) [출]평남 평양 [주]강원도 영월군 영월읍 하송로 197 세경대학교 이사장실 [학]1955년 수도여고졸 1959년 이화여대 생물학과졸 1994년 중앙대 대학원 교육행정학과졸 [경]1955~1961년 수도여고 교사 1985년 세경건설(주) 감사 1989년 세경총화(주) 감사 1991년 학교법인 세경학원 이사 1993~1998년 同이사장 1993년 한국수전(주) 감사 1996년 세경파이낸스(주) 감사 1997~2014년 세경산업(주) 감사 1997년 메디아소프트(주) 감사 1998~2008년 세경대 학장 2009~2015년 同총장 2016년 세경학원 이사장(현) [종]천주교

이정애(李正愛 · 女) Lee Jung Ae

[생]1963 · 12 · 24 [주]경상남도 양산시 충렬로 269 코카콜라음료(주)(031-8045-1144) [학]마산여고졸, 이화여대 경제학과졸 [경]1986년 럭키 입사, LG-유니참 마케팅부문 근무, (주)LG생활건강 생활용품 페리오BM · 마케팅팀 근무 2009년 同생활용품사업부 퍼스널케어마케팅부문장(상무) 2011년 同생활용품사업부장(상무) 2012년 同생활용품사업부장(전무) 2016~2019년 同럭셔리화장품(Luxury Cosmetics)사업부장(부사장) 2019년 코카콜라음료(주) 대표이사(현) [상]철탑산업훈장(2016)

이정엽(李政燁)

[생]1970 · 4 · 6 [출]서울 [주]전라남도 순천시 왕지로 21 광주지방법원 순천지원(061-729-5102) [학]1989년 건국대사대부고졸 1996년 서울대 농생물공학과졸 [경]2001년 사법시험 합격(43회) 2004년 사법연수원 수료(33기) 2004년 서울중앙지법 예비판사 2006년 서울가정법원 판사 2008년 제주지법 판사 2011년 수원지법 판사 2014년 서울중앙지법 판사 2017년 서울북부지법 판사 2019년 광주지법 순천지원 · 광주가정법원 순천지원 부장판사(현)

이정엽(李政燁)

[생]1971 · 3 · 15 [주]경기도 의정부시 녹양로34번길 23 의정부지방법원(031-828-0114) [학]1990년 대기고졸 2000년 서울대 철학과졸 [경]1999년 사법시험 합격(41회) 2002년 사법연수원 수료(31기) 2002년 서울지법 북부지원 판사 2003년 서울고법 판사 2004년 서울중앙지법 판사 2006년 광주지법 판사 2011년 서울중앙지법 판사 2013년 서울북부지법 판사 2015년 서울중앙지법 판사 2017년 대전지법 부장판사 2019년 의정부지법 부장판사(현)

이정옥(李貞玉 · 女) LEE Jung Ok

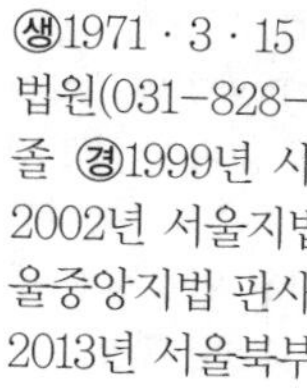

[생]1955 · 12 · 5 [출]전북 전주 [주]서울특별시 종로구 세종대로 209 여성가족부 장관실(02-2100-6005) [학]전주여고졸 1970년 서울대 영어교육과졸 1982년 同대학원 사회학과졸 1990년 사회학박사(서울대) [경]1984~1992년 효성여대 사회학과 전임강사 · 조교수 1991년 미국 하버드대 사회학과 방문교수 1992년 대구효성가톨릭대 사회학과 부교수 1995~1999년 참여연대 국제인권센터 부소장 · 소장 1998~2000년 대구효성가톨릭대 사회매체학부 교수 1998년 일본 와세다대 인간과학부 방문교수 1999년 인권 · 평화단체 '국제민주연대' 공동대표 2000년 대구가톨릭대 사회과학대학 사회학과 교수(현), ARENA 실행이사 2011년 대구가톨릭대 사회학과장 겸 사회과학연구소장 2014~2015년 同사회학과장 2016~2018년 同사회과학대학장 2018~2019년 국방부 양성평등위원회 민간위원장 2019년 여성가족부 장관(현) [저]'여성과 직업' 'Women and Alternatives in the Age of Globalization' '한국 성사회학의 방법론적 모색' '한국의 공업화와 여성노동' '아메리카, 그 마지막 제국' '미국, 그 마지막 제국 아메리카' '지식변동의 사회사' '세계의 교양을 읽는다' '한국 사회발전 연구' '쿨 코리아' '세계화와 인권발전' '한국의 여성정치 세력화 운동' '직접민주주의로의 초대' '민주주의의 지구화와 민주주의 지원기관' 'Referendums and Deepening Democracy in S.Korea' 'Hope and Realities of Democracy Promotion in Asia' 'Hope and Realities of Global Democracy Promotion' '민주주의 지구화의 구상과 현실' '민주주의의 지구화와 아시아 민주주의' '민주주의 지구화와 한국 현실진단' 'voices through Ballot-overview 2008 Elections og A' '가족관계의 변모와 여성문제'(共) '성평등의 사회학'(共) 'Shadow Behind Screen'(共) 'Resurgent Patriarchies'(共) [종]천주교

이정용(李貞勇) LEE, Jungyong

[생]1961 · 7 · 26 [본]고부(古阜) [출]전북 김제 [주]경기도 과천시 관문로 47 방위사업청 미래전력사업지원부(02-2079-4100) [학]1980년 대일고졸 1985년 연세대 법학과졸 1993년 경기대 대학원 행정학과졸 1995년 영국 애버딘대 대학원 국제관계학과졸 2003년 국제관계학박사(영국 애버딘대) [경]1986년 행정고시 합격(30회) 2004년 국방부 군수관리관실 재난관리지원담당관 2007년 同정책기획관실 군비통제정책팀장(부이사관) 2008년 同운영지원과장 2009년 방위사업청 계약관리본부 국제계약부장(고위공무원) 2011년 외교안보연구원 교육파견 2012년 방위사업청 기획조정관 2013년 同방산진흥국장 2015년 同계약관리본부 장비물자계약부장 2018~2019년 同계약관리본부 계획지원부장 2019년 同미래전력사업지원부장(현) [상]홍조근정훈장(2013) [종]기독교

이정우(李正雨) LEE Jeong Woo

[생]1931 · 4 · 16 [본]경주(慶州) [출]경남 진주 [학]1949년 진주사범학교졸 1955년 고려대 법과대학졸 [경]1960~1965년 청주지법 · 부산지법 판사 1965~1969년 대구고법 · 서울고법 판사 1969년 부산지법 부장판사 1973년 대구고법 부장판사 1979년 대구지법원장 1980년 서울형사지원장 1981~1986년 중앙선거관리위원회 위원 1981~1988년 대법원 판사 1986년 법원행정처장 겸임 1986년 헌법위원 1988년 대법원장 직대 1988년 변호사 개업 1992년 법무부 장관 1994년 건국대 이사 1996년 국회 공직자윤리위원장 [상]청조근정훈장(1987) [저]'공해에 관한 사법적 규제' 자서전 '해방 60년 – 한걸음 한걸음 걷다보니 지금 여기에' [종]불교

이정우(李正雨) LEE Joung Woo

[생]1946 · 3 · 2 [출]부산 [주]부산광역시 금정구 금샘로 347 (주)동아지질(051-580-5555) [학]부산대졸, 同대학원 지질학과졸, 동아대 대학원 토목과 수료, 이학박사(부산대) [경]1973년 (주)동아지질 대표이사 회장(현) 1976년 부산대 강사 1984년 한국SEC(주) 대표이사, 한국기술용역협회 이사 · 부산지역지부장 1987년 대한전문건설협회 부산시 회장 1990년 (사)대한지질공학회 이사 1998년 한국건설컨설턴트협회 이사 1999년 부산도시개발공사 설계자문위원 1999년 경남도 지방건설분쟁조정위원 2006~2008년 부산대총동문회 회장 [상]은탑산업훈장

이정우(李廷雨) LEE Joung Woo

(생)1950 · 8 · 31 (출)대구 (주)대구광역시 동구 신암로 125 한국장학재단(053-238-2011) (학)1968년 경북고졸 1972년 서울대 경제학과졸 1974년 同대학원 경제학과졸 1977년 同대학원 경제학 박사과정 수료 1983년 경제학박사(미국 하버드대) (경)1977~2015년 경북대 경상대학 경제통상학부 교수 1998~2003년 경북지방노동위원회 공익위원 2001년 대통령자문 정책기획위원회 위원 2003년 대통령직인수위원회 경제1분과 간사 2003년 대통령 정책실장 2003년 대통령자문 빈부격차차별시정위원회 위원장 2004~2005년 대통령 정책특별보좌관 겸 정책기획위원회 위원장 2003년 한국경제발전학회 회장 2004년 연합인포맥스 자문위원 2005년 한국경제발전학회 명예회장(현) 2012년 민주통합당 제18대 대통령선거대책위원회 산하 '미래캠프' 경제민주화위원장 2015년 새정치민주연합 국정자문회의 자문위원 2015년 경북대 경상대학 경제통상학부 명예교수(현) 2018~2019년 학교법인 영광학원 이사장 2018년 한국장학재단 이사장(현) 2018년 한국개발연구원(KDI) 50주년위원회 위원(현) (상)청조근정훈장(2005) (저)'저소득층의 생활안정과 자립대책'(1994) '한국의 노사관계와 노동자생활'(1996) '소득분배론'(1997) 'Combating Poverty : The Korean Experience'(1998) '자치시대 새로운 삶의 질 지표의 모색'(1998) '사이버경제의 세계화와 삶의 질'(2000) '한국의 사회문제'(2002) '한국사회의 불평등과 공정성 의식의 변화(共)'(2005) '불평등의 경제학'(2010, 후마니타스) '약자를 위한 경제학'(2014, 개마고원) (역)'영국의 산업혁명'(1987)

이정우(李貞雨) Lee Jeong Woo

(생)1958 · 11 · 21 (출)충남 금산 (주)서울특별시 마포구 상암산로 76 YTN 기술국 뉴스기술2부(02-398-8000) (학)1984년 충남대 경제학과졸 (경)1984년 연합통신 입사 1996년 YTN 근무 1998년 同보도국 대전팀 차장 2001년 同보도국 부장대우 2004년 同보도국 사회2부 대전지국장 2007년 同보도국 사회2부 대전지국장(부국장대우) 2009년 同보도국 사회2부 대전지국 국장대우(부국장) 2011년 同보도국 사회2부 국장 2011년 同충청본부장 겸 대전지국장 2019년 同기술국 뉴스기술2부 국장급(현) (상)국민포장(2009) (종)천주교

이정우(李政雨) Lee Jung Woo

(생)1959 · 9 · 25 (주)서울특별시 서대문구 연세로 50 연세대학교 정보대학원(02-2123-4526) (학)1982년 연세대 영어영문학과졸 1990년 서강대 경영대학원 국제경영학과졸 1995년 미국 조지아주립대 경영대학원 경영학과졸 1998년 경영학박사(미국 조지아주립대) (경)1982~1984년 美8군 KATUSA 교육센터 교관 1984~1990년 한국전력기술(주) 과장 1990~1992년 미국 조지아주립대 보험연구센터 연구원 1992~1997년 同경영대학 연구원 1997~1998년 同경영대학 전임강사 1998~2001년 미국 네바다대 경영정보학과 조교수 2001년 연세대 정보대학원 조교수 · 부교수 · 교수(현) 2002~2004년 同CEO-IT과정 주임교수 2005~2008년 同연세애널즈 주간교수 2006~2008년 同정보대학원 부원장 2007~2008년 同연세춘추 주간교수 2007년 (재)국제e-비즈니스학회 이사 2007년 (사)한국문화콘텐츠기술학회 부회장 2008~2009년 한국전자거래학회 회장 2008~2012년 연세대 대학언론사 신문방송 편집인 2008~2012년 同IT정책전략연구소장 2012~2013년 삼성경제연구소 초빙연구위원 2014년 워크사이언스연구센터 소장(현) 2016~2018년 연세대 학술정보원장 2017년 공공데이터제공분쟁조정위원회 위원(현) (상)한국SI학회 Best Paper Award(2005), Entrue 정보기술연구소 Best Paper Award(2005), 한국전자거래학회 공로상(2006), 녹조근정훈장(2017) (저)'잘나가는 기업 경영비법은 있다(共)'(2005) '이비즈니스 경영(共)'(2005) '포대에서 네트워크까지 : KIPONet의 성장과 진화'(2006) '정보기술 우리는 어디로 가고 있는가? - 정보기술과 사회의 변화' '멋진 신세계와 판도라의 상자 - 현대과학기술 낯설게 보기' '디지털마인드'(2014)

이정우(李政祐) Lee jungwoo

(생)1967 · 9 · 23 (출)서울 (주)서울특별시 중구 장충단로 59 국립중앙극장 운영지원부(02-2280-4003) (학)1986년 상문고졸 1993년 연세대 정치외교학과졸 2000년 프랑스 파리정치대학 대학원 D.E.A. 2003년 정책학박사(프랑스 파리정치대학) (경)1993년 행정고시 합격(37회) 1994~2004년 문화관광부 문화정책국 · 예술진흥국 · 문화산업국 행정사무관 2005~2006년 대통령비서실 행정관 2007년 문화관광부 미디어정책국 출판산업팀장 2008년 문화체육관광부 미디어정책국 미디어정책과장 2009~2012년 유네스코 Senior Program Specialist 2012년 문화체육관광부 기획조정실 규제개혁법무담당관 2013년 同체육국 국제체육과장 2014년 同예술국 예술정책과장(서기관) 2015년 同문화예술정책실 예술정책관실 예술정책과장(부이사관) 2015년 대통령 교육문화수석비서관실 파견(부이사관) 2017년 대한민국예술원 사무국 관리과장 2018년 국립중앙극장 운영지원부장(현) 2018년 同극장장 직무대행

이정우(李靜雨)

(생)1972 (주)경상북도 김천시 물망골길 33 대구지방검찰청 김천지청 형사2부(054-429-4222) (학)고려대 법학과졸 (경)2001년 사법시험 합격(43회) 2004년 사법연수원 수료(33기) 2009년 울산지검 검사 2011년 창원지검 밀양지청 검사 2013년 서울남부지검 검사 2016년 수원지검 검사 2018년 대검찰청 검찰연구관 2019년 대구지검 김천지청 형사2부장(현)

이정우(李廷宇) Lee Jungwoo

(생)1981 · 6 · 1 (주)서울특별시 성동구 마장로 210 한국기원 홍보팀(02-3407-3870) (경)1996년 프로바둑 입단 1997년 신예프로 10걸전 본선 1999년 3단 승단 2000년 4단 승단 2003년 비씨카드배 신인왕전 본선 2004년 비씨카드배 신인왕전 본선 2004년 5단 승단 2005년 원익배 본선 2007년 원익배 십단전 본선 2006년 6단 승단 2009년 7단 승단 2011년 8단 승단 2014년 KB국민은행 한국바둑리그 화성시 감독 2014년 9단 승단(현) 2018년 맥심배 본선

이정욱(李廷旭) Jung Wook Lee (伽泉)

(생)1944 · 1 · 2 (본)인천(仁川) (출)대구 달성 (주)서울특별시 광진구 아차산로 416 KT 광진지사 2층 KT리더스포럼(02-444-0561) (학)1963년 국립체신고졸 1968년 연세대 전기공학과졸 1973년 서울대 행정대학원졸 1987년 국방대학원 안보과정 수료 2005년 공학박사(경희대) (경)1970년 행정고시 합격(통신) 1979년 체신부 전남전신전화건설국장 1980년 전남체신청 보전과장 1981년 체신부 계획국 계획3과장 1982년 한국전기통신공사 도시계획부장 1984년 同통신망계획부장 1987년 同사업개발단장 1990년 同강원사업본부장 1991년 同정보통신본부장 1993년 同기술기획실장 1995년 同기획조정실장 1995년 同연구개발원장 1996년 同네트워크본부장 1997년 同부사장 1997년 한국전자통신연구원(ETRI) 이사 1997년 한국정보통신기술협회(TTA) 이사장 1997년 한국전산원 이사 1997년 한국통신학회 부회장 1998년 한국전기통신공사 사장 대행 1999년 한국정보인증(주) 대표이사 사장 1999년 전자거래인증사용촉진협의회 회장 1999~2005년 한국정보보호진흥원 이사 2000년 인천이씨쌍명재공파종친회 회장(현) 2001년 e-비즈니스기업인연합회 부회장 2003년 한국통신학회 감사 2003~2008년 일진전기(주) 고문 2004~2008년 (사)한국POF

통신포럼 회장 2005~2016년 (사)한국정보통신기술인협회 회장 2006년 국제광케이블회의(ICPOF) 의장 2006~2014년 同집행위원 2007~2013년 (사)한국정보통신감리협회 회장 2014년 KT리더스포럼 회장(현) 2015~2017년 새누리당 중앙위원회 창조경제포럼 정보통신자문위원장 (상)대통령표창(1978), 국민포장(1987), 21세기경영대상(1995), 동탑산업훈장(1997) (저)'BcN과 홈네트워크'(2005) '유비쿼터스 홈네트워크'(2006) '광대역통합망'(2008) '유비쿼터스 무선네트워크'(2010)

이정원(李政垣) LEE Jeong Won

(생)1966·4·22 (출)서울 (주)세종특별자치시 다솜로 261 국무총리 일반행정정책관실(044-200-2650) (학)1985년 배문고졸 1989년 고려대 행정학과졸 (경)1992년 행정고시 합격 2000년 국무조정실 연구지원심의관실 서기관 2004년 국무조정실장 비서관 2005년 국무조정실 의정심의관실 과장 2007년 同총괄심의관실 과장 2008년 국무총리실 평가정책관실 평가총괄과장(서기관) 2009년 同평가정책관실 평가총괄과장(부이사관) 2013년 국무조정실 사회복지정책관실 복지정책과장 2013년 同규제총괄과장 2014년 同규제조정실 사회규제관리관(일반직고위공무원) 2014년 同규제혁신기획관 2016년 한국개발연구원 고용휴직(고위공무원) 2017년 국무조정실 안전환경정책관 2018년 국무총리 정무기획비서관 2019년 국무조정실 국정운영실 일반행정정책관(현)

이정원(李正元) Lee Jeong Weon

(생)1966·10·3 (본)경주(慶州) (출)경북 울진 (주)서울특별시 마포구 마포대로 119 (주)효성 커뮤니케이션실(02-707-7074) (학)1985년 부산 가야고졸 1989년 고려대졸 (경)1991~2001년 (주)대우건설 문화홍보실 근무 2010년 (주)효성 미디어홍보팀장 2013년 同홍보담당 상무보 2016년 同홍보실 상무 2018년 同커뮤니케이션실 상무(현) (종)천주교

이정은(李晶恩·女) Jeongeun Lee6

(생)1996·5·28 (출)전남 순천 (주)서울특별시 강서구 공항대로 248 대방건설 골프단(031-975-7988) (학)2015년 순천 청암고졸, 한국체육대 체육학과 재학 중 (경)2015년 한국여자프로골프협회(KLPGA) 입회 2015~2017년 토니모리 골프단 소속 2015년 광주 하계 유니버시아드 여자 개인전 금메달·단체전 금메달 2016년 제9회 롯데마트 여자오픈 6위 2016년 금호타이어 여자오픈 5위 2016년 초정탄산수 용평리조트 오픈 with SBS 4위 2016년 혼마골프·서울경제 레이디스클래식 3위 2017년 KLPGA투어 S-OIL챔피언십 2위 2017년 KLPGA투어 롯데렌터카 여자오픈 우승 2017년 LPGA투어 US오픈 5위 2017년 KLPGA 투어 MY 문영 퀸즈파크 챔피언십 우승 2017년 전남도 순천시 명예 홍보대사(현) 2017년 KLPGA투어 하이원리조트 여자오픈 우승 2017년 KLPGA투어 OK저축은행 박세리 인비테이셔널 우승 2017년 4개(한국·일본·유럽·호주) 여자프로골프투어 대항전 '더 퀸즈 presented by 코와' 한국대표 2017년 KLPGA투어 하이트진로챔피언십 공동2위 2017년 대방건설 골프단 입단(현) 2018년 KLPGA투어 S-오일 챔피언십 공동2위 2018년 KLPGA투어 한화클래식 우승 2018년 KLPGA투어 KB금융 스타챔피언십 우승 2019년 LPGA투어 메디힐 챔피언십 2위 2019년 LPGA투어 US여자오픈 우승 2019년 LPGA투어 숍라이트 클래식 2위 2019년 LPGA투어 스코틀랜드오픈 공동2위 (상)한국여자프로골프협회(KLPGA) 신인상(2016), KB금융 스타챔피언십 대상(2017), 한국여자프로골프협회(KLPGA) 6관왕(대상·최저타수상·상금왕·다승왕·인기상·위너스클럽)(2017), 한국골프기자단 베스트플레이어트로피 여자부문(KLPGA)(2017), 동아스포츠대상 여자프로골프부문 올해의 선수(2017·2018), 한국여자프로골프협회(KLPGA) 상금왕·최저타수상·국내특별상(2018), MBN 여성스포츠대상 6월 최우수선수(MVP)(2019), 미국여자프로골프(LPGA) 투어 신인상(2019)

이정익(李定翼) LEE Jung Ik

(생)1946·6·18 (본)전주(全州) (출)충남 예산 (주)서울특별시 마포구 만리재옛길 32 이영빌딩 3층 희망나눔재단(02-714-4154) (학)서울신학대 신학과졸 1973년 고려대 교육대학원 서양사학과졸, 아세아연합신학대 대학원 박사과정 수료, 목회학박사(미국 훌러신학원), 연세대 언론홍보대학원 수료, 명예 신학박사(미국 애주사퍼시픽대) (경)1991~2016년 신촌성결교회 담임목사, CBS 기독교방송 이사장, 서울신학대 이사장, (재)대한성서공회 이사장, 월드비전 이사, 성결교단 100주년 총회장 2016년 신촌성결교회 원로목사(현) 2016년 희망나눔재단 초대 이사장(현) 2018년 한국복음주의협의회 회장(현) (저)설교집 '최상의 은혜'(1993) '교회력에 맞춘 절기 설교上'(1994) '폐하, 폐하는 죽을 몸임을 기억하소서'(1994) '교회력에 맞춘 절기 설교下'(1995) '참 자유한 사람들'(1995) '궁극적인 해답'(1996) '아픔 그것은 축복이다'(1997) '그런즉 깨어있어라'(1998) '예수를 깨운 사람들'(1998) '기독교 길라잡이'(1998) '약함으로 이긴 사람들'(2000) '포기의 은혜'(2001) '감사한 만큼 행복해진다'(2002) '이 시대를 쿨하게 사는 법'(2004) '팔복'(2013) '더 좋은 길'(2016) 등 (종)기독교

이정인(李正仁) LEE Chung In (石汀)

(생)1941·11·27 (본)재령(載寧) (출)경남 진주 (주)서울특별시 관악구 관악로 1 서울대학교 공과대학 에너지자원공학과(02-880-7219) (학)1959년 진주고졸 1963년 서울대 광산공학과졸 1965년 同대학원 광산공학과졸 1974년 공학박사(일본 도호쿠대) (경)1965~1969년 대한중석광업(주) 연구원 1969~1974년 중앙대 공과대학 전임강사·조교수 1975~1984년 서울대 공과대학 조교수·부교수 1983~1985년 국제암반역학회 한국위원장 1984~2007년 서울대 공과대학 지구환경시스템공학부 교수 1993~1999년 대한광업진흥공사 비상임이사 1994~1996년 同지구환경시스템공학부장 1994~2000년 한국지반공학회 부회장 1995~1996년 한국자원공학회 회장 1995년 한국고속철도건설공사 자문위원 1997~2001년 서울대 에너지·자원신기술연구소장 1997~2002년 중국 東北大 겸직교수 1999~2003년 국제암반역학회(ISRM) 부회장 1999~2007년 한국공학한림원 회원 2006~2008년 International Journal of Mining, Reclamation and Environment(Taylor & Francis) 편집위원 2007년 서울대 공과대학 에너지자원공학과 명예교수(현) 2007년 중국 東北大 명예교수(현) 2007년 한국공학한림원 원로회원(현) 2007~2019년 지오제니 컨설턴트 회장 2010~2015년 한국과학기술정보원 고경력과학기술자프로그램 전문연구위원 2013년 국제암반공학회 석학회원(현) 2015년 중국 中原공학원 명예교수(현) 2017년 중국 河南 이공대학 객원교수(현) (상)한국자원공학회 학술상·공로상, 한국암반공학회 공로상, 한국자원공학회 서암상, 과학기술훈장 혁신장(2005) (역)'암반사면공학'(1995) '터널설계'(1997) (종)불교

이정인(李貞仁·女)

(생)1963·3·6 (주)서울특별시 중구 덕수궁길 15 의원회관 714호(02-2180-8576) (학)안양여고졸, 숙명여대 사학과졸 1990년 同대학원 사학과졸 2010년 한양대 행정자치대학원 사회복지학과졸 (경)성년후견제추진연대 공동대표(현), 서울장애인인권부모회 회장, 서울시 송파장애인복지발전협의회 상임대표, 위례시민연대 이사·운영위원, 한국장애인인권포럼 이사, 사회복지법인 인강재단 공익이사, 민주당 서울시당 장애인재활특별위원회 위원장, 새정치민주연합 서울시당 사회복지특위 위원장, 더불어민주당 서울시당 지방자치발전특위 위원장, 더불어민주당 서울시당 여성위원회 부위원장(현) 2006·2010년 서울시 송파구의회 의원(비례대표, 민주당·민주통합당·민주당·새정치민주연합) 2012년 同재정복지위원장 2012·2017년 더불어민주당 제18·19대 문재인 대통령후보 특보 2014~2018

년 서울시 송파구의회 의원(새정치민주연합·더불어민주당) 2014년 同예산결산특별위원장 2018년 서울시의회 의원(더불어민주당)(현) 2018년 同보건복지위원회 위원(현) 2018년 同정책위원회 위원(현) 2018년 同수도권균형발전추진단(현), 서울시 장애인복지위원회 위원(현) (상)송파신문, 최우수의원선정(송파구의회 제5·6대 연속), 시민일보 의정대상(2007), 서울시 장애인 정책 우수의원 표창(2008·2011), 송파구 공무원 선정 베스트의원 1위(2012·2014·2016), 매니페스토 약속대상 최우수상(2012), 서울사회복지대상 서울복지신문사장상 부문(2018), 2018 서울시 행정사무감사 우수의원(2019)

이정일(李廷日) LEE JUNG IL

(생)1950·12·16 (본)전주(全州) (출)경북 문경 (주)서울특별시 용산구 효창원로64길 6 도서출판 일진사(02-704-1616) (학)1968년 문경종합고졸 1993년 광주대 출판·광고학과졸 1996년 중앙대 신문방송대학원졸 (경)1979년 도서출판 일진사 설립·대표이사 사장(현) 1992년 대한출판문화협회 감사 1994년 한국과학기술출판협회 이사 1996년 대한출판문화협회 상무이사 1998년 한국과학기술출판협회 부회장 1998년 한국출판인산악회 회장 1999년 대한출판문화협회 부회장 2001년 한국검정교과서협회 이사 2001년 한국출판연구소 이사 2002년 한국출판문화진흥재단 이사 2002~2005년 대한출판문화협회 회장 2003~2005년 한국간행물윤리위원회 위원 2003년 유네스코 한국위원회 문화분과위원 2003~2005년 2005프랑크푸르트도서전 주빈국 조직위원회 부위원장·집행위원장 2004~2017년 (사)청권사 문화위원 겸 대의원 2005~2012년 한국복지재단 서울지부 운영위원 2009년 한국전통문화진흥원 부이사장(현) 2009년 (사)한국출판경영자협회 자문위원 2012년 한국아동출판협회 자문위원 (상)문화체육부장관표창(1993), (사)한국출판학회 특별공로상(2006), 옥관문화훈장(2006), (사)대한출판문화협회 특별공로상(2007), 서울시 문화산업부문 문화상(2011), 올해의 한국과학기술출판인상(2012), 제34회 한국과학기술도서상 특별상(2016)

이정일(李廷一) LEE Joung Il

(생)1955·1·3 (출)경북 (주)서울특별시 강동구 동남로 892 강동경희대학교병원 소화기내과(02-440-6110) (학)1979년 경희대 의대졸 1982년 同대학원 의학석사 1989년 의학박사(한양대) (경)1986년 경희대 의대 내과학교실 전임강사 1989년 미국 하버드대 의대 매사추세츠병원 연수 1989년 경희대 의과대학 소화기내과학교실 조교수·부교수·교수(현) 1996~1998년 대한소화기학회 간행위원 1998~2003년 대한간학회 간행이사·재무이사 2002년 서울북부지법 조정위원 2002~2006년 경희의료원 소화기내과장 2004년 손해배상보험협회 자문위원 2004년 대한민국의학한림원 정회원(현) 2006년 경희대 동서신의학병원 소화기센터장 겸 건강증진센터장 2008년 同동서신의학병원 진료부장 2009년 同동서신의학병원 기획진료부원장 2016~2017년 대한간학회 회장

이정일(李正一) Lee Jeong Il

(생)1966·3·1 (출)경남 마산 (주)부산광역시 연제구 법원로 28 부산법조타운빌딩 808호 법무법인 국제(051-463-7755) (학)1984년 부산 동천고졸 1989년 서울대 법학과졸 1992년 부산대 대학원 법학과졸 (경)1991년 사법시험 합격(33회) 1994년 사법연수원 수료(23기) 1994년 軍법무관 1997년 부산지법 판사 2000년 同동부지원 판사 2002년 부산지법 판사 2004년 부산고법 판사 2007년 부산지법 판사 2009년 同동부지원 부장판사 2011~2014년 부산지법 부장판사 2014~2016년 법무법인 청률 변호사 2016~2018년 법무법인 국제 변호사 2019년 법무법인 국제 대표변호사(현)

이정일(李廷逸) Lee Jung-il

(생)1968·6·6 (주)서울특별시 종로구 사직로8길 60 외교부 인사운영팀(02-2100-7146) (학)1990년 부산대 영어영문학과졸 1997년 일본 게이오대 대학원 법학과졸 (경)1991년 외무고시 합격(25회) 1991년 외무부 입부 1998년 駐일본 2등서기관 2002년 駐리비아 1등서기관 2005년 駐오스트레일리아 참사관 2008년 駐일본 참사관 2012년 한아세안센터 개발기획총무부장 2013년 대통령 외교비서관실 선임행정관 2015년 외교부 의전기획관 2016년 駐일본 공사(현)

이정자(李正子·女) YEE Zong Za

(생)1942·1·9 (본)경주(慶州) (출)부산 (주)서울특별시 용산구 한강대로7길 22-6 이안오피스 3층 여성정치포럼(02-702-5051) (학)1959년 부산여고졸 1963년 서울대 문리과대학 독어독문학과졸 1975년 同신문대학원 신문학과졸 1981년 이화여대 대학원 사회학과졸 1995년 국방대학원 안보과정졸 2002년 동덕여대 대학원 여성학박사과정 수료 2003년 서울대 환경대학원 CEO환경정책포럼 수료 2009년 同법과대학 NGO와법의지배과정 수료 (경)1963~1965년 한국일보 기자 1968~1970년 한국걸스카웃연맹 출판부 간사 1970~1972년 주간시민사 생활경제부 차장 1973~1974년 대한주부클럽연합회 인구문제부장 1974~1977년 크리스찬아카데미 여성사회교육 책임간사 1978년 여성사회연구회 회장 1981~1985·1987~1991년 소비자보호단체협의회 사무총장 1985~1986년 민정당 여성국 부국장·중앙정치연수원 교수 1986~1987년 한국여성단체협의회 사무총장 1988~1991년 한국방송위원회 방송광고심의위원 1988~2000년 서울시 민원조정위원 1992~1996년 경제정의실천시민연합 상임집행위원 1993년 민주평통 자문위원 1995년 전문직여성클럽 한국연맹 회장 1996년 경제정의실천시민연합 중앙위원회 부의장 1996~2002년 녹색소비자연대 공동대표 1997~1999년 한국시민단체협의회 사무총장·공동대표 1997년 제15대 대선 선거방송심의위원 1997년 한국방송위원회 연예오락심의위원 1998년 바른언론을위한시민연합 공동대표 1999년 경제정의실천시민연합 중앙위원회 의장 1999년 대통령자문 반부패특별위원회 위원 2000년 행정자치부 공익사업선정위원회 위원장 2001년 시민방송 RTV 부이사장 2003~2005년 녹색미래 공동대표 2003년 (사)한국녹색구매네트워크 상임대표 2007~2008년 창조한국당 공동대표 2008년 여성정치포럼 대표(현) 2012년 여해여성포럼 공동대표(현) 2016년 헌법개정여성연대 공동대표(현), 여성평화외교포럼 이사(현), 경제정의실천시민연합 고문 (상)공정거래제도 정착 유공 경제기획원장관표창, 환경운동 유공 대통령표창, 여성운동 유공 국무총리표창, 국민훈장 동백장 (저)'여성정치인의 경력 지속성 향상 방안 연구(共)'(2009) '여성에게 다시 정치를 묻다(共)'(2010)

이정재(李政宰) Jeong-Jae Lee

(생)1950·6·27 (주)서울특별시 관악구 관악로 1 서울대학교 농업생명과학대학 조경·지역시스템공학부(02-880-4581) (학)1973년 서울대 농공학과졸 1986년 전북대 대학원 농공학과졸 1991년 농학박사(서울대) (경)1992년 미국 Cornell Univ. 연구원 1994년 한국농지개발연구소 연구원 1994~1996년 한국농촌계획학회 공간기획분과 위원장 1994~1997년 同편집위원회 부위원장 1994~2015년 서울대 농업생명과학대학 조경·지역시스템공학부 교수 1996년 농어촌진흥공사 연구원 1996년 한국농촌계획학회 농촌주택 및 시설분과 위원장 1997~2000년 한국농공학회 감사 1997년 同구조 및 재료위원회 부위원장 1997년 농어촌진흥공사 전문위원 1999~2001년 서울대 학생부처장 1999~2001년 농업기계화연구소 연구원 2000~2001년 서울대 성희롱·성폭력상담소 부소장 2001년 同농대 전산실장 2002~2003년 국가과학기술위원회 사업심의위원회 위원 2002년 과학기술부 평가위원 2002~2007년 한국농업정보과학회 회장 2003년 대한민국농업과학상 심의위원 2003년 한국농공학회 편찬출판위원회 위원장 2004년 국가과학기술위원회 사업중점검토소위원회 위원 2004년 한국

관개배수위원회 부회장 2004~2006년 농업기반공사 새만금사업자문위원회 자문위원 2004~2006년 건설교통부 기업도시지원실무위원회 위원 2004~2007년 同중앙건설기술심의위원회 위원 2005년 광주전남공동혁신도시입지선정위원회 위원 2005년 농업기반공사 농어촌복합노인복지단지(Senior Complex)사업추진위원회 전문위원 2005~2006년 서울대 조경·지역시스템공학부장 2006~2007년 한국농촌계획학회 부회장 2006~2008년 서울대 학생처장 2006~2008년 노화고령사회연구소 운영위원 2006~2008년 통일연구소 연구원 2007년 한국환경자원관리공사 설계자문위원 2007년 건설교통기술평가원 자문위원 2007~2008년 한국농촌계획학회 회장 2007~2008년 한국농공학회 회장 2007년 새국토연구협의회 상임대표 2008년 한국과학기술단체총연합회 이사 2008년 서울대 캠퍼스기획단장 2013~2015년 同교수협의회 회장 2015년 同조경·지역시스템공학부 명예교수(현) (저)'농촌계획학'(1999) '한국의 백세인'(2002) '농업토목기술'(2002)

이정재(李訂宰)

(생)1972·12·16 (출)전북 임실 (주)충청남도 논산시 강경읍 계백로 99 대전지방법원 논산지원(041-746-2711) (학)1991년 전북 해성고졸 1999년 연세대 법학과졸 (경)2000년 사법시험 합격(42회) 2003년 사법연수원 수료(32기) 2003~2007년 변호사 개업 2007년 사법연수원 법관임용연수 2008년 광주지법 판사 2011년 의정부지법 판사 2014년 서울중앙지법 판사, 서울북부지법 판사 2019년 대전지법 논산지원·대전가정법원 논산지원 부장판사(현)

이정주(李政柱) LEE Jeong Zoo

(생)1960·4·19 (본)재령(載寧) (주)부산광역시 서구 구덕로 179 부산대학교병원(051-240-7100) (학)1985년 부산대 의대졸 1987년 同대학원 의학석사, 의학박사(부산대) (경)1986~1987년 부산대병원 전공의 1987~1991년 同비뇨기과 레지던트 1991년 부산대 의대 비뇨기과학교실 전임강사·조교수·부교수·교수, 同의학전문대학원 비뇨기과학교실 교수(현), 同비뇨기과학교실 주임교수, 부산대병원 비뇨기과장 2007~2009년 대한배뇨장애및요실금학회 회장 2011~2013년 대법원 법원행정처 법원전문심리위원 2013~2016년 부산대병원 기획조정실장 2016~2018년 부산대 의무부총장 2019년 부산대병원 병원장(현) (상)대한배뇨장애요실금학회 임상부문 학술상(2017) (저)'간질성 방광염' '비뇨기과학' (종)기독교

이정준(李廷濬) LEE Jung Jun

(생)1961·5·15 (출)서울 (주)경기도 수원시 권선구 산업로155번길 187 수원산업3단지 (주)에스엔텍(031-299-3888) (학)우신고졸, 성균관대 산업공학과졸, 미국 일리노이대 경영전문대학원졸(MBA) (경)1984년 LG전자(주) 입사 2001년 同DM연구소장(상무), 同PC사업부장(상무) 2007년 同MC사업본부 신사업개발팀장(부사장) 2008년 同MC사업개발담당(부사장) 2009년 同MC본부 사업담당 부사장, 同MC사업본부 스마트폰사업부장(부사장) 2010년 同PC사업부장(부사장) 2011~2012년 同IT사업부장(부사장) 2013~2015년 同자문역 2019년 (주)에스엔텍 각자대표이사(현)

이정준(李正濬) LEE JEONG JUN

(생)1968·2·12 (본)한산(韓山) (출)충남 예산 (주)서울특별시 서초구 서초대로 219 법원행정처 사법등기심의관실(02-3480-1800) (학)1986년 천안중앙고졸 1993년 충남대 법학과졸 2012년 서울대 행정대학원 정보통신방송정책과정 수료 (경)1995년 인천지법 민사과 사무관 1997년 법원행정처 총무과 사무관 2000년 駐후쿠오카 부총영사 2003년 서울지법 민사항소과 사무관 2004년 서울서부지법 민사신청과장 2005년 同은평등기소장 2005년 同사법보좌관, 서울북부지법 사법보좌관 2010년 서울중앙지법 민사집행과장 2011년 법원행정처 사법지원심의관 2013년 수원지법 안양지원 사무국장 2015년 법원공무원교육원 파견 2016년 서울북부지방법원 사무국장(법원부이사관) 2017년 수원지법 성남지원 사무국장 2018년 부산고법 사무국장(법원이사관) 2019년 법원행정처 사법등기심의관(현)

이정진(李廷鎭) LEE Jung Jin

(생)1953·12·20 (주)서울특별시 동작구 상도로 369 숭실대학교 자연과학대학 정보통계·보험수리학과(02-820-0441) (학)1976년 서울대 계산통계학과졸 1978년 同대학원졸 1986년 경영과학박사(미국 케이스웨스턴리저브대) (경)1982년 미국 Tantalus Inc. 선임연구원 1986년 미국 Teledo Univ. 조교수 1987년 미국 Mississippi State Univ. 조교수 1990년 숭실대 자연과학대학 정보통계학과 교수, 同자연과학대학 정보통계·보험수리학과 교수 1997~2001년 통계계산연구회 회장 2002년 숭실대 자연과학연구소장 2003년 한국공공정책학회 부회장 2005년 숭실대 교무처장 2007~2008년 同대외부총장 2008~2009년 同대학원장 2011~2013년 국제통계계산학회 부회장 2014년 (사)한국통계학회 회장 2015년 아시아통계계산학회 회장(현) 2018년 숭실대 자연과학대학 정보통계·보험수리학과 명예교수(현) (상)중소기업청장표창(2000), 한국과학기술단체총연합회 과학기술우수논문상(2001), 근정포장(2002) (저)'비모수, 통계분석'(2003) '통계학'(2003) '데이터정보처리입문'(2005)

이정치(李政治) LEE Jung Chi

(생)1942·8·15 (출)충남 부여 (주)서울특별시 서초구 바우뫼로27길 2 일동홀딩스(주) 회장실(02-526-3114) (학)1961년 대전고졸 1965년 고려대 농화학과졸 1971년 同대학원 농화학과졸 1977년 일본 오사카대 국제미생물대학원 수료 1981년 식품공학박사(고려대) 1983년 고려대 경영대학원 수료 (경)1967년 일동제약(주) 입사 1981~1985년 동덕여대 식품영양학과 강사 1982년 일동제약(주) 생산담당 부장 1984~1986년 고려대 농화학과 강사 1986년 일동제약(주) 생산담당 이사 1992년 同기획조정실 상무이사 1996년 (주)메디텍 감사 1996년 일동후디스(주) 감사 1996년 일동제약(주) 경영정책실장 1997년 同생산본부장 1998년 同경영지원본부장(전무이사) 1998년 유니기획 대표이사 사장 겸임 2001년 일동제약(주) 경영지원 및 생산담당 부사장 2003년 同대표이사 부사장 2005년 同관리·생산연구담당 대표이사 사장, 同경영지원·관리생산연구담당 대표이사 사장 2011~2016년 同대표이사 회장 2013년 한국광고주협회 회장(현) 2016년 한국프로골프협회(KPGA) 자문위원회 위원(현) 2016년 일동홀딩스(주) 대표이사 회장(현) (상)마약퇴치유공 대통령표창(1998), 고려대 경제인 대상(2007), 한국글로벌CEO대상(2010), 지식경제부장관표창(2011), 2013 글로벌경영대상 최고경영자부문(2013), 부산국제광고제 공로상(2016), 동탑산업훈장(2016)

이정택(李政澤) LEE JUNG TAG

(생)1961·3·30 (본)연안(延安) (출)서울 (주)서울특별시 노원구 화랑로 621 서울여자대학교 인문대학 국어국문학과(02-970-5417) (학)1985년 연세대 국어국문학과졸 1987년 同대학원 국어국문학과졸 1994년 문학박사(연세대) (경)1991년 서원대 국어국문학과 전임강사·조교수 1995년 서울여대 인문대학 국어국문학과 조교수·부교수·교수(현) 2007~2009년 同사무처장, 한국문법교육학회 부회장, 한국어의미학회 부회장 2007년 외솔회 부회장 겸 재단이사(현) 2013~2015년 서울여대 인문대학 국어국문학과장 겸 대학원 국어국문학과장 2013년 同문

예창작학전공(연계전공) 주임교수 2014~2016년 한국문법교육학회 회장 2015~2017년 한국어의미학회 회장 2015년 서울여대 교육대학원 국어교육전공 주임교수 2015~2017년 同인문대학장 겸 인문과학연구소장 2016년 한글학회 이사(현) (저)'현대국어피동연구' (종)기독교

이정필(李廷弼) lee jeong pil (정윤)

(생)1961·2·11 (본)전주(全州) (출)경북 문경 (주)부산광역시 연제구 진남로 623 3층 (사)메소드문화예술사업단(070-4487-3086) (학)국립국악고졸 1989년 부산대 국악과졸 1999년 부산외국어대 국제통상경영대학원 경영정보학과 수료 2004년 중앙대 예술대학원 음악학과졸(지휘전공) 2015년 부산대 대학원 예술경영학 박사과정 수료 (경)1998~1999년 부산청소년국악관현악단 상임지휘자 2001~2007년 부산대 국악학과 관현악단 지휘자 2001~2009년 同효원국악관현악단 상임지휘자 2004~2009년 진주시립국악관현악단 지휘자 2009~2013년 국립부산국악원 예술감독 2013년 (사)메소드문화예술사업단 이사장(현) 2014~2015년 부산시민공원 문화총감독 2015~2019년 부산시립국악관현악단 수석지휘자 2019년 경북도립국악단 상임지휘자(현) (상)부산광역시립예술단장표창(1998) (작)'부산아리랑'(2010, 국립부산국악원) '제2회 국제마루음악제'(2011, 부산문화회관) '자갈치아리랑'(2011, 국립부산국악원) 등 (종)불교

이정학(李正學) Chung-Hak Lee

(생)1951·10·13 (본)연안(延安) (출)전북 군산 (주)서울특별시 관악구 관악로 1 서울대학교 공과대학 화학생물공학부 302동 810호(02-880-7075) (학)1974년 서울대 응용화학과졸 1976년 한국과학기술원(KAIST) 응용화학과졸(석사) 1980년 환경공학박사(프랑스 국립툴루즈공과대) (경)1980~1989년 아주대 조교수·부교수 1985년 호주 New South Wales대 화학공학 및 공업화학과 연구교수 1986년 미국 Illinois대 토목공학과 연구교수 1989~2005년 서울대 응용화학부 교수 1989년 同환경안전원 연구부장·운영부장 1992년 상공부 환경기술연구개발기획단장 1993년 한국환경정책평가연구원 기술개발연구심의조정위원 1994년 환경부 중앙환경보전자문위원회 위원 1998년 同G7 3단계 기획단장 1998년 LG환경안전연구소 자문위원 1999년 한국과학재단 기초연구단 전문분과위원 1999년 산업자원부 청정기술기획사업평가단장 2000년 21C프론티어연구개발사업·산업폐기물재활용기술사업단 운영위원 2004~2008년 서울대 환경안전원장 2005~2017년 同공과대학 화학생물공학부 교수 2008년 대통령자문 국가지속가능발전위원회 위원 2009년 한국공학한림원 정회원(현) 2010~2013년 국제물학회(IWA) 막기술전문위원장 2012년 同펠로우(현) 2012년 한국환경한림원 정회원(현) 2017년 同공과대학 화학생물공학부 명예교수(현) (상)한국물환경학회 학술상(2007), 서울대 특별교육상(2009), 대한환경공학회 학술상(2012), 한국환경산업기술원 올해의 환경기술 최우수상(2014) (저)'Guide to Laboratory Safety(共)'(2011, Institute of Environmental Protection and Safety) 'Membrane Biological Reactors: Theory, Modeling, Design, Management and Applications to Wastewater Reuse(共)'(2013, IWA publishing)

이정한(李廷漢) LEE Jeong Han · Thomas

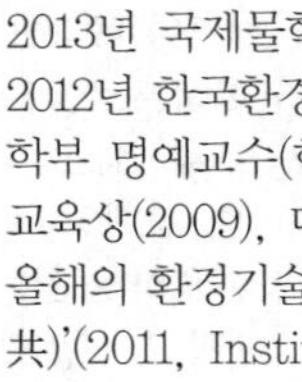

(생)1960·3·8 (출)경남 함양 (주)서울특별시 영등포구 여의대로 128 LG트윈타워 LG디스플레이(주)(02-3777-1114) (학)서울대 중어중문학과졸, 중국 쓰촨대 대학원 경제학과졸 (경)LG전자(주) 청두·선양·상하이판매법인장 2005년 同중국본부 가전PM팀장(상무) 2008년 同HE(Home Entertainment)사업본부 PDP 북미RBL팀장(상무) 2010~2018년 LG디스플레이(주) 프로모션담당 상무 2018년 同자문(현) (종)기독교

이정한(李政翰)

(생)1968·9·10 (주)세종특별자치시 한누리대로 422 고용노동부 고용서비스정책관실(044-202-7203) (학)1987년 이리고졸 1992년 고려대 행정학과졸 (경)2000년 노동부 고용정책실 고용보험관리과 사무관 2002년 同고용정책실 고용정책과 사무관 2004년 同고용정책실 고용정책과 서기관, 대통령자문 양극화민생대책위원회 파견 2009년 노동부 공공기관노사관계과장 2010년 고용노동부 공공기관노사관계과장 2011년 同고용정책실 노동시장정책과장 2012년 同고용정책실 노동시장정책과장(부이사관) 2012년 同고용정책실 고용정책총괄과장 2012년 同노동정책실 근로개선정책과장 2013년 광주지방고용노동청 광주고용센터소장 2013년 국제부흥개발은행(IBRD) 파견(부이사관) 2015년 고용노동부 직업능력정책과장 2015년 대통령 고용노동비서관실 행정관(부이사관) 2017년 고용노동부 기획조정실 외국인력담당관 2018년 충남지방노동위원회 위원장 2019년 同고용서비스정책관(현)

이정현(李貞鉉) LEE Jung Hyun

(생)1958·9·1 (본)성주(星州) (출)전남 곡성 (주)서울특별시 영등포구 의사당대로 1 국회 의원회관 519호(02-784-5031) (학)1977년 광주 살레시오고졸 1985년 동국대 정치외교학과졸 (경)1992년 대통령직인수위원회 담당관, 국회 정책연구위원 1999년 한나라당 중앙정치연수원 교수 2000년 同제16대 총선 미디어기획단장 2000년 同정세분석팀장 2001년 同산업자원전문위원 2002년 同이회창 대통령후보 선거대책본부 전략기획단장 2003년 同정치개혁특위 정치분과 지원팀장 2003년 同정책기획팀장 2004년 同부대변인 2008년 제18대 국회의원(비례대표, 한나라당·새누리당) 2008년 국회 문화체육관광방송통신위원회 위원 2008년 국회 예산결산특별위원회 위원 2008년 한나라당 정치선진화특별위원회 위원 2008년 국회 쇄신특별위원회 위원 2008~2012년 동국대 정치외교학과 겸임교수 2010년 국회 법제사법위원회 위원 2011년 청소년폭력예방재단 청소년지킴이 2012년 제19대 국회의원선거 출마(광주 서구乙, 새누리당) 2012~2013년 새누리당 최고위원 2012년 同제18대 대통령중앙선거대책위원회 공보단장 2013년 제18대 대통령 당선인비서실 정무팀장 2013년 대통령 정무수석비서관 2013~2014년 대통령 홍보수석비서관 2014년 제19대 국회의원(순천시·곡성군 보궐선거, 새누리당) 2014년 국회 산업통상자원위원회 위원 2014년 국회 예산결산특별위원회 위원 2014~2016년 새누리당 최고위원 2014년 同중소기업소상공인특별위원회 위원장 2016~2017년 同순천시당원협의회 운영위원장 2016년 새누리당 제20대 총선 호남·제주권선거대책위원장 2016년 제20대 국회의원(순천시, 새누리당·무소속〈2017.1〉)(현) 2016년 국회 교육문화체육관광위원회 위원 2016년 국회 예산결산특별위원회 위원 2016년 새누리당 대표최고위원 2016~2018년 국회 국방위원회 위원 2018년 국회 외교통일위원회 위원(현) (상)5.18민주유공자단체통합추진위원회 감사패(2010), 동국대총동창회 자랑스러운 동국인상(2013), 서울신문 서울석세스대상 정치혁신대상(2014), 통일문화연구원 통일문화대상(2014), 대한민국 혁신경영대상 정치혁신부문(2015) (저)'진심이면 통합니다'(2011) (종)기독교

이정현(李貞顯·女) LEE JUNG HYUN

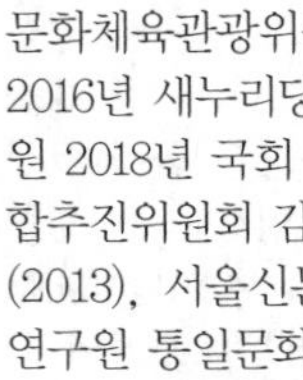

(생)1967·6·15 (본)경주(慶州) (출)대전 (주)인천광역시 남동구 인하로507번길 66 경인지방통계청 조사지원과(032-460-2500) (학)1985년 서울 선정고졸 1990년 성신여대 통계학과졸 1993년 고려대 정책대학원 경제학과졸 (경)1990년 경제기획원 조사통계국 사회통계과 통계주사보 1993년 통계청 통계조사국 통계분석과 통계주사 2004년 同통계정책국 통계협력과 통계사무관 2015년 同조사관리국 표본과 서기관 2017년 同조사관리국 표본과장 2019년 경인지방통계청 인천사무소장 2019년 同조사지원과장(현)

이정현(李定炫) LEE Jeong Hyun

(생)1968·10·13 (출)전남 나주 (주)서울특별시 마포구 마포대로 174 서울서부지방검찰청 총무과(02-3270-4542) (학)1987년 나주 영산포상고졸 1993년 고려대 법학과졸 (경)1995년 사법시험 합격(37회) 1998년 사법연수원 수료(27기) 1998년 서울지검 북부지청 검사 2000년 전주지검 군산지청 검사 2002년 인천지검 검사 2004년 서울중앙지검 검사 2006년 독일 본대 형사법연구소 장기연수 2007년 법무부 형사법제과 검사 2009년 대전지검 검사 2010년 서울중앙지검 부부장검사 2011년 창원지검 통영지청 부장검사 2012년 광주지검 공안부장 2013년 대구지검 공안부장 2014년 대검찰청 감찰2과장 2016년 서울중앙지검 여성아동조사부장 2017년 광주지검 형사1부장 2018년 법무부 감찰담당관 2019년 서울서부지검 차장검사(현)

이정현(李政炫·女)

(생)1977·5·29 (주)경상남도 창원시 성산구 창이대로 681 창원지방법원 총무과(055-239-2009) (학)1996년 제주 신성여고졸 2000년 고려대 법학과졸 (경)2001년 사법시험 합격(43회) 2004년 사법연수원 수료(33기) 2004년 수원지법 예비판사 2005년 서울고법 예비판사 2006년 서울중앙지법 판사 2008년 전주지법 판사 2011년 수원지법 안양지원 판사 2014년 서울서부지법 판사 2016~2018년 헌법재판소 파견 2018년 서울중앙지법 판사 2019년 창원지법 부장판사(현)

이정형(李正炯)

(생)1975·9·5 (출)서울 (주)경기도 안산시 단원구 광덕서로 75 수원지방법원 안산지원(031-481-1136) (학)1994년 서울 동성고졸 2000년 서울대 사법학과졸 (경)1999년 사법시험 합격(41회) 2002년 사법연수원 수료(31기) 2002년 육군 법무관 2005년 의정부지법 판사 2007년 서울중앙지법 판사 2009년 광주지법 목포지원 판사 2012년 수원지법 안양지원 판사 2014년 서울서부지법 판사 2017년 대전지법 서산지원·대전가정법원 서산지원 부장판사 2019년 수원지법 안산지원 부장판사(현)

이정호(李貞浩) RHEE Jung Ho

(생)1959·7·21 (출)부산 (주)부산광역시 부산진구 중앙대로 955 부산연구원 원장실(051-860-8600) (학)1986년 연세대 정치외교학과졸 1991년 미국 Univ. of Illinois at Chicago 대학원 정치학과졸 1994년 정치학박사(미국 Univ. of Illinois at Chicago) (경)1996~1999년 신라대 국제관계학과 전임강사·조교수 1999~2005·2007년 부경대 정치외교학과 전임강사·조교수·부교수·교수(현) 1999년 21세기정치학회 총무이사 2003년 제16대 대통령직인수위원회 정무분과위원회 전문위원 2003년 대통령직속 국가균형발전위원회 기획조정실장 2003년 대통령자문 정책기획위원회 위원 2005년 대통령 동북아시대비서관 겸 대통령직속 동북아시대위원회 기획조정실장 2006년 대통령 제도개선비서관 2006~2007년 대통령 시민사회수석비서관 2018년 부산발전연구원 원장 2019년 부산연구원 원장(현) (저)'21세기를 향한 현대 민주주의의 구조와 진로(共)'(1998) '국제관계와 한국정치(共)'(1999) '정치학으로의 산책' (종)기독교

이정호(李正鎬) Jung-Ho Lee

(생)1963·1·28 (출)충남 홍성 (주)서울특별시 강남구 테헤란로92길 7 법무법인 바른(02-3479-2492) (학)1981년 대전고졸 1985년 서울대 사회과학대학졸 1988년 경희대 대학원 법학과 수료 2005년 미국 캘리포니아주립대 Global Leadership Institute 수료 2006년 연세대 공학대학원 최고위과정 수료 2012년 고려대 행정대학원 최고위과정 수료 (경)1993년 사법시험 합격(35회) 1996년 사법연수원 수료(25기) 1996년 대구지법 판사 1998년 대전지법 판사 2000년 서울지법 의정부지법 판사 2003년 서울지법 판사 2006년 서울남부지법 판사 2007년 서울고법 판사 2009년 미국 노스캐롤라이나주립대 법과대학원 Visiting Scholar 2009년 서울중앙지법 판사 2012년 대전지법 부장판사 2013~2015년 의정부지법 부장판사 2015년 법무법인 바른 변호사(현) 2016년 대한상사중재원 중재위원(현) 2016년 경찰청 인권위원(현) 2016년 대한의료분쟁조정중재원 조정위원(현)

이정호(李政浩) Lee Jungho

(생)1964·2·13 (출)대구 (주)서울특별시 서초구 서초대로74길 4 삼성생명 서초타워 17층 법무법인 동인(02-2046-0687) (학)1982년 대구 영신고졸 1987년 영남대 법학과졸 1989년 同대학원 법학과졸 (경)1990년 사법시험 합격(32회) 1993년 사법연수원 수료(22기) 1996년 창원지법 판사 1998년 同함안군·의령군법원 판사 1999년 대구지법 판사 2002년 同포항지원 판사 2004년 대구지법 판사 2005년 서울고법 판사 2007년 서울중앙지법 판사 2008년 대구지법 부장판사 2009년 수원지법 안산지원 부장판사 2012년 서울북부지법 부장판사 2014~2016년 서울중앙지법 부장판사 2016년 법무법인(유) 동인 구성원변호사(현)

이정호(李廷鎬) Jeong Ho LEE

(생)1966·2·1 (출)서울 (주)서울특별시 강남구 테헤란로 133 한국타이어빌딩 법무법인 태평양(02-3404-0157) (학)1984년 서울 대광고졸 1992년 연세대 법학과졸 (경)1996년 사법시험 합격(38회) 1999년 사법연수원 수료(28기) 1999년 대구지검 검사 2001년 청주지검 영동지청 검사 2002년 인천지검 검사 2004년 서울서부지검 검사 2007년 광주지검 목포지청 검사 2009년 서울중앙지검 검사 2010년 금융부실책임조사본부 파견 2011년 서울중앙지검 부부장검사 2011~2012년 금융부실책임조사본부 파견 2013년 대전지검 특별수사부장 2014~2015년 대검찰청 디지털수사담당관 겸 사이버범죄수사단장 2015년 법무법인(유) 태평양 변호사(현)

이정호(李禎鎬) LEE JEONG HO

(생)1967·1·26 (주)서울특별시 중구 동호로 249 호텔신라 호텔&레저부문 마케팅팀(02-2233-3131) (학)홍익대사대부고졸, 중앙대 독어독문학과졸, 스위스 레로쉬국제호텔경영대 대학원 호텔경영학과졸 (경)1995년 (주)호텔신라 입사 2009년 同호텔사업부 S&PD팀장 2014년 同제주호텔 마케팅그룹장 2015년 同호텔사업부 제주세일즈&마케팅그룹장(상무) 2015년 同호텔&레저부문 마케팅팀장(상무)(현)

이정호(李禎鎬) Rhee Jung Ho

(생)1967·10·5 (본)경주(慶州) (출)서울 (주)서울특별시 영등포구 국제금융로8길 31 미래에셋그룹 인사부(02-3774-1527) (학)1986년 서울 영훈고졸 1991년 연세대 경제학과졸 2011년 중국 홍콩대 대학원 경제학과졸 (경)1994년 대우증권 투자분석부 근무 2000년 미래에셋증권 리서치센터 투자전략팀장 2005년 同리서치센터장(이사) 2006년 同리서치센터장(상무) 2008년 미래에셋그룹 아시아-태평양리서치센터장 겸 홍콩-차이나리서치센터장(상무) 2009년 미래에셋증권(홍콩) CFO(부대표) 2011년 미래에셋자산운용 홍콩법인 글로벌자산배분 헤드(상무) 2013년 同홍콩법인 대표(부사장) 2015년 同홍콩법인 대표(사장) 2018년 同아시아퍼시픽(Asia Pacific) 총괄 대표(현) (상)내외경제신정 Best Strategist 1위(2000·2002), 매경증권인대상(2001), 매경이코노미 Best Strategist 1위 (2001), 한경비즈니스선정 상반기 Best Strategist 1위(2002) (종)기독교

이정화(李廷花 · 女) LEE Jung Hwa

(생)1963 · 2 · 13 (본)전주(全州) (출)충남 논산 (주)서울특별시 중구 덕수궁길 15 서울특별시청 물순환안전국(02-2133-3800) (학)1981년 동명여고졸 1985년 서울시립대 토목공학졸 1997년 同도시행정대학원 도시계획학졸 (경)1986년 서울 서대문구 수도공사과 · 도시정비과 근무 1991년 서울시 기술심사담당관 1993년 同종합건설본부 설계실 근무 1996년 同기술심사담당관 1998년 서울 종로구 도시계획과장 · 팀장 2002년 서울시 기술심사담당관 토목심사팀장 2006년 同도시계획국 도시계획과 종합계획팀장 · 도시계획팀장 2009년 同도시계획국 지역발전계획추진반장 2014년 同도시계획국 도시재생추진반장 2014년 同도시계획국 도시계획과장 2015년 同도시계획국 도시계획과장(지방부이사관) 2015년 同도시기반시설본부 도시철도국장 직무대리 2017년 同지역발전본부 동북권사업단장 2018년 교육훈련(지방부이사관) 2019년 서울시 물순환안전국장 2019년 同물순환안전국장(이사관)(현) (상)자랑스런 공무원상(1996), 새서울 봉사상(2000), 근정포장(2015)

이정화(李貞和 · 女)

(생)1982 · 5 · 6 (주)부산광역시 연제구 중앙대로 1001 부산광역시의회(051-888-8311) (학)부경대 수산과학대학 생물공학과졸 (경)(재)사람사는세상 노무현재단 부산지역위원회 운영위원(현) 2014년 새정치민주연합 수영구지역위원회 청년위원장 2014~2018년 부산 수영구의회 의원(새정치민주연합 · 더불어민주당) 2015~2018년 더불어민주당 부산수영구지역위원회 청년위원장 2018년 부산시의회 의원(더불어민주당)(현) 2018년 同기획행정위원회 위원(현) 2018년 同시민중심 도시개발 행정사무조사특별위원회 위원(현)

이정환(李正煥) LEE Jung Hwan

(생)1954 · 2 · 24 (본)합천(陜川) (출)경남 합천 (주)부산광역시 남구 문현금융로 40 한국주택금융공사(051-663-8023) (학)1971년 동아고졸 1975년 성균관대 정치외교학과졸 1978년 영국 웨일즈대 대학원 해운항만학과정 수료 1986년 미국 위스콘신대 공공정책대학원 공공정책학과졸 2004년 성균관대 대학원 경제학박사과정 수료 (경)1975년 행정고시 합격(17회) 1975년 경남도 수습사무관 1976년 해운항만청 외항과 근무 1979~1989년 재무부 국제금융과 · 국제기구과 · 관세협력과 근무 1989년 미국 국제금융공사 경제자문관 1992~1995년 재정경제원 금융실명제실시단 총괄반장 · 세제실 기본법규과장 · 국제심판소 조사관 1995년 대통령 민정수석실 행정관 1998년 駐OECD대표부 재경참사관 2001년 재정경제부 국세심판원 상임심판관 2002년 同국고국장 2003년 同공보관 2003년 국무조정실 심사평가조정관 2004년 同정책상황실장 2005년 한국거래소 경영지원본부장 2008년 同이사장 2008년 세계증권거래소연맹 이사 2011~2017년 세계미래포럼 대표 2012 · 2016년 제19 · 20대 국회의원선거 출마(부산 남구甲, 민주통합당 · 더불어민주당) 2012년 새정치민주연합 부산남구甲지역위원회 위원장 2014~2017년 더불어민주당 부산남구甲지역위원회 위원장 2018년 한국주택금융공사 사장(현) (상)녹조근정훈장, 중앙일보 창조경영대상(2009), Forbes 글로벌경영대상(2009), 한국경영대상 글로벌경영부문(2009), 제18회 자랑스러운 성균경영인상(2019) (저)'미래로 보는 세상(編)'(2012) '글로벌 석학들에게 미래의 길을 묻다(編)'(2016)

이정환(李廷煥) LEE Jung Hwan

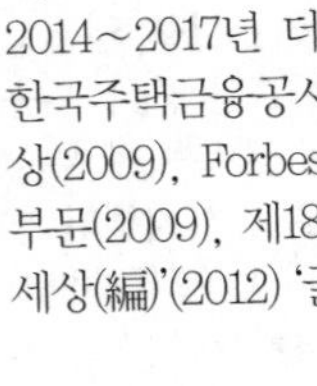

(생)1958 · 2 · 7 (본)전주(全州) (출)대전 (주)경상남도 창원시 성산구 창원대로 797 한국기계연구원 재료연구소(055-280-3200) (학)1980년 한양대 공대 기계공학과졸 1982년 연세대 대학원 기계공학과졸 1995년 기계공학박사(홍익대) (경)1982년 한국기계연구원 신기능재료연구본부 책임연구원 2005년 同신기능재료연구본부 소재성형연구센터장 2009년 同재료연구소 산업기술지원본부장 · 재료연구소 선임연구본부장 2012년 同재료연구소장 2013년 同재료연구소 경량금속연구단 변형제어연구실 책임연구원 2013~2014년 한국소성가공학회 회장 2013년 한국기계연구원 재료연구소 경남소재성형기술지원단장 2013~2015년 재료연구소연구발전협의회 회장 2014년 한국엔지니어클럽 창원클럽 회장(현) 2014~2016년 한국기계학회 경남지부 회장 2015~2016년 한국기계연구원 재료연구소 실용화연구단장 2015~2017년 同재료연구소 부소장 2016년 창원시 첨단산업육성위원장(현) 2017년 한국기계연구원 재료연구소 소재성형연구실 책임연구원 2017년 同재료연구소 기계소재부품기업지원사업단장 2018년 同재료연구소장(책임연구원)(현) (상)한국기계연구원 우수연구 금상(1987), 산업기술상 금상(1994), 수탁연구부문 금상(1996), 20세기 한국의 100대 기술상(1999), 산업자원부장관표창(2006), 한국소성가공학회 논문상(2008), 대통령표창(2010), 대한기계학회 공헌상(2012), 대한금속재료학회 기술상, 경남도과학기술대상 공학부문(2015), 과학기술훈장 도약장(2016) (저)'신소성가공기술'(2005) '마그네슘 합금 정밀 단조 기술'(2015) '과학기술로 본 세상이야기'(2016) (종)기독교

이정환(李政桓)

(생)1971 · 5 · 17 (출)대전 (주)서울특별시 서초구 서초중앙로 157 서울고등법원(02-530-1114) (학)1990년 대전 대신고졸 1994년 서울대 공법학과졸 (경)1995년 사법시험 합격(37회) 1998년 사법연수원 수료(27기) 1998년 서울지법 판사 2000년 同동부지원 판사 2002년 대전지법 판사 2005년 인천지법 부천지원 판사 2008년 서울중앙지법 정보화심의관 2009년 법원행정처 정보화심의관 2010년 서울고법 판사 2010년 국회 파견 2012년 서울고법 판사 2013년 창원지법 부장판사 2014~2015년 외교부 파견 2015년 서울고법 판사(현)

이정환(李定桓)

(생)1971 · 9 · 25 (출)서울 (주)인천광역시 미추홀구 소성로163번길 49 인천지방검찰청 형사1부(032-860-4308) (학)1990년 여의도고졸 1995년 서울대 경제학과졸 (경)1997년 사법시험 합격(39회) 2000년 사법연수원 수료(29기) 2000년 공익법무관 2003년 부산지검 동부지청 검사 2005년 대구지검 포항지청 검사 2006년 인천지검 검사 2009년 서울중앙지검 검사 2012년 부산지검 검사 2013년 同부부장검사 2014년 창원지검 부부장검사(금융위원회 파견) 2015년 법무부 보호법제과장 2016년 대구지검 안동지청장 2017년 대검찰청 형사1과장 2018년 同법과학분석과장 2019년 인천지검 형사1부장(현)

이정환(李政煥)

(생)1978 · 8 · 8 (주)광주광역시 서구 내방로 111 광주광역시의회(062-613-5044) (학)공학박사(전남대) (경)전남대 토목공학과 겸임교수(현) 2017년 더불어민주당 제19대 대통령선거 문재인후보 국토교통특보 2018년 광주시의회 의원(더불어민주당)(현) 2018년 同행정자치위원회 부위원장(현) 2018년 同의회운영위원회 위원(현) 2018년 同예산결산특별위원회 위원(현) 2018년 同자치분권특별위원회 위원(현) 2018년 同청년발전특별위원회 위원(현)

이정회(李廷會) Lee Jeonghoe

(생)1966 · 1 · 10 (출)경북 상주 (주)인천광역시 미추홀구 소성로163번길 49 인천지방검찰청(032-860-4770) (학)1984년 대구 계성고졸 1988년 서울대 법과대학졸 1991년 同대학원졸 법학과 수료 (경)1991년 사법시험 합격(33회) 1994년 사법연수원 수료(23기) 1994년 軍법무관 1997년 서울지검

검사 1999년 수원지검 평택지청 검사 2000년 대전지검 검사 2003년 수원지검 검사 2005년 서울중앙지검 검사 2006년 대전지검 부부장검사 2008년 울산지검 공안부장 2009년 대구지검 공안부장 2009년 대검찰청 공안2과장 2010년 同공안1과장 2011년 인천지검 형사5부장 2012년 서울중앙지검 공안2부장 2013년 수원지검 형사1부장 2014년 춘천지검 원주지청장 2015년 수원지검 제2차장검사 2016년 서울중앙지검 제2차장검사 2017년 대검찰청 과학수사부장 2018년 창원지검장 2019년 인천지검장(현)

이정훈(李廷勳) LEE Jung Hoon

(생)1947·6·27 (출)서울 (주)서울특별시 강남구 테헤란로 133 한국타이어빌딩 법무법인 태평양(02-3404-0113) (학)1968년 서울대 법학과졸 1972년 同대학원졸 1979년 미국 조지워싱턴대 대학원 수료 1983년 미국 노트르담대 법과대학원졸 (경)사법시험 합격(11회), 사법연수원 수료(1기) 1972~1975년 육군 법무관 1975~1977년 서울지검 검사 1977~1978년 同수원지청 검사 1983년 미국 캘리포니아주 변호사자격 취득 1984년 미국 뉴욕주 변호사자격 취득 1986년 사법연수원 강사 1986년 법무법인 태평양 창립변호사 1991년 한국지적재산권소유학회 부회장 1997년 특허청 정책자문위원 1998년 법무법인 태평양 대표변호사(현) 1999년 대한중재인협회 부회장 1999~2001년 대한변호사협회 이사 2001~2005년 同법률사무개방연구위원장 2001~2002년 同국제위원회 위원 2001년 전국경제인연합회 통상위원회 위원 2001~2003년 서울지방변호사회 심사위원회 위원 2001~2005년 한국지적재산권소유학회 회장 2002년 아시아변호사협회 부회장 2005~2006년 아시아태평양지역 국제법률가조직 로아시아(LAWASIA) 회장 2007~2011년 대한중재인협회 회장 2009~2015년 공익재단법인 동천 이사장 2010~2015년 대신증권 사외이사 2011년 대한중재인협회 고문(현) (상)지식경제부장관표창(2012) (저)'The Korea Anti - Dumping Law'(1985)

이정훈(李貞勳) LEE Chung Hoon

(생)1953·1·21 (주)경기도 안산시 단원구 산단로 163번길 65-16 서울반도체(주) 임원실(031-364-3401) (학)1975년 고려대 물리학과졸 1979년 同경영대학원졸 1984년 미국 오클라호마시티대 대학원 MBA 2003년 서울대 경영대학원 최고경영자과정 수료 (경)1981년 제일정밀공업 과장 1991년 삼신전기(주) 부사장 1992년 서울반도체(주) 대표이사 사장(현) 2013년 한국발명진흥회 비상임이사 2014~2016년 한국공학한림원 회원 2014~2015년 한국지식재산보호협회 회장 2015~2018년 대통령소속 국가지식재산위원회 민간위원(3기) 2016년 한국공학한림원 정회원(현) 2016~2019년 서울바이오시스 대표이사 (상)은탑산업훈장(2009)

이정훈(李政勳) Lee Jung Hoon

(생)1961·10·18 (출)서울 (주)서울특별시 서대문구 연세로 50 연세대학교 국제학대학원(02-2123-3345) (학)미국 커싱아카데미고졸 1984년 미국 터프츠대 국제관계학과졸 1987년 同플렛처스쿨 국제정치학 석사 1991년 국제정치학박사(영국 옥스퍼드대) (경)1993년 미국 캘리포니아대 버클리교 국제지역학과 전임강사, 미국 국제전략연구소(CSIS) 객원연구원 1995년 한국정치학회 섭외위원·IPSA세계대회 한국조직위원회 홍보위원 1996년 연세대 국제학대학원 교수(현) 2004년 同국제교육교류원장 2004년 일본 게이오대 법학부 방문교수 2008년 자유선진당 정책조정위원장 2008~2010년 연세대 언더우드국제대학장 2009년 통일부 인도주의분과 정책자문위원 2010년 국가미래연구원 외교안보분야 발기인 2010년 나눔의 집 후원회 부회장 2012년 유엔탈북난민캠프추진위 공동위원장 2013~2016년 외교부 인권대사 2014년 (사)세이브앤케이 공동회장 2014~2016년 연세대 동서문제연구원 부원장 2015년 NH농협금융지주 IT정보전략단·IT보안 자문위원 2015년 미래한국미디어 회장 2016년 Sages Group on North Korean Human Rights(북한인권 현인그룹) 설립 2016~2017년 외교부 북한인권국제협력대사 (저)'새천년 한반도 평화구축과 신지역 질서론(編)'(2000) '한국 국민에게 고함(編)'(2007) '미사일 방위체제가 동북아 안보질서에 미칠 영향과 한국의 선택'(2007) (종)기독교

이정훈(李正勳) LEE JUNG HUN

(생)1965·10·8 (본)전주(全州) (출)전북 순창 (주)서울특별시 서초구 헌릉로 13 대한무역투자진흥공사 경제협력실 경제협력총괄팀(02-3460-7681) (학)1984년 서울 남강고졸 1991년 서울대 서어서문학과졸 (경)1992년 대한무역투자진흥공사(KOTRA) 입사 1992~1997년 同기획조사부·국제경제부·상품개발부·마케팅지원처 근무 1997년 同부에노스아이레스무역관 근무 2001년 同기획조정실 과장 2003년 同산토도밍고무역관장 2007년 同기획조정실 차장 2009년 同부에노스아이레스무역관장 2013~2015년 同시장개척팀장·수출유망기업팀장 2015년 同멜버른무역관장 2018년 同일자리총괄팀장 2018년 同해외취업팀장 2018년 同해외시장정보실장 2019년 同아바나무역관장 2019년 同경제협력실 경제협력총괄팀장(현) (상)산업자원부장관표창(2003·2006), 산업통상자원부장관표창(2015) (종)기독교

이정훈(李定勳) LEE Jung Hun

(생)1967·10·18 (본)경주(慶州) (출)전북 정읍 (주)서울특별시 강동구 성내로 25 강동구청(02-3425-7000) (학)호남고졸 1994년 서강대 정치외교학과졸 (경)새천년민주당 서울강동甲지구당 사무국장, 이상경 국회의원 보좌관(4급 상당) 2006년 서울시의원선거 출마(열린우리당) 2010년 서울시의회 의원(민주당·민주통합당·민주당·새정치민주연합) 2010·2012년 同교통위원회 위원 2010~2011년 同정책연구위원회 위원 2010~2011년 同CNG버스안전운행지원특별위원회 위원 2010~2012년 同시의회개혁과발전특별위원회 위원 2011~2012년 同예산결산특별위원회 위원 2011~2012년 同북한산콘도개발비리의혹규명행정사무조사특별위원회 위원 2011~2012년 同장애인특별위원회 위원 2012년 同지하철9호선 및 우면산터널등민간투자사업진상규명특별위원회 위원 2012·2013년 同윤리특별위원회 위원 2013년 同부모교육과행복가정네트워크특별위원회 부위원장 2013년 同민간단체지원사업점검특별위원회 위원 2013년 同2018평창동계올림픽지원 및 스포츠활성화를위한특별위원회 위원 2013년 민주당 서울강동甲지역위원회 사무국장 2014년 同동남권역집중개발특별위원회 위원 2014~2018년 서울시의회 의원(새정치민주연합·더불어민주당) 2014~2016년 同환경수자원위원회 부위원장 2014~2015년 同예산결산특별위원회 위원 2015년 同하나고등학교특혜의혹진상규명을위한행정사무조사특별위원회 위원장 2016년 同교육위원회 위원 2017년 더불어민주당 정책위원회 부의장 2018년 서울시 강동구청장(더불어민주당)(현) (상)행정사무감사 우수의원상(2016), 서울시공무원이뽑은 베스트의원상(2016), 서울환경운동연합 환경디딤돌상(2016), 전국지방의회 친환경최우수광역의원(2016) (종)기독교

이정훈(李貞勳) Lee jeong hun

(생)1970·10·28 (출)전남 보성 (주)서울특별시 서초구 반포대로 138 양진빌딩 4층 법무법인 삼우(02-536-8100) (학)1989년 순천고졸 1993년 고려대 법학과졸 (경)1997년 사법시험 합격(39회) 2000년 사법연수원 수료(29기) 2000년 청주지검 검사 2002년 대구지검 영덕지청 검사 2003년 서울지검 남부지청 검사 2004년 서울남부지검 검사 2005년 대구지검 검사 2008년 서울중앙지검 검사 2012년 인천지검 검사 2012년 헌법재판소 파견 2013년 인천지검 부부장검사 2014년 창원지검 마산지

청 부장검사 2015년 대전지검 공안부장 2016년 인천지검 형사4부장 2017년 대검찰청 과학수사1과장, 同법과학분석과장 2018~2019년 서울중앙지검 공판1부장 2019년 법무법인 삼우 대표변호사(현) (상)대검찰청 올해의 우수 형사부장(2016)

이정훈(李정勳)

(생)1970·11·30 (주)경상남도 창원시 의창구 상남로 290 경상남도의회(055-211-7312) (학)경상대사대부고졸, 경상대 행정학과졸 (경)하동군청년연합회 회장 2010~2014년 경남 하동군의회 의원(한나라당·새누리당) 2010년 同산업건설위원장 2012~2014년 同의장, 제14~16기 민주평통자문회의 자문위원, 하동군민신문 대표 2014년 경남 하동군수선거 출마(무소속) 2018년 경남도의회 의원(자유한국당)(현) 2018년 同기획행정위원회 부위원장(현) 2018년 同의회운영위원회 위원(현) (저)'정훈생각'(2014)

이정희(李正熙) (湖菴)

(생)1945·1·27 (출)전북 부안 (주)서울특별시 종로구 삼일대로 457 천도교중앙총부(02-732-3956) (학)공주사범대졸, 서울대 대학원 행정학과졸, 행정학박사(고려대), 철학박사(충남대) (경)공주대·한남대 객원교수, 미국 시라큐스대 교환교수, 한국과학기술원(KAIST)·전자통신연구원(ETRI)·한국과학기술정보연구원(KISTI) 근무 1977년 천도교 종의원 1993년 同법사 1996년 同선도사 2000년 同대전교구장 2001년 同동민회 운영위원 2003년 同대전충정연합회장 2004년 同교수회장 2004년 同종무위원 2004년 (주)신인간 이사 2005년 동학혁명유공자심사위원회 위원 2007년 교사교서검정위원회 위원 2007년 용담검무보존회 이사 2010년 천도교종학대학원 원장 2011년 동학학회 고문(현) 2014년 천도교연구소 연구위원(현) 2014년 동학문화진흥회 초대회장(현) 2016년 천도교 도훈(현) 2016~2019년 同교령

이정희(李貞熙) LEE Jung Hee

(생)1951·11·2 (출)경북 안동 (주)서울특별시 동작구 노량진로 74 (주)유한양행 비서실(02-828-0181) (학)1971년 대구공고졸 1978년 영남대 영어영문학과졸 (경)1978년 (주)유한양행 입사 2000년 同이사대우 2002년 同유통사업부장(상무) 2009년 同경영관리본부장(전무) 2012년 同경영관리본부장(부사장) 2015년 同대표이사 사장(현) 2018년 한국제약바이오협회 이사장 겸 기획정책위원장(현) (상)한국전문경영인학회 한국전문경영인대상(2017), 금탑산업훈장(2018)

이정희(李政熙) Lee, Chung Hee (素峰)

(생)1953·3·19 (본)경주(慶州) (출)서울 (주)서울특별시 동대문구 이문로 107 한국외국어대학교 정치외교학과(02-2173-3211) (학)1971년 경기고졸 1980년 한국외국어대 정치외교학과졸 1982년 미국 미주리대 대학원 정치학과졸 1987년 정치학박사(미국 미주리대) (경)1987~1993년 한국외국어대 정치외교학과 조교수·부교수 1993~1996년 유엔한국협회 사무총장 1994~2018년 한국외국어대 정치외교학과 교수 1995년 이집트 카이로대 정치학과 초빙교수 1998년 일본 쓰쿠바대 교환교수 2000년 한국외국어대 사회과학연구소장 2000년 한국정치학회 한국정치연구위원장 2001년 同연구이사 2005년 미국 남오레곤대 초빙교수 2006년 한국세계지역학회 회장 2006년 사회정의시민행동 운영위원 2006~2008년 한국외국어대 사회과학대학장 2007년 한국아메리카학회 회장 2008년 한국정치학회 회장 2010년 동아시아연구회 회장 2010년 중앙선거방송토론위원회 위원 2010~2011년 통일부 남북관계발전위원회 위원 2011년 사회정의시민행동 공동대표, 同사회정의연구소장(현) 2013~2016년 중앙선거방송토론위원회 위원장 2015~2017년 민주평통 자문위원 2018년 한국외국어대 정치외교학과 명예교수(현) (상)근정포장(2017) (저)'Foreign Lobbying in American Politics'(1988, 서울대 미국학연구소) '마음의 정치' (2005, 한국외국어대 출판부) '정치학이란(共)'(2005, 인간사랑) '현대정치학이론의 발전(共)'(2007, 인간사랑) '지구촌의 선거와 정당 : 정치적 선택의 메카니즘(共)'(2007, 한국외국어대 출판부) '이익집단정치 : 갈등과 통합의 역동성'(2010, 인간사랑) '사랑의 정치'(2013, 인간사랑) (종)천주교

이정희(李淨熙) LEE Jung Hee

(생)1954·8·9 (출)전남 담양 (주)전라남도 나주시 전력로 55 한국전력공사 상임감사위원실(061-345-3003) (학)1974년 광주제일고졸 1982년 전남대 법과대학 법학과졸 (경)1990년 사법시험 합격(32회) 1993년 사법연수원 수료(22기) 1993~2018년 변호사 개업 1993년 담양군 공직자윤리위원장 1993년 광주·전남환경운동연합 감사 1994년 광주시 선거관리위원 1995년 전남도의회 고문변호사 1998년 동신대 사회복지학과 겸임교수 1998년 同법학과 겸임교수 1999년 광주지방변호사회 공보이사 2001년 전남대 법대 객원교수 2001년 무등일보 칼럼니스트 2001년 새마을운동담양군지회 지회장 2001년 호남신문 칼럼니스트 2002년 전남 담양군수선거 출마(새천년민주당) 2005~2007년 광주지방변호사회 회장 2005~2007년 대한변호사협회 부회장 2013~2016년 광주환경공단 비상임이사, 대한변호사협회 사법평가위원 2018년 한국전력공사 상임감사위원(현) 2018년 (사)한국공공기관감사협의회 회장(현)

이정희(李廷熙) LEE Jung Hee

(생)1960·9·13 (출)전남 영광 (주)서울특별시 영등포구 국제금융로 10 oneIFC빌딩 9층 딜로이트안진회계법인 임원실(02-6676-1505) (학)1979년 광주상고졸 1983년 서울대 경영학과졸 1999년 연세대 법대 조세법연구과정 수료 2001년 연세대 경영대학원졸 (경)1982년 공인회계사시험 합격(16회) 1983~2002년 안건회계법인 전무이사 1993년 미국 Deloitte뉴욕사무소 근무 1994년 국세청 국제조세과세기준 심의위원·조세법규 정비위원 1995년 재경부 기업과세 및 국제조세 자문위원 1995~1998년 나라정책연구회 청년위원장·부회장 1995년 젊은연대 공동대표 1995~2000년 한국공인회계사회 세무조정감리위원·국세연구위원 1998년 새정치국민회의 경제대책위원회 운영위원 1998~2000년 공정거래위원회 경쟁정책 자문위원 1999년 경희대 강사 1999년 좋은친구만들기운동 이사장 2000년 (사)청년세계탐구단 감사 2001년 영화진흥위원회 자문위원 2001년 한국항공대 경영대 겸임교수 2002년 (사)재외동포교육진흥재단 감사 2002년 하나회계법인 기획·재무본부장 전무(CFO) 2003~2014년 (재)실업극복국민운동 함께일하는사회 감사 2005년 딜로이트안진회계법인 부대표 2010년 同세무자문본부장 2012~2017년 同세무자문본부 대표 2014년 재무인포럼 회장(현) 2017년 딜로이트안진회계법인 최고경영자(CEO) 겸 총괄대표 2019년 同대표(현)

이정희(李正熙) LEE Jung Hee

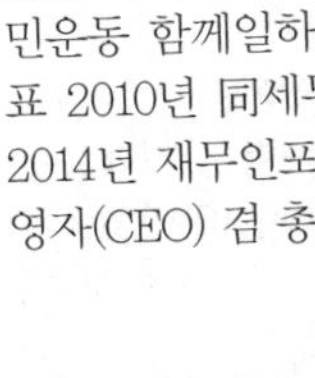

(생)1961 (출)경북 (주)서울특별시 동작구 흑석로 84 중앙대학교 경영경제대학 경제학부(02-820-5568) (학)1985년 중앙대 농업경제학과졸 1993년 농업및응용경제학박사(미국 오클라호마주립대) (경)1995년 중앙대 경제학부 교수(현) 2008년 농림축산식품부 식품산업진흥정책 심의위원 2009~2010년 한국유통학회 회장 2010년 공정거래위원회 유통협약평가위원 2011년 중앙대 대외교류처장 2012~2016년 한국중소기업학회 부회장 2013~2015년 농림축산식품부 국민공감농정위원회 식품소비자분과위원장 2013년 同중앙농정심의위원 2014년 중소기업청 소상공인정책협의회 위원 2014~2016년 공정거래위원회 기

업거래정책 자문위원 2014~2015년 소상공인시장진흥공단 비상임이사 2015년 동반성장위원회 위원 겸 적합업종실무위원장 2015~2017년 同공익위원 2015~2018년 한국공정거래조정원 대규모유통업거래분쟁조정협의회 위원장 2017~2018년 한국중소기업학회 회장 2017년 기획재정부 면세점제도개선T/F 위원 2018년 중앙대 산업·창업경영대학원장(현) 2018년 공정거래위원회 비상임위원(현) 2018년 규제개혁위원회 위원(현) (저)'알짬 시장경제'(共) '중소기업의 경제분석'(共) '100일만에 배우는 유통관리'(共)

이정희(李正熙)

(생)1967·3·1 (주)부산광역시 부산진구 새싹로 174 부산시설공단 안전혁신본부(051-860-7602) (학)2010년 동의대 전산통계학과졸 (경)2008~2012년 박대해 국회의원 보좌관 2015~2017년 (주)이카스 전무이사 2017~2018년 (주)삼영C&R 대표이사 2017~2018년 (주)한길리서치 기획이사 2018년 부산시설공단 관리본부장(상임이사) 2019년 同안전혁신본부장(현)

이정희(李正姬·女) LEE Jung Hee

(생)1969·12·22 (출)서울 (주)서울특별시 서초구 서초중앙로 114 법무법인 향법(02-582-0606) (학)1987년 서문여고졸 1992년 서울대 법대 법학과졸 (경)1996년 사법시험 합격(38회) 2000년 사법연수원 수료(29기) 2000년 법무법인 덕수 변호사 2001~2005년 駐韓미군범죄근절운동본부 운영위원 2001년 민주사회를위한변호사모임 미군문제연구위원회 위원 2004~2008년 교육인적자원부 대학교원임용양성평등위원회 위원 2004년 평화를만드는여성회 감사 2006년 민주사회를위한변호사모임 여성복지위원장 2006년 주한미군범죄근절운동본부 공동대표 2006년 한국젠더법학연구회 회원 2008년 법무법인 정평 변호사 2008년 제18대 국회의원(비례대표, 민주노동당·통합진보당) 2008년 민주노동당 원내부대표 2008년 同정책위 의장 2010년 국회 기획재정위원회 위원 2010년 국회 운영위원회 위원 2010~2011년 민주노동당 대표최고위원 2011~2012년 통합진보당 공동대표 2012년 同제18대 대통령 후보(12월 16일 후보직 사퇴) 2013~2014년 同대표최고위원, 법무법인 향법 변호사(현) (상)백봉신사상 올해의 신사의원 베스트11(2010) (저)'사랑하며 노래하며 아파하다'(2010) '내마음같은그녀'(2012) '미래의 진보(共)'(2012) '법정 콘서트 무죄-이정희와 이시우의 국가보안법 대담(共)'(2012, 도서출판 창해) '진보를 복기하다-버리기 아까운 진보정책 11가지'(2016, 들녘) '이정희, 다시 시작하는 대화'(2017, 들녘)

이정희(李正熙)

(생)1971·5·13 (출)인천 (주)경상남도 창원시 성산구 창이대로 681 창원지방법원(055-239-2000) (학)1989년 인천 대건고졸 1993년 연세대 법학과졸 (경)1999년 사법시험 합격(41회) 2002년 사법연수원 수료(31기) 2002년 대전지법 예비판사 2004년 同판사 2005년 인천지법 판사 2009년 서울남부지법 판사 2011년 서울중앙지법 판사 2014년 서울북부지법 판사 2014년 헌법재판소 파견 2016년 서울고법 판사 2018년 창원지법 부장판사(현)

이정희(李正熙·女) LEE, JUNG HEE

(생)1976·1·12 (본)전주(全州) (출)부산 (주)세종특별자치시 도움6로 11 국토교통부 재정담당관실(044-201-3238) (학)1994년 부산동여고졸 1998년 이화여대 사회학과졸 2012년 영국 버밍엄대 대학원 정책학과졸 (경)2000년 행정고시 합격(44회) 2001년 행정자치부 행정사무관 2002년 부산지방해양수산청 항만물류과 행정사무관 2003년 해양수산부 차관실 비서관 2003~2006년 同해운정책과·해양환경과 행정사무관 2007~2008년 2012여수세계박람회조직위원회 행정사무관 2009년 국토해양부 보금자리주택기획팀·공공주택건설추진단 기획총괄과 행정사무관 2012년 同부동산산업과 서기관 2013~2014년 국무조정실 건설정책과장 2016~2017년 행정중심복합도시건설청 도시정책과장 2017년 국토교통부 국토도시실 도시경제과장 2019년 同재정담당관(현)

이제관(李濟官) Je Kwan Lee

(생)1964·6·7 (본)경주(慶州) (출)부산 (주)부산광역시 연제구 법원로 15 부산지방검찰청 중요경제범죄조사단(051-606-4576) (학)1983년 부산상고졸 1987년 서울대 법과대학졸 (경)1988년 사법시험 합격(30회) 1991년 사법연수원 수료(20기) 1991년 軍법무관 1994년 수원지검 검사 1996년 청주지검 영동지청 검사 1997년 서울지검 동부지청 검사 1999년 대전지검 검사 2001년 서울지검 검사 2003년 수원지검 성남지청 부부장검사 2004년 서울남부지검 부부장검사 2005년 미국 캘리포니아대 어바인교 단기연수 2006년 금융정보분석원 심사분석실장 파견 2007년 수원지검 부장검사 2008년 서울북부지검 형사4부장 2009년 인천지검 형사2부장 2009년 법무연수원 연구위원 2010년 서울고검 검사 2012년 광주고검 제주지부 검사 2014년 서울고검 검사 2016년 부산고검 검사 2019년 부산지검 중요경제범죄조사단장(현) (상)모범검사(1998), 법무부장관표창(2000)

이제민(李濟民) LEE Jaymin

(생)1950·8·15 (출)경남 합천 (주)서울특별시 종로구 세종대로 178 KT빌딩 12층 대통령직속 국민경제자문회의(02-731-2400) (학)1973년 서울대 상대 경제학과졸 1975년 同대학원 경제학과졸 1983년 경제학박사(미국 하버드대) (경)1973~1975년 한국은행 근무 1984~2015년 연세대 경제학과 전임강사·조교수·부교수·교수 1990~1991년 영국 케임브리지대 객원교수 1998~2000년 연세대 경제학부장 2001년 경제사학회 회장 2003~2005년 대통령자문 정책기획위원 2005~2006년 미국 예일대 객원교수 2006~2007년 국민경제자문회의 민간위원 2006~2007년 한국경제발전학회 회장 2010~2011년 한국일보 시사칼럼 필진 2015년 연세대 경제학부 명예교수(현) 2019년 대통령직속 국민경제자문회의 부의장(장관급)(현) (상)우수업적교원표창(1998) (저)'동아시아 거버넌스'(2004, 오름) '동북아 지역공동체 인식 및 제도화의 과제'(2007, 백산자료원) '한국경제발전 경험의 대개도국 적용가능성'(2007, 대외경제정책연구원)

이제우(李濟雨) LEE Jae Woo

(생)1957·3·26 (본)경주(慶州) (출)부산 (주)서울특별시 동작구 상도로 369 숭실대학교 중어중문학과(02-820-0394) (학)1983년 한국외국어대 중국어학과졸 1986년 同대학원졸 1993년 문학박사(대만 국립대만사범대) (경)1993~1996년 한국외국어대·계명대·강원대·숭실대·한국관광공사 강사 1996년 숭실대 전임강사 1998년 同중어중문학과 조교수·부교수·교수(현) 2004~2006년 同인문대학 부학장 2007년 同입학본부장 2008년 同입학처장 2010~2012년 同입학사정관 2011년 同입학사정센터장 2015~2017년 同베어드학부대학장 (저)'中國現實主義文學論(共)'(1996) '알기쉬운 중국산문(共)'(2005) '晩明小品論 - 중국산문 전통의 이단인가, 혁신인가?'(2014)

이제욱

(생)1969 (주)경기도 성남시 분당구 판교역로 235 카카오 임원실(1899-1326) (학)서울대 공대 공업화학과졸 (경)1996년 SK(주) 인터넷사업개발팀 근무 2000년 SKTCC 전략기획실 사업개발팀장 2004년 SK TU미디어 콘텐츠전략담당 2008년 SK M&C 광고사업센터 인터랙티브광고사업팀장

2009년 로엔엔터테인먼트 전략기획실장 2011년 멜론 총괄본부장 2017년 멜론컴퍼니 대표이사 2018년 (주)카카오 CMO(Chief Music Officer · 부사장)(현) 2018년 카카오엠 대표이사 겸임

이제정(李濟正) Lee, Je Jung

(생)1966 · 1 · 12 (출)충북 청주 (주)대전광역시 서구 둔산중로69 특허법원(042-480-1400) (학)1984년 청주 운호고졸 1988년 서울대 경영학과졸 1991년 同대학원 경영학과졸 (경)1987년 공인회계사시험 합격 1992년 사법시험 합격(34회) 1995년 사법연수원 수료(24기) 1995년 부산지법 울산지원 판사 1997년 부산지법 판사 1998년 수원지법 여주지원 판사 2002년 서울가정법원 판사 2004년 서울중앙지법 판사 2007년 서울고법 판사 2009년 사법연수원 교수 2010년 춘천지법 부장판사 2012년 사법연수원 교수 2015년 서울중앙지법 부장판사 2018년 특허법원 부장판사(현)

이제중(李濟重) LEE Je Joong

(생)1958 · 1 · 28 (출)충북 괴산 (주)서울특별시 강남구 강남대로 542 영풍빌딩 고려아연(주)(02-519-3416) (학)1977년 괴산고졸 1984년 명지대 화학공학과졸 (경)고려아연(주) 상무이사, 同대표이사 전무, 同온산제련소장 겸 기술연구소장(전무이사) 2008년 同온산제련소장 겸 기술연구소장(부사장) 2013년 同대표이사 사장 2019년 同각자대표이사 부회장(현)

이제학(李濟學) LEE Je Hack (佳山)

(생)1963 · 12 · 6 (본)원주(原州) (출)전남 담양 (주)서울특별시 서대문구 통일로 107-39 310호 (사)힐링산업협회(02-365-0604) (학)1994년 서강대 국어국문학과졸 2004년 연세대 행정대학원졸 2008년 행정학박사(경기대) (경)1986~1987년 서강대 총학생회장 1988~2000년 남경필 국회의원 보좌관 1989~1990년 안양지역금속노동조합 사무국장 2002년 경기문화재단 기획조정실장 2006년 (재)동아시아미래재단 사무처장, (주)카르마웍스 경영기획이사 2008년 통합민주당 제18대 국회의원 후보(서울 양천甲) 2008년 민주당 서울양천甲지역위원회 위원장, 同중앙당 유비쿼터스위원회 위원장, 同교육문화특별위원회 부위원장, 경기대 행정학과 겸임교수, 강서양천경인고속도로지하화대책위원회 위원장 2010~2011년 서울 양천구청장(민주당) 2011~2016년 서강대학교 겸임교수 2013년 서울디지털대학교 외래교수(현) 2015년 스트레이트뉴스 공동대표(현) 2017~2018년 소상공인연합회 상근부회장 2017년 사단법인 힐링산업협회 회장(현) (저)'5월 광주를 넘어 6월 항쟁까지(共)'(2006) '땅은 글이되고 물은 시가되고'(2006) '불꽃처럼, 365!'(2011) (종)기독교

이제호(李齊浩) LEE Je Ho

(생)1965 · 12 · 17 (본)재령(載寧) (출)서울 (주)서울특별시 종로구 사직로8길 39 세양빌딩 김앤장법률사무소(02-3703-1897) (학)1984년 홍익대사대부고졸 1988년 서울대 법학과졸 1999년 프랑스 국립사법관학교 수료 (경)1988년 사법시험 합격(30회) 1991년 사법연수원 수료(20기) 1991년 軍법무관 1994년 청주지법 판사 1997년 同보은 · 괴산 · 진천군법원 판사 1999년 서울지법 의정부지원 판사 2001년 서울지법 판사 2002~2004년 법원행정처 법정심의관 2004~2005년 서울고법 판사 2005년 국회 법제사법위원회 파견 2006년 전주지법 부장판사 2007~2009 · 2012년 김앤장법률사무소 변호사(현) 2009~2011년 대통령 민정수석실 법무비서관 2011~2014년 한국지역난방공사 사외이사 2012~2016년 방송통신위원회 방송분쟁조정위원회 위원 2013~2016년 한화자산운용(주) 사외이사 2015~2016년 국민생활체육회 위원 2019년 (주)오리콤 사외이사(현)

이제홍(李濟弘) LEE Je Hong

(생)1947 · 3 · 6 (출)경북 안동 (주)서울특별시 강남구 역삼로25길 35 맥캔리하이츠빌딩5층 태성회계법인 임원실(02-561-0077) (학)1965년 안동농림고졸 1971년 계명대 경영학과졸, 중앙대 국제경영대학원 최고경영자과정 수료 2007년 중국 칭화대 대학원 AMP 수료 2008년 서울대 대학원 AMP 수료 2011년 안동대 대학원 사학과졸 2014 성균관대 대학원 사학 박사과정 수료 (경)1969년 공인회계사시험 합격 1971년 행정고시 합격(10회) 1982년 거창세무서장 1985년 동부산세무서장 1988년 서울지방국세청 조사2과장 1989년 대통령 민정비서실 행정관 1991년 대통령 사정비서관 1992년 서울지방국세청 조사2국장 1993년 조세연구원 파견 1995년 국세청 감사국장 1996년 부산지방국세청장 1998년 안건회계법인 입사 1999년 同사업본부 감사2팀 대표 1999년 삼성화재해상보험(주) 사외감사 2000년 同사외이사 2005~2008년 한영회계법인 회장, 사회복지법인 아이들과미래 부이사장 2009년 태성회계법인 회장(현) 2009년 태성기업승계(주) 대표이사 2009~2015년 삼성테크윈 사외이사, 건설공제조합 운영위원 2010년 한국가이드스타 대표 2012~2013년 同자문위원 2015년 한화테크윈 사외이사

이제환(李制桓) LEE Je Hwan

(생)1963 · 4 · 1 (출)서울 (주)서울특별시 송파구 올림픽로43길 88 서울아산병원 혈액내과(02-3010-3218) (학)1987년 서울대 의과대학졸 1997년 울산대 대학원 의학석사 (경)1987~1988년 서울대병원 인턴 1988~1991년 同내과 전공의 1991~1994년 軍의관 1994~1996년 울산대 의대 종양혈액내과 전임의 1996~2009년 同의대 종양혈액내과 강사대우 · 전임강사 · 조교수 2003년 同의대 혈액내과 부교수 · 교수(현) 2009~2018년 서울아산병원 혈액암및골수이식센터 소장 2010년 同혈액내과 과장 2011년 同외래부장 2013년 同진료지원실장(현) 2019년 同내과 과장(현)

이제훈(李濟薰) Lee, Jehoon (靑園)

(생)1940 · 1 · 2 (본)전주(全州) (출)경기 화성 (주)서울특별시 중구 무교로 20 11층 어린이재단 회장실(02-778-1791) (학)1958년 서울 한성고졸 1964년 서울대 문리과대학 사학과졸 1971년 同신문대학원졸 1983년 미국 미시간대 저널리즘 펠로우십과정 수료 1998년 고려대 언론대학원 최고위과정 11기 수료 2002년 연세대 언론홍보대학원 최고위과정 13기 수료 (경)1965년 중앙일보 기자(공채 2기) 1982년 미국 미시간(앤 아보)대 연수 1983년 중앙일보 런던특파원 1985년 同편집국 경제2부장 1986년 同편집국 경제부장 1988년 중앙경제신문 편집국 부국장 겸 정경부장 1991년 同편집국장 1991~1994년 재무부 세제 · 금융제도발전심의회 위원 1992년 중앙일보 편집국장 1994년 同시사지담당 이사 1995~1999년 同편집 · 광고담당 부사장 1999년 同편집인(부사장) 2001~2003년 同발행인 겸 대표이사 사장 2001~2002년 한국신문협회 부회장 2001~2010년 사회복지법인 어린이재단 이사 · 대표이사 2002년 중앙일보 BBB운동본부 대표 2002~2007년 관훈클럽 신영기금해외연수언론인회 회장 2003~2004년 중앙일보 상임고문 2003~2007년 서울시 공직자윤리위원 2003~2010년 (사)한국BBB운동 회장 2004~2009년 (사)한국자원봉사포럼 회장 2004~2007년 우리금융지주 사외이사 2004~2007년 삼성전자 사회공헌위원회 상임고문 2005~2009년 한국자원봉사협의회 공동대표 2007~2010년 (사)경기도자원봉사센터 이사장 2007~2010년 서울대사학과총동문회 회장 2007~2010년 서울문화포럼 이사 겸 관광분과위원장 2007년 서울대총동창회 이사 2009~2013년 한국자원봉사협의회 상임대표 2009~2011년 민주평통 자문위원 2009년 국무총리산하 자원봉사협의회 상임대표 2010년 BBB코리아 상임고문(현) 2010년 사회복지법인 어린이재단 회장(현) 2010

년 KBS '사랑의 리퀘스트' 후원금 운영위원장 2010년 (사)한국아동단체협의회 부회장(현) 2011~2014년 한국사회복지협의회 부회장 2011~2013년 대통령소속 사회통합위원회 위원 2011~2013년 국제개발협력민간협의회 부회장 2013~2015년 국제개발협력시민사회포럼(KOFID)회장 2013~2015년 국무총리소속 국제개발협력위원회 위원 2013~2017년 국무총리자문 시민사회발전위원회 위원 2013년 한국자원봉사협의회 이사(현) 2015년 한국NPO공동회의 공동대표(현) 2016~2018년 대북협력민간단체협의회 회장 (상)한국기자협회 기자상 취재보도부문(1984), 자랑스런 한성인상(1991), 연세대 언론홍보대학원 최고위과정 '2003 동문을 빛낸 올해의 인물'(2003), 자랑스런 청원인상(2006), 연세대 언론홍보대학원 최고위과정 '2008 동문을 빛낸 올해의 인물'(2008), 법질서 바로세우기부문 대통령표창(2012), 고운문화재단 고운문화상 봉사상 대상(2014) (종)기독교

이제훈(李帝勳) Lee Jye Hoon

(생)1965·11·9 (본)경주(慶州) (출)부산 (주)부산광역시 사하구 하신번영로 27 한국선재(주) 비서실(051-202-1991) (학)부산남고졸, 서울대 기계공학과졸, 미국 메릴랜드대 대학원 컴퓨터과학과졸 (경)어도브시스템즈사(Adobe Systems Inc.) 근무, 한국선재(주) 대표이사(현), 부산상공회의소 의원 2012년 한선엔지니어링(주) 대표이사(현) 2018년 기성금속(주) 대표이사(현) (상)납세자의날 국무총리표창(2009)

이조원(李兆遠) LEE Jo Won

(생)1952·5·20 (본)한산(韓山) (출)충남 서천 (주)서울특별시 성동구 왕십리로 222 한양대학교 대학원 나노융합과학과(02-2220-4808) (학)1978년 한양대 금속공학과졸 1983년 미국 펜실베이니아주립대 대학원 금속과학과졸 1986년 금속과학박사(미국 펜실베이니아주립대) (경)1978년 국방과학연구소 연구원 1985~1990년 미국 Carnegie Mellon대 연구원 1992년 삼성종합기술원 신소재연구실장 1995년 미국 세계인명사전 'Marquis Who's Who in the World'에 등재 1996~2000년 삼성종합기술원 Project Manager 2000년 과학기술부 산하 테라급나노소자개발사업단장 2004년 과학기술부·한국과학문화재단 '2004 닮고 싶고 되고 싶은 과학기술인' 10명에 선정 2012년 한양대 자연과학대학 나노융합과학과 석좌교수 2018년 同대학원 나노융합과학과 특임교수(현) 2019년 한국과학기술원(KAIST) 부설 나노종합기술원 원장(현) (상)삼성그룹 기술논문 최우수상, 미국 Penn State Univ. Mc Farland Award, 과학기술훈장 도약장(2006), 교육과학기술부장관표창(2012)

이종각(李鍾珏) LEE Jong Gak

(생)1932·9·12 (출)평남 평양 (주)서울특별시 중구 세종대로 39 상공회의소회관 14층 대한제분(주) 회장실(02-3455-0211) (학)1951년 서울고졸 1955년 서울대 상대 경제학과졸 (경)1957년 대한제분(주) 입사 1969년 同이사 1973년 同상무이사 1976년 同전무이사 1977년 同부사장 1981년 同대표이사 사장, 同회장, 同명예회장(현)

이종건(李種建) Lee chong keon

(생)1962·2·15 (주)강원도 원주시 배울로 124 북부지방산림청(033-738-6100) (학)1980년 서대전고졸 1987년 충남대 경영학과졸 2003년 국방대 대학원 국방관리학과졸(석사) (경)2012년 산림청 국유림관리과장 2013년 同산지관리과장 2014년 同운영지원과장 2016년 국방대 안보과정 교육파견 2017년 남부지방산림청장 2018년 산림청 산림보호국장 2019년 북부지방산림청장(현) (상)국무총리표창(2004), 대통령표창(2008)

이종건(李鍾乾) LEE Jong Keon

(생)1963·1·20 (출)서울 (주)서울특별시 서초구 헌릉로 13 대한무역투자진흥공사(02-3460-7680) (학)1980년 중앙고졸 1989년 숭실대 무역학과졸 (경)1989년 대한무역투자진흥공사 총무부 1989년 同미주부 근무 1992년 同지역조사부 1993년 同워싱턴무역관 1996년 同국제경제처 근무 1996년 同기획관리처 근무 1998년 同기획조정실 근무 1999년 同토론토무역관 2002년 同기획조정실 근무 2005년 同요하네스버그무역관장 2008년 同중소기업수출지원단 사무국장 2008년 同문화서비스산업팀장 2010년 同밀라노코리아비즈니스센터장 2013년 同중소기업지원본부 글로벌취업창업팀장 2013년 同밀라노엑스포사무국장 2014년 同밀라노엑스포전담반장(처장) 2015년 同정보통상지원본부 정보전략실장 2015년 同정상외교경제활용지원센터 경제외교지원실장 2015년 同정보통상지원본부 시장조사실장 2016년 同워싱턴무역관장 2019년 同경제통상협력본부 경제협력실장(현) (상)장관표창(2001·2004)

이종걸(李鍾杰) LEE Jong Kul

(생)1957·5·22 (본)경주(慶州) (출)서울 (주)서울특별시 영등포구 의사당대로 1 국회 의원회관 504호(02-788-2694) (학)1976년 경기고졸 1989년 서울대 법학과졸 2008년 한국방송통신대 중어중문학과 재학 중 (경)1988년 사법시험 합격(30회) 1991년 사법연수원 수료(20기) 1991~2013년 변호사 개업 1998년 서울시립대 세무학과 강사 1998년 안양지역시민연대 공동대표 2000~2004년 제16대 국회의원(안양시 만안구, 새천년민주당·열린우리당) 2000년 새천년민주당 인권위원장 2001년 同대표비서실장 2002년 同인권특별위원회 위원장 2004~2013년 대한농구협회 회장 2004년 제17대 국회의원(안양시 만안구, 열린우리당·중도개혁통합신당·대통합민주신당·통합민주당) 2004~2005년 열린우리당 원내수석부대표 2005~2007년 同국민참여연대 공동의장 2005~2007년 同경기도당 중앙위원 2005년 아시아농구연맹 부회장 2005년 대한민국임시정부기념사업회 이사 2006년 열린우리당 교육연수위원장 2006년 同열린정책연구원 부원장 2007년 중도개혁통합신당 정책위 의장, 국회 투명사회협약실천특별위원회 위원장, 나라종합법률사무소 공동대표변호사 2008~2016년 독립기념관 이사 2008년 제18대 국회의원(안양시 만안구, 통합민주당·민주당·민주통합당) 2009~2010년 국회 교육과학기술위원회 위원장 2010년 국회 일자리만들기특별위원회 위원장 2012년 제19대 국회의원(안양시 만안구, 민주통합당·민주당·새정치민주연합·더불어민주당) 2012년 국회 정무위원회 위원 2012년 민주통합당 최고위원 2013년 同비상대책위원회 정치혁신위원회 부위원장 2013년 민주당 정치혁신실행위원장 2013년 同당무위원 2014년 새정치민주연합 야당탄압저지대책위원회 위원장 2015년 同원내대표 2015년 국회 운영위원회 위원 2015년 국회 정보위원회 위원 2015년 새정치민주연합 신공안탄압저지대책위원회 위원장 2015~2016년 더불어민주당 원내대표 2015년 同신공안탄압저지대책위원회 위원장 2016년 同제20대 총선 선거대책위원회 위원 2016년 제20대 국회의원(안양시 만안구, 더불어민주당)(현) 2016년 더불어민주당 비상대책위원회 위원 2016년 同경기안양시만안구지역위원회 위원장(현) 2016~2018년 국회 국방위원회 위원 2016년 한국아동인구환경의원연맹(CPE) 회원(현) 2016년 한중문화협회 회장(현) 2017년 국회 헌법개정특별위원회 위원 2017년 더불어민주당 제19대 문재인 대통령후보 중앙선거대책위원회 공동위원장 2018년 국회 과학기술정보방송통신위원회 위원(현) 2018년 국회 예산결산특별위원회 위원(현) 2018년 국회 사법개혁특별위원회 위원(현) 2018년 더불어민주당 3.1운동및임시정부100주년특별위원회 위원장(현) (상)한국여성운동상(1998), 올해의 여성운동상(1998), 백봉신사상(2003·2004), 정보통신부장관 공로패(2005), 국회 입법 및 정책개발지원위원회 선정 우수의원(2006·2007), 최우수 과학기술 국회의원(2008), 백봉신사상 올해의 신사의원 베스트10(2015) (저)'공정거래법 법규해설'(共) '인원솔루션'(2001) '인터넷 정책론'(2002) '희망의 정치, 따듯한 개혁'(2004) '우당 이회영 선생의 삶과 투쟁 다시 그 경계에 서다'(2010) (종)가톨릭

이종곤(李鍾坤) LEE Jong Kon

(생)1955·7·23 (주)대전광역시 동구 대학로 62 대전대학교 경영대학 회계학과(042-280-2279) (학)한남대졸 1983년 숭실대 대학원졸 1992년 경영학박사(한남대) (경)대전대 경영대학 회계학과 교수(현) 2003년 同학생복지처 부처장 2009~2012년 同경영대학장 2013년 同특수대학원장 2015~2017년 同경영행정·사회복지대학원장·상담대학원장·교육대학원장·보건의료대학원장 겸임 2017년 同교학부총장(현) (저)'생활과 세무' '회계학원론'

이종광(李鍾匡) LEE Jong Kwang

(생)1968·6·27 (출)대전 (주)서울특별시 서초구 서초중앙로 157 서울중앙지방법원(02-530-1690) (학)1986년 천안 중앙고졸 1995년 연세대 법대 법학과졸 (경)1994년 사법시험 합격(36회) 1997년 사법연수원 수료(26기), 부산지법 판사 2003년 수원지법 판사 2006년 서울서부지법 판사 2008년 서울고법 판사 2010년 서울동부지법 판사 2012년 광주지법 부장판사 2014년 수원지법 부장판사 2017년 서울서부지법 부장판사 2019년 서울중앙지법 부장판사(현)

이종교(李鍾嬌·女) LEE Chong-Kyo

(생)1955·2·6 (본)벽진(碧珍) (출)경북 성주 (주)대전광역시 유성구 가정로 141 한국화학연구원 CEVI 융합연구단(042-860-7412) (학)1977년 서울대졸 1981년 同대학원졸 1985년 미생물학박사(독일 Goettingen대) (경)1977년 국립보건연구원 근무 1978년 국립환경연구소 근무 1985~1988년 미국 뉴욕주립대 Post-Doc. 1988년 한국화학연구소 의약활성팀 책임연구원 1990~1991년 벨기에 Rega연구소 객원연구원 2001년 한국화학연구원 약리활성연구센터 책임연구원 2011~2014년 同신물질연구본부 바이러스시험연구그룹장, 同CEVI융합연구단 책임연구원(현) (상)과학기술훈장 진보장(2015)

이종구(李鍾九) LEE Jong Koo

(생)1950·9·22 (본)광주(廣州) (출)부산 (주)서울특별시 영등포구 의사당대로 1 국회 의원회관 713호(02-784-3136) (학)1968년 경기고졸 1973년 서울대 경제학과졸 1980년 미국 노스웨스턴대 Kellogg School MBA (경)1975년 행정고시 합격(17회) 1975년 광주세무서 총무과장 1976년 재무부 법무관실·금융제도심의관실 사무관 1980년 同이재국 금융정책과 사무관 1986년 관세공무원교육원 교수부장 1989년 재무부 은행과장 1991년 同경제협력과장 1993년 同국제금융과장 1994년 재정경제원 외환자금과장 1996년 同금융제도담당관 1998년 대통령 경제수석비서관실 파견 1999년 금융감독위원회 구조개혁기획단 제1심의관 1999년 재정경제부 금융정책국장 2001년 부총리 겸 재정경제부 장관특별보좌관 2001년 금융감독위원회 상임위원 2003~2004년 금융감독원 감사 2004년 제17대 국회의원(서울 강남구甲, 한나라당) 2004~2007년 국회 디지털경제연구회 대표의원 2005년 한나라당 제3정책조정위원장 2005~2006년 同수석정책조정위원장 2007년 同제1사무부총장 2008년 同제18대 총선 공천심사위원 2008년 제18대 국회의원(서울 강남구甲, 한나라당·새누리당) 2008년 국회 기획재정위원회 위원 2008년 한·파푸아뉴기니의원친선협회 회장 2008년 (재)동행 상임이사 2010년 한나라당 서울시당 공천심사위원장 2010년 同정책위 부의장 2010년 국회 예산결산특별위원회 계수조정소위원 2011~2012년 한나라당 서울시당 위원장 2013년 법무법인 광장 고문 2016년 새누리당 서울 강남구甲당원협의회 운영위원장 2016년 제20대 국회의원(서울 강남구甲, 새누리당·바른정당〈2017.1〉·자유한국당〈2017.11〉)(현) 2016·2018년 국회 기획재정위원회 위원 2016년 국회 '박근혜 정부의 최순실 등 민간인에 의한 국정농단 의혹 사건 진상규명을 위한 국정조사특별위원회' 위원 2017년 바른정당 정책위원회 의장 2017년 同최고위원 2017년 同제19대 유승민 대통령후보 중앙선거대책위원회 부위원장 겸 경제혁신위원장 2017년 同민생특별위원회20 튼튼가계특별위원장 2017년 국회 헌법개정특별위원회 위원 2017년 자유한국당 정책위원회 부의장 2018년 국회 헌법개정및정치개혁특별위원회 위원 2018년 자유한국당 정책자문위원단장 2018년 同서울 강남구甲당원협의회 운영위원장 2018년 국회 정치개혁특별위원회 위원 2019년 국회 산업통상자원중소벤처기업위원회 위원장(현) 2019년 자유한국당 일본수출규제대책특별위원회 부위원장(현) (상)재무부장관표창, 홍조근정훈장(1997), 자유기업원 자유경제입법상(2008) (저)'날자 날아보자 한국경제(共)'(2008) '원칙이 개혁이다'(2004) (종)기독교

이종구(李鍾久) LEE Chong Koo

(생)1953·6·19 (본)전의(全義) (출)서울 (주)서울특별시 구로구 연동로 320 성공회대학교 사회융합자율학부 사회과학전공(02-2610-4333) (학)1981년 서울대 사회학과졸 1986년 일본 도쿄대 대학원 사회학과졸 1991년 사회학박사(일본 도쿄대) (경)1991년 서울대 사회과학연구소 근무 1992년 同지역종합연구소 근무 1995~2018년 성공회대 사회과학부 교수 2003~2005년 同연구교류처장 2012~2014년 同부총장 2012년 구로구사회단체보조금지원심의위원회 심의위원(현) 2013년 고양시노사민정협의회 부위원장 2018~2019년 성공회대 사회융합자율학부 사회과학전공 외래교수 2019년 同사회융합자율학부 사회과학전공 명예교수(현) (저)'일본의 지방자치와 노동행정' '정보사회의 의해'(2000) '일본의 도시사회'(2001) '일본의 이해'(2002)

이종구(李種求) LEE Jong Koo

(생)1956·9·3 (본)한산(韓山) (출)서울 (주)서울특별시 종로구 대학로 103 서울대학교 의과대학 가정의학교실(02-740-8992) (학)1982년 서울대 의과대학졸 1985년 同보건대학원졸 2003년 의학박사(서울대) (경)1988년 서울대병원 가정의학과 전임의 1989~1994년 연천군 보건의료원 진료부장·원장 1994년 국립보건원 보건행정학담당관 1995년 보건복지부 방역과장 1997~1999년 同지역의료과장·지역보건과장 1999년 同방역과장 1999년 국립보건원 방역과장 2002년 국립인천공항검역소장 2004년 보건복지부 질병관리본부 전염병관리부장 2004년 同건강증진국장 2005년 同보건의료정책본부 보건정책관 2007년 同질병관리본부 전염병대응센터장 2007년 同질병관리본부장 2008년 보건복지가족부 질병관리본부장 2010~2011년 보건복지부 질병관리본부장 2011~2014년 서울대병원 대외정책실장 2012~2019년 서울대 의대 가정의학교실 부교수·교수 2012~2017년 同이종욱글로벌의학센터장 2014년 同의대 건강사회정책실장 2016년 同의대 건강사회교육센터장(현) 2016년 대한의사협회 국민건강보호위원회 위원장(현) 2019년 서울대 의대 기금부교수(현) (상)홍조근정훈장(1996)

이종구(李鍾求) LEE Jong Koo

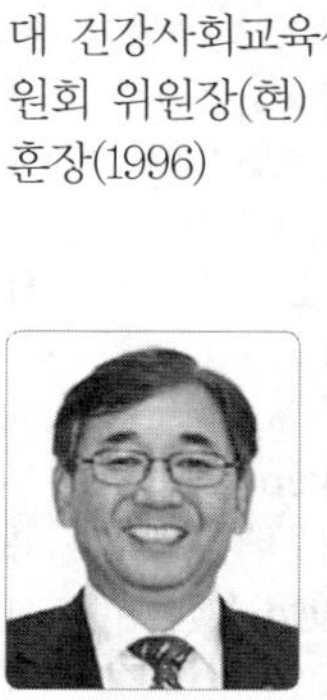

(생)1958·1·18 (출)서울 (주)서울특별시 서초구 마방로 68 동원산업(주) 임원실(02-589-3333) (학)1976년 대신고졸 1980년 부경대 기관학과졸 2007년 핀란드 헬싱키경제경영대학원졸(MBA) (경)동진산업 근무, 대림보일러공업 근무, 동원산업(주) 괌사업소장, 同수산사업본부장(상무이사) 2008년 同수산사업총괄 전무이사 2011~2017년 同해양수산본부장(부사장) 2014년 同해외사업담당 부사장(현) 2014년 SCASA 대표이사 겸임(현) 2015년 CAPSEN 대표이사 겸임(현) (상)산업포장(2005), 석탑산업훈장(2010)

이종구(李宗求) Yi Jong Goo

(생)1959·8·20 (주)서울특별시 종로구 사직로8길 39 세양빌딩 김앤장법률사무소(02-3703-1006) (학)1977년 대전고졸 1981년 서울대 경제학과졸 1990년 법학박사(미국 스탠퍼드대) 1991년 경제학박사(미국 스탠퍼드대) (경)1989년 Milbank Tweed Hadley & McCloy Summer Law Clerk 1991년 뉴욕 Sullivan & Cromwell 변호사 1992년 뉴욕 Shearman & Sterling 변호사 1996~2008년 법무법인 세종 Foreign Legal Consultant 1998~1999년 고려대 국제대학원 객원교수 1999~2001년 국무총리 산하 공공기술연구회 기획평가위원 2000~2008년 연세대 국제대학원 겸임교수 2000~2004년 경인방송 사외이사 2001~2003년 한국선물거래소 자문위원 2001년 슈로더투신운용(주) 사외이사 2001~2004년 Vice Chairman, the Securities, Banking and Finance Committee, Inter-Pacific Bar Association 2002~2004년 재정경제부 금융발전심의위원 2006~2011년 BFL(서울대 금융법센터 발간 금융법률 저널) 편집위원 2007~2008년 한국기업평가(주) 사외이사 2008년 한국철도공사 비상임위원 2008~2011년 금융위원회 상임위원 2011년 김앤장법률사무소 변호사(현) 2011~2017년 IBK기업은행 사외이사 2011년 한미재계회의 위원(현) 2011~2012년 국유재산정책심의위원회 증권분과 민간위원 2013~2016년 인천국제공항공사 비상임이사 2019년 한국블록체인협회 자율규제위원장(현)

이종구(李鍾求)

(생)1965·10 (주)서울특별시 영등포구 여의대로 128 LG트윈타워 (주)LG화학 PVC가소제사업부(02-3773-7552) (학)서울대 화학공학과졸, 한국과학기술원(KAIST) 화학공학과졸(석사), 화학공학박사(한국과학기술원) (경)2008년 (주)LG화학 CRD연구소 연구위원(상무) 2013년 同석유화학연구소 연구위원(상무) 2016년 同PVC가소제·여주PVC공장장(상무) 2017년 同PVC가소제·여주PVC공장장(전무) 2017년 同PVC가소제사업부장(전무)(현)

이종구(李鍾具)

(생)1969·1·30 (출)충북 제천 (주)대전광역시 서구 둔산중로78번길 15 대전지방검찰청 중요경제범죄조사단(042-470-4802) (학)1987년 제천고졸 1991년 한양대 법학과졸 (경)1993년 사법시험 합격(35회) 1996년 사법연수원 수료(25기) 1999~2001년 변호사 개업 2001년 창원지검 검사 2003년 同거창지청 검사 2004년 인천지검 검사 2006년 서울중앙지검 검사 2009년 창원지검 부부장검사 2009년 同진주지청 부장검사 2010년 창원지검 공안부장 2011년 부산지검 동부지청 형사2부장 2012년 의정부지검 고양지청 부장검사 2013년 서울중앙지검 부장검사 2014년 전주지검 남원지청장 2015년 의정부지검 고양지청 부장검사 2016년 부산고검 검사 2017년 부산지검 중요경제범죄조사단 부장 2019년 대전지검 중요경제범죄조사단 부장(현)

이종국(李鍾國) Lee Jong Kuk

(생)1957·5·2 (본)전의(全義) (출)경기 (주)부산광역시 부산진구 중앙대로644번길 20 부산교통공사(051-640-7102) (학)1989년 부경대 전자공학과졸 1992년 동아대 경영대학원 경영학과졸 2001년 한국항공대 산업대학원 정보통신학과졸 2010년 경영학박사(서울과학기술대) (경)2002년 건설교통부 고속철도운영전담과장(기술서기관) 2004년 同철도정책국 철도산업과장 2005년 同철도정책관실 고속철도과장 2008년 국토해양부 철도정책관실 고속철도과장 2013년 국토교통부 철도안전기획단장 2014~2015년 同부산지방항공청장 2015~2018년 국토교통과학기술진흥원 부원장 겸 총괄본부장 2019년 부산교통공사 사장(현) (상)근정포장(2001), 녹조근정훈장(2010), 홍조근정훈장(2015)

이종국(李鍾國) Lee Jong Kook

(생)1959·9·1 (주)서울특별시 종로구 사직로8길 60 외교부 인사운영팀(02-2100-7141) (학)1982년 서울대 외교학과졸 1988년 미국 텍사스주립대 대학원 국제정치학과졸 (경)1981년 외무고시 합격(15회) 1981년 외무부 입부 1989년 駐뉴질랜드 2등서기관 1992년 駐카이로 영사 1996년 駐영국 1등서기관 2000년 외교통상부 주한공관담당관 2000년 同서구과장 2001년 同구주1과장 2002년 駐러시아 참사관 2004년 외교통상부 정책기획업무지원담당 2005년 同정책기획협력관 2006년 駐싱가포르 공사 2009년 駐러시아 공사 2012년 駐리비아 대사 2015년 통일연구원 국제협력자문대사 2016년 駐시카고 총영사 2019년 외교부 본부 근무(현)

이종규(李鍾奎) LEE Jong Kyu

(생)1968·3·19 (출)전북 군산 (주)서울특별시 마포구 효창목길 6 한겨레신문 편집국 신문콘텐츠부문(02-710-0114) (학)1987년 군산제일고졸 1994년 연세대 행정학과졸 (경)1994년 한겨레신문사 입사 1994년 同사회부 기자 1995년 同편집부 기자 1996년 同사회부 기자 1999년 同생활과학부 기자 2000년 同교육공동체부 기자 2000년 同민권사회1부 기자 2001년 同편집1부 기자 2002년 同민권사회2부 기자 2003년 同교육사업단 편집취재부 기자 2008년 同편집국 문화부문 공동체팀장 2008년 同사회부문 교육팀장 2009년 同편집국 교육팀장(차장), 同사회정책팀장 2013년 同편집국 온라인뉴스팀장 2014년 同편집국 사회2부장 2015년 同편집국 사회디지털데스크 2016년 同편집국 디지털부문장 2017년 同편집인석 참여소통에디터 2018년 同편집국 콘텐츠1부문장 2018~2019년 同편집국 디지털영상부문장 2019년 同편집국 신문콘텐츠부문장(현)

이종규(李鍾奎) LEE Jong Gyu

(생)1973·9·25 (본)전주(全州) (출)서울 (주)서울특별시 서대문구 통일로 97 경찰청 범죄분석담당관실(02-3150-2925) (학)1992년 인천 대건고졸 1998년 한양대 법학과졸 2006년 대진대 대학원졸 (경)2005년 인천 연수경찰서 생활안전과장 2006년 同형사과장 2007년 인천 부평경찰서 수사과장 2008년 경찰청 경무기획국 규제개혁법무과 송무계장 2009년 同생활안전과 생활질서계장 2014년 강원지방경찰청 수사과장(총경) 2015년 同형사과장 2015년 강원 태백경찰서장 2016년 인천지방경찰청 여성청소년과장 2017년 경찰청 경찰위원회 근무(총경) 2017년 서울 마포경찰서장 2019년 경찰청 범죄분석담당관(현)

이종균(李宗均) Lee Jong Kyun

(생)1950·2·15 (본)전주(全州) (출)전남 장흥 (주)서울특별시 중구 다산로 78 서울송도병원 이사장실(02-2250-7326) (학)1968년 광주제일고졸 1974년 조선대 의대졸 2003년 가천의과학대 대학원 보건정보학 석사 2005년 의학박사(가천의과학대) 2005년 명예 사회복지학박사(강남대) (경)1979년 전주예수병원 레지던트 1980~1998년 항공의료원 외과 과장 1987~1999년 송도병원 원장 겸 이사장 1988~2002년 대한대장항문학회 이사·상임이사 1993년 서울시니어스타워(주) 설립·대표이사(현) 1999년 서울송도병원 이사장(현) 1999년 호주 SSTA 설립 2000년 시니어스타임즈 창간 2003년 대한대장항문학회 부회장 2004년 정은헬스케어 설립 2005~2006년 대한외과학회 부회장 2005~2006년 대한대장항문학회 회장 2006년 同자문위원(현) 2007년 UBSD Hospital(몽골송도병원) 개원 2008년 오색그린야드호텔 설립 2011년 고창웰파크시티 설립 (상)대통령표창(2001), 대한대장항문학회 공로패(2006), 몽골 최고훈장 북극성(Altan Gadas)(2011), 대한대장항문학회 공로상(2018) (저)'항문이야기'(2003) '대장항문홈케어'(2006) (역)'암을 극복하는 생활'(2015) (종)기독교

이종극(李鍾克) JONG KEUK LEE

(생)1955·11·25 (주)부산광역시 부산진구 엄광로 176 동의대학교 컴퓨터공학과(051-890-1114) (학)경북대 전자공학과졸, 미국 North California주립대 대학원졸, 공학박사(미국 Texas A&M대) (경)동의대 컴퓨터공학과 전임강사·조교수·부교수, 同컴퓨터공학과 교수(현) 2010~2011년 同인력개발처장 겸 학생서비스센터 소장 2010년 한국멀티미디어학회 수석부회장 2011~2012년 同회장 2011년 동의대 기획처장 2019년 同대외부총장(현) (저)'웹으로 배우는 자바'(2000) '컴퓨터구조'(2001)

이종근(李鍾根) Lee Jong Geun

(생)1958·2·12 (출)경기 파주 (주)경기도 의정부시 녹양로34번길 23 의정부지방검찰청 중요경제범죄조사단(031-820-4200) (학)1976년 경기고졸 1983년 서강대 경제학과졸 (경)1990년 사법시험 합격(32회) 1993년 사법연수원 수료(22기) 1993~1995년 변호사 개업 1995년 부산지검 검사 1997년 대구지검 안동지청 검사 1998년 서울지검 서부지청 검사 2002년 인천지검 부천지청 검사 2004년 대구지검 검사 2005년 同부부장검사 2006년 서울동부지검 부부장검사 2007년 전주지검 군산지청 부장검사 2008년 광주지검 순천지청 부장검사 2009년 서울고검 검사 2009년 대전지검 형사3부장 2010년 울산지검 형사1부장 2011년 수원지검 형사2부장 2012년 서울고검 검사 2014년 대전고검 검사 2015년 청주지검 충주지청장 2016~2018년 서울고검 검사 2016년 서울중앙지검 중요경제범죄조사단 파견 2018년 의정부지검 중요경제범죄조사단장(현)

이종근(李鍾根) Jockey Lee

(생)1963·3·5 (본)용인(龍仁) (출)서울 (주)인천광역시 미추홀구 아암대로287번길 7 경인방송 인천본사(032-830-1000) (학)1981년 경기고졸 1988년 중앙대 철학과졸 (경)1990~1997년 서울경제신문 기자 1997~2002년 안그라픽스(아시아나, 야후!스타일) 편집장 2004년 데일리서프라이즈 편집위원 2006년 同편집국장(이사) 2007년 데일리안 편집국 편집위원 2008년 同편집국 국장급 2009년 同편집국 국차장 2011년 인터넷신문심의위원회 심의위원 2013년 데일리안 편집국장 2016~2018년 同논설실장(이사대우) 2016~2018년 언론재단 뉴스트러스트위원회 위원 2018년 시사평론가(현) 2018년 경인방송iFM '이종근·장한아의 시사포차' 라디오 프로그램 진행(현) (저)'올바로 써야 기사가 된다'(1998) (종)불교

이종근(李種根)

(생)1969·11·5 (출)경북 안동 (주)경기도 과천시 관문로 47 법무부 장관정책보좌관실(02-2110-3621) (학)1988년 안동고졸 1995년 서울대 공법학과졸 (경)1996년 사법시험 합격(38회) 1999년 사법연수원 연수(28기) 1999년 서울지검 검사 2001년 청주지검 충주지청 검사 2002년 대구지검 검사 2004년 서울동부지검 검사 2007년 인천지검 부천지청 검사 2007년 금융정보분석원 파견 2009년 대구지검 서부지청 검사 2011년 同서부지청 부부장검사 2012년 전주지검 부부장검사 2013년 수원지검 공판송무부장 2014년 울산지검 형사3부장 2015년 수원지검 안산지청 부부장검사 2016년 수원지검 형사4부장 2017년 법무부 장관정책보좌관 2019년 인천지검 제2차장검사 2019년 법무부 장관정책보좌관(현)

이종길(李鍾吉)

(생)1970·10·17 (출)경북 성주 (주)서울특별시 서초구 서초대로 219 대법원 재판연구관실(02-3480-1100) (학)1988년 대구 경원고졸 1997년 경북대 법학과졸 2008년 고려대 법무대학원졸 (경)2000년 사법시험 합격(42회) 2003년 사법연수원 수료(32기), 법무법인 로쿨 변호사 2007년 사법연수원 법관임용 연수 2008년 대구지법 판사 2011년 同안동지원 판사 2014년 대구지법 판사 2015년 대구고법 판사 2017년 대구지법 판사 2017년 미국 캘리포니아대 어바인교 교육파견 2018년 부산지법 부장판사 2019년 대법원 재판연구관(현)

이종남(李種南) LEE Jong Nam (檜泉)

(생)1936·9·30 (본)덕수(德水) (출)서울 (주)서울특별시 강남구 논현로 422 삼성저축은행 202호 조세법률연구소(02-557-3630) (학)1957년 덕수상업고졸 1961년 고려대 법과대학졸 1974년 건국대 대학원 수료 1975년 법학박사(건국대) (경)1960년 고등고시 사법과 합격(12회) 1961년 軍법무관 1964년 공인회계사 합격(11회) 1964~1974년 대구지검·서울지검·대전지검 검사·통영지청장 1974년 대검찰청 특수부 4과장 겸 서울지검 부장검사 1979년 대검찰청 특수부 1과장 1980년 수원지검 차장검사 1981년 대검찰청 중앙수사부장 1983년 서울지검 검사장 1985~1987년 법무부 차관 1987년 검찰총장 1989년 미국 하버드대 법과대학 객원교수 1990~1991년 법무부 장관 1991년 고려대 대학원 객원교수 1991~1998년 조세법률연구소 대표 1991년 국제조세협회 이사장 1992~1996년 공인회계사회 회장 1995~1999년 변호사 개업, 법무법인 세종 대표변호사 1999~2003년 감사원 원장 2001~2003년 세계감사원장회의(INTOSAI) 의장 2003년 법무법인 세종 고문변호사 2008년 조세법률연구소 변호사(현) (상)법률문화상(1977), 청조근정훈장(1992), 자랑스러운 고대인상(2010) (저)'조세법연구'(1975) (종)천주교

이종대(李鍾大)

(생)1961·5·6 (출)경북 경산 (주)서울특별시 서초구 반포대로 158 서울중앙지방검찰청 중요경제범죄조사단(02-530-4243) (학)1979년 대구 대건고졸 1984년 연세대 행정학과졸 (경)1986년 사법시험 합격(28회) 1989년 사법연수원 수료(18기) 1989년 대한법률구조공단 춘천지부 변호사 1990년 감사원 근무 1996년 부산지검 동부지청 검사 1997년 창원지검 밀양지청 검사 1998년 대구지검 검사 2000년 서울지검 북부지청 검사 2002년 同북부지청 부부장검사 2003년 청주지검 부장검사 2004년 서울남부지검 부부장검사 2005년 부산고검 검사 2007년 서울고검 검사 2009년 대전고검 청주지부 검사 2010년 서울고검 검사 2012년 광주고검 검사 2014년 서울고검 검사 2016년 대구고검 검사 2018년 서울고검 검사 2018년 서울중앙지검 중요경제범죄조사단 2단장 2019년 同중요경제범죄조사단 1단장(현)

이종덕(李鍾德) LEE Jong Duck (梧雲)

(생)1935·1·21 (본)전주(全州) (출)일본 오사카 (주)경기도 용인시 수지구 죽전로 152 단국대학교 문화예술대학원(031-8005-2284) (학)1955년 경복고졸 1960년 연세대 문과대학 사학과졸 1986년 同행정대학원 고위정책과정 수료 2001년 서강대 영상대학원 CEO PI전략과정 수료 2013년 명예 경영학박사(단국대) (경)1963~1975년 문화공보부 문화선전국 문화과·예술과·공연과 근무 1975~1980년 同보도담당관·공연과장·보도과장 1981년 同종무담당관 1981년 同정책연구관 1983~1987년 한국문화예술진흥원 상임이사·기획이사 1989~1993년 88서울예술단 단장 1993년 성라자로마을돕기회 회장 1994년 (재)서울예술단 이사장 1995~1998년 (재)예술의전당 사장 1996년 서울예장로타리클럽 창립·회장 1996년 전국문화예술회관연합회 창립·초대회장 1998~1999년 (사)한국공연예술원 이사장 1998년 서울시문화상 심사위원 1999~2002년 (재)세종문화회관 사장 1999년 문예진흥원 문예진흥기금심의위원장 2001년 세종대 언론문화대학원 겸직교수 2002~2005년 단국대 산업경영대학원 주임교수 2003년 연세대문과대학동문회 회장(총동문회 부회장) 2004~2010년 (재)성남문화재단 대표이사 2009년 제3회 세계델픽대

회조직위원회 위원장 2010년 성남아트센터 대표이사 겸임 2011~2016년 (재)중구문화재단 충무아트홀 사장 2011년 탄천문화포럼 100인회 창립·회장 2012~2013년 서울사이버대 문화예술학부 문화예술경영학과 석좌교수 2012~2015년 (재)KBS교향악단 이사장 2013~2017년 광화문문화포럼 제6대 회장 2014~2016년 한국문화예술회관연합회 서울·인천지회장 2014년 새로운한국을위한국민운동 상임대표(현) 2014년 단국대 문화예술대학원장 2015년 同문화예술대학원 석좌교수(현) 2016년 (재)대한민국사회공헌명예의전당 3대 회장(현) 2017년 라자로돕기회 회장(현) (상)근정포장(1978), 보국훈장 삼일장(1981), 국민훈장 목련장(1988), 옥관문화훈장(1994), 루마니아 문화상(2000), 예총 예술문화상 특별공로상(2000), 한국현대무용진흥회 이사도라어워드상(2001), 대통령표창, 석주미술상 특별상(2007), 연세대문과대동창회 제8회 연문인상(2008), (사)미술협회 제2회올해의미술인상(2008), 보관문화훈장(2009), 한국문화교예술교육총연합회 문화경영인상(2010), 한국발레협회 디아길레프상(2010), 연세대 총동문회 자랑스런 연세인상(2012), 경복동창회 제3회자랑스런경복인 특별상(2013), 한국문학예술상 예술경영부문(2014), 한국문화예술교육총연합회 한국문학예술상(2014) (저)'내 삶은 무대 뒤에서 이루어졌다'(2004) '공연의 탄생'(2014) (종)천주교

이종덕(李鍾德) Chong-Duk Lee

(생)1954·1·26 (본)경주(慶州) (출)경기 양평 (경)1981년 연합통신 경리부 입사 1995년 同경리부 차장 1998년 연합뉴스 경리부 부장대우 1999년 同경리관재부장 직대 1999~2008년 同사내근로복지기금 감사 1999~2008년 同구매심의위원회 위원 2000년 同경리부장 2005년 同경리관재부장(부국장급) 2008~2011년 同관리국장(국장대우) 2008~2011년 同거래업체심의위원회 위원장 2008~2011년 同사내근로복지기금협의회 위원 2008~2011년 연합피앤엠 상무이사 겸임 2008~2011년 한국신문협회 경영지원협의회 이사 2009~2011년 同비상경영위원회 위원 2009~2011년 방송사업기획단 위원 2011년 연합뉴스 관리국 고문 2011년 연합뉴스TV 경영기획실장 2011년 同구매심의위원회 위원장 2012년 연합뉴스 관리국 고문 2012년 코리아세미텍(주) 전무이사 2014년 同고문 2014~2015년 (주)우리비전 상임고문 (상)한국신문협회상(2006)

이종덕(李鍾德) LEE Jong Deog

(생)1956·11·20 (출)경북 경주 (주)대구광역시 북구 침산로 73 대구도시공사 사장실(053-350-0350) (학)1974년 대륜고졸 1978년 중앙대졸 (경)1981년 대한주택공사 입사 2004년 同택지보상처장 2005년 同대구경북지역본부장 2007년 同정책개발실장 2007년 同사업개발처장 2008년 同기획혁신본부 전략혁신처장 2008년 同감사실장 2009년 한국토지주택공사 평택사업본부장 2010년 同평택직할사업단장 2011년 同자문위원 2012년 대구도시공사 사장(현) (상)한국경제신문 2013 대한민국 공공경영대상 윤리경영부문(2013)

이종도(李鍾都)

(생)1963·6·6 (출)경남 거창 (주)대전광역시 동구 중앙로 242 한국철도시설공단 경영본부(042-607-3011) (학)1982년 풍생고졸 1985년 한양대 경제학과졸 1992년 同대학원 경제학과졸 (경)2008년 한국철도시설공단 홍보실 홍보전략파트장 2009년 同기획조정실 경영기획팀장 2011년 同홍보실장 2013년 同기획혁신본부 기획예산처장 2014년 同건설본부 건설계획처장 2016년 同영남본부장 2017년 同기획재무본부장 2018년 同기획본부장(상임이사) 2019년 同경영본부장(상임이사)(현) (상)국토교통부장관표창(2010), 산업자원부장관표창(2014), 산업포장(2017)

이종득(李鍾得) LEE Chong Deuk

(생)1959·4·6 (본)전주(全州) (출)전북 임실 (주)전라북도 전주시 덕진구 백제대로 567 전북대학교 전자공학부(063-270-4782) (학)1977년 남성고졸 1983년 전북대 전산통계학과졸 1989년 同대학원졸 1998년 이학박사(전북대) (경)1992~2002년 서남대 컴퓨터정보통신학부 교수, 전북대 전자공학부 교수(현), 전북디지털산업진흥원 이사, 전북도 정보화심의위원회 위원, 정보통신연구진흥원 심의위원, 통계청 자문위원, 조달청 심의위원, 우정사업본부 심의위원, 철도시설본부 심의위원, 한국에너지기술평가원 심의위원, 한국연구재단 심의위원, 한국콘텐츠진흥원 심의위원, 한국컴퓨터정보학회 영문편집이사, 디지털콘텐츠학회 이사 2011~2013년 톰슨로이터 국제대학평가위원회 위원 2012~2014년 교육부 표준분류심의위원회 위원 2014년 미국 샌디에이고주립대 연구교수 2017년 미국 세계인명사전 'Marquis Who's Who in the World' 2018판에 등재 2017년 영국 국제인명센터(IBC) '세계 100대 기술인'에 등재 (상)융합학회 우수논문상(2010), 한국콘텐츠학회 국제학술대회 Best paper상(2013), 한국디지털정책학회 국제학술대회 'ICDPM2015 Best Paper'(2015) (저)'XML 웹프로그래밍' '비쥬얼베이직' '자바스크립트' '전산활동 및 실습' 등 (종)천주교

이종람(李鐘覽) LEE Jong Lam

(생)1958·4·6 (출)서울 (주)경상북도 포항시 남구 청암로 77 포항공과대학교 신소재공학과(054-279-2152) (학)1980년 한양대 금속공학과졸 1982년 한국과학기술원(KAIST) 대학원졸 1985년 재료공학박사(한국과학기술원) (경)1985~1986년 미국 미시간공대 박사후 과정 연구원, 미국 노스웨스턴대 박사후 과정 연구원 1987~1995년 한국전자통신연구원 책임연구원 1989~1990년 일본 쓰쿠바대(筑波大) 초빙연구원 1996~2000년 포항공대 신소재공학과 부교수 2000년 同신소재공학과 교수(현) 2005년 한국과학기술한림원 정회원(공학부·현) 2011~2014년 포항공대 Postech Fellow 2017년 同남고석좌교수(현) (상)ETRI 최우수논문상, 정보통신부장관표창, 휴대단말기용 전력소자개발공로상, 대한민국기술대전 산업자원부장관표창, 대한금속·재료학회 전자·정보재료상(2006), 국가녹색기술대상 교육과학기술부장관표창(2011), 자랑스런 포스테키안상(2012), 지식경제부장관표창(2012), 이달의 과학기술자상(2014), 특허청·한국발명진흥회 발명의날 올해의 발명왕(2015)

이종렬(李鍾烈) LEE Jong Riul

(생)1946·5·17 (본)성산(星山) (출)대구 (주)서울특별시 강동구 천중로15가길 4 민족통일중앙협의회(02-476-8194) (학)1964년 경북대사대부고졸 1971년 연세대 정치학과졸 1985년 서울대 행정대학원 정책학과 수료 (경)1983~1990년 국토통일원 남북대화사무국 대화운영과장 1991년 통일원 남북대화사무국 대화운영과장 1992년 同남북대화사무국 운영2부장 1993년 同운영1부장 1996년 同인도지원국장 1998년 통일부 인도지원국장 1999년 同남북회담사무국 운영부장 2000년 同남북회담사무국 상근위원 2002년 同기획관리실장 2003년 同남북회담사무국장 2004년 대한적십자사 남북적십자교류전문위원회 산하 남북협력위원장, 단국대 법정학부 북한학전문 초빙교수 2018년 민족통일중앙협의회 사무총장(현) (상)근정포장, 황조근정훈장 (종)천주교

이종률(李鍾律) Yi Chongyul

(생)1965·12·30 (본)고성(固城) (출)경남 거창 (주)세종특별자치시 갈매로 388 문화체육관광부 운영지원과(044-203-2121) (학)1984년 부산 동아고졸 1992년 고려대 서어서문학과졸 1997년 스페인 마드리드대 대학원 서중남미지역학과졸 (경)1992~1995년 공보처 공보정책실·해외공보관 외보부

근무 1998~2002년 문화관광부 해외문화홍보원 · 국정홍보처 홍보기획국 근무 2002년 駐멕시코대사관 1등서기관 2007년 대통령 해외언론비서관실 행정관 2008년 대통령 대변인실 행정관 2009년 駐아르헨티나대사관 참사관 겸 중남미한국문화원장 2016년 문화체육관광부 홍보담당관 2017년 駐스페인 한국문화원장(현) (상)외교부장관표창(2005), 국무총리표창(2012) (종)불교

이종린(李鍾麟) Lee Jong Lin

(생)1963 · 1 · 7 (주)경기도 부천시 상일로 124 뉴법조타운 102호 법무법인 정동(032-325-0522) (학)1981년 경복고졸 1985년 연세대 법학과졸 1989년 同대학원 법학과졸 (경)1989년 사법시험 합격(31회) 1992년 사법연수원 수료(21기) 1992년 軍법무관 1995년 변호사 개업 2006년 법무법인 정동 변호사(현) 2015년 인천지방변호사회 제2부회장 2017년 同제1부회장 2019년 同회장(현)

이종림(李鍾林) LEE Jong Lim

(생)1965 · 3 · 3 (출)경북 김천 (주)서울특별시 서초구 서초대로74길 4 법무법인 동인(02-2046-0621) (학)1984년 김천고졸 1992년 서울대 법학과졸 (경)1994년 사법시험 합격(36회) 1997년 사법연수원 수료(26기) 1997년 인천지법 판사, 서울지법 동부지원 판사 2001년 춘천지법 판사 2002년 同인제군법원 판사 2003년 同양구군법원 판사 2006년 서울행정법원 판사 2008~2012년 서울고법 판사 2008~2010년 헌법재판소 파견(헌법연구관) 2012년 대전지법 부장판사 2014년 인천지법 부장판사 2016년 서울중앙지법 부장판사 2018년 법무법인(유) 동인 변호사(현)

이종명(李鍾明) LEE JONG MYEONG

(생)1959 · 8 · 8 (출)경북 청도 (주)서울특별시 영등포구 의사당대로 1 국회 의원회관 337호(02-784-2174) (학)1978년 대구 달성고졸 1983년 육군사관학교 환경학과졸(39기) 2006년 충남대 평화안보대학원 군사학과졸 (경)2000년 육군 전진부대 수색대대장(중령) 2005~2015년 육군대학 교관(대령) · 합동군사대학 지상작전 교관(대령) 2015년 합동군사대학 명예교수(현) 2016년 이종명리더십사관학교 대표 2016년 제20대 국회의원(비례대표, 새누리당 · 자유한국당〈2017.2〉)(현) 2016 · 2018년 국회 국방위원회 위원(현) 2016~2018년 국회 윤리특별위원회 위원 2016년 국회 남북관계개선특별위원회 위원 2017년 국회 남북관계개선특별위원회 간사 2017년 자유한국당 북핵위기대응특별위원회 위원 2018년 국회 여성가족위원회 위원(현) (상)보국훈장 삼일장(2000), 올해의 육사인상(2002), 육군 참군인 대상 책임상(2002), 제67회 국군의 날 기념식 대통령표창(2015), 자랑스러운 육사인상(2016), 국정감사 우수의원(2016), 제4회 국회의원 아름다운 말 선플상(2016), 2016 입법 및 정책개발 최우수국회의원(2017), 국정감사NGO모니터단 국정감사 우수국회의원(2017), 제7회 국회를 빛낸 바른정치언어상 바른언어상(2018), 韓國을 빛낸 사람들 大賞 의정부문 국회복지발전혁신공로대상(2018), 2018 대한민국을 빛낸 韓國人物大賞 우수정치공로부문(2018), 법률소비자연맹 국회의원 헌정대상(2018) (종)기독교

이종무(李鍾武) LEE Chong Mu

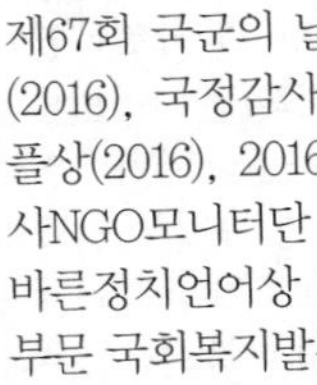

(생)1950 · 9 · 20 (본)경주(慶州) (출)부산 (주)인천광역시 미추홀구 인하로 100 인하대학교 공과대학 신소재공학부(032-860-7520) (학)1969년 경남고졸 1974년 서울대 금속공학과졸 1976년 한국과학원 대학원 재료공학과졸 1984년 공학박사(미국 스탠퍼드대) (경)1976년 국민대 금속공학과 전임대우 1976~1980년 영남대 금속공학과 전임강사 · 조교수 1984년 삼성반도체통신(주) 연구원 1984년 인하대 금속공학과 부교수 1984~1991년 삼성전자 반도체부문 자문역 1988년 미국 스탠퍼드대 객원교수 1989~2015년 인하대 신소재공학부 교수 2001~2005년 同소재연구소장 2002년 同산업과학기술연구소장 2002~2003년 산학연컨소시엄 인천지역협의회장 2005년 인하대 펠로우교수(IFP) 2005~2006년 한국재료학회 부회장 2006년 인하대 나노하이테크센터장 2008 · 2009 · 2010년 미국 세계인명사전 'Marquis Who's Who in the World'에 등재 2015년 인하대 공과대학 신소재공학부 인하한림교수(현) (상)한국전기전자재료학회 논문상(1992), 한국재료학회 학술상(1994 · 2009), 인하대 학술상(1999), 인하대 연구대상(2001 · 2004), 과학기술 우수논문상, 인천시 과학기술 금상 과학분야(2009), 교과부 대표우수연구성과 60선(2009), 국가연구개발우수성과 100선(2009), 제16회 인천시 과학기술대상 과학부문(2016), 대한민국학술원 학술원상 자연과학응용분야(2016) (저)'Submicron소자를 위한 제조기술Ⅰ · Ⅱ' '반도체공정기술' '금속 및 유전체박막' 등

이종민(李宗旻) LEE Jong Min

(생)1960 · 10 · 19 (주)강원도 춘천시 강원대학길 1 강원대학교 경제무역학부(033-250-6130) (학)1983년 강원대 경제학과졸 1986년 서강대 대학원졸 1994년 경제학박사(미국 플로리다대) (경)1995년 강원대 경제학과 교수 1997년 同경제무역학부 교수(현) 2009~2010년 同경영대학 부학장 2010년 同입학관리본부장 2013년 同산업경제연구소장 2016~2018년 同경영대학장 2016~2018년 同경영대학원장 (종)기독교

이종민(李鐘旻) Lee, Chong Min

(생)1964 · 10 · 18 (출)서울 (주)서울특별시 성북구 정릉로 77 국민대학교 사회과학대학 언론정보학부(02-910-4459) (학)1988년 연세대 정치외교학과졸 1991년 미국 미주리주립대 대학원 광고학과졸 1994년 미국 텍사스주립대 대학원 광고학박사과정 수료 1999년 광고학박사(한국외국어대) (경)1995~1998년 한국외국어대 신문방송학과 강사 1995년 (주)유로넥스트 기획1본부장 1998년 (주)다이아몬드베이츠 싸치앤싸치마케팅 차장 1999~2001년 동의대 광고홍보학과 교수 2001년 국민대 사회과학대학 언론정보학부 광고정보학 조교수 · 부교수 · 교수(현) 2002년 한국옥외광고학회 이사 2003년 한국광고학회 편집위원 2005년 한국방송학회 방송과광고연구회장 2012년 한국옥외광고학회 회장 2013~2014년 한국OOH광고학회 회장 2014~2016년 국민대 사회과학대학장 2015~2016년 한국광고홍보학회 회장 (상)미국 미주리대 Inchon Scholarship(2008) (저)'Communication Technology Update : 1993-1994 중에 Chapter17'(1993)

이종민(李宗珉 · 女)

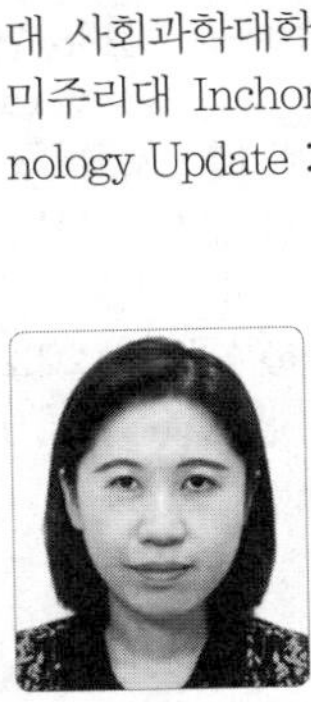

(생)1974 · 4 · 26 (출)서울 (주)서울특별시 마포구 마포대로 174 서울서부지방검찰청 공판부(02-3270-4490) (학)1993년 명지여고졸 1998년 고려대 법학과졸 (경)2000년 사법고시 합격(42회) 2003년 사법연수원 수료(32기) 2003년 광주지검 검사 2005년 전주지검 군산지청 검사 2006년 서울서부지검 검사 2009년 청주지검 검사 2012년 의정부지검 고양지청 검사 2014년 서울남부지검 검사 2016년 대전지검 검사 2017년 同부부장검사 2019년 광주지검 목포지청 형사2부장 2019년 서울서부지검 공판부장(현)

이종민(李鍾民)

(생)1974 · 5 · 15 (출)경남 진주 (주)서울특별시 마포구 마포대로 174 서울서부지방법원(02-3271-1104) (학)1992년 부산 용인고졸 1997년 서울대 경영학과졸 (경)1997년 사법시험 합격(39회) 2000년 사법연수원 수료(29기) 2000년 육군 법무관 2003년 서울지법 동부지원

판사 2004년 서울동부지법 판사 2005년 서울중앙지법 판사 2007년 창원지법 통영지원 판사 2010년 수원지법 판사 2012년 서울중앙지법 판사 2013년 서울고법 판사 2015년 대전지법 부장판사 2017년 수원지법 평택지원 부장판사 2019년 서울서부지법 부장판사(현)

이종배(李鍾培) LEE Jong Bae

(생)1957·5·30 (출)충북 충주 (주)서울특별시 영등포구 의사당대로 1 국회 의원회관 430호(02-784-4131) (학)1974년 청주고졸 1979년 고려대 법대 행정학과졸 (경)1980년 행정고시 합격(23회), 충북도 법무담당관·상정과장·도시과장·총무과장 1993년 同기획관리실 기획담당관(서기관) 1994년 음성군수, 내무부 지방행정연수원 기획과장 1996년 대통령비서실 파견 1998년 행정자치부 복무감사관실 조사담당관 1998년 同복무감사관실 감사담당관 2000년 同지방재정세제국 재정경제과장(부이사관) 2001년 同자치행정국 자치행정과장 2002년 청주시 부시장(이사관) 2003~2005년 충북도 기획관리실장 2005~2006년 행정자치부 자치경찰제실무추진단장 2007년 한국지방행정연구원 행정실장 2007~2009년 충북도 행정부지사 2009년 소청심사위원회 상임위원(고위공무원) 2010년 행정안전부 차관보 2011년 同제2차관 2011~2014년 충북 충주시장(재보선 당선, 한나라당·새누리당) 2014년 제19대 국회의원(충주시 보궐선거, 새누리당) 2014년 국회 농림축산식품해양수산위원회 위원 2015년 새누리당 정책위원회 농림축산식품해양수산정책조정위원회 부위원장 2015년 국회 동북아역사왜곡대책특별위원회 위원 2015년 국회 예산결산특별위원회 위원 2015~2016년 새누리당 원내부대표 2015년 국회 운영위원회 위원 2016년 제20대 국회의원(충주시, 새누리당·자유한국당〈2017.2〉)(현) 2016~2018년 국회 교육문화체육관광위원회 위원 2016~2017년 국회 미래일자리특별위원회 위원 2016년 새누리당 제4차 전당대회 대표최고위원 및 최고위원선출을위한선거관리위원회 위원·선거인단소위원회 위원장 2016~2017년 자유한국당 정책위원회 수석부의장 2017년 同제19대 홍준표 대통령후보 중앙선거대책위원회 국가대개혁위원회 교육개혁위원장 2017년 (사)한국택견협회 세계택견대회추진위원회 공동위원장(현) 2017년 국회 헌법개정특별위원회 위원 2017~2019년 자유한국당 대외협력위원장 2017년 국회 '지방분권개헌 국회추진단' 공동단장 2017년 자유한국당 정책위원회 부의장 2018~2019년 국회 산업통상자원중소벤처기업위원회 간사 2018년 국회 에너지특별위원회 위원 2018년 자유한국당 정책위원회 수석부의장(현) (상)법제처장표창(1986), 녹조근정훈장(1999), 새누리당 국정감사 우수의원(2014·2015), 국정감사 NGO모니터단 선정 국정감사 우수국회의원(2015), 제4회 국회의원 아름다운말 선플상(2016), 2015년도 입법및정책개발 정당추천 우수국회의원(2016), 법률소비자연맹 '제20대 국회 1차년도 국회의원 헌정대상'(2017), 법률소비자연맹 '제20대 국회 3차년도 국회의원 헌정대상'(2019)

이종배(李鐘培)

(생)1965 (주)부산광역시 남구 문현금융로 33 기술보증기금(051-606-7504) (학)대구 오성고졸, 한국외대 경제학과졸, 서강대 대학원 경제학과졸 (경)1990년 기술보증기금 입사, 同중앙기술평가원장, 同송파지점장, 同비서실장 2019년 同경기지역본부장 2019년 同상임이사(현)

이종백(李鍾伯) LEE, JONG-BAEK

(생)1950·8·8 (출)울산 (주)서울특별시 종로구 사직로8길 39 세양빌딩 김앤장법률사무소(02-3703-1684) (학)1969년 부산고졸 1974년 서울대 법대졸 1976년 同대학원 법학과졸 1985년 독일 막스프랑크형사법연구소 수료 (경)1975년 사법시험 합격(17회) 1977~1980년 공군 법무관 1980년 서울지검 검사 1984년 부산지검 검사 1986년 법무부 검찰국 검사 1987년 서울지검 검사 1988년 대통령 정책비서관 1989년 서울지검 고등검찰관 1990년 서울고검 검사 1991년 대통령 사정비서관 1993년 법무부 검찰2과장 1995년 서울지검 형사6부장 1997년 同형사5부장 1997년 수원지검 평택지청장 1998년 서울고검 검사 1999년 청주지검 차장검사 1999년 서울고검 공판부장 2000년 서울지검 서부지청장 2001년 대전고검 차장검사 2002년 대검찰청 기획조정부장 2003년 인천지검장 2004년 법무부 검찰국장 2004년 서울중앙지검장 2006년 부산고검장 2006~2007년 서울고검장 2007~2008년 국가청렴위원회 위원장 2008~2014년 SK건설(주) 사외이사 겸 감사위원 2008년 김앤장법률사무소 변호사(현) 2010년 농업협동조합중앙회 감사위원 2013~2015년 두산건설 사외이사 2014~2016년 SK케미칼(주) 고문 2015~2018년 (주)두산 사외이사 (상)홍조근정훈장

이종복(李鍾福) LEE Jong Bock (省政)

(생)1948·8·12 (본)경주(慶州) (출)충북 음성 (주)충청북도 음성군 감곡면 대학길 76-32 극동대학교 경찰행정학과(043-879-3744) (학)1967년 성동고졸 1976년 국민대 경영학과졸 1997년 법학박사(동국대) (경)1974년 순경(공채) 임용 1986년 치안본부 정보1과 경위 1990년 경찰종합학교 정신교육학과장(경감) 1993년 同교양학과장 1994년~2003년 동국대·同대학원·한국체육대 강사 1995년 同정보학과장 1996년 同경무학과장 1996년 경정 승진 1998년 경찰종합학교 수사학과장 1998년 경찰대 치안연구소 연구관 1999년 경찰청 기획관리관실(경찰위원회) 근무 1999년 同경무기획국 기획과(경찰위원회) 근무 2004년 총경 승진 2004년 경찰대 치안정책과정 교육파견 2004년 충청지방경찰청 보안과장 2005년 충북 음성경찰서장 2006년 충북지방경찰청 청문감사담당관 2007~2008년 충북 괴산경찰서장 2008~2009년 경찰대학·경기대·한세대 외래교수 2009~2016년 중앙경찰학교 외래교수 2009~2017년 극동대 법경찰학부 초빙석좌교수, 同경찰행정학과 초빙석좌교수(현) 2013년 한국경찰학회 부회장 2014년 씨큐리티융합경영학회 고문 2016~2018년 서울 송파재향경우회 회장 2016년 한국공안행정학회 부회장 겸 감사 2016년 한국자치경찰학회 학술상위원회 위원장(현) 2017년 한국경찰복지연구학회 고문(현) 2017년 한국자치경찰학회 이사(현) 2017년 대한민국재향경우회 이사(현) 2019년 서울 송파재향경우회 명예회장(현) (상)근정포장(1997), 대통령표창(2005), 녹조근정훈장(2008), 타이완 시험부장관 감사장(2013), 경찰청장표창(2017)등 30여회 수상, 미8군 메릴랜드대 아시아대학 형사사법학부 특별감사패(2018) (저)'경찰정신'(1993) '경찰종합학교50년사'(1995) '형사실무'(1996) (종)천주교

이종복(李鍾復) LEE Jong Bouk

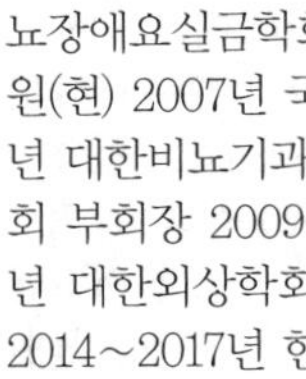

(생)1961·9·18 (출)대전 (주)서울특별시 중구 을지로 245 국립중앙의료원 비뇨의학과(02-2260-7252) (학)1978년 대전고졸 1985년 서울대 의대졸 1992년 同대학원 의학석사 2000년 의학박사(서울대) (경)1988~1989년 서울대병원 인턴 1989~1993년 同비뇨기과 전공의 1993~1999년 인천중앙길병원 비뇨기과장 1996년 미국 하버드대 의과대학 여성비뇨기과학교실 연수 1999~2007년 가천대 의과대학 비뇨기과학교실 교수 2001년 국제요실금학회조직위원회 위원 2002~2003년 대한배뇨장애요실금학회 학술이사 2004년 대한비뇨기과학회 이사·평의원(현) 2007년 국립중앙의료원 비뇨의학과 전문의(현) 2009~2013년 대한비뇨기과학회 손상재건연구회장 2009~2013년 대한외상학회 부회장 2009~2013년 국립중앙의료원 비뇨기과장 2013~2015년 대한외상학회 회장 2014~2015년 국립중앙의료원 진료부원장 2014~2017년 한국과학기술단체총연합회 이사 2018~2019년 국립중앙의료원 진료부원장 겸 공공의료사업단장 2018년 同외상센터장 (종)기독교

이종상(李鍾祥) LEE Jong Sang (一浪)

생1938 · 7 · 20 본광주(廣州) 출충남 예산 주서울특별시 서초구 반포대로37길 59 대한민국예술원(02-3479-7223) 학1959년 대전고졸 1963년 서울대 미술대학 회화과졸 1978년 동국대 대학원 철학과졸 1989년 철학박사(동국대) 경1961~1963년 국전 특선 1963~1973년 국전 추천작가 1964년 고구려문화지키기운동본부장 1965~1973년 서울예고 교사 1967년 한국벽화연구소 소장(현) 1967~2003년 서울대 미대 동양화과 강사 · 전임강사 · 조교수 · 부교수 · 교수 1973~1993년 국전 초대작가 심사위원 1975년 제1회 개인전(미국 댈러스) 1977년 독도문화심기운동본부장(현) 1977년 독도문화심기운동 NGO 활동 1985년 삼성문화재단 · 일민문화재단 · 고촌재단 이사장 1990 · 1992년 FIAC초대 개인전(파리) 1991년 (사)서울국제미술제SAFEC 부이사장 1991년 유고 · 한국현대회화전 1993년 Templon Gallery초대 개인전(파리) 1995년 (사)국악진흥회 이사장 1995년 회향전 1997년 프랑스 PARIS루브르까루젤 70m x 6m 설치벽화개인전 1999~2003년 제12 · 13대 서울대 박물관장 2003년 서울대 초대미술관장 2004년 대한민국예술원 회원(동양화 · 현) 2004년 세계80인화가전(세자르, 백남준, 보스텔, 이종상 외 76명) 2005~2009년 상명대 석좌교수 2005~2016년 문화체육관광부 동상영정심의위원회 위원 2006년 삼성문화재단 이사 2006~2016년 일민문화재단 이사 2006년 종근당 고촌재단 이사(현) 2007년 대전시립미술관 초대개인전 한국현대미술의거장 이종상전 2008년 서울대 명예교수협의회 이사(현) 2009년 6.25전쟁기념60주년기념사업회 민간위원 2011년 남북평화미술전 출품 및 조직위원장 2011년 메트로폴리탄미술관 한국전 2013년 평창문화마을 이사장 2013년 (사)평창문화포럼 초대이사장 · 명예이사장(현) 2014년 대한민국예술원 미술분과 회장 상국전 내각수반상(1962), 신인예술상 최고특상(1962), 국전 문교부장관표창(1963), 부총리 겸 교육인적자원부장관표창, 한국미술을빛낸미술인상(2001), 은관문화훈장(2003), 안견문화대상(2004), 자랑스런한국인대상(2008), 국가유공자건국포장(2010), 가장문학적인미술인상(2011), 제1회 대한민국 나라사랑 실천대상(2015) 저'화실의 창을 열고'(1980) '솔바람 먹내음'(1987) '동양의 기사상과 기운론 연구'(1998) 작'매헌 윤봉길의사기념관벽화' '서울법원로비 대벽화' '대법원신청사로비 좌우동유벽화' '삼성본관로비 암각벽화' '연세대학교재단빌딩 로비 동유벽화' '국립국악원대극장 무대막' '고양일산아름누리 오페라좌무대막' '소설태백산맥문학관 야외옹석벽화(8mx81m)' 종가톨릭

이종상(李鍾常) LEE Jong Sang

생1967 · 8 · 17 출서울 주서울특별시 영등포구 여의대로 128 트윈타워 LG전자(주) 법무그룹(02-3777-3213) 학1986년 영동고졸 1990년 서울대 사법학과졸 2000년 同대학원졸, 미국 펜실베이니아대 대학원졸 경1989년 사법시험 합격(31회) 1992년 사법연수원 수료(21기) 1992년 軍법무관 1995년 서울지검 검사 1997년 창원지검 통영지청 검사 1998년 수원지검 검사 2000년 광주지검 검사 2003년 (주)LG 법무팀장(상무) 2008년 同법무팀장(전무) 2013년 同법무 · 준법지원팀장(부사장) 2015년 LG전자(주) 법무팀장(부사장) 2018년 同법무그룹장(부사장)(현)

이종서(李鍾瑞) LEE Jong Seo

생1955 · 6 · 5 출대전 주대전광역시 동구 대학로 62 대전대학교 총장실(042-280-2103) 학1973년 대전고졸 1977년 서울대 사회교육학과졸 1985년 同대학원 사회교육학과졸 1991년 영국 버밍햄대 교육대학원졸 1999년 교육학박사(성균관대) 경예편(공군 중위) 1977년 행정고시 합격(21회) 1983년 서울시교육위원회 행정사무관 1985년 대통령비서실 행정관 1989년 해외 연수 1991년 교육부 재외국민교육과장 1993년 同과학교육과장 1994년 同학술지원과장 1994년 同대학학무과장 1996년 同전문대학행정과장 1996년 부산시교육청 관리국장 1997년 교육부 국제교육협력관 1999년 중앙공무원교육원 파견 2000년 교육부 교육정책기획관 2000년 同고등교육지원국장 2001년 서울대 사무국장 2002년 대전시교육청 부교육감 2003년 교육인적자원부 감사관 2004년 同교원징계재심위원회 위원장 2005년 同교원소청심사위원회 위원장 2006~2007년 同차관 2007~2010년 한국교직원공제회 이사장 2010~2013년 서울교대 석좌교수 · 강남대 특임교수 2013~2014년 관동대 총장 2014~2015년 가톨릭관동대 총장 2015년 성신여대 사범대학 석좌교수 2017년 생명보험사회공헌재단 이사장(현) 2017년 대전대 총장(현) 2017년 공군 정책발전자문위원회 위원(현) 2018년 (재)삼성꿈장학재단 이사(현) 상총무처장관표창, 근정포장(1995), 황조근정훈장(2007) 저'대학경영의 원리와 진단(共)'(2005) 종천주교

이종서(李鍾瑞) LEE CHONG SUH

생1956 · 11 · 17 주서울특별시 강남구 일원로 81 삼성서울병원 정형외과(02-3410-3503) 학1977년 서울대 자연과학대학 의예과 수료 1981년 同의대졸 1989년 同대학원 의학석사 1996년 의학박사(서울대) 경1984~1985년 서울대병원 인턴과정 수료 1985~1989년 同레지던트과정 수료 1989~1992년 경상대 의대 정형외과학교실 전임강사 · 조교수 1993년 독일 Karlsbad Rehabilitationskrankenhaus 전임의 1993~1994년 스웨덴 Sahlgrenska Hospital 전임의 1994년 성균관대 의대 정형외과학교실 교수(현) 1994년 삼성서울병원 정형외과 전문의(현), 대한척추인공관절학회 회장, 대한정형외과학회 학술용어제정위원회 위원장 2009년 삼성서울병원 척추센터장(현) 2011~2013년 同정형외과장 2013~2014년 대한척추외과학회 회장 저'건강을 위한 스포츠 상식(共)'(1996) '척추외과학(共)'(1997) '알기쉬운 허리디스크-예방과 치료'(2004) '척추내시경수술'(2005)

이종석(李種奭) LEE Chong Suk

생1935 · 8 · 1 본덕수(德水) 출경기 용인 주서울특별시 마포구 마포대로 49 성우빌딩 1104호 장지연기념회(02-719-3232) 학1954년 보성고졸 1958년 서울대 문리대 국어국문학과졸 경1958년 용문중 · 고 교사 1960년 동덕여중 교사 1963년 동아일보 기자 1971년 同신동아부 차장 1975년 同문화부 차장 1980년 同조사부장 1980년 同문화부장 1984년 同여성동아 부장 1987년 同논설위원 1989년 위암장지연선생기념사업회 상임이사 1991년 동아일보 논설위원실장 1992년 同조사연구실장 겸 논설위원(이사대우) 1992~1994년 KBS 시청자위원회 위원장 1993년 同논설위원실장 1994년 同논설고문 1994년 공연윤리위원회 위원 1994년 일민문화재단 이사 1994~1997년 대통령자문 정책기획위원회 위원 1995~1998년 동아일보 상임고문 1996~1998년 독립기념관 이사 1998~2001년 방송위원회 연예오락심의위원장 1999~2002년 한국문화정책개발원 원장 2005년 위암장지연선생기념사업회 회장, 일석학술재단 이사(현) 2011년 장지연기념회 회장(현) 상국민훈장 모란장(1996), 보성언론인회 기념패(2018) 종천주교

이종석(李鍾奭) LEE Jong Seok

생1958 · 5 · 11 본경주(慶州) 출경기 남양주 주경기도 성남시 수정구 대왕판교로851번길 20 세종연구소(031-750-7533) 학1977년 용산고졸 1984년 성균관대 행정학과졸 1989년 同대학원 정치외교학과졸 1993년 정치학박사(성균관대) 경1989~1996년 경희대 · 서강대 · 서울대 · 성균관대 강사 1994~2003년 세종연구소 남북관계연구실 연구위원 1995~2003년 통일부 정책자문위원 1998년 세종연구소 남북관계연구실장 2000년 국방부 국방정책자문위원 2000년 남북정상회담(평양) 대통령 특별수행원 2001~2002년 대통령자문 정책기획위원

회 위원 2002년 세종연구소 북한연구센터장 2002년 同수석연구위원 2002년 제16대 대통령직인수위원회 외교·통일·안보분과 위원 2003년 대통령특사 방북시 당선자측 대표 2003~2005년 국가안전보장회의(NSC) 사무차장 2006년 통일부 장관 2006년 국가안전보장회의(NSC) 상임위원장 겸임 2006년 세종연구소 수석연구위원(현) 2008~2009년 미국 스탠퍼드대 방문학자 2017년 중국 베이징대 초빙교수 (저)'현대북한의 이해 : 사상·체제·지도자'(1995) '조선로동당연구 : 지도사상과 구조변화를 중심으로'(1995) '분단시대의 통일학'(1998) '새로 쓴 현대 북한의 이해'(2000) '북한-중국관계 1945-2000'(2000) '북한의 역사 2 : 1960-1994'(2011) '한반도평화통일론'(2012) '통일을 보는 눈'(2012) '칼날 위의 평화'(2014) '북한-중국 국경 : 역사와 현장'(2017)

이종석(李悰錫) LEE Jong Seok

(생)1961·2·21 (출)경북 칠곡 (주)서울특별시 종로구 북촌로 15 헌법재판소 재판관실(02-708-3456) (학)1979년 경북고졸 1983년 서울대 법학과졸 (경)1983년 사법시험 합격(25회) 1985년 사법연수원 수료(15기) 1986년 육군 법무관 1989년 인천지법 판사 1991년 서울민사지법 판사 1993년 대구지법 경주지원 판사 1996년 서울지법 남부지원 판사 1996년 법원행정처 사법정책담당관 1997년 서울고법 판사 2000년 서울지법 판사 2001년 대구지법 부장판사 2003년 수원지법 부장판사 2003년 일본 동경대 파견 2006년 서울중앙지법 부장판사 2007년 대전고법 부장판사 2009년 수원지법 수석부장판사 2010년 서울고법 부장판사 2012년 서울중앙지법 파산6부·파산3부 수석부장판사 2014년 서울고법 부장판사 2015년 同수석부장판사 2016년 수원지법원장 2016년 경기도선거관리위원회 위원장 2018년 서울고법 수석부장판사 2018년 헌법재판소 재판관(현)

이종섭(李鍾燮) LEE, JONG SUB

(생)1956·12·24 (본)고성(固城) (출)대구 (주)서울특별시 강남구 테헤란로 440 포스코센터 (주)포스코(02-3457-0114) (학)1975년 배재고졸 1980년 고려대 금속공학과졸 1982년 同대학원 금속공학과졸 1995년 공학박사(미국 오하이오주립대) (경)1984~1985년 (주)포스코 기술연구원 연구원 1985~1989년 同기술연구원 주임연구원 1995~2004년 同기술연구원 책임연구원 2004~2006년 同기술연구원 전문연구원 2006~2008년 同기술연구원 수석연구원 2008~2010년 同기술연구원 접합연구그룹리더 2010~2012년 同기술연구원 상무보 2013년 同기술연구원 상무(연구위원) 2016년 同철강사업본부 철강솔루션마케팅실 전무 2019년 同자문역(현) (상)대한용접접합학회 기술상(2008), 일본소성가공학회 기술개발상(2008), 일본용접학회 용접공정기술개발상(2009), 일본소성가공학회 우수논문상(2011), 대한금속재료학회 서정상(2013)

이종성(李鍾晟) LEE Jong Seong

(생)1945·12·31 (출)경북 김천 (주)서울특별시 서초구 동산로 23 베델회관 4층 삼양건설산업(주) 회장실(02-579-1155) (학)1964년 김천고졸 1968년 서울대 상과대학 경제학과졸 1978년 호주 뉴잉글랜드대 대학원 수료 1992년 미국 UCLA 앤더슨경영대학원 수료 (경)1971년 행정고시 합격(10회) 1971~1975년 국세청 근무 1975년 재무부 행정사무관 1980년 관세청 서기관 1985년 재무부 관세정책과장 1989년 同증권정책과장 1990년 同총무과장 1992년 대전EXPO조직위원회 참가지원국장 1992년 국세심판소 상임심판관 1995년 재정경제원 공보관 1995년 同세제총괄심의관 1998년 재정경제부 세제총괄심의관 1998년 同국세심판소장 1999~2002년 신용보증기금 이사장 2002년 삼양건설산업(주) 부회장 2006년 同회장(현) (상)대통령표창, 홍조근정훈장 (종)천주교

이종성

(생)1965·3 (출)충북 청원 (주)세종특별자치시 다솜로 261 국무조정실 정부업무평가실(044-200-2460) (학)세광고졸, 충북대 농업경제학과졸, 서울대 대학원 행정학과졸, 미국 조지아서던대 대학원 행정학과졸 (경)행정고시 합격(34회), 국무총리실 공보실 공보기획비서관, 대통령 정무수석비서관실 선임행정관, 국무총리 정무·총무·의전·공보비서관실 과장 2010년 국무총리 공보기획비서관 2014년 국무조정실 총무기획관 2015년 同세종특별자치시지원단장 2016년 국무총리실 정무실장(1급) 2017년 국무조정실 정부업무평가실장(현)

이종세(李鍾世) LEE Jong Seh

(생)1954·10·31 (출)전북 남원 (주)경기도 안산시 상록구 한양대학로 55 한양대학교 건설환경공학과(031-400-5146) (학)1981년 연세대 토목공학과졸 1983년 미국 펜실베이니아대 대학원 구조공학과졸 1988년 공학박사(미국 프린스턴대) (경)1983~1987년 미국 프린스턴대 조교 겸 연구원 1988~1996년 미국 클락슨대 조교수·부교수 1994년 국제응용전자기역학논문집 편집위원 1995~2013년 한양대 공학대학 건설환경공학과 부교수·교수 1996년 대한토목학회 홍보위원장 1996년 전산구조공학회 총무이사 1996년 한국지진공학회 학술이사 2001년 과학기술부 국가지정연구실 HYSAM 실장 2002년 한양대 공학기술연구소 건설시스템연구센터장 2002년 국가과학기술위원회 국가연구개발사업 평가 및 사전조정위원 2002~2003년 과학재단 생산기술분과 전문위원 2003년 해양수산부 설계적격심의위원회 심의위원 2003년 미국 세계인명사전 'Marquis Who's Who in the World'에 등재 2004년 건설교통부 중앙건설기술심의위원 2004년 同시설물사고조사위원회 위원 2005년 한국철도기술연구원 연구업무심의회 소위원회 위원 2005년 해양수산부 설계자문위원회 위원 2005년 한양대 건설환경시스템공학과장 2006년 한국공학한림원 정회원(현) 2007년 한국전산구조공학회 부회장 2007년 한국지진공학회 부회장 2007년 대한토목학회 학술준비위원장 2008년 국토해양부 설계적격심의위원회 심의위원 2008년 同중앙건설심의위원회 위원 2008년 同교량점검로봇개발연구단장 2010년 한국엔지니어링협회 해외협력자문위원(현) 2010~2011년 대한토목학회 부회장 2010~2012년 한국전산구조공학회 회장 2012년 국토해양부 중앙건설기술심의위원 2013년 국토교통부 중앙건설기술심의위원 2013년 한국국제협력단(KOICA) 기술평가위원(현) 2013년 한양대 건설환경공학과 교수(현) 2014년 한국과학기술단체총연합회 경기지역연합회 회장(현) 2014~2018년 국토교통부 동토자원이송망설계시공및유지관리 기술개발연구단장 2017년 한국엔지니어링협회 해외협력위원회 위원장(현) 2017년 한국과학기술단체총연합회 부회장(현) 2019년 대한토목학회 회장(현) (상)UN-IIE ITT Fellow(1981), 대한토목학회 학술상(2003), 한국과학기술총연합회 과학기술우수논문상(2004), 한국지진공학회 학술상(2007), 한국전산구조공학회 학술상(2008), 대통령표창(2009), 한양대 강의우수교수(2013), 대한토목학회 송산토목문화대상(2015) (저)'Mechanics of Electromagneto-Elastic Materials and Structures'(1993, ASME) '명화 속에 담긴 그 도시의 다리'(2015) (역)'정역학과 재료역학'(2014)

이종수(李鍾洙) LEE Chong Soo

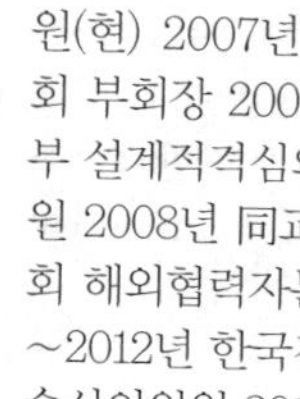

(생)1955·7·8 (출)서울 (주)경상북도 포항시 남구 청암로 77 포항공과대학교 철강대학원(054-279-2141) (학)1979년 서울대 금속공학과졸 1981년 同대학원 금속공학과졸 1984년 공학박사(미국 뉴욕폴리테크닉공대) (경)1985~1987년 미국 미네소타대 연구원 1987~1997년 포항공대 재료금속공학과 조교수·부교수 1992~1993년 미국 캘리포니아대 객원교수 1998~2011년 포항공대 신소재공학과 교수, 同신소재공학과 겸임교수(현) 1999~2000년 미국 매사추세츠공대 재료공학과 객원

교수 2009년 유럽과학원 회원(현) 2010년 한국소성가공학회 회장 2011~2012년 대한금속재료학회 부회장 2012년 포항공대 철강대학원 교수(현) 2012~2016년 同철강대학원장 2012년 한국공학한림원 정회원(현) 2014년 한국과학기술한림원 정회원(공학부·현) 2016년 대한금속·재료학회 회장 2019년 포스코강판(주) 사외이사(현) (상)포스코학술상(2009), 상우학술상(2011) (종)천주교

이종수(李鍾洙·女) LEE Jong Soo

(생)1959·3·7 (주)경기도 안산시 상록구 한양대학로 55 한양대학교 언론정보대학 신문방송학과(031-400-5416) (학)1981년 이화여대 영어영문학과졸 1990년 미국 미네소타대 대학원 신문방송학과졸 1994년 신문방송학박사(미국 미네소타대) (경)1994~1997년 한국언론연구재단 선임연구위원, 성균관대·이화여대·강원대 강사 1996년 영국 웨스트민스터대 방문교수 1997년 한양대 언론정보대학 신문방송학과 교수(현) 2008~2010년 同안산방송국 주간 2008년 (재)조선일보미디어연구소 이사 2009~2012년 방송통신위원회 분쟁조정위원 2010~2011년 한양대 ERICA캠퍼스 양성평등센터장 겸 외국인유학생상담지도교수 2010~2011년 한국여성커뮤니케이션학회 회장 2011~2013년 한양대 언론정보대학장 (상)한국방송학회 최우수논문상(2008) (저)'한나래'(2004) '선거커뮤티케이션과 시민저널리즘' '뉴스다큐멘터리의 서사미학과 영상미학' '뉴미디어시대 신문디자인' '텔레비전 영상미학'

이종수(李鍾洙) LEE Jong Soo

(생)1961·5·23 (출)부산 (주)부산광역시 서구 구덕로 179 부산대학교병원 안과(051-510-1206) (학)1986년 부산대 의대졸 1992년 同대학원졸 1998년 의학박사(부산대) (경)1996년 부산대 의대 안과학교실 교수 2002년 부산대병원 안과 과장 2006년 부산대 의학전문대학원 안과학교실 교수(현) 2012년 부산대병원 진료처장 직대 2014~2015년 한국콘택트렌즈학회 회장, 대한검안학회 회장 2016년 한국백내장굴절수술학회 회장 (상)대한안과학회 태준의학상(2002), 보건복지부표창(2007), 질병관리본부장표창(2012), 보건복지부장관표창(2012), 대한안과학회 공로상(2013), 아시아·태평양 백내장 굴절수술학회 Runner Up Prize(2017)

이종수(李宗洙)

(생)1962·8·28 (주)경기도 용인시 처인구 중부대로 1199 용인시청 제1부시장실(031-324-2010) (학)1989년 성균관대 토목공학과졸 2003년 同대학원 토목공학과졸 2007년 미국 콜로라도대 덴버교 대학원 환경정책분석학과졸 (경)1996년 수원시 총무과 지방토목사무관 1998년 同건설교통국 건설과장 2003년 同장안구 건설과장 2003년 경기도 환경보전국 맑은물보전과 하수담당 지방토목사무관 2005년 미국 루이지아나대 교육파견 2007년 경기도 고양관광문화단지개발사업단 단지개발팀장(지방기술서기관) 2009년 황해경제자유구역청 파견 2011년 경기도 건설본부 하천과장 2011년 同도시정책과장 2015년 同사업총괄본부장 직대 2015년 하남시 부시장 2017년 경기도 철도국장 2018년 교육파견(지방부이사관) 2019년 경기도 도시주택실장 직대 2019년 경기 용인시 제1부시장(지방이사관)(현) (상)환경업무추진유공 장관표창(2002)

이종수(李鐘壽) Lee Jong Soo

(생)1963·9·5 (출)대구 (주)경상북도 안동시 영가로 16 경상북도문화콘텐츠진흥원 원장실(054-840-7000) (학)1982년 대구 청구고졸 1990년 서울대 불어불문학과졸 2001년 프랑스 르네데카르트대 대학원 사회학 및 문화정책 석사 2008년 지역축제박사(프랑스 르네데카르트대) (경)1991~2009년 서울신문 기자·차장 2010~2011년 문화체육관광부 홍보콘텐츠기획관 2010~2011년 전남대 문화전문대학원 겸임교수 2011~2015년 駐프랑스 공사참사관 겸 한국문화원장 2016~2017년 (주)제주조각공원 문화예술분야 총괄이사 2018년 경상북도콘텐츠진흥원 원장(현) (상)문화체육관광부장관표창(우수재외문화원장)(2012)

이종수(李宗洙)

(생)1963·11 (주)서울특별시 서초구 헌릉로 12 현대자동차(주) 임원실(02-3464-1114) (학)기계공학박사(서울대) (경)현대·기아자동차 파워트레인제어개발팀장(이사대우), 同파워트레인제어개발실장(이사), 현대자동차(주) 성능개발센터장(상무), 同성능개발센터장(전무) 2018년 同성능개발센터장(부사장) 2019년 同파워트레인담당 부사장(현)

이종수(李鍾秀)

(생)1966·10·27 (주)경상남도 창원시 마산회원구 봉암공단2길 6 (주)무학 임원실(070-7576-2000) (학)1994년 건국대 경제학과졸 2014년 창원대 대학원 미래창조융합최고위과정 수료 (경)(주)무학 기획조정실 입사, 同마케팅사업부장, 同경영지원사업부장, 同주류영업총괄본부장, 同수도권영업본부장(전무) 2017년 同영업총괄 사장(현)

이종수(李鐘洙)

(생)1970·7·29 (출)충남 홍성 (주)충청남도 공주시 연수원길 103 충청남도역사문화연구원(041-840-5002) (학)단국대 역사학과졸, 중국 길림대 대학원 고고학·박물관학과졸, 문학박사(중국 길림대) (경)2004~2010년 충청남도역사문화연구원 책임연구원 2010~2017년 단국대 역사학과 부교수 2013~2017년 同동양학연구원 연구소장 2016년 同석주선기념박물관 학예연구실장 2017년 충청남도역사문화연구원 원장(현)

이종승(李鍾承) LEE Jong Seoung

(생)1952·2·7 (출)충북 충주 (주)서울특별시 중구 마른내로 140 서울인쇄정보빌딩 4층 뉴스웍스 대표이사 회장실(02-2279-8700) (학)1971년 경희고졸 1978년 단국대 경영학과졸 (경)1978년 대우증권 입사 1986년 同영업부 차장 1988년 서울경제신문 증권부 기자 1994년 同증권부 차장 1997년 同증권부장 1998년 同부국장급 증권부장 1998년 同부국장급 산업부장 1999년 同부국장 겸 산업부장 2000년 同산업담당 편집부국장 2000년 同편집국장 2002년 同이사 겸 편집국장 2004년 同대표이사 사장 겸 발행인·편집인 2004~2011년 한국일보 대표이사 사장(발행인·편집인) 2009~2011년 서울경제신문 대표이사 사장(발행인·인쇄인) 겸임 2009년 한국신문협회 이사 2011년 서울경제신문 이사 2011년 한국일보 부회장 2011년 뉴시스 공동대표이사 회장 2015년 한국일보 공동대표이사 사장 2017년 뉴스웍스 대표이사 회장(현) (종)기독교

이종승(李鍾丞) Lee Jong Seung

(생)1962·2·17 (본)전의(全義) (출)충남 예산 (주)서울특별시 영등포구 국제금융로8길 2 농협재단빌딩 14층 IR큐더스(02-6011-2000) (학)1981년 환일고졸 1985년 연세대 경제학과졸 1987년 同대학원 경제학과졸 (경)1989년 신한은행 외환업무(수출) 담당 1990~1997년 대우경제연구소 주식투자연구본부 기업분석팀 기계·조선업종담당 애널리스트 1997~2002년 대우증권 리서치센터 기업분석부 Large Cap팀장 겸 기계·조선업종담당 애널리스트 2001~2003년 한국회계기준원 자

문위원 2002~2005년 우리증권 리서치센터 기업분석팀장 겸 기계·조선업종담당 애널리스트 2005~2006년 (주)에프앤가이드 평가사업본부장(상무이사) 2006~2012년 NH투자증권(주) 리서치센터장(상무) 2012~2013년 화이텍인베스트먼트 사장 2014년 IR큐더스 대표이사(현) [상]매일경제·한국경제신문·조선일보 선정 기계·조선부문 베스트 애널리스트, 매일경제 제1회 증권인상 애널리스트부문 금상(2000) [저]'기업분석 실무와 IFRS 도입의 영향'(2011)

이종식(李鍾植) RHEE Jhong Sik

[생]1932·4·16 [본]전의(全義) [출]경북 고령 [주]서울특별시 중구 세종대로21길 30 조선일보사옥 내 방일영문화재단(02-724-5040) [학]1951년 대구농림고졸 1959년 고려대 정치학과졸 [경]1959년 조선일보 기자 1968년 同정치부장 1970년 同일본특파원 1972년 同편집국 부국장 1973년 제9대 국회의원(통일주체국민회의·유신정우회) 1973년 유신정우회 대변인 겸 원내부총무 1979년 제10대 국회의원(통일주체국민회의·유신정우회) 1979년 유신정우회 원내부총무 1980년 同수석부총무 1980년 연합통신 상무이사 1983~1988년 同전무이사 1989년 同감사 1990년 성곡언론문화재단 이사(현) 1990년 방송위원회 위원 1993년 방일영문화재단 이사(현) 1998년 국회 공직자윤리위원회 위원 2002년 국회 공직자윤리위원장

이종식(李鍾植) LEE JONG SIK

[생]1959·9·19 [출]부산 [주]부산광역시 기장군 일광면 이동길 4 한국수산자원공단 경영기획본부(051-740-2505) [학]1978년 부산상고졸 1993년 한국방송통신대 법학과졸 1996년 한양대 경영대학원 경영학과졸, 숭실대 대학원 인사조직학 박사과정 [경]1997년 한국전력공사 입사 2001년 한국남부발전(주) 인사노무팀장 2004년 同계약자재팀장 2007년 同경영혁신실장 2008년 同감사실장 2010년 同경영지원처장 2012년 同경영전략처장 2014~2018년 同기획관리본부장(상임이사) 2015~2016·2017~2018년 同사장 직대 2019년 한국수산자원공단 경영기획본부장(현) [상]노동행정유공 장관표창(1997), 전력산업발전유공 장관표창(2002), 지식경제부장관표창(2007·2010), 기획재정부장관표창(2013)

이종식(李鍾植)

[생]1960 [출]경남 함안 [주]경상남도 김해시 장유로 341 김해서부소방서(055-344-3215) [학]칠원고졸, 경남대 행정학과졸 [경]1986년 소방공무원 임용 2010년 거창소방서 예방대응과장, 경남도 소방본부 119종합방재센터 상황팀장, 同구조구급과 구조담당, 同예방대응과 방호담당 2014년 경남 통영소방서 소방행정과장 2016년 同현장대응과장 2017년 경남 남해소방서장 2019년 경남 김해서부소방서장(현) [상]내무부장관표창(1991), 행정자치부장관표창(2001), 국무총리표창(2009)

이종연(李鍾淵) LEE Jong Yeon

[생]1954·8·6 [출]경북 성주 [주]대구광역시 동구 동부로 207 경일건설(주) 사장실(053-757-5091) [학]대구 대륜고졸, 영남대 영어영문학졸, 미국 샌프란시스코대 경제학졸, 미국 샌디에이고대 대학원 경영학졸, 경영학박사(미국 샌디에이고대) [경]경일건설(주) 대표이사 사장(현), 대구시검도회 회장, 경산상공회의소 부회장, 대한건설협회 대의원 2009~2015년 同경북도회장, 건설공제조합 운영위원, 대구경북경제자유구역청 운영위원, 정보통신공제조합 대의원 2012년 새누리당 제18대 대통령중앙선거대책위원회 직능총괄본부 대구위원장 [상]금탑산업훈장(2015)

이종열(李鍾烈) LEE Jong Youl (世進)

[생]1958·12·19 [본]경주(慶州) [출]경북 영양 [주]서울특별시 영등포구 버드나루로7길 7 카보드개발(주) 회장실(02-2672-6666) [학]1994년 검정고시 합격 1992년 미국 캘리포니아대학교 버클리교 하스스쿨 행정최고관리자과정 수료 1996년 건국대 행정대학원 최고관리자과정 수료 1997년 고려대 경영대학원 최고관리자과정 수료 1999년 서울대 경영대학원 최고관리자과정(DMP) 수료 2003년 성균관대 국가전략대학원 정치학과졸 2011년 경희대 행정대학원 부동산학과 석사 [경]1982년 (주)광덕케미칼 회장 1991년 우당장학회 운영이사 1995~2010년 (주)카보드에너텍 회장 1995년 건국대행정대학원최고관리자 22기 회장 1995~1996년 전국부동산중개업협회 서울시 4·5대 지부장 1996년 건국대행정대학원동문회 이사회 부의장 1998~2000년 학교사랑연구회 초대회장 1998년 건국대행정대학원동문회 이사회 의장 1998년 환경감시중앙연합회 부위원장 1999년 우당장학회 운영이사 1999년 전국부동산중개업협회 제7대 회장 1999년 민족화합협력범국민협의회 대의원 1999년 건국대행정대학원총동문회 회장 1999년 한국부동산정보통신(주) 이사 1999~2000년 (사)한국직능단체총연합회 등기이사 2000년 同상임부회장 2000년 경주이씨중앙화수회중앙회 부회장 2000년 한국직능단체총연합회 건설교통분과위원회 위원장 2000년 한국부동산정책학회 고문 2001년 경주이씨서울시화수회 부회장 2001년 성균관대 국가전략대학원 제12대 총학생회 부회장, 同제13대 총학생회 수석부회장, 同제14대 총학생회 회장 2001년 한국지적기술인협회 이사 2001년 대한상사중재인협회 중재위원 2001년 성균관대 행정대학원 강사 2002년 대한법인직능단체 수석부회장 2002년 전국부동산중개업협회 제8대 회장 2002년 성균관대 국가전략대학원 제15대 총학생회장 2003년 신아일보 상임논설위원 2003년 동서협력재단 이사 2004년 경주이씨중앙화수회 부회장, 同서울시화수회장 2004년 성균관대국가전략대학원 총동문회장 2007~2012년 대한상사중재인협회 부회장 2008년 한국공인중개사협회 제10대 회장 2008년 직능경제인단체총연합회 수석부회장 2008년 전국부동산컨설턴트학회 명예회장 2009년 (재)경주이씨중앙화수회유지재단 이사 2009년 한국연예스포츠신문 부회장 2009년 경희대 행정대학원 제52대 원우회 회장 2010년 (사)국회사랑구국기도총연합회 공동총재 2010년 한국부동산대학원 석박사총연합회 회장 2011년 카보드개발(주) 대표이사 회장(현) 2011년 (사)대한부동산연구회 초대회장 2011년 在京영양향우회 청년회장(현) 2011년 在京대구경북도민회 청년부회장 2012년 지지스마트보드 대표이사 2015년 씨티스케이프코리아 조직위원장 2016년 경주이씨서울시화수회 회장·명예회장(현) 2017년 광덕D&C(주) 회장(현) 2017년 카보드부동산중개(주) 대표이사 회장(현), 상상도시(주) 회장(현) 2019년 리얼티엑스포코리아2019 조직위원장(현) [상]건국대 행정대학원 학술상, 전국부동산중개업협회장상, 제15대 대통령 감사장, 서울대 경영대학 최고관리자과정(DMP) 우수상, 자랑스런 건행인상, 제2의 건국범국민추진위원회 감사패, 건국대 총장 감사패, 행정자치부장관 감사장, 제주도지사 감사패, 건국대 대학원장 특별공로상, 제16대 대통령 감사장, 제17대 대통령 감사장, 한국연예스포츠신문 선정 최우수 직능단체장상, 국토해양부장관표창, 경희대 총장 공로패 [저]'성공하는 70가지 경영전략'(1999) '21세기 한국 부동산의 미래'(2001)

이종열(李鍾烈)

[생]1962·7·30 [주]경상북도 안동시 풍천면 도청대로 455 경상북도의회(054-880-5126) [학]안동대 체육학과졸, 경희대 교육대학원 교육학과졸, 이학박사(안동대) [경]안동정보대학 겸임교수, 대구일보 업무총괄국장, 대구지법 영덕지원조정위원(현), 자유한국당 경북도당 부위원장(현), 대한직장인체육회 경북회장(현) 2018년 경북도의회 의원(자유한국당)(현) 2018년 同기획경제위원회 부위원장(현) 2018년 同저출산고령화대책특별위원회 위원(현)

이종엽(李宗燁)

(생)1973 · 8 · 17 (출)전북 완주 (주)경기도 고양시 일산동구 호수로 550 사법연수원(031-920-3550) (학)1992년 전일고졸 1999년 서울대 공법학과졸 (경)1998년 사법시험 합격(40회) 2001년 사법연수원 수료(30기) 2001년 서울지법 판사 2003년 同동부지원 판사 2005년 청주지법 판사 2008년 의정부지법 판사 2009년 同고양지원 판사 2011년 서울중앙지법 판사 2012~2014년 헌법재판소 파견 2014년 대법원 재판연구관 2016년 울산지법 부장판사 2018년 의정부지법 부장판사(현) 2018년 사법정책연구원 연구위원 겸임(현)

이종오(李鍾旿) LEE Chong Oh

(생)1948 · 3 · 22 (본)전의(全義) (출)서울 (주)서울특별시 서대문구 서소문로 45 SK리쳄블 1102호 (사)경제사회포럼(070-7562-9354) (학)1966년 경복고졸 1972년 서울대 상학과졸 1981년 독일 마르부르크필립대 대학원 사회학과졸 1985년 사회학박사(독일 마르부르크필립대) (경)1985~2004년 계명대 사회학과 교수 1990~1992년 한국산업사회연구회 회장 1992~1994년 민주교수협의회 공동의장 1999~2000년 대통령자문 반부패특별위원회 위원 2001~2003년 대통령자문 정책기획위원회 위원 2002년 제16대 대통령직인수위원회 국민참여센터 본부장 2003년 대통령자문 정책기획위원회 위원장 2004~2013년 명지대 방목기초교육대학 교수 2006~2008년 국무총리산하 경제 · 인문사회연구회 이사장 2014년 (사)경제사회포럼 이사장(현) (상)국민훈장 동백장(2001), 황조근정훈장(2008) (저)'프로테스탄티즘의 윤리와 자본주의 정신'(1998, 계명대 출판부) '한국의 개혁과 민주주의'(2000, 나남출판) '한국의 국가와 시민사회' (역)'프로테스탄티즘과 자본주의 정신' (종)기독교

이종완(李種完) LEE Jong Wan (浩楨)

(생)1949 · 5 · 26 (본)경주(慶州) (출)경남 사천 (주)울산광역시 남구 남중로 120 호정빌딩 202호 연합뉴스TV 울산지사(052-276-0048) (학)1972년 경남대 경영학과졸 (경)1971년 경남신문 사회부 기자 1980년 동양통신 마산주재 기자 1981~1992년 연합통신 창원지사 근무 1993년 同울산지국장 1998년 연합뉴스 울산지국장 1999~2000년 同경남취재팀장 2000년 同울산취재팀장 2003년 同울산지국장 2003~2004년 울산중앙로타리클럽 회장 2005~2006년 국제로타리클럽 3720지구8지역 대표 2005년 연합뉴스 울산지사장 2007년 同울산지사 근무(국장급) 2007년 밝은사회국제클럽(GCS) 영남지구 총재 2009~2011년 울산신문 전무이사 2012년 (주)힐링엔젤스 회장 2013년 연합뉴스TV 울산지사장(현) 2014년 (사)효(孝)사관학교 이사 겸 부교장(현) (종)천주교

이종우(李鍾雨) LEE Jong Woo

(생)1968 · 1 · 6 (출)강원 양양 (주)서울특별시 종로구 종로3길 17 법무법인 세종(02-316-4114) (학)1986년 강릉고졸 1993년 성균관대 법학과졸 (경)1994년 사법시험 합격(36회) 1997년 사법연수원 수료(26기) 1997년 수원지법 판사 1999년 서울지법 판사 2001년 춘천지법 영월지원판사 2002년 춘천지법 정선군 · 태백시 · 평창군법원 판사 2003년 춘천지법 영월지원 판사 2005년 서울동부지법 판사 2007년 서울중앙지법 판사 2008년 특허법원 판사 2010년 청주지법 판사 2011년 특허법원 판사 2012년 춘천지법 강릉지원 부장판사 2013년 춘천지법 강릉지원장 2015년 수원지법 부장판사 2017~2019년 서울중앙지법 부장판사 2019년 법무법인 세종 변호사(현)

이종우(李鍾宇) Jong W. Lee

(생)1971 · 9 · 5 (주)경기도 오산시 경기동로 161-6 (주)제우스 사장실(031-377-9500) (학)1998년 미국 미시간대 전기공학과졸 2000년 同대학원 전기공학과졸(VLSI 디자인) 2005년 한국과학기술원(KAIST) 경영대학원 경영학과졸(MBA) (경)1998년 미국 M/A-COM 인턴 · 테스트 엔지니어 2000~2001년 미국 Magma Design Automation 소프트웨어 엔지니어 2001~2003년 미국 Cadence Design Systems 제품엔지니어 2005~2011년 (주)제우스 사내등기이사 2012년 同대표이사 사장(현)

이종욱(李鍾郁) LEE Jong Wook

(생)1946 · 5 · 29 (출)부산 (주)서울특별시 강남구 테헤란로 133 법무법인 태평양(02-3404-0115) (학)1964년 동래고졸 1969년 서울대 법학과졸 1982년 미국 캘리포니아대 버클리교 대학원졸(LL.M.) (경)1970년 사법시험 합격(11회) 1972년 사법연수원 수료(1기) 1972년 軍법무관 1975년 서울민사지법 판사 1977년 서울형사지법 판사 1981년 서울지법 남부지원 판사 1982년 대구고법 판사 1983년 서울고법 판사 겸 법원행정처 기획담당관 1986년 서울민사지법 부장판사 1993년 서울지법 의정부지원장 1993년 부산고법 부장판사 1994년 서울고법 부장판사 1994년 법원행정처 기획조사실장 1996년 서울고법 부장판사 1999년 법무법인 태평양 변호사(현) 1999~2002년 대한생명보험 사외이사 1999년 법제처 행정심판위원회 위원 2001년 우리금융 사외이사 2001년 제일모직(주) 사외이사 2002년 (재)청호불교문화원 이사장(현) 2005~2010년 SK C&C(주) 사외이사 2006~2012년 서울 강남구 특별법률고문변호사 2008년 서울대병원 발전후원회 이사(현) 2008년 서울대치과병원 발전후원회 이사(현) 2009~2018년 신한희망재단 이사 2011~2017년 부국증권(주) 사외이사 2014년 분당서울대병원 발전후원회 이사(현) 2016년 한국프로골프협회(KPGA) 자문위원회 위원(현) (종)불교

이종욱(李鐘郁) LEE Jong Wook

(생)1953 · 10 · 18 (출)경남 남해 (주)서울특별시 노원구 화랑로 621 서울여자대학교 사회과학대학 경제학과(02-970-5521) (학)1972년 경남고졸, 연세대 경제학과졸 1977년 同대학원 경제학과졸 1987년 경제학박사(미국 일리노이대 어배나교) (경)한국금융연구원 초빙연구원, 경제학연구소 편집위원, 신경제5개년 정보산업부문 자문위원, 중앙대 경제연구소 편집위원, 미국 로체스터대 초빙교수 1988~2019년 서울여대 사회과학대학 경제학과 조교수 · 부교수 · 교수 2000년 새마을금고중앙회 자문위원 2006년 대한상공회의소 자문위원 2008년 한국중소기업학회 회장 2009~2018년 삼성물산(주) 사외이사 겸 감사위원 2011년 금융위원회 금융발전심의회 중소서민금융분과 위원장 2012~2014년 서울여대 사회과학대학장 2013~2014년 한국국제금융학회 회장 2014년 미소금융중앙재단 이사 2015년 (주)국민행복기금 이사장, 同이사 2015~2017년 새누리당 나눔경제특별위원회 위원 2019년 서울여대 사회과학대학 경제학과 명예교수(현) (저)'국제금융론(共)'(1996) '한국의 금융.외환위기와 IMF'(1998) '다원성, 경영패러다임 변화와 경제성장 원천(共)'(2005) '금융위기 이후, 우리나라 금융이 나아갈 발향(共)'(2009)

이종욱(李宗昱) LEE Jong Wook

(생)1958 · 12 · 20 (본)성산(星山) (출)경북 상주 (주)서울특별시 서초구 반포대로 222 서울성모병원 혈액병원(02-2258-6050) (학)1983년 가톨릭대 의대졸 1990년 同대학원 의학석사 1993년 의학박사(가톨릭대) (경)1990~1998년 가톨릭대 의대 혈액내과 임상강사 · 전임강사 · 조교수 1994~1996년 미국 시애틀 프레드허치슨대 암연구센터 객원교수 1995년 미국 혈액학회 정회원(현) 1998년 가톨릭대 의대 혈액내과 부교수 1998

년 유럽혈액학회 정회원(현) 1998년 대한수혈학회 이사(현) 2003년 가톨릭대 의대 내과학교실 교수(현) 2005~2011년 대한조혈모세포이식학회 이사 2006~2012년 가톨릭대 의대 내과학교실 혈액학과장 2007~2014년 대한혈액학회 이사 2007~2017년 건강보험심사평가원 진료심사평가위원회 위원 2008~2009년 同암질환심사위원회 위원 2008~2013년 식품의약품안전청 중앙약사심의위원회 위원 2009~2013년 가톨릭세포치료사업단 단장 2009년 아·태조혈모세포이식학회 평의원(현) 2009~2013년 가톨릭대 서울성모병원 혈액내과 분과장 2009~2017년 보건복지부 건강보험분쟁조정위원회 위원 2009~2013년 천주교 서울대교구 생명위원회 운영위원 2011~2017년 가톨릭대 서울성모병원 조혈모세포이식(BMT)센터 소장 2013년 아·태조혈모세포이식학회 상임위원(현) 2013~2015년 대한조혈모세포이식학회 감사 2014년 대한수혈학회 회장 2015~2017년 대한조혈모세포이식학회 이사장 2017~2019년 가톨릭대 대학원장 2018~2019년 대한조혈모세포이식학회 회장 (상)아·태조혈모세포이식학회 최우수연제상(2009), 대한조혈모세포이식학회 학술상(2010), 가톨릭대 성의최우수논문상(2011), 대한혈액학회 최우수논문상(2012), 대한수혈학회 적십자 공로상(2016), 몽골 최고훈장 북극성(2017), 대한혈액학회 학술상(2018) (종)가톨릭

이종욱(李琮煜)

(생)1965·3·15 (주)세종특별자치시 갈매로 477 기획재정부 국고국(044-215-5100) (학)1983년 진해고졸 1988년 서울대 경제학과졸 (경)1991년 행정고시 합격(35회) 2001년 기획예산처 기획관리실 감사법무담당관실 서기관 2004년 同수질개선기획단 파견 2005년 同민자사업관리팀장 2007년 同업무성과관리팀장 2007년 국제부흥개발은행(IBRD) 파견 2011년 기획재정부 교육과학예산과장 2012년 同경제예산심의관실 국토해양예산과장 2013년 同국고과장 2014년 同국고과장(부이사관) 2018년 국회 예산결산특별위원회 파견(고위공무원) 2019년 기획재정부 장기전략국장 2019년 同국고국장(현)

이종욱(李鍾旭)

(생)1969·7·27 (출)경북 경주 (주)경상북도 포항시 북구 소티재로151번길 21 포항경찰서(054-750-2000) (학)경주고졸, 목포해양대졸, 한국방송통신대 법학과졸 (경)1998년 경찰간부후보 공채(46회) 2011년 남해지방해양경찰청 울산해양경찰서 경비구난과장 2012~2017년 해양경찰청 전략기획팀장·운영지원팀장 2017년 同장비관리과장 2017년 총경 승진 2017년 해양경찰교육원 종합훈련지원단장 2018년 해양경찰청 인천송도청사이전TF 단장 2018년 동해지방해양경찰청 포항해양경찰서장(현)

이종욱(李宗昱)

(생)1974 (출)경북 상주 (주)대전광역시 서구 청사로 189 관세청 통관지원국 통관기획과(042-481-7810) (학)김천고졸, 연세대 경제학과졸, 미국 럿거스대 대학원 행정학과졸 (경)1999년 행정고시 합격(43회) 2006년 관세청 교역협력과 행정사무관 2008년 서기관 승진 2009년 인천세관 심사국장 2010년 관세청 비서관 2013년 同수출입물류과장 2014년 同창조기획재정담당관(서기관) 2016년 同창조기획재정담당관(부이사관) 2017년 同인사관리담당관 2018년 同통관지원국 통관기획과장(현)

이종원(李宗洹) RHIE Jong Won

(생)1956·1·23 (본)전주(全州) (출)서울 (주)서울특별시 서초구 반포대로 222 가톨릭대학교 서울성모병원 성형외과(02-2258-6142) (학)1981년 가톨릭대 의과대학 의학과졸 1983년 同대학원 의학석사 1993년 의학박사(가톨릭대) (경)1984~1989년 가톨릭대 강남성모병원 전공의 1989~1993년 同대전성모병원 성형외과장 1993~2002년 同의과대학 성형외과학교실 조교수·부교수 1996~1997년 미국 듀크대 성형외과 교환교수 1999~2002년 가톨릭대 성모병원 성형외과장 2002년 同의과대학 성형외과학교실 교수(현) 2002년 同서울성모병원 성형외과장 2005~2012년 대한창상학회 부회장 겸 교육위원장 2007~2008년 대한성형외과학회지 재무위원장 2009~2011년 가톨릭대 서울성모병원 수련교육실장 2011년 한국조직공학재생의학회 부회장 겸 학술위원장 2011~2014년 한국조직은행연합회 이사 2011년 대한화상학회 편집이사 2012~2016년 대한창상학회 회장 2013~2015년 대한화상학회 기획위원장 2015년 대한줄기세포조직재생학회 회장(현) 2015년 한국조직공학재생의학회 회장 2016년 同명예회장(현) 2017년 대한창상학회 명예회장(현)

이종원(李鍾元) Lee Jong Won

(생)1961·4·26 (본)성산(星山) (출)경북 성주 (주)경기도 부천시 지봉로 43 가톨릭대학교 법정경학부(02-2164-4454) (학)1985년 서울대 사회교육학과졸 1987년 同행정대학원졸 1990년 同행정대학원 박사과정 수료 1997년 정치학박사(미국 노스웨스턴대) (경)1987~1988년 한국개발연구원 연구원 1988년 한국의회발전연구회 연구원 1997~1999년 서울시정개발연구원 부연구위원 1999~2001년 한국방송통신대 행정학과 교수 2000·2005년 서울행정학회 총무이사 2001년 가톨릭대 행정학전공 교수(현) 2001~2002년 한국정치학회 지방정치분과 총무간사 2003~2005년 가톨릭대 행정대학원 행정학과장 2003~2005년 同법경학부장 2006~2007년 미국 UC Berkeley Institute of Government Studies Visiting Scholar 2007~2009년 기획재정부 공기업·준정부기관평가단 경영평가팀장 2008~2009년 가톨릭대 정경학부장 2009~2013년 同행정대학원장 2009년 한국행정학회 연구이사, 同산하 행정언어연구회장 2009~2013년 국립산림과학원 겸임연구관 2010년 한국정책학회 연구이사 2010년 한국부패정책학회 서울지역 회장 2011~2013년 한국지방정부학회 연구부회장 2012년 한국정책학회 연구위원장 2012~2014년 한국행정학회 지방행정연구회장 2012~2014년 한국지방자치학회보 편집위원 2012년 국가보훈처 자체평가위원 2013~2015년 가톨릭대 학생취업지원처장 2013년 한국행정학회 총무위원장 2015~2016년 서울행정학회 회장 2015년 가톨릭대 행정대학원장(현) 2017년 同글로벌융합대학원장 2017년 서울시자치분권협의회 위원(현) 2018년 서울 강남구 감동행정위원회 위원(현) 2018년 기획재정부 자체평가위원(현) (저)'한국 지방민주주의의 위기 : 도전과 과제(共)'(2002) '서울시정의 바른 길'(共) '바른사회를 위한 시민회의'(2002) '한국의 권력구조논쟁 Ⅳ-지방권력구조(共)'(2005) '지방의회의 이해'(2008)

이종원(李鍾沅) LEE Jong Won

(생)1963·12·4 (주)경기도 성남시 분당구 판교역로192번길 12 판교미래에셋센터 미래에셋대우 판교Hub지역본부(031-778-8909) (학)광주고졸, 전남대졸 (경)산업증권 근무, 삼성투자신탁 근무, 미래에셋증권(주) 법인영업본부장(이사) 2006년 同법인영업본부장(상무보) 2008년 同법인영업본부장(상무) 2009년 同잠실지점장(상무) 2010년 同퇴직연금컨설팅1부문 3본부장(상무) 2011년 同기업RM부문 4본부장(상무) 2013년 同기업RM부문 1본부장(전무) 2014년 同Wholesale부문 대표(전무) 2016년 미래에셋대우 IWC1센터장(전무) 2018년 同판교Hub지역본부장(전무)(현)

이종원(李鍾源) LEE Jong Won

(생)1972·9·8 (본)벽진(碧珍) (출)대구 (주)대구광역시 수성구 동대구로 111 화성산업(주)(053-767-2111) (학)1991년 경북고졸, 경북대 불어불문학과졸 2002년 미국 위스콘신대 대학원 경영학과 MBA (경)화성산업(주) 수성점담당 이사, 同영업본부장, 駐韓스웨덴대사관 대구명예영사(현), 대구상공회의소 감사(현), 화성산업(주) 전무이사 2019년 同대표이사 사장(현)

이종원(李鐘遠)

(주)서울특별시 광진구 자양로 167 광진경찰서(02-2285-7123) (학)충북고졸 1991년 경찰대 행정학과졸(7기) 2005년 충북대 행정대학원 행정학과졸 (경)1991년 경위 임용 2014년 충북지방경찰청 생활안전과장(경정) 2014년 同생활안전과장(총경) 2015년 駐상파울루 주재관 2018년 경찰청 자치경찰지원팀장 2019년 서울 광진경찰서장(현)

이종윤(李鍾潤) LEE Jong Yun (吉松)

(생)1940·8·23 (출)충남 천안 (주)서울특별시 종로구 김상옥로 30 한국기독교학술원 원장실(02-764-0377) (학)1963년 연세대 신학과졸 1965년 同대학원 신학과졸(Th.M) 1971년 미국 웨스트민스터신학교 신학대학원졸(M.Div), 독일 튀빙겐대 수학, 미국 템플대 수학 1975년 철학박사(영국 세인트앤드루스대), 명예 신학박사(D.D)(미국 웨스트민스터신학교), 명예 신학박사(D.D)(장로회신학대) (경)1974년 아세아신학연맹(ATA) 이사 1976~1988년 아세아연합신학대 교수 1978년 미국 풀러신학대학원 겸임(Adjunct)교수 1978~2010년 아시아로잔위원회 의장 1978년 세계로잔위원회(LCWE) 중앙위원(현) 1981년 복음주의연맹(KEF) 총무 1981년 할렐루야교회 당회장 목사 1984년 세계신약학회(SNTS) 회원(현) 1984~1988년 전주대 총장 1988년 서울 충현교회 당회장 목사 1988~1992년 밀알선교회 이사장 1988~1991년 충현교회 위임목사 1991~2010년 서울교회 위임목사 1991년 한국교회갱신연구위원회 위원장 1991~2010년 한국교회갱신연구원(KIMCHI) 원장 1994~2000년 기독교교도소추진위원회 위원장·이사장 1999년 탈북난민보호운동 위원장 2002년 군선교신학회 회장(현) 2003~2010년 장로교신학회 회장, 한국기독교총연합회 신학위원장, 한국장로교총연합회 장로교회정체성회복운동위원장 2005~2010년 아가페타운(호산나장애인학교) 이사장 2005년 한국군선교연합회 부이사장(현) 2008~2009년 한국장로교총연합회 상임회장 2009년 칼빈탄생500주년기념사업회 회장 2009~2010년 한국장로교총연합회 대표회장 2010년 서울교회 원로목사(현) 2011~2013년 서울장신대 석좌교수 2011년 한국기독교학술원 원장(현), 장로교총회창립100주년기념표준주석편찬위원회 위원장, 장로교일교단다체제추진위원회 위원장, 한국장로교역사박물관추진위원회 위원장, Save NK 이사장(현) 2012년 북한인권한국교회연합 대표회장(현) 2013년 미래한국 상임고문(현) 2013년 몽골 울란바타르대 명예총장(현) 2014년 새로운한국을위한국민운동 상임대표 (저)'기독교신앙 ABC' '창세기 강해' '신구약 개설' 'New Testament Greek Book' '예수의 기적' '신약개론' '요한복음 강해(Ⅰ~Ⅳ)' '로마서 강해(Ⅰ~Ⅱ)' '순례자의 길' '순례자(Ⅰ~Ⅲ)' 'Paul and The historical Jesus' '에베소서' '빌립보서' '창세기(2권)' '소선지서' '이사야서(2권)' '여호수아서' '신약개론(중국어, 몽골어판)' '갈라디아서' '예수의비유' '예수의기적-야고보서' '헬라어강독(영문,한글)-마태복음(2권)' '새번역주기도문' '사도신경해설' '교회성장론' (종)기독교

이종윤(李鐘尹) LEE Jong Yoon

(생)1947·2·11 (본)전주(全州) (출)충남 당진 (주)서울특별시 서대문구 충정로 36 건강보험분쟁조정위원회(02-6353-3600) (학)1965년 제물포고졸 1972년 서울대 문리대학졸 1975년 同행정대학원졸 1986년 미국 예일대 대학원 보건경제학과졸 (경)1973년 행정고시 합격(13회) 1975년 보건사회부 감사·인사계장 1980년 同아동복지과장 1982년 同병원행정과장 1986년 同연금제도과장 1988년 同장관비서관 1989년 대통령 정책조사비서관 1993년 대통령 교육문화비서관 1994년 보건사회부 의료보험국장 1994년 보건복지부 연금보험국장 1996년 국립의료원 사무국장 1996년 해외연수 1997년 보건복지부 사회복지정책실장 1997년 同기획관리실장 1998년 同사회복지정책실장 1999~2000년 同차관 2001년 공주대 객원교수 2003~2006년 홀트아동복지회 회장 2008~2013년 신성대 보건행정과 교수 2008~2013년 同평생교육원장 2009~2012년 웅진홀딩스 사외이사 2009년 2009세계태권도한마당조직위원회 위원장 2013년 신성대 복지행정과 초빙교수 2014년 한국사회복지협의회 비상임이사(현) 2018년 건강보험분쟁조정위원회 위원장(현) (상)홍조근정훈장, 황조근정훈장 (종)기독교

이종윤(李鍾崙) LEE Jong Yun

(생)1952·1·1 (본)인천(仁川) (출)대구 (주)대구광역시 달서구 화암로73길 10 우양관세법인(053-744-1133) (학)1971년 대륜고졸 1978년 영남대 법학과졸 (경)1994년 관세청 관세공무원교육원 근무 1995년 대구세관 감사담당관 1997~2000년 마산세관 통관과장·감시과장 2000년 관세청 종합심사과 근무 2002년 대구세관 세관운영과장 2004년 포항세관장 2005년 창원세관장 2007년 관세청 조사감시국 감시과장 2008~2010년 구미세관장 2010~2013년 국가관세정보망운영연합회 국내사업본부장 2013~2015년 한일관세법인 관세사 2015년 우양관세법인 관세사(현) (상)재정경제부장관표창(1999), 근정포장(2010) (종)천주교

이종인(李鍾仁) Jong-In Lee

(생)1960·10·23 (주)서울특별시 중구 소공로 51 우리은행 임원실(02-2002-3000) (학)1978년 달성고졸 1982년 계명대 상업교육학과졸 1994년 고려대 경영대학원 재무관리학과졸 (경)1982년 한일은행 입행 2005년 우리은행 자금팀 수석부부장 2005년 同자금운용지원부장 2008년 同인사부장 2011년 同남역삼동금융센터장 2013년 同무역센터금융센터장 2014년 同여신서비스센터장(영업본부장) 2014년 同남대문기업영업본부장 2015년 同본점1기업영업본부장 2016년 同개인고객본부 영업본부장대우 2017년 同자금시장그룹장(상무) 2017년 同리스크관리그룹장(상무) 2018년 同리스크관리그룹 집행부행장(현) (상)기획재정부장관표창(2009), 대통령표창(2010)

이종인(李鍾仁)

(생)1969·4·25 (주)경기도 수원시 팔달구 효원로 1 경기도의회(031-8008-7000) (학)1985년 용문고 중퇴(1년) (경)삼성화재해상보험 양평지점장, 용문면체육회 이사, 양평군체육회 이사, 민주평통 경기양평군협의회 간사(현), 더불어민주당 중앙당 부대변인 2018년 경기도의회 의원(더불어민주당)(현) 2018년 同기획재정위원회 위원(현) 2018년 同예산결산특별위원회 위원(현)

이종재(李鍾宰) LEE Chong Jae (조운)

(생)1959·10·18 (본)전주(全州) (출)충남 서산 (주)서울특별시 영등포구 여의나루로 53-1 대오빌딩 (사)공공기관사회책임연구원(02-6925-5037) (학)1978년 충남고졸 1986년 한국외국어대졸 2006년 미국 조지워싱턴대 대학원 금융공학과졸(MSF) 2016년 (CSR, CSV전공)경영학박사(서울과학종합대) (경)1985년 한국무역협회 근무 1988년 서울경제신문 근무 1991년 한국일보 입사 1999년 同경제부 차장 2000년 동아일보 경제부 차장 2001년 (주)머니투데이 경영기획실장 2006년 同고문 2006년 한국일보 편집국 경제·기획담당 부국장 2007년 同편집국 차장 2008년 同경제부장 겸임 2009년 同편집국장 2011년 同논설위원 2011년 코스리(한국SR전략연구소) 소장 2012년 이투데이 부사장 겸 편집국장 2012년 코스리 대표 2014년 이투데이 대표이사 사장 2017년 同고문(현) 2017년 (사)공공기관사회책임연구원 대표(현) (상)한국외국어대 언론인상(2010), 오피니언 리더스클럽(OLC), 올해의 언론대상(2010) (저)'한국의 인맥(共)'(1990) '재벌과 가벌(共)'(1991) '재벌이력서'(1992) '건강한 기업의 장수 이야기'(2016) (종)불교

이종주(李宗柱) Jong Ju Lee

(생)1959·11·13 (본)전주(全州) (주)강원도 춘천시 중앙로 1 강원도의회(033-256-8035) (학)2018년 한림성심대 행정과졸 (경)강원도정구연맹 부회장, 민주당 강원도당 부위원장, 동아일보 남춘천독자센터장, 매일경제 남춘천지국장, 서울신문 춘천지국장, 在춘천호남향우회 회장 2014~2018년 강원도의회 의원(비례대표, 새정치민주연합·더불어민주당) 2014·2016년 同운영위원회 위원 2014·2016년 同교육위원회 위원 2014년 同접경지역발전특별위원회 위원 2016년 더불어민주당 강원도당 국민통합위원장 2016년 춘천교육발전자문위원회 위원 2016년 춘천 석사초교 운영위원장(현) 2016년 행복한강원발전위원회 교육복지분과 위원장 2017년 민주평통 자문위원(현) 2017년 더불어민주당 제19대 문재인 대통령후보 조직특보 2018년 강원도의회 의원(더불어민주당)(현) 2018년 同교육위원회 위원장(현) (상)전국시도의회의장협의회 우수의정대상(2019)

이종주(李種珠)

(생)1965·10·8 (주)전라남도 영암군 삼호읍 녹색로 653-11 전라남도농업박물관(061-462-2796) (학)1991년 전남대 국어국문학과졸 (경)1991~2002년 무등일보 편집국 정치부·경제부·편집부·체육부·사회부 기자 2002년 同사회부 차장대우 2002년 同정치부 차장대우 2003년 同교육부 차장 2004년 同사회부 차장 2006년 同사회부 부장대우 2006년 同교육체육부장 2008년 同지역사회부장 2013년 同정치부장(부국장) 2015년 同지역총괄본부장 2015년 同편집국장 2017년 同논설실장 2018년 전라남도농업박물관 관장(현) (상)광주·전남기자협회 '올해의 기자상' 우수상(2014)

이종주(李種珠·女) Lee Jong Joo

(생)1972·9·25 (주)서울특별시 종로구 세종대로 209 통일부 인도협력국 인도협력기획과(02-2100-5830) (학)은광여고졸, 고려대 사회학과졸, 서울대 행정대학원 정책학과졸, 미국 하버드대 케네디스쿨 행정학과졸 (경)1996년 행정고시 합격(40회) 1998년 통일부 입부, 同교류총괄과·경제분석담당관실 사무관, 同정책기획팀 사무관, 同홍보담당관실 사무관, 同교류협력과 사무관 2007년 同정책홍보본부 서기관 2007년 同정책홍보본부 국제협력팀장 2008년 同통일정책국 정책기획과 서기관 2008년 同인도협력국 인도지원과장 2009년 同홍보담당관 겸 부대변인 2011년 駐미국대사관 통일안보관 2014년 통일부 통일정책실 정책총괄과장 2016년 同통일정책실 정책총괄과장(부이사관) 2018년 同남북회담본부 회담1과장 2019년 同인도협력국 인도협력기획과장(현)

이종찬(李鍾贊) LEE Jong Chan (森人)

(생)1936·4·29 (본)경주(慶州) (출)중국 상해 (주)서울특별시 종로구 필운대로10길 17 우당장학회(02-734-8851) (학)1956년 경기고졸 1960년 육군사관학교졸(16기) 1972년 서울대 행정대학원졸 (경)1963년 육군사관학교 교수 1971년 예편(육군 소령) 1973년 駐영국 참사관 1980년 중앙정보부 총무국장·기획조정실장 1980년 국가보위입법회의 의원 1980년 민주정의당 창당발기인 1981년 同사무차장 1981년 제11대 국회의원(서울 종로·중구, 민주정의당) 1981~1985년 민주정의당 원내총무·국회 운영위원장 1981년 한·영의원친선협회 회장 1982년 민주정의당 민족사관정립특별위원회 위원장 1984년 (재)우당장학회 이사장(현) 1985년 제12대 국회의원(서울 종로·중구, 민주정의당) 1986~1998년 한·중문화협회 회장 1986년 민주정의당 중앙집행위원 1986년 민족사바로잡기국민회의 부회장 1988년 정무제1장관 1988~1992년 제13대 국회의원(서울 종로, 민주정의당·민주자유당) 1988년 민주정의당 사무총장 1989년 同중앙집행위원 1990년 민주자유당 종로지구당 위원장 1990년 同당무위원 1992~1996년 제14대 국회의원(서울 종로, 민주자유당·새한국당·민주당·국민회의) 1992년 새한국당 창당준비위원회 부위원장 1992년 同대표 1995년 민주당 상임고문 1995·1999년 국민회의 부총재 1996년 同서울종로지구당 위원장 1997년 대통령직인수위원회 위원장 1998년 국가안전기획부장 1999년 국가정보원장 1999·2000년 새천년민주당 고문 2000년 同종로지구당 위원장 2002~2003년 美洲한인이민100주년기념사업회 한국위원장 2003년 IBC(International Business Center)포럼 이사장 2005~2017년 한국선진화포럼 이사 2005년 (사)여천홍범도장군기념사업회 이사장(현) 2014~2018년 신한대 한민족평화통일연구원 이사장 2016년 (사)광복회 이사 2018년 국립대한민국임시정부기념관건립위원회 위원장(현) (상)보국훈장 삼일장(1971), 홍조근정훈장(1980), 영국 CBE(Commander of British Empire) 훈장(1992), 청조근정훈장(1999), 하와이한미재단 '동방의 빛' 상(2014) (저)'개혁과 온건주의'(1987) '민족의 종을 울리며 민주의 탑을 쌓으며'(1987) '새로운 시대를 열어야 한다' '오늘을 살며 내일을 생각하며' '디지털로 확 바꿔라'(2000) '세계로 가는 길목을 잡아라'(2002) 이종찬 회고록 '숲은 고요하지 않다'(2015, 한울) (역)'자유여 민주주의여'(1988) '새롭게 밝혀낸 한국전쟁의 기원과 진실'(2004) (종)기독교

이종찬(李鍾燦) LEE Jong Chan

(생)1946·11·27 (출)경남 고성 (주)서울특별시 서초구 서초중앙로22길 17 메가스터디 서초오피스빌딩 2층 법무법인 에스엘케이(02-3476-8811) (학)1966년 삼천포제일고졸 1970년 고려대 법과대학 법학과졸 1999년 同대학원 법학과졸 (경)1970년 사법시험 합격(12회) 1972년 사법연수원 수료(2기) 1973년 육군 법무관 1975~1981년 부산지검·서울지검·법무부 검찰국 검사 1981년 대검찰청 검찰연구관 1982년 서울지검 고등검찰관 1985년 대검찰청 공안2과장 1987년 同중앙수사부 제4과장 1989년 서울지검 북부지청 특수부장 1990년 서울지검 특수3부장 1991년 同특수2부장 1992년 同특수1부장 1993년 대검찰청 중앙수사부 제1과장, 同중앙수사부 제4과장 1994년 同중앙수사부 수사기획관 1994~1996년 서울지검 제3차장검사 1995년 12.12·5.18·전직대통령뇌물사건특별수사본부 본부장 1996년 서울지검 남부지청장 1997년 부산고검 차장검사 1998년 울산지검장 직대 1998년 대검찰청 총무부장 1999년 전주지검장 1999년 대검찰청 중앙수사부장 1999년 부산지검장 2000년 광주고검장 2001년 대구고검장 2002~2003년 서울고검장 2003년 동양증권(주) 사외이사 2003년 변호사 개업 2004년 서울시 도시계획위원회 위원 2005년 법무법인 에이스 대표변호사 2005년 한국석유공사 비상임이사 2005년 (재)서울시립교향악단 감사 2006년 법무부 검사적격심사위원회 위원장 2008년 대통령 민정수석비서관 2008~2011년 원앤원법률사무소 대표변호사 2011~2018년 법무법인 원앤원 변호사 2019년 법무법인 에스엘케이 변호사(현) (상)홍조근정훈장 (저)'契約大典'(共·編) (종)기독교

이종찬(李鍾贊) LEE Jong Chan

(생)1948·1·25 (본)전의(全義) (출)경남 의령 (주)서울특별시 서초구 고무래로 6-6 송원빌딩 1층 법무법인 에이스(02-3487-5000) (학)1966년 경남고졸 1970년 서울대 법학과졸 (경)1973년 사법시험 합격(15회) 1975년 사법연수원 수료(5기) 1976년 육군법무관 1978년 대전지법 판사 1981년 서울민사지법 판사 1983년 서울지법 남부지원 판사 1985년 서울형사지법 판사 1986~1989년 서울고법 판사 1986~1987년 미국 뉴욕컬럼비아대 법대 연수 1989년 대법원 재판연구관 1990년 부산지법 동부지원 부장판사 1992년 서울지법 의정부지원 부장판사 1994년 同남부지원 부장판사 1996년 同부장판사 1997년 부산고법 부장판사 1999년 서울고법 부장판사 2005년 춘천지법원장 2005~2006년 서울북부지법원장 2006년 변호사 개업 2009년 법무법인 에이스 대표변호사(현)

이종찬(李鍾燦) RHEE Jong Chan

(생)1957·1·2 (출)서울 (주)서울특별시 성북구 정릉로 77 국민대학교 사회과학대학 정치외교학과(02-910-4864) (학)1975년 중앙고졸 1982년 서울대 불어불문학과졸 1984년 同대학원 외교학과졸 1991년 정치학박사(미국 펜실베이니아대) (경)1994~1996년 한화경제연구원 수석연구위원 1995~1997년 재정경제원 경제정책사편찬자문위원 1996년 국민대 정치외교학과 교수(현) 2000년 한국국제정치학회 이사 2004년 유럽경영대학원(INSEAD) 연구교수 2006·2008~2010년 국민대 정치대학원장 2011년 (재)허금장학재단 이사장(현) (상)Baron Who's Who new centry award for the Asia 500(1999), International Biographical Center individual award for entry(1999), Marquis Who's Who individual award for entry(1999) (저)'The State and Industry in South Korea'(1994) 'Middle Powers in the Age of Globalization(共)'(1996) '한국의 권력구조 논쟁(共)'(1997) '한국기업의 이해와 과제(共)'(1998) '현대국제정치경제(共)'(2000)

이종찬(李宗燦) LEE Chong Chan

(생)1973·12·16 (출)충남 서산 (주)서울특별시 마포구 마포대로 174 서울서부지방검찰청 중요경제범죄조사단(02-3270-4483) (학)1992년 대전 동산고졸 1999년 중앙대 법학과졸 (경)1999년 사법시험 합격(41회) 2002년 사법연수원 수료(31기) 2002년 대구지검 검사 2004년 춘천지검 속초지청 검사 2006년 수원지검 성남지청 검사 2008년 대전지검 검사 2010년 서울동부지검 검사 2013년 인천지검 검사 2016년 창원지검 부부장검사 2017년 인천지검 부천지청 부부장검사 2018년 창원지검 마산지청 형사1부장 2019년 서울서부지검 중요경제범죄조사단 부장검사(현)

이종채(李鍾采)

(생)1966·4·29 (출)전남 보성 (주)서울특별시 서초구 서초중앙로 157 서울중앙지방법원(02-530-1690) (학)1985년 경동고졸 1992년 중앙대 법학과졸 (경)1995년 사법시험 합격(37회) 1998년 사법연수원 수료(27기) 1998년 서울지법 의정부지원 판사 2000년 同북부지원 판사 2002년 대구지법 판사 2005년 서울행정법원 판사 2007년 서울동부지법 판사 2009년 서울고법 판사 2010년 대법원 재판연구관 2012년 서울동부지법 판사 2013년 광주지법 부장판사 2017년 수원지법 부장판사 2019년 서울중앙지법 부장판사(현)

이종철(李鍾徹) RHEE Jong Chul

(생)1948·12·14 (출)경남 창원 (주)경상남도 창원시 의창구 중앙대로162번길 9 창원시 창원보건소(055-225-2052) (학)1967년 경기고졸 1973년 서울대 의대졸 1980년 同대학원졸 1985년 의학박사(서울대) (경)1982년 서울대병원 내과 인턴·레지던트 1984~1993년 한양대 의대 내과학교실 조교수·부교수 1984년 일본 국립암센터 연구원 1986년 미국 로체스터대 부설 아이작고든소화기센터 연구원 1993년 한양대 의대 교수 1994년 삼성서울병원 소화기내과장 1996년 同기획실장 1996~2000년 同부원장 1997~2014년 성균관대 의대 소화기내과학교실 교수 1998년 삼성서울병원 임상의학연구소장 1999~2001년 삼성의료원 기획조정실장 1999년 조선일보 자문위원 1999년 KBS 자문위원 2000~2008년 삼성서울병원장 2001년 대한병원협회 홍보위원장 2002년 同기획위원장 2003~2012년 同부회장 2005년 대통령직속 의료산업선진화위원회 위원 2005년 삼성서울병원 삼성의료경영연구소장 2008~2011년 삼성의료원장 2008년 의료산업경쟁력포럼 공동대표 2008~2011년 제2기 국가생명윤리심의위원회 위원 2009년 대한소화기학회 회장 2009~2012년 성균관대 의무부총장 2010년 대한민국의학한림원 정회원(현) 2010~2011년 의료기관평가인증원 이사 2011년 한국공학한림원 화학생명공학분과 정회원 2012~2015년 미국 존스홉킨스 보건대학원 보건정책과 연수·미국 메이요 클리닉 연수 2015~2017년 건강보험심사평가원 진료심사평가위원장 2018년 창원시보건소 소장(현) (상)백남학술상(2006), 한국서비스대상 최고경영자상(2007), 아스트라 제네카 의학상(2008), 올해의 자랑스러운 한국인 대상 의료서비스부문(2010), 대통령표창(2014) (저)'4차 산업혁명과 병원의 미래'(2018) (종)기독교

이종철(李鍾哲) Lee Jong-Chul

(생)1958 (주)서울특별시 용산구 한강대로 100 삼일회계법인(02-709-0790) (학)서울대 경영학과졸, 同대학원 경영학과졸 (경)1983년 삼일회계법인 입사 1993년 同런던사무소 근무 2004년 同전무 2008년 同부대표 2014년 同딜로스부문 대표 2019년 同상임고문(현)

이종철(李種哲) LEE Jong Chul

(생)1960·9·10 (출)서울 (주)서울특별시 노원구 광운로 20 광운대학교 전자융합공학과(02-940-5203) (학)한양대졸, 同대학원졸, 공학박사(미국 Texas A&M대) (경)광운대 전자공학부 교수 2006~2010년 同전파공학과 교수 2010년 同전자융합공학과 교수(현) 2017년 한국ITS학회 회장 2018년 광운대 스마트융합대학원장 2018·2019년 同전자정보공과대학장(현) 2019년 同공학교육혁신센터장 겸임(현) (종)기독교

이종철

(생)1972 (출)경북 성주 (주)서울특별시 영등포구 국회대로 786 바른미래당(02-715-2000) (학)고려대졸 (경)1996년 고려대 총학생회장 2011년 청년지식인포럼 'story K' 대표, 강서발전시민포럼 대표(현) 2012년 새누리당 제18대 박근혜 대통령후보 중앙선거대책위원회 국민대통합위원회 위원 2015년 대통령직속 국민대통합위원회 자문위원 2017~2018년 바른정당 서울강서丙당원협의회 운영위원장 2017년 同원외공동대변인 2017~2018년 同대변인 2018년 바른미래당 서울 강서구丙지역위원회 위원장(현) 2018년 同대변인(현)

이종춘(李鍾春) LEE Jong Choon (湖堂)

(생)1940·5·5 (본)서림(西林) (출)충남 부여 (주)경기도 파주시 문발로 112 성안당(031-955-0511) (학)연세대 경영대학원졸, 동국대 정보산업대학원 수료 (경)대한공업교육학회 이사, (주)첨단 회장(현) 1973년 성안당 대표이사(현) 1996~1998년 대한출판문화협회 부회장 1999년 同이사 2004~2008년 서울산업대 공과대학 명예학장 (상)인헌무공훈장, 보국훈장 삼일장, 보국훈장 천수장, 보국훈장 국선장, 옥관문화훈장(2008) (종)기독교

이종탁(李鍾鐸) LEE Jong Tak

(생)1958·10·24 (본)고성(固城) (출)경북 안동 (주)경기도 의정부시 호암로 95 신한대학교 미디어언론학과(031-870-3765) (학)춘천제일고졸 1985년 건국대 축산대학졸 2007년 한양대 언론정보대학원졸 2014년 서울대 세계경제최고전략과정(ASP) 수료 (경)1984년 경향신문 입사 1989년 同외신부 기자 1990년 同국제부 기자 1991·1994년 同사회부 기자 1992년 同생활과학부 기자 1994년 同정치부 기자 1996년 同사회정책팀·사건팀 기자 1998년 同차장대우 1999·2001년 同사회부 차장 2000년 同전국부 차장 2001년 同정보과학부 차장 2002년 同경제부 부장대우 2003년 同국제부장 2003년 同지방자치부장 2005년 同사회부장 2006년 同논설위원 2008년 同논설위원(부국장대우) 2009년 同출판국 기획위원 2009년 同편집국 사회에디터 2011년 同출판국장 2013~2014

년 同논설위원 2014년 신한대 미디어언론학과 교수(현) 2015~2018년 언론중재위원회 위원 2015~2018년 우정사업본부 운영위원회 위원 2015~2018년 지속가능발전위원회 전문위원 (상)건국대 자랑스러운 건국언론인상(2013) (저)'우체국이야기'(2008) '훔치고 배우고 익혀라'(2012) '2030 뉴스사용설명서'(2018) '칼럼의 이해'(2018)

이종태(李鍾泰) LEE Jong Tai

(생)1955·10·16 (출)서울 (주)서울특별시 송파구 오금로 311 (주)퍼시스 비서실(02-443-9999) (학)1972년 경기상고졸 1984년 한국방송통신대졸 1992년 한양대 경영대학원졸 (경)(주)한솔 근무, 한샘공업 근무 1985년 (주)퍼시스 입사, 同영업부장, 同관리부문총괄 상무 겸 안성공장담당 상무 2000년 同관리부문총괄 전무 겸 안성공장담당 전무, 同감사 2007년 同부사장 2008~2014년 同대표이사 사장 2012~2016년 한국가구산업협회 회장 2012년 한국중견기업연합회 부회장(현) 2014년 (주)퍼시스 각자대표이사 사장 2017~2018년 同대표이사 부회장, 서울상공회의소 상임의원(현) 2018년 대한상공회의소 중견기업위원회 위원장(현) 2019년 (주)퍼시스 대표이사 회장(현) (상)산업포장(2016)

이종태(李鍾泰) Lee Jong-Tae

(생)1958·9·19 (주)부산광역시 부산진구 복지로 75 부산백병원 산업의학과(051-890-6742) (학)인제대 의대졸 1988년 同대학원 의학석사 1995년 의학박사(인제대) (경)인제대 의과대 예방의학교실 조교수, 호주 New South Wales대 단기연수, 부산백병원 성인병센터(종합검진센터) 부소장 1999년 인제대 의대 예방의학교실 부교수·교수(현) 2011~2015년 同의대 교무담당 부학장 2012년 同환경·산업의학연구소장 2015년 同의과대학장(현) (상)교육인적자원부장관표창(2004)

이종혁(李鍾赫) LEE Jong Hyouk

(생)1954·5·26 (본)고성(固城) (출)부산 (주)서울특별시 영등포구 여의공원로 111 태영빌딩 8층 EY한영 임원실(02-3787-6650) (학)1973년 부산고졸 1977년 연세대 경영학과졸 (경)1981~1983년 제일제당 경리과 근무 1983~1996년 삼성전자 반도체 관리팀 근무 1997~1999년 同LCD관리팀장 2000~2002년 同System LSI 지원팀장(이사·상무) 2002~2003년 同DS 지원실장(상무) 2004년 삼성전기 관리팀장(상무) 2005~2011년 同지원실장(전무·부사장) 2012~2014년 同자문역 2014년 EY한영 부회장(현) (종)천주교

이종혁(李鍾赫) LEE Jong Hyuk

(생)1967·12·19 (출)서울 (주)서울특별시 서초구 반포대로 158 서울중앙지방검찰청 형사4부(02-530-4312) (학)1986년 선덕고졸 1991년 서울대 사법학과졸 (경)1998년 사법시험 합격(40회) 2001년 사법연수원 수료(30기) 2001년 인천지검 검사 2003년 대구지검 영덕지청 검사 2004년 대구지검 검사 2006년 서울남부지검 검사 2009년 인천지검 부천지청 검사 2012년 광주지검 검사 2014년 서울서부지검 검사 2015년 同부부장검사 2016년 대구지검 서부지청 부장검사 2017년 대검찰청 형사2과장 2018년 同감찰2과장(부장검사) 2019년 서울중앙지검 형사4부장(현)

이종혁(李鍾赫) LEE Jong Hyuk

(생)1970·6·26 (본)광주(廣州) (출)서울 (주)서울특별시 노원구 광운로 20 광운대학교 미디어커뮤니케이션학부(02-940-8383) (학)1994년 광운대 신문방송학과졸 2001년 경희대 대학원 신문방송학과졸 2004년 언론학박사(경희대) (경)1994~1999년 (주)삼성그룹 근무 2002~2003년 미국 아이오와대 저널리즘스쿨 PR전공 객원연구원 2004년 국정홍보처 정책홍보기획자문위원 2004년 한양사이버대 초빙교수 2004년 산림청·국가청렴위원회 정책홍보자문위원 2004~2008년 서강대·인천대·숙명여대 겸임교수 2004~2008년 (주)프레인앤리 대표이사 2007년 프레인 대표이사 사장 2008~2011년 월드비전 홍보운영위원장, 농림수산식품부·통일부·여성가족부·보건복지부·국민권익위원회 정책홍보자문위원, 한국광고홍보학회·한국PR학회·한국광고PR실학회 이사 2008~2018년 광운대 미디어영상학부 교수 2012년 同공공소통연구소장(현) 2013~2016년 지역신문발전위원회 위원 2014~2016년 국방부 정책자문위원 2014~2016년 금융감독원 홍보자문위원 2014년 서울브랜드추진위원회 위원(현) 2014년 LOUD 캠페인 Director(현) 2015년 중앙SUNDAY 콜라보레이터 2015년 미국 세계인명사전 'Marquis Who's Who in the World' 2016년판에 등재 2018년 광운대 미디어커뮤니케이션학부 교수(현) (상)국정홍보처장표창(2004), 육군 홍보대상(2015) (저)'사이버시대 홍보벗기기'(1999) '사이버 홍보 닷컴'(2001) 'PR프로젝트 기획'(2006) '한국PR기업의 역사와 성공사례(編)'(2009) 'PR을 알면 세상이 열린다'(2010) '공공소통감각'(2015) (역)'실리콘밸리 인터넷 PR전략'(2001) '온라인 PR'(2004) '여론을 만든 사람 애드워드 버네이즈 평전(共)'(2004) '미디어 트레이닝(共)'(2005) (종)천주교

이종현(李宗賢) (尙仁)

(생)1958·11·1 (주)서울특별시 강남구 삼성로96길 6 LG트윈텔 711호 (재)디케이킴코리아(02-2191-6030) (학)한양대 영어영문학과졸 (경)2000년 MBC 교양제작국 교양1차장 2001년 同시사교양국 시사교양특임1CP 2001년 同시사제작국 시사제작4CP 2002년 同시사제작2국 시사제작2CP(부장대우) 2008년 同시사교양국 부국장, 同글로벌사업본부 국장 2011년 국제에미상(The International Emmy Awards) 심사위원 2011~2013년 MBC 사회공헌실장 2011~2013년 MBC나눔 대표 겸임 2016년 대구문화방송(MBC)·안동문화방송(MBC)·포항문화방송(MBC) 상무이사 겸임(현) 2017~2018년 대구문화방송 사장 직대 2018년 (재)디케이킴코리아 대표(현) (역)'프로파간다 파워'(2015, 공존)

이종현(李鍾鉉) LEE Jong Hyun

(생)1963·4·15 (본)전주(全州) (출)경기 수원 (주)서울특별시 송파구 올림픽로 300 롯데지주(주) CSV팀(02-2670-6114) (학)1983년 대일고졸 1990년 동국대 국어국문학과졸 1996년 同정보산업대학원 신문방송학과졸 (경)2010~2011년 서울시 대변인 2011~2013년 대통령실 춘추관장 2013년 코리아세븐 커뮤니케이션부문장 2015년 롯데그룹 정책본부 커뮤니케이션실 홍보팀장(상무) 2015년 한국PR협회 부회장(현) 2018년 롯데지주(주) CSV팀 전무(현) (상)홍조근정훈장(2011) (종)천주교

이종호(李宗鎬) LEE Chong Ho

(생)1932·12·1 (본)전주(全州) (출)경기 김포 (주)서울특별시 서초구 남부순환로 2477 JW홀딩스 임원실(02-840-6600) (학)1952년 서울고졸 1958년 동국대 법정대학 법학과졸 1965년 고려대 경영대학원 수료 (경)1966~1975년 (주)대한중외제약 기획관리실장 1975~1979년 (주)대한중외상사 사장 1975~1982년 (주)대한중외제약 대표이사 1982년 JW중외제약 회장 1986~1992년 한국신약개발연구조합 초대 이사장 1992~1994년 C&C신약연구소 공동대표 1993~1995년 한국제약협회 회장 2007~2015년 JW홀딩스 대표이사 회장 2011년 중외학술복지재단 이사장(현) 2015년 JW홀딩스 명예회장(현) (상)새마을훈장 협동장(1984), 국민훈장 목련장(1987), 국민훈장 모란장(1990), CEO대상(2001) (종)불교

이종호(李鍾浩) LEE Jong Ho

(생)1953·10·28 (본)연안(延安) (출)인천 (주)서울특별시 마포구 월드컵북로5길 56 2층 서울세계무용축제조직위원회 사무국(02-3216-1185) (학)1977년 서울대 불어불문학과졸 1978년 同대학원 불어불문학 석사과정 수료 (경)1977년 코리아헤럴드 기자 1981년 연합통신 기자 1991년 同브뤼셀특파원 1995년 同전국부 차장 1996년 유네스코 국제무용협회(CID-UNESCO) 한국본부 회장(현) 1998년 서울세계무용축제(SIDance) 예술감독(현) 1998년 무용수직업전환국제기구(IOTPD) 세계본부 이사 1998년 연합통신 외신1부 부장대우 1998년 연합뉴스 외신1부 부장대우·국제뉴스1부 부장대우 2000년 同문화부장 2001~2004년 한국춤평론가협회 회장 2002년 '한국의 무용가' 편집위원 2003년 연합뉴스 문화부 부국장대우 전문기자 2004년 同부국장대우 문화부장 2004년 同부국장대우 전문기자 2004년 아시아공연예술축제연맹(AAPAF) 집행이사 2005년 연합뉴스 문화부 부국장급 전문기자 2006~2009년 同편집담당 상무이사 2006~2009년 (주)연합인포맥스 비상임이사 2009년 제3회 제주세계델픽대회조직위원회 집행위원장 2009년 국제델픽위원회(IDC) 집행이사 2009·2010년 스페인 마스단사국제현대무용페스티벌 심사위원 2010년 아시아공연예술축제연맹(AAPAF) 공동회장(현) 2010년 카리브 댄스비엔날레 심사위원 2010년 한국춤비평가협회 공동대표(현) 2016년 폴란드 바르샤바 '자비로바냐 국제안무콩쿠르' 심사위원 2017년 동아시아무용플랫폼(EADP:HOTPOT) 한국대표(현) 2018년 연합뉴스 동북아센터 비상임이사(현) (상)문화관광부장관표창(2007), 현대무용진흥회 국제교류발전상(2007), 프랑스정부 문화예술공로 슈발리에장(Chevalier dans l'ordre national des arts et des lettres)(2007), 한국춤평론가회의 무용비평가상 특별상(2009), 전문무용수지원센터 특별상(2017) (저)'우리무용100년(共)'(2001) 'Contemporary Dance Scenes in Korea'(共) (역)'참여자와 방관자'(1982)

이종호(李宗鎬) LEE Jong Ho

(생)1957·3·18 (출)경남 거창 (주)서울특별시 종로구 대학로 101 서울대치과병원 구강악안면외과(02-2072-2630) (학)1976년 서울 중앙고졸 1982년 서울대 치대졸 1985년 同대학원 치의학과졸 1991년 치의학박사(서울대) (경)1982~1985년 서울대병원 구강악안면외과 인턴·레지던트 1985년 軍의관 1988~1996년 전남대 치대 구강악안면외과 전임강사·조교수·부교수 1993년 독일 튀빙겐대 악안면외과 교환교수 1996년 서울대 치과대학 구강악안면외과 조교수·부교수·교수(현) 1998년 미국 하버드대 의대 소아병원 Research Fellow 2001~2005년 서울대 치대 치학연구소 실험동물실장 2003년 서울대치과병원 임플란트클리닉실장 2004년 同구강악안면외과장 2005년 서울대 치과대학 구강악안면외과 주임교수 2006년 서울대치과병원 구강암센터장(현) 2008년 同임상시험센터장(현) 2017년 대한민국학술원 회원(치의학·현) (상)대한구강악안면외과학회 심계학술상(1995·2005), 올해를 빛낸 중앙인상(2008), 자랑스런고려중앙인상(2008), 보건산업기술대상 보건복지부장관표창(2009), 서울대치과병원 올해의교수(2014) (저)'미세혈관문합연습'(1992, 지성출판사) '구강악안면외과학(共)'(1998, 도서출판의치학사) '세포부착물과 구강점막질환, 그리고 구강암(共)'(2012, 서울대출판문화원) '구강악안면재건을 위한 미세혈관피판(共)'(2014) '정신질환과 치과치료(共)'(2016)

이종호(李鍾浩)

(생)1958·5·2 (주)대전광역시 서구 둔산로 100 대전광역시의회(042-270-5142) (학)한밭대 외국어학과 수료(1년) (경)대전시 물가대책심의위원회 위원, 보문고 운영위원장, 한국노동조합총연맹 대전지역본부 의장 2006년 대전시의원선거 출마(국민중심당), 전국택시산업노동조합연맹 의장 2018년 대전시의회 의원(더불어민주당)(현) 2018년 同복지환경위원장(현) (종)불교

이종호(李鍾鎬) Lee Jong Ho

(생)1961·8·3 (주)경상북도 울진군 북면 울진북로 2040 한국수력원자력 한울원자력본부(054-785-2921) (학)대전고졸 1984년 서울대 원자핵공학과졸 1986년 한국과학기술원(KAIST) 원자력핵공학과졸(석사) 1996년 원자력공학박사(일본 도쿄대) (경)1984년 한국전력공사 입사 2004년 한국수력원자력 경영혁신부장 2008년 同해외사업처 사업전략팀장 2009년 同원자력발전기술원 사업기술팀장 2011년 同기술기획처 원자력산업계회의준비팀장 2012년 同기술기획처장 2013년 同중앙연구원장 2014년 同엔지니어링본부장 2016년 同기술본부장 2018년 同한울원자력본부장(현) (상)지식경제부장관표창(2009), 국민포장(2012)

이종호(李鍾虎) LEE JONGHO

(생)1961·8·13 (본)전의(全義) (출)경기 양평 (주)경기도 평택시 경기대로 245 평택시청 부시장실(031-8024-2100) (학)1980년 양평종합고졸 2004년 경기대 행정학과졸 (경)2004년 경기도 투자진흥과 지방행정사무관(지방행정연수원 파견) 2005년 同혁신분권과 분권지원팀장 2006년 同혁신분권과 혁신기획팀장 2006년 同예산담당관실 복지환경예산담당 2006년 경기도미술관 총무팀장 2008년 경기도 철도항만과 철도기획담당 2008년 同철도항만물류과 철도기획담당 2009년 同GTX추진기획단 GTX기획담당 2009년 경기도의회 사무처 의정담당관실 의사담당 2010년 同특별전문위원실 전문위원(지방서기관) 2011년 지방행정연수원 파견 2012년 경기도의회 사무처 의정담당관 2016년 경기 동두천시 부시장 2017년 지방행정연수원 교육파견(지방부이사관) 2018년 경기도 공유시장경제국장 2018년 경기 평택시 부시장(현) (상)국무총리표창(1994), 행정자치부장관표창(2006), 대통령표창(2013)

이종호(李宗昊) Jong-Ho Lee

(생)1966·4·12 (주)서울특별시 관악구 관악로 1 서울대학교 공과대학 전기·정보공학부(02-880-1727) (학)1987년 경북대 전자공학과졸 1989년 서울대 대학원 전자공학과졸 1993년 공학박사(서울대) (경)1994~2002년 원광대 전기공학과 교수 1994~1998년 한국전자통신연구원 Invited Research Staff 1998~1999년 미국 MIT Microsystems Technology Laboratory of EECS 연구원 2002~2009년 경북대 교수 2009년 서울대 공과대학 전기·정보공학부 교수(현) 2015년 同공과대학 기획부학장 2016년 국제전기전자공학회(IEEE) 석학회원(현) (상)제19회 한국공학한림원 젊은공학인상(2015), 한국공학한림원 Young Engineer Award(2015), 녹조근정훈장(2015), SK하이닉스 산학연구과제 최우수상(2016), 제13회 경암상 공학부문(2017)

이종호(李鍾鎬)

(생)1968·12·30 (주)경상남도 창원시 의창구 상남로290 경상남도의회(055-211-7222) (학)동서대 건축공학과졸 (경)경남 김해 삼안동 주민자치위원, 경남메세나협회 감사, 낙동강유역환경청 명예감시원, 민주평통자문회의 자문위원, 더불어민주당 경남도당 생활체육진흥특별위원장(현) 2018년 경남도의회 의원(더불어민주당)(현) 2018년 同건설소방위원회 위원(현), 경남 김해 삼안동 체육회 이사(현), 민주평통자문회의 자문위원(현)

이종화(李鍾和) LEE, Jong-Wha

(생)1960·1·23 (본)경주(慶州) (출)강원 태백 (주)서울특별시 성북구 안암로 145 고려대학교 정경대학 경제학과(02-3290-2216) (학)황지고졸 1981년 고려대 경제학과졸 1983년 同대학원 경제학과졸 1990년 미국 하버드대 대학원 경제학과졸(석사) 1992년 경제학박사(미국 하버드대)

(경)1981~1982년 한국농촌경제연구원 연구원 1984~1987년 호서대 전임강사·조교수 1992년 국제통화기금(IMF) 이코노미스트 1993~2000년 고려대 경제학과 조교수·부교수 1994년 미국 Hoover Institution 방문교수 1994년 국제통화기금(IMF) 방문교수 1994~1998년 국제연합개발계획(UNDP) 자문위원 1995년 미국 Hoover Institution 방문교수 1995~1997년 세계은행(IBRD) 자문위원 1997년 미국 하버드대 국제개발연구원 연구위원 1999~2000년 同초빙교수 1999년 同행정대학원 겸임교수 2000년 고려대 정경대학 경제학과 교수(현) 2001년 호주 호주국립대 겸임교수 2003년 고려대 국제한국학센터 소장 2004년 대통령자문 국민경제자문회의 자문위원 2007년 아시아개발은행(ADB) 지역경제협력국장 2009년 同수석이코노미스트 2011~2013년 대통령 국제경제보좌관 2013~2014년 한국금융학회 부회장 2017년 한국국제경제학회 회장 (상)매경 Economist賞(1997), 한국경제학회 청람상(1997), 풀브라이트 해외유학장학생 선발(1987~1992), 고려대정경대학교우회 선정 '자랑스러운 정경인'(2015) (저)'거시경제학'(2009) '남북한 경제통합의 혜택과 한반도 통일 국가의 역할'(2014) 'Education Matters : Global Schooling Gains from the 19th to the 21st Century'(2015) (종)기독교

이종화(李鍾和) LEE Jong Hwa

(생)1960·4·28 (본)전주(全州) (출)충남 홍성 (주)충청남도 예산군 삽교읍 도청대로 600 충청남도의회(041-635-5020) (학)홍성고 수학(2년), 중동고졸, 청운대 건축공학과졸, 同정보산업대학원 건축공학과졸 2012년 충남대 대학원 건축공학 박사과정 수료 (경)1995년 광천청년회의소 회장 1996년 한국청년회의소 국제이사 2000년 홍성경찰서 청소년선도위원장 2002년 충남 홍성군의회 의원(무소속) 2006년 충남 홍성군의회 의원(한나라당) 2006·2008년 同부의장 2010년 충남 홍성군의원선거 출마(한나라당) 2011년 청운대 건축공학과 외래교수 2012년 새누리당 충남도당 부위원장 2012년 同충남도당 대변인 2012년 충남도의회 의원(보궐선거 당선, 새누리당) 2012~2014년 同농수산경제위원회 위원 2014년 충남도 보훈공원조성추진위원회 위원(현) 2014~2018년 충남도의회 의원(새누리당·자유한국당) 2014~2015년 同건설해양소방위원회 위원장 2014~2015년 同서해안살리기특별위원회 위원 2015~2016년 同안전건설해양소방위원회 위원장 2016~2018년 同행정자치위원회 위원 2016~2018년 同예산결산특별위원회 위원 2017~2018년 同내포문화권발전지원특별위원회 위원장 2018년 충남도의회 의원(자유한국당)(현) 2018년 同부의장(현), 민주평통자문회의 위원(현) (상)대통령표창(2003), 글로벌 新한국인대상(2017), 대한민국소비자대상(2017) (종)기독교

이종환(李鍾煥) LEE Chong Hwan (冠廷)

(생)1924·1·9 (본)광주(廣州) (출)경남 의령 (주)서울특별시 종로구 청계천로 35 관정빌딩 13층 삼영화학그룹(02-753-6291) (학)1942년 마산고졸 1944년 일본 메이지(明治)대 경상학과 수료(2년: 한일합병 후 강제징집) 1979년 서울대 대학원 최고경영자과정 수료 1999년 명예 경제학박사(마산대) 2005년 명예 교육학박사(한국교원대) 2014년 명예 공학박사(서울대) (경)1959년 삼영화학공업(주) 설립 1972년 국제통신공업(주) 설립 1978년 삼영기업(주) 설립 1978년 삼영산업(주) 설립 1978년 고려애자공업(주) 설립 1986년 극동도기(주) 설립 1987년 삼구상사(주) 설립 1989년 (주)일광기공 설립 1990년 삼영창업투자(주) 설립 1995년 뉴크라운관광호텔 인수 1995년 하니관광호텔 인수 1997년 삼영필름(주) 설립 1997~2013년 삼영화학그룹 회장 1999년 크라운컨트리클럽 설립 2000~2002년 관정이종환재단 설립·이사장 2002~2010년 관정이종환교육재단 이사장 2010년 同명예이사장, 삼영중공업(주) 대표이사(현) 2013년 삼영화학그룹 명예회장(현) 2014~2016년 관정이종환교육재단 이사장 (상)대통령표창(1985), 장영실과학문화상 본상(2003), 금탑산업훈장(2003), 백범문화상 본상(2006), 국민훈장 무궁화장(2009), 미국 경제전문지 포브스 발표 '아시아 기부왕 48명'에 선정(2012) (저)'남북통일말 사전(編)'(2006, 두산동아) 자서전 '정도'(2008, 관정교육재단) (역)세키 유지(關 裕二) 著 '일본의 뿌리는 한국'(2008, 관정교육재단)

이종환(李宗奐) LEE Jong Whan

(생)1955·9·23 (출)경남 진주 (주)서울특별시 종로구 율곡로 6 트윈트리타워 B동 서울경제신문(02-724-8600) (학)1974년 서울고졸 1982년 성균관대 정치외교학과졸 (경)서울경제신문 생활산업부장 2000년 同사회부장 2003년 同산업부장(산업담당총괄 부국장대우) 2004년 同편집국장 2006년 同편집국장(이사대우) 2009년 同편집인 부사장 2009년 서울경제TV 대표이사 사장 2011년 서울경제신문 대표이사 사장 2011년 서울경제TV 이사 2011~2013년 서울경제신문 사장 2014~2015년 同대표이사 사장 겸 발행인·편집인 2014~2015년 서울경제TV 대표이사 사장 겸임 2015년 서울경제신문 대표이사 부회장 겸 발행인·편집인(현) 2015~2017년 서울경제TV 대표이사 부회장 겸임

이종환(李宗煥)

(생)1961·9·3 (주)울산광역시 북구 산업로 915 울산경제진흥원 4층 KOTRA 울산KOTRA지원단(052-289-8058) (학)1989년 한국외국어대 네덜란드어과졸 (경)1990년 대한무역투자진흥공사(KOTRA) 입사 1991년 대전EXPO '93조직위원회' 파견 1993년 대한무역투자진흥공사 시장개척부 근무 1995년 同네덜란드 암스텔담무역관 근무 1998년 同종합무역투자정보센터건립단 근무 1999년 同투자협력처 근무 2000년 인천시 중소기업수출지원센터 파견 2001년 대한무역투자진흥공사 파키스탄 카라치무역관장 2004년 同IKP건립팀 근무 2006년 同총무팀 부장 2007년 同총무팀 차장, 同런던무역관 부장, 同호치민무역관 수출인큐베이터운영팀장 2012년 同광저우무역관 수출인큐베이터운영팀장 2016년 同울산KOTRA지원단장(현)

이종환(李宗煥) LEE Jong Hwan

(생)1967·1·8 (출)강원 정선 (주)서울특별시 양천구 신월로 389 남부빌딩 205호 법무법인 자산(02-2691-9100) (학)1985년 문일고졸 1990년 고려대 법학과졸 (경)1993년 사법시험 합격(35회) 1996년 사법연수원 수료(25기) 1999년 수원지검 검사 2000년 대구지검 안동지청 검사 2002년 대구지검 검사 2004년 서울중앙지검 검사 2007년 인천지검 검사 2009년 광주지검 부부장검사 2009년 同공판부장 2010년 대구지검 강력부장 2011년 서울동부지검 공판부장 2012년 광주지검 순천지청 부장검사 2013년 수원지검 안산지청 부장검사 2014년 서울남부지검 형사3부장 2015년 인천지검 부천지청 부장검사 2016년 서울고검 검사 2016년 변호사 개업 2016년 법무법인 자산 대표변호사(현)

이종환(李鍾煥)

(생)1975·4·14 (출)광주 (주)인천광역시 미추홀구 소성로163번길 17 인천지방법원(032-860-1114) (학)1991년 광주 과학고졸 1999년 서강대 법학과졸 (경)1998년 사법시험 합격(40회) 2001년 사법연수원 수료(30기) 2001년 軍법무관 2004년 수원지법 판사 2006년 서울중앙지법 판사 2009년 전주지법 군산지원 판사 2011년 광주고법 전주재판부 판사 2012년 수원지법 성남지원 판사 2014년 대법원 재판연구관 2017년 광주지법·광주가정법원 해남지원장 2019년 인천지법 부장판사(현)

이종후(李鍾厚) Lee Jong Hoo

(생)1964 · 12 · 8 (출)충남 서산 (주)서울특별시 영등포구 의사당대로 1 국회예산정책처 처장실(02-788-3762) (학)양정고졸 1987년 연세대 행정학과졸 1989년 同행정대학원 도시행정학과졸 1999년 미국 오리건대 대학원 정책학과졸 (경)1999년 국회사무처 보건복지위원회 입법조사관(서기관) 2002년 同의사국 의사과장 2003년 同의사국 의사과장(부이사관) 2004년 同국제국 중국주재관 2008년 同예산결산특별위원회 입법심의관 2009년 同의사국장(이사관) 2011년 同예산결산특별위원회 전문위원 2012년 駐오스트리아대사관 공사 2014~2018년 국회 외교통일위원회 수석전문위원(차관보급) 2019년 국회예산정책처 처장(차관급)(현) (상)국회의장표창(1996)

이종훈(李鍾燻) LEE Chong Hoon (省知)

(생)1935 · 11 · 28 (본)전의(全義) (출)전북 군산 (주)서울특별시 성북구 삼선교로16길 116 한성대학교 이사장실(02-760-4201) (학)1955년 군산고졸 1959년 중앙대 경제학과졸 1961년 同대학원졸 1978년 경제학박사(일본 東京大) (경)1979~2001년 중앙대 산업대 지역경제학과 교수 1984년 행정고등고시 출제위원 1985년 미국 하버드대 객원교수 1986년 중앙대 산업대학장 1988년 同교무처장 1988년 한 · 일경상학회 회장 1989년 일본 도쿄대 객원교수 1990년 중앙대 산업연구소장 1994~1997년 同제2캠퍼스 부총장 1994~1995년 한국경제학회 회장 1995년 同명예회장(현) 1997~2000년 중앙대 총장 1998년 경제정의실천시민연합 경제정의연구소 이사장 1999~2004년 同공동대표 2001년 중앙대 사회과학대학 명예교수(현) 2005년 한국사학법인연합회 윤리위원회 부위원장 2005~2008년 학교법인 덕성학원(덕성여대) 이사장 2006년 희망한국국민연대 공동대표 2015년 학교법인 한성학원(한성대) 이사장(현) (상)신산업경영대상 경영문화대상(2000), 청조근정훈장(2001), 수산장학문화재단 참교육자상(2002) (저)'한국경제론'(1979) '일본경제론'(1991) '일본경제정책론'(1996) '한일무역의 총결산' '한국자본주의론' '대중국투자전략' '일본을 다시보자'(共) '일본인의 일과 근성' '21세기를 준비하자' (종)기독교

이종훈(李鍾勳) LEE Chong Hun

(생)1956 · 8 · 4 (출)서울 (주)인천광역시 서구 백범로934번길 23 인천도시가스(주) 회장실(032-570-7771) (학)1978년 한양대 인문대학졸 1986년 同경영대학원졸 (경)1979~1985년 한성무역(주) 이사 1985~1996년 인천도시가스설비(주) 대표이사 1996년 인천도시가스(주) 회장(현) 1997~1999년 한양대경영대학원동문회 회장 (상)동탑산업훈장(2009)

이종훈(李宗勳) RHEE Chong Hoon

(생)1960 · 7 · 1 (출)서울 (주)서울특별시 서대문구 거북골로 34 명지대학교 경영대학 경영학과(02-300-0744) (학)1979년 배명고졸 1983년 서울대 경제학과졸 1985년 同대학원 경제학과졸 1990년 경제학박사(미국 코넬대) (경)명지대 경영대학 경영학과 교수(현) 1990년 한국개발연구원 연구원 1995년 세계화추진위원회 자문위원 1996년 정부투자기관경영평가단 평가단원 1996~1998년 노사관계개혁위원회 책임전문위원 2006년 노동부 최저임금위원회 위원 2010년 한국일보 시사칼럼 필진 2010년 국가미래연구원 교육 · 노동분야 발기인 2012~2016년 제19대 국회의원(성남 분당甲, 새누리당) 2012년 국회 환경노동위원회 위원 2012년 새누리당 국민행복추진위원회 행복한일자리추진단장 2014년 同사회적경제특별위원회 위원 2014~2016년 국회 교육문화체육관광위원회 위원 2015년 새누리당 원내대변인 2017년 바른정당 경기성남분당甲당원협의회 조직위원장 2017년 同제19대 유승민 대통령후보 중앙선거대책위원회 정책본부 공동본부장 2017년 同정책위원회 부의장 2018년 바른미래당 경기성남시분당구甲지역위원회 공동위원장 (상)국민포장 (종)기독교

이종흔(李鐘欣) Jong Heun Lee

(생)1965 · 10 · 27 (출)부산 (주)서울특별시 성북구 안암로 145 고려대학교 신소재공학부(02-3290-3282) (학)1987년 서울대 공과대학 무기재료공학과졸 1989년 同공과대학원 무기재료공학과졸 1993년 무기재료공학박사(서울대) (경)1993~1999년 삼성종합기술원 전기화학연구실 선임연구원 1999~2000년 일본 NIRIM연구소 STA Fellow 2000~2003년 서울대 재료공학부 BK21 연구교수 2003~2008년 고려대 신소재공학부 부교수 2008년 同신소재공학부 교수(현) 2008~2019년 한국연구재단 국가지정연구실 연구책임자 2009년 미국 Univ. of Washington 방문교수 2011년 Science of Advanced Materials(ASP) Editor(현) 2012~2016년 고려대 신소재공학부 BK사업단장 2013년 Sensors and Actuators B(Elsevier) Editor(현) 2014년 Anal. Bioanal. Chem.(Springer) Int. Adv. Board Member(현) 2016년 한국과학기술한림원 정회원(공학부 · 현) 2019년 한국공학한림원 일반회원(현) (상)STA(Science and Technology Agency of Japan) Fellowship(1993), 특허기술상 지석영상(2001), 고려대 석탑강의상(2007 · 2008), 한국공학한림원 선정 2020년 대한민국 산업을 이끌 미래 100대 기술주역(2013), 한국산학연협회장표창(2013), Thomson Reuters 'Highly Cited Researcher'(2014), 고려대 특별포상(2014), 미래창조과학기술부장관표창(2014), 고려대 교우회 학술상(2016), 포스코청암상 과학상(2017)

이종희(李宗熙) Lee Jong Hee

(생)1952 · 1 · 23 (본)경주(慶州) (출)부산 (주)인천광역시 서구 로봇랜드로 155-30 항공안전기술원 항공인증본부 항공기인증실(032-727-5801) (학)1970년 경남고졸 1978년 서울대 기계공학과졸 1986년 한국과학기술원(KAIST) 기계공학과졸(석사) 2000년 공학박사(한국과학기술원) (경)독일용접기술사 취득 1978년 삼성중공업(주) 근무 1980~1989년 한국기계연구원 품질평가실장 1989년 한국항공우주연구원 항공우주안전인증센터장 2009~2013년 同항공우주안전 · 인증센터장 2013~2015년 同항공우주안전 · 인증센터 책임연구원 2015~2017년 중원대 항공대학 항공정비학과 교수 2017년 항공안전기술원 항공인증본부 항공인증1실 책임연구원 2018년 同항공인증본부 항공기인증실 연구위원(현) (상)국무총리표창 (종)기독교

이주명(李周明) LEE Ju Myeong

(생)1966 · 8 · 9 (본)광주(廣州) (출)충북 단양 (주)세종특별자치시 다솜2로 94 농림축산식품부 축산정책국(044-201-2301) (학)1985년 가야고졸 1991년 고려대 법학과졸 2004년 미국 인디애나주립대 법과대학원졸(LL.M.) (경)1993년 행정고시 합격(37회) 1994년 농림부 법무담당관실 사무관 1997년 同농업정책실 식량정책과 사무관 1999년 同농업정책국 협동조합과 사무관 2001년 同협동조합과 서기관 2002년 국가전문행정연수원 파견 2002년 국외 훈련(미국 인디애나주립대 법과대학원) 2004년 농림부 개발정책과 서기관 2005년 同쌀 협상비준팀장 겸 농업연수원 교육기획과장 2006년 同정책홍보관리실 정책기획팀장(부이사관) 2007년 同농촌정책국 농촌정책과장 2007년 제17대 대통령직인수위원회 경제2분과위원회 실무위원 2008년 대통령 경제수석비서관실 농수산식품비서관실 행정관 2009년 농림수산식품부 기획조정실 기획재정담당관 2010년 同기획조정관(고위공무원) 2011년 駐제네바 유엔사무처 및 국제기구대표부 공사참사관(고위공무원) 2014년 농림축산식품부 식품

산업정책실 식품산업정책관 2016년 국가공무원인재개발원 교육훈련 파견 2017년 농림축산식품부 대변인 2017년 同농업정책국장 2019년 同축산정책국장(현) 상국무총리표창(2004), 홍조근정훈장(2015)

이주복(李周馥) LEE Ju Bok

생1961 · 7 · 17 출경북 예천 주울산광역시 남구 돋질로 87 중앙빌딩 5층 울산제일일보 경영기획국(052-260-4000) 학1989년 동국대 행정학과졸 경1992년 울산일보 기자 1999년 同편집국 사회부 차장 2000~2004년 울산광역일보 기자 2005~2006년 서울일보 편집국 사회부 영남취재본부장 2007년 울산제일일보 편집국 부국장 2014년 同편집국장 2018년 同경영기획국장 겸 편집이사(현)

이주석(李仙錫) LEE Ju Seok

생1947 · 8 · 28 출광주 주광주광역시 북구 동문대로 50 학교법인 후성학원(동강대학교)(062-520-2114) 학1966년 광주고졸 1968년 광주교대졸 1974년 조선대 법학과졸 1981년 전남대 대학원 교육행정학과졸 1997년 교육학박사(전남대) 경1974~1981년 광주 동신중 · 동신고 · 동신여고 교사 1981~2012년 동강대학 유아교육과 교수 1987~1989 · 1995~1997년 同교무과장 1988~1994년 광주교총연합회 이사 1992~2000년 同교원우수논문 심사위원 1992~2002년 한국교육학회 광주 · 전남지역 이사 1994년 전문대학교교육평가위원회 평가위원 1995년 교육부 교육개혁홍보위원, 同재정지원사업평가위원 1998~2000년 전문대학특성화프로그램재정지원사업 평가위원 2001~2003년 한국유아교육학회 광주 · 전남지회 이사 2005~2009년 동강대학 총장 2016년 학교법인 후성학원(동강대) 이사장(현) 상황조근정훈장(2012)

이주섭(李周燮) Lee, Joo Sueb

생1973 · 8 · 15 본경주(慶州) 출서울 주세종특별자치시 갈매로 477 기획재정부 정책조정국 정책조정총괄과(044-215-4510) 학1992년 중동고졸 1996년 서울대 국제경제학과졸 1999년 同대학원 정책학과졸 2007년 미국 하버드대 대학원(John F. Kennedy School of Government) 행정학과졸 경1997년 행정고시 국제통상직 합격(41회) 1998년 행정자치부 행정수습사무관 1999년 재정경제부 국제금융국 사무관 2000~2003년 공군 장교 2003~2006년 재정경제부 경제협력국 사무관 2008~2009년 기획재정부 기획조정실 · 대외경제국 서기관 2009~2011년 대통령직속 국가경쟁력강화위원회 기획총괄팀장 2011~2014년 글로벌녹색성장기구 선임연구위원 2014년 기획재정부 경제정책국 통일경제기획팀장 2014년 同부총리 겸 장관 비서관 2016년 同국고국 국채과장 2017년 同미래경제전략국 인력정책과장 2017년 同경제구조개혁국 일자리경제과장 2019년 同정책조정국 정책조정총괄과장(현) 종기독교

이주성 Lee Joo-Sung

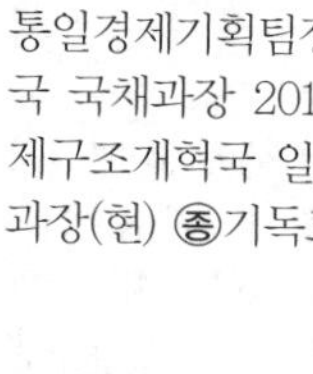

생1978 · 10 주서울특별시 마포구 양화로 45 (주)세아제강 경영기획본부(02-6970-1000) 학1997년 스위스 Aiglon College고졸 2001년 미국 시카고대 경제학 · 동아시아학과졸 2011년 미국 컬럼비아대 대학원 경영학과졸(MBA) 경2002년 액센추어 근무 2005년 메릴린치증권 서울지점 기업금융부(IB)근무 2008년 (주)세아그룹 전략팀장 2008년 (주)세아홀딩스 전략팀장, (주)세아베스틸 이사, 同상무 2014년 (주)세아제강 경영기획본부장(상무) 2015년 同경영기획본부장 겸 영업본부장(전무) 2018년 同경영기획본부장 겸 영업본부장(부사장)(현)

이주연(李周姸 · 女) LEE Joo Yeon

생1964 · 4 · 28 출서울 주서울특별시 강남구 논현로 531 윤성빌딩 피죤 임원실(02-3451-2000) 학1986년 서강대 영어영문학과졸 1993년 미국 메릴랜드 인스티튜트 오브 아트 칼리지졸 1996년 미국 뉴욕 퀸스칼리지 대학원 회화과졸 2007년 성균관대 MIT경영대학원졸(MBA) 경미국 유학 시 서양화 전공한 화가 1996년 피죤 디자인실장, 同마케팅실장 2001년 同관리총괄부문장(부사장) 2007년 同대표이사 부사장 2007년 同부회장 겸 피죤 모터스 대표 2011년 同대표이사 부회장(현)

이주열(李柱烈) Juyeol LEE

생1952 · 7 · 24 본덕수(德水) 출강원 원주 주서울특별시 중구 세종대로 67 한국은행 총재실(02-759-4114) 학1970년 원주 대성고졸 1977년 연세대 경영학과졸 1988년 미국 펜실베이니아주립대 대학원 경제학과졸 경1977년 한국은행 입행 1990년 同조사제2부 과장 1991년 同조사제1부 과장 1993년 同외환업무부 과장 1994년 同조사제1부 과장 1995년 同조사제1부 부부장 1998년 同조사부 국제경제실장 1999년 同뉴욕사무소 수석조사역 2002년 同조사국 해외조사실장 2003년 同조사국장 2005년 同정책기획국장 2005년 연합인포맥스 자문위원 2007년 한국은행 부총재보 2009~2012년 同부총재 2009~2012년 同금융통화위원회 위원 2012년 하나금융경영연구소 고문 2013~2014년 연세대 경제대학원 특임교수 2014년 한국은행 총재(현) 2014년 同금융통화위원회 의장(현) 2019년 국제결제은행(BIS) 이사(현) 상연세대 상경 · 경영대학동창회 '자랑스런 연세상경인상'(2014), 강원도민회중앙회 '자랑스런 강원인상'(2015), 연세대총동문회 '자랑스러운 연세인'(2016)

이주영(李柱郢) LEE Jooyoung

생1942 · 7 · 29 본전주(全州) 출평북 용천 주서울특별시 광진구 능동로 120 학교법인 건국학원 사무국(02-450-3015) 학1962년 인천 제물포고졸 1966년 서울대 사학과졸 1968년 同대학원 사학과졸(서양사전공) 1973년 미국 하와이대 대학원 사학과졸(미국사전공) 1982년 문학박사(서강대) 경1975~1979년 서원대 역사교육과 조교수 1979~2007년 건국대 인문학부 사학과 조교수 · 부교수 · 교수 1982년 미국 프린스턴대 객원연구원 1991년 미국 컬럼비아대 객원연구원 2001~2002년 역사학회 회장 2001년 건국대 서울캠퍼스 부총장 2003년 한국아메리카학회 회장 2004~2006년 건국대 대학원장 2007년 同사학과 명예교수 2008년 학교법인 건국학원(건국대학교) 이사(현) 상옥조근정훈장(2007) 저'미국사'(1987 · 2005) '경험으로 본 서양의 역사'(2001) '미국현대사의 흐름'(2002) '격동의 유럽현대사'(2005) '미국의 좌파와 우파'(2006) '한국현대사이해(共)'(2007) '이승만 평전'(2014) '서북청년회'(2015) '세계현대사(共)'(2018) '역사 어떻게 볼 것인가'(2018) 역'서양근대사'(1985, RR파머) '현대미국의 성립'(1977, CN데글러)

이주영(李柱榮) LEE Ju Young

생1951·9·30 출경남 마산 주서울특별시 영등포구 의사당대로 1 국회 의원회관 819호(02-784-5281) 학1970년 경기고졸 1974년 서울대 법과대학졸 1976년 同대학원 법학과졸 1991년 영국 런던대 대학원 수료 2001년 경남대 북한대학원 정치학과졸 경1978년 사법시험 합격(20회) 1980년 사법연수원 수료(10기) 1980년 서울지법 동부지원 판사 1982년 서울가정법원 판사 1983년 서울민사지법 판사 1984년 청주지법 판사 1986년 서울형사지법 판사 1989년 서울지법 북부지원 판사 1990년 서울고법 판사 1993년 대법원 재판연구관 1994년 부산지법 부장판사 1995~2005년 변호사 개업 1996년 민주당 창원시乙지구당 위원장 2000~2004년 제16대 국회의원(창원시乙, 한나라당) 2002년 한나라당 원내부총무 2003년 同제1정책조정위원장 2003년 同인권위원장 2004년 同정책위 부의장 2005년 경남도 정무부지사 2006년 제17대 국회의원(마산시甲 재보선, 한나라당) 2006년 한나라당 수석정책조정위원장 2007년 同정책위원회 의장 2008년 제18대 국회의원(마산甲, 한나라당·새누리당) 2009년 한나라당 경남도당 위원장 2010년 국회 사법제도개혁특별위원장 2010~2011년 국회 예산결산특별위원장 2010년 국회 UN새천년발전목표포럼(UNMDGs) 공동대표 2010년 국회 사할린포럼 공동대표 2011년 한나라당 정책위 의장 2012년 제19대 국회의원(창원시 마산합포구, 새누리당) 2012~2014년 새누리당 상임전국위원 2012년 同제18대 대통령중앙선거대책위원회 특보단장 2012~2016년 한국아동인구환경의원연맹(CPE) 회장 2012년 국회 MRA/IC연대 대표(현) 2013~2014년 새누리당 여의도연구원장 2013년 국회 아프리카새시대포럼 회장(현) 2014년 해양수산부장관 2014년 국회 외교통일위원회 위원 2014년 K-BOB Security Forum 공동대표(현) 2015년 국회 동북아역사왜곡대책특별위원회 위원장 2016년 새누리당 제20대 총선 경남권선거대책위원장 2016년 제20대 국회의원(창원시 마산합포구, 새누리당·자유한국당〈2017.2〉)(현) 2016~2018년 국회 외교통일위원회 위원 2016년 국회 스카우트의원연맹 회장(현) 2016년 세계스카우트의원연맹 부총재(현) 2017년 국회 헌법개정특별위원회 위원장 2017년 자유한국당 제19대 홍준표 대통령후보 중앙선거대책위원회 공동위원장 2017년 2023세계잼버리유치위원회 위원장(현) 2017년 자유한국당 인재영입위원회 위원장 2018년 (사)한국미디어저널협회 상임고문(현) 2018년 국회 부의장(현) 2018년 국회 국방위원회 위원(현) 2019년 자유한국당 사법개혁특별위원회 고문(현) 상인물대상 의정부문(2010), 서울석세스어워드 정치인부문 대상(2011), 경남대총동창회 '자랑스런 경남대인상'(2014), 제2회 대한민국청소년육성대상(2015), 범시민사회단체연합 선정 '올해의 좋은 국회의원상'(2015), 올해의 사회공헌대상(2016), 자랑스런대한민국시민대상 국회의정부문 공로대상(2016), 글로벌평화공헌대상 정치발전부문(2017), 대한민국국회평화대상 국회의정부문(2017), 아시아태평양스카우트 최고공로훈장(2018), 2019 대한민국공헌대상 입법부문 입법대상(2019) 저'여성복지법제' '남북교류협력법제' 종가톨릭

이주영(李周映·女)

생1972·7·6 출경기 안성 주서울특별시 양천구 신월로 386 서울남부지방법원(02-2192-1152) 학1991년 인성여고졸 1995년 한국외국어대 불어과졸 경1997년 사법시험 합격(39회) 2000년 사법연수원 수료(29기) 2000년 인천지법 부천지원 판사 2002년 서울지법 판사 2004년 대구지법 포항지원 판사 2007년 서울행정법원 판사 2010년 서울가정법원 판사 2011년 법원도서관 조사심의관 겸임 2013년 서울고법 판사 2015년 창원지법 부장판사 2017년 인천지법 부장판사 2019년 서울남부지법 부장판사(현)

이주영(李周泳)

생1973·2·5 주서울특별시 송파구 정의로 30 서울동부지방검찰청 공판부(02-2204-4318) 학1991년 구미고졸 1999년 경북대 공법학과졸 경2000년 사법시험 합격(42회) 2003년 사법연수원 수료(32기) 2003년 변호사 개업 2003~2006년 법무법인 미래 변호사 2006년 광주지검 순천지청 검사 2008년 대전지검 검사 2010년 수원지검 안산지청 검사 2012년 수원지검 검사 2014년 서울동부지검 검사 2017년 同부부장검사 2018년 서울중앙지검 부부장검사 2019년 법무연수원 진천분원 교수 2019년 서울동부지검 공판부장(현)

이주용(李珠龍) LEE Chu Yong

생1935·3·23 본월성(月城) 출울산 주서울특별시 강서구 공항대로 665 KCC정보통신(주) 회장실(02-754-8061) 학1953년 경기고졸 1955년 서울대 문리과대학 사회학과 3년 수료 1958년 미국 미시간대 경제학부졸 1960년 同대학원 수료 경1958년 미국 미시간대 사회과학연구소 근무 1960년 미국 IBM 근무 1963년 同한국지사 대표 1964년 同본사 기획담당 1967년 한국생산성본부 전자계산소장 1968년 철도청 EDPS 개발위원회 위원 1971~1988년 한국전자계산 사장 1975년 전자계산가공수출조합 이사장 1982년 국제전산 회장 1985년 종하장학회 이사장(현) 1987년 연합컴퓨터 회장 1988~1996년 한국전자계산 회장 1988년 한국컴퓨터비전 회장 1989년 KCC엔지니어링 회장 1989년 KCC서비스 대표이사 회장 1996년 KCC정보통신(주) 회장(현) 2017년 (재)미래와소프트웨어 이사장(현) 상동탑산업훈장(1987), 수출진흥상, 한국정보산업협동조합 공로패(2011), 금탑산업훈장(2016)

이주일(李柱壹) LEE Ju Il

생1966·3·1 출서울 주서울특별시 서초구 반포대로 158 서울고등검찰청 총무과(02-530-3261) 학1984년 중앙고졸 1989년 고려대 법학과졸 1996년 同대학원졸 경1990년 사법시험 합격(32회) 1993년 사법연수원 수료(22기) 1993년 軍법무관 1996년 서울지검 남부지청 검사 1998년 대구지검 경주지청 검사 1998년 同포항지청 검사 2000년 법무부 법무심의관실 검사 2002년 서울지검 검사 2004년 서울중앙지검 검사 2005년 부산지검 동부지청 부부장검사 2006년 의정부지검 부부장검사 2006년 헌법재판소 파견 2008년 법무부 인권옹호과장 2009년 서울북부지검 형사5부장 2009년 同형사4부장 2010년 서울중앙지검 공판1부장 2011년 대구지검 형사2부장 2012년 창원지검 통영지청장 2013년 인천지검 부장검사(경기도 파견) 2014년 대구지검 경주지청장 2015년 서울고검 검사 2017년 대전지검 중요경제범죄조사단장(부장검사) 2019년 서울고검 검사(현) 종기독교

이주장(李柱張) LEE Ju-Jang

생1948·11·14 본전주(全州) 출서울 주대전광역시 유성구 대학로 291 한국과학기술원(KAIST) 공과대학 전기및전자공학부(042-350-3432) 학1967년 경복고졸 1973년 서울대 전기공학부졸 1977년 同대학원 전기공학부졸 1984년 공학박사(미국 위스콘신대) 경1977년 한국전자통신연구소 연구원 1978~1980년 미국 GTE Automatic Electric Co. 엔지니어 1983년 미국 Wisconsin Electric Power Co. 엔지니어 1984~2014년 한국과학기술원(KAIST) 전기및전자공학과 교수 1987·1991년 미국 Carnegie Mellon Univ. 방문교수 2005년 한국제어로봇시스템학회 및 일본 제어계측학회 Fellow(현) 2007년 미국 전기전자학회(IEEE) Fellow(석학회원)(현) 2011~2014년 미국 산업전자공학회(IE) 부회장 2015년 한국과학기술원(KAIST) 공과대학 전기및전자공학부 명예교수(현) 상과학기술부 우수논문상, 대한전기학회 학술상·IEEE 우수논문상, 근정포장(2014)

이주태(李柱泰) Lee Joo Tae

(생)1966·7·8 (본)성주(星州) (출)경북 청도 (주)서울특별시 종로구 세종대로 209 통일부 기획조정실(02-2100-5700) (학)1985년 대륜고졸 1989년 서울대 동양사학과졸 1992년 同대학원 행정학과졸 2005년 미국 듀크대 대학원 정책학과졸 2013년 박사(정치통일전공)(북한대학원대) (경)2000년 통일부 통일정책실 정책총괄과 사무관 2003년 同교류협력국 총괄과 서기관 2006년 同개성공단사업지원단 개발기획팀장 2008년 同정책협력과장 2009년 同정책기획과장 2011년 同장관비서관(부이사관) 2013년 同교류협력국 교류협력기획과장 2013년 同개성공단남북공동위원회 사무처장 2014년 同개성공단남북공동위원회 사무처장(고위공무원) 2014년 대통령 외교안보수석비서관실 통일비서관실 선임행정관 2016년 고위공무원(국립외교원 교육파견) 2017년 통일부 남북회담본부 회담기획부장(고위공무원) 2017~2019년 同교류협력국장 2017년 방송통신위원회 남북방송통신교류추진위원회 제5기 위원(현) 2019년 통일부 기획조정실장(현) (종)기독교

이주헌(李疇憲) LEE John Hearn

(생)1954·10·19 (본)광산(光山) (출)전남 목포 (주)서울특별시 동대문구 이문로 107 한국외국어대학교 경영학부(02-2173-3084) (학)1972년 미국 헤티스버그고졸 1975년 미국 서던미시시피대 전자계산학과졸 1977년 미국 버지니아폴리테크닉주립대 대학원 산업공학과졸 1983년 경영정보학박사(미국 일리노이공과대) (경)1975년 미국 버지니아주립공대 연구조교 1978~1984년 미국 벨연구소 연구원 1979년 미국 일리노이공대 강사 1980년 미국 듀페이지대 강사 1984~1985년 금성반도체 연구본부장 1985년 금성소프트웨어 연구소장 겸 사업본부장 1986년 한국외국어대 경영학부 교수(현) 1995년 한국소프트웨어견적기술연구회 부회장 1995년 삼성SDS 자문교수 1995~1998년 정보통신윤리위원회 초대심의위원장 1996년 한국정보처리학회 소프트웨어공학연구회 위원장 1996~1999년 한국데이터베이스학회 회장 1998년 한국객체기술연구회 회장 2000년 한국경영정보학회 부회장 2000년 정보화성과평가연구회 회장 2000~2002년 한국CIO포럼 대표간사 2000년 쌍용정보통신 사외이사 2001년 한국외국어대 기업경영연구소장 2002년 (사)한국정보기술원가표준원 초대원장 2002년 노무현 대통령후보 IT정책특보 겸 자문교수 2003년 제16대 대통령직인수위원회 경제2분과 자문위원 2003~2006년 정보통신정책연구원 원장 2003~2005년 대통령자문 정부혁신지방분권위원회 전자정부전문위원 2004년 통일IT포럼 회장 2005년 (사)월드라이트 초대위원장 2006년 同이사장 2006년 한국경영정보학회 회장 2008~2018년 (사)한국정보화측정연구원 원장 2010년 전자신문 객원논설위원 2016년 국민의당 국민소통본부장 2018년 한국소프트웨어측정원 원장(현) (상)정보통신부장관표창(1998), 대통령표창(2001), SI우수연구자상(2005) (저)'소프트웨어 입문'(1987) '실용프로젝트 관리론'(1991) '하나님, 컴퓨터 그리고 사랑' '실용소프트웨어 공학론'(1993) '실용 소프트웨어 생산공학론'(1993) '경영학으로의 초대(共)'(2002) '미래한국'(2005) '정보통신정책핸드북(共)'(2005) '메가트렌드 코리아(共)'(2006) (역)'전략정보시스템 구축론'(1993) (종)기독교

이주헌(李柱憲)

(생)1963 (주)대전광역시 유성구 문지로 132 국립문화재연구소 고고연구실장(042-860-9171) (학)1986년 부산대 사학과졸 1994년 경북대 대학원 문학석사 2001년 同대학원 박사과정 수료 (경)1990년 국립창원문화재연구소 학예연구사 2002년 문화재청 문화유산국 동산문화재과 학예연구사 2003년 국립부여문화재연구소 학예연구실장 2005년 국립중앙박물관 고고부 학예연구관 2007년 국립경주문화재연구소 학예연구실장 2009년 국립가야문화재연구소 학예연구실장 2009년 문화재청 문화재정책국 발굴제도과 학예연구관 2012년 국립경주문화재연구소 학예연구실장 2013년 국립나주문화재연구소장 2013년 국립가야문화재연구소장 2015년 국립전주박물관 학예연구실장 2017~2018년 국립부여문화재연구소장 2018~2019년 국립문화재연구소 연구기획과장 2019년 同고고연구실장(현)

이주혁(李柱赫) LEE Joo-Hyuk

(생)1954·10·8 (출)서울 (주)경기도 고양시 일산동구 일산로 323 국립암센터 진단검사센터 영상의학과(031-920-1177) (학)1980년 서울대 의대졸 1991년 同대학원 의학석사 1993년 의학박사(서울대) (경)1980~1984년 서울대병원 인턴·레지던트 1984~1987년 공중보건의 1987~1989년 지방공사 강남병원 방사선과 전문의 1989년 서울대 의과대학 영상의학교실 겸임교수(현) 1989~1997년 지방공사 강남병원 방사선과장 1994년 미국 Duke Univ. Medical Center Visiting Professor 1997년 일본 이와테의대 방사선과 방문연구원 1998~2001년 청주성모병원 방사선과장 겸 교육연구부장 2001년 국립암센터 진단검사센터 영상의학과 전문의(현) 2001~2006년 同진료지원센터 진단방사선과장 2001~2007년 同연구소 방사선의학연구과장 2003~2007년 同연구소 방사선핵의학연구부장 2006~2007년 同부속병원 암예방검진센터장 2007~2009년 同연구소 융합기술연구부장 2007년 同방사선의학연구과 전문의(현) 2009~2011년 同기획조정실장 2009년 同소아암센터 전문의(현) 2010~2011년 同영상의학과장 2010년 울산과학기술대 나노생명화학공학부 겸임교수 2011년 국립암센터 국가암관리사업본부장 2011년 同부속병원장 2014년 국제암대학원대 시스템종양생물학과 겸임교수 2017~2018년 同암의생명과학과 겸임교수

이주현(李柱玄)

(생)1964·4·26 (출)서울 (주)서울특별시 서초구 서초중앙로 157 서울중앙지방법원(02-530-1114) (학)1982년 대구 영신고졸 1986년 서울대 법대졸 (경)1985년 사법시험 합격(27회) 1988년 사법연수원 수료(17기) 1988년 공군 법무관 1991년 서울민사지법 판사 1995년 독일 트리어대 연수 1995년 창원지법 판사 1998년 서울지법 의정부지원 판사 1999년 서울지법 판사 2001년 대법원 재판연구관 2003~2004년 서울지법 의정부지원 부장판사 2004년 변호사 개업 2012년 수원지법 판사 2014년 춘천지법 수석부장판사 2016년 수원지법 안산지원 부장판사 2018년 서울중앙지법 부장판사(현)

이주현(李姃炫·女) LEE, JU HYUN

(생)1974·11·27 (주)세종특별자치시 갈매로 477 기획재정부 교육예산과(044-215-7250) (학)1993년 경기여고졸 1997년 성균관대 행정학과졸 1999년 서울대 행정대학원 정책학과졸 2006년 미국 컬럼비아대 미주리교 대학원졸 (경)1999년 행정고시 합격(42회) 2000~2008년 국무조정실 총괄조정관실·기획수석조정관실·경제조정관실 근무 2008~2011년 기획재정부 정책조정국 정책조정총괄과·서비스산업과·산업경제과 근무 2011년 국가브랜드위원회 근무 2013년 국토교통부 공공기관지방이전추진단 근무 2014년 인도네시아 한·인니 경제협력사무국 근무 2016년 기획재정부 경제정책국 물가구조팀장 2017년 同경제정책국 물가정책과장 2018년 同예산실 연금보건예산과장 2019년 同교육예산과장(현)

이주형(李周炯) Juhyung Lee

(생)1959·10·14 (본)경주(慶州) (출)강원 원주 (주)서울특별시 중구 을지로 66 KEB하나은행 감사위원실(02-2002-1111) (학)1977년 서울고졸 1982년 성균관대 통계학과졸 1996년 미국 오레곤대 대학원 경제학과졸 (경)1982~1999년 한국은행 조사1부·자금부·인사부·인천지점 근무 1999~2009년

금융감독원 감독정보국 · 런던사무소 · 국제감독지원실 근무 2009년 同금융중심지지원센터 부센터장 2011년 同외환감독국장 2013년 同기획조정국장 2014~2015년 同서민금융지원국장(선임국장) 2015년 한화에너지 경영전략담당 전무 2017년 KEB하나은행 상임감사위원(현)

이주형(李柱亨) Juhyung Rhi

(생)1960 · 12 · 27 (출)서울 (주)서울특별시 관악구 관악로 1 서울대학교 인문대학 고고미술사학과(02-880-6215) (학)1979년 휘문고졸 1984년 서울대 고고미술사학과졸 1991년 철학박사(미국 버클리대) (경)1992년 서울대 인문대학 고고미술사학과 교수(현) 1996년 同박물관 전통미술부장 1998년 한국불교연구원 이사(현) 1999~2006년 한국인도학회 이사 2000~2002년 서울대 인문학연구소 역사연구부장 2003년 미국 버클리대 누마타초빙교수 2005~2007년 한국불교학회 이사 2005년 한국중앙아시아학회 학술이사 · 부회장 2006~2016년 미술사와시각문화학회 회장 2007년 서울대 고고미술사학과장 2008~2010년 同인문대학 기획부학장 2009~2011년 중앙아시아학회 회장 2009년 한국불교학회 이사 2010~2012년 서울대 인문대학 교무부학장 2012~2013년 미국 프린스턴고등연구원 연구원 2013~2015년 문화재청 문화재위원 2014~2016년 한국미술사학회 회장 2015년 국제불교학회(International Association of Buddhist Studies) 부회장 2016~2018년 서울대 인문대학장 2019년 국제불교학회(International Association of Buddhist Studies) 회장(현) (상)백상출판문화상(2004) (저)'간다라미술(도록 서설 및 해설 집필)'(1999, 예술의 전당) '세속에 핀 연꽃(共)'(2003, 대한불교진흥원) '간다라미술'(2003, 사계절출판사) '아프가니스탄, 잃어버린 문명'(2004, 사회평론) '한국의 미를 다시 읽는다(共)'(2005, 돌베개) '인도의 불교미술'(2006, 사회평론) '동양미술사(共)'(2007, 미진사) '동아시아 구법승과 인도의 불교유적(編)'(2009, 사회평론) (역)'인도미술사 – 굽타시대까지'(1996, 예경) '불교미술'(2002, 예경) (종)불교

이주형(李周炯) Lee Joo-Hyeong

(생)1967 · 7 · 28 (출)대구 (주)대구광역시 수성구 동대구로 364 대구고등검찰청(053-740-3300) (학)1986년 대구 경원고졸 1990년 고려대 법학과졸 1992년 同대학원 법학과졸 (경)1993년 사법시험 합격(35회) 1996년 사법연수원 수료(25기) 1996년 軍법무관 1999년 대구지검 검사 2000년 同상주지청 검사 2002년 수원지검 검사 2004년 서울중앙지검 검사 2008년 창원지검 검사 2009년 대검찰청 연구관 2010년 대구지검 영덕지청장 2011년 대검찰청 피해자인권과장 2012년 수원지검 특수부장 2013년 법무부 인권정책과장 2014년 서울중앙지검 형사4부장 2015년 전주지검 부장검사 2016년 대구지검 제2차장검사 2017년 수원지검 제2차장검사 2018년 서울남부지검 제1차장검사 2019년 대구고검 차장검사(검사장급)(현) (상)홍조근정훈장(2018)

이주형(李朱亨) Lee Joo-Hyeong

(생)1970 · 1 · 18 (출)대구 (주)인천광역시 미추홀구 소성로163번길 49 인천지방검찰청 총무과(032-860-4770) (학)1988년 대구 능인고졸 1992년 고려대 법학과졸 (경)1998년 사법시험 합격(40회) 2001년 사법연수원 수료(30기) 2001년 대구지검 검사 2003년 창원지검 통영지청 검사 2005년 서울중앙지검 검사 2008년 수원지검 검사 2010년 법무부 공안기획과 검사 2012년 대통령 민정수석비서관실 행정관 2013년 대검찰청 검찰연구관 2015년 서울중앙지검 특수1부 부부장검사 2016년 검찰총장직속 부패범죄특별수사단 제2팀 부팀장(부부장검사) 2017년 인천지검 형사6부장 2018년 同부부장검사(현)

이주호(李周浩) LEE Ju Ho

(생)1961 · 2 · 17 (출)경북 칠곡 (주)세종특별자치시 남세종로 263 한국개발연구원 국제정책대학원(044-550-1043) (학)1979년 대구 청구고졸 1983년 서울대 국제경제학과졸 1985년 同대학원 경제학과졸 1990년 경제학박사(미국 코넬대) (경)1990~1991년 경제기획원 제7차 경제사회발전5개년계획 인력정책부문 위원 1990~1991년 국민경제제도연구원 책임연구원 1991~1997년 한국개발연구원 연구위원 1994~1995년 대통령직속 교육개혁위원회 전문위원 1994~2002년 노동부 고용정책전문위원회 위원 1996~1997년 대통령직속 노사관계개혁위원회 전문위원 1998~2003년 한국개발연구원 국제정책대학원 부교수 1998~2000년 교육부 교육정책심의회 위원 2000~2001년 미국 Univ. of Wisconsin-Milwaukee 초빙교수 2001~2004년 한국직업교육학회 이사 2001~2002년 한국개발연구원 국제정책대학원 교학처장 2002~2004년 한국교육재정경제학회 학술위원 2002~2004년 한국노동경제학회 이사 2002~2003년 미국 Colgate Univ. 석좌교수(A. Lindsay O'connor Associate Professor of American Institutions) 2003~2004년 한국개발연구원(KDI) 국제정책대학원 교수 2003~2004년 同교육개혁연구소(CEPRI) 소장 2004~2008년 제17대 국회의원(비례대표, 한나라당) 2005년 한나라당 제5정책조정위원장 2006~2009년 투명사회협약실천협의회 집행위원 2006~2009년 (재)여의도연구소 이사 2007~2008년 제17대 대통령직인수위원회 사회교육문화분과 간사위원 2008년 대통령 교육과학문화수석비서관 2009~2010년 교육과학기술부 제1차관 2010~2013년 同장관 2013년 한국개발연구원(KDI) 국제정책대학원 교수(현) 2015~2016년 국회의장직속 미래전략자문위원회 위원 2015년 글로벌교육재정위원회 위원(현) 2018년 미국 애리조나대 과학정책및결과컨소시엄(CSPO) 방문교수(현) 2018~2019년 한국개발연구원(KDI) 지식경제연구부 연구위원 겸임 (상)한국 코넬대 총동문회 '올해의 코넬인상'(2017) (저)'경쟁력제고를 위한 기업환경개선(共)'(1991) '인력정책의 과제와 방향(共)'(1991) '고용대책과 인적자원개발'(1996) '교원 보수의 경제분석과 정책개혁(共)'(2000) '자율과 책무의 학교개혁(共)'(2000) '지식기반사회의 고급인력 양성을 위한 고등교육 개혁방안(共)'(2003) '자율과 책무의 대학개혁(共)'(2004) '공공부문의 성과관리(共)'(2004) '평준화를 넘어 다양화로 : 실천적 한국교육 정책론(共)'(2006) '인재대국(共)'(2012)

이주홍(李朱洪) LEE Joo Hong

(생)1951 · 9 · 23 (출)부산 (주)서울특별시 동작구 보라매로5길 51 롯데관악타워 6층 범한엔지니어링 회장실(02-555-9771) (학)1969년 경남고졸 1973년 서울대 토목공학과졸 1979년 同환경대학원졸 (경)1974년 도시계획연구소(KEPSI) 연구원 1982년 롯데건설(주) 근무 1986년 (주)태영 입사 1994년 同토목본부 이사 1996년 同상하수도담당 상무이사 2001년 同전무이사 2004년 同부사장 2005년 同토목본부 영업총괄담당 부사장 2007~2008년 코오롱건설 환경사업본부장(부사장) 2007~2011년 환경시설관리공사 대표이사 사장 2009년 코오롱건설 환경사업담당 사장 2010년 同환경사업총괄 사장 2011년 코오롱워터앤에너지 고문 2012년 범한엔지니어링 회장(현) (종)기독교

이주환(李宙晥)

(생)1987 · 3 · 7 (주)부산광역시 연제구 중앙대로 1001 부산광역시의회(051-888-8245) (학)동의대 대학원 글로벌경영학 박사과정 재학 중 (경)(사)행동하는양심 정책위원(현), 사회복지법인 한국청소년복지회 이사(현) 2018년 부산시의회 의원(더불어민주당)(현) 2018년 同교육위원회 위원(현) 2018년 同예산결산특별위원회 위원(현) 2018년 同남북교류협력특별위원회 위원(현) 2018~2019년 同부산시산하공공기관장후보자인사검증특별위원회 부위원장

이주흥(李柱興) LEE Joo Heung

(생)1961·5·11 (출)서울 (주)서울특별시 강남구 일원로 81 삼성서울병원 피부과(02-3410-3549) (학)1986년 서울대 의대졸 1990년 同대학원 의학석사 1996년 의학박사(서울대) (경)1986~1990년 서울대병원 인턴·피부과 레지던트 1990~1993년 국군수도병원 군의관 1993년 인하대병원 전문의 1994~2000년 인하대 의대 피부과학교실 전임강사·조교수 1998~2000년 미국 미시간대 교환교수 2000년 삼성서울병원 피부과 전문의(현) 2000년 성균관대 의대 피부과학교실 교수(현) 2006~2016년 삼성서울병원 피부레이저치료실장 2007년 성균관대 의대 교육담당 부학장보 2007년 삼성서울병원 교육수련부 차장 2009~2017년 同피부과장 2011~2013년 대한건선학회 회장 2013~2015년 삼성서울병원 교육수련부장 2016년 同교육인재개발실장(현)

이 준(李 俊) LEE Joon

(생)1919·8·14 (출)경남 남해 (주)서울특별시 서초구 반포대로37길 59 대한민국예술원(02-3479-7223) (학)1941년 일본 태평양미술학교 서양화과졸 (경)1946~1953년 마산상고·숙명여고 교사 1950년 국방부 정훈국 종군화가단 단원 1953년 국전 특선 1954년 이화여대 미술대학 서양화과 부교수 1954~1984년 同서양학과 교수 1970~1984년 한국미술협회 고문 1975~1981년 이화여대 미술대학장 1981년 대한민국예술원 회원(서양화·현) 1983년 同미술분과 회장 1986년 한국미술협회 회장 1986년 한국미술대전 운영위원장 1988년 서울올림픽조직위원회 세계미술제운영위원장 1997년 세종문화상 미술분과 심의위원장 2003~2006년 서울평화상 심사위원 2003~2007년 대한민국예술원 회장 2009~2012년 대통령자문 국민원로회의 위원 (상)문교부장관표창(1947), 대통령표창(1953), 국민훈장 동백장(1976), 3.1문화상(1978), 예술원회장상(1978), 대한민국예술원상(1983), 한국예술문화단체총연합회 미술부문 공로상(1986), 서울시 문화상(1987), 吳之湖 미술상(1994), 은관문화훈장(1995) (저)'르노와르篇'(編) (작)'만추' '페스티발' '祖國領'

이 준(李 峻) LEE Joon

(생)1959·11·12 (출)인천 (주)서울특별시 용산구 이태원로55길 60-16 삼성미술관 리움(02-2014-6620) (학)1982년 홍익대 서양화과졸 1986년 同대학원 미학과졸 2012년 미술학(비평전공)박사(홍익대) (경)1990년 호암미술관 큐레이터 1993년 호암갤러리 현대미술부장 1996년 삼성미술관 학예연구실장 2003년 중앙미술대전 운영위원 2004년 삼성미술관 리움 학예연구실장 2004년 광주비엔날레 전시자문위원 2006년 삼성미술관 리움 부관장(현) 2010년 경기도미술관 운영위원 2010년 인천아트플랫폼 운영위원 2011년 부산비엔날레 예술감독선정위원 2012년 대구미술관 운영위원 2012년 전쟁기념관 정책자문위원 2014년 문화역서울284 운영위원 2014년 국립현대미술관 운영심의위원(현) 2016~2017년 부산시립미술관 운영자문위원 2017~2018년 대한민국역사박물관 운영자문위원 2018년 백남준아트센터 운영자문위원(현) (상)한국미술평론가협회 신인미술평론상(1987)

이준갑(李俊甲) Joon Kab Lee

(생)1955·8·30 (주)부산광역시 남구 신선로 294 부산항터미널(주)(051-620-0240) (학)1974년 진주 대아고졸 1979년 한국해양대 항해학과졸 (경)1979~1989년 현대상선(주) 입사·원양어선 항해사·자카르타감독·해무부문부장 1989년 同컨테이너터미널 운영·장비·물류파트 근무 1997년 同현대감만컨테이너터미널오픈프로젝트팀장 1998년 同현대컨테이너터미널 소장 2002년 허치슨그룹 입사 2009년 한국허치슨터미널(주) 운영본부장 2018년 부산항터미널(주) 전략기획실장(전무이사) 2018년 同대표이사(현)

이준구(李浚求) RHEE June-Koo (Kevin)

(생)1965 (본)전주(全州) (주)대전광역시 유성구 대학로 291 한국과학기술원(KAIST) 공과대학 전기및전자공학부(042-350-7416) (학)1988년 서울대 전기공학과졸 1990년 同대학원 전기공학과졸 1995년 공학박사(미국 Univ. of Michigan) (경)1995년 미국 Princeton Univ. 박사 후 연구원 1996년 미국 NEC 리서치연구소 연구원 1998~2002년 미국 코닝(Corning)사 Sr. Research Scientist 2003년 삼성종합기술원 i네트워킹연구소 수석연구원 2005~2009년 한국정보통신대 공학부 부교수 2006년 세계 3대 인명사전 'Marquis Who's Who in the world'·ABI·IBC 과학공학분야에 등재 2009년 한국과학기술원(KAIST) 전기및전자공학부 부교수 2013년 同전기및전자공학부 교수(현) (상)미래창조과학부장관표창(2013)

이준규(李俊奎) LEE June-Q

(생)1957·12·10 (본)합천(陜川) (출)서울 (주)서울특별시 동대문구 경희대로 26 경희대학교 경영대학 회계·세무학과(02-961-9178) (학)1977년 건국대 경영학과졸 1984년 미국 시카고대 대학원 경영학과졸 1992년 경영학박사(건국대) 2004년 미국 서던메소디스트대 대학원 법학과졸 2009년 법학박사(미국 서던메소디스트대) (경)1976~1986년 안권·대원·동우회계법인 공인회계사 1986년 경희대 경영대학 회계·세무학부 교수 1993년 금융감독원 공인회계사시험위원 1994년 미국 Univ. of Illinois at Urbana-Champaign 방문학자 1995년 중부지방국세청 과세적부심사위원 1997년 국세청 세무사 시험위원 1997~2003년 재정경제부 국세심판원 국세심판관 1997~2002년 관세청 관세사시험출제위원 2001~2003년 한국조세연구원 초빙연구위원 2004년 한국조세연구포럼 고문(현) 2008~2016년 기획재정부 세제발전심의위원회 위원 2008~2009년 한국세무학회 회장 2008~2010년 서울지방국세청 납세자보호위원회 위원장 2009~2013년 경희대 법과대학 교수 2009~2017년 同법학전문대학원 교수 2010~2012년 국세청 자체평가위원회 위원장 2011~2013년 경희대 재정부총장 2013년 同서울캠퍼스 부총장 2013~2015년 조세심판원 비상임심판관 2014년 (주)KT&G 사외이사 겸 감사위원(현) 2017년 경희대 경영대학 회계·세무학과 교수(현) 2019년 대한사회복지회 이사(현) (저)'세법개론' '기업의 조세전략' '법인세법' '동업기업 과세특례' '연결납세의 이론과 실무'

이준규(李俊奎)

(생)1971·9·26 (출)경북 경산 (주)대구광역시 수성구 동대구로 364 대구지방법원 총무과(053-757-6600) (학)1990년 대구 능인고졸 1995년 서울대 공법학과졸 (경)2000년 사법시험 합격(42회) 2003년 사법연수원 수료(32기) 2003년 서울지법 서부지원 예비판사 2004년 서울고법 예비판사 2005년 서울중앙지법 판사 2007년 창원지법 통영지원 판사 2010년 수원지법 안산지원 판사 2012년 서울중앙지법 판사 2014년 서울북부지법 판사 2017년 서울중앙지법 판사 2018년 대구지법 부장판사(현)

이준근(李浚根) LEE Choon Keun

(생)1958·5·29 (본)진보(眞寶) (출)경북 안동 (주)전라남도 무안군 삼향읍 오룡3길 2 전남정보문화산업진흥원(061-280-7007) (학)한국방송통신대 경영학과졸 2007년 중앙대 대학원 경영학과졸 2014년 경영학박사(중앙대) (경)2008년 한국방송영상산업진흥원 경영기획팀장 2009년 한국콘텐츠진흥원 경영기획본부 인사총무팀장 2009년 同글로벌사업본부장 2011년 同제작지원본부장 2012년 同전략콘텐츠본부장 2014년 同비즈니스지원실장 2015년 同융합전략기획실장 2017년 同전략기획본부 전문위원 2019년 전남정보문화산업진흥원 원장(현)

이준명(李濬明) LEE Joon Myung

(생)1965 · 12 · 25 (출)경북 영주 (주)서울특별시 종로구 사직로8길 39 세양빌딩 김앤장법률사무소(02-3703-1263) (학)1982년 대구 경신고졸 1986년 연세대 법학과졸 (경)1988년 사법시험 합격(30회) 1991년 사법연수원 수료(20기) 1991년 대전지검 검사 1993년 同서산지청 검사 1994년 부산지검 검사 1996년 서울지검 검사 1998~2001년 부산지검 동부지청 검사 1999~2000년 영국 버밍햄 대학교 연수 2001년 대검찰청 검찰연구관 2003년 수원지검 부부장검사 2004년 울산지검 형사3부장 2005년 대구지검 의성지청장 2006년 대검찰청 마약과장 2008년 同조직범죄과장 2009년 인천지검 부장검사 2009년 유엔마약범죄사무소(UNODC) 방콕지부 파견 2011년 창원지검 차장검사 2012~2013년 서울고검 검사 2012~2013년 국가경쟁력강화위원회 파견 2013년 김앤장법률사무소 변호사(현) (상)검찰총장표창(1997), 근정포장(2008) (저)'조직폭력수사기법'(1998) '영국에서의 경찰수사통제에 관한 소고'(2000) '자산몰수수사 매뉴얼'(2006) 'Countermeasure on Transnational Cyber Crime'(2010) 'AsiaJust Programme UNODC'(2011)

이준명(李俊明) LEE Jun Myong

(생)1970 · 7 · 14 (출)대전 (주)서울특별시 서초구 서초중앙로 157 서울고등법원(02-530-1114) (학)1989년 대전 보문고졸 1994년 고려대 법학과졸 (경)1993년 사법시험 합격(35회) 1996년 사법연수원 수료(25기) 1999년 인천지법 판사 2001년 서울지법 남부지원 판사 2003년 전주지법 판사 2006년 대전고법 판사 2008년 법원행정처 사법정책심의관 2009년 同정책연구심의관 2010년 대전지법 판사 2011년 청주지법 부장판사 2012년 대전고법 판사 2018년 서울고법 판사(현) 2019년 대전고법 부장판사 직대(현)

이준배(李俊培)

(생)1962 · 5 · 14 (출)충북 충주 (주)충청북도 충주시 수안보면 수회리로 138 중앙경찰학교 학생과(043-870-2521) (학)건국대 사회과학대학원졸 (경)1993년 경찰 임용(경찰간부 후보 41기) 2013년 충남지방경찰청 정부세종청사경비대장 2014년 충북 충주경찰서장 2016년 충북지방경찰청 청문감사담당관 2016년 경찰청 보안4과장 2017년 서울 성북경찰서장 2018년 서울지방경찰청 정보화장비과장 2019년 중앙경찰학교 학생과장(현)

이준범(李俊範)

(생)1978 · 5 · 5 (출)서울 (주)경기도 평택시 평남로 1040 수원지방검찰청 평택지청 형사2부(031-8053-4390) (학)1997년 선덕고졸 2002년 서울대 법대졸 (경)2001년 사법시험 합격(43회) 2004년 사법연수원 수료(33기) 2004년 공군 군법무관 2007년 서울중앙지검 검사 2009년 대전지검 서산지청 검사 2011년 부산지검 검사 2014년 대검찰청 검찰연구관 2014년 서울남부지검 검사 2016년 대전지검 검사 2018년 同부부장검사 2019년 수원지검 평택지청 형사2부장(현)

이준보(李俊甫) LEE Joon Bo

(생)1953 · 8 · 20 (출)전남 강진 (주)서울특별시 강남구 테헤란로 123 여삼빌딩 12층 법무법인 양헌(02-3453-8200) (학)1974년 경기고졸 1980년 서울대 법학과졸 1994년 한국외국어대 대학원 법학과졸 2004년 법학박사(한국외국어대), 스페인 마드리드대 방문학자과정 수료 (경)1979년 사법시험 합격(21회) 1982년 사법연수원 수료(12기) 1982년 서울지검 검사 1985년 대구지검 경주지청 검사 1986년 부산지검 검사 1988년 법무부 법무심의관실 검사 1991년 서울지검 동부지청 검사(고등검찰관) 1993년 대검찰청 검찰연구관 1993년 청주지검 충주지청장 1994년 대구지검 경주지청 부장검사 1995년 창원지검 특수부장 1996년 광주지검 공안부장 1997년 대검찰청 기획과장 1998년 同공안2과장 1999년 同중수2과장 2000년 서울지검 소년부장 2000년 同강력부장 2001년 대전지검 천안지청장 2002년 수원지검 성남지청 차장검사 2003년 서울지검 남부지청 차장검사 2004년 서울중앙지검 3차장 2005년 대검찰청 기획조정부장 2006년 청주지검장 2007년 대검찰청 공안부장 2008년 광주고검장 2009년 대구고검장 2009년 법무법인 양헌 대표변호사, 同변호사(현) 2018년 KTH 사외이사 겸 감사위원(현)

이준봉(李俊奉) Jun Bong Lee

(생)1963 · 2 · 4 (출)전남 목포 (주)서울특별시 종로구 성균관로 25-2 성균관대학교 법학전문대학원(02-760-0598) (학)1981년 전주고졸 1985년 서울대 법대 사법학과졸 2001년 연세대 경영대학원 회계학과졸 2004년 경영학박사(고려대) 2012년 법학박사(서울대) (경)1989년 사법시험 합격(31회) 1992년 사법연수원 수료(21기) 1992~1995년 육군 법무관 1995~2007년 변호사 개업 2005년 법무법인 성지 대표변호사 2005년 증권법학회 상임이사 · 감사, 同부회장(현) 2006년 법무법인 세종 구성원변호사 2006~2007년 법무법인 우현지산 구성원변호사 2006년 (사)한국세법학회 재무이사 · 기획이사 2007~2018년 성균관대 법과대학 교수 2007년 同법학전문대학원 교수(현) 2009년 한국국제조세협회 상임이사 2009~2011년 중부지방국세청 국세심사위원 2011~2012년 (사)한국세무학회 상임이사 2011~2013년 국세청 국세심사위원 2011~2015년 한국국제조세협회 총무이사 2012년 한국조세연구포럼 부회장 2013년 금융조세포럼 부회장(현) 2013~2014년 중국 베이징대 법학원 방문교수 2015년 한국국제조세협회 부이사장(현) 2018년 한국세법학회 회장(현) (상)홍조근정훈장(2016) (저)'조세법연구 8-2(共)'(2002, 세경사) '유동화 거래와 조세'(2012, 한국학술정보) '조세법연구 20-2(共)' (2014, 세경사) '조세법 총론'(2015, 삼일인포마인) '조세판례백선 2(共)'(2015, 박영사)

이준산(李峻山)

(생)1981 · 10 · 12 (본)전주(全州) (출)서울 (주)대전광역시 서구 청사로 189 산림청 산림산업정책국 산림정책과(042-481-4130) (학)2000년 서울 광남고졸 2008년 서울대 산림과학부졸 (경)2007년 행정고시(기술직) 합격(51회) 2008년 서울시 푸른도시국 사무관 2012년 산림청 목재산업과 사무관 2014년 同기획재정담당관실 근무 2016년 同대변인(기술서기관) 2018년 同산림정책과장(현) (상)국무총리표창(2015)

이준상(李駿商) LEE Joon Sang (省伯)

(생)1943 · 5 · 4 (본)전주(全州) (출)서울 (주)서울특별시 영등포구 은행로 58 삼도오피스텔 (사)한국의료법학연구소 소장실(02-786-0785) (학)1961년 중앙고졸 1968년 고려대 의학과졸 1970년 서울대 대학원 의학과졸 1976년 同인문대학 미학과졸 1977년 의학박사(고려대) 1980년 단국대 대학원 법학과졸 1983년 법학박사(단국대) (경)1969년 육군 군의관(베트남참전) 1973~1984년 고려대 의대 전임강사 · 조교수 · 부교수 1974년 일본 히로시마대 의학부 연구원 1984~2008년 고려대 의대 기생충학교실 교수, 同의대 의예과장, 同교무처 교무행정위원 1988년 同교수협의회 부회장 겸 초대직선제총장선거관리위원장 1989년 同대학원 교학부장 1992~1999년 同의료법학연구소장 1992년 한국의료법학회 회장 · 고문(현) 1993년 대한기생충학회 회장 1995년 (사)한국의료법학연구소 소장(현) 1996년 유전체연구소 소장 1997년 대한응급구조사협회 회장 1999~2002년 국립보건원 원장 2002년 同생명과학윤리위원장 2002~2006년 고려대 의과학연구원장 2004년 대한여행의학회 이사장 2004년 대한의사협회 의료광고심의특별

위원장 2004~2008년 고려대 식품생의학안전연구소장, 同의과대학개교70주년기념특별전 준비위원장 2006년 대한의사협회 국민건강위원회 식품안전분야 전문위원장 2008년 고려대 의대 명예교수(현) ㊗화이자의학상, 대한기생충학회 학술상, 보건사회부장관 감사표창, 동아의료문화상, 高醫 의학상, 유한의학저작상, 올해를 빛낸 중앙인상, 홍조근정훈장(2008), 국가유공자 지정(2011, 국가보훈처) ㈜'보건의약관계법규' '의사를 위한 법규' '해외여행과 건강' '약사를 위한 법규' '의료관계법규' '의료법학사전' '의료과오에 관한 판례분석' ㈜'건강진단법' '의학통계(엣센스)'(1987, 고려의학) '임상기생충학' '인간의 성'

이준상(李俊相) Lee Jun-sang

(생)1965 · 11 · 20 (출)전남 담양 (주)서울특별시 강남구 영동대로 517 아셈타워 22층 법무법인(유)화우(02-6182-8512) (학)1984년 광주 서석고졸 1989년 서울대 법학과졸 2011년 연세대 법무대학원 경영정책법무최고위과정 수료 (경)1991년 사법시험 합격(33회) 1994년 사법연수원 수료(23기) 1994~1996년 수원지법 판사 1996~1998년 서울지법 북부지원 판사 1998~2000년 광주지법 목포지원 판사 2000~2002년 수원지법 판사 2002~2003년 서울중앙지법 조정전담판사 2003~2004년 미국 UC버클리 법관연수 2004~2005년 서울중앙지법 판사 2005~2006년 서울고법 판사 2006~2008년 헌법재판소 파견 2007년 대법원 노동법실무연구회 회원(현) 2007~2012년 사법연수원 강사 2008~2009년 서울중앙지법 판사 2008~2013년 대법원 산하 국제규범연구반 근무 2009~2010년 광주지법 부장판사(형사항소부) 2009~2011년 UNCITRAL Working Group 2(Arbitration) Vienna회의 한국정부 대표단 2010~2013년 수원지법 부장판사(행정부, 파산부) 2011~2013년 의왕시선거관리위원회 위원장 2011~2013년 대한상사중재원 국제중재전문가과정 강사 2012년 同국제투자중재포럼 회원(현) 2012년 법무부 산하 중재법개정TF위원 2013~2017년 법무법인(유) 화우 변호사 2013년 대한상사중재원 중재인(현) 2013년 한국지역난방공사 매각심사위원회 위원 2013~2015년 서울대 법학전문대학원 강사 2013년 국제중재실무회(KOCIA) 이사(현) 2014년 법조공익모임 나우 감사 2014년 한국생산성본부 강사(현) 2015년 법무부 해외진출중소기업법률자문단 자문위원 2015~2016년 대한변호사협회 국제위원회 위원 2017년 서울회생법원 조정위원 2017년 광명시의회 법률고문(현) 2018년 법무법인 화우 경영전담 변호사(현)

이준서(李俊瑞) JOONSEO LEE

(생)1967 · 1 · 24 (주)서울특별시 강남구 압구정로 408 제일패션리테일(주)(070-7130-7742) (학)1990년 서울대 경영학과졸 1992년 同대학원 경영학과졸 (경)1992년 제일모직(주) 입사 2011년 同패션부문 전략기획담당 상무 2012년 同패션부문 경영지원담당 겸 전략기획담당 상무 2012년 同패션부문 경영지원담당 상무 2013년 삼성에버랜드 패션부문 액세서리사업부장(상무) 2014년 제일모직(주) 패션부문 액세서리사업부장(상무) 2015년 삼성물산(주) 패션부문 에잇세컨즈사업부장(상무) 2016년 同경영지원담당 상무 2017년 同패션부문 에잇세컨즈사업부장(전무)(현) 2019년 제일패션리테일(주) 대표이사 겸임(현)

이준석(李俊錫) Junseok Lee

(생)1985 · 3 · 31 (출)서울 (주)서울특별시 영등포구 국회대로74길 20 305호 바른미래당 서울시당(02-784-1403) (학)2003년 서울과학고졸 2007년 미국 하버드대 컴퓨터과학및경제학과졸 (경)2007년 배움을나누는사람들 대표교사(현) 2011년 클라세스튜디오 대표이사(현) 2011~2012년 새누리당 비상대책위원회 위원 2014년 同'새누리당을 바꾸는 혁신위원회' 위원장 2015~2016년 JTBC '썰전' 출연 2016~2017년 새누리당 서울 노원구丙당원협의회 운영위원장 2016년 제20대 국회의원선거 출마(서울 노원구丙, 새누리당) 2017~2018년 바른정당 서울노원구丙당원협의회 운영위원장 2017년 同제19대 유승민 대통령후보 중앙선거대책위원회 청년본부 부본부장 2017~2018년 同최고위원(청년) 2017년 한국독립야구연맹(KIBA) 초대 총재(현) 2018년 바른미래당 서울노원구丙지역위원회 공동위원장 2018년 제20대 국회의원 재보궐선거 출마(서울 노원丙, 바른미래당) 2018년 바른미래당 최고위원(현) 2018년 同서울노원구丙지역위원회 위원장(현) (저)'어린 놈이 정치를?'(2012, 중앙M&B) '공정한 경쟁'(2019, 나무옆의자)

이준섭(李準燮)

(생)1962 · 4 · 14 (출)경북 의성 (주)충청남도 아산시 신창면 황산길 100-50 경찰대학 학장실(041-968-2110) (학)경남 마산고졸, 영남대졸, 한양대 대학원 행정학과졸, 법학박사(영남대) (경)1988년 경위 임용(경찰간부후보 36기) 2008년 경북지방경찰청 경비교통과장 2008년 경북 칠곡경찰서장 2010년 경기지방경찰청 정보과장 2011년 경찰청 감찰담당관 2012년 서울 종로경찰서장 2014년 서울지방경찰청 101경비단장 2014년 부산지방경찰청 제3부장 2015년 경남지방경찰청 제2부장 2016년 경찰청 정보심의관(경무관) 2017년 同외사국장(치안감) 2017년 대구지방경찰청장(치안감) 2018년 경찰청 보안국장 2019년 경찰대학장(치안정감)(현) (상)녹조근정훈장(2011)

이준승(李埈承) Lee Jun Seung

(생)1964 · 3 · 17 (본)함평(咸平) (출)서울 (주)서울특별시 중구 남대문로 63 한진빌딩 본관18층 법무법인 광장(02-772-4000) (학)1982년 숭문고졸 1986년 서울대 법대 법학과졸 1989년 同대학원 법학과(상법전공)졸 1999년 미국 William&Mary대 로스쿨졸(LL.M.) (경)1988년 사법시험 합격(30회) 1991년 사법연수원 수료(20기) 1991년 청주지법 판사 1995년 수원지법 판사 1997년 同오산시법원 판사 1999년 서울지법 판사 2002년 서울고법 판사 2004년 서울서부지법 판사 2006년 대구지법 부장판사 2007~2008년 사법연수원 교수 2008년 법무법인 세종 변호사 2011~2013년 (주)STX 법무본부장(부사장) 2011년 대한상사중재원 중재인(현) 2011년 변호사시험 출제위원(현) 2013년 서울대 법학전문대학원 겸임교수(현) 2013년 법무법인 광장 변호사(현) 2014년 국회행정심판 심판위원(현) 2015년 중소기업기술분쟁조정위원회 위원(현)

이준식(李浚植) LEE Joon Sik (又溪)

(생)1954 · 12 · 27 (본)여주(驪州) (출)경북 경주 (주)서울특별시 종로구 성균관로 25-2 성균관대학교 중어중문학과(02-760-0286) (학)1973년 경주고졸 1980년 한국외국어대 중국어과졸 1983년 대만 타이완사범대 중국학과졸 1992년 문학박사(성균관대) (경)1983년 대구대 중어중문학과 강사 1984년 동아대 전임강사 · 조교수 1988~1996년 성균관대 중어중문학과 조교수 · 부교수 1993년 同부설 현대중국연구소장 1994년 사법고시 · 외무고시 · 중등임용고시 · 국비유학생선발 · 학력고사 · 대학수능 출제위원 1996년 성균관대 중어중문학과 교수(현) 1997년 대만 국립정치대 교환교수 1998~2000 · 2002년 성균관대 중어중문학과장 2008~2009년 한국중어중문학회 회장 2010~2013년 성균관대 박물관장 2011년 중국학연구회 회장 2011년 교육과학기술부 교육과정심의위원 2014~2016년 성균관대 박물관장 2014~2016년 同대학평의원회 의장 2016~2017년 同중국문화연구소장 2016 · 2017년 대학수학능력시험 출제위원장 2016년 서울공자아카데미 원장(현) (상)대학수학능력시험유공 교육부장관표창(2017) (저)'대학중국어' '중국어' '선진양한서사시 연구' '중국현실주의 문학론'(共) '중국시와 시인'(共) (역)'史記本紀' '여황제 무측천'(2016, 글항아리) (종)기독교

이준식(李俊植) Lee Jun-Sik

생1956 · 6 · 20 출서울 주충청남도 천안시 동남구 목천읍 삼방로 95 독립기념관 관장실(041-560-0103) 학1976년 대동고졸 1980년 연세대 사회학과졸 1985년 同대학원 사회학과졸 1991년 문학박사(연세대) 경1999년 한국학중앙연구원 특별연구원 2002년 연세대 국학연구원 연구교수 2005년 성균관대 동아시아학술원 연구교수(조교수) 2006~2010년 대통령소속 친일반민족행위자재산조사위원회 상임위원 2013~2017년 민족문제연구소 연구위원 2016년 근현대사기념관 관장 2017년 독립기념관 관장(현) 상황조근정훈장(2012) 저'농촌 사회 변동과 농민운동'(1993, 민영사) '조선공산당 성립과 활동'(2009, 독립기념관 한국독립운동사연구소) '일제강점기 사회와 문화'(2014, 역사비평사) '민족의 독립과 통합에 바친 삶(共)'(2014, 역사공간)

이준식(李俊植) LEE Jun Sik

생1966 · 1 · 28 본수안(遂安) 출부산 주서울특별시 종로구 율곡로 194 현대그룹 전략기획본부(02-3706-5504) 학1984년 부산 동성고졸 1988년 연세대 경제학과졸 1993년 同대학원 경영학과졸 경1988~1990년 삼성항공산업(주) 기획실 근무, 사법고시 합격 2000년 사법연수원 수료 2000~2005년 현대증권(주) 자문변호사 2005~2006년 한국철도공사 법무처장 2006년 변호사 개업 2010년 현대상선(주) 현대전략기획본부 상무 2017년 현대그룹 전략기획본부 전무(현)

이준식(李準植)

생1969 · 3 · 25 출서울 주서울특별시 마포구 마포대로 174 서울서부지방검찰청 여성아동범죄조사부(02-3270-4462) 학1987년 용문고졸 1992년 서울대 사법학과졸 경1999년 사법시험 합격(41회) 2002년 사법연수원 수료(31기) 2002년 수원지검 검사 2004년 대전지검 홍성지청 검사 2006년 의정부지검 고양지청 검사 2008년 서울중앙지검 검사 2011년 부산지검 동부지청 검사 2013년 제주지검 검사 2016년 서울동부지검 부부장검사 2018년 인천지검 공판송무부장 2019년 서울서부지검 여성아동범죄조사부장(현)

이준식(李準植)

생1969 · 12 · 2 출경남 김해 주경기도 고양시 일산동구 장백로 213 의정부지방검찰청 고양지청(031-909-4542) 학1988년 경기고졸 1995년 고려대 법과대학졸 경1996년 사법시험 합격(38회) 1999년 사법연수원 수료(28기) 1999년 서울지검 검사 2001년 수원지검 여주지청 검사 2002년 전주지검 검사 2004년 부산지검 검사 2007년 법무부 법무심의관실 검사 2009년 수원지검 안양지청 검사 2009년 한국금융연구원 파견 2009년 대통령 민정수석비서관실 행정관 2010년 서울서부지검 검사 2011년 同부부장검사 2012년 대검찰청 연구관 2013년 청주지검 영동지청장 2014년 법무부 상사법무과장 2015년 同형사기획과장 2016년 서울중앙지검 공정거래조세조사부장 2017년 부산지검 부부장검사 2017년 서울시 법률자문검사 파견 2018년 부산지검 형사1부장 2019년 의정부지검 고양지청 차장검사(현)

이준아(李俊娥 · 女)

생1960 · 1 · 1 출서울 주서울특별시 서초구 남부순환로 2364 국립국악원 정악단(02-580-3036) 학국립국악고졸, 추계예술대졸, 이화여대 대학원 음악학과졸 경조부(이도수)에게 사사, 故 이주환 선생께 가사 및 가곡 사사, 이양교 명예보유자로부터 가사교육 이수 1984년 국립국악원 정악단 악장 1991년 한국UN가입기념문화사절단 공연 1997년 '이준아 십이가사의 밤' 국내 최초 완창 발표회 1999~2017년 한국정가단 단장, 정기연주회 17회 개최 1999년 유럽 7개국 순회공연 '명상과 상상', 서울가악회 회원(현), 정농악회 회원(현) 2002년 한일월드컵기념 공연 2004년 일본 요코하마 노악당 초청 1부 이준아정가 발표회 2008~2018년 중요무형문화재 제41호 가사 전수교육조교 2012년 벨기에 필하모닉 소사이어티 초청공연 및 네덜란드 헤이그 로열컨서버토리에서 공연, 국립국악원 정악단 지도단원(현) 2018년 국가무형문화재 제41호 가사 예능보유자 지정(현) 상국립국악원 국악경연대회 정가부 1위(1981), KBS 국악대상 가악상(1991 · 2002), 세계민속음악경연대회 유네스코상(1997) 작음반 '이준아 여창 가곡집'(1995) '十二歌詞(2집)'(2001), 여창가곡전집 '평안'(2006), 시조집 '옛시, 그 향기 속으로'(2007)

이준엽(李俊燁)

생1969 · 11 · 20 출대구 주부산광역시 해운대구 재반로112번길 19 부산지방검찰청 동부지청 총무과(051-780-4542) 학1988년 대구 대건고졸 1993년 서울대 정치학과졸 경1997년 사법시험 합격(39회) 2000년 사법연수원 수료(29기) 2000년 수원지검 검사 2002년 춘천지검 영월지청 검사 2003년 제주지검 검사 2005년 서울중앙지검 검사 2008년 창원지검 검사 2010년 서울남부지검 검사 2010~2012년 금융정보분석원 파견 2013년 서울남부지검 부부장검사 2013년 서울중앙지검 부부장검사 2015년 대전지검 특수부장 2016년 인천지검 부천지청 부부장검사 2017년 서울남부지검 형사5부장 2017년 서울서부지검 식품의약조사부장 2018년 수원지검 형사2부장 2019년 부산지검 동부지청 차장검사(현)

이준영(李準榮)

생1959 · 11 주서울특별시 마포구 마포대로 20 (주)에스엠코어(02-2090-9200) 학동국대 전자계산학과졸 경1986년 SK네트웍스 정보관리실 근무 1995년 구주본부(런던) IT담당 1998년 SK C&C 물류서비스IT팀장 2001년 SK네트웍스 IT팀장 2004년 SK C&C HR지원팀 · 구매팀장 2009년 同구매본부장(상무) 2009년 同기획본부장 2010년 同MIC장(상무) 2012년 同역량혁신본부장(상무) 2013~2015년 同통신사업2본부장(상무) 2015년 SK주식회사 C&C CV혁신사업부문장(전무) 2016~2017년 同통신사업부문장(전무) 2018년 (주)에스엠코어 대표이사(현)

이준영(李晙榮)

생1975 · 12 · 3 출경북 칠곡 주경상북도 포항시 북구 법원로 181 대구지방법원 포항지원(054-251-2502) 학1994년 김천고졸 2002년 연세대 법학과졸 경2001년 사법시험 합격(43회) 2004년 사법연수원 수료(33기) 2004년 대구지법 예비판사 2005년 대구고법 예비판사 2006년 대구지법 판사 2007년 울산지법 판사 2011년 부산지법 가정지원 판사 2013년 울산지법 판사 2014년 부산고법 판사, 창원지법 밀양지원 판사 2017년 울산지법 판사 2019년 대구지법 포항지원 · 대구가정법원 포항지원 부장판사(현)

이준영(李晙英 · 女)

생1975 · 12 · 30 출서울 주서울특별시 서초구 서초중앙로 157 서울고등법원(02-530-1114) 학1994년 진선여고졸 1998년 고려대 법학과졸 경1999년 사법시험 합격(41회) 2002년 사법연수원 수료(31기) 2002년 서울지법 북부지원 판사 2003년 서울고법 판사 2004년 서울중앙지법 판사 2006년 춘천지법 강릉지원 판사 2010년 수원지법 안산지원 판사 2012년 서울동부지법 판사 2017년 대구지법 서부지원 부장판사 2019년 서울고법 판사(현)

이준오(李俊午) LEE Joon Oh

(생)1967·11·19 (출)전북 고창 (주)세종특별자치시 국세청로 8-14 국세청 조사국(044-204-3500) (학)광주 진흥고졸, 서울대 서양사학과졸, 同행정대학원 정책학과졸 (경)행정고시 합격(37회) 1995년 여수세무서 총무과장 1996년 북전주세무서 총무과장 1998년 군산세무서 직세과장 1999년 중부지방국세청 조사1·2국 조사계장 2000년 국세청 법인세과 사무관, 同법인세과 법인4계장 2005년 同법인세과 서기관 2006년 군산세무서장 2007년 국세청 납세지원국 납세홍보과장 2009년 중부지방국세청 조사1국 1과장 2010년 서울지방국세청 조사1국 2과장 2010년 同국제조사관리과장 2012년 국세청 전산기획담당관 2013년 同법규과장 2015년 서울지방국세청 징세법무국 송무1과장 2015년 同송무국 송무1과장 2015년 광주지방국세청 조사1국장(부이사관) 2016년 서울지방국세청 첨단탈세방지담당관 2017년 국가공무원인재개발원 파견(고위공무원) 2018년 서울지방국세청 조사3국장 2019년 국세청 법인납세국장 2019년 同조사국장(현)

이준용(李埈鎔) LEE Joon Yong

(생)1938·7·9 (출)서울 (주)서울특별시 종로구 종로1길 36 대림그룹 임원실(02-2011-7001) (학)1956년 경기고졸 1960년 서울대 상과대학 경제학과졸 1964년 미국 덴버대 대학원 통계학과졸 (경)1966년 대림산업 입사 1969년 同외사부장·이사 1972년 同전무이사 1975년 同부사장 1978년 대림공업 사장 1978년 대림엔지니어링 사장 1979~1988년 대림산업 사장 1981년 한국청소년연맹 부총재 1981년 한국정신문화연구원 감사 1981년 새마을운동중앙본부 서울시지부 회장 1984년 국제상공회의소 국내위원회 의장 1986년 한국능률협회 부회장 1988~1993년 대림산업 부회장 1988년 대한건설협회 부회장 1993~1997년 대림그룹 회장 1997년 同명예회장 1997년 同상임고문 1998~2001년 대림산업 대표이사 회장 1999~2017년 전국경제인연합회 부회장 2001년 대림그룹 명예회장(현) (상)금탑산업훈장(1984), 제11회 관악대상 협력부문(2009)

이준직(李準稙) LEIGH Joon Jik (捧岩)

(생)1937·5·25 (본)한산(韓山) (출)강원 철원 (주)서울특별시 서대문구 연대동문길 153 성산문화재단(02-392-2333) (학)1961년 국제대 경제학과졸 1968년 연세대 대학원 수료 1984년 한국정신문화연구원 수료 1987년 고려대 정책대학원 수료 (경)1961년 기독교대한감리회본부 출판부장 1962년 도서출판 '신생사(New Life Press)' 대표(현) 1966년 신생물산(주) 대표이사 1969년 국제라이온스클럽 309지구 세계청소년계획위원장 1972년 (사)한국기독교문화원 원장 1972년 국군찬송가출판위원회 위원장 겸 발행인 1972년 (사)대한출판문화협회 이사 1974년 기독교대한감리회 장로 1975년 기독교출판협의회 발기인·설립인·부회장 1976년 경찰찬송가출판위원회 위원장 겸 발행인 1978년 서울시청년지도자협의회 회장 1980년 국제성직공사 이사장 1983년 한·이스라엘문화교류협회 회장 1983년 서울국제대학총동문회 회장 1985~1990년 서울시사회복지협의회 감사 1986년 서울올림픽대회조직위원회 홍보분과위원 1986년 이화재단 상임이사 1986년 한국청년지도자연합회 회장 1992~1998년 한산이씨대종회 부회장 1994년 성산문화재단 이사장(현) 1995년 한산이씨서울화수회 회장 1995년 목은이색선생600주기추모사업회 부회장 겸 모금위원장 1996년 목은문화재단 설립·이사장 2004~2016년 서울시사회복지협의회 이사 2005~2007년 (사)대한출판문화협회 이사 2008~2017년 同감사 2008~2014년 한국출판협동조합 이사 2008~2014년 한국출판물류(주) 이사 2017년 4.19혁명정신이념계승연대 대표회장(현) 2019년 4.19혁명공로자회 고문(현) (상)연세대총장 감사장(1973), 민주공화당 총재표창(1980), 대통령표창(1981), 한경직총재 공로상패(1981), 이스라엘 관광성장관 공로패(1984), 체육부장관 올림픽경기장(1988), 대통령 공조장(1991), 대통령표창(1998), 한국기독교출판협회 공로상(1998), 부시대통령 감사장(2004), 오바마대통령 감사장(2010), 4.19혁명유공 건국포장(2010), 국가유공자(2010), 중소기업협동조합 발전공로 조합공로패(2011) (저)'회의법과 토의법' '가정예식서' '성지순례' '고려의 위인 목은 이색선생' '인재선생 유고집(編)' '최후의 순교자' (역)'정치와 종교' '크리스찬과 정치' '매일의 기도' '마틴부버' '성공적인 교회도서실 운영' (종)기독교

이준철(李準哲)

(생)1972·7·30 (출)충남 서산 (주)서울특별시 도봉구 마들로 749 서울북부지방법원(02-910-3310) (학)1991년 중동고졸 1996년 서울대 사법학과졸 (경)1997년 사법시험 합격(39회) 2000년 사법연수원 수료(29기) 2000년 육군 법무관 2003년 서울지법 서부지원 판사 2004년 서울서부지법 판사 2005년 서울중앙지법 판사 2007년 춘천지법 강릉지원 판사 2011년 수원지법 판사 2012년 서울고법 판사 2013년 대법원 재판연구관 2015년 광주지법 순천지원·광주가정법원 순천지원 부장판사 2017년 수원지법 부장판사 2019년 서울북부지법 부장판사(현)

이준혁(李埈赫) Joon Hyeok Lee

(생)1963 (주)서울특별시 강남구 일원로 81 삼성서울병원 소화기내과(1599-3114) (학)1988년 서울대 의대졸 1992년 同대학원 의학석사 1998년 의학박사(서울대) (경)1988~1989년 서울대병원 인턴 1989~1992년 同레지던트 1995~1997년 삼성서울병원 소화기내과 임상강사 1997~2003년 성균관대 의대 내과학교실 조교수 2002~2003년 미국 Stanford Univ. 연수 2003~2009년 성균관대 의대 내과학교실 부교수 2007~2009년 삼성서울병원 임상연구지원실장 2009년 성균관대 의대 내과학교실 소화기내과분과 교수(현) 2012~2015년 삼성서울병원 국제협력팀장 2015년 同간암센터장 2016~2019년 同대외협력실장 2019년 同소화기내과 과장(현)

이준혁

(생)1967·5·26 (주)서울특별시 마포구 월드컵북로 402 KGIT센터 23층 (주)동진쎄미켐(02-6355-6100) (학)1989년 서울대 화학공학과졸 1994년 공학박사(미국 매사추세츠공과대) (경)2001년 (주)동진쎄미켐 신규Project담당 상무 2004년 同신규Project담당 전무 2006년 同신규Project담당 부사장 2008년 同전자재료총괄 사장 2009년 同대표이사 사장(현) 2018년 한국공학한림원 회원(화학생명공학·현)

이준협(李埈協) Lee Jun-Hyup

(생)1969 (주)서울특별시 종로구 청와대로 1 대통령비서실 일자리기획비서관실(02-770-0011) (학)서울고졸, 고려대 정치외교학과졸, 서울대 대학원 경제학과졸, 경제학박사(서울대) (경)현대경제연구원 연구위원, 同국내경제팀장, 同경제동향분석실장, 저출산고령사회위원회 운영위원, 국회의장 정책기획비서관 2019년 대통령 일자리기획비서관(현)

이준형(李俊炯)

(생)1971·10·20 (주)서울특별시 중구 세종대로 125 서울특별시의회(02-3702-1400) (학)서울시립대 도시과학대학원 도시행정학과졸 (경)이해식 서울 강동구청장 비서실장, 국회 이부영의원 비서 2014~2018년 서울 강동구의회 의원(새정치민주연합·더불어민주당) 2015년 同예산결산특별위원회 위원 2018년 서울시의회 의원(더불어민주당)(현) 2018년 同기획경제위원회 위원(현) 2018년 同예산결산특별위원회 위원 2018년 同청년특별위원회 위원(현) 2019년 '2018회계연도 서울특별시 결산검사위원' 대표위원 2019년 서울시의회 윤리특별위원회 위원장(현)

이준호(李俊浩) Lee, Joonho

(생)1948·8·11 (본)평창(平昌) (출)서울 (주)서울특별시 종로구 율곡로2길 25 연합뉴스TV(02-398-3114) (학)1966년 경기고졸 1971년 경희대 정치외교학과졸 1974년 연세대 행정대학원졸 (경)1971~1982년 KBS 사회부·외신부·정치부 기자 1982~1983년 同정치부 차장 1983~1986년 駐싱가포르대사관 공보관 1986년 문화공보부 해외과장·기획과장 1987년 대통령 비서실장 보좌관 1988년 駐영국대사관 공보관 1990년 공보처 공보정책실 제2기획관 1991년 駐캐나다대사관 공보관 1994년 駐LA한국문화원 원장 1995년 정무제1장관실 보좌역 1995년 신한국당 부대변인 1997년 駐제네바대표부 공보참사관 1997~1998년 공보처 종합홍보실 제2기획관 1998~1999년 21세기정책연구원 부원장 1999~2004년 Total Companies LLC 한국대표 2006~2011년 한국교통방송(TBS) 본부장 2009년 서울여대 언론영상학부 언론홍보학과 겸임교수 2015~2016년 한국국제교류재단(KOICA) 자문관(베트남 국영통신(VNA) 파견) 2017년 연합뉴스TV 사외이사(현) (저)'위기의 미디어와 저널리즘'(2014, 탐구사) (종)불교

이준호(李俊浩) LEE Joon Ho

(생)1951·1·17 (출)충남 예산 (주)충청남도 홍성군 홍성읍 대학길 25 청운대학교 이사장실(041-630-3458) (학)1969년 경기고졸 1974년 연세대 경제학과졸 (경)1977년 우일산업 상무이사 1977년 충남방적(주) 이사 1978년 同상무이사 1980년 同전무이사 1980년 (주)충방 사장 1981~1984년 충남방적(주) 부사장 1985~2000년 同사장 1997년 대한방직협회 부회장 1998년 학교법인 혜전학원(청운대 재단) 이사장(현) 2000년 한국섬유직물수출입조합 부이사장 (상)산업포장 (종)천주교

이준호(李俊虎) LEE Jun Ho

(생)1963·7·5 (출)경북 금릉 (주)서울특별시 종로구 북촌로 112 감사원 감사위원실(02-2011-2030) (학)1981년 여의도고졸 1985년 서울대 법대졸 (경)1984년 사법시험 합격(26회) 1987년 사법연수원 수료(16기) 1987년 육군 법무관 1990년 수원지법 판사 1992년 서울지법 남부지원 판사 1994년 광주지법 목포지원 판사 1997년 서울지법 의정부지원 판사 1998년 수원지법 판사 1999년 서울지법 동부지원 판사 1999년 서울고법 판사 2000년 대법원 재판연구관 2002년 대구지법 포항지원 부장판사 2004년 사법연수원 교수 2007~2010년 서울중앙지법 부장판사 2010년 법무법인 충정 구성원변호사 2012년 대검찰청 감찰본부장 2016년 감사원 감사위원(차관급)(현)

이준호

(생)1964 (출)전남 담양 (주)서울특별시 마포구 독막로 234 마포세무서(02-705-7200) (학)광주 살레시오고졸, 세무대학졸(2기) (경)세무공무원 임용(8급 특채), 서울 소공세무서 근무, 경기 파주세무서 법인세과 근무, 국세청 징세과 근무, 서울 강남세무서 조사과 근무, 국세청 전산정보관리관실 근무 2010년 강원 춘천세무서 조사과장 2014년 국세청 소득지원과 서기관 2016년 전북 정읍세무서장 2017년 광주지방국세청 성실납세지원국장 2018년 북인천세무서장 2019년 서울 마포세무서장(현)

이준호(李俊鎬) Lee Joonho

(생)1964 (출)경기 (주)서울특별시 영등포구 여의대로 38 금융감독원 감독총괄국(02-3145-8300) (학)1982년 중앙대사대부고졸 1986년 연세대 경제학과졸 2007년 미국 조지아주립대 대학원 리스크·보험학과졸 (경)1989년 금융감독원 입사 2003년 同보험감독국 근무 2010년 同손해보험서비스국 보험조사실 근무 2011년 同보험감독국 근무 2013년 同전주출장소장 2014년 同보험조사국장 2016년 同금융혁신국장 겸 선임국장 2018년 同감독총괄국장(현)

이준호(李准豪)

(생)1968·8·2 (주)서울특별시 중구 을지로 65 SK텔레콤(주) SV(Social Value)추진그룹(02-6100-2114) (학)1987년 대일고졸 1994년 고려대 영어영문학과졸 (경)1995년 경향신문 편집국 사회부 기자 2007년 SK C&C CR팀 근무 2010년 同전략홍보팀 근무 2011년 同Brand관리팀장 2012년 同홍보팀장 2016년 SK주식회사 C&C PR담당 상무 2016년 同홍보팀장 겸임 2017년 SK텔레콤(주) 뉴미디어실장 2018년 同커뮤니케이션센터 PR2실장 2019년 同SV(Social Value)추진그룹장(현)

이준호(李浚鎬)

(생)1970·4·24 (주)서울특별시 종로구 사직로8길 60 외교부 외교전략기획관(02-2100-7220) (학)1993년 서울대 외교학과졸 2003년 미국 캘리포니아대학교 샌디에이고교 대학원 국제관계학과졸 (경)1994년 외무고시 합격(제28회) 1994년 외무부 입부 2005년 駐영국 1등서기관 2007년 駐우즈베키스탄 참사관 2011년 외교부 인사운영팀장 2013년 同북핵정책과장 2014년 駐미국 공사참사관 2017년 국가안보실 국가안전보장회의사무처 파견 2018년 국회사무처 파견 2019년 외교부 외교전략기획관(현)

이준훈(李俊勳) LEE Joon Hoon

(생)1956·12·30 (출)서울 (주)서울특별시 종로구 종로5길 68 502호 법무법인 센트럴(02-735-5370) (학)1975년 경복고졸 1984년 건국대 법학과졸 (경)1983년 사법시험 합격(25회) 1985년 사법연수원 수료(15기) 1986년 수원지검 검사 1988년 춘천지검 영월지청 검사 1989년 광주지검 검사 1991년 서울지검 북부지청 검사 1994년 제주지검 검사 1996년 서울지검 검사 1998년 同의정부지청 부부장검사 1999년 대전지검 홍성지청 부장검사 2000년 광주고검 검사 2001년 광주지검 강력부장 2002년 同조사부장 2002년 同형사3부장 2003~2004년 인천지검 형사2부장 2004년 변호사 개업, 법무법인 바른길서울 변호사 2014년 법무법인 현명 대표변호사 2016~2017년 법무법인 청진 변호사 2018년 법무법인 센트럴 변호사(현)

이준희(李儁熙) LEE Jun Hee

(생)1956·6·29 (본)경주(慶州) (출)서울 (주)서울특별시 중구 세종대로 17 와이즈빌딩 한국일보 사장실(02-724-2114) (학)1975년 양정고졸 1984년 연세대 철학과졸, 미국 USC 저널리즘스쿨 수학 2004년 연세대 언론대학원 신문출판학과졸 2011년 광운대 대학원 신문방송학 박사과정 수료 (경)1984년 한국일보 기자 1993년 同LA특파원 1997년 同사회부 차장 1999년 同정치부 차장 2001년 同기획취재부장 2002년 同사회부장 2003년 同편집위원 2004년 同논설위원 2004년 同기획취재부장 2005년 同편집국 문화부장 2006년 同논설위원 2007년 同전략사업본부장 2007년 同편집국장 2009~2012년 同논설위원 2011년 한국신문방송편집인협회 감사 2012~2013년 한국일보 논설위원실장 2013~2015년 한국신문방송편집인협회 부회장 2013년 국방부 정책자문위원 2013년 한국일보 논설고문 2013년 同부사장 2014년 同사장 2015년 同주필 2016년 同대표이사 사장(현) 2016년 한국신문협회 이사(현) 2019년 연세언론인회 회장(현) (상)한국기자상 대상(1989), 한국참언론인대상 사회부문(2008), 삼성언론상 논평비평부문(2012), 연세언론인상(2014) (저)'이준희의 세상속으로'(2004)

이준희(李俊熙)

(생)1962 (출)울산 (주)울산광역시 남구 돋질로 120 한국노동조합총연맹 울산지역본부(052-261-4493) (학)성도고졸 (경)SK이노베이션노동조합 근무 2001년 한국노동조합총연맹 울산지역본부 제16대 의장 출마·낙선 2002~2009년 전국화학노동조합연맹 기획부장·조사통계부장·국제부장·정책실장·조직강화실장 2010~2011년 한국노동조합총연맹 울산지역본부 상임부의장 2011·2014년 同울산지역본부 제20·21대 의장 2017년 同울산지역본부 제22대 의장(현), 同부위원장, 同의장단협의회 회장(현) 2019년 연합뉴스 울산취재본부 콘텐츠자문위원(현)

이준희(李濬熙)

(생)1967·3·20 (출)서울 (주)세종특별자치시 도움6로 11 환경부 자연보전정책관실 생물다양성과(044-201-7245) (학)1990년 서울대 사회학과졸 2002년 미국 하버드대 케네디행정대학원 MPA(석사) 2007년 환경·에너지정책학박사(미국 델라웨어대) (경)2009~2010년 전남도 환경협력관·기획조정실 미군부대오염물질대응TF 근무 2010년 국립환경인력개발원 교육기획과 근무 2012년 (재)2012세계자연보전총회 조직위원회 근무 2013년 환경부 기획조정실 정보화담당관 2016년 영산강유역환경청 환경관리국장 2017년 환경부 자연보전국 생물다양성과장 2018년 同자연보전정책관실 생물다양성과장(현) 2018년 同야생조류AI대응상황반 팀장 겸임 (상)근정포장(2012)

이준희(李浚僖)

(생)1971·3·19 (주)대전광역시 서구 청사로 189 중소벤처기업부 중소기업정책관실(042-481-4550) (학)1990년 전주 상산고졸 1997년 서울대 경영대학 경영학과졸 2011년 미국 캘리포니아대 샌타바버라교 대학원 경제학과졸 (경)1994년 행정고시 합격(38회) 1997~1998년 중앙공무원교육원 시보 1998년 중소기업청 경영지원국 정보화지원과 사무관 2000년 同경영지원국 판로지원과 사무관 2001년 同경영지원국 금융지원과 사무관 2004년 同기술지원국 기술정책과 사무관 2005년 同기술지원국 기술정책과 서기관 2005년 중소기업특별위원회 정책조정실 총괄조정팀 서기관 2006년 同정책조정실 정책정보팀장 2006~2008년 대통령 경제정책수석비서관실 산업정책행정관 2008년 중소기업청 창업벤처국 창업진흥과장 2009년 서울지방중소기업청 공공판로지원과장 2012년 중소기업청 창업벤처국 지식서비스창업과장 2013년 同창업벤처국 벤처정책과장 2014년 同중소기업정책국 정책총괄과장 2015년 同중소기업정책국 정책총괄과장(부이사관) 2017년 同중소기업정책국 정책총괄과장(고위공무원) 2017년 미국 Northeastern Univ. 교육훈련 2018년 중소벤처기업부 중소기업정책관(현)

이준희(李濬熙)

(생)1971·7·27 (출)서울 (주)서울특별시 강남구 학동로 401 금하빌딩 법무법인(유) 정률(02-2183-5500) (학)1990년 경기고졸 1995년 서울대 법대졸, 同대학원졸(법학석사) (경)1996년 사법시험 합격(38회) 1999년 사법연수원 수료(28기) 1999년 법률구조공단(전주) 근무 2002년 창원지법 판사 2006년 의정부지법 판사 2010년 서울고법 판사(헌법재판소 파견) 2012년 서울서부지법 판사 2014년 제주지법 부장판사 2016~2018년 의정부지법 고양지원 부장판사 2018~2019년 법무법인 우면 대표변호사 2019년 법무법인(유) 정률 변호사(현) (작)시집 '팔배나무'(2014, 유로)

이중구(李重久) LEE Jung Gu

(생)1962·3·21 (출)경남 진주 (주)강원도 원주시 혁신로 2 도로교통공단 안전본부(033-749-5141) (학)1981년 경남 진주고졸 1985년 경찰대 행정학과졸 (경)1985년 경찰대학 1기(경위 임용) 2005년 총경 승진 2005년 경북지방경찰청 경비교통과장 2006년 경남 거제경찰서장 2007년 서울지방경찰청 제1기동대장 2008년 同경무과 총경(교육) 2008년 서울 동대문경찰서장 2010년 경찰청 경비과장 2011년 부산지방경찰청 제1부장(경무관) 2012년 제주지방경찰청 청장 2012년 울산지방경찰청 차장(경무관) 2013년 서울지방경찰청 경비부장 2014년 경찰청 경비국장(치안감) 2015년 강원지방경찰청장(치안감) 2016~2017년 경찰교육원장(치안감) 2018년 도로교통공단 안전본부장(상임이사)(현)

이중근(李重根) LEE JOONG KEUN (宇庭)

(생)1941·1·11 (본)전주(全州) (출)전남 순천 (주)서울특별시 중구 세종대로9길 42 (주)부영 회장실(02-3774-5537) (학)1960년 건국대 정치외교학과 수학 1978년 서울대 경영대학원 최고경영자과정 수료 1997년 행정학사(독학사) 1998년 명예 경제학박사(경희대) 1999년 명예 경영학박사(광운대) 2000년 고려대 정책대학원 행정학과졸 2001년 명예 교육학박사(인제대) 2002년 명예 공학박사(순천대) 2003년 고려대 언론대학원 최고위과정 수료 2004년 행정학박사(고려대) (경)1976~1979년 우진건설산업 대표이사 1978~1979년 우진학원 이사장 1983~1994년 부영주택흥산 설립·고문 1992년 학교법인 우정학원(화순) 이사장(현) 1994년 (주)부영 대표이사 회장(현) 1997~2001년 사랑의장기기증운동본부 사랑의각막은행장 1998~2005년 전주이씨완창대군파종회 회장 1999년 경희대 아태국제대학원 운영재단 이사(현) 1999~2004년 도산안창호선생기념사업회 이사 1999~2001년 학교법인 건국대 제20대 이사장 2000~2004년 한국주택협회 제4대 회장 2001년 시민운동지원기금 이사장(현) 2001~2003년 한국방송통신대 운영위원 2003~2005년 주택산업연구원 제4대 이사장 2003~2005년 민주평통 경제협력분과 위원장 2007년 공군인터넷전우회(ROKAFIS) 회장(현) 2011~2017년 대한노인회 부회장 2013년 우정(宇庭)교육문화재단 이사장(현) 2013년 민주평통 서울시 부의장(현) 2013년 우정문고 설립 2015년 세계태권도평화봉사재단 총재 2016~2017년 2017무주세계태권도선수권대회조직위원회 명예위원장 2017년 한라일보 이사(현) 2017년 대한노인회 회장(현) 2017년 인천일보 이사(현) 2017년 우정학원(서울) 이사(현) (상)금탑산업훈장(1995), 국민훈장 동백장(1996), 국민훈장 무궁화장(2001), 건설교통부장관표창(2001), 한국주택문화상 종합우수상(2001), 국무총리표창(2002), 한국생물공학회 자랑스런기업상(2002), 중앙대 제10회 참 경영인상(2002), 캄보디아 국왕 수교훈장(2007), 베트남정부 우호훈장(2007), 라오스정부 일등훈장(2007), 전경련 IMI경영대상 사회공헌 대상(2009), 대통령표창(국가유공자 주거여건 개선사업)(2009), 캄보디아정부 국왕대십자훈장(2010·2013), 동티모르 공훈훈장(2011), 서울대경영대최고경영자과정총동창회 서울대 AMP대상(2012), 캄보디아정부 대십자훈장(Sahametrei Medal)(2012), 한국의 최고경영인상 사회공헌경영부문(2013), 건국대총동문회 '자랑스러운 건국인' 선정(2013), 6.25전쟁알리기 저술활동 공로 자유총연맹 감사패(2014), 제21회 인간상록수(2014), 외교부장관 감사패(2015), 세계태권도연맹(WTF) 감사패 (저)'주택은 소유목적이 아닌 거주수단'(2003, 高友經濟) '임대주택정책론-이론과 실제'(2005, 나남출판) '한국주거문화사'(2013, 우정문고) '임대주택정책론(개정판)'(2013, 우정문고) '6·25전쟁 1129일'(2013, 우정문고) '광복(光復) 1775일'(2014, 우정문고) '미명(未明) 36년 12768일'(2015, 우정문고) '여명(黎明) 135년 48701일'(2016, 우정문고) '우정체(宇庭体)로 쓴 조선 개국 385년'(2017, 우정문고)

이중민(李重旼)

(생)1973·10·18 (출)전북 부안 (주)경기도 부천시 상일로 129 인천지방법원 부천지원(032-320-1114) (학)1992년 양정고졸 1997년 서울대 공법학과졸 (경)1998년 사법시험 합격(40회) 2001년 사법연수원 수료(30기) 2001년 軍법무관 2004년 인천지법 판사 2006년 서울중앙지법 판사 2008년 춘천지법 영월지원 판사 2011년 수원지법 판사 2013년 서울중앙지법 판사, 대법원 재판연구관 2016년 광주지법 부장판사 2018년 인천지법·인천가정법원 부천지원 부장판사(현)

이중섭(李重燮) Lee Jung Seob

(생)1957·7·2 (출)서울 (주)경기도 수원시 영통구 월드컵로 206 아주대학교 자연과학부 수학과(031-219-2565) (학)1980년 서울대 수학과졸 1982년 同대학원 수학과졸 1989년 수학박사(미국 미시간대) (경)1989~1990년 미국 오클라호마주립대 조교수 1991~1992년 미국 캔자스주립대 조교수 1992년 아주대 자연과학부 수학과 조교수·부교수·교수(현) 2008~2010년 同교무처장 2008~2010년 同대학교육혁신원장 2015·2017년 同기획처장

이중우(李重雨) LEE Joong Woo

(생)1952·8·22 (본)경주(慶州) (출)부산 (주)경상남도 김해시 인제로 197 인제대학교 경영학부(055-320-3132) (학)1971년 중동고졸 1981년 연세대 경영학과졸 1987년 스웨덴 웁살라대 대학원 경영학과졸 1991년 경영학박사(스웨덴 웁살라대) (경)1991~1994년 스웨덴 웁살라대 경영학과 조교수 1994~1995년 현대경제연구원 경영전략실장 1995~1998년 인제대 경영학과 조교수 1996~1998년 同경영학과장 1996년 同취업보도실장 1997년 同학생복지처장 1998~1999년 부산·경남·울산학생처장협의회 회장, 전국학생처장협의회 지역부회장 1999~2017년 인제대 경영학부 교수 2000년 同학생생활연구소장 2001~2002년 한국국제경영학회 상임이사 2003년 同감사·부회장 2003년 스웨덴 웁살라대 경영학과 교환교수 2006년 한국국제경영관리학회 회장 2007년 인제대 교학부총장 2007년 대통령자문 정책기획위원회 위원 2007~2008·2011~2012년 전국부총장협의회 부회장 2009~2010년 한국국제경영학회 회장 2009년 한국개발연구원 경제전문가 모니터위원, 同자문위원(현) 2010년 한국중견기업학회 부회장 2010~2012년 인제대 교학부총장 2012~2014년 同특별자문위원 2012년 기상청 혁신리더위원장(현), 同자체평가위원 2014~2016년 同정부3.0자문단장 2017년 연세대 동서문제연구원 초빙교수(현) 2017년 인제대 경영학부 명예교수(현) (상)연세대총장표창, 국방부장관표창, 제1군단 포병사령관표창, 인제대총장표창(4회), 한국산업경영시스템학회 한백학술상(2007), 제60주년 세계기상의 날 기념 국민포장(2010), 인제대 인제학술상(2015) (저)'기업의 세계화추진과 네트워크 구축전략'(1999) '글로벌 경쟁시대의 네트워크 전략'(2005) 'Business Networks and International Marketing'(2006) '경영학원론'(2007·2013) '유럽기업의 성장전략과 경쟁력'(2013) '중국 1등 기업의 4가지 비밀(共)'(2014, 삼성경제연구소) '혁신의 시간(共)'(2016) (종)기독교

이중원(李中遠) Jungwon LEE

(생)1959·11·19 (본)한산(韓山) (주)서울특별시 동대문구 서울시립대로 163 서울시립대학교 인문대학 철학과(02-6490-2578) (학)1978년 보성고졸 1982년 서울대 물리학과졸 1984년 同대학원 이론물리학과졸 1997년 과학철학박사(서울대) (경)1986년 한국에너지연구소 연구원 1997년 서울시립대 인문대학 철학과 조교수·부교수·교수(현) 2001~2003년 논리학회 감사 2003~2005년 한국과학철학회 부편집인 겸 편집이사 2008~2010년 한국근대철학회 부회장 2009년 서울시립대 교육대학원장 겸 인문대학장 2010~2014년 同교육인증원장 2011년~2013년 한국과학철학회 편집인 2013~2015년 同회장 (저)'인간과 과학'(2001) '논리교실 필로지아'(2002) '삶, 반성, 인문학 - 인문학의 인식론적 구조'(2003) '우리말 철학사전3'(2003) '인문학으로 과학 읽기'(2004) '서양근대철학의 열가지 쟁점'(2004) '진리청바지-내가 아는 것이 진리일까?'(2005) '근대의 끝에서 다시 읽는 문화'(2006) '영화로 과학 읽기'(2006) '다윈의 종의 기원(생명의 진화를 밝힌다)'(2006) '과학으로 생각한다'(2007) '필로테크놀로지를 말한다'(2008) '욕망하는 테크놀로지'(2009)

이중의(李重宜) RHEE Joong-Eui

(생)1963·1·15 (주)경기도 성남시 수정구 수정로 171번길 10 성남시의료원 원장실(031-738-7801) (학)1987년 서울대 의대졸 1996년 同대학원 의학석사 1999년 의학박사(서울대) (경)1988년 서울대병원 전공의 1995년 同응급처치부 전임의 1997~2014년 서울대 의대 응급의학교실 강사·조교수·부교수 2003년 분당서울대병원 응급의학과장 2014~2019년 삼성서울병원 응급의학과 진료교수 2019년 성남시의료원 원장(현) (저)'전문응급처치학'(1998) '최신 응급의학'(2000) '외상학'(2001)

이중재(李重宰) LEE Jung Jae

(생)1963·5·19 (출)충남 논산 (주)인천광역시 미추홀구 학익소로62 정동빌딩5층 예인법률사무소(032-861-9000) (학)1981년 대전고졸 1985년 고려대 법과대학졸 1994년 미국 서던메소디스트대 법학전문대학원 수료 (경)1984년 사법시험 합격(26회) 1987년 사법연수원 수료(16기) 1995년 인천지검 검사 1997년 대전지검 강경지청 검사 1998년 법무부 국제법무과 검사 2000년 서울지검 검사 2001년 2002월드컵축구대회조직위원회 파견(법무실장) 2002~2005년 부산지검 부부장검사 2002~2005년 駐제네바대표부 법무협력관·참사관 파견 2005년 부산지검 외사부장 2006년 인천지검 형사2부장 2007년 수원지검 형사2부장 2008년 대전지검 형사1부장 2009년 인천시 파견(법률자문검사) 2010년 감사원 파견(감사원장 법률보좌관) 2011년 부산고검 검사 2013년 김앤장법률사무소 변호사 2014년 법무법인 정(正) 대표변호사 2014년 새누리당 법률지원단 위원 2014년 감사원 행정심판위원회 위원 2014년 同징계위원회 위원(현) 2014년 인천지방노동위원회 공익위원(현) 2018년 예인법률사무소 대표변호사(현) 2019년 인천지방국세청 조세범칙조사심의회 위원(현) (상)홍조근정훈장(2002)

이중제(李重霽) LEE Joong Je

(생)1964·5·4 (출)서울 (주)울산광역시 남구 법대로 45 울산지방검찰청 중요경제범죄조사단(052-228-4601) (학)1983년 용산고졸 1987년 한양대 법학과졸 1990년 同행정대학원졸 (경)1990년 사법시험 합격(32회) 1993년 사법연수원 수료(22기) 1993년 軍법무관 1996년 청주지검 검사 1998년 대전지검 서산지청 검사 1999년 인천지검 검사 2001년 서울지검 검사 2003년 부산지검 검사 2005년 同부부장검사 2006년 창원지검 통영지청 부장검사 2007년 서울중앙지검 부부장검사 2008년 부산지검 형사4부장 2009년 수원지검 성남지청 부장검사 2010년 서울북부지검 형사4부장 2011년 의정부지검 형사2부장 2012년 창원지검 마산지청장 2013년 인천지검 부장검사 2013년 법무연수원 연구위원(파견) 2014~2018년 서울고검 검사 2016~2018년 서울중앙지검 중요경제범죄조사단 파견 2018년 울산지검 중요경제범죄조사단장(현)

이중표(李仲杓)

(생)1973·12·24 (출)서울 (주)대구광역시 수성구 동대구로 364 대구지방법원 총무과(053-757-6470) (학)1992년 한영고졸 1997년 건국대 법학과졸 (경)2001년 사법시험 합격(43회) 2004년 사법연수원 수료(33기) 2004년 서울남부지법 예비판사 2005년 서울고법 예비판사 2006년 서울중앙

지법 판사 2008년 대구지법 포항지원 판사 2012년 수원지법 평택지원 판사 2015년 서울행정법원 판사 2017년 서울동부지법 판사 2017~2018년 법원행정처 홍보심의관 겸임 2019년 대구지법 부장판사(현)

이중호(李重鎬) LEE, JUNG HO

(생)1954·1·16 (본)고성(固城) (출)충남 금산 (주)인천광역시 남동구 경인로 674 인천교통공사(1899-4446) (학)고려대졸, 연세대 공학대학원졸, 인하대 행정대학원졸, 공학박사(서울산업대) (경)서울종합건설본부 공사3부 기전과장, 서울지하철건설본부 전기과장, 인천지하철건설본부 전기부장, 국방부 특별건설기술심의위원, 광주·대전지하철건설 기술자문위원 1988년 인천지하철공사 기술이사 2006년 인천시 도시철도건설본부장 2010년 同경제통상국장 2010년 행정안전부 지방행정연수원 고위정책과정 연수 2011년 인천시 항만공항해양국장 2011년 인천대 사무처장 2011~2014년 인천교통공사 기술본부장(상임이사) 2016년 同사장(현) 2017년 한국철도협회 이사(현) (상)대통령표창(1982·1999), 서울시장표창(1988), 88서울올림픽기장(1988), 홍조근정훈장(2008) (종)기독교

이중환(李中煥) LEE Joong Hwan

(생)1959·12·25 (출)경북 구미 (주)서울특별시 서초구 반포대로 106 태흥빌딩 6층 법무법인 선정(02-593-7070) (학)1977년 경북고졸 1981년 고려대 법대졸 1983년 단국대 행정대학원졸 (경)1983년 사법시험 합격(25회) 1985년 사법연수원 수료(15기) 1986년 軍법무관 1989년 춘천지검 검사 1991년 청주지검 제천지청 검사 1992년 대구지검 검사 1995년 서울지검 남부지청 검사 1998년 울산지검 부부장검사 1999년 서울고검 검사 2000년 헌법재판소 파견 2002년 법무부 송무과장 2003년 서울지검 남부지청 형사4부장 2004년 광주지검 형사1부장 2005년 서울고검 검사 2006년 인천지검 부천지청 차장검사 2007년 서울고검 검사 2008년 대구지검 서부지청장 2009~2011년 서울고검 검사 2009~2011년 예금보험공사 금융부실책임조사본부장 2011년 변호사 개업 2012~2014년 한국감정원 비상임이사 2014년 방송통신심의위원회 명예훼손분쟁조정부 조정위원 2016~2017년 '박근혜 대통령 탄핵소추안' 심판 대리인 2017년 법무법인 선정 대표변호사(현)

이중환(李仲桓)

(생)1966·3·24 (출)제주 서귀포 (주)제주특별자치도 제주시 문연로 6 제주특별자치도청 자치행정국 총무과(064-760-2061) (학)서울시립대 대학원 행정학과졸, 미국 미주리대 대학원 행정학과졸 (경)1996년 지방고시 합격(1회) 1996년 서귀포시 서홍동장, 同의회사무과 전문위원 2002년 제주도 전입 2005년 同제주특별자치도추진기획단 제주특별자치담당관실 특별자치1담당 2006년 제주특별자치도 특별자치담당관 2007년 同혁신기획관·정책기획관(서기관) 2010년 미국 미주리대 국외훈련 2013년 제주특별자치도 전국체전기획단장(부이사관) 2014년 장기교육 파견 2015년 제주특별자치도 문화관광스포츠국장 2016년 서귀포시장 2017년 제주특별자치도 기획조정실장(지방이사관) 2019년 장기교육 파견(지방이사관)(현)

이중효(李重孝) LEE Joong Hyeo

(생)1960·12·28 (주)인천광역시 동구 인중로 389 효창산업(032-777-6605) (학)1979년 부산기계공고졸 1999년 한양대 경영대학원 최고경영자과정 수료 2001년 인천전문대 영어과졸 2002년 인천대 경영혁신원 최고경영자과정 수료 2004년 한국방송통신대 무역학과졸 2006년 한양대 경영대학원 경영학과졸 2009년 법학박사(조선대) (경)효창산업(주) 대표이사(현), (주)모디스코리아 대표이사(현), 목동중 운영위원장, 양천경찰서 행정발전위원, 열린우리당 중앙당 대의원, 同서울양천乙지역위원회 운영위원, 同신정4동지회장 2006년 서울 양천구의회 의원 2010년 한나라당 부대변인 2012년 (사)좋은사회만들기운동본부 공동대표, 가천대 경영학과 겸임교수 2014년 전남도지사선거 출마(새누리당) 2014년 제19대 국회의원선거 출마(영광·함평·장성·담양 보궐선거, 새누리당) 2017년 새누리당 인천남구甲당원협의회 운영위원장 2017년 자유한국당 인천남구甲당원협의회 운영위원장 (상)지식경제부장관 표창(2010), 국무총리 표창(2011) (저)'나, 우리, 국가, 세계 그리고 중소기업'(2012, 북랩)

이중훈(李重勳) LEE Jung Hoon

(생)1959·7·7 (출)서울 (주)경기도 부천시 상일로 126 뉴법조타운 304호(032-329-9112) (학)1978년 관악고졸 1982년 서울대 법학과졸 (경)1982년 사법시험 합격(24회) 1984년 사법연수원 수료(14기) 1985년 사단 보통군법회의 검찰관 1988년 인천지검 검사 1989년 부산지검 울산지청 검사 1992년 서울지검 남부지청 검사 1995년 법제처 파견 1996년 부산지검 부부장검사 1997년 서울고검 검사 1997년 전주지검 정읍지청장 1998년 대검찰청 연구관 1999년 부산지검 조사부장 2000년 인천지검 강력부장 2001년 대검찰청 공보관 2002년 서울지검 남부지청 형사5부장 2003년 서울지검 형사9부장 2004년 춘천지검 원주지청장 2005년 청주지검 차장검사 2006년 인천지검 부천지청장 2007년 서울고검 검사 2007년 법무법인 우암 대표변호사 2008~2014년 법무법인 수목 대표변호사 2009~2017년 법제처 법령해석심의위원회 위원 2014년 법무법인 서우 대표변호사(현)

이중흔(李重欣) LEE Jung Heun

(생)1959·3·9 (출)전북 정읍 (주)전라남도 나주시 문화로245 사립학교교직원연금공단 이사장실(061-338-0001) (학)1978년 전주고졸 1983년 한양대 행정학과졸 1985년 同행정대학원 수료 2001년 미국 오리건대 대학원졸 (경)1981년 행정고시 합격(25회) 1984~1989년 총무처·체육부 사무관 1989년 부안고 서무과장 1991년 전북도교육청 진흥계장 1991년 경상대 교무과 사무관·도서관 수서과장 1993년 군산대 예술대학 서무과장 1993~1997년 교육부 설비관리과·국제교육협력과·평생교육기획과 근무 1997년 군산대 총무과장 1998년 교육부 국제교육협력과장 1999년 미국 오리건대 연수 2001년 교육인적자원부 교원양성연수과장 2003년 同정책조정과장 2004~2005년 한양대 교육대학원 초빙교수 2005년 강릉대 사무국장 2005년 대통령교육문화비서관실 선임행정관 2006년 전북도교육청 부교육감 2009년 국방대 파견 2010년 전남대 사무국장 2012년 한국교육과정평가원 초빙연구위원 2013년 전남도교육청 부교육감 2014년 충남대 사무국장 2015~2017년 대전시교육청 부교육감 2017년 사립학교교직원연금공단 이사장(현) (상)체육부장관표창(1986), 대통령표창(1995)

이중희(李重熙) LEE Joong Hee

(생)1955·3·29 (본)진성(眞城) (출)경북 상주 (주)대구광역시 달서구 달구벌대로 1095 계명대학교 경영대학 회계학과(053-580-6395) (학)1974년 상주공고졸 1979년 계명대 경영학과졸 1981년 同대학원 회계학과졸 1994년 경영학박사(경북대) (경)1973~1975년 한국생사(주) 입사·상주제사공장 경리주임 1977년 구일합동회계사무소 공인회계사시보 1980년 공인회계사·세무사(현) 1981년 계명대 경영대학 회계학과 전임강사·조교수·부교수·교수(현) 1995~2001년 미국 오리건대 객원교수 1996년 대구시 민자유치사업평가위원 1997년 한국산업경영학회 상임이사 1999년 금융감독원 연결재무제표준칙개정기초소위

위원 1999~2001년 대구지방국세청 이의신청심의위원 2000년 천주교 대구대교구 재무평의회 위원 2002년 대구지방국세청 공평과세추진평가위원 2002년 한국산업경영학회 편집위원장 2003년 한국회계학회 감사 2004년 국세청 자체평가위원 2004년 대구지방국세청 목표관리위원 2004년 국세청 목표관리위원 2005년 한국경영교육인증원 감사 2005년 계명대 경영대학장 2006년 한국경영대학장협의회 이사 2006~2011년 (사)대구국제뮤지컬페스티벌 감사 2007년 천주교 대구대교구 꾸르실료 주간 2009년 계명대 교무처장 2011년 대구시 기부심사위원회 위원 2012년 한국산업경영학회 회장 2012년 계명대 교무부총장(현) 2014년 한국경영교육인증원 이사(현) 2017~2019년 계명대 경영부총장 2019년 同대학원장(현) (상)부총리 겸 교육인적자원부장관표창(2004) (저)'효율적 자본시장과 회계정보'(1981) '부기회계문제상해'(1987) '리스회계'(1988) '회계원리'(1992) '현대사회에 있어서 회계의 역할'(1993) '재무회계'(1995) '재무회계원리'(1999) '사업결합회계'(1999) '회계사상과 회계기준의 발전'(2002) '회계와 사회'(2002) '한국의 전통회계와 내부통제시스템 1'(2011) 'IFRS회계원리'(2013) (역)'재무보고의 목적과 회계정보의 질적 속성'(1990) (종)천주교

이중희(李仲熙) LEE Joong Hee

(생)1960·2·1 (주)전라북도 전주시 덕진구 백제대로 567 전북대학교 일반대학원 BIN융합공학과(063-270-2342) (학)1985년 전북대 공대 기계공학과졸 1988년 同대학원 기계공학과졸 1992년 미국 Univ. of Minnesota 대학원 기계공학과졸 1995년 공학박사(미국 Univ. of Minnesota) (경)1984년 쌍용중공업 연구원 1987년 고려환경 선임연구원 1995~2008년 전북대 공대 신소재공학부 교수 1999~2004년 (주)케이시알 대표이사 2000~2002년 전북생물벤처기업협회 이사 2000년 전북대 교무부처장 2004년 내쇼날플라스틱 사외이사 2004년 한국가스안전공사 고압용기분야 전문위원 2004년 기술표준원 수소표준화사업단 전문위원 2004년 산업자원부 수소컴포넌트 전문위원 2005년 국제표준화기구(ISO) 한국대표위원 2006년 수소및신에너지학회 재무이사 2007년 산업자원부 기술표준원 산업표준심의회 전문위원 2007년 전주지역혁신위원회 위원 2008년 전북대 공대 고분자·나노공학과 교수(현) 2009년 同일반대학원 BIN융합공학과 교수(현) 2017년 한국수소및신에너지학회 부회장 2018년 한국과학기술한림원 정회원(공학부·현) 2018년 한국공학한림원 회원(기계공학·현) 2019년 한국수소및신에너지학회 회장(현) 2019년 한국복합재료학회 수석부회장(현) (상)휴먼테크논문대상 은상(1995), 국무총리표창(2003), 산업자원부장관표창(2004), 중소기업청장표창(2004), 조달청장표창(2005), 미래창조과학부 주관 이달의 과학기술자상(2013), Materials Science and Engineering 최우수논문상(2015), 전북대 동문대상(2016)

이중희(李仲熙) LEE Joong Hee

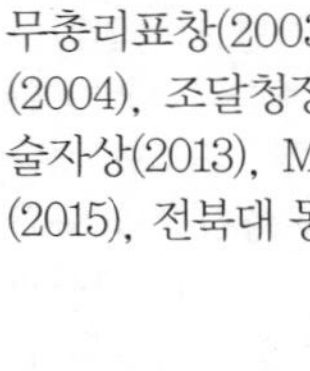

(생)1967·11·28 (출)충북 괴산 (주)서울특별시 종로구 사직로8길 39 김앤장 법률사무소(02-3703-1114) (학)1985년 강릉고졸 1990년 고려대 법학과졸 (경)1991년 사법시험 합격(33회) 1994년 사법연수원 수료(23기) 1994년 軍법무관 1997년 서울지검 남부지청 검사 1999년 춘천지검 강릉지청 검사 2000년 법무부 검찰1과 검사 2003년 서울지검 검사 2004년 서울중앙지검 검사(부패방지위원회 파견) 2006년 제주지검 부부장검사 2007년 법무부 검찰과 검사 2008년 춘천지검 영월지청장 2009년 서울중앙지검 부부장검사 2009년 서울동부지검 형사6부장 2010년 서울중앙지검 금융조세조사3부장 2011년 同특수1부장 2012~2013년 인천지검 부장검사 2012년 금융부실책임조사본부 파견 2013~2014년 대통령 민정비서관 2014년 서울고검 검사 2014년 부산지검 제2차장검사 2015년 광주지검 순천지청장 2016~2017년 의정부지검 차장검사 2017~2018년 법무법인(유) 해송 변호사 2018년 김앤장 법률사무소 변호사(현)

이지만(李志晩)

(생)1961·10·9 (출)강원 삼척 (주)대구광역시 북구 칠성남로 112 대구소방안전본부(053-350-4001) (학)삼척고졸, 삼척공업전문대 토목과졸 (경)2001~2005년 강원도 감사관실 근무 2005년 원주소방서 예방과장 2008년 강원도소방본부 구조구급담당 2009년 同기획예산담당 2010년 同소방행정담당 2011년 同방호구조과장 2012년 강원 삼척소방서장 2014년 강원 홍천소방서장 2015년 국민안전처 중앙재난안전상황실 소방상황센터장 2017년 同중앙재난안전상황실 상황담당관 2017년 행정안전부 재난안전관리본부 중앙재난안전상황실 상황담당관 2017년 소방청 청장비서관(소방정) 2017년 同119구조구급국 119구조과장(소방준감) 2018년 同운영지원과장 2018년 대구시 소방안전본부장(현) (상)강원도지사표창(1991·2000), 내무부장관표창(1992·1997), 국무총리표창(2001), 행정안전부장관표창(2003·2005), 대통령표창(2007)

이지민(李知珉·女)

(생)1976·4·17 (출)대구 (주)대구광역시 수성구 동대구로 364 대구지방법원 총무과(053-757-6470) (학)1976년 정화여고졸 2000년 서울대 불문학과졸 (경)2001년 사법시험 합격(43회) 2004년 사법연수원 수료(33기) 2004년 서울서부지법 예비판사 2005년 서울고법 예비판사 2006년 서울중앙지법 판사 2008년 대구지법 안동지원 판사 2011년 수원지법 판사 2015년 서울중앙지법 판사 2017년 서울동부지법 판사 2019년 대구지법 부장판사(현)

이지수(李知洙)

(생)1964·8·21 (출)서울 (주)서울특별시 강남구 테헤란로 305 한국표준협회 산업표준원(1670-6009) (학)연세대 경제학과졸, 同국제대학원 경제학과졸 1996년 미국 컬럼비아대 경영대학원졸(MBA) 2001년 미국 예시바대 벤자민 카르도조 로스쿨(Benjamin Cardozo School of Law)졸(JD) (경)좋은기업지배구조연구소 연구위원, 경제개혁연대 실행위원, 참여연대 경제민주화센터 실행위원, 경제협력개발기구(OECD) 지배구조컨설턴트 2016년 제20대 국회의원선거 출마(서울 중구·성동구乙, 더불어민주당) 2017년 더불어민주당 제19대 문재인 대통령후보 중앙선거대책위원회 공보단 외신대변인 2018년 한국표준협회 산업표준원장(전무이사)(현)

이지연(李知娟·女) Lee, Ji-Youn

(생)1970·7·12 (본)고성(固城) (출)서울 (주)대전광역시 서구 청사로 189 통계청 통계조정과(042-481-2075) (학)1989년 명지여고졸 1993년 국민대 사회학과졸 1995년 서강대 대학원 사회학과졸 2002년 사회학박사(미국 유타주립대) (경)2003~2011년 통계청 사무관 2011~2015년 同서기관 2015년 同인구동향과장 2018년 同통계조정과장(현) (상)통계청장표창(2006), 국무총리표창(2010) (종)기독교

이지연(李知連·女) LEE, JI YOUN

(생)1971·1·31 (주)서울특별시 용산구 한강대로 100 (주)아모레퍼시픽 헤라Division(02-6040-5114) (학)경희대 화학과졸 (경)(주)아모레퍼시픽 향료연구팀장, (주)빠팡 에스쁘아 마케팅팀장, (주)에뛰드 BM팀장, 同에스쁘아 Division장 2015~2018년 (주)에스쁘아 대표이사 2018년 (주)아모레퍼시픽 헤라Division 상무(현)

이지영(李知玲·女) YI Ji Young

(생)1965·1·7 (주)서울특별시 관악구 관악로 1 서울대학교 음악대학 국악과(02-880-7963) (학)1984년 선화예고졸 1988년 서울대 음악대학졸 1993년 同대학원졸 2002년 음악학박사(이화여대) (경)1988년 국립국악원 연주원 1991년 정농악회의 회원 1994~1996년 한양대·서울대·용인대 국악과 강사 1996년 이화여대 국악과 강사 1997~2008년 용인대 예술대 국악과 조교수 1999년 한국예술종합학교 전통예술원 강사 2000년 한양대 국악과 강사 2008년 서울대 음악대학 국악과 교수(현) 2013~2015년 同음악대학 교무부학장 2014년 同음악대학 성악과장 2017년 同음악대학 국악과장(현) (저)'작곡가를 위한 현대 가야금 기보법'(2011) (작)CD '젊은 산조Ⅱ' '숲속의 이야기' 등 (종)불교

이지오(李志五) Jie-Oh LEE

(생)1965·2·25 (출)경북 경주 (주)경상북도 포항시 남구 청암로 77 포항공과대학교 생명과학과(054-279-2323) (학)1987년 서울대 화학과졸 1989년 同대학원 화학과졸 1995년 생화학박사(미국 Harvard Univ.) (경)1996~1999년 미국 Memorial Sloan Kettering Cancer Center, Post-Doc. 2000~2001년 미국 Univ. of Maryland Baltimore County 조교수 2001~2004년 한국과학기술원(KAIST) 자연과학부 화학과 조교수·부교수 2008~2018년 同자연과학대학 화학과 교수 2017년 同화학과 학과장 2019년 포항공과대(POSTECH) 생명과학과 교수(현) (상)FEBS Letters Young Scientist Award(2004), 한국과학기자협회 선정 '올해의 과학인상'(2007), 과학기술부 선정 '미래를 여는 우수 과학자'(2007), 올해의 KAIST인상(2008), 교육과학기술부 및 한국과학재단선정 '이달(4월)의 과학기술자상'(2008), 듀폰코리아 듀폰과학기술상(2008), 포항가속기연구소 심계과학상(2008), IEIIS Nowotny Science Prize(2010)

이지용(李智容) LEE Jee Yong

(생)1958·6·9 (주)경상남도 창원시 성산구 적현로 147 세아창원특수강(주)(055-269-6114) (학)혜광고졸, 성균관대 금속공학과졸 (경)(주)세아제강 기획부문 이사보, 同경영혁신추진실장 겸 창원공장장(이사) 2008년 同구매담당 이사 2010년 (주)세아베스틸 상무 2014년 同전무 2015년 세아창원특수강(주) 각자대표이사 전무 2016년 同대표이사 부사장 2019년 同대표이사 사장(현)

이지용(李智鎔)

(생)1963·11·13 (주)서울특별시 서대문구 연희로 142 대림통상(주)(02-730-9811) (학)미국 텍사스공대졸, 미국 댈러스대 경영대학원졸(MBA) (경)푸드스타 전무, 패밀리레스토랑 'T.G.I.프라이데이스' 국내 도입, 멕시칸레스토랑 '온더보더' 창업·대표, 지미미디어그룹(JMG) 대표, (주)제이알더블유(JRW) 대표 2019년 대림통상(주) 대표이사 사장(현)

이지윤(李知玧·女)

(생)1973·10·16 (출)대구 (주)서울특별시 서초구 반포대로 158 서울중앙지방검찰청 중요경제범죄조사단(02-530-4243) (학)1992년 원화여고졸 1996년 이화여대 법학과졸 (경)1998년 사법시험 합격(40회) 2001년 사법연수원 수료(30기) 2001년 서울지검 남부지청 검사 2003년 대구지검 포항지청 검사 2005년 창원지검 검사 2007년 서울중앙지검 검사 2011년 인천지검 검사 2013년 대전지검 검사 2015년 서울서부지검 부부장검사 2016년 서울동부지검 부부장검사 2017년 부산지검 동부지청 형사2부장 2018년 서울남부지검 부부장검사 2019년 서울중앙지검 중요경제범죄조사단 부장검사(현)

이지은(女)

(생)1977·10·2 (주)세종특별자치시 도움4로 13 보건복지부 홍보기획담당관실(044-202-2030) (학)1996년 서울 잠신고졸 2001년 연세대 국어국문학과·심리학과졸 2016년 원광대 대학원 동양철학과 수료 (경)2000년 동아일보 입사 2001~2006년 同출판국 여성동아·신동아·주간동아팀 기자 2006~2008년 同경영전략실·경영총괄팀·역량강화팀 기자 2008~2011년 同출판국 주간동아·전략기획팀·문화기획팀 기자 2011년 同편집국 문화부 기자 2013년 同편집국 교육복지부 기자 2013~2014년 同편집국 기자 2014~2016년 同정책사회부 기자 2016년 보건복지부 홍보기획담당관(현)

이지철(李志喆) LEE Ji Cheol

(생)1939·6·19 (주)대구광역시 북구 노원로 169 삼공빌등2층 (주)건풍산업 비서실(053-352-9511) (학)1961년 고려대 정경대졸 (경)1977년 건풍직물 경영 1986년 (주)건풍산업 대표이사(현) 1974~2003년 대구·경북견직물공업협동조합 이사·감사 1978~1996년 대한직물공업협동조합연합회 이사 1990년 섬유기술진흥원 이사 1999년 한국섬유개발연구원 이사 2000년 대구·경북섬유산업협회 감사 2003~2005년 한국섬유개발연구원 이사장 (상)산업포장, 상공부장관표창, 대통령표창 (저)'고감성 기능성 의류소재' '비 의류용 섬유제품 및 인증마크 현황조사' (종)불교

이지춘(李枝春)

(생)1967 (출)전남 강진 (주)서울특별시 종로구 사직로8길 31 서울지방경찰청 112종합상황실(02-700-2834) (학)전남 강진고졸, 동국대 경찰행정학과졸 (경)1992년 경위 임용, 서울 송파경찰서 수사과장, 서울 강남경찰서 수사과장, 서울 금천경찰서 형사과장 2011년 서울 강동경찰서 형사과장 2012년 총경 승진 2013년 제주지방경찰청 경비교통과장 2014년 제주 동부경찰서장 2015년 인천지방경찰청 경비교통과장 2016년 서울지방경찰청 생활질서과장 2017년 서울 관악경찰서장 2017년 서울지방경찰청 사이버안전과장 2019년 同112종합상황실장(현)

이지헌(李芝憲) Lee Ji Hun

(생)1961·4·11 (출)부산 (주)제주특별자치도 서귀포시 서호중앙로 63 공무원연금공단 혁신경영본부(064-802-2006) (학)1980년 부산 배정고졸 1987년 연세대 행정학과졸 1994년 영국 엑세터대 대학원 행정학과졸, 서울대 대학원 행정학과졸 (경)1987년 행정고시 합격(30회) 1996년 행정자치부 인사기획과 총괄담당 1999년 국외 파견 2001년 행정자치부 행정제도과 서기관 2001년 국무조정실 심사평가2심의관실 서기관 2003년 대통령비서실 행정관 2004년 행정자치부 기획예산담당관 2005년 同재정기획팀장(부이사관) 2006년 경기도 환경보건국장 2006년 同교통국장 2007년 김포시 부시장 2009년 부천시 부시장 2009년 행정안전부 인사실 성과후생관 2010년 同대변인 2011년 국방대 교육파견 2011년 행정안전부 의정관 2013년 안전행정부 인사기획관 2014년 울산시 행정부시장 2016년 대통령 정무수석비서관실 행정자치비서관 2016~2017년 대통령 인사비서관 2018년 공무원연금공단 혁신경영본부장(상임이사)(현) (상)총무처장관표창(1991), 홍조근정훈장(2010)

이지현(李智賢·女) LEE Ji Hyeon

(생)1968·8·23 (출)전남 나주 (주)서울특별시 서초구 서초중앙로 157 서울중앙지방법원(02-530-1114) (학)1986년 광주 경신여고졸 1990년 서울대 법대 사법학과졸 (경)1994년 사법시험 합격(36회) 1997년 사법연수원 수료(26기) 1997~1999년 수원지법 판사 1999~2000년 서울지

법 판사 2000년 광주지법 판사 2003년 同가정지원 판사 2004년 서울남부지법 판사 2006년 서울중앙지법 판사 2008년 서울고법 판사 2010년 서울남부지법 판사 2012년 대전지법 천안지원·대전가정법원 천안지원 부장판사 2014년 수원지법 부장판사 2016년 서울남부지법 부장판사 2018년 서울중앙지법 부장판사(현)

이지현(李智賢·女)

(생)1976·12·2 (출)부산 (주)충청남도 천안시 동남구 청수14로 77 대전지방법원 천안지원(041-620-3024) (학)1995년 부산 성모여고졸 1999년 고려대 법학과졸 (경)2000년 사법시험 합격(42회) 2003년 사법연수원 수료(32기) 2003년 창원지법 진주지원 예비판사 2005년 창원지법 판사 2006년 수원지법 안산지원 판사 2009년 서울중앙지법 판사 2011년 서울동부지법 판사 2016년 서울중앙지법 판사 2018년 서울가정법원 판사 2019년 대전지법 천안지원·대전가정법원 천안지원 부장판사(현)

이지현(李知玹·女)

(생)1979·2·10 (출)대구 (주)경상북도 김천시 물망골길 39 대구지방법원 김천지원(054-251-2502) (학)1997년 대구 효성여고졸 2002년 연세대 법학과졸 (경)2001년 사법시험 합격(43회) 2004년 사법연수원 수료(33기) 2004년 서울남부지법 판사 2005년 서울고법 예비판사 2006년 서울중앙지법 판사 2007년 대구지법 판사 2011년 대구지법 김천지원 판사 2013년 수원지법 판사 2017년 서울중앙지법 판사 2019년 대구지법 김천지원·대구가정법원 김천지원 부장판사(현)

이지현(李志賢)

(생)1992·9·30 (주)서울특별시 성동구 마장로 210 한국기원 홍보팀(02-3407-3870) (경)2010년 1단 승단 2010년 제6기 십단전 본선 2011년 2단 승단 2012년 3단 승단 2013년 4단 승단 2015년 5단 승단 2015년 오카게배 국제신예바둑대항전 한국대표(우승) 2016년 6단 승단 2016년 제3회 오카게배 국제신예바둑대항전 한국대표(준우승) 2018년 7단 승단 2018년 9단 승단(특별 2단 승단)(현)

이지형(李知炯) LEE JEE HYUNG

(생)1961·5·29 (주)대전광역시 유성구 가정로 218 한국전자통신연구원 기술정책연구본부(042-860-6114) (학)1979년 동성고졸 1987년 한양대 무역학과졸 1994년 미국 노스캐롤라이나대 채플힐교 대학원 경제학과졸 1999년 경제학박사(미국 노스캐롤라이나대 채플힐교) (경)1992년 미국 노스캐롤라이나대 조교 1994년 同연구조교 1999년 한국건설산업연구원 선임연구원 2000년 한양대 BK21 연구교수 2000년 한국전자통신연구원 기술경제연구그룹 책임연구원 2005~2014년 과학기술연합대학원 정보통신기술경영학 부교수 2006년 한국정보통신기술협회 PG209 의장 2007년 방송통신위원회 MIC 통신요금심의위원 2019년 한국전자통신연구원(ETRI) 기술정책연구본부장(현) (상)KAIST 우수컨설턴트(2005), 교육과학부장관표창(2008) (종)기독교

이 진(李 鎭) LEE JIN

(생)1956·8·17 (본)전주(全州) (출)경기 파주 (주)경기도 수원시 팔달구 효원로 1 경기도의회(031-8008-7000) (학)1990년 단국대 교육대학원졸 (경)백신고 교사, 파주공고 교사, 금릉중 교감, 탄현중 교감, 파주 두일중 교장, 연천 백학중 교장, 파주초교총동문회 제13대 회장, 파주시중등교장협의회 회장 2018년 경기도의회 의원(더불어민주당)(현) (상)황조근정훈장(2018) (종)천주교

이 진(李 珍)

(생)1963 (출)서울 (주)경기도 수원시 장안구 경수대로 1110-17 중부지방국세청 조사1국 조사2과(031-888-4743) (학)인천 선인고졸, 세무대학졸(3기) (경)2006~2011년 중부지방국세청 운영지원과 근무 2011~2012년 강원 홍천세무서 세원관리과 근무 2012~2015년 중부지방국세청 조사4국 조사2과 근무 2015~2018년 同조사1국 조사1과 근무 2018년 중부산세무서장 2019년 중부지방국세청 조사1국 조사2과장(현)

이진강(李鎭江) LEE Jin Kang

(생)1943·8·25 (출)경기 포천 (주)서울특별시 종로구 명륜5길 7 Tower8 법무법인 케이엘파트너스(02-6226-7700) (학)1962년 휘문고졸 1966년 고려대 법대졸 1968년 서울대 사법대학원 수료 (경)사법시험 합격(5회) 1971~1981년 광주지검·서울지검·춘천지검 강릉지청 검사·법무부 법무과 검사 1981년 법무부 심사과장·조정과장 1983년 대검찰청 형사1과장 1985년 서울지검 동부지청 부장검사 1986년 대검찰청 중앙수사부1과장 1988년 서울지검 동부지청 차장검사 1990년 서울고검 검사 1993년 수원지검 성남지청장 1994년 변호사 개업 1997년 서울지방변호사회 부회장 1999~2001년 同회장 2001~2002년 국가인권위원회 인권위원 2007~2009년 대한변호사협회 회장 2009~2011년 방송통신심의위원회 위원장 2011~2017년 동아일보 독자위원장 2015~2017년 대법원 양형위원회 위원장 2016년 고려아연 사외이사(현) 2017년 법무법인 케이엘파트너스 고문변호사(현) (상)홍조근정훈장, 대한법조원로회 공로상(2009), 법조언론인클럽 감사패(2009), 자랑스러운 고대법대인상(2011), 국민훈장 무궁화장(2013) (종)불교

이진건(李鎭乾) LEE Jin Gun

(생)1955·1·27 (출)대구 (주)서울특별시 마포구 양화로 45 세아타워 22층 (주)세아FS(02-6970-0829) (학)1973년 경북고졸 1978년 연세대 법학과졸 (경)1984년 삼성시계 수출1과장 1987년 同프랑크푸르트지점장 1992년 同특수영업부·전략기획팀장 1994년 同경영지원실 본부장 1996년 同스위스법인장 2000년 삼성SDI(주) D/D영업본부 마케팅팀장 2002년 同M/E영업팀장 2003년 同M/E영업팀장 2007년 同전지사업부 마케팅팀장(전무) 2010년 同경영전략팀장 겸 ESS사업화팀장 2010~2012년 SB리모티브(주) 대표이사 2013년 삼성그룹 자문역 2014년 (주)한국번디 대표이사 사장 2014년 (주)세아FS 대표이사 사장(현) (종)천주교

이진걸(李禛杰) LEE Jin Gul

(생)1959·1·28 (출)울산 (주)부산광역시 중구 대교로 122 부산항만공사 운영본부(051-999-3004) (학)1977년 부산동고졸 1980년 부산대 기계공학과 중퇴 (경)1991~1993년 부산노동단체협의회 기획실장 2000년 (사)부산민주항쟁기념사업회 이사 2003~2005년 희망연대 청년위원장 2003년 열린우리당 부산시당 위원장 조직특보 2005년 同부산시당 사무처장 2006년 희망연대 공동대표 및 운영위원장 2006년 해양수산부 장관 정책보좌관 2007년 (주)북항재개발 기획영업본부장 2018년 부산항만공사 운영본부장(부사장)(현)

이진관(李珍官)

(생)1973·9·5 (출)경남 마산 (주)대구광역시 수성구 동대구로 364 대구지방법원 총무과(053-757-6470) (학)1992년 마산고졸 1996년 서울대 사법학과졸 (경)1998년 사법시험 합격(40회) 2003년 사법연수원 수료(32기) 2003년 수원지법 예비판사 2004년 서울고법 예비판사 2005년 서울중앙지법 판사 2007년 대구지법 포항지원 판사 2010년 인천지법 판사 2013년 서울중앙지법 판사 2016년 대법원 재판연구관 2019년 대구지법 부장판사(현)

이진구(李鎭九) RHEE Jin Koo

(생)1946·2·1 (본)전주(全州) (출)경기 (주)서울특별시 중구 필동로1길 30 동국대학교 전자전기공학부(02-2260-8735) (학)1969년 국립항공대 전자공학과졸 1975년 서울대 대학원 전자공학과졸 1979년 미국 오리건주립대 대학원졸 1982년 전기공학박사(미국 오리건주립대) (경)1982년 미국 Oregon State Univ. Post-doc. 1982~1985년 미국 Cray Research Inc. Research Scientist 1985년 동국대 전자전기공학부 교수, 同전자전기공학부 석좌교수(현) 1985년 미국 Microwave Semiconductor Corporation 책임연구원 1989년 대한전자공학회 반도체·재료및부품연구회 전문위원장 1990~1991년 미국 Michigan Univ. Visiting Research Scientist 1992~1994년 동국대 산업기술대학원 교학부장, 대한전자공학회 평생회원(현) 1995~1996년 同협동이사 1996~1998년 한국항공대총동창회 상임이사 1996~1998년 동국대 전자공학과 학과장 1996년 한국전자파학회 평생회원(현) 1996~2001년 同재무이사 1996년 한국통신학회 평생회원(현) 1997년 심곡학원 이사(현) 1998년 한국과학재단 평가위원 1998년 국립기술품질원 전문위원 1998년 산업기술정책연구소 평가위원 1998년 국방과학연구소 평가위원 1998년 광주2002월드컵경기장건설 설계자문위원 1998년 동국대 대학원 전자공학과 주임교수 1998~2003년 同산업기술연구원 반도체연구부장 1998~2001년 한국해동검도협회 이사 1998년 한국센서학회 평생회원(현) 1999~2001년 대한전자공학회 상임이사 1999년 동국대 밀리미터파신기술연구센터 소장 2002년 同정보통신연구소 연구부장 2002~2006년 한국전자파학회 국제담당이사 2002~2003년 대한전자공학회 부회장 2002년 한국전자전기재료학회 평생회원(현) 2004년 同수석부회장 2005년 同인사위원회 위원장 2005년 MWP General Chair 2005년 대한전자공학회 회장 2005~2007년 동국대 공과대학장 겸 정보산업대학장 2005년 한국과학기술단체총연합회 이사 2005년 국내·외 학술지 논문 심사위원(현) 2006년 (사)대한전자공학회 명예회장(현) 2006년 GSMM 국제학술대회 창설 2007년 한국공학한림원 정회원 및 원로회원(현) 2007년 국방과학연구소 자문위원 2008년 통신전자동문회 회장 2009년 미국전기전자학회(IEEE) Fellow(현) (상)과학기술훈장 진보장(2008) (저)'Millimeter Wave Technology in Wireless PAN, LAN, and MAN'(2008) (역)'The C Toolbox'(1999) 'An Introduction to Semiconductor Devices'(2006)

이진국(李鎭國) LEE Jin Kook

(생)1956·7·16 (출)경남 진해 (주)서울특별시 영등포구 의사당대로 82 17층 하나금융투자 임원실(02-3771-7001) (학)1976년 경기고졸 1982년 성균관대 경제학과졸 (경)1983~1984년 대우중공업 인사부 근무 1984~1989년 롯데그룹 기획조정실 조사부 대리 1989년 신한증권 투자분석실 과장 1992년 同법인영업부 차장 1994년 同법인·선물영업부장 1996년 同테헤란로·삼성역·신반포 지점장 2000년 同법인영업부장 2002~2004년 굿모닝신한증권 법인영업본부장 2004년 신한금융투자 경영지원본부 부사장 2005~2009년 同리테일 총괄부사장 2010~2011년 同홀세일 총괄 및 홍보담당 부사장 2012년 同상임고문 2013~2015년 하나대투증권 사외이사 2015~2016년 하나금융지주 사외이사 2016년 하나금융투자 대표이사 사장(현)

이진규(李鎭奎) LEE Jin Kyu

(생)1952·7·28 (출)서울 (주)서울특별시 성북구 안암로 145 고려대학교 경영학과(02-3290-1928) (학)1970년 경동고졸 1979년 고려대 경영학과졸 1982년 미국 미시간주립대 경영대학원졸 1987년 경영학박사(미국 아이오와대) (경)1989~2017년 고려대 경영학과 교수 1992년 미국 하와이대 경영학부 초빙교수 1993~1996년 대통령자문 정책기획위원회 위원 1995~1996년 일본 도쿄대 경영대학 Fellow 1996~2012년 미래인력연구원 원장 1996~2007년 고려대 노동문제연구소장 2002~2003년 일본 와세다대 아시아태평양연구대학원 교환교수 2003~2005년 행정자치부 지방혁신인력개발원 자문교수 2005~2007년 고려대 노동대학원장 2005~2014년 노동부 노동연구원 임금직무혁신센터 운영위원 2007~2014년 '노동법률'·'HR Insight' 자문교수 2007~2015년 한화케미칼 사외이사 2008~2010년 현대택배(주) 사외이사 2010~2013년 고려대 경영대학장 겸 경영전문대학원장 2011~2014년 중앙노동위원회 공익위원 2012년 미래인력연구원 이사장(현) 2014~2016년 바티칸 베들레헴대 이사 2015년 (사)홍남철수작전기념사업회 회장(현) 2016~2017년 한국사회과학협의회 회장 2017년 고려대 경영학과 명예교수(현) (상)Outstanding Teacher of the Year by West Virginia Univ.(1987), Best Paper Award by Center for Creative Leadership Studies(1997), William A. Owens Scholarly Achievement Award by Society For I/O psychology(1999) (저)'경영학연습'(1990) '기업인력 양성과 경력개발'(1992) '세계화시대의 기업윤리와 기업문화 정립방안'(1995) '지속가능사회와 발전(共)'(1995) '새로운 미래 노사관계'(1995) '인사관리론' '해외진출기업 노무관리 안내서'(2000) '멕시코 한국기업의 노동문화 적응'(2000) '전략적 윤리적 인사관리'(2001) '현대경영학'(2004) '현대경영학 제2판'(2006) '현대경영학 제3판'(2008) '현대경영학 제4판'(2010) '현대경영학 제5판'(2013) '현대경영학 제6판'(2015) (종)가톨릭

이진규(李振圭) Jin-Kyu Lee

(생)1963·1 (주)대전광역시 유성구 문지로 188 LG화학(주) 기술연구원 중앙연구소 미래기술연구센터(042-866-2114) (학)1985년 연세대 화학과졸 1987년 同대학원 유기화학과졸 1995년 무기화학박사(미국 매사추세츠공대) (경)1988~1990년 한국과학기술연구원(KIST) 유기금속실험실 연구원 1995~1997년 미국 매사추세츠공과대 학제융합연구그룹 Post-Doc. 1998~2008년 서울대 자연과학대학 화학부 조교수·부교수 2008~2015년 同자연과학대학 화학부 교수 2011~2013년 同환경안전원장 2013년 안식년(LG화학 중앙연구소 연구원) 2015년 LG화학(주) 기술연구원 중앙연구소 수석연구위원(전무) 2018년 同기술연구원 중앙연구소 미래기술연구센터 수석연구위원(부사장)(현)

이진규(李鎭奎) LEE Jin Gyu

(생)1963·5·24 (출)부산 (주)부산광역시 금정구 부산대학로63번길 2 부산대학교 대외협력부총장실(051-510-1285) (학)1982년 부산남고졸 1986년 서울대 조선공학과졸 1988년 同공과대학원 조선공학과졸 2001년 기술경영학박사(미국 미주리대) (경)1989년 (주)현대정공 연구원 1991년 기술고시 합격(26회) 2001년 과학기술부 기초과학인력국 기초과학정책과 사무관 2001년 同기초과학인력국 기초과학정책과 서기관 2005년 同기술혁신평가국 조사평가과장 2007년 同우주개발정책과장 2007년 대통령비서실 국정상황실 행정관 2008년 교육과학기술부 영재교육지원과장 2009년 同인재정책실 창의인재육성과장 2011년 同인재정책실 창의인재정책관(고위공무원) 2013년 미래창조과학부 과학기술정책국 과학기술인재관 2013년 同정보화전략국 인터넷정책관 2014년 同연구개발정책실 연구개발정책관 2015년 同연구개발정책실 기초원천연구정책관 2016년 同연구개발정책실장 2017년 同제1차관 2017~2018년 과학기술정보통신부 제1차관 2019년 부산대 대외협력부총장(현)

이진동(李進東)

(생)1968·2·10 (출)서울 (주)경기도 수원시 영통구 법조로 91 수원지방검찰청 제2차장검사실(031-5182-4313) (학)1986년 경동고졸 1993년 연세대 생화학과졸 (경)1996년 사법시험 합격(38회) 1999년 사법연수원 수료(28기) 1999년 인천지검 검사 2001년 청주지검 제천지청 검사 2002년 인천지검 부천지청 검사 2004년 서울중앙지검 검사 2008년 부산지검 검사

2008~2010년 국민권익위원회 파견 2011년 서울중앙지검 부부장검사 2013년 대전지검 공주지청장 2014년 춘천지검 부장검사 2014년 인천지검 외사부장 2015년 서울남부지검 금융조사2부장 2016년 서울중앙지검 조사1부장 2017년 同형사3부장 2018년 수원지검 부부장검사 2018~2019년 금융위원회 자본시장조사단 파견 2019년 수원지검 제2차장검사(현)

이진련(李珍連 · 女)

(생)1975 · 5 · 2 (주)대구광역시 중구 공평로 88 대구광역시의회(053-803-5041) (학)경일대 경영학부 재학 중 (경)더불어민주당 중앙당 대외협력위원회 부위원장 2018년 대구시의회 의원(비례대표, 더불어민주당)(현) 2018년 同교육위원회 위원(현)

이진로(李珍魯) LEE Jin Ro

(생)1962 · 10 · 25 (본)전의(全義) (출)대전 (주)부산광역시 해운대구 반송순환로 142 영산대학교 자유전공학부(051-540-7346) (학)1980년 대전고졸 1985년 서울대 신문학과졸 1988년 同대학원 신문학과졸 1997년 신문방송학박사(경희대) 2019년 과학기술정책학박사(부경대) (경)1989~1998년 과학기술부 홍보담당 사무관 1998년 영산대 신문방송학과 · 광고홍보학과 · 자유전공학부 교수(현) 1999~2001년 同신문사 주간 및 방송국장 2000~2002년 同매스컴학부장 2000년 한국언론정보학회 부산지역이사 2003~2004년 영산대 평생교육원장 2003년 방송균형발전 정책기획위원 2004년 부산시청자주권연합 정책기획위원 및 양산시 선거방송토론위원회 위원 2004 · 2015~2017년 KNN 시청자위원 2005~2006년 미국 퍼듀대 교환교수 2005~2006년 한국방송학회 기획이사, 同지역방송연구회장 2007~2008년 부산MBC 시청자위원 2009~2011년 한국언론정보학회 매체자본연구회장, 과학저술인협회 이사 2010년 미디어공공성포럼 총무운영위원 2010~2011년 전국대학신문주간교수협의회 회장 2010~2012년 영산대 홍보실장 2011~2012년 부산 · 울산 · 경남언론학회 회장 2011~2013년 한국방송공사(KBS) 시청자위원 2011~2017년 중앙선거방송토론위원회 전문위원 2013~2014년 한국소통학회 회장 2013~2015년 과학저술인협회 부회장 2013~2014년 미디어공공성포럼 운영위원장 2014년 한국방송공사(KBS) 뉴스옴부즈맨(현 뉴스평가위원) 위원(현) 2014년 방송통신위원회 지역방송발전위원회 위원(현) 2018년 부산청소년활동진흥센터 운영위원장(현) (상)공보처장관표창(1991), 부산울산경남 언론학술상(2004 · 2008 · 2018), 중앙선거관리위원회 20대총선유공자 대통령표창(2016) (저)'정보사회와 이데올로기'(1999) '지역MBC 발전방안 연구(共)'(2004) '커뮤니케이션 구조의 정치경제학'(2008) '정보사회 입문'(2008) '방송학개론(共)'(2011) '국제방송의 역사와 유형'(2014) '정보사회의 윤리와 현실'(2017) (역)'디지털 시대와 미디어 공공성(共)'(2011)

이진만(李鎭萬) LEE Jin Man

(생)1964 · 3 · 26 (본)광산(光山) (출)전남 보성 (주)서울특별시 서초구 서초중앙로 157 서울고등법원(02-530-1186) (학)1983년 부산 배정고졸 1987년 서울대 법학과졸 1995년 同대학원 법학과졸 (경)1986년 사법시험 합격(28회) 1989년 사법연수원 수료(18기) 1992년 인천지법 판사 1994년 서울민사지법 판사 1995년 서울지법 판사 1996년 대전지법 홍성지원 판사 1999년 수원지법 여주지원 판사 2001년 서울고법 판사 2001년 법원행정처 사법정책연구심의관 겸임 2003년 서울지법 판사 2004년 춘천지법 영월지원장 2005년 대법원 재판연구관 2007년 법원행정처 정책연구총괄심의관 2008년 同민사정책총괄심의관 2009년 서울행정법원 부장판사 2011년 대구고법 부장판사 2012년 서울고법 부장판사(현) 2013~2015년 대법원 양형위원회 상임위원 2016~2018년 서울행정법원 수석부장판사 직대 (저)'회사정리법'(共) (종)기독교

이진배(李溱培) RHEE Jin Bae (後山)

(생)1943 · 8 · 26 (본)연안(延安) (출)서울 (학)1961년 보성고졸 1965년 서울대 법과대학졸 1996년 고려대 언론대학원 최고위과정 수료 2002년 중앙대 예술대학원 최고경영자과정 수료 2004년 한양대 언론정보대학원 광고홍보학과졸(문학석사) 2004년 단국대 최고위예술경영과정 수료 2006년 한양대 대학원 박사과정 수료(3기) (경)1965~1968년 한국전력 근무 1969년 행정고시 합격 1970년 문화공보부 섭외계장 1972년 駐홍콩 공보관보 1974년 문화공보부 외신계장 1976년 해외공보관 외신과장 1980년 駐미국 공보관보 1983년 문화공보부 총무과장 1984년 駐이탈리아 공보관 1988년 駐호주 공보관 1990년 해외공보관 기획부장 1993년 공보처 홍보국장 1994년 同여론국장 1995년 同기획관리실장 1998~1999년 문화관광부 차관보 1998년 경제협력개발기구(OECD) 관광위원회 부의장 1999 · 2002년 저작권심의조정위원회 위원 1999년 문화재보호재단 이사 1999~2003년 한국문화예술진흥원 사무총장 2001 · 2003년 경희대 경영대학원 겸임교수 2002~2004년 중앙대 예술경영학과 겸임교수 2003년 세종대 무용대학원 박사과정 외부교수 2003~2005년 월드컵문화시민운동중앙협의회 사무총장 2005~2006년 상명대 예술대학 초빙교수 2006년 의정부예술의전당 관장 2006~2010년 同대표이사 사장, 국제음악극축제 집행위원장, 창무국제예술제 집행위원장 2009년 성균관대 대학원 박사과정 초빙교수 2009 · 2011년 국제로타리클럽 3650지구 서울예장로타리클럽 회장(제9 · 11대) 2010~2014년 숙명여대 대학원 박사과정 특강교수 2010년 농어촌희망재단 문화사업단장(상임이사) 2010년 문화시민운동중앙협의회 부회장 2011~2016년 중부일보 객원논설위원 2011~2013년 농어촌희망청소년오케스트라(20개지역) 단장 2012년 한국문화예술교육진흥원 이사 2013~2018년 문화시민운동중앙협의회 회장 2014~2016년 궁중의례연구회 회장 2014년 열린음악의날(National Music Day Korea) 공동조직위원장 2014년 광화문문화포럼 운영위원 겸 부회장(현) 2018년 문화시민연합 회장(현) (상)홍조근정훈장, 문화공보부장관표창, 한양대 대학원 석사학위 최우수논문상(2004) (저)'21세기 문화시민운동 가정에서부터 시작하자(共)'(2005, 지식산업사) '국민행복시대를 여는 기초질서 지키기(共)'(2013, 문화시민운동중앙협의회) '전통문화가꾸기(共)'(2014, 문화시민운동중앙협의회) '대한민국 문화진단서-왜 문화시민인가'(2016, 신원문화사) (종)천주교

이진복(李珍福) LEE JIN BOK

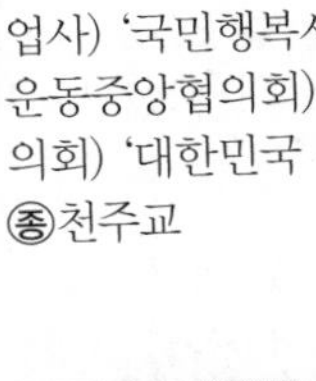

(생)1957 · 10 · 18 (본)전주(全州) (출)부산 (주)서울특별시 영등포구 의사당대로 1 국회 의원회관 449호(02-784-4316) (학)1977년 부산기계공고졸 1986년 한국방송통신대 행정학과졸 2001년 동아대 정책과학대학원 지방자치행정학과졸 2011년 서울대 자연과학대학 해양정책최고과정 수료 (경)1981~2001년 박관용 국회의원 보좌관 1993년 대통령 민정비서실 행정관 1995~1996년 대통령 정치특보실 국장 2002~2006년 부산 동래구청장(한나라당) 2006년 부산 동래구청장선거 출마(무소속), 일본 동지사대 대학원 일한자치연구센터 상급연구원 2008년 제18대 국회의원(부산 동래구, 무소속 · 한나라당 · 새누리당) 2008년 국회 정무위원회 위원 2008년 국회 예산결산특별위원회 위원 2008년 국회 일자리창출및중소기업경쟁력강화특별위원회 위원 2010~2011년 한나라당 원내부대표 2011년 국회 기후변화대응녹색성장특별위원회 위원 2012년 제19대 국회의원(부산 동래구, 새누리당) 2012~2013년 새누리당 부산시당 위원장 2012년 同국회쇄신TF 무노동무임금팀장 2012년 국회 지식경제위원회 위원 2012년 새누리당 제18대 대선기획단 조직담당 위원 2013~2014년 同대표최고위원 특보단장 2013년 국회 예산결산특별위원회 위원 2013~2014년 국회 산업통상자원위원회 위원 2014년 국회 산업통상자원위원회 여당 간사 2014~2015년 새누리당 정책위원회 제4정책조정위원장 2014~2015년 同전략기획본부장 2015년 同정책위원회 산업통상자원정

책조정위원장 2015년 同조직강화특별위원회 위원 2016년 제20대 국회의원(부산 동래구, 새누리당 · 바른정당〈2017.1〉 · 자유한국당〈2017.5〉)(현) 2016~2017년 국회 정무위원회 위원장 2017년 바른정당 제19대 유승민 대통령후보 중앙선거대책위원회 기획총무본부장 2017~2018년 국회 정무위원회 위원 2018년 국회 행정안전위원회 위원(현) 2019년 자유한국당 상임특보단장(현) 2019년 同조직강화특별위원회 위원(현) 상법률소비자연맹 국정감사 우수의원상(2008 · 2009 · 2010 · 2011 · 2012 · 2013), 한국매니페스토실천본부 제2회 매니페스토약속대상(2010), 법률소비자연맹 대한민국헌정대상(2011 · 2013 · 2014), 전국소상공인단체연합회 유권자시민행동 초정대상(2013) 저'꿈을 꿀수록 희망은 커진다'(2007) '민생에 미치다'(2011) 종불교

이진삼(李鎭三) LEE Jin Sam (尤堂)

생1937 · 2 · 10 본용인(龍仁) 출충남 부여 학1955년 부여고졸 1959년 육군사관학교졸 1972년 육군대졸 1977년 국방대학원졸 1986년 서울대 행정대학원 수료 1993년 동국대 대학원 행정학과졸 1995년 미국 UCLA Univ. 대학원 최고경영자과정 수료 경1960~1972년 소대장 · 중대장 · 대대장 1975년 제9공수특전여단 참모장 1977년 연대장 1978년 사격지도단장 1980년 특전여단장 1982년 21사단장 1985년 정보사령관 1987년 제3군단장 1988년 육군 참모차장 1990년 육군 참모총장 1992년 체육청소년부 장관 1996년 신한국당 부여지구당 위원장 1997~1999년 미국 칼폴리대 산업교육연구소 이사장 1997~1998년 한나라당 부여지구당 위원장 2008~2012년 제18대 국회의원(부여 · 청양, 자유선진당 · 무소속) 2008~2010년 국회 국방위원회 간사 겸 청원심사위원장, 자유선진당 전당대회 의장 2010년 同최고위원 2012년 제19대 국회의원선거 출마(충남 부여 · 청양, 무소속) 2016~2017년 한반도통일지도자총연합회 총재 상화랑무공훈장(1966 · 1968 · 1970), 월남 1등명예훈장, 중화민국 운휘훈장, 대통령표창, 보국훈장 국선장 · 천수장 · 삼일장 · 통일장, 수교훈장 광화장(1991), 미국 공로훈장, 이태리 최고훈장, 태국 1등기사훈장, 인도네시아 1등훈장, 말레이시아 최고훈장, 국무총리표창 저'공산주의' '책략' 종기독교

이진석(李鎭石) LEE JIN SEOG

생1962 · 12 · 20 출전남 해남 주세종특별자치시 한누리대로 492 교원소청심사위원회 위원장실(044-203-7413) 학목포고졸, 전남대 영어교육과졸, 일본 나고야대 대학원 교육학과졸 경행정고시 합격(33회) 1990년 행정사무관 공직 입문 2000년 교육부 지방교육자치과 서기관 2001년 교육인적자원부 평가관리과 서기관 2002년 강릉대 서기관 2007년 교육인적자원부 법무규제개혁팀장 2008년 교육과학기술부 평생학습정책과장 2008년 同장관 비서관 2008년 同감사총괄담당관 2009년 同인사과장(부이사관) 2010년 충북대 사무국장(고위공무원) 2010년 교육과학기술부 학술정책관 2011년 同과학기술인재관 2012년 경기도교육청 제1부교육감 2013년 공주대 사무국장 2014년 교육부 교육정책실 학생복지안전관 2015년 세종특별자치시교육청 부교육감 2016년 교육부 학술장학지원관 2017년 同대학정책실장(일반직고위공무원) 2018년 同고등교육정책실장 2019년 同교원소청심사위원회 위원장(현)

이진석(李鎭碩) Lee, Jin-seok

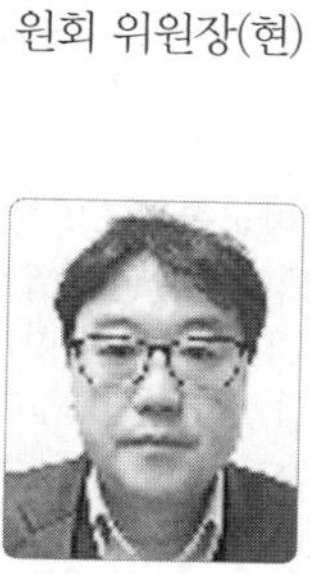

생1969 · 10 · 10 주대전광역시 서구 청사로 189 통계청 경제통계국 산업통계과(042-481-2133) 학서울고졸, 한양대 산업공학과졸 경2013~2015년 통계청 고용통계과 근무 2015년 同복지통계과 근무 2015~2018년 同운영지원과 근무 2018~2019년 同통계심사과장 2019년 同경제통계국 산업통계과장(현)

이진석(李震錫) Lee, Jin-Seok

생1971 · 6 · 30 주서울특별시 종로구 청와대로 1 대통령 정책조정비서관실(02-770-0011) 학1997년 고려대 의대졸 2006년 의료관리학박사(서울대) 경서울대 의과대학 의료관리학교실 교수 2015년 대한의사협회 의료정책연구소 연구조정실장 2017~2018년 대통령정책실 사회수석비서관실 사회정책비서관 2019년 대통령 정책조정비서관(현)

이진석(李振錫)

생1972 · 11 · 2 출서울 주인천광역시 미추홀구 소성로163번길 17 인천지방법원 총무과(032-860-1169) 학1991년 중앙고졸 1997년 고려대 법학과졸 경1998년 사법시험 합격(40회) 2001년 사법연수원 수료(30기) 2001년 수원지법 판사 2002년 서울고법 판사 2003년 서울지법 판사 2004년 서울중앙지법 판사 2005년 대구지법 안동지원 판사 2008년 서울행정법원 판사 2010년 수원지법 판사 2014년 대법원 재판연구관 2016년 제주지법 부장판사 2018년 중앙선거관리위원회 서귀포시선거관리위원회 위원장 2019년 인천지법 부장판사(현)

이진성(李珍成) Lee Jin Sung

생1955 · 10 · 6 주서울특별시 서대문구 연세로 50-1 세브란스어린이병원 임상유전과(02-2228-2540) 학1980년 연세대 의대졸 1985년 同대학원 의학석사 1991년 의학박사(스웨덴 카롤린스카의대) 경1980~1981년 순천향병원 인턴 1981년 부천제일병원 일반의 1982~1985년 연세대의료원 소아과 레지던트 1982년 대한소아과학회 학술위원 1985~1986년 인천세브란스병원 소아과장 1991~1992년 연세대 의대 소아과학교실 연구강사 1992~2001년 同의대 유전과학연구소 연구원 1992~2002년 同의대 소아과학교실 조교수 · 부교수 1992년 한국유전학회 이사 1997~2001년 국립보건원 유전질환과장 2003년 연세대 의대 소아과학교실 교수(현) 2010년 연세대의료원 어린이병원 임상유전과장(현) 2018년 세브란스병원 첨단유전체센터 소장(현)

이진성(李鎭盛) LEE Jinsung

생1956 · 6 · 29 출부산 주서울특별시 성북구 안암로 145 고려대학교 법학전문대학원 신법학관 319호(02-3290-1907) 학1974년 경기고졸 1978년 서울대 법학과졸 1988년 미국 서던메소디스트대 법과대학원졸 경1977년 사법시험 합격(19회) 1980년 사법연수원 수료(10기) 1980년 해군 법무관 1983년 부산지법 판사 1988년 서울지법 의정부지원 판사 1990년 서울고법 판사 1991년 서울형사지법 판사 1993년 대법원 재판연구관 1994년 대전지법 강경지원장 1997년 사법연수원 교수 2000년 서울지법 부장판사 2000~2001년 언론중재위원회 위원 2001년 특허법원 부장판사 2003년 서울고법 부장판사 2005년 서울중앙지법 파산부 수석부장판사 2008년 법원행정처 차장 2010~2012년 서울중앙지방법원장 2010년 서울시선거관리위원장 2011년 한국도산법학회 회장 2012년 광주고등법원장 2012년 한국도산법학회 고문(현) 2012년 헌법재판소 재판관 2017~2018년 同소장 상국민훈장 무궁화장(2018) 종불교

이진성(李振成)

생1969 · 2 · 25 주서울특별시 강남구 테헤란로69길 5 롯데액셀러레이터(02-2051-1530) 학1992년 서울대 국제경제학과졸 1997년 同대학원 경제학과졸 2002년 미국 시카고대 대학원 전략 · 마케팅경영학과졸 경롯데 미래전략센터장(이사) 2014년 同미래전략센터장(상무) 2017년 롯데미래전략연구소(주) 소장(전무)(현) 2017년 롯데액셀러레이터 대표이사(현)

이진수(李振洙) LEE Jin Soo

(생)1950·11·19 (출)전북 익산 (주)경기도 고양시 일산동구 일산로 323 국립암센터 부속병원 폐암센터(031-920-1210) (학)1968년 경기고졸 1974년 서울대 의대졸 1976년 同보건대학원졸 2002년 국립암센터 암관리고위지도자과정(1기) 수료 2002년 서울대 경영대학원 최고경영자과정(53기) 수료 2002년 국립암센터 생명과학최고연구자과정(1기) 수료 2002년 한국노동연구원 노사관계최고관리자과정 수료 2007년 보건학박사(서울대) (경)1979년 미국 시카고 노스웨스턴의대 세인트조셉병원 내과 레지던트 1982년 미국 텍사스의대 MD앤더슨병원 종양내과 전임의 1984~1997년 同MD앤더슨병원 흉부종양내과 전임강사·조교수·부교수 1994~2001년 同MD앤더슨병원 흉부 및 두경부종양내과 분과장 1997~2001년 同MD앤더슨병원 흉부 및 두경부종양내과 교수 2001년 세계폐암연구학회(IASLC) 유치위원장 2001~2004년 국립암센터 부속병원장 2001년 同연구소 폐암연구과장 2004년 대한암학회 이사 2006~2008년 국립암센터 연구소장 2006년 한국역학회 이사 2007~2008년 同연구소 이행성임상제1연구부 폐암연구과장 2007~2008년 대한암학회 부회장 2008~2014년 국립암센터 원장 2008년 중앙약사심의위원회 위원 2010~2011년 대한암학회 회장 2013~2014년 국제암대학원대 총장 2014년 국립암센터 부속병원 폐암센터 혈액종양내과 전문의(현) 2016년 국제암대학원대 명예교수(현) (상)Woodward/White사의 'The Best Doctors in America'선정, Good Housekeeping지 'Top Cancer Specialists'선정, 'America's Top Doctors'선정, 알리안츠 제일생명 주최 '올해를 빛낸 한국인상', 국민훈장 동백장(2010), 자랑스런 한국인대상 의료혁신부문상(2012), 2013 서울대 AMP 대상(2014)

이진수(李振秀) LEE Jin Soo

(생)1953·3·1 (출)부산 (주)경상북도 포항시 남구 청암로 77 포항공과대학교 창의IT융합공학과(054-279-8800) (학)1971년 서울고졸 1975년 서울대 전자공학과졸 1980년 미국 캘리포니아대 버클리교 대학원 전자공학과졸 1984년 공학박사(미국 캘리포니아대 로스앤젤레스교) (경)1984년 미국 AT&T벨연구소 연구원 1985년 미국 GE 고등기술연구소 책임연구원 1989~1998년 포항공대 전자전기공학과 조교수·부교수 1998~2018년 同전기전자공학과 교수 2000~2003년 同연구처장 2005년 同자동차기전연구소장 2007~2012년 同교무처장 2012~2018년 同창의IT융합공학과 주임교수 2013년 同미래IT융합연구원 원장 2018년 포항공대 창의IT융합공학과 명예교수(현) 2018년 同미래IT융합연구원 연구교수(현) (종)기독교

이진수(李鎭洙) LEE JIN-SOO

(생)1970·3·9 (본)성주(星州) (출)경북 칠곡 (주)부산광역시 연제구 법원로 12 로윈타워 법무법인 해인(051-506-5016) (학)1988년 대구 영진고졸 1992년 고려대 법학과졸 (경)1994년 사법시험 합격(36회) 1997년 사법연수원 수료(26기) 1997년 부산지법 판사 2000년 同동부지원 판사 2002년 부산지법 판사 2007년 부산고법 판사 2010년 창원지법 판사 2012~2014년 부산지법 부장판사 2014년 법무법인 해인 구성원변호사(현) (종)천주교

이진수 JOY_jinsoolee

(생)1973·8·27 (주)제주특별자치도 제주시 첨단로 242 (주)카카오 임원실(070-7492-1300) (학)단국대사대부고졸 1999년 서울대 경영학과졸 (경)1999년 프록터&갬블코리아 어시스턴트 브랜드매니저 1999~2002년 프리챌 서비스총괄사업부장 2003~2004년 IBM BCS 컨설턴트 2004~2005년 NHN 글로벌사업기획그룹장 2005~2007년 NHN USA 전략·마케팅담당 2007~2008년 NHN 영업본부 상품기획실장 2008~2009년 同네이버마케팅센터장 2010년 IWILAB 부사장 2010~2018년 (주)포도트리 대표이사 2016년 카카오 콘텐츠사업부문 총괄부사장 겸임(현) 2018년 카카오페이지 대표이사(현)

이진수(李鎭琇) LEE Jin Soo

(생)1974·6·12 (출)서울 (주)서울특별시 서초구 반포대로 157 대검찰청 검찰연구관실(02-3480-2032) (학)1993년 서울 영동고졸 1998년 서울대 사법학과졸 (경)1997년 사법시험 합격(39회) 2000년 사법연수원 수료(29기) 2000년 서울지검 남부지청 검사 2002년 광주지검 해남지청 검사 2003년 춘천지검 검사 2005년 서울중앙지검 검사 2008년 대검찰청 연구관 2010년 부산지검 검사 2013년 同부부장검사 2013년 대통령 민정비서관실 특별감찰반장 2014년 서울중앙지검 부부장검사 2015년 대검찰청 과학수사2과장 2016년 법무부 상사법무과장 2017년 同법무심의관 2018년 서울중앙지검 부장검사 2019년 대검찰청 검찰연구관(현) 2019년 同미래기획·형사정책단장 겸임(현)

이진숙(李眞淑·女) LEE Jin Sook

(생)1960·6·17 (본)전주(全州) (출)대전 (주)대전광역시 유성구 대학로 99 충남대학교 공과대학 건축공학과(042-821-6573) (학)1982년 충남대 건축공학과졸 1984년 同대학원 건축계획학전공 석사 1989년 건축환경계획학박사(일본 Tokyo Institute of Technology) (경)1989년 충남대 건축공학과 교수(현) 1993~2004년 한국색채학회 이사 1997~2001년 한국조명전기설비학회 총무이사 1998~2001·2014~2017년 International Colour Association(AIC) 집행위원 1999~2001년 서울시 건축위원회 위원 1999년 조달청 설계자문위원(현) 2001년 국제조명위원회(KCIE) 한국브랜치 감사(현) 2004~2007년 대한주택공사 주택자문위원 2004년 한국철도시설공단 설계자문위원 2004~2006년 부산시 건축위원회 위원 2005~2010년 한국색채학회 국제부회장 2005~2006·2009~2011년 대한건축학회 이사 2005년 과학기술부 미래국가유망기술위원회 위원 2005~2008년 대통령직속 국가과학기술자문회의(9·10·11기) 위원 2006~2010년 행정중심복합도시설계자문위원회 위원 2006~2008년 대통령직속 국가교통조정실무위원회 위원 2006~2013년 International Colour Association(AIC) 감사 2007년 충남도 건축위원회 위원(현) 2007~2011년 同건축위원회 정책자문교수단 부단장 2007~2008년 국토해양부 국토정책위원회 위원 2007~2009년 중앙건설기술심의위원회(9·10·11기) 위원 2007~2012년 중앙도시계획위원회 위원 2008년 대전시 건축위원회 위원(현) 2008~2009년 충남대 건축연구소장 2008~2010년 한국주거학회 참여이사 2008년 대전시 경관위원회 위원(현) 2008~2010년 한국공공디자인학회 대전·충청지회장 2008~2010년 서울시 디자인위원회 위원 2008년 대전시 디자인위원회 위원 2008~2009년 충남도 공공디자인자문단 부단장 2008~2010년 인천시경제자유구역청 도시경관위원회 위원 2008~2012년 대통령직속 국가건축정책위원회(1·2기) 위원 2008~2012년 지식경제부 경제자유구역위원회 위원 2009~2012년 행정중심복합도시총괄자문단 계획조정분과 및 공공디자인분과 자문위원 2009~2011년 대전시 도시디자인포럼 분과위원장 2009년 AIC Color Language Study Group Chairperson(현) 2009~2011년 행정중심복합도시건설추진위원회 위원 2010~2011년 대전시 건설기술심의위원회 설계심의분과 위원 2010~2011·2016~2017년 한국색채학회(12대·15대) 회장 2013~2018년 한국환경조명학회 수석부회장 2013~2015·2018년 환경부 빛공해방지위원회 위원(현) 2013년 미래창조과학부 미래국가유망기술위원회 위원(현) 2013~2015년 충남대 국제교류본부장 2013~2017년 International Colour Association(AIC) JEJU Congress 조직위원장 2014~2016년 행정중심복합도시건설추진위원회 민간위원 2016년 대전시 정책자문단 위원(현) 2017년 제주특별자치도 경관위원회 위원(현) 2017

년 중앙환경분쟁조정위원회 위원(현) 2017~2019년 충남대 공과대학장 2019년 한국환경조명학회 회장(현) (상)대법원장표창(1982), 한국과학기술단체총연합회 과학기술우수논문상(1997), 대전시장표창(2002 · 2009), 농림부장관표창(2005), 충남대 우수교수상(2005), 한국색채학회 학술연구상(2007), 대한건축학회상(2009), 한국환경조명학회 학술상(2013), 충남대 우수연구자상(2014 · 2015), 충남대 표창장(2015), 한국색채학회 우수논문발표상(2015 · 2016 · 2017) (저)'공공디자인강좌(22. 색채로 만드는 도시이미지)'(2009, 가인디자인랩) '컬러디자인(9. 농어촌 색채 디자인)'(2012, 지구문화사) 'COLORIST(컬러리스트-이론편)'(2012, 예림) 'LED조명용어집(Chapter 04-색채)'(2013, 도서출판 기다리) '도시환경의 색채디자인(PART 3-신도시의 색채계획)'(2015, 지구문화사)

이진식(李珍植) LEE Jin Sik

(생)1967 · 9 · 12 (본)영천(永川) (출)전남 광양 (주)광주광역시 동구 문화전당로 38 국립아시아문화전당(062-601-4001) (학)1986년 순천 매산고졸 1993년 아주대 행정학과졸 2001년 서울대 행정대학원 석사과정 수료 2008년 영국 엑세터대 School of Business & Economy 관광개발정책학과졸(이학석사 · MSc.) 2015년 호텔관광학박사(경희대) (경)1993년 행정고시 합격(37회) 1994년 공보처 케이블TV추진기획단 근무 1995년 同해외홍보관 외신과 근무 1997년 同행정관리담당관 1998년 문화관광부 신문잡지과 근무 1999년 同문화교류과 근무 2001년 同국제관광과 근무 2003년 同문화정책과 근무 2004년 同문화중심도시조성추진기획단 총무팀장(서기관) 2005년 同문화중심도시조성추진기획단 행사홍보팀장 2006년 同예술국 기초예술진흥과장 2006년 同예술국 공연예술팀장 2007년 영국 엑스터대 교육파견 2009년 문화체육관광부 아시아문화중심도시추진단 전당운영협력팀장 2010년 同미디어정책국 미디어정책과장 2013년 同관광정책과장 2014년 同기획조정실 창조행정담당관 2015년 미래창조과학부 민관합동창조경제추진단 문화창조융합본부 부단장(고위공무원) 2016년 국립중앙박물관 교육문화교류단장 2017~2018년 국립외교원 교육파견 2018년 국립아시아문화전당 전당장 직대(현) (상)국무총리표창(2003) (종)불교

이진연(李晋延 · 女)

(생)1966 · 4 · 28 (주)경기도 수원시 팔달구 효원로 1 경기도의회(031-8008-7000) (학)1985년 서울여고졸 (경)(사)부천여성의전화 운영위원, 별별영화네트워크 부천대표 2010년 경기 부천시의회 의원(민주당 · 민주통합당 · 민주당 · 새정치민주연합), 부천시 장애인복지관 봉사단장 겸 운영위원(현) 2014~2018년 경기 부천시의회 의원(새정치민주연합 · 더불어민주당) 2016~2018년 同재정문화위원장 2018년 경기도의회 의원(더불어민주당)(현) 2018년 同여성가족평생교육위원회 위원(현)

이진용(李珍鏞) LEE Jin Yong

(생)1957 · 6 · 30 (출)서울 (주)서울특별시 동작구 흑석로 84 중앙대학교 경영경제대학 경영학부(02-820-5891) (학)1982년 서울대 국어국문학과졸 1984년 미국 워싱턴대 대학원 경영학과졸 1989년 마케팅박사(미국 캘리포니아대) (경)1990~1991년 한양유통경제연구소 마케팅팀장 1991~1992년 통신개발연구소 책임연구원 1992~2003년 서울산업대 경영학과 전임강사 · 조교수 · 부교수 2003년 同교수 2006년 한국소비문화학회 부회장 2009년 중앙대 경영경제대학 경영학부 교수(현) 2014~2015년 한국소비자학회 공동회장 (상)홍조근정훈장(2007) (저)'우정사업의 경영실태분석 및 합리화 대책'(1991) '브랜드자산의 전략적 관리'(1992) '브랜드 특성에 따른 최선의 판매전략'(1997) '브랜드와 마케팅'(2004) '브랜드의 힘을 읽는다'(2006) '커스터머인사이드(共)'(2007, 삼성경제연구소)

이진용(李晋瑢) LEE JINYONG

(생)1961 · 5 · 11 (본)전주(全州) (출)서울 (주)서울특별시 중구 청계천로 8 서울특별시청 도시기반시설본부 도시철도국(02-772-7005) (학)1980년 서울 영훈고졸 1984년 서울시립대 토목공학과졸 (경)1986년 서울시 입청, 同건설기획국 · 도시기반시설본부 근무 2012년 同도시안전실 하천관리과장 2014년 同도시안전실 물재생계획과장 2014년 서울 구로구 건설기획국장 2015년 서울시 물순환국 하천관리과장(서기관) 2016년 同물순환국 하천관리과장(부이사관) 2017년 同안전총괄본부 안전총괄관 2018년 교육훈련 파견(부이사관) 2019년 서울시 도시기반시설본부 도시철도국장(현) (상)국무총리표창(1999), 국민포장(2006)

이진용 LEE Jin Yong

(생)1961 · 7 · 27 (주)서울특별시 동대문구 경희대로 23 경희대학교한방병원(02-958-9101) (학)1988년 경희대 한의학과졸 1990년 同대학원 한의학과졸 1993년 한의학박사(경희대) (경)1994~2000년 경희대 한의과대학 전임강사 · 조교수 2000년 同한의과대학 소아과학교실 부교수 · 교수(현) 2004년 대한한방소아과학회 학회장 2008년 대한한방알레르기 면역학회장 2019년 경희대한방병원장(현) (저)'오줌싸개의 한방치료(共)'(1994, 열린책들) '성음, 언어장애의 한방치료(共)'(1998)

이진우(李鎭雨) LEE Jin Woo

(생)1956 · 4 · 30 (본)경주(慶州) (출)경기 오산 (주)경상북도 포항시 남구 청암로 77 포항공과대학교 인문사회학부 무은재기념관 416호(054-279-2021) (학)1980년 연세대 독어독문학과졸 1985년 독일 아우크스부르크대(Univ. of Augsburg) 대학원 철학과졸 1988년 철학박사(독일 아우크스부르크대) (경)1985년 독일 아우크스부르크대(Univ. of Augsburg) 사회학과 연구원 1988년 同철학과 전임강사 1989~2010년 계명대 인문대학 철학과 교수 1994년 同신문사 주간 겸 교육방송국장 1996년 미국 Denver대 Fulbright 교환교수 2000년 계명대 출판부장 2000년 同교무처장 2003~2006년 대구교육공동체시민연합 상임공동대표 2004~2008년 계명대 총장 2004년 (사)대구자원봉사포럼 고문 2004년 (사)한국기독교학교연맹 이사 2004년 (재)대구경북연구원 이사 2004년 (재)대구테크노파크 이사 2005년 국무총리실산하 경제 · 인문 · 사회연구회 인문정책위원 2005년 한국대학사회봉사협의회 이사 2005~2008년 한국니체학회 회장 2007년 유네스코 한국위원회 위원 2007년 제22차 세계철학자대회 한국조직위원회 자문위원 2008년 한국독일동문네트워크(ADEKO) 부회장 2010~2015년 포항공대 인문사회학부 교수 2011~2015년 同인문기술융합연구소(HiT Institute) 초대소장 2015년 포스코교육재단 이사장 2015년 포항공대 인문사회학부 석좌교수(현) (상)독일 아우크스부르크대(Univ. of Augsburg) 최우수논문상(1990), 청조근정훈장(2011) (저)'탈현대의 사회철학'(1993, 문예출판사) '탈이데올로기 시대의 정치철학'(1993, 문예출판사) '인간과 자연'(1995, 서광사) '하버마스의 비판적 사회이론'(1996, 문예출판사) '도덕의 담론'(1997, 문예출판사) '이성은 죽었는가-포스트모더니즘의 철학'(1998, 문예출판사) '녹색 사유와 에코토피아'(1998, 문예출판사) '이 땅에서 철학하기'(1999, 도서출판 솔) '한국 인문학의 서양 콤플렉스'(1999, 민음사) '이성정치와 문화민주주의'(2000, 한길사) '지상으로 내려온 철학'(2000, 푸른숲) '우리말 철학사전1 : 과학, 인간, 존재'(2001, 지식산업사) '니체, 실험적 사유와 극단의 사상'(2009, 책세상) '프라이버시의 철학'(2009, 돌베개) '니체의 차라투스트라를 찾아서'(2010, 책세상) '중간에 서야 좌우가 보인다 – 대한민국 정치이념 지형도'(2012, 책세상) '테크노 인문학 – 인문학과 과학기술, 융합적 사

유의 힘'(2013, 책세상) '인문학 명강'(2014, 21세기북스) '호모 메모리스-기억과 망각에 관한 17가지 해석'(2014, 책세상) '니체의 인생강의(共)'(2015, 휴머니스트) '시민사회의 기획과 도전(共)'(2016, 민음사) '상실의 시대(共)'(2016, 마이크임팩트북스) '니체 너의 운명을 사랑하라(인생교과서 07)(共)'(2016, 21세기북스) '의심의 철학'(2017, 휴머니스트) '대통령의 책 읽기'(2017, 휴머니스트) '촛불 너머의 시민사회와 민주주의(共)'(2018, 아시아) '이타주의자(共)'(2018, 사회평론) '니체 : 알프스에서 만난 차라투스트라'(2018, arte) (역)'누가 잠자는 숲속의 공주를 깨웠는가'(1991, 철학과현실사) '정치철학'(1991, 서광사) '포스트모더니즘의 철학적 이해'(1993, 서광사) '현대성의 철학적 담론'(1994, 문예출판사) '책임의 원칙 : 기술시대의 생태학적 윤리'(1994, 서광사) '어른이 되는 이야기'(1994, 철학과현실사) '동화속의 남자와 여자'(1994, 철학과현실사) '새로운 불투명성'(1995, 문예출판사) '한나 아렌트 : 인간의 조건'(1996, 한길사) '프리드리히 니체 : 비극적 사유의 탄생'(1997, 문예출판사) '아놀드 하우저 : 예술과 사회'(1997, 계명대 출판부) '알래스데어 매킨타이어 : 덕의 상실'(1997, 문예출판사) '위르겐 하버마스 : 담론윤리의 철학적 해명'(1997, 문예출판사) '울리히 뵘 : 철학의 오늘'(1999, 도서출판 끌리오) '탈형이상학적 사유'(2000, 문예출판사) '대학의 이념'(2000, 계명대 출판부) '니체전집 3 : 유고'(2001, 책세상) '공산당선언'(2002, 책세상) (종)기독교

이진우(李珍盱) LEE Jin Woo

(생)1961 · 7 · 23 (본)함평(咸平) (출)전남 영광 (주)경기도 고양시 일산동구 중앙로 1197 802호 법무법인 리앤리파트너즈(031-908-0076) (학)1979년 동신고졸 1984년 한국외국어대 법학과졸 1986년 同대학원 법학과졸, 동국대학교 법학전문대학원 자산 · 경영 · 법무 최고위과정 (경)1991년 사법시험 합격(33회) 1994년 사법연수원 수료(23기) 1994년 제주지검 검사 1995년 전주지검 정읍지청 검사 1997년 서울지검 의정부지청 검사 1999년 同검사 2002년 춘천지검 검사 2004년 인천지검 부천지청 검사 2006년 의정부지검 부부장검사 2007년 대전지검 홍성지청 부장검사 2008년 광주지검 순천지청 부장검사 2009년 전주지검 정읍지청장 2010년 의정부지검 고양지청 부장검사 2011년 수원지검 안양지청 부장검사 2012년 서울북부지검 형사4부장 2013년 서울고검 검사 2013년 법무법인 리앤리파트너즈 변호사, 同대표변호사(현) (상)한국외국어대 공직인상(2011)

이진욱(李晋旭)

(생)1966 · 11 · 1 (주)경기도 용인시 기흥구 공세로 150-20 삼성SDI(주) 전자재료사업부 개발1팀(031-8006-3100) (학)혜광고졸, 서울대 공업화학과졸, 同대학원 공업화학과졸, 재료공학박사(미국 매사추세츠공과대) (경)1997년 미국 매사추세츠공과대(MIT) 연구조교 2002년 미국 인텔 Staff Engineer 2010년 제일모직 합성기술담당 상무, 同전자재료사업부 마케팅그룹장(상무), 삼성SDI(주) 전자재료사업부 디스플레이소재사업팀 Novaled담당임원(상무) 2017년 同전자재료사업부 디스플레이소재사업팀 Novaled담당임원(전무) 2018년 同전자재료사업부 개발1팀장(전무)(현)

이진웅(李鎭雄)

(생)1975 · 11 · 6 (주)서울특별시 서초구 서초중앙로 157 서울회생법원(02-530-1114) (학)1994년 경기고졸 1999년 서울대 사법학과졸 (경)1998년 사법시험 합격(40회) 2001년 사법연수원 수료(30기) 2001년 軍법무관 2004년 부산지법 판사 2007년 수원지법 판사 2010년 서울중앙지법 판사 2014년 서울서부지법 판사 2014~2016년 법원행정처 사법지원심의관 겸임 2016년 광주지법 부장판사 2017년 서울중앙지법 부장판사 2017년 서울회생법원 부장판사(현)

이진찬(李鎭璨)

(생)1966 · 5 · 2 (출)충남 공주 (주)경기도 안산시 단원구 화랑로 387 안산시청 부시장실(031-481-2010) (학)대전 대성고졸, 서울대 농생물학과졸, 미국 노스다코타주립대 대학원 전자상거래학과졸 (경)1995년 기술고시 합격(31회) 1996년 농림부 친환경농업과 근무, 同친환경농업과 농약관리사무관, 경기도 농산물수출담당 2005년 同농산유통과장 2008년 同농정국장(부이사관) 2013년 경기 안성시 부시장 2015년 경기도 문화체육관광국장 2016년 경기 시흥시 부시장 2016년 경기 고양시 제1부시장(이사관) 2017년 해외교육(미국 조지아대) 파견 2018년 경기 안양시 부시장 2018년 同시장 권한대행 2018년 경기도 균형발전기획실장 2019년 경기 안산시 부시장(현)

이진한(李晋漢) REE Jin Han

(생)1957 · 12 · 5 (출)충남 천안 (주)서울특별시 성북구 안암로 145 고려대학교 이과대학 지구환경과학과(02-3290-3175) (학)1981년 고려대 지질학과졸 1985년 同대학원졸 1991년 지질학박사(미국 뉴욕주립대) (경)1992~1995년 강원대 전임강사 · 조교수 1995년 고려대 이과대학 지구환경과학과 교수(현) 2009~2011년 同정보전산처장, 국무총리직속 원자력안전위원회 전문위원 2019년 고려대 연구부총장(현) (종)기독교

이진혁(李振赫) GIN H. LEE

(생)1965 · 10 · 17 (출)서울 (주)서울특별시 강남구 압구정로8길 10 BOGO빌딩 4층 지엔에이치홀딩스(02-543-3399) (학)1990년 한국외국어대 스페인어과졸 1993년 미국 조지워싱턴대 대학원 경영학과졸(MBA) (경)1993년 두산상사 섬유사업부 실크사업팀 대리 1994년 조흥증권 국제부 시장조사팀 대리 1995년 同국제부 주식파생상품팀 대리 1995년 同국제부 주식파생상품팀장 1997년 스미토모은행 홍콩지점 이자율파생차장 1998년 파리바은행 홍콩지점 외환파생팀장 2000년 비엔피파리바은행 서울지점 파생상품부장 2002년 크레디아그리콜엥도수에즈은행 자본시장본부장(상무) 2004~2008년 칼리온은행 자본시장본부 부대표 2008~2011년 크레디아그리콜은행 한국대표(서울지점 영업 및 관리총괄) 2008~2011년 駐韓프랑스상공회의소 · 유럽은행연합회 CA Group 한국대표 2008~2011년 한국은행 외환시장협의회 크레디아그리콜은행 대표 2009~2011년 크레디아그리콜그룹(Credit Agricole Group, Korea) 한국총괄 대표 2010년 미국 조지워싱턴대 한국총동창회 부회장(현) 2010~2011년 금융위원회 산하 금융발전심위회 금융시장분과 위원 2012년 (주)하나대투증권 Sales&Trading총괄 전무 2015년 同Sales&Trading담당 대표(전무) 2015~2016년 파생시장협의회 회장 2015년 하나금융투자 Sales&Trading담당 대표(전무) 2016년 同Sales&Trading부문장(부사장) 2017년 (주)한국코퍼레이션 상임고문 2018년 (주)바이오메트로 부사장(CFO) 2019년 지엔에이치홀딩스 회장(현) (상)조흥한마음잔치 그룹사운드 '상한가' 참여금상(1995)

이진호(李鎭浩) LEE Jin Ho

(생)1957 · 3 · 25 (출)충남 서산 (주)대전광역시 유성구 유성대로 1646 한남대학교 화공신소재공학과(042-629-8859) (학)1975년 신일고졸 1979년 한양대 화학공학과졸 1981년 서울대 대학원 화학공학과졸 1988년 공학박사(미국 유타대) (경)1982~1984년 한국과학기술연구원(KIST) 고분자재료연구실 연구원 1988~1993년 한국화학연구원 생체의료고분자연구실 선임연구원 1993년 한남대 화공신소재공학과 조교수 · 부교수 · 교수(현) 1999년 미국 Purdue Univ. 방문교수 2012년 한국조직공학 · 재생의학회 회장 2013년 同명예회장(현) 2013

년 한남대 두뇌한국플러스21(BK PLUS21) 사업단장(현) 2014년 식품의약품안전처 중앙약사심의위원회 전문가위원(현) 2015년 세계조직공학·재생의학회(TERMIS) 석학회원(현) (상)한국조직공학회 우수논문상(2003), 한국미생물학회 우수포스터논문상(2003), 한국생체재료학회 공로상(2008), 한국생체재료학회 우수논문발표상(2009), 한남학술상(2013), 메디포스트 우수학술상(2015), 한남대 제1회 스타교수 선정(2016), 한남대 산학협력 최우수상(2017) (저)'새로운 창상치료' '생체재료학(Chap. 8. 생체와 재료의 계면현상)'(2009) '조직공학, 재생의학실험'(2014) 외 다수 (종)기독교

이진호(李鎭鎬) LEE Jin Ho

(생)1970·3·13 (출)충남 공주 (주)경기도 고양시 일산동구 장백로 213 의정부지방검찰청 고양지청 총무과(031-909-4542) (학)1988년 공주대사대부고졸 1995년 서울대 정치학과졸 (경)1998년 사법시험 합격(40회) 2001년 사법연수원 수료(30기) 2001년 수원지검 검사 2003년 춘천지검 강릉지청 검사 2005년 대전지검 검사 2007년 대구지검 서부지청 검사 2009년 서울중앙지검 검사 2012년 청주지검 검사 2014년 인천지검 검사 2015년 同부부장검사 2016년 대구지검 강력부장 2017년 수원지검 강력부장 2018년 울산지검 형사2부장 2019년 의정부지검 고양지청 부부장검사(현)

이진호(李晋昊) LEE JIN HO

(생)1979·3·6 (본)광산(光山) (출)광주 (주)서울특별시 강남구 강남대로 536 자생한방병원 원장실(02-3218-2200) (학)1998년 광주과학고졸 2004년 우석대 한의학과졸 2007년 同대학원 한의학과졸(석사) 2015년 한의학박사(경희대) (경)2008년 한방재활의학과학회 정회원·평생회원(현) 2008년 척추신경추나의학회 정회원(현) 2011년 자생한방병원 한방진료팀 원장 2011~2015년 자생의료재단 척추관절연구소장 2011~2017년 同의료경영실장 2014~2019년 대한한방병원협회 기획위원장·기획이사 2015년 경희대 한의과대학 외래조교수(현) 2017년 강남 자생한방병원장(현) 2018년 대한한의사협회 부회장(현) 2019년 대한한방병원협회 부회장(현) (상)보건복지부장관표창(2013) (종)기독교

이진화(李瑱和·女)

(생)1972·10·8 (출)충남 천안 (주)서울특별시 서초구 서초중앙로 157 서울중앙지방법원(02-530-1690) (학)1990년 대원여고졸 1994년 이화여대 법학과졸 (경)1997년 사법시험 합격(39회) 2000년 사법연수원 수료(29기) 2000년 전주지법 판사 2003년 同정읍지원 판사 2005년 광주지법 판사 2007년 의정부지법 판사 2010년 서울동부지법 판사 2012년 서울고법 판사 2014년 서울중앙지법 판사 2015년 대전지법 천안지원·대전가정법원 천안지원 부장판사 2017년 인천지법 부장판사 2019년 서울중앙지법 부장판사(현)

이징훈(李澄焄) LEE Jing Hoon (正觀)

(생)1949·9·8 (본)전주(全州) (출)광주 (주)서울특별시 종로구 삼봉로 81 두산위브파빌리온 1304호 이징훈회계사무소 (학)1967년 조선대부고졸 1971년 연세대 경영학과졸 1989년 중앙대 국제경영대학원 경영학과졸 2000년 한국과학기술원 벤처최고경영자과정 수료 2002년 전경련 글로벌최고경영자과정 수료 2007년 동국대 행정대학원 부동산최고위과정 수료 (경)1977년 공인회계사 개업(현) 1993~1995년 한국무역대리점협회 고문 1994~1997년 극동방송 생방송 세무상담 1996~2003년 중소기업진흥공단 중소기업연수원 객원교수 1997~1998년 매경TV 중소기업강좌 담당 1997년 한국공인회계사회 세무조정감리위원, 세원텔레콤(주) 감사 2002년 국회 공적자금 특별조사위원 2003~2005년 국세청 과세전적부심사위원, 엘리컨설팅 공인회계사 2004년 바른사회밝은정치시민연합·교육부 예산사업평가위원 2005~2007년 사학연금관리공단 고문 2006년 한국공인회계사회 감사 2008년 서울서부지법 조정위원(현) 2012~2013년 민주평통 자문위원 2014~2018년 방위사업청 대표옴부즈만 (상)서울지방국세청장표창(2001), 국세청장표창(2003), 대통령표창(2004), 서울시장표창(2007), 법원행정처장표창(2010) (종)기독교

이차영(李次榮)

(생)1961·8·10 (출)충북 괴산 (주)충청북도 괴산군 괴산읍 임꺽정로 90 괴산군청 군수실(043-830-3001) (학)1979년 청주고졸 1983년 충북대 행정학과졸 1994년 同행정대학원 행정학과졸 (경)2004년 충북도 도정혁신기획단 균형발전팀장 2004년 同자치행정국 도지사실 비서관 2007년 同자치행정국 자치행정과 조직관리팀장·행정팀장 2010년 同기반건설과장(서기관) 2010년 同농업기술원 행정지원과장 2011년 同관광항공과장 2011년 同비서실장 2013년 충북 괴산군 부군수 2013~2014년 오송국제바이오산업엑스포조직위원회 파견(부이사관) 2014~2018년 충북도 경제통상국장 2018년 충북 괴산군수(더불어민주당)(현) (상)건설부장관표창(1993), 모범공무원상(1998), 홍조근정훈장(2015)

이찬규(李燦揆) LEE Chan Kyu

(생)1962·11·20 (본)전주(全州) (출)전북 고창 (주)서울특별시 동작구 흑석로 84 중앙대학교 인문대학 국어국문학과(02-820-5094) (학)1981년 전북 신흥고졸 1985년 중앙대 국어국문학과졸 1988년 同대학원 국어국문학과졸 1993년 문학박사(중앙대) (경)1990~1994년 강원대·중앙대 강사 1994~2003년 중앙대 문과대학 국어국문학과 조교수·부교수 1999~2000년 미국 Univ. of Maryland 객원교수 1999~2001년 중앙어문학회 감사 2001~2003년 전국대학신문주간교수협의회 부회장 2001년 한국어의미학회 총무이사 2001~2003년 중앙대 신문사·교육방송국 주간 2004년 同한국어교육원장 2004~2011년 同문과대학 국어국문학과 교수 2008~2009년 국어학회 총무이사 2009~2010년 중앙대 사회교육처장 2011~2013년 同입학처장 2011~2013년 문화체육관광부 국어심의회 국어순화분과위원회 위원 2011~2012년 한국언어학회 수석부회장 2011년 중앙대 인문대학 국어국문학과 교수(현) 2012~2014년 한국연구재단 책임전문위원 2014년 중앙대 교무처장 2015~2016년 同교학부총장 2017년 중앙대학교 인문콘텐츠연구소 소장 겸 인공지능인문학 HK+사업단 단장(현) (저)'언어학개론(編)'(1992) '문학과 독서(編)'(1996) '문장작법과 의사소통(編)'(1996) '문장작법과 화법(編)'(1998) '삶을 함께하는 국어화법'(2001) '현대인을 위한 글쓰기의 이론과 활용'(2001) (역)'언어커뮤니케이션'(2003)

이찬식(李燦植) Chansik Lee (厚情)

(생)1956·12·31 (본)함평(咸平) (출)전남 무안 (주)인천광역시 연수구 아카데미로 119 인천대학교 도시과학대학 도시건축학부(032-835-8477) (학)1974년 광주제일고졸 1979년 서울대 건축학과졸 1991년 同대학원졸 1994년 공학박사(서울대) (경)1979~1983년 대림산업(주) 근무 1984~1988년 동아건설(주) 과장 1994~2010년 인천대 공과대학 건축공학과 조교수·부교수·교수 2006년 同학생처장 2006~2007년 同기획처장 2009~2011년 한국건설관리학회 회장 2010년 인천대 도시과학대학 도시건축학부 교수(현) 2012~2014년 同도시과학대학장 2014년 한국공학한림원 정회원(건설환경공학·현) (상)건설교통부장관표창(2005), 대한건축학회 학술상(2009) (저)'미장공사핸드북'(1997) '건축시공'(1997) '건설경영공학'(1999) '건축공사표준시방서'(2005) '건축시공학'(2005) (종)기독교

이찬열(李燦烈) LEE Chan Yeol

(생)1959·7·15 (본)전주(全州) (출)경기 화성 (주)서울특별시 영등포구 의사당대로 1 국회 의원회관 741호(02-788-2975) (학)1977년 삼일공고졸 1983년 인하대 기계공학과졸, 연세대 경제대학원졸 (경)만도기계 영업과장, 수원시검도회 회장, 민주평통 자문위원 2002~2006년 경기도의회 의원(한나라당) 2006년 경기도의원선거 출마(무소속) 2008년 제18대 국회의원선거 출마(수원 장안구, 통합민주당) 2008년 민주당 수원시장안구지역위원회 위원장 2009년 제18대 국회의원(수원 장안구 재보선 당선, 민주당·민주통합당) 2010~2011년 민주당 원내부대표 2010년 국회 환경노동위원회 위원 2010년 국회 예산결산특별위원회 위원 2011년 국회 국토해양위원회 위원 2011년 민주통합당 수원 장안구지역위원회 위원장 2012년 제19대 국회의원(수원시甲, 민주통합당·민주당·새정치민주연합·더불어민주당) 2013~2014년 국회 안전행정위원회 간사 2013년 민주당 수원시장안구지역위원회 위원장 2014년 새정치민주연합 경기도당 6.4지방선거공천관리위원회 위원 2014년 국회 국토교통위원회 위원 2014~2015년 새정치민주연합 선임원내부대표 2014년 同새로운대한민국위원회 안전사회추진단 재난안전분과위원장 2015년 더불어민주당 새로운대한민국위원회 안전사회추진단 재난안전분과위원장 2015년 同경기도당 위원장 2016년 제20대 국회의원(수원시甲, 더불어민주당·무소속〈2016.10〉·국민의당〈2017.2〉·바른미래당〈2018.2〉)(현) 2016년 더불어민주당 전국대의원대회준비위원회 공동부위원장 겸 당헌당규분과 위원장 2016~2017년 국회 산업통상자원위원회 위원 2016~2018년 국회 평창동계올림픽 및 국제경기대회지원특별위원회 위원 2016년 한국아동인구환경의원연맹(CPE) 회원(현) 2016년 더불어민주당 경기수원시甲지역위원회 위원장 2017년 국민의당 최고위원 2017년 同제19대 안철수 대통령후보 중앙선거대책본부 인재영입위원장 2017년 同비상대책위원 2017~2018년 국회 예산결산특별위원회 위원 2017~2018년 국회 산업통상자원중소벤처기업위원회 위원 2017~2018년 국민의당 당기윤리심판위원 2017~2018년 同제2창당위원회 정당혁신위원장 2018년 바른미래당 경기수원시甲지역위원회 위원장(현) 2018년 국회 교육위원회 위원장(현) (상)법률소비자연맹 국회의원 헌정대상(2014·2015·2016·2017), 대한민국소비자대상 입법부문(2019), 2018 입법 및 정책개발 우수국회의원(2019)

이찬용(李璨容) LEE Chan Yong

(생)1961·8·18 (본)신평(新平) (출)충남 청양 (주)대전광역시 유성구 대학로 99 충남대학교 생화학과(042-821-5482) (학)1979년 대전고졸 1983년 충남대 화학과졸 1985년 同대학원 이학과졸 1993년 이학박사(캐나다 맥길대) (경)1993년 캐나다 맥길대 박사 후 연구원 1994~1996년 미국 코넬대 연구원 1997~2003년 을지의대 의예과 조교수·부교수 1999~2003년 同의예과 학과장 1999년 독일 뮌헨공대 방문교수 2003년 충남대 자연과학대학 생화학과 교수(현) 2006~2008년 同의예과 학과장 2010~2012년 同공동실험실습관장 2012~2014년 同교무처 부처장 2014~2018년 同생화학과 학과장 2018년 同자연과학대학장(현)

이찬우(李贊雨) LEE Chan Woo

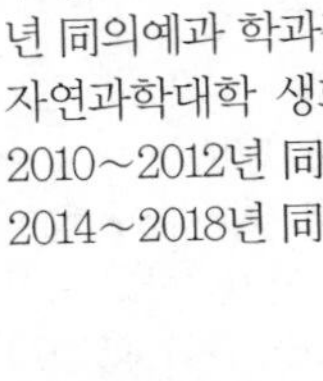

(생)1960·1·19 (출)경남 합천 (주)대구광역시 수성구 동대구로 337 화성파크리젠시상가 4층 403호 법무법인 송정(053-756-4455) (학)1978년 대구 오성고졸 1982년 경북대 법학과졸 1983년 同대학원 법학과졸 (경)1983년 사법시험 합격(25회) 1985년 사법연수원 수료(15기) 1986년 軍법무관 1987년 대구지법 판사 1991년 同경주지원 판사 1993년 대구지법 판사 1997년 대구고법 판사 2000년 대구지법 판사 2002년 同부장판사 2003년 同김천지원장 2005년 同부장판사 2009~2011년 同서부지원장 2011년 변호사 개업 2014년 법무법인 송정 대표변호사(현) 2016년 김천시 고문변호사(현)

이찬의(李粲義) LEE Chan Eui

(생)1954·11·12 (출)서울 (주)서울특별시 영등포구 국제금융로6길 42 (주)삼천리(02-368-3300) (학)1973년 보성고졸 1980년 연세대 응용통계학과졸 (경)1991년 삼천리그룹 기획실 이사 1996년 (주)삼탄 기획조정실 전무이사 2000년 (주)삼천리제약 부사장 2002년 (주)삼탄 KIDECO(인도네시아 현지합작법인) 대표이사 2006년 同부사장 2007~2008년 同대표이사 사장 2009년 同KIDECO(인도네시아 현지합작법인) 대표이사 사장 2010년 同대표이사 사장, (주)삼천리 고문 2015년 同대표이사 사장 2016년 同대표이사 부회장(현) (상)동탑산업훈장(2010)

이찬홍(李燦弘)

(생)1964·6·19 (주)서울특별시 중구 을지로 100 신한카드(주) 플랫폼사업그룹(02-6950-7937) (학)1983년 동천고졸 1990년 연세대 경영학과졸 (경)1990년 앤더슨컨설팅 근무 1993년 LG전자 전략기획 대리 2004년 LG카드 경영정보팀장 2005년 同인사팀장 2007년 신한카드(주) VIP마케팅팀장 2009년 同전략기획팀장 2013년 同VM사업본부장 2013년 同CRM본부장 2014년 同영업총괄본부장 겸 영업기획팀장 2015년 同영업총괄BU본부장 겸 영업기획팀장 2016년 同영업1부문장(상무) 2018년 同플랫폼사업그룹장(상무) 2019년 同플랫폼사업그룹장(부사장)(현) (상)제19회 대한민국 디지털경영혁신대상 대통령표창(2019)

이찬희(李讚熙)

(생)1965·7·30 (출)충남 천안 (주)서울특별시 강남구 테헤란로 124 대한변호사협회(02-3476-4000) (학)1984년 용문고졸 1988년 연세대 법과대학 법학과졸 2001년 서울대 법과대학 법학연구과정 수료 2008년 미국 스탠퍼드대 경영대학원 AMP 수료 2009년 연세대 법무대학원 수료 2009년 서울대 경영대학 GLA과정 수료 (경)1998년 사법시험 합격(40회) 2001년 사법연수원 수료(30기) 2005~2007년 서울지방변호사회 재무이사 2005년 서울지방국세청 열린세정협의회 납세지원분과 위원 2007~2009년 법무법인 두라 구성원변호사, 법무법인(유) 정률 변호사(현) 2007~2009년 국민연금 심사위원회 위원 2007년 채권금융기관조정위원회 위원 2007년 지방세심의위원회 위원 2007년 세무사징계위원회 위원 2007~2009년 대한변호사협회 사무총장·재무이사 2008년 영상물등급위원회 감사(현) 2009년 영등포구치소 교정자문위원회 부위원장(현) 2009년 (사)한국국제의료협회 감사(현) 2009년 서울지방변호사회 회보편집위원장 2017~2018년 同회장 2017년 경찰청 경찰개혁위원회 인권보호분과 위원(현), 사법연수원 운영위원 2019년 대한변호사협회 회장(현) 2019년 법무부 검찰총장후보추천위원회 위원 2019년 민주평통 통일법제분과위원회 위원장(현)

이창경(李昌慶) Lee, Chang Kyung

(생)1976·2·18 (출)경남 산청 (주)대전광역시 서구 둔산중로78번길 45 대전지방법원(042-470-1684) (학)1994년 진주고졸 1999년 서울대 사법학과졸 (경)1999년 사법시험 합격(41회) 2002년 사법연수원 수료(31기) 2002년 공군 법무관 2005년 서울중앙지법 판사 2007년 서울남부지법 판사 2009년 대전지법 공주지원 판사 2012년 인천지법 부천지원 판사 2013년 사법연수원 교수 2014년 의정부지법 판사 2014년 법원행정처 인사기획심의관 겸임 2015년 서울중앙지법 판사 2017년 창원지법 부장판사 2019년 대전지법 부장판사(현)

이창곤(李昌坤) LEE Chang Gon

㉢1964·9·18 ㉯진성(眞城) ㉰경북 영덕 ㉲서울특별시 마포구 효창목길 6 한겨레신문 3층 한겨레경제사회연구원(02-710-0070) ㉳1982년 부산동고졸 1989년 연세대 행정학과졸 2005년 영국 버밍엄대 대학원 사회정책학과 석사과정 수료 2015년 사회정책박사(영국 버밍엄대) ㉴1998년 한겨레신문 편집국 민권사회1부 기자 1999년 同한겨레21부 사회팀장 2000년 同민권사회2부 기동취재팀장 2001년 同민족국제부 기자 2006년 同편집국 사회정책팀 차장 2007년 同편집국 정치부문 대선기획팀장 2007년 同논설위원 겸 한겨레경제연구소 연구위원 2007년 복지국가소사이어티 정책위원(현) 2008년 보건복지부 노인장기요양보험 자문위원 2008년 한겨레신문 편집국 사회부문 부편집장 2008년 문화체육관광부 다문화축제 심사위원 2009년 서울대 BK21 평가위원 2009년 한국빈곤문제연구소 이사(현) 2009년 한겨레신문 편집국 지역부문 편집장(사회2부장) 2010년 同편집국장 직속 기획취재팀장(부장대우) 2010년 사회복지법인 나눔과미래 이사(현) 2010년 한국사회정책학회 사회실천위원장 2011~2014년 한겨레신문 연구기획조정실 부실장(부장급) 2011년 同한겨레사회정책연구소장 2011~2019년 시민건강증진연구소 이사 2012년 한국사회복지협의회 자문위원 2012년 복지저널 편집위원 2012년 환경재단 그린아시아 홍보이사 2013년 대한불교조계종 화쟁위원회 위원(현) 2013년 사회경제포럼 운영위원 2013년 중앙대 사회개발대학원 사회복지학과 객원교수 2014년 비판과대안을위한사회복지학회 부회장 2014년 한겨레신문 편집국 인사협력부국장 2015년 同콘텐츠협력부국장 2016년 同편집국 사회에디터석 선임기자 2017년 비판과 대안을 위한 사회복지학회 선임이사 2017년 한겨레경제사회연구원 원장(현) 2017년 한겨레신문 논설위원 겸임(현) 2017년 한겨레통일문화재단 상임이사(현) 2017년 중앙대 사회복지대학원 겸임교수(현) 2017~2018년 사회보장위원회 민간위원 2018년 한국사회정책학회 부회장 ㉵중외언론인상(1999), 특종상(1998·1999·2001), 이달의 기자상(1999·2006), 한겨레상(2001), 창간 25주년 한겨레상(2013) ㉶'추적 한국건강불평등'(2008) '복지국가를 부탁해(共)'(2010) '진보와 보수 미래를 논하다'(2010) '어떤 복지국가에서 살고싶은가'(2010) '박래군 김미화의 대선독해매뉴얼(共)'(2012) '자본주의 고쳐쓰기'(2012, 기획) '18그리고 19(共)'(2013) '불평등 한국, 복지국가를 꿈꾸다(共)'(2015, 후마니타스) '복지국가를 만든 사람들'(2015, 인간과복지)

이창구(李昌求) LEE Chang Koo

㉢1948·3·20 ㉯한산(韓山) ㉰경남 충무 ㉲서울특별시 중구 퇴계로 97 고려대연각타워 1701호 법무법인 남산(02-777-0550) ㉳1966년 경북고졸 1970년 서울대 법과대학졸 ㉴1971년 사법시험 합격(13회) 1973년 사법연수원 수료(3기) 1974년 육군 법무관 1977년 서울지법 남부지원 판사 1978년 서울민사지법 판사 1981년 대구지법 판사 1983년 서울형사지법 판사 1984년 서울고법 판사 1986년 대법원 재판연구관 1988년 부산지법 부장판사 1991년 사법연수원 교수 1993년 서울민사지법 부장판사 1995년 부산고법 부장판사 1998~2004년 서울고법 부장판사 1999년 대법원 공직자윤리위원 2003년 서울지법 남부지원장 2004년 창원지법원장 2004년 수원지법원장 2005년 대구고법원장 2005년 변호사 개업 2008년 법무법인 남산 고문변호사(현) 2015년 중소기업청 중소기업기술분쟁조정중재위원회 위원장 2017년 중소벤처기업부 중소기업기술분쟁 조정·중재위원회 위원장(현)

이창구(李昌九) Lee Chang Goo

㉢1961·1·14 ㉯경주(慶州) ㉰대구 ㉲서울특별시 영등포구 여의대로 70 신한금융투자타워 18층 신한BNP파리바자산운용(02-767-5777) ㉳1979년 영동고졸 1984년 한양대 회계학과졸 ㉴1987년 신한은행 입행 1993년 同삼성동지점 대리 1996년 同고객지원부 대리 1997년 同마케팅부 대리 2000년 同사당남성지점장 2000~2004년 한국금융연수원 출강 2002년 신한은행 신한PB서울파이낸스센터지점장 2007년 同인력개발실장 2008년 同비서실장 2010년 同중국법인 조사역(부서장대우) 2012년 同성수동금융센터장 겸 RM 2014년 同WM본부장 2015~2017년 同부행장보 2015년 신한금융지주회사 WM그룹총괄 부사장보 2015~2018년 신한금융투자 WM그룹 부사장 겸임 2018년 신한은행 부행장 2019년 신한BNP파리바자산운용 대표이사 사장(현) ㉵신한은행장표창, 기획재정부장관표창(2000) ㉶'금융상품지식'(2000) ㉷기독교

이창규(李昌圭) Lee, Chang kyu

㉢1948·10·24 ㉯공주(公州) ㉰충남 보령 ㉲서울특별시 서초구 법원로4길 31 세무법인 리젠(02-594-3390) ㉳1967년 서울 덕수상고졸 1993년 미국 미시시피주립대 경영전략과정 수료 2002년 서울대 공대 최고산업전략과정(AIP) 26기 수료 2005년 同법대 조세법과정 수료 ㉴1968~1991년 국세청 감사과·조사국·서울지방국세청 조사관리과 등 근무 1992년 세무법인 리젠 대표세무사(현) 2003~2008년 호서대 산학협동연구소 명예연구소장 2004~2005년 기획재정부 세무사징계위원회 위원 2007~2011년 서울지방세무사회 제8대·제9대 회장 2010~2016년 서울시 지방세심의위원 2010년 서울고검 항고심사위원(현) 2014년 휴스틸(주) 사외이사(현) 2017년 한국세무사회공익재단 이사(현) 2017년 한국세무사회 회장 2017년 同한국조세연구소장(현) 2017년 국세청 국세행정개혁위원회 위원(현) 2018년 기획재정부 세제발전심의위원회 위원(현) ㉵근정포장(1980), 서울대 AIP 최우수논문상(2002), 경제부총리 겸 재정경제부장관표창(2004), 서울특별시장표창(2008), 행정안전부장관표창(2011), 대통령표창(2012) ㉷천주교

이창균(李昌均)

㉢1961·6·8 ㉲경기도 수원시 팔달구 효원로 1 경기도의회(031-8008-7000) ㉳동화고졸, 한양대 행정자치대학원 지방도시행정학과졸 ㉴(주)동남건설 대표이사, 코러스개발 상무이사, 동화고총동문회장, 민주당 경기도당 이공계육성특별위원회 위원장 2010년 경기 남양주시의회 의원(민주당·민주통합당·민주당·새정치민주연합) 2014~2018년 경기 남양주시의회 의원(새정치민주연합·더불어민주당) 2014~2016년 同부의장 2018년 경기도의회 의원(더불어민주당)(현) 2018년 同도시환경위원회 위원(현) 2019년 同예산결산특별위원회 위원(현)

이창근(李昌根) LEE Chang Keun

㉢1951·1·4 ㉯단양(丹陽) ㉰서울 ㉲서울특별시 노원구 광운로 20 광운대학교 미디어영상학부(02-940-5114) ㉳1973년 서울대 서양사학과졸 1976년 미국 캘리포니아대 버클리교 정치학과졸 1984년 미국 위스콘신대 대학원 저널리즘과졸 1988년 매스컴학박사(미국 위스콘신대) ㉴1978~1980년 TBC 기자 1980~1982년 한국방송공사(KBS) 기자 1989년 同방송문화연구원 1990년 광운대 미디어영상학부 교수, 同명예교수(현) 1992년 영국 Univ. of Westminster 방문교수 1994~1995년 한국방송학회 감사 1994~2000년 Asian Mass Communication Reserch and Information Centre(AMIC) 한국지부 대표 1996년 한국방송위원회 보도교양심의위원 1997년 삼성언론재단 펠로우 1997년 미국 Univ. of Illinois Urbana-Champaign 방문교수 1999년 한국가톨릭언론인협의회 부회장 2000~2001년 한국방송학회 부회장 2001~2018년 한국천주교주교회의 매스컴위원회 이사 2002~2004년 방송위원회 보도교양제1심의위원회 위원 2004~2005년 한국언론학회 회장 2009~2012년 한국방송공사(KBS) 이사 2010년 서희외교포럼 운영위원(현) 2012~2014년 광운대 사회과학대학장 ㉵부총리 겸 교육인적자원부장관표창(2005), 광운대 화도교육상(2015), 국무총리표창(2016) ㉶'세계방송의 역사'(1992, 나남출판사) ㉸'매스미디어심리학'(1991, 나남출판사) '일본의 방송제도'(1994) ㉷가톨릭

이창근(李彰根) LEE Chang Geun

(생)1964 · 4 · 22 (출)충북 옥천 (주)서울특별시 강남구 강남대로 358 KTB투자증권 임원실(02-2184-2630) (학)경성고졸 1987년 동국대 농경제학과졸 (경)대신증권 근무 1990~1997년 농협 근무 1997~2000년 농협선물 근무 2002년 키움증권 상무보 2005년 同도매영업담당 상무 2009년 KTB투자증권 기관영업본부장(전무) 2011년 同기관영업본부장(부사장) 2018년 同기관영업부문 대표(부사장) 2019년 同법인 · 운용부문 대표(부사장)(현)

이창기(李昌基)

(생)1965 (출)경남 산청 (주)서울특별시 서대문구 충정로 60 서대문세무서(02-2287-4241) (학)진주동명고졸 1986년 세무대학졸(4기), 강남대졸 (경)1986년 세무공무원 임용(8급 특채) 1996년 서울관악세무서 소득세과 근무 1998년 국세청 소비세과 근무 2000년 서울지방국세청 조사2국 근무 2011년 국무총리실 정책분석평가실 근무 2012년 서울지방국세청 국제거래조사국 근무 2014년 서기관 승진 2016년 경북 상주세무서장 2017년 북부산세무서장 2018년 충남 천안세무서장 2019년 서울 서대문세무서장(현)

이창길(李昌吉) LEE Chang Gil

(생)1954 · 2 · 7 (본)전주(全州) (출)경기 (주)서울특별시 종로구 경희궁1길 8 샬롬빌딩 3층 리맥보험중개(주) 사장실(02-776-5565) (학)1973년 보성고졸 1981년 성균관대 행정학과졸 1986년 同행정대학원 행정학과졸 2002년 경영학박사(인천대) 2004년 서울대 행정대학원 국가정책과정 수료 (경)1981년 대한화재해상보험(주) 입사 1992년 同런던사무소장 1996년 同해상부장, 손해사정사시험(1 · 2차) 및 보험중개사시험 출제위원 1999년 인천대 동북아경제통상대 강사 · 겸임교수(현) 2001년 대한화재해상보험(주) 일반보험팀장 2002년 同업무본부장 2003년 대한상사중재원 중재인(현) 2005년 대한화재해상보험(주) 기획조정실 · 인사총무팀 · IT지원담당 이사 2007년 同신채널영업본부 담당임원 2008년 롯데손해보험(주) 신채널영업본부 이사 2008년 시도쉬핑(주) 보험 · 법무담당 상무이사 2008~2010년 에르고다음다이렉트자동차보험(주) 대표이사 사장 2009년 태원물산(주) 사외이사(GUS) 2012년 리맥보험중개(주) 대표이사 사장(현) (저)'선박보험 이론 및 실무'(1999) '적하보험 이론과 실무'(2002) '4차 산업혁명 교육(共)'(2018)

이창동(李滄東) LEE Chang Dong

(생)1954 · 4 · 1 (출)대구 (학)1972년 대구고졸 1980년 경북대 사범대 국어교육과졸 (경)1981~1987년 고교 국어 교사 1983년 동아일보 신춘문예에 소설 '전리'로 소설가 등단 1993년 영화 '그 섬에 가고 싶다' 각본 · 조감독 1995년 영화 '아름다운청년 전태일' 각본 1996년 이스트필름 공동설립 1997년 영화 '초록물고기'로 영화감독 데뷔 1998년 스크린쿼터범영화인비상대책위원회 정책대변인 1999년 영화 '박하사탕' 각본 · 감독 2001~2015년 한국예술종합학교 영상원 영화과 교수 2002년 스크린쿼터범영화인비상대책위원회 정책위원장 2003~2004년 문화관광부 장관 2007년 영화 '두번째 사랑' 제작 2007년 영화 '밀양' 제작 · 각본 · 감독 2007년 제8회 도쿄필멕스 경쟁부문 심사위원 2007년 제5회 아시아나국제단편영화제(AISFF 2007) 국제경쟁부문 심사위원장 2009년 칸영화제 경쟁부문 심사위원 2009년 사람사는세상 노무현재단 문화예술위원장 2010년 영화 '시' 감독 2010년 체코 카를로비바리국제영화제 심사위원 2011년 제64회 칸국제영화제 비공식부문 비평가주간 심사위원 2013년 아시아영화아카데미(Asian Film Academy) 교장 2016년 영화예술과학아카데미(AMPAS) 회원(현) (상)백상예술대상 각본상, 영화평론가상 최우수작품상, 춘사영화예술제 창작각본상, 청룡영화상 각본상, 제59회 베니스영화제 감독상, 보관문화훈장, 한국가톨릭매스컴상 대상, 프랑스 최고훈장 '레종 도뇌르'(2006), 대한민국영화대상 감독상(2007), 대고인상(2007), 제44회 백상예술대상 영화부문 감독상(2008), 제63회 칸 국제영화제 각본상(2010), 제47회 대종상영화제 시나리오상(2010), 제30회 영평상 각본상(2010), 제8회 대한민국영화대상 각본상(2010), 제4회 아시아 · 태평양스크린어워드 감독상(2010), 제5회 아시안필름어워드 감독상 · 각본상(2011), 제47회 백상예술대상 영화부문 감독상(2011), 제13회 아시안필름어워드 공로상(2019) (저)소설 '소지', '녹천에는 똥이 많다', '전리', '꿈꾸는 짐승'

이창록(李昌錄)

(생)1967 · 2 · 13 (출)경북 칠곡 (주)경상북도 안동시 풍천면 검무로 77 경북지방경찰청 보안과(054-824-2191) (학)1985년 영남고졸 1989년 경찰대졸(5기) (경)2004년 포항 남부경찰서 보안과장 2005년 경북지방경찰청 정보3계장 2009년 同정보2계장 2010년 同생활안전계장 2012년 경북 울릉경찰서장(총경) 2013년 대구지방경찰청 생활안전과장 2014년 경북 상주경찰서장 2015년 경북지방경찰청 생활안전과장 2016년 경북 김천경찰서장 2017년 대구지방경찰청 경비교통과장 2017년 경북 군위경찰서장 2019년 경북지방경찰청 보안과장(현)

이창목(李昶穆) LEE CHANG MOK

(생)1966 · 1 · 31 (본)학성(鶴城) (출)울산 울주 (주)서울특별시 영등포구 여의대로 60 NH투자증권 리서치본부(02-768-7153) (학)1985년 숭실고졸 1990년 연세대 경제학과졸 1995년 同대학원 경영학과졸 (경)1993~1994년 세동회계법인 PriceWaterhouse 근무 1995~1999년 교보증권 리서치센터 근무 1999~2002년 세종증권 리서치센터 근무 2002~2014년 우리투자증권 리서치센터장 2015년 NH투자증권 리서치본부장(상무보대우) 2018년 同리서치본부장(상무)(현) (상)서울경제신문 증권대상 애널리스트부문(2007) (종)불교

이창무(李昶武)

(생)1963 · 8 · 21 (주)서울특별시 성동구 왕십리로 222 한양대학교 공과대학 도시공학과(02-2220-0338) (학)1986년 서울대 도시공학과졸 1988년 同대학원 도시공학과졸 1994년 도시및지역계획학박사(미국 펜실베니아대) (경)1991~1994년 미국 펜실베니아대 부동산학과 연구조교 1995년 同박사후 연구원 1996년 同선임연구원 1998~1999년 서울시정개발연구원 도시설계연구센터 부연구위원 1998년 한양대 환경대학원 시간강사 2000~2003년 서울대 지구환경시스템공학부 BK21 조교수 2003년 한양대 공과대학 도시공학과 조교수 · 부교수 · 교수(현) 2003년 한국부동산분석학회 편집위원 2004년 국토계획학회 편집위원 2013~2015년 대통령직속 지역발전위원회 위원 2017년 대한국토도시계획학회 이사(현) 2017~2018년 한국부동산분석학회 회장 2017년 대한주택건설협회 정책위원회 위원(현) 2017~2018년 아시아부동산학회 회장

이창민(李昌敏) LEE Chang Min (昨峯)

(생)1958 · 11 · 23 (본)전주(全州) (출)서울 (주)서울특별시 중구 동호로 268 (주)파라다이스 감사실(02-2272-0010) (학)1977년 한영고졸 1982년 서울대 사범대학 영어교육학과졸 2012년 한양대 대학원 언론학과 박사과정 수료 (경)1985년 한국일보 입사 · 기자 1993년 일본 게이오대 연수 1994년 한국일보 도쿄특파원 1999년 同파리특파원 2001년 同경제부 차장 2002년 同논설위원 2003년 同경제부 부장대우 2004년 同산업부장 2006년 同편집위원 2006년 뉴시스 편집국장 2007~2009년 同편집국장(상무) 2009~2011년 머니투데이 편집기획담당 상무 2009년 법조언론인클럽 회

장, 同고문(현) 2009년 법무부 수사공보제도개선위원회 위원 2011년 (주)파라다이스 상근감사(현) 2013년 국회 법제정비자문위원회 위원 2013~2014년 대검찰청 검찰개혁심의위원회 위원 2016년 同사건평정위원회 위원(현) 2017년 한양대 ERICA캠퍼스 국제문화대학 산업연계교육자문위원회(IAB) 위원장 (저)'서소문에서 서초동까지'(1993)

이창범(李昌範) LEE Chang Buhm

(생)1960 · 2 · 10 (본)충주(忠州) (출)부산 (주)세종특별자치시 가름로 232 세종비지니스센터 B동 301호 낙농진흥회(044-330-2000) (학)1977년 춘천제일고졸 1982년 서울대 사범대학졸 1984년 同행정대학원졸 1991년 미국 노스다코타주립대 대학원 경제학과졸 (경)1983년 행정고시 합격(27회) 1984년 농림부 사무관 1986년 同차관비서관 1988~1992년 同시장과 · 통상협력과 사무관 1992년 駐제네바대표부 농무관보 1995년 농림부 국제협력과 서기관 1998년 同법무담당관 1999년 캐나다 농무성 파견 2001년 농림부 통상협력과장 2002년 同장관비서관 2003년 대통령 정책수석비서관실 행정관 2005년 농림부 유통정책과장 2005년 同재정기획관 2006년 국방대 파견 2007년 농림부 정책홍보관리실 홍보관리관 2007년 同본부 근무(고위공무원) 2008년 농림수산식품부 식량정책단장 2009년 同축산정책단장 2009년 同축산정책관 2011년 한국농촌경제연구원 농식품정책연구본부 축산경제팀 초빙연구위원 2012~2013년 국립농산물품질관리원 원장 2013~2016년 새누리당 농림축산식품해양수산위원회 수석전문위원 2017년 낙농진흥회 회장(현) (상)대통령표창 (종)기독교

이창복(李昌馥) LEE Chang Bok

(생)1938 · 8 · 29 (본)한산(韓山) (출)강원 원주 (주)서울특별시 종로구 새문안로 69 구세군회관 3층 민족화해협력범국민협의회(02-761-6590) (학)1958년 원주고졸 1961년 고려대 경제학과 중퇴 1964년 일본 쓰루가와학원 수료 1976년 한신대 선교신학대학원졸 (경)1965~1968년 원주대 강사 1971~1974년 한국가톨릭노동청년회 전국회장 1976년 한국교회사회선교협의회 부회장 1984~1988년 민주통일민중운동연합 사무처장 · 부의장 1989~1991년 전국민족민주운동연합 상임의장 1992~1995년 원주민주시민회 회장 1993~1998년 민주주의민족통일전국연합 상임의장 1994년 자주평화통일민족회의 상임의장 1994년 전국대학민주동문회 회장 1997년 민족민주열사추모단체연대회의 의장 1998~2013년 민족화해협력범국민협의회 상임의장 1998~1999년 민주개혁국민연합 상임의장 1999~2005년 민주평통 자문위원 2000년 새천년민주당 지도위원 2000~2004년 제16대 국회의원(원주, 새천년민주당 · 열린우리당) 2002년 (사)한지개발원 이사장(현) 2002~2009년 (사)녹색환경운동모임 이사장 2003년 한산이씨송와공종회 이사장(현) 2003년 열린우리당 윤리위원장 2003년 同강원도지부 창당준비위원장 2004~2005년 同강원도당 위원장 2004~2006년 (사)개혁전략연구소 이사장 2005~2006년 민주화운동공제회 이사장 2005~2006년 학교법인 경기학원(경기대) 이사장 2006년 강원도지사선거 출마(열린우리당) 2008년 (사)남북체육교류협회 회장 2008~2012년 (재)희망재단 이사장 2009년 민주통합시민행동 상임대표 2013년 민족화해협력범국민협의회 상임고문(현) 2013~2015년 (사)통일맞이 이사장 (상)제15회 DMZ 평화상 대상(2019) (저)'쌍다리 밑의 신화' '세기의 길목에서' (종)가톨릭

이창석(李昌錫) LEE Chang Seok

(생)1958 · 11 · 28 (출)충남 (주)서울특별시 노원구 화랑로 621 서울여자대학교 화학생명환경과학부(02-970-5666) (학)1982년 충북대 생물학과졸 1984년 서울대 대학원졸 1989년 생물학박사(서울대) (경)1992년 서울여대 생물학과 교수, 同화학생명환경과학부 생명환경공학전공 교수(현) 1995년 同생태연구소장(현) 2008년 대통령자문 국가지속가능발전위원회 위원 2009~2010년 한국복원생태학회 회장 2013~2015년 서울여대 생명환경공학과장 겸 대학원 생명환경공학과장 2014~2016년 한국생태학회 회장 2015~2016년 동아시아생태학회연합(East Asian Federation of Ecological Society) 회장 (상)국립생태원건립유공 홍조근정훈장(2013)

이창섭(李昌燮) LEE Chang Seop

(생)1955 · 3 · 21 (본)성산(星山) (출)대전 대덕 (주)대전광역시 유성구 대학로 99 충남대학교 사범대학 체육교육과(042-821-6558) (학)1973년 대전상고졸 1977년 충남대 체육학과졸 1980년 同교육대학원 체육교육과졸 1996년 이학박사(미국 뉴멕시코주립대) (경)1983~2014 · 2017년 충남대 사범대학 체육교육과 교수(현) 2002~2004년 한국체육학회 이사 2003~2004년 대전시체육회 사무처장 2004~2007년 국민체육진흥공단 비상임이사 2005~2007년 한국체육교육학회 회장, 행정중심복합도시건설추진위원회 자문위원, 대전시 정책자문위원, 한나라당 대전대덕구당원협의회 운영위원장 2008년 제18대 국회의원선거 출마(대전 대덕구, 한나라당) 2009~2011년 충남대 교육대학원장 2011년 대전희망포럼 대표 2014~2017년 국민체육진흥공단 이사장 2017년 대한체육회 이사 2017~2019년 同학교체육위원회 위원장 2018년 충남대 전문스포츠지도자연수원장(현) (상)대전광역시문화상 체육분야(2008) (저)'스포츠사회학'(2009) 외 5권 (종)기독교

이창섭(李昌燮) LEE Chang Seop

(생)1960 · 2 · 4 (본)영천(永川) (출)대구 (주)경상북도 안동시 풍천면 도청대로 455 경상북도청 소방본부(054-880-6000) (학)1978년 대구 청구고졸 1988년 부경대 화학공학과졸 1993년 영남대 환경대학원 환경화학과졸 2000년 안전공학박사(호서대) (경)1990년 소방간부 후보(6기) 1990년 경북 경산소방서 근무(지방소방위) 1992년 중앙소방학교 연구실 근무(소방위) 1994년 同교학과 근무(소방경) 1994년 해외 훈련(일본 아시아국제소방장총회) 1995년 해외 훈련(미국 국제소방장총회) 1998년 평택소방서 소방과장(지방소방령) 2000~2003년 경기도 소방본부 예방과장 · 경기소방학교 교학과장 2003년 행정자치부 국가재난관리시스템기획관(소방령) 2004년 중앙소방학교 교관단장 2004년 해외 훈련(스웨덴 · 덴마크 국제구조정책 조사연수) 2005년 경남도 소방본부 방호구조과장(지방소방정) 2005년 아산소방서장 2008~2010년 충청소방학교장(소방정) 2010년 소방방재청 소방산업과 소방산업총괄 2011년 同소방정책과 소방정 2011년 同화재조사감찰팀장 2012년 同소방정책국 방호조사과장(소방준감) 2012년 세종특별자치시 소방본부장 2015년 대구시 소방안전본부장 2016년 충남도 소방본부장(소방감) 2018년 경북도 소방본부장(현) (상)내무부장관표창(1995), 행정자치부장관표창(2002), 대통령표창(2010) (저)'화재학'(2010)

이창섭(李昌燮) LEE Chang Seob

(생)1962 · 7 · 25 (출)부산 (주)서울특별시 종로구 인사동5길 26 펜앤드마이크 편집본부(02-2138-5881) (학)1988년 한국외국어대 영어과졸, 미국 시라큐스대 언론대학원 석사과정 수료 (경)1989년 연합뉴스 입사 1999년 同국제뉴스국 기자 2001년 同산업부 차장대우 2002년 同국제뉴스2부 차장 2003년 同런던특파원 2006년 同정보과학부 부장대우 2006년 同멀티미디어본부 영상제작부장 2008년 同뉴미디어국 영상제작부장 2009년 同경제부장 2011년 同통합뉴스국 영상뉴스부장 2011년 연합뉴스TV 보도국 부국장 겸 편집팀장 2011년 同보도국 부국장 겸 뉴스총괄부장 2012년 연합뉴스 지방국 에디터 2013년 同지방국장 2013~2015년 同논설위원(부국장대우) 2013~2015년 서울중앙지법 시민사법위원 2014~2015년 금융감독원 금융감독자문위원 2015년 연합뉴스 편집국장 직대 2016년 同미래전략실장 2017년 연합뉴스TV 경영기획실장 2017~2018년 同경영기획실 뉴미디어 기

획위원 2017~2018년 한국신문협회 기조협의회 이사 2018년 연합뉴스 디지털융합본부 콘텐츠편집부 근무(부국장) 2018년 同디지털융합본부 디지털뉴스부 근무(부국장) 2019년 펜앤드마이크 사장 겸 편집본부장(현) (상)한국외국어대 언론인회 언론인상(2016)

이창세(李昌世) LEE Chang Se

(생)1962·1·24 (출)경북 칠곡 (주)서울특별시 서초구 서초대로74길 4 삼성생명서초타워 17층 법무법인(유) 동인(02-2046-0683) (학)1980년 대구 오성고졸 1984년 서울대 법학과졸 (경)1983년 사법시험 합격(25회) 1985년 사법연수원 수료(15기) 1986년 서울지검 북부지청 검사 1988년 광주지검 목포지청 검사 1990년 대구지검 검사 1992년 서울지검 검사 1994년 법무부 국제법무심의관실 검사 1996년 수원지검 검사 1997년 同부부장검사 1998년 광주고검 검사 1998년 청주지검 제천지청장 1999년 대검찰청 검찰연구관 2000년 대구지검 조사부장 2001년 대검찰청 과학수사과장 2003년 서울지검 북부지청 형사6부장 2003년 同컴퓨터수사부장 2004년 대구지검 형사1부장 2005년 同김천지청장 2006년 대검찰청 과학수사기획관 2007년 청주지검 차장검사 2008년 서울고검 검사 2008~2009년 대검찰청 감찰부장 2008년 법조윤리협의회 위원 2009년 창원지검장 2010년 서울북부지검장 2011~2013년 법무부 출입국·외국인정책본부장 2013년 법무법인(유) 동인 구성원변호사(현) 2013~2015년 IOM이민정책연구원 비상임이사 (저)'공무원범죄에 관한 몰수특례법 해설'(共)

이창수(李昌洙)

(생)1961·3·15 (출)경북 문경 (주)경상북도 경주시 알천남로 276 경주소방서 서장실(054-778-0549) (학)1979년 경북 문창고졸 1981년 영남공업전문대학졸 (경)1988년 경주소방서 근무(소방사) 2005년 경북소방학교 교관단장 2011년 안동소방서 대응기동단 팀장 2013년 영주소방서 예방안전과장 2015년 경북도 소방본부 대응예방과 시설지도담당 2018년 경북 안동소방서장 2019년 경북 경주소방서장(현) (상)행정자치부장관표창(2000), 국무총리표창(2001)

이창수(李昌洙) LEE Chang Soo

(생)1963·1·5 (출)충남 천안 (주)충청남도 천안시 동남구 원성1길 19 자유한국당 충남도당(041-565-1644) (학)천안중앙고졸, 단국대 인문과학대학 국어국문학과졸 (경)천안새교육공동체 집행위원장, 호두생명산업연구소 소장, 자유선진당 보좌진협의회 회장, 세종미래비전연구원 기획실장, 심대평 국회의원 입법보좌관, 심대평 충남도지사 비서실장, 새누리당 충남도당 홍보위원장 2013~2017년 대통령소속 지방자치발전위원회 실무위원 2016년 새누리당 충남천안丙당원협의회 운영위원장 2016년 제20대 국회의원선거 출마(충남 천안시丙, 새누리당) 2017년 자유한국당 충남천안丙당원협의회 운영위원장(현) 2018년 제20대 국회의원 재보궐선거 출마(충남 천안시丙, 자유한국당) 2018년 자유한국당 충남도당 위원장 2019년 자유한국당 대변인(현)

이창수(李昌洙) LEE Chang Su

(생)1971·8·4 (출)서울 (주)서울특별시 송파구 정의로 30 서울동부지방검찰청 형사4부(02-2204-4314) (학)1990년 대원고졸 1999년 성균관대 법학과졸 2002년 서울대 법과대학원 수료 (경)1998년 사법시험 합격(40회) 2001년 사법연수원 수료(30기) 2001년 서울지검 검사 2003년 춘천지검 강릉지청 검사 2005년 부산지검 검사 2005년 UN ODC 파견 2009년 대검찰청 연구관 2011년 서울서부지검 검사 2013년 대통령 민정비서관실 행정관 2014년 대통령 민정비서관실 특별감찰반장 2015년 법무부 검찰과 검사 2016년 同국제형사과장 2017년 대구지검 형사4부장 2018년 인천지검 형사5부장 2019년 서울동부지검 형사4부장(현)

이창열(李昌烈)

(생)1969·12·19 (출)서울 (주)경기도 고양시 일산동구 호수로 550 사법연수원(031-920-3114) (학)1987년 신일고졸 1992년 고려대 법학과졸 (경)1999년 사법시험 합격(41회) 2002년 사법연수원 수료(31기) 2002년 광주지법 예비판사 2004년 同판사 2005년 同목포지원 판사 2007년 의정부지법 판사 2009년 인천지법 부천지원 판사 2011년 서울북부지법 판사 2013년 서울중앙지법 판사 2014~2016년 헌법재판소 파견 2016년 서울동부지법 판사 2017년 대구지법 부장판사 2019년 사법연수원 교수(현)

이창열(李昌烈)

(생)1973·12·17 (주)경기도 수원시 영통구 법조로 105 수원지방법원 총무과(031-210-1101) (학)1992년 서인천고졸 1997년 서울대 법학과졸 (경)1997년 사법시험 합격(39회) 2000년 사법연수원 수료(29기) 2003년 부산지법 판사 2006년 인천지법 판사 2010년 서울서부지법 판사 2012년 서울중앙지법 판사 2013년 대법원 재판연구관 2016년 춘천지법 강릉지원·속초지원 부장판사 2017년 춘천지법 강릉지원장 2019년 수원지법 부장판사(현)

이창온(李昶蘊)

(생)1970·11·12 (출)경남 창녕 (주)경상남도 창원시 성산구 창이대로 669 창원지방검찰청(055-239-4200) (학)1989년 단국대사대부고졸 1994년 서울대 공법학과졸 (경)1998년 사법시험 합격(40회) 2001년 사법연수원 수료(30기) 2001년 대구지검 검사 2003년 대전지검 천안지청 검사 2005년 수원지검 검사 2007년 부산지검 검사 2011년 서울중앙지검 검사 2015년 인천지검 부천지청 부부장검사 2016년 창원지검 거창지청장 2017년 駐제네바대표부 법무참사관(현)

이창용(李昌鏞) RHEE Changyong

(생)1960·5·16 (출)충남 논산 (학)1980년 서울대 경제학과졸 1984년 미국 하버드대 대학원 경제학과졸 1989년 경제학박사(미국 하버드대) (경)1989~1994년 미국 로체스터대 경제학과 조교수 1992년 세계은행 객원연구원 1994~2003년 서울대 경제학부 조교수·부교수 1999~2000년 미국 로체스터대 방문교수 2003~2008년 서울대 경제학부 교수 2004년 공적자금관리위원회 매각소위원회 위원 2004년 대통령자문 국민경제자문회의 자문위원 2007년 제17대 대통령직인수위원회 경제1분과위원회 위원 2008~2009년 금융위원회 부위원장 2009년 대통령직속 G20정상회의준비위원회 기획조정단장(차관급) 2011년 아시아개발은행(ADB) 수석이코노미스트 2014년 국제통화기금(IMF) 아시아·태평양담당 국장(현) (상)'2013년을 빛낸 도전한국인 10인' 국제부문 대상(2014)

이창우(李昌瑀) Lee Chang-woo

(생)1970·7·23 (출)전남 강진 (주)서울특별시 동작구 장승배기로 161 동작구청 구청장실(02-820-1373) (학)여의도고졸, 연세대 행정대학원 정치학과졸, 同대학원 도시공학 박사과정 재학 중 (경)1996~2000년 새정치국민회의 사무처 부장 2000~2002년 새천년민주당 정세분석국 부장 2002년 同노무현 대통령후보 비서 2003~2008년 대통령 제1부속실 선임행정관 2008~2010년 민주당 중앙당 전략기획위원회 부위원장 2009~2014년 서울시 동작구체육회 이사 2012년 민주통합당 문재인 대통령후보 일정기획팀장 2014년 서울 동작구청장(새정치민주연합·더불어민주당) 2018년 서울 동작구청장(더불어민주당)(현)

이창욱(李昌昱) Lee Chang-woog

(생)1965·10·1 (본)재령(載寧) (출)경남 창원 (주)서울특별시 영등포구 여의대로 38 금융감독원 보험감독국(02-3145-7460) (학)1984년 마산중앙고졸 1988년 연세대 행정학과졸 1997년 同대학원 경제학과졸 2007년 미국 미시간주립대 대학원 파이넌스과졸 2015년 경영학박사(한양대) (경)1993~1998년 보험감독원 검사2국 등 근무 1998년 同총무국 책임역 1999~2005년 同검사9국 등 선임역 2005년 同보험감독국 수석역 2009년 同조사연구실 보험팀장 2010년 同생명보험서비스국 건전경영팀장 2010~2012년 미국 캘리포니아 보험감독청 파견 2012년 금융감독원 보험상품감독국 보험상품총괄팀장 2015년 同보험감독국 보험총괄팀 부국장 2016년 同인재개발원 실장 2016년 同보험감독국 보험감리실장 2018년 同보험감독국장(현)

이창원(李昌遠) LEE Chang Won

(생)1936·8·23 (본)한산(韓山) (출)서울 (주)인천광역시 연수구 갯벌로 38 한국단자공업(주) 비서실(032-850-1234) (학)1955년 서울고졸 1960년 서울대 법학과졸 (경)1961~1972년 경향신문·중앙일보 기자 1973년 한국단자공업(주) 대표이사 사장 2012년 同대표이사 회장(현) (상)국무총리표창, 산업포장(1990), 대통령표창(1990), 상공부장관표창, 금탑산업훈장(1997), 신산업경영대상 관리대상 (종)불교

이창원(李昌遠) LEE Chang-Won

(생)1960·7·17 (본)한산(韓山) (출)서울 (주)서울특별시 성북구 삼선교로16길 116 한성대학교 행정학과(02-760-4074) (학)1978년 홍익사대부고졸 1984년 한국외국어대 문학과졸 1986년 연세대 경영대학원 경영학과졸 1991년 조직학박사(미국 뉴욕주립대 올바니교) (경)1992~2003년 한성대 행정학과 전임강사·조교수·부교수 1993~1996년 同행정학과장 2001~2002년 행정개혁시민연합 관료제도개혁분과 위원장 2001~2003년 행정자치부 업무평가위원 2003년 행정개혁시민연합 정부조직·관료제도위원장 2003년 한성대 행정학과 교수(현) 2003년 한국행정학회 영문편집위원장 2004년 한국행정학회 연구위원장 2004~2005년 한성대 디지털중소기업대학원장 2005~2007년 同기획협력처장 2007년 한국정책과학학회 회장 2007~2009년 한성대 산학협력단장 2008~2009년 한국조직학회 회장 2010년 한성대 기획협력처장 2012년 (재)미연합감리교회 세계선교부유지재단 이사장(현) 2012~2014년 한국폴리텍대학 법인이사 2012~2014년 (사)정부개혁연구소 소장 2013년 한성대 산학협력단장 2013~2015년 건강보험심사평가원 미래전략위원회 창조경제분과위원장 2014~2015년 한성대 교무처장 2014년 미국 뉴욕주립대총동문회 회장 2014년 행정개혁시민연합 상임집행위원장(현) 2016~2018년 학교법인 창성학원 이사장 2018년 해양경찰청 정책자문위원회 위원장(현) 2018년 국가보훈처 자체평가위원회 위원장(현) 2019년 한국행정개혁학회 초대회장(현) (상)대통령표창(2006), 근정포장(2009), 녹조근정훈장(2014) (저)'정보사회와 현대조직'(2004) '새 조직론'(2005)

이창원(李蒼遠) Chang Weon Rhee

(생)1963·11·8 (출)전북 전주 (주)서울특별시 중구 청계천로 24 한국씨티은행 법무본부 부행장실(02-3455-2114) (학)1982년 전주고졸 1986년 서울대 법학과졸 1998년 미국 보스턴대 법과대학원 법학과졸(LL.M.) (경)1987년 사법시험 합격(29회) 1990년 사법연수원 수료(19기) 1990년 軍법무관 1993~2013년 법무법인 세종 변호사 1998~1999년 Gibson Dunn & Crutcher 법률사무소 근무 1999년 미국 New York주 변호사 자격 취득 2013~2014년 한국씨티금융지주 법무본부 부사장 2013년 한국씨티은행 법무본부 부행장(현)

이창윤(李昌潤) LEE Chang Yun

(생)1969·6·20 (출)경기 고양 (주)세종특별자치시 가름로 194 과학기술정보통신부 과학기술일자리혁신관실(044-202-4710) (학)1987년 충암고졸 1995년 연세대 화학공학과졸 1999년 同법무대학원졸 (경)2001년 과학기술부 연구개발국 우주항공기술과 사무관 2004년 同과학기술협력국 동북아기술협력과 서기관, 항공우주연구원 파견(서기관) 2007년 과학기술부 원천기술개발과장 2007년 同연구개발특구기획단 기획총괄팀장 2008년 교육과학기술부 연구환경안전과장 2008년 同양자협력과장 2009년 同인재정책실 인재정책분석과장 2010년 同과학기술전략과장 2011년 외교통상부 파견(서기관) 2013년 駐독일대사관 본분관 참사관 겸 영사 2014년 미래창조과학부 미래인재정책과장 2016년 同미래인재정책과장(부이사관) 2016년 同연구개발정책과장 2017년 국가공무원인재개발원 교육훈련(고위공무원) 2018년 과학기술정보통신부 연구개발정책실 연구성과정책관 2018년 同과학기술일자리혁신관(현) (상)근정포장(2015)

이창재(李昌載) Lee Chang Jai

(생)1957·1·26 (본)광주(廣州) (출)충남 천안 (주)서울특별시 마포구 백범로 192 에쓰오일(주)(02-3772-5151) (학)1975년 서울 중앙고졸 1981년 연세대 경영학과졸 (경)1981년 쌍용정유 입사 1997년 同국내마케팅부문 판매촉진팀장(부장) 1999년 同경영관리팀장 겸 손익관리팀장(부장) 2002년 S-OIL(주) 홍보·업무부문장(상무) 2007년 同인사·업무부문장(상무) 2008년 同업무부문장(상무) 2012년 同관리지원본부장(부사장) 2018년 同전략·관리총괄 보좌역(부사장)(현) (상)제14회 환경의 날 대통령표창(2009)

이창재(李昌在) LEE Chang Jae

(생)1961·8·7 (본)전주(全州) (출)충북 괴산 (주)대전광역시 서구 둔산북로 121 한국산림복지진흥원 원장실(042-719-4001) (학)1980년 청주고졸 1984년 서울대 농학과졸 1986년 同대학원 임학과졸 1994년 농학박사(서울대) (경)1985년 기술고시 합격(21회) 1985년 충북도 임업사무관 1991년 산림청 임업사무관 1997년 同임업서기관 1999년 同산지계획과장 1999년 同산림보호과장 2000년 해외 연수 2003년 산림청 산지관리과장 2004년 同산불방지과장 2005년 同혁신인사기획관 2006년 同혁신인사기획팀장 2008년 同산림자원국 산림정책과장 2010년 남부지방산림청장 2011년 산림청 본부 근무(고위공무원) 2011년 국제연합 식량농업기구(FAO) 파견 2014년 산림청 해외자원협력관 2015년 同산림자원국장 2017~2018년 국립산림과학원 원장 2019년 한국산림복지진흥원 원장(현) (상)녹조근정훈장(2004) (종)기독교

이창재(李昌宰) LEE Chang Jae

(생)1965·1·20 (출)서울 (주)서울특별시 서초구 반포대로 138 양진빌딩 501호 법무법인 아미쿠스(02-536-2001) (학)1983년 환일고졸 1987년 서울대 법대 법학과졸 1993년 同대학원졸 1997년 미국 조지워싱턴대 대학원 법학과졸 (경)1987년 사법시험 합격(29회) 1990년 사법연수원 수료(19기) 1990년 서울지검 동부지청 검사 1992년 춘천지검 강릉지청 검사 1994년 서울지검 남부지청 검사 1997년 대전지검 검사 1997년 법무부 검찰4과 검사 2000년 서울지검 검사 2002년 부산지검 부부장검사 2002년 대구지검 안동지청장 2003년 서울지검 부부장검사 2004년 법무부 정책기획단 파견 2006년 同형사기획과장 2008년 同검찰과장 2009년 서울중앙지검 형사1부장 2009년 대검찰청 수사기획관 2010년 서울남부지검 차장검사 2011년 수원지검 안산지청장 2012년 광주지검 차장검사 2013년 대검찰청 기획조정부장 2013년 전주지검장 2013~2014년 검찰개혁심의위원회 위원 2015년 서울북

부지검장 2015~2017년 법무부 차관 2016~2017년 同장관 직무대행 2017년 법무법인 아미쿠스 변호사(현) 2018년 효성화학(주) 사외이사(현) 2019년 삼성생명보험(주) 사외이사(현)

이창준(李昌濬) LEE Chang Jun

(생)1964 (주)세종특별자치시 도움4로 13 보건복지부 보건의료정책실 한의약정책관실(044-202-2570) (학)한국외국어대 행정학과졸 (경)행정고시 합격(37회) 2000년 보건복지부 국립의료원제3진료부장 2003년 同연금보험국 보험정책과 서기관 2004년 同약무식품정책과 서기관 2005년 同노인요양보장추진단 노인요양보장제도설계팀 서기관 2005년 식품의약품안전청 식품안전과장 2007년 보건복지가족부 보험연금정책본부 보험평가팀장 2008년 同보험급여과장 2009년 同기획조정담당관 2010년 보건복지부 기획조정담당관 2010년 同보건의료정책실 의료자원과장 2011년 同보건의료정책실 보건의료정책과장 2014년 同인구정책실 인구정책과장 2014년 同건강보험정책국 보험정책과장 2017년 同질병관리본부 감염병관리센터장(고위공무원) 2017년 대통령직속 저출산고령사회위원회 파견(고위공무원) 2019년 보건복지부 보건의료정책실 한의약정책관(현)

이창하(李彰夏) LEE CHANG HA

(생)1960·5·15 (본)전주(全州) (출)광주 (주)서울특별시 강남구 테헤란로 419 강남파이낸스빌딩 20층 국제자산신탁(주) 사장실(02-6202-3000) (학)성남고졸, 건국대 공업화학과졸 (경)1999~2009년 대한토지신탁 부장 2009~2016년 국제자산신탁(주) 총괄본부장 2017년 同대표이사 사장(현)

이창하(李昌夏) LEE Chang Ha

(생)1963·9·5 (주)충청남도 아산시 탕정면 만전당길 30 코닝정밀소재(주) 임원실(041-520-1114) (학)1989년 영남대 기계공학과졸 (경)1989년 삼성그룹 입사, 삼성코닝 Fusion팀 근무 2006년 삼성코닝정밀유리(주) 설비기술팀장 2009년 同설비기술팀장(상무) 2012~2013년 同해외프로젝트팀장(상무), 코닝정밀소재(주) 제조팀장(상무) 2015년 同전무(현) (상)자랑스런 삼성인상(2006·2007·2008) (종)불교

이창한(李昌漢) Chang-Han Lee

(생)1957·12·5 (출)충남 (주)서울특별시 강남구 선릉로 613 진영빌딩 2층(02-2069-2505) (학)미국 미주리대졸 (경)1995년 통상산업부 기초공업국 자동차조선과 근무 1999년 경수로사업지원기획단 파견(서기관급) 2000년 산업자원부 품질디자인과장 2000년 同디자인브랜드과장 2001년 同전자상거래총괄과장 2004년 同산업기술정책과장 2004년 同산업기술정책과장(부이사관) 2004~2005년 한국형다목적헬기(KMH)개발사업단 파견 2007년 산업자원부 재정기획관 2008년 지식경제부 정보통신산업정책관 2008~2011년 同산업기술정책관 2011년 국가과학기술위원회 사무처장 2013~2014년 미래창조과학부 기획조정실장 2014~2016년 새누리당 수석전문위원 2016년 한국홈쇼핑상품공급자협회 회장(현)

이창한(李昌翰) LEE Chang Han

(생)1963·2·9 (본)경주(慶州) (출)전남 순천 (주)제주특별자치도 제주시 남광북5길 3 제주지방법원 총무과(064-729-2423) (학)1982년 순천고졸 1987년 서울대 법학과졸 (경)1986년 사법시험 합격(28회) 1989년 사법연수원 수료(18회) 1989년 軍검찰관 1992년 광주지법 판사 1994년 同순천지원 판사 1994년 同목포지원 판사 1996년 同목포지원(무안군법원·영암군법원·함평군법원) 판사 1997년 광주지법 판사 1999년 광주고법 판사 2002년 대법원 재판연구관 2004년 광주지법 형사2부 부장판사 2006년 同가정지원장 2008년 전주지법 군산지원장 2010년 광주지법 부장판사 2011년 광주고법 형사1부·민사1부 부장판사 2014년 광주지법 수석부장판사 2016년 광주고법 수석부장판사 2019년 제주지법원장(현)

이창한(李昌韓) LEE CHANG HAN

(생)1970·5·17 (본)고성(固城) (출)경남 통영 (주)서울특별시 중구 필동로1길 30 동국대학교 경찰사법대학 경찰행정학부(02-2260-3248) (학)1997년 동국대 사회과학대학 경찰행정학과졸 1998년 同대학원 경찰행정학과졸 2005년 경찰행정학박사(동국대) (경)1998년 행정고시 합격(제41회) 1999~2006년 법무부 사무관 2002~2003년 일본 게이오대 대학원 법학연구과 객원연구원 2006~2013년 울산대 경찰학과 조교수·부교수, 동국대 경찰사법대학 경찰행정학부 교수(현) 2019년 同미래융합대학장(현) 2019년 同미래융합교육원장 겸 원격미래융합교육원장(현)

이창현(李昌玄) LEE Chang Hyun

(생)1963·6·25 (본)전주(全州) (출)경남 삼천포 (주)서울특별시 동대문구 이문로 107 한국외국어대학교 법학전문대학원(02-2173-3199) (학)1982년 부산 가야고졸 1986년 연세대 법학과졸 1995년 同경영대학원졸 2004년 법학박사(연세대) (경)1987년 사법시험 합격(29회) 1990년 사법연수원 수료(19기) 1993년 서울지검 북부지청 검사 1995년 청주지검 제천지청 검사 1996년 부산지검 검사 1998년 수원지검 검사 1998년 변호사 개업 2000~2011년 법무법인 세인 대표변호사 2000년 경기대 겸임교수 2002년 수원지방변호사회 회원이사 2002년 이용호게이트 특별검사팀 특별수사관 2005년 미국 워싱턴대 교환교수 2007년 아주대 법대 부교수 2011년 한국외국어대 법학전문대학원 교수(현) 2013~2014년 同법학전문대학원 부원장 2015~2017년 同글로벌법률상담소장 (저)'검찰청의 단골손님들'(1998, 청림출판) '진정서·탄원서 작성의 모든 것'(1999) '형사변호와 무죄'(2003) '형사소송법(2판)'(2015)

이창현(李昌炫) LEE Chang Hyun

(생)1964·3·14 (주)서울특별시 성북구 정릉로 77 국민대학교 사회과학대학 언론정보학부(02-910-4262) (학)1982년 경희고졸 1986년 서울대 농생물학과졸 1988년 同대학원 언론학과졸 1993년 언론정보학박사(서울대) (경)1993~1996년 한국방송개발원 프로그램연구실 선임연구원 1995년 미국 위스콘신대 교환연구자 1997년 한국방송공사(KBS) 편성운영본부 연구위원 1998년 국민대 사회과학대학 언론정보학부 교수(현) 2002년 방송위원회 심의위원 2002~2003년 통일부 통일정책자문위원 2009년 미디어발전국민위원회 위원 2009~2011년 한국방송공사(KBS) 이사 2012~2014년 서울연구원 원장 2017~2018년 국민대 교수회장, 환경재단 운영위원(현) 2018년 KBS 시청자위원회 위원장(현) (저)'방송보도론'(1993, 한국방송학회) '방송은 무엇인가'(1997, 방송위원회) '매스미디어와 정보사회'(1998, 국민대 출판부) '한국언론산업의 역사와구조'(2000) '한국의 기자노동'(2001, 전국언론노동조합연맹) '한국의 언론인노동 : 2000'(2002) '녹색캠퍼스 함께하기'(2004) '미디어와정보사회'(2004) '방송학개론'(2005)

이창현(李昶賢)

(생)1972·4·18 (출)경북 경산 (주)부산광역시 연제구 법원로 31 부산지방법원(051-590-1114) (학)1991년 경산 무학고졸 1998년 고려대 영문학과졸 (경)1999년 사법시험 합격(41회) 2002년 사법연수원 수료(31기) 2002년 서울지법 판사 2004년 서울남부지법 판사 2006년 창원지법 통영지원 판사 2009년 수원지법 판사 2014년 서울중앙지법 판사 2016년 서울동부지법 판사 2017년 부산지법 부장판사(현)

이창형(李昌炯) LEE Chang Hyeong

(생)1962·2·17 (본)경주(慶州) (출)전북 전주 (주)서울특별시 서초구 서초중앙로 157 서울고등법원(02-530-1186) (학)1980년 전주고졸 1984년 연세대 법학과졸 1986년 중앙대 법학대학원졸 (경)1987년 사법시험 합격(29회) 1990년 사법연수원 수료(19기) 1990년 軍법무관 1993년 서울지법 동부지원 판사 1995년 서울지법 판사 1997년 대전지법 강경지원 판사 1998년 同논산지원 부여군법원 판사 1999년 수원지법 판사 2001년 서울지법 판사 2002년 서울고법 판사 2003년 대법원 재판연구관 2005년 대전지법 논산지원장 2007년 사법연수원 형사총괄교수 2010년 서울중앙지법 형사4부·민사합의15부 부장판사 2013년 광주고법 전주재판부 고등부장판사 2014~2017년 서울고법 부장판사 2015~2017년 대법원 양형위원회 위원 2017년 인천지법 수석부장판사 2018년 서울고법 부장판사(현) (상)서울지방변호사회선정 최우수법관(2011)

이창호(李昌浩) LEE Chang Ho

(생)1960·1·10 (출)충남 연기 (주)서울특별시 마포구 독막로19길 15 BR엘리텔 B동 3층 아이뉴스24(02-334-7114) (학)1978년 충남고졸 1985년 충남대 경영학과졸 (경)1987~1999년 (주)전자신문사 기자 2003~2019년 아이뉴스24 대표이사 2003년 한국인터넷신문협회 부회장 2004~2006년 同회장 2008년 아이뉴스24 편집국장 겸임 2013~2017년 한국인터넷신문협회 회장 2019년 아이뉴스24 이사회 의장(현) 2019년 조이뉴스24 대표이사 겸임(현)

이창호

(생)1961 (주)서울특별시 중구 통일로 120 NH농협은행 마케팅부문(02-2080-5114) (학)진해고졸, 부산대 사회학과졸 (경)농업협동조합중앙회 산청군지부장, 同기장군지부장, 同부산경제사업부장, 同부산지역본부장 2018년 NH농협은행 마케팅부문 부행장(현)

이창호(李昌鎬) Lee Chang Ho

(생)1962·3·20 (출)충남 논산 (주)서울특별시 종로구 율곡로2길 25 연합뉴스 DB·출판국 DB부(02-398-3114) (학)1988년 한국외국어대 서반아어과졸 (경)1991년 연합뉴스 출판국 월간부 기자 2000년 同출판개혁연구팀 팀원 겸임 2001년 同월간부 차장대우 2004년 同월간부 차장 2005년 同출판부 차장 2007년 同출판부 부장대우 2010년 同월간부장(부장대우) 2010년 同지방수익사업위원회 위원 겸임 2011년 同월간부장 2014년 同월간부장(부국장대우) 2015년 同월간부 기자(부국장대우) 2015년 同출판부 기자(부국장대우) 2018년 同DB·출판국장 2019년 同DB·출판국 DB부 선임(현)

이창호(李昌鎬) LEE Chang Ho

(생)1975·7·29 (출)전북 전주 (주)서울특별시 성동구 마장로 210 한국기원 홍보팀(02-3407-3850) (학)1991년 충암고졸 (경)1986년 프로바둑 입단 1987년 2단 1988년 3단 승단 1988년 KBS바둑왕전 우승(세계최연소기록) 1989년 신인왕전 우승 1989년 4단 승단 1990년 국수전·최고위전·신왕전 우승 1990년 TV바둑아시아선수권 준우승 1991년 5단 승단 1991년 명인전·최고위전·대왕전·왕위전·박카스배·제왕전 우승 1992년 동양증권배(최연소 세계챔피언)·명인전·최고위전·대왕전·비씨카드배·박카스배·제왕전·KBS바둑왕전 우승 1992년 6단 승단 1993년 최다승기록(90승) 1993년 국수전·명인전·대왕전·기왕전·패왕전·국기전·비씨카드배·기성전·배달왕전·박카스배·제왕전·SBS 우승 1994년 국수전·명인전·최고위전·기왕전·패왕전·국기전·비씨카드배·기성전·배달왕전·SBS배·KBS바둑왕전 우승 1994년 7단 승단 1995년 국수전·명인전·최고위전·기왕전·패왕전·국기전·비씨카드배·기성전·배달왕전·SBS배·KBS바둑왕전·TV바둑아시아선수권대회 우승 1996년 국수전·명인전·최고위전·대왕전·왕위전·국기전·기성전·천원전·동양증권배·후지쯔배·세계바둑최강 결정전 우승 1996년 9단 특별승단(현) 1997년 국수전·최고위전·대왕전·왕위전·비씨카드배·배달왕전·기성전·천원전·테크론배 우승 1998년 명인전·최고위전·대왕전·왕위전·기성전·천원전·테크론배 우승 1999년 삼성화재배 세계바둑오픈대회·LG배 세계기왕전·KBS배 바둑왕·기성전·최고위전·명인전·왕위정·천원전 우승 2000년 기성전·왕위전·명인전 우승 2000~2005년 농심신라면배 세계바둑최강전 우승(6연패) 2001년 응씨배·LG배·기성전·패왕전·명인전 우승 2001년 바둑문화상 최우수기사 2002년 제3회 농심신라면배 한국대표·TV바둑아시아컵·기성전·패왕전·왕위전·KBS바둑왕전·명인전 우승 2003년 도요타덴소배·제4회 춘란배·제46회 국수전·제14기 기성전·제8기 LG정유배·제37기 왕위전·제34기 SK크린배 명인전 우승 2003년 제2호 CSK배 바둑아시아대항전·제4회 농심신라면배 한국대표 우승 2003년 제7회 LG배 준우승 2003년 드림리그 개인부문 공동다승왕 2004년 타이타(泰達)배·제5회 농심신라면배 한국대표·제8회 LG배·제38기 왕위전·제9기 LG정유배·제23기 KBS바둑왕전 우승 2005년 제6회 농심신라면배·제5회 춘란배 세계바둑선수권대회·제2기 전자랜드배 왕중왕전·제39기 왕위전 우승 2005년 제48기 국수전·제1기 한국물가정보배·제10기 GS칼텍스배 프로기전·제10회 삼성화재배 준우승 2006년 제1기 원익배·제49기 국수전·제3기 전자랜드배 왕중왕전·제40기 왕위전 우승 2006년 제18회 TV바둑아시아 준우승 2006년 제7회 농심신라면배 한국대표 2007년 제11회 삼성화재배·제50기 국수전·제20회 후지쯔배 준우승 2007년 제41기 KT배 왕위전·제3회 중환배·제26회 KBS바둑왕전 우승 2008년 제3기 십단전·제9회 농심신라면배 한국대표·제5기 전자랜드배 왕중왕전 우승 2008년 후지쯔배 세계바둑선수권전 준우승 2009년 제27기 KBS바둑왕전·제37기 하이원리조트배 명인전·제10회 농심신라면배 한국대표 우승 2009년 제6회 응씨배·제7기 춘란배·제22기 후지쯔배·제5기 한국물가정보배 준우승 2010년 제5회 원익배 십단전·제14회 LG배·제6기 한국물가정보배 준우승 2010년 제28기 KBS바둑왕전·제53기 국수전 우승 2010년 광저우아시안게임 단체전 금메달 2011년 국수전 준우승·맥심커피배 입신최강전·Olleh배 준우승 2011년 제12회 농심신라면배 한국대표 2012년 제16회 LG배 세계기왕전·농심신라면배 준우승 2013년 제31기 KBS바둑왕전 준우승 2014년 국가대표 바둑팀 기술위원 2014년 '2014 서울시 차 없는 날' 홍보대사 2016년 전자랜드 프라이스킹배 '한국바둑의 전설' 준우승 2016년 중국 루양배 한·중·일페어대회 준우승 2016년 한국기원 이사 겸 운영위원(현) 2017년 바둑축제 홍보대사, 2017 KB국민은행 바둑리그 우승 (상)바둑문화상 최우수기사상(1991~1992·1995~1999·2001·2003·2005·2009), 은관문화훈장(1996), 연승상 및 승률상(2001), 바둑대상 우수기사상(2004·2006·2007·2008), 2009 바둑대상 MVP(2010), 국수(國手) 선정(2018) (저)'이창호의 부득탐승'(2011, 라이프맵)

이창환(李昌煥) Lee, Chang Hwan

(생)1953·9·20 (출)서울 (주)서울특별시 마포구 독막로 324 (주)동서 비서실(02-3271-9603) (학)1973년 서울고졸 1980년 서울대 경영학과졸 1999년 미국 하버드대 경영대학원 Advanced Management Program 수료 (경)1998년 (주)동서 대표이사 사장 2001년 동서식품(주) 감사 2004년 同대표이사 사장 2014년 (주)동서 회장(현) 2016~2019년 한국식품산업협회 회장 (상)산업포장(2013)

이창황(李暢晃) LEE Chang Hwang

(생)1962·4·8 (출)부산 (주)서울특별시 마포구 마포대로 119 (주)효성 전략본부(02-707-6214) (학)부산진고졸, 서울대 공업화학과졸 (경)(주)효성 섬유PG 안양공장 기술팀 부장, 同섬유PG 스판덱스PU 이사 2005년 同섬유PG 스판덱스PU 상무 2008년 同섬유PG 스판덱스PU장(전무) 2010년 同중국스판덱스총괄 총경리(전무) 2014년 同중국스판덱스총괄 총경리(부사장) 2014~2017년 同전략본부 부본부장(부사장) 2016~2017년 효성ITX 사내이사 2017년 (주)효성 스판덱스PU 중국 취저우 스판덱스 신공장 총경리 2019년 同전략본부장(현)

이창훈(李昌勳) LEE Chang Hoon

(생)1949·8·12 (출)경북 경주 (주)서울특별시 강남구 테헤란로 306 카이트타워 6층 불스원 비서실(02-2106-7779) (학)한양대 재료공학과졸 (경)OCI(구 동양화학) 근무 2006~2011년 (주)콜럼비안케미컬즈코리아 대표이사 겸 아시아지역 사장 2011년 (주)불스원 대표이사 사장 2016년 同대표이사 부회장(현)

이창희(李昌禧) Changhee Lee

(생)1956 (주)서울특별시 성동구 왕십리로 222 한양대학교 공과대학 신소재공학부(02-2220-0388) (학)1975년 대구 계성고졸 1982년 한양대 금속공학과졸 1985년 미국 테네시대 대학원 금속공학과졸 1989년 금속공학박사(미국 테네시대) (경)1989년 캐나다 토론토대 전임강사 1989~1994년 포항산업과학연구원 책임연구원 1989~1995년 POSCO·RIST 책임연구원 1994~1995년 포스코기술연구원 책임연구원 1995년 한양대 공과대학 신소재공학부 교수(현) 1996~2001·2003~2008년 同철강공정및응용연구소 연구실장 1999~2001년 同신소재공학부장 2003년 同철강공정및응용연구소장(현) 2007년 포항공대(POSCO) 석좌교수·전문교수(현) 2007년 한국공학한림원 일반회원, 同정회원(재료자원공학·현) 2008~2011년 한국용사기술협회 회장 2011~2012년 한국레이저가공학회 회장 2011~2012년 대한금속재료학회 학술부회장 2011년 한국과학기술한림원 정회원(현) 2013~2014년 대한용접접합학회 회장 2013~2014년 대한금속재료학회 회장 2016~2019년 한국과학기술한림원 공학부장 2018년 미국금속학회 석학회원(Fellow)(현) (상)한국과학기술단체총연합회 과학기술우수논문상(2006), 대한금속재료학회 윤동석상(2007), 대한용접접합학회 우수논문상(2007), 지식경제부장관표창(2009), 대한용접접합학회 학술상(2009), 한양대 산학협력우수교수상(2010), 한양대 연구분야 최우수교수상(2011), 백남석학상(2015)

이창희(李昶熙)

(생)1960·9·10 (주)서울특별시 강남구 테헤란로 127 (주)하나금융그룹 강남사옥 15층 하나자산신탁(02-3452-0100) (학)영남고졸, 영남대 경영학과졸, 고려대 경영대학원졸, 건국대 부동산대학원졸 (경)1986년 서울은행 근무, 하나은행 부동산금융팀장, 同임원부속실장, 同기업영업그룹본부장 2010년 하나다올신탁 부사장 2013년 同대표이사 2013년 (주)하나자산신탁 대표이사(현)

이창희

(생)1961 (출)대전 (주)경상남도 진주시 동진로 420 국방기술품질원(055-751-5000) (학)1984년 육군사관학교졸(40기) (경)2004~2006년 국무총리실 소속 국방획득제도개선단 간사, 방위사업청 획득정책과장, 同사업분석과장, 국방개혁자문위원회 자문위원 2018년 국방기술품질원 원장(현)

이창희(李昌熙) Lee, Changhee

(생)1964·11·26 (본)진보(眞寶) (출)경북 (주)충청남도 아산시 탕정면 삼성로 181 삼성디스플레이(주)(041-535-1114) (학)1987년 서울대 물리학과졸 1989년 同대학원 물리학과졸 1994년 물리학박사(미국 캘리포니아대 샌타바버라교) (경)1994~1997년 LG화학 기술연구원 선임연구원 1997~2004년 인하대 물리학과 조교수·부교수 2004~2006년 서울대 전기컴퓨터공학부 부교수 2006~2018년 同전기정보공학부 교수 2010~2012년 同전기정보공학부 연구부학부장 2013~2015년 서울대 공대 연구부학장 겸 연구지원소장 2016년 同반도체공동연구소장 2016년 한국과학기술한림원 정회원(현) 2016년 국제정보디스플레이학회 석학회원(현) 2016~2018년 한국정보디스플레이학회 부회장 2018년 한국공학한림원 회원(전기전자정보공학·현) 2018년 삼성디스플레이(주) 부사장(현) (상)국제전기기술위원회(IEC) IEC 1906 Award(2007), 한국디스플레이산업협회 공로상(2012), 서울대 반도체공동연구소 도연창조상(2012), 서울대 공과대학 우수업적교수상(2014), 국제정보디스플레이학회(SID) Special Recognition Award(2014), 한국정보디스플레이학회 Merck Award(2014), 미래창조과학부 이달(7월)의 과학기술자상(2015), 과학기술훈장 도약장(2017) (종)가톨릭

이채문(李埰文) Lee Chae Moon

(생)1964·7·1 (주)부산광역시 연제구 법원로 34 정림빌딩 4층 법무법인 청률(051-507-1001) (학)1983년 부산 금성고졸 1987년 서울대 법과대학졸 1990년 부산대 대학원 법학과졸 (경)1990년 사법시험 합격(32회) 1993년 사법연수원 수료(22기), 육군 법무관 1996년 부산지법 판사, 同동부지원 판사 2001년 변호사 개업, 법무법인 청률 변호사(현) 2004년 미국 워싱턴대 객원연구원 2015년 부산지방변호사회 제1부회장 2017년 同회장 2019년 연합뉴스 부산취재본부 콘텐츠자문위원(현) 2019년 대한변호사협회 수석부협회장(현)

이채성(李埰成) LEE Chae Sung

(생)1955·7·26 (주)서울특별시 성북구 정릉로 77 국민대학교 건축대학(02-910-4596) (학)1981년 서울대 건축학과졸 1983년 미국 위스콘신대 메디슨교 대학원 도시계획학과졸, 도시계획학박사(미국 펜실베이니아대) (경)1983~1984년 국토개발연구원 연구원 1984~1985년 한국개발연구원 연구원 1992년 한국건설기술연구원 선임연구원 1992년 국민대 건축대학 건축시스템전공 교수(현) 2006~2008년 同입학정보처장 2012~2014년 同산학협력단장 2015~2016년 同입학처장 2016·2018~2019년 同교학부총장

이채영(李采英) Lee Chaeyoung

(생)1967·8·12 (출)서울 (주)서울특별시 동작구 상도로 369 숭실대학교 의생명시스템학부(02-820-0455) (학)1986년 상문고졸 1990년 고려대 응용생물학과졸 1995년 이학박사(미국 코넬대) (경)1995~1997년 미국 코넬대 특별연구원 1997~2008년 한림대 전임강사·조교수·부교수·교수 2008년 숭실대 자연과학대학 생명정보학과 교수 2010년 同자연과학대학 의생명시스템학부 교수(현) (상)젊은과학자상, 아자스퓨리나연구상

이채원(李採源) LEE CHAI WON

(생)1964·3·5 (출)서울 (주)서울특별시 영등포구 여의대로 38 한국투자밸류자산운용(주) 임원실(02-3276-6100) (학)일본 St. Mary's International School in Tokyo졸, 중앙대 경영학과졸, 同국제경영대학원 경영학과졸(석사) (경)1988년 한국투자증권(舊 동원증권) 입사, 동원투신운용(주)

자문운용본부장, 한국투자증권(주) 자산운용본부장 2006년 한국투자밸류자산운용(주) 최고투자책임자(CIO · 부사장) 2017년 同대표이사(현) (상)한국펀드평가 선정 베스트펀드매니저(1999), 금융감독원 금융산업 발전기여 최우수상(2006), 장기투자문화확립 업무유공자(2006), 아레나코리아 2006 A-Award Intelligence부문 'Man of the year'(2007), 아주경제 선정 최우수펀드매니저(2011), 헤럴드경제 선정 올해의 펀드매니저(2013), 한국경제 선정 국내주식부문 베스트 펀드매니저(2014), 제16회 매경 증권인상 자산운용부문 금상(2014), CIO of the Year 'ASIA ASSET MANAGEMENT'(2014) (저)'이채원의 가치투자–가슴뛰는 기업을 찾아서'(2007)

이채윤(李彩允) LEE Chae Yoon

(생)1950 · 8 · 6 (출)부산 (주)부산광역시 강서구 녹산산업중로 207 리노공업(주) 비서실(051-792-5612) (학)1969년 광성공고졸 1991년 동의대 중소기업대학원 수료 2000년 한국과학기술원(KAIST) 경영대학원 최고지식경영자과정 수료 2002년 명예 경영학박사(부산외국어대) (경)1969~1978년 (주)금성사 근무 1978~1996년 리노공업사 사장 1996년 리노공업(주) 대표이사 사장(현) 1998년 부산외국어대 산학협동 교수 1999~2002년 (사)부산이업종교류연합회 회장 2001~2006년 대한상사중재원 중재인 2005~2006년 부산과학기술협의회 간사 2005~2006년 국가균형발전위원회 자문위원 2014~2016년 부산과학기술협의회 CTO평의회 이사 2015년 부산상공회의소 부회장(현) 2015년 한국전력소자산업협회 부회장(현) 2016년 부산과학기술협의회 CTO평의회 간사(현) (상)산업자원부장관표창(2001), 석탑산업훈장(2014)

이채은(李埰銀) Chae Yean Lee

(생)1971 · 3 · 1 (본)학성(鶴城) (출)울산 (주)세종특별자치시 도움6로 11 환경부 자원순환정책관실 자원순환정책과(044-201-7340) (학)1989년 울산 학성고졸 2006년 서울대 지리교육학과졸 2010년 同환경대학원 환경계획학과졸 (경)2002년 환경부 환경정책국 환경기술과 근무 2003년 同UNEP 세계장관회의 준비기획단 근무 2004년 同자연보전국 국토환경정책과 근무 2007년 同물환경정책국 물환경정책과 근무 2010년 대통령직속 지역발전위원회 파견 2011년 환경부 온실가스종합정보센터 기획총괄팀장 2012~2014년 미국 로렌스 버클리연구소 파견 2014년 환경부 보건정책관실 생활환경과장 2014년 同대변인실 정책홍보팀장 2015년 同상하수도정책관실 생활하수과장 2017년 同자연보전국 자연공원과장 2018년 同자연보전정책관실 자연공원과장 2019년 同자원순환정책관실 자원순환정책과장(현)

이채익(李埰益) LEE Che Ik (蒼松)

(생)1955 · 5 · 27 (본)학성(鶴城) (출)경남 양산 (주)서울특별시 영등포구 의사당대로 1 국회 의원회관 434호(02-784-8011) (학)1973년 부산 브니엘고졸 1985년 울산대 경영학과졸 1992년 동국대 지역개발대학원 행정학과졸 2010년 행정학박사(울산대) (경)1979~1987년 영남화학 생산부 · 관리부 근무 1984~1989년 민주화추진협의회 위원 1985~1991년 학성건설중기 대표 1987~1988년 통일민주당 교육부장 · 섭외국장 1989년 同중앙당 대의원 1991 · 1997년 울산시의회 의원 1991년 울산대총동창회 부회장 1991년 민주평통 자문위원 1992년 경상일보 객원논설위원 1993~2002년 터울림합창단 단장 1994년 울산구락부 부회장 · 고문 1995~1997년 경남도의회 의원 1996년 통일원 통일교육전문위원 1996~2002년 장애인복지회 울산광역시지회 후원회장 1997년 울산南재향군인회 부회장 1997~1998년 한나라당 선거대책위원회 국민대통합지원단 울산지부장 1998년 울산노인복지대학 학장 1998 · 2002년 울산 남구청장(한나라당) 1998년 울산YMCA 이사 · 장수대학 학장 1999~2004년 전국시장 · 군수 · 구청장협의회 공동회장 2001년 전국자치구청장협의회 부회장 2006~2007년 부산브니엘고총동창회 회장 2006~2010년 울산대총동문회 회장 2006년 한나라당 제5회 지방선거 울산시당 선대위 총괄본부장 2006년 울산시장선거 출마(한나라당) 2006년 한국정책과학학회 부회장 2007년 한나라당 이명박 대통령예비후보 중앙선대위 정책특보 2007년 同울산선대위 총괄부본부장 2007년 同제17대 대통령중앙선거대책위원회 직능정책본부 지역발전위원회 울산시협회장 2008년 同울산시당 대변인 2008년 제18대 국회의원선거 출마(울산 울주군, 한나라당) 2008~2011년 울산항만공사(UPA) 사장 2008년 (재)해양환경국민운동연합 부회장 2010년 (재)해양문화재단 이사 2011~2013년 법제처 지방행정분야 국민법제관 2012년 제19대 국회의원(울산 남구甲, 새누리당) 2013년 국회 산업통상자원위원회 위원 2013년 '대한민국 명강사 33인의 명강의' 출판기념회 명예대회장 2013~2014년 새누리당 울산시당 위원장 2013년 同원내부대표 2013년 국회 운영위원회 위원 2013년 국회 정치쇄신특별위원회 위원 2013년 해병대전우회 명예회원(현) 2014년 국회 통상관계대책특별위원회 위원 2014~2015년 국회 예산결산특별위원회 위원 2014~2015년 국회 군인권개선및병영문화혁신특별위원회 위원 2015년 새누리당 정책위원회 산업통상자원정책조정위원회 부위원장 2015년 同정책위원회 민생119본부 부본부장 2016년 제20대 국회의원(울산 남구甲, 새누리당 · 자유한국당〈2017.2〉)(현) 2016~2017년 국회 산업통상자원위원회 간사 겸 예산결산심사소위원회 위원장 2016~2017년 새누리당 정책위원회 부의장 2016년 국회 예산결산특별위원회 위원 2016년 국회 '박근혜 정부의 최순실 등 민간인에 의한 국정농단 의혹사건 진상규명을 위한 국정조사특별위원회' 위원 2017년 국회 헌법개정특별위원회 위원 2017년 자유한국당 정책위원회 부의장 2017년 울산지역환경보전협의회 회장(현) 2017년 자유한국당 소상공인특별위원회 위원장 2017년 국회 산업통상자원중소벤처기업위원회 간사 겸 예산결산심사소위원회 위원장 2017년 자유한국당 대표최고위원 지역특보(울산) 2017년 국회 청년미래특별위원회 위원 2018년 국회 행정안전위원회 간사(현) 2018년 국회 예산결산특별위원회 위원(현) 2018년 국회 에너지특별위원회 위원 (상)은탑산업훈장, 청조소성훈장, 월남장, 유권자시민행동 2013 국정감사 최우수상(2013), 중소기업중앙회 공로상(2016), 한국산업대상 공로상(2017), 법률소비자연맹 '제20대 국회 1차년도 국회의원 헌정대상'(2017), 2019 대한민국을 빛낸 우수 국회의원 의정대상(2019) (저)'나는 울산을 사랑한다'(2002) '내가 꿈꾸는 울산'(2006) '이채익 화보로 본 섬김의 20년'(2008) (종)기독교

이채필(李埰弼) LEE Chae Pil

(생)1956 · 4 · 28 (본)학성(鶴城) (출)울산 울주 (주)서울특별시 관악구 조원로10길 45 광신빌딩 2층 안전생활실천시민연합(02-843-8616) (학)1981년 영남대 법정대학 행정학과졸 1987년 서울대 행정대학원 행정학과졸 2011년 명예 인력개발학박사(한국기술교육대) (경)1981년 행정고시 합격(25회) 1982~1992년 노동부 근로기준국 · 직업안정국 · 노동보험국 사무관 · 인천지방노동위원회 사무국장 1992년 대통령 경제수석비서관실 행정관 1994년 노동부 양산노동지청장 1996년 同고용관리과장 1997년 同산업보건과장 1999년 同임금복지과장 겸 근로기준과장 2000년 同행정관리담당관 2001년 同보험제도과장 2002년 대통령 복지노동수석비서관실 선임행정관 2002년 노동부 노사정책과장 2003년 同총무과장 2004년 同산업안전국장 2005년 同고용정책관 2006년 중앙공무원교육원 파견 2007년 노동부 직업능력정책관 2008년 同노사협력정책국장 2009년 同기획조정실장 2010년 同노사정책실장 2010년 同차관 2010년 고용노동부 차관 2011~2013년 同장관 2011년 한국실천공학교육학회 고문 2013~2014년 한국기술교육대 석좌교수 2013~2015년 한국장애인재단 이사장 2013~2016년 청년위함 공동대표 2013~2015년 서울대 행정대학원 초빙교수 2015년 경상일보 대표이사 사장 2016~2018년 거버넌스리더십아카데미 원장 2017년 롯데하이마트(주) 사외이사(현) 2017년 안전생활실천시민연합 공동대표(현) 2017년 안전문화운동추진 중앙협의회 공동위원장(현) (상)우수공무원 대통령표창(1990), 삼애봉사상(1990), 정책평가우수 대통령표창(2000), 홍조근정훈장(2009), 삼일투명경영대상(2013), 국회의장표창(2016)

이처문(李處文) Lee Cheo Moon
(생)1959·10·19 (출)부산 (주)울산광역시 중구 종가로 400 한국산업안전보건공단(052-703-0507) (학)1979년 부산 해동고졸 1987년 한국외국어대 영어과졸 2010년 부경대 대학원 신문방송학과졸 2017년 국제지역학박사(부경대) (경)1988년 국제신문 입사 1989년 同사회1부 기자 1994년 同사회2부 기자 1995년 同경제부 기자 1996년 同사회1부 기자 1997~1998년 同노조위원장 1999년 同사회1부 차장 2000년 同사회2부장 직대 2001년 同사회1부장 직대 2002년 同체육부장 직대 2003년 同체육부장 2003년 同정치부장 2004년 同편집국장석 부장 2005년 同편집국 부국장 2008년 同편집국장 2009~2010년 同논설위원 2011년 同광고국장 2012년 同광고국장(이사대우) 2013년 同뉴미디어국장(이사) 2014년 同광고국장(총괄이사) 2015년 同총괄이사 2017~2018년 경성대 커뮤니케이션학부 교수 2018년 한국산업안전보건공단 교육안전문화이사, 同교육문화이사(현) (상)한국언론인연합회 한국참언론인대상 지역언론부문(2009) (종)가톨릭

이천기(李天基) LEE Chun Kee
(생)1966·10·19 (출)서울 (주)서울특별시 중구 소공로 109 한화빌딩 13층 크레디트스위스증권(02-3707-3700) (학)서울고졸, 미국 럿거스대 경제학과졸, 미국 스탠퍼드대 경영전문대학원졸(MBA) (경)미국 뉴욕 연방준비제도이사회(Federal Reserve Bank) 국제금융부 근무, 同공개시장위원회(FOMC) 국제금융정책관 보좌역, 골드만삭스(Goldman Sachs) 뉴욕지점·홍콩지점 근무, 크레디트스위스퍼스트보스톤증권(CSFB) 홍콩지점 근무 2002년 크레디트스위스증권(CS) 한국대표(현) 2018년 同아태지역 IB(투자은행)부문 부회장 겸임(현)

이천일(李千一) LEE Cheon Il
(생)1965·10·25 (출)서울 (주)부산광역시 중구 중앙대로30번길 8 농림축산식품부 농림축산검역본부 영남지역본부(055-600-5810) (학)1981년 경기고졸 1984년 서울대 국제경제학과졸 (경)1989년 행정고시 합격(33회) 1991년 농림수산부 농업구조정책국 농어촌복지담당관실 사무관 1995년 同기획관리실 농수산통계정보관실 사무관 1997년 농림부 농업정책실 농정기획과 사무관 1998년 同농업정책국 농업정책과 서기관 2001년 대통령비서실 국제협력담당 서기관 2004년 농림부 기획관리실 기획예산담당관실 서기관 2007년 同정책홍보관리실 재정평가팀장 2007년 同농업정책국 농업정책과장 2008년 농림수산식품부 농업정책국 농업정책과장(서기관) 2009년 同농업정책과장(부이사관) 2010년 同유통정책과장 2010년 농업연수원 교육기획과장 2011년 농림수산식품부 축산정책과장 2012년 同유통정책관 2013년 농림축산식품부 식품산업정책실 유통정책관 2013년 국외 훈련 2015년 농림축산식품부 축산정책국장 2017년 농림축산검역본부 동식물위생연구부장 2017년 농림축산식품부 본부 근무(부이사관) 2018년 同농림축산검역본부 영남지역본부장(현) (상)홍조근정훈장(2014)

이천택(李天澤) Lee choen tak (도산)
(생)1961·5·18 (본)전주(全州) (출)전남 영광 (주)광주광역시 서구 내방로 111 소방안전본부 구조구급과(062-613-8140) (학)1979년 남성고졸 1985년 전북대 금속학과졸 2009년 전남대 대학원 행정학과졸 (경)2015년 광주시 소방안전본부 119특수구조단장·소방행정과장 2017~2019년 광주 동부소방서장 2019년 광주시 소방안전본부 구조구급과장(현) (상)대통령표창(2007) (종)원불교

이천현(李千鉉) LEE Chun Hyeon
(생)1961·1·8 (출)전남 곡성 (주)서울특별시 동작구 보라매로5길 15 전문건설회관빌딩 27층 (주)한솔홈데코 임원실(02-3284-3805) (학)광주상고졸 1984년 성균관대 경영학과졸 (경)1997년 한솔제지(주) 회계정보팀장, (주)한솔홈데코 기획관리본부 상무 2006년 同익산본부장(상무) 2010년 한솔제지·아트원제지 재경담당 임원 2012년 한솔제지(주) 경영지원본부장(부사장) 2013~2015년 한솔아트원제지(주) 대표이사 사장 겸임 2015년 (주)한솔홈데코 대표이사 사장(현) (종)불교

이　철(李 哲) LEE Chul
(생)1948·3·18 (본)영천(永川) (출)경남 진주 (학)1967년 경기고졸 1988년 서울대 사회학과졸 2009년 한국방송통신대 경제학과 재학 중(3년) (경)1969년 3선개헌반대투쟁위원회 전국학생대표위원·투옥 1974년 전국민주청년학생총연맹 의장 1974년 민청학련사건으로 사형선고 1976~1979년 벽산그룹 입사·과장·부장 직대 1980년 광주민중항쟁관련 투옥 1983년 학생과컴퓨터 발행인 1985년 민주화추진협의회 공동의장 비서실장 1985년 제12대 국회의원(서울 성북구, 신한민주당) 1985년 민주화추진협의회 상임운영위원 1987년 민주당 총재특별보좌관 1988년 야권통합추진위원회 공동대표 1988년 제13대 국회의원(서울 성북구甲, 무소속·민주당) 1990년 민주당 사무총장 1990년 同정치연수원장 1992년 제14대 국회의원(서울 성북구甲, 민주당) 1992년 민주당 원내총무·당무위원 1995년 同원내총무 1996년 同서울성북甲지구당 위원장 1997년 국민통합추진회의총회 의장 1997년 한나라당 이회창 대통령후보 정무특별보좌관 1998년 일본 와세다대 객원연구원 2000년 (주)코코엔터프라이즈 부회장 2001~2003년 同회장 2001~2002년 (주)코코캡콤 대표이사 2002년 국민통합21 조직위원장 2002년 同서울성북甲지구당 위원장 2002년 同중앙선대위 부위원장 2002년 同대표 선거대책특보 2002년 새천년민주당 노무현대통령후보 부산선거대책위원회 공동선대위원장 2003년 민청학련운동30주년기념사업회 공동대표 2004년 제17대 국회의원선거 출마(부산 북구·강서甲, 열린우리당) 2005년 열린우리당 고문 2005년 실업테니스연맹 회장 2005~2008년 한국철도공사 사장 2007년 국제철도연맹(UIC) 아시아지역총회 의장 2015년 새정치민주연합 고문 (상)한국철도학회 특별상(2008) (저)'꺼질 수 없는 불길로'(1987) '5공화국의 사건들'(1987) '길은 사람이 만든다'(1995) '의원님 요즘 장사 잘 돼요?(共)'(1997) (종)천주교

이　철(李 喆) LEE Chul
(생)1949·7·8 (출)서울 (주)서울특별시 종로구 종로 33 그랑서울1타워 5층 하나로메디칼케어그룹(02-590-1111) (학)1967년 경기고졸 1973년 연세대 의대졸 1979년 同대학원졸 1983년 의학박사(연세대) 2011년 명예 인문학박사(횃불트리니티신학대학원대) 2013년 명예 박사(몽골국립의과대학) (경)1984년 미국 브라운대 방문교수 1993~2014년 연세대 의대 소아과학교실 교수 1993년 일본 이와테대 교환교수 1997년 대한주산의학회 사무총장 1997~2000년 세브란스병원 기획관리실장 1999년 同제2진료부원장 2000~2004년 연세대의료원 기획조정실장 2007~2008년 대한신생아학회 회장 2008~2010년 연세대 세브란스병원장 2009년 의료산업경쟁력포럼 공동대표(현) 2010년 한국무역협회 서비스산업위원회 위원 2010~2014년 연세대 의무부총장 겸 의료원장 2011~2015년 대통령소속 국가생명윤리심의위원회 위원 2011년 (사)두란노아버지학교 이사장 2012~2014년 대한기독병원협회 회장 2012~2014년 대한병원협회 부회장 겸 KHC조직위원장 2013~2014년 사립대학교의료원협의회 회장 2014년 연세대 의대 소아과학교실 명예교수(현) 2015년 하나로메디칼케어그룹 총괄의료원장(현) 2017년 (주)유한양행 사외이사(현) (상)유한의학상,

글로벌리더상(2009), 대통령표창(2010), 글로벌경영대상(2010), 한국을빛낸창조경영대상(2010), 대한민국참교육대상(2010), 포브스사회공헌대상(2011), 녹조근정훈장(2014) (저)'세브란스 드림스토리'(2007, 꽃삽) '하나님이 주신 백세 건강'(2014, 두란노) (종)기독교

이 철(李 哲) LEE Chul

(생)1949·9·19 (출)전남 나주 (주)서울특별시 서초구 서초대로74길 4 삼성생명서초타워 17층 법무법인 동인(02-2046-0647) (학)1968년 경복고졸 1972년 서울대 공대 화학공학과졸 1984년 미국 조지워싱턴대 대학원 비교법학과졸 1991년 법학박사(경희대) 2005년 건국대 부동산대학원 최고경영자과정 수료 (경)1973년 사법시험 합격(15회) 1975년 사법연수원 수료(5기) 1978년 서울지검 남부지청 검사 1981년 부산지검 검사 1984년 광주지검 순천지청 검사 1986년 법무부 법무심의관실 검사 1987년 同검찰국 검사 1987년 청주지검 충주지청장 1989년 대검찰청 검찰연구관 1989년 同전산관리담당관 1991년 수원지검 부장검사 1993년 법무부 법무과장 1993년 同국제법무심의관 1994년 서울지검 형사5부장 1995년 同형사1부장 1996년 서울고검 검사 1997년 청주지검 차장검사 1998년 수원지검 제1차장 1999년 변호사 개업 2000~2003년 새천년민주당 과천·의왕지구당 위원장 2004년 경기대 법학과 겸임교수 2004년 법무법인(유) 동인 대표변호사(현) (상)홍조근정훈장(1998) (저)'UR협정의 법적고찰 상·하'(1994) '컴퓨터범죄와 소프트웨어보호'(1995) 'UR분쟁해결제도 연구'(共)

이 철(李 哲) LEE Chul

(생)1949·10·30 (출)강원 원주 (주)서울특별시 광진구 용마산로 127 국립정신건강센터(02-2204-0114) (학)1967년 경기고졸 1973년 서울대 의대졸, 同대학원 의학석사 1982년 의학박사(서울대) (경)1982~1985년 스위스 취리히융연구소 연구원 1986~1989년 서울대 의대 교수 1989~2015년 울산대 의대 정신건강의학교실 교수 1991~1992년 대한신경정신의학회 학술이사 1995~1997년 한국분석심리학회 회장 1996~2002년 서울아산병원 교육부원장 2004~2006년 울산대병원장 2007~2011년 울산대 의무부총장 2011~2015년 同총장 2016년 국립정신건강센터장(현)

이 철(李 澈) Lee Cheol

(생)1966·7·8 (주)전라남도 무안군 삼향읍 오룡길 1 전라남도의회(061-286-8200) (학)동신대 체육학과졸, 조선대 대학원 공공행정학 박사과정 휴학 (경)완도청년회의소(JC) 회장, 완도군축구협회 회장, 국제라이온스협회 355-B2지구 총재 2006년 전남 완도군의원선거 출마 2014년 전남도의원선거 출마(새정치민주연합), 더불어민주당 완도연락소장 2018년 전남도의회 의원(더불어민주당)(현), 同기획행정위원회 위원(현)

이철구

(출)충남 서천 (주)서울특별시 서대문구 통일로 97 경찰청 경비국(02-3150-1139) (학)1984년 대전동산고졸 1988년 경찰대졸(4기), 배재대 대학원 법학 석사 (경)1988년 경위 임관 2007년 총경 승진 2008년 경찰종합학교 건설단 총경 2009년 서울지방경찰청 4기동대장 2010년 경기 광명경찰서장 2011년 경찰청 과학수사센터장 2011년 서울 남대문경찰서장 2013년 서울지방경찰청 수사과장 2014년 전남지방경찰청 제2부장(경무관) 2014년 駐일본 외사협력관 2017년 경찰청 수사기획관 2018년 同사이버안전국장(치안감) 2018년 대구지방경찰청장 2019년 경찰청 경비국장(현)

이철규(李喆圭) LEE CHUL GYU

(생)1957·9·20 (출)강원 동해 (주)서울특별시 영등포구 의사당대로 1 국회 의원회관 835호(02-784-9811) (학)한국방송통신대 행정학과졸 1997년 한양대 행정대학원 사법경찰행정학과졸(석사) (경)1981년 경찰간부 후보(29기) 2006년 강원지방경찰청 차장(경무관) 2010년 충북지방경찰청장(치안감) 2010년 경찰청 정보국장 2011년 경기지방경찰청장(치안정감) 2014년 가톨릭관동대 경찰행정학부 초빙교수 2016년 제20대 국회의원(강원 동해시·삼척시, 무소속·새누리당〈2016.6〉·자유한국당〈2017.2〉)(현) 2016년 국회 국방위원회 위원 2016·2018년 국회 예산결산특별위원회 위원(현) 2016~2018년 국회 평창동계올림픽 및 국제경기대회지원특별위원회 위원 2016~2018년 국회 교육문화체육관광위원회 위원 2017년 자유한국당 강원동해시·삼척시당원협의회 운영위원장(현) 2017~2018년 同강원도당 위원장 2017년 同정치보복대책특별위원회 위원 2017~2018년 同원내부대표 2017·2018년 국회 운영위원회 위원 2018년 자유한국당 강원도당 공천관리위원회 위원장 2018년 국회 산업통상자원중소벤처기업위원회 위원(현) 2018년 국회 사법개혁특별위원회 위원(현) 2019년 자유한국당 사법개혁특별위원회 위원(현) (상)페루공화국훈장(1981), 대통령표창(1981·1987), 근정포장(2000), 녹조근정훈장(2006), 홍조근정훈장(2011), JJC지방자치TV 선정 2017 국정감사 우수의원상(2017)

이철규(李澈圭)

(생)1960·8·24 (주)경기도 성남시 분당구 불정로 90 (주)KT 인프라운용혁신실(031-727-0114) (학)고려대 물리학과졸 (경)1986년 한국전기통신공사 입사 2005년 (주)KT 네트워크부문 네트워크전략담당 상무대우 2008년 同망관리본부 망관리기획담당 상무대우 2010년 同네트워크품질담당 상무보 2012년 同네트워크부문 유선네트워크운용본부 호남유선네트워크운용단장(상무) 2012년 同호남네트워크운용단장 2014년 同네트워크운용본부장 2016~2017년 同강북네트워크운용본부장(전무) 2018년 (주)KT서브마린 대표이사 사장 2019년 (주)KT 인프라운용혁신실장(전무)(현)

이철규(李哲圭) Lee Chul Kyu

(생)1961·2·20 (출)충남 아산 (주)서울특별시 강남구 테헤란로92길 7 법무법인 바른(02-3479-2415) (학)1979년 경동고졸 1983년 서울대 법학과졸 1985년 단국대 행정대학원 행정학과졸 (경)1992년 사법시험 합격(34회) 1995년 사법연수원 수료(24기) 1995년 대구지법 판사 1998년 同김천지원 판사 1999년 인천지법 부천지원 판사 2002년 서울지법 서부지원 판사 2004년 서울서부지법 판사 2005년 서울중앙지법 판사 2006년 서울고법 판사 2008년 서울남부지법 판사 2010년 대전지법 부장판사 2011년 인천지법 부장판사 2014~2016년 서울남부지법 부장판사 2016년 법무법인 바른 구성원변호사(현)

이철균(李哲均) LEE Choul Gyun

(생)1962·5·1 (본)한산(韓山) (출)서울 (주)인천광역시 미추홀구 인하로 100 인하대학교 공과대학 생명공학과(032-872-7518) (학)1981년 경성고졸 1985년 서울대 공업화학과졸 1988년 同대학원 생물공학과졸 1994년 공학박사(미국 미시간대) (경)1989년 생명공학연구소 연구원 1995년 미국 미시간대 Post-Doc. 1996년 미국 NASA(Kennedy Space Center) 객원연구원 1997년 인하대 공과대학 생명공학과 조교수·부교수·교수(현) 2007년 同산학협력본부장 2007~2008년 同창업지원센터장 2007~2008년 인천지역창업보육센터협의회 회장 2007년 인하대 생물산업기술연구소장(현) 2009년 同대학원 에너지자원공학과 융합과정전공 주임교수 2009~2013년 국토해양부 해양바이오

에너지생산기술개발연구센터장 2010년 인하대 인하펠로우교수(현) 2012~2015년 (사)한국해양바이오학회 회장 2013년 인하대 해양바이오에너지생산기술개발연구센터장(현) (상)한국생물공학회 신인학술상(2000), 한국미생물생명공학회 학술장려상(2007), 녹색기술 우수연구자 교육과학기술부장관표창(2011), 24회 YABEC학술대회 'YABEC Award' 수상(2018), 한국해양바이오학회 학술상(2018)

이철락(李澈洛) LEE CHEOL LAG (禪德)

(생)1955 · 10 · 13 (본)합천(陜川) (출)강원 춘천 (주)대구광역시 중구 서성로 20 매일빌딩 805호 시니어매일(1577-9013) (학)1979년 경북대 지구과학교육과졸 1984년 同교육대학원 지구과학교육과졸 1993년 이학박사(경북대) (경)1996년 교육부 지구과학교과서(과학고교용)심의위원 1998년 국립교육평가원 대학수학능력시험검토위원 2004~2007년 대구시남부교육청 장학사 2006~2008년 대구 달서구 작은실천푸른달서21 위원 2008년 대구시서부교육청 장학사 2009년 전국연합학력평가 평가개선위원 2009~2010년 경덕여고 교감 2010년 대구시 영재교육기관 프로그램운영 평가위원장 2010~2012년 대구시과학교육원 교육연구관 2012~2015년 도원중 교장 2013~2014년 한국교원단체총연합회 전문위원 2014~2018년 굿네이버스 교육전문위원 2014~2015년 대구 달서구 으뜸교육도시육성추진협의회 위원 2015~2018년 대구 대명중 교장 2015~2018년 대구 남구 교육행정협의회 위원 2019년 시니어매일 기자(현) (상)전국과학전람회 특상(1990 · 1992), 과학의날 교육부장관표창(1995), 옥조근정훈장(2018)

이철성(李哲聖) LEE Choel Seong

(생)1958 · 6 · 21 (출)경기 수원 (학)1991년 국민대 행정학과졸 2000년 연세대 대학원 행정학과졸 (경)1982년 순경 공채 1989년 경찰 간부후보(37기) 1997년 인천 부평경찰서 수사과장 직대 2001년 경찰청 경무기획국 근무 2004년 강원 정선경찰서장(총경) 2005년 강원 원주경찰서장 2007년 서울 제22경찰경호대장 2008년 서울 영등포경찰서장 2009년 경찰청 홍보담당관 2010년 경남지방경찰청 차장(경무관) 2011년 서울지방경찰청 경찰관리관 2012년 경찰청 외사국장(치안감) 2013년 同정보국장 2013년 경남지방경찰청장 2014년 대통령 정무수석비서관실 사회안전비서관 2015년 대통령 정무수석비서관실 치안비서관 2015년 경찰청 차장(치안정감) 2016~2018년 경찰청장(치안총감) (상)홍조근정훈장(2013), 자랑스러운 국민인의 상(2017), 자랑스러운 검정고시인상(2017)

이철성(李喆聖) LEE Chul Sung

(생)1958 · 8 · 29 (주)충청남도 아산시 배방읍 호서로 79번길 20 호서대학교 총장실(041-540-5006) (학)1982년 전남대 영어영문학과졸, 한양대 대학원졸, 박사(한양대) (경)1986년 한국방송공사(KBS) 라디오센터 근무 1996년 同사회교육방송국 차장 1997년 同라디오2국 차장 1998년 同라디오1국 차장 2001~2002년 同라디오제작센터 부주간 2007년 호서대 교수 2008~2014년 同대외협력부총장 2018년 同총장(현) (상)내무부장관표창(1994), 농림수산부장관표창(1994), 한국방송대상 작품부문 대상(2001)

이철성(李哲成) Lee, Chul Sung

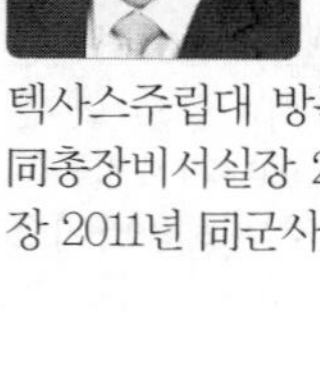

(생)1964 · 8 · 26 (본)하빈(河濱) (출)서울 (주)충청남도 논산시 대학로 121 건양대학교 군사경찰대학 국방경찰행정학부(041-730-5731) (학)1983년 환일고졸 1987년 고려대 사학과졸 1989년 同대학원 사학과졸 1997년 문학박사(고려대) (경)1995년 건양대 교양학부 전임강사 · 조교수 · 부교수 2004년 미국 텍사스주립대 방문교수, 건양대 국방경찰학부 교수 2006~2008년 同총장비서실장 2007년 同충남지역문화연구소장 2008년 同총무처장 2011년 同군사경찰대학장 겸 국방관리대학원장 2012년 한국사연구회 이사 2012년 건양대 군사경찰대학 국방경찰행정학부 교수(현) 2012년 同군사경찰행정대학원장 2018년 同부총장(현) (저)'조선후기 대청무역사 연구'(2000) '한국무역의 역사'(2004) '한국해양사 자료집 제3권'(2004, 해상왕장보고기념사업회) '역주 논산지리지'(2005, 논산문화원) '여지도서 평안도1~5'(2009, 흐름) '한국무역의 역사'(2010, 청아출판사) '서구 문화와의 만남'(2010, 국사편찬위원회) '옛지도에서 論山을 만나다'(2015, 건양대학교 충남지역문화연구소) '내포문화총서6 -내포의 천주교와 성지'(2015, 충청남도역사문화연구원) '내포의 지리와 환경'(2016, 충청남도역사문화연구원) (역)'대한계년사2 · 5'(2004) '여지도서 평안도1~5'(2009) (종)천주교

이철성(李哲聖)

(주)서울특별시 영등포구 국제금융로 56 미래에셋대우빌딩 미래에셋생명보험(1588-0220) (경)2004년 미래에셋투자신탁운용 마케팅본부장(이사대우) 2005년 미래에셋자산운용 마케팅본부장(상무보) 2006년 同마케팅부문 대표(전무) 2008년 同마케팅부문 대표(부사장), 同경영관리부문 대표, 同리테일마케팅부문 대표, 同연금마케팅부문 대표 2016~2019년 멀티에셋자산운용 경영관리 · 마케팅관리 총괄대표이사 2019년 미래에셋생명보험 방카영업부문 대표(부사장)(현)

이철수(李哲洙) LEE Cheol Soo

(생)1958 · 3 · 19 (출)대구 (주)서울특별시 관악구 관악로 1 서울대학교 법학전문대학원(02-880-7552) (학)1977년 경북고졸 1982년 서울대 법학과졸 1984년 同대학원 법학과졸 1992년 법학박사(서울대) (경)1984~1986년 Lee&Ko 법률사무소 연구원 1990~1991년 독일 프랑크푸르트대 노동법연구소 연구원 1992~1995년 한국노동연구원 연구위원 1995~2000년 서울대 강사 1995~2004년 이화여대 법학과 조교수 · 부교수 1996~1998년 노사관계개혁위원회 책임전문위원 1997년 사법연수원 강사 1998년 한국노동법학회 상임이사 1999년 노사정위원회 공익위원 2002년 행정자치부 인사위원회 자문위원 2003년 북한경제전문가 100인포럼 회원 2004~2006년 이화여대 법학과 교수 2005년 한국노사관계학회 수석부회장 2005년 통일부 개성공단법률자문회의 위원장 2006~2018년 서울대 법과대학 법학과 교수 2010~2017년 (주)동성하이켐 사외이사 2014~2016년 서울대 기획처장 2016년 삼성 옴부즈만위원회 위원장(현) 2017년 서울대 평의원회 부의장(현) 2017년 고용노동부 정책자문위원회 위원장(현) 2018년 서울대 법학전문대학원 교수(현) 2018년 경제사회노동위원회 산하 노동시간제도개선위원회 위원장 (상)대통령표창(1998), 홍조근정훈장(2008) (저)'객관식 노동법' '법학입문'(共) '휴일 · 휴가에 관한 연구' '기업의 구조조정과 노동법적 과제' '헌법의 규범력과 법질서'(2002) '임금제도개편을 위한 노동법적 과제'(2004) (역)'노동법사전'

이철신(李哲信) LEE Chul Shin

(생)1952 · 11 · 10 (출)평북 선천 (주)서울특별시 중구 수표로 33 영락교회(02-2280-0114) (학)연세대 사학과졸, 장로회신학대 대학원 목회학과 수료, 同대학원 신학과 수료, 미국 트리니티신학대 대학원 신학과졸, 미국 바이올라대 선교대학원 선교학박사과정 수료, 명예 신학박사(미국 바이올라대) 2015년 명예 신학박사(장로회신학대) 2017년 명예 기독교학박사(숭실대) (경)Korean Presbyterian Church of Downey CA 설교목사 1977년 경기 차산교회 목사 1979년 육군 보병25사단 군목 1982년 서울 무학교회 목사 1985년 서울 동신교회 목사 1993년 경기 인천제일교회 담임목사 1997~2018년 서울 영락교회 담임목사(당회장) 1998~2011년 학교법인 영락학원 이사장 2000년 학교법인 대광학원 이사장, (사)한국기독교군선교연합회 이사, 월드비전 이사 2007년 한국교회희망연대 상임대표 2011년 월드비전 이사장(현) 2018년 서울 영락교회 원로목사(현) (종)기독교

이철영(李哲永) LEE Chull-Young

(생)1944 · 10 · 6 (출)서울 (주)서울특별시 영등포구 여의나루로67 신송빌딩 17층 아크임팩트자산운용(주) 회장실(02-6332-7400) (학)1963년 경기고졸 1968년 서울대 상과대졸 1973년 미국 컬럼비아대 경영대학원졸(MBA) (경)1968년 한국과학기술연구소 경제분석실 연구원 1973년 삼보증권 기획실장 1983년 바슈롬코리아 대표이사 2003~2015년 同공동회장 2003년 아크투자자문(주) 대표이사 회장 2005년 소시얼 엔터프라이즈 네트워크 이사장 2011년 숙명여대 객원교수(현) 2012~2017년 이화여대 겸임교수 2017년 아크임팩트자산운용(주) 대표이사 회장(현) (상)대통령표창(1976 · 1992) (종)기독교

이철영(李喆永) LEE Cheol Young

(생)1950 · 9 · 20 (본)신평(新平) (출)충남 홍성 (주)서울특별시 종로구 세종대로 163 현대해상화재보험(주) 임원실(02-732-1075) (학)1969년 성남고졸 1976년 고려대 경영학과졸 (경)1976년 현대건설 입사 1986년 현대해상화재보험(주) 차장 1994년 同영업기획업무담당 이사 1998년 同업무본부담당 상무 1999년 同자동차보험본부장 2000년 현대해상자동차손해사정(주) 대표이사 2003년 현대해상화재보험(주) 자동차보험본부장(전무) 2005년 同재경본부장 2006년 同경영기획부문장(부사장) 2007~2010년 同대표이사 2010년 현대해상자동차손해사정 · 현대하이카자동차손해사정 · 현대C&R · 현대HDS · 하이캐피탈 이사회 의장 2013년 현대해상화재보험(주) 대표이사 사장 2017년 同대표이사 부회장(현) (상)철탑산업훈장(2008), 매경이코노미 선정 '한국 100대 CEO'(2009 · 2014 · 2015 · 2016 · 2017 · 2018), GWP KOREA '대한민국 일하기 좋은100대기업 최고경영자상'(2014), 매일경제 선정 대한민국 금융대상 '손해보험대상'(2015 · 2017), GPTW Institute '한국에서 가장 존경받는 CEO'(2016 · 2017), 제26회 다산금융상 보험부문 금상(2017) (종)불교

이철영(李哲永) YI Chull Young

(본)전주(全州) (출)경북 울릉 (주)서울특별시 마포구 와우산로 94 홍익대학교 광고홍보대학원(02-3668-3703) (학)1988년 미국 일리노이주립대 대학원 광고학과졸 1991년 신문방송학박사(미국 일리노이주립대) (경)1991년 선연 기획부장 1992~1995년 LG애드 마케팅국장 1995년 중앙일보 연구위원 1996년 Leo Burnett 기획이사 1997~2000년 동아일보 기획위원 2000년 AC닐슨코리아 전무이사 2000~2002년 同전무 겸 닐슨미디어코리아 대표 2002년 홍익대 광고홍보대학원 교수(현) 2002~2007년 同광고홍보대학원장 2004년 同문화콘텐츠전략연구센터 소장 2004~2006년 서울시 청계천복원시민의견분과 위원장 · 시정책조사자문위원장 2006년 뉴라이트전국연합 공동대표 2007년 (사)문화정책연구원 원장 2007년 미디어산업선진화포럼 사무총장, 해군발전 자문위원, 행정안전부 기획조정자문위원, 여수엑스포 홍보자문위원장, 중앙일보 미디어마케팅 자문위원 2015년 홍익대 기획처 국제교류 · 홍보실장 (저)'신문가격과 독자'(2005) '경영마인드로 국가경제를 살린 지도자들'(2007) '이미지메이킹'(2007) (종)천주교

이철옥(李喆玉) LEE Chul Ock

(생)1930 · 3 · 7 (출)전북 군산 (주)인천광역시 연수구 하모니로 291 의료법인 이원의료재단(1600-0021) (학)1957년 중앙대 경제학과졸 1971년 고려대 의대졸 1973년 서울대 보건대학원졸 1980년 의학박사(일본 니혼대) 1992년 미국 버클리대 한 · 미 최고정책과정 수료 (경)1979~2006년 의료법인 길병원(現 가천대 길병원) 의료원장 1983~1994년 대한병원협회 이사 1984년 한국청소년연맹 인천연맹 총재 1991~1995년 인천시 교육위원회 위원 1993년 미추홀봉사단 총재 1996년 (사)색동회 경인지회장 1998~2001년 한국청소년연맹 총재 2001년 의료법인 이원의료재단 이사장(현) 2013~2016년 이원다이애그노믹스(주)(EDGC) 대표이사 회장 (상)국민포장, 국민훈장 석류장, 국무총리표창

이철우(李喆雨) LEE Cheol Woo

(생)1955 · 8 · 15 (본)경주(慶州) (출)경북 김천 (주)경상북도 안동시 풍천면 도청대로 455 경상북도청 도지사실(054-880-2001) (학)1974년 김천고졸 1978년 경북대 사범대학 수학교육과졸 2005년 연세대 행정대학원 정치학과졸, 서울대 행정대학원 국가정책과정 수료 2007년 명예 경영학박사(대구대) 2013년 명예 교육학박사(경북대) (경)1980~1985년 의성군 신평 · 단밀중 교사 1985년 국가안전기획부 공채 합격 2001년 국회 정보위원회 파견 2005년 국가정보원 이사관 2005~2008년 경북도 정무부지사, 대구 · 경북한방산업진흥원 이사장 2008년 한국새마을학회 부회장 2008년 제18대 국회의원(김천, 한나라당 · 새누리당) 2008년 한나라당 대표특보 2009~2010년 同정보위원장 2009~2015년 (재)단비장학회 이사장 2010년 한나라당 문화예술체육특별위원회 정책기획소위원 2011년 同재해대책위원장 2012년 제19대 국회의원(경북 김천시, 새누리당) 2012년 새누리당 원내부대표 2012~2013년 同원내대변인 2012년 국회 국토해양위원회 위원 2012~2013년 국회 운영위원회 위원 2013~2017년 대한속기협회 회장 2013년 국회 국토교통위원회 위원 2013년 국회 방송공정성특별위원회 위원 2013년 새누리당 원내수석부대표 2013~2014년 同경북도당 위원장 2013년 국회 국가정보원댓글의혹사건등의진상규명을위한국정조사특별위원회 위원 2013년 국회 국가정보원개혁특별위원회 위원 2013~2014년 대한씨름협회 명예회장 2014년 국회 정보위원회 여당 간사 2014년 국회 안전행정위원회 위원 2014년 새누리당 공무원연금제도개혁TF 위원 2015년 同정책위원회 정보정책조정위원장 2015년 국회 예산결산특별위원회 위원 2015년 새누리당 교육감제도개선TF 위원장 2016~2018년 제20대 국회의원(경북 김천시, 새누리당 · 자유한국당) 2016~2017년 국회 정보위원회 위원장 2016~2017년 국회 산업통상자원위원회 위원 2016년 국회 지방살리기포럼 공동대표 2016년 국회 내륙고속철도포럼 공동대표 2017년 국회 헌법개정특별위원회 간사 2017년 자유한국당 대선기획단 국가안보위원장 2017년 同사무총장 2017년 同제19대 홍준표 대통령후보 중앙선거대책위원회 총괄선거대책본부장 2017~2018년 同최고위원 2017~2018년 국회 산업통상자원중소벤처기업위원회 위원 2017~2018년 국회 헌법개정특별위원회 위원 2017~2018년 자유한국당 북핵위기대응특별위원회 위원장 2017~2018년 국회 대한민국살리기포럼 공동대표 2017~2018년 자유한국당 보수통합추진위원회 위원 2018년 경북도지사(자유한국당)(현) 2018년 대한민국시도지사협의회 공동부회장(현) 2019년 영호남시도지사협력회의 의장(현) (상)홍조근정훈장, 희망사랑나눔재단 선정 모범국회의원(2013), 법률소비자연맹 선정 국회헌정대상(2016), 한국언론인연합회 대한민국나눔봉사대상 지역사회부문 대상(2017), 대한민국 자랑스러운 한국인 지역정치의정부문(2017), 한국언론인연합회 자랑스런 한국인 대상(2017) (저)'출근하지 마라-답은 현장에 있다'(2008) '지방이 살아야 나라가 산다'(2011) '변해야 산다'(2018) (종)기독교

이철우(李澈雨) LEE Cheol Woo

(생)1957 · 3 · 4 (출)충남 부여 (주)경기도 안산시 단원구 산단로 31 LS오토모티브 사장실(031-495-0434) (학)1977년 부산상고졸 1984년 고려대 경영학과졸 (경)1983년 LG전선(주) 입사, 同안양공장 재무지원실장, 同경영기획부 · 구매부 · 해외영업부 근무, 同동남아지사장 2002년 同경영혁신부문장(상무), 同CFO(상무) 2005년 LS전선(주) CFO(상무) 2007년 同지원본부장 겸 CFO(전무) 2008년 대성전기(주) 대표이사 전무 2008년 同대표이사 사장 2016년 LS오토모티브 대표이사 사장(현) (상)은탑산업훈장(2012), 중앙일보 선정 한국경제를 이끄는 CEO(2014) (저)'관리회계의 活用'(1993) (종)불교

이철우(李哲雨)

(생)1960·5·25 (주)울산광역시 중구 종가로 400 한국산업안전보건공단(052-703-0505) (학)아주대졸, 고려대 노동대학원 노동법학과졸 (경)2001년 노사정위원회 관리과 사무관, 노동부 차관실 비서관 2008년 同대변인실 홍보기획팀 서기관 2009년 同노사정책실 노사관계법제과 서기관 2010년 同노사관계선진화실무지원단 팀장 2011년 고용노동부 노사정책실 공공기관노사관계과장 2012년 同노동정책실 건설산재예방과장 2013년 同산재예방보상정책국 산업보건과장 2014년 同인력수급정책국 사회적기업과장 2015년 중부지방고용노동청 안양고용노동지청장 2015년 부산지방고용노동청 울산고용노동지청장(부이사관) 2017~2018년 울산지방노동위원회 초대 위원장 2018년 한국산업안전보건공단 기획이사(현)

이철우

(생)1967·6·7 (주)서울특별시 서초구 서초대로74길 11 삼성증권(주) 임원실(02-2020-8000) (학)1986년 서울고졸 1993년 중앙대 신문방송학과졸 (경)1993년 삼성그룹 입사(공채 34기) 1999년 삼성증권 홍보팀 근무 2004년 삼성그룹 커뮤니케이션팀 근무 2011년 (주)호텔신라 커뮤니케이션팀 근무, 同커뮤니케이션그룹장 2015년 삼성증권(주) 커뮤니케이션담당 상무(현)

이철위(李哲偉) LEE Chul Wee

(생)1957·10·9 (본)전주(全州) (출)경기 수원 (주)대전광역시 유성구 가정로 141 한국화학연구원 탄소자원화연구소 탄소산업선도연구단(042-860-7381) (학)1980년 서강대 화학과졸 1983년 同대학원 무기학과졸 1989년 무기화학박사(서강대) (경)1983~1993년 한림대 전임조교 1985~1988년 강원대 강사 1988~1990년 한국과학기술연구소 박사 후 연구원 1990~1993년 미국 휴스턴대 박사 후 연구원 1993~1998년 한국화학연구원 무기소재연구부 책임연구원 1998~2006년 同화학기술연구부 책임연구원 2005~2018년 과학기술연합대학원대(UST) 전임교수 2011년 同그린화학공정연구본부장 2011년 同울산실용화연구사업본부장 2015년 同CCP융합연구단 책임연구원 2015년 한국공업화학회 충남·대전·세종지부 지부장 2016년 同탄소자원화연구소 C-산업육성연구센터장 2018년 호주 모나시대 화학과 초빙과학자 2019년 한국탄소학회 부회장(현) 2019년 한국화학연구원 탄소자원화연구소 탄소산업선도연구단 연구위원(현) (상)대통령표창(2006), 탄소산업혁신상(2015), 국가과학기술연구회 이사장상(2015) (종)천주교

이철조(李哲朝) Lee Cheoljo

(생)1970·11·2 (출)경남 마산 (주)부산광역시 동구 충장대로 351 부산지방해양수산청 부산항건설사무소(051-609-6700) (학)마산중앙고졸, 연세대 토목학과졸 (경)1992년 기술고시 합격(28회) 2005년 인천지방해양수산청 항만개발과장 2006년 아시아태평양경제사회이사회 파견 2009년 공공기관지방이전추진단 파견 2009년 국토해양부 항만건설기술과장(서기관) 2009년 인천지방해양항만청 항만정비과장 2010년 부산지방해양항만청 항만정비과장 2011년 국토해양부 항만개발과장 2014년 同항만정책과장(부이사관) 2014년 同여객선세월호사고중앙사고수습본부 특별운영팀 인양반 부이사관 2016년 同세월호배상및보상지원단장(고위공무원) 2016~2017년 同세월호후속대책추진단장(고위공무원) 2017년 부산지방해양수산청 부산항건설사무소장(현)

이철태(李鐵泰) Chul-Tae Lee

(생)1952·11·15 (본)학성(鶴城) (출)부산 (주)서울특별시 성북구 화랑로13길 60 동덕여자대학교(02-940-4000) (학)1971년 동아고졸 1979년 고려대 화학공학과졸 1981년 同대학원 화학공학과졸 1984년 화학공학박사(고려대) 1998년 공학박사(러시아 상트페테르부르크대) (경)1985~1993년 단국대 화학공학과 조교수·부교수 1988~1989년 미국 유타대 객원교수 1994년 단국대 대학원 교학처장 1994~2018년 同화학공학과 교수 1994~1995년 同화학공학과장 겸 대학원 교학처장 1995~2001년 한국화학공학회 공업화학부문 위원장 1995~2001년 한국공업화학회 무기재료분과 회장 1998년 Supercapacitor연구회 회장 2000~2004년 (주)테크앤라이프 대표이사 2004~2006년 (주)티지알 대표이사 2008년 한국공업화학회 산학협력위원장 2012~2014년 한국지식재산교육연구학회 회장 2013년 한국공업화학회 회장 2014년 同고문(현) 2014~2015년 同창업지원단장 2014~2017년 한국과학기술단체 총연합회이사 2015년 한국지식재산교육연구학회 명예회장(현) 2015~2018년 단국대 지식재산교육센터장 2015년 한국도자문화협회 부회장(현) 2017년 러시아 세인트피터스버그 공과대학 이사(현) 2017년 한국화학관련학회연합회 수석부회장 2018년 同회장 2018년 동덕여대 특임석좌교수(현) 2018년 한국 BI사업화협회 부회장(현) (상)한국화학공학회 학술상, 한국화학공업학회표창, 한국공업화학회 학술상, 과총 우수논문상, 과학기술논문상, 과학기술훈장 진보장(2014) (저)'무기공업화학'(1997·2000) '폐기물처리개론'(1997) '화학공학도를 위한 정보통신 소재공학'(2004) '재료전기화학'(2010) (종)불교

이철호(李鐵湖) LEE Cheol Ho

(생)1938·4·15 (본)한산(韓山) (출)전남 구례 (주)전라남도 구례군 구례읍 봉성산길 16 구례향제줄풍류 보존회관(061-782-8818) (학)1959년 구례농고졸 1962년 우석대병설의학기술초급대학 수료(3년) (경)1954년 전용선 선생께 사사 1973년 김무규 선생께 사사 1982년 한국방송공사(KBS) 주최 합동발표 1983년 원불교중앙총부 합동발표 1985~2003년 문화재청 후원 정기공개행사 공연 1994년 구례향제줄풍류보존회 회장(현) 1996년 국가무형문화재 제83-가호 향제줄풍류 구례향제줄풍류(단소) 예능보유자 지정(현) 1997년 한국문화유산 '빛과 소리' 공연 1997년 중요무형문화재 발표공연 1998년 예술의전당 한국정원 공연 1999년 문화재청 주최 정동극장 공연 2003년 국립대구박물관 주최 문화예술행사 공연 (작)문예진흥기금지원금으로 '구례향제줄풍류' 제작(2003) (종)불교

이철호(李喆鎬) LEE Chul Ho (景庵)

(생)1941·10·24 (출)경기 의정부 (주)서울특별시 서초구 동광로12가길 2 새한국문학회(02-594-4602) (학)1962년 동국대 국어국문학과졸 1969년 경희대 한의학과졸 1974년 同대학원 한의학과졸 1981년 보건학박사(미국 서던캘리포니아골든주립대) (경)1966년 오산고 교사 1974년 국제인권옹호연구회 상임이사 1975년 한국환경보호연구회 상임이사 1978~2017년 한국소설가협회 중앙특별위원 1980년 한국방송언론인협회 회장 1981년 평통 상임위원 1982년 한국문인협회 수필분과 회장 1984년 명지대 문예창작과 겸임교수 1986년 국제펜클럽 한국본부 이사 1988년 주부경제신문 논설위원 1988년 명지대 사회교육원 강사 1991·1998년 서울시의회 의원(한나라당) 1992년 同문화교육위원장 1995~2006년 이철호한의원 원장 1995년 한국문인협회 부이사장, 駐韓바누아투공화국 명예총영사 2000년 서울시의회 보건사회위원장 2000년 종합문예지 '한국문인' 이사장(현) 2005~2007년 한국수필가협회 이사장 2008년 (사)새한국문학회 이사장(현) 2008년 김소월문학기념사업회 이사장(현) 2013년 경암 이철호 문학기념관 이사장(현) 2014년 한국낭송문학가협회 이사장(현) 2017년 김소월낭송문학가협회 이사장(현) 2017년 한국소설가협회 최고위원(현) (상)대통령표창, 국민훈장 목련

장, 국민훈장 동백장, 한국수필문학상, 한국문학상, 노산문학상, 한국전쟁문학상, 한국평론가협회상, 한글문학상, 조연현문학상(2016) (저)'야누스의 고뇌' '타인의 얼굴' '겨울산' '태양인' '동털영감' '잃어버린 자유계약' '무상연가' '생활이 나를 속일지라도' '환자와의 대화' '가정한방백과' '한방과의 만남' '동의박물담' '약이되는 식품' '문학으로 모든 질병을 치료한다', 칼럼집 '귀는 귀한데 눈은 어찌 천한고', 소설집 '너에게 하지 못한 이야기', 평론집 '수필평론의 이론과 실제', 시집 '홀로견디기.앉아서도 꿈꾸는 숲'(2017) 등 64종 출간

이철호(李哲鎬) Lee Cherl-Ho (瀰丁)

(생)1945 · 8 · 18 (본)전주(全州) (출)함남 함흥 (주)서울특별시 성북구 안암로 145 고려대학교 생명과학관 한국식량안보연구재단(02-929-2751) (학)1963년 장충고졸 1967년 고려대 농화학과졸 1971년 덴마크 Malling농업대졸 1975년 농학박사(덴마크 왕립농과대) (경)1969년 동양제과 연구원 1975년 미국 MIT 연구원 1979~2010년 고려대 식품공학과 교수 1989년 덴마크 생물공학과 객원교수 1994년 미국 Smithsonian Inst. 객원연구원 1998년 일본 京都大 식량과학연구소 객원교수 1999년 한국과학기술한림원 정회원(현) 2000~2001년 고려대 식품가공핵심기술연구센터 소장 2004~2009년 한국국제생명공학회 회장 2005년 한국미생물생명공학회 회장 겸 한국미생물학회연합회 회장 겸 식품법포럼 공동대표 2007년 식품과학회 회장 겸 식품관련학회연합회 회장 2010년 미국 식품공학회 Fellow 2010~2012년 한국인정원 식품안전미래포럼 위원장 2010년 한국식량안보연구재단 이사장(현) 2010년 고려대 명예교수(현) 2010~2011년 유엔식량농업기구 고문관 (상)한국식품과학회 공로상, 학술진보상(1984), 국민훈장 석류장(1998), 한국미생물생명공학회 학술상(2007), 홍조근정훈장(2009), 한국식품과학회 학술대상(2010) (저)'식품공업품질관리론(共)'(1981) '식품공학(共)'(1984) '한국의 수산발효식품(共)'(1986) '식품EXTRUSION기술(共)'(1987 · 1988) 'Fish Fermentation Technology'(1993) '음식오케스트라'(1994) '식품위생사전백서 I · II'(1997 · 2007) '조사식품의 안전성과 국제교역'(1998) 'Fermentation Technology in Korea'(2001) '한국식품학 입문'(2003) '식품저장학(共)'(2008) '식품의 안전성평가'(2010) '식량전쟁'(2012) '한반도통일과 식량안보(共)'(2012) '선진국의 조건 식량자급(共)'(2014) '나트륨, 건강, 그리고 맛(共)'(2014) 'GMO 바로알기(共)'(2015) '쌀의 혁명(共)'(2015) '광복70년 인생70년'(2015) '식량낭비줄이기(共)'(2016) '한중일 식량정책 비교(共)'(2017) '한국음식의 역사'(2017) '세계속물시장과 한국의 식량안보(共)'(2018) '4차산업혁명과 식량산업(共)'(2018) (종)기독교

이철호 Lee, Chulho

(생)1958 · 1 · 21 (주)부산광역시 금정구 부산대학로63번길 2 부산대 국제전문대학원(051-510-2554) (학)서울대 외교학과졸, 정치학박사(프랑스 파리사회과학고등연구원(EHESS)) (경)부산대 국제전문대학원 교수(현) 2009~2010년 동남권광역경제발전위원회 자문위원 2012년 부산대 국제전문대학원장 2012년 부산상공회의소 미래산업위원회 위원 2014~2017년 부산인적자원개발원 원장(제4대) 2017~2018년 부산인재평생교육진흥원 초대원장 (저)'도시재생 실천하라 : 부산의 경험과 교훈'(2014, 미세움) '부산글로벌경제론'(2016, 부산발전연구원)

이철호(李喆鎬) LEE Chul Ho

(생)1970 · 1 · 21 (출)경남 양산 (주)경기도 수원시 영통구 법조로 91 수원지방검찰청 중요경제범죄조사단(031-5182-4448) (학)1988년 부산동고졸 1992년 고려대 법학과졸 (경)1997년 사법시험 합격(39회) 2000년 사법연수원 수료(29기) 2000년 공익법무관 2003년 수원지검 안산지청 검사 2005년 춘천지검 강릉지청 검사 2006년 창원지검 검사 2008년 수원지검 검사 2010년 의정부지검 검사 2012년 서울중앙지검 검사 2013년 同부부장검사 2015년 창원지검 공판송무부장 2016년 대구지검 김천지청 부장검사 2017년 대구고검 검사 2019년 수원지검 중요경제범죄조사단 부장(현)

이철환(李鐵煥) LEE Chul Hwan

(생)1938 · 2 · 12 (출)부산 (학)1956년 경남고졸 1960년 고려대 법대졸 1963년 서울대 사법대학원 수료 (경)1964년 서울민형사지법 인천지원 판사 1965년 공군본부 보통군법회의 법무사 1968년 서울민형사지법 의정부지원 판사 1969년 서울형사지법 판사 1971년 서울민사지법 판사 1973년 대전지법 판사 1975년 서울고법 판사 1978년 대법원 재판연구관 1980년 부산지법 부장판사 1981년 서울지법 수원지원 부장판사 1982년 서울형사지법 부장판사 1984년 대구고법 부장판사 1986년 서울고법 부장판사 1989년 서울가정법원 수석부장판사 겸임 1991년 서울형사지법 수석부장판사 겸임 1991년 마산지법원장 1992년 부산지법원장 1993년 인천지법원장 1993년 제주지법원장 1994년 춘천지법원장 1995년 광주고법원장 1998~1999년 대전고법원장 2005~2015년 법무법인 우일 변호사, 변호사 개업(현)

이철환(李哲煥) LEE Cheol Hwan

(생)1956 · 7 · 13 (본)재령(載寧) (출)경남 산청 (주)충청남도 서산시 홍천로 42 대산지방해양수산청 해사안전감독관실(051-609-6854) (학)1975년 진주고졸 1980년 한국해양대 항해학과졸 2001년 목포해양대 대학원 해상운송시스템학과졸 2010년 공학박사(목포해양대) (경)1980년 해외선박(주) 항해사 1984년 현대중공업(주) 근무 1985년 반도선박(주) 항해사 1986~1994년 한주상운(주) 항해사 · 선장 1994~1997년 현대상선(주) 차장 · 선장 1997년 목포지방해양안전심판원 심판관 2003년 부산지방해양안전심판원 심판관 2007년 동해지방해양안전심판원 심판관 2009년 同원장(고위공무원) 2011년 중앙해양안전심판원 심판관 2015~2018년 부산지방해양수산청 선원해사안전과 해사안전감독관(화물선담당) 2018년 대산지방해양수산청 선원해사안전과 해사안전감독관(화물선담당)(현) (종)불교

이철훈(李哲勳) LEE Chul Hoon

(생)1956 · 9 · 19 (출)서울 (주)경기도 안산시 상록구 한양대학로 55 한양대학교 약학대학(031-400-5801) (학)1980년 서울대 약학대학졸 1982년 성균관대 대학원 생물학과졸 1988년 이학박사(독일 괴팅겐대) (경)1986년 남성불임원인물질 「프로타민단백질」 유전자구조 세계 최초로 규명 1987년 독일 괴팅겐대 전임연구원 1987년 제일제당 종합연구소 발효연구실 미생물탐색연구그룹장 1994년 라지오넬라균선택적사멸무독성신물질 「AL702」 발굴 1994년 천연항진균물질 「세파시딘A」 추출 1999~2010년 한양대 의대 유전학교실 부교수 · 교수 2000~2010년 Journal of Microbiology and Biotechnology Editor 2010년 한양대 약학대학 교수(현) 2010~2016년 同약학대학장 2010년 한국미생물 · 생명공학회 부회장 2016년 同회장 2017년 同이사(현) (상)제5회 이달의 과학기술자상(1997), 국산신기술인증 KT마크 수상(1997), 한국미생물생명공학회 학술장려상(2003), 한양대 베스트티처상(2003 · 2007), 한국미생물생명공학회 우수발표논문상(2006) (저)'재미있는 유전학이야기' '의학유전학'

이철희(李哲熙) LEE Chul Hee

(생)1954 · 2 · 11 (출)인천 (주)서울특별시 동작구 흑석로 102 중앙대의료원 광명새병원건립추진단(1800-1114) (학)1978년 서울대 의대졸 1981년 同대학원 의학석사 1987년 의학박사(서울대) (경)1986년 한국보훈병원 이비인후과장 1987~2017년 서울대 의대 이비인후과학교실 조교수 · 부교

수 · 교수 1993~2000년 대한비과학회 총무 2002년 알레르기비염 심포지엄 회장 2003~2008년 분당서울대병원 이비인후과장 2004~2009년 이지케어텍 대표이사 2009~2013년 서울특별시립 보라매병원장 2009~2013년 대한병원협회 병원정보관리이사 2010년 대한민국의학한림원 재정위원회 위원 2011~2014년 (재)한국병원경영연구원 원장 2013~2016년 분당서울대병원장 2013~2015년 미래창조과학부 창조경제자문위원회 위원 2013~2014년 대한병원협회 기획이사 2014년 국무총리소속 정보통신전략위원회 민간위원 2014~2016년 대한병원협회 병원정보관리위원장 2015년 성남산업진흥재단 성남창조경영CEO포럼 공동의장 2015년 경기도 메르스대응민관합동의료위원회 위원 2015~2016년 경기국제의료협회 회장 2016년 분당서울대병원 공공의료사업단장 2017년 중앙대의료원 광명새병원건립추진단장(현)

이철희(李哲熙) LEE CHEOL HEE

(생)1966 · 3 · 29 (출)경북 영일 (주)서울특별시 영등포구 의사당대로 1 국회 의원회관 923호(02-784-5080) (학)1983년 동인고졸 1988년 고려대 정치외교학과졸 1990년 同대학원 정치외교학과졸 2012년 한신대 대학원 박사과정 수료 (경)1988~1989년 한국정치연구회 운영위원 · 섭외부장 1994~1995년 국회의원 비서관 1999~2000년 대통령 정책2비서관실 행정관 2001년 21세기문화정책위원회 사무국장 2002년 새천년민주당 제16대 노무현 대통령후보 선거대책위원회 미디어선거특별본부 간사 2002~2003년 노무현 대통령당선자 비서실 전문위원 2004~2006년 국회의원 보좌관 2005~2007년 대한핸드볼협회 관리이사 2006~2007년 국회 원내대표 비서실 부실장 · 국회 정책연구위원 2008~2010년 한국사회여론연구소 컨설팅본부장 · 부소장 2010년 서울디지털대 겸임교수 2010년 한신대 외래교수 2010~2011년 민주당 전략기획위원회 상임부위원장 2011년 민주정책연구원 상근부원장, 두문정치전략연구소 소장 2013~2016년 JTBC '썰전' 출연 2014~2016년 교통방송(TBS) '퇴근길 이철희입니다' 진행 2016년 더불어민주당 총선기획단 전략기획본부장 2016년 同전략공천관리위원회 위원 2016년 同더불어경제선거대책위원회 상황실장 2016년 제20대 국회의원(비례대표, 더불어민주당)(현) 2016년 더불어민주당 전략기획위원장 2016~2018년 국회 국방위원회 간사 2016~2017년 국회 정치발전특별위원회 위원 2017년 더불어민주당 제19대 문재인 대통령후보 중앙선거대책본부 전략본부 부본부장 2017년 同국민주권선거대책위원회 전략본부 부본부장 2018년 국회 사법개혁특별위원회 위원 2018~2019년 더불어민주당 기획담당 원내부대표 2018~2019년 국회 운영위원회 위원 2018~2019년 국회 과학기술정보방송통신위원회 위원 2018년 국회 정치개혁특별위원회 위원(현) 2019년 더불어민주당 원내수석부대표 직대 2019년 同민주연구원 부원장(현) 2019년 국회 법제사법위원회 위원(현) 2019년 국회 예산결산특별위원회 위원(현) (상)더불어민주당 국정감사 우수의원상(2016 · 2017), 국정감사 NGO모니터단 국정감사 우수의원(2016 · 2017), 쿠키뉴스 국정감사 우수의원(2017) (저)'디프리핑'(2002, 운주사) '1인자를 만든 참모들'(2003, 위즈덤하우스) '어드바이스 파트너'(2009, 페가수스) '이기는 정치 소통의 리더십'(2010, 너울북) '박근혜 현상'(2010, 위즈덤하우스) '불량 사회와 그 적들'(2011, 알렙) '무엇을 어떻게 할 것인가'(2012, 너울북) '바꿔야 이긴다'(2013, 로드스) '1인자를 만든 참모들'(2013, 페이퍼로드) '뭐라도 합시다'(2014) '이철희의 정치설전'(2016) '7인의 충고'(2016)

이철희(李喆熙) Lee Cheul Hee

(생)1966 · 8 · 2 (본)경주(慶州) (출)전북 전주 (주)대구광역시 수성구 동대구로 366 대구고등검찰청 총무과(053-740-3242) (학)1984년 전주 신흥고졸 1992년 고려대 법학과졸 (경)1994년 사법시험 합격(36회) 1997년 사법연수원 수료(26기) 1997년 대구지검 검사 1999년 전주지검 정읍지청 검사 2000년 제주지검 검사 2002년 서울중앙지검 검사 2005년 법무부 법무과 검사 2007년 대전지검 검사 2009년 전주지검 검사 2010년 서울중앙지검 부부장검사 2011년 미국 워싱턴주립대 연수 2012년 서울고검 검사 2012년 법무부 범죄예방정책국 보호법제과장 2014년 대전지검 논산지청장 2015년 서울중앙지검 형사3부장 2016년 법무연수원 교수 2017년 광주지검 목포지청장 2018년 부산지검 동부지청장 2019년 대구고검 검사(현) (상)근정포장(2013) (종)기독교

이철희(李喆熙) LEE Cheol Hee

(생)1970 · 2 · 22 (출)울산 (주)충청북도 청주시 서원구 산남로70번길 51 청주지방검찰청 총무과(043-299-4543) (학)1988년 울산 학성고졸 1992년 서울대 불어불문학과졸 (경)1995년 사법시험 합격(37회) 1998년 사법연수원 수료(27기) 1998년 서울지검 동부지청 검사 2000년 제주지검 검사 2002년 서울지검 검사 2004년 서울중앙지검 검사 2008년 법무부 인권조사과 검사 2010년 대전지검 검사 2010년 同부부장검사 2011년 창원지검 진주지청 부장검사 2012년 인천지검 강력부장 2013년 대검찰청 마약과장 2014년 대구지검 영덕지청장 2015년 서울서부지검 식품의약조사부장 2016년 서울중앙지검 형사2부장 2016년 同가습기살균제피해사건특별수사팀장 겸임 2017년 대구지검 경주지청장 2018년 同서부지청 차장검사 2019년 청주지검 차장검사(현)

이청룡(李靑龍) LEE CHEONG RYONG

(생)1963 · 2 (본)전주(全州) (출)경남 거제 (주)서울특별시 종로구 종로5길 86 서울지방국세청 조사2국(02-2114-3601) (학)배문고졸, 세무대학졸(2기), 한국방송통신대 법학과졸, 경희대 경영대학원졸, 서울시립대 세무전문대학원 박사과정 수료 (경)서울 종로세무서 · 강남세무서 근무, 서울지방국세청 법인세과 근무, 기획재정부 세제실 조세정책과 · 법인세제과 · 재산세제과 근무, 삼척세무서 납세지원과 · 태백지서 근무, 국무총리실 공직복무관리관실 근무, 서울지방국세청 조사1국 근무, 국세청 소득파악인프라추진단 근무, 同감사담당관실 · 감찰담당관실 근무 2010년 헌법재판소 조세연구관 2011년 대구지방국세청 징세법무국장 2012년 서울지방국세청 신고분석2과장 2013년 국세청 세무조사감찰T/F팀장 2014년 대통령 공직기강비서관실 파견 2015년 대전지방국세청 조사2국장 2016년 서울 강남세무서장(부이사관) 2017년 서울지방국세청 납세자보호담당관 2018년 부산지방국세청 징세송무국장 2018년 중부지방국세청 조사4국장 2018년 인천지방국세청 개청준비단장 2019년 서울지방국세청 조사2국장(현) (상)근정포장(2004)

이청룡(李靑龍)

(생)1964 · 9 · 25 (출)강원 원주 (주)강원도 원주시 세계로 2 한국광해관리공단 이사장실(033-902-6700) (학)1983년 원주고졸 1987년 고려대 경영학과졸 1995년 同대학원 경영학과졸 (경)1992년 삼일회계법인 입사 2003년 同FS2본부 파트너(상무) 2008년 同재무자문그룹(TS-FAS)5팀장(전무) 2013년 同Deal3본부장(전무) 2015년 同부대표 2015~2017년 강원도개발공사 사장 2017년 삼양식품 대표이사 부사장 2018년 한국광해관리공단 이사장(현)

이청수(李淸洙) Lee, Chung-Soo

(생)1951 · 3 · 20 (본)전주(全州) (출)경남 함안 (주)서울특별시 강동구 천호옛길 75-8 1층 (사)지방자치발전연구원(02-485-2345) (학)1968년 마산고졸 1974년 육군사관학교 관리학과졸 1982년 연세대 대학원 행정학과졸 1986년 행정학박사(연세대) (경)1974~1988년 육군 예하부대 지휘관 · 참모 · 교관 1988~1992년 육군본부 군사연구실 · 정책기획실 · 기획관리참모부 기획장교 1992년 국방참모대학 연구관 1994~1995년 국방정신교육원 조교수 1997~2011년 서울시의회 전문위원 ·

수석전문위원 2001년 한양대 · 경기대 · 경민대 · 상명대 외래교수 2004년 한국행정학회 섭외위원 2008년 서울시립대 겸임교수 2009년 서울신문 독자권익위원 2009년 연세대 행정대학원 겸임교수 2011~2013년 성남시의회 입법고문 2012~2013년 서울여대 외래강사 2012년 서울시 공익사업선정심의위원회 위원 2012년 서울시 의정비심의위원회 위원 2014년 서울 도봉구청장 예비후보(새누리당) 2015년 (사)지방자치발전연구원 원장(현) (상)근정훈장(2011) (저)'지방의회론'(2008, 지오넥스커뮤니케이션) '지방예산론'(2010, 브렌즈) '지방의회론'(2011, 브렌즈) '지방의회론'(2014, 백산출판사) '행정학개론'(백산출판사) (역)'미국의 국방기본교리'(1993, 합동참모본부) '미국의 합동작전교리'(1994, 합동참모본부) (종)불교

이 춘(李 春)

(생)1973 · 12 · 8 (출)전남 화순 (주)충청남도 천안시 동남구 청수14로 67 대전지방검찰청 천안지청 형사3부(041-620-4305) (학)전남대 공법학과졸 (경)2001년 사법시험 합격(43회) 2004년 사법연수원 수료(33기) 2008년 인천지검 검사 2010년 광주지검 목포지청 검사 2012년 서울중앙지검 검사 2016년 수원지검 검사 2016년 금융정보분석원 파견 2017년 드루킹 불법댓글조작특검 파견 2018년 수원지검 부부장검사 2019년 대전지검 천안지청 형사3부장(현)

이춘구(李春求) Lee, Choon Goo

(생)1957 · 8 · 5 (주)전라북도 전주시 덕진구 기지로 180 국민연금공단 감사실(063-713-6100) (학)1976년 전주고졸 1980년 전북대 법대졸 1982년 同대학원 법학과졸 2013년 법학박사(전북대) (경)1986년 KBS 전주방송국 뉴스센터 기자 1996년 同전주방송총국 편집부 기자 1998년 同취재부 기자 1998년 同홍보실 차장 2000년 同국제부 차장 2001년 同과학부 차장 2002년 同사회1부 차장 2004년 同취재4팀 차장 2006년 同1TV뉴스제작팀 차장 2007년 同보도본부 모스크바지국장, 同전주방송총국 보도국장, 同심의위원, 한국기자협회 전북도협회장, 전북대 산학협력단 초빙교수 2018년 국민연금공단 감사(현) (상)한국방송대상(1996)

이춘규(李春奎) LEE Chun Kyu

(생)1959 · 11 · 11 (주)서울특별시 영등포구 의사당대로 1 국회사무처 홍보기획관실(02-788-3271) (학)1988년 서울대 신문학과졸 2012년 한양대 대학원 인터넷미디어학과졸 2014년 경제학박사(중앙대) (경)1988년 동양시멘트 종합조정실 근무 1988년 세계일보 입사(공채1기) 1988~1999년 同사회부 · 정치부 · 체육부 등 기자 1999년 서울신문 뉴스피플팀 기자 2000년 同뉴스피플팀 기자(차장급) 2000년 同정치팀 기자(차장급) 2004년 同도쿄특파원(차장급) 2006년 同도쿄특파원(부장급) 2007년 同체육부장 2008년 同편집국 국제부 선임기자 2009년 同편집국 부국장 2009년 同논설위원 2011년 同논설위원(부국장급) 2011년 同편집국 정치부 선임기자(부국장급) 2014년 同편집국 정치부 선임기자(국장급) 2015년 남서울대 초빙교수 2015년 한양대 강의교수 2016~2018년 연합뉴스 국제경제부 기자 2018년 국회사무처 홍보기획관(이사관)(현) (저)'일본을 다시 본다(共)'(2005) '일본에 대해 알지 못 했던 것들'(2009) (역)'도전자: 이나모리 가즈오'(2010)

이춘근(李春根) Lee Choon Geun

(생)1959 · 4 · 18 (본)전주(全州) (출)경기 파주 (주)세종특별자치시 시청대로 370 과학기술정책연구원 글로벌혁신전략연구본부(044-287-2117) (학)1986년 서울대 섬유공학과졸 1993년 섬유고분자공학박사(서울대) 1998년 교육학박사(중국 베이징사범대) (경)1986~1987년 동양폴리에스터(주) 연구원 1993~1996년 중국 연변과학기술대 생물화공과 부교수 · 교무처장 · 부총장 1997~1998년 중국과학원 과학기술정책 및 관리과학연구소 연구원 1998~1999년 중국 베이징대 과학사회연구센터 박사후연구원 2000년 과학기술정책연구원 연구위원 2003~2010년 북한연구학회 이사 · 과학기술분과위원장 2003~2010년 북한대학원대 · 서울여대 겸임교수 2007~2008년 미국 스탠퍼드대 아태연구소(APARC) 방문연구원 2009~2010년 통일부 교류협력추진위원 · 자문위원 2010~2011년 과학기술정책연구원 글로컬협력센터 소장 2010~2011년 同협력사무국장 겸임 2010~2013년 한중과학기술협력센터 수석대표(파견) 2014년 과학기술정책연구원 글로벌정책본부 동북아 · 남북한협력 연구위원 2014~2017년 대통령소속 통일준비위원회 경제분야 전문위원 2015~2018년 민주평통 제17기 자문위원 2017년 과학기술정책연구원 글로벌혁신전략연구본부 선임연구위원(현) (저)'북한의 과학기술'(2005, 한울아카데미) '과학기술로 읽는 북한책'(2005, 생각의 나무) '북한체제의 이해'(2009, 명인문화사) (종)기독교

이춘근(李春根)

(생)1969 · 8 · 4 (출)경북 경주 (주)부산광역시 강서구 명지국제7로 77 부산지방법원 서부지원(051-812-1114) (학)1988년 경주고졸 1995년 서울대 사법학과졸 (경)2000년 사법시험 합격(42회) 2003년 사법연수원 수료(32기) 2003년 대구지법 예비판사 2005년 同판사 2006년 同경주지원 판사 2007년 인천지법 부천지원 판사 2010년 서울행정법원 판사 2012년 서울남부지법 판사 2015년 서울고법 판사 2017년 서울중앙지법 판사 2018년 부산지법 서부지원 부장판사(현)

이춘기(李春基) Choon Ki Lee

(생)1954 · 7 · 5 (출)서울 (주)경기도 광주시 광주대로 45 참조은병원(1600-9955) (학)1975년 서울대 의대졸 1982년 同대학원 의학석사 1989년 의학박사(서울대) (경)1987~1999년 서울대 의대 정형외과학교실 전임강사 · 조교수 · 부교수 1998~2001년 대한척추외과학회 간사 1999~2019년 서울대 의대 정형외과학교실 교수 2002년 대한척추외과학회 평의원(현) 2004년 서울대 의대 정형외과학교실 주임교수 2004년 서울대병원 정형외과장 2012~2013년 대한정형외과학회 이사장 2019년 서울대 의과대학 명예교수(현) 2019년 참조은병원 정형외과 명예원장(현) (저)'척추외과학(共)'(1997, 최신의학사) '정형외과학 : 척추의변형'(1999, 최신의학사) '골절학2판 - 흉, 요추골절 및 탈구(共)'(2001, 군자출판사) '골절학2판 - 경추골절 및 탈구(共)'(2001, 군자출판사) '척추외과학(共)'(2004, 최신의학사) (종)기독교

이춘남(李春南) LEE Choon Nam

(생)1953 · 5 · 7 (본)안산(安山) (출)강원 영월 (주)경기도 광주시 오포읍 오포로 593-24 (주)경남트레이딩(02-533-3121) (학)오산고졸, 단국대 기계공학과졸, 매일경제 e-MBA과정 수료, 한국생산성본부 미래경영CEO북클럽포럼 수료 (경)1978년 현대정공 입사, 同기계가공 · 생산 · 개발 · 관리업무담당 1995년 중국 상해현대 사장(부장) 1999년 중국 광동성현대모비스 사장(이사) 2001년 중국 국제상회(CCPIT) 신회상회 이사, 중국 강문시 인민정부 고급경제고문 2004년 중국 북경모비스 동사장(상무), 중국 북경현대 기차배건(합) 부동사장, 同변속기담당, 중국 북경중차(합) 부동사장 겸 북경모비스총괄 2005년 기아자동차 소하리공장장(전무이사) 2005년 (주)파텍스 대표이사 2009년 현대다이모스(주) 대표이사 부사장 2009년 현대엠시트(주) 대표이사 2010~2011년 同자문역 2010~2011년 현대다이모스(주) 자문역 2012년 (주)경남트레이딩 대표이사(현) 2018년 케이엔씨큐브 대표, 메이플세미컨덕터(주) 감사(현), 중국 하북성 창주경남전자과기유한공사 동사장(현), 창주한적상무유한공사 동사장

(현), 홍콩 응왕유한공사 법정대표(현), 홍콩 정력투자유한공사 법정대표(현) (상)중국 광동성 명예시민, 중국 광동성 외국인전문가 우정상 (종)기독교

이춘만(李春滿) LEE Choon Man

(생)1951 · 11 · 18 (본)전주(全州) (출)전북 익산 (주)서울특별시 강남구 봉은사로57길 13 프러스원엔터테인먼트(주) 비서실(02-3478-1010) (학)1971년 남성고졸, 서울대 국제대학원 GLP과정 수료 (경)1971~1974년 소년한국일보 · 한국전자출판 아동만화작가 1991~2004년 프러스원애니메이션(주) 대표이사 사장 1996년 (사)서울국제만화애니메이션페스티벌조직위원회 이사 1997년 (사)한국애니메이션제작자협회 이사 1997~2006년 관선(주) 대표이사 회장 1998~2004년 국제필름협회 한국지부 이사 1999~2000년 국민화합을위한만화한마당전국대회 조직위원장 2000년 교통문화한마음대회 대회장 2001 · 2003년 서울국제만화애니메이션페스티벌영화제 본선 심사위원장 2001~2002년 (사)한국애니메이션예술인협회 회장 2002년 부천국제학생애니메이션페스티벌 본선 심사위원장 2002~2005년 (사)한국애니메이션제작자협회 회장 2002~2015년 (사)한국애니메이션예술인협회 명예회장 2002년 세계문화전문가단체 한국기구 공동대표 2002년 (사)서울국제만화애니메이션페스티벌 운영위원 2003년 (재)아시아문화교류재단 이사 2003년 세계문화전문가단체 제3차 총회 조직위원장 2004~2005년 프러스원엔터테인먼트(주) 대표이사 사장 2005년 (사)서울국제만화애니메이션페스티벌 집행위원장 2006년 프러스원엔터테인먼트(주) 대표이사 회장(현) 2015년 (사)한국애니메이션예술인협회 회장(현) 2015~2016년 (사)서울국제만화애니메이션페스티벌 조직위원회 이사 (상)대한민국영상만화대상 우수상(1998), 성실납세자표창(1999), 대한성결교회총회장표창(1999), 석탑산업훈장(1999), 무역의날 수출의탑(1999), 대한민국자랑스러운기업인상 애니메이션산업부문(2004), 참다운문화인상(2004), 대한민국애니메이션대상 공로상(2004), 서울국제만화애니메이션페스티벌(SICAF) 코믹어워드 애니메이션부문 대상(2011) (종)기독교

이춘목(李春木 · 女) LEE Chun Mok

(생)1953 · 5 · 13 (출)충남 서천 (주)경기도 광명시 오리로876번길 30 광명국악단(02-2619-1393) (학)1971년 국악고졸 (경)1975년 중요무형문화재 제29호 서도소리이수자 선정 1982년 同전수조교 선정 2001년 국가무형문화재 제29호 서도소리(관산융마 · 수심가) 예능보유자 지정(현) 1990년 서도소리보존회 부이사장, 한국예술문화단체총연합회 광명지부 부지부장, 광명시 문화예술위원 2002년 월드컵문화행사 공연 2003년 서도소리 창극 배치기 공연, 한국국악협회 회원 2004 · 2008년 한국예술문화단체총연합회 광명지부장 2008~2011 · 2017년 서도소리보존회 이사장(현) 2008~2012년 한국국악협회 이사 2009년 (사)광명국악단 이사장(현) (상)경기도 문화상(1991), 광명시민대상(1997), 경기예술대상(2002) (종)가톨릭

이춘봉(李春奉) LEE CHOON BONG

(생)1962 · 7 · 25 (출)전남 고흥 (주)전라남도 진도군 진도읍 철마길 25 진도군청(061-540-3204) (학)1980년 광주동신고졸 1996년 한국방송통신대 행정학과졸 2006년 전남대 대학원 정책학과졸 (경)1981년 9급 공채 2003~2007년 목포시 동명동장 · 부흥동장 · 재난관리과장 2007~2010년 전남도 관광문화국 문화예술과 · 미래전략기획단 근무 2010~2016년 同농림식품국 친환경농업과 · 의회사무처 운영수석전문위원 · 안정행정국 총무과 근무 2016년 同농림축산식품국 농식품유통과장, 통일교육원 교육파견 2018년 전남 진도군 부군수(현) 2018년 同군수 권한대행 (상)국무총리표창(2001), 전남도지사표창(2001), 목포시장표창(2004)

이춘석(李春錫) LEE Choon Suak

(생)1963 · 3 · 7 (본)함안(咸安) (출)전북 익산 (주)서울특별시 영등포구 의사당대로 1 국회 의원회관 810호(02-784-3285) (학)1982년 익산 남성고졸 1987년 한양대 법학과졸, 원광대 대학원졸 2006년 同대학원 법학 박사과정 수료 (경)1988년 사법시험 합격(30회) 1991년 사법연수원 수료(20기) 1994년 변호사 개업 2004년 전북도교육청 고문변호사, 법무법인 한솔종합법률사무소 대표변호사 2004년 원광대 법대 겸임교수 2006~2007년 (사)장애인을사랑하는모임 상임이사 2006~2007년 군산 · 익산범죄피해자지원센터 이사 2007년 대통합민주신당 제17대 대통령중앙선거대책위원회 조직위원회 부위원장 2007년 전국교직원노동조합 익산지회 법률자문 2008년 제18대 국회의원(익산시甲, 민주당 · 민주통합당) 2008~2009년 민주당 원내부대표 2010~2011년 국회 운영위원회 위원 2010~2011년 민주당 대변인 2011년 同야권통합특별위원회 위원 2011~2012년 국회 법제사법위원회 간사 2012년 민주통합당 정책위원회 제1정책조정위원장 2012년 제19대 국회의원(익산시甲, 민주통합당 · 민주당 · 새정치민주연합 · 더불어민주당) 2012~2014년 국회 법제사법위원회 간사 2012년 민주통합당 전북도당 위원장 2013년 민주당 제1정책조정위원장 2013년 同전북도당 위원장 2014년 새정치민주연합 전북도당 공동위원장 겸 집행위원장 2014~2015년 국회 예산결산특별위원회 간사 2014년 국회 법제사법위원회 위원 2014~2015년 국회 예산결산특별위원회 예산안조정소위원회 위원 2015년 새정치민주연합 전략홍보본부장 2015년 同4.29재보궐선거기획단 부단장 2015년 同원내수석부대표 2015년 국회 운영위원회 야당 간사 2015년 더불어민주당 익산시甲지역위원회 위원장(현) 2016년 제20대 국회의원(익산시甲, 더불어민주당)(현) 2016년 더불어민주당 비상대책위원회 위원 2016 · 2018~2019년 국회 법제사법위원회 위원 2016년 국회 예산결산특별위원회 위원 2016~2017년 국회 남북관계개선특별위원회 위원장 2017년 국회 헌법개정특별위원회 위원 2017~2018년 더불어민주당 사무총장 2017~2018년 同지방선거기획단장 2017~2018년 同조직강화특별위원회 위원장 2018년 국회 4차산업혁명특별위원회 위원(현) 2019년 더불어민주당 인권위원회 위원장(현) 2019년 국회 기획재정위원회 위원장(현) (상)법률소비자연맹 선정 국회헌정대상(2013), 한국을 빛낸 자랑스런 한국인대상(2014), 대한민국반부패청렴대상(2016), 국회사무처 주관 '입법 및 정책개발 우수국회의원' 선정(2016), 한국을 빛낸 사람들 대상 '국정감사의정혁신공로대상'(2017) (저)'야권연대 : 초선대변인의 형님들과의 맞짱토론'(2011) '인사청문회와 그들만의 대한민국'(2013) (종)기독교

이춘선(李春善) Lee choon-seon

(생)1958 · 5 · 27 (본)전주(全州) (출)충북 충주 (주)경기도 화성시 봉담읍 덕우공단2길 66-2 (주)와이텍(031-298-0031) (학)1978년 유신고졸 1987년 아주대 경영학과졸 1993년 同산업대학원 연구개발관리과정 수료 2013년 경기경영자총협회 노사대학 최고경영자과정 수료 (경)1994년 경인일보 총무부 · 판매부 차장 1996년 경기일보 판매부 차장 2001년 同판매부장 2002년 同총무부장 · 판매부장 · 관리부장 겸임 2010년 同총무부국장 2011년 同총무국장 2013년 한국신문협회 경영지원협의회 이사 2014년 노사발전재단 자문위원 2014년 경기일보 경영지원국장 2015년 (사)경기발전연구원 경영이사 2017년 한국신문협회 경영지원협의회 감사 2019년 와이텍주식회사 상무(현) (상)한국신문협회상(2004)

이춘엽(李春曄) LEE Choon Yup

(생)1959 · 3 · 15 (주)서울특별시 성동구 성수이로 90 덕수빌딩 7층 앱노트(02-702-5527) (학)1978년 여의도고졸, 서강대 생명공학과졸 (경)GSK commercial Director, Janssen China RX Business Unit Director, (주)한독약품 영업마케팅본부(부사장) 2011~2015년 한국다케다제약(주) 대표이사 사장 2016년 앱노트 회장(현) 2016년 팜뉴스 대표이사(현) (종)천주교

이춘우(李春雨)

(생)1970 · 3 · 12 (주)경상북도 안동시 풍천면 도청대로 455 경상북도의회(054-880-5126) (학)서라벌대학 행정과졸, 경영학박사(영남대) (경)경북 영천청년회의소 회장, 영천시농구협회 회장, 한국자유총연맹 영천시지부 청년위원장, 경북방역위생용역공사 대표, 대구가톨릭대 특임교수 2006~2010년 경북 영천시의회 의원(비례대표, 한나라당) 2008~2010년 同운영위원장 2010년 경북 영천시의회 의원(한나라당 · 새누리당) 2014~2018년 경북 영천시의회 의원(새누리당 · 자유한국당) 2014~2016년 同산업건설위원장 2016년 同운영위원장 2018년 경북도의회 의원(자유한국당)(현) 2018년 同의회운영위원회 위원(현) 2018년 同농수산위원회 부위원장(현) 2018년 同원자력대책특별위원회 위원(현)

이춘재(李春宰) LEE Chun Jae

(생)1954 · 3 · 1 (출)부산 (주)서울특별시 종로구 대학로 122 (사)흥사단 독립운동유공자후손돕기운동본부(02-743-2511) (학)홍익대 경영학과졸 (경)KBS TV제작관리부 차장 1996년 부산방송 업무부국장 1998년 同경영국장 1998년 同서울사무소 총괄관리 겸 광고사업담당 위원 1999년 한경와우TV 마케팅본부장(상무이사) 2003년 경인방송 경영마케팅실장 2004년 同사업국장(이사대우) 2005년 iFM 경인방송 대표이사 2006년 라디오인천(SunnyFM) 대표이사 2007년 同상임고문 2008~2013년 (주)프라임네트웍스(부동산 · 경제TV) 대표이사 2011~2012년 영컴 대표이사 2011년 (사)흥사단 독립운동유공자후손돕기운동본부 공동대표(현) 2013~2016년 홈스토리 대표이사 사장 2013년 개별PP발전연합회 부회장 2015년 한국IPTV방송협회(KIBA) 이사 2016~2018년 가톨릭영화인협회 회장 2016년 김포대 대외협력부총장 (종)천주교

이춘택(李春澤) LEE Choon Taek

(생)1957 · 8 · 25 (주)경기도 성남시 분당구 구미로173번길 82 분당서울대학교병원 호흡기내과(031-787-7049) (학)1982년 서울대 의대졸 1986년 同대학원 의학석사 1991년 의학박사(서울대) (경)1982~1986년 서울대병원 인턴 · 내과 전공의 1986~1989년 공군 軍의관 1989년 서울대병원 내과 전임의 1990~1998년 원자력병원 호흡기내과장 1994년 미국 Univ. of Texas Southwestern Medical Center Post-Doc. Fellow 1998년 서울대 의대 내과학교실 조교수 2002년 미국 Vanderbilt Univ. Medical Center Visiting Professor 2002년 서울대 의대 내과학교실 부교수 2003년 분당서울대병원 호흡기내과 전문의(현) 2003년 同폐센터장 2004년 '두 종류의 아데노바이러스(adenovirus)를 이용한 새로운 암(癌) 치료법' 개발 2005년 분당서울대병원 호흡기내과장 2005년 同내과 진료과장 2007년 서울대 의대 내과학교실 교수(현) 2011~2016년 분당서울대병원 특수검사부장 2013~2015년 한국유전자세포치료학회 회장 2015년 同고문 2016년 의학한림원회원(현) 2017~2018년 분당서울대학교병원 정밀의료센터장 (상)근정포장(2018)

이춘희(李春羲 · 女) LEE Chun Hee (旦聲)

(생)1947 · 9 · 18 (본)전주(全州) (출)서울 (주)서울특별시 서초구 방배로 22 삼원빌딩 406호 한국전통민요협회(02-529-1550) (경)1967년 중요무형문화재 제19호 선소리산타령 보유자인 '이창배 · 정득만 선생'께 사사 1975년 안비취 명창 전수장학생 1983년 서울 경기12잡가 이춘희전수소 개원 1985년 서울 국악예술고 전임강사 1986년 미국 LA 在美국악협회 초청공연 1988년 미국 뉴욕국악원 초청공연 1989~1997년 중요무형문화재 제57호 경기민요 예능보유자 후보 1994년 경기12잡가 발표회 1995~2002년 국립국악원 민속악단 단원 겸 지도위원 1995~2008년 용인대 음악대학 국악과 교수 1996년 국립국악원 민속음악연주회 1996년 호암아트홀 안비취선생 고희기념음악회 1996년 국립국악원 우리민요 대잔치 1996년 한국민족음악가연합 창립회원(현) 1997년 호암아트홀 만정 김소희 추모음악제 1997년 국립국악원 경기 · 서도민요 공연 1997년 同중요무형문화재 대제전 1997년 중요무형문화재 제57호 경기민요 예능보유자 지정(현) 1998년 국립국악원 소리극 남촌별곡 작창 · 도창 1999년 호암아트홀 한국의 명무명인전 1999년 이춘희 경기소리한마당 '노들골에 단풍드니' 공연 2000년 한국전통민요협회 이사장(현) 2000년 소리극 '시집가는 날 · 춘풍별곡' 공연 2000년 국립국악원 지도위원 2001년 소리극 '춘풍별곡' 공연 2001년 월드컵홍보관련 미주공연 2001년 백제문화제 참가 발표공연 2002년 故안비취선생 서거5주년 '한오백년' 기념공연 2003~2005 · 2011~2012년 국립국악원 민속악단 예술감독 2003년 한국전통춤연구회 일본공연 2005년 경기민요대제전 명창 이춘희의 이별가 공연 2006년 중요무형문화재 제57호 지정 30주년기념 경기소리극 '미얄할미뎐' 공연 2006년 경기민요대제전 '복사골, Good! 놀러가자!' 공연 2007년 중요무형문화재 제57호 해외공연 발표회 '2007 Korea Sound & Colors' 2007년 경기민요대제전 경기소리극 '일타홍전' 공연 2007년 이춘희 명창의 60주년 음반발매 기념콘서트 '소리로 빚은 삶 60' 공연 2008년 서울남산국악당 경기소리 3명창전 '이춘희의 경기소리 이야기' 공연 2008년 경기소리극 '眞사랑' 공연 2009년 이춘희의 이별굿 '나비야 청산가자' 공연 2010년 故안비취 선생의 한 알 밀알이 씨앗되어 '하늘타리' 공연 2011년 경기소리극 '나는 춘향이다' 공연 2011년 국립국악원대표브랜드 소리극 '언문외전' 공연 2011년 한국전통예술학교 교장(현) 2012년 국립국악원대표브랜드 소리극 '까막눈의왕-세종어제훈민정음' 공연 2012년 중요무형문화재 제57호 경기민요 기획행사 '나는 소리꾼, 앵비' 공연 2012년 국립국악원 예악당 '바람에 날려를 왔나-춘희의 부지화' 공연 2012년 양재교육문화회관 '바람에 날려를 왔나-춘희의 부지화' 공연 2012년 중요무형문화재 제57호 경기민요 공개행사 '경기소리를 말하다' 공연 2013년 크라운 · 해태제과 제6회 대보름명인전 공연 (상)제주한라문화제 대통령표창(1986), KBS 국악대상(1988), 한국방송실연자협회 공로상(1994), 한국방송대상 국악인대상(1996), 대한민국 문화예술대상(2000), 화관문화훈장(2004), 필리핀 국립경찰사관학교 감사패(2007), 서울시문화상 국악분야(2008), 독일 음반비평가상 월드뮤직상(2014), 제21회 방일영국악상(2014) (저)'근대서민예술가의 노래 : 경기12잡가'(2000, 예솔출판사) (작)음반 '이춘희 민요가락'(1993, 신나라), '이춘희 12잡가'(1996), '이춘희의 경기민요'(1998), '삶과 소리 그리고 흔적'(2007), '아리랑과 민요(Chant Arirang et Minyo)'(2014) (종)불교

이춘희(李春熙) LEE Choon Hee

(생)1955 · 12 · 6 (본)광주(廣州) (출)전북 고창 (주)세종특별자치시 한누리대로 2130 세종특별자치시청 시장실(044-300-2002) (학)1974년 광주제일고졸 1978년 고려대 행정학과졸 1985년 서울대 행정대학원 행정학과졸 1987년 미국 매사추세츠공과대 대학원 도시계획학과 수료 2007년 도시학박사(한양대) (경)1978년 행정고시 합격(21회) 1993~1996년 駐美대사관 건설교통관 1997년 건설교통부 주택정책과장 1999년 同공보관 2000년 同고속철도건설기획단장 2001년 同건설경제국장 2001년 대통령 건설교통비서관 2002년 건설교통부 주택도시국장 2003년 同중앙토지수용위원회 상임위원 2003년 同신행정수도건설추진지원단장 2003년 대통령자문 정책기획위원 2004년 건설교통부 신행정수도후속대책기획단 부단장 2005년 同행정중심복합도시건설추진단 부단장 2005년 同행정중심복합도시건설청 개청준비단장 2006년 행정중심복합도시건설청 청장 2006~2008년 건설교통부 차관 2008년 한국건설산업연구원 원장 2008~2010년 새만금 · 군산경제자유구역청 청장 2010년 전주대 특임교수 2010년 전북대 초빙교수 2010~2011년 인천도시개발공사 사장 2012년 민주통합당 세종시당 위원장 2013년 민주당 세종시당 위원장 2014년 새정치민

주연합 세종특별자치시당 공동위원장 2014~2018년 세종특별자치시장(새정치민주연합·더불어민주당) 2015~2018년 아동복지심의위원회 위원장 2016년 세종특별자치시체육회 회장 2016년 더불어민주당 세종특별자치시당 위원장 직대 2016년 세종시문화재단 이사장 2017년 '충청산업문화철도(보령선) 조기착공을 위한 행정협의회' 회장 2017~2018·2019년 대한민국시도지사협의회 부회장(현) 2018년 세종특별자치시장(더불어민주당)(현) 2018년 더불어민주당 세종특별자치시당 위원장(현) 2019년 국회 세종의사당추진특별위원회 본부장(현) (상)대통령표창(1989), 근정포장(1990), 황조근정훈장(2010), TV조선 '한국의 영향력 있는 CEO'(2015), 고창 애향대상(2015), 대한국토도시계획학회 감사장(2016), 매니페스토 약속대상 최우수상(2018)

이춘희(李春熙) LEE Chun Hee (명산)

(생)1960·9·19 (본)진성(眞城) (출)경북 예천 (주)대구광역시 수성구 동대구로 355 범어빌딩 4층 법무법인 삼일(053-743-0031) (학)대구 대건고졸 1983년 경북대 법학과졸 1988년 同대학원졸 1996년 同대학원 박사과정 수료 2001년 미국 템플대 대학원 법학과졸 (경)1983년 사법시험 합격(25회) 1985년 사법연수원 수료(15기) 1986년 軍법무관 1989년 변호사 개업, 대구지방변호사회 외국인근로자구조단장 2002~2005년 대구지방변호사회 홍보이사 2002~2005년 대구지방국세청 이의신청심사위원 2003년 법무법인 삼일 대표변호사(현) 2007년 경북대 법학전문대학원 겸임교수(현) 2011~2013년 대구지방변호사회 제2부회장 2011년 대구광역시 고문변호사(현) 2017년 대한공증인협회 부회장(현) 2019년 대구지방변호사회 회장(현) (종)불교

이충곤(李忠坤) LEE Choong Kon (瑞峰)

(생)1944·8·5 (출)대구 (주)경상북도 경산시 진량읍 공단6로 77 에스엘(주) 비서실(053-850-8888) (학)1963년 경북대사대부고졸 1968년 연세대 기계공학과졸 1969년 同경영대학원 수료 (경)1967년 삼립산업 상무이사 1975년 경북도탁구협회 부회장 1983~2001년 삼립산업(주) 대표이사 사장 1987년 삼립전기(주) 대표이사 사장 1994년 서봉산업(주) 회장 1994~2013년 대구상공회의소 부회장 1999년 풍기정공(주) 회장 2001~2004년 삼립산업(주) 회장 2001년 삼립전기(주) 대표이사 회장 2001년 에스엘(주) 대표이사 회장(현) 2002~2012년 대구시축구협회 회장 2002년 대구경영자회 회장 2004년 대구발전동호회 회장 2005년 중소기업인 '명예의 전당'에 헌정 2006년 에스엘서봉재단 이사장(현) 2008년 지능형자동차부품진흥원 이사장(현) 2013년 연세대공과대학총동문회 회장 2013년 대구경북과학기술원 비상임이사 (상)新노사문화 우수기업 선정(2004), 중소기업인 명예의전당 헌정(2005), 은탑산업훈장(2005), 대구최고체육상 공로상(2006), 대구시 자랑스러운 시민상 대상(2006), 지식경제부 월드클래스300 기업(2011), 여성가족부 가족친화우수기업(2011), 고용노동부 고용창출100대우수기업 선정(2012), 금탑산업훈장(2015)

이충구(李忠求) LEE Chung Gu

(생)1941·12·1 (본)한산(韓山) (출)황해 연백 (주)서울특별시 용산구 원효로 252 유닉스전자(주)(02-703-7111) (학)1959년 인천고졸 1963년 성균관대 생명공학과졸 1973년 고려대 경영대학원 무역학과 수료 1988년 同경영대학원 최고경영자과정 수료 2002년 명예 경영학박사(성균관대) 2006년 성균관대 경영전문대학원 최고경영자과정(W-AMP) 수료 (경)1965년 호남전기공업(주) 입사 1976년 同상무이사 1978년 유닉스전자(주) 대표이사 사장, 同회장(현) 1984년 맥스타산업(주) 회장(현) 1991년 駐그라나다 명예영사(현) 1992~1994년 대한민국ROTC중앙회 제2·3대 회장 1997~2006년 대한민국ROTC장학재단 이사 2000~2006년 성균관대총동창회 제27·28·29대 회장 2000~2006년 (재)성균장학회 이사장 2002~2009년 한국전기제품안전진흥원 부이사장 2005~2013년 인천고 경영자포럼 회장 2006~2015년 (재)성균장학회 이사 2007년 한일협력위원회 부회장(현) 2009~2013년 대한민국ROTC장학재단 5대 이사장 2010~2013년 황해도중앙도민회 부회장 2011~2015년 학교법인 성균관대재단 이사 2016년 (재)성균장학회 이사(현) (상)자랑스러운 ROTCian상(2001), 국무총리표창 신기술부문(2004), 자랑스러운 인고인상(2006), 자랑스러운 성균경영인상(2007), 산업포장(2007), 대한민국 글로벌경영인대상(2007), 자랑스러운 성균인상(2007), 제23회 인간 상록수 추대(2018) (종)기독교

이충구(李忠九) LEE Chung Goo (軲川)

(생)1945·3·13 (본)전주(全州) (출)충북 영동 (주)서울특별시 서초구 서운로 13 중앙로얄오피스텔 1508호 한국자동차공학한림원(02-583-8490) (학)1963년 경기고졸 1967년 서울대 공과대학 공업교육학과졸 2000년 산업진흥대학원(IDAS) 디자인경영자과정 수료 2001년 서울대 경영대학원 최고경영자과정 수료 (경)1969년 현대자동차 입사 1985년 同이사 1993년 同부사장 1995년 同연구개발본부장 1999~2002년 현대·기아자동차 통합연구개발본부장(사장) 겸 상품기획총괄본부장 2000~2002년 (주)엔지비 대표이사 겸임 2001년 국가과학기술위원회 위원 2002년 현대자동차 상임고문 2003~2005년 서울대 공과대학 기계공학과 초빙교수 2005~2011년 국민대 자동차공학전문대학원 교수 2009~2010년 온라인전기차 대표이사 2009~2011년 한국과학기술원 전문특훈교수 2010~2018년 서울대 차세대융합기술연구원 특임연구위원 2011~2013년 同융합과학기술대학원 초빙교수 2012~2016년 同차세대융합기술연구원 지능형자동차플랫폼센터장 2015년 한국자동차공학한림원 회장(현) 2017~2018년 서울대 차세대융합기술연구원 자문위원 (상)산업포장(1978), 동탑산업훈장(1985), 3.1문화상(1994), 서울대 공과대학 발전공로상(1994), 기술경영대상 최우수 경영자상(1995), 금탑산업훈장(2000), 서울대·한국공학한림원 한국을 일으킨 엔지니어 60인 선정(2006), 대한민국 100대 기술주역 선정(2010) (종)천주교

이충면(李忠勉) Lee Choong-myon

(생)1968·2·2 (주)서울특별시 종로구 사직로8길 60 외교부 인사운영팀(02-2100-7146) (학)1990년 서울대 사법학과졸 1992년 同독문학과졸 1998년 미국 조지타운대 로스쿨졸(LL.M.) (경)1992년 외무고시 합격(26회) 1992년 외무부 입부 2002년 駐제네바 1등서기관 2004년 駐나이지리아 참사관 2007년 외교통상부 평화체제과장 2008년 대통령실 파견 2009년 외교통상부 북미1과장 2011년 駐중국 공사참사관 2015년 국가안보실 파견 2015년 대통령비서실 파견 2017년 외교부 북미국 심의관 2017년 同평화외교기획단장 2018년 駐중국 공사(현)

이충범(李忠範) LEE Choong Bum (正海)

(생)1956·12·12 (본)우봉(牛峰) (출)충북 음성 (주)경기도 과천시 양지마을2로 21 이충범법률사무소(02-502-8154) (학)1975년 경기고졸 1982년 서울대 법대졸 (경)1985년 사법시험 합격(27회) 1988년 사법연수원 수료(17기) 1988년 (사)정해복지 이사장 1988년 변호사 개업(현) 1988년 대한법률구조공단 의정부출장소 변호사 1993년 대통령 사정비서관 1994년 일본 東京大 국제관계론 객원연구원 1994~2014년 한국변론학술연구회 이사장 1996년 베트남 투덕공과대학 명예이사장(현) 1997~1998년 한민족아리랑연합회 이사장 1997·2002년 한나라당 이회창 대통령후보 법률특보 1998년 同진천·음성지구당 위원장 2000년 同진천·음성·괴산지구당 위원장 2002년 국가미래전략포럼 집행위원장(현) 2004년 17대 총선 출마(하남, 한나라당) 2004·2006년 (사)세계해동검도총본부 총재 2006~2010년 법무법인 CS 대표변호사 2007·2008년 (사)대한삼보연맹 총재 2011년 (사)세계청소년연

맹 이사장 2013~2016년 국가원로회의 지도위원 2013년 (사)한·베트남우호협회 이사장(현) 2017~2019년 국가원로회의 부의장 (상)베트남 호치민시인민위원회 훈장(1997), 베트남정부 교육최고훈장(2000), 뉴스매거진 제정 인물대상 사회복지대상 수상(2007), 베트남 국가주석 우의훈장(2013) (저)'산업재해보상법 해설'(1986, 법조각) '민법 정리'(1988, 백영사) '판례소유권법'(1992) '산업재해보상보험법해설'(1996) '민법 정리'(1999) '나는야, 자랑스런 앵벌이 대장!'(2003) '나의 청춘 정해복지'(2007) '대한국민생각'(2013) (종)기독교

이충복(李忠馥) LEE Chung Bok

(생)1944·9·5 (본)한산(韓山) (출)충남 보령 (주)서울특별시 서초구 잠원로4길 33-9 347동 106호 동원앤드컴퍼니(02-782-9676) (학)1963년 보성고졸 1968년 한양대 기계공학과졸, 연세대 경영대학원 최고경영자과정 수료 (경)ROTC 6기(중위), 한화재판(주) 이사, 한화기계(주) 상무 1997년 한화종합화학(주) 상무 1998~1999년 同가공부문 기능부품사업부장(상무) 1999~2002년 同소재사업부장(상무), (주)한국지러스트 사장 2003년 (주)동도뉴텍 사장·부회장 2007년 동원앤드컴퍼니 창업·대표이사(현) 2017년 도산안창호기념사업회 이사(현)

이충상(李忠相) LEE Choong Sang

(생)1957·10·10 (본)성주(星州) (출)전북 전주 (주)서울특별시 동대문구 이문로 107 한국외국어대학교 법학전문대학원(02-2173-2461) (학)1976년 경기고졸 1980년 서울대 법학과졸 1987년 同대학원 법학과졸 (경)1982년 사법시험 합격(24회) 1984년 사법연수원 수료(14기) 1985년 공군 법무관 1988년 서울지법 북부지원 판사 1990년 서울민사지법 판사 1992년 광주지법 판사 1994년 광주고법 판사 1995년 서울지법 판사 1995년 일본 東京大 객원연구원 1996년 서울고법 판사 1998년 대법원 재판연구관 2001년 수원지법 성남지원 부장판사 2004년 서울중앙지법 부장판사 2006~2016년 법무법인(유) 바른 구성원변호사 2015~2017년 (재)세종연구소 비상근감사 2016~2017년 법무법인 대호 대표변호사 2017~2019년 서울법원조정센터 상임조정위원 2019년 한국외대 법학전문대학원 겸임교수(현) (종)기독교

이충열(李忠烈) LEE Choong Lyol

(생)1959·10·9 (본)전주(全州) (출)서울 (주)세종특별자치시 조치원읍 세종로 2511 고려대학교 세종캠퍼스 경제통계학부 경제정책학과(044-860-1519) (학)1978년 대광고졸 1982년 고려대 경제학과졸 1984년 同대학원졸 1992년 미국 오하이오주립대 대학원 경제학과졸 (경)1992~1993년 한국금융연구원 초빙연구위원 1993~1998년 同부연구위원 1998~1999년 同비상임연구위원 1998~1999년 고려대 경상대학 경제학과 조교수·부교수 1999·2001년 한국산업은행 조사부 객원연구원 2004년 고려대 세종캠퍼스 경상대학 경제학과·공공정책대학 경제통계학부 경제정책학 교수(현) 2015년 同경상대학장 겸 경영대학원장 2019년 대통령직속 정책기획위원회 산하 신남방정책특별위원회 경제분과위원장(현) (저)'디지털금융'(2000, 홍출판사) (종)불교

이충열(李忠悅)

(생)1962 (주)서울특별시 용산구 한강대로 140 대한지방행정공제회(1577-7590) (학)서울대 대학원 행정학과졸 (경)1992년 행정고시 합격(36회) 2006년 서울시 노숙인대책반장 2006년 同청계천관광지원반장(서기관) 2006년 同마케팅담당관 직무대리 2009년 서울시의회 사무처 공보실장 2012년 서울시 복지정책과장 2013년 同복지정책관(부이사관) 2016년 同서울역일대종합발전기획단장 2017~2019년 서울 서대문구 부구청장 2018년 同구청장 권한대행 2019년 대한지방행정공제회 관리이사(현)

이충엽(李忠燁) LEE Chung Yub (湖山)

(생)1946·7·20 (본)성주(星州) (출)경남 남해 (주)부산광역시 부산진구 엄광로 176 학교법인 동의학원(051-890-1113) (학)1965년 남해제일고졸 1974년 동아대 기계공학과졸 1983년 同대학원졸 1999년 공학박사(동아대) (경)1974년 동의공고 교사 1980년 동의공업대 기계시스템계열 교수 1986년 同학생과장 1989년 同대학생활상담실장 1993년 同부속기계공장장 1995년 同교무처장 1996년 한국전문대학교무처장협의회 부회장 겸 경남·부산지회장 1999년 동의과학대학 학사운영처장 2000년 同입시운영처장 겸 사회교육원장 2003~2011년 同총장 2003년 부산시테크노파크 이사 2005년 부산인적자원개발원 이사 2008년 한국전문대학교육협의회 부회장 겸 이사 2008년 전문대학입학전형위원회 위원장 2009년 전문대학공학기술인증위원회 추진위원장 2009년 민주평통 자문위원 2011년 동의과학대학 설립자흉상제작추진위원회 위원장 2011~2013년 육군 제2작전사령부 자문위원 2012~2014년 부산자치분권연구소 정책위원회 의장 2014년 동의학원(동의대, 동의과학대) 이사(현) (상)부산시교육감표창, 황조근정훈장(2011) (저)'기계실험실습'(1995) 'CNC Programming'(1998) '기계공작법'(2000) 등 (종)불교

이충우(李忠雨) LEE Choong Woo

(생)1958·5·5 (주)서울특별시 종로구 인사동7길 32 SK건설 Infra사업부문(02-3700-7114) (학)경동고졸, 국민대 토목공학과졸, 한양대 대학원 토목공학과졸 (경)2005년 SK건설(주) 수도권지역담당 상무 2006년 同SOC영업본부장(상무) 2007년 同국내토목영업본부장(상무) 2010년 同국내토목영업총괄(상무) 2011년 同국내Infra영업총괄 겸 국내영업부문장(전무) 2012년 同Infra사업부문장·국내영업부문장·Infra M&BD총괄(전무) 겸임 2014년 同Infra사업부문장(전무) 2016년 同Infra사업부문장 겸 Infra국내사업본부장(부사장) 2018년 同Infra사업부문장·Infra국내사업본부장(부사장) 2018년 同Infra 국내영업실장(부사장) 겸임 2019년 同Infra사업부문장(부사장)(현)

이충원(李忠源) LEE Choong Won (臥雲)

(생)1956·8·26 (본)벽진(碧珍) (출)전북 남원 (주)서울특별시 강서구 강서로17길 24 의료법인 필의료재단 강서필병원(02-2608-8855) (학)1975년 전주고졸 1983년 전북대 경영학과졸 1988년 연세대 경영대학원 경영학과졸 2000년 서울대 고급금융과정 수료 2008년 한국과학기술원(KAIST) 경영학과졸(석사) (경)1983년 중소기업은행 입행 1994년 同룩셈부르크법인 근무 1997년 同국제금융실 근무 1998년 同국제금융부 근무 2001년 同외환업무부 근무 2002년 同금촌기업금융지점장 2004년 同일산중앙지점장 2005년 同사모펀드실장 2006년 同국제업무부장 2008년 IBK기업은행 오목교역지점장 2012~2014년 (주)실크로드시앤티 실크로드하노이법인장 2014년 (주)에이치에스엠 대표이사 2016년 (주)선학 사장 2017년 (주)진영로지텍 연구실장 2019년 의료법인 필의료재단 강서필병원 CRO(현) (상)대통령표창(2007) (종)천주교

이충재(李忠宰) Lee Chung-Jae

(생)1962·6·26 (출)대전 (주)강원도 철원군 철원읍 금학로330번길 12 철원종합문화복지센터(내) 국경선평화학교(070-7631-2020) (학)1984년 충남대 사회학과졸 1987년 감리교신학대 신학대학원졸(Th.M) 1994년 캐나다 세인트사베리오대 코디국제연구원 수료 (경)1992~1995년 올바른지방자치실현을위한대전시민모임 사무국장 1995~1999년 대전기독교교회협의회 사무국장·상임총무 1995~1996년 대전참여자치시민회의 사무처장 1999~2001년 한국기독교교회협의회 국제·통일·일치담당 간사, 대전시민사회단체연대회의 운영위원장, 同감사, CBS 대전방송 시청자위원, 대전지방경찰청 시민단체·경찰협력위원회 위원, 충남지방경찰청 시민단체·경찰협력위원회 위원, 대전충남

민주언론운동시민연합 감사, 대전충남민주화운동계승사업회 감사, KB국민은행 사회공헌위원, 한국국제협력단(KOICA) 지구촌체험관 전문위원, 시민사회단체연대회의 공동대표, 한국청소년단체협의회 이사, 한국소비자단체협의회 이사, 자율분쟁조정위원회 위원(현), 한국국제개발협력민간협의회(KCOC) 이사, 한국공정무역단체협의회 이사, 국회 윤리심사자문위원회 위원 2001~2009년 대전YMCA 사무총장 2010~2011년 평송청소년문화센터 원장 2012~2015년 한국YMCA전국연맹 기획협력실장 2015~2018년 同사무총장 2017년 국무총리소속 시민사회발전위원회 위원, 민족화해협력범국민협의회 공동의장 2019년 국경선평화학교 사무총장(현)

이충직(李忠稙) LEE Choong Jik

(생)1958·3·20 (출)충북 보은 (주)서울특별시 동작구 흑석로 84 중앙대학교 첨단영상대학원 영상학과(02-820-5747) (학)1976년 경성고졸 1983년 중앙대 연극영화과졸 1985년 同대학원 연극영화과졸 1988년 프랑스 영화제작전문학교(ESRA)졸 (경)1983년 계원예술고 강사 1988년 중앙대·경성대·청주대 강사 1991년 중앙대 연극영화과 교수 1994년 청룡영화상 심사위원 1995년 중앙대 연극영화학과장 1995년 서울국제독립영화제 집행위원장 1995년 EBS 시네마천국 진행 1996·1997년 백상예술대상 영화부문 심사위원 1997년 인권영화제 집행위원 1997년 부산국제영화제 심사위원 1998년 중앙대 예술대학원 교학부장 2002~2005년 영화진흥위원회 위원장 2005년 한국영상자료원 이사 2005년 중앙대 첨단영상대학원 영상예술학과 교수 2006~2007년 디지털시네마추진위원회 위원장 2007년 중앙대 첨단영상대학원 영상학과 교수(현) 2007년 서울드라마어워드 심사위원 2007~2009·2011~2013년 중앙대 첨단영상대학원장 2008년 EBS 국제다큐멘터리영화제 심사위원 2015년 (재)전주국제영화제 집행위원장(현) 2016~2019년 중앙대 첨단영상대학원장 (작)연출 '아미그달라-늪을 걷다'(2002, 전주국제영화제 상영작), 제작 '여기보다 어딘가에'(2007, 부산국제영화제 상영작), '소규모 아카시아 밴드 이야기'(2009, 전주국제영화제 상영작)

이충호(李忠浩) LEE Chung Ho

(생)1955·7·1 (출)전남 화순 (주)서울특별시 강남구 테헤란로108길 12 (재)자녀안심하고 학교보내기운동 국민재단(02-3453-5226) (학)1973년 광주고졸 1984년 서울대 법학과졸 (경)1984년 사법시험 합격(26회) 1987년 사법연수원 수료(16기) 1987년 서울지검 동부지청 검사 1989년 광주지검 순천지청 검사 1991년 서울지검 검사 1994년 광주지검 검사 1996년 수원지검 검사 1997년 대검찰청 검찰연구관 1999년 수원지검 여주지청장 2000년 서울지검 부부장검사 2001년 대전지검 특수부장 2003년 대검찰청 형사과장 2004년 서울서부지검 형사3부장 2005년 同형사2부장 2005년 변호사 개업 2011~2015년 한국법무보호복지공단 이사장 2015~2019년 스마트저축은행 사외이사 2019년 (재)자녀안심하고학교보내기운동국민재단 이사장(현) (상)한국범죄방지재단 실천공로상(2015)

이충호(李忠鎬) LEE Chung Ho

(생)1959·10·16 (본)전의(全義) (출)충북 진천 (학)충주고졸, 충북대 전기공학과졸, 한양대 환경과학대학원졸, 중앙대 전문경영대학원 최고경영자과정 수료 (경)2005년 한국산업안전보건공단 혁신전략실장 2007년 同감사실장 2008년 同경기서부산업안전기술지도원장 2010년 同산업안전실장 2010년 대통령직속 국가경쟁력강화위원회 산업안전분과 위원 2012년 同경기남부지도원장 2013년 同중대산업사고예방실장 2014년 同서울지역본부장 2015~2017년 서울과학기술대 멘토교수 2016년 同미래전략추진단장 겸임 (상)노동부장관표창, 국무조정실장표창 등 다수 (저)'안전경영학카페'(2015, 이담북스)

이치윤(李治允)

(생)1962·3·20 (출)울산 (주)울산광역시 남구 처용로 35 (주)덕양(052-270-8500) (학)1980년 울산학성고졸 1986년 울산대 경영학과졸 1999년 고려대 경영대학원 경영자과정 수료 2004년 서울대 행정대학원 국가정책과정 수료 (경)1997년 울산시 남구생활체육협의회 이사 1998년 同남구 규제개혁대책협의회 위원 1998~2010년 (주)석양상사 대표이사 2001년 울산지검 컴퓨터조사자문위원회 위원 2002년 춘포문화장학재단 상임이사(현) 2008~2014년 (주)덕양 대표이사 사장 2008~2010년 차세대기업인클럽 회장 2008년 중앙팔각회 회장 2014년 (주)덕양 대표이사 회장(현) 2014~2017년 (사)한국수소산업협회 회장 2014~2017년 울산상공회의소 상임의원 2016년 한국화학연구원 울산멤버십기업협의체 회장(현) 2018년 울산상공회의소 감사(현) 2019년 (사)한국수소산업협회 회장(현) (상)은탑산업훈장(2017)

이치호(李致鎬) LEE Chi Ho (성덕)

(생)1955·3·5 (출)경북 포항 (주)서울특별시 광진구 능동로 120 건국대학교 동물생명과학대학 축산식품공학과(02-450-3681) (학)1983년 건국대 축산가공학과졸 1985년 同대학원 축산가공학과졸 1989년 식품화학박사(일본 도호쿠대) (경)1989~1995년 건국대 강사 1990~1992년 한국화학연구소 선임연구원 1991~1995년 건국대 동물자원연구센터 선임연구원 1995년 同동물생명과학대학 축산식품공학과 교수(현) 1996~2002년 同축산대학장 2001~2003년 국립수의과학검역원 연구관 2001~2002년 건국대 축산대학 생활관장 2002~2003년 미국 펜실베이니아대 교환교수 2003년 건국대 동물자원연구센터 대외협력부장 2004년 同축산대학 성관생활관장 2005년 同동물자원연구센터 사무국장 2005년 한국축산식품학회 간사장 2006년 건국대 동물생명과학대학 동물생명과학부 축산식품생물공학과 교수 2006~2008년 전국농학계학장협의회 사무총장 2008~2010년 同법인 감사 2008~2010년 건국대 동물생명과학대학장 2010~2012년 同대외홍보협력처장 2010~2013년 농림수산식품기술기획평가원 기능성축산식품사업단장 2014~2017년 同한국형유황돈육생햄사업팀장 2017~2018년 농림축산식품부 농정개혁위원회 축산분과위원장 2017년 건국대 식육과학문화연구소장(현) (저)'HPLC의 이론과 실제'(1993) '식품분석'(1996) 'Diet and Obesity'(1998) '영양과 축산식품'(2004) 'Exploring the Nutrition and Health Benefits of Functional Foods'(2016)

이친범(李親範) LEE CHIN BUM

(생)1962·12·9 (주)서울특별시 종로구 사직로8길 60 외교부 인사운영팀(02-2100-7863) (학)1984년 육군사관학교졸 1989년 한국외국어대 아랍어과졸 1993년 동국대 대학원 안보행정학과졸 (경)1999년 육군 GOP사단 수색대대장 2001년 同GOP사단 정보참모 2006년 31보병사단 96연대장 2008년 합동참모본부 전략정보과장 2009년 3군사령부 정보처장(준장) 2011년 합동참모본부 전략정보부장 2013년 육군정보학교장 2014년 소장 진급 2015년 국방부 정보기획부장 2018년 駐동티모르 대사(현)

이칠구(李七九)

(생)1959·8·25 (출)경북 포항 (주)경상북도 안동시 풍천면 도청대로 455 경상북도의회(054-880-5126) (학)대동고졸 2007년 동국대 상경대학 경영학과졸, 영남대 행정대학원 행정학과졸 (경)(주)영일만관광 대표이사, 한나라당 경북도당 중앙위원회 운영위원, 경북지구청년회의소 회장, 홍해지역발전협의회 사무국장, 포항향토청년회 지도회 감사, 포항지역발전협의회 이사, 포항시태권도협회 이사, 민주평통 자문위원

2006 · 2010년 경북 포항시의회 의원(한나라당 · 새누리당) 2006~2008년 同총무경제위원회 부위원장 2008~2010년 同총무경제위원장 2009년 포항시체육회 부회장 2010~2012년 경북 포항시의회 부의장 2012~2014년 同의장 2014~2018년 경북 포항시의회 의원(새누리당 · 자유한국당) 2014~2016년 同의장 2017년 자유한국당 경북도당 상임부위원장 겸 부위원장단 간사 2018년 경북도의회 의원(자유한국당)(현) 2018년 同기획경제위원회 위원(현) 2018년 同예산결산특별위원회 위원(현) 2018년 同지진대책특별위원회 위원장(현) (상)한국연예예술인협회 감사패(2011), 포항시태권도협회 감사패(2015)

이칠용(李七龍) LEE Chil Yong

(생)1946 · 7 · 15 (본)연안(延安) (출)경기 화성 (주)서울특별시 중구 삼일대로 363 장교빌딩 88호 한국공예예술가협회(02-779-0887) (학)1973년 일본 젬스톤국립연구소 어류박제과 수료 (경)1970년 한미공예사 대표 1976년 나전칠기보호협회 회장 1981년 전국공예품경진대회 중앙심사위원회 부위원장 1984년 나전칠기국제작품전 개최운영위원장 1986년 서울아시안게임기념 나전칠기전준비위원장 1987년 현대미술대상전 심사위원 1987년 월간 '가구' 부사장 1987년 나전칠기보호협회중앙회 회장 1987년 나전칠기기능사자격시험 출제위원 1989년 월간 '공예문화' 발행인 1990~1995년 전국기능경기대회 출제위원 · 심사위원장 1991~1995년 전국장애자기능올림픽 출제위원 · 심사위원장 1995년 (사)한국공예예술가협회 회장(현) 1995년 문화체육부 한국문화상품개발자문위원 1998년 인천가톨릭대 겸임교수 1998년 한양대 전통미술원 실장 1999년 문화관광부 문화상품개발위원장 1999~2011년 프랑스 디종 · 파리 · 보르도 · 스트라스부르 · 쌩제르망엉래 국제박람회 집행위원장 2000년 한 · 불전통문화교류협회 회장 2000년 서울공예상공모전 심사위원장 2002년 무주전통공예한국대전 집행위원장 2003년 한국전통공예공모전 집행위원장 2003년 이태리 밀라노 세계예술품대전 한국대표 2003년 무주동계올림픽유치추진위원회 위원 2004년 제3회 대한민국어린이박람회집행위원회 운영위원 2004년 중소기업청 E-비지니스솔루션사업 집행위원장 2004년 대한민국문화관광상품대전 집행위원장 2005년 경향신문 객원논설위원 2005년 (사)한지문화산업총연합회 자문위원 2005년 2005국제문화관광상품엑스포 운영위원장 2006년 조선황실문화재단창립총회 집행위원장 2006년 한국과학문화재단 과학기술문화사업 전문위원 2006년 경주신라밀레니엄파크內 공예촌 준비위원장 2006년 대한민국디자인문화대전 심사위원 2006~2007년 전통공예산업진흥법 추진위원장 2007년 프랑스 파리국제박람회 참가 대회장 2007년 문화재청 문화재전문위원 2007년 同일반동산문화재 감정위원 2008년 (사)근대황실공예문화협회 회장(현) 2009년 무주전통공예협의회 위원장 2011년 제17회 전국한지공예대전 운영위원장 2011년 서울미술장식 심의위원 2013~2015년 이탈리아 밀라노 '한국공예의 법고창신 2013' 기획위원 2014년 서울시문화상 심사위원(현) 2014년 서울공예문화박물관 T/F 위원(현) 2014~2016년 예총명인 심사위원 2015년 한국예술인복지재단 예술활동증명심의위원(현) 2015년 유럽(벨기에 · 영국 · 독일) 한국문화원 전통공예전시 집행위원장 2015년 송도 엠베서더호텔 실내장식설치 총괄지도위원장 2015~2018년 무형문화재 장인전 운영위원 2016년 문화재청 무형문화재위원회 전문위원(현) 2017년 이탈리아 로마문화원 한국나전칠기33인전 운영위원장 2017년 이탈리아 밀라노 법고창신전 기획위원 2018년 '나전과 옻칠 그 천년의 빛으로 평화를 담다' 청와대 사랑채 전시 운영위원장 2018년 문화재청 문화재제도개선위원(현) (상)프랑스 디종시장 공로상, 국무총리표창, 화관문화훈장, 국제박람회 공로인증패(프랑스 노르망디 · 쌩제르망엉래 · 스트라스부르), 문화체육관광부장관표창(2009), 국가유공자(참전)(2011), 서울시문화상 문화재분야(2012) (저)'현대공예집' '한국나전칠기' '칠공예' '칠공연구' '옻칠공예용어사전' '옻나무 옻칠이야기'(2009) (작)'청와대 비치용 주칠나전칠기 장식대' '청와대 영부인 접견실 가구일습'(1992)

이태교(李太敎) RHEE Tai Kyo (東泉)

(생)1936 · 1 · 30 (본)영천(永川) (출)대구 (주)경기도 성남시 분당구 판교로 253 판교이노밸리 C동 803호 필로시스(주)(02-553-1421) (학)1955년 경북대 사대부고졸 1961년 연세대 정치외교학과졸 1978년 서울대 경영대학원 최고경영자과정 수료 1985년 행정학박사(한양대) (경)1960년 한국일보 정치부 기자 1965년 중앙일보 정치부 기자 1969년 삼성그룹 회장비서실 근무 1970년 (주)삼성에버랜드 기획조사실장 1980년 동부그룹 종합조정실 상무이사 · 전무이사 · 부사장 1984년 (주)한국자동차보험서비스 대표이사 1989 · 1992년 한국수자원공사 사장 1993년 한국대댐학회 회장 1995년 한국부동산분석학회 회장 1995년 한성대 대학원장 겸 경영 · 행정 · 통상정보 · 예술대학원장 1998~2001년 同행정대학원장 겸 부동산학과 교수 1999년 한국부동산연합회 회장 1999~2002년 세계부동산연맹 한국대표부 회장 2000년 同이사회 부회장 2001~2002년 기라정보통신 회장 2003년 부동산TV 명예회장 2003년 서울신문 명예논설위원 2003년 삼성에버랜드(주) 경영고문 2003년 리베창조(주) 회장 2003년 서울부동산포럼 창립회장(현) 2004년 서울사이버대 부동산학과 석좌교수 2017년 필로시스(주) 회장(현) 2018년 한중부동산포럼 회장(현) (상)은탑산업훈장(1991), 부총리표창(1991 · 1992), 부동산산업공로상(2017) (저)'부동산중개업법령 및 중개실무'(1984) '부동산투자요령'(1985) '재미있는 물 이야기'(1992) '부동산중개론'(1999) '물 · 환경 · 인간'(2000) '토지정책론'(2001) '부동산업성공비결 33계명'(2003) '울다가 웃고 웃다 기절하는 이야기'(2007) '부동산정책론(共)'(2015, 법문사) '부동산 마케팅(共)'(2016, 법문사) '부동산정책론 제4판(共)'(2018, 법문사) (종)기독교

이태규(李泰珪) LEE Tae Gyu

(생)1964 · 3 · 22 (본)한산(韓山) (출)경기 양평 (주)서울특별시 영등포구 의사당대로 1 국회 의원회관 635호(02-788-2755) (학)1982년 천안 중앙고졸 1990년 한국항공대 항공경영학과졸 2003년 연세대 행정대학원졸 (경)1988년 한국항공대 총학생회장 1995년 정치개혁시민연합 기획실장 1995년 개혁신당 기획조정실 부실장 1995년 통합민주당 조직부국장 · 정책전문위원 1998년 여의도연구소 기획위원 2000년 윤여준 국회의원 보좌관 2003년 나라정책원 부원장 2003년 한나라당 대표최고위원 상임정책특보 2004년 여의도연구소 연구위원(정치행정팀장) 2006년 한나라당 서울시장선거기획단장 2006년 서울시장직인수위원회 위원 2007년 한나라당 이명박 대통령경선캠프 기획단장 2007년 同이명박 대통령후보 대선준비팀 전략총괄간사 2007년 同제17대 대통령중앙선거대책위원회 전략기획팀장 2007년 제17대 대통령직인수위원회 기획조정분과위원회 전문위원 2008년 대통령 연설 · 기록비서관 2009~2011년 (주)KT 경제경영연구소 전무 2009~2011년 (사)국제정보능력평가원 이사장 2012년 무소속 안철수 대통령후보 선거대책위원회 미래기획실장 2014년 새정치민주연합 사무부총장 2014~2015년 同정치혁신실천위원회 위원 2014~2015년 同당무혁신실장 2016년 국민의당 창당준비위원회 실무지원단장 2016년 同전략홍보본부장 2016년 同공천관리위원회 위원 2016년 제20대 국회의원(비례대표, 국민의당 · 바른미래당〈2018.2〉)(현) 2016~2018년 국회 외교통일위원회 간사 2016~2018년 국회 정보위원회 간사 2016년 국회 정치발전특별위원회 위원 2016년 국민의당 당헌당규제 · 개정위원회 제3소위원장 2017년 국회 헌법개정특별위원회 위원 2017년 국민의당 제19대 안철수 대통령후보 중앙선거대책위원회 프로젝트플랫폼 외교현안대책위원장 2017년 同사무총장 2017년 同혁신위원회 위원 2017년 同비상대책위원회 위원 2017~2018년 同국민정책연구원장 2018년 국회 헌법개정 및 정치개혁특별위원회 위원 2018년 바른미래당 사무총장 2018년 同지방선거기획단 부단장 2018년 同조직강화특별위원회 위원장 2018년 국회 정무위원회 위원(현) 2018년 국회 공직자윤리위원회 위원(현) 2018년 국회 윤리특별위원회 간사(현) 2018년 국회 공공부문채용비리의혹과관련된 국정조사특별위원회 위원 2019년 국회 사법개혁특별위원회 위원(현)

이태규(李泰圭)

(생)1965 (출)충북 청주 (주)서울특별시 중구 세종대로 17 와이즈빌딩 한국일보 편집국(02-724-2114) (학)1984년 청주고졸 1992년 고려대 신문방송학과졸 (경)1993년 한국일보 입사 1993~2009년 同사회부 경찰팀 · 주간한국부 · 사회부 법조팀 · 사회부 경찰팀 · 주간한국부 · 경제부 · 사회1부 · 국제부 · 피플팀 기자 2009년 同사회부 차장대우 2010년 同국제부 차장대우 2011년 同정치부 차장대우 2011년 同국제부 차장대우 2013년 同위싱턴특파원(차장) 2014년 同기획취재부장 2015년 同편집국 사회부장 2016년 同편집국 정치부장 2017년 同편집국 뉴스1부문장 2017년 관훈클럽 편집위원 2018년 (사)한미클럽 편집위원(현) 2019년 한국일보 편집국장(현) (상)한국기자협회 한국기자상(2004), 한국일보 백상기자대상 금상(2004), 한국언론인연합회 한국참언론인대상(2019)

이태규(李泰圭)

(생)1967 (출)경남 진주 (주)경상남도 창원시 의창구 상남로 289 경남지방경찰청 청문감사담당관실(055-233-2024) (학)1985년 진주고졸 1989년 경찰대 행정학과졸(5기) 2005년 경남대 경찰행정대학원졸 (경)1989년 경위 임관 1998년 경감 승진 2004년 경남 양산경찰서 생활안전과장(경정) 2005년 마산중부경찰서 수사과장 2006년 마산동부경찰서 경비교통과장 2007년 창원서부경찰서 정보보안과장 2008년 경남지방경찰청 작전전경계장 2010년 同감찰계장 2011년 同경비계장 2013년 同정보화장비담당관 2014년 경남 밀양경찰서장 2015년 경남지방경찰청 생활안전과장 2016년 울산동부경찰서장 2017년 경남지방경찰청 홍보담당관 2018년 경남 진해경찰서장 2019년 경남지방경찰청 청문감사담당관(현)

이태복(李泰馥) LEE Tae Bok

(생)1950 · 12 · 11 (본)한산(韓山) (출)충남 보령 (주)서울특별시 구로구 경인로 661 푸르지오1차상가 (주)국민석유(02-2636-6915) (학)1969년 성동고졸 1976년 국민대 법대졸 2000년 고려대 노동대학원졸 2003년 명예 사회복지학박사(순천향대) (경)1975년 흥사단 아카데미 지도위원 1977년 도서출판 '광민사' 대표 1981년 민주화운동으로 구속 1986년 국제사면위원회에서 '세계의 양심수' 선정 1988년 특별석방 · 사면복권 1989년 전국민족민주운동연합 편집실장 1989년 주간 노동자신문 발행인 겸 주필 1996년 同회장 1996~2001년 (사)인간의대지 대표 1999~2001년 노동일보 발행인 겸 회장 2001년 그리스도신학대 객원교수 2001년 대통령 복지노동수석비서관 2002년 보건복지부 장관 2002년 국민대 행정대학원 초빙교수 2003년 한서대 노인복지학과 초빙교수, 성동고총동문회 회장 2003년 (사)인간의대지 이사장(현) 2006년 새희망포럼 고문 2007년 (사)5대거품빼기범국민운동본부 상임대표(현) 2009년 (사)5대운동 이사장(현) 2012년 예산중총동창회 회장 2012년 국민석유(주) 설립준비위원 · 상임대표 2013년 同대표이사 겸 이사회 의장(현) (상)청조근조훈장(2003) (저)'한국노동문제의 구조' '영국노동운동사' '노동의 역사' '세상의 문 앞에서'(1990) '노동자의 논리와 희망의 노래'(1992) '전환기의 노동운동'(1995) '우리시대의 희망찾기'(1996) '기백이 있어야 희망이 보인다'(2000) 자서전 '쓰러져도 멈추지 않는다'(2002) '대한민국은 침몰하는가'(2004) '사회복지정책론'(2006) '도산 안창호 평전'(2006) '조선의 슈퍼스타 토정 이지함'(2011) (종)천주교

이태섭(李台燮) Tae-Sup Lee

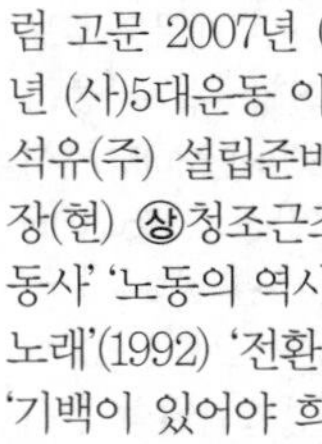

(생)1939 · 5 · 21 (본)전주(全州) (출)경기 화성 (주)서울특별시 종로구 사직로 130 적선현대빌딩 507호 국제라이온스협회 한국연합회 사무국(02-734-5111) (학)1958년 경기고졸 1962년 서울대 공대졸 1966년 공학박사(미국 MIT) (경)1960년 국제연합한국학생회 전국총연합회장 1961년 서울대 총학생회장 1966년 미국 셸석유 책임연구원 1972년 풍한산업 상무이사 1976년 우풍화학 사장 1977년 대우엔지니어링 사장 1977년 제철화학 · 풍국정유 · 영일화학 사장 1978년 풍한방직 사장 1979년 제10대 국회의원(서울 강남, 민주공화당) 1979년 민주공화당 총재비서실장 1981년 제11대 국회의원(서울 강남, 민주정의당) 1981~1983년 대통령 특사(4회) 1981년 국회 상공위원장 1983년 민주정의당 서울시지부 위원장 1983년 정무제1장관 1985년 민정당 중앙집행위원 1986년 국제라이온스협회 309A지구 총재 · 복합지구 의장 1986~1987년 과학기술처 장관 1988년 민정당 국책연구소장 1988년 제13대 국회의원(서울 강남乙, 민정당 · 민자당) 1988년 민정당 중앙집행위원 1990년 민자당 당무위원 1993년 국제라이온스협회 국제이사 1994년 同국제본부 집행위원 1996년 한양기독실업인회 회장 1996~1998년 자민련 부총재 1996년 同강남乙지구당 위원장 1997년 제15대 국회의원(수원 장안 보궐선거 당선, 자유민주연합) 1997년 자유민주연합 정책위원회 의장 2000년 同수원장안지구당 위원장 2001~2003년 한국원자력문화재단 이사장 2001년 국제라이온스협회 국제2부회장 2002년 同국제1부회장 2003~2004년 同세계회장 2003~2004년 외교통상부 문화홍보 외교사절 2004년 국제라이온스재단(LCIF) 이사장 2005~2008년 同CSF II(2억불 모금 캠페인) 국제위원장 2007~2013년 한국원자력의학원 이사장 2008년 국제라이온스재단(LCIF) 동양및동남아시아 헌장지역대표(현) 2010년 同운영위원장 2012년 전주이씨대동종약원 이사장(현) 2013~2016년 한국학생운동자협의회 회장, 대한민국헌정회 원로회의 부의장 (상)국무총리표창, 청조근정훈장, 한국전기문화대상, 필리핀 구시 평화상(2007), 4.19봉사상(2009) (저)'선진조국을 향한 새로운 산업정책' '나의 유학시절' '한국의 우등생' 자서전 '지구 150바퀴-2억불의 사나이 이태섭'(2009) (역)'무역이냐 전쟁이냐' (종)기독교

이태섭(李太燮) Lee tae sup

(생)1963 · 7 · 1 (출)경기 안성 (주)서울특별시 송파구 올림픽로 300 롯데지주(주) 준법경영실(02-771-1000) (학)1981년 서울고졸 1985년 서울대 사법학과졸 (경)1984년 사법시험 합격(26회) 1987년 사법연수원 수료(16기) 1987년 육군 법무관 1990년 서울지법 북부지원 판사 1992년 서울민사지법 판사 1994년 청주지법 판사 1997년 서울지법 판사 1997년 미국 버클리대 연수 1998년 서울고법 판사 1999년 법원행정처 송무국 송무심의관 2001년 서울고법 판사 2002년 제주지법 부장판사 2003년 대법원 재판연구관 2005~2007년 서울남부지법 부장판사 2007~2017년 김앤장법률사무소 변호사, 대한변호사협회 법제이사 2011~2013년 대법원 양형위원회 위원 2012년 생명보험협회 법률고문 2014년 서울대 법학전문대학원 겸임교수 2017년 롯데그룹 컴플라이언스위원회(compliance) 준법경영담당 부사장 2017년 롯데지주(주) 준법경영실장(부사장)(현)

이태성(李泰聲)

(생)1968 · 10 · 12 (주)서울특별시 중구 세종대로 125 서울특별시의회(02-3702-1400) (학)서울시립대 문리과대학 국사학과졸 (경)서울농수산물도매시장정산(주) 상무이사 2017년 더불어민주당 제19대 문재인 대통령후보 조직특보, 同중앙당 정책위원회 부의장 2018년 서울시의회 의원(더불어민주당)(현) 2018년 同기획경제위원회 위원(현) 2018년 同정책위원회 위원(현) 2018년 同항공기 소음 특별위원회 위원(현) 2018년 서울시농수산식품공사 사장 후보자 인사청문특별위원회 위원(현)

이태성(李泰成) Lee Taesung

(생)1978 · 8 · 11 (주)서울특별시 마포구 양화로 45 (주)세아홀딩스 임원실(02-6970-0110) (학)1996년 미국 Kent School졸 2000년 미국 이스턴미시간대 심리학 · 언론학과졸 2005년 중국 칭화대 대학원 경영학과졸(MBA) (경)2005년 POSCO China 마케팅실 근무 2006년 SeAH Japan(세아제강 일

본 현지법인) 근무 2009년 (주)세아홀딩스 입사 2009년 同전략기획팀장 2011년 同이사 2013년 同상무 2014년 (주)세아베스틸 기획본부장 겸임 2014년 (주)세아홀딩스 경영총괄 전무 2014년 (주)세아베스틸 경영기획부문장(전무) 겸임 2015~2017년 (주)세아창원특수강 경영기획부문장(전무) 2016~2017년 (주)세아베스틸 대표이사 전무 2018년 同대표이사 부사장 2018년 (주)세아창원특수강 경영기획부문장(부사장)(현) 2018년 (주)세아홀딩스 대표이사 부사장(현) 2019년 (주)세아베스틸 부사장(현)

이태손(李泰孫·女)

(생)1953·11·15 (주)대구광역시 중구 공평로 88 대구광역시의회(053-803-5041) (학)사회복지학박사(대구한의대) (경)새누리당 대구시당 여성위원장, (사)대한어머니회 대구시연합회장 2018년 대구시의회 의원(비례대표, 자유한국당)(현) 2018년 同경제환경위원회 위원(현)

이태수(李泰秀) LEE Tae Soo

(생)1961·2·16 (출)전북 정읍 (주)서울특별시 서초구 강남대로 193 서울가정법원(02-2055-7114) (학)1979년 광성고졸 1986년 서울대 외교학과졸 1989년 同대학원 사법학과졸 (경)1990년 사법시험 합격(32회) 1993년 사법연수원 수료(22기) 1993년 춘천지법 강릉지원 판사 1996년 춘천지법 판사 1997년 同홍천군법원·인제군법원·양구군법원 판사 1998년 인천지법 부천지원 판사 2000년 대전지법 논산지원 판사 2002년 대구지법 판사 2004년 서울고법 판사 2005년 헌법재판소 파견 2007년 서울중앙지법 판사 2008년 대전지법 부장판사 2009년 수원지법 안산지원 부장판사 2010년 서울가정법원 부장판사 2015년 서울중앙지법 부장판사 2016년 언론중재위원회 시정권고위원 2018년 서울가정법원 부장판사 2019년 同수석부장판사(현)

이태식(李泰植) LEE Tae Sik

(생)1945·10·26 (출)경북 경주 (주)서울특별시 강서구 공항대로 607 서울도시가스(주)(02-810-8000) (학)1970년 서울대 외교학과졸 1988년 미국 존스홉킨스대 대학원 국제안보학과졸 (경)1973년 외무고시 합격(7회) 1973년 외무부 입부 1975년 駐라이베리아 3등서기관 1977년 駐필리핀 2등서기관 1981년 駐미국 1등서기관 1984년 대통령비서실 파견 1985년 외무부 동남아과장 1987년 외교안보연구원 안보전략연구부 연구관 1988년 駐오스트리아 참사관 1990년 駐유고 참사관 1992년 외교안보연구원 러시아·동구연구부 연구관 1992년 외무부 국제경제국 심의관 1994년 駐EU 공사 1997~1998년 외무부 통상국장 1998년 한반도에너지개발기구(KEDO) 사무차장 2000년 駐이스라엘 대사 2002년 외교통상부 차관보 2003년 駐영국 대사 2005년 외교통상부 차관 2005년 同제1차관 2005~2009년 駐미국 대사 2009~2014년 SK에너지(주) 상근고문 2011~2013년 한국전력공사 이사회 의장 2012~2015년 연합뉴스 수용자권익위원회 위원장 2013~2015년 한국국방연구원 비상임이사 2014~2016년 연세대 언더우드국제대학(UIC) 레이니(Laney) 석좌교수 2015년 서울도시가스(주) 사외이사 겸 감사위원(현) (종)기독교

이태식(李泰植) LEE Tae Sik

(생)1962·7·10 (출)서울 (주)부산광역시 해운대구 APEC로 55 벡스코(BEXCO) 사장실(051-740-7301) (학)1980년 용산고졸 1987년 서강대 경영학과졸, 핀란드 헬싱키경제대 대학원 경영학과졸(MBA) (경)1987년 대한무역투자진흥공사(KOTRA) 입사 1987년 同기획관리부 근무 1992년 同양곤무역관 근무 1995년 同전시사업처 근무 1998년 同마케팅지원처 근무 1998년 同달라스무역관 근무 2001년 同해외전시팀 근무 2002년 同전시사업팀 근무 2003년 同중동·아프리카지역본부 부관장 2006년 同감사실 검사역 2007년 同비서팀장 2008년 同바르샤바무역관장 2008년 同바르샤바코리아비즈니스센터장 2011년 同중소고객사업처장 겸 고객전략팀장 2012년 同지식서비스사업단장 2013년 同운영지원실장 2014년 同북미지역본부장 겸 뉴욕무역관장 2015년 同전략마케팅본부장(상임이사) 2016~2018년 同경영지원본부장(부사장) 2016~2019년 (주)킨텍스(KINTEX) 사외이사 2018년 대한무역투자진흥공사(KOTRA) 사장 직대 2018년 벡스코(BEXCO) 대표이사 사장(현)

이태억(李泰億) Tae Eog LEE

(생)1958·5·29 (본)경주(慶州) (출)부산 (주)대전광역시 유성구 대학로 291 한국과학기술원 공과대학 산업및시스템공학과(042-350-3122) (학)1980년 서울대 산업공학과졸 1982년 한국과학기술원(KAIST) 산업공학과졸(석사) 1991년 산업 및 시스템공학박사(미국 오하이오주립대) (경)1982~1986년 대우조선(주) 경영정보시스템 기획과 대리·기획관리과장 1991년 한국과학기술원(KAIST) 공과대학 산업및시스템공학과 교수(현) 1999~2000년 同과학기술전자도서관장 1999~2000년 同정보시스템연구소장 1999년 대검찰청 정보화실무추진단 자문위원 2000년 국가과학기술전자도서관(NDSL) 초대 설립관장 2000~2005년 AIM Systems(주) 기술고문 2000년 한국경영과학회지 편집위원장 2005~2008년 Associate Editor of IEEE Transactions on Automation Science and Engineering 2005년 Advisory Board Member of OR Spectrum Journal Springer 2006~2009년 한국과학기술원(KAIST) 산업및시스템공학과장 2007~2008년 대한산업공학회 부회장 2008~2016년 국방M&S(모델링 및 시뮬레이션)특화기술연구센터 센터장 2010~2012년 규제개혁위원회 민간위원 2011년 교육과학기술부 대학구조개혁위원회 위원 2011년 한국과학기술원(KAIST) 사회인프라상호작용에의한복합재난모델링기술연구단장 2011년 同Education 3.0 추진단장(학장급) 2013~2015년 同교수학습혁신센터장 2015년 한국과학기술한림원 정회원(정책학부·현) 2017~2018년 대한산업공학회 회장 2017~2019년 한국과학기술원(KAIST) 교육원장 겸 교수학습혁신센터장 (상)한국과학기술단체총연합회 우수논문상(2003), 대한산업공학회 정헌학술대상(2012), 미래창조과학부 이달(12월)의 과학기술자상(2015), 미래부및한국연구재단 '이달의 과학기술자상'(2017), 한국과학기술원(KAIST) '링크제네시스 베스트 티처 어워드' 대상(2019)

이태열(李泰烈) LEE Tae Yeul

(생)1945·4·20 (출)대구 달성 (주)대구광역시 수성구 동대구로 330 대구일보 회장실(053-757-5701) (학)협성고졸 1970년 영남대 상경대학 경영학과졸 1986년 경북대 경영대학원 최고경영자과정 수료 2002년 고려대 경영대학원 최고경영자과정 수료 2010년 영남대 행정대학원 행정학과졸 (경)1980년 대구 수성구 통합방위협의회 위원 1992~1996년 직장새마을운동 대구시남구협의회 회장 1994~2001년 한국공동주택전문관리협회 부회장·대구시지회 회장 1995~2000년 직장새마을운동 대구시협의회회장·중앙협의회 간사 1996~2001년 대구가창초총동창회 회장 1996년 대구시체육회 이사 1996년 2003하계유니버시아드대회 대구유치위원회 운영위원 1997년 민주평통 자문위원 2000~2002년 협성고총동창회 회장 2001년 대구시골프협회 부회장 2002년 대구일보 회장(현) 2004년 경북자원봉사포럼 회장 2005~2013년 한국신문윤리위원회 이사 2006~2008년 전국지방신문협의회 부회장 2009년 대구사이버대 발전자문위원 2009~2015년 한국신문협회 이사 2012년 同운영위원 (상)대구시장표창(1983·1985·1990·1993·1994), 문화공보부장관표창(1988), 내무부장관표창(1988·1995), 새마을포장(1993)

이태영(李台永) LEE Tae Young (東山)

(생)1941·8·6 (본)경주(慶州) (출)서울 (주)서울특별시 중구 세종대로 124 대한언론인회(02-732-4797) (학)성균관대 중퇴, 경희대 행정대학원 수료 (경)1961년 경향신문 기자 1962년 한국일보 기자 1978년 한국일보·일간스포츠 체육부장 1979년 서울시체육회 이사·운영위원 1983년 중앙일보 체육부장 1991년 중앙문화센터 국장 1993~2009년 대한체육회(KOC) 위원 1994년 중앙일보 섹션국장 1995년 同문화사업담당 본부장 1997년 (주)중앙기획 대표이사 1998년 21세기스포츠포럼 공동대표·상임대표·명예대표 1998년 추계예술대 자문역 1998년 KBS 객원해설위원 2002~2008년 명지대 객원교수 2005년 대한언론인회 논설위원 2006년 6.25납북인사가족회 이사 2008~2012년 경희대 겸임교수 2008년 추계예술대 법인이사(현) 2009년 KOC 국제위원회 위원·자문위원 2009년 (사)체육언론인회 특별고문·자문위원장 2010~2015년 한국언론진흥재단 특임강사 2010~2014년 대한언론인회 부회장 2012년 2018평창동계올림픽조직위원회 자문위원 2013년 서울시체육회 부회장 2013년 국민생활체육회 자문위원장 2014년 대한언론인회 상담역 2016년 同감사(현) 2016년 대한체육회 고문(현), 21세기 스포츠포럼 고문(현), (사)체육언론인회 고문(현) (상)국무총리표창(1986), 체육훈장 맹호장, 서울시 문화상, 대한민국 체육상 공로분야(2007) (저)'정상에 서다'(1978) '함성의 뒤안에서'(1995) '개척과 도전'(1998) '20세기 한국스포츠100년'(1999) '은반위의 질주'(2001) '스포츠보도의 현안과 발전방향'(2004) '올림픽을 말하다'(2008) '서울챔피언'(2010) '스포츠영웅 불굴의 혼, 손기정'(2011) (종)천주교

이태영(李泰榮) LEE Tae Young

(생)1944·3·18 (본)전주(全州) (출)경북 상주 (주)서울특별시 용산구 대사관로31길 8 태준빌딩 별관 3층 (주)태준제약 회장실(02-799-0003) (학)1994년 전국경제인연합회 국제경영원 수료(30기) 1997년 서울대 보건대학원 보건의료정책 최고과정 수료(1기) 1999년 매일경제 KAIST 최고지식경영자과정 수료(2기) (경)1978년 (주)태준제약·아큐젠 대표이사 회장(현) 2000~2014년 한국실명예방재단 부회장 2003~2005년 전국경제인연합회 국제경영원동문회장(21·22대) 2005년 同국제경영원동문회 명예회장(23대) 2005년 同국제경영원 이사(현) 2008~2018년 同국제경영원 최고경영자조찬경연 회장 2011년 서울대 보건대학원 보건의료정책최고관리자과정총동문회 명예회장(현) 2014년 한국실명예방재단(아이러브재단) 회장 2015~2018년 同제18대 이사장 2019년 대구경북시도민회 상임부회장(현) (상)보건사회부장관표창(1986), 국무총리표창(1994), 경영대상인 산업평화대상(1995), 제2회 벤처기업대상 산업자원부장관표창(1998), 제3회 경기도중소기업인대상(1998), 산업자원부장관표창(1999), 제3회 국제상학회 국제통상진흥인대상(1999), 대통령표창(1999), 국세청장표창(2000), 중소기업기술개발대상(2001), 모범납세자 재정경제부장관표창(2005), 전국경제인연합회 경영대상(2006), 대통령표창(2008), 경기도 일하기좋은기업대상(2010), 모범납세자 기획재정부장관표창(2012), 보건복지부 혁신형제약기업인증(2012), 무재해 15배수(18년) 목표달성인증(2013), 경기도 일하기좋은기업(GGWP)인증(2013), 보건복지부 혁신형 제약기업인증 연장(2015) (종)불교

이태영(李太榮) LEE Tae Young

(생)1959·3·9 (출)충북 진천 (주)서울특별시 마포구 상암산로 34 디지털큐브 11층 KC그린홀딩스(주) 임원실(02-320-6114) (학)광성고졸 1960년 서울대 경영학과졸 1999년 캐나다 사이몬프레이저대(Simon Fraser Univ.) 대학원 경영학과졸 (경)1985~1987년 제일씨티리스(주) 근무 1987~1989년 경원세기(주) 무역부 과장 1989년 한국코트렐(주) 입사 1991년 同이사 1996년 한국기계연구원 자문위원 1997년 통상산업부 Korea-U.S. Committee on Business Cooperation 환경에너지위원 2000년 대한상공회의소 환경·안전위원 2000~2008년 한국코트렐(주) 사장 2001년 학교법인 광성학원 이사 2002년 대통령자문 지속가능발전위원회 환경분과위원 2003년 대한상공회의소 국제위원회 자문위원 2003~2015년 환경보전협회 이사 2003년 CLESTRA HAUSERMAN 회장 2005년 지속가능경영원 감사 2006년 한국환경산업협회 부회장 2008년 KC코트렐(주) 대표이사 사장 2009년 대한상공회의소 환경기후위원회 부위원장(현) 2010년 KC그린홀딩스(주) 대표이사 사장(현)

이태영(李太榮·女) LEE Tae Young

(생)1968·1·1 (출)대전 (주)대전광역시 서구 둔산중로78번길 45 대전지방법원(042-470-1684) (학)1986년 대전여고졸 1990년 충남대 법학과졸 (경)1995년 사법시험 합격(37회) 1998년 사법연수원 수료(27기) 1998년 대전지법 예비판사 2001년 同서산지원 판사 2003년 대전지법 판사 2008년 대전고법 판사 2011년 대전지법 논산지원 판사 2013년 대전지법 부장판사 2017년 청주지법 부장판사 2019년 대전지법 부장판사(현)

이태우(李泰雨) LEE Tae Woo

(생)1969·8·7 (출)경기 성남 (주)서울특별시 송파구 법원로 101 서울동부지방법원(02-2204-2114) (학)1988년 성남서고졸 1992년 연세대 법학과졸 (경)1995년 사법시험 합격(37회) 1998년 사법연수원 수료(27기) 1998년 軍법무관 2001년 인천지법 판사 2003년 서울지법 서부지원 판사 2004년 서울서부지법 판사 2005년 춘천지법 영월지원 판사 2008년 서울중앙지법 판사 2010년 서울고법 판사 2011년 대법원 재판연구관 2013년 춘천지법 속초지원장 2015년 수원지법 성남지원 부장판사 2018년 서울동부지법 부장판사(현)

이태운(李泰運) LEE Tae Oon

(생)1958·8·1 (출)대구 (주)서울특별시 강남구 테헤란로 432 DB생명보험(주) 임원실(02-3011-4016) (학)1976년 삼척고졸 1981년 경북대 법대 행정학과졸 (경)1982년 동부화재 입사 2003년 同마케팅담당 2005년 同대구사업본부장(상무) 2009년 同경인사업본부장(상무) 2010년 同개인사업부문장(상무) 2012년 同개인사업부문 총괄부사장 2014년 동부생명보험(주) 대표이사 사장 2017년 DB생명보험(주) 대표이사 사장(현)

이태운(李泰雲) Lee, Tae Woon

(생)1965·3·22 (본)전주(全州) (출)강원 원주 (주)서울특별시 중구 다동길 43 여신금융협회 금융본부(02-2011-0736) (학)1984년 원주고졸 1992년 한국외국어대 경영학과졸 (경)1992~1997년 리스금융협회 기획팀 근무 1998년 여신금융협회 기획부 대리 1999~2001년 同업무부·신용카드부 과장 2002년 同종합기획부 차장 2005~2013년 同종합기획부장·여신금융부장·경영지원부장 2013년 同감사실장 2014년 同홍보담당 이사 2015년 同금융본부장 2016년 同사업본부장 2019년 同금융본부장(현) (상)금융감독위원회 금융업무유공표창(1999)

이태웅(李泰雄)

(생)1974·8·28 (출)충남 예산 (주)경기도 부천시 상일로 129 인천지방법원 부천지원(032-320-1114) (학)1993년 대원외국어고졸 1997년 성균관대 법학과졸 (경)1998년 사법시험 합격(40회) 2001년 사법연수원 수료(30기) 2001년 공익 법무관 2004년 전주지법 판사 2007년 수원지법 안산지원 판사 2010년 서울북부지법 판사 2013년 서울동부지법 판사 2013~2015년 법원행정처 정보화심의관 겸임 2016년 광주지법 부장판사 2018년 인천지법·인천가정법원 부천지원 부장판사(현)

이태원(李泰元) LEE Tae Won

(생)1938 · 3 · 15 (본)서산(瑞山) (출)평남 평양 (주)서울특별시 용산구 독서당로 124-7 태흥영화(주)(02-797-5121) (학)1956년 동북고졸 (경)1964~1974년 태흥상공 대표이사 1974년 의정부 중앙극장 대표 1975년 의정부 국도극장 대표 1975년 경기도극장협회 회장 1977년 전국극장연합회 부회장 1978 · 1983~1989년 同회장 1983년 태흥영화(주) 대표이사 회장(현) 1986~1996년 성남중앙극장 대표 1988년 영화업협동조합 이사장 1994~1997년 한국영화제작가협회 회장, '젊은날의 초상' '장군의 아들' '서편제' '태백산맥' '노는계집 창' '춘향뎐' '취화선' '하류인생' 등 다수의 영화를 임권택 감독과 함께 제작 2005년 임권택 감독의 100번째 영화 '천년학' 제작 2005~2013년 태흥시네마 대표이사 회장 (상)옥관문화훈장, 은관문화훈장, 제8회 춘사영화제 기획상, 제1회 한국영화 문화상, 제39회 백상예술대상 영화특별상(2003)

이태원(李太遠) LEE Tae Won

(생)1958 · 11 · 27 (주)경상북도 구미시 대학로 61 금오공과대학교 기계설계공학과(054-478-7375) (학)1981년 서울대 기계설계공학과졸 1983년 한국과학기술원(KAIST) 기계공학과졸(석사) 1987년 공학박사(한국과학기술원) (경)1987~1988년 원자력연구소 선임연구원 1988~2015년 금오공대 기계공학부 교수 1991~1992년 미국 UMASS 교환교수 2009년 미국 세계인명사전 'Marquis Who's Who in the world' 2010년판에 등재 2015년 금오공대 기계설계공학과 교수(현) 2017년 同산업대학원장(현)

이태원(李泰源)

(생)1962 (주)서울특별시 동대문구 한천로 272 서울보호관찰소(02-2200-0200) (학)서울대 사회복지학과졸, 同대학원 사회복지학과졸 (경)1994년 행정고시 합격, 서울보호관찰소 조사과 보호관찰관, 법무부 관찰과 정책기획 · 인사담당, 서울보호관찰소 서부소장 2002년 同의정부지소장 2006년 대전보호관찰소 홍성지소장(서기관) 2012년 서울남부보호관찰소장 2014년 의정부보호관찰소장, 법무부 특정범죄자관리과장 2018년 법무부 보호관찰과장(부이사관) 2018~2019년 광주보호관찰소장 2019년 서울보호관찰소장(고위공무원)(현)

이태일(李太日)

(생)1972 · 9 · 7 (출)인천 (주)서울특별시 도봉구 마들로 747 서울북부지방검찰청 형사6부(02-3399-4307) (학)1991년 송도고졸 1998년 중앙대 법학과졸 (경)1999년 사법시험 합격(41회) 2002년 사법연수원 수료(31기) 2002년 서울지검 의정부지청 검사 2004년 대구지검 영덕지청 검사 2005년 전주지검 검사 2007년 수원지검 검사 2009년 서울동부지검 검사 2012년 제주지검 검사 2014년 인천지검 검사 2016년 서울중앙지검 부부장검사 2017년 수원지검 평택지청 형사2부장 2018년 대구지검 서부지청 형사3부장 2019년 서울북부지검 형사6부장(현)

이태종(李泰鍾) LEE Tae Jong (正松 · 虛竹)

(생)1959 · 10 · 25 (본)전주(全州) (출)충남 아산 (주)경상북도 경주시 태종로 188 경주대학교 보건복지산업대학 사회복지학과(054-770-5124) (학)1982년 서울대 영어교육학과졸 1984년 同대학원 행정학과졸 1994년 행정학박사(서울대) (경)1989년 경주대 보건복지산업대학 사회복지학과 교수(현) 1995~1998년 同학생생활연구소장 1998~2001년 同도서관장 2001~2004년 同창의력개발연구소장 2001~2002년 한국정부학회 연구이사 2001~2007년 경주시의회 공무국외여행심사위원 2003~2007년 경북도 21세기경북발전위원 2004~2006년 경주대 교무처장 2005~2007년 한국정책학회 운영이사 2006~2007년 대한지방자치학회 부회장 2006~2007년 한국정부학회 부회장 2007~2009년 한국학술진흥재단 학술정책단장 2008~2009년 국회도서관 정책연혁정보자문위원 2008년 국무총리실 특정과제평가위원 2008년 교육과학기술부 자체평가위원 2009년 지방자치단체합동평가단 평가위원 2010년 한국지방정부학회 운영이사(현) 2010~2011년 서울행정학회 회장 2011~2012년 한국지방자치학회 이사 2011~2017년 경주대 대학원장 2013~2014년 同산학협력단장 · 취업능력개발원장 2014~2016년 同발전기획처장 겸임 2014~2015년 서울행정학회 학술상위원회 이사 2015년 대한지방자치학회 이사(현) 2015년 서울행정학회 고문(현) 2016~2017년 한국행정학회 운영이사 2017~2018년 한국정부학회 윤리위원 2019년 한국행정학회 운영이사(현) 2019년 한국지방자치학회 상임이사(현) 2019년 과천시 주요업무 평가위원(현) (상)한국지방정부학회 논문부문 학술상(2003) (저)'행정사례문제(共)'(1998) '정책사례연구(共)'(2002) '한국사회와 행정개혁(共)'(2002) '사회복지정책의 이해와 활용(共)'(2010) (역)'행정학(共)'(1998) '현대관광론(共)'(2000)

이태종(李太鍾) LEE Tae Jong

(생)1960 · 9 · 8 (출)전북 김제 (주)서울특별시 서초구 서초중앙로 157 서울고등법원(02-530-1186) (학)1978년 전주고졸 1982년 서울대 법과대학졸 1984년 同대학원 법학과졸 1997년 법학박사(서울대) (경)1983년 사법시험 합격(25회) 1985년 사법연수원 수료(15기) 1986년 軍법무관 1989년 전주지법 판사 1991년 同남원지원 판사 1993년 전주지법 판사 1994년 수원지법 판사 1995년 미국 워싱턴주립대 교육파견 1996년 수원지법 판사 1997년 서울고법 판사 1999년 대법원 재판연구관 1999년 미국 연방파산법원 파견 2000년 대법원 재판연구관 2003년 수원지법 부장판사 2005년 서울행정법원 부장판사 2007년 특허법원 부장판사 2009년 인천지법 수석부장판사 2010년 서울고법 부장판사 2015년 同수석부장판사 2015년 서울서부지법원장 2018년 서울고법 부장판사(사법연구)(현)

이태준(李泰俊) LEE Tai Joon

(생)1952 · 9 · 17 (출)인천 (주)서울특별시 중구 삼일대로 363 장교빌딩 20층 고려제강(주)(02-316-6114) (학)1971년 인천 제물포고졸 1979년 한국외국어대 포르투갈어과졸 (경)2005~2009년 고려제강(주) 원료부문장 · 인사부문장(상무) 2010년 同경영지원본부장(부사장) 2014~2017년 同경영지원본부장(사장) 2016년 한국철강협회 선재협의회 수석부회장 2017년 同선재협의회 회장(현) 2018년 고려제강(주) 경영지원본부장(부회장)(현) (상)은탑산업훈장(2014)

이태진(李泰鎭) Yi Tae-jin

(생)1943 · 10 · 14 (본)영천(寧川) (출)경북 영일 (주)서울특별시 관악구 관악로 1 서울대학교 인문대학 국사학과(02-880-5114) (학)1965년 서울대 사학과졸 1969년 同대학원 사학과졸 2005년 명예 문학박사(한국학중앙연구원) (경)1969~1972년 육군사관학교 교수부 사학과 교관 1973~1977년 경북대 전임강사 1977~1987년 서울대 인문대학 국사학과 전임강사 · 조교수 · 부교수 1985~1986년 미국 콜롬비아대 동아시아학과 방문교수 1987~2009년 서울대 인문대학 국사학과 교수 1988~1992년 同중앙도서관 규장각 도서관리실장 1998~1999년 진단학회 회장 1999~2001년 한국18세기학회 회장 1999~2000년 한국산업기술사학회 부회장 2003년 국사편찬위원회 위원 2003~2004년 역사학회 회장 2003~2004년 미국 하버드대 동아시아학과 강의교수 2004년 일본 도쿄대 초빙교수 2004년 한국학술단체연합회 회장 2004~2006년 한국문화연구소 소장 2006~2008년 서울대 인

문대학장 2007년 대한민국학술원 회원(한국사 · 현) 2009년 서울대 국사학과 명예교수(현) 2010~2013년 국사편찬위원회 위원장 [상]월봉저술상(1986), 치암학술상(1993), 한국백상출판문화상 저작상(2003), 제51회 3.1문화상 인문사회과학부문 학술상(2010), 수당재단 수당상(2019) [저]'韓國軍制史(共)'(1968) '朝鮮後期의 政治와 軍營制變遷'(1985) '韓國社會史研究'(1986) '朝鮮儒敎社會史論'(1989) '奎章閣小史' '韓國社會發展史論(共)'(1992) '왕조의 유산-외규장각도서를 찾아서'(1994 · 2010, 지식산업사) '고종시대의 재조명'(2000, 태학사) '서울상업사(共)'(2000) '한국병합, 성립하지 않았다'(2001, 태학사) '의술과 인구 그리고 농업기술'(2002) '한국병합불법성연구(共)'(2003) '동경대생들에게 들려준 한국사'(2005, 태학사) 'The Dynamics of Confucianism and Modernization in Korean History'(2007) '한국병합과 현대(共)'(2009) '일본의 한국병합 강제 연구 : 조약 강제와 저항의 역사'(2017, 지식산업사) [역]'譯註 經國大典' [종]기독교

이태철(李泰哲) LEE Tae Chul

[생]1962 · 9 · 17 [본]진성(眞城) [출]대구 [주]울산광역시 남구 북부순환도로 17 경상일보 광고국(052-220-0590) [학]1981년 대구 대건고졸 1988년 대구대 사회학과졸 [경]1988년 경북일보 기자 1989년 경상일보 기자 1997년 同동부경남취재본부장 2001년 同사회부 부장대우 2003년 同기동취재부 부장대우 2004년 同사회부장 2004년 同편집국장 2006년 同논설위원 2008년 同광고사업국장 직대 2009년 同논설위원 2009년 同편집국 부국장 겸 사회부장 2010년 同논설위원 2011년 同논설실장 2014년 同편집국장 2017년 同논설위원 2018년 同이사 겸 광고국장(현)

이태한(李泰翰) LEE Tae Han

[생]1958 · 2 · 11 [출]전북 정읍 [주]강원도 원주시 건강로 32 국민건강보험공단(033-736-1713) [학]1976년 경복고졸 1983년 서울대 사회학과졸 1998년 미국 보스턴대 대학원졸, 보건학박사(차의과대) [경]1987년 행정고시 합격(31회) 1988년 총무처 수습행정관 1989년 보건사회부 부녀복지과 근무 1989년 국립소록도병원 복지과 근무 1991년 보건사회부 복지자원과 · 질병관리과 근무 1995년 국립사회복지연수원 기획연구과 근무 1995년 미국 보스턴대 파견 1999년 보건복지부 노인복지과 근무 1999년 同정보화담당관 직대 1999년 同정보화담당관 2001년 미국 국립보건원 파견 · 보건복지부 참여복지홍보사업단 업무지원 2003년 보건복지부 보건산업진흥과장 2003년 同건강정책과장 2005년 同혁신인사기획관 2005년 同보건산업육성사업단장(부이사관) 2007년 중앙공무원교육원 파견 2008년 보건복지가족부 보육정책관(고위공무원) 2009년 同복지정책관 2010년 보건복지부 복지정책관 2010년 대통령 고용복지수석비서관실 선임행정관 2011년 보건복지부 보건의료정책실 보건의료정책관 2012년 同보건의료정책실장 2013~2015년 同인구정책실장, 단국대 보건복지대학원 초빙교수, 서울시립대 도시보건대학원 초빙교수 2018년 국민건강보험공단 상임감사(현) [상]대통령표창(1993), 녹조근정훈장(2003)

이태한(李泰翰) LEE Tae Han

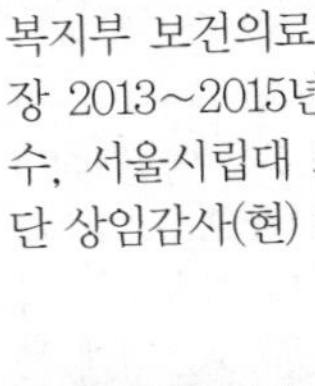

[생]1966 · 5 · 13 [출]부산 [주]서울특별시 서초구 서초대로74길 4 삼성생명서초타워 17층 법무법인(유) 동인(02-2046-0605) [학]1984년 부산 경남고졸 1989년 고려대 법학과졸 2005년 미국 블루클린검찰청 인턴쉽과정 수료 2010년 한양대 에리카캠퍼스 AMP과정 수료 2011년 고려대 법무대학원 지적재산권법학과 연구과정 수료 [경]1991년 사법시험 합격(33회) 1994년 사법연수원 수료(23기) 1994년 대구지검 검사 1995년 同영덕지청 검사 1997년 서울지검 북부지청 검사 1999년 부산지검 동부지청 검사 2001년 서울지검 의정부지청 검사 2003년 同고양지청 검사 2004년 의정부지검 고양지청 검사 2005년 인천지검 검사 2006년 同부부장검사 2007년 창원지검 통영지청 부장검사 2008년 부산지검 공판부장 2009년 울산지검 특수부장 2009년 서울남부지검 공판송무부장 2010년 수원지검 안산지청 부장검사 2011년 同성남지청 부장검사 2012~2013년 서울남부지검 형사4부장 2013년 법무법인(유) 동인 구성원변호사(현) [상]검찰총장표창(2004) [종]기독교

이태현(李泰鉉)

[생]1960 · 4 · 20 [출]전북 완주 [주]전라북도 전주시 완산구 효자로 225 전라북도청 도민안전실 안전정책관실(063-280-2780) [학]1978년 전주농림고졸 1992년 한국방송통신대 행정학과졸 1999년 원광대 대학원 행정학과졸 [경]2008년 부안군 변산면장 2009년 同새만금개발과장 2010년 새만금군산경제자유구역청 토지정보팀장 2013년 전북도 혁신도시추진단장 2014년 세종연구소 교육파견 2015년 전북도 기획관리실 정보화총괄과장 2016년 同건설교통국 토지정보과장 2017년 전북 무주군 부군수 2018년 전북도 도민안전실 안전정책관(현) [상]녹조근정훈장(2018)

이태협(李泰協) LEE Tae Hyub

[생]1960 · 5 · 11 [출]대구 [주]서울특별시 종로구 성균관로 25-2 성균관대학교 상임이사실(02-760-0114) [학]1978년 영남고졸 1984년 성균관대 경영학과졸 2001년 미국 뉴욕주립대 스토니브룩교 대학원 경영학과졸 [경]삼성전자(주) 인력팀 부장 2003년 同구조조정본부 인력팀 상무보 2006년 同인력개발원 상무 2008년 同정보통신무선사업부 전략마케팅 미주수출그룹팀 상무 2010~2011년 同무선사업부 전략마케팅팀 전무 2011년 同경영지원실 글로벌지원팀 글로벌경영연구센터 전무 2013~2014년 同경영지원실 글로벌협력팀 전무 2015년 학교법인 성균관대 사무국장 2016년 同상임이사(현) [종]가톨릭

이태형(李泰衡) LEE Tai Hyung

[생]1941 · 3 · 17 [본]전의(全義) [출]전북 익산 [주]서울특별시 서초구 서초중앙로26길 5 하림빌딩 501호 한글재단(02-588-1009) [학]1959년 남성고졸 1963년 서울대 상대졸 1989년 한양대 대학원 행정학과졸 [경]1966~1980년 서울신문 사회부 · 경제부 기자 1980년 민정당 창당준비위원 1981년 同정책조정실 경제담당 전문위원 1983년 同정치연수원 교수 1985년 同부대변인 · 선전국장 1987년 同국책연구위원회 상근연구위원 1988년 同훈련국장 1989년 同정책국장 1990년 민자당 정책기획국장 1990년 한 · 일정보산업문제연구소 이사장 1991년 민자당 제2정책조정실 부실장 1991년 한국경영개발연구원 이사장 1993년 한국수자원공사 감사 1995~1996년 同사장 1999년 동아TV 회장 2004~2007년 한국패션협회 비상임부회장 2009년 한글재단 이사 2011년 同이사장(현) [상]국민훈장 모란장(1996) [저]'2000년의 한국' [종]불교

이태형(李泰炯) LEE Tae Hyung

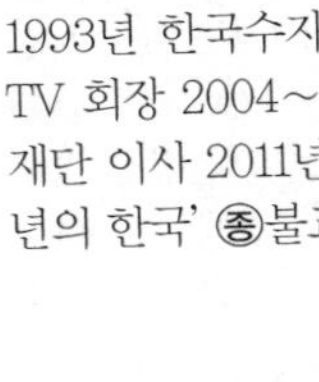

[생]1964 · 12 · 11 [출]강원 춘천 [주]서울특별시 동작구 사당로14가길 11 (주)천문우주기획 대표이사실(02-587-3346) [학]1987년 서울대 화학과졸 1993년 同환경대학원 도시관리학과졸, 경희대 대학원 우주과학과박사과정 수료 2019년 도시계획학박사(중앙대) [경]1985년 서울대 아마추어천문회장 1991~1998년 (사)한국아마추어천문학회 사무총장 1997년 국민회의 과학기술특위 부위원장 2000년 (주)천문우주기획 대표이사(현) 2001년 건양대 교양학부 겸임교수 2001년 대전시민천문대 대장 2001~2005년 (사)한국아마추어천문학회 회장 2004~2006년 과학기술부 차세대교과서 집필위원, 충남대 겸임교수 2010년 한국

우주환경과학연구소 소장(현) (상)국립천문대 천체사진공모전 대상(1995) (저)'별따라 꼴따라'(1985) '재미있는 별자리 여행'(1989) '별밤 365일'(1990, 현암사) '쉽게 찾는 우리별자리'(1993, 현암사) 'YTN 사이언스+ 우주과학공원'(2005) '재미있는 별자리 여행'(2003, 김영사) '우주견문록1,2,3'(2009, 사이언스주니어) '어린왕자와 함께 떠나는 별자리여행'(2015, 북스타)

이태형(李泰炯) LEE Tae Hyung

(생)1967 · 7 · 21 (출)서울 (주)서울특별시 서초구 반포대로 158 서울고등검찰청(02-530-3261) (학)1985년 영등포고졸 1990년 고려대 법학과졸 2007년 同대학원 법학과졸 2010년 同대학원 법학 박사과정 수료 (경)1992년 사법시험 합격(34회) 1995년 사법연수원 수료(24기) 1998년 서울지검 동부지청 검사 2001년 대구지검 검사 2003년 법무부 관찰과 검사 2005년 서울중앙지검 검사 2005년 캐나다 브리티시컬럼비아대 연수 2007년 법무부 검찰국 형사법제과 부부장검사 2008년 국가정보원 파견 2010년 수원지검 공안부장 2011년 서울북부지검 형사5부장 2012년 서울서부지검 형사4부장 2013년 수원지검 형사4부장 2014년 대구지검 형사3부장 2015년 同부장검사(금융정보분석원 파견) 2016년 청주지검 충주지청장 2017년 의정부지검 차장검사 2018년 서울고검 검사(현)

이태호(李泰昊) LEE Tae Ho

(생)1956 · 2 · 27 (출)서울 (주)서울특별시 서대문구 연세로 50 연세대학교 시스템생물학과(02-2123-4084) (학)1979년 서울대 식물병리학과졸 1982년 한국과학기술원 생물공학과졸(석사) 1991년 면역학박사(미국 뉴욕대) (경)1982~1984년 LG화학 연구원 1984~1987년 럭키 Biotech Emeryville CA 선임연구원 1991년 미국 뉴욕대 Medical Center Post-Doc. 1992년 미국 Massachusetts General Hospital · Harvard Medical School Research Associate 1993~1996년 LG화학 바이오텍연구소 책임연구원 1996~2011년 연세대 생물학과 교수 1999년 同방사선동위원소관리실장 2007년 同방사선안전관리센터 소장(현) 2011년 同시스템생물학과 교수(현)

이태호(李泰鎬) Lee Tae-ho

(생)1960 · 2 · 4 (출)경남 진주 (주)서울특별시 종로구 사직로8길 60 외교부 제2차관실(02-2100-2114) (학)진주고졸 1982년 서울대 경제학과졸 1986년 미국 조지타운대 국제대학원 국제정치학과졸 (경)1982년 외무고시 합격(16회) 1982년 외무부 입부 1987년 駐미국 2등서기관 1990년 駐체코슬로바키아 2등서기관 1995년 駐제네바대표부 2등서기관 1997년 駐방글라데시 참사관 1999년 외교통상부 통상정책기획과장 2000년 同세계무역기구과장 2001년 유엔 아 · 태경제사회이사회 사무국 파견 2003년 동북아경제중심추진위원회 파견 2005년 駐OECD대표부 공사참사관 2008년 외교통상부 다자통상국장 직대 2009년 同다자통상국장 2009년 同자유무역협정정책국장 2011년 同통상교섭본부장 특별보좌관 2012년 駐모로코 대사 2015년 외교부 경제외교조정관 2017년 대통령정책실 통상비서관 2018년 외교부 제2차관(현) (상)근정포장(2009)

이태환(李泰煥) LEE Tae Hwan

(생)1986 · 4 · 11 (주)세종특별자치시 한누리대로 2120 세종특별자치시의회(044-300-7000) (학)고려대 경영학부졸 (경)고려대 경상대학 학생회장, 민주당 전국청년위원회 운영위원 2014~2018년 사람사는세상 노무현재단 세종 · 대전 · 충남도 운영위원, 세종청년희망포럼 대표 2014년 새정치민주연합 중앙당 청년위원회 부위원장 2014~2018년 세종특별자치시의회 의원(새정치민주연합 · 더불어민주당) 2014년 同교육위원회 부위원장 2014 · 2016~2018년 同산업건설위원회 위원 2015년 同예산결산특별위원회 위원장 2015년 同대중교통운영개선특별위원회 위원장 2016~2018년 同교육위원회 위원장, 더불어민주당 중앙당 부대변인(현) 2018년 세종특별자치시의회 의원(더불어민주당)(현) 2018년 同산업건설위원회 위원(현) 2019년 同예산결산특별위원회 위원장(현) (상)전국시 · 도의회의장협의회 우수의정대상(2017)

이태훈(李泰薰) LEE Tae Hoon

(생)1950 · 9 · 23 (본)전주(全州) (출)인천 (주)인천광역시 남동구 남동대로774번길 21 가천대길병원 의료원장실(032-460-3503) (학)1968년 인천 제물포고졸 1974년 고려대 의대졸 1977년 同대학원 의학석사 1984년 의학박사(고려대) 2001년 미국 미네소타대 보건경영과정(ISP) 수료 (경)1979~1982년 해군 軍의관(소령 예편) 1982년 길병원 외과 과장 1984년 양평길병원 부원장 1985~1986년 미국 UCLA 연구원 1991년 가천의과대 길병원 교육연구부장 1994~1997년 인천시의사회 학술이사 1994~1998년 대한의과학회 인천지회장 1998년 가천의과대 길병원 제2부원장 2001~2003년 同의무원장 2001년 길의료재단 상임이사 2001년 대한암협회 인천지부장 2003~2007년 인천시의회 의정발전자문위원 2004~2005년 대통령자문 지속가능발전위원회 위원 및 사회 · 환경 · 건강전문위원회 위원 2004년 한국병원경영학회 이사 2004년 길의료재단 의료원장 2005년 인천지역범죄피해자지원센터 초대이사장 2005~2006 · 2006~2012년 가천의과대 길병원장 2006년 대통령자문 지속가능발전위원회 갈등조정특별위원회 위원 2012년 가천대 길병원 의료원장(현) 2012~2014년 대한병원협회 병원정보관리위원장 2014~2018년 同홍보위원장

이태훈(李泰勳) LEE Tae Hun

(생)1956 · 10 · 20 (본)영천(永川) (출)경북 의성 (주)대구광역시 달서구 학산로 45 달서구청 구청장실(053-667-2001) (학)경북사대부고졸, 영남대 경영학과졸 1985년 同대학원 행정학과졸 (경)1983년 대구시 관광계장 1987년 同법제계장 1988년 同교통기획계장 1991년 同공무원교육원 서무과장 1992년 同지역경제과장 1992년 同가정복지과장 1994년 同도시계획과장 1995년 同남구 사회산업국장 1998년 同남구 총무국장 1999년 同체육시설관리사무소장 2003년 국가전문행정연수원 교육파견 2004년 同문화체육국장 2004년 대구시 서구 부구청장 2005년 미국 미주리주립대 국제연구소 교육파견 2007년 同교통국장 2008년 경북대 겸임교수 파견(지방부이사관) 2009년 대구시 첨단의료복합추진단 사무처장(지방부이사관) 2010년 同서구 부구청장 2012년 2011대구세계육상선수권대회 청산단장 2012~2015년 대구시 달서구 부구청장(고위공무원) 2016~2018년 대구시 달서구청장(보궐선거 당선, 새누리당 · 자유한국당) 2018년 대구시 달서구청장(자유한국당)(현) (상)국무총리표창(1991), 근정포장(1998), 홍조근정훈장(2016), 지방자치행정대상조직위원회 지방자치행정대상(2017) (종)기독교

이태훈(李太勳)

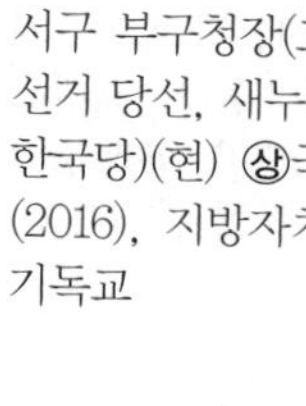

(생)1961 · 1 · 25 (출)충북 보은 (주)세종특별자치시 도움6로 11 국토교통부 혁신도시상생발전과(044-201-4495) (학)1978년 청주고졸 1987년 중앙대 건축학과졸 (경)1988년 충북 단양군 산업과 행정주사보 시보(공무원 최초 임용) 2004년 충북도 경제통상국 경제과 사무관 2005년 同경제통상국 첨단산업과 BIT지원팀장 2012년 청남대관리사업소장(서기관) 2013년 충북도 균형건설국 교통물류과장 2015년 同균형건설국 균형발전과장 2017년 충북 단양군 부군수(부이사관) 2019년 충북도 부이사관 2019년 국토교통부 혁신도시상생발전과장(현) (상)국무총리표창(1996)

이태휘(李泰徽) Lee, Tae-hwi

(생)1969 · 11 · 17 (주)세종특별자치시 다솜3로 95 공정거래위원회 소비자정책국 약관심사과(044-200-4454) (학)1988년 상문고졸 1993년 고려대졸 (경)2009년 공정거래위원회 운영지원과 서기관 2011년 서울지방공정거래사무소 경쟁과장 2012년 同소비자과장 2014년 산업통상자원부 파견 2015년 공정거래위원회 협력심판담당관 2016년 세종연구소 파견 2017년 대전지방공정거래사무소장 2017년 공정거래위원회 대변인실 정책홍보담당관 2019년 同소비자정책국 약관심사과장(현)

이태희(李泰熙) Lee, Tae Hee

(생)1964 · 9 · 15 (출)경북 청도 (주)서울특별시 영등포구 은행로 30 중소기업중앙회 스마트일자리본부(02-2124-3015) (학)1983년 대구 청구고졸 1990년 경북대 사회학과졸 1995년 국방대 대학원 국가안전보장학과졸 (경)1991년 행정고시 합격(35회) 1992년 사무관 임용 1993~2000년 노동부 노사정책실 분석관리과 · 고용정책실 훈련정책과 · 근로기준국 근로기준과 · 기획예산담당관실 사무관 2000~2009년 同노정국 노사협의과 서기관 · 대구지방노동청 관리과장 · 駐중국대사관 1등서기관 · 고용정책실 외국인력정책과장 2008년 同운영지원과장(부이사관) 2010년 부산지방고용노동청 울산지청장 2011년 고용노동연수원 교육협력관 2012~2013년 고용노동부 고용정책실 인력수급정책관 · 노동정책실 근로개선정책관 2013년 부산지방고용노동청장 2015년 대통령소속 경제사회발전노사정위원회 운영국장 2016년 국방대 교육파견(고위공무원) 2017~2018년 대구지방고용노동청장 2019년 중소기업중앙회 스마트일자리본부장(현) 2019년 고용노동부 최저임금위원회 사용자위원(현)

이태희(李太熙) LEE, TAE-HEE

(생)1967 · 11 · 14 (주)세종특별자치시 가름로 194 과학기술정보통신부 통신정책국(044-202-6610) (학)1991년 서강대 경제학과졸 (경)2001년 정보통신부 정보통신지원국 통신업무과 서기관, 同기획관리실 행정관리담당관실 서기관 2003년 원주우편집중국장 2005년 한국개발연구원(KDI) 국제정책대학원 파견 2007년 정보통신부 정보보호기획단 정보윤리팀장 2007년 同통신전파방송정책본부 통신경쟁정책팀장 2008년 방송통신위원회 이용자네트워크국 인터넷정책과장 2009년 대통령실 파견 2009년 방송통신위원회 감사담당관 2011년 同방송진흥기획과장 2012년 同통신정책기획과장 2013년 제18대 대통령직인수위원회 경제2분과 실무위원 2013년 미래창조과학부 운영지원과장 2014년 同운영지원과장(부이사관) 2014년 同기획조정실 기획재정담당관 2015년 대통령소속 국가지식재산위원회 지식재산전략기획단 지식재산정책관(고위공무원) 2016년 대통령 미래전략수석비서관실 정보방송통신비서관실 선임행정관(고위공무원) 2017년 국방대 교육훈련(고위공무원) 2018년 과학기술정보통신부 과학기술혁신본부 성과평가정책국장 2018년 同통신정책국장(현)

이택관(李澤寬) LEE Taek Kwan

(생)1959 · 1 · 7 (출)경북 (주)경상북도 안동시 경동로 1486-18 (재)경북바이오산업연구원(054-850-6901) (학)1981년 영남대 제약학과졸, 가톨릭대 대학원 생명공학과졸, 서울대 경영대학원 최고감사인과정 수료, 同행정대학원 국가정책과정 수료 (경)포항 동산약국 대표, 포항시약사회 보건위원장, 포항시약국위원회 위원장 2001년 포항시약사회 회장 2004년 마약퇴치운동본부 경북지부장 2004년 경북도약사회 회장 2006년 저출산고령화대책국민운동연합 운영위원 2007년 건강보험심사평가원 자문위원 2007년 한나라당 이명박 대통령후보 특보 2008년 제17대 대통령직인수위원회 자문위원 2009년 환경관리공단 감사 2010~2012년 한국환경공단 감사 2012년 한국철도시설공단 비상임이사 2012년 마약퇴치운동본부 부이사장 2014~2017년 한국국제보건의료재단 비상임이사 2015년 (재)경북바이오산업연구원 원장(현) 2018년 한국지역특화법인협의회 회장(현) (상)보건복지부장관표창, 대통령표창(2010), 한국감사협회 자랑스러운 감사인상(2010)

이택구(李宅九) Taek-ku Lee

(생)1966 · 8 · 28 (본)전주(全州) (출)대전 (주)세종특별자치시 도움6로 11 국토교통부 혁신도시발전추진단(044-201-4480) (학)1985년 대전 대성고졸 1989년 충남대 행정학과졸 2003년 同행정대학원 행정학과 수료 2008년 도시계획학박사(영국 셰필드대) (경)1992년 행정고시 합격(36회) 1993년 중앙공무원교육원 신임관리자과정 장기교육 수료 1994년 대전시 기획관리실 기획담당사무관 1997년 지방자치단체국제화재단 파견 1997년 대전시 국제협력2계장 1998년 同벤처담당사무관 2000년 同기업지원과장 2003년 同경영평가담당관 2004~2007년 영국 셰필드대 국비유학 2008년 대전시 미래산업본부장(부이사관) 2008년 同경제과학국장 2011년 同경제산업국장 2012년 교육파견(부이사관) 2013년 대전시 환경녹지국장 2015~2019년 同기획조정실장(고위공무원) 2019년 국토교통부 혁신도시발전추진단 지원국장(현) (상)대통령표창(2001), 홍조근정훈장(2010), 대한민국 산림환경대상 행정부문(2013) (저)'인터넷, 어깨너머로 배워 전문가처럼 쓴다'(1997)

이택석(李澤錫) LEE Taek Seok

(생)1935 · 12 · 7 (본)전주(全州) (출)경기 고양 (주)서울특별시 영등포구 의사당대로 1 대한민국헌정회(02-757-6612) (학)1957년 경복고졸 1963년 고려대 법학과졸 2003년 명예 법학박사(배재대) (경)1972년 동양고속 운수업무 이사 1978년 국회의원 비서관 1987년 신민주공화당(공화당) 경기제9지구당 창당준비위원장 1987년 同고양지구당 위원장 1988년 제13대 국회의원(고양, 공화당 · 민자당) 1988년 공화당 원내부총무 1988년 한 · 카메룬의원친선협의회 부회장 1990년 민자당 원내부총무 1990년 同당기위원회 부위원장 1992년 제14대 국회의원(고양, 민자당 · 신한국당) 1993년 민자당 경기도지부 위원장 1995년 同민원위원장 1996년 제15대 국회의원(고양 일산, 신한국당 · 한나라당 · 자민련) 1996년 국회 내무위원장 1998년 국회 행정자치위원장 1998~2000년 자민련 부총재 1998~2000년 同고양일산甲지구당 위원장 2000년 同총선공천심사위원회 공동위원장 2000~2002년 국무총리 비서실장 2002년 하나로국민연합 최고위원 2003년 (사)치안문제연구소 상임고문 2015년 대한민국헌정회 고문 2019년 同원로회의 위원겸 운영위원회 위원(현) (상)황조근정훈장(2002)

이판식(李判植)

(생)1965 (출)전남 장흥 (주)세종특별자치시 국세청로 8-14 국세청 운영지원과(044-204-2241) (학)전남 장흥고졸, 세무대학졸(4기) (경)2010년 국세청 심사1담당관실 행정사무관 2013년 同심사1담당관실 서기관 2014년 전북 정읍세무서장 직대 2015년 중부지방국세청 조사4국 조사3과장 2016년 부천세무서장 2017년 서울지방국세청 조사3국 조사관리과장 2018년 국세청 원천세과장 2019년 청와대 파견(현)

이판정(李判貞) LEE Pan Jung

(생)1964 · 4 · 24 (출)경남 의령 (주)서울특별시 마포구 상암산로 34 디지털큐브 213호 (주)넷피아 사장실(02-2165-7221) (학)1983년 진주 대곡고졸 2000년 전경련 국제경영원(IMI) 글로벌경영자과정 수료 2004년 서강대 경제대학원 오피니언리더스과정(OLP) 수료 2004년 서울대 공과대학원 최고산업전략과정(AIP) 수료 2010년 한국방송통신대 법학과졸 (경)1995년

IBI 설립 2000년 (주)넷피아 설립 2001년 중소기업분야 신지식인 선정 2003년 (주)넷피아 대표이사 사장(현) 2003년 문화관광부 우리말 글지킴이 2004년 (사)도산아카데미 이사 2004년 세종대왕기념사업회 이사(현) 2007년 도산영리더스클럽 부회장 2009년 전경련 IMI 조찬운영위원 2009년 이노비즈협회 이사 2009년 대한적십자사 i-red cross 위원 2010년 한국인터넷전문가협회 부회장, MINC 창립, 同Election Committee 멤버, (사)한국인터넷기업협회 부회장, (사)중소기업신지식인협회 이사, 전국소기업연합회 정보통신위원회 위원, 한국인터넷정보센터(KRNIC) NCC위원 (상)대통령표창(2002), 중소기업청장표창(2002), 산업자원부장관표창(2002), 전국경제인연합회 최우수경영인상(2002), 국무총리표창(2003), 국제경영원 중소벤처기업부문 경영인대상(2004), 도산아카데미 공로패(2010), 제37회 외솔상 실천부문(2015) (저)'도전, 그 멈출 수 없는 소명'(2007) (종)불교

이평근(李平根) LEE Pyung Keun

(생)1966·2·14 (출)경기 남양주 (주)서울특별시 송파구 법원로 101 서울동부지방법원(02-2204-2114) (학)1984년 퇴계원고졸 1988년 서울대 법대 법학과졸 1990년 同대학원 법학과졸 (경)1992년 사법시험 합격(34회) 1995년 사법연수원 수료(24기) 1995년 수원지검 성남지청 검사 1997년 부산지검 울산지청 검사 1999년 인천지검 검사 2000년 변호사 개업 2004년 울산지법 판사 2007년 서울고법 판사 2009년 서울중앙지법 판사 2011년 창원지법 부장판사 2012년 수원지법 부장판사 2015년 서울중앙지법 부장판사 2018년 서울동부지법 부장판사(현)

이풍렬(李豊烈) Rhee. Poong-Lyul

(생)1961·5·11 (주)서울특별시 강남구 일원로 81 삼성서울병원 소화기내과(02-3410-3409) (학)1986년 서울대 의대졸 1989년 同대학원 의학석사 1992년 의학박사(서울대) (경)1987년 서울대병원 내과 레지던트 1990~1992년 同의대 소화기내과학교실 임상강사 1992~1994년 서울시립보라매병원 소화기내과 전문의 1994년 삼성서울병원 소화기내과 전문의(현) 1997년 성균관대 의과대학 내과학교실 조교수·부교수·교수(현) 2001년 미국 캘리포니아대 샌디에이고캠퍼스 VA Medical Center 연수 2007~2009년 대한소화관운동학회 IBSClub 위원장 2007~2009년 대한소화기학회 감사 2008년 아시안바렛(Asian Barrett's)컨소시엄 그룹장 2008년 삼성서울병원 의료정보센터장 2009년 대한소화기기능성질환·운동학회 FDClub 위원장 2011~2015년 삼성서울병원 소화기내과장 2013~2017년 同정보전략실장 2013~2015년 대한소화기기능성질환·운동학회 부회장 2015~2017년 同이사장

이필근(李弼根) LEE PIL GEUN

(생)1958·10·27 (출)경기 수원 (주)경기도 수원시 팔달구 효원로 1 경기도의회(031-8008-7000) (학)아주대 공공정책대학원 행정학과졸 (경)수원시 권선구 평동 동장, 同권선구 총무과장, 同체육진흥과장 2011년 同세정과장 2012년 同예산재정과장, 同일자리경제국장 2017~2018년 경기 수원시 권선구청장, 더불어민주당 중앙당 부대변인(현) 2018년 경기도의회 의원(더불어민주당)(현) 2018년 同의회운영위원회 부위원장(현) 2018년 同안전행정위원회 위원(현)

이필근(李弼根)

(생)1965·3·10 (주)경기도 수원시 팔달구 효원로 1 경기도의회(031-8008-7000) (학)아주대 공공정책대학원 행정학과졸 (경)경기도시공사 20여년 근무(보상처장 外), 수원제일야학(평생학교) 중등부 야학교사, 에콘힐자산관리(주) 사장, 수원시충청도민연합회 부회장, 무료급식봉사단체 '사만사' 회장, 수원녹색소비자연대 이사, 더불어민주당 수원시甲지역위원회 지역발전위원장, 문재인 대통령후보 수원시丙지역위원회 조직특보 2018년 경기도의회 의원(더불어민주당)(현) 2018년 同도시환경위원회 위원(현) 2019년 同예산결산특별위원회 위원(현)

이필상(李弼商) LEE Phil Sang

(생)1947·12·30 (본)여주(驪州) (출)경기 화성 (주)서울특별시 관악구 관악로 1 서울대학교 경제학부(02-880-9046) (학)1968년 제물포고졸 1972년 서울대 공과대학 금속공학과졸 1978년 미국 컬럼비아대 대학원 경영학과졸 1982년 경영학박사(미국 컬럼비아대) (경)1972~1976년 한국장기신용은행 근무 1981~1984년 미국 컬럼비아대 객원교수 1982~2013년 고려대 경영학과 교수 1985년 미국 바루크대 초빙교수 1986년 고려대 경영학과장 1988년 同경영대학원 교학부장 1990년 同일반대학원 교학부장 1990년 미국 하와이대 초빙교수 1993년 고려대 기획처장 1995년 한국선물학회 회장 1996년 경제정의실천시민연합 정책위원장 1998년 고려대 기업경영연구원장 1998년 경제정의실천시민연합 경제정의연구소장 1998~1999년 한국재무학회 회장 1999~2001년 고려대 경영대학원장 겸 경영대학장 2000~2004년 감사원 부정방지대책위원회 위원 2001~2002년 NGO학회 공동대표 2004년 국민연금중장기기금운용 마스터플랜기획단장 2006년 고려대 총장 2006년 대한금융공학회 회장 2009년 한국대학신문 논설위원 2013~2016년 유한재단 이사장 2013년 고려대 경영대학 명예교수(현) 2013년 서울대 경제학부 초빙교수(현) 2017년 국세청 국세행정개혁위원회 위원장(현) (상)제43회 무역의 날 근정포장(2006) (저)'재무론'(1984) '금융실명제(共)'(1993) '투자론(共)'(1994) '금융경제학'(1997) '관리경제학(共)'(1998) '선물·옵션(共)'(1999) '재무관리'(1999) '2001년 한국경제해법(共)'(2001) '국제재무관리(共)'(2001) '아망이와 존조리 아저씨의 재미있는 경제이야기'(2006) '현대투자론(共)'(2013)

이필영(李弼榮) LEE Pil Young

(생)1967·12·15 (본)용인(龍仁) (출)충남 청양 (주)충청남도 홍성군 홍북읍 충남대로 21 충청남도청 기획조정실(041-635-2100) (학)1986년 대전 대성고졸 1993년 서울시립대 도시행정학과졸 (경)1993년 행정고시 합격(37회) 2002년 정보통신부 정보화기획실 정보화기반과 서기관 2003년 마산합포우체국장 2005년 KT 파견 2007년 정보통신부 제2정부통합전산센터 추진단 이전1팀장 2007년 同소프트웨어진흥단 소프트웨어협력진흥팀장 2008년 행정안전부 전자인증과장 2008년 同개인정보보호과장 2010년 同규제개혁법무담당관 2011년 同기획재정담당관 2012년 同기획재정담당관(부이사관) 2013년 충남도 환경녹지국장 2014년 同경제통상실장 2014년 행정자치부 창조정부조직실 창조정부기획과장 2016년 법무부 출입국·외국인정책본부 국적·통합정책단장(고위공무원) 2017년 충남 천안시 부시장 2018년 同시장 권한대행 2018년 충남도 기획조정실장(현)

이필재

(생)1961·10·3 (주)서울특별시 종로구 종로3길 33 (주)KT 광화문빌딩 East 마케팅부문(02-3495-3000) (학)인하대 조선공학과졸, 미국 선더버드대 대학원 경영학과졸 (경)2012년 KT BTO단장(상무) 2013년 同프러덕트2본부장(상무) 2014년 同전략투자담당 상무 2014년 同마케팅부문 GiGA사업본부장 2015년 同마케팅부문 미디어사업본부장 2016년 同마케팅전략본부장(전무) 2018년 同마케팅전략본부장 겸 기가지니사업단장(부사장) 2018년 KT스카이라이프 기타비상무이사(현) 2019년 KT 마케팅부문장(부사장)(현) 2019년 KTH(주) 기타비상무이사 겸 성과보상위원(현)

이하경(李夏慶) Lee, Ha Kyung

(생)1958 (출)전남 (주)서울특별시 중구 서소문로 100 중앙일보 구관 주필실(02-751-5209) (학)1977년 서울고졸 1984년 고려대 경제학과졸, 미국 인디애나대 저널리즘스쿨 수료 (경)1995년 중앙일보 수습기자 입사 2003년 同논설위원 2004년 同정책사회부장 2006년 관훈클럽 임원 2006년 중앙일보 편집국 정치부장 2007년 同편집국 문화스포츠부문 에디터, 同정치·국제에디터 2008년 同편집국장 대리 2009년 同전략기획실장 2011년 JTBC 보도본부장(이사대우) 2013년 중앙일보 논설위원실장 2015년 同논설주간(상무) 2016~2018년 同주필(전무) 2017~2019년 한국신문방송편집인협회 회장 2017~2019년 한국신문윤리위원회 이사 2018년 디지털저널리즘복원특별위원회 위원(현) 2018년 중앙일보 주필 겸 제작총괄 겸 신문제작본부장(부사장)(현) 2019년 한국신문방송편집인협회 고문(현) 2019년 신문방송편집인협회기금 이사장(현) (상)한국기자상 포함 기자협회상(7회), 중앙일보 창간공로상, 한국언론인연합회 제9회 한국참언론인대상 논설부문(2013), 연세대 언론홍보대학원 최고위과정 총동문회 선정 '동문을 빛낸 올해의 인물', 고대언론인교우회 '장한 고대언론인상'(2015), 삼성언론상 논평비평상(2017) (저)'노무현 대통령의 딜레마와 선택'(共) '퇴직시대 120% 권리찾기'

이하원(李河遠)

(생)1968 (주)서울특별시 중구 세종대로21길 52 조선일보(02-724-5114) (학)1987년 선덕고졸 1991년 고려대 정치외교학과졸 2003년 미국 하버드대 케네디스쿨졸 (경)1993년 조선일보 입사(32기) 2005년 同한나라당취재팀장 2008년 同편집국 국제부 워싱턴특파원(차장대우), 同편집국 정치부 차장대우 2014년 TV조선 정치부장 2015년 관훈클럽 운영위원(회계) 2015년 TV조선 정치부장(부국장대우) 2016~2018년 조선일보 논설위원 2017년 관훈클럽 운영위원(서기) 2018년 조선일보 도쿄특파원(현)

이하준(李河俊) LEE Ha Jun (水巖)

(생)1945·3·25 (본)단성(丹城) (출)경기 김포 (주)경기도 김포시 모담공원로 170-1 김포문화원(031-982-1110) (학)1963년 통진종합고졸 1969년 명지대 국어국문학과졸 1975년 고려대 교육대학원 교육학과졸 1989년 문학박사(명지대) (경)1969~1973년 국회의원 김재춘 비서 1973~1980년 명지고 교사 1978년 명지실업전문대학 강사 1985~2008년 한국국어교육학회 총무이사·부회장·회장 1989~1994년 세명대 국어국문학과 교수·사무처장 1994~2001년 가톨릭대 의대 인문사회과학교실 교수 1997년 同발전협력처장 1997~1999년 통진고총동문회 회장 1998~2002년 명지대 대학원 강사 1999년 (사)전국한자교육추진총연합회 이사·상임집행위원·이사장(현) 1999년 월간(한글+한자) 편집위원·발행인(현) 1999~2001년 가톨릭대 대외협력실장 2004년 한국국어교육학회 총무이사·부회장·회장 2004~2010년 김포교육청 교육발전자문위원 2005~2009년 (사)중봉조헌선생기념사업회 연구자문위원 2008년 (사)중봉조헌선생선양회 이사장(현) 2008~2010년 김포시 시사편찬위원회 위원 2010~2013년 同시민참여위원회 위원장 2010년 가톨릭대 의과대학 명예교수(현) 2012년 명지대 총동문회장 2013년 김포문화원 원장(제10·11대)(현) 2015~2018년 한국문화원연합회 부설 정책연구소장 2019년 한국문화원연합회 이사(현) (상)김포시 문화상(2003), 교육과학기술부장관표창(2008), 국무총리표창(2009), 화관문화훈장(2018) (저)'언어와 사상'(編) '대학한문'(編) '김포인물지' '구국의 선비 중봉 조헌' '아름다운 교양인을 위한 언어와 문학' '중봉 조헌과 그의 시대' (역)'언어와 사상'(1997, 가톨릭대 출판부) '대학 교양 생활 한문'(1998, 가톨릭대 출판부) '대학생을 위한 생활 한자'(2002, 책과벗) '김포인물지'(2002, 김포문화원) '불멸의 조헌 중봉'(2004, 김포문화원) '항일기 국어교육'(2005, 가톨릭대 출판부) '대학 교양 생활 한문'(2005, 도서출판 공간) '중봉 조헌과 그의 시대'(2010, 도서출판 공간) (종)천주교

이학래(李學來) LEE Hak-Lae (龜巖)

(생)1938·12·26 (본)광주(廣州) (출)경기 남양주 (주)서울특별시 성동구 왕십리로 222 한양대학교 이사실(02-2220-1155) (학)1965년 한양대 경제학과졸 1967년 同체육학과졸 1969년 프랑스 툴루즈대 IREPS 체육학D.E.S. 취득 1976년 고려대 교육대학원 역사교육학과졸 1986년 사학박사(동국대) (경)1964년 일본 동경올림픽 한국대표 유도선수 1969년 프랑스대표팀 유도감독 1969~2004년 프랑스 낭시체육대 객원교수 1971~2004년 한양대 체육대학 교수 1972년 뮌헨올림픽 유도대표팀 감독 1976년 국제유도심판자격 취득 1976·1980년 몬트리올·모스크바올림픽 국제심판 1978~2002년 대학유도연맹 부회장 1982년 브라질 상파울루대 교환교수 1984년 한양대 예체능대학장 1986년 同체대학장 1986년 세계대학생유도연맹 아시아지역 집행위원 1987년 국제유도연맹 배심원 1989~1993년 남북한체육회담 차석대표 1989년 대한유도회 부회장 1989년 국민체육진흥공단 이사 1989년 대한올림픽위원회(KOC) 상임위원 1990년 북경아시안게임 한국선수단 남자감독 1991년 세계청소년축구대회 남북단일팀 고문 1992년 한양대 학생처장 1993년 버팔로유니버시아드대회 한국선수단 단장 1993~2009년 대한체육회 이사·부회장·고문 1995년 전국대학학생처장협의회장 1997년 한양대 교육대학원장 1999년 同체육위원장 1999년 한국체육학회 회장 2000~2004년 아시아체육학회 초대회장 2000~2008년 민족통일체육연구원 이사장 2000년 시드니올림픽 한국선수단 총감독 2001년 한국체육학회 명예회장·고문 2002년 부산아시안게임 한국선수단 부단장 2004~2005년 한양대 체육학과 명예교수 2005년 학교법인 한양학원(한양대) 이사(현) 2008년 학교법인 단국대학 이사(현) 2009~2013년 (사)한국대학법인협의회 이사 2010년 2018평창동계올림픽유치자문위원회 위원장 2011년 2018평창동계올림픽조직위원회 자문위원회 위원 (상)대한민국 체육상, 서울시 문화상, 체육훈장 백마장, 옥조근정훈장(2004) (저)'체육·스포츠개론' '체육학개론' '유도' '투기' '한국유도발달사' '한국근대체육사 연구' '한국체육사' '북한의 체육' '북한체육자료집' '스포츠와 인간승리' '현대사회와 스포츠' '한국체육백년사' '한국체육사연구' '북한체육사연구' (종)천주교

이학래(李鶴來) LEE Hak Rae

(생)1956·12·10 (본)전주(全州) (출)충북 보은 (주)서울특별시 관악구 관악로 1 서울대학교 농업생명과학대학 산림과학부(02-880-4786) (학)1979년 서울대 임산공학과졸 1981년 同대학원졸 1988년 임산학박사(미국 뉴욕주립대) (경)1989~1993년 충남대 임산공학과 조교수 1989~1993년 서울대 임산공학과 시간강사 1990~1994년 신무림제지(주) 기술자문위원 1990년 한국화학연구소 펄프제지연구실 비상근위촉연구원 1992~1993년 충남대 부속농업과학연구소 기획관리부장 1993~1997년 서울대 임산공학과 조교수 1994~1999년 同임산공학과장 1994~1996년 同농업생명과학대학 농업과학공동기기센터 교육훈련부장 1997~2005년 同임산공학과 부교수·교수 2005년 同농업생명과학대학 산림과학부 환경재료과학전공 교수(현) 2007년 同농업생명과학대학 교무부학장 2010~2012·2016~2018년 (사)한국펄프·종이공학회 회장 2010~2011년 서울대 학생처장 2011~2015년 同농업생명과학대학장 2014~2015년 同국제농업기술대학원장 (상)한국공업학회 우수논문발표상(2000), 한국펄프종이학회 학술상(2000), 한국목재공학상 장려상(2000), 소호문화재단 가산상(2011) (저)'펄프.제지공학'(1995, 선진문화사) '제지과학'(1996, 광일문화사) '임산가공'(1997, 대한교과서)

이학상(李學相)

(생)1966 · 12 · 28 (주)서울특별시 영등포구 국제금융로6길 11 삼덕빌딩 8층 교보라이프플래닛생명보험(주)(02-6020-8045) (학)미국 메릴랜드대 수학과졸, 미국 코네티컷대 대학원 수학과졸 (경)교보생명보험(주) 입사, 同상품지원실장, 同e-Business사업추진단 담당임원, 악사생명보험 근무, 피델리티 앤 개런티 생명보험 근무, 뉴욕 윌리엄 펜 생명보험 근무 2013년 교보라이프플래닛생명보험(주) 설립추진단장 2013년 同대표이사 사장(현)

이학성(李學成)

(생)1957 · 9 · 27 (주)경기도 안양시 동안구 엘에스로 127 (주)LS산전 사장실(1544-2080) (학)중앙고졸 1981년 서울대 전기공학과졸 1983년 同대학원 전기공학과졸 1992년 전기공학박사(미국 캘리포니아주립대) (경)1983년 (주)효성 입사, 同중공업PG 중공업연구소 기초팀 부장, 同중공업PG 중공업연구소 전력팀 이사 2005년 同중공업PG 중공업연구소장(상무) 2009년 同중공업PG 중공업연구소장(전무) 2009년 同중공업 CTO(전무) 2011년 LS산전 HVDC 사업단장 고문(전무급) 2015년 同연구개발본부장(CTO · 부사장) 2017년 (주)LS 기술전략부문장(CTO · 사장) 2018년 한국공학한림원 정회원(전기전자정보공학 · 현) 2019년 (주)LS산전 DT총괄 CTO 겸 CDO(사장)(현) 2019년 한국전기산업진흥회 ESS생태계육성통합협의회 초대 회장(현) (상)한국산업기술진흥협회 기술경영인상(2008), 과학기술훈장 혁신장(2017)

이학성(李學成) LEE Hak Seong

(생)1957 · 12 · 19 (출)충남 논산 (주)대전광역시 서구 둔산중로78번길 15 대전고등검찰청(042-470-3000) (학)1976년 경복고졸 1981년 서울대 법학과졸 (경)1982년 사법시험 합격(24회) 1984년 사법연수원 수료(14기) 1985년 대전지검 검사 1988년 춘천지검 강릉지청 검사 1989년 서울지검 서부지청 검사 1992년 창원지검 검사 1994년 서울지검 검사 1997년 서울고검 검사 1998년 전주지검 군산지청 부장검사 1999년 울산지검 부장검사 2000년 同공안부장 2000년 同형사1부장 2001년 수원지검 성남지청 부장검사 2002년 서울지검 동부지청 형사6부장 2003년 同동부지청 형사3부장 2003년 춘천지검 영월지청장 2004년 서울고검 검사 2006년 광주고검 검사 2008년 서울고검 검사 2010년 부산고검 검사 2012년 서울고검 형사부 검사 2014년 부산고검 검사 2016년 서울고검 검사 2018년 대전고검 검사(현)

이학수(李學洙) Lee Hak-Soo

(생)1959 · 9 · 12 (출)전북 (주)대전광역시 대덕구 신탄진로 200 한국수자원공사 사장실(042-629-2200) (학)1979년 서울 중앙고졸 1987년 연세대 행정학과졸 1998년 미국 애리조나주립대 대학원 인사행정학과졸 2006년 행정학박사(미국 애리조나주립대) (경)1987년 한국수자원공사 입사 2008년 同경영지원본부 총무관리처 인사팀장 2009년 同경영지원본부 K-water교육원 인재개발팀장 2010년 同감사실장 2013년 同도시환경사업본부장 2014년 同부사장(상임이사) 2016년 同사장(현) 2016년 아시아물위원회 회장(현) 2016년 한국대댐회(KNCOLD) 회장(현)

이학수(李學洙) LEE Hak Soo

(생)1959 · 10 · 10 (출)경남 고성 (주)부산광역시 연제구 법원로 28 부산법조타운 1208호 법무법인 정인(051-911-6161) (학)1976년 경남고졸 1980년 서울대 법대졸 (경)1979년 사법시험 합격(21회) 1982년 사법연수원 수료(12기) 1982년 부산지법 판사 1985년 同울산지원 판사 1987년 부산지법 판사 1991년 부산고법 판사 1995년 부산지법 판사 1997년 창원지법 부장판사 1998년 부산지법 부장판사 2003년 창원지법 통영지원 부장판사 2005~2007년 부산지법 부장판사 2007년 법무법인 정인(正人) 변호사(현) 2013~2015년 국민권익위원회 비상임위원 (종)불교

이학영(李學永) LEE Hack Young

(생)1952 · 4 · 16 (출)전북 순창 (주)서울특별시 영등포구 의사당대로 1 국회 의원회관 331호(02-784-8051) (학)1970년 순창제일고졸 1985년 전남대 국어국문학과졸 1996년 同대학원 정책학과졸 1998년 순천대 대학원 교육학 석사과정 수료 2006년 전남대 대학원 NGO학 박사과정 수료 (경)1984년 「실천문학」시선집 '시여 무기여'로 등단 · 시인(현), 민족문학작가회의 회원(현), 한국녹색시 동인, 전남동부지역사회연구소 소장 1984년 순천YMCA 간사 1998년 同사무총장 2003~2011년 한국YMCA전국연맹 사무총장 2003~2006년 한국간행물윤리위원회 위원 2003년 사회연대은행 이사 2003년 한국소비자단체협의회 이사 2004년 전남대NGO연구회 회장 2005년 한국청소년단체협의회 이사 2005~2011년 투명사회협약실천협의회 집행위원장 2005~2011년 민족화해협력범국민협의회 공동의장 2006년 삼성고른기회교육재단 이사 2006~2012년 희망제작소 이사 2007년 민주화운동기념사업회 이사 2007~2012년 시민방송(RTV) 이사장, 거버넌스21클럽 공동대표 2009~2011년 사람사는세상 노무현재단 이사 2011년 복지국가와진보대통합을위한시민회의 상임의장 2012년 민주통합당 국민소통과화합을위한특별위원회 위원장 2012년 제19대 국회의원(군포시, 민주통합당 · 민주당 · 새정치민주연합 · 더불어민주당) 2012년 국회 보건복지위원회 위원 2012년 민주통합당 문재인 대통령후보선거기획단 기획위원 2012년 同제18대 대통령중앙선거대책위원회 산하 '시민캠프' 공동대표 2012년 同18대 대통령중앙선거대책위원회 공동위원장 2013년 민주당 국민소통과화합을위한특별위원회 위원장 2013년 국회 정무위원회 위원 2014년 새정치민주연합 대외협력위원장 2014~2015년 국회 군인권개선및병영문화혁신특별위원회 위원 2015년 새정치민주연합 재벌개혁특별위원회 위원 2015~2016년 더불어민주당 대외협력위원장 2016년 同군포시乙지역위원회 위원장(현) 2016년 제20대 국회의원(군포시乙, 더불어민주당)(현) 2016~2018년 국회 정무위원회 간사 2016~2018년 더불어민주당 을(乙)지키는민생실천위원회(을지로위원회) 위원장 2017년 同제19대 문재인 대통령후보 중앙선거대책본부 을지로민생본부 공동본부장 2017~2018년 국회 예산결산특별위원회 위원 2018년 국회 정무위원회 위원(현) 2018년 더불어민주당 민생연석회의 불공정한카드수수료체계개선분과 위원장(현) (상)계간문예 신인상(1991), 농민신문사 문학상(1992) (저)'마음을 비추는 달'(1994, 일월서각) '눈물도 아름다운 나이'(1998, 시와사람) '사람의 바다'(2002, 내일을여는책) '강'(2003, 눈빛) '꿈꾸지 않은 날들의 슬픔'(2009, 문학들) '세계가 만일 하나의 집안이라면'(2011, 심미안) '이학영, 세상을 사랑하였네'(2015, 심미안) '그리운 하나로'(2017, 문학들) (작)'시여 무기여' '귀향' (종)기독교

이학영(李學榮) RHEE Hak Young

(생)1961 · 4 · 10 (본)충주(忠州) (출)서울 (주)서울특별시 중구 청파로 463 한국경제신문 논설위원실(02-360-4126) (학)1980년 충암고졸 1986년 고려대 영어영문학과졸 1997년 미국 컬럼비아대 저널리즘스쿨 수료 (경)1987~1997년 한국경제신문 국제부 · 경제부 · 산업부 기자 1997년 同뉴욕특파원 2000년 同산업부 차장 2002년 同금융부장 2002년 同경제부장 2005년 同생활경제부장 2008년 관훈클럽 편집위원 2008년 한국경제신문 산업부장(부국장대우) 2010년 同편집국 부국장 2013년 同편집국 국장대우 겸 글로벌포럼 사무국장 2014년 同편집국장 2015년 同편집국장(이사대우) 2016년 同기획조정실장(이사대우) 2017년 同논설위원실장 2019년 同논설위원실장(상무)(현) (상)88올림픽기장, 2018 장한 고대언론인상(2018) (저)'한국의 경제관료' '경제기사는 하나다(共)'(2004, 거름) (종)기독교

이학재(李鶴宰) LEE Hak Jae

(생)1964·8·19 (본)전주(全州) (출)인천 (주)서울특별시 영등포구 의사당대로 1 국회 의원회관 552호(02-784-1884) (학)1983년 부평고졸 1988년 서울대 축산학과졸 1993년 중앙대 대학원 경제학과졸 2001년 경제학박사(중앙대) 2004년 인천대 경영대학원 중국통상고위관리자과정 수료 (경)1991년 내무부 지방행정연구원 근무 1992년 농촌경제연구원 위촉연구원 1993년 환경기술개발원 환경정책경제연구부 위촉연구원 1998~2001년 중앙대·순천향대·성결대·협성대 강사 1999년 인천환경운동연합 집행위원 2001년 인천시의회 의원연구회 자문위원 2002년 한나라당 인천시지부 부위원장 2002·2006~2007년 인천시 서구청장(한나라당) 2003년 인천중국경제교류협의회 자문위원 2004년 인천시택견협회 회장 2005년 전국청년시장·군수·구청장협의회 부회장 2008년 제18대 국회의원(인천시 서구·강화甲, 한나라당·새누리당) 2008~2010년 국회 지식경제위원회 위원 2009년 한나라당 빈곤없는나라만들기특별위원회 위원 2009~2010년 同원내부대표 2010년 同선거관리위원회 위원 2011년 同박근혜 비상대책위원장 비서실장 2012년 제19대 국회의원(인천시 서구·강화甲, 새누리당) 2012년 새누리당 박근혜 대통령후보 비서실 부실장 2012년 同박근혜 대통령후보 비서실장 2013~2015년 대한카누연맹 회장 2013년 국회 교육문화체육관광위원회 위원 2013~2014년 새누리당 인천시당 위원장 2013년 국회 예산결산특별위원회 위원 2013년 국회 남북관계발전특별위원회 위원 2014~2015년 국회 예산결산특별위원회 간사 2014년 국회 국토교통위원회 위원 2014년 국회 예산결산특별위원회 예산안조정소위원회 위원 2014년 새누리당 인재영입위원회 부위원장 2015년 同정책위원회 부의장 2015년 국회 정치개혁특별위원회 여당 간사 겸 공직선거법심사소위원회 위원장 2016년 제20대 국회의원(인천시 서구甲, 새누리당·바른정당〈2017.1〉·바른미래당〈2018.2〉·자유한국당〈2018.12〉)(현) 2016년 새누리당 혁신비상대책위원회 위원 2016년 국회 국토교통위원회 위원 2016년 한국아동인구환경의원연맹(CPE) 회원(현) 2016년 새누리당 정책위원회 일자리특별위원회 위원장 2017~2018년 바른정당 민생특별위원회20 도시재생·스마트시티특별위원장 2017·2018년 국회 국토교통위원회 간사 2018년 바른미래당 지방선거기획단장 2018년 同인천시당 공동위원장 2018년 同인천서구甲지역위원회 위원장 2018년 국회 정보위원회 위원장 2019년 자유한국당 인천서구甲당원협의회 운영위원장(현) 2019년 국회 교육위원회 위원(현) (상)유권자시민행동 2013 국정감사 최우수상(2013) (저)'환경투자재원 조달에 관한 연구'(1993) '폐기물처리시설 주변지역 지원정책이 인근지역사회에 미치는 영향'(2001) '청년지도자의 실험과 꿈' '우리는 일하고 싶다(共)'(2005) (종)천주교

이 한(李 翰) Lee Han

(생)1962·11 (주)서울특별시 마포구 매봉산로 75 DDMC빌딩 (주)KT스카이라이프 기술본부(02-2003-3000) (학)1987년 서강대 전자공학과졸 1989년 同대학원 신문방송학과졸 (경)1991년 (주)KT 전임연구원 2002년 한국디지털위성방송 IT본부 방송SI팀장 2003년 同기술개발실 수신기개발팀장 2005년 同기술개발팀장 2007년 同기술서비스본부 방송운용팀장 2011년 (주)KT스카이라이프 기술서비스본부 방송운용팀장 2012년 同기술센터장 2013년 同기술센터장(상무) 2015년 同기술본부장(상무) 2018년 同기술본부장(전무)(현)

이한구(李漢龜) LEE Han Goo

(생)1945·10 (본)전의(全義) (출)경남 산청 (주)서울특별시 동대문구 경희대로 26 경희대학교 미래문명원 원장실(02-961-0995) (학)1968년 서울대 철학과졸 1971년 同대학원졸 1981년 철학박사(서울대) (경)1980~2011년 성균관대 문과대학 철학과 교수 1982~1983년 독일 뮌헨대 연구교수 1989~1990년 미국 브라운대 연구교수 1993년 성균관대 인문과학연구소장 1993~1995년 한국분석철학회 제7대 회장 1995년 성균관대 대학원 교학처장 1995년 (사)사월회 '사월의 소리' 편집위원장 1995년 일본 동경여대 연구교수 1996년 성균관대 철학사상연구소장 1997~1999년 同교무처장 1999~2000년 미국 위스콘신대 메디슨교 연구교수 2000년 성균관대 문화철학연구소장 2000~2004년 同인문학부장 2002~2004년 철학연구회 제22대 회장 2003~2009년 성숙한사회가꾸기모임 집행위원장 2004~2012년 심경문화재단 철학문화연구소 계간 '철학과 현실' 편집위원장 2006년 미국 위스콘신대 메디슨교 펠로우(Fellow)교수 2006~2007년 한국철학회 제37대 회장 2007~2008년 Philosophy and Culture 편집장 2009년 성균관대 비판적사고와문화연구소장 2009년 중앙선거관리위원회 위원 2010~2012년 한국연구재단 인문사회연구본부장 2011년 성균관대 문과대학 철학과 명예교수(현) 2012년 Scopus 한국저널 선정위원회 위원 2013년 경희대 미래문명원 석좌교수(현) 2014년 대한민국학술원 회원(현대영미과학철학·역사철학)(현) 2017년 경희대 미래문명원 원장(현) 2019년 (재)대한불교진흥원 이사장(현) (상)교육부장관표창, 열암학술상, 제15회 서우철학상(2003), 제54회 대한민국학술원상 인문학부문(2009), 3.1문화상 학술상 인문·사회과학부문(2013) (저)'직업과 윤리'(共) '고교 철학'(共) '역사주의와 역사철학' '정보사회의 철학적 진단'(共) '철학의 발견'(共) '사회변혁과 철학'(共) '진화론과 철학'(共) '지식의 성장' '역사학의 철학' '역사주의와 반역사주의' (역)'열린 사회와 그 적들1'(1982, 민음사) '칸트의 역사철학'(1992, 서광사) '영원한 평화를 위해서'(1992, 서광사) '추측과 논박 Ⅰ·Ⅱ'(2002, 민음사) '철학적 분석'(2002, 철학과현실사) '파르메니데스의 철학'(2010, 영림) '객관적 지식'(2013, 철학과현실사)

이한구(李漢久) LEE Hahn Koo (園丘)

(생)1945·12·12 (본)여강(驪江) (출)경북 경주 (학)1965년 경북고졸 1969년 서울대 상과대학 경영학과졸 1971년 同행정대학원졸 1984년 경제학박사(미국 캔자스주립대) 1986년 미국 하버드대 경영대학원 최고경영자과정 수료 1995년 서울대 공과대학원 최고산업전략과정(AIP) 수료 (경)1968년 공인회계사시험 합격 1969년 행정고시 합격(7회) 1970년 재무부 사무관 1975년 대통령비서실 서기관 1977~1980년 재무부 이재과장·외환자금과장 1985년 대우그룹 회장비서실 상무이사 1987년 대우경제연구소 사무국장 1989~1999년 同사장 1999년 문화방송 객원해설위원 2000년 한나라당 제16대 국회의원선거대책위원회 정책위원장 2000년 제16대 국회의원(전국구, 한나라당) 2000년 한나라당 제2정책조정위원장 2001년 同국가혁신위원회 미래경쟁력분과 부위원장 2002년 同대통령선거기획단 기획위원 2003년 同정책위원회 부의장 2004년 同정책위원회 공약개발위원장 2004년 제17대 국회의원(대구 수성구甲, 한나라당) 2004~2005·2007~2008년 한나라당 정책위원회 의장 2005년 同국토균형발전특별위원장 2006년 同한·미FTA특별대책위원회 위원장 2006년 국회 투자활성화및일자리창출을위한특별위원회 위원장 2007년 한나라당 제17대 대통령중앙선거대책위원회 부위원장 2008년 제18대 국회의원(대구 수성구甲, 한나라당·새누리당) 2008년 국회 예산결산특별위원장 2009~2010년 국회 윤리특별위원장 2010년 국가미래연구원 재정·복지분야 발기인 2012~2016년 제19대 국회의원(대구 수성구甲, 새누리당) 2012~2013년 새누리당 원내대표 2012~2013년 국회 운영위원장 2013·2014년 국회 기획재정위원회 위원 2014~2015년 국회 창조경제활성화특별위원회 위원장 2014년 새누리당 규제개혁특별위원회 위원장 2014년 국회 윤리특별위원회 위원 2014~2016년 새누리당 전국위원회 의장 2014년 同경제혁신특별위원회 위원장 2014년 同공무원연금제도개혁TF 위원장 2016년 同제20대 총선 공직자후보추천관리위원회 위원장 (상)녹조근정훈장(1975), 자유기업원 자유경제입법상(2008), 매일경제 규제개혁도우미 개인부문 대상(2009), 백봉신사상 올해의 신사의원 베스트10(2009), 백봉신사상 올해의 신사의원 베스트11(2013), 자유경제원 자유경제입법

상(2014), 경제정의실천시민연합 국정감사 우수의원(2014) (저)'금융자율화의 전제조건' '외환선물시장에 관하여' '자유시장경제 창달을 위한 정부의 역할' '21세기 한국 국부론' '세계를 보고 뛰어라-글로벌시대에 선진국 되는 길' '공선련 총서'(共) 'DJ정권 생활경제 백서' '공적자금백서' (종)천주교

이한구(李漢求) LEE Han Koo

(생)1948·4·27 (출)황해 연백 (주)서울특별시 강남구 봉은사로 135 현대약품(주) 서울본사 회장실(02-2600-3813) (학)1967년 서울고졸 1973년 연세대 상과대학 경영학과졸 (경)1974년 현대약품공업(주) 입사 1984년 同전무이사 1988년 同대표이사 사장 2006년 同회장 2007년 현대약품(주) 대표이사 회장 2018년 同회장(현) (상)은탑산업훈장(2009), 동암약의상 제약부문(2010) (종)불교

이한규(李翰圭) Lee, Hankyu

(생)1963·11·17 (본)연안(延安) (출)서울 (주)경기도 성남시 중원구 성남대로 997 성남시청 부시장실(031-729-2012) (학)1982년 경희고졸 1986년 고려대 사회학과졸 2002년 도시행정학박사(서울시립대) 2010년 영국 버밍엄대 경영대학원졸(도시및지역개발학 석사) 2014년 아주대 경영대학원 경영학과졸(회계학 전공) (경)1991년 행정고시 합격(35회) 2002년 駐싱가포르 주재관 2004년 경기도 경제투자관리실 투자진흥과장 2005년 경기 양주시 부시장 2007년 경기도 정책기획심의관 2009년 교육파견(영국 버밍엄대) 2010년 황해경제자유구역청 투자유치본부장 2011년 경기도 평생교육국장 2012년 同기획행정실장 2013년 경기 성남시 부시장 2015년 교육 파견(이사관) 2016년 경기 부천시 부시장 2017년 경기 수원시 제1부시장 2019년 경기 성남시 부시장(현) (상)근정포장(2005) (종)기독교

이한기(李漢基) Lee Hangi

(생)1952·12·13 (본)진안(鎭安) (출)전북 진안 (주)전라북도 전주시 완산구 효자로 225 전라북도의회(063-280-3970) (학)전라고졸, 고려대 병설의학기술초급대학 위생학과졸 (경)전북 진안청년회의소 회장, 전북 진안축산업협동조합 이사 2006~2010년 전북 진안군의회 의원(무소속·민주당·민주통합당·민주당·새정치민주연합) 2010~2014년 전북 진안군의회 의원·同산업복지위원장(새정치민주연합·더불어민주당) 2012년 전북진안군학교운영위원장협의회 회장 2014~2018년 전북 진안군의회의원 상반기의장 2018년 전북도의회 의원(더불어민주당)(현), 전북 진안재향군인회장(현), 진안라이온스 회장(현) 2018년 전북도의회 더불어민주당 원내대표(현) 2018년 同문화건설안전위원회 위원 겸 윤리특별위원회 위원(현) (상)전국지방의회 친환경최우수의원상(2016), 의정봉사대상(2016), 대한민국 발전공헌 대상(2018) (종)기독교

이한동(李漢東) LEE Han Dong (雪天)

(생)1934·12·5 (본)고성(固城) (출)경기 포천 (주)서울특별시 영등포구 버드나루로 73 우성빌딩 자유한국당(02-6288-0200) (학)1954년 경복고졸 1958년 서울대 법대 법학과졸 (경)1958년 고등고시 사법과 합격(10회) 1959년 육군 법무관 1963~1974년 서울민사지법·서울형사지법 판사·법무부 법무실 검사 겸 서울지검 검사 1974년 법무연수원 부원장 겸 고검검사 1975~1980년 대전지검·부산지검·서울지검 영등포지청·서울지검 부장검사 1980년 변호사 개업 1981년 제11대 국회의원(포천·연천·가평, 민주정의당) 1981년 민주정의당·민정당 원내부총무 1982년 同총재 비서실장 1983년 同경기도지부 위원장 1984년 同사무총장·선거대책본부장 1985년 제12대 국회의원(포천·연천·가평, 민정당) 1985년 한·일의원연맹 부회장 1986년 민정당 원내총무 1988~1992년 제13대 국회의원(연천·포천, 민정당·민자당) 1988년 민정당 정책위의장 1988년 同경기도지부 위원장 1988년 남북국회회담 실무대표 1989년 민정당 원내총무 1990년 내무부 장관 1992~1996년 제14대 국회의원(연천·포천, 민자당·신한국당) 1993년 민자당 원내총무 1993년 국회 운영위원장 1994년 민자당 경기도지부장 1995년 국회 부의장 1996~1999년 제15대 국회의원(연천·포천, 신한국당·한나라당·자민련) 1996년 신한국당 상임고문 1997년 同대표최고위원 1997년 한나라당 대표최고위원 1998년 同부총재 1999년 同고문 2000년 자민련 수석부총재 겸 총재권한대행 2000~2001년 同총재 2000년 제16대 국회의원(연천·포천, 자민련·무소속·하나로국민연합·자민련) 2000~2002년 국무총리 2002년 하나로국민연합 대통령후보 2002~2004년 同대표 2005~2014년 법무법인 남명 대표변호사 2010년 코리아DMZ협의회 고문 2012년 어문정책정상화추진회 초대회장(현) 2013~2018년 운정회(雲庭會) 회장 2014~2016년 법무법인 남명 변호사 2017년 자유한국당 상임고문(현) (상)근정포장(1976), 청조근정훈장(1989), 자랑스런 한국인상(1996), 제11회 자랑스러운 서울법대인상(2003), 몽골 북극성훈장(2007), 경복동문대상(2008) (저)'이한동의 나라살리기'(1997) '가슴이 넓은 남자가 좋다'(1997)

이한상(李翰相)

(생)1967·5·7 (주)경기도 성남시 분당구 판교로 264 SK플래닛(주)(02-6119-0114) (학)경복고졸, 서울대 경영학과졸, 미국 일리노이대 대학원 경영학과졸 (경)1995년 SK텔레콤(주) 국제금융팀 근무 2010년 同C&I전략개발실장 2013년 SK커뮤니케이션즈(주) CEO 2014년 SK플래닛(주) Corporate Center장 2017년 SK테크엑스 CEO 2019년 SK플래닛(주) 대표이사 사장(현)

이한석(李漢錫) Lee Hanseok

(생)1966·7·20 (출)경북 김천 (주)부산광역시 연제구 법원로 28 법무법인 국제(051-463-7755) (학)1985년 진주 대아고졸 1989년 서울대 공법학과졸 1992년 同대학원 법학과 수료 (경)1991년 사법시험 합격(33회) 1994년 사법연수원 수료(23기) 1994년 해군 법무관 1997년 부산지법 동부지원 판사 1999년 창원지법 판사 2001년 同함안군·의령군법원 판사 2002년 창원지법 판사 2004년 부산고법 판사 2005년 법무법인 국제 변호사(현) 2008년 공정거래위원회 지역소비정책전문가협의체 위원 2017년 한국예탁결제원 청렴옴부즈만(현)

이한섭

(생)1966 (주)경기도 성남시 분당구 불정로 90 (주)KT 글로벌컨설팅·수행본부(031-727-0114) (학)동아대 전자공학과졸 1990년 연세대 대학원 전자공학과졸 1995년 전자공학박사(연세대) (경)(주)KT 충청무선네트워크운용단장 2010년 同무선네트워크Data담당 상무보 2014년 同기술조사담당 상무 2017~2018년 KT커머스(주) 대표이사 사장 2019년 (주)KT 글로벌컨설팅·수행본부장(상무)(현)

이한성(李翰成) LEE Han Sung

(생)1957·4·5 (본)진성(眞城) (출)경북 문경 (주)서울특별시 서초구 서초대로 280 4층 법무법인 위드유(02-3486-3370) (학)1976년 계성고졸 1980년 서울대 법학과졸 1982년 同대학원 법학과졸 1993년 미국 스탠퍼드대 연수과정 이수 2000년 법학박사(서울대) (경)1980년 사법시험 합격(22회) 1982년 사법연수원 수료(12기) 1982년 육군사관학교 법학

과 교관 1985년 서울지검 동부지청 검사 1988년 대구지검 경주지청 검사 1989년 부산지검 검사 1989년 서울지검 고등검찰관 1993년 미국 스탠퍼드대 연수 1993년 대구지검 상주지청장 1994년 부산지검 울산지청 부장검사 1996년 대검찰청 검찰연구관 1997년 同과학수사지도과장 1997년 同중앙수사부 제3과장 1998년 서울지검 동부지청 형사5부장 1999년 同동부지청 형사6부장 1999년 서울지검 총무부장 2000년 同형사7부장 2001년 대구지검 김천지청장 2002년 인천지검 부천지청 차장검사 2003년 대구지검 2차장검사 2004년 인천지검 2차장검사 2005년 同1차장검사 2005년 수원지검 성남지청장 2006년 서울고검 차장검사 2007~2008년 창원지검장 2008년 법무법인 산경 고문변호사 2008년 제18대 국회의원(경북 문경·예천, 한나라당·새누리당) 2008년 한나라당 법률지원단 부단장, 同제1정책조정위원회 부위원장 2010년 同선거관리위원회 위원 2010~2011년 同원내부대표 2010년 同사법제도개선특별위원회 부간사 2011년 同대표최고위원 법률특보 2012~2016년 제19대 국회의원(경북 문경·예천, 새누리당) 2012년 국회 기획재정위원회 위원 2012년 새누리당 법률지원단장 2013~2015년 同인권위원회 위원장 2013~2016년 대한법률구조공단 비상임이사 2014~2015년 새누리당 경북도당 윤리위원장 2014~2015년 국회 법제사법위원회 위원 2014~2015년 국회 윤리특별위원회 여당 간사 2014~2015년 국회 예산결산특별위원회 위원 겸 예산안조정소위원회 위원 2015년 새누리당 경북도당 위원장 2015년 국회 법제사법위원회 여당 간사 겸 법안심사소위원회 제1소위원장 2015년 국회 평창동계올림픽및국제경기대회지원특별위원회 위원 2016년 법무법인 위드유 고문변호사(현) 2016년 대아티아이 사외이사(현) 2017~2018년 바른정당 경북영주·문경·예천당원협의회 운영위원장 2017년 동원시스템즈 사외이사(현) 2017년 바른정당 차기(11월13일) 당대표및최고위원선출을위한선거관리위원회 부위원장 2018년 同예산결산위원장 2018년 바른미래당 경북영주·문경·예천지역위원회 공동위원장 (상)홍조근정훈장(2005), 전국청소년선플SNS기자단 선정 '국회의원 아름다운 말 선플상'(2015) (저)'이한성이 생각하는 라이프'(2011)

이한순(李漢順·女) Hansoon Lee

(생)1955 (주)서울특별시 마포구 와우산로 94 홍익대학교 미술대학 예술학과(02-320-1227) (학)서울대 의류학과졸, 네덜란드 암스테르담대 미술사학과졸, 同대학원 미술사학과졸 1995년 서양미술사학박사(독일 프랑크푸르트대) (경)1997~2003년 서양미술사학회 19세기이전분과장·총무이사·학술이사 2001년 홍익대 미대 예술학과 교수(현) 2001~2003년 한국미술사교육학회 출판위원 2005~2007년 서양미술사학회 회장 2007~2008년 제4기박물관미술관 학예사운영위원 2009년 한국미술사교육학회 회장 2011~2013년 同감사 2012~2016년 홍익대 박물관장 2014년 同문화예술평생교육원장 2016년 同동아시아예술문화연구소장 2018년 同대학원장(현) (저)'르네상스, 바로크, 로코코, 근세유럽의 미술사'(2010, 서울하우스) '르네상스, 바로크, 로코코, 근세유럽의 미술사 2'(2015, 미진사) (역)'도상학과 도상해석학'(1997, 사계절) '도상해석학 연구'(2002, 시공사)

이한식(李漢植) Hahn Shik LEE

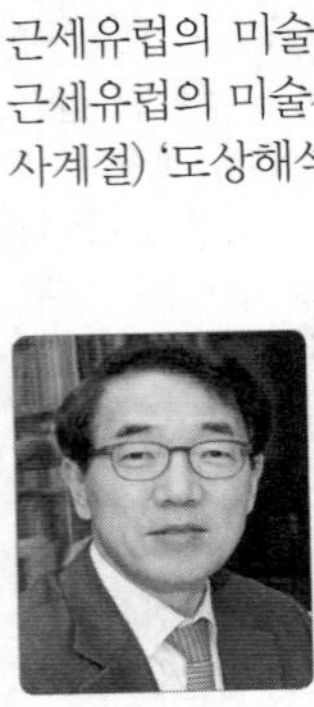

(생)1957·10·18 (출)서울 (주)서울특별시 마포구 백범로 35 서강대학교 경제학부(02-705-8702) (학)1980년 서울대 경제학과졸 1990년 미국 캘리포니아대 샌디에고캠퍼스 대학원졸(경제학박사) (경)1983~1985년 한국경제연구원 연구원, 미국 상무부 조사통계국 객원연구원 1991~1995년 미국 툴레인대 경제학과 조교수 1994~1995년 현대경제연구원 연구위원 1996년 서강대 경제학부 조교수·부교수·교수(현) 2002~2004년 호주 Monash대 계량경제학과 방문교수 2012~2018년 통계청 국가통계위원회 위원 2012년 同경제통계2분과 위원장 2012~2015년 한국은행 경제통계국 자문교수 2014~2016년 서강대 경제학부 학장 겸 경제대학원장 2015~2018년 에너지경제연구원 비상임감사 (상)서강경제대상(2012) (저)'계량경제학 : 이론과 응용(共)'(2002·2005·2010, 홍문사) '참여정부 주요 경제정책의 시장친화성 평가(共)'(2007, FKI미디어) '예측방법론(共)'(2009, 한국방송통신대 출판부) '경제통계분석의 원리와 응용(共)'(2012, 에피스테메) '계량경제분석 : 이론과 응용(共)'(2012, 무역경영사)

이한오(李漢梧) Lee han oh

(생)1969·1·17 (주)전라북도 익산시 익산대로 569 금강방송 대표이사실(063-850-8592) (학)1990년 동아대 전자공학과졸 1992년 한국과학기술원(KAIST) 전기전자공학과졸(석사) (경)1996년 LG산전연구소 주임연구원 1998년 델타정보통신 선임연구원 2002년 시즈넷 이사 2005년 아이큐브·몬도시스템즈 이사 2006년 금강방송(주) 대표이사(현) 2013년 익산문화재단 이사(현) 2014년 한국케이블TV방송협회 이사(현) 2014년 익산시체육회 부회장 2016년 (주)금강네트워크 대표이사(현) 2016년 개별SO(종합유선방송사업자)발전연합회 회장(현)

이한우(李漢雨)

(생)1959 (주)서울특별시 종로구 종로 1 교보문고(1544-1900) (학)홍익대 경영학과졸 (경)1986년 교보생명 입사 1994년 교보문고 전산과장 1999년 同인터넷사업팀장 2000년 교보핫트랙스 전산부장 겸 인터넷사업부장 2004년 同강남점장 2004년 교보문고 인터넷사업부장 2007년 同온라인사업본부장 2010년 同유통지원실장 2013년 교보핫트랙스 경영지원실장 2016년 同마케팅본부장 2016~2018년 교보문고 대표이사 2016~2018년 교보핫트랙스 대표이사 겸임 2018년 교보문고 이사회 의장(현) (상)올해의 CIO상 IT프런티어부문(2011)

이한웅(李漢雄) Han-Woong Lee

(생)1959·3·14 (출)서울 (주)서울특별시 서대문구 연세로50 연세대학교 생명시스템대학 생화학과(02-2123-5698) (학)1977년 명지고졸 1981년 연세대 생화학과졸 1983년 同대학원 생화학과졸 1994년 미국 알버트아인슈타인대 대학원졸 1997년 분자유전학박사(미국 알버트아인슈타인대) (경)1998년 서울대 의대 생화학교실 조교수 1998년 (주)마크로젠 과학기술 고문 1999년 삼성생명과학연구소 책임연구원 1999년 성균관대 의대 포유류분자유전학연구실 조교수·부교수 2003년 同의대 실험동물연구센터 부센터장, 연세대 생명시스템대학 생화학과 부교수·교수(현) 2008년 同실험동물연구센터소장(현) 2012~2014년 同생명시스템대학 생화학과장 2019년 (사)한국실험동물학회 이사장(현) (상)한국생화학분자생물학회 공로상(2007), 연세대 우수강의교수상(2009), 연세암연구소 국제암심포지엄 제2회 박병규 김병수 암연구상(2009), 연세대 우수강의교수상(2013)

이한일(李漢鎰)

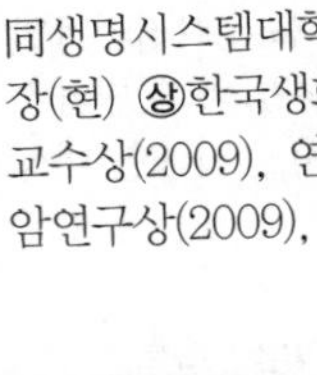

(생)1972·3·2 (출)경북 안동 (주)서울특별시 서초구 서초대로 219 법원행정처 기획총괄심의관실(02-3480-1100) (학)1990년 안동 경안고졸 1995년 연세대 법학과졸 (경)1996년 사법시험 합격(38회) 1999년 사법연수원 수료(28기) 1999년 육군 법무관 2002년 인천지법 판사 2004년 서울동부지법 판사 2006년 대구지법 의성지원 판사 2008년 同김천지원 판사 2010년 서울고법 판사 2012년 대법원 재판연구관 2014년 대전지법 부장판사 2015년 서울고법 판사(현) 2017년 전국법관대표회의 제도개선특별위원회의 간사(현) 2018년 법원행정처 기획총괄심의관 겸임(현) 2018년 대법원 '국민과 함께하는 사법발전위원회' 주무위원

이한종(李漢鍾)

(생)1964 (출)경기 남양주 (주)서울특별시 강남구 테헤란로 114 삼성세무서(02-3011-7241) (학)대원고졸, 세무대학졸(3기) (경)세무공무원 임용(8급 특채), 서울 서대문세무서 징세계 근무, 서울지방국세청 조사4국 근무, 중부지방국세청 조사3국 근무, 국세청 운영지원과 인사계·직원고충담당관실 근무, 서울지방국세청 조사1과 4계장, 국세청 조사1과 3계장 2014년 同조사1과 1계장(서기관) 2015년 강원 춘천세무서장, 서울지방국세청 조사2국 조사관리과장 2016년 同조사1국 조사1과장 2017년 국세청 징세법무국 징세과장 2019년 서울 삼성세무서장(현)

이한주(李漢柱) LEE HAN JOO

(생)1956 (출)서울 (주)경기도 수원시 장안구 경수대로 1150 경기연구원(031-250-3200) (학)경복고졸, 서울대 식물학과졸 1981년 同대학원 경제학과졸 1994년 경제학박사(서울대) (경)가천대 사회과학대학 글로벌경제학과 교수 2013년 同경영대학원장 겸 경상대학장, 한국사회경제학회 고문 2017년 국정기획자문위원회 경제1분과 위원장 2017~2018년 가천대 특임부총장 2017년 대통령직속 정책기획위원회 국민성장분과 위원장 2019년 同특별위원(현) 2018년 경기도지사직인수위원회 공동위원장 2018년 경기연구원 원장(현) (역)'기본소득이란 무엇인가(共)'(2016, 책담)

이한주(李漢周) Lee Han Ju

(생)1956·10·16 (본)전주(全州) (출)경기 안성 (주)서울특별시 서초구 서초대로 274 3000타워 11층 법무법인 참본(070-4495-2826) (학)1975년 서울고졸 1980년 서울대 법대졸 (경)1983년 사법시험 합격(25회) 1985년 사법연수원 수료(15기) 1986년 춘천지법 판사 1990년 수원지법 판사 1994년 서울지법 남부지원 판사 1996년 서울지법 판사 1997년 서울고법 판사 1997년 대전지법 공주지원장 2000년 서울지법 판사 2001년 청주지법 부장판사 2003년 서울남부지법 부장판사 2006년 서울중앙지법 부장판사 2008년 광주고법 부장판사 2009년 광주지법 수석부장판사 2009~2013년 서울고법 부장판사 2013~2015년 은세계법률사무소 변호사 2014~2017년 공정거래위원회 비상임위원 2015~2017년 법무법인 진 대표변호사 2017년 법무법인 법경 대표변호사 2019년 법무법인 참본 대표변호사(현)

이한택(李漢澤) LEE Han Taek

(생)1934·12·5 (출)경기 안성 (주)경기도 의정부시 신흥로 261 천주교 의정부교구청(031-850-1400) (학)1955년 안성 안법고졸 1965년 미국 세인트루이스대 수학과졸 1967년 同대학원 수학과졸 1972년 同대학원 신학과졸 2002년 명예 인간학박사(미국 세인트루이스대) (경)1967~1999년 서강대 수학과 교수 1971년 천주교 사제 수품 1972년 수원말씀의집 원장 1973~1978년 예수회 신학원장 1979년 가톨릭대 신학부 영성지도 사제 1982~1985·1997~1998년 서강대 이사장 1998년 영성연구소 소장 1999~2002년 서강대 총장 2001년 천주교 서울대교구 보좌주교 2002년 同서울대교구 주교 2003년 학교법인 가톨릭학원 이사장 2004~2010년 천주교 의정부교구장 2005년 한국천주교주교회의 전례위원회 위원장 2010년 천주교 의정부교구 은퇴사제(주교)(현) (종)천주교

이한형(李翰炯) Lee, Han Hyung

(생)1970·7·19 (본)경주(慶州) (출)충남 태안 (주)세종특별자치시 다솜로 261 국무조정실 인사과(044-200-2798) (학)1988년 충남고졸 1995년 한양대 법학과졸 2010년 미국 인디애나대 대학원 법학과졸 (경)1999년 서울시 행정사무관 2004년 행정자치부 행정사무관 2007년 同지방조직발전팀 서기관 2007년 국무조정실 관리대상업무과장 2008년 국무총리실 정책분석평가실 특정평가과장 2010년 同정책분석평가실 공공평가관리과장 2010년 同정책분석평가실 정책평가1과장 2012년 同교통해양정책과장 2013년 국무조정실 경제조정실 교통해양정책과장 2015년 미국 조지아대 칼빈슨연구소 파견 2017년 국무조정실 국정운영실 駐韓미군이전지원단 과장 2018~2019년 同규제총괄정책관실 규제정책과장 2019년 휴직(과장급)(현)

이한호(李漢鎬) LEE Han Ho

(생)1946·3·6 (출)울산 울주 (주)서울특별시 동작구 여의대방로36길 92 대한민국공군전우회(02-825-8461) (학)1964년 부산고졸 1969년 공군사관학교졸(17기) 1974년 공군대학 초급지휘관참모과정 수료 1980년 同고급지휘관참모과정 수료 1983년 미국 해대원 국제국방관리과정 수료 1988년 미국 공군대학 AIR WAR COLLEGE졸 1998년 경희대 언론정보대학원 수료 (경)1993년 공군 제3훈련비행단장 1994년 공군 제19전투비행단장 1995년 공군 전투발전단장 1996년 국방부 조직인력관 1998년 공군본부 정보작전참모부장 2000년 공군 참모차장(중장) 2002년 공군 작전사령관(중장) 2003~2005년 공군 참모총장(대장) 2005년 예편(공군 대장) 2006년 한서대 교양학부 초빙교수 2006~2008년 대한광업진흥공사 사장 2009~2010년 공군사관학교총동창회 회장 2018년 대한민국공군전우회 회장(현) (상)보국훈장 삼일장(1986), 대통령공로표창(1989), 보국훈장 천수장(1994), 보국훈장 국선장(2000), 터키정부 리야카트리산스훈장, 미국 공로훈장(Legion of Merit) (종)천주교

이항로(李杭魯) LEE Hang Ro

(생)1957·2·27 (출)전북 진안 (학)진안고졸, 한국방송통신대 행정학과졸 (경)1975년 진안군농촌지도소 임용 2004년 진안군 주천면장 2005년 同진안읍장 2007년 同부귀면장 2010년 同진안읍장 2012년 同민원봉사과장 2014~2018년 전북 진안군수(무소속·더불어민주당) 2018~2019년 전북 진안군수(더불어민주당) (상)전북도인물대상 지자체 최우수경영대상(2015), 대한민국창조경제대상 친환경경영부문 대상(2015·2016), 2017 대한민국행복나눔봉사대상 행복매니페스토상(2017)

이항수(李恒洙) LEE Hang Soo

(생)1961·9·30 (출)경기 안양 (주)서울특별시 종로구 종로 26 SK(주) SUPEX추구협의회(02-2121-0114) (학)수성고졸, 인하대 공과대학졸 (경)1987년 SK케미칼 근무 1991년 SK경영기획실 근무 1998년 SK텔레콤(주) 홍보실 근무 2002년 同홍보팀장 2005년 同홍보1팀장(상무) 2010년 同홍보실장 2013년 SK그룹 SUPEX(Super Excellent)추구협의회 커뮤니케이션위원회 PR담당 전무, 한국PR협회 운영이사, 同부회장(현) 2014~2016년 SK이노베이션(주) 홍보실장(전무급) 2017년 SK그룹 SUPEX(Super Excellent)추구협의회 PR팀장(전무) 2019년 同SUPEX(Super Excellent)추구협의회 PR팀장(현)

이항재(李恒宰) LEE Hang Jae

(생)1949·10·23 (출)경북 (주)충청남도 아산시 신창면 순천향로 22 순천향대학교 유아교육과(041-530-1142) (학)1976년 중앙대 교육학과졸 1983년 同대학원 교육학과졸 1989년 교육학박사(중앙대) (경)1984~1991년 홍익대·중앙대 시간강사, 순천향대 아동학과 교수, 同유아교육과 교수 1988~1990년 문교부 중앙교육심의회 심의위원 1990~1993년 순천향대 아동학과장 1992~1993년 同학생생활연구소장 1992~1993년 전국학생생활연구소장협의회 감사 2005년 순천향대 건강과학대학원장 2009년 同대외협력부처장 2014년 同특임부총장(

현) 2014~2015년 同건강과학대학원장 겸 건강과학CEO과정 원장 2015년 同유아교육과 명예교수(현) 2016년 同건강과학대학원 건강과학CEO과정 원장(현)

이항진(李沆鎭)

(생)1965 · 10 · 25 (주)경기도 여주시 세종로 1 여주시청 시장실(031-887-2001) (학)동북고졸, 세종대 영어영문학과졸 (경)여주중 학교폭력대책자치위원회 위원, 여주환경운동연합 집행위원장, 4대강범국민대책위원회 전국상황실장 2014~2018년 경기 여주시의회 의원(새정치민주연합 · 더불어민주당) 2018년 경기 여주시장(더불어민주당)(현) 2018년 행복실현지방정부협의회 초대 사무총장(현)

이해경(女)

(생)1951 · 2 · 20 (주)경기도 부천시 길주로 1 한국만화영상진흥원(032-310-3014) (경)1975년 '현아의 외출' 발표 1982~1984년 부산MBC 어린이신문에 '천사의 시' 게재 1985년 새소년에 '이사도라 던컨' 게재 1990~1993년 매주만화에 '태' '잠들지못하는 여자' 게재 1993~1994년 독서광장에 '베토벤' '모짜르트' 게재 1997~1998년 소년동아일보에 '다다의 요리일기' 게재 1997~1999년 현대음악신문에 '아다지오' 연재 1998년 일본슈메이샤서 '만남' 외 발행 2000년 르네상스 · 주간연예에 단편만화 연재, 만화가(현) 2019년 한국만화영상진흥원 이사장(현) (상)경남도립미술대전동양화부 입상, 경남예술제동양화부 입상 (저)'잠들지 못하는 여자' '다다' '엄마의말뚝'(1995) '만남'(1998) '우리들의 천국은' '리빙스턴 이야기' '다다의 말씀여행' '썬다 싱'

이해구(李海龜) LEE Hae Koo

(생)1937 · 9 · 10 (본)전주(全州) (출)경기 안성 (주)서울특별시 영등포구 버드나루로 73 우성빌딩 자유한국당(02-6288-0200) (학)1957년 군산고졸 1961년 고려대 법대졸 (경)1961년 고시행정과 합격 1973년 치안본부 특수수사대장 1977년 경기도 경찰국장 1980년 경찰종합학교 교장 1982년 서울시 경찰국장 1983년 同치안본부장 1984년 경기도지사 1986년 국가안전기획부 제1차장 1988년 제13대 국회의원(안성, 무소속 · 민정당 · 민자당) 1988년 민정당 경기안성지구당 위원장 1988년 경기도민회 부회장 1992년 제14대 국회의원(안성, 민자당 · 신한국당) 1992년 민자당 제1사무부총장 1993년 내무부 장관 1996년 제15대 국회의원(안성, 신한국당 · 한나라당) 1997년 신한국당 정책위원회 의장 1997년 한나라당 정책위원회 의장 1998년 국회 농어민 및 도시영세민대책특별위원회 위원장 2000년 한나라당 경기안성지구당 위원장 2002~2004년 제16대 국회의원(안성 보궐선거, 한나라당) 2003년 한나라당 상임운영위원 · 지도위원 2005년 同상임고문 2006~2009년 두원공과대학 학장 2012~2017년 새누리당 상임고문 2017년 자유한국당 상임고문(현) (상)녹조근정훈장(1972), 대만경찰훈장(1983), 황조근정훈장(1983), 대통령표창

이해돈

(생)1970 (주)세종특별자치시 갈매로 388 문화체육관광부 체육국 국제체육과(044-203-3167) (학)서울대 경영학과졸, 미국 뉴햄프셔주립대 대학원 지적재산권 석사 (경)2011년 문화체육관광부 문화예술국 문화정책관실 서기관 2013년 국가지식재산위원회 지식재산전략기획단 보호정책과장 2014년 문화체육관광부 아시아문화중심도시추진단 전당기획과장 2015년 국립아시아문화전당 기획운영과장 2015년 아시아문화원 비상임이사 2015년 문화체육관광부 체육정책관실 체육진흥과장 2016년 육아 휴직 2017년 문화체육관광부 평창올림픽지원과장 2017년 同평창올림픽지원담당관 2018년 同체육국 국제체육과장(현)

이해동(李海東) LEE Hae Dong

(생)1934 · 10 · 5 (본)전주(全州) (출)전남 목포 (주)서울특별시 마포구 효창목길 6 한겨레신문사 3층 (재)청암언론문화재단(02-710-0125) (학)1955년 목포고졸 1962년 한국신학대 신학과졸 1984년 영국 버밍엄샐리옥칼리지 수학 (경)1964년 인천교회 담임목사 1970~1984년 한빛교회 담임목사 1976년 3.1민주구국선언 사건으로 1년간 투옥 1980년 김대중 내란음모사건으로 투옥 1982년 한국기독교교회협의회(KNCC) 인권위원회 후원회장 1984~1988년 독일 라인마임지방 한인교회 시무 1988~1996년 수도교회 담임목사 1994~2002년 한국기독교교회협의회(KNCC) 인권위원 1995~1999년 학교법인 한신학원(한신대) 이사 1997~2002년 한우리교회 담임목사 1998~2001년 삼성사회봉사단 부단장 1998~2005년 (사)녹색교통운동 이사 1998~2010년 민족민주열사유가족협의회 후원회장 1998~2009년 한국교회인권목회자동지회 회장 1999~2001년 학교법인 서원학원(서원대학교) 이사장 1999~2007년 인권과평화를위한국제민주연대 공동대표 1999년 베트남진실위원회 공동대표 2000~2005년 한국전쟁전후민간인학살진상규명과명예회복을위한범국민위원회 상임공동대표 2001년 민주공원추진위원회 위원장 2001~2005년 민주화운동기념사업회 부회장 2001~2005년 학교법인 덕성학원(덕성여대) 이사장 2002년 (재)아름다운가게 이사 2002~2017년 (사)평화박물관건립추진위원회 이사장(공동대표) 2002년 同상임대표 겸임 2004~2008년 (재)아름다운가게 이사장 2005~2007년 국방부 과거사진상규명위원장 2006~2008년 대통령소속 군의문사진상규명위원회 위원장 2008년 인권과평화를위한국제민주연대 고문 2009년 (재)청암언론문화재단 이사장(현) 2010년 (사)행동하는양심 이사장 2012년 민주통합당 제18대 대통령중앙선거대책위원회 고문 (상)정일형 · 이태영자유민주상 민주통일부문(2014) (저)'꺾이지 않는 희망으로' '평화를 만드는 사람들' (종)기독교

이해방(李海邦) LEE Hai Bang

(생)1941 · 12 · 24 (출)서울 (주)경기도 수원시 영통구 월드컵로 206 아주대학교 대학원 분자과학기술학과(031-219-1593) (학)1960년 대동상고졸 1964년 동국대 화학과졸 1966년 同대학원 물리화학과졸 1974년 재료공학박사(미국 Utah대) (경)1965년 가톨릭의대 의예과 조교 1974년 미국 노스캐롤라이나대 치과연구소 선임연구원 1976년 미국 Milton Roy Co. 책임연구원 1979~1983년 미국 Lord Corp. 책임연구원 1983년 미국 Kendall Co. 책임연구원 1984~2001년 한국화학연구소 화학소재단 책임연구원 1989년 同고분자화학연구부장 겸 제3연구실장 1991년 인슐린피부투여법 개발 1992년 한국화학연구소 화학소재연구부장 겸 생체고분자연구실장 1993년 同선임연구부장 1994년 한국과학기술한림원 정회원 1999년 同종신회원(현) 2000~2004년 한국조직공학회 회장 2001~2002년 한국화학연구원 책임연구원 2002년 同신약연구종합지원센터 생체분자전달제어연구팀 석좌위촉연구원 2003~2008년 세계조직공학회 아시아지역 회장 2005년 세계조직공학재생의학회(TERMIS) 부회장 2007년 한국화학연구원 나노바이오융합연구센터 책임연구원 2008~2009년 同나노바이오융합연구센터 전문연구위원 2009년 아주대 대학원 분자과학기술학과 연구교수(현) (상)국민포장(1989), 대한민국 과학기술상 과학상(1994) (종)천주교

이해선(李海善) LEE Hae Sun

(생)1955 · 6 · 18 (본)전주(全州) (출)서울 (주)서울특별시 중구 서소문로 88 웅진코웨이 임원실(02-2172-1282) (학)1974년 중앙대사대부고졸, 중앙대 경제학과졸, 성균관대 대학원 국제경영학과졸 1984년 대만국립정치대 국제경영대학원 국제마케팅학과졸, 성균관대 경영대학원졸(경영학박사), 미국 하버드대 경영대학원 최고경영자과정(Executive MBA) 수료 (경)제일제당(주) 마케팅실 부장, (주)빙그레 마케팅실장(상무) 1998년 (주)태평양 상무이사 2000년 同마케팅부문 전무이사 2004년 同마케

팅부문 부사장(CMO) 2006~2008년 아모레퍼시픽 마케팅부문 부사장(CMO) 2008년 CJ홈쇼핑 경영총괄 부사장 2009년 同대표이사 부사장 2010년 CJ오쇼핑 대표이사 2013~2014년 同공동대표이사 총괄부사장 2014년 CJ제일제당(주) 공동대표이사 겸 식품사업부문장 2015~2016년 CJ씨푸드(주) 각자대표이사 2016년 코웨이 대표이사 2017년 (사)한국마케팅협회 회장(현) 2019년 웅진코웨이(주) 각자대표이사(현) (상)요플레인터내셔날크리에이티브 마케팅상(1997), 2011 올해의CEO 성장기업비제조업부문 대상(2011), 자랑스러운 중경인상(2013) (저)'한국마케팅이야기'(共) '감성마케팅' (종)기독교

이해식(李海植) LEE Hae Sik

(생)1963 · 11 · 13 (본)광주(廣州) (출)전남 보성 (주)서울특별시 영등포구 국회대로68길 7 더불어민주당(1577-7667) (학)1982년 마산고졸 1990년 서강대 철학과졸 2000년 同공공정책대학원졸 2006년 서울시립대 대학원 도시행정학 박사과정 수료 (경)1985년 서강대 총학생회장 1985년 전국학생총연합 사무국장 1992년 이부영 국회의원 보좌관 1993년 민주당 서울강동甲지구당 총무부장 1995년 同중앙위원 1995년 서울 강동구의회 의원 1998 · 2002~2004년 서울시의회 의원(한나라당 · 열린우리당) 2002년 한나라당 서울강동甲지구당 부위원장 2002~2003년 서울시의회 환경수자원위원장 2004년 서울시 강동구청장선거 출마(열린우리당) 2008~2010년 서울시 강동구청장(재보선 당선, 통합민주당 · 민주당) 2010년 서울시 강동구청장(민주당 · 민주통합당 · 민주당 · 새정치민주연합) 2014~2018년 서울시 강동구청장(새정치민주연합 · 더불어민주당) 2015~2017년 자치분권민주지도자회의(KDLC) 상임공동대표 2015년 마을만들기지방정부협의회 공동회장 2016~2017년 더불어민주당 기초단체장협의회장 2017년 세계 그린대사(현) 2017~2018년 서울시구청장협의회 회장 2018년 대통령소속 자치분권위원회 위원 2018년 더불어민주당 대변인(현) (상)다산목민대상 본상(2013), 대한민국창조경영인대상 지방자치단체장부문 대상(2014), 매니페스토 약속대상 지방선거부문 지방선거공약분야 최우수상(2014) (저)'걷고 읽고 생각하다'(2014, 삶과지식)

이해영(李海盈) Lee, Hae Young (雲皐 · 良田)

(생)1957 · 6 · 4 (본)경주(慶州) (출)경북 영천 (주)경상북도 경산시 대학로 280 영남대학교 정치행정대학 행정학과(053-810-2634) (학)경북 산동고졸 1981년 영남대 행정학과졸 1984년 경북대 대학원 행정학과졸 1990년 정책학박사(미국 Univ. of Maryland, Baltimore) (경)1990~2006년 경일대 행정학과 교수 1996~2000년 同지방자치연구소장 1999~2003년 경북도제2의건국범국민추진위원회 상임위원 1999~2003년 경북도의회 자문교수 2000~2008년 (사)한국정책연구원 한국정책논집 편집위원장 2006년 (사)한국정책포럼 국제위원장 2006~2007년 한국정부학회 부회장 2006년 영남대 정치행정대학 행정학과 교수(현) 2007~2009년 同행정대학원장 2007~2013년 同영남아메리칸센터 소장 2014년 한국행정학회 회장 2014~2018년 국무총리소속 정부업무평가위원회 민간위원장 2016~2019년 (재)기초과학연구원 이사 2018년 세계여성경제인협의회 총본부(미국 워싱턴 D.C.) 고문(현) (상)대한민국학술원 우수도서상(2009), 홍조근정훈장(2016) (저)'다차원정책론'(2001) '정치지도자의 정책리더십'(2003) '조사방법의 이해'(2005) '정책균형의이론'(2008) '정책학신론 : 이론-실제 이원론의 극복 4판'(2016) (종)불교

이해영(李海英 · 女) RIEH Hae Young

(생)1959 · 7 · 18 (본)전의(全義) (출)경남 진해 (주)서울특별시 서대문구 거북골로 34 명지대학교 기록정보과학전문대학원(02-300-0889) (학)1978년 창덕여고졸 1982년 이화여대 시청각교육학과졸 1985년 同교육대학원 사서교육전공졸 1987년 미국 시몬스대 대학원 문헌정보학과졸 1991년 문학박사(미국 시몬스대) (경)1982~1984년 한국전력기술(주) 사서 1991~1993년 미국 Electronic Frontier재단 자료실장 1993년 미국 Kapor Enterprises Inc. 자료실장 1994~1996년 서울여대 · 덕성여대 · 상명대 강사 1996년 명지대 조교수 1998년 同사회교육원 주임교수 2000년 同교양학부 부교수 2005년 同방목기초교육대학 교수 2005년 同자연캠퍼스교수협의회 총무 2007년 同기록정보과학전문대학원 교수(현) 2007~2009년 同대학사료실장 2007~2008 · 2013~2014년 한국기록관리학회 섭외이사 2009~2010년 同출판이사 · 편집위원 2010~2012년 명지대 방목기초교육대학 학장보 2010~2018년 국가기록관리위원회 산하 대통령기록관리전문위원회 위원 2011~2012년 한국기록관리학회 총무이사 2013~2017년 명지대 사회교육대학원장 2015~2016년 한국기록관리학회 부회장 2010~2018년 同회장 2019년 명지대 기록정보과학전문대학원장(현) (저)'Statistics for Library Decision Making(共)'(1989) '인터넷과 홈페이지제작(共)'(2003) '인터넷의 이해와 나모 2006을 활용한 웹 사이트 구축(共)'(2006) '기록관리론 : 증거와 기억의 과학(共)'(2010) '기록조직론'(2013) (종)가톨릭

이해영(李海瑩) LEE Hae Young

(생)1971 · 6 · 1 (출)서울 (주)서울특별시 강남구 학동로 105 JAY빌딩 대림비앤코(02-3429-1400) (학)경기고졸, 서강대 경영학과졸, 미국 미시간대 경영전문대학원 경영학과졸(MBA) (경)삼성증권 기업금융팀 근무, 同M&A팀 근무, Investor Asia Limited 홍콩 차장, 대림요업 이사, 인트로메딕 상무이사 2008년 (주)대림비앤코 부사장 2010년 同사장 2015~2018년 同부회장 2018년 同회장(현)

이해완(李海完) LEE Hae Wan

(생)1963 · 6 · 22 (본)하빈(河濱) (출)대구 (주)서울특별시 종로구 성균관로 25-2 성균관대학교 법학전문대학원(02-760-0924) (학)1982년 경북고졸 1986년 서울대 법학과졸 1996년 중국 중국사회과학원 법학연구소 수료 (경)1985년 사법시험 합격(27회) 1988년 사법연수원 수료(17기) 1988년 인천지법 판사 1990년 서울지법 남부지원 판사 1992년 창원지법 판사 1995년 서울지법 판사 1998년 사법연수원 교수 2000년 서울고법 판사 2000~2007년 인터넷법률정보회사 (주)로앤비(LAW AND BUSINESS) 대표이사 겸 변호사 2001년 영산대 법무대학원 겸임교수 2007~2008년 미국 연수 2007년 한반도평화연구원 부원장 겸 연구위원(현) 2007년 한국저작권법학회 이사(현) 2008년 성균관대 법학과 교수 2009년 同법학전문대학원 교수(현) 2009~2015년 한국저작권위원회 위원 2011~2018년 한국인터넷자율정책기구(KISO) 정책위원장 2016~2018년 대통령소속 도서관정보정책위원회 위원 2017년 공공데이터제공분쟁조정위원회 위원장(현) (상)산업자원부장관표창 e-비즈니스대상(2003) (저)'저작권법(共)'(1999~2005) '중국법'(1999) '전자거래법(共)'(2006) (종)기독교

이해욱(李海旭) LEE, HAEWOOK

(생)1964 · 5 · 12 (출)서울 (주)서울특별시 영등포구 의사당대로 88 한국투자금융지주 RM실(02-3276-4357) (학)1982년 서울 상문고졸 1989년 연세대 경영학과졸 1997년 서강대 경영대학원 경영학과졸 (경)1989~1997년 대우증권 국제금융부 · 투자공학부 · 주식부 과장 1997~1999년 대우선물 영업팀장 2000~2004년 메리츠증권 주식운용팀 차장 2004~2007년 同리스크관리팀장 2007년 한국투자증권(주) 리스크관리부장(상무보) 2015~2017년 同리스크관리본부장(상무) 2015년 한국투자금융지주 RM실장(현)

이해원(李海元) HAIWON LEE

(생)1954·7·7 (출)서울 (주)서울특별시 성동구 왕십리로 222 한양대학교 자연과학대학 화학과(02-2220-0945) (학)1972년 배재고졸 1979년 서강대 화학과졸 1985년 이학박사(미국 휴스턴대) 1986년 미국 Univ. of Texas at Austin 화학 (경)1986년 미국 Univ. of Texas at Austin 화학과 선임연구원 1988~1993년 한국화학연구소 화학소재연구부 책임연구원 1989~1992년 서강대·충남대·고려대 강사 1993년 한양대 화학과 부교수 1996년 일본 이화학연구소 연구원 1998년 한양대 자연과학대학 화학과 교수 1999년 독일 막스플랑크고분자연구소 방문교수 2000~2001년 한국과학재단 화학·화공재료전문분과 위원 2000년 일본 이화학연구소 Frontier Research System 연구지도위원 2001년 과학기술부 국가나노기술 종합발전기획위원 2002년 미국 Pennsylvania State Univ. 방문교수 2002년 한양대 미세반도체공학과 겸임교수 2003년 同NT사업단장 2004~2012년 同나노과학기술연구소장 2005년 同이화학연구소유치위원회 실무단장 2006~2008년 同학술연구처장 2006·2008년 同산학협력단장 2006년 아시아연구네트워크사업단 단장(현) 2008년 한양대 자연과학대학 화학과 석학교수(현) 2008~2010년 한양대 자연과학대학장 2008~2010년 同융합기술사업단장 2008~2010년 한국석유관리원 비상임이사 2009~2012년 한양대 Honors Program 2011~2014년 나노기술연구협의회 이사 겸 부회장 2011~2017년 한국공학한림원 기술경영정책분과 일반회원 2011년 파크시스템즈(주) 비상임이사 2012년 (사)아시아네트워크코리아 회장(현) 2013~2014년 한국장학재단 한국인재멘토링네트워크 멘토 2014~2016년 (사)나노기술연구협의회 회장 2016~2018년 나노컨버전스 편집위원장 2018년 한국공학한림원 정회원(기술경영정책·현) (상)한양대 자연과학부문 최우수교수상(2001·2007), 한양대 자연과학부문 백남학술상(2004), 나노코리아조직위원회 공로상(2005·2010), 한양대 HYU 석학교수상(2008), 과학기술훈장 도약장(2016) (저)'Novel Methods to Study Interfacial Layers' 'Encyclopedia of Nanoscience and Nanotechnology' (종)천주교

이해인(李海仁·女) LEE Hae In

(생)1945·6·7 (본)전주(全州) (출)강원 양구 (주)부산광역시 수영구 수영로497번길 20 성베네딕도 수녀원(051-753-1131) (학)1964년 성의고졸 1975년 필리핀 세인트루이스대 영문학과졸 1985년 서강대 대학원 종교학과졸 (경)1964년 부산 성베네딕도 수녀회 입회 1968년 수녀로 서원 1968년 한국천주교중앙협의회 근무 1970년 「소년」지에 詩 '하늘'·'아침' 추천, 시인(현) 1976년 종신서원·부산 초량성분도병원 근무 1978~1982년 부산 성베네딕도수녀원 수련소 강사 1985년 同홍보자료실 담당 1992년 수녀회 총비서 1997~2002년 부산가톨릭대·신라대 강사 1997년 부산신학대 교양강좌 강사 1997년 가톨릭대 인문계열 국어국문학과 겸임교수 1997년 同성심교정 국어국문학과 겸임교수 1998년 신라대 겸임교수 2000년 가톨릭대 지산교정 국어국문학과 겸임교수 (상)새싹문학상(1981), 여성동아대상(1985), 부산여성문학상(1998), 자랑스런 서강인상(2001), 울림대상 가곡작시상(2004), 천상병시문학상(2007) (저)시집 '민들레의 영토'(1976, 가톨릭출판사) '내혼에 불을 놓아'(1979, 분도출판사) '오늘은 내가 반달로 떠도'(1983, 분도출판사) '시간의 얼굴'(1989, 분도출판사) '엄마와 분꽃'(1992, 분도출판사) '외딴 마을의 빈집이 되고 싶다'(1999, 열림원) '다른 옷은 입을 수가 없네'(1999, 열림원) '작은 위로'(2002, 열림원) '작은 기쁨'(2007, 열림원) '엄마'(2008, 샘터) '희망은 깨어 있네'(2010, 마음산책) '작은 기도'(2011, 열림원) '이해인 시전집 1,2'(2013, 문학사상) '필 때도 질 때도 동백꽃처럼'(2014, 마음산책) '서로 사랑하면 언제라도 봄'(2015, 열림원), 산문집 '두레박'(1986, 분도출판사) '꽃삽'(1994, 샘터) '사랑할 땐 별이 되고'(1997, 샘터) '향기로 말을 거는 꽃처럼'(2002, 샘터) '기쁨이 열리는 창'(2004, 마음산책) '풀꽃 단상'(2006, 분도출판사) '사랑은 외로운 투쟁'(2006, 마음산책) '꽃이 지고 나면 잎이 보이듯이'(2011, 샘터) '고운 마음 꽃이 되고 고운 말은 빛이 되고'(2018, 샘터) '기다리는 행복'(2018, 샘터), 선집 '사계절의 기도'(1993, 분도출판사) '고운새는 어디 숨었을까'(2000, 샘터) '눈꽃 아가'(2005, 열림원) '꽃은 흩어지고 그리움은 모이고'(2006, 분도출판사) '나를 키우는 말'(2013, 시인생각), 기도시 모음 '사계절의 기도(2018, 분도출판사), 동시집 '엄마와 분꽃' 영문시선집 '다시 바다에서'(1998) '여행길에서'(2000), 동화 '누구라도 문구점'(2014) '밭의 노래'(2014) (역)'따뜻한 손길' '모든 것은 기도에서 시작됩니다'(1999) '마더 데레사의 아름다운 선물'(2001) '영혼의 정원'(2003) '우리는 아무도 혼자가 아닙니다'(2003) '성자와 샘물' '마지막 선물'(2003) '마음속의 샘물'(2004) '마법의 유리구슬'(2005) '우리가족 최고의 식사'(2008) '교황님의 트위터'(2014) (종)천주교

이해종(李海鍾) LEE Hae Jong

(생)1957·1·17 (출)전북 무주 (주)강원도 원주시 연세대길 1 연세대학교 보건과학대학 보건행정학과(033-760-2416) (학)1981년 연세대 경영학과졸 1984년 同대학원 경영학과졸 1990년 경영학박사(연세대) (경)1988~1999년 연세대 의대 예방의학교실 연구강사·조교수·부교수 1989년 同보건정책및병원관리연구소 병원행정부 책임연구원 1989~1991년 同인구및보건개발연구원 책임연구원 1992~1993년 원주기독병원 자문교수 1997~1999년 성빈센트병원 경영자문교수 1998~2000년 미국 듀크대 공동연구위원 1999년 연세대 보건과학대학 보건행정학과 교수(현) 1999년 同보건과학대학 보건행정학과장 2000~2002년 同보건과학대학 교학부장 2002년 원주YMCA 이사 2003년 연세대 병원경영연구소장 2006년 同의료복지연구소장 2008~2009년 한국병원경영학회 회장 2008년 연세대 원주캠퍼스 기획처장 2014년 한국보건행정학회 부회장 2015년 同회장 2016년 연세대 보건과학대학장 겸 보건환경대학원장(현) (저)'병원경영학원론'

이해진(李海珍) LEE Hae Jin

(생)1967·6·22 (출)서울 (주)경기도 성남시 분당구 불정로 6 네이버(주) 임원실(031-784-2410) (학)1986년 상문고졸 1990년 서울대 컴퓨터공학과졸 1992년 한국과학기술원(KAIST) 전산학과졸(석사) (경)국가정보기관정보검색시스템 개발담당, 유니텔 정보검색시스템 개발담당, 삼성데이타시스템 정보기술연구소 선임연구원 1992년 삼성SDS 소사장 1999년 네이버컴 설립·대표이사 사장 2001년 NHN(주) 공동대표이사 사장 2004~2011년 同최고전략책임자(CSO) 2004~2013년 同이사회 의장(CSO) 2007년 NHN JAPAN 이사 2012년 同회장 2012년 라인(주) 회장(현) 2013~2017년 네이버(주) 이사회 의장 2017~2018년 同등기이사 2017년 同글로벌투자책임(GIO : Global Investment Officer)(현) (상)포브스코리아 선정 올해의 CEO(2004), 세계경제포럼(WEF) 선정 차세대지도자(2007), 포춘(Fortune)지 선정 '아시아에서 가장 주목받는 기업인 25명'(2012), 한국통신학회 정보통신대상(2014)

이해찬(李海瓚) LEE Hae Chan

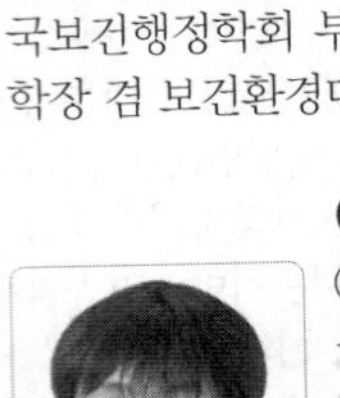

(생)1952·7·10 (본)전주(全州) (출)충남 청양 (주)서울특별시 영등포구 의사당대로 1 국회 의원회관 1001호(02-784-7901) (학)1971년 용산고졸 1986년 서울대 사회과학대학 사회학과졸 (경)1974~1975년 민청학련사건으로 투옥 1978년 돌베개출판사 대표 1979년 광장서적 대표 1980년 서울대복학생협의회 대표 1980~1982년 김대중 내란음모사건으로 투옥 1983년 민주화운동청년연합 상임위원회 부위원장 1984년 민주통일국민회의 발기인·정책실 차장 1985년 민주통일민중운동연합 정책실 차장·총무국장·부대변인 1987년 민주쟁취국민운동본부 집행위원·한겨레신문 창간발기인 1988년 민주평화통일연구회 상임이사·연구소장 1988년 제13대 국회의원(서울 관악구乙, 평민당·신민당·무소속) 1988년 평민당 원내부총무 1991년 신민당 정책위원회 부위원장 1992~1995년 제14대 국회의원(서울 관악구乙, 민주

당) 1992년 민주당 당무기획실장 1993년 同환경특별위원회 위원장 1995년 서울시 정무부시장 1996년 국민회의 총선기획단장 1996년 제15대 국회의원(서울 관악구乙, 국민회의·새천년민주당) 1996년 국민회의 정책위원회 의장 1996~2000년 국회 CPE 부회장 1997년 국민회의 당무위원회 부의장 1998~1999년 교육부 장관 2000~2004년 제16대 국회의원(서울 관악구乙, 새천년민주당·열린우리당) 2000·2001년 새천년민주당 정책위원회 의장 2000년 同최고위원 2002년 同서울시지부장 2002년 同중앙선거대책위원회 기획본부장 2003년 열린우리당 창당기획단장 2004년 同외부인사영입추진위원장 2004~2008년 제17대 국회의원(서울 관악구乙, 열린우리당·대통합민주신당·무소속) 2004~2006년 국무총리 2005년 광복60년기념사업추진위원회 공동위원장 2005년 행정중심복합도시건설추진위원회 공동위원장 2006~2007년 대통령 정무특보 2006년 열린우리당 상임고문 2007년 同동북아평화위원장 2007년 대통합민주신당 제17대 대통령중앙선거대책위원회 공동선거대책위원장 2008년 더좋은민주주의연구소 고문 2008~2019년 (재)광장 이사장 2009~2014년 사람사는세상 노무현재단 이사 2009년 시민주권 상임대표 2011년 민주통합당 상임고문 2012년 제19대 국회의원(세종특별자치시, 민주통합당·민주당·새정치민주연합·더불어민주당·무소속) 2012년 민주통합당 대표최고위원 2013년 국회 안전행정위원회 위원 2013년 민주당 상임고문 2014~2018년 사람사는세상 노무현재단 이사장 2014년 새정치민주연합 상임고문 2014년 국회 외교통일위원회 위원 2015년 새정치민주연합 세종특별자치시당 위원장 2015~2016년 더불어민주당 상임고문 2016년 제20대 국회의원(세종특별자치시, 무소속·더불어민주당〈2016.9〉)(현) 2016~2018년 국회 국토교통위원회 위원 2016~2017년 국회 평창동계올림픽및국제경기대회지원특별위원회 위원 2016~2018년 더불어민주당 세종특별자치시당 위원장 2016년 同외교안보통일국정자문회의 의장 2017년 同제19대 문재인 대통령후보 중앙선거대책위원회 공동위원장 2017년 문재인 대통령 중국 특사 2018년 국회 외교통일위원회 위원(현) 2018년 더불어민주당 당대표(현) 2019년 同한반도새100년위원회 위원장(현) 2019년 국회 세종의사당추진특별위원회 공동위원장(현) (상)환경기자클럽 주관 올해의 환경인상, 환경운동연합 제1회 녹색정치인상, 황조근정훈장, 청조근정훈장 (저)'민주와 통일의 길목에서' '광주민주항쟁' '청양 이 면장 댁 셋째 아들' '문제는 리더다'(共) '광장에서 길을 묻다'(共) (역)'세계환경정치' '사회학적 상상력' '정의와 평화의 사도 돔 헬더 까마라'

이해창(李海昌) Lee Hae-Chang

(생)1961·9·21 (본)전주(全州) (출)강원 평창 (주)대전광역시 유성구 과학로 169-84 한국항공우주연구원 항공연구본부(042-860-2343) (학)1979년 강릉 명륜고졸 1988년 인하대 항공공학과졸 1990년 同대학원 항공공학과졸 2002년 항공공학박사(인하대) (경)1990~1993년 한국기계연구원 부설 항공우주연구소 연구원 1993~2002년 한국항공우주연구원 선임연구원 2002~2007년 同차세대비행체팀장 2005년 국토교통부 항공선진화기획위원장 2008년 기획재정부 연구개발예산협력팀 기초우주항공분과 위원 2008~2014년 한국항공우주연구원 항공연구본부 항공체계실장 2015~2017년 同항공연구본부 책임연구원 2017년 산업통상자원부 신산업로드맵 항공드론분과 위원장 2017년 同국민안전감시및대응무인항공기융합시스템 구축및운영사업기획위원장 2018년 한국항공우주연구원 항공연구본부장(현) (상)산업자원부장관표창(2005), 건설교통부장관표창(2005) (종)기독교

이해평(李海平) Lee, Hae Pyeong

(주)서울특별시 강남구 테헤란로 131 한국지식재산보호원 원장실(02-2183-5805) (경)기술고시 합격(24회) 2003년 특허청 컴퓨터심사담당관 2004년 특허법원 기술심리관 2007년 특허심판원 심판관 2008년 특허청 전기전자심사본부 전자상거래심사팀장 2010년 同전기전자심사국 전자상거래심사과장(부이사관) 2011년 同정보통신심사국 정보심사과장 2011년 특허심판원 심판정책과장 2012년 同심판10부 심판장(고위공무원) 2014~2016년 특허청 특허심사3국장 2016년 한국지식재산보호원 원장(현)

이해학(李海學) LEE Hae Hak (해불개)

(생)1945·3·5 (본)전주(全州) (출)전북 순창 (주)서울특별시 서대문구 경기대로 55 한국기독교장로회총외교육원 생명의집 1층 한국기독교장로회 선교교육원(02-362-0817) (학)1963년 광주공고졸 1975년 한신대 신학과졸 2002년 同대학원졸 (경)1973·1980~2014년 성남주민교회 창립·담임목사 1974년 긴급조치 위반으로 구속 1976년 3.1명동사건으로 투옥 1979년 주민신용협동조합 창설 1986~1990년 성남지역민주회연합 상임의장 1987년 헌법개정을위한 국민운동성남본부 상임의장 1990년 주민생활협동조합 창설 1990년 전민련 조국통일위원장 1990년 제1차 범민족대회 집행위원장 1990년 베를린 남북해외동일회담 남측대표 1993년 평화와통일을위한종교인협의회 창설·집행위원장 1994년 성남외국인노동자의집 설립·초대이사장 1994년 자주평화통일민족회의 집행위원장 1995년 同상임의장 1998~2001년 겨레사랑북녘동포돕기운동 공동의장 1998년 민주개혁국민연합 공동의장 2000년 민족화해협력범국민협의회(민화협) 공동대표 2000~2003년 지도자육성장학재단 이사 2000~2004년 한국기독교장로회 평화공동체 상임대표 2002년 (재)지구촌사랑나눔 대표 2003년 민주평통 직능운영위원 2003~2005년 한신학원 이사 및 대학원 운영위원장 2004년 6.15공동선언 남측위원회 공동대표 2004~2005년 국가인권위원회 비상임위원 2005~2010년 (사)비전아시아 미션 이사장 2006년 민족문제연구소 이사 2006~2011년 야스쿠니반대공동행동 공동상임대표 2007~2010년 민주화운동기념사업회 부이사장 2007년 (사)한민족평화모임선교회 이사장 2008년 6월민주항쟁계승사업회 대표이사장 2009년 강제병합백년한일실행위원회 상임대표 2009년 성남외국인노동자의집 중국동포교회 대표 2009년 한국기독교교회협의회 정의평화위원장 2011년 한국기독교교회협의회 평화함께 2013위원회 위원장 2013년 장준하특별법제정시민운동 상임대표(현) 2014년 성남주민교회 원로목사(현) 2019년 사단법인 겨레살림공동체 이사장(현) (상)성남기독교교회협의회 평화인권상(1991), 한국기독교교회협의회 인권상(2000), 한국인권문제연구소 인권상(2001), 행정자치부 민주화운동관련자증(2006), (사)지구촌사랑나눔 다문화인권상(2008), 마틴루터 킹 퍼레이드 인터내셔널 그랜드 마셜 선정(2012), 제21회 한신상(2014), 늘봄 문익환 통일상(2017) (종)기독교

이행명(李行明) Hang-Myung Lee

(생)1949 (주)서울특별시 서초구 반포대로 95 명인제약(주) 비서실(02-587-9060) (학)서강대졸 (경)명인제약(주) 대표이사 사장 2007년 한국제약협회 부이사장 겸 홍보위원장 2007년 (사)한국고혈압관리협회 부회장 2009년 한국제약협회 부회장 2010년 同홍보위원장 2011년 명인제약(주) 대표이사 회장(현) 2011~2014년 한국희귀의약품센터 비상임이사 2012~2016년 한국제약협회 부이사장 2013~2016년 한국마약퇴치운동본부 이사 2016~2017년 한국제약협회 이사장 2017~2018년 한국제약바이오협회 이사장 2017년 약우회 회장(현) (상)노동부장관표창(1999), 보건복지부장관표창(2000), 국세청장표창(2001), 동탑산업훈장(2002), 중부지방국세청장표창(2005), 서울시장표창(2007), 한국제약협회장 감사패(2011)

이행숙(李幸淑·女) Haeng Sook Lee

(생)1962·10·10 (출)강원 화천 (주)인천광역시 남동구 구월남로 148 타워플러스 304호 한국미래정책연구원(032-441-2511) (학)1994년 인하대 행정대학원 행정학과졸 2002년 행정학박사(인하대) (경)2002~2003년 인천시 중구여성회관 관장 2004~2007년 한국미래정책연구원 원장 2005~2011

년 해양경찰청 자체평가위원회 위원 2005년 인천여성영화제 정책자문위원 2005년 해양경찰청 인권수호위원회 위원 2006~2009년 부평구시설관리공단 인사위원회 위원 2006~2012년 방위사업청 자체업무평가위원회 위원 2006~2008년 인천 서구 조직관리위원회 위원 2007~2009년 인천시 서구시설관리공단 이사장 2008년 전문직여성인천클럽 부회장 2009년 한국미래정책연구원 원장(현) 2009~2010년 새누리당 인천시당 부위원장 2010년 인천소기업소상공인협회 인천시 서구지부 자문위원 2011년 인천시 남구 구정평가위원회 위원 2011년 인천지법 민사조정위원 2011년 인천시 학술용역심의위원회 위원 2011~2012년 인천사회적기업지원센터 경영자문위원회 위원 2011~2013년 새누리당 인천시당 대변인 2012년 한국행정학회 운영이사 2012년 새누리당 중앙위원회 전국위원 2012~2013년 사회통합위원회 인천시지역협의회 위원 2012년 새누리당 박근혜 대통령후보 중앙선거대책위원회 부대변인 2012년 대한카누연맹 인천지부 부회장 2013년 새누리당 인천시당 정책위원장 2015년 전문직여성(BPW)한국연맹 인천클럽 회장(현) 2016년 새누리당 제20대 국회의원 후보(비례대표 37번) 2017년 자유한국당 인천시당 여성위원장 2018년 同인천서구乙당원협의회 운영위원장(현) (상)제6회 시민일보 의정행정대상 특별상(2008) (저)'안녕하세요 서구 똑순이 이행숙입니다'(2013, 다할미디어)

이행자(李行子 · 女) Lee Heang Ja

(생)1972 · 10 · 26 (본)함평(咸平) (출)서울 관악구 (주)서울특별시 영등포구 국회대로74길 20 305호 바른미래당 서울시당(02-784-1403) (학)미림여고졸, 중앙대 문학과졸 2009년 이화여대 정책과학대학원 정책학과졸 (경)제5대 서울시 관악구의회 의원, 민주당 서울시당 여성위원회 부위원장, 同중앙당 청년위원회 부위원장, 서울시 교통문화상심사위원회 위원장 2010년 서울시의회 의원(민주당 · 민주통합당 · 민주당 · 새정치민주연합) 2010년 同교통위원회 위원 2010년 同정책연구위원회 위원 2010년 同음식물쓰레기자원선순환종합대책지원특별위원회 위원 2011년 同결산검사대표위원 2011~2012년 同예산결산특별위원회 위원 2011년 同안전관리및재난지원특별위원회 위원 2011년 同북한산콘도개발비리의혹규명행정사무조사특별위원회 위원 2012년 同재정경제위원회 위원 2012년 同저탄소녹색성장 및 중소기업지원특별위원회 부위원장 2012년 同경전철민간투자사업조속추진지원을위한특별위원회 위원 2013년 同강남 · 북교육격차해소특별위원회 부위원장 2013년 同여성특별위원회 위원 2013년 同예산결산특별위원회 위원 2014~2016년 서울시의회 의원(새정치민주연합 · 무소속) 2014~2016년 同운영위원회 위원 2014~2016년 同교육위원회 위원 2015년 同대변인 2015~2016년 同조례정비특별위원회 위원, 김대중연구소 이사장(현) 2016년 제20대 국회의원선거 출마(서울 관악구乙, 국민의당) 2016년 국민의당 서울관악구乙지역위원회 위원장 2016~2017년 同부대변인 2017년 同조직위원회 수석부위원장 2017년 同대변인 2018년 바른미래당 서울관악구乙지역위원회 수석부위원장(현) 2018년 同당대표 당무특보(현) 2018년 同지방선거기획단 기획위원 2018년 서울시 관악구청장선거 출마(바른미래당) 2019년 바른미래당 사무부총장(현) (상)제7회 전국지역신문협회 기초의원부문 의정대상

이향래(李香來)

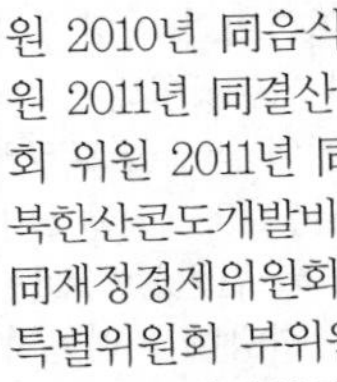

(생)1961 · 5 · 30 (출)경남 고성 (주)경상남도 창원시 의창구 중앙대로 300 경상남도청 서부권개발국(055-211-6100) (학)삼천포공고졸, 경남대졸 (경)1981년 공무원 임용(9급 공채) 2008년 경남도 남해안경제실 경제정책과 일자리창출담당 2010년 同기획조정실 교육지원담당 정책기획관 2011년 同기획조정실 조직관리담당 정책기획관 2013년 同행정지원국 인사과 인사담당 2014년 同여성능력개발센터 소장 직대 2015년 同행정국 인사과장 2017년 경남 고성군 부군수 2017~2018년 同군수 권한대행 2018년 경남도 서부권개발국장(현) (상)대통령표창(2012)

이향숙(李香叔 · 女) Hyang-Sook LEE

(생)1963 · 10 · 22 (출)서울 (주)서울특별시 서대문구 이화여대길 52 이화여자대학교 자연과학대학 수리물리과학부(02-3277-2591) (학)1982년 서울 서문여고졸 1986년 이화여대졸 1988년 同대학원졸 1993년 박사(미국 Northwestern Univ.) (경)1994~2006년 이화여대 자연과학대학 수학과 시간강사 · 전임강사 · 조교수 · 부교수 1994년 미국 노스웨스턴대 연구원 2002~2003년 미국 일리노이대 어배나샘페인교 방문교수 2003~2005 · 2007~2008년 이화여대 수학과 학과장 2005~2007년 과학문화재단 과학기술정책자문위원 2005년 세계여성과학기술인대회(ICWES 13) 조직위원회 위원 2005~2015년 아시아교육봉사회(VESA) 실행이사 2006~2007년 전국여성과학기술인지원센터(WIST) 기획위원 2006~2007년 한국여성과학기술단체총연합회 학술위원장 2006~2007년 한국여성수리과학회 총무이사 2006~2008년 과학기술부 국가기술혁신실무위원회 위원 2006~2009년 한국정보보호학회 교육이사 2006~2012년 대한수학회 암호분과 위원 2006년 이화여대 자연과학대학 수학부 교수(현) 2007~2008년 同수리과학연구소장 2007~2008년 대한수학회 이사 2007~2008년 KIAS Associate Member 2007~2009년 한국여성과학기술단체총연합회 이사 2007~2009년 한국여성수리과학회 대외협력이사 2008~2009년 21세기여성리더스포럼 운영위원 2008~2009년 이화여대 산학협력단부단장 및 연구처부처장 2008~2009년 한국정보보호학회 암호연구회 위원 2008년 국가과학기술위원회 기초과학기술위원회 위원 2008~2017년 국가수리과학연구소(NIMS) 운영위원 2010~2011년 국가과학기술위원회 운영위원 2010~2012년 극지포럼 운영위원회 위원 2010년 2014세계수학자대회(ICM) 조직위원회 수석부위원장 겸 집행위원(대외협력위원장) 2010년 한국연구재단 기초연구본부 수리과학단장 2011~2012년 同기초연구본부 자연과학단장 2011~2012년 국가과학기술위원회 이공계르네상스협의회 위원 2011~2012년 한국과학기술단체총연합회 과학기술정책위원회 위원 2012년 대한수학회 암호분과위원회 위원장 2012년 한국여성과학기술단체총연합회 기획위원장 2013~2014년 同학술대회위원장 2013 · 2015년 대한수학회 부회장 2013년 同정책기획위원회 위원장 2014~2015년 한국여성과학기술단체총연합회 이사 2014~2015년 대한여성과학기술인회 이사 2014~2017년 법무부 국적심의위원회 위원 2015년 대한수학회 수학문화진흥위원장 2015~2018년 국가과학기술심의회 기초 · 기반 전문위원회 위원 2016~2018년 대한수학회 회장 2016년 국회 4차산업혁명포럼 기초과학및R&D혁신위원회 위원(현) 2017~2018년 한국과학기술단체총연합회 이사 2017~2018년 기초과학학회협의체 위원 2018년 이화여대 수리과학연구소장(현) (상)한국여성과학기술인지원센터 여성과학기술자상(2016), '올해의 여성과학기술자상' 미래창조과학부장관표창(2016) (저)'미분적분학'(1996) (종)기독교

이향진(李香珍 · 女) LEE Hyang Jin

(생)1964 · 11 · 1 (본)경주(慶州) (출)경북 김천 (주)서울특별시 마포구 성암로 267 문화방송 뉴스영상콘텐츠국(02-789-0011) (학)1983년 서울 성정여고졸 1987년 이화여대 가정관리학과졸 (경)1986년 문화방송 보도국 카메라기자 입사 1988년 同보도국 영상편집부 · 카메라취재부(스포츠담당) 근무 1990년 同스포츠카메라부 근무 1993년 同영상취재부 근무 1999년 同차장대우 2003~2009년 同보도제작국 시사영상부 차장 2008~2010년 한국방송카메라기자협회 부회장(MBC 분회장) 2009~2011년 이화언론인클럽 방송부회장, 문화방송 보도제작국 영상취재부 부장대우 2010년 同보도제작국 시사영상부장 2011년 同보도국 영상취재1부장 2012년 同보도국 부국장 2013~2017년 同뉴스데스크 편집부 부국장 2017~2018년 同보도국 부국장 2018년 同뉴스영상콘텐츠국(국장급)(현) (상)한국방송카메라기자협회 공로상(1998), 올해의 이화언론인상 방송부문(2011), 방송기자클럽 공로상(2014) (저)'엄마! 난 왜 동영상 앨범 없어?'(2004, 영진닷컴) (작)'여기자 북한방문기「평양 10박11일」'(2001)

이　헌(李 憲) Lee Heon
(생)1964·7·7 (주)서울특별시 종로구 사직로8길 60 외교부 인사운영팀(02-2100-7863) (학)1990년 연세대 정치외교학과졸 1993년 同대학원 외교안보학과졸 (경)1991년 외무고시 합격(25회) 1991년 외무부 입부 1999년 駐스리랑카 2등서기관 2002년 駐미국 1등서기관 2007년 駐중국 참사관 2009년 외교통상부 기획재정담당관 2011년 駐탄자니아 공사참사관 겸 駐르완다 대사대리 2012년 駐르완다 공사참사관 겸 대사대리 2013년 駐홍콩 부총영사 2016년 외교부 조정기획관 2018년 駐스리랑카 대사(현) (상)근정포장(2005)

이　헌(李 憲) LEE Heon
(생)1966·1·14 (출)전북 (주)서울특별시 성북구 안암로 145 고려대학교 신소재공학부(02-3290-3284) (학)1988년 서울대 금속공학과졸 1990년 同대학원 금속공학과졸 1997년 공학박사(미국 스탠퍼드대) (경)1991년 KAITEC 연구원 1997년 미국 Bell Labs. Post-Doc. 1998년 Siemens Microelectronics, Sr. Engineer 1999~2002년 Hewlett Packard Lab, Sr. Scientist 2002~2004년 포항공과대 조교수 2004년 고려대 신소재공학부 조교수·부교수·교수(현), 아라리온(주) 사외이사 2015년 고려대 융합기술연구소장(현) 2017~2019년 同과학도서관장

이헌대(李憲大) Lee, Hun Dae
(생)1958·6·29 (출)부산 (주)경기도 수원시 영통구 광교산로 154-42 경기대학교 지식정보서비스대학 경제학부(031-249-9030) (학)성균관대 경제학과졸, 同대학원 경제학과졸 1991년 경제학박사(독일 뮌헨대) (경)한국산업은행 근무, 교보투자자문 근무, 서울대·성균관대·경희대 강사 1994년 경기대 경제학부(경제전공) 교수(현) 2007년 同한국산업경제연구소장 2009~2011년 同대외협력처장 2013년 同교학처장 2015~2016년 同기획처장, 한국경제연구학회 부회장, 한독경상학회 이사(현) 2017~2019년 경기대 교육대학원장·교육연수원장 겸임 (저)'간결한 세계경제사' '대공황은 다시 오는가' (역)'카지노 자본주의' '대공황의 교훈' '세계화의 종말'

이헌상(李憲相) LEE Heon Sang
(생)1967·11·10 (출)서울 (주)서울특별시 종로구 사직로8길 39 세양빌딩 김앤장법률사무소(02-3703-1033) (학)1986년 동성고졸 1992년 서울대 법학과졸 (경)1991년 사법시험 합격(33회) 1994년 사법연수원 수료(23기) 1994년 軍법무관 1997년 서울지검 동부지청 검사 1999년 대구지검 경주지청 검사 2001년 부산지검 검사 2003년 수원지검 검사 2005년 서울중앙지검 검사 2006년 의정부지검 고양지청 부부장검사 2007년 대검찰청 검찰연구관 2009년 대구지검 안동지청장 2010년 대검찰청 정보통신과장 2011년 同형사1과장 2012년 서울중앙지검 조사부장 2013년 인천지검 형사3부장 2014년 수원지검 안양지청 차장검사 2014년 인천지검 제2차장검사 2015년 대검찰청 과학수사기획관 2016~2017년 수원지검 제1차장검사 2017년 김앤장법률사무소 변호사(현)

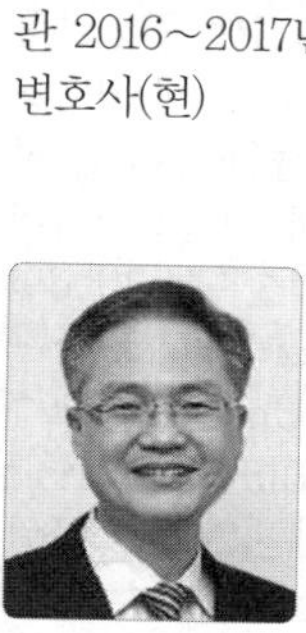

이헌수(李憲秀)
(생)1965·7·7 (주)세종특별자치시 한누리대로 422 고용노동부 공공노사정책관실(044-202-7303) (학)1984년 경문고졸 1991년 고려대 사회학과졸 (경)2001~2002년 노동부 근로기준국 산재보험과·근로기준과 사무관 2003년 同근로기준과 서기관 2005년 同고용정책실 노동시장기구과 서기관 2006년 同공공기관비정규대책실무추진단 기획총괄팀장 2009년 해외파견(서기관) 2012년 고용노동부 노동정책실 공무원노사관계과장 2013년 同노동정책실 노사협력정책과장 2014년 同국제협력관실 국제협력담당관(부이사관) 2015년 국내훈련(부이사관) 2016년 서울지방고용노동청 서울고용센터 소장 2017년 고용노동부 감사담당관 2018년 同대변인 2019년 同공공노사정책관(현)

이헌숙(李憲淑·女) LEE Heon Sook
(생)1969·7·17 (본)벽진(碧珍) (출)서울 (주)대전광역시 서구 둔산중로78번길 45 대전지방법원 총무과(042-470-1684) (학)1988년 잠실여고졸 1992년 한양대 법학과졸 (경)1992년 사법시험 합격(34회) 1995년 사법연수원 수료(24기) 1995년 대구지법 판사 1999년 부산지법 동부지원 판사 2001년 부산지법 판사 2005년 수원지법 판사 2006년 서울고법 판사 2008년 대법원 재판연구관 2010년 창원지법 부장판사 2011년 수원지법 부장판사 2015년 서울중앙지법 부장판사 2017년 국선변호정책심의위원회 전문위원(현) 2018년 서울북부지법 부장판사 2019년 대전지법 부장판사(현)

이헌승(李憲昇) LEE Hun Seung
(생)1963·5·11 (출)부산 (주)서울특별시 영등포구 의사당대로 1 국회 의원회관 425호(02-784-7911) (학)1981년 금성고졸 1988년 고려대 사회학과졸 1991년 미국 노스웨스턴대 대학원 사회학과졸 1996년 미국 조지워싱턴대 대학원 정치관리학과졸 2011년 한국해양대 대학원 무역학 박사과정 수료 (경)한나라당 이회창 대통령후보 보좌관, 김무성 국회의원 보좌관, 한나라당 보좌관협의회 부회장, 同중앙선거대책위원회 직능특별위원회 해양위원회 부위원장, 바이오벤처 (주)라이프코드 사외이사 2004년 제17대 국회의원선거 출마(부산진구乙, 무소속) 2011년 한나라당 부대변인 2012년 제19대 국회의원(부산진구乙, 새누리당) 2012년 국회 국토해양위원회 위원 2013·2014년 국회 국토교통위원회 위원 2013~2014년 새누리당 기획법률담당 원내부대표 2013~2018년 천태종 삼광사 신도회장 2016년 제20대 국회의원(부산진구乙, 새누리당·자유한국당〈2017.2〉)(현) 2016·2018년 국회 국토교통위원회 위원(현) 2016~2018년 국회 평창동계올림픽 및 국제경기대회지원특별위원회 위원 2016~2017년 새누리당 부산시당 위원장 2016년 同전략기획부총장 2017~2018년 자유한국당 부산시당 위원장 2017년 국회 정치발전특별위원회 간사 2017~2018년 국회 예산결산특별위원회 위원 2018년 자유한국당 부산시당 공천관리위원회 위원장 2019년 同대표최고위원 비서실장 (상)국정감사NGO모니터단 선정 국정감사 우수국회의원상(2012·2015), 법률소비자연맹 선정 국회 헌정대상(2013·2014), 연합매일신문 대한민국 의정대상(2015), 법률소비자연맹 주관 '제19대 국회 종합헌정대상'(2016), 유권자시민행동 선정 '대한민국 유권자대상'(2016)

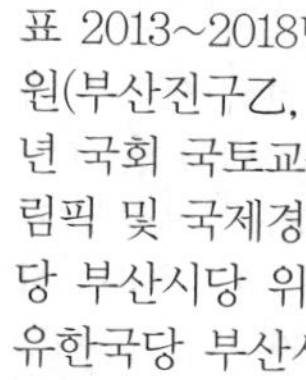

이헌욱(李憲郁)
(생)1968·11·9 (주)경기도 수원시 권선구 권중로 46 경기도시공사(031-220-3210) (학)1987년 브니엘고졸 1993년 서울대 공과대학졸 (경)사법시험 합격(40회), 사법연수원 수료(30기) 2001년 법무법인 세종 변호사 2001년 로텍합동법률사무소 개소 2006년 법무법인 로텍 구성원변호사 2015~2019년 법무법인 정명 대표변호사, 대한변호사협회 법제위원, 서울시민생침해근절 민관대책협의회 금융분과위원장, 성남FC 고문변호사, 주빌리은행 고문변호사, 학교법인 서강대 감사, 게임문화재단 이사, 한국인터넷디지털엔터테인먼트협회 자문위원 2019년 경기도시공사 사장(현) (상)2015 대한민국 게임대상 공로상

이헌재(李憲宰) LEE Hun Jai

(생)1944·4·17 (본)전주(全州) (출)중국 상해 (주)서울특별시 종로구 백석동길 224 재단법인 여시재(070-4280-1298) (학)1962년 경기고졸 1966년 서울대 법학과졸 1981년 미국 보스턴대 대학원 경제학과졸 1982년 미국 하버드대 경영대학원 최고경영자과정 수료 (경)1969년 재무부 사무관 1973년 대통령비서실 서기관 1974~1979년 재무부 금융정책과장·재정금융심의관 1982년 (주)대우 상무이사 1984년 대우반도체 대표이사 전무 1985~1991년 한국신용평가 사장 1991~1996년 증권관리위원회 상임위원 1997년 금융개혁위원회 위원 1997~2000년 금융감독위원회 위원장 1998년 비상경제대책위원회 실무기획단장 1998년 은행감독원장 1998년 증권감독원장 겸임 1999년 금융감독원장 2000년 재정경제부 장관 2001년 중소기업창업센터 위원장 2001년 중소기업협동조합중앙회 중소기업경영전략위원장 2001년 (주)KOREI 이사회 의장 2002년 한국CFO협회 명예회장 2002~2008년 서울대 경영대학 초빙교수 2002년 한국이사협회 회장 2004~2005년 부총리 겸 재정경제부 장관 2004년 국무총리 직대 2006년 김앤장법률사무소 비상임고문 2006~2010년 KOREI 상임고문 2007년 일본 아시아경제연구소 객원연구원 2012~2013년 (사)재경회 회장 2012년 언스트앤영 상임고문 2012년 금강대 경영학부 석좌교수 2013년 언스트앤영 비상임고문(현) 2016년 (재)여시재(與時齋) 이사장(현) (상)옥조근정훈장, 미국 우드로 윌슨 공공봉사상, 일본 니혼게이자이신문 닛케이 아시아상 (저)'신용평가제도 확립과 금융시장 건전화'

이헌주(李憲周) Hun Joo Lee

(생)1959·2·25 (출)대전 (주)서울특별시 마포구 큰우물로 76 (주)삼호 감사실(02-2170-5000) (학)1978년 대전고졸 1982년 숭전대 영어영문학과졸 (경)1984년 한일은행 입행 2004년 우리은행 충청영업본부 수석심사역 2005~2007년 同안성지점장 2007년 同한경센터지점장 2007~2010년 同홍보실장 2010년 同홍보실 본부장 2011~2013년 同송파영업본부장 2014년 (주)삼호 감사(현)

이헌주(李憲柱)

(생)1972·10·4 (출)대전 (주)서울특별시 서초구 서초중앙로 156 블루원빌딩 5층 법무법인 솔(02-535-1177) (학)1991년 한밭고졸 1996년 고려대 법학과졸 (경)1998년 사법시험 합격(40회) 2001년 사법연수원 수료(30기) 2001년 부산지검 검사 2003년 대구지검 의성지청 검사 2004년 인천지검 검사 2006년 대전지검 검사 2008년 서울중앙지검 검사 2010년 대검찰청 연구관 2012년 광주지검 검사 2014년 대구지검 서부지청 검사(국가정보원 파견) 2015년 同서부지청 부부장검사(국가정보원 파견) 2016년 창원지검 공안부장 2017년 법무부 공안기획과장 2018~2019년 서울중앙지검 형사9부장 2019년 법무법인 솔 구성원 변호사(현)

이헌환(李憲煥) LEE Heon Hwan

(생)1960·9·19 (본)인천(仁川) (출)대구 (주)경기도 수원시 영통구 월드컵로 206 아주대학교 법학전문대학원(031-219-1504) (학)1978년 능인고졸 1982년 서울대 법과대학 법학과졸 1985년 同대학원 법학석사 1996년 법학박사(서울대) (경)1990~2004년 서원대 법학과 전임강사·조교수·부교수 1999년 충북지방노동위원회 공익위원 2000년 충북행정심판위원회 심판위원 2004~2006년 서원대 법학과 교수 2006년 아주대 법학과 교수, 同법학전문대학원 교수(현) 2007년 한국헌법학회 총무이사 2009년 同부회장, 한국공법학회 회장 2018년 교육부 사학분쟁조정위원회 위원 2018년 同사학분쟁조정위원회 위원장(현) (상)한국공법학회 신진학술상(2004) (저)'특별검사제-미국의 제도와 경험' '지방자치법주해'(2004) '법과 정치-존재, 당위, 인간의지의 파노라마-'(2007) (종)불교

이 혁(李 赫) LEE Hyuk

(생)1958·2·8 (주)서울특별시 중구 세종대로 124 프레스센터 8층 한·아세안센터(02-2287-1115) (학)1980년 고려대 경제학과졸 1985년 일본 게이오대 연수 (경)1979년 외무고시 합격(13회) 1980년 외무부 입부 1986년 駐일본 2등서기관 1992년 駐폴란드 1등서기관 1994년 駐일본 1등서기관 1997년 대통령비서실 파견 1999년 외교통상부 동북아1과장 2000년 駐중국 참사관 2003년 외교통상부 장관보좌관 2005년 同아시아태평양국장 2007년 미국 조지타운대 방문연구원 2008년 한·아세안센터 설립준비기획단장 2008년 외교안보연구원 아시아태평양연구부장 2009년 駐일본 공사 2010년 대통령 외교안보수석비서관 2012년 외교통상부 기획조정실장 2012년 駐필리핀 대사 2015~2016년 인천시 국제관계대사 2016~2018년 駐베트남 대사 2018년 한·아세안센터 사무총장(현) (상)베트남친선협력협회(VUFO) 국가 간 평화와 우정 메달(Medal for Peace and Friendship among Nations)(2018)

이 혁(李 赫) LEE Hyuk

(생)1963·7·17 (출)전북 무주 (주)서울특별시 서초구 법원로 10 401호 법률사무소 LEE&LEE(02-535-3200) (학)1981년 경희고졸 1985년 고려대 법학과졸 (경)1988년 사법시험 합격(30회) 1991년 사법연수원 수료(20기) 1991년 대구지검 검사 1993년 광주지검 목포지청 검사 1994년 인천지검 검사 1996년 서울지검 검사 1998년 부산지검 검사 2000년 서울지검 남부지청 검사 2001년 금융감독위원회 법률자문관 2003년 서울지검 남부지청 부부장검사 2004년 대통령측근비리수사 특별파견 검사 2004년 울산지검 특수부장 2005년 서울중앙지검 부부장검사 2005년 미국 조지워싱턴대 Visiting Scholar 2006년 대전지검 특수부 부장검사 2007년 법무연수원 교수 2008년 同기획과장 2009년 서울중앙지검 첨단범죄수사1부장 2009년 인천지검 형사1부장 2010년 창원지검 진주지청장 2011년 법무부 감찰담당관 2012년 수원지검 제1차장 2013년 인천지검 제1차장 2014~2015년 서울고검 검사 2015년 법률사무소 LEE & LEE 대표변호사(현) 2016년 (주)메리츠금융지주 사외이사(현) 2017년 (주)대우건설 사외이사 겸 감사위원(현)

이 혁(李 赫)

(생)1971·10·12 (본)함안(咸安) (출)대구 (주)서울특별시 서초구 서초중앙로 157 서울고등법원(02-530-1114) (학)1990년 대구 협성고졸 1995년 서울대 법학과졸 (경)1994년 사법시험 합격(36회) 1997년 사법연수원 수료(26기) 1997년 軍법무관 2000년 서울지법 동부지원 판사 2002년 서울지법 판사 2004년 부산지법 판사 2007년 부산고법 판사 2010년 대법원 재판연구관 2012년 부산지법 부장판사 2013년 부산고법 판사 2019년 서울고법 판사(현)

이혁모(李爀模) LEE Hyuck Mo

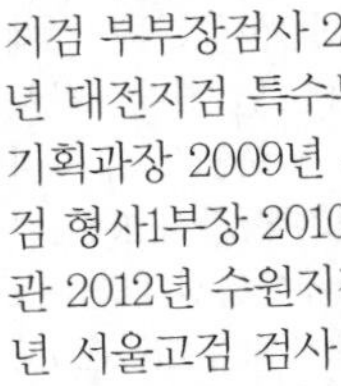

(생)1959·5·10 (본)평창(平昌) (출)서울 (주)대전광역시 유성구 대학로 291 한국과학기술원 공과대학 신소재공학과 2412호(042-350-3334) (학)1978년 휘문고졸 1982년 서울대 금속공학과졸 1984년 同대학원 금속공학과졸 1989년 공학박사(미국 MIT) (경)1989년 한국과학기술원(KAIST) 공과대학 신소재공학과 교수(현) 1993~1994년 미국 캘리포니아대 버클리교 방문교수 1994~1995년 삼성전기(주) 기술자문 1996년 일본 東北大 JSPS 박사후연구원 1997년 독일 Max-Planck-Institute DFG 방문교수 1999년 이탈리아 Genoa Univ. 방문교수 2000년 미국 Penn State Univ. 방문교수 2001~2015년 Materials Transactions of Japan Institute of Metals 편집위원 2002년 폴란드 Institute of Metallurgy and Materials Science 방문교수 2008

~2010년 대한금속재료학회 교육담당이사 2008~2013년 한국과학기술원(KAIST) BK재료사업단장 2011년 同신소재공학과장(현) 2013년 同BK21플러스 이머징 소재기반 창조융합형 인재양성사업단장(현) ㊳제3회 젊은과학자상 기계재료분야(2000), 대한금속재료학회 운동석상(2012) ㊿기독교

이혁상(李赫相) Hyucksang, Lee

㊀1938·12·4 ㊁서울 ㊂경상남도 김해시 인제로 197 인제대학교 김해캠퍼스(055-334-7111) ㊃1962년 서울대 의대졸 1964년 同대학원 의학석사 1968년 의학박사(서울대) ㊄1962~1967년 서울대 의과대학 인턴·레지던트 1970년 인제대 서울백병원 외과 과장 1973년 일본 동경대 제2외과 Sugiura교수(Sugiura Proc) 1974년 일본 동경여자의과대학 소화기병센터 근무 1974년 일본 동경암연구소 부속병원 Takagi 선생 1976~1977년 미국 뉴욕 Memorial Sloan-Kettering Cancer Center 연수 1979년 인제대 의대 일반외과학교실 교수 1984년 대한외과학회 섭외위원장 1986년 同학술위원장 1986년 인제대 의대 외과 주임교수 1987년 同대학원 의학과 주임교수 1988년 대한외과학회 고시위원장 1989년 인제대 서울백병원 부원장 1991~2001년 同서울백병원장 1992~2016년 한국간외과연구회 회장 1993년 아시아간췌장담도외과학회 한국지부 회장 1993~1997년 인제대 분자생물학연구소장 1994년 대한암학회 학술위원장 1995년 同부회장 1995년 제3차 아시아간담췌외과학회 대회장 1995년 제4차 아시아이식학회학술대회 부위원장 1995년 제15회 국제소화기외과학회 세계학술대회 학술위원장 1996년 한국간담췌외과학회 회장 1997년 대한소화기학회 회장 1998년 대한외과학회 부회장 2000년 대한간이식학회 부회장 2000~2001년 대한외과학회 회장 2003~2005년 간이식연구회 회장 2003~2006년 인제대 백중앙의료원장 2003년 대한간이식학회 회장 2005년 학교법인 인제대 이사 2005~2011년 ACS Governor at Large(미국 외과학회 한국지부 회장) 2006년 대한민국의학한림원 평생회원(현) 2008~2014년 인제대 서울백병원 명예원장 2014~2017년 학교법인 인제학원 이사장 2017년 인제대 석좌교수(현) ㊳소화기병학회 학술상(1980), 교육인적자원부장관표창(2001), 대통령표창(2004), 성산 장기려상(2010), 제17회 함춘대상 학술연구부문(2016), 보건복지부장관표창(2017) ㊅'간암'(2001)

이혁영(李赫永) LEE huk young

㊀1946·1·1 ㊁경북 상주 ㊂전라남도 목포시 해안로148번길 14 씨월드고속훼리(주) 비서실(061-242-5111) ㊃경북고졸, 경북대 정치외교학과졸 ㊄국제고속훼리(주) 대표이사, 극동방송 시청자위원회 위원장, 제2건국추진위원회 위원, 광주지법 목포지원 재판부 조정위원(현), 양동제일교회 사회선교복지원 경로대학장 1998년 씨월드고속훼리(주) 대표이사 사장 2003년 同회장(현) 2003~2018년 목포상공회의소 부회장 2005년 목포지역범죄피해자지원센터 이사장(현) 2008년 목포시복지재단 이사장(현) 2012~2013년 민주평통 전남지역회 부회장 2014~2017년 KBS 목포방송국 시청자위원장 2018년 MBC 목포방송국 시청자위원장(현) 2019년 (사)목포시관광협의회 회장(현) ㊳해양수산부장관 및 법무부장관표창(2003), 국세청장표창(2004), 재정경제부장관표창(2005) ㊿기독교

이혁제(李赫濟) Lee Hyuck Jea

㊀1970·6·1 ㊂전라남도 무안군 삼향읍 오룡길 1 전라남도의회(061-286-8200) ㊃전남 영흥고졸, 문학박사(경희대) ㊄경희대 영어학부 객원교수 2017년 더불어민주당 문재인대통령후보 교육특보, 同중앙당 다문화위원회 부위원장(현) 2018년 전남도의회 의원(더불어민주당)(현), 同전라남도청년발전특별위원회 위원(현), 同교육위원회 위원 겸 윤리특별위원회 위원(현)

이혁주(李赫柱) Lee, Hyuk-Ju

㊀1962·1·23 ㊁충남 부여 ㊂서울특별시 용산구 한강대로 32 (주)LG유플러스 임원실(1544-0010) ㊃1980년 성남서고졸 1985년 서울대 정치학과졸 2003년 미국 보스턴대 글로벌CFO과정 수료 ㊄1987년 LG경제연구원 입사 1993년 LG투자증권 조사기획팀장 1994년 (주)LG 회장실 재무팀 근무 2001년 同구조조정본부 재무개선팀 근무 2004년 同재경팀 부장 2005년 同재경팀 상무 2007년 LG파워콤 경영기획담당 상무 2008년 LG CNS 경영관리부문장(상무) 2010년 (주)LG 재경팀 상무 2010년 同재경팀장(전무) 2015년 (주)LG유플러스 부사장(CFO)(현)

이 현(李 鉉) LEE Hyun

㊀1957·8·20 ㊁광주 ㊂서울특별시 영등포구 여의나루로4길 18 키움증권(주) 임원실(02-3787-4771) ㊃1975년 숭일고졸 1982년 서강대 철학과졸 1988년 고려대 경영대학원졸 1996년 경영학박사(국민대) ㊄1983년 조흥은행 입행 1987~1989년 동원경제연구소 근무 1989~1999년 동원증권 기획실 근무 1999년 키움닷컴증권(주) 이사 2002년 同기업금융팀 상무이사 2007년 同리테일영업본부장(전무) 2007년 키움증권(주) 리테일영업본부장(전무) 2009년 同부사장 2013년 (주)키움저축은행 대표이사 2014~2015년 同대표이사 사장 2015년 키움투자자산운용 대표이사 사장 2018년 키움증권(주) 대표이사 사장(현) ㊅'성공투자를 위한 10가지 패러다임' '금융선물옵션' '신시대증권투자전략' ㊿불교

이 현(李 玄·女)

㊀1986·8·19 ㊂부산광역시 연제구 중앙대로 1001 부산광역시의회(051-888-8245) ㊃2015년 스웨덴 세계해사대(WMU) 대학원 선박경영및물류학과졸 ㊄국제연합(UN) 산하 국제해사기구(IMO) 근무, 스웨덴 세계해사대 총학생회장 2018년 부산시의회 의원(더불어민주당)(현) 2018년 同해양교통위원회 위원(현) 2018년 同예산결산특별위원회 위원(현) 2018년 同남북교류협력특별위원회 위원(현) 2018년 同시민중심 도시개발 행정사무조사특별위원회 위원(현)

이현경(李炫坰·女)

㊀1974·12·11 ㊁경남 통영 ㊂충청북도 청주시 서원구 산남로 62번길 51 청주지방법원(043-249-7114) ㊃1992년 마산 성지여고졸 1997년 이화여대 법학과졸 ㊄2000년 사법시험 합격(42회) 2003년 사법연수원 수료(32기) 2003년 창원지법 예비판사 2005년 同판사 2006년 인천지법 판사 2009년 서울서부지법 판사 2011년 서울중앙지법 판사 2013년 서울서부지법 판사 2015년 서울중앙지법 판사, 서울가정법원 판사 2018년 청주지법 부장판사(현)

이현구(李賢九) RHEE Hyun-Ku (螢堂)

㊀1939·1·15 ㊆전주(全州) ㊁경기 ㊂서울특별시 관악구 관악로 1 서울대학교 공과대학 화학생물공학부(02-880-7405) ㊃1958년 서울고졸 1962년 서울대 화학공학과졸 1968년 화학공학박사(미국 미네소타대) ㊄1968~1973년 미국 미네소타대 화학공학과 조교수 1972년 아르헨티나 라프리타대 초빙교수 1973년 미국 미네소타대 명예 대우교수 1973~1982년 서울대 화학공학과 조교수·부교수 1976년 캐나다 워털루대 초빙교수 1976~1980년 서울대 공학도서관장 1980~1981·1984~1985년 미국 휴스턴대 방문교수 1982~2004년 서울대 화학생물공학부 교수 1985~1987년 한국과학재단 연구개발심의위원 1987~1991년 서울대 교무처장 1993~1996년 한국과학기술단체총연합회 이사 1993년 SBS문화재단 이사(

현) 1994년 한국화학공학회 부회장 1994~2007년 한국과학기술한림원 종신회원 1994~1997년 同공학부장 1994년 제어·자동화·시스템공학회(現제어로봇시스템학회) 부회장 1994~1999년 중앙교육심의회 위원 1994~1999년 공과대학국책지원사업 기획평가위원 1995~1997년 한국학술진흥재단 학술연구운영위원회 위원장 1996~2004년 한국공학한림원 정회원 1996~2000년 서울대 화학공정신기술연구소장 1996~2005년 아·태화학공학연맹 이사 1997년 제어·자동화·시스템공학회(現제어로봇시스템학회) 회장 1997~1999년 아·태화학공학연맹 제8차 학술대회 조직위원장 1999~2001년 서울대 평의원회 의장 1999~2004년 산업자원부 산업정책평가위원 2001년 일본 교토대 방문교수 및 스위스 연방공대(ETH Zurich) 초빙교수 2002년 한국화학공학회 회장 2004년 서울대 명예교수(현) 2004~2007년 한국과학기술한림원 학술교육부원장 2004~2005년 포항공과대 초빙교수 2004~2005년 스위스 연방공대(ETH Zurich) 초빙교수 2004년 한국공학한림원 원로회원(현) 2004~2006년 제4차 아·태화학반응공학학술대회 조직위원장 2007~2010년 한국과학기술한림원 원장 2007~2013년 휴먼테크논문대상 심사위원장 2009~2013년 대통령 과학기술특별보좌관 2010년 한국과학기술한림원 종신회원(현) 2010~2013년 同이사장 2010~2013년 제9차 World Congress of Chemical Engineering(WCCE9) 대회장 2011~2018년 S-Oil 과학문화재단 이사(현) 2015~2018년 (사)가나안복지재단 대표이사 2017년 한국과학기술단체총연합회 남북과학기술통일준비위원회 위원장(현) 2017년 한국과학기술단체총연합회 고문(현) (상)한국화학공학회 학술상(1977), 국민훈장 석류장(1983), 미국 미네소타대 우수공적상(1995), 서울대 훌륭한 공대 교수상(1997), 대한민국학술원상(1998), 올해의 서울인상(1998), 한국과학기술한림원 덕명공학상(2002), 서울공대 우수강의교수상(2002), 한국화학공학회 공로상(2003), 옥조근정훈장(2004), 수당상 자연과학부문(2007), 한국화학공학회 특별공로상(2013), 과학기술훈장 창조장(2017) (저)'First-Order Partial Differential Equations Vol. 1 & 2(다성분계 크로마토그라피이론)'(1986·1989, Prentice-Hall(U.S.A)) 'First-Order Partial Differential Equations Vol. 1 & 2(다성분계 크로마토그라피이론)'(2001, Dover Publications(U.S.A.), 재출판) (역)'화학공학열역학' '화학 및 공학의 열역학' '공정해석 및 제어'

이현규(李鉉揆) LEE Hyun Kyoo

(생)1955·2·10 (출)경남 창원 (주)경상남도 창원시 의창구 중앙대로 151 창원시청 제2부시장실(055-225-2021) (학)마산상고졸, 한국방송통신대졸 (경)1995년 울산시 중구 사회산업과장 1995년 경남 김해시 지역경제과장 1997년 경남 마산시 농수산국 농정과장 2001년 同총무국 총무과장 2004년 가고파문화센터 소장 2004년 경남 마산시 사회환경국장 2007년 경남도의회 사무처 기획행정전문위원 2008년 세종연구소 국정과제연수과정 교육파견 2009년 경남도 문화관광체육국 문화예술과장(서기관) 2009년 同행정안전국 행정과장 2010년 경남 함안군 부군수 2010년 경남 창원시 균형발전실장(부이사관) 2012년 경남도 복지보건국장 2013년 同의회 사무처장 2018년 경남 창원시 제2부시장(현) (상)재무부장관표창(1986), 대통령표창(1993)

이현규

(생)1964 (출)전북 남원 (주)부산광역시 연제구 연제로 12 부산지방국세청 조사2국(051-750-7807) (학)전주고졸, 세무대학졸(2기) (경)8급 특채, 국세청 국제조세1과 근무, 서울 송파세무서 법인세과 근무, 서울 중부세무서 법인세과 근무, 서울 소공세무서 부가가치세과 근무, 재정경제부 세제실 국제조세과 근무, 同소득세제과 근무, 同조세지출예산과 근무, 경기 이천세무서 조사과장, 국세청 세원정보과 2계장, 同세원정보과 1계장, 同세원정보1계장, 同조사1국 3계장, 전주세무서장, 서울지방국세청 조사4국 조사관리과장, 서울 역삼세무서장, 국세청 징세과장, 同법인세과장 2018년 광주지방국세청 조사1국장(부이사관) 2019년 중부지방국세청 조사4국 조사2과장 2019년 인천지방국세청 조사1국장 2019년 부산지방국세청 조사2국장(고위공무원)(현)

이현규(李泫圭) RHEE Hyun Kyu

(생)1970·2·16 (본)고성(固城) (출)부산 (주)서울특별시 종로구 대학로14길 25-1 2층 파파프로덕션(02-747-2050) (학)1987년 부산 동인고졸 1996년 한양대 경영학과졸 2018년 홍익대 공연예술대학원졸 (경)1996년 파파프로덕션 대표(현), 서울연극협회 이사, 한국프로듀서협회 부회장 (상)한국연극협회 자랑스러운 연극인상(2008), 예총예술문화상 공로상(2008), 대한민국문화대상(2008), 인터파크 골든티켓어워즈(2008·2009·2017), 창작팩토리 우수뮤지컬 지원사업 최우수작품상(2009), 헤럴드경제신문 선정 미래를 여는 혁신기업 인물(2009), 한국관광공사 챌린저상(2011) (저)'범해'(2016) (작)뮤지컬 '홀리블러드' '혐오스런 마츠코의 일생' '최치원' '더맨인더홀' '영웅을 기다리며' '미스터마우스' '달고나'(2006), 연극 '라이어 1~3탄' '우먼인 블랙' '드레싱' '오르골'(共) '퍼즐' '스페셜라이어' (종)불교

이현동(李鉉東) LEE HYUN DONG (有志竟成)

(생)1961·11·11 (본)재령(載寧) (출)경남 (주)경기도 고양시 일산서구 고양대로 283 한국건설기술연구원 국토보전연구본부(031-910-0297) (학)1980년 진해고졸 1984년 부산수산대 환경공학과졸(공학사) 1987년 한양대 대학원 환경공학과졸(공학석사) 1991년 도시및환경공학박사(한양대) 1993년 일본 京都大 공학부 위생공학과 Post Doctoral Fellow 수료 (경)1988~2001년 한국건설기술연구원 수자원연구부 선임연구원·팀장 1991년 경기대·건국대·연세대·홍익대·서울시립대·숭실대 등 외래강사 1993년 환경공무원교육원 초청강사 1993년 서울·인천 지방공무원교육원 초청강사 1993년 경기지방공무원교육원·한국수자원공사 연수원·환경관리공단 교육연수부 초청강사 1993년 한국건설기술연구원 건설기술품질센터 전문위원 2001~2004년 同수자원환경연구부 건설환경시스템연구그룹장·수석연구원 2001년 환경부 먹는물관리위원회 위원 2002년 한국환경학술단체연합회 이사(현) 2003년 대한상하수도학회 이사(현) 2004년 건설교통부 중앙건설기술심의위원회 위원 2004년 한국건설기술연구원 국토환경연구부 수석연구원 2004~2005년 경기도 지방건설기술심의위원회 심의위원 2004~2007년 과학기술연합대학원대(UTS) 수자원환경학과 교수 2005년 미국 아이오와주립대 연수(방문교수) 2005~2006년 경기도 지방공사설계자문위원회 위원 2005년 환경부 중앙환경보전자문위원회 위원 2007년 과학기술연합대학원대(UTS) 건설환경공학과 교수(현) 2007년 한국건설기술연구원 첨단환경연구실 책임연구원 2009~2011년 同기획조정처장 및 부원장 직무대리 2010년 同선임연구위원(현) 2011년 국방부 특별건설기술심의위원회 위원 2012~2013년 국토해양부 중앙건설기술심의위원회 위원 2012년 서울시 건설기술심의위원회 위원 2013년 (사)대한상하수도학회 상수도관로연구회 회장(현) 2013년 국토교통부 중앙건설기술심의위원회 위원 2013년 대구시 건설기술심의위원회 위원(현), (사)융복합지식학회 부회장(현), (사)한국스마트워터그리드학회 감사 2017년 同부회장(현) 2017년 미국 세계인명사전 'Marquis Who's Who in the World 2018년판'에 등재 (상)우수연구과제상(1996), 공로상(1998), 환경부장관표창(1999), 21C환경인물100인상(1999), 포스트 논문상(2001), 대한토목학회 기술상(2004), 대한상하수도학회 논문상(2004), 대한환경공학회 공로상, 국무총리표창(2006), 대한환경공학회 환경기술상(2008), 한국물환경학회 학술상(2009), 대통령표창(2014), 환경타임즈·환경방송 선정 올해의 물 관리의 달인(2015), 2016 국가연구개발 우수성과 100선 장관상(2016), IICCC 2017 우수논문상(2017), 2018 Albert Nelson Marquis Lifetime

Achievement Award(2017) (저)'환경(수질관리)기술사'(1992, 성안당) '환경영향 평가'(1996, 동화기술서적) '상수도의 생물-사진과 해설'(1996, 진리탐구) '최신 환경과학 동화기술서적'(1996, 동화기술서적) '상수도공학의 이론과 실제'(1998, 화인앤드) '상수도 시설의 유지관리 핸드북(共)'(2001) '상하수도 고도정수처리 기술(共)'(2002) '통합영향평가론(共)'(2002) '고도상수처리-원리 및 응용(共)'(2003) '환경영향평가(共)'(2003) '합류식 하수도 개선대책 가이드라인과 해설(共)'(2004) '수질오염개론(共)'(2007) '최신 상수도공학'(2008) '상수도의 누수방지 및 저감을 위한 교체공법 및 갱생기술 편람'(2008, SWRRC) '실무자를 위한 소독공정의 해석과 설계'(2009, 동화기술) '사람과 자연이 바라는 지속가능한 물 관리-KICT 브랜드 총서3(共)'(2011, 한국건설기술연구원) '도로 배수시설 설계 및 관리지침'(2012, 국토해양부) '건설문화를 말하다'(2013, 씨아이알)

이현무(李玄茂) Hyun Moo Lee

(생)1958·9·7 (출)서울 (주)서울특별시 강남구 일원로 81 삼성서울병원 비뇨의학과(02-3410-3559) (학)1984년 서울대 의대졸 1988년 同대학원 의학석사 1994년 의학박사(서울대) (경)1984~1988년 서울대병원 인턴·비뇨기과 레지던트 1989~1991년 국군수도병원 지도전문의 1991~1996년 충북대 의대 비뇨기과 전임강사·조교수 1996~2003년 원자력병원 비뇨기과장 1998~2002년 서울대 의대 초빙교수 2000~2001년 미국 UCLA대학병원 연수 2001~2002년 원자력병원 교육수련부장 2003년 삼성서울병원 비뇨의학과 전문의(현) 2004년 성균관대 의대 비뇨의학교실 교수(현) 2005년 삼성서울병원 비뇨기암팀장 2007~2008년 미국 UC Irvine Medical Center 연수 2007~2011년 대한전립선학회 이사·회장 2008년 대한비뇨기종양학회 이사(현) 2009~2015년 삼성서울병원 삼성암센터 비뇨기암센터장 2009~2015년 同비뇨기과장 2010~2016년 삼성서울병원 로봇수술센터장 2011년 아시아태평양전립선학회 이사(현)

이현복(李炫馥) LEE Hyun Bok (한솔)

(생)1936·10·26 (본)한산(韓山) (출)충남 대천 (주)서울특별시 관악구 낙성대역10길 45 한·영말소리연구원(02-872-3841) (학)1955년 휘문고졸 1959년 서울대 언어학과졸 1965년 영국 런던대 대학원 음성·언어학과졸 1969년 음성·언어학박사(영국 런던대) (경)1959~1962년 국립중앙도서관 사서 1965~1966년 스웨덴 스톡홀름대·웁살라대 강사 1970~1979년 서울대 문리대 조교수·부교수 1975년 한국언어학회 총무이사 1976~2002년 대한음성학회 회장 1977년 일본 東京大 객원교수 1979년 한글학회 부회장 1979년 同평의원(현), 同명예이사(현) 1980~2002년 서울대 인문대 언어학과 교수 1981년 유네스코 한국위원회 문화분과위원 1984년 한국·인도·유럽언어학회 부회장 1985년 영국 런던대 초빙교수 1986년 서울대 어학연구소장 1987년 국제펜클럽 한국본부 전무이사 1988년 전국대학언어교육연합회 회장 1990~2005년 우경문화재단 이사 1990년 폴란드 바르샤바대 한국학 초빙교수 1992년 국제펜클럽 한국본부 부회장 1993년 문화체육부 국어심의위원회 한글분과위원 1995년 남방문화연구회 회장(현) 1997년 한국언어학회 회장 2002년 한·영말소리연구원 원장(현) 2002년 서울대 명예교수(현) 2002년 대한음성학회 명예회장 2004년 바르게말하기운동본부 대표회장(현) 2006년 한·일비교언어학회 회장(현) 2007년 한글재단 이사(현) 2011년 세계언어의 한글표기연구회 대표(현) (상)대통령표창(1994), 세종문화상, 대영제국 상급훈작사(CBE), 영국여왕 CBE(Commander of the British Empire)훈장(1999) (저)'국제음성문자와 한글음성문자'(1981) '표준영어발음'(1982) '실용영어음성학'(1984) '한국어의 표준발음'(1988) '음성학' 'Korean Grammar'(1989) '한국어발음검사' '남북한 언어비교연구' '한국어 표준발음 사전-발음·강세·장단'(2002) (역)'중국어 음성학' '표준영어발음' (종)천주교

이현복(李炫馥)

(생)1974·7·10 (출)경기 수원 (주)서울특별시 서초구 서초대로 219 대법원 재판연구관실(02-3480-1100) (학)1993년 효원고졸 1998년 서울대 법학과졸 (경)1998년 사법시험 합격(40회) 2001년 사법연수원 수료(30기) 2001년 공익 법무관 2004년 울산지법 판사 2007년 수원지법 평택지원 판사 2010년 수원지법 판사 2013년 서울중앙지법 판사 2013~2015년 법원행정처 홍보심의관 2016년 춘천지법 강릉지원 부장판사 2018년 수원지법 평택지원 부장판사 2019년 대법원 재판연구관(현)

이현석

(생)1962 (주)경기도 과천시 새술막길 39 KT M&S(1588-3662) (학)고려대 경영학과졸 (경)(주)KT Customer운영본부장, 同부산고객본부장 2018년 同전략채널본부장 2018년 (주)KT M&S 대표이사 사장(현)

이현석(李玹碩)

(생)1971·4·12 (출)경남 마산 (주)대구광역시 수성구 동대구로 364 대구지방법원 총무과(053-757-6600) (학)1990년 서울 영동고졸 1995년 서울대 법과대학 공법학과졸 (경)1999년 사법시험 합격(41회) 2002년 사법연수원 수료(31기) 2002~2007년 법무법인 케이씨엘 변호사 2007년 광주지법 판사 2010년 수원지법 판사, 同성남지원 판사 2014년 서울중앙지법 판사 2015년 서울동부지법 판사 2016년 서울고법 판사 2018년 대구지법 부장판사(현)

이현석(李炫昔)

(생)1974·12·6 (출)경남 마산 (주)대전광역시 서구 둔산중로78번길 45 대전지방법원(042-470-1684) (학)1993년 마산 중앙고졸 1999년 서울대 법학과졸 (경)1998년 사법시험 합격(40회) 2001년 사법연수원 수료(30기) 2001년 軍법무관 2004년 수원지법 판사 2006년 서울중앙지법 판사 2008년 부산지법 판사 2011년 수원지법 안양지원 판사 2013년 서울중앙지법 판사 2014년 대법원 재판연구관 2019년 대전지법 부장판사(현)

이현세(李賢世) LEE Hyun Se (牧庭)

(생)1956·5·5 (출)경북 포항 (주)서울특별시 강남구 논현로 62 세영빌딩 302호(02-577-9336) (학)1973년 경주고졸 (경)만화가(현) 1978년 월남전을 다룬 '저 강은 알고 있다'로 데뷔 1978년 '해저도시와 나비소녀' 발간 1983년 '공포의 외인구단' 발간 1988년 한국만화가협회 이사 1992년 同부회장 1996년 세종대 영상만화학과 교수, 同만화애니메이션학과 교수 1997년 '천국의 신화' 발간 1999년 한국만화가협회 부회장 1999년 스포츠서울에 '다크드래곤' 연재 1999년 경찰청 '포돌이' 제작 2001년 '천국의 신화' 연재 2005년 '늑대의 피' 연재 2005~2007년 한국만화가협회 회장 2006년 문화콘텐츠교육센터 초대 대표교수 2006~2009년 한국간행물윤리위원회 위원 2009~2012년 한국만화영상진흥원 초대 이사장 2017년 세종대 창의소프트학부 만화애니메이션텍전공 교수(현) (상)제4회 한국만화문화상 공로상(1994), 제3회 아시아만화인대회 특별상(1999), 제2회 고바우만화상(2002), 대한민국문화예술상(2005), 서울시문화상 문화산업분야(2006), 대한민국 만화·애니메이션·캐릭터 대상(2007), 대중문화예술상 대통령표창(2016) (저)'인생이란 나를 믿고 가는 것이다'(2014, 토네이도) (작)'시모노세키의 까치머리'(1979) '오계절' '제5계절'(1981) '공포

의 외인구단'(1982) '국경의 갈가마귀'(1982) '지옥의 링'(1983) '까치의 양지'(1984) '고교외인부대'(1985) '활'(1986) '떠돌이 까치'(1987) '사자여 새벽을 노래하라'(1987) '고독한 영웅' '며느리밥풀꽃에 관한 보고서'(1988) '아마게돈'(1988) '블루엔젤'(1988) '두목'(1988) '카론의 새벽'(1989) '춤추는 애벌레'(1989) '병아리 광시곡'(1990) '폴리스'(1992) '남벌'(1994) '황금의 꽃'(1995) '천국의 신화'(1997) '다크 드래곤'(1999) '만화한국사'(2005) '버디'(2007) '창천수호위'(2008) '비정시공'(2010) '만화 세계사 넓게보기'(2011) '만화 삼국지'(2013) '위안부만화 시선(共)'(2015) '만화로 보는 조선양반 문화'(2016) '천국의 신화'(2016) '그리스·로마 신화 만화판 전집'(2019, 도서출판 녹색지팡이)

이현수(李鉉秀) Hyun-Soo Lee

(생)1955·7·7 (주)서울특별시 관악구 관악로 1 서울대학교 공과대학 건축학과(02-880-7056) (학)1983년 서울대 건축공학과졸 1985년 同대학원 건축공학과졸 1988년 미국 미시간대 대학원 토목환경공학과졸 1992년 토목환경공학박사(미국 미시간대) (경)대림산업(주) 근무, 인하대 건축공학과 교수 1997년 서울대 공대 건축학과 교수(현) 2007~2009년 (사)한국건설관리학회 회장 2010~2012년 대한건축학회 총무담당 부회장 2012·2015년 삼성물산(주) 사외이사(현) 2016년 건설산업비전포럼 공동대표(현) 2018년 대한건축학회 회장(현) (상)서울대 훌륭한 공대교수상 학술상(2015)

이현수(李炫秀) Lee, Hyun Su

(생)1963 (주)서울특별시 영등포구 국제금융로 10 코레이트자산운용(02-3774-6114) (학)중앙대 경제학과졸 (경)1989년 한국상업은행 입행 1990~1998년 대신증권 근무 1998~2000년 서울신용평가 이사 2000~2008년 드림기술투자 대표이사 2010~2012년 드림자산투자 대표이사 2012~2013년 티에스아이투자자문 대표이사 2013년 마이애셋자산운용 부회장 2016년 同대표이사 2016년 코레이트자산운용 대표이사(현)

이현수(李賢洙) LEE HYUN SOO

(생)1973·4·11 (출)서울 (주)서울특별시 종로구 사직로8길 39 김앤장법률사무소(02-3703-1240) (학)1992년 여의도고졸 1996년 서울대 사법학과졸 2000년 同대학원 법학과졸 (경)1995년 사법시험 합격(37회) 1998년 사법연수원 수료(27기) 1998년 軍법무관 2001년 서울지법 판사 2003년 同동부지원 판사 2005년 대전지법 판사 2007년 서울중앙지법 판사 2008년 인천지법 판사 2008년 同국제심의관 2009년 법원행정처 국제담당관 2010~2011년 同기획조정심의관 겸임 2011년 서울고법 판사 2013년 창원지법 통영지원 부장판사 2014~2018년 서울고법 판사 2018년 김앤장법률사무소 변호사(현)

이현숙(李賢淑·女) Lee Hyun Sook

(생)1949·3·1 (주)서울특별시 종로구 삼청로 54 국제갤러리(02-735-8449) (학)1969년 중앙대 가정교육과졸 1995년 연세대 경영대학원 최고지도자과정 수료 1998년 同경영대학원 여성지도자과정 수료 2000년 이화여대 대학원 여성최고지도자과정 수료 (경)1982년 국제갤러리 회장(현) 2006~2009년 한국화랑협회 회장 2006~2009년 KIAF 운영위원장 2011·2013년 미국 미술시장전문지 아트+옥션(Art+Auction)선정 '미술계 파워인물 100 파워 딜러'에 선정 2014년 아트넷 '올해 가장 존경 받는 아트딜러 29인'에 선정 2014년 同'파워여성 100인'에 선정 2014년 同'미술계 영향력있는아트딜러 100인'에 선정 2015·2016·2017년 영국 현대미술전문지 아트리뷰 '미술계 영향력 있는 인사 100인'에 선정 (상)대통령표창(2015)

이현숙(李賢淑·女) Lee Hyun Sook

(생)1967·8·10 (본)고성(固城) (출)서울 (주)서울특별시 관악구 관악로 1 서울대학교 생명과학부(02-880-9121) (학)1990년 이화여대 자연과학대학 생물학과졸 1992년 서울대 대학원 생물학과졸 1999년 분자생물학박사(영국 케임브리지대) (경)1992~1996년 (재)목암생명공학연구소 연구원·선임연구원 2000~2002년 미국 Harvard Medical School·Univ. of Washington(Seattle) Post-Doc. 2001년 이화여대 분자생명과학부 연구조교수 2004~2013년 서울대 생명과학부 조교수·부교수 2008~2009년 同기초교육원 부원장 2013년 同생명과학부 교수(현) (상)제10회 마크로젠 여성과학자상(2014)

이현순(李賢淳) LEE Hyun Soon

(생)1950·11·11 (본)광주(廣州) (출)서울 (주)서울특별시 중구 장충단로 275 (주)두산 부회장실(02-3398-0114) (학)1969년 서울고졸 1973년 서울대 기계공학과졸 1979년 미국 뉴욕주립대 대학원 기계공학과졸 1981년 기계공학박사(미국 뉴욕주립대) (경)1973~1977년 공군사관학교 교관 1984년 (주)현대자동차 부장 1989년 同이사대우 1993년 同이사 1996년 同상무이사 1999년 同남양연구소장(전무) 2000년 同파워트레인연구소장(전무) 2001년 同파워트레인연구소장(부사장) 2004년 한국자동차공학회 부회장 2004~2007 국가과학기술자문회의 위원 2005년 현대자동차(주) 연구개발총괄본부장(사장) 2006년 한국자동차공학회 회장 2006년 한국공학한림원 정회원(현) 2006년 서울대·한국공학한림원 선정 '한국을 일으킨 엔지니어 60인' 2009~2011년 현대자동차(주) 연구개발총괄본부담당 부회장 2009~2018년 한국산업기술진흥협회 최고기술책임자(CTO)클럽 공동대표간사 2010년 지식경제부 지식경제 R&D전략기획단 고문 2010년 同에너지위원회 위원 2010~2012년 국가과학기술위원회 민간위원 2011년 서울대 기계항공공학부 초빙교수 2011년 두산인프라코어 자문역 2011년 대학구조조정위원회 위원 2012~2013년 국가경제자문위원회 위원 2014년 (주)두산 부회장(현) 2014년 한국뉴욕주립대 석좌교수(현) 2015~2017년 학교법인 울산공업학원(울산대·울산과학기술원) 이사장 2017년 국무총리자문 국민안전안심위원회 위원(현) 2018년 한국산업기술진흥협회 최고기술책임자(CTO)클럽 회원(현) (상)조선일보 환경대상 환경과학기술대상, 전국발명대회 대통령표창, 울산상공회의소회장 특별공로상, IR52 장영실상, 정진기언론문화상 대상, 금탑산업훈장, IMI 경영대상, 상허대상(2007), 한국산업기술진흥협회 기술경영인상(2008), 서울대 공대 동문상(2008), 올해의 자랑스러운 서울인(2009), 제13회 한국공학한림원상 대상(2009), 대한민국 최고과학기술인상(2009) (종)불교

이현승(李炫昇) LEE Hyun Seung

(생)1966·11·11 (출)서울 (주)서울특별시 영등포구 국제금융로 10 쓰리아이에프씨 41층 KB자산운용(주)(02-2167-8200) (학)1984년 서울고졸 1988년 서울대 경영학과졸 1991년 同행정대학원졸 1993년 同대학원 행정학 박사과정 수료 1997년 미국 하버드대 로스쿨 국제조세과정 수료 1998년 同 케네디스쿨 졸(행정학 석사) (경)1988년 행정고시 합격(32회) 1989년 중앙공무원교육원 연수 1991~1994년 경제기획원 경제기획국 동향분석과 근무 1994년 공정거래위원회 총괄정책국 총괄정책과 근무 1996년 재정경제원 예산실 재정계획과 근무 1998~2001년 재정경제부 장관비서관 2001~2002년 A.T. Kearney경영컨설팅 이사 2002년 Merrill Lynch IB부문 이사 2003년 GE Korea 상무이사 2004년 同전무이사 2006년 GE에너지코리아 대표이사 사장 2008~2013년 SK증권 대표이사 사장 2015년 KB자산운용 사외이사 2015년 (주)코람코자산운용 대표이사 사장 2017년 현대자산운용(주) 대표이사 사장 2018년 KB자산운용(주) 대체투자부문 각자대표이사 사장(현) (상)부총리 겸 경제기획원장관표창(1992), 미국 하버드대 공로상(1998) (저)'늙어가는 대한민국 : 저출산 고령화의 시한폭탄'(2003)

이현식(李賢湜) Lee Hyun Seek

(생)1960·7·30 (본)전주(全州) (출)대전 (주)대전광역시 유성구 유성대로 1548 정보통신기술진흥센터 감사실(042-612-8020) (학)1979년 대전고졸 1983년 인하대 산업공학과졸 1998년 충남대 대학원 산업공학과졸 2015년 대전대 대학원 융합컨설팅학 박사과정 재학 중 (경)1986~1997년 한국전자통신연구원 선임연구원 1997~2009년 정보통신연구진흥원 책임연구원(사업전략실장·기술개발사업단장·중소기업지원단장·경영지원단장) 2007~2008년 대덕연구개발특구지원본부 파견(전문위원) 2009~2013년 정보통신산업진흥원 경영관리단장·기금관리단장·기업지원단장 2013~2015년 同창조기반조성본부장 2015년 정보통신기술진흥센터 연구위원 2016년 同감사실장(현) (상)대통령표창(2000)

이현영(李現榮)

(생)1965·6·13 (주)서울특별시 중구 서애로 23 (사)한국종교협의회 회장실(02-755-4680) (학)금산고졸 1992년 충남대 자연과학대학 수학과졸, 선문대 사회복지대학원 가족치료학과졸, 삼육대 보건대학원 보건교육학과졸, 건양대 대학원 보건학 박사과정 재학 중 (경)2000~2002년 충남학사 교구장 2000년 (사)한국에이즈퇴치연맹 대전충남지회장 2000~2008년 법무부 보호관찰소 강사 2002~2006년 한국대학원리연구회 부회장 2007~2008년 한국국제협력단(KOICA) 해외봉사단 강사 2007년 (사)한국청소년순결운동본부 본부장 2008~2012년 천주평화연합 교육국장 2010~2013년 (사)생활정치아카데미 사무처장 2013~2014년 천주평화연합 한국 사무총장 2014~2017년 세계평화통일가정연합 한국 부회장 2017년 (사)한국종교협의회 회장(현) (상)보건복지부장관표창(2002)

이현오

(생)1961·8 (출)서울 (주)서울특별시 강동구 상일로6길 26 삼성엔지니어링(주) 플랜트사업본부(02-2053-3000) (학)충남기계공고졸, 홍익대 기계공학과졸 (경)1987년 삼성엔지니어링(주) 입사 2009년 同석유화학사업본부 PM 2010년 同석유화학사업본부 PM(상무) 2011년 同Global지원팀장 2013년 同RM·PMO팀장 2013년 同프로젝트관리팀장 2015~2018년 同공사본부장(전무) 2018년 同플랜트사업본부 담당임원(전무)(현)

이현우(李炫雨) Hyunoo Lee

(생)1959·3·25 (주)인천광역시 미추홀구 인하로 100 인하대학교 사범대학 영어교육과(032-860-7851) (학)1984년 공주대 영어교육과졸 1986년 고려대 대학원 영어학과졸 1993년 철학박사(미국 UCLA) (경)1993년 미국 오하이오주립대 객원교수 1994년 인하대 사범대학 영어교육과 교수(현) 2015년 同사범대학장 2017~2018년 同교학부총장 2018년 同총장 직무대행 (상)교육과학기술부장관표창(2011) (저)'영어와 한국어의 부정극어 : 인가의 문제를 중심으로'(2004)

이현우(李炫雨·女)

(생)1966·10·15 (출)서울 (주)대구광역시 수성구 동대구로 364 대구고등법원(053-757-6600) (학)1985년 제천의림여고졸 1989년 서울대 서양사학과졸 1994년 同대학원 법학과 수료 (경)1995년 사법시험 합격(37회) 1998년 사법연수원 수료(27기) 1998년 서울지법 서부지원 판사 2000년 서울지법 판사 2002년 대구지법 포항지원 판사 2005년 수원지법 판사 2007년 서울중앙지법 판사 2009년 서울고법 판사 2011년 서울서부지법 판사 2013년 부산지법 부장판사 2014년 서울고법 판사 2019년 대구고법 판사(현)

이현우(李泫佑)

(생)1970·2·4 (출)대전 (주)충청북도 청주시 서원구 산남로62번길 51 청주지방법원 총무과(043-249-7201) (학)1988년 명석고졸 1998년 서울대 법학과졸 (경)1998년 사법시험 합격(40회) 2001년 사법연수원 수료(30기) 2001년 울산지법 판사 2004년 청주지법 판사 2007년 대전지법 홍성지원 판사 2010년 대전지법 판사 2011년 대전고법 판사 2014년 청주지법 판사 2017년 전주지법 부장판사 2019년 청주지법 부장판사(현)

이현우(李賢雨) LEE Hyeon Woo

(생)1970·4·18 (출)서울 (주)경기도 안양시 동안구 관평로212번길 70 수원지방법원 안양지원(031-8086-1114) (학)1989년 양정고졸 1994년 성균관대 법학과졸 (경)1993년 사법시험 합격(35회) 1996년 사법연수원 수료(25기) 1999년 청주지법 판사 2002년 인천지법 판사 2005년 서울서부지법 판사 2007년 서울중앙지법 판사 2008년 서울고법 판사 2010년 서울남부지법 판사 2011년 대전지법 부장판사 2011년 대구지법 부장판사 2013년 대전지법 부장판사 2016년 청주지법 부장판사 2018년 수원지법 안양지원 부장판사(현)

이현웅(李賢雄) LEE HYUN UNG

(생)1969 (출)충북 청주 (주)서울특별시 마포구 월드컵북로 400 문화콘텐츠센터 한국문화정보원(02-3153-2823) (학)충북대 도시공학과졸, 서울시립대 대학원 도시행정학과졸, 同대학원 도시행정학 박사과정 수료 (경)한국과학기술원 공공혁신전자정부연구센터 연구위원, (사)전자정부교류연구센터 전략기획본부장, 공공혁신플랫폼 이사장, 서울 성북구청 정책소통팀장, 국가리더십센터 부소장 2017년 한국지방정부학회 학술정보위원회 이사 2018년 한국문화정보원 원장(현)

이현재(李賢宰) LEE Hyun Jae

(생)1929·12·20 (본)전주(全州) (출)충남 홍성 (주)서울특별시 관악구 관악로 1 서울대학교 사회과학대학 경제학부(02-880-5114) (학)1953년 서울대 상대졸 1969년 경제학박사(서울대) (경)1961~1988년 서울대 경제학부 교수 1971~1972년 미국 피츠버그대 객원교수 1975~1979년 서울대 경제연구소장 1979년 同사회과학대학장 1980~1983년 同부총장 1981년 대한민국학술원 회원(경제학·현) 1983~1985년 한국경제학회 회장 1983~1985년 서울대 총장 1985년 한국경제학회 명예회장(현) 1988년 국무총리 1989~1992년 대통령 교육정책자문위원장 1989~1995년 한국정신문화연구원 원장 1994~1998년 한국행정연구원 이사장 1995~1996년 도산서원 원장 1995년 서울대 경제학부 명예교수(현) 1996~2000년 대한민국학술원 회장 1997~2014년 (재)호암재단 이사장 1997~2012년 덕천서원 원장 2000년 중국 랴오닝대 명예교수(현) 2001~2005년 한국정신문화연구원 이사장 2016년 일본학사원 명예회원(현) (상)국민훈장 목란장, 국민훈장 무궁화장, 자랑스러운 서울대인(2007), 한국경영인협회 제11회 대한민국 가장 존경받는 기업인·가장 신뢰받는 기업(2013), 유한양행 제13회 유일한 상(2019) (저)'경제발전론' '자본시장과 주식분산' '경제성장과 국민소득 구조변동' '한국경제론' '재정경제학' '재정학'

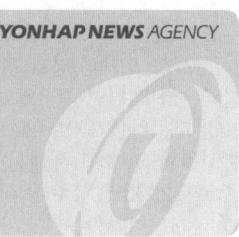

이현재(李賢在) LEE Hyun Jae

(생)1949 · 4 · 25 (출)충북 보은 (주)서울특별시 영등포구 의사당대로 1 국회 의원회관 432호(02-784-8071) (학)1968년 청주고졸 1973년 연세대 전자공학과졸 1976년 서울대 행정대학원졸 1987년 미국 USC 행정대학원졸 2007년 명예 경영학박사(한국산업기술대) 2009년 경영학박사(건국대) (경)1976~1985년 국무총리실 근무 1987년 대통령 정무수석비서관실 과장 1990~1993년 상공부 조선과장 · 총무과장 1993년 상공자원부 제철과장 1994년 통상산업부 기획예산담당관 1995년 대전엑스포기념재단 파견 1997년 통상산업부 공보관 1997년 同전력심의관 1998년 산업자원부 전력심의관 1998년 駐일본 상무관 2001년 산업자원부 산업기술국장 2002년 새천년민주당 정책위원회 수석전문위원 2003년 대통령직인수위원회 경제2분과 수석전문위원 2003년 산업자원부 기획관리실장 2004년 대통령 산업정책비서관 2006~2008년 중소기업청장 2008년 제18대 국회의원선거 출마(하남시, 한나라당) 2008년 한나라당 하남시당원협의회 운영위원장 2009년 중소기업중앙회 기업정책분야 자문위원 2010년 한나라당 제2사무부총장 2011년 同정책위원회 국토해양정책조정부위원장 2011~2013년 미국 뉴욕주립대 겸임교수 2012~2017년 새누리당 하남시당원협의회 운영위원장 2012년 제19대 국회의원(하남시, 새누리당) 2012~2013년 새누리당 원내부대표 2012년 국회 지식경제위원회 위원 2012년 국회 운영위원회 위원 2013년 제18대 대통령직인수위원회 경제2분과 간사 2013년 국회 산업통상자원위원회 위원 2013년 국회 예산결산특별위원회 위원 2013년 새누리당 제4정책조정위원회 간사 2014년 국회 통상관계대책특별위원회 위원 2014~2015년 새누리당 정책위원회 부의장 2014년 同경제혁신특별위원회 공기업개혁분과 위원장 2014~2015년 국회 예산결산특별위원회 예산안조정소위원회 위원 2014년 새누리당 중소기업소상공인특별위원회 수석부위원장 2015~2016년 同정책위원회 민생119본부 부본부장 2015년 同국민공천제추진TF 위원 2016년 제20대 국회의원(하남시, 새누리당 · 자유한국당〈2017.2〉)(현) 2016년 국회 기획재정위원회 간사 2016~2017년 국회 민생경제특별위원회 위원 2016~2017년 새누리당 중소 · 중견기업특별위원회 위원장 2016년 同정책위원회 의장 2017년 同비상대책위원회 위원 2017년 자유한국당 중소 · 중견기업특별위원회 위원장 2017년 同정책위원회 의장 2017~2018년 국회 기획재정위원회 위원 2018년 국회 국토교통위원회 위원(현) 2018년 국회 4차산업혁명특별위원회 위원(현) 2018년 국회 공공부문채용비리의혹과관련된국정조사특별위원회 위원(현) 2019년 자유한국당 소득주도성장폐기와경제활력되살리기특별위원회 위원장(현) 2019년 국회 예산결산특별위원회 위원(현) (상)황조근정훈장(2003), 국정감사NGO모니터단 국정감사 우수의원(2012 · 2013 · 2014 · 2017), 법률소비자연맹 선정 국회 헌정대상(2013 · 2014 · 2015 · 2016 · 2018), 글로벌 신한국인 대상(2017) (저)'나는 현장에서 희망을 본다'(2008) '하남의 꿈'(2011)

이현재(李玄宰) RHEE Hyun Jae

(생)1955 · 9 · 20 (출)충북 음성 (주)충청북도 청주시 청원구 대성로 298 청주대학교 경상대학 경제학과(043-229-8184) (학)1977년 홍익대 전기공학과졸 1979년 경희대 대학원졸 1989년 미국 유타주립대 대학원졸 1994년 경제학박사(미국 위스콘신대 밀워키교) (경)1983~1986년 한국산업경제연구원 선임연구원 1986년 IBRD 항만관련 자문 1992~1994년 미국 위스콘신대 밀워키교 강사 1994~1996년 한국산업경제연구원 정책연구실장 1996년 청주대 경상대학 경제학과 교수(현) 1996~1997년 청주MBC '생활과 경제' MC 1999년 청주대 경제통상학부장 1999년 한국은행 객원연구원 2000년 청주MBC 객원해설위원 2000년 통계청 자문위원 2001~2005년 중부매일 논설위원 2002년 한빛일보 논설위원 2002년 세계인명사전(마르퀴스 · 바론즈)에 프로필 등재 2002~2003년 청주대 대외협력실장 2004년 同경제학과장 2005년 국제지역학회 이사 2008~2009년 청주대 경상대학장 2008~2010년 同산업경영연구소장 (저)'경제발전론(共)'(1996) '충북산업론 : 충북주요산업의 현황과 특성(共)'(2002) (역)'Introduction to Economics(共)'(2006) (종)기독교

이현정(李炫姃 · 女)

(생)1974 · 12 · 2 (출)서울 (주)경기도 부천시 상일로 127 인천지방검찰청 부천지청 형사2부(032-320-4303) (학)1993년 신목고졸 1997년 연세대 법학과졸 (경)1999년 사법시험 합격(41회) 2002년 사법연수원 수료(31기) 2002년 부산지검 동부지청 검사 2004년 인천지검 검사 2007년 광주지검 순천지청 검사 2010년 수원지검 성남지청 검사 2012년 서울남부지검 검사 2014년 제주지검 검사 2016년 同부부장검사 2019년 청주지검 형사2부장 2019년 인천지검 부천지청 형사2부장(현)

이현조(李玄祚) LEE Hyun Jo

(생)1968 · 6 · 15 (출)전남 영암 (주)대전광역시 서구 청사로189 중소벤처기업부 창업정책총괄과(042-481-1681) (학)1986년 광주고졸 1993년 서울대 경영학과졸 2009년 미국 미주리주립대 행정대학원졸 (경)1996년 행정고시 합격(40회) 2005년 중소기업청 창업벤처정책과 서기관 2006년 同기술지원국 기술정책과 서기관 2006년 同기술경영혁신본부 기술개발팀장 2010년 同소상공인정책국 동반성장과장 2010년 同소상공인정책국 소상공인지원과장 2012년 同경영지원국 공공구매판로과장 2013년 同중소기업정책국 기업금융과장 2013년 대통령소속 청년위원회 파견 2014년 중소기업청 경영판로국 인력개발과장 2015년 同소상공인정책국 소상공인정책과장 2016년 同경영판로국 공공구매판로과장 2017년 경기지방중소기업청 창업성장지원과장(부이사관) 2017년 경기지방중소벤처기업청 창업성장지원과장 2017년 휴직(부이사관) 2018년 중소벤처기업부 창업정책총괄과장(현)

이현종(李賢鍾) Lee Hyeon Jong

(생)1949 · 9 · 19 (주)강원도 철원군 갈말읍 삼부연로 51 철원군청 군수실(033-450-5201) (학)신철원농고졸, 서울시립대 도시과학대학원 도시행정학과졸 (경)강원도 민방위과장, 행정자치부 노근리지원단 지원과장, 강원 철원군 부군수, 철원군사회복지협의회 회장, DMZ세계평화공원철원유치위원회 위원장 2014~2018년 강원 철원군수(새누리당 · 자유한국당) 2014년 전국청년시장 · 군수 · 구청장회 부회장 2015년 (재)강원철원장학회 이사장 2017~2018년 전국시장군수구청장협의회 지방분권개헌특별위원회 부위원장 2018년 강원 철원군수(자유한국당)(현) (상)지방자치행정대상(2016)

이현주(李賢柱) Lee Hyun Joo

(생)1959 · 8 · 6 (출)대전 (주)대전광역시 서구 둔산중로78번길 20 법무법인 새날로(042-472-3191) (학)1978년 대전고졸 1982년 서울대 법학과졸 1986년 同대학원 법학과졸 1992년 同대학원 법학과 박사과정 수료 1998년 미국 조지타운대 대학원졸(LL.M.) (경)1990년 사법시험 합격(32회) 1993년 사법연수원 수료(22기) 1993년 변호사 개업, 법무법인 새날로 변호사 1996~1997년 미국 코넬대 방문연구원 1998년 미국 뉴욕주 변호사시험 합격 1999~2006년 충남지방노동위원회 심판담당 공익위원 2000~2003년 대전참여자치시민연대 작은권리찾기운동본부장 2000~2001년 한남대 법과대학 겸임교수 2000~2006년 전국민주노동조합총연맹 대전충남지역본부 고문변호사 2000~2006년 대전시 행정심판위원회 위원 2001~2002년 대전지방변호사회 인권이사 2001~2006년 고용평등위원회 공익위원 2001~2003년 문화재청 고문변호사 2002~2005년 하나은행 충청사업본부 고문변호사 2003~2006년 대전지법 조정위원 2003~2006년 대전참여자치시민연대 집행위원장 2003~2006년 대전지방국세청 법률고문 2003

~2006년 국무총리소속 행정심판위원회 위원 2006년 대전시교육청 특수교육운영위원회 위원 2006년 동부화재 고문변호사 2006년 대전평화방송 시청자위원회 위원 2006~2007년 법무부 인권정책과장 2008년 중도일보 독자위원회 위원 2008년 유성문화원 이사, 민주사회를위한변호사모임(민변) 대전·충청지부장 2015년 세종특별자치시 감사위원회 위원 2016~2017년 대전시 정무부시장 2017년 법무법인 새날로 변호사(현) (종)천주교

이현준(李鉉濬)

(생)1962·10 (출)서울 (주)서울특별시 중구 수표로 34 씨티센터타워 쌍용양회공업(주) 임원실(02-2270-5114) (학)1981년 보성고졸 1985년 서울대 경영학과졸 (경)1985년 쌍용양회공업(주) 입사 2011년 同경영전략팀장(부장이사) 2013년 同기획·법무·경영전략·홍보협력담당 상무보 2014~2016년 同감사실장·내부회계관리자(상무) 2016년 同경영기획·경영관리·법무·감사담당 전무 2017년 同대표이사 전무(현) 2018년 한국시멘트협회 회장(현)

이현찬(李鉉贊) LEE Hyun Chan

(생)1961·5·30 (주)서울특별시 중구 세종대로 125 서울특별시의회(02-3702-1400) (학)전북과학대학 관광일본어과졸, 한양대 공공정책대학원 행정학과졸 (경)서울시 은평구선거관리위원회 위원, 은평구청소년육성회 회장, 은평구청소년유해환경감시단 단장, 은평구 불광1동마을문고 회장, 한국법정신문 편집위원, 민주평통 자문위원, 참여자치연구포럼 공동대표, 은평구청 행정사무감사위원장, 은평경찰서 청소년보호위원장, 세기종합건설 감사 2006·2010~2014년 서울시 은평구의회 의원(민주당·민주통합당·민주당·새정치민주연합), 同행정복지위원회 위원장 2010~2012년 同의장 2012년 同행정복지위원회 위원 2014~2018년 서울시의회 의원(새정치민주연합·더불어민주당) 2014~2015년 同행정자치위원회 부위원장 2014~2015년 同예산결산특별위원회 위원 2016년 同보건복지위원회 위원 2016년 同도시안전건설위원회 위원 2018년 서울시의회 의원(더불어민주당)(현) 2018년 同행정자치위원회 위원(현) 2019년 同예산결산특별위원회 위원장(현) 2019년 同김포공항주변지역활성화특별위원회 위원(현) (종)기독교

이현창(李炫昌) Lee Hyun Chang

(생)1970·11·3 (주)전라남도 무안군 삼향읍 오룡길 1 전라남도의회(061-286-8200) (학)한영대학 복지관광과졸 (경)구례 북초교·자연과학고 운영위원장, 더불어민주당 구례연락소장, 同정책위원회 부의장(현) 2018년 전남도의회 의원(더불어민주당)(현), 同전라남도청년발전특별위원회 위원(현), 同의회운영위원회 위원(현), 同경제관광문화위원회 부위원장(현), 同여수순천10.19사건특별위원회 위원(현)

이현철(李炫哲)

(생)1964·3·3 (출)경북 의성 (주)서울특별시 서초구 반포대로 158 서울고등검찰청 총무과(02-530-3261) (학)1983년 대구 영신고졸 1990년 고려대 법학과졸 (경)1993년 사법시험 합격(35회) 1996년 사법연수원 수료(25기) 1996년 대구지검 검사 1998년 同경주지청 검사 1998년 同포항지청 검사 2000년 수원지검 검사 2002년 서울지검 의정부지청 검사 2004년 서울중앙지검 검사 2007년 대검찰청 검찰연구관 2009년 사법연수원 교수 2011년 대검찰청 공안3과장 2012년 同공안부 공안1과장 2013년 서울동부지검 형사5부장 2014년 서울중앙지검 공안1부장 2015년 부산지검 형사1부장 2016년 수원지검 제2차장검사 2017년 서울남부지검 제2차장검사 2018년 수원지검 안양지청장 2019년 서울고검 검사(현)

이현철(李賢喆) Hyun Chul LEE

(생)1967·1·1 (출)대구 (주)서울특별시 중구 을지로5길 19 페럼타워11층 법무법인 기현(02-778-6200) (학)1985년 대구 달성고졸 1989년 서울대 사법학과졸 2001년 미국 하버드대 로스쿨졸(LL.M.) 2003년 법학박사(미국 하버드대 로스쿨) (경)1988년 사법시험 합격(30회) 1991년 사법연수원 수료(20기) 1991~1994년 공군 법무관 1994년 서울민사지법 판사 1995년 서울지법 판사 1997년 공인회계사시험 합격 1999~2015년 김앤장법률사무소 변호사 2003~2005년 재정경제부 금융협력전문가 포럼 위원 2003·2008년 미국 하버드대 로스쿨 강사 2008~2009년 법무부 경영권방어법제개선위원회 위원 2011~2016년 한국항공우주산업(주) 사외이사 2012~2015년 학교법인 중앙대 감사 2016년 법무법인 기현 대표변호사(현) (상)사법연수원장표창, Heyman Center on Corporate Governance 논문대회 1등(2002)

이현청(李鉉淸) LEE Hyun Chong

(생)1948·1·26 (본)전주(全州) (출)전남 장흥 (주)서울특별시 성동구 왕십리로 222 한양대학교 교육대학원(02-2220-2641) (학)광주고졸 1975년 한양대 사범대학 교육학과졸 1980년 미국 사우스일리노이대 대학원졸 1983년 철학박사(미국 사우스일리노이대) 2000년 명예 인문학박사(미국 인디애나 트라이스테이트대) (경)1979년 문교부 교육정책심의회 연구원 1982~1983년 미국 사우스일리노이대 조교수 1983년 미국 미시간대 연구원 1984~1991년 부산대 사범대학 교육학과 교수 1985~1989년 미국 사우스캐롤라이나대 사범대학 교수 겸임 1989~1990년 부산대 교육대학원 교육행정학과 주임교수 1990년 同교직부장 1991년 미국 버클리대 객원연구원 1993년 한국대학교육협의회 고등교육연구소장 1997~2000년 UNESCO 아태지역학력상호인정위원회 위원장 1998~2006년 한국대학교육협의회 사무총장 1998년 UNESCO 대학간학력인정총회 세계의장 1998~2000년 아·태지역고등교육협력기구(UMAP) 의장 2000~2012년 KBS 객원해설위원 2001~2006년 미국 고등교육평가인정위원회(CHEA) 국제이사 2001년 한국비교교육학회 회장 2005년 한국대학평가학회 회장(현) 2005~2006년 감사원 자치행정감사자문위원장, OECD 집행이사 2006년 호남대 총장 2006~2009년 한국과학재단 비상임이사 2008년 글로벌교육포럼 회장(현) 2008~2011년 상명대 총장 2009~2019년 국가인권위원회 정책자문위원 2009년 오스트레일리아 대학및고등교육평가기관(AUQA) 평가위원(현) 2010년 미국 세계인명사전 'Marquis Who's Who in the World 2011년판'에 등재 2010~2012년 한국대학총장협의회 회장 2010~2012년 다문화공동체진흥원 이사장 2010~2012년 영국 케임브리지 국제인명센터(IBC) 인명사전에 등재 2011년 同아시아지역 대표(DDG)(현) 2011년 미국 인명연구소(ABI) '21세기의 탁월한 지성(Great Minds of the 21st Century)'에 선정 2011년 同석학회원 2011년 한양대 교육대학원 석좌교수(현) 2011~2012년 한·중·일고등교육교류전문가위원회 전문위원 2012년 자유선진당 공천심사위원장 2015년 한양대 고등교육연구소장(현) 2017년 미국 세계인명사전 'Marquis Who's Who in the World 생애업적부문'에 등재 (상)국민훈장 모란장(2001), 대한민국 CEO 대상(2009), 글로벌 CEO 코리아(2010), 미국 인명연구소 세계업적상(2010·2011·2012), ABI 국제업적상(2011), 자랑스러운 한양인상(2011) (저)'교육사회학' '학습하는 사회' '교육사회학 이론과 전망' '한국의 대학생' '미국교육의 반성' '21세기를 대비한 대학의 생존전략' '학생소비자 시대의 대학' '교수업적평가론' '사회교육학서설' '사회교육방법론' '학생소비자시대/개방시대의 대학' '21세기와 함께하는 대학' '전환기대학개혁론' '대학평가론' 'Virtual University : the Future of University?' '교육사회학의 통합적 이해' '현대사회와 평생학습' '칼럼으로 읽는 교육' '왜 대학은 사라지는가'(2016) '청춘이 나에게 인생을 묻는다면'(2017) (역)'교육사회학의 통합적 이해' '현대사회와 평생학습' '칼럼으로 읽는 교육' (종)기독교

이현호(李炫昊) Lee Hyeonho

(생)1963·4·8 (본)벽진(碧珍) (출)대전 (주)대전광역시 서구 청사로 189 조달청 신기술서비스국(042-724-6100) (학)1981년 충남고졸 1989년 중앙대 정치외교학과졸 (경)2003년 조달청 정보기획과·구매제도팀·정보기술팀 사무관 2010년 同시설총괄과 서기관 2011년 同청장 비서관(과장급) 2012년 충북지방조달청장 2012년 조달청 정보기획과장 2014년 同시설총괄과장 2016년 同운영지원과장(부이사관) 2017년 同시설사업국장(고위공무원) 2018년 국방대 파견 2019년 조달청 신기술서비스국장(현) (상)국무총리표창(1996), 대통령표창(2013)

이현환(李賢煥) LEE Hyun Hwan

(생)1958·9·10 (주)경기도 용인시 처인구 모현읍 외대로 81 한국외국어대학교 자연과학대학 생명공학과(031-330-4280) (학)1981년 서울대 생물교육학과졸 1983년 同대학원 분자생물학과졸 1990년 분자생물학박사(서울대) (경)1983~1986년 제일제당(주) 종합연구소 주임연구원 1986~1987년 미국 Eugene Tech. International, Allendale, N.J. 주임연구원 1987~1990년 제일제당(주) 종합연구소 생명공학실 선임연구원 1990~1993년 同종합연구소 유전공학팀장 1993년 한국외국어대 자연과학대학 생명공학과 교수(현) 1999~2001년 (주)디지탈바이어텍 대표이사 2006년 한국미생물학회 기획위원장 2006년 (주)메디프론디비티 비상근이사 2008~2009년 한국외국어대 용인캠퍼스 행정지원처장 2012~2014년 同글로벌캠퍼스 부총장 (상)매일경제신문 IR52 장영실상(1991), 제일제당 기술대상(1992) (저)'인간과 생명과학(共)'(1999, 교학사) '생명과학의 이해(共)'(2001, 교학사) '환경과학의 이해(共)'(2004, 교학사) '미생물학 길라잡이 6판'(2009)

이 협(李 協) LEE Hyup

(생)1941·4·19 (본)전주(全州) (출)황해 서흥 (주)서울특별시 영등포구 국회대로68길 7 더불어민주당(1577-7667) (학)1960년 남성고졸 1970년 서울대 법과대학졸 (경)1970~1979년 중앙일보 기자 1979년 신민당 김대중상임고문 공보비서 1980~1982년 5.17조치로 투옥 1984년 민주화추진협의회 대변인 1985년 신민당 중앙상무위원·당보주간 1987년 평화민주당(평민당) 발기인·당보 주간 1988년 同정책연구실장 1988년 제13대 국회의원(이리, 평민당·신민당·민주당) 1991년 민주당 원내의사담당 부총장 1992년 제14대 국회의원(이리, 민주당·국민회의) 1993년 민주당 홍보위원장 1994년 同원내수석부총무 1996년 제15대 국회의원(익산乙, 국민회의·새천년민주당) 1997년 국민회의 연수원장 1998년 국회 문화관광위원장 2000~2004년 제16대 국회의원(익산, 새천년민주당) 2000년 새천년민주당 총재비서실장 2000년 한·러의원외교협회 회장 2001년 새천년민주당 사무총장 2002년 (사)민주화추진협의회 공동부이사장 2002~2003년 새천년민주당 최고위원 2003년 同21세기국정자문위원장 2004년 同전북도당위원장 2013~2015년 대한민국헌정회 이사 2015년 새정치민주연합 고문 2019년 더불어민주당 고문(현) (저)수상록 '삶의 정치' (종)기독교

이형걸(李衡杰)

(생)1971·3·3 (출)부산 (주)충청북도 청주시 서원구 산남로62번길 51 청주지방법원 총무과(043-249-7201) (학)1989년 해운대고졸 1996년 서울시립대 법학과졸 (경)1999년 사법시험 합격(41회) 2002년 사법연수원 수료(31기) 2002년 청주지법 예비판사 2004년 同판사 2006년 同영동지원 판사 2009년 청주지법 판사 2012년 대전고법 판사(사법연구) 2014년 대전지법 천안지원·대전가정법원 천안지원 판사, 청주지법 충주지원 판사 2016년 청주지법 판사 2017년 대구지법 김천지원·대구가정법원 김천지원 부장판사 2019년 청주지법 부장판사(현)

이형관(李炯官) Lee, Hyung Kwan

(생)1973·7·21 (출)경북 경주 (주)울산광역시 남구 법대로 45 울산지방검찰청 형사1부(052-228-4304) (학)1992년 포항제철고졸 1997년 서울대 사법학과졸 (경)1997년 사법시험 합격(39회) 2000년 사법연수원 수료(29기) 2000년 울산지검 검사 2002년 대구지검 김천지청 검사 2004년 서울북부지검 검사 2007년 대구지검 검사 2011년 수원지검 성남지청 검사 2012년 사법연수원 교수 2014년 서울중앙지검 부부장검사 2015년 인천지검 강력부장 2016년 청주지검 부장검사 2017년 대구지검 서부지청 형사2부장 2018년 수원지검 안산지청 형사1부장 2019년 울산지검 형사1부장(현)

이형국(李炯國) LEE Hyung Kook

(생)1955·1·18 (출)강원 인제 (주)서울특별시 강남구 학동로 171 (주)삼익악기 비서실(070-7931-0651) (학)대륜고졸, 영남대 경영학과졸 (경)(주)한국외환은행 근무 1995년 (주)삼익악기 국내영업이사 2005년 同영업본부장(상무이사) 2005년 同대표이사 전무·부사장 2005년 同대표이사 사장(현) (종)천주교

이형규(李亨奎) LEE Hyoung Kyu

(생)1953·8·21 (본)공주(公州) (출)전북 진안 (주)전라북도 전주시 완산구 천잠로 303 전주대학교 본관 102호 (학)1971년 해성고졸 1976년 성균관대 경상대학 통계학과졸 1987년 미국 시라큐스대 Maxwell School졸 2000년 행정학박사(성균관대) (경)행정고시 합격(16회) 1976년 국무총리행정조정실 행정사무관 1985~1993년 同사정기획담당관·총무과장 1993년 同외교안보심의관 1994년 미국 조지타운대 객원연구원 1995년 국무총리행정조정실 외교안보심의관 1998년 국무총리국무조정실 규제개혁2심의관 1999년 同사회복지심의관 1999년 同기획심의관 2001년 同사회문화조정관 2002년 同심사평가조정관 2002년 同총괄조정관 2003년 전북도 행정부지사 2006~2009년 행정공제회 이사장 2010년 전주대 행정대학원 특임교수 2011년 同창업지원단장 2012~2013년 창업선도대학협의회 회장 2014~2016년 전북도 정무부지사 2014~2015년 (재)전북창조경제혁신센터 이사장 2016년 전주대 행정대학원 특임교수(현) 2016~2018년 同창업지원단장 겸 창업드림학교장 2017년 국무총리소속 새만금위원회 민간위원장(현) 2019년 동학농민혁명기념재단 이사장(현) (상)녹조근정훈장(1981), 황조근정훈장(2003) (저)'디시전 메이킹'(2011) '결정의 기술'(2017)

이형규(李炯圭) LEE Hyeong Kyu

(생)1954·4·16 (출)광주 (주)충청북도 청주시 청원구 오창읍 연구단지로 40 한국생명공학연구원 천연물의약전문연구단(043-240-6120) (학)1978년 서울대 약학과졸 1980년 同대학원 약학과졸 1987년 약학박사(서울대) (경)1981년 일성신약(주) 시험연구실 연구주임 1982년 한국인삼연초연구원 임상성분연구실 연구원 1988년 한국과학기술연구원 화학부 객원선임연구원 1990년 한국생명공학연구원 책임연구원 1995~1997년 한양대 화학과 객원교수 1998~2000년 충남대 약대 겸임교수 2002~2004년 한국과학재단 전문분과위원 2002~2005년 한국생명공학연구원 면역제어연구실장 2004년 과학기술연합대 생체분자과학 교수 2006년 한국생명공학연구원 천연물의약연구센터장(책임연구위원) 2007년 同바이오신약연구부장 2008년 同오창총괄본부장 2009년 同바이오의학연구소장 2010년 한국생약학회 회장 2013년 한국생명공학연구원 표적의약연구센터장 2014년 同천연물의약전문연구단 책임연구원(현) (상)한국생약학회 우수논문상(1994), 대한약학회 학술장려상(2000), 한국생명공학연구원 기술개발상(2003), 대

전시 이달의과학기술자상(2003), 과학기술부 기초기술연구회 우수연구원상(2004), 한국생명공학연구원 우수연구팀상(2005), 교육과학기술부장관표창(2009), 한독약품·대한약학회 선정 제43회 학술대상(2012) (저)'신물질 탐색법(共)'(1996) '생명공학기술(共)'(1997) '면역요법제(共)'(2001) '천연물의약 및 화장품 Ⅰ·Ⅱ(共)'(2003) (역)'생약의 품질평가–동양 삼국 약전의 비교'(共)

이형규(李炯珪) Lee, Hyeong-Kyu

(생)1955·10·29 (본)한산(韓山) (출)충남 (주)서울특별시 성동구 왕십리로 222 한양대학교 법학전문대학원(02-2220-1005) (학)1979년 한양대 법학과졸 1984년 同대학원졸 1990년 법학박사(독일 괴팅겐대) (경)1990~2001년 한양대 법학과 조교수·부교수 1996~2002년 한국비교사법학회 상임이사 1997~2005년 한양법학회 감사 1998·2003·2004년 사법시험 위원 1998·2004년 군법무관시험 위원 1998~2000·2001~2002년 한양대 사회봉사단(ERICA) 기획운영실장 1999년 한국대학교육협의회 법학분야평가위원 2000·2003·2006년 입법고시 위원 2000·2002·2003·2006·2007·2013년 세무사시험 위원 2000~2002년 한국상사법학회 상임이사 2000~2007년 한국기업법학회 이사 2001년 한양대 법과대학 교수(현) 2001·2008년 행정고시 위원 2002~2008년 개인정보분쟁조정위원회 위원 2002~2011년 한국기업지배구조개선위원회 위원 2002~2004년 한국비교사법학회 감사 2003~2017년 한국상사판례학회 이사 2003~2007년 한국금융법학회 총무이사 2003~2009년 한국경영법률학회 이사 2003~2017년 한국스포츠엔터테인먼트법학회 부회장 2004~2011년 한국비교사법학회 부회장 2004~2009년 한국경제법학회 상임이사 2005·2008년 공인회계사시험 위원 2005~2007년 한양법학회 부회장 2006~2008년 한양대 교무실장 2006~2010년 한국스포츠중재위원회 중재인 2006~2010년 한국법학교수회 이사 2007년 정보통신윤리위원회 법제도연구반 연구위원 2007~2008년 한국상사법학회 감사 2007~2016년 한국기업법학회 부회장 2007~2013년 한국금융법학회 부회장 2007~2009년 한양법학회 회장 2008~2012년 한양대 교무처장 2008~2010년 同서울권역 e-러닝지원센터장 2008~2011년 한국대학교육협의회 대학과목선이수제운영위원회 위원장 2009~2013년 한국상사법학회 부회장 2009~2014년 한국경제법학회 부회장 2009~2016년 한국경영법률학회 부회장 2009~2011년 한양법학회 명예회장 2010년 (재)송재성한양대학교동문장학회 이사(현) 2011~2012년 한국비교사법학회 수석부회장 2011년 한양법학회 고문(현) 2011~2016년 한국법학교수회 부회장 2012·2013년 변호사시험 출제위원 2012~2014년 경기도의회 의원입법활동지원위원회 위원장 2012년 국가인권위원회 인권침해조정위원회 위원(현) 2012~2013년 수업목적저작물이용보상금비상대책위원회 위원장 2012~2013년 한국비교사법학회 회장 2013~2019년 한국상장회사협의회 자문위원 2013~2016년 독일 프리드리히나우만재단 한국장학생회장 2013~2014년 한국비교사법학회 명예회장 2013~2014년 한국상사법학회 수석부회장 2013년 한국금융법학회 고문(현) 2014~2015년 법무부 법령해석위원회 위원 2014년 한국비교사법학회 고문(현) 2014~2015년 한국상사법학회 회장 2015~2018년 한양대 법학전문대학원장 2015~2017년 同법과대학장 겸임 2015~2018년 한국거래소증권분쟁조정위원회 위원 2015~2017년 독일 괴팅엔대 한국동문회장 2015~2017년 한양대법과대학동문회 선임부회장 2015~2016년 한국상사법학회 명예회장 2015년 한국경제법학회 고문(현) 2016~2018년 법학전문대학원협의회 이사장 2016~2018년 대법관후보추천위원회 위원 2016년 한양대학교동문장학회 이사(현) 2016년 한국상사법학회 고문(현) 2016년 한국기업법학회 고문(현) 2017년 검찰총장후보추천위원회 위원 2017~2019년 사법연수원 운영위원회 위원 2017년 법무부 사면심사위원회 위원(현) 2017년 헌법재판소 자문위원회 위원(현) 2017년 한국상사판례학회 고문(현) 2017~2019년 한국스포츠엔터테인먼트법학회 회장 2017~2018년 한국법학교수회 정책자문위원장 2018~2019년 한양대 총장후보자추천위원회 위원장 2018년 헌법재판소재판관후보추천위원회 위원 2018년 삼성기부금운영위원회 위원(현) 2019년 한국스포츠엔터테인먼트법학회 명예회장(현) 2019년 한국법학교수회 고문(현) (상)법무부장관상(2014) (저)'會社設立의 實務가이드'(1993, 청림출판) '생활법률(共)'(1996, 법원사) (역)'독일 회사법'(1996, 한국조세연구소) '독일 주식법'(2014, 법무부) '독일 조직재편법'(2014, 법무부)

이형규

(생)1967 (주)서울특별시 금천구 가산디지털1로 222 한국후지필름(주)(02-3281-7700) (학)부산대 정치외교학과졸 (경)1993년 롯데백화점 입사 2008년 롯데복지장학재단 근무 2012년 롯데백화점 대전점장, 同평촌점장 2018년 同창원점장 2019년 한국후지필름(주) 대표이사 상무보A(현)

이형균(李炯均) LEE Hyong Kyun (靑洋)

(생)1939·9·11 (본)경주(慶州) (출)서울 (주)서울특별시 종로구 혜화로 35 화수회관 207호 아시아기자협회(02-712-4111) (학)1964년 서울대 정치학과졸 1992년 연세대 행정대학원졸 (경)1965년 경향신문 입사 1978년 同정치부장 1980년 경향신문·문화방송 駐미국특파원 1982년 경향신문 논설위원 1983년 同정치부장 1986년 同편집국장 1986년 한국신문편집인협회 운영위원장 1986년 경향신문 기획실장 1990년 同조사연구실장 1991년 同출판담당 이사대우 1991년 민주평통 자문위원 1993~1998년 한국프레스센터 전무이사 1993년 한국기자협회 고문 1996년 방송위원회 보도교양심의위원 1996년 대한언론인회 이사 1997~2002년 한국외국어대 강사·겸임교수 1998~2001년 한국PR협회 회장 1999년 경희대 강사 1999년 미디어포럼 고문 2001년 한국PR협회 명예회장(현) 2001~2008년 한국신문방송인클럽 회장 2003~2013년 인하대 초빙교수 2007년 한국언론재단사우회 초대회장 2008~2010년 대한언론인회 부회장 2008~2009년 관악언론인회 회장 2008~2012년 경향신문사우회 회장 2010~2012년 한국방송통신전파진흥원 이사 2012년 KBS시청자위원회 위원장 2012년 대한언론인회 편집고문 2012년 경향신문사우회 명예회장(현) 2014~2016년 대한언론인회 부회장 2018년 (사)아시아기자협회 이사장(현) (상)한국PR대상

이형근(李亨根) Hyung-keun, Lee

(생)1951·3·12 (본)전주(全州) (출)대구 (주)대구광역시 중구 태평로 141 대구콘서트하우스 관장실(053-250-1410) (학)1970년 성남고졸 1977년 서울대 기악과졸 1994년 계명대 대학원 작곡과졸 (경)1977~1978년 국립교향악단 단원 1980~1997년 경북심포니오케스트라 단장 1997~2006년 경북도립교향악단 상임지휘자 1998~2014년 영남대 겸임교수 2010~2013년 대구오페라하우스 관장 2014년 대구시민회관 관장 2016년 대구콘서트하우스 관장(현) (상)금복문화상, 대구음악상(2006)

이형근(李亨根)

(생)1971·1·13 (출)경남 하동 (주)서울특별시 서초구 서초중앙로 157 서울고등법원(02-530-1114) (학)1989년 진주 동명고졸 1994년 서울대 사법학과졸 (경)1993년 사법시험 합격(35회) 1996년 사법연수원 수료(25기) 1999년 울산지법 판사 2003년 인천지법 판사 2006년 서울남부지법 판사 2007년 법원행정처 민사정책심의관 2011년 서울고법 판사 2015년 법원행정처 사법등기국장 겸임 2017년 광주고법 판사 2018년 서울고법 판사(현)

이형모(李亨模) LEE Hyung Mo

(생)1946·2·11 (출)서울 (주)서울특별시 종로구 새문안로3길 30 대우빌딩 복합동704호 (주)재외동포신문(02-739-5910) (학)1964년 경기고졸 1969년 고려대 법학과졸 1972년 同대학원 수료 (경)1975~1990년 대한투자금융(주) 영업부장·증권부장·총무부장 1989년 경제정의실천시민연합 발기인·재정위원장 1989~1999년 同상임집행위원회 부위원장 1990~1992년 同경제정의 창간운영위원장 1992년 대한YMCA연맹 총무부장 1994~2006년 시민의신문 발행인 겸 편집인·대표이사 1998~2003년 북한옥수수심기범국민운동 실행위원장 1998년 백범김구선생기념사업협회 이사 1999년 경제정의실천시민연합 상임집행위원장 2000년 소비자생활협동조합 전국연합회장 2000년 경제정의실천시민연합 경제정의연구소 이사 2002년 시민운동정보센터 이사장 2003년 재외동포신문 발행인 2003년 21세기시민사회포럼 운영위원장 2003년 뉴패러다임포럼 상임대표 2004년 (사)한우리독서문화운동본부 회장 2004년 대통령자문 사람입국신경쟁력특별위원회 위원 2004~2007년 (재)녹색문화재단 이사장 2005년 SBS문화재단 이사 2005년 2005희망포럼 운영위원장 2006년 (주)재외동포신문 회장(현) (종)기독교

이형목(李珩睦) LEE Hyung Mok

(생)1956·7·17 (출)경기 화성 (주)대전광역시 유성구 대덕대로 776 한국천문연구원(042-865-3206) (학)1975년 신일고졸 1979년 서울대 천문학과졸 1981년 同대학원 천문학과졸 1986년 천체물리학박사(미국 Princeton Univ.) (경)1981~1982년 서울대 자연과학대학 천문학과 조교 1986~1989년 캐나다 이론천체물리연구소(CITA) 연구원 1987년 영국 케임브리지대 천문학연구소(IOA) 객원연구원 1989~1998년 부산대 사범대학 지구과학교육과 조교수·부교수·교수 1993년 미국 캘리포니아대 Institute for Theoretical Physics Visiting Research Physicist 1998~2018년 서울대 자연과학대학 물리천문학부 교수 2000년 일본 우주과학연구소 외국인특별연구원 2002년 한국천문학회 편집위원장 2005년 한국과학기술한림원 정회원(현) 2006년 교육인적자원부·한국학술진흥재단 선정 '대한민국 국가석학(Star Faculty)', 한국중력파연구협력단(KGWG) 단장(현) 2012~2013년 한국국제천문올림피아드 위원장 2014~2015년 한국천문학회 회장 2018년 한국천문연구원 원장(현) (상)과학기술훈장 진보장(2010), 수당재단 수당상(2019)

이형배(李炯培) LEE Hyoung Bae (松峰)

(생)1938·12·17 (본)합천(陜川) (출)전북 남원 (학)남원농고졸 1975년 연세대 경영대학원 수료 1983년 서울대 행정대학원 수료 1984년 미국 조지워싱턴대 행정대학원 수료 (경)1970년 한독무역 사장 1979년 서울시 남산보호위원장 1980년 민주한국당(민한당) 창당발기인 1981년 제11대 국회의원(남원·임실·순창, 민한당) 1981년 민한당 중앙상무위원회 부의장 1984년 APPU이사회 부의장 1985년 월간 '장생' 발행인 1986년 민권회 사무처장 1987년 민주당 재정위원회 부위원장 1988년 평민당 중소상공문제특별위원회 위원장 1988년 제13대 국회의원(전국구, 평민당·신민당·민주당) 1990년 평민당 당무위원 겸 농수산위원장 1991년 신민당 당무위원 겸 농수산위원장 1998년 한나라당 남원지구당 위원장 1998년 제15대 국회의원(전국구 승계, 한나라당) 1998년 한나라당 재해대책위원장 1999년 同전북도지부 위원장 2002년 남원시장선거 출마(새천년민주당) 2003년 한독무역(주) 회장 2004년 남대문시장(주) 회장 2005~2006년 (주)브로딘엔터테인먼트 대표이사 2012년 새누리당 전북도당 전북원로자문회의 고문 2013~2015년 대한민국헌정회 이사 2014년 새누리당 전북도당 상임고문 2017년 자유한국당 상임고문 (저)회고록 '민초의 아픔을 안고' '어둠을 밝힌 촛불' '우리농촌 어찌할 것인가' '학처럼 깨끗한 정치가 나라를 바로 세운다' (종)천주교

이형백(李炯栢) YI Hyung Baek

(생)1971·9·23 (주)서울특별시 서초구 반포대로24길 17 (주)이스트게임즈 사장실(070-8616-4003) (학)대원고졸, 인하대 토목공학과졸, 한양대 경영대학원 경영학과졸 (경)(주)현대건설 토목사업본부 근무, (주)이스트소프트 경영지원본부장(전무이사) 2011년 同경영지원본부장(부사장), 同최고재무관리자(CFO) 2016년 (주)이스트게임즈 대표이사 사장(현)

이형석(李亨錫) Lee Hyung-Suk (廣德)

(생)1958·2·16 (본)전주(全州) (출)전남 장흥 (주)서울특별시 영등포구 국회대로 750 금산빌딩 11층 한국사회적경영연구원(02-3775-2911) (학)1978년 검정고시 합격 1982년 고려대 경영학과졸 2016년 국제통상학박사(남서울대) (경)1988년 한국사업정보개발원 원장(현) 1997~2004년 한국대학생벤처창업연구회 자문위원 1997~2000년 한국창업지도사협회 회장 1997년 (사)한국프랜차이즈협회 자문위원(현) 1997~2003년 한국사업컨설팅협회 회장 1999~2000년 대한YWCA연합회 직종개발전문위원 2000~2001년 경기대 교양학부 겸임교수 2000년 (주)비즈니스유엔 대표이사(현) 2001~2005년 한국창업컨설팅협회 회장 2003년 한국사회적경영연구원(사회적협동조합) 이사장(현) 2003~2005년 한국여성단체협의회 전문위원 2003~2005년 (사)한국소자본창업컨설팅협회 회장 2004년 (사)한국방송통신콘텐츠협회 회장(현) 2004년 통일벤처협의회 부회장 2005~2007년 (사)한국소자본창업컨설팅협회 명예회장 2005~2010년 아름다운재단 창업자문위원 2005년 남서울대 객원연구원(현) 2006년 성공회대 초빙교수, MBC라디오 '홍종학 교수의 손에 잡히는 경제' 패널 2006년 국무총리직속 제대군인지원위원회 위원 2007~2011년 서울시 여성취업·창업지원협의회 위원 2007~2015년 원광디지털대 겸임교수, 열린사이버대 교수, 숭실대 중소기업대학원 초빙교수 2011년 서울여성능력개발원 자문위원(현) 2013년 한국사회적기업진흥원 중앙운영위원 2013년 KBS라디오 '생방송 토요일아침' 전문패널(현) 2013년 대전시 사회적기업 심사위원(현) 2015년 이코노믹리뷰 '빅데이터로 본 창업의 비밀' 칼럼리스트(현) 2017년 경기도 공유경제촉진위원회 부위원장(현) 2018년 시사저널 '이형석의 미러링과 모델링' 연재(현) (상)대한민국 최우수전문데이터베이스 대상(1999) (저)'돈, 머리로 번다'(1997) '이형석의 돈을 법시다'(1999) '대한민국에는 성공할 자유가 있다'(2002) '한국의 음식부자들'(2004) '창업 이렇게 하면 무조건 성공한다'(2004) '창업 스스로에게 길을 묻다'(2010) '2013 자영업 대예측'(2012, 공감의기쁨) '손에 잡히는 창업'(2013, 공감의기쁨) '대한민국 창업 보물지도'(2014, 공감의기쁨) '빅데이터가 알려주는 성공창업의 비밀'(2018) (종)기독교

이형석(李炯錫) LEE Hyung Seok

(생)1961·10·5 (본)전주(全州) (출)전남 순천 (주)서울특별시 영등포구 국회대로68길 7 더불어민주당(1577-7667) (학)1979년 순천고졸 1987년 조선대 법학과졸 2006년 전남대 대학원 정치학과졸 (경)1996년 광주은행 노조위원장 1996년 전국금융노동조합연맹 부위원장 겸 광주·전남지역본부장 1996년 한국노동조합총연맹 광주시지부 부의장 1998·2002년 광주시의회 의원(국민회의·새천년민주당·열린우리당) 2001년 同운영위원장 2002~2004년 同의장 2003~2006년 5.18기념문화재단 이사 2005~2006년 조선대 경영대학 객원교수 2007~2008년 대통령 사회조정3비서관 2009년 (사)시민생활환경회의 이사장, 노무현재단 기획위원, 시민주권 운영위원, 광주평화아카데미 운영위원 2012~2014년 광주시 경제부시장 2016년 더불어민주당 광주북구乙지역위원회 위원장(현) 2016년 제20대 국회의원선거 출마(광주 북구乙, 더불어민주당) 2016~2018년 더불어민주당 광주시당 위원장 2017·2018년 同최고위원(현) 2019년 아시아나항공(주) 사외이사 (상)올해의 자랑스러운 조대인상(2017) (저)'이형석의 혁신 리더십'(2006) (종)기독교

이형섭(李亨燮) Hyung Seob, Lee

(생)1971 · 11 · 26 (출)인천 강화 (주)충청남도 공주시 반포면 반포초교길 253 공주치료감호소 행정지원과(041-840-5400) (학)1994년 서울대 사회복지학과졸 2000년 일본 사이타마대 대학원 정책분석학과졸 2012년 사회복지학박사(서울대) (경)1995년 행정고시 합격(38회) 2002~2005년 법무연수원 교수 2009년 수원보호관찰소 성남지소장 2009~2010년 영국 포츠머스대 국외훈련 2010년 인천보호관찰소 부천지소장 2011년 위치추적중앙관제센터장 2013년 서울북부보호관찰소장 2015년 수원보호관찰소장 2017년 서울북부보호관찰소장 2018년 대구소년원장 2018년 법무부 치료처우과장 2019년 공주치료감호소 행정지원과장(현) (저)'한국전자감독제도론(共)'(2013, 박영사) '교정복지론(共)'(2014, 학지사) '보호관찰제도론(共)'(2016, 박영사)

이형세(李亨世) Lee Hyung Se

(생)1960 · 2 · 15 (본)전의(全義) (출)충북 청주 (주)서울특별시 강남구 언주로 551 프라자빌딩8층 테크빌교육(주)(02-3442-7783) (학)1978년 충북고졸 1982년 성균관대 도서관학과졸 2007년 서울대 공과대학원 최고산업전략과정(AIP) 수료 2008년 한국과학기술원(KAIST) 진대제AMP과정 수료 2016년 성균관대 WAMP과정 수료 (경)1988년 (주)터보테크 창립멤버 · 부사장 2001년 테크빌교육(주)(舊 테크빌닷컴(주)) 대표이사 사장(현) 2009~2015년 대한공업교육학회 부회장 2009~2015년 KERIS 교육정보화포럼 위원 2009~2015년 한국HRD기업협회 이사 2009~2015년 한국이러닝산업협회 제4 · 5 · 6대 회장 2009~2015년 산업통상자원부 이러닝산업발전위원회 위원 2009~2015년 이러닝진흥위원회 위원 2009~2015년 스마트러닝포럼 운영위원장 2009~2015년 문화체육관광부 콘텐츠산업진흥실무위원회 위원 2011년 국가과학기술인력개발원 교육기획자문위원회 자문위원(현) 2011년 서강대 기술경영전문대학원 겸임교수(현) 2015년 성균관대 데이터사이언스전공 자문위원회 위원(현) (상)제34회 과학의날 과학기술유공자 과학기술부장관표창(2001), 제38회 과학의날 과학기술유공자 대통령표창(2005), 벤처기업대상 중소기업청장상(2009), 대한민국 ICT이노베이션대상 유공자부문 철탑산업훈장(2014), 한국경영교육학회 에듀테크 경영혁신대상(2019)

이형식(李亨植) Lee Hyongsik

(생)1976 · 9 · 16 (출)경북 안동 (주)대전광역시 서구 청사로 189 조달청 구매총괄과(042-724-7210) (학)1995년 경북고졸 2000년 고려대졸 2010년 미국 플로리다주립대 대학원 행정학과졸 (경)2000년 행정고시 합격(44회) 2008년 조달청 시설총괄과 서기관 2010년 서울지방조달청 시설과장 2010년 국외 훈련 2012년 조달청 국제협력과장 2014년 부산지방조달청 자재구매과장 2014~2018년 스위스 ITC국제무역센터 파견 2018년 조달청 구매사업국 쇼핑몰기획과장(서기관) 2019년 同구매사업국 쇼핑몰기획과장(부이사관) 2019년 同구매총괄과장(현)

이형열(李亨烈) LEE Hyung Yeol (元剛)

(생)1937 · 10 · 6 (본)전주(全州) (출)경북 구미 (주)서울특별시 종로구 돈화문로 89 이화회관 종묘제례보존회(02-765-2124) (학)오성중졸 1997년 성균관대 유학대학원 수료 (경)1992~2000년 종묘제례보존회 전례이사 2000년 국가무형문화재 제56호 종묘제례(제수 · 제기) 예능보유자 지정 2000년 종묘제례보존회 제무이사, 성균관대총동문회 상임이사, 유림춘추 편집위원역임, 성균관유도회총본부 상임이사, 전주이씨대동종약원 상임이사 2018년 국가무형문화재 제56호 종묘제례(제수 · 제기) 명예보유자(현) (상)성균관대총장표창(1998) (저)교재 '종묘대제', '信嬪誌'(2000, 기창족보사) (종)유교

이형원(李亨源) LEE Hyeong Won

(생)1960 · 2 · 27 (주)서울특별시 종로구 인사동7길 32 SK건설 에너지기술사업부문(02-3700-7114) (학)여의도고졸, 서울대 자원공학과졸, 同대학원 암반역학과졸, 암반역학박사(서울대) (경)대한광업진흥공사 근무 1993~2000년 SK건설 근무 2000년 同토목T/K팀장 2005년 同토목영업1팀장 2007년 同토목영업담당 상무 2010년 同SOC영업본부장(상무) 2012년 同Infra개발영업본부장 겸 국내Infra사업총괄 Project PD(상무) 2017년 同마케팅 · 사업개발본부장 겸 연구소장(전무) 2018년 同사업개발본부장 겸 연구소장(전무) 2019년 同에너지기술사업부문장(현)

이형일(李炯一)

(생)1963 (주)서울특별시 영등포구 여의나루로 50 KB증권 WM총괄본부(02-6114-0114) (학)서울대 경영학과졸, 同대학원 경영학과졸 (경)1995년 하나은행 HK(홍콩)지점 현지법인 근무 1997년 同홍보팀장 2002년 同PB지원팀장 2004년 同대치동지점장 2008년 同마케팅기획부장 2008년 同압구정중앙지점장 2009년 同PB사업부장 2011년 同PB본부장 2016년 KEB하나은행 리테일전략본부장(전무) 2018년 KB증권 WM총괄본부장(전무)(현)

이형재(李炯再)

(생)1962 · 2 · 15 (출)경남 진주 (주)대전광역시 중구 보문로 282 대전보호관찰소(042-280-1271) (학)부산대 사회복지학과졸, 미국 샘휴스턴주립대 형사사법대학원 수학 (경)1991년 행정고시 합격(34회) 1992년 부산보호관찰소 관호과 근무 1994년 법무부 보호국 관찰과 근무 1997년 법무연수원 교수 2004년 법무부 보호국 관찰과 근무 2005년 청주보호관찰소장 2007년 수원보호관찰소 안산지소장 2008년 인천보호관찰소장 2012년 의정부보호관찰소장 2014년 수원보호관찰소장 2015년 법무부 특정범죄자관리과장 2015년 同보호관찰과장 2016년 부이사관 승진 2017년 대구보호관찰소장 2018년 대전보호관찰소장(현)

이형재(李亨載) LEE Hyung Jae

(생)1969 · 8 · 27 (본)진성(眞城) (출)서울 (주)대전광역시 유성구 유성대로935번길 50 한국타이어 테크노돔(042-724-1018) (학)1992년 고려대 재료공학과졸 1994년 同대학원 재료공학과졸 (경)1993년 한국타이어(주) 중앙연구소 책임연구원 2011~2016년 同연구개발본부 공정연구팀장 2016~2018년 同연구개발본부 재료개발2팀장 2018년 同연구개발본부 재료개발1팀장(상무보) 2019년 한국타이어앤테크놀로지 연구개발본부 재료개발1팀장(상무보)(현) (상)과학기술부 이달(3월)의 엔지니어상(2005) (종)기독교

이형종(李炯宗) Lee Hyung-jong

(생)1967 · 3 · 5 (주)서울특별시 종로구 사직로8길 60 외교부 인사운영팀(02-2100-7141) (학)1990년 서울대 외교학과졸 1994년 아일랜드 더블린대 대학원 경제학과졸(석사) (경)1989년 외무고시 합격(23회) 1990년 외무부 입부 1996년 駐프랑스 2등서기관 1997년 駐경제협력개발기구 2등서기관 1999년 駐리비아 1등서기관 2004년 경제협력개발기구(OECD)사무국 무역분석관 2006년 외교통상부 여권과장 2007년 同경제협력과장 2008년 同경제기구과장 2008년 駐경제협력개발기구(OECD) 참사관 2011년 駐캄보디아 공사참사관 2014년 외교부 국제경제국 심의관 2016년 同기후변화환경외교국장 2017년 駐시애틀 총영사(현) (저)'소설 앙코르와트 : 자야바르만 7세 앙코르 제국의 대왕'(2014, 비움과소통)

이형주(李炯柱)
(생)1970 · 8 · 6 (출)경남 진주 (주)서울특별시 송파구 법원로 101 서울동부지방법원(02-2204-2114) (학)1989년 진주 명신고졸 1994년 서울대 공법학과졸 (경)1995년 사법시험 합격(37회) 1998년 사법연수원 수료(27기) 2000년 軍법무관 2001년 서울지법 의정부지원 판사 2003년 창원지법 진주지원 판사 2008년 서울남부지법 판사 2012년 서울중앙지법 판사 2014년 전주지법 군산지원 부장판사 2016년 수원지법 안산지원 부장판사 2017년 서울동부지법 부장판사(현)

이형철(李炯哲) LEE Hyoung Chul
(생)1959 · 5 · 19 (주)경상북도 포항시 남구 동해안로 6363 현대제철(주) 포항공장(054-271-1114) (학)장훈고졸, 고려대 금속공학과졸 1984년 同대학원 금속공학과졸, 금속공학박사(캐나다 맥길대) (경)2008년 현대제철(주) 기술담당 이사대우 2009년 同생산기술실장(이사대우) 2010년 同생산기술실장(이사) 2012년 同에너지 · 물류실장 겸 생산기술실장(상무) 2014년 同포항공장장(전무) 2018년 同포항공장장(부사장) 2018년 同인천 · 포항담당 부사장(현)

이형철(李亨鐵) Lee Hyungchul
(생)1962 · 1 · 20 (출)전남 광양 (주)경기도 수원시 권선구 동수원로 286 경기도소방재난본부(031-230-2800) (학)1980년 진상종합고졸 1988년 단국대 행정학과졸 (경)1990년 소방위 임용(소방간부후보 6기) 2005년 전남 보성소방서 · 광양소방서 · 여수소방서장(지방소방정) 2011년 서울시 소방재난본부 재난대응과장(지방소방준감) 2012년 소방방재청 중앙119구조단장 2013년 同소방정책국 소방정책 · 소방산업과장 2015년 국민안전처 중앙119구조본부장(소방감) 2016년 전남도 소방본부장 2018년 소방청 중앙소방학교장 2019년 同경기도소방재난본부장(소방정감)(현) (상)대통령표창(2006), 홍조근정훈장(2013)

이형철(李炯哲) LEE, HYUNG-CHEOL
(생)1966 · 5 · 30 (출)부산 (주)서울특별시 강남구 테헤란로87길36 도심공항타워 법무법인(유) 로고스(02-2188-1021) (학)1985년 해운대고졸 1989년 서울대 법학과졸 (경)1989년 사법시험 합격(31회) 1992년 사법연수원 수료(21기) 1992년 수원지검 성남지청 검사 1994년 광주지검 해남지청 검사 1995년 서울지검 서부지청 검사 1997년 창원지검 검사 1999년 서울지검 의정부지청 검사 2001년 서울지검 검사 2004년 부산지검 부부장검사 2004년 부산고검 검사 2005년 서울동부지검 부부장검사 2006년 광주지검 공안부장 2007년 부산지검 형사4부장 2008년 광주지검 부장검사 2008년 통일부 파견 2009년 서울남부지검 공판송무부장 2009년 울산지검 형사1부장 2010년 서울서부지검 형사2부장 2011~2012년 서울북부지검 형사1부장 2012년 법무법인(유) 로고스 변호사(현)

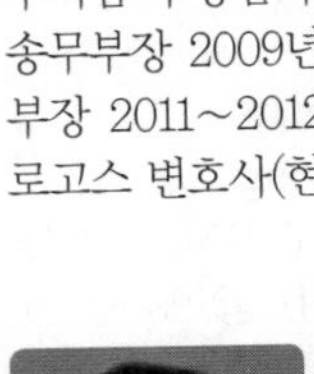

이형택(李炯澤) LEE Hyeng Taek
(생)1964 · 7 · 28 (출)전북 고창 (주)서울특별시 서초구 서초대로 250 스타갤러리브릿지 7층 이형택법률사무소(02-6672-0001) (학)1982년 전주 영생고졸 1986년 고려대 법학과졸 (경)1992년 사법시험 합격(34회) 1995년 사법연수원 수료(24기) 1997년 인천지검 검사 1998년 수원지검 평택지청 검사 2000년 서울지검 검사 2003년 법무부 특수법령과 검사 2005년 광주지검 검사 2007년 同부부장검사 2007년 부산지검 부부장검사 2009년 전주지검 남원지청장 2010년 법무부 통일법무과장 2012년 서울중앙지검 형사제3부장 2013년 대구지검 형사1부장 2014년 서울남부지검 형사1부장 2015년 수원지검 성남지청 차장검사 2016년 전주지검 차장검사 2017년 인천지검 부천지청장 2018~2019년 서울고검 공판부장 2019년 변호사 개업(현)

이형호(李炯虎) Lee Hyoungho
(생)1960 · 10 · 17 (본)경주(慶州) (출)경북 청도 (주)서울특별시 강남구 삼성로 610 그랜드코리아레저(주) 혁신경영본부(02-6421-6000) (학)1979년 경북고졸 1986년 중앙대 행정학과졸 1994년 서울대 행정대학원 수료 2010년 중앙대 신문방송대학원졸 (경)1989년 행정고시 합격(33회) 1990~1991년 중앙공무원교육원 수습사무관 1991년 문화부 생활문화국 지역문화과 근무 1994년 문화체육부 예술진흥국 예술진흥과 근무 1995년 同기획관리실 행정관리담당관실 근무 1996년 독일 프리드리히 에버트재단 연수 1996년 문화체육부 문화산업국 영화진흥과 근무 1997년 同문화정책국 문화정책과 근무 1998년 국립중앙극장 공연과 근무 1999년 국무조정실 심사평가담당관실 파견 2000년 문화관광부 문화산업국 방송광고과 근무 2001년 同문화산업국 게임음반과 서기관 2003년 同예술국 전통지역문화과 서기관 2004년 同문화정책국 국어정책과장 2004년 同문화정책국 국어민족문화과장 2006년 同예술국 예술정책과장 2008년 대통령취임식준비위원회 파견 2008년 문화체육관광부 문화정책국 문화정책과장 2009~2010년 대통령직속 국가브랜드위원회 사업지원단 기획총괄국장(부이사관) 2011년 해외연수(호주 시드니 파워하우스뮤지엄) 2012년 문화체육관광부 문화예술국 국제문화과장 2013년 해외문화홍보원 해외문화홍보기획관(일반직고위공무원) 2014년 문화체육관광부 문화기반국장 2014년 同문화정책국장 2015년 同문화예술정책실 문화정책관 2016~2018년 연합뉴스 수용자권익위원회 위원 2017년 문화체육관광부 체육정책실장 2017~2018년 국립중앙도서관 디지털자료운영부장 2018년 그랜드코리아레저(GKL) 혁신경영본부장(상임이사)(현) (상)국무총리표창(2003 · 2012), 대통령표창(2008), 근정포장(2015), 제2회 대한민국 공무원상(2016) (저)'산업유산의 문화적 활용을 통한 가치창출에 관한 연구'(2012) '문화는 브랜드다'(2016, 워치북스)

이형환(李炯桓) Lee Hyung Hwan (律絃)
(생)1963 · 9 · 20 (본)전주(全州) (출)서울 (주)경기도 안성시 대덕면 서동대로 4726 중앙대학교 전통예술학부(031-670-4742) (학)서울대 음악대학 국악과졸, 중앙대 일반대학원 음악과졸, 서울대 행정대학원 행정학과졸, 同행정대학원 정책학 박사과정 수료, 행정학박사(국민대) (경)중요무형문화재 제16호 거문고산조 이수자(현), 대구예술대 한국음악과 교수, 동국대 한국음악과 교수, 문화재청 무형문화재위원회 위원, 한국전통예술단 풍류 예술감독, 인천시문화재위원회 위원, (사)한국문화정책학회 회장(현) 2013년 한국국악교육연구학회 제3대 회장 2013~2016년 중앙대 국악교육대학원장 2015년 한국문화예술위원회 위원 2016~2017년 대통령 문화체육비서관, 중앙대 예술대학 전통예술학부 교수(현)

이형훈(李炯壎) Lee hyunghoon
(생)1966 · 3 · 13 (주)서울특별시 종로구 청와대로 1 대통령정책실 사회정책비서관실(02-770-0011) (학)1991년 연세대 상경대학 경영학과졸 1997년 서울대 행정대학원 행정학과졸 2002년 영국 요크대 대학원 경제학 박사과정 수료 (경)1994년 행정고시 합격(38회) 2005년 보건복지부 연금보험국 보험정책과 서기관 2005년 대통령자문 빈부격차차별시정위원회 파견(서기관), 보건복지부 재정기획관실 서기관 2007년 同기초노령연금추진단 기초노령연금TF운영팀장 2007년 同정책홍보관리실 한미자유무역협정팀장 2008년 보건복지가족부 기획조정담당관 2009년 세계보건기구(WHO) 파견 2012년 보건복지부 사회복지정책실 국민

연금재정과장 2014년 同사회복지정책실 국민연금재정과장(부이사관) 2014년 同사회복지정책실 복지정책과장 2014년 同보건의료정책실 보건의료정책과장 2016년 同보건의료정책실 한의약정책관(일반직고위공무원) 2017년 국정기획자문위원회 사회분과 위원 2017년 보건복지부 대변인 2018년 대통령정책실 사회수석비서관실 사회정책비서관실 선임행정관(현) (상)근정포장(2015)

이형희(李亨熙) LEE Hyung Hee

(생)1962 · 9 · 19 (출)서울 (주)서울특별시 종로구 종로 26 SK그룹 SUPEX추구협의회(02-6400-0114) (학)1981년 신일고졸 1988년 고려대 산업공학과졸 1992년 同대학원 경영학과졸 (경)1988년 (주)선경매그네틱 광고기획담당 1996년 SK텔레콤 기획조정실 조사분석팀 근무 2000년 同전략개발실 경영정보팀장 2002년 同CR전략팀장 2003년 同CR전략실장(상무) 2009년 同CR전략실장(전무) 2010년 미국 교육연수 2011년 SK텔레콤 네트워크CIC C&S사업단장 2011년 同대외협력부문장 2012~2014년 同CR부문장(부사장) 2012년 한국e스포츠협회 회장 2015년 SK텔레콤(주) 이동통신부문(MNO) 총괄부사장 2015~2019년 한국사물인터넷협회 회장 2015년 한국IT비즈니스진흥협회(IPA) 회장 2016년 개인정보보호협회 회장 2016년 SK텔레콤 사업총괄 부사장 2017~2018년 SK브로드밴드 대표이사 사장 2017~2018년 SK텔레콤(주) 미디어사업부장 겸임 2019년 SK그룹 SUPEX(Super Excellent)추구협의회 사회공헌(SV)위원장(현)

이혜경(李惠炅 · 女) LEE Hye Kyong

(생)1948 · 3 · 25 (출)경북 울진 (주)서울특별시 마포구 월드컵북로5길 13 (재)한국여성재단(02-336-6364) (학)1970년 서울대 영어영문학과졸 1973년 미국 하와이대 대학원 사회사업학과졸 1982년 사회복지학박사(미국 버클리대) (경)1982~1990년 이화여대 사회사업학과 조교수 · 부교수 1988년 한국사회복지학회 부회장 1990~2013년 연세대 사회과학대학 사회복지학과 교수 1995년 행정쇄신위원회 실무위원 1996~2000년 사회보장학회 부회장 1997년 연세대 사회복지연구소장 2000~2003년 가양복지관 관장 2001년 대통령자문 정책기획위원 2003~2005년 연세대 사회복지대학원장 2004~2005년 대통령자문 국민경제자문회의 위원 2005년 대통령자문 빈부격차차별시정위원회 위원장 2007년 대통령자문 양극화민생대책위원회 위원장 2012~2015년 서울시복지재단 이사장 2013년 연세대 사회복지학과 명예교수(현) 2015년 (재)한국여성재단 이사장(현) 2017년 미래포럼 이사장(현) (상)국민훈장 목련장, 근정포장(2013) (저)'한국사회복지학의 정체성' '한국공익재단의 환경변화와 발전방향' '사회복지학'(共)

이혜경(李惠卿 · 女) LEE Haekyung

(생)1957 · 1 · 11 (본)전주(全州) (출)서울 중구 (주)서울특별시 강남구 강남대로 320 황화빌딩 1706호 (주)테라하임(070-7794-7401) (학)1980년 고려대 농화학과졸 1983년 독일 키엘(Kiel)대 생물학과졸 1986년 同대학원 생물학과졸 1989년 생화학박사(독일 키엘대) (경)1989~1990년 미국 매사추세츠대 생화학 및 분자생물학부 연구원 1990~1992년 독일 Freiburg 소재 Max-Planck연구소 연구원(면역생물학) 1994년 독일 Bayern(주) 경영학과정 수료 1994~1996년 독일 (주)UCB제약회사 근무 1997~2013년 IUT환경(MUTK) 한국대표 겸 대표이사 1999~2001년 동서대 국제공동대학원 생명공학과 교수 2000년 환경부 중앙환경보전자문위원 2001~2003년 국가과학기술자문회의 전문위원 2001~2003년 국회 환경포럼정책자문위원회 폐기물연구위원장 및 전문위원 2001~2011년 대한상공회의소 환경기후위원회 위원 2002~2006년 서울시 환경영향평가위원회 위원 2002~2008년 과학기술부 조사분석평가및예산심의위원회 위원 2004~2013년 과천시 도시계획위원회 위원 2007년 한국여성환경정책포럼 창립자 · 고문(현) 2007년 同대표 2008~2013년 지식경제부 해저광물자원개발위원회 심의위원 2008~2011년 교육과학기술부 과학기술정책분과위원회 자문위원 2009~2011년 (주)동호 전무이사 2010년 (사)한국환경보건복지협회 회장(현) 2010년 한국물포럼 이사(현) 2010~2012년 (사)한국유기성폐자원학회 이사 2012~2016년 환경부 자체규제개혁위원회 위원 2012~2016년 국회입법조사처 조사분석지원위원단 위원 2012~2017년 (사)한국환경한림원 학술위원 겸 기획위원 2013년 산업통상자원부 해저광물자원개발위원회 심의위원 2014년 (주)테라하임 대표이사(현) 2014~2015년 세계물포럼 시민포럼TF 위원 (상)국무총리표창(2003) (저)'퇴비화의 이론 및 응용' (역)'악취 측정 및 제거'(2003) '기후의 역습'(2005) '어둠의 아이들'(2013)

이혜경(李憓炅 · 女) LEE Hye Kyung

(생)1959 · 1 · 19 (본)벽진(碧珍) (출)강원 원주 (주)경기도 안성시 대덕면 서동대로 4726 중앙대학교 음악학부 피아노전공(031-670-3310) (학)1975년 서울예고 명예졸 1979년 독일 에센폴크방 음대 수료 1983년 독일 뮌헨국립음대 대학원 최고연주자과정졸, 이태리 시에나 Chigiana Academy · 오스트리아 짤츠부르크 · 빈 · 러시아 모스크바 · 성페테르부르크음악원 등 Master Course (경)에센 · 뮌헨 · 쾰른 · 프랑크푸르트 · 워싱턴 케네디센터 · 뉴욕 링컨센터 · 일본 · 독일 · 미국 · 호주 · 필리핀 · 러시아 · 오스트리아 · 영국 · 아일랜드 · 우크라이나 · 말레이시아 · 알제리 · 인도네시아 · 루마니아 등지에서 연주, KBS교향악단 · 서울시향 · 코리안심포니 · 아일랜드 얼스터교향악단 · 오사카 뉴필하모니 · 미국Joshua · 러시아Ufa오케스트라 · 루마니아 Oltenia · 루마니아 Bacau · 루마니아 Craiova · Moldova 방송교향악단 등과 협연, 막상스라리외 · 패트릭갈로와 · 강동석 · 스테픈번즈 · 뉴부다페스트4중주단 · 쾰른 트리오 · 콜로라도 4중주단 등과 실내악 외 600여 회 연주회, 모스크바 차이코프스키음악원 · 시드니 NSW대 · 필리핀 국립대 · 독일 자브뤼켄 국립음대 · 우크라이나 Sumi페스티발, 인도네시아 등지에서 매스터클래스 개최, 미국 루이지애나 국제콩쿨 · 인도네시아 국제협주곡콩쿨 · 동아일보 · 중앙일보 · 한국일보 · 세계일보 · 국민일보 · 경향신문 · KBS · 부산MBC 콩쿨 등 심사위원 1984~2011년 중앙대 음악대학 피아노과 교수, 독일 자브뤼켄국립음대 교환교수, 한국피아노학회 부회장 2005년 PIANO ON 음악감독(현) 2011년 중앙대 음악학부 피아노전공 교수(현) (상)이화 · 경향신문 피아노콩쿨 1위, 교육대학주최 콩쿨 1위, 독일 에센폴크방 음대주최 종합콩쿨 피아노부 1위, 포르투갈 비안나 다모타 국제피아노콩쿨 바하상, 독일음대연합콩쿨입상, 한국음악펜클럽 이달의음악가상, 음악동아 올해의음악가상, 한국음악협회 건반악기부문 한국음악상, 한국음악평론가협회 서울음악상, 2016 혁신한국인상 (작)러시아 Classical Records사의 아티스트로 15종의 음반발매, 서울시향 400회 정기연주회 기념음반, KBS '한국의 연주자' 음반 (종)불교

이혜광(李惠光) LEE Hye Kwang

(생)1959 · 10 · 11 (출)부산 (주)서울특별시 종로구 사직로8길 39 세양빌딩 김앤장법률사무소(02-3703-1750) (학)1982년 서울대 법대졸 1987년 同대학원 법학과졸 1991년 영국 캠브리지대 연수 (경)1981년 사법시험 합격(23회) 1984년 사법연수원 수료(14기) 1985년 軍검찰관 1988년 서울지법 동부지원 판사 1990년 서울형사지법 판사 1991년 영국 캠브리지대 연수 1993년 대전지법 판사 1993년 대전고법 판사 1996년 서울고법 판사 겸 법원행정처 법무담당관 1997년 同판사 1999년 서울지법 판사 1999년 대전지법 부장판사 2001년 사법연수원 교수 2004년 서울중앙지법 부장판사 2006년 광주고법 부장판사 2007년 수원지법 수석부장판사 2008~2009년 서울고법 부장판사 2009년 김앤장법률사무소 변호사(현)

이혜란(李蕙蘭 · 女) LEE Hae Ran

(생)1953 · 8 · 8 (본)경주(慶州) (주)경기도 안양시 동안구 관평로170번길 22 한림대학교성심병원 소아청소년과(031-380-3730) (학)1978년 연세대 의대졸 1988년 중앙대 대학원 의학석사 1991년 의학박사(중앙대) (경)1978~1983년 국립의료원 인턴 · 전공의 1983~1997년 한림대 의과대학 소아과학교실 전임강사 · 조교수 · 부교수 1992년 미국 펜실베이니아대 필라델피아소아병원 면역학교실 Post-Doc. 1994년 미국 미생물학회(ASM) 회원(현) 1995년 대한소아알레르기 및 호흡기학회 국제이사 1997~2019년 한림대 의대 소아과학교실 교수 1999년 同소아과장 2000년 同강동성심병원 감염관리위원장 2000년 同강동성심병원 기획실장 2000년 同강동성심병원 소아과장 2001~2003년 천식및알레르기예방운동본부 사무총장 2004년 한림대 강동성심병원 진료부원장 2006년 한림대의료원 부의료원장 2006~2008년 한림대 강동성심병원장 2008~2018년 한림대 의료원장 2008~2013년 대한병원협회 평가 · 수련위원장 2010~2013 · 2014년 의료기관평가인증원 이사, 의료분쟁조정인선위원회 위원 2013~2015년 대한천식알레르기학회 이사장 2013~2014 · 2016~2018년 대한병원협회 부회장 2017년 수련환경평가위원회 위원장(현) 2017년 대한의사협회 고문(현) 2019년 한림대 의대 소아과학교실 명예교수(현) (상)연세를 빛낸 여동문(2007), 한독학술경영대상(2015), 자랑스러운 연세 여동문상(2017) (저)'어린이 알레르기를 이겨내는 101가지 이야기'(1999) '천식과 알레르기질환'(2002) '어린이 · 청소년 천식 : 바로 알고 바로 치료하자'(2003) '소아천식치료 지침서'(2003)

이혜성(李惠星 · 女) LEE Hie Sung (知音)

(생)1939 · 8 · 31 (본)경주(慶州) (출)서울 (주)서울특별시 서초구 효령로 366 한국상담대학교대학원 총장실(02-584-6851) (학)1958년 이화여고졸 1962년 서울대 사범대학 국어교육과졸 1970년 미국 피츠버그주립대 대학원졸 1973년 교육학박사(미국 버지니아대) (경)1962년 경동중 교사 1964년 이화여중 교사 1969년 미국 벨레리카공립학교 교사 1974년 서울여대 조교수 1977~2000년 이화여대 심리학과 교수 1979~1980년 同사회복지관장 1980~1989년 同학생생활지도연구소장 1988~1994년 한국카운슬러협회 이사 1988년 전국대학생생활지도연구소장협의회 회장 1988년 한국심리학회 상담 및 심리치료학회장 1990년 한국상담심리학회 이사 1994~2000년 이화여고 총동창회장 1995년 서울YWCA 이사 1997~1998년 한국심리학회 여성심리학회장 1998년 청소년대화의광장 원장 1998~2005년 한국청소년상담원 원장 2000~2005년 한국간행물윤리위원회 위원 · 부위원장 2000년 이화여대 심리학과 명예교수(현) 2001~2005년 국무총리 산하 청소년보호위원회 위원 2001년 학교법인 이화학원 이사 2002~2004년 한국카운셀러협회 회장 2009년 한국상담대학원대 총장(현) (상)근정포장(2000), 이화교육발전 공로상(2000), 제16회 천원교육상 교육실천부문(2006) (저)'청소년 개인상담'(1996, 청소년대화의 광장) '여성상담'(1998, 도서출판 정일) '사랑하자 그러므로 사랑하자'(1999, 샘터출판) '아름다움은 영원한 기쁨이어라'(2002, 삶과 꿈) '문학상담'(2015, 시그마프레스) (역)'완전한 Counselor' '존재의 심리학' '성장심리학' '남녀의 행동연구' '인간적 성장' '문화와 신경증' '다섯명의 치료자와 한 명의 내담자' '쇼펜하우어, 집단심리치료' '폴라와의 여행'(2007, 시그마프레스) (종)기독교

이혜웅(李惠雄) LEE Hye Woong

(생)1961 · 12 · 28 (주)서울특별시 영등포구 여의대로 128 LG전자(주) 글로벌마케팅센터(02-3777-1114) (학)홍익사대부고졸, 한국외국어대 경영학과졸, 미국 일리노이대 대학원 경영학과졸 (경)LG전자(주) Brand Management팀장(상무), 同유럽본부 MC마케팅팀장(상무) 2009년 同유럽본부 MC마케팅팀장(전무) 2010년 同MC사업본부 해외마케팅담당 전무, 同멕시코지사 전무 2015년 同멕시코법인장(부사장) 2016년 同중국법인장(부사장) 2018년 同중국지역(법인) 대표(부사장) 2019년 同글로벌마케팅센터장(부사장)(현)

이혜원(李惠苑 · 女) LEE Hye Won

(생)1965 · 7 · 19 (출)광주 (주)경기도 수원시 팔달구 효원로 1 경기도의회(031-8008-7000) (학)한국방송통신대 문화교양학과졸 (경)1988년 광주 대하전자공업사 노조위원장 1989년 광주지역노동조합협의회 여성국장 1994년 광주여성회 창립 2002년 전국금속노조 인천지부 갑을플라스틱지회장 2003년 민주노동당 부천소사지구당 준비위원장 2004년 同부천소사지구당 초대위원장 2004년 同4.14총선승리를위한부천지역 선거대책본부장 2004년 부천민중연대통일행사준비위원회 위원장 2004년 부천시학교급식네트워크 공동대표 2004년 북녘어린이영양빵공장사업본부 운영이사 2005년 민주노동당 부천시협의회 의장 2005년 同부천소사위원회 위원장 2005년 6 · 15공동위원회 부천본부 공동본부장 2005년 무상의료실현을위한부천지역운동본부장 2005년 공직사회개혁과공무원노동3권쟁취를위한부천지역공동대책위원회 공동대표 2006년 경기 부천시장선거 출마(민주노동당) 2008년 제18대 국회의원선거 출마(성남 수정, 민주노동당) 2008년 민주노동당 부천시위원회 위원장 2012년 통합진보당 부천시소사구지역위원회 위원장, 진보정의당 부천시위원회 위원장, 정의당 경기도당 부위원장 2016년 제20대 국회의원선거 출마(비례대표 13번, 정의당) 2018년 경기도의회 의원(비례대표, 정의당)(현) 2018년 同기획재정위원회 위원(현)

이혜은(李惠恩 · 女) Rii, Hae Un

(생)1952 · 3 · 12 (본)전주(全州) (출)서울 (주)서울특별시 중구 필동로1길 30 동국대학교 사범대학 지리교육과(02-2260-3404) (학)1974년 이화여대 사범대학 사회생활과졸 1976년 同대학원 지리학과졸 1983년 철학박사(미국 미시간주립대) (경)1984~1993년 동국대 사범대학 지리교육과 조교수 · 부교수 1992년 미국 미시간주립대 교환교수 1993~2017년 동국대 사범대학 지리교육과 교수 1997년 호주 디킨대 초빙교수 1997년 미국 미시간주립대 한국학연구소 자문위원 1999~2009년 문화재위원회 사적분과 전문위원 2001~2003년 동국대 여학생실장 2002~2007년 서울문화사학회 부회장 2004~2005년 한국문화역사지리학회 이사 2004~2005년 한국도시지리학회 회장 2004년 한국여성지리학자회 회장 2005~2008년 (사)국제기념물유적협의회(ICOMOS) 한국위원회 부위원장 2005~2014년 同본부 집행위원 2006~2015년 (사)개발연구협의체(CODS) 부이사장 2008~2017년 서울시 시사편찬위원회 위원 2009~2011년 동국대 사범대학장 겸 교육대학원장 2009년 전국교육대학원장협의회 부회장 2009~2017년 문화재청 문화재위원회 세계유산분과 위원 2010년 전국사범대학장협의회 부회장 2010~2015년 국가지명위원회 위원 2010~2018년 서울시 지명위원회 위원 2010년 서울역사박물관 운영자문위원 2012~2017년 (사)국제기념물유적협의회(ICOMOS) 한국위원회 위원장 2012~2014년 환경부 지질공원위원회 위원 2013년 문화재청 문화재위원회 세계유산분과 위원장 2015~2018년 (사)국제기념물유적협의회(ICOMOS) 자문위원회 대표위원 2015년 同역사마을및도시위원회(CIVVIH) 이사(현) 2017년 同종교제의유산위원회(PRERICO) 초대 위원장(현) 2017~2018년 동국대 사범대학 지리교육과 명예교수 2018년 同사범대학 지리교육과 석좌교수(현) (상)옥관문화훈장, 옥조근정훈장, 2017 자랑스러운 경기인상(2017) (저)'지표공간의 이해' '경관생태학' 'Global Transformation Toward a Sustainable Civil Society' 'Contested Urban Heritage:Voices from the Periphery' '사회과 지리교육연구' '서울의 경관변화' 'The Disappearing Asian City' '변화하는 세계와 지역성 : 인문지리학의 탐색'(2005) '만은 이규원의 울릉도검찰일기'(2006) '지명의 지리학'(2008)

이혜자(李惠子 · 女) Lee Hye-Ja

(생)1956 · 10 · 5 (주)전라남도 무안군 삼향읍 오룡길 1 전라남도의회(061-286-8200) (학)광주대 대학원 산업디자인학 석사과정 수료, 전남대 대학원 행정학과졸 2016년 행정학박사(목포대) (경)(사)전남장애인보치아연맹 이사, 민주당 전남도당 여성국장, (사)대한어머니회 무안군지회장, (사)한국여성정치연맹 중앙상무위원, 동아인재대 겸임교수 2010년 전남도의원선거 출마(비례대표, 민주당) 2014년 새정치민주연합 여성국장 2014~2018년 전남도의회 의원(비례대표, 새정치민주연합 · 더불어민주당) 2014년 同교육위원회 위원 2014 · 2016년 同여성정책특별위원회 위원장 2015년 同윤리특별위원회 위원, 더불어민주당 전남도당 부위원장 2016~2018년 전남도의회 기획행정위원회 부위원장 2016~2018년 同운영위원회 위원, 더불어민주당 부대변인 2018년 전남도의회 의원(더불어민주당)(현) 2018년 同기획행정위원회 위원장(현), 同한빛원전특별위원회 위원(현) (상)세계자유연맹 자유장(2017)

이혜정(女)

(생)1970 · 10 · 19 (주)경기도 수원시 영통구 삼성로 129 삼성전자(주) 영상디스플레이사업부 개발팀(031-200-1114) (학)1993년 서강대 전자계산학과졸 1995년 同대학원 전자계산학과졸 (경)1995년 삼성전자(주) 종합기술원 Sensing Platform PT 2008년 同영상디스플레이사업부 HI그룹 수석 2012년 同영상디스플레이사업부 선행개발3그룹장 2013년 同영상디스플레이사업부 선행개발그룹 수석 2014년 同영상디스플레이사업부 선행개발그룹장 2015년 同영상디스플레이사업부 요소기술Lab 수석 2017년 同영상디스플레이사업부 Interaction Lab장(상무) 2019년 同영상디스플레이사업부 개발팀담당 상무(현)

이혜주(李惠主) LEE Hae Joo

(생)1957 · 4 · 15 (주)서울특별시 종로구 율곡로 75 (주)현대건설 글로벌마케팅본부(02-746-2162) (학)충남고졸, 충남대 영어영문학과졸 (경)(주)현대건설 두바이지사 지점장(상무) 2012년 同해외영업본부 2실장(상무) 2013년 同해외영업본부 2실장(전무) 2014년 同글로벌마케팅본부 해외마케팅지원실장(전무) 2016년 同마케팅사업부장(전무) 2017년 同글로벌마케팅본부 해외마케팅담당 전무(현) (상)은탑산업훈장(2016) (종)기독교

이혜훈(李惠薰 · 女) LEE Hye Hoon

(생)1964 · 6 · 15 (본)전주(全州) (출)부산 (주)서울특별시 영등포구 의사당대로 1 국회 의원회관 914호(02-784-4467) (학)1982년 마산제일여고졸 1986년 서울대 경제학과졸 1993년 경제학박사(미국 UCLA) (경)1993~1994년 미국 RAND연구소 연구위원 1996~2002년 한국개발연구원(KDI) 연구위원 2004~2008년 제17대 국회의원(서울 서초구甲, 한나라당) 2004년 한나라당 원내부대표 2004~2012년 국제의원연맹(IPU) 이사 2005년 한나라당 제4정책조정위원장 2005~2006년 同제3정책조정위원장 2006~2007년 同여의도연구소 부소장 2007년 同박근혜 대통령경선후보 대변인 2008~2010년 국회 기획재정위원회 조세소위원장 2008~2012년 제18대 국회의원(서울 서초구甲, 한나라당 · 새누리당) 2010~2012년 국회 기획재정위원회 예산결산소위원장 2011년 한나라당 사무총장 직대 2011년 同사무부총장 2012~2014년 새누리당 최고위원 2014~2016년 연세대 경제대학원 특임교수 2015~2017년 (사)유관순열사기념사업회 회장 2016년 새누리당 서울서초구甲당원협의회 운영위원장 2016년 제20대 국회의원(서울 서초구甲, 새누리당 · 바른정당〈2017.1〉 · 바른미래당〈2018.2〉)(현) 2016~2017년 국회 기획재정위원회 위원 2016년 국회 정치발전특별위원회 위원 2016년 새누리당 기독인회 회장 2016~2017년 아시아정당국제회의(ICAPP) 의원연맹 회장 2016~2017년 국회 박근혜정부의최순실등민간인에의한국정농단의혹사건진상규명을위한국정조사특별위원회 위원 2017년 바른정당 서울시당 초대위원장 2017년 同최고위원 2017년 同제19대 유승민 대통령후보 중앙선거대책위원회 부위원장 겸 종합상황실장 2017년 同대표최고위원 2017년 아시아 · 유럽정치포럼(AEPF) 공동부의장(현) 2017년 바른정당 민생특별위원회20 청년주거특별위원장 2017년 국회 기획재정위원회 간사 2017~2018년 국회 기획재정위원회 위원 2018년 바른미래당 서울서초구甲지역위원회 위원장(현) 2018년 국회 국토교통위원회 간사(현) 2018~2019년 국회 예산결산특별위원회 간사 2018~2019년 국회 4차산업혁명특별위원회 위원장 2018년 국회 정보위원회 위원장(현) (상)범시민사회단체연합 선정 '올해의 좋은 정치인'(2014 · 2015), 금융소비자원 금융소비자보호 국회의원 대상(2016) (저)'우리가 왜 정치를 하는데요'(2014, 예지) (종)기독교

이호경(李浩境) LEE Ho Kyeung

(생)1958 · 2 · 1 (본)전주(全州) (출)인천 (주)서울특별시 서초구 사임당로 18 한국콜마(주)(02-3485-0440) (학)1976년 인천고졸 1980년 인하대 화학과졸 1995년 핀란드 헬싱키경제경영대학원 경영학과졸 (경)(주)대웅제약 이사 2000년 同특수사업본부 상무 2009년 同ETC마케팅본부 전무 2010년 同특수사업본부 전무 2013년 (주)힐리언스 부사장 겸임 2013년 한국콜마(주) 제약사업부문 부사장 2015년 콜마파마(주) 대표이사 부사장 2016~2018년 同대표이사 사장 2018년 한국콜마(주) 제약부문 사장(현)

이호대(李浩大) LEE Ho Dae

(생)1970 · 2 · 6 (출)경기 파주 (주)서울특별시 중구 세종대로 125 서울특별시의회(02-3702-1400) (학)구로고졸, 숭실대 정치외교학과졸, 서강대 대학원 정치외교학과졸, 숭실대 대학원 정치외교학 박사과정 수료 (경)김한길 국회의원 비서관 · 보좌관, 장영신 국회의원 비서관, 열린우리당 서울시당 정책팀장, 同서울구로乙지구당 정책실장, 同서울시당 지방자치특별위원회 부위원장, (사)코리아경제개발연구원 선임연구원, 2006년 서울시의원선거 출마(열린우리당) 2008년 민주당 전국대의원, 이성 구로구청장 비서실장 2014~2018년 서울시 구로구의회 의원(새정치민주연합 · 더불어민주당) 2014년 同안전관리특별위원회 부위원장 2015년 同예산결산특별위원회 위원장 2015년 同안전관리특별위원회 위원 2016년 同예산결산특별위원회 위원 2016년 同운영위원회 위원 2016년 同행정기획위원회 위원 2017년 同예산결산특별위원회 부위원장 2018년 서울시의회 의원(더불어민주당)(현) 2018년 同기획경제위원회 위원(현) 2018년 同항공기소음특별위원회 부위원장(현) 2018년 서울시농수산식품공사 사장 후보자 인사청문특별위원회 위원(현) 2019년 서울시의회 예산정책연구위원회 위원(현) 2019년 同예산결산특별위원회 위원(현)

이호동(李鎬東) Lee Ho Dong

(생)1964 · 6 · 8 (본)전주(全州) (출)강원 원주 (주)세종특별자치시 갈매로 477 기획재정부 관세국제조세정책관실(044-215-4409) (학)1983년 서라벌고졸 1988년 서울대 경제학과졸 2003년 경제학박사(미국 인디애나주립대 블루밍턴교) (경)1991년 행정고시 합격(35회) 1993년 경제기획원 동향분석과 사무관 1995년 재정경제원 인력기술과 사무관 1997년 同통상과학예산담당관실 사무관 2003년 기획예산처 재정개혁1과 서기관 2004년 국민경제자문회의사무처 정책분석실 정책조사관 2005년 同복지노동실 과장 2006년 기획예산처 국제협력교육과장 2007년 同경제행정재정과장 2010년 기획재정부 재정정책국 성과관리과장 2011년 同공공정책국 제도기획과장 2012년 同공공정책국 정책총괄과장(부이사관) 2014년 산업통상자원부 통상국내대책관(국장급) 2017년 국립외교원 교육파견(고위공무원) 2018년 기획재정부 관세국제조세정책관(현) (상)대통령표창(2005)

이호선(李鎬善) LEE Ho Sun

(생)1964 · 10 · 16 (본)전주(全州) (출)강원 평창 (주)서울특별시 성북구 정릉로 77 국민대학교 법과대학(02-910-5458) (학)1982년 검정고시 합격 1987년 국민대 법대졸 1996년 고려대 언론대학원 방송학과 수료 2001년 중앙대 엔터테인먼트경영자과정 수료 2004년 영국 리즈대 대학원졸(LL.M.) (경)1989년 사법시험 합격(31회) 1992년 사법연수원 수료(21기) 1994~1997년 고양YMCA 법률고문 1997~2004년 법무법인 CHL 구성원변호사 2005년 국민대 법과대학 교수(현) 2006년 대한변호사협회 기획위원 2007년 한국스포츠중재위원회 중재위원, 사법시험 · 변호사시험 출제위원 2011~2012년 사법연수원 강사 2012~2013년 한국입법학회 기획이사 2013년 (사)대한법학교수회 사무총장 2013~2014년 유럽연합대학원(EUI) 방문교수 2016~2019년 국민대 총무처장 2016~2017년 한국헌법학회 부회장 2016~2018년 전국법과대학교수회 회장 2017년 국민대 성곡도서관장(현) 2019년 同기획처장(현) (저)'빅딜-2018 한반도 리포트'(2005) '공부습관 3주만에 바뀐다'(2005) '유럽연합(EU)의 법과 제도'(2006) '질문이 답이다'(2007) '공정거래정책변화 추이와 향후 정책방향'(2013) (역)'나를 믿는 긍정의 힘 자신감'(2010) (종)기독교

이호섭(李昊燮) LEE Ho Sup

(생)1956 · 2 · 1 (출)전북 진안 (주)전라북도 익산시 익산대로 460 원광대학교 한의과대학(063-850-6841) (학)1973년 전남고졸 1979년 원광대 한의학과졸 1981년 同한의과대학원졸 1985년 한의학박사(원광대) (경)1983~1994년 원광대 한의대 전임강사 · 조교수 · 부교수 1989년 미국 뉴욕 코넬의과대 교환교수 1989년 원광대 한의대 교학부장 겸 한의학과장 1994년 同한의과대학 교수(현) 1998~2000년 同한의과대학장 2001년 同한의학전문대학원장 2006~2007년 同연구처장 겸 산학협력단장 2008~2016년 同한방체액조절연구센터장 2011~2017년 同산학협력단장 2017~2018년 同일반대학원장 2017년 同한방심신증후군연구센터장(현)

이호성(李虎聲) Lee, Ho Seoung

(생)1964 · 12 · 25 (주)부산광역시 중구 중앙대로 94 KEB하나은행 영남영업그룹(051-602-9001) (학)1982년 대구중앙상고졸 2007년 경희사이버대 자산관리학과졸 (경)1987년 한일은행 영업2부 입행 1992년 하나은행 삼성센터지점 행원 1994년 同본점영업부 대리 2000년 同중앙기업금융본부 RM부장 2006년 同무역센터지점장 2011년 同삼성센터지점장 2013년 同대기업영업2본부장 2014년 同대기업영업1본부장 2015년 KEB하나은행 강남서초영업본부장 2016년 同강남서초영업본부장(전무) 2017년 同중앙영업본부장(전무) 2018년 同중앙영업그룹장 겸 강서영업본부 전무 2019년 同영남영업그룹 부행장(현)

이호승(李昊昇) LEE Ho Seung

(생)1965 · 8 · 13 (출)전남 광양 (주)서울특별시 종로구 청와대로 1 대통령정책실 경제수석비서관실(02-770-0011) (학)1983년 광주 동신고졸 1987년 서울대 경제학과졸 1989년 중앙대 대학원 경제학과졸 (경)1998년 재정경제부 경제정책국 종합정책과 사무관 1998년 同총무과 계장(사무관) 2002년 同총무과 계장(서기관), 해외 파견 2006년 대통령비서실 파견 2008년 재정경제부 경제정책국 경제분석과장 2008년 기획재정부 경제정책국 경제분석과장 2009~2010년 同경제정책국 종합정책과장 2010년 국제통화기금 파견 2013년 기획재정부 정책조정국 정책조정심의관 2014년 同미래사회정책국장(일반직고위공무원) 2015년 同미래경제전략국장 2015년 同정책조정국장 2016~2017년 同경제정책국장 2017~2018년 대통령정책실 일자리수석비서관실 일자리기획비서관 겸 대통령직속 일자리위원회 기획단장 2018~2019년 기획재정부 제1차관 2019년 대통령정책실 경제수석비서관(현) (상)대통령표창(1999), 근정포장(2014)

이호연(李浩然) LEE Ho Yeon

(생)1965 · 1 · 3 (출)서울 (주)서울특별시 강북구 한천로 1083 강북우리들병원 원장실(02-6222-1000) (학)1983년 서울 인창고졸 1989년 서울대 의대졸 1995년 울산대 대학원 의학석사 2002년 의학박사(울산대), 영국 왕립외과학회 학사원(FRCS) 취득 (경)1991~1995년 서울중앙병원 신경외과 레지던트 · 전임의, 국제최소침습척추수술학회(ISMISS) 정회원(현), 울산대 신경외과 임상강사 2004~2006년 미국 세계인명사전 'Who's Who in Science and Engineering'에 등재 2006~2007년 미국 세계인명사전 'Marquis Who's Who in Medicine and Healthcare'에 등재 2007~2008년 청담우리들병원 원장 2008년 同명예원장 2008년 미국신경학회(AANS)회원(현) 2012년 강북우리들병원 원장(현) (상)우리들병원 우수논문상(2002 · 2004) (종)기독교

이호영(李湖暎) LEE Ho Young

(생)1966 · 6 · 26 (본)전주(全州) (출)전북 군산 (주)서울특별시 성동구 왕십리로 222 한양대학교 법학전문대학원(02-2220-1810) (학)1984년 조선대부속고졸 1988년 서울대 법과대학졸 1990년 同법과대학원 수료 1999년 법학박사(미국 미주리주립대) 2003년 법학박사(서울대) (경)1988년 행정고시 합격(32회) 1990~1991년 총무처 수습사무관 1991~1994년 육군사관학교 교수부 법학과 교관 1994~1997년 총무처 인사국 고시과 · 상훈과 행정사무관 2000~2001년 행정자치부 인사국 교육훈련과 서기관 2001~2002년 국가인권위원회 인사예산팀장 · 차별조사국 차별조사1과장 2002~2004년 공정거래위원회 송무담당관 2004년 한양대 법과대학 법학과 부교수 2005~2007년 법무법인 서정 고문 2008년 대통령실 방송통신정책자문위원 2009~2015년 법제처 법령해석심의위원 2009년 한양대 법학전문대학원 교수(현) 2009년 공정거래위원회 경쟁정책자문위원(현) 2011년 한양대 법학전문대학원 교무부원장 2012년 同법학전문대학원장 직대 2017년 한국경쟁법학회 회장(현) 2017년 KTcs 사외이사(현) (저)'독점규제법-쟁점과 판례'(2005) '독점규제법의 이론과 실무'(2006) '소비자보호법'(2012, 홍문사) '경제법연습'(2012, 홍문사) '독점규제법'(2013, 홍문사)

이호영(李鎬永)

(생)1966 · 12 · 21 (주)서울특별시 종로구 사직로8길 31 서울지방경찰청 인사교육과(02-700-2610) (학)서령고졸, 동국대 경찰행정학과졸, 고려대 정책대학원 공안행정학과졸 (경)1992년 경위 임관(경찰간부후보 40기) 1999년 경감 승진 2004년 경정 승진 2004~2014년 경찰청 경무국 인사과 · 경무인사기획관실 인사운영계 근무 2014년 충남지방경찰청 정부세종청사경비대장(총경) 2015년 충남 보령경찰서장 2016년 경기남부지방경찰청 홍보담당관 2017년 경찰청 정보화장비기획담당관 2017년 서울 강북경찰서장 2018년 경찰청 자치경찰법제팀장 2019년 서울지방경찰청 인사교육과장(현)

이호영(李好蕻 · 女) Ho-Young Lee

(주)서울특별시 관악구 관악로 1 서울대학교 약학대학 약학과(02-880-9277) (학)1984년 이화여대 약학과졸 1986년 同대학원 약학과졸 1992년 약학박사(이화여대) (경)1997~2011년 미국 텍사스주립대 MD앤더슨암센터 Research Associate · 조교수 · 부교수 · 교수 2003~2011년 同의생명과학대학 교수 2011년 서울대 약학대학 약학과 교수(현) 2012년 대한암학회 이사(현) 2014년 한국응용약물학회 사업간사(현) 2016

년 대한암학회지(Cancer Research and Treatment) 부편집장(현) 2017~2018년 대한약학회 정보위원장 2017년 한국과학기술한림원 정회원(의약학부)(현) 2017년 여성생명과학기술포럼 이사(현) (상)신풍호월학술상 신약연구개발부문 공동수상(2017), 마크로젠 여성과학자상(2017), 제59회 3.1문화상 학술상 자연과학부문(2018), '제17회 한국 로레알-유네스코 여성과학자상' 학술진흥상(2018)

이호왕(李鎬汪) LEE Ho Wang (漢灘)

(생)1928 · 10 · 26 (본)전주(全州) (출)함남 신흥 (주)서울특별시 성북구 안암로 145 고려대학교(02-3290-1114) (학)1947년 함남고졸 1954년 서울대 의대졸 1957년 미국 미네소타대 대학원 의학석사 1959년 의학박사(미국 미네소타대) (경)1954년 서울대 의대 조교 1961~1972년 同의대 조교수 · 부교수 1971년 대한바이러스학회 창립 · 초대회장 1972년 서울대 의대 교수 1973~1994년 고려대 의대 교수 1973년 同바이러스병연구소장 1975년 대한미생물학회 회장 1981년 대한민국학술원 회원(미생물학 · 현) 1982~2000년 세계보건기구 유행성출혈열연구협력센터소장 1983~1984년 고려대 의과대학장 1983~1992년 한국대학골프연맹 회장 1986~2000년 세계보건기구 바이러스전문위원 1989년 중국 연변대 의대 명예교수(현) 1989년 국제Hantavirus학회 회장, 同명예회장(현) 1992년 대한바이러스학회 명예회장(현) 1994~2000년 아산생명과학연구소 소장 1994년 고려대 명예교수(현) 1994~1998년 한국과학기술한림원 부원장, 同종신회원(현) 1995~1999년 대한민국학술원 자연과학부 회장 1996년 아세아 · 태평양의학바이러스학회 회장 1997년 한탄생명과학재단 이사장(현) 1998년 제3세계학술원 회원(현) 1998년 미국철학회(American Philosophical Society) 회원(현) 1998년 대한백신학회 창립 · 초대회장, 同명예회장 2000~2004년 대한민국학술원 회장 2002년 미국 국립학술원(NAS) 외국회원(Foreign Associate)(현) 2002년 국가과학기술인 '명예의 전당' 헌정 2003년 아시아학술회의(Science Council of Asia) 회장 2004년 미국 예술과학학술원(American Academy of Arts and Sciences) 외국회원(현) 2009년 일본 학사원 명예회원(현) (상)미국 최고시민공로훈장(1979), 학술원상(1980), 미국 육군연구업적상(1984), 인촌상(1987), 한국과학상(1990), 국민훈장 목련장(1994), 태국왕자 Mahidol상(1995), 함춘대상(2000), 닛케이 아시아상(2001), 서울대인상(2001), 과학기술훈장 창조장(2002), 호암상(의학)(2002), 대한민국 과학기술인 명예의전당 헌정(2003), 제6회 서재필 의학상(2009) (저)'바이러스의 세계'(1985) '출혈열교본' '필수바이러스학'(1990) '신증후출혈열'(1994) '한탄강의 기적'(1999) '한탄바이러스 발견 및 신증후출혈열 연구에 관한 서한집'(2000) '바이러스와 반세기'(2003) '바투인물이야기 이호왕'(2005) 'Hantavirus Hunting'(2006) (종)가톨릭

이호용(李虎龍) LEE Ho Yong

(생)1968 · 3 · 6 (본)성산(星山) (출)경북 김천 (주)서울특별시 성동구 왕십리로 222 한양대학교 정책학과(02-2220-2805) (학)1991년 한양대 법학과졸 1996년 同대학원 법학과졸 2001년 법학박사(한양대) (경)1996년 한국보건사회연구원 주임연구원 1996~2001년 법무부 법무자문위원회 전문위원 1998년 同규제심의위원회 심의위원 2001년 국무총리 청소년보호위원회 정책자문위원 2001~2002년 서울시인력개발원 전임교수 2001년 청소년위원회 정책자문위원 2002년 경찰청 치안연구소 연구위원 2002~2007년 강릉대 법학과 교수 2003년 민주평통 자문위원 2005년 정보통신연구진흥원 정보통신연구기반조성사업 평가위원 2005년 한국지방자치법학회 정보이사 · 기획이사 2005년 대입수능시험 출제위원 2006년 행정고시 2차 시험위원 2007년 사법시험 2차 출제위원 2007년 단국대 법학과 부교수 2007년 한국경찰학회 윤리위원, 한국법정책학회 정보이사, 한양법학회 편집이사 · 상임이사 · 총무이사(현), 한국공안행정학회 편집이사, 한국비교공법학회 이사, 한국환경법학회 이사 2009년 경찰청 치안정책연구소 연구위원 2009년 국가보훈처 국가보훈위원회 위원 2010년 한국지방자치법학회 편집위원 2012년 한양대 정책과학대학 정책학과 교수(현) 2013년 한국법정책학회 총무이사 2015~2017년 법무부 규제심사위원회 위원 2016년 국민권익위원회 비상임위원(현) (상)강릉대 총장 강의우수상(2003), 한국공안행정학회장 공로상(2004), OCU 총장 강의우수상(2005), 한국공안행정학회 학술장려상(2006) (저)'알기쉽게 쓴 행정법의 기본이론'(2007) '사회보장행정법의 구조적 특성연구'(2007) '행정법(共)'(2008) '행정법강의'(2009) (종)기독교

이호원(李鎬元) LEE Ho Won

(생)1953 · 7 · 27 (출)충북 청주 (주)서울특별시 강남구 영동대로 511 대한상사중재원 원장실(02-551-2075) (학)1971년 경기고졸 1975년 서울대졸 1980년 同대학원졸 1985년 미국 조지타운대 법과전문대학원졸(LL.M.) (경)1975년 사법시험 합격(17회) 1977년 사법연수원 수료(7기) 1977~1980년 육군 법무관 1980년 서울지법 동부지원 판사 1982년 서울민사지법 판사 1983년 대전지법 서산지원 판사 1986년 서울지법 의정부지원 판사 1988년 서울고법 판사 1990년 대법원 재판연구관 · 부산지법 부장판사 1994년 수원지법 부장판사 1995년 일본 도쿄대 법학부 객원연구원 1995년 서울지법 동부지원 부장판사 1996년 同북부지원 부장판사 1997년 서울지법 부장판사 1999년 대구고법 부장판사 2000년 수원지법 수석부장판사 2002년 서울고법 부장판사 2003~2010년 한국민사소송법학회 회장 2005년 제주지법원장 2006~2008년 서울가정법원장 2008년 법무법인 지성 대표변호사 2008~2011년 법무법인 지평지성 대표변호사 2009년 일본 리츠메이칸대 객원교수 2010년 미국 워싱턴대 Visiting Scholar 2011~2018년 연세대 법학전문대학원 교수 2011~2013년 한국국제거래법학회 회장 2018년 대한상사중재원 원장(현) (저)'주석 신민사소송법(Ⅳ · 共)'(2003) '주석 중재법(共)'(2005)

이호인(李鎬仁) Lee Ho-In (海光)

(생)1947 · 5 · 17 (본)성주(星州) (출)충남 홍성 (주)전라북도 전주시 완산구 천잠로 303 전주대학교 총장실(063-220-2101) (학)1965년 용산고졸 1970년 서울대 응용화학과졸 1972년 同대학원 화학공학과졸 1979년 이학박사(미국 텍사스대 오스틴교) (경)1972~1974년 육군사관학교 교수부 교관 1979년 미국 텍사스대 오스틴교 Post-Doc. 1980~1989년 서울대 공업화학과 조교수 · 부교수 1984~1990년 同환경안전연구소 관리부장 1987~1991년 同공업화학과장 1989~1998년 同공업화학과 교수 1990년 대한화학회 기획간사 1990~1992년 한국공업화학회 기획 · 편집이사 1991~1995년 한국진공학회 이사 1993~1994년 서울대 공대 기기분석실장 1994~1995년 同공대 교무담당학장보 1994~2001년 대한화학회 상임편집위원 1995~1998년 한국공업화학회 총무이사 · 전무이사 · 부회장 1995년 서울대 공과대학장 직대 1995~1997년 同교무담당 부학장 1997~1998년 미국 텍사스대 한국동창회장 1998년 대한화학회 이사 1998~2001년 한국공업화학회 국문지 편집위원장 1998~2005년 서울대 응용화학부 교수 1999~2000년 同환경안전연구소장 2000~2002년 同응용화학부장 2001년 한국화학공학회 촉매부문위원장 2001~2013년 한국공학한림원 정회원 2002~2006년 한국광촉매연구회 초대회장 2003년 한국공업화학회 회장 2004~2006년 서울대 부총장 2005~2012년 同화학생물공학부 교수 2005~2007년 국제백신연구소 이사 2006~2009년 Appl. Catal. A : Gen. 편집위원 2006~2008년 산업자원부 수소연료전지자동차실용화위원장 2007년 한국공학한림원 포상사업수상후보추천위원장 2008년 한국화학관련학회연합회 회장 2009~2010년 서울대 총장후보초빙위원장 2011~2014년 한국과학기술단체총연합회 브레인풀총괄선정 평가위원장 2012~2015년 (사)동반성장연구소 이사 2012년 서울대 화학생물공학부 명예교수(현) 2013년 한국공학한림원 원로회원(현) 2013년 전주대 제13 · 14대 총장(현) 2014~2016년 전주MBC 시청자위원장 2014~2016년 제19기 전북지역 통일교육센터장 겸 통일교육위원전북협의회장 2014~2016년

한국사립대학총장협의회 부회장 2014년 대한민국학술원 회원(촉매화학·현) 2014년 캄보디아국립기술대 이사(현) 2014년 학교법인 신동아학원 이사(현) 2018~2019년 전북지역대학교총장협의회 회장 2018년 한국사립대학총장협의회 부회장(현) 2018~2019년 한국대학교육협의회 이사 2019년 KBS전주방송총국 시청자위원회 위원장(현) (상)화학공학회 학술상(1987), 한국과학기술단체총연합회 과학기술우수논문상(1995), 서울대 20년근속표창(2000), 과학기술훈장 창조장(2010), 서울대 30년근속표창(2010), 용산고동창회 공로패(2010), 텍사스대한국동문회 올해의 자랑스러운 동문상(2010), 서울대 우수강의상(2011), 공업화학회 Best Paper Award(2011), 서울대 훌륭한 공대교수상 교육상(2011), 녹조근정훈장(2012), 자랑스러운 용산인(2013), 대한민국 세종대왕 나눔봉사대상(2015) (종)기독교

이호재(李豪宰) LEE Ho Jae

(생)1944·5·2 (출)서울 (주)서울특별시 종로구 대학로12길 46 삼광빌딩 201호 컬티즌(02-765-5475) (학)휘문고졸 1964년 서울예술대학졸, 드라마센터 연극아카데미 수료 (경)1963년 「생쥐와 인간」으로 극단 데뷔 1966~1969년 극단 동랑레파토리 입단·단원 1975~1980년 국립극단 단원 1977년 국제극예술협회·록펠러재단 초청 극단 동랑 레퍼토리 해외공연, 극단 '컬티즌' 단원(현) 2001~2002년 국립중앙극장 명예위원 2018년 대한민국예술원 회원(연극)(현) (상)한국연극영화예술상 신인상(1977), 백상예술대상 연극연기상(1989), 서울시문화상 공연부문(2002), 보관문화훈장(2011) (작)출연연극 '매디슨 카운티의 추억'(1996), '천년의 수인'(1998), '불좀 꺼주세요'(2000), '당신, 안녕'(2001), '햄릿'(2001), '누군가의 어깨에 기대어'(2002), '세일즈맨의 죽음'(2003), '세상을 편력하는 두 기사 이야기'(2005), '에쿠우스'(2005), '러브레터'(2005), '용호상박'(2005), '쿠크박사의정원'(2008), '뱃사람'(2009), '에이미'(2010), '오장군의 발톱'(2010), '그대를 속일지라도'(2010), '모리와 함께한 화요일'(2012), '채권자들'(2013) 출연영화 '태백산맥'(1994), '리허설'(1995), '그는 나에게 지타를 아느냐고 물었다'(1997), '리베라 메'(2000), '별'(2003), '경의선'(2006), '어린 왕자'(2007) TV드라마 'KBS 부부클리닉 사랑과 전쟁'(2004), 'KBS 일단뛰어'(2007), 'MBC 궁'(2007), 'MBC 대한민국 변호사'(2008), 'SBS 달콤한 나의 도시'(2008), 'MBC 탐나는도다'(2009), 'MBC 밤을 걷는 선비'(2015)

이호조(李鎬朝) LEE, Ho Jo

(생)1969 (본)합천(陜川) (출)경남 합천 (주)대전광역시 서구 청사로 189 특허청 특허심사3국 응용소재심사과(042-481-5534) (학)1988년 거창고졸 1995년 서울대 농업교육학과졸 2004년 충남대 대학원 특허법무과졸 (경)1996년 특허청 섬유심사담당관실·농림수산심사담당관실·식품생물자원심사담당관실 심사관(농업사무관) 2005년 同생명공학심사팀 심사관(기술서기관) 2008년 同특허심판원 심판관 2010년 同특허심판원 심판관(과장급) 2011년 특허법원 기술심리관 2013년 특허청 화학생명공학심사국 식품생물자원심사과장 2013년 同특허심사1국 농림수산식품심사과장 2015년 同특허심판원 심판9부 심판관 2016~2017년 해외연수 2017년 특허청 특허심판원 심판6부 수석심판관(과장급) 2019년 同특허심사3국 응용소재심사과장(현)

이호준(李鎬俊) Ho Joon Lee

(생)1967·11·30 (출)서울 (주)세종특별자치시 한누리대로 402 산업통상자원부 정책기획관실(044-203-5510) (학)1986년 보성고졸 1990년 서울대 경제학과졸 1992년 同행정대학원 정책학과졸 2010년 기술정책학박사(영국 맨체스터대) (경)1993년 상공자원부 사무관 1997년 통상산업부 자원정책실 석유정책과 사무관 1999년 산업자원부 무역정책실 수입과 사무관 2000년 同산업정책국 산업정책과 사무관 2006년 同구미협력팀장 2007년 同지역산업팀장 2008년 지식경제부 지역산업과장 2009년 同전력산업과장 2009년 同장관비서관 2010년 同장관비서관(부이사관) 2011년 同에너지자원정책과장 2013년 제18대 대통령직인수위원회 경제2분과 실무위원 2013년 산업통상자원부 에너지자원정책과장 2013년 대통령 산업통상자원비서관실 행정관 2014년 駐중국대사관 상무관 2017년 산업통상자원부 통상협력국장 2018년 同투자정책관 2019년 同정책기획관(현)

이호중(李昊重) LEE Ho Joong

(생)1966·1·16 (주)세종특별자치시 도움6로 11 환경부 자연보전정책관실(044-201-7210) (학)1985년 전일고졸 1992년 동국대 행정학과졸 (경)2000년 환경부 기획관리실 행정관리담당관실 사무관 2002년 同환경정책국 정책총괄과 서기관 2004년 同환경정책실 정책총괄과 서기관, 국무조정실 환경심의관실 파견 2006년 환경부 환경평가과장 2008년 국외훈련 2009년 국립생물자원관 기획전시부 연구기획과장 2009년 환경부 자연보전국 국토환경정책과장 2011년 同상하수도정책관실 토양지하수과장(부이사관) 2012년 同녹색환경정책관실 정책총괄과장 2013~2015년 同환경정책실 환경보건정책과장 2015년 同환경정책실 환경보건정책관 2018년 同본부 근무(고위공무원) 2019년 同자연보전정책관(현)

이호진(李浩鎭) Ho-Jin Lee

(생)1951·10·16 (본)전주(全州) (출)충남 천안 (주)서울특별시 강남구 테헤란로 518 섬유센터 12층 법무법인(유) 율촌(02-528-5654) (학)1970년 경기고졸 1974년 서울대 법대 법학과졸 1978년 同사법대학원졸 (경)1974년 외무고시 합격(8회) 1974년 외무부 입부 1978년 同북미1과 사무관 1980년 駐미국 3등서기관 1981년 駐우간다 2등서기관 1985년 외무부 장관비서관 1986년 駐미국 1등서기관 1990년 외무부 안보통일연구부 연구관 1991년 同안보과장 1991년 同북미2과장 1992년 駐필리핀 참사관 1994년 駐오스트리아·駐비인국제기구대표부 공사 1997년 외무부 외교정책실 제3정책심의관 1998년 외교통상부 정책기획관 1998년 同공보관 1999년 同정책기획관 2001년 駐유엔대표부 차석대사 2002~2008년 유엔사무총장 군축자문위원회(UNSG's Advisory Board on Disarmament) 위원 2003~2006년 駐헝가리 대사(크로아티아·보스니아헤르체고비나 대사 겸임) 2006~2007년 외교역량평가센터 소장 2007~2008년 유엔사무총장 군축자문위원회(UNSG's Advisory Board on Disarmament) 의장 2007년 고려대 외교겸임교수 2008~2011년 駐핀란드 대사(에스토니아 대사 겸임) 2010년 군제민주주의전환센터(ICDT) 국제이사(현) 2010~2011년 미국 브루킹스연구소 초빙학자 2011~2012년 미국 국제전략문제연구소(CSIS) Senior Fellow 2012년 법무법인(유) 율촌 고문(현) 2013년 포괄적핵실험금지조약기구(CTBTO) 현인그룹(GEM) 멤버(현) 2013~2017년 중앙선거관리위원회 선거자문위원 2013년 KBS 객원해설위원 2013년 유엔한국협회 수석부회장(현) (상)외무부장관표창(1985), 근정포장(2000), 외국정부 대십자훈장(2006) (저)'국제법연습'(1980) '현대국제법'(共)

이호진(李昊珍)

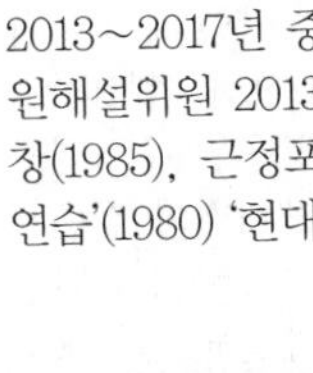

(주)부산광역시 영도구 태종로 727 한국해양대학교 해양과학기술대학 해양환경학과(051-410-4751) (학)1990년 서울대 해양학과졸 1993년 同대학원 물리해양학과졸 1999년 이학박사(서울대) (경)1993~2000년 한국해양연구원 연안항만공학연구센터 위촉연구원 2000~2002년 일본 큐슈대 응용역학연구소 연구원 2002년 한국해양대 해양과학기술대학 해양환경학과 교수(현) 2011~2012년 同해양과학기술연구소장 2011~2014년 同영남씨그랜트대학사업단장 2018년 同교무처 처장(현) 2019년 同총장 직대(현)

이호진(李鎬珍) LEE HO JIN

(본)양성(陽城) (출)서울 (주)경기도 수원시 영통구 청명로21번길 19 탑빌딩 646호 수원신문(031-223-3633) (학)1987년 경기 유신고졸 1995년 경희대 법과대학 행정학과졸 (경)2002~2015년 수원일보 대표이사 2006년 (사)한국지역인터넷신문협의회 이사(현) 2015년 수원일보 이사회 의장 2016년 同대표이사 겸 발행인 2019년 수원신문 대표이사 겸 발행인(현)

이호창(李鎬彰) Hochang Lee

(생)1958·12 (주)서울특별시 동대문구 경희대로 26 경희대학교 경영대학 경영학과(02-961-2141) (학)1981년 서울대 산업공학과졸 1983년 한국과학기술원(KAIST) 산업공학과졸(석사) 1990년 경영학박사(미국 펜실베이니아대 와튼스쿨) (경)1983~1986년 한국개발연구원 연구원 1986~1990년 미국 펜실베이니아대 강의조교 1991년 경희대 경영대학 경영학과 교수(현) 2007년 한국정보공학(주) 감사(현) 2012~2018년 경희대 서울캠퍼스 경영대학장 2012~2013년 同경영대학원장 2018~2019년 同서울부총장

이호철(李鎬鐵) LEE Hochul

(생)1957·11·15 (본)합천(陜川) (출)경남 (주)인천광역시 연수구 아카데미로 119 인천대학교 글로벌법정경대학 정치외교학과(032-835-8344) (학)1981년 서울대 인문대학 문학과졸 1989년 미국 럿거스대 대학원 정치학과졸 1993년 정치학박사(미국 럿거스대) (경)1987년 미국 럿거스대 국제평화연구소 연구원 1993년 경남대 극동문제연구소 연구위원 1995~2017년 유천장학문화재단 연구심사위원장 1998~2016년 인천대 사회과학대학 정치외교학과 교수 2000년 한국세계지역학회 연구이사 2001년 한국정치학회 연구이사 2002~2016년 시장경제와민주주의연구소 이사 2003년 인천대 중국학연구소 연구교육부장 2003년 중국 북경대 국제관계학원 방문연구원 2003~2005년 민주평통 자문위원 2004년 한국국제정치학회 총무이사 2005년 중국 북경대 국제관계학원 방문교수 2005~2007년 대통령자문 동북아시대위원회 외교안보전문위원 2007·2010년 한국국제정치학회 부회장 2008~2009년 인천대 학생처장 2009년 통일부 정책자문위원 2010년 한국정치학회 부회장 2010~2012년 인천대 사회과학대학장 2013년 한국국제정치학회 회장 2014~2015년 인천대 대외교류처장 2014년 국제교류재단 자문운영위원장(현) 2016년 인천대 글로벌법정경대학 정치외교학과 교수(현) 2018년 외교부 정책자문위원(현) (상)미국 럿거스대 대학원 Walter C. Russell Scholarship(1988~1992)

이호현(李浩鉉) LEE Ho Hyeon

(생)1967·6·12 (본)전주(全州) (출)강원 양구 (주)세종특별자치시 한누리대로 402 산업통상자원부 무역정책관실(044-203-4010) (학)1986년 강원고졸 1992년 연세대 경제학과졸 2006년 미국 존스홉킨스대 대학원 금융학과졸 (경)1996년 행정고시 합격(39회) 1997년 통상산업부 국제기업담당관실 사무관 1998년 산업자원부 투자진흥과 사무관 2000년 同유통서비스산업과 사무관 2002년 同산업표준품질과 사무관 2002년 同차관실 비서관 2003년 미국 부르킹스연구소 국제연구원 2004년 미국 존스홉킨스대 교육훈련 2005년 산업자원부 자본재산업총괄과 사무관 2006년 同자본재산업총괄과 서기관 2006년 同홍보관리관실 홍보지원팀장 2007년 同상생협력팀장 2008년 대통령 기획관리비서관실 행정관 2010년 駐영국대사관 상무참사관 겸 영사 2013년 산업통상자원부 산업정책실 산업인력과장 2014년 同에너지자원실 가스산업과장(서기관) 2016년 同무역정책과장(부이사관) 2016년 同운영지원과장 2017년 중소벤처기업부 상생협력정책관(고위공무원) 2019년 산업통상자원부 무역정책관(현) (종)기독교

이호형(李虎炯) LEE Ho Hyoung

(생)1965·9·29 (출)전북 전주 (주)서울특별시 강남구 테헤란로 230 인호IP빌딩 IBK신용정보(주)(02-3469-2700) (학)1984년 전주고졸 1988년 서울대 경제학과졸 1991년 同대학원 정책학과졸 (경)행정고시 합격(34회) 2002년 금융감독위원회 감독정책1국 서기관 2003년 同감독정책2국 증권감독과 서기관 2003년 同기획행정실 국제협력과장 2005년 同자산운용감독과장 2007년 同정책홍보팀장 2008년 금융위원회 기획조정관실 규제개혁법무담당관 2009년 同자본시장국 공정시장과장 2010년 금융정보분석원 기획행정실장 2011년 국가경쟁력강화위원회 규제개혁2국장 2012년 중앙공무원교육원 교육파견 2013년 금융위원회 금융소비자보호기획단장 2014~2017년 駐중국 공사참사관(재경관) 2017년 IBK신용정보(주) 대표이사(현)

이홍구(李洪九) LEE Hong Koo (曉堂)

(생)1934·5·9 (본)전주(全州) (출)경기 고양 (주)서울특별시 중구 서소문로 100 유민문화재단 (학)1953년 경기고졸 1954년 서울대 법과대학 중퇴 1959년 미국 에모리대 철학과졸 1961년 미국 예일대 대학원 정치학과졸 1968년 정치학박사(미국 예일대) 1986년 명예 문학박사(미국 에모리대) 2002년 명예 문학박사(영국 셰필드대) (경)1963~1964년 미국 에모리대 조교수 1964~1967년 미국 케이스웨스턴리저브대 조교수 1969~1988년 정치학과 조교수·부교수·교수 1979~1982년 同사회과학연구소장 1983년 공산권연구협의회 회장 1986~1987년 한국정치학회 회장 1986년 서울국제포럼 회장 1988~1990년 국토통일원 장관 1990년 대통령 정치담당특보 1991~1993년 駐영국 대사 1993~1994년 민주평통 수석부의장 1993년 서울21세기위원회 위원장 1994년 부총리 겸 통일원 장관 1994~1995년 국무총리 1996년 신한국당 선거대책위원회 고문 1996~1997년 同대표위원 1996년 제15대 국회의원(전국구, 신한국당·한나라당) 1998~2000년 駐미국 대사 2000년 서울국제포럼 이사장(현) 2001~2017년 중앙일보 고문 2002~2012년 (재)동아시아연구원 이사장 2003~2013년 대통령자문 통일고문회의 의장 2003년 유민문화재단 이사장(현) 2005~2014년 (재)통영국제음악제 이사장 2005년 (사)건국대통령이승만박사기념사업회 회장 2006년 한반도선진화재단 고문 2007~2014년 영산재단 이사장 2009~2013년 한국전쟁60주년기념사업위원회 위원장 2011년 2012제주세계자연보존총회 조직위원장 2012년 2019세계수영선수권대회 유치위원회 명예위원장 (상)청조근정훈장(1996), 체육훈장 청룡장(1997), 일본정부 욱일대수장(2014) (저)'정치학개론' '마르크시즘100년' '근대화—그 현실과 미래' '이홍구 문집'(1996) '열린경제 힘있는 나라'(1997) (역)'근대정치사상사—이데올로기의 시대'

이홍구(李弘九) LEE Hong Goo

(생)1957·1·21 (출)서울 (주)서울특별시 금천구 가산디지털1로 19 대륭테크노타운 20층 (주)인프라웨어(02-537-0538) (학)1975년 경복고졸 1981년 한양대 전기공학과졸 1999년 연세대 경영대학원졸 (경)1981년 대영전자 근무 1985년 한국IBM(주) 국제구매부장 1997년 컴팩코리아 국제구매본부 이사 2000년 同컨슈머사업부 이사 2001년 同액서스비지니스그룹 상무 2003~2009년 한국휴렛팩커드(주) 퍼스널시스템그룹(PSG) 부사장 2010년 델코리아(주) 대표 겸 한국대기업비즈니스총괄 2010년 한글과컴퓨터 대표이사 2013년 同대표이사 부회장 2015~2016년 同각자대표이사 부회장 2016~2018년 (주)투비소프트 대표이사 사장 2018년 (주)인프라웨어 해외사업부문 및 신규전략사업부문 각자대표이사(현) 2018년 경기도일자리재단 이사장(현) 2019년 한국소프트웨어산업협회 회장(현) (상)국제비지니스대상(IBA), 영광스런 스티브상(2011), 매일경제 선정 '대한민국 글로벌 리더'(2014), 산업포장(2014), 한양언론인회 '한양을 빛낸 자랑스러운 동문상'(2015)

이홍권(李弘權) LEE Hong Kwon

(생)1954·7·1 (본)전의(全義) (출)대구 (주)서울특별시 서초구 서초대로 254 오퓨런스빌딩 1602호 법무법인 로월드(02-6223-1000) (학)1972년 경기고졸 1976년 서울대 법대졸 1978년 同대학원 법학과졸 (경)1977년 사법시험 합격(19회) 1979년 사법연수원 수료(9기) 1979년 공군 법무관 1982년 서울민사지법 판사 1983년 서울형사지법 판사 1986년 서울지법 동부지원 판사 1987년 미국 워싱턴주립대 연수 1988년 대구고법 판사 1990년 서울고법 판사 1991년 대법원 재판연구관 1993년 창원지법 부장판사 1995년 인천지법 부장판사 1997년 서울지법 남부지원 부장판사 1998년 서울지법 부장판사 1999년 인천지법 부천지원장 2000년 부산고법 부장판사 2002~2006년 서울고법 부장판사 2006~2008년 변호사 개업 2008년 법무법인 로월드 공동대표변호사(현) 2009~2012년 공정거래위원회 비상임위원 2012~2015년 한국문화예술교육진흥원 비상임감사 (상)국민훈장 동백장(2016) (저)'민법케이스연습'(1994) (종)천주교

이홍규(李弘揆) LEE Hong Kyu (격인)

(생)1944·4·14 (본)전주(全州) (출)경남 진주 (주)서울특별시 노원구 한글비석로 68 을지병원 내과(02-970-8456) (학)1968년 서울대 의과대학졸 1971년 同대학원 의학석사 1977년 의학박사(서울대) (경)1968~1973년 서울대병원 인턴·내과 레지던트 1973~1976년 軍의관(소령 예편) 1976~1991년 서울대 의과대학 내과학교실 전임강사·조교수·부교수 1976년 대한당뇨병학회 정회원·부회장 1979년 미국 매사추세츠종합병원 연구원 1980~1981년 미국 하버드대 조슬린당뇨병연구소 연구원 1990년 서울대 의과대학 내분비대사내과 분과장 1991~2009년 同내과학교실 교수 1995~2000년 한국과학기술한림원 정회원 1996~2000년 국립보건원 특수질환부장 1997~2000년 대한내분비학회 이사장 1997~2004년 WHO 당뇨병전문위원 1999~2000년 한국지질학회 회장 2000년 대한당뇨병학회 회장 2001년 바이칼포럼 창설·공동의장 2003년 아시아미토콘드리아연구의학회 초대회장 2006년 국제미토콘드리아생리학회 자문위원(현) 2006년 미토콘드리아학회 회장 2009년 을지대 의과대학 내과학교실 석좌교수(현) 2009년 아시아당뇨병학회 부회장 2011년 BBA General Subjects 편집인, 'J Diab Invest' 편집위원 (상)남곡학술상(2002), 설원학술상(2010) (저)'내분비의학(共)'(1994) '내과학 총론(共)'(1999) '한국인의 기원'(2011) '당뇨, 기적의 밥상(共)'(2014, 싸이프레스) (역)'의사들의 생각'(1992) '생명의 에너지'(2002) '일본인의 기원'(2008) (종)기독교

이홍근(李洪根)

(생)1960·10·14 (주)서울특별시 양천구 목동서로 161 SBS인터내셔널 인사팀(02-2061-0006) (학)1979년 평택고졸 1986년 연세대 사회학과졸 (경)1986년 아남산업 근무 1991년 SBS 인사부 근무 2004년 同제작본부 차장 2005년 同제작본부 부장급 2006년 同방송지원본부 인사팀장 2010년 同방송지원본부 인사팀장(부국장급) 2011년 同기획실 기획팀장(부국장급) 2013년 同기획실 기획팀장(국장급) 2014년 同기획본부 경영기획국장 2017년 SBS인터내셔널 대표이사 사장(현)

이홍기(李弘基) LEE Hong Ghi

(생)1956·8·26 (본)전주(全州) (출)경기 평택 (주)서울특별시 광진구 능동로 120-1 건국대학교병원(02-2030-7001) (학)1982년 연세대 의대졸, 同대학원졸 (경)1982년 공중보건의 1985년 연세의료원 인턴 1986년 미국 St. Francis병원 Clinical Fellow 1988년 미국 Cook County병원 레지던트 1991년 미국 신시내티대 의료원 Clinical Fellow 1994년 미국 Roswell Park Cancer연구소 Clinical Fellow 1995년 삼성서울병원 혈액종양내과 전문의 1997년 성균관대 의대 혈액종양내과 교수 2004년 미국 Univ. of East Carolina The Brody School of Medicine 교수 2006년 건국대 의학전문대학원 내과학교실 교수(현) 2007~2009년 건국대병원장 2007년 건강보험심사평가원 진료심사평가위원회 비상근심사위원(현) 2011~2013년 대한조혈모세포이식학회 이사장 2011년 대한임상시험센터협의회 부회장 2012년 한국조혈모세포은행협회 기증자보호위원장, 同감사(현) 2013~2014년 대한조혈모세포이식학회 감사 2015년 한국혈액암협회 부회장(현), 건국대병원 혈액암센터장(현) 2018년 보건복지부 건강보험분쟁조정위원회 위원(현) 2019년 건국대 의무부총장 겸 의료원장(현) (상)제20회 대한조혈모세포이식학회 학술상(2017), 보건복지부장관표창(2019) (저)'혈액학(共)'(2018, 범문에듀케이션) (종)기독교

이홍기(李洪奇) LEE Hong Ki (中方)

(생)1957·10·29 (본)경주(慶州) (출)전북 장수 (주)전라북도 완주군 삼례읍 삼례로 443 우석대학교 교양대학(063-290-1542) (학)1977년 전주고졸 1981년 동국대 정치외교학과졸 1996년 일본 게이오대 신문연구소 수료 2010년 전남대 행정대학원 최고정책과정 수료 2015년 동국대 언론정보대학원졸 (경)1983년 연합통신 입사 1994년 同노조위원장 1997년 同도쿄특파원 2000년 연합뉴스 스포츠레저부장 2003년 同국제경제부장 2004년 同인터넷뉴스부장 2005년 同스포츠레저부장 2005년 同국제뉴스부 부국장대우 2005년 서울시체육회 이사 2006년 연합뉴스 도쿄지사장(부국장대우) 2007년 同도쿄지사장(부국장급) 2009년 同광주·전남취재본부장 2010년 同광주·전남취재본부장(국장대우) 2011년 同기획조정실장 2012년 同기사심의실장 2013년 同콘텐츠평가실 고문(국장급) 2015~2018년 同전무이사(경영지원담당 상무이사 겸임) 2018년 同사장 직무대행 2018년 우석대 교양대학 교수(현) (종)불교

이홍기(李烘紀) LEE Hong Kee

(생)1970·10·26 (본)신평(新平) (출)광주 (주)서울특별시 강서구 국회대로 171 이래빌딩 201호 H&J International(070-4919-3608) (학)언남고졸, 아주대 컴퓨터공학과졸 (경)삼성종합기술원 기술전략실 근무, 삼성SDS 책임투자심사역, (주)케이사인 CFO(이사), 삼화프로덕션(주) CFO(이사) 2006~2008년 (주)샤인시스템 이사 2012년 H&J International 대표이사(현) (종)기독교

이홍선(李洪善) SUNNY H. Lee

(생)1961·10·13 (출)경북 영덕 (주)경기도 안산시 단원구 능안로 98-12 (주)삼보컴퓨터 비서실(02-3787-3301) (학)1980년 서울 용산고졸 1985년 미국 플로리다공과대(Florida Institute of Technology)졸 1988년 미국 사우스플로리다대 대학원졸 (경)1991~1994년 (주)삼보컴퓨터 해외사업부장 1994~2002년 (주)소프트뱅크코리아 대표이사 사장 1996~1997년 (주)나래이동통신 부사장 1997~2005년 삼보프로농구팀 대표이사 1998~2000년 (주)나래이동통신 대표이사 사장 2000~2002년 (주)소프트뱅크벤처스 대표이사 사장 2001~2003년 (주)두루넷 대표이사 부회장 2003~2004년 (주)삼보컴퓨터 부회장 2004~2012년 나래텔레콤 대표이사 2011년 TG앤컴퍼니 설립·대표이사 2012년 (주)삼보컴퓨터 대표이사(현) 2017~2019년 정부조달컴퓨터협회 회장 2019년 정부조달컴퓨터협회 이사(현) (상)산업포장 (종)기독교

이홍섭(李弘燮) Lee Hong Sub

(생)1953·6·24 (본)전의(全義) (출)서울 (주)서울특별시 강남구 논현로 507 성지하이츠 3차 909호 한국정보보호학회(02-564-9333) (학)1979년 한양대 전자공학과졸 1985년 同대학원 전자공학과졸 1999년 컴퓨터공학박사(대전대) (경)1980~1996년 한국전자통신연구원 실장 1996~2007년

한국정보보호진흥원 사업단장 겸 원장 2000~2010년 금융분쟁조정위원회 위원 2002~2007년 한국·아시아PKI포럼 사무총장 겸 의장 2007~2010년 순천향대 전문경력인사 초빙교수 2008년 (사)한국정보보호학회 회장 2009년 同명예회장(현) 2011년 대통령소속 개인정보보호위원회 위원 2012~2017년 건국대 정보통신대학원 정보보안학과 초빙교수 2013~2016년 (사)한국정보보호최고책임자(CISO)협의회 초대 회장 2016~2019년 대통령소속 개인정보보호위원회 위원장 [상]국무총리표창(1997), 대통령표창(2003), 국민포장(2011) [저]'정보보호관리'(2003)

이홍수(李弘洙) LEE Hong Soo

[생]1959·1·25 [본]용인(龍仁) [출]서울 [주]서울특별시 양천구 안양천로 1071 이대목동병원 가정의학과(02-2650-5114) [학]1977년 우신고졸 1983년 연세대 의과대학졸 1991년 同대학원 의학석사 1994년 의학박사(연세대) [경]1983~1986년 세브란스병원 가정의학과 전공의 1989~1991년 同가정의학교실 연구강사 1991~1993년 서울기독병원 가정의학과장 1993년 이화여대 의과대학 가정의학교실 교수(현) 1993~2005년 同목동병원 가정의학과장 1995~1997년 대한가정의학회 간행이사 1998~1999년 미국 로체스터대 의과대학 가정의학과 연수 2000~2002년 대한임상노인의학회 간행이사 2001~2003년 대한가정의학회 무임소이사 2004~2008년 이화여대 목동병원 건강증진센터 소장 2008년 대한임상노인의학회 총무이사 2009~2011년 이화여대 목동병원 교육연구부장 2013~2015년 서울시립서남병원 진료부원장 2019년 이화여대 대학건강센터소장(현) [저]'효과적인 환자교육'(1995) '스포츠 의학(共)'(2001) '가정의학 : 임상편(共)'(2002) '가정의학 : 총론편(共)'(2003) '임상노인의학(共)'(2003) [종]천주교

이홍식(李弘植) LEE Hong Sik (우당)

[생]1951·1·3 [출]부산 [주]서울특별시 중구 퇴계로 173 남산스퀘어 8층 한국도박문제관리센터(02-740-9000) [학]1969년 서울고졸 1975년 연세대 의과대학졸 1979년 同대학원졸 1985년 의학박사(연세대) [경]1980년 신경정신과 전문의자격 취득 1983~1998년 연세대 의과대학 정신과학교실 전임강사·조교수·부교수 1986년 미국 UCLA 교환교수 1991년 일본 홋카이도대 교환교수 1995년 연세대 영동세브란스병원 정신과장 1998~2011년 同의과대학 정신과학교실 교수 1999년 同영동세브란스병원 교육연구부장 2000년 대한정신약물학회 이사장 2001~2005년 연세대 세브란스정신건강병원장 2002년 대한정신약물학회 회장·고문(현) 2003년 한국자살예방협회 회장·명예회장(현) 2006년 대한정신분열병학회 고문(현) 2011년 연세대 의과대학 정신과학교실 명예교수(현) 2013~2016년 한국자살예방협회 이사장 2019년 한국도박문제관리센터 원장(현) [상]연세대 우수교수 학술상, 과학기술 우수논문상, 폴얀센 정신분열병 학술연구상, 보건복지부장관표창, 대한정신약물학회 공로상 [저]'완전한 부부' '스트레스 프리웨이' '정신분열증' '병 주는 스트레스 약 되는 스트레스' '정신분열증 극복할 수 있다' '현대인의 스트레스예방과 관리법' '정신분열병'(共) '정신분열증의 약물치료'(共) '신경정신과학'(共) '성교육 성상담의 이론과 실제'(共) '임상정신약물학'(共) '자살의 이해와 예방'(共) '나는 나를 위로한다'(2011, 초록나무) [종]천주교

이홍식(李洪植) Hong-Sik Lee

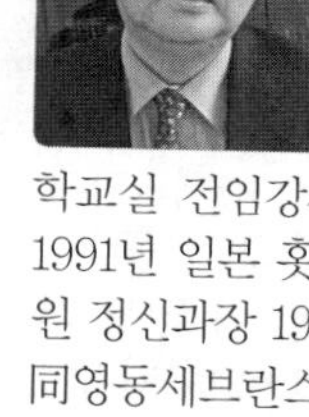

[생]1960·8·12 [주]서울특별시 성북구 고려대로 73 고려대학교 안암병원 소화기내과(02-2286-1005) [학]1979년 서울 명지고졸 1985년 고려대 의대졸 1988년 同대학원 의학석사 1995년 의학박사(고려대) [경]1985~1989년 고려대병원 인턴·내과 전공의 1989~1992년 육군 軍의관(대위 예편) 1992~1994년 고려대병원 소화기내과 임상강사 1994년 고려대 의대 내과학교실 조교수·부교수·교수(현) 1996~1998년 미국 Harvard Medical School Beth Israel Deaconess Medical Center Research Fellow 1998~2004년 대한소화기내시경학회 보험위원회 위원 1998년 대한소화기학회 전산정보위원회 위원(현) 1998~2009년 고려대 안산병원 내과 근무 2002~2004년 同의대 교무부학장보 2002~2009년 同안산병원 내시경실장 2002~2004년 대한소화기내시경학회 전산정보위원회 위원 2002~2009년 同편집위원회 위원 2002~2004년 대한소화기학회 학술위원회 위원 2004년 대한내과학회 간행위원회 심사위원(현) 2004~2007년 대한췌담도연구회 학술위원 2004~2009년 同안산병원 의과학연구소장 2007~2009년 同안산병원 기획실장 2007~2009년 대한췌담도학회 감사 2009~2010년 同총무이사 2009~2011년 대한소화기내시경학회 소독이사 2011~2013년 고려대 의대 교무부학장 2011~2013년 Society of Gastrointestinal Intervenion(SGI) 이사 2013년 Clinical Endoscopy Associate Editor(현) 2013년 Gut and Liver Editorial board(현) 2014~2016년 고려대 안암병원 소화기내과 과장 2014년 소화기암학회 교육이사(현) 2015년 고려대 의과대학장 겸 의학전문대학원장(현) [상]American Pancreas Association Travel Award(1996), 대한소화기학회 우수논문상(1997), 대한소화기학회 최우수연제상(2013), International Pancreas Association Travel Award(2014) [저]'담도학(共)'(2008, 군자) 'ERCP atlas(共)'(2009, 군자) '췌장염'(共) '췌장암' '간담췌외과학 제3판'

이홍열(李洪烈) LEE Hong Yeol

[생]1954·9·27 [출]서울 [주]서울특별시 성동구 마장로 210 한국기원 홍보팀(02-3407-3850) [경]1983년 프로바둑 입단 1985년 신왕전 본선 1989년 패왕전 본선 1990년 신왕전 본선 1991·1992·1993년 패왕전 본선 1993년 연승바둑최강전 본선 1995년 국기전 본선 1996년 한국이동통신배 본선 1998년 7단 승단 1998년 박카스배 천원전 본선 2003년 8단 승단 2005년 잭필드배 프로시니어기전 본선 2005년 9단 승단(현) 2007년 한국바둑리그 제일화재 감독 2007년 지지옥션배 본선 2009년 KB국민은행 바둑리그 신안태평천일염 감독 2009년 맥심커피배 본선 2013~2014년 국가대표바둑상비군 총감독 2016년 지지옥션배 본선

이홍열(李洪烈)

[생]1957·12·20 [주]서울특별시 강남구 테헤란로 534 글라스타워 27층 롯데정밀화학(주)(02-6974-4500) [학]1976년 마산고졸 1983년 부산대 기계공학과졸 [경]1983년 호남석유화학(주) 입사, 同여수·대산공장장, 同생산본부장 2003년 同이사 2008년 同총괄공장장(상무) 2010년 同생산본부장 2012년 대산MMA(주) 대표이사 전무 2014년 롯데케미칼(주) 우즈코가스케미칼(UZ-KOR) 대표이사 부사장 2017년 롯데정밀화학(주) 대표이사 부사장 2018년 同대표이사 사장(현)

이홍일(李洪日)

[생]1958·8·26 [주]광주광역시 서구 내방로 111 광주광역시의회(062-613-5044) [학]광주개방대학졸, 전남대 행정대학원 행정학과 제적(1년) [경]전남 완도군·담양군 농촌지도소 근무, 광주 북구 문흥중앙초교 운영위원장 2002~2006년 광주 북구의회 의원 2006년 광주시 북구의원선거 출마, 더불어민주당 광주시당 부위원장(현) 2018년 광주시의회 의원(더불어민주당)(현) 2018년 同교육문화위원회 위원(현) 2018년 同의회운영위원회 위원(현) 2018년 同자치분권특별위원회 위원(현) 2018년 同세계수영선수권대회 지원특별위원회(현)

이홍종(李洪鍾) LEE Hong Jong (海明)

[생]1954·6·5 [본]전주(全州) [출]서울 [주]부산광역시 남구 용소로 45 부경대학교 국제지역학부(051-629-5330) [학]1973년 경기고졸 1978년 한국외국어대 정치외교학과졸 1985년 미국 신시내티대 대학원 정치학과졸 1993년 정치학박사(미국 신시내티대) [경]1994~1996년 국회의원 보좌관 1998~2019년 부경대 국제지역학부 교수 1999년 민주평통 자문위원 2004년 동아시아국제정치학회 회장 2008년 한국시민윤리학회 회장 2008~2010년 부경대 학생처장 2009년 부울경학생처장협의회 회장 2010년 한국세계지역학회 회장 2011~2013년 민주평통 부산시 남구협의회장 2011~2015년 민주화운동관련자명예회복및보상심의위원회 위원 2012년 21세기정치학회 회장 2016년 (사)정책연구원풀울림 원장 2019년 부경대 국제지역학부 명예교수(현) [상]통일교육유공 국무총리표창(2009), 민주평화통일자문회의 대통령표창(2014) [저]'현대 미국정치의 쟁점과 과제(共)'(1996, 전예원) '정치커뮤니케이션원론(共)'(1998, 법문사) '국제정치의 패러다임과 지역질서(共)'(1999) '국제질서의 전환과 한반도(共)'(2000) '우리들의 정치 이야기(共)'(2000) '정치학(共)'(2001, 박영사) '동아시아 지역질서와 국제관계(共)'(2002) '국제관계의 이해(共)'(2003, 부경대 출판부) '미국학(共)'(2003) '매스커뮤니케이션의 이론과 실제(共)'(2004, 부경대 출판부) '부산경제 활성화 방향과 정책과제(共)'(2013) '미국의 이해'(2017) '비교문화연구'(2017) '글로벌 시대의 여성'(2017), 영화평론집 '영화 속의 국제관계'(2018) '국제기구와 글로벌거버넌스'(2019) [종]기독교

이홍주(李鴻周) LEE Hong Ju

[생]1954·1·18 [본]경주(慶州) [출]경남 [주]경상남도 창원시 창원대로18번길 46 경남창원과학기술진흥원 1311호 지에스앤큐(055-255-8901) [학]1973년 마산고졸 1977년 울산대 조선공학과졸 2002년 경북대 경영대학원 경영학과졸 [경]1979년 삼성그룹 대졸공채, 삼성중공업(주) 건조팀장 2004년 同HSE팀장, (주)STX조선 관리안전본부장(상무), 同생산기획본부장, 同지원본부장 2007년 (주)STX중공업 선재본부장(상무) 2013년 게스(주) 대표이사 2014년 지에스앤큐(GSNQ) 대표이사(현) [종]불교

이홍중(李弘中) LEE Hong Joong

[생]1949·12·14 [출]대구 [주]대구광역시 수성구 동대구로 111 화성산업(주) 대표이사실(053-760-3704) [학]1967년 경북고졸 1971년 서울대 토목공학과졸 [경]1971~1974년 해군본부 시설감실 담당관(해군 중위) 1974년 화성산업(주) 관리부장 1982~1985년 대구시육상경기연맹 부회장 1992년 화성산업(주) 대표이사(현) 1996~2004년 대구시사이클경기연맹 회장 1999~2001년 민주평통 대구시 수성구협의회장 2001~2005년 대한적십자사 대구시지사 부회장 2001~2005년 대한토목학회 대구시 부회장 2006~2007년 同대구경북지회장 2006년 (재)한국주택협회 감사(현) 2006~2009년 대한건설협회 대구시회장 2008년 건설공제조합 운영위원 겸 제4대 대의원 2009년 同대의원(현) 2010년 대구고법 민사및가사 조정위원(현) 2011~2014년 대구경북물포럼 부회장 2012년 대한건설협회 대구시회 운영위원 2012년 同대의원(현) 2014~2017년 同회원부회장 [상]대통령표창, 금탑산업훈장(1996)

이홍훈(李鴻薰) LEE Hong Hun

[생]1946·6·1 [출]전북 고창 [주]서울특별시 강남구 영동대로 517 아셈타워 22층 법무법인 화우(02-6003-7108) [학]1965년 경기고졸 1969년 서울대 법과대학졸 1973년 同대학원 법학과졸 1991년 미국 UC버클리대 연수 [경]1972년 사법시험 합격(14회) 1974년 사법연수원 수료(4기) 1975년 육군 법무관 1977년 서울지법 영등포지원 판사 1979년 서울민사지법 판사 1981년 대전지법 금산지원장 1983년 서울형사지법 판사 1985년 서울고법 판사 1987년 법원행정처 조사심의관 겸임 1989년 대법원 재판연구관 1989년 대구지법 김천지원장 1991년 수원지법 부장판사 1992년 인천지법 부장판사 1993년 서울지법 남부지원 부장판사 1994년 서울형사지법 부장판사 1995년 수원지법 성남지원장 1996년 광주고법 부장판사 1997년 광주지법 수석부장판사 1998년 서울고법 부장판사 2003년 법원도서관장 겸임 2003년 서울지법 민사수석부장판사 직대 2004년 제주지법원장 2005년 수원지법원장 2005년 서울중앙지법원장 2006~2010년 특별소송실무연구회 회장 2006~2011년 대법원 대법관 2011~2014년 한양대 법학전문대학원 석좌교수 겸 한국행정판례연구회 회장 2011년 전북대 법학전문대학원 석좌교수 2012년 법무법인 화우 고문변호사(현) 2012~2014년 同공익위원회 초대위원장 2013~2016년 법조윤리협의회 위원장 2014~2017년 화우공익재단 초대이사장 2015~2017년 한국신문윤리위원회 위원장 2017~2019년 국립대학법인 서울대 이사장 2018년 '국민과 함께하는 사법발전위원회' 위원장(현) [상]청조근정훈장(2011) [저]'민법요론(上) : 총칙·물권' '민법요론(下) : 채권·친족상속'

이홍희(李泓熙) Lee Hong Hi

[생]1931·3·24 [본]경주(慶州) [출]경남 의령 [주]서울특별시 마포구 독막로 324 동서빌딩 (재)동서식품장학회(02-3271-0200) [학]1951년 마산중졸(6년제) 1955년 서울대 법대졸 1961년 독일 함부르크대·마르부르크대 경영경제학과 수료 [경]1961~1968년 삼성물산 비서실·제일모직·중앙일보 근무 1968년 중앙일보 이사 1969년 同상무이사 1970년 동양방송 상무이사 1974년 동서식품(주) 상무이사 1981년 同부사장 1982년 同사장 1989년 한국식품공업협회 부회장 1989년 (재)세종 감사 1990~2004년 동서식품(주) 회장 1993년 (재)동서식품장학회 이사장(현) 2001~2015년 (재)세종연구소 이사 2004~2012년 동서식품(주) 고문 2012년 (주)동서 상담역(현) [상]철탑산업훈장(1985), 국민훈장 모란장(2004)

이화경(李和卿·女) LEE Hwa Kyung

[생]1956·2·15 [출]서울 [주]서울특별시 용산구 백범로90다길 13 오리온그룹 비서실(02-710-6000) [학]1979년 이화여대 사회학과졸 [경]1975~1994년 동양제과(주) 인턴사원·기획담당 차장·조사부장·식품관리본부장·이사·마케팅담당 상무이사 1994~1997년 同전무이사 1997~2000년 同부사장, 서남재단 이사 1997년 박찬호장학회 이사 1998년 스위스 다보스세계경제포럼 '미래의 세계지도자' 선정 1999년 미디어플렉스 경영지원담당 이사 2001년 동양제과(주) 사장 2001년 오리온그룹 엔터테인먼트부문 총괄사장 2012년 同부회장(현)

이화선(李和鮮)

[생]1965 [주]강원도 춘천시 동내면 세실로 49 강원지방경찰청 보안과(033-248-0291) [학]1987년 경찰대 행정학과졸(3기) 2004년 전남대 행정대학원 행정학과졸 [경]1987년 경위 임관 2009년 전남 곡성경찰서장(총경) 2010년 경찰대 운영지원과장 2011년 同교무과장 2013년 서울 종암경찰서장 2014년 서울지방경찰청 경무부 정보화장비과장 2016년 경기 수원서부경찰서장 2017년 인천지방경찰청 홍보담당관 2017년 강원 삼척경찰서장 2019년 강원지방경찰청 보안과장(현)

이화섭(李和燮)

[생]1968·11·15 [출]광주 [주]서울특별시 서대문구 통일로 97 경찰청 혁신기획조정담당관실(02-3150-2102) [학]1985년 광주 인성고졸 1990년 경찰대 행정학과졸(6기) 2009년 연세대 행정대학원졸 [경]1990년 경위 임용 2003년 경찰청 혁신기획단 업무혁신팀 근무 2006년 인천지방경찰청 교

육계장 2007년 인천 계양경찰서 경무과장 2009년 서울지방경찰청 4기동단 부단장 2010년 경찰청 미래발전담당관실 발전전략계장 2013년 同기획조정관실 경찰쇄신기획단 근무 2014년 同기획조정관실 기획계장 2015년 同새경찰추진단 정책2팀장 2016년 강원 철원경찰서장 2017년 경기북부지방경찰청 생활안전과장 2017년 同치안지도관(총경 · 교육파견) 2017년 경찰청 경찰개혁추진TF팀장 2019년 同혁신기획조정담당관(현)

이화수(李和洙) LEE Hwa Soo

(생)1953 · 1 · 5 (본)광주(廣州) (출)경기 평택 (주)경기도 수원시 장안구 정조로 944 자유한국당 경기도당(031-248-1011) (학)1971년 안양공고졸 1998년 한국노동연구원 노사관계고위지도자과정 수료 2008년 한경대 행정학과졸 2013년 연세대 경제대학원졸 (경)1977년 (주)홍원제지 근무 1981년 同노동조합 위원장 1987년 전국화학노련 부장 · 국장 1996년 同경기남부지방본부장 1997년 경기도지방노동위원회 근로자위원 1999년 전국화학노련 부위원장 2001년 한국노총 경기지역본부 평택지부 의장 2003년 평택참여자치시민연대 자문위원 2003~2008년 한국노총 경기지역본부 의장 2003년 경기도노동조합총연맹 장학문화재단 이사장 2005년 한국노총 부위원장 2005년 수원지법 노동전문 조정위원 2006년 경기도노사정협의회 위원 2007년 한나라당 노동위원회 부위원장 2007년 민주평통 자문위원 2008년 이명박 대통령취임준비위원회 자문위원 2008년 제18대 국회의원(안산 상록甲, 한나라당 · 새누리당) 2008년 한나라당 노동위원회 수석부위원장 2008~2010년 국회 환경노동위원회 위원 2008~2010년 국회 여성위원회 위원 2009년 한나라당 대표특보 2010년 국회 지식경제위원회 위원 2010년 국회 예산결산특별위원회 위원 2010년 한나라당 중앙노동위원장 2010년 同경기도당 국민통합특별위원회 위원장 2011년 同원내부대표 2012~2018년 (사)민생정책연구소 이사장 2014년 새누리당 경기안산시상록구甲당원협의회 운영위원장 2016년 제20대 국회의원선거 출마(안산시 상록구甲, 새누리당) 2017년 바른정당 제19대 유승민 대통령후보 중앙선거대책위원회 직능본부 부본부장 2017년 同노동위원회 위원장 2018년 자유한국당 경기안산시상록구甲당원협의회 운영위원장(현) (상)대통령표창(1994), 철탑산업훈장(2004) (종)기독교

이화순(李花順 · 女) LEE Hwa Soon

(생)1961 · 9 · 18 (출)충북 보은 (주)경기도 의정부시 청사로 1 경기도청 북부청사 행정2부지사실(031-8030-2002) (학)1979년 홍익대사대부속여고졸 1983년 고려대 건축공학과졸 1999년 同대학원 건축계획학과졸 (경)1983~1986년 현대건설 근무 1987년 기술고시 합격(23회) 1989년 경기도청 근무 1996년 건설교통부 도시계획과 사무관 1997년 경기도 감사관실 기술감사계장 1998년 同건설본부 건설2부장 2001년 同건설교통국 주택과장 2003년 성남시 수정구청장 2004년 의왕시 부시장 2005년 경기도 도시주택국장 2006년 세종연구소 파견 2007년 경기도 주거대책본부장 2008년 同도시주택실장 2010년 국방대 교육파견(지방이사관) 2011~2012년 경기도 도시주택실장 2012년 국토해양부 기술안전정책관 2013년 국토교통부 기술안전정책관 2013년 同중앙건설기술심의위원회 분과위원장 2013년 同건축정책관(고위공무원) 2014년 同공공기관지방이전추진단 기획국장 2014년 경기도 기획조정실장 2014년 경기 화성시 부시장 2016년 경기도의회 사무처장 2017년 황해경제자유구역청장 2019년 경기도 행정2부지사(현)

이화영(李華榮) Wha Young LEE (如山)

(생)1937 · 4 · 21 (본)연안(延安) (출)충남 당진 (주)서울특별시 관악구 관악로 1 서울대학교 화학생물공학부(02-880-7404) (학)1956년 인천고졸 1961년 서울대 화학공학과졸 1964년 同대학원졸 1972년 공학박사(서울대) (경)1961년 백광약품(주) 기사 1966~1967년 고려대 촉탁교수 1968~1981년 서울대 공대 전임강사 · 조교수 · 부교수 1973~1974년 독일 Karlsruhe대 연구원 1977~1978년 한국화학공학회 기획이사 1978년 일본 도쿄대 방문교수 1981~2002년 서울대 화학공학과 교수 1981~1982년 한국화학공학회 총무이사 1986~1987년 同교육위원장 1986~1989년 서울대 공대 부속공장장 1986~1990년 同교육연구재단 상임이사 1988~1989년 한국화학공학회 편집위원장 1989년 촉매연구조합 부이사장 1989~1993년 한국수소에너지학회 부회장 1989~1990년 서울대 공대 연구지원소장 1990~1991년 한국화학공학회 촉매부문위원장 1990~1991년 한국촉매개발연구조합 부이사장 1990~1994년 서울대 공대 교육연구재단 감사 1991~1993년 한국클린책연구회 회장 1992년 한국화학공학회 부회장 1992~1994년 한국막학회 회장 1995~1999년 서울대 환경안전연구소장 1995~1999년 한국과학기술한림원 정회원 1996년 한국공학한림원 창립회원(현) 1997~2000년 청정기술연구센터장 1997년 한국화학공학회 수석부회장 1998년 同회장 1998년 대한도시가스 사외이사 1998~2001년 대한환경안전협의회 회장 1998년 한국공학한림원 명예회원 1999년 한국과학기술한림원 종신회원(현) 2002년 서울대 명예교수(현) 2002년 동진쎄미켐 사외이사(현) 2013년 한국화학공학회 자문위원장 (상)화공학회 학술상(1976), 훌륭한 공대교수상(1995), 한국공학상(1999), 녹조근정훈장(2002), 과학기술훈장 도약장(2002), 한국화학공학회 공로상, 한국과학기술한림원상(2009) (저)'유기공업화학'(1977) '현대산업사회와 에너지'(1992) '촉매공정'(共) '나의 잡기장'(2005) (역)'화공열역학' '화학공정계산'(1983) '단위조작'(2001) (종)기독교

이화영(李和永) LEE Wha Young

(생)1951 · 5 · 16 (출)서울 (주)서울특별시 중구 을지로5길 19 페럼타워 17층 (주)유니드 비서실(02-3709-9605) (학)경복고졸 1977년 미국 오하이오대 경영학과졸 (경)1977년 동양화학공업(주) 입사 1981년 同이사 1988년 한국카리화학(주) 전무이사 1992년 동양화학공업(주) 부사장 1994년 O.C.I.상사 사장 1995년 동양화학공업(주) 수석부사장 1997~2005년 (주)유니드 사장 2003년 (주)동양제철화학 이사 2005년 (주)유니드 대표이사 회장(현) 2009년 유니드글로벌상사(前O.C.I.상사) 회장(현) 2015년 (사)한국메세나협회 부회장(현) (종)불교

이화영(李華泳) LEE Hwa Young

(생)1963 · 12 · 11 (출)강원 동해 (주)경기도 수원시 팔달구 효원로 1 경기도청 평화부지사실(031-8008-2021) (학)1981년 중앙대사대부고졸 1985년 성균관대 사회학과졸 2006년 同대학원 정치외교학과 수료, 한국노동연구원 노사관계고위지도자과정 수료 (경)1993~1994년 지방자치실무연구소 연구원(소장 노무현) 1996~2004년 이상수 국회의원 보좌관 2002년 노무현 대통령후보 중앙선거대책위원회 업무조정국장 2004년 열린우리당 창당기획팀장 · 기획조정실장 2004년 同수도권균형발전기획단 부단장 2004~2008년 제17대 국회의원(서울 중랑甲, 열린우리당 · 대통합민주신당 · 통합민주당) 2006년 열린우리당 원내부총무, 한국방정환재단 이사장 2008~2011년 민주당 서울중랑甲지역위원회 위원장 2008년 同동북아평화협력특별위원회 위원장 2010~2018년 동북아평화경제협회 이사장 2012년 제19대 국회의원선거 출마(강원 동해 · 삼척, 무소속) 2016년 한중산업발전회 회장 2017~2018년 쌍방울 사외이사 2018년 (사)동북아평화경제협회 회장(현) 2018년 경기도청 평화부지사(현)

이화용(李和容) LEE Hwa Yong

(생)1967 · 3 · 14 (본)연안(延安) (출)광주 (주)서울특별시 서초구 법원로 15 정곡빌딩 서관 법무법인 엘케이비앤파트너스(02-596-7151) (학)1986년 명지고졸 1991년 고려대 법학과졸, 同법무대학원 공정거래법학과 수료 (경)1994년 사법시험 합격(36회) 1997년 사법연수원 수료(26기) 1997년 창원

지법 판사 2000년 대구지법 판사 2001년 수원지법 평택지원 판사 2004년 서울서부지법 판사 2005~2006년 중국 북경대 연수 2007년 서울중앙지법 판사 2008년 서울고법 판사 2010년 서울북부지법 판사 2012년 대전지법 논산지원장 겸 대전가정법원 논산지원장 2014~2016년 금융정보분석원 정보분석심의회 심의위원 2014~2015·2016년 의정부지법 부장판사 2018년 법무법인 엘케이비앤파트너스 대표변호사(현)

이화원(李華源) LEE HWA WON

(생)1961·3·15 (본)강릉(江陵) (주)광주광역시 북구 서림로 10 광주기아챔피언스필드 2층 KIA타이거즈사무실(070-7686-8000) (학)1980년 강릉고졸 1987년 강릉대 회계학과졸 (경)1988년 기아자동차 입사 2010년 현대자동차그룹 홍보실 신문홍보팀장(이사대우) 2011년 同홍보실 신문홍보팀장(이사) 2013년 同홍보실장(상무) 2016년 기아자동차 홍보1실장(상무) 2017년 同홍보1실장(전무) 2017년 현대모비스 홍보실 전무 2019년 기아타이거즈 대표이사 부사장(현)

이환권(李桓權) LEE Hwan Kwon

(생)1961·1·28 (본)홍주(洪州) (출)충남 홍성 (주)서울특별시 서초구 사임당로 21 기하빌딩 3층 법무법인 이현(02-1566-8858) (학)1978년 경희고졸 1982년 경희대 법학과졸 1984년 同대학원 법학과 수료 (경)1989년 사법시험 합격(31회) 1992년 사법연수원 수료(21기) 1992~1993년 대한법률구조공단 인천지부 소속변호사 1993년 변호사 개업 1997년 동화홀딩스(주) 자문변호사 1999년 한국토지공사 인천지사 법률전문위원 2002년 개혁국민정당 인천연수지구 당위원장 2002~2007년 법무법인 로이십일 대표변호사 2003년 인천지방변호사회 기획위원장 2005~2009년 한미반도체(주) 사외이사 2007~2008년 법무법인 광명21 대표변호사 2008년 법무법인 이현 대표변호사(현)

이환균(李桓均) LEE Hwan Kyun

(생)1942·1·22 (본)재령(載寧) (출)경남 함안 (학)1960년 경남고졸 1964년 서울대 법대졸 1970년 同행정대학원졸 (경)1969년 법제처 법제관 1970년 경제기획원 경제협력1과·외자1과 근무 1975년 駐이란 경제협력관 1978년 경제기획원 해외사업국 과장 1979년 同소비자과장 1980년 국무총리의전비서관 1980년 경제기획원 경제협력총괄과장 1981년 재무부 경제협력과장 1982년 駐사우디아라비아 재무관 1986년 재무부 감사관 1987년 同국제금융국장 1988년 대통령 경제비서관 1991년 재무부 기획관리실장 1992년 同제2차관보 1993년 同제1차관보 1994년 관세청장 1995년 재정경제원 차관 1996년 국무총리 행정조정실장 1997~1998년 건설교통부 장관 1998~2000년 미국 스탠퍼드대 객원연구원 2002년 법무법인 로고스 고문 2002년 한나라당 국책자문위원 2002년 세종대 경영대학원장, 중국 산둥성(지난) 경제고문 2003~2008년 인천경제자유구역청 초대 청장 2004년 중소기업협동조합중앙회 중소기업정책위원장 2011~2014년 제주국제자유도시개발센터 비상임이사 2014~2018년 창원시 균형발전위원회 위원장 (상)홍조근정훈장, 황조근정훈장 (저)'21C 통일한반도의 인프라 구축방향' (종)기독교

이환기(李煥基) LEE Hwan Ki

(생)1956·9·20 (본)고성(固城) (출)경남 밀양 (주)강원도 춘천시 공지로 126 춘천교육대학교 총장실(033-260-6100) (학)1976년 경남고졸 1985년 서울대 교육학과졸 1988년 同대학원 교육학과졸 1995년 교육학박사(서울대) (경)1985~1986년 봉천여중 도덕과목 교사 1993~1995년 서울대사대 부설교육연구소 연구원 1995년 춘천교육대 교육학과 전임강사·조교수·부교수·교수(현) 2002~2005년 同도서관장 2005년 同교무처장, 同대학원장, 同산학협력단장 2016년 同교수회 의장 2017년 同총장(현) (상)한국교육학회 논문상(1995) (저)'통각과 교수이론'(1996) '헤르바르트의 교수이론'(1998) '마음과 교과'(2000) (역)'경험과 이해의 성장'(1990) (종)기독교

이환기(李桓基)

(생)1972·3·13 (출)경기 여주 (주)경기도 의정부시 녹양로34번길 23 의정부지방검찰청 총무과(031-820-4542) (학)1991년 대원외고졸 1997년 서울대 철학과졸 2000년 同법학과졸 (경)1999년 사법시험 합격(41회) 2002년 사법연수원 수료(31기) 2002년 부산지검 검사 2004년 춘천지검 영월지청 검사 2006년 인천지검 검사 2008년 대구지검 김천지청 검사 2011년 서울남부지검 검사 2013년 서울중앙지검 검사 2015년 대전지검 검사 2016년 同부부장검사 2017~2019년 駐네덜란드대사관 파견 2018~2019년 수원지검 부부장검사 2019년 의정부지검 부장검사(현)

이환모(李桓模) LEE Hwan Mo

(생)1957·1·20 (주)서울특별시 서대문구 연세로 50-1 세브란스병원 정형외과(02-2228-2191) (학)1981년 연세대 의대졸 1984년 同대학원 의학석사 1992년 의학박사(연세대) (경)1991년 연세대 의과대학 정형외과학교실 전임강사·조교수·부교수·교수(현) 1993년 미국 아이오와대 객원교수 2011~2015년 연세대 의과대학 정형외과학교실 주임교수 2013~2015년 세브란스병원 정형외과장 2014~2015년 同어린이병원 소아정형외과장 2016년 세브란스병원 척추류마티스통증센터 소장(현) (상)대한정형외과학회 만례재단상, 대한정형외과학회 MSD 관절염 Fellowship Award, 미국정형외과학회 Kappa-Delta Awards (역)'패밀리닥터 시리즈(요통)'(2005, 아카데미아)

이환석(李桓碩) LEE Hwan Seok

(생)1965 (출)서울 (주)서울특별시 중구 세종대로 67 한국은행 조사국(02-759-4161) (학)영등포고졸, 연세대 경제학과졸, 경제학박사(미국 일리노이대) (경)1991년 한국은행 입행 2013년 同뉴욕사무소 워싱턴주재원 2015년 同금융통화위원회 실장 2016년 同금융시장국장 2018년 同조사국장(현)

이환승(李桓昇) LEE Hwan Seung

(생)1968·4·20 (출)부산 (주)서울특별시 양천구 신월로 386 서울남부지방법원(02-2192-1114) (학)1987년 브니엘고졸 1992년 서울대 사법학과졸 2004년 미국 워싱턴대 세인트루이스교 로스쿨 수학 2007년 부산대 법과대학원졸 (경)1993년 사법시험 합격(35회) 1996년 사법연수원 수료(25기) 1996년 서울지법 북부지원 판사 2001년 서울지법 판사 2003년 부산지법 판사 2006년 부산고법 판사 2007년 서울고법 판사 2008년 대법원 재판연구관 2010년 서울중앙지법 판사 2011년 춘천지법 강릉지원 부장판사 2012년 同강릉지원장 2013년 인천지법 부천지원 부장판사 2015년 서울중앙지법 부장판사 2018년 서울남부지법 부장판사(현)

이환우 Hwan Woo Lee

(생)1972·9·26 (출)서울 (주)경기도 용인시 기흥구 덕영대로 1771 KEB하나은행 여자농구단(031-203-2497) (학)대경상고졸, 국민대 체육교육과졸 (경)1995~1997년 현대전자 농구단 선수 1999~2000년 현대 프로농구단 선수 2000~2001년 同매니저 2001~2007년 KCC 프로농구단 매니저

2007~2010년 KT&G 프로농구단 수석코치 2010~2014년 전자랜드 프로농구단 수석코치 2016년 부천 KEB하나은행 여자농구단 감독대행(2년계약) 2017년 同감독(현)

이환주(李桓朱) LEE Hwan Ju

(생)1960 · 12 · 7 (본)영천(寧川) (출)전북 남원 (주)전라북도 남원시 시청로 60 남원시청 시장실(063-620-6001) (학)1979년 전주 신흥고졸 1984년 한양대 토목공학과졸 1986년 同대학원 토목공학과졸 2002년 토목공학박사(전북대) (경)1984년 기술고등고시 합격(20회) 1985년 공무원 임용 1995년 남원시 관광건설국장 1998년 전주시 도시개발국장 2001년 전주시 완산구청장 2003년 전북도 환경보건국 환경정책과장 2003년 同기획관 2005년 同비서실장 2006년 지방혁신인력개발원 파견(지방부이사관) 2006년 전북도 전략산업국장 2008년 同중국상하이통상사무소장 2009~2011년 새만금군산경제자유구역청 개발본부장 2011년 전북 남원시장(재보선 당선, 민주당 · 민주통합당 · 민주당 · 새정치민주연합) 2011년 관서당장학회 이사 2014~2018년 전북 남원시장(새정치민주연합 · 더불어민주당) 2018년 전북 남원시장(더불어민주당)(현) (상)건설부장관표창(1992), 대통령표창(1994), 글로벌자랑스런 세계인 · 한국인대상 지방자치단체장부문(2015) (저)'똑똑한 중국 계약법'(2008) '이환주 재관여빈(在官如賓)'(2011)

이회성(李會晟) LEE Hoe Sung

(생)1945 · 12 · 31 (출)충남 예산 (학)1964년 경기고졸 1969년 서울대 상대 무역학과졸 1975년 경제학박사(미국 럿거스대) (경)1974년 미국 럿거스대 경제학 강사 1975년 미국 Exxon Corp. 경제조사역 1978년 한국개발연구원 수석연구원 1980~1984년 동력자원연구원 연구실장 · 정책연구부장 1984년 同정책담당 선임부장 1986~1995년 에너지경제연구원 원장 1988년 자원경제학회 회장 1992~1997년 유엔 기후변화에관한정부간협의체(IPCC) 제3실무그룹(기후변화 완화분야) 공동의장 1994년 세계에너지경제학회 부회장 1995~1998년 에너지경제연구원 상임연구고문 1997년 일본 지구환경전략연구재단 이사 1998~1999년 현대종합상사 사외이사 1998~2004년 에너지환경연구원 원장 1999년 세계에너지경제학회 회장 2003년 계명대 환경대학 에너지환경계획학과 초빙교수 2008~2015년 유엔 기후변화에관한정부간협의체(IPCC) 부의장 2009~2011년 계명대 환경대학장 2010년 아시아개발은행(ADB) 기후변화부문 총재 겸 자문위원 2011~2017년 고려대 에너지환경정책기술대학원(그린스쿨) 초빙교수 2015년 유엔 기후변화에관한정부간협의체(IPCC) 의장(현) 2017년 고려대 에너지환경정책기술대학원(그린스쿨) 석좌교수(현) (상)미국 타임紙 선정 '가장 영향력 있는 인물 100인'(2019) (저)'석유 유통구조와 정책' '에너지 장기전망과 정책' '한국경제와 에너지정책'(共) '기후변화와 경제사회적 영향' 'Climate Change 1994 : Radiatative Forcing of Climate Change and An Evaluation of the IPCC IS92 Emission Scenarios'(1995, Cambridge Univ. Press) 'Climate Change 1995 : Economics and Social Dimensions of Climate Change : Contribution of Working Group Ⅲ to the Second Assesment of IPCC'(1995, Cambridge Univ. Press) (종)천주교

이회창(李會昌) LEE Hoi Chang (徑史)

(생)1935 · 6 · 2 (본)전주(全州) (출)황해 서흥 (학)1953년 경기고졸 1957년 서울대 법과대학졸 1969~1970년 미국 캘리포니아대 버클리교 및 하버드대 수학 1997년 명예 법학박사(러시아 극동국립대) (경)1957년 고등고시 사법과 합격(8회) 1957~1960년 공군본부 법무감실 법무관 1960~1965년 인천지원 · 서울민사지법 · 서울형사지법 판사 1965년 서울고법 판사 1971년 사법연수원 교수 1977년 서울고법 부장판사 1980년 법원행정처 기획조정실장 겸 조사국장 1981~1986년 대법원 판사 1986년 변호사 개업 1988년 민주화합추진위원 1988년 대법원 대법관 1988년 중앙선거관리위원회 위원장 1993년 감사원장 1993~1994년 국무총리 1994년 변호사 개업 1996년 신한국당 선거대책위원회 의장 1996~1997년 제15대 국회의원(전국구, 신한국당 · 한나라당) 1996년 신한국당 상임고문 1997년 同대표위원 1997년 同총재 1997년 한나라당 제15대 대통령 후보 1997년 同명예총재 1998~2002년 同총재 1999년 제15대 국회의원(서울 송파甲 보궐선거 당선, 한나라당) 2000~2002년 제16대 국회의원(전국구, 한나라당) 2002년 한나라당 제16대 대통령 후보 2003~2004년 미국 스탠퍼드대 후버연구소 명예교환교수 2007년 제17대 대통령선거 출마(무소속) 2008년 자유선진당 총재 2008년 제18대 국회의원(홍성 · 예산, 자유선진당) 2010~2011년 자유선진당 대표 (상)청조근정훈장(1985), 국민훈장 무궁화장(1995), 자랑스런 서울법대인(1996), 미국 버클리대 특별명예상(1998) (저)'주석형법각칙' '법과 정의', 에세이집 '아름다운 원칙'(1997, 김영사), '이회창 회고록'(2017, 김영사) (종)천주교

이회택(李會擇) LEE Hoi Taek

(생)1946 · 10 · 11 (출)경기 김포 (주)경기도 김포시 돌문로15번길 20 김포공설운동장內 이회택축구교실(031-986-4100) (학)1965년 한양공고졸 1969년 한양대졸 (경)1965년 청소년대표 축구선수 1966~1974 · 1997년 국가대표 축구선수 1983~1985년 한양대축구단 감독 1986~1992년 프로축구 포항제철 감독 1988~1990년 국가대표팀 감독 1990년 이탈리아 월드컵대표팀 감독 1992년 한양대 축구부장 1993~2003년 대한축구협회 이사 1994년 이회택축구교실 대표(현) 1997년 대한축구협회 유소년위원장 1998년 함안축구연수원 원장 1999~2003년 전남드래곤즈 프로축구단 감독 1999년 2002한 · 일월드컵조직위원회 경기력향상지원협의회 위원 2003년 전남드래곤즈 프로축구단 상임고문 2004년 대한축구협회 부회장 2004~2005 · 2008~2011년 同기술위원장 겸임 2014~2016년 한국축구인노동조합 위원장 2019년 (사)남북체육교류협회 남북스포츠교류종합센터건립추진위원회 자문위원(현) (상)아시아축구연맹(AFC) 공로상(2010)

이효건(李孝健) Hyo Gun Lee

(생)1962 · 1 · 19 (주)서울특별시 서초구 성촌길 56 삼성전자(주) 영상디스플레이사업부 개발팀(02-2255-0114) (학)1980년 휘문고졸 1984년 서울대 전자계산학과졸 1986년 한국과학기술원(KAIST) 전자계산학과졸(석사) 1998년 전산학박사(한국과학기술원) (경)삼성전자(주) 영상디스플레이사업부 개발팀 수석연구원 2005년 同영상디스플레이개발팀 상무보, 同영상디스플레이개발팀 연구위원(상무) 2010년 同영상디스플레이개발팀 연구위원(전무) 2013년 同소프트웨어센터 S/W Platform팀장(부사장) 2017년 同영상디스플레이사업부 부사장 2018년 同영상디스플레이사업부 개발팀장(부사장)(현)

이효근(李孝根)

(생)1963 (주)서울특별시 중구 세종대로 124 서민금융진흥원(02-2128-8205) (학)경남 진주고졸 1985년 고려대 법학과졸 1987년 同대학원 법학과졸, 법학박사(아주대) (경)1990년 증권감독원(現 금융감독원) 입사, 금융감독원 조사국 근무, 同총무국 근무, 同런던사무소 근무 2004년 同프랑크푸르트주재실장 2009년 同제재심의실 금융투자보험팀장 2011년 同기업공시제도실 기업공시제도팀장, 同감찰실 직무점검팀장 2013년 同자본시장조사1국 조사총괄팀 부국장 2014년 강원도 금융감독협력관 2015년 금융감독원 강릉사무소장 2016~2018년 同제재심의국장 2019년 서민금융진흥원 부원장(현)

이효두(李孝斗) LEE Hyo Doo

(생)1961 · 10 · 15 (출)경남 진주 (주)광주광역시 동구 준법로 7-12 광주지방법원 총무과(062-239-1503) (학)1980년 경남 진주고졸 1985년 서울대 법대졸 (경)1988년 사법시험 합격(30회) 1991년 사법연수원 수료(20기) 1991년 마산지법 진주지원 판사 1992년 창원지법 판사 1995년 서울지법 의정부지원 판사 1998년 인천지법 부천지원 판사 1998년 서울지법 북부지원 판사 겸임 2001년 서울지법 판사 2003년 서울고법 판사 2004년 서울행정법원 판사 2006년 의정부지법 부장판사 2009년 서울동부지법 부장판사 2011년 서울중앙지법 부장판사 2014년 서울북부지법 부장판사 2016년 의정부지법 부장판사 2019년 광주지법 부장판사(현) (종)기독교

이효민(李效旻 · 女) LEE Hyo Min

(생)1961 · 4 · 26 (주)충청북도 청주시 흥덕구 오송읍 오송생명2로 187 식품의약품안전평가원 의료제품연구부 의약품연구과(043-719-4602) (학)1984년 덕성여대 약학과졸 1988년 연세대 대학원 약학과졸 1992년 약학박사(덕성여대) (경)1992년 연세대 환경공해연구소 선임연구원 1995년 한국과학기술원(KAIST) 도핑콘트롤센터 연구원 2001년 식품의약품안전청 일반독성부 위해도평가과 연구관, 국립독성연구원 위해평가연구부 식의약품위해성팀장 2007년 同위해평가연구부 위해관리기술연구팀장 2008년 국립독성과학원 위해평가연구부 위해관리기술연구과장 2009년 식품의약품안전평가원 식품위해성평가부 위해분석연구과장 2010년 식품의약품안전청 위해예방정책국 위해정보과장 2013년 식품의약품안전처 소비자위해예방국 소통협력과장 2016년 식품의약품안전평가원 의료제품연구부 생약연구과장 2018년 同의료제품연구부 의약품연구과장(현)

이효성(李孝成) LEE Hyo Seong (一晶)

(생)1951 · 5 · 1 (본)전주(全州) (출)전북 익산 (주)서울특별시 종로구 성균관로 25-2 성균관대학교 신문방송학과(02-760-0397) (학)1969년 전북 남성고졸 1973년 서울대 문리과대학 지질학과졸 1975년 同신문대학원 신문학과졸 1979년 同대학원 박사과정 수료 1987년 언론학박사(미국 노스웨스턴대) (경)1975~1976년 서울대 신문연구소 보조연구원 1976~1980년 同조교 1978~1979년 문화방송(MBC) · 경향신문 기자 1981년 한국일보 시카고지사 기자 1987년 서울대 · 서강대 · 성균관대 · 이화여대 신문방송학과 강사 1987~1988년 서울대 사회과학연구소 연구원 1990~1999년 성균관대 신문방송학과 조교수 · 부교수 1991년 한국사회언론연구회 회장 1992~1993년 한국대학신보 논설위원 1994년 일본 東京大 객원연구원 1996년 기독교방송 객원해설위원 1998~1999년 방송개혁위원회 실행위원 겸 제1분과 간사 1998~2000년 한국언론정보학회 회장 1998~2003년 (사)민주언론운동시민연합 정책실장 겸 이사 1998년 언론개혁시민연대 공동대표 1999~2016년 성균관대 신문방송학과 교수 2000~2001년 미국 컬럼비아대 동아시아연구소 방문교수 2001~2003년 한국디지털컨텐츠작가협회 초대 회장 2001~2003년 성균관대 사회과학연구소장 2002~2003년 (사)열린미디어센터 소장 2002년 방송위원회 보도교양제2심의위원회 위원 2003년 한국방송학회 회장 2003~2006년 방송위원회 부위원장 2005년 지상파디지털멀티미디어방송(DMB) 심사위원장 2007 · 2009~2011년 성균관대 언론정보대학원장 2007~2008년 시민방송(RTV) 이사장 2012~2017년 한국기자협회 한국기자상(이달의 기자상) 심사위원장 2016년 성균관대 사회과학대학 신문방송학과 명예교수(현) 2017~2019년 방송통신위원회 위원장(장관급) (상)駐韓미국공보원 '캠퍼스라이프' 학생수필공모전 전국상(1971), 한국언론학회 희관저술상(1997) (저)'정치언론'(1989) '언론비판'(1990) '비판 커뮤니케이션 이론(共)'(1991) '한국사회와 언론'(1992) '커뮤니케이션과 정치'(1995) '한국언론의 좌표'(1996) '진실과 정의의 즐거움'(1996) '대통령선거와 텔레비전 토론'(1997) '언론정치의 현실과 과제'(1999) '별은 어둠을 피해 달아나지 않는다'(2000) '언론과 민주정치'(2002) '매체선거 : 그 빛과 그림자'(2003) '미국이야기'(2005) '방송, 권력과 대중의 커뮤니케이션'(2009) '계절의 추억'(2009) '통하니까 인간이다'(2012) '삶과 희망'(2013) '소통과 지혜'(2016) '소통과 권력'(2016) '소통과 언어'(2016) (종)가톨릭

이효수(李孝秀) LEE Hyo Soo

(생)1951 · 7 · 7 (출)경북 청도 (주)경상북도 경산시 대학로 280 영남대학교 경제금융학부(053-810-3212) (학)대구상고졸 1975년 영남대 경제학과졸 1978년 서울대 대학원 경제학과졸 1984년 경제학박사(서울대) (경)1990~2016년 영남대 상경대학 경제금융학부 교수 1992~1993년 同기획처장 1994~1995년 미국 MIT 객원교수 1995~1997년 영남대 경제학과장 1998~2000년 同사회과학연구소장 1999년 21세기경북발전위원회 경제분과위원장 2000~2002년 영남대 상경대학장 2000~2001년 한국노동경제학회 부회장 2001~2003년 세계노사관계학회(IIRA) Asian Congress 프로그램위원회 위원장 2003년 한국노사관계학회 부회장 2003~2004년 세계노사관계학회(IIRA) 회장 2004~2006년 한국노동경제학회 회장 2004~2008년 대구 · 경북인적자원개발분과협의회(RHRD) 위원장 2006~2007년 한국노사관계학회 회장 2006~2009년 노동부 최저임금위원회 위원 2006년 국제노사관계학회(IIRA) 아시아대표 집행이사 2006년 대구 · 경북고용인적자원포럼 대표 2008년 국민경제자문회의 자문위원 2009~2013년 영남대 총장 2009년 2010월드그린에너지포럼(WGEF) 조직위원 2010년 한국사립대학총장협의회 부회장 2011년 대통령소속 사회통합위원회 지역협의회 위원 2012~2013년 한국대학교육협의회 부회장 2015년 화성산업(주) 사외이사 겸 감사위원(현) 2016년 영남대 경제금융학부 명예교수(현) (상)경북도 인문사회과학부문 문화상(1997), 신노사문화대상 공익부문 노사화합공로상(2004), 녹조근정훈장(2008), 제33회 대상의날 자랑스런 대상인(2010), 교육혁신 우수대학(2010), 자원봉사의날 대통령표창(2010), 고용노동부 2010일자리창출지원 대통령표창(2010), 청조근정훈장(2016) (저)'벨지움의 產業 : 斜陽產業과 地域間 再調整 政策을 中心으로'(1978) '勞動市場構造論 -韓國勞動市場의 理論과 實證'(1984) '經濟學演習(共)'(1985) '經濟原論演習(共)'(1987) '高學歷化 現象과 雇傭'(1991) '대구/경북지역 실업실태와 실업대책개선 방안(共)'(1999) '클릭! 지식정보사회(共)'(2001) '노동의 미래와 신질서(共)'(2003) '全球化下的勞使關係興勞工政策(共)'(2003) '한국기업의 노사관계(共)'(2005) (종)불교

이효원(李孝元) LEE Hyo Won

(생)1965 · 3 · 5 (출)경북 안동 (주)서울특별시 관악구 관악로 1 서울대학교 법학전문대학원(02-880-2608) (학)1983년 경일고졸 1987년 서울대 법과대학졸 1990년 同대학원 법학과졸 2006년 법학박사(서울대) (경)1991년 사법시험 합격(33회) 1994년 사법연수원 수료(23기) 1994년 서울지검 북부지청 검사 1996년 부산지검 울산지청 검사 1997년 창원지검 검사 1998년 통일부 파견 1999년 서울지검 검사 1999년 독일 베를린자유대학 연수 1999년 서울지방검찰청 검사 2003년 법무부 특수법령과 검사 2006년 대구지검 부부장검사 2007년 대검찰청 검찰연구관(부장검사) 2007~2018년 서울대 법과대학 부교수 · 교수 2012~2014년 同법과대학 학생부학장 겸 법학전문대학원 학생부원장 2014년 국회의장직속 헌법개정자문위원회 위원 2016~2018년 국무총리소속 대테러인권보호관 2018~2019년 서울대 기획처장 2018~2019년 同기획부총장 직대 겸임 2018년 同법학전문대학원 교수(현) (저)'판례로 보는 남북한관계'(2012) '헌법소송법(共)'(2012) '통일법의 이해'(2014) 등 (종)기독교

이효원(李孝源) LEE Hyo Won

(생)1968 · 11 · 7 (본)전주(全州) (출)서울 (주)서울특별시 종로구 율곡로2길 25 연합뉴스 재무회계부(02-398-3260) (경)1993년 연합뉴스 경리부 입사 2009년 同경리부 차장 2011년 同재무회계부장(현) 2011년 同사내근로복지기금 감사(현) 2011년 同연합기술정보 감사(현)

이효율(李孝律) LEE Hoe Yuel

(생)1957 · 6 · 9 (출)전북 옥구 (주)서울특별시 강남구 광평로 280 (주)풀무원 임원실(080-022-0085) (학)1975년 남성고졸 1980년 서강대 철학과졸 1994년 미국 피츠버그대 대학원 마케팅과정 수료 (경)1984년 (주)풀무원 입사(사원 1호) 2004년 同마케팅본부장(부사장) 2009년 同식품부문 최고운영책임자(COO) 2009년 同대표이사 부사장 2010년 同대표이사 사장 2012년 푸드머스 대표이사 2018년 (주)풀무원 총괄대표이사 사장(CEO)(현) 2019년 한국식품산업협회 회장(현)

이효익(李孝翊) LEE Hyo Ik

(생)1951 · 3 · 16 (출)전남 강진 (주)서울특별시 종로구 성균관로 25-2 성균관대학교 경영학과(02-760-0184) (학)1969년 광주제일고졸 1973년 성균관대 경영학과졸 1977년 서울대 대학원 경영학과졸 1982년 미국 위스콘신대(Univ. of Wisconsin) 대학원 회계학과졸 1990년 경영학박사(서울대) (경)1972~1978년 유한킴벌리(주) 입사 · 재정부장 · 기획조정실장 1979~1982년 미국 Kimberly-Clark Corporation 선임회계사 1982년 성균관대 경영학부 회계학전공 교수, 同경영학과 회계학전공 교수 1988년 한국회계학회 상임이사 1990년 증권관리위원회 회계제도자문위원 1991년 미국 캘리포니아대 로스앤젤레스교(UCLA) 객원교수 1996년 성균관대 경영연구소장 1998년 同야간강좌 교학처장 1999년 同교무처장 2001~2004년 금융감독위원회 비상임위원 2004년 산업은행 경영평가위원장 2004년 산은캐피탈 사외이사 2005~2008년 한국회계기준원 원장 2008년 쌍용자동차(주) 사외이사 2011~2013년 하이자산운용 사외이사 2013~2017년 한국공인회계사회 감사기준위원장 2016년 국무총리실 개성공단기업 민관평가자문위원장 2016~2019년 NH농협은행 이사회 의장 2016년 성균관대 명예교수(현) (상)한국공인회계사회 최우수논문상 (저)'회계학연습' '회계원리' '현대회계감사론' '재무제표의 분석기법' '회계학객관식' '재무제표론' '회계원론(共)' '회계원리연습'(2000) '회계와 사회(共)'(2001) 'IFRS 회계원리'(2018) 'NISA 회계감사'(2018) (종)천주교

이효인(李孝仁 · 女)

(생)1975 · 5 · 4 (출)경남 밀양 (주)대구광역시 수성구 동대구로 364 대구지방법원(053-757-6600) (학)1994년 부산 학산여고졸 1999년 서울대 사법학과졸 (경)1998년 사법시험 합격(40회) 2001년 사법연수원 수료(30기) 2001년 법무법인 세종 변호사 2010년 부산지법 판사 2012년 부산고법 판사 2014년 수원지법 성남지원 판사 2016년 서울중앙지법 판사 2018년 대구지법 부장판사(현)

이효인(李曉仁) Hyoin Lee

(주)대전광역시 서구 혜천로 100 대전과학기술대학교 총장실(042-580-6114) (학)서울고졸, 미국 스트레이어대 경영학과졸, 미국 하와이대 마노아교 대학원 교육학과졸, 행정학박사(건양대) (경)학교법인 동방학원 이사, (재)혜천장학재단 이사장, 대전과학기술대 행정부총장 2017년 同이사(현) 2017~2018년 同이사장 2018년 同총장(현)

이효제(李孝濟)

(생)1975 · 1 · 9 (출)충남 예산 (주)서울특별시 종로구 사직로8길 39 김앤장법률사무소(02-3703-4983) (학)1993년 동국대사대부고졸 1998년 서울대 법대졸 2008년 미국 UCLA 로스쿨졸(LL.M.) (경)1997년 사법시험 합격(39회) 2000년 사법연수원 수료(29기) 2000년 육군 법무관 2003년 서울지법 동부지원 판사 2004년 서울동부지법 판사 2005년 서울중앙지법 판사 2007년 광주지법 순천지원 판사 2009년 광주고법 판사 2011년 인천지법 판사 2011년 법원행정처 인사제2심의관 2012년 同인사제1심의관 2013년 서울북부지법 판사 2014년 서울고법 판사 2015년 창원지법 통영지원 부장판사 2016~2018년 대법원 재판연구관 2018년 김앤장법률사무소 변호사(현)

이효진(李孝鎭)

(생)1966 · 6 · 15 (주)세종특별자치시 다솜로 261 국무총리 민정민원비서관실(044-200-2810) (학)1984년 대구 심인고졸 1991년 한양대 행정학과졸 (경)정보통신부 정보통신지원국 통신자원관리팀장 2005년 정부통합전산센터 추진단 · 국가사이버안전센터 파견(과장급) 2006~2007년 정보통신부 전파방송기획단 전파방송산업팀장 2007년 국무조정실 파견(서기관) 2008년 방송통신위원회 방송통신융합정책실 디지털전환과장(서기관) 2009년 국무총리실 규제개혁실 규제제도개선과장 2010년 同국정운영실 산업정책총괄과장 2010년 同재정금융정책관실 경제총괄과장(서기관) 2011년 同재정금융정책관실 경제총괄과장(부이사관) 2013년 국무조정실 경제조정실 경제총괄과장 2014년 同사회조정실 고용식품의약청정책관(고위공무원) 2014년 同규제조정실 경제규제관리관 2015년 대통령 미래전략수석비서관실 선임행정관 2016년 국무조정실 경제조정실 농림국토해양정책관 2018년 국무총리 민정민원비서관(현) (상)근정포장(2002)

이효진(李孝眞 · 女)

(생)1975 · 1 · 8 (출)서울 (주)대구광역시 달서구 장산남로 30 대구지방법원 서부지원(053-570-2114) (학)1992년 잠실여고졸 1996년 서울대 사법학과졸 (경)1999년 사법시험 합격(41회) 2002년 사법연수원 수료(31기) 2002년 서울지법 판사 2004년 서울북부지법 판사 2006년 대구지법 판사 2009년 울산지법 판사 2012년 인천지법 판사 2014년 수원지법 판사 2018년 대구지법 서부지원 부장판사(현)

이효철(李效澈) IHEE, Hyotcherl

(생)1972 · 3 · 24 (본)성주(星州) (출)경남 진주 (주)대전광역시 유성구 대학로291 한국과학기술원 화학과(042-350-2844) (학)1990년 경남과학고졸 1994년 한국과학기술원 화학과졸 2001년 화학 · 물리화학박사(미국 캘리포니아공과대) (경)2001년 미국 캘리포니아공과대 화학과 Post-Doc. 2001년 미국 시카고대 생화학및분자생물학과 박사후과정 2003년 한국과학기술원 화학과 조교수 · 부교수 · 교수(현) 2007~2012년 시간분해회절창의연구단 단장 2011~2014년 「ChemPhysChem」誌 편집위원 2015년 同나노물질및화학반응연구단 부단장(현) (상)KAIST Graduated with highest honors(1994), Damon Runyon Cancer Research Fellow(2002 · 2003), KAIST Academic Excellence Award(2006), 16th KOFST Best Paper Award(2006), MOST · KIAS 10th Young Scientist Award(2006), KAIST 화학과 Best Lecturer Award(2006), KAIST Teaching Excellence Award(2008 · 2009 · 2010), 10th Eurasia Conference on Chemical Sciences 'Best Oral Paper'(2008), 국가개발 우수성과패(2009), 교육과학기술부 대표우수연구성과 인증패(2009), 일본화학회 Lectureship Award(2009), Morino Lectureship Award(2011), 2013 KAIST 10대 우수연구성과 선정(2014), '올해의 KAIST인'상(2015), 김명수 학술상(2015), 경암학술상(2016) (종)기독교

이후명(李厚明) LEE Hoo Myung

(생)1965·6·22 (주)세종특별자치시 갈매로 477 기획재정부 인사과(044-215-2270) (학)1988년 서울대 경제학과졸 (경)2003년 기획예산처 기획관리실 기획예산담당관실 계장 2005년 同재정협력팀장 2005년 同공공기관제도혁신팀장 2007년 同평가분석팀장 2008년 기획재정부 예산실 기금운용계획과장 2009년 同국제금융국 외환제도과장 2011년 同국제금융국 외환제도과장(부이사관) 2011년 대통령직속 미래기획위원회 미래전략국장 2012년 2018평창동계올림픽대회조직위원회 마케팅국장 2014년 국방대 교육파견(부이사관) 2015년 기획재정부 공공정책국 정책총괄과 부이사관 2017년 유엔 거버넌스센터 파견(부이사관) 2018년 아프리카개발은행(AFDB) 파견(현)

이후삼(李厚三)

(생)1969·9·18 (출)충북 단양 (주)서울특별시 영등포구 의사당대로 1 국회 의원회관 435호(02-784-0905) (학)1987년 제천고졸 1995년 청주대 회계학과졸 (경)2002년 노무현 대통령후보 시민사회보좌역 2003년 열린우리당 총무국 부장 2004년 이화영 국회의원 보좌관 2007년 참여정부평가포럼 운영팀장 2010년 더좋은민주주의연구소 사무국장 2014년 제6회 전국동시지방선거 안희정 충남도지사후보 선거대책본부 상황실장 2014년 충남도지사 정무비서관 2015년 새정치민주연합 정책위원회 부의장 2016년 더불어민주당 정책위원회 부의장 2016년 同충북제천시·단양군지역위원회 위원장(현) 2016년 제20대 국회의원 선거 출마(충북 제천시·단양군, 더불어민주당) 2016~2017년 더불어민주당 전략기획위원회 부위원장 2017년 同정당발전위원회 위원 2017년 同제19대 문재인 대통령후보 정무특보 2018년 제20대 국회의원(충북 제천시·단양군 재보궐선거 당선, 더불어민주당)(현) 2018년 더불어민주당 충북도당 공직선거후보자추천관리위원회 위원장 2018년 同중앙당선거관리위원회 위원 2018년 국회 국토교통위원회 위원(현) 2018년 국회 공직자윤리위원회 위원(현) 2018년 더불어민주당 정책위원회 상임부의장(현) 2019년 국회 예산결산특별위원회 위원(현)

이후혁(李厚赫) LEE Hu Hyuk

(생)1972·10·7 (본)전주(全州) (출)대구 (주)대구광역시 수성구 동대구로 330 대구일보(053-757-5700) (학)1991년 오성고졸 1998년 연세대 교육학과졸 2001년 미국 사우스이스트미주리주립대 대학원 경영학과 이수 2003년 同경영대학원졸(MBA) (경)2002년 United Methodist Church Foundation 매니저 2003년 Rust Communication 'SEmissourian' 기자 2003년 대구일보 사회·정치·경제팀 기자 2007년 同대표이사 부사장 2008년 (사)새만금코리아 이사 2009년 TBC 시청자위원회 위원 2009년 새경북위원회 복지분과위원 2009년 미디어정책포럼 위원 2009년 대구지방경찰청 경찰발전위원회 위원 2012년 경북지방경찰청 경찰발전위원회 위원 2012년 대구일보 대표이사 사장(현) 2012년 경북도 통합방위협의회 위원(현) 2012년 대구경북지역발전협의회 위원(현) 2013년 한국전쟁기념재단 정전60주년기념사업추진위원회 위원 2018년 한국신문윤리위원회 이사(현)

이 훈(李 薰) LEE Hoon

(생)1961·4·4 (출)서울 (주)서울특별시 마포구 독막로19길 15 BR엘리텔 B동 아이뉴스24(02-334-7114) (학)1980년 경기고졸, 1989년 한국외국어대 정치외교학과졸 (경)1989년 헤럴드경제(구 내외경제신문) 입사, 1996년 서울경제신문 산업부 기자, 2004년 이데일리 대표이사 사장, 2004년 한국인터넷신문협회 부회장, 2005년 이데일리 편집국 대기자, 2005년 프레시안 경영·전략담당 부사장, 2007년 한국무선인터넷콘텐츠 자율심의위원회 위원, 2007~2010년 (주)프레시안 경영부문 대표이사, 2011~2012년 뉴스핌 편집국장, 2017년 아이뉴스24 편집대표, 2019년 同대표이사(현)

이 훈(李 薰) LEE HOON

(생)1965·9·6 (출)전남 신안 (주)서울특별시 영등포구 의사당대로 1 국회 의원회관 324호(02-784-8430) (학)1984년 서울 대원고졸 1995년 서강대 사학과졸 (경)1992~1996년 국회의원 박지원 비서관 1996~1997년 새정치국민회의 김대중총재 공보비서 1998년 대통령 제1부속실 연설담당 행정관(3급) 2001년 대통령비서실 정책특보·비서관 2002~2003년 대통령비서실 국정상황실장 2009~2012년 대한글로벌로지스틱스 공동대표 2009년 (주)대유에이텍 감사·고문 2010~2013년 민주당 정책위원회 부의장 2010년 (사)행동하는양심 사무총장(현), 혁신과통합을위한새정치모임 정책기획위원장 2012년 박원순 서울시장후보 선거대책위원회 정책특보 2012년 민주통합당 제18대 문재인 대통령후보 선거캠프 공보팀장 2015~2016년 새정치민주연합 당무혁신실장 2016년 더불어민주당 당무혁신실장 2016년 同서울금천구지역위원회 위원장(현) 2016년 제20대 국회의원(서울 금천구, 더불어민주당)(현) 2016년 더불어민주당 기획담당 원내부대표 2016년 국회 운영위원회 위원 2016년 국회 산업통상자원위원회 위원 2016년 국회 가습기살균제사고진상규명과피해구제및재발방지대책마련을위한국정조사특별위원회 위원 2016~2017년 국회 민생경제특별위원회 위원 2017~2018년 더불어민주당 협치담당 원내부대표 2017·2018년 국회 산업통상자원중소벤처기업위원회 위원(현) 2018년 국회 에너지특별위원회 위원(현) 2018년 국회 공공부문채용비리의혹과관련된국정조사특별위원회 위원(현) 2019년 더불어민주당 정책위원회 상임부의장(현) (상)법률소비자연맹 국회의원헌정대상(2017·2018), 대한민국산업대상 공로상(2018)

이훈구(李勳九) Hun Gu, Lee

(생)1964 (출)충남 논산 (주)서울특별시 영등포구 선유동1로 38 영등포세무서(02-2630-9200) (학)대전 대성고졸, 세무대학졸(3기) 2013년 연세대 법무대학원 조세법학과졸 (경)세무공무원 임용(8급특채), 서울 광화문세무서 법인세과 근무, 국세청 조사1과·조사기획과 근무, 국세공무원교육원 법인세 교수, 서울지방국세청 조사1국 근무 2014년 국세청 납세자보호담당관실 서기관 2014년 국무조정실 파견 2015년 울산세무서장 2016년 중부지방국세청 체납자재산추적과장 2017년 경기 시흥세무서장 2018년 서울지방국세청 조사3국 조사3과장 2019년 서울 영등포세무서장(현)

이훈규(李勳圭) LEE Hoon Kyu

(생)1953·3·17 (본)용인(龍仁) (출)충남 아산 (주)경기도 포천시 해룡로 120 차의과학대학교 총장실(031-881-7011) (학)1971년 동성고졸 1975년 연세대 법학과졸 1982년 프랑스 국립사법관학교 연수과정 이수 1990년 연세대 행정대학원졸 (경)1978년 사법시험 합격(20회) 1980년 사법연수원 수료(10기) 1980년 서울지검 남부지청 검사 1982년 프랑스 국립사법관대학 연수 1984년 서울지검 남부지청 검사 1984년 대전지검 홍성지청 검사 1986년 법무부 법무실 검사 1989년 서울지검 특수부 검사 1991년 부산지검 검사 1992년 대전지검 공주지청장 1993년 대검찰청 검찰연구관 1994년 인천지검 형사3부장 1995년 부산지검 총무부장 1995년 한국형사정책연구원 파견 1997년 대검찰청 중앙수사부 제3과장 1997년 同중앙수사부 제1과장 1998년 법무부 검찰1과장 1999년 서울지검 특수1부장 2000년 청주지검 차장검사 2000년 대전지검 차장검사 2001년 수원지검 2차장검사 2002년 서울고검 검사·법무부 정책기획단장 2004년 서울남부지검장 2004년 대

검찰청 형사부장 2005년 창원지검장 2006년 대전지검장 2007~2008년 인천지검장 2008년 변호사 개업 2008년 학교법인 성광학원 이사 2009년 법무법인 원 대표변호사 2010년 同고문변호사(현) 2012 · 2018년 차의과학대 총장(현) 2016년 아이들과미래재단 이사장(현) (상)법무연수원장표창, 법무부장관표창, 제2회 대한민국법률대상 인권 부문(2009), 한국을 빛낸 창조경영대상 R&D부문(2014), TV조선 경영대상 참교육경영부문(2015), 한국 경제를 움직이는 CEO 창의인재경영부문(2017) (저)'범죄인 인도제도' '청소년 약물남용의 예방전략' '수용자 교정교육의 효율성 연구' '소년원 프로그램의 운영실태와 개선방안'

이훈규(李勳珪)

(생)1962 (주)서울특별시 강남구 논현로64길 4 보령메디앙스(주) 임원실(080-023-6363) (학)1988년 한국외국어대 일본어과졸 2000년 연세대 대학원 경영학과졸 (경)1988년 SK그룹 근무 2009년 보령제약그룹 전략기획실장(상무보) 2013년 同전략기획실장(상무) 2015~2017년 (주)BR네트콤 대표이사 전무 2018년 보령메디앙스(주) 대표이사 전무 2019년 同대표이사 부사장(현)

이훈기 LEE HUN GI

(생)1967 · 8 · 29 (주)서울특별시 강남구 테헤란로 422 롯데렌탈(주) 임원실(02-797-8000) (학)서울대 화학공학과졸, 연세대 대학원 MBA (경)2010년 호남석유화학 신규사업해외담당 이사대우 2012년 同이사 2012년 롯데케미칼(주) 이사 2015년 同상무 2015년 롯데렌탈(주) 경영기획본부장(상무) 2018년 同경영기획본부장(전무) 2019년 同대표이사 전무(현)

이훈범(李勳範) LEE Hoon Beom

(생)1969 · 1 · 26 (출)서울 (주)서울특별시 강남구 논현로 430 아세아시멘트(주) 사장실(02-527-6524) (학)1987년 서울 홍익사대부고졸 1992년 성균관대졸 1997년 미국 뉴욕대 대학원졸 (경)(주)라딕스 영업본부장, 아세아시멘트(주) 경영기획본부장(상무) 2005년 同전무 2006~2013년 同총괄부사장 2007년 삼봉개발 이사 2013년 아세아시멘트(주) 대표이사 사장(현) 2018년 한라시멘트 대표이사 사장(현) (상)산업포장(2016)

이훈복(李勳馥) LEE Hoon Bok

(생)1962 · 8 · 30 (본)한산(韓山) (출)경북 영천 (주)서울특별시 강남구 영동대로 517 아셈타워 26층 대한토지신탁(주) 비서실(02-528-4477) (학)오산고졸, 고려대 경영학과졸 (경)1985년 (주)대우건설 해외영업팀 입사, 同영업4팀 · 영업1팀 · 영업2팀 근무 2007년 同주택사업담당 상무보 2011년 同주택사업담당 상무 2013년 同공공영업실장(상무) 2013년 同경영지원실장(상무) 2014년 同영업지원실장(전무) 2015년 同전략기획본부장(전무) 2017~2018년 同사업총괄 전무 2019년 대한토지신탁(주) 대표이사 사장(현) (종)기독교

이훈승(李君升) LEE Hoon Seung

(생)1959 · 2 · 1 (주)인천광역시 연수구 컨벤시아대로 165 (주)포스코인터내셔널 해외철강본부(02-759-2114) (학)성동고졸, 연세대 중어중문학과졸 (경)(주)대우인터내셔널 상하이지사장(상무) 2009년 同상하이지사장 겸 중국지역본부장 직대 2010년 同상하이무역법인 대표 2012년 同냉연본부장 2014년 同냉연본부장(전무) 2015년 同미국무역법인 대표 겸 북미지역본부장(전무) 2016년 (주)포스코대우 사장보좌역(전무) 2017년 同구주지역총괄 전무 겸 독일무역법인장 2019년 同해외철강본부장(부사장) 2019년 (주)포스코인터내셔널 해외철강본부장(부사장)(현)

이훈재(李勳宰)

(생)1973 · 10 · 18 (출)전북 임실 (주)경기도 성남시 수정구 산성대로 451 수원지방법원 성남지원(031-737-1558) (학)1992년 상문고졸 1998년 서울대 사법학과졸 (경)1997년 사법시험 합격(39회) 2000년 사법연수원 수료(29기) 2000년 공익법무관 2006년 의정부지법 고양지원 판사 2010년 서울서부지법 판사 2011년 사법연수원 교수 2013년 서울고법 판사 2015년 부산지법 부장판사 2017년 수원지법 성남지원 부장판사(현)

이훈희(李勳熙) Lee Hunhi

(생)1970 · 10 · 10 (본)경주(慶州) (출)서울 (주)서울특별시 용산구 한강대로 297 우신빌딩5층 (주)콘팩(02-714-0053) (학)성균관대 문화융합대학원 문화예술경영학과졸, 同문화융합대학원 예술학 박사과정 재학 중 (경)2006~2018년 뉴스컬처 발행인 2007~2018년 NCTV 책임프로듀서 2013~2014년 (주)그래텍 뉴스사업본부장 · 문화사업본부장(이사) 2014년 (주)콘팩 대표이사(현) 2015년 (사)대한인터넷신문협회 부회장(현) 2015년 젊은국악인상 자문위원 2016년 서울모네챔버오케스트라 자문위원 2016년 서울예술대 겸임교수(현) 2016~2017년 한국영상대 영상연출과 겸임교수 2017년 인하대 문과대학 초빙교수(현) 2018년 100뉴스 발행인(현) 2018년 원픽 발행인(현) 2018년 풍경LIVE 책임프로듀서(현) 2019년 한국미디어문화협회 회장(현) (상)성균관대총장표창, 대한인터넷신문협회 최우수기자상 · 공로상 (작)프로듀서 뮤지컬 '로맨틱머슬' '포에버', 연극 '다목리 미상번지' '사랑일까?' '셰익스피어를 뒤집多' '그놈을 잡아라' '벙커맨', 퓨전국악 '아라연 10주년 공연', 클래식콘서트 '모네의 연습실'

이휘령(李輝寧) HOWARD LEE

(생)1962 · 4 · 25 (출)서울 (주)서울특별시 마포구 양화로 45 세아타워 (주)세아제강(02-6970-1107) (학)1980년 미국 Palos Verolis High School졸 1985년 미국 캘리포니아대 로스앤젤레스교(UCLA) 유전공학과졸 (경)1985년 Classic Products, inc. Manager 1985년 Pusan Pipe America, inc. General Manager 1987년 Pusan Pipe East, dir. of PPA Director 1994년 (주)세아제강 기획담당 이사 1995년 同수출담당 상무이사 2002년 同수출담당 전무이사 2005년 同영업부문장 2006년 同영업부문장 겸 STS판매담당 임원 2006년 同경영기획본부장 겸 영업본부장 2007년 同부사장 2009년 同대표이사 사장 2013 · 2018년 한국무역협회 비상근부회장(현) 2018년 同국제통상협력위원회 위원장(현) 2018년 (주)세아제강 대표이사 부회장(현) (상)제46회 무역의 날 은탑산업훈장(2009)

이휴원(李烋源) LEE Hyu Won

(생)1953 · 7 · 10 (출)경북 포항 (주)서울특별시 중구 퇴계로 272 현대BS&C(주) 임원실(070-8277-7900) (학)1971년 경북 동지상고졸 (경)1982년 신한은행 입행 1991년 同잠실지점 차장 · 구로동지점 차장 · 단대동지점 출장소장 1996년 同단대동지점장 1997년 同안국동지점장 1998년 同자양동지점장 2000년 同여의도중앙기업금융지점장 2003년 同기업고객지원부 영업추진본부장 2004~2009년 同IB그룹 부행장 2009년 굿모닝신한증권(주) 대표이사 사장 2009~2012년 신한금융투자(주) 대표이사 사장 2009~2012년 세계태권도평화봉사재단 총재 2012~2013년 신한금융투자(주) 부회장 2013년 현대BS&C(주) 회장 2014년 同대표이사 회장, 同회장(현) 2014년 한국테크놀로지 사외이사, 법무법인 비전인터내셔널 고문 (상)라오스 공로훈장(2009), 캄보디아 국가최고훈장 Royal Knight of Friendship of the Kingdom of Cambodia(2009), 은탑산업훈장(2009), 한국을 빛낸 창조경영대상(2010)

이 흔(李 琿) LEE Huen

(생)1951·11·20 (주)대전광역시 유성구 대학로 291 한국과학기술원 공과대학 생명화학공학과(042-350-3917) (학)1977년 서울대 화학공학과졸 1979년 미국 서던캘리포니아대 대학원 화학공학과졸 1983년 화학공학박사(미국 노스웨스턴대) (경)1983~1985년 한국과학기술원(KAIST) 화학공학부 선임연구원 1985~1992년 同화학공학과 조교수·부교수 1992~2017년 同생명화학공학과 교수 1994~1997년 한국화학공학회 열역학부문위원회 간사 1996~1997년 한국과학기술원(KAIST) 화학공학과장 1999년 한국화학공학회 국문지「화학공학」편집위원 2017년 한국과학기술원(KAIST) 공과대학 생명화학공학과 명예교수(현) (상)과학기술부 KOREA best 30 basic researchers(2005), 한국과학재단 이달의 과학기술자상(2005), 한국화학공학회 석명우수화공인상(2006), KAIST학술대상(2007), 경암학술상 공학분야(2007), 국제가스하이드레이트학회(ICGH, International Conference on Gas Hydrates) 평생업적상(2014), 과학기술훈장 웅비장(2016)

이흥구(李興九)

(생)1963·3·30 (주)대구광역시 수성구 동대구로 364 대구고등법원(053-757-6600) (학)1982년 통영고졸 1989년 서울대 법학과졸 (경)1990년 사법시험 합격(32회) 1993년 사법연수원 수료(22기) 1993년 서울지법 남부지원 판사 1995년 서울지법 판사 1997년 부산지법 울산지원 판사 1999년 同동부지원 판사 2001년 부산지법 판사 2002년 부산고법 판사 2005년 부산지법 동부지원 판사 2007년 부산지법 판사 2008년 同부장판사 2012년 울산지법 부장판사 2013년 창원지법 마산지원장 2015년 부산지법 부장판사 2016년 同동부지원장 2018년 대구고법 부장판사(현)

이흥권(李興權) LEE Heung Kweon

(생)1969·1·30 (출)경기 수원 (주)경기도 안산시 단원구 광덕서로 75 수원지방법원 안산지원(031-481-1114) (학)1987년 유신고졸 1993년 서울대 법학과졸 (경)1992년 사법시험 합격(34회) 1995년 사법연수원 수료(24기) 1998년 대전지법 판사 2002년 수원지법 성남지원 판사 2004년 캐나다 브리티시 컬럼비아대 연수 2005년 수원지법 평택지원 판사 2007년 서울고법 판사 2008년 대법원 재판연구관 2010년 춘천지법 강릉지원 부장판사 2011년 수원지법 부장판사 2011~2012년 아주대 법학전문대학원 객원교수 2015년 서울중앙지법 부장판사 2018년 수원지법 안산지원장(현)

이흥락(李興洛) LEE Heung Lak

(생)1964·1·12 (본)청안(淸安) (출)경북 경주 (주)서울특별시 강남구 테헤란로87길 36 도심공항타워 법무법인 로고스(02-2188-1069) (학)1982년 부산동고졸 1987년 서울대 법학과졸 1990년 同대학원 헌법학과졸 2010년 형사법박사(서울대) (경)1991년 사법시험 합격(33회) 1994년 사법연수원 수료(23기) 1994년 인천지검 검사 1996년 부산지검 울산지청 검사 1997년 대구지검 검사 1999년 서울지검 북부지청 검사 1999~2000년 미국 뉴욕대 법과대학 장기연수 2002년 대검찰청 검찰연구관(공안) 2002년 법무부 검찰국 검찰4과 검사 2005년 대구지검 검사(법무부 검찰국 연구검사실 파견) 2006년 同부부장검사(법무부 검찰국 형사법제과 파견) 2007년 同서부지청 부장검사 2008년 수원지검 부부장검사(헌법재판소 파견) 2009년 법무부 국제형사과장 2010년 서울동부지검 형사4부장 2011년 서울중앙지검 외사부장 2012년 대구지검 형사2부장 2013년 서울남부지검 형사1부장 2014년 대구지검 제2차장검사 2015년 서울서부지검 차장검사 2016년 인천지검 제1차장검사 2017년 서울고검 검사 2018년 법무법인 로고스 변호사(현) (상)검찰총장표창(2001) (역)'미국의 사법제도(共)'(2002, 법무부)

이흥만(李興萬) LEE Heung Man

(생)1960·1·23 (출)서울 (주)서울특별시 구로구 구로동로 148 고려대구로병원 이비인후과(02-818-3185) (학)1984년 고려대 의대졸 1987년 同대학원 의학석사 1992년 의학박사(고려대) (경)1988~1991년 강화병원 이비인후과장 1991년 고려대 의대 이비인후과학교실 임상강사 1994~2003년 同의대 이비인후과학교실 조교수·부교수 1997년 미국 캘리포니아주립대 샌프란시스코교 연수 2000~2007년 고려대 구로병원 이비인후과장 2003년 同의과대학 이비인후과학교실 교수(현) 2003년 대한이비인후과학회 학술이사 2003년 천식및알레르기학회 간행위원 2005년 고려대 구로병원 의료기기임상시험센터장 2006년 대한비과학회 학술이사·부회장 2007년 세계이비인후과 Collegium 회원(현) 2007년 대한천식및알레르기학회 학술위원 2015년 대한민국의학한림원 정회원(현) 2015~2017년 대한비과학회 회장 2018년 고려대 구로병원 의료기기중개임상지원센터장 (상)보건복지부장관표창(2014), 산업통상자원부장관표창(2015), 대통령표창(2016) (저)'이비인후과학 두경부외과학 대학이비인후과학회편'(2002) '4천만의 알레르기'(2005) '최신치료지견(共)'(2007)

이흥묵(李興默) Heung moog Lee

(생)1961·1·11 (출)전남 강진 (주)서울특별시 중구 새문안로 16 농업협동조합중앙회 농협경제지주 경제기획본부(02-2080-5114) (학)1979년 전남 목포 마리아회고졸 1982년 농협대학졸 (경)1982년 강진군 성전농협 입사 1987년 농협중앙회 전입 1993년 同광주지역본부 기획총무팀 과장 2004년 同광주지역본부 여신관리단장 2006년 同광주지역본부 비엔날레지점장 2009년 同광주지역본부 풍암동지점장 2010년 同목포남악센터지점장 2012년 同목포유통센터 사장 2015년 同고양유통센터 사장 2016년 同광주지역본부장 2017년 同전남지역본부장 2018년 농협경제지주 경제기획본부장(상무)(현) (상)농림축산발전 유공 장관표창, 농정활동·업적우수유공상

이흥복(李興福) LEE Heung Bok

(생)1946·3·3 (출)충남 천안 (주)서울특별시 강남구 테헤란로 145 우신빌딩 15층 법무법인 서정(02-311-1182) (학)1965년 충남 천안고졸 1969년 연세대 법대졸 (경)1971년 사법시험 합격(13회) 1973년 사법연수원 수료(3기) 1973년 청주지법 판사 1976년 同충주지원 판사 1977년 서울지법 의정부지원 판사 1979년 서울형사지법 판사 1981년 서울민사지법 판사 1983년 대구고법 판사 1984년 서울고법 판사 1986년 대법원 재판연구관 1987년 대전지법 강경지원장 1990년 인천지법 판사 1991년 서울지법 남부지원 부장판사 1992년 서울형사지법 부장판사 1994년 부산고법 부장판사 1997년 수원지법 수석부장판사 1998~2002년 서울고법 부장판사 1999년 방송위원회 위원 2000년 同법률자문특별위원 2002년 서울고법 수석부장판사 2003년 제주지법원장 겸 광주고법 부장판사 2004년 수원지법원장 2004년 서울중앙지법원장 2005년 부산고법원장 2005~2006년 대전고법원장 2006년 특허법원장 겸임 2006년 법무법인 서정 대표변호사(현)

이흥식(李興植) LEE Heung Shick (서집)

(생)1959·7·20 (출)서울 (주)세종특별자치시 조치원읍 세종로 2511 고려대학교 세종캠퍼스 생명정보공학과(044-860-1415) (학)1978년 배문고졸 1985년 고려대 식품공학과졸 1990년 이학박사(미국 캘리포니아대) (경)1986년 미국 캘리포니아대 Research Assistant 1987년 同Teaching Assistant 1990년 同Research Associate 1990~1993년 同Post-Doc. Researcher 1993년 미국 MIT Post-Doc. Associate 1994년 고려대 생물공학과 조교수 1996년 同생명공학원 부교수, 同세종캠퍼스

과학기술대학 생명정보공학과 교수(현) 2007~2010년 한국미생물생명공학회 미생물유전체학술분과 부위원장 2010년 고려대 세종캠퍼스 기획처장 2011~2012년 한국미생물생명공학회 미생물유전체학술분과 위원장 2011년 同학술지 편집위원(현) 2016~2018년 고려대 과학기술대학장 겸 의용과학대학원장 [상]한국미생물생명공학회 학술장려상(2004), 한국미생물생명공학회 송암학술상(2009)

이흥실(李興實) Lee Heung-Sil

[생]1961·5·28 [출]경남 창원 [주]대전광역시 유성구 월드컵대로 32 대전월드컵경기장 內 대전시티즌(042-824-2002) [학]1982년 마산공고졸 1985년 한양대졸 [경]1985~1992년 프로축구 포항아톰스 선수 1985년 프로축구 최초 '30골 30도움' 달성 1986년 프로축구 정규리그 우승 1990년 이탈리아월드컵 국가대표 1993년 마산공고 축구부 감독 2005~2011년 프로축구 전북현대모터스 코치 2012년 同감독(정규리그 2위) 2013년 프로축구 경남 FC 수석코치 2015년 안산경찰청프로축구단 감독 2016년 안산무궁화프로축구단 감독 2016년 K리그 챌린지 우승 2016~2018년 안산그리너스FC 초대 감독 2019년 베트남 프로축구 비엣텔 FC 감독 2019년 대전시티즌 감독(현) [상]프로축구 신인왕(1985), 프로축구 베스트11 선정(1985·1986·1987·1989·1990), 프로축구 MVP(1986), 프로축구 도움왕(1989) [종]천주교

이흥우(李興雨) Lee Hung Woo

[생]1960·9·1 [본]경주(慶州) [출]경남 양산 [주]부산광역시 금정구 중앙대로 1819 금정경찰서(051-513-7000) [학]1979년 김해농공고졸 1988년 동아대졸 2004년 부산대 대학원 행정학과졸(석사) 2015년 同대학원 행정학 박사과정 수료 [경]2004~2008년 부산경상대학 경찰경호행정학과 겸임교수 2006년 부산지방경찰청 광역수사대장 2009년 경남지방경찰청 수사과장 2010년 경남 거제경찰서장 2011년 부산 동래경찰서장 2012년 부산지방경찰청 홍보담당관 2013년 부산 영도경찰서장 2014년 부산지방경찰청 정보화장비과장 2015년 부산진경찰서장 2016년 부산지방경찰청 형사과장 2017년 부산 남부경찰서장 2018년 부산지방경찰청 과학수사과장 2019년 부산 금정경찰서장(현) [상]정부혁신 우수사례 발표대회1위(배움터 지킴이) 최우수 대통령표창(2005) [저]'학생안전지킴이 스쿨폴리스'(2005, 일광인쇄출판사) [종]불교

이흥재(李興在) Heung Jae Lee

[생]1946·12·7 [본]전주(全州) [출]서울 [주]경기도 수원시 장안구 서부로 2066 성균관대학교 의과대학(02-3410-3520) [학]1970년 서울대 의대졸 1973년 同대학원 의학석사 1983년 의학박사(서울대) [경]1970~1975년 서울대병원 인턴·레지던트 1978~1985년 한양대 의과대학 소아과 부교수 1979~1980년 National Heart Hospital Cardiothoracic Institute London U.K. 교환교수 1985년 미국 캘리포니아대 샌디에이고교 교환교수 1985~1993년 세종의학연구소 부소장 1985~1994년 부천세종병원 소아과장 1991~2002년 세계심장기구(World Heart Federation) 청소년심장협의회 Council Member(Secretary) 1993~2007년 아태평양소아심장학회(APSPC) Council Member 1994~1999년 삼성서울병원 소아과장 1995~2011년 한국심장재단 이사 1997~1999년 삼성서울병원 교육연구부장 1997~2012년 성균관대 의과대학 소아과 교수 1997~1999년 同연구담당 부학장 1999~2007년 삼성서울병원 심장소아과장 1999~2001년 한국소아심장연구회 회장 1999년 제3차 International 6day Symposium on Congenital Heart Disease(WHF주관) 조직위원장 2003~2005년 삼성서울병원 심장혈관센터장 2003~2010년 대한순환기학회 성인선천성심장병연구회장 2003~2012년 삼성베트남심장병어린이지원 5개년사업('Heart-to-Heart' Project) 추진위원장 2004년 대한선천성기형포럼 고문 2006년 Congenital Heart Disease Editorial Board 2008~2009년 대한소아과학회 회장 2008~2010년 아태평양성인선천성심장병학회 초대 공동회장 2009년 세계소아심장학회(World Congress of Pediatric Cardiology and Cardiac Surgery(WCPCCS) 집행위원 2012~2017년 울산보람병원 소아청소년과 원장 2012년 성균관대 의과대학 명예교수(현) 2017~2019년 울산보람병원 소아청소년과 명예원장 [상]베트남 정부서훈(2009) [저]'Congenital Heart Disease-Clinicopathologic Correlation(共)'(1992, 여문각) '소아 심초음파 해설, 제3판'(2004, 고려의학)

이흥재(李興載) LEE Heung Jae

[생]1958·1·28 [본]순천(順天) [출]서울 [주]서울특별시 노원구 광운로 20 광운대학교 전자정보공과대학 전기공학과(02-940-5147) [학]1983년 서울대 전기공학과졸 1986년 同대학원 전기공학과졸 1990년 공학박사(서울대) [경]1983~1984년 (주)금성사 연구원 1990~2001년 광운대 전임강사·조교수·부교수 1995년 미국 워싱턴대 방문교수 2001년 광운대 전자정보공과대학 전기공학과 교수(현) 2007년 同전기공학과장 2011년 대한전기학회 전력계통연구회장 2012~2013년 同전력기술부문 부회장 2014년 同전력기술부문 회장 2015~2016년 同부회장 2017년 同차기회장 2018년 同회장 [상]산업통상자원부장관표창(2013) [종]기독교

이흥주(李興周) Lee heung ju

[생]1978·1·1 [본]전주(全州) [출]대전 [주]대전광역시 서구 둔산중로78번길 45 대전고등법원(042-470-1102) [학]1996년 남대전고졸 2000년 서울대 법학과졸 2004년 同법과대학원졸 [경]1999년 사법시험 합격(41회) 2002년 사법연수원 수료(31기) 2002년 軍법무관 2005년 서울남부지법 판사 2007년 서울중앙지법 판사 2009년 청주지법 판사 2011년 서울고법 청주부 판사 2013년 인천지법 판사 2013년 법원행정처 인사제2심의관 2014년 同인사제1심의관 겸임 2015년 서울동부지법 판사 2017년 창원지법 마산지원 부장판사 2018년 대전고법 판사(현)

이희구(李希九) LEE Hee Koo (牛田)

[생]1950·7·16 [본]전주(全州) [출]경남 거창 [주]서울특별시 서대문구 성산로 321 (주)지오영(02-3141-6440) [학]1969년 거창 대성고졸 1974년 명지대 사범대학졸 2003년 명예 경영학박사(경남대) 2011년 연세대 보건대학원 국제보건학과졸 2011년 미국 Univ. of Phoenix 경영학과졸 2014년 연세대 대학원 의료법윤리학 박사과정 재학 중 [경]1974~1978년 서울약품공업(주) 서울영업소장 1982년 (주)대웅제약 영업본부장 1983년 (주)동부약품 회장 1986년 IFPW(세계의약품도매연맹)총회 한국대표 참가 1991~1995년 인천시의회 의원 1991년 同문교사회위원장 1992년 인천시초·중·고육성회연합회 회장 1993~2003년 한국의약품도매협회 회장 1993년 인천시공직자윤리위원회 부위원장 1994년 새마을운동중앙협의회 인천시지부 회장 1994년 인천민영방송설립추진위원회 공동대표 1994년 (사)한국마약퇴치운동본부 자문위원 2000~2003년 한국의약품물류협동조합 이사장 2002~2003년 대통령자문 약사제도개선및보건산업특별위원회 위원 2002년 (주)지오영 회장(현) 2003년 연세대 보건대학원총동창회 회장 2005년 (재)아림장학재단 이사장(현) 2008년 인하대병원건강CEO과정총동창회 회장 2011~2015년 약우회 회장 2013년 (사)나눔운동본부 공동대표(현) 2013년 한국·인도협회(KOINA) 회장(현) 2014년 한일불교문화교류협의회 신도회장 2014년 불교포럼 공동대표 2014년 (사)한국소기업·소상공인연합회중앙회 상임고문 2016년 대웅제약퇴직사우모임 '웅비회' 회장(현) 2018년 불교포럼 공동대표(현) [상]보건사회부장관표창(1990), 국무총리표창(1992), 교육부장관 감사장(1993), 내무부장관표창(1998), 국민훈장 목련장(1998), 자랑스런 연세행정최고위인상(2001), 대한적십자사 포장증 유공장 은장(2003), 대통령표창(2004) [저]'성공을 좇지말고 리드하라'(2011, 헬스조선) [종]불교

이희규(李熙圭) LEE Hee Kyu (利川)

(생)1955 · 3 · 18 (본)양성(陽城) (출)경기 이천 (주)서울특별시 중구 을지로14길 7 성진빌딩 2층 (사)한국노년복지연합(1661-9988) (학)1973년 경기 이천북고졸 1982년 단국대 문리과대학 사학과졸 1988년 미국 롱아일랜드대 대학원 정치학과졸 2003년 연세대 행정대학원 국제관계 · 안보학과졸 (경)1979년 단국대 총학생위원장 1980년 반군부독재타도투쟁을위한민주화운동 주도 1987년 미국 롱아일랜드대 국제유학생회 총학생회장 1991년 경기도의회 의원 1992년 미국 롱아일랜드대 한국동문회장 1993~2000년 이천시발전연구소장 1997년 이천시향토협의회 회장 1999년 한국NGO지도자협의회 상임공동대표 2000~2004년 제16대 국회의원(경기 이천시, 새천년민주당), 국회 건설교통위원회 위원, 국회 운영위원회 위원, 국회 예산결산특별위원회 위원, 국회 장애인특별위원회 위원 2004년 경남대 극동문제연구소 초빙연구위원 2005~2008년 사회복지법인 나눔의집 후원회장 2006년 이천고장학회 회장 2007~2009년 하이닉스공장증설이천시비상대책위원회 고문 2009년 사회복지법인 나눔의집 고문 2012년 제19대 국회의원선거 출마(경기 이천시, 무소속) 2016년 제20대 국회의원선거 출마(경기 이천시, 무소속) 2017년 (사)한중도시우호협회 사무총장(현) 2017년 (사)한국노년복지연합 이사장(현) 2018~2019년 대한민국헌정회 고충처리특별위원회 간사 2018년 한국출산행복진흥원 상임고문(현) 2018~2019년 대한민국헌정회 정책연구실장 2019년 同위원(현) (상)L.I.U 국제친선공로(1988), 통일민주당총재 민주화공로(1990) (저)'아름다운 선택'(2007)

이희길(李熙吉) LEE Hee Gill

(생)1961 · 9 · 3 (출)경남 산청 (주)부산광역시 수영구 감포로8번길 69 부산문화방송 사장실(051-760-1104) (학)1980년 부산고졸 1984년 부산대 영어영문학과졸 (경)1988년 부산MBC 입사 2000년 同보도국 편집부 차장대우 2001년 同노조위원장 2003년 同정경부 차장 2005년 同보도제작부 편집담당 2006년 同보도국 사회부장 2008년 同보도제작부장 2010~2011년 同보도국장 2011년 同기획심의실 부장 2015년 同광역화추진단장 2017년 同기획심의부 정책기획위원 2018년 同대표이사 사장(현) (상)'한국방송대상 지역보도 우수작품상'(1997)

이희동(李喜東)

(생)1971 · 5 · 13 (출)대전 (주)서울특별시 서초구 반포대로 157 대검찰청 선거수사지원과(02-3480-2330) (학)1990년 중동고졸 1999년 서울대 경영학과졸 (경)2000년 사법시험 합격(42회) 2003년 사법연수원 수료(32기) 2003년 수원지검 검사 2005년 창원지검 진주지청 검사 2006년 서울중앙지검 검사 2010년 울산지검 검사 2013년 의정부지검 검사 2016년 대검찰청 검찰연구관 2017년 수원지검 검사 2017년 서울중앙지검 부부장검사 2018년 광주지검 공안부장 2019년 대검찰청 공안2과장(부장검사) 2019년 同선거수사지원과장(현)

이희범(李熙範) Lee Hee-Beom

(생)1949 · 3 · 23 (본)재령(載寧) (출)경북 안동 (주)경상북도 안동시 경동로 676 2층 한국정신문화재단(054-843-3050) (학)1967년 서울대사대부고졸 1971년 서울대 공과대학 전자공학과졸 1973년 同행정대학원 행정학과 수료 1987년 미국 조지워싱턴대 경영대학원 MBA(수석졸업) 2003년 경영학박사(경희대) 2007년 명예 행정학박사(호서대) (경)1972년 행정고시 수석합격(12회) 1973~1981년 상공부 상무과 · 수입과 · 전자공업과 · 수출진흥과 사무관 1981~1983년 대통령사정비서관실 행정관 1983~1988년 상공부 정보기기과장 · 수출1과장 1988~1991년 駐미국 상무관보 1991~1992년 상공자원부 총무과장 1993~1994년 통상산업부 전자정보공업국장 1994~1997년 駐유럽연합대표부 상무관 1997년 산업자원부 산업정책국장 1998년 同무역위원회 상임위원 1999년 同차관보 2000년 同자원정책실장 2001~2002년 同차관 2002~2003년 한국생산성본부 회장 2003년 서울산업대 총장 2003~2006년 산업자원부 장관 2006~2009년 한국무역협회 회장 2006~2016년 한국공학한림원 이사 2006~2010년 同부회장 2007~2009년 산학협동재단 이사장 2007~2011년 해비치사회공헌재단 이사장 2008~2013년 국가경쟁력강화위원회 위원 2008~2009년 한 · 아랍소사이어티(Korea · Arab Society) 이사장 2008~2011년 남아프리카공화국 국영전력회사(ESKOM) 사외이사 2009~2013년 STX에너지 · STX중공업 총괄 회장 2010~2014년 한국경영자총협회 회장 2010~2012년 싱가포르 국제에너지정책자문위원회(IAP) 위원 2012~2013년 사우디아라비아 킹압둘아지즈대 국제자문위원 2013년 사회보장위원회 위원 2014년 LG상사 대표이사 부회장(CEO), 同고문 2014년 한국공학한림원 원로회원(현) 2014년 한국경영자총협회 명예회장(현) 2016~2019년 2018평창동계올림픽대회조직위원회 위원장 2018년 중국 2022베이징동계올림픽조정위원회 위원(현) 2018년 국제올림픽위원회(IOC) 2026동계올림픽개최지평가위원회 평가위원(현) 2019년 한국정신문화재단 이사장(현) (상)대통령표창(1985), 황조근정훈장(2003), 청조근정훈장(2006), 駐韓미국상공회의소(AMCHAM) 공로상(2006), 한 · 중수교15주년 공로상(2007), 제5회 글로벌CEO상 국제협력부문대상(2007), 국민훈장 무궁화장(2013), 서울대총동창회 제21회 관악대상(2019) (저)'유럽통합론'(1997 초판 · 2007 전면개정, 법문사) (종)기독교

이희상(李喜祥) LEE Hi Sang

(생)1945 · 10 · 2 (출)충남 논산 (주)서울특별시 중구 소월로 8 한국제분협회(02-777-9451) (학)1963년 경기고졸 1967년 연세대 정치외교학과졸 1987년 서울대 경영대학원 최고경영자과정 수료 (경)1970년 원미섬유(주) 뉴욕지사장 1987년 한국제분(주) 대표이사 사장 1990년 대산물산 대표이사 사장 1993년 운산학원 이사장(현) 1999년 한국제분(주) 대표이사 회장 2000년 동아제분(주) 대표이사 회장 2001년 프랑스 메독지역 명예기사에 선정 2002년 한국제분협회 회장(현) 2002년 프랑스 생테밀리옹지역 기사에 선정 2006~2009년 운산그룹 회장 2009~2013년 대한상공회의소 중견기업위원회 위원장 2009~2016년 동아원그룹 회장 2016년 한국제분(주) 공동대표이사 사장 (상)국민훈장 모란장(2008), 칠레 최고훈장 '베르나르도 오이긴스 커멘더'(2010), 중앙SUNDAY 선정 '2013 한국을 빛낸 창조경영대상'(2013) (종)불교

이희상(李熙祥) LEE Hee Sang

(생)1960 · 8 · 11 (본)전주(全州) (출)서울 (주)경기도 수원시 장안구 서부로 2066 성균관대학교 공과대학 시스템경영공학과(031-290-7604) (학)1983년 서울대 산업공학과졸 1985년 同대학원 산업공학과졸 1991년 공학박사(미국 GeorgiaInstitute of Technology, School of Industrial & Systems Engineering) (경)1985년 미국 Univ. of Florida Teaching Assistant 1987년 미국 Georgia Institute of Technology Research Assistant · Teaching Assistant 1991년 한국통신 연구개발단 선임연구원 1992년 同통신망연구소 선임연구원 1995년 한국외국어대 산업공학과 조교수 2004년 성균관대 공과대학 시스템경영공학과 교수(현) 2006년 同대학원 기술경영학과 교수(현) 2016~2017 · 2018년 同기술경영전문대학원장(현) (상)한국경영과학회 최우수논문상(1999), 석사논문경진대회 우수상(2008) (저)'시스템경영공학개론'(2005, 시그마프레스) (역)'Introduction to Operations Research'(2007, McGrawHill Korea)

이희석(李熙碩) LEE Hee Seok

(생)1953·3·8 (출)경북 예천 (주)서울특별시 중구 후암로 110 서울시티타워 18층 한국의료분쟁조정중재원 조정기획부(02-6210-0314) (학)1972년 용산고졸 1976년 서울대 법학과졸 1978년 동국대 대학원졸 1986년 미국 아메리칸대 대학원 항공우주법학과졸 (경)1978년 軍법무관 임용시험 합격 1979년 방공관제단 검찰관 1980년 공군본부 법제담당관 1981년 공군 고등군법회의 법무사 1982년 공군본부 송무·배상담당관 1982년 비행단 법무참모 1984년 공군본부 수사지도검찰관 1985년 공군본부 검찰부장 직대 1988년 공군본부 법무감실 심판부장 1989년 공군 법무감실 검찰부장(중령) 1993년 공군본부 법무감(대령) 1995~1996년 국방부 고등군사법원장 1996년 변호사 개업, 법무법인 한중 종합법률사무소 변호사 2012년 한국의료분쟁조정중재원 조정기획부 상임조정위원(현)

이희석(李喜石)

(생)1960·3·21 (출)경남 (주)경상남도 창원시 의창구 상남로 289 경남지방경찰청 보안과(055-233-2291) (학)경상대 법학과졸 (경)1989년 경찰 임용(경찰간부후보 37기) 2006년 경남지방경찰청 정보3계장 2011년 同보안과장 2011년 경남 진해경찰서장 2013년 경남지방경찰청 정보과장 2014년 경남 거제경찰서장 2015년 경남지방경찰청 홍보과장 2016년 同정보과장 2016년 경남 마산동부경찰서장 2017년 경남지방경찰청 보안과장 2018년 경남 진주경찰서장 2019년 경남지방경찰청 보안과장(현)

이희섭(李熙燮)

(생)1965·6 (주)서울특별시 강남구 언주로85길 24 유니팜타워 8층 (주)이수창업투자(02-3482-2010) (학)연세대 대학원 경영학과졸, 경영학박사(연세대) (경)2009년 (주)이수 경영지원담당 상무보 2012년 同경영지원담당 상무 2016년 (주)이수화학 관리본부장(전무), (주)이수페타시스 관리본부장 2018년 (주)이수창업투자 대표이사(현)

이희성(李熙成) LEE Hee Sung (東陽)

(생)1953·12·23 (본)가평(加平) (출)충남 논산 (주)서울특별시 강남구 영동대로 517 아셈타워 법무법인 화우(02-6003-7000) (학)1971년 대전고졸 1979년 성균관대 약학과졸 1989년 연세대 보건대학원 보건행정학과졸 2004년 약학박사(성균관대) (경)1980~1991년 보건사회부 약정국·감사관실 근무 1991~1996년 보건사회부·보건복지부 약정국 근무 1996~1999년 마산결핵병원·국립정신병원 약제과장 1997~2002년 식품의약품안전청 마약관리과장·의약품관리과장·의약품안전과장 2002년 同감사담당관 2004년 同의약품안전국장 2005년 同의약품본부장 겸 의료기기본부장 2006년 중앙공무원교육원 파견 2007년 식품의약품안전청 의료기기본부장 2008년 同의료기기안전국장 2009년 서울지방식품의약품안전청장 2010~2011년 식품의약품안전청 차장 2011년 임상미래창조2020기획단 공동단장 2011~2013년 식품의약품안전청장 2013~2017년 성균관대 약학대학 겸임교수 2015년 법무법인 화우 고문(현) (상)국무총리표창(1988·1998), 홍조근정훈장(2005), 연세대 보건대학원 총동문회 '자랑스런 연세 보건인상'(2012) (종)불교

이희성(李喜星) hs Lee

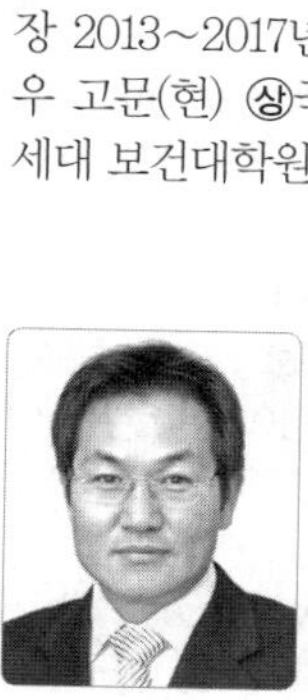

(생)1962·6·20 (주)서울특별시 강남구 테헤란로 211 한국고등교육재단빌딩 12층 한국레노버(유)(02-6288-0088) (학)1981년 서울 상문고졸 1988년 서강대 전자공학과졸, 연세대 대학원 글로벌경영학과졸 (경)1988~1991년 (주)금성 전기연구개발실 엔지니어 1991년 (주)인텔코리아 IT매니저 1994년 同영업부 네트웍영업엔지니어 1997년 싱가포르 인텔테크놀로지아시아 Ltd. 화상회의·랜카드제품 마케팅매니저 1999년 (주)인텔코리아 채널영업부문 이사 2000년 同통신영업부문 이사 2001년 同통신영업부문 본부장 2004년 인텔 아시아태평양지역 통신마케팅및영업총괄 전무 2005~2015년 (주)인텔코리아 대표이사 사장 2014~2015년 한국외국기업협회 회장 2016~2017년 서강대 산학협력단장 2019년 한국레노버(유) 대표이사(현)

이희성(李熙星) Lee Heesung

(생)1982·8·12 (주)서울특별시 성동구 마장로 210 한국기원 홍보팀(02-3407-3870) (경)1995년 프로바둑 입단 1996년 패왕전·비씨카드배 본선 1997년 2단 승단 1997년 배달왕전 본선 1998년 패왕전·SK배 명인전·최고위전 본선 1999년 3단 승단 1999년 최고위전·천원전·배달왕전·기성전 본선 2000년 배달왕전·패왕전·비씨카드배 본선 2001년 4단 승단 2001년 왕위전·KT배·비씨카드배 본선 2002년 KTF배·오스람코리아배 본선 2003년 5단 승단 2003년 LG정유배·SK가스배 본선 2004년 전자랜드배 왕중왕전 청룡부 본선·비씨카드배 신인왕전 본선 2004년 오스람코리아배 신예연승 최강전 우승 2005년 6단 승단 2005년 KB국민은행 바둑리그 우승 2005년 GS칼텍스배 프로기전·한국물가정보배·전자랜드배 청룡부·삼성화재배·마스터즈·왕위전 본선 2006년 한·중 챔피언스리그 한국대표 우승 2006년 KBS바둑왕전·박카스배 천원전·비씨카드배 신인왕전·국수전·마스터즈 본선 2007년 LG배 세계기왕전·전자랜드배·박카스배 천원전·국수전·마스터즈 챔피언십 본선 2008년 국수전 본선 2009년 8단 승단 2009년 비씨카드배 월드바둑챔피언십·KBS바둑왕전·원익배 십단전 본선 2010년 LG배 세계기왕전·KBS바둑왕전·KT배 오픈챔피언십·박카스배 천원전 본선 2011년 9단 승단(현) 2011년 맥심배 본선 2012년 Olleh배·맥심배 본선 2013년 KBS바둑왕전·Olleh배·국수전 본선 2014년 KBS바둑왕전·렛츠런파크배·맥심배 본선 2015년 렛츠런파크배 본선 2016년 맥심배 본선 (상)바둑대상 연승상(2013)

이희수(李熙秀) LEE Hee Soo

(생)1953·7·17 (본)여주(驪州) (출)경남 밀양 (주)경기도 안산시 상록구 한양대학로 55 한양대학교 문화인류학과(031-400-5375) (학)1973년 경남고졸 1979년 한국외국어대 터키어학과졸 1983년 同대학원졸 1988년 역사학박사(터키 국립이스탄불대) (경)1986~1989년 이슬람회의기구(OIC) 이슬람문화연구소 연구원 1988~1989년 터키 국립이스탄불마르마라대 역사학과 조교수 1995~2017년 한양대 국제문화대학 문화인류학과 교수 1996년 同민족학연구소장 1997년 한국민족학회 회장 1997년 이슬람문화연구소 소장 1998년 한양대 인문학부장 2000~2002년 한국이슬람학회 회장 2000년 한·터키친선협회 사무총장(현) 2003년 미국 워싱턴대 교환교수, 한양대 문화재연구소장 2008년 한국중동학회 회장 2009~2010년 한양대 학술정보관장 2012~2016년 同박물관장, 중앙아시아국제학술연구소(IICAS) 한국대표(현) 2014년 외교부 정책자문위원(현) 2014년 경찰청 외사자문위원(현) 2018년 한양대 국제문화대학 문화인류학과 특훈교수(현) 2019년 한국토지주택공사(LH) '쿠웨이트 압둘라신도시' 총괄계획가(중동문화)(현) (상)한양대 최우수교수(2002), 한양대 Best Teacher(2008), 사법60주년기념 대법원장표창(2008), 중앙공무원교육원 베스트 강사(2015) (저)'이희수 교수의 이슬람' '세계문화기행' '이슬람과 한국문화' '터키사' '중1 사회' '끝나지 않은 전쟁' '지중해 문화기행' '이슬람 문화' '이슬람학교'(2015) (역)'이슬람 : 그 역사적 고찰(Islam : An Historical Survey)' '중동의 역사(The Middle-East)' '희망과 도전(Hope and Challange)' '20세기의 역사(The Oxford History of The Twentieth Century)' '문명의 대화(Dialogue among Civilization)' '금의 역사(Gold : A treasure through Time)'

이희수(李喜秀) Lee, hi-su

(생)1955·4·6 (출)전북 전주 (주)서울특별시 영등포구 여의공원로 111 태영빌딩 EY한영(02-3787-6749) (학)1974년 전주고졸 1979년 연세대 경제학과졸 1985년 서울대 행정대학원 행정학과졸 1991년 경제학 석·박사(미국 워싱턴주립대) (경)1979년 행정고시 합격(22회) 1984년 재무부 법무담당관실 행정사무관 1991년 재정경제원 세제실·감사관실 서기관 1995~1997년 IMF Economist(Fiscal Affairs Department) 1998년 비상경제대책위원회 수석전문위원 1999년 재정경제부 경제분석과장 2000년 同경제정책국 종합정책과장 2001년 대통령비서실 수석행정관 2002년 경제부총리 특별보좌관 2003년 駐뉴욕총영사관 재경관 2005년 재정경제부 관세국장 2006년 同조세정책국장 2007년 국세심판원장 2008년 기획재정부 세제실장(무역위원회 비상임위원 겸임) 2009~2010년 국제통화기금(IMF) 상임이사 2011년 한국기업데이터 대표 2014년 EY한영 부회장(현) (상)근정포장(1992), 홍조근정훈장(2006), Forbes Korea 혁신부문 경영대상(2012)

이희수(李熙洙) LEE Hee Su

(생)1960·12·25 (주)서울특별시 동작구 흑석로 84 중앙대학교 교육학과(02-820-5367) (학)1983년 중앙대 교육학과졸 1988년 同대학원 교육학과졸 1996년 교육사회학박사(중앙대) (경)1987~2003년 한국교육개발원 평생교육센터 운영실장 1998~1999년 중앙대 강사 1999년 한국자유총연맹 교육교재편찬위원 2000~2001년 교육부 사내대학설치심사위원 2001~2003년 홍익대 겸임교수 2003년 중앙대 교육학과 교수(현) 2007·2009~2010년 同글로벌인적자원개발대학원장 2010년 시흥평생학습정책자문위원회 위원 2013~2017년 중앙대 글로벌인적자원개발대학원장 2014년 同교양학부대학장 2014~2017년 국가평생교육진흥원 비상임이사 2017년 중앙대 대학원장(현) 2017년 교육부 정책자문위원회 평생·직업교육혁신분과 위원 2019년 한국평생교육학회 회장(현) (저)'근대 한국 성인교육 사상'(2000) '지역사회교육론'(2004) '한국의 문해교육'(2005)

이희숙(李熙淑·女) LEE Hee Sook

(생)1955·7·14 (주)충청북도 음성군 맹동면 용두로 54 한국소비자원(043-880-5530) (학)1979년 충북대 가정교육학과졸 1988년 서울대 대학원졸 1994년 가정학박사(미국 오리건대) (경)중학교 교사 1995~2018년 충북대 생활과학대학 주거환경·소비자학과 교수, 同소비자학과 교수 2006~2008년 同생활과학대학장 2016~2018년 同소비자생활협동조합 이사장 2016년 同학생처장 2016~2018년 同인권센터장 겸 양성평등상담소장 2017~2018년 대통령직속 국민경제자문회의 민생경제분과 자문위원 2018년 한국소비자원 원장(현) 2019년 유엔무역개발회의(UNCTAD) 소비자정책전문가회의 부의장(현) (상)근정포장(2008)

이희영(李熙永) LEE Hyi Young

(생)1963·10·7 (출)전남 구례 (주)세종특별자치시 다솜2로 94 해양수산부 허베이스피리트피해지원단(044-200-6010) (학)1983년 광주 금호고졸 1990년 고려대 사학과졸 2005년 영국 엑세터대 대학원 행정학과졸 (경)2002년 해양수산부 항만국 항만정책과 서기관 2003년 同기획관리실 법무담당관실 서기관 2006년 국민경제자문회의 정책조사관 2007년 해양수산부 국제협력관실 통상협력팀장 2008년 국토해양부 2012여수세계박람회조직위원회 IT사업팀장(서기관) 2009년 同선원노정과장 2010년 同물류항만실 선원정책과장 2011년 허베이스피리트피해보상지원단 파견(과장급) 2012년 필리핀 Maritime Industry Authority 해운산업청 파견(서기관) 2013년 해양수산부 항만투자협력과장(서기관) 2015년 同항만투자협력과장(부이사관) 2015년 同허베이스피리트피해지원단 부단장 2018년 同허베이스피리트피해지원단장(현)

이희옥(李熙玉) LEE Hee Ok

(생)1960·8·15 (주)서울특별시 종로구 성균관로 25-2 성균관대학교 사회과학대학 정치외교학과(02-760-0384) (학)1984년 한국외국어대 중국어과졸 1986년 同대학원 정치외교학과졸 1993년 정치학박사(한국외국어대) (경)1992~1995년 한양대 아태지역연구센터 선임연구원 1993년 同중소연구소 선임연구원 1994년 중국 베이징대 아태연구중심 교환연구원 1995~2006년 한신대 중국지역학과 조교수·부교수·교수 1997년 중국 지린성 사회과학원 객좌교수·특별초청교수(현) 2000~2001년 한신대 기획처장 2002~2003년 미국 워싱턴대 초빙교수 2003년 한국정치학회보·현대중국연구·통일문제연구·한국과국제정치·민주사회정책연구·중소연구 편집위원 2003년 통일부·동북아시대위원회 정책자문위원 2005년 중국 중국해양대 초빙교수 2007년 성균관대 사회과학대학 정치외교학과 교수(현) 2007년 同일반대학원 동아시아학과 교수(현) 2019년 민주평통 기획조정분과위원회 상임위원(현) (저)'중국의 새로운 사회주의 탐색'(2004, 창비) '중국의 국가 대전략 연구'(2007, 폴리테이아) '중국의 새로운 민주주의 탐색'(2014, 성균관대 출판부)

이희용(李熙鎔) Lee Hee Yong

(생)1960·6·29 (본)여주(驪州) (출)경남 밀양 (주)서울특별시 종로구 율곡로2길 25 연합뉴스 한민족센터(02-398-3114) (학)1979년 서울 성동고졸 1984년 성균관대 신문방송학과졸 2010년 同언론정보대학원 석사과정 수료 (경)1986년 월간「직장인」기자 1987년 월간「소설문학」기자 1988년 KBS 홍보실 출판부 근무 1990년 세계일보 출판국 '세계와 나' 기자 1993~1994년 同편집국 생활부 기자 1995년 연합뉴스 편집국 문화부 기자 2001년 同여론매체부 차장대우 2003년 同여론매체부 차장 2004년 同대중문화팀장 2006년 同엔터테인먼트부장 2008~2009년 同편집국장석 부장대우 2008년 한국기자협회 상근부회장 2009년 연합뉴스 경영기획실 미디어전략팀장 2011년 同미디어과학부장 2011년 同기사심의실 심의위원 2012~2015년 同한민족센터 재외동포부장(부국장대우) 2013~2016년 同한민족센터 부본부장 2015~2016년 同한민족센터 한민족뉴스부장 겸임 2016년 同글로벌코리아센터 한민족뉴스부 선임기자 2018년 同한민족센터 고문(현) 2018년 同혁신위원회 위원장 (상)홍성현언론상 매체비평부문(2006) (저)'기자가 말하는 기자(共)'(2003) '29개의 키워드로 읽는 한국문화의 지형도(共)'(2007) '인생을 바꾼 기차표 한장(共)'(2017) '세계시민교과서'(2018, 라의눈)

이희원(李熙源) LEE Hee Won

(생)1956·6·27 (출)서울 (주)서울특별시 노원구 공릉로 232 서울과학기술대학교 기계시스템디자인공학과(02-970-6328) (학)1979년 서울대 기계설계학과졸 1981년 한국과학기술원(KAIST) 기계공학과졸(석사) 1988년 기계공학박사(한국과학기술원) (경)1984~2010년 서울산업대 기계설계·자동화공학부 교수 1987년 한국음향학회 정회원 1987~1997년 미국 음향학회 Associate Member 1988년 대한기계학회 정회원 1993년 한국소음진동공학회 정회원 1997~1998년 미국 Univ. of Florida Visiting Scholar 2010년 서울과학기술대 기계설계·자동화공학부 교수 2012년 同기계시스템디자인공학과 교수(현) 2016~2018년 同도서관장 (저)'캐드캠 입문'

이희원(李熙元) Lee Hee Weon

(생)1960·10·18 (본)상주(尙州) (출)충남 부여 (주)인천광역시 서구 심곡로100번길 10 한국은행 인재개발원(032-560-0284) (학)1979년 성남고졸 1987년 고려대 법학과졸 1998년 同대학원 법학과졸 2006년 미국 인디애나대 Law School졸(LL.M.) 2016년 법학박사(고려대) (경)1988년 한국은행

입행 · 조사역(5급) 1995년 同과장(4급) 2003년 同차장(3급) 2009년 同국제국 외환심사팀장 2011년 同법규실장(2급) 2011년 한국금융법학회 이사 2013년 同부회장 2014년 한국은행 법규실장(1급) 2015년 同인재개발원 교수(1급)(현) 2015년 한국금융법학회 고문(현) (상)기획재정부장관표창(2011) (저)'주석 자본시장법(共)'(2013) '온주 외국환거래법(共)'(2015) (종)기독교

이희원(李熙元)

(생)1969 (주)세종특별자치시 한누리대로 402 산업통상자원부 에너지안전과(044-203-5270) (학)마산고졸, 고려대졸 (경)2003년 행정고시 합격(46회), 지식경제부 에너지관리과 사무관, 同원전산업정책과 사무관, 同지역특화팀 사무관, 同기계항공과 서기관 2012년 同연구개발특구기획팀 서기관 2013년 산업통상자원부 에너지안전과 서기관 2018년 同에너지안전과장(현)

이희은(李熙垠) Lee Hee-Eun

(생)1964 · 6 · 21 (주)세종특별자치시 다솜로261 국무조정실 인사과(044-200-2798) (학)1983년 오산고졸 1991년 한국외국어대 영어과졸 (경)1999년 국무조정실 기획심의관실 · 일반행정심의관실 행정사무관 2000~2002년 2002한일월드컵조직위원회 파견 2002년 국무조정실 30주년기념사업팀 행정사무관 2003년 同기획수석조정관(차관급) 비서관 2004년 同기획관리조정관실 인사계장 2005년 서기관 승진 2006~2009년 2012여수세계박람회유치위원회 · 준비기획단 파견 2009년 국무조정실 정책분석평가실 자체평가관리과장 2011년 국무총리 정무기획비서관실 국회담당 행정관 2012년 국무총리 정무운영비서관실 정무운영담당 행정관 2013년 국무조정실 총무기획관실 총무과장 2015년 同총무기획관실 총무과장(부이사관) 2018년 국무조정실 주한미군기지이전지원단 부단장 2019년 교육파견(현)

이희재(李熙在) LEE Hee Jae

(생)1956 · 3 · 1 (출)경남 (주)인천광역시 계양구 아나지로 158 (주)우성아이비(032-550-1023) (학)1982년 고려대졸 (경)1982~1986년 국제상사 해외주재원 1986~1991년 아시아콘트롤스(주) 기획관리이사 1992년 (주)우성아이비 대표이사(현) 2006년 인천상공회의소 상임의원(현) 2009년 한국무역협회 이사(현) 2009년 한국해양소년단연맹 중앙연맹이사(현) 2011~2014년 인천시장 경제사회특보 (상)대통령표창, 베트남정부 우호 휘장, 무역의 날 2천만불 수출탑(2013) (저)'베트남 기행'

이희재(李喜宰 · 女) Lee, Hee Jae

(생)1976 · 6 · 21 (본)전주(全州) (출)강원 원주 (주)세종특별자치시 다솜3로 95 공정거래위원회 정보화담당관실(044-200-4282) (학)1995년 원주여고졸 2002년 서울대 소비자아동학부졸 (경)2002년 사법시험 합격(44회) 2005년 사법연수원 수료(34기) 2005년 공정거래위원회 약관제도과 사무관 2007년 同송무담당관실 사무관 2011년 同카르텔조사과 사무관 2014년 同창조행정법무담당관실 사무관 2015년 同창조행정법무담당관실 서기관 2019년 同정보화담당관(현)

이희정(李熙政) Lee Hee Jung

(생)1963 · 5 · 8 (본)성산(星山) (출)경남 마산 (주)경상남도 통영시 산양읍 산양일주로 397-68 국립수산과학원 남동해수산연구소(055-640-4700) (학)1982년 마산고졸 1989년 부산수산대 식품공학과졸 1992년 同대학원 식품공학과졸 1997년 부산대 대학원 미생물학 박사과정 수료 2009년 식품공학박사(부경대) (경)1989~2005년 국립수산과학원 해양수산연구사 2005~2014년 同해양수산연구관 2014년 同동해수산연구소 해양산업과장 2014~2015년 식품의약품안전처 미생물과장 2015년 국립수산과학원 전략연구단장 2015년 同서해수산연구소 자원환경과장 2016~2017년 同남해수산연구소 양식산업과장 2017년 同식품위생가공과장 2018년 同남동해수산연구소장(현) (상)국무총리표창(1999), 농림수산식품부장관표창(2009) (저)'수산식품위생학(共)'(2000, 정명당) '농식품유해물질 편람(共)'(2009, 농림수산식품부) '2008 농식품안전백서(共)'(2009, 농림수산식품부) '수산식품안전의 이해(共)'(2010, 부경대 출판부) '수산물질 중의 위해물질 시험법(共)'(2010)

이희정(李熙貞 · 女) Lee Hee-Jung

(주)서울특별시 성북구 안암로 145 고려대학교 법학전문대학원(02-3290-2884) (학)1989년 서울대 법과대학 사법학과졸 1993년 同대학원 법학과졸 1998년 미국 조지타운대 법학전문대학원졸 2004년 법학박사(서울대) (경)2004~2005년 서울대 법과대학 BK21사업단 박사후연구원 2005~2007년 지방자치법학회 국제이사 2005~2006년 한국환경법학회 출판이사 2005~2007년 동국대 법과대학 조교수 2006~2007년 법무부 행정소송법개정특별분과위원회 위원 2006~2007년 행정법이론실무학회 기획이사 2007~2009년 한양대 법과대학 조교수 2007~2009년 한국행정판례연구회 출판간사 2007년 법제처 법령해석심의위원회 위원(현) 2009년 고려대 법학전문대학원 조교수 · 부교수, 同법학전문대학원 교수(현) 2009~2011년 중앙행정심판위원회 위원 2010년 방송통신위원회 방송평가위원회 위원 2010년 경기도 행정심판위원회 위원(현) 2011~2015년 국민권익위원회 비상임위원 2014년 한국이민법학회 집행이사(현) 2015년 IOM이민정책연구원 비상임이사 2017년 문화체육관광부 제3기 콘텐츠분쟁조정위원회 위원(현) 2018년 방송통신위원회 방송시장경쟁상황평가위원회 위원(현) 2019년 同허위조작정보자율규제협의체 위원(현) (상)국민훈장 동백장(2015)

이희진(李熙進) Lee hee jin

(생)1964 · 3 · 10 (본)영천(永川) (출)경북 영덕 (주)경상북도 영덕군 영덕읍 군청길 116 영덕군청 군수실(054-730-6011) (학)1982년 영덕종합고졸 1991년 계명대 일본학과졸 2009년 중앙대 행정대학원 행정학과졸 (경)1992~2013년 김찬우 · 김광원 · 강석호 국회의원 보좌관 2006~2007년 한나라당 이명박 대통령경선후보 종합상황실 특보 2012년 새누리당 제18대 박근혜 대통령후보 경북도선거대책위원장 보좌관 2013년 박근혜 대통령 에콰도르 특사단 2013년 在京영덕중 · 고 총동문회 부회장(현) 2013년 초록우산(어린이재단) 서울후원회 회원(현) 2014~2018년 경북 영덕군수(새누리당 · 자유한국당) 2018년 경북 영덕군수(자유한국당)(현) (상)국회의장표창(2003), 근정포장(2013), 한국경제신문 창조경영부문 '올해의 CEO 대상'(2014)

이희철(李熙哲) LEE Hee Chul

(생)1954 · 9 · 8 (본)영천(永川) (출)경북 (주)대전광역시 유성구 대학로 291 한국과학기술원 공과대학 전기및전자공학부(042-350-3446) (학)1973년 대전고졸 1978년 서울대 전자공학과졸 1986년 일본 도쿄공업대 대학원 전자공학과졸 1989년 공학박사(일본 도쿄공업대) (경)1978~1982년 공군사관학교 교수부 전자공학과 교관 1982년 서울시립대 전자공학과 조교 1989~1999년 한국과학기술원(KAIST) 전기및전자공학과 조교수 · 부교수 1999년 同공과대학 전기및전자공학부 교수(현) 2000~2002년 同반도체공학전공 책임교수 2001~2002년 同대덕나노팹유치실무위원회 위원장 2002~2003년 同나노종합팹센터구축사업단 부단장 2003년 同나노과학기술연구소장 2004~2010년 同나노종합팹센터 소장 (상)일본 쿠라마에공업회 논문상(1990), KAIST공적상(2003), 대전시 이달의 과학자상(2003) (종)기독교

인광호(印光鎬) IN Kwang Ho

(생)1955 · 8 · 5 (출)서울 (주)서울특별시 성북구 인촌로 73 고려대학교 안암병원 호흡기내과(02-920-5316) (학)1982년 고려대 의대졸 1988년 同대학원 의학석사 1991년 의학박사(고려대) (경)1989년 고려대 안암병원 호흡기내과 임상강사 1992~2001년 同의과대학 조교수 · 부교수 1994년 미국 하버드대 의과대학 연구원 1998~2009년 고려대안암병원 호흡기내과장 1999~2000년 고려대 의과대학 의학과장 2001년 同의과대학 내과학교실 교수(현) 2001~2003년 同의과대학원 의학과 내과계 주임교수 2005년 미국 샌디에이고대 의과대학 교환교수 2005~2007년 천식연구회 부회장 2005~2008년 대한폐암학회 보험이사 2006~2008년 대한결핵및호흡기학회 고시이사 2007~2010년 同수련이사 2008년 고려대안암병원 임상시험센터장(국가 지정 임상시험센터) 2008년 대통령 호흡기자문의사 2009년 대한폐암학회 총무이사 2011년 同감사 (저)'호흡기학'(2004, 대한결핵 및 호흡기학회) 'COPD, 천식 진료지침'(2005, 대한결핵 및 호흡기학회) '흉부질환 아틀라스' (2007, 고려대학출판부) (종)기독교

인교준(印教駿) Ihn Kyo Joon

(생)1966 · 4 · 24 (본)교동(喬桐) (출)전북 전주 (주)전라북도 전주시 완산구 온고을로 1 한국교직원공제회관 11층 연합뉴스 전북취재본부(063-275-5511) (학)1985년 전주고졸 1993년 성균관대 영어영문학과졸 2008년 경남대 북한대학원졸 2016년 정치 · 통일학박사(북한대학원대) (경)1994년 연합뉴스 입사 1994년 同광주지사 기자 1996년 同사회부 기자 1997년 同경제3부 기자 2002년 同정치부 통일외교팀 기자 2006년 同국제뉴스부 기자 2007~2008년 중국 베이징정법대 연수 2010년 연합뉴스 베이징특파원 2013년 同사회부 기자 2014년 同한민족뉴스부 기자 2016년 同국제뉴스부장 2018년 同통일외교부장 2018년 同전북취재본부장(현)

인명진(印名鎭) IN Myung Jin

(생)1946 · 6 · 1 (본)교동(喬桐) (출)충남 당진 (주)서울특별시 구로구 새말로 93 갈릴리교회(02-866-3884) (학)1965년 대전고졸 1969년 한신대졸 1972년 장로회신학대 대학원졸 1986년 목회학박사(미국 샌프란시스코신학대) 1992년 숭실대 노사관계대학원졸 2015년 명예신학박사(장로회신학대) (경)1972년 목사 안수 1972~1984년 영등포산업선교회 총무 1974~1980년 민주화운동관련 4회 투옥 1981년 성문밖교회 목사 1984년 호주 PITT St. Uniting교회 목사 1986~1993년 대한예수교장로회총회 노동상담소장 1986~2015년 갈릴리교회 담임목사 1987년 국민운동본부 대변인 1989년 경제정의실천시민연합 지도위원 1991년 대한예수교장로회총회 환경보존위원장 1991년 한국교회환경연구소 소장 1992년 (재)제중의료복지재단 상임이사 1992~1994년 한국기독교회협의회(KNCC) 서기 · 실행위원 · 도시농어촌선교위원장 1993년 경제정의실천시민연합 부정부패추방운동본부장 1993년 同행정쇄신위원 1993년 同부정방지대책위원 1994년 바른언론을위한시민운동연합 집행위원장 · 공동대표 1995년 아시아기독협의회 도시농촌선교위원장 1995년 대한예수교장로회 영등포노회장 1996~2000년 한국방송공사(KBS) 이사 1998~2004년 기독교인터넷방송 사장 1999~2003년 同위성방송 사장 2002년 행정개혁시민연합 공동대표 2006~2008년 한나라당 윤리위원장, 기독교환경운동연대 상임공동대표 2009~2012년 대통령자문 통일고문회의 고문 2009~2016년 우리민족서로돕기운동본부 상임공동대표 2009년 한호기독교선교회 부산일신기독병원 이사장(현) 2009년 코리아몽골포럼 이사장(현) 2010~2013년 사회적기업활성화포럼 공동대표 2010~2013년 사회적기업활성화네트워크 이사장 2010~2014년 몽골 바양노르솜호수살리기시민연대 상임대표 2011~2015년 G-Valley 녹색산업추진위원회 위원장 2011~2019년 푸른지구 이사장 2011년 북한대학원대 초빙교수(현) 2012~2013년 대북협력민간단체협의회 회장 2013년 국민동행 전국상임공동대표 2015년 갈릴리교회 원로목사(현) 2015년 안양대 석좌교수 2016년 숭실대 석좌교수 2016년 경제정의실천시민연합 공동대표 2017년 새누리당 비상대책위원회 위원장 2017년 자유한국당 비상대책위원회 위원장 (상)북미주인권위원회 인권상(1979), 국민훈장 모란장(1998), 民世賞(2013), 몽골정부 최고환경지도자 훈장(2015), 민족화해협력범국민협의회 민족화해상(2016) (저)'노동법 문답풀이' '설교집' '갈릴리에서 만나자' '지우개를 가지는 삶' '죽음 그 마지막 성장과 축복' '한국 교회를 새롭게' '삼우지삼로'(共) '신들의 수다'(共) '위대한 부르심'(2015, 비전북) (종)기독교

인병선(印炳善 · 女) IN Byung Sun

(생)1935 · 6 · 26 (본)교동(喬桐) (출)평남 용강 (학)1954년 이화여고졸 1956년 서울대 문리과대학 철학과 중퇴 (경)1987년 (사)짚풀문화연구회 설립 · 회장 1990년 민족문학에 시 '이러다 우리 새끼들 다 죽이겠네'로 등단, 시인(현), 민족문학작가회의 이사 1993~2016년 짚풀생활사박물관 설립 · 관장 1996~1997년 일본 오사카민족학박물관 외래연구원 1997년 계간 민속지 '生活用具' 창간 1999년 (사)짚풀문화연구회 경기 · 광주 · 경남지회 설립, 한국사립박물관협회 회장 1999~2005년 문화재청 문화재전문위원 2005~2007년 同근대문화재과 전문위원, 인천시 문화재위원, 한국산업인력공단 기능전승전문위원 2008년 (재)짚풀문화재단 이사 2008년 통합민주당 공천심사위원 (상)문화부 문화가족火箭상(1991), 문화체육부장관표창(1995), 대한민국문화유산상(2005), 한국박물관협회 박물관인상 원로부문(2009) (저)'들풀이 되어라'(1989) '풀문화'(1989) '짚문화'(1989) '벼랑 끝에 하늘'(1991) '우리가 정말 알아야 할 우리 짚풀문화'(1995) '전통칠교놀이'(1998) (작)'풀코스 짚문화 여행'(2000, 현암사) '우리가 정말 알아야 할 우리 종이오리기'(2005, 현암사) '시인 신동엽'(2005, 현암사) (종)불교

인병택(印炳澤) LIN Byung Taik

(생)1958 · 1 · 5 (본)교동(喬洞) (출)서울 (주)세종특별자치시 다솜1로 31 복합커뮤니티센터 2층 세종시문화재단(044-864-9725) (학)1976년 서울 휘문고졸 1980년 한국외국어대 스페인어과졸 1987년 멕시코 이베로아메리카나대 대학원 매스컴학과졸 (경)1979년 행정고시 합격(23회) 1980~1990년 문화공보부 해외공보관 외신과 · 섭외과 행정사무관 1990년 공보처 문화공보관 섭외과장 · 기획과장 1992년 駐미국 공보관 1995년 공보처 행정관리담당관 · 방송행정과장 1998년 문화관광부 문화지원과장 · 매체홍보과장 1999년 대통령 공보기획비서실 국장 2000년 2002한 · 일월드컵축구대회조직위원회 홍보국장 2003년 국정홍보처 국정브리핑국장 2004년 同홍보협력국장 2005년 同홍보협력단장 2006~2008년 駐도미니카 대사 2014~2016년 (사)한국정책홍보연구원 초대 상근대표 2016년 세종시문화재단 대표이사(현) (상)대통령표창, 홍조근정훈장 (종)불교

인보길(印輔吉) IHN Bo Kil

(생)1940 · 11 · 18 (본)교동(喬桐) (출)충남 당진 (주)서울특별시 중구 소월로 10 단암빌딩 3층 뉴데일리(02-6919-7011) (학)1959년 서울 경복고졸 1965년 서울대 문리과대학 독어독문학과졸 1970년 同신문대학원졸 (경)1965년 조선일보 기자 1970년 同편집부 차장 1979년 同편집부장 1984년 同문화부장 1985년 同부국장 1988년 同편집국장 1989년 同논설위원 겸 CTS본부장 1992년 同이사대우 편집국장 1993년 同이사 편집국장 1995년 同상무이사 1995년 同종합미디어본부장 겸임 1995~2003년 (주)디지틀조선일보 대표이사 사장 2006년 칸 국제광고제조직위원회 한국사무국 고문(현) 2009~2014년 뉴데일리 대표이사 사장 2010년 통일부 통일교육위원 2011~2014년 이승만포럼 공동대

표 2014년 뉴데일리 대표이사 회장(현) 2014년 (사)건국이념보급회 회장(현) 2014년 대한언론인회 부회장 2014년 한국선진화포럼 이사(현) (상)제42회 서울시 문화상 언론부문(1993), 제11회 우남 이승만 애국상 본상(2018) (저)'이승만 다시보기'(2011)

인유성(印裕盛) YIN Yu Seong

(생)1956 · 6 · 20 (출)서울 (주)서울특별시 중구 을지로 100 (주)레드캡투어(02-2001-4500) (학)배재고졸, 중앙대 신문방송학과졸 (경)1981년 LG필립스LCD(주) 입사 2002년 同구조조정본부 비서팀장 2002년 同구조조정본부 비서팀장(상무) 2003년 (주)LG 경영지원부문 상무, 同비서팀장(상무) 2007년 同비서팀장(부사장) 2009년 LG디스플레이 중화지역센터장(부사장) 2011년 同IT사업본부장(부사장) 2012년 同IT/Mobile사업부장(부사장) 2014~2019년 同중국 Operation 총괄 부사장 2014년 同LGDCA 법인장 2019년 (주)레드캡투어 대표이사(현)

인재근(印在謹 · 女) In Jae Keun

(생)1953 · 11 · 11 (출)인천 강화 (주)서울특별시 영등포구 의사당대로 1 국회 의원회관 1022호(02-784-8091) (학)이화여대 사회학과졸 (경)인권운동가(현), 한반도재단 이사장, 김근태재단 이사장(현), (사)사랑의친구들 운영위원장, (사)따뜻한한반도사랑의연탄나눔운동 이사, 인권의학연구소 자문위원 2012년 제19대 국회의원(서울 도봉구甲, 민주통합당 · 민주당 · 새정치민주연합 · 더불어민주당) 2012년 민주통합당 제18대 대통령중앙선거대책위원회 멘토단장 2012~2014년 국회 여성가족위원회 간사 2013년 국회 외교통일위원회 위원 2014년 국회 보건복지위원회 위원 2014~2015년 새정치민주연합 비상대책위원회 위원 2015년 국회 메르스대책특별위원회 위원 2015년 새정치민주연합 윤리심판원 부원장 2015년 同예비후보자자격심사이의신청처리위원회 위원장 2015년 더불어민주당 예비후보자자격심사이의신청처리위원회 위원장 2016년 제20대 국회의원(서울 도봉구甲, 더불어민주당)(현) 2016~2018년 국회 보건복지위원회 간사 겸 법안심사소위원장 2016~2017년 국회 저출산 · 고령화대책특별위원회 위원 2016년 더불어민주당 서울도봉구甲지역위원회 위원장(현) 2016~2019년 同인권위원회 위원장 2017년 同제19대 문재인 대통령후보 중앙선거대책위원회 인권신장정책위원장 2018~2019년 국회 행정안전위원회 위원장 2019년 국회 여성가족위원회 위원장(현) 2019년 국회 보건복지위원회 위원(현) (상)로버트케네디 인권상(1987), 전국청소년선플SNS기자단 선정 '국회의원 아름다운 말 선플상'(2015) (종)천주교

인채권(印採權) IN CHAE GWON

(생)1959 · 6 · 27 (주)서울특별시 중구 세종대로7길 56 휘닉스중앙 임원실(02-2031-1314) (학)함창고졸, 한국외국어대 아랍어과졸, 한양대 대학원 도시공학과졸, 도시공학박사(한양대) (경)삼성그룹 비서실 신경영추진팀 근무, 삼성화재해상보험(주) 부동산팀장, 同융자운용파트장 2005년 교육파견(상무보), 삼성생명보험(주) 부동산사업부 상무보 2013년 同부동산사업부 전무 2016~2017년 메리츠화재해상보험(주) 부동산운용실장(부사장) 2018년 중앙홀딩스 부동산개발담당 부사장(현) 2018년 휘닉스중앙 · 휘닉스제주 대표이사 겸임(현)

인태연(印兌淵) In Tae-yeon

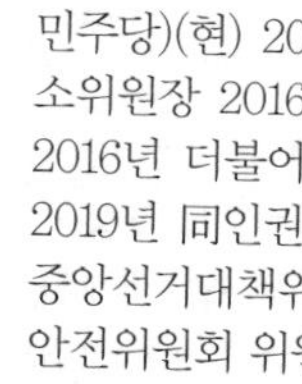

(생)1963 (출)인천 (주)서울특별시 종로구 청와대로 1 대통령 자영업비서관실(02-770-0011) (학)경성고졸, 한국외국어대 독일어과졸 (경)인천 부평문화의거리상인회 회장, 전국을살리기국민운동본부 상임대표, 더불어민주당 소상공인특별위원회 수석부위원장, 전국유통상인연합회 공동회장 2018년 한국중소상인자영업자총연합회 상임회장 2018년 대통령 일자리수석비서관실 자영업비서관(현)

인형식(印馨植) IHN Hyung Sik

(생)1943 · 4 · 5 (본)교동(喬桐) (출)충남 예산 (주)서울특별시 관악구 쑥고개로 60 연남빌딩 7층 연남 대표실(02-889-0523) (학)1965년 동국대 영어영문학과졸 1995년 경희대 대학원 경영학과 수료 (경)1970~1980년 문화방송(MBC) 근무 1981~1993년 한국방송광고공사 영업2국 매체2부 근무, 同업무국 운행2부장 직대, 同사업국 심의부장 · 영업1부장, 同영남지사장 직대, 同영업2국 운행부장 1981~1993년 同업무국 영업기획부장 1993년 同검사부장 1994년 同남한강종합수련원 관리부장 1995~1997년 同경남지사장 1999~2000년 (주)경평 상무이사 2006년 연남 대표(현) (상)방위포장(1964) (종)기독교

일 면(日 面) Il Myun (斗山)

(생)1947 · 9 · 25 (본)평해(平海) (출)경북 경주 (주)서울특별시 종로구 삼봉로 95 (사)생명나눔실천본부(02-734-8050) (학)1968년 해인사 승가대 대교 1979년 동국대 불교대학 승가학과졸 (경)1959년 해인사에서 득도(은사 명허화상) 1964년 해인사에서 사미계 수지(계사 자운율사) 1967년 해인사에서 비구계 수지(계사 자운율사) 1980년 해인사 교무국장 1981년 조계사 재무국장 1982년 봉선사 교무국장 1983년 흥국사 주지 1986년 대한불교조계종 포교원 포교부장 1987년 同총무원 사회부장 1988년 同제9~13대 중앙종회 의원 1990년 한국불교자비의전화 회장 1993년 학교법인 광동학원(광동중 · 남양주광동고 · 의정부광동고) 이사장(현) 1994년 대한불교조계종 중앙종회 수석부의장 1996년 불암사 주지 1999~2001년 대한불교조계종 교육원장 2001년 봉선사 주지 2001년 (재)일면장학회 설립 · 이사장 2001년 대한불교조계종 주지연합회 부회장 2002년 학교법인 동국학원 감사 2003년 불암사 회주(현) 2003년 대한불교조계종 총무원 정책자문위원, 해인승가대학 총동문회장, 송산노인복지회관 운영위원장 2005~2009년 군종특별교구 초대 교구장 2005년 (사)생명나눔실천본부 이사장(현) 2012년 대한불교조계종 호계원장 2015년 학교법인 동국학원(동국대) 이사장 (상)대한불교조계종 총무원장 표창패(2003), 적십자 박애장 금장(2008), 합참의장 감사패(2009), 대한불교조계종 총무원장 공로패(2009), 대원상 승가부문 대상(2010), 포교대상 공로상(2010), 만해대상(2013) (저)'잘 이은 지붕에는 비가 새지 않는다' '행복한 빈손' (종)불교

임강택(林崗澤) Lim, Kang-Taeg

(생)1958 (주)서울특별시 서초구 반포대로 217 통일연구원 원장실(02-2023-8001) (학)중앙대 경제학과졸, 同대학원 경제학과졸 1996년 경제학박사(미국 뉴욕주립대 올바니교) (경)1997~2018년 통일연구원 선임연구위원 2003~2007년 대통령자문 동북아시대위원회 전문위원, 북한연구학회 부회장 2013~2017년 민족화해협력범국민협의회 정책위원장 2018년 남북정상회담 전문가자문위원(현) 2018년 통일부 정책자문위원장(현) 2019년 통일연구원 석좌연구위원(현) 2019년 同원장(현) (저)'하나의 시장 형성을 위한 시장친화적 남북경제협력 방식의 모색'(共) '대북제재 국면에서 남북 교류협력 추진 방안'(共) '개성공단 운영실태와 발전방안 : 개성공단 운영 11년(2005~2015)의 교훈'(共)

임경록(任慶祿) IM Kyung Rok (山海 · 和而)

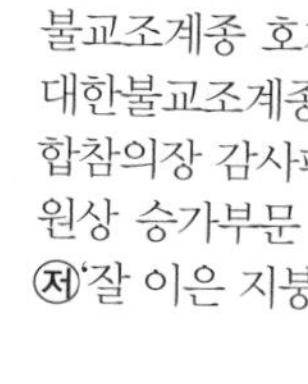

(생)1946 · 3 · 4 (본)풍천(豊川) (출)중국 용정 (주)서울특별시 종로구 종로3길 38 310호 연합뉴스사우회(02-741-9787) (학)1964년 경남고졸 1972년 한양대 신문방송학과졸 2001년 同언론정보대학원졸 (경)1972~1980년 합동통신 지방부 · 사회부 · 경제부 기자 1981~1993년 연합통신 경제부 기자 · 외신부 차장 · 정치부 차장 · 정치부 부장대우 1993년 同사회부장 1996년 同논설위원 1996년 同편집국 부국장 1998년 同뉴미디어국장 직대 1999년 연합뉴스 인터넷본부장 직대 2000년 同인터넷본

부장 2000년 同인터넷본부 고문 2000~2003년 同출판국장(이사대우) 2001~2008년 한양대 언론정보대학 겸임교수 2001~2005년 관훈클럽 신영연구기금 감사 2003~2007년 연합뉴스 동북아정보문화센터 상무이사 2007년 同동북아정보문화센터 비상임이사 2007~2009년 순천향대 초빙교수 2008~2011 · 2015년 언론중재위원회 중재위원 2011년 고려대 미디어학부 초빙교수 2011~2014년 뉴스통신진흥회 이사 2018년 연합뉴스사우회 회장(현) (상)자랑스런 용마인(2003), 자랑스러운 한양언론인상(2008)

임경모(林京模)

(생)1969 · 2 · 17 (주)부산광역시 연제구 중앙대로 1000 부산광역시청 건설본부(051-888-6001) (학)1995년 부산대 해양학과졸 1998년 同대학원 토목공학과졸 2002년 同대학원 토목공학과 박사과정 수료 2008년 미국 콜로라도주립대 대학원 박사과정 수료 (경)1998년 공직 임용(사무관) 2004년 부산시 도시개발본부 도시계획과 근무 2006년 미국 콜로라도주립대 파견 2009년 국토해양부 4대강살리기추진본부 파견 2010년 부산시 건설본부 토목시설부장(서기관) 2011년 同국제산업물류도시개발단장 2013년 同도로계획과장 2015년 同사상스마트시티추진과장 2018년 同신공항지원본부장 2018년 同건설본부장(부이사관)(현)

임경묵(林敬默) LIM, Kyung-Mook

(생)1971 (주)서울특별시 중구 소월로2길 12 CJ(주) 미래경영연구원(02-726-8114) (학)1996년 서울대 경제학과졸 1998년 미국 브라운대 대학원 경제학과졸 2001년 경제학박사(미국 브라운대) (경)2001~2011년 한국개발연구원 부연구위원 2011~2014년 (주)두산 전략지원실 글로벌경제분석팀장(상무) 2014년 CJ(주) 미래경영연구원 부원장(부사장)(현) 2015년 同창조경제추진단 부단장 겸임 2016~2017년 금융위원회 금융발전심의회 정책 · 글로벌금융분과 위원 2017년 CJ(주) 기획실장 겸임(현)

임경식(林京植) LIM Kyung Sik

(생)1949 · 10 · 23 (주)경상남도 김해시 유하로 154-9 동아화성(주) 회장실(055-313-1800) (학)1967년 양정고졸 1974년 한양대 자원공학과졸 1976년 연세대 경영대학원 연구과정 수료 (경)1974~1975년 원풍산업(주) 근무 1977~1982년 대한항공 근무 1983~1986년 대창광업 상무이사 1989년 동아화성(주) 대표이사 사장 2008년 同대표이사 회장(현) (상)제1회 김해시 경영대상(2005) (종)기독교

임경우(林炅佑)

(생)1968 (주)경상북도 김천시 김천로 164 김천경찰서(054-433-1113) (학)1987년 심인고졸 1992년 경찰대 법학과졸(8기), 연세대 법무대학원졸 (경)1992년 경위 임용 1992년 서울지방경찰청 제4기동대 근무 2008년 광주 동부경찰서 근무 2009년 광주지방경찰청 수사과 근무 2010년 서울 강남경찰서 근무 2012년 경찰청 수사국 수사구조개혁단 2014년 同수사국 근무 2016~2018년 법무부 파견 2018년 서울지방경찰청 경무과 근무 2019년 경북 김천경찰서장(총경)(현)

임경칠(任炅七) Lim Kyung-chil

(생)1968 · 11 · 30 (본)장흥(長興) (출)전남 (주)전라남도 무안군 삼향읍 후광대로359번길 28 전남지방경찰청 112종합상황실(061-289-2129) (학)1987년 해룡고졸 1994년 서울시립대 전자공학과졸 (경)1995년 경위임용 1996년 경찰청 경찰종합학교 전산교관 2000년 경북 의성경찰서 경비교통과장 2004년 경찰청 정보통신1담당관실 정보통신보안계장 2007년 서울지방경찰청 정보화장비과 정보통신운영2계장 2014년 同정보화장비과 정보통신운영1계장 2017년 同치안지도관(총경 · 교육파견) 2017년 전남지방경찰청 경비교통과장 2018년 전남 고흥경찰서장 2019년 전남지방경찰청 112종합상황실장(현)

임경호(林敬鎬) LIM Kyung Ho (德山)

(생)1940 · 1 · 26 (출)경북 김천 (주)경기도 고양시 덕양구 중앙로 34-22 지방의회회관 3층(02-2088-0822) (학)1958년 대구 경북고졸 1963년 연세대 행정학과졸 1965년 서울대 행정대학원졸 1987년 행정학박사(단국대) (경)1979년 경기 이천군수 1980~1983년 내무부 세제담당관 · 총무과장 · 행정과장 1983년 성남시장 1985년 내무부 지방행정연수원 연구발전부장 1986년 부천시장 1987년 대구시 부시장 1988년 경북도 부지사 1989년 내무부 감사관 1990년 同지방세제국장 1992년 同지방재정국장 1992년 지방행정연수원 원장 1993년 내무부 차관보 1994년 경기도지사 1995년 경기개발연구원 원장 1996~1998년 한국지방행정연구원 원장 1996년 지방재정발전위원회 위원장 1997년 세계도시발전협의회 집행이사 1998~2011년 지방의회발전연구원 원장 1998년 영남대 객원교수 1999년 경기개발연구원 이사 2002년 경기개발연구원 원장 2005~2006년 일본 이바라끼縣대 방문교수, 일본 요코하마국립대 경제학부 객원연구원 2011년 (사)지방의회발전연구원 이사장(현) (상)녹조근정훈장, 홍조근정훈장 (저)'지방의회론'

임경훈(林庚勳)

(생)1967 (주)서울특별시 용산구 한강대로 32 LG유플러스 PS영업그룹(1544-0010) (학)고려대 경영학과졸, 미국 뉴욕주립대 대학원 테크노경영학과졸 (경)LG유플러스 충청영업담당 상무, 同금융 · 그룹고객담당 상무, 同강남영업단장(상무), 同PS영업그룹장(상무) 2019년 同PS영업그룹장(전무)(현)

임계현(林桂鉉) Im Gyeh-Yeon

(생)1961 · 6 · 18 (주)대전광역시 유성구 가정북로 156 한국기계연구원 경영기획본부(042-868-7800) (학)1980년 금오공고졸 1991년 경기대 법학과졸 (경)1999년 한국기계연구원 인력관리과장 · 인사과장 1999년 同대외협력과장 2000년 同예산과장 2005년 同감사실 검사역 2006년 同혁신정책홍보실장 2007년 同기획예산실장 2010년 同지식경영홍보실장 2011년 同경영관리본부장 2014~2015년 同대구융합기술연구센터 행정 · 기술지원실장 2016년 同감사부 책임행정원 2016년 同경영관리본부장 2017년 同경영기획본부장(현) (상)과학기술포장(2014)

임관택(林官澤)

(생)1960 · 8 · 15 (주)경기도 안성시 미양면 제2공단2길 39 (주)케이씨텍 대표이사실(031-670-8077) (학)서울고졸, 연세대 재료공학과졸 (경)2003년 삼성전자(주) 입사 2007년 同HD LCD제조팀 담당임원(상무보) 2008년 同LCD제조팀 담당임원(상무), 삼성디스플레이(주) TF기술팀장(상무) 2013년 同SSL 담당임원(상무) 2013년 同SSL(삼성쑤저우LCD) 법인장(전무) 2017~2018년 同SSL법인장(부사장) 2018년 (주)케이씨텍 디스플레이부문장(사장) 2019년 同각자대표이사 사장(현)

임관혁(任寬爀) IM Kwan Hyeuk

(생)1966 · 1 · 6 (출)충남 논산 (주)경기도 안산시 단원구 광덕서로 73 수원지방검찰청 안산지청 총무과(031-481-4542) (학)1984년 대전 보문고졸 1989년 서울대 사회학과졸 (경)1994년 사법시험 합격(36회) 1997년 사법연수원 수료(26기) 1997년 서울지검 검사 1999년 춘천지검 속초지청 검

사 2000년 부산지검 검사 2002년 대전지검 검사 2005년 법무부 법조인력정책과 검사 2008년 수원지검 검사 2009년 서울중앙지검 부부장검사 2011년 대전지검 공주지청장 2012년 서울서부지검 형사5부장 2013년 인천지검 외사부장 2014년 서울중앙지검 특수2부장 2015년 同특수1부장 2016년 부산지검 특수부장 2017년 광주지검 순천지청 차장검사 2018년 대전지검 천안지청장 2019년 수원지검 안산지청장(현)

임광기(林光基) LIM Kwang Gi

(생)1961 · 5 · 25 (본)평택(平澤) (출)전남 담양 (주)서울특별시 영등포구 의사당대로 1 국회사무처 방송국(02-788-3494) (학)중앙대 신문방송학과졸, 同신문방송대학원 방송전공 석사 (경)전남일보 기자 2006년 SBS 편집2부 차장 2007년 同편집1부 차장 2008년 同사회2부 차장 2009년 同보도본부 편집2부 차장 2010년 同보도본부 인터넷부장 2011년 同보도본부 뉴미디어부장 2013년 同보도본부 선거방송기획팀장(부장급) 2014년 同보도본부 논설위원 2016년 중앙대언론동문회 회장(현) 2019년 국회사무처 방송국장(현) (상)이달의 기자상(1996), 한국방송협회 방송대상 보도기자부문(1996), 중앙언론동문상(2016) (종)기독교

임광문(任光文) Im Kwang Mun

(생)1965 · 2 · 4 (출)전남 무안 (주)광주광역시 광산구 용아로 112 광주지방경찰청 수사과(062-609-2166) (학)1988년 경찰대졸(4기) 2004년 전남대 대학원 사법경찰행정학과졸 2016년 법학박사(전남대) (경)1988년 경위 승진 1994년 경감 승진 2000년 경정 승진 2001년 전남 여수경찰서 보안과장 2002년 전남 목포경찰서 정보과장 2003년 광주 광산경찰서 방범과장 2004년 同경비교통과장 2005년 同정보보안과장 2006년 전남지방경찰청 경무과 기획예산계장 2007년 광주지방경찰청 개청준비기획단 2007년 同경무과 인사계장 2009년 전남지방경찰청 정보통신담당관(총경) 2010년 전남 강진경찰서장 2011년 전남지방경찰청 수사과장 2012년 전남 목포경찰서장 2014년 전남지방경찰청 정보과장 2015년 광주 광산경찰서장 2016년 광주지방경찰청 청문감사담당관 2017년 광주 북부경찰서장 2017년 광주지방경찰청 수사과장(현)

임광현(林光鉉)

(생)1969 (출)충남 홍성 (주)서울특별시 종로구 종로5길 86 서울지방국세청 조사1국(02-2114-3304) (학)서울 강서고졸, 연세대 경제학과졸, 미국 하버드대 대학원 법학과졸 (경)1994년 행정고시 합격(38회), 국세청 기획예산담당관실 제2계장 2006년 국세청 혁신기획관실 서기관 2007년 속초세무서장 2008년 서울지방국세청 국제조사3과장 2009년 국세청 정책보좌관 2011년 同조사기획과장(서기관) 2012년 同조사기획과장(부이사관) 2013년 부산지방국세청 세원분석국장 2014년 서울지방국세청 감사관 2015년 중부지방국세청 조사1국장(고위공무원) 2015년 同조사4국장 2016년 서울지방국세청 조사2국장 2017년 同조사4국장 2018년 同조사1국장(현)

임광호(林光鎬) Lim, Gwang Ho

(생)1972 · 10 · 1 (출)서울 (주)경기도 고양시 일산동구 호수로 550 사법연수원(031-920-3114) (학)1991년 서울 오산고졸 1998년 연세대 법학과졸 2001년 同법과대학원 수료 (경)1999년 사법시험 합격(41회) 2002년 사법연수원 수료(31기) 2002년 부산지법 예비판사 2004년 同판사 2005년 의정부지법 판사 2008년 서울북부지법 판사 2011년 서울중앙지법 판사 2010년 미국 페퍼다인대 파견 2011년 서울행정법원 판사 2013년 사법연수원 교수 2015년 서울중앙지법 판사 2017년 부산지법 부장판사 2017년 同서부지원 부장판사 2019년 사법연수원 교수(현)

임교빈(任敎彬) LIM Kyo Bin

(생)1957 · 8 · 10 (주)경기도 화성시 봉담읍 와우안길 17 수원대학교 화학공학과(031-220-2243) (학)연세대 화학공학과졸 1982년 同대학원 화학공학과졸, 화학공학박사(미국 피츠버그대) (경)1989~1990년 미국 코넬대 식품과학과 박사 후 연구원 1990~1991년 미국 프린스턴대 화학공학과 박사 후 연구원 1991년 수원대 화학공학과 교수(현) 1995~1997년 한국청정기술학회 편집이사 1997년 한국생물공학회 평의원 2000년 한국화학공학회 평의원 2002~2003년 한국생물공학회 재무이사 2004년 同총무이사, 한강환경관리청 환경영향평가 자문위원, 산업기술평가원 생물전문위원 · 수석전문위원 2008년 교육과학기술부 지정 (재)바이오신약장기사업단장 2009~2013년 한국신약개발연구자협의회 회장 2010년 한국생물공학회 회장 2012~2018년 (재)연구성과실용화진흥원 이사 2013~2016년 산업통상자원R&D전략기획단 신산업총괄MD 2015년 미국 세계인명사전 'Marquis Who's Who in the World' 2016년판에 등재, 국제인명센터 'The IBC 2000 Outstanding Intellectuals of the 21st Century10th Ed'에 등재 2016년 (사)한국항균산업기술협회 회장(현) 2017년 한국공학한림원 기획위원회 위원(현) 2018년 同정회원(화학생명공학 · 현) (상)수원대 10년 근속상(2001), 한국생물공학회 공로상(2002), Best Poster Paper Award(2009, 10th APCChe Congress), 우수포스터상(2009) (저)'열전달과 응용'(1999, 동명사) '화학공학 열역학'(2001, 도서출판 아민)

임군일(任君一) GUN IL IM

(생)1964 · 3 · 21 (주)경기도 고양시 일산동구 동국로 27 동국대일산병원 정형외과(031-961-7315) (학)1988년 서울대 의대졸 1997년 同대학원 의학석사 1999년 의학박사(고려대) (경)1988~1989년 서울대병원 수련의 1989~1993년 同정형외과 전공의 1996~2005년 한림대 의대 정형외과학교실 연구강사 · 전임강사 · 조교수 · 부교수 2003년 대한고관절학회 편집위원(현) 2005~2009년 동국대 의대 정형외과학교실 부교수 2006년 대한정형외과학회 경기지회 이사(현) 2009년 동국대 의대 정형외과학교실 교수(현) 2012년 대한류마티스학회 이사(현) 2012년 대한정형외과연구학회 학술위원장 · 평의원(현) 2013년 대한골대사학회 법제이사 · 감사(현) 2015년 한국조직공학재생의학회 부회장(현) 2015~2017년 동국대의료원 기획처장 2017년 동국대 바이오메디융합연구원 재생의공학연구센터장(현) 2018년 대한연골및골관절염학회 회장 2019년 한국생체재료학회 회장(현) 2019년 영국 골관절연구학회지(BJR) 편집이사(현) 2019년 세계정형외과연구학회연맹(ICORS) 회장(현) 2019년 세계골관절염연구학회(OARSI) 차기 회장(현) (상)대한정형외과학회 학술상 기초장려상(1998 · 1999 · 2009), 대한정형외과학회 학술상 임상장려상(2000 · 2010), 한림대 일송논문상(2002 · 2005), 대한정형외과학회 우수전시상(2004), 대한정형외과학회 학술상 기초본상(2006), 대한골대사학회 학술상 본상(2009), 동국학술대상(2011), 한국연구재단 선정 50대우수과제(2011), 국가과학기술위원회 선정 2012년국가100대우수과제(2011), 보건산업진흥원장표창(2012), 보건복지부장관표창(2012), 파미셀상(2016) (저)'Current trend in Hip Surgery(共)'(2002, Markel and Dekker) '장해판정기준(共)'(2005 · 2011, 서울의학사) '정형외과장애진단(共)'(최신의학사) '생체재료학(共)'(2009, 자유아카데미) '정형외과학(제7판 · 共)'(2013)

임권묵(林權默) LIM Kwon Mook

(생)1956 · 6 · 13 (출)충남 부여 (주)경기도 안양시 만안구 삼덕로37번길 22 안양대학교 이공대학 컴퓨터공학과(031-467-0875) (학)1978년 경희대 전자공학과졸 1987년 미국 Western Illinois Univ. 대학원 컴퓨터과학과졸, 미국 인디애나대 대학원 컴퓨터과학 박사과정 수료 1996년 이학박사(연세대) (경)1990년 연세대 컴퓨터과학과 시간강사 1991년 안양대

컴퓨터공학과 전임강사·조교수·부교수·교수(현) 2001년 同평생교육원장 2006년 同이공대학장 겸 첨단산업기술대학원장 2013년 同교양대학장 2014년 同일반대학원장(현) 2018년 同대학평의원회 의원(현) 2019년 同일반대학원 컴퓨터공학과 주임교수(현) (저)'컴퓨터개론'(1993) '최신컴퓨터개론'(1997) '예제로 배우는 C언어 프로그래밍'(1998)

임권수(林權洙) LIM Kwon Su

(생)1958·12·17 (출)전남 화순 (주)서울특별시 서초구 법원로 15 정곡빌딩 402호 법무법인 LKB & Partners(02-585-0023) (학)1976년 광주제일고졸 1981년 서울대 법과대학졸 (경)1984년 사법시험 합격(26회) 1987년 사법연수원 수료(16기) 1987년 서울지검 남부지청 검사 1989년 광주지검 목포지청 검사 1991년 서울지검 검사 1994년 광주지검 검사 1995년 독일 연방법무성 연수 1996년 법무부 특수법령과 검사 1999년 서울지검 동부지청 부부장검사 1999년 광주지검 해남지청장 2000년 서울지검 부부장검사 2002년 대전지검 공안부장 2003년 대검찰청 과학수사과장 2004년 부산지검 형사2부장 2005년 서울중앙지검 형사2부장 2006년 창원지검 통영지청장 2007년 법무연수원 연구위원 2008년 서울고검 검사 2008년 대검찰청 파견 2009년 부산지검 동부지청장 2009년 서울고검 공판부장 2010년 광주고검 차장검사 2011년 전주지검장 2012년 서울북부지검장 2013년 사법연수원 부원장 2014년 변호사 개업 2016년 법무법인 LKB & Partners 대표변호사(현) (저)'동구제국 체제개혁 개관'(共) '북한법의 체계적 고찰'(共) '독립국가연합체제개혁 개관'(共) 'M&A 법제연구(共)'(2007, 법무연수원) '검찰수사실무전범'(共)

임권택(林權澤) IM Kwon Taek

(생)1936·5·2 (출)전남 장성 (주)부산광역시 해운대구 센텀중앙로 55 동서대학교 임권택영화예술대학(051-320-2715) (학)2002년 명예 문학박사(가톨릭대) 2009년 광주 숭일고 명예졸업 2011년 명예 문학박사(전남대) (경)1962년 '두만강아 잘있거라' 로 영화감독 데뷔·영화감독(현) 1981년 '만다라'로 베를린영화제 본선 1995년 임권택영화제 개최 1996년 영화연구소 이사장 1999년 영화진흥위원회(KOFIC) 위원 2002년 대한민국예술원 회원(영화·현) 2005년 국립공원 명예대사 2006년 아시아영화아카데미(Asian Film Academy, AFA) 교장 2007년 동서대 임권택영화예술대학 석좌교수(현) 2009년 상하이국제영화제 심사위원 2010~2012년 방송통신위원회 기술자문위원 2010년 G20 성공기원 스타서포터즈 2012년 (사)부산어머니그린운동본부 홍보대사 2012년 2013실내·무도아시안게임 개·폐회식 총감독 2012~2014년 2014인천아시안게임 개·폐회식 총감독 2015년 미국 영화예술과학아카데미(AMPAS·미국 최고 영화상인 아카데미상 주관) 회원(현) 2015년 전남문화예술재단 명예대사 (상)대종상특별상(1974), 한국영화예술상 감독상(1977), 대종상 감독상(1978·1979·1986·1987·1993), 대종상 작품상(1981·1982·1985·1987·1989·1993), 보관문화훈장(1989), 서울시문화상(1991), 프랑스문화예술 공로훈장(1992), 상해국제영화제 감독상(1993), 후쿠오카아시아문화상(1997), 샌프란시스코영화제 구로자와상(1998), 하와이 국제영화제 최우수작품상(2000), 칸느영화제 감독상(2002), 유네스코 펠리니메달(2002), 금관문화훈장(2002), 호암상(2003), 만해대상(2004), 세계저작권관리단체연맹 골드메달(2004), 제55회 베를린영화제 명예황금곰상(The Honorary Golden Bear)(아시아 영화인 최초)(2005), 두바이 국제영화제(DIFF) 평생공로상(2007), 프랑스 레지옹도뇌르 훈장(2007), 자랑스런 숭일인상(2009), 싱가포르국제영화제 평생공로상(2014), 도전한국인운동본부 '2014년 빛낸 도전한국인'(2015), 아시안필름어워즈 공로상(2015), 황금촬영상 공로상(2015), 제36회 영평상 공로영화인상(2016), 인도 고아국제영화제(IFFI) 평생공로상(2016), 대한민국을 빛낸 호남인상(2017) (저)'나의 선택 나의 길'(1998, 산하) '영화 나를 찾아가는 여정(共)'(2007, 민음사) '임권택이 임권택을 말하다1, 2(共)'(2003, 현실문화연구) (작)'두만강아 잘있거라'(1961) '잡초'(1973) '증언'(1973) '왕십리'(1976) '족보'(1978) '깃발없는 기수'(1979) '만다라'(1981) '안개마을'(1982) '길소뜸'(1985) '티켓'(1986) '씨받이'(1986) '아다다'(1988) '장군의 아들'(1990) '개벽'(1990) '서편제'(1993) '태백산맥'(1994) '축제'(1996) '노는계집娼'(1997) '춘향뎐'(1999) '취화선'(2002) '하류인생'(2004) '천년학'(2007) '달빛 길어 올리기'(2010) '화장'(2013)

임규진(林奎振) LIM Kwu Jin

(생)1964·2·7 (출)서울 (주)서울특별시 종로구 청계천로 1 채널A 임원실(02-2020-3114) (학)청석고졸, 서울대 경제학과졸 1992년 同대학원 경제학과졸 (경)매일경제신문 사회부 기자, 同경제부 기자, 문화일보 경제부 기자, 동아일보 경제부 기자, 同발전전략연구팀 기자, 同경영총괄팀 기자, 同경제부 차장, 同논설위원 2008년 同미래전략연구소장 2009년 관훈클럽 회계운영위원 2011년 동아일보 편집국 경제부장 2011년 同편집국 산업부장 2012~2015년 同편집국 부국장 2012~2015년 同편집국 인력개발팀장 2012~2015년 同청년드림센터장 2015년 채널A 보도본부장 2018년 同상무(현)

임규호(林圭鎬)

(생)1962·7·19 (출)경북 안동 (주)충청남도 천안시 동남구 원성1길 19 충남동부보훈지청 지청장실(041-589-4913) (학)1981년 경일고졸 1989년 안동대 행정학과졸 1997년 연세대 대학원 도시지방행정학과졸 (경)1989년 7급 공채 1989년 상공부 무역조사실 근무 1997년 행정사무관 승진 1999년 국무조정실 경제조정관실 근무 2006년 국무조정실 경제조정관실 서기관 2007년 同사회문화조정관실 노동심의관실 과장 2007년 대통령소속 친일재산조사위원회 조사2과장 2009년 국가보훈처 전상심사과장·보훈의료과장 2013년 同안동보훈지청장 2017년 광주지방보훈청 전남서부보훈지청장 2017년 국가보훈처 보훈선양국 선양정책과장 2018년 同충북남부보훈지청장 2019년 同충남동부보훈지청장(현)

임규홍(林奎鴻)

(생)1969 (출)충남 논산 (주)세종특별자치시 도움5로 20 국민권익위원회 행정심판국 행정심판심의관실(044-200-7802) (학)1988년 보문고졸 1992년 서울대 동양사학과졸 2008년 한국개발연구원(KDI) 국제정책대학원졸 (경)1991년 행정고시 합격(35회) 1999년 법제처 행정법제국 서기관 2000년 同사회문화법제국 서기관 2001년 同행정심판관리국 일반행정심판담당관실 서기관 2002년 同행정법제국 법제관 2004년 同행정심판관리국 일반심판담당관 2005년 同정책홍보관리실 법령총괄담당관 2006년 한국개발연구원(KDI) 국제정책대학원 파견 2008년 법제처 사회문화법제국 법제관 2008년 국민권익위원회 사회복지심판과장(부이사관) 2011년 同행정심판국 사회복지심판과장 2011년 同청렴교육과장 2011년 同행정심판총괄과장 2012~2015년 법제처 사회문화법제국 법제심의관(고위공무원) 2016년 국민권익위원회 행정심판국 행정심판심의관(고위공무원)(현)

임근창(林根昌) Lim Kun Chang

(생)1960·3·15 (본)나주(羅州) (출)대전 (주)대전광역시 동구 동구청로 147 동구청 부구청장실(042-251-4010) (학)1978년 보문고졸 1985년 충남대 불어불문학과졸 (경)1987~1988년 충남 금산군청 근무 1989~1990년 대전시 중구·기획관리실 근무 1991~2002년 내무부·행정자치부 자치제도과 근무 2003~2004년 제주4.3사건진상규명위원회 파견(행정사무관) 2005~2007년 지방자치단체국제화재단 파리사무소 파견 2008년 행정안전부 선거의회과 행정사무관 2011년 同지방세분석과 서기

관 2012년 세종특별자치시 녹색환경과장 2013년 교육 파견(서기관) 2015년 행정자치부 지방행정연수원 교육총괄과장 2016년 대전시 대중교통혁신단 기획홍보과장 2017년 同산업협력특별보좌관 2018년 同동구 부구청장(현) (상)모범공무원표창(1997), 대통령표창(2012)

임근형(任根亨) YIM Geun Hyeong

(생)1959·8·18 (주)서울특별시 중구 세종대로 110 서울시 국제관계대사실(02-2133-6170) (학)1982년 한국외국어대 정치외교학과졸 1985년 미국 터프츠대 플렛처교 국제정치학과졸(정치학석사) (경)1981년 외무고시 합격(15회) 1981년 외무부 입부 1986년 駐프랑스 2등서기관 1992년 駐모로코 1등서기관 1995년 駐프랑스 1등서기관 1998년 외교통상부 서구과장 2000년 駐호주 참사관 2002년 駐프랑스 참사관 2004년 외교통상부 구주국 심의관 2007년 同구주국장 2007년 同유럽국장 2008년 駐덴마크 대사 2011년 외교통상부 본부대사 2011년 국회의장 국제비서관 2013년 외교부 평가담당대사 2014~2018년 駐헝가리 대사 2018년 서울시 국제관계대사(현)

임기근(林岐根)

(생)1968·11·7 (출)전남 (주)세종특별자치시 갈매로 477 기획재정부 행정안전예산심의관실(044-215-7401) (학)서울대 경영학과졸, 미국 Indiana Univ. 대학원 경제학과졸 (경)2009년 기획재정부 지역예산과장 2011년 同농림수산예산과장 2012년 同복지예산과장 2013년 同예산정책과장 2014년 同예산총괄과장(부이사관) 2015년 국회 예산결산특별위원회 파견 2017년 기획재정부 재정혁신국 재정기획심의관 2018년 同예산실 행정안전예산심의관(현)

임기모(林基模) LIM Ki Mo (請沅)

(생)1949·7·1 (본)평택(平澤) (출)경북 울진 (주)경기도 광명시 안양천로502번길 15 (주)스펙코어(02-2066-7257) (학)한영고졸, 한양대 경영학과졸, 중앙대 행정대학원 고위정책과정 수료 (경)1975~1982년 태한교역상사 대표, (주)삼전전자 부사장, (주)스펙코어 대표이사, 서울 종암청년회의소 발기인 겸 부회장, 한국청년회의소 국제실 상임위원, 경기도직장새마을협의회 운영위원, 한국석제품공업협동조합 감사, 민주평통 자문위원, 한국어린이재단 서울지부 후원회 운영위원, 한영중고·외국어고총동문회 부회장, 한국플랜트정보기술협회 운영위원(현), 한국CM간사회 부회장(현), 한영포럼 회장(현), 한국도시철도협회 종신회원(현), 체카토코리아(주) 회장, 대우조선해양(주) 고문, 에너지자원산업발전연구회 이사(현), 온누리텔레콤(주) 회장, 서울지방경찰청 경찰특공대발전위원회 위원, 국가혁신포럼 자문위원, 대흥정보통신(주) 회장, (주)세움 회장, 중소기업진흥회 특별회원(현), (주)스펙코어 상임고문(현) (상)한국수출석재생산업조합 이사장표창, 북서울청년회의소 공로상, 한국청년회의소 서울지구청년회의소 공로상, 서울종암청년회의소 특별공로상, 서울시장표창, 한영총동문회 공로상

임기모(林起模) Lim Ki-mo

(생)1965·7·18 (출)부산 (주)서울특별시 종로구 사직로8길 60 외교부 의전장실(02-2100-7305) (학)부산진고졸 1989년 서울대 서어서문학과졸 1991년 연세대 대학원 국제학과졸 (경)1991년 외무고시 합격(25회) 1991년 외무부 입부 1997년 駐상하이 영사 2000년 駐스위스 1등서기관 2002년 駐과테말라 참사관 2004년 외교통상부 중남미지역협력과장 2006년 同재외공관담당관 2007년 同재정기획관 2007년 駐미국 참사관 2011년 駐멕시코 공사참사관 겸 駐자메이카 대사대리 2014년 외교부 중남미국 심의관 2016년 同중남미국장 2018년 駐아르헨티나 대사 2019년 외교부 의전장(현) (저)'외교관의 솔직 토크'(2011)

임기문(林基文)

(생)1964·10 (출)인천 (주)서울특별시 종로구 종로 33 그랑서울 GS건설(주) 전력사업본부(02-2154-1114) (학)1983년 제물포고졸 1990년 한양대 기계공학과졸 (경)1990년 동아엔지니어링(주) 입사 1996년 LG건설 입사 2008년 GS건설 부곡2호기 복합화력발전소건설공사 부소장(부장) 2010년 同Sohar2 IPP Project(오만) CM(부장) 2014년 同Moatiz 석탄화력발전소 PD(상무보) 2015년 同발전공사담당 상무보 2015년 同포천열병합발전소건설공사 PD(상무보) 2016년 同포천열병합발전소건설공사 PD(상무) 2017년 同전력부문 대표(전무) 2018년 同전력사업본부 대표(전무)(현)

임기원(林基元) Kiwon Lim

(생)1962·6·25 (본)예천(醴泉) (출)서울 (주)서울특별시 광진구 능동로 120 건국대학교 사범대학 체육교육과(02-450-3827) (학)1980년 영동고졸 1984년 건국대 사료학과졸 1986년 同대학원 사료학과졸 1989년 일본 쓰쿠바대 대학원 체육과학연구과졸 1992년 체육학박사(일본 쓰쿠바대) (경)1992~1993년 캐나다 라발대 의대 생리학과 연구원 1994~1999년 인천대 경기지도학과 교수 1999년 건국대 사범대학 체육교육과 교수(현), 한국운동영양학회 편집위원장, 한국연구재단 문화융복합단 Chief Review Board 2014년 미국 세계인명사전 'Marquis Who's Who in the World 2015년판'에 등재 2014~2017년 한국운동영양학회 회장 2016년 건국대 사범대학장(현) (상)한국운동영양학회 최우수논문상, 인천대 우수연구자상 (저)'스포츠 영양·식사학'(1992) '스포츠 영양·생리학'(1997) '볼링지도법'(1997) '운동영양학(共)'(2002) '운동영양학(共)'(2011)

임기택(林基澤) LIM Ki-Tack

(생)1956·1·22 (출)경남 마산 (학)1973년 경남 마산고졸 1977년 한국해양대 항해학과졸 1989년 연세대 행정대학원졸 1991년 스웨덴 세계해사대학졸 1998년 한국해양대 대학원 해사법학 박사과정 수료 (경)1984년 사무관 특채 합격(25회) 1985~1994년 해운항만청 선박안전담당 사무관 1994년 국무총리실 중앙안전통제단 파견 1995년 해운항만청 선박검사담당 서기관 1996년 해양수산부 안전정책담당관 1998~2001년 영국 런던 유엔 국제해사기구(IMO) 파견관 1998년 런던해무관클럽 회장 2001년 해양수산부 해사기술담당관 2002~2005년 국제해사기구(IMO) 산하 협약준수전문위원회(FSI) 의장 2002년 해양수산부 해운정책과장 2003년 同중앙해양안전심판원 수석조사관 2004년 아·태지역항만국통제위원회 의장 2005년 해양수산부 홍보관리관 2006년 同안전관리관 2006년 駐영국 공사참사관(국토해양관) 2009년 국토해양부 물류항만실 해사안전정책관 2011~2012년 同중앙해양안전심판원장(일반직고위공무원) 2012~2015년 부산항만공사 사장 2016년 유엔(UN)산하 국제해사기구(IMO, International Maritime Organization) 사무총장(현) (상)대통령표창, 자랑스러운 해대인상(2011), 한국경제신문 인재경영부문 '올해의 CEO 대상'(2014) (종)천주교

임기환(林沂煥) Lim Key Hwan

(생)1962·8·20 (주)서울특별시 양천구 안양천로 1071 이대목동병원 안과(02-2650-5659) (학)1987년 서울대졸 1996년 同대학원졸 1999년 박사(서울대) (경)1996년 이화여대 의대 안과학교실 전임강사·조교수·부교수, 同의대 안과학교실 교수(현), 대한안과학회 상임이사, 한국사시소아안과학회 이사 2014년 이대목동병원 IRB위원장 2018년 이화의료원 기획조정실장 직대 (저)'증례로 본 사시학'(共) '최신 사시학(共)'(2013)

임기환(林奇桓)

(생)1972 · 11 · 3 (출)경북 포항 (주)서울특별시 서초구 서초중앙로 157 서울중앙지방법원(02-530-1690) (학)1992년 경복고졸 1995년 서울대 공법학과졸 (경)1996년 사법시험 합격(38회) 1999년 사법연수원 수료(28기) 1999년 육군 법무관 2002년 서울지법 판사 2004년 서울서부지법 판사 2006년 대전지법 천안지원 판사 2011년 서울고법 판사 2012년 대법원 재판연구관 2014년 대구지법 서부지원 부장판사 2015년 대법원 재판연구관 2019년 서울중앙지법 부장판사(현)

임남기(林楠基) Lim, Nam-Gi (甫容 · 添智)

(생)1962 · 9 · 26 (본)예천(醴泉) (출)경북 문경 (주)부산광역시 남구 신선로 428 동명대학교 건축공학과(051-629-2463) (학)1981년 대구 청구고졸 1985년 영남대 건축공학과졸 1987년 同대학원 건축공학과졸 1999년 건축공학박사(단국대) (경)1987년 공군 시설장교 1991~1996년 (주)건영 건축부 · 설계실 근무 1996년 (주)창조건축사사무소 근무 1999년 신성대학 건축과장 2000~2006년 동명정보대 건축공학과 전임강사 · 조교수 · 부교수 2001~2002년 同건축공학과장 2002~2004년 同건축학부장 2004~2005년 同건축대학장 2005~2007년 한국부동산자산관리협회 회장 2006년 동명대 건축공학과 교수(현) 2009~2011년 同학생처장 2012~2014년 同건축디자인대학장 2012~2016년 한국건축시공학회 부회장 2012~2014년 (사)한국구조물진단유지관리공학회 부회장 2013~2017년 한국초고층학회 부회장 2014년 국토교통부 중앙기술심의위원(현) 2014~2016년 한국건설관리학회 부회장 2014~2019년 교육부 선정 CK-1 BIM인력양성사업단장 2015~2016년 (사)한국구조물진단유지관리공학회 기술연구소장 2017~2019년 同회장 2018년 동명대 대학원장(현) 2019년 한국건축시공학회 부회장(현) 2019년 경남건설 기술심의위원(현) (상)지식경제부장관표창(2010), 대한건축학회 논문상(2013), 한국구조물진단유지관리공학회 학술상(2013), 한국과학기술단체총연합회 논문상(2014), 대한건축학회지회연합회 논문상(2014), 국토교통부장관표창(2014), 한국건축시공학회 학술상(2015) (저)'건축시공' '건축시공기술공법' '건축재료학' '건축재료실험' '건축품질관리' '건축적산 · 견적학' '건축시공프로세스' '건축일반구조학' '토목학개론' '건축측량' 등 (종)불교

임남수(林南洙) LIM Nam Soo

(생)1964 · 4 · 16 (본)부안(扶安) (출)충남 연기 (주)인천광역시 중구 공항로424번길 47 인천국제공항공사 임원실(032-741-5493) (학)1982년 서대전고졸 1988년 충남대 철학과졸 1995년 同행정대학원 행정학과 수료 (경)1991년 법무부 대전출입국관리사무소 근무 1992~1999년 건설교통부 근무 1999~2004년 인천국제공항공사 감사팀장 · 재산운용팀장 2004년 同수입관리팀장 2006년 同고객지원팀장 2006년 同운영계획팀장 2010년 同재무처장 2010년 同영업본부 항공영업처장 2013년 同터미널운영처장 2014년 同기획조정실장 2016년 同경영혁신본부장 2017년 同여객서비스본부장(상임이사) 2019년 同부사장 겸 경영본부장(상임이사)(현) (상)건설교통부장관표창(2002), 대통령표창(2006)

임대근(林大根)

(생)1959 · 6 · 6 (출)서울 (주)경상북도 안동시 단원로 20 안동문화방송 사장실(054-851-7001) (학)대일고졸, 서울대 사회학과졸 (경)1987년 문화방송(MBC) 입사 2000년 同보도국 뉴스편집1부 차장대우 2001년 同보도제작국 보도제작부 차장대우 2002년 同보도국 사회2부 차장대우 2003년 同보도국 뉴스편집1부 차장대우 2003년 同보도국 뉴스편집1부 차장 2005년 同보도국 사회3부 차장 2006년 同보도국 국제부 베를린특파원 2009년 同보도국 뉴스편집2부장 2010년 同보도제작국 보도제작1부장 2011년 同보도국 부장 2011~2012년 방송기자연합회 회장 2018년 안동문화방송 대표이사 사장(현) 2018년 세계유교문화재단 이사장(현) (상)홍성현 언론상 데스크부문 특별상(2009)

임대기(林大基) LIM Dai Ki

(생)1956 · 12 · 25 (출)경기 수원 (주)서울특별시 강남구 테헤란로 114 역삼빌딩 20층 삼성라이온즈(02-3454-0772) (학)서울 대광고졸 1981년 성균관대 신문방송학과졸 2000년 한국과학기술원(KAIST) 최고정보경영자과정 수료 (경)1981년 삼성전자 홍보실 입사 1994년 (주)제일기획 광고10팀장 2001년 同영업기획실장(상무) 2002년 同제2본부장 2005년 삼성 구조조정본부 홍보팀 상무 2006년 同전략기획실 기획홍보팀 전무 2008년 (주)제일기획 국내광고부문 전무 2009년 삼성 커뮤니케이션팀 전무 2010년 同커뮤니케이션팀 부사장 2012~2017년 (주)제일기획 대표이사 사장 2018년 프로야구 삼성라이온즈 구단주 겸 대표이사 사장(현) (상)조선일보 광고대상, 대한민국광고대상 금상, 매경 광고대상 광고인부문(2010), 한국광고주협회 올해의 광고인상(2014), 성언회 대외부문 '자랑스런 성균언론인상'(2014) (종)기독교

임대혁(任大赫)

(생)1973 · 12 · 19 (출)대전 (학)1993년 남대전고졸 2001년 충남대 법학과졸 (경)2000년 사법시험 합격(42회) 2003년 사법연수원 수료(32기) 2003년 창원지검 검사 2005년 청주지검 영동지청 검사 2007년 울산지검 검사 2009년 서울서부지검 검사 2012년 부산지검 검사 2014년 수원지검 검사 2015~2017년 금융정보분석원 파견 2017년 서울중앙지검 부부장검사 2018년 수원지검 여주지청 부장검사

임대호(林大虎)

(생)1970 · 9 · 23 (출)서울 (주)대전광역시 서구 둔산중로78번길 45 대전지방법원 총무과(042-470-1684) (학)1989년 대전고졸 1994년 서울대 공법학과졸 (경)1999년 사법시험 합격(41회) 2002년 사법연수원 수료(31기) 2002년 부산지법 동부지원 판사 2004년 부산지법 판사 2005년 의정부지법 판사 2007년 서울남부지법 판사 2011년 서울중앙지법 판사 2014년 서울남부지법 판사 2016년 서울중앙지법 판사 2017년 제주지법 부장판사 2019년 대전지법 부장판사(현)

임덕호(林德鎬) LIM Duck Ho

(생)1954 · 3 · 28 (본)평택(平澤) (출)광주 (주)경기도 안산시 상록구 한양대학로 55 한양대학교 경제학부(031-400-5625) (학)1973년 광주고졸 1982년 한양대 경제학과졸, 미국 라이스대 대학원 경제학과졸 1986년 경제학박사(미국 라이스대) 2012년 명예박사(칠레 마요르대) (경)1987~1988년 금융연수원 강사 1994~2003년 한국주택학회 이사 1994년 국토개발연구원 자문위원 1994~1996년 한양대 안산캠퍼스 기획부처장 1995년 경제정의실천시민연합 상임집행위원 1996~1997년 미국 Univ. of Georgia 객원교수 1997~1999년 한양대 안산캠퍼스 사회교육원장 1997년 안산 경제정의실천연합 공동대표 1998~2019년 한양대 경제학부 교수 1998년 경실련 경기도협의회 상임공동대표 1998년 안산새교육공동체시민모임 회장 1999년 미국 세계인명사전 'Marquis Who's Who in the World'에 등재 1999~2001년 한양대 안산캠퍼스 학생처장 1999~2001년 한빛방송 한빛시사포커스 MC 2002년 경인방송 경인정책포커스 MC 2002~2004년 한양대 안산캠퍼스 교무처장 2002년 안산환경개선시민연대 이사장 2003~2007년 서울증권 사외이사 2004년 경제정의실천시민연합 중앙위원회 부의장 2004년 건설교통부 주택공급제도검토위원회 위원 2006~2008년 한양대 경상대학장 2006년 한국주택학회 회장 2006년 서울시 분양가심의위원회 위원장 2007년 금융감독원 부동산신탁회사평가위원장 2007년 서울증권 고문 2008년 한국주택학회 명예회장 2009년 同고문(현) 2010~2011년 한양대 산업경영디자인대학원장 2011~2015년 同총장 2011~2015년 한양사이버대 총장 2012년 한국원격대학협의회

부회장 겸 이사 2014년 대통령직속 통일준비위원회 통일교육자문단 자문위원 2015년 2015광주하계유니버시아드대회 선수촌장 2016년 (주)한국자산신탁 사외이사(현) 2017년 호원대 재단이사(현) 2018년 (주)오텍캐리어에어컨 사외이사(현) 2019년 한양대 경제학부 석좌교수(현) 상안산시 문화상(2000), 한양대총장표창(2000 · 2002 · 2003 · 2004 · 2005 · 2007), 경기지방경찰청장표창(2003), 한국리서치 감사장(2003), 서울시장표창(2007), 한국주택학회 공로상(2007), 한양대총장상 행정종합평가최우수상(2008), 한양대 강의저명교수선정(2013~2018), 옥조근정훈장(2017) 저'경제학원론'(1991) '미시경제학'(1994) '非專攻者를 위한 경제학개론'(1995) '2010비전 안산'(1999) '미시경제학-기본이론과 사례분석'(2000) '교양경제-현실경제의 이해'(2002) '경제학-기초이론과 경제사례'(2006) 종기독교

임도빈(任道彬) Im, To Bin

생1961 · 1 · 7 출충남 아산 주서울특별시 관악구 관악로 1 서울대학교 행정대학원(02-880-5615) 학1983년 서울대 사범대학 사회교육학과졸 1985년 同행정대학원졸 1987년 同대학원 행정학 박사과정 수료 1993년 사회학박사(프랑스 파리정치대) 경1993~1999년 충남대 자치행정학과 교수 1999년 서울대 행정대학원 교수(현) 2000년 미국 조지워싱턴대 방문교수 2002년 뉴질랜드 오타고대 방문교수 2005년 프랑스 파리정치대 초빙교수 2015년 한국행정학회 회장 2017년 대통령직속 세종 · 제주자치분권 · 균형발전특별위원회 세종특별자치시분과위원회 위원(현) 2018년 서울대 행정대학원장(현) 상서울대 학술연구상(2017) 저'비교행정강의'(2004, 박영사) '한국행정조직론'(2010, 법문사) '한국지방조직론'(2011, 박영사) '행정학-시간의 관점에서'(2014, 박영사)

임도수(林都洙) LIM Do Soo

생1938 · 10 · 24 본부안(扶安) 출충남 연기 주서울특별시 강남구 논현로175길 94 보성파워텍(주) 비서실(02-546-8300) 학1958년 대경상고졸 1986년 서울대 경영대학원 최고경영자과정 수료 1986년 고려대 경영대학원 최고경영자과정 수료 1988년 연세대 행정대학원 고위정책결정자과정 수료 1990년 서울대 행정대학원 국가정책과정 수료 2005년 한국산업기술대 최고경영자과정 수료 2005년 명예 경영학박사(서울산업대) 경1965~1977년 한국전력공사 근무 1978~2000년 보성물산 대표이사 회장 1989~1995년 한국전기공업협동조합 이사장 1995~2013년 한국전기산업진흥회 부회장 1996~2008년 안산상공회의소 회장 1996~2008년 대한상공회의소 감사 1998~2013년 한국공정경쟁연합회 이사 2000년 보성파워텍(주) 회장(현) 2000~2008년 경기도경제단체연합회 부회장 2002~2010년 법무부 범죄예방위원연합회 부회장 겸 안산지역협의회장 2008년 안산상공회의소 명예회장 2009~2012년 한국중견기업연합회 부회장 2010년 (사)평화통일국민포럼 공동이사장(현) 2010년 한국디자인경영협회 회장 2012~2017년 서울대총동창회 이사 2015년 민주평통 자문위원(현) 상상공부장관표창(1982), 국무총리표창(1983 · 1996), 수출의탑(1983), 경기도지사표창(1985), 중부지방국세청장표창(1985), 산업포장(1990), 재정경제부장관표창(1998), 금탑산업훈장(2005), 서울대 AMP대상(2014)

임도헌(林度憲) IM DO HUN

생1972 · 6 · 9 본평택(平澤) 출경북 경산 주서울특별시 송파구 올림픽로25 잠실주경기장 B211호 대한배구협회(02-578-9029) 학경북체고졸, 성균관대졸 경2004년 남자배구 청소년국가대표 코치 2005년 남자배구 국가대표 코치 2006~2015년 대전 삼성화재 블루팡스 코치 · 수석코치 2007년 V리그 준우승 2007년 한 · 일 탑매치 준우승 2008~2014년 V리그 7연속 우승(한국프로스포츠 최초) 2008년 KOVO컵 준우승 2009년 부산 · IBK기업은행 국제배구대회 우승 2015~2017년 삼성 블루팡스 감독 2017년 남자배구 국가대표팀 코치 2019년 同국가대표팀 감독(현) 상슈퍼리그 신인상(1990), 제7회 아시아선수권대회 최우수선수상(1993), 슈퍼리그 최우수 인기상(1993), 슈퍼리그 MVP(1995) 종불교

임도혁(任度赫) IM Do Hyuk

생1961 · 2 · 26 본풍천(豊川) 출충남 논산 주대전광역시 서구 둔산로 133 (사)대전언론문화연구원 이사장실(042-471-0777) 학1980년 대전고졸 1988년 서울대 언론정보학과졸 2005년 목원대 언론광고홍보대학원졸, 충남대 대학원 박사과정 수료 경1988년 조선일보 기자 1999년 同편집국 사회부 중부취재팀 기자 2003년 同차장대우 2003~2005년 공주영상대 겸임교수 2005년 조선일보 중부취재팀장(차장대우) 2005~2006년 목원대 광고홍보학과 강사 2006~2016년 조선일보 편집국 충청취재본부장 2017년 (사)대전언론문화연구원 이사장(현)

임돈희(任敦姬 · 女) YIM Dawnhee

생1944 · 3 · 13 출서울 주서울특별시 중구 필동로1길 30 동국대학교 문화예술대학원(02-2260-3741) 학1969년 서울대 고고인류학과졸 1977년 민속학박사(미국 펜실베이니아대) 경1974년 숙명여대 강사 1978년 미국 메릴랜드대 강사 1978년 미국 인디아나대 민속학연구소 연구원 1981년 동국대 인문학부 사학과 교수 1986년 미국 인디아나대 초빙교수 1996~1998년 한국문화인류학회 회장 1999~2004년 유네스코 세계무형문화유산선정 국제심사위원 2001년 문화재위원회 무형문화재예능분과 위원 2003년 프랑스 파리 국립사회과학고등대학원(L'ECOLE des HAUTES ETUDES en SCIENCES SOCIALS) 초빙교수 2007~2008년 한국민속학회 회장 2009~2015년 문화재위원회 부위원장 2009~2015년 同무형문화재분과위원장 2009년 同세계유산분과위원 2010년 동국대 문화예술대학원 석좌교수(현) 2010~2011년 유네스코 아이티문화유산보호 국제전문가 2011~2015년 同아태무형문화센터 부이사장 겸 자문위원장 2013~2015년 문화재청 미래를위한국가유산자문위원회 위원 2013~2014년 한국무형유산진흥센터 이사장 2015년 대한민국학술원 회원(민속학 · 현) 상일맥학술대상(2005), 문화훈장(2006), 강릉시 명예시민(2006) 저'Ancestor Worship and Korean Society'(共) 'Making Capitalism'(共) '조상제례'(1990) '문화인류학자 임돈희교수의 아프리카문화산책'

임동규(林東奎) LIM Dong Kyu

생1944 · 11 · 9 출충북 음성 주서울특별시 강동구 천호옛길 75-8 1층 (사)지방자치발전연구원(02-485-2345) 학경기대 경영학과졸, 행정학박사(경기대) 경동양유리공업(주) 회장, 한국판유리협동조합 이사장 1991 · 1998 · 2002~2006년 서울시의회 의원(한나라당) 1993년 同재해대책특별위원장 · 제도개선위원장 2000년 同예산 · 결산특별위원장 2002년 同부의장 2004~2006년 同의장 2004~2006년 전국시도의회의장협의회 회장 2008년 제18대 국회의원(비례대표, 한나라당 · 새누리당) 2010년 국회 행정안전위원회 위원 2010년 한나라당 지방자치안전위원장 2014년 서울시 강동구청장 예비후보(새누리당) 2015년 (사)지방자치발전연구원 이사장(현) 2018년 서울시 강동구청장선거 출마(자유한국당)

임동규(任東圭) YIM Dong Gyu

생1964 · 4 · 10 출전남 목포 주경기도 이천시 부발읍 경충대로 2091 SK하이닉스(031-8093-4114) 학1981년 목포고졸 1985년 서울대 물리학과졸 1990년 同대학원 기하광학과졸 1994년 기하광학박사(서울대) 경1995년 (주)하이닉스반도체 메모리연구소 수석전문연구원 1997~2002년 산

업자원부 심의위원 2003년 국책연구사업단 기획위원 2007년 (주)하이닉스반도체 메모리연구소 수석전문연구원(상무보급) 2012년 SK하이닉스 미래기술연구원 MASK기반기술그룹 상무 2015년 同공정센터장(전무) 2018년 同Tech혁신담당 전무 2019년 同CEO직속담당 임원(현) (상)제1회 하이닉스 스타상(2002), 과학기술재단 이달의 엔지니어상(2004), 과학기술훈장 웅비장(2017)

임동욱(林東郁)

(생)1977·8·25 (출)울산 (주)울산광역시 중구 종가로 400 한국산업안전보건공단 감사실(053-703-0504) (학)1996년 울산제일고졸 2004년 계명대 경찰행정학과졸 2009년 고려대 법무대학원 경찰법학과 수료 (경)2005~2010년 하나베스트산업 총괄본부장, 민주당 청년실업대책위원장, 시민권리찾기운동연합 복지위원장 2010년 울산시의원선거 출마(민주당) 2010년 민주통합당·더불어민주당 울산남구乙지역위원회 위원장 2010~2018년 세헌상사 대표 2012년 민주통합당 전국청년위원회 부위원장 2012년 同제18대 대통령중앙선거대책위원회 청년위원회 SNS사업단 부단장 2015년 새정치민주연합 중앙당 정책위원회 부의장 2016년 제20대 국회의원선거 출마(울산 남구乙, 더불어민주당) 2018년 더불어민주당 울산선거대책위원회 공동위원장 2018년 한국산업안전보건공단 상임감사(현)

임동원(林東源) LIM Dong Won

(생)1934·7·25 (본)나주(羅州) (출)평북 위원 (주)서울특별시 종로구 새문안로3길 36 용비어천가 733호 (사)한반도평화포럼(02-707-0615) (학)1950년 평북 신성고졸 1957년 육군사관학교졸(13기) 1961년 서울대 문리과대학 철학과졸 1964년 同행정대학원졸 2002년 명예 정치학박사(인제대) 2014년 명예 정치학박사(원광대) (경)1964~1969년 육군사관학교 조교수 1973년 합동참모본부 전략기획과장 1977년 육군본부 전략기획처장 1980년 예편(육군 소장) 1981년 駐나이지리아 대사 1984년 駐호주대사 1988~1992년 외교안보연구원 원장 1990년 군비통제기획단장 1990년 남북고위급회담 대표 1992년 통일원 차관 1992년 남북교류협력분과 위원장 1993년 민족통일중앙협의회 의장 1994년 세종연구소 객원연구위원 1995년 아·태평화재단 사무총장 1998년 대통령 외교안보수석비서관 1999년 통일부 장관 1999년 국가정보원장 2001년 통일부 장관 2001~2003년 대통령 외교안보통일특보 2004~2008년 (재)세종재단 이사장 2006년 김대중평화센터 상임고문(현) 2006년 대통령자문 통일고문회의 고문 2008~2017년 한겨레통일문화재단 이사장 2008~2016년 인제대 석좌교수 2009년 (사)한반도평화포럼 공동대표 2013~2019년 서울시 남북교류협력위원회 위원장 2017년 (사)한반도평화포럼 공동명예이사장(현) 2018년 남북정상회담준비위원회 자문단장(현) (상)보국훈장 삼일장(1970), 대통령표창(1972), 보국훈장 천수장(1978), 황조근정훈장(1993), 청조근정훈장(2001), 한겨레통일문화상(2004), 민족화해상(2008), 심산김창숙연구회 제19회 심산상(心山賞)(2016), 임창순상(2019) (저)'혁명전쟁과 대공전략'(1967, 탐구당) '남북통합과정관리에 관한 기본구상'(1993, 통일원) 임동원회고록 '피스메이커 : 남북관계와 북핵문제20년'(2008, 중앙북스) 임동원회고록 '피스메이커-증보판'(2015) (종)기독교

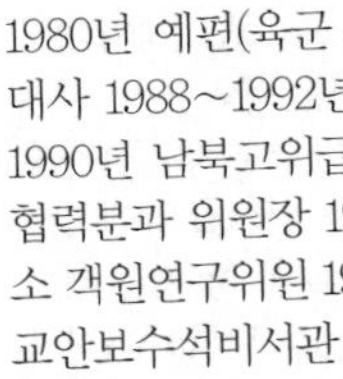

임동주(林東珠)

(생)1965·1·14 (주)인천광역시 남동구 정각로 29 인천광역시의회(032-440-6056) (학)2007년 송원대학 비지니스마케팅과졸 (경)정훈사무기기 대표, 한나라당 인천시당 재정위원회 부위원장, 同인천서구·강화甲당원협의회 부위원장, 인천시 가좌청년회 회장, 천마라이온스클럽 총무, 인천시 중등학교운영위원장협의회 서구지회장, 同초중고학교운영위원회연합회 체육국장, 인천 가정여중 운영위원장, 인천시 서구체육회 이사 2007~2010년 인천시 서구의회 의원(한나라당) 2008~2010년 同기획총무위원장 2010년 인천시 서구의원선거 출마(한나라당), 더불어민주당 인천시당 정책위원회 위원(현) 2018년 인천시의회 의원(더불어민주당)(현), 同산업경제위원회 위원(현), 同예산결산특별위원회 위원(현)

임동진(林東鎭) LIM Dong Chin

(생)1943·12·24 (출)서울 (주)서울특별시 중구 퇴계로 97 고려대연각타워 17층 법무법인 남산(02-777-0550) (학)1962년 경기고졸 1966년 서울대 법대졸 1969년 同사법대학원졸 1974년 행정학박사(서울대) 1975년 독일 프라이부르크대 대학원 연수 (경)1967년 사법고시 합격(8회) 1969~1972년 해군법무관 1972~1974년 대전지법 판사 1974~1976년 同홍성지원·서산지원 판사 1976~1977년 독일 프라이부르크(Freiburg) 지방법원 독일법원실무 연수 1977~1980년 서울지법 성북지원·서울민사지법 판사 1980~2002년 남산합동법률사무소 대표변호사 1983년 대한상사중재원 중재인 1984~1990년 사법연수원 강사 1987~1989년 서울지방변호사회 총무이사 1988~1996년 대법원 송무제도개선위원회 위원 1989~1991년 대한변호사협회 대의원 1989~1991년 同법제원 1989~1992년 (사)소비자보호단체협의회 자문위원 1989~1996년 조달청 법률고문 1991~1993년 한일변호사협의회 재무이사 1991~1993년 서울지방변호사회 교육위원장 1992~1996년 同이사 1993~1995년 (사)한국중재학회 이사 1993~1995년 대한변호사협회 이사 1993~1995년 대법원 사법제도심의 연구위원 1994년 한국법학원 대의원 겸 법률신문 논설위원 1995년 (재)서남재단 감사 1997~1998년 방송위원회 보도교양심의위원회 위원 1998년 대한변호사협회 윤리위원 1998~2000년 SK상사(주) 사외이사 2000년 방송위원회 법률자문특별위원회 위원 2002년 법무법인 남산 대표변호사 2007년 同고문변호사(현) (상)한국법학원장표창(1969), 서울지방변호사회 공로상(1992) (저)'중국진출의 경제적 법적 배경'(共) '통일독일과 구 재산권에 대한 정책' '동독지역내에서의 사법의 재편성'(1990) '법정중심주의를 제창하며'(1990)

임동현(林東賢) IM Dong Hyun

(생)1986·5·12 (출)충북 (주)충청북도 청주시 상당구 상당로 155 청주시청 체육청소년과 직장운동경기부(043-200-2247) (학)2005년 충북체육고졸 2009년 한국체육대졸 (경)1995년 양궁 입문 2002년 유럽그랑프리 3차리그 개인전 3위·단체전 2위 2002년 제7회 주니어세계선수권대회 개인전 2위·단체전 1위 2002년 부산아시안게임 개인전 3위·단체전 1위 2003년 유럽최종그랑프리대회 단체전 1위 2003년 제42회 세계선수권 대회(미국 뉴욕) 개인전 2위·단체전 1위 2003년 프레올림픽(그리스 아테네) 개인전 1위·단체전 1위 2004년 유럽그랑프리2차대회(독일 휠) 단체전 2위 2004년 제28회 아테네올림픽 단체전 금메달 2005년 코리아국제양궁대회 개인전 우승 2006년 카타르 도하아시안게임 개인전 및 단체전 금메달(2관왕) 2007년 양궁 최우수선수 선정 2007년 프레올림픽 단체전 우승 2008년 국제양궁연맹월드컵 개인전 동메달 2008년 제3차 양궁월드컵 개인전 금메달 2008년 제4차 양궁월드컵 단체전 금메달 2008년 제29회 베이징올림픽 남자양궁 단체전 금메달 2009년 청주시청 양궁단 소속(현) 2009년 국제양궁연맹월드컵 단체전 금메달 2009년 양궁세계선수권대회 남자리커브 단체전 금메달·개인전 은메달 2010년 제16회 광저우아시안게임 양궁 국가대표 2010년 FITA 양궁월드컵 3차대회 남자 개인전 동메달 2010년 제44회 전국남녀양궁종별선수권대회 남자 일반부 우승 2010년 국제양궁연맹(FITA) 월드컵파이널 은메달 2010년 광저우아시안게임 단체전 금메달 2011년 제46회 세계양궁선수권대회 리커브 남자 단체전 금메달 2011년 제26회 중국하계유니버시아드 남자 리커브 개인전 금메달 2011년 프레올림픽 남자 양궁 단체전 동메달·개인전 은메달 2012년 FITA 양궁월드컵 2차대회 남자 단체전 동메달·혼성전 금메달 2012년 제29회 회장기 전국대학실업 양궁대회 남자 일반부 동메달 2012년 제30회 런던올림픽 양궁

남자 단체전 동메달 2013년 중국 상하이 양궁월드컵 1차대회 남자 단체전 금메달 2013년 폴란드 세계양궁연맹(WA) 4차 월드컵 남자 단체전 금메달 2014년 제95회 전국체육대회 남자 일반부 개인전 은메달 2015년 세계양궁연맹(WA) 월드컵 4차대회 리커브 남자 단체전 금메달 · 혼성전 금메달 · 남자부 개인전 은메달 2017년 세계양궁연맹(WA) 현대 양궁월드컵 3차대회 리커브 남자개인전 금메달 · 리커브 혼성팀 금메달 2017년 현대 세계양궁선수권대회 리커브 남자 개인전 · 혼성 단체전 금메달(2관왕) · 남자 단체전 동메달 2018년 제18회 자카르타-팔렘방아시안게임 양궁 국가대표 2018년 제20회 한국실업연맹회장기실내양궁대회 혼성 단체전 동메달 · 남자부 개인전 금메달 · 남자 단체전 동메달 (상)한국페어플레이상 남녀 단체부문(2011), 2011대한양궁협회 신기록상(2012) (종)불교

임만규(林萬奎) LIM Man Kyu

(생)1965 · 9 · 27 (본)평택(平澤) (출)강원 원주 (주)충청북도 진천군 덕산면 교학로 30 국가공무원인재개발원 기획부(043-931-6010) (학)서울 한영고졸, 성균관대 행정학과졸, 서울대 대학원 행정학과 수료 (경)총무처 행정관리담당, 국무총리실 회계화추진기획반 근무 2000년 행정자치부 조직정책과 서기관 2003년 同정부혁신기능분석단 서기관 2006년 同기능분석팀장 2007년 同기능분석팀장(부이사관) 2007년 대통령비서실 파견 2008년 행정안전부 정부인력조정지원단 실무추진단장 2008년 한국정보사회진흥원 전문위원 2010년 행정안전부 정보화총괄과장 2010년 2014인천아시아경기대회조직위원회 사업본부장 겸임 2011년 국가기록원 기록관리부장(고위공무원) 2011년 충남도 기획관리실장 2013년 국방대 파견(부이사관) 2014년 안전행정부 윤리복무관 2014년 인사혁신처 윤리복무국장 2015년 駐태국 공사참사관 2018년 인사혁신처 윤리복무국장 2019년 국가공무원인재개발원 기획부장(국장급)(현)

임만균(任萬均)

(생)1978 · 7 · 15 (주)서울특별시 중구 세종대로 125 서울특별시의회(02-3702-1400) (학)한남대 사회과학대학 도시 · 지역계획학과졸 (경)공인노무사(현), 더불어민주당 중앙당 부대변인, 同서울관악乙지역위원회 청년위원장(현) 2018년 서울시의회 의원(더불어민주당)(현) 2018년 同도시계획관리위원회 위원(현) 2018년 同예산정책연구위원회 위원(현) 2019년 더불어민주당 청년정책연구소 부소장(현) 2019년 서울시의회 예산결산특별위원회 위원(현) 2019년 同김포공항주변지역활성화특별위원회 위원(현)

임만성(任晩成) Man-Sung Yim

(생)1959 · 2 · 17 (출)부산 (주)대전광역시 유성구 대학로 291 한국과학기술원 공과대학 원자력및양자공학과(042-350-3836) (학)1981년 서울대 원자핵공학과졸 1983년 同대학원 원자핵공학과졸 1987년 핵공학박사(미국 신시내티대) 1991년 미국 하버드대 대학원 환경보건학과졸 1994년 환경보건학박사(미국 하버드대) (경)1981~1982년 한국원자력연구소 연구원 1987~1990년 同선임연구원 1989년 서울대 원자력공학과 강사 1994년 미국 매사추세츠공대 원자력공학과 강사 1995~2011년 미국 노스캐롤라이나주립대 원자력공학과 부교수 · 교수 2004~2011년 미국 노스캐롤라이나주 정부환경위해물질평가과학자문위원회 위원 2004년 Progress in Nuclear Energy 저널 편집자문위원(현) 2005~2008년 미국 아이다호국립연구소 핵비확산연구부 기획자문위원 2009~2011년 미국 오크리지국립연구소 위원 2011년 한국과학기술원(KAIST) 공과대학 원자력및양자공학과 교수(현) 2014년 同핵비확산교육연구센터장(현) 2017~2019년 同KUSTAR-KAIST 교육연구원장 2019년 미국 원자력학회 「Nuclear Technology」 저널 아시아권담당 부편집장(현) 2019년 한국과학기술원(KAIST) 국제협력처장(현)

임맹호(林孟鎬) Lim Maeng Ho

(생)1963 · 12 · 6 (주)서울특별시 영등포구 은행로 14 KDB산업은행 임원실(02-787-4000) (학)1981년 경북고졸 1985년 경북대 경영학과졸 1998년 미국 워싱턴대 대학원 경영학과졸 (경)1985년 KDB산업은행 입행 2003년 同컨설팅사업실 부부장 2006년 同인력개발부 팀장 2009년 同발행시장실 팀장 2009년 KDB산은금융지주 파견 2011년 KDB산업은행 BRS사업실장 2012년 同외환영업실장 2013년 同강남지점장 2014년 同인사부장 2015년 同기업금융1실장 2016년 同PF본부장 2017년 同창조성장금융부문장(부행장) 2017~2018년 同심사평가부문장(부행장) 2019년 同자본시장부문장(부행장)(현)

임무석(林茂碩)

(생)1955 · 6 · 26 (출)경북 예천 (주)경상북도 안동시 풍천면 도청대로 455 경상북도의회(054-880-5126) (학)경북 대창고졸, 한국방송통신대 행정학과졸, 한양대 대학원 행정학과졸 (경)1999년 영주시 보건소 건강관리과장 2003년 同보건소장, (사)한국사진작가협회 영주지부 지부장, 영주시체육회 이사 2014년 경북도의원선거 출마(새누리당), 영주예술인총연합회 이사(현), 영주문화원 이사(현) 2018년 경북도의회 의원(자유한국당)(현) 2018년 同농수산위원회 위원(현) 2018년 同저출산 · 고령화대책특별위원회 부위원장(현)

임무영(林武永) LIM Moo Young

(생)1963 · 12 · 16 (출)서울 (주)서울특별시 서초구 반포대로 158 서울고등검찰청 총무과(02-530-3261) (학)1982년 배문고졸 1986년 서울대 법학과졸 1994년 同대학원졸 (경)1985년 사법시험 합격(27회) 1988년 사법연수원 수료(17기) 1988년 육군 법무관 1991년 서울지검 의정부지청 검사 1993년 부산지검 울산지청 검사 1994년 창원지검 검사 1996년 수원지검 검사 1998년 서울지검 검사 2000년 인천지검 부부장검사 2001년 서울지검 동부지청 부부장검사 2002년 부산지검 동부지청 형사2부장 2003년 부산지검 공안부장 2004년 법무연수원 기획과장 2005년 춘천지검 영월지청장 2006년 수원지검 형사2부장 2007년 부산지검 형사1부장 2008년 서울고검 검사 2009년 부산지검 부장검사 2009~2010년 동북아역사재단 파견 2010년 서울고검 검사 2012년 대전고검 검사 2014년 서울고검 검사 2016년 대전고검 검사 2018년 서울고검 검사(현) (저)소설 '검탑' '황제의 특사 이준'(2011)

임문수(林文洙) LIM Moon Soo

(생)1959 · 3 · 5 (주)서울특별시 노원구 덕릉로70길 99 노원자원회수시설관리동 2층 한국폐기물협회(02-2680-7000) (학)1977년 서울 대신고졸 1981년 육군사관학교졸 (경)1997년 환경부 산업폐수과 서기관 1999년 同안산환경출장소장 2001년 同법무담당관 2002년 국무총리실 수질개선기획단 파견 2004년 환경부 환경정책실 유해물질과장 2005년 인천시 환경협력관 2007년 국립생물자원관 생물자원총괄과장 2014~2016년 중앙환경분쟁조정위원회 사무국장 2016년 한국폐기물협회 회장(현) (상)근정포장(2004)

임미란(任美蘭 · 女)

(생)1965 · 8 · 6 (주)광주광역시 서구 내방로 111 광주광역시의회(062-613-5044) (학)디자인학박사(조선대) (경)조선대 미술대학 외래교수(현), 더불어민주당 광주시당 부위원장 2018년 광주시의회 의원(더불어민주당)(현) 2018년 同제2부의장(현) 2018년 同세계수영선수권대회 지원특별위원회 위원(현) 2018년 同윤리특별위원회 위원(현) 2018년 同행정자치위원회 위원(현), 미에트랜 대표이사(현), 광주전남디자인협회 부회장(현)

임미애(林美愛 · 女) LIM Mi Ae

(생)1966 · 6 · 23 (본)평택(平澤) (출)서울 (주)경상북도 안동시 풍천면 도청대로 455 경상북도의회(054-880-5126) (학)1988년 이화여대 경제학과졸 (경)이화여대 총학생회장, 의성초교 어머니회 회장 2000년 의성군학교급식비심의위원회 부위원장 2004년 대한적십자사 구봉회원 2005년 민주평통자문위원 2006~2014년 경북 의성군의회 의원(민주당 · 민주통합당 · 민주당 · 새정치민주연합) 2008년 同산업건설위원회 간사 2012년 同운영위원회 · 산업건설위원회 위원 2015년 새정치민주연합 혁신위원회 위원 2015년 同혁신위원회 대변인, 의성군 규제개혁위원회 위원장, 의성군 규제개혁위원회 위원장(현), 경북 농어업FTA특별위원회 위원(현), 同북부지역 규제개혁협의회 회장(현) 2018년 경북도의회 의원(더불어민주당)(현) 2018년 同의회운영위원회 위원(현) 2018년 同행정보건복지위원회 부위원장(현) 2018년 同저출산고령화대책특별위원회 위원(현) (상)지방의정 봉사대상(2011) (종)가톨릭

임민경(林玟京 · 女) Lim Min-kyung

(생)1970 · 5 · 26 (주)경기도 고양시 일산동구 일산로 323 국립암센터 국가암관리사업본부 암예방검진부(031-920-1212) (학)1993년 연세대 보건과학대학 보건학과졸 1995년 서울대 대학원 보건학과졸 2001년 보건학박사(서울대) (경)1995년 서울대 보건환경연구소 보조연구원 1995년 同의학연구원 연구조교 1996년 同보건대학원 연구조교 1997~2001년 同보건환경연구소 특별연구원 1998년 경원대 보건관리학과 외래강사 1998년 서울대 보건대학원 연구조교 1999~2000년 용인대 대학원 물리치료과 외래강사 1999~2000년 삼육대 보건복지대학원 외래강사 2001년 국립암센터 연구소 암정보연구과 주임연구원 2003~2004년 연세대 보건과학대 외래강사 2004년 국제암연구소 박사후과정 연수 2006년 국립암센터 국가암관리연구본부 암코호트연구과장 2007년 同국가암관리사업본부 암예방사업부 암예방과장 2007년 질병관리본부 연구사업평가위원 2009~2013년 국립암센터 국가암관리사업본부 국가암정보센터장(선임연구원) 2013~2019년 同국가암관리사업본부 암예방사업부장 2013년 아시아태평양암예방학술지(APJCP) 부편집장(현) 2014년 국립암센터 국제암대학원대 암관리정책학과 부교수, 보건복지부 국가금연정책자문위원회 위원 2016년 국립암센터 국제암대학원대 암관리정책학과 교수 2017년 同암관리학과 교수(현) 2019년 同국가암관리사업본부 암예방검진부장(현) (상)국립암센터 논문저작상(2006), 국립암센터 원장표창(2007), 보건복지가족부장관표창(2008), 대통령표창(2016)

임민규(林玟圭) LIM Min Kyu

(생)1962 · 2 · 27 (주)강원도 춘천시 남면 한덕발산길 1302-5 서울춘천고속도로(주)(033-269-1100) (학)1980년 마산고졸, 고려대 토목공학과졸 (경)(주)현대산업개발 마산항개발현장소장(상무보) 2010년 同마산항개발현장소장(상무) 2010년 同영업및설계담당 상무 2011년 同토목기술영업담당 상무 2012년 同토목플랜트사업본부장(상무) 2013년 同토목플랜트사업본부장(전무) 2015년 마산아이포트(주) 대표이사 2016년 서울춘천고속도로(주) 대표이사(현) (상)해양수산부장관표창, 동탑산업훈장(2010) (종)기독교

임민성(林民成)

(생)1971 · 2 · 25 (출)전북 전주 (주)서울특별시 서초구 서초중앙로 157 서울중앙지방법원(02-530-1114) (학)1989년 신흥고졸 1993년 고려대 법학과졸 (경)1996년 사법시험 합격(38회) 1999년 사법연수원 수료(28기) 1999년 공익 법무관 2002년 광주지법 판사 2004년 同순천지원 판사 2007년 수원지법 판사 2010년 서울중앙지법 판사 2012년 서울고법 판사 2014년 대전지법 부장판사 2016년 인천지법 부장판사 2018년 서울중앙지법 부장판사(현)

임방현(林芳鉉) LIM Bang Hyun (如山·涓堂·玄山)

(생)1930 · 12 · 3 (본)조양(兆陽) (출)전북 전주 (주)서울특별시 영등포구 의사당대로 1 대한민국헌정회(02-757-6612) (학)1949년 전주고졸 1953년 서울대 문리대학 철학과졸 1967년 미국 하버드대 니만펠로우과정 수료 (경)1951년 전북일보 기자 1952년 합동통신 부산본사 기자 1954년 조선일보 기자 1955년 합동통신 기자 1956년 월간「현대」 편집장 1957년 세계통신 출판부장 1958년 한국일보 특집부장 · 출판부국장 1959년 민국일보 편집부국장 1960년 한국일보 논설위원 1965년 현대경제일보 · 일요신문 편집국장 1965~1970년 한국일보 논설위원 1965~1968년 KBS · MBC · CBS 해설위원 1966~1967년 미국 하버드대 니만펠로우 연구원 1967~1969년 국방대학원 · 중앙대 · 한양대 강사 1970년 대통령 사회담당특별보좌관 1975년 대통령 공보수석비서관(청와대 대변인) 1981년 제11대 국회의원(전주 · 완주, 민주정의당) 1981년 민주정의당 전북지부 위원장 · 중앙집행위원 1983년 同정책위원회 부의장 1985년 제12대 국회의원(전주 · 완주, 민정당) 1985년 한 · 일의원연맹 운영위원장 1985년 민정당 윤리위원장 1986년 同중앙위원회 의장 1988년 同전주甲지구당 위원장 1989년 同총재 상임고문 1990년 민자당 당무위원 1990~1994년 同전주덕진지구당 위원장 1998년 전국林氏중앙회 회장 2003년 대한민국헌정회 정책위원회 의장 2005년 자유수호국민운동 공동의장 2006년 한국국제문제연구원 고문 2007년 대한민국헌정회 부회장 2009~2019년 同고문 2009년 전국林氏중앙회 명예회장(현) 2015~2017년 민족중흥회 상임고문 2016년 박정희탄생100돌기념사업추진위원회 고문(현) 2019년 대한민국헌정회 위원(현) (상)황조근정훈장(1978) (저)'근대화와 지식인'(1973) '한국전쟁과 박정희정부'(2004) (작)'나의 언론생활 20년'(2004)

임번장(林繁藏) Lim Burn-Jang (昊燦)

(생)1941 · 1 · 23 (본)평택(平澤) (출)서울 (주)서울특별시 관악구 관악로 1 서울대학교 사범대학 체육교육과(02-880-7788) (학)1960년 서울고졸 1964년 서울대 사범대학 체육교육과졸 1968년 同대학원 체육교육과졸 1977년 미국 조지윌리엄스대 대학원 여가 · 환경자원관리학과졸 1985년 교육학박사(한양대) (경)1968~1985년 서울대 사범대학 체육교육과 전임강사 · 조교수 · 부교수 1979년 대한하키협회 전무이사 1980년 서울대 체육연구소장 1980년 한국체육학회 사무국장 1984년 同부회장 1984년 학교체육연구회 부회장 1985~2006년 서울대 사범대학 체육교육과 교수 1990년 한국스포츠사회학회 회장 1990년 국제스포츠사회학회(ICSS) 이사 1991~2000년 同부회장 1991년 학교체육연구회 회장 1991년 KOC 상임위원 1997~1998년 한국체육학회 회장 1999년 한국스키교육연구회 회장 2001년 미국 버클리대 교환교수 2002년 21세기스포츠포럼 공동대표 2002년 국민체육진흥공단 한국체육과학연구원장 2002년 대한체육회 생활체육위원장 2005~2008년 同부회장 2006년 서울대 체육교육과 명예교수(현) 2007년 대한민국학술원 회원(체육학 · 현) 2008~2010년 (재)체육인재육성재단 이사장 2011~2012년 단국대 석좌교수 2011년 세계스포츠사회학회 명예회원(현) 2015년 국민생활체육회-대한체육회 통합추진위원회 위원장 (상)체육기장(1988), 대한민국체육상 연구부문(2002), 녹조근정훈장(2006), 국제스포츠사회학회 명예회원상(2011) (저)'수영' '수상경기' '체육사' '하키' '체조' '사회체육개론' '스포츠사회학개론' '여가와 삶' '한국사회와 스포츠' '사회체육의 이론과 실제' (종)천주교

임범석(林範錫) Lim Beom Seok

(생)1962 · 8 · 31 (출)경기 김포 (주)서울특별시 송파구 법원로 101 서울동부지방법원(02-2204-2102) (학)1981년 서울 휘문고졸 1985년 서울대 법학과졸 1986년 同대학원졸 (경)1986년 사법시험 합격(28회) 1989년 사법연수원 수료(18기) 1989년 軍법무관 1992년 광주지법 판사 1995년 同순천지원 판사 1996년 수원지법 판사 1997년 同광명지원 판사 1998년 수

원지법 판사 2001년 서울고법 판사 2003년 서울지법 판사 2004년 춘천지법 부장판사 2006년 사법연수원 교수 2008년 서울중앙지법 부장판사 2011년 수원지법 안양지원장 2014년 의정부지법 부장판사 2017년 대구지법 부장판사 2019년 서울동부지법 부장판사(현)

임병걸(林炳杰) IM Byung Gul

(생)1962·2·27 (출)충북 (주)서울특별시 영등포구 여의공원로 13 한국방송공사 전략기획실(02-781-1000) (학)1980년 서울 우신고졸 1986년 고려대 법학과졸 1990년 서강대 대학원 신문방송학과졸 (경)1987년 한국방송공사(KBS) 입사 1987년 同보도국 사회부 기자 1988~1998년 同보도제작국·경제부·통일부 기자 1999~2002년 同도쿄특파원 2002년 同사회1부 차장 2004년 同보도본부 취재2팀장 2005년 同보도본부 경제과학팀장 2006~2008년 同사회팀장 2014년 同수신료현실화추진단장 2016년 同보도본부 해설국 근무 2018년 同미래사업본부장 2019년 同전략기획실장(현) 2019년 (주)KT스카이라이프 사외이사(현)

임병규(林秉圭) LIM, Byeong Kyu

(생)1956·8·23 (본)평택(平澤) (출)경기 안성 (주)서울특별시 강서구 공항대로 379 한국해운조합(02-6096-2000) (학)1983년 서울시립대 경영학과졸 1985년 서울대 행정대학원졸 1997년 미국 위스콘신대 메디슨교 행정대학원졸 2001년 동국대 대학원 정책학 박사과정 수료 (경)1982년 입법고시 합격(6회) 1983~1988년 국회사무처 의사국·기획예산실 근무 1988년 同재무위원회 입법조사관 1991년 同교통체신위원회 입법조사관 1995년 同통신과학기술위원회 입법조사관 1995년 미국 유학 1997년 국회사무처 기획예산담당관 2000년 同총무과장 2002년 同연수국 교수 2002년 미국 Portland State Univ. 객원연구원, 미국 오리건주의회 Fellowship 2004년 국회사무처 농림해양수산위원회 전문위원 2006년 국방대 파견 2007년 국회사무처 농림해양수산위원회 전문위원 2008년 同관리국장 2008년 同국토해양위원회 전문위원 2009년 同국토해양위원회 수석전문위원 2013~2015년 同입법차장(차관급) 2014년 同사무총장 권한대행 2018년 한국해운조합 이사장(현) (상)국회의장표창, 대통령표창, 홍조근정훈장(2010), 전국검정고시총동문회 '자랑스런 검정고시인상'(2014) (종)기독교

임병근(林炳根) Leem byeong-geun

(생)1962·7·5 (본)평택(平澤) (출)전남 구례 (주)세종특별자치시 한누리대로 499 인사혁신처 윤리복무국 재산심사과(044-201-8460) (학)1981년 성남서고졸 1999년 한양대 행정대학원 사회복지학과졸 2016년 숭실대 대학원 평생교육학 박사과정 수료 (경)2005년 중앙인사위원회 인재조사과 사무관 2007~2014년 중앙인사위원회·행정안전부·안전행정부 보임팀장(사무관·서기관) 2014년 중앙공무원교육원 스마트교육과장 2015년 국립외교원 글로벌리더십과정 교육파견(서기관) 2016년 인사혁신처 시험출제과장 2017년 2018평창동계올림픽조직위원회 인력부장(부이사관) 2018년 인사혁신처 윤리복무국 재산심사과장(현) (상)대통령표창(2013) (종)기독교

임병기(林炳起) Byung-Kee Lim

(생)1967·9·20 (출)강원 양양 (주)인천광역시 중구 공항로424번길 47 인천국제공항공사 미래사업본부(032-741-5104) (학)1992년 고려대 문과대학 사회학과졸 2014년 인하대 경영대학원 경영학과졸 (경)2006년 인천국제공항공사 경영혁신관리단장 2007년 同전략혁신기획단장 2009년 同전략기획실장 2010년 同경영정보처장 2013년 同재무처장 2014년 同복합도시사업처장 2016년 同허브화추진실장 2017년 同미래사업추진실장 2019년 同미래사업본부장(현)

임병대(林炳大) Byeong-Dae Lim

(생)1969·2·1 (주)서울특별시 영등포구 여의대로 128 LG디스플레이 임원실(02-3777-1114) (학)미국 조지워싱턴대 경제학과졸, 同대학원 경영학과졸(MBA), 법학박사(미국 시라큐스대) (경)2008년 LG디스플레이 법무담당 상무 2012년 同해외법무담당 상무 2019년 同해외법무담당 전무(현)

임병렬(林炳烈) LIM Byung Ryul

(생)1960·8·18 (출)서울 (주)충청북도 청주시 서원구 산남로62번길 51 청주지방법원(043-249-7114) (학)1979년 서울 우신고졸 1983년 서울대 법학과졸 (경)1983년 사법시험 합격(25회) 1985년 사법연수원 수료(15기) 1989년 변호사 개업 2000년 부산지법 판사 2001년 부산고법 판사 2003년 수원지법 성남지원 판사 2004년 대전지법 부장판사 2006년 수원지법 부장판사 2008년 서울북부지법 부장판사 2010년 서울중앙지법 부장판사 2011~2015년 언론중재위원회 위원 2013년 서울남부지법 부장판사 2015년 인천지법 부장판사 2018년 청주지법 부장판사(현)

임병선(任炳先)

(생)1962·9·27 (주)서울특별시 강남구 학동로19길 22 (주)까사미아(02-6420-7100) (학)강릉고졸, 서울대 농화학과졸 (경)1989년 (주)신세계 입사 1997년 同영등포점 인사팀 과장 1999년 同백화점부문 인사담당 인사기획 과장 2000년 同경영지원실 인사팀 과장 2004년 同백화점부문 인사담당 인사팀장 2006년 同경영지원실 관리담당 인사팀장 2009년 同경영지원실인사팀 수석부장 2009년 同백화점부문 인사담당 상무보 2011년 同인사담당 상무보 2011년 신세계그룹 경영전략실 인사팀장(상무) 2013년 同전략실 인사팀장(상무) 2015년 同전략실 인사총괄 부사장보 2019년 (주)까사미아 대표이사(현)

임병숙(林炳淑·女)

(생)1965 (출)서울 (주)서울특별시 종로구 사직로8길 31 서울지방경찰청 여성청소년과(02-700-2981) (학)동국대 국사교육학과졸 2005년 경희대 국제법무대학원졸 (경)1987년 순경 공채(155기) 2007년 서울 종암경찰서 수사과장 2008년 서울지방경찰청 수사과(금융정보분석원 파견) 근무 2009년 서울 혜화경찰서 수사과장 2010년 서울 관악경찰서 수사과장 2011년 서울 서초경찰서 수사과장 2013년 서울 수서경찰서 수사과장 2014년 서울 은평경찰서 형사과장 2015년 서울 양천경찰서 형사과장 2016년 인천지방경찰청 112종합상황실장(총경) 2017년 경기 가평경찰서장 2018년 서울지방경찰청 여성청소년과장(현) (상)자랑스런 한국인인물대상 대민봉사공헌대상(2017)

임병연(林炳連) Lim Byung Yun

(생)1964·9·27 (본)평택(平澤) (출)전남 구례 (주)서울특별시 송파구 올림픽로 300 롯데케미칼(주) 임원실(02-829-4114) (학)1987년 서울대 화학공학과졸 1989년 同대학원 화학공학과졸 2002년 생명화학공학박사(한국과학기술원) (경)1989년 호남석유화학(주) 연구소 입사 2004년 同신규사업팀 부장 2005년 (주)케이피케미칼 일반기획팀장(부장) 2007년 同기획부문장(이사대우) 2008년 同기획부문장(이사) 2009년 롯데그룹 정책본부 국제실 이사 2009년 롯데케미칼 Pakistan Limited 비상근이사 2010~2012년 同Titan Holding 비상근이사 2011년 롯데그룹 정책본부 국제실 상무 2012년 同정책본부 롯데미래전략센터장(상무) 2014년 同정책본부 비전전략실장(전무) 2017년 同경영혁신실 가치경영팀장(부사장) 2017년 롯데지주(주) 가치경영실장(부사장) 2019년 롯데케미칼(주) 대표이사 부사장(현) (종)기독교

임병용(林炳鏞) LIM Byong Yong

(생)1962 · 8 · 29 (출)경북 영덕 (주)서울특별시 종로구 종로 33 GS건설(주) 사장실(02-728-2506) (학)1980년 장훈고졸 1984년 서울대 법학과졸 1986년 同대학원 조세법학과졸 2000년 영국 London Business School Global Business Consortium과정 수료 (경)1982년 공인회계사 합격(14회) 1983년 삼일회계법인 국제조세부문 공인회계사 1986년 사법시험 합격(28회) 1990년 사법연수원 수료(19기) 1990년 수원지검 검사 1991년 LG그룹 회장실 상임변호사 1997년 LG텔레콤 상무 2002년 (주)쏠리텍 대표이사 2004~2009년 GS홀딩스 상임법률고문 2005~2008년 同사업지원팀장(부사장) 2009년 同경영지원팀장(부사장) 겸임 2009년 (주)GS 상임법률고문 겸 경영지원팀장(부사장) 2011~2012년 同경영지원팀장(사장) 2011~2012년 GS스포츠 대표이사 겸임 2012년 GS건설 경영지원총괄 사장(CFO) 2013년 同경영지원총괄 대표이사 2013년 同대표이사 사장(CEO)(현)

임병재(林炳宰) LIM Byung Jae

(생)1957 · 2 · 25 (출)충남 부여 (주)서울특별시 종로구 종로 413 동보빌딩 308호 한국경영혁신중소기업협회(메인비즈협회)(02-2230-2132) (학)한남대 대학원 지역경제학과졸 (경)1975~1986년 전매청 근무 1986~1993년 환경부 근무 1993~2000년 대전시 수도사업본부 근무 2000~2001년 특허청 심사3국 근무 2001년 중소기업청 근무 2006년 同인력지원팀 서기관 2012년 대구경북지방중소기업청 창업성장지원과장 2012년 충북지방중소기업청장 2013년 중소기업청 산하 시장경영진흥원장 2014년 소상공인시장진흥공단 상임이사 2016년 同부이사장 2016~2018년 소상공인방송정보원 원장 2018년 한국경영혁신중소기업협회 상근부회장(현) (상)홍조근정훈장(2013)

임병진(林秉鎭) LIM BYUNG JIN

(생)1960 · 11 · 4 (주)서울특별시 종로구 사직로8길 60 외교부 인사기획관실(02-2100-7863) (학)1982년 고려대 사회학과졸 2017년 서울대 대학원 행정학과졸 (경)2000년 駐중국 1등서기관 2005년 駐중국 참사관 2010년 駐인도네시아 공사 2013년 駐중국 공사 2018년 駐선양 총영사(현)

임병철(林炳喆) LIM Byung Chul

(생)1959 · 2 · 14 (출)서울 (주)서울특별시 강남구 학동로 311 잇츠한불(주) 비서실(02-3450-0105) (학)1977년 경성고졸 1981년 한양대 영어영문학과졸 1985년 미국 웨인주립대 마케팅 · 국제경영학과졸 (경)한국화장품(주) 상품기획부장 1988년 同상품개발담당 이사 1990년 한불화장품(주) 부사장 1991년 同대표이사 사장 1995년 메이블린코리아 사장 2015년 한불화장품(주) 대표이사 회장 2017년 잇츠한불(주) 회장(현) (상)가치경영 최우수기업상(1988), 고객만족 기초화장품부문1위기업 수상(1999), 성실납세자표창(2005)

임병철(林丙哲) LIM Byeong Cheol

(생)1967 · 3 · 15 (본)평택(平澤) (출)경남 통영 (주)경기도 안성시 삼죽면 삼백로 200 통일부 북한이탈주민정착지원사무소(031-670-9301) (학)1985년 통영고졸 1989년 서울대 신문학과졸 2002년 同행정대학원 정책학과졸 (경)1990년 행정고시 합격(34회) 2002년 통일부 북한이탈주민정착지원사무소 생활지도과장 2003년 同남북출입사무소 동해선운영과장 2004~2005년 미국 조지타운대 Visiting Scholar 2005년 통일부 사회문화교류과장 2006년 대통령비서실 안보정보비서관실 행정관 2008년 통일부 통일정책국 정치사회분석과장 2008년 同장관 비서실장 2009년 同통일정책실 통일정책기획관 2010년 중앙공무원교육원 교육파견 2011년 통일교육원 교수부장 2011년 통일부 남북교류협력협의사무소장 2012년 同통일정책실 통일정책기획관 2013년 국무총리소속 6 · 25전쟁납북진상규명위원회 사무국장 2014년 통일부 대변인 2015년 同정세분석국장 2016년 同북한이탈주민정착지원사무소장(현) (상)공군참모총장표창(1996), 통일원장관표창(1997) (종)기독교

임병택(任炳澤) LIM Byoung Taek

(생)1974 · 7 · 29 (주)경기도 시흥시 시청로 20 시흥시청(031-310-2001) (학)여양고졸 2001년 전남대 법과대학 법학과졸 (경)백원우 국회의원 보좌관, 열린우리당 경기도당 교육특별위원회 부위원장, 시흥교육문화포럼 대표 2006년 경기도의원선거 출마(열린우리당) 2007~2008년 대통령 사회조정비서관실 행정관 2009년 민주당 교육특별위원회 부위원장, 노무현재단 기획위원 2010년 경기도의회 의원(민주당 · 민주통합당 · 민주당 · 새정치민주연합) 2012년 同기획위원회 위원 2013년 민주당 경기도당 청년위원장 2014~2018년 경기도의회 의원(새정치민주연합 · 더불어민주당) 2014년 同운영위원회 위원 2014년 同기획재정위원회 간사 2015년 同청년일자리창출특별위원회 간사 2016년 同보건복지위원회 위원 2016~2018년 同선감학원진상조사및지원대책마련특별위원회 위원 2017~2018년 同광명 · 시흥테크노밸리조성을위한특별위원회 간사 2017~2018년 同도시환경위원회 위원장 2018년 경기 시흥시장(더불어민주당)(현) (저)'담쟁이'(2018) (종)기독교

임병하(林炳夏) LIM Byung Ha

(생)1962 · 9 · 5 (출)서울 (주)서울특별시 동작구 흑석로 84 중앙대학교 경영대학 경영학부(02-820-5562) (학)1981년 여의도고졸 1985년 서울대 조선공학과졸 1989년 미국 텍사스 A&M Univ. 대학원 경영정보학과졸 1997년 경영학박사(미국 아이오와대) (경)1994~1997년 미국 아이오와대 강사 1997~2002년 미국 샌프란시스코대 조교수 2003~2004년 중앙대 경영대학 조교수 2004년 同경영대학 경영학부 교수(현) 2006~2008년 同전산정보처장 2006~2008년 同전산원장 2015~2017년 同경영전문대학원장

임복규(林福圭) IM Bok Kyu

(생)1965 · 2 · 10 (출)충북 충주 (주)서울특별시 서초구 서초대로74길 4 삼성생명서초타워 법무법인(유) 동인(02-2046-0696) (학)1983년 한영고졸 1987년 서울대 법학과졸 1989년 同대학원 법학과졸 (경)1988년 사법시험 합격(30회) 1991년 사법연수원 수료(20기) 1994년 부산지법 판사 1996년 同동부지원 판사 1998년 서울지법 의정부지원 판사 2003년 서울고법 판사 2007년 대전지법 부장판사 2008년 사법연수원 교수(부장판사) 2010년 서울서부지법 부장판사 2012~2015년 서울중앙지법 부장판사 2015년 법무법인(유) 동인 구성원변호사(현) 2015~2018년 한솔홀딩스(주) 사외이사 겸 감사위원 2018년 한솔로지스틱스(주) 사외이사(현)

임복진(林福鎭) LIM Bok Jin

(생)1937 · 9 · 20 (본)조양(兆陽) (출)광주 (주)서울특별시 영등포구 의사당대로 1 대한민국헌정회(02-757-6612) (학)1957년 광주제일고졸 1961년 육군사관학교졸 1973년 육군대학졸 (경)1973년 보병 1사단 대대장 1975년 同작전참모 1977년 국방대학원 교수 1978년 제15연대장 1982년 육군본부 인사참모처장 1985년 보병 제25사단장 1987년 전투병과학교장 1990년 제2군사령관 1991년 예편(육군 소장) 1992년 민주당 광주시지부장 1992년 제14대 국회의원(광주西乙, 민주당 · 새정치국민회의) 1996년 제15대 국회의원(광주南, 새정치국민회의 · 새천년민주당)

1997~1999년 새정치국민회의 안보특별위원장 2000년 새천년민주당 광주南지구당 위원장 2015~2017년 대한민국헌정회 부회장 2017~2019년 同고문 2019년 同위원(현) (상)보국훈장 천수장 · 삼일장, 대통령표창 (저)'야간전투' (종)불교

임삼진(林三鎭) LIM Sam Jin

(생)1960 · 3 · 26 (본)조양(兆陽) (출)전북 전주 (주)서울특별시 송파구 올림픽로 300 롯데케미칼(02-829-4114) (학)전주 해성고졸 1988년 서울대 철학과졸 1997년 성균관대 행정대학원졸 2009년 도시계획학박사(서울대) (경)1992~1998년 녹색교통운동 사무총장 1998년 녹색서울시민위원회 사무국장 1998년 대통령 민정비서실 행정관 2000~2001년 녹색연합 사무처장 · 한국환경사회단체회의 공동대표 · 에너지시민연대 공동대표 2002~2004년 녹색평화당 공동대표 2002년 同서울시장 후보 2003년 녹색도시연구소 공동대표 2003~2007년 한양대 교통공학과 연구교수 2004~2006년 건설교통연대 대표 2006~2008년 대한교통학회 이사 2008년 한양대 첨단도로연구센터 책임연구위원 2008~2009년 대통령 정무수석비서관실 시민사회비서관 2009~2010년 한국교통연구원 초빙선임연구위원 2010~2011년 서울대 건설환경공학부 연구교수 2011~2013년 한국철도협회 상임부회장 2013년 서울흥사단 대표 2014~2018년 롯데홈쇼핑 CSR동반성장위원회 위원장 2018년 생명존중시민회의 공동대표(현) 2019년 롯데케미칼 상임고문(현) (상)국무총리표창(2004), 대한교통학회 춘계학술대회 우수논문상(2007) (저)'21세기 가치' '교통부장관 귀하' (역)'자동차, 문명의 이기인가 파괴자인가' (종)기독교

임상경(林相景) LIM Sang Kyung

(생)1965 · 8 · 16 (주)경기도 용인시 수지구 포은대로 368 한국에너지공단 감사실(031-260-4464) (학)서울 인창고졸, 한국방송통신대 행정학과졸 (경)1989년 숭실대 총학생회장, 국회의원 비서관 2002년 새천년민주당 노무현 대통령 당선자비서실 정무비서관 2003년 대통령 총무비서관실 행정관 2006년 대통령 기록관리비서관 2008년 행정안전부 국가기록원 대통령기록관장 2016년 국회의원(산업통상자원중소벤처기업위원회 소속) 보좌관 2018년 한국에너지공단 상임감사(현)

임상규(林尙圭) LIM Sang Kyu

(생)1950 · 9 · 4 (주)대구광역시 동구 효동로 111 경인제약(주) 회장실(053-655-5000) (학)1969년 대구 계성고졸 1973년 영남대 약대 제약학과졸 1982년 同대학원 약학과졸 1999년 보건학박사(경산대) (경)1973년 국군광주통합병원 약제과장 1977~1990년 종합약국 대표약사 1979~1996년 대구보건전문대학 강사 · 전임강사 · 조교수 · 부교수 1984~2008년 (주)경인제약 대표이사 1985년 대구팔공JC 회장 1987~2003년 대구시약사회 홍보위원장 · 기획조정실장, 同이사 1991~1994년 대구빙상경기연맹 회장 1997~2003년 대구대 생물공학과 겸임교수 1997~2000년 경북도생활체육협의회 회장 2004~2007년 구미1대학 치과위생학과 겸임교수 2008~2010년 대구대 전산정보대학원 외래교수 2010년 경인제약(주) 회장(현) 2011년 종합약국 대표약사(현) 2012년 대구보건대 보건행정학과 외래교수 2013년 한국마약퇴치본부 중앙회 이사 2015년 대한약사회 의약품 품질검증단 간사 2015년 경인힐링빌(주) 회장(현) 2015~2019년 한국자유총연맹 부회장 2019년 대구시약사회 정책자문위원(현) 2019년 한국마약퇴치본부 중앙회 부이사장(현) (상)경북도지사표창(1981), 보건복지부장관표창(1985), 국민포장(1987), 대구시경찰국장표창(1988), 대통령표창(1995), 국민훈장 동백장(1999), 대구황금약사대상(2009), 대구한의대 선정 자랑스런 대한인(2010) (저)'인체 생리학'(1995) '암은 정복할 수 있다'(2007) '식생활 건강과 다이어트'(2008) '삶의 질을 좀먹는 뼈-관절염, 고질병이 아닌 고칠병'(2008)

임상규(林尙奎) Lim Sang Gyu

(생)1964 · 8 · 21 (출)경북 청도 (주)서울특별시 영등포구 여의대로 38 금융감독원 국제협력국 국제협력총괄팀(02-3145-7909) (학)1987년 서울대 국제경제학과졸 1995년 미국 조지워싱턴대 경영대학원졸 2001년 경영학박사(성균관대) (경)2001년 금융감독원 근무 2012년 同외은지점검사실장 2016년 同금융중심지지원센터 실장 2017년 同금융중심지지원센터 부센터장 2018년 同도쿄사무소장(현)

임상규(林相奎)

(생)1967 (주)전북 전주시 완산구 효자로225 전라북도청 기획조정실(063-280-2100) (학)고산고졸, 한양대 행정학과졸, 서울대 대학원졸 (경)1995년 행정고시 합격(35회), 국무조정실 디지털예산회계시스템추진기획단 근무 2008년 행정안전부 정보화평가과장 2009년 同자원관리과장 2012년 同재난대책과장, 同세월호피해보상지원단 보상총괄과장, 한국지역정보개발원 기획관리실장 2018년 전북도 기획조정실장(현)

임상기(林相奇)

(생)1966 · 8 · 15 (출)경북 예천 (주)경기도 수원시 영통구 법조로 105 수원고등법원(031-639-1555) (학)1984년 대구 영신고졸 1988년 서울대 법학과졸 (경)1988년 사법시험 합격(30회) 1991년 사법연수원 수료(20기) 1991년 軍법무관 1994년 대구지법 판사 1997년 同안동지원 판사 1997년 同안동지원(영주시법원 · 봉화군법원) 판사 1999년 대구지법 판사 2003년 대구고법 판사 2005년 대구지법 판사 2006년 同부장판사 2007년 사법연수원 교수 2009년 대구지법 형사12부 부장판사 2012년 同상주지원장 2012년 대구가정법원 부장판사 2014년 광주고법 전주재판부 부장판사 2015년 대구지법 수석부장판사 2017년 대구고법 부장판사 2019년 서울고법 부장판사 2019년 수원고법 부장판사(현)

임상길(林相吉) LIM Sang Gil

(생)1963 · 5 · 29 (출)전남 진도 (주)서울특별시 서초구 서초대로74길 4 삼성생명 서초타워 17층 법무법인(유) 동인(02-2046-0610) (학)1981년 전남 목포고졸 1985년 고려대 법학과졸 (경)1985년 사법시험 합격(27회) 1988년 사법연수원 수료(17기) 1988년 軍법무관 1991년 제주지검 검사 1992년 전주지검 정주지청 검사 1994년 서울지검 검사 1997년 청주지검 검사 1999년 서울지검 남부지청 검사 2000년 同남부지청 부부장검사 2000년 대구지검 의성지청장 2001년 서울지검 부부장검사 2003년 부산지검 특수부장 2004년 서울동부지검 형사6부장 2005년 서울중앙지검 총무부장 2006년 同형사7부장 2007년 수원지검 형사1부장 2008년 대구지검 서부지청 차장검사 2009년 법무연수원 연구위원 2009~2011년 서울고검 검사 2011년 법무법인(유) 동인 구성원변호사(현), 서울지방국세청 조세법률위원(현) (상)검찰총장표창(1997), 국무총리표창(2011) (저)'공정거래법 판례연구(共)'(2011, 세경사)

임상민(林尙敏 · 女) LIM SANG MIN

(생)1980 · 6 · 6 (본)조양(兆陽) (주)서울특별시 동대문구 천호대로 26 대상(주) 식품BU 임원실(02-2220-9500) (학)2003년 이화여대 사학과졸 2005년 미국 Parsons School of Design졸 2012년 영국 London Business School MBA (경)존슨앤존슨 마케팅부 근무 2007년 UTC인베스트먼트 투자심사부 차장 2009년 대상(주) PI본부 차장 2010년 同전략기획팀 차장 2012년 同전략기획본부 부장 · 부본부장 2014년 同기획관리본부 부본부장(상무) 2016년 同식품BU · 소재BU 전략담당 전무(현) 2017~2018년 同대상홍콩 전략담당 전무 겸임

임상섭(林尙燮) LIM Sang Seop

(생)1970·5·13 (본)나주(羅州) (출)경남 거창 (주)대전광역시 서구 청사로 189 산림청 산림산업정책국(042-481-4120) (학)대원외고졸, 서울대 조경학과졸, 同대학원 조경학과졸 (경)1996년 기술고시 합격(제32회), 산림청 임업정책과 근무, 同산림자원과 근무, 북부지방산관리청 산림경영과장, 산림청 산림지원과 근무 2006~2007년 同자원정책본부 도시숲정책팀장(서기관) 2007년 해외 파견 2011년 산림청 목재생산과장 2013년 同산림휴양문화과장 2014년 同산림휴양치유과장 2015년 同산림보호국 산림병해충과장(부이사관) 2016년 同동부지방산림청장(고위공무원) 2017년 국가공무원인재개발원 교육 훈련 2018년 산림청 산림산업정책국장(현)

임상수(林相洙) Lim, Sangsoo

(생)1964·10·30 (본)예천(醴泉) (출)서울 (주)서울특별시 종로구 율곡로2길 25 연합뉴스 편집국(02-398-3114) (학)1983년 화곡고졸 1990년 고려대 사회학과졸 (경)1991년 연합뉴스 입사 2010년 同샌프란시스코특파원 2013년 同스포츠부장 2015년 同미디어여론독자부장 2016년 同산업부장 2016년 同경제부장(부국장대우) 2018년 同편집국 전국·사회에디터 2018년 同평양지국개설준비위원회 위원 겸임(현) 2019년 同편집국 경제에디터(현)

임상우(林相佑) Lim Sang-woo

(생)1972·12·30 (주)서울특별시 종로구 사직로8길 60 외교부 인사운영팀(02-2100-7863) (학)1996년 서울대 경영학과졸 2003년 미국 조지타운대 대학원 국제관계학과졸 (경)1996년 외무고시 합격(30회) 1996년 외무부 입부 2006년 駐미국 1등서기관 2007년 駐이라크 1등서기관 2008년 駐콩고 참사관 2011년 외교통상부 제1차관보좌관 2013년 외교부 인사운영팀장 2013년 同북미1과장 2017년 駐브라질 참사관 2018년 駐마다가스카르 대사(현)

임상준(任相駿) LIM Sang Jun

(생)1965·5·18 (출)충남 아산 (주)세종특별자치시 다솜로 261 국무조정실 농림국토해양정책관실(044-200-2229) (학)1983년 천안중앙고졸 1990년 고려대 행정학과졸 2001년 미국 위스콘신주립대 대학원 정책학과졸 (경)행정고시 합격(37회) 1994년 총무처 근무 2002년 국무조정실 기획심의관실 서기관 2004년 한국경제연구원 초빙연구위원 2006년 국무조정실 규제개혁조정관실 국제협력과장 2007년 同공보과장 2008년 국무총리실 의정과장 2009년 駐싱가폴 문화홍보관 2012년 국무총리실 공보총괄행정관(부이사관) 2013년 국무조정실 공공갈등관리지원관 2015년 同영유아교육보육통합추진단 부단장(고위공무원) 2017년 국방대 교육파견 2018년 국무조정실 경제조정실 농림국토해양정책관(현) (상)대통령표창(2003) (저)'행정조사의 실태와 개선방안'(2004) '규제개혁의 정책과제와 발전방향'(2005) '수도권규제의 쟁점과 정책방향'(2006) (종)가톨릭

임상준(林商俊)

(생)1967·12·20 (주)전라북도 군산시 구암3.1로 82 군산경찰서(063-280-8121) (학)1990년 경찰대 법학과졸(6기) 2003년 원광대 행정대학원 경찰행정학과졸 (경)2005년 전북지방경찰청 경비교통과 안전계장(경정) 2011년 同정보과 정보3계장 2014년 제주지방경찰청 경비교통과장(총경) 2015년 전북 김제경찰서장 2016년 전북지방경찰청 경비교통과장 2017년 전북 남원경찰서장 2018년 전북지방경찰청 정보과장 2019년 전북 군산경찰서장(현)

임상진(林相辰)

(생)1968·8·10 (출)경남 고성 (주)세종특별자치시 국세청로 8-14 국세청 운영지원과(044-204-2243) (학)부산남고졸, 고려대 경영학과졸 (경)2002년 행정고시 합격(46회), 통영세무서 납세자보호담당관 2007년 서울지방국세청 국제거래조사국 사무관 2009년 국세청 재산세과 사무관 2012년 同재산세과 서기관 2013년 서울지방국세청 조사1국 서기관 2014년 부산지방국세청 징세과장 2014년 국세청 지하경제양성화팀장 2015년 경기 안산세무서장 2016년 캐나다 국세청 파견 2017년 서울지방국세청 성실납세지원국 개인납세1과장 2019년 국무조정실 파견(현)

임상필(任尙弼)

(생)1956·11·11 (주)제주특별자치도 제주시 문연로 13 제주특별자치도의회(064-741-1954) (학)한국방송통신대 행정학과졸, 제주대 행정대학원 지방자치학과졸 (경)제주특별자치도 서귀포시지역경제국 감귤농정과장, 더불어민주당 정책위원회 부의장 2018년 제주특별자치도의회 의원(더불어민주당)(현) 2018년 同농수축경제위원회 위원 겸 예산결산특별위원회 위원(현)

임상혁(任常爀) YIM Sang Hyok

(생)1961·11·1 (본)풍천(豊川) (출)서울 (주)서울특별시 서대문구 북아현로11가길 7 추계예술대학교 총장실(02-362-4514) (학)1980년 경복고졸 1987년 국민대 경영학과졸 1989년 연세대 교육대학원졸 1993년 미국 오리건대 대학원졸 2001년 교육학박사(연세대) (경)1990~1991년 중앙여고 강사 1993~1996년 추계예술대·학교법인 추계학원 기획실장 1998년 추계예술대 부총장 1999년 同총장(현)

임상현(任相玄) Im Sang Hyun

(생)1960·5·3 (출)충남 부여 (주)서울특별시 중구 을지로 79 IBK기업은행(02-729-6241) (학)1978년 서대전고졸 1982년 충남대 경영학과졸 (경)2005년 IBK기업은행 의왕지점장 2007년 同뉴욕지점장 2010년 同외환사업부장 2011년 同퇴직연금부장 2013년 同충청지역본부장 2013년 同경영전략본부장(부행장) 2014~2016년 同경영지원그룹장(부행장) 2016년 IBK저축은행 대표이사 2017년 IBK기업은행 전무이사(수석부행장)(현)

임서정(任書正) Lim Seo Jeong

(생)1965·9·3 (출)광주 (주)세종특별자치시 한누리대로 422 고용노동부 차관실(044-202-7011) (학)1984년 광주 살레시오고졸 1988년 서울대 사회과학대학 사회복지학과졸 1990년 同행정대학원졸 2013년 법학박사(중앙대) (경)1988년 행정고시 합격(32회) 1989년 사무관 임용 1996년 노동부 노사협력관실 서기관 1997년 同근로기준과 서기관 1997년 일본 노동연구기구 파견 1999년 국무조정실 실업대책기획평가단 과장(파견) 2001년 노동부 근로기준국 임금정책과장 2002년 대통령 복지노동수석비서관실 행정관 2003년 노동부 고용정책실 고용관리과장 2005년 同노사정책국 노사정책과장 2005년 同노사정책국 노사정책기획팀장 2006년 同고용정책본부 능력개발정책팀장(부이사관) 2006년 광주지방노동청 광주종합고용지원센터 소장 2007년 노동부 고용서비스혁신단장 2008년 同고용정책실 고용정책과장 2009년 同고용정책실 직업능력정책관(고위공무원) 2010년 고용노동부 고용정책실 직업능력정책관 2010년 同산업재해보상보험재심사위원회 위원장 2012년 중앙공무원교육원 파견 2013년 고용노동부 고용정책실 노동시장정책관 2014년 同대변인 2015년 서울지방고용노동청장 2016년 고용노동부 노동정책실 노사협력정책관 2017년 同노동정책실장 2017년 同고용정책실장 2018년 同차관(현) (저)'근로계약법에 관한 연구'(2013)

임석규(林錫奎) LIM Suk Kyu

(생)1962·9·6 (본)평택(平澤) (출)경북 안동 (주)세종특별자치시 다솜로 261 국무조정실 4.16세월호참사피해자지원 및 희생자추모사업지원단(044-200-6300) (학)1981년 안동고졸 1985년 안동대 행정학과졸 2011년 연세대 행정대학원 지방도시행정학과졸 (경)2002~2004년 국무조정실 총괄조정관실 기획심의관실 서기관 2004년 同심사평가조정관실 심사평가2심의관실 서기관 2004년 同총괄심의관실 서기관 2008년 국무총리실 정책분석평가실 자체평가관리과장 2009년 同정책분석평가실 평가정보과장 2010년 同정보관리비서관실 과장 2010년 同총무비서관실 총무과장 2011년 同국정운영2실 제주특별자치도정책관(고위공무원) 2013년 국무조정실 경제조정실 제주특별자치도정책관 2013년 同녹색성장지원단 부단장 2014년 교육 파견(고위공무원) 2015년 국무조정실 녹색성장지원단 부단장 2017년 同4.16세월호참사피해자지원및희생자추모사업지원단장(현)

임석규(林錫圭) LIM SUK KYOO

(생)1966·1·10 (본)나주(羅州) (출)전북 남원 (주)서울특별시 마포구 효창목길 6 한겨레신문 디지털미디어국(02-710-0730) (학)상산고졸, 서울대 언어학과졸 (경)1992년 한겨레신문 입사 2000년 同민권사회2부·정치부 기자 2002년 同출판사업본부 한겨레21사업부 정치팀장 2007년 同사회정책팀 정치부 차장 2009년 同편집국 정치부문 정치팀장 2012년 同편집국 정치부장 2013년 同편집국 정치사회에디터 2014년 관훈클럽 편집위원 2014년 한겨레신문 논설위원 2015년 同편집국 정치에디터 2016년 同편집국 총괄기획에디터 2017년 同논설위원 2018년 同디지털미디어국장(현) 2018년 한국온라인신문협회 이사 2019년 同부회장(현)

임석삼(任錫三) YIM Seok Sam (石井)

(생)1957·5·15 (본)풍천(豊川) (출)전북 익산 (주)전라북도 전주시 완산구 충경로 102 자유한국당 전북도당(063-287-2171) (학)1976년 이리상고졸 2005년 원광디지털대졸 2009년 고려대 행정대학원 행정학졸 (경)한나라당 익산시甲당원협의회 운영위원장 2005년 극동방송 운영위원, 법무부 범죄예방위원 2007년 한나라당 제17대 대선 이명박대통령후보 전북선대본부장, 서동오페라단 단장 2008년 제18대 국회의원 선거 출마(익산甲, 한나라당) 2009년 한국폴리텍V대학 김제캠퍼스 학장 2015년 극동방송 운영위원장 2018년 자유한국당 전북익산시乙당원협의회 운영위원장 2019년 同전북익산시甲당원협의회 운영위원장(현) (종)기독교

임석식(林石植) LIM Suk-Sig

(생)1953·7·17 (본)평택(平澤) (출)경북 청도 (주)서울특별시 동대문구 서울시립대로 163 서울시립대학교 경영학부(02-6490-2210) (학)1971년 경북고졸 1975년 서울대 상과대학 경영학과졸 1977년 한국과학기술원(KAIST) 산업공학과졸(석사) 1983년 미국 펜실베이니아주립대 대학원 경영학과졸 1990년 경영학박사(미국 미네소타대) (경)1983~1988년 미국 미네소타대 강사 1988~1990년 캐나다 알버타대 조교수 1990~2018년 서울시립대 경영학부 교수 2001~2002년 미국 워싱턴대 방문교수 2002~2003년 정부회계학회 부회장 2003~2004년 한국회계학회 부회장 1999~2000년 한국회계학연구회 회장 1990~1997년 정부투자기관경영평가단 간사 2004~2005년 한국회계기준원 및 회계기준위원회 상임위원 2005~2007년 금융감독원 전문심의위원(Chief Accountant) 2008년 국민은행·KB금융지주 사외이사 2011~2014년 한국회계기준원 원장 겸 회계기준위원회 위원장 2014~2017년 국제회계기준자문평의회(IFRS Advisory Council) 평의원 2014~2017년 한국거래소 코스닥상장위원 2015~2017년 현대커머셜(주) 사외이사 2015년 한국공인회계사회 회계선진화추진위원회 위원장 2016~2017년 한국회계학회 삼일회계법인 저명교수 2017년 학교법인 이화학당 이사(현) 2018년 서울시립대 경영학부 명예교수(현) (상)부총리 겸 기획재정부장관표창(2014) (저)'한국의 회계공시'(2002, 율곡출판사) '회계학 핸드북' 'IFRS 회계원리(共)'(2009, 율곡출판사) (종)기독교

임석우(林錫祐)

(생)1962·2·10 (주)서울특별시 중구 세종대로7길 25 (주)에스원 임원실(02-2131-8110) (학)동성고졸, 서울대 대학원 경영학과졸 (경)1988년 삼성전자(주) 입사, 同경영지원총괄 경영지원팀 부장 2005년 同경영지원총괄 경영지원팀 상무보, 同신사업팀 상무 2010년 삼성그룹 업무지원실 상무 2010년 同미래전략실 전무 2012년 (주)에스원 경영지원실장(전무) 2013년 同부사장(현)

임석재(任石宰) Suk-Jae Yim (乙田)

(생)1924·9·12 (본)풍천(豊川) (출)충남 부여 (주)서울특별시 강남구 테헤란로 124 풍림빌딩 8층 특허법인 원전(02-553-1246) (학)1952년 고려대 법률학과졸 1987년 同경영대학 최고경영자과정(23기) 수료 1989년 同공과대학 최고산업전략과정(2기) 수료 1996년 同법학연구소 지적재산권법학과정(2기) 수료 (경)1955년 국회사무처 법제조사연구원 1958년 국회 도서과장 1960년 국회사무처 의사국 의사과장 1962~1965년 법제처 전문위원 1967~1970년 국회 전문위원 1969년 변리사 개업 1971년 고려대 경영대학원 강사(산업재산권법) 1971~1991년 변리사 시험위원 1972년 대한상공회의소 상담역(산업재산권 분야) 1984~1986년 대한변리사회 회장 1987~1991년 아시아변리사회 한국협회장 겸 同부회장 1996~2002년 한국국제산업재산권보호협회(AIPPI) 회장 1997년 민주평통 자문위원 2000년 특허법인 원전 대표변리사(회장)(현) 1996~2002년 국제변리사연맹 한국협회장 (상)철탑산업훈장(1986), 은탑산업훈장(2004) (저)'공업소유권법' '특허상표해설' '특허의 이론과 전략' '특허법'(2017, 박영사)

임석정(林錫正) Steve Suk Jung Lim

(생)1960·10·2 (출)서울 (주)서울특별시 중구 세종대로 136 서울파이낸스센터 26층 SJL파트너스(02-6911-9701) (학)1979년 경복고졸 1983년 고려대 경제학과졸 1985년 미국 조지워싱턴대 대학원 경영학과졸 1989년 미국 뉴욕대 대학원 경영학과졸(Executive MBA) (경)1985년 미국 Procter & Gamble Co. Cincinnati Ohio 본사 재정분석가 1986~1989년 미국 Kidder Peabody & Co.증권 뉴욕본사 Assistant Vice President 1989~1995년 미국 Salomon Brothers증권 뉴욕·도쿄·서울 Vice President 1995년 JP모건 Asia Pacific Executive Committee Member, 同한국대표(Managing Director & Country CEO), 교보AXA자산운용 사외이사 2015년 CVC캐피탈파트너스(글로벌사모펀드PEF운용사) 한국법인 회장 2017~2019년 同선임고문 2018년 SJL파트너스 회장(현) (상)국무총리표창(1999), 금융감독원장표창(2007), 부총리 겸 기획재정부장관표창(2013) (종)천주교

임석철(林錫喆) RIM Suk-Chul

(생)1957·7·17 (출)서울 (주)경기도 수원시 영통구 월드컵로 206 아주대학교 산업공학과(031-219-2424) (학)1980년 서울대 산업공학과졸 1982년 한국과학기술원(KAIST) 석사 1990년 산업공학박사(미국 미시간대) (경)1982~1985년 한국국방관리연구소 연구원 1990년 미국 워싱턴대 조교수 1991

년 아주대 산업공학과 교수(현) 1999년 同기업물류연구센터 소장 2007년 한국SCM학회 부회장 겸 편집위원장 2007년 한국로지스틱스학회 부회장 2011년 한국SCM학회 공동회장 2013~2015년 아주대 공학대학원장 2015년 同교무처장 2016년 (사)한국SCM학회 이사장(현) (상)한국로지스틱스학회 로지스틱스학술부문 대상(2008) (종)기독교

임석필(林錫弼) LIM Seuk Pil

(생)1967 · 3 · 31 (출)서울 (주)경상남도 창원시 성산구 창이대로689번길 4-4 301호(현대자동차 빌딩) 법률사무소 창현(055-261-8700) (학)1985년 휘문고졸 1991년 서울대 법학과졸 2002년 캐나다 Univ. of British Columbia 방문학자과정 1년 수료 (경)1991년 사법시험 합격(33회) 1994년 사법연수원 수료(23기) 1994년 대전지검 검사 1995년 수원지검 여주지청 검사 1997년 서울지검 검사 1999년 부산지검 동부지청 검사 2001년 서울지검 의정부지청 검사 2004년 울산지검 검사 2004년 금융정보분석원 파견 2006년 울산지검 부부장검사 2007년 수원지검 평택지청 부장검사 2008년 창원지검 공안부장 2009년 서울중앙지검 부부장검사 2009년 부산지검 공안부장 2010년 수원지검 안양지청 부장검사 2011년 대구지검 형사3부장 2012년 서울동부지검 형사4부장 2013년 법무연수원 교수 2014년 대전고검 검사(충남도 법률자문검사 파견) 2015년 부산지검 형사2부장 2016년 광주고검 검사 2016년 변호사 개업(현) 2019년 법률사무소 창현 대표변호사(현)

임선빈(任善彬) IM Seon Bin

(생)1956 · 12 · 3 (출)서울 (주)서울특별시 강남구 테헤란로86길 17 인터넷신문위원회 심의실(02-3143-5610) (학)1975년 서울고졸 1979년 서울대 영어영문학과졸 (경)2000년 연합뉴스 경제부 차장 2001년 同경제부 부장대우 2002년 同경제부장 2003년 同생활경제부장 직대 2003년 同생활경제부장 2004년 同국제경제부장 2005년 同경제부장 2006년 同편집국 경제담당 부국장 2008년 同외국어뉴스국장 2009년 同논설위원 2011~2013년 同논설위원(국장대우) 2013~2015년 (주)연합인포맥스 대표이사 사장 2018년 연합뉴스 동북아센터 비상임이사(현) 2019년 인터넷신문위원회 심의실장(현)

임선숙(林仙淑 · 女) LIM Sun Suk

(생)1966 · 3 · 17 (출)전남 완도 (주)광주광역시 동구 동명로 99 법무법인 이우스(062-233-5566) (학)1985년 광주 살레시오여고졸 1990년 전남대 사법학과졸 2001년 同법과대학원 수료 (경)1996년 사법시험 합격(38회) 1999년 사법연수원 수료(28기) 1999년 21세기종합합동법률사무소 변호사 2001년 변호사 개업 2001~2004년 광주시 인사위원회 위원 2001~2006년 전남도 행정심판위원회 위원 2002~2005년 광주은행 사외이사 2003~2004년 민주사회를위한변호사모임 광주전남지부 사무국장 2003년 전남대 법대 강사 2003년 광주시 행정심판위원회 위원, 同고문변호사(현) 2003~2005년 광주시도시공사 고문변호사 2003~2005년 광주지방보훈청 고문변호사 2004~2006년 5 · 18기념재단 이사 2004~2007년 광주여성민우회 대표이사, 전남도 규제개혁위원 2004년 광주KBS '열린 TV남도' 진행 2005년 국가위원회 성차별전문위원회 전문위원(현) 2005년 전남도 선거관리위원회 위원 2005년 광주고법 조정위원(현) 2006~2011년 同교육소청심사위원회 위원 2006~2008년 대통령자문 국가균형발전위원회 위원 2006~2008년 同지속가능발전위원회 갈등조정특별위원회 위원 2006~2011년 증권거래소 투자자문위원회 위원 2006~2010년 광주은행 법률고문 2010년 전남대 법학전문대학원 겸임교수(현) 2010년 광주지방국세청 국세심사위원회 위원(현) 2010년 광주여성희망포럼추진위원회 부위원장 2012~2013년 민주사회를위한변호사모임 광주전남지부장, 법무법인 이우스 수석변호사 2017~2019년 법무부 검찰과거사위원회 위원 2018년 국무총리소속 정부업무평가위원회 민간위원(현) 2019년 광주지방변호사회 회장(현) 2019년 연합뉴스 광주전남취재본부 콘텐츠자문위원(현), 법무법인 이우스 대표변호사(현), 중앙토지수용위원회 비상임위원(현)

임선영(女)

(생)1972 (주)경기도 성남시 분당구 판교역로 235 에이치스퀘어 N동 7층 카카오(02-6718-0677) (학)1995년 홍익대 교육학과졸 (경)1999년 인터넷한겨레 뉴스팀 근무 2004년 다음커뮤니케이션 뉴스에디터 2006년 同미디어팀장 2012년 同플랫폼전략Ubit장 2014년 同컨텐츠 Group장 2015년 카카오 미디어팀장 2016년 同포털부문 총괄부사장(현)

임선지(林善池 · 女) IM Seon Ji

(생)1968 · 11 · 4 (출)부산 (주)경기도 고양시 일산동구 장백로 209 의정부지방법원 고양지원(031-920-6114) (학)1987년 서울여고졸 1991년 이화여대 영어영문학과졸 1997년 고려대 법학과졸 (경)1997년 사법시험 합격(39회) 2000년 사법연수원 수료(29기) 2000년 서울지법 판사 2002년 同남부지원 판사 2004년 춘천지법 판사 2007년 의정부지법 고양지원 판사 2011년 서울중앙지법 판사 2011년 법원행정처 정책심의관 겸임 2013년 서울고법 판사 2015년 광주지법 목포지원 · 광주가정법원 목포지원 부장판사 2016~2017년 법원행정처 사법정책실 사법정책총괄심의관 겸임 2017년 의정부지법 고양지원 부장판사(현)

임성규

(생)1963 (주)경상남도 진주시 범골로 56 주택관리공단 사장실(055-923-3001) (학)서울신학대 사회사업학과졸, 同신학대학원 목회학과졸(M.div), 同대학원 신학과졸(Th.M) 2007년 선교신학박사(Th.D)(서울신학대) (경)2002~2008년 방아골종합사회복지관장 2007~2010년 서울복지시민연대 공동대표 2011~2012년 서울시사회복지사협회 회장 2012~2016년 서울시복지재단 대표이사, 경희대 공공대학원 객원교수 2018년 주택관리공단(주) 사장(현)

임성균(林聖均) LIM Sung Kyoon

(생)1953 · 10 · 21 (본)선산(善山) (출)광주 (주)서울특별시 강남구 테헤란로8길 21 신원빌딩 8층 세무법인 다솔(02-550-2000) (학)1973년 경기고졸 1981년 서울대 경영학과졸 1983년 同행정대학원졸 1988년 미국 브라운대 대학원 경제학과졸 2010년 경영학박사(가천대) (경)1981년 행정고시 합격(24회) 1982~1986년 경제기획원 대외협력계획과 · 해외협력위원회 근무 1988년 同심사평가국 사무관 1994년 재정경제원 경제정책국 서기관 1995년 경수로사업지원기획단 재정지원부 과장 1996년 駐태국대사관 재정경제관 2000년 대통령비서실 삶의질향상기획단 과장 2001년 재정경제부 세제실 국제조세과장 2002년 同세제실 조세지출예산과장 2004년 同기획관리실 혁신담당관(부이사관) 2005년 중앙공무원교육원 파견 2006년 국세심판원 상임심판관 2007년 국세청 개인납세국장(고위공무원) 2009년 同감사관 2009~2010년 광주지방국세청장 2011년 가천대 · 홍익대 초빙교수(현) 2011~2012년 세무법인 다솔 부회장 2012년 同회장(현) 2012~2018년 대림산업(주) 사외이사 겸 감사위원 2014~2016년 HMC투자증권 사외이사 2016년 KB국민카드 사외이사(현) 2016년 국제피플투피플 뉴서울챕터 부회장 2019년 同회장(현) (상)대통령표창(1994), 한국회계정보학회 올해의 우수논문상(2011), 근정포장(2011) (저)'회계학연습'(1982) (종)천주교

임성근(林成根) LIM Seong Geun

(생)1964·3·1 (본)나주(羅州) (출)경남 거제 (주)서울특별시 서초구 서초중앙로 157 서울고등법원(02-530-1033) (학)1982년 진주고졸 1986년 서울대 법과대학졸 (경)1985년 사법시험 합격(27회) 1988년 사법연수원 수료(17기) 1988년 육군 법무관 1991년 부산지법 판사 1994년 同동부지원 판사 1996~1997년 독일 트리어대 연수 1997년 부산지법 판사 1998년 창원지법 거창지원장 1999년 법원행정처 송무심의관 2002년 부산고법 판사 2003년 창원지법 부장판사 2004년 대법원 재판연구관 2006년 법원행정처 사법정책제3심의관 2007년 同형사정책총괄심의관 2009년 서울중앙지법 민사합의21부 부장판사 2010년 대구고법 형사1부 부장판사 2011~2013년 대법원 양형위원회 상임위원 2013년 서울고법 형사3부 부장판사 2014년 서울중앙지법 형사수석부장판사 2016년 서울고법 부장판사(현) (종)천주교

임성기(林盛基) LIM Sung Ki

(생)1940·3·1 (출)경기 김포 (주)서울특별시 송파구 위례성대로 14 한미약품(주) 회장실(02-410-9000) (학)1958년 통진종합고졸 1965년 중앙대 약대 약학과졸 1973년 고려대 경영대학원 수료 1989년 서울대 대학원 최고경영자과정 수료 (경)1967~1989년 약국 경영 1973~1994년 한미약품공업(주) 설립·대표이사 1975~1981년 통진학원 재단이사장 1984년 한미정밀화학 대표이사 1987년 의약품수출입협회 부회장 1992~1999년 신약개발연구조합 이사장 1995~2003년 한미약품공업(주) 회장 1997년 한국제약협회 수석부회장 1999~2001년 同회장 2003년 한미약품(주) 대표이사 회장(현) (상)대통령표창, 석탑산업훈장, 철탑산업훈장, 금탑산업훈장(1998), 경제정의실천시민연합 경제정의기업상 대상(2001), 인스티튜셔널인베스터 의료제약부분 '아시아 최고 CEO'(2008), 중앙언론동문상 특별상(2016) (종)기독교

임성기(林成基) LIM Seong Ki

(생)1961·6·15 (출)부산 (주)서울특별시 중구 장충단로 275 두산타워 31층 두산 법무실(02-3398-0862) (학)1979년 가야고졸 1983년 서울대 인문대 영어영문학과졸 1986년 同대학원 법학과졸 (경)1987년 사법시험 합격(29회) 1990년 사법연수원 수료(19기) 1990년 인천지검 검사 1992년 광주지검 순천지청 검사 1994년 부산지검 검사 1996년 제주지검 검사 1997년 법무부 인권과 검사 2000년 서울지검 검사 2002년 부산지검 부부장검사 2002년 창원지검 밀양지청장 2004년 同형사2부장 2005년 두산 법무실장(전무) 2009년 同법무실장(부사장) 2016년 同법무실장(사장)(현)

임성남(林聖男) Lim Sungnam

(생)1958·12·24 (출)서울 (주)서울특별시 종로구 사직로8길 60 외교부 인사기획관실(02-2100-7139) (학)서울 대신고졸 1981년 서울대 외교학과졸 1984년 同대학원 정치학과졸 1989년 미국 하버드대 대학원 정치학과졸 (경)1980년 외무고시 합격(14회) 1988년 駐미국 2등서기관 1993년 대통령비서실 파견 1995년 駐UN대표부 1등서기관 1997년 駐대만 참사관 2000년 외교통상부 문화협력과장 2001년 同북미3과장 2002년 同북미1과장 2002년 駐미국 참사관 2005년 외교통상부 북미국 한미안보협력관 2006년 대통령비서실 행정관 2006년 외교통상부 장관특별보좌관 2007~2008년 同북핵외교기획단장 겸 북핵담당대사 2008년 일본 도쿄대 정책연수 2009~2011년 駐중국 공사 2011년 외교통상부 한반도평화교섭본부장 2011~2013년 북핵6자회담 한국측 수석대표 2013년 외교부 한반도평화교섭본부장 2013년 駐영국 대사 2015~2018년 외교부 제1차관 2019년 駐아세안대표부 대사(현) (상)영국 로얄 빅토리아 기사 훈장(2013), 황조근정훈장(2016)

임성덕(任成德)

(출)전남 신안 (주)강원도 인제군 인제읍 인제로209번길 9 인제경찰서(033-460-9821) (학)1983년 조선대부고졸 1987년 경찰대 법학과졸(3기) (경)1987년 경위 임관 2008년 금융정보분석원 파견 2009년 강원 양구경찰서장(총경) 2011년 서울지방경찰청 3기동단장 2012년 서울 금천경찰서장 2013년 경찰청 수사구조개혁팀장 2015년 경기 일산경찰서장 2016년 경찰청 보안국 보안3과장 2016년 전남 나주경찰서장 2017년 전남지방경찰청 보안과장 2019년 강원 인제경찰서장(현)

임성문(林性文) LIM Sung Moon

(생)1968·8·5 (출)충남 부여 (주)대전광역시 서구 문예로 73 변호사회관 1103호 법무법인 베스트로(042-476-5400) (학)1985년 서대전고졸 1989년 충남대 법학과졸 1992년 同대학원 법학과 수료 (경)1998년 사법시험 합격(40회) 2001년 사법연수원 수료(30기) 2001년 춘천지법 강릉지원 판사 2004년 제주지법 판사 2008년 대전지법 판사 2011년 변호사 개업 2011~2015년 법무법인 인우 대전분사무소 변호사 2013~2015년 대전지방변호사회 감사 2015년 법무법인 베스트로 변호사(현) 2019년 충남 부여군 고문변호사(현)

임성민 Sungmin Lim

(생)1971·10·7 (본)평택(平澤) (출)서울 (주)세종특별자치시 도움5로 19 우정사업본부 예금사업단 예금증권운용과(044-200-8510) (학)잠실고졸 2001년 서울시립대 행정학과졸 2011년 미국 매사추세츠공과대 대학원 도시경제학과졸 (경)2001년 행정고시 합격(45회) 2003~2008년 정보통신부 국제우편과·주파수정책과·인터넷정책과 사무관 2008~2009년 지식경제부 유통물류과 사무관 2009~2011년 미국 매사추세츠공과대 교육파견 2012~2013년 지식경제부 소프트웨어융합과 서기관 2013년 미래창조과학부 소프트웨어진흥팀장 2015년 同우정사업본부 국제사업과장 2016년 동천안우체국장 2018년 과학기술정보통신부 우정사업본부 우편집배과장 2019년 同우정사업본부 예금사업단 예금증권운용과장(현) (상)정보통신부장관표창(2004·2007), 국방부장관표창(2015)

임성빈(任成彬) YIM Sung Bihn

(생)1958·10·15 (출)서울 (주)서울특별시 광진구 광장로5길 25-1 장로회신학대학교 총장실(02-450-0701) (학)1976년 경동고졸 1982년 장로회신학대 신학과졸 1984년 미국 루이빌장군회 신학대학원졸(M.A.) 1985년 장로회신학대 신학대학원졸(M.Div.) 1990년 同대학원졸(Th.M.) 1994년 철학박사(미국 프린스턴신학대) (경)1989~2000년 장로회신학대 신학과 강사·조교수·부교수 1998~2016년 문화선교연구원장 1999년 기독교윤리실천운동본부 집행위원 2000년 민주평통 자문위원 2000년 장로회신학대 기독교와문화 교수(현) 2002~2004년 同대외협력처장 2003년 미국 UCLA 객원교수 2003~2006년 장로회신학대 장신리더십아카데미원장 2005년 소망교회 협동목사 2005년 다일복지재단 이사 2005년 기독경영연구원 이사 2009~2011년 장로회신학대 목회전문대학원장 2009~2010년 서울기독교영화제 조직위원장 2010년 칼뱅탄생500주년기념총회 신학선언문집필위원회 전문위원장 2010~2016년 기독교윤리실천운동본부 공동대표 2011년 대한민국교육봉사단 공동대표(현) 2011~2016년 한반도평화연구원 부원장 2011~2013년 한국기독교윤리학회 회장 2012~2014년 장로회신학대 신학대학원장 2012~2016년 서울국제사랑영화제 조직위원장 2015년 미국 프린스턴신학대학원 이사(현) 2016년 장로회신학대 총장(현) (저)'현대 기독교윤리학의 동향'(1997, 예영커뮤니케이션) '현대문화의 한계를 넘어서'(1997, 예영커뮤니케이션) '흔들리

는 젊음, 결혼, 가정 바로 세우기'(1999, 예영커뮤니케이션) '경제위기를 넘어선 기독교 문화'(1999) '21세기의 책임윤리의 모색'(2002, 장로회신학대출판부) '통합적인 통일과 그리스도인들의 과제(共)'(2003, 예영커뮤니케이션) '21세기 문화와 기독교'(2004, 장신대 출판부) (역)'기독교윤리학의 역사'(2000, 한국장로교출판사) (종)기독교

임성빈(任成彬)

(생)1965 (출)부산 (주)세종특별자치시 국세청로 8-14 국세청 법인납세국(044-204-3300) (학)경남고졸, 서울대 경영학과졸 (경)1993년 행정고시 합격(37회) 2000년 중부지방국세청 조사1국 조사3과 근무 2006년 서울지방국세청 국제조사3과장 2006년 국세청 국제조사과장 2007년 수원세무서장 2008년 국외 훈련 2010년 서울지방국세청 조사2국 1과장 2010년 同운영지원과장 2012년 국세청 근로소득관리과장 2013년 同법무과장 2014년 同기획재정담당관 2014년 同기획재정담당관(부이사관) 2015년 서울지방국세청 감사관 2016년 국가공무원인재개발원 파견(고위공무원) 2016년 국세청 감사관(고위공무원) 2018~2019년 서울지방국세청 조사4국장 2019년 국세청 법인납세국장(현)

임성수(林星秀) Sung-Soo Lim

(생)1970 (주)서울특별시 성북구 정릉로77 국민대학교 소프트웨어융합대학 소프트웨어학부(02-910-4886) (학)1993년 서울대 컴퓨터공학과졸 1995년 同대학원 컴퓨터공학과졸 2002년 공학박사(서울대) (경)2000~2001년 미국 일리노이대 어바나샴페인교 객원연구원 2001~2004년 팜팜테크(주) 개발이사 2004년 국민대 컴퓨터학부 교수, 同소프트웨어융합대학 소프트웨어학부 교수(현) 2016년 同SW중심대학사업단장(현) 2017년 同소프트웨어융합대학장(현) 2019년 同소프트웨어융합대학원장(현)

임성순(任晟淳)

(생)1972·7·10 (출)서울 (주)대전광역시 서구 둔산중로 77 대전지방경찰청 청문감사담당관실(042-609-2217) (학)1995년 경찰대 법학과졸(11기) 2007년 연세대 법무대학원 형사사법학과졸 (경)1995년 경위 임용 2001년 경북 상주경찰서 경비교통과장(경감) 2003년 경찰청 법무과 법제계 근무 2007년 인천 연수경찰서 경비교통과장(경정) 2009년 서울 중부경찰서 교통과장 2010년 경찰청 경무담당관실 복무관리계장 2015년 同경무담당관실 경무계장 2016년 서울지방경찰청 치안지도관(총경) 2017년 경찰청 위기관리센터장 2017년 경북 청송경찰서장 2019년 대전지방경찰청 청문감사담당관(현) (상)국무총리표창(2010)

임성우(林成雨) Sean Sung woo lim

(생)1966·1·9 (출)경북 포항 (주)서울특별시 중구 남대문로 63 한진빌딩본관 18층 법무법인 광장(02-2191-3008) (학)1983년 경북고졸 1987년 서울대 사법학과졸 1995년 미국 코넬대 로스쿨졸(LL.M.) (경)1986년 사법시험 합격(28회) 1989년 사법연수원 수료(18기) 1989년 법무법인 광장 변호사(현) 1995년 미국 New York주 변호사자격 취득 1995년 미국 Perkins Coie ; Davis Wright Tremaine 소속 변호사 2009~2011년 Asia Pacific Regional Arbitration Group (APRAG) 사무총장, 대한상사중재원 중재인, 법무부 법무자문위원회 중재법개정특별분과위원회 위원, 국제중재실무회 부회장, 대한중재인협회 부회장, 싱가포르 국제중재법원 상임위원 2013~2015년 싱가포르 국제중재센터(SIAC) 중재법원 초대 상임위원 2013~2017년 공공데이터제공분쟁조정위원회 위원

임성재 Sungjae Im

(생)1998·3·30 (출)충북 청주 (학)천안고졸, 한국체육대 재학 중 (경)2007년 대한골프협회 공인 국내 최연소 홀인원 달성(당시 9세 113일) 2014~2015년 남자 골프 국가대표 2015년 한국프로골프(KPGA) 입회 2015년 KPGA 챌린지투어 우승 2016년 한국과 일본에서 동시 투어 데뷔 2017년 일본프로골프(JGTO) 아시안투어 레오팔레스21 미얀마오픈 공동 3위 2017년 JGTO투어 도켄홈메이트컵 4위 2017년 JGTO투어 던롭스릭슨 후쿠시마오픈 3위 2017년 KPGA투어 티업 지스윙 메가 오픈 공동 2위 2017년 JGTO투어 마이나비 ABC챔피언십 공동 2위 2018년 CJ대한통운 소속(현) 2018년 미국프로골프(PGA) 2부투어 웹닷컴 투어 우승 2018년 PGA투어 세이프웨이오픈 공동 4위 2019년 PGA투어 아놀드파머인비테이셔널 공동 3위 2019년 PGA투어 발스파 챔피언십 공동 4위 2019년 PGA투어 윈덤 챔피언십 6위 2019년 PGA투어 샌더슨 팜스 챔피언십 2위 2019년 KPGA투어 제네시스 챔피언십 우승 (상)PGA투어 철인상(Iron Man Award)(2019), 미국 프로골프(PGA) 투어 신인상 '아널드 파머 어워드'(아시아 국적 선수 최초)(2019)

임성준(任晟準) YIM Sung Joon

(생)1948·9·19 (출)서울 (주)서울특별시 서대문구 충정로 23 풍산빌딩 14층 리인터내셔날특허법률사무소(02-2279-3631) (학)1966년 서울고졸 1971년 서울대 외교학과졸 1976년 영국 옥스퍼드대 대학원 수료 1978년 일본 게이오대 대학원 수료 (경)1974년 외무부 사무관 1981~1989년 同동북아1과장·장관보좌관 1990~1993년 駐미국대사관 정무참사관 1993~1995년 대통령 외교비서관 1995년 외무부 미주국장 1996~1999년 駐이집트 대사 1999년 ASEM준비기획단 회의추진본부장 2001년 외교통상부 차관보 직대 2002~2003년 대통령 외교안보수석비서관 2003~2004년 외교안보연구원 연구위원 2004~2007년 駐캐나다 대사 2007년 외교통상부 본부대사 2007~2010년 한국국제교류재단 이사장 2010~2012년 한국외국어대 국제지역대학원 석좌교수 2010~2011년 同국제협력전략센터 소장 2010~2014년 LIG손해보험 사외이사 2011년 리인터내셔날특허법률사무소 상임고문(현) 2013년 한국유스호스텔연맹 총재(현) (상)황조근정훈장, 헝가리 정부 공로훈장(2010), 스페인 정부 공로훈장(2012) (종)기독교

임성준(林性俊) LIMB, Seong Joon

(생)1961·7·4 (주)서울특별시 동작구 흑석로 84 중앙대학교 경영경제대학 경영학부(02-820-5566) (학)1984년 연세대 경영학과졸 1986년 미국 텍사스대 대학원 경영학과졸 1994년 경영학박사(미국 텍사스대) (경)1986~1987년 미국 텍사스대 Research Assistant 1986~1992년 同조교 1995년 중앙대 경영학과 조교수·부교수·교수, 同경영경제대학 경영학부 교수(현) 1997년 한국전략경영학회 이사 2001~2002·2004~2006년 한국인사조직학회 부회장 겸 이사 2003년 (사)한국문화산업포럼 감사 2006년 (사)한국문화산업포럼 문화산업연구소장 2006~2007년 중앙대 경영연구소장 2007~2009년 同경영대학 경영학부장 2007년 同경영전문대학원 부원장 2007년 (주)티제이미디어 사외이사 2008년 한국전략경영학회 부회장·회장·상임이사 2013년 중앙대 경영경제대학장, 한국전략경영학회 전략경영연구편집위원장·편집위원, 한국경영학회 경영학연구경영전략분야 편집위원, 同경영저널 편집위원, 同상임이사, 同통일경영위원장·이사, 한국전략경영학회 고문·이사 (상)중앙대 교육상(2007), 대한민국문화콘텐츠 해외진출전략논문공모전 장려상(2007·2008), 한국경영학회 KBR BEST REVIEWER AWARD(2012) (저)'Creative and Innovative Approaches to the Science of Management(共)'(1993) '한국기업의 이해와 과제(共)'(1998, 삼성경제연구소) '동북아지역 글로벌네트

웍 구축 및 통신사업 진출전략(共)'(1999, 한국통신 경영연구소) '방송사 자회사운영체제 현황 및 개선안 연구'(2003, 방송문화진흥회) '엔터테인먼트경영론'(2006, 중앙대 공연영상사업단)

임성철(林成哲) LIM Seong Cheol

(생)1964·3·3 (출)서울 (주)서울특별시 양천구 신월로 386 서울남부지방법원(02-2192-1152) (학)1983년 덕수상고졸 1993년 성균관대 법학과졸 (경)1994년 사법시험 합격(36회) 1997년 사법연수원 수료(26기) 1997년 부산지법 판사 2001년 인천지법 판사 2004년 서울중앙지법 판사 2006년 서울남부지법 판사 2006년 프랑스 연수 2008년 서울고법 판사 2010년 서울중앙지법 판사 2012년 춘천지법 부장판사 2013년 同수석부장판사 2014년 수원지법 부장판사 2016년 서울중앙지법 부장판사 2019년 서울남부지법 부장판사(현)

임성택(林成澤) Sung Taek Lim

(생)1964·3·3 (출)경북 구미 (주)서울특별시 서대문구 충정로 60 KT&G 서대문타워 10층 법무법인(유) 지평(02-6200-1746) (학)1982년 양정고졸 1988년 서울대 공법학과졸 1992년 명지대 법학대학원졸 (경)1995년 사법시험 합격(37회) 1998년 사법연수원 수료(27기) 1998~2000년 법무법인 세종 변호사, 옷로비의혹사건 특별수사관, 공익광고협의회 위원, 한국민사집행법학회 이사, 로앤비 건설법무특강 강사, 윤이상평화재단 감사 2000~2008년 법무법인 지평 파트너변호사, 한국지식정보산업협회 이사(현), 통일부 개성공단법률자문회의 자문위원, 장애우권익문제연구소 법률위원(현), 한국청각장애인복지회 자문위원, 북한경제전문가100인포럼 회원, 북한법연구회 회원(현), 대한변호사협회 통일문제연구위원회 위원(현), 법무법인 지평지성 경영파트너변호사 2014~2018년 법무법인 지평 경영파트너변호사, 북한정책포럼 회원(현), 장애인법연구회 회장(현), (사)두루 이사(현), 연세대 로스쿨 겸임교수(현) 2017년 통일부 갈등관리심의위원회 위원(현) 2017년 同정책혁신위원회 위원(현) 2017년 법무부 정책위원회 인권분야 위원(현) 2018년 국가인권위원회 비상임위원(현) 2018년 법무법인(유) 지평 파트너변호사 2019년 同대표변호사(현) (저)'판례로 엮은 형법연습(共)'(1998, 박영사) '한국의 사회복지와 인권'(共) '민간보험상의 장애인 차별 실태조사' '한국의 공익인권소송(共)'(2010, 경인문화사)

임성호(林成浩) Seong-Ho Lim

(생)1959·3·5 (주)서울특별시 동대문구 경희대로 24 경희대학교 정치외교학과(02-961-0914) (학)1978년 경성고졸 1982년 서강대 정치외교학과졸 1985년 同대학원 정치학과졸 1995년 정치학박사(미국 매사추세츠공대) (경)1985~1986년 서강대·숙명여대 강사 1990~1993년 미국 하버드대 정치학과 Teaching Fellow 1993년 미국 매사추세츠공대 정치학과 조교 1993~1995년 미국 시몬스칼리지 정치학과 조교수 1995~1996년 서강대·중앙대 강사 1995년 한국정치학회 연구이사 1995~1996년 서울대 지역종합연구소 특별연구원 1996년 경희대 인류사회재건연구원 연구원 1996~2005년 同정치외교학과 조교수·부교수 1996년 미국정치연구회 회장 1997년 의회발전연구회 연구편집위원 1999년 경희대 대학원 정치학과 주임교수 2005년 同정치외교학과 교수(현) 2005년 同인류사회재건연구원장 2006년 경제정의실천시민연합 정치개혁위원회 위원장 2007~2013년 서울시 선거관리위원회 위원 2008년 한국정당학회 부회장 2009년 同회장 2011~2014년 경희대 교무처장 2013년 국회 정치쇄신자문위원회 위원 2014년 한국세계지역학회 회장 2014~2016년 국회입법조사처장(차관급) (상)근정포장(2014) (저)'지구화시대의 정당정치(共)'(2011, 한다D&P) '한국 국회와 정치과정(共)'(2010, 오름) '한국 선거 60년 : 이론과 실제(共)'(2011, 오름)

임성호(林成浩) Im, Sung Ho

(생)1960·9·12 (출)충남 (주)경기도 과천시 교육원로 11 한국수자원공사 한강권역부문(02-400-2204) (학)1980년 군산고졸 1985년 성균관대 토목공학과졸 (경)1989년 한국수자원공사 입사 2008년 同기획조정실 기술기획팀장 2009년 同아라뱃길운영처 운영관리팀장 2011년 同아라뱃길운영처 항만운영팀장 2012년 同아라뱃길사업처장 2014년 同송산건설단장 2015년 同경인아라뱃길본부장 2016년 同한강권역이사(상임이사)(현) (상)국토교통부장관표창(1999·2010), 경인아라뱃길준공유공 산업포장(2012)

임성환(林成桓) Lim sung whan (망나니)

(생)1965·10·12 (본)경주(慶州) (출)서울 동대문구 (주)경기도 수원시 팔달구 효원로 1 경기도의회(031-8008-7000) (학)신진공고졸, 부천대학 건축과 중퇴 2018년 서울신학대 사회복지대학원 사회복지학과졸 (경)(사)민족문제연구소 부천지부장, 문재인 대통령후보 문화관광특별위원회 위원, 법무부 부천·김포범죄피해자지원센터 운영위원 2014년 새정치민주연합 경기도당 교육환경개선위원장 2014년 同부천원미乙지역위원회 직능위원장 2014~2018년 경기 부천시의회 의원(새정치민주연합·더불어민주당) 2015년 더불어민주당 경기도당 교육환경개선위원장 2015년 同부천원미乙지역위원회 직능위원장 2018년 경기도의회 의원(더불어민주당)(현) 2018년 同문화체육관광위원회 위원(현) (상)법무부장관표창(2016), 더불어민주당 1급포상(2017) (종)천주교

임세령(林世玲·女)

(생)1977·8·13 (본)조양(兆陽) (주)서울특별시 동대문구 천호대로 26 대상(주) 식품BU 임원실(02-2220-9500) (학)서문여고졸, 연세대 경영학과 중퇴, 미국 뉴욕대 심리학과졸 (경)2010년 대상에이치에스(주) 대표 2012년 대상(주) 식품사업전략담당 크리에이티브디렉터(상무) 2016년 同식품BU 마케팅담당 전무(현) 2017년 同초록마을 마케팅담당 전무 겸임(현)

임세진(林世鎭) LIM Se Jin

(생)1962·3·10 (주)서울특별시 성북구 화랑로13길 60 동덕여자대학교 약학대학 약학과(02-940-4070) (학)1984년 중앙대 약학과졸 1992년 미국 위스콘신대 메디슨교 대학원 약학과졸 1994년 의약화학박사(미국 위스콘신대 메디슨교) (경)1986~1988년 한국동프랑제약(주) 근무 1988~1994년 미국 위스콘신대 약학대학 조교 1994~1995년 미국 아리조나대 화학과 연구박사 1995~2006년 동덕여대 약학대학 약학과 조교수·부교수 1998년 대한약학회 편집간사 2000~2003년 한국펩타이드학회 기획운영위원 2002~2003년 식품의약품안전청 중앙약사심의위원회 위원 2003년 대한약학회 학술간사 2006년 동덕여대 약학대학 약학과 교수(현) 2006~2007·2013~2014년 同기획처장 2010·2018년 同약학대학장(현) 2019년 同교무처장 겸 교육혁신원장 겸 평생교육원장(현) (저)'유기의약품화학(각론)'(1996, 유기의약품화학 편집위원회) '유기의약품화학(총론)'(1997, 유기의약품화학편집위원회) '유기의약품화학-문제집'(1998, 유기의약품화학편집위원회) '유기의약품화학(각론) 3개정판'(1999, 유기의약품화학편집위원회) (역)'유기화학(Organic Chemistry)'(1996)

임세호(林歲虎)

(생)1976·12·21 (출)경남 산청 (주)경기도 안산시 단원구 광덕서로 73 수원지방검찰청 안산지청 형사3부(031-481-4487) (학)1995년 장훈고졸 2001년 고려대 법학과졸 (경)2000년 사법시험 합격(42회) 2003년 사법연수원 수료(32기) 2003년 공익법무관 2006년 제주지검 검사 2008년 춘천지검

영월지청 검사 2010년 인천지검 검사 2012~2016년 의정부지검 검사 2014~2016년 국민권익위원회 파견 2016년 서울중앙지검 검사 2017년 同부부장검사 2018년 의정부지검 고양지청 부부장검사 2019년 수원지검 안산지청 형사3부장(현)

임송학(林松鶴) LIM Song Hak

(생)1962·2·8 (본)나주(羅州) (출)경북 영천 (주)세종특별자치시 도움5로 20 중앙행정심판위원회(044-200-7036) (학)1980년 경북고졸 1985년 한양대 정치학과졸 1988년 同대학원 교육학과졸 2005년 성균관대 대학원 법학 박사과정 수료 (경)1986년 행정고시 합격(30회) 1987~1995년 총무처·경북도청 근무 1995년 법제처 총무과 근무, 국회사무처 파견 1998년 법제처 사회문화법제국 법제관 2000년 同법제기획담당관 2004년 同사회문화법제국 법제관(부이사관) 2005년 세종연구소 파견 2006년 법제처 법제정책팀장 2006년 同법제지원단장 2007년 헌법재판소 파견(고위공무원) 2009년 법제처 사회문화법제국 법제심의관 2010년 同법령해석정보국장(고위공무원) 2012년 同경제법제국장 2013년 제18대 대통령직인수위원회 국정기획조정분과 전문위원 2013년 법제처 기획조정관 2017년 同행정법제국장 2018년 국민권익위원회 중앙행정심판위원회 상임위원(현) (상)대통령표창(1999), 홍조근정훈장(2006) (저)'입법과정론(共)'(2000)

임수경(林秀卿·女) LIM, SU-KYUNG

(생)1968·11·6 (출)서울 (주)서울특별시 마포구 신수로 56 사람사는세상 노무현재단(1688-0523) (학)1986년 서울 진명여고졸 1993년 한국외국어대 불어과졸 1997년 서강대 언론대학원졸 2004년 한국방송통신대 법학과졸 2003년 한국외국어대 대학원 신문방송학 박사과정 수료 (경)1995년 문익환목사기념사업회 사무국장 2001~2008년 방송위원회 남북방송교류추진위원 2002~2005년 언론인권센터 이사 2002~2010년 한국외국어대 언론정보학부 강사 2003~2005년 월간 '해인' 객원기자 2009~2010년 성공회대 신문방송학과 외래교수 2010년 사람사는세상노무현재단 상임운영위원(현) 2012~2016년 제19대 국회의원(비례대표, 민주통합당·민주당·새정치민주연합·더불어민주당) 2012년 국회 행정안전위원회 위원 2013년 국회 외교통일위원회 위원 2013년 국회 미래창조과학방송통신위원회 위원 2014년 국회 안전행정위원회 위원 2014년 국회 여성가족위원회 위원 2015년 국회 메르스대책특별위원회 위원 2015년 새정치민주연합 대외협력위원회 부위원장 2015년 국회 평창동계올림픽및국제경기대회지원특별위원회 위원 2015년 더불어민주당 대외협력위원회 부위원장 (저)'임수경 스토리'(2016, 휴먼앤북스)

임수빈(任秀彬) IM Soo Bin

(생)1961·7·3 (본)풍천(豊川) (출)서울 (주)서울특별시 종로구 새문안로 68 흥국생명빌딩 8층 태광그룹 정도경영위원회(02-3406-0203) (학)1980년 서울 장충고졸 1984년 서울대 법학과졸 1986년 同대학원 법학과졸 2017년 법학박사(서울대) (경)1987년 사법시험 합격(29회) 1990년 사법연수원 수료(19기) 1990년 서울지검 검사 1992년 청주지검 충주지청 검사 1994년 서울지검 동부지청 검사 1997년 법무부 국제법무심의관실 검사 1998년 同검찰1과 검사 2000년 서울지검 남부지청 검사 2002년 同남부지청 부부장검사 2002년 춘천지검 속초지청장 2004년 서울중앙지검 부부장검사 2005년 부산지검 형사4부장 2006년 대검찰청 공안2과장 2007년 同공안1과장 2008~2009년 서울중앙지검 형사2부장 2009년 변호사 개업 2010년 법무법인 동인 구성원변호사 2017~2018년 법무부 법무·검찰개혁위원회 위원 2017~2018년 법무법인 서평(瑞平) 구성원변호사 2018년 태광그룹 정도경영위원회 위원장(사장)(현) (저)'검사는 문관이다'(2017, 스리체어스)

임수석(任洙奭) Lim Soo-suk

(생)1968·2·1 (출)서울 (주)서울특별시 종로구 사직로8길 60 외교부 인사운영팀(02-2100-7141) (학)관악고졸 1992년 한국외국어대 영어과졸 1996년 미국 코네티컷대 대학원 국제관계학과졸 (경)1991년 외무고시 합격(25회) 1991년 외무부 입부 1998년 駐러시아 2등서기관 2001년 駐아랍에미리트 1등서기관 2005년 駐영국 1등서기관 2008년 외교통상부 유라시아과장 2010년 기획재정부 남북경제과장 2011년 미래기획위원회 외교안보국장 2012년 駐벨기에 유럽연합참사관 2015년 외교부 유럽국 심의관 2016년 同유럽국장 2018년 駐그리스 대사(현)

임수식(任秀植) IM Soo Sik

(생)1961·4·17 (출)전남 해남 (주)서울특별시 강남구 테헤란로87길 36 도심공항타워 15층 법무법인(유) 로고스(02-2188-2816) (학)1979년 성남고졸 1984년 서울대 법학과졸 (경)1983년 사법시험 합격(25회) 1985년 사법연수원 수료(15기) 1986년 軍법무관 1989년 서울지법 의정부지원 판사 1991년 서울민사지법 판사 1993년 광주지법 순천지원 판사 1995년 광주고법 판사 1996년 서울지법 동부지원 판사 1997년 서울고법 판사 1999년 대법원 재판연구관 2001년 광주지법 부장판사 2002년 사법연수원 교수 2005년 서울동부지법 부장판사 2007~2008년 서울중앙지법 부장판사 2008년 법무법인(유) 로고스 변호사(현) 2012년 행정안전부 소청심사위원회 비상임위원 2013년 안전행정부 소청심사위원회 비상임위원

임수희(林秀姬·女)

(생)1970·1·25 (출)서울 (주)충청남도 천안시 동남구 청수14로 77 대전지방법원 천안지원(041-620-3000) (학)1987년 인천 인화여고졸 1994년 서울대 의류학과졸 (경)2000년 사법시험 합격(42회) 2003년 사법연수원 수료(32기) 2003년 인천지법 예비판사 2005년 同판사 2007년 광주지법 장흥지원 판사 2010년 인천지법 판사 2012년 인천지법 부천지원 판사 2014년 서울중앙지법 판사 2017년 서울남부지법 판사 2018년 대전지법·대전가정법원 천안지원 부장판사(현)

임숙빈(任淑彬·女) IM Sook Bin

(생)1956·9·1 (출)서울 (주)대전광역시 중구 계룡로771번길 77 을지대학교 간호학과(042-259-1713) (학)1979년 서울대 간호학과졸 1988년 同대학원 간호학과졸 1997년 간호학박사(서울대) (경)1979~1992년 서울대병원 근무 1987~1991년 서울대 의대 외래강사·조교수 1992~1998년 서울보건대 전임강사·조교수 1997년 미국 워싱턴대 간호대학 방문교수 1998~2002년 을지의과대 간호학과 부교수 1999년 同간호학과장 2002~2007년 同간호학과 교수 2002년 同간호대학장 2004~2007년 同임상간호대학원장 2007년 을지대 간호학과 교수(현) 2007년 同임상간호대학원장 2011년 同간호대학장(현) 2012년 한국간호과학회 부회장 2014~2015년 同회장 2015년 대통령소속 국가생명윤리심의위원회 생명존중헌장제정을위한특별위원회 위원

임숙영(林淑英·女) LIM Sook Young

(생)1969·2·16 (주)세종특별자치시 도움4로 13 보건복지부 보건산업정책국 보건산업정책과(044-202-2910) (학)선일여고졸, 서울대 간호학과졸, 미국 미네소타대 대학원 보건경영학과졸 (경)1996년 행정고시 합격(40회) 2004년 보건복지부 국제협력담당관실 사무관 2005년 同보건의료정책본부 보험정책팀 사무관 2006년 同보험연금정책본부 보험정책팀 서기관 2007년 同보건산업육성사업단 보건의료서비스혁신팀장 2007년 同보건산업기술팀장 2008년 보건복지

가족부 사회복지정책실 지역복지과장 2009년 同사회복지정책실 사회서비스기반과장 2009년 同아동청소년가족정책실 아동청소년자립과장 2010년 同사회복지정책실 사회서비스사업과장 2010년 보건복지부 사회서비스정책관실 사회서비스사업과장 2010년 同저출산고령사회정책실 요양보험제도과장 2013년 同사회복지정책실 기초의료보장과장 2014년 同장애인정책국 장애인자립기반과장 2015년 同기획조정실 창조행정담당관 2015년 대통령 보건복지비서관실 행정관 2017년 보건복지부 건강정책국 건강증진과장 2018년 同보건산업정책국 보건산업정책과장(현)

임승관(林承寬) Seung-Kwan Lim

(생)1974·1·11 (주)경기도 안성시 남파로 95 경기도의료원 안성병원(031-8046-5000) (학)1999년 아주대 의대졸 2011년 아주대 대학원 의학석사 (경)2007~2008년 서울아산병원 임상강사 2008~2018년 아주대 의대 감염내과학교실 조교수 2017년 경기도 감염병관리본부 자문위원(현) 2018년 수원시 감염병관리실무협의회 위원(현) 2018년 아주대병원 감염관리실장 2018년 경기도의료원 안성병원장(현)

임승규(林承奎) Lim Seung Kyu

(생)1963·9·9 (주)경상북도 포항시 남구 동해안로 6261 (주)포스코 전략기획본부 재무실(054-220-0114) (학)1979년 진주 대아고졸 1989년 부산대 회계학과졸 (경)1988년 (주)포스코 광양제철소 경리부 입사 2002년 同중국 스테인리스법인 파견(현지법인 CFO), 同중국 부두법인장 2011년 同경영분석그룹장(부장) 2013년 同재무기획그룹장(상무보) 2014년 同가치경영실 재무기획담당 상무보 2015년 同재무투자본부 재무위원(상무) 2015년 同가치경영실 해외사업관리담당 상무 2016년 同가치경영센터 해외사업관리실장(상무) 2018년 同가치경영센터 해외사업관리실장(전무) 2019년 同전략기획본부 재무실장(전무)(현)

임승근(林承根)

(생)1961·9·15 (출)경기 평택 (주)경기도 수원시 팔달구 효원로 119 더불어민주당 경기도당(031-244-6501) (학)평택기계공고졸, 한경대 조경공학과졸, 同산업대학원 조경공학과졸, 중앙대 산업경영대학원 수료 (경)국호영문표기바로잡기남북토론후원회 회원, 대임종합건설 대표이사, 평택시건설업협의회 감사, 수원지검 평택지청 범죄예방위원 2002년 수원지법 평택지원 민사조정위원(현) 2006·2010~2014년 경기 평택시의회 의원(민주당·민주통합당·민주당·새정치민주연합) 2008~2010년 同산업건설위원장 2012~2014년 同부의장 2016년 더불어민주당 경기평택시甲지역위원회 위원장(현)

임승순(任勝淳) LIM Sung Soon

(생)1954·7·7 (출)대전 대덕 (주)서울특별시 강남구 영동대로 517 아셈타워 22층 법무법인 화우(02-6003-7124) (학)1972년 서울고졸 1977년 서울대 법대졸 2002년 경희대 법과대학원졸 (경)1977년 사법시험 합격(19회) 1979년 사법연수원 수료(9기) 1979~1982년 軍법무관 1982년 서울지법 북부지원 판사 1984년 서울민사지법 판사 1986년 춘천지법 강릉지원 판사 1988년 서울가정법원 판사 1989년 서울고법 판사 1991년 대법원 재판연구관 1993년 부산지법 부장판사 1996~1999년 사법연수원 교수 1999~2000년 서울행정법원 부장판사 1999년 세법연구회 심사위원(현) 2000~2003년 법무법인 화백 조세·행정팀장 2000~2004년 국세심판원 비상임심판관 2001년 사법연수원 강사 2001년 영산대 강사 2002~2005년 국무총리 행정심판위원 2003~2008년 서울대 법과대학원 조세법 강사 2003~2010년 법무법인 화우 변호사 2005~2007년 국세청 과세전적부심사위원회 위원 2005~2008년 재정경제부 국세예규심사위원회 민간위원 2006~2008년 서울지방국세청 조세법률고문 2007~2014년 법제처 법령해석심의위원회 위원 2008~2011년 대한변호사협회 이사 2009~2010년 기획재정부 고문변호사 2010~2011년 인하대 법학전문대학원 조세법 강사 2010~2016년 대한변호사협회 세제위원회 위원 2010~2014년 신용협동중앙회 기금관리위원 2010년 법무법인 화우 대표변호사(현) 2011~2015년 기획재정부 국세예규심사위원회 위원 2011~2014년 중부지방국세청 고문변호사 2012년 법제처 국민법제관(법령해석분야) 위원(현) 2013년 한국중부발전(주) 법률고문(현) 2013~2014년 중부지방국세청 조세법률고문 2013년 세계법조인명록(Who's Who Legal 2013) 법인세분야 한국대표변호사 선정 2017~2019년 서울대 법대 겸임교수 2019년 (주)케이씨텍 사외이사(현) (상)알버트넬슨 마르퀴즈 평생공로상(2017·2018) (저)'과세처분의 무효사유' '조세법(개정판)'(2013, 박영사)

임승철(林承喆) Lim Seungcheol

(생)1965·10·26 (본)평택(平澤) (주)대전광역시 유성구 대덕대로 481 국립중앙과학관 전시연구단(042-601-7894) (학)1983년 명지고졸 1987년 서울대 공대 원자핵공학과졸 1989년 한국과학기술원(KAIST) 원자력공학과졸(석사) 1993년 원자력공학박사(한국과학기술원) (경)1993~2005년 과학기술부 사무관·서기관 2005~2006년 同원자력통제팀장 2006~2008년 同부총리 겸 장관 비서관 2008~2011년 駐독일대사관 본분관 교육과학관 2011년 교육과학기술부 방사선안전과장 2011~2013년 대통령 과학기술비서관실 행정관 2013년 미래창조과학부 연구공동체지원과장 2014년 同장관 비서실장 2016년 駐오스트리아공화국대사관 및 駐빈국제기구대표부 공사참사관(고위공무원) 2019년 과학기술정보통신부 국립중앙과학관 전시연구단장(현) (상)외교통상부장관표창(2009), 근정포장(2011)

임승철 Seungcheol LIM

(생)1969·10·1 (주)서울특별시 종로구 사직로8길 60 외교부 인사기획관실(02-2100-7141) (학)1988년 보성고졸 1996년 서울대졸 2004년 한국개발연구원 국제정책대학원 정책학과졸 2005년 미국 시라큐스대 대학원 행정학과졸 (경)2000년 공직 입문(사무관) 2008년 駐리비아 참사관 2010년 駐영국 영사 2012~2013년 국제곡물이사회 의장 2013년 駐이스라엘 참사관 2017년 외교부 재외동포영사국 재외국민안전과장 2017년 駐니가타 부총영사(현)

임승철(任乘徹)

(생)1975·9·12 (출)경북 영천 (주)서울특별시 양천구 신월로 390 서울남부지방검찰청 금융조사1부(02-3219-2431) (학)1994년 대구 경신고졸 1999년 서울대 경제학과졸 (경)1999년 사법시험 합격(41회) 2002년 사법연수원 수료(31기) 2002~2007년 공익 공익법무관 2007년 수원지검 안산지청 검사 2009년 대구지검 검사 2011년 서울중앙지검 검사 2014년 대검찰청 검찰연구관 2016년 부산지검 부부장검사 2017년 금융위원회 파견 2018년 대전지검 부장검사 2019년 서울남부지검 금융조사1부장(현)

임시규(林時圭) LIM Si Gooy

(생)1960·6·27 (출)전북 진안 (주)서울특별시 종로구 사직로8길 39 세양빌딩 김앤장법률사무소(02-3703-4528) (학)1979년 전주고졸 1983년 서울대 법대졸 1993년 일본 와세다대 연수 (경)1983년 사법시험 합격(25회) 1985년 사법연수원 수료(15기) 1986~1989년 軍법무관 1989~1991년 서

울지법 의정부지원 판사 1991~1993년 서울민사지법 판사 1993년 전주지법 군산지원 판사 1993~1996년 대전지법 판사 1996년 대전고법 판사 1996~1997년 서울지법 판사 1997~1998년 서울고법 판사 겸 법원행정처 사법정책연구심의관 1998년 서울고법 판사 1998~1999년 법원행정처 송무심의관 1999~2001년 서울고법 판사 2001~2003년 청주지법 영동지원장 2003~2006년 사법연수원 기획총괄 교수 2006~2007년 서울중앙지법 부장판사 2006년 언론중재위원회 중재위원 2007~2009년 부산고법 부장판사 2009~2010년 서울고법 부장판사 2009년 법조윤리협의회 위원 2010~2011년 법원행정처 사법정책실장 2011~2012년 법원행정처 사법지원실장 2012년 사법연수원 수석교수 2012년 김앤장법률사무소 변호사(현) 2015년 한국방송공사 보도국 자문변호사(현) 2017년 대한상사중재원 중재인(현) 2018년 감사원 국민감사청구심사위원회 위원장(현)

임신숙(林信淑 · 女) IM Shin Sook

(생)1957 · 4 · 28 (주)경상북도 경산시 하양읍 하양로 13-13 대구가톨릭대학교 음악대학 관현악과(053-850-3831) (학)1980년 대구가톨릭대 음대졸, 독일 쾰른음대 대학원졸 (경)1983년 대구가톨릭대 음대 강사 1984~1992년 대구시립교향악단 차석단원 1992년 대구가톨릭대 음악대학 관현악과 교수(현) 2005년 同음악대학장, 대구실내악연구회 단원(현), 대구관현악협회 이사(현), 국제클라리넷협회 회원(현) 2015년 대구가톨릭대 음악대학 관현악과장 2016~2017 · 2018년 同음악대학장(현) 2019년 同예술대학원장(현)

임실기(林實基)

(생)1967 · 4 · 3 (출)경북 (주)인천광역시 부평구 굴포로 104 삼산경찰서(032-509-0321) (학)1985년 경북 김천고졸 1990년 동국대 경찰행정학과졸 (경)1993년 경위 임용(경찰간부후보 41기) 1999년 경감 승진 2008년 서울 강서경찰서 생활안전과 경감(외근지도) 2008년 인천 중부경찰서 형사과장(경정) 2010년 인천 남동경찰서 형사과장 2011년 인천지방경찰청 수사과 마약수사대장 2011년 인천 계양경찰서 형사과장 2014년 인천지방경찰청 생활안전계장 2016년 同경무과 치안지도관 2017년 교육파견 2017년 경기북부지방경찰청 경무과 치안지도관(총경) 2017년 울산지방경찰청 형사과장 2018년 인천지방경찰청 외사과장 2019년 인천 삼산경찰서장(현)

임안식(林安植) LIM An Sik

(생)1954 · 12 · 20 (출)서울 (주)서울특별시 서초구 서초중앙로22길 46 선인빌딩 5층 법무법인 매헌(02-3486-9490) (학)1973년 경기고졸 1977년 서울대 법대졸 1990년 미국 조지워싱턴대 법대졸 1996년 미국 스탠퍼드대 방문학자과정 수료 (경)1979년 사법시험 합격(21회) 1981년 사법연수원 수료(11기) 1982년 공군 법무관 1984년 부산지검 검사 1987년 광주지검 순천지청 검사 1987년 법제처 파견 1990년 서울지검 검사 1991년 서울보호관찰소장 겸 서울지검 고등검찰관 1993년 대전지검 강경지청장 1993년 광주지검 순천지청 부장검사 1994년 청주지검 부장검사 1995년 수원지검 공판부장 1995년 해외연수 1996년 미국 스탠포드대 로스쿨 Visiting Scholar 1996년 부산지검 강력부장 1997년 법무부 인권과장 1998년 서울지검 서부지청 형사3부장 1999년 同서부지청 형사2부장 2000년 창원지검 통영지청장 2001년 인천지검 부천지청 차장검사 2002년 서울고검 검사 2002년 대구지검 제2차장검사 2003년 서울고검 검사 2004년 광주지검 순천지청장 2005년 법무법인 바른 변호사 2013~2016년 KB손해보험(주) 상임법률고문, 법무법인 매헌 대표변호사(현) 2017년 두산연강재단 감사(현) 2017년 사회복지법인 라파엘클리닉 이사(현) (상)홍조근정훈장(2004)

임양택(林陽澤) LIM Yang Taek

(생)1948 · 11 · 5 (출)인천 (주)서울특별시 성동구 왕십리로 222 한양대학교 경제금융대학 경제금융학부(02-2220-1029) (학)1967년 부산고졸 1971년 고려대 정치외교학과졸 1978년 경제학박사(미국 조지아주립대) (경)1977년 미국 애틀랜타대 경제학과 강사 1978년 미국 유니언대 경제학과 조교수 1979~2013년 한양대 경제금융대학 조교수 · 부교수 · 경제금융학부 교수 1984~1986년 보건사회부 국민복지연금실시준비위원 1988~2005년 국방부 국방정책자문위원 1989년 월간 '민족지성' 편집인 겸 발행인 1992~1995년 재정경제부 금융발전심의회 위원 1999년 흥사단 민족통일운동본부 정책연구위원장 2000년 한국북방학회 회장 2001년 도산아카데미연구원 사회발전연구회장 2002~2006년 미국 오클라호마주 명예副지사 2003년 한국조폐공사 사외이사 2006~2019년 흥사단 민족통일운동본부 공동대표 2009~2011년 우리투자증권(주) 사외이사 2009년 (사)아시아경제협력재단 이사장 2010년 (사)아시아평화경제연구원 이사장(현) 2010년 International Institute for Advanced Studies 이사(현) 2012~2014년 한국예탁결제원 상임감사 2013년 민주평통 자문위원 2014년 한양대 경제금융대학 경제금융학부 명예교수(현) 2019년 흥사단 민족통일운동본부 고문(현) (상)백남학술상(2002), 미국 BWW Society '세계 문제 및 해결 학술상'(2002), 백두산문인협회 시부문 신인문학상(2006), IIAS국제학술대회 우수학술상 · 올해의저서상(2008), 백두산문인협회 수필부문 신인문학상(2010) (저)'거시경제학' '통계학' '미시경제학' '아시아 대예측' '비전없는 국민은 망한다' '제3의 통일방안' 'Korea in the 21st Century' '한국의 비전과 국가경영전략' '퀴바디스 도미네: 성장 · 복지 · 통일을 위한 청사진' '한국형 복지사회를 위한 청사진' '글로벌 경제와 한반도 위기' (종)기독교

임연철(林然哲) LIM Yeon Cheol

(생)1948 · 8 · 28 (출)충남 논산 (학)1967년 서울사대부고졸 1972년 서울대 사학과졸 2002년 중앙대 대학원 예술경영학석사 2006년 공연예술학박사(성균관대) (경)1974년 중앙일보 기자 1978년 동아일보 기자 1985년 미국 하버드대 동양어문학과 Visiting Fellow 1987년 同문화부 차장 1992년 同문화부장 1997년 同편집국 부국장 1997~1998년 국무총리실 정책평가위원 1997~1999년 한국신문윤리위원회 위원 1998년 동아일보 논설위원 1999~2001년 同사업국 국장대우 2001년 同사업국장 2007~2008년 중앙대 예술대학원 초빙교수 2007년 한나라당 이명박대통령후보 언론특보 2009~2012년 국립중앙극장장 2010~2011년 (재)국립극단 · 국립오페라단 · 국립발레단 · 국립합창단 · 서울시향 이사 2012~2014년 숙명여대 문화관광학부 초빙교수 2012년 대전시 문화예술자문관 2014~2017년 건양대 기초교육대학 인문융합교육학부 대우교수 2017~2019년 서초문화예술회관 초대 관장 2019년 미국 드류대 Florence Allen Bell Scholar Award 연구원(현) (상)대통령표창(2010) (저)'문화예술홍보론'(2007, 커뮤니케이션북스) '예술경영(共)'(2013, 커뮤니케이션북스) (역)'문화예술마케팅(共)'(2007, 커뮤니케이션북스) '극장경영(共)'(2011, 커뮤니케이션북스) '뮤지엄 매니지먼트(共)'(2011, 커뮤니케이션북스) (종)기독교

임영규(任榮圭) YIM Young Kyu (牛川人)

(생)1936 · 2 · 21 (출)전남 보성 (학)1955년 순천고졸 1959년 중앙대 경제학과졸 (경)1958~1962년 동화통신 차장 1964년 한국관광협회 업무과장 1966~1972년 동화통신 사진부장 · 월간(동화그라프) 부장 · 출판부국장 1974~1980년 합동통신 업무부장 · 부국장대우 1981년 연합통신 업무부국장 1987년 同업무국장 1991~1993년 同상무이사

임영득(任煐得) IM Young Duk

(생)1932·4·10 (본)장흥(長興) (출)전남 해남 (주)서울특별시 서초구 서초대로50길 66 세무법인 김용(02-523-3300) (학)1956년 서울대 정치학과졸 (경)1956년 고등고시 사법과·행정과 합격 1956~1967년 재무부 국유재산과장·소공동세무서장·재무부 세제과장 1968~1969년 인천·서울세관장 1969년 재무부 세관국장 1970~1972년 전매청·국세청 기획관리관 1972년 무임소장관실 정무관리관 1974~1975년 농수산부 식산·농정 차관보 1975년 변호사 개업(현) 1975년 세무사 개업 1975년 변리사 개업 1979년 제10대 국회의원(해남·진도, 무소속 당선·공화당 입당) 1979·1985년 한국세무사회 회장(3회) 1985년 제12대 국회의원(전국구, 민주정의당) 1985년 민주정의당 중앙위원회 재정금융분과위원장 1986년 한국생활조세연구소 소장 1986년 민주정의당 국책평가위원회 경제위원장 2011년 세무법인 김용 세무사 2012년 同공동대표세무사(현) (상)녹조근정훈장, 서울지방변호사협회 명덕상(2015) (저)'조세법연구' '한국세제의 합리화에 관한 연구' '조세판례연구'

임영록(林永錄) Im Young-rok

(생)1964·9 (출)경남 합천 (주)서울특별시 강남구 테헤란로 521 파르나스타워 21층 (주)신세계프라퍼티(02-6921-1624) (학)1983년 진주고졸 1987년 성균관대 정치외교학과졸 1999년 同대학원 경영학과졸 2008년 부동산학박사(강원대) (경)1997년 신세계건설(주) S.C개발영업팀 입사 1999년 (주)신세계 경영지원실 기획담당 개발팀 과장 2005년 同경영지원실 기획담당 개발2팀 부장 2009년 同경영지원실 개발담당 상무보 2011년 신세계그룹 경영전략실 개발팀장(상무) 2013년 同전략실 개발·신사업PJT(상무) 2015년 (주)신세계프라퍼티 부사장보 2016년 同대표이사(현)

임영문(林英文) LEEM Young Moon

(생)1963·10·5 (출)서울 (주)경기도 포천시 자작로 155 경기대진테크노파크(031-539-5002) (학)1982년 한성고졸 1986년 연세대 수학과졸 1989년 同대학원 이학과졸 1996년 공학박사(미국 텍사스주립대) (경)1986~1990년 연세대 강의조교·연구조교 1996년 미국 텍사스주립대 자동화로보트연구소 선임연구원 1997년 同연구교수 1997~2009년 강릉대 산업공학과 부교수·교수 2003~2007년 同정보정산원장 2008년 同산학협력단장 2009~2014년 강릉원주대 산업정보경영공학과 교수 2009년 同산학협력단장 2014년 경기대진테크노파크 원장(현) (상)대한안전경영학술상(2006) (종)기독교

임영문(林永文) LIM Young Mun

(생)1964·5·15 (주)서울특별시 종로구 인사동7길 32 SK건설(주)(02-3700-7114) (학)신일고졸, 고려대 경영학과졸, 미국 선더버드대 대학원 경영학과졸(MBA) (경)SK(주) 근무, SK케미칼 근무 2009년 SK건설(주) 재무실장(상무) 2013년 同재무지원총괄 전무 2015년 同기획재무부문장 2016년 同경영지원부문장·CSO(기업보안담당 최고책임자)·CISO(정보보호최고책임자)(부사장) 겸임 2017년 同경영지원부문장(부사장) 2019년 同각자대표이사 사장(현) 2019년 同경영지원부문장 겸 경영지원담당 사장(현) 2019년 대한건설협회 이사 겸 부회장(현)

임영미(林英美·女) LIM Young Mi

(생)1967·12·7 (출)경기 과천 (주)세종특별자치시 한누리대로 422 고용노동부 산재예방보상정책국 산재예방정책과(044-202-7682) (학)1990년 이화여대 정치외교학과졸 1993년 同대학원 정치외교학과졸 (경)1997년 행정고시 합격(41회) 2001~2003년 노동부 노사협력과·법무담당관실 사무관, 同산업안전보건국 안전보건정책팀 사무관 2007년 同정책홍보관리본부 혁신성과관리단 사무관 2009년 同인적자원개발과 계좌제추진팀장(서기관) 2010년 고용노동부 인적자원개발과 계좌제추진팀장 2010년 여성가족부 여성인력개발과장 2011년 고용노동부 기획조정실 행정관리담당관 2012년 同고용정책실 여성고용정책과장 2013년 충남지방노동위원회 사무국장 2013년 국외훈련(과장급) 2015년 중부지방고용노동청 성남지청장 2015년 고용노동부 청년여성고용정책관실 청년취업지원과장 2017년 同노동정책실 고용차별개선과장 2019년 同산재예방보상정책국 산재예방정책과장(부이사관)(현) (상)대통령표창

임영섭(林永燮) RHEEM Young Sup (솔)

(생)1961·6·15 (본)평택(平澤) (출)광주 (주)서울특별시 중구 세종대로 124 한국언론진흥재단 신문유통원(02-2001-7705) (학)1979년 광주 서석고졸 1984년 전남대 무역학과졸 2007년 광주대 언론홍보대학원졸 2009년 전남대 전자상거래학 박사과정 수료 (경)1987년 호남교육신문 취재부 차장 1988년 전남일보 편집국 기자 1993년 同정치부 차장대우·사회부 차장대우 1995년 同사회부 차장 1996년 同경제부 차장 1997년 同사회부 지역팀장 1998년 同부장대우 사회부장 2001년 同부장대우 정경부장 2002년 同부장대우 논설위원 2004년 同사회부장 2006년 同경영기획담당 부국장대우 2008년 同경영기획담당 국장 2013년 저널리즘혁신포럼 회장(현) 2013~2018년 한국디지털뉴스협회 집행위원장 2013~2018년 전남일보 전무이사 2019년 한국언론진흥재단 신문유통원장(현) (상)이달의 기자상, 한국기자상, 광주전남 기자상 금상, 한국언론재단 공로상, 광주대 특별공로상, 한국신문협회상, 지역신문컨퍼런스 우수사례 은상(2013) (저)'세계농촌을 가다'(共) '벼랑끝 지방언론 활로는 없나' '뉴미디어 시대의 블루오션 전략'

임영수(林英壽) Lim Young-Soo

(생)1953·5·20 (출)전남 (주)전라남도 무안군 삼향읍 오룡길 1 전라남도의회(061-286-8200) (학)여수상고졸, 순천제일대학 경영정보학부졸 (경)보성중총동문회 부회장, 보성군재향군인회 부회장, 보성밀알회 회장, 보성군장애인후원회 이사(현), 보성초 운영위원장, 박주선 국회의원 선거대책위원장, 보성청년회의소 회장, 민주당 전남도당 상무위원 1998·2002·2006·2010~2014년 전남 보성군의회 의원(민주당·민주통합당·민주당·새정치민주연합) 2004년 同의장 2012년 同행정자치위원장 2014년 새정치민주연합 보성군지역위원회 부위원장 2014~2018년 전남도의회 의원(새정치민주연합·더불어민주당) 2014년 同교육위원회 위원 2015년 同예산결산특별위원회 위원 2016~2018년 同예산결산특별위원회 부위원장 2016~2018년 同윤리특별위원회 위원 2016~2018년 同안전건설소방위원회 위원, 더불어민주당 전남도당 상무위원 2018년 전남도의회 의원(더불어민주당)(현) 2018년 同안전건설소방위원회 위원장(현), 同여수순천 10.19사건특별위원회 위원(현) (종)천주교

임영수(林榮秀) IM Young Soo

(생)1958·3·1 (출)경남 의령 (주)경상남도 창원시 성산구 창이대로689번길 4-3 대성빌딩 법무법인 동현(055-275-0001) (학)1976년 경남고졸 1980년 서울대 법대졸 1982년 同법과대학원 수료 (경)1985년 사법시험 합격(27회) 1988년 사법연수원 수료(17기) 1988년 부산지검 검사 1990년 마산지검 진주지청 검사 1992년 서울지검 북부지청 검사 1994년 창원지검 검사 1995년 독일연방 법무부 베를린 외청 연수 1996년 가야법률서비스 대표변호사, 법무법인 동현 대표변호사(현) 2003년 창원지방변호사회 섭외이사 2005년 同부회장 2007~2009년 경남지방변호사회 회장, 기술신용보증기금 창원·김해 기술평가센터 고문, 창원시 민원조정위원회 위원

임영웅(林英雄) LIM Young Woong

(생)1934 · 10 · 13 (본)전주(全州) (출)서울 (주)서울특별시 마포구 와우산로 157 소극장 산울림(02-334-5915) (학)1954년 서울 휘문고졸 1955년 서라벌예대 중퇴 (경)1955년 '사육신' 연출 · 데뷔 1958년 세계일보 · 조선일보 · 대한일보 문화부 기자 1963년 동아방송 드라마 PD 1969년 한국연극협회 이사 1970년 극단 '산울림' 창단 1973년 KBS TV연예부 차장 · 라디오국 차장 · 제작위원 1977년 한국연극협회 부이사장 1985년 소극장 '산울림' 창단 · 대표(현) 1991년 한국연극연출가협회 초대회장 1992년 한국연극협회 이사장 1999년 대한민국예술원 회원(연극 · 현) 1999~2005 · 2006년 한 · 일문화교류회의 한국측위원 2001년 단국대 초빙교수 2001년 문화관광부 21세기문화정책위원 2004년 국립극단 자문위원회 위원장 2010~2013년 (재)국립극단 이사 (상)한국백상예술대상 대상, 대한민국 문화예술상, 김수근 문화상, 대한민국예술원상, 동랑연극상, 파라다이스상 문예부문, 보관문화훈장, 금관문화훈장(2016), 2019 만해대상 문예대상(2019) (작)연출 유치진 작 '사육신' 막스프리쉬 작 '전쟁이 끝났을 때' 예그린 악단창작뮤지컬 '살짜기 옵서예' 오태석 작 '환절기' 베케트 작 '고도를 기다리며' 차범석 작 '산불' 최인호 작 '가위 바위 보' 이강백 작 '쥬라기의 사람들' 보봐르 작 '위기의 여자' 박완서 작 '그대 아직도 꿈꾸고 있는가' 이강백 작 '자살에 관하여' 김형경 작 '담배 피우는 여자' 김영수 작 '혈맥' (종)기독교

임영은(林榮殷) Im Yeong Eun

(생)1964 · 3 · 21 (주)충청북도 청주시 상당구 상당로 82 충청북도의회(043-220-5116) (학)진천농고졸 2007년 주성대학 관광과졸, 우석대 경영학과 재학 중 (경)김종률 국회의원 보좌관, 문백면새마을지도자협의회 부회장, 진천농다리지킴이 회장 2010년 충북도의원선거 출마(민주당) 2018년 충북도의회 의원(더불어민주당)(현) 2018년 同산업경제위원회 부위원장(현)

임영조(林榮助) Lim, Yeong Jo

(생)1973 · 2 · 3 (본)평택(平澤) (출)전남 여수 (주)세종특별자치시 다솜2로 94 농림축산식품부 규제개혁법무담당관실(044-201-1542) (학)1992년 여수고졸 2000년 서울대 농경제학과졸 2010년 미국 뉴욕주립대 대학원 행정학과졸 (경)2002년 농림축산식품부 사무관 2011년 同서기관 2014년 국립농산물품질관리원 기획조정과장 2014년 농림축산식품부 국가식품클러스터추진팀장 2016년 FAO(유엔식량농업기구) 고용휴직(서기관) 2019년 농림축산식품부 규제개혁법무담당관(현)

임영주(林榮柱) Lim, Young-Joo

(생)1959 · 11 · 17 (출)전남 여수 (주)전라남도 무안군 삼향읍 오룡길 1 전라남도의회 사무처(061-286-8300) (학)1977년 여수고졸 1986년 건국대 농과대학졸 2002년 전남대 대학원 원예학과졸 2011년 농학박사(전남대) (경)1985년 기술고시 합격(21회) 1987년 전남도 내무국 총무과 농림기좌 1988년 同식산국 잠업특작과 특작계장 1992년 同기획관리실 농어촌대책담당관실 홍보지도계장 1993년 同농산국 원예특작담당관실 과수계장 1994년 同농정국 농업정책과 영농조직계장 1998년 전남도농촌진흥원 농산물원종장장 1998년 전남도 농정국 농산유통과장 2000년 同농정국 농업정책과장 2000년 同농정국장 직대 2002년 담양군 부군수(지방서기관) 2004년 국가전문행정연수원(고위정책과정) 파견 2005년 전남도 농정국장(지방부이사관) 2008년 국방대 교육파견 2009년 전남도 농림식품국장 2014년 광양시 부시장 2015년 전남도의회 사무처장(이사관)(현) (상)대통령표창(1993), 홍조근정훈장(2006)

임영진(林英珍) Young Jin LIM

(생)1953 · 3 · 19 (출)전북 전주 (주)서울특별시 동대문구 경희대로 23 경희대학교병원 신경외과(02-958-8381) (학)배재고졸, 경희대 의대졸, 同대학원졸, 의학박사(경희대) (경)경희대 의대 신경외과학교실 교수(현), 同의대 신경외과학교실 주임교수, 경희대병원 신경외과장 2007~2009년 대한정위기능신경외과학회 회장, 대한감마나이프학회 회장 2009~2011년 대한노인신경외과학회 회장 2010년 경희대병원장 2010~2012년 대한병원협회 총무이사 2011~2012년 대한방사선수술학회 회장 2011년 사립대학의료원장협의회 총무이사 2011년 미국 세계인명사전 'Marquis Who's Who in the World'에 등재 2012~2015년 경희의료원장 겸 경희대병원장 2012년 대한병원협회 학술위원장 2013년 대한신경중환자의학회 회장 2014년 사립대학교의료원협의회 회장 2014~2016년 대한신경외과학회 이사장 2014~2018년 대한병원협회 부회장 2015~2018년 경희대 의무부총장 겸 경희의료원장 2015~2018년 상급종합병원협의회 회장 2017년 대한병원협회 정책위원장 2018년 同회장(현), 보건복지부 보건의료일자리특별위원회 전문위원(현), 경희의료원 감마나이프센터 소장(현) (상)미국 인명정보기관(ABI) the 2011 Award of Excellence(2011), 107학군단 자랑스러운 ROTCian상(2011), 자랑스러운 ROTCian(2012), 자랑스러운 배재인상(2012), ROTC Leaders World 대상(2014), 리더스월드 대상(2014), 창조병원경영대상(2015), 연세를 빛낸 동문상(2016), 국민훈장 모란장(2016)

임영진(林永鎭) Lim Young Jin

(생)1960 · 11 · 2 (주)서울특별시 중구 을지로 100 파인에비뉴 신한카드(주) 사장실(02-6950-1004) (학)1979년 수성고졸 1986년 고려대 경영학과졸 (경)1986년 신한은행 입행 1991년 同종합기획부 대리 1993년 同오사카지점 과장 1997년 同후쿠오카지점 부지점장 2000년 同비서실장 2003년 同오사카지점장 2008년 同영업부장 2009년 同영업추진부장 2010년 同경기동부영업본부장 2011년 同경영지원그룹 전무 2013년 同경영지원그룹 부행장 2013년 同WM그룹 부행장 2016년 신한금융지주회사 부사장 2017년 신한카드(주) 대표이사 사장(현)

임영진(林榮鎭) Lim, Young-Jin

(생)1971 · 4 · 14 (본)평택(平澤) (출)광주 (주)세종특별자치시 갈매로 477 기획재정부 재정관리국 타당성심사과(044-215-5410) (학)1990년 광주 동신고졸 1998년 성균관대 경제학과졸 (경)2000년 목포세관 조사심사과장 2001년 관세청 심사정책국 심사정책과 사무관 2001년 同통관지원국 특수통관과 사무관 2003년 기획예산처 재정개혁국 산하기관정책과 사무관 2005년 同성과관리본부 총사업비관리팀 사무관 2007년 同재정운용실 기금운용계획과 서기관 2008년 기획재정부 예산실 지역예산과 서기관 2009년 同예산실 지식경제예산과 서기관 2010년 중앙공무원교육원 교수 2012년 대통령직속 지역발전위원회 정책총괄과장 2015년 기획재정부 예산실 지방재정팀장 2016년 同재정기획국 중기재정전략과장 2017년 대통령 정책실장실 행정관 2019년 기획재정부 재정관리국 타당성심사과장(현) (상)기획예산처장관표창(2004), 대통령표창(2009)

임영철(任英喆) YIM Young Chul

(생)1957 · 4 · 15 (본)풍천(豊川) (출)대구 (주)서울특별시 종로구 종로3길 17 디타워 23층 법무법인 세종(02-316-4629) (학)1976년 경북고졸 1980년 서울대 법대졸 1988년 同대학원 법학과졸 (경)1981년 사법시험 합격(23회) 1983년 사법연수원 수료(13기) 1983년 서울지법 북부지원 판사 1985년 서울민사지법 판사 1987년 법제처 파견 1988년 춘천지법 영월지원 판사 1990년 서울가정법원 판사 1992년 서울지법 동부지원 판사 1992년 미국

스탠퍼드대 로스쿨 객원연구원 1994~1995년 한국형사정책연구원 사법정책연구실장 1995년 서울고법 판사 1996년 공정거래위원회 법무심의관 1997년 同심판관리관 1999년 同정책국장 2000년 해외연수 2001년 공정거래위원회 송무기획단장 2001년 同하도급국장 2002~2007년 법무법인 바른 변호사 2004년 서울시교육청 소청심사위원 2004년 중앙인사위원회 행정심판위원 2004년 정부혁신지방분권위원회 공정거래기능조정T/F 위원 2005년 공정거래위원회 혁신관리자문위원 2005년 교통방송 시청자위원회 부위원장 2005년 방송위원회 분쟁조정위원 2006년 행정자치부 정책자문위원회 행정혁신분과 위원 2007~2013년 법무법인 세종 변호사 2008년 한국소비자보호원 비상임이사 2009~2015년 현대자동차(주) 사외이사 겸 감사위원 2013년 법무법인 세종 대표변호사(현) 2019년 (주)BGF리테일 사외이사(현) (상)공정거래위원회 노조 선정 '바람직한 공정인상'(2001), 영국 체임버스앤드파트너스 선정 '한국 최고 공정거래 변호사', 국내 20대 로펌 대표 선정 '이 시대 최고 전문변호사'(2007) (저)'넥스트코리아 - 대통령의 나라에서 국민의 나라로' '공정거래법 - 해설과 논점'

임영철(林泳澈)

(생)1974·3·18 (출)울산 (주)경상북도 포항시 북구 법원로 181 대구지방법원 포항지원(054-251-2502) (학)1993년 학성고졸 2002년 서울대 경제학과졸 (경)1998년 공인회계사 합격(33회) 2001년 사법시험 합격(43회) 2004년 사법연수원 수료(33기) 2004년 의정부지법 고양지원 예비판사 2005년 서울고법 예비판사 2006년 서울중앙지법 판사 2008년 부산지법 판사 2011년 수원지법 판사, 서울행정법원 판사, 법원행정처 정보화심의관 2015년 서울동부지법 판사 2017년 서울중앙지법 판사, 서울고법 판사 2019년 대구지법 포항지원·대구가정법원 포항지원 부장판사(현)

임영혁(任永赫) Im, Young-Hyuck

(생)1958·10·17 (주)서울특별시 강남구 일원로 81 삼성서울병원 연구부원장실(02-3410-3445) (학)1977년 중앙고졸 1984년 서울대 의대졸 1993년 同대학원 의학석사 1996년 의학박사(서울대) (경)1987~1991년 서울대병원 인턴·내과 레지던트 1991~1992년 同혈액종양내과 전임의 1992~1997년 원자력병원 혈액종양내과 2과장 1997~2000년 미국 국립보건원 국립암센터 연수 2000~2010년 성균관대 의대 내과학교실 부교수 2005~2009년 삼성서울병원 유방암센터장 2007~2011년 대한항암요법연구회 유방암분과장 2010~2014년 한국임상암학회 교육위원장 2010년 성균관대 의대 내과학교실 교수(현) 2011~2013년 삼성서울병원 혈액종양내과장 2014년 국립암센터 암정복추진기획단 암임상연구전문위원장 2015년 삼성서울병원 연구부원장 겸 미래의학연구원장(현) 2016~2018년 대한종양내과학회(KACO) 이사장 (상)사노피아벤티스 학술상(2012) (저)'호지킨병'(2003, 서울대 의과대학)

임영혁

(생)1962 (출)충남 부여 (주)서울특별시 종로구 창경궁로 117 더케이손해보험(주)(02-6670-8400) (학)대성고졸, 충남대졸 (경)1988년 한국교직원공제회 입사(총무과·개발과·경영지원부·기획조정실 근무) 2012년 더케이손해보험 경영지원본부장, 한국교직원공제회 감사실장, 同대체투자부장 2018년 더케이손해보험(주) 대표이사(현)

임영현(林英賢·女) LIM Young Hyun

(생)1959·5·26 (출)서울 (주)서울특별시 금천구 디지털로 130 남성프라자 514호 (주)지오엠씨 사장실(02-586-6871) (학)1978년 이화여고졸 1979년 이화여대 영어영문학과 중퇴 1996년 연세대 경영자아카데미 수료 1997년 고려대 언론대학원 최고위언론과정 수료 2006년 중국 칭화대 e-캠퍼스 최고경영자과정 수료 2006년 포천중문의과대 대체의학대학원 특별과정 이수 2007년 서울과학종합대학원 CEO최고위과정 수료 2008년 미국 펜실베이니아대 와튼스쿨 최고경영자과정 수료 (경)1984년 (주)선경 해외사업본부 근무 1988년 한국경제사회연구소 근무 1991년 (주)대양이앤씨(現 (주)지오엠씨) 입사 1996년 同총괄이사 2001년 同대표이사 2001년 한국법무보호복지공단 비상임이사(현) 2005년 同출소자주거지원심사위원회 위원장 2005년 법무부 소년보호교육정책자문단 회장 2012년 (주)지오엠씨 대표이사 사장(현) 2014년 (사)한국수면산업협회 회장(현) (상)법무부장관표창(2002), 서울서부지검장 감사패(2005), 국무총리표창(2006), 국민훈장 목련장(2015) (종)천주교

임영호(林永浩) Lim Young-Ho

(생)1963·3·25 (출)전남 영광 (주)서울특별시 서초구 서초중앙로24길 27 법무법인 율정(02-587-8500) (학)1981년 신흥고졸 1988년 고려대 법대졸 (경)1988년 사법시험 합격(30회) 1991년 사법연수원 수료(20기) 1991년 인천지법 판사 1994년 서울지법 동부지원 판사 1995년 전주지법 정읍지원 판사 1997년 同부안·고창군법원 판사 1998년 同정읍지원 판사 1998년 서울행정법원 판사 2002년 서울고법 판사 2004년 대법원 재판연구관 2009년 춘천지법 강릉지원장 2010~2011년 서울중앙지법 부장판사 2011년~2015년 고려대 법학전문대학원 겸임교수 2011년 법무법인 다담 대표변호사 2013년~2017년 중앙행정심판위원 2014년 법무법인 율정 대표변호사(현) 2014년~2016년 서울지방국세청 국세심사위원 2015년~2017년 민주화운동관련자 명예회복 및 보상심의위원 2016년 충북대 법학전문대학원 겸임교수(현) 2017년 (사)동사모2018 홍보대사(현)

임영호 IHM YEONG HO

(생)1963·9·4 (주)울산광역시 울주군 삼남면 반구대로 163 삼성SDI(주) 중대형전지사업부(055-380-2334) (학)달성고졸, 경북대 전자공학과졸 (경)2006년 삼성전자(주) 메모리플래시설계팀장(상무보) 2011년 同메모리사업부 플래시설계팀장(전무), 同메모리사업부 품질보증실장(전무) 2015년 同메모리사업부 품질보증실장(부사장) 2015년 삼성SDI(주) 품질보증실장(부사장) 2018년 同중대형전지사업부장(부사장)(현)

임완기(林完奇) LIM WAN KI (重山)

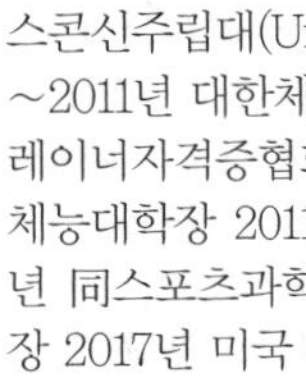

(생)1957·5·13 (본)나주(羅州) (출)서울 (주)충청남도 아산시 배방읍 호서로79번길 20 호서대학교 사회체육학과(041-540-5862) (학)1976년 용산고졸 1980년 서울대 체육교육학과졸 1986년 同대학원 운동생리학과졸 1996년 운동생리학박사(서울대) (경)1980~1993년 연서중·서대문중·성동기계공고·한성과학고 교사 1993년 호서대 사회체육학과 전임강사·조교수·부교수·교수(현) 1993년 한국특수체육학회 이사 2000년 생활체육충남줄다리기연합회 회장 2001~2008년 미국 위스콘신주립대(Univ. of Wisconsin at Eau Claire) 교환교수 2003~2011년 대한체력관리학회 회장·명예회장 2008년 국제퍼스널트레이너자격증협회(NSCA코리아) 회장(현) 2011~2014년 호서대 예체능대학장 2011~2013년 同생활체육지도자연수원장 2015~2017년 同스포츠과학대학원장 2015~2016년 한국운동생리학회 부회장 2017년 미국 세계인명사전 'Marquis Who's Who in the World'에 등재 (상)서울시교육감표창(1988), 생활체육협의회 전국연합회장표창(1999) (저)'장애인 체력육성'(1992, 유연상사) '운동과 성인병'(1993, 태근문화사) '건강관리'(1996, 태근문화사) '스포츠의학'(1996, 도서출판 홍경) '성인의 건강관리'(1997, 태근문화사) '운동처방'(1998, 태근문화사) '이벤트 창업 및 레크리에이션 지도자 과정 연수교재'(1998, 호서대 중소기업 연구소) '운동 생리학'(2000,

도서출판 홍경) '퍼펙트 배드민턴'(2000, 도서출판 홍경) '레포츠 용어사전'(2000, 한국체육과학연구소) 'Winning Badminton Doubles'(2001, 도서출판 홍경) '근력 트레이닝과 컨디셔닝'(2002, 대한미디어) '성공적인 사업을 위한 퍼스널 트레이닝'(2004, 도서출판 홍경) '저항운동의 이해'(2004, 도서출판 홍경) '성인병과 운동처방'(2004, 도서출판 홍경) '퍼스널 트레이닝의 정수'(2005, 도서출판 대한미디어) '체력육성을 위한 퍼펙트 웨이트 트레이닝'(2006, 도서출판 홍경) '퍼펙트 볼운동'(2009, 광림북하우스) 'NSCA-CPT 연습시험집 제1권'(2010, 광림북하우스) '퍼펙트서스펜션 트레이닝'(2010, 광림북하우스) (종)개신교

임완수(林完洙) LIM Wan Soo (旿談)

(생)1943·2·11 (본)부안(扶安) (출)충남 연기 (주)경기도 수원시 팔달구 권선로 733 LD그린토피아 7층 중부일보 회장실(031-230-2001) (학)1963년 청주대 법학과졸 1992년 고려대 대학원 최고경영자과정 수료 1994년 서울대 대학원 최고경영자과정 수료 1997년 고려대 최고언론과정 수료 2006년 명예 경영학박사(중앙대) (경)1963~1966년 신풍중 교장 직대 1981~1994년 대림건설(주) 대표이사 1987~1991년 수원시 자문위원회 부위원장 1989~1994년 경기일보 이사 1992~1995년 경기도테니스협회 회장 1994~2011년 대림건설(주) 회장 1994~1998년 새마을운동중앙협의회 경기도 회장 1994~1998년 중부일보 대표이사 사장 1998년 同회장(현) 2006년 (사)오담도서보급운동본부 이사장(현) 2006년 (재)오담장학회 이사장(현) 2009년 (사)신경기운동중앙회 총재(현), JTBC 경기·인천보도총국 회장(현) (상)국무총리표창(2회), 총무처장관표창, 새마을훈장 자조장, 세계한민족 체육대회 봉사상 (종)유교

임왕준(林王俊) LIM Wang Joon

(생)1954·11·5 (출)서울 (주)서울특별시 중구 청구로 136-1 도서출판 이숲(02-2235-5580) (학)1973년 서울 중앙고졸 1980년 연세대 불어불문학과졸 1983년 同대학원졸 1985년 프랑스 니스대 불어불문과 D.E.A박사과정 수학 1988년 문학박사(프랑스 파리소르본느대) 1993년 프랑스 파리제8대학 생드니 철학 박사과정 수료 (경)1981년 문화공보부 홍보조정실 근무 1982~1983년 駐韓미국대사관 상무관실 상무보좌관 1994년 (주)서로인터내셔널 대표 1997년 J-TV(전주방송) 편성제작부장 1998년 이수인터내셔널 대표 2000년 (주)디지털샘터 기획실장 2001년 (주)샘터 기획실장 2005년 同이사 겸 편집주간 2006년 同상무이사 겸 주간 2009년 도서출판 이숲 대표(현) (저)'북회귀선' (역)'사랑'(2003) '그리스 로마 철학자들의 삶과 죽음의 명장면'(2003) '하느님, 왜?'(2006) '메피스토펠레스와 양성인'(2006) '지식인은 왜 자유주의를 싫어하는가' (종)천주교

임용경(林容慶) Lim Yong Kyoung

(생)1947·2·20 (본)부안(扶安) (출)인천 (주)인천광역시 계양구 계산로 62 경인교육대학교(032-540-1200) (학)인천교육대졸, 서울국제대학 경제학과졸, 서울대 대학원 국민윤리교육과졸, 교육학박사(서울대) (경)포천지현초·인천석남초·인천서흥초·인천석암초·강남종합고·부평서여자중 교사, 인하대·전북대·강원대·서울대·서울교대·경인교대 시간강사, 인천교대 윤리교육과 전임강사·조교수·부교수·교수 1997년 중국 북경사범대학 방문교수 1998~1999년 한국방송통신대 출석수업 강사 1998년 (재)부평문화재단 이사 1999년 인천교대 미추홀장학회 회원 1999~2001년 同학생처장 1999년 BK21핵심분야 심사위원 2000~2010년 인천시 종합자원봉사센터 운영위원 2001년 인천교대 윤리교육과 학과장 2001~2002년 중국 베이징수도사범대 교환교수 2002년 인천교대 윤리교육과 학과장 겸 대학원 주임 2002년 휴대전화를 통한 언어·문화봉사단(BBB) 회원(현) 2003~2012년 경인교대 윤리교육과 교수 2004·2009~2010년 중국 안휘성지주사범학원 한국어과 초빙교수·명예교수 2005년 경인교대 대학원 윤리교육과 주임교수 2005년 안산양지초 초등교과특성화교육·중국어 교육정책연구학교 자문위원 2005~2007년 인천시종합자원봉사센터 운영위원 2006~2013년 한국국민윤리학회 부회장 2006년 경기도안양교육청 교과연구회 도덕과자문교수 2006년 김포석정초 국제교류협의위원(중국) 2006년 駐韓중국대사관 교육처 자문위원 2006·2008년 한국도덕윤리교육학회 회장 2007년 경인교대 윤리교육과 학과장 2007년 한국윤리학회 이사 2008년 한국윤리학회 부회장 2008년 교육과학기술부 초등교육과정심의위원 2008~2010년 2007개정교육과정에의한교과용도서 검정심의회 위원장 2012년 경인교대 명예교수(현) 2015년 민주평통 자문위원 2017년 송파문화원 바둑강사(현) 2018년 한국자유총연맹 인천시지부 전문교수(현) (상)인천시교원단체연합회 연공상(2000), 황조근정훈장(2012) (저)'국민학교 도덕과교육(共)'(1991, 형설출판사) '민주시민을 위한 윤리·도덕(共)'(1992, 형설출판사) '도덕교육론(共)'(1993·1995, 보경문화사) '이념과 체제(共)'(1996) '도덕교육론(共)'(1998, 무진신서) '도덕·윤리교과교육학개론(共)'(1998, 교육과학사) '도덕과 교육론(共)'(1999, 무진컴스) '도덕과 교육론(共)'(2002, 양서원) '한글 한자세대를 위한 일석이조 중국어'(2004, 대원문화) '중국초등도덕교육'(2011, 양서원) (역)'道德 價值教育의 教授模型(共)'(1989, 교육과학사) '인격교육과 덕교육(共)'(1995, 배영사)

임용규(林龍圭) LIM Young Kyu

(생)1962·11·27 (본)평택(平澤) (출)경기 이천 (주)광주광역시 동구 준법로 7-12 광주고등검찰청(062-231-3114) (학)1982년 수성고졸 1986년 고려대 법대졸 (경)1991년 사법시험 합격(33회) 1994년 사법연수원 수료(23기) 1994년 수원지검 검사 1996년 청주지검 제천지청 검사 1997년 서울지검 의정부지청 검사 1999년 서울지검 검사 2001년 부산지검 검사 2002년 일본 중앙대 Visiting Scholar 2004년 서울남부지검 검사 2006년 수원지검 부부장검사 2007년 전주지검 군산지청 부장검사 2008년 전주지검 부장검사 2009년 대전지검 공판부장 2009년 수원지검 안양지청 형사3부장 2010년 춘천지검 부장검사 2011년 서울고검 검사 2012년 울산지검 형사1부장 2012년 의정부지검 형사3부장 2013년 부산지검 형사2부장 2014년 서울중앙지검 부장검사 2015년 수원지검 형사2부장 2016년 대구고검 검사 2018년 창원지검 중요경제범죄조사단장 2018년 광주고검 검사(현) (상)검찰총장표창(1997·2001), 법무부장관표창(2001)

임용모(任容模) YIM Yong Mo

(생)1966·2·26 (출)서울 (주)경기도 고양시 일산동구 호수로 523 법원공무원교육원 원장실(031-920-5000) (학)1984년 성동고졸 1988년 연세대 법학과졸 1996년 同대학원 법학과졸 2007년 同대학원 법학 박사과정 수료 (경)1992년 법원 행정고시 합격(12회) 1993~2001년 법원행정처·사법연수원·서울고법·서울남부지법·인천지법 법원사무관 2001년 서울서부지법 서대문등기소장(법원서기관) 2002년 서울중앙지법 형사국 형사합의과장 2003년 법원행정처 법정국 공탁법인과장 2005년 법원공무원교육원 교수 2007~2008년 미국 아메리칸대 로스쿨 V.S과정 수료 2008년 인천지법 북인천등기소장 2009년 법원행정처 기획조정실 조직심의관(법원부이사관) 2012년 서울서부지법 사무국장 2013년 특허법원 사무국장 2013년 同사무국장(법원이사관) 2013년 법원행정처 사법등기심의관 2014년 서울고법 사무국장 2017년 서울중앙지법 사무국장 2018년 법원공무원교육원 원장(차관급)(현)

임용수(任龍洙) Lim Yung Sue

(생)1965 · 10 · 22 (주)전라남도 무안군 삼향읍 오룡길 1 전라남도의회(061-286-8200) (학)원광대 법과대학 법학과졸, 전남대 행정대학원 행정학과졸, 행정학박사(목포대) (경)하얀나라 대표(현), 민주당 함평지역위원회 상무위원, 함평군볼링협회 회장, 함평읍청년회 회장, 함평로타리클럽 감사, 함평군생활체육회 이사, 신안산업 대표, 참신한유통 대표, 국제클럽함평로타리 회원(현), 함평군게이트볼연합회 회장 2007년 전남 함평군의원선거 출마(재 · 보궐선거, 대통합민주신당) 2010~2014년 전남 함평군의회 의원(민주당 · 민주통합당 · 민주당 · 새정치민주연합) 2012년 同경제건설위원장 2014~2018년 전남도의회 의원(새정치민주연합 · 더불어민주당) 2014년 同교육위원회 위원 2015~2018년 同예산결산특별위원회 위원 2016년 더불어민주당 전남도당 수석대변인(현) 2016~2018년 전남도의회 농림해양수산위원회 위원 2018년 전남도의회 의원(더불어민주당)(현), 同한빛원전특별위원회 위원 겸 보건복지환경위원회 위원(현) 2019년 대통령소속 자치분권위원회 정책자문위원(현)

임용택(林龍澤) Yong Taick Yim

(생)1952 · 3 · 21 (출)전남 무안 (주)전라북도 전주시 덕진구 가리내로 5 전북은행 은행장실(063-250-7023) (학)1970년 서울고졸 1978년 성균관대 영어영문학과졸 (경)1995년 대신증권 기업금융, 국제금융부장 1996년 同영업부장 1996~1997년 Lim & Partners 대표이사 1997~1999년 토러스투자자문(주) 대표이사 2000~2005년 토러스벤처캐피탈(주) 대표이사 2005~2008년 메리츠인베스트먼트파트너스(주) 대표이사 2008~2011년 페가수스프라이빗에쿼티(주) 대표이사 2009년 전북은행 사외이사 2011~2014년 JB우리캐피탈(주) 대표이사 2013~2014년 JB금융지주 비상임이사 2014년 전북은행장(현) (상)대한민국 경제리더 가치경영부문대상(2013), 대한민국금융대상 은행부문(2017)

임용택(任龍澤) IM Yong Taek (强玄)

(생)1956 · 1 · 20 (출)충남 대천 (주)대전광역시 유성구 대학로 291 한국과학기술원 공과대학 기계공학과(042-350-3227) (학)1973년 서울사대부고졸 1978년 서울대 기계설계학과졸 1980년 同대학원졸 1981년 미국 노스웨스턴대 기계과 수료 1985년 공학박사(미국 캘리포니아대 버클리교) (경)1985년 미국 캘리포니아대 버클리교 연구원 1986년 미국 오하이오주립대 산업공학과 조교수 1989~1995년 한국과학기술원(KAIST) 정밀공학과 조교수 · 부교수 1991년 同기획부처장 1991년 同해외협력담당 겸 신문사 주간 1993년 同국제협력실장 1996년 同기계공학과 교수 1996~1997년 독일 에어랑겐대 연구교수 2000년 한국과학기술평가원 기계전문위원 2007년 한국과학기술원(KAIST) 홍보국제처장 2008년 同대외협력처장 2010년 同글로벌협력본부장 2014~2016년 한국공학한림원 회원 2014~2017년 한국기계연구원 원장 2015년 한국과학기술원(KAIST) 공과대학 기계항공공학부 기계공학과 교수(현) 2016년 한국공학한림원 정회원(기계공학분과 · 현) (상)한국경제신문 R&D경영부문 '올해의 CEO 대상'(2014), 청조근정훈장(2019) (저)'Computer Modeling and Simulation of Manufacturing Processes' (역)'공업재료가공학'

임용표(林容杓) LIM Yong Pyo

(생)1956 · 6 · 13 (본)부안(扶安) (출)인천 (주)대전광역시 유성구 대학로 99 충남대학교 농업생명과학대학 원예학과(042-821-5739) (학)1979년 서울대 원예학과졸 1982년 同대학원 식물유전학과졸 1987년 분자유전학박사(미국 로드아일랜드대) (경)1979~1980년 농업진흥청 원예시험장 아시아채소개발센터 연구요원 1982~1983년 경기도농촌진흥원 연구사 1983~1984년 농촌진흥청 농업과학기술원 연구사 1987~1988년 미국 예일대 생물과 Post-Doc. 1988~1992년 한국인삼연초연구소 유전생리부 선임연구원 1992년 충남대 농업생명과학대학 원예학과 조교수 · 부교수 · 교수(현) 1996~1998년 충남도농촌진흥원 겸임연구관 1997~1998년 식물조직배양학회 편집위원장 2001~2003년 충남도농업기술원 농업연구관 2001년 충남대 유전체연구소장 2002년 한국식물생명공학회 심포지엄조직위원장 2003년 한국생물정보학회 농업생물정보연구회 부위원장 2004~2014년 국가지정 배추게놈소재은행장 2004년 DNA BAC(박테리아인조염색체) 라이브러리 완성 2005년 대전시 생물기반클러스터 부위원장 2006년 충남대 농업생명과학대학 원예학과장 2006년 同방사선안전관리실장 2006년 同농장장 2007~2012년 배추분자마커연구사업단 단장 2007~2014년 국가지정 식물거점센터장 2007~2010년 한국유전체학회 부회장 2007~2009년 한국식물생명공학회 부회장 2008~2011년 한국배추과채소연구회 회장 2010~2012년 한국유전체학회 회장 2012~2014년 충남대 농업생명과학대학장 2013~2014년 한국식물생명공학회 회장 2013년 골든시드프로젝트 채소종자사업단장(현) 2017년 한국과학기술한림원 정회원(현) 2017~2018년 한국원예학회 회장 (상)고려인삼학회 우수논문상(1993), 충남대 우수교수상(2001 · 2003 · 2004), 국제원예학회 ISHS Medal(2004), 한국과학기술단체총연합회 제15회과학기술우수논문상(2005), 화농상(2006), 한국식물생명공학회 학술상(2006), 대전시민환경연구소 공로패(2007), 한국산업인력공단 감사패(2008), 제18회 과학기술우수논문상(2008) (저)'원예사전'(1992) '화훼원예학총론'(1998) '원예사전 증보판'(1999) 'Horticulture in Korea'(2007) 'Classical Breeding and Genetic Analysis of Vegetable Brassicas(共)'(2011) 외 8편 (종)가톨릭

임용환(林龍煥) LIM Yong Hwan

(생)1964 (출)충북 괴산 (주)서울특별시 종로구 사직로8길 31 서울지방경찰청 차장실(02-3150-2131) (학)청주 신흥고졸, 경찰대 법학과졸(3기), 고려대 정책대학원졸, 행정학박사(한성대) (경)1989년 서울 강서경찰서 경위 1993년 광주 남부경찰서 경감, 광주 서부경찰서 경감 1995년 경찰청 기획과 경감 1998년 충남 서산경찰서 경정 2000년 오만 경찰청 파견 2001년 경찰청 기획과 경정 2007년 同경비국 전의경대체T/F팀장(총경) 2008년 駐남아공대사관 경찰주재관 2011년 경찰청 경비국 핵안보기획팀장 2011년 서울 성북경찰서장 2013년 경찰청 생활안전과장 2015년 同경무인사기획관실 복지정책담당관 2016년 충북 청주흥덕경찰서장(경무관) 2017년 경찰대학 교수부장 2018년 국무총리실 산하 대테러센터 상황실장 2019년 서울지방경찰청 차장(치안감 직위직대)(현) (상)대통령표창(2004), 근정포장(2013)

임우근(林佑根) LIM Woo Keun

(생)1948 · 1 · 2 (출)경남 통영 (주)서울특별시 송파구 오금로 307 르네상스빌딩 2층 한성기업(주) 회장실(02-3400-5015) (학)1965년 경남고졸 1970년 부산대 무역학과졸 (경)1970년 한성기업(주) 상근감사위원 1973년 同이사 1975~2003년 同대표이사 사장 1985~1992년 부산시야구협회 부회장 1985~1989년 통영수산전문대 명예학장 1993~1998년 대한승마협회 재무이사 1994~1998년 서울승마협회 회장 1996년 한국BBS중앙연맹 부총재 1997~2000년 한국원양어업협회 회장 1997~1998년 한 · 중남미협회 부회장 1997년 한국자유총연맹 부산시지회장 2002년 한성크린텍(주) 이사 2003년 한성수산식품(주) 이사 2003~2007년 한성기업(주) 대표이사 회장 2007~2017년 (주)한진중공업 비상근이사 2008년 한성기업(주) 공동대표이사 회장(현) 2011~2013년 在京경남중 · 고등학교동창회 회장 (상)은탑산업훈장, 동탑산업훈장 (종)불교

임웅균(任雄均) LIM Woong Gyun

(생)1955·10·6 (본)풍천(豊川) (출)서울 (주)서울특별시 서초구 남부순환로 2374 한국예술종합학교 음악원 성악과(02-520-8100) (학)연세대 성악과졸, 이탈리아 로마 산타체칠리아 음악원 수학, 이탈리아 오시모아카데미 오페라과졸(석사) (경)로마·밀라노·안코나 등 이탈리아 17개 도시 순회연주, 뉴욕·워싱턴·아틀랜타·샌프란시스코 등 미국 19개 도시 순회연주, 일본 히로시마 세계캠핑대회 초청 독창회, 홍콩 연주, 독일 프랑크푸르트 연주 1994년 한국예술종합학교 음악원 성악과 교수(현), 청룡영화제 심사위원, 스포츠조선 뮤지컬대상 심사위원, 서울오페라단 예술총감독, 2002부산아시안게임 홍보대사, 청소년폭력예방재단 이사장, 사랑의공책보내기운동본부 대표, 어린이날파란마음하얀마음축제 대회장 2002~2008년 학교폭력대책국민협의회 공동대표 2006년 국민중심당 서울시장 후보 2006년 아시아기자협회 이사 2008년 언론인권센터 이사·명예이사 2010~2013년 KOICA 자문위원 2013~2014년 한국예술종합학교 성악과장 (상)베르디 국제콩쿠르 입상, 이탈리아 만토바 국제성악콩쿠르 2위, 이탈리아 비욧티 국제성악콩쿨 특별상, 한국방송대상 성악가상(1995), 한국작곡가협회 공로상(1997), 미국 대통령상(Presidential Champion Award) 금상(Gold Award) (작)오페라 '사랑의 묘약' '심청전' '팔리아치' '포스카리가의 비극' '아이다' '리골렛토' '오텔로' 주역 출연, TV 미니시리즈 '겨울나그네' '이 남자가 사는 법' '미늘', 삽입곡연주 'TV FM 방송 및 순회연주 1,200여회' '한국가곡 4·5집' '동강은 흐르는데', 리릭트레킹 음반 출반 독집음반 '사랑하는 마음' (종)기독교

임웅순(任雄淳) Lim Woong-soon

(생)1964·12·22 (학)1987년 연세대 경제학과졸 (경)1988년 외무고시 합격(22회) 1995년 駐오스트리아 2등서기관 1998년 駐케냐 1등서기관 2002년 외교부 장관비서관 2002년 駐미국 1등서기관 2005년 외교부 구주2과장 2007년 同인도지원과장 2008년 駐이탈리아 참사관 2011년 한반도평화교섭본부 파견 2012년 駐프랑스 공사참사관 2014년 외교부 인사기획관 2016~2019년 駐미국 정무공사

임원기(林圓基) Lim Won Ki

(생)1974 (출)울산 (주)경기도 성남시 분당구 판교역로 235 (주)카카오 커뮤니케이션실(070-7492-1300) (학)1993년 대원외고졸 2000년 서울대 종교학과졸 2002년 同대학원 외교학과졸 (경)2001년 미래전략연구원 근무 2002년 한국경제신문 입사 2002~2017년 同편집국 증권부·IT부·정치부·산업부·경제부 기자 2017년 (주)싸이월드 미디어본부장 2018년 (주)카카오 커뮤니케이션실 상무(현) 2019년 연합뉴스 수용자권익위원회 위원(현) (저)'네이버,성공신화의 비밀'(2007) '스티브 잡스를 꿈꿔 봐'(2011) '멀리 보면 길을 잃지 않는다'(2012) '어제를 버려라'(2012) 'LINEを生んだNAVERの企業哲學 韓國最强企業の成功方程式'(2013) '대한민국 사생활의 비밀'(2013) '빌 게이츠 이야기'(2016)

임원선(林元善) LIM, Won Sun

(생)1962·12·21 (본)평택(平澤) (출)경기 화성 (주)경상남도 진주시 충의로 19 한국저작권위원회 위원장실(055-792-0000) (학)1981년 경기 오산고졸 1985년 숭실대 행정학과졸 1987년 서울대 행정대학원 정책학과졸 1998년 미국 프랭클린피어스법과대 대학원 지적재산권법학과졸 2004년 법학박사(동국대) (경)1986년 행정고시 합격(30회) 1987년 문화공보부 어문출판국 어문과 행정사무관 1996년 문화체육부 문화산업국 저작권과 서기관 1999년 문화관광부 문화산업국 문화산업정책과 서기관 2000년 국립국악원 국악진흥과장 2001년 문화관광부 저작권과장 2004년 同관광정책과장 2006~2008년 세계지적재산권기구 컨설턴트 2008년 문화체육관광부 도서관정보정책기획단장 2010년 중앙공무원교육원 고위정책과정 파견(고위공무원) 2011년 문화체육관광부 문화콘텐츠산업실 저작권정책관 2013~2016년 국립중앙도서관 관장 2017년 한국저작권위원회 위원장(현) (상)근정포장(2011) (저)'제3판 실무자를 위한 저작권법'(2012, 한국저작권위원회) '저작권법'(2015, 한국저작권위원회) (역)'초고속 통신망과 저작권'(1996, 한울아카데미) '디지털 딜레마 : 정보화시대의 지적재산권'(2001, 한울아카데미) '미국 저작권법'(2010, 한국저작권위원회) '저작권 무엇이 문제인가?'(2013, 한울아카데미) (종)가톨릭

임월시(女) YIM Wol Shi

(생)1978·7·19 (주)세종특별자치시 도움6로 11 국토교통부 공공주택추진단 공공택지관리과(044-201-4522) (학)합천여고졸, 한양대 행정학과졸, 同대학원 경제학과졸 (경)행정고시 합격(47회) 2005년 건설교통부 철도정책팀 사무관 2008년 국토해양부 주택건설과 사무관 2009년 同주택건설공급과 사무관 2010년 同해양환경정책과 사무관 2012년 同공공주택건설본부 공공택지기획과 사무관 2012년 同용산공원조성추진기획단 기획총괄과 사무관 2013년 국토교통부 용산공원조성추진기획단 기획총괄과 사무관 2014년 同국토도시실 도시정책과 사무관 2015년 同국토도시실 도시정책과 서기관, 同공공주택추진단 공공택지관리과장(현) (상)국무총리표창(2013)

임윤규(林允圭) Yoon Kyu Lim

(생)1956·1·7 (출)서울 (주)제주특별자치도 제주시 제주대학로 102 제주대학교 수의과대학 수의학과(064-754-3367) (학)1981년 서울대 수의학과졸 1984년 同대학원 수의학과졸 1991년 수의학박사(서울대) (경)1981~1991년 (주)녹십자 종합연구소 과장 1991년 제주대 수의과대 수의학과 교수(현) 2008~2009년 대한수의학회 회장 2010~2014년 국가수의자문위원회 위원 2011~2013년 한국예방수의학회 회장 2014년 (사)산업곤충연구소 이사장(현) 2016~2018년 제주대 수의과대학장

임윤수(林潤洙) LIM Youn Soo

(생)1969·7·23 (본)부안(扶安) (출)서울 (주)서울특별시 서초구 법원로 16 정곡빌딩동관 301호 변호사임윤수법률사무소(02-535-9848) (학)1988년 대신고졸 1993년 서울대 법대 사법학과졸 2001년 同법과대학원졸 (경)1995년 사법시험 합격(37회) 1998년 사법연수원 수료(27기) 1998~2001년 軍법무관 2001년 서울지검 동부지청 검사 2003년 춘천지검 영월지청 검사 2004년 부산지검 검사 2006년 미국 워싱턴대 연수 2007~2009년 서울중앙지검 검사 2009~2015년 김앤장법률사무소 변호사 2015~2019년 법무법인(유) 율촌 변호사 2016~2017년 대통령 민정수석비서관실 공직기강비서관 2019년 변호사 개업(현) (상)검찰총장표창(2003)

임윤주(林潤周) IM Yoon Ju

(생)1969·2·16 (본)예천(醴泉) (출)경북 의성 (주)세종특별자치시 도움5로 20 국민권익위원회 부패방지국(044-200-7601) (학)수원 수성고졸, 한양대 법대졸, 同행정대학원졸, 미국 럿거스주립대 대학원졸, 한양대 대학원 행정학 박사과정 수료 (경)1994년 행정고시 합격(38회), 국가청렴위원회 정책기획실 제도2담당관 2003년 同정책기획실 제도1담당관 2006년 同제도개선기획팀장 2008년 국민권익위원회 청렴정책총괄과장 2009년 同청렴정책총괄과장(부이사관) 2009년 同기획조정실 제도개선기획담당관 2010년 同제도개선총괄담당관 2011년 同기획조정실 창조기획재정담당관 2014년 同권익개선정책국 민원분석심의관(고위공무원) 2014년 同서울종합민원사무소장 2015년 同대변인 2017년 同권익개선정책국장(고위공무원) 2018년 同부패방지국장(현) (상)대통령표창(2002)

임은정(林恩貞 · 女)

(생)1974 · 7 · 14 (출)경북 포항 (주)울산광역시 남구 법대로 45 울산지방검찰청 중요경제범죄조사단(052-228-4542) (학)1993년 부산 남성여고졸 1999년 고려대 법학과졸 (경)1998년 사법시험 합격(40회) 2001년 사법연수원 수료(30기) 2001년 인천지검 검사 2003년 대구지검 경주지청 검사 2005년 부산지검 검사 2007년 광주지검 검사 2009년 법무부 법무심의관실 검사 2012년 서울중앙지검 검사 2013년 창원지검 검사 2015년 의정부지검 검사 2017년 서울북부지검 부부장검사 2018년 청주지검 충주지청 형사부장 2019년 울산지검 중요경제범죄조사단 부장(현)

임은하(任銀河 · 女)

(생)1970 · 12 · 18 (출)대구 (주)인천광역시 미추홀구 소성로163번길 17 인천지방법원 총무과(032-860-1169) (학)1989년 서울 명덕여고졸 1994년 경찰대졸 (경)1994년 영등포경찰서 소년계장 1996년 同남강파출소장 1998년 양천경찰서 교통사고조사계장 1998년 사법시험 합격(40회) 2001년 사법연수원 수료(30기) 2001년 서울지법 북부지원 판사 2002년 서울고법 판사 2003년 서울지법 판사 2004년 서울중앙지법 판사 2005년 춘천지법 판사 2008년 인천지법 판사 2010년 서울중앙지법 판사 2013년 서울동부지법 판사 2014년 서울고법 판사 2016년 대전지법 공주지원장 겸 대전가정법원 공주지원장 2018년 인천지법 부장판사(현)

임을출(林乙出) Lim Eul Chul

(생)1965 · 2 · 2 (본)나주(羅州) (출)경북 김천 (주)서울특별시 종로구 북촌로15길 2 경남대학교 극동문제연구소(02-3700-0791) (학)1983년 오성고졸 1990년 영남대 상경대학 무역학과졸 1998년 고려대 국제대학원 지역학과졸 2003년 정치학박사(경남대) (경)1992~1996년 대한무역투자진흥공사(KOTRA) 근무(4직급) 1996~2005년 한겨레신문 정치부 · 한겨레21 기자 2000~2001년 미국 조지타운대 객원연구원 2006~2014년 경남대 극동문제연구소 연구교수 2008년 국제학술지 'North Korean Review' Associate Editor 2009년 개성공업지구지원재단 자문위원 2012년 경제정의실천시민연합 통일협회 이사 2013년 미국 세계인명사전 'Marquis Who's Who in the World' 2014년판에 등재 2014년 매일경제신문 객원논설위원 2014년 영국 케임브리지 국제인명센터(IBC) '21세기 뛰어난 지식인 2000인'에 등재 2014년 경남대 극동문제연구소 교수(현) 2014년 同극동문제연구소 연구실장 2014년 통일부 정책연구용역 및 정책실명제 심의위원 2014년 同통일교육위원 2014년 한국철도공사 경영자문위원 2016년 더불어민주당 한반도경제통일특별위원회 부위원장 2016년 경남대 극동문제연구소 ICNK센터장(현) 2017년 국가안보실 정책자문위원회 위원(현) 2017년 통일부 정책혁신위원회 위원 2017년 민주평통 기획조정분과위원회 상임위원(현) 2017년 同기획조정분과위원회 간사 2018년 통일부 기타공공기관경영평가위원(현) 2018년 기획재정부 중기재정작업반 외교통일분과위원 2018년 남북정상회담추진위원회 민간자문단 위원(현) 2019년 국가과학기술연구회 남북과학기술협력위원(현) (상)대한무역공사사장표창(1994), 경남대총장 특별공로상(2014) (저)'악의 축과의 대화 : 북미 핵 · 미사일 협상의 정치학'(2004, 한울아카데미) '웰컴투 개성공단 : 역사, 쟁점 그리고 과제'(2006, 해남) '라진선봉지역 물류분야 남북협력방안연구(共)'(2010, 통일연구원) '북한 핵보유 고수전략의 도전과 대응(共)'(2010, 통일연구원) '김정은 체제의 미래를 묻다'(2012, 한울아카데미) '지속가능한 통일론의 모색 : 대북 · 통일정책에 대한 성찰과 남남갈등의 대안(共)'(2014, 한울아카데미) '이제는 통일이다(共)'(2014) '남북경협과 평화의 보루, 개성공단(共)'(2014, 한겨레) (역)'김정일과 왈츠를(共)'(2004, 한울) '원조와 개발 - 교훈과 미래 방향'(2009, 한울아카데미) '한반도 딜레마'(2009, 한울아카데미) (종)천주교

임이자(林利子 · 女) LIM, Lee Ja

(생)1964 · 3 · 5 (출)경북 상주 (주)서울특별시 영등포구 의사당대로 1 국회 의원회관 747호(02-784-6970) (학)1984년 화령고졸 2004년 경기대 법학과졸, 고려대 노동대학원 노동법학과졸 (경)한국노동조합총연맹 여성담당 부위원장, 同여성위원장, 同경기본부 상임부의장, 同경기본부 여성위원장, 중앙노동위원회 근로자위원 2016년 제20대 국회의원(비례대표, 새누리당 · 자유한국당〈2017.2〉)(현) 2016 · 2018년 국회 환경노동위원회 간사(현) 2016~2018년 국회 여성가족위원회 위원 2016~2017년 국회 저출산 · 고령화대책특별위원회 위원 2016년 새누리당 원내부대표 2016~2017년 同일자리특별위원회 위원 2017년 同안산단원乙당원협의회 운영위원장 2017년 자유한국당 일자리특별위원회 위원 2017~2018년 국회 환경노동위원회 고용노동법안심사소위원장 2017년 국회 미세먼지대책특별위원회 위원 2018년 자유한국당 좌파정권방송장악피해자지원특별위원회 위원 2018년 국회 정치개혁특별위원회 위원(현) 2018년 자유한국당 국가미래비전특별위원회 위원(현) 2018년 同원내부대표(현) 2019년 同노동위원회 위원장(현) 2018년 국회 공공부문채용비리의혹과관련된국정조사특별위원회 위원(현) 2019년 자유한국당 노동개혁특별위원회 간사(현) 2019년 同2020경제대전환위원회 부위원장(현) (상)근로자의날 국무총리표창(2006), 2018 입법 및 정책개발 우수국회의원(2019)

임익상(林翼相) LIM Ik Sang

(생)1964 · 4 · 15 (본)나주(羅州) (출)경기 이천 (주)서울특별시 영등포구 의사당대로 1 국회사무처 운영위원회(02-788-2934) (학)1983년 이천고졸 1988년 성균관대 행정학과졸 2002년 미국 밴더빌트대 대학원 경제학과졸 2016년 행정학박사(연세대) (경)1990년 입법고시 합격(10회) 1993~1998년 국회사무처 보건복지위원회 입법조사관 1999년 同국제국 근무 2002년 同행정자치위원회 입법조사관 2004년 국회예산정책처 기획협력팀장 2006년 국회사무처 행정자치위원회 입법조사관(부이사관) 2008~2010년 同예산결산특별위원회 입법심의관 2010년 미국 파견(부이사관) 2011년 국회예산정책처 기획관리관 2012년 국회사무처 정무위원회 전문위원 2014년 同예산결산특별위원회 전문위원 2016년 同농림축산식품해양수산위원회 수석전문위원(차관보급) 2018~2019년 同문화체육관광위원회 수석전문위원(차관보급) 2019년 同운영위원회 수석전문위원(현) (상)국회의장표창(1997), 대통령표창(2007), 홍조근정훈장(2016) (종)가톨릭

임익성(林益成) LIM Ik Sung

(생)1955 · 2 · 18 (출)부산 (주)경기도 안산시 단원구 해안로 289 NPC(주) 비서실(031-361-8609) (학)1974년 경남고졸 1979년 고려대 경제학과졸 1987년 미국 샌프란시스코대 경제학과졸 (경)1987년 내쇼날푸라스틱(주) 이사 1990년 同상무이사 1991년 同전무이사 1994년 同대표이사 2003년 同회장 2011~2018년 NPC(주) 회장 2018년 同그룹회장(현)

임인배(林仁培) RIM In Bae (德泉)

(생)1954 · 4 · 27 (본)평택(平澤) (출)경북 김천 (주)서울특별시 서초구 반포대로39길 56-24 이이빌딩 한민족통일포럼(02-780-7447) (학)1974년 김천고졸 1981년 영남대 법과대학 법학과졸 1985년 연세대 행정대학원 행정학과졸 1995년 행정학박사(동국대) 1999년 서울대 행정대학원 국가정책과정 수료 (경)1987년 덕천장학회 회장 1995년 한성대 강사 1995년 미국 캘리포니아주립대 연구원 1996년 제15대 국회의원(김천, 신한국당 · 한나라당) 1996년 신한국당 원내부총무 1997 · 1999년 한나라당 원내부총무 1998년 同총재 정책담당 특보 2000년 제16대 국회

의원(김천, 한나라당) 2000년 국회 한민족통일연구회 회장 2001년 한나라당 총재특보 2002~2003년 同원내수석부총무 2003년 건국대 초빙교수 2004~2008년 제17대 국회의원(김천, 한나라당) 2004~2009년 연세대 행정대학원 총동창회장 2004년 한나라당 경북도당 위원장 2005~2008년 대한사이클연맹 회장 2006년 국회 과학기술정보통신위원장 2006년 연세대 겸임교수 2007년 (사)한민족통일포럼 이사장(현) 2008~2011년 한국전기안전공사 사장 2013년 건국대 글로컬캠퍼스 석좌교수 2014~2015년 안양대 산학협력부총장 (상)동탑산업훈장(2009), 한국 최고의 경영자대상 종합대상(2010), 독서문화상 경영저술부문(2010), 대한민국경제리더 대상(2010) (저)'조국을 남기고 님은 가셨습니다(김구선생 일대기)' '희망과 역사 사이에서' '꿈을 파는 국회의원' '속자생존 위기때는 1초경영을 펼쳐라'(2009) '희망을 향한 도전'(2011, 청림출판) (역)'미국의 행정학' (종)천주교

임인석(林仁石) LIM In Seok

(생)1958 · 2 · 5 (출)서울 (주)서울특별시 동작구 흑석로 102 중앙대학교병원 소아청소년과(02-6299-1114) (학)1982년 중앙대 의대졸 1985년 同대학원졸 1988년 의학박사(중앙대) (경)1982~1986년 중앙대부속 필동병원 인턴 · 레지던트 1986년 강릉의료원 소아과장 1986~1989년 태릉선수촌 의무실장 1989~1992년 중앙대부속 용산병원 소아과 임상강사 1992년 중앙대 의과대학 소아청소년과학교실 조교수 · 부교수 · 교수(현) 2009년 대한의료커뮤니케이션학회 회장 2011~2013 · 2014~2016년 중앙대병원 교육수련부장 2012~2017년 서울시의사회 부회장 2012~2014년 대한의사협회 학술이사 2018년 대한의학회 보건교육이사(현) (상)대한병원협회 병원신임평가 공로상(2006), 건강보험심사평가원장 감사패(2008 · 2009), 서울시장표창(2011 · 2017), 대한의학회 공로장(2012), 중앙대학교 감사장(2012), 보건복지부장관표창(2013), 서울시의사회 공로패(2016)

임인철(林仁喆) LIM In Cheol

(생)1961 · 10 · 11 (본)옥야(沃野) (출)서울 (주)대전광역시 유성구 대덕대로989번길 111 한국원자력연구원 방사선과학연구소 연구로개발단(042-868-8483) (학)1984년 서울대 원자핵공학과졸 1986년 同대학원 원자핵공학과졸, 핵공학박사(한국과학기술원) (경)1984~1989년 한국원자력연구원 연구원 1989년 同선임연구원 1997년 同책임연구원 2006년 同하나로이용연구단 하나로운영부장 2008~2011년 국제원자력기구(IAEA) 연구로기술실무그룹 위원 2009년 국제연구로그룹(IGORR) 회의 조정위원 2010년 한국원자력연구원 연구로이용개발본부 하나로운영부장 2012년 同기장연구로 PM(사업책임자) 2012년 同연구로이용연구본부장 2014년 同하나로이용연구본부장 2014년 한국방사선진흥협회 이사(현) 2014년 부산대 기계공학부 겸임교수(현) 2015~2017년 산업통상자원부 산업기술보호전문위원회 위원 2016년 한국원자력연구원 연구위원 2017~2019년 同방사선과학연구소장 2017년 국제원자력기구(IAEA) 연구로 기술실무그룹회의 부의장(현) 2017년 한국방사선산업학회 부회장(현) 2019년 한국원자력연구원 방사선과학연구소 연구로개발단 책임연구원(현) (상)과학기술처장관표창(1995), 과학기술포장(2011) (저)'Research Reactor : Design, Management and Utilization'(2009)

임인택(林仁澤) Lim, In-taek

(생)1970 · 6 · 10 (출)전남 순천 (주)세종특별자치시 도움4로 13 보건복지부 보건산업정책국(044-202-2900) (학)1988년 순천고졸 1992년 서울대 영어영문학과졸 1996년 同대학원 행정학과졸 2001년 미국 오레곤대 대학원 보건학과 수료 (경)1994년 행정고시 합격(37회) 2001년 보건복지부 질병관리과 사무관 2003년 同보건의료정책과 서기관 2005년 대통령비서실 파견 2006년 세계보건기구(WHO) 파견 2009년 보건복지가족부 아동청소년복지정책과장 2010년 보건복지부 고령사회정책과장 2011년 同복지정책과장(부이사관) 2014년 同복지행정지원관(고위공무원) 2016년 고용노동부 산업재해보상보험재심사위원회 상임위원 2017년 보건복지부 인구정책실 노인정책관(국장) 2018년 同보건산업정책국장(현)

임일섭(林一燮)

(생)1967 · 8 · 20 (주)서울특별시 중구 청계천로 30 예금보험공사 예금보험연구센터(02-758-1029) (학)서울대 경제학과졸, 同경영대학원 경제학과졸, 경제학박사(서울대) (경)LG경제연구원 연구위원, IBK기업은행 경제연구소 연구위원 2009년 농협경제연구소 거시경제연구실 연구위원 2011년 同거시경제센터장 2012년 同거시경제실장 2012년 우리금융경영연구소 금융분석실장 2014년 同금융연구실장 2017년 예금보험공사 예금보험연구센터장(현)

임일순(女)

(생)1964 · 12 (출)서울 (주)서울특별시 강서구 화곡로 398 홈플러스 본사(02-3459-8000) (학)1983년 선일여고졸 1987년 연세대 경영학과졸 1999년 同대학원 경영학과졸 (경)1986년 모토로라 근무 1988년 컴팩코리아 Finance Manager 1998년 코스트코홀세일코리아 최고재무책임자(CFO) 2006년 바이더웨이 최고재무책임자(CFO) 2010년 호주 엑스고(Exego)그룹 최고재무책임자(CFO) 2015년 홈플러스 재무부문장(CFO) 2015년 同경영지원부문장(COO · 부사장) 2017년 同대표이사 사장(현)

임일혁(任一爀)

(생)1973 · 11 · 25 (출)충남 보령 (주)경기도 수원시 영통구 법조로 105 수원고등법원(031-639-1555) (학)1992년 안양고졸 2000년 성균관대 법학과졸 (경)1999년 사법시험 합격(41회) 2002년 사법연수원 수료(31기) 2002년 서울지법 남부지원 판사 2003년 서울고법 판사 2004년 서울중앙지법 판사 2006년 대구지법 판사 2009년 인천지법 부천지원 판사 2011년 의정부지법 고양지원 판사 2013년 수원지법 판사 2015년 서울중앙지법 판사 2017년 대전지법 부장판사(사법연구) 2019년 서울고법 판사 2019년 수원고법 판사(현)

임장근(林壯根) Jang Geun Lim

(생)1958 · 11 · 30 (본)경주(慶州) (출)경기 화성 (주)경상북도 울진군 죽변면 해양과학길 48 한국해양과학기술원 동해연구소 울릉도 · 독도해양과학기지(054-791-8401) (학)1976년 한성고졸 1979년 육군사관학교 정치사회학과 수료(4년) 1983년 단국대 경제학과졸 1991년 중앙대 대학원 행정학과졸 2013년 행정학박사(중앙대) (경)1983~1988년 한국과학기술연구원 연구개발담당 1988~1990년 한국기초과학지원연구원 총무과장 1990~2002년 한국해양연구원 정책개발실장 · 기획부장 2003년 미국 Delaware주립대 에너지환경연구센터 방문연구원 2003~2004년 한국해양연구원 선박해양플랜트연구소 운영관리부장 2005~2006년 (주)워터비스 부사장 2006~2008년 한국해양연구원 부설 극지연구소 경영기획부장 2008~2012년 한국해양연구원 창의경영본부장 2012~2014년 한국해양과학기술원 제2부원장 2014년 同해양정책연구소 해양산업연구실 책임기술원 2018년 同동해연구소 울릉도 · 독도해양과학기지대장(현) (저)'유머가 있는 사람이 명품이다'(2013, 열린세상) '바다 그리고 시, 그대의 거울'(2014, 계백북스) '해양R&D와 벤처기업'(2014, 씨아이알) (종)기독교

임재구(林在邱)

(생)1960·3·1 (주)경상남도 창원시 의창구 상남로 290 경상남도의회(055-211-7362) (학)함양제일고졸, 한국국제대 건강기능식품학과졸, 경상대 행정대학원 지방자치학과졸 (경)함양청년회의소 회장, 경남임업후계자협회 감사 2010년 경남 함양군의회 의원(한나라당·새누리당) 2010년 同운영위원장 2012~2014년 同부의장, 함양군장애인후원회 회장 2014~2018년 경남 함양군의회 의원(새누리당·자유한국당) 2016~2018년 同의장 2018년 경남도의회 의원(자유한국당)(현) 2018년 同농해양수산위원회 위원(현)

임재규(林載奎) LIM Jae Kyoo

(생)1949·2·25 (본)조양(兆陽) (출)전북 (주)전라북도 전주시 덕진구 백제대로 567 전북대학교 기계설계공학부(063-270-2321) (학)1968년 이리고졸 1974년 전북대 기계공학과졸 1977년 同대학원졸 1981년 공학박사(전북대) 1994년 공학박사(일본 도호쿠대) (경)1974~1977년 현대중공업 기장부 대리 1977~1980년 울산공업전문대 조교수 1977~1980년 울산대 기계공학과 강사 1980~1992년 전북대 공대 기계공학과 전임강사·조교수·부교수 1985~1986년 미국 Univ. of Iowa Mechanical Eng. Post-Doc. 1987~1991·1993~1995·1998~2001년 전북대 기계설계학과장 1989~1991·1993~1995년 同교수평의회 간사 1991~1992년 일본 동북대 객원교수 1992~2008년 전북대 공대 기계설계학과 교수 1995년 일본 도요타공대 객원교수 1996~1998년 전북대 자동차신기술연구소장 1997년 대한용접학회 총무이사·감사 1998년 중앙건설기술심의위원회 심의위원 1999~2001년 전북대 기계공학부장 2001~2002년 대한기계학회 총무이사 2002~2004년 전북대 공대 부속공장장 2003~2004년 대한기계학회 호남지부장 2003년 대한용접학회 감사 2004년 전북대 누리사업단장 2004~2006년 同기계·자동차산업기술교육혁신사업단장 2004년 전북특허발명회 회장 2004~2006년 미국 세계인명사전 'Marquis Who's Who in Science & Engineering' 2005년판에 등재 2005~2006년 한국학술진흥재단 학술연구심사평가위원회 위원 2006년 재료및파괴역학부분학회 회장 2007년 대한기계학회 부회장 2008~2014년 전북대 공과대학 기계설계공학부 교수 2010~2013년 同에너지공학풍력센터 소장 2014년 同기계설계공학부 명예교수 겸 초빙교수(현) (상)대한용접학회 학술상(2000), 대한기계학회 학술상(2002), 전북대 공대 우수교수상(2004), 전북대 연구학술상(2006), 영국 국제인명센터(IBC) 국제업적상(Universal Award of Accomplishment)(2008), 미국인명센터(ABI) 최우수상(Salute to Greatness Award)(2008), 지식경제부장관표창(2010), 녹조근정훈장(2014) (저)'공업재료 강도학(共)'(1992) '자동차공학(共)'(1996) '알기쉬운 재료역학'(1998) '기계재료학(共)'(1999) '재료파괴강도학(共)'(2000) '용접'(2003) '창의적 공학설계(共)'(2004) (역)'고체역학(共)'(1996) '정역학(共)'(2002) 'Beer의 재료역학'(2011) (종)기독교

임재동(林在東) LIM Jae Dong

(생)1966·7·23 (본)나주(羅州) (출)경남 함양 (주)서울특별시 종로구 사직로8길 39 세양빌딩 김앤장 법률사무소(02-3703-1242) (학)1985년 서울 장충고졸 1990년 성균관대 법학과졸 2006년 同대학원 석사과정 수료 (경)1993년 사법시험 합격(35회) 1996년 사법연수원 수료(25기) 1996~1997년 수원지검 검사 1998년 청주지검 영동지청 검사 1999~2001년 서울지검 검사 2002~2003년 창원지검 진주지청 검사 2003~2005년 법무연수원 노동법 강사 2003~2006년 대검찰청 검찰연구관 2005년 노동교육원 노동사범수사실무 강사 2005년 경찰수사연수원 공안수사실무 강사 2005년 제106차 OECD/ELSAC 정례회의 대한민국 대표단 2005~2006년 사법개혁추진위원회 노동분쟁해결제도 연구위원 2006년 김앤장법률사무소 변호사(현) 2011년 성균관대 법학전문

대학원 리걸클리닉 자문위원(현) 2017~2018년 하이투자증권 사외이사 겸 감사위원 2019년 (주)현대미포조선 사외이사 겸 감사위원(현) (상)검찰총장표창 (저)'신경향 상법'(1995, 소망) '노동사범 수사실무(共)'(2004, 대검찰청) '선거사범 수사실무(共)'(2004, 대검찰청)

임재룡(林栽龍)

(생)1960·1·5 (출)세종특별자치시 (주)강원도 원주시 건강로 32 국민건강보험공단 장기요양상임이사실(033-736-3600) (학)1979년 대전고졸 1986년 중앙대 행정학과졸 (경)1989년 광명시의료보험조합 입사 2001~2007년 국민건강보험공단 경영개선부장·인사부장·영등포북부지사 부장 2007년 同강서지사장 2009년 同법무지원실장 2011년 同감사실장 2012년 중앙공무원교육원 연수 2013년 국민건강보험공단 홍보실장 2014년 同서울지역본부장 2016년 同기획조정실장(본부장급) 2017년 同대전지역본부장 2018년 同장기요양상임이사(현) (상)보건복지부장관표창(1999·2014), 국무총리표창(2006), 대통령표창(2017)

임재승(林載昇) LIM Jae Seung

(생)1967·10·22 (주)경기도 성남시 분당구 대왕판교로712번길 16 파스퇴르연구소 3층 셀라토즈테라퓨틱스(031-5182-9722) (학)서울대 화학과졸, 同대학원 생화학과졸, 생화학 및 분자생물학박사(영국 리즈대) (경)간암 환자 자신의 혈액을 이용한 면역세포 치료제인 '이뮨셀-엘씨'를 개발한 세포치료연구 분야의 권위자, 영국국립혈액원 줄기세포연구 및 세포치료팀 선임연구원, (주)이노셀 연구소장(이사) 2015년 차병원그룹 총괄연구본부장 2017년 同연구본부장 2017년 (주)셀라토즈테라퓨틱스 대표이사(현), 숙명여대 헬스산업학과 겸임교수(현)

임재연(林在淵) LIM Jai Yun

(생)1957·3·22 (본)울진(蔚珍) (출)서울 (주)서울특별시 강남구 테헤란로 521 파르나스타워 38층 법무법인(유) 율촌(02-528-5738) (학)1976년 경기고졸 1980년 서울대 법과대학졸 (경)1981년 사법시험 합격(23회) 1983년 사법연수원 수료(13기) 1983년 Kim·Chang&Lee 법률사무소 변호사 1993~1995년 미국 워싱턴대 로스쿨 방문연구원 1996~2005년 법무법인 나라 대표변호사 1996~1997년 정보통신부 기간통신사업자 선정 심사위원 1996~2000년 건설교통부 자문변호사 1998~2000년 서울지방경찰청 행정심판위원 1998~2000년 경찰청 경찰개혁위원 1998~2005년 사법연수원 증권거래법부문 강사 1998~1999년 재정경제부 증권제도선진화위원 1998~1999년 삼성제약 화의관재인 2000~2002년 금융감독원 증권조사심의위원 2000~2003년 공정거래위원회 정책평가위원 2000~2005년 인포뱅크 사외이사 2001~2002년 한국종합금융 파산관재인 2001~2003년 한국증권거래소 증권분쟁조정위원 2002~2004년 증권선물위원회 증권선물조사심의위원 2002~2006년 KB자산운용 사외이사 2003~2006년 한국증권선물거래소 증권분쟁조정위원 2004~2006년 서울중앙지법 조정위원 2005~2006년 서울지방변호사회 감사 2005~2010년 성균관대 법과대학·법학전문대학원 교수 2005~2014년 경찰청 규제심사위원회 위원장 2005년 법률구조법인 한국가정법률상담소 이사(현) 2006년 법무부 제48회 사법시험 위원 2006~2007년 同상법쟁점사항 조정위원 2007~2008년 법무부 상법특례법 제정위원 2007~2008년 재정경제부 금융발전심의위원회 증권분과 위원 2009~2014년 한국증권법학회 부회장 2009년 한국경영법률학회 부회장 2010년 제47회 세무사시험 위원 2010~2011년 한국금융법학회 부회장 2010년 한국상사법학회 부회장(현) 2010년 대한상사중재원 중재인(현) 2011~2013년 금융위원회 금융발전심의회 자본시장분과 위원 2011년 법무법인(유) 율촌 변호사(현) 2012~2014년 금융감독원 제재심의위원 2013년 코스닥협회 자문위원(현) 2013~2015년 법무부 증권관련집단소송법개정위원회 위원장 2015~2017

년 한국증권법학회 회장 (저)'미국회사법'(1995) '증권규제법'(1995) '공정거래법규집(編)'(1999) '증권거래법'(2005) '회사법강의'(2007) '증권판례해설'(2007) '미국증권법'(2009) '미국기업법'(2009)

임재영(林在榮) Jae Young Lim

(생)1965·11·22 (주)서울특별시 구로구 공원로 7 애경빌딩 애경유화(주) 임원실(02-850-2008) (학)1984년 의정부고졸 1991년 서울대 국사학과졸 (경)1991년 (주)코오롱 근무 1999년 한국바스프(주) 화학섬유원료팀 근무 2001년 바스프아태지역본부 폴리아마이드중간체부문 매니저 2006년 同 폴리아마이드중간체사업부문장 2011년 한국바스프(주) 인사부문장 2012년 同스페셜티사업부문 사장 2016년 同화학사업부문 사장 2019년 애경유화(주) 대표이사(현)

임재원(林宰沅)

(생)1957 (주)서울특별시 서초구 남부순환로 2364 국립국악원 원장실(02-580-3003) (학)1976년 국립국악고졸 1980년 서울대 국악과졸 1988년 한양대 대학원 국악과졸 2015년 한국학박사(한국외국어대) (경)1982~1985년 국립국악원 연주단원 1985~1996년 KBS 국악관현악단 부수석·수석 1996~2003년 목원대 국악과 교수 2001~2003년 대전시립연정국악원 제4대 지휘자 2003~2018년 서울대 국악과 교수 2006~2007년 대전시립연정국악원 제6대 지휘자 2012~2014년 同제8대 지휘자 2015~2018년 국립국악관현악단 비상임예술감독 2018년 국립국악원장(현)

임재익(林載翊) LIM Jay Ick

(생)1957·5·23 (출)서울 (주)경기도 수원시 팔달구 월드컵로 206 아주대학교 경영대학 e-비즈니스학과(031-219-2722) (학)서울대 경제학과졸, 미국 아이오와대 대학원졸 1990년 경영학박사(미국 아이오와대) (경)1979년 행정고시 합격(23회) 1980~1984년 상공부 행정사무관 1992~2012년 아주대 경영대학 e-비즈니스학부 조교수·부교수·교수 2002~2005년 e-비지니스대학연합회 회장 2003년 아주대 국제협력처장 겸 홍보실장 2005~2010년 同e-비즈니스학부장 2010~2011년 同기획처장 2011년 同국제대학원장(현) 2012년 同경영대학 e-비즈니스학과 교수(현) 2012~2014년 사립학교교직원연금관리공단 비상임이사 2016~2018년 아주대 총무처장 2018년 同국제협력처장 겸임(현) (상)상공부장관표창(1981) (저)'다이내믹 리엔지니어링(共)'(1994, 한국경제신문)

임재인(林在仁) Lim Jae Ihn

(생)1956·12·4 (본)평택(平澤) (출)서울 (주)서울특별시 강남구 삼성로 508 엘지트윈텔 1810호 (주)바른홀딩스(02-3418-2331) (학)1976년 서울 보성고졸 1982년 고려대 농화학과졸 (경)1986~2003년 (주)화인텍 사업부문 총괄 전무이사 2004년 同사업본부장 겸 연구소장 2004~2011년 同대표이사 2004~2005년 센추리산업(주) 대표이사 2005~2009년 (주)화인텍센추리 대표이사 2006~2014년 (사)한국냉동공조인증센터 이사장 2011~2014년 한국광해관리공단 비상임이사 2012~2015년 경기대 화학공학과 부교수 2012년 (주)바른홀딩스 대표이사(현) (상)산업포장(2007), 행정자치부장관표창 (종)천주교

임재택(林宰澤) LIM Jea Taek

(생)1958·6·22 (출)충남 보령 (주)서울특별시 영등포구 국제금융로6길 7 한양증권(주) 임원실(02-3770-5000) (학)1976년 여의도고졸 1985년 서울대 경영학과졸 1987년 同대학원 회계학과졸 (경)1987년 쌍용투자증권 입사 1987년 同인수공모부 주임 1988년 同인사부 주임 1989년 同인사부 대리 1993년 同인사부 과장 1996년 同인사부 차장 1996년 同삼성동지점장(차장) 1998년 同총무부장(차장) 1999년 同인사부장 1999년 굿모닝증권 기획금융부장 2001년 同지점영업기획부장 2002년 同리테일영업기획부장 2003년 굿모닝신한증권 압구정지점장 2005년 同삼성역지점장 2007~2009년 同마케팅본부장 2010~2012년 솔로몬투자증권 리테일사업본부장(전무) 2012년 IM투자증권 경영기획본부장(전무) 2013년 同부사장 2013~2015년 同대표이사 사장 2018년 한양증권(주) 대표이사 사장(현)

임재현(林在賢)

(생)1964·3·27 (출)서울 (주)세종특별자치시 갈매로 477 기획재정부 조세총괄정책관실(044-215-4100) (학)대일고졸, 연세대 경제학과졸 (경)1990년 행정고시 합격(34회), 재정경제부 세제실 재산소비세제국 소비세제과장 2007년 同세제실 조세정책국 법인세제과장 2008년 기획재정부 세제실 법인세제과장 2009년 同세제실 소득세제과장 2010년 同세제실 조세정책과장 2011년 同세제실 조세정책과장(부이사관) 2012년 중앙공무원교육원 파견 2013~2015년 국무조정실 조세심판원 상임심판관 2015년 기획재정부 세제실 재산소비세정책관 2016년 同세제실 소득법인세정책관 2018년 同세제실 조세총괄정책관(현) (상)자랑스러운 연세상경인상 미래상경인상(2015)

임재현(任宰賢) IM Jae Hyun

(생)1969·5·6 (출)제주 (주)서울특별시 강남구 테헤란로 152 강남파이낸스센터 구글코리아(02-531-9000) (학)제주제일고졸 1996년 서울대 경영학과졸 2002년 미국 보스턴대 대학원졸(MBA) (경)1996년 SK텔레콤 근무 1997~1999년 대우그룹 입사·김우중 회장 비서 2005년 이명박 서울시장 비서 2007년 한나라당 이명박 대통령후보 수행비서 2007년 이명박 대통령당선자 수행비서 2008년 대통령 제1부속실 선임행정관 2011년 대통령 정책홍보비서관 2012년 대통령 뉴미디어비서관 2012~2013년 대통령 제1부속실장 2013~2015년 이명박 전(前) 대통령 비서관 2015년 구글코리아 대외정책부문 대표, 同정책총괄 대표(전무)(현)

임재훈(林栽熏) Lim Jae-hoon

(생)1960·10·18 (주)서울특별시 종로구 사직로8길 60 외교부 인사운영팀(02-2100-7863) (학)1985년 서울대 불어불문학과졸 (경)1991년 외무고시 합격(25회) 1991년 외무부 입부 1995년 駐카메룬 2등서기관 1998년 駐제네바 2등서기관 2004년 駐아일랜드 참사관 2007년 대통령비서실 파견 2008년 외교통상부 경제협력과장 2009년 駐프랑스 참사관 2012년 駐필리핀 공사참사관 2014년 駐카메룬 대사 2018년 駐호치민 총영사(현)

임재훈(林哉勳) LIM JAEHUN

(생)1966·1·1 (주)서울특별시 영등포구 의사당대로 1 국회 의원회관 711호(02-784-9518) (학)2004년 연세대 행정대학원 정치학과졸 (경)1995년 새정치국민회의 입당 1995년 민주당 조직국 부국장 2002~2003년 제16대 대통령직인수위원회 행정관 2003~2004년 국회 정책연구위원 2006~2008년 민주당 조직국장·홍보국장·총무국장·지방자치국장 2008~2009년 同부대변인 2010년 同서울시당 벤처금융특별위원회 위원장 2011년 박원순 서울시장후보 선거대책위원회 정책특보 2011년 새정치모임 시민통합위원장 2012~2013년 민주정책연구원 부원장 2013년 민주당 사무부총장 2014년 민주당·새정치연합 신당추진단 총무조직위원 2014년 새정치민주연합 조직담당 사무부총장 2014년 同6.4지방선거 공직선거후보자추천관리위원회 위원 2015년 同대외협력담당 사무부총장 2015년 同조직본부 부본부장 2016년 국민의당 사무부총장 2016년 同공천관리위원회 위원 2016년 제20대

국회의원선거 출마(비례대표 14번, 국민의당) 2017년 국민의당 대표특보단장 2018년 제20대 국회의원(비례대표 승계, 바른미래당)(현) 2018년 국회 교육위원회 간사(현) 2018년 국회 윤리특별위원회 위원(현) 2019년 국회 사법개혁특별위원회 위원 2019년 바른미래당 사무총장(현) (역)'방앗간에서의 전투' '세계를 뒤흔든 16대 사건'

임재훈(林栽勳)

(생)1969·12·6 (출)충남 공주 (주)서울특별시 송파구 법원로 101 서울동부지방법원(02-2204-2114) (학)1988년 공주대사대부고졸 1993년 서울대 사법학과졸 2001년 同대학원 법학과 수료 (경)1995년 사법시험 합격(37회) 1998년 사법연수원 수료(27기) 1998년 軍법무관 2001년 수원지법 판사 2003년 서울지법 판사 2004년 서울중앙지법 판사 2005년 부산지법 판사 2008년 서울동부지법 판사 2009년 서울고법 판사 2010년 헌법재판소 파견 2012년 서울가정법원 판사 2013년 대구가정법원 부장판사 2015년 수원지법 부장판사 2018년 서울동부지법 부장판사(현)

임정규(林正奎) IM JUNG GYU

(생)1962·6 (출)서울 (주)서울특별시 영등포구 의사당대로 97 교보증권 구조화금융본부(02-3771-9000) (학)충암고졸, 연세대졸 (경)LG투자증권 IB사업부장, HMC투자증권 SF본부 이사, NH투자증권 부동산금융상무 2014년 교보증권 구조화금융본부장(전무)(현) 2016년 同IB금융본부장

임정기(任廷基) IM JUNG GI

(생)1950·4·10 (본)풍천(豊川) (출)전북 김제 (주)서울특별시 종로구 대학로 101 서울대학교병원 영상의학과(02-880-5006) (학)1968년 서울고졸 1975년 서울대 의대졸 1978년 同대학원 의학석사 1983년 의학박사(서울대) (경)1980년 해군본부 기지병원 방사선과장 1983~1995년 서울대 의과대학 방사선과학교실 전임강사·조교수·부교수 1989~1997년 흉부방사선연구회 회장 1995~2015년 서울대 의과대학 영상의학교실 교수 1998년 Journal of Thoracic Imaging 부편집인(현) 1999~2005년 대한방사선의학회 학회지 편집위원장, Korean Journal of Radiology 편집인 2000년 대한의학회 학술진흥이사 2000~2002년 서울대 의과대학 연구부학장 2002~2004년 同의과대학 연구연수위원장 2004~2007년 서울대병원 진료부원장 2008~2011년 서울대 의과대학장 2008~2011년 대한의학학술지 편집인협의회장 2009~2014년 국립암센터 비상임이사 2008~2012년 (사)한국의과대학·의학전문대학원장협회 이사장 2010~2012년 한국의학교육협의회 회장 2011~2012년 서울대 연구부총장 2011~2014년 서울대법인 초대이사 2012년 교육과학기술부 기초연구사업추진위원회 위원장 2012~2015년 한국연구재단 비상임이사 2012~2014년 서울대 기획부총장 2013~2014년 대한민국의학한림원 부회장 2015년 서울대 의대 영상의학교실 명예교수(현) 2015년 아랍에미리트(UAE) 왕립 쉐이크칼리파전문병원 전문의(현) 2015년 북미영상의학회(Radiological Society of North America) 명예회원(현) 2016년 에미레이트영상의학회(Emirate Society of Radiology) 명예회원(현) (상)유한의학상 본상(1990), 북미방사선의학회 Cum Laude Award(1992·1998), RADIOLOGY 'Editor's Recognition Award' Special Distinction(2002·2003·2004) (저)'흉부방사선과학'(2014)

임정기(林正基) LIM Joung Ki

(생)1964·1·30 (출)충북 괴산 (주)서울특별시 중구 서소문로11길 2 중부매일신문 서울본부(043-275-2001) (학)1989년 청주대 신문방송학과졸 1993년 同대학원졸 (경)1989년 중부매일 입사 1998년 同정치부 차장 2001년 同정치부장 2008년 同정치부 부국장대우 2009년 同부국장 2012년 同서울본부장 2014~2017년 同편집국장 2015년 한국지역언론인클럽 회장 2016년 同고문(현) 2016~2019년 同미디어로컬편집위원장 겸임 2018년 중부매일 서울본부장(현) (상)제10회 한국참언론인대상 지역언론부문(2014)

임정덕(林正德) LIM Jung Duk

(생)1945·7·22 (본)울진(蔚珍) (출)부산 (주)부산광역시 동래구 금강공원로 13-1 부산은행빌딩 305호 효원학술문화재단(051-517-1385) (학)1963년 부산고졸 1968년 서울대 경제학과졸 1981년 경제학박사(미국 사우스캐롤라이나주립대) (경)1970~1976년 한국은행 행원·조사역 1981년 미국 Wingate대 조교수 1984~2010년 부산대 경제학과 부교수·교수 1987년 부산발전시스템연구소 소장 1988년 부산시 교통영향평가위원 1988~1990년 부산교통공단 운영위원 1990년 부산대 국제교류실장 1993년 同노동문제연구소장 1995년 자동차산업연구회 회장 1997~1998년 부산대 기획연구실장 1998~2001년 부산발전연구원 원장 1999~2002년 부산시 도시계획위원 1999년 부산국제영화제 조직위원 겸 이사(현) 2000~2017년 부산축제조직위원회 이사 2000~2004년 포럼신사고 공동대표 2000년 한국은행 조사국 자문교수 2003년 효원학술문화재단 이사 2006~2010년 부산대 동북아지역혁신연구원장 2006년 부산기독교사회책임 공동대표 2008~2010년 대통령직속 지역발전위원회 위원 2010년 도시와경제연구원 원장(현) 2010년 부산시 교육감선거 후보 2010년 부산대 경제학과 명예교수(현) 2011년 효원학술문화재단 이사장(현) 2012~2013년 기술보증기금 고문 2012~2014년 한국남동발전 사외이사 2014~2016년 한국남부발전 상임감사위원 2017년 동화엔텍(주) 감사(현) (상)부산MBC 문화대상(2004), 한국을 빛낸 사람들 교육부문(2010) (저)'부산 21세기-국제화시대발전전략'(1992) '한국의 신발산업'(1994) '지방화시대의 지역산업정책'(1996) '지역경제분석'(1997) '쓴소리 바른사회'(1999) '지역경제 혁신론'(1999) '부산도시론'(2000) '부산경제의 재발견'(2008) '부산산업의 비전과 과제'(2009) '창조도시 부산을 향한 성찰과 모색'(2010) '외국의 이민정책변천과 사회경제적 영향'(2011) '청년문화예술 진흥을 통한 일자리창출'(2012) '부산경제100년-진단70년+미래30년'(2014) '적극적 청렴-공기업혁신의 필요조건'(2016) '적극적 청렴의 실천보고서'(2016) (종)기독교

임정배(林正焙) LIM Jeong Bae

(생)1961·7·8 (출)서울 (주)서울특별시 동대문구 천호대로 26 대상(주) 임원실(02-2220-9701) (학)경성고졸, 고려대 식품공학과졸 (경)1991년 미원통상(주) 입사, 대상(주) 경영혁신본부 재무팀장 겸 경영지원본부 조달팀장, 同유럽법인장, 同기획관리본부장(상무이사), 대상FNF(주) 감사 2013~2016년 대상홀딩스 각자대표이사 2016년 대상(주) 소재BU 전략기획본부장 겸 식품BU 재경본부장 2017년 同각자대표이사 겸 식품BU 전무 2018년 同각자대표이사 겸 식품BU 사장(현)

임정빈(任正彬) YIM Jeong Bin

(생)1948·1·18 (출)서울 (주)충청남도 아산시 신창면 순천향로 22 순천향대학교 의료생명공학과(041-530-1119) (학)1966년 경기고졸 1970년 서강대 생물학과졸 1975년 생화학박사(미국 MIT) (경)1976년 미국 Oak Ridge국립대연구소 연구원 1978~2013년 서울대 생명과학부 조교수·부교수·교수 1981~1982년 King Abdulaziz Univ. 초빙교수 1988~1989년 독일 Univ. of Kon stanz 객원교수(Humbodt Fellow) 1993~1999년 서울대 유전공학연구소장 1997~2003년 과학기술부 창의적연구진흥사업 유전자재프로그래밍연구단장 1999년 한국미생물학회 회장 2001년 Korea Bio-MAX추진위원회 추진단장 2003년 한국분자세포생물학회 회장 2003~2005년 서울대 생명공학공동연구원장 2004년 아·태국제분자생물학네트워(A-IMBN) 회장 2005

년 국제분자생물사이버랩(eIMBL) 소장 2006년 Jornal of Biochemistry Editor 2006년 IUBMB(International Union of Biochemistry and Molecular Biology) Life Editor 2013~2016년 한국과학기술한림원 대외협력담당 부원장 2013년 서울대 생명과학부 명예교수(현) 2013년 순천향대 의료생명공학과 석좌교수(현) 2014년 同순천향의생명연구원장(현) (상)한국과학상(1994), Outstanding Achievement Award by USC Marshall School of Business(2005) (종)천주교

임정빈(任正彬) Lim Jeong Pin

(생)1949 · 12 · 3 (출)충남 홍성 (주)인천광역시 남동구 정각로 18 자유한국당 인천광역시당(032-466-0071) (학)1969년 예산농고졸 (경)충남 홍성군 홍북면 예비군 중대장, 인천시 남구 통합방위협의회 회장, 인천시미추홀구재향군인회 이사(현), 인천시 남구체육회 이사, 인천시 남구 숭의2동주민자치위원장, 인천시 남구 숭의1 · 2동새마을금고 이사, 인천시 남구 숭의2동바르게살기위원회 위원, 한나라당 인천南乙지구당 숭의2동협의회장, 同인천南乙지구당 부위원장 2006 · 2010~2014년 인천시 남구의회 의원(한나라당 · 새누리당) 2006년 同운영위원장 2010~2014년 同예산결산특별위원장 2012년 同부의장 2014~2018년 인천시의회 의원(새누리당 · 자유한국당) 2014년 同문화복지위원회 위원 2014~2015 · 2016년 同예산결산특별위원회 위원 2016~2018년 同건설교통위원회 위원 2016~2017년 同윤리특별위원회 위원장 2019년 자유한국당 인천미추홀구乙당원협의회 운영위원장(현) (종)기독교

임정수(林正洙)

(주)서울특별시 영등포구 영중로 83 한국우편사업진흥원(02-3443-1351) (경)1978년 조달청 근무 1996년 정보통신부 근무, 同정보통신지원국 사무관, 同부가통신과 사무관, 同통신정책과 사무관, 同통신경쟁정책과 사무관 2005년 同통신경쟁정책과 서기관 2005년 한국콘텐츠산업연합회(KIBA) 상근부의장 2007년 정읍우체국장 2007년 전북체신청 사업지원국장 2009년 서울강동우체국장 2010년 지식경제부 우정사업본부 경영기획실 투자기획팀장 2010년 同우정사업본부 예금사업단 금융정보화팀장 2010년 同우정사업본부 예금사업단 예금사업팀장(기술서기관) 2012년 同우정사업본부 예금사업단 예금사업과장 2013년 미래창조과학부 우정사업본부 예금사업단 예금사업과장 2013년 同우정사업본부 우편사업단 우편정책과장(서기관) 2015년 同우정사업본부 우편사업단 우편정책과장(부이사관) 2015년 서울강서우체국장 2017년 한국우편사업진흥원 원장(현) (상)근정포장(2001)

임정열(林政烈)

(생)1962 · 11 · 21 (출)경북 안동 (주)대구광역시 서구 국채보상로34길 46 대구시선거관리위원회(053-767-2581) (학)한국방송통신대 행정학과졸, 同중어중문학과졸 (경)2012년 중앙선거관리위원회 선거기획관실 선거2과장(서기관) 2013년 대구시선거관리위원회 관리과장 2014년 중앙선거관리위원회 중앙선거방송토론위원회 사무국장(부이사관) 2015년 선거연수원 제도연구부장 2016년 한국형사정책연구원 파견 2017년 세종특별자치시선거관리위원회 사무처장(이사관) 2018~2019년 강원도선거관리위원회 사무처장 2019년 대구시선거관리위원회 상임위원(현)

임정엽(林呈燁) RYM Chung Yeap

(생)1959 · 4 · 26 (출)전북 완주 (주)전라북도 전주시 완산구 백제대로 269 민주평화당 전북도당(063-285-1888) (학)1978년 완산고졸 1983년 전주대 경상대학 상업교육과졸 1992년 同지역정책대학원 행정학과졸 2003년 법학박사(전주대) (경)1981년 전주대 총학생회 회장 1991~1995년 전북도의회 의원 1993~2003년 전주대 총동창회 회장 1995~1997년 전북도지사 비서실장 1999~2000년 아 · 태평화재단 기획조정실장 1999~2002년 학교법인 중앙학원(대경대학) 이사장 2000~2002년 대통령비서실 행정관 2004년 전주대 행정대학원 객원교수 2005년 민주당 청년연합회중앙회 부회장 2006 · 2010~2014년 전북 완주군수(민주당 · 민주통합당 · 민주당) 2006년 전주대 총동창회 회장 2012년 전국청년시장군수구청장회 회장 2013년 전국사회연대경제지방정부협의회 회장 2013년 전국균형발전지방정부협의회 공동대표 2014년 전북 전주시장선거 출마(무소속) 2016년 제20대 국회의원선거 출마(전북 완주군 · 진안군 · 무주군 · 장수군, 국민의당) 2016~2018년 국민의당 정책위원회 부의장 2016~2018년 同완주군 · 진안군 · 무주군 · 장수군지역위원회 위원장 2017년 同제19대 안철수 대통령후보 중앙선거대책본부 조직부본부장 2018년 민주평화당 완주군 · 진안군 · 무주군 · 장수군지역위원회 위원장 2018년 전북도지사선거 출마(민주평화당) 2018~2019년 민주평화당 정치연수원장 2019년 민주평화당 전북도당 위원장(현) (상)대한상공회의소 감사패(2010) (저)'바보군수의 희망보고서'(2010, 도서출판 푸른나무)

임정엽(林正燁)

(생)1970 · 4 · 11 (출)서울 (주)서울특별시 서초구 서초중앙로 157 서울중앙지방법원(02-530-1114) (학)1989년 서울 대성고졸 1994년 서울대 공법학과졸 (경)1996년 사법시험 합격(38회) 1999년 사법연수원 수료(28기) 1999년 육군 법무관 2002년 수원지법 판사 2004년 서울서부지법 판사 2006년 창원지법 판사 2010년 서울고법 판사 2010년 법원행정처 정책심의관 겸임 2014년 광주지법 부장판사 2016년 인천지법 부천지원 부장판사 2018년 서울중앙지법 부장판사(현)

임정주

(생)1969 (출)충남 금산 (주)서울특별시 종로구 사직로8길 31 서울지방경찰청 정보1과(02-700-5708) (학)1992년 경찰대졸(8기) (경)1992년 경위 임관, 서울지방경찰청 기동대 경비과장 2007년 강원 철원경찰서 경무과장 직대(경정) 2008년 강원지방경찰청 정보과 경정 2010년 대통령실 치안비서관실 행정관(경정) 2014년 서울지방경찰청 101경비단 경비과장 2014년 대전지방경찰청 경무과 치안지도관(총경) 2014년 국무조정실 산하 정부합동부패척결추진단 근무 2015년 충북 괴산경찰서장 2016년 경찰청 위기관리센터장 2016년 서울지방경찰청 제1기동대장 2017년 서울 노원경찰서장 2019년 서울지방경찰청 정보1과장(현)

임정진(林廷珍 · 女) Lim, Jeong Jin

(생)1963 · 1 · 3 (출)서울 (주)서울특별시 마포구 독막로 320 서울디지털대학교 문예창작학과(02-2128-3097) (학)1981년 무학여고졸 1985년 이화여대 국어국문학과졸 (경)아동문학가(현), 이화여대 학보사주최 '현상문예'에 희곡당선 1985년 월간 '주니어' 기자 1986년 크라운제과 광고기획실 사보담당 1997년 MBC '뽀뽀뽀' 구성작가 2003년 한겨레문화센터 동화창작교실 강사 2004년 한경대 강사 2006년 EBS '빵빵그림책버스' 스토리작가 2007년 서울디지털대 문예창작학부 교수, 경민대 독서스페셜리스트 교육원 강사, 한겨레문화센터 분당점 동화쓰기입문반 강사(현) 2011년 서울디지털대 문예창작학과 객원교수(현), 국제아동도서협의회 한국위원회(KBBY) 운영위원 · 회장, 한국아동문학인협회 부회장(현), 국립어린이청소년도서관 편집위원(현), 계몽아동문학회 회원(현) (상)샘터사 동화우수상(1983), 마로니에여성백일장 장원(1986), 계몽사 아동문학상(1988), 한국아동문학상(2013), 서울디지털대 우수교원상(2014) (저)'행복은 성적순이 아니잖아요'(1989) '있잖아요 비밀이에요'(1989) '인생이 뭐 객관식 시험인가요'(1990) '가슴 속엔 박하향'(1991) '사랑은 성장비타민인가봐'(1992)

'꽁지극단 나가신다 길을 비켜라'(1993) '개구리의 세상구경'(1994) '꾸러기와 맹자'(1995) '일곱가지 물방울'(1996) '또또 그림책'(1996) '나무의 노래'(1996) '고래에게 보낸 편지'(1996) '다같이 걸어갈까'(1996) '토토가 만난 바람'(1996) '뚱딴지 뚱보나라 탐방'(1998) '왕손가락들의 행진'(1999) '강아지 배씨의 일기'(1999) '바른 생활 이야기쟁이'(2000) '아이동화'(2000) '숫자들의 여행(共)'(2000) '나보다 작은 형'(2001) '외로운 개 라이카'(2001) '도깨비 퍼렁이는 방송국에 산다'(2001) '아름다운 단독 비행'(2002) '개들도 학교에 가고 싶다'(2002) '내 친구는 까까머리'(2002) '김치는 국물부터 마시자'(2003) '굴렁쇠'(2003) '떳다 떳다 김치치'(2003) '날씬한 산타의 성탄절'(2005) '해모수파크를 탈출하라'(2006) '바우야 서당가자'(2007) '하양이와 까망이 부릉신에게 묻다'(2007) '혹부리 영감'(2007) '장터에 간 새코미'(2007) '동화쓰기 특강'(2008) '천방지축 개구리의 세상구경'(2008) '자석총각 끌리스'(2009) '배다리는 효자다리'(2009) '일자무식 멍멍이'(2010) '어이쿠나 호랑이다'(2010) '용이 되기 싫은 이무기 꽝철이'(2010) '땅끝마을 구름이 버스'(2011) '두부이야기-맛있는 구름콩'(2011) '바우덕이'(2012) '겁쟁이 늑대 칸'(2013) '세상을 행복하게 하는 작은 노력, 적정기술'(2014) '공연을 보러 갔어요'(2015, 산하) '한 겨울에 밀짚모자 꼬마눈사람'(2017, 봄봄) (역)'널 항상 지켜 줄게'(2009)

임정택(林廷澤) LIM Jeong Taeg

(생)1956·6·12 (출)전남 강진 (주)서울특별시 서대문구 연세로 50 연세대학교 문과대학 독어독문학과(02-2123-2334) (학)1978년 연세대 독어독문학과졸 1982년 同대학원졸 1988년 문학박사(독일 콘스탄츠대) (경)1988~1998년 연세대 문과대학 독어독문학과 강사·조교수·부교수 1994~1996년 同독어독문학과 학과장 1996~1997년 미국 UCLA 방문교수 1998년 연세대 문과대학 독어독문학과 교수(현) 1998년 同미디어아트연구소장 2000~2004년 同연계전공 영상예술학 책임교수 2005~2009년 교육인적자원부 컨설팅 위원 2005년 문화관광부 전문자문위원 (저)'프랑스혁명과 독일문학(共)'(1990, 열음사) '논쟁-독일통일의 과정과 결과(共)'(1991, 창작과 비평사) '세계영화사강의(編)'(2001, 연세대 출판부) '영화를 어떻게 읽을 것인가'(2006, 연세대 출판부) '동아시아 영화의 근대성과 탈식민성'(2007, 연세대 출판부) '바퀴와 속도의 문명사'(2008, 연세대 출판부) '상상-한계를 거부하는 발칙한 도전'(2011, 21세기북스) (역)'제1인자'(1990) '영화와 문학에 대하여'(1997) (종)기독교

임정택(林廷澤)

(생)1974·1·3 (출)경남 사천 (주)인천광역시 미추홀구 소성로163번길 17 인천지방법원 총무과(032-860-1169) (학)1992년 서울 성남고졸 1996년 서울대 공법학과졸 (경)1998년 사법시험 합격(40회) 2001년 사법연수원 수료(30기) 2001년 軍법무관 2004년 인천지법 판사 2006년 서울중앙지법 판사 2008년 부산지법 판사 2012년 수원지법 안산지원 판사 2014년 서울중앙지법 판사 2016년 춘천지법 부장판사 2018년 인천지법 부장판사(현)

임정혁(任正赫) IM Jeong Hyuk

(생)1956·8·15 (출)서울 (주)서울특별시 서초구 서초대로48길 33 허브원빌딩 7층 법무법인 산우(02-584-5533) (학)1975년 중앙고졸 1979년 서울대 법과대학졸 (경)1984년 사법시험 합격(26회) 1984년 행정고시 합격(28회) 1987년 사법연수원 수료(16기) 1987년 대구지검 검사 1989년 전주지검 군산지청 검사 1991년 인천지검 검사 1993년 법무부 보호과 검사 1995년 미국 조지워싱턴대 연수 1996년 서울지검 북부지청 검사 1999년 대검찰청 검찰연구관 2000년 춘천지검 영월지청장 2001년 서울지검 부부장검사 2002년 대구지검 공안부장 2002년 대검찰청 공안3과장 2003년 同공안2과장 2003년 부산지검 형사2부장 2004년 서울중앙지검 공안2부장 2005년 사법연수원 교수 2007년 대구지검 포항지청장 2008년 울산지검 차장검사 2009년 수원지검 성남지청장 2009년 서울고검 형사부장 2010년 대구고검 차장검사 2011년 대검찰청 공안부장 2013년 서울고검장 2013년 대검찰청 차장검사 2015년 법무연수원장 2016년 법무법인 산우 대표변호사(현) 2016년 대한민국바로알기연구원 원장(현) 2017~2018년 강원 홍천군·충북 진천군·경기 안산시·충남 청양군 고문변호사 (상)황조근정훈장(2014)

임종건(林鍾乾) IM Jong Kyun (勿施)

(생)1949·7·7 (본)나주(羅州) (출)충남 서천 (학)1970년 중앙대 신문방송학과졸 1991년 영국 버밍햄대 대학원 국제정치학과 수료 (경)1974~1988년 한국일보·서울경제 기자 1988년 서울경제신문 정경부 차장 1991년 한국일보 주간한국부장·국제부장 1996년 同전국부장 1996년 서울경제신문 논설위원 1998년 同사회문화부장 1998년 同편집국 차장 2000년 同논설위원 2003년 同논설위원실장 2004~2008년 同대표이사 사장 2008년 한국신문윤리위원회 감사 2008년 서울경제TV(SEN) 대표이사 사장 겸임 2008년 (사)한국경영인협회 부회장 2009~2010년 서울경제신문 부회장 2009년 세종특별자치시 민관합동위원회 민간위원 2011~2014년 한남대 사회과학대학 예우교수 2013~2014년 한국신문윤리위원회 독자불만처리위원 2016~2017년 대한언론인회 주필, 대한바둑협회 홍보위원장, 자유칼럼그룹 칼럼니스트(현), 일요신문 칼럼니스트(현), 논객닷컴 칼럼니스트(현) (상)중앙언론문화대상(2006) (종)가톨릭

임종국(林鐘國)

(생)1961·6·15 (본)충주(忠州) (주)대구광역시 동구 첨단로 120 한국가스공사 임원실(053-670-0523) (학)1979년 서울 양정고졸 1986년 서울시립대 도시행정학과졸 1992년 연세대 대학원 경영학과졸 (경)1986년 한국가스공사 입사(5급) 1986~1990년 同경인관로·자재부 사원 1990~1997년 同총무부·감사실 담당역(4급) 1997년 同중부사업본부 기획관리팀장(2급) 1998년 同조달처 공사계약부장 1998년 同총무관리처 계약팀장 2001년 同경영기획실 경영전략팀장 2004년 교육 파견(영국 Exeter대 에너지관리자과정) 2005년 한국가스공사 구조개편실 구조개편팀장 2006년 同비서팀장 2007년 同요금제도팀장 2007년 同경영전략팀장 2008년 同경영전략실 선진화팀장(1급) 2009년 同경영기획실장 2010년 同기획홍보실장 2011년 同호주법인장 2014년 同LNG사업처장 2015~2018년 同해외사업본부장 2018년 同경영관리부사장(현) (상)대통령표창(2009)

임종국(林鍾國)

(생)1964·5·31 (주)서울특별시 중구 세종대로 125 서울특별시의회(02-3702-1400) (학)한국외국어대 영어과졸 (경)대통령자문 동북아시대위원회 자문위원, 김영춘 국회의원 보좌관 2018년 서울시의회 의원(더불어민주당)(현) 2018년 同운영위원회 위원(현) 2018년 同기획경제위원회 위원(현) 2019년 同예산결산특별위원회 위원(현) 2019년 同김포공항주변지역활성화특별위원회 위원(현)

임종기(任鍾基) Lim Jong Ki

(생)1957·3·14 (주)전라남도 무안군 삼향읍 오룡길 1 전라남도의회(061-286-8200) (학)순천고졸 1986년 연세대 법대 법학과졸 (경)1985~1990년 현대건설 근무, 순천기적의도서관 운영위원, 대석초 운영위원장, 청암대학 부동산경제학과 외래교수 2002~2006·2010년 전남 순천

시의회 의원(민주당 · 민주통합당) 2006년 전남 순천시의원선거 출마 2010~2012년 전남 순천시의회 운영위원장 2012년 同행정자치위원회 위원 2014~2018년 전남 순천시의회 의원(무소속 · 더불어민주당) 2016~2018년 同의장 2018~2019년 매안초 운영위원회 지역위원 2018년 전남도의회 의원(더불어민주당)(현), 同안전건설소방위원회 위원 겸 윤리특별위원회 위원(현), 同광양만권해양생태계보전특별위원회 위원(현) (상)한국을 빛낸 대한민국 충효대상(2019)

임종덕(林鍾悳) LIM, JONG-DEOCK

(생)1968 · 2 · 8 (주)대전광역시 유성구 문지로 132 국립문화재연구소 복원기술연구실(042-860-9340) (학)1992년 성균관대 생물학과졸 1994년 미국 네브래스카대 대학원 박물관학과졸 1999년 척추고생물학박사(미국 캔자스대) (경)1992~2001년 在美과학자협회 정회원 1993~1994년 미국 네브래스카주립 자연사박물관 연구조교 1994~1999년 미국 캔자스주립 자연사박물관 연구조교 1996~1999년 미국 캔자스대 생물과학과 강의조교 1997~2001년 미국 Phi Beta Delta 부회장 1999년 미국 뉴욕 자연사박물관 방문연구원 1999~2003년 미국 캔사스주립자연사박물관 연구원 · 객원연구원 2000~2003년 Society of Mammalogy 정회원 2001~2002년 서울대 지구환경과학부 BK21사업단 초빙연구원 2002년 同지구환경과학부 BK21사업단 계약교수 2002년 국립문화재연구소 학예연구사 2006년 同자연문화재연구실 수석연구원 2017년 同보존과학연구실장 2018년 통일교육원 교육 훈련(과장급) 2019년 국립문화재연구소 복원기술연구실장(현) (상)미국 캔사스대 최우수외국인학생상(1997), 미국 뉴욕자연사박물관 초빙 연구원상(1999), 미국 캔사스대 최우수대학원생상(1999), 미국 Phi Beta Delta협회 최우수 국제대학원생상(1999), 한국과학재단 · 한국과학문화재단 우수도서상(2001), 한국지구과학회 공로상(2017) (저)'얘들아 공룡발굴하러 가자'(2001) '꿈동산'(2001)

임종룡(任鍾龍) Jong-Yong YIM

(생)1959 · 8 · 3 (출)전남 보성 (주)서울특별시 서대문구 연세로 50 대우관 209호 연세대학교 경제대학원(02-2123-4174) (학)1978년 영동고졸 1982년 연세대 경제학과졸 1988년 미국 오레곤대 대학원 경제학과졸 (경)1981년 행정고시 합격(24회) 1999년 재정경제부 금융정책국 은행제도과장, 同금융정책국 증권제도과장(부이사관) 2002년 同금융정책국 금융정책과장 2002년 同경제정책국 종합정책과장 2004년 駐영국 재경참사관 2006년 재정경제부 금융정책심의관 2007년 同경제정책국장 2008년 기획재정부 경제정책국장 2008년 同기획조정실장 2009년 대통령 경제금융비서관 2010년 기획재정부 제1차관 2011~2013년 국무총리실장(장관급) 2013~2015년 NH농협금융지주 회장 2015~2017년 금융위원회 위원장(장관급) 2017~2018년 (사)한국금융연구원 초빙연구위원 2018년 연세대 경제대학원 특임교수(현) (상)녹조근정훈장(1998), 자랑스런 연세경영인상 사회 · 봉사부문(2011), 대한민국금융대상 공로상(2017), 청조근정훈장(2019)

임종배(林鍾培) LIM JONG BAE

(생)1967 · 2 · 25 (본)나주(羅州) (출)충남 당진 (주)세종특별자치시 도움4로 9 국가보훈처 운영지원과(044-202-5300) (학)1985년 천안중앙고졸 1993년 건국대 행정학과졸 1998년 연세대 행정대학원 행정학석사(공공정책 전공) (경)2012~2015년 대통령비서실 행정관(서기관) 2015년 국가보훈처 창조행정담당관 2016년 同보훈심사위원회 심사2과장 2017년 同처장 비서관(서기관) 2018년 同처장 비서관(부이사관) 2018년 同운영지원과장(현)

임종석(任鍾晳) IM Jong Seok

(생)1966 · 4 · 24 (본)장흥(長興) (출)전남 장흥 (주)서울특별시 종로구 청와대로 1 대통령비서실(02-770-0011) (학)1985년 서울 용문고졸 1995년 한양대 무기재료공학과졸 (경)1989년 한양대 총학생회장 1989년 전국대학생대표자협의회 3기 의장 1995~1997년 청년정보문화센터 소장 1999년 인천방송 '청년토크 임종석의 뉴스 & 피플' 진행 1999~2000년 푸른정치2000 공동대표 2000~2004년 제16대 국회의원(서울 성동, 새천년민주당) 2000~2004년 민족화해협력범국민협의회 청년위원장 2001년 새천년민주당 청년위원장 2002년 同대표 비서실장 2002년 同노무현후보 선거대책위원회 국민참여운동본부 사무총장 2003~2004년 열린우리당 원내부대표 · 국민참여운동본부장 2004~2005년 남북경제문화협력재단 부이사장 2004~2005년 열린우리당 대변인 2004~2005년 국회 남북관계발전특별위원회 개성공단사업지원소위원장 2004~2008년 제17대 국회의원(서울 성동乙, 열린우리당 · 대통합민주신당 · 통합민주당) 2005~2006년 열린우리당 교육연수위원장 2005~2006년 同열린정책연구원 부원장 2005~2017년 남북경제문화협력재단 이사장 2006~2007년 열린우리당 특보단장 2007년 대통합민주신당 원내수석부대표 2008년 민주당 서울 성동乙지역위원회 위원장 2010년 同야권연대 · 연합을위한특별위원회 간사 2012년 민주통합당 사무총장 2014~2015년 서울시 정무부시장 2017년 더불어민주당 제19대 문재인 대통령후보 비서실장 2017~2019년 대통령 비서실장(장관급) 2018년 남북정상회담준비위원회 위원장 2019년 대통령 아랍에미리트(UAE) 특임 외교특별보좌관(현) (상)국정감사 우수의원상(2000 · 2001 · 2005 · 2006), 백봉신사상(2002~2006) (종)가톨릭

임종성(任宗聲) IM Jong Sung

(생)1960 · 1 · 14 (출)전남 (주)서울특별시 중구 을지로 79 IBK기업은행 감사실(02-729-6211) (학)1979년 목포상고졸 1983년 서울시립대졸 1986년 서울대 대학원 행정학과졸 2003년 영국 버밍햄대 대학원 경영학과졸 (경)1989년 행정고시 합격(33회) 2000년 기획예산처 APEC정상회의준비기획단 파견 2004년 同재정협력팀장 2005년 同공공혁신국 산하기관정책과장 2008년 기획재정부 재정정책국 재정사업평가과장 2009년 同세제실 관세정책관실 산업관세과장 2010년 同세제실 관세정책관실 관세제도과장(부이사관) 2011년 조달청 전자조달국장(일반직고위공무원) 2012년 중앙공무원교육원 고위정책과정 파견 2013년 인천지방조달청장 2014년 서울지방조달청장 2015년 조달청 기획조정관 2016~2018년 헌법재판소 기획조정실장 2018년 IBK기업은행 상임감사(현)

임종성(林鍾聲) LIM Jong Seong

(생)1965 · 8 · 5 (출)경기 광주 (주)서울특별시 영등포구 의사당대로 1 국회 의원회관 1021호(02-784-8380) (학)2005년 경원전문대학 실내건축과졸 2012년 한양대 공공정책대학원 고령화사회복지학과졸 (경)(주)대우템피아 대표이사, 광주청년회의소 회장, 광주시생활체육회 감사, 한국예술문화단체총연합회 광주지부 고문, 민주당 청년위원회 상임부회장 2007년 대통합민주신당 경기도당 청년위원장 2008~2010년 경기도의회 의원(재보선 당선, 통합민주당 · 민주당) 2010~2012년 경기도의회 의원(민주당 · 민주통합당) 2010~2012년 同도시환경위원장 2016년 더불어민주당 경기광주시乙지역위원회 위원장(현) 2016년 제20대 국회의원(경기 광주시乙, 더불어민주당)(현) 2016년 국회 규제개혁포럼 공동대표(현) 2016 · 2018년 국회 국토교통위원회 위원(현) 2017년 더불어민주당 제19대 문재인 대통령후보 중앙선거대책본부 유세본부 부본부장 2017~2018년 同조직사무부총장 2017~2018년 同지방선거기획단 위원 2017~2018년 同조직강화특별위원회 위원 2017~2018년 국회 청년미래특별위원회 위원 2018년 국회 여성

가족위원회 위원(현) 2019년 더불어민주당 4050특별위원회 위원장(현) 2019년 同원내부대표(현) 2019년 국회 운영위원회 위원(현) 2019년 국회 예산결산특별위원회 위원(현) 2019년 아시아국회의원물협의회 재정관(현) (상)글로벌 자랑스런 세계인상 국제의정발전부문(2017), 2019 대한민국 의정대상(2019) (저)'아버지의 깃발'(2011, 리서치뷰) '안녕들하십니까?'(2014, 도서출판 지킴이) (종)기독교

임종순(任宗淳) YIM Jong Soon

(생)1957·10·21 (출)서울 (주)서울특별시 서초구 나루터로 68 경아빌딩 7층 한국컨설팅산업협회(02-555-9024) (학)1976년 용산고졸 1980년 서울대 정치학과졸 1982년 同대학원 정치학과 수료 1985년 한국과학기술원(KAIST) 경영과학과졸(석사) 1992년 경제학박사(프랑스 파리시앙스포(Paris Science Po)) (경)1980년 행정고시 합격(24회) 2001년 국무조정실 심사평가심의관 2003년 경기도 경제투자관리실장 2004년 국무조정실 노동여성심의관 2004년 同총괄심의관 2006년 同경제조정관(차관보급) 2008년 기획재정부 자유무역협정(FTA) 국내대책본부장(차관보급) 2009년 웅진홀딩스 대표이사 2011~2014년 한국과학기술원(KAIST) 테크노경영대학원 초빙교수 2011년 (사)한국컨설팅산업협회 회장(현) 2019년 더불어민주당 대표 특별보좌역(현) (상)녹조근정훈장(1998), 홍조근정훈장(2008) (종)천주교

임종식(林宗植) Jongsik Lim

(생)1955·8·20 (주)경상북도 안동시 풍천면 도청대로 511 경상북도교육청 교육감실(054-805-3001) (학)1978년 경북대 사범대학 교육학과졸 1988년 고려대 교육대학원 교육행정학과졸 (경)1978년 달산중 교사 1978~1983년 영덕중 교사 1983~1987년 안강중 교사 1987~1991년 계림고 교사 1991~1995년 경주여고 교사 1995~1999년 경북도교육청 화랑교육원 연구사 1999~2000년 경주교육청 학무과 장학사 2000~2004년 경북도교육청 중등교육과 장학사 2004~2006년 포항고 교감 2006~2008년 영창중 교장 2008~2009년 경북도교육연수원 연구관 2009년 경북도교육청 기획홍보담당관 2010년 同교육정책국 장학관 2012~2013년 경북도교육연수원장 2013년 경북도교육청 교원지원과장 2015~2017년 同교육정책국장 2017년 경북미래교육연구소 대표 2017~2018년 경북대 겸임교수 2018년 경상북도교육감(현) (상)국무총리표창(2001), 홍조근정훈장(2017) (저)'임종식의 따뜻한 교육이야기'(2018, 도드림)

임종윤(林鍾潤) Im Jong-Yun

(생)1972·10·27 (주)서울특별시 송파구 위례성대로 14 한미사이언스(주) 사장실(02-410-9006) (학)미국 보스턴대졸 (경)북경한미약품유한공사 총경리, 한미약품(주) BD총괄 사장 2010년 한미홀딩스 대표이사 사장 2012년 한미사이언스(주) 대표이사 사장(현), 한미약품 사장(현) 2019년 한국바이오협회 이사장(현)

임종인(林鍾仁) IM Jong In

(생)1956·8·28 (출)전북 고창 (주)서울특별시 서초구 서초중앙로 148 김영빌딩 8층 법무법인 해마루(02-536-5437) (학)1974년 전주고졸 1978년 고려대 법학과졸 1982년 同대학원 법학과 수료 1997년 同언론대학원 최고위언론과정 수료 (경)1980년 軍법무관 임용시험 합격(4회) 1981~1990년 육군 법무관(4기) 1990년 변호사 개업 1992년 성폭력상담소 자문위원 1992년 대한변호사협회 인권위원 1993년 법무법인 해마루 대표변호사 1993년 일본 국제기독대 객원연구원 1994년 미국 워싱턴대 객원연구원 1995년 민주주의민족통일전국연합 대변인 1996년 국민통합추진위원회 집행위원 1997년 민주사회를위한변호사모임 동북아위원장 1998년 신용보증기금 고문변호사 2002~2004년 민주사회를위한변호사모임 부회장 2002년 새천년민주당 노무현 대통령후보 법률지원단장 2003년 해외민주인사명예회복과귀국보장을위한범국민추진위원회 집행위원장 2003년 열린우리당 중앙위원·양성평등위원장 2004년 同서민대책특별위원회 위원장 2004~2008년 제17대 국회의원(안산 상록乙, 열린우리당·무소속) 2008년 법무법인 해마루 고문변호사(현) 2009년 10.28재보선 국회의원선거 출마(안산 상록乙, 무소속) 2018년 한국거래소 사외이사(현) 2019년 광복회 고문변호사(현) (상)시민단체대상 국정감사 우수의원상(2004·2005), 한글을 빛낸 의원賞(2005), 국회의원 외교부문 우수상(2005), 국회 입법 및 정책개발 우수의원상(2006·2007), 의정행정대상 국회의원부문 대상(2007) (저)'알기쉬운 인권지침(共)'(1993, 녹두) '알기쉬운 통합선거법'(1995, 녹두) '법률사무소 김앤장(共)'(2008)

임종인(林鍾仁) LIM Jong In

(생)1956·12·2 (출)서울 (주)서울특별시 성북구 안암로 145 고려대학교 정보보호대학원(02-3290-4256) (학)1980년 고려대 수학과졸 1982년 同대학원 대수학과졸 1986년 이학박사(고려대) (경)1986년 고려대 자연과학부 수학전공 조교수·부교수·교수 1995년 국가안전기획부 정보화촉진회 자문위원 1999~2000년 대한수학회 편집위원장(편집이사) 1999년 고려대 정보보호기술연구센터장 1999~2000년 한국정보보호학회 편집위원장 1999~2005년 한국정보보호진흥원 사외이사 1999년 국제정보보호및암호학학술대회(ICISC) 운영위원장 2000년 ETRIS/W 콘텐츠부분 자문위원 2000년 고려대 정보보호대학원 교수(현) 2000~2009년 한국정보보호학회 수석부회장 2001~2014년 국가정보원 정보보호시스템 평가인증위원 2001년 경찰청 사이버테러대응센터 자문위원 2002년 국가정보원 국가보안협의회 위원 2003년 국가보안기술연구소 암호정책자문위원 2004년 정보통신부 전문위원 2005년 중앙선거관리위원회 위원 2005년 한국정보보호진흥원 자문위원 2006~2014년 경찰청 정보통신위원회 자문위원 2007~2018년 금융보안연구원 보안전문기술위원장 2007년 대검찰청 디지털수사자문위원회 위원장(현) 2008년 행정안전부 정책자문위원회 위원 2008년 외교통상부 여권정책심의위원회 위원 2009~2010년 산업기술보호위원회 위원 2009년 한국산업보안연구학회 학술이사, 고려대 정보경영공학전문대학원 교수, 同정보경영공학전문대학원장 2010년 한국정보보호학회 회장 2010년 방송통신위원회 기술자문위원 2010년 同미래융합IT서비스보안연구회장 2011년 한국정보보호학회 명예회장(현) 2011~2012년 산업기술보호위원회 디지털융합분야전문위원장 2011~2015년 고려대 정보보호대학원장 2012~2016년 금융보안포럼 부회장 2012~2015년 대통령직속 개인정보보호위원회 위원 2012~2015년 한국저작권위원회 위원 2013년 안전행정부 정책자문위원회 위원 2013년 국방부 사이버사령부 자문위원(현) 2013년 안전행정부 정부3.0 자문위원 2014년 한국인터넷진흥원 자문위원(현) 2014~2018년 한국국방연구원 비상임이사 2015~2016년 네이버 개인정보보호위원회 위원장 2015년 대통령 안보특별보좌관 2016~2019년 국방기술품질원 비상임이사 2016~2018년 한국CISO협회 회장 (상)행정자치부장관표창(2002), 정보통신부장관표창(2002), 국가정보원장표창(2003), 근정포장(2004), 한국정보보호학회 학술상(2005), 홍조근정훈장(2012) (저)'수론과 암호학'(1998) '현대 암호학 및 응용'(2002) '정보보호를 위한 Cyber Space의 법과 기술'(2003) '암호학과 네트워크 보안'(2008)

임종일(林鍾一) LIM JONG IL

(생)1964·7·26 (본)나주(羅州) (출)충남 서천 (주)세종특별자치시 도움6로 11 국토교통부 철도국 철도건설과(044-201-3950) (학)1982년 철도고졸 1992년 서울과학기술대 토목공학과졸 1994년 연세대 대학원 토목공학과졸 2014년 철도건설공학박사(서울과학기술대) (경)1982~1992년 철도청

입청 · 철도건설국 공사계장 1992~1995년 同설계사무소 설계계장 1996~2004년 同시설국 장비운영팀장 · 남부철도팀장 2005년 국토교통부 남북교통과 남북철도담당 2008년 同고속철도팀장 2013~2015년 서울지방국토관리청 건설관리실장 · 도로시설국장 2016년 해양수산부 부산항건설사무소 계획조사과장 2017년 국토교통부 철도국 철도건설과장 2019년 同철도국 철도건설과장(부이사관)(현) (상)대통령표창(2002), 근정포장(2010) (종)기독교

임종철(林鍾喆) LIM JONG CHUL

(생)1967 · 4 · 1 (주)경기도 수원시 팔달구 효원로 1 경기도청 기획조정실(031-8008-2100) (학)1986년 서울 오산고졸 1990년 경희대 행정학과졸, 同대학원 행정학 석사과정 수료 2008년 미국 콜로라도대 덴버교 대학원 행정학과졸 (경)1992년 행정고시 합격(제36회) 1993년 공무원 임용 2010년 경기 과천시 부시장(지방서기관) 2011년 경기도 경제농정국장(지방부이사관) 2012년 지방행정연수원 파견 2013년 안전행정부 재난총괄과장 2014년 국민안전처 재난복구정책관 2016년 국가공무원인재개발원 파견(지방이사관) 2016년 경기도 경제실장 2018년 同기획조정실장(현) (상)대통령표창(2009 · 2015)

임종태(任種太) LIM Jong Tae

(생)1960 · 10 · 2 (출)부산 (주)대전광역시 유성구 대학로 291 한국과학기술원 나노종합기술원 9층 대전창조경제혁신센터(042-385-0666) (학)1979년 동성고졸 1986년 연세대 전자공학과졸 1988년 同대학원 전자공학과졸 1993년 전자공학박사(연세대) (경)1993년 연세대 전파통신연구소 연구원 1993년 SK텔레콤(주) 중앙연구소 연구1실 근무 1997년 同전파기술그룹 안테나연구PT장 1998년 同연구기획지원그룹PT장 2000년 同중앙연구원 망엔지니어링그룹장 2003년 同Network연구원 Access망개발팀장 2004년 同Network연구원 Access망개발팀장(상무) 2005년 同Platform연구원장(상무) 2006년 同Access기술연구원장(상무) 2008년 同아카데미 상무 2009년 同Data Network본부 기술원장, 同고문 2010~2014년 한국클라우드컴퓨팅연구조합 이사장 2015년 대전창조경제혁신센터장(현)

임종필(林鍾弼)

(생)1972 · 4 · 24 (출)경기 안성 (주)강원도 춘천시 공지로 288 춘천지방검찰청 형사2부(033-240-4332) (학)1991년 선덕고졸 1998년 고려대 법학과졸 (경)2000년 사법시험 합격(42회) 2003년 사법연수원 수료(32기) 2003년 서울지검 검사 2004년 서울중앙지검 검사 2005년 창원지검 검사 2007년 수원지검 안산지청 검사 2009년 서울남부지검 검사 2012년 법무부 법무실 통일법무과 검사 2013년 부산지검 검사(국민안전처 파견) 2017년 광주지검 부부장검사 2018년 창원지검 마산지청 형사2부장 2019년 춘천지검 형사2부장(현)

임종하(林鍾夏) IM Jong Ha

(생)1965 · 2 · 15 (출)충북 청주 (주)서울특별시 서대문구 통일로 97 경찰청 항공과(02-3150-1139) (학)청주 운호고졸, 충북대 영어영문학과졸 (경)서울 종로경찰서 근무 2004년 강원 태백경찰서 생활안전과장 2005년 강원지방경찰청 교통계장 2007년 서울지방경찰청 교통안전과 종합교통정보실장 2011년 교육 파견 2013년 충북지방경찰청 경비교통과장 2014년 충북 청주상당경찰서장 2014년 충북 청주청원경찰서장 2015년 서울지방경찰청 제5기동단장 2016년 서울 남대문경찰서장 2017년 경찰청 경호과장 2017년 同경비과장 2019년 同항공과장(현)

임종한(林鍾翰) LEEM Jong Han

(생)1961 · 4 · 7 (출)대구 (주)인천광역시 중구 인항로 27 인하대학교병원 직업환경의학과(032-890-3539) (학)1980년 우신고졸 1987년 연세대 의대졸 1993년 同보건대학원 산업보건학과졸 1997년 의학박사(연세대) (경)1987~1990년 연세대 신촌세브란스병원 전공의 1990~1996년 평화의원 원장 1997~1998년 연세대 의대 산업보건연구소 연구원 1998~1999년 인하대 산업의학과 연구강사 · 전임강사 1999년 대한예방의학회 평의원 2000년 대한환경독성학회 이사 2000년 대한직업환경의학협의회 총무부장 2003~2004년 미국 NCEH 방문연구원 2005~2010년 인하대 의대 산업의학교실 부교수 · 교수 2005~2010년 인하대병원 산업의학과장 2006년 문화일보 '주목받는 차세대 인물 30인' 선정 2010년 인하대 의대 기초의학교실 교수(현) (상)환경부장관표창(2007 · 2015), 홍조근정훈장(2018) (저)'업무적합성 평가의 원칙과 실제'(2001, 고려의학) '미추홀의 알레르기비염과 환경에 대한 미주알 고주알'(2009, 광문출판사) (종)기독교

임종효(林鍾孝)

(생)1973 · 3 · 16 (출)서울 (주)경상남도 창원시 마산합포구 완월동 7길 16 창원지방법원 마산지원(055-240-9374) (학)1992년 면목고졸 1997년 연세대 법학과졸 (경)2001년 사법시험 합격(43회) 2004년 사법연수원 수료(33기) 2004년 인천지법 예비판사 2006년 서울중앙지법 판사 2008년 서울가정법원 판사 2015년 서울중앙지법 판사 2018년 서울남부지법 판사 2019년 창원지법 마산지원 부장판사(현)

임종훈(林鍾煇) LIM Jong-Hoon

(생)1953 · 9 · 17 (본)나주(羅州) (출)경기 수원 (주)서울특별시 마포구 와우산로 94 홍익대학교 법과대학 법학부(02-320-1809) (학)1972년 성남고졸 1977년 서울대 법학과졸 1979년 同행정대학원졸 1989년 영국 런던정경대(LSE) 대학원 법학과졸 1992년 미국 위스콘신대 대학원 법학과졸 1994년 법학박사(미국 조지타운대) (경)1977년 입법고시 합격(2회) 1977년 국회도서관 입법조사국 행정사무관 1981년 국회사무처 국방위원회 입법조사관 1984년 同행정관리담당관 1989년 同보건사회위원회 입법조사관 1994년 국회 의정연수원 교수 1995년 국회사무처 법제예산실 법제심의관 1996년 同법제사법위원회 입법심의관 1997년 同전문위원 1998년 同의사국장 1999년 同법제예산실장 2000년 同법제실장 2001년 同통일외교통상위원회 수석전문위원 2002~2004년 同법제사법위원회 수석전문위원 2005~2019년 홍익대 법과대학 헌법학 교수 2009~2010년 국회 입법조사처장 2012년 새누리당 수원시丁당원협의회 운영위원장 2012년 제19대 국회의원선거 출마(경기 수원丁, 새누리당) 2012~2013년 제18대 대통령직인수위원회 행정실장 2013년 제18대 대통령취임준비위원회 위원 겸임 2013~2014년 대통령 민원비서관 2018년 자유한국당 경기수원시丁당원협의회 운영위원장(현) 2019년 홍익대 법과대학 법학부 초빙교수(현) (상)황조근정훈장(2002) (저)'선거법 바로 알기'(共) '한국입법과정론'(2012, 박영사) '한국헌법요론'(2019, 지식과감성)

임종훈(林鍾勳) LIM Jong Hun

(생)1958 · 5 · 6 (주)서울특별시 중구 세종대로 92 한화금융센터 17층 한화종합화학(02-6321-3215) (학)배명고졸, 성균관대 경영학과졸 (경)1984년 한화석유화학(現 한화케미칼) 입사, 同PE영업팀장, 同인사팀장(상무보), 同CA사업부장 2009년 同PE사업부장(상무) 2010년 한화케미칼(주) PE사업부장(상무) 2012년 同PO사업본부장(전무) 2014년 同화성사업본부장(전무), 同경영전략본부장(부사장) 2015년 한화종합화학(주) 대표이사(현)

임종훈

(생)1977·10·18 (주)서울특별시 송파구 위례성대로 14 한미헬스케어(주) 임원실(02-424-7999) (학)미국 벤틀리대 경영학과졸 (경)한미약품(주) 이사, 同경영정보담당 상무이사 2013년 한미메디케어(주) 대표이사 전무 2018년 한미헬스케어(주) 대표이사 부사장(현) 2018년 한미약품(주) 최고정보관리자(CIO·부사장) 겸임(현) (종)기독교

임주빈(任珠彬·女) Joobin Yim

(생)1962·11·7 (본)풍천(豊川) (출)충남 천안 (주)서울특별시 영등포구 여의공원로 13 KBS 연구동 3동 504호 심의실(02-781-1000) (학)1981년 서울 풍문여고졸 1985년 서강대 신문방송학과졸 2005년 同언론대학원졸 (경)1985년 한국방송공사(KBS) 입사 1985~2001년 同라디오1국 1FM 프로듀서 2001년 同심의평가실 차장 2004년 同라디오제작본부 1FM 프로듀서(차장급) 2010년 同콘텐츠본부 라디오센터 라디오1국 EP 2013년 同1FM부장 2015년 同라디오센터 라디오1국장 2015년 (재)KBS교향악단 이사 2015년 한국방송공사(KBS) 라디오센터장 2016년 同제작본부 라디오센터장 2016년 同심의실 심의위원(현) 2018년 서울가톨릭커뮤니케이션협회(SIGNIS SEOUL) 회장(현) 2018년 예술의전당 비상임이사(현) (상)서강대 언론대학원 석사학위논문 우수상(2005), 한국방송대상 우수상(2006), 한국PD대상 실험정신상 라디오부문(2010) (작)클래식 초보자를 위한 교육용 음반 시리즈 'Listen & Lesson-해설이 있는 클래식' 20종 발간(2005~2009) (종)천주교

임주혁(任珠爀)

(생)1975·12·25 (본)풍천(豊川) (출)부산 (주)부산광역시 연제구 법원로 31 부산지방법원 총무과(051-590-1507) (학)1994년 부산 지산고졸 1994년 서울대 사회학과 입학 (경)1999년 사법시험 합격(41회) 2002년 사법연수원 수료(31기) 2002년 해군 법무관 2005년 부산지법 판사 2008년 창원지법 진주지원 판사 2011년 부산지법 판사 2012년 부산고법 판사 2014년 부산지법 동부지원 판사 2016년 창원지법 밀양지원 판사 2017년 광주지법 부장판사 2019년 부산지법 부장판사(현)

임주현(女)

(생)1974·7·30 (주)서울특별시 송파구 위례성대로 14 한미약품(주) 임원실(02-410-9114) (학)미국 스미스대 음악과졸, 미국 보스턴대 대학원 음악과졸 (경)2007년 한미약품(주) 입사, 同이사 2009년 同HRD(인적자원개발)담당 상무이사 2013년 同HRD(인적자원개발)담당 전무이사 2018년 同글로벌전략·HRD(인적자원개발) 부사장(현) (종)기독교

임준택(任俊澤) IM JOON TAEK

(생)1957·12·11 (주)서울특별시 송파구 오금로 62 수산업협동조합중앙회(02-2240-2000) (학)2007년 동아대 대학원 최고경영자과정 수료 2015년 명예 경영학박사(동아대 경영대학원) (경)2004년 대진수산·미광냉동(주)·미광수산 회장(현) 2013년 부산 서구장학회 상임이사(현) 2015~2019년 한국해양구조협회 이사 2015~2019년 부산수산정책포럼 이사 2015~2019년 대형선망수산업협동조합 조합장 2016년 부산시농구협회 회장(현) 2019년 수산업협동조합중앙회 회장(현) 2019년 (사)동아비즈니스포럼 회장(현) (상)해양수산부장관표창(2014), 동탑산업훈장(2018)

임준택(林俊澤) YIM Joon Taeg

(생)1962·7·29 (본)나주(羅州) (출)대구 (주)서울특별시 중구 남대문로 109 건설근로자공제회 감사실(02-519-2070) (학)1981년 명지고졸 1988년 성균관대 경제학과졸 2003년 고려대 노동대학원 사회학과졸 2008년 중앙대 대학원 사회학 박사과정 수료 (경)1996~2006년 전국화학노동조합연맹 정책실장 1997~2000년 최저임금위원회 연구위원 2000~2006년 노사정위원회 노사관계소위원회 위원 2007~2008년 건설교통부 장관정책보좌관 2008~2010년 국토해양부 장관정책보좌관 2010년 건설근로자공제회 회원복지팀 실장 2010~2013년 同복지사업본부장 2013년 同원주지부장 2013~2014년 국민대통합위원회 자문위원 2013년 건설근로자공제회 고용복지본부장 2014년 同취업지원준비단장 2015~2016년 同경기지부장 2017년 同사업운영본부장 2018년 同감사실장(현) (상)국토해양부장관표창(2008), 노동부장관표창(2009) (저)'그룹노조협의회 연구'(1989) '단체교섭과 쟁의행위'(1999)

임준희(林俊熙) LIM June Hee

(생)1963·2·7 (본)예천(醴泉) (출)경북 안동 (주)제주특별자치도 제주시 제주대학로 102 제주대학교 사무국(064-754-2005) (학)1982년 경북 안동고졸 1986년 연세대 행정학과졸 1989년 同대학원 교육행정학과졸 2005년 교육행정학박사(미국 펜실베이니아주립대) (경)1989년 행정고시 합격(33회) 1990년 공직 입문 1996~2000년 교육인적자원부 대학학사제도과·지방교육재정과·산업교육총괄과 사무관 2000년 同교육정책담당관실 서기관 2001년 同민원조사담당관실 서기관 2001년 경북도교육청 의사담당관 2006년 교육인적자원부 사립학교법홍보팀장 2006년 同정책조정과장 2007년 同유아교육지원과장 2008년 교육과학기술부 학생장학복지과장 2009년 同감사총괄담당관(부이사관) 2010년 대통령 교육비서관실 선임행정관 2011년 부경대 사무국장(고위공무원) 2013년 대구시교육청 부교육감 2015~2017년 순천대 사무국장 2017년 국방대 안보대학원 교육파견 2018년 제주대 사무국장(현)

임중연(林重延) LIM Joong Yeon

(생)1965·4·7 (본)나주(羅州) (출)서울 (주)서울특별시 중구 필동로1길 30 동국대학교 공과대학 기계로봇에너지공학과(02-2260-3810) (학)1987년 서울대 금속공학과졸 1990년 미국 캘리포니아대 버클리교 대학원 기계공학과졸 1993년 공학박사(미국 캘리포니아대 버클리교) 2010년 미국 노스웨스턴대 로스쿨졸 (경)1996~2007년 동국대 공과대학 기계공학과 전임강사·조교수·부교수 2003~2005년 同기계공학과장 2005~2007년 同산학협력단 창업보육센터장 2005~2006년 同기술이전센터장 2007년 同공과대학 기계로봇에너지공학과 교수(현) 2009~2011년 대한기계학회 기계저널 편집장 2009년 미국 세계인명사전 'Marquis who's who in the world' 2010년판에 등재 2011~2012년 국제로타리3650지구 서울남대문로타리클럽 회장 2012~2014년 산업기술연구회 비상임이사 2013년 미래창조과학부 과학기술정책 자문위원 2013~2016년 한국발명진흥회 비상임이사 2014~2016년 한국과학기술단체총연합회 이사 2014년 지식재산교육연구학회 부회장(현) 2014~2016년 한국엔지니어클럽 이사 2015~2017년 대한기계학회 대외협력이사 2015~2016년 한국과학기술단체총연합회 정책연구소 자문위원 2015~2016년 국가과학기술심의회 생명·의료전문위원회 위원 2015~2017년 동국대 공과대학 부학장 2015~2017년 국가과학기술심의회 중소기업 전문위원 2017~2019년 同중앙도서관장 2017년 한국과학기술단체총연합회 과학기술입법지원위원회 위원장(현) 2017년 국가지식재산위원회 위원(현) 2018년 대한기계학회 교육부문 부회장(현) 2019년 동국대 국제처장(현) 2019년 同국제어학원장(현) 2019년 한국스마트치안학회 회장(현) (상)대한기계학회 공로상(2011) (저)'Manufacturing Engineering'(1998) '공학경제'(2005) (역)'에너지와 환경'(2007)

임중호(林重鎬) LIM Joong Ho (菊溪)

(생)1952·7·7 (본)예천(醴泉) (출)경북 안동 (주)서울특별시 동작구 흑석로 84 중앙대학교 법학전문대학원(02-820-5422) (학)1970년 안동고졸 1975년 중앙대 법학과졸 1978년 성균관대 대학원 법학과졸 1986년 법학박사(독일 기센대) (경)1986~2017년 중앙대 법학과 조교수·부교수·교수 1997년 독일 훔볼트대 연구교수 2000~2002년 한국비교사법학회 감사·부회장 2003~2007년 중앙대 법과대학장 2003년 한국상사법학회 국제이사·감사·부회장·고문(현) 2004~2017년 한국상장회사협의회 자문위원 2008~2010년 중앙법학회 회장 2010년 (사)한국비교사법학회 회장·명예회장·고문(현), 사법시험·입법고시 출제위원 2017년 중앙대 법학전문대학원 명예교수(현) (저)'독일증권예탁결제제도'(1996) '상법총칙·상행위법'(2012·2015)

임지봉(林智奉) LIM Ji Bong

(생)1966·7·4 (본)평택(平澤) (출)대구 (주)서울특별시 마포구 백범로 35 서강대학교 법학전문대학원(02-705-7837) (학)1990년 서울대 법학과졸 1993년 同대학원 법학과졸 1995년 同대학원 법학 박사과정 수료 1996년 미국 캘리포니아대 버클리교 대학원 법학과졸 1999년 법학박사(미국 캘리포니아대 버클리교) (경)1993~1995년 경성대·울산대·인하대·경성대·한남대·한신대 강사 1996~1998년 미국 U.C. Berkeley(Department of East Asian Languages) 강사 1999년 同객원연구원 1999~2000년 경희대 법대 전임강사 2000년 건국대 법과 조교수 2001~2005년 同행정대학원 국제법무학과장 2001~2017년 참여연대 사법감시센터 실행위원 소장 2003~2004년 사법개혁위원회 전문위원 2004년 국가인권위원회 국가인권정책기본계획추진기획단 위원 2004년 한국헌법학회 간사 2004~2005년 건국대 법과대학 법학과 주임교수·대학원 법학과 주임교수 2006~2010년 서강대 법학과 부교수 2006~2007년 한국헌법학회 국제이사 2006~2017년 한국공법학회 상임이사 2006~2017년 한국헌법학회 상임이사 2007~2010년 서강대 법학연구소장 2008~2016년 한국입법학회 홍보이사 2008~2012년 국회 의회발전연구회 연구편집위원 2009년 국회 입법지원위원(현) 2011~2014년 헌법재판소 헌법연구위원 2011년 서강대 법학전문대학원 교수(현) 2014~2016년 방송통신위원회 방송분쟁조정위원회 위원 2015~2016년 더불어민주당 윤리심판원 간사 2016~2018년 한국입법학회 수석부회장 2017년 참여연대 사법감시센터 소장(현) 2017년 한국공법학회 연구이사 2017년 대통령직속 정책기획위원회 국민주권분과 위원(현) 2017년 한국헌법학회 학술이사 2018년 同부회장(현) 2018년 한국입법학회 회장(현) (상)문화관광부 추천도서 학술부문 선정(2004), 한국공법학회 신진학술상(2008), 한국장애인 인권상(2009), 제29회 장애인의 날 근정포장(2009) (저)'미국의 전자정부법제'(2001) '사이버공간상의 표현의 자유와 그 규제에 관한 연구(共)'(2002) '사법적극주의와 사법권 독립'(2004) 'Legal Reform in Korea(共)'(2004) (종)천주교

임지순(任志淳) IHM Ji Soon

(생)1951·7·4 (본)풍천(豊川) (출)서울 (주)경상북도 포항시 남구 청암로 77 포항공과대학교 물리학과(054-279-2713) (학)1970년 경기고졸 1974년 서울대 물리학과졸 1977년 미국 캘리포니아대 버클리교 대학원 물리학과졸 1980년 물리학박사(미국 캘리포니아대 버클리교) (경)1980~1982년 미국 MIT 물리학과 Post-Doc. 1982~1986년 미국 벨연구소 연구원 1986~1996년 서울대 물리학과 조교수·부교수 1990년 同이론물리센터(CTP) 이론물리연구소장 1996~2009년 同물리학과 교수 1998년 '21세기 연금술' 개발 2000년 '세계최소형 탄소나노튜브(Nanotube) 트랜지스터' 제작에 성공 2001년 대통령자문 정책기획위원 2006년 수소를 고체상태에서 저장할 수 있는 새로운 물질 '티타늄 원자가 부착된 폴리머' 구조 발견 2006년 교육인적자원부 및 한국학술진흥재단 선정 '대한민국 국가석학(Star Faculty)' 2007년 미국물리학회 Fellow(현) 2009~2016년 서울대 물리학과 석좌교수·물리천문학부 석좌교수 2011년 미국과학학술원(NAS) 외국인 종신회원(현) 2011년 서울대법인 초대이사 2016년 포항공과대(POSTECH) 물리학과 석학교수(현) (상)한국과학상 물리부문(1996), 올해의 과학자상(1998), 관악대상(1999), 한국물리학회 학술상(1999), 제1회 닮고 싶고 되고 싶은 과학자(2002), 인촌상 자연과학부문(2004), 포스코청암상 과학상(2007), 대한민국 최고과학기술인상(2007), 아시아전산재료과학총회(ACCMS) 총회상(2009), 2009 자랑스러운 경기인상(2010), S-OIL과학문화재단 올해의 선도과학자 펠로십(2012) (종)기독교

임지원(林知鴛·女)

(생)1964 (출)대전 (주)서울특별시 중구 세종대로 67 한국은행 금융통화위원회(02-2123-4210) (학)1983년 서울예고졸 1987년 서울대 영어영문학과졸 1995년 경제학박사(미국 노스캐롤라이나대) (경)1996~1998년 삼성경제연구소 수석연구원 1998~2001년 JP모건 홍콩지점 이코노미스트 2001~2003년 JP모건 선임이코노미스트 2003~2011년 同한국수석이코노미스트 2003~2011년 서울시 재정투융자기금운영심의회 위원 2004~2012년 금융감독원 거시금융감독포럼 위원 2005~2007년 국민경제자문회의 전문위원 2008~2009년 기획재정부 경제정책자문위원회 위원 2008~2011년 수출보험기금 운영심의회 위원 2009~2013년 국회예산처 거시경제부문 자문위원 2010~2011년 금융위원회 금융발전심의회 위원 2010~2011년 국민경제자문회의 민간위원 2011~2014년 JP모건 전무 겸 한국 수석이코노미스트 2012~2014년 금융감독원 자문위원 2013~2014년 국가경쟁력정책협의회 민간위원 2014~2018년 JP모건 수석본부장 겸 한국 수석이코노미스트 2014~2018년 한국은행 통화금융연구회 운영위원 2017~2018년 同통화정책 자문위원 2018년 국민경제자문회의 거시경제분과 위원 2018년 한국은행 금융통화위원회 위원(현)

임지현(林志弦) Jie-Hyun Lim

(생)1959·1·24 (출)서울 (주)서울특별시 마포구 백범로 35 서강대학교 국제인문학부(02-705-8328) (학)1982년 서강대 사학과졸 1984년 同대학원 서양사학과졸 1989년 문학박사(서강대) (경)1989~2014년 한양대 인문과학대학 사학과 교수 1995년 폴란드 바르샤바대 역사학부 초청연구원 2002~2003년 미국 하버드 옌칭연구소 초청연구원 2004~2015년 한양대 비교역사문화연구소장 2009~2010년 국제일분문화연구센터 초청연구원 2011~2012년 독일 베를린 고등학술연구소 연구펠로우 2013년 미국 세계인명사전 'Marquis Who's Who in the World' 2014년판에 등재 2014년 한국연구재단 '인문사회과학분야 우수학자'에 선정 2014년 프랑스 Paris II Univ. 초청교수 2015년 서강대 국제인문학부 사학전공 교수(현) 2015년 同트랜스내셔널인문학연구소 설립·소장(현) 2015년 지구와세계사연구네트워크(Network of Global and World Histroy Organizations·NOGWHISTO) 회장(현) 2016년 토인비재단 이사(현), 세계역사학대회 이사(현) (저)'마르크스 엥겔스와 민족문제'(1990, 탐구당) '민족주의는 반역이다'(1999, 소나무) '오만과 편견'(2003, 휴머니스트) '국사의 신화를 넘어서(編)'(2004, 휴머니스트) '새로운 세대를 위한 세계사 편지'(2010, 휴머니스트) 'Palgrave Series of Mass Dictatorship'(총5권) '역사를 어떻게 할 것인가'(2016, 소나무)

임지현(林䕽賢) Jihyun Lim

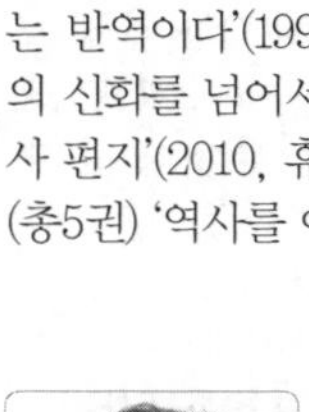

(생)1974·10·5 (본)예천(醴泉) (출)서울 (주)세종특별자치시 다솜2로 94 해양수산부 해양레저관광과(044-200-5250) (학)1993년 배명고졸 1998년 서울대 경제학과졸 2014년 영국 레딩대 대학원 선박금융학과졸 (경)2002년 해양수산부 근무 2004년 국무총리실 駐韓미군대책기획단 근무 2006년

해양수산부 행정법무팀 근무 2007년 同민자계획과 근무 2008년 同허베이피해보상지원반 근무 2008년 국토해양부 국제해운과 근무 2009년 同물류정책과 근무 2009년 국무총리실 세종시기획단 근무 2010년 국토해양부 기획조정실 재정담당관실 근무 2012년 2015세계물포럼기획단 과장 2015년 인천지방해양수산청 선원해사안전과장 2016년 해양수산부 통상무역협력과장 2018년 同해양레저관광과장(현) (종)가톨릭

임지훈(林志勳)

(생)1965·12·28 (주)인천광역시 남동구 정각로 29 인천광역시의회(032-440-6075) (학)숭실사이버대 부동산학과졸, 인하대 정책대학원 행정학과 석사과정 중 (경)로보트론 대표, 민주당 홍영표 국회의원후원회 부회장, 同인천시당 청년실업대책위원장 2010년 인천시 부평구의회 의원(민주당·민주통합당·민주당·새정치민주연합) 2014~2018년 인천시 부평구의회 의원(새정치민주연합·더불어민주당) 2014~2016년 同도시환경위원장 2016년 同의장 2018년 인천시의회 의원(더불어민주당)(현), 同교육위원회 위원(현) (상)전국지방의회 친환경최우수의원(2015·2016)

임지훈(林志勳) Ji Hoon Rim

(생)1980·9·28 (출)서울 (주)경기도 성남시 분당구 판교역로 235 H스퀘어 N동 6층 (주)카카오(070-7492-1300) (학)2003년 한국과학기술원(KAIST) 산업공학과졸 (경)2003~2005년 액센츄어컨설팅·하이테크산업 애널리스트 2005~2006년 NHN 전략매니저 2006~2007년 보스턴컨설팅그룹(BCG) 컨설턴트 2007~2012년 소프트뱅크벤처스 수석심사역(팀장) 2012~2015년 케이큐브벤처스 대표이사 2015년 (주)다음카카오 대표이사 2015~2018년 (주)카카오 대표이사 2015년 방송통신위원회 인터넷문화정책자문위원회 위원 2018년 (주)카카오 비상근미래전략고문(현) (상)한국과학기술원 산업공학과 최우수졸업상(2004), 세계정보시스템학회(AIS) AIS정보시스템리더십엑설런스 어워드(2017)

임진구 Lim Jin Koo

(생)1964·10·3 (주)서울특별시 중구 을지로5길 26 센터원빌딩동관 9층 SBI저축은행 임원실(1566-2210) (학)1982년 휘문고졸 1988년 미국 브라이언트대 경영학과졸 1992년 미국 뉴욕대 대학원 전략경영학과졸 (경)1991년 미국 뉴욕 맨하튼 Trump Consulting & Investment 근무 1995년 LG상사 정보기기팀 근무 1998년 同UAE 두바이·사우디아라비아 리야드지사 근무 2000년 LG정유 싱가폴지사 근무 2002년 LG상사 벤처투자팀 근무 2007년 스위스 Credit Suisse Advisor & 홍콩 DKR Oasis Financial Advisor 2009년 홍콩 DKR Oasis 한국지장 Mezzanine Fund 운용·관리 2013년 홍콩 Pacific Alliance Group 한국대표 2013년 SBI저축은행 IB본부장 2015년 同각자대표이사 사장(현) (상)대한민국 베스트뱅커대상 베스트저축은행인(2016)

임진정(任鎭訂)

(생)1965 (출)전남 해남 (주)광주광역시 북구 첨단과기로208번길 43 광주지방국세청 조사1국(062-236-7903) (학)조선대부속고졸, 세무대학 내국세학과졸(4기) (경)세무공무원 임용(8급 특채), 서울 개포세무서·양천세무서·동부세무서·성동세무서 근무, 경기 안산세무서·광명세무서·동안양세무서·성남세무서 근무, 금융정보분석원(FIU) 심사분석과 근무 2011년 중부지방국세청 조사2국 조사관리과 근무 2013년 용인세무서 소득세과장(행정사무관) 2013년 국세청 법인납세국 원천세과 근무 2016년 서기관 승진 2017년 전남 순천세무서장 2019년 광주지방국세청 조사1국장(현) (상)대통령표창(2015)

임진택(林賑澤) IM Jin Taek

(생)1950·10·1 (출)전북 김제 (학)1969년 경기고졸 1975년 서울대 문리과대학 외교학과졸 (경)1974년 민청학련 사건으로 투옥 1974년 대한항공 근무 1975~1980년 중앙일보·동양방송 프로듀서 1975~1980년 중요무형문화재 제5호 판소리 심청가(예능보유자 정권진) 전수 및 이수 1975~1984년 놀이패 한두레 및 극단 연우무대 참가 공연 1984년 민중문화운동협의회 실행위원 1985년 마당극 전문극단 연희광대패 창립, 국악인·연출가(현) 1985년 창작판소리 활동시작·정치풍자담시 '똥바다' 작창·실연 1986~1993년 공해추방운동협의회 지도위원·반핵평화위원회 위원장 1987년 백기완민중대통령후보 특별보좌관 1989~1994년 한국민족예술인총연합 대변인·사무처장·사무총장 1994년 동학백주년기념사업특별위원회 위원장 1994~2002년 환경운동연합 지도위원·감사 1995년 전국민족극운동협의회 의장 1995년 극단 '길라잡이' 상임연출 겸 예술감독 1996~2002년 참여연대 자문위원 1997년 과천세계마당극큰잔치 실행위원장 겸 예술감독 1999년 경제정의실천연합 도시개혁위원회 이사 2001년 남양주세계야외공연축제 집행위원장 2001년 한국예술종합학교 전통예술원 겸임교수 2002년 대전월드컵문화행사 총감독 2002~2003년 전주세계소리축제 총감독 2004년 김해세계민족문화축제 집행위원장 2006년 한국민족예술인총연합 부회장 겸 상임이사 2007년 창조한국당 문국현 대통령후보선거대책위원회 공동본부장 2009~2010년 한국민족예술인총연합회 부이사장 (상)영희연극상(1981), 민족예술상(1995), 옥관문화훈장(1998), 백상예술대상 특별상(1998) (저)'한국의 민중극'(共·編) '민중연희의 창조' (작)'똥바다(1985)' '오월광주'(1990) '오적·소리내력'(1994) '백범김구'(2010) '남한산성'(2011) '다산 정약용'(2017) '밥' '직녀에게' '나는 빠리의 택시운전사'

임진혁

(생)1952 (출)경북 경주 (주)울산광역시 남구 삼산중로 6 울산발전연구원(052-283-7700) (학)부산고졸 1975년 서울대 경영학과졸 1983년 미국 하와이주립대 대학원 경영학과졸 1986년 경영정보학박사(미국 네브래스카주립대) (경)미국 뉴올리언즈대 경영대학 정교수, 서울시립대 초빙교수, 울산과학기술원 명예교수(현), 포항공과대학교 특임교수 2019년 울산발전연구원장(현)

임진호(林鎭浩) IM Jin Ho

(생)1954·2·4 (출)서울 (주)서울특별시 동대문구 천호대로 20 마리아병원 원장실(02-2250-5625) (학)1972년 경기고졸 1979년 서울대 의대졸 (경)1980~1983년 서울대병원 인턴 겸 산부인과 전문의 1986년 서귀포의료원 공중보건과 전문의 1987~1989년 일본 게이오대병원·미국 Norfolk·오스트리아 Vienna·프랑스 Clamart·싱가포르 국립대 연수 1998년 세계개원의시험관아기학회 상임위원(현) 1998년 마리아병원 병원장(현) 2000년 서울대병원 산부인과 자문의 2000년 (주)마리아바이오텍 대표이사 사장 2003년 대한보조생식학회 재무위원장, 보건산업벤처협회 부회장(현) 2004년 세계미성숙난자학회 학술위원(현)

임찬규(林燦圭) Lim Chan Gyu

(생)1965·10·2 (본)나주(羅州) (출)충남 아산 (주)서울특별시 강남구 삼성로 610 그랜드코리아레저(GKL) 감사실(02-6421-6000) (학)1984년 서울사대부고졸 1990년 국민대 전자공학과졸 (경)2001~2002년 노무현 대통령후보 정무팀 근무 2002~2003년 민주당 국가전략연구소 전문위원 2003~2005년 열린우리당 청년국장 2005~2006년 대통령비서실

국정상황실 행정관 2007~2009년 한국수력원자력 사외이사 2011~2012년 민주당 사무부총장 · 대표비서실 차장 2013~2017년 서울 금천구청 감사담당관 2018년 그랜드코리아레저(GKL) 상임감사(현)

임찬우(林燦佑) Lim Chan Woo

(생)1965 · 11 · 2 (본)예천(醴泉) (출)대구 (주)세종특별자치시 다솜로 261 국무조정실 국정운영실(044-200-2040) (학)1984년 대구 성광고졸 1989년 서울대 사회복지학과졸 1992년 同대학원 행정학과졸 (경)1988년 행정고시 합격(32회) 2000년 국무조정실 심사평가2심의관실 서기관 2005년 同교육문화심의관실 과장급 2007년 同사회정책심의관실 사회총괄과장 2007년 同사회정책심의관실 사회총괄과장(부이사관) 2008년 국무총리실 사회위험갈등관리실 개발환경갈등정책관실 국책사업갈등정책과장 2008년 同사회통합정책실 교육정책과장 2009년 同사회통합정책실 사회정책총괄과장 2009년 同총괄정책관실 기획총괄과장 2010년 同정책분석평가실 정책분석관(고위공무원) 2012년 同일반행정정책관 2012년 중앙공무원교육원 교육파견(고위공무원) 2014년 국무조정실 기획총괄정책관 2015년 同사회조정실장 2017년 同국정운영실장(현)

임창건(林昌健) LIM Chang Gun

(생)1959 · 4 · 16 (출)강원 (주)서울특별시 영등포구 여의대방로 359 KBS별관 7층 KBS아트비전 감사실(02-6099-7799) (학)1978년 양정고졸 1982년 서울대 영어교육학과졸 (경)1990년 한국방송공사(KBS) 보도국 TV제작1부 기자 1991년 同사회2부 기자 1995년 同정치부 기자 1996년 同정치부 차장 2003년 同국제부장 2004년 同보도본부 취재3팀장, 同시사보도팀 책임프로듀서(CP) 2008년 同보도본부 시사보도팀장 2008년 관훈클럽 운영위원(기획) 2008년 한국방송공사(KBS) 정책기획센터장 2008년 한국디지털미디어산업협회 이사 2009년 한국디지털위성방송 사외이사 2010년 한국방송공사(KBS) 보도국장 2011년 同대전방송총국장 2013~2014년 同보도본부장 2013~2015년 한국신문방송편집인협회 부회장 2014년 사법정책연구원 운영위원회 위원 2014년 KBS아트비전 감사(현) (종)기독교

임창국(林昌國)

(생)1976 · 1 · 24 (출)경북 청송 (주)경기도 안산시 단원구 광덕서로 73 수원지방검찰청 안산지청 형사2부(031-481-4309) (학)1994년 대구 영남고졸 2000년 한양대 법대졸 (경)1999년 사법시험 합격(41회) 2002년 사법연수원 수료(31기) 2002년 공익법무관 2005년 광주지검 순천지청 검사 2007년 의정부지검 검사 2010년 서울서부지검 검사 2013년 부산지검 검사 2014년 UNCITRAL 파견 2016년 서울중앙지검 부부장검사 2017년 대구지검 김천지청 부장검사 2018년 대전고검 검사 2018년 서울고검 검사 2019년 수원지검 안산지청 형사2부장(현)

임창빈(任昶彬) LIM Chang Bin

(주)세종특별자치시 갈매로 408 교육부 직업교육정책관실(044-203-6360) (경)1990년 행정고시 합격(34회) 2000년 교육부 교육정책담당관실 서기관 2001년 교육인적자원부 정책총괄과 · 공보관실 서기관 2002년 한국교원대 사무국 경리과장 2006년 교육인적자원부 대학구조개혁팀장 2007년 산업자원부 산업기술인력팀장(파견) 2008년 교육과학기술부 산업인력양성과장 2009년 同국제협력정책과 국제협력전략팀장 2013년 교육부 인재직무능력정책과장 2014년 한국방송통신대 사무국장(부이사관) 2017년 교육부 대변인(고위공무원) 2019년 同평생미래교육국장 2019년 同직업교육정책관(현) (상)근정포장(2013)

임창열(任昌烈)

(생)1961 · 10 · 5 (주)경기도 수원시 팔달구 효원로 1 경기도의회(031-8008-7000) (학)안동농림고졸 (경)한국공인중개사협회 제8 · 9대 구리시지회장, 구리시체육회 이사, 구리시 시정자문위원, 구리시 주민자치협의회 제2 · 3대 회장, 한국공인중개사협회 대의원(구리 · 하남 · 양평 · 가평), 윤호중 국회의원 보좌관, 더불어민주당 구리시지역위원회 사무국장, 구리시 배드민턴협회 자문위원장 2018년 경기도의회 의원(더불어민주당)(현) 2018년 同안전행정위원회 부위원장(현)

임창욱(林昌郁) LIM Chang Wook

(생)1949 · 5 · 7 (본)조양(兆陽) (출)부산 (주)서울특별시 동대문구 천호대로 26 대상홀딩스 회장실(02-2211-6500) (학)1968년 서울고졸 1976년 한양대 화학공학과졸 1978년 일본 와세다대 대학원 수료 (경)1973~1980년 한남화학공업사 대표 1974~1985년 미원통상 감사 1978년 미원종합개발 대표이사 1979~1987년 미원그룹 부회장 1980년 한남화학 대표이사 1987년 미원그룹 회장 1997년 同명예회장 1997년 대상그룹 명예회장 1998년 대상(주) 명예회장(현) 2005년 대상홀딩스 공동대표이사 2013년 同대표이사 회장(현) (종)불교

임창환(林昌煥) Rim ChangHwan

(생)1958 · 4 · 18 (본)조양(兆陽) (주)인천광역시 연수구 인천타워대로 253-25 한중관세사무소(032-832-4018) (학)1977년 송원고졸 1988년 조선대 무역학과졸 1999년 중국인민대 대학원 재정학과졸 2008년 경영학박사(배재대) (경)1978년 관세청 입청 1996~1999년 중국인민대 교육파견 2002년 同재세연구소 객원연구원(파견) 2003~2005년 국세공무원교육원 교수 2005~2007년 배재대 무역학과 겸임교수 2008년 중국 복단대 상해물류연구원 초빙학자(파견) 2009년 관세청 정보협력국 국제협력과 주무사무관 2010~2012년 부산국제우편세관장 2012~2014년 관세청 심사정책국 세원심사과 · FTA집행기획관실 · 원산지지원담당관실 근무 2014년 광주본부세관 납세심사과장 · 세관운영과장 2016년 한 · 중 FTA차이나협력관 파견 2017년 대전세관장 2018년 한중관세사무소 대표관세사(현) 2019년 상해국서세무사사무소 고문(현) 2019년 라사국서세무컨설팅주식회사 파트너(현) (상)관세청장표창(2006), 기획재정부장관표창(2014), 대통령표창(2015), 홍조근정훈장(2018) (종)기독교

임창희(林昌喜) IM Chang Hee

(생)1952 · 1 · 19 (본)나주(羅州) (출)충남 서산 (주)서울특별시 마포구 와우산로 94 홍익대학교 경영대학 경영학부(02-320-1737) (학)1976년 서강대 경제학과졸 1979년 서울대 경영대학원졸 1982년 프랑스 엑스마르세유제3대학교 대학원 경영학과졸(DEA) 1984년 경영학박사(프랑스 파리제9대) (경)1985~2017년 홍익대 경영대학 경영학부 교수 1996~1997년 同교무처 부처장 2001~2003년 同국제경영대학원장 2001~2003년 同세무대학원장 2006년 행정자치부 조직혁신자문위원 2007~2009년 홍익대 중앙도서관장, 한국경영학회 국제교류위원, 한국인사조직학회 편집위원장, 한국윤리경영학회 부회장 2011년 홍익대 대학원장 2013~2014년 한국인적자원관리학회 부회장 2018년 홍익대 경영대학 경영학부 초빙교수(현) (상)국회의장표창(2010) (저)'조직행동' '한국형 팀제'(1995, 삼성경제연구소) '한국형 팀제를 넘어서'(1998, 삼성경제연구소) '비즈니스 커뮤니케이션'(2001, 한올출판사) '인적자원관리'(2003, 명경사) '경영학원론' '조직론'(2010, 학현사) '리더십'(2019, 비앤엠북스) (역)'스마트 학습조직'(1995, 한국언론자료간행회) '360도 다면평가' '실행의 리더십'

임채균(林彩均) LIM Chae Kyun

(생)1950·1·16 (출)전북 임실 (주)서울특별시 서초구 남부순환로 2561 원효빌딩 106호 법무법인 센트럴(02-733-4813) (학)1968년 전주고졸 1973년 서울대 법대졸 1990년 경희대 경영대학원 수료 (경)1978년 사법시험 합격(20회) 1980년 사법연수원 수료(10기) 1980년 대전지법 판사 1982년 同홍성지원 판사 1984년 수원지법 여주지원 판사 1985년 서울지법 동부지원 판사 1987년 서울가정법원 판사 1989년 서울형사지법 판사 1990년 변호사 개업 2000년 감사원 행정심판위원 2005~2007년 법무법인 자하연 변호사 2007~2013년 중앙선거관리위원회 위원 2007~2011년 법조윤리협의회 위원 2008~2013년 법무법인 원 변호사 2013~2017년 서울중앙지법 조정센터 상임조정위원 2017~2018년 법무법인 한성 변호사 2018년 법무법인 센트럴 변호사(현) 2019년 더불어민주당 윤리심판원장(현) (종)가톨릭

임채민(林采民) RIM Chemin

(생)1958·4·10 (출)서울 (주)서울특별시 중구 남대문로 63 법무법인 광장(02-772-4000) (학)1976년 서울고졸 1981년 서울대 서양사학과졸 1986년 同행정대학원졸 1996년 미국 존스홉킨스대 대학원 경제학과졸 2004년 경제학박사(경희대) (경)1981년 행정고시 합격(24회) 1982년 상공부 통상진흥국 근무 1990년 대통령비서실 파견 1996년 통상산업부 구주통상담당관 1997년 산업자원부 철강금속과장 1998년 同기초소재산업과장 1998~2000년 대통령비서실 파견 2000년 산업자원부 총무과장 2001년 2002월드컵축구대회조직위원회 파견 2002년 산업자원부 공보관 2003년 同국제협력투자심의관 2004년 同산업기술국장 2004년 駐미국대사관 참사관 2007년 중소기업특별위원회 정책조정실장 2008~2010년 지식경제부 제1차관 2010~2011년 국무총리실장(장관급) 2011~2013년 보건복지부 장관 2014년 (재)이명박대통령기념재단 이사(현) 2015~2018년 한국교통대 대학발전위원장 2015년 법무법인 광장 고문(현) 2015년 대한전선(주) 사외이사 겸 감사위원(현) 2018년 대한항공 사외이사(현) (상)황조근정훈장

임채성(林采城)

(생)1986·2·26 (주)세종특별자치시 한누리대로 2120 세종특별자치시의회(044-300-7000) (학)충남대 대학원 체육학과 박사과정 수료 (경)더불어민주당 중앙당 부대변인, 민주평통 세종시 자문위원, 더불어민주당 세종특별자치시당 청년위원회 부위원장(현) 2018년 세종특별자치시의회 의원(더불어민주당)(현) 2018년 同교육안전위원회 위원(현)

임채원(林采源) LIM Chae Won

(생)1959·12·8 (출)대구 (주)전라북도 전주시 덕진구 사평로 25 전주지방검찰청 총무과(063-259-4610) (학)1977년 서울고졸 1982년 고려대 법학과졸 1984년 同대학원 법학과졸 (경)1987년 사법시험 합격(29회) 1990년 사법연수원 수료(19기) 1990년 수원지검 성남지청 검사 1992년 대전지검 천안지청 검사 1993년 부산지검 검사 1995년 서울지검 동부지청 검사 1998년 대구지검 검사 2000년 서울지검 검사 2002년 수원지검 부부장검사 2003년 부산고검 검사 2004년 부산지검 강력부장 2005년 同마약·조직범죄수사부장 2005년 의정부지검 형사5부장 2006년 사법연수원 교수 2008년 서울북부지검 형사1부장 2009년 광주지검 순천지청 차장검사 2009년 수원지검 안산지청 차장검사 2010년 서울고검 검사 2010~2011년 국가경쟁력강화위원회 파견 2012년 대구고검 검사 2014~2018년 서울고검 검사 2016년 서울중앙지검 중요경제범죄조사단 파견 2018년 전주지검 중요경제범죄수사단장(현) (상)법무부장관표창(1996), 검찰총장표창(1999), 제22회 모범검사상(1999), 홍조근정훈장(2017)

임채율(林采律) Lim Chaeyul

(생)1964·5·14 (주)서울특별시 영등포구 여의대로 38 금융감독원 외환감독국(02-3145-7920) (학)1983년 부산 동성고졸 1990년 연세대 경영학과졸 2005년 미국 애리조나대 대학원(MBA) (경)1990년 한국은행 입행 1999년 금융감독원 입사 2009년 同홍콩주재원 2012년 同외환감독국 외환총괄팀장 2014년 同은행감독국 은행총괄팀장 2016년 충남도 파견(실장급) 2017년 금융감독원 신용정보실장 2018년 同외환감독국장(현)

임채정(林采正) LIM Chae Jung

(생)1941·5·14 (본)나주(羅州) (출)전남 나주 (주)서울특별시 성동구 마장로 210 한국기원(02-788-2278) (학)1959년 광주제일고졸 1964년 고려대 법대졸 1995년 同노동대학원졸 2008년 명예 법학박사(전남대) (경)1969~1975년 동아일보 기자 1975년 동아자유언론수호투쟁위원회 상임위원 1981~1988년 民統聯 상임위원장·사무처장 1983년 교육신보 주간 1988년 한겨레신문 창간발간인 1988년 평민당 중앙정치연수원장 1992년 제14대 국회의원(서울 노원乙, 민주당·새정치국민회의) 1995년 새정치국민회의 통일특별위원회 위원장 1996년 제15대 국회의원(서울 노원乙, 새정치국민회의·새천년민주당) 1996년 새정치국민회의 정세분석실장 1998년 同홍보위원장 1998년 국회 정치구조개혁입법특별위원회 위원장 1999년 새정치국민회의 정책위원회 의장 1999년 제2의건국범국민추진위원회 상임위원 2000년 제16대 국회의원(서울 노원乙, 새천년민주당·열린우리당) 2000년 새천년민주당 국가경영전략연구소장 2000년 대한택견협회 회장 2000~2002년 국회 남북관계발전지원특별위원회 위원장 2000년 한·중의원교류협회 회장 2002년 새천년민주당 대선기획단 기획위원장 2002년 同정책위원회 의장 2002년 同정책선거특별본부장 2002년 대통령직인수위원회 위원장 2003년 열린우리당 정책연구재단설립준비위원장 2003년 同서울시지부 창당준비위원장 2004년 同민주헌정수호특별본부장 2004~2008년 제17대 국회의원(서울 노원丙, 열린우리당·무소속) 2004~2006년 국회 통일외교통상위원장 2004년 열린우리당 기획자문위원장 2005년 同의장 2005~2006년 同열린정책연구원장 2006~2008년 국회 의장 2008년 민주당 상임고문 2011년 민주통합당 상임고문 2013년 민주당 상임고문 2014~2015년 새정치민주연합 상임고문 2015년 더불어민주당 상임고문(현) 2019년 한국기원 총재(현) (상)자랑스런 고대인상(2008) (저)'민중과 언론'(共) '민족·통일·해방의 논리'(共) '메이드 인 코리아'(共) (역)'정의에의 굶주림' '미국의 대외정책' '라틴아메리카 전래동화' (종)기독교

임채진(林采珍) LIM Chai Jin

(생)1952·3·3 (본)나주(羅州) (출)경남 남해 (주)서울특별시 강남구 선릉로 431 SK HUB 1112호 임채진법률사무소(02-539-6300) (학)1971년 부산고졸 1975년 서울대 법대졸 (경)1977년 사법시험 합격(19회) 1979년 사법연수원 수료(9기) 1982년 서울지검 동부지청 검사 1985년 제주지검 검사 1986년 서울지검 남부지청 검사 1988년 법무부 검찰제4과 검사 1989년 同검찰제3과 검사 1990년 同검찰국 검사 1991년 서울지검 검사 1991년 춘천지검 속초지청장 1992년 대검찰청 검찰연구관 1993년 법무부 검찰국 검사 1995년 대검찰청 범죄정보관리과장 1996년 법무부 검찰2과장 1997년 同검찰1과장 1998년 서울지검 형사6부장 1998년 同형사4부장 1999년 대전지검 차장검사 2000년 수원지검 제2차장검사 2001년 서울지검 제2차장검사 2002년 同북부지청장 2003년 춘천지검장 2004년 법무부 검찰국장 2006년 서울중앙지검장 2007년 법무연수원장 2007~2009년 검찰총장 2009년 변호사 개업(현) (상)청조근정훈장(2010) (저)'북한형법'(共) '조세범처벌절차법상의 고발실태와 문제점' (종)불교

임채철(林采哲)

(생)1973·1·18 (주)경기도 수원시 팔달구 효원로 1 경기도의회(031-8008-7000) (학)경영학박사(가천대) (경)가천대 겸임교수, 가감세무법인 대표세무사 2018년 경기도의회 의원(더불어민주당)(현) 2018년 同기획재정위원회 위원(현)

임채청(林彩淸) LIM Chae Chung

(생)1958·4·26 (출)전북 전주 (주)서울특별시 종로구 청계천로 1 동아일보 임원실(02-2020-0505) (학)전주 신흥고졸 1980년 서울대 법학과졸 (경)1984년 동아일보 입사, 同사회부·정치부 기자 1998년 同정치부 차장대우 1999년 同정치부 차장 2001년 同정치부장 2002년 同논설위원 2003년 同편집국 부국장 2005년 同편집국장 2008년 同편집국장(이사대우) 2008년 同미디어전략담당 이사대우 2010년 同미디어전략담당 이사 2011년 채널A 총괄상무 2013년 동아일보 미디어전략담당 상무 2014년 同미디어전략담당 전무 2014~2016년 同총괄 전무 2014~2017년 채널A 대표이사 전무 겸임 2017년 동아일보 대표이사 부사장 겸 발행인·편집인·인쇄인·출판발행인(현) (상)한국기자상(1987·1993), 동아일보 동아대상(1988·1994)

임채호(林彩鎬) IM Chea Ho

(생)1960·5·24 (본)평택(平澤) (출)경기 시흥 (주)경기도 수원시 팔달구 효원로 1 경기도청 정무수석실(031-8008-3392) (학)용인대 체육학과졸 2001년 중앙대 행정대학원 정책학과졸(행정학석사) (경)1998·2002~2006년 경기 안양시의회 의원 2006년 경기 안양시의원선거 출마 2010~2014년 경기도의회 의원(민주당·민주통합당·민주당·새정치민주연합) 2013~2014년 同부의장 2014~2018년 경기도의회 의원(새정치민주연합민주당·더불어민주당) 2014년 同도시환경위원회 위원 2015년 同예산결산특별위원회 위원 2015년 同평택항발전추진특별위원회 위원 2015년 同장기미집행도시공원특별위원회 위원 2016년 同기획재정위원회 위원 2016년 同윤리특별위원회 위원, 용인대 환경학과 객원교수(현), 안양자치연구소 소장(현), 더불어민주당 지방의회발전특별위원회 부위원장(현), 전국자치분권개헌추진본부 집행위원(현) 2017년 더불어민주당 제19대 대통령중앙선거대책위원회 60년민주당계승위원회 단장 2017년 同자치분권균형발전위원회 부위원장, 同도시재생기획단장(현) 2018년 경기도 정무수석(2급)(현) (상)대한민국혁신인물대상 우수의정활동부문대상(2016), 수원지검장 표창, 경기도지사 감사장, 한국자치발전연구원 대한민국자치발전대상 광역자치부문(2017), 대한민국충효대상 의회부문 지방자치행정대상(2017), 대한민국문화예술대상 지방자치발전부문 공로대상(2017), 대한민국지방의회 의정대상(2018) (저)'임채호가 말하는 새로운 안양정부'(2018, Nanugi)

임철순(任喆淳) YIM Chul Soon (淡硯)

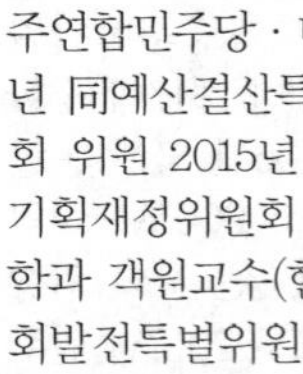

(생)1953·5·24 (본)풍천(豊川) (출)충남 공주 (학)1970년 보성고졸 1974년 고려대 독어독문학과졸 2006년 한양대 언론정보대학원졸 (경)1974년 한국일보 기자 1988년 同사회부 차장대우 1990년 同사회부 차장 1994년 同기획취재부장 1995년 同문화1부장 1996년 同사회부장 1997년 同논설위원 1998년 同편집국 부국장 겸 문화과학부장 1999년 同편집국 국차장 2002년 同논설위원 2003년 同수석논설위원 2004년 同논설위원실장 2004년 同편집국장 2006~2012년 同주필 2006년 한국신문윤리위원회 위원 2006년 자유칼럼그룹 공동대표(현) 2007년 한국신문방송편집인협회 부회장 2007년 (재)안익태기념재단 이사 2008년 국방홍보원 경영자문위원 2008~2012년 첨단의료복합단지 위원 2009~2013년 대산문화재단 자문위원 2012년 국가인권위원회 정책자문위원 2012년 한국일보 논설고문(이사대우) 2013년 국회 정치쇄신자문위원회 위원 2013년 한국언론문화포럼 회장(현) 2014년 시니어희망공동체(前한국1인가구연합) 이사장(현) 2014년 이투데이 미래설계연구원장 2015~2018년 同주필(이사급) 겸임 2019년 한국프레스센터 운영위원(현) (상)한국기자협회 한국기자상 취재부문(1981), 녹십자언론상(1985), 참언론인대상(2005), 장한 고대언론인상(2006), 삼성언론상(2008), 위암 장지연상(2008), 제20회 자랑스러운 보성인상(2013), 제28·29회 대한민국서예대전 행초부문 입선(2016·2017), 제21회 서울서예대전 행초부문 입선(2016), 제25회 경기도서예대전 행초부문 입선(2016), 제1회 보성언론인상(2016), 제30·31회 대한민국서예대전 전서부문 입선(2018·2019) (저)'신세대'(共) '신 중년세대(共)'(한국일보) '노래도 늙는구나'(2011, 열린책들) '내가 지키는 글쓰기 원칙(共)'(2012, 이화여대 출판부) '효자손으로도 때리지 말라'(2014, 열린책들) '1개월 인턴기자와 40년 저널리스트가 만나다'(2014, eBook, 한국일보사) '손들지 않는 기자들'(2019) (종)가톨릭

임철일(林哲一) LIM Cheol Il

(생)1963·7·20 (출)서울 (주)서울특별시 관악구 관악로 1 서울대학교 사범대학 교육학과(02-880-7639) (학)1986년 서울대졸 1988년 同대학원 수업체계공학과졸 1994년 수업체계공학박사(미국 인디애나대) (경)1990~1994년 미국 인디애나대 교육심리학과 연구원 1994~1996년 서울대·서울여대·세종대·이화여대·전북대·한양대 강사 1995~1996년 LG화학 인재개발팀 교육프로그램개발담당 1996~2004년 숭실대 교육심리학과 전임강사·조교수 1998년 한국교육공학회 이사 2000~2002년 숭실대 교육대학원 교학부장 2001~2002년 한국기업교육학회 회장 2002년 숭실대 대외협력처 부처장 2004년 서울대 사범대학 교육학과 교수(현) 2005년 同사범대학 교육매체제작실장 2009~2011년 한국교육공학회 부회장 2012~2014년 서울대 교육부처장 겸 교수학습개발센터장 2017~2018년 한국교육공학회 회장 2017~2018년 교육부 정책자문위원회 학교안전분과 위원장 (저)'교수설계이론'(共) '교육방법의 교육공학적 이해' 기업교육프로그램개발과 교수체제설계' (역)'효과적인 의사소통기술' (종)천주교

임철호(林澈虎) LIM Cheol Ho

(생)1952·8·10 (출)전북 진안 (주)대전광역시 유성구 과학로 169-84 한국항공우주연구원(042-860-2001) (학)1970년 전주고졸 1975년 서울대 항공공학과졸 1977년 同대학원 항공공학과졸 1983년 프랑스 국립항공우주대 대학원 항공우주공학과졸 1986년 공학박사(프랑스 툴루즈 제3대) (경)1986~1994년 한국과학기술연구원(KIST) 시스템공학연구소 CAE 연구실장 및 삼성경제연구소 근무 1994~1999년 한국항공우주연구원 '중형항공기 개발사업의 설계검증' 총괄연구책임자·중형기개발그룹장 1999~2002년 同항공사업부장 2002년 산업자원부 프런티어사업단 스마트무인기기술개발사업단장 2002년 한국항공우주연구원 스마트무인기사업단장 2009년 同선임연구본부장 겸 위성정보연구소장 2011년 한국항공우주학회 회장 2011~2013년 한국항공우주연구원 부원장 2011~2016년 경상대 공과대학 항공우주공학과 겸임교수·항공우주시스템공학과 겸임교수 2012년 IFAR 한국대표 2013~2015년 한국산업응용수학회 회장 2018년 한국항공우주연구원 원장(현) (상)과학기술훈장 웅비장(2014)

임청원

(생)1962 (주)전라남도 나주시 전력로 55 한국전력공사 해외신사업처(061-345-7014) (학)제물포고졸, 인하대 경영학과졸 (경)1985년 한국전력공사 입사, 同아주사업처 사업개발팀 부장, 同인사처 인력개발팀 부장 2012년 同홍보실장(1급) 2012년 同인재육성팀장 2014년 同해외사업개발처장 2016~2019년 同인천지역본부장 2019년 同해외신사업처장(현)

임청환(林晴煥) Lim, Cheong-Hwan

(생)1957·1·11 (출)충남 공주 (주)대구광역시 남구 중앙대로 219 대구교육대학교 총장실(053-620-1102) (학)1975년 공주고졸 1979년 공주대 사범대학 과학교육과졸 1984년 서울대 대학원 지구과학교육과졸 1993년 교육학박사(한국교원대) (경)1994~2015년 대구교육대 과학과 교수 2000~2001년 미국 오리건주립대 객원교수 2004~2006년 대구교육대 기획처장·산학협력단장 2007년 한국초등과학교육학회 홍보위원장 2011~2013년 대구교육대 교무처장 2013~2015년 한국초등과학교육학회 이사 2013년 대한지구과학교육학회 회장, 同이사(현) 2015년 대구교육대 총장(현) (상)대한민국교육공헌대상 대학교육부문(2016)

임춘봉(林春鳳) Im Chun Bong

(생)1960·8·20 (출)전남 나주 (주)제주특별자치도 제주시 첨단로 213-4 제주국제자유도시개발센터 경영기획본부(064-797-5604) (학)1979년 국립철도고졸 1987년 건국대 법학과졸 (경)1988~2002년 재정경제부 국민생활국 행정주사·경제정책국 행정사무관 2006년 제주국제자유도시개발센터(JDC) 경영기획팀장 2009년 同홍보실장 2011년 同감사실장 2013년 同경영혁신실장 2016년 同경영기획본부장(상임이사)(현)

임춘석 LIM Choon Seog

(생)1960 (출)전남 함평 (주)경기도 광명시 디지털로 5 광명경찰서(02-2093-0321) (학)전남 금성고졸, 호원대 경찰행정학과졸 (경)1987년 순경 임용(공채) 2011년 서울 마포경찰서 경비과장 2013년 서울 서초경찰서 경비과장, 서울 영등포경찰서 경비과장 2016년 강원지방경찰청 홍보담당관 2017년 전남 영광경찰서장(총경) 2017년 서울지방경찰청 국회경비대장 2019년 경기 광명경찰서장(현)

임춘성(林春成) LIM Chun Sung

(생)1961 (본)나주(羅州) (출)전북 익산 (주)서울특별시 중구 퇴계로31길 27 프라임빌딩 8층 아시아타임즈(02-801-1800) (학)익산 원광고졸, 원광대 경영학과졸 2006년 서강대 언론대학원 석사과정 중퇴 2007년 중국 연변과학기술대 동북아경제과정 수료 (경)2002년 제일경제신문 편집국 증권부 기자(차장대우) 2004년 同증권부 차장 2004년 同정보통신과학부 차장 2005년 同증권부 차장 2006년 同증권팀장(차장) 2006년 아시아경제신문 편집국 국제경제부장 겸 증권팀장 2006년 同유통부장 겸 증권팀장 2007년 同편집국 유통팀장 2008년 이코노믹리뷰 취재부장 2009년 아주경제 글로벌에디터 겸 증권부장 2010년 同글로벌아주부국장 2012년 데일리안 경제부장(부국장) 2014년 미디어펜 편집국장 2015년 同공동대표이사 겸 편집국장 2017년 한국스포츠경제 대표이사 발행인 2018년 아시아타임즈 사장 겸 편집국장(현)

임춘성(林春成) Leem Choon Seong

(생)1962·7·15 (주)서울특별시 서대문구 연세로 50 연세대학교 공과대학 산업공학과(02-2123-4011) (학)1985년 서울대 산업공학과졸 1987년 同대학원 산업공학과졸 1992년 공학박사(미국 캘리포니아대 버클리교) (경)1992년 미국 캘리포니아대 방문연구교수 1993년 미국 Rutgers Univ. 산업공학과 조교수 1995년 연세대 공과대학 산업공학과 교수(현) 1997년 정보통신부 산하 기업정보화지원센터장 1999년 연세대 지식정보화연구센터 소장(현) 1999~2004년 전국경제인연합회 정보통신부문 자문위원 2001년 정보통신부 소기업네트워크산업추진위원회 위원 2003년 한국국방연구원 정보화분과 KIDA-Fellow 2005년 한국전자거래학회 회장 2005년 연세대 공과대학 정보산업공학과장 겸 컴퓨터정보공학부장 2006년 同공학기술경영교육연구센터장(현), 지식정보산업연합학회 수석부회장, 미국 세계인명사전 'Marquis Who's Who in Science and Engineering 7th Edition'에 등재 2009년 연세대 공학대학원 부원장 2012년 同공학원장 2013년 (사)ICT정책경영연구소 소장(현) 2014년 전자신문 정보통신미래모임 회장 2017년 대통령소속 4차산업혁명위원회 위원(현) 2017년 GS리테일 사외이사(현) (상)국제학술회의 최우수논문상(1992), 정보통신부장관표창(1999·2001), 국무총리표창(2001), 연세대 우수업적교수표창(2005), 국무총리표창(2007), 산업포장(2011), 황조근정훈장(2019) (저)'컨설턴트 입문'(2003) '논리가 있는 IT'(2003) '소설 ERP(共)'(2004) '우리회사 정보화 이렇게 성공했다'(2004) '2005 기업정보화 백서'(2005) '기업정보화 방법론'(2008) '기업정보화 워크북'(2008) '테크노 비즈니스 디자인'(2011) '매개하라'(2015, 쌤앤파커스)

임춘식(林春植) RIM Choon Seek

(생)1949·4·27 (출)전남 무안 (주)대전광역시 대덕구 한남로 70 한남대학교(042-629-7114) (학)1968년 목포 문태고졸 1976년 경희대 국어국문학과졸 1978년 同대학원 사회교육학과졸 1983년 사회학박사(중국 중국문화대) (경)1984년 중국문화대 노동사회학과 부교수 1984~2014년 한남대 사회아동복지학부 사회복지학전공 조교수·부교수·교수 1986년 평화의집 원장 1988년 충남지방경찰청 자문위원 겸 법무부 교화위원 1992~2007년 평화종합사회복지관 관장 1995년 (사)노인의전화 대표이사(현) 1997년 한국노년학회 부회장 1998년 한국노인복지학회 초대회장 1999년 민주평통 자문위원 2007~2008년 한남대 행정복지대학원장 2007년 한국노인복지학회 명예회장(현) 2007년 (사)바른사회밝은정치연합 공동대표 2008년 (사)71동지회 회장 2012~2014년 (사)바른사회바른정치시민연합 공동대표 2015년 한남대 명예교수(현) 2015년 미국 코헨대 사회복지학과 교수(현) 2016년 전국노인복지단체연합회 회장(현) 2019년 나주임씨 중앙화수회 회장(현) (상)서울시장표창, 경희대 문화상, 한국노인복지학회 노인복지학술대상(2014) (저)'한국사회와 노인문제' '사회문제' '사회문제와 노인문제' '중도사상과 인류평화'(1991) '현대사회의 노인문제'(1991) '우리사회 어디로 가고 있는가'(1991) '백두산 이야기'(1994) '세계의 사회보장'(1994) '풍충장의 한국 이야기'(1996) '한국노인복지의 새로운 도전(共)'(2004) '외국의 고령화 사회 대책 추진체계 노인복지정책 분석(共)'(2005) '세계의 노인복지정책(共)'(2005) '성은 늙지 않는다'(2008, 동아출판) '소통과 창조 조영식의 삶과 철학'(2009, 동아출판) '성은 늙지 않는다'(2011, 동아일보) (종)기독교

임춘원(林春元) LIM Choon Won (海汀)

(생)1938·3·1 (본)진천(鎭川) (출)전북 군산 (학)1964년 동북고졸 1985년 서울대 행정대학원 수료 (경)1968년 상아탑학원장 1970년 국민당 정무위원 1971년 통일문제연구회 회장 1973년 명산중고재단 이사장 1975년 대영제약 사장 1977~1985년 동교기업 사장 1980년 동아대재단 이사 1984년 한림장학회 이사장 1985년 제12대 국회의원(전국구, 신한민주당) 1985년 김대중민주화추진협의회 공동의장특별보좌역 1985년 민주화추진협의회 상임운영위원 1987년 신민당 부대변인·원내부총무 1988년 평화민주당 소비자보호특별위원회 위원장 1988년 제13대 국회의원(서울 서대문乙, 평민당·신민당·민주당) 1990년 평민당 당무위원 1991년 신민당 당무위원 1991년 민주당 총재 경제담당특별보좌관 1992년 제14대 국회의원(서울 서대문乙, 민주당·민자당·무소속·신민당) 1994년 신민당 사무총장 1995년 同최고위원 1996년 同총재 1996년 무당파전국연합 상임대표 (저)'독립운동사' '민중과 함께(Ⅰ·Ⅱ)'

임춘택(林春澤) LIM Chun Taek

(생)1958·7·27 (출)서울 (주)서울특별시 강남구 테헤란로 124 삼원타워 법무법인 한별(02-6255-7777) (학)1977년 양정고졸 1982년 고려대 법학과졸 (경)1983년 사법시험 합격(25회) 1985년 사법연수원 수료(15기) 1986년 육군 법무관 1989년 제주지검 검사 1990년 광주지검 순천지청 검사 1992년 서울지검 북부지청 검사 1995년 수원지검 검사 1996년 미국 버클리대 연수 1998년 창원지검 부부장검사 1999년 부산고검 검사 2000년 일본 UNAFEI 연수 2000년 부산지검 동부지청 형사3부장 2001년 대전지검 형사2부장 2002년 수원지검 안산지청 부장검사 2003년 서울지검 형사4부장 2004년 춘천지검 영월지청장 2005년 수원지검 형사1부장 2006년 창원지검 차장검사 2007년 대전지검 홍성지청장 2008년 대구고검 검사 2008~2010년 법무법인 강산 대표변호사 2009년 한국도시정비협회 자문위원장(현) 2010년 법률신문 논설위원 겸 편집위원 2010~2014년 부광약품 사외이사 2011년 법무법인 한별 대표변호사(현) 2014년 감사원 공익감사청구 자문위원(현)

임춘택(林春澤) Chun Taek Rim

(생)1963·2·11 (주)서울특별시 강남구 테헤란로 114길 14 한국에너지기술평가원(02-3469-8300) (학)1981년 금오공고 전자공학과졸 1985년 금오공대 전자공학과졸 1987년 한국과학기술원(KAIST) 전자공학과졸(석사) 1990년 전자공학박사(한국과학기술원) (경)1989~1995년 ROTC 장교 1995~2003년 국방과학연구소 선임연구원 2003~2007년 국가안보실 행정관 2007~2009년 한국과학기술원(KAIST) 항공우주공학과 전문교수 2007~2010년 한국항공우주기술연구조합 항공우주부품기술개발사업 전자분야 평가위원 2007년 대법원 전문심리위원 2008~2009년 국가인공위성사업 아리랑3호 평가위원장 2009~2016년 한국과학기술원(KAIST) 원자력및양자공학과 부교수 2010~2013년 기획재정부 국방예산자문위원 2011년 한국교육개발원 고등교육미래비전위원회 자문위원 2011년 대한전기학회 스마트그리드위원회 운영위원 겸 전기차충전분과 위원장 2014~2016년 전력전자학회 산학협력이사 2015년 특허법원 전문위원 2016~2018년 광주과학기술원(GIST) 융합기술원 교수 2017~2018년 대통령직속 정책기획위원회 국민성장분과 위원 2017~2018년 국무총리실 국정과제평가지원단 국정과제평가전문위원 2018년 한국에너지기술평가원 원장(현) (상)육군 참모총장표창(1994), 국방부장관표창(1997), 한국언론재단 최우수강의상(2008), 한국과학기술원(KAIST) 특별공로상(2010), IEEE TPEL 최우수논문상(2015), IEEE JESTPE 최우수논문상(2016) (저)'평화번영과 국가안보(共)'(2004, 국가안전보장회의) '대통령 보고서(共)'(2007, 위즈덤하우스) '대한민국 국가미래전략 2015(共)'(2014, 이콘) '국회로 간 KAIST(共)'(2015, 심북스) '대한민국 국가미래전략 2016(共)'(2015, 푸른지식) 'MESIA 新산업 추격전략(共)'(2016, 지식공감) '대한민국 국가미래전략 2017(共)'(2016, 이콘) 외 다수

임충빈(任忠彬) IM Chung Bin

(생)1944·1·11 (본)풍천(豊川) (출)경기 양주 (주)경기도 양주시 부흥로 1533 양주시청 3층 양주시희망장학재단(031-8082-7384) (학)1964년 용문고졸 2010년 독학사(행정학) 2012년 경희대 행정대학원 행정학과졸 (경)1968년 양주군 화도면 지방행정서기보 1971년 성남시 총무과 지방행정주사 1979년 양주군 공보실장 1980년 안양시 사회과장 1982년 경기도 기획예산계장 1992년 고양시 기획실장 1995년 경기도 총무과장 1995년 同북부출장소 개발국장·총무국장 1997년 연천군 부군수 2000~2002년 양주군 부군수 2002년 경기 양주군수(한나라당) 2002년 천보장학회 이사장 2003~2006년 경기 양주시장(한나라당) 2006~2010년 경기 양주시장(무소속) 2016년 양주시희망장학재단 이사장(현) (상)녹조근정훈장 (종)불교

임충빈(任忠彬) Lim Choung-bin

(생)1950·5·12 (출)충남 천안 (주)대전광역시 유성구 대학로 99 충남대학교 평화안보대학원 군사학과 자연과학대2호관(042-821-5237) (학)1968년 서울 성남고졸 1973년 육군사관학교졸(29기) 1985년 동국대 행정대학원졸 2009년 명예 교육학박사(한남대) (경)1977년 제1사단 12연대 10중대장 1984년 제8사단 수색대대장 1986년 제3사단 작전참모 1992년 제32사단 98연대장 1994년 5군단 참모장 1996년 국방부 정책조정과장 1998년 대통령 외교안보수석비서관실 국방비서관 2000년 제17사단장 2002년 육군군수사령부 참모장 2003년 육군교육사령부 교육훈련부장 2004년 1군단장(중장) 2006년 육군사관학교장(중장) 2008~2009년 육군 참모총장(대장) 2011년 충남대 평화안보대학원 군사학과 석좌교수 (상)대통령표창(1984), 보국훈장 삼일장(1991), 보국훈장 천수장(2001), 보국훈장 국선장(2006), 인도네시아 최고훈장(2010)

임충헌(林忠憲) LIM Chung Hurn (晟巖)

(생)1941·10·17 (출)경기 개성 (주)서울특별시 종로구 청계천로 35 서린빌딩 한국화장품제조(주) 회장실(02-724-3712) (학)1959년 용산고졸 1965년 고려대 생물학과졸, 서울대 AMP(최고경영자과정) 수료 (경)1967년 한국화장품공업(주) 입사 1978년 同전무 1984년 대한야구협회 부회장 1988년 한국화장품(주) 대표이사 사장 1989~2004년 대한화장품공업협회 부회장 1992~2001년 전국경제인연합회 이사 1995년 한국화장품(주) 공동대표이사 회장 2004년 대한화장품협회 부회장(현) 2006~2008년 (주)유니코스 비상근이사 2010년 한국화장품제조(주) 공동대표이사 회장(현) (상)체육포장, 대통령표창(1996), 국무총리표창(1999), 부천시장표창(2002)

임충희(林忠熙) LIM Chung Hee

(생)1956·8·17 (출)충북 괴산 (주)강원도 춘천시 남산면 북한강변길 688 (주)GCS, 엘리시안리조트(033-260-2004) (학)1975년 청주상고졸 1983년 청주대 경영학과졸 1995년 연세대 대학원 경영학과졸 2012년 경영학박사(인천대) (경)1983년 LG건설(주) 입사 1999년 同재경담당 상무보 2000년 同재경담당 상무 2003년 同인사·총무담당 상무 2005년 GS건설(주) 인사·총무담당 상무 2006년 同V사업본부장(전무), 同베트남사업부문장(전무) 2010년 同주택사업본부장(전무) 2011년 同주택사업본부장(부사장) 2013년 同건축주택사업본부장(부사장) 2014년 同사업운영본부장 겸 CSO(부사장) 2016년 同CSO(부사장) 2018년 (주)GSG; 엘리시안리조트 대표이사(현) (종)불교

임치용(林治龍) RIM Chi Yong

(생)1960·6·19 (출)서울 (주)서울특별시 종로구 사직로8길 39 세양빌딩 김앤장법률사무소(02-3703-1403) (학)1979년 서울 한성고졸 1983년 성균관대 법학과졸 1996년 미국 듀크대 로스쿨졸(LL.M.) (경)1982년 사법시험 합격(24회) 1984년 사법연수원 수료(14기) 1985년 청주지법 판사 1989년 수원지법 판사 1993년 서울남부지법 판사 1995년 서울지법 판사 1996년 서울고법 판사 1997년 대법원 사법공조운영위원회 위원 1998년 대법원 재판연구관 2000년 대전지법 부장판사 2002년 서울서부지법 부장판사 2005년 서울중앙지법 부장판사 2005년 국제도산협회 회원(현) 2007~2014년 법무법인 태평양 변호사 2007~2009년 건설교통부 감정평가사징계위원회 위원 2008~2014년 국무총리소속 행정심판위원회 위원 2008~2010년 대검찰청 검찰정책자문위원회 위원 2009~2013년 법무부 법무자문위원회 채무자회생및파산에관한법률개정특별분과위원회 위원·위원장 2009~2010년 신용회복위원회 자문위원 2009~2011년 대한변호사협회 기획이

사 2009~2011년 同공보이사 겸임 2009~2011년 공적자금관리위원회 위원 2009~2011년 교육과학기술부 법학교육위원회 위원 2010~2012년 법무부 변호사시험관리위원회 위원 2010~2012년 同사법시험관리위원회 위원 2011~2013년 국회 제5차입법자문위원회 위원 2012년 한국식품의약품안전처 자율규제위원회 위원장(현) 2014~2015년 법원행정처 회생 · 파산위원회 위원 2014~2015년 同법관인사위원회 위원 2014년 법무자문위원회 '채무자 회생 및 파산에 관한 법률 개정' 특별분과위원회 위원(현) 2014년 김앤장법률사무소 변호사(현) 2016년 서민금융진흥원 운영위원회 위원(현) 2017년 국회 제8기 국회입법지원위원회 위원(현) 2017년 서울지방변호사회 도산법연수원장(현) (상)제4회 법학논문상(2000), 'IFLR1000 Financial and Corporate Leading Lawyer'(2016) (저)'Korean Insolvency System, Collier International Business Insolvency Guide(Vol 3)'(2002, LexisNexis) 'Korean Insolvency System, Norton Annual Survey of Bankrupcy Law'(2003, THOMSON WEST) '파산법연구'(2004, 박영사) '파산법연구2'(2006, 박영사) '파산판례해설'(2007, 박영사) 'South Korea, Cross-Border Insolvency'(2009, Globe Law and Business) '파산법연구3'(2010, 박영사) 'The International Insolvency Review'(2013, The International Insolvency Review) '파산법연구 4'(2015, 박영사) 'International Comparative Legal Guide to : Corporate Recovery & Insolvency – Korea chapter(共)'(2016, Global Legal Group) (종)천주교

임태상(林泰相) LIM Tae Sang

(생)1950 · 5 · 15 (출)경북 의성 (주)대구광역시 중구 공평로 88 대구광역시의회(053-803-5041) (학)영남대 정치외교학과졸, 경북대 행정대학원 행정학과졸 (경)신영플라스틱 대표(현), 대구시 비산5동주민자치위원회 고문, 비산5동새마을금고 감사, 대구지검 범죄예방서구지구협의회 부회장 2002 · 2006 · 2008 · 2010년 대구시 서구의회 의원(한나라당 · 새누리당) 2006~2008년 同의장 2008년 대구시 서구청장선거 출마(재보선, 무소속), 대구시 서구 정보화추진위원회 위원, 민주평통 자문위원, 한나라당 대구시당 서구협의회 운영위원 2014~2018년 대구시 서구의회 의원(새누리당 · 자유한국당) 2014 · 2016~2018년 同의장 2014~2016년 대구시구 · 군의회의장협의회 회장 2018년 대구시의회 의원(자유한국당)(현) 2018년 同기획행정위원장(현) (상)지방의정봉사대상(2013), 국회의장표창(2015), 대한민국의정대상 최고의장상(2017)

임태성(林泰星) Lim Tae Seoung

(생)1957 · 7 · 27 (본)평택(平澤) (출)부산 (주)경기도 안산시 상록구 한양대학로 55 한양대학교 스포츠과학부(031-400-5735) (학)1977년 서울체육고졸 1981년 한양대 체육학과졸 1985년 同행정대학원 행정학과졸 1993년 이학박사(한양대) (경)1983~1989년 육군사관학교 체육학처 교수 1995년 한양대 생활체육과학대학 경기지도전공 교수, 同예체능대학 스포츠과학부 교수(현) 2000~2004년 대한축구협회 연구위원 2000~2002년 국민체육진흥공단(KSPO) 홍보위원 2000~2008년 (사)민족통일체육연구원 이사 2000~2011년 2010 · 2014 · 2018평창동계올림픽유치위원회 위원 2000~2011년 2010 · 2014 · 2018평창동계올림픽유치위원회 자문위원 2001년 MBC ESPN '이탈리아 프로축구리그' 해설위원 2001년 MBC 100분토론 '한국축구 히딩크호 이대로 좋은가' 전문가패널 2002년 CBS 라디오방송 '스포츠뉴스' 해설위원 2002년 MBC '2002한일월드컵축구대회' 해설위원 2003~2005년 대한체육회 학교체육위원 2003~2008년 한국사회체육학회 학술위원장 2003~2004년 한국스포츠사회학회 이사 2003년 국민생활체육회 자문위원 2004년 주5일근무제를위한범정부위원회 민간위원 2004~2005년 대한올림픽위원회(KOC) 남북체육교류협력위원 2004 · 2007 · 2008 · 2009 · 2013년 대한민국체육상 심사위원 2005~2008년 한양대 생활체육과학대학장 2005~2006년 전국체육계열학장협의회 공동대표 2005~2008년 한국체육정책학회 회장 2006~2007년 문화관광부 체육정책자문위원 2006~2007년 서울시 체육정책자문위원 2007~2008년 국민체육진흥공단 체육과학연구원 객원연구원 2008~2009년 한국체육학회 수석부회장 2008~2012년 한양대 ERICA캠퍼스 학생처장 2009~2010년 국민체육진흥공단(KSPO) 선임이사 2009~2013년 민주평통 위원 2010~2011년 체육인재육성재단 기획자문위원 2011~2012년 (사)한국올림픽성화회 회장 2011~2012년 대한체육회 생활체육위원회 부위원장 2011~2012년 전국학생처장협의회 회장 2011~2012년 한국체육단체연합 공동대표 2011~2012년 2018평창동계올림픽 · 패럴림픽 조직위원회 위원 2012~2014년 한양대 국제어학원장 겸 사회교육원장 2013년 21세기스포츠포럼 상임대표 2013년 스포츠엔터테인먼트법학회 부회장 2013년 대한체육회 체육발전위원회 위원 2013년 경기도체육회 상벌및조정중재위원회 운영위원 2014년 2014인천아시아경기대회 및 88서울올림픽대회기념 국제학술대회조직위원회 부위원장 2014~2017년 한양대 에리카캠퍼스 예체능대학장 2016년 대한체육회 임원심의위원회 부위원장 2016~2018년 아시아스포츠정책학회 회장 2016~2018년 스포츠포럼21 상임대표 2019년 아시아스포츠정책학회 명예회장(현) 2019년 스포츠포럼21 명예대표(현) (상)한국올림픽성화회 연구상(2006) (저)'자원봉사 프로그램-문화, 예술, 생활체육, 스포츠이벤트' '2002실전 축구기술 및 전술서'(共) (역)'사회변동과 스포츠'

임태수(任太秀) Yim Tesu (한별)

(생)1942 · 4 · 23 (본)장흥(長興) (출)전남 해남 (주)충청남도 천안시 동남구 호서대길 12 호서대학교(041-560-8116) (학)1972년 한국신학대졸 1974년 同대학원졸 1984년 신학박사(독일 본대) (경)1984년 호서대 기독교학부 교수 1989년 새겨레교회 목사 1989~1992년 호서대 교수협의회장 1993~2011년 민중신학연구소 소장 1993~1995년 호서대 인문대학장 1999년 同신학 · 인간개발학부장 2000년 오클로스세계선교회 회장(현) 2001년 한국구약학회 회장 2006년 한국민중신학회 회장 2012년 제2종교개혁연구소 소장(현) 2012년 호서대 명예교수(현) (저)'Das Davidbild in den Chronikbuechern'(1985) '구약성서와 민중'(1993, 한국신학연구소) '이스라엘왕들의 이야기'(1999, 대한기독교서회) '변장하고 오시는 오늘의 그리스도'(2000, 성광문화사) '제2종교개혁을 지향하는 민중신학'(2002, 대한기독교서회) '종교다원시대의 이스라엘과 한국교회'(2004, 한국신학연구소) '교회선교의 새로운 방향모색'(2004, 한들출판사) '예언자가 꿈꾸는 사회'(2004, 다산글방) 'Minjung Theology towards a Second Reformation'(2006) '성서주석 역대상'(2007, 대한기독교서회) '제2종교개혁이 필요한 한국교회(共)'(2015, 기독교문사) (역)'신구약중간사'(1977)' 구약성서의 권위'(1979) '변증법적 신학의 이해'(1995) (종)기독교

임태순(任泰淳)

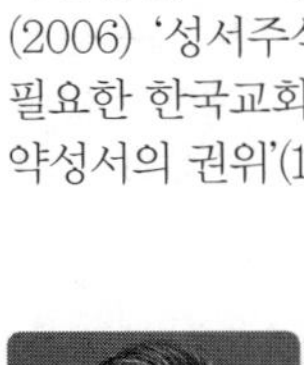

(생)1969 · 2 · 1 (주)서울특별시 영등포구 국제금융로2길 25 케이프투자증권(02-6923-7000) (학)1987년 충남 삽교고졸 1995년 서강대 경영학과졸 (경)1995년 한국개발리스(주) 입사 1998년 (주)미래와사람 입사(경영전략 및 M&A담당) 1999년 KTB투자증권(주) 입사(M&A 및 PEF담당) 2007년 아이스텀파트너스(주) 설립(PEF) 2015~2016년 케이프인베스트먼트(주) 대표이사 2016년 LIG투자증권 대표이사 사장 2017년 케이프투자증권 대표이사 사장(현)

임태영(林泰榮) LIM Tae Young

(생)1958 · 7 · 11 (출)서울 (주)경상남도 진주시 소호로 101 한국세라믹기술원 광 · 디스플레이소재센터(055-792-2481) (학)1981년 한양대 무기재료공학과졸 1983년 同대학원 무기재료공학과졸 2004년 공학박사(한양대) (경)1983~1999년 (주)금강 유리연구부장 · 생산부장 2000~2008년 요업기술

원 세라믹건재부 유리 · 디스플레이팀장(책임연구원) 2000년 한국세라믹학회 유리부회 간사 2009년 한국세라믹기술원 광전자세라믹본부 유리 · 디스플레이팀장(수석연구원), 同광전자세라믹본부 전자광소재센터장, 同전자소재융합본부 광디스플레이소재팀 수석연구원 2016년 同경영기획본부장 2018년 同광 · 디스플레이소재센터 수석연구원(현) (상)한국세라믹학회 기술진보상(2004), 산업자원부장관표창(2005) (저)'응용세라믹(共)'(2003) (역)'Stone and Cord in Glass'(2001)

임태오(任泰五)

(생)1968 · 9 · 27 (주)전라남도 곡성군 곡성읍 중앙로 161 곡성경찰서(061-360-6321) (학)송원고졸, 조선대 법학과졸, 조선대 대학원 사회복지과졸 (경)1994년 경장 특채 2008년 전남 강진경찰서 생활안전과장(경정) 2009년 전남지방경찰청 보안1계장 2011년 同정보2계장 2014년 同정보3계장 2016년 同경무과 치안지도관 2017년 교육 파견 2017년 제주지방경찰청 생활안전과장 2017년 同정보과장(총경) 2019년 전남 곡성경찰서장(현)

임태원(林泰源) IHM TAE WON

(생)1961 · 9 (주)서울특별시 서초구 헌릉로 12 현대자동차(주) 미래혁신기술센터(02-3464-1114) (학)이화여대사대부고졸, 항공공학박사(미국 뉴욕주립대) (경)현대자동차(주) 연료전지개발팀장, 同연료전지시스템개발팀장, 同환경기술연구소장(이사대우), 同연료전지개발실장(이사) 2013년 同연료전지개발실장(상무) 2014년 同중앙연구소장 2016년 同중앙연구소장(전무) 2017년 同미래혁신기술센터장(현) (상)포스코청암상 기술상(2019)

임태혁(任泰赫) Lim Tae Hyeuk

(생)1967 · 9 · 1 (본)풍천(豊川) (출)서울 (주)서울특별시 송파구 법원로 101 서울동부지방법원(02-2204-2114) (학)1986년 중앙고졸 1991년 서울대 사회과학대학 외교학과졸 1996년 강원대 대학원 법학과졸 (경)1993년 사법시험 합격(35회) 1996년 사법연수원 수료(25기) 1999년 광주지법 판사 2001년 同순천지원 판사 2002년 인천지법 부천지원 판사 2005년 러시아 모스크바 국제관계대학 연수 2006년 서울중앙지법 판사 2007년 서울고법 판사 2009년 사법연수원 교수(민재) 2011년 춘천지법 영월지원장 2013년 인천지법 부장판사 2015년 서울중앙지법 부장판사 2018년 서울동부지법 부장판사(현) (종)천주교

임태환(林泰煥) LIM Tae Hwan

(생)1951 · 12 · 25 (출)대전 (주)서울특별시 용산구 청파로 40 삼구빌딩 7층 대한민국의학한림원(02-795-4030) (학)1978년 서울대 의대졸 1981년 同대학원졸 1987년 의학박사(서울대) (경)1989~1998년 울산대 의대 방사선과학교실 조교수 · 부교수 1990년 아산생명과학연구소 NMR연구실장 1998~2017년 울산대 의대 영상의학교실 교수 1998년 서울중앙병원 진단방사선과장 2001년 同진료부원장 2002년 서울아산병원 진료부원장 2007년 보건복지부 신의료기술평가위원회 위원 2007~2011년 아시아 심장혈관영상의학회 회장 2012~2013년 HTAi2013서울학술위원회 공동위원장 2012~2015년 대한영상의학회 회장 2013~2016년 대한민국의학한림원 정책개발위원회 위원장 2013~2016년 한국보건의료연구원 원장 2017년 울산대 의대 영상의학교실 명예교수(현) 2019년 대한민국의학한림원 회장(현) (종)천주교

임태훈(林泰勳) LIM Tae Hoon

(생)1957 · 3 · 20 (출)서울 (주)서울특별시 성북구 화랑로14길 5 한국과학기술연구원 수소 · 연료전지연구단(02-958-5273) (학)1976년 서울 중앙고졸 1981년 서울대 공업화학과졸 1984년 미국 뉴욕주립대 대학원 화학공학과졸 1986년 화학공학박사(미국 뉴욕주립대) (경)1982~1986년 미국 State Univ. of New York at Buffalo 연구조교 1987~1988년 한국과학재단 Post-Doc. 1988년 한국과학기술연구원(KIST) 선임연구원 1995년 同연료전지연구센터 책임연구원 2003년 同에너지환경연구본부 연료전지연구센터장 2007년 同에너지환경연구본부 연료전지연구단장 2009년 同에너지본부장 2011년 同국가기반기술연구본부장 2011~2015년 현대하이스코(주) 사외이사 겸 감사위원 2014년 한국공학한림원 정회원(현) 2014~2017년 한국과학기술연구원(KIST) 부원장 2017년 同수소 · 연료전지연구단 책임연구원(현)

임태희(任太熙) YIM Tae Hee

(생)1956 · 12 · 1 (본)풍천(豊川) (출)경기 성남 (주)경기도 안성시 중앙로 327 한경대학교 총장실(031-670-5114) (학)1975년 서울 경동고졸 1980년 서울대 경영학과졸 1990년 同대학원 경영학과졸 2012년 명예 경영학박사(영산대) (경)1979년 한국외환은행 근무 1980년 행정고시 합격(24회) 1981~1982년 총무처 · 경기도 · 광주군 근무 1985~1994년 재무부 관세국 · 국제금융국 · 이재국 · 재무정책국 근무 1994~1996년 재정경제원 금융정책실 · 예산실 근무 1996~1998년 영국 옥스퍼드대 객원연구원 1998년 대통령비서실 금융담당 행정관 1999년 재정경제부 경제정책국 산업경제과장 2000년 제16대 국회의원(성남시 분당구乙, 한나라당) 2000년 한나라당 부대변인 2001년 同제2정책조정위원장 2003년 同대표 비서실장 2004년 제17대 국회의원(성남시 분당구乙, 한나라당) 2004~2008년 한 · 일의원연맹 경제과학분과 위원장 2004년 한나라당 공동대변인 2005년 同원내수석부대표 2006년 同여의도연구소장 2007년 同이명박 대통령후보 비서실장 2007년 이명박 대통령당선인 비서실장 2008~2010년 제18대 국회의원(성남시 분당구乙, 한나라당) 2008~2009년 한나라당 정책위 의장 2008~2014년 대한배구협회 회장 2009년 노동부 장관 2010년 고용노동부 장관 2010~2011년 대통령실장 2012년 새누리당 제18대 대통령선거 중앙선거대책위원회 공동의장 2013년 대한체육회 비상임이사 2013~2017년 119안전재단 이사장 2014년 제19대 국회의원선거 출마(수원시丁(영통) 보궐선거새누리당) 2014~2017년 한국정책재단 이사장 2016년 제20대 국회의원선거 출마(성남시 분당구乙, 무소속) 2017년 한경대 총장(현) (상)대통령표창, 근정포장, 백봉신사상(2005 · 2008), 서울과학종합대학원 자랑스러운 원우상(2009)

임 택(林 澤) LIM Taek

(생)1963 · 10 · 2 (주)광주광역시 동구 서남로 1 동구청 구청장실(062-608-2000) (학)문태고졸, 전남대 불어불문학과졸, 조선대 정책대학원 자치행정학과졸 2009년 전남대 대학원 정치학 박사과정 수료 (경)광주노동연구소 상임연구실장, 내일신문 기자 1998 · 2002년 광주시 동구의회 의원 1998년 참여자치21의원포럼 대표 1998년 광주시 동구의회 예산결산특별위원장 1998년 同기획총무위원회 간사, 전남도청이전반대 및 광주전남통합추진위원회 사무처장, 同대변인, 광주시 동구의회 운영위원장 2002년 同부의장, 同예산결산특별위원회 간사, 열린우리당 광주시당 사무처장, 同광주시당 부위원장, 국회의원 보좌관 2006년 광주시 동구청장선거 출마(열린우리당) 2010년 광주시 동구청장선거 출마(국민참여당) 2011년 국민참여당 광주시당 위원장, 대통령직속 국가균형발전위원회 자문위원 2014년 새정치민주연합 부대변인 2014년 同당헌당규분과 실무위원 2014~2018년 광주시의회 의원(새정치민주연합 · 더불어민주당) 2014년 同행정자치위원회 위원 2014년 同예산결산특별위원회 위원 2014년 同문화도시특별위원회 위원장 2015

년 同예산결산특별위원회 부위원장 2015년 同윤리특별위원회 위원 2015년 同광주복지재단대표이사인사청문특별위원회 위원장 2016~2018년 同산업건설위원장 2018년 광주시 동구청장(더불어민주당)(현) ㊅제2회 대한민국 빅데이터 축제대상 혁신경영상(2019)

임택수(林澤水) IM TAEK SOO

㊉1961·10·28 ㊇나주(羅州) ㊈경남 밀양 ㊅인천광역시 연수구 해돋이로 130 해양경찰청 해양오염방제국(032-835-2090) ㊊1980년 부산전자공업고졸 1985년 한국해양대 기관학과졸 ㊋1985~1992년 상선 승선(1·2·3등 기관사) 1992년 부산해양경찰서 해양오염관리과 근무 1995년 해양경찰청 감시과 근무 2000년 해양경찰정비창 기획예산계장 2005년 해양경찰청 방제계장 2010년 목포해양경찰서 해양오염방제과장 2012년 인천해양경찰서 해양오염방제과장 2013년 해양경찰청 기동방제과장(기술서기관) 2015년 국민안전처 중부해양경비안전본부 해양오염방제과장 2016년 同해양오염방제국 방제기획과장 2017년 해양경찰청 해양오염방제국 방제기획과장 2018년 同해양오염방제국장(고위공무원)(현)

임평용(林平龍) LIM Pyoung Yong

㊉1953·5·15 ㊇나주(羅州) ㊈전남 목포 ㊅서울특별시 서초구 방배중앙로 97-1 새빛낮은예술단(02-533-9863) ㊊1971년 서울예고졸 1976년 서울대 국악과졸 1984년 연세대 교육대학원 음악교육학과졸 1987년 오스트리아 모차르테움국립음악대 작곡·오케스트라지휘과졸 ㊋1980년 김자경오페라단 합창지휘자 1987년 同상임지휘자 1987~1999년 목원대 음대 전임강사·조교수·부교수 1990~2001년 서울로얄심포니오케스트라 음악감독 1995·1999·2003년 폴란드정부 주최 제5·6·7회 Fitelberg 세계지휘자콩쿨 심사위원 1996년 목원대 음악대학장 1996년 同사회교육원 음악원장 1997년 광주시립교향악단 상임지휘자 1998년 KBS국악관현악단 상임지휘자 2001년 (사)서울로얄심포니오케스트라 이사장 2002년 UN총회 '세계평화와 화합을 위한 음악회' 지휘, 同문화체육위원장(13기) 2004년 (사)서울로얄심포니오케스트라 감독 겸 상임지휘자 겸 이사 2008~2017년 同총감독 2008년 새빛낮은예술단 총감독(현) 2009~2011년 서울시국악관현악단 단장 2009년 세계미래예술재단 이사장(현) 2011~2014년 성남시립교향악단 감독 겸 상임지휘자 (상)제13회 동아콩쿠르 국악작곡·서양음악작곡 입상, 국제문화협회 대한민국 사회교육문화상 음악부 금상, 대한민국작곡상, 대통령표창(2005), 기독교문화대상(2006), 한국평론가예술가협회 '올해의 최우수예술가상'(2010), 목포중·고 자랑스런 동문상(2014) (저)'하늘을 여는 소리'(2001, 세광출판사) '통일의 소리'(2001, 세광출판사) '영의 찬미'(2001, 세광출판사) (작)교향시 '얼', '한' 플룻협주곡 '회상' 실내악 '아랑', '회상' 국악관현악곡 '통일의 소리', '한국의 사계', '하늘을 여는 소리', '목포여 영원하라', '천지' 등 (종)기독교

임 학(林 學) Hark Rim

㊉1961·9·4 ㊅부산광역시 서구 감천로262 고신대학교 복음병원 신장내과(051-990-6108) ㊊1988년 고신대 의대졸 1991년 同대학원 의학석사 1999년 의학박사(계명대) ㊋1988~1993년 고신의료원 내과 수련의·전공의·전문의 1993~2007년 고신대 의과대학 내과학교실 전임강사·조교수·부교수, 대한신장학회 정회원(현), 대한이식학회 정회원(현), 세계신장학회(International Society of Nephrology) 정회원(현), 미국신장학회(American Society of Nephrology) 정회원(현), 대한내과학회 정회원(현) 2007년 고신대 의과대학 내과학교실 교수(현) 2007~2009년 同의과대학 교무부학장 2012~2014년 同의과대학 의학교육학교실 주임교수 2014~2015년 同의과대학장 2015~2018년 同복음병원 병원장 (상)부산시장표창(2008), 세계언론평화대상 보건의료부문 대상(2015)

임한순(任韓淳) YIM Han Soon

㊉1957·6·18 ㊇풍천(豊川) ㊈경북 영천 ㊅대구광역시 수성구 동대구로 23 대구방송 임원실(053-760-1877) ㊊1977년 대건고졸 1983년 경북대 응용화학과졸 2009년 영남대 대학원 법학과졸 ㊋1984년 매일신문 기자 1988년 서울신문 기자 1988년 매일신문 기자 1996년 대구방송 보도국 차장 1998년 同취재부 차장 2000년 同정경부장 2002년 同북부취재본부장 2006년 同보도본부 정치경제팀장(부국장) 2008년 同보도본부장 2009년 同보도국장 2011년 同경영정책국장 2011~2012년 TBCnB 대표이사 2012년 대구방송 경영관리팀장 2012년 同경영담당 이사 2014~2018년 同사업이사 2018년 同상담역 2019년 同특임이사(현) (상)경북도 문화상(2008) (종)천주교

임한택(林翰澤) Im Han-taek

㊉1957·3·23 ㊈전남 ㊅서울특별시 동대문구 이문로 107 한국외국어대학교 LD학부(02-2173-3962) ㊊1980년 고려대 행정학과졸 1987년 미국 위스콘신대 대학원 공공정책학과졸, 고려대 법과대학원 행정학과졸 ㊋1981년 외무고시 합격(15회) 1989년 駐네덜란드 2등서기관 1991년 駐잠비아 1등서기관 1995년 駐호주 1등서기관 1999년 외교통상부 주한공관담당관 2000년 同조약과장 2000년 駐UN대표부 참사관 2003년 UN한국협회 파견 2004년 외교통상부 국제기구담당심의관 2006년 同배타적경제수역(EEZ)대책반 근무 2006년 同외교문서공개예비심사단 심사관 2007년 同조약국장 2008년 駐제네바대표부 차석대사 2009년 외교통상부 본부대사 2010년 駐제네바대표부 차석대사 2011년 駐루마니아 대사 2014~2015년 외교부 본부대사 2015년 한국외국어대 LD(Language & Diplomacy)학부 초빙교수(현) (상)홍조근정훈장(2015)

임한혁(任漢爀)

㊉1961·5·15 ㊅경상북도 구미시 1공단로 179 순천향대학교 구미병원(054-468-9114) ㊊1986년 순천향대 의대졸, 同대학원 의학석사, 의학박사(순천향대) ㊋1991~1995년 순천향대병원 영상의학과 전공의 1995년 순천향대 의과대학 영상의학교실 교수(현) 1995년 同구미병원 영상의학과 전문의(현), 同구미병원 수련부장, 同구미병원 진료부장 2017년 同구미병원장(현)

임해규(林亥圭) LIM Hae Kyu

㊉1960·3·7 ㊇평택(平澤) ㊈경북 김천 ㊅경기도 수원시 장안구 정조로 944 자유한국당 경기도당(031-248-1011) ㊊1979년 서울 양정고졸 1994년 서울대 사범대학 교육학과졸 2001년 同대학원 교육학과졸 2011년 교육학박사(서울대) ㊋1985~1990년 전국노동운동단체협의회·전국민족민주운동연합 소속 1990~1991년 민주화운동으로 구속 수감 1994~2002년 국회의원 김문수사무소 조직부장·사무국장·부위원장 1995~1998년 부천시의회 의원·부천경실련 시민상담위원 1998·2002년 부천시의회 의원 1998년 同행정복지위원장 2002~2004년 남부천로타리클럽 지역사회개발위원장·한나라당 부천원미甲지구당 위원장 2004년 제17대 국회의원선거 출마(부천 원미甲, 한나라당) 2004년 한나라당 부대변인 2004년 同교육선진화특별위원회 부위원장 2004년 성공회대·가톨릭대 외래교수, 서울대 교육학과 초빙교수 2005년 제17대 국회의원(부천 원미甲 재선거 당선, 한나라당) 2006년 국회 교육위원회 간사 2006년 한나라당 원내부대표 2008년 同제18대 국회의원선거 공천심사위원 2008년 제18대 국회의원(부천 원미甲, 한나라당·새누리당) 2008~2009년 한나라당 대외협력위원장 2008~2010년 同경기도당 수석부위원장 2008~2010년 국회 교육과학기술위원회 여당 간사 2010년 한

나라당 경기도당 정책본부장 2011년 同정책위원회 교육과학기술 · 문화체육관광방송통신분야 부의장 2012년 새누리당 부천원미甲당원협의회 운영위원장 2012년 제19대 국회의원선거 출마(부천 원미甲, 새누리당) 2014년 새누리당 사회적경제특별위원회 위원 2014~2017년 경기연구원 원장 2015년 경기도 DMZ2.0음악과대화조직위원회 위원 2015년 백석문화대학 유아교육과 부교수 2017~2018년 한국교육정책연구소 연구교수, 경기교육포럼 대표(현) 2018년 경기도 교육감선거 출마 2019년 자유한국당 경기부천시원미구乙당원협의회 운영위원장(현) (상)자랑스런 양정인상(2008) (저)'하수구 속에 박물관이 있다'(1997) '도시의 웃음, 도시의 희망'(2002) '술술읽는 교육학 Ⅰ · Ⅱ' '낙타처럼 걷다'(2006) '교육백년대계'(2007) '교육대통령대계'(2009) '교육에서 학습으로'(2011, 교육과학사) (역)'사나이가 되는길'(1992) '라스트 모히칸'(1993) '스웨덴 의회 옴부즈만'(1997)

임해종(林海鍾) LIM Hae Jong

(생)1958 · 11 · 10 (출)충북 진천 (주)충청북도 청주시 청원구 율봉로 141 더불어민주당 충북도당(043-211-7777) (학)1977년 청주고졸 1981년 한양대 법학과졸 1992년 영국 서섹스대 대학원 국제경제학과졸, 가천대 대학원 회계 · 세무학 박사과정 수료 (경)1981년 행정고시 합격(24회), 재정경제원 근무 1996년 충청도 재정경제협력관 1998년 재정경제부 국내홍보과장 1999년 ASEM준비기획단 파견 1999년 대통령비서실 파견 2001년 기획예산처 재정1팀장 2002년 同행정1팀장 2003년 同교육문화예산과장(부이사관) 2004년 同기획예산담당관 2004년 同예산법무담당관 2005년 국가과학기술자문회의 파견 2007~2009년 국방부 계획예산관(고위공무원) 2009년 기획재정부 공공혁신기획관 2010~2011년 同공공정책국장 2011~2014년 KDB산업은행 감사 2014~2015년 새정치민주연합 증평군 · 진천군 · 괴산군 · 음성군지역위원회 위원장 2016년 더불어민주당 충북증평군 · 진천군 · 음성군지역위원회 위원장(현) 2016년 제20대 국회의원선거 출마(충북 증평군 · 진천군 · 음성군, 더불어민주당) 2018년 한국수자원공사 비상임이사(현)

임해지(林海志 · 女)

(생)1968 · 9 · 29 (출)경북 경주 (주)인천광역시 미추홀구 소성로163번길 17 인천지방법원 부천지원 총무과(032-860-1213) (학)1987년 동일여고졸 1992년 고려대 법학과졸 (경)1996년 사법시험 합격(38회) 1999년 사법연수원 수료(28기) 1999년 대구지법 판사 2002년 인천지법 판사 2005년 서울남부지법 판사 2008년 서울중앙지법 판사 2010년 서울남부지법 판사 2011년 서울고법 판사 2012년 대법원 재판연구관 2014년 울산지법 부장판사 2017년 부산지법 부장판사 2019년 인천지법 부천지원 · 인천가정법원 부천지원 부장판사(현)

임향순(林香淳) LIM Hyang Soon

(생)1941 · 12 · 20 (본)조양(兆陽) (출)전남 장흥 (주)서울특별시 강남구 논현로38길 34 경향빌딩4층 전국시도민향우연합회(02-733-1318) (학)1959년 장흥고졸 1964년 서울대 사범대학 수학과졸 1973년 同행정대학원 행정학과졸 1989년 단국대 대학원 경영학과졸 1992년 경영학박사(단국대), 고려대 언론 · 정책대학원 최고위과정 수료, 연세대 경영 · 언론대학원 최고위과정 수료, 서울대 경영대학원 최고경영자과정 수료, 同행정대학원 국가정책과정 수료, 건국대 부동산대학원 수료, 동국대 부동산대학원 수료 (경)1969년 예편(공군 중위) 1971년 행정고시 합격(10회) 1984년 파주세무서장 · 고양세무서장 1986년 북인천세무서장 1988년 국세청 대변인 1989년 용산세무서장 1992년 국세청 행정관리담당관 1994년 중부지방국세청 간세국장 1995년 同직세국장 1996년 경인지방국세청 직세국장 1996년 단국대 경영대학원 겸임교수 1998년 광주지방국세청장 1998~2001년 김앤장법률사무소 고문 2001~2003년 한국세무사회 제22대 회장 2002년 한국직능단체총연합회 수석부회장 2002년 국세동우회 부회장 2003~2015년 다함세무법인 대표이사 · 회장 2004~2008년 在京광주전남향우회 제29 · 30대 회장 2005~2007년 한국세무사회 제24대 회장 2006년 전국호남향우회총연합회중앙회 총재(현) 2006년 연세대 경영대학원 총동창회 수석부회장 2008년 同경영대학원 총동창회 20대 회장 2008년 대통령직속 아시아문화중심도시조성위원회 부위원장 2009년 서울대 사범대학 총동창회 제30대 회장 2009~2017년 민주평통 운영위원 · 상임위원 · 자문위원 2010년 한국직능단체총연합회 자문위원장(현) 2011~2015년 전국시도민향우연합회 공동총재 2011년 씨앤에이치(주) 사외이사(현) 2012~2015년 한국증권금융 사외이사 2012년 새누리당 제18대 대통령중앙선거대책위원회 100% 대한민국대통합위원회 위원 2013~2017년 대통령소속 국민대통합위원회 국민소통분과 위원장 2015년 전국시도민향우연합회 대표총재(현) 2015~2017년 대통령직속 아시아문화중심도시조성위원회 위원장 2015년 다일세무법인 대표이사 회장(현) 2018년 더불어민주당 서울시당 상임고문(현) (상)재경부장관표창(1973), 국세청장표창(1977), 대통령표창(1979), 은탑산업훈장(2003) (저)'우리나라 자본시장의 육성방안' '감가상각의 자기금융효과에 관한 실증적 연구' (종)기독교

임헌진(林憲振) Lim Hun Jin

(생)1963 · 7 · 27 (출)부산 (주)충청북도 음성군 맹동면 이수로 93 국가기술표준원 적합성평가과(043-870-5490) (학)1985년 연세대 요업공학과졸 1987년 同대학원 요업공학과졸 1992년 공학박사(연세대) (경)2008년 지식경제부 기술표준원 생활제품안전과장 2010~2013년 국제기술전기위원회(IEC) 파견 2013년 산업통상자원부 국가기술표준원 기술규제정책과장 2014년 同국가기술표준원 기계소재표준과장 2016년 同국가기술표준원 제품안전정책과장 2018년 同국가기술표준원 적합성평가과장(현)

임 혁(林 革)

(생)1960 · 6 · 22 (출)강원 원주 (주)서울특별시 동작구 여의대방로62길 1 이투데이빌딩 2층 브라보마이라이프(02-799-6713) (학)1979년 대일고졸 1986년 성균관대 경제학과졸 (경)1999년 한국경제신문 경제부 기자 2001년 同금융부 기자 2002년 同경제부 금융팀장(차장대우) 2004년 同금융부장 2005년 同벤처중기부장 2006년 한경비즈니스 머니편집장 2010년 한국경제매거진 이사 겸 머니편집장 2016년 이뉴스투데이 전무이사 겸 편집인 2019년 이투데이피엔씨(브라보마이라이프) 대표 겸 편집인(현)

임 현(林 炫) LIM Hyun

(생)1969 · 9 · 23 (출)광주 (주)서울특별시 서초구 반포대로 157 대검찰청 공공수사정책관실(02-3480-2310) (학)1988년 광주 대동고졸 1992년 고려대 법학과졸 (경)1995년 사법시험 합격(37회) 1999년 사법연수원 수료(28기) 1999년 부산지검 검사 2001년 광주지검 순천지청 검사 2003년 대전지검 검사 2005년 서울중앙지검 검사 2008년 대검찰청 연구관 2010년 대구지검 검사 2011년 同부부장검사 2012년 대전지검 천안지청 부장검사 2013년 광주지검 해남지청장 2014년 대검찰청 디엔에이수사담당관 2015년 同공안2과장 2016년 同공안1과장 2017년 서울중앙지검 공안1부장 2018년 수원지검 부부장검사 2018~2019년 국가정보원 파견 2019년 대검찰청 공안기획관(부장검사) 2019년 同공공수사정책관(현) (상)검찰총장표창(2003), 대통령표창(2010) (저)'공직선거법 벌칙해설(共)'(2010, 대검찰청) (종)천주교

임현석(林炫錫) Lim, Hyun-suk

(생)1976·10·10 (출)서울 (주)대전광역시 서구 청사로 189 특허청 운영지원과(02-3480-1490) (학)1994년 서울과학고졸 1998년 한국과학기술원(KAIST) 전기및전자공학과졸 2005년 서울대 법과대학 법학부졸 2013년 미국 스탠퍼드대 로스쿨졸(LL.M.) (경)1997년 기술고등고시 합격(33회) 1998~2007년 산업자원부 반도체전기과·특허청 통신심사담당관실·영상기기심사과·혁신기획과·전기심사과 사무관 2007~2012년 특허청 전기전자심사국 특허심사정책과·전자상거래심사과·특허심판원 송무팀·정보통신심사국 통신심사과 서기관 2012년 특허심판원 심판8부 심판관(과장급) 2013년 미국 연방순회항소법원(CAFC) 근무 2014년 특허심판원 심판8부 심판관 2015년 특허청 산업재산보호협력국 다자기구팀장 2017년 同특허심사2국 통신네트워크심사팀장 2018년 대법원 파견(현) (상)대통령표창(2008·2016)

임현수(任顯琇) IM Hyun Soo

(생)1959·3·30 (출)충남 보령 (주)서울특별시 영등포구 선유동2로 57 이레빌딩 효성ITX(주) IT사업본부(02-2102-8611) (학)서라벌고졸, 동국대 전자계산학과졸 (경)한국전력공사 근무, 효성인포메이션시스템(주) 공공사업본부 및 PS사업본부장(상무), 同공공사업본부·시스템사업본부 전무, 효성ITX(주) IT서비스사업본부장(전무) 2016년 同IT사업본부장(전무)(현) (종)천주교

임현승(林鉉勝)

(생)1960·12·7 (주)전라남도 나주시 전력로 55 한국전력공사 원전사업본부(061-345-6411) (학)1978년 광주 살레시오고졸 1982년 성균관대 기계공학과졸 (경)2009년 한국전력공사 원자력사업처 원자력사업1팀장 2010년 同원전EPC사업처 UAE지원팀장 2013년 同해외원전개발처장 2016년 同UAE원전건설처장 2018년 同원전사업본부장(상임이사)(현) 2019년 同윤리준법위원회 위원(현)

임현우(林鉉祐) LIM, Hyun-Woo

(생)1974·6·1 (본)나주(羅州) (출)전남 보성 (주)세종특별자치시 정부2청사로 13 행정안전부 인사기획관실(044-205-1391) (학)1993년 문성고졸 1997년 서울대 토목공학과졸 2000년 同대학원졸(지진공학석사) 2014년 재난안전공학박사(미국 일리노이대 어배나 샘페인교) (경)1999~2004년 광주시 동구 도시개발과장 2004~2008년 소방방재청 재해복구과·재해보험팀 서기관 2011년 국무총리실 파견 2011년 소방방재청 지진방재과장 2013년 同재난상황실장 2014년 同재해경감과장 2014~2017년 숭실사이버대 소방방재학과 겸임교수 2014~2017년 국민안전처 장관 비서실장, 행정안전부 부이사관 2017년 同휴직(부이사관)(현) (상)대통령표창(2008), 근정포장(2014) (종)천주교

임현진(林玄鎭) LIM Hyun Chin

(생)1949·4·26 (본)충주(忠州) (출)서울 (주)경기도 성남시 분당구 하오개로 323 한국학중앙연구원(031-730-8720) (학)1967년 경복고졸 1971년 서울대 사회학과졸 1973년 同대학원 사회학과졸 1982년 사회학박사(미국 하버드대) (경)1973~1976년 육군사관학교 교수부 교관(육군 대위) 1983~2014년 서울대 사회학과 교수 1989년 미국 시카고대 동아시아연구소 초빙교수 1994년 한국일보 논설위원 1994~1995년 미국 캘리포니아대 국제대학원 풀브라이트 교환교수 1995~1999년 서울대 사회발전연구소장 1995~1998·2003~2006년 중앙공무원교육원 겸임교수 1997·2001~2003년 미국 듀크대 사회학과 초빙교수 1997년 나라정책연구회 회장 1998~2000년 한국사회과학협의회 Korean Social Science Journal 편집인 1999~2002년 미국사회학회 Contemporary Sociology 편집위원 2001년 한국NGO학회 회장 2001·2003~2004년 교수신문 논설위원 2001년 역사문제연구소 이사(현) 2002~2003년 World Bank 컨설턴트 2003년 미국 듀크대 아시아태평양연구소(APSI) 겸임교수(현) 2003년 동아시아연구원 이사(현) 2004년 통일부 정책자문위원 2004~2006년 서울대 기초교육원장 2004~2007년 동덕여대재단 이사 2004~2006년 국방부·교육부 정책자문위원 2005~2007년 대통령자문 정책기획위원회 위원 2005~2007·2014년 UNESCO 한국위원회 위원(현) 2005년 Journal of East Asian Studies 편집위원(현) 2006년 한국사회학회 회장 2006~2010년 서울대 사회과학대학장 2007년 미국 뉴욕주립대 스토니브룩 Globality Studies Journal 편집위원(현) 2008년 국제개발협력학회 회장 2008~2014년 한국정치사회학회 회장 2008~2009년 전국국공립사회과학대학장협의회 회장 2009~2010년 전국사회과학대학장협의회 공동대표 2009~2011년 육군사관학교 정책자문위원 2009~2012년 장준하기념사업회 회장 2009~2013년 서울대 아시아연구소장 2009~2015년 선거방송토론위원회 위원 2010~2012년 육군본부 정책자문위원 2010~2013년 국제교류재단 이사 2010~2014년 상지대재단 이사 2010년 환경재단 이사(현) 2011~2013년 바른과학기술사회실현을위한국민연합 공동대표 2012~2014년 헌법재판소 자문위원 2012~2015년 SASE 집행위원 2012~2015년 SK텔레콤(주) 이사회 의장 2012~2016년 경제정의실천시민연합 공동대표 2013~2017년 국무총리자문 시민사회발전위원회 위원 2013~2015년 베트남 하노이국립대 초빙교수 2013년 중국 사회과학원 '國外社會科學' 편집위원(현) 2013~2017년 한국연구재단 학술지발전위원회 위원 2014년 서울대 사회과학대학 사회학과 명예교수(현) 2014년 프랑스 파리 제5대 초빙교수 2014~2016년 한국사회과학협의회 회장 2015년 대한민국학술원 회원(사회학)(현) 2015년 독일 베를린자유대 초빙교수 2015년 캐나다 브리티쉬 컬럼비아대 Pacific Affairs 편집위원(현) 2015년 가나 가나대 Legon Journal of Humanities 편집자문위원(현) 2015~2016년 국회 미래전략위원회 위원장 2015~2016년 국제개발협력시민사회포럼(KoFID) 공동대표 2016~2019년 대한민국육군협회 부회장 2017년 국무총리소속 시민사회발전위원회 위원장(현) 2018년 한국학중앙연구원 이사장(현) 2018년 국회 혁신자문위원회 위원(현) 2019년 국가기후환경회의 위원(현) 2019년 미국 캘리포니아대 Asian Survey 편집위원(현) (상)서울대 우등상(1969), 전국경제인연합회 자유기업출판문화대상(1996), 한국연구재단 인문사회분야 우수학자(국가석학)(2007), 옥조근정훈장(2014), 수당상 인문사회부문(2018) (저)'Dependent Development in Korea'(1985) '현대한국과 종속이론'(1987) '제3세계, 자본주의 그리고 한국'(1987) '현대의 사회학'(1988) '자본주의와 사회주의-이론과 실제'(1989) '스포츠사회학'(1991) '라틴아메리카의 도전과 좌절-격동하는 정치사회'(1991) '시민사회의 도전'(1993) '제3세계연구-종속, 발전 및 민주화'(1993) '전환의 정치, 전환의 한국사회'(1995) '세계화의 도전과 한국의 대응'(1995) '한국사회와 민주주의'(1997) '지구시대 세계의 변화와 한국의 발전'(1998) '한국의 삶의 질 - 신체적, 심리적 안전'(1998) '한국사회의 구조론적 이해'(1999) '기업 엘리트의 21세기 경제사회비전'(1999) '정보사회의 정치경제적 변동과 21세기 사회문화체계'(1999) '새천년의 과학기술과 지식기반사회'(2000) '21세기를 대비한 정보통신기술정책의 장기비전 - 사회적 측면을 중심으로'(2000) '비교사회학'(2000) '외국인근로자 고용허가제 도입방안'(2000) '21세기 한국사회의 안과 밖 - 세계체제에서 시민사회까지'(2001) '한국의 지성 100년 - 개화사상가에서 지식 게릴라까지'(2001) '한국사회 이대로 안된다'(2001) '남북 협력시대의 통일론'(2001) '사이버 경제'(2001) '신사회운동의 사회학 - 세계적 추세와 한국'(2001) '아시아·태평양 지역의 환경문제, 환경운동 및 환경정책'(2002) '한국 벤처기업과 벤처기업가 정신'(2002) '새로운 스포츠 사회학'(2002) '사회이론과 사회변혁'(2003) '한국사회의 위험과 안전'(2003) '우리에게 연고는 무엇인가-한국의 집

단주의와 네트워크'(2003) '위험, 재난사회, 어떻게 대응할 것인가?'(2004) '21세기 한국의 국가관리와 리더십'(2004) 'The Korean Economy Beyond the Crisis'(2004) '전환기 한국의 정치와 사회'(2005) '21세기 통일한국을 향한 모색 : 분단과 통일의 변증법'(2005) '한국사회의 주요쟁점과 국가관리'(2005) '한국의 사회운동과 진보정당'(2009) '세계화와 반 세계화'(2011, 세창출판사) '지구시민사회의 구조와 역학'(2012, 나남) '동아시아 협력과 공동체'(2013, 나남) 'Global hallenges in Asia'(2014, SNU Press) '뒤틀린 세계화'(2014, 나남) '불평등 한국, 복지국가를 꿈꾸다(共)'(2015, 휴마니타스) '갑오년의 동아시아(共)'(2015, 진인진) '광복 70주년 대한민국 7대 과제, 21세기 일류국가를 위한 정책제언(共)'(2015, 진인진) '글로벌 패러독스 : 아시아의 도전과 과제(共)'(2016, 서울대 출판부) '아시아의 부상, 문명의 전환인가'(2016, 서울대 출판부) '아시아는 통한다: 흐름과 관계를 통해 본 지도(共)'(2016, 서울대 출판부) '한국 시민사회를 그리다 : 시민사회단체 기초통계 조사(共)'(2016, 진인진) '비교시각에서 본 박정희 발전모델'(2017, 진인진) '대한민국의 길을 묻다'(2017, 백산서당) 'Mobile Asia'(2018, SNU Press) 'Capitalism and Capitalisms in Asia(共)'(2018, SNU Press) '한국 시민사회를 새롭게하라(共)'(2018, 진인진) (역)'교양사회학(共)'(1975) '사회학의 재해석(共)'(1984) '현대국가와 권위주의(共)'(1986) '현대 자본주의와 스포츠(共)'(1988) '혁명을 넘어서'(1991) '동아시아의 네 마리 용'(1996) '열린 민주주의, 닫힌 사회주의(共)'(1996) '성찰적 근대화(共)'(1998) '자본가 없는 자본주의(共)'(2003) '사회학이론(共)'(2003) (종)기독교

임현철(林炫澈) LIM Hyeon Cheol

(생)1962 · 7 · 14 (출)전북 전주 (주)세종특별자치시 다솜2로 94 해양수산부 감사관실(044-200-5032) (학)1981년 전주고졸 1985년 경희대 법학과졸 2001년 미국 로드아일랜드대 대학원 해양학과졸 (경)1990년 법제처 재무부담당 법제관실 행정사무관 1995년 국민고충처리위원회 위원장 법률보좌관 1996년 법제처 재경원담당 법제관실 행정사무관 1997년 해양수산부 항만정책국 항만정책과 행정사무관 1998년 同해양정책국 연안계획과 행정사무관 1999년 同해양정책국 연안계획과 서기관 2003년 同안전관리실 해사기술담당관 2003년 同해양정책국 해양개발과장 2004년 同어업자원국 어업교섭과장 2004년 駐미국대사관 1등서기관 2007년 해양수산부 정책홍보관리실 재정기획관실 재정팀장(서기관) 2007년 同정책홍보관리실 재정기획관실 재정팀장(부이사관) 2008년 국토해양부 해양정책국 해양정책과장 2010년 同항공정책실 국제항공과장 2011년 인천지방해양항만청 인천항건설사무소장 2012년 여수세계박람회조직위원회 파견(고위공무원) 2013년 해양수산부 해사안전국장 2015년 중앙공무원교육원 교육파견 2016년 인천지방해양수산청장 2017년 해양수산부 항만국장 2019년 同감사관(현)

임현택(林賢澤) LIM Hyun Taek

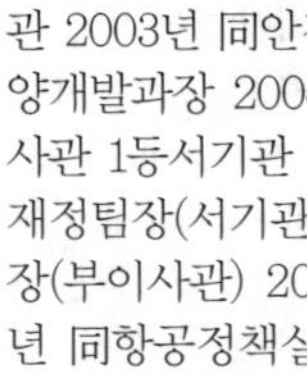

(생)1962 · 8 · 15 (본)나주(羅州) (출)경남 함양 (주)인천광역시 남동구 정각로 29 인천광역시청 해양항공국(032-440-5691) (학)1981년 우신고졸 1986년 고려대 행정학과졸 2005년 미국 콜로라도주립대 행정대학원 행정학과졸 2019년 정보통신공학박사(호서대) (경)1994년 행정고시 합격(38회) 1997년 해양수산부 기획계장 · 해운계장 2003년 미국 국립해양대기청(NOAA) 파견(서기관) 2005년 해양수산부 어업자원국 남북수산협력팀장 2007년 同홍보관리관실 정보상황팀장 2007년 同장관비서관 2008년 국토해양부 홍보담당관 2009년 同교통정책실 도시광역교통과장 2011년 同해양정책국 해양영토개발과장 2012년 유네스코 IOC 파견(서기관) 2014년 해양수산부 해양정책실 해양환경정책과장 2015년 4.16세월호참사특별조사위원회 파견(부이사관) 2016년 인천지방해양수산청 운영지원과장 2017~2019년 해양수산부 해사산업기술과장 2019년 인천시 해양항공국 해양수산협력관(현)

임형두(任炯枓) IM Hyeong Doo

(생)1960 · 9 · 29 (출)전남 장흥 (주)서울특별시 종로구 율곡로2길 25 연합뉴스 문화부(02-398-3114) (학)1978년 장흥고졸 1983년 한국외국어대 아랍어과졸 (경)2000년 연합뉴스 문화부 부장대우 2003년 同여론매체부장 2004년 同대중문화팀장 2004년 同문화부장 2005년 同지방자치부 근무(부국장대우) 2006년 同편집위원실장(부국장대우) 2007년 同편집위원실장(부국장급) 2008년 同편집위원 2009년 同논설위원 2009년 同고충처리인 겸임 2009년 同전북취재본부장 2011년 同전북취재본부장(국장대우) 2011년 同논설위원 2012년 연합뉴스TV 심의실장 · 시청자센터장 · 고충처리인 겸임 2013년 연합뉴스 콘텐츠평가실 콘텐츠평가위원 2014년 同전국부 기획위원(국장급) 2015년 同편집국 문화부 대기자 2016년 同출판부 대기자(국장급) 2018년 同출판부 대기자(이사대우) 2018년 同문화부 대기자(이사대우)(현) (상)서울언론인클럽 '올해의 보도대상'

임형빈(任亨彬) YIM Hyung Bin (芝史)

(생)1930 · 9 · 24 (본)풍천(豊川) (출)서울 (주)서울특별시 서대문구 북아현로11가길 7 추계학원 이사장실(02-362-3318) (학)1949년 경기중졸 1955년 미국 링컨메모리얼대졸 1958년 미국 듀크대 대학원졸 (경)1951년 해군 복무 1958~1961년 농림부 산림국 技士 1961~1965년 추계학원 감사 1963~1967년 춘천농대 조교수 1965~1996년 추계학원 이사 1966~1987년 대한배구협회 이사 · 국제이사 1967년 중앙여중 · 고 교장 1969~1996년 중앙여고 교장 1969년 중고배구연맹 회장 1969년 중고테니스연맹 회장 1974~1992년 추계예술학교 학장 1979년 아시아배구연맹 감사 1981년 同스포츠조직위원장 1981~2002년 국제배구연맹 스포츠조직위원회 위원 1987~2002년 대한배구협회 부회장 1989~2012년 아시아배구연맹 부회장 1989년 KOC 위원 1996년 추계학원 이사장(현) 2002~2010년 대한배구협회 명예부회장 2011년 同고문(현) 2012년 아시아배구연맹 명예부회장(현) 2012년 同동부지역협회 종신명예회장(현)

임형주(林亨柱) Lim Hyung-joo

(생)1986 · 5 · 7 (본)나주(羅州) (출)서울 (주)서울특별시 용산구 녹사평대로32길 76 소르고빌딩 1층 (주)디지엔콤(02-515-8882) (학)2003년 미국 줄리어드음대 예비학교 성악과 중퇴 2010년 이탈리아 산펠리체음악원 성악과졸(학사) 2014년 오스트리아 빈 프란츠슈베르트음대 성악과 석사과정 수료 2015년 이탈리아 로마시립예술대(대학원 과정) 성악과 최고연주자과정졸 (경)1998년 앨범 'Whispers Of Hope'으로 데뷔, 성악가 겸 팝페라 가수(현) 2000년 제1회 CBS 전국음악콩쿠르 우승 2001년 Casual Classic 국제 장학콩쿠르 성악부문 우승 2001년 제12회 음악저널 전국학생음악콩쿠르 우승 2001년 제5회 전국청소년음악콩쿠르 우승 2003년 카네기홀 데뷔 독창회 2007년 '코리아 인 모션' 홍보대사 2009년 서울 중구 홍보대사 2009년 월드비전 홍보대사 2011년 모차르트 홍보대사 2012년 녹색성장국민연합 홍보대사 2014 · 2017년 유네스코 한국위원회 평화예술친선대사(현) 2015년 한중학술문화교류협회 친선대사 2015년 2015광주디자인비엔날레 명예홍보대사 2015년 대한적십자사 친선대사 2015년 울산시 명예시민 2015년 이탈리아 로마시립예술대 명예교수 2015년 드림키즈 오케스트라 총예술감독 2015년 서울지방경찰청 홍보대사 2016년 스페셜올림픽코리아 홍보대사(현) 2016년 장애인인식개선 홍보대사(현) 2016년 인생학교 서울 교사(현) 2016년 로마시립예술대학 성악과 석좌교수(현) 2016년 국방부 나라사랑 홍보대사(현) 2016년 문화유산국민신탁 홍보대사(현) 2017년 미국 그래미상 심사위원(현) 2017년 세계선거관협의회(A-WEB) 홍보대사(현) 2017년 국방부 문화예술 홍보대사(현) 2017년 유엔 글로벌콤팩트 친선대사(현) 2017년 아시아헌법재판소연합(AACC) 연구사무국 홍보대사(현) 2017년 2018평창동

계올림픽 홍보대사 2019년 민주평통 자문위원·상임위원(현) (상)예원학교 음악공로상(2002), 미국 USO협회 명예훈장(2003), 한국교육개발원 '우리나라 중고등학생이 가장 만나고 싶은 명사'(2005), 유네스코 한국위원회 '청소년이 존경하는 100인'(2007), 한국관광공사 선정 '한국대표인물 100인'(2009), 유엔 평화메달(2010), 보건복지부장관표창(2011·2014), KBS 대한민국 나눔국민대상 인적나눔상(2014), 미국 캘리포니아 하원의회표창(2014), 국방부장관 감사패(2015), 대통령표창(2015), 문화체육관광부장관표창(2015), 미국 CNNiReport 선정 '세계 3대 팝페라테너'(2015), 미국 오바마 대통령표창(2015), 영국 BBC뮤직매거진 '세계에서 가장 영향력있는 팝페라가수 TOP5'(2015), 제10회 대한민국 자원봉사대상(2015), 제14회 대한민국 공로봉사상 사회봉사대상(2015), 대한적십자사 회원유공장 명예장(2015), 중국 춘제완후이특별공헌상(2016), 미국 포브스지 선정 '아시아에서 영향력 있는 30인 엔터테인먼트&스포츠부문'(2016), 한국사회공헌재단 '대한민국 사회공헌영웅 100인'(2016), 한류문화공헌대상 한류클래식&팝페라부문 대상(2016), 국회 미래창조과학방송통신위원장표창(2016), 대한민국 사회공헌대상(2016), 국회 외교통일위원장표창(2016), 제5회 대한민국교육기부대상 개인부문 대상(2016), 사회부총리 겸 교육부장관표창(2016), 제15회 대한민국 공로봉사상 대상(2016), 국회의장표창(2016), 국가보훈처·문화일보 보훈문화상(2017) (저)'임형주의 Only One(共)'(2005, 웅진지식하우스) '임형주 장희빈을 부르다'(2011, 공감의기쁨) (작)앨범 'Whispers Of Hope'(1998) '1집 Salley Garden'(2003) '2집 Silver Rain'(2003) '3집 Misty Moon'(2004) 'Misty Moon'(2004) 'Live From Seoul'(2005) '4집 The Lotus'(2005) 'Acacia'(2006) 'White Dream'(2006) 'Eternal Memory'(2007) 'My Hero'(2009) 'Crystal Tears'(2009) 'Miracle History'(2010) 'Beautiful Wish'(2011) 'Once More'(2011) '임형주, 장희빈을 부르다'(2011) '푸치니의 여인'(2011) 'Eastern Shadow'(2012) 'Oriental Love'(2012) 'Occidental Love'(2012) 'Another History'(2012) 'Classic Style'(2013) 'Elegance History'(2013) 'All My History'(2013) 'Finally'(2013) '천개의 바람이 되어'(2014) 'Always There'(2015) '5.5집 사랑'(2015) '6집 The Last Confession'(2016) 'Around Thirty'(2017) 'A New Road'(2019)

임형태(林炯台)

(생)1973·7·2 (출)전남 순천 (주)경상남도 진주시 진양호로 303 창원지방법원 진주지원(055-760-3300) (학)1992년 순천매산고졸 2001년 성균관대 법학과졸 (경)2000년 사법시험 합격(42회) 2003년 사법연수원 수료(32기) 2003년 서울지법 남부지원 예비판사 2005년 서울중앙지법 판사 2007년 광주지법 순천지원 판사 2010년 전주지법 판사 2012년 광주지법 순천지원·광주가정법원 순천지원 판사 2016년 광주고법 판사 2018년 창원지법 진주지원 부장판사(현)

임혜성(任惠晟·女) Im Hyea-Seong

(생)1970·12·1 (출)서울 (주)세종특별자치시 도움4로 13 보건복지부 사회서비스자원과(044-202-3250) (학)1993년 이화여대 사학과졸 2008년 미국 피츠버그대 대학원 공공정책관리학 석사(GSPIA MPPM) (경)2001~2005년 청소년보호위원회 사무관 2008년 보건복지부 장애인정책과 사무관 2010년 同보육정책과 사무관 2011년 同사회서비스자원과 나눔정책TF팀장 2013~2014년 대통령 여성가족비서관실 행정관 2014년 보건복지부 자립지원과장 2016년 同공공의료과장 2017년 同건강정책국 구강생활건강과장 2018년 同사회서비스자원과장(현)

임호균(林鎬均) Ho-kyun LIM

(생)1955·1·11 (본)평택(平澤) (출)서울 (주)서울특별시 영등포구 여의대로 24 FKI타워 44층 한국광고주협회(02-2055-4003) (학)1981년 경희대 정치외교학과졸 1985년 연세대 경영대학원 경제학과졸 (경)1981년 전국경제인연합회 입사 1986년 同조제부 국제협력과장 1989년 同일본 동경사무소장 1993~1996년 同조사부 금융조세담당 차장·국제부장 1997년 同회장 비서실장 1999~2002년 同미국 뉴욕사무소장 1999~2003년 駐미국 한국상공회의소(KOCHAM) 운영위원 2001~2003년 미국 뉴욕 엠파이어포럼 부회장 2001~2003년 미국 뉴욕 코리아소사이어티 이사 2003년 전국경제인연합회 워싱턴사무소장 2004년 同동북아경제협력팀장 2006년 同홍보실장 2006~2008년 同30대그룹 경제홍보협의회 간사 2006~2007년 KBS 시청자위원(17기) 2008년 (주)기협기술금융 상무이사 2010년 한국광고주협회 사무총장 2010~2014년 YTN 시청자위원 2012년 인터넷신문위원회 이사(현) 2013년 한국광고주협회 상근부회장(현) 2013~2014년 민주평통 자문위원 2014년 반론보도닷컴 CEO 겸 편집인(현)

임호범(任浩範) Yim Ho Bum

(생)1965·9·15 (본)풍천(豊川) (출)전남 나주 (주)서울특별시 서초구 서초중앙로 125 로이어즈타워 3층 법무법인(유) 태승(02-596-1073) (학)1984년 광주 숭일고졸 1988년 경희대 법학과졸 2007년 고려대 정책대학원 CRO최고위과정 수료 2009년 숙명여대 S-리더십 최고위과정 수료 2014년 서울대 인문대학 최고지도자인문학과정(AFP) 수료 (경)1989년 사법시험 합격(31회) 1992년 사법연수원 수료(21기) 1992년 軍법무관 1995년 변호사 개업 1999년 법전합동법률사무소 변호사 2004년 법무법인 굿모닝코리아 변호사 2006년 법무법인 장백 대표변호사 2006년 삼능건설 자문변호사 2006년 송천종합건설 자문변호사 2006년 보문3구역재개발조합 고문변호사(현) 2007년 법무법인(유) 태승 대표변호사(현) 2007~2012년 서울중앙지법 상설조정위원 2007~2012년 화물공제조합 고문변호사 2008~2012년 서울강남세무서 국세심사위원, 국민은행 고문변호사, 방송위원회 종합유선방송사업자 심사위원, 한국교육방송(EBS) 고문변호사, 서울시가스조합 고문변호사 2016년 행정자치부 새마을금고 정책자문위원 2017년 한국자산관리공사 고문변호사 2018년 서울에너지공사 고문변호사

임호선

(생)1963 (출)충북 진천 (주)서울특별시 서대문구 통일로 97 경찰청 차장실(02-3150-1214) (학)충북고졸 1986년 경찰대졸(2기) (경)2005년 경찰청 총무과 혁신기획단 총경 2006년 중앙경찰학교 교무과장 2007년 충주경찰서장 2008년 진천경찰서장 2009년 경찰청 여성청소년과장 2011년 同생활질서과장 2011년 서울 동대문경찰서장 2012년 경찰청 경무과 쇄신기획단TF 팀장 2013년 경찰대 교수부장 2013년 경찰청 경무과 쇄신기획단TF팀장(경무관) 2013년 同교육정책관 2013년 대통령직인수위원회 파견공무원법질서사회안전위원회 전문위원 2014년 경찰청 업무중심혁신강화TF팀장 2014년 서울지방경찰청 교통지도부장 2015년 경찰청 새경찰추진단장 2016년 同교통국장 2017년 서울지방경찰청 생활안전부장 2017년 경찰청 기획조정관(치안감) 2018년 同차장(치안정감)(현)

임호순(任浩淳) HOSOON IM

(생)1971·12·13 (주)대전광역시 서구 청사로 189 특허청 특허심사2국 자원재생심사팀(042-481-5844) (학)1990년 대전 동산고졸 1998년 연세대 기계공학과졸 2014년 영국 버밍엄대 사회정책대학원 사회정책학과졸 (경)2006년 특허청 특허심판원 심판행정팀 기술서기관 2007년 同경영혁신홍보본부 혁신기획팀 기술서기관 2008년 同기계금속건설심사국 제어기계심사팀 기술서기관 2009년 同특허심판원 심판정책과 기술서기관 2011년 同기계금속건설심사국 정밀기계심사과장 2012~2014년 국외연수(영국) 2015년 특허청 특허심사2국 정밀부품심사과장 2017년 특허법원 기술심리관 2019년 특허청 특허심사2국 자원재생심사팀장(현)

임호영(林琥永) LIM Ho Yong

(생)1953·3·4 (주)경기도 안산시 상록구 구룡로 87 근로복지공단 안산병원(031-500-1100) (학)1972년 보성고졸 1978년 연세대 의대졸 2009년 국립암센터 보건복지정책고위자과정 수료 (경)국립의료원 인턴·레지던트 1986년 국군대구병원 진료부장·예편(소령) 1988년 연세대 의대 신경외과 외래교수(현) 1999~2003년 남서울병원 원장 2003~2006년 오산당병원 부원장 2006~2010년 안산중앙병원 원장 2006년 근로복지공단 자문의(현), 인제대 백병원 신경외과 외래교수 2009년 산재보상보험학회 부회장(현) 2010~2014년 근로복지공단 안산산재병원 원장 2011년 안산시 장애인수급자격심의위원(현) 2014년 근로복지공단 안산병원 원장(현) 2019년 산재관리의사 임명(현) 2019년 수원지검 안산지청 의료자문위원(현)

임호영(林鎬英) LIM Ho Young (西虹)

(생)1957·1·29 (본)예천(醴泉) (출)경북 문경 (주)서울특별시 서초구 서초중앙로 146 경원빌딩 7층 법무법인 경원(02-3482-8100) (학)1975년 김천고졸 1980년 서울대 법대졸 1982년 同대학원 수료 2007년 미국 노스웨스턴대 법과대학원졸(LL.M.) (경)1979년 사법시험 합격(21회) 1982년 사법연수원 수료(12기) 1982년 육군 법무관 1985년 수원지법 판사 1987년 서울형사지법 판사 1989년 마산지법 진주지원 판사 1991년 수원지법 판사 1992년 서울고법 판사 1994년 대법원 재판연구관 1997년 대구지법 부장판사 1999년 사법연수원 교수 2000·2006년 사법시험위원 2001년 서울지법 부장판사 2001년 경원합동법률사무소 대표변호사 2001~2011년 대한상사중재원 중재인 2002년 軍법무관 시험위원 2004년 법무법인 경원 대표변호사(현) 2010년 서울지방변호사회 조사위원 2017년 바른정당 경기안양시동안구乙당원협의회 조직위원장 2017년 同차기(11월13일) 당대표 및 최고위원 선출을위한선거관리위원회 위원 2018년 바른미래당 경기안양시만안구지역위원회 공동위원장 2018년 同법률위원회 위원장(현) (종)가톨릭

임호영(任浩永)

(생)1959 (출)충북 음성 (주)서울특별시 용산구 이태원로 29 전쟁기념관 427호 한국군사학회(02-795-2077) (학)서울 영등포고졸 1982년 육군사관학교졸(38기) (경)육군 제2작전사령부 작전처장, 육군 제6사단장(소장), 한미연합사령부 작전참모부 차장 2014년 육군 제5군단장(중장) 2015년 합동참모본부 전략기획본부장(중장) 2016~2017년 한미연합사령부 부사령관(대장) 2018년 (사)한국군사학회 회장(현)

임호영(林浩永) LIM Ho Yeong

(생)1959·11·1 (출)서울 (주)서울특별시 강남구 일원로 81 삼성서울병원 혈액종양내과(02-3410-3459) (학)1978년 동북고졸 1984년 연세대 의대졸 1995년 同대학원 의학석사 2001년 의학박사(고려대) (경)1984~1988년 연세대 의대 인턴·내과 레지던트 1988~1991년 육군 軍의관 1991~1993년 연세대 의대 혈액종양내과 연구강사 1993~1999년 아주대 의대 혈액종양내과학교실 전임강사·조교수 1995~1997년 미국 존스홉킨스대 혈액종양내과 박사후연구원 1999~2006년 아주대 의대 종양혈액내과학교실 부교수·교수 2001~2006년 同의대 종양혈액내과학교실 주임교수 2001~2006년 아주대병원 종양혈액내과장 2003~2005년 아주대 교육수련부장 2003~2006년 同임상연구센터 소장 2006년 성균관대 의대 내과학교실 교수(현) 2006년 삼성서울병원 혈액종양내과 전문의(현) 2007년 同연구기획실장 2007년 同임상시험교육센터장 2009~2011년 同혈액종양내과장 2010년 同전략기획실장 (상)미국암연구학회 'Young Investigator's Award', 보령암학술상(2013), 광동암학술상(2013)

임홍규(林洪圭) LIM Hong Kyu

(생)1953·10·18 (주)서울특별시 종로구 율곡로 75 현대엔지니어링(주) 건축본부(02-2134-7431) (학)대전고졸, 충남대 건축공학과졸 (경)현대건설(주) 건축사업본부 부장, 同상무보 2006년 同상무 2008년 同건축사업본부 전무 2009~2011년 LIG건설 건축사업본부 전무 2012년 현대엠코 건축본부장(전무) 2014년 同건축본부장(부사장) 2014년 현대엔지니어링(주) 건축본부장(부사장)(현) (상)은탑산업훈장(2016)

임홍기(任弘基)

(생)1963·11·23 (출)광주 (주)경기도 하남시 검단로 27 경기 하남경찰서(031-790-0321) (학)1982년 조선대부속고졸 1986년 경찰대 행정학과졸(2기) 2009년 연세대 법무대학원 지적재산권과졸 (경)1986년 경위 임용 2002년 경정 승진, 서울지방경찰청 사이버·경제범죄 수사대장, 서울 송파경찰서 수사과장·형사과장, 서울 강동경찰서 형사과장 2012년 전남진도경찰서장(총경) 2013년 금융위원회 금융정보분석원 파견(총경) 2015년 경찰청 보안국 보안3과장 2016년 서울 종암경찰서장 2017년 경찰청 수사국 수사2과장 2017년 同수사구조개혁팀장 2019년 경기 하남경찰서장(현)

임홍빈(任洪彬) YIM Hong Bin

(생)1930·3·28 (본)풍천(豊川) (출)충남 금산 (주)경기도 파주시 회동길 363-8 201호(02-3401-8522) (학)1956년 서울대 법대졸 1970년 미국 하버드대 수료 (경)1956~1962년 세계일보·민국일보·합동통신 기자 1962년 민국일보·일요신문 논설위원 1962~1971년 한국일보 논설위원 1967~1969년 고려대 강사 1971년 문화공보부 홍보조사연구소장·駐로마 공보관 1974년 경향신문 논설주간 1975~1979년 이화여대 강사 1977년 경향신문 정치경제연구소 연구위원 1983년 국제관계연구소 수석연구위원 1985년 월간 '문학사상' 대표 1987년 (주)문학사상사 회장(현) 1987~2011년 (주)서림 회장 1988년 민주화합추진위원회 사회개혁분과위원회 간사 1993년 일본 도쿄대 대학원 국제관계연구실 초청연구원 1995년 문화일보 편집자문위원 1998~2000년 한국방송공사 이사 1998~2001년 민주평통 자문위원 2006~2011년 테르메덴온천리조트 회장 2007년 서울언론인클럽 회장, (사)온천협회 회장, (주)신흥기업 회장 (상)배설선생기념사업회 배설언론상(2009), 문화체육관광부장관표창(2009) (저)'광복30년-시련과 영광의 민족사'(編) (역)'사업가는 세상에 무엇을 남기고 가는가' '대통령의 안방과 집무실'(1995) (종)기독교

임홍재(任弘宰) YIM, HONG JAE

(생)1956·12·15 (출)서울 (주)서울특별시 성북구 정릉로77 국민대학교 총장실(02-910-4001) (학)1979년 서울대 기계설계학과졸 1983년 同대학원졸 1990년 기계공학박사(미국 아이오와대) (경)미국 제네럴 모토스 Sr. Engineer, 서울대 연구조교, 산업연구원 연구원, 국민대 자동차융합대학 자동차공학과 교수(현) 2014~2016년 同교학부총장 2014~2017년 同LINC사업단장 2016~2017년 同기획부총장, 同대학원장 2019년 국민대 총장(현)

임화섭(林和燮) LIM Hwa Seop

(생)1964·8·29 (출)전남 고흥 (주)경기도 성남시 분당구 성남대로 884-3 가온미디어(주) 비서실(031-724-8505) (학)인하대 전자공학과졸 (경)1989년 삼성전자(주) 종합연구소 입사 1990년 同연구원 1993년 同전임연구원 1995~2001년 同선임연구원 2001년 가온미디어(주) 대표이사 사장(현) (상)벤처기업대상(2003), 정보통신중소기업대상(2004), 은탑산업훈장(2010)

임 환(林 煥) LIM Hwan

(생)1956·2·8 (본)조양(兆陽) (출)전북 완주 (주)전라북도 전주시 덕진구 벚꽃로 54 전북도민일보(063-259-2192) (학)1975년 영생고졸 1988년 우석대 경영학과졸 1999년 전북대 대학원 신문방송학과졸 2015년 문화예술학박사(추계예술대) (경)1968~1973년 전북매일 근무 1981~1988년 전북일보 근무 1988년 전북도민일보 입사(공채 1기) 1997년 同사회부장 1998년 同서울분실 취재본부장 2001년 同정치부장 2002년 同정치부장(부국장대우) 2003년 同편집국장 2008년 同수석논설위원 2011~2012년 한국신문방송편집인협회 이사 2012년 전북도민일보 논설실장 2014년 同전무이사 2015~2016년 전주문화재단 이사장 직대, (사)정가보존회 부이사장(현) 2017년 전북도민일보 대표이사 사장(현) (상)자랑스런 전북인대상(2006)

임효근(林孝根) LIM Hyo Keun

(생)1955·9·23 (본)울진(蔚珍) (출)대구 (주)서울특별시 강남구 일원로 81 삼성서울병원 영상의학과(02-3410-2505) (학)1974년 경북고졸 1981년 서울대 의대졸 1989년 同대학원 의학석사 1993년 의학박사(서울대) (경)1981~1985년 서울대병원 인턴·레지던트 1988~1993년 한림대 의과대학 전임강사·조교수 1993~1994년 미국 아이오와대병원 임상교수 1994년 삼성서울병원 영상의학과 전문의(현) 1997~2002년 성균관대 의과대학 진단방사선과 부교수 1999~2004년 삼성서울병원 소화기영상의학분과장 2002년 성균관대 의과대학 영상의학교실 교수(현) 2003~2006년 세계초음파의학회 학술위원장 2004년 삼성서울병원 영상의학과장 2004년 성균관대 의과대학 영상의학교실 주임교수, 대한영상의학회 학술이사, 대한인터벤션종양학연구회 회장 2007년 대한민국의학한림원 정회원(현) 2007년 북미방사선의학회 학술지(Radiology) 편집위원 2008년 아시아대양주방사선의학회 학술위원장 2008~2010년 삼성서울병원 진료부원장 2010~2011년 삼성의료원 기획조정처장 2013~2014년 대한초음파의학회 회장 2015년 성균관대 삼성융합의과학원장(현) 2017년 (사)스마트헬스표준포럼 초대 회장(현) (상)대한초음파의학회 학술상(1991), 대한방사선의학회 해외저술상(1995), 세계비뇨기방사선의학회 학술상(1999), 대한방사선의학회 제1회 태준방사선의학상(2002), 세계소화기방사선의학회 최우수논문상(2003), 북미방사선의학회지 최우수논문심사위원상(2005)

임효미(任孝美·女)

(생)1977·12·30 (출)전남 해남 (주)전라남도 목포시 정의로 29 광주지방법원 목포지원(061-270-6753) (학)1996년 논산 용남고졸 2001년 고려대 법학과졸 (경)2000년 사법시험 합격(42회) 2003년 사법연수원 수료(32기) 2003년 서울지법 예비판사 2005년 서울남부지법 판사 2007년 춘천지법 원주지원 판사 2010년 수원지법 성남지원 판사 2012년 서울남부지법 판사, 서울중앙지법 판사 2016년 서울동부지법 판사 2017년 서울고법 판사 2019년 광주지법 목포지원·광주가정법원 목포지원 부장판사(현)

임효숙(林孝淑·女)

(생)1961 (주)대전광역시 유성구 과학로 169-84 한국항공우주연구원 위성정보센터(042-860-2471) (학)1985년 서울대 지구과학교육학과졸 1987년 同대학원 대기과학과졸 1993년 기상학박사(미국 텍사스A&M대) (경)미국 NASA Post-Doc., 同GSFC(고더드우주비행센터) 연구원 1996년 한국항공우주연구원 책임연구원 2003년 同원격탐사그룹장 2004~2005년 대한여성과학기술인회 부회장 2005~2008년 연구발전협의회 이사 2005~2007년 국가R&D 예산조정·배분 전문위원 2006년 한국항공우주연구원 위성정보처리팀장 2008년 同원격탐사실 위성정보처리팀장 2009년 同위성운용실 영상검보정기술팀장 2011~2014년 同위성활용연구실장 2014년 International Charter Space & Major Disasters Board Member(현) 2016년 한국지리정보학회 부회장 2017년 과학기술정보통신부 기관평가위원장(현) 2018년 한국항공우주연구원 국가위성정보활용지원센터장 2018년 同위성정보센터장(현) (상)과학기술부장관표창(2000), 대통령표창(2012)

임효재(任孝宰) IM Hyo Jai (貧雪)

(생)1941·5·25 (본)풍천(豊川) (출)서울 (주)서울특별시 관악구 관악로 1 서울대학교 고고미술사학과(02-503-0279) (학)1960년 경기고졸 1965년 서울대 고고인류학과졸 1975년 미국 텍사스주립대 대학원 고고학과졸 1984년 고고학박사(일본 규슈대) (경)1969~1985년 서울대 고고미술사학과 전임강사·조교수·부교수 1985~1991년 同박물관장 1985~2006년 同교수 1988~1991년 전국국립박물관협회 회장 1994년 한국신석기연구회 회장 1995년 한국고대사학회 회장 1996년 한국고고학회 회장 1997년 문화유산의해 조직위원 1998년 한국선사고고학회 회장 2006년 서울대 고고미술사학과 명예교수(현) 2008년 한국전통문화학교 문화유적학과 초빙교수 2010년 (사)동아시아고고학연구회 회장(현) 2014년 오산리선사유적박물관 명예관장(현) (상)홍조근정훈장(2006) (저)'南海島嶼考古學'(1968) '欣巖里 住居址'(1973) '敎養으로서의 考古學'(1976) '巖寺洞 緊急發掘 調査報告'(1983) '오산리遺蹟'(1984) '巖寺洞'(1985) '한국신석기시대연구' '한국고대문화의 흐름'(1997) '동아세아속의 오산리 신석기문화의 위치'(1997) '한국신석기문화'(2000) '한국고대 도작 문화의 기원'(2001) '두더지고고학'(2001) '한국 신석기문화의 전개'(2005) (종)천주교

임 훈

(생)1963·8·7 (출)서울 (주)서울특별시 서초구 신반포로 176 신세계백화점 강남점(1588-1234) (학)건국대 축산학과졸 (경)1989년 삼성 입사(공채) 2012년 (주)신세계 식품생활담당 상무보 2014년 同백화점부문 식품생활담당 상무 2014년 同백화점부문 식품담당 상무 2015년 同백화점부문 광주점장(상무) 2016~2017년 (주)광주신세계 대표이사 2016~2017년 광주비엔날레 이사 2018년 신세계백화점 부산센텀시티점장(상무) 2018년 (주)까사미아 총괄상무 2019년 (주)신세계 강남점장(부사장보)(현)

임훈민(林訓民) Lim Hoon-min

(생)1964·10·4 (주)서울특별시 종로구 사직로8길 60 외교부 인사운영팀(02-2100-7863) (학)1989년 연세대 독어독문학과졸 1991년 同정치외교학과졸 (경)1991년 외무고시 합격(25회) 1991년 외무부 입부 1998년 駐이탈리아 1등서기관 2002년 駐태국 1등서기관 2006년 駐제네바 참사관 2008년 외교통상부 개발정책과장 2011년 대통령실 외교안보수석비서관실 파견 2012년 駐우크라이나 참사관 2014년 駐유엔 공사참사관 2018년 駐에티오피아 대사(현)

임흥식(林興植) LIM Heung Sik

(생)1957·8·1 (출)서울 (주)경기도 고양시 일산동구 호수로 596 5층 MBC C&I 사장실(02-789-0100) (학)1976년 중앙고졸 1984년 서울대 중어중문학과졸 (경)1984년 MBC 입사 1985년 同보도제작부 기자 1988년 同정치부 기자 1992년 同보도제작국 보도제작2부 기자 1995년 同보도국 사회팀 기자 1996년 同홍콩특파원 1999년 同보도국 국제부 기자 2001년 同시사제작본부 특집다큐CP(부장) 2003년 同사회2부장 2004년 同사회1부장 2005년 同보도제작특임2CP(부장) 2005년 同보도제작국 특임2CP(부장) 2006년 同보도제작국 2580팀장 2007년 同보도국 편집에디터 2008년 同보도국 기획에디터 2008년 同보도국 선임기자 2009년 同보도제작국 부국장 2010년 同보도국 선임기자 2010년 同보도국 논설위원 2018년 MBC C&I 사장(현) (저)'방송뉴스 기사쓰기'(2014)

임희석(任熹奭) Im Hee Seok

(생)1964·5·7 (주)서울특별시 영등포구 여의대로 24 전경련회관 34층 도레이첨단소재(주)(02-3279-7000) (학)숭실고졸 1986년 한양대 섬유공학과졸 1988년 同대학원졸 2001년 재료공학박사(미국 메사추세츠 로엘대) (경)1988년 제일합섬 입사 2008년 웅진케미칼(주) 소재사업부 RO수출팀 상무 2009년 同필터사업본부장(상무) 2014년 도레이케미칼(주) 필터사업본부장(상무) 2016년 同대표이사 전무(COO) 겸 필터사업본부장 2019년 도레이첨단소재(주) 대표이사 부사장 겸 최고기술책임자(CTO)(현) (종)불교

임희섭(林熺燮) LIM Hy Sop (洌泉)

(생)1937·5·3 (본)조양(兆陽) (출)전북 전주 (주)서울특별시 서초구 반포대로37길 59 대한민국학술원(02-3400-5220) (학)1955년 전주고졸 1959년 서울대 문리과대학 사회학과졸 1964년 同대학원 사회학과졸 1970년 사회학박사(미국 에모리대) (경)1963~1965년 서울여대 전임강사 1968년 미국 웨스트조지아대 조교수 1972년 고려대 문과대학 부교수 1975~2002년 同사회학과 교수 1978년 한국정신문화연구원 사회연구실장 1981년 언론중재위원회 위원 1982년 한국사회과학연구협의회 부회장 1984년 고려대 교무처장 1985년 교육개혁심의위원회 전문위원 1985년 한국사회학회 회장 1988년 행정개혁위원 1993년 고려대 문과대학장 1996년 한국사회과학협의회 회장 1996~1998년 고려대 대학원장 1996년 同한국사회연구소장 1998년 대한민국학술원 회원(사회학·현) 2002년 고려대 명예교수(현) (상)한국교원단체총연합회 교육공로상(2001), 서울시교육연합회 교육공로상(2001), 황조근정훈장(2002) (저)'한국인의 법의식' '한국사회개발연구' '사회적 평등과 발전'(1983, 정음사) '한국의 사회변동과 문화변동'(1984, 현암사) '사회변동과 가치관'(1988, 정음사) '한국사회의 발전과 문화'(1988, 나남) '오늘날의 한국사회'(1993, 나남) '한국시민사회와 신사회운동'(1998, 나남) '사회과학의 새로운 지평'(1999, 나남) '집합행동과 사회운동의 이론'(1999, 고려대학교출판부) '한국의 문화변동과 가치관'(2002, 나남) '한국의 사회변동과 가치관'(2003, 나남) (역)'지식과 사회'(1974) '우리시대의 테러리즘'(1978) '아노미의 사회학'(1990)

임희택(林喜澤) Lim Hee Teag

(생)1955·5·18 (출)부산 (주)서울특별시 중구 퇴계로 173 남산스퀘어빌딩 사회보장정보원(02-6360-6020) (학)1974년 동아고졸 1978년 부산대 수학과졸 2002년 한양대 대학원 의료행정학과졸 2007년 국방대 대학원 안보과정 수료 2010년 우석대 사회복지학과 수료 2018년 숭실대 대학원 IT정책경영학 박사과정 수료 (경)1981년 한국보훈복지의료공단 입사 2002~2014년 대한병원행정관리자협회 이사 2009~2012년 중앙보훈병원 경영기획실장·행정부원장 2010년 한국병원경영학회 이사 2011~2012년 중앙보훈병원 행정부원장 2012~2014년 한국보훈복지의료공단 기획(의료)이사 2015~2017년 사회보장정보원 기획이사 2015년 同원장 직대 2017년 광운대 경영대학원 외래교수 2017~2018년 우송대 보건의료경영학과 초빙교수 2018년 사회보장정보원 원장(현) (상)국가보훈처장표창(1993·1996), 육군 제3야전군사령관 감사패(2009), 광복회장 감사패(2011) (종)불교

임희택(林希澤) LIM Hee Taek

(생)1958·12·20 (출)서울 (주)서울특별시 종로구 종로5길 58 석탄회관빌딩 10층 법무법인 케이씨엘(02-721-4237) (학)1977년 명지고졸 1983년 서울대 경제학과졸 1989년 同법학대학원졸 (경)1980년 행정고시 합격(24회) 1982년 사법시험 합격(24회) 1984년 사법연수원 수료(14기) 1985~1987년 해군 법무관 1988년 변호사 개업 1988년 신&김법률사무소 변호사 1989~1991년 김앤장법률사무소 변호사 1991년 법무법인 케이씨엘(KCL) 변호사 1998년 (주)L.K캐피탈 대표이사 1998년 서울은행 부실기업판정위원 1998~2001년 엔에스에프(前삼성출판사) 감사 2000~2002년 인천정유(前경인에너지)·서울이동통신 사외이사 2007년 서울지방국세청 고문변호사, 산업자원부 고문변호사, (주)농심홀딩스 사외이사, (주)한진해운 사외이사 2008년 법무법인 케이씨엘 대표변호사(현) 2009년 아모레퍼시픽재단 이사장 2011년 율촌화학 사외이사(현) (종)천주교

한국인물사전

2020

YONHAPNEWS

ㅈ

수록 순서 가나다 · 생년월일순

약 호 (생) 생년월일 (본) 본관 (출) 출생지
(주) 주소(연락처) (학) 학력 (경) 경력 : (현) → 현직
(상) 상훈 (저) 저서 (역) 역서
(작) 작품 (종) 종교

자 승(慈 乘)

(생)1954·4·23 (출)강원 춘천 (주)서울특별시 서초구 신반포로45길 9-26 은정빌딩 6층 은정불교문화진흥원(02-515-9351) (경)1972년 해인사에서 지관스님을 계사로 사미계 수지 1974년 범어사에서 석암스님을 계사로 구족계 수지 1983년 연꽃유치원 설립·이사장 1984년 화광사(수원포교당) 주지 1986년 대한불교조계종 총무원 교무국장 1986년 同총무원 규정국장 1991년 삼막사 주지 1992년 대한불교조계종 제10대 중앙종회 의원 1994년 연주암 주지 1996년 대한불교조계종 중앙종회 사무처장 1997년 사회복지재단 과천종합사회복지관장 1999년 과천21신문 발행인 1999년 대한불교조계종 총무원 재무부장 2000년 同12대 중앙종회 의원 2001년 민주평통 자문위원 2002년 대한불교조계종 13대 중앙종회 의원 2004년 은정불교문화진흥원 이사장(현) 2005~2006년 대한불교조계종 총무원 총무부장 2007~2009년 同중앙종회 의장 2009~2017년 同총무원장 2011~2017년 한국종교지도자협의회 대표의장 2014~2017년 한국종교인평화회의(KCRP) 공동회장 (종)불교

장경덕(張暻德) Jang Gyeong-deok

(생)1964·3·3 (본)인동(仁同) (출)경북 영주 (주)서울특별시 중구 퇴계로 190 매일경제신문 논설실(02-2000-2688) (학)서울시립대 경영학과졸, 한국개발연구원 국제정책대학원 경영학과졸(MBA), 서울시립대 대학원 경영학 박사과정 수료 (경)1988년 매일경제신문 편집국 증권부·경제부·산업부·국제부 기자 1997년 同런던특파원 2000년 同산업부 정보통신팀 차장대우 2002년 同국제부 차장대우 2003년 同논설위원(차장급) 2005년 同산업부 부장대우 2006년 同경제부 부장대우 2006년 同문화부장 직대 2007~2008년 재정경제부 세제발전심의위원 2007년 매일경제신문 논설위원(부장급) 2008~2012년 법제처 정부입법자문위원 2008~2009년 관세청 관세행정발전심의위원회 위원 2010~2016년 미소금융중앙재단 자문위원 2010년 기획재정부 세제발전심의위원 2011~2018년 매일경제신문 논설위원(부국장) 2012~2014년 금융감독위원회 자문위원 2013년 서울중앙지법 도산실무자문위원 2013년 대법원 회생파산위원회 위원(현) 2018년 매일경제신문 논설실장 직대(국장대우)(현) (상)씨티그룹 대한민국언론인상 최우수상(2006), 납세자의날 대통령표창(2011), 한국언론인연합회 한국참언론인대상(2017) (저)'증권24시'(1994) '부자클럽유럽'(2000) '정글노믹스'(2008) '정글경제특강'(2012) (역)'렉서스와 올리브나무'(2009) '끝나지 않은 추락'(2010)

장경동(張擎東) CHANG Kyung Dong

(생)1956·7·7 (출)전북 군산 (주)대전광역시 서구 계룡로320번길 30 중문침례교회(042-524-0691) (학)침례신학대 신학대학원졸, 同대학원졸, 同대학원 목회학 박사과정 수료 (경)1984년 중문침례교회 개척·전도사·담임목사(현), 침례신학대 겸임교수 2007년 푸른마음캠페인 '정지선지키기운동본부' 이사장(현), 한국방송공사(KBS) '아침마당'·'여유만만'·'폭소클럽-스탠드업 코리아'·'인간극장-장경동 가라사대'·'TV는 사랑을 싣고'·'1대100' 출연, 문화방송(MBC) '느낌표'·'맛있는TV'·'기분좋은날'·'사람향기 폴폴' 출연, SBS '좋은아침'·'잘 먹고 잘 사는 법' CBS·CTS기독교방송 '성공시대'·'파워특강'·'밀레니엄특강'·'비행기'·'중문의 시간'·'부흥&영웅'·'중문의 말씀' 등 출연 2015~2017년 침례신학대 총동창회 회장, 한국기독교총연합회 평신도지도자100만명 훈련원장(현) (저)'하나님의 능력을 경험하라' '나는 하나님이 두고 보기에도 아까운 사람입니다' '믿음의 간증을 남긴 사람들1·2' '장경동 목사의 느낌이 있는 가정 만들기' '장경동 목사의 아주 특별한 행복' '장경동 목사가 말하는 크리스천 삶의 본질과 기본' '나를 팔아 천국을 사라' (종)기독교

장경렬(張敬烈) Jang Gyung Ryul

(생)1953·8·3 (출)인천 (주)서울특별시 관악구 관악로 1 서울대학교 영어영문학과(02-880-6078) (학)서울대 영어영문학과졸, 同대학원졸, 문학박사(미국 Texas Austin대) (경)1989~2018년 서울대 인문대학 영어영문학과 교수, 문학평론가(현) 2018년 서울대 영어영문학과 명예교수(현) 2019년 대한민국학술원 회원(영문학·현) (상)제15회 편운문학상 평론부문(2005), 제3회 우호인문학상 비교문학및문화학부문(2010), 인산시조평론상(2013), 김달진문학상(2017) (저)'미로에서 길 찾기'(1997) '신비의 거울을 찾아서'(2004) '매혹과 저항'(2008) '응시와 성찰'(2008) '시간성의 시학'(2013) '즐거운 시 읽기'(2014) '보이는 것과 보이지 않는 것'(2016) '예지와 무지 사이'(2017) '꽃잎과 나비, 그 경계에서'(2017) '변하는 것과 변하지 않아야 하는 것'(2018) '경계에서 길 찾기-문학과 철학의 만남'(2018) 등 다수 (역)'먹고, 쏘고, 튄다'(2005) '리엄 셰익스피어-그림과 자료로 복원한 셰익스피어의 삶과 예술'(2005) '라일라'(2014) 등 다수

장경룡(張慶龍) Chang, Keung Ryong (遲泉)

(생)1953·6·10 (본)덕수(德水) (출)경기 시흥 (주)서울특별시 중구 장충단로 84 민주평화통일자문회의 사무처(02-2250-2300) (학)1971년 경희고졸 1980년 경희대 정치외교학과졸 1984년 미국 페어리디킨슨대 대학원 국제관계학과졸 1996년 정치학박사(캐나다 맥길대) (경)1996년 경희대·한국외국어대·경남대 시간강사 1997~2016년 광주여대 문화관광학부 전임강사·조교수·부교수 1999~2005년 민주평통 자문위원 2000년 한국국제정치학회 연구위원회 연구위원 2001년 同무임소이사 2001년 광주여대 기획연구처장 2003년 한국국제정치학회 국제분쟁분과위원회 위원 2004년 同이사(현) 2005~2015년 한국정치학회 이사 2006년 同부회장 2006년 한국세계지역학회 상임이사 2006~2008년 광주여대 대학원장 2008~2013년 同국제교육원장 2009~2011년 국방대 영문저널 'The Korean Journal of Security Affairs' 편집위원 2010~2012년 광주시 2015광주하계유니버시아드 준비기획위원 2010~2013년 한국어교육기관대표자협의회 전라·광주지회장 2014~2015년 캐나다 맥길대 객원교수 2016~2018년 광주여대 어린이영어교육학과 교수 2016~2017년 문재인 싱크탱크 정책공간 '국민성장' 자문위원 2017년 더불어민주당 대통령선거 중앙선거대책위원회 국민성장위원회 고문 2017년 국가안보전략연구원 연구자문위원(현) 2019년 민주평통 국제협력분과위원회 위원장(현) (상)대통령표창(2001), 아시아문화학술상(2017) (저)'북한의 대남협상전략'(共) '북한의 협상전략과 남북한 관계(共)'(1997) '한국의 21세기 정치(共)'(2001, 법문사) '공직자들을 위한 리더십의 개요(共)'(2006, 중앙공무원교육원) '대학공부 길라잡이(共)'(2015, 심미안) (종)천주교

장경미(張卿美·女) Chang Kyung Mee

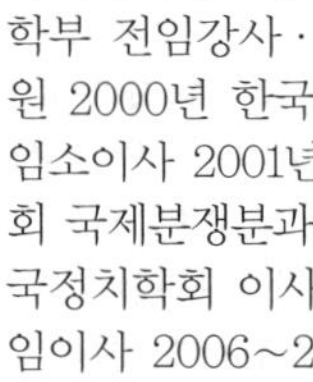

(생)1967·12·4 (출)서울 (주)세종특별자치시 한누리대로 411 행정안전부 별관 전자정보국 정보화사업관리과(044-205-2721) (학)1985년 서울 명지여고졸 1989년 이화여대 수학과졸 2003년 연세대 공학대학원 산업정보경영학과졸 2019년 同대학원 정보산업공학 박사과정 수료 (경)1989~2002년 총

무처 정부전자계산소·행정자치부 정부전산정보관리소 근무 2003년 자치정보화조합 파견 2005년 행정자치부 성과관리팀 근무 2006년 同전자정부표준화팀 근무 2008년 행정안전부 정보표준과·정보자원정책과 근무 2010년 同정보화총괄과 근무 2011년 同정보화지원과 근무 2012년 同행정정보공유 및 민원선진화추진단 행정협업팀장 2012~2014년 한국지역정보개발원 파견 2014년 행정자치부 정부통합전산센터 정보자원관리과장 2017년 同전자정부성과관리추진단 부단장(과장급) 2017년 행정안전부 전자정부성과관리추진단 부단장 2018년 同전자정부국 정보화사업성과관리과장(현) (상)근정포장(2002)

장경상(張慶相)

(생)1957 (출)서울 (주)서울특별시 송파구 법원로8길 13 헤리움써밋타워 901호 세무법인 오성(02-6486-6001) (학)양정고졸, 한양대졸, 同대학원졸 (경)1977년 세무공무원 임용(9급 공채) 2002년 원주세무서 징세과장 2002년 중부지방국세청 조사3국 조사1과 행정사무관 2005년 국세청 감찰담당관실 행정사무관 2007년 同청장실 비서관 2008년 同청장실 비서관(서기관) 2009년 서울지방국세청 조사1국 조사2과 서기관 2010년 원주세무서장 2011년 서울지방국세청 징세법무국 송무2과장 2013년 평택세무서장 2014~2015년 동수원세무서장 2015~2018년 예일세무법인 대표세무사 2019년 세무법인 오성 대표세무사(현) 2019년 (주)슈프리마에이치큐 감사(현)

장경석(張景錫)

(생)1964·3·3 (출)경북 (주)인천광역시 남동구 예술로152번길 9 인천지방경찰청 제2부장실(032-455-2221) (학)1986년 경찰대 법학과졸(2기) 2003년 성균관대 행정대학원졸 (경)1986년 경위 임관 1995년 경찰청 정보4과 근무 1997년 대구 달서경찰서 경비과장 1998년 대구 중부경찰서 방범과장 1998년 서울 중랑경찰서 수사과장 2000년 서울 관악경찰서 경비교통과장 2000년 서울 동대문경찰서 형사과장 2003년 서울 노량진경찰서 형사과장 2005년 서울 양천경찰서 형사과장 2005년 경찰청 혁신기획단 수사시스템개편TF팀 경정 2006년 서울 용산경찰서 형사과장 2007년 총경 승진 2007년 국가청렴위원회 사정팀장 2008년 駐태국대사관 주재관 2011년 경찰교육원 운영지원과장 2011년 경찰청 생활질서과장 2011년 서울 강서경찰서장 2012년 서울지방경찰청 경무과장 2014년 대전지방경찰청 제2부장(경무관) 2015년 서울지방경찰청 수사부장 2018년 경기남부지방경찰청 제1부장 2019년 인천지방경찰청 제2부장(현)

장경순(張坰淳) CHANG Kyung Soon (단원)

(생)1923·3·23 (본)안동(安東) (출)전북 김제 (주)서울특별시 영등포구 의사당대로 1 대한민국헌정회(02-757-6612) (학)배재중학교졸 1943년 일본 도요대(東洋大) 전문부 척식과졸 1956년 육군대학졸 1962년 명예 농학박사(전북대) 1979년 명예 법학박사(경희대) (경)1956년 육군사관학교 참모장 1958년 정보학교 교장 1960년 육군본부 교육처장 1961년 국가재건최고회의 최고위원 1961~1963년 농림부 장관 1963년 국가재건최고회의 운영기획분과 위원장 1963년 예편(육군 중장) 1963년 민주공화당(공화당) 사무총장 1963~1973년 제6~8대 국회의원(김제, 공화당) 1963~1973년 국회 부의장 1964~1983년 유도원 이사장 1967~1973년 유도연맹 회장 겸 세계유도연맹 부회장 1970년 공화당 당무위원 1973년 제9대 국회의원(정읍·김제, 공화당) 1973년 공화당 중앙위원회 의장 1974년 통일부 고문 1976년 제1무임소장관 1979년 제10대 국회의원(정읍·김제, 공화당) 1984년 (주)코리아내추럴미네랄워터즈 회장 1990~2003년 삼호실업 회장 1995~1997년 대한민국헌정회 부회장 2002년 자유수호국민운동 초대 상임의장 2003년 同명예의장 2003~2005년 대한민국헌정회 회장 2004년 유도10단 명예승단 2006년 대한민국헌정회 원로회의 위원(현) 2009년 안동장씨대종회 회장 2009년 (사)자유수호국민운동 총재 (상)을지·충무·화랑무공훈장, 청조근정훈장, 보국훈장 통일장 (저)'농업협동조합론' '새역사의 모색'

장경순(張京順·女) CHANG Kyung Soon

(생)1964·10·23 (출)서울 (주)서울특별시 영등포구 은행로 30 중소기업중앙회 감사실(02-2124-3370) (학)1983년 숭의여고졸 1987년 서울대 건축학과졸 2001년 미국 콜로라도대 대학원 건설사업관리학과졸 2004년 공학박사(미국 콜로라도대) (경)1986년 기술고시 합격(22회) 1987년 조달청 사무관 1987~1999년 同공사관리과·기술심사과·건축과·계약과 근무 1992년 외무부 파견 2004년 제주지방조달청장 2006년 조달청 시설사업본부 공사관리팀장 2007년 同전자조달본부 고객지원센터팀장 2008년 同국제물자국 원자재비축과장 2008년 同국제협력과장(서기관) 2008년 同국제협력과장(부이사관) 2009년 同기획조정관실 기획재정담당관 2009년 인천지방조달청장(고위공무원) 2010년 중앙공무원교육원 교육파견(고위공무원) 2011년 조달청 국제물자국장 2014년 同기획조정관 2015~2018년 서울지방조달청장 2015년 중소기업기술혁신협회 자문위원(현) 2018~2019년 조달청 차장 2019년 중소기업중앙회 상임감사(현) (상)대통령표창(2007), 홍조근정훈장(2014)

장경식(張敬植) Kyoung Sik JANG

(생)1958·1·1 (본)인동(仁同) (출)경북 영덕 (주)경상북도 안동시 풍천면 도청대로 455 경상북도의회(054-880-5126) (학)포항제철공고졸, 포항실업전문대학 금속학과졸, 영남대 행정대학원졸 2019년 명예 경영학박사(위덕대) (경)포철공고 총학생대표, 현대제철 새마을금고 이사장, 전국금속노조 정치국장 2006·2010년 경북도의회 의원(한나라당·새누리당) 2008년 포항생명의숲 공동대표 2008년 한나라당 이명박 대통령후보 자치특보 2010~2012년 경북도의회 기획경제위원장 2010년 同국제과학비즈니스벨트유치위원장 2010~2012년 대구·경북경제자유구역청 조합회의 의장 2012년 경북도의회 문화환경위원회 위원 2012년 同독도수호특별위원회 위원장 2012년 同예산결산특별위원회 위원 2012년 경북생명의숲 공동대표, 새누리당 경북도당 일자리특별위원회 위원장, 한국유네스코 경북협회 이사 2014~2018년 경북도의회 의원(새누리당·자유한국당) 2014~2016년 同부의장 2014년 同교육위원회 위원 2015년 새누리당 경북도당 경북민생119본부 수석본부장 2016년 경북도의회 기획경제위원회 위원 2017년 同예산결산특별위원회 위원 2018년 경북도의회 의원(자유한국당)(현) 2018년 同의장(현), 전국시·도의회의장협의회 수석부회장(현) (상)국무총리표창, 전국지역신문협회 의정대상(2014), 대한민국위민의정대상(2016)

장경우(張慶宇) CHANG Kyung Woo

(생)1942·4·12 (출)경기 시흥 (주)서울특별시 강남구 강남대로84길 23 (사)한국캠핑캐라바닝연맹 (학)1961년 경기고졸 1965년 고려대 경영학과졸 1994년 서울대 행정대학원 국가전략과정 수료 1995년 同최고산업전략과정 수료 (경)1968년 미국 제일은행(Citi Bank) 서울지점 근무 1974년 대우그룹 상무이사 1980년 민주정의당(민정당) 창당발기인 1981년 同대표위원 보좌역 1981년 서울시축구협회 부회장 1982년 제11대 국회의원(전국구, 민정당) 1983년 대한축구협회 부회장 1983년 민정당 부대변인 1985~1986년 동서증권 사장 1987년 중소도시발전연구회 이사장 1988년 제13대 국회의원(안산·옹진, 민정당·민자당) 1988년 민정당 원내부총무 1988년 同의원실장 1990년 민자당 제3사무부총장 1991년 同제1사무부총장 1992년 제14대 국회의원(안산·옹진, 민자당·새한국당·민주당) 1992년 새한국당 사무총장 1994년

국회 체신과학기술위원장 1995년 국회 통신과학기술위원장 1995년 민주당 최고위원 1996년 同부총재 1996년 同안산乙지구당 위원장 1996년 (사)한국캠핑캐라바닝연맹 총재(현) 1997년 민주당 대선기획단장 1998년 한나라당 안산乙지구당 위원장 1998~2000년 同홍보위원장 1998~2000년 同부총재 1998년 同시흥지구당 위원장 2002년 세계캠핑캐라바닝 아·태지역 의장(현) 2002년 한나라당 제16대 대통령선거 경기도총괄본부장 2004년 제17대 국회의원선거 출마(시흥甲, 한나라당) 2006년 (사)2008FICC가평세계캠핑대회 조직위원장 2008년 한국수영연맹 명예회장 2015년 (사)FICC완주세계캠핑캐라바닝대회 조직위원장 (상)국민훈장 모란장 (저)'내가 만난 곡예사들' (종)기독교

장경욱(張璟旭) Jang Kyung Wook

(생)1957·2·1 (주)서울특별시 종로구 사직로8길 60 외교부 인사운영팀(02-2100-7139) (학)1980년 육군사관학교졸(36기) 1991년 동국대 대학원 행정학과졸 (경)1992년 육군 205특공여단 5대대장 2000년 수도방위사령부 정보처장 2001년 한미연합사령부 정보참모부 계획처장 2003년 5군단 705특공연대장 2004년 합동참모본부 정보참모부 정보분석과장 2006년 미국 메릴랜드대 국제분쟁연구소 방문연구원 2006년 1군사령부 정보처장 2007년 합동참모본부 정보참모부 정보생산처장 2008년 국군정보사령관 2010년 합동참모본부 정보참모부장 2012년 한미연합사령부 부참모장 겸 군사정전위원회 수석대표 2013년 국군기무사령관(소장) 2014년 중원대 상생교양학부 초빙교수 2018년 駐이라크 대사(현) (상)美육군 공로훈장(2003), 대통령표창(2004), 보국훈장 천수장(2008)

장경태(張京泰) Jang Kyung Tae

(생)1983·10·12 (출)전남 순천 (주)서울특별시 영등포구 국회대로68길 7 더불어민주당(1577-7667) (학)순천고졸, 서울시립대 행정학과졸, 연세대 대학원 정치학과졸, 성균관대 국정전문대학원 행정학 박사과정 중 (경)2006년 국회의원 정책비서 2006년 열린우리당 대학생정책자문단 부단장 겸 대변인 2007년 중앙일보 시민사회연구소 제3기 대학생 NGO 기자단 2008년 서울시립대 제44대 총학생회장 2008년 민주당 중앙위원 2008년 同대학생특별위원회 위원장 2008년 한국여성유권자 청년연맹 회장 2009년 김대중 前 대통령 장의위원회 위원 2013년 민주당 전국청년위원회 부위원장 2013년 센트럴리포트 대표이사 2013년 매니페스토청년협동조합 대표 2014년 새정치민주연합 전국청년위원회 수석청년대변인 2014년 서울시 주민참여예산위원회 운영위원 2014년 새정치민주연합 부대변인 2015년 同서울시당 대변인 2015~2016년 더불어민주당 서울시당 대변인 2016년 同제20대 국회의원 후보(비례대표 24번) 2016년 同전국청년위원회 수석부위원장 2017년 同정당발전위원회 위원 2018년 同전국청년위원회 위원장(현) (상)국회 남북교류의원모임 대표표창(2007)

장경환(張敬煥) CHANG Kyung Whan

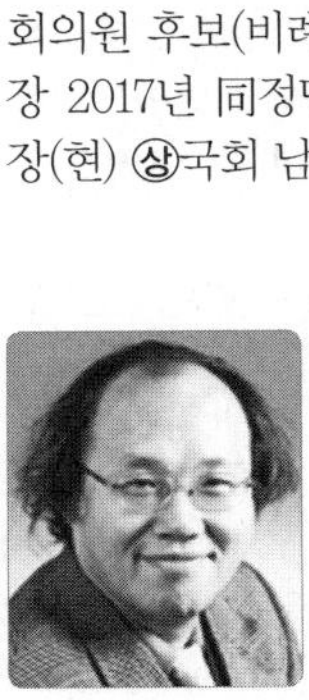

(생)1954·10·7 (출)인천 (주)서울특별시 동대문구 경희대로 26 경희대학교 법학전문대학원(02-961-0401) (학)1973년 제물포고졸 1978년 서울대 법학과졸 1982년 同대학원 법학과졸 1990년 법학박사(서울대) (경)1983~1995년 충북대 전임강사·조교수·부교수·교수 1993년 보험계리인·손해사정인시험 출제위원 1995·1998·2000년 사법시험 출제위원 1995~2009년 경희대 법학과 교수 1998년 농업협동조합중앙회 공제분쟁심의위원 1998년 경희대 경희법학연구소장 1999~2003년 금융감독원 금융분쟁조정위원(증권분야) 1999년 공정거래위원회 약관심사자문위원 1999년 행정고시 출제위원 2001년 새마을금고연합회 공제분쟁심의위원 2003·2005년 입법고시 출제위원 2007년 금융감독원 금융분쟁조정위원 2007~2008년 법무부 상법보험편개정특별분과위원회 위원 2009년 경희대 법학전문대학원 교수(현) 2013~2015년 한국보험법학회 회장 2014년 공정거래위원회 약관심사자문위원회 위원장(현) (상)근정포장(2003), 경희대 대학원 최우수강의상(2006), 홍조근정훈장(2018) (저)'어음·수표법(共)'(1990, 한국방송통신대학 출판부) '주석 상법(Ⅶ 보험)(共)'(2001, 한국사법행정학회) '주석 금융법(Ⅱ 보험업법2)(共)'(2007, 한국사법행정학회) '보험기초이론'(2012, 생명보험협회)

장경훈(張景勳) JANG Kyung Hoon

(생)1945·8·3 (출)대구 (주)대구광역시 북구 칠성남로 198 대구북구새마을금고(053-428-2500) (학)1961년 대건고졸 1968년 동국대 경상대학 경영학과졸 (경)1971년 수창상사 대표 1989년 대구시 북구새마을금고 감사 1991년 민주평통 자문위원 1991년 대구시 북구의회 의원 1991년 同부의장 1995년 대구·경북지방자치학회 이사 1997년 칠성종합시장 발전위원장 1998년 대구시 북구의회 의원 1998년 同의장 2002년 한나라당 대구北甲지구당 부위원장, 대구 칠성시장연합회 회장 2002·2006·2010~2014년 대구시의회 의원(한나라당·새누리당) 2002~2004년 同경제교통위원장 2006~2008년 同의장 2008~2010년 한나라당 대구시의원협의회 회장 2010년 대구시의회 건설환경위원회 위원 2016년 대구북구새마을금고 이사장(현) (상)대통령표창

장경훈(張京薰) Chang, Kyung Hoon

(생)1963·5·14 (주)서울특별시 중구 남대문로9길 24 하나카드(주) 임원실(02-6399-3900) (학)1982년 경기고졸 1987년 서강대 경제학과졸 (경)1989년 한국투자금융 기업금융부 근무 1993년 하나은행 영업부 근무 1998년 同가계금융부 조사역 2001년 同가계금융팀장 2002년 同압구정중앙지점장 2005년 同PB영업추진팀장 2008년 同PB사업부장 2009년 同마케팅기획부장 2011년 同리테일본부장 2014년 同미래금융사업본부장(전무) 2015년 同미래금융사업본부 겸 영업기획본부장(전무) 2015년 하나금융그룹 그룹전략총괄(CSO) 겸 경영지원실장(전무) 2017년 KEB하나은행 개인영업그룹장(부행장) 2018년 同웰리빙그룹장(부행장) 2019년 하나카드 대표이사 사장(현)

장공자(張公子·女) CHANG Kong Ja

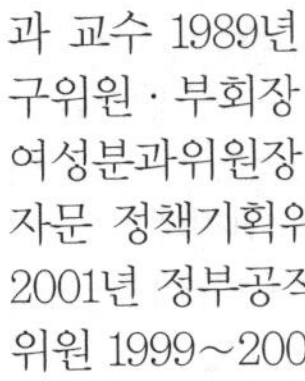

(생)1946·5·31 (본)인동(仁同) (출)서울 (주)서울특별시 강동구 천호대로 1107 SKHub 810호 중국연구실(02-476-8122) (학)1964년 서울사대부고졸 1968년 이화여대 법정대학 정치외교학과졸 1971년 대만 중국문화대 대학원 정치학과졸 1976년 정치학박사(대만 중국문화대) 1979년 타이완중화민국 국가박사 (경)1975~1979년 대만 중국문화대 정치학과 전임강사·조교수·부교수 1980년 국제문제조사연구소 상임연구위원 1983년 충북대 정치외교학과 부교수 1986~2011년 同정치외교학과 교수 1989년 同국제관계연구소장 1989년 한국정치학회 상임연구위원·부회장 1991년 일본 쓰쿠바대 객원교수 1995년 민주평통 여성분과위원장 1998년 한국국제정치학회 부회장 1998년 대통령자문 정책기획위원 1998~2003년 충청일보 객원논설위원 1998~2001년 정부공직자윤리위원회 위원 1999~2005년 언론중재위원회 위원 1999~2001년 민주평통 신문사 편집위원 1999년 교육부 두뇌21심의평가위원 2000년 충북도선거관리위원회 위원 2000년 중국 북경대 객원교수 2000년 21세기정치학회 부회장 2000년 세계지역연구학회 부회장 2000년 통일부 남북회담본과 정책자문위원 2003년 한국정치학회 충청지회장 2003~2009년 충북도 도정평가위원 2004년 충북대 도서관장 2004년 한국세계지역학회 회장 2007년 민주평통 상임위원 2008년 한국국제정치학회 회장 2008~2011년 한국여성정책연구원 자문위원, 평통여성장학재단 상임이사, 세계평화여성포럼 고문(현), 중국연구실 대표(현), 도서출판 여락 대표

(현) 2011년 충북대 명예교수(현) 2014년 여성북한연구회 고문(현) (상)국민훈장 동백장(1986), 충북도 공로상(1987), 민주평통 공로상(2007) (저)'정치학산고'(1982) '현대중국론'(1986) '동양사회와 정신세계'(1987) '부부교수의 세상이야기'(1992) '부부교수의 정치학강의'(1992) '여성, 여성학'(1996) '새로운 정치학-Gender Politics'(1997) '신북한개론'(1999) '정치학강의'(1999) '동아시아의 문화전통과 21세기'(2002) '21세기 동북아질서와 한반도'(2004) (역)'중국 국민당과 공산당의 투쟁'(1975, 성일문화사) (종)기독교

장관웅(張冠雄) Jang Kwan woong

(생)1959 · 1 · 27 (본)단양(丹陽) (출)강원 홍천 (주)강원도 횡성군 둔내면 청태산로 777 국립횡성숲체원(033-340-6301) (학)홍천농고졸, 한림대 경영학과졸 (경)북부지방산림청 홍천국유림관리소 근무, 同인제관리소 근무, 同원주영림서 사업과 경영계 근무, 중부지방산림청 충주관리소 근무, 북부지방산림청 운영과 관리계장, 同산림경영과 경영계획계장 2011~2013년 同양구국유림관리소장, 산림청 산림환경보호과 사무관 2013년 同국유림관리과 계장 2016년 북부지방산림청 산림경영과장 2018년 산림청 산하 한국산림복지진흥원 국립횡성숲체원 원장(현) (상)산림청장표창, 농수산부장관표창, 재정경제부장관표창, 모범공무원 국무총리표창 (종)불교

장광근(張光根) CHANG Kwang Keun (白山)

(생)1954 · 1 · 8 (본)단양(丹陽) (출)경기 양평 (학)1973년 경동고졸 1986년 연세대 정치외교학과졸 (경)1986~1997년 두원산업상사 대표 1987년 민주주의와민족통일을위한사회운동 운영위원 1988년 한국사회문제연구소 이사장 1988년 한겨레민주당 서울동대문甲지구당 위원장 1991년 서울청년회의소 회장 1991년 한국청년회의소 통일관계전문위원장 1991년 경제정의실천시민연합 중소상공인회 부위원장 1991년 민주연합 이사 1991년 민주당 서울동대문甲지구당 위원장 1992년 同총재비서실 차장 1996년 제14대 국회의원(전국구 승계, 민주당) 1996년 민주당 부대변인 1997년 同수석부대변인 1998년 한나라당 부대변인 2000년 同수석부대변인 2002년 同서울동대문甲지구당 위원장 2002년 同16대 총선 선거대책위원회 대변인 2003~2004년 제16대 국회의원(전국구 승계, 한나라당) 2003년 한나라당 운영위원 2006년 同중앙당 윤리위원 2006년 同서울동대문甲당원협의회 운영위원장 2007년 同이명박 대통령후보 대변인 2008~2012년 제18대 국회의원(서울 동대문구甲, 한나라당 · 새누리당) 2008년 한나라당 서울시당 위원장 2009~2010년 同사무총장 2010년 同인재영입위원장 2010년 국회 CM포럼 대표 2011년 국회 국토해양위원장 2017년 바른정당 서울동대문甲당원협의회 운영위원장 (상)국민훈장 모란장, 자랑스러운 경동인(2008) (종)천주교

장광수(張光洙) CHANG Kwang Soo

(생)1957 · 3 · 12 (본)인동(仁同) (출)경북 군위 (주)울산광역시 남구 옥현로 129 (재)울산정보산업진흥원(052-210-0210) (학)1977년 경북고졸 1981년 경북대 법정대학 행정학과졸 1998년 영국 런던정경대 대학원졸 2010년 서울대 행정대학원 정보통신방송정책과정 수료 2010년 중앙대 국제대학원 국제학 박사과정 수료 (경)1980년 행정고시 합격(24회) 1982~1988년 국세청 근무 · 대전세무서 총무과장 · 진주세무서 소득세과장 1988~1993년 경제기획원 물가정책국 근무 1993~1995년 체신부 정보통신국 · 정보통신진흥국 · 정보통신지원국 근무 1995년 정보통신부 통신업무과 서기관 1996년 국외 훈련 1998년 국무총리국무조정실 경제행정조정관실 파견 1999년 정보통신부 정보화기반과장 2000년 同인터넷정책과장 2000년 同협력기획담당관 2003년 同통신기획과장(부이사관) 2004년 同정보화기획실 정보보호정책과장 2004년 강원체신청장 2005년 미국 워싱턴대 Visiting Scholar 2007년 정보통신부 제2정부통합전산센터추진단장(고위공무원) 2008년 행정안전부 정보보호정책관 2008년 同정보기반정책관 2009년 同정부통합전산센터장 2010년 同정보화전략실장 2013~2014년 한국정보화진흥원 원장 2017년 (재)울산정보산업진흥원 초대 원장(현) (상)부총리 겸 경제기획원장관표창, 근정포장, 정보통신부장관표창, 서울대 행정대학원 우수논문상(2010), 한국IT서비스학회 IT분야 공로상 (종)천주교

장귀표(張貴表)

(생)1962 · 9 · 5 (주)전라남도 목포시 통일대로 130 목포지방해양수산청(061-280-1600) (학)1981년 광주 인성고졸 1989년 전남대 농업경제학과졸 (경)1995년 농림부 가축위생과 근무 1996년 해양수산부 기획관리실 근무 1998년 同선원노정과 근무 1999년 同어업기술인력과 근무 2003년 同정보상황팀 근무 2008년 농림수산식품부 자원환경과 근무 2011년 同검역정책과 근무 2012년 同양식산업과 근무 2013년 해양수산부 지도교섭과 근무 2015년 同어업정책과 근무 2017년 同어촌어항과 서기관 2017년 국토교통부 공공기관지방이전추진단 파견 2018년 해양수산부 수산정책과 서기관 2019년 목포지방해양수산청 청장(현)

장규석(張圭錫)

(생)1960 · 5 · 5 (주)경상남도 창원시 의창구 상남로 290 경상남도의회(055-211-7346) (학)1999년 경남대 대학원 법학박사과정 수료 (경)한국국제대학교 · 진주보건전문대학 외래교수, 진주발전포럼 사무총장, 진주장애인복지센터 이사, 전국노인병원협회 이사, 의료법인 목화노인병원 이사장(현) 2006년 경남도의원선거 출마(무소속), 경남노인전문요양원 대표 2010년 경남도의원선거 출마(미래연합), 대한노인병원협의회 경남회장 2014년 경남도의원선거 출마(무소속), 경남도 사회복지위원(현) 2018년 경남도의회 의원(더불어민주당)(현) 2018년 同교육위원회 위원(현) 2019년 同남부내륙철도조기건설을위한특별위원회 위원장(현)

장근섭(張根燮) Chang Keun Sop

(생)1970 · 5 · 13 (출)전남 곡성 (주)대구광역시 수성구 동대구로 231 대구지방고용노동청(053-667-6200) (학)1988년 부산 혜광고졸 1992년 서울대 사회복지학과졸 1999년 미국 조지아주립대 대학원 경영학과졸 (경)1991년 행정고시 합격(35회) 2001년 노동부 기획관리실 기획예산담당관실 서기관 2002년 同고용정책실 능력개발심의관실 훈련정책과 서기관 2004년 사람입국신경쟁력특별위원회 서기관(파견), 駐호치민총영사관 노무관 2009년 노동부 기획조정실 국제협력담당관 2010년 고용노동부 기획조정실 국제협력담당관 2010년 同노사정책실 산업안전과장 2011년 同노사정책실 산업안전과장(부이사관) 2011년 중부지방고용노동청 강원지청장 2012년 통일교육원 교육파견(부이사관) 2013년 고용노동부 기획조정실 국제협력담당관 2014년 경기지방노동위원회 상임위원 2018년 중앙노동위원회 조정심판국장 2019년 대구지방고용노동청장(현) (저)'말하기 영작문 트레이닝'(2013, 다락원)

장근일(張根一)

(생)1966 · 11 · 18 (주)서울특별시 동작구 여의대방로16길 61 기상청 관측기반국 정보보호팀(02-2181-0861) (학)1989년 서울대 대기과학과졸 1991년 同대학원 대기과학과졸 2004년 기상학박사(미국 플로리다주립대) (경)2013년 강원지방기상청 예보과장 2014년 기상청 예보국 총괄예보관 2016년 세종연구소 국가전략연수과정 교육파견 2017년 기상청 국가기상위성센터 위성기획과장 2018년 同기상레이더센터 레이더분석과장 2019년 同관측기반국 정보보호팀장(현)

장근호(張根豪)

(생)1967 · 11 · 15 (출)경북 의성 (주)울산광역시 중구 번영로 620 울산중부경찰서(052-241-4321) (학)대구 계성고졸 1990년 경찰대 법학과졸(6기), 중국인민공안대 대학원 형사소송법학과졸 (경)1990년 경위 임용 2006년 울산동부경찰서 경비교통과장 2007년 同정보과장 2007년 駐선양총영사관 주재관 2011년 울산중부경찰서 경비교통과장 2012년 울산지방경찰청 경무계장 2015년 同보안과장 2016년 울산 남부경찰서장 2017년 울산지방경찰청 경무과장 2017년 同경무과 치안지도관 2018년 同보안과장 2019년 울산중부경찰서장(현) (상)행정자치부장관표창(2007), 국무총리표창(2009)

장기석(張基錫) JANG Ki Suk

(생)1971 · 1 · 1 (출)서울 (주)서울특별시 서대문구 충정로 60 케이티앤지 서대문타워 장기석법률사무소(02-6200-1735) (학)1989년 단국대사대부고졸 1994년 고려대 법학과졸 (경)1994년 사법시험 합격(36회) 1997년 사법연수원 수료(26기) 2000년 서울지검 검사 2002년 대전지검 서산지청 검사 2003년 대전지검 검사 2003~2004년 중국 상해 화동정법학원 연수 2006년 법무부 특수법령과 검사 2009년 수원지검 안양지청 검사 2009년 서울중앙지검 부부장검사 2011년 사법연수원 교수 2013년 전주지검 부장검사 2014년 서울중앙지검 조사부장 2015년 수원지검 안양지청 부장검사 2016년 의정부지검 형사1부장 2017년 부산지검 동부지청 차장검사 2018~2019년 제주지검 차장검사 2019년 변호사 개업(현)

장기수(張淇秀) CHANG Ki Soo

(생)1958 · 7 · 12 (출)서울 (주)충청남도 아산시 음봉면 음봉면로 243 (주)뉴인텍 사장실(041-913-0055) (학)1977년 경복고졸 1981년 성균관대 물리학과졸 1983년 同경영 · 행정대학원 수료 1987년 미국 서던캘리포니아대 대학원 경영과학과졸 (경)1981~1993년 극광전기(주) 입사 · 전무이사, 필름캐패시터연구조합 부회장 1993년 (주)뉴인텍 대표이사 사장(현) 2008~2016년 필름콘덴서연구조합 이사장 (상)국무총리표창(2013) (종)불교

장기윤(張基允) Chang Ki Yoon

(생)1956 · 9 · 20 (출)충남 홍성 (주)충청북도 청주시 흥덕구 오송읍 오송생명5로 156 한국식품안전관리인증원 원장실(043-928-0063) (학)용산고졸, 서울대 수의학과졸, 건국대 대학원 수의학과졸, 제주대 대학원 수의학 박사과정 수료 (경)1980년 한국동물약품협회 근무 1983년 농수산부 축산국 가축위생과 근무 1995년 미국 농무성 파견 2006년 농림부 가축방역과 서기관 2007년 국립수의과학검역원 호남지원장 2008년 농림수산식품부 식품산업본부 축산정책단 동물방역팀장 2010년 同식품산업정책실 검역정책과장 2011년 同농림수산검역검사본부 동식물위생연구부장(고위공무원) 2013년 식품의약품안전처 농축수산물안전국장 2014~2015년 同차장 2017년 한국식품안전관리인증원 초대 원장(현)

장기주(張基柱) Kee Joo CHANG

(생)1953 · 8 · 9 (본)결성(結城) (출)부산 (주)대전광역시 유성구 대학로 291 한국과학기술원 물리학과(042-350-2531) (학)1972년 경남고졸 1976년 서울대 물리학과졸 1978년 同대학원 물리학과졸 1986년 이학박사(미국 캘리포니아대 버클리교) (경)1978~1981년 육군제3사관학교 물리학과 전임강사 1986~1987년 미국 캘리포니아대 버클리교 Post-Doc. 1987~1989년 미국 Xerox Palo Alto연구소 Research Associate 1989년 미국 물리학회 정회원(현) 1989~1996년 한국과학기술원(KAIST) 물리학과 조교수 · 부교수 1996~2007년 同물리학과 교수 1999년 한국과학기술한림원 정회원(현) 2006년 '2005 국가석학지원사업' 대상자(물리학분야) 선정 2007년 한국과학기술원(KAIST) 물리학과 특훈교수(현) 2009년 미국 물리학회(American Physics Society) Fellow (상)서울대총장표창(1976), 한국과학기술원 학술상(1995 · 1997), 한국과학기술단체총연합회 과학기술우수논문상(1996), 한국물리학회 우수논문상(1999 · 2003 · 2009~2011), 과학기술부 한국과학상 물리부문(2000), 한국과학기술원 학술대상(2006), 과학기술훈장 웅비장(2015) (종)천주교

장기창(張基昌) JANG Kie Chang

(생)1955 · 6 · 10 (출)경남 창녕 (주)서울특별시 강남구 학동로 402 601호 (사)한국경량기포콘크리트협회(02-518-4953) (학)1973년 대구고졸 1977년 한양대 건축공학과졸 1987년 프랑스 파리제12대 대학원 도시계획학과졸 (경)5급 공채시험 합격 1978년 건설부 국립건설연구소 건설기술관리실 근무 1987년 同신도시기획실 · 주택국 근무 1995년 건설교통부 주택관리과 서기관 1996년 同신공항기획단 건축설비과장 1997년 2002월드컵축구대회조직위원회 파견 2000년 건설교통부 대도시권광역교통기획단 교통운영과장 2002년 同기술안전국 건설관리과장 2003년 同기술안전국 안전정책과장 2005년 同도시국 건축과장(부이사관) 2005년 同건설기술혁신기획단장 2006년 행정중심복합도시건설청 도시계획본부장 2008년 同도시건축국장(고위공무원) 2008~2010년 국토해양부 원주지방국토관리청장 2013~2015년 한국시설안전공단 이사장 2016년 대한건축학회 건축연구소장 2018년 (사)한국경량기포콘크리트협회 회장(현) (상)국무총리표창, 근정포장 (종)불교

장기천(張起天) JANG GI CHUN

(생)1958 · 6 · 7 (본)인동(仁同) (출)강원 원주 (주)서울특별시 강남구 삼성로 540 한국모바일기업진흥협회(02-853-5559) (학)1976년 강원 대성고졸 1984년 숭실대 산업공학과졸 1990년 성균관대 행정대학원 수료 (경)2002년 산업자원부 산업구조과 · 투자정책과 사무관 2008년 지식경제부 소프트웨어산업과 · 지식서비스과 사무관 2013년 산업통상자원부 원전환경과 사무관 2014~2015년 국민안전처 파견(사무관) 2016~2017년 산업통상자원부 동해자유무역지역관리원장 2017년 한국모바일기업진흥협회 부회장(현) 2017년 동북아경제협력위원회 상임위원

장기표(張琪杓) CHANG, KI-PYO

(생)1945 · 12 · 27 (본)창녕(昌寧) (출)경남 김해 (주)서울특별시 영등포구 국회대로66길 23 산정빌딩 901호 신문명정책연구원(02-2277-5253) (학)1964년 마산공고졸 1995년 서울대 법학과졸 1997년 고려대 노동대학원 고위지도자과정 수료 1998년 경남대 대학원 고위정책과정 수료 2002년 고려대 언론대학원 최고지도자과정 수료 (경)1970년 서울대 법대 학생운동신문 '자유의 종' 발행 1971년 서울대생 내란음모사건으로 복역 1973년 김대중납치사건 규탄 · 유신독재철폐투쟁사건으로 복역 1974년 민청학련사건으로 수배 1977년 긴급조치 9호 및 청계피복노조사건으로 구속 1980~1983년 김대중 내란음모사건관련으로 수배 1985~1988년 민통련 사무차장 · 정책연구실장 1986년 5.3인천시위 주도혐의로 복역 1989년 전민련 사무처장 1989년 민중당 창당선언 1990~1992년 同정책위원장 1990~1992년 同서울동작甲지구당 위원장 1991년 공안통치종식을위한범국민대책회의 공동대표 1991년 동작문화센터 이사장 1994년 21세기사회발전연구회 회장 1995년 정치개혁시민연합 부위원장 1995년 개혁신당 부대표 1995년 同통합추진특위 위원장 1996년 통합민주당 당무위원 1996년 민주당 서울동작甲지구당 위원장 1997년 신문명정책연구원 이사장 겸 대표(현) 2000년 새

시대개혁당 대표 2000~2001년 민주국민당 최고위원 2001~2002년 푸른정치연합 창당·대표 2002~2003년 새천년민주당 서울영등포乙지구당 위원장 2003년 한국사회민주당 대표 2004년 녹색사민당 대표최고위원 2004년 同서울동작甲지구당 위원장 2004년 나라구하기국민운동추진본부 대표 2006년 새정치연대 대표 2009년 전태일기념사업회 이사장, 同이사 2013~2017년 뉴스바로 발행인 (상)평등부부상(2000) (저)'우리 사랑이란 이름으로 만날때' '해방의 논리와 자주사상' '새벽노래' '사랑의 정치를 위한 나의 구상' '지구촌시대 민족발전전략' '사랑의 원리' '문명의 전환' '국가위기 극복을 위한 구국선언' '대통령님, 나라 팔리는 소리가 들립니다' '신문명 국가비전' '대통령 대 국민' '신문명 경제시론' '한국경제 이래야 산다' '북한위기의 본질과 올바른 대북정책' '부부사랑, 그 지혜로운 행복' '청년의 비전, 청년의 도전 – 청년에게 고함' '지못미 정치' '지못미 경제' '문명의 전환 새로운 비전'(2013, 백산서당) '한반도 통일과 중국(共)'(2013, 사회와연대) '참된 진보정치를 선언하며 – 왜 녹색사회민주주의인가!'(2015, 글통) '통일 초코파이 – 한반도 통일 전략 예언서'(2016, 꿈과의지) '불안없는 나라 살맛나는 국민 – 장기표 자아실현정치론'(2017, 도서출판 九思) 외 다수 (종)불교

장길엽(張吉燁)

(생)1964 (출)전북 진안 (주)전라남도 목포시 호남로58번길 19 목포세무서(061-241-1200) (학)전주고졸 1986년 세무대학졸(4기) (경)1986년 세무공무원 임용(8급 특채) 1999년 국세청 납세지원국 납세홍보과 근무 2002년 서울 삼성세무서 조사과 근무 2003년 국세청 조사국 조사3과 근무 2005년 서울서초세무서 세원관리2과 법인팀 근무 2006년 국세청 조사국 세원정보과 근무 2012년 전북 남원세무서 운영지원과장 2013년 서울지방국세청 조사4국 조사3과 조사1계장 2017년 서기관 승진 2019년 전남 목포세무서장(현)

장길환(張吉煥) JANG Kil Hwan

(생)1946·10·29 (본)인동(仁同) (출)강원 강릉 (주)강원도 강릉시 한밭골길 76-29 환희컵박물관(033-661-3413) (학)1975년 계명대 응용미술학과졸 1979년 同대학원 미술교육학과졸, 일본 고베대 대학원 문화학 예술과·예술구조학 연구 (경)개인전 5회, 신미술초대작가전, 서울국제뉴살롱전, 부산미술50년전, 한국미술문화대상전 1976~1978년 세종중 교사 1979~1980년 데레사여고 교사, 동명대 디자인대학 산업디자인과 교수, 한국색채조형학회 회장, 부산가톨릭미술인회 회장 2013년 환희컵박물관 관장(현) 2017년 강릉시사립박물관협의회 회장, 同회원(현) (상)한국미술문화대상전 초대작가상(1997), 타슈켄트국제비엔날레 특별상(2003), 타슈켄트국제비엔날레 은상(2005), 동명대 30년근속상(2010) (저)'디자이너 지망생을 위한 제품디자인 기사문제집'(1985) '그림, 그 자유와 신비'(1991) '신발디자인'(1993) (종)가톨릭

장난주(張蘭珠·女) NANJOO JANG

(생)1971·5·14 (본)인동(仁同) (출)경남 창원 (주)서울특별시 종로구 북촌로 112 감사원 심사관리관실(02-2011-2380) (학)1990년 진주제일여고졸 1995년 서울대 사회학과졸 1999년 同대학원 행정학과졸 2008년 미국 메릴랜드대 경영대학원 경영학과졸 (경)1996년 행정고시 합격(39회) 1997년 정무2장관실 제1조정관실·제3조정관실 근무 1998년 여성특별위원회 사무처 협력조정관실 근무 1998년 감사원 6국1과·환경문화감사단·국가전략사업평가단 부감사관 2005년 同심의실·품질관리담당관실·공공기관감사국 감사관 2009~2012년 同성과관리담당관·사회복지감사국 제3과장 2013년 同행정안전감사국 제1과장(부이사관) 2015년 同산업금융감사국 제1과장 2016년 同사회·복지감사국 제4과장 2017년 국외교육훈련 파견(고위감사공무원) 2018년 감사원 심사관리관(현)

장대련(張大鍊) CHANG Dae Ryun

(생)1956·9·13 (출)서울 (주)서울특별시 서대문구 연세로 50 연세대학교 경영대학 경영학과(02-2123-2516) (학)1979년 캐나다 브리티시컬럼비아대 경영학과졸 1981년 미국 컬럼비아대 대학원 경영학과졸 1986년 경영학박사(미국 하버드대) (경)1980년 미국 Honeywell Bull 연구원 1987년 연세대 경영학과 교수(현) 1989~1991년 핀란드 Helsinki School of Economics 초빙교수 1992년 연세대 국제학대학원 교학과장 1994~1995년 Hong Kong Univ. of Science & Technology 초빙교수 1994~1997년 호주 Australian National Univ. 초빙교수 1995년 연세대 경영연구소 부소장 1996~2000년 同국제교육부장 1997년 한국마케팅학회 마케팅연구편집위원장 2000~2002년 연세대 경영전문대학원 부원장 2002년 한국마케팅학회 부회장 2003~2004년 미국 Columbia Univ. 교환교수 2003~2008·2010~2011년 Singapore Management Univ. 객원교수 2005~2006년 연세대 경영연구소장 2006~2008년 同국제학대학원장 2012~2016년 서울반도체(주) 사외이사 2014년 쌍용자동차(주) 사외이사 겸 감사위원(현) 2016년 (사)한국마케팅학회 회장 (상)연세대 경영대학 우수강의상(2006) (저)'2B Marketing'(1997, 일송 출판사) '국제마케팅(共)'(1998, 학현사) 'integrated 광고론(共)'(2000, 학현사) 'More Advertising Worldwide'(2002, Springer) '경영학 뉴패러다임 : 중소, 벤처기업 마케팅'(2002, 박영사) '글로벌시대의 국제마케팅'(2006, 학현사) '광고론'(2006, 학현사) '마케팅전략(共)'(2007, 박영사) '글로벌 시대의 기업경쟁 전략(共)'(2008, 연세대 출판부) 'B2B MARKETING(비투비 마케팅)'(2009, 북넷) '마케팅 서바이벌 1'(2011, 명인문화사) '마케팅 서바이벌 2'(2013, 명인문화사) '트랜스 시대의 트랜스 브랜딩(共)'(2014, 이야기나무) (역)'광고경영론'(1994, 학현사) (종)천주교

장대석(張大錫)

(생)1972·1·10 (주)경기도 수원시 팔달구 효원로 1 경기도의회(031-8008-7000) (학)숭실대 사회사업학과졸 (경)백원우 국회의원 비서관, 시흥시사회복지사협회 부회장(현), 서울경인사회복지노동조합 위원장, 더불어민주당 경기시흥甲지역위원회 노동위원장(현) 2018년 경기도의회 의원(더불어민주당)(현) 2018년 同교육위원회 위원(현)

장대섭(張大燮) Jang Dae Sub

(생)1964·9·20 (주)서울특별시 영등포구 의사당대로 1 국회사무처 국토교통위원회(02-788-2732) (학)1983년 익산 남성고졸 1991년 경희대 정치외교학과졸 2005년 미국 오리건주립대 대학원졸 (경)1994년 입법고시 합격(12회) 1994년 국회사무처 건설교통위원회 입법조사관 2005년 同홍보관실 홍보담당관 2007년 同의사국 의사과장 2013년 同예산결산특별위원회 입법심의관 2014년 同의사국장 2016년 同기획조정실장(이사관) 2018년 同기획조정실장(관리관) 2018년 同국토교통위원회 수석전문위원(차관보급)(현)

장대환(張大煥) CHANG Dae Whan

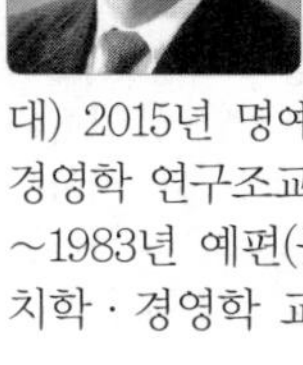

(생)1952·3·21 (출)서울 (주)서울특별시 중구 퇴계로 190 매일경제신문 비서실(02-2000-2100) (학)1970년 경기고졸 1973년 미국 Univ. of Rochester 정치학과졸 1976년 미국 조지워싱턴대 대학원 국제정치학과졸 1985년 미국 뉴욕대 대학원 국제경영학과졸 1987년 국제경영학박사(미국 뉴욕대) 2015년 명예 경제학박사(세종대) (경)1977년 미국 뉴욕대 국제경영학 연구조교 1977년 서울대 대학원·고려대 대학원 강사 1979~1983년 예편(공군 대위) 1979~1983년 공군사관학교 교수부 정치학·경영학 교관·생도전대 상담교관 전임강사 1986년 매일경

제신문 기획실장 1986년 同업무개발본부장(이사) 1987년 同상무이사 1988년 同전무이사 1988~2003년 同대표이사 사장 겸 발행인 1988년 한국신문협회 이사 1988년 국제언론인협회(IPI) 한국위원회 감사 1988년 아세아신문재단(PFA) 한국위원회 감사 1988~1997년 서울대 경영대학 국제경영학 강사 1992년 한미우호협회 공보분과위원장 1992년 세계경제포럼 차세대지도자 1993~2002년 (주)매일경제TV 대표이사 회장 1997~2003년 한국신문협회 감사 1997년 김영삼대통령 비상경제대책자문위원회 위원 1998년 세계지식포럼(World Knowledge Forum) 집행위원장(현) 1999년 한국ERP협회 회장 2000~2002년 한국마케팅연구원 회장 2000~2017년 한국공학한림원 정회원 2002년 서울대 공대 겸임교수 2002년 국무총리 서리 2003년 이화여대 경영대학 겸임교수 2003년 한국신문협회 부회장 2003년 미국 아칸소주 명예대사 2003년 매일경제신문·MBN(매일방송) 대표이사 회장(현) 2004~2017년 세계신문협회(WAN) 이사 2005~2010년 한국신문협회 회장 2005년 한국언론재단 비상임이사 2006년 한미FTA체결지원위원회 위원 2007년 자유무역협정국내대책위원회 위원 2007년 2011대구세계육상선수권대회조직위원회 집행위원 2008~2013년 국가경쟁력강화위원회 위원 2008년 대한민국건국60년기념사업위원회 위원 2008~2009년 한국방문의해 추진위원회 위원 2008~2011년 세종문화회관 이사장 2008~2010년 국무총리실 재외동포정책위원회 민간위원 2009~2013년 통일부 통일고문회의 고문 2009~2012년 국립대한민국관건립위원회 위원 2009~2010년 한국언론진흥재단 이사, 거버넌스21클럽 공동대표 2010~2014년 한국신문협회 고문 2010년 (재)더푸른미래재단 발기인 2010~2012년 세계자연보전총회조직위원회 위원 2012~2018년 서울시 시정고문단 고문 2012~2016년 홍릉포럼 이사장 2014~2016년 GCIG(Global Commission on Internet Governance) 위원 2014~2018년 한국신문협회 이사 2016년 同고문 겸임(현) 2018년 한국공학한림회 원로회원(현) (상)국민훈장 동백장, 한국컨벤션대상(2007), 자랑스러운 NYU동문상(2012), 자랑스런 한국인대상 최고대상(2012), 이탈리아 국가공로훈장(2016) (저)'국제기업협상' '신제품 밀레니움'(共) 'Knowledge Driver' '원아시아모멘텀' (역)'21세기 예측' (종)불교

장덕수(張德守)

(생)1968·2·24 (주)강원도 춘천시 중앙로 1 강원도의회(033-249-5287) (학)세경대학 토목환경학과졸 (경)(주)중앙측량 대표, 정선경찰서 생활안전협의회 위원, 정선중 운영위원, 정선신협 홍보위원 2010~2014년 강원 정선군의회 의원(민주당·민주통합당·민주당·새정치민주연합) 2018년 강원도의회 의원(더불어민주당)(현) 2018년 同의회운영위원회 위원(현) 2018년 同사회문화위원회 부위원장(현)

장덕순(張悳淳) CHANG Duck Soon

(생)1960·7·23 (출)강원 원주 (주)서울특별시 종로구 사직로8길 39 세양빌딩 김앤장법률사무소(02-3703-1830) (학)1979년 관악고졸 1983년 서울대 법대졸 1990년 미국 하버드대 Law School졸(LL.M.) (경)1982년 사법시험 합격(24회) 1984년 사법연수원 수료(14기) 1984~1992년 중앙국제법률사무소 변호사 1990년 미국 뉴욕 변호사자격 취득 1990년 미국 Lewis D'Amato Brisbois & Bisgaard 법률사무소 변호사 1991년 미국 캘리포니아주 변호사 1992년 대한상사중재원 중재인(현) 1992~2005년 제일국제법률사무소 변호사 1992년 국제특허연수원 강사 1995년 세계지적소유권기구(WIPO) 중재위원 1995~1997년 서울지방변호사회 섭외이사 1997~1999년 同섭외위원장 1998~2001년 유한양행 사외이사 1999년 미국 Latham & Watkins 법률사무소 변호사 2005년 법무법인 광장 변호사 2006년 법무법인 화우 변호사·대한변호사협회 이사 2009년 서울지방변호사회 특허연수원장(현) 2009년 기획재정부 고문변호사 2010년 인터넷주소분쟁조정위원회 위원(현) 2010년 법제처 법령해석심의위원회 위원(현) 2010년 김앤장법률사무소 변호사(현) 2015년 세계지식재산기구(WIPO) Arbitration and Mediation Center 중립인(Neutral)(현) (상)Leading Individual, Chambers Global, Intellectual Property(Chambers and Partners, 2008~2019), Leading Individual, Chambers Asia-Pacific, Intellectual Property(Chambers and Partners, 2008~2019), IP Star, Managing Intellectual Property(2014~2017), Recommended Individual for Litigation in Korea, IAM Patent 1000 – The World's Leading Patent Professionals(IAM, 2018), Dispute Resolution Star, Benchmark Litigation Asia-Pacific: Intellectual Property (Euromoney, 2018~2019) (저)'Intellectual Property & Antitrust 2010: Korea chapter(共)'(2010, Global Competition Review) 'Intellectual Property in Electronics and Software: A Global Guide to Rights and Their Applications 2013, Korea chapter(共)'(2013, Globe Business Publishing Ltd.) 'Intellectual Property and the Internet: A Global Guide to Protecting Intellectual Property Online 2014(共)'(2014, Globe Law and Business) '"Global Patent Litigation: How and Where to Win", Global IP Project'(2015, Global IP Project) 'Amended IP Rights Guideline Takes Effect(共)'(2016, International Law Office) 'Chambers Global Practice Guide – Patent Litigation 2017: Korea chapter(共)'(2017, Chambers and Partners) '"Patent Disputes in Korea – Overview and Case Study", Patente 2018 Conference'(2018, Management Circle AG) 'KIPO Begins Policing 'Idea Theft' Unfair Competition(共)'(2019, International Law Office)

장덕진(張德鎭) Jang, Deok Jin

(생)1961·8·31 (주)경기도 용인시 처인구 명지로 116 명지대학교 환경에너지공학과(031-330-6690) (학)1980년 대전고졸 1985년 서울대 미생물공학과졸 1992년 연세대 산업대학원 화학공학과졸 1995년 공학박사(미국 캘리포니아대) (경)1996~1998년 명지대 화학공학과 조교수 1999년 同환경·생명공학부 교수, 同환경에너지공학과 교수(현) 2001년 환경친화기업 심사위원 2001년 (주)이디아이티 대표이사 2002~2003년 미국 콜로라도광업대 Division of Environmental Science and Engineering 연구부교수 2003~2005년 경기지역환경기술개발센터 센터장 2006년 명지대 산학협력처장 2007~2012년 同산학협력단장 2009년 한국물환경학회 부회장 2010~2017년 명지대 에너지자립형초고도몰재생기술연구센터 소장 2013년 한국물환경학회 회장 2015~2016년 同명예회장 2017~2018년 同고문 (상)우수학위논문상(2003), 학술연구발표회 논문상(2004) (저)'슬러지벌킹 제어지침서'(2006)

장덕진(張德鎭) JANG Duck Jin

(생)1962·9·14 (출)서울 (주)대전광역시 중구 용두로 54 한국소비자원 부원장실(043-880-5500) (학)1981년 우신고졸 1985년 서울대 경제학과졸 1988년 同행정대학원 행정학과졸 2002년 미국 캘리포니아주립대 대학원 경제학과졸 (경)1987년 행정고시 합격(31회) 1995년 재정경제원 세제실 근무 1997년 금융개혁위원회 파견 1997년 공정거래위원회 정책국 지도개선과 근무 1999년 同독점국 기업결합과 근무 2002년 同심판관리실 1담당관실 근무 2003년 同광주사무소장 2005년 국민건강을위한제도개선특별대책팀 파견 2005년 공정거래위원회 기업협력단 가맹유통팀장 2007년 同서울지방공정거래사무소 경쟁과장 2007년 同서울지방공정거래사무소 총괄과장 2008년 대통령직속 국가경쟁력강화위원회 규제개혁팀 과장 2009년 공정거래위원회 하도급총괄과장 2009년 同경쟁정책과장 2010년 同서울지방공정거래사무소장(고위공무원) 2011년 국방대학원 교육파견(고위공무원) 2012년 공정거래위원회 기획조정관 2014년 同소비자정책국장 2018년 同상임위원 2019년 한국소비자원 부원장(현) (상)재무부장관표창(1994)

장덕천(張德天)

(생)1965·11·28 (출)전북 남원 (주)경기도 부천시 길주로 210 부천시청 시장실(032-320-3000) (학)중경고졸, 서울대 정치학과졸 (경)사법시험 합격(45회), 사법연수원 수료(35기), 변호사 개업 2011~2015년 부천시 고문변호사 2014~2015년 인천지방노동위원회 차별시정담당 공익위원 2015년 부천시여성청소년재단 이사 2015년 새정치민주연합 대외협력위원회 부위원장 2015년 더불어민주당 대외협력위원회 부위원장 2017년 同제19대 대통령선거 문재인 후보 법률인권특보 2018년 경기 부천시장(더불어민주당)(현)

장덕희

(생)1963·7 (주)서울특별시 서초구 서초대로74길 14 삼성화재해상보험(주) 개인영업본부(1588-5114) (학)동산고졸 1989년 연세대 경제학과졸 (경)1988년 삼성화재해상보험(주) 입사 2011년 同경영혁신팀장(상무) 2012년 同경영지원팀장(상무) 2015년 同CPC전략실장(상무) 2016년 同CPC전략실장(전무) 2019년 同CPC전략실장(부사장) 2019년 同개인영업본부장(부사장)(현)

장동경(張東經) Chang, Dong Kyung

(생)1964·10·9 (주)서울특별시 강남구 일원로 81 삼성서울병원 소화기내과(02-3410-3409) (학)1990년 서울대 의대졸 1998년 同대학원 의학석사 2001년 의학박사(서울대) (경)1990~2005년 서울대병원 인턴·레지던트 1995~1996년 제주한라병원 내과 과장 1996~1998년 서울대병원 소화기내과 전임의 1998~2001년 미국 캘리포니아대 샌디에이고캠퍼스 연구원 2001~2002년 국립암센터 선임연구관 2002~2004년 서울대 의대 임상조교수 2004~2005년 미국 베일러대 메디컬센터 선임연구원 2005년 성균관대 의과대학 내과학교실 부교수·교수(현) 2012~2014년 삼성서울병원 건강의학센터 기획팀장 2014~2015년 同미래혁신센터 부센터장 2015년 同미래혁신센터장 2016년 同미래혁신팀장 2016~2017년 同디지털헬스케어연구센터장 겸임 2016년 삼성융합의과학원 디지털헬스학과장 겸임(현) 2017년 삼성서울병원 정보전략실장(현)

장동국(張東國) CHANG Dong Kook

(생)1944·9·10 (출)경기 가평 (주)서울특별시 성동구 성수일로4길 25 현대그린테크(주) 회장실(02-2115-8815) (학)1964년 춘천고졸 1971년 서강대 경제학과졸 (경)1970년 현대건설(주) 입사·이사 1992년 현대상선(주) 상무이사 1994년 同전무이사 1996년 현대전자산업(주) 부사장 2001년 현대건설(주) 부사장 2004년 현대디지텍 대표이사 사장 2007년 현대그린테크(주) 회장(현) (상)노동부장관표창, 동탑산업훈장 (종)기독교

장동기(張東起)

(생)1964·1·2 (주)서울특별시 중구 세종대로9길 20 신한금융지주회사 그룹 고유자산운영(WM)사업부문(02-6360-3000) (학)1982년 동래고졸 1986년 서울대 경제학과졸 (경)1989년 신한은행 입행 1993년 同종합기획부 대리 1996년 同서소문지점 대리 1999년 同국제부 대리 2002년 同자금시장부 차장 2004년 同기획부 부부장 2007년 同재무기획부 팀장 2009년 同봉은사로지점장 2010년 신한금융지주 재무팀장 2014년 신한은행 여의도대기업금융센터장 2016년 신한은행 자금시장본부장 2017년 신한금융지주 재무팀 본부장 2018년 同부사장보 2019년 同그룹 고유자산운영(WM)사업부문장(부사장보)(현)

장동덕(張東德) JANG Dong Deuk

(생)1958·9·7 (본)인동(仁同) (출)충남 서천 (주)경기도 구리시 동구릉로 189 (주)노터스(031-572-8899) (학)1975년 경복고졸 1979년 서울대 수의학과졸 1984년 同대학원 수의학과졸 1990년 수의학박사(서울대) (경)1983~1990년 국립보건원·국립보건안전연구원 보건연구사 1986~1987년 미국 국립독성연구소 방문연구원 1990~1998년 식품의약품안전본부 보건연구관 1994~1995년 독일 FHG독성연구소 방문연구원 1998년 식품의약품안전청 보건연구관 1998년 국립독성연구소 조직병리과장, 同일반독성과장 2006년 同위해평가연구부장 2009년 식품의약품안전청 의약품안전국 의약품심사부장 2009년 대전지방식품의약품안전청장 2011년 식품의약품안전청 보건연구관(고위공무원) 2012~2015년 국군의무사령부 국군의학연구소장 2015년 (주)노터스 이사(현) (저)'독성병리학' '독성병리진단기준해설' '독성병리학도감' (종)천주교

장동식(張東植) JANG Dong Sik

(생)1956·12·16 (본)인동(仁同) (출)경북 영주 (주)서울특별시 성북구 안암로 145 고려대학교 공과대학 산업경영공학부(02-3290-3387) (학)1979년 고려대 산업공학과졸 1984년 미국 텍사스주립대 대학원 산업공학과졸 1988년 공학박사(미국 텍사스A&M대) (경)1989년 고려대 산업공학과 교수 1995년 미국 워싱턴주립대 객원교수 1997년 대한산업공학회 CIM/FMS분과위원장 2000년 고려대 공과대학 부학장 2002~2006년 同관리처장 2006~2011년 同정보경영공학부 교수 2006~2008년 대한산업공학회 대외부회장 2008년 고려대 공과대학장 2008년 한국산학원 원장 2009년 고려대 그린스쿨 에너지환경정책기술대학원장 2010년 同공학교육혁신센터장(현) 2011년 同산업경영공학부 교수(현) 2014년 공학교육혁신협의회 회장 (상)대통령표창(2012), 산업자원부장관표창(2014) (저)'공학개론'

장동언(張東彦) CHANG, Dong Eon

(생)1965·2·2 (본)인동(仁同) (출)서울 (주)서울특별시 동작구 여의대방로16길 61 기상청 지진화산국(02-2181-0761) (학)1984년 인천 대건고졸 1987년 서울대 대기과학과졸 1989년 同대학원 대기과학과졸 1998년 대기과학박사(서울대) (경)1990~1993년 공군 기상장교 1998~2001년 미항공우주국(GSFC) 연구원 2001~2007년 기상청 예보연구과 기상연구관 2007년 同수치모델개발과장 2009년 同예보연구과장 2011~2014년 세계기상기구(WMO) 파견 2014년 기상청 기상산업정책과장 2015년 同기상서비스정책과장(부이사관) 2016년 同기획재정담당관 2017년 同기상서비스진흥국장 2018년 국가공무원인재개발원 파견(고위공무원) 2019년 기상청 지진화산국장(현) (상)대통령표창(2014)

장동영(張東瑩)

(생)1956·1·20 (주)서울특별시 노원구 공릉로 232 서울과학기술대학교 글로벌융합산업공학과(02-970-6754) (학)1990년 기계공학박사(미국 플로리다대) (경)1990~1997년 미국 미주리대 컬럼비아캠퍼스 조교수 1997년 서울과학기술대 글로벌융합산업공학과 교수(현) 2006~2013년 서울테크노파크 원장 2007~2010년 한국세라믹기술원 사외이사 2008년 한국과학기술기획평가원 자문위원(현) 2009년 同성과관리위원 2011~2012년 대통령자문 국가교육과학자문위원회 위원 2015~2016년 한국생산제조학회 회장 2018년 서울과학기술대 기술경영융합대학장(현) 2019년 同국방과학기술연구센터장(현)

장동우(張東佑) JANG Dong Woo

(생)1953·7·30 (출)충남 (주)인천광역시 중구 제2터미널대로 444 310호 인천공항시설관리(주)(032-741-8493) (학)충남 공주고졸, 서울대 사회교육과졸 (경)1979년 대우자동차 입사 1984~1985년 대우정밀 근무 1985~1991년 대우자동차 인사부장 1992~1995년 同인사·노무부장 1995~1997년 同부평공장 관리담당 이사부장 1997~1998년 同관리부문 노사안전담당 이사 1999년 同관리부문 인력관리담당 이사 1999~2000년 同부평승용1공장장 2000년 同A/S부품관리담당 이사 2000~2001년 同창원관리담당 이사 2001~2002년 同관리본부장(상무) 2002년 GM대우오토앤테크놀로지 인사본부장(전무) 2005~2010년 同인사부문 부사장 2017년 인천공항시설관리(주) 초대 대표이사 사장(현)

장동일(張東一) JANG Dong Il

(생)1958·8·23 (출)전남 고흥 (주)경기도 수원시 팔달구 효원로 1 경기도의회(031-8008-7000) (학)강남대 사회복지학과졸, 연세대 행정대학원 지방자치및도시행정학과졸 (경)김영환 국회의원 정책특보, 민주당 경기도당 환경도시개발특별위원장, 同안산상록乙지역위원회 부위원장, 안산시청소년쉼터 운영이사, 안산시 선부·어울아동센터 후원회장 2005년 (주)대양이엔지 대표이사 2010~2014년 경기도의회 의원(민주당·민주통합당·민주당·새정치민주연합) 2012년 同행정자치위원회 위원 2014~2018년 경기도의회 의원(새정치민주연합·더불어민주당) 2014·2016·2018년 同기획재정위원회 위원, 더불어민주당 중앙당 정책위원회 부의장 2018년 경기도의회 의원(더불어민주당)(현) 2018년 同도시환경위원회 위원(현)

장동진(張東震) JANG, Dong-Jin

(생)1953·8·8 (주)서울특별시 서대문구 연세로 50 연세대학교 정치외교학과(02-2123-2936) (학)1979년 연세대 정치외교학과졸 1982년 同대학원 정치학과졸 1990년 정치학박사(미국 텍사스주립대) (경)1993년 연세대 정치외교학과 부교수 1994~1998년 同사회과학연구소 부소장 1995~1996년 同행정대학원 교학부장 1996~1998년 同정치외교학과장 2000~2001년 일본 동북대학 학제과학연구센터 방문연구교수 2002~2018년 연세대 정치외교학과 교수 2003~2005년 한국정치사상학회 회장 2004년 연세대 사회과학연구소장 2012~2014년 同사회과학대학장 겸 행정대학원장 2018년 同정치외교학과 명예교수(현) (상)교육인적자원부장관표창(2005) (저)'미국정치의 과정과 정책(共)'(1994) '국가, 시민사회, 정치민주화(共)'(1995) '전환기의 국제정치이론과 한반도(共)'(1996) '한국정치 동태론(共)'(1996) '시민사회운동(共)'(1999) '현대자유주의 정치철학의 이해'(2001) '이상국가론'(2004) '정치학이해의 길잡이 : 정치사(共)'(2008, 법무사) (역)'정치적 자유주의'(1998) '민주주의(共)'(1999) '직관과 구성 : 규범이론의 근거(共)'(1999) '리더십 강의(共)'(2000) '부패와 정부(共)'(2000) '만민법(共)'(2000) '현대 정치철학 이해'(2006)

장동찬(張東燦)

(출)충남 서산 (주)충청남도 태안군 태안읍 동백로 112 충남 태안경찰서(041-671-9323) (학)1983년 중앙대 무역학과졸 (경)1987년 경사 임용(경력채용) 2008년 울산 남부경찰서 생활안전과장 2010년 서울지방경찰청 기동본부 장비과장 2011년 서울 종로경찰서 보안과장 2014년 서울지방경찰청 보안1과 경정 2017년 충북지방경찰청 생활안전과장 2018년 충남지방경찰청 보안과장(총경) 2019년 충남 태안경찰서장(현)

장동철(張東喆)

(생)1971·7·1 (주)경기도 성남시 수정구 산성대로 451 수원지방검찰청 성남지청 형사1부(031-739-4328) (학)1990년 횡성고졸 1998년 서울시립대 법학과졸 (경)1998년 사법시험 합격(40회) 2001년 사법연수원 수료(30기) 2001년 부산지검 동부지청 검사 2003년 춘천지검 속초지청 검사 2004년 울산지검 검사 2006년 서울서부지검 검사 2009년 인천지검 검사 2011년 춘천지검 검사 2013년 대검찰청 연구관 2015년 서울중앙지검 부부장검사(문화체육관광부 파견) 2017년 부산지검 강력부장 2018년 서울동부지검 형사4부장 2019년 수원지검 성남지청 형사1부장(현)

장동헌(張東憲) JANG Dong Hun

(생)1962·5·25 (본)인동(仁同) (출)서울 (주)서울특별시 용산구 한강대로 140 지방행정회관 행정공제회 임원실(02-3781-0993) (학)1981년 경희고졸 1987년 동국대 무역학과졸 1994년 미국 아이오와대 대학원 경영학과졸(MBA) 2005년 경영학박사(동국대) (경)1988~2000년 한국투자신탁 입사·주식운용팀장 2000~2004년 SK투자신탁운용 주식운용본부장 2004~2005년 우리투자증권 고객자산운용팀장 2005년 금융감독원 거시감독국 수석조사역 2006년 同자산운용감독국 자산운용분석팀 수석조사역 2007~2008년 同조사연구실 증권연구팀장 2008년 얼라이언스번스타인자산운용 대표이사, 한국거래소 유가증권시장 상장심사위원 2010~2012년 우리자산운용 운용본부총괄 전무 2010~2014년 한국거래소 파생상품시장발전위원회 심의위원 2012~2014년 우리자산운용 신성장본부총괄 전무 2012~2014년 한국예탁결제원 자산운용인프라발전자문위원 2015년 행정공제회 사업부이사장(CIO)(현)

장동혁(張東赫) JANG Dong Hyeok

(생)1969·6·2 (출)충남 보령 (주)광주광역시 동구 준법로 7-12 광주지방법원 총무과(062-239-1503) (학)1988년 대천고졸 1993년 서울대 불어교육학과졸 (경)1991년 행정고시 합격(35회) 1993년 교육행정사무관 2001년 사법시험 합격(43회) 2004년 사법연수원 수료(33기) 2004년 대전지법 예비판사 2006년 同판사 2007년 同서산지원 판사 2009년 同가정지원 판사 2011년 대전지법 판사 2013년 대전지법 서산지원·대전가정법원 서산지원 판사 2015년 인천지법 판사 2016~2018년 국회 파견 2017년 서울중앙지법 판사 2019년 광주지법 부장판사(현) (종)기독교

장동현(張東鉉) JANG Dong Hyun

(생)1963·8·20 (출)대구 (주)서울특별시 종로구 종로 26 SK(주) 사장실(02-6400-0114) (학)1980년 경북사대부고졸 1987년 서울대 산업공학과졸 1989년 同대학원 산업공학과졸 (경)1989년 한국과학기술원(KAIST) 근무 1991년 유공 입사 1997년 태광멀티애드 SP2팀 및 인사총무팀장 1999년 SK(주) 구조조정추진본부 차장 1999년 SK텔레콤(주) 인력관리실 근무 2000년 同재무관리실 재무기획팀장 2003년 同재무관리실 재무기획팀장(상무) 2004년 同경영기획실장 2006년 同경영관리실장 겸 이사회 사무국장 2007년 同Corporate Center 전략기획실장 2009년 同Corporate Center 전략조정실장(전무) 2010년 同전략기획부문장 2011년 同마케팅부문장 2013년 同마케팅부문장(부사장) 2013~2014년 SK플래닛 최고운영책임자(COO) 2015년 SK텔레콤 대표이사 사장 2015~2016년 SK그룹 SUPEX(Super Excellent)추구협의회 창조경제혁신추진단장 2015~2016년 세계이동통신사업자협회(GSMA) 이사회 멤버 2015~2016년 프로농구 서울 SK 나이츠 구단주 2015년 한국정보통신진흥협회(KAIT) 회장 2017년 SK C&C 사장 2017년 SK(주) 대표이사 사장(현)

장동화(張東和) JANG Dong Hwa

(생)1953·3·29 (출)강원 화천 (주)강원도 화천군 화천읍 상승로 91 민주평화통일자문회의 화천군협의회(033-441-0240) (경)화천군 농민회장, 同농민단체협의회 회장 2004년 민주노동당 화천군위원회 대의원 2004년 전국농민회총연맹 강원도연맹 의장 2006년 同부의장, 同조국통일위원장 2006년 강원 화천군수 선거 출마(민주노동당), 민주노동당 강원도당 부위원장 2009년 화천군농민회 회장 2017년 민주평통 화천군협의회 회장(현) (종)기독교

장동희(張東熙) Chang Donghee

(생)1956·4·23 (출)경북 칠곡 (주)경상북도 구미시 이계북로 7 경제진흥원 8층 새마을세계화재단(054-716-2551) (학)1973년 대구고졸 1977년 경북대 행정학과졸 1982년 서울대 행정대학원 수료 1983년 프랑스 파리국제행정대학원졸 1994년 미국 휴스턴대 로스쿨졸(LL.M.) 2005년 법학박사(고려대) (경)1977년 외무고시 합격(11회) 1985년 駐자이르 2등서기관 1992년 駐휴스턴 영사 1995년 외무부 국제협약과장 1997년 駐오스트리아 참사관 2000년 외교통상부 조약국 심의관 2002년 駐벨기에·구주연합 공사 2004년 대법원 파견 2005년 외교사료관 관장 2006년 외교안보연구원 경력교수 2006년 駐제네바대표부 차석대사 2008년 駐리비아 대사 2010년 외교통상부 본부대사 2011년 동북아역사재단 국제표기명칭대사(파견) 2013년 駐핀란드 대사 2016년 경북대 행정학부 초빙교수 2018년 새마을세계화재단 대표이사(현) (상)홍조근정훈장(2016), 핀란드정부 1등기사 훈장(Decoration of the Commander, 1st Class)(2016) (저)'현대국제법질서(共)'(2001)

장동희(張東禧) JANG DONG HEE

(생)1965·1·10 (본)인동(仁同) (출)강원 평창 (주)서울특별시 성동구 광나루로 297 성동세무서(02-460-4241) (학)1982년 강릉고졸 1984년 세무대학졸 2009년 성균관대 대학원 경영학과졸 (경)1984년 세무공무원 임용(8급 특채) 2009년 국세청 차장실 사무관 2011~2012년 대통령 공직기강비서관실 파견 2013년 울산세무서장 2014년 서울지방국세청 조사2국 1과장 2014년 서울 마포세무서장 2015년 국세청 납세자보호담당관 2016년 同소비세과장 2017년 同소비세과장(부이사관) 2017년 대구지방국세청 성실납세지원국장 2018년 同조사1국장 2019년 서울 성동세무서장(현)

장두원(張斗遠) CHANG Du Won (竹軒)

(생)1939·12·10 (출)전북 김제 (주)서울특별시 영등포구 의사당대로1길 34 아시아투데이(02-769-5018) (학)1958년 신흥고졸 1964년 한양대 원자력학과졸 1990년 고려대 자연과학대학원 수료 (경)1966~1973년 대한일보 기자 1973~1980년 KBS 보도국 기자 1980년 해직 1985~1988년 아시안게임·올림픽개막식 국제민속공연관계 상황실장 1988~1993년 KBS 복직 1993년 同전주방송총국장 1995년 KBS아트비전 감사 1999년 한국국제언론정보연구원 원장 2000년 세종대 신문방송학과 겸임교수 2000년 한국문학번역금고 상임이사 겸 사무총장 2000년 영상물등급위원회 심의위원 2001~2005년 한국간행물윤리위원회 제1심의위원회 심의위원 2007~2015년 아시아투데이 부회장 2015년 同주필(현) (상)전주시문화상, 사선문화상 (저)'한국방송 70년사' (종)천주교

장두원(張斗遠) CHANG Tu Won

(생)1955·3·31 (출)서울 (주)경기도 안양시 동안구 시민대로 74 (주)효성기술원 원장실(031-428-1000) (학)서울고졸 1978년 서울대 화학과졸 1980년 한국과학기술원(KAIST) 화학과졸(석사) 1989년 이학박사(미국 프린스턴대) 1990년 미국 Northwestern Univ. 대학원 박사 후 과정 수료 (경)1990년 삼성종합화학 입사 2000년 제일모직(주) 소재3팀장(부장) 2005년 同남성복컴퍼니장(상무보) 2006년 同공정소재연구소장(상무) 2010년 同전자재료연구소장(전무) 2012년 同중앙연구소장(전무) 2013년 同일본주재원(연구위원) 2014년 솔브레인(주) 기술본부장(CTO) 2015~2016년 (주)제닉 공동대표이사 2017년 (주)효성기술원 원장(현)

장래아(蔣來我·女)

(생)1975·2·3 (출)경북 경산 (주)대구광역시 수성구 동대구로 364 대구지방법원(053-757-6470) (학)1993년 대구 경화여고졸 1997년 이화여대 법학과졸 (경)1999년 사법시험 합격(41회) 2002년 사법연수원 수료(31기) 2002년 수원지법 판사 2004년 서울중앙지법 판사 2006년 대구지법 김천지원 판사 2008년 대구지법 판사 2013년 대구지법 서부지원·대구가정법원 서부지원 판사 2015년 대구고법 판사 2017년 울산지법 부장판사 2019년 대구지법 부장판사(현)

장래혁(張來赫) NAE HYUCK CHANG

(생)1967 (주)대전광역시 유성구 대학로 291 한국과학기술원 전기및전자공학부(042-350-7434) (학)1989년 서울대 제어계측공학과졸 1992년 同대학원 제어계측공학과졸 1996년 제어계측공학박사(서울대) (경)서울대 공과대학 컴퓨터공학부 교수 2001년 신도리코 기술자문 2005년 미국 애리조나주립대 방문교수 2012년 미국 전기전자공학회(IEEE) 석학회원(Fellow)(현) 2014~2018년 미국 컴퓨터학회 저널 Transactions on Design Automation of Electronics Systems(TODAES) 편집장 2014년 한국과학기술원(KAIST) 공과대학 전기및전자공학부 교수(현) 2015년 반도체설계자동화학술대회(DAC, Design Automation Conference) 집행위원(현) 2015년 同프로그램위원장(Technical Program Chair) 2015년 국제컴퓨터학회(ACM) 석학회원(현)

장만기(張萬基) CHANG Man Key

(생)1937·8·8 (본)인동(仁同) (출)전남 고흥 (주)서울특별시 서초구 논현로 139 대흥빌딩 7층 한국인간개발연구원(02-2203-3500) (학)1960년 순천 매산고졸 1968년 서울대 대학원 경영학과졸 1985년 미국 캘리포니아대 로스엔젤레스교(UCLA) 경영대학원 국제경영자과정 수료 1994년 명예 환경학박사(미국 지구환경대학원) (경)1968년 명지대 경영학과 교수 1969년 (주)코리아애드 이사 1970년 (주)코리아마케팅 대표이사 1972년 (사)한국기독실업인회 총무 1972년 제1차 성서공회대회 한국대표·CBMC대회 한국대표 1975년 (사)한국인간개발연구원 창립·원장 1975~1995년 경기대 관광경영학과·세종대 경영대학원·연세대 교육대학원·한남대 경영학과·중앙대 사회개발대학원·건국대 경영학과·국민대 경영학과·고려대 국제대학원 및 기독대학원 강사 1985년 행정자치부 지방행정연수원 강사 1985년 한국정보문화협의회 위원 1990년 한국엘엠아이(주) 대표이사 회장 1992년 (사)한미우호협회 이사 1993년 (사)한국지역정책연구원 상임위원 1993~2002년 한·러친선협력회 부회장 겸 회장 직대 2001년 (사)한국인간개발연구원 회장(현) 2002년 중국 연변과학기술대 명예교수 2002년 녹색교통운동 이사장 2003년 한·러친선협력회 이사장 2003년 한빛누리재단 이사 2003년 (재)숭실공생문화재단 이사(현) 2003년 서울대경영대학원동창회 부회장, 同고문(현) 2003년 Peter Drucker Society Korea 고문 2003년 한·러친선협회 이사장(현) 2004년 중국 동북사범대 객원교수 2004년 중국 길림대학 고문교수 2005년 중앙인사위원회 인사정책자문위원 2006년 중국 길림시 경제고문 2008년 현대자동차그룹 인사정책자문위원 2009년 (사)나봄문화 이사 2009년 (사)한국씨니어연합 고문 2009년 녹색교통운동 고문 2010년 대한노인회 고문 2010년 문화저널21 자문위원 2011년 대통령직속 사회통합위원회 기획위원 2011년 국제한국문화교류운

동본부 이사 2011년 전문경영인학회 고문(현) 2011년 한국방송통신대 운영위원 (상)산업교육부문 대통령표창(1997), 서울대 경영인대상(2004), 한국CEO연구포럼 대한민국CEO그랑프리 특별상(2010), 환경재단 '세상을 밝게 만드는 사람들' 수상(2014) (저)'인간경영학' '기업과 인간'(編) '한국적 노사관계'(編) '간부의 자기혁명'(編) '대한민국 파워엘리트 101인이 들려주는 성공비결 101가지' (역)'간부와 자기관리' '경영지침' '활력경영' '폴마이어와 베풂의 기술' '폴J.마이어의 리더십 실천계획 5단계' '기적을 부르는 사람'(日文·共) '자조론, 인격론'(사무엘 스마일스 작) (종)기독교

장만희(張萬熙)

(생)1962·10·15 (출)충남 예산 (주)부산광역시 강서구 공항진입로42번길 54 부산지방항공청 청장실(051-974-2101) (학)1981년 문일고졸 1985년 한국항공대 항공기계공학과졸 2009년 同대학원 항공우주법학과졸 (경)1990년 7급 특채 2001년 건설교통부 항공국 항공정책과 사무관 2001년 국제민간항공기구(ICAO) 파견 2005년 건설교통부 항공안전본부 기획총괄팀 근무 2007년 同항공안전본부 기획총괄팀 서기관 2008년 건설교통부 근무 2008년 駐몬트리올 총영사 겸 駐ICAO 대표부 2011년 국토해양부 항공정책실 운항안전과장 2013년 국토교통부 항공정책실 운항정책과장 2015년 同항공정책실 운항정책과장(부이사관) 2016년 同항공정책실 항공안전정책과장 2017년 제주지방항공청장 2019년 부산지방항공청장(국장급)(현) (상)장관표창(1997·2005)

장명국(張明國) JANG Myung Gook

(생)1947·11·15 (출)경기 수원 (주)서울특별시 중구 통일로 92 에이스타워 13층 내일신문(02-2287-2100) (학)1966년 경기고졸 1970년 서울대 상과대학 경제학과졸 (경)1978년 삼선인삼(주) 사장 1981년 석탑출판사 경영 1987년 석탑노동연구원 원장 1993년 (주)내일신문 운영위원장 1998~1999년 YTN 사장 1999~2004년 동국대 행정학과 겸임교수 1999~2000년 경희대 언론정보대학원 겸임교수 2000~2001년 자연보호중앙협의회 회장 2002년 (주)내일신문 대표이사 겸 발행인(현) 2003~2006년 국립암센터 경영자문전문위원 2003~2004년 건국대 행정학과 겸임교수 2004년 한국외국어대 이사 2005~2007년 법무부 감찰위원회 부위원장 2006~2008년 학교법인 영남학원 이사 2006~2008년 한국학술진흥재단 이사 2007~2010년 한국녹색문화재단 이사장 2010년 한국신문윤리위원회 윤리위원(현) 2012년 한국신문협회 이사(현) (상)국민훈장 모란장(2009) (저)'노동법해설' '산업재해와 직업병' '노동조합 일상활동' '장명국의 세상읽기' '셋이 모여 삶이 된다' '혼돈과 창조의 역사' '노동조합 간부를 위한 한국노동운동론' '노동운동과 민족문제' '정권교체냐 정권재창출이냐' '밥·일·꿈-장명국의 4차원 경영 이야기'(2011) (역)'세계사편력' '사회과학강의'

장명근(張明根) Myung-Keun Chang

(생)1959·1·2 (본)인동(仁同) (출)서울 (주)서울특별시 마포구 양화로7길 6-16 (주)네이머스컨설턴트(02-338-1045) (학)서울고졸 1984년 한양대 토목공학과졸 1986년 미국 미시간주립대 대학원 환경공학졸 1994년 환경공학박사(미국 미시간주립대) (경)1980~1982년 육군 제1사단 공병대 근무(만기제대) 1983~1984년 삼양정수공업(주) 구의제4정수장 기계설치공사작업 기사 1986~1992년 미국 미시간주립대 도시환경공학과 Research Assistant 1992년 삼성종합건설(주) 환경사업부 과장 1993~1996년 삼양정수공업(주) 기술부장 1995년 한미발전설비기술협력단 한국측 위원 1996~1998년 삼양정수공업(주) 상무이사 겸 환경기술연구소장 1998~2008년 同대표이사 사장 1998년 과학기술부 선도기술개발사업2단계종합평가 평가위원 1999년 제18회 한일산업설비수출협력회의 한국측 위원 1999년 한미기업협력위원회(CBC) 한국측 위원 1999년 제24회 한일기계공업위원회 한국측 위원 2000년 한국수자원공사 프로젝트설계심의위원 2001~2003년 국립환경연구원 환경기술개발사업추진심사위원회 심의위원 2003~2004년 한국공학한림원 원탁토론회 운영위원 2003~2013년 同건설환경공학분과 회원 2008~2011년 KC삼양정수(주) 대표이사 사장 2008년 경기도 전략산업기술개발사업RFP심의조정위원회 공공기술분야 평가위원 2011~2013년 한국산업기술평가관리원 산업기술혁신평가단 위원 2011~2012년 삼양정수(주) 대표이사 2013년 (주)네이머스컨설턴트 대표컨설턴트(현) 2013년 미국 수도협회 회원(현) 2014년 한국환경한림원 정회원(현) 2014년 한국공학한림원 건설환경공학분과 정회원(현) 2014~2016년 국토교통과학기술진흥원 국토교통R&D평가위원 2015년 한국중재학회 이사(현) 2015년 대한상사중재원 중재인(현) (상)미국 미시간주립대 Best Graduate Student Award(1988), 인천경기기계공업협동조합 500만불수출달성상(1998), 국세청장표창(2000), 환경부 마을하수도운영제안공모 우수상(2002), IGM세계경영연구원 CEO과정 최우등상(2010) (종)기독교

장명수(張明秀·女) CHANG Myong Sue

(생)1942·3·31 (출)충남 천안 (주)서울특별시 서대문구 이화여대길 52 학교법인 이화학당 이사장실(02-3277-2003) (학)1960년 이화여고졸 1964년 이화여대 신문방송학과졸 2001년 명예 문학박사(미국 메릴랜드대) (경)1963년 한국일보 입사 1984년 同편집국 문화부장 1988년 同편집국 부국장 1990년 同편집국 차장·생활부장 1993년 同심의실장 겸 편집위원 1995~1997년 同이사대우 편집위원 1995~1996년 삼성언론재단 이사 1997년 한국일보 이사 겸 편집위원 1998년 同이사 겸 주필 1998년 기획예산위원회 비상임위원 1999년 한국신문방송편집인협회 부회장 1999~2002년 한국일보 대표이사 사장 2001~2002년 한국신문협회 부회장 2002~2007년 한국일보 이사 2004년 대검찰청 공안자문위원회 위원 2005년 사법제도개혁추진위원회 민간위원 2006년 이화여고총동창회 회장 2007년 한국일보 고문 2009~2013년 대통령자문 통일고문회의 고문 2009년 대법원 사법정책자문위원회 위원 2010년 同대법관제청 자문위원 2011년 학교법인 이화학당 이사장(현) (상)최은희 여기자상(1985), 여성동아 대상, 오늘의 여성상(학원사), 관훈언론상(1991), 위암 장지연언론상(2000), 한국언론학회 언론상, 춘강상 여성지도부문, 미디어발전공헌상 저널리즘부문(2010), 이화언론인상(2015) (종)천주교

장명수(張明秀) Jang, Myung Soo

(생)1961·11·30 (주)서울특별시 종로구 사직로8길 60 외교부 인사운영팀(02-2100-7141) (학)1987년 한국외국어대 스페인어과졸 (경)1987년 외무고시 합격(21회) 1987년 외무부 입부 1992년 駐뉴욕 영사 1995년 駐칠레 2등서기관 2002년 경제협력개발기구(OECD) 사무국 근무 2003년 외교통상부 경제기구과장 2005년 駐헝가리 참사관 2008년 駐칠레 공사참사관 2011년 외교통상부 중남미국 심의관 2013년 외교부 중남미국장 2014~2017년 駐콜롬비아 대사 2017년 충북도 국제관계대사 2019년 駐아르헨티나 대사(현) (상)대통령표창(2009), 근정포장(2012), 콜롬비아 산카를로스 대십자훈장(2017)

장명식(張明植) CHANG Myung Shik

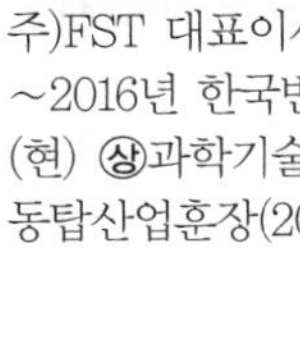

(생)1953·12·18 (본)인동(仁同) (출)서울 (주)경기도 화성시 동탄산단6길 15-23 (주)FST 비서실(031-371-2400) (학)1971년 보성고졸 1976년 서강대 물리학과졸 (경)1976~1980년 삼미상사 근무 1981~1982년 신한과학(주) 영업부 근무 1983~1986년 서울일렉트론 반도체사업부 근무 1987~2014년 (주)FST 대표이사 1989~1997년 한국램리서치(주) 대표이사 2013~2016년 한국반도체산업협회 감사 2014년 (주)FST 각자대표이사(현) (상)과학기술처 벤처기업상(1994), 삼성전자 특별공로상(1999), 동탑산업훈장(2013) (종)기독교

장명희(張明熙) CHANG MYONG HI

(생)1932·11·14 (본)결성(結城) (출)경기 개성 (주)서울특별시 강남구 테헤란로 313 성지하이츠 1동 716호 (주)셀코(02-554-4361) (학)1950년 개성 송도고졸 1955년 동국대 문리과졸 (경)1987년 (주)빠띠네인터내쇼날코리아 사장·회장 1989년 아시아빙상경기연맹 이사 겸 감사 1990년 (주)이테크건설 감사 1993년 대한체육회 감사 1993~2004년 아시아빙상경기연맹 부회장 1993~1995년 대한빙상경기연맹 회장 1994년 국제빙상경기연맹 집행위원 1994년 97동계유니버시아드조직위원회 부위원장 1994년 제17회 동계올림픽한국선수단 단장 1995년 대한빙상경기연맹 명예회장 2002년 (재)개성시민회 회장 2002년 제19회 동계올림픽빙상경기단 기술대표 2003년 (주)셀코 회장·고문(현) 2004~2006·2013년 민주평통 자문위원 2004년 아시아빙상연맹 회장(현) 2004년 대한올림픽위원회(KOC) 남북체육교류위원회 부위원장, 同국제위원회 위원, 송도학원 이사(현), (재)송암문화재단 감사 2009년 OCI미술관 감사 2010년 2018평창동계올림픽유치위원회 위원 2010년 同기술위원장 2012년 국제빙상연맹 명예위원 겸 상임고문(현) 2013년 개성시 명예시장(현) 2013년 대한체육회 자문위원(현) 2013~2018년 2018평창동계올림픽대회조직위원회 위원 겸 자문위원 2017년 (재)한국체육인회 고문(현) (상)체육훈장 기린장(1988), 대통령표창(1990), 체육훈장 백마장(1991), 체육훈장 맹호장(1992), 체육훈장 청룡장(1997), 국민훈장 동백장(2004) (종)불교

장무환(張武煥) CHANG Moo Hwan

(생)1954·2·18 (본)인동(仁同) (출)대구 (주)충청남도 천안시 동남구 단대로 119 단국대학교 의과대학 안과학교실(041-550-1210) (학)1982년 서울대 의대졸 1987년 同대학원 의학석사 1989년 의학박사(서울대) (경)1982~1983년 서울대병원 인턴 1983~1986년 同레지던트 1986~1988년 강서병원 안과 과장 1988~1990년 동국대병원 대우교수 1990~1994년 동국대 의대 조교수 1994~1999년 단국대 의대 안과학교실 부교수 1999~2019년 同의대 안과학교실 교수 2001~2005년 同의대 부속병원 기획조정실장 2006~2007년 同의대 부속병원장 2007~2011년 同의무부총장 겸 의료원장, 대한병원협회 이사 2011~2014년 단국대 의대 안과학교실 주임교수 2019년 同명예교수(현) (저)'안과학' '망막박리' '망막'

장미경(女)

(생)1964 (출)서울 (주)서울특별시 중구 통일로 120 NH농협은행 자금운용부문(02-2080-5114) (학)서문여고졸, 서울대 의류학과졸 (경)NH농협은행 WM지원팀장, 同양재하나로지점장, NH캐피탈 경영본부장, NH농협은행 상품개발부장, 同국제업무부장 2018년 同자금운용부문 부행장보(현)

장미란(張美蘭·女) JANG Mi Ran

(생)1983·10·9 (출)강원 원주 (주)경기도 고양시 덕양구 화신로 190 장미란체육관 2층 장미란재단(031-978-2012) (학)2001년 원주공고졸 2010년 고려대 사범대학 체육교육학과졸 2012년 성신여대 대학원 체육학과졸 2015년 체육학박사(용인대) (경)1999년 역도 입문 2002년 부산아시안게임 은메달 2003년 세계선수권대회 용상 동메달 2004년 그리스 아테네올림픽 75kg이상급 은메달 2005년 카타르 도하 세계여자역도선수권대회 75kg급 용상 금메달·인상 은메달 2006년 한·중·일국제초청역도대회 세계신기록(인상 138kg·용상 180kg, 합계 318kg) 2006년 도미니카공화국 산토도밍고 세계여자역도선수권대회 75kg급 용상 금메달·합계(314kg) 금메달 2006년 도하아시안게임 75kg급 은메달 2007~2013년 경기 고양시청 소속 2007년 태국 치앙마이 세계여자역도선수권대회 75kg급 용상(181kg) 금메달·합계(319kg) 금메달(세계선수권대회 3연패)·인상(138kg) 은메달 2008년 제29회 베이징올림픽 75kg급 금메달(합계 세계신기록 326kg : 인상 140kg·용상186kg) 2008년 제89회 여수전국체전 3관왕 2008년 아시아클럽역도선수권대회 75kg급 이상 3관왕(인상120kg·용상160kg·합계280kg) 2009년 한·중·일 국제역도경기대회 최중량급 3관왕(인상·용상·합계) 2009년 고양세계역도선수권대회 최중량급 인상(136kg) 은메달·용상(187kg) 금메달·합계(323kg) 금메달(세계선수권대회 4연패) 2010년 국제역도연맹 '2009 최고의 여자 선수(Best Female Lifter of 2009)' 선정 2010년 세계역도선수권대회 최중량급 인상(130kg) 동메달·용상(179kg) 은메달·합계(309kg) 동메달 2010년 광저우아시안게임 75kg초과급 인상(130kg)·용상(181kg)·합계(311kg) 금메달(그랜드슬램 달성) 2011년 전국체전 명예홍보대사 2012년 학교폭력예방 홍보대사 2012년 평택 아시아역도선수권대회 여자부 75kg 이상급 인상·용상·합계 금메달 2012년 제30회 런던올림픽 여자역도 국가대표 2012년까지 전국체전 10년 연속 3관왕 2012년 장미란재단 설립·이사장(현) 2013년 현역 은퇴 2013년 고양시 명예선수(현) 2013년 대통령직속 청년위원회 소통분과 위원, 同인재양성·문화분과 위원 2013년 국제역도연맹(IWF) 선수위원(현) 2013~2019년 대한체육회 선수위원회 위원 2015년 광복70주년기념사업추진위원회 위원 2015년 문화체육관광부 스포츠혁신위원회 위원(현) 2016년 용인대 체육학과 교수(현) (상)대한역도연맹 여자 최우수선수상(2001~2010), 대한민국 체육상 경기분야(2005), 한국여성스포츠회 윤곡상 최우수상(2005), 대한역도연맹 대상(2008), 대한체육회 2007 체육대상(2008), 한국이미지 디딤돌상(2009), 코카콜라 체육대상 특별상(2009), 체육훈장 청룡장(2009), 고양세계역도선수권대회 '베스트 리프터(Best Lifter)'로 선정(2009), 경기도 스포츠스타상(2009·2010), 자랑스런 한국인대상 스포츠발전부문(2009), 고려대 특별공로상(2010), 대한역도연맹 특별상(2013), 제5회 도전한국인상 스포츠부문(2013), 보건복지부장관표창(2013), MBN 여성스포츠대상 특별상(2013) (종)기독교

장미희(張美姬·女) CHANG Mi Heui

(생)1957·12·8 (출)서울 (주)서울특별시 서대문구 가좌로 134 명지전문대학 연극영상과(02-300-1328) (학)명지대 교육대학원졸 (경)탤런트 겸 영화배우(현) 1975년 TBC 탤런트 데뷔 1976년 영화 '성춘향'으로 데뷔 1977년 영화 '겨울여자'에서 이화역을 맡아 대스타로 발돋움 1982년 조계사 합창단장, 한국영화배우협회 부회장 1989년 명지전문대학 강사 1998년 同연극영상과 부교수·교수(현) 1998년 同연극영상과 학과장 1999년 영상물등급위원회 영화심의위원 2001년 서울영상위원회 부위원장 2002년 국제영상자료원연맹(FIAF) 서울총회 홍보대사 2002년 영화진흥위원회 비상임부위원장 2005년 문화관광부 영화진흥위원 2006년 고양국제어린이영화제 집행위원장 2007년 사회복지공동모금회 홍보대사 2011년 2011광주디자인비엔날레 명예홍보대사 2012년 제10회 서울환경영화제 공동집행위원장 2017년 부천국제판타스틱영화제조직위원회 부위원장(현) (상)제27회 베를린국제영화제 은곰상 여우주연상(1977), 동양방송 연기대상 최우수 여자연기상(1979), 제1회 영화평론가협회상 여우주연상(1980), 제37회 아시아태평양영화제 여우주연상(1992), 대종상 여우주연상(1992), 제12회 청룡영화상 여우주연상(1992), KBS 연기대상 인기상·베스트 커플상(2008), 한국최고경영자회의 문화경영 연예인부문 대상(2009), 제38회 황금촬영상 영화제 시상식 공로상(2017) (저)'내 삶은 아름다워질 권리가 있다'(1998) (작)영화 '애인'(1982) '적도의 꽃'(1984) '사의 찬미'(1987) '불의 나라'(1989) '애니깽'(1994) '아버지'(1997) '보리울의 여름'(2002) 드라마 'KBS2 타인'(1987) '잠들지 않은 나무'(1989) 'MBC 엄마야 누나야'(2000) 'SBS 홍부네 박터졌네'(2003) 'MBC 황태자의 첫사랑'(2004) 'SBS 그 여름의 태풍'(2005) 'KBS2 엄마가 뿔났다'(2008) 'SBS 인생은 아름다워'(2010) 'SBS 패션왕'(2012) 'MBC 오자룡이간다'(2012~2013) 'JTBC 맏이'(2013) 'JTBC 귀부인'(2014) 'MBC 장미빛 연인들'(2014) 'KBS2 착하지 않은 여자들'(2015) 'JTBC 마담앙트완'(2016) '클레어의 카메라'(2017) 'KBS 같이 살래요'(2018)

장 민(張 珉) Chang, Min

(생)1965 · 1 · 24 (출)경남 사천 (주)서울특별시 중구 명동11길 19 한국금융연구원(02-3705-6319) (학)1983년 경복고졸 1988년 서울대 경제학과졸 1997년 경제학박사(미국 미시간주립대) (경)1990~1993년 한국은행 저축부 저축기획과 · 외환관리부 외환기획과 근무 1998년 同조사국 금융제도팀 조사역 1999년 同조사국 통화분석팀 과장 2000년 국제결제은행(BIS) 통화경제국 Visiting Fellow 2000년 금융통화위원회 위원보좌역 2001년 한국은행 조사국 통화분석팀 과장 2003년 同조사국 조사총괄팀 차장 2004년 同뉴욕사무소 워싱턴주재원 2007~2008년 同정책기획국 정책총괄팀 차장 2009년 한국금융연구원 거시경제연구실 연구위원 2009년 G20 3&4분과 민간전문위원 2009년 한국금융연구원 거시경제연구실장 2010년 同국제거시금융실장 2011년 同국제거시금융연구실 선임연구위원 2011~2013년 금융위원회 위원장 자문관 2013~2015년 우리은행 사외이사 2013~2015년 한국금융연구원 연구조정실장 2014~2015년 우리금융지주 사외이사 2015~2018년 한국은행 조사국장 2018년 한국금융연구원 선임연구위원(현) (저)'우리나라 은행산업의 진로(共)'(1999, 지식산업사) '금융환경 변화와 통화정책(共)'(2000, 지식산업사)

장민석(張珉碩)

(생)1975 · 3 · 29 (출)충남 공주 (주)대구광역시 수성구 동대구로 364 대구지방법원 총무과(053-757-6470) (학)1994년 공주사대부고졸 2002년 성균관대 사학과졸 (경)2001년 사법시험 합격(43회) 2004년 사법연수원 수료(33기) 2004년 대전지법 예비판사 2006년 同판사 2007년 同홍성지원 판사 2009년 대전지법 판사 2012년 청주지법 충주지원 판사 2014년 대전고법 판사 2016년 인천지법 판사 2019년 대구지법 부장판사(현)

장민수(張敏洙) CHANG Min Soo

(생)1954·9·17 (출)전북 전주 (주)충청남도 아산시 탕정면 선문로221번길 70 선문대학교 글로벌비즈니스대학 국제경제통상학과(041-530-2517) (학)1973년 전주고졸 1977년 고려대 산업공학과졸 1990년 독일 뮌스터대 대학원 경제학과졸 1994년 경제학박사(독일 뮌스터대) (경)1980~1982년 삼미특수강 근무 1994년 현대경제연구원 연구위원 1996년 선문대 국제경제학과 전임강사 1998~2014년 同국제경제학과 교수 2012년 同국제평화대학장 2015~2016년 同글로벌비즈니스외국어대학 국제경제통상학과 교수 2017년 同글로벌비즈니스대학 국제경제통상학과 교수(현) 2017년 同대학원장(현) (저)'무역증진을 통한 NIC의 공업화 정책' (종)기독교

장민수(張敏秀) JANG MIN SU

(생)1980·2·20 (본)안동(安東) (출)서울 (주)충청북도 청주시 흥덕구 오송읍 오송생명2로 187 식품의약품안전처 기획조정관실(043-719-1410) (학)남강고졸, 서강대 신문방송학과졸 (경)2006년 행정고시 합격(50회) 2007년 중앙공무원교육원 교육(COTI 52기) 2008~2013년 식품의약품안전처 행정사무관 2014~2015년 식품의약품안전평가원 연구기획조정과장 2015년 식품의약품안전처 소비자위해예방정책과장 2017년 同처장 비서관 2018년 同기획조정관실 기획재정담당관(현) (상)대통령표창(2013) (종)기독교

장민철(張敏哲)

(생)1959 · 4 · 20 (본)안동(安東) (출)경남 진주 (주)경상남도 진주시 문산읍 월아산로996번길 5 한국실크연구원 원장실(055-761-0212) (학)1978년 진주 대아고졸 2001년 진주산업대 산업경제학과졸 2009년 창원대 행정대학원 행정학과졸 2012년 국방대 안보과정 수료 (경)2005년 경남도 공보관실 보도담당 사무관 2007년 同감사관실 회계감사담당 사무관 2009년 同총무과 총무담당 사무관 2011년 同체육지원과장 2013년 同공보관 2014년 同행정과장 2014~2015년 경남 거창군 부군수 2015년 同군수 직무대행 2015년 교육훈련 파견(부이사관) 2016년 경남도 농정국장 2017~2018년 同복지보건국장 2018년 한국실크연구원 원장(현) (상)대통령표창(2007 · 2011), 홍조근정훈장(2019)

장백건(張白建)

(생)1967 · 12 · 25 (출)서울 (주)서울특별시 노원구 노원로 75 한국원자력의학원 감사실(02-970-2114) (학)1984년 성동고졸 1989년 고려대 신문방송학과졸 (경)동부그룹 종합조정실 근무 2011년 코리아컨센서스연구원 사무총장 2012~2014년 서울시교육청 인사위원회 위원 2013~2015년 서울시설공단 감사 2015년 서울시 성동구고충처리위원회 위원 2016년 同부위원장 2018년 한국원자력의학원 감사(현)

장범식(張汎植) JANG Beom Sik

(생)1957 (주)서울특별시 동작구 상도로 369 숭실대학교 경영대학 경영학부(02-820-0599) (학)1975년 전주고졸 1980년 서울대 영어과졸 1982년 同대학원 경영학과졸 1993년 경영학박사(미국 Univ. of Texas at Austin) (경)1982~1987년 한국산업은행 근무 1993~1995년 한국증권연구원(現 자본시장연구원) 정책실 연구위원 1995년 숭실대 경영학부 교수(현) 1998~2005년 한국코스닥위원회 위원 1999~2003년 한국증권거래소 시장운영위원 2000년 코스닥협회 자문위원(현) 2001~2002년 노동부 기금관리자문위원 2002~2003년 소프트웨어진흥연구원 자문위원 2003년 금융감독위원회 규제개혁심사위원 2003년 벤처기업협회 자문위원 2003~2007년 한국소기업학회 수석부회장 2005년 한국거래소 초대 시장감시위원 2005~2008년 금융감독위원회 비상임위원 2006~2008년 기획예산처 기금정책심의회 위원 2007~2009년 숭실대 경영대학원장 2007년 코스닥CEO아카데미 공동회장 2007~2009년 판매인력관리위원회 위원장 2008~2009년 한국증권학회 회장 2008년 숭실대 노사관계대학원장 2008년 금융발전심의위원회 위원 2008년 한국예탁결제원 해외부문 자문위원 2008년 은행산업·증권업지속가능지수기획위원회 위원장(현) 2009년 한국거래소 파생상품 자문위원 2010~2011년 키움증권(주) 사외이사 2010년 금융감독원 금융감독평가위원 2010~2012년 주식백지신탁위원회 위원 2010~2012년 금융투자협회 집합투자위원회 위원 2011~2013년 한국거래소 공익대표 비상임이사·감사위원장 2012년 금융감독원 자본시장분과 자문위원 2012년 금융투자협회 자율규제위원회 위원 2012년 국회입법조사처 조사분석지원위원(현) 2013년 보건산업진흥원 글로벌제약산업육성펀드 운용위원 2013~2016년 금융위원회 금융발전심의회 자본시장분과 위원장 2014~2016년 동부증권(주) 사외이사 2014~2016년 금융감독원 자본시장부문 금융감독자문위원장 2014~2017년 숭실대 학사부총장 2015년 금융위원회 금융개혁회의 위원 2015~2017년 코스콤(주) 자문위원 2016~2017년 금융위원회 금융발전심의회 위원장 2016년 同금융개혁추진위원장 겸임 2016~2017년 중소기업진흥공단 청렴·윤리경영위원회 외부위원 2016~2017년 한국증권금융 자문위원장 2016년 서울시 금융산업정책위원회 위원장(현) 2017년 한국금융투자협회 공익이사(현) 2017년 서울아이비포럼 이사장(현) (상)코스닥협회 10주년 공로상(2009), 녹조근정훈장(2017) (저)'한국증권시장론(共)'(1997, 삼영사) '이사회대변혁' '한국자본시장론'(2014, 삼영사) (종)기독교

장병규(蔣柄圭) Chang Byung Gyu

(생)1973 · 4 · 25 (출)대구 (주)서울특별시 종로구 세종대로 178 KT빌딩 13층 대통령직속 4차산업혁명위원회(02-750-4750) (학)1991년 대구과학고졸(2년만에 졸업) 1995년 한국과학기술원(KAIST) 전산학과졸 1997년 同대학원 전산학과졸(석사) 1999년 同대학원 전산학 박사과정 수료 (경)1996

년 네오위즈 공동 창업·이사 2004년 同인터넷사업본부장 2005년 검색엔진 개발업체 '첫눈' 창업·CEO 2006년 네이버에 '첫눈' 매각(약 350억원) 2007~2017년 블루홀스튜디오 창업·이사회 의장 겸 CSO 2010~2015년 본엔젤스벤처파트너스 대표 2015~2017년 同파트너 2017년 同고문 2017년 대통령직속 4차산업혁명위원회 위원장(현) 2018년 크래프톤 이사회 의장 겸 CSO(현) (상)한국과학기술원(KAIST) 올해의 동문상(2006)

장병기(張炳基) Jang Byung Ki

(생)1950·6·3 (출)경남 진주 (주)서울특별시 강남구 도곡로 150 대광빌딩 8층 BHI(주) 회장실(02-570-8600) (학)진주고졸, 경희대 경제학과졸 (경)2002년 (주)포스코 자재구매실장 2004년 同자재·설비·외주구매담당 임원 2006~2010년 삼정피엔에이 대표이사 사장 2010년 同상임고문 2011년 BHI(주) 부회장 2012년 同회장(현) (종)천주교

장병완(張秉浣) CHANG Byoung Wan

(생)1952·5·5 (출)전남 나주 (주)서울특별시 영등포구 의사당대로 1 국회 의원회관 920호(02-784-5270) (학)1971년 광주제일고졸 1975년 서울대 무역학과졸 1992년 미국 위스콘신대 대학원 공공정책학과졸 2008년 행정학박사(중앙대) 2018년 명예 이학박사(광주과학기술원) (경)1975년 행정고시 합격(17회) 1975년 총무처 수습행정관 1976년 체신부 사무관 1981년 경제기획원 관리총괄과 사무관 1992년 同사회개발계획과장 1992년 同인력개발계획과장 1993년 同예산관리과장 1994년 同농수산예산담당관 1996년 재정경제원 생활물가과장 1998년 기획예산위원회 재정기획과장 1998년 同총무과장 1999년 기획예산처 총무과장 1999년 한국개발연구원(KDI) 파견 2000년 기획예산처 경제예산심의관 2002년 同기금정책국장 2003년 새천년민주당 수석전문위원 2003년 열린우리당 수석전문위원 2004년 기획예산처 예산실장 2004년 국세청 세정혁신추진위원 2005년 기획예산처 차관 2006~2008년 同장관 2008~2010년 호남대 총장 2009~2010년 헌법재판소 자문위원 2010년 제18대 국회의원(광주시 남구 재보선 당선, 민주당·민주통합당) 2010년 국회 예산결산특별위원회 계수조정소위원 2011년 민주당 제4정책조정위원장 2012~2013년 민주통합당 광주시당 위원장 2012년 제19대 국회의원(광주시 남구, 민주통합당·민주당·새정치민주연합·더불어민주당·국민의당) 2012년 국회 문화체육관광방송통신위원회 위원 2012년 국회 지방재정특별위원회 간사 2013년 국회 미래창조과학방송통신위원회 위원 2013년 국회 예산·재정개혁특별위원회 간사 2013년 민주당 정책위원회 의장 2014년 새정치민주연합 정책위원회 의장 2014년 同예산결산위원장 2014~2015년 국회 예산결산특별위원회 위원 2015년 국회 공적연금강화와노후빈곤해소를위한특별위원회 위원 2015~2016년 더불어민주당 예산결산위원장 2016년 국민의당 정책위원회 의장 2016년 同민생경제위원장 2016년 同총선공약책임자 2016년 제20대 국회의원(광주시 동구·남구甲, 국민의당·민주평화당〈2018.2〉·대안정치연대〈2019.8〉)(현) 2016~2017년 국회 산업통상자원위원회 위원장 2016년 국회 예산결산특별위원회 위원 2016~2018년 국민의당 광주시동구·남구甲지역위원회 위원장 2016년 (사)한중민간경제협력포럼 고문(현) 2017년 국민의당 인재영입위원회 공동위원장 2017년 同제19대 안철수 대통령후보 중앙선거대책본부 총괄본부장 2017년 同원내대표선거관리위원회 위원장 2017~2018년 국회 산업통상자원중소벤처기업위원회 위원장 2018~2019년 민주평화당 원내대표 2018~2019년 同중소상공인대책특별위원회 위원장 2018~2019년 同광주시동구·남구甲지역위원회 위원장 2018~2019년 국회 운영위원회 위원 2018년 국회 정무위원회 위원(현) (상)홍조근정훈장(2001), 한국효도회 효행상(2011), (사)전국지역신문협회 의정대상(2015), 원자력안전과미래 선정 원자력안전 의정활동 최우수의원(2015), 글로벌 자랑스러운 인물대상 정치혁신부문(2016), 대한민국무공수훈자회 감사패(2019) (저)'한국재정개혁 정책특성에 관한 연구' (종)천주교

장병인(張柄仁) CHANG, BYOUNG IN

(생)1966·8·10 (본)인동(仁同) (출)전남 완도 (주)서울특별시 서초구 반포대로 158 서울중앙지방검찰청 사건과(02-530-4567) (학)1985년 광주 광덕고졸 1992년 조선대 행정학과졸 2015년 단국대 행정법무대학원 융합보안학과졸 (경)1997년 행정고시 합격(41회) 2005년 수원지검 검사직대 2005년 대통령비서실 파견 2009년 서울북부지검 검사직대 2010년 수원지검 검사직대 2011년 同사건과장 2012년 同검사직대 2014년 同공판송무과장 2015년 서울동부지검 총무과장 2016년 의정부지검 집행과장 2017년 서울동부지검 수사과장 2017년 대검찰청 검찰연구관 2019년 서울중앙지검 사건과장(현)

장병주(張炳珠) CHANG Byung Ju

(생)1945·9·18 (출)서울 (주)서울특별시 중구 퇴계로 18 대우세계경영연구회 회장실(02-6366-0017) (학)1964년 경기고졸 1968년 서울대 섬유공학과졸 1993년 同경영대학 최고경영자과정 수료 (경)1972~1974년 상공부 근무 1974년 대통령비서실 파견 1974~1979년 재무부 과장 1979년 (주)대우 화학부장 1982년 同이사 1989년 同상무이사 1990년 대우그룹 기획조정실 상무 1992년 同전무 1995~1997년 (주)대우 부사장 1998년 同사장 1998년 한·몽골경제협력위원회 위원장 1998년 남북경제협력위원회 부위원장 1999년 (주)대우 무역부문 사장 1999년 同고문 2004~2008년 (주)SK 고문 2008~2014년 SK네트웍스(주) 사외이사 2010년 대우세계경영연구회 회장(현) 2015년 대우재단 이사장(현) (상)금탑산업훈장

장병집(張炳輯) JANG Byung Jib (中民)

(생)1953·1·14 (본)인동(仁同) (출)충북 괴산 (주)경기도 안양시 만안구 삼덕로37번길 22 안양대학교 총장실(031-467-0713) (학)1971년 서울 광운전자공고졸 1974년 육군3사관학교졸 1984년 청주대 무역학과졸 1986년 同대학원 경영학과졸 1992년 경영학박사(청주대) (경)1971~1981년 육군 복무(육군 소령) 1981~1986년 충주공업전문대학 군사교육요원(별정직 5급) 1986~1993년 同공업경영과 전임강사·조교수·부교수 1987년 청주대 강사 1988~2001년 중앙경찰학교 외래교수 1990~1995년 현대전자산업(주) 사내기술대학 생산공학과 주임교수 1996~2009년 충주대 경영학과 교수 2000~2002년 同인문사회과학대학장 2001년 同지역발전연구소장 2002~2003년 미국 유타주립대 교환교수 2003~2006년 한국산업경제학회 부회장 2003년 충주대 글로벌경영대학원 주임교수 2003년 同Eco-Techno Park 조성사업단장 2004년 同산학협력단장 2004~2008년 (사)대한경영학회 부회장 2004~2005년 충북테크노파크 충주지원센터장 2004~2005년 단양석회석신소재연구재단 운영위원장 2007~2009년 괴산군지역혁신협의회 의장 2007~2009년 괴산혁신발전포럼 대표 2007~2009년 충주대 지역발전연구소장 2007~2010년 충주시선거방송토론위원회 위원장 2007~2008년 한국전문경영인학회 부회장 2007~2009년 국가품질경영대회 유공자심사위원 2008~2010년 충북지역혁신협의회 위원 2009~2010년 대통령직속 미래기획위원회 교육선진화자문위원 2009년 세종시 민관합동위원회 민간위원 2009~2012년 충주대 총장 2010년 충주MBC 시청자위원장 2011년 대통령소속 사회통합위원회 충북지역협의회 위원 2012~2013년 한국교통대 총장 2013년 同명예교수(현) 2017~2019년 국제대 총장 2019년 안양대 총장(현) (상)혁신교육대상(2010), 일본 SOKA UNIVERSITY AWARD OF HIGHEST HONOR(2011), 청조근정훈장(2013) 외 다수 (저)'현대경영학'(1999, 상조사) '생산운영론'(2000, 교우사) '글로벌시대의 생산운영론'(2004, 명경사) '경영학원론'(2005, 신영사) '경영과 CEO'(2005, 명경사) '전략적 생산운영관리'(2006, 명경사) '글로벌시대의 경영학'(2007, 신영사) '경영학개론(共)'(2008, 신영사) '중민칼럼 Ⅰ·Ⅱ집'(2008, 신영사) '미래를 여는 희망 교육'(2014)

장병채(張秉埰) JANG BYEONG CHAE

(생)1969·10·22 (출)전남 곡성 (주)경기도 수원시 장안구 경수대로 1110-17 중부지방국세청 법인납세과(031-888-4833) (학)1987년 광주 서강고졸 1989년 세무대학졸(7기) 1997년 성균관대 영어영문학과졸 2002년 同경영대학원졸 (경)1989년 특별채용(8급) 2008년 기획재정부 세제실 행정사무관 2010년 서울 금천세무서 조사과장 2012년 국세청 재산세국 부동산거래관리과 행정사무관 2013년 同자산과세국 상속증여세과 행정사무관 2015년 국무조정실 부패척결추진단 과장(서기관) 2016년 천안세무서장 2017년 동청주세무서장 2018년 북대전세무서장 2019년 중부지방국세청 법인납세과장(현) (저)'양도소득세의 이론과 실무'(2014)

장병철(張炳喆) JANG Byung Cheol

(생)1953·4·7 (출)대구 (주)경기도 성남시 분당구 야탑로 59 분당차병원 흉부외과(031-780-5000) (학)1971년 대광고졸 1977년 연세대 의대졸 1981년 同대학원졸 1991년 의학박사(연세대) (경)1978년 연세대 세브란스병원 흉부외과 전공의 1982년 국군 춘천병원 외래과장 1983년 同수도통합병원 흉부외과 軍의관 1985~1999년 연세대 의대 흉부외과학교실 연구강사·조교수·부교수, 한국조직은행연합회 부회장, 대한흉부외과학회 고시위원장 1988~1989년 미국 Washington Univ. School of Med. Research Fellow 1997~2004년 심장혈관병원 심장혈관외과장 1999~2017년 연세대 의대 흉부외과학교실 교수 2003~2005년 同의대 흉부외과학교실 주임교수 2004~2008년 同의료원 의료정보실장 2005년 의료산업선진화위원회 E-health위원회 위원 2007년 보건복지가족부 보건의료기술정책실무위원회 전문위원 2008~2012년 연세대 의료원 심장혈관병원장 2009~2017년 세브란스병원 뇌심혈관질환융합연구사업단 자문위원 2010년 대한민국의학한림원 정회원(현) 2011~2013년 WHO 몽골컨설턴트 2017년 분당차병원 흉부외과 전문의(현) (상)군진의학 장려상(1984), 동신 Smith-Kline Bicham 학술상(1996), 메디슨 의공학상(1998), 이영균 학술상(1998), 지석영 의학상(2000) (저)'최신 흉부외과'(1992) '장기이식-원리와 실제'(1998) '심장부정맥-진단과 치료'(1998) '사비스톤 외과학'(2003) (종)기독교

장병철(張秉哲) CHANG BYUNG CHUL

(생)1976·10·30 (주)경기도 수원시 장안구 경수대로 893 수원실내체육관 수원 한국전력 빅스톰(031-240-2706) (학)인하사대부고졸, 성균관대졸 (경)1999~2009년 삼성화재 배구단 입단 1999~2005년 국가대표 배구선수 2000년 시드니올림픽 국가대표로 출전 2000~2004년 한국배구 슈퍼리그 출전(5회) 2002년 아시아남자배구 최강전·제14회 부산아시안게임 국가대표 출전 2003년 월드컵남자배구대회 국가대표 출전 2004년 아테네올림픽 남자배구 세계예선전 출전 2005년 V리그 우승 2006년 '2006-2007 V리그' 준우승 2007년 '2007-2008 V리그' 우승 2015년 수원 한국전력 빅스톰 코치 2019년 同감독(현) (상)한국실업배구대제전 MVP(2000), 슈퍼리그 스파이크 서브상(2001), V리그 월간 MVP·트리플 크라운(2005), IBK 국제배구대회 MVP(2009)

장병탁(張炳卓) Byoung-Tak Zhang

(생)1963·7·11 (주)서울특별시 관악구 관악로1 서울대학교 공대 컴퓨터공학부(02-880-1833) (학)1986년 서울대 공대 컴퓨터공학과졸 1988년 同대학원 컴퓨터공학과졸 1992년 컴퓨터과학박사(독일 본대학) (경)1988년 서울대 컴퓨터공학과 PL/AI 연구실 연구원 1988년 Institut fuer Informatik I. Universitaet Bonn 연구원 1992~1995년 독일 국립전산학연구소(GMD) 선임연구원 1995~1997년 건국대 공대 컴퓨터공학과 조교수 1997~2006년 서울대 공대 컴퓨터공학부 조교수·부교수 1997년 同인지과학협동과정 겸임교수 2000년 同협동과정 뇌과학 겸임교수 2001년 同바이오정보기술연구센터(CBIT) 센터장 2001년 同협동과정 생물정보학 겸임교수 2002년 과학기술부 국가지정 바이오지능연구실장 2003~2004년 MIT CS & AI Lab(CSAIL) 방문교수 2004년 서울대 바이오공학연구소 부장 2005~2006년 독일 뮌헨대·베를린공대 방문교수 2006년 서울대 공대 컴퓨터공학부 교수(현) 2017년 국세청 빅데이터자문단 지능기술분과 위원(현) 2019년 서울대 빅데이터연구원장(현) (상)INAK 과학기술상(2016), 홍조근정훈장(2017) (저)한국인지과학회 춘계학술대회 우수논문상(2005)

장병화

(생)1947·9·14 (주)경기도 부천시 평천로 655 부천테크노파크 402동 903호 가락전자(주)(032-621-0001) (학)1970년 광운대 전자공학과졸 (경)1977~1995년 경일엔터프라이즈(주) 대표이사 1995~2015년 가락전자(주) 대표이사 회장, 대한민국임시정부기념사업회 부회장, 임종국선생기념사업회 회장 2008년 통합민주당 공천심사위원 2009~2012년 부천벤처협회 회장 2012~2013년 관동대 벤처창업 겸임교수 2012~2015년 방송음향산업협의회 회장 2014~2019년 한국무역협회 이사 2015년 광복회 이사(현) 2015년 성남산업진흥재단 대표이사 2018~2019년 성남산업진흥원 원장 2019년 가락전자(주) 회장(현)

장보영(張寶榮·女)

(생)1975·7·19 (주)세종특별자치시 갈매로 477 기획재정부 예산실 연구개발예산과(044-215-2770) (학)1994년 주례여고졸 2000년 서울대 경제학과졸 (경)2001년 재정경제부 경제정책국 조정2과 근무 2004년 同금융정보분석원 기획행정실 행정사무관 2006년 同국제금융국 외환제도혁신팀 행정사무관 2009년 기획재정부 대외경제국 대외경제총괄과 서기관 2014년 同통일경제기획팀장 2016년 同예산실 예산관리과장 2017년 同예산실 안전예산과장 2018년 同경제정책국 물가정책과장 2019년 同예산실 연구개발예산과장(현)

장보현(張普鉉) Jang Bo Hyon

(생)1968·7·1 (본)단양(丹陽) (출)서울 (주)서울특별시 종로구 세종대로 178 국무총리소속 원자력안전위원회 사무처장실(02-397-7220) (학)1988년 대원외고졸 1995년 서울시립대 행정학과졸 2009년 미국 플로리다주립대 대학원 정책분석학과졸(석사) (경)1995년 행정고시 합격(39회) 1996년 수습행정관(행정사무관) 2005년 과학기술부 기초연구정책과 서기관 2005년 同한국최초우주인배출사업팀장 2006년 同부총리겸장관 보좌관 2007년 同원자력국 핵상황대응팀장 2007년 미국 플로리다주립대 교육파견 2009년 교육과학기술부 정책기획조정관실 과학기술기반과장 2010년 미래기획위원회 신성장동력국 과장 2010년 교육과학기술부 인재정책실 글로벌인재육성과장 2011년 同대학지원실 국립대학제도과장 2013년 미래창조과학부 창조경제기반과장 2014년 同미래성장조정과장 2015년 同기계정보통신조정과장 2016년 同기계정보통신조정과장(부이사관) 2016년 同연구예산총괄과장 2017년 同연구개발정책과장 2017년 과학기술정보통신부 연구개발정책실 연구개발정책과장 2017~2018년 同기획조정실 국제협력관(고위공무원) 2017~2018년 방송통신위원회 남북방송통신교류추진위원회 위원 2018년 원자력안전위원회 기획조정관 2019년 同사무처장 겸 상임위원(국장)(현)

장복만(張福萬) JANG Bok Man

(생)1942·8·8 (출)경남 통영 (주)부산광역시 수영구 수영로 754 센텀비스타동원 1차 상가 8층 (주)동원개발(051-630-4100) (학)1960년 통영상고졸 1967년 동아대 법학과 입학 1982년 부산대 경영대학원 최고경영자과정 수료 1983년 미국 UCLA 경영대학원 최고경영자과정 수료 2000년 부산외

국어대 국제경영지역대학원 최고국제경영자과정 수료 2001년 명예교육학박사(경남대) 2017년 명예 법학사(동아대) 2019년 명예 경영학박사(동아대) (경)1975년 (주)동원개발 설립·회장(현) 1978년 통일주체국민회의 대의원 1989년 부산시체육회 이사 1989년 (주)동진주택 회장 1993년 (주)동원종합건설 회장(현) 1993년 경남제일상호저축은행 회장 1994년 동원교육재단(동원과학기술대) 이사장(현) 1999년 부산시체육회 부회장 2000~2003년 대한건설협회 부산시회장 2000년 동원학당 이사장(현) 2014년 동원제일저축은행 회장(현) (상)금탑산업훈장(1995), 법무부장관표창, 건설교통부장관표창, 내무부장관표창, 국가보훈처장표창, 부총리 겸 재정경제원장관표창, 국무총리표창, 보건복지부장관표창, 체육훈장 기린장(2002), 한국회계정보학회 최고경영자대상(2007), 제44회 납세자의날 대통령표창(2010), 경남교육상(2012), 국민훈장 모란장(2014), 부산문화대상 경영부문수상(2015) (종)불교

장복상(張福相) CHANG Bok Sang (碩泰)

(생)1961·1·10 (주)서울특별시 중구 소월로2길 12 CJ(주) 임원실(02-726-8114) (학)신일고졸, 한양대 무역학과졸, 서강대 대학원 금호MBA과정 수료, 베트남 호치민경제대 대학원 e-MBA과정 수료 (경)아시아나항공(주) 근무, 한국복합물류 이사, 금호아시아나플라자 법인장(상무), 금호아시아나그룹 베트남지역본부장, 금호건설(주) 경영관리본부장 2010~2011년 同경영관리본부장 겸 영업본부장(전무) 2012년 CJ그룹 베트남지역본부장(부사장)(현) (상)베트남 국가주석 우호기념장(2015)

장봉문(張鳳文) Jang, Bong-Mon

(생)1967·10·17 (출)경남 남해 (주)서울특별시 서초구 반포대로 158 서울중앙지방검찰청 중요경제범죄조사단(02-530-4258) (학)1986년 부산동고졸 1992년 동아대 법학과졸 (경)1995년 사법시험 합격(37회) 1998년 사법연수원 수료(27기) 1998년 수원지검 검사 2000년 대구지검 김천지청 검사 2002년 창원지검 검사 2004년 의정부지검 검사 2007년 서울동부지검 검사 2010년 광주지검 검사 2010년 同부부장검사 2011년 부산지검 공판부장 2012년 광주지검 순천지청 부장검사 2013년 수원지검 강력부장 2014년 同안양지청 부장검사 2015년 서울동부지검 형사5부장 2016년 춘천지검 부장검사 2017년 대구고검 검사 2018년 수원지검 인권감독관 2019년 서울중앙지검 중요경제범죄조사단 부장검사(현)

장봉진(張鳳眞·女) Chang, Bong Jin

(생)1969·10·22 (본)안동(安東) (출)인천 (주)경기도 과천시 관문로 47 방송통신위원회 방송정책국 방송정책기획과(02-2110-1410) (학)1988년 인화여고졸 1992년 이화여대 신문방송학과졸 (경)1992~2000년 종합유선방송위원회 근무 2000~2008년 방송위원회 지상파방송부·정책2부 차장 2008년 방송통신위원회 방송진흥기획관실 방송광고정책팀장 2010년 미디어다양성추진단 미디어다양성정책과 파견 2011년 방송통신위원회 방송정책국 지상파방송정책과장 2015년 同방송기반국 방송기반총괄과장 2016년 同방송기반국 방송광고정책과장 2018년 同방송정책국 방송정책기획과장(부이사관)(현)

장봉훈(張奉勳) CHANG Bong Hun

(생)1947·1·4 (본)안동(安東) (출)충북 음성 (주)충청북도 청주시 청원구 주성로 135-35 천주교 청주교구청(043-210-1710) (학)1966년 성신고졸 1974년 광주가톨릭대 신학과졸 1976년 同대학원 신학과졸 (경)1976년 진천천주교회 주임신부 1979년 보은천주교회 주임신부 1984년 청주 주교좌천주교회 주임신부 1986년 미국 LA 성토마스 한인천주교회 주임신부 1992년 청주 신봉동천주교회 주임신부 1993년 진천배티성지 담임신부 1999년 천주교 청주교구장(현) 1999년 주교 서품·착좌 1999년 학교법인 청주가톨릭학원 이사장(현) 1999년 (재)청주교구천주교회유지재단 이사장(현) 2004~2008년 한국천주교주교회의 교리교육위원장 2008~2014년 同생명윤리위원장 2008~2015년 同생명운동본부 위원장 2009~2014년 同상임위원회 총무 2014년 同부의장(현) 2014~2017년 同문화위원회 위원장 2015년 천주교 청주교구 사제야구단 트리니타스 구단주(현) 2014년 同선교사목주교위원회 위원(현) 2015년 세계성체대회 한국대표주교 2017년 한국천주교주교회의 문화예술위원회 위원장(현) (저)'최양업 신부의 서한'(1996) (종)천주교

장사익(張思翼)

(생)1949 (출)충남 홍성 (학)1962년 선린상고졸 1978년 명지대졸 (경)1967년 고려생명 입사 1980년 국악 입문 1981년 강영근에게 정악 피리 사사 1986년 원장현에게 산조대금·태평소 사사 1993년 연세대 백주년기념관 김용배추모공연 기획, 태평소 연주 1994년 장사익 소리판 '하늘가는 길' 초연 1996년 장사익소리판 세종문화회관 단독 콘서트 1996년 타이페이 난잉 국제민속축제 금산농악 태평소 연주 1997년 로열심포니오케스트라 협연(예술의전당 콘서트홀) 1997년 예술의전당 제야음악회 서울심포니오케스트라 협연 1998년 예술의전당 신년음악회 KBS교향악단 협연 1999년 살타첼로 협연(예술의전당 콘서트홀) 1999년 재즈콘서트(세종문화회관 대극장) 2000년 헝가리국립오케스트라 협연(예술의전당 콘서트홀) 2001년 로버트 김 석방을 위한 자선콘서트(광주, 부산) 2001년 국립국악관현악단 협연(국립극장 하늘극장) 2001년 보스턴팝스오케스트라 협연(세종문화회관 대극장) 2002년 세계무용축제 개막식 공연(예술의전당 오페라하우스) 2003년 제헌절경축음악회 공연(KBS홀) 2003년 프라임 필하모닉오케스트라 협연 2005년 세계환경영화제 초청공연 2005년 한일수교40주년기념 소지로&장사익의 삶과 꿈 2007년 유니세프 한국위원회 특별대표 2014년 세종문화회관 신년음악회 '세상 함께 즐기자' 개최 2015년 유니세프 한국위원회 친선대사(현) (상)전주대사습놀이 '공주농악' 장원(1993), 전국민속공연경연대회 '결성농요' 대통령상(1993), 전주대사습놀이 '금산농악' 장원(1994), KBS 국악대상 '뜬쇠사물놀이' 대통령상(1995), KBS 국악대상 '뿌리패사물놀이' 금상(1996), 국회 대중문화 미디어대상 국악상(2006) (작)1집음반 '하늘가는 길'(1995) 2집음반 '기침'(1997) 4집음반 '꿈꾸는 세상'(2003) 장사익 소리판 '하늘가는 길'(1997) '허허바다'(1999) '낙엽'(1999) '봄바람'(2001) '꿈꾸는 세상'(2003) '희망 한 단'(2005) 7집음반 '역(驛)'(2012) 8집음반 '꽃인 듯 눈물인 듯'(2014)

장 상(張 裳·女) CHANG Sang

(생)1939·10·3 (본)인동(仁同) (출)평북 용천 (학)1958년 숙명여고졸 1962년 이화여대 수학과졸 1966년 연세대 신학과졸 1970년 미국 예일(Yale)대 신학대학원졸 1977년 철학박사(미국 프린스턴신학교) 2003년 명예 신학박사(미국 세넌도대) 2014년 명예 신학박사(캐나다 녹스대학) (경)1962~1964년 이화여대 기숙사 사감 1966~1967년 다락방전도협회 총무 1977~2005년 이화여대 기독교학과 교수 1979~1997년 대한YWCA연합회 실행위원·부회장 1980~1985년 이화여대 대학원 교학과장 1982~1997년 세계개혁교회연맹(WARC) 실행위원·협력과증언위원회 위원장 1987~1990년 동북아시아신학교협의회 실행위원 1987~1991년 세계YWCA 실행위원 1988~1989년 이화여대 기독교학과장 1988년 한국기독교장로회 목사 안수 1989~1993년 이화여대동창회 부회장 1989~1990년 이화여대 한국문화연구원장 1990~1993년 同학생처장 1990~1996년 한국기독교교회협의회 국제위원회 위원 1993~1996년 이화여대 인문과학대학장 1995~1996년 同정보과학대학원장 1995~2002년 아시아기독교고등교육연합재단(United Board for Christian Higher Education in Asia) 이사 1996년 이화여대 부총장 1996~2002년 同총장 1996~

2000년 성곡학술문화재단 이사 1997~1999년 한국사립대학교총장협의회 부회장 1997~1999년 공직자윤리위원회 위원 1997~2002년 한국대학사회봉사협의회 부회장 1997~2002년 여성정책심의위원회 위원 1998~2000년 제2의건국범국민추진위원회 위원 1998~2001년 민주평통 부의장 1998~2002년 통일고문회의 통일고문 1998~2002년 (사)사랑의친구들 이사 1999~2001년 한국기독교교회협의회(NCC) 발전협력위원회 부회장 1999~2002년 한국사립대학교총장협의회 회장 2000년 남북정상회담 특별수행원(방북) 2000~2002년 독일국제여자대학(International Women's Univ.) 이사 2001~2002년 한국기독교학교연맹 부이사장 2002년 국무총리 서리 2003~2007년 과학기술인명예의전당 인물선정위원회 위원 2005년 이화여대 명예교수(현) 2005~2007년 포항공대 이사 2006년 민주당 공동 대표최고위원 2006~2007년 同대표최고위원 2007~2008년 同상임고문 2007년 통합과창조포럼 대표 2007년 세계한인교류협력기구(W-KICA) 상임고문(현) 2008~2010년 민주당 최고위원 2010년 同선거대책위원장 2010~2015년 미국 프린스턴(Princeton)신학대학원 재단이사 2010년 21세기한중교류협회 특별고문(현) 2011~2013년 민주통합당·민주당 상임고문 2013년 세계교회협의회(WCC) 공동회장(아시아 대표)(현) 2015년 (재)아가페 이사(현) 2016년 지구촌구호개발연대 이사(현) 2017년 통일미래로 대표(현) (상)국민훈장 모란장(1999), 대숙명인상(2002), 미국 프린스턴신학대학원 자랑스런 동창상(2003), 미국 예일대 신학대학원 자랑스런 동창상(2003), 이화여대 수학과 자랑스런 동문 특별상(2003), 청조근정훈장(2005), 제26회 평안북도 문화상 학술부문(2005), 국제사랑재단 영곡봉사대상(2011), 세계한인교류협력 대상(2019) (저)'한국문화와 기독교 윤리'(共) '전환기에 선 한국교회와 신학'(共) '한국여성연구 : 종교와 가부장제(共)'(1988) '기독교와 세계(共)'(1996) '바울의 역사의식과 복음'(1996) 자서전 '지금도 나는 꿈을 꾼다'(2003) '말씀과 함께 하는 여성'(2005) '사랑을 열며 새날을 열며'(2010) (역)'현대신약신학의 동향'(1982) '인간화'(1985) '바울의 묵시사상적 복음'(1987) '사도 바울'(1991) '함께 걷자, 나의 자매여'(1995) (종)기독교

장상건(張相建) CHANG Sang Kun

(생)1935·12·2 (출)부산 (주)서울특별시 중구 다동길 46 동국산업(주) 회장실(02-316-7525) (학)1954년 부산상고졸 1958년 동국대 임학과졸 (경)1960년 동국제강(주) 감사 1974년 同부사장 1977년 동국산업(주) 사장, 同회장(현) 1997년 대한불교진흥원 이사 (종)불교

장상균(蔣尙均) JANG Sang Gyun

(생)1965·7·5 (출)대구 (주)서울특별시 강남구 테헤란로 133 법무법인(유) 태평양(02-3404-0198) (학)1984년 경기고졸 1988년 서울대 법학과졸 1989년 同대학원졸 2000년 미국 미시간대 법과대학원졸 (경)1987년 사법시험 합격(29회) 1990년 사법연수원 수료(19기) 1990년 軍법무관 1993년 변호사 개업 1994년 서울지법 북부지원 판사 1996년 서울지법 판사 1998년 창원지법 판사 2000년 수원지법 판사 2002년 서울고법 판사 2003년 대법원 재판연구관 2008년 인천지법 부장판사 2009~2012년 서울행정법원 부장판사 2012년 법무법인(유) 태평양 변호사(현) 2013~2015년 서울시 행정심판위원회 위원 2013년 법원행정처 행정심판위원회 위원(현) 2015년 중앙선관위 행정심판위원회 위원(현)

장상기(張相基) JANG Sang Ki

(생)1963·5·4 (본)인동(仁同) (출)전남 무안 (주)서울특별시 중구 세종대로 125 서울특별시의회(02-3702-1400) (학)목포상고졸, 호원대 무역경영학과졸, 그리스도대 사회복지대학원 사회복지학과졸 (경)서울 강서구 공직자윤리위원회 부위원장, 신기남 국회의원 정무특보·사무국장 2004~2006년 최재천 국회의원 비서관 2006·2010년 서울시 강서구의회 의원(민주당·민주통합당·민주당·새정치민주연합) 2010~2012년 同복지건설위원회 위원 2012년 同운영위원장, 서울서부지역지하철건설추진위원회 위원 2014~2018년 서울시 강서구의회 의원(새정치민주연합·더불어민주당) 2016년 同운영위원장 2018년 서울시의회 의원(더불어민주당)(현) 2018년 同교육위원회 위원(현) 2018년 同예산결산특별위원회 부위원장(현) 2018년 同서부지역 광역철도 건설특별위원회 위원장(현) 2019년 同김포공항주변지역활성화특별위원회 위원(현) 2019년 同독도수호특별위원회 위원(현) (상)매니페스토약속대상 기초지방의원부문(2010), 2016 매니페스토약속대상 공약이행분야(2017)

장상길(張相吉) Jang, Sang-gil

(생)1967·7·2 (본)울진(蔚珍) (출)경북 울진 (주)경상북도 영천시 시청로 16 영천시청(054-330-6006) (학)대구고졸, 고려대 경제학과졸 (경)행정고시 합격 1998년 경북 울진군 근무 2009년 경북도 신성장산업과장 2011년 미국 미주리주립대 객원연구원 2013년 경북도 일자리창출단장 2014년 同경북개혁추진단장 2014년 同세계물포럼지원단장 겸임 2015년 同도청신도시본부장 2015년 同일자리민생본부장 2017년 교육 파견(부이사관) 2018년 경북 영천시 부시장(현)

장상만(張相萬) JANG Sang Man

(생)1947·8·7 (본)인동(仁同) (출)경남 (학)1977년 부산성경신학원졸 1995년 부산대 산업대학원 정보기술과정 수료 (경)1984~1989년 부산청십자의료보험조합 동래지부장 1994~2005년 청십자신용협동조합 전무 1999~2014년 (사)부산시장애인재활협회 이사 2001~2008년 기독신문 이사 겸 실행이사 2003~2004년 대한예수교장로회(합동)총회 제88회기 회계 2003~2005년 신용협동조합 부산실무책임자협의회 회장 2003년 한국경로복지회 제9·10대 이사(현) 2005~2008년 (사)대한예수교장로회(합동)총회 복지재단 이사 2005~2017년 부산CBS 운영이사·운영부이사장 2006~2007년 (재)한국찬송가공회 위원 겸 공동회계 2006~2007년 부산기독교장로총연합회 대표회장 2006~2017년 (사)부산기독교총연합회 사무총장·공동회장 2006~2010년 (사)청십자사회복지회 이사 2006~2014년 청십자신용협동조합 제12·13대 상임이사장 2008~2014년 신용협동조합중앙회 대의원 2008~2010년 신용협동조합 부산중부평의회 회장 2008~2014년 부산동구희망의사다리운동본부 설립·공동대표 2009~2011년 총신대 신학대학원 이사 2011~2015년 부산교도소교정협의회 회장 2011~2015년 대구지방교정청교정연합회 부회장 2016년 부산성경신학원총동문회 회장(현) 2016년 (재)송계복지재단 감사(현) 2017년 섬김교정선교회 회장(현) (상)저축추진중앙위원회장 표창, 세계신협협의회 회장 감사패, 경찰청장 감사장, 부산시교육감 감사장, 부총리 겸 재정경제부장관표창, 법무부장관표창, 국무총리표창 (종)기독교

장상수(張相秀) Jang Sang Su

(생)1950·3·5 (주)대구광역시 중구 공평로 88 대구광역시의회(053-803-5041) (학)한국방송통신대 행정학과졸, 경북대 행정대학원 지방자치학과졸 (경)민주평통 대구동구협의회 간사, 대구시 동구 구정평가위원회 심의위원 1998·2002·2006~2010년 대구시 동구의회 의원 2002년 同부의장 2008~2010년 同의장 2008년 대구시구군의회의장협의회 회장 2008년 지역균형발전지방의회협의회 공동회장, 대한주택관리사협회 대구시 자문위원, 대구시 동구 법질서확립추진위원회 위원 2012년 새누리당 제18대 대통령선거 대구시 동구甲 행복실천본부장 2014~2018년 대구시의회 의원(새누리당·자유한국당) 2014·2016~2018년 同경제환경위원회 위원 2014년 同예산결산

특별위원회 위원 2014년 同남부권신공항유치특별위원회 위원장 2016~2018년 同대구국제공항통합이전추진특별위원회 위원 2017~2018년 同예산결산특별위원회 위원장 2017~2018년 자유한국당 여의도연구원 정치발전분과 대구동구위원장 2018년 대구시의회 의원(자유한국당)(현) 2018년 同부의장(현)

장상용(張祥容) CHANG SANG YONG

(생)1955·6·29 (본)안동(安東) (출)부산 (주)서울특별시 중구 삼일대로 358 신한L타워 3층 신한생명보험(주) 고문실(02-3455-4022) (학)중동고졸 1980년 동국대 통계학과졸 1983년 성균관대 경영대학원 경영학과졸 (경)1980년 보험감독원 입사, 금융감독원 보험검사국 부국장 2000년 同보험검사2국 팀장 2005년 同보험검사1국 보험조사실장 2006년 한국보험계리사회 이사 2007년 금융감독원 소비자보호센터 분쟁조정실장 2008년 同감사실 국장 2012~2015년 손해보험협회 부회장 2014~2015년 同회장 직대 2015~2019년 신한생명보험(주) 상근감사위원 2019년 同상임고문(현) (종)기독교

장상윤(張商允)

(생)1970·7·1 (출)전북 전주 (주)세종특별자치시 다솜로 261 국무조정실 기획총괄정책관실(044-200-2046) (학)1988년 성남고졸 1992년 연세대 행정학과졸 1999년 同행정대학원 도시행정학과졸 2005년 미국 텍사스대 오스틴교 대학원 정책학과졸 (경)1992년 행정고시 합격(36회) 2002년 국무조정실 심사평가조정관실 서기관 2005년 同농수산건설심의관실 과장 2005년 대통령 혁신관리수석비서관실 행정관 2007년 민간근무 휴직(SK에너지 근무) 2011년 국무총리실 기획총괄과장(부이사관) 2014년 국무조정실 사회규제관리관(고위공무원) 2014년 同사회복지정책관 2015년 同국정운영실 기획총괄정책관 2018년 同사회복지정책관 2019년 同국정운영실 기획총괄정책관(현) (상)대통령표창(2003), 홍조근정훈장(2015)

장상인(張相仁) Jang Sang In

(생)1950·6·6 (본)인동(仁同) (출)서울 (주)서울특별시 영등포구 국제금융로6길 33 맨하탄빌딩 부동산신문·JSI파트너스(02-786-7001) (학)1973년 동국대 행정학과졸, 연세대 언론홍보대학원졸, 인하대 대학원 언론정보학 박사과정 수료 (경)한국전력 근무, 대우건설 문화홍보실장 2002~2007년 팬택계열 기획홍보실장(전무) 2006~2013년 월간조선 칼럼니스트 2007~2008년 경희대 언론학부 겸임교수 2008년 JSI파트너스 설립·대표이사(현) 2008년 부동산신문 대표이사 발행인(현) 2009년 '문학저널'에 단편 '귀천'으로 등단 2013년 조선일보 조선pub 칼럼니스트(현) (저)'현해탄 波高 저편에'(2008) '홍보는 위기관리다'(2013) 단편소설 '귀천'(2009) 장편소설 '커피, 검은 악마의 유혹'(2016, 티핑포인트) '우리가 만날 때마다 무심코 던지는 말들'(2018, 티핑포인트) (역)'홍보 머리로 뛰어라'(2004) (종)기독교

장상헌(張相憲) JANG Sang Heon

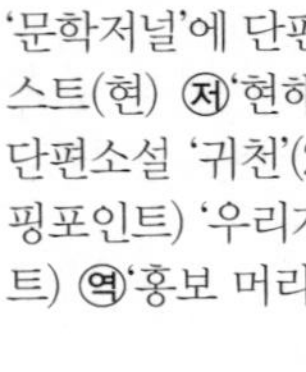

(생)1954·8·16 (출)경북 구미 (주)서울특별시 중구 을지로11길 15 동화빌딩 2층 법무법인 푸른(02-725-8000) (학)1973년 대구 계성고졸 1982년 영남대 법학과졸 (경)2001년 중소기업은행 상록수지점장 2002년 同무역센터지점장 2002년 同여신기획부장 2003년 同여신관리부장 2005년 同경영관리부장 2007년 同신탁사업단장 2007년 同여신지원본부장 겸 리스크관리본부장 2008년 同리스크관리본부장 2009년 同마케팅본부장(부행장) 2010년 IBK투자증권 경영기획본부장(부사장) 2011년 同시너지추진위원회 위원장(부사장) 2012년 법무법인 푸른 전무이사(현) (상)은탑산업훈장(2009)

장상훈(蔣尙勳) Sang-hoon Jang

(생)1968·10·16 (본)아산(牙山) (출)경남 밀양 (주)서울특별시 용산구 서빙고로 137 국립중앙박물관 학예연구실(02-2077-9033) (학)1987년 문일고졸 1993년 서강대 사학과졸 1998년 同대학원 사학과졸 2015년 박물관학박사(영국 레스터대) (경)1995~2006년 국립중앙박물관 학예연구사 2006년 同학예연구관(현) 2015~2016년 한국고지도연구학회 이사 2017~2019년 국립중앙박물관 전시과장 2017년 문화재위원회(동산문화재분과) 전문위원(현) (저)'박물관에서 대동여지도를 만나다'(2007, 도서출판 열린박물관) (역)'한국 고지도의 역사'(2011, 소나무출판사)

장 석(張 碩) Chang Seok

(생)1957·8·19 (출)부산 (주)서울특별시 강남구 논현로28길 41 경인빌딩 3층 중앙씨푸드(주) 대표이사실(02-576-3072) (학)1976년 경기고졸 1985년 서울대 인문대학 국어국문학과졸 (경)1985년 중앙수산(주) 입사 1998년 중앙씨푸드(주) 전무이사, 同대표이사(현) 2001년 이우학교설립추진위원회 추진위원 2002~2014년 학교법인 이우학원 이사장 2003년 인터넷신문 프레시안 이사 2005년 同경영담당 대표 2016년 (사)한국문명교류연구소 이사장 (저)시집 '어제 밤, 내가 하려 했던 얘기가 무엇이었는지 묻는 당신에게'(2016)

장석권(張錫權) Suk-Gwon Chang

(생)1956·2·21 (본)인동(仁同) (출)서울 (주)서울특별시 성동구 왕십리로 222 한양대학교 경영대학 경영학과(02-2220-1049) (학)1975년 경기고졸 1979년 서울대 공과대학 산업공학과졸 1981년 한국과학기술원(KAIST) 산업공학과졸(석사) 1984년 경영과학박사(한국과학기술원) (경)1984년 한양대 경영대학 경영학과 조교수·부교수·교수(현) 1990~1991년 미국 밴더빌트대 교환교수 1991~2004년 Int'l Journal Telecommunication Systems Associate Editor 1992년 한국경영과학회 최적화분야 편집위원 1994년 同총무이사 1994~1996년 한국통신학회 논문지 편집위원 1995~1998년 同통신경영연구회 위원장 1996년 한국경영정보학회 정보통신연구회장 1996~1997년 정보통신부 초고속전문위원 1998년 同정보화사업 평가위원 1998년 산업자원부 신산업발전위원회 전자정보산업분과위원장 1999~2000년 한국경영과학회 정보기술연구회장 1999~2000년 한양대 창업보육센터 소장 1999~2000년 한국과학기술원 테크노경영대학원 총동창회장 2000~2001년 미국 스탠퍼드대 교환교수 2002~2003년 한국경영정보학회 부회장 2002~2006년 한양대 정보통신원장·정보통신처장 2004~2005년 한국경영과학회 편집부장·편집위원장 2004년 (사)디지털융합연구원 원장 2005~2008년 한양대 기획조정처장 2006년 정보통신부 컨버전스신산업전략위원회 위원 및 서비스분과 위원장 2007~2008년 정보통신정책학회 정보통신정책연구 편집위원장 2007~2009년 한국정보통신대학원대(ICU) 법인이사 2007년 미국 ITIF(IT and Innovation Foundation) Affiliated Expert(외부전문가)(현) 2008~2010년 국회예산정책처 예산분석실 자문위원 2008~2009년 World Economic Forum(Future of Mobile Communications분야) Global Agenda Council Member 2009년 정보통신정책학회 부회장 2009년 미디어경영학회 회장 2009년 미래네트워크포럼 비전정책위원회 위원장 2010년 방송통신위원회 방송통신기술자문단 위원 2010~2011년 정보통신정책학회 회장 2010~2011년 한양사이버대 대학원장 2010년 감사원 정책자문위원 2011년 한국인터넷진흥원(KISA) 이사 2011년 同학술지(IIS) 편집위원장 2011년 방송통신위원회 클라우드서비스정책연구센터장 2012년 클라우드서비스인증위원회 위원장(현) 2014~2015년 한국경영과학회 회장 2014년 KT 사외이사 2014년 한국인터넷진흥원(KISA) 원장 직대(비상임이사) 2014~2018년 한양대 경영대학장 겸 경영전문대학원장 2016~2019년 同빅인텔리전스특성화사업단장 2014~2017년

정부3.0추진위원회 추진위원 겸 클라우드전문위원회 위원장 2017년 한국공학한림원 정회원(기술경영정책·현) 2018년 KT 사외이사 겸 감사위원장(현) (상)Fulbright Commission Senior Research Grant(1990), 근정포장(2003), 한국IT서비스학회 연구부문 공로상(2008) (저)'인터넷 산업 분석'(2002) '디지털 컨버전스 전략'(2005)

장석민(張錫敏) Chang, Suk Min (仁山·霞庭)

(생)1945·5·17 (본)인동(仁同) (출)충남 공주 (주)서울특별시 종로구 삼일대로 461 sk허브101-311 한국교육연구소 이사장실(02-722-4424) (학)1963년 공주사대부고졸 1965년 공주교대 초등교육과졸 1970년 공주사대 교육학과졸 1972년 서울대 교육대학원졸 1984년 교육학박사(미국 오하이오주립대) (경)1972~1974년 서울대 사범대학 조교 1974~1980년 서울여대 강사 1975~1980년 한국교육개발원 연구원 1982~1984년 미국 국립직업교육연구소(NCRVE) 연구원 1984~1997년 한국교육개발원 연구위원 1989~1991년 대통령 교육정책자문회의 전문위원 1991년 교육방송 편성자문위원 1994년 노동부 직업안정전문위원회 위원 1994~1996년 한국교육개발원 직업기술교육연구본부장 1996~1999년 한국진로교육학회 회장 1996~1999년 UNESCO 파리본부 직업교육부문(UNEVOC) 국제자문위원 1997~2004년 한국직업능력개발원 정책연구부장·직업진로정보센터 소장 2001년 몽골 노동복지부 국제자문위원 2001~2002년 미국 직업교육연구소 자문위원 2001~2003년 한국직업교육학회 회장 2002년 사우디 교육부(초청) 자문위원 2003년 독일 연방직업교육연구소(BIBB) 초빙연구교수 2004~2008년 한국복지대학 총장, 한국직업능력개발원 연구자문위원(현), 한국인성문화원 회장(현), 연세대 교육대학원 겸임교수, Chief Advisor for HRD Consulting Korea(현), 서울대 대학원 강사(현) 2014~2018년 한베트남 산업기술대학지원ODA사업 PM 2017년 한국교육연구소 이사장(현) (상)대통령표창(1988), 교육부장관표창(1992), 내무부장관표창(1998) (저)'기술교육의 교육과정 모형연구'(1985) '나의 뜻 나의 길(共)'(1985) '자녀의 길, 부모의 지혜(共)'(1986) '진로교육의 이론과 실제(共)'(1986) '진학과 직업선택을 위한 고등학교 진로교육 지도안(共)'(1988) '기술-중학교 교과서(共)'(1993) '기술·산업과 교육과정 해설(共)'(1994) '과학기술과 안전문화(共)'(1996) '기술교과학연구(共)'(1997) '진로교육의 이론과 실제(共)'(1998) '공업입문(共)'(2001) '도덕-중학교3학년교과서(共)'(2003) '진로와 직업-고등학교교과서(共)'(2003) 산문집 '행복과 성공을 만드는 삶의 지혜'(2007) '행복과 성공을 만드는 삶의 지혜(수정판)'(2010) '진로교육의 이론과 실제'(2011) (종)천주교

장석영(張錫永) JANG Seok Young

(생)1967·4·11 (본)울진(蔚珍) (출)대구 (주)세종특별자치시 가름로 194 과학기술정보통신부 정보통신정책실(044-202-6100) (학)1984년 능인고졸 1988년 고려대 법학과졸 1990년 서울대 대학원 행정학과졸 2003년 미국 덴버대 대학원 법학과졸(LL.M.) (경)1989년 행정고시 합격(33회) 1990년 총무처·법제처·정보통신부 사무관 1999년 정보통신부 정책총괄과 서기관, 정보통신공무원교육원 교학과장 2004년 한국정보보호진흥원 파견 2005년 정보통신부 정보화기획실 정보이용보호과장 2006년 同유비쿼터스정책팀장 2007년 同통신전파방송정책본부 통신이용제도팀장 2008년 방송통신위원회 방송통신융합정책실 정책총괄과장(서기관) 2009년 同방송통신융합정책실 정책총괄과장(부이사관) 2010년 同국제협력관 2010년 駐중국대사관 공사참사관 2013년 미래창조과학부 과학기술인재관 2013년 同정보통신방송정책실 미래인재정책국장 2014년 同공과대학혁신위원회 간사 2014년 同기획조정실 정책기획관 2015년 대통령비서실 정보방송통신 선임행정관 2016년 미래창조과학부 정보통신정책실 인터넷융합정책관 2017년 과학기술정보통신부 정보통신정책실 인터넷융합정책관 2017년 대통령소속 4차산업혁명위원회 지원단장 2018년 과학기술정보통신부 정보통신정책실장(현)

장석용(張錫龍) CHANG Seok Yong (棘林·雲相·雲木)

(생)1955·8·23 (본)인동(仁同) (출)경북 예천 (주)서울특별시 중구 소파로2길 10 한국영상작가협회 (학)1978년 중앙대 외국어교육과졸 1993년 同신문방송대학원 연극영화과졸 1999년 동국대 대학원 연극영화학 박사과정 수료 (경)1986~1987년 프레임영화학교 강사 1990년 한국영상작가협회 국제이사 1990년 한국예술평론가협회 섭외이사 1990~2000년 한국영화평론가협회 학술이사 1995년 제33회 대종상 심사위원 1995년 이태리황금금배상 심사위원 1995~1996년 고려예술신학원 강사 1995~1997년 코리아헤럴드 영화평론 1995~2000년 국제영화비평가연맹 사무국장 1996~2002년 한국영화학회 총무이사·학술이사·재무이사 1997년 제35회 대종상 심사위원 1997~1998년 연세춘추 영화평론 1998~1999년 동국대 문화예술대학원 강사 2000~2005년 인하대 강사 2000~2005년 한국시나리오작가협회 심사위원 2001~2003년 경희대 강사 2003년 국제청소년영화제 심사위원 2004년 국제영화비평가연맹 국제이사 2004년 한국영상예술협회 국제이사 2004년 한국영화학회 대외정책이사 2005년 성공회대 강사, 백제검술협회(삼국무술) 이사장 2007~2008년 대종상 집행위원 2007~2008년 한국영화평론가협회 회장 2008년 전주국제영화제 집행위원 2008년 강남댄스페스티벌 심사위원 2008년 교보문고 북멘토 2009년 국제영화비평가연맹 한국본부 회장 2009년 제1회 타임아일랜드문화예술제 집행위원장 2009년 오프앤프리영화제 부집행위원장 2009~2015년 신일고 교사 2011년 광저우모던댄스페스티벌 초청게스트, 한국영화평론가협회 감사, '전문무용인의 날' 운영위원회 부위원장, 부산국제영화제 자문위원 2012년 한국예술평론가협의회 회장(현) 2017년 한국영상작가협회 회장(현) (상)PFA 비평상(2000), 올해의 최우수예술인(2002), 교육인적자원부장관표창(2005), 한국문화예술상(2008) (저)'코리언 뉴웨이브의 징후를 찾아서'(2000, 현대미학사) '가슴으로 보는 영화이야기'(2009, 종문화사) (역)'웨스트사이드스토리'(1978) '꽃은 나비를 원한다'(1979) '영화연구(共)'(2002, 현대미학사) (작)'황토청천' '태양새 고원을 다시 날다' '물에 비친 바람' '로만틱가도' '달의 사나이' (종)천주교

장석웅(張錫雄) Suk Woong Jang

(생)1955·3·23 (출)전남 나주 (주)전라남도 무안군 삼향읍 어진누리길 10 전라남도교육청 교육감실(061-260-0200) (학)1973년 광주고졸 1979년 전남대 사범대학 국사교육과졸 (경)1979년 전남 율어중 교사 1989년 전국교직원노동조합 담양지회장, 해임(전교조 결성 관련) 2001~2002년 전국교직원노동조합 사무처장 2005~2006년 同전남지부장 2005~2006년 학교급식전남운동본부 공동대표 2006년 전남장애인교육권연대 공동대표 2011~2012년 전국교직원노동조합 전국위원장 2011~2012년 행복세상(을 여는) 교육연대 대표 2011~2015년 전남대총동문회 부회장 2011~2012년 역사정의실천연대 공동대표 2013~2018년 들불열사기념사업회 이사 2015~2018년 5.18민족통일학교 이사 2016년 징검다리교육공동체 고문 2017년 (사)홍남순변호사기념사업회 이사(현) 2017~2018년 박근혜정권퇴진전남운동본부 공동대표 2017년 전남교육포럼 '혁신과 미래' 대표 2018년 노무현재단 전남위원회 운영위원(현) 2018년 전라남도 교육감(현) (상)김용근민족교육상(2005)

장석인(張錫仁) CHANG Suk In

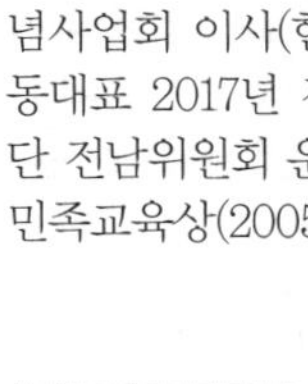

(생)1958·10·19 (본)인동(仁同) (출)경북 안동 (주)세종특별자치시 시청대로 370 산업연구원 산업경쟁력연구본부 신산업연구실(044-287-3249) (학)1996년 경제학박사(미국 일리노이대) (경)1986년 산업연구원 연구원 1991년 同산업정책실 책임연구원 1997년 경제협력개발기구(OECD) 산업위원회 전문위원 1997년 산업연구원 산업정책실 수석연구원 1998년

同지식산업센터 수석연구원 · 연구위원 2003~2007년 同주력산업실장 2007년 同주력산업실 선임연구위원 2007~2008년 해외연수(미국 존스홉킨스대 SAIS Visiting Scholar) 2010년 산업연구원 성장동력산업연구센터 소장 2011~2013년 同산업경제연구센터장 2013년 同성장동력산업연구실 선임연구위원 2014년 同주력산업연구실 선임연구위원 2017년 同산업경쟁력연구본부 신산업연구실 선임연구위원(현) 2018년 한국공학한림원 정회원(기술경영정책 · 현) (저)'산업조정의 이론과 실제'(共) '21세기를 대비한 산업구조개편'(共) '수입자유화에 따른 철강산업의 영향분석'(共) (종)기독교

장석일(張錫日) CHANG Suk Il

(생)1956 · 10 · 24 (출)부산 (주)서울특별시 영등포구 여의대방로53길 22 성애병원(02-840-7204) (학)경남고졸, 중앙대 의대졸, 同대학원졸, 의학박사(중앙대) (경)성애병원 내과 과장, 同부원장 1998~2002년 대통령 의무실장 1998년 연세대 의대 초빙교수 2002년 김대중대통령 주치의, 성애병원 원장 2007년 同의료원장(현) 2007년 광명성애병원 의료원장(현), (사)한국천식알레르기협회 사무총장, 同회장(현) 2014년 서울시 영등포구 인권위원회 초대위원장(현) (상)대통령표창(1999), 국민훈장 모란장(2003), 몽골 건국기념훈장(2011)

장석조(張晳朝) CHANG Seok Jo

(생)1961 · 5 · 16 (출)강원 삼척 (주)서울특별시 서초구 서초중앙로 157 서울고등법원(02-530-1186) (학)1980년 휘문고졸 1984년 고려대 법대졸 1991년 同대학원졸 1994년 독일 본대 대학원졸 2003년 법학박사(독일 본대) (경)1983년 사법시험 합격(25회) 1985년 사법연수원 수료(15기) 1986년 軍법무관 1989년 서울민사지법 판사 1991년 서울지법 동부지원 판사 1993년 대전지법 판사 1994년 同홍성지원 판사 1996년 대전고법 판사 1997년 서울고법 판사 1997년 헌법재판소 헌법연구관 파견 1999년 대법원 재판연구관 2001년 대전지법 천안지원 부장판사 2003년 대전지법 부장판사 2004년 헌법재판소 선임헌법연구관 · 헌법연구부장 2007년 서울중앙지법 부장판사 2007년 헌법재판소 수석헌법연구관 파견 2008년 대전고법 부장판사 2009년 同수석부장판사 2010년 서울고법 부장판사 2016년 전주지법원장 2016년 전라북도 선거관리위원회 위원장 2018년 서울고법 부장판사(현) (상)한국법학원 법학논문상(2008)

장석진(張奭鎭) CHANG Suk Jin (智山)

(생)1929 · 8 · 23 (본)결성(結城) (출)황해 해주 (주)서울특별시 서초구 반포대로37길 59 대한민국학술원(02-3400-5220) (학)1948년 서울대 문리대학 예과 수료 1955년 同문리대학 영문학과졸 1958년 同대학원 영어학과졸 1964년 미국 하와이대 대학원 언어학과졸 1972년 언어학박사(미국 일리노이대) (경)1956년 덕수상고 교사 1961~1975년 서울대 전임강사 · 조교수 · 부교수 1975~1994년 同인문대학 언어학과 교수 1975년 한국언어학회 회장 1976년 서울대 어학연구소장 1982년 미국 하버드대 객원교수 1989년 미국 스탠퍼드대 객원교수 1994년 서울대 명예교수(현) 1998년 대한민국학술원 회원(언어학 · 현) (상)국민훈장 석류장(1974) (저)'현대영어학' '話用論研究' '오스틴화행론'(1987, 서울대 출판부) '정보기반 한국어문법'(1993, 한신문화사) '계산의미론과 그 응용' '문법과 화용' '통합문법론 : 담화와 화용'(1994, 서울대 출판부) '생성문법'(共) '韓日語 對照分析'(共) '현대언어학 지금어디로(編)'(1994, 한신문화사) 'KOREAN'(1996, Benjamins출판사) (역)'전산언어학의 기초(Foundations of Computational Linguistics)(共)'(2002) (종)천주교

장석춘(張錫春) Seokchun Jang

(생)1957 · 8 · 18 (본)울진(蔚珍) (출)경북 예천 (주)서울특별시 영등포구 의사당대로 1 국회 의원회관 637호(02-784-7380) (학)1977년 경북 청암고졸 2000년 고려대 노동대학원 고위지도자과정 수료 (경)1981년 LG전자(舊 금성사) 입사 1992년 同노동조합 구미2지부장 1993년 同노동조합 부위원장 1998년 同노동조합 구미2지부장 1999 · 2002 · 2006~2008년 同노조위원장 1999년 한국노동조합총연맹 부위원장 1999년 전국금속노조연맹 부위원장 2005~2008년 同위원장 2006~2010년 경제사회발전노사정위원회 상무위원 2007~2008 · 2008~2010년 중앙노동위원회 근로자위원 2007~2009년 노동부 최저임금위원회 위원 2008년 산업안전보건정책심의위원회 근로자대표 2008~2011년 한국노동조합총연맹 위원장 2008~2012년 국가경쟁력강화위원회 민간위원 2008~2011년 노사발전재단 공동이사장 2009~2011년 민족화해협력범국민협의회 상임의장 2009~2012년 국립대한민국관 건립위원회 위원 2009~2011년 유엔글로벌콤팩트 한국협회 이사 2011~2013년 국가인권위원회 정책자문위원 2012~2013년 대통령 고용노동특별보좌관 2013년 (사)사랑사회 이사장 2013~2016년 미래고용노사네트워크 이사장 2015~2016년 글로벌나눔네트워크 공동대표 2016~2017년 새누리당 경북구미시乙당원협의회 운영위원장 2016년 제20대 국회의원(경북 구미시乙, 새누리당 · 자유한국당〈2017.2〉)(현) 2016~2018년 국회 환경노동위원회 위원 2016년 국회 예산결산특별위원회 위원 2017년 자유한국당 경북구미시乙당원협의회 운영위원장(현) 2017~2018년 同노동위원회 위원장 2017~2018년 여야 4당(더불어민주당 · 자유한국당 · 국민의당 · 바른정당) 물관리일원화협의체 간사 2017년 자유한국당 원내부대표 2017 · 2018년 국회 운영위원회 위원 2018년 국회 산업통상자원중소벤처기업위원회 위원(현) 2018년 자유한국당 경북도당 위원장 (상)국무총리표창(1996), 은탑산업훈장(2002), 금탑산업훈장(2012), 대한민국 참봉사대상 지역발전공로대상(2016) (저)'우리 손을 잡자'(2013, 바른기록) (종)기독교

장석훈(張錫勳) JANG SEOK HUN

(생)1963 · 10 (주)서울특별시 서초구 서초대로74길 11 삼성증권(주)(02-2020-8100) (학)1982년 홍익대사대부고졸 1986년 연세대 경제학과졸 1988년 미국 위스콘신대 대학원졸 (경)1995년 삼성증권(주) 입사 2003년 同인사팀장 2007년 同상품지원담당 2010년 同전략인사실장(상무) 2011년 同인사지원담당 2013년 삼성화재해상보험(주) 인사팀담당 상무 2014년 同인사팀 전무 2018년 삼성증권(주) 최고재무책임자(CFO · 부사장) 2018년 同대표이사 부사장(현)

장선배(張善培) CHANG Sun Bae

(생)1962 · 5 · 21 (주)충청북도 청주시 상당구 상당로 82 충청북도의회(043-220-5116) (학)청주 신흥고졸 1988년 충북대 경제학과졸 2009년 청주대 대학원 사회복지학과졸 (경)1988년 충청일보 기자 1997년 同제2사회부 차장 2000년 同정경부 차장, 김종률 前국회의원 보좌관 2010년 충북도의회 의원(민주당 · 민주통합당 · 민주당 · 새정치민주연합) 2012년 同정책복지위원회 위원장 2014~2018년 충북도의회 의원(새정치민주연합 · 더불어민주당) 2014년 同정책복지위원회 위원 2014~2015년 同예산결산특별위원회 위원 2016~2017년 同부의장 2016~2018년 同건설소방위원회 위원 2016년 同예산결산특별위원회 위원 2016년 더불어민주당 충북도당 지방자치위원회 위원장 2018년 충북도의회 의원(더불어민주당) 2018년 충북도의회 의원(더불어민주당)(현) 2018년 同의장(현) (상)대한민국 위민의정대상 우수상(2014 · 2016), 한국여성유권자충북연맹 '베스트 의정상'(2015), 2017매니페스토약속대상 우수상 좋은조례분야(2017)

장선윤(張瑄允 · 女) JANG Sun Yoon

(생)1971 · 5 · 5 (주)서울특별시 중구 을지로 30 (주)호텔롯데 운영기획부문(02-771-1000) (학)미국 하버드대 심리학과졸 (경)1997년 롯데면세점 입사, 롯데쇼핑(주) 해외상품팀 바이어 2002년 롯데백화점 해외명품1팀장 2003년 同해외명품통합팀장(부장급) 2005년 롯데쇼핑(주) 백화점사업본부 해외명품팀장(이사대우) 2006년 同해외명품담당 이사 2007년 同상무 2007년 (주)호텔롯데 마케팅부문장(상무) 2008년 同고문, 롯데복지장학재단 상무 2015년 (주)호텔롯데 해외사업개발담당 상무 2017년 同R&D부문장(전무) 2018년 同운영기획부문장(전무)(현)

장선희(張善姬 · 女) JANG Seon Hee

(생)1960 · 3 · 1 (출)경남 진주 (주)서울특별시 광진구 능동로 209 세종대학교 예체능대학 무용과(02-3408-3280) (학)1982년 세종대 무용과졸 1985년 同대학원 체육과졸 1991년 미국 뉴욕대 예술대학원(NYU Tisch) 무용과졸(MFA) 2009년 심리학박사(연세대) (경)세종대 예체능대학 무용과 교수(현), 同입학홍보처장, 국립발레단 운영위원 · 이사(현), 한국무용학회 상임이사 · 부회장, 한국발레협회 부회장, 同이사, 同운영위원(현), 세종대 무용학과장, 무용문화포럼 상임이사 2011~2014년 세종대 홍보실장 2014 · 2016 · 2018년 불가리아 바르나 국제발레콩쿠르 심사위원 2016년 대한민국발레축제 조직위원 2018년 러시아 아라베스크 발레콩쿠르 심사위원 (작)문예진흥원 지원작 '안녕하세요. 발레입니다'(1995) '장선희창작발레'(1999) 문예진흥원 우수레파토리 지원작 '파우스트2002'(2002) 서울공연예술제 참가작 '잃어버린 시간을 찾아서'(2002) 서울시창작활성화 지원작 '수묵'(2004) '사랑에 관한 일곱개의 변주'(2006) 서울문화재단 지원작 '시읽는 시간'(2006) '호두까기인형'(2013~2017) '꽃은 투스텝으로 걷는가'(2018)

장성관(張成寬)

(생)1960 · 4 · 28 (출)서울 (주)인천광역시 미추홀구 학익소로 66 선정빌딩 503호, 703호(032-861-7080) (학)1979년 신일고졸 1985년 서울대 외교학과졸 (경)1996년 사법시험 합격(38회) 1999년 사법연수원 수료(28기) 1999년 인천지법 판사 2001년 서울지법 남부지원 판사 2003년 전주지법 판사 2006년 인천지법 판사 2009년 서울남부지법 판사 2013년 서울중앙지법 판사 2014~2016년 대전지법 부장판사 2016~2018년 법무법인 명문 변호사 2019년 법무법인 미추홀 변호사(현)

장성구(張聲九) Chang, Sung-Goo (鳴皐 · 仁齋)

(생)1952 · 11 · 23 (본)단양(丹陽) (출)경기 여주 (주)서울특별시 종로구 대학로1길 10 (재)한국의학교육평가원(02-795-1591) (학)1971년 대광고졸 1977년 경희대 의대졸 1981년 同대학원 의학석사 1991년 의학박사(인제대) 1994년 한양대 행정대학원졸(행정학석사) 2009년 경희대 경영대학원 최고위과정 수료 (경)1985~1986년 한림대 의대 전임강사 1986~2018년 경희대 의대 비뇨의학교실 교수 1989~1990년 미국 Roswell Park Cancer Inst. 연수 1996~2004년 대한비뇨기과학회 상임이사(재무 · 총무 · 수련 · 편집) 2000~2009년 대한암학회 상임이사(총무 · 재무 · 기획 · 감사 · 부회장) 2000~2001년 행정자치부 지방공사의료원 경영평가위원 2002년 경희대 의대 비뇨의학교실 주임교수 2002~2005년 경희대병원 비뇨의학과 과장 2003~2006년 서울지검 의료자문위원 2004년 대한민국의학한림원 정회원(현) 2004~2015년 한국병원경영학회 이사 2004년 고용노동부 산업재해보상보험심사위원회 자문위원 2005~2008년 경희의료원 종합기획조정실장 2007~2008년 한국학술진흥재단 프로그램매니저 2008~2010년 경희대병원 제21대 병원장 2008~2010년 대한비뇨종양학회 회장 2009~2011년 대한의사협회 부회장 2009~2011년 한국의학교육평가원 이사 2009~2011년 KBS 의료자문위원 2010~2012년 식품의약품안전청 중앙약사심의위원 2010~2012년 보건복지부 공표심의위원회 위원 2011년 Open Journal of Urology 편집위원(현) 2011년 ISRN Urology 편집위원(현) 2012~2013년 대한암학회 회장 2012~2015년 대한의사협회 감사 2012~2015년 대한의학회 운영위원 2012~2015년 근거창출임상연구국가사업단 운영위원 2013~2015년 한국보건의료연구원 보건의료안전자문위원회 위원장 2013년 대한의학회 임상진료지침연구사업단장 2013~2016년 한국보건의료연구원 비상임이사 2014년 (사)화서학회 부회장(현) 2015년 (사)대한의학회 부회장 2016~2017년 대한비뇨기과학회 명예회장 2018년 경희대 의대 명예교수(현) 2018년 (사)대한의학회 회장(현) 2018년 (사)경희국제의료협력회 회장(현) 2019년 (재)한국의학교육평가원 이사장(현) (상)과학기술우수논문상(1995), 경희대총장표창(1999 외 8회), 고황의학상 금상(2000), 교육부장관표창(2000), 여주문화상 학술상(2000), 대한암학회 공로패(2003), 한독학술상(2007), 의사평론가상(2008), 국세청장표창(2009), 바른사회시민회의 공로패(2012), 키르키즈공화국 보건부장관표창(2012), 문학시대 제102회 신인문학상(2014), 대한의사협회 보령의료봉사대상(단체)(2015), 대한비뇨기과학회 대외공로상(2015), 한미중소병원상 학계부문상(2017), 녹조근정훈장(2018) (저)'내분비학(共)'(1994, 의학출판사) '방광종약의 진료규약(共)'(1998, 고려의학) '만락헌문집 국역'(1999) '비뇨기과학(共)'(2001, 고려의학) '임상 신장학(共)'(2001, 광문출판사) '전립선암 진료지침(共)'(2004) '요로감염(共)'(2005, 국진기획) '만락헌 문집'(2006) '필향(共)'(2008) '한국의약평론가회문집 제2권(共)'(2009) '한국의약평론가회 문집 제3권(共)'(2011) '만락헌 장석인 평전'(2013) '만락헌 장석인선생 유허비건립기'(2018, 지누) '인재문집'(2018, 도서출판 트윈) 시집 '여강의 꿈'(2015, 마을) 수필집 '이 몸은 내 몸이 아니오'(2016, 소소리) (역)'약물유전체학(共)'(2004) (작)가곡 12편(장성구 작시 · 김동진 작곡) 가곡 1편(장성구 작시 · 장덕산 작곡) (종)유교

장성근(張成根) CHANG SANG KEUN

(생)1961 · 1 · 15 (주)경기도 수원시 영통구 광교중앙로248번길 107 유성법조프라자 604호 장성근법률사무소(031-211-3311) (학)1979년 충주고졸 1983년 건국대 법학과졸 (경)1982년 사법시험 합격(24회) 1984년 사법연수원 수료(14기) 1985년 軍법무관 1988년 수원지검 검사 1990년 변호사 개업(현) 2011~2012년 경기중앙지방변호사회 제1부회장 2013~2017년 同회장 2016~2017년 전국지방변호사회장협의회 회장 2019년 연합뉴스 경기취재본부 · 경기북부취재본부 콘텐츠자문위원(현)

장성민(張誠珉) JANG, Sung Min

(생)1963 · 9 · 5 (본)인동(仁同) (출)전남 고흥 (주)서울특별시 마포구 마포대로 68 아크로타워 707호 세계와동북아평화포럼(02-703-2232) (학)서울 영일고졸 1991년 서강대 정치외교학과졸 1996년 同대학원 국제정치학과졸 (경)1987년 평민당 김대중 대통령후보 중앙선거대책본부 총무비서 1991년 신민당 김대중 총재 비서 1992년 민주당 김대중 총재 비서 1993년 아 · 태평화재단 김대중 이사장 공보비서 1996년 새정치국민회의 대변인실 전문위원 1997년 同부대변인 1998년 대통령 정무비서관 1999년 대통령 초대 국정상황실장 2000~2002년 제16대 국회의원(서울 금천구, 새천년민주당) 2002년 미국 듀크대 국제문제연구소 객원연구원 2004년 세계와동북아평화포럼 대표, 同이사장(현) 2005~2007년 평화방송(PBC) 라디오시사프로그램 '열린 세상 오늘 장성민입니다' 진행 2005년 한국국제정치학회 이사(현) 2012년 TV조선 '장성민의 시사탱크' 진행 2012~2017년 (재)김대중기념사업회 이사 2017년 국민대통합당 제19대 대통령 후보 (상)국정감사 시민연대 선정 통일외교통상 베스트의원(2000), 국정감사 NGO 모니터단 선정 국정감사 우수국회의원(2001), 경실련 선정 의정활동 우수국회의원(2001), 한 · 중 · 일 3국정부 공동선정 '동북아 차세대 지도자'(2002), 유럽의회 · 유럽집행위원회 공동선정 '한국정

치분야 유망주(Potential Leader)'(2003), 서울언론인클럽 앵커상(2014), 한국언론인연합회 한국참언론인대상(2015) (역)'강대국의 유혹'(1995, 한울출판사) '지도력의 원칙'(1999, 김영사) '부시행정부의 한반도 리포트'(2001, 김영사) '9.11 테러이후 부시행정부의 한반도 정책'(2002, 김영사) '성공하는 대통령의 조건'(2002, 김영사) '전환기 한반도의 딜레마와 선택'(2004, 나남) '미국 외교정책의 대반격'(2005, 김영사) '통합의 리더, 대통령 링컨'(2007, 광문각) '전쟁과 평화 : 김정일 이후, 북한은 어디로 가는가'(2009, 김영사) '김정일 최후의 도박(전쟁과 평화 일본어판)'(2009) (종)기독교

장성순(張成筍)

(생)1927 · 12 · 25 (출)함남 함흥 (학)함남중(함흥고등보통학교)졸 1949년 서울대 미술대학 중퇴 (경)화가(현) 1956년 현대미술가협회 창립회원 및 총무 1962년 악뛰엘 창립회원 1975~2008년 개인전 9회 개최 1983년 국제 조형작가회의 한국측 업저버 1989년 대한민국미술대전 양화부문 심사위원 1992~1995년 한국미술협회 이사 1999~2002년 단원미술제 조직위원 2001년 同서양화 분과위원장 2018년 대한민국예술원 회원(서양화 · 현) (상)대한민국미술인상 우리미술상(2008), 안산시문화상 예술부문(2017), 대한민국예술원상 미술부문(2018)

장성영(張成榮) CHANG Sung Yung (正立)

(생)1946 · 12 · 29 (본)인동(仁同) (출)충남 보령 (주)인천광역시 서구 염곡로 472 경인그리스도의교회(032-575-0091) (학)1966년 대천고졸 1975년 서울기독대 신학과졸 1979년 미국 임마누엘침례신학대 신학과졸 1992년 신학박사(미국 임마누엘침례신학대) 1993년 미국 산호세성서대졸 2003년 목회학박사(미국 필라델피아성서대) (경)1966~1970년 충남 보령군 근무 1973년 서울기독대 총학생회장 1974년 돈암그리스도의교회 전도사 1977~1982년 숭의그리스도의교회 부목사 1980년 그리스도의교회협의회 서기 1982~1991년 한성신학교 강사 1982년 경인그리스도의교회 목사(현) 1984~1991년 대한기독교신학대 강사 1987~1988년 그리스도의교회 경인지방회장 1991~2012년 서울기독대 신학과 부교수 · 교수 2002년 서울기독대 학생복지처장 2006년 同신학과 학과장 2007년 同학술정보관장 2007~2008년 인천서구기독교연합회 대표회장 2007~2009년 그리스도의교회협의회 부총회장 2008~2010년 서울기독대 교목실장 2008~2009년 同평생교육원장 2011년 그리스도의교회 환원연구원장 2011~2012년 그리스도의교회협의회 총회장 2012년 서울기독대 원로교수(현) 2019년 성세의료재단 성민병원 원목(현) (상)그리스도의교회협의회 공로상(1988), 환원학원 10년근속표창(2001), 인천서구청장 공로표창(2002), 부총리 겸 교육부장관 우수교원표창(2004), 사학연금공단 이사장 감사패(2018) (저)'구약개론강의'(1987) '그리스도교 신학개론'(1988) '그리스도교예배와 성례전'(1994) '그리스도교 예배의 원리'(1995) '환원운동론'(2005) '환원예배의 원리'(2005) '하나님께 드리는 큰절'(2006) '환원신학'(2010) '예배의 원리'(2014) (종)기독교

장성욱(蔣盛旭) CHANG Sung Wook

(생)1966 · 1 · 8 (출)경북 경산 (주)인천광역시 미추홀구 학익소로 62 2층 유안공동법률사무소(032-872-0086) (학)1984년 대구 능인고졸 1988년 서울대 법학과졸 1991년 同대학원졸 (경)1990년 사법시험 합격(32회) 1993년 사법연수원 수료(22기) 1993년 부산지법 울산지원 판사 1995년 부산지법 판사 1996년 대구지법 판사 1997년 서울지법 의정부지원 판사 1998년 인천지법 판사 2000년 대구지법 포항지원 판사 2002년 대구지법 판사 2004년 서울고법 판사 2006년 서울중앙지법 판사 2008년 부산지법 부장판사 2009~2010년 인천지법 부장판사 2010년 변호사 개업(현) 2017년 '박근혜 정부의 최순실 등 민간인에 의한 국정농단 의혹사건(최순실 특검법)' 특별검사보(현)

장성웅(張性雄) JANG Sung Woong

(생)1953 · 11 · 16 (출)부산 (주)경상북도 군위군 효령면 효령공단길 14-5 (주)남선 사장실(054-380-2300) (학)1972년 계성고졸 1976년 고려대 사회학과졸 (경)(주)유일무역 대표이사, (주)일월 대표이사, (주)엘앤씨 대표이사, (주)태일금속 이사, (주)남선홈웨어 대표이사 사장 2006년 제로원인터랙티브 대표이사 사장, (주)태일금속 대표이사 사장(현), (주)남선 대표이사 사장(현) (상)천만불 수출의탑 및 대통령표창(2004) (종)불교

장성원(張誠元) CHANG Seong Won

(생)1962 · 11 · 28 (본)인동(仁同) (출)서울 (주)서울특별시 중구 남대문로 63 한진빌딩 법무법인 광장(02-772-4900) (학)1980년 우신고졸 1984년 서울대 법학과졸 (경)1983년 사법시험 합격(25회) 1985년 사법연수원 수료(15기) 1986년 軍법무관 1989년 서울민사지법 판사 1991년 서울가정법원 판사 1993년 대전지법 판사 1993년 미국 스탠퍼드대 연수 1994년 대전지법 홍성지원 판사 1996년 수원지법 성남지원 판사 1997년 서울고법 판사 겸 법원행정처 사법정책연구심의관 1998년 서울고법 판사 2001년 대전지법 천안지원 부장판사 2002년 사법연수원 교수 2005년 서울중앙지법 부장판사 2007년 부산고법 부장판사 2009~2012년 서울고법 부장판사 2012년 법무법인 광장 변호사(현) (저)'가처분의 연구(共)'(1994, 박영사) (종)기독교

장성진 JANG SEONG JIN

(생)1965 · 7 · 10 (주)경기도 수원시 영통구 삼성로 129 삼성전자(주) 메모리사업부 품질보증실(031-200-1114) (학)1987년 경북대 전자공학과졸 1990년 한국과학기술원(KAIST) 전자공학과졸(석사) (경)2000년 삼성전자(주) 메모리사업부 DRAM개발실 수석 2009년 同메모리사업부 개발실 연구위원(상무) 2011년 同메모리사업부 DRAM개발실 PE팀장 2013년 同메모리사업부 DRAM개발실 DRAM설계팀장(전무) 2017년 同메모리사업부 DRAM개발실장(부사장) 2019년 同메모리사업부 품질보증실장(부사장)(현)

장성진(張性珍)

(생)1973 · 1 · 17 (출)경북 칠곡 (주)전라북도 군산시 법원로 68 전주지방법원 군산지원 총무과(063-450-5100) (학)1991년 대구 경상고졸 1997년 연세대 법학과졸 (경)1999년 사법시험 합격(41회) 2002년 사법연수원 수료(31기) 2002년 대구지법 예비판사 2004년 同판사 2005년 同경주지원 판사 2007년 수원지법 판사 2011년 서울서부지법 판사 2015년 서울남부지법 판사 2018년 전주지법 군산지원 부장판사(현)

장성철(張成哲)

(생)1967 · 7 · 5 (출)경기 안양 (주)서울특별시 송파구 정의로 30 서울동부지방검찰청 형사3부(02-2204-4315) (학)1986년 숭문고졸 1991년 서울대 조선해양공학과졸 (경)1998년 사법시험 합격(40회) 2001년 사법연수원 수료(30기) 2001년 수원지검 검사 2003년 전주지검 정읍지청 검사 2004년 광주지검 검사 2006년 춘천지검 검사 2008년 부산지검 검사 2010년 서울북부지검 검사 2014년 광주지검 순천지청 검사 2015년 광주지검 순천지청 부부장검사 2016년 광주지검 공판부장 2017년 수원지검 평택지청 형사1부장 2018년 대전지검 천안지청 형사2부장 2019년 서울동부지검 형사3부장(현)

장성학(張性學)

(생)1973 · 12 · 17 (출)경북 영덕 (주)인천광역시 미추홀구 소성로163번길 17 인천지방법원(032-860-1114) (학)1991년 포항고졸 1996년 서울대 사법학과졸 (경)1999년 사법시험 합격(41회) 2002년 사법연수

원 수료(31기) 2002년 軍법무관 2005년 대구지법 판사 2008년 인천지법 판사 2011년 서울남부지법 판사, 서울중앙지법 판사 2016년 서울서부지법 판사 2017년 부산지법 부장판사 2017년 同서부지원 부장판사 2019년 인천지법 부장판사(현)

장성호(張誠浩) Jang Seong Ho

(생)1963·8·11 (본)안동(安東) (출)충북 영동 (주)서울특별시 광진구 능동로 120 건국대학교 행정대학원 국가정보학과(02-450-4019) (학)청주고졸, 육군사관학교 2년중퇴(43기) 1994년 건국대 정치외교학과졸 1996년 同대학원 정치학과졸 2000년 정치학박사(건국대), 미국 플로리다대 정치학과 Research Scholar (경)1994~2000년 건국대부속중 교사 1997~2003년 상명대 강사 2000~2001년 한국외국어대·인하대 강사 2002~2003년 건국대·배재대 강사, 학교법인 일곡학원 수석이사, 민주평통 상임위원 2004~2014년 배재대 정치언론안보학과 교수 2008~2017년 (사)평화운동연합 이사장 2010년 통일부 통일교육원 교육위원 2011년 배재대 통일문제연구소장 2012년 同정치언론안보학과장 2012년 교육과학기술부 특수교육국정도서 연구위원 겸 심의위원, (사)대한정치학회 이사, (사)한국동북아학회 이사 2014년 명덕외고 학교운영위원장 2015년 건국대 행정대학원 국가정보학과 교수(현) 2017년 同행정대학원장(현) (저)'한국정치변동론'(2001) '민주시민사회와 NGO'(2002) '위기의 세3세계 정치론'(2003) '새로운 시대의 정치혁명'(2004) '좌우를 넘는 공감의 정치'(2012) (역)'의회민주정치제도'(2007) (종)기독교

장성호(張星浩) JANG Sung Ho

(생)1964·8·18 (출)충북 진천 (주)대구광역시 남구 현충로 170 영남대학교병원 재활의학과(053-620-3269) (학)1990년 연세대 의대졸 2002년 경북대 대학원졸 (경)1990~1991년 신촌세브란스병원 인턴 1991~1994년 보건복지부 공중보건의사 1994~1998년 신촌세브란스병원 재활의학과 레지던트 1998년 영남대병원 재활의학과 전임의 1999~2005년 영남대 의대 재활의학과학교실 전임강사·조교수 2004년 미국 세계인명사전 'Marquis Who's Who'에 등재 2005~2013년 영남대 의대 재활의학교실 부교수·교수 2005년 영국 케임브리지 국제인명센터(IBC:International Biographical Center) 선정 '인류를 위해 공헌한 10인' 2013년 영남대 의대 재활의학교실 석좌교수(현) 2017년 한국과학기술한림원 정회원(의약학부)(현) (상)대한재활의학회 올해의 재활의학학술상(2000·2007·2009·2013), 국제펠로십훈장(2005), 대구시의사회 학술상(2009), 영남대 천마학술상(2012), 중앙일보 대학평가 의학계열 연구업적 1위(2012), 대한재활의학회 신정순학술상(2015) (저)'재활의학 : 뇌졸중 재활'(2007)

장성훈(張城熏)

(생)1972·3·29 (출)경북 안동 (주)경기도 안산시 단원구 광덕서로 73 수원지방검찰청 안산지청 형사1부(031-481-4308) (학)1991년 안동고졸 1999년 한국외국어대 법학과졸 (경)1999년 사법시험 합격(41회) 2002년 사법연수원 수료(31기) 2002년 울산지검 검사 2004년 대구지검 경주지청 검사 2006년 의정부지검 검사 2008년 서울중앙지검 검사 2011년 부산지검 검사 2014년 서울북부지검 검사 2016년 서울중앙지검 부부장검사 2017년 창원지검 통영지청 형사2부장 2018년 '드루킹불법댓글조작사건수사특검' 파견 2018년 서울북부지검 공판부장 2019년 수원지검 안산지청 형사1부장(현)

장성훈(張成勳)

(생)1972·8·28 (출)부산 (주)인천광역시 미추홀구 소성로163번길 17 인천지방법원(032-860-1114) (학)1991년 부산 혜광고졸 1999년 고려대 법학과졸 (경)1998년 사법시험 합격(40회) 2001년 사법연수원 수료(30기) 2001년 서울지법 북부지원 판사 2002년 서울고법 판사 2003년 서울지법 판사 2004년 서울중앙지법 판사 2005년 부산지법 판사 2008년 인천지법 판사 2010년 서울가정법원 판사 2012년 서울남부지법 판사 2014년 대법원 재판연구관 2016년 부산지법 부장판사 2019년 인천지법 부장판사(현)

장세근(張世根) JANG Seh Geun

(생)1955·11·14 (출)충북 청주 (주)제주특별자치도 제주시 오현길 90 제주은행 임원실(064-720-0200) (학)1973년 청주고졸 1978년 서울대 경제학과졸 1991년 미국 워싱턴대 대학원 경제학과졸 (경)1978년 한국은행 입행 1980년 同대전지점 근무 1982년 同자금부 근무 1986년 同업무개선실장 대리 1988년 同국제금융부 과장대리 1992년 同인사부 조사역 1994년 同연수실 과장 1996년 同기획부 과장 1998년 同금융시장부 과장 2000년 同기획국 부국장 2000년 同공보실 부실장 2001년 同금융시장국 팀장(부국장) 2005년 금융감독원 파견(국장) 2006년 한국은행 공보실장 2008년 同발권국장 2009년 同총무국장 2010년 同경영관리담당 부총재보 2012~2013년 同부총재보 2016년 제주은행 상임감사위원(현)

장세석(張世石) Se Seog Jang

(생)1960·3·5 (본)인동(仁同) (출)전남 여수 (주)서울특별시 강서구 화곡로14길 13-3 강한친구들빌딩 4층 한국민간조사협회(0502-707-7007) (학)1979년 성일고졸 1995년 연세대 대학원 법학과졸 2011년 형사법박사(경상대) (경)1995~1996년 민주당 편집부장 2001년 한국산업인력관리공단 범죄학검토위원, 성균관대법대총동창회 제14대 집행부 상임이사 2002년 한국민간조사협회 범죄심리학 교수(현) 2003~2008년 한영대학 경찰행정학과 교수 2004년 한국노총 총선 후보 2005년 한국경찰복지학회 회장(현) 2005년 통일부 통일교육위원 2005년 한국부패학회 일반이사 2006~2015년 한국교정복지학회 이사 2006년 극동대 글로벌대학원 사회복지학과 외래교수 2007년 한라대 경찰행정학과 겸임교수 2016년 대한고시연구원 범죄심리학 교수 2017년 경남도교육청 도민감사관(현) 2017년 국민권익위원회 청렴연수원 청렴전문강사(현) (저)'한국교정발전론' '장세석박사의 산시산, 인시인'(도서출판 성심) '형사소송법개론'(2006) '포커스경찰학개론'(2007) '교정학개론'(2008)

장세영(張世英)

(생)1973·2·25 (출)서울 (주)서울특별시 서초구 반포대로 138 양진빌딩 2층 법무법인 진(02-2136-8100) (학)1991년 광주 문성고졸 1996년 서울대 법대 법학과졸 2007년 미국 조지워싱턴대 로스쿨 연수 (경)1996년 사법시험 합격(38회) 1999년 사법연수원 수료(28기) 1999년 공군 법무관 2002년 서울지법 동부지원 판사 2004년 서울중앙지법 판사 2006년 광주지법 판사 2007년 同순천지원 판사 2010년 수원지법 판사 2011년 서울동부지법 판사 2012년 대법원 재판연구관 2014년 춘천지법 강릉지원 부장판사 2016~2018년 인천지법 부장판사 2018년 법무법인 진 파트너변호사(현)

장세용(張世龍)

(생)1953·7·25 (주)경상북도 구미시 송정대로 55 구미시청 시장실(054-480-6001) (학)1971년 대구상고졸 1980년 영남대 사학과졸 1982년 경북대 대학원 사학과졸 1990년 문학박사(서양사전공)(영남대) (경)부산대 한국민족문화연구소 HK교수, 열린우리당 중앙위원, 평화통일대구시민연대 공동의장, 정치개혁 대구시민행동 공동대표, 대구경북민주화운동기념사업회 이사장, 더불어민주당 정책위원회 부의장 2018년 경북 구미시장(더불어민주당)(현) (저)'프랑스 계몽주의 지성사'(2013) '미셸 드 세르토'(2016) '도시와 로컬리티공간의 지형도'(2018)

장세욱(張世郁) JANG Sae Wook

(생)1962 · 12 · 15 (출)서울 (주)서울특별시 중구 을지로5길 19 페럼타워 동국제강(주) 임원실(02-2222-0070) (학)1981년 환일고졸 1985년 육군사관학교졸 1995년 전남대 경영대학원졸 1998년 미국 서던캘리포니아대 경영대학원졸(MBA) (경)1994년 예편(소령) 1996년 동국제강(주) 기획조정실 경영관리팀 과장 1997년 同미국 LA지사 근무 1999년 同포항제강소 지원실장(부장) 2000년 同포항제강소 지원실장(이사) 2001년 同포항제강소 관리담당 부소장(상무) 2003년 同포항제강소 관리담당 부소장 겸 품질담당 상무 2004년 同전략경영실장(상무) 2005년 同전략경영실장(전무이사) 2005년 유니온스틸(주) 비상근이사 2005~2011년 디케이유앤씨 비상임이사 2007년 동국제강(주) 전략경영실장(부사장) 2010년 유니온스틸(주) 사장 2010~2014년 동국제강(주) 전략경영실장(사장) 2011~2014년 유니온스틸(주) 총괄대표이사 사장 2015~2019년 동국제강(주) 대표이사 부회장 2019년 同각자대표이사 부회장(현) (상)은탑산업훈장(2015)

장세일(張世一) Jang Se Il

(생)1964 · 5 · 9 (주)전라남도 무안군 삼향읍 오룡길 1 전라남도의회(061-286-8200) (학)영광고졸, 동강대학 사회복지행정과졸 (경)영광군생활체육협의회 회장, 군서농공단지협의회 회장, 영광군언론인회 회장, 영광군 전문의용소방대장, 영광교육지원청 학교폭력추방위원, 대한레저협회 광주 · 전남 상임부회장 2014~2018년 전남 영광군의회 의원(무소속 · 더불어민주당) 2014~2016년 同자치행정위원장 2016~2018년 同운영위원장, 더불어민주당 영광지역위원회 부위원장 2018년 전남도의회 의원(더불어민주당)(현), 同한빛원전특별위원회 위원장(현), 同의회운영위원회 위원(현), 同안전건설소방위원회 부위원장(현) (상)시사투데이 대한민국사회공헌대상(2016)

장세주(張世宙) CHANG Sae Joo

(생)1953 · 11 · 8 (출)부산 (주)서울특별시 중구 을지로5길 19 동국제강(주) 회장실(02-317-1114) (학)1972년 중앙고졸 1976년 연세대 이공대학졸 1981년 미국 타우슨대 경제학부졸 2006년 명예 인문학박사(미국 타우슨주립대) (경)1978년 예편(육군 중위) 1978년 동국제강(주) 입사 1982년 同일본지사 근무 1985년 동국중기공업(주) 상무이사 1986년 한국철강(주) 상무이사 1987년 동국제강(주) 상무이사 1988년 천양항운(주) 사장 1991년 동국제강(주) 인천공장 건설본부장 1992년 同인천제강소장 1993년 同전무이사 1998년 同부사장 1999년 同대표이사 사장 2001~2015년 同대표이사 회장 2004~2011년 유니온스틸(주) 대표이사 회장 2012년 한국철강협회 부회장 2013년 전국경제인연합회 부회장(현) 2015년 동국제강(주) 회장(현) (상)금탑산업훈장, 제12회 상공대상 노사협조부문, 브라질 '조제 에미리우 지 모랑이스(Jose Ermirio de Moraes)'훈장(2019) (종)불교

장세창(張世昌) Sechang Chang

(생)1947 · 5 · 15 (출)서울 (주)서울특별시 강남구 선릉로94길 7 (주)파워맥스 회장실(02-501-3663) (학)1965년 경기고졸 1969년 서울대 전기공학과졸 1972년 미국 일리노이대 대학원졸 (경)1981년 대한전기협회 기술정보위원회 부위원장 1983년 이천전기 전무이사 1986년 기계공업진흥회 부회장 1986년 이천전기 사장 1989년 전기공업진흥회 부회장 1990년 공업표준협회 이사 1992년 전기학회 감사 1995~1997년 이천전기 회장 1997년 한기重電(주) 회장 1997년 다남전원(주) 회장 1997년 (주)한사 회장(현) 1997년 강남지역경제인협의회 초대회장 2000년 (주)파워맥스 회장(현) 2000년 국립오페라단후원회 부회장(현) 2001년 민주평통 상임위원 2002년 (재)신도리코장학회 이사(현) 2002년 헤이리프라자(주) 이사(현) 2005년 한국전기산업진흥회 부회장 2005년 한국엔지니어스클럽 이사(현) 2006년 대한전기학회 부회장 2006년 한국전력공사 경영혁신위원 2009~2017년 서울대 공과대학 전기공학부 총동창회 회장 2009년 울산대 전기전자정보시스템공학부 겸임교수(현) 2011 · 2014년 한국전기산업진흥회 회장(현) 2011년 한국전기산업기술연구조합 이사장(현) 2011년 동반성장전기전자업종 공동위원장(현) 2012년 한국서부변압기사업협동조합 이사(현) 2012년 대한전기협회 이사(현) 2013년 기초전력연구원 비상임이사 2014년 한국전기산업기술연구조합 이사장(현) 2014년 전기관련단체협의회 회장(현) 2014년 대한전기학회 특별 · 기관 평의원(현) 2015년 전기산업통일연구협의회 명예회장(현) 2016년 에너지밸리위원회 위원(현) 2016년 한국중전기사업협동조합 이사 2016년 지속가능전력정책연합 최고위원회 부의장(현) 2017년 전기관련단체협의회 고문(현) 2017년 한국전기산업진흥회 회장(현) 2017년 한국전기산업기술연구조합 이사장(현) (상)대통령표창, 3 · 1문화상, 동탑산업훈장, 무역의날 1천만달러 수출탑(2013), 대한전기학회 자랑스런 전기인상 (종)불교

장세헌(張世憲) CHANG Sei Hun (立齊)

(생)1923 · 12 · 18 (본)인동(仁同) (출)서울 (주)서울특별시 서초구 반포대로37길 59 대한민국학술원(02-3400-5220) (학)양정고졸 1946년 경성대 화학과졸 1960년 이학박사(미국 유타대) (경)1946년 서울대 문리대 조교수 · 부교수 · 교수 1975~1989년 同자연과학대학 화학과 교수 1980년 한국화학회 회장 1981년 대한민국학술원 회원(화학 · 현) 1989년 서울대 명예교수(현) 1994년 한국과학기술한림원 원로회원(현) (상)녹조소성훈장(1960), 대한민국 과학상 대통령표창(1971), 국민훈장 동백장(1972), 국민훈장 모란장(1988), 성곡학술상(1989) (저)'일반화학' '물리화학' '일반화학실험서' '화학열역학'

장세현(張世現) Chang Se-Hyun

(생)1955 · 8 · 26 (출)광주 (주)광주광역시 서구 상무시민로 75 광주가톨릭평화방송(062-226-7700) (학)1974년 광주고졸 1975~1976년 가톨릭대 수학 1976~1981년 광주가톨릭대 편입(학사졸) 및 대학원 신학과졸(석사) 1990년 선교학박사(이탈리아 우르바노대) (경)1981년 천주교 북동성당 사제서품 1981년 同남동성당 보좌신부 1982~1985년 공군 군종신부 1985~1986년 同원동성당 주임신부 1991~1995년 광주가톨릭대 교수 1995~1999년 천주교 광주대교구 사목국장 1995~1997년 同광주대교구 홍보국장 겸임 1999~2001년 同신동성당 주임신부 2001~2005년 광주가톨릭대 평생교육원장 2005년 천주교 봉선동성당 주임신부 2009년 同옥암동성당 주임신부 2014~2016년 同월산동성당 주임신부 2016년 광주가톨릭평화방송 사장(현)

장세홍(張世洪) Jang Se Hong

(생)1961 · 3 · 11 (주)부산광역시 부산진구 중앙대로 735 IBK저축은행(051-791-4300) (학)1980년 거창고졸 1988년 동아대 경제학과졸 (경)1989년 IBK기업은행 입행 2009년 同마산내서지점장 2010년 同웅상공단지점장 2011년 同녹산공단지점장 2013년 同부산지점장 2014년 同부산지역본부장 2015년 同부산 · 울산지역본부장 2015년 同부산 · 울산 · 경남그룹장(부행장) 2018년 IBK저축은행 부사장 2019년 同대표이사(현)

장세희(張世憙) CHANG Se Hee

(생)1968 · 3 · 12 (출)서울 (주)서울특별시 중구 다동길 46 동국산업(주) 비서실(02-316-7500) (학)1987년 한양공고졸 1991년 고려대 경영학과졸 1999년 연세대 대학원 경제학과졸 (경)1993~1996년 국제종합기계(주) 근무 1996년 동국산업(주) 입사 1999년 同경영기획실장 2000년 同상무이사

2004년 同관리본부장(전무) 2005년 同경영관리본부장(전무), 동국내화(주) 이사(비상근), 대원스틸(주) 이사(비상근) 2007~2011년 동국산업(주) 대표이사 사장 2007년 (주)동국알앤에스 부사장 2011년 동국산업(주) 대표이사 부회장(현) (종)불교

장소영(張少英 · 女) JANG So Young

(생)1969 · 10 · 28 (출)서울 (주)대전광역시 서구 둔산중로78번길 15 대전지방검찰청 공판부(042-470-4303) (학)1987년 동래여고졸 1991년 서울대 언어학과졸 2007년 북한법박사(서울대) (경)1992년 제일기획 근무 2001년 사법시험 합격(43회) 2004년 사법연수원 수료(33기) 2004년 춘천지검 강릉지청 검사 2005년 대검찰청 공보담당관실 부홍보담당관 2006년 의정부지검 고양지청 검사 2008년 서울남부지검 검사 2012년 법무부 통일법무과 검사 2015년 부산지검 검사 2015~2017년 통일부 장관법률자문관 2018년 부산지검 부부장검사(서울고검 특별송무팀 파견) 2019년 대전지검 공판부장(현) (상)국무총리표창(2015)

장소원(張素媛 · 女) CHANG So Won

(생)1961·7·8 (출)서울 (주)서울특별시 관악구 관악로 1 서울대학교 인문대학 국어국문학과(02-880-6032) (학)1980년 명지여고졸 1984년 서울대 국어국문학과졸 1986년 同대학원 국어국문학과졸 1991년 언어학박사(프랑스 파리제5대학) (경)한국방송통신대 국어국문학과 조교수·부교수·교수 2002년 서울대 국어국문학과 부교수 2005년 同인문대학 국어국문학과 교수(현) 2009~2011년 방송통신심의위원회 방송언어특별위원회 위원 2012~2016년 서울대 평생교육원장 2013년 문화체육관광부 국어심의회 위원 2014년 재외동포재단 자문위원 2014~2016년 국방부 민관군병영문화혁신위원회 부위원장 2015~2018년 한국문학번역원 이사 2015~2019년 서울대 한국어문학연구소장 2019년 서울대 언어교육원장(현) 2019년 국어학회 회장(현) 2019년 학술지 「형태론」 편집대표(현) 2019년 서울대 여교수회 회장(현) (저)'말의 세상, 세상의 말'(共) '국어학개론'(共) '글쓰기의 기초'(共) '폴란드인을 위한 한국어 1·2·3'(共) '생활 속의 언어(共)'(2004) '비언어적 커뮤니케이션론(共)'(2004, 나남출판) '틀림없이 실리는 보도자료 쓰기(共)'(2005, 커뮤니케이션북스) '방송 글쓰기(共)'(2007, 커뮤니케이션북스) '외국인을 위한 한국문화 읽기(共)'(2009, 아름다운 한국어학교) 외 다수 (종)기독교

장수영(張秀英) JANG Soo Young

(생)1952 · 9 · 17 (출)인천 (주)서울특별시 성동구 마장로 210 한국기원 홍보팀(02-3407-3870) (학)1971년 남산공고졸 (경)1971년 프로바둑 입단 1971년 2단 승단 1973년 3단 승단 1975년 4단 승단 1977 · 1982 · 1986년 최고위전 준우승 1979년 5단 승단 1981년 6단 승단 1982년 제22기 최고위전 준우승 1983년 왕위전 · 제왕전 준우승 1984년 7단 승단 1986년 제26기 최고위전 준우승 1987년 8단 승단 1989년 제6기 박카스배 준우승 1990년 제26기 패왕전 · 제1기 동양증권배 준우승 1991년 동양증권배 본선 1992년 9단 승단(현) 1993년 제1기 연승바둑최강전 준우승 1994년 패왕전 · 왕위전 · 비씨카드배 · 명인전 · 연승바둑최강전 · 최고위전 · 한국이동통신배 본선 1995년 국기전 · 최고위전 · 연승바둑최강전 본선 1996년 바둑왕전 · 국기전 · 연승바둑최강전 · 동양증권배 본선 1998년 테크론배 본선 1999년 배달왕전 · 명인전 · KBS바둑왕전 본선 2000년 기성전 본선 2000년 장수영바둑연구실 대표 2004년 박카스배 천원전 본선 2004년 제4회 돌씨앗배 프로시니어기전 우승, 하이텔 전속해설위원 2005년 제5기 잭필드 프로시니어기전 본선 2007년 한국바둑리그 월드메르디앙 감독, 장수영바둑도장 대표(현) 2008년 맥심커피배 입신최강 본선 2010년 지지옥션배 본선 2015년 시니어기성전 본선 2017년 한국기원총재배 시니어바둑리그 준우승 (상)기도문화상 신예기사상(1981), 기도문화상 수훈상(1983)

장수영(張洙榮)

(생)1974 · 7 · 2 (출)경남 김해 (주)서울특별시 서초구 서초대로 219 대법원 재판연구관실(02-3480-1100) (학)1993년 부산 용인고졸 1998년 서울대 사법학과졸 (경)1999년 사법시험 합격(41회) 2002년 사법연수원 수료(31기) 2002년 육군 법무관 2005년 서울중앙지법 판사 2007년 서울서부지법 판사 2009년 부산지법 동부지원 판사 2013년 부산고법 판사 2015년 창원지법 마산지원 판사 2017년 부산지법 부장판사 2019년 대법원 재판연구관(현)

장수영(張洙榮 · 女)

(생)1974 · 12 · 19 (출)충북 괴산 (주)강원도 원주시 시청로 149 춘천지방법원 원주지원(033-738-1002) (학)1993년 대원외국어고졸 1998년 서울대 서어서문학과졸 (경)2000년 사법시험 합격(42회) 2003년 사법연수원 수료(32기) 2003년 서울지법 동부지원 예비판사 2004년 서울고법 예비판사 2005년 서울중앙지법 판사 2007년 광주지법 순천지원 판사 2010년 의정부지법 판사 2015~2016년 사법정책연구원 연구위원 겸임 2015년 서울북부지법 판사 2019년 춘천지법 원주지원 부장판사(현)

장수완(張洙完) CHANG Soo Wan

(생)1963 · 1 · 3 (주)세종특별자치시 정부2청사로 13 행정안전부 인사기획관실(044-205-1380) (학)1982년 능인고졸 1988년 연세대 행정학과졸 2002년 서울대 대학원 행정학과졸 (경)2002년 행정자치부 행정관리국 조직정책과 서기관 2004~2006년 수질개선기획단 파견(서기관) 2007년 행정자치부 부내정보화팀장 2007년 同진단기획팀장 2008년 행정안전부 진단컨설팅기획과장 2008년 同규제개혁법무담당관 2009년 同기획재정담당관 2010년 사회통합위원회 파견(부이사관) 2014년 행정자치부 개인정보보호위원회 사무국장 2015년 同창조정부조직실 공공서비스정책관 2017년 행정안전부 정부혁신조직실 공공서비스정책관 2017년 同정부혁신조직실 조직정책관 2018년 同인사기획관(현)

장수철(張洙哲)

(생)1963 · 1 · 11 (출)전북 전주 (주)세종특별자치시 한누리대로 402 산업통상자원부 감사담당관실(044-203-5420) (학)1981년 전주상업고졸 1988년 원광대 무역학과졸 2008년 스페인 국립콤플루텐스대 대학원 국제통상학과졸 (경)1991년 공무원 임용(7급 공채) 1991~1994년 상공부 상역국 무역정책과 근무 1994~1997년 통상산업부 산업정책국 유통산업과 근무 2003~2005년 산업자원부 무역위원회 무역조사실 근무 2006~2008년 해외 교육파견(스페인 국립콤플루텐스대) 2008~2011년 지식경제부 통상협력정책관실 구미협력과 근무 2011~2014년 駐멕시코대사관 상무관 2014~2015년 산업통상자원부 무역투자실 해외투자과 근무 2015년 전남도 경제과학국 국제통상과장 2015~2016년 同국제협력관 2016년 국민안전처 특수재난실 산업협업담당관 2018년 산업통상자원부 감사담당관(현) (종)기독교

장숙환(張淑煥 · 女) CHANG Sook Hwan

(생)1940 · 6 · 11 (출)서울 (주)서울특별시 서대문구 이화여대길 52 이화여자대학교 신산업융합대학 의류산업학과(02-3277-3752) (학)1960년 경기여고졸 1963년 이화여대 사학과졸 1989년 同대학원 가정학과졸 2006년 이학박사(서울여대) (경)1978~2002년 국내외 문화재특별전 8회 개최 1978~1983년 국립민속박물관 연구원 1991~1997년 경원대 섬유미술학과 조교수 1998~2005년 이화여대 의류직물학과 교수 1999년 同담인복식미술관장(현) 2003년 국립민속박물관 유물구입심사위원 2004년 한국의상디자인학회 이사 2005년 대한가정학회 평이사 2005~2007년 국립고궁박물관 유물구입심사위원 2005년 이화여대 조형예술대학 의류학과 특임교수 2016년 同신산업융합대학 의류산업학과 특임교수(현) (상)일본문화복장학원裝苑賞(1965), 올림픽기장 문

화장(1988), 영매상(2006) [저]'전통 장신구'(2002, 대원사) '전통 남자장신구'(2003, 대원사) '우리 옷과 장신구 : 韓國傳統服飾, 그 原形의 美學과 實際(共)'(2003, 열화당) '조선 양반생활의 멋과 미(共)'(2003, 국립민속박물관) 'Traditional Korean Costume(共)'(2005, Global Oriental) '歲寒三友(소나무·대나무·매화)(共)'(2005, 종이나라) '최원립 장군 묘 출토복식을 통해 본 17세기 조선 무관의 차림새(共)'(2006, 이화여자대학교박물관 담인복식미술관) '조선왕조의 의상과 장신구(共)'(2007, 淡交社) '조선시대 궁궐용어 해설집(共)'(2009, 문화재청)

장순욱(張淳旭) JANG Soon Wook

[생]1965·10·27 [출]대구 [주]서울특별시 서초구 법원로 15 법무법인 엘케이비앤파트너스(02-596-7338) [학]1984년 대구 영신고졸 1988년 서울대 법대졸 1993년 同대학원 법학과졸 [경]1993년 사법시험 합격(35회) 1996년 사법연수원 수료(25기) 1996년 대구지법 판사 1999년 同포항지원 판사 2002년 수원지법 판사 2007년 서울고법 판사 2008년 헌법재판소 파견 2011년 청주지법 영동지원장 2013년 수원지법 부장판사 2016~2018년 서울행정법원 부장판사 2018년 법무법인 엘케이비앤파트너스 대표변호사(현)

장순흥(張舜興) Chang Soon Heung

[생]1954·5·6 [출]서울 [주]경상북도 포항시 북구 흥해읍 한동로 558 한동대학교 총장실(054-260-1001) [학]1972년 경복고졸 1976년 서울대 핵공학과졸 1979년 미국 매사추세츠공과대 대학원 핵공학과졸 1981년 핵공학박사(미국 매사추세츠공과대) [경]1981년 Bechtel Power Corporation 핵공학부 안전해석 Staff 1982~2014년 한국과학기술원(KAIST) 원자력 및 양자공학과 교수 1982년 원자력안전기술원 자문위원·안전심의위원 1987년 Chalk River Nuclear Lab. 초청연구원 1988~1990년 한국과학기술원(KAIST) 원자력공학과 주임교수 1992~1999년 국제원자력기구(IAEA) 안전자문단(INSAG) 위원 1993~1997년 원자력위원회 안전전문위원 1994년 OECD·NEA 원자력기구 안전위원 1998~1999년 국가과학기술자문회의 자문위원 2001년 원자력안전자문위원회 위원장 2001~2003년 한국과학기술원(KAIST) 기획처장 2003~2004년 同교무처장 2004년 한국공학한림원 정회원(현) 2005~2006년 한국과학기술원(KAIST) 대외부총장 2005~2008년 미국 원자력학회(The American Nuclear Society) Fellow 2006~2010년 한국과학기술원(KAIST) 교학부총장 2009~2010년 청와대 녹색성장위원회 과학기술계 위원 2010~2011년 한국원자력학회 수석부회장 2010~2014년 KUSTAR-KAIST 교육연구원장 2010~2011년 한동대 이사장 2011~2012년 한국원자력학회 회장 2011~2012년 일본 후쿠시마원전사고조사위원회 국제자문위원 2012~2013년 한국원자력안전기술원 이사회 의장 2012년 한동대 이사 2013년 제18대 대통령직인수위원회 교육과학분과 위원 2013~2015년 한국원자력안전전문위원회 위원장 2013~2015년 한국과학창의재단 비상임이사 2014년 한동대 총장(현) 2014년 駐韓피지 명예총영사(현) 2014년 대통령직속 통일준비위원회 통일교육자문단 자문위원 2014년 경북창조경제혁신센터 이사장(현) 2016년 유엔(UN) DPI·NGO컨퍼런스 조직위원장 2017년 국무총리자문 국민안전안심위원회 위원(현) [상]제1회 원자력열수력학 및 운전에 관한 학술상(1989), 미국 원자력학회 우수논문상(1994), 한국과학기술단체총연합회 과학기술우수논문상(1995), 한국과학기술원 연구창의상 및 우수연구교수상(1996), 홍조근정훈장(2003), ANS 학술상(2003), KNS 우수논문상(2004·2011·2013), 과학기술훈장 창조장(2014), 동아일보 한국의최고경영인상 미래경영부문(2015), 포스코 청암상 교육부문(2015), TV조선 참교육 경영대상(2016) [저]'임계열유속'(1997) '원자력안전'(1998) 'Nuclear Power Plant(共)'(2012) '공학이란 무엇인가(共)'(2013) [종]기독교

장승세(張勝世)

[생]1973·4 [주]서울특별시 영등포구 여의대로 128 LG트윈타워 (주)LG화학 LGCWA법인(02-3773-1114) [학]서울대 섬유고분자공학과졸, 캐나다 맥길대 대학원 경영학과졸 [경]2004년 A.T.Kearney 팀장 2008년 Monitor Group Korea 부사장 2013년 (주)LG화학 자동차전지·신시장개척TFT 상무 2016년 同자동차전지·마케팅3담당 상무 2017년 同자동차전지·마케팅3담당 전무 2019년 同LGCWA법인장(전무)(현)

장승재(張勝在)

[생]1963·2·15 [주]충청남도 예산군 삽교읍 도청대로 600 충청남도의회(041-635-5176) [학]충남 서령고졸 1989년 충남대 낙농학과졸 [경]성연면라이온스클럽 회장, 성연면농업경영인회 회장 2006년 충남 서산시의원선거 출마(무소속) 2010년 충남 서산시의회 의원(민주당·민주통합당·민주당·새정치민주연합) 2012년 同산업건설위원장, 새정치민주연합 충남도당 농어민특별위원장 2014~2018년 충남 서산시의회 의원(새정치민주연합·더불어민주당) 2014~2016년 同의장 2017~2018년 同예산결산특별위원회 위원 2018년 충남도의회 의원(더불어민주당)(현) 2018년 同안전건설해양소방위원회 위원장(현) [상]내포시대 의정대상(2014)

장승준(張升準) CHANG Seung Joon

[생]1981·6·13 [출]서울 [주]서울특별시 중구 퇴계로 190 MBN(매일방송) 사장실(02-2000-3114) [학]2004년 미국 미시간대 앤아버교졸 2010년 미국 뉴욕대 대학원 경제학과졸 [경]2007년 매일경제신문 경영기획실 연구원 2010년 同신문기획담당 이사, MBN 기획담당 이사 2012년 매일경제신문 상무이사 2012년 同기획담당 전무이사 2014년 同부사장(현) 2014년 MBN(매일방송) 부사장 2015년 同사장 2016년 同대표이사 사장 2018년 同공동대표이사 사장(현)

장승필(張丞弼) CHANG Sung Pil

[생]1943·6·18 [출]부산 [주]서울특별시 관악구 관악로 1 서울대학교 공과대학 토목공학과(02-880-5114) [학]1965년 서울대 토목공학과졸 1971년 독일 슈투트가르트대 대학원 구조공학과졸 1976년 구조공학박사(독일 슈투트가르트대) [경]1969~1975년 독일 Stuttgart대 공과대학 연구원 1976~1986년 서울대 공과대학 토목공학과 강사·조교수·부교수 1981년 독일 Muechen공대 연구교수 1985년 서울대 교무부처장 1986~2008년 同공과대학 토목공학과 교수 1996년 同지구환경시스템공학부장 1996~2001년 포항종합제철(주) 석좌연구교수 1996~2001년 한국지진공학회(EESK) 회장 1996년 IABSE 본회 부회장 겸 한국지회장 1996년 한국공학한림원 정회원, 同원로회원(현) 1997년 국제원자로구조역학학회(IASMiRT) 위원장 1997~2006년 서울대 한국과학재단지정 지진공학연구센터 소장 2001~2002년 대한토목학회 회장 2001~2003년 ANCER(Asian-Pacific Network of Centers for Earthquake Engineering Research) Presidnt 2004년 한국과학기술한림원 회원, 同종신회원(현) 2005년 서울대 건설환경종합연구소장 2005년 IABSE Executive Committee Vice President, (사)건설산업비전포럼 공동대표 2007~2010년 (주)유신 사외이사 2008년 서울대 명예교수(현) 2013년 국무조정실산하 '4대강사업조사·평가위원회' 위원장 2014~2016년 (사)한국산악회 회장 2015~2019년 서울시 건설정책총괄자문단장 [상]대한토목학회 논문상(1983), 대한토목학회 학술상(1995), 한국강구조학회 학술상(1995), 대통령표창(1999), 옥조근정훈장(2008) [저]'구조진동론' '강구조공학' '구조안정론' [역]'강구조설계'

장승화(張勝和) CHANG Sung Hwa

(생)1963·6·5 (출)서울 (주)서울특별시 관악구 관악로 1 서울대학교 법학전문대학원(02-880-7560) (학)1985년 서울대 법대 법학과졸 1991년 同대학원 법학과졸 1992년 미국 하버드대 대학원 법학과졸 1994년 법학박사(미국 하버드대) (경)1988~1991년 서울민사지법·서울형사지법 판사 1994년 미국 워싱턴 Covington&Burling 법률회사 변호사 1995~1997년 서울대 법학연구소 법률상담실장 1995~2018년 同법대 법학부 전임강사·조교수·부교수·교수 1999년 미국 스탠퍼드대 법대 방문조교수 2004년 미국 듀크대 법대 방문교수 2004년 일본 동경대 법대 방문교수 2005년 세계무역기구(WTO) 분쟁해결기구 패널위원 2009~2011년 아시아태평양지역중재그룹(APRAG) 공동의장 2009년 서울대 법학전문대학원 교수(현) 2010년 2013스페셜올림픽세계동계대회 준비위원회 위원 2012~2016년 세계무역기구(WTO) 상소기구 위원 2017년 (주)포스코 사외이사(현) 2018년 서울대 법학전문대학원장(현) (저)'법률가의 윤리와 책임 : 열린 법학과 열린 법조계'(2003) '절차적 정의와 법의 지배'(2003) '국제기준과 법의지배'(2004)

장시권(張時權) CHANG Si Kwon

(생)1959·1·8 (주)서울특별시 중구 청계천로 86 한화빌딩 20층 한화시스템(주) 비서실(02-729-3030) (학)1977년 청주고졸 1981년 서울대 공업화학과졸 (경)1997년 (주)한화 화약부문 대전공장 운영실장 2003년 同화약부문 대전공장 생산1부장(상무보) 2005년 同화약부문 창원공장장(상무보) 2008년 同화약부문 창원공장장(상무) 2008년 同특수중장기전략담당 상무 2010년 同양산사업담당 사업1부장 2012년 同방산사업본부장(전무) 2015년 한화탈레스(주) 대표이사 2016~2019년 한화시스템(주) 대표이사 2019년 同상근고문(현)

장시택(張始澤)

(생)1961·6·6 (출)강원 삼척 (주)강원도 강릉시 강릉대로 33 강릉시청 부시장실(033-640-5005) (학)원덕농고졸, 한국방송통신대졸 (경)2012년 강원도 관광정책과 지방사무관 2013년 同관광정책과 지방서기관 2014년 同동계올림픽추진본부 총괄기획과장 2014년 同안전자치행정국 총무과장 2015년 강원테크노파크 정책협력관 2016년 강원도의회 사무처 의사관 2017년 同사무처 의사관(지방부이사관) 2017년 同보건복지여성국장 2018년 강원 강릉시 부시장(현)

장시호(張時鎬) JANG SI HO

(생)1961·7·10 (주)경기도 수원시 영통구 삼성로 129 삼성전자(주) 무선사업부 Global품질혁신실(031-200-1114) (학)경북공고졸 1985년 한양대 전자공학과졸 (경)삼성전자(주) 영상디스플레이사업부 Global운영팀 부장 2007년 同디지털미디어커뮤니케이션(DMC)연구소 제조기술센터장(상무보) 2008년 同디지털미디어커뮤니케이션(DMC)연구소 제조기술센터장(상무) 2009년 同SEH-P법인장(상무) 2012년 同생활가전사업부 Global제조팀장(전무) 2013년 同생활가전사업부 Global제조센터장(전무) 2016년 同무선사업부 Global기술센터장(부사장) 2019년 同무선사업부 Global품질혁신실장(부사장)(현) (상)자랑스런 삼성인상 공적상(2015)

장신기

(생)1967 (출)전남 순천 (주)세종특별자치시 국세청로 8-14 국세청 국세통계담당관실(044-204-2361) (학)순천고졸, 세무대학졸(5기), 한국방송통신대 법학과졸 (경)8급 특채, 동수원세무서 소득지원과장, 국세청 기획조정담당관실 예산1계장, 서울지방국세청 조사2국 조사1과 4팀장, 부산지방국세청 체납자재산추적과장 2016년 공주세무서장 2017년 중부지방국세청 조사4국 조사3과장 2018년 동수원세무서장 2019년 국세청 국세통계담당관(현)

장신재(張宸在) JANG Sin Jae

(생)1963·7·19 (출)경기 오산 (주)인천광역시 연수구 아카데미로 23 (주)셀트리온(032-580-5000) (학)1982년 남강고졸 1986년 경희대 식품가공학과졸 1988년 고려대 대학원 식품공학과졸 2004년 식품공학박사(호주 멜버른대) (경)1987~2003년 (주)녹십자 종합연구소 연구원·수석연구원 2003~2005년 (주)셀트리온 생명공학연구소 부장 2005~2009년 同생명공학연구소 이사 2009~2016년 同부사장 2017년 同수석부사장 2018년 同제3공장추진TF부문장(사장)(현)

장신철(張信喆) JANG Sin Chul

(생)1964·11·1 (주)세종특별자치시 한누리대로 422 고용노동부 직업능력정책국(044-202-7202) (학)1983년 서울 성남고졸 1991년 서울대 사회복지학과졸 1998년 미국 일리노이대 대학원 노사관계학과졸 2014년 고용정책학박사(한국기술교육대) (경)1990년 행정고시 합격(34회) 1991~2000년 노동부 고용정책과·인력수급과·고용보험과 사무관 2000~2001년 국무조정실 파견(서기관) 2001년 노동부 공보팀장 2002년 부산지방노동청 관리과장 2002년 노동부 여성고용과장 2003년 공인노무사 합격(12회) 2003~2004년 노동부 강릉지방노동사무소장 2004~2006년 대통령비서실 빈부격차차별시정팀 행정관 2006~2009년 駐OECD대표부 참사관 2009년 고용노동부 고용정책실 고용서비스정책과장(부이사관) 2010년 서울지방노동위원회 사무국장 2010~2014년 同상임위원(고위공무원) 2014년 대통령 고용노동비서관실 선임행정관 2016년 고용노동부 고용정책실 고용서비스정책관 2017년 서울지방고용노동청장 2017년 대통령직속 일자리위원회 일자리기획단 부단장 2018년 고용노동부 직업능력정책국장(현) (상)한국고용노사관계학회 최우수논문상(2015) (저)'Employment Insurance in Korea(共)'(1994, 노동부) '사회보험 적용·징수 일원화와 과제'(2006, 한국노동연구원) 'THE UNIFICATION OF THE SOCIAL INSURANCE CONTRIBUTION COLLECTION SYSTEM IN KOREA (OECD SOCIAL, EMPLOYMENT AND MIGRATION WORKING PAPERS NO. 55)'(2007, OECD) 'OECD의 한국노동법 모니터링 : 시작에서 종료까지'(2008, 한국노동연구원) 'OECD 국가의 노동시장정책'(2011, 한국고용정보원) '민간고용서비스의 선진화를 위한 과제'(2013, 한국노동연구원)

장양수(張楊洙) Yangsoo Jang

(생)1957·12·12 (출)서울 (주)서울특별시 서대문구 연세로 50-1 세브란스심장혈관병원 심장내과(02-364-7356) (학)1982년 연세대 의대졸 1985년 同대학원 의학석사 1991년 의학박사(연세대) (경)1982~1983년 세브란스병원 인턴 1983~1986년 同내과 레지던트 1989~1991년 同심장내과 Fellow 1991~2004년 연세대 의대 내과학교실 전임강사·조교수·부교수 1993~1995년 미국 Cleveland Clinic 심장내과 Fellow 2000년 연세대의료원 심혈관계질환유전체연구센터 소장 2001~2008년 세브란스심장혈관병원 심장혈관중재술실장 2001~2008년 연세대 노화과학연구소장 2002년 한국영양학회 편집위원 2002~2004년 대한순환기학회 간행이사 2004~2006년 同총무이사 2004년 연세대 의대 내과학교실(심장내과) 교수(현) 2004~2012년 세브란스심장혈관병원 진료부장 2007~2008년 대한순환기학회 Editorial Consultant 2007~2008년 한국지질·동맥경화학회 학술위원장 2007~2013년 (사)심혈관연구원 회장 2008~2013년 연세대 의대 심장내과 과장 2008~2016년 同의대 심혈관연구소장 2008~2010년 대한심장학회 홍보이사 2009~2010년 한국지질·동맥경화학회 임상연구위원장 2010

년 연세대 의대 심혈관제품유효성평가센터(CPEC) 소장(현) 2010~2014년 대한심장학회 무임소이사 2010~2013년 대한내과학회 학술이사 2012년 대한민국의학한림원 정회원(현) 2012~2014년 대한심혈관중재학회 이사장 2014년 한국과학기술한림원 정회원(현) 2015~2016년 한국스텐트연구학회 제2대 회장 2015~2016년 건강보험심사평가원 중앙심사위원회 상근심사위원 2017~2019년 연세대 의대 내과학교실 주임교수 2017~2019년 세브란스병원 내과부장 2017년 대한심장학회 편집위원장 2017년 연세대총동문회 공공분야 상임이사(현) 2018년 연세대 의과대학장 겸 의학전문대학원장(현) (상)대한민국특허기술상 세종대왕상(관상동맥용 스텐트 : 특허출원 제98-28444호)(2002), 대한의사협회 한국의과학신기술개발 및 발명품선정상(2005), 연세대 의대 내과학교실 논문상 최다점상(SCI Impact Score)(2010), 대한의사협회 에밀폰 베링 의학대상(2011), 대한심장학회 ASTRAZENECA 학술부문 의학상(2016), 국무총리표창(2016), 연세학술상 의생명부문상(2017) (저)'노년기 건강관리-예방과 대책'(2002) '영양의학'(2002) '노화예방을 위한 건강관리'(2002) '건강노년의 길잡이'(2002) '심혈관계연구기법'(2002) '내과전공의를 위한 진료지침'(2007) '관동맥 만성완전폐색 병변의 시술 매뉴얼'(2009·2016) '중재시술메뉴얼'(2011) '우리가족 주치의 굿닥터스'(2014) '100세 시대 두근두근 심장혈관이야기-협심증편'(2015) '심혈관중재매뉴얼'(2016) (역)'제18판 HARRISON'S 내과학'(2013)

장연주(張連珠·女) Chang Yeonju

(생)1966·1·15 (출)대구 (주)서울특별시 종로구 사직로8길 60 외교부 인사기획관실(02-2100-7139) (학)1991년 고려대 정치외교학과졸 2007년 미국 조지타운대 대학원 법학과졸 2017년 고려대 대학원 국제법학 박사과정 수료 (경)1991년 외무고시 합격(25회) 1991년 외무부 입부 1997년 駐마이애미 영사 1998년 駐뉴욕 영사 2000년 외교통상부 중동과 외무사무관 2001년 同경협과 외무사무관 2002년 駐홍콩 영사 2007년 외교통상부 중남미협력과장 2010년 同외교안보연구원 외국어교육과장 2012년 同국립외교원 외국어교육과장 2013~2016년 駐싱가포르 공사참사관 2016년 통일교육원 교육훈련 2017년 한·아세안센터 정보자료국장 겸 무역투자국장 2018년 同사무차장(정보자료국장 겸임) 2019년 駐이스탄불 총영사(현) (상)대통령표창(2009)

장연주(張蓮珠·女)

(생)1969·3·13 (출)전남 함평 (주)광주광역시 서구 내방로 111 광주광역시의회(062-613-5044) (학)1991년 전남대 국어국문학과졸 (경)광주월곡지역아동센터 대표, 광주시민센터 어린이안전운동본부장 2008년 제18대 국회의원선거 출마(광주 광산乙, 민주노동당), 아름다운공동체광주시민센터 공동대표 2018년 광주시의회 의원(비례대표, 정의당)(현) 2018년 同산업건설위원회 부위원장(현) 2018년 同의회운영위원회 위원(현) 2018년 同예산결산특별위원회 위원(현) 2018년 同청년발전특별위원회 부위원장(현) 2018년 同윤리특별위원회 위원(현), 정의당 광주시당 부위원장(현)

장영규(張榮圭) Chang, Young Kyu

(생)1972·8·29 (출)전북 전주 (주)세종특별자치시 갈매로 477 기획재정부 세제실 금융세제과(044-215-4230) (학)1991년 우석고졸 1997년 서울대 언론정보학과졸 2001년 同대학원 행정학과졸 2007년 미국 펜실베이니아대 대학원 행정학과졸 (경)1999년 행정고시 합격(42회) 1999~2005년 국무조정실 사무관 2005년 서기관 승진 2007년 기획재정부 예산실 근무 2010년 同재정정책국 근무 2011~2013년 대통령직속 녹색성장위원회 파견 2013~2014년 대통령직속 청년위원회 파견 2014~2016년 미국 미주개발은행(IDB) 이사실 파견 2016년 기획재정부 재정기획국 재정분석과장 2017년 同재정기획국 재정정보과장 2017년 同재정혁신국 재정정보과장 2018년 同관세협력과장 2019년 同세제실 금융세제과장(현)

장영근(張泳根) CHANG Young Keun

(생)1957·10·27 (본)안동(安東) (출)서울 (주)경기도 고양시 덕양구 항공대학로 76 한국항공대학교 항공우주및기계공학부(02-300-0428) (학)1981년 한국항공대 항공기계공학과졸 1983년 서울대 기계공학과졸 1988년 미국 버지니아폴리테크닉주립대 대학원 항공우주학과졸 1991년 항공우주학박사(미국 테네시대) (경)1984~1986년 대우자동차 기술연구소 연구원 1992~2000년 한국항공우주연구원 책임연구원 2000년 한국항공대 항공우주및기계공학부 교수(현) 2006년 중량1kg의 극소형 연구용 인공위성 '한누리 1호' 개발 2007~2009년 한국과학재단 국책연구본부 우주단장, 우주개발진흥실무위원회 위원 2010년 한국항공대 국방광역감시특화연구센터장(현) 2013~2018년 국방부 정책자문위원 2013~2018년 방위사업청 정책자문위원 2014년 同사업자문위원(현) 2016년 KTF 자문위원(현) (상)미국항공우주학회 우수논문상(1991), 항공우주연구소장상(1997), 대통령표창(2000), 과학기술포장(2013) (저)'인공위성시스템-설계공학(共)'(1997) '인공위성과 우주(共)'(2000) '미래산업리포트21'(2001) '인공위성-21세기의 눈과 귀'(2012)

장영근(張榮根) Jang Young Keun

(생)1965·3·3 (주)경기도 수원시 팔달구 효원로 1 경기도청 문화체육관광국(031-8008-3300) (학)1993년 경희대 무역학과졸 2005년 영국 요크대 대학원 수도권정책과졸 (경)1996년 지방행정고시 합격(1회), 경기도 경제투자관리실 무역진흥과 무역진흥담당, 同정책기획관실 의회정책담당, 同교통국 대중교통과 버스정책담당, 同정책기획심의관실 기획담당 2007년 同경제투자관리실 과학기술과장 2009년 同비전기획관실 비전담당관 2012년 同경제기획관실 기업정책과장 2013년 경기 동두천시 부시장 2015년 경기 안성시 부시장 2016년 경기도 교통국장 2018년 경기 김포시 부시장 2019년 경기도 문화체육관광국장(현)

장영길(張永佶) CHANG Young Kil

(생)1959·10·26 (출)경기 송탄 (주)경기도 시흥시 경제로 59 한미정밀화학(031-499-2541) (학)1982년 연세대 화학과졸 1984년 同대학원 화학과졸 2003년 同대학원 화학 박사과정 재학 중 (경)1983~1989년 대덕한국화학연구소 근무 1989~1990년 문창화국제특허법률사무소 근무 1990~2005년 한미약품 합성연구팀장 2006년 同연구센터 이사대우, 한미정밀화학 이사 2014년 同상무 2016년 同대표이사(현) (상)산업포장(2017) (종)기독교

장영달(張永達) CHANG Young Dal

(생)1948·8·24 (본)흥덕(興德) (출)전북 남원 (학)1968년 전주고졸 1988년 국민대 행정학과졸 1991년 同대학원 법학과졸 1993년 고려대 정책과학대학원 수료 2003년 명예 정치학박사(전북대) 2006년 행정학박사(한양대) (경)1973년 한국기독학생총연맹 기획부장 1974~1981년 민청학련사건으로 7년 복역 1982년 풀무원식품 여의도영업소장 1983년 민주화운동청년연합 부의장 1985년 민주통일민중운동연합 총무국장 1987년 민주쟁취국민운동연합 집행위원 1988년 평민당 총선대책본부 기획실장 1988년 同기획조정실장 1989년 同수석부대변인 1991년 신민당 대외협력위원회 부위원장 1991년 민주당 통일국제위원회 부위원장 1991년 민주개혁정치모임 사무처장 1992년 제14대 국회의원(전주 완산구, 민주당·국민회의) 1996년 제15대 국회의원(전주 완산구, 국민회의·새천년민주당) 1996년 국회 열린정치포럼 홍보간사·운영위원 1997년 한국컴퓨터자격진흥협회 이사장 1998년 새정치국민회의 제2정책조정위원장 1998년 同원내수석부총무 1998~1999년 21세기경제경영전략연구소 이사장 1998~2004년 21세기정책정보연구원 이사장 1998년 범국민교육정보화추진위원회 회장 1998년 대한축구협회 부회장 1998년

한국컴퓨터게임학회 회장 1999~2001년 국가보훈문화예술협회 회장 1999년 국민회의 안보특별위원장 2000~2004년 제16대 국회의원(전주 완산구, 새천년민주당·열린우리당) 2002년 국회 국방위원장 2003년 열린우리당 조직위원장 2003년 노무현 대통령당선자 러시아특사 2004년 제17대 국회의원(전주 완산구甲, 열린우리당·대통합민주신당·통합민주당) 2004년 국회 정보위원장 2004~2005년 국민정치연구회 이사장 2005년 열린우리당 상임중앙위원 2005년 同최고위원 2005~2008년 대한배구협회 회장 2005년 열린우리당 진실과화해를위한당정공동특별위원회 공동위원장 2006년 同자문위원장 2006~2009년 국민대 총동문회장 2007년 열린우리당 원내대표 2007년 국회 운영위원장 2007년 대통합민주신당 제17대 대통령중앙선거대책위원회 상임고문 2008년 통합민주당 제18대 총선 전북선거대책위원장 2008년 민주당 전주완산甲지역위원회 위원장 2008년 同당무위원 2008년 한양대 공공정책대학원 초빙교수, 전국생활체육협의회 대구연합회장 2009년 한양대 공공정책대학원 특임교수 2010년 우석대 행정학과 초빙교수 2010년 국민대총동문회 명예회장(현) 2011년 민주통합당 당무위원 2012~2013년 同경남도당 위원장 2015년 새정치민주연합 고문 2015년 더불어민주당 고문 2017년 한국미술문화총연합회 초대 공동이사장(현) 2018~2019년 우석대 총장 2018년 국방부 '국군기무사령부 개혁위원회(기무사 개혁TF)' 위원장 (상)보국훈장 삼일장, 홍조근정훈장 (저)'새벽부터 새벽까지'(1985) '참과 거짓이 싸울 때에 어느편에 설건가'(1989) '거짓은 정의를 이길수 없습니다'(1992) 'IMF경제위기를 넘어서'(1998) '길'(2007) '장영달의 희망노래, 어머니의 땅에서'(2011) '전라도 정치, 경상도 정치'(2013) (종)기독교

장영돈(張泳敦) CHANG Young Don

(생)1965·4·25 (출)서울 (주)서울특별시 서초구 법원로 15 정곡빌딩 법무법인 서울센트럴(02-592-9300) (학)1983년 상문고졸 1987년 서울대 법학과졸 1990년 同대학원 법학과졸 2000년 미국 워싱턴주립대 방문학자과정 1년수료 (경)1990년 사법시험 합격(32회) 1993년 사법연수원 수료(22기) 1993년 육군 법무관 1996년 서울지검 검사 1998년 춘천지검 강릉지청 검사 2000년 부산지검 검사 2003년 서울지검 동부지청 검사 2003년 서울동부지검 검사 2005년 수원지검 안산지청 부부장검사 2006년 서울중앙지검 부부장검사 2007년 부산지검 형사5부장 2008년 대구지검 형사4부장 2009년 수원지검 안양지청 형사2부장 2010년 인천지검 부천지청 형사2부장 2011년 서울서부지검 형사2부장 2012년 서울고검 검사 2012~2015년 신유법률사무소 대표변호사 2015~2017년 법무법인(유) 세한 파트너변호사(서초사무소대표) 2017년 법무법인 서울센트럴 파트너변호사(현)

장영란(張永蘭·女) Chang, Young Ran (草里)

(생)1956·10·22 (본)인동(仁同) (출)부산 (주)경기도 성남시 수정구 성남대로 1342 가천대학교 경영대학 경영학과(031-750-5114) (학)1975년 울산여고졸 1980년 서울대 음악대학 국악과(작곡)졸 2002년 경남대 북한대학원 민족공동체지도자과정 수료 2007년 중앙대 예술대학원 미술관박물관학과졸(예술학석사) 2007년 서울대 행정대학원 국가정책과정 수료 2007년 중앙대 예술대학원 한류최고위과정 수료 2012년 경영학박사(가천대) (경)1994년 (주)조원F&I 대표이사(현) 2004년 통일부 통일교육위원 2004~2014년 과천시선거관리위원회 부위원장 2004년 크리스천문학 수필부문 신인상으로 등단·수필가(현) 2005~2008년 통일부 통일정책자문위원 2005년 동국대 사회교육원 강사 2005~2015년 민주평통 과천시협의회장 2006년 국민일보 '에세이' 고정집필 2008년 과천시 선거관리위원회 부위원장(현) 2010~2014년 CBS 정책자문위원 2011년 수원지법 안양지원 조정위원(현) 2011년 국방일보 칼럼니스트('병영칼럼' 고정집필) 2011~2013년 가천대 경영대학 회계세무학과 겸임교수 2011년 (사)한국회계정보학회 부회장 2013년 (사)상업교육학회 상임이사(현) 2013년 가천대 경영대학 경영학과 겸임교수(현) 2014~2015년 건국대 의학전문대학원 최고위과정 주임교수 2014년 상록수국제단편영화제 대회장 2015~2016년 (재)여의도연구원 정책자문위원·행정개혁위원장 2015년 민주평통 상임위원(현) 2015~2016년 同경기지역회의 부회장 2019년 同경기지역회의 부의장(현) (상)대통령표창(2000), 국민훈장 석류장(2004), 서울대 행정대학원 국가정책인 대상(2010), 동아일보 선정 '2013 글로벌 리더', 조선일보 선정 '2014 자랑스러운 창조 한국인' (저)'기업과 회계(共)'(2012, 도서출판 두남) '회계사상 및 제도사(共)'(2013, 도서출판 두남) '노래로 돌아보는 통일이야기'(2014, 조원F&I) (종)기독교

장영섭(張永燮) CHANG Young Sup

(생)1949·1·21 (출)인천 강화 (주)경상북도 경주시 공단로57번길 31 (주)에코플라스틱(054-770-3114) (학)1967년 중동고졸 1975년 서울대 외교학과졸 1986년 미국 서던일리노이대 수학 (경)1975년 동양통신 외신부 기자 1981~1990년 연합통신 정치부·해외부·특집부 기자 1991년 同정치부 차장 1993~1996년 同워싱턴 특파원 겸 워싱턴지사장 1996년 同정치부장 1998년 同논설위원 1998년 외교통상부 정책자문위원 1998년 연합뉴스 논설위원실 간사 1999년 同수도권취재본부장 2000년 同편집국장 직대 2002년 同편집국장 2003~2006년 同대표이사 사장 2003~2006년 연합인포맥스 대표이사 회장 2003~2006년 연합P&M 사장 2003년 한국신문협회 감사 2004년 대법관 제청자문위원 2005년 국가이미지개발위원회 위원 2005~2006년 연합M&B 사장 2006~2014년 (주)포랑 부회장 2008~2017년 백농포럼 회장 2012년 에코플라스틱 사외이사(현) 2013년 (주)원익큐브 사외이사 (상)자랑스러운 중동인상(2005)

장영섭(張榮燮) JANG Young Sub

(생)1966·8·15 (출)경북 영주 (주)서울특별시 중구 남대문로 63 한진빌딩 법무법인 광장(02-772-4845) (학)1984년 영주 영광고졸 1992년 연세대 법학과졸 (경)1993년 사법시험 합격(35회) 1996년 사법연수원 수료(25기) 1996년 서울지검 남부지청 검사 1998년 대구지검 김천지청 검사 2000년 수원지검 검사 2002년 광주지검 순천지청 검사 2003년 법무부 검찰2과 검사 2005년 서울중앙지검 검사 2008~2009년 대통령 민정2비서관실 행정관 2009년 서울북부지검 부부장검사(정부법무공단 파견) 2010년 전주지검 남원지청장 2011년 법무부 정책기획단 부장검사 2011년 부산고검 검사 2012년 법무부 법무과장 2013년 同법무심의관 2014~2015년 서울중앙지검 금융조세조사1부장 2015년 법무법인 광장 변호사(현)

장영수(張永壽) CHANG Young Soo (世湖)

(생)1935·10·25 (본)안동(安東) (출)평북 의주 (주)서울특별시 영등포구 의사당대로1길 34 인영빌딩 아시아투데이(02-769-5015) (학)1955년 숭문고졸 1959년 서울대 건축학과졸 1989년 同대학원 최고경영자과정 수료 1996년 연세대 언론홍보최고위과정 수료 2001년 명예 체육학박사(한국체육대) 2002년 고려대 최고위정보통신과정 수료 2003년 단국대 문화예술최고경영자과정 수료 (경)1959~1967년 한국산업은행 근무 1967~1969년 한국주택은행 기술역 1970~1975년 영림산업 상무이사 1975년 태영개발 부사장 1977년 한국원예건설 부사장 1978~1984년 (주)대우 상무이사 1984~1987년 경남기업 전무 겸 중동본부장 및 대표이사 사장 1987~1995년 (주)대우 건설부문 사장 1988년 서울시펜싱협회 회장 1992~2002년 駐韓지브티공화국 명예영사 1995~1997년 (주)대우건설 회장 1995년 한국건설업체연합회 회장 1995년 대한건축학회 부회장 1995~2001년 (사)대한펜싱협회 회장 1996년 대한건설협회 수석부회장 1997~2004년 아시아펜싱연맹 회장 1997~2001년 대한올림픽위원회(KOC) 부위원장 1998년 대우그룹 베트남지역본사 사장 1998년 (주)대우 건설부문 총괄사장

1999년 (사)백범김구선생기념사업회 이사 1999~2002년 대한건설협회 회장, 대한건설단체총연합회 회장 2000년 한국건설CALS협회 이사장 2001년 대한펜싱협회 명예회장 2003년 (재)세호재단 이사장 2004~2010년 (사)한국건설문화원 이사장·명예이사장 2006년 서울대·한국공학한림원 '한국을 일으킨 엔지니어 60인'에 선정 2007년 아시아투데이 상임고문(현) (상)금탑산업훈장, 대한민국 과학기술상, 한국의 경영자상, 대한민국 건설경영대상, 한국건축문화대상, 체육진흥 공로상, 라오스정부 국가개발유공훈장 (종)기독교

장영수(張瑛洙) JANG Yung Soo

(생)1967·1·3 (출)경북 칠곡 (주)대전광역시 서구 둔산중로78번길 15 대전지방검찰청(042-470-4301) (학)1985년 대원고졸 1990년 고려대 법학과졸 (경)1992년 사법시험 합격(34회) 1995년 사법연수원 수료(24기) 1998년 청주지검 검사 2000년 대구지검 김천지청 검사 2002년 수원지검 검사 2004년 법무부 보호과 검사 2006년 서울중앙지검 검사 2007년 대전지검 부부장검사(해외 파견) 2009년 서울중앙지검 부부장검사 2009년 법무부 정책기획단 파견 2010년 청주지검 제천지청장 2011년 법무부 법무과장 2012년 同법무심의관 2013년 서울중앙지검 형사3부장 2014년 광주지검 형사1부장 2015년 대검찰청 감찰1과장 2016년 대구지검 서부지청장 2017년 서울남부지검 제1차장검사 2018년 광주고검 차장검사(검사장급) 2019년 수원고검 차장검사 2019년 대전지검장(현)

장영수(張榮洙) JANG Young Su

(생)1967·8·5 (출)전북 장수 (주)전라북도 장수군 장수읍 호비로 10 장수군청 군수실(063-350-5469) (학)완산고졸 1990년 전주대 법학과졸, 전북대 행정대학원 정치학과졸 (경)정세균 국회의원 사무장 2002년 팔공청년회 회장, 열린우리당 장수군 청년위원장 2006·2010~2014년 전북도의회 의원(열린우리당·대통합민주신당·통합민주당·민주당·민주통합당·민주당) 2008~2010년 同민주당 원내부대표 2010년 同산업경제위원장 2012년 同민주통합당 원내대표 2012년 同행정자치위원회 위원 2012년 同민주당 교섭단체 원내대표 2014년 전북 장수군수 선거 출마(새정치민주연합), 더불어민주당 농산촌발전특별위원회 위원장 2018년 전북 장수군수(더불어민주당)(현) (종)기독교

장영승(張永昇) JANG Young Seung

(생)1963·7·10 (주)서울특별시 마포구 월드컵북로 400 서울산업진흥원(1577-7119) (학)명지고졸 1990년 서울대 컴퓨터공학과졸 (경)1990년 '정보와 기술나눔' 설립·사장 1993년 한글프로그램 '씨앗' 개발 1993~2002년 (주)나눔기술 사장 1994년 '씨앗' KT마크 획득 1996년 기술신용보증기금 우량기술기업 선정 1996년 유망중소정보통신기업 선정 1997년 '스마트플로우' KT마크 획득 2000~2001년 도레미레코드 대표이사 2002~2005년 렛츠 대표이사 2006~2007년 네오위즈 이사 2009~2010년 싸이더스iHQ 부사장 2010~2011년 로엔엔터테인먼트 부사장 2011~2012년 캔들미디어 대표이사 2013~2018년 진인사컴퍼니 대표이사 2018년 서울산업진흥원 대표이사(현)

장영식(張榮植)

(생)1961·1·28 (출)전남 무안 (주)전라남도 무안군 무안읍 무안로 530 무안군청 부군수실(061-450-5205) (학)1980년 목포마리아회고졸 1992년 한국방송통신대 행정학과졸 (경)1981년 9급 공채 2008년 전남도 기획조정실 국제교류담당(지방행정사무관) 2014년 同안전행정국 회계과장(지방서기관) 2015년 同자치행정국 자치행정과장, 고급리더과정 교육파견 2018년 전남 무안군 부군수(현) 2018년 同군수 권한대행

장영신(張英信·女) CHANG Young Shin

(생)1936·7·22 (출)서울 (주)서울특별시 구로구 공원로 7 애경그룹 회장실(02-850-2009) (학)1955년 경기여고졸 1959년 미국 체스트넛힐대학졸 1985년 명예 법학박사(미국 체스트넛힐대) 1994년 명예 경영학박사(한국외국어대) 2011년 명예 경영학박사(한국과학기술원) (경)1969년 애경유지공업(주) 이사 1972년 同대표이사 1972년 삼경화성(주) 대표이사 1979년 애경화학(주) 대표이사 1981년 전국경제인연합회 회원(현) 1982년 애경Shell(주) 공동대표이사 1985년 애경산업(주) 공동대표이사 1985년 애경공업(주) 대표이사 1985년 애경그룹 회장(현) 1993년 국립발레단 후원회 이사 1997~1999년 한국여성경제인협회 초대회장 1998년 한국능률협회 부회장 1999년 전국경제인연합회 부회장 1999~2000년 同사회공헌위원회 위원장 1999년 매일경제·전국경제인연합회 선정 '20세기 한국을 빛낸 30대 기업인' 1999년 새천년민주당 창당준비위원회 공동위원장 2000년 同지도위원 2000~2001년 제16대 국회의원(서울 구로구乙, 새천년민주당) 2001년 애경복지재단 이사장 2001~2002년 새천년민주당 상임고문 2005~2006년 한국무역협회 부회장 2007~2010년 한국과학기술원(KAIST) 이사 2017년 한국여성경제인협회 제1회 여성기업인 '명예의 전당' 헌액 (상)철탑산업훈장(1981), 1천만불 수출탑(1981), 대통령표창, 새마을훈장(1986), 5천만불 수출탑(1990), 1억불 수출탑(1991), 자랑스러운 경기인상(1994), 국민훈장, 은탑산업훈장(1995), 한국능률협회 한국의 경영자상(1999), 한국경제신문 다산경영상(1999), 한국경영사학회 제11회 창업대상(2004), 미국 체스넛힐대학 '남다른 업적을 남긴 졸업자상(Distinguished Achievement Award)'(2009), 한국의 여성 최고경영인상(2013) (저)자서전 '밀알 심는 마음으로'(1994, 동아일보) 자기계발서 'Stick to it'(2010) (종)천주교

장영은(張英恩·女) CHANG Young Eun

(생)1960·6·17 (출)서울 (주)서울특별시 용산구 효창원로86길 33 숙명여자대학교 독일언어·문화학과(02-710-9341) (학)1983년 숙명여대 독어독문학과졸 1985년 同대학원졸 1991년 독문학박사(독일 밤베르크오토프리드리히대) (경)1991년 숙명여대·한양대 강사 1995~1999년 숙명여대 독어독문학과 조교수·부교수 1998년 同독어독문학전공 교수 2002~2006년 同청소년아동문화 연계전공 주임교수 2004년 同독일언어·문화학과 교수(현) 2004~2005년 독일 프랑크푸르트대 교환교수 2005~2006년 숙명여대 기숙사감 2006년 한국괴테학회 부회장 및 아시아독어독문학자대회 부위원장 2007~2008년 숙명여대 숙명리더십개발원장 2007년 한국카프카학회 부회장 2010년 한국독일어문학회 부회장 2010~2012년 숙명여대 사무처장 2018년 同문과대학장(현) (저)'한·독 여성문학론(共)'(1999) '독일어권 문화 새롭게 읽기(共)'(2001) (역)'천재와 광기(共)'(1993) '소피의 세계'(1994) '에밀과 탐정들'(1995) '에밀과 세 쌍둥이'(1995) '내가 어렸을 때에'(1996) '칼레의 시민'(2000) '인터넷 나라의 리씨'(2000) '릴케의 초기 시와 서정적 희곡'

장영주(張永宙·女) Sarah CHANG

(생)1980·12·10 (출)미국 (학)미국 줄리어드예비학교졸, 미국 줄리어드음대졸 (경)1984년 4세부터 도로시 딜레이 교수·강효 교수에게 바이올린 사사, 바이올리니스트(현) 1985년 데이빗번드오케스트라와 협연(필라델피아오케스트라홀) 1990년 아스펜 뮤직 페스티벌 데뷔연주회 1990년 뉴욕필과 협연 1992년 EMI에서 세계 최연소로 음반 발매 1993년 게반트하우스오케스트라와 협연(라이프치히) 1993년 미국 뉴스위크誌 '금세기10대 천재'에 선정 1995년 뉴욕필과 협연(뉴욕 링컨센터) 1995년 세계를 빛낸 한국음악인 대향연(올림픽주경기장) 1996년 뉴욕메트로폴리탄오페라단과 협연(카네기홀) 1996년 빈필과 협연(세종문화회관) 1996년 베를린

필과 협연 1996년 몬트리올심포니오케스트라와 협연(홍콩 컬처센터) 1997년 몬트리올심포니오케스트라와 협연(세종문화회관·일본 후쿠오카심포니홀) 1997년 아시아평화와 화합을 위한 갈라콘서트(세종문화회관) 1997년 미주횡단 리사이틀(밴쿠버·LA·시카고·워싱턴·보스턴·뉴욕) 1997년 미국 카네기홀 데뷔 리사이틀 1998년 이스라엘 건국50주년기념콘서트(필라델피아) 1998년 뉴욕필과 협연(뉴욕 링컨센터) 2004년 미국 할리우드볼 '명예의 전당'에 등재 2006년 미국 뉴스위크誌 '차세대 여성지도자 20명'에 선정 2008년 LA필과 협연 2014년 크리스티안 예르비의 앱솔루트 앙상블과 협연 2018년 예술의전당 개관30주년 기념 '사라 장과 17인의 비르투오지' 공연 (상)난파음악상, 에이버리 피셔 커리어 그랜트상(1992), 영국 그라머폰 신인 아티스트부문상(1993), 영국 BBC방송 인디펜던트주최 클래식 뮤직상 신인상(1994), 에코 음악상(1994), 대통령표창(1995), 에이버리 피셔 프라이즈상(1999), 시기아나 음악 아카데미상(2005) (작)앨범'EMI 100주년' '심플리 사라' '나라사랑' 'Sweet Sorrow' '파가니니 바이올린협주곡 1번' '프렌치 바이올린소나타(프랑크, 라벨, 생상)' '차이코프스키 바이올린협주곡&브람스 헝가리무곡'(1993) 'Lalo : Symphonie Espagnole, etc/Dutoit'(1996) 'R. Strauss : Violin Concerto & Sonata/Sawallisch'(1999) 'Fire and Ice' 'Korean Virtuoso Series'(2000) 'Goldmark : Violin Concerto'(2000) 'Fire & Ice (Repackage)/Chang, Domingo'(2002) 'String Sextet – Dvorak, Tchaikovsky Souvenir De Florence'(2002) 'Debut'(2003) 'Dvorak : Violin Concerto/Piano Quintet'(2003) 'Tchaikovsky : Souvenir de Florence/Dvorak : Sextet'(2003) 'Symphony No.5/The Lark Ascending'(2003) 'Concertos'(2003) 'Phantasia'(2005) '비발디 : 사계'(2007) '차이코프스키/브람스–Violin Works'(2007) 'Sarah Chang Selections'(2009, EMI) '브람스, 브루흐 바이올린 협주곡집'(2009, EMI) 'Dvorak–Violin Concerto & Piano Quintet'(2014, Warner)

장영철(張永喆) CHANG Yung Chul

(생)1936·9·14 (본)인동(仁同) (출)경북 칠곡 (주)서울특별시 강남구 언주로 735 관세개발원빌딩 5층 관세동우회(02-545-0045) (학)1955년 계성고졸 1971년 명지대 행정학과졸 1983년 서울대 행정대학원 수료 1987년 연세대 경영대학원 수료 (경)1974년 국회사무처 근무 1976년 보건사회부 장관비서관 1978년 경제기획원 장관비서관 1979년 국무총리 의전비서관 1980년 노동청 차장 1981년 관세청 차장 1986년 관세청장 1988년 제13대 국회의원(성주·칠곡, 민주정의당·민주자유당) 1988년 노동부 장관 1992년 제14대 국회의원(성주·칠곡, 민자당·신한국당) 1992년 민자당 경북도지부장 1995년 同재정위원장 1996년 제15대 국회의원(군위·칠곡, 신한국당·한나라당·국민회의·새천년민주당) 1997~1999년 국회 예산결산특별위원회 위원장 1999년 국민회의 정책위원회 의장 1999~2006년 관우회 회장 2000년 새천년민주당 당무위원 2000년 同경북칠곡지구당 위원장 2000~2002년 노사정위원회 위원장 2005년 영진전문대학 석좌교수 2006~2010년 관세동우회 회장 2008~2012년 영진전문대학 총장 2008~2012년 영진사이버대 총장 겸임 2010년 관세동우회 명예회장(현) 2014년 한국자유총연맹 고문(현) (상)청조근정훈장(1990) (종)천주교

장영철(張榮哲) CHANG Young Chul

(생)1954·5·21 (주)서울특별시 동대문구 경희대로 26 경희대학교 경영대학 경영학부(02-961-9209) (학)1972년 서울고졸 1976년 한국외국어대 무역학과졸 1978년 서울대 대학원 경영학과졸 1988년 미국 펜실베이니아주립대 대학원 경영학과졸 1992년 경영학박사(캐나다 토론토대) (경)1981~1982년 국방관리연구소 연구원 1992~1996년 싱가포르국립대 경영대학 교수 1996~1997년 한국노동연구원 연구위원 1997~1998년 LG경영개발원 인화원 HR연구소 전문위원(상무급) 1998~1999년 싱가포르국립대 경영대학 교수(복직) 1999년 경희대 경영대학 경영학부 교수(현) 2001~2002년 同대학원 경영전공 주임교수 2003~2005년 同교수협의회 총무 2003~2007년 노사정위원회 경제소위원회 공익위원 2004~2006년 경희대 경영대학 패러다임연구센터 소장 2004~2006년 한국기업윤리학회 회장 2004~2007년 대통령자문 일자리위원회 위원 2004~2006년 평생학습대상 심사위원 2005년 경희대 취업진로지원처장 2005~2006년 同국제교류처장 2006~2007년 한국중부발전 경영혁신(윤리경영) 자문교수 2006~2008년 한국전력공사 열린경영위원회 자문위원 2006년 노동부 Best HRD 인증심의위원회 위원장 2007년 중앙노동위원회 조정분과 공익위원(현) 2008~2015년 한국조직경영개발학회 회장 2008년 피터드러커소사이어티 공동대표(현) 2009~2010년 한국동서발전녹색경영 자문교수 2012년 풀무원재단 이사(현) 2013~2015년 인천공항공사 감사자문위원 겸 옴부즈맨 (상)제8회 매경비트학술상 최우수상(2010), 중앙노동위원회 올해의 위원장표창(2014) (저)'인적자원회계제도 도입방안에 관한 연구'(1999) '신노사문화 창출을 위한 지식공동체 모델 개발'(2000) '지식경영을 위한 인적자원개발 및 관리체계'(2001) (역)'미국의 성공적인 직업훈련 전략과 프로그램'(1998) '클리어리더십'(2013) (종)기독교

장영태(張榮太) CHANG YOUNG TAE

(생)1957·10·21 (주)부산광역시 영도구 해양로301번길 26 한국해양수산개발원 원장실(051-797-4301) (학)1980년 서울대 수의학과졸 1984년 연세대 대학원 경영학과졸 1989년 스웨덴 세계해사대(World Maritime Univ.) 대학원 해운항만관리학과졸 1996년 경영학박사(연세대) (경)1984~1990년 한국과학기술원(KAIST) 해양연구소 연구원 1990~1997년 한국해양연구소 선임연구원 1996~1998·2001~2002년 연세대 강사 1997년 한국해양수산개발원(KMI) 해양산업연구실장 1998~2000년 同한·미해양정책공동연구센터장 1999~2000년 미국 로드아일랜드주립대 방문부교수 2000~2003년 한국해양수산개발원(KMI) 연구위원 2001년 서울산업대 강사2003년 인하대 경영대학 아태물류학부 교수(현), 한국항만경제학회 회장, 녹색성장해양포럼 운영위원장, 해양수산부 정책자문위원회 위원(현), 同해양수산4차산업혁명위원회 위원(현), 2019년 한국해양수산개발원(KMI) 원장(현)

장영환(張永煥) JANG Young Hwan

(생)1959·6·28 (출)전남 화순 (주)서울특별시 마포구 성암로 301 한국지역정보개발원 부원장실(02-2031-9103) (학)1978년 광주고졸 1986년 전남대 계산통계학과졸 2003년 고려대 대학원 정보공학과졸 (경)1999년 행정자치부 자치행정국 주민과 사무관 2000년 同행정정보화계획관실 자치정보화담당관실 사무관 2003년 同행정정보화계획관실 자치정보화담당관실 전산서기관 2007년 同전자정부본부 보안관리팀장 2008년 행정안전부 보안정책과장 2008년 同정보보호정책과장 2010년 同정보화전략실 정보기반정책관실 정보자원정책과장 2011년 同정부통합전산센터 운영총괄과장(부이사관) 2012년 행정정보공동이용센터 파견(부이사관) 2013년 안전행정부 전자정부국 정보기반보호과장 2014년 한국지역정보개발원 기획조정실장(고위공무원) 2014년 안전행정부 광주정부통합전산센터장 2014년 행정자치부 광주정부통합전산센터장 2016년 同개인정보보호정책관 2017년 행정안전부 전자정부국 개인정보보호정책관 2018년 한국지역정보개발원 부원장(현)

장오봉(張梧鳳) JANG Oh Bong

(생)1958·10·24 (출)충북 단양 (주)서울특별시 강남구 강남대로 330 우덕빌딩 12층 한일현대시멘트(02-520-2005) (학)1976년 제천고졸 1985년 청주대 경영학과졸 (경)한일시멘트(주) 상무보 2008년 同레미콘·레미탈담당 상무 2012년 同레미콘영업담당 전무, 同영업본부장(전무) 2016년 同영업본부장(부사장) 2018~2019년 한일홀딩스(주) 영업본부장(부사장) 2019년 한일현대시멘트(주) 대표이사 부사장(현)

ㅈ

장옥선(女)

(생)1967 (출)강원 (주)경상남도 진주시 충의로 19 한국토지주택공사 임원실(055-922-5114) (학)강원대 경영학과졸(85학번) (경)1988년 한국토지주택공사(LH) 입사 2010년 同주거복지처 주택매입팀장 2011년 同주거복지처 주택매입부장 2013년 同임대공급운영처장 2013년 同주거복지처장 2014년 同도시계획처장 2016년 同산업단지처장 2018년 同경영혁신본부장(상임이사) 2019년 同부사장 겸 기획재무본부장(현)

장완수(張完洙) CHANG Woan Soo

(생)1954 · 6 · 5 (출)전남 (주)서울특별시 용산구 한강대로72길 3 (주)크라운제과 대표이사실(02-791-9133) (학)1974년 청량고졸 1986년 서울산업대 기계공학과졸 (경)(주)크라운제과 부장, 同이사, 同상무이사 2000년 (주)크라운엔지니어링 상무 2006년 (주)크라운제과 대표이사 사장(현) 2012년 한국BMX연맹 초대회장(현)

장완익(張完翼) CHANG Wan Ick

(생)1963 · 1 · 6 (출)대구 (주)서울특별시 중구 소공로 70 포스트타워 20층 가습기살균제사건과 4.16세월호참사특별조사위원회(02-6450-3037) (학)1981년 서울 대원고졸 1985년 서울대 언어학과졸 1987년 한양대 경영대학원졸 (경)1987년 사법시험 합격(29회) 1990년 사법연수원 수료(19기) 1990년 軍법무관 1993년 변호사 개업 2001년 법무법인 해마루 구성원변호사 2004 · 2013~2018년 同대표변호사 2006년 대통령소속 친일반민족행위자재산조사위원회 상임위원 겸 사무처장 2015~2016년 4.16세월호참사특별조사위원회 비상임위원 2018년 가습기살균제사건과 4.16세월호참사 특별조사위원회 위원장(현) (상)대한변호사협회 '변호사 공익대상'(2014)

장완호(張完豪) Jang Wan Ho

(생)1965 · 9 · 4 (출)경기 하남 (주)대전광역시 서구 청사로 189 특허심판원 심판제9부(042-481-5927) (학)1984년 대신고졸 1990년 한양대 전기공학과졸 1998년 서울대 대학원 정책학과졸 2004년 미국 피츠버그대 대학원 정책경영학과졸 (경)1989년 기술고시 합격(25회) 1990년 노동부 직업능력개발국 사무관 1992~2000년 특허청 심사관 1999년 조달청 우수제품선정 심사위원 2001년 특허청 컴퓨터심사담당관 2001년 국가전문행정연수원 국제특허연수부 겸임교수 2003년 미국 피츠버그대 교육훈련, 특허심판원 심판관 2006년 특허법원 기술심리관 2008년 특허청 전기전자심사본부 전자심사과장(서기관) 2010년 同전기전자심사국 전자심사과장(부이사관) 2011년 同심사품질담당관 2014년 특허심판원 심판5부, 심판장(고위공무원) 2015년 특허청 정보고객지원국장 2015년 同특허심사기획국장 2017년 국외 직무훈련(고위공무원) 2018년 특허심판원 심판제9부 심판장(현) (상)특허청 최우수심사관(1995), 근정포장(2013) (역)'특허전쟁'(共)

장용기(張容基)

(생)1965 · 3 · 24 (출)전북 남원 (주)광주광역시 동구 준법로 7-12 광주지방법원(062-239-1710) (학)1983년 금호고졸 1991년 서울대 공법학과졸 (경)1992년 사법시험 합격(34회) 1995년 사법연수원 수료(24기) 1995년 서울지검 검사 1997년 광주지검 목포지청 검사 1999년 전주지검 검사 2000년 변호사 개업 2004년 전주지법 판사 2005년 광주고법 판사 2008년 광주지법 판사 2011년 同해남지원장 2013년 광주지법 부장판사 2016년 同목포지원장 겸 광주가정법원 목포지원장 2018년 광주지법 부장판사(현)

장용동(張湧東) CHANG Young Dong

(생)1958 · 12 · 13 (본)인동(仁同) (출)전북 옥구 (주)서울특별시 영등포구 의사당대로1길 34 인영빌딩 5층 아시아투데이(02-769-5017) (학)1975년 이리고졸 1980년 경희대 조경학과졸 1983년 同대학원졸 2004년 영국 케임브리지대 부동산과정 연수 2010년 도시공학박사(안양대) (경)2000년 내외경제신문 사회생활부 차장대우 2001년 同생활경제부 부동산팀장 2001년 헤럴드경제 사회생활부 차장 2003년 同생활경제부 부장대우 2004년 同부동산팀 전문기자 2005년 同생활경제부장 겸 부동산전문기자 2008년 同편집국장, 연세대 · 경원대 강사, 동국대 행정대학원 강사, KBS-1R '경제가 보인다' 진행, 부동산TV '장용동의 손에 잡히는 부동산' 진행, 서울시 건축심의개선위원, 同뉴타운정책자문위원, 건설주택포럼 부회장 2010년 헤럴드경제 논설실장, 부동산TV '장용동의 이슈진단' 진행, 경희대 겸임교수 2011년 헤럴드경제 논설위원 2011년 국토연구원 연구자문위원(현) 2011년 한국건설산업연구원 연구자문위원 2011~2014년 대한주택보증 열린공기업위원회 위원 2012년 경희대 행정대학원 부동산학과 겸임교수 2016년 명지대 부동산대학원 특임교수(현) 2016년 한국주택도시보증공사 경영자문위원(현) 2017년 아시아투데이 편집국 대기자(상무) 2017년 同부사장 겸 편집인 2017년 한국주거서비스소사이어티 사무총장(현) 2018년 同대기자(부사장급)(현) (상)송산상(2006), 서울시장표창(2008), 경희언론인상(2012) (저)'돈버는 내집마련'(1999, 살림출판사) '내집마련 부동산300문300답'(1999, 살림출판사) '내집마련 경제학'(2002) '부동산 누르면 뛴다'(2004, 이지북) '부동산투자 전환시대의 생존법칙'(2007, 참콘경제연구소) '르포 한국의 부촌'(2007, 랜덤하우스코리아) (종)기독교

장용범(張容範)

(생)1971 · 11 · 27 (출)서울 (주)경기도 고양시 일산동구 호수로 550 사법연수원(031-920-3114) (학)1990년 청량고졸 1997년 성균관대 법학과졸 (경)1998년 사법시험 합격(40회) 2001년 사법연수원 수료(30기) 2001년 수원지법 판사 2003년 서울지법 판사 2005년 대전지법 논산지원 판사 2008년 서울중앙지법 판사 2010년 수원지법 판사 2012년 서울중앙지법 판사 2014년 대법원 재판연구관 2017년 창원지법 부장판사 2019년 사법연수원 교수(현)

장용석(張容碩) JANG, YONG-SEOG (基鐵)

(생)1957·8·14 (본)안동(安東) (출)강원 춘천 (주)강원도 강릉시 강릉대로419번길 42 강릉동인병원 외과(033-650-6131) (학)1976년 경기고졸 1983년 한양대 의대졸 1987년 同대학원 의학석사 1993년 의학박사(한양대) (경)1991~2007년 순천향대 의대 외과학교실 전임강사·조교수·부교수·교수 1994~1995년 미국 마운트사이나이병원 외과 방문연구원 1997년 일본 게이오대학병원 외과 방문연구원 1999~2006년 순천향대 외국인진료소장, 대한의사협회 편집위원·교육위원, 대한개원의협의회 학술이사, 대한외과개원의협의회 학술이사·학술부회장, 대한외과학회 기획위원(간사)·이사(개원봉직위원장), 대한대장항문학회 상임이사(정보기술위원장) 2003년 대한외과학회 평의원(현) 2003년 독일항공사(Lufthansa) 한국주치의(현) 2006년 대한의사협회 공제조합 심사위원(현) 2007~2012년 장용석외과의원 원장 2009~2016년 대한의사협회 의료광고심의위원 2010년 대한검진의학회 학술부회장·정책부회장(현) 2013~2017년 서울의료원 외과 주임과장·과장 2013~2014년 대한대장항문학회 부회장 2014~2015년 대한외과학회 부회장 2014~2016년 대한외과의사회 회장 2015년 한국의사서화회 부회장(현) 2015~2016년 대한개원의협의회 부회장 2016년 건강보험심사평가원 자문위원(현) 2016~2018년 대한외과의사회 명예회장 2018년 대한노인의학회 부회장 (현) 2018년 동해동인병원 외과 과장 2019년 대한외과의사회 상임고문(현) 2019년 강릉동인병원 외과 과장(현)

(상)미국뉴욕대장항문학회 구연상(2등)(1995), 대한대장항문학회 우수포스터학술상(2002), 사노피학술상(2004), 제10회 화홍서예문인화대전 입서부 입선(2007), 대한의사협회 의인미전 서예부 입선(2011), 대한의사협회 의인미전 서예부 특선(2014·2017), 서울특별시장표창(2017) (저)'계통별 강의를 중심으로 한 소화기학'(2004) (역)'사비스톤 외과학'(2003) (작)월정묵연전·국제난정필회·한국의사서화회·남천유묵회전 등에 서예문인화 출품 (종)불교

장용석(張容碩) JANG Yong Suk

(생)1962·8·24 (출)서울 (주)서울특별시 강남구 강남대로 308 법무법인(유) 원(02-3019-5460) (학)1981년 여의도고졸 1985년 서울대 법학과졸 1997년 미국 워싱턴주립대 연수 2013년 연세대 법무대학원졸 (경)1984년 사법시험 합격(26회) 1987년 사법연수원 수료(16기) 1990년 부산지검 검사 1992년 춘천지검 강릉지청 검사 1993년 법무부 검찰1과 검사 1996년 서울지검 검사 1998년 대검찰청 연구관 1999년 대전지검 서산지청장 2000년 서울지검 특수2부 부부장검사 2001년 헌법재판소 헌법연구관(파견) 2003년 김앤장법률사무소 변호사 2004년 張·韓법률사무소 변호사 2004년 법무부 정책위원 2004년 동아일보 독자인권위원 2005년 서울지방변호사회 제2부회장 2005년 법무법인 장한 변호사 2006년 법무법인 두라 대표변호사 2007년 서울시노사정위원회 위원 2008년 대통령 민정1비서관 2008~2009년 법무법인 서린 고문변호사 2009~2012년 공정거래위원회 상임위원 2012~2017년 법무법인(유) 바른 변호사 2017년 법무법인(유) 원 변호사(현) (종)가톨릭

장용석(張容碩) Yongsuk Jang

(생)1962·9·27 (출)대구 (주)세종특별자치시 시청대로 370 과학기술정책연구원 다자협력사업단(044-287-2118) (학)1985년 경북대 행정학과졸 1987년 同대학원 행정학과졸 2000년 정책학박사(미국 조지워싱턴대) (경)2000~2007년 미국 조지워싱턴대 국제과학기술정책연구소(CISTP) Senior Research Scientist 2007년 미평가저널(AJE) 논문심사위원 2007년 미동부평가학회(EERS) 회원 2008년 전미평가학회(AEA) 연구기술개발 분과위원회 운영위원 겸 논문심사위원 2008년 과학기술정책연구원 선임연구위원(현) 2008년 APEC Research and Technology(ART) 프로그램 디렉터 2008년 OECD CSTP(경제협력개발기구 과학기술정책위원회) 한국대표(현) 2009년 기술경영경제학회 회원(현) 2010년 STI Policy Review 편집간사(Managing Editor)(현) 2010·2016년 과학기술정책연구원 글로벌정책연구센터장 2015년 OECD CSTP(경제협력개발기구 과학기술정책위원회) 부의장(현) 2017년 과학기술정책연구원 다자협력사업단 선임연구위원(현) (상)미래창조과학부장관표창(2013), 과학기술포장(2016)

장용성(張容誠) JANG Yong Sung

(생)1953·10·8 (출)광주 (주)서울특별시 성동구 왕십리로 222 한양대학교 경영대학 경영학부(02-2220-2674) (학)1976년 전남대 행정학과졸 1996년 미국 오클라호마대 대학원 행정학과졸 2001년 경영학박사(한성대) (경)1981년 매일경제신문 입사 1988~1991년 同워싱턴특파원 1994년 同경제부장 직대 1995년 同금융부장 1997년 同증권부장 1999년 同경제담당 부국장대우 겸 인터넷부장 2000년 同부국장 겸 경제부장 2002년 同편집국 국차장 겸 문화부장 2002년 同편집국장 2003년 同이사대우 편집국장 2004년 同이사 편집국장 2004년 同편집이사 겸 뉴스센터장(상무이사) 2005~2007년 한국신문방송편집인협회 감사 2006년 대통령직속 지방이양추진위원회 위원 2006년 산업자원부 전력정책심의회 위원 2006년 사회복지법인 하나금융공익재단 이사 2006년 정보통신부 미래전략위원회 위원 2007~2011년 한국신문방송편집인협회 부회장 2007~2012년 매일경제신문 주필(전무이사) 2009년 국무총리직속 교육개혁협의회 위원 2012년 매일경제신문 대표이사 부사장 2012~2014년 MBN 대표이사 부사장 2014년 매경닷컴 대표이사 사장 2015년 한양대 경영대학 경영학부 특훈교수(현) 2015년 금융위원회 금융개혁회의 위원 2015~2016년 (주)셀트리온제약 사외이사 2015년 한국금융투자자보호재단 이사장(현) 2015년 미래에셋자산운용(주) 사외이사 겸 감사위원장(현) 2016년 금융위원회 옴부즈만 위원장(현) 2017년 롯데제과(주) 사외이사 겸 감사위원장(현) (상)매경인상, 국세청장표창, 철탑산업훈장, 자랑스러운 전남대인상(2010) (역)'월가의 황제 블룸버그' (종)기독교

장용성(張鏞成) Yongsung Chang

(생)1966·1·19 (주)서울특별시 관악구 관악로 1 서울대학교 경제학부(02-880-6368) (학)1989년 서울대 경제학과졸 1991년 同대학원 경제학과졸 1997년 경제학박사(미국 로체스터대) (경)1997~2003년 미국 Univ. of Pennsylvania 조교수 2003~2004년 미국 연방은행 Senior Economist 2004~2007년 서울대 사회과학대학 경제학부 부교수 2005년 한국경제학회 KER편집위원회 편집위원 2007~2018년 미국 로체스터대 교수 2007년 미국 리치몬드 연방은행 자문교수(현) 2007년 Journal of Monetary Economics 부편집장(현) 2007~2018년 American Economic Journal-Macroeconomics 편집위원 2007년 Carnegie-Rochester Conference Series on Public Policy 자문위원 2008~2018년 연세대 경제학부 교수 2008년 同언더우드 특훈교수 2018년 서울대 경제학부 교수(현) (상)한국계량경제학회 김태성학술상(2005), 서울대 경제학부 우수연구교수(2007), 연세학술상(2009), 조락교 경제학상(2015), 한미경제학회-매경 이코노미스트상 (2015)

장용수(張容秀) JANG YONG SOO

(생)1962·10·21 (본)덕수(德水) (출)전남 장흥 (주)서울특별시 중구 퇴계로 190 매경미디어센터 매일경제TV 임원실(02-2000-4898) (학)1980년 영동고졸 1988년 세종대 영어영문학과졸 1995년 연세대 경영대학원졸 2003년 세종대 최고경영자과정(AGMP) 수료 2010년 건국대 생명자원최고위과정 수료 (경)2000년 매일경제TV 보도국 증권부 차장대우 2001년 同산업부장 직대 2002년 同뉴스총괄부장 겸 제작부장 2002년 同증권부장 2004년 同사회생활부장 2006년 同경제부장 2007년 同보도국 경제부장(부국장대우) 2008년 同보도국 정치부장(부국장급) 2009~2011년 한국기자협회 '이달의 기자상' 심사위원, 同MBN 지회장 2009년 매일경제신문 뉴스속보국장 2010년 매일경제TV 경제1부장 2010년 농촌진흥청 차세대바이오그린21 운영위원(현) 2011년 매일경제TV 산업부장(국장대우) 2011년 MBN매일방송 보도국장 2013년 同미디어사업국장 2013년 매경닷컴 디지털영상국장 2013~2018년 한국개인정보보호협의회 자문위원 2014년 한국정보기술연구원 이사(현) 2016년 매경비즈 콘텐츠개발본부장 2019년 매일경제TV 대표(현) (상)행정자치부장관표창(2005) (종)기독교

장용주(張庸柱) JANG, Yong Ju

(생)1963·3·3 (출)서울 (주)서울특별시 송파구 올림픽로43길 88 서울아산병원 이비인후과(02-3010-3712) (학)1981년 영일고졸 1987년 서울대 의과대학졸 1995년 同대학원 의학석사 1999년 의학박사(서울대) (경)1991~1995년 서울대병원 이비인후과 레지던트 1995년 同전임의 1996~2002년 단국대 의과대학 이비인후과학교실 교수 2001년 미국 UC Davis 교환교수 2002년 미국 캘리포니아 바이러스연구소 초빙연구원 2002~2009년 울산대 의과대학 이비인후과학교실 부교수 2004년 미국비과학회(American Rhinologic Society Meeting)에서 한국인 최초로 '국제연구논문상(International Research Award)' 수상 2004~2011년 대한비과학회지 편집장 2009년 울산대 의과대학 이비인후

과학교실 교수(현) 2011~2013년 대한비과학회 학술이사 (상)대한이비인후과학회 학술상(1996), Best Free Paper Award(2000), 단국대 연구업적상(2001), International Research Award(2004), 유럽안면성형재건학회 조셉메달(2015) (저)'이비인후과학'(共) '두경부외과학'(共) '임상비과학'(共) '어지러움'(共) 'Practical Rhinoplasty(共)'(군자출판사)

장용채(張龍彩) CHANG Yong Chai (창연)

(생)1962 · 11 · 24 (본)인동(仁同) (주)전라남도 목포시 해양대학로 91 목포해양대학교 해양건설공학과(061-240-7311) (학)1984년 전남대 토목학과졸 1986년 同대학원졸 1991년 공학박사(전남대) (경)1994년 한국도로공사 도로연구소 지반연구실 수석연구원 1994년 同도로기술대학원 교수 1999년 전남도립담양대학 토목과 전임강사 1999년 목포해양대 해양시스템공학부 조교수 · 부교수 2009년 同해양건설공학과 교수(현) 2005년 同창업보육센터장 2007년 University of Missouri, Coumbia 객원연구원 2009~2010년 목포해양대 교무처장 2011~2013년 同도서관장 2017년 同일반대학원장 · 해양산업대학원장 · 부설 평생교육원장 겸임(현) (상)대한토목공학회 광주전남지회 논문상(2005), 한국지반공학회 학술상(2013), 한국토목섬유학회 학술상(2016) (저)'연약지반에서의 토질공학'(1995) '지반공학시험'(2000) '성토지 보강재'(2004, 실용신안) '지오신세틱스'(2005) '토목섬유설계시공'(2014) (종)가톨릭

장용현(張龍鉉) CHANG Yong Hyun

(생)1954 · 3 · 20 (출)경북 칠곡 (주)대구광역시 달성군 구지면 달성2차2로 91 (주)아이디에이치 임원실(053-589-7240) (학)1969년 경북공고졸 1986년 영남대 경영대학원졸 1995년 서울대 최고산업전략과정 수료 (경)1979~2007년 (주)대현테크 대표이사 사장 1995년 대구성서산업단지관리공단 이사 2001년 대구경북기계공업협동조합 이사 2003년 대구상공회의소 상임의원, 중소기업중앙회 정책위원, 대구경북벤처기업협회 수석부회장, 대구경북지방중소기업청 중소기업CEO 초빙교수 2007년 (주)아이디에이치 대표이사 사장(현) 2008~2012년 대구성서산업단지관리공단 부이사장 2011년 한국섬유기계융합연구원 이사장(현) (상)국세청장표창, 산업포장, 노동부장관표창(2003), 2천만불 수출탑의 상(2004), 금탑산업훈장(2005) (종)불교

장용호

(생)1964·4·19 (주)경상북도 영주시 가흥공단로 59-33 SK머티리얼즈(주) 사장실(054-630-8114) (학)1982년 대구 심인고졸 1989년 서울대 경제학과졸 (경)2010년 SK(주) 사업지원1실 팀장 2011년 同LNG사업추진담당 상무 2014년 同Portfolio2실장(상무) 2015년 同PM2부문장(상무) 2016년 同PM2부문장(전무) 2018년 SK머티리얼즈(주) 대표이사 사장(현)

장우삼(張佑三)

(생)1964 · 12 · 30 (주)인천광역시 남동구 정각로 9 인천광역시교육청 부교육감실(032-420-8200) (학)전남대 경영학과졸 2007년 미국 펜실베이니아주립대 대학원 교육행정학과졸 (경)1993년 행정고시 합격(37회) 2004년 교육인적자원부 기획법무담당관실 서기관 2005년 전남도교육청 서기관 2008년 충남대 교무과장 2011년 교육과학기술부 사립대학지원과 사분위지원팀장 2012년 대구경북과학기술원 건설추진단 기획과장 2012년 교육과학기술부 감사관실 사학팀장 2013년 교육부 학생복지안전관실 학생건강안전과장(부이사관) 2015년 同학생복지정책관실 학생건강정책과장 2015년 부경대 사무국장(고위공무원) 2018년 인천광역시 부교육감(현) 2018년 同교육감 권한대행

장우성(張宇盛)

(생)1972 (출)서울 (주)서울특별시 서대문구 통일로 97 경찰청 생활질서과(02-3150-2247) (학)서울 개포고졸, 한양대 철학과졸, 고려대 노동대학원 법학과졸(석사) (경)2005년 경정 임용(고시 특채), 서울지방경찰청 수사과 · 경무과 근무 2014년 경북지방경찰청 정보화장비담당관(총경) 2015년 同형사과장 2015년 경기지방경찰청 수사과장 2016년 경기 시흥경찰서장 2017년 경찰청 사이버수사과장 2018년 서울 성북경찰서장 2019년 경찰청 생활질서과장(현)

장욱현(張彧鉉) JANG Wook Hyeon

(생)1956·8·14 (출)경북 영주 (주)경상북도 영주시 시청로 1 영주시청 시장실(054-639-6002) (학)1974년 영주종합고졸 1978년 경북대 행정학과졸 1985년 미국 인디애나대 행정대학원졸(행정학석사) (경)1977년 행정고시 합격(21회) 1979년 총무처 근무 1979~1993년 상공부 근무·대통령비서실 파견 1993년 상공부 산업피해조사과장 1995년 통상산업부 다자협상담당관 1997년 산업자원부 산업환경과장 1999년 同구아협력과장 1999년 同섬유패션산업과장 2002년 대구·경북지방중소기업청장 2003년 중소기업청 기획관리관 2004~2006년 同기업성장지원국장 2006~2007년 경북전문대 경찰경호행정계열 초빙교수 2007~2009년 대구테크노파크 원장 2010년 경북 영주시장선거 출마(한나라당) 2014~2018년 경북 영주시장(새누리당·자유한국당) 2014년 세계유교문화재단 이사 2015년 제일고 일일 명예교장 2016~2018년 전국고려인삼시군협의회 회장 2017년 한국대학경기연맹 제3대 회장(현) 2017년 세계인삼도시연맹 국내지역 회장(현) 2018년 경북 영주시장(자유한국당)(현) (상)근정포장(1992), (사)도전한국인운동협회·도전한국인운동본부 자랑스런 자치단체장상 리더십부문(2017), 중앙일보 2018대한민국CEO리더십 대상(2017), 지역농업발전 선도인상(2018), INAK사회공헌대상 지방자치부문 지방자치공로대상(2019)

장원기(張元起) Chang Won Ki

(생)1953·2·7 (출)전남 진도 (주)인천광역시 연수구 봉재산로 132 흥광교회(032-817-5367) (학)기독신학교졸, 천안대 기독신학대학원졸, 한남대 대학원졸, 연세대 연합신학대학원졸, 목회신학박사(미국 미드웨스트신학대) (경)1983년 인천 흥광교회 설립·당회장 목사(현), 기독교연합신문 이사, 러시아 극동기술대 이사, 기아대책인천본부 회장, 아시아부흥선교협의회 부총재, 세계기독교선교협의회 실무부총재, 민족복음화운동본부 인천본부장, 대성신용협동조합 감사·이사·부이사장, 인천시기독교보수교단연합회 총회장, 필리핀크리스찬대 유니온신학대학 명예교수, 인천국제공항 세목·경목위원, 대한예수교장로회총회(합동정통) 부흥사회 상임회장, 同인천노회장, 同청년국장, 同선교국장, 同세계선교위원장, 同고시위원회 서기, 同부서기, 同서기 2007년 同부총회장 2008~2009년 同총회장, 국제기아대책대북법인 이사, 기독교연합신문 운영이사(현), 터미널선교회 대표회장(현), 서울지방경찰청 중앙위원, 인천국제공항 선교위원회 위원, 대한예수교장로회(백석) 연금재단 이사장(현), 구역공과집필위원회 위원장(현) (저)'성막'(1998) '흥광의 목장'(2003) '성장을 향한 첫걸음'(2009) '회복으로 가는 길'(2009) '기도의 힘'(2009) '십일조, 7일간의 기적'(2009) '알고 믿는 신앙생활'(2009) '성막'(2010) '생수로 가득 채우라'(2011) (종)기독교

장원삼(張元三) Chang Won-sam

(생)1959 · 11 · 11 (주)서울특별시 종로구 사직로8길 60 외교부 인사운영팀(02-2100-7136) (학)1982년 서울대 법학과졸 1984년 同대학원 법학과졸 (경)1981년 외무고시 합격(15회) 1984년 외무부 입부 1990년 駐미국 2등서기관 1992년 駐방글라데시 1등서기관 1998년 駐일본 1등서기관 2001년 외

교통상부 통상정책기획과장 2002년 同아·태통상과장 2003년 駐중국 참사관 2006년 대통령비서실 파견 2007년 외교통상부 지역통상협력관 2007년 同장관보좌관 2008년 同인사과장 2009년 同인사기획관 2009~2011년 同동북아시아국장 2010년 국가보훈처 안중근의사유해발굴추진단 정부위원 2011년 중국외교학원 파견 2012년 駐중국 공사 2014년 駐스리랑카 대사 2017~2019년 외교부 한미방위비분담협상 대표 2019년 駐뉴욕 총영사 내정(현)

장원석(張原碩) CHANG Won Suk

(생)1947·2·28 (본)인동(仁同) (출)경기 안성 (주)충청남도 천안시 동남구 단대로 119 단국대학교 환경자원경제학과(041-550-3610) (학)1966년 안법고졸 1971년 고려대 농업경제학과졸 1975년 同대학원 농업경제학과졸 1982년 농업경제학박사(오스트리아 비엔나시립대) (경)1982년 한국산업경제연구원 초청연구위원 1982~2012년 단국대 환경자원경제학과 교수 1989~2007년 농업협동조합중앙회 운영자문위원 1989년 경제정의실천시민연합 창립임원·농업개혁위원장·UR대책위원장·정책위부위원장 상임집행위원 1994~1995년 우리농업지키기국민운동본부 상임집행위원장 1997~2001년 흥사단 민족통일운동본부 창립본부장·중앙위 의장 1998~2000년 한국협동조합학회 회장 1998~2003년 농림부 농정기획단장·통상정책협의회 의장·심사평가위원장·장관자문관 1998년 농협중앙회 농협개혁위원장 1998~2000년 단국대 농과대학장 1998~1999년 농어촌진흥공사 이사·비상임이사 1999~2002년 WTO협상국민연대 상임집행위원장 2000~2004년 국회 평화통일포럼 자문위원 2000~2001년 국무총리 정책평가위원 2000~2001년 한국농업정책학회 회장 2002~2005년 대통령직속 농어업·농어촌특별대책위원회 위원·위원장 2004~2005년 대통령자문 정책기획위원회 위원 2005~2008년 단국대 정책경영대학원장 2008년 기획재정부 FTA국내대책위원회 위원 2008~2009년 여의도연구소 경제분과 부위원장 2008년 한국산업기술시험원 감사 2008년 (사)국민성공시대 상임대표(현) 2010년 한나라당 국민공천배심원단 위원장 2012~2015년 농업기술실용화재단 이사장 2012년 단국대 환경자원경제학과 명예교수(현) 2016년 나라살리는 헌법개정 국민주권회의 공동대표(현) (상)고려대총장표창(1970), 이희승 학술상(1987) (저)'21C 통일시대의 농림해양수산정책(編)'(1977) '협동조합연구'(1990) '우리사회 이렇게 바꾸자' '한·몽골 교류 천년' 'WTO와 한국농업' '국제화시대의 농업정책' '동북아경제권과 한반도 발전전략' '쌀개방과 우루과이라운드' '농촌을 살리는 길 52가지'(1992) '국제선진화를 위한 과제(共)'(1994) '한국농업문제의 이해' '현대농업정책론' '농업경제학' '통일과 글로벌농정'(1999) '북한의 농림축수산업'(1999) '농업 농촌살리기'(2008)

장원석(張元碩)

(생)1966 (주)세종특별자치시 다솜로 261 국무조정실 개발협력기획과(044-200-2086) (학)충암고졸, 고려대 경제학과졸 (경)2001년 행정고시 합격(45회), 국무총리실 국정운영2실 재정금융정책관실 근무 2010년 서기관 승진 2011년 지식재산전략기획단 파견 2017년 국무조정실 의정과장, 同개발협력기획과장 2019년 同개발협력기획과장(부이사관)(현)

장원석(張元碩)

(생)1968 (출)제주 (주)제주특별자치도 제주시 동광로 66 제주동부경찰서(064-750-1311) (학)제주 오현고졸, 동국대 경찰행정학과졸 (경)1995년 경위 임용(경찰 간부후보 42기) 2004년 제주지방경찰청 수사1계장 2007년 同사이버수사대장 2008년 同강력계장(경정) 2009년 제주 서귀포경찰서 수사과장 2010년 제주 서부경찰서 형사과장 2012년 제주지방경찰청 강력계장 겸 마약수사대장 직대 2016년 同보안과장(총경) 2017년 同치안지도관(총경)(교육파견) 2017년 同수사과장 2019년 同외사과장 2019년 제주동부경찰서장(현)

장원철(張源哲) JANG Won Cheoul

(생)1961·1·22 (주)충청남도 천안시 동남구 단대로 119 단국대학교 자연과학대학 화학과(041-550-3433) (학)1985년 단국대 문리과대학 화학과졸 1990년 생화학박사(미국 서던미시시피대) (경)1995년 단국대 자연과학대학 화학과 교수(현) 2000년 단국대 생명공학창업보육센터 소장 2002년 한국창업보육센터협의회 교육이사·부회장 2003~2004년 충남창업보육센터협의회 회장 2003년 단국대 천안캠퍼스 산학협력단 부단장 2004년 중소기업청 신벤처정책연구위원 2004~2007년 (사)한국창업보육협회 부회장 2004년 충남지역혁신협의회 과학산업분과 위원 2006~2007년 충남산학협력단협의회 회장 2007년 충남벤처협의회 자문위원 2007~2009년 충청권경제협의회 위원 2008~2010년 충남테크노파크 운영위원회 위원 2008~2010년 同부서장평가위원회 위원 2010~2013년 (재)충남테크노파크 원장 2010~2011년 순천향대 의약바이오인재양성센터 사업추진위원 2010~2012년 충남대 의약바이오인재양성센터 사업추진위원 2010년 충남도 노·사·민·정협의회 위원 2011년 충청권국제과학비즈니스벨트조성추진협의회 위원 2011~2013년 충청권광역경제발전위원회 위원 2011~2012년 한국산학기술학회 기획이사 2012~2013년 (사)한국테크노파크협의회 회장 2012~2013년 충남도 과학기술위원회 위원(부위원장) 2012년 (사)한국여성벤처협회 대전·충청지회 서포터즈 2014~2019년 단국대 천안캠퍼스 교무처장 2014~2016년 同천안캠퍼스 교양기초교육원장 2015년 同교양교육대학장 2019년 同천안캠퍼스 자연과학대학장 겸 공동기기센터장(현) (상)교육인적자원부장관표창(2005), 중소기업청장표창(2007) (저)'이야기 화학'(2003) '일반화학(제4판)'(2006) '기초생화학 : 분자수준의 생명'(2007) '일반화학(제5판)' (종)기독교

장원호(張元皓) JANG Won Ho

(생)1962·6·12 (주)서울특별시 동대문구 서울시립대로 163 서울시립대학교 도시사회학과(02-6490-2737) (학)1980년 우신고졸 1984년 서울대 사회학과졸 1992년 미국 미주리주립대 대학원 사회학과졸 1996년 사회학박사(미국 시카고대) (경)1993~1994년 일본 게이오대 방문연구원 겸 Japan Foundation Fellow 1996~1998년 서울대 사회발전연구소 연구원 1998년 서울시립대 도시사회학과 교수(현) 2002년 同학생부처장 겸 학생생활연구소장 2007년 同국제교육원장 2014~2015년 사이버커뮤니케이션학회 회장 2019년 서울시립대 도시과학대학장(현)

장유식(張游植) JANG Yoo Sik

(생)1964·5·19 (출)서울 (주)서울특별시 서초구 서초대로46길 3 순영빌딩 6층 법무법인 동서남북(02-2055-1212) (학)1983년 숭실고졸 1990년 서울대 산업공학과졸 (경)1998년 사법시험 합격(40회) 2001년 사법연수원 수료(30기) 2001년 변호사 개업 2001년 참여연대 협동사무처장 2005년 법무법인 동서남북 변호사(현) 2007년 창조한국당 문국현 대선 예비후보 담당 대변인 2013~2019년 참여연대 행정감시센터 소장 2017년 국가정보원 개혁발전위원회 위원

장유택 CHANG YOO TAEK

(생)1963·6·5 (주)서울특별시 강남구 영동대로 517 아셈타워 8층 OB맥주 임원실(02-2149-5033) (학)1982년 휘문고졸 1988년 서강대 영문학과졸 1996년 연세대 대학원 언론홍보과졸(석사) 2006년 영국 옥스퍼드대 경영대학원졸(MBA) (경)1990~2007년 한국경제신문 기자 2007~2013년 디아지오코리아 마케팅·대외정책담당 이사 2013년 British American Tabacco 기업정책·홍보담당 상무 2014~2017년 OB맥주(주) 정책·홍보부문 전무 2017년 취브닝 한국동문회(Chevening Alumni Korea) 회장(현) 2017년 OB맥주(주) 대외부문장(부사장)(현)

장윤경(張潤慶) JANG Yoon Kyung

(생)1960·7·29 (출)대구 (주)서울특별시 송파구 마천로 87 지아이티빌딩 (주)지아이티(1588-3665) (학)1979년 경북대사대부고졸 1985년 경북대 경영학과졸 2004년 고려대 언론대학원 최고경영자과정 수료 2006년 서강대 경제대학원 OLP과정 수료 (경)1985년 현대모비스(주) 입사·생산지원본부 근무 2002년 同홍보실 경영지원본부 홍보부장 2005년 同홍보실장(이사대우) 2007년 同홍보실장(이사) 2010~2017년 同홍보실장(상무) 2017년 (주)지아이티 대표이사(현) (상)서울석세스어워즈 경제부문상(2009), 올해의 광고인상 대상(2011), 경북대 공로상(2012) (종)불교

장윤근(張允根)

(생)1960·11·21 (주)경상남도 창원시 진해구 명제로 60 STX조선해양(055-548-1018) (학)1979년 부산 동성고졸 1983년 서울대 조선공학과졸 (경)1986년 대우조선해양 입사, 同유럽사업담당, 同선박영업팀장, 同망갈리아조선소장 2015년 STX조선해양 전무 2016년 同대표이사 관리인 2018년 同대표이사(현)

장윤기(張潤基) CHANG Yun Ki (眞山)

(생)1951·1·6 (본)인동(仁同) (출)경북 칠곡 (주)대구광역시 수성구 동대구로 348-17 우정법원빌딩 403호 장윤기법률사무소(053-551-4100) (학)1969년 경북고졸 1973년 서울대 법과대학졸 (경)1973년 사법시험 합격(15회) 1975년 사법연수원 수료(5기) 1975년 부산지법 판사 1977년 공군 법무관 1980년 부산지법 판사 1981년 同진주지원 판사 1983년 대구지법 판사 1984년 同의성지원장 1986년 대구고법 판사 1989년 대법원 재판연구관 1990년 대구지법 부장판사 1997년 부산고법 부장판사 1997년 대구고법 부장판사 2001년 대구지법 수석부장판사 2003년 대구고법 부장판사 2004년 同수석부장판사 2005년 창원지법원장 2005~2007년 법원행정처장 2008년 변호사 개업(현) 2008~2009년 영남학원 임시이사장

장윤석(張倫碩) CHANG Yoon Seok (琅山)

(생)1950·1·5 (본)인동(仁同) (출)경북 영주 (주)서울특별시 서초구 법원로 15 정곡빌딩 서관 4층 법무법인 동북아(02-6952-1002) (학)1968년 경복고졸 1972년 서울대 법과대학졸 1983년 미국 서던메소디스트대 법과대학원졸 1992년 법학박사(한양대) (경)1972년 사법시험 합격(14회) 1974년 사법연수원 수료(4기) 1974년 변호사 개업 1975년 軍법무관 1977년 서울지검 영등포지청 검사 1980년 부산지검 검사 1981년 법무부 인권과 검사 1985년 서울지검 검사 1986년 대구지검 의성지청장 1987년 대검찰청 검찰연구관 1989년 법무부 검찰3과장 1991년 부산지검 공안부장 1992년 대검찰청 공안기획담당관 1993년 서울지검 공안1부장 1995년 인천지검 차장검사 1996년 부산지검 울산지청장 1998년 서울고검 검사 1999년 춘천지검장 2000년 법무부 기획관리실장 2001년 창원지검장 2002년 법무부 법무실장 2002년 同검찰국장 2003년 변호사 개업 2003년 (사)국제인권옹호한국연맹 이사 2004년 제17대 국회의원(영주, 한나라당) 2004년 국회 법제사법위원회 간사 2004년 한나라당 법률지원단장 2004년 국회 대법관인사청문특별위원회 간사 2006년 한나라당 인권위원장 2007년 同중앙윤리위원회 부위원장 2008년 제18대 국회의원(영주, 한나라당·새누리당) 2008~2009년 한나라당 제1정책조정위원장 2008년 국회 가축전염병예방법개정특별위원회 간사 2008년 국회 법제사법위원회 간사 2009년 국회 정치개혁특별위원회 간사 2010년 세계유교문화축전 고문 2010년 한나라당 정책위원회 사회분야 부의장 2012~2016년 제19대 국회의원(영주, 새누리당) 2012년 새누리당 제18대 대통령후보선거관리위원회 부위원장 2012년 국회 예산결산특별위원회 위원장 2012년 국회 농림수산식품위원회 위원 2012년 새누리당 불자회 회장 2013년 한·노르웨이의원친선협회 회장 2013~2016년 대한복싱협회(BAK) 회장 2013년 국회 농림축산식품해양수산위원회 위원 2013~2014년 국회 윤리특별위원회 위원장 2013년 국회 사법개혁특별위원회 위원 2013~2015년 국제복싱협회(AIBA) 집행위원 2013년 국회 정치개혁특별위원회 위원 2014년 새누리당 비상대책위원 2014년 국회 산업통상자원위원회 위원 2014년 새누리당 재외국민위원회 북미주동·중부지역위원회 위원장 2016년 법무법인 동북아 변호사(현) (상)홍조근정훈장(1991), 대한민국오페라단연합회 최고문화국회의원상(2013), 법률소비자연맹 선정 국회헌정대상(2013), 전국NGO단체연대 선정 '올해의 닮고 싶은 인물'(2015), 민주신문·한국인상준비위원회 선정 '제18회 대한민국을 빛낸 한국인물' 정치부문대상(2015), 대한민국 최고국민대상 의정부문대상(2015), 대한민국 반부패청렴대상 정치부문 대상(2016) (저)'객관식 형사소송법'(1983, 대명출판사) '이른바 재청약식 시범 시행기'(1998, 월간 법조) '장윤석의 영주 그리고 여의도 이야기'(2008) '영주 잘되고 있지요?'(2011) (종)불교

장윤석(張倫碩) CHANG Yoon Seok

(생)1957·5·11 (출)서울 (주)인천광역시 서구 환경로 42 국립환경과학원 원장실(032-560-7000) (학)1976년 경복고졸 1983년 연세대 화학과졸 1995년 화학박사(미국 오리건주립대) (경)1990~1992년 미국 미시간주립대 연구원 1992~1993년 미국 매사추세츠공대 연구교수 1993~1995년 기초과학자원연구소 실장 1995~1996년 한양대 화학과 조교수 1997~2018년 포항공대 대학원 환경공학부 조교수·부교수·교수 2004~2005년 미국 캘리포니아대 리버사이드교 방문교수 2015년 한국과학기술한림원 정회원(이학부·현) 2017년 영국 왕립화학회(RSC : Royal Society of Chemistry) 석학회원(Fellow)(현) 2018년 환경부 국립환경과학원장(현) (상)환경부장관표창(2008), 대한환경공학회 학술상(2014), 환경분석학회 환경분석상(2018) (저)'환경오염물질 표준분석'(2006) (종)기독교

장윤선(張允瑄·女)

(생)1975·4·28 (출)서울 (주)인천광역시 미추홀구 소성로163번길 17 인천지방법원 총무과(032-860-1169) (학)1994년 중경고졸 1998년 서울대 사법학과졸 2002년 同대학원 법학과 수료 (경)1999년 사법시험 합격(41회) 2002년 사법연수원 수료(31기) 2002년 서울지법 서부지원 예비판사 2003년 서울고법 예비판사 2004년 서울중앙지법 판사 2006년 부산지법 판사, 대구지법 서부지원 판사 2010년 의정부지법 고양지원 판사 2015년 서울고법 판사 2017년 대구지법 서부지원 부장판사 2019년 인천지법 부장판사(현)

장윤우(張潤宇) CHANG Yoon Woo (木薰)

(생)1937·12·1 (본)인동(仁同) (출)서울 (주)서울특별시 성북구 보문로34다길 2 성신여자대학교 공예과(02-920-7264) (학)1956년 서울고졸 1962년 서울대 응용미술학과졸 1965년 同교육대학원졸 (경)1968년 경기공업전문대 조교수 1970~1985년 성신여대 미술대학 전임강사·조교수·부교수 1976~1981년 同산업미술연구소장·박물관장 1982년 국전 초대작가 심사위원장 1985년 귀금속공예가협회 회장 1985~2003년 성신여대 공예과 교수 1986년 기능올림픽 한국대회 심사위원장 1988년 성신여대 산업대학원장 1989년 한국미술협회 부이사장·감사·상임고문(현) 1992년 미국 캘리포니아주립대 교환교수 1993년 한국디자이너협의회 이사장·고문(현) 1995년 한국문인협회 詩분과 회장 1999~2013년 양천문화원 수석부원장 2003년 한국문인협회 부이사장·자문위원(현), 월간문학 발행인(현) 2003~2005년 한국공예문화진흥원 이사장 2003년 성신여대 공예과 명예교수(현) 2004년 한국종이접기협회 회장 2004년 한국종이문화원 원장 2004년

한국종이박물관 관장 겸임 2005년 한국공예문화진흥원 자문위원장 2015년 국제펜클럽 한국본부 상임고문(현) (상)현대시인상, 동포문학상, 시와 시론상, 순수문학대상, 국무총리표창, 서울시 문화상(1998), 영랑문학대상, 한맥문학대상, 한국예술문화단체총연합회 예술문화대상, 황조근정훈장(2003), 한국미술협회 대한민국미술가대상(2017) (저)'공예재료학' '도학 및 제도' '張潤宇예술시평집' '교육부검정 중1 · 2 · 3미술 교과서' (역)'로뎅의 예술과 인생' (작)시집 '겨울동양화' '속 겨울동양화' '그 겨울 전차의 포신이 느린 그림자' '시인과 기계' '그림자들의 무도회' '誤字인생' '화가, 슬픈 城主의 손' '세번의 종' '이름 없는 것들을 생각한다' '두사람의 풍경과 리삼월' '그림과 시의 팡세' '形骸의 삶' '뚜벅이반추' '종이로만든여자' '장윤우예술시평집' 등 (종)기독교

장윤종(張允鍾) JANG Yoon Jong

(생)1958 · 2 · 14 (본)안동(安東) (출)서울 (주)서울특별시 강남구 테헤란로 440 포스코센터 동관 6층 포스코경영연구원 원장실(02-3457-8000) (학)1976년 서울고졸 1982년 서울대 경제학과졸 1992년 경제학박사(프랑스 파리제10대) (경)1982년 한국개발연구원 연구원 1983년 산업연구원 연구원 1994~1997년 대통령비서실 국가경쟁력강화기획단 파견 1997년 공정거래위원회 경제규제개혁위원 1998년 대통령비서실 경제구조조정기획단 파견 1998년 외교통상부 통상교섭자문위원 1998~1999년 서울시 산업진흥대책위원 2000~2002년 산업연구원 디지털경제실장 2002~2005년 (주)하이닉스반도체 사외이사 2002~2003년 산업연구원 부원장 2003년 同국제산업협력실 선임연구위원 2003~2004년 국제경제학회 운영이사 2003~2005년 국무조정실 정책평가위원 2003~2004년 과학기술부 과학기술중심사회 기획위원 2003~2005년 대통령자문 동북아경제중심추진위원회 전문위원 2003년 산업자원부 국제협력투자정책 평가위원 2003년 경기도 경제정책자문위원 2004~2005년 과학기술자문회의 전문위원 2005년 同전문위원회 위원장 2005~2007년 대통령자문 국민경제자문회의 대외경제위원회 전문위원 2006년 감사원 자문위원 2007년 공정거래위원회 자체평가위원 2008년 대통령직인수위원회 자문위원 2008년 지식경제부 자체평가위원 2009년 산업연구원 산업경제연구실 선임연구위원 2010년 행정안전부 지방자치단체합동평가위원회 위원 2011~2013년 산업연구원 성장동력산업연구센터장 2012년 녹색인증심의위원회 위원장 2013~2016년 산업연구원 국제산업협력실 선임연구위원 2015~2016년 한국국제통상학회 회장 2015~2017년 국가과학기술자문회의 자문위원 2016~2018년 국무조정실 신산업투자위원회 위원 2016~2017년 기획재정부 재정사업평가자문위원 2016~2018년 산업통상자원부 경제자유구역자문회의 위원 2016~2017년 대한무역투자진흥공사(KOTRA) 외국인투자옴부즈만 자문위원 2016~2017년 인사혁신처 정책자문위원 2017년 산업연구원 4차산업혁명연구부장 2019년 포스코경영연구원 원장(현) 2019년 과학기술정보통신부 규제정비위원회 위원(현) 2019년 국무총리실 제주특별자치도지원위원회 위원(현) (상)국민훈장 동백장(2005) (저)'경쟁정책의 국제규범화와 우리의 대응전략'(1992) '세계화와 한국경제'(1994) '21세기 기업세계화의 장기비전 및 전략(共)'(1994) '물류정책 메뉴얼(共)'(1997) '광주 광산업육성 및 집적화계획(共)'(2000) '글로벌경제의 외국인직접투자정책(共)'(2000) '외국인 직접투자의 일석오조 효과분석(共)'(2001) '중소기업의 업종별 정보화 실태분석 및 개선방안(共)'(2001) '2010년 산업발전 비전(共)'(2001) '한중일 3국의 외국인직접투자 비교분석(共)'(2004) '2004년 외국인투자기업 경영실태 조사분석(共)'(2005) '해외 첨단제조업 및 연구개발센터 유치방안(共)'(2005) '외국기업의 R&D센터 유치를 통한 차세대 성장산업 기술인력 양성방안(共)'(2005) '한미 FTA를 통한 외국인투자 유치전략'(2006) '산업정책과 연계한 외국인투자 비전과 전략(共)'(2006) '산업의 세계화와 글로벌 네트워킹(共)'(2006) 'R&D 글로벌화 시대의 해외 R&D센터 유치 · 활용 전략 재조명'(2007) '한미 · 한EU FTA발효와 제조업의 대응(共)'(2010) '2020년 무역발전 비전과 전략(共)'(2012) (종)불교

장윤주(張允柱) CHANG Yoon Joo

(생)1962 (출)서울 (주)서울특별시 종로구 율곡로2길 25 연합뉴스TV 임원실(02-398-3114) (학)1981년 여의도고졸 1985년 연세대 사회학과졸 (경)1986년 연합통신 입사 2000년 연합뉴스 국제경제부 차장 2002년 同국제경제부 부장대우 2004년 同특신부장 2006년 同멀티미디어본부 영상취재부장 2006년 同외국어뉴스2부장 2008년 同외국어뉴스2부장(부국장대우) 2009년 同편집국 국제분야 에디터 2011년 同논설위원 2011년 同국제국장(부국장급) 2012년 同논설위원 2014년 同논설위원(국장대우) 2015~2018년 同편집국 국제뉴스 선임데스크팀 국장대우 2018년 연합뉴스TV 전무이사(현)

장윤태(張潤台)

(생)1977 · 1 · 28 (출)대전 (주)서울특별시 서초구 반포대로 158 서울중앙지방검찰청 총무과(02-530-4771) (학)1995년 대전고졸 2001년 서울대 법학과졸 (경)2000년 사법시험 합격(42회) 2003년 사법연수원 수료(32기) 2003년 軍법무관 2006년 서울동부지검 검사 2008년 대전지검 논산지청 검사 2010년 대구지검 검사 2013년 수원지검 검사 2015년 서울서부지검 검사 2017년 同부부장검사(대검찰청 검찰개혁추진단 파견) 2018년 대전지검 서산지청 부장검사 2019년 서울중앙지검 부부장검사(현)

장윤호(張倫豪)

(생)1971 · 11 · 17 (주)울산광역시 남구 중앙로 201 울산광역시의회(052-229-5125) (학)홍익대 경영학과졸 (경)한국환경공단 온실가스감축사업 기술자문위원, 더불어민주당 울산도시재생발전특별위원회 위원장(현) 2018년 울산시의회 의원(더불어민주당)(현) 2018년 同산업건설위원장(현) 2018년 同에너지특별위원회 위원(현)

장응철(張應哲) JANG Eung Chul (耕牛)

(생)1940 · 9 · 8 (본)인동(仁同) (출)전남 신안 (주)전라북도 남원시 운봉읍 바래봉길 49-51 운봉상사원(063-634-1992) (학)1968년 원광대 원불교학과졸 (경)1968년 출가 1968년 영산선원 교사 1973년 원불교 총무부 과장 1977년 同서울사무소 사무장 1982년 同총무부장 1988년 同청주교구장 1991년 同영산선학대학 학장 1994년 同서울교구장 2000년 同종사 2000년 同수위단회 단원 2000~2003년 同교정원장 2000년 (재)원불교 이사장 2000년 원불교 은혜심기운동본부 총재 2000년 학교법인 원창학원 · 영산학원 · 원불교대학원 이사장 2000년 원음방송 이사장, 우리민족서로돕기운동 공동대표, 한국종교지도자협의회 공동대표 2003년 원불교 중앙중도훈련원장 2006~2018년 同종법사(宗法師) 2018년 同상사(上師)(현) (저)'노자의 세계' '부처님의 마음작용' '마음소 길들이기' '자유의 언덕' '마음달 허공에 뜨다' '죄업으로부터 자유' '육조단경' '중도의길 성인의길' '마음을 깨달아 닦는 길' 수필집 '작은 창에 달빛 가득하니' 법문집 '아이 사람아, 정신 차려야 해'(2017, 월간원광사) (종)원불교

장의동

(생)1963 · 10 (주)경기도 성남시 분당구 성남대로 343번길 9 SK주식회사 C&C(02-6400-0114) (학)경북대 경영학과졸 (경)2006년 SK C&C IT서비스사업기획팀장 2010년 同OS혁신본부장 2012년 同SKMS본부장(상무) 2013~2015년 同재무본부장 2015년 SK주식회사 C&C 재무본부장 2016년 同CPR본부장 2017년 同재무본부장 2019년 同재무담당 부사장(현)

장의성(張義成) JANG, Eui Sung

(생)1958·7·7 (본)인동(仁同) (출)서울 (주)서울특별시 마포구 마포대로 86 노무법인 유앤(02-3474-6181) (학)1977년 장충고졸 1981년 고려대 행정학과졸 1983년 서울대 행정대학원졸 2006년 법학박사(고려대) (경)1981년 행정고시 합격(25회) 1990년 의정부지방노동사무소 근로감독과장 1992~1994년 노동부 기획관리실·근로기준국 근로기준과 사무관 1994년 同근로기준국 근로기준과 서기관 1994년 광주지방노동청 관리과장 1995년 노동부 법무담당관 1995년 同장관 비서관 1997년 수원지방노동사무소장 1998년 노동부 행정관리담당관 1999년 同근로기준과장 2001년 同노동경제담당관 2001년 同안전정책과장 2002년 同최저임금위원회 상임위원 2003년 노사정위원회 운영국장 2006년 노동부 정책홍보관리본부 홍보관리관 2007년 同근로기준국장(고위공무원) 2008년 서울지방노동청장 2009~2010년 고용노동부 고용정책실 고용서비스정책관 2010~2011년 서울지방노동위원회 위원장 2012~2015년 한국잡월드 이사장 2015년 한성대 IPP사업단 부단장 2015~2017년 청년희망재단 사무국장 겸 상임이사 2018년 노무법인 유앤 고문(현) (상)국무총리표창(1990), 대통령표창(2012) (저)'최신 근로기준법 노동부 행정해석모음 제1판·2판'(2001) '최신 근로기준법 노동부 행정해석모음 제3판(共)'(2004) '최신 근로기준법 노동부 행정해석모음 제4판(共)'(2005)

장 익(張 益) CHANG Yik (一環)

(생)1933·11·20 (본)인동(仁同) (출)서울 (주)서울특별시 중구 명동길 74 사회복지법인 김남호복지재단(02-773-5776) (학)1952년 경기고졸 1956년 미국 메리놀대학 인문학과졸 1959년 벨기에 루뱅대 대학원 철학 박사과정 수료 1963년 오스트리아 인스브루크대 대학원 신학과졸 1974년 국립타이완대 중문계연구소 석사반 수학 1982년 이탈리아 그레고리안대 대학원 철학박사과정 수료 2000년 명예 철학박사(한림대) (경)1963년 사제서품 1967년 천주교 서울대교구장 비서 1970년 정릉성당 주임사제 1976년 서울대교구 공보·비서실장 1978~1985년 교황청 종교대화평의회 자문위원 1978~1993년 서강대 종교·신학과 부교수 1986년 천주교 서울대교구 사목연구실장 1990~1994년 세종로성당 주임신부 1993~1996년 가톨릭대 부교수 1994~2010년 천주교 춘천교구장 1995년 주교회의 문화위원장 1995년 대희년중앙위원회 한국대의원 1995~2000년 교황청 종교간대화평의회 위원 1996~1999년 한국천주교주교회의 교리주교위원·성서위원장 2001년 사회복지법인 김남호복지재단 이사장(현) 2002~2006년 한국천주교주교회의 총무 2002~2008년 한국천주교중앙위원회 상임이사 2002~2008년 한국천주교주교회의 천주교용어위원회 위원장 2005~2016년 한·일주교교류회 추진위원 2006~2010년 천주교 함흥교구장 서리 2006~2008년 한국천주교주교회의 의장 2006~2008년 한국천주교중앙협의회 이사장 2006~2008년 학교법인 일송학원 이사 (상)DMZ평화상 대상(2005), 一松상(2009) (저)'구세주 강생 2000년 대희년을 맞이하며'(1996) '생명의 샘'(1999) '마음과 모습'(2005) (역)'그리스도 신앙 어제와 오늘'(1974·2007) '구원신학'(1977) '세상에 열린 신앙'(1977) '프란치스꼬 저는'(2004) (종)천주교

장 익(張 益) JANG IK

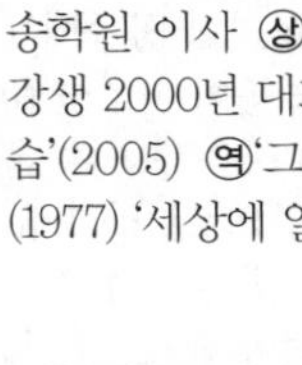

(생)1958·8·13 (주)경상북도 경주시 강동면 동해대로 261 위덕대학교 총장실(054-760-1007) (학)1976년 대구 대륜고졸 1981년 동국대 불교학과졸 1989년 同대학원 밀교학과졸 1996년 밀교학박사(동국대) (경)1981~1983년 진선여고 윤리교사 1987~1993년 동국대부속고 교법사 1993~1995년 명성여고 교법사 1997년 한국불교학회 이사 1997년 인도철학회 이사 1997~2018년 위덕대 불교문화학과 교수 2003~2013년 同밀교문화연구원장 2006~2018년 同불교대학원장 2013~2015년 同자유전공학부 대학장 2014~2018년 同대학원장 2018년 同총장(현) (저)'밀교경정성립사론'(1993) '밀교학입문'(1996) '밀교사상사개론'(2003)

장익기(張益基)

(생)1965·2·25 (출)전남 함평 (주)광주광역시 광산구 용아로 112 광주지방경찰청 정보화장비과(062-609-2141) (학)광주 금호고졸, 전남대 정치외교학과졸, 조선대 대학원 법학과졸 (경)1992년 경위 임용(경찰 간부후보 40기) 2007년 광주남부경찰서 형사과장 2009년 광주동부경찰서 경비과장 2010년 광주지방경찰청 경무계장 2013년 同보안계장 2015년 同생활안전계장 2016년 전남지방경찰청 여성청소년과장(총경) 2017년 전남 해남경찰서장 2018년 전남지방경찰청 112종합상황실장 2019년 광주지방경찰청 정보화장비과장(현)

장익상(張翼相) JANG Ik Sang

(생)1959·6·2 (본)인동(仁同) (출)충남 금산 (학)1978년 충남고졸 1985년 충남대 행정학과졸 (경)1995~1996년 연합통신 노동조합 위원장 1999~2000년 미국 UCLA 연수 2000년 연합뉴스 스포츠레저부 차장 2001년 同스포츠레저부 부장대우 2003년 同스포츠레저부장 직대 2003년 한국체육기자연맹 부회장 2004년 연합뉴스 스포츠레저부장 2005년 同국제뉴스국장석 부장급 2005년 同국제뉴스부 부장급 2005년 同LA특파원 2006년 同LA특파원(부국장대우) 2008년 同전국부 부국장대우 2009년 同경영기획실장(부국장급) 2010년 한국신문협회 기조협의회 이사 2011년 연합뉴스 관리국장 겸 신사옥사업단장 2012~2013년 同기획·총무담당 상무이사 2013~2014년 同고문 (상)제16회 이길용 체육기자상(2004) (종)가톨릭

장익현(張益鉉) CHANG Ik Hyun

(생)1957·7·17 (출)경북 예천 (주)대구광역시 수성구 동대구로 351 장익현법률사무소(053-742-2512) (학)1975년 경북고졸 1979년 경북대 법학과졸 1981년 同대학원 행정학과졸 (경)1982년 공군 정훈장교 1991년 사법시험 합격(33회) 1994년 사법연수원 수료(23기) 1994년 변호사 개업(현) 2001년 대구시 행정심판위원 2001년 대구지방변호사회 총무이사 2005년 同부회장 2007~2008년 국제로타리3700지구 총재 2009~2010년 대구지방변호사회 회장 2011년 대한변호사협회 인권재단 감사(현) 2013~2018년 (사)대구국제뮤지컬페스티벌(DIMF) 이사장 2014년 학교법인 배영학숙 이사장(현) 2015년 대구가정법률사무소 이사장(현) (상)공군참모총장표창

장인남(張仁南) TSCHANG In Nam (바오로)

(생)1949·10·30 (본)인동(仁同) (출)서울 (주)충청북도 청주시 청원구 주성로 135-35 천주교 청주교구청 사무처(043-253-8161) (학)1976년 광주가톨릭대졸 1985년 이탈리아 로마교황청외교관학교 대학원 교회법학과졸 1985년 교의신학박사(이탈리아 라테라노대) (경)1976년 사제 서품 1978년 한국천주교중앙협의회 사무차장 1985년 엘살바도르 교황대사관 2등서기관 1988년 에디오피아 교황대사관 1등서기관(몬시뇰 임명) 1991년 시리아 교황대사관 1등서기관(우디토레) 1994년 프랑스 교황대사관 2등참사 1997년 그리스 교황대사관 1등참사 2000년 벨기에 교황대사관 1등참사 2002년 대주교(현) 2002년 방글라데시 교황대사 2007년 아프리카 우간다 교황대사 2012년 태국 교황대사(현) 2012년 캄보디아 교황대사(현) 2017년 미얀마 초대 교황대사(현) (종)가톨릭

장인수(張仁壽) JANG, Insoo

(생)1969 (출)서울 (주)전라북도 전주시 완산구 어은로 46 우석대학교의료원 원장실(063-220-8300) (학)1994년 우석대 한의학과졸 1996년 同대학원 한의학과졸 2002년 한의학박사(경희대) (경)2001~2003년 우석대 김제한방병원 한방내과장 2002년 同한의과대학 한방내과 전임강사·조교수·

부교수·교수(현) 2003년 同전주한방병원 한방2내과장(현) 2007~2008년 미국 노스캐롤라이나주립대학(UNC) 의과대학 교환교수 2013년 우석대 전주한방병원 중풍·파킨슨센터장(현), 同한의과대학장(현), 한방레이저의학회 회장(현), 국제레이저치료학회(WALT) 자문위원 2017년 우석대 의료원장 겸 전주한방병원장(현) (상)지식경제부장관표창(2010), 세계레이저의학회 및 북미광선의학회 해외연구자상(2014), 대한적십자사포장(2015) (저)'레이저 치료학'(2006, 도서출판 정담) '레이저침 치료학'(2007, 메디칼코리아) '침구시술안전가이드'(2011, 군자출판사) '파킨슨병 환자를 위한 일상생활 가이드'(2014, 우리의학서적)

장인식(張仁植) Chang in sik

(생)1967·6·4 (출)전북 남원 (주)인천광역시 연수구 센트럴로 263 중부지방해양경찰청 수사정보과(032-728-8054) (학)1992년 전북대 법학과졸 1994년 同대학원 법학과졸 1999년 법학박사(전북대) (경)1997년 해양경찰청 경위 특채 2006년 태안해양경찰서 수사과장 2009년 해양경찰청 총무계장 2012년 同기획팀장(총경) 2013년 同교육발전기획단장 2014년 남해지방해양경찰청 상황담당관 2015년 해양경찰청 해양항공과장 2016년 군산해양경찰서장 2017년 중부지방해양경찰청 경비안전과장 2017년 해양경찰청 형사과장 2018년 서해지방해양경찰청 여수해양경찰서장 2019년 중부지방해양경찰청 수사정보과장(현)

장인우(張仁宇) Inwoo PETER CHANG

(생)1971·8·23 (출)미국 뉴욕 (주)서울특별시 성동구 가람길 283 선인자동차(주) 비서실(02-2216-1100) (학)미국 하버드대 경제학과졸 (경)2007년 선인자동차(주) 전무 2008~2010년 (주)YNK코리아 대표이사 2010~2013년 근화제약(주) 대표이사 부사장 2011~2013년 선인자동차(주) 부사장 2013년 同대표이사(현) 2013~2015년 우암홀딩스(주) 대표이사 2014년 (주)선진모터스 대표이사(현) 2014년 고진모터스(주) 대표이사(현)

장인홍(張寅洪) JANG In Hong

(생)1966·11·26 (주)서울특별시 중구 세종대로 125 서울특별시의회(02-3702-1400) (학)서강대 경영학과졸 (경)시민운동가, 구로시민센터 지방자치위원장, 구로남초 운영위원장 2002·2006·2010년 서울시 구로구의원선거 출마(무소속), 구로고총동창회 회장 2014~2018년 서울시의회 의원(새정치민주연합·더불어민주당) 2014년 同교육위원회 위원 2014~2015년 同의회개혁특별위원회 위원 2014·2016년 同남북교류협력지원특별위원회 위원 2015년 同서소문밖역사유적지관광자원화사업지원특별위원회 위원 2015년 同항공기소음특별위원회 위원 2015~2016년 同하나고특혜의혹진상규명을위한행정사무조사특별위원회 위원 2015~2016년 同인권특별위원회 위원 2015~2016년 同운영위원회 위원 2015~2016년 同예산결산특별위원회 위원 2016년 同교육위원회 부위원장 2017년 同예산결산특별위원회 위원 2018년 서울시의회 의원(더불어민주당)(현) 2018년 同교육위원장(현) 2018년 同항공기소음특별위원회 위원(현) (상)전국시·도의회의장협의회 우수의정대상(2017)

장인화(張仁和)

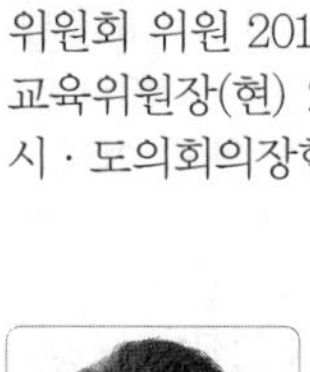

(생)1955·8 (주)서울특별시 강남구 테헤란로 440 (주)포스코 임원실(02-3457-0114) (학)경기고졸, 서울대 조선해양공학과졸, 同대학원 조선해양공학과졸, 해양공학박사(미국 매사추세츠대) (경)1988년 포항산업과학연구원 근무 2009년 同강구조연구소장 2011년 (주)포스코 성장투자부문 신사업실장(상무) 2014년 同재무투자본부 신사업관리실장(전무) 2015년 同철강솔루션마케팅실장(전무) 2016년 同기술투자본부장(부사장) 2017년 同철강생산본부장(부사장) 2018년 한국공학한림원 정회원(건설환경공학·현), (주)포스코 철강2부문장 2018년 同대표이사 사장(현) 2018년 同철강부문장(현)

장인화(張仁華) JANG In Hwa

(생)1963·1·1 (출)부산 (주)부산광역시 사상구 가야대로 46 동일철강(주) 비서실(051-796-7000) (학)1990년 동아대 무역학과졸 (경)동일철강(주) 관리이사 1993년 同대표이사 사장, 同대표이사 회장(현) 1996년 (주)화인인터내셔날 대표이사, 同회장(현) 2001년 (주)화인스틸 대표이사 2002년 한국철강공업협동조합 이사장 2003년 대한장애인사격연맹 회장 2004년 중소기업중앙회 부회장 2005년 대통령직속 중소기업특별위원회 위원 2006년 부산상공회의소 상임의원 2007년(주)화인베스틸 대표이사(현) 2007년 국제교류포럼 회장 2011년 대통령직속 지역발전위원회 민간위원 2012~2015년 부산상공회의소 부회장 2013년 대한수상스키·웨이크보드협회 회장(현) 2017년 대한체육회 이사(현) (상)500만불 수출상(1993·2004), 재정경제원장관표창(1996·2004), 산업자원부장관표창(2003), 부산상공회의소 제24회 부산산업대상 경영대상(2006), 체육훈장 기린장(2010)

장일무(張日武) CHANG Il Moo (문경)

(생)1943·12·11 (출)서울 (주)서울특별시 관악구 관악로 1 서울대학교 약학대학 제약학과(02-880-7825) (학)1962년 서울고졸 1966년 서울대 약학대학졸 1969년 同대학원졸 1972년 생물물리학박사(미국 휴스턴대) (경)1972~1974년 미국 휴스턴대 화학과 연구원 1974~1976년 한국원자력연구소 선임연구원 1976~2001년 서울대 천연물과학연구소 전임강사·조교수·부교수·교수 1992~1997년 과학기술부 G-7국책사업 총괄연구책임자 1992~1998년 서울대 천연물과학연구소장 1994~1996년 한국독성학회 회장 겸 환경성돌연변이학회 회장 1995년 중국 연변대 의학원 명예교수(현) 1996~1998년 보건복지부 보건의료기술정책심의위원회 부위원장 1997~2000년 아시아독성학회(The Asian Society of Toxicology) 회장 1998~2001년 국제독성학회(IUTOX) 위원 1998~1999년 서태평양지구(W.H.O.) 연구자문위원 1998~2000년 보건복지부 중앙약사심의위원 2000년 서태평양지구(W.H.O.) 전통의약협력연구센터장 2000년 한국보건산업진흥원 기술평가심의위원 2001~2009년 서울대 약학대학 제약학과 교수 2001년 한국독성학회 감사 2002년 한약·생약규격국제화포럼(FHH) 제2기술위원장 2002년 한국한약·생약규격국제화포럼(KFHH) 회장 2003년 (사)천연물신약·한약제제개발센터 소장 2007·2011·2015~2019년 세계보건기구(WHO) 전통의학·대체보완의학분야 전문가패널회원(Expert Panel Member) 2009~2011년 경희대 한의과대학 석좌교수 2009년 서울대 약학대학 제약학과 명예교수(현) 2011~2012년 부산대 한의전문대학원 석좌교수 2012~2018년 한국인삼공사(KGC) 한국인삼연구원장·글로벌기술총괄(CTO) 2014년 미국 약용식물협의회(ABC) 국제자문위원(현) (상)한국생약학회 학술장려상(1983), 한국생약학회 학술대상(1990) (저)'한국천연물 연구50년' '전통동양약물 데이타베이스' '동양의약과학 대전' 등 (역)'고사촬요' '마과회통' '수민묘전' '심시요함' '단계심법' 등 (종)불교

장일재(張一宰)

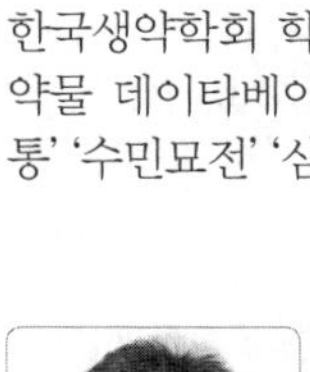

(생)1961·9·6 (주)강원도 춘천시 강원대학길 1 보듬관 2층 강원창조경제혁신센터 사무처(033-248-7900) (학)1994년 방송통신고졸 1997년 동우전문대학 행정과졸 (경)2005년 강원 고성군 재무과 지방행정주사(징수담당) 2009년 同자치행정과 지방행정주사(행정담당) 2009년 강원도 인재

개발원 교육지원과 지방사무관(서무관리담당) 2011년 同투자유치사업본부 기업유치과 지방사무관(자유무역지역담당) 2012년 同글로벌사업단 지방사무관(기획담당) 2013년 同국제관광정보센터소장 2016년 同글로벌투자통상국 국제교류과 지방사무관(국제기획담당) 2017년 同글로벌투자통상국 중국통상과 지방사무관(통상기획담당) 2017년 강원도립대 사무국장 직대 2018년 강원 태백시 부시장(지방서기관) 2018년 同시장 권한대행 2019년 강원도 농정국 농정과장 2019년 강원창조경제혁신센터 사무처장(현)

장일혁(張日赫)

(생)1961·9·18 (출)전남 강진 (주)서울특별시 서초구 법원로 15 법무법인 엘케이비앤파트너스(02-596-8277) (학)1980년 경성고졸 1985년 고려대 법대졸 (경)1992년 사법시험 합격(34회) 1995년 사법연수원 수료(24기) 1995년 전주지법 판사 1998년 同정읍지원 판사 1999년 서울지법 의정부지원 판사 2002년 서울지법 판사 2004년 서울북부지법 판사 2006년 서울고법 판사 2008년 서울가정법원 판사 2009년 사법연수원 교수 2010년 청주지법 제천지원장 2012년 인천지법 부장판사 2015년 서울중앙지법 부장판사 2018년 법무법인 엘케이비앤파트너스 대표변호사(현)

장일현(張日鉉)

(생)1966 (출)서울 (주)세종특별자치시 국세청로 8-14 국세청 역외탈세정보담당관실(044-204-2903) (학)환일고졸 1987년 세무대졸(5기) (경)2013년 국세청 국제협력담당관실 서기관 2014년 同역외탈세담당관실 서기관 2015년 제주세무서장 2016년 서울지방국세청 국제조사관리과장 2016년 국세청 기획조정관실 국세통계담당관 2017년 同역외탈세정보담당관(서기관) 2019년 同역외탈세정보담당관(부이사관)(현)

장일홍(張日弘) JANG Il Hong

(생)1955·2·28 (출)서울 (주)서울특별시 중랑구 망우로 353 상봉프레미어스엠코 C동 9층 한국열린사이버대학교 총장실(02-2197-4200) (학)1980년 인하대 전자공학과졸 (경)1980~1983년 대한항공 근무 1983년 럭키금성상사 근무, (주)LG상사 정보통신사업부 근무, 同미국법인 근무 1993~2006년 (주)메디오피아테크날리지 대표이사 2002~2005년 (사)한국이러닝산업협회 회장 2006년 (주)메디오피아테크 대표이사 2013~2015년 학교법인 열린학원 이사장 2015년 한국열린사이버대 총장(현) (상)산업자원부장관표창

장일환

(생)1960·9·25 (주)서울특별시 강동구 상일로6길 26 삼성물산(주)(02-2145-5114) (학)성광고졸, 경북대 농업공학과졸, 同대학원 토목학과졸 (경)2008년 삼성물산(주) Civil사업부 견적팀장(상무) 2011년 同Civil사업부 사업관리팀장 2014년 同건설부문 RM팀장(전무) 2015년 同건설부문 RM팀장(부사장) 2017년 同부사장(안식년) 2018년 同자문역(현)

장재민(張在民) CHANG Jae Min

(생)1949·7·31 (출)서울 (주)서울특별시 종로구 율곡로 6 트윈트리타워B 서울경제신문(02-724-8600) (학)1968년 미국 하버드스쿨졸 1972년 미국 캘리포니아대 로스앤젤레스교(UCLA)졸 (경)1970년 한국일보 입사 1978년 同이사 1981년 同미주본사 사장 겸 로스앤젤레스지사장 1993년 同미주본사 회장, 미국 캘리포니아대 로스앤젤레스교(UCLA) 동창회장 1998년 서울경제신문 이사 2002년 한국일보 이사 2016년 서울경제신문 대표이사 회장(현) (상)자랑스런 UCLA인상(2009)

장재복(張宰福) Chang Jae-bok

(생)1964·12·18 (출)서울 (주)서울특별시 종로구 사직로8길 60 외교부 공공외교대사실(02-2100-8462) (학)1988년 서울대 불어불문학과졸 1993년 프랑스 까빌랑어학원 연수 1994년 미국 샌디에이고대 연수 (경)1988년 외무고시 합격(22회) 1988년 외무부 입부 1997년 駐UN 2등서기관 2000년 駐가나 1등서기관 2002년 駐스위스 참사관 2005년 외교통상부 의전장실 의전2담당관 2007년 同국제기구협력관실 인권사회과장 2008년 駐프랑스 참사관 2009년 駐유네스코대표부 공사참사관 2012년 외교통상부 의전기획관 2013년 외교부 의전기획관 2014년 駐밀라노 총영사 2018년 외교부 의전장 2019년 同공공외교대사(현)

장재선(張在先) JANG Jae Sun

(생)1966·1·21 (본)흥덕(興德) (주)서울특별시 중구 새문안로 22 문화일보 편집국(02-3701-5210) (학)1984년 전주 전라고졸 1991년 고려대 정치외교학과졸 2008년 한양대 언론정보대학원졸 (경)1991~1996년 서울경제신문 기자 1996~2004년 문화일보 편집국 기자 2002~2003년 同노조위원장 2002년 한국기자협회 대선공정보도위원 2004~2006년 한국신문윤리위원회 윤리위원 2008년 문화일보 편집국 경제산업부 차장 2010~2011년 한국소설가협회 중앙위원 2012년 문화일보 편집국 전국부장 2014·2016년 同편집국 문화부장 2015년 同편집국 사회부장 2016년 (사)한국문인협회 문학생활화위원회 위원장(현) 2017년 한국영화평론가협회 회원(현) 2019년 문화일보 문화부 선임기자(현) 2019년 세계한글작가대회 집행위원(현) (상)'예술세계' 소설신인상(1998), 가톨릭매스컴상 신문부문 본상(2004), 한국언론정보학회 올해의 기획상(2004), 한국언론재단 올해의 홈페이지대상(2004), 임승준자유언론상(2007) (저)'아빠뭐해'(2001) '영화로 보는 세상'(2002) 'am7이 만난 사랑의 시'(2005) '아빠와 함께하는 책읽기와 글쓰기'(2007) '우리아이 책읽기와 글쓰기'(2007)

장재성(張在盛) Chang, Chae-Seong

(생)1956·12·4 (출)서울 (주)서울특별시 관악구 관악로 1 서울대학교 불어불문학과(02-880-6125) (학)1982년 서울대 불어불문학과졸 1984년 同대학원 불어불문학과졸 1986년 同대학원 불어불문학 박사과정 수료 1995년 문학박사(프랑스 파리제7대) (경)1985~2001년 서울대 불어불문학과 전임강사·조교수·부교수 1988~1990년 프랑스 파리제4대 외국인전임강사 1997~2001년 서울대 불어불문학과장 2001년 同불어불문학과 교수(현) 2003년 문화관광부 표기분과위원 2005년 서울대 인문대학 학생부학장 2008~2010년 同학생처장 2014~2016년 同인문대학장 (저)'동아프라임 불한사전(共)'(1998) '변혁의 시대와 문학'(2000) (역)'페르디낭 드 소쉬르 연구 제1권 – 비판과 수용 : 언어학사적 관점(共)'(2002)

장재성(張在成) JANG Jae Seong

(생)1963·10·19 (주)광주광역시 서구 내방로 111 광주광역시의회(062-613-5044) (학)광주 숭의고졸, 광주대 경영학과졸, 전남대 경영대학원 경영자과정 수료, 同행정대학원 관리자과정 수료, 광주대 대학원 세무경영학과졸 (경)민주당 광주西甲지역위원회 연청 회장, 광주시 서구 주민참여예산위원, 광주 서부경찰서 시민경찰 3기 회장, 광주지검 서구 범죄예방위원, 광주서초등학교 학부모운영위원 2007·2010년 광주시 서구의회 의원(민주당·민주통합당·민주당·새정치민주연합) 2008~2010년 同사회도시위원장 2012년 同의장, 민주당 광주시당 부위원장 2014년 광주시 서구의회 의원(새정치민주연합·더불어민주당) 2018년 광주시의회 의원(더불어민주당)(현) 2018년 同제1부의장(현) 2018년 同행정자치위원회 위원(현) 2018년 同윤리특별위원회 위원(현) 2018년 同세계수영선수권대회 지원특별위원회 위원(현)

장재식(張在植) CHANG Che Shik (仁山)

(생)1935 · 1 · 19 (본)인동(仁同) (출)광주 (주)서울특별시 영등포구 의사당대로 1(02-757-6618) (학)1952년 광주고졸 1956년 서울대 법대졸 1959년 미국 하버드대 International Tax Program과정 수료 1976년 경제학박사(중앙대) 2001년 명예 법학박사(제주대) (경)1956년 고등고시 행정과 합격(7회) 1960~1965년 서대문 · 남대문세무서장 1965년 재무부 세제과장 1967~1970년 국세청 징세국장 · 중부지방국세청장 · 국세청 직세국장 1970년 서울지방국세청장 · 국세청 간세국장 1971년 대한태권도협회 부회장 1971~1973년 전매청 제조담당관 · 업무국장 1973년 국세청 차장 1979년 한국주택은행장 1982년 한국조세문제연구소 소장 1985~1995년 서울대 법대 강사 1987년 한국국제재정협회 이사장 1988~1993년 한국기원 이사장 1991년 한양대 법대 객원교수 1992년 제14대 국회의원(전국구, 민주당 · 국민회의) 1992년 민주당 서울서대문乙지구당 위원장 1992년 同정책위 의장 1996년 제15대 국회의원(서울 서대문乙, 국민회의 · 새천년민주당) 1996년 국회 국제경쟁력강화특위 위원장 1996년 한 · 일의원연맹 안보외교위원장 1996년 국회 조세정책연구회장 1998년 국회 실업대책및경제구조개혁특위 위원장 2000년 제16대 국회의원(서울 서대문乙, 새천년민주당 · 자민련) 2000년 국회 예산결산특별위원회 위원장 2000년 새천년민주당 예산재정위원장 2000년 한 · 일의원연맹 부회장 2001년 자민련 부총재 2001~2002년 산업자원부 장관 2002년 새천년민주당 21세기국정자문위원회 위원장 2003년 同사무총장 2003년 同상임중앙위원 2008년 민주당 상임고문 2013년 同고문 2014~2015년 새정치민주연합 고문 2019년 대한민국헌정회 고문(현) (상)녹조근정훈장 (저)'한국경제정책의 비판과 대안'(1995, 오름기획) '법인세법' '법인소득 과세론' '알기쉬운 세금' '조세법' '시속 180km' '때론 치열하게 때로는 나지막이'

장재연(張栽然) JANG Jae Yeon

(생)1957 · 8 · 17 (출)서울 (주)경기도 수원시 영통구 월드컵로 164 아주대학교 의과대학 예방의학교실(031-219-5293) (학)1976년 중앙고졸 1981년 서울대 제약학과졸 1983년 同대학원 약학과졸 1988년 약학박사(서울대) (경)1984~1989년 연세대 환경공해연구소 연구원 1984~1985년 온산병대책위원회 위원 1989~1991년 근로복지공단 직업병연구소 책임연구원 1992년 한국산업안전공단 산업보건연구원 책임연구원 1993~1994년 스위스 로잔의대 산업보건연구소 책임연구원 1995년 아주대 의대 예방의학교실 교수(현) 1995년 월간 '함께 사는 길' 편집위원 1995년 환경운동연합 지도위원 · 연구위원 · 정책위원 2001년 새만금공개토론회 평가위원 2002년 환경운동연합 부설 시민환경연구소장 2002년 同중앙집행위원 2003년 중앙환경분쟁조정위원회 위원 2006년 서울시장(오세훈)직무인수위원회 환경교통분과 위원장 2006~2009년 한국광해관리공단 비상임이사 2007년 아주대 의대 예방의학교실 주임교수, 서울환경운동연합 공동의장 2014년 SK하이닉스 산업보건검증위원회(현 산업보건지원보상위원회) 위원장(현) 2015년 환경운동연합 공동대표(현), 환경재단 운영위원(현) 2018년 (재)숲과나눔 이사장(현)

장재영(張宰榮) JANG Jai Yeong

(생)1960 · 11 · 24 (출)부산 (주)서울특별시 중구 소공로 63 (주)신세계 임원실(02-727-1008) (학)1979년 부산진고졸 1984년 성균관대 신문방송학과졸 (경)1984년 (주)신세계 판매촉진과 근무 1992년 同본점 판촉팀 과장 1994년 同마케팅총괄 판촉팀 과장 1997년 同백화점부문 인천점 MD팀 부장 1999년 同백화점부문 영등포점 영업2팀장(부장) 2001년 同백화점부문 영등포점 영업2팀장 2002년 同백화점부문 강남점 영업2팀장 2004년 同백화점부문 미아점장 2005년 同백화점부문 마케팅담당 상무보 2007년 同백화점부문 마케팅담당 상무 2009년 同백화점부문 고객서비스본부장(부사장보) 2011년 同고객전략본부장 2011년 同판매본부장 2012~2015년 (주)신세계백화점 대표이사 2013~2015년 (사)한국백화점협회 회장 2015년 (주)신세계백화점 영업전략실장 겸임 2015년 (사)한국메세나협회 이사(현) 2015년 (주)신세계 대표이사 사장(현), 同이사회 의장(현) (상)한국서비스대상 최고경영자상(2013), 동탑산업훈장(2015)

장재옥(張在玉) CHANG Jae Ok

(생)1960 · 2 · 25 (본)인동(仁同) (주)서울특별시 동작구 흑석로 84 중앙대학교 법학과(02-820-5438) (학)1978년 대일고졸 1982년 중앙대 법학과졸 1984년 同대학원졸 1989년 법학박사(독일 Regensburg대) (경)1990~1994년 강원대 법대 전임강사 · 조교수 1993~1994년 同법대 사법학과장 1994~2002년 중앙대 법대 법학과 조교수 · 부교수 1998~2000년 同법대 법학과장 1999~2009년 한국스포츠법학회 사무총장 · 부회장 2001~2003년 중앙대 학생생활연구소장 2002~2009년 同법학과 교수 2003~2004년 미국 펜실베이니아주립대 교환교수 2005~2016년 한국법제연구원 자문위원 2007년 아시아스포츠법학회 부회장 2007~2008년 전국법과대학장협의회 회장 2007 · 2009~2010년 중앙대 법과대학장 2008~2009년 국민체육진흥공단 비상임이사 2009~2010년 중앙대 법학전문대학원장 2009년 同법학전문대학원 교수(현) 2009~2010년 한국법학교수회 사무총장 2009년 한국민사법학회 부회장 2010~2016년 한국전자거래분쟁조정위원회 조정위원 2011년 국회 공직자윤리위원회 위원 2011~2015년 한국컨텐츠분쟁조정위원회 조정위원 2011~2012년 한국법학교수회 부회장 2013년 한국스포츠엔터테인먼트법학회 회장(현) 2015~2017년 중앙대 법학연구원장 2016년 同대외협력처장(현) 2017년 대한체육회 이사(현) 2017년 아시아스포츠법학회 회장(현) 2017년 방송통신위원회 방송미래발전위원회 제1분과(공영방송지배구조개선) 법률분야 위원(현) (종)천주교

장재원(張宰源) Jang Jaeweon

(생)1963 · 12 · 22 (본)인동(仁同) (출)전북 김제 (주)대구광역시 동구 아양로49길 17 대구보호관찰소 행정지원과(053-950-1110) (학)1982년 남성고졸 1987년 서울대 원예학과졸 (경)1993년 보호직공무원 임용(7급 공채) 2010년 청주소년원 청주청소년비행예방센터장 2012년 법무부 소년보호과 기획사무관 2014년 청주소년원 행정지원과장 2017년 법무부 소년범죄예방팀 기획사무관 2018년 청주소년원 교무과장 2019년 법무연수원 책임교수(현) 2019년 대구보호관찰소 행정지원과장(현)

장재원(張才媛 · 女) CHANG Jae Won

(생)1974 · 10 · 19 (주)세종특별자치시 도움4로 13 보건복지부 건강정책국 구강정책과(044-202-2840) (학)서울대 대학원 행정학과졸 (경)2004년 보건복지부 장애인정책과 사무관 2005년 同보험연금정책본부 연금급여팀 사무관 2007년 同건강정책관실 건강투자기획팀 사무관 2008년 보건복지가족부 건강정책과 사무관 2009년 同보험정책과 서기관 2010년 보건복지부 보험정책과 서기관 2014년 同사회복지정책실 사회보장조정과 서기관 2015년 同인구정책실 보육사업기획과장 2017년 同기획조정실 국제협력담당관 2018년 同건강정책국 구강생활건강과장 2019년 同건강정책국 구강정책과장(현)

장재윤(張在潤) Chang Jae-Yoon

(생)1963 · 5 · 27 (출)대구 (주)경기도 수원시 영통구 법조로 105 수원지방법원 총무과(031-210-1114) (학)1982년 경북고졸 1986년 서울대 공법학과졸 1999년 미국 인디애나대 Law School 비교법학과졸 (경)1986년 사법시험 합격(28회) 1989년 사법연수원 수료(18기) 1989년 軍법무관 1992년 변호사 개업 1997년 미국 워싱턴대 Law School 객원연구원 1999년

미국 뉴욕주 변호사시험 합격 2000년 부산지법 판사 2004년 수원지법 판사 2005년 부산지법 부장판사 2007년 수원지법 부장판사 2009~2012년 서울중앙지법 부장판사 2011년 언론중재위원회 위원 2012년 서울서부지법 부장판사 2013년 서울남부지법 수석부장판사 2016년 광주가정법원장 2018년 수원지법 부장판사(현)

장재진(張在軫) JANG Jae Jin

(생)1961 · 3 · 16 (출)경북 포항 (주)경기도 성남시 중원구 갈마치로 322 (주)오리엔트바이오 회장실(031-730-6001) (학)1978년 포항고졸 1992년 한국방송통신대 경제학과졸 2002년 전국경제인연합회 국제경영원 바이오산업경영자과정 수료 2003년 서울대 자연대학 과학 및 정책최고연구과정 수료 2003년 건국대 농축대학원 수의학과졸 2006년 서강대 경제대학원 의회정책전문가과정(OLP) 수료 2007년 강원대 수의과대학원 수의학 박사과정 수료 2008년 서강대 경제대학원 의회최고과정 수료 2009년 홍익대 스탠포드디자인과정 수료 2010년 수의학박사(강원대) (경)1991~2003년 (주)바이오제노믹스 대표이사 1998년 한국실험동물산업협의회 회장 1998년 한국실험동물학회 간사 1998년 한국GLP연구회 이사 2003년 한국시계공업협동조합 이사 2003년 (주)오리엔트 대표이사 2005년 (주)오리엔트바이오 대표이사 회장(현) 2005년 대한독성유전단백체학회 부회장 2006년 (주)화인썬트로닉스 대표이사 2006년 (주)오리엔트신소재 대표이사 2006년 (주)오리엔트바이오NHP 대표이사 2006년 (주)오리엔트젠(HK) 대표이사 2006년 학교법인 해은학원 이사장 2007년 (주)오리엔트파마시아 대표이사 2008년 고려대 의과대학 외래교수 2008년 대한환경위해성보건과학회 부회장 2008년 (사)성남 · 광주 · 하남지역범죄피해자지원센터 형사조정위원 2009년 (주)오리엔트GS 대표이사 2009년 전경련 국제경영원 바이오산업최고과정 동창회장 2009년 서강대 미래기술크러스터 SIAT 자문위원 2009년 한국군사학회 부회장 2010년 (재)글로벌네트워크 이사(현) 2010년 한국무역협회 이사 2010년 농림수산식품부 과학기술위원 2010년 오리엔트전자 대표이사(현), (사)한국시계공업협동조합 이사, (주)오리엔트씨알오 대표이사, (주)오리엔트플라스틱 대표이사, (주)오리엔트첨단소재 대표이사 2011년 (주)오리엔트정공 대표이사 회장(현) 2012년 (주)제니아 회장(현) 2017년 (사)한국실험동물협회 회장(현) (상)대한민국기술대전 특별상, 신지식인 특허인상, 지식경제부장관표창(2009), 창조경영인대상(2009), 과학기술훈장 진보장(2010), 대한민국경제리더 대상(2010), 장영실국제문화과학대상(2011), 대한민국 세종대왕 나눔봉사대상(2013), 검찰총장표창(2015)

장재철(張在哲) JANG Jai Cheol

(생)1961 · 12 · 8 (출)경기 시흥 (주)경기도 수원시 장안구 정조로 944 자유한국당 경기도당(031-248-1011) (학)인천기계공고졸, 경기과학기술대 산업경영과졸, 한국산업기술대 최고경영자과정 수료 (경)군자스포츠 대표, 열린우리당 경기도당 체육진흥위원회 부위원장 2006 · 2010년 경기 시흥시의회 의원(열린우리당 · 민주당 · 민주통합당 · 무소속) 2010~2012년 同의장 2014~2018년 경기 시흥시의회 의원(새정치민주연합 · 더불어민주당 · 무소속), 거모어린이집 운영위원장 2018년 경기도의원선거 출마(자유한국당) 2019년 자유한국당 경기시흥시乙당원협의회 운영위원장(현) (상)제2회 매니페스토약속대상 기초지방의원부문(2010)

장재혁(張宰赫) CHANG Jae Hyuk

(생)1964 · 1 · 2 (출)경북 영주 (주)세종특별자치시 도움4로 13 보건복지부 복지정책관실(044-202-3010) (학)1982년 대구 대륜고졸 1989년 성균관대 행정학과졸 (경)1990년 행정고시 합격(34회) 2002년 보건복지부 총무과 서기관 2003년 同기획관리실 행정관리담당관 2004년 同보건정책국 약무식품정책과장, 세계보건기구(WHO) 파견 2006년 보건복지부 노인요양제도팀장 2008년 보건복지가족부 요양보험제도과장 2009년 同국민연금정책과장(부이사관) 2009년 同기획조정실 국제협력관 2010년 보건복지부 기획조정실 국제협력관 2010년 同저출산고령사회정책실 노인정책관(고위공무원) 2011년 교육 파견(고위공무원) 2013년 보건복지부 기획조정실 정책기획관 2014년 駐멕시코 공사참사관 2016년 보건복지부 연금정책국장 2018년 同사회복지정책실 복지정책관(현)

장재훈(張在勳)

(생)1964 (주)서울특별시 서초구 헌릉로 12 현대자동차그룹 경영지원본부(02-3464-1114) (학)고려대 사회학과졸, 미국 보스턴대 대학원 경영학과졸 (경)현대자동차그룹 생산개발기획사업부장(상무), 同생산개발기획사업부장(전무), 현대자동차(주) HR사업부장, 同고객채널서비스사업부장 겸 고객가치담당 2019년 同경영지원본부장(부사장)(현)

장정룡(張正龍) JANG Jung Yong (一江)

(생)1957 · 8 · 20 (본)인동(仁同) (출)강원 속초 (주)강원도 강릉시 죽헌길 7 강릉원주대학교 국어국문학과(033-640-2106) (학)1975년 속초고졸 1979년 가톨릭관동대 국어교육과졸 1981년 중앙대 대학원 국어국문학과 석사과정졸 1988년 同대학원 국어국문학과졸(문학박사) (경)1990년 강원도문화재위원회 위원(현) 1990년 강릉원주대 국어국문학과 교수(현) 1999~2000년 同학생처장 2001~2011년 강원도문화재단 이사 2001~2009년 강원도민속학회 회장 2003 · 2005 · 2011~2013년 문화재청 문화재위원회 전문위원 2004~2005년 대만 중앙연구원 연구교수 2005년 문화재청 일반동산문화재 감정위원 2007년 대통령자문 동북아시대위원회 위원 2008~2009년 대통령직속 국가균형발전위원회 광역발전특별위원 2010~2011년 중국 베이징대 연구교수 2010~2013년 국제아시아민속학회 회장 2012~2013년 강릉원주대 기획협력처장 2013~2014년 강원도 문화예술진흥위원회 위원 2013년 국제아시아민속학회 이사장(현) 2016~2018년 문화재청 무형문화재위원회 위원 2017~2018년 교산난설헌선양회 이사장 2017년 강원연구원 강원학연구센터장(현) (상)강원도문화상 전통문화부문(1992), 속초시민상 전통문화부문(1992), 강릉대 학술상(총장표창)(2002), 강릉시민상 학술부문(2007), 교산난설헌학술상(2013) (저)'한중세시풍속 및 가요연구'(1988, 집문당) '강릉관노가면극연구'(1989, 집문당) '강원도 민속연구'(2002, 국학자료원) '강릉단오제 현장론적 탐구'(2007, 국학자료원) '허난설헌평전'(2007, 새문사) '중국조선족전설연구'(2015, 난설헌출판사) '허균시연구'(2016, 난설헌출판사) (종)천주교

장정민(張政敏)

(생)1969 · 9 · 22 (출)인천 (주)인천광역시 미추홀구 매소홀로 120 옹진군청 군수실(032-883-0493) (학)인천 제물포고졸 1994년 대전대 문과대학 철학과졸 2018년 연세대 행정대학원 공공정책학과졸 (경)해원영농업조합 대표이사, 대전대 문 · 법경대학 학생회장, 인천청년회의소 사무국장, 백령면 농촌지도자회 운영위원 2006 · 2010년 인천시 옹진군의회 의원(한나라당 · 새누리당), 전국도서지역기초의원협의회 간사, 同회장, 인천시 시민행복 정책자문위원 2014~2018년 인천시 옹진군의회 의원(새누리당 · 더불어민주당) 2016~2018년 同부의장, 더불어민주당 인천시당 상무위원 2018년 인천시 옹진군수(더불어민주당)(현) 2018년 (재)옹진군인재육성재단 이사장(현) (상)대한민국경제리더대상 미래경영부문(2018), '한국의 영향력 있는 CEO' 해양관광부문 대상(2019)

장정석(張正錫) Jeong-seok Jang

(생)1973·4·12 (주)서울특별시 구로구 경인로 430 고척스카이돔구장內 키움 히어로즈(02-3660-1000) (학)덕수상고졸, 중앙대졸 (경)1996~2001년 프로야구 현대 유니콘스 소속 2002~2004년 프로야구 기아 타이거즈 소속 2004년 현역 은퇴 2005년 프로야구 현대 유니콘스 전력분석팀장 2009년 프로야구 넥센 히어로즈 매니저 2016년 同운영팀장 2016~2018년 同감독(계약기간 3년·계약금 2억원·연봉 2억원 등 총액 8억원) 2019년 프로야구 키움 히어로즈 감독(현)

장정숙(張貞淑·女) Chang Jung Sook (和元)

(생)1952·1·17 (출)대전 (주)서울특별시 영등포구 의사당대로 1 국회 의원회관 902호(02-784-1530) (학)경기여고졸 1976년 서울대 음대졸 1984년 연세대 교육대학원 음악교육학과졸 (경)아침을여는여성들의평화모임 공동대표, 민주평화국민회의 공동대표 2010~2014년 서울시의회 의원(비례대표, 민주당·민주통합당·민주당·새정치민주연합) 2010년 同문화관광위원회 위원 2010~2011년 同윤리특별위원회 위원 2010~2012년 同여성특별위원회 위원 2010년 同해외문화재찾기특별위원회 위원 2010년 (사)한국투명성기구 자문위원, (사)녹색환경운동 이사 2011년 서울시의회 한강르네상스특혜비리규명행정사무조사특별위원회 위원 2012년 同지하철9호선및우면산터널등민간투자사업진상규명특별위원회 부위원장 2012년 同문화체육관광위원회 위원 2012년 同예산결산특별위원회 위원 2013년 同남북교류협력지원특별위원회 위원 2013년 同여성특별위원회 위원장 2013년 同사립학교투명성강화특별위원회 위원 2013년 민주당 서울시당 윤리위원회 위원 2014년 서울시의원선거 출마(새정치민주연합) 2016년 제20대 국회의원(비례대표, 국민의당·바른미래당〈2018.2〉)(현) 2016년 국민의당 원내대변인 겸 공보담당 원내부대표 2016~2017년 국회 운영위원회 위원 2016~2017년 국회 안전행정위원회 위원 2016~2017년 국회 지방재정·분권특별위원회 간사 2017년 국민의당 정책위원회 제1정책조정위원장 2017~2018년 同원내대표 비서실장 2017년 同원내대변인 2017년 同제19대 안철수 대통령후보 중앙선거대책위원회 프로젝트플랫폼 문화컨텐츠특별위원장 2017년 同전당대회준비위원회 위원 2017~2018년 국회 교육문화체육관광위원회 위원 2018년 민주평화당 대변인 2018년 국회 보건복지위원회 위원(현) 2018~2019년 민주평화당 제4정책조정위원장 2018~2019년 同정책위원회 수석부의장 2019년 同원내대표선거관리위원장 2019년 同원내대변인 2019년 대안정치연대 대변인 겸 대변인단장(현)

장정순(張正淳) CHANG, Chung-Soon

(생)1942·9·18 (본)결성(結城) (출)서울 (주)인천광역시 연수구 송도미래로 30 송도BRC 스마트밸리 B동 103호 (주)펄자임(032-260-3150) (학)1961년 보성고졸 1965년 서울대 문리대 동물학과졸 1975년 同대학원 동물학과졸 1980년 의학박사(일본 昭和大學) (경)1968년 원자력청 원자력연구소 생물학연구실 원자력연구사 1972~1978년 한국원자력연구소 방사선생물학연구실 선임연구원 1978~1988년 인하대 이과대학 생물학과 조교수·부교수 1982년 同교학부장 1988~2008년 同의대 생화학교실 교수 1989~1991년 한국과학재단 기초과학연구지원센터 부장 1995~2000년 한국기초과학연구원 생물분야 전문위원 1998년 인하대 연구처장 2000년 同연구교류처장 2001년 同의과학연구소장 2001년 대한생화학분자생물학회 부회장 2003~2016년 한국과학기술단체총연합회 인천과총 감사 2004년 한국과학문화재단 동아일보사 동아Science 과학기술앰배서더 2004~2007년 국제황해학회(ISYSR) 한국측 본부이사 2005년 송도테크노파크 인천시바이오산업발전협의회장 2008년 인하대 명예교수(현) 2008년 인천테크노파크 생물공학실 석좌연구원 2008년 (주)펄자임 대표이사(현) (상)인천시과학기술상 과학부문 금상(2005), 인천시교원단체총연합회 교육공로상(2007), 녹조근정훈장(2008) (작)특허 '갯지렁이로부터 프로테아제의 분리 및 정제 방법' (종)불교

장정우(張正愚) CHANG Jung Woo

(생)1958·8·15 (출)충북 청주 (주)서울특별시 송파구 올림픽로 319 서울특별시교통연수원 원장실(02-419-9383) (학)한양대 경제학과졸 1998년 同대학원 행정학과졸 (경)1991년 서울시 조직관리계장 1995년 교육파견(서기관) 1998년 서울시의회 사무처 의사담당관 2002년 서울시 조직제도담당관 2003년 同행정국 인사과장 2004년 同행정국 인사과장(부이사관) 2004년 同교통개선기획단장 2007년 同교통국장 2008년 중앙공무원교육원 파견(지방이사관) 2009년 서울시 한강사업본부장 2011년 同도시교통본부장 2012~2013년 서울시의회 사무처장 2013~2014년 서울메트로 사장 2017년 서울시교통연수원 원장(현)

장정욱(張正郁)

(생)1962·10·27 (주)서울특별시 영등포구 여의대로 66 KTB빌딩 6층 KTB투자증권 커뮤니케이션실(02-2184-2016) (학)한국외국어대 프랑스어학과졸 (경)1989년 럭키증권 입사 1998년 LG증권 홍보팀 근무 1999년 LG투자증권 홍보팀장 2005년 우리투자증권 홍보실장 2009년 우리금융지주 홍보실장 2011년 同상무 2014년 우리투자증권 우리인재원장 2016년 KTB투자증권 커뮤니케이션실장(전무)(현)

장정윤(張禎允·女) Chang, Jung Yun

(생)1966 (주)충청북도 청주시 흥덕구 오송읍 오송생명2로 187 식품의약품안전평가원 의약품심사부 의약품규격과(043-719-2951) (학)1989년 이화여대 제약학과졸, 서울대 약학대학원 약학과졸, 약학박사(서울대) (경)1991~2012년 식품의약품안전청 항생물질과·화장품심사과·소화계약품과·순환계약품과·허가심사조정과 근무 2004~2005년 미국 코넬대 연구원 2013년 광주지방식품의약품안전청 유해물질분석과장 2013년 한국의료기기산업협회 산업육성본부장(민간휴직) 2015년 식품의약품안전처 의료기기안전국 기준규격팀장 2017년 식품의약품안전평가원 의약품심사부 순환계약품과장 2019년 同의약품심사부 의약품규격과장(현)

장정자(張貞子·女) CHANG Chung Ja

(생)1935·10·11 (출)서울 (주)서울특별시 강남구 압구정로 127 현대고등학교 이사장실(02-546-9272) (학)1956년 서울대 음악대학졸 1959년 독일 뮌헨국립음악대졸 1961년 독일 함부르크국립음악대졸 (경)1977·2017년 관훈클럽 신영연구기금 이사(현) 1983~1995년 대한적십자사 여성봉사특별자문위원·자문위원장 1985년 서울현대학원 이사장(현) 1995년 대한적십자사 서울지사 상임위원 1998~2002년 同부총재 2015년 同박애문화위원회 전문위원(현)

장정자(張貞子·女) Joan Chang

(생)1952·5·27 (출)광주 (주)서울특별시 종로구 사직로8길 39 세양빌딩 김앤장법률사무소(02-3703-1831) (학)1974년 이화여대 영어영문학과졸 1980년 미국 피츠버그대 대학원졸(MBA) (경)1974~1976년 체이스맨하탄 은행(서울) 근무 1980년 미국 ABN AMRO 피츠버그지점 근무 1983년 미국 Mellon Bank 피츠버그본점 근무 1990~2001년 미국 센트럴텍사스칼리지 경영학과 교수 1998~1999년 미국 The Boston Company 자산관리 근무 1999년 우리은행 여신감리부장 2000~2005

년 주한미국상공회의소(AMCHAM) 금융서비스위원회 공동위원장 2005년 금융감독원 국제협력실장 2008년 同국제협력국장 2008~2010년 국제보험감독자총회 집행위원 2010년 금융감독원장 국제보좌관 2010년 김앤장법률사무소 고문(현) 2010년 駐韓미국상공회의소(AMCHAM) 자본시장및금융서비스위원회 공동위원장(현) 2012~2016년 영국상공회의소 집행위원 (저)'금융기관론(共)'(2011, 율곡출판사)

장정호(張晶皓) Cheong-Ho, Chang

(생)1965·7·29 (출)광주 (주)서울특별시 영등포구 의사당대로 83 세원셀론텍(주) 임원실(02-2167-9010) (학)1984년 중동고졸 1991년 가톨릭대 의과대학졸 (경)1997~2000년 가톨릭대 의과대학 전임강사·가톨릭정형외과연구소 부실장 2000~2003년 (주)셀론텍 연구소장 2001년 보건복지부 중앙약사심의위원 2002년 식품의약품안전청 세포치료제전문위원 2003~2005년 (주)셀론텍 대표이사 2005년 세원셀론텍(주) 회장(현) 2006~2012년 에쓰씨엔지니어링(주) 대표이사 2012년 同공동대표이사(현) 2014년 한국바이오의약품협회 부회장(현) (상)대통령표창(2014)

장정희(張庭姫·女) JANG Jung Hee

(생)1957·5·18 (주)서울특별시 노원구 광운로 20 광운대학교 동북아문화산업학부(02-940-5363) (학)1980년 부산대 영어영문학과졸 1982년 서울대 대학원 영어영문과졸 1990년 영어영문학박사(서울대) (경)1982~1987년 세종대·서울대·경기대·홍익대 강사 1987년 광운대 영어영문학과 교수, 同동북아문화산업학부 교수(현) 1997~1998·2003~2004년 광운대 영자신문주간 언어교육원장 2002년 한국근대영미소설학회 편집위원 2002~2011년 문학과영상학회 편집위원 2006~2008년 19세기영어권문학회 회장 2007~2008년 광운대 대학신문사 주간 겸 영자신문사 주간 2011~2012년 문학과영상학회 연구이사 2011~2012년 한국영미문학페미니즘학회 감사 2018·2019년 광운대 교육대학원장(현) 2018년 同인문사회과학대학장 겸 동북아대학장 (상)광운대학교 베스트티처상(2007), 교육과학기술부 스승의날기념 포상(2009), 한국출판연구소·한국출판문화진흥재단 한국출판학술상(2012) (저)'문학의 이해와 감상 토마스 하디'(1995, 건국대학교 출판부) '페미니즘과 소설읽기(共)'(1998, 동인) '영미문학 영화로 읽기(共)'(2001, 동인) '영미문학의 길잡이(共)'(2001, 창작과 비평) '프랑켄슈타인'(2004, 살림) '선정소설과 여성'(2007, LIE) '토머스 하디와 여성론 비평'(2007, LIE) '19세기영어권여성문학론(共)'(2008, LIE) '무명의 주드 더버빌 가의 테스(編)'(2008, 지만지 고전시리즈) '빅토리아 시대 출판문화와 여성작가'(2011, 동인)

장제국(張濟國) Jekuk Chang

(생)1964·8·12 (주)부산광역시 사상구 주례로 47 동서대학교 총장실(051-320-1500) (학)미국 조지워싱턴대 정치학과졸, 同국제관계대학원졸 1993년 법학박사(미국 시라큐스대) 2001년 정치학박사(일본 게이오대) 2013년 명예박사(리투아니아 미콜라스로메리스대) (경)미국 변호사, 일본 이토추종합상사 정치경제연구소 특별자문역, 미국 몰렉스(주) 동북아시아지역본부 감사변호사, 일본 게이오대 객원연구원, 동서대 국제관계학과 교수, 同일본연구센터 소장, 同국제협력위원장 2007~2011년 同제1부총장, 외교통상부 정책자문위원, 한일포럼 운영위원(현), 한일차세대학술포럼 대표(현) 2011년 동서대 총장(현) 2013~2018년 외교부 정책자문위원 2016년 駐부산 헝가리 명예영사(현) 2018~2019년 부산·울산·경남·제주지역대학총장협의회 회장 2019년 (사)21세기 정치학회 이사장(현) (상)일한문화교류기금상(2010), 중국 국가한판·공자아카데미 총본부 선진개인상(2012)

장제원(張濟元) Chang Je Won

(생)1967·4·13 (본)인동(仁同) (출)부산 (주)서울특별시 영등포구 의사당대로 1 국회 의원회관 607호(02-784-3851) (학)여의도고졸, 중앙대 신문방송학과졸 2001년 同신문방송대학원 신문학과졸 (경)1999~2001년 동서대 동서미디어센터장 2000년 (주)iKNN(KNN 인터넷방송국) 이사 2001년 경남정보대학 방송영상계열 교수 2001~2003년 KNN영상문화원 원장 2002~2005년 경남정보대학 부학장 2002년 부산디지털대 개교준비위원장 2002~2005년 부산영상위원회(BFC) 운영위원 2002~2005년 부산청년연합회 고문 2002~2005년 부산사상기업발전협의회 자문위원 2003년 부산국제영화제 집행위원 2004~2005년 한나라당 청년위원회 부위원장 2004년 부산시양궁협회 회장 2005~2007년 경남정보대학 수석부학장 2005년 同대학발전전략본부장 2005년 부산국제영화제 주관 AFA(Asian Film Academy) 운영위원 2006~2007년 경남정보대학 KIT사랑의봉사센터장 2007년 同학장 직대 2007년 선진국민연대 교육문화위원장 2007년 (사)부산시산업장애인협회 상임고문 2008년 대통령직인수위원회 사회교육문화분과 상임자문위원 2008년 제18대 국회의원(부산시 사상구, 한나라당·새누리당) 2009~2010년 한나라당 원내부대표, 同제1정책조정위원회 부위원장 2010년 同부산시당 일자리만들기나누기지키기특별위원장 2010년 同대표특보 2010년 同2010지방선거 공천심사위원, 同부산시당 대외협력위원장 2016년 제20대 국회의원(부산시 사상구, 무소속·새누리당〈2016.6〉·바른정당〈2017.1〉·자유한국당〈2017.5〉)(현) 2016년 새누리당 부산시사상구당원협의회 조직위원장 2016년 국회 예산결산특별위원회 위원 2016~2017년 국회 안전행정위원회 위원 2016~2017년 국회 저출산·고령화대책특별위원회 위원 2016~2017년 국회 '박근혜 정부의 최순실 등 민간인에 의한 국정농단 의혹 사건 진상규명을 위한 국정조사특별위원회' 위원 2017년 바른정당 공동대변인 2017년 同부산시당 초대 위원장 2017~2018년 국회 행정안전위원회 위원 2017년 자유한국당 정치보복대책특별위원회 부위원장 2017~2018년 同수석대변인 2017년 同중앙직능위원회 제3본부장 2017년 국회 운영위원회 위원 2018년 국회 사법개혁특별위원회 간사 2018년 국회 법제사법위원회 위원(현) 2018년 국회 예산결산특별위원회 간사(현) 2018년 국회 정치개혁특별위원회 간사(현) (상)교육인적자원부장관표창(2005), 부산시장표창(2007), 노동부장관표창(2008), 국정감사 NGO모니터단 선정 우수의원(2008·2009·2011), 국회사무처 선정 입법우수의원(2011) (저)'사람과 미디어'(2006) (종)기독교

장제학(張蹄壑) Jang Jehak

(생)1968·2·8 (주)서울특별시 종로구 사직로8길 60 외교부 인사운영계(02-2100-7863) (학)1990년 서울대 경영학과졸 1993년 同대학원 경영학과졸 (경)1991년 행정고시 합격(35회) 1992년 상공자원부·통상산업부 근무 1998년 외무부 입부 2003년 駐시애틀 영사 2007년 외교통상부 통상정책총괄과장 2008년 同유럽연합통상과장 2009년 同통상투자진흥과장 2010년 UN 아시아·태평양경제사회이사회(UNESCAP) 파견 2014년 駐인도 공사참사관 2016년 중국 대외경제무역대(국제경제학 과정) 파견 2018년 駐청뚜 총영사(현)

장종산(張鍾山) CHANG Jong San

(생)1964·12·13 (출)광주 (주)대전광역시 유성구 가정로 141 한국화학연구원 CCP융합연구단 올레핀분리팀(042-860-7673) (학)1986년 서울대 화학교육과졸 1988년 한국과학기술원(KAIST) 화학과졸(석사) 1996년 이학박사(한국과학기술원) (경)1988년 한국화학연구원 신화학연구단 바이오리파이너리연구센터 책임연구원 1998년 대한화학회 간사 1999년 미국 캘리포니아대 산타바바라교(UCSB) Materials Research

Laboratory 초빙연구원 2003~2005년 과학기술부 나노촉매사업단장 2004년 同나노기술홍보자료제작 홍보위원 2004년 同나노기술연감편찬위원회 편찬위원 2004년 제5차 Joint Symposium of Nanocomposites and Nanoporous Materials 공동조직위원장 2004~2005년 대한화학회 공업화학분과 간사 2005년 산업자원부 핵심기술개발사업나노촉매산업단장 2007년 한국화학연구원 바이오리파이너리연구센터장 2011년 同그린화학공정연구본부 바이오리파이너리연구그룹장 2013년 성균관대 화학과 학연교수(현) 2014년 한국화학연구원 그린화학공정연구본부 나노촉매연구센터장 2015년 同CCP융합연구단 올레핀분리팀장(현) 2017~2018년 한국제올라이트학회 회장 2019년 한국과학기술한림원 정회원(현) (상)미국 화학회 'Nanotechnology in Catalysis' 심포지움 최우수논문상 및 최우수발표상(2001), 한국화학연구원 채영복논문상(2004), 한국과학기술단체총연합회 우수논문상(2005), 대한화학회 학술진보상(2006), 대한화학회 재료화학분과 우수연구자상(2007) (저)'나노세공체와 나노촉매(共)'(2002) (역)'메조구조물질내에서의 나노기술'(2003) '마이크로파를 이용한 나노세공물질의 합성 및 조립(共)'(2003) (종)가톨릭

장종태(張鍾泰) Chang Jong-tae

(생)1953 · 2 · 8 (본)인동(仁同) (출)전남 영광 (주)대전광역시 서구 둔산서로 100 대전광역시 서구청(042-611-6001) (학)고졸검정고시 합격, 목원대졸, 同대학원 행정학과졸 2007년 행정학박사(대전대) (경)대전시 서구 생활지원국장, 배재대 행정학과 겸임교수 2010년 대전시 서구청장선거 출마(민주당), 충남도 감사위원회 수석감사위원, (사)한국소아당뇨인협회 대전 · 충남지부장, (사)한국공공행정연구원 이사 2014년 새정치민주연합 중앙위원 2014~2018년 대전시 서구청장(새정치민주연합 · 더불어민주당) 2015년 더불어민주당 중앙위원 2017년 同사회적경제위원회 부위원장 2018년 대전시 서구청장(더불어민주당)(현) (상)내무부장관표창(1984), 문화체육관광부장관표창(1995), 행정자치부장관표창(2000), 국무총리표창(2003), (사)한국공공행정학회 올해의 으뜸공무원(2005), 홍조근정훈장(2010), 자랑스런 목원인상 사회봉사부문(2014), 유권자시민행동 대한민국유권자대상(2015), (사)부패방지국민운동총연합회 부패방지청렴공직인(2016), 세계자유민주연맹 자유장(2019) (저)'활짝 웃는 내일로 함께 가자'(2014) (종)기독교

장종하(張鐘河)

(생)1985 · 6 · 20 (주)경상남도 창원시 의창구 상남로 290 경상남도의회(055-211-7428) (학)신라대 역사교육과졸 (경)민주통합당 경남도당 대학생위원장, 제18대 대선 문재인후보 특보 2012년 더불어민주당 제18대 문재인 대통령후보 중앙선거대책위원회 특별보좌관, 同경남도당 부대변인 2018년 경남도의회 의원(더불어민주당)(현) 2018년 同문화복지위원회 위원(현) 2019년 더불어민주당 경남도당 대변인(현), 同청년위원회 위원(현), 함안군체육회 부회장(현)

장종환

(생)1963 (출)충북 보은 (주)충청남도 공주시 봉황로 113 공주세무서(041-850-3200) (학)청주신흥고졸, 세무대학졸(1기), 한국방송통신대 경제학과졸 (경)세무공무원 임용(8급 특채), 국세청 징세1계 근무 2005년 강원 춘천세무서 세원관리과장 2006년 충북 영동세무서 징세조사과장 2008년 충남 천안세무서 조사과장 2009년 대전지방국세청 납세지원국 전산관리과장 2011년 同세원분석국 신고분석1과장 2013년 同세원분석국 신고관리과장 2014년 同세원분석국 법인신고분석과장 2015년 同징세송무국장 2016년 북대전세무서장 2017년 충북 제천세무서장 2018년 대전세무서장 2019년 충남 공주세무서장(현)

장주성(張周成) Jang Joo Seong

(생)1959 · 1 · 3 (출)경남 남해 (주)서울특별시 중구 칠패로 37 IBK연금보험(주) 대표이사실(02-2270-1646) (학)부산 금성고졸, 경상대 경영학과졸 (경)1982년 IBK기업은행 입행 2005년 同동수원드림기업지점장 2006년 同화성봉담지점장 2008년 同직원만족부장 2009년 同파주지점장 2011년 同기관고객부장 2012년 同검사부장 2013년 同경수지역본부장 2014년 同신탁연금본부장 2014년 同카드사업본부장 2014년 同기업고객그룹장 2014년 同경영지원그룹장 2014년 同부행장 2017년 IBK연금보험(주) 대표이사 사장(현)

장주영(張朱煐) CHANG Chu Young

(생)1963 · 9 · 1 (출)전남 신안 (주)서울특별시 서초구 서초중앙로 178 정부법무공단(02-2182-0000) (학)1982년 목포고졸 1986년 서울대 공법학과졸 2001년 미국 워싱턴대 법학전문대학원졸(LL.M.) (경)1985년 사법시험 합격(27회) 1988년 사법연수원 수료(17기) 1988년 육군 중위 1991년 변호사 개업 1998년 법무법인 상록 대표변호사(현) 2002년 미국 뉴욕주 변호사자격 취득 2002~2004년 대한변호사협회 인권위원 2003~2005년 학교법인 상지학원 감사 2003~2004년 대법원 사법개혁위원회 전문위원 2004~2005년 국가인권위원회 국가인권정책기본계획추진기획단 위원 2004~2006년 민주사회를위한변호사모임 사무총장 2005~2007년 학교법인 상지학원 이사 2006~2008년 KBS 시청자위원 2006~2007년 사법연수원 저작권법 강사 2007년 고려대 법무대학원 미국저작권법 강사 2007년 국가인권위원회 행정심판위원회 위원 2008년 민주사회를위한변호사모임 부회장 2009년 국가인권위원회 위원 2011~2012년 KAIST 지식재산대학원 글로벌저작권법 강사 2012~2014년 민주사회를위한변호사모임 회장 2015~2018년 한국방송공사(KBS) 이사 2019년 정부법무공단 이사장(현) (저)'증보판 미국 저작권 판례'(2012) (역)'미국수정헌법 제1조와 표현의 자유 판결'(2015, 육법사) (종)가톨릭

장주원(張周元) JANG Ju Won (刻道人)

(생)1937·10·5 (본)인동(仁同) (출)전남 목포 (주)경기도 수원시 영통구 광교산로 154-42 경기대학교 호연관 9202호 ㈜제이맥(031-243-2157) (학)1956년 목포 문태고졸 2001년 명예 미술학박사(경기대) (경)1964년 옥공예 입문 1982년 일본 도쿄 세계공예인전 옥공예작품 출품 1984년 동아일보 초대전 1995년 전통공예가회 부회장 1996년 국가무형문화재 제100호 옥장(玉匠) 기능보유자 지정(현) 1999년 한국중요무형문화재총연합회 이사장 1999~2005년 경기대 석좌교수 2000년 ㈜제이맥 고문(현) 2002년 미국 뉴욕 롱아일랜드전 초대전 출품 2004년 광주 명예시민 위촉 (상)한국정승공예전 입상(1980), 전국공예품경진대회 전남예선 최우수상·우수상(1981·1983), 전국공예품경진대회 상공부장관표창(1982), 세계대학총장회의 평화문화상(1986), 성옥문화상 예술대상(1988), 목포시민의상 문화예술대상(1994), 화관문화훈장(2006) (종)기독교

장주호(張周鎬) CHANG Ju Ho (滄海)

(생)1937 · 2 · 8 (출)충북 단양 (주)서울특별시 송파구 올림픽로 424 올림픽공원內 올림픽회관401호 한국체육인회(02-2144-8156) (학)1957년 단양고졸 1967년 국민대 행정학과졸 1969년 서울대 행정대학원졸 1973년 미국 스프링필드대 체육대학원 박사과정 수료 1980년 감리교신학대 선교대학원졸 1982년 행정학박사(단국대) (경)1966년 대한유도회 이사 1974년 대한체조협회 부회장 1974~1983년 서울YMCA 부총무 1975년 대한유도회 전무이사 1976년 라운드테이블연맹 총회장 1977년 대한체육회 감사 1979년 대한유도회 부회장 1980~1982년 同회장 · KOC 상임위원 1981년 대한올림픽아카데미 회장 1983~2002년 경희대

체육학과 교수 1983년 사회체육센터 회장 1984년 경희대 체육부장 1985년 서울올림픽스포츠과학학술회의조직위원회 부위원장 1986년 SLOOC 사무차장 1986년 同경기담당 사무차장 1989년 국제건강체육레크리에이션학회 부회장 1989년 IOC 생활체육분과위원 1993년 경희대 체육과학대학장 1993~2001년 대한올림픽위원회 부위원장 1996년 同사무총장 1997년 한국사회체육센터 이사장 1997~2001년 국제사회체육연맹 부회장 1999~2002년 한국체육과학연구원 원장 2000년 국제올림픽박람회조직위원회 부위원장 2002~2005년 대한올림픽위원회 부위원장 2002년 경희대 명예교수 2005년 KOC 고문 2006년 (사)한국체육인동우회 회장 2006년 세계태권도연맹 자문위원장 2006년 (사)한국체육인회 이사장(현) 2013년 세계생활체육연맹(TAFISA) 총재(현) 2015년 한국선진문화체육연합 총재(현) (상)체육훈장 맹호장, IOC 올림픽훈장 은장 (저)'신체적성운동' '현대인과 체력증진' '비교체육론' '현대체육원리' '올림피즘의 교육학' (역)'현대인을 위한 신체적성운동' (종)기독교

장준경(張俊慶)

(생)1964 (출)서울 (주)서울특별시 영등포구 여의대로 38 금융감독원 임원실(02-3145-5331) (학)1982년 서울 광성고졸 1986년 건국대 경제학과졸 1988년 同대학원 경제학과졸 2006년 한국과학기술원 대학원졸(MBA) (경)1986년 증권감독원 입사 2002년 금융감독원 조사1국 근무 2005년 同증권검사1국 근무 2006년 同총괄조정팀장 2008년 同변화추진기획단 변화기획팀장 2010년 同자본시장조사1·2국 부국장 2011년 同금융투자감독국 부국장 2013년 금융감독원 강릉출장소장 2013년 同동양증권특별검사반 총괄팀장 2014년 同금융투자감독국 자산운용감독실장 2015년 同기업공시국장 2016년 同자본시장감독국장 2017년 同총무국장 2018년 同인적자원개발실장 2019년 同공시조사담당 부원장보(현)

장준동(張浚東) CHANG Jun Dong

(생)1955·7·9 (출)서울 (주)경기도 화성시 큰재봉길 7 동탄성심병원 정형외과(031-8086-2411) (학)1973년 휘문고졸 1979년 연세대 의대졸 1992년 의학박사(고려대) (경)1988년 한림대 의대 정형외과학교실 교수 1991년 대한정형외과학회 선발 해외순환연수 1993~1994년 미국 코넬대 의대 Fellowship 1994~1995년 미국 하버드대 의대 Fellowship 1997년 국제인공관절학술지(The Journal of Arthroplasty) 편집위원(현) 1997년 미국정형외과연구학회(ORS) 정회원(현) 1998년 한림대 한강성심병원 정형외과장 2000년 대한정형외과학회지 편집위원 2005년 국제인공관절학술지(The Journal of Arthroplasty) 아시아태평양판 편집위원장(현) 2006년 대한고관절학회 회장 2006년 대한골연부조직이식학회 회장 2007년 국제 Bioceramic 심포지엄(12차) 회장 2008년 대한정형외과학회 이사 2010년 한림대 의대 정형외과학교실 주임교수(현) 2011년 Kleos Educational Program 아시아태평양 의장 2012년 Journal of Orthopaedic Surgery and Research 논문심사위원(현) 2012년 한림대 동탄성심병원 인공관절센터장(현) 2014년 대한정형외과컴퓨터수술학회 회장 2014년 International Symposium 'Tribology : Science and Practice' Meeting Director (상)한림의료원 한림대학학술상(1989·1991), 대한정형외과학회 기초부분학술상(2003), 대한정형외과학회 임상부분학술상(2005), 대한고관절학회 학술상(2006·2010), 15회 아시아태평양 정형외과 학술대회 학술상(2007), 대한정형외과학회 학술상(2008), 한림대 공로상(2010), 인도 인공관절학회(Indian Arthroplasty Association) 공로상(2012), 아시아 인공관절학회(Arthroplasty Society in Asia) 공로상(2015) (저)'인공관절재수술' '인공고관절전치환술 재치환술'(1992) 'Bioceramics and alternative bearings in Arthroplasty 2006'(2005·2007·2009·2011·2013·2014, The Journal of Arthroplasty Asia-Pacific Issue) '고관절외과학-인공고관절 전치환술 후 발생하는 비구부 골 용해의 치료'(2008) '이제 나부터 사랑할 시간_행복한 인생 건강 가이드북'(2014) '고관절학 교과서'(2015) '고관절학 용어집'(2015)

장준식(張俊植) JANG Jun Sik

(생)1949·8·7 (주)충청북도 청주시 흥덕구 직지대로 393 (재)충청북도문화재연구원(043-279-5400) (학)1975년 단국대 사학과졸 1981년 同대학원졸 1998년 문학박사(단국대) (경)1975년 충주여상 교사 1990년 충청전문대 교수 1998~2014년 충청대 관광학부 교수, 同박물관장, 충북도 문화재위원 2014년 충청대 관광학부 명예교수 2014년 (재)충청북도문화재연구원 원장(현) 2016~2018년 문화재청 무형문화재위원회 전문위원 (상)황조근정훈장(2014) (저)'증평남하리사지 지표조사보고서'(1994) '진천의 사지'(1995) '한국사'(1995) '증평 이성산성'(1997) '신라 중원경 연구'(1998) '제천 월광사지'(1998) '영동 영국사'(1998) '한국의 역사와 문화'(1998) '경부고속도로 옥천 증약리 문정리구간 지표조사보고서'(1998)

장준아(張俊雅)

(생)1975 · 1 · 16 (출)충남 논산 (주)부산광역시 강서구 명지국제7로 77 부산지방법원 서부지원(051-812-1114) (학)1993년 대전 대신고졸 2002년 서울대 경제학과졸 (경)2001년 사법시험 합격(43회) 2004년 사법연수원 수료(33기) 2004년 서울중앙지법 예비판사 2006년 서울북부지법 판사 2008년 대전지법 홍성지원 판사 2011년 인천지법 판사, 법원행정처 인사기획심의관 겸임 2015년 서울서부지법 판사 2017년 서울중앙지법 판사, 서울고법 판사 2019년 부산지법 서부지원 부장판사(현)

장준영(張俊榮) JANG June Yeong

(생)1952·1·23 (출)전남 보성 (주)인천광역시 서구 환경로 42 한국환경공단 이사장실(032-590-4000) (학)1971년 광주제일고졸 1981년 성균관대 경제학과졸 (경)1978년 긴급조치 9호 위반으로 투옥, 김근태 국회의원 비서관, 민주평통 자문위원, 서울 은평구 시설관리공단 비상임이사 2002년 새천년민주당 노무현 대통령후보 비서실 차장 2003년 대통령 시민사회1비서관 2003년 대통령 시민사회비서관 2004~2005년 대통령 사회조정1비서관 2006~2008년 수도권매립지관리공사 사장 2011~2018년 서울시 은평구시설관리공단 비상임이사 2014~2016년 (사)녹색환경운동 이사장 2017~2018년 민주평통 자문위원 2018년 한국환경공단 이사장(현)

장준익(張浚翼) JANG Joon Ik

(생)1935·5·21 (본)인동(仁同) (출)경북 포항 (주)서울특별시 노원구 화랑로51가길 11-46 한국안보전략연구소(02-975-4071) (학)1954년 포항고졸 1958년 육군사관학교졸(14기) 1991년 한양대 행정대학원졸 (경)1966년 파월 맹호사단 중대장 1969년 육군 제21사단 대대장 1971년 육군대학 전술학교관 1975년 수도군단 정보참모 1977년 육군 제17사단 연대장 1979년 육군 제3군사령부 전술연구실장 1980년 육군사관학교 생도대장 1982년 육군 제30사단장 1984년 육군 제3군사령부 참모장 1985년 육군 제5군단장 1987년 육군사관학교 교장 1988년 예편(중장) 1992년 제14대 국회의원(전국구, 민주당) 1996년 한국안보전략연구소 소장(현), 대한민국헌정회 북핵대책특별위원회 위원장(현) (상)충무무공훈장, 월남은성무공훈장, 보국훈장 국선장, 보국훈장 천수장, 보국훈장 삼일장, 태국백상훈장, 중국 황색대훈장, 미국 근무공로훈장 (저)'북한 인민군대사' '북한 핵미사일 전쟁'(1999) '북한 핵위협 대비책'(2015) (종)천주교

장준현(張準顯) June-Hyun JANG

(생)1964 · 11 · 13 (출)경기 파주 (주)경기도 의정부시 녹양로34번길 23 의정부지방법원(031-828-0114) (학)1983년 우신고졸 1987년 서울대 법학과졸 (경)1990년 사법시험 합격(32회) 1993년 사법연수원 수료(22기) 1993년 부산지법 판사 1996년 同울산지원 판사 1997년 수원지법 판사 2000년 서

울지법 판사 2003년 同남부지원 판사 2004년 서울고법 판사 2006년 대법원 재판연구관 2008년 부산지법 부장판사 2009년 대법원 재판연구관 2011년 수원지법 부장판사 2013년 서울중앙지법 부장판사 2016년 광주지법 순천지원장 겸 광주가정법원 순천지원장 2018년 서울동부지법 수석부장판사 2019년 의정부지법원장(현)

장준호(張俊浩)

(생)1976 · 7 · 21 (출)서울 (주)충청북도 충주시 계명대로 101 청주지방검찰청 충주지청 형사부(043-856-6401) (학)1995년 상문고졸 2000년 고려대 법대졸 2000년 同대학원 법학 석사과정 중 (경)2001년 사법시험 합격(43회) 2004년 사법연수원 수료(33기) 2004년 軍법무관 2007년 대구지검 서부지청 검사 2009년 전주지검 군산지청 검사 2013년 법무부 법무심의관실 검사 2015년 서울중앙지검 검사 2018년 부산지검 검사 2018년 同부부장검사 2019년 법무연수원 용인분원 교수 2019년 청주지검 충주지청 형사부장(현)

장준희(張準熙)

(생)1970 · 9 · 2 (출)경기 이천 (주)서울특별시 송파구 정의로 30 서울동부지방검찰청 총무과(02-2204-4544) (학)1989년 이천고졸 1995년 서울시립대 행정학과졸 (경)1999년 사법시험 합격(41회) 2002년 사법연수원 수료(31기) 2002년 대구지법 판사 2003년 대구고법 판사 2004년 서울남부지검 검사 2006년 대전지검 천안지청 검사 2008년 제주지검 검사 2010년 법무부 법무심의관실 검사 2013년 서울중앙지검 검사 2016년 부산지검 동부지청 부부장검사 2017년 제주지검 형사2부장 2018년 수원지검 안양지청 형사3부장 2019년 서울동부지검 형사5부장(현)

장지상(張志祥) CHANG Ji Sang

(생)1956 · 3 · 18 (주)세종특별자치시 시청대로 370 산업연구원 원장실(044-287-3000) (학)1978년 서울대 경제학과졸 1984년 同대학원졸 1992년 경제학박사(서울대) (경)1986~1998년 경북대 경제학과 전임강사 · 조교수 · 부교수 1989~1990년 연세대 상경대학 교류교수 1997~1998년 미국 하버드대 옌칭연구소 객원연구원 1998~2018년 경북대 경제통상학부 교수 1998~2001년 同기획부실장 2002~2004년 (재)대구테크노파크 부단장 2004~2005년 경북대 기획처장 2006~2009년 한국학술진흥재단 사회과학단장 2007~2008년 (사)한국산업조직학회 회장 2009~2010년 한국경제발전학회 회장 2011~2013년 경북대 경상대학장 겸 경영대학원장 2014~2017년 공정거래위원회 민간심사위원 2018년 산업연구원 원장(현) (저)'국가와 기업의 민주적 발전(共)'(2001) '혁신 클러스터(共)'(2007) (역)'기업시스템의 비교경제학(共)'(1998)

장지연(張芝延 · 女) CHANG Ji Yeun

(생)1965 · 8 · 8 (주)세종특별자치시 시청대로 370 한국노동연구원 사회정책연구본부(044-287-6010) (학)1986년 연세대 문과대학 영어영문학과졸 1989년 서울대 대학원 사회학과졸 1997년 사회학박사(미국 위스콘신대 메디슨교) (경)1998년 서울대 강사 1998~1999년 同사회과학연구원 사회발전연구소 상근연구원 1999년 한국노동연구원 초빙연구위원 2000~2004년 同부연구위원 2004~2008년 同연구위원 2007~2009년 同패널연구실장 2008~2018 · 2019년 同사회정책연구본부 선임연구위원(현) 2015~2018년 중앙노동위원회 공익위원 2017년 고용노동부 정책자문위원회 저출산고령화정책분과 위원장(현) 2017년 대통령직속 저출산고령사회위원회 민간위원(현) 2017년 한국사회보장학회 부회장(현) 2018년 한국노동연구원 부원장 2018년 대법원 대법관후보추천위원회 위원(현) 2019년 대통령직속 경제사회노동위원회 사회안전망개선위원장(현) (저)'여성 · 가족 · 사회(共)'(1999)

장지학(張志學) CHANG, JI HAK

(생)1961 · 3 · 31 (주)서울특별시 중구 통일로 10 연세빌딩 19층 현대오일뱅크(주) 임원실(02-2004-3000) (학)중앙대졸 2006년 고려대 대학원 국제경영학과졸 (경)2009년 현대오일뱅크(주) S&T본부 원유팀장(상무B) 2011년 同상무 2013년 同전무 2014~2018년 현대코스모(주) 대표이사 2016년 현대오일뱅크(주) Global사업본부장(부사장) 겸임 2019년 同자문(현)

장지혜(張智惠 · 女)

(생)1977 · 12 · 12 (출)충북 청주 (주)울산광역시 남구 법대로 55 울산지방법원 총무과(052-216-8000) (학)1996년 성남 서현고졸 2001년 고려대 법학과졸 (경)2001년 사법시험 합격(43회) 2004년 사법연수원 수료(33기) 2004년 서울중앙지법 예비판사 2006년 서울서부지법 판사 2008년 부산지법 판사 2010년 창원지법 판사 2014년 수원지법 성남지원 판사 2019년 울산지법 부장판사(현)

장지호(張志豪) JIHO JANG

(생)1969 · 11 · 19 (본)인동(仁同) (출)서울 (주)서울특별시 동대문구 이문로 107 한국외국어대학교 사회과학대학 행정학과(02-2173-3106) (학)1988년 경기고졸 1992년 고려대 사회학과졸 1995년 미국 조지워싱턴대 대학원 국제관계학과졸 2002년 정치학박사(미국 미주리대) (경)2005~2018년 한국외국어대 사회과학대학 행정학과 조교수 · 부교수 2009년 행정자치부 서울시책임운영기관운영위원회 책임운영기관종합평가단장 2011~2012년 미국 오리건대 아시아태평양연구센터 방문교수 2013년 정부업무평가위원회 국정과제관리과평가부문 전문위원 2014년 농림축산식품부 성과관리자체평가위원 2015년 행정자치부 지방규제개혁평가위원 2015~2016년 기획재정부 공공기관경영평가단 위원 2016년 한국외국어대 지식출판원장 2016~2018년 同기획조정처장 2018년 同사회과학대학 행정학과 교수(현) 2019년 학교법인 동원육영회 사무처장(현) (저)'한국행정연구 : 도전과 과제(共)'(2009, 박영사) '시민참여와 거버넌스(共)'(2009, 오름) '정부기업관계론 : 이코노믹 거버넌스를 찾아서(共)'(2011, 대영문화사) '노무현정부 : 대한민국 역대 정부 주요 정책과 국정운영 7(共)'(2014, 대영문화사) '정책PR론(共)'(2015, 커뮤니케이션북스) (종)천주교

장 진(張 震) JANG Jin

(생)1954 · 11 · 28 (출)전남 (주)서울특별시 동대문구 경희대로 26 경희대학교 정보디스플레이학과(02-961-9153) (학)1977년 서울대 물리학과졸 1979년 한국과학기술원(KAIST) 물리학과졸(석사) 1982년 물리학박사(한국과학기술원) (경)1982~1985년 한국과학기술원(KAIST) 선임연구원 1982~2007년 경희대 물리학과 조교수 · 부교수 · 교수 1987년 한국과학기술원(KAIST) 물리학과 대우교수 1994년 경희대 LCD기반기술사업(디스플레이연구조합) 위원장 1996년 同차세대평판표시소자(G-7)사업부장 1998~2001년 同LCD거점연구단장 1999년 同TFT-LCD 국가지정연구실장 2001년 同차세대디스플레이연구센터 소장 2001년 DYA위원회 위원장 2003년 ISPSA 재정위원장 2004년 한국정보디스플레이학회 부회장 2005년 Journal of SID 편집위원 2005년 Journal of Display Technology 편집위원 2007년 SID 학술위원장 2007년 경희대 물리학과 겸임교수, 同정보디스플레이학과 석학교수(현) 2011년 LG디스플레이(주) 사외이사 2012~2013년 한국정보디스플레이학회 회장 (상)한국물리학회 장려상(1983), 한국물리학회 우수논문상(1988), 한국과학기술연합회 우수논문상(1996), 한국물리학회 학술상(1998), Outstanding Poster Paper Award(SID)(2000), Outstanding Poster Paper Award(IDW)

(2002), Special Recogniti on Award(SID)(2003), Outstanding Poster Paper Award(IDW)(2004), 인촌상 자연과학부문(2006), 호암상 공학상(2017) (저)'Display공학'(2000) '박막트랜지스터'(2003) 'Flexible Electronics-Matierials and Device Tehcnology'(2003) '정보디스플레이개론'(2005)

장진균(張珍均) Jang Jin Kyun

(생)1962·1·16 (출)광주 (주)광주광역시 서구 무진대로 904 금호고속(주) 임원실(062-360-8105) (학)1980년 광주 인성고졸 1987년 전남대 경영학과졸 1990년 同대학원 경영학과졸 (경)1986년 금호고속(주) 입사 2004~2006년 중국 무한 한광 총경리 2007년 금호고속(주) 인재경영2팀장 2007년 同영업2팀장 2010년 同직행영업부문 상무 2012년 전남지방노동위원회 위원 2013년 광주·전남사회적기업 심의위원(현) 2013~2015년 금호고속(주) 직행지원부문 상무 2014년 전남대 경영대학 자문위원(현) 2015년 광주시 서구 노사민정협의회 위원 2015년 금호고속(주) 직행총괄담당 전무 2018년 同자문(현) (상)대통령표창(2016)

장진영(張眞榮) CHANG Jin Young

(생)1971·6·30 (본)목천(木川) (출)서울 (주)서울특별시 서초구 서초대로46길 38 센트라빌딩 3층 법무법인 강호(02-598-7474) (학)1990년 성보고졸 1995년 서강대 법학과졸 2011년 세종문화회관 최고경영자과정 세종르네상스 수료 (경)1996~2000년 (주)아시아나항공 입사·법무팀 대리 2004년 (주)코오롱 법무팀 대리 2004년 사법시험 합격(46회) 2007년 사법연수원 수료(36기) 2007년 법무법인 서린 변호사 2008~2009년 SBS TV로펌 '솔로몬의 선택' 변호사단 2008~2009년 KBS 2라디오 '박경철의 경제포커스 경제와 법률' 진행 2009년 한국소비자단체협의회 자율분쟁조정위원 2009년 한국소비자원 자문변호사단 2009~2012년 대한변호사협회 대변인(제45·46대) 2009년 KBS 1TV '오천만의 아이디어로' 전문가패널 출연 2009년 인터넷광고분쟁조정위원회 조정위원 2009년 서일법률사무소 변호사 2010년 MBC 무한도전 '죄와 길' 출연 2010년 제47회 법의날기념 명예법교육 강사 2010년 법무법인 강호 파트너변호사(현) 2011년 한국거래소 분쟁조정심의위원회 위원 2011년 同시장감시위원회 소송지원변호인단 변호사 2011년 대한변호사협회 공익소송특별위원회 간사 2011년 하반기재보궐선거방송심의위원회 위원 2011~2012년 KBS 2TV '의뢰인K' 진행자 2011년 同퀴즈쇼 '1대100' 최종우승 2011년 채널A 시청자위원 2011~2012년 MBC '생방송 오늘 아침' 고정패널 2012년 '중앙선거관리위원회 및 서울시장후보홈페이지 사이버테러' 특별검사(3급 특별수사관) 2012년 서강대 법학전문대학원 겸임교수(현) 2012년 경제정의실천시민연합 소비자정의센터 운영위원장 2012~2013년 국회방송 '생생토크' 진행 2013년 MBN '소비자X파일' 진행 2013~2014년 한국일보 '아침을 열며' 필진 2013~2014년 MBN '신세계' 패널 2014년 법률신문 객원기자 2014년 대한변호사협회 이사(현) 2014년 식품의약품안전처 식품위생심의위원회 위원 2014년 뉴스Y 시사토크 '이슈토크 쩐' 출연 2014년 MBC 시사토크 '이슈를 말한다' 패널 2014년 TV조선 '법대법' 변호사단 2014년 MBN '뉴스파이터' 패널 2014년 국토교통부 항공고객위원회 위원 2015년 인터넷신문기사심의위원회 심의위원 2016년 국민의당 대변인 2016년 제20대 국회의원선거 출마(서울 동작구乙, 국민의당) 2016년 국민의당 서울동작구乙지역위원회 위원장 2017년 同제19대 안철수 대통령후보 중앙선거대책위원회 대변인 2017년 同문자피해대책TF단장 2017년 同최고위원 2018년 바른미래당 서울동작구乙지역위원회 위원장(현) 2018년 同미투법률지원단장(현) 2018년 서울시 동작구청장선거 출마(바른미래당) 2018년 바른미래당 아파트특위 위원장(현) (저)'소비자단체 소송에 관한 소고'(2007, 법률신문) '법은 밥이다'(2010, 도서출판 끌레마) (종)기독교

장진영(張鎭英·女)

(생)1977·12·7 (출)전북 전주 (주)서울특별시 서초구 강남대로 193 서울가정법원(02-2055-7116) (학)1996년 성남여고졸 2002년 성균관대 법학과졸 (경)2001년 사법시험 합격(43회) 2004년 사법연수원 수료(33기) 2004년 서울동부지법 예비판사 2006년 서울중앙지법 판사 2008년 대구지법 서부지원 판사 2011년 수원지법 안산지원 판사 2014년 서울가정법원 판사 2019년 同부장판사(현)

장진우(張振友) CHANG Jin Woo

(생)1959·1·1 (출)인천 (주)서울특별시 서대문구 연세로 50 세브란스병원 신경외과(02-2228-2159) (학)1983년 연세대 의대졸 1986년 同대학원 의학석사 1993년 의학박사(연세대) (경)1983~1984년 연세대 세브란스병원 인턴 1984~1988년 同세브란스병원 신경외과 전공의 1988~1989년 해병 1사단 의무대대 신경외과 軍의관 1988~1991년 국군 수도통합병원 신경외과 軍의관 1991~2005년 연세대 의대 신경외과학교실 강사·조교수·부교수 1996~1998년 미국 시카고대 의대 연구원 2005년 연세대 의대 신경외과학교실 교수(현) 2007년 국제복원신경외과학회 회장 2008년 연세대 의대 임상의학연구센터 소장 2008~2010년 同세브란스병원 기획관리실장 2011~2014년 同세브란스병원 신경외과 과장 2012년 同의대 뇌연구소장(현) 2013~2017년 세계정위기능신경외과학회(WSSFN) 재무이사 겸 사무총장 2016~2018년 대한신경외과학회 이사장 2018년 대한민국의학한림원 정회원(신경외과학·현) 2019년 세계정위기능신경외과학회(WSSFN) 회장(현) (상)대한의학회·바이엘코리아 제14회 바이엘임상의학상(2018)

장진훈(張鎭勳) CHANG Jin Hoon

(생)1961·12·7 (출)인천 (주)경기도 고양시 일산동구 장백로 209 의정부지방법원 고양지원 총무과(031-920-6112) (학)1979년 보성고졸 1984년 서울대 법대졸 1986년 同대학원졸 (경)1985년 사법시험 합격(27회) 1988년 사법연수원 수료(17기) 1988년 육군 법무관 1991년 전주지법 판사 1993년 同정주지원 판사 1995년 인천지법 판사 1996년 변호사 개업 2000년 대전고법 판사 2002년 서울지법 남부지원 판사 2003년 전주지법 부장판사 2005년 의정부지법 고양지원 부장판사 2006년 해외 연수 2007년 서울서부지법 부장판사 2010년 서울중앙지법 부장판사 2011~2015년 언론중재위원회 위원(중재부장) 2013년 서울남부지법 부장판사 2015년 대전지법 부장판사 2017년 의정부지법 고양지원 부장판사(현)

장 찬(張 璨)

(생)1966·4·1 (출)서울 (주)인천광역시 미추홀구 소성로163번길 17 인천지방법원(032-860-1114) (학)1985년 서울 영동고졸 1990년 서울대 공법학과졸 (경)1997년 사법시험 합격(39회) 2000년 사법연수원 수료(29기) 2000년 창원지법 진주지원 판사 2004년 의정부지법 판사 2007년 서울행정법원 판사 2009년 서울동부지법 판사 2012년 서울고법 판사 2014년 서울중앙지법 판사 2016년 전주지법 부장판사 2018년 인천지법 부장판사(현)

장찬수(張贊洙)

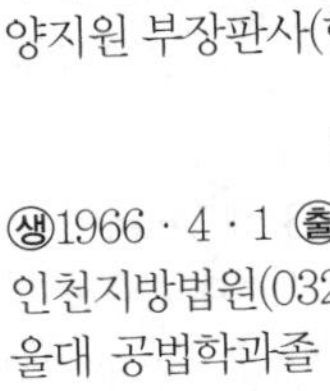

(생)1969·8·8 (출)전북 남원 (주)경상남도 거창군 거창읍 죽전1길 31 창원지방법원 거창지원(055-940-7170) (학)1988년 광주 문성고졸 1995년 서울대 공법학과졸 (경)2000년 사법시험 합격(42회) 2003년 사법연수원 수료(32기) 2003년 서울지검 남부지청 검사 2004년 서울남부지검 검사 2005년 전주지검 남원지청 검사 2007년 광주지검 검사 2007년 사법연

수원 법관임용연수 2008년 춘천지법 강릉지원 판사 2010년 광주지법 판사 2014년 광주고법 판사 2016년 광주지법 목포지원·광주가정법원 목포지원 판사 2018년 창원지법 거창지원장(현) (종)감리교

장창국(張昌國)

(생)1967·11·20 (출)전남 무안 (주)제주특별자치도 제주시 남광북5길3 제주지방법원 총무과(064-729-2423) (학)1986년 목포덕인고졸 1994년 고려대 법학과졸 (경)2000년 사법시험 합격(42회) 2003년 사법연수원 수료(32기) 2003년 창원지법 예비판사 2005년 同판사 2007년 수원지법 안산지원 판사 2011년 서울중앙지방법원 판사 2013년 의정부지법 고양지원 판사 2018년 제주지법 부장판사(현)

장창덕(張昌德) CHANG CHANGDUK

(생)1962·3·3 (본)인동(仁同) (출)서울 (주)대전광역시 서구 도산로 450 신호빌딩 5층 한겨레신문(042-535-5041) (학)1981년 의정부고졸 1988년 고려대 영어교육학과졸 (경)1988년 한겨레신문 입사 1999년 同출판지원부장 2000년 同관재부장 2001년 同출판기획관리부장 2003년 同미디어사업기획부장 2003년 同경영기획부장 2004년 同경영지원부장 2005년 同사업기획국장 2005년 同경영기획실장 2006년 同경영지원실장(이사대우) 2007년 同미디어사업국장 2008년 同경영지원실장 2012년 同경영기획실장 2014~2017년 한겨레신문 감사 2014년 한겨레출판(주)·한겨레교육·씨네21(주)·한겨레미디어마케팅(주)·한겨레에스앤씨(주) 등 비상임감사 2015년 (주)롤링스토리 비상임감사 2017년 한겨레신문 근무, 同독자서비스국 책임(현)

장창선(張昌璿) JANG Chang Sun

(생)1968·10·4 (본)인동(仁同) (출)서울 (주)대전광역시 유성구 과학로 62 한국원자력안전기술원 원자력검사단(042-868-0575) (학)1987년 서울 숭실고졸 1991년 서울대졸 1994년 同대학원 공학석사 2000년 공학박사(서울대) (경)2000년 한국원자력안전기술원 입원 2009~2011년 과학기술부 원자력국 자문관 2011~2012년 원자력안전위원회 안전정책국 자문관 2013년 한국원자력안전기술원 영광심사PM 2013~2016년 同한울검사PM 2017~2018년 同안전해석실 노심그룹장 2018년 同원자력검사단 검사사업관리실장 2018년 同원자력검사단장(현)

장철민(張哲民) CHUL-MIN, JANG

(생)1965·1·23 (본)인동(仁同) (출)서울 (주)서울특별시 종로구 종로5길 68 코리안리재보험(주) 임원실(02-3702-6007) (학)1991년 중앙대 경영학과졸 (경)1990년 코리안리재보험(주) 입사 1999년 同해상보험부 특수선박과장 2005년 同화재보험부 재물1과 차장 2011년 同해상보험부장 2015년 同총무부·해상보험부·외국업무부총괄 상무대우 2016년 同재물보험2팀·해상보험팀·장기자동차보험팀 총괄(상무대우) 2019년 同재물보험2팀·해상보험팀·글로벌사업팀·손사위험팀 총괄 상무(현) (종)기독교

장철익(張哲翼) Chang Cheol Ik

(생)1971·2·2 (출)서울 (주)서울특별시 서초구 서초중앙로 157 서울고등법원 총무과(02-530-1114) (학)1989년 한영고졸 1994년 서울대 법학과졸 (경)1994년 사법시험 합격(36회) 1997년 사법연수원 수료(26기) 1997년 軍법무관 2000년 서울지법 판사 2002년 同동부지원 판사 2004년 춘천지법 원주지원 판사 2007년 춘천지법 판사 2008년 의정부지법 판사 2009년 사법연수원 교수 2011년 서울고법 판사 2012년 광주지법 부장판사 2013년 서울고법 판사(현)

장철호

(생)1970 (주)충청남도 아산시 탕정면 만전당길 30 코닝정밀소재(주) 임원실(041-520-1114) (학)1994년 미국 조지타운대 경영학과졸 1996년 미국 조지아공과대 대학원 경제학과졸 2001년 미국 시러큐스대 대학원 법학석사·경영학석사 (경)2005~2009년 삼성전자(주) 법무팀 수석변호사 2009~2010년 충북대 법학대학원 교수 2010~2012년 디아지오코리아 법무담당 이사 2013년 삼성코닝정밀소재(주) 법무그룹장 2014년 코닝정밀소재(주) 법무그룹장 2015년 同법무그룹장(상무)(현)

장청수(張淸洙) JANG Cheung Soo

(생)1939·2·15 (출)충북 음성 (주)서울특별시 종로구 율곡로 237 한국정책개발원 원장실(02-764-0303) (학)1985년 서울대 행정대학원 행정학과졸 1996년 정치학박사(명지대) (경)1985~1987년 한국사회교육학회장 1994~2007년 명지대 객원교수 1996년 한국정책개발원 원장(현) 1999~2003년 서울신문 논설위원 2000~2002년 KBS 객원해설위원 2000년 CBS 객원해설위원 2002~2005년 통일부 통일정책평가위원 2005년 통일교육위원협의회 중앙의장 2006·2009~2011년 대통령자문 통일고문회의 고문 2007~2009년 민주평통 운영위원 2008년 통일신문 발행인 겸 회장, 시사평론가(현) 2016년 (사)한국사회교육진흥원 원장(현) (상)국민훈장 목련장(1985), 국민훈장 동백장(1999) (저)'한반도 신질서와 통일전망'(1999) '남과 북 하나가 되는 길'(2000) (종)기독교

장충남(張忠男) Jang Chung-Nam

(생)1962·10·2 (출)경남 남해 (주)경상남도 남해군 남해읍 망운로9번길 12 남해군청 군수실(055-860-3201) (학)1980년 진주고졸 1985년 경찰대 행정학과졸(1기), 창원대 대학원 수료(행정학석사) 2013년 同대학원 행정학 박사과정 수료 (경)2005년 경남지방경찰청 청문감사담당관 2006년 경남 창원중부경찰서장 2007년 경남 진주경찰서장 2008년 경남지방경찰청 정보과장 2009년 경남 김해중부경찰서장 2011~2012년 경남도지사 비서실장 2013~2017년 가야대 경찰행정학과 교수 2013~2017년 同통합사회연구소장 2017~2018년 남해사회통합연구소 소장 2018년 경남 남해군수(더불어민주당)(현)

장충식(張忠植) CHANG Choong Sik (中齊)

(생)1932·7·25 (본)인동(仁同) (출)중국 천진 (주)경기도 용인시 수지구 죽전로 152 단국대학교 이사장실(031-8005-2902) (학)1951년 휘문고졸 1956년 서울대 사범대학 사학과졸 1960년 고려대 대학원졸 1963년 정치학박사(미국 브리검영대) 1967년 명예 문학박사(부산대) 1971년 명예 문학박사(대만 문화학술원) 1971년 명예 박사(몽골 울란바토르국립대) 1973년 명예 법학박사(미국 오하이오대) 1985년 명예 박사(프랑스 몽벨리어대) 1995년 명예 박사(러시아 레닌그라드공과대) 2016년 명예 음악학박사(카자흐스탄 National Univ. of Arts) (경)1962~1999년 단국대재단 이사 1965년 대학배드민턴협회 회장 1966년 단국대 학장 1967~1993년 同총장 1970년 대학스키연맹 회장 1977년 대학축구연맹 회장 1978년 대학태권도연맹 회장 1979년 대학농구연맹 회장·대한체육회 이사 1981년 대학테니스연맹 회장 1982년 一石학술상 제정 1983~1997년 KOC 부위원장 1984~1986년 대학교육협의회 회장 1985~1988년 올림픽스포츠과학학술대회 조직위원장 1986년 국제退溪학회 회장 1986년 KBS 올림픽방송자문위원장 1989년 남북체육회담 한국측 수석대표 1990년 장애인문인협회 이사장 1990~1992년 한국·중국·소련협회 회장 1991~1998년 白凡金九선생기념사업협회 회장 1995~2002년 충남포럼 이사장 1996~2004년 단국대 이사장 2000년 대한적십자사 총재 2003~2004년 세종문화회관 이사장 2003년 국제로타리3650지구 총재 2004년 범은장학재단 이사장(

현) 2008~2013년 단국대 명예총장 겸 학교법인 단국학원장 2013년 뉴코리아필하모닉오케스트라 단장 2013년 학교법인 단국대 이사장(현) (상)국민훈장 모란장(1972), 대한민국 체육상(1986), 체육훈장 청룡장(1990), IOC훈장(1996), 몽골 북극성훈장(2005), 청관대상 공로상(2009), 국제로타리 초아의봉사상(2011), 한국상록회 인간상록수교육사회운동부문(2012), 제6회 4.19혁명대상(2017), 헝가리 십자공로훈장(2019) (저)'세계문화사' 수필집 '위대한 유산을 위하여', '착한이들의 땅' '한국 한자어사전' '明태조의 농업정책' '동서양문화사' 자전적 대하소설 '그래도 강물은 흐른다' '다시 태어나도 오늘처럼'(2015, 노스보스) (역)'십팔사략' (종)기독교

장태규(張泰奎) Chang, Tae Gyu

(생)1955 · 11 · 13 (출)충남 (주)서울특별시 동작구 흑석로 84 중앙대학교 전자전기공학부(02-820-5318) (학)1979년 서울대 전기공학과졸 1981년 한국과학기술원 전기전자과졸(석사) 1987년 공학박사(미국 플로리다대) (경)1980~1982년 현대엔지니어링(주) 대리 1983~1984년 현대전자산업(주) 대리 1984~1987년 미국 플로리다대 연구조교 1987~1990년 미국 테네시주립대 조교수 1990년 중앙대 전자전기공학부 교수(현) 2007~2009년 同제1캠퍼스 연구지원처장 겸 산학협력단장 2014년 同연구부총장 2016~2017년 한국전기전자학회 회장

장태상(張泰相) JANG Tae Sang

(생)1959 · 8 · 28 (주)경기도 용인시 처인구 모현읍 외대로 81 한국외국어대학교 아프리카학부(031-330-4322) (학)1987년 한국외국어대 아프리카어과졸 1991년 영국 런던대 대학원졸 1994년 문학박사(영국 런던대) (경)1995~2006년 한국외국어대 아프리카어과 전임강사 · 조교수 · 부교수 2002~2003년 학술진흥재단 인문학분야 심사위원 2004년 한국아프리카학회 부회장 2005~2007년 세계문학비교학회 편집이사 2006년 한국외국어대 어문대학 아프리카학부 교수, 同국제지역대학 아프리카학부 교수(현) 2007~2009년 同기획조정처장 2012년 同어문대학장 2013년 同국제지역대학장 2014년 同대학원 아프리카어문학과 주임교수(현), 한국아프리카학회 회장, 同고문(현)

장태평(張太平) Chang Tae Pyong

(생)1949·3·3 (출)전남 무안 (주)서울특별시 용산구 한강대로 393 한국혈액암협회 회장실(02-3432-0807) (학)1969년 경기고졸 1977년 서울대 사회학과졸 1979년 同행정대학원졸 1993년 미국 오리건대 대학원 경제학과졸 2011년 세무학박사(강남대) (경)1977년 행정고시 합격(20회) 1990년 경제기획원 장관비서관(서기관) 1993년 同법무담당관 1994년 同소비자정책과장 1995년 재정경제원 국제조세과장 1996년 同법인세제과장 1998년 재정경제부 법인세제과장 1999년 同재산세제과장(부이사관) 2000년 아시아·유럽정상회의(ASEM) 준비기획단 파견 2002년 재정경제부 국세심판원 상임심판관(이사관) 2004년 농림부 농업정책국장 2004년 同농업구조정책국장 2005~2006년 재정경제부 정책홍보관리실장(관리관) 2006~2008년 국가청렴위원회 사무처장 2008~2010년 농림수산식품부 장관 2009~2010년 한식세계화추진단 공동단장 2010년 (사)천일염세계화포럼 대표(현) 2011년 더푸른미래재단 이사장(현) 2011년 미래농수산실천포럼 회장 2011~2013년 한국마사회 회장 2012년 한국혈액암협회 회장(현) 2014년 한국자유총연맹 고문 2014년 더푸른미래재단 '한국영파머스클럽(YFC)' 창립·대표(현) 2014~2019년 (사)한국농식품ICT융복합산업협회 회장 2016년 한글플래닛 이사장(현) 2019년 (사)한국농식품ICT융복합산업협회 명예회장(현) (상)국무총리표창(1989), 녹조근정훈장(1997), 대통령표창(2000), 황조근정훈장(2008), 청조근정훈장(2012), 한국문학예술상 본상(2013), 한국CEO대상 특별상(2013) (저)'기업구조조정과 세제지원' 시집 '강물은 바람따라 길을 바꾸지 않는다'

장태현(張台鉉) CHANG Taihyun

(생)1953 · 7 · 27 (본)인동(仁同) (출)서울 (주)경상북도 포항시 남구 청암로 77 포항공과대학교 화학과 (학)1975년 서울대 화학과졸 1984년 이학박사(미국 위스콘신대) (경)1980~1985년 미국 표준국 고분자연구부 객원연구원 1986년 한국화학연구원 선임연구원 1988~2018년 포항공대 화학과 교수 1994~1996년 同학생처장 2000년 J. Polym. Sci. Polym. Phys. Ed. 편집자문위원(현) 2001~2004년 고분자학회 편집인 2002년 한국과학기술한림원 정회원(현) 2003 · 2008~2011년 포항공대 화학과 주임교수 2004~2008년 同기초과학연구소장 2004년 Eur. Polym. J. 편집자문위원(현) 2008년 Polym. Bull. 편집자문위원(현) 2009년 포항공대 첨단기능성신물질시스템기초연구사업단장 2010년 미국물리학회 석학회원(Fellow)(현) 2011~2015년 포항공대 부총장 겸 대학원장 2011년 Prog. Polym. Sci. 편집자문위원(현) 2012년 한국고분자학회 회장 2018년 포항공과대 화학과 명예교수(현) (상)고분자화학학술진보상(1994), 한국과학기술단체총연합회 우수논문상(2001), 고분자학술상(2002), 우수선도연구자상(2004), 이태규 학술상(2005), 교육부총리표창(2005), 포항공대 화학과 우수강의상(2006), 한국고분자학회 상암고분자상(2009), 이달의과학자상(2009), 일본고분자학회 SPSJ 인터내셔널 어워드(2015)

장태현(張台鉉) JANG Tae Hyun

(생)1962 · 1 · 15 (출)서울 (주)경기도 안산시 단원구 대부황금로 1927 한국수자원공사 시화조력관리단(032-890-6500) (학)1979년 홍익대사대부고졸 1984년 숭실대 전기공학과졸 2005년 충북대 대학원 공정공학과졸 (경)1987년 한국수자원공사(K-water) 입사 1999년 同팔당권관리단 근무 2002년 同감사실 부패방지팀 근무 2006년 同수자원사업본부 에너지사업팀 근무 2007년 同보령권관리단 팀장 2009년 同녹색사업처 CDM사업팀장 2009년 同함평수도서비스센터장 2013년 同파주수도관리단장 2014년 同에너지처장 2015년 同강원지역본부장 2016년 同시화조력관리단장(현)

장태환(張台煥) JANG Tai Whan (용운)

(생)1961 · 10 · 22 (본)홍성(興城) (주)경기도 수원시 팔달구 효원로 1 경기도의회(031-8008-7000) (학)여의도고졸, 한양대졸 1990년 同교육대학원 교육학과졸 (경)교연학원 원장, 경기도학원연합회 부회장, 경기 의왕시 내손1동체육회 회장, 열린우리당 경기도당 사회복지특별위원회 부위원장 2005년 갈매중 운영위원장 2005년 과천경찰서 청소년선도위원 2006년 경기도의원선거 출마(열린우리당) 2007년 전국학원연합회 부회장 2009년 한국청소년운동연합 의왕시지회장 2010~2014년 경기도의회 의원(민주당 · 민주통합당 · 민주당 · 무소속 · 새정치민주연합) 2010년 同문화관광위원회 간사 2010년 백운고 운영위원장 2012년 경기도의회 행정자치위원회 위원 2012년 同운영위원회 간사 2012년 同민주통합당 수석부대표 2013~2014년 同지방분권특별위원회 위원장 2014년 경기도의원선거 출마(무소속) 2018년 경기도의회 의원(더불어민주당)(현) 2018년 同제1교육위원회 위원(현) (종)기독교

장평순(張平淳) CHANG Pyung Soon

(생)1951 · 1 · 3 (출)충남 당진 (주)서울특별시 중구 을지로 51 교원내외빌딩 (주)교원(1577-6688) (학)1968년 인천고졸 1980년 연세대 경영대학원졸 (경)1985년 (주)교원 설립 1990~2008년 (주)공문교육연구원(現교원구몬) 설립 · 대표이사, 교원그룹 대표이사 회장(현) (상)국무총리표창(1999), 대통령표창(2004), 대한민국 마케팅대상 명품상(2005), 옥관문화훈장(2007), 여성소비자가 뽑은 좋은 기업인상(2008)

장하나(張하나·女) JANG Ha Na

(생)1992·5·2 (학)2011년 대원외국어고졸 2015년 연세대 체육교육과졸 (경)스포티즌 소속, BC카드 후원계약(현) 2009년 골프 국가대표 2010년 한국여자프로골프협회(KLPGA) 입회 2011년 KT 골프단 입단 2011년 S-OIL 챔피언스 인비테이셔널 3위 2012년 KB금융 스타 챔피언십 우승 2013년 현대차 차이나 레이디스오픈 3위 2013년 제6회 롯데마트 여자오픈 2위 2013년 제3회 KG·이데일리 레이디스오픈 2위 2013년 우리투자증권 레이디스 챔피언십 2위 2013년 두산 매치플레이 챔피언십 우승 2013년 러시앤캐시 행복나눔클래식 우승 2013년 하이트진로 챔피언십 우승 2013년 ADT캡스 챔피언십 2위 2013년 KLPGA투어 현대차 중국여자오픈 우승 2014년 KLPGA투어 E1 채리티오픈 공동 3위 2014년 KLPGA투어 제4회 롯데 칸타타 여자오픈 2위 2014년 KLPGA투어 채리티 하이원 리조트오픈 우승 2014년 LPGA투어 에비앙 챔피언십 공동3위 2014년 KLPGA투어 하이트진로 챔피언십 3위 2014년 KLPGA투어 현대차 중국여자오픈 공동3위 2015년 미국여자프로골프(LPGA)투어 데뷔 2015년 LPGA투어 코츠 골프 챔피언십 공동2위 2015년 KLPGA투어 비씨카드·한경 레이디스컵 우승 2015년 LPGA투어 마라톤 클래식 2위 2015년 LPGA투어 캠비아 포틀랜드 클래식 공동2위 2015년 KLPGA투어 YTN·볼빅여자오픈 우승 2015년 LPGA투어 CME그룹 투어 챔피언십 공동2위 2016년 LPGA투어 코츠 챔피언십 우승 2016년 LPGA투어 HSBC 위민스 챔피언스 우승 2016년 LPGA투어 푸본 대만 챔피언십 우승 2016년 LPGA투어 토토 재팬 클래식 2위 2016년 KLPGA투어 2017 시즌 현대차 중국여자오픈 2위 2017년 LPGA투어 ISPS 한다 호주여자오픈 우승 2017년 KLPGA투어 하이원리조트 여자오픈 2위 2017년 KLPGA투어 메이저대회 이수그룹 KLPGA 챔피언십 2위 2018년 KLPGA투어 한국투자증권 챔피언십 우승 2018년 KLPGA투어 넥센 세인트나인 마스터즈 공동2위 2018년 KLPGA투어 제40회 CreaS F&C KLPGA 챔피언십 우승 2019년 KLPGA투어 NH투자증권 레이디스 챔피언십 2위 2019년 KLPGA투어 제13회 에쓰오일 챔피언십 2위 2019년 KLPGA투어 보그너 MBN 여자오픈 공동2위 (상)한국여자프로골프(KLPGA)투어 상금왕·대상·공동 다승왕(2013), KLPGA투어 국내특별상(2015)

장하성(張夏成) JANG Ha Sung

(생)1953·9·19 (출)광주 (주)서울특별시 종로구 사직로8길 60 외교부 인사운영팀(02-2100-7136) (학)1978년 고려대 경영학과졸 1982년 미국 뉴욕주립대 대학원졸 1987년 경영학박사(미국 펜실베이니아대) (경)1986~1987년 미국 펜실베이니아대 Wharton School 강사 1987~1990년 미국 휴스턴대 조교수 1990~2019년 고려대 경영대학 경영학과 조교수·부교수·교수 1995년 同경영학과장 1996년 미국 워싱턴대 경영대학 객원교수 1997년 금융개혁위원회 자문위원 1997년 참여연대 경제민주화위원장 1997년 고려대 기업경영연구소 부설 재무금융센터장 1998년 금융발전심의위원회 위원 1999년 미국 비즈니스위크지 선정 '올해의 아시아스타 50인' 2001~2017년 고려대 부설 기업지배구조연구소장 2002년 한국재무학회 부회장 2004년 Financial Times '세계 5대 기업개혁가'에 선정 2005년 한겨레신문 사외이사 2005~2010년 고려대 경영대학장 겸 경영전문대학원장 2006년 국제지배구조네트워크(ICGN) 이사 2008년 한국재무학회 회장 2012년 무소속 안철수 대통령후보캠프 국민정책본부장 2013~2014년 정책네트워크 '내일' 소장 2014년 새정치연합 창당준비위원회 정강정책기초위원회 공동위원장, 한국금융학회 부회장, 한국증권거래소 자문위원, 한국증권학회 이사·부회장 2015~2016년 한국금융학회 회장 2017년 국정기획자문위원회 부위원장 2017~2018년 대통령 정책실장(장관급) 2018년 남북정상회담준비위원회 위원 2018년 고려대 경영대학 경영학과 명예교수(현) 2019년 駐중국 대사(현) (상)미국투자자협회 우수논문상(1995), 고려대 올해의 교수상(1998), 경제정의실천시민상(1998), 국제기업지배구조네트워크(ICGN) 올해의 상(2001), 고려대 우수강의상(2003), 고려대 석탑강의상(2004), 매일경영논문우수상(2005), 매일경제신문 제37회 이코노미스트상 (저)'주가변동과 이례현상(共)'(1994) '한국재벌개혁론(共)'(1999) '재무학원론(共)'(2001) '한국자본주의'(2014) '왜 분노해야 하는가'(2015)

장하연(張夏淵) JANG Ha Yeon

(생)1966·1·31 (출)전남 목포 (주)광주광역시 광산구 용아로 112 광주지방경찰청 청장실(062-609-2110) (학)문태고졸, 경찰대 법학과졸(5기), 연세대 대학원 행정학과졸 (경)대통령 치안비서관실 근무, 춘천경찰서 보안과장, 경찰청 정보2과 근무, 同정보국 정보3과 경정 2009년 同총경(교육파견) 2010년 전남 곡성경찰서장 2011년 경찰청 수사과장 2011년 同정보국 정보4과장 2012년 同청장 보좌관 2013년 서울 성동경찰서장 2014년 경찰청 정보국 정보4과장 2015년 同정보국 정보4과장(경무관) 2015년 전북 전주완산경찰서장 2017년 전북지방경찰청 제1부장 2017년 대통령비서실 국정상황실 선임행정관 2018년 경찰청 정보국장(치안감) 2019년 광주지방경찰청장(현)

장하용(張夏熔) Jang Ha-Yong

(생)1962·9·15 (출)충남 서산 (주)서울특별시 중구 필동로1길 30 동국대학교 사회과학대학 미디어커뮤니케이션학과(02-2260-3804) (학)1980년 대일고졸 1985년 서울대 사회교육과졸 1987년 同대학원 언론정보학과졸 1995년 신문방송학박사(미국 뉴욕주립대) (경)1993~1995년 미국 뉴욕주립대 Counseling Center 연구원 1995~1998년 한국언론학회 이사 1996~2016년 동국대 신문방송학과 조교수·부교수·교수 1999~2001년 한국언론정보학회 이사 2000~2001년 YTN 고정칼럼진행자 2001~2005년 MBC 'TV속의 TV' 진행자 2002~2003년 한국방송학회 이사 2003~2005년 민주평통 자문위원 2005~2006년 서울시 중구선거방송위원회 위원장 2007~2008년 방송위원회 미래의방송 특별연구위원 2008년 KTV 'TV 권익위원회' 진행 2008년 언론중재위원회 중재위원 2015~2016년 동국대 언론정보대학원장 겸 국제정보대학원장 2016년 同사회과학대학 미디어커뮤니케이션학과 교수(현) 2019년 同행정대학원장 겸 사회과학대학장(현) 2019년 인터넷신문위원회 기사심의분과위원장(현) (저)'신문보도와 비평'(1998) '한국 포토저널리즘의 현황과 발전방향'(2003) '로동신문을 통해 본 북한 변화(共)'(2006, 선인) '한국 신문의 외부 칼럼, 칼럼니스트-여론형성의 지형도 분석(共)'(2007, 한국언론재단) '방송 저널리즘 혁신-지속과 파괴의 현장(共)'(2015, 커뮤니케이션북스) (역)'커뮤니케이션과 과학'(1997, 나남) '언론윤리-이론과 실제'(2000, 동서학술서적)

장하준(張夏準) Ha-Joon Chang

(생)1963·10·7 (본)인동(仁同) (출)서울 (학)1986년 서울대 경제학과졸 1988년 영국 케임브리지대 대학원 경제학과졸 1991년 제도경제학박사(영국 케임브리지대) (경)1990년 영국 케임브리지대 경제학부 교수(현) 1995년 국제연합 무역개발기구(UNCTAD) 연구주임, 세계은행·아시아개발은행·유럽투자은행 자문위원 2003년 고려대 BK21 경제학전공 교환교수 2003년 동아일보 '수요프리즘' 필진, 조선일보 '아침논단' 필진 2005년 대통령자문 정책기획위원회 위원 (상)경제학상(2002), 유럽진보정치경제학회 뮈르달상 한국인 최초 수상(2003), 미국 터프츠대 레온티예프상(최연소 수상)(2005), 한국출판문화상 교양부문(2005·2007), 포니정(PONY鄭) 혁신상(2011) (저)'사다리 걷어차기(Kicking away the ladder)'(2002) 'Reclaiming Development-An Alternative Economic Policy Manual(共)'(2004, Zed Press) '개혁의 덫'(2004) '주식회사 한국의 구조조정 무엇이 문제인가'(2004) '쾌도난마 한국경제(共)'(2005) '국가의 역할'(2006) '나쁜 사마리아인들(Bad Samaritans)'(2007) '다시 발전을 요구한다(共)'(2008) '경제학이 말하지 않은 23가지'(2010) '불량사회와 그 적들(共)'(2011) '무엇을 선택할 것인가(共)'(2012, 부키) '장하준의 경제학 강의'(2014, 부키)

장하진(張夏眞 · 女) JANG Ha Jin

(생)1951 · 12 · 20 (본)인동(仁同) (출)광주 (주)대전광역시 유성구 대학로 99 충남대학교 사회과학대학 사회학과(042-821-6331) (학)1969년 전남여고졸 1972년 이화여대 사회학과졸 1975년 同대학원 사회학과졸 1985년 사회학박사(이화여대) (경)1981~2008년 충남대 사회학과 교수 1986~2000년 한국여성연구소 소장 1987년 독일 베를린자유대 연구교수 1987년 미국 Davis&Elkins College 초빙교수 1997~2001년 대전고법 민사조정위원 1998년 국민회의 정치개혁특별위원회 국회제도분과위원 1999~2001년 여성정치세력시민연대 대표 2000년 대통령 교육인적자원정책위원회 선임위원 2001~2004년 한국여성개발원 원장 2001년 대통령자문 정책기획위원 2001년 유네스코 한국위원회 사회분과위원 2001년 민주평통 상임위원 2002년 대통령자문 국민경제자문위원회 위원 2002년 한국외국어대 이사 2003년 정부혁신 및 지방분권위원회 위원 2003년 한국간행물윤리위원회 위원 2004년 대검찰청 감찰위원회 위원 2004년 열린우리당 열린우리정책연구원 이사 2005년 여성부 장관 2005~2008년 여성가족부 장관 2009~2010년 한국미래발전연구원 원장 2011년 同이사(현) 2014년 (사)장병준기념사업회 회장(현) 2015년 새정치민주연합 국정자문회의 자문위원, 충남대 사회과학대학 사회학과 명예교수(현) 2017~2018년 국회 공직자윤리위원회 위원장 (상)자랑스런 광주 · 전남 향우인상(2002), 자랑스런 전남여고인상(2007), 청조근정훈장(2009), 올해의 명가상(2011) (저)'여성노동론' '산업구조 조정과 여성 노동시장의 변화 : 금융산업을 중심으로' '노동자 가족의 노동력 재생산' '여성노동정책 50년사' (역)'사회계층론' '사회학' '현대 사상사'

장 학(張 學) CHANG Hak

(생)1964 · 6 · 27 (주)서울특별시 종로구 대학로 101 서울대학교병원 성형외과(02-2072-3086) (학)1989년 서울대 의대졸 2001년 의학박사(일본 게이오대) (경)1990~1991년 일본 게이오대 성형외과 전공의 1991~1993년 일본 세구치 뇌신경외과 전공의 1993~1995년 일본 국립오사카병원 일반외과 전공의 1995~1996년 일본 게이오대 성형외과 전공의 1996~1997년 일본 사이세이카이중앙병원 전공의 1997~1998년 일본 게이오대 성형외과 전공의 1998~2000년 미국 뉴욕대 성형외과 미세수술연구소 연구원 2000~2001년 일본 교린대병원 성형외과 전임의 2001~2002년 서울대병원 임상의학연구소 연구원 2002~2005년 울산대 의대 서울아산병원 성형외과 조교수 2005년 서울대 의대 성형외과학교실 교수(현) 2010년 서울대병원 의생명연구원 전임상실험부장 2018년 同성형외과장(현)

장 한(張 한)

(생)1968 · 5 · 9 (출)강원 속초 (주)세종특별자치시 정부2청사로 13 행정안전부 재난협력실 재난협력정책과(044-205-6110) (학)강릉고졸, 연세대 사회학과졸 (경)1996년 행정고시 합격(40회), 정보통신부 정보보호정책팀 근무, 국외 훈련(미국 카네기멜론대) 2008년 행정안전부 광주정부통합전산센터 사회산업과장 2009년 同정부통합전산센터 기획전략과장(서기관) 2010년 同기획조정실 행정선진화기획관실 선진화담당관 2013년 안전행정부 재난안전통신망구축기획단 서기관 2013년 同행정정보공유과장 2014년 同전자정부국 스마트서비스과장 2014년 행정자치부 전자정부국 스마트서비스과장 2015년 同전자정부국 개인정보보호정책과장 2017년 同전자정부국 개인정보보호정책과장(부이사관) 2017년 행정안전부 전자정부국 개인정보보호정책과장(부이사관) 2017년 OECD 대한민국정책센터 공공관리정책본부장 2019년 행정안전부 재난협력실 재난협력정책과장(현)

장한나(女) CHANG Han Na

(생)1982 · 12 · 23 (출)경기 수원 (학)미국 줄리어드예비학교졸, 미국 하버드대 철학과 휴학 중 (경)첼리스트(현) 1992년 서울시립교향악단과 협연(세종문화회관) 1995년 독일 드레스덴슈타츠카펠레교향악단과 협연(세종문화회관) 1995년 EMI 소속 1995년 몬트리올심포니와 협연(카네기홀) 1996년 라스칼라오케스트라와 협연(예술의 전당) 1996년 뉴욕필과 협연(뉴욕 링컨센터) 1997년 미국 줄리어드예비학교에서 일도 파라소트교수에게 사사 1997년 이스라엘필과 협연(세종문화회관) 2000년 베를린필과 협연(베를린필하모니홀) 2007년 제1회 성남 국제청소년관현악축제 한 · 중 · 독연합 오케스트라 지휘 2007년 여수엑스포 홍보대사 2008년 대한적십자사 친선대사, EMI 클래식 소속, 해리슨패럿 소속(현) 2009~2014년 성남아트센터 앱솔루트클래식페스티벌오케스트라 음악감독 겸 지휘자 2011년 성남시 명예시민(현) 2013~2014년 카타르 필하모닉오케스트라 음악감독 2017년 노르웨이 트론헤임심포니오케스트라(TSO) 예술감독 겸 상임지휘자(현) (상)로스트로포비치 첼로콩쿨 최우수상, 현대음악상, 월간음악콩쿠르 우승, 줄리어드콩쿠르 우승, 난파음악상, 뉴욕시 문화공헌상, 시기아나아카데미 국제음악상, 독일음반협회 ECHO상(올해의 영아티스트), 영국 그라모폰誌 제정 최고의 협주곡 음반에 선정(2003), 제10회 칸 클래식 음반상 협주곡 부문 수상(2004), 클래식음악전문지 그라모폰 선정 내일의 클래식 슈퍼스타 20인에 선정(2006), 세종문화상(2012) (작)음반 '런던 심포니와의 데뷔' '나라사랑' '백조' 정규 앨범 'CELLO CONCERTO SAINT SAENS HAYDN TCHAIKOVSKY'(1999) 'Korean Virtuoso Series'(2000) 'Swan'(2000) 'Prokofiev : Sinfonia Concertante/Antonio Pappano'(2003) 'Prokofiev : Sinfonia Concertante/Sonata for Cello'(2003) 'The Best Of Han-Na Chang'(2004) 'Haydn: Cello Concerto (하이든 : 첼로협주곡)'(2005) 'Romance'(2007) '에센셜 장한나'(2009, EMI클래식스)

장한성(章翰成) CHANG Han Sung (河松)

(생)1937 · 2 · 2 (본)거창(居昌) (출)경남 거창 (주)서울특별시 종로구 동숭4길 9 (사)한국방송인회(02-545-8899) (학)1956년 계성고졸 1964년 한국외국어대 영어학과졸 1995년 서강대 언론대학원졸 (경)1964년 공보부 근무 1968년 동아방송 근무 1971년 중앙방송국 TV부 근무 1973년 한국방송공사 영화부 차장 1980년 同편성국장 1985년 同TV센터 주간 1986년 同부산방송본부장 1986~1988년 同편성실장 · 교양국장 1988년 同TV본부장 1990년 (서)여의도클럽 회장 1991년 KBS영상사업단 사장 1993년 프리미디어 사장 1995~1997년 (주)파라비전 사장 1996년 국제방송교류재단 제작고문 1997년 (주)파라비전 상임고문 1997년 DSM 상임고문 1999년 KBS제작단 회장 1999~2000년 한국방송제작단 회장 2002년 대구하계유니버시아드대회조직위원회 홍보보도본부장, 진해개발(주) 상임고문 2003~2018년 (사)한국방송인회 회장 2004년 (주)주은테크 고문 2006~2009년 (사)코리아드라마페스티벌 조직위원회 집행위원장 겸 부위원장 2009년 同조직위원장 겸 집행위원장(현) 2018년 (사)한국방송인회 이사(현) (상)옥관문화훈장 (저)'한국TV 40년의 발자취' '한국의 방송인'

장한주(張漢柱)

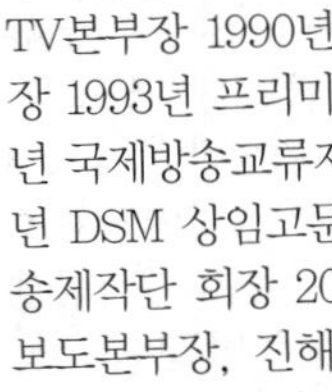

(생)1967 · 9 · 15 (주)경기도 평택시 중앙로 67 경기 평택경찰서(031-8053-0321) (학)1986년 경기안법고졸 1990년 경찰대 법학과졸(6기) (경)1990년 경위 임용 1993~1994년 군포경찰서 금정파출소장(경위) 2007~2009년 경기 안성경찰서 정보보안과장(경감) 2010~2011년 경기 수원중부경찰서 정보안과장(경정) 2011~2016년 경기남부지방경찰청 정보5계장 2017~2018년 제주지방경찰청 외사과장(총경) 2018년 정부과천청사경비대장 2019년 경기 평택경찰서장(현)

장한철(張漢鐵)

(생)1961·9·3 (주)서울특별시 중구 청계천로 30 예금보험공사(02-758-0028) (학)우신고졸, 서강대 경제학과졸, 미국 캔자스대 대학원 경제학과졸 (경)2005년 한국은행 뉴욕사무소 워싱턴주재원 2010년 同금융시장국 채권시장팀장 2011~2015년 同통화정책국 정책연구팀장·금융기획팀장 2015년 同통화정책국 정책연구부장 2015년 同지역협력실장 2016~2018년 同제주본부장 2018년 예금보험공사 상임이사 2019년 同부사장(현)

장항석(張恒錫) CHANG Hang Seok

(생)1963·10·11 (본)덕수(德水) (출)강원 철원 (주)서울특별시 강남구 언주로 211 강남세브란스병원 갑상선내분비외과(02-2019-3376) (학)1982년 부산동고졸 1989년 연세대 의대졸 1995년 同대학원 의학석사 1999년 의학박사(연세대) (경)1989년 연세대의료원 인턴 1993~1997년 신촌세브란스병원 외과 레지던트 1997년 삼성의료원 혈관외과 전임의 2000~2003년 포천중문의대 외과학교실 조교수 2003년 연세대 의대 외과학교실 조교수·부교수·교수(현) 2006~2007년 미국 Memorial Sloan-Kettering Cancer Center 연수 2010년 강남세브란스병원 암병원 갑상선암센터 소장(현) 2015~2018년 同갑상선내분비외과장 2018년 同외과 부장(현) 2019년 대한갑상선학회 이사장(현) (종)천주교

장해랑(張海朗) CHANG Hae Rang

(생)1956·9·25 (출)경북 예천 (주)충청북도 제천시 세명로 65 세명대학교 저널리즘스쿨대학원(043-649-1147) (학)1975년 대창고졸 1982년 연세대 신문방송학과졸 2012년 광운대 대학원 문화콘텐츠학과졸 2016년 콘텐츠학박사(광운대) (경)1982년 KBS 입사 1995년 同대구방송총국 제작부장 1996년 同PD협회장 1997년 한국방송프로듀서연합회 회장 1997년 언론개혁시민연대 공동대표 1998년 한국방송프로듀서연합회 남북교류위원장 1999년 KBS TV1국 환경스페셜팀장 2001년 同교양국 부주간 2003년 同비서실장 2004년 同비서팀장(국장급) 2005년 同스페셜팀 국장급 프로듀서 2005년 同경영혁신프로젝트팀장(국장급) 2006년 同1TV 편성팀장(국장급) 2008~2010년 KBS JAPAN 사장 2014~2017년 세명대 저널리즘스쿨대학원 교수 2017~2018년 한국교육방송공사(EBS) 사장 2019년 세명대 저널리즘스쿨대학원 겸임교수(현) (상)일본 라디오단파 Asia상(1988), 한국프로듀서상(1995), 교보환경대상(2000), 제20회 한국PD대상 공로상(2008) (저)'한국의 아름다운 소리 100'(2002, 한국방송출판) 'The beautiful loud of Korea'(2002, 한국방송출판) 'TV다큐멘터리, 세상을 말하다'(2005, 샘터) '디지털시대, 프로듀서와 프로그램을 묻다'(2017, 청문각) (작)'추적 60분' '뉴스비전 동서남북' '현장기록 요즘사람들' '다큐멘터리 극장' '역사추' 'KBS스페셜' '환경스페셜' '세계는 지금' 등 특집 다수

장헌서(張憲瑞)

(생)1967·4·5 (출)충북 청주 (주)대전광역시 서구 청사로 189 병무청 병역자원국(042-481-2920) (학)성균관대 행정학과졸, 同대학원 감사행정학과졸 (경)1990년 행정고시 합격(34회) 1991년 병무청 사무관 임용 2003년 전북지방병무청 징병관(서기관) 2004년 국방대 교육파견 2005년 병무청 비서관 2005년 同정책홍보관리관실 행정법무담당관 2006년 同현역입영본부 국외자원팀장 2008년 同현역입영국 국외자원과장 2008년 同현역입영국 현역입영과장 2009년 同현역입영국 현역입영과장(부이사관) 2011년 同입영동원국 동원관리과장 2012년 同사회복무국 사회복무정책과장 2013년 전북지방병무청장 2014년 대구·경북지방병무청장 2015년 중앙공무원교육원 교육파견(국장급) 2016년 광주·전남지방병무청장 2017년 대전·충남지방병무청장 2018년 병무청 병역자원국장(현)

장 혁(張 琡) CHANG Hyuk

(생)1962·12·6 (출)서울 (주)경기도 수원시 영통구 삼성로 130 삼성SDI(주) 전자재료사업부(031-8061-5885) (학)1981년 마포고졸 1984년 인하대 금속공학과졸 1986년 미국 유타대 대학원 금속공학과졸 1990년 금속공학박사(미국 유타대) (경)1990~1992년 미국 일리노이대 어배나샘페인교 Post-Doc. 2006~2011년 삼성전자 종합기술원 Energy Lab장(상무) 2011년 삼성 펠로우(Fellow) 2012년 삼성전자 종합기술원 전무 2014년 同종합기술원 Material연구센터장(전무) 2015~2016년 同종합기술원 Material연구센터장(부사장) 2016년 삼성SDI(주) 연구소장(부사장) 2018년 同전자재료사업부장(부사장)(현) (상)삼성기술상(2002), 삼성 펠로우(2011)

장혁표(張赫杓) CHANG Hyuk Pyo (曉丁)

(생)1935·1·18 (출)경남 창녕 (주)부산광역시 동구 중앙대로251번길 29 청소년교육문화재단(051-465-8110) (학)1954년 경남고졸 1959년 부산대 교육학과졸 1961년 同대학원 교육학과졸 1981년 철학박사(동아대) (경)1959~1967년 부산 대양중·대양공고 교사 1967~1980년 부산대 사범대 교육학과 전임강사·조교수·부교수 1976년 同학생생활연구소장 1980~2000년 同교수 1987년 同학생처장 1988년 한국대학상담학회 회장 1989년 부산대 교육연구소장 1991~1995년 同총장 1992~1994년 한국대학교육협의회 부회장 1992~1995년 전국국·공립대학교총장협의회 부회장·회장 1996~1999년 한국카운슬러협회 회장 1997~2000년 대한적십자사 중앙위원 1998년 우포늪자연사박물관유치위원회 광역위원장 2000년 부산대 명예교수(현) 2000년 (사)청소년교육문화재단 이사장(현) 2001~2002년 아이셋 대표 2004년 학교법인 성모학원 이사 2006·2015·2018년 (재)부산복지개발원 이사장(현) (상)국민훈장 목련장, 청조근정훈장, 일맥문화대상, 적십자광무장 금장, 동명대상 교육·연구부문(2010) (저)'집단생활의 이론과 실제' '청년과 정신위생' '녹원의 대화'(共) '생활지도'(共) '생활지도의 이론과 실제' '전환기의 지성' '상담심리의 이론과 실제'(共) '상담의 새로운 접근'(共) '부모교육학'(共) (역)'학교상담심리학' '감수성 훈련의 이론 및 실제' '상담과 심리치료의 이론과 실제' '가족치료' '행복은 당신의 마음속에' (종)천주교

장 현(張 顯) JANG Hyun (臥龍)

(생)1956·12·23 (본)인동(仁同) (출)전남 영광 (주)광주광역시 서구 경열로 33 광주지역사회보장협의체(062-360-7953) (학)1976년 광주고졸 1984년 고려대 수학교육학과졸 1987년 미국 미시시피대 대학원졸 1994년 정치학박사(미국 플로리다주립대) (경)1982년 고려대 총학생회장 1988년 평민당 서울서초甲지구당 위원장 1995~2014년 호남대 사회복지학과 조교수·부교수·교수 1997년 同사회봉사센터 소장 1998년 광주흥사단 민족통일위원장 1998년 기독교광주방송 '시사포커스' 앵커 1999년 KBS 광주방송총국 객원해설위원 1999년 민주평통 자문위원 2000년 호남대 평생교육원장 2004년 열린우리당 전남영광·함평지구당 위원장, 한국복지네트워크 상임대표, 광주시사회복지협의회 부회장, 광주북부하나센터 센터장 2014~2015년 광주시 정무특보 2016~2018년 (재)광주복지재단 대표이사 2019년 광주 서구청 커뮤니티케어선도사업자문위원장(현) 2019년 한국지역사회보장협의체 광주시연합회 회장(현) (상)청소년자원봉사 지도자상(1999), 대한적십자사 총재 공로상(2007) (저)'누구나 할 수 있는 통계분석'(1997, 형설출판사) '대학사회봉사론'(1998, 형설출판사) '더불어 사는 복지사회를 위하여'(2000, 동진문화사) '희망의 시작은 당신입니다'(2003, 도서출판 샘물) '사회보장론(共)'(2007, 학지사) (종)기독교

장현갑(張鉉甲) CHANG Hyoun Kab

(생)1942·4·14 (출)경북 칠곡 (주)경상북도 경산시 대학로 280 영남대학교 심리학과(053-810-2231) (학)1960년 경북사대부고졸 1965년 서울대 심리학과졸 1967년 고려대 대학원 심리학과졸 1984년 문학박사(서울대) (경)1965년 가톨릭대 의과대학 생리학교실 연구원 1970~1979년 서울대 전임강사·조교수 1979년 영남대 문과대학 심리학과 부교수 1984~2007년 同교수 1986년 미국 뉴욕주립대 객원연구원 1986년 한국심리학회 간사장 및 연구위원장 1988년 영남대 학생생활연구소장 1991년 한국신경생물학회 부회장 1993년 영남대 학생처장 1996년 세계적과학저널 'Science'지 발행처 미국고등과학진흥협회(American Association Advanced of Science: AAAS)와 뉴욕과학아카데미(New York Academy of Science)로부터 멤버십 인정 1997년 미국 애리조나대 객원교수 1998년 마인드플러스 스트레스대처연구소 소장(현) 2001년 한국심리학회 회장 2001~2003년 영남대 문과대학장 2001~2007년 7년연속 3개분야 미국 세계인명사전(Who's Who in the World·Who's Who in Medicine & Healthcare·Who's Who in Science & Engineering)에 등재 2005년 가톨릭대 의과대학 통합의학교실 외래교수 2007년 영국 케임브리지 국제인명센터(IBC) '명예의 전당(Hall of Fame)'에 영구 헌정 2007년 영남대 명예교수(현), 한국명상치유학회 명예회장 2014년 (사)한국명상학회 명예회장 (상)IBC 생애의 업적상 및 100인의 위대한 스승상, 홍조근정훈장(2007), 미국 인명연구소(ABI) 'Men of the year'(2009), 한국심리학회 공로상(2012) (저)'생물심리학'(1986) '동물행동학' '스트레스와 정신건강'(1996) '격리성장과 행동장애' '명상과 자기치유'(1998) '몸의 병을 고치려면 마음을 먼저 다스려라'(2005) '이완과 명상(만성병의 예방과 치유를 위한)'(2007) '마음챙김'(2007) '마음vs뇌'(2009) '스트레스는 나의 힘'(2010) '명상에 답이있다'(2013, 담앤북스) '생각정원'(2014, 나무의 마음) '심리학 시간여행'(2015, 학지사) '심리학자의 인생 실험실'(2017, 불광출판사) (역)'붓다브레인'(2010) (종)불교

장현국(張賢國) JANG Hyun Kuk

(생)1963·5·5 (본)인동(仁同) (출)경기 수원 (주)경기도 수원시 팔달구 효원로 1 경기도의회(031-8008-7000) (학)비봉고졸, 경기과학기술대 중소기업경영학과졸, 아주대 공공정책대학원 수료 (경)수원시 근로자종합복지관장, (재)수원노총장학회 이사장, 수원시 정책자문위원회 위원, 同소비자정책심의위원회 위원, 한국노동조합총연맹 수원지역지부 의장, 민주평통 자문위원 2010년 경기도의회 의원(민주당·민주통합당·민주당·새정치민주연합) 2012년 同김문수도지사도정공백방지특별위원회 위원장 2012년 (재)수원노총장학회 이사 2012년 경기도의회 건설교통위원회 위원 2014~2018년 경기도의회 의원(새정치민주연합·더불어민주당) 2014년 同예산결산특별위원회 위원 2014·2016년 同건설교통위원회 위원 2017년 同건설교통위원회 위원장 2018년 경기도의회 의원(더불어민주당)(현) 2018년 同농정해양위원회 위원(현)

장현규(張炫奎) JANG Hyun Kyu

(생)1962·2·10 (출)경북 영천 (주)서울특별시 양천구 목동서로 161 SBS(02-2061-0006) (학)1981년 고려고졸 1987년 한국외국어대 서반아어과졸 (경)1986년 한국방송공사(KBS) 입사 1995년 서울방송(SBS) 입사 2000년 同파리특파원 2005년 同보도본부 문화과학부장 2007년 同보도본부 부장 2008년 同보도본부 특임부장 2009년 同보도본부 사회1부장(부장급) 2011년 同방송지원본부 경력개발 담당 2015년 同보도본부 논설위원실장(부국장급) 2016년 同보도본부 보도전략부장 2016년 同남북교류협력단장 겸임 2016년 同비서팀장 2017년 同보도본부장 2017년 同특임이사 2019년 同자산개발담당이사(현)

장현명(張鉉明) JANG, Hyun Myung

(생)1953·1·21 (본)인동(仁同) (출)경북 칠곡 (주)서울특별시 관악구 관악로 1 서울대학교 신소재공동연구소(010-5041-5278) (학)1976년 서울대 화학과졸 1980년 미국 워싱턴대 세인트루이스교 대학원 물리화학과졸 1985년 이공학박사(미국 캘리포니아대 버클리교) (경)1981~1985년 미국 로렌스버클리국립연구소 연구원 1986~1987년 미국 MIT 연구원 1987~1998년 포항공대 재료공학과 조교수·부교수 1988~1994년 산업과학기술연구소 겸직연구원·그룹장 1996~2000년 WCC 국제위원 1996~1998년 PacRim Ceram위원회 학술위원장 1996년 WCC에서 '세계의 지도과학자'로 선정 1998~2018년 포항공대 신소재공학과 교수 1998년 미국 세계인명사전 'Marquis Who's Who in the World'에 등재 1999년 한국과학기술한림원 정회원(현) 1999~2004년 강유전재료상전이 국가지정연구실 책임자 2000년 미국 세계인명사전 'Marquis Who's Who in Science and Engineering'에 등재 2001년 국제세라믹스평의회(ICC) '세계대표과학자 32인'에 선정 2008~2011년 포항공대 세아석좌교수·대학원 첨단재료과학부 교수 2010~2011년 스웨덴 왕립과학한림원 노벨위원회 자문위원(노벨물리학상 후보 추천) 2018년 포항공대 명예교수(현) 2018년 서울대 신소재공동연구소 원로 연구교수(현) (상)라이언스클럽 학술대상(1997), 포항공대 우수연구교수 특별포상(1998·2002), 영국 IBC캠브리지 '1000 Great Scientists, Gold Medal'(2002) 등 다수 (역)'강유전 재료의 기초과학'(2000) (종)불교

장현석(張鉉錫) Jang Hyun-Suk

(생)1970·2·23 (주)세종특별자치시 한누리대로 422 고용노동부 일자리정책평가과(044-202-8270) (학)1988년 천안중앙고졸 1998년 서울시립대 경제학과졸 (경)2001~2009년 노동부 재정기획관실 재정기획팀·근로기준국 및 비정규대책팀·근로기준국 차별개선과 서기관 2009~2014년 同고용평등정책과·인력수급정책과·외국인력정책과 서기관 2014년 고용노동부 고용정책실 노동시장분석과장 2016년 중부지방고용노동청 부천지청장 2017년 중앙노동위원회 사무처 법무지원과장 2019년 정책기획위원회 파견 2019년 고용노동부 일자리정책평가과장(현) (상)대통령표창(2012)

장현식(張玹植) Chang hyun-sik

(생)1956·5·10 (본)인동(仁同) (출)경북 포항 (주)강원도 춘천시 강원대학길 1 강원대학교(033-250-6114) (학)1975년 경북고졸 1980년 한국외국어대 영어학과졸 1982년 고려대 대학원 행정학과졸 1991년 정치학박사(미국 펜실베이니아주립대) (경)1991~2008년 한국국제협력단 선임연구원·기획부장·연수사업부장·협력정책실장·정책연구실장·중국사무소장 1997~1998년 OECD 사무국 Visiting Expert 2006년 이화여대 사회복지전문대학원 겸임교수 2006년 외교통상부 정책연구용역 심의위원 2008~2014년 한국국제협력단 상임이사 2008~2009년 (사)국제개발협력학회 연구위원 2010~2013년 同특임이사 2013년 외교부 정책연구용역 심의위원(현) 2013년 여성가족부 자문위원(현) 2014~2015년 유네스코한국위원회 후원개발특별위원 2014년 (사)국제개발협력학회 무임소이사 2016~2018년 同부회장 2016년 행정안전부 자문위원 2016~2018년 인천국제개발협력센터 센터장 2016~2018년 인천대 초빙교수 2018년 강원대 초빙교수(현) 2019년 (사)국제개발협력학회 고문(현) (저)'KOICA의 대중국 원조정책'(1992, 한국국제협력단) '일본의 ODA정책'(1993, 한국국제협력단) 'KOICA의 중·장기 발전방향'(1994, 한국국제협력단) 'OECD/DAC 회원국의 원조체제 비교분석 및 우리의 국제협력방향'(1999, 한국국제협력단) 'A Comparison of Management System for Development in OECD/DAC Members(共)'(1999, OECD) '아국의 OECD/DAC 가입 시 기대효과 및 향후 추진방향'(2000, 한국국제협력단) '국제협력사업의 프로젝트 사이클과 심사 : 원조기관과의 비교분석'(2001, 한국국제협력단)

장혜숙(張惠淑 · 女) JANG HYE SOOK

(생)1947 · 10 · 6 (본)인동(仁同) (출)전남 진도 (주)광주광역시 서구 내방로 111 민주평화통일자문회의 광주지역회의(062-613-5576) (학)1970년 조선대 사범대학 가정교육학과졸 2007년 호남신학대 대학원 기독교상담학과졸 (경)1970~1983년 구림중 · 신북중 · 동강중 · 수피아여중 교사 1995년 광주가정법원 가사조정위원 1997~2001년 광주YWCA 회장 2002~2004년 전남도 복지여성국장 2007년 장기기증재단 부이사장 2014~2015년 광주가정법원 가사조정위원장 2015~2017년 광주여성재단 대표이사 2017년 민주평통 광주지역회의 부의장(현) (상)한국YMCA 공로상(1997), 재정경제부장관표창(2000), 여성신문사 평등부부상(2001), 대법원 감사장(2013) (종)기독교

장혜원(張惠園 · 女) CHANG Hae Won

(생)1939 · 10 · 30 (본)인동(仁同) (출)서울 (주)충청남도 천안시 서북구 성거읍 천흥7길 17 이원문화원 비서실(02-6356-2121) (학)1958년 숙명여고졸, 이화여대 음대 피아노학과졸, 同대학원졸(음악석사), 독일 프랑크푸르트국립음대 대학원 피아노과졸(최고연주자학위 「Konzertexamen」 한국인 최초 취득) (경)1968~2005년 이화여대 음대 피아노과 교수 1988년 이원문화원 설립(천안) · 대표(현) 1991년 한국피아노학회 창설 1994~1998년 한국음악학회 회장 1995~1999년 이화여대 음악대학장 1995~1999년 同음악연구소 설립 · 초대소장 1998년 한국피아노학회 회장 · 명예회장 · 이사장(현) 1998~2001년 예술의전당 이사 2000년 이원문화센터(서울) 건립 · 대표(현) 2004~2012년 금호문화재단 이사 2005년 이화여대 명예교수(현) 2010년 서울종합예술학교 고문 겸 석좌교수 2011~2012년 同학장 2011년 대한민국예술원 회원(피아노 · 현) (상)대한민국문화예술상(1988), 한국예술평론가협의회 최우수예술인상(1997), 한국음악대상 본상(1999), 녹조근정훈장(2005), 3 · 1문화상 예술상, 大숙명인상(2006), 독일 십자공로훈장(2010) 등 (저)'개인 및 그룹지도를 위한 피아노 입문' '훌륭한 인성을 길러주는 음악교육' '음악문화상품의 수출전략' (역)'D.SCARLATTI 33개의 피아노 소나타곡집 Ⅰ · Ⅱ'(1982) 'J.N.Hummel 피아노 협주곡집'(1988) 'G Pierne 피아노집'(1989) 'J.Ibert 피아노집'(1991) 'J.S.Bach 7개의 피아노 협주곡 전곡 Ⅰ · Ⅱ'(1992) 'J.Haydn 4개의 피아노 협주곡'(1994) 'J.N.Hummel 피아노 소나타집 Ⅰ · Ⅱ · Ⅲ'(2004) (종)기독교

장 호(張 浩) JANG, HO

(생)1957 · 8 · 2 (출)서울 (주)서울특별시 강남구 테헤란로 142 아크플레이스 A동 10층 노루홀딩스(02-2191-7700) (학)서울고졸 1983년 한국외국어대 무역학과졸 1985년 미국 클레어먼트대 경영대학원졸(MBA) (경)현대종합상사 근무, 대한페인트 · 잉크(주) 부장, 同이사, 同상무, 同전무 2003년 (주)디피아이홀딩스 전무이사, 同부사장, (주)DAC 부사장 2009년 同대표이사 사장, (주)노로오토코팅 대표이사 2017~2018년 (주)노루홀딩스 사장 2018년 同고문(현)

장호남(張虎男) CHANG Ho Nam

(생)1944 · 10 · 9 (출)경남 남해 (주)대전광역시 유성구 대학로 291 한국과학기술원 공과대학 생명화학공학과(042-350-3912) (학)1963년 경남고졸 1967년 서울대 공과대학 화학공학과졸 1971년 미국 스탠퍼드대 대학원 화학공학과졸 1975년 화학공학박사(미국 스탠퍼드대) (경)1971~1975년 미국 스탠퍼드대 화학공학과 연구조교 1975~1976년 미국 아이오와주립대 연구원 1976~1982년 한국과학기술원 조교수 · 부교수 1980~1981년 독일 Erlangen-Nurnberg대 교환교수 1982~1983년 아시아 · 태평양제3차화공회의 사무총장 1982년 한국과학기술원(KAIST) 공과대학 생명화학공학과 교수 · 명예교수(현) 1984~1985년 同주임교수 1985~1986년 캐나다 Waterloo대 화학공학과 교환교수 1988~1991년 한국화학공학회 생물화공부문 위원장 1990~2000년 한국과학기술원 생물공정연구센터 소장 1992~1993년 同교수협의회장 1994년 한국과학기술한림원 공학부 종신회원(현) 1994~1995년 한국생물공학회 회장 1994~1996년 한국과학기술원 응용공학부장 1995~1998년 同학장 1995년 同연구처장 1995~1997년 국가과학기술자문회의 위원(차관급) 1998년 한국과학기술원 교무처장 1999~2000년 同생물공정연구센터 소장 1999~2006년 기초기술연구회 이사 2000년 在韓스탠퍼드대 동문회장 2012~2016년 아시아생물공학연합체(Asian Federation of Biotechnology) 회장 2012~2014년 산업기술연구회 이사장 (상)한국화학공학회 학술상(1979), 한국화학공학회 공로상(1983), 과학기술부 연구개발상(1989), 국민훈장 목련장(1990), KAIST 설립20주년 학술상(1991), 상허학술대상(1994), KAIST 연구발전상(1996), 한국공학상(1997), 아시아 · 태평양생물화공상(1997), ERC-생물공정연구센터 최우수평가상(2000), 한국생물공학회 학술상(2000) (저)'생물화학공학'(1988 · 2001) '21세기를 지배하는 10대 공학기술'(2002)

ㅈ

장호상(張虎相)

(생)1964 · 2 · 3 (주)서울특별시 강서구 하늘길 78 한국공항공사 전략기획본부(02-2660-2203) (학)충남기계공고졸, 한남대 영어영문학과졸, 한국항공대 대학원 항공교통학과졸 (경)2004년 한국공항공사 부산지역본부 항무팀장 2006년 同운영지원본부 서비스개발팀장(2급) 2009년 同인사관리실 인적자원팀장 2010년 同기획조정실장 2016년 同항공기술훈련원장 2017년 同전략기획본부장 2019년 同전략기획본부장(상임이사)(현)

장호성(張淏星) Chang Ho Sung

(생)1955 · 3 · 28 (출)서울 (주)서울특별시 송파구 중대로23길 17 베니스타워 8층 태평양아시아협회(02-563-4123) (학)1978년 서강대 공과대학 전자공학과졸 1985년 미국 오리건주립대 대학원 전자공학과졸 1993년 공학박사(미국 오리건주립대) (경)1987~1989년 미국 NAIT 선임연구원 1990~1991년 미국 오리건주립대 Research Assistant 1994~2000년 한양대 공과대학 전자전기공학부 전임강사 · 조교수 · 부교수 2000년 단국대 전자컴퓨터공학부 부교수, 同전자전기공학부 교수 2002~2004년 단국대 기획부총장 2003년 이탈리아동계유니버시아드 한국선수단 부단장 2003~2016년 대한대학스포츠위원회(KUSB) 상임위원 · 부위원장 2004~2005년 단국대 퇴계기념도서관장 2005~2008년 同천안캠퍼스 부총장 2005년 오스트리아동계유니버시아드 한국선수단장 2008~2019년 단국대 총장 2010년 싱가폴세계청소년올림픽 한국선수단장 2011~2016년 아시아대학스포츠연맹(AUSF) 부회장 2011년 중국 심천 하계유니버시아드대회 한국선수단장 2012~2018년 한국대학스포츠총장협의회(KUSF) 회장 2012~2014년 한국사학진흥재단 비상임이사 2014년 태평양아시아협회 이사 · 이사장(현) 2017~2018년 한국대학교육협의회 회장 2017년 교육부 대학구조개혁위원회 위원(현) 2017년 대통령직속 국가교육회의 위원 (상)중앙일보 2010 한국을 빛낸 창조경영대상(2010), 미국 오리건주립대 우수공학자상(2011), 몽골 북극성훈장(2014), 서울석세스대상 교육부문(2015), 헝가리정부 최고 훈장 '십자공로훈장'(2016) (저)'인터넷 기술과 응용' (종)기독교

장호순(張浩淳) CHANG Ho Sun

(생)1959 · 1 · 27 (본)인동(仁同) (출)서울 (주)충청남도 아산시 신창면 순천향로 22 순천향대학교 사회과학대학 신문방송학과(041-530-1200) (학)1977년 국립철도고졸 1986년 경희대 영어영문학과졸 1990년 미국 노스캐롤라이나대 대학원 언론학과졸 1993년 언론학박사(미국 노스캐롤라이나

대) [경]1994~1996년 크리스찬아카데미 연구부장 1994년 한국언론연구원 연구위원 1997년 순천향대 사회과학대학 신문방송학과 교수(현), 작은학교를 지키는사람들 대표, 바른지역언론연대 자문위원, 민주언론운동시민연합 이사 2003년 언론중재위원회 위원 2010~2011년 미디어공공성포럼 감사 2011~2013년 순천향대 사회과학대학장 겸 행정대학원장, 同신문방송학과장(현), 한국지역언론학회 회장 2019년 연합뉴스 대전충남취재본부 콘텐츠자문위원장(현) [저]'미국헌법과 인권의 역사' '작은 언론이 희망이다'

장호주(張鎬朱) CHANG Ho Joo

[생]1960·8·14 [주]서울특별시 중구 남대문로 81 롯데쇼핑(주) 쇼핑재무총괄본부(02-750-7186) [학]중동고졸 1987년 고려대 경영학과졸 [경]롯데쇼핑(주) 재경부문장, (주)호텔롯데 재경부문장(이사) 2012년 롯데쇼핑(주) 정책본부지원실 재무팀 이사 2013년 同정책본부지원실 재무팀 상무 2014년 同백화점사업본부(롯데백화점) 재무부문장(상무) 2016년 同백화점사업본부(롯데백화점) 재무부문장(전무) 2019년 同쇼핑재무총괄본부장(부사장)(현) [종]천주교

장호진(張豪眞) JANG Ho Jin

[생]1962·7·28 [본]인동(仁同) [출]부산 [주]서울특별시 강남구 압구정로 165 (주)현대백화점 비서실(02-3416-5370) [학]동인고졸, 서울대 경영학과졸 [경](주)현대백화점 신촌점 지원팀장, 현대홈쇼핑 경영지원본부 회계·재무팀장 2006년 同관리담당 이사대우 2006년 (주)현대백화점 관리담당 이사대우 2007년 同관리담당 상무(乙) 2009년 同관리담당 상무(甲) 2010년 (주)현대F&G 공동대표이사 2010년 (주)현대그린푸드 공동대표이사 2011년 同대표이사 전무 2012년 同대표이사 부사장 2013년 (주)현대백화점 경영지원본부장(부사장) 2015년 同기획조정본부부본부장(부사장) 2016년 同기획조정본부장(사장)(현)

장호현(張浩鉉) JANG Ho Hyun

[생]1959·4·5 [출]대구 [주]서울특별시 중구 세종대로 67 한국은행 감사실(02-759-4005) [학]1977년 경북고졸 1981년 고려대 경제학과졸 1984년 서울대 행정대학원졸 1995년 미국 밴더빌트대 대학원 경제학과졸 [경]1986년 행정고시 합격(30회) 1993년 재무부 국제금융국 사무관 1999년 재정경제부 기획관리실 기획예산담당관실 서기관 2004년 同APEC재무장관회의기획단 파견(과장급) 2005년 同경제정책국 정책기획과장 2006년 同정책조정국 산업경제과장 2007년 同정책조정국 정책조정총괄과장 2008년 기획재정부 대외경제국 대외경제총괄과장(서기관) 2009년 同대외경제국 대외경제총괄과장(부이사관) 2009년 대통령직속 G20기획조정위원회 기획조정관 2011년 기획재정부 성장기반정책관 2012년 同정책조정국 정책조정기획관 2013년 同국제금융심의관 2014년 同대외경제국장 2015년 駐미국대사관 경제공사 2018년 국제통화기금(IMF) 상임이사 2018년 한국은행 감사(현)

장홍선(張洪宣) CHANG Hong Sun

[생]1940·12·3 [본]인동(仁同) [출]서울 [주]서울특별시 종로구 새문안로3길 30 세종로대우빌딩 14층 극동유화 회장실(02-723-2440) [학]1958년 서울고졸 1964년 연세대 상경대 경영학과졸 1969년 미국 뉴욕대 경영대학원졸(MBA) [경]1971년 영국 런던 Shell 기획실 근무 1973년 극동정유(주) 이사 1977년 同부사장 1980~1991년 同대표이사 사장 1981~1991년 극동도시가스(주) 대표이사 사장 1985~1991년 전국경제인연합회 이사 1987~1993년 한국산업은행 비상임이사 1989년 대한석유협회 회장 1990~1997년 극동도시가스(주) 대표이사 회장 1993~1998년 한국마크로(주) 대표이사 회장 1996년 선인자동차(주) 대표이사 회장 1999년 극동유화(주) 대표이사 회장(현) 1999~2010년 근화제약(주) 대표이사 회장 1999~2006년 진산애셋 H&M 대표이사 회장 2002~2004년 그린화재해상보험(주) 회장 2003~2005년 서울고총동창회 회장 [상]대통령표창(1977·1982·1983·1987·1989), 산업포장(1987), 철탑산업훈장(1990), 한국능률협회 가치경영최우수기업상(2001)

장홍순(張弘淳) CHANG Hong Soon

[생]1956·5·24 [출]서울 [주]서울특별시 마포구 와우산로 121 삼진제약(주)(02-3140-0700) [학]1976년 경신고졸 1986년 고려대 경영학과졸 [경]삼진제약(주) 부장 2003년 同경리·회계담당 이사 2004년 同경리담당 이사 2005년 同경리·재무회계담당 이사 2011년 同경리·재무회계담당 상무 2016년 同경리·재무회계담당 전무 2018년 同경리·재무회계담당 부사장 2019년 同각자대표이사 사장(현)

장홍태(蔣弘泰) Jang Hong-Tae

[생]1971·7·8 [본]아산(牙山) [출]부산 [주]세종특별자치시 가름로 194 과학기술정보통신부 원자력연구개발과(044-202-4650) [학]1990년 부산 사직고졸 1998년 부산대 행정학과졸 2016년 영국 요크대 대학원 행정학과졸 [경]2004년 행정사무관 임용 2004~2008년 과학기술부 혁신기획관실·구주기술협력과·미주기술협력과·과학기술문화과 행정사무관 2008~2013년 교육과학기술부 대학선진화과·장관실·과기인재양성과 행정사무관 2011년 서기관 승진 2013~2017년 미래창조과학부 연구공동체지원과·창조경제기반과·인사팀장 2017년 同창조경제기획국 창조융합기획과장 2017년 과학기술정보통신부 연구개발정책실 연구성과정책관실 연구기관지원팀장 2018년 同거대공공연구정책관실 원자력연구개발과장(현)

장화진(張和珍) Andrew Chang

[생]1967·1·27 [주]서울특별시 영등포구 국제금융로 10 한국IBM 비서실(02-3781-7114) [학]1990년 미국 프린스턴대 항공우주 및 기계공학과졸 1991년 미국 스탠퍼드대 대학원 기계공학과졸 [경]1991~1998년 미국 Stanford Gasdynamics Laboratory 연구엔지니어 1998~2001년 미국 Applied Materials CVD 글로벌제품관리매니저 2001~2007년 Agile Software 아시아태평양 총괄부사장 2007년 삼성SDS 제품개발기술관리(PDEM)사업총괄 상무, 同PDEM사업팀장(상무) 2011년 同하이테크컨설팅팀장(상무) 2012년 同글로벌사업본부장(상무) 2013년 同EMEAI(유럽·중동·아프리카·인도)총괄 전무, 同스마트헬스케어사업팀장(전무), 同스마트타운사업부장(전무), 同분석IoT사업팀장(전무) 2014년 同ST사업부 SH사업팀장(전무), 同SL사업부 사업2팀장(전무) 2017년 한국IBM 대표이사 사장(현), 한국IT서비스산업협회 이사(현)

장환빈(張桓彬) JANG Whan Bin

[생]1954·4·16 [출]광주 [주]서울특별시 동작구 흑석로 112 중앙타워빌 402호 (사)한반도개발협력연구소(02-812-8120) [학]1973년 경기고졸 1977년 서울대 무역학과졸 1984년 미국 인디애나대 블루밍턴교 대학원 경제학과졸 2014년 북한학(경제)박사(북한대학원대) [경]1977년 외환은행 입행 1979년 同조사부 근무 1990년 同국제기획부 과장 1991년 금호아시아나그룹 회장실 국제금융팀장 1994년 同회장실 국제금융담당 이사 1995년 同한아금융유한공사 대표이사(홍콩 파견) 1999년 현대아산(주) 금융부 이사 2003년 同기획본부 상무보 2005년 同기획본부장(상무) 2009년 同경영지원본부장(전무) 2010년 同관광경협본부장 2011년 同비상근자문역 2013년 (사)한반도개발협력연구소 상임이사 2015~2018년 同소장 2015년 민주평통 자문위원 2015년 민족화해협력범국민협의회 정책위원(현) 2015년 북한정책포럼 운영위원(현) 2018년 (사)한반도개발협력연구소 공동대표(현)

장환일(張煥一) CHANG, Hwan-Il (瑞原)

(생)1942·11·20 (본)인동(仁同) (출)황해 서흥 (주)경기도 여주시 가남읍 경충대로 924 여주세민병원 진료원장실(031-883-7585) (학)1961년 서울고졸 1968년 서울대 의과대학졸 1970년 同대학원 의학석사 1976년 의학박사(서울대) (경)1968~1973년 서울대병원 인턴·레지던트 1973~1983년 경희대 의과대학 전임강사·조교수·부교수 1983~2008년 同의과대학 신경정신과 교수 1983년 미국 하와이 East-West센터 전문연구원 1987~1989년 경희대병원 교육연구부장 1989~2012년 동아세아문화정신의학회 간사 1991~1992년 경희대병원 진료부장 1993~1995년 경희대 의과대학장 1994~2002년 대한생물정신의학회 회장 2002~2007년 대한신경정신의학연구재단 이사장 2005~2006년 대한신경정신의학회 회장 2007~2009년 대한임상댄스치료학회 회장 2008년 경희대 의과대학 명예교수(현) 2008년 여주세민병원 진료원장(현) (상)대한신경정신의학회 최신해학술상(2002), 옥조근정훈장(2008)

장 훈(張 勳) JAUNG Hoon

(생)1962·12·16 (출)서울 (주)서울특별시 동작구 흑석로 84 중앙대학교 정치국제학과(02-820-5511) (학)1985년 서울대 정치학과졸 1987년 同대학원 정치학과졸 1992년 정치학박사(미국 노스웨스턴대) (경)1993년 한국정치학회 연구위원 1993년 서울대·서강대·성균관대·이화여대 강사 1993~1996년 한림대 정치외교학과 조교수 1996~2011년 중앙대 정치외교학과 교수 2007년 同입학처장 2008년 한국정당학회 부회장·회장 2011년 중앙대 정치국제학과 교수(현) 2011~2013년 同사회과학대학장 2012~2015년 국회 한국의회발전연구회 이사장 2012년 새누리당 정치쇄신특별위원회 위원 2013년 제18대 대통령직인수위원회 정무분과 인수위원 2014~2015년 방송통신심의위원회 보도교양방송특별위원회 위원 2018년 최종현학술원 이사(현) 2019년 한국정치학회 회장(현) (저)'한국정당정치론'(共) '세계화와 민주주의'(共) '정보정책론'(共) '한국사회와 민주주의'(共) '우리가 바로잡아야 할 39가지 개혁과제'(共) '현대 미국정치의 새로운 도전'(共) '사회복지제도의 쟁점과 과제'(共) '비례대표 선거제도(共)'(2000, 박영사) '현대 정당정치의 이해(共)'(2003, 백산서당) '한국적 싱크탱크의 가능성(共)'(2006, 삼성경제연구소) '경제를 살리는 민주주의(共)'(2006, 동아시아연구원) '20년의 실험'(2010, 나남) (역)'사회적 자본과 민주주의'(2006)

장휘국(張輝國) Jang Hwi-guk

(생)1950·8·2 (본)인동(仁同) (출)충북 단양 (주)광주광역시 서구 화운로 93 광주광역시교육청 교육감실(062-380-4201) (학)1968년 광주고졸 1970년 광주교대졸 1987년 한국방송통신대졸 1989년 조선대 대학원 사학과졸 (경)1970~1976년 백수서초 교사 1976~1977년 모도초 교사 1977~1978년 청산중앙초 교사 1976년 고교 준교사자격 검정고시 합격 1978~1982년 노화중 교사 1982~1986년 담양여고 교사 1986~1989년 전남과학고 교사 1987년 광주교사협의회 재정부장 1989년 同사무국장 1989년 전국교직원노동조합 광주지부 사무국장 1989년 전국교직원노동조합 결성 관련 해직(1994년에 복직) 1990~1993년 전국교직원노동조합 광주지부 국·공립중등지회 사무장 1991·1996년 同광주지부 국·공립중등지회장 1992년 同제4대 광주지부장 1992~1997년 조선대 인문대학 강사 1994~1997년 광주충장중 교사 1997~1999년 광주기계공고 교사 1999~2002년 광주고 교사 1997~2010년 광주환경교원협의회 대표 1999~2000년 전국교직원노동조합 제8대 광주지부장 1999~2000년 광주언론개혁시민연대·반부패국민운동 광주본부·광주전남언론개혁시민연대·새교육공동체 광주시민모임 공동대표 2000~2001년 민주노총 광주전남지역본부 부본부장 2001~2010년 무등산사랑청소년환경학교 교장 2002~2010년 전국교직원노동조합 광주지부 교육자치위원장 2002~2010년 광주시교육위원회 교육위원 2002~2010년 충장중·광주공고·광주고·경양초교·문산중·광주정보고 운영위원회 운영위원 2003년 민주화운동 관련자 인정 2005~2008년 지역문화교류호남재단 이사 2005~2010년 (사)광주장애우권익문제연구소 이사 2005~2010년 (사)광주장애우권익문제연구소 이사·(사)광주교육문제연구소 이사·학생인권조례추진위원회 대표 2006~2010년 (사)무등산보호단체협의회 공동의장 2008~2010년 (사)우리겨레하나되기 광주전남운동본부 공동대표 2008~2010년 (사)북구자활후견센터 일하는사람들 이사 2008~2010년 지역아동센터(공부방) 큰솔학교 운영위원장 2009~2010년 (재)지역문화교류호남재단 상임위원 2010·2014·2018년 광주광역시 교육감(현) 2014~2016년 전국시도교육감협의회 제5대 회장 (상)자랑스러운 조대인상 정치·행정부문(2015) (저)'경쟁의 사막에서 상생의 숲을 발견하다'(2010, 심미안) '상생의 숲2-상생의 숲에 불어오는 희망의 바람'(2014, 심미안) (종)기독교

장흥순(張興淳) CHANG Heung Soon

(생)1960·10·26 (출)충북 괴산 (주)서울특별시 마포구 백범로 35 서강대학교 기술경영전문대학원(02-705-4783) (학)1978년 충북고졸 1982년 서강대 전자공학과졸 1985년 한국과학기술원(KAIST) 전기전자공학과졸(석사) 1988년 공학박사(한국과학기술원) 1994년 서울대 최고경영자과정 수료 (경)1988~2005년 (주)터보테크 창업·대표이사 사장 1999년 (사)벤처기업협회 부회장 1999년 코스닥상장위원회 상장위원 1999년 코스닥상장법인협의회 부회장 1999년 NC공작기계연구조합 이사장 2000~2005년 (사)벤처기업협회 회장 2000년 한국주택은행 사외이사 2000년 대통령직속 중소기업특별위원 2000년 벤처활성화위원 2000년 서울 DMC기획위원 2000년 사회복지공동모금회 이사 2000년 한국기술거래소 이사 2001년 한국산업기술재단 이사 2001년 국민경제자문회의 위원 2002년 감사원 IT감사 자문위원 2002년 한국생산성본부 이사 2003년 국가균형발전추진위원회 위원 2004년 한국과학기술기획평가원 이사 2004년 중소기업연구원 이사 2004년 대중소기업협력재단 이사 2004년 한국여성재단 미래포럼 운영위원 2005년 (사)벤처기업협회 공동회장 2005년 국무총리실 BK21 평가위원 2005년 한국무역협회 부회장 2005년 테크노포럼21 위원 2008년 서강대 기술경영전문대학원 교수(현) 2008~2014년 同서강미래기술연구원(SIAT) 원장 2008년 同서강미래클러스터대학원장 2012년 새누리당 박근혜 대통령후보 벤처특보, 대통령직속 국가과학기술위원회 위원 2014년 서강대 스타트업연계전공 주임교수 2014년 블루카이트(주) 대표이사(현) (상)국무총리표창(1997), 산업포장(1999), 대통령표창(2000), 한국경영학회 한국경영자대상(2001), 한국산업기술진흥협회 테크노CEO상(2002), 제40회 무역의날 1천만불 수출의탑(2003)

장희구(張喜九) JANG Hee Gu

(생)1959·2·2 (주)서울특별시 강서구 마곡동로 110 코오롱인더스트리(주)(02-3677-3305) (학)경북고졸, 서울대 국사학과졸 (경)1986년 코오롱그룹 입사, (주)코오롱 구매팀장, 同동경사무소장(상무보), 同오사카사무소장(상무보) 2011년 코오롱인더스트리(주) 오사카사무소장(상무) 2012년 코오롱플라스틱(주) 사업본부장(상무) 2014년 同대표이사 전무 2015년 同대표이사 부사장 2017년 코오롱인더스트리(주) 대표이사 사장(현) (상)국무총리표창(2017) (종)불교

장희엽

(생)1959 (주)대전광역시 서구 갈마로 160 KT인재개발원 KT 서비스남부(042-479-3200) (학)한국방송통신대 중어중문학과졸 (경)(주)KT 강남·영동지사장, 同SMB고객담당 상무 2015년 同수도권서부고객본부장(상무) 2017년 KT 서비스남부 대표이사 사장(현)

전갑길(全甲吉) JEON Kab Kil (河南)

(생)1957 · 10 · 10 (본)천안(天安) (출)광주 (주)광주광역시 광산구 하남산단8번로 172 빛고을시민포럼(062-956-0021) (학)1975년 광주농고졸 1985년 조선대 체육학과졸 1994년 同대학원 정치외교학과졸 1999년 정치학박사(조선대) 2001년 고려대 정책대학원 최고정책과정 수료 2002년 경희대 국제법무지도자과정 수료 2002년 성균관대 경제학과졸 2007년 한국방송통신대 대학원 중어중문학 석사과정 수료 2008년 전남대 행정대학원 최고정책과정 수료 2009년 同행정대학원 석사과정 수료 (경)1986년 민주화추진협의회 회기부장 · 편집부장 1986년 평민당 김대중총재 비서 1987년 신민당 김대중총재 비서 1991 · 1995 · 1998~2000년 광주시의회 의원(국민회의) 1991년 광주시체육회 이사 1992년 조선대총동창회 부회장 1993년 광주시의회 예결위원장 1995년 同운영위원장 1997년 국민회의 광주시지부 대변인 1998~2000년 광주시의회 부의장 1998년 21세기지역사회발전연구소 이사장 1999년 광주대 · 동신대 겸임교수 2000~2004년 제16대 국회의원(광주 광산, 새천년민주당) 2000년 호남대 겸임교수 2001년 새천년민주당 원내부총무 2001년 광주여대 객원교수 2002년 민주화추진협의회 사무총장 2003년 새천년민주당 조직위원장 2005년 同광주시당 위원장 직대 2005년 민주당 광주시당 위원장 2005년 同광주광산지역운영위원회 위원장 2006~2010년 광주시 광산구청장(민주당 · 통합민주당 · 민주당) 2007년 한국거버넌스학회 운영담당 부회장 2009년 조선대 초빙교수 2010년 빛고을시민포럼 이사장(현) 2015년 새정치민주연합 광주시당 상임고문 (상)대통령표창(1995), 전국광역의원 베스트15 선정(1997), 풀뿌리민주의원 대상(2000), 국정감사 우수국회의원상(2000 · 2001 · 2002), 풀뿌리경영대상 최우수상(2007), 광주시체육회장 감사패(2007), 헤럴드경제 올해를 빛낸 혁신경영인 대상(2007), 한국일보 존경받는 대한민국CEO대상 열린경영부문(2008), 산림청 최고리더십상 · 기후변화대응실천상(2008), 한국여성단체협의회 우수지방자치단체장상(2008), 광주전남지방자치경영대상(2008), 최우수자치단체장(2010), 대한민국나눔대상 특별상(2010) (저)'지방자치와 함께 미래를 연다' '비전 광주 21세기를 말한다' '미스터 광산의 시대정신 행복더하기'(2011) (종)기독교

전강진(全康鎭) JEON Gang Jin

(생)1969 · 1 · 21 (출)대구 (주)서울특별시 종로구 사직로8길 39 세양빌딩 김앤장법률사무소(02-3703-1043) (학)1987년 경북대사대부고졸 1992년 고려대 법과대학졸 (경)1991년 사법시험 합격(33회) 1994년 사법연수원 수료(23기) 1994년 서울지검 검사 1996년 대전지검 천안지청 검사 1998년 서울지검 남부지청 검사 2000년 대구지검 검사 2003년 서울지검 검사 2004년 서울중앙지검 검사 2004~2009년 駐일본 법무협력관 파견 2006년 광주지검 부부장검사 2009년 법무부 형사법제과장 2010년 서울중앙지검 총무부장 2011년 同형사6부장 2012년 광주지검 형사2부장 2013년 서울북부지검 형사2부장 2014년 전주지검 차장검사 2015년 대구지검 김천지청장 2016~2017년 수원지검 평택지청장 2017년 김앤장법률사무소 변호사(현) (상)새마을포장 (저)'판결경정제도에 관하여'

전경남(全庚楠) JUN Kyong Nam

(생)1968 · 10 · 28 (주)서울특별시 중구 을지로5길 26 미래에셋대우(주) 경영혁신부문(02-768-3355) (학)관악고졸, 연세대 행정학과졸, 한국과학기술원(KAIST) 금융학과졸(석사) (경)SK증권 근무, 신한증권 근무, 미래에셋증권 상품운용1팀장(이사) 2010년 同Equity Trading본부장(상무보) 2013년 同파생상품본부장(상무보) 2015년 同파생상품본부장(상무) 2016년 미래에셋대우(주) 파생솔루션본부장(상무) 2017년 同Trading1부문 대표(상무) 2018년 同경영혁신부문 대표(상무)(현)

전경선(全敬善) Jeon Kyung Seon

(생)1965 · 4 · 8 (주)전라남도 무안군 삼향읍 오룡길 1 전라남도의회(061-286-8200) (학)목포고졸, 목포과학대학 토목과졸, 대불대 관광영어학과졸 (경)민주당 목포시당 청년특별위원장, 목포라이온스클럽 회장 2006 · 2010~2014년 전남 목포시의회 의원(민주당 · 민주통합당 · 무소속) 2010~2012년 同기획복지위원장 2012~2014년 同운영위원회 위원 2012~2014년 同기획복지위원회 위원 2014년 전남도의회 의원 후보(무소속) 2018년 전남도의회 의원(더불어민주당)(현) 2018년 同보건복지환경위원회 위원장(현), 同광양만권해양생태계보전특별위원회 위원(현) 2019년 더불어민주당 전남도당 상임부위원장(현) 2019년 한신대 평화교양대학 초빙교수(현) (종)가톨릭

전경수(全庚秀) Kyung-Soo JUN

(생)1961·1·20 (주)경기도 수원시 장안구 서부로 2066 성균관대학교 공과대학 건설환경공학부(031-290-7515) (학)1983년 서울대 토목공학과졸 1989년 미국 캘리포니아공과대 대학원 토목공학과졸 1991년 토목환경공학박사(미국 아이오와대) (경)1992 ~1994년 서울대 박사후연구원 1994년 성균관대 토목공학과 조교수 1998년 同토목공학과 부교수·교수 2005년 同공과대학 토목환경공학과 교수 2007년 同공과대학 사회환경시스템공학과 교수 2013년 同공과대학 건설환경공학부 교수(현) 2013년 同수자원전문대학원장(현) 2019년 한국수자원학회 회장(현)

전경욱(田耕旭) JEON Kyung Wook

(생)1959 · 4 · 8 (본)담양(潭陽) (출)서울 (주)서울특별시 성북구 안암로 145 고려대학교 사범대학 국어교육과(02-3290-2346) (학)1978년 동국대부고졸 1982년 고려대 국어교육과졸 1984년 한국정신문화연구원 한국학대학원 국문학과졸 1989년 문학박사(고려대) (경)1986년 창문여고 교사 1989년 고려대 사범대학 국어교육과 교수(현) 1997~1998년 미국 인디애나대 민속학과 교환교수 1999년 고려대 민족문화연구원 민속학센터장 1999년 문화재청 문화재위원회 문화재위원, 고려대 한국어문교육연구소장 2003년 경기도 문화재위원(현) 2003년 서울시 문화재위원(현) 2006년 한국교육개발원 학점인정심의위원회 분과위원 2012~2015년 한국문화예술교육진흥원 비상임이사 2013~2015년 한국민속학회 회장 2016년 고려대 박물관장(현) (상)'북청사자놀이연구'(태학사) 문화관광부 우수도서(1997), '한국 가면극 그 역사와 원리'(열화당) 문화관광부 우수도서(1999), '함경도의 민속'(고려대 출판부) 문화관광부 우수도서(2000), '한국의 전통연희'(학고재) 문화관광부 우수도서(2004), 월산민속학술상 저술상(2008), 문화유산보호 학술 부문 대통령표창(2015) (저)'북한의 민속예술'(1990, 고려원) '춘향전의 사설형성원리'(1990, 고려대 민족문화연구소) '한국가면극 그 역사와 원리'(1998, 열화당)' 함경도의 민속'(1999, 고려대출판부) '한국의 전통연희'(2004, 학고재) '韓國假面劇'(2004, 東京 : 法政大學出版局) 'Korean Mask Dance Dramas'(2005, youl-hwadang) '한국의 가면극'(2007, 열화당) '한국 가면극과 그 주변문화'(2007, 월인) '법성포단오제(共)'(2007, 월인) '한국전통연희사전'(2014, 민속원)

전경원(田慶元)

(생)1972 · 11 · 23 (출)대구 (주)대구광역시 중구 공평로 88 대구광역시의회(053-803-5041) (학)1991년 영남고졸 1998년 계명대 경영학과졸 (경)2011년 (사)한국청년지도자연합회 대구지부 회장, 새누리당 대구수성乙당원협의회 청년위원장 2012년 同대구시당 청년위원장, 대구시 수성4가주민자치위원, 동일초 학교운영위원, 민주평통 대구수성구협의회 자문위원, 대구 수성경찰서 학교폭력근절대책위원회 위원, 영남고총동

창회 40회 동기회장 2017년 바른정당 대구수성乙당원협의회 정무조직위원장 2017년 대구시의원선거 출마(재·보궐선거, 바른정당), 자유한국당 여의도연구원 정책자문위원(현) 2018년 대구시의회 의원(자유한국당)(현)

전경재(田京在) JUN, Gyung-Jae

(생)1958·1·25 (출)서울 (주)서울특별시 성동구 왕십리로 222 한양대학교 인문과학대학 독어독문학과(02-2220-0762) (학)1976년 경남고졸 1985년 서울대 독어독문학과졸 1987년 同대학원 독어독문학과졸 1992년 독어학박사(독일 뒤셀도르프대) (경)1995년 한국독어독문학회 편집·출판이사 1996년 同연구이사 1996년 한양대 인문과학대학 독어독문학과 조교수·부교수·교수(현) 1998년 국립중앙도서관 외국도서 선정위원(현) 2005~2007년 한국독일어교육학회 부회장 2006년 한국독어독문학회 편집출판상임이사 2006~2007년 '아시아의 문화학과 독어독문학' 간행위원장 2007~2008년 한국독일어교육학회 편집위원장 2009년 同연구이사 2009~2011년 미국 세계인명사전 '마르퀴즈 후즈 후' 2010~2012년판에 등재 2010년 국가평생교육진흥원 선제위원 겸 채점위원(현) 2011년 한국연구재단 전문위원(Program Manager)(현) 2011년 한국독일어교육학회 회장 2013년 同감사 (상)전국대학생외국어경시대회 독일어부문 최우수상 문교부장관표창(1982·1983), 한양대 우수교수상(1998), 한양대 베스트티처(2004~2006·2015), 영국 국제인명센터(IBC) 플라톤 국제교육자상(2010), 영국 국제인명센터(IBC) '세계 100대 교육자' 선정(2010)

전경훈(田敬薰) Kyungwhoon Cheun

(생)1962·12·16 (주)경기도 수원시 영통구 삼성로 129 삼성전자(주) IM부문 네트워크사업부(031-279-3200) (학)1985년 서울대 전자공학과졸 1987년 미국 미시간대 전자공학과졸 1989년 전자공학박사(미국 미시간대) (경)1991~2015년 포항공대 전기전자공학과 조교수·부교수·교수 2000년 미국 Univ. of California-San Diego 방문교수 2004년 (주)삼성전자 네트워크사업부 기술자문교수 2004년 (주)펄서스테크놀러지 연구소장 2004년 포스텍 OFDM기반 광대역이동인터넷 연구센터장 2005년 정보통신스펙트럼공학기술포럼 부위원장 2006년 산업자원부 2010사업3단계Mobile분과 기획위원 2006년 포항공대 기획위원회 위원 2012년 삼성전자(주) DMC연구소 차세대통신연구Lab장 2012년 同DMC연구소 차세대통신연구팀장 2014년 同DMC연구소 차세대통신연구팀장(부사장) 2015년 同DMC연구소 IoT & Communications팀장(부사장) 2015년 同DMC연구소 IoT Solution팀장(부사장) 2015년 同DMC연구소 차세대통신팀장(부사장) 2016년 同무선차세대통신팀장(부사장) 2017년 포항공대 전자전기공학과 명예교수(현) 2017년 삼성전자(주) IM부문 네트워크사업부 네트워크개발팀장(부사장) 2017년 同차세대사업팀장(부사장) 2019년 同IM부문 네트워크사업부장(부사장)(현) (상)IDEC MPC공모전 장려상(1997), 통신정보합동학술대회 최우수논문상(2002) (저)'Spread-Spectrum Communications'(1995)

전계광(全桂廣) JEON Kye Kwang

(생)1974·8·25 (출)전북 진안 (주)경기도 부천시 상일로 127 인천지방검찰청 부천지청 형사3부(032-320-4330) (학)1993년 전라고졸 1997년 연세대 법학과졸 (경)1998년 사법시험 합격(40회) 2001년 사법연수원 합격(30기) 2001년 해군 법무관, 의정부지검 검사 2006년 춘천지검 속초지청 검사 2008년 인천지검 검사 2010년 청주지검 검사 2013년 서울동부지검 검사 2015년 수원지검 안양지청 부부장검사 2017년 부산지검 동부지청 부부장검사 2018년 창원지검 중요경제범죄조사단 부장검사 2018년 서울동부지검 부부장검사 2019년 인천지검 부청지청 형사3부장(현)

전광민(全光珉) CHUN Kwang Min

(생)1955·6·20 (주)서울특별시 서대문구 연세로 50 연세대학교 공과대학 기계공학부(02-2123-2819) (학)1978년 서울대 기계공학과졸 1980년 한국과학기술원 대학원졸 1988년 공학박사(미국 매사추세츠공대) (경)1989년 연세대 공과대학 기계공학부 교수(현) 1998~2010년 同자동차기술연구소장 2000~2002년 (주)블루플래닛 대표이사 겸임 2004~2011년 연세대 배기제로화연구센터장 2010년 한국자동차공학회 부회장 2013년 同회장 2016년 FISITA 2016 World Automotive Congress 조직위원장 (상)대통령표창(2009), FISITA Service Awards(2012)

전광삼(田光三)

(생)1967·7·9 (출)경북 울진 (주)서울특별시 양천구 목동동로 233 방송통신심의위원회(02-3219-5021) (학)중앙대 신문방송학과졸 (경)1999년 대한매일 사회문화부 기자 2000년 서울신문 디지털팀 기자 2002년 同산업팀 기자 2003년 同정치부 기자 2009년 同사회2부 차장 2012년 새누리당 수석부대변인 2013년 제18대 대통령직인수위원회 대변인실 실무위원 2013년 대통령 국정홍보비서관실 선임행정관 2015년 대통령 홍보수석비서관실 춘추관장 2018년 제4기 방송통신심의위원회 상임위원(현)

전광석(全光錫) CHEON Kwang Seok

(생)1958·7·28 (본)천안(天安) (출)서울 (주)서울특별시 서대문구 연세로 50 연세대학교 법학전문대학원(02-2123-5985) (학)1981년 연세대 법학과졸 1983년 同대학원 법학과졸 1988년 법학박사(독일 뮌헨대) (경)1988~2001년 한림대 법학과 조교수·부교수·교수 1994년 한국사회정책학회 이사 1995~1996년 한림대 법학연구소장 1996년 한국사회보장학회 이사 1999년 한국의료법학회 이사 1999년 한림대 교무부처장 2000~2001년 同법학연구소장 2001년 연세대 법학과 및 법학전문대학원 교수(현) 2004~2005년 한국헌법학회 학술이사 2005년 연세대 법과대학 부학장 2005~2007년 한국장애인고용촉진공단 자문교수 2005~2007년 근로복지공단 근로복지자문단 자문위원 2006~2008년 국가보훈처 보상정책실무위원회 위원 2006~2010년 한국법학교수회 이사 2006~2008년 한국헌법학회 상임이사 2008~2009년 헌법재판소 연구위원 2008~2010년 근로복지공단 정책자문위원 2008~2009년 한국사회정책학회 부회장 2009~2010년 헌법재판소 헌법연구위원 2009~2010년 한국사회정책학회 회장 2009~2010년 한국공법학회 부회장 2009~2010년 한국헌법학회 부회장 2010년 한국대학교육협의회 정책자문위원회 위원 2011년 한국사회보장법학회 초대회장 2012~2013년 한국헌법학회 회장 2015~2017년 헌법재판연구원 원장 2017~2018년 법무부 정책위원회 법무분야 위원 (상)학술장려상 (저)'한국가족정책의 이해(共)'(1996) '한국사회보장법론(共)'(2007) '독일 사회보장법과 사회정책(共)'(2008) '사회변화와 입법(共)'(2008) '법학개론(共)'(2010) '로스쿨 사회보장법(共)'(2010) (역)'독일의 진료비심사제도(共)'(1994) '복지국가의 기원(共)'(2005)

전광수(田光洙) Kwang Soo CHUN

(생)1957·11·3 (주)서울특별시 종로구 사직로8길 39 세양빌딩 김앤장법률사무소(02-3703-1839) (학)1981년 서울대 경영학과졸 1995년 미국 오레곤대 경영대학원 경영학과졸 (경)1982~2000년 한국은행 자금부·조사제1부·인사부·국제부·금융통화위원회실 근무 2003년 금융감독원 국제업무국 실장급, 同은행검사1국 은행6팀장, 同은행검사1국 팀장, 同감사실 부국장 2007년 同비서실장 2008년 同뉴욕사무소장 2010년 同소비자서비스국장 2010년 김앤장법률사무소 고문(현) 2014년 메리츠금융지주 사외이사 겸 감사위원, 同사외이사(현) 2015년 한국증권법학회 이사(현) (상)재무부장관표창(1983), 금융감독위원장표창 (2002)

전광우(全光宇) JUN Kwang Woo

(생)1949·5·7 (출)서울 (주)서울특별시 강남구 봉은사로 524 무역회관 2505호 세계경제연구원(02-551-3334) (학)1969년 서울사대부고졸 1973년 서울대 상과대학 경제학과졸 1977년 미국 인디애나대 대학원 경제학과졸 1979년 同대학원 경영학과졸(MBA) 1981년 경영학박사(미국 인디애나대) 2004년 미국 하버드대 비즈니스스쿨 최고경영자과정 수료 2006년 미국 펜실베이니아대 와튼스쿨 최고경영자과정(AMP) 수료 (경)1972~1975년 한국개발금융(KDFC) 근무 1979년 미국 인디애나대 강사 1981년 同조교수 1982~1986년 미국 미시간주립대 경영대학 교수 1984년 미국 메릴린치투자은행 자문역 1986~1998년 세계은행(IBRD) 선임애널리스트·금융담당 수석이코노미스트·국제금융팀장 1989년 한·미경제학회 사무총장 1990년 미국 아메리칸대 객원교수 1991년 Korea Economic Society 회장 1995~1997년 파리클럽 세계은행수석대표 1998~2000년 부총리 겸 재정경제부장관 특보 1999~2001년 연세대 경제대학원 객원교수 1999~2002년 코스닥 자문위원 2000~2001년 국제금융센터 소장 2001~2004년 우리금융지주(주) 총괄부회장 2001~2004년 금융발전심의회 위원 2002~2003년 국가신용평가대책협의회 위원 2002~2004년 우리투자신탁운용(주) 이사회 의장 2002~2004년 우리금융정보시스템(주) 이사회 의장 2002년 한국CEO포럼 회원 2002~2003년 한국경제학회 이사 2003년 이화여대 경영대학 겸임교수 2004~2008년 (주)포스코 사외이사 2004~2008년 딜로이트코리아 회장 2006년 부총리 겸 재정경제부 장관 국제금융담당 고문 2007년 대한민국 국제금융대사 2008년 (주)포스코 이사회 의장 2008~2009년 금융위원회 위원장(장관급) 2008년 국제증권감독기구(IOSCO) 아·태지역위원회(APRC) 의장 2009년 연세대 경제대학원 석좌교수 2009~2013년 국민연금공단 이사장 2013~2018년 연세대 경제대학원 석좌교수 2016년 코리안리재보험(주) 사외이사(현) 2016년 유수홀딩스 사외이사 겸 감사위원(현) 2019년 세계경제연구원 이사장(현) (상)서울사대부고총동창회 자랑스런부고인상(2008), 홍콩 금융전문지 아시아에셋매니지먼트 선정 2011 아시아지역 올해의 CEO상(2012), 청조근정훈장(2012), 미국 인디애나대 선정 'IU를 빛낸 국제 동문상'(2013) (저)'The Asian Bond Market'(1996) 'China's Emerging Capital Market'(1997) '왕도는 없고 정도만 있다'(2004) 'Beyond The Crisis'(2010) 등 다수 (종)기독교

전광춘(全光春) JEON Kwang Chun

(생)1968·8·28 (본)천안(天安) (출)전남 여수 (주)서울특별시 종로구 북촌로 112 감사원 기획조정실(02-2011-2090) (학)1987년 관악고졸 1994년 서울대 경영학과졸 2003년 미국 뉴욕주립대 올바니교 대학원 행정학과졸 (경)1994년 행정고시 합격(37회) 2003년 감사원 국책사업감사단 국책사업제1과 감사관 2003년 同기획담당관실 감사관 2007년 同기획홍보관리실 국제업무조사팀장 2009년 同국책과제감사단 제2과장 2010년 同감사교육원 감사교육과장(부이사관) 2010년 해외파견(부이사관) 2011년 감사원 교육감사단 제2과장 2011년 외교통상부 감사관(고위감사공무원) 2013년 외교부 감사관 2014년 감사원 전략감사단장 2015년 국립외교원 파견 2016년 감사원 대변인 2017년 同재정·경제감사국장 2018년 同기획조정실장(현)

전광현(全光顯) JEON KWANG HYUN

(생)1964·12·14 (본)평강(平康) (출)충북 음성 (주)경기도 성남시 분당구 판교로 310 SK케미칼(주) 임원실(02-2008-2008) (학)1983년 청석고졸 1990년 고려대 경영학과졸 2006년 미국 캘리포니아대 버클리교 대학원 경영학과졸(EMBA) (경)1990~2000년 SK케미칼(舊 선경합섬) 입사·근무 2000년 (주)인투젠 재무이사 2000년 (주)코닉테크 사외이사 2001년 (주)SK케미칼 전략팀장 2006년 (주)SK D&D 건축사업본부장 2008년 同리빙사업본부장(상무) 2012년 (주)SK케미칼 LS전략기획실장 2014년 同마케팅기획실장 2015년 同마케팅기획실장 겸 LS경영지원실장 2016년 同LS마케팅부문장 겸 마케팅기획실장(전무) 2017~2018년 同Pharma사업부문 대표 2017년 SK플라즈마 대표이사 겸임 2018년 (주)SK케미칼 라이프사이언스 비즈(Life Science Biz.) 사장 2019년 同각자대표이사 사장(현) (상)미래창조과학부장관표창(2016)

전국진(全國鎭) Chun, Kukjin

(생)1955·3·24 (출)서울 (주)서울특별시 관악구 관악로 1 서울대학교 공과대학 전기·정보공학부(02-880-1811) (학)1977년 서울대 전자공학과졸 1981년 미국 미시간대 대학원졸 1986년 공학박사(미국 미시간대) (경)1986~1989년 미국 워싱턴주립대 조교수 1989~1999년 서울대 조교수·부교수 1997~2002년 同마이크로시스템기술센터장 1999년 同전기전자공학부 교수, 同전기·정보공학부 교수(현) 2001년 차세대신기술개발사업단 단장 2004년 한국센서학회 부회장 2005년 서울대 반도체공동연구소장 2005년 대한전자공학회 학술위원장·국제협력위원장 2005년 同영문논문지 편집장 2009~2011년 同부회장 2011년 한국공학한림원 정회원(전기전자정보공학·현) 2012년 대한전자공학회 회장 2019년 국제전기전자공학회(IEEE) 차기(2020년) 부회장(현) (상)서울대 전자동문회 자랑스런 전자동문상(2009), 대한전자공학회 해동학술상(2013), 과학기술훈장 창조장(2017)

전국진(全國鎭)

(생)1967·10·30 (출)서울 (주)경기도 고양시 일산동구 장백로 209 의정부지방법원 고양지원 총무과(031-920-6112) (학)1986년 서울고졸 1990년 고려대 법학과졸 (경)1997년 사법시험 합격(39회) 2000년 사법연수원 수료(29기) 2000년 서울지법 북부지청 검사 2002년 춘천지검 속초지청 검사 2003년 부산지검 검사 2006~2007년 인천지검 검사 2007년 부산지법 판사 2010년 인천지법 부천지원 판사 2013년 서울중앙지법 판사 2015년 서울서부지법 판사 2016년 부산지법 부장판사 2018년 의정부지법 고양지원 부장판사(현)

전규백(全圭白) JERN KUE BAEG

(생)1963·6·20 (출)서울 (주)서울특별시 중구 을지로 79 IBK기업은행 CIB그룹(02-729-6114) (학)1982년 서울 우신고졸 1989년 한양대 국어국문학과졸 (경)1990년 IBK기업은행 입행 2012년 同김포통진지점 드림기업지점장 2013년 同홍대역지점장 2015년 同여신심사부 수석심사역(부장) 2017년 同여신심사부장(본부장급) 2018년 同CIB그룹장(부행장)(현)

전규안(全圭安) JEON KYU AN

(생)1967 (주)서울특별시 동작구 상도로 369 숭실대학교 경영대학 회계학과(02-820-0581) (학)1985년 서울 성보고졸 1989년 서울대 경영학과졸 1991년 同대학원 경영학과졸 1997년 경영학박사(서울대) (경)삼일회계법인 공인회계사, 삼정회계법인 공인회계사, 한국세무사회 한국조세연구소 연구위원, 숭실대 경영대학 회계학과 교수(현), 공인회계사·세무사·관세사시험 출제위원, 기획재정부 공공기관경영평가위원, 同세제발전심의위원, 국세청 국세행정개혁위원, 同국세법령해석심의위원, 서울지방국세청 국세심사위원, 금융위원회 회계제도심의위원, 감사원 회계자문위원, 한국거래소 코스닥시장기업심사위원회 위원, 예금보험공사 자산운용위원, 한국자산관리공사 리스크관리위원 2013~2015년 숭실대 기획처장 2014년 한국감사인연합회 감사(현) 2015~2017년 숭실대 경영대학장 2016~2018년 (사)한국납세자연합회 회장 2019년 同학사부총장(현) 2019년 태림포장 사외이사(현) (저)'원가관리회계'(2001, 박영사) '회계감사'(2005, 경문사) '경영학의 이해'(2009, 삼영사)

전규영(全奎永)
(생)1961·3·13 (출)경남 합천 (주)경상북도 안동시 풍천면 도청대로 455 경상북도청 건설도시국 신도시조성과(054-880-4210) (학)경일대 건축학과졸 (경)1980년 안동시 세무과 근무 1986년 경북도 주택과 근무 2001년 경주시 건축과장 2009년 경북도 관광개발과 계장 2010년 同관광산업과 계장 2012년 同건설도시재방국 건축디자인과 계장 2014년 同문화관광체육국 문화재과 계장 2015년 同문화관광체육국 문화유산과 문화재보존담당 2017년 同자치행정국 청사운영기획과장 2019년 同건설도시국 신도시조성과장(현) (상)대통령표창

전규찬(全圭燦) JEON Gyu Chan

(생)1962·2·2 (출)경북 의성 (주)서울특별시 성북구 화랑로32길 146-37 한국예술종합학교 영상원 방송영상과(02-746-9552) (학)1985년 계명대 영어영문학과졸 1988년 미국 일리노이대 대학원 커뮤니케이션학과졸 1993년 신문방송학박사(미국 위스콘신대) (경)1993~1997년 한국방송개발원 책임연구원 1993년 강원대·동덕여대 강사 1997~2004년 강원대 신문방송학과 조교수·부교수 1999년 同신문방송학과장 2004년 한국예술종합학교 영상원 방송영상과 교수(현) 2011년 언론개혁시민연대 대표(현) 2012년 방송통신심의위원회 제18대 대통령선거방송심의위원회 심의위원 2015~2017년 한국예술종합학교 영상원 방송영상과장 (저)'국제정치커뮤니케이션론(編)'(1996, 법문사) '애인 : TV드라마, 문화 그리고 사회(編)'(1997, 한나래) '뉴미디어 시대의 새로운 시청자 교육(編)'(1997, 방송문화진흥회) '문화연구 이론(編)'(1998, 한나래) '포스트시대의 문화정치'(1998) '현대 대중문화의 형성(共)'(1998) '텔레비전 문화연구(編)'(1999, 한나래) '현대 사회와 매스커뮤니케이션(編)'(2000, 한울아카데미) '세계화와 한국사회의 미래(編)'(2000, 백의) 'TV오락의 문화정치학(共)'(2003) '다큐멘터리와 역사(共)'(2003) '세계화와 사회변동(編)'(2003, 강원대 출판부) (역)'드라마구성론'(1995) '글로벌미디어와 자본주의(共)'(1999)

전근식(全勤植) Jeon, Gun Sik

(생)1965·7·12 (본)천안(天安) (출)충북 옥천 (주)서울특별시 강남구 강남대로 330 한일홀딩스(주) 비서실(02-550-7912) (학)1984년 옥천고졸 1991년 한양대 자원공학과졸 (경)1991년 한일시멘트(주) 입사 2003년 同단양공장 자원팀장 겸 생산기획팀장 2006년 同경영관리팀장(부장) 2008년 同단양공장 부공장장(상무) 2012년 同경영기획실장(상무) 2012년 한일네트웍스(주) 대표이사, 세일로지스틱 대표이사 2014년 한일시멘트(주) 경영기획실장(전무) 2015년 同재경본부장(전무) 2016년 한양대 발전위원회 위원(현) 2017년 同산업연계교육자문위원회(IAB) 자문교수(현) 2017년 한일시멘트 경영본부장(전무) 2017~2019년 한일현대시멘트(주) 부사장 2018년 한일홀딩스(주) 대표이사(현) 2019년 한일현대시멘트(주) 대표이사 겸임(현) (상)산업자원부장관표창(2004)

전근우(全槿雨) CHUN Kun Woo

(생)1955·8·30 (출)강원 화천 (주)강원도 춘천시 강원대학길 1 강원대학교 산림자원학과(033-250-8313) (학)1974년 춘천고졸 1978년 강원대 임학과졸 1980년 同대학원 조림학과졸 1987년 농학박사(일본 홋카이도대) (경)1983년 일본 홋카이도대 농학부 연구생 1987~1996년 강원대 조교수·부교수 1995년 일본 에히메대 객원교수 1996년 강원대 산림자원학부 산림자원조성학과 교수, 同산림자원학과 교수(현), 同산림과학연구소장 2000년 한국건설기술연구원 겸임연구관 2003년 국립산림과학원 산림환경부 임업연구관 2006년 소방방재청 사전재해영향검토위원회 위원 2006년 한국산림공학기술연구회 회장 2007년 유엔환경계획 에코피스리더십센터(UNEP-EPLC) 교육연구위원장 2007년 산림청 인력개발원 겸임교수 2007~2009년 강원대 산림환경과학대학장 2008년 同학교기업(에코포리스트)장 2008~2012년 산림청 지원 신(新)산지방재사업단장 2009년 4대강살리기자문위원회 위원 2011년 산림청 정책자문위원회 산림자원소위원장(현) 2012년 한국해안림연구회 회장(현) 2017년 한국과학기술단체총연합회 강원지역연합회장(현) (상)한국임학회 학술상(1998), 제8회 과학기술우수논문상(1998), 한국임학회 저술상(2004), 한국산림공학기술연구회 학술상(2005), 일본 해안림학회상(2005), 근정포장(2007), 제7회 대한민국 환경문화대상(2009), 제7회 현신규학술상대상(2019) (저)'임학개론'(1994) '강원환경의 이해'(1998) '산림공학의 이해'(2003) '한국사방100년사'(2006) '도시사방'(2019, 미주) (종)기독교

전기억(全起億) JEON Ki Eok

(생)1966·5·23 (주)대전광역시 서구 청사로 189 특허청 특허심사1국 전력기술심사과(042-481-5683) (학)1985년 광주고졸 1990년 서울대 전기공학과졸 1992년 同대학원 전기공학과졸 2001년 전기공학박사(서울대) (경)1993년 기술고시 합격 1998년 특허청 심사4국 정보심사담당관실 서기관 2002년 同심사4국 정보심사담당관실 서기관 2004년 同전기전자심사국 통신심사담당관실 서기관 2006년 同정보통신심사본부 디지털방송심사팀장 2008년 특허심판원 심판관 2009년 국외훈련(서기관) 2011년 특허심판원 심판관 2011년 특허청 전기전자심사국 표준특허반도체재산팀장 2012년 특허심판원 심판10부 수석심판관 2014년 한국산업기술평가관리원 특허PD(파견) 2014년 특허심판원 심판5부 심판관 2015년 휴직 2018년 특허청 특허심사1국 전력기술심사과장(현) (저)'특허 부자들(共)'(2013, 타커스)

전기원(全基元) JUN Ki Won

(생)1958·5·20 (본)천안(天安) (출)강원 (주)대전광역시 유성구 가정로 141 한국화학연구원 차세대탄소자원화연구단(042-860-7671) (학)1976년 광주제일고졸 1980년 서강대 화학과졸 1982년 한국과학기술원(KAIST) 화학과졸(석사) 1990년 공학박사(한국과학기술원) (경)1982년 국방과학연구소 연구원 1983년 한국화학연구원 연구원 1988년 同선임연구원 1995년 同화학기술연구부 미세화학기술연구팀 책임연구원 1993~1994년 미국 SRI International Int. Fellow, 한국화학연구원 신화학연구단 책임연구원, 同석유대체기술연구센터장 2011년 同그린화학공정연구본부 그린화학촉매연구센터장 2014년 同그린화학공정연구본부장 2016~2019년 同탄소자원화연구소장 2019년 同차세대탄소자원화연구단 단장(현) (상)한국공업화학상(2009), 과학기술훈장(2010), 한국화학연구원 올해의 연구인상(2017) (종)천주교

전기정(田基整) JEON Ki Jong

(생)1965·10·2 (출)충남 천안 (주)서울특별시 마포구 큰우물로 75 성지빌딩 10층 위동항운(유)(032-770-8000) (학)천안북일고졸 1987년 고려대 행정학과졸 1997년 미국 시라큐스대 대학원졸 (경)1988년 행정고시 합격(32회) 1989년 행정사무관 임용 1991년 해운항만청 항만운영과 근무 1997년 해양수산부 서기관 1998년 同행정관리담당관실 서기관 2001년 부산지방해양수산청 선원선박과장 2001~2004년 駐OECD대표부 파견 2004년 해양수산부 해양정책과장 2005년 대통령비서실 산업정책행정관(파견) 2006년 해양수산부 수산정책과장 2007년 同재정기획관 2008년 국토해양부 정책기획관 2009년 호주 퀸즈랜드대 교통전략연구소 교육 파견(고위공무원) 2010년 국토해양부 해운정책관 2013년 해양수산부 해운물류국장 2015년 부산지방해양수산청장 2016년 중앙해양안전심판원장 2016~2017년 해양수산부 기획조정실장 2018년 위동항운(유) 대표이사 사장(현) 2019년 부산항만공사 항만위원(현)

전기철(全基喆)

(생)1971 · 12 · 8 (출)부산 (주)경기도 수원시 영통구 법조로 105 수원지방법원 총무과(031-210-1101) (학)1990년 내성고졸 1995년 서울대 공법학과졸 (경)1998년 사법시험 합격(40회) 2001년 사법연수원 수료(30기) 2001년 軍법무관 2004년 부산지법 판사 2007년 수원지법 판사 2011년 서울중앙지법 판사 2013년 서울서부지법 판사 2013~2015년 헌법재판소 파견 2015년 서울중앙지법 판사 2016년 광주지법 부장판사 2019년 수원지법 부장판사(현)

전기홍(全起弘) JEON Ki Hong

(생)1956 · 2 · 11 (주)경기도 수원시 영통구 월드컵로 164 아주대학교 의과대학 예방의학교실(031-219-5802) (학)1981년 한양대 의대졸 1987년 연세대 대학원졸 1990년 보건학박사(연세대), 한국과학기술원 정보공학 박사과정 수료 (경)아주대 의과대학 예방의학교실 교수(현), 同의대부속병원 건립추진본부 전산개발부장, 대한의사협회 전산발전위원회 위원, 경기건강실천협의회 위원 2014 · 2016 · 2018년 아주대 보건대학원장(현) 2013년 한국보건행정학회 부회장 2014년 同회장

전기흥(全騎興)

(생)1971 · 4 · 27 (출)울산 (주)울산광역시 남구 법대로 55 울산지방법원(052-216-8000) (학)1990년 울산고졸 1997년 서울대 독어독문학과졸 (경)2000년 사법시험 합격(42회) 2003년 사법연수원 수료(32기) 2003년 부산지법 예비판사 2005년 同판사 2006년 의정부지법 판사 2009년 서울중앙지법 판사 2011년 의정부지법 고양지원 판사 2015년 서울서부지법 판사 2017년 서울중앙지법 판사 2018년 울산지법 부장판사(현)

전길탁(全佶鐸)

(생)1967 · 5 · 17 (출)강원 강릉 (주)강원도 속초시 중앙로 183 속초시청(033-633-3171) (학)강릉고졸, 관동대졸 (경)2012년 강원도 기업유치담당(사무관) 2013년 同예산담당관실 담당 2017년 同감사기획담당 2017년 평창동계올림픽조직위원회 숙박운영부장(파견 · 서기관) 2018년 속초시청 부시장(현)

전남식(全南植) JEON Nam Sik

(생)1956 · 6 · 16 (출)대전 (주)서울특별시 강남구 강남대로 354 혜천빌딩 15층 (주)영림카디널 사장실(02-555-3200) (학)1975년 대전고졸 1980년 서울대 인문대 언어학과졸 2000년 同대학원 정치학과졸 2004년 언론학박사(경희대) (경)1982~1984년 경향신문 사회부 · 정치부 · 경제부 기자 1998년 同경제2부장 2000년 同논설위원 2001년 同뉴스메이커팀 주간 2002년 同출판국 기획위원 2002년 同논설위원 2004년 同편집국 경제담당 부국장 2006년 同출판본부장 2007년 同사옥재개발추진본부장 2007~2009년 시사저널 편집인 겸 편집국장 2010~2012년 포커스신문 편집국장 2013년 (주)영림카디널 사장(현) (저)'대통령과 언론통제'(2006) (종)천주교

전대규(全大圭) Jeon, Dae Kyu

(생)1968 · 8 · 3 (출)전남 보성 (주)서울특별시 서초구 서초중앙로 157 서울회생법원(02-3016-4933) (학)1987년 광주 진흥고졸 1991년 서울대 경영학과졸 (경)1996년 사법시험 합격(38회) 1999년 사법연수원 수료(28기) 1999년 서울지법 서부지원 판사 2006년 의정부지법 고양지원 판사 2009년 서울행정법원 판사 2011년 서울고법 판사 2012년 사법연수원 교수 2014년 창원지법 부장판사 2016년 수원지법 부장판사 2019년 서울회생법원 부장판사(현)

전대식(全大植) Jeon Dae Sik

(생)1964 · 8 · 2 (본)천안(天安) (출)전북 익산 (주)전라북도 김제시 중앙로 40 김제시청 부시장실(063-540-3204) (학)1983년 이리고졸 2005년 한국방송통신대 법학과졸 (경)2010~2011년 전북도 인쇄전자담당 · 광역유통담당(사무관) 2012~2013년 전북 익산시 문화재고도정책과장 · 지식정보과장 · 여산면장 2014~2015년 전북도 탄소정책팀장 2016년 同탄소산업과장 2017년 세종연구소 파견(서기관) 2018년 전북도 정무기획과장 2018년 전북 김제시 부시장(현) (상)내무부장관표창(1994), 국무총리표창(2001), 문화관광부장관표창(2004) (종)기독교

전대진(全大眞) JEON Dae Jin

(생)1958 · 11 · 17 (주)서울특별시 종로구 새문안로 68 금호타이어(주) 임원실(02-6303-8114) (학)1976년 전주고졸, 전북대졸, 同대학원졸 1993년 미국 아크론대 대학원 고분자공학과졸 2005년 화학공학박사(전북대) (경)금호타이어(주) 곡성제조부문담당 이사 2006년 同곡성공장장(상무) 2007년 同광주공장장(상무) 2008년 同생산본부장(상무), 同생산본부장(전무) 2014~2015년 同중국지사 근무 2017년 同생산기술본부장(부사장) 2018년 同대표이사 직대 2019년 同대표이사 사장(현)

전덕빈(全德彬) JEON Deok Bin

(생)1959·1·6 (출)서울 (주)서울특별시 동대문구 회기로 85 한국과학기술원 테크노경영대학원(02-958-3634) (학)1981년 서울대 산업공학과졸 1985년 공학박사(미국 캘리포니아대 버클리교) (경)1983~1985년 미국 캘리포니아대 버클리교 연구원 1985~1989년 경희대 산업공학과 교수 1989년 한국과학기술원 테크노경영대학원 부교수·교수(현) 1991~1992년 미국 캘리포니아대 객원연구원 1999~2001년 한국과학기술원 테크노경영대학원 통신경영·정책MBA과정 책임교수 2000년 포스코경영연구소 자문교수 2002년 한국과학기술원 테크노경영대학원 통신경영·정책연구센터장 2006년 한국경영과학회 학회지 편집위원장 2008년 同부회장 2008년 Journal of Forecasting 종신편집위원(현) 2016년 한국경영과학회 회장 (상)ANBAR 선정 경영분야 최고인용논문상(1998)

전도영(全度泳) CHON, Do Young (石松)

(생)1939·2·18 (본)천안(天安) (출)전북 전주 (주)광주광역시 동구 지산로78번길 11 종합법률사무소 장원(062-224-7373) (학)1957년 전주고졸 1961년 전북대 법정대학졸 1969년 서울대 사법대학원 수료 1982년 미국 맥죠지 로스쿨 수료 (경)1967년 사법시험 합격(8회) 1971년 광주지법 판사 1980년 광주고법 판사 1983년 대법원 재판연구관 1984년 전주지법 부장판사 1985년 광주지법 부장판사 1988년 同목포지원장 1990년 광주지법 부장판사 1990년 언론중재위원회 위원 1992년 광주고법 부장판사 1993년 광주지법 수석부장판사 1993년 전남도 선거관리위원장 1996년 광주고법 부장판사 1997년 전남도 공직자윤리위원장 2000~2002년 광주지법원장 2000년 광주시 선거관리위원장 2000년 법관인사위원회 위원·법관징계위원회 위원 2004년 조선대 이사 2004~2008년 법무법인 장원 대표변호사 2006년 광주상공회의소 회장 직대 2008년 법무법인 장원 고문변호사 2010년 종합법률사무소 장원 변호사(현)

전동석(全東錫) JEON Dong Seok (평강)

(생)1954 · 10 · 8 (본)정선(旌膳) (출)경북 안동 (주)대구광역시 중구 달성로 56 계명대학교 동산의료원 진단검사의학과(053-250-7222) (학)1973년 대륜고졸 1979년 경북대 의대졸 1987년 同대학원 의학석사 1990년 의학박사(경북대) (경)1986~1997년 계명대 의대 임상병리학과 전임강사 · 조교

수·부교수 1997년 同의대 진단검사의학과 교수(현) 2009년 同의대 의과학연구소장, 대구시의사회 부회장 2009년 대한수혈학회 회장 2012~2013년 대한진단혈액학회 회장 2013년 대한진단검사의학회 회장 (상)계명대 특별공로상(2014), 보건복지부장관표창(2015) (저)'임상병리학'(共) '진단검사의학' (역)'핵심혈액학(4판)' (종)불교

전동수(全東守) Jun Dong Soo

(생)1958·8·1 (출)대구 (주)서울특별시 강남구 테헤란로108길 42 삼성메디슨(02-2194-1000) (학)1977년 대륜고졸 1981년 경북대 전자공학과졸 1983년 同대학원 전자공학과졸 (경)1983년 삼성전자(주) 입사 2003년 同System LSI 전략마케팅팀장(전무) 2006년 同디지털미디어총괄 디지털오디오비디오사업부장(전무) 2007년 同디지털미디어총괄 디지털오디오비디오사업부장(부사장) 2008년 同메모리사업부 전략마케팅팀장(부사장) 2010년 同반도체사업부 메모리담당 사장 2010년 同DS총괄 메모리사업부 사장 2012년 同DS부문 메모리사업부장(사장) 2013년 한국반도체산업협회 회장 2013년 삼성SDS(주) 대표이사 사장 2016년 삼성전자(주) 의료기기사업부장(사장)(현) 2016년 삼성메디슨 대표이사(현) 2016년 한국공학한림원 정회원(전기전자정보공학분과)(현) (상)국무총리표창(1993), 금탑산업훈장(2014)

전동평(田東平) JOUN Dong Pyoung

(생)1961·2·7 (출)전남 영암 (주)전라남도 영암군 영암읍 군청로 1 영암군청 군수실(061-470-2201) (학)1980년 목포공고졸 1988년 전남대 산업공학과졸 2002년 同행정대학원 행정학과졸 2016년 명예 행정학박사(세한대) (경)1989년 평민당 영암지구당 교육부장 1991·1995·1998·2002~2006년 전남도의회 의원(국민회의·새천년민주당·열린우리당) 1994년 민주당 전남도지부 편집실장 1997년 전남도의회 문화교육사회위원장, 알파중공업 사장 2014~2018년 전남 영암군수(새정치민주연합·더불어민주당) 2018년 전남 영암군수(더불어민주당)(현) (상)풀뿌리 자치대상(2015), 중앙일보 대한민국 CEO리더십 대상(2016·2017), 지구촌 희망펜상 자치부문대상(2017), 법률소비자연맹 공약대상(2018), TV조선 한국의 영향력 있는 CEO 글로벌경영대상(2019) (저)'사람 속에서 꿈을 찾다'(2010) '군민과 함께 꾸는 꿈'(2014)

전두표(全斗杓) Chun doo pyo

(생)1967·11·20 (출)전북 진안 (주)전라북도 부안군 행안면 변산로 86 부안소방서 서장실(063-580-1201) (학)1986년 전주 완산고졸 1993년 전북대 분자생물학과졸 2016년 同대학원 경영학과졸 (경)1997년 소방공무원 임용(간부후보생 9기) 1999~2000년 행정자치부 중앙119구조대 항공팀 근무 2005~2008년 전북도 소방안전본부 대응구조담당 2009년 전북 남원소방서 현장기동단장 2012년 전북 부안소방서 대응구조과장 2014년 전북도 소방안전본부 방호예방과 예방지도팀장 2017년 同소방안전본부 119종합상황실장 2018년 전북 부안소방서장(현) (상)국무총리표창(2006)

전두환(全斗煥) CHUN Doo Hwan (日海)

(생)1931·1·18 (본)전주(全州) (출)경남 합천 (학)1951년 대구공고졸 1955년 육군사관학교졸(11기) 1959년 부관학교졸 1960년 미국 보병학교 수료 1965년 육군대졸 1984년 명예 정치학박사(미국 페퍼다인대) (경)1955년 육군소위 임관 1961년 육군본부 특전감실 기획과장 대리·최고회의 의장실 민원비서관 1963년 중앙정보부 인사과장·육군본부 인사참모부 근무 1966년 제1공수특전단 부단장 1967년 수도경비사령부 30대대장 1969년 육군 참모총장실 수석부관 1970년 9사단 29연대장(駐베트남 백마부대) 1971년 제1공수특전단장 1973년 육군 준장 1976년 대통령경호실 차장보 1977년 육군 소장 1978년 육군 제1사단장 1979년 국군 보안사령관 1980년 육군 중장 1980년 중앙정보부 부장서리 1980년 국가보위비상대책위원회 상임위원장 1980년 예편(육군 대장) 1980~1981년 대한민국 제11대 대통령 1981~1987년 민정당 총재 1981~1988년 대한민국 제12대 대통령 1987~1988년 민정당 명예총재 1988년 국가원로자문회의 의장 (상)베트남 엽성무공훈장, 미국 동성훈장, 대통령공로표창, 5.16민족상, 무궁화대훈장 (저)'전두환 회고록'(2017) (종)불교

전라옥(全羅玉·女) JEON Ra Ok

(생)1965·3·25 (주)서울특별시 용산구 청파로47길 100 숙명여자대학교 약학대학(02-710-9571) (학)1987년 숙명여대 약대졸 1989년 同대학원 약학과졸 1994년 약학박사(서울대) (경)1989년 녹십자의료공업(주) 연구원 1996~1998년 미국 스탠퍼드대 박사 후 연구원 1998~2000년 미국 엘러간社 연구원 2000년 숙명여대 약학대학 조교수·부교수·교수(현), 同약학부장 2000년 한국응용약물학회 간사 2007~2008년 미국 코넬대 방문연구원 2012~2014년 숙명여대 학생처장 2012년 同르꼬르동블루숙명아카데미원장 2017년 同약학연구소장(현) (저)'실험유기의약품화학'(2000, 청문각) '의약화학'(2001, 신일상사) '가족건강'(2005, 신일상사)

전만경(全萬敬) Man Kyung Perry JUN

(생)1960·10·12 (본)정선(旌膳) (출)강원 영월 (주)대전광역시 동구 중앙로 242 한국철도시설공단 부이사장실(042-607-3007) (학)배문고졸, 서울시립대 도시행정학과졸, 인하대 교통대학원 경제학과졸, 호주 울런공대 수료, 한국과학기술원(KAIST) 국가미래전략고위과정(ASP) 수료 (경)건설교통부 공항개발과·신국제공항건설기획단 근무, 세종연구소 파견, 서울지방국토관리청 건설감리과장, 호주 울렁공대 국외훈련, 건설교통부 물류시설과 근무, 同기획관리실 예산계장 2002년 同총무과 인사계장(서기관), 강원도 건설교통협력관 2005년 동북아시대위원회 파견 2006년 건설교통부 장관비서관 2007년 同해외건설팀장 2007년 駐사우디아라비아 주재관·참사관 2010년 국토해양부 도로운영과장 2012년 同교통정책실 도로운영과장(부이사관) 2012년 同지적재조사기획단 부단장 2013년 국토교통부 지적재조사기획단 기획관 2015년 원주지방국토관리청장 2017~2018년 국토교통부 국토정보정책관 2018년 한국철도시설공단 부이사장(상임이사)(현) (상)모범공무원 훈장, 우수공무원표창 (저)'토지정책론(共)'(2015) (종)천주교

전만권(全萬權)

(생)1962·2·15 (출)충남 아산 (주)세종특별자치시 정부2청사로 13 행정안전부 재난안전관리본부 재난복구정책관실(044-205-5301) (학)원광대 토목공학과졸 1994년 명지대 산업기술대학원 토목공학과졸 2015년 행정학박사(국민대) (경)1987년 공무원 임용(8급 경채), 행정자치부 감사관실 근무 2008년 행정안전부 지역발전지원과 시설사무관 2011년 同지역발전과 기술서기관, 同재난대책과 근무 2014년 국민안전처 사회재난대응과장 2017년 同재난복구정책관 2017년 행정안전부 재난복구정책관 2018년 同재난안전관리본부 중앙재난안전상황실장(일반직고위공무원) 2019년 同재난안전관리본부 재난복구정책관(현)

전만복(全萬福) JEON Man Bok

(생)1961·6·20 (본)정선(旌善) (출)강원 홍천 (주)서울특별시 종로구 사직로8길 39 세양빌딩 김앤장법률사무소(02-3703-4859) (학)1980년 춘천고졸 1984년 강원대 행정학과졸 1988년 서울대 행정대학원졸 1999년 미국 위스콘신대 대학원졸 2012년 행정학박사(경희대) (경)1983년 행정고시 합격

(27회), 보건사회부 국민연금제도과 담당, 同보험정책과·식품정책과 담당, 재정경제원 국제협력담당관실 서기관, 보건복지부 장관비서관 2000년 同국제협력담당관 2002년 세계보건기구(WHO) 파견 2005년 대통령비서실 사회정책담당 행정관 2005년 보건복지부 연금보험국 보험정책과장 2005년 同보험연금정책본부 보험정책팀장 2006년 同한방정책관 겸 한미FTA TF국장 2007년 駐미국대사관 공사참사관(고위공무원) 2011년 보건복지부 건강정책국장 2012년 同저출산고령사회정책실장 2012~2014년 同기획조정실장 2013~2015년 세계보건기구(WHO) 집행이사 2014~2016년 가톨릭관동대 대외협력부총장 2015~2016년 세계보건기구(WHO) 집행이사회 부의장 겸 행정예산위원회(PBAC) 위원 2016년 김앤장법률사무소 고문(현) (상)대통령표창(1993), 홍조근정훈장(2013) (저)'실버산업의 활성화정책에 관한 연구(共)'(2004) (종)기독교

전명석(全明錫) Myung-Suk CHUN

(생)1963·8·30 (출)서울 (주)서울특별시 성북구 화랑로14길 5 한국과학기술연구원 국가기반기술연구본부 센서시스템연구센터(02-958-5363) (학)1987년 서울대 화학공학과졸 1990년 한국과학기술원(KAIST) 화학공학과졸(석사) 1994년 공학박사(한국과학기술원) (경)1995~1996년 미국 캘리포니아주립대(UC Davis) Post-Doc. 1996~2011년 한국과학기술연구원(KAIST) 에너지연구본부 책임연구원 1999년 독일 막스-플랑크연구소(마인쯔) 방문과학자 2011년 한국과학기술연구원(KAIST) 국가기반기술연구본부 책임연구원 2015년 同국가기반기술연구본부 센서시스템연구센터 책임연구원(현) (상)KIST 우수연구팀상(1997), 화학공학회 범석논문상(2001), 유변학 신진학술상(2007), 한국과학기술단체총연합회 과학기술우수논문상(2013)

전명우(田明祐) CHUN Myung Woo

(생)1960·7·22 (주)서울특별시 영등포구 여의대로 128 트윈타워 LG전자(주) 경영지원그룹(02-3777-1114) (학)부산중앙고졸, 서강대 신문방송학과졸 (경)1983년 럭키금성 기획조정실 입사 2003년 LG전자(주) 홍보팀 상무, 同홍보팀장(상무) 2012년 同홍보담당 상무 2012년 同홍보담당 전무 2019년 同경영지원그룹장(부사장)(현)

전무곤(田武坤)

(생)1973·1·28 (출)대구 (주)서울특별시 도봉구 마들로 747 서울북부지방검찰청 형사4부(02-3399-4306) (학)1991년 경북고졸 1999년 고려대 법학과졸 (경)1999년 사법시험 합격(41회) 2002년 사법연수원 수료(31기) 2002년 부산지검 검사 2004년 수원지검 검사 2006년 대구지검 검사 2008년 인천지검 부천지청 검사 2010년 대검찰청 연구관 2012년 서울중앙지검 검사 2016년 광주지검 부부장검사(감사원 파견) 2017년 대구지검 의성지청장 2018년 대구지검 강력부장 2019년 서울북부지검 형사4부장(현)

전무수(田武秀) Jun Moo Soo

(생)1961·11·30 (본)담양(潭陽) (출)충남 홍성 (주)인천광역시 연수구 원인재로 115 연수구청 부구청장실(032-749-7001) (학)1979년 선인고졸 2014년 서울디지털대 부동산학과졸 2016년 인하대 경영대학원 경영학과졸 (경)2003년 인천 서구 가좌2동장 2005년 同기획감사실장 2007년 인천시 과학기술과 지식정보산업팀장 2010년 同경제수도정책관실 경제수도정책팀장 2013년 同일자리정책과장 2014년 同경제정책과장 2015년 同자치행정과장 2017년 同행정관리국장 2018년 同환경녹지국장(지방부이사관) 2019년 인천 연수구 부구청장(현) (상)대통령표창(2015)

전미선(全美善·女) Mison Chun

(생)1956·12·10 (출)서울 (주)경기도 수원시 영통구 월드컵로 206 아주대학교 의과대학 방사선종양학교실(031-219-5884) (학)1974년 경기여고졸 1980년 연세대 의대졸 2002년 부산대 대학원졸 2004년 의학박사(울산대) (경)1981~1985년 미국 Buffalo General Hospital 인턴·Tufts Univ. New England Medical Center 치료방사선과 전공의 1985년 미국 보스턴 Tufts Univ. New England Medical Center 치료방사선과 조교수 1987년 同산부인과 조교수 1988년 同치료방사선과 조교수 1989년 미국 Johns Hopkins Hospital Baltimore 치료방사선과 조교수 1993~1999년 아주대 의과대학 조교수·부교수 1994년 同의과대학 치료방사선과장 1999년 同의과대학 방사선종양학교실 교수(현) 2005~2011년 아주대의료원 방사선종양학과장 2008년 아주대병원 통합의학센터장 2008~2014년 同유방암센터장 2009~2015년 同기관연구윤리심의실장 2012~2015년 同경기지역암센터장 2018년 同암통합지지센터장(현) (상)Clinician Scientist Award(미국 Cancer Society) (저)'현대의학의 위기(共)'(2001) '통합의학으로 가는길(共)'(2004) '내분비외과학, 갑상선·부갑상선·부신·내분비췌장(共)'(2012)

전미옥(田美玉·女) JEON Mi Ok

(생)1968·8·18 (본)담양(潭陽) (출)서울 (주)경기도 고양시 덕양구 동헌로 305 중부대학교 Inno-Media 캠퍼스 교양학부(031-8075-1792) (학)1987년 정의여고졸 1989년 서울예술대학 문예창작과졸 (경)1991년 대우중공업(주) 사보편집장 1999년 사보전문커뮤니티 사보PR닷컴 대표 2000~2011년 (사)한국사보협회 부회장 2000~2001년 서울경제신문 어린이서울경제 편집장 2002년 전미옥컨설팅 대표 2002년 한국원자력문화재단 편집자문위원 2002년 세종문화회관 편집자문위원 2002~2017년 CMI연구소 대표 2002년 사회복지공동모금회 홍보위원 2003년 한국커리어컨설팅협회 홍보전문위원 2004년 한국경제신문 한경닷컴 칼럼니스트(현) 2005년 부천시 홍보자문위원 2007년 서울여성가족재단 운영위원 2007~2008년 민주평통 자문위원 2014년 여성가족부 청년여성멘토링 대표멘토(현) 2017년 국민대 겸임교수 2016년 대우세계경영연구회 운영위원(현) 2016~2017년 중부대 겸임교수 2018년 同교양학부 교수(현) 2018년 한국우편사업진흥원 비상임이사(현) (상)대한민국 기업커뮤니케이션대상 문화관광부장관표창(2004), 여성가족부 멘토링-우수멘토 여성가족부장관표창(2005), 한경닷컴 올해의 칼럼니스트상(2005·2007), IBA(The International Business Awards) Best Customer Service Executive부문·Finalist Best Executive in Asia부문 수상(2008), 여성가족부 사이버멘토링 대표멘토 선정(2013) (저)'성공하는 여성의 자기경영노트'(2003) '강하고 부드러운 21C형 여성리더십'(2004) '성공하는 여자에겐 이유가 있다'(2004) 'I am Brand'(2004) '경제수명 2050시대-30대 반드시 승부를 걸어라'(2005) '잘나가는 허생팀장에게는 뭔가 특별한 성공법칙이 있다'(2006) '일하면서 책쓰기'(2006) '팀장 브랜드'(2007) '글쓰기 비법열전'(2007) '위대한 리더처럼 말하라'(2007) '27살 여자가 회사에서 일한다는 것'(2008) '대한민국 20대, 말이 통하는 사람이 돼라'(2009) '스무살 때보다 지금 더 꿈꿔라'(2010) '여자의 언어로 세일즈하라'(2011) '회사 돈 내 돈처럼 생각하라'(2011) '맡기는 기술'(2011) '오래 뜨겁게 일한다'(2012) '상사 동료 후배 내 편으로 만드는 51가지'(2013) '취업 필승 전략 119'(2013) '通하는 사람이 이긴다'(2014) (역)'피터 드러커의 위대한 혁신'(2006) '자신감 UP 노트'(2006)

전미화(全美花·女) JEON Mi Hwa

(생)1975·2·21 (출)인천 (주)대전광역시 서구 둔산중로78번길 15 대전지방검찰청 인권감독관실(042-470-4544) (학)1993년 고척고졸 1997년 고려대 법학과졸 (경)1998년 사법시험 합격(40회) 2001년 사법연수원 수료(30기) 2001년 수원지검 검사 2003년 전주지검 군산지청 검사 2004

년 울산지검 검사 2006년 미국연수 2008년 의정부지검 검사 2010년 창원지검 검사 2012년 서울서부지검 검사 2014년 인천지검 검사 2015년 광주지검 검사 2017년 수원지검 안산지청 검사 2017년 同안산지청 부부장검사 2018년 여성가족부 파견 2019년 대전지검 인권감독관(현)

전민식(田敏植)

(생)1963·4·8 (출)충남 부여 (주)충청북도 청주시 흥덕구 직지대로 407 청주세관(043-717-5700) (학)대전 대신고졸, 세무대학졸(1회), 한국방송통신대 무역학과졸 (경)1983년 관세청 공무원 임용 2006년 同성과관리담당관실 BSC 사무관 2008년 인천본부세관 통관지원과장 2010년 同수입1과장 2011년 관세국경관리연수원 행정과장 2012년 관세청 통관기획과 서기관 2013년 同정보관리과장 2015년 서울본부세관 FTA집행국장 2017년 인천본부세관 감시국장 2017년 同특송통관국장 2019년 관세국경관리연수원 인재개발과장 2019년 청주세관장(현)

전민현(全民鉉) Jeon, Minhyon

(생)1957·11·1 (주)경상남도 김해시 인제로 197 인제대학교 총장실(055-334-7111) (학)1981년 한양대 공대 금속공학과졸 1990년 미국 켄터키대 대학원 금속공학과졸 1995년 공학박사(미국 Univ. of Florida, Gainesville) (경)1982~1988년 국방과학연구소(ADD) 연구원 1989년 미국 Univ. of Kentucky Materials Science and Engineering Research Assistant 1996~1999년 삼성종합기술원 Material and Device Sector·광전자연구실 수석연구원 1999년 인제대 공대 나노융합공학부 교수(현) 2004~2006년 同연구교류처장 겸 산학협력단장 2006~2013년 BK21 나노기술기반전문인력양성사업단 단장 2012년 인제대 나노매뉴팩처링연구소장 2013~2017년 BK21+ 나노융합부품사업단 단장 2017~2019년 인제대 BNIT융합대학장 2019년 同총장(현)

전범권(全凡權) CHUN Bom Kwon

(생)1962·12·28 (출)충북 영동 (주)서울특별시 동대문구 회기로 57 국립산림과학원(02-961-2501) (학)1982년 대전 동일고졸 1986년 고려대 임학과졸 1993년 국방대학원졸 2003년 미국 미주리주립대 대학원 임학과졸 2007년 침례신학대 대학원 신학과졸 2016년 북한학박사(북한대학원대) (경)1991년 산림청 임업기좌 1991년 同임정과 통계조사담당 1994년 同임업사무관 1994년 同남원영림서 사업과장 1995년 同산림경영국 산지계획과 임업사무관 1996~1999년 同산림경영과 임업사무관·임업서기관 1999년 同임업정책국 산지관리과 임업서기관 2000~2001년 한국농촌경제연구원 파견 2004년 산림청 산림보호과장 직대 2005년 중부지방산림관리청장 2006년 산림청 산림자원과장 2006년 同산림자원팀장(서기관) 2007년 同산림자원팀장(부이사관) 2008년 同산림자원국 자원육성과장 2009년 同산림자원과장 2010년 同산림정책과장 2011년 同산림이용국장(고위공무원) 2013년 동부지방산림청장 2014년 국제연합식량농업기구 파견(고위공무원) 2017년 산림청 산림산업정책국장 2017년 북부지방산림청장 2019년 국립산림과학원 원장(현) (상)산림청장표창(1994), 국무총리표창(1997), 근정포장(2006) (종)기독교

전범수

(생)1968 (주)경기도 안산시 상록구 한양대학로 55 한양대학교 신문방송학과(031-400-5417) (학)1991년 한양대 신문방송학과졸 1993년 同대학원 신문방송학과졸 2002년 커뮤니케이션학박사(미국 뉴욕주립대 버펄로교) (경)2005년 한양대 ERICA캠퍼스 언론정보대학 신문방송학과 교수(현) 2008년 한국언론학회 총무이사 2008년 서울신문 옴부즈만 2010년 사이버커뮤니케이션학회 연구이사 2008~2011년 MBC '방송과 커뮤니케이션' 편집위원 2010~2012년 한국미디어경영학회 총무이사·연구이사 2010년 한국통신위원회 결합판매심사위원회 위원 2010~2013년 문화체육관광부 리더스포럼 회원 2011년 한국정보통신정책학회 정보통신정책연구 편집위원 2012년 경기방송 옴부즈만 2012~2013년 한국방송학회 미디어정책포럼 회원 2012년 한국케이블TV방송협회 자문위원(현) 2013년 한국방송학회 편집이사·기획이사·연구이사 2013~2016년 서울신문 독자권익위원회 위원 2017년 한양대 ERICA캠퍼스 언론정보대학장(현) (상)한양대 베스트티처상(2005), 한양대 강의우수교수상(2008) (저)'글로벌 미디어기업'(2013) '미국과 유럽의 미디어기업 인수합병'(2013) '창조경제 실현을 위한 콘텐츠 산업발전 방안연구'(2013) '무료방송(지상파방송 등) 시장 경쟁상황 분석체계 연구'(2013) 외 다수

전범재(全範宰)

(생)1971·7·7 (주)대전광역시 서구 청사로 189 특허청 반도체심사과(042-481-5785) (학)1989년 충북 제천고졸 1995년 한양대 전기공학과졸 (경)1995년 총무처 5급 공채 합격 1996년 특허청 심사4국 영상기기심사담당관실 사무관 2002년 同전기심사담당관실 사무관 2003년 同반도체2심사담당관실 서기관 2004년 同전기전자심사국 응용소자심사담당관실 서기관 2006~2008년 특허심판원 심판8부 심판관 2008년 특허청 정보통신심사국 심사관 2011년 특허심판원 심판관 2013년 특허청 유비쿼터스심사팀장 2013년 同특허심사3국 멀티미디어방송심사팀장 2015년 특허심판원 심판8부 심판관 2016~2018년 특허청 국외훈련 2018년 특허심판원 심판10부 심판관 2019년 특허청 반도체심사과장(현)

전병관(全炳寬) CHUN Byung Kwan

(생)1964·8·1 (본)용궁(龍宮) (출)대구 (주)서울특별시 서초구 서초대로 265 대신빌딩 402호 법무법인 율전(02-534-8300) (학)1983년 대륜고졸 1988년 서울대 사법학과졸 (경)1990년 사법시험 합격(32회) 1993년 사법연수원 수료(22기) 1993년 육군 법무관 1996년 부산지법 판사 1999년 창원지법 판사 2000년 수원지법 판사 2001년 미국 펜실베이니아대 로스쿨 연수 2002년 수원지법 판사 2004년 서울고법 판사 2005년 헌법재판소 파견 2008년 청주지법 충주지원장 2010년 수원지법 부장판사 2010~2012년 헌법재판소 부장연구관(파견) 2012~2013년 서울남부지법 부장판사 2013년 변호사 개업 2015년 법무법인 율전 대표변호사(현) 2016~2017년 '박근혜 대통령 탄핵소추안' 심판 대리인

전병국(田炳國) JEON Byeong Kuk

(생)1960·10·1 (출)충남 홍성 (주)인천광역시 남동구 소래로 688 건설기술교육원 원장실(032-460-0201) (학)1979년 공주대사대부고졸 1983년 서울시립대 토목공학과졸 1985년 서울대 대학원 토목공학과졸 2012년 도시공학박사(서울시립대) (경)1983년 기술고시 합격(19회) 1985~1997년 교육부·총무처·충남도교육청·환경처·건설교통부 토목사무관 1997년 건설교통부 주택도시국 도시정책과 시설서기관 2000~2003년 한강홍수통제소 조사과장, 부산항공청 공항시설국장, 국무총리실 안전관리개선기획단 파견 2004년 홍천국도유지건설사무소장 2005년 건설교통부 공공기관지방이전추진단 혁신도시팀장 2006년 同도시계획팀장 2007년 행정중심복합도시건설청 도시계획본부 도시발전정책팀장(부이사관) 2008년 同도시발전정책과장 2009년 국토해양부 도시정책과장 2010년 同공항항행정책관(고위공무원) 2010년 행정중심복합도시건설청 기반시설국장 2011년 국토해양부 한강홍수통제소장 2013년 국토교통부 기술안전정책관 2013~2016년 새만금개발청 차장 2016년 대한건설협회 건설기술교육원장(현) (상)근정포장(2003), 홍조근정훈장(2015)

전병왕(全炳王) Jun Byung Wang

(생)1965·2·21 (출)경북 예천 (주)세종특별자치시 도움4로 13 보건복지부 인사과(044-202-2161) (학)대구 덕원고졸 1991년 서울대 사회학과졸 1995년 同대학원 보건학 석사과정 수료 2003년 미국 콜로라도대 덴버교 행정대학원 행정학과졸 (경)1994년 행정고시 합격(38회) 2007년 보건복지부 기초의료보장팀장 2008년 同의료제도과장 2009년 同보육정책과장 2010년 同인사과장 2012~2013년 국립외교원 파견 2013년 보건복지부 보험정책과장 2014년 同보건의료정책과장 2014년 同사회복지정책실 사회서비스정책관 2015년 국방대 안보과정 교육파견 2016년 보건복지부 장애인정책국장 2017년 대통령 보건복지비서관실 선임행정관(고위공무원) 2017년 보건복지부 기획조정실 정책기획관 2018년 同건강보험정책국 의료보장심의관 2019년 駐제네바대표부 공사참사관(현)

전병욱(田炳旭)

(생)1957·6·29 (주)경상남도 진주시 동진로 155 민주평화통일자문회의 진주시협의회(055-749-7423) (학)대아고졸, 창원대 회계학과졸, 경상대 행정대학원 지방자치학과졸 (경)대익운수(주) 대표이사, 경남화물자동차사업조합 이사, 진주서장대로타리클럽 회장, 진주청년회의소 회장, 경상대총동창회 부회장 1998·2002·2006~2010년 경남 진주시의회 의원 2004년 同부의장 2006~2010년 同기획총무위원 2017년 민주평통 진주시협의회 회장(현)

전병욱(全炳旭) JUN Byoung Wook

(생)1959·2·24 (출)충북 옥천 (주)충청남도 예산군 삽교읍 도청대로 600 충청남도체육회 사무처(041-635-0100) (학)1978년 대전공업고졸 1984년 한양대 토목공학과졸 2002년 미국 오레곤대 대학원 도시계획학과졸 (경)1986년 기술고등고시 합격(22회) 1999년 충남도 건설교통국 건설정책과장 2001년 同건설교통국 도로교통과장 2003년 미국 오레곤대 국외훈련 파견 2006년 충남도 종합건설사업소장 2007년 同건설교통국장(지방부이사관) 2010년 同도청이전추진본부장 2011년 미국 미주리대 국외훈련 파견 2012년 충남도 자치행정국장 2013년 천안시 부시장(지방이사관) 2015년 충남도 재난안전실장 2017년 충남도체육회 사무처장(현) (상)충청남도 교관강의연찬대회 최우수상(1994), 공주대학교발전 유공공무원 공로패(1998), 근정포장(2005)

전병욱(全炳昱) CHUN Byung Wook

(생)1964·2·22 (출)인천 (주)서울특별시 용산구 한강대로 32 (주)LG유플러스 임원실(1544-0010) (학)1982년 제물포고졸 1986년 서울대 경영학과졸 1988년 同경영대학원졸 (경)1988년 LG생활건강 마케팅부 대리 1994년 LG 회장실 경영혁신추진본부 차장 2000년 LG텔레콤(주) Corporate팀장 2001년 同Corporate Audit담당 상무 2002년 同전략개발실장 겸 Corporate Audit담당 상무 2004년 同전략개발실장 2006년 同법인사업부장(상무) 2008년 同강남사업부장(상무) 2010년 (주)LG유플러스 CV추진실장(상무) 2011년 同유통전략실장(상무) 2011년 同SC본부 서비스플랫폼사업부장(전무) 2013년 同고객서비스실 전무(CCO) 2017년 同CSO(전무)(현)

전병율(全柄律) Byungyool Jun

(생)1960·5·1 (본)정선(旌善) (출)서울 (주)경기도 포천시 해룡로 120 차의과학대학교 의학전문대학원 예방의학교실(031-881-7023) (학)홍익대사대부고졸, 연세대 의대졸, 同대학원 보건학과졸, 보건학박사(연세대) (경)1989년 공무원 특채임용 2004년 국립마산병원 원장 직대 2006년 보건복지부 보건정책팀장(부이사관) 2007년 同보험연금정책본부 보험급여평가팀장 2007년 同질병관리본부 전염병대응센터장 2010년 同대변인 2010년 同공공보건정책관(고위공무원) 2011~2013년 同질병관리본부장 2013~2015년 연세대 보건대학원 국제보건학과 교수 2014~2015년 同의료원 국민고혈압사업단 의료사업부 부단장 2014~2019년 한국건강증진개발원 비상임이사 2015년 국민안전처 정책자문위원 2015년 차의과학대학 의학전문대학원 예방의학교실 교수(현) 2015~2017년 차병원그룹 대외협력본부장, 차의과학대 보건산업대학원장(현) (상)근정포장(2007)

전병일(田炳日) CHON Byung Il

(생)1950·10·9 (출)전북 정읍 (주)전라북도 정읍시 금붕1길 78 정읍성결교회(063-533-3131) (학)1972년 호남고졸 1976년 서울신학대졸 1985년 미국 인디애나크리스찬대 대학원 신학과졸 1992년 목회학박사(미국 캘리포니아신학대) 1994년 미국 웨스턴신학대 대학원 수료(교회행정학 전공) (경)1976년 서울 관악교회 전도사 1977~1979년 십자군전도대 시무 1980~1985년 전북 군산중앙교회 전도사·부목사 1982년 목사 안수(기독교대한성결교회총회) 1985년 전북 정읍성결교회 담임목사(현) 1988·1999년 정읍시기독교교회연합회 회장 1988~2004년 학교법인 호남학원 감사 1995년 기독교대한성결교회총회 전주지방회장 1998~1991년 러시아 모스크바성결신학대 이사 1998~2007년 정읍시자원봉사연합회 회장 1999년 (재)정읍성결장학회 이사장 2000~2004년 기독교대한성결교회총회 호남지역총회 총무 2000년 同평신도부장 2002년 同총회유지재단 이사 2003년 호성신학교 교장 2003년 정읍YMCA 초대 이사장 2003~2005년 민주평통 자문위원 2005년 정읍경찰서 경목위원장(현) 2006년 서울신학대총동문회 부회장·감사 2007년 기독교대한성결교회총회 부총회장 2008년 同총회장 2016년 서울신학대 이사장(현) (상)국무총리표창(2001), 기독교대한성결교회총회장표창(2005), 정읍시장표창(2006) (저)'행복한 가정으로 가는 길'(1992) '평화로운 목장' '성장하는 교회는 반드시 이유가 있다(共)'(1999, 진흥) '해피스토리'(2000) '행복이 있는 가정의 풍경'(2006) '서로사랑' (종)기독교

전병일(全炳日) JEON Byeong Eal

(생)1955·3·1 (출)경북 고령 (주)대전광역시 대덕구 대화로119번길 31 (주)알루코 임원실(042-605-8300) (학)대구고졸, 서울대 기계공학과졸 (경)1977년 대우중공업 입사, 대우인터내셔널 폴란드 바르샤바법인 대표(이사), 同독일 프랑크푸르트법인 대표(이사) 2002년 同독일 프랑크푸르트법인 대표(상무) 2004년 同섬유경공업본부장(상무) 2007년 同우즈베키스탄 타슈겐트지사장 겸 중앙아시아 총괄전무 2009년 同영업2부문장(전무) 2010년 同영업2부문장(부사장) 2012년 同영업2부문장(사장) 2014~2015년 同대표이사 사장 2015년 한국무역협회 부회장 2015년 (주)포스코 비상경영쇄신위원회 위원 2015년 同회장 보좌역(사장급) 2015년 同고문 2017년 대우조선해양 경영정상화관리위원회 위원 2019년 (주)알루코 대표이사(현) (상)동탑산업훈장(2010) (종)불교

전병주(全炳宙)

(생)1964·9·18 (주)서울특별시 중구 세종대로 125 서울특별시의회(02-3702-1400) (학)경북 진량고졸, 고려대 영어영문학과졸, 同교육대학원 최고위과정 수료(1년), 同정책대학원 도시및지방행정학과졸 (경)민주당 교육특별위원회 부위원장, 청솔학원 대입학원 영어강사, 김영춘 민주당 최고위원 교육보좌역, 민주당 서울광진甲지역운영위원회 상무위원, (사)인본사회연구소 서울운영위원회 위원(현) 2014~2018년 서울시 광진구의회 의원(새정치민주연합·더불어민주당) 2014년 同기획행정위원장 2018년 서울시의회 의원(더불어민주당)(현) 2018년 同교육위원회 위원(현) 2019년 더불어민주당 서울시당 자치분권위원회 부위원장(현)

전병찬(全丙燦) Bernard Jeon

(생)1955·8·15 (본)천안(天安) (출)충북 청원 (주)서울특별시 금천구 가산디지털1로 2 우림라이온스밸리 2차 1203호 (주)에버다임 사장실(02-801-0700) (학)청주공고졸, 청주대 행정학과졸, 연세대 행정대학원졸, 서울대 최고경영자과정 수료 (경)대우중공업(주) 근무, (주)한우티엔씨 관리·ATT사업총괄 전무이사 2005년 同경영총괄 전무이사 2006~2008년 同대표이사 사장 2008년 (주)에버다임 대표이사 사장(현) 2012~2016년 코스닥협회 부회장 2012년 한국무역협회 충북기업협의회 회장(현) 2015년 同비상근부회장(현) (상)충북도 일류벤처기업인상(2006), 충북지방중소기업청 우수중소기업인상(2006), 국무총리표창(2006), 충북도 기업대상(2007), 4월의 자랑스러운 중소기업인(2009), 지식경제부장관표창(2013), 언스트앤영 산업재부문 최우수기업가상(2014)

전병찬(田丙燦) JEON Byeong Chan

(생)1960·3·24 (출)서울 (주)경기도 용인시 기흥구 강남로 40 강남대학교 경영관리대학 글로벌경영학부(031-280-3960) (학)1978년 휘문고졸 1983년 동국대 경영학과졸 1985년 同대학원졸 1992년 경영학박사(고려대) (경)1988년 성심여대·강남대·동국대 강사 1990년 강남대 경영관리대학 글로벌경영학부 교수(현) 2001년 同사무처장 2002년 同기획처장 2003년 同도시연구원장 2005년 同정책기획조정실장 겸 대학정책사업개발센터장 2006년 同특성화사업단장 2007년 同대외사업운영본부장, 同강남실버산업특성화사업단장(TFT), 同대학전략기획운영단(TFT) 본부장 2010~2011년 同실버산업학부장 2010~2014년 同경영학부장 2015년 同전략지원조정실장 2015년 同특임부총장 2017년 同부총장(현)

전병헌(田炳憲) JUN Byung Hun

(생)1958·3·17 (출)충남 홍성 (학)1976년 휘문고졸 1981년 고려대 정치외교학과졸 1989년 미국 하버드대 대학원 SEP과정 수료 2000년 고려대 정책대학원 경제학과졸 2001년 서울대 행정대학원 고위국가정책과정 수료 (경)1987년 평민당 전문위원 1988~1992년 평민당·신민당·민주당 편집국장 1993년 민주당 조직국장 1995년 국민회의 홍보수석부위원장 1996년 同4.11총선기획단 부단장 1997년 同대선기획단 기획위원 1997년 제15대 대통령직인수위원회 전문위원 1998년 대통령 정무비서관 1999년 대통령 정책기획비서관 2001년 대통령 국정상황실장 2002~2003년 국정홍보처 차장 2003년 새천년민주당 정책위원회 상임부의장 2003년 열린우리당 정책위원회 상임부의장 2003년 열린정책포럼 대표 2004년 제17대 국회의원(서울 동작구甲, 열린우리당·대통합민주신당·통합민주당) 2004년 열린우리당 원내부대표 2005~2007년 同서울시당 중앙위원 2005~2006년 同대변인 2007년 중도개혁통합신당추진모임 전략기획위원장 2007년 대통합민주신당 정동영 대통령후보 중앙선거대책위원회 홍보기획실장 2008년 제18대 국회의원(서울 동작구甲, 통합민주당·민주당·민주통합당) 2008년 한국신문윤리위원회 윤리위원 2009년 민주당 정세균당대표 특보단장 2009년 同전략기획위원장 2010~2011년 同정책위원회 의장 2010년 국회 예산결산특별위원회 계수조정소위원 2011년 한국정학연구소 이사장 2012~2016년 제19대 국회의원(서울 동작구甲, 민주통합당·민주당·새정치민주연합·더불어민주당) 2012년 국회 문화체육관광방송통신위원회 위원 2012년 국회 여성가족위원회 위원 2012년 국회 지방재정특별위원회 위원 2013년 민주통합당 비상대책위원회 대선평가특별위원회 부위원장 2013~2014·2016~2017년 한국e스포츠협회(KeSPA) 회장 2013~2018년 국제e스포츠연맹(IeSF) 회장 2013·2014년 국회 미래창조과학방송통신위원회 위원 2013년 국회 방송공정성특별위원회 위원장 2013년 민주당 원내대표 겸 최고위원 2014년 새정치민주연합 원내대표 겸 최고위원 2014년 국회 국민안전혁신특별위원회 위원장 2015년 새정치민주연합 최고위원 2015년 同민주당60주년기념사업추진위원회 위원장 2015년 대한적십자사 박애문화위원 2015~2016년 더불어민주당 최고위원 2016년 同더불어경제선거대책위원회 공동부위원장 겸 서울시선거대책위원회 공동위원장 2017년 同제19대 문재인 대통령후보 중앙선거대책본부 전략본부장 2017년 대통령 정무수석비서관 (상)황조근정훈장(2001), 의정행정대상 국회의원부문(2010), 희망·사랑나눔재단 선정 모범국회의원(2013), 대한민국 국회의원 의정대상(2013), 경제정의실천시민연합 국정감사 우수의원(2014), 서울신문 서울석세스대상 정치대상(2014), 한국언론사협회 대한민국우수국회의원대상 특별대상(2014), 시민일보 의정·행정대상(2015) (저)'승리로 가는 길'(1992) '일류가 아니면 포기하라'(1993) '민주에서 통일로'(1994) '생활과 정책'(2004) '전병헌 비타민정치'(2007) '전병헌의 비타민발전소'(2010) '전병헌의 비타민복지'(2011) (종)기독교

전병현(田炳玹) JUN Byung Hyun

(생)1953·3·8 (본)담양(潭陽) (출)경남 함양 (주)충청남도 천안시 동남구 만남로 76 (주)월비스 회장실(041-529-5700) (학)1971년 경북고졸 1975년 고려대 법학과졸 1977년 同대학원 법학과졸 1989년 미국 하버드대 법학전문대학원졸 (경)1981~1995년 법무법인 세종(Shin&Kim) 근무 1989년 미국 Paul·Weiss·Rifkind·Wharton & Garrison 법률사무소 근무 1990년 미국 Milbank·Tweed·Hadley & McCloy 법률사무소 근무 1990년 미국 Thelen·Marrin·Johnson & Brides 법률사무소 근무 1993~1995년 미국 하버드대 Law School 객원연구원 1995~1999년 한국M&A(주) 대표이사 부사장 1996년 영우통상(주) 전무이사 1996~2009년 (주)미래와사람 대표이사 부사장·사장 1997년 건국대 국제대학원 강사 2001년 (주)미래넷 대표이사 사장 2003년 서울가정법원 조정위원 2004년 駐韓도미니카공화국 명예총영사(현) 2009년 (주)월비스 대표이사 사장 2015년 同대표이사 회장(현) 2016~2018년 고려대 법과대학교우회 회장 (상)한국무역협회 이달의 무역인상(1999), 도미니카공화국 3인국부공로훈장, 대통령표창 (종)천주교

전병호(全炳昊) JUN Byoung Ho

(생)1944·4·20 (출)서울 (주)서울특별시 종로구 율곡로 264 기독교대한복음교회총회 신학교(02-462-7592) (학)1962년 배재고졸 1967년 연세대 신학과졸 1972년 同연합신학대학원졸 (경)1972년 남천중앙교회 목사 1974년 전주 영생학원(영생고·영생여고) 교목 1977년 기독교대한복음교회 사무국장 1979년 제주복음교회 목사 1980~1982·1990~1992년 한국기독교사회봉사회 부회장 1982~1984년 제주대·제주전문대 강사 1990년 부산기독교교회협의회 회장 1992~2002년 군산환경운동시민연합 대표 1992년 군산 신풍복음교회 목사 1995년 한국복음신학교 교장 2000년 군산기독교연합회 총무 2000~2001년 한국기독교교회협의회(NCCK) 부회장 2001년 기독교방송 이사 2002년 한국기독교교회협의회(NCCK) 회장 2002~2008년 CBS기독교방송 이사 2003년 기독교대한복음교회 부총회장 2004~2014년 군산 나운복음교회 담임목사 2007년 기독교대한복음교회 총회장 2007~2009년 한국기독교교회협의회(NCCK) 생명윤리위원회 위원장 2009~2014년 대한기독교서회(CLS) 이사 2009~2010년 한국기독교교회협의회(NCCK) 회장 2010년 同화해통일위원회 위원장 겸임 2012년 기독교대한복음교회총회 신학교 총장(현) 2012년 군산기독교연합회 회장 2015년 전북교회역사문화연구원 원장(현) (저)'최래용 목사의 생애와 사역' '제주방언 마가복음' '복음교회50년사' (종)기독교

ㅈ

전병호(全炳鎬) Jun Byung Ho

(생)1952 · 10 · 6 (주)서울특별시 용산구 후암로4길 10 헤럴드(02-727-0114) (학)조선대 법정대학 정치외교학과졸 (경)1978~1984년 (주)한국경제신문 사회부 근무 1989년 (사)서광주청년회의소 회장 1992년 한국JC연수원 교수 2002년 광주매일신문 부사장 2010년 호남매일신문 부회장 2012년 광남일보 부회장 2014년 광주불교방송 운영위원회 부위원장 2015년 남도일보 부회장(현) 2019년 (주)헤럴드 부회장(현)

전본희(全本熙) Jeon Bon Hee

(생)1964 · 12 · 4 (본)천안(天安) (출)전남 보성 (주)서울특별시 종로구 북촌로 112 감사연구원 연구지원과(02-2011-2114) (학)1982년 광주 서석고졸 1991년 목포대 경제학과졸 1995년 서울대 대학원 행정학과졸 2009년 미국 듀크대 정책대학원 정책학과졸 (경)1994년 행정고시 합격(38회) 1995~2005년 감사원 부감사관 2006~2010년 同감사관 2010~2013년 同전략과제감사단 제3과장 2013년 경기도 감사관 2016년 감사원 지방행정감사1국1과장(부이사관) 2017년 同공공기관감사국 제3과장 2018년 同정보관리단 정보관리1과장 2019년 同감사연구원 연구지원과장(현) (상)감사원장표창(1998 · 2003), 대통령표창(2005 · 2015)

전봉근(田奉根) JUN Bong Geun

(생)1958·5·7 (출)부산 (주)서울특별시 서초구 남부순환로 2572 국립외교원 안보통일연구부(02-3497-7654) (학)1977년 경북고졸 1982년 서울대 외교학과졸 1984년 同대학원졸 1992년 정치학박사(미국 오리건주립대) (경)1984년 부산외국어대·동의대 강사 1985년 한외종합금융 근무 1993년 서울대 강사 1993년 대통령 외교안보비서관 1997년 한반도에너지개발기구(KEDO) 전문위원 2002년 한나라당 이회창대통령후보 외교특보 2003년 통일부 장관 정책보좌관 2005년 외교안보연구원 안보·통일연구부장 2007년 同교수 2011년 외교통상부 핵안보정상회의 자문위원 2011년 한반도포럼 회원(현) 2012~2017년 국립외교원 안보통일연구부장 2017년 同안보통일연구부 교수(현) 2019년 외교안보연구소장 직대(현)

전봉희(全鳳熙) Jeon, Bong Hee

(생)1963 · 1 · 15 (주)서울특별시 관악구 관악로 1 서울대학교 공과대학 건축학과(02-880-8761) (학)1985년 서울대 건축학과졸, 同대학원졸 1992년 공학박사(서울대) (경)목포대 건축학과 교수 1997년 서울대 공과대학 건축학과 교수(현) 2002년 일본학술진흥회 초빙연구원 2003~2004년 미국 하버드대 연경학사 객원연구원 2010~2011년 미국 캘리포니아대 버클리교 풀브라이트 객원연구원, 서울대 규장각한국학연구원 운영위원, 同박물관 운영위원, 서울학연구소 운영위원 2018년 한국건축역사학회 회장(현) 2018년 한국공학한림원 회원(건설환경공학 · 현) 2019년 서울대 박물관 관장(현) (상)서울대 교육상(2017) (저)'중국북경가가풍경'(2003, 공간) '3칸×칸 한국 건축의 유형학적 접근(共)'(2006, 서울대 출판부) '한옥과 한국 주택의 역사(共)'(2012, 동녘) '한국 근대도면의 원점(共)'(2012, 서울대 출판문화원) '김정식 구술집(共)'(2013, 마티) '전환기의 한국 건축과 4.3 그룹(共)'(2014, 집) '김태수 구술집(共)'(2016, 마티) (역)'서양목조건축'(1995, 발언)

전삼현(全三鉉) CHUN Sam Hyun

(생)1962 · 10 · 15 (본)천안(天安) (출)강원 횡성 (주)서울특별시 동작구 상도로 369 숭실대학교 법과대학 법학과(02-820-0478) (학)1981년 장훈고졸 1986년 숭실대 법학과졸 1988년 同대학원졸 1992년 법학박사(독일 Frankfurt Univ.) (경)1989~1992년 독일 Kohrad-Adenauer재단 초청장학생 1993~2004년 숭실대 법학과 조교수 · 부교수 1995년 한국항공우주법학회 상임이사 1999~2002년 대한상사중재원 중재인 1999~2002년 숭실대 생활협동조합 부이사장 1999년 중앙이코노미스트 칼럼니스트 2000년 한국경영자총협회 인증센터 운영위원 2001년 숭실대 2부대학장 2003년 기업소송연구회 초대회장(현) 2004년 숭실대 법학과 교수(현) 2006년 同소비자생활협동조합 이사장 2007~2009년 국세청 국세공무원교육원 초빙교수 2008~2009년 숭실대 교양 · 특성화대학장 2008년 방송통신위원회 자체평가위원 2009년 한국전문경영인학회 부회장 2009년 기업법률포럼 상임대표 2010년 국방부 정보공개심의위원 2011년 법무부 상법제정특별위원 2012~2014년 한국자산관리공사 비상임이사 2012년 삼성증권 사외이사 (상)문교부장관표창(1988) (저)'은행진입규제와 법'(1997) '은행자율과 법'(1998) '회사법의 쟁점'(1999) '사외이사와 감사위원회'(1999) '금융지주회사법의 문제와 대안'(2002) '단독전환사채제도의 개선방안'(2003) '독일의 감사회와 근로자경영참여'(2004) '증권사설립 및 업무영역규제 개선방안'(2004) (종)기독교

전상국(全商國) JEON Sang Guk (洪雲)

(생)1940 · 3 · 24 (본)정선(旌善) (출)강원 홍천 (주)강원도 춘천시 신동면 실레길 25 (사)김유정기념사업회(033-261-4650) (학)1960년 춘천고졸 1963년 경희대 국어국문학과졸 1985년 同대학원 국문학과졸 (경)1963년 조선일보 신춘문예에 소설 '동행' 당선, 소설가(현) 1964~1966년 육민관고 교사 1966~1972년 춘천중 교사 1972~1985년 경희고 교사 1985~2005년 강원대 국어국문학과 교수 1990년 한국소설가협회 운영위원 1995년 한국문인협회 이사 2002~2018년 김유정문학촌 촌장 2002~2018년 (사)김유정기념사업회 이사장 2002년 민족문학작가회의 자문위원 2005~2008년 경희대 국문학과 객원교수 2006년 강원대 국어국문학과 명예교수(현) 2010년 강원대 외부입학사정관 2018년 대한민국예술원 회원(소설 · 현) 2018년 (사)김유정기념사업회 명예이사장(현) (상)현대문학상(1977), 한국문학작가상(1979), 대한민국문학상(1980), 동인문학상(1980), 윤동주문학상(1988), 김유정문학상(1990), 한국문학상(1996), 후광문학상(2000), 이상문학상특별상(2003), 현대불교문학상(2005), 홍조근정훈장(2005), 동곡사회복지재단 제8회 동곡상 문화예술부문(2013), 제27회 경희문학상(2014), 이병주국제문학상(2015), 보관문화훈장(2018) (저)'바람난 마을'(1977) '하늘 아래 그 자리'(1979) '우상의 눈물'(1980) '아베의 가족'(1980) '늪에서 바람이'(1980) '외등'(1980) '우리들의 날개'(1981) '식인의 나라'(1981) '불타는 산'(1984) '길'(1985) '늪에서는 바람이'(1986) '형벌의 집'(1987) '지빠귀 둥지 속의 뻐꾸기'(1989) '당신도 소설을 쓸 수 있다'(1991) '외딴길'(1993) '유정의 사랑'(1993) '투석'(1995) '참 예쁘다'(1996) '사이코'(1996) '우리 때는'(1997) '온 생애의 한순간'(2005) '남이섬'(2011) '전상국의 즐거운 마음으로 글쓰기'(2012) '춘천산 이야기'(2014, 조선뉴스프레스) 수필 '우리가 보는 마지막 풍경'(2000), '길 위에서 만난 사람들'(2005), '물은 스스로 길을 낸다'(2005), 작가연구서 '김유정'(1995)

전상언(全相彦)

(생)1960 (주)서울특별시 영등포구 여의대로 128 LG트윈타워 LG디스플레이(주) 품질경영센터(02-3777-1114) (학)경북대 전자공학과졸 (경)2009년 LG디스플레이(주) IT고객지원담당 상무 2016년 同TV고객지원담당 전무 2017년 同품질Center장(전무) 2018년 同품질경영센터장(전무)(현)

전상인(全相仁) JUN Sang In

(생)1958·1·4 (출)대구 (주)서울특별시 관악구 관악로 1 서울대학교 환경대학원 환경계획학과(02-880-9390) (학)1976년 대륜고졸 1980년 연세대 정치외교학과졸 1982년 同대학원 정치학과졸 1987년 미국 브라운대 대학원 사회학과졸 1991년 사회학박사(미국 브라운대) (경)1990~1991년 연세대·

한양대·숙명여대 강사 1992년 민족통일연구원 책임연구원 1995년 한림대 사회학과 조교수 1996년 한국사회사학회 회원·부회장 1996년 한림대 사회조사연구소장 1997년 연세대 현대한국학연구소 객원연구원 1998년 한림대 사회교육원장 1998~1999년 同기획처 부처장 1998~2005년 同부교수·교수 2004년 同대외협력처장 2005년 서울대 환경대학원 환경계획학과 교수(현) 2005~2012년 한국미래학회 회장 2010~2011년 서울대 환경대학원 부원장 2010~2012년 대통령직속 미래기획위원회 위원 2012~2018년 서울스프링실내악축제 대표 겸 집행위원장 2013~2015년 서울대 환경계획연구소장 (저)'이승만연구 – 독립운동과 대한민국 건국'(2000) '고개숙인 수정주의'(2001) '세상과 사람사이'(2001) '농지개혁연구'(2001) '한국과 6.25전쟁'(2002) '우리 시대의 지식인을 말한다'(2006) '아파트에 미치다 – 현대한국의 주거사회학'(2009) '10년후 세상 – 개인의 삶과 사회를 바꿀 33가지 미래상'(2011) '인문학자 과학기술을 탐하다 – 인문학과 과학기술의 융합은 어떻게 이루어지는가'(2012) '강과 한국인의 삶'(2012) '옥상의 공간사회학'(2013) '편의점 사회학'(2014, 민음사) (역)'국가처럼 보기'(2010, 에코리브르)

전상직(全商直) Sangjick JUN

(생)1963·10·23 (출)강원 홍천 (주)서울특별시 관악구 관악로 1 서울대학교 음악대학 작곡과(02-880-7900) (학)1982년 춘천제일고졸 1986년 서울대 음악대학 작곡과졸 1992년 同대학원 음악과졸 1995년 오스트리아 모차르테움국립음대 대학원 작곡과졸 (경)2000년 서울대 음악대학 작곡과 교수(현) 2016년 同음악대학장(현) (상)동아음악콩쿠르 작곡부문 1위, 대한민국작곡상 실내악부문(2006·2010·2012·2014), 교육부장관표창(2013) (저)'백병동 화성학 해제집'(1993) '바르톡 작곡기법 입문'(2002) '메시앙 작곡기법'(2005, 음악춘추사) '음악의 원리'(2014, 음악춘추사) (종)기독교

전상태(全相泰)

(생)1967 (주)서울특별시 서초구 헌릉로 12 현대자동차그룹 기획조정실 2실(02-3464-1114) (학)서울대 경제학과졸, 미국 매사추세츠공대 대학원 경영학과졸 (경)현대자동차그룹 혁신전략팀장(이사), 同혁신전략실장(상무), 同혁신전략실장 겸 산업분석실장(전무), 同경영기획1팀장 겸 경영지원1팀장 2019년 同기획조정2실장(부사장)(현)

전상혁(全相赫) Jun sang-hyuk

(생)1959·8·14 (본)정선(旌善) (출)충북 제천 (주)경기도 용인시 처인구 남사면 각궁로 252-76 국립중앙청소년디딤센터 사무국(070-4420-1903) (학)1976년 제천고졸 1993년 한국방송통신대 행정학과졸 2001년 명지대 사회교육대학원 청소년지도학과 수료 2005년 연세대 행정대학원 사회복지학과졸 (경)1990~1998년 문화공보부 문화재관리국 근무(행정주사) 1999~2006년 국무총리실 국가청소년위원회 근무(행정사무관) 2007~2011년 보건복지부 사회복지정책실·여성가족부 권익증진국 근무(서기관) 2012·2015~2016년 여성가족부 인권보호점검팀장 2013~2015년 同다문화가족지원과장 2017년 국립중앙청소년디딤센터 사무국장(현) (상)문화공보부장관표창(1986), 국무총리표창(1992), 대통령표창(2006), 홍조근정훈장(2018) (종)불교

전상훈(錢相勳) JHEON Sang Hoon

(생)1959·11·14 (주)경기도 성남시 분당구 구미로 173번길 82 분당서울대학교병원 흉부외과(031-787-7133) (학)1984년 경북대 의대졸 1990년 계명대 대학원졸 1994년 의학박사(계명대) (경)1996~2000년 경북대 의대 흉부외과학교실 조교수·부교수 2000~2003년 대구가톨릭대 의대 흉부외과학교실 부교수, 일본 국립암센터 폐외과 연구원, 미국 하버드의대 매사추세츠병원 흉부외과 연구원 2003년 서울대 의과대학 흉부외과학교실 교수(현) 2009~2012년 분당서울대병원 폐센터장 2010년 同의료기기시험센터장 2010년 同흉부외과장 2010년 同홍보대외정책실장 2012년 서울대 의대 흉부외과학교실 주임교수 2012년 대한민국의학한림원 정회원(현) 2012년 아시아흉강경수술교육단 초대회장 2013~2016년 분당서울대병원 기획조정실장 2015~2017년 대한흉부종양외과학회 회장 2016~2019년 분당서울대병원 병원장 2018~2019년 대한병원협회 병원정보관리부위원장 2019년 아시아심장혈관흉부외과학회 회장(현) (상)산업통상자원부장관표창 (저)'흉강경수술아틀라스' '생체폐이식'

전상훈(田尙勳) JUN Sang Hun

(생)1965·11·23 (본)담양(潭陽) (출)경남 창원 (주)부산광역시 연제구 법원로 31 부산지방법원(051-590-1114) (학)1984년 마산고졸 1988년 부산대 법학과졸 1990년 同대학원졸 (경)1990년 사법시험 합격(32회) 1993년 사법연수원 수료(22기) 1996년 서울지검 동부지청 검사 1998년 창원지검 밀양지청 검사 1999년 울산지검 검사 2000년 변호사 개업 2001년 부산지법 판사 2004년 부산고법 판사 2007년 부산지법 동부지원 판사 2009년 창원지법 부장판사 2011년 부산지법 부장판사 2011년 사법연수원 사법연구원 겸임 2015년 창원지법 마산지원장 2017년 부산지법 부장판사 2018년 同수석부장판사(현)

전생규(全生奎)

(생)1961·7·20 (주)서울특별시 영등포구 여의대로 128 LG전자(주) CTO특허센터(02-3777-1114) (학)성동고졸, 성균관대 전자공학과졸 (경)1987년 금성사 중앙연구소 특허관리실 입사 1998년 LG전자 특허전략실 근무 2005년 同CTO Multimedia특허팀장(상무) 2011년 同CTO특허전략/분석팀장(상무) 2014년 同CTO특허센터장(전무) 2018년 同CTO특허센터장(부사장)(현)

전서영(全叙映·女)

(생)1976·10·21 (출)경북 예천 (주)경상북도 김천시 물망골길 39 대구지방법원 김천지원(054-420-2114) (학)1995년 대전 호수돈여고졸 2000년 고려대 법학과졸 (경)2000년 사법시험 합격(42회) 2003년 사법연수원 수료(32기) 2003년 대전지법 천안지원 예비판사 2005년 대전지법 판사 2006년 수원지법 판사 2009년 서울중앙지법 판사 2011년 서울남부지법 판사 2015년 서울중앙지법 판사 2017년 서울남부지법 판사 2018년 대구지법 김천지원·대구가정법원 김천지원 부장판사(현)

전석기(全奭基)

(생)1955·12·12 (출)경기 파주 (주)서울특별시 중구 세종대로 125 서울특별시의회(02-3702-1400) (학)1984년 서울시립대 건축공학과졸 2010년 同대학원 도시계획학과졸 2015년 상명대 대학원 부동산학 박사과정 수료 (경)1981년 서울시 공무원 임용 2003년 서울 중랑구 건축과장 2010년 서울 양천구 도시디자인국장 2011년 서울 중랑구 도시환경국장 2011년 同도시환경국장 2014년 同부구청장 2014~2017년 서일대 건축공학과 겸임교수 2015년 서울 영등포구 건축위원회 위원 2016년 서울 강남구 건축위원회 위원 2017년 同청사건립추진위원회 위원 2017년 서울 노원구 도시·건축공동위원회 위원, (주)금영제너럴 대표이사 2018년 서울시의회 의원(더불어민주당)(현) 2018년 同도시안전건설위원회 위원(현) 2018년 同정책위원회 위원(현) 2018년 同예산결산특별위원회 위원 2019년 同윤리특별위원회 부위원장(현) (상)장관급표창(1999), 국무총리표창(2004), 홍조근정훈장(2014), 국토교통부장관표창(2017)

전성규(全星圭) JEON Seong Gyu

(생)1964·10·14 (본)옥천(沃川) (출)강원 평창 (주)경기도 파주시 와석순환로172번길 16 대한상공회의소 경기인력개발원(031-940-6801) (학)검정고시 합격, 강원대 사회학과졸 2002년 同경영행정대학원 부동산학과졸 (경)대한상공회의소 인력개발사업단 운영실 기획예산팀장 2009년 同강원인력개발원 행정처장 2011년 同인력개발사업단 기획예산팀장 2012년 同인력개발사업단 능력개발실장 2014년 同인력개발사업단 강원인력개발원장 2015년 同인력개발사업단 HR사업실장 2017년 同충남인력개발원장 2018년 同경기인력개발원장(현) (상)국무총리표창, 신인문학상(시인정신), 강원일보 박건호노랫말공모전 대상, 강원일보 김유정탄생100주년기념 전국문예작품공모전 당선, 강원문학작가상, 근로자문화예술상, 경북일보 문학상, 제1회 홍완기문학상 대상(2014), 경북일보 문학대전 당선(2014) (저)시집 '고향.com'(2003) '그리움만 남겨두고'(2006) '그리움.com'(2008) '빗방울을 열다(共)'(2010) '어떤 슬픔'(2011) '상처에 피어나는 것들'(2012) 산문집 '시골길과 완행버스'(2012) 외 다수 (작)가곡 작사 '그대가 별이라면 나는'(2008) '그리운 그대'(2009) '찬바람이 불면'(2010) '향수'(2011) '당신이 머물고 간 자리'(2013) '5월의 신부에게'(2014) 등 10편

전성배(田成培) Jun Sung Bae

(생)1965·2·15 (출)전북 군산 (주)세종특별자치시 가름로 194 과학기술정보통신부 기획조정실(044-202-4400) (학)1983년 군산동고졸 1990년 연세대 행정학과졸 1992년 서울대 행정대학원 수료 1998년 미국 콜로라도대 대학원 정보통신공학과졸(석사) (경)1991년 행정고시 합격(34회) 1993년 스위스 만국우편연합(UPU) 파견 1994년 정보통신부 우정국 근무 1998년 同정보화기획실 정보보호기획과 근무 2001년 유엔 아·태경제사회위원회(UNESCAP) IT전문가 파견 2003년 남부산우체국장 2004년 한국전산원 파견 2006년 정보통신부 정책홍보관리본부 법무담당관 2007년 同전파방송기획단 전파방송산업팀장 2008년 방송통신위원회 방송통신융합정책실 전파감리정책과장 2009년 同통신이용제도과장 2010년 同전파정책기획과장 2011년 同정책총괄과장(부이사관) 2012년 同국제협력관(일반직고위공무원) 2013년 중앙공무원교육원 교육파견(국장급) 2014년 미래창조과학부 전파정책국장 2016년 同대변인 2017년 과학기술정보통신부 대변인 2017년 同통신정책국장 2018년 同기획조정실장(현) (상)체신부장관표창(1994), 국가정보원장표창(2001), 근정포장(2009), 홍조근정훈장(2015)

전성복(全聖福) JUN Sung Bok

(생)1959·1·25 (본)천안(天安) (출)전북 무주 (주)울산광역시 남구 대학로 93 울산대학교 디자인건축융합대학 디자인학부(052-259-2623) (학)1990년 부경대 산업디자인학과(시각디자인전공)졸 1993년 일본 규슈산업대 대학원 예술연구학과졸 2005년 조형예술학박사(일본 규슈산업대) (경)개인전4회, 단체전160회 1994년 동서대 시각디자인학과 교수 1995년 울산대 시각디자인학과 교수, 同커뮤니케이션디자인학전공 교수, 同디자인학부 시각디자인학전공 교수(현), 同디자인대학장보, 同조형연구소장 2010년 同디자인대학장 2017년 同디자인건축융합대학장(현) (상)특허청장표창(2017) (저)'디자인의 이해(共)'(2005, 울산대 출판부) (역)'21세기를 향한 디자인'(1997) (종)불교

전성빈(全成彬·女) CHUN Sung Bin

(생)1953·1·21 (본)정선(旌善) (출)서울 (주)서울특별시 마포구 백범로 35 서강대학교 경영학부(02-705-8080) (학)1971년 경기여고졸 1975년 서강대 문과대 영어영문학과졸 1984년 회계학박사(미국 캘리포니아대 버클리교) (경)1975~1977년 미국 체이스맨해튼은행 근무 1977~1983년 미국 캘리포니아대 버클리교 경영대학원 강의조교·강사 1983~1985년 미국 뉴욕대 경영대학원 조교수 1985~1991년 서강대 경영학과 조교수·부교수 1991~2018년 同경영학부 교수 1991~1993·1997~1998년 서강 하바드 편집위원 1992년 한국회계학회 연구분과위원 1996~1998년 서강대 경영학과 대학원 주임교수 1998~1999년 기획예산처 경영진단조정위원 1998~2000년 同행정개혁위원 1998~2000년 서강대 경영대학원 관리자과정 주임교수 1999~2002년 기획예산처 정부투자기관경영평가단 평가위원 2000~2002년 대통령자문 정부혁신위원회 위원 2000~2002년 국세청 세무사자격심의위원회 위원 2000~2002년 기획예산처 공기업고객만족도평가위원회 위원장 2000~2002년 同기금운영위원회 위원 2000년 한국증권학회 이사 2000~2003년 대통령자문 정부혁신추진위원회 민간위원 2000년 한국회계학회 부회장 2000년 금융감독원 은행경영평가위원회 위원 2000~2005년 행정자치부 책임운영기관평가위원회 위원 2001년 同우리금융지주회사 최고경영자인선위원회 위원 2001~2004년 금융감독원 회계제도자문위원 2002년 문화방송(MBC) 경영평가위원 2002년 정보통신부 우정사업평가단 단원 2003~2006년 서강대 경영학연구소 원장 2003~2006년 재정경제부 세제발전심의위원회 위원 2004~2005년 同정책자문위원 2004~2007년 중앙인사위원회 자체평가위원회 위원 2004~2007년 금융감독위원회 비상임위원 2005~2007년 대통령직속 국민경제자문회의 자문위원 2005~2008년 대통령자문 정부혁신지방분권위원회 위원 2007~2009년 서강대 경영학부 학장 2007년 국무총리실 정부업무평가위원회 위원 2007년 중소기업청 모태조합운용위원회 위원 2007년 신한지주회사 사외이사 2008년 금융감독원 국제회계기준자문단 위원 2008년 LG데이콤 사외이사 2010~2011년 신한금융지주 이사회 의장 2010~2013년 LG유플러스 사외이사 2013~2017년 한국금융투자협회 자율규제위원 2014~2017년 제일모직 사외이사 2015~2018년 현대캐피탈(주) 사외이사 및 감사위원 2018년 서강대 경영학부 명예교수(현) (저)'회계원리' '기업도산의 실제와 이론'(共) (종)천주교

전성식(田盛植) JEON, Sung Sik

(생)1967 (주)서울특별시 종로구 사직로8길 60 외교부 인사기획관실(02-2100-7146) (학)1985년 이리고졸 1992년 고려대 경제학과졸 2003년 미국 일리노이대 대학원 경제학과졸 (경)1996년 행정고시 재경직 합격(40회) 1998~2004년 중소기업청 정책총괄과·조사평가과·금융지원과 행정사무관 2004년 대통령직속 중소기업특별위원회 파견 2005~2006년 중소기업청 창업지원과·창업벤처정책과 서기관 2006년 외교통상부 동아시아통상과 1등서기관 2009년 駐토론토 영사 2012년 駐루마니아 참사관 2014년 외교부 인사기획관실 채용평가팀장 2015년 기획재정부 국제금융협력국 개발협력과장 2017년 駐뉴욕 영사(현)

전성옥(全成鈺) Sung-Ok Chun

(생)1960·4·25 (출)전북 정읍 (주)서울특별시 종로구 율곡로2길 25 연합뉴스 논설위원실(02-398-3114) (학)1977년 이리고졸 1985년 고려대 영어영문학과졸 (경)연합뉴스 익산·군산주재 기자 1997년 同전주지사 차장대우 2000년 同익산주재·군산주재 차장 2002년 同군산주재 부장대우 2005년 同국제뉴스2부 부장급 2006년 同방콕특파원(부장급) 2008년 同방콕특파원(부국장대우) 2009년 同전국부 부국장대우 2011년 同기사심의실 기사심의위원 2011년 同전북취재본부장 2014년 同전국부 기획위원(부국장급) 2015년 同콘텐츠평가실 콘텐츠평가위원 2015년 同전북취재본부 정읍주재 기자(부국장급) 2017년 同콘텐츠평가실 콘텐츠평가위원(국장대우) 2018년 同논설주간(국장급)(현) (상)한국기자협회 '이달(12월)의 기자상'(2000) (저)'역주본 춘향가'(1999) '판소리기행'(2002) '판소리 깊이듣기-적벽가'(2014)

전성원(田盛元) JEON Song Won

(생)1971·8·4 (본)담양(潭陽) (출)서울 (주)광주광역시 동구 준법로 7-12 광주지방검찰청 총무과(062-231-4544) (학)1990년 휘문고졸 1995년 서울대 사법학과졸, 同대학원 법학과 휴학 중 (경)1995년 사법시험 합격(37회) 1998년 사법연수원 수료(27기) 1998년 軍법무관 2001년 서울지검 서부지청 검사 2003년 대전지검 천안지청 검사 2005년 법무부 검찰4과 검사 2006년 同검찰국 국제형사과 검사 2008년 서울중앙지검 검사 2010년 부산지검 부부장검사 2011년 대검찰청 연구관 2013년 춘천지검 속초지청장 2014년 법무부 법무과장 2015년 서울중앙지검 외사부장 2016년 대전지검 형사2부장 2017년 서울고검 검사 2017~2018년 예금보험공사 금융부실책임조사본부 파견 2018년 부산지검 동부지청 차장검사 2019년 광주지검 차장검사(현) (상)대검찰청 모범검사상, 검찰유공 법무부장관표창, 매일경제 경제검사상(2011), 대검찰청 올해의 우수 형사부장(2016) (저)'군사법판례해석집'(2000) '국제수형자이송실무'(2008) (종)천주교

전성태(全聖泰) CHUN Sung Tae

(생)1962·5·1 (출)제주 (주)제주특별자치도 제주시 문연로 6 제주특별자치도청 행정부지사실(064-710-2010) (학)대일고졸, 고려대 법학과졸, 미국 시라큐스대 대학원 행정학과졸 (경)1987년 행정고시 합격(31회) 1988~1992년 대전시 총무과·법무담당관실 근무 1992년 정부전자계산소 기획과 근무 1995년 총무처 윤리담당관실·조직과 근무 1998년 행정자치부 조직관리과·조직정책과 근무 2001년 국외 훈련(미국 워싱턴 주정부) 2003년 국가재난관리시스템기획단 근무 2003년 대통령자문 정책기획위원회 행정과장 2004년 행정자치부 복무과장 2005년 同정책홍보관리본부 공무원단체복무팀장 2006년 同재정기획팀장 2007년 同재정기획관 2007~2009년 국외 파견 2009년 행정안전부 윤리복무관 2010년 경기도 경제투자실장 2011년 국방대 파견(이사관) 2012년 경기도 경제투자실장 2013~2014년 안전행정부 조직정책관 2014년 행정자치부 창조정부조직실 조직정책관 2015년 同기획조정실장 2016년 同창조정부조직실장 2016년 제주특별자치도 행정부지사(현) 2018년 同도지사 권한대행

전성환(全城煥) JEON Sung Hwan

(생)1958·3·26 (본)천안(天安) (출)전북 익산 (주)전라북도 전주시 완산구 백제대로 310 전주시시설관리공단 이사장실(063-239-2500) (학)전주고졸, 고려대 사회학과졸 (경)1984~1988년 (주)제일기획 카피라이터 1988~1989년 국회의원 비서관(6급·5급) 1992~2000년 서울미디어 대표 1998~2003년 (주)서울미디어 대표이사 2003년 성공회대 외래교수 2006~2011년 전북도 홍보기획과장 2017년 전주시시설관리공단 이사장(현) (종)기독교

전성훈(全聖薰) JEON Seong Hoon

(생)1959·11·5 (출)서울 (주)서울특별시 마포구 백범로 35 서강대학교 경제학부(02-705-8517) (학)1982년 서울대 경제학과졸 1984년 同대학원 경제학과졸 1991년 경제학박사(미국 예일대) (경)1991~1993년 한국개발연구원 전문연구원 1993~1995년 한국산업조직학회 학술편집위원 1993~2002년 서강대 경상대학 경제학과 조교수·부교수 1994~1995년 한국금융연구원 비상임연구위원 1996~1998년 한국산업조직학회 사무국장, 공정거래위원회 카르텔연구회 간사연구위원 1997~1999년 한국경제학회 학술편집위원 1998~1999년 서강대 기술관리연구소장 1999년 공정거래위원회 경쟁정책자문위원 1999~2000년 미국 미시간대 방문교수 2001~2003년 서강대 경제대학원 부원장 2001~2004년 한국산업조직학회 부편집위원장 2002년 서강대 경제학부 교수(현) 2003~2005년 同경제학과장 2004년 한국산업조직학회 편집위원장 2009~2012년 공정거래위원회 비상임위원 2009년 한국기술평가관리원 비상임이사 2009년 한국산업조직학회 회장 2010년 서강대 경제학부장 2010~2012년 同경제대학원장 2015~2017년 현대카드 사외이사 (상)홍조근정훈장(2013), 서강경제대상 교수부문(2013) (종)기독교

전세봉(全世鳳) CHUN Se Bong

(생)1942·1·18 (출)대구 (주)서울특별시 종로구 종로3길 17 디타워 23층 법무법인 세종(02-316-4270) (학)1959년 경복고졸 1963년 서울대 법학과졸 1987년 연세대 행정대학원 고위정책결정자과정 수료 1991년 서울대 경영대 최고경영자과정 수료 (경)1967년 軍법무관시험 합격(1회) 1968년 해군 법무관 1973년 同본부 검찰부장 1974년 同본부 심판부장 1978년 변호사 등록 1981년 유엔해양법회의 자문위원 1986년 同대표위원 1986년 해군본부 법무감 1987년 예편(해군 준장) 1987년 대통령 사정비서관 1988년 대통령 민정비서관 1988년 조달청 차장 1993~1994년 同청장 1995~1997년 감사원 감사위원 1997년 법무법인 세종 고문변호사(현) 2003~2009년 언론중재위원회 제4중재부 중재위원 2005·2006년 同감사 (상)보국훈장 천수장, 대통령표창

전세원(全世原) JEON Se Won

(생)1964·12·25 (주)경기도 수원시 영통구 삼성로 129 삼성전자 메모리사업부 전략마케팅팀(02-2255-0114) (학)1985년 홍익대 전자공학과졸 (경)1986년 삼성전자 메모리사업부 DRAM PE팀 근무 1998년 同메모리사업부 상품기획팀 근무 2000년 同메모리사업부 DRAM마케팅팀 근무 2001년 同메모리사업부 DRAM마케팅G장 2002년 同메모리사업부 NAND 마케팅G장 2007년 同DS부문 미주총괄 마케팅담당 2010년 同메모리사업부 Mobile마케팅G장(상무) 2013년 同메모리사업부 영업팀장(상무) 2015년 同메모리사업부 마케팅팀장(전무) 2019년 同메모리사업부 마케팅팀장(부사장) 2019년 同메모리사업부 전략마케팅팀담당 부사장(현)

전세일(全世一) CHUN Sae Il (宇光)

(생)1936·9·25 (본)천안(天安) (출)황해 서흥 (주)세종특별자치시 한누리대로 2264 차린한방병원 원장실(044-960-2300) (학)1955년 경복고졸 1961년 연세대 의대졸 1972년 미국 펜실베이니아대 대학원 재활의학과졸 1975년 의학박사(미국 펜실베이니아대) (경)1964년 논산육군병원 방사선과장·내과부장 1973년 미국 델라웨어재활병원장 1974년 미국 펜실베이니아대 의대부속병원 침술치료실장 1974~1988년 同재활의학과 교수 1977년 'Directory of Medical Specialties'에 등재 1978~1980년 미국 국제의사회 이사 1979년 'Who's Who in the East'에 등재 1979~1987년 국제침술학회 회장 1980년 'Men of Achievement'에 등재 1982년 'International Register of Profiles'에 등재 1983년 'Two thousand Notable Americans'에 등재 1983년 'The Directory of Distinguished Americans'에 등재 1983~1985년 미국 뉴저지 한인회 회장 1986~1988년 한·미 음악재단(Korea-America Music Foundation) 회장 1988~1994년 연세대 의대 재활의학교실 주임교수 1989~2008년 생명경외클럽 중앙위원장 1991~1999년 동서의학비교연구회 회장 1992~2000년 연세대 의대 재활병원장 1992~1994년 대한재활의학회 이사장 1994~2001년 연세대 의대 동서의학연구소장 1995년 서재필기념사업회 부이사장(현) 1998~2003년 대통령 자문의 1998~2000년 대한재활의학회 회장 1999~2002년 한국정신과학회 회장 1999~2006년 영낙-세빈치재단(우즈베키스탄) 부이사장 1999~2002년 세계재활의학회(IRMA) 부회장 1999~2004년 한국대체의학회 회장 1999년 미국 세계인명사전 'Marquis Who's Who in the World'에 등재 2000~2005년 국무총리 행정심판위

원 2001~2010년 포천중문의대(차의과학대학교) 대체의학대학원 원장 2001~2005년 의료대사봉사회(MAK) 이사장 2002년 '21 Century Intellectuals in the World'에 등재 2002년 국제재활의학회(ISPRM) 집행이사 2002~2014년 국제생명정보학회(ISLIS) 부회장 2002~2005년 국제CIVITAN 한국총재 2002~2006년 대체의학전문위성방송(NHB TV) 회장 2003~2017년 국제자연치유의학연맹 총재 2004~2009년 차바이오메디컬센터 원장 2004~2006년 국제재활의학회(ISPRM) 부회장 2004년 한국통합의학학회 회장(현) 2005~2007년 WELL(Well of Eternal Light and Life) 이사장 2009~2012년 차의과학대 의학전문대학원 재활의학교실 교수 2009~2016년 한국메디컬스파연합회 이사장 2009~2016년 장흥통합의학박람회조직위원회 위원장·고문 2009~2012년 CHA Anti-aging Institute 원장 2010년 한국통합의학진흥연구원 이사장(현) 2010~2014년 Chaum(CHA Power-Aging Center) 명예원장 2010~2014년 차의과학대 통합의학대학원장 2011~2016년 한국휘트니스협회 회장 2012~2014년 한국통합물리학회 회장 2012년 한국물심학회 회장(현) 2012년 한국싸나톨로지협회 회장(현) 2012~2015년 SDL의료재단 병원장 2013~2018년 차의과학대 미술치료대학원 석좌교수 2015~2017년 석정웰파크병원 병원장 2017~2018년 한가족요양병원 원장 2018년 차런한방병원 원장(현) (상)필리핀침술학회 공로상, 미국 필라델피아 쎈 아그네스의료원 우수임상의사상, 연세대 의대 올해의 교수상, CIVITAN International Honor Key Award, ISPRM(세계재활의학회) Honor Roll Award (저)'뇌졸중 백과' '재활 치료학' '한방으로 갈까, 양방으로 갈까' '제대로 건강법' '내 몸이 의사다' '보완대체의학' '침술의학' '보완대체의학의 임상과 실제' '동서의학과 동선;술치료' '아름다운 마무리'(共) '새로운 의학, 새로운 삶'(共)외 20여 권 (역)보완의학 12권 '자세이완치료'(共)외 20여 권 (종)기독교

전수안(田秀安·女) CHON Soo An

(생)1952·8·12 (출)부산 (주)서울특별시 관악구 관악로 1 서울대학교 이사장실(02-880-9072) (학)1971년 경기여고졸 1975년 서울대 법대졸 (경)1976년 사법시험 합격(18회) 1978년 사법연수원 수료(8기) 1978년 서울민사지법 판사 1981년 서울형사지법 판사 1983년 수원지법 판사 1985년 서울지법 남부지원 판사 1987년 서울가정법원 판사 1988년 서울고법 판사 1991년 대법원 재판연구관 1992년 춘천지법 부장판사(대법원 재판연구관) 1994년 수원지법 부장판사 1996년 서울지법 남부지원 부장판사 1997년 사법연수원 교수 2000년 대전고법 부장판사 2001년 서울고법 부장판사 2005년 同수석부장판사 2006년 광주지법원장 2006~2012년 대법원 대법관 2014년 사단법인 선 고문(현) 2017년 (재)공익인권법재단 공감 이사장(현) 2018년 국립대학법인 서울대 이사 2019년 同이사장(현) (상)청조근정훈장(2012)

전수용(全洙鏞) JEON Soo Yong (夢月)

(생)1964·11·24 (출)전북 고창 (주)서울특별시 마포구 성지1길 30 더보이드빌딩 4층 (주)필웨이(1544-9192) (학)중앙대 회계학과졸, 서울대 CFO 전략과정 수료, 호서대 대학원 벤처경영학과졸, 서울대 최고경영자과정 수료, 호서대 벤처경영학 박사과정 수료 (경)1990년 에스지위카스 근무 1998년 영창실업 근무 1999년 에스까다코리아 근무 2000년 이니시스 상무 2004년 FDIK 이사 2004년 한국버추얼페이먼트 감사 2005년 이니시스 대표이사 사장 2008년 전자지급결제대행협의회(PG협의회) 회장 2008년 한국전자지불산업협회 부회장 2008~2012년 이니시스 및 모빌리언스 대표이사 2008년 밥상공동체복지재단 이사 2008년 한국벤처창업학회 이사 2013년 고도소프트 대표이사 2016년 NHN엔터테인먼트 제휴협력본부(PAYCO) 총괄이사 2016~2017년 同부회장 2017년 (주)비티씨코리아닷컴 대표이사(CEO) 2018년 同핀테크·블록체인신사업 총괄이사 2019년 (주)필웨이 대표이사(현) (상)올해의 인터넷기업상(2006·2008), 디지털타임즈 브랜드파워대상(2010), 대한민국 신뢰기업 대상(2010)

전수일(田秀一) JEON Soo Il (白壺)

(생)1939·3·31 (본)담양(潭陽) (출)일본 오사카 (주)서울특별시 노원구 광운로 20 광운대학교(02-940-5330) (학)1958년 부산고졸 1962년 서울대 법과대학 행정학과졸 1964년 同대학원 행정학과졸 1983년 행정학박사(고려대) (경)1965~1976년 광운대 전임강사·조교수·부교수 1976~2004년 同행정학과 교수 1979년 미국 뉴욕대 행정대학원 객원교수 1984년 광운대 교무처장 1985년 同기획관리실장 1988년 同중앙도서관장 1988년 同산업정보대학원장 1990년 同인문사회과학대학장 1992년 同사회과학연구소장 1993년 同경영대학원장 겸 인문사회과학대학장 1993년 同대학원장 1995년 同인문사회과학연구소장 1995년 서울시 노원구 인사위원 1996년 감사원 부정방지대책위원 1997년 (사)공동체사회포럼 총무이사 1997년 서울시 노원구 공직윤리위원 1999년 광운대 교수협의회장 2001~2004년 (사)한국부패학회 회장 2002년 부패방지위원회 정책자문위원 2009년 광운대 명예교수(현) 2011~2013년 한국행정학회 윤리위원회 위원장 2017~2019년 (사)한국부패학회 이사장 (상)문교부장관표창(1972·1988), 화도문화상(1986), 대통령표창(1990), 화도교육상(2000), 홍조근정훈장(2004) (저)'지방자치와 복지행정(共)'(1995) '관료부패론'(1999) '지방복지행정론(共)'(1999) '공무원관리론(共)'(1999) '부정부패의 논리와 행정윤리(共)'(2004) (종)기독교

전수혜(全水惠·女) JUN Soo Hai

(생)1947·7·22 (출)서울 남산 (주)부산광역시 중구 중앙대로46번길 7 오리엔트물류빌딩 (주)오리엔트마린 비서실(051-463-5155) (학)1966년 부산 남성여고졸 1972년 동아대 영어영문학과졸 1997년 한국해양대 해사산업대학원 AMP(최고경영자과정) 수료 2002년 이화여대 과학정보대학원 여성최고지도자과정(ALPS) 수료(15기) 2004년 신라대 21세기여성지도자과정(AMP) 수료 2008년 중소기업연구원 SB-CEO School 가업승계과정 수료 2014년 부산대 행정대학원 APMP(최고관리자과정) 수료(53기) 2015년 同대학원 인문학최고과정 수료(1기) 2016년 同행정대학원 행정학과졸 (경)1987년 (주)오리엔트마린 이사 1996년 (주)오리엔트조선 대표이사 사장, 同부회장(현) 1996년 (주)오리엔트마린 회장(현), 한국여객선면세(주) 부회장, 同회장(현) 2002년 이화여대 과학정보대학원 ALPS15기동기회장 2004년 국제소롭티미스트모임 부회장 2004년 신라대 21세기여성지도자과정(AMP) 동기회장 2005년 남성여고총동창회 회장 2006년 (주)오리엔트중공업 대표이사 사장 2007~2009년 한국여성경제인협회 수석부회장 겸 부산지회장 2007~2008년 이화여대 과학정보대학원 ALPS총동창회 회장 2008년 부산고법 조정위원 2008년 중앙노동위원회 사용자위원 2009년 동아대총동문회 부회장 2009년 부산상공회의소 특별의원 2009년 민주평통 부산남구협의회 부회장 2009년 G20 부산유치위원 2010~2012년 한국여성경제인협회 회장 2010~2012년 (재)여성기업종합지원센터 이사장 겸 제6대 협회장 2010~2012년 공정거래위원회 경제정책자문위원 2010~2012년 국가경쟁력강화위원회 위원 2010~2011년 국립국악원 국악지음후원회 부회장 2010~2012년 사랑의바자한마당 준비위원장 2010~2011년 대한상공회의소 부회장 2010~2012년 FTA국내대책위원회 위원 2010~2012년 관세청 관세행정발전심의위원회 위원 2010~2012년 기획재정부 세제발전심의위원회 위원 2010~2012년 중소기업청 금융지원위원회 위원 2010~2012년 지식경제부 부품소재발전위원회 위원 2011~2012년 중소기업동반성장추진위원회 부위원장 2011~2012년 여성가족부 정책자문위원 2011년 세계여성경제인협회(FCEM) 아시아지역담당 부회장 2011~2012년 한국생산성본부 이사 2011~2012년 행정안전부 기부심사위원회 위원 2011년 한국대학교육협의회 대학평가인증위원회 위원 2011~2014년 지식경제부 지역특구위원회 위원 2011년 대통령직속 국가브랜드위원회 위원 2011년 국제소롭티미스트 부산클럽 회장 2012년 중소기업사랑나눔재단 이사·부회장

2013년 한국여성경제인협회 명예회장 2013~2014년 부산대 행정대학원 APMP 회장 2013년 미래지식위원회 위원장 2014년 부산대 행정대학원 행정학전공 석사과정 원우회장 2014년 아너소사이어티 회원(현) 2014~2016년 부산대 행정대학원 APMP동문회장(제3·4대) 2015년 同행정대학원 행정학전공 석사과정 총원우회장 2015년 부산상공회의소 제22대 의원 2015년 부산대 인문학최고과정 부회장 2018년 부산상공회의소 제23대 상임의원(현) (상)부산시장표창(2004·2008), 국무총리표창(2005), 부산시선정 우수기업(2005), 부산지방국세청장표창(2006), 대통령표창(2009), 기획재정부장관표창(2011), 대한적십자사 회원유공자 명예장 포장(2011), APEC·WLN혁신기업가상(2011), 지식경영인 대상(2012), 한국여성경제인협회 명예회장추대패(2013), 국세청 국세행정위원회 감사패(2013), 부산대행정대학원 APMP공로패(2014), 한국여성경제인협회 감사패(2014), 부산대행정대학원최고관리자과정 감사패(2015), 부산대행정대학원 APMP4대동문회장위촉패(2016), 부산대행정대학원석사원우회 감사패(2016), 부산대행정대학원 APMP 감사패(2017) (종)기독교

전수호(全秀鎬) jeon su ho

(생)1962·10·26 (주)서울특별시 영등포구 여의대로 128 LG트윈타워 (주)LG화학 전지사업본부 Global생산센터(02-3773-1114) (학)서울공고졸, 건국대 전기공학과졸, 연세대 대학원 경영학과졸 (경)2001년 LG필립스LCD(주) Cell팀장 2004년 同Panel3 공장장 2006년 同Panel4 공장장(상무) 2007년 同Panel4·5(구미4·5공장) 공장장(상무) 2008년 LG디스플레이(주) Panel7공장장(상무) 2009년 同모듈2센터장(상무) 2011년 同모듈2센터장(전무) 2012년 同생산기술센터장(전무) 2017년 (주)LG화학 전지사업본부 Global생산센터장(부사장)(현)

전순옥(全順玉·女) Chun, Soon Ok

(생)1953·5·5 (출)부산 (주)서울특별시 영등포구 국회대로68길 14 더불어민주당 서울시당(1577-7677) (학)영국 워릭대 대학원졸 2002년 사회학박사(영국 워릭대) (경)(사)참여성노동복지터 대표, (주)참신나는옷 대표이사 2012~2016년 제19대 국회의원(비례대표, 민주통합당·민주당·새정치민주연합·더불어민주당) 2012년 국회 헌법재판소 재판관인사청문특별위원회 청문위원 2012년 민주통합당 제18대 대통령중앙선거대책위원회 공동선거대책위원장 2013년 민주당 정책위원회 원내부의장 2013년 국회 산업통상자원위원회 위원 2013년 민주당 당무위원 2013년 민주연구원 이사 2014년 민주정책연구소 부설 소상공인정책연구소장(현) 2014년 새정치민주연합 수석사무총장 2015년 同소상공인특별위원회 위원장 2015년 더불어민주당 소상공인특별위원회 위원장(현) 2016년 同더불어경제선거대책위원회 공동부위원장 2016년 同소상공인위원회 위원장 2016년 同서울중구·성동구乙지역위원회 위원장(현) (상)삼우당 섬유패션대상 특별공로상(2014), 시민일보 의정·행정대상(2015), 전국청소년선플SNS기자단 선정 '국회의원 아름다운 말 선플상'(2015)

전순표(全淳杓) CHYUN Soon Pyo

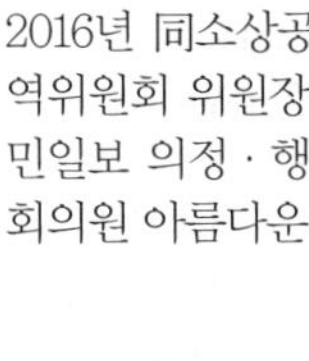

(생)1935·2·18 (본)정선(旌善) (출)강원 정선 (주)서울특별시 강동구 양재대로 1416 (주)세스코 회장실(02-487-4110) (학)1957년 동국대 농대졸 1960년 同대학원 농학과졸 1964년 영국 런던대 연수 1971년 미국 캔자스주립대 연수 1973년 농학박사(동국대) 1976년 국방대학원졸 2011년 명예 경영학박사(동국대) (경)1957년 농업시험장 기초연구과 연구원 1961년 농림부 식물방역과 농림기좌 1971~1985년 동국대 농과대학 강사 1974~1978년 농촌경제연구소 농촌개발과장 1976~2000년 (주)전우방제 대표이사 회장 1978년 농업자재검사소 생물검사과장 1989~2002년 (주)전우약품 창립·대표이사 회장 1990~1996년 (사)한국방역협회 회장 1993~1995년 (사)아시아·태평양방역협회(FAOPMA) 회장 1995~1996년 서울남대문로타리클럽 회장 1997년 아시아·태평양방역협회(FAOPMA) 종신명예회장(현) 1998~2002년 (사)한국수출입식물방제협회 회장 1999년 (주)전우훈증 창립·대표이사 2000년 (주)세스코 대표이사 회장(현) 2002년 (주)팜클 대표이사 회장 2002~2015년 서울상공회의소 강동구상공회장 2003~2011년 서울지역경제위원회 위원장 2006~2007년 국제로타리3650지구 총재 2007년 동국대총동창회 회장 2007~2011년 학교법인 동국대 이사 2011~2016년 국제오퍼레이션스마일코리아 이사장 2014년 (사)강원도민회중앙회 회장(현) 2014년 (주)잡스 대표이사 회장 (상)서울시장표창(1985·2005), 국세청장표창(1987), 국민훈장 모란장(1993), 상공부장관표창(1994), 수원시장표창(2007), 자랑스러운 동국가족상(2012), 국제로타리 초아의 봉사상(2014), 금탑산업훈장(2016), 자랑스러운 동국인 대상(2016) (저)'쥐 방제론'(1981) '해충방제학 요람'(1987) '설치류 구제의 종합대책' '작물보호 사전' '쥐의 생태와 방제'(1989) '해충방제학 요론'

전승수(全承秀) JUN Seung Soo

(생)1969·10·4 (출)전북 정읍 (주)서울특별시 서초구 서초대로74길 4 삼성생명 서초타워 법무법인(유) 동인(02-2046-0842) (학)1987년 호남고졸 1992년 서울대 경영학과졸 (경)1994년 사법시험 합격(36회) 1997년 사법연수원 수료(26기) 1997년 軍법무관 2000년 서울지검 검사 2002년 수원지검 평택지청 검사 2004년 울산지검 검사 2007년 대검찰청 검찰연구관 2009년 서울남부지검 검사 2009년 同부부장검사 2010년 춘천지검 원주지청 부장검사 2011년 인천지검 강력부장 2012년 대전지검 논산지청장 2013년 법무부 국제법무과장 2014년 서울동부지검 형사4부장 2015년 서울중앙지검 형사5부장 2016년 광주지검 형사1부장 2017년 전주지검 군산지청장 2018~2019년 법무연수원 교수 2019년 법무법인(유) 동인 구성원 변호사(현)

전승준(全勝駿) JEON Seung Joon

(생)1954·7·18 (본)정선(旌善) (출)서울 (주)서울특별시 성북구 안암로 145 고려대학교 화학과(02-3290-3130) (학)1978년 서울대 화학과졸 1984년 미국 코넬대 대학원 물리화학과졸 1987년 물리화학박사(미국 코넬대) (경)1986~1988년 미국 하버드대 물리학과 연구원 1989~2019년 고려대 화학과 조교수·부교수·교수 1993~1994년 대한화학회 기획간사 1998~1999년 미국 버클리대 화학과 방문연구원 1999년 21세기 프론티어사업 기획위원 2000~2001년 과학기술부 국가연구개발사업 조사분석평가위원 2000~2001년 교육부 학술연구심사평가위원 2001년 과학기술기본계획 추진위원 겸 과학기술인력부문 위원장 2002년 대한화학회 기획부회장 2003~2006년 同정보화사업위원장 2003~2004년 고려대 이과대학 부학장 2004년 한국대학교육협의회 대학종합평가위원 2004~2005년 교육인적자원부 제3기기초학문육성위원 2004~2006년 한국기초과학지원연구원(KBSI) 서울센터 소장 2005년 2단계 BK사업 기초과학분과 전문위원 2007~2008년 대통령직인수위원회 경제2분과 전문위원(과학기술담당) 2008~2009년 고려대 정보전산처장 2008~2009년 교육과학기술부 연구윤리위원회 위원 2008~2010년 同정책자문위원회 과학기술정책분과 위원 2008~2010년 국가과학기술위원회 운영위원·정책전문위원 2008~2011년 한국과학기술단체총연합회 이사 2009~2011년 한국연구재단 전략기획홍보센터장 2009~2012년 한국생명공학연구원 경영정책자문위원 2009~2013년 국가연구시설장비진흥센터 운영위원 2009~2013년 서울시 산학연정책위원회 위원 2010~2011년 지식경제부 연구장비관리전문기관 설립준비위원회 위원 2012~2014년 기초과학연구원 연구장비심의위원회 위원장 2012~2014년 대한화학회 기금위원장 2019년 고려대 화학과 명예교수(현)

전승철(田勝澈)

[생]1960 · 10 · 3 [주]서울특별시 중구 삼일대로 358 서울외국환중개(주) 임원실(02-3705-5500) [학]1980년 청주고졸 1988년 서울대 경제학과졸 1997년 미국 캘리포니아대 데이비스교 대학원 경제학과졸 2002년 경제학박사(미국 캘리포니아대 데이비스교) [경]1988년 한국은행 입행 1990년 同자금부 공개시장조작실 행원 1993년 同조사제2부 금융통계과 행원 1998년 同조사부 해외조사실 조사역 2002년 同경제연구원 통화연구팀 차장 2004년 同경제연구원 국제경제팀장 2006년 同정책기획국 정책분석팀장 2009년 한국금융연수원 교수 2010년 한국은행 정책기획국 정책조사 · 정책총괄팀장 2012년 同경제연구원 부원장 2013년 한국금융연구원 파견 2013년 한국은행 금융통화위원회실장 2015년 同경제통계국장 2016~2018년 同부총재보 2018년 서울외국환중개(주) 대표이사 사장(현)

전승호(全勝號)

[생]1975 [주]서울특별시 강남구 봉은사로114길 12 대웅제약 대표이사실(02-550-8800) [학]서울대 제약학과졸 2001년 同대학원 제약학과졸, 핀란드 알토대 경영대학원 경영학과졸(MBA) [경]2000년 (주)대웅제약 입사 2009년 同라이센싱팀장 2010년 同글로벌전략팀장 2013년 同글로벌마케팅TF팀장(이사대우) 2015년 同글로벌사업본부장 2018년 同대표이사 사장(현)

전승희(全承姬 · 女) Jeon seung hee

[생]1964·10·30 [주]경기도 수원시 팔달구 효원로 1 경기도의회(031-8008-7000) [학]순천대 대학원 영어영문학 석사과정 수료 [경]더불어민주당 경기여주시·양평군지역위원회 여성위원장 2018년 경기도의회 의원(비례대표, 더불어민주당)(현), 同여성가족교육협력위원회 위원, 同의회운영위원회 위원, 정치연설연구회 부위원장, 경기도의회 지방자치분권 특별위원회 부위원장, 더불어민주당 중앙당 부대변인, 同경기도당 홍보소통위원회 부위원장, 경기도호남향우회총연합회 여성위원장(현) [종]천주교

전시문(全時汶) JEON Si Moon

[생]1958 · 4 · 18 [주]서울특별시 영등포구 여의대로 128 트윈타워 LG전자(주) L&A연구센터(02-3777-1114) [학]신일고졸, 한양대 정밀기계공학과졸, 同대학원 정밀기계공학과졸 [경]1984년 금성사 중앙연구소 입사 2006년 LG전자(주) DAC 연구소장(상무) 2010년 同CTO HA연구소장(전무) 2014년 同H&A사업본부 세탁기사업부장(전무) 2017년 同CTO L&A연구센터장(부사장)(현)

전신수(全信秀) JEON Sin Soo

[생]1960·4·25 [주]서울특별시 서초구 반포대로 222 서울성모병원 신경외과(1588-1511) [학]1985년 가톨릭대 의대졸 1994년 同대학원 의학석사 1997년 의학박사(가톨릭대) [경]가톨릭대 의대 신경외과학교실 교수(현) 1993년 대한신경외과학회 학술위원 1996년 대한두개저학회 이사 1996년 대한소아신경학회 감사 2003년 한국뇌학회 재무이사 2010년 가톨릭대 서울성모병원 중환자실장 2011년 同서울성모병원 신경외과장 2011~2014년 대한두개저외과학회 학술이사, 同특별이사 2011년 대한소아신경학회 상임이사 2011년 대한뇌종양학회 상임이사·상임특별위원장(현) 2011~2017년 포스텍·가톨릭대 의생명공학연구원장 2012년 대한신경외과학회 상임이사 2012~2016년 가톨릭대 의대 신경외과학교실 주임교수 2013년 同의생명산업연구원장(현) 2013년 同연구처장(현) 2013년 同산학협력단장(현) 2016년 대한두개저외과학회 회장 2017년 가톨릭대 서울성모병원 뇌신경종양센터장(현) [저]'두개저외과학'(2006)

전애진(田愛眞 · 女) Chun, Aejin

[생]1978 [출]서울 [주]서울특별시 종로구 종로5길 86 서울지방국세청 조사3국 조사1과(02-2114-4128) [학]1996년 금천고졸 2000년 이화여대 행정학과졸 2011년 미국 에모리대 대학원 경영학과졸 [경]2002년 행정고시 합격(46회) 2007년 국세청 법무과 근무 2011년 同조사국 조사1과 근무 2012년 同조사국 국제조사과 근무 2014년 중부산세무서장 2015년 중부지방국세청 조사1국 국제거래조사과장 2016년 경기 안양세무서장 2017년 파견(과장급) 2018년 중부지방국세청 조사2국 조사1과장 2019년 서울지방국세청 조사3국 조사1과장(현) [상]행정자치부장관표창(2007)

전양석(全陽碩)

[생]1975·3·18 [출]강원 화천 [주]서울특별시 서초구 반포대로 158 서울중앙지방검찰청 공판1부(02-530-4990) [학]1994년 서울 우신고졸 1999년 서울대 사법학과졸 [경]1998년 사법시험 합격(40회) 2001년 사법연수원 수료(30기) 2004년 서울중앙지검 검사 2006년 춘천지검 강릉지청 검사 2008년 부산지검 동부지청 검사, 대통령 법무비서관실 행정관 2015년 수원지검 부부장검사 2016년 청주지검 영동지청장 2017년 수원지검 형사5부장 2018년 대검찰청 검찰연구관 2019년 서울중앙지검 공판1부장(현)

전연숙(全延淑 · 女)

[생]1970 · 3 · 5 [출]제주 [주]서울특별시 서초구 강남대로 193 서울가정법원(02-2055-7116) [학]1989년 제주 신성여고졸 1994년 서울대 공법학과졸 [경]1996년 사법시험 합격(38회) 1999년 사법연수원 수료(28기) 1999년 서울지법 남부지원 판사 2006년 서울가정법원 판사 2014년 서울중앙지법 판사 2015년 울산지법 부장판사 2017년 수원지법 안양지원 부장판사 2019년 서울가정법원 부장판사(현)

전영도(全英道) Chun Young Do

[생]1953 · 2 · 7 [주]울산광역시 남구 돋질로 97 울산상공회의소 회장실(052-228-3115) [학]한양대 기계공학과졸 [경]일진에이테크(주) 사장, 일진기계 대표이사(현) 2001년 '탄성사 권취장치 및 방법' 특허 등록 2004년 부산은행 지정 '모범 중소기업' 2005년 '탄성사의 권취장치 · 권취기의 사인도 장치 · 트래버스 캠공운전 장치' 특허 등록 2005년 기술표준원 선정 우수품질인증(EM) 2012~2018년 울산시새마을회 회장 2014년 법무부 법사랑위원 울산지역연합회 회장(현) 2015년 울산상공회의소 회장(현) 2015년 대한상공회의소 부회장(현) 2017~2018년 울산 태화강 정원박람회 조직위원회 위원 [상]부산지방국세청장표창(2003 · 2004), 자랑스런 중소기업인상 금상(2005)

전영만(全永萬) JUN Yung Man

[생]1965·8·27 [출]경기 수원 [주]서울특별시 송파구 송파대로 234 중앙전파관리소(02-3400-2101) [학]1991년 서울대 외교학과졸 1994년 同행정대학원 행정학과졸 2000년 미국 듀크대 대학원 국제발전정책학과졸 2008년 경제학박사(서울대) [경]1992년 행정고시 합격(36회) 2001년 정보통신부 총무과 서기관 2002~2004년 대전우편집중국장 2004년 공주우체국장 2007년 국무조정실 파견(서기관) 2008년 방송통신위원회 감사팀장 2008년 同이용자네트워크국 인터넷정책과장 2009년 同이용자네트워크국 네트워크안전과장 2009년 同국제기구담당관 2011년 同시장조사과장 2012년 同이용자정책국 통신시장조사과장 2013년 同이용자정책국 통신시장조사과장(부이사관) 2013년 同이용자정책국 이용자정책총괄과장 2015년 同방송정책국장 2016년 미래창조과학부 서울전파관리소장 2016~2018년 UN 아시아태평양정보통신교육원 Senior Project Advisor 2018년 국립전파연구원장(고위공무원) 2019년 과학기술정보통신부 중앙전파관리소장(현) [저]'방송통신법 해설'(2014)

전영묵(全永默) Jeon Young Muk

(생)1964·10·20 (주)서울특별시 서초구 서초대로74길 11 삼성자산운용(주)(02-3774-7600) (학)1983년 원주고졸 1987년 연세대 경영학과졸 1997년 미국 펜실베이니아대 와튼스쿨 대학원 경영학과졸(MBA) (경)1986년 삼성생명보험(주) 입사 2012년 同전무 2014년 同자산PF운용팀장 겸 투자사업부장(전무), 同자산운용본부장 2015~2018년 삼성증권(주) 경영지원실장(부사장) 2018년 삼성자산운용(주) 대표이사 사장(현)

전영배(田營培) JUN Young Bae

(생)1951·10·24 (출)대구 (주)대구광역시 달서구 성서동로 163 삼일THK(주) 비서실(053-665-7000) (학)경북대사대부고졸, 경북대 정치외교과 중퇴, 계명대 무역대학원 최고경영자과정 수료 (경)삼익공업(주) 내가이드공장장·이사·상무이사 1998년 同전무이사 2001~2003년 삼익LMS(주) 전무이사 2004~2006년 同부사장 2006~2012년 삼익THK(주) 부사장 2012~2018년 同사장 2013년 삼익SDT(주) 대표이사 사장 2018년 삼익THK(주) 각자대표이사 사장(현) (상)상공자원부장관표창 (종)불교

전영삼(全永三) Jun Youngsam

(생)1962·1·27 (주)서울특별시 영등포구 은행로 30 산은캐피탈 임원실(02-6330-0114) (학)1980년 서울 한성고졸 1984년 한국외국어대 경제학과졸 1989년 同대학원 경제학과졸 (경)1989년 한국산업은행 입행 2001년 同투자금융실 과장 2002년 同자본시장실 차장 2005년 同종합기획부팀장 2007년 同발행시장실 팀장 2010년 同기업금융2실 총괄팀장 2012년 同BRS(Business Renovation Service)사업실장 2013년 同발행시장실장 2014년 同기획조정부장 2016~2018년 同자본시장부문장(부행장) 2019년 산은캐피탈 부사장(현)

전영섭(錢英燮) CHUN Young Sub

(생)1957·10·30 (출)부산 (주)서울특별시 관악구 관악로 1 서울대학교 경제학부(02-880-6382) (학)1976년 부산고졸 1980년 서울대 경제학과졸 1982년 同대학원 경제학과졸 1986년 경제학박사(미국 로체스터대) (경)1986~1989년 미국 사우스일리노이주립대 경제학과 조교수 1989~1990년 미국 반드빌트대 경제학과 조교수 1990~1999년 서울대 경제학과 조교수·부교수 1997~1998년 미국 로체스터대 경제학과 객원교수 1999년 서울대 경제학부 교수(현) 2007~2011년 同경제연구소장 2011~2014년 에너지경제연구원 비상임감사 2012년 방송통신위원회 방송시장경쟁상황평가위원회 위원 2014년 한국자원경제학회 회장 2019년 오렌지라이프생명보험(주) 사외이사(현) (상)청람상, 매경이코노미스트상(2015), 근정포장(2016) (저)'환경의 경제적 가치(共)'(1995) '공공경제학(共)'(1995) '경제수학(共)'(1997) '정보통신산업의 공정경쟁과 규제정책(共)'(1999) (종)불교

전영수(全榮守)

(생)1970·3·28 (출)경북 경산 (주)세종특별자치시 가름로 194 과학기술정보통신부 운영지원과(044-202-4144) (학)1989년 경북 무학고졸 1994년 서울대 외교학과졸 (경)1995년 행정고시 합격(39회) 1998년 정보통신부 사무관 2005년 同서기관 2011년 방송통신위원회 전파기반팀장 2014년 미래창조과학부 구주아프리카협력담당관 2016년 同통신정책국 통신이용제도과장 2017년 과학기술정보통신부 통신정책국 통신이용제도과장(서기관) 2018~2019년 同통신정책국 통신이용제도과장(부이사관), 교육파견(현) (상)대통령표창(2014)

전영안(全永安) JUN Young Ahn (侊村)

(생)1957·2·25 (본)천안(天安) (출)전남 장성 (주)서울특별시 송파구 법원로 127 문정대명벨리온 1213호 (주)안테코(02-747-7701) (학)1975년 광주제일고졸 1983년 고려대 재료공학과졸 (경)1983년 (주)청호컴넷 입사 2005~2009년 同대표이사 2008년 (주)안테코 대표이사(현) 2013~2018년 (주)유니온커뮤니티 부회장·고문 2016~2017년 (주)휴먼아이티 대표이사 2017년 (주)씨도코리아 부회장(현) 2018년 (주)티아이티이엔지 고문(현) 2019년 (주)유니디아 부회장(현) (종)천주교

전영우(全永宇) CHUN Young Woo

(생)1930·11·20 (출)충남 서천 (주)충청북도 청주시 흥덕구 직지대로435번길 15 (주)대원(043-264-1115) (학)군산고졸 1955년 서울대 공대 섬유공학과졸 2005년 명예 경영학박사(충북대) (경)1957~1963년 마산 대명모방(주) 근무 1963~1971년 태광산업(주) 상무이사·공장장 1972년 대원모방(주) 창립·대표이사 1982년 대원종합개발(주) 설립 1985~2017년 (주)대원 대표이사 2000~2015년 청주산업단지관리공단 이사장, (주)아이비클럽 사장, 同회장, Daewon Textile Vietnam Co. 사장, Daewon Vina Co. 사장, Daewon Thuduc Housing Development Joint Venture Co. 사장, 한국소모방협회 부회장, 충북도바둑협회 회장, 同고문, 청주지법 민사·가사조정위원장, 同민사·가사조정위원회 고문, 한국주택협회 이사 2017년 (주)대원 회장(현), 청주지검범죄예방위원회 고문 (상)1천만불 수출의 탑, 상공부장관표창, 대통령표창, 법무부장관표창, 산업포장, 은탑산업훈장

전영욱(全永旭) Chun Young-wook

(생)1961·5·28 (주)서울특별시 종로구 사직로8길 60 외교부 인사운영팀(02-2100-7136) (학)1984년 한국외국어대 정치외교학과졸 1986년 同대학원 경제학과졸 1991년 스페인 코미야스교황청대 유럽공동체과정 석사 (경)1986년 외무고시 합격(20회) 1986년 외무부 입부 1992년 駐그리스 2등서기관 1994년 駐스웨덴 2등서기관 2000년 駐베네수엘라 참사관 2002년 외교통상부 영사과장 2003년 同구주통상과장 2005년 駐로스엔젤레스 영사 2008년 駐콜롬비아 공사참사관 2009년 외교통상부 중남미국 심의관 2011년 駐볼리비아 대사 2015년 駐코스타리카 대사 2018년 駐두바이 총영사(현)

전영재(田英載) JEON Young Jae

(생)1958·9·5 (출)서울 (주)서울특별시 광진구 능동로120 건국대학교 화학과(02-450-3379) (학)1982년 건국대 화학과졸 1984년 同대학원졸 1991년 이학박사(건국대) (경)1982~1991년 건국대 강사 1988~1992년 삼성전관 종합연구소 선임연구원 1992~1995년 삼성종합기술원 신소재응용연구소 선임연구원 1995년 경원전문대 전임강사 1995~2006년 건국대 화학과 조교수·부교수 2002~2003년 (주)디엠디스플레이연구소 소장 2004~2005년 호주 Ballarat Univ. 방문교수 2005~2007년 산업자원부 차세대성장동력(디스플레이분야) 사업부장 2006년 건국대 화학과 교수(현) 2006년 호주 Ballarat Univ. 명예교수(현) 2007~2010·2012~2013년 건국대 대외협력처장 2012·2014·2017년 영국 케임브리지 국제인명센터(IBC) '세계 100대 과학자'에 선정 2016년 미국 세계인명사전 'MARQUIS Who's Who ALBERT MARQUIS LIFETIME ACHIEVEMENT AWARD 2017'에 등재 2017~2019년 건국대 산업대학원장 (상)최다특허상, 우수특허 출원상 (저)'Glass Materials Research Proglass 2008' 'Advanced in Electrical Engineering Research 2009' 'Advanced Organic-Inorganic Composites -Material, Devicess, and Allied Application 2012' 'Advanced Fuctional Polymers and Composites - Material,

Devicess, and Allied Application 2013' 'Computer Simulation Technology, Industrial Applications and Effects on Learning 2013' (역)'기초일반화학' '일반화학실험' '일반화학' '화학실험'

전영준(全映俊)

(생)1967 · 6 · 19 (출)부산 (주)서울특별시 서초구 반포대로 158 서울고등검찰청 총무과(02-530-3261) (학)1986년 금성고졸 1991년 서울대 법학과졸 (경)1997년 사법시험 합격(39회) 2000년 사법연수원 수료(29기) 2000년 인천지검 검사 2002년 전주지검 군산지청 검사 2004년 창원지검 검사 2006년 광주지검 검사 2008년 대구지검 경주지청 검사 2010년 대구지검 검사 2012년 서울중앙지검 검사 2013년 同부부장검사 2014년 부산지검 부부장검사(금융부실책임조사본부 파견) 2015년 창원지검 형사2부장 2016년 춘천지검 부장검사 2017년 서울고검 검사 2017년 인천지검 형사3부장 2018년 서울고검 검사(현)

전영창(全榮昌) JEON YOUNG CHANG

(생)1960 · 1 · 27 (학)1978년 청주고졸 1984년 서울대 조경학과졸 1997년 경희대 언론정보대학원 토론스피치과정 수료 (경)1997~1998년 국회 정책연구위원 2000년 새누리당 홍보국장 2001~2004년 同건설교통위원회 수석전문위원 2004년 (주)씨드텍코리아 사장 2005~2012년 국회의원 보좌관 2013~2014년 민주평통 자문위원 2014~2016년 코레일로지스(주) 관리본부장(상임이사) 2016년 국무총리 정무기획비서관 2017년 국무총리 정무운영비서관

전영하(全永河) CHUN Young Ha

(생)1963 · 9 · 6 (출)경북 김천 (주)서울특별시 강남구 삼성로 518 A+타워 (주)에이플러스에셋 기획관리팀(1577-1713) (학)1982년 대구영남고졸 1986년 서울대 국제경제학과졸 1988년 同대학원 경영학과졸 (경)1990년 삼성생명보험 재무기획실 근무 1997년 同증권사업부 근무 1998년 삼성투자신탁운용 운용기획팀 근무 2001년 同경영지원팀장 2002년 同상품전략팀장 2007년 同마케팅전략실장 2009년 同상무 2010년 삼성자산운용 리테일채널1본부장 2015~2018년 (주)에이플러스에셋 기획관리팀장(전무) 2018년 同경영관리실장(부사장)(현) (종)천주교

전영현(全永鉉) Jun Young-Hyun

(생)1960·12·20 (주)경기도 용인시 기흥구 공세로 150-20 삼성SDI(주)(031-8006-3100) (학)1979년 배재고졸 1984년 한양대 전기전자공학과졸 1986년 한국과학기술원 전기전자공학과졸(석사) 1989년 공학박사(한국과학기술원) (경)2002년 삼성전자(주) 디바이스솔루션총괄 반도체D램5팀장(상무) 2006년 同메모리DRAM2팀장(전무) 2010년 同반도체사업부 메모리담당 DRAM개발실장(부사장) 2010년 同반도체사업부 메모리담당 Flash개발실장 2012년 同DS부문 메모리사업부 전략마케팅팀장(부사장) 2014년 同DS부문 메모리사업부장(부사장) 2015~2017년 同DS부문 메모리사업부장(사장) 2017년 삼성SDI(주) 대표이사 사장(현) 2018년 한국공학한림원 정회원(전기전자정보공학·현) (상)과학기술훈장 웅비장(2011), 제27회 해동기술상(2017), KAIST 자랑스러운 동문상(2018)

전영희(全瑛姬 · 女)

(생)1968 · 2 · 13 (주)울산광역시 남구 중앙로 201 울산광역시의회(052-229-5125) (학)울산과학대 사회복지과졸 (경)민주평통 자문위원, 더불어민주당 울산시당 지방행정개선특별위원회 위원장 2018년 울산시의회 의원(더불어민주당)(현) 2018년 同환경복지위원장(현)

전오성 Jeon Oh Seong

(주)울산광역시 울주군 범서읍 점촌6길 6 울주경찰서(052-283-6321) (학)울산 학성고졸 1989년 경찰대 법학과졸(5기) (경)2008년 울산지방경찰청 경무과 교육계장(경정) 2012년 同경비교통과장 2013년 총경 승진 2014년 울산지방경찰청 홍보담당관 2014년 제주지방경철창 홍보담당관 2015년 경북 상주경찰서장 2016년 울산지방경찰청 수사과장 2017년 경북 영덕경찰서장 2018년 울산지방경찰청 정보과장 2019년 울산 울주경찰서장(현)

전오영(全五榮)

(생)1963·7·5 (본)천안(天安) (출)전남 강진 (주)서울특별시 강남구 영동대로 517 법무법인 화우(02-6003-7134) (학)1982년 광주동신고졸 1986년 서울대 법학과졸 2000년 同법과대학 전문분야(공정거래법) 법학연구과정 수료 (경)1985년 사법시험 합격(27회) 1988년 사법연수원 수료(17기) 1988년 軍법무관 1991년 서울지법 남부지원 판사 1993년 서울형사지법 판사 1995년 광주지법 순천지원 판사 1996년 광주고법 판사 1998년 서울지법 북부지원 판사 1999~2003년 법무법인 화백 변호사 2003~2018년 법무법인 화우 변호사 2005년 한국산업인력공단 법률자문위원 2007년 공정거래위원회 경쟁정책자문위원 2008년 同법령선진화추진단 가맹유통분과 전문위원 2014년 대한변호사협회 세제위원회 위원 2015년 국세청 조세법률고문 2015년 중소기업중앙회 가업승계특별위원회 위원 2018년 법무법인 화우 대표변호사(현) (저)'LBO와 세법 – Business Finance Law(BFL)(共)'(2007)

전옥현(全玉鉉) Jun Ok-hyun

(생)1956 · 2 · 1 (출)충남 서천 (주)서울특별시 영등포구 국회대로76길 22 기계회관 신관3층 자유한국당 서울시당(02-704-2100) (학)1975년 대전고졸 1979년 서울대 외교학과졸 2004년 미국 펜실베이니아대 와튼스쿨 CEO과정 수료 2007년 서울대 법과대학 최고지도자과정 수료 (경)1979년 중앙정보부 입부 1985년 국가안전기획부장 특별보좌관실 근무 1992년 駐UN대표부 참사관 1996년 국가안전기획부 대북전략처장 1997년 4자회담 대표 2003년 駐UN대표부 공사 2005년 국가안전보장회의(NSC) 정보관리실장 2006년 국가정보원 비서실장 2007년 同해외정보국장 2008~2009년 同제1차장 2010~2012년 駐홍콩 총영사 2013~2014년 한림국제대학원대 국제학과 초빙교수 2014~2015년 서울대 국제대학원 초빙교수 2018년 자유한국당 혁신위원회 위원 2018년 同서울서초구甲당원협의회 운영위원장(현) 2019년 同국가안보위원장(현) (상)보국훈장 국선장(2008), 제2회 한국을 빛낸 글로벌 100인 정치발전부문(2019)

전요섭(全堯燮) Jun, Yoseop

(생)1969 · 9 · 16 (본)경산(慶山) (출)대구 (주)서울특별시 종로구 세종대로 209 금융위원회 금융분쟁대응TF단(02-2100-2500) (학)1985년 대구 능인고졸 1992년 서울대 경영학과졸 1998년 同대학원 경영학과 수료 2008년 경제학박사(미국 미주리대 컬럼비아교) (경)1997년 행정고시 합격(41회) 1998년 금융감독위원회 구조개혁기획단 근무 2001년 同비은행감독과 · 감독정책과 · 위원장실 · 의사국제과 · 기획재정담당관실 근무 2009년 同자본시장과 서기관 2010년 대통령직속 미래기획위원회 신성장동력국 과장 2011년 금융위원회 의사운영정보팀장 2011년 대통령실 파견 2012년 금융위원회 금융서비스국 분쟁대응팀장 2013년 同금융서비스국 전자금융과장 2015년 同구조개선지원과장, 同금융정책국 구조개선정책과장 2018년 同은행과장 2019년 同은행과장(부이사관) 2019년 同금융분쟁대응TF단장(현) (상)업무유공 금융감독위원장표창(2002), 우수공무원 대통령표창(2017)

전용기(全龍基) Yong-Kee Jun

(생)1957·11·18 (본)정선(旌善) (출)대구 (주)경상남도 진주시 진주대로 501 경상대학교 기계항공정보융합공학부(055-772-1371) (학)1980년 경북대 컴퓨터공학과졸 1982년 서울대 대학원 컴퓨터공학과졸 1993년 공학박사(서울대) (경)1985년 경상대 컴퓨터과학과 강사·조교수·부교수 1995~1996년 미국 캘리포니아주립대 산타크루스분교(UCSC) 방문교수 1996년 경상대 정보과학과 교수, 同공과대학 기계항공정보융합공학부 항공우주및소프트웨어공학전공 교수(현) 2009~2010년 同컴퓨터정보통신연구소장 2009~2013년 지식경제부 대학정보통신연구센터(항공임베디드SW연구센터) 센터장 2013년 경상대 교육정보전산원장 2013년 교육부 정보보호사이버교육센터장 2013년 同부산울산경남권역 이러닝지원센터장 2016~2017년 경상대 항공우주및소프트웨어공학과장

전용덕(全容德) CHUN Yong Duk

(생)1960·3·7 (주)경상북도 경주시 외동읍 문산공단길 215 현대아이에이치엘(주) 대표이사실(054-770-7700) (학)서울고졸, 국민대 기계공학과졸 (경)현대모비스(주) 울산공장장(이사대우), 同울산공장 생산실장(이사대우) 2010년 同울산공장 생산실장(이사) 2013년 同운산공장 생산실장(상무), 同김천공장장(상무), 同유럽권역담당 MSK법인장(상무·전무) 2015년 同부품사업부장(전무) 2017년 同차량부품본부장(부사장) 2018년 현대아이에이치엘(주) 대표이사(현)

전용배(田溶裵)

(생)1961·11·6 (주)서울특별시 서초구 서초대로74길 11 삼성전자빌딩 29층 삼성벤처투자(주)(02-2255-0205) (학)1980년 한광고졸 1986년 서울대 경영학과졸 1988년 同대학원 경영학과졸 (경)1988~1995년 삼성생명보험 투융자본부 재무기획담당 과장 1995년 同미국지역전문가 1996년 同자산본부 재무기획실 담당과장 1997년 同전략기획실 담당과장 1998년 同재무기획팀 담당과장 1998년 同채권팀 담당과장 2000~2004년 삼성 구조조정본부 재무팀 담당부장 2004년 삼성전자(주) 회장실2팀 담당임원 2008년 同경영전략팀 2담당 전무 2010~2011년 삼성 미래전략실 경영지원팀장(전무) 2011년 삼성화재해상보험 부사장 2012~2017년 同경영지원실장(사내이사) 2012~2015년 대전 삼성화재 블루팡스 프로배구단장 2017년 삼성벤처투자(주) 대표이사 사장(현)

전용욱(全龍昱) JUN Yong Wook

(생)1951·7·23 (본)정선(旌善) (출)부산 (주)서울특별시 용산구 청파로47길 100 숙명여자대학교 사회교육관 3층 글로벌사회교육원(02-710-9138) (학)1971년 경기고졸 1975년 서울대 경영학과졸 1980년 미국 노스웨스턴대 경영대학원 회계학과졸 1985년 국제경영학박사(미국 매사추세츠공과대) (경)1985~1986년 미국 Univ. of Maryland 한국분교 Adjunct Professor 1986년 산업연구원 초청연구원 1988~2010년 중앙대 경영학부 무역학전공 교수 1989~1990년 삼성코닝 경영고문 1990년 미국 MIT 방문연구원 1992~1994년 경제기획원 정부투자기관 경영평가위원 1997~1999년 중앙대 경영연구소장 1998년 일본 나고야국립대 방문연구원 1998년 외교통상부 통상교섭전문위원 1999년 Monitor & Co. 경영고문 1999~2002년 한국국제경영학회 부회장·회장 2000~2004년 (주)하이닉스반도체 사외이사·이사장 2003년 (주)하이닉스반도체 감사위원 2003년 한국경영연구원 원장 2005~2007년 중앙대 국제경영대학원장 2005~2007년 同경영대학장 2007년 同경영전문대학원장 2008~2011년 국방부 자문위원 2008년 동부CNI 사외이사 2010~2011년 한국경영학회 회장 2010년 우송대 부총장 겸 솔브릿지경영대학장 2013~2016년 세종대 경영전문대학원 교수 2013년 同특임부총장 2013~2016년 同대외부총장 2013~2016년 同경영전문대학원장·경영대학장 겸임 2016~2017년 同석좌교수 2017년 숙명여대 글로벌사회교육원장(현) (상)Beta Gamma Sigma(Northwestern F) (저)'초일류기업으로 가는 길 : 삼성의 성장' '글로벌시대의 국제경영' (역)'국제화시대의 세계경영전략' (종)기독교

전용원(田瑢源) JUN Yong Won (九里)

(생)1944·4·24 (본)담양(潭陽) (출)경기 구리 (주)경기도 구리시 경춘로 128 세종사회문제연구소 이사장실 (학)1962년 경기상고졸 1966년 경희대 정치외교학과졸 1983년 同경영대학원졸 (경)1984년 경기도승마협회 회장 1988년 제13대 국회의원(구리, 민주정의당·민주자유당·신한국당) 1994년 국책자문위원 1996년 제15대 국회의원(구리, 신한국당·한나라당) 1996년 한나라당 직능위원장 1997년 同경기도지부 위원장 2000~2004년 제16대 국회의원(구리, 한나라당) 2000~2002년 국회 보건복지위원회 위원장 2003~2004년 한나라당 인사위원장 2006~2007년 同재정위원장, 세종사회문제연구소 이사장(현) 2013~2016년 대한석유협회 회장 (상)산업포장, 1천만불 수출의탑 (종)불교

전용주(田龍宙) Yong Ju Jeon

(생)1967·2·5 (출)경남 창원 (주)서울특별시 강남구 선릉로 629 (주)아이에이치큐 대표이사실(02-6005-6666) (학)부산 동아고졸 1990년 서울대 경영학과졸 1994년 同대학원 경영학과졸 (경)1993~1996년 안건회계법인 공인회계사 1996~2000년 김앤장법률사무소 공인회계사 2000~2003년 CJ인터넷 전략담당 상무이사 2003~2004년 싸이더스HQ 사외이사 2003~2004년 김앤장법률사무소 공인회계사 2004~2007년 동국대 경영대학 겸임교수 2004~2007년 아이에이치큐 부사장 2007~2009년 YTN미디어 대표이사 2009년 CU미디어 대표이사 2009년 한국케이블TV방송협회 감사 2009~2013년 PP협의회 감사 2009~2013년 한국콘텐츠진흥원 방송진흥기금운영위원 2011~2013년 (주)C&M 미디어전략부문 전무이사 2013년 (주)아이에이치큐 대표이사(현) 2015~2016년 (주)C&M 대표이사 사장 2016년 (주)딜라이브 대표이사 사장 겸임(현)

전용준(全龍埈) CHUN Yong Joon

(생)1954·8·21 (출)전북 전주 (주)광주광역시 북구 무등로 254 광남일보(062-370-7000) (학)1971년 전주 해성고졸 1983년 조선대 회계학과졸 (경)1988~2004년 서울신문 국민체육진흥사업부 광주지사장 1989~2001년 (유)덕림 대표이사 1995~1999년 (주)광남 대표이사 1997~2003년 (주)화이트하임 대표이사 1999년 (주)애드하임 대표이사(현) 2002~2004년 (주)호남테크노티 대표이사 2002~2006년 (주)나노피아 대표이사 2006~2013년 무등일보 대표이사 사장 2011년 컬쳐인 사장 2013년 광남일보 회장 2017년 同대표이사 회장(발행인·편집인 겸임)(현)

전용찬(全容燦) Jeon yong chan

(생)1967·8·25 (출)대구 (주)충청남도 아산시 무궁화로 111 경찰인재개발원 운영지원과(041-536-2211) (학)영남고졸 1990년 경찰대 행정학과졸(6기), 서울대 대학원졸 (경)1990년 경위 임관 2000년 경감 승진 2005년 경정 승진 2006~2009년 駐독일 주재관 2009년 서울 수서경찰서 정보보안과장 2011년 경찰청 기본과원칙구현추진단 근무 2012년 경북지방경찰청 청문감사담당관 2012년 同보안과장 직대 2013년 대전지방경찰청 홍보담당관 2013~2014년 강원 화천경찰서장(총경) 2014년 강원지방경찰청 청문감사담당관 2015년 경찰대학 교무과장 2015년 경기 가평경찰서장 2016년 경찰수사연수원 교무과장 2017년 서울 도봉경찰서장 2017~2018년 경찰청 국제협력과장 2019년 경찰인재개발원 운영지원과장(현)

ㅈ

전용태(田溶泰) JUN Yong Tae (雲山)

(생)1940·11·15 (본)담양(潭陽) (출)충남 홍성 (주)서울특별시 강남구 테헤란로87길 36 법무법인(유) 로고스(02-2188-1000) (학)1959년 경동고졸 1964년 서울대 법대졸 1969년 同사법대학원졸 (경)1967년 행정고시 수석합격(5회) 1967년 사법시험 합격(8회) 1973년 천안지청 검사 1975년 수원지청 검사 1978년 대구지검 검사 1978년 同상주지청 검사 1979년 서울지검 검사 1982년 同의정부지청 검사 1983년 광주지검 부장검사 1986년 서울지검 의정부지청 부장검사 1987년 인천지검 부장검사 1988년 서울지검 동부지청 부장검사 1990년 춘천지검 차장검사 1991년 인천지검 차장검사 1992년 수원지검 차장검사 1994년 대검찰청 공판송무부장 1995년 춘천지검장 1997년 청주지검장 1998년 인천지검장 1999년 대구지검장 1999년 법무법인 백두 대표변호사 2001년 대통령직속 부패방지특별위원회 위원 2002년 법무법인 로고스 고문변호사(현) 2002~2008년 중앙선거관리위원회 위원 2002년 한국성시화운동 대표본부장 2009년 안산시 민원즉심관(사무관급) 2014년 새누리당 클린공천감시단장 (상)국민훈장 모란장 (종)기독교

전우벽(全遇璧) JUN Woo Byuk (灘鄉·海朝·木里)

(생)1946·3·4 (본)옥천(沃川) (출)경북 영주 (주)서울특별시 종로구 삼일대로 461 SK허브 102동 403호 (사)한국차인연합회(02-734-5866) (학)1968년 건국대 임학과졸 (경)1970년 ROTC(6기) 중위 1970~1980년 CBS 아나운서실 차장 1980~2004년 KBS 아나운서 1980년 同아나운서실 차장 1995년 同대구방송총국 아나운서부장 1999년 同전문아나운서 2000~2004년 同아나운서실 방송위원 2004년 (사)한국차인연합회 상임이사 겸 사무총장(현) (상)서울올림픽공로상(1988), 프로야구 윤길구상(1991), 제24회 방송의날 공로상(1997), 한국차인연합회 공로상(1997), 한국야구위원회 프로야구20년 공로상(2001), 한국방송공사 30년 근속상(2003), 대한민국 茶人賞(2014) (저)'스포츠핸드북' '월간 「영지(young)」 24권' '방송실무언어' '격월간 「茶人」' '한국다도대학원 문집' '전국차생활지도자 교재' '한국다도대학원 강의집' '차문화용어' (종)기독교

전우수(田尤秀) JEON Woo Soo

(생)1949·10·9 (본)담양(潭陽) (출)충남 (주)충청남도 공주시 웅진로 27 공주교육대학교 초등과학교육과(041-850-1660) (학)1973년 서울대 사범대학 물리학과졸 1975년 同대학원졸 1989년 물리학박사(고려대) (경)1976년 도봉여중 교사 1981년 한국교육개발원 연구원 1981년 서울대사대부속중 교사 1982~1994년 공주교육대 과학교육과 전임강사·조교수·부교수·교수, 同초등과학교육과 교수 1994~1995·2002~2004년 同교무처장 2004~2005년 同교육대학원장 2007~2012년 同총장 2014년 同명예교수(현) (상)공주교육대 20년 근속상(2003), 근정포장(2007), 황조근정훈장(2014) (저)'탐구 활동을 통한 과학 교수법(共)'(1990) 외 3권

전우진(全友眞)

(생)1961·12·24 (출)서울 (주)서울특별시 영등포구 국제금융로8길 11 대영빌딩 2층 HDC자산운용(주)(02-3215-3000) (학)미국 시라큐스대 경제학과졸 (경)1987~1990년 일본 야마이치증권 뉴욕법인 채권트레이더 1990~1993년 미국 Smith Barney 증권 채권A/C Trader 1993년 LG증권 해외투자담당 1995년 Interlink Capital Partner 1997~2003년 Appaloosa Management 이사 2003~2006년 삼성생명보험 뉴욕현지법인 CIO(상무) 2006년 아이투자신탁운용(주) 국제사업본부장 2007년 同전무 2012년 HDC자산운용(주) 국제사업본부장(전무) 2018년 同대체투자총괄 전무(현)

전우헌(全遇憲) JUN Woo Yhun

(생)1958·11·24 (출)대구 (주)경상북도 안동시 풍천면 도청대로 455 경상북도청 경제부지사실(054-880-2040) (학)1977년 경북고졸 1981년 영남대 행정학과졸, 경북대 대학원 경영학과졸(석사) (경)삼성전자(주) 구미지원센터 부장 2003년 同상무보 2006년 同구미지원 인사담당 상무 2007년 同무선인사팀장(상무) 2009년 同구미지원센터장(상무) 2010년 同구미지원센터장(전무) 2011~2014년 同구미스마트시티 공장장(전무) 2012~2015년 구미상공회의소 부회장 2015~2016년 삼성전자(주) 구미지원센터 고문 2018년 경북도 경제부지사(현) (상)제21회 상공대상 무역부문(2011)

전우홍(全遇弘) Woo Hong Jun

(생)1961·8·1 (주)세종특별자치시 갈매로 408 교육부 학생지원국(044-203-6210) (학)대전고졸, 서울대 역사교육학과졸, 미국 오리건대 대학원 교육학과졸, 교육학박사(성균관대) (경)성균관대 강사 1991년 행정고시 합격(35회) 1993년 고척고 서무과장 1994년 서울강서교육청 재무과장 1996년 서울강서도서관 서무과장 2001년 교육인적자원부 정책총괄과 서기관, 同재외동포교육과장 2007년 同평가지원과장 2007년 同국제교육정보화국 지식정보정책과장 2008년 교육과학기술부 이러닝지원과장 2009년 同교육복지국 교육복지정책과장(부이사관) 2011년 안동대 사무국장(고위공무원) 2012년 세종특별자치시교육청개청준비단 단장 2012~2014년 세종특별자치시 부교육감 2013~2014년 同교육감 권한대행 2014년 교육부 교육정책실 학생복지안전관 2015년 同학교정책실 학생복지정책관 2016년 제주특별자치도 부교육감 2017년 경상북도 부교육감 2019년 교육부 학생지원국장(현) (상)홍조근정훈장(2014)

전운기(全云基) JEON Un Ki

(생)1954·6·21 (본)천안(天安) (출)충북 청원 (주)충청북도 음성군 감곡면 대학길 76-32 극동대학교 경찰행정학과(043-879-3500) (학)1979년 고려대 법대 행정학과졸 1983년 서울대 대학원 행정학과졸 1986년 미국 오하이오주립대 대학원졸 2003년 산업공학박사(명지대) (경)1979년 행정고시 합격(23회) 1989년 대통령경제수석비서관실 행정관 1990년 국무총리실 근무 1994년 노동부 법무담당관·장관비서관 1995년 同수원노동사무소장 1997년 同안전정책과장 1998년 同기획예산과장 1999년 국무총리 실업대책평가심의관 2000년 경기지방노동청장 2000년 노동부 중앙고용정보관리소장 2001년 한국노동교육원 파견 2003년 중앙공무원교육원 파견 2004년 노동부 감사관 2005년 중앙노동위원회 사무국장 2007년 노동부 산업안전보건국장 2007년 서울지방노동위원회 위원장 2008~2012년 한국기술교육대 총장 2013년 극동대 경찰행정학과 석좌교수(현) (상)대통령표창, 근정포장 (저)에세이 'POP(밥) 퍼주는 총장'(2012, 홍익문화) (종)기독교

전원건(全元健) Jun Wun-gun

(생)1959·8·26 (주)충청북도 청주시 청원구 오창읍 각리1길 7 벤처프라자 (재)충청북도지식산업진흥원(043-210-0800) (학)1978년 운호고졸 1985년 청주대 행정학과졸 (경)1984년 충주시 교현동사무소 근무(7급 공채) 1991년 충북도 지역경제국 관광과 근무 2004년 同관광홍보담당(지방행정사무관) 2011년 충주시 농업정책국장(지방서기관) 2015년 충북도 비서실장 2015년 同공보관 2015년 충북 진천군 부군수 2015~2016년 同군수 권한대행 2016년 충북도 농정국장 2017년 (재)충청북도지식산업진흥원 원장(현)

전원근(全元根) Won Gun Jun

(생)1953 · 9 · 10 (출)충북 제천 (주)서울특별시 영등포구 영신로 166 더불어민주당 서울시당(02-3667-3700) (학)1972년 충주고졸 1981년 성균관대 법학과졸 1985년 同대학원졸 1995년 국방대학원 안전보장학과졸 2000년 정치학박사(경희대) (경)국방교육원 겸임교수, 성균관대 강사, 경희대 행정대학원 겸임교수, 용인대 외래교수 2014~2015년 새정치민주연합 서울강남구甲지역위원회 위원장 2015년 同서울시당 재보궐선거공직선거후보자추천관리위원회 위원 2015년 同정책위원회 부의장 2016~2018년 더불어민주당 서울강남구丙지역위원회 위원장 2016년 제20대 국회의원선거 출마(서울 강남구丙, 더불어민주당) 2016~2018년 더불어민주당 서울시당 상무위원 2018년 더불어민주당 개성공업지구지원재단 상임감사(현) 2019년 더불어민주당 서울-평양간교류특별위원회 위원장(현) (저)'조선노동당'(2007, 한국학술정보) '권력의 역사와 파벌'(2015, 한국학술정보) (종)천주교

전원책(全元策) Jun, Won Tchack (農堂)

(생)1955 · 1 · 8 (본)정선(旌善) (출)울산 (주)서울특별시 서초구 서초중앙로 154 화평빌딩 704호 전원책법률사무소(02-595-5051) (학)1972년 부산고졸 1978년 경희대 법대 법률학과졸 (경)1977년 백만원고료한국문학 신인상 '동해단장(東海斷章)'으로 등단 1980년 軍법무관시험 합격(4회) 1982년 사법연수원 수료 1982년 軍법무관(대위), 보병 제30사단 법무참모 1985년 제3군사령부 법무과장 1986년 제2군수지원사령부 법무참모(소령) 1987년 제11군단 법무참모(중령) 1989년 제6군단 법무참모 1990년 조선일보 신춘문예에 詩부문 당선 1991년 변호사 개업(현) 1993년 정보통신윤리위원회 심의위원 1996년 월간 '시민과 변호사' 편집주간 · SBS 자문변호사 1996년 경희대 법대 강사 · 겸임교수 2005년 시민과함께하는변호사들(시변) 발기인 2006년 대한변호사협회 신문편집위원, 同100주년대국민서비스위원장 2012년 자유기업원 원장 2012~2014년 (재)자유경제원 원장 2013~2014년 YTN 라디오 '전원책의 출발 새아침' 진행 2016~2017년 JTBC '썰전' 출연 2017년 TV조선 '뉴스종합 9' 앵커 2017년 同'전원책의 토크로 세상을 읽다' 진행 2018년 TV조선 '강적들' 출연 2018년 자유한국당 조직강화특별위원회 위원 (상)담배소비자보호대상 (저)시집 '수련(睡蓮)의 집', '슬픔에 관한 견해'(1991, 청하) '바다도 비에 젖는다'(2009, 엘도라도) '자유의 적들'(2011, 중앙북스) '진실의 적들'(2013, 중앙북스) '전원책의 신군주론'(2014, 중앙북스) '잡초와 우상'(2016, 부래) '나에게 정부는 없다'(2016, 포엠포엠) '전원책의 권력의 몰락'(2017, 부래) (종)불교

전원표(全原杓)

(생)1967 · 10 · 16 (주)충청북도 청주시 상당구 상당로 82 충청북도의회(043-220-5116) (학)제천상고졸, 국민대 정치대학원 정치학과졸 (경)교동주민자치위원회 감사, 교동 · 장락동자율방범대장 2010년 충북 제천시의원선거 출마(민주당) 2016년 더불어민주당 충북도당 청년일자리창출위원회 위원장, 同충북도당 부위원장 2018년 충북도의회 의원(더불어민주당)(현) 2018년 同행정문화위원회 위원장(현)

전월남(全月男) JEON Wol Nam

(생)1969 · 7 · 21 (본)옥천(沃川) (출)서울 (주)서울특별시 동대문구 천호대로12길 19 영한빌딩 5층 (사)한국애견연맹(02-2278-0661) (학)1988년 우성고졸 1993년 수원대 유전공학과졸 1997년 성균관대 대학원 생물교육 수료(1년) (경)1993~2000년 육군 학사장교 소위 임관 · 제5군단 305연대 작전과장 2000~2002년 서울시교통연수원 연수팀 교관 2002년 (사)한국애견연맹 사무총장(현) 2007년 국립수의과학검역원 동물보호자문위원 2008년 한국직업능력개발원 ETPL심사위원 2011년 서정대 실험동물윤리위원(현) 2014년 관세청 탐지견센터 탐지견처분위원(현) 2017년 한양여대 일학습병행제 운영위원(현) 2018년 농림수산식품부 동물복지T/F팀 자문위원(현) 2019년 서초구 동물복지위원회 위원(현) (상)5군단장표창(2회), 관세국경관리연수원장표창(2011) (저)'KKF 견종표준서'(2006, 한국애견연맹)

전윤애(全潤愛 · 女) JEON Yun Ae

(생)1959 · 7 · 24 (출)부산 (주)서울특별시 송파구 올림픽로 424 국민체육진흥공단(02-410-1120) (학)부산외국어대 대학원 체육학과졸, 스포츠경영학박사(울산대) (경)볼링 국가대표, 부산여성스포츠회 회장, 부산시생활체육협의회 부회장 2006~2010년 부산시의회 의원(비례대표, 한나라당) 2009~2013년 부산시체육회 부회장 2013년 부산시근대5종협회 회장 2018년 국민체육진흥공단 상임감사(현)

전윤종(田允鍾) CHUN, Yoon-Jong (時園)

(생)1968 · 9 · 15 (주)세종특별자치시 한누리대로 402 산업통상자원부 자유무역협정정책관실(044-203-5730) (학)1991년 서울대 경제학과졸 2001년 경영학박사(영국 리즈대) (경)2006년 산업자원부 남북산업자원총괄팀장 2007년 同중국협력팀장 2008년 지식경제부 지역투자과장 2009년 駐벨기에 참사관 2012년 지식경제부 투자유치과장 2013년 산업통상자원부 무역투자실 투자유치과장 2014년 산업통상자원부 경제자유구역기획단 정책기획팀장 2016년 同통상정책국 통상정책총괄과장(부이사관) 2016년 대한무역투자진흥공사(KOTRA) 방산물자교역지원센터장(국장급) 2017년 한국과학기술원(KAIST) 과학기술사회정책연구센터 연구교수 2018년 산업통상자원부 정책기획관(고위공무원) 2019년 同통상교섭실 자유무역협정정책관(현) (저)'EU정책브리핑'(2010) '유럽을 보면 한국의 미래가 보인다'(2012)

전윤철(田允喆) JEON Yun Churl (逸民)

(생)1939 · 6 · 15 (본)담양(潭陽) (출)전남 목포 (학)1959년 서울고졸 1964년 서울대 법학과졸 1989년 국방대학원졸 1991년 서울대 대학원 최고산업과정 수료 1998년 명예 법학박사(광운대) 1999년 명예 경영학박사(순천향대) 1999년 명예 경제학박사(목포대) (경)1966년 행정고시 합격(4회) 1976년 경제기획원 법무담당관 1976년 同예산국 보건사회예산담당관 1983년 同공정거래실 정책국장 1985년 同예산실 사회예산국장 1989년 同예산실 예산총괄국장 1990년 同물가정책국장 1994년 同기획관리실장 1995년 공정거래위원회 부위원장 1995년 수산청장 1997년 공정거래위원회 위원장 2000년 기획예산처 장관 2002년 대통령 비서실장 2002~2003년 부총리 겸 재정경제부 장관 2003년 제주대 석좌교수 2003~2008년 감사원장(19대 · 20대) 2009~2012년 경원대 경상대학 경제학과 석좌교수 2010~2012년 조선대 법학대학 석좌교수 2012년 (사)한국프로골프협회(KPGA) 회장 2012~2014년 가천대 경상대학 경제학과 석좌교수 2013~2017년 (재)김대중노벨평화상기념관 이사장 2014년 가천대 사회과학대학 글로벌경제학과 석좌교수 2014~2015년 킨텍스(KINTEX) 고문 2014~2015년 (재)광주비엔날레 이사장 2015년 새정치민주연합 국정자문회의 자문위원 2015년 산학연종합센터 CEO정책과정 · 산학정책과정 상임고문 2016년 국민의당 공직후보자격심사위원회 위원장 2016년 同윤리위원장 2016년 同공천관리위원회 위원장 2017년 더불어민주당 제19대 문재인 대통령후보 중앙선거대책위원회 공동위원장 (상)홍조근정훈장(1983), 황조근정훈장(1996), 청조근정훈장(2009) (저)'경쟁이 꽃피는 시장경제'(1999) '시장경제의 어제, 오늘 그리고 내일'(2000) (종)천주교

ㅈ

전윤한(全潤漢)

(생)1953 · 12 · 19 (주)경상북도 구미시 대학로 61 금오공과대학교 교양교직과정부(054-478-7771) (학)1974년 한양대 물리학과졸 1977년 同대학원 물리학과졸 1995년 이학박사(한양대) (경)1979년 금오공대 설립준비위원 1980년 同물리학과 교수, 同자연과학부 교수, 同교양교직과정부 교수 2011~2013년 同도서관장 2011~2013년 同구미산업기술정보센터 소장 2013년 同평생교육원장 2017년 同교육대학원장 겸 컨설팅대학원장 2019년 同명예교수(현)

전은석(全殷奭) JEON Eun Seok

(생)1957 · 11 · 7 (주)서울특별시 강남구 일원로 81 삼성서울병원 순환기내과(02-3410-3448) (학)1983년 서울대 의대졸 1990년 同대학원졸 1993년 의학박사(서울대) (경)1983~1987년 서울대병원 인턴 · 레지던트 1987~1988년 同순환기내과 전임의 1988~2001년 충남대 의대 전임강사 · 조교수 · 부교수 · 교수 1994~1996년 미국 UC San Diego Medical Center Post-Doc. Fellow 2001~2002년 순천향대 부천병원 교수 2002년 성균관대 의대 내과학교실 교수(현) 2002년 삼성서울병원 순환기내과 전문의(현) 2005년 삼성서울병원 세포치료센터장 2007년 同심장혈관센터 초진클리닉팀장 2009~2011년 同순환기내과장 2011~2014년 同심장혈관센터 부센터장 2012년 한올바이오파마 사외이사 2015년 삼성서울병원 심장뇌혈관병원 심장센터장 2016~2019년 同심장뇌혈관병원 병원장 대행

전은호(田恩浩) Chun Eunho

(생)1979 · 5 · 2 (본)담양(潭陽) (출)강원 고성 (주)전라남도 목포시 영산로59번길 33-5 3층 목포시 도시재생지원센터(061-244-8995) (학)1998년 속초고졸 2006년 한동대 공간시스템공학부졸 2008년 서울시립대 대학원 도시행정학과졸 (경)2009~2012년 국토연구원 국토도시연구본부 연구원 2013년 서울시사회적경제지원센터 연구원 2015년 한국사회주택협회 사무국장 2016년 서울시 협치추진단 협치지원관 2017년 (사)하나누리 '토지+자유연구소' 시민자산화센터장 2018년 (사)나눔과미래 시민자산화사업팀장 2019년 목포시 도시재생지원센터장(현) (저)'99%를 위한 주거(共)'(2013, 북노마드) '안티젠트리피케이션(共)'(2017, 동녘) '시민의 도시, 서울(共)'(2017, 정림건축문화재단) '사회적경제법연구(共)'(2018, 경인문화사) (역)'전환의 키워드, 회복력(共)'(2015, 도서출판따비) (종)기독교

전은환(女)

(생)1972 · 2 (학)연세대 영어영문학과졸, 미국 퍼듀대 대학원졸(MBA) (경)2001년 삼성전자(주) 글로벌마케팅실 브랜드전략그룹 과장 2002년 同무선사업부 유럽수출그룹 차장 2008년 同무선사업부 상품전략팀 부장 2015년 同무선사업부 전략마케팅실 상무 2018년 同자문역(현)

전을수(田乙秀) Jeoun Eoul Su

(생)1962 · 12 · 4 (본)담양(潭陽) (출)경남 의령 (주)서울특별시 강남구 테헤란로4길 15 메가시티오피스텔 301호 세무그룹삼익(02-563-3232) (학)1980년 삼가고졸 1984년 세무대학졸 (경)1984년 국세청 공무원 임용 1984년 서울 북부세무서 · 동작세무서 · 구로세무서 · 관악세무서 근무 1992년 서울 삼성세무서 · 양천세무서 · 서울지방국세청 조사2국 · 조사4국 근무 1999년 서울 삼성세무서 근무 2002년 국세청 조사국 세원정보과 근무 2007년 서울지방국세청 조사4국 조사2과 팀장 2008년 국세청 조사국 세원정보과 계장 2009년 서울 양천세무서 법인세과장 2010년 국세청 자산과세국 자본거래관리과 계장 2014년 부산 수영세무서장 2015년 서울지방국세청 조사3국 조사3과장 2016년 서울 영등포세무서장 2017년 서울지방국세청 법인납세과장 2018~2019년 서울 종로세무서장 2019년 세무그룹삼익 대표세무사(현) (상)국무총리표창(2005), 대통령표창(2012) (종)불교

전의찬(全儀燦) JEON Eui Chan

(생)1955 · 1 · 18 (출)충북 제천 (주)서울특별시 광진구 능동로 209 세종대학교 공과대학 환경에너지융합학과(02-3408-4353) (학)1973년 보성고졸 1980년 서울대 기계공학과졸 1987년 同환경대학원 환경계획학과졸 1996년 이학박사(서울대) (경)1980~1988년 현대엔지니어링(주) 입사 · 기전사업부 과장 · 기술연구소 선임연구원 1990~2003년 동신대 환경공학과 교수 1994~1995년 서울시정개발연구원 수석연구원 2002~2014년 환경부 자체평가위원회 위원 2003년 세종대 공과대학 환경에너지융합학과 교수(현) 2005~2006년 同대학원 교학처장 2006~2008년 同대외협력처장 2006~2014년 녹색서울시민위원회 지속가능분과 위원장 2007년 국회 기후변화포럼 운영위원장 · 공동대표 · 고문(현) 2009~2015년 국가통계위원회 위원 2009~2010년 서울시 녹색성장위원회 기후변화에너지분과 위원장 2009~2010년 대통령직속 녹색성장위원회 위원 2010~2011년 한국대기환경학회 회장 2011~2015년 세종대 대학원장 2012~2018년 한국환경한림원 부회장 겸 학술위원장 2012년 한국대기환경학회 고문(현) 2013~2018년 녹색성장위원회 기후변화분과 위원장 2013~2014년 한국기후변화학회 회장 2014~2018년 대통령직속 규제개혁위원회 행정사회분과위원장 2014년 한국에너지공단 온실가스검증원 운영위원장(현) 2015~2017년 송파구 녹색송파위원회 공동위원장 2015~2017년 강동구 지속가능발전협의회 대표회장 2015년 한국천주교주교회의 생태환경위원회 위원(현) 2015년 한국기후변화학회 고문(현) 2016년 서울대 환경대학원 환경계획학과 객원교수 2017년 IPCC Task Force on National Greenhouse Gas Inventories 2017년 Lead Author of IPCC Task Force on National Greenhouse Gas Inventories(현) 2017년 Atmospheric Pollution in the Asia Pacific, National Expert(현) 2018년 한국환경한림원 이사(현) 2019년 녹색송파위원회 위원장(현) 2019년 에너지환경포럼 위원장(현) 2019년 APEC기후센터 이사장(현) 2019년 국가기후환경회의 저감위원회 위원(현) 2019년 현대제철 안전환경위원회 위원(현) (상)환경부장관표창(1997), 근정포장(2005), 대통령표창(2013), 대양학술상(2013), 한국기후변화학회 학술상(2016), 기후변화센터 '기후변화 그랜드리더스어워드' 개인부문상(2017) (저)'에너지와 환경'(2005, 녹문당) '지구를 살리는 환경과학'(2005, 청문각) '지구환경과학'(2006, 북스힐) '기후변화, 25인의 전문가가 답하다'(2012, 지오북) '온실가스관리'(2014, 동화기술) '온실가스 배출과 통계'(2014, 동화기술) '전환기 한국, 지속가능발전 종합전략'(2015, 한울아카데미) '라틴아메리카 환경이슈와 국제협력'(2015, 한국외국어대 지식출판원) '기후변화 · 에너지 · 산업'(2015, 동화기술) '신기후체제와 도시의 기후변화 대응'(2016, 동화기술) '기후변화, 27인의 전문가가 답하다'(2016, 지오북)

전익기(田翼基) JEON Ik Ki (일학)

(생)1958 · 5 · 27 (출)대구 (주)경기도 용인시 기흥구 덕영대로 1732 경희대학교 체육대학 태권도학과(031-201-2726) (학)1977년 대성고졸 1987년 경희대졸 1991년 미국 오리건대 대학원졸 1996년 체육학박사(미국 뉴멕시코대) (경)1993년 경희대 사회체육학과 조교수 · 부교수, 同체육대학 태권도학과 교수(현) 1993년 한국스포츠산업경영학회 상임이사 1995년 세계태권도연맹 기술위원 1995년 한국스포츠교육학회 이사 1996년 대한태권도협회 연구분과 부위원장, 同연구분과 위원장 1997~2001년 세계태권도연맹 기술분과 위원 1998년 한국스포츠산업경영학회 섭외이사 2001년 (사)한국태권도문화연구원 원장(현) 2012

년 한국스포츠산업경영학회 회장 2013~2018년 경희대 체육대학장 2016~2018년 국민체육진흥공단 비상임이사 2017~2018년 경희대 체육대학원장 (상)체육훈장 거상장(2009) (저)'스포츠경영론' '장단발놀림'(2004) (역)'스포츠 경영학 개론'(2003) (종)기독교

전익현(全益賢) JUN Ik Hyun

(생)1950 · 9 · 10 (출)경북 군위 (주)경상북도 포항시 남구 장흥로197번길 35 TCC메탈 임원실(054-278-5921) (학)1968년 경북고졸 1972년 영남대 상학과졸, 동국대 대학원 수료 (경)동화섬유공업사 근무, 동양석판(주) 이사, 同상무이사, 同총무본부장(전무이사), 동양강재(주) 대표이사 사장, 우석강판(주) 감사, 동양석판(주) 부사장 2010년 (주)TCC동양 대표이사 부사장 2012~2015년 同대표이사 사장, TCC강판 이사, TCC벤드코리아 대표이사, TCC한진 대표이사 2015년 (주)TCC동양 각자대표이사 부회장 2015년 TCC메탈 부회장(현) 2019년 포항철강산업단지관리공단 이사장(현) (상)산업포장(2012)

전익현(全益鉉)

(생)1961 · 3 · 8 (출)충남 서천 (주)충청남도 예산군 삽교읍 도청대로 600 충청남도의회(041-635-5057) (학)충남대 대학원 경영학과졸, 경영학박사(군산대) (경)중도일보 기자, 장항청년회의소특우회 이사 2006년 충남 서천군의회 의원(열린우리당) 2010~2014년 충남 서천군의회 의원(민주당 · 민주통합당 · 민주당 · 새정치민주연합) 2006~2008년 同산업건설위원장 2008년 同운영위원장 2012년 同부의장 2014년 충남도의원선거 출마(새정치민주연합), 장항방문요양센터 센터장(현) 2018년 충남도의회 의원(더불어민주당)(현) 2018년 同안전건설해양소방위원회 부위원장(현) (상)국회의장표창(2009)

전인구(全仁九) CHUN In Koo

(생)1952 · 3 · 30 (본)옥천(沃川) (출)충북 영동 (주)서울특별시 성북구 화랑로13길 60 동덕여자대학교 약학과(02-940-4523) (학)1973년 서울대 약학과졸 1976년 同대학원 약학과졸 1984년 약학박사(서울대) (경)1973년 한국베링거인겔하임 주임연구원 1977년 태평양화학(주) 기술연구소 실장 1985년 동덕여대 약학과 조교수 · 부교수 · 교수(현) 1985년 同약학과장 1988년 同종합기기분석실장 1989~1991년 미국 뉴저지주립대 약학대학 객원연구원 1992년 동덕여대 보건소장 1993~1995년 同약학대학원 주임교수 1994년 한국약제학회 편집위원장 1995년 동덕여대 종합약학연구소장 1996년 在美한인약학자협회(KAPSA) 부회장 1998년 한국약제학회 부회장 · 회장 1998년 KAPSA 회장 2000년 한국응용약물학회 부회장 2003~2006년 동덕여대 약학대학장 2005년 한국응용약물학회 회장 2007~2008년 대한약학회 회장 2007년 한국의약품법규학회 수석부회장 2008년 (사)대한약학회 약제학분과학회 회장 2009년 同회장 2009년 (사)한국에프디시법제학회 회장 2010년 (사)한국약학교육협의회 감사 겸 품질과학분과회 회장 2011~2018년 한국약학교육평가원 이사장 2012~2014년 동덕여대 대학원장 겸 특수대학원장 (상)한국약제학회 학술연구장려상(1987), 한국과학기술단체총연합회 과학기술우수논문상(1992), 한국약제학회 학술상(1997), 동덕여대 교육 및 봉사상(1999) (저)'약제학'(1986) '藥事總法'(1986) 'Experimental Pharmaceutics'(1986) '의약품 첨가제와 제제개발'(1988) 'Advances in Pharmaceutical Dosage Forms Design'(1991) '약사법규(共)'(2002) '약사법규연습(共)'(2002) '대한약전 제8개정 해설서(통칙, 제제총칙, 일반시험법)(共)'(2003) '대한약전 제8개정 해설서(의약품각조)(共)'(2003) '약전실습서(共)'(2003) '약전연습'(2003) '약제학실습서(共)'(2004) '약사법규 개정판(共)'(2004) '조제와 복약지도(共)'(2005) '생물약제학과 약물속도론(共)'(2005) (역)'대한약전 제8개정 영문판'(2003)

전인범(全仁釩) CHUN IN BUM

(생)1958 · 9 · 6 (본)정선(旌膳) (출)서울 (주)서울특별시 중구 장충단로 72 한국자유총연맹(02-2238-1037) (학)1977년 경기고졸 1981년 육군사관학교졸(37기) 2006년 서울대 대학원 행정학과졸 2010년 정치외교학박사(경남대) 2011년 명예 정치학박사(러시아 이르쿠츠크국립대) (경)2007년 준장 진급 2008년 합동참모본부 전작권전환추진단장 2009년 육군 제27사단장(소장) 2011년 한미연합사령부 작전참모차장 2013년 유엔군사령부 군사정전위원회 제16대 한국군 수석대표 겸 한미연합군사령부 부참모장 · 지상구성군사령부 참모장 겸임 2013년 육군 특수전사령관(중장) 2015~2016년 육군 제1야전군사령부 부사령관(중장) 2016~2017년 미국 존스홉킨스대 국제대학원 객원연구원 2016~2017년 브루킹스연구소 동아시아정책연구센터 방문학자 2018년 한국자유총연맹 부총재(현) (상)보국훈장 광복장(1983), 美동성훈장(2005), 화랑무공훈장(2005), 대통령표창(2007), 美공로훈장(The Legion of Merit)(2011 · 2013), 美통합특수전사령부 훈장(2016), 보국훈장 국선장(2016), 미국정부 공로훈장(2016) (종)기독교

전인지(田仁智 · 女) In Gee, Chun

(생)1994 · 8 · 10 (출)전북 군산 (학)2013년 전남 함평골프고졸 2017년 고려대 국제스포츠학과졸 (경)스포티즌 소속 2011년 골프 국가대표 2011년 대한골프협회 회원(현) 2011년 제12회 KLPGA 투어 하이트진로 챔피언십 3위 2012년 하이트진로 후원 계약 2012년 한국여자프로골프협회(KLPGA) 회원(현) 2012년 KLPGA Kangsan 드림투어 3차전 2위 2012년 KLPGA Kangsan 드림투어 4차전 3위 2012년 KLPGA Kangsan 드림투어 5차전 3위 2012년 KLPGA 그랜드 드림투어 7차전 2위 2012년 KLPGA 무안CC컵 드림투어 12차전 우승 2013년 KLPGA 1부 투어 데뷔 2013년 우리투자증권 레이디스 챔피언십 5위 2013년 두산 매치플레이 챔피언십 2위 2013년 KLPGA투어 기아자동차 한국여자오픈 우승 2013년 MBN · 김영주골프 여자오픈 6위 2013년 메트라이프 · 한국경제 제35회 KLPGA 챔피언십 2위 2013년 러시앤캐시 행복나눔 클래식 2위 2014년 KLPGA투어 에쓰오일 챔피언스 인비테이셔널 우승 2014년 KLPGA투어 채리티 하이원 리조트오픈 2위 2014년 KLPGA투어 KDB대우증권 클래식 우승 2014년 LPGA투어 하나외환 챔피언십 공동2위 2014년 KLPGA투어 조선일보-포스코 챔피언십 우승 2014년 KLPGA투어 현대차 중국여자오픈 2위 2015년 KLPGA투어 삼천리 투게더 오픈 초대 우승 2015년 일본여자프로골프(JLPGA)투어 월드레이디스 챔피언십 살롱파스컵 우승 2015년 KLPGA투어 두산 매치플레이 챔피언십 우승 2015년 KLPGA투어 에쓰오일 챔피언스 인비테이셔널 우승 2015년 LPGA투어 US여자오픈 우승 2015년 KLPGA투어 하이트진로 챔피언십 우승(한 시즌 한 · 미 · 일 3대 골프투어 메이저대회 우승) 2015년 JLPGA투어 일본여자오픈 우승 2015년 KLPGA투어 KB금융스타챔피언십 우승 2016년 LPGA투어 혼다 타일랜드 2위 2016년 LPGA투어 롯데 챔피언십 공동2위 2016년 LPGA투어 에비앙 챔피언십 우승(역대 메이저대회 최소타 신기록-합계 21언더파 263타) 2017년 LPGA투어 롯데 챔피언십 2위 2017년 LPGA투어 킹스밀 챔피언십 2위 2017년 LPGA투어 매뉴라이프 클래식 2위 2017년 LPGA투어 캐나다 퍼시픽 여자오픈 공동3위 2017년 LPGA투어 캄비아 포틀랜드 클래식 2위 2017년 LPGA투어 KEB하나은행 챔피언십 3위 2018년 KB금융그룹 메인 스폰서 계약(현) 2018년 여자골프 국가대항전 UL 인터내셔널 크라운 우승 2018년 LPGA투어 KEB하나은행 챔피언십 우승 (상)동아스포츠대상 여자프로골프 올해의 선수상(2015), KLPGA투어 대상 · 상금왕 · 다승왕 · 최저타수상 · 해외특별상(2015), 한국골프기자단 선정 'KLPGA Best Player Trophy'(2015), 미국여자프로골프(LPGA)투어 신인상 · 베어트로피(최저타수상)(2016)

전장열(全長烈) JEON Jang Youl

(생)1952·8·18 (출)부산 (주)서울특별시 서초구 효령로60길 16 금강공업(주) 회장실(02-3415-4010) (학)1971년 경신고졸 1977년 미국 서던캘리포니아대(USC)졸 1984년 부산대 경영대학원 수료 (경)1982년 금강공업(주) 대표이사 사장 1991년 금강정공(주) 대표이사 사장 1995년 금강렌탈(주) 이사 1997년 금강공업(주) 대표이사 부회장 1997년 금강정공(주) 부회장 1998년 부산방송(주) 이사 1998년 금강공업(주) 회장(현) 1998~2003년 금강정공(주) 회장 겸임 2005년 고려산업(주) 대표이사 회장 겸임(현) (상)상공부장관표창, 국무총리표창 (종)불교

전재경(全在敬) JEON Jae Kyoung

(생)1960·12·27 (출)대구 (주)대구광역시 동구 아양로 207 동구청 부구청장실(053-662-2010) (학)성광고졸, 영남대 지역개발학과졸, 대구대 대학원 산업복지학과졸 (경)2001년 달성군 문화공보실장 2002년 同기획감사담당관, 同화원읍장 2008년 同행정지원과장 2009년 同행정관리국장(서기관) 2010년 대구시 도시철도건설본부 관리부장 2011년 대구시의회 사무처 전문위원 2013년 대구시 대변인 2015년 세종연구소 교육파견 2016년 대구시 자치행정국장 2018년 同동구 부구청장(현)

전재성(全宰成·女) Chun Jaesung

(생)1959·7·28 (본)평강(平康) (출)충북 청주 (주)서울특별시 종로구 자하문로17길 12-10 (주)매거진플러스(02-320-6000) (학)1983년 이화여대 불어교육과졸 (경)1990년 서울신문사 퀸부 기자 1996년 同퀸부 차장 1999년 同퀸부 팀장 1999년 同파르베부 팀장 2000년 스포츠서울21 매거진국장 2002년 (주)매거진플러스 대표이사(현) 2010년 오가닉라이프신문 발행인(현) 2013~2019년 (사)한국잡지협회 제40·42대 부회장 2017~2019년 불교여성개발원 부원장 2018년 서울특별시 미래유산보존위원회 위원(현) (상)서울시장표창(2009), 문화체육관광부장관표창(2009) (종)불교

전재수(田載秀) JUN Jae Soo

(생)1971·4·20 (출)경남 의령 (주)서울특별시 영등포구 의사당대로 1 국회 의원회관 735호(02-784-7431) (학)부산 구덕고졸, 동국대 사범대학 역사교육과졸, 同대학원 정치학과졸 (경)2000~2002년 국회 환경노동위원회 입법보좌관 2000~2003년 국회의원 수석보좌관 2002~2003년 제16대 대통령직인수위원회 경제1분과 행정관 2003~2004년 부총리 겸 재정경제부장관 정책보좌관 2004년 대통령비서실 국정상황실 행정관 2004~2007년 대통령 제1부속실장 2005년 대통령 경제정책수석비서관실 행정관 2006년 대통령자문 동북아시대위원회 자문위원 2006년 부산시 북구청장선거 출마(열린우리당) 2006~2007년 대통령 제2부속실장 2008년 제18대 국회의원선거 출마(부산시 북구·강서구甲, 통합민주당) 2008년 민주당 부산시북구·강서구甲지역위원회 위원장 2008년 同부대변인 2012년 제19대 국회의원선거 출마(부산시 북구·강서구甲, 민주통합당) 2015년 더불어민주당 부산시북구·강서구甲지역위원회 위원장(현) 2016년 제20대 국회의원(부산시 북구·강서구甲, 더불어민주당)(현) 2016~2017년 더불어민주당 조직강화특별위원회 위원 2016~2018년 국회 교육문화체육관광위원회 위원 2016~2017년 국회 예산결산특별위원회 위원 2016~2017년 국회 민생경제특별위원회 위원 2016~2018년 한국아동인구환경의원연맹(CPE) 회원 2017~2018년 더불어민주당 입법담당 원내부대표 2017년 포항 해병대문화축제 홍보대사 2018년 국회 정무위원회 위원(현) 2018년 더불어민주당 부산시당 위원장(현) 2018년 국회 윤리특별위원회 위원(현) (상)한국반부패정책학회 대한민국반부패청렴대상(2018), 인터넷기자협회 선정 우수의정상(2018), 한국소비자단체협의회 소비자권익증진상(2019), 한국여성유권자연맹 우수국회의원상(2019) (저)'전재수의 시대성찰 이야기'(2015)

전재열(全在烈) CHUN Jae Youl

(생)1958·7·10 (출)경북 예천 (주)경기도 용인시 수지구 죽전로 152 단국대학교 건축공학과(031-8005-3736) (학)1981년 서울대 건축학과졸 1983년 同대학원 건축학과졸 1993년 공학박사(서울대) (경)1983년 한국환경건축연구소 연구원 1984년 (주)선진엔지니어링 대리 1997~2006년 단국대 건축공학과 조교수·부교수 2007년 同건축공학과 교수(현) 2011년 한국건설VE연구원 원장 2013년 한국퍼실리티매니지먼트학회 회장 2014년 단국대 리모델링연구소장 2015~2017년 한국건설관리학회 회장 (저)'건설경영공학'(共) '건축학요설'(共) '건축공사표준시방서'(共)

전재우(全宰佑) JUN Jae Woo

(생)1968·9·20 (출)대구 (주)세종특별자치시 다솜2로 94 해양수산부 수산정책관실(044-200-5400) (학)검정고시 합격 1992년 경북대 행정학과졸 2001년 영국 카디프대 대학원 해양정책학과졸 (경)1994년 행정고시 합격(38회) 1996년 마산지방해양수산청 항무과 사무관 1997~1999년 해양수산부 항만정책국 항만유통과·항만물류과·항만운영개선과 사무관 2002년 同해양정책국 해양정책과 사무관 2003년 同기획관리실 기획예산담당관실 서기관 2005년 同해운물류국 항만운영과장 2007년 同해운물류본부 항만운영팀장 2007년 駐미국대사관 1등서기관 2010년 국토해양부 항공산업과장 2011년 평택지방해양항만청장 2013년 해양수산부 수산정책실 양식산업과장 2014년 同수산정책실 수산정책과장(서기관) 2015년 同수산정책실 수산정책과장(부이사관) 2016년 同해운물류국 해운정책과장 2017년 대통령정책실 경제수석비서관실 산업정책비서관실 행정관 2018년 同농해수비서관실 선임행정관 2018년 해양수산부 수산정책관(현)

전재운(全載雲)

(생)1971·8·2 (주)인천광역시 남동구 정각로 29 인천광역시의회(032-440-6044) (학)대건고졸, 인천전문대학 체육과졸 (경)(주)엔엔터테인먼트 대표, (사)인천시아파트연합회 감사 2012년 민주통합당 제18대 문재인 대통령후보 인천시선거대책위원회 청년부장 2014~2018년 인천시 서구의회 의원(새정치민주연합·더불어민주당), 同수도권매립지 종료 조사특별위원회 위원장 2018년 인천시의회 의원(더불어민주당)(현), 同문화복지위원회 위원(현), 同윤리특별위원회 위원(현)

전재혁(全在赫)

(생)1971·6·7 (출)경남 진주 (주)경상남도 진주시 진양호로 303 창원지방법원 진주지원(055-760-3211) (학)1990년 진주고졸 1994년 서울대 계산통계학과졸 (경)1997년 LG화재해상보험 근무 1999년 사법시험 합격(41회) 2002년 사법연수원수료(31기) 2002년 부산지법 판사 2003년 부산고법 판사 2004년 부산지법 판사 2005년 창원지법 진주지원 판사 2007년 수원지법 성남지원 판사 2010년 서울중앙지법 판사 2012년 서울가정법원 판사 2014년 서울동부지법 판사 2017년 창원지법 진주지원 부장판사(현)

전재호(全在浩) JEON Jae Ho

(생)1948·1·27 (출)경남 거창 (주)서울특별시 영등포구 여의나루로 81 파이낸셜뉴스 비서실(02-2003-7114) (학)1967년 경남고졸 1969년 동아대 법학과 중퇴 (경)1973년 대한항공 입사 1980년 同다란지점장 1987년 同운송부 관리차장 1988년 국민일보 비서실장 1989년 同총무국 총무부장 겸 전산부장 겸 수송부장(부국장대우) 1989년 同총무국 부국장 1993년 同공무국장 1997년 同의전실장(이사) 1998년 同광고홍보국장(이사) 1999년 同광고홍보총괄담당 이사 1999년 同비서실장 겸 광고담당 상무이사 1999년 스포츠투데이 상무이사 겸임 2000년 넥스트미

디어신문 광고담당 상무이사 2000년 국민일보 부사장 2001년 네트워크티브이(주) 대표이사 사장 2002년 파이낸셜뉴스 대표이사 사장 2010년 同대표이사 회장(현) 2010년 덕형포럼 회장 (종)기독교

전재호(全在昊) JEON Jae Ho

(생)1961·3·22 (본)옥천(沃川) (출)부산 (주)경상남도 창원시 성산구 창원대로 797 한국기계연구원 부설 재료연구소 나노기능분말연구실(055-280-3531) (학)1984년 부산대 금속재료공학과졸 1989년 한국과학기술원(KAIST) 재료공학과졸(석사) 1994년 재료공학박사(한국과학기술원) (경)1995년 한국기계연구원 부설 재료연구소 나노기능분말연구실 책임연구원(현) 1996~1998년 영국 버밍엄대 IRC 방문연구원 2003년 국제경사기능재료연구회 평의원(현) 2005년 슬로베니아 Jozef Stefan Institute 방문연구원 2007~2011년 창원대 공과대학 겸임교수 2011~2012년 EU-FP(유럽연합 연구개발사업) 나노분야 국가조정관

전재호

(생)1963·4·5 (주)경기도 수원시 영통구 삼성로 129 삼성전자(주) 네트워크사업부 개발팀(031-200-1114) (학)1985년 연세대 전자공학과졸 1987년 同대학원 전자공학과졸 1999년 전기및전자공학박사(한국과학기술원) (경)1987년 삼성전자(주) 반도체연구2실 근무 2000년 同통신연구소 시스템개발수석 2007년 同통신연구소 WBro시스템팀·차세대연구팀 연구위원 2009년 同DMC연구소 시스템연구팀 연구위원 2011년 同네트워크사업부 개발팀 연구위원 2012년 同네트워크사업부 개발팀 연구위원(전무) 2013년 同네트워크사업부 시스템그룹장 2016년 同네트워크사업부 글로벌서비스팀장(전무) 2017년 同네트워크사업부 글로벌테크놀로지서비스팀장(부사장) 2019년 同네트워크사업부 개발팀장(현)

전재희(全在姬·女) JEON Jae Hee

(생)1949·9·6 (본)용궁(龍宮) (출)경북 영천 (학)1967년 대구여고졸 1972년 영남대 법정대학 행정학과졸 1991년 미국 미네소타주립대 수료 1999년 고려대 노동대학원 수료 (경)1973년 행정고시 합격(13회) 1982년 노동부 부녀소년과장 1985년 同재해보상과장 1986년 同공공훈련과장 1988년 同임금복지과장 1989년 同훈련기획과장 1991~1992년 同부녀지도관 1992년 同노동보험국장 1993년 同직업훈련국장 1994~1995년 경기 광명시장 1995~1998년 경기 광명시장(민자당·신한국당·한나라당) 2000~2002년 제16대 국회의원(전국구, 한나라당) 2000년 한나라당 부대변인 2001~2002년 同제3정책조정위원장 2002년 同광명지구당 위원장 2002년 제16대 국회의원(광명 보궐선거, 한나라당) 2003년 한나라당 정책위 부의장 2004년 제17대 국회의원(광명乙, 한나라당) 2004년 한나라당 전당대회 부의장 2006~2007년 同정책위 의장 2007~2008년 同최고위원 2008년 제18대 국회의원(광명乙, 한나라당·새누리당) 2008년 보건복지가족부 장관 2010년 보건복지부 장관 2011년 국회 문화체육관광방송통신위원장 2012년 새누리당 광명乙당원협의회 위원장 2012년 제19대 국회의원선거 출마(광명乙, 새누리당) (상)노동부장관표창, 내무부장관표창, 소롭티미스트한국협회 탁월한 여성상, 영남대총동창회 자랑스러운 영대인상(2009) (종)천주교

전정구(全縉九) JEON Jeong Goo (院村)

(생)1932·5·15 (본)옥천(沃川) (출)전북 장수 (주)서울특별시 서초구 논현로 83 삼호물산빌딩 A동 1801호 전정구법률사무소(02-589-5041) (학)1951년 전주중(6년제)졸 1956년 서울대 상과대학 경제학과졸 1958년 미국 조지워싱턴대 대학원 재정정책과정 수학 (경)1953년 고등고시 행정과 합격(5회) 1955년 재무부 수습행정관 1957년 同사무관 1958년 고등고시 사법과 합격(9회) 1960년 軍법무관 1961년 법무부 장관보좌관 1961년 재무부 기획관 1963년 변호사 개업(현) 1965년 행정개혁위원회 전문위원 1971년 제8대 국회의원(전국구, 민주공화당) 1971년 한국조세법학회 회장 1974년 재무부 세제심의위원회 위원 1979년 제10대 국회의원(유신정우회) 1985~1987년 한국국제조세협회(IFA) 이사장 1995~1999년 한·일변호사협의회 회장 (저)'체계 조세판례집' '한국조세법의 제문제' 문집 '조세정의는 살아서 기능하고 있는가' 고희기념 자전적 수필집 '삼가하는 마음으로 부지런하게' (역)'新의회운영의 지향' '정부예산의 이론과 실제'

전정린 JUN Junglin

(생)1989·1·27 (주)강원도 춘천시 중앙로 1 강원도청 봅슬레이·스켈레톤팀(033-249-3326) (학)부산 해동고졸, 연세대 체육교육학과졸 (경)2013년 국제봅슬레이스켈레톤경기연맹(IBSF) 6차대회 남자 2인승 금메달·8차대회 남자 2인승 금메달·9차대회 남자 2인승 금메달 2013년 강원도청 입단(현) 2014년 국제봅슬레이스켈레톤경기연맹(IBSF) 7차대회 남자 4인승 금메달 2016년 국제봅슬레이스켈레톤경기연맹(IBSF) 1차대회 남자 4인승 은메달·2차대회 남자 4인승 동메달 2018년 제23회 평창동계올림픽 봅슬레이 오픈 4인승 은메달

전정애(全正愛·女) Jeon Jeong Ae

(생)1963·2·8 (본)옥천(沃川) (출)충북 영동 (주)충청북도 청주시 상당구 상당로 82 진천군청 부군수실(043-539-3010) (학)1981년 충북여고졸 1985년 청주대 사회복지학과졸 1996년 이화여대 사회복지전문대학원 사회복지학과졸 2008년 사회복지학박사(청주대) (경)1991~2002년 청주시 지방사회복지주사보 2002~2005·2007~2010년 충북도 복지정책과 지방사회복지주사 2005년 충북도여성발전센터 교육운영팀장 2010년 충북도 여성정책관(지방사무관) 2012년 同복지정책과 지방사무관 2015년 충북도여성발전센터 소장 2017년 충북여성재단 사무처장 2017년 충북도 여성정책관 2018년 교육 파견(서기관) 2018년 충북 진천군 부군수(현) (상)대통령표창(2013) (저)'충북복지론(共)'(2006, 충북개발연구원) (종)기독교

전제경(全濟京) JEON Je Kyung

(생)1961·9·5 (본)죽산(竹山) (출)서울 (주)서울특별시 송파구 중대로 135 IT벤처타워 서관 2층 한국방송통신전파진흥원(061-350-1380) (학)1981년 경기고졸 1988년 한양대 신문방송학과졸 2005년 성균관대 국정대학원 갈등관리과정 이수 (경)1988년 쌍용정보통신(주) 입사 1997년 同홍보마케팅팀장 1998년 同홍보팀장(부장) 1999년 同홍보팀장 겸 인사총무팀장 2000년 同홍보팀장 2001년 (주)커뮤니케이션즈코리아 기획관리담당 이사 2004년 (주)에이컴 대표컨설턴트 2005년 정보통신부 홍보담당관 2006년 同정책홍보관리본부 홍보팀장 2008년 방송통신위원회 대변인실 근무(과장급) 2008년 전국경제인연합회 홍보실장 2013년 미래창조과학부 장관홍보자문관(파견) 2015~2018년 한국방송통신전파진흥원 방송통신진흥본부장 2019년 同서울본부 전문위원(현) (종)천주교

전제열(全劑烈) JUN Jae Yeoul

(생)1964·3·5 (주)광주광역시 동구 필문대로 309 조선대학교 의과대학 생리학교실(062-230-6412) (학)1988년 조선대졸 1990년 同대학원 생리학과졸 1995년 생리학박사(서울대) (경)1998년 조선대 의과대학 생리학교실 전임강사·조교수·부교수·교수(현) 1998~1999년 미국 네바다대 의대 생리학교실 연구원, 조선대 교무부처장·의학연구원 사무국장·의학전문대학원 부원장·의과대학 부학장·실험동물센터장 2018년 同의과대학장·의학전문대학원장·보건대학원장 겸임(현)

전제용(全濟龍) JEON JE YONG

(생)1965 (출)강원 평창 (주)경기도 과천시 별양로 54 과천우체국 사서함 80호 군사안보지원사령부(02-731-3062) (학)1984년 강원 봉평고졸 1988년 공군사관학교졸(36기) (경)1988년 소위 임관, 국군기무사령부 방산지원실(중령), 국군기무사령부 감찰실장, 공군 제206기무부대장, 공군 제606기무부대장 2016년 공군 제103기무부대장 2015년 준장 진급 2016년 공군 제103기무부대장(준장) 2018년 군사안보지원사령부 참모장(소장)(현) 2019년 同사령관 직대 2019년 同사령관(중장)(현) (상)지식경제부장관표창(2009)

전종구(全鍾九) JUN Chong Ku

(생)1954·11·28 (본)옥천(沃川) (출)대전 (주)대전광역시 중구 충무로 112-1 (주)맥스SNI(042-255-7036) (학)1973년 대전고졸 1978년 성균관대 신문방송학과졸 2005년 대전대 경영행정대학원 통일안보학과졸 (경)1977년 중앙일보 입사 1978~1983년 同사회부·체육부 기자 1983년 同싱가포르특파원 1993년 同전국부·체육부 차장 1997년 同충청취재반장 1999년 同중부사업본부장(부장) 1999년 목요언론인클럽 사무총장·부회장·회장·고문(현) 2001년 중앙일보 중부취재본부장(부장급) 2002~2006년 同중부사업본부장(부국장) 2005년 서울평양학회 자문위원 2006년 중앙일보 중부사업본부 고문 2006년 대전대 정치외교학과 겸임교수 2006년 열린우리당 원도심활성화추진특별위원회 위원장 2006년 同대전 중구청장 후보 2007년 (주)맥스SNI 대표(현) 2012~2013년 대전시티즌 대표이사 사장 2012년 한국체육언론인회 이사(현) 2012~2013년 한국프로축구연맹 이사 (상)이길용 체육기자상(1992) (저)'네가 휴머니스트냐!'(2006) (종)기독교

전종근(全鍾根) Jong Kun Jun

(생)1968·8·12 (주)경기도 용인시 처인구 모현읍 외대로 81 한국외국어대학교 국제경영학과(031-330-4937) (학)1992년 서울대 해양학과졸 1995년 同대학원 경영학과졸 2005년 경영학박사(서울대) (경)2000년 (주)베스트케이씨 이사 2000~2003년 동의대 인터넷비즈니스학과 조교수 2003년 한국외국어대 국제경영학과 조교수·부교수·교수(현) 2006년 同경상대학 부학장 2007년 同경제개발센터장 2011~2013년 同교양학부장 2012~2016년 同창업보육센터 소장 2016년 同경상대학장 2017년 관세청 면세점특허심사위원회 위원(현) 2018년 한국외국어대 글로벌캠퍼스 행정지원처장(현) (상)The best paper award(2002)

전종민(全鐘敏) JEON, Jongmin

(생)1959·10·8 (본)정선(旌膳) (출)서울 (주)충청북도 청주시 흥덕구 오송읍 오송생명5로 156 한국식품안전관리인증원(043-928-0002) (학)1986년 건국대 수의학과졸 (경)2009년 농림수산식품부 농림수산검역검사본부 과장 2011년 同검역정책과장 2013년 식품의약품안전처 농축수산물안전국 농축수산물정책과장 2014년 同국제협력담당관실 통상협력(T/F)팀장 2015년 同식품안전정책국 수입식품정책과장 2015년 同식품안전정책국 수입식품정책과장(부이사관) 2016~2018년 경인지방식품의약품안전청장 2018년 한국식품안전관리인증원 기획경영이사(현)

전종호(田鍾豪) JEON Jong Ho

(생)1970·3·10 (출)경남 진주 (주)세종특별자치시 도움4로 9 국가보훈처 보훈단체협력관실(044-202-5040) (학)1988년 경남 명신고졸 1993년 서울대 사회복지학과졸 2001년 同대학원 행정학과졸 (경)1992년 행정고시 합격(36회) 2002년 국가보훈처 복지사업국 의료지원과 서기관 2005년 同처장 비서관 2008년 同복지증진국 복지정책과장 2008년 同선양정책과장 2009년 同보훈선양국 나라사랑정책과장 2010년 同보훈선양국 나라사랑정책과장(부이사관) 2011년 同제대군인국 제대군인정책과장 2012년 同보훈심사위원회 상임위원 2016년 교육파견(고위공무원) 2017년 국가보훈처 보훈심사위원회 상임위원 2018년 국가보훈처 보훈단체협력관(현)

전주성(全周省) JUN Joo Sung

(생)1957·3·14 (주)서울특별시 서대문구 이화여대길 52 이화여자대학교 사회과학대학 경제학과 포스코관 516호(02-3277-2796) (학)1979년 서울대 경제학과졸 1985년 미국 하버드대 대학원 경제학과졸 1988년 경제학박사(미국 하버드대) (경)1988~1994년 미국 Yale Univ. 조교수 1989년 미국 National Bureau of Economic Research 연구위원 1992~1993년 미국 Tax Foundation 기금교수 1994년 이화여대 사회과학대학 경제학과 교수(현) 1997년 재정정책포럼 회장 1997년 IMF 방문교수 1999년 세제발전심의위원회 위원 1999~2004년 BK21거버넌스사업단 총괄간사 2000년 산업자원부 산업발전심의위원 2002년 한국재정공공경제학회 편집위원장 2002년 KBS 객원해설위원 2002년 미국 Univ. of California San Diego 방문교수 2002년 국무총리실 경제사회연구회 이사 2002년 외교통상부 통상교섭자문위원 2002년 미국 National Bureau of Economic Research 방문연구원 2003년 산업자원부 산업발전심의위원회 위원 2003년 기획예산처 자체평가위원 2004년 BK21거버넌스사업단장 2004년 한국재정공공경제학회 감사 2005년 동아일보 '동아광장' 필진 2006년 한국재정공공경제학회 회장 2008년 국민경제자문회의 자문위원 (상)한국재정학상(2회), 홍조근정훈장(2006) (저)'경제학의 이해(한국경제의 발전과 과제)' '시장경제로 가는 길-한국의 시장경제 발전을 위한 제언' 'Multinational Investment : Incentives and Effects' 'The Korea Economy : Beyond the Crisis-Fiscal Response to the Financial Crisis' '사회과학의 이해-한국경제의 발전과 과제'

전주열(全柱烈) JEON Ju Yeol

(생)1954·2·3 (본)정선(旌善) (주)강원도 정선군 정선읍 녹송4길 71 민주평화통일자문회의 정선군지역협의회(033-562-2570) (학)육민관고졸, 세경대졸, 삼척대 지구시스템공학과졸 (경)남선토건 대표, 남면개발위원회 위원장, 정선군 남면 아리랑제추진위원회 위원장, (사)문곡학원 재단이사(현), 정선군체육회 이사(현), 정선군축구협회 이사(현), 정선군산림조합 이사(현), 정선군사회복지협의회 이사(현) 2002·2006·2010~2014년 강원 정선군의회 의원(민주당·민주통합당·민주당·새정치민주연합) 2006·2008~2010년 同부의장 2017년 민주평통 정선군지역협의회 회장(현) (종)불교

전주혜(全珠惠·女) Jun, Joo-Hyae

(생)1966·7·15 (출)광주 (주)서울특별시 강남구 테헤란로 133 한국타이어빌딩 법무법인 태평양(02-3404-0153) (학)1985년 은광여고졸 1989년 서울대 법과대학졸 (경)1989년 사법시험 합격(31회) 1992년 사법연수원 수료(21기) 1992년 서울지법 동부지원 판사 1994년 서울형사지법 판사 1995년 서울지법 판사 1996년 대전지법 판사 1999년 서울지법 판사 2001년 同동부지원 판사 2004년 서울고법 판사 2006년 서울가정법원 판사 2007년 광주지법 부장판사 2008년 사법연수원 교수(부장판사) 2010년 수원지법 부장판사 2011년 서울동부지법 부장판사 2013~2014년 서울중앙지법 형사1부 부장판사 2014년 법무법인 태평양 변호사(현) 2014년 여성가족부 사이버멘토링 대표멘토 2015~2017년 방송통신심의위원회 규제심사위원회 위원 2015~2018년 고려대 법학전문대학원 겸임교수 2015년 국가인권위원회 자유권 제1전문위원회 위원(현) 2016년 한국여성변호사회 부회장(현) 2016년 여

성가족부 청년여성멘토링 대표멘토 2017년 법무연수원 보통징계위원회 위원(현) 2017년 법원행정처 행정심판위원회 위원(현) 2017년 대한변호사협회 일과가정양립을위한위원회 위원장(현) 2017년 법률신문 논설위원(현) 2017년 법제처 법령해석심사위원(현) 2018년 세계여성이사협회 한국지부(WCDKorea) 회원(현) (상)양성평등진흥유공 국무총리표창(2017) (저)'사법연수원 비밀 강의'(2011, 웅진지식하우스) '버텨라, 언니들'(2016, 북오션)

전주호(全周昊) jeon, Ju-ho

(생)1947·3·3 (본)성주(星州) (출)경북 고령 (주)대구광역시 남구 현충로 146 보선빌딩 5층 보선건설(주)(053-656-3000) (학)1965년 대구 계성고졸 1966년 경북대 법학과 중퇴 1977년 영남대 법정대학 법학과 청강 수료 1986년 영국 런던대 건설행정학과 수료 (경)1968년 고려설비공사 설립·대표 1984년 대한전문건설협회 이사 1984년 同제도위원장 1985년 同대구지부장 1989년 대구서북로타리클럽 회장 1989년 보선건설(주) 대표이사 1995년 (재)아태평화재단후원회 중앙위원 1997년 직장새마을운동 대구시 중구협의회장 2006년 대구상공회의소 상임의원(현) 2006년 대구시역도연맹 회장(현) 2014년 보선건설(주) 회장(현) 2017년 더불어민주당 제19대 대통령 중앙선거대책위원회 직능본부 스포츠문화발전특별위원회 고문 (상)대구세무서장표창(1990), 직장새마을운동중앙협의회장표창(1996), 행정자치부장관표창(1997), 건설교통부장관표창(2000), 노동부장관표창(2000)

전준식(全駿植) CHUN Joon Shik

(생)1925·1·7 (본)완산(完山) (출)경남 밀양 (주)서울특별시 영등포구 국회대로 750 금산빌딩 311호 동아특수화학(주) 비서실(02-780-7651) (학)1943년 중국 통화성립유화고졸 1953년 경희대 중어중문과졸 (경)1967년 예편(육군 소령) 1969년 삼풍무역상사 창업·대표 1973년 동아특수화학(주) 설립·대표이사 회장(현) 1983~2019년 중국 심양다스코화학유한공사 동사장 1987년 동아특수정밀(주) 설립·대표이사 회장(현) 1988~2009년 한국윤활유공업협동조합 이사장 1990년 한국자동차공업협동조합 감사·이사(현) 1990년 경희대 문리과대학동문회 회장 1993년 중국 심양 다스코화학유한공사 합자회사 설립 1998~2015년 한국윤활유공업협회 이사·감사·부회장·이사 1998년 호주 DAS-CO-SANSHIN AUSTRALIA PTY. LTD. 대표이사 1998~2018년 기협기술금융 이사 1998년 중소기업협동조합중앙회 수석부회장 2000년 同회장 직대 2000년 제27회 세계중소기업인대회(ISBC) 조직위원장 2001년 중소기업협동조합중앙회 고문 2006년 중소기업중앙회 고문(현) 2006년 다스론 설립·대표이사 회장 2007년 한국소비자보호교육원 평생자문위원 2018년 (주)한국비즈니스금융대부 이사(현) 2019년 한국윤활유공업협회 이사(현), 다스코바이오 회장(현) (상)화랑무공훈장(1964), 국군의날 대통령표창(1966), 산업포장(1988), 자동차공업발전공로 상공부장관표창(1992), 국가발전공로 대통령표창(1992), 경희인상(1994), 중소기업진흥공로 철탑산업훈장(1998), 산업표준화대상 대통령표창(2003), 중부지방국세청장표창(2005), 동탑산업훈장(2009) (종)기독교

전준영(全峻永)

(생)1962·5·16 (출)서울 (주)경기도 용인시 기흥구 삼성로 1 삼성전자(주) DS부문 구매팀(031-209-7114) (학)충암고졸 1985년 성균관대 전자공학과졸 (경)삼성전자(주) 종합기술원 연구전략팀 담당임원, 同기술·혁신T/F장(상무) 2009년 同메모리사업부 상품기획팀 상무 2010년 한국컴퓨터정보학회 부회장 2011년 삼성전자(주) 메모리사업부 상품기획팀 전무 2012년 同메모리사업부 Global운영팀장(전무) 2013~2014년 同메모리사업부 기획팀장(전무) 2015년 同System LSI 기획팀장(전무) 2016년 同DS부문 구매팀장(전무) 2017년 同DS부문 구매팀장(부사장)(현)

전준철(全俊喆)

(생)1972·7·22 (출)전남 보성 (주)경기도 수원시 영통구 월드컵로 120 수원지방검찰청 특수부(031-5182-4469) (학)1991년 순천고졸 1995년 고려대 법학과졸 (경)1999년 사법시험 합격(41회) 2001년 사법연수원 수료(31기) 2002년 공익법무관 2005년 청주지검 검사 2007년 대전지검 천안지청 검사 2009년 서울중앙지검 검사 2012년 수원지검 검사 2014년 대검찰청 검찰연구관 2014년 대구지검 검사 2016년 서울중앙지검 부부장검사 2018년 대전지검 특수부장 2018년 대검찰청 검찰연구관 2018년 同인권수사자문관 2018년 법무부 계엄령문건관련의혹합동수사단 부단장 겸임 2019년 수원지검 특수부장(현)

전준호

(생)1964 (출)광주 (주)광주광역시 서구 상무공원로 71 광주서부경찰서(062-570-4321) (학)광주 대동고 1986년 경찰대졸(2기), 전남대 행정대학원 사법경찰행정학과졸 (경)1986년 경위 임용, 전남지방경찰청 기획예산계장(경정), 同홍보계장 2008년 총경 승진 2009년 경남 고성경찰서장 2010년 광주지방경찰청 정보과장 2011년 광주동부경찰서장 2013년 광주지방경찰청 정보과장 2015년 전남지방경찰청 경비교통과장 2016년 同정보과장 2017년 전북 장수경찰서장 2017년 광주지방경찰청 보안과장 2018년 광주서부경찰서장(현)

전중규(全重圭) JHUN Joong Gyu

(생)1951·9·27 (본)천안(天安) (출)전남 보성 (주)서울특별시 서초구 양재대로2길 18 호반건설 임원실(02-6177-0000) (학)1971년 광주상고졸 1977년 국제대 영어영문학과졸 2012년 서울대 경영대학 최고경영자과정 수료 (경)1981년 외환은행 미국 시카고지점 근무, 同을지로지점 근무 1989년 同여신심사부 근무, 同영업부 근무 1992년 同해외여신부 차장, 同부천지점 근무 1996년 캐나다 한국외환은행 심사부장 겸 관리부장 1999년 한국외환은행 춘천지점장 2000년 同여신관리부 부부장(대우계열 총괄) 2002년 同여신기획부장 2004년 同여신관리본부장 2006년 同여신관리본부장(상무) 2010~2011년 同여신본부 부행장(CCO) 2011년 同고문 2012년 법무법인 태평양 고문, (주)호반건설 상임감사 2014년 同대표이사 2018년 호반건설그룹 총괄부회장(현) (종)기독교

전중선(田重先)

(생)1962·8 (주)경상북도 포항시 남구 동해안로 6261 (주)포스코 전략기획본부(054-220-0114) (학)안동고졸, 고려대 법학과졸 (경)1987~2014년 (주)포스코 입사·원료개발실장 2014년 同가치경영실 경영위원 2016~2017년 同경영전략실장(전무) 2017년 포스코강판(주) 대표이사 사장 2018년 (주)포스코 가치경영센터장(부사장) 2019년 同전략기획본부장(부사장)(현)

전지연(全智淵) JUN Ji Yun

(생)1959·1·7 (출)경기 안양 (주)서울특별시 서대문구 연세로 50 연세대학교 법학전문대학원(02-2123-5996) (학)1977년 배문고졸 1981년 연세대 행정학과졸 1983년 同대학원 법학과졸 1992년 법학박사(독일 괴팅겐대) (경)1994~2002년 한림대 법학과 조교수·부교수 2002~2017년 연세대 법학과 교수 2008년 同법학전문대학원 교수(현) 2013년 한국형사법학회 부회장 2014~2016년 연세대 법과대학장·법학전문대학원장·법무대학원장 겸임 2015년 한국형사법학회 회장 2017~2018년 법무부 법무·검찰개혁위원회 위원 2019년 同검찰총장후보추천위원회 위원

전지원(田智媛 · 女) JEON Ji Won

(생)1967 · 9 · 18 (출)서울 (주)대전광역시 서구 둔산중로78번길 45 대전고등법원(042-470-1114) (학)1986년 은광여고졸 1991년 서울대 법학과졸 (경)1992년 사법시험 합격(34회) 1995년 사법연수원 수료(24기) 1995년 서울지법 동부지원 판사 1997년 서울지법 판사 1999년 청주지법 판사 2001년 서울지법 의정부지원 판사 2003년 서울지법 북부지원 판사 2006년 서울고법 판사 2008년 대법원 재판연구관 2013년 수원지법 부장판사 2013년 법원행정처 사법지원총괄심의관 겸임 2015년 서울중앙지법 부장판사 2017년 대전고법 부장판사(현)

전지현(全芝鉉 · 女) Chon Jihyoun

(생)1975 (출)전북 군산 (주)세종특별자치시 국세청로 8-14 국세청 운영지원과(044-204-2243) (학)안양여고졸, 숙명여대 무역학과졸, 미국 윌리엄앤드메리대 법학과졸 (경)2003년 행정고시 합격(46회) 2004년 익산세무서 납세자보호담당관, 동수원세무서 징세과장, 금융정보분석원(FIU) 심사분석과 근무, 서울 반포세무서 소득세과장, 서울지방국세청 국제거래조사과 근무, 국세청 국제협력담당관 2016년 청주세무서장 2017년 대전지방국세청 징세송무국장 2019년 조세심판원 파견(과장급)(현)

전지환(全智煥) JEON Ji Hwan

(생)1965 · 10 · 11 (출)경남 밀양 (주)부산광역시 연제구 법원로 31 부산지방법원(051-590-1114) (학)1984년 대동고졸 1988년 고려대 법학과졸 1995년 동의대 대학원 부동산학과졸 (경)1996년 사법시험 합격(38회) 1999년 사법연수원 수료(28기) 1999년 창원지법 예비판사 2001년 同판사 2002년 부산지법 판사 2006년 同동부지원 판사 2008년 부산고법 판사 2011년 부산지법 판사 2014년 창원지법 부장판사 2014년 同거창지원장 2016년 부산지법 동부지원 부장판사 2018년 부산지법 부장판사(현)

전진석

(생)1969 · 2 · 25 (주)경상북도 안동시 풍천면 도청대로 511 경상북도교육청 부교육감실(054-805-3010) (학)1994년 고려대 교육학과졸 2002년 서울대 대학원 행정학과졸 2006년 미국 인디애나대 대학원 행정학과졸 (경)1994년 행정고시 합격(37회) 2010년 교육과학기술부 정책보좌관실 근무 2012년 대구경북과학기술원건설추진단 기획과장 2014년 세종특별자치시교육청 정책기획관 2015년 교육부 대학장학과장 2015년 제주대 사무국장 2016년 경기도교육청 기획조정실장 2018년 국방대 파견(일반직고위공무원) 2019년 경상북도 부교육감(현)

전진숙(全眞淑 · 女) JEON Jin Sook

(생)1969 · 2 · 5 (주)서울특별시 종로구 청와대로 1 대통령 제도개선비서관실(02-770-0011) (학)광주동신여고졸, 전남대 자연과학대학 화학과졸, 同대학원 사회학과 수료 (경)참언론협동조합 이사, 광주여성민우회 공동대표, 한국여성단체연합 이사, 광주시민단체협의회 운영위원, 사람사는세상노무현재단 광주지역위원회 운영위원, 시민의힘 사회적경제활성화위원회 위원장 2010~2014년 광주시 북구의회 의원(비례대표, 민주당 · 민주통합당 · 민주당 · 새정치민주연합) 2012년 민주통합당 제18대 대통령중앙선거대책위원회 광주시선거대책위원회 대변인 2014년 새정치민주연합 전국여성위원회 부위원장 2014년 전남대총동창회 부회장(현) 2014~2018년 광주시의회 의원(새정치민주연합 · 더불어민주당) 2014년 同예산결산특별위원회 위원 2014년 同도시재생특별위원회 위원 2015년 同윤리특별위원회 위원장 2015년 同광주복지재단대표이사인사청문특별위원회 부위원장 2015년 새정치민주연합 전국여성위원회 부위원장 2016~2018년 광주시의회 환경복지위원회 위원장 2017~2018년 同청년발전특별위원회 위원 2018년 대통령 제도개선비서관실 행정관(현) (상)2015매니페스토 약속대상(2015), 한국지방자치학회 우수조례상 개인부문 대상(2016), 2016매니페스토약속대상 좋은조례분야(2017), UEA정상회의 UEA도시상(2017), 2017매니페스토약속대상 최우수상 좋은조례분야(2017)

전진옥(全珍玉) JEON Jin Ok

(생)1959 · 6 · 12 (출)경북 김천 (주)서울특별시 서초구 서초대로74길 33 (주)비트컴퓨터(02-3486-1234) (학)1977년 경동고졸 1984년 한국외국어대 교육학과졸 1987년 미국 조지아주립대 대학원 정보시스템학과졸 1995년 경영정보학박사(한국외국어대) (경)1987년 한국과학기술연구원 시스템공학연구소 연구원 · 책임연구원 · 소프트웨어공학연구부장, 한국전자통신연구원 책임연구원, 同실시간컴퓨팅연구부장 1998년 한국정보처리학회 소프트웨어공학연구회 부위원장(현) 1999년 한국정보과학회 부회장 · 이사 2000년 (주)비트컴퓨터 기술연구소장 · 상무이사 2005년 同대표이사 사장(현), 아주대 경영대학원 · 서울여대 정보통신대학원 겸임교수, 소프트웨어전문위원회 위원(현) 2010년 한국정보시스템학회 산학부회장(현), 행정안전부 정책자문위원, 한국정보처리학회 부회장 · 이사(현) 2013년 안전행정부 정책자문위원 (상)대전EXPO조직위원장표창(1993), 시스템공학연구소장표창(1994), 정보통신부장관표창(1997), ISO/IEC JTC1 SC7 의장표창(1999), 대통령표창(1999), 산업포장(2007) (종)기독교

전찬걸(田燦傑) JEON Chan Gul

(생)1959 · 2 · 24 (출)경북 (주)경상북도 울진군 울진읍 울진중앙로 121 울진군청 군수실(054-789-6001) (학)울진고졸 1999년 삼척대 대학원 제어계측공학과졸 (경)예편(해군 소령), 포항1대 겸임교수, 울진군재향군인회 이사 2006 · 2010~2014년 경북도의회 의원(무소속 · 한나라당 · 새누리당), 울진군 민주평통 자문위원 2010년 경북도의회 독도수호특별위원회 위원장 2012년 同문화환경위원회 위원장 2014년 경북 울진군수선거 출마(무소속) 2018년 경북 울진군수(무소속)(현) (종)천주교

전찬기(全贊基) Jeon Chan Ki

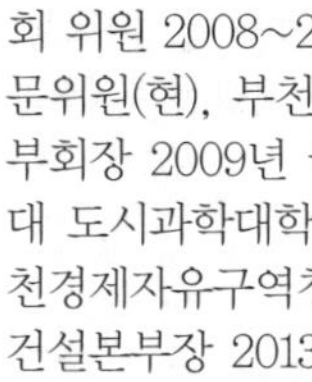

(생)1953 · 2 · 22 (본)천안(天安) (출)대전 (주)인천광역시 연수구 아카데미로 119 인천대학교 도시건설공학과(032-835-8776) (학)1979년 성균관대 토목공학과졸 1981년 同대학원 토목공학과졸 1988년 토목공학박사(성균관대) (경)1981~1994년 부천대 토목공학과 전임강사 · 조교수 · 부교수 1994~2010년 인천전문대학 토목공학과 부교수 · 교수 2004~2005년 미국 North Carolina Univ. 교환교수, (사)인천아카데미 원장, (사)자유경제실천연합 공동대표(현) 2008~2012년 인천시 도시계획위원회 위원 2008~2012년 同건설기술심의위원회 위원, 서울시 안전자문위원(현), 부천시 도시계획위원 2008~2012년 한국재난정보학회 부회장 2009년 국토해양부 중앙건설심의위원 2010~2018년 인천대 도시과학대학 도시환경공학부 도시건설공학과 교수 2010년 인천경제자유구역청 건축위원회 위원(현) 2011~2013년 인천대 대학건설본부장 2013~2017년 (사)한국재난정보학회 회장 2013~2015년 국토교통부 중앙건설기술심의위원 2014~2015년 국방부 BTL 사업평가위원 2014~2017년 경인방송 방송위원 2015년 미국 세계인명사전 'Marquis Who's Who in the World'에 등재 2015년 인천시 안전관리민관협력위원회 공동위원장(현), 同안전관리자문단 위원(현) 2016년 영국 국제인명센터(IBC) '2000 Outstanding Intellectuals of the 21st Century 9th edition'에 등재, 성균관대총동창회 운영위원, 同인천지역총동문회장 2017년 (사)한국재난정보학회 명예회장(현) 2017년 인천시교육청 안전관리민관협력위원회 공동위원장(현) 2017~2018년 (사)인천도시재생연구원 초대원장 2018년

인천시도시재생지원센터 센터장(현) 2018년 인천대 도시과학대학 도시환경공학부 도시건설공학과 명예교수(현) 2018년 (사)인천도시재생연구원 고문(현) 2018년 인천시인재개발원 도시재생 강사(현) 2018년 한국건설기술교육원 도시재생 강사(현) (상)대한토목학회장 표창, 건설교통부장관표창, 성균관대총동창회 공로상(2006·2013) (저)'철근콘크리트' '신편응용역학' '비파괴실험' '구조재료실험법' '건설재료학' '도시재난 및 안전관리' (역)'유한요소해석' (종)천주교

전찬환(全燦桓) JEON Chan Hwan

(생)1957·11·17 (본)정선(旌善) (출)강원 정선 (주)강원도 강릉시 주문진읍 연주로 270 강원도립대학교 총장실(033-660-8033) (학)1976년 정선종합고졸 1980년 강원대 행정학과졸, 서울대 행정대학원졸 1989년 미국 오하이오주립대 대학원 교육행정학과졸 1999년 미국 오하이오주립대 인력개발학 박사과정 수료 (경)1979년 행정고시 합격(23회) 1995년 교육부 교육기획정책관실 서기관 1996년 同교육정보자료담당관실 서기관 2000년 同교육정책담당관 2000년 同평생학습정책과장 2001년 교육인적자원부 조정1과장 2001년 군산대 사무국장(부이사관) 2003년 강원도교육청 부교육감 2004~2005년 同부교육감(이사관) 2005년 서울시교육청 기획관리실장 2007년 교육인적자원부 재정기획관 2008년 국방대학원 파견 2009년 교육과학기술부 정책조정기획관 2009년 경기도교육청 제1부교육감 2012년 강원대 사무국장 2013년 충남도교육청 부교육감 2015년 한국교원대 사무국장 2015~2018년 한국대학교육협의회 사무총장 2019년 서울과학기술대 초빙교수 2019년 강원도립대 총장(현) (상)법제처장표창(1985), 대통령표창(1994), 홍조근정훈장(2007) (종)기독교

전창덕(全昌德) JEON Chang Duk

(생)1960·9·11 (출)서울 (주)충청북도 충주시 대소원면 대학로 50 한국교통대학교 기계자동차항공공학부(043-841-5134) (학)1983년 홍익대 공대 정밀기계공학과졸 1985년 연세대 대학원 기계공학과졸 1995년 공학박사(연세대) (경)1985~1992년 현대모비스 마북리연구소 주임연구원 1992~1995년 연세대 산업기술연구소 연구원 1995년 同기계공학과 강사 1995년 충주산업대 기계공학과 전임강사 1999년 충주대 기계공학과 부교수 2002~2004년 同기계공학과 학과장 2003~2005년 대한기계학회 운영위원 2005년 충주대 기계공학과 NURI사업단장 2006~2012년 同기계공학과 교수 2012년 한국교통대 공과대학 기계공학과 교수 2017년 同융합기술대학 기계자동차항공공학부 기계공학전공 교수(현) (역)'열전달(共)'(2002) '열전달(共)'(2004)

전창원(全昌元) JEON Chang Won

(생)1961·9·25 (본)죽산(竹山) (주)서울특별시 중구 서소문로11길 19 (주)빙그레 임원실(02-2022-6260) (학)거창고졸, 부산대 경영학과졸, 서강대 최고경영자과정 수료, 연세대 대학원 경영학과졸 (경)1985년 (주)빙그레 입사 2000년 同인재개발센터장 2004년 同관리담당 상무보 2006년 同관리담당 상무 2011년 同관리담당 전무 2016년 同경영관리담당 부사장 2019년 同대표이사(현)

전창진(全昌眞) CHUN Chang Jin

(생)1963·5·20 (출)서울 (주)경기도 용인시 기흥구 마북로240번길 17-7 KCC 이지스 프로농구단(031-283-4296) (학)용산고졸, 고려대졸 (경)1986년 삼성농구단 입단·선수 1988년 同주무 1996년 同운영과장 1997년 삼성 썬더스 코치 1999~2000년 원주 TG 삼보 엑서스 코치 2002년 同감독대행 2003년 '2002-2003시즌 챔피언결정전' 우승 2003년 원주 TG 삼보 엑서스 감독 2005~2009년 원주 동부 프로미 감독 2005년 '2004-2005시즌 챔피언결정전' 우승 2008년 프로농구 정규리그 우승 2008년 '2007-2008시즌 챔피언결정전' 우승 2009~2015년 부산 KT 소닉붐 감독 2015년 안양 KGC인삼공사 감독 2018년 전주 KCC 이지스 기술고문 2019년 전주 KCC 이지스 감독(현) (상)코리안리그 신인상(1986), 프로농구 감독상(2004·2005·2008·2010·2011), 프로농구 스포츠토토 한국농구대상 감독상(2008)

전창학(全昌鶴)

(생)1959·12·1 (출)부산 (주)부산광역시 연제구 중앙대로 999 부산지방경찰청 제2부장실(051-899-2146) (학)부산 배정고졸, 동국대졸, 동아대 대학원졸(법학석사) (경)1987년 경위 임용(경찰 간부후보 35기) 2007년 부산지방경찰청 정보통신담당관(총경) 2007년 同생활안전과장 2008년 경남 창녕경찰서장 2009년 경남 밀양경찰서장 2010년 부산지방경찰청 보안과장 2011년 부산남부경찰서장 2012년 부산지방경찰청 정보과장 2013년 부산해운대경찰서장 2014년 부산지방경찰청 제3부장 겸 제1부장(경무관) 2014년 同제2부장(경무관) 2015년 경남지방경찰청 제1부장(경무관) 2017년 부산지방경찰청 제3부장(경무관) 2018년 同제2부장(경무관) 2018년 경남지방경찰청 제2부장 2019년 부산지방경찰청 제2부장(현) (상)녹조근정훈장(2005), 대통령표창(2010)

ㅈ

전 철(全 哲) JEON Cheol (平山)

(생)1955·4·23 (본)천안(天安) (출)전북 진안 (주)전라북도 전주시 완산구 천잠로 303 전주대학교 일반대학원 생명자원융합과학과(063-220-3086) (학)1975년 중동고졸 1982년 원광대 임학과졸 1984년 同대학원 임학과졸 1988년 농학박사(동국대) (경)원광대 생명자원과학대학 교수, 同교학과장, 同교학부장, 同생명환경과학부 학부장 1995년 한국목재공학회 상임이사 1996년 한국한지문화연구회 총무 1997년 한국예술문화단체총연합회 전국한지공예대전 운영위원장 1998년 한국임학회 상임이사, 한국포장개발연구원 지도위원(현), 한국펄프종이공학회 감사, 同이사(현) 1999년 문화관광부 문화재전문위원, 한국문화재재단 전승공예대전 심사위원 2005~2007년 원광대 생명자원과학대학장·생명자원연구소장·자연식물원장 겸임 2006년 한국한지공예인연합회 이사 2007년 同회장(현) 2007~2014년 전주대 한지문화산업학과 교수 2007~2014년 同한지문화산업학과장 2007~2017년 同한지산업기술연구소장 2012년 에코자연농원 대표(현) 2013년 (사)아트프로비전 회장(현) 2013년 한국환경산업기술원 환경정보공개제도검증위원(현) 2014년 한지패션디자인협회 회장(현) 2015년 전주대 일반대학원 생명자원융합과학과 교수(현) 2015년 한국한지문화산업진흥원 원장(현) 2016년 한국닥나무협회 회장(현) (저)'한지 제조이론과 실제' '전북예술사' '한지' '산과 우리문화'(2002) '한지-역사와 제조'(2003) '최신 목재화학'(2005) '한지제조학'(2007) '한지산업백서'(2008) '한지의 이해'(2012) '한지, 한지공예, 천연염색 전문용어집'(2015)

전치혁(全治赫) JUN Chi Hyuck

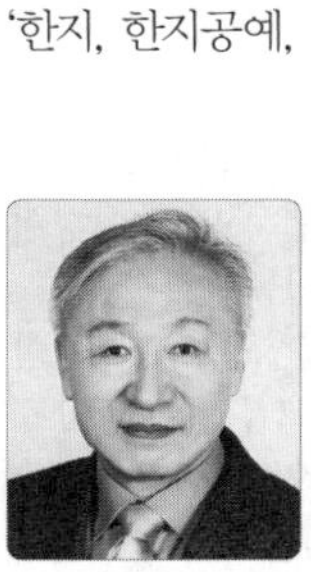

(생)1954·3·23 (출)서울 (주)경상북도 포항시 남구 청암로 77 포항공과대학교 산업경영공학과(054-279-2197) (학)1977년 서울대 자원공학과졸 1979년 한국과학기술원(KAIST) 산업공학과졸(공학석사) 1986년 공학박사(미국 캘리포니아대 버클리교) (경)1979~1982년 한국동력자원연구소 연구원 1984년 미국 Lawrence Berkeley Laboratory Research Associate 1987~2000년 포항공과대 산업공학과 조교수·부교수 1990년 미국 UC Berkeley 객원교수 2000년 포항공과대 산업공학과 교수, 同산업경영공학과 교수(현) 2000~2006년 同산업경영공학과 주임교수 2007년 미국 워싱턴대 시애틀교 방문교수 2014년 포항공과대 최고경영자과정 주임교수 2016년 한국과학기술한림원 정회원(공학부·현) 2017~2018년 아시아·태평양산업공학경영시스템학회 회장

전태석(全台錫)

(생)1968 · 11 · 24 (출)대구 (주)경기도 과천시 관문로 47 법무부 법무심의관실(02-2110-3178) (학)1987년 영남고졸 1991년 경북대 사법학과졸 (경)1994년 행정고시 합격(38회) 1995~2000년 법제처 행정사무관 2003년 사법시험 합격(45회) 2006년 사법연수원 수료(35기) 2006~2015년 변호사 활동 2015년 법제처 법령해석정보국 사회문화법령해석과장 2018년 법무부 법무심의관(일반직고위공무원)(현)

전태일

(생)1958 (출)인천 (주)인천광역시 미추홀구 매소홀로475번길 53 인주초등학교 교장실(032-875-2608) (학)경인교대졸, 인하대 교육대학원졸 (경)인천 동부초 교장 2012년 인천시교육청 창의인성교육과 장학관 2014년 인천 청학초 교장 2016~2018년 인천시교육청 강화교육지원청 교육장 2018년 인천 인주초 교장(현)

전 풍(田 豊) CHUN Poong

(생)1954 · 9 · 14 (출)부산 (주)서울특별시 송파구 올림픽로 25 두산베어스(02-2240-1777) (학)1973년 경남고졸 1981년 연세대 건축공학과졸 1983년 미국 카네기멜론대 대학원졸 1984년 미국 피츠버그대 대학원졸(MBA) (경)1984년 한국화학 뉴욕지사 판매과장 1987년 유한양행 마케팅과장 1990년 질레트코리아 대표이사 사장 1997년 Oral-B Korea 대표이사 사장 1998년 Gillette Singapore 대표이사 사장 2000년 (주)두산 주류BG 마케팅 · 개발 · 와인팀 총괄부사장 2002~2004년 (주)오리콤 대표이사 사장 2004~2006년 (주)두산 식품BG 사장 2008~2009년 파라다이스호텔부산 사장 2017년 (주)한컴 대표이사 사장 2017년 프로야구 두산 베어스 대표이사 사장(현)

전필립(田必立) CHUN Phil Lip

(생)1961 · 11 · 10 (주)서울특별시 중구 동호로 268 파라다이스그룹 회장실(02-2272-0011) (학)1981년 중앙대 경영학과졸 1984년 미국 버클리음대 음악학과졸 (경)1993년 (주)파라다이스 이사 1995년 同상무이사 1996년 同전무이사 1997년 同대표이사 부사장 2002년 同대표이사 사장 2004~2005년 同대표이사 부회장 2005년 파라다이스그룹 회장(현) 2008년 엄홍길휴먼재단 부회장(현) 2009~2018년 한국메세나협의회 이사 (종)기독교

전하성(全夏成) CHUN Ha Sung

(생)1957·3·1 (본)성산(星山) (출)경남 마산 (주)경상남도 창원시 마산합포구 경남대학로 7 경남대학교 경영학부(055-249-2452) (학)1975년 마산고졸 1981년 홍익대 경영학과졸 1983년 同대학원졸 1989년 경영학박사(홍익대) (경)1981~1989년 홍익대 상경대 경영학과 조교·연구조교 1989년 대우투자자문(주) 자문역 1989~1995년 경남대 회계학과 교수 1995년 同경영학부 회계학전공 교수(현) 1996년 중소기업진흥공단 이업종교류전문가 1997년 중소기업청 경영지도사 1997~1999년 국제종합경영연구원 부원장 1999~2001년 경남대 마산시창업보육센터장 2000년 (사)한국회계정보학회 이사·부회장 2000~2001년 경남대 창업보육관장 2000~2001년 한국창업보육센터협의회 이사 2000~2001년 한국회계학회 이사 2003~2004년 경남대 기획정보처장 2004년 경남도지역혁신협의회 기획조정분과위원 2004~2005년 마산시발전실무연구모임 공동대표 2004년 마산시지역혁신분권협의회 의장 2004년 전국대학교 기획실(처)장협의회 부회장 2005년 경남발전연구원 이사 2005년 국가균형발전위원회 제도운영전문위원 2005년 경남대 기획처장 2006~2009년 同경영대학원장 겸 산업대학원장 2006년 경남도 재정공시심의위원회 위원 2006년 同중소기업대상 심사위원(심사위원장) 2010년 경남대 평생교육원장 2011·2017~2019년 同대외부총장 2011~2014년 창원시시설관리공단 이사 2011년 (사)중소기업융합경남연합회 자문교수(현) 2011~2013년 同자문교수협의회 의장 2011~2017년 경남사회복지공동모금회 운영위원 2014~2018년 창원시균형발전위원회 총괄간사 겸 지역협력소위 위원장 2019년 경남대 교학부총장(현) (상)산업자원부장관표창(2005), 교육인적자원부장관표창(2007), 산업통상자원부장관표창(2013) (저)'효과성 경영을 중심으로 한 관리회계'(1998) '경영활동과 회계'(1999) '관리회계' '실시간회계'(2000) '기본에 충실한 회계원리'(2015) '기본에 충실한 관리회계'(2016) '기본에 충실한 원가회계'(2016) (종)불교

전하진(田夏鎭) Jhun Ha Jin

(생)1958 · 9 · 2 (출)서울 (주)서울특별시 중구 무교로 32 한국블록체인협회 자율규제위원회(070-8277-4777) (학)1977년 서라벌고졸 1984년 인하대 산업공학과졸 1996년 연세대 경영대학원졸, 미국 스탠퍼드대 SEIT(정보통신경영자과정) 수료 (경)1986년 금성사 컴퓨터사업부 마케팅담당 1988~1997년 (주)픽셀시스템 설립 · 대표이사 1994년 (주)레가시 설립 · 대표이사 1996년 캐나다 ZOI Corp. 설립 · 이사 1997년 (주)지오이네트 · 지오이월드 대표이사 1997년 미국 ZOI World Corp. 설립 · 대표이사 1998~2000 · 2001년 (주)한글과컴퓨터 사장 1999년 인하대 강사 1999~2004년 네띠앙 대표이사 사장 2000~2001년 한소프트 대표이사 사장 2000~2004년 한국인터넷기업협회 부회장 2000년 한국소프트웨어산업협회 부회장 2002년 한민족글로벌벤처네트워크(INKE) 의장, 이화여대 · 아주대 · 인하대 겸임교수 2005년 (주)인케코퍼레이션 대표이사, 서강대 기술경영전문대학원 겸임교수, SERA인재개발원 대표, (사)아시아디자인센터 고문 2012~2016년 제19대 국회의원(성남시 분당구乙, 새누리당) 2012~2015년 새누리당 디지털정당위원장 2012년 同인재영입위원회 위원 2012년 同제18대 대선기획단 위원(기획담당) 2012년 국회 미래인재육성포럼 대표 2013 · 2015년 국회 산업통상자원위원회 위원 2013~2016년 스마트에너지포럼 대표 2013년 새누리당 창조경제일자리창출특별위원회 부위원장 2013년 同온라인포털시장정상화를위한태스크포스(TF)팀장 2014~2015년 국회 창조경제활성화특별위원회 여당 간사 2014~2015년 새누리당 원내부대표 2014~2015년 국회 운영위원회 위원 2015년 새누리당 핀테크특별위원회 위원 2016년 제20대 국회의원선거 출마(성남시 분당구乙, 새누리당) 2017년 자유한국당 경기성남시분당구乙당원협의회 운영위원장 2017년 同디지털정당위원장 2017년 同국민공감전략위원장 2017년 SITIPLAN 대표 2018년 한국블록체인협회 자율규제위원장(현) (상)정보통신부장관표창, 대통령표창, 국무총리표창 (저)'인터넷에서 돈 버는 이야기'(1999) '전하진의 e-비지니스 성공전략'(2000) '대한민국을 버려라'(2006) '비즈엘리트의 시대가 온다'(2009) '청춘, 너는 미래를 가질 자격이 있다'(2011) '세라형 인재가 미래를 지배한다'(2012) '즐기다보니 내 세상'(2015) (종)천주교

전한영(全漢英) JEON Han Young

(생)1970 · 3 · 19 (본)정선(旌膳) (출)강원 강릉 (주)세종특별자치시 다솜2로 94 농림축산식품부 농촌정책과(044-201-1511) (학)1989년 강릉 명륜고졸 2005년 서울대 농학과졸 (경)2001년 농림부 종자관리소 품종심사과 사무관 2003년 同농업협상과 사무관 2006년 同식품산업과 사무관 2008년 농림수산식품부 식품산업정책과 사무관 2009년 同식품산업정책팀 서기관 2010년 同식품산업진흥과장 2012년 농수산식품연수원 전문교육과장 2012년 농림수산식품부 재해보험팀장 2013년 농림축산식품부 농업정책국 재해보험팀장 2014년 同식량정책관실 식량산업과장 2016년 同식품산업정책관실 수출진흥과장(부이사관) 2016년 同식량정책과장 2019년 同농촌정책과장(현) (상)대통령표창(2007) (종)기독교

전해명(田海明) JEON Hae Myung

(생)1955·4·12 (주)경기도 의정부시 천보로 271 의정부성모병원 외상외과(031-820-3004) (학)1978년 가톨릭대 의대졸 1987년 同대학원 의학석사 1992년 의학박사(가톨릭대) (경)1988~1999년 가톨릭대 의대 외과학교실 전임강사·조교수·부교수 1993~1995년 미국 텍사스대 MD 앤더슨 암센터, GI Oncology Fellow 1995~1999년 가톨릭대 의정부성모병원 수련교육부장·외과 과장·응급의료센터장 1999년 同의과대학 외과학교실 교수(현) 2001~2009년 同성모병원 외과 과장 2001~2003년 同성모병원 중환자실장 2001년 대한임상종양학회 학술이사·부회장·회장 2002~2006년 대한위암학회 기획위원 2003~2012년 대한병원협회 고시위원 2003~2005년 가톨릭대 성모병원 수련교육부장 2006~2008년 국방부 의무자문관 2007년 가톨릭대 성모병원 의료협력센터 소장 2007년 同서울성모병원 암센터 준비위원장 2008년 대한외과학회 고시위원 2008년 대한의사협회 국민권익특별위원회 위원 2009년 가톨릭대 서울성모병원 암병원 진료부장 2009년 대한의사협회 공제회 심사위원 2009~2012년 가톨릭대 성의교정 기획실장 2010년 대한외과대사영양학회 부회장 2010년 고용노동부 산업재해보상보험 및 예방심의위원회 위원 2012~2013년 가톨릭중앙의료원 연구처장 겸 산학협력단장 2012년 대한외과대사영양학회 회장 2012~2014년 대한외과학회 총무이사 2013년 대한임상종양학회 회장 2013~2017년 가톨릭대 의정부성모병원장 (상)대한위암학회 로슈 종양학술상(2005·2006), 대한병원협회 공로상(2005), 대한위암학회 사노피 아벤티스 최다논문상(2007), 대한위암학회 존슨&존슨 최다논문상(2008·2009), 춘계암학회 학술상(2011) (저)'제3차년도 병원군별 총정원제 시범사업'(2006, 보건복지부) (역)잡지 '위와 장'(한서의학사)

전해상(田海尙) JEON Hae Sang

(생)1960·8·1 (주)서울특별시 영등포구 여의대로 24 전경련회관 도레이첨단소재(주)(02-3279-1000) (학)1983년 한양대 화학공학과졸 1987년 한국과학기술원(KAIST) 화학공학과졸(석사) 1994년 화학공학박사(한국과학기술원) (경)1993년 제일합섬 입사 2006년 도레이새한(주) 첨단재료연구센터장(이사) 2008년 同IT소재사업부문장(상무보) 2010년 도레이첨단소재(주) IT소재사업본부장(상무) 2012년 同필름판매담당 상무 2013년 同기술연구소장 겸 필름연구센터장(상무) 2014년 同수지·케미칼사업본부장(전무) 2015년 同대표이사 부사장 2017년 同대표이사 사장(현) 2018년 한국공학한림원 회원(화학생명공학·현) 2019년 한국화학공학회 회장(현) (상)'2019년도 기술경영인상' 최고기술책임자 부문(2019) (종)천주교

전해웅(田海雄) JOHN Hae Oung

(생)1962·5·9 (본)담양(潭陽) (출)전북 군산 (주)서울특별시 서초구 남부순환로 2406 예술의전당 공연예술본부(02-580-1488) (학)1980년 서울 명지고졸 1984년 서울대 불어교육과졸 1986년 아주대 대학원 불어불문학과졸 1993년 프랑스 부르고뉴대 대학원 예술경영학과졸(DESS) 2013년 성균관대 대학원 예술학 박사과정 수료 (경)1987~1999년 예술의전당 공연담당·공연1부 과장 1999년 同공연장운영팀장 2001년 同경영지원팀장 2004년 同공연장운영팀장 2005년 同음악기획팀장 2006년 同공연기획팀장 2007년 同예술사업국장 2009년 同사업본부장 2010년 同지원본부장 2012년 同기획운영본부장 2013년 同고객서비스사업단장 2014년 同사업본부장 2016년 同예술사업본부장 2018년 同공연예술본부장(현) (저)'문예회관 운영 표준모델 연구(共)'(2000) (작)오페라 '돈 지오반니' '피가로의 결혼' '돈 카를로' '살로메', 연극 '시련' '사랑과 우연의 장난' '서푼짜리 오페라' '야끼니꾸드래곤' '갈매기' '트로이의 여인들'

전해철(全海澈) Jeon Hae Cheol

(생)1962·5·18 (출)전남 목포 (주)서울특별시 영등포구 의사당대로 1 국회 의원회관 930호(02-784-8901) (학)1981년 마산중앙고졸 1985년 고려대 법학과졸 1998년 同언론대학원 석사과정 수료 (경)1987년 사법시험 합격(29회) 1990년 사법연수원 수료(19기) 1990년 육군 검찰관(중위) 1993년 법무법인 해마루종합법률사무소(안산) 설립 1993년 민주사회를위한변호사모임 회원 1995년 민주주의민족통일전국연합 인권위원·감사 1995년 인권운동사랑방 자문위원 1996년 대한변호사협회 인권위원 1996년 민주사회를위한변호사모임 대외협력위원장 1998년 걷고싶은도시연대 법률연구센터 소장 1999년 민주사회를위한변호사모임 언론위원장 2001~2002년 미국 워싱턴대 잭슨스쿨 객원연구원 2002년 노무현 대통령후보 선거대책위원회 법률지원단 간사 2003년 대통령소속 의문사진상규명위원회 위원 2003년 KBS 시청자위원회 위원 2004년 대통령 민정비서관 2006~2007년 대통령 민정수석비서관 2007년 대통령 정무특보 2008년 법무법인 해마루 대표변호사 2008년 민주통합당 안산시상록구甲지역위원회 위원장 2008년 제18대 국회의원선거 출마(안산시 상록구甲, 통합민주당) 2012년 제19대 국회의원(안산시 상록구甲, 민주통합당·민주당·새정치민주연합·더불어민주당) 2012년 민주통합당 정책위원회 부의장 2012~2014년 국회 법제사법위원회 위원 2012년 민주통합당 제18대 대통령중앙선거대책위원회 기획본부 부본부장 2012년 민간인불법사찰국정조사특별위원회 위원 2013년 국회 사법제도개혁특별위원회 위원 2013년 민주당 법률담당 원내부대표 2013년 국회 국가정보원댓글의혹사건등의진상규명을위한국정조사특별위원회 위원 2013년 국회 국가정보원개혁특별위원회 위원 2013년 개헌추진국회의원모임 운영위원 2013년 민주당 대통령기록물 열람위원 2014~2015년 새정치민주연합 제1정책조정위원회 위원장 2014년 同여객선침몰사고대책위원회 부위원장 2014년 同세월호특별법준비위원회 간사 2014년 국회 법제사법위원회 야당 간사 2015년 국회 서민주거복지특별위원회 위원 2015년 국회 대법관인사청문특별위원회 간사위원 2015년 새정치민주연합 4.29재보궐선거 선거관리위원 2015년 同4.16세월호특별조사위원회 위원 2015년 同사회적경제위원회 위원 2015년 同메르스대책특별위원회 위원 2015년 同동북아평화협력특별위원회 위원 2015년 同창당60년기념사업추진위원회 위원 2015년 더불어민주당 사회적경제위원회 위원 2016년 제20대 국회의원(안산시 상록구甲, 더불어민주당)(현) 2016·2018년 국회 정무위원회 위원(현) 2016~2017년 국회 남북관계개선특별위원회 위원 2016년 더불어민주당 경기안산시상록구甲지역위원회 위원장(현) 2016~2018년 同경기도당 위원장 2016~2017년 同최고위원 2016년 同최순실게이트편파기소대책위원회 위원장 2016~2017년 同호남특별위원회 수석부위원장 2016년 同세월호특별위원회 위원장 2017년 사람사는세상노무현재단 이사(현) 2017년 국회 헌법개정특별위원회 위원 2018년 국회 정보위원회 위원(현) 2019년 더불어민주당 대표 특보단장(현) 2019년 국회 예산결산특별위원회 간사 겸 결산심사소위원장(현) (상)더불어민주당 국정감사우수의원, 국정감사NGO모니터단 우수의원, 경제정의실천시민연합 국정감사우수의원, 19대 국회 종합헌정대상, 모범국회의원대상(2016), 대한민국반부패청렴대상(2018), 법률소비자연맹 국회의원헌정대상(2018), 2018 입법 및 정책개발 우수국회의원(2019)

전현민(全鉉珉)

(생)1972·9·19 (출)경남 진주 (주)경기도 수원시 영통구 법조로 91 수원지방검찰청 여성아동범죄조사부(031-5182-4429) (학)1991년 진주고졸 1995년 서울대 영어영문학과졸 (경)1999년 사법시험 합격(41회) 2002년 사법연수원 수료(31기) 2002년 대구지검 검사 2004년 창원지검 검사 2006년 수원지검 성남지청 검사 2009년 서울중앙지검 검사 2012년 부산지검 검사 2015년 광주지검 순천지청 검사 2016~2017년 同순천지청 부부장검사 2016년 법무연수원 용인분원 교수 2018년 광주지검 여성아동범죄조사부장 2019년 수원지검 여성아동범죄조사부장(현)

ㅈ

전현정(全炫柾·女) Jeon Hyun Jeong

(생)1966·11·10 (출)전북 전주 (주)서울특별시 종로구 종로5길 58 석탄회관빌딩 12층 법무법인 케이씨엘(02-721-4214) (학)1985년 전주 성은여고졸 1989년 서울대 법과대학 사법학과졸 1996년 同대학원 법학과졸 2006년 同대학원 법학박사과정 수료 (경)1990년 사법시험 합격(32회) 1993년 사법연수원 수료(22기) 1993년 수원지법 성남지원 판사 1995년 서울가정법원 판사 1997년 대전지법 판사 1999년 독일 뮌헨대 연수 1999년 전주지법 판사 2001년 서울지법 판사 2003년 서울남부지법 판사 2003~2004년 미국 컬럼비아대 로스쿨 객원연구원 2005년 서울고법 판사 2006년 대법원 재판연구관 2009년 청주지법 부장판사 2009~2010년 청주시 상당구 선거관리위원장 2010년 의정부지법 고양지원 부장판사 2011~2012년 고양시 일산서구 선거관리위원장 2011~2016년 공정거래위원회 약관심사자문위원 2012년 서울남부지법 부장판사 2014~2016년 서울중앙지법 부장판사 2016~2017년 국방부 정책자문위원 2017~2018년 한양대 법학전문대학원 특임교수 2017년 법무법인 케이씨엘 고문변호사(현) 2017년 국회 입법지원위원(현) 2017년 대한상사중재원 중재인(현) 2018년 서울서부지방법원 조정위원(현) 2018년 한국여성변호사회 생명가족윤리위원장(현) 2018년 법제처 법령해석심의위원회 위원(현) 2018년 국방부 계약심의회 심의위원(현) 2018년 대검찰청 감찰위원회 위원(현) 2018년 한양대 법학전문대학원 겸임교수(현)

전현준(全賢埈) JUN Hyun Joon

(생)1965·11·12 (본)정선(旌善) (출)서울 (주)서울특별시 서초구 반포대로 138 양진빌딩 법무법인 태환(太桓)(02-3481-4800) (학)1984년 화곡고졸 1988년 서울대 법과대학졸 2000년 미국 컬럼비아대 법과대학 연수 (경)1988년 사법시험 합격(30회) 1991년 사법연수원 수료(20기) 1991년 軍법무관 1994년 서울지검 서부지청 검사 1996년 대구지검 경주지청 검사 1998년 법무부 특수법령과 검사 2000년 서울지검 검사 2003년 대전지검 부부장검사 2004년 제주지검 부장검사 2005년 대검찰청 연구관 2006년 통일부 법률자문관(파견) 2007년 법무부 특수법령과장 2008년 同통일법무과장 2009년 서울중앙지검 형사6부장 2009년 同금융조세조사1부장 2010년 대검찰청 범죄정보기획관 2012년 서울중앙지검 제3차장검사 2013년 대전지검 차장검사 2014년 수원지검 안산지청장 2015년 서울중앙지검 제1차장검사(검사장급) 2015~2017년 대구지검장 2017년 법무법인 태환(太桓) 대표변호사(현) (상)검찰총장표창, 대통령표창, 법무부장관표창, 근정포장

전현진(全炫鎭) JEON Hyeon Jin

(생)1969·8·30 (본)천안(天安) (주)대전광역시 서구 청사로 189 특허청 정보고객지원국 정보고객정책과(042-481-5460) (학)1988년 천안중앙고졸 1995년 연세대 이학과졸 (경)1993년 기술고시 합격(29회) 1996년 특허청 심사4국 정보심사담당관실 사무관 1998년 同정보자료관실 정보기획개발담당관실 사무관 2002년 同심사2국 심사조정과 서기관 2003년 同심사4국 반도체2심사담당관실 서기관 2004년 同전기전자심사국 응용소자심사담당관실 서기관 2006년 同전기전자심사본부 유비쿼터스심사팀장 2008년 특허심판원 심판관, 국외 훈련 2011년 특허심판원 심판관 2012년 특허청 정보통신심사국 정보심사과장 2013년 특허법원 사무국 기술심리서기관 2015년 특허심판원 심판6부 심판관 2016년 특허청 산업재산보호협력국 산업재산보호정책과장 2018년 同정보고객지원국 정보고객정책과장(부이사관)(현)

전현희(全賢姬·女) Jeon Hyun Heui

(생)1964·11·4 (출)경남 통영 (주)서울특별시 영등포구 의사당대로 1 국회 의원회관 315호(02-784-6950) (학)1983년 데레사여고졸 1990년 서울대 치의학과졸 2004년 고려대 법무대학원 의료법학과졸 (경)1990년 치과의사 국가고시 합격 1996년 사법시험 합격(38회) 1999년 사법연수원 수료(28기) 2008~2012년 제18대 국회의원(비례대표, 민주당) 2010~2011년 민주당 원내대변인 2013~2014년 2014인천아시안게임 저탄소친환경위원회 위원장 2015~2016년 전현희법률사무소 대표변호사 2016년 제20대 국회의원(서울강남乙, 더불어민주당)(현) 2016년 국회 스카우트연맹 회원(현) 2016년 한국아동·인구·환경의원연맹 회원(현) 2016년 국회 문화·관광산업연구포럼 연구책임의원 2016~2017년 더불어민주당 전국직능대표자회의 총괄본부장 2016년 국회 예산결산특별위원회 위원 2016~2018년 국회 국토교통위원회 위원 2017년 더불어민주당 제19대 문재인 대통령후보 중앙선거대책위원회 직능특보단장 2017년 국회 헌법개정특별위원회 위원 2018년 국회 환경노동위원회 위원(현) 2018년 더불어민주당 제5정책조정위원장(현) 2018~2019년 국회 에너지특별위원회 간사 2018년 더불어민주당 택시·카풀 T/F 위원장(현) (상)대통령표창(2006), 국정감사NGO모니터단 우수국회의원상(2008~2011·2016), 최우수국회의원연구단체상(2008~2011), 제1회 메니페스토 약속대상(2009·2010), 공동선의정활동상(2009), 백봉신사상 올해의 신사의원 베스트11(2010), 국회헌정 우수상(2011), 올해의 여성대상(2015), 대한민국최고국민대상 정치·외교부문 정치혁신공로대상(2016), 더불어민주당 국정감사 우수의원(2016), 대한민국 모범국회의원대상(2016), 대한민국 공감브랜드대상 국회의원 의정활동부문(2016), 글로벌 자랑스런 한국인대상 의정발전공헌부문(2016), 대한민국 소비자대상 입법부문대상(2017), 법률소비자연맹 국회의원헌정대상(2017), 2018 입법 및 정책개발 우수국회의원(2019) (저)'의사들을 위한 법률강좌' '도전, 너무도 매혹적인'(2011) '살아가는 동안, 지치지 않도록'(2016)

전형수(田迥秀) CHON Hyong Soo

(생)1953·4·27 (출)충남 보령 (주)서울특별시 종로구 사직로8길 39 세양빌딩 김앤장법률사무소(02-3703-1159) (학)대신고졸 1975년 연세대 수학과졸 1982년 서울대 행정대학원졸 2002년 법학박사(조세법전공)(건국대) (경)1975년 행정고시 합격(16회), 영동세무서장, 평택세무서장 1997년 국세청 기획예산담당관 1998년 同총무과장 1999년 同기획관리관 2000년 대전지방국세청장 2001년 국세청 전산정보관리관 2002년 중앙공무원교육원 파견 2002년 국세청 감사관 2003년 재정경제부 국세심판원장 2003~2010년 건국대 행정대학원 겸임교수 2004~2005년 서울지방국세청장 2005년 김앤장법률사무소 고문(현) 2006~2015년 현대제철(주) 사외이사 겸 감사위원 2006년 한국조세재정연구원 연구자문위원 2007년 국세공무원교육원 명예교수 2007년 경남기업 사외이사 2008~2010년 한국공항 사외이사 2008년 연세대 경제대학원 겸임교수(현) 2009년 서울시립대 세무전문대학원 겸임교수 2013~2017년 이마트 사외이사 2015년 GS글로벌 사외이사(현) 2019년 국세동우회 회장(현) (상)대통령표창(1986), 근정포장(1987), 녹조근정훈장(1996) (저)'한국의 세무행정발전방향에 관한 연구'(1995) '세무조사의 개선방안에 관한 연구'(2002)

전형식(全亨植)

(생)1968·9·30 (주)충청북도 청주시 흥덕구 오송읍 오송생명1로 194-41 충북경제자유구역청 청장실(043-220-8300) (학)1985년 대전 동산고졸 1991년 서울대 공법학과졸 (경)1994년 행정고시 합격(38회) 1995년 총무처 수습행정관 1996년 통일원 교류협력국 총괄과 사무관 1998년 국가안전보장회의 사무처 사무관 2001년 통일부 교류협력국 교류1과 사무관 2002

년 기획예산처 예산실 예산총괄과 사무관 2003년 同예산실 과학환경예산과 사무관 2004년 서기관 승진 2005년 기획예산처 재정기획실 산업재정3과 서기관 2005년 同정책홍보관리실 법령분석과 서기관 2006년 공공부문비정규직실무추진단 파견 2009년 경제자유구역기획단 파견 2009년 기획재정부 대변인실 홍보담당관 2012년 同예산실 행정예산심의관실 법사예산과장 2013년 同예산실 예산총괄심의관실 기금운용계획과장 2014년 同예산실 경제예산심의관실 연구개발예산과장 2015년 同재정관리국 타당성심사과장 2016년 同국고국 국고과장(부이사관) 2017년 2018평창동계올림픽조직위원회 재정국장 2018년 同재정정산국장 2018년 충북경제자유구역청 청장(현)

전혜숙(全惠淑 · 女) JEAN Hae Sook

㊎1955 · 5 · 5 ㊍경북 칠곡 ㊟서울특별시 영등포구 의사당대로 1 국회 의원회관 927호(02-784-8340) ㊞1973년 경북대사대부고졸 1977년 영남대 약학과졸 1998년 서울대 대학원 보건의료정책지도자과정 수료 2005년 중앙대 사회개발대학원 사회복지학과 수료 2006년 서울대 행정대학원졸 2009년 성균관대 임상약학대학원 사회약학과졸 ㊌1998~2003년 경북도약사회 회장 2000년 매일신문 칼럼니스트 2002년 보건의료약사발전특별위원회 국정자문위원 2002년 대한약사회 정책기획단장 2002년 보건의료개혁시민연대 위원 2003년 대통령직인수위원회 사회문화여성분야 자문위원 2003년 한국마약퇴치운동본부 이사 2003년 YMCA 부패신고센터 운영위원 2003년 민주평통 자문위원 2004년 열린우리당 국민참여운동본부 상근본부장 2004년 同경북도당 여성위원장 2005년 대한약사통신 대표 2006~2008년 건강보험심사평가원 상임감사 2008~2012년 제18대 국회의원(비례대표, 통합민주당 · 민주당 · 민주통합당) 2009~2016년 (사)지구촌보건복지 공동대표 2010년 민주당 서울광진구甲지역위원회 위원장 2010~2011년 同대외담당 원내부대표 2011년 박원순 서울시장후보 서울광진구甲선거대책본부장 2015년 새정치민주연합 사회복지특별위원회 위원장 2016년 더불어민주당 사회복지특별위원회 위원장(현) 2016년 同서울광진구甲지역위원회 위원장(현) 2016년 제20대 국회의원(서울 광진구甲, 더불어민주당)(현) 2016 · 2018~2019년 국회 보건복지위원회 위원 2016~2018년 국회 윤리특별위원회 간사 2016년 국회 예산결산특별위원회 위원 2017년 더불어민주당 인재영입위원회 부위원장 2017년 同공직선거후보자추천관리위원회 위원 2017년 同제19대 문재인 대통령후보 중앙선거대책위원회 의료정책위원장 2017~2018년 同교육연수원장 2017~2018년 국회 미세먼지대책특별위원회 위원장 2018년 더불어민주당 서울특별시당 직능위원장(현) 2018~2019년 국회 여성가족위원회 위원장 2019년 더불어민주당 4.3재보궐선거 공천관리위원회 부위원장 2019년 同중앙당후원회 서울시후원회장(현) 2019년 국회 행정안전위원회 위원장(현) ㊏대통령표창(2000), 국민훈장 석류장(2002), INAK(Internet Newspaper Association of Korea) 보건복지상(2015), 법률소비자연맹 '제20대 국회 1차년도 국회의원 헌정대상'(2017), 세계연맹기자단 제4회 대한민국 참봉사대상(2019) ㊐'오바마도 부러워하는 대한민국 국민건강보험(共)'(2011, 밈) '잘 지내시지요?'(2015, 올벼)

전혜자(全惠子 · 女)

㊎1954 · 6 · 19 ㊍강원 삼척 ㊟서울특별시 송파구 올림픽로 424 벨로드롬 1층 대한장애인체육회(02-3434-4529) ㊞이화여대 체육학과졸, 同대학원 특수체육학과졸, 이학박사(한국체육대) ㊌1976~1991년 한국소아마비협회 정립회관 수련교육부차장 1984년 뉴욕 패럴림픽대회 수영감독 1985년 86 · 88올림픽 스포츠과학학술대회 조직위원회 특수체육위원 1986~1988년 서울 패럴림픽대회 론볼 담당관 1989년 고베 극동 남태평양지역장애인경기대회 론볼 감독 1992년 바르셀로나패럴림픽대회 육상감독 1992년 순천향대 자연과학대학 스포츠과학과 전임강사 · 조교수 · 부교수 · 교수(현) 1996~2015년 한국론볼연맹 국제이사 1996년 애틀랜타 패럴림픽대회 론볼감독 1997~2005년 극동남태평양지역장애인경기대회 개발위원 1997~2010년 한국특수체육학회 부회장 1998년 한국체육측정평가학회 부회장(현) 1999년 ISMGF 장애인경기대회 론볼 감독 2000년 미국 텍사스여대 체육대학 학술진흥재단 해외연구지원 파견교수 2001~2009년 대한스포츠위원회 위원 2004~2015년 한국여성체육학회 부회장 2005~2009년 대학스포츠위원회 올림픽아카데미 위원 2005년 제1회 세계장애인론볼선수권대회 감독 2005년 아산시장애인체육회 부회장 2006년 한국운동재활학회 부회장(현) 2006년 아시아극동남태평양지역장애인경기대회 론볼 감독 2007~2011년 국제장애인론볼연맹(IBD) 집행위원 2007년 세계장애인론볼선수권대회 감독 2008년 도쿄 아시아장애청소년경기대회 단장 2009년 하얼빈동계유니버시아드대회 여자감독 2010~2018년 국민체육진흥공단 기금사업평가위원 2010~2011년 한국특수체육학회 회장 2010~2014년 국제장애인올림픽위원회(IPC) 여성스포츠위원회 위원 2010년 한국여성체육학회 부회장 2011~2014년 세계특수체육학회(IFAPA) 아시아대표 2012년 런던패럴림픽 한국선수단 부단장 2013년 순천향대 스포츠과학과장 2015~2016년 대한장애인론볼연맹 회장 직대 2017년 同회장 2018년 대한장애인체육회 제4대 사무총장(현) ㊏체육훈장 거상장(1992), 대한민국체육상 특수체육상(2012) ㊐'특수체육총론'(1994) '장애인을 위한 체력측정평가'(1998) '허약한 노인들을 위한 운동'(2004) '넘어짐 예방 프로그램'(2004)

전혜정(全惠貞 · 女) CHUN Hei Jung

㊎1949 · 9 · 12 ㊍서울 ㊟서울특별시 노원구 화랑로 621 서울여자대학교 총장실(02-970-5213) ㊞1972년 서울여대졸(이학사) 1985년 이화여대 대학원 가정학과졸 1990년 미국 Fashion Institute of Technology A.A.S 수료 1994년 이학박사(서울여대) 2017년 명예 경영학박사(몽골 울란바타르대) ㊌1992~2013년 서울여대 자연과학대학 의류학과 교수 1997년 同대외협력처장 1998년 同사무처장 1999~2000년 산업표준심의회 위원 2006~2013년 서울시 기술기반구축사업위원회 부위원장 2006~2008년 대구전략산업기획단 산업기술개발사업 평가위원 2006~2009년 한국섬유산업연합회 사업평가위원 2007~2008년 서울여대 학생처장 2008년 同수도권대학특성화지업사업본부장 2009~2013년 한국컴패션 사회봉사 지도교수 2011~2013년 한국복식학회 부회장 2013년 한국인터넷윤리학회 대표고문(현) 2013년 제7 · 8대 서울여대 총장(현) 2014~2018년 학부교육선도대학협의회 부회장 2015~2018년 한국여자대학총장협의회 회장 2015~2016년 한국대학교육협의회 교육미래2030 위원 2015~2017년 同윤리위원회 위원 2016~2019년 同이사 2016년 교육부 지방대학및지역균형인재육성지원위원회 위원(현) 2018년 한국사립대학총장협의회 부회장(현) ㊏한국복식학회 우수논문상(2009 · 2011), 자랑스러운 숙명인상(2014)

전호경(全浩景) Chun Ho-Kyung

㊎1955 · 3 · 1 ㊟서울특별시 종로구 새문안로 29 강북삼성병원 외과(02-2001-2011) ㊞1979년 서울대 의대졸 1983년 同대학원 의학석사 1990년 의학박사(서울대) ㊌1979~1980년 서울대병원 인턴 1980~1984년 同외과 레지던트 1984~1987년 육군 군의관(대위 예편) 1987~1992년 지방공사 강남병원 외과장 · 건강관리과장 1991~1992년 한림대 의과대학 외과 외래부교수 1994~2012년 삼성서울병원 외과 전문의 1996년 서울대 의과대학 외과 외래조교수 1996년 한림대 의과대학 외과 외래교수 1997~2002년 성균관대 의과대학 외과학교실 부교수 1997~2007년 삼성서울병원 소화기외과장 2002년 성균관대 의과대학 외과학교실 교수(현) 2002~2003년 삼성서울병원 소화기센터 소장 2003~2005년 同응급진료부장 2003년 同대장암센터장 2005~2009년 同입원부장 2005~2011년 성균관대 의과대학 외과학교실 주임교수 · 삼성서울병원 외과 과장 2006~2008년 대한외과학회 의료심사이사 2008~2010년 同기획이사 2011~2013년 ECTA 부회장 2011~2013년 K-Notes 회장 2011년 삼성서울병원 건강의

학센터장 2011~2012년 대한외과학회 학회지 심사위원 2011~2012년 同교과서편찬위원회 위원 2012~2016년 강북삼성병원 진료부원장 2012~2014년 대한임상종양학회 부회장 2012~2014년 의료사고감정단 자문위원 2012년 진료심사평가위원회 비상근심사위원 2012~2014년 중앙약사심의위원회 전문가 2012~2013년 대한대장항문학회 회장 2014~2015년 대한임상종양학회 회장 2017년 AP-FCP · ECTA · ASSR 회장(현) 2018년 세계대장항문학회(ISUCRS) 회장(현) (저)'치질의 예방과 치료'(1999)

전호림(全虎林) Jeon Horim

(출)경북 영천 (학)1985년 한국외국어대 일본어과졸 1991년 일본 히토쓰바시대 대학원졸(경영학석사) (경)1992년 매일경제신문 국제부 기자 1995년 同산업부 기자 1999년 同동경특파원 2002년 同사회부 차장대우 2002년 同기획실 차장대우 2004년 同산업부 부장대우 2007년 同유통경제부장 2008년 同중소기업부장 2010년 同과학기술부장 2011년 同주간국 국장 직대 2014년 同주간국장 2014~2019년 매경출판(주) 대표 (상)벤처코리아2010 특별공로상(2010) (저)'디지털 정복자 삼성전자(共)'(2005, 매경출판) '시간의 뒤뜰을 거닐다'(2015, 매경출판) (역)'IMF시대의 소액주주대표소송'(1998)

전호성(全浩成) Ho Seong Jeon

(생)1968 · 3 · 16 (본)완산(完山) (출)부산 (주)강원도 춘천시 한림대학길 1 한림대학교 경영대학(033-248-1800) (학)1986년 강원고졸 1991년 고려대 경제학과졸 1995년 미국 미시간주립대 대학원 광고학과졸 2005년 경영학박사(서울대) (경)1991~1994년 (주)대홍기획 마케팅연구소 주임연구원 1996~2000년 同마케팅연구소 선임연구원 2005년 한림대 경영학부 조교수 · 부교수 · 교수(현) 2013~2015년 同기획처장 2018년 同경영대학장(현) (상)한국소비문화학회 최우수논문상(2013) (저)'의료관광 프로모션'(2011, 소화) (종)기독교

전호환(全虎煥) Ho-Hwan Chun (得雲)

(생)1958 · 6 · 13 (본)완산(完山) (출)경남 합천 (주)부산광역시 금정구 부산대학로63번길 2 부산대학교 총장실(051-510-1101) (학)1977년 진주고졸 1983년 부산대 조선해양공학과졸 1985년 同대학원 조선공학과졸 1988년 공학박사(영국 글래스고대) (경)2001년 영국왕립조선학회 Fellow(현) 1991~1994년 현대중공업 선박해양연구소 책임연구원 1994~2016년 부산대 조선해양공학과 조교수·부교수·교수 1996~1999년 국제수조회의 고속선안정성분과 Asia대표 1996년 대한조선학회 논문집 편집위원 2001~2002년 부산대 조선해양공학과장 2002~2011년 同첨단조선공학연구센터 소장 2002년 부산시 조선기자재산업육성 자문위원 2002년 국제수조회의(ITTC) 워트제트분과 위원(아시아지역대표) 2003년 과학기술부·산업자원부 차세대성장동력 조선분과 기획위원 2004년 한국학술진흥재단 학술연구심사평가위원회 위원 2004년 부산시 지역혁신협의회 위원 2004년 부산산업클러스터 산학관협의회 기획운영위원 2005년 부산시 MT산업육성추진위원회 위원 2006년 한국공학한림원 회원(현) 2006년 대한조선학회 국제이사 2007년 (사)부산산업클러스터산학관협의회 부회장 2007년 부산대 산학협력단 운영위원 2011~2016년 同조선해양플랜트글로벌핵심연구센터 소장 2013년 (재)부산대학교발전기금 상임이사 2013~2014년 부산대 대외협력부총장 2016년 同총장(현) 2017년 부산글로벌포럼 회장(현) 2017년 부산과학기술협의회 공동이사장(현) 2018년 거점국립대학교총장협의회 회장 2018년 한국해양산업협회 공동이사장(현) 2019년 한·일·중 고등교육교류전문가위원회 위원장(현) (상)효원논문상(2004), 부산과학기술상 공학상(2005), 부산대 공과대학상(2005), 한국과학재단 우수연구성과 50선(2006), 부산해양과학기술상 학술부문(2008), 대한조선학회 학술상(2010), 국가녹색기술대상 국토해양부장관표창(2010), 국가녹색기술대상 매일경제신문 회장상(2010), 교육과학기술부장관 공로패(2011), 대한조선학회 논문상(2011), 한국공업화학회 우수논문상(2011), 일본조선해양공학회(JASNAOE) 최우수논문상(2017), (사)충·효·예실천본부 대훈장(2019) (저)'행글라이딩 : 비행에서 제작까지'(1980) '배 이야기'(2008) 'Boundary Layer Flow over Elastic Surface'(2012) (역)'펜의 힘(共)'(2018) (종)기독교

전홍건(全弘健) CHUN Hong Kun

(생)1950 · 7 · 2 (출)서울 (주)경기도 김포시 월곶면 김포대학로 97 김포대학교 이사장실(031-999-4203) (학)1973년 미국 포틀랜드주립대 전기공학및수학과졸 1976년 미국 미네소타대 대학원 통계학과졸(석사) 1989년 미국 시카고대 대학원 경제학과졸(석사) 1993년 미국 위스콘신대 메디슨교 대학원 경영학과졸(석사) 1996년 경영학박사(미국 위스콘신대 메디슨교) (경)1979~1983년 미국 MIT 슬로언스쿨 경제경영연구소 연구교수 1987~1998년 HKC Financials 대표 1996~1999년 미국 위스콘신대 메디슨교 경영학부 교수 1999~2004년 김포대학 학장 2013년 학교법인 김포대 이사장(현) (종)천주교

전홍렬(全弘烈) JEON Hong Yul

(생)1948 · 10 · 13 (출)전남 영암 (주)서울특별시 종로구 새문안로5길 55 김앤장법률사무소(02-3703-1658) (학)1967년 배문고졸 1972년 연세대 행정학과졸 1978년 서울대 행정대학원졸 (경)1978년 재무부 이재국 근무 1983년 국회 재무위원회 입법조사관 1985년 재무부 증권국 근무 1997년 국무총리실 규제개혁담당 과장 1998~2005년 코스닥위원회 위원 1999~2003년 금융감독위원회 규제심사위원회 위원 2001~2005년 (사)자산유동화연구회 회장, 기획재경부 투자풀위원회 위원 2003년 한국주택금융공사 설립위원 2005~2008년 금융감독원 부원장 2008~2016년 한국M&A협회 회장 2011~2017년 기업지배구조개선위원회 위원 2008~2017년 한국M&A협회 회장 2008년 김앤장법률사무소 상임고문(현) 2015년 NH농협금융지주(주) 사외이사 2019년 NH투자증권 사외이사(현) (저)'증권거래법 해설'(1997, 도서출판 넥서스)

전홍범(全洪範)

(생)1962 · 10 (주)경기도 성남시 분당구 불정로 90 (주)KT 융합기술원(031-727-0114) (학)서울대 전기공학과졸, 한국과학기술원(KAIST) 전기공학과졸(석사), 전기공학박사(한국과학기술원) (경)2003년 (주)KT 기술본부 팀장 2005년 同신사업기획본부 기술전략팀장 2005년 同사업개발부문 상무대우(개발사업담당) 2006년 同신사업부문 상무대우 2010년 同기술전략실 상무 2011년 同스마트그린개발단장(상무) 2013년 同종합기술원 기술전략실장 2015년 同융합기술원 인프라연구소장(전무) 2018년 同융합기술원 인프라연구소장(부사장) 2019년 同융합기술원장(부사장)(현)

전홍조(錢弘操 · 女) Jun Hong Jo

(생)1957 · 10 · 31 (출)경북 (주)서울특별시 강북구 도봉로76가길 55 성신여자대학교 무용예술학과(02-920-7790) (학)1975년 문경여고졸 1979년 중앙대 무용학과졸 1985년 同대학원 체육학과졸 1997년 영국 왕립무용학교(RAD) 발레지도자과정 수료 2000년 영국 라반 댄스센터 무용학 M Phil. 박사준비과정 수료 2011년 사회체육학박사(연세대) (경)1978~1981년 국립발레단 단원 2000년 필라테스 국내 최초 보급 2004년 한국필라테스협회 회장, 同명예회장(현) 2004~2018년 ART PILATES 대표이사 2008~2011년 국립발레단 운영자문위원 2010년 성신여대 무용예술학과 교수(현) 2011~2013년 국립발레단 아카데미 자문위원 2014년 세계무용연맹(WDA) 한국본부 회장(현) 2014~2017년 국제극예술

협회(ITI) 국제무용이사 2014년 Movement Intelligence Korea National Director(현) 2017년 대한민국무용대상 운영위원장 2017~2018년 성신여대 융합문화예술대학장 2017년 UNESCO ITI-IDC 부회장(현) (상)신인무용콩쿨 발레부문 수석 (저)'Pilates for Life'(2007, 한언출판사) (역)'발레무용수의 건강'(1990, 군자출판사) 'Pilates-건강하고 균형잡힌 몸매'(2004, 한언출판사) (작)'풍경을 춤출수 있을까' '테이블밑의 혼례' '유화, 흐느끼는 버들의 꿈' '결혼식과 장례식' '참이 부서져라' '여백에 차린 식탁' '시클라멘이 있는 창가' '나무들의 하루종일' '숨속에 숨은 아리아' '무몽 시리즈' 'Deep O cean Blue' (종)가톨릭

전홍조(田弘祚) Chun Hong-jo

(생)1961·3·25 (주)서울특별시 종로구 사직로8길 60 외교부 인사운영팀(02-2100-7863) (학)1984년 한국외국어대 영어과졸 1991년 미국 윌리엄스대 연수 (경)1983년 외무고시 합격(17회) 1984년 외무부 입부 1992년 駐캐나다 2등서기관 1995년 駐엘살바도르 1등서기관 1998년 경수로사업지원기획단 파견 2001년 외교통상부 주한공관 담당관 2002년 同남미과장 2003년 駐리비아 공사참사관 2005년 駐칠레 공사참사관 2008년 외교통상부 중남미국 심의관 2010년 국회사무처 파견 2012년 駐코스타리카 대사 2015년 국방대 교육파견 2016년 국가공무원인재개발원 국제교육협력관 2018년 駐스페인 대사(현)

전홍태(全洪兌) JEON Hong Tae

(생)1955·11·27 (출)대전 (주)서울특별시 동작구 흑석로 84 중앙대학교 공과대학 전자전기공학부 봅스트홀 207동 627호(02-820-5297) (학)1976년 서울대 전자공학과졸 1982년 미국 뉴욕주립대 대학원졸 1986년 공학박사(미국 뉴욕주립대) (경)1976년 국방과학연구소 연구원 1979년 한국전기통신연구소 연구원 1986년 중앙대 공대 전자전기공학부 교수(현) 1991년 한국퍼지 및 지능시스템학회 총무이사 1992년 삼성그룹 첨단기술연구소 자문교수 1993년 삼성전자 기술대학원 초빙교수 1993년 대한전자공학회 제어계측연구회 전문위원장 2000년 한국퍼지 및 지능시스템학회 부회장 2001년 중앙대 교무처장 2002년 한국퍼지및지능시스템학회 회장 2005~2007년 중앙대 정보대학원장 2005년 대한전자공학회 부회장 2007년 중앙대 제1캠퍼스 부총장 2009년 대한전자공학회 수석부회장 2010~2011년 同회장

전효관(全烋寬) JUN HYO KWAN

(생)1964·5·26 (주)전라남도 나주시 빛가람로 640 한국문화예술위원회(061-900-2132) (학)1981년 전주고졸 1985년 연세대 천문기상학과졸, 同대학원 사회학과졸 1998년 사회학박사(연세대) (경)1999년 서울시 하자센터 부센터장 2004년 사회적기업 '티팟' 대표 2005년 전남대 신문방송학과·문화전문대학원 조교수 2010년 서울시 하자센터장 2013년 同청년일자리허브센터장 2014~2019년 同서울혁신기획관 2019년 한국문화예술위원회 사무처장(현)

전효숙(全孝淑·女) CHON Hyo Suk

(생)1951·2·28 (출)전남 승주 (주)서울특별시 서대문구 이화여대길 52 이화여자대학교 법과대학(02-3277-2733) (학)1969년 순천여고졸 1973년 이화여대 법정대학 법학과졸 1978년 同대학원 수료 (경)1975년 사법시험 합격(17회) 1977년 사법연수원 수료(7기) 1977년 서울가정법원 판사 1977년 서울민사지법 판사 1980년 서울형사지법 판사 1982년 서울가정법원 판사 1983년 수원지법 성남지원 판사 1985년 서울지법 동부지원 판사 1988년 서울고법 판사 1990년 대법원 재판연구관 1994년 수원지법 부장판사 1994년 사법연수원 교수 1997년 서울지법 부장판사 1999년 특허법원 부장판사 2001년 서울고법 부장판사 2003~2006년 헌법재판소 재판관 2007년 미국 School of Law Univ. of Emory 객원연구원 2007~2016년 이화여대 법과대학 교수 2012년 同법학전문대학원장 겸 법과대학장 2013~2015년 대법원 양형위원회 위원장 2016~2017년 이화여대 법과대학 초빙석좌교수 2017년 同법과대학 명예교수(현) 2017~2019년 대법원 공직자윤리위원장 (상)제10회 자랑스러운 이화인(2004) (종)천주교

전효택(全孝澤) CHON Hyo Taek

(본)정선(旌善) (출)평남 평양 (주)서울특별시 관악구 관악로 1 서울대학교 명예교수동(150동)(02-880-1364) (학)1966년 성동고졸 1971년 서울대 공대 자원공학과졸 1973년 同대학원 자원공학과졸 1979년 공학박사(서울대) (경)1980~1991년 서울대 공대 자원공학과 조교수·부교수 1980년 일본 東京大 이학부 지질학교실 객원연구원(Post-Doc.) 1982~1983년 영국 런던대 Imperial College 응용지구화학연구그룹 객원연구원(Post-Doc.) 1987년 서울대 자원공학과장 1991~2012년 同공과대학 지구환경시스템공학부 에너지자원공학과 교수 1996년 대한지하수환경학회 부회장 1999~2002년 대한광업진흥공사 사외이사 2000~2002년 한국자원공학회 부회장·회장 2000~2006년 기술사검정심의위원회 심의위원 2001~2003년 서울대 공학연구소장 2002년 Society of Trace Elements Biogeochemistry 국제위원 2002년 한국과학기술단체총연합회 대의원 2003~2006년 국무총리국무조정실 공공기술연구회 이사 2005년 대한자원환경지질학회 회장 2005년 The Society for Environmental Geochemistry and Health(SEGH) 집행위원 겸 아·태지역 회장 2007년 한국공학한림원 정회원·원로회원(현) 2007년 현대하이스코(주) 고문 2007~2013년 (재)신양문화재단 감사 2012년 서울대 명예교수(현) 2014년 국제응용지구화학회(AAG) 석학회원(현) 2014년 수필가(현) (상)한국자원공학회 학술상(1989), 한국과학기술단체총연합회 과학기술우수논문상(1991), 대한자원환경지질학회 학술논문상(1996), 대통령표창(1999), 20년근속 서울대총장표창(1999), 대한자원환경지질학회 김옥준상(2006), 한국지구시스템공학회 서암상(2007), 한국지구시스템공학회 젊은공학자상 제정 감사패(2008), 30년근속 서울대총장표창(2009), 자랑스런 성동인상(2009), 서울대 학술연구상(2011), 옥조근정훈장(2012) (저)'응용지구화학(共)'(1993) '환경지구화학과 건강'(1993) '지구자원과 환경(共)'(1997) '환경지질학'(1998) '남북한 환경정책 비교연구(共)'(2008) 산문집 '아쉬운 순간들 고마운 사람들'(2016) '평생의 인연'(2018) (역)'광물탐사를 위한 암석지구화학'(1991) '희토류원소지구화학(共)'(2000) (종)기독교

전휘수(田徽秀) Hweesoo JUN

(생)1959·12·29 (본)담양(潭陽) (출)서울 (주)경상북도 경주시 양북면 불국로 1655 한국수력원자력(주) 발전본부장실(054-704-2032) (학)1978년 서울 오산고졸 1985년 한양대 원자력공학과졸 (경)1985년 한국전력공사 입사 2005년 한국수력원자력(주) 뉴욕사무소 부장(INPO 파견) 2012년 同고리원자력본부 제1발전소장 2014년 同품질안전본부 안전처장 2015년 同월성원자력본부장 2017년 同발전본부장 겸 기술총괄부사장(현) (상)과학기술부장관표창(2003), 석탑산업훈장(2015) (종)기독교

전휴재(全烋在)

(생)1974·12·15 (출)서울 (주)서울특별시 서초구 서초중앙로 157 서울고등법원(02-530-1114) (학)1993년 서울고졸 1997년 서울대 법학과졸 (경)1996년 사법시험 합격(38회) 1999년 사법연수원 수료(28기) 1999년 軍법무관 2002년 서울지법 북부지원 판사 2004년 서울중앙지법 판사 2006년 대구지법 상주지원 판사 2010년 서울고법 판사 2011년 법원행정처 민사심의관 겸임 2013년 서울중앙지법 판사 2014년 광주지법 순천지원·광주가정법원 순천지원 부장판사 2015년 서울고법 판사(현)

전흥수(田興秀) JEON Heung Soo (巨巖)

(생)1938 · 11 · 5 (출)충남 예산 (주)충청남도 예산군 덕산면 홍덕서로 543 한국고건축박물관(041-337-5877) (학)1953년 부친인 대목 전병석선생 문하생 1955~1959년 대목 金重熙선생 문하생 1998년 동국대 불교대학원 사회복지학과 수료 (경)1960년 50여년간 문화재 복원수리 및 신축 · 사찰(법당 · 요사채 · 종각) 건축 및 불사에 봉직(현) 1983년 문화재 수리기능 목공 제608호 1990~1999년 (재)한국문화재기능인협회 회장 1993~2003년 한국고건축 대표 1993~1998년 문화재기능인 작품전(4회 개최) 1993년 대전세계박람회(EXPO'93) 조직위원장 1998년 한국고건축박물관 건립 · 관장(현) 2000년 중요무형문화재 제74호 대목장 기능보유자 지정(현) 2000년 충남 전통문화(고건축)의 집 선정 2001년 신지식인 선정(고건축) 2001년 (재)한국문화재기능인협회 명예이사장(현) 2002년 거암고건축 대표 2004년 국립한국전통문화학교 초빙교수 (상)대한불교조계종 총무원장표창(1992), 문화체육부장관표창(1996), 허균문화상(1998), 자랑스런 충남인상(1998), MBC 좋은한국인상 대상(1999), 충남도 문화상(2000), 문화재청장표창(2000), 행정자치부장관표창(2002), 대한민국문화유산 대통령표창(2004), 보관문화훈장(2016) (종)불교

전희경(全希卿 · 女) JUN HEE KYUNG

(생)1975 · 10 · 9 (주)서울특별시 영등포구 의사당대로 1 국회 의원회관 629호(02-784-4630) (학)이화여대 행정학과졸 2001년 同대학원 행정학과졸 (경)2006년 바른사회시민회의 정책실장 2012년 한국경제연구원 사회통합센터 정책팀장 2014년 자유경제원 사무총장 2016년 새누리당 역사교과서 개선특별위원회 위원 2016년 제20대 국회의원(비례대표, 새누리당 · 자유한국당〈2017.2〉)(현) 2016~2018년 국회 교육문화체육관광위원회 위원 2016~2018년 국회 윤리특별위원회 위원 2016년 국회전반기 정치발전특별위원회 위원 2017년 자유한국당 제19대 홍준표 대통령후보 중앙선거대책위원회 대변인 2017 · 2019년 同대변인(현) 2018년 국회 교육위원회 위원(현) 2018년 국회 여성가족위원회 위원(현) 2018년 국회 '공공부문채용비리의혹과 관련된 국정조사특별위원회' 위원(현) 2019년 자유한국당 사법개혁특별위원회 위원

전희광(全喜光)

(생)1962 · 11 · 22 (출)서울 (주)대전광역시 동구 중앙로 242 한국철도시설공단 건설본부(042-607-3017) (학)1981년 경희고졸 1984년 철도전문대학 토목과졸 1991년 서울과학기술대 토목공학과졸 2013년 철도건설공학박사(서울과학기술대) (경)2008년 한국철도시설공단 건설본부 건설계획처 사업총괄팀장 2011년 同건설본부 민자 · 광역철도처장 2011년 同수도권본부 건설1처장 2013년 同건설본부 건설계획처장 2014년 同시설본부 시설계획처장 2016년 同호남본부장 2018년 同건설본부장(상임이사)(현) (상)대통령표창(2010), 철탑산업훈장(2013)

전희동(田熙東)

(생)1957 · 11 · 28 (주)경상북도 포항시 남구 청암로 77 포항공과대학교 화학공학과 RIST 3동 3343호실(054-279-8601) (학)1979년 서울대 공과대학 공업화학과졸 1981년 同대학원 환경공학과졸 1986년 환경공학박사(서울대) (경)1986~2012년 (재)포항산업과학연구원 책임연구원 · 실장 · 연구단장 2005~2010년 생태산업단지구축사업단 경북지역단장 2010 · 2018년 포항공과대(POSTECH) 화학공학과 겸임교수 2012~2018년 (재)포항산업과학연구원 에너지환경연구소장(전무) 2019년 포항공과대(POSTECH) 화학공학과 연구교수(현) (상)국무총리표창(1998 · 1999), 지식경제부 '국가10대 Green Energy Award' CO2부문(2012), 과학기술훈장 혁신장(2016)

전희두(全喜斗) JEON Hee Du

(생)1959 · 12 · 15 (출)경남 남해 (주)서울특별시 영등포구 63로 50 63한화생명빌딩 15층 한국교직원공제회(02-767-0110) (학)1989년 동아대 법학과졸 1994년 同법학대학원졸 2004년 미국 미네소타주립대 대학원 교육행정학과졸, 법학박사(동아대) (경)1989년 행정고시 합격(33회) 1999년 교육부 감사관실 서기관 2000년 부산시교원연수원 총무부장 2002년 부산시교육청 교육훈련파견, 교육인적자원부 지역인적자원팀장 2005년 同법무규제개혁팀장 2006년 同민원조사담당관 2007년 同감사총괄담당관(부이사관) 2008년 교육과학기술부 감사총괄담당관 2008년 부산시교육청 기획관리국장 2010년 국립국제교육원 부이사관 2011년 서울시교육청 기획조정실장(고위공무원) 2012~2014년 부산시교육청 부교육감 2015년 경남도교육청 부교육감 2017년 한국교직원공제회 회원사업이사(현)

전희섭(全熙燮) Michael H. Jun (綠山)

(생)1946 · 12 · 8 (본)천안(天安) (출)전북 군산 (학)1974년 중앙대 신문방송학과졸 1987년 미국 서던일리노이대(SIU) 대학원 저널리즘특별과정 수료 (경)1974년 동양통신 외신부 기자 1975년 同정치부 기자 1981년 연합통신 경제부 기자 1990년 同경제2부 차장 1992년 同YTN기획단 단장 1994년 同경제1부장 1995년 同국제경제부장 1996년 同워싱턴지사장 1998년 연합뉴스 워싱턴지사장 1999년 同경제국 부국장 1999년 同매체혁신위원장 1999년 현대투신운용 자문위원 1999년 인터넷신문 넷피니언 설립 · 운영 2000년 연합뉴스 경제국장 2000~2003년 同인터넷본부장 2001년 한국컨벤션학회 부회장 2002년 녹색연합 평생회원 2003년 연합뉴스 논설위원실장 2004~2005년 同논설위원실 고문 2007~2010년 에코폴라Co. 대표 2010~2012년 (주)KTI 고문 2011~2015년 (주)O&P 감사 2011~2012년 이란 Gita Darya Co. 이사장 2012년 (주)골드리치 대표이사(현) 2014~2017년 (사)열린사회복지교육재단 이사장 (종)천주교

정갑생(鄭甲生 · 女) Jung Kab-Seang

(생)1964 · 8 · 20 (본)해주(海州) (출)경남 함양 (주)대전광역시 서구 둔산중로 74 인곡타워 정갑생법률사무소(042-716-0280) (학)1982년 진주여고졸 1986년 한양대 법학과졸 (경)1986년 사법시험 합격(28회) 1989년 사법연수원 수료(18기) 1989년 변호사 개업 2000년 청주지법 판사 2001년 대전고법 판사 2004년 대전지법 판사 2005년 同부장판사 2008년 同천안지원 부장판사 2010년 대전지법 부장판사 2011~2012년 同가정지원장 2012~2013년 대전가정법원 부장판사 2013~2016년 법무법인 내일 변호사 2014~2017년 국민권익위원회 비상임위원 2015년 대전지방변호사회 감사(현) 2015년 대법원 사실심충실화사법제도개선위원회 위원 2017년 변호사 개업(현)

정갑윤(鄭甲潤) JEONG Kab Yoon (平江)

(생)1950 · 11 · 8 (본)온양(溫陽) (출)울산 (주)서울특별시 영등포구 의사당대로 1 국회 의원회관 1006호(02-784-5275) (학)1969년 경남고졸 1974년 울산대 공대 화학공학과졸 1981년 부산대 경영대학원 최고경영자과정 수료 1992년 울산대 산업경영대학원 산업관리공학과졸 2014년 명예 법학박사(조선대) (경)1970년 울산대 총학생회장 1971~1995년 해성목재공업 설립 · 대표 1976~1995년 울산대동창회 창립 · 초대회장 1983년 울산청년회의소(JC) 회장 1984년 경남지구청년회의소 회장 1988년 울산상공회의소 의원 1991년 울산지법 민사 · 가사조정위원 1991년 경남도의회 의원 1995~2003년 (주)해성법인 설립 · 대표이사 1996년 대한산악연맹 울산지부 회장 2001년 한나라당 울산시지부 부위원장 2002년 同울산中지구당 위원장 2002년 제16대 국회의원(울산시

중구 보궐선거 당선, 한나라당) 2004년 제17대 국회의원(울산시 중구, 한나라당) 2005년 한나라당 재해대책위원장 2006~2007년 同울산시당 위원장 2008년 제18대 국회의원(울산시 중구, 한나라당·새누리당) 2008년 한나라당 중소기업활력화위원장 2009년 한·케냐의원친선협회 회장 2009년 국회 JC동우회 회장 2010년 국회 윤리특별위원회 위원장 2011년 국회 예산결산특별위원회 위원장 2011년 한나라당 지역발전특별위원회 울산지역발전특위 단장 2012년 제19대 국회의원(울산시 중구, 새누리당) 2012년 새누리당 상임전국위원 2012년 국회의원불자모임 '정각회' 회장 2012년 지역균형발전협의체 공동회장 2012년 한·인도의원친선협회 회장 2012년 한국장애인정보화협회 자문위원장(현) 2013년 새누리당 통합선거관리위원회 위원장 2013~2018년 국회 JC동우회 회장 2013년 대한민국특허(IP)허브추진위원회 공동대표(현) 2013년 한국응변인협회 총재(현) 2013년 (사)전국야학협의회 고문(현) 2013년 한·일의원연맹 부회장 2014년 대한요가연맹 초대 회장 2014년 국회의원불자모임 '정각회' 고문(현) 2014년 국회 부의장 2014년 국회 법제사법위원회 위원 2014년 (사)한국음악저작권협회 명예고문(현) 2015년 국회 국토교통위원회 위원 2015년 국회 법제사법위원회 위원 2016년 새누리당 제20대 총선 울산권선거대책위원장 2016년 제20대 국회의원(울산시 중구, 새누리당·무소속〈2017.1〉·자유한국당〈2017.5〉)(현) 2016년 새누리당 전국위원회 의장 2016년 국회 정무위원회 위원(현) 2016·2018년 국회 법제사법위원회 위원 2016년 새누리당 대북결재요청사건진상조사위원회 위원장 2016년 同'혁신과 통합 보수연합' 공동대표 2017~2018년 국회 예산결산특별위원회 위원 2017~2018년 자유한국당 울산시당 위원장 2018년 同울산시당 공천관리위원회 위원장 2019년 자유한국당 전당대회준비위원회 위원장 2019년 同중앙당 후원회장(현) 2019년 同울산시당 위원장(현) (상)대한민국 헌정상(2011), 자랑스러운 국회의원상(2011), 전국소상공인단체연합회 최우수국회의원상(2011), 대한민국오페라단연합회 최고문화국회의원상(2013), 제주특별자치도 명예도민(2013), 지식재산대상(2015), 전국청소년선플SNS기자단 선정 '국회의원 아름다운 말 선플상 대상'(2015), 지식재산공로상(2019) (종)불교

정갑주(鄭甲柱) CHUNG Kap Joo (德谷)

(생)1954·12·31 (본)하동(河東) (출)전남 강진 (주)광주광역시 동구 동명로 101-1 변호사회관 법무법인 바른길(062-232-0050) (학)1973년 광주제일고졸 1977년 서울대 법학과졸 2006년 전남대 대학원 법학과졸 (경)1977년 사법시험 합격(19회) 1979년 사법연수원 수료(9기) 1979년 육군 법무관 1982년 광주지법 판사 1984년 同순천지원 판사 1986년 미국 산타클라라대 연수 1987년 광주지법 판사 1989년 광주고법 판사 1993년 대법원 재판연구관 1995년 광주지법 부장판사 1996년 同목포지원장 1998년 광주지법 부장판사 2001년 대전고법 수석부장판사 2002년 광주고법 부장판사 2005년 광주지법 수석부장판사 2005년 광주고법 부장판사 2006년 제주지법원장 2008년 전주지법원장 2009년 광주지법원장 2010~2011년 광주고법원장 2011년 변호사 개업 2013년 법무법인 바른길 법원사무소 대표변호사(현) (상)황조근정훈장(2011) (저)'조건과 기한의 증명책임' '미국 법원에 있어서 ADR의 제도화' (역)'지적재산권법의 경제구조'(共) (종)기독교

정강자(鄭康子·女) JUNG Kang Ja

(생)1953·8·12 (출)광주 (주)서울특별시 종로구 자하문로9길 16 참여연대(02-723-5300) (학)1972년 전남여고졸 1976년 이화여대 도서관학과졸, 同대학원졸(석사) (경)1980년 민중교육연구소 연구원 1983년 석탑노동연구원 상담원 1993년 서울대 우조교성희롱사건 공동대책위원회 공동대표 1994~2004년 한국여성민우회 공동대표·상임대표 1997년 영등포도시산업선교회 교육간사 1998~2003년 남녀차별개선위원회 위원 1998~2000년 실업극복국민운동 운영위원 2000년 총선시민연대 공동대표 2000년 제3차 ASEM 민간포럼 공동집행위원장 2000~2003년 대통령직속 여성특별위원회 위원 2000~2003년 최저임금위원회 공익위원 2001~2004년 국가인권위원회 비상임위원 2003~2004년 사학분쟁조정위원회 위원 2003년 대통령선거 방송심의위원회 위원 2004~2007년 국가인권위원회 상임위원(차관급) 2004년 빈부격차차별시정위원회 위원 2012년 인하대 법학전문대학원 초빙교수, 한국젠더법학회 이사 2015년 참여연대 공동대표(현) 2015년 시민사회단체연대회의 공동대표(현) 2016~2017년 박근혜정권퇴진비상국민행동(퇴진행동) 공동대표 2018년 교육부 성희롱성폭력근절자문위원회 위원장(현) 2018년 대통령직속 3.1운동및대한민국임시정부수립100주년기념사업회추진위원회 위원(현), 한국젠더법학회 고문(현)

정강찬(丁康讚) JEONG Kang Chan

(생)1966·2·11 (출)서울 (주)서울특별시 서초구 서초대로 356 서초지웰타워 10층 법무법인(유) 푸르메(02-591-0800) (학)1984년 숭실고졸 1988년 서울대 공법학과졸 1991년 전남대 법과대학원 석사 (경)1991년 사법시험 합격(33회) 1994년 사법연수원 수료(23기) 1994년 軍법무관 1997~1999년 인천지법 판사 1999년 서울지법 남부지원 판사 2001년 울산지법 판사 2004년 서울중앙지법 판사 2006년 서울고법 판사 2006년 헌법재판소 파견 2009년 춘천지법 부장판사 2011~2012년 수원지법 부장판사 2012년 법무법인(유) 푸르메 대표변호사(현)

정건기(程建基)

(생)1960·12·16 (출)전남 담양 (주)경기도 남양주시 다산지금로 91 남양주도시공사 사장실(031-560-1000) (학)1980년 전남 광주고졸 1987년 전남대 농공학과졸 2009년 가천대 대학원 지역개발학과졸 2016년 도시계획학박사(가천대) (경)1988년 한국토지공사 입사 2010년 한국토지주택공사 보금자리계획처 보금자리계획3팀장 2011년 同보금자리사업처 사업3부장 2012년 同보금자리사업처장 2014년 同공공주택기획처장 2015년 同행복주택부문장 2016~2017년 同광주전남지역본부장 2017~2018년 서남해안기업도시개발(주) 도시개발본부 부사장 2018년 남양주도시공사 사장(현)

정건용(鄭健溶) JUNG Keun Yong

(생)1947·8·1 (본)연일(延日) (출)서울 (주)서울특별시 영등포구 은행로 17 나이스그룹 회장실(02-3771-1200) (학)1966년 경기고졸 1973년 서울대 법대 행정학과졸 1994년 서강대 경제정책대학원졸 (경)1973년 행정고시 합격(14회) 1975~1984년 재무부 이재국 사무관 1984년 올림픽조직위원회·KDI 파견 1987년 재무부 증권발행과장 1988년 同산업금융과장 1990년 同증권정책과장 1992년 同금융정책과장 1993년 부이사관 승진 1996년 관세청 기획관리관 1997년 국세심판소 상임심판관 1997년 재정경제원 금융총괄심의관 1998년 재정경제부 금융정책국장 1999년 ASEM준비기획단 사업추진본부장 2000년 금융감독위원회 부위원장·증권선물위원회 위원장 겸임 2001~2003년 한국산업은행 총재 2005년 J&A FAS(Jung & Associates Financial Advisory Services) 설립·회장 2011~2013년 (사)한국금융연구센터 이사장 2011년 나이스그룹 금융부문 회장(현) (상)근정포장, 황조근정훈장 (저)'우리나라 금융정책 운영현황과 개선방안'(1987) (종)천주교

정건용(鄭建溶) GUNYONG CHUNG

(생)1958·3·25 (본)연일(延日) (출)충북 충주 (주)대구광역시 동구 이노밸리로 291 한국감정원 기획경영본부(053-663-8454) (학)1976년 충주고졸 1987년 성균관대 경제학과졸 1996년 일본 요코하마국립대 대학원 국제경제법학연구과졸 2016년 세무학박사(강남대) (경)2000년 기획예산처 정

ㅈ

부개혁실 공공1팀 서기관 2001년 同예산관리국 제도관리과 서기관 2002년 同공보관실 서기관 2003년 일본 아시아경제연구소 객원연구원 2007년 기획예산처 민자사업지원팀장 2008년 기획재정부 예산실 민자사업관리과장 2009년 同공공정책국 인재경영과장 2010년 同본부 부이사관 2013년 同재정관리국 재정정보원설립추진단장 2016년 한국감정원 전략사업본부장(상임이사) 2017년 同도시건축본부장(상임이사) 2018년 同부원장 겸 기획경영본부장(상임이사)(현)

정경근(鄭鏡根)

(생)1971·6·18 (출)전남 함평 (주)서울특별시 서초구 서초중앙로 157 서울고등법원(02-530-1114) (학)1991년 조선대부고졸 1995년 고려대 법학과졸 1998년 同대학원 수료 (경)1997년 사법시험 합격(39회) 2000년 사법연수원 수료(29기), 공익 법무관 2003년 광주지법 판사 2005년 同목포지원 판사 2007년 수원지법 평택지원 판사 2010년 서울북부지법 판사 2012년 서울중앙지법 판사 2014년 서울동부지법 판사 2015년 청주지법 부장판사 2017년 서울고법 판사(현)

정경덕(鄭炅德) JEONG Gyeong Deok

(생)1961·10·22 (주)대전광역시 서구 청사로189 특허청 특허심판원 심판10부(042-481-5852) (학)한양대 전기공학과졸 (경)1994년 특허청 심사4국 반도체심사담당관실 사무관 2000년 同심사4국 반도체1심사담당관실 서기관 2004년 同전기전자심사국 전자심사담당관실 서기관 2007년 同심판9부 심판관 2008년 同복합기술심사2팀장 2010년 특허심판원 심판관 2011년 특허법원 파견(과장급) 2013년 특허청 전기전자심사국 전자상거래심사과장 2013년 同특허심사기획국 정보기술융합심사과장 2014년 同특허심사2국 가공시스템심사과장 2015년 교육파견(과장급) 2016년 특허심판원 심판10부 수석심판관(부이사관)(현) 2017년 同심판10부 심판장 직대

정경두(鄭景斗) Jeong Kyeong Doo

(생)1960·2·8 (출)경남 진주 (주)서울특별시 용산구 이태원로 22 국방부 장관실(02-748-6004) (학)1978년 진주 대아고졸 1982년 공군사관학교졸(30기) 1995년 일본 항공자위대 간부학교 지휘막료과정(CSC) 수료 2002년 한남대 경영·국방전략대학원 경영학석사 2005년 일본 항공자위대 간부학교 A.W.C과정 수료 (경)공군본부 방위사업협력과장 2006년 공군 전력기획참모부 전력소요처장(대령) 2008년 공군사관학교 생도대장(준장) 2009년 공군 제1전투비행단장 2011년 광주시 명예시민 2011년 계룡대 근무지원단장(소장) 2001년 공군본부 전력기획참모부장 2013년 공군 남부전투사령관 2014년 공군 참모차장(중장) 2014년 전쟁기념사업회 부회장 2015년 합동참모본부 전략기획본부장(중장) 2015년 공군 참모총장(대장) 2017~2018년 합참의장 겸 통합방위본부장(대장) 2018년 국방부 장관(현) (상)대통령공로표창(2004), 보국훈장 천수장(2010), 미국 공로훈장(Legion of Merit)(2019) (종)개신교

정경득(鄭庚得) JUNG Kyong Duck (茅田)

(생)1951·1·7 (본)동래(東萊) (출)경남 양산 (주)서울특별시 송파구 오금로 62 수산업협동조합중앙회 감사위원실(02-2240-3401) (학)1969년 부산고졸 1974년 연세대 경제학과졸 2003년 서울대 경영대학원 최고경영자과정 수료 2007년 경남대 대학원 경영학과졸 (경)1974년 제일은행 입행 1984년 한미은행 입행 1985년 同인사과장 1989년 同기획조사부 총괄차장 1991년 同신설동지점장 1992년 同도곡동지점장 1994년 同역삼동지점장 1996년 同기업금융그룹장 1998년 同영업부장 1999년 同상임위원(인천영업본부장) 2000년 同상임위원(CFO 겸 리스크관리본부장) 2001년 同부행장(CFO 겸 인사·기업영업본부장(등기이사)) 2001년 인천상공회의소 부회장 2001년 한미캐피탈(주) 대표이사 사장 2004~2008년 경남은행장 2007년 경남메세나협의회 초대회장 2010~2012년 휴켐스(주) 대표이사 부회장 2014년 키움증권(주) 사외이사 2015년 (주)상보 사외이사 2018년 수산업협동조합중앙회 감사위원회 위원장(현) (상)국가보훈처장표창(1989), 국민포장(1992), 은탑산업훈장(2004), 자랑스런 연세상경인상(2004), 연세사회봉사상(2007), 대한민국 신뢰받는 CEO대상(2008) (종)불교

정경득(鄭景得)

(생)1963·1·9 (주)서울특별시 영등포구 여의대로 128 LG트윈타워 LG전자(주) BS사업본부(02-3777-1114) (학)포항고졸, 경북대 물리학과졸, 同대학원 물리학과졸 (경)LG필립스LCD 구미4공장장(부장) 2005년 同구미4공장장(상무) 2008년 LG디스플레이(주) P6공장장(상무), 同P8공장장(상무) 2011년 同패널센터장(전무) 2014년 同IT/Mobile 사업부장(전무) 2015년 同IT/Mobile 사업부장(부사장), 同IT 사업부장(부사장) 2018년 LG전자(주) 에너지사업부장(부사장) 2019년 同BS사업본부 부사장(현)

정경렬(鄭京烈) CHUNG Kyung Ryul (洪洸)

(생)1958·4·11 (본)진주(晉州) (출)광주 (주)경기도 안산시 상록구 항가울로 143 한국생산기술연구원 휴먼문화융합그룹(031-8040-6871) (학)1976년 광주제일고졸 1981년 서울대 기계공학과졸 1983년 한국과학기술원(KAIST) 기계공학과졸(석사) 1987년 공학박사(한국과학기술원) 2009년 국민대 디자인대학원 제품디자인과졸 (경)1986년 한국과학기술원(KAIST) 기계시스템실 연구원 1987년 同선임연구원 1989년 한국생산기술연구원 생산시스템개발센터 선임·수석연구원 1996년 同고속전철기술개발사업단 실장 1997년 同자본재기술개발센터 수석연구원 1999년 同수송기기연구팀장 2001년 同생산시스템개발본부 시스템엔지니어링팀장 2003년 同광주지역본부장 2003년 同생산시스템본부 시스템엔지니어링팀 수석연구원 2003년 同고속전철기술개발사업단장 2005년 同융합기술개발단 웰니스기기팀장 2006년 同융합기술개발단장 2007년 同경기지역본부 융복합연구부문 웰니스융합연구그룹장 2014년 同웰니스융합기술개발단장 2016년 同휴먼문화융합그룹 수석연구원(현) 2018년 한국공학한림원 정회원(기계공학·현) (상)한국생산기술연구원장표창(1990·1999·2003·2006), 대한민국산업디자인전람회 제품디자인부문 한국무역협회장표창(2003), 건설교통부장관표창(2004), 대한기계학회 기술상(2005), 한국철도학회 논문우수발표상(2005), 문화체육관광부장관표창(2008), 대한민국100대기술주역 선정 350km/h급 한국형 고속전철시스템기술(2010), 대통령표창(2016) (종)불교

정경문(鄭景文) JUNG Kyung Moon

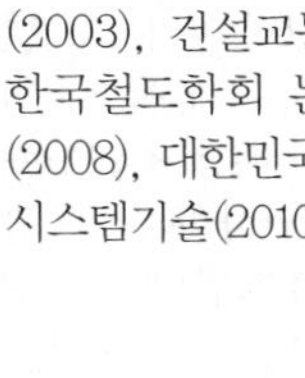

(생)1963·4·9 (출)전남 화순 (주)서울특별시 마포구 상암산로 48-6 (주)JTBC콘텐트허브(02-751-6467) (학)서울대 국사학과졸 (경)1988년 일간스포츠 입사 1999년 同야구부 기자 2000년 同연예부 기자 2001년 同연예부 차장 2002년 同연예부장 직대 2003년 同연예부 부장대우 2003년 同판매기획부장 2004년 同기획조정실 뉴미디어전략팀장 2004년 同경영전략실장 직대 겸 뉴미디어전략팀장 2006년 중앙일보 중앙엔터테인먼트&스포츠(JES)부문 대표이사 2007년 일간스포츠 신사업본부장 2007년 팬텀엔터테인먼트그룹 공동대표이사 사장 2009년 아이에스플러스코프 신문부문 총괄 겸 경영부문 대표 2009년 일간스포츠 총괄대표 2015년 중앙방송 대표이사 2015년 JTBC골프 대표이사 2015년 JTBC플러스 스포츠부문 대표이사 2015년 同JTBC3 & 골프부문·뉴스부문 대표이사 겸임 2016년 (주)JTBC콘텐트허브 총괄대표 2018년 同총괄대표(전무)(현)

정경배(鄭璟培) Jung Kyeong Bae

(생)1962·10·23 (본)하동(河東) (출)전남 신안 (주)경기도 군포시 산본로 328 군포우체국(031-396-6040) (학)1980년 전남고졸 1982년 성균관대 이과대학 중퇴 2003년 한국방송통신대 행정학과졸 (경)1991~2004년 행정주사(동력자원부·상공자원부·통상산업부·산업자원부) 2004~2014년 행정사무관(산업자원부·지식경제부·우정사업본부) 2014~2015년 우정사업본부 서기관·전남지방우정청 금융영업실장 2015년 북광주우체국장 2017~2018년 경인지방우정청 금융사업국장 2019년 과학기술정보통신부 우정사업본부 경인지방우정청 군포우체국장(현)

정경석(鄭景石) JUNG Kyung Suk

(생)1958·6·8 (본)하동(河東) (출)전남 완도 (주)서울특별시 서대문구 충정로 73 2층 (사)남북청소년중앙연맹(02-757-2248) (학)1991년 성균관대 경영대학원 최고경영자과정 수료 (경)1981~2000년 한국BBS중앙연맹 사무처장 1994~1996년 전국장한청소년 생활수기입상작 모음집 편집장 1995년 민주평통 자문위원(현) 2000~2003년 법무부 범죄예방위원 2000~2016년 (사)남북청소년교류연맹 설립·총재 2002년 통일교육교재 '통일염원을 담아' 발행인(현) 2004년 (사)아시아예술교류협회 고문(현) 2004년 남북경협국민운동본부 공동대표 2004~2008년 국가청소년위원회 미래포럼 자문위원 2004년 남북청소년회관건립추진위원회 위원장(현) 2005년 통일한반도교육원 이사장(현) 2005~2012년 통일부 통일교육위원서울협의회 운영위원·감사·부회장 2006년 '북한청소년들의 생활과 문화' 발행인(현) 2006~2013년 한국청소년단체협의회 이사 2007년 통일유공자협의회 상임대표(현) 2009~2013년 통일교육협의회 이사 겸 청소년분과 위원장 2011년 청소년통일백일장 전국대회장(현) 2011~2013년 민주평통(15기) 상임위원 2013~2015년 통일교육협의회 공동의장 2013년 국무총리실 시민사회단체 해외연수단 대표회장 2014년 통일부 통일교육위원중앙협의회 감사(현) 2014년 통일준비위원회 시민자문단 2016년 남북청소년중앙연맹 총재(현) 2017~2018년 통일교육협의회 상임공동의장 2018~2019년 同공동의장 (상)치안본부장표창(1988), 국무총리표창(1996), 통일부장관 최고대상(2006), 국민훈장 목련장(2007), 통일부장관표창(2011), 청소년주간기념 유공단체 보건복지가족부장관표창(2008), 통일교육 유공단체 국무총리표창(2013), 제1·2회 통일박람회 우수단체 통일부장관표창(2015·2016), 제6회 통일교육주관기념식 통일교육 유공 대통령표창(2018) (저)'전국 장한 청소년 생활수기 모음집' '북한 청소년들의 생활과 문화' '남북청소년교류 편지쓰기 모음집' '통일염원을 담아…' '청소년과 함께, 통일을 향해'

정경석(鄭敬錫) JEONG KYUNG SEOK

(생)1975·8·12 (본)초계(草溪) (출)부산 (주)세종특별자치시 다솜2로 94 농림축산식품부 운영지원과(044-201-1263) (학)1994년 부산 혜광고졸 2001년 서울대 농생물학과졸 2015년 충남대 국가정책대학원 국가정책학과졸 (경)2005년 농촌진흥청 호남농업연구소 농업연구사 2007년 농림부 재정평가팀 사무관 2008년 농림수산식품부 농업정책과 사무관 2010년 同친환경농업과 사무관 2011년 同소비안전정책과 사무관 2013~2016년 同식품산업정책과 사무관·기술서기관 2016년 同친환경농업과장 2017년 同본부 근무(서기관) 2017년 국외 훈련(현)

정경선(鄭炅銑) Chung, Kyung Sun

(생)1959·10·26 (출)서울 (주)서울특별시 중구 을지로 66 구 외환은행 본점빌딩 하나에프앤아이(주)(02-3708-2114) (학)1978년 광주상고졸 1985년 한양대 회계학과졸 (경)1978년 외환은행 입행 1991년 同영업부 과장 1993년 同광주지점 과장 1996년 同호남본부 심사역(차장대우) 1999년 同호남지역본부 차장대우 2002년 同여신심사부 선임심사역(차장) 2005년 同여신심사부 수석심사역(팀장) 2007년 同태평로지점장 2009년 同기업마케팅부 마케팅지원팀장 2010년 同구로디지털단지지점장 2012년 同강서영업본부장 2013년 同동부영업본부장 2014년 同중앙영업본부장 2015년 同리스크관리그룹 전무 2015년 KEB하나은행 서울동영업그룹장(전무) 2016~2019년 하나에프앤아이(주) 대표이사 사장 2019년 同자문위원(현)

정경수(鄭敬壽) CHEONG Kyung Soo

(생)1958·6·28 (출)서울 (주)서울특별시 광진구 능동로 120 건국대학교 사회과학대학 경제학과(02-450-3616) (학)1985년 건국대 축산경영학과졸 1987년 同대학원 축산경영학과졸 1990년 미국 몬태나주립대 대학원 경제학과졸 1995년 경제학박사(미국 일리노이대) (경)1987~1988년 연암축산원예대학 강사 1988~1990년 미국 Montana주립대 Teaching Assistant 1990~1995년 미국 Illinois대 Research Assistant 1995~2018년 건국대 상경대학 경제학과 조교수·부교수·교수 1996년 한국식품유통학회 편집위원 1997년 한국자원경제학회 총무이사 1999년 한국농업경제학회 상임이사 1999년 환경부·농림부 자문위원 2000년 건국대 입학관리본부장 2001년 한국자원경제학회 편집위원장 2002년 건국대 입학처장 2003~2004년 同대외협력처장 2008~2010년 同기획조정처장 2012년 同상경대학장 2012~2004년 (사)한국축산경영학회 회장 2018년 건국대 사회과학대학 경제학과 교수(현) 2018년 同사회과학대학장(현) (저)'에그리 비즈니스 경영론'(共) (종)천주교

정경수(鄭景秀) CHUNG Kyoung Soo

(생)1959·12·25 (출)서울 (주)서울특별시 강남구 테헤란로 432 DB손해보험(주) 자산운용부문(02-331-5400) (학)보성고졸 1981년 서울대 경영학과졸 1984년 한국과학기술원(KAIST) 경영과학과졸(석사) (경)1981년 삼성생명보험 입사 1984년 同심사과 근무 1986~1989년 同해외투자팀 과장·주식운용부 과장·투자분석부 과장 1989년 同런던현지법인사무소장 1990년 영국 런던 Mercury Asset Management 연수 1994년 삼성생명보험 해외투자담당 차장 1995년 同펀드팀장 1995년 同투자지원부장 1997년 同주식운용부장 2001년 同해외투자팀장(상무) 2001년 同투자사업부장(상무) 2002년 삼성선물 금융공학실장(상무) 2002년 STIC IT 벤처투자 상무 2003년 새마을금고연합회 자금운용본부장 2006~2009년 우리CS자산운용 주식운용본부장(전무) 2009년 공무원연금공단 자금운용본부장 2010~2013년 에이티넘파트너스 대표이사 사장 2012~2018년 한국투자공사 운영위원 2013년 동부화재해상보험(주) 자산운용부문장(부사장) 2017년 DB손해보험(주) 자산운용부문장(부사장)(현)

정경순(鄭暻淳)

(생)1963·6·21 (출)충남 공주 (주)서울특별시 종로구 새문안로3길 30 KB국민카드(02-6936-2000) (학)1982년 공주사대부고졸 1986년 서울대 사법학과졸 1988년 同행정대학원 행정학과졸 (경)행정고시 합격(33회) 1990~1995년 총무처·충남도·서울시 행정사무관 1995~2002년 감사원 제2국 6과 부감사관·미국 오리건대 파견·감사원 심사제1담당관실 등 부감사관 2002~2006년 同감사교육원 교수부·제1국 제5과·재정금융감사국 총괄과·기획담당관실 감사관 2006~2009년 대통령비서실 파견·감사원 자치행정국 제1과장, 同행정안보감사국 제3과장 2009~2011년 同행정안보감사국 제3과장·재정경제감사국 제1과장(부이사관) 2011년 同국방감사단장(고위감사공무원), 캐나다 PWC 파견, 감사원 공공기관감사국장 2015~2017년 同공직감찰본부장 2017년 KB국민카드 상임감사(현)

정경식(鄭京植) CHUNG Kyong Sik

(생)1937 · 3 · 21 (본)동래(東萊) (출)경북 고령 (주)서울특별시 서초구 서초중앙로 160 법률센터705호 법무법인 청목(02-533-8800) (학)1957년 경북고졸 1961년 고려대 법대졸 1965년 서울대 사법대학원졸 1971년 연세대 경영대학원졸 1978년 서울대 경영대학원 최고경영자과정 수료 1980년 법학박사(건국대) (경)1963년 사법시험 합격(1회) 1966년 부산지검 검사 1969년 서울지검 검사 1980년 대검찰청 특수부3과장 1980년 사회정화위원 겸 서울지검 특수2부장 1983년 서울지검 제3차장검사 1986년 법무연수원 기획부장 1987년 대검찰청 공안부장 1989년 청주지검장 1990년 (사)오송수영장학회 초대 이사장 1991년 대구지검장 1992년 부산지검장 1993년 대검찰청 공판송무부장 1993년 대구고검장 1994~2000년 헌법재판소 재판관 2000년 법무법인 김신앤드유 고문변호사 2005년 법무법인 청목 고문변호사(현) 2016년 중소기업중앙회 소기업 · 소상공인경영지원단 초대 자문위원장(현) (상)5.16민족상, 보국훈장 천수장(1980), 국민훈장 동백장(1982), 황조근정훈장(1992), 청조근정훈장(2000) (저)'노동법전'(1973) '요점 형사소송법'(1974) '수사구조론'(1980) '대법전'(1981) '교통사고의 법률상담'(1987) '최신법률용어사전'(1991) '형사사건해결의 법률상담'(1993) '형사소송법 강의'(2000) '新국가보안법' 외 다수 (종)불교

정경실(鄭京實 · 女) JEONG Kyung Sil

(생)1972·1·8 (주)세종특별자치시 도움4로 13 보건복지부 보건의료정책실 보건의료정책과(044-202-2420) (학)서울대 대학원 행정학과졸 (경)1996년 행정고시 합격(40회) 2006년 보건복지부 사회복지정책본부 기초생활보장팀장 2008년 보건복지가족부 규제개혁점검단 총괄팀장, 국외훈련 파견(서기관) 2010년 보건복지부 노인정책관실 요양보험제도과장 2010년 同사회정책선진화기획관실 사회정책선진화담당관 2012년 同보건의료정책실 의약품정책과장 2013년 대통령 보건복지비서관실 행정관 2015년 보건복지부 인사과장(부이사관) 2017년 同건강보험정책국 보험정책과장 2019년 同보건의료정책실 보건의료정책과장(현)

정경연(鄭璟娟 · 女) CHUNG Kyoung-yeon (오원)

(생)1955·5·23 (본)연일(延日) (출)부산 (주)서울특별시 마포구 와우산로 94 홍익대학교 미술대학 섬유미술·패션디자인학과(02-320-1225) (학)1975년 홍익대 미대 수료 1978년 미국 매사추세츠대 미술학과졸 1979년 미국 로드아일랜드대 대학원졸(미술교육학석사) 1996년 명예박사(러시아 모스크바국립산업미술대) (경)1980년 홍익대 미대 섬유미술·패션디자인학과 교수(현) 1981년 백상기념관 개인전이후 국내외 44회 개인전 및 1000여회 단체전(한국, 대만, 미국, 프랑스, 일본, 러시아, 이탈리아 등) 1982년 인도네시아 인스티튜트 크스니안 쟈카르타 대학 연수 1992~1995년 (사)텍스타일디자인협회 회장, 同고문 1996년 로드아일랜드 스쿨 오브 디자인 Senior Researcher(FULBRIGHT 교환교수), 홍익대 산업미술대학원장, 국립현대미술관 운영, 同자문위원, 서울시립미술관 운영, 문화관광부 정책자문위원, 풀브라이트 한미교육위원단 심사위원 및 이사, 한국섬유미술가회 회장, (사)전국여교수연합회 회장, (사)지혜로운여성 이사장, 한국패션협회 운영위원 및 조직위원, (재)서울디자인센터 이사, (재)유암문화재단 이사, 청룡영화제 심사위원, 서울운현로타리클럽 회장, 부산국제섬유패션아트페스티벌 운영위원, 서울시정책개발연구원 선정평가위원, '로잔느에서 베이징까지' 국제섬유미술비엔날레 심사위원, 서울미술대상전 심사위원 및 위원장, 대한민국한지대전 심사위원장, 월간디자인 올해의 디자인상 선정위원, 라이프TV방송국 미술프로그램편성위원회 위원, 홍천 환경설치미술전 운영위원장, 홍익섬유·패션조형회 회장(현), 서울시 미술작품심의위원회 위원, (사)한국미술협회 상임자문위원(현), (사)서울미술협회 상임위원 부이사장(현), (재)석주문화재단 상임이사(현), (사)한국니트산·학협회 명예회장, (재)한영장학재단 운영위원장(현) (상)바그다드 세계미술대회 동상 수상(1986), 미술기자상(1988), 제1회 석주미술상(1990), 제1회 오사카 트리엔날레 회화부문 특별상(1990), MANIF11!05 서울국제아트페어 초대작가 대상(2005), 제4회 국제섬유비엔날레 '로잔느에서 베이징까지' 은상(2006), 대한민국 디자인 대상 근정포장(2006), 풀브라이트 자랑스러운 동문상 수상(2008), 이중섭 미술상(2008), 홍익대 30년 장기근속 표창(2011), 제7회 국제섬유비엔날레 '로잔느에서 베이징까지' 특별상(2012), 대한민국미술인상 여성작가상(2012), 제25회 목양공예상(2014), 올해의 최우수예술가상(2014), AIAM(Amities Internationales Andre Malraux)그랑프리 최우수작품상(2015), 디자인코리아2015 산업통상자원부장관표창(2015) (저)'아르비방4'(1994) 'CONTEMPORARY FIBER ART KOREA'(1997) 'ART WORLD OF CHUNG KYOUNG YEON'(2009) 'CHUNG, KYUOUNG-YEON 정경연 鄭璟娟'(2016) (역)'SILK PAINTING' (작)작품 'Harmony, Video works and installation' 'STUDIO, Video works and installation' 'Untitled 04-A' 'untitled 05k' '무제' '어울림' '블랙홀' '중생' '하모니' 디자인 '스카프' '손수건' '넥타이' 등 다수 (종)불교

정경원(鄭京源) CHUNG Kyung Won

(생)1955 · 10 · 12 (본)청주(淸州) (출)대전 (주)서울특별시 동대문구 이문로 107 한국외국어대학교 일반대학원 스페인어문학과(02-2173-3096) (학)1979년 한국외국어대 서반아어과졸 1990년 멕시코 국립멕시코대 대학원 중남미문학과졸 1992년 중남미문학박사(국립멕시코대) (경)1994~2015년 한국외국어대 스페인어과 전임강사 · 조교수 · 부교수 · 교수 1999~2001년 한국라틴아메리카학회 감사 2001~2005년 한국세계문학비교학회 부회장 2005~2007년 세계문화비교학회 회장 2006~2008년 한국외국어대 교무처장 2008년 同중남미연구소장(현) 2009~2011년 한국스페인어문학회 회장 2010년 한국외국어대 국제지역연구센터장 2010년 同한 · 중남미녹색융합센터장 2011~2013년 同대외부총장 2013년 호세마르티문화원 원장 2015년 한국외국어대 일반대학원 스페인어문학과 교수(현) 2016년 호세마르티국제연대프로젝트세계위원회 특별상임위원회 회원(현) (상)대통령표창(2014) (저)'라틴아메리카 문화의 이해'(2000) '라틴아메리카 문학사 I · II'(2001, 태학사) '라틴 아메리카의 역사와 문화'(2003) '서양문학의 이해(共)'(2004) '환멸의 세계와 매혹의 언어(共)'(2004) '멕시코 쿠바 한인 이민사(共)'(2005) (역)'쿠바의 한국인들(共)'(2004) '만리장성과 책들'(2009) (종)천주교

정경원(鄭敬元) CHONG Kyung Won

(생)1960 · 6 · 29 (본)경주(慶州) (출)부산 (주)서울특별시 서초구 서초대로 320 하림인터내셔널빌딩 7층 한국전자인증(주) 임원실(02-3019-5501) (학)1982년 서울대 경제학과졸, 同경영대학원 경영학과졸 (경)2003년 한국휴렛팩커드 협력사사업부 상무 2005~2008년 同퍼스널시스템그룹 전무 2008년 同TSG(Technology service group) 전무, 同CSS(Commercial SMB Sales)사업부 총괄전무 2010년 시만텍코리아(주) 대표이사 사장 2013~2016년 시스코코리아 사장 2017년 한국전자인증(주) 총괄사장(현) 2017년 에이아이브레인(주) 영업총괄사장 겸임(현)

정경진(鄭景塡)

(생)1971 · 10 · 13 (출)전남 보성 (주)충청남도 천안시 동남구 청수14로 67 대전지방검찰청 천안지청(041-620-4303) (학)1989년 광주 살레시오고졸 1998년 전남대 사법학과졸 (경)1999년 사법시험 합격(41회) 2002년 사법연수원 수료(31기) 2002년 감사원 심사1과 근무 2006년 수원지검 성남지청 검사 2008년 광주지검 검사 2010년 同순천지청 검사 2012년 서울중앙지검 검사 2016년 수원지검 검사 2017년 同부부장검사 2018년 서울고검 검사 2018년 광주지검 목포지청 형사1부장 2019년 대전지검 천안지청 형사1부장(현)

정경채(鄭京采) Jeong Gyung Chai
(생)1960 (출)전남 나주 (주)전라남도 나주시 영산로 5415-22 나주경찰서(061-339-0321) (학)광주상고졸, 한국방송통신대 법학과졸, 조선대 행정대학원 법학과졸 (경)1982년 순경 임관 2014년 광주 동부경찰서장(총경) 2014년 광주지방경찰청 치안지도관 2015년 전남 화순경찰서장 2016년 광주지방경찰청 경비교통과장 2017년 전남 무안경찰서장 2017년 광주지방경찰청 형사과장 2019년 전남 나주경찰서장(현)

정경태(鄭景太)
(생)1965·2·28 (주)충청북도 청주시 흥덕구 오송읍 오송생명2로 187 보건복지부 질병관리본부 백신연구과(043-719-8168) (학)1988년 중앙대졸(이학사) 1990년 同대학원졸(이학석사) 1999년 이학박사(중앙대) (경)2004년 질병관리본부 수인성질환과 보건연구관 2016년 식품의약품안전처 식품의약품안전평가원 미생물과장 2017년 보건복지부 질병관리본부 백신연구과장(현)

정경호(鄭京浩) Kyeong-Ho Jeong
(생)1958·2·10 (출)서울 (주)경기도 성남시 분당구 판교로255번길 21 (주)만도(031-680-6001) (학)1976년 경기고졸 1981년 한양대 정밀기계공학과졸 (경)2001년 (주)만도 평택사업본부 ABS공장장 2009년 同SD사업본부 조향공장장(상무) 2010년 同SD사업본부 조향공장장(전무) 2010년 同조향사업본부장(전무), 만도코리아(MDK) 총괄부사장(COO) 겸 브레이크본부장 2015년 (주)만도 부사장 2015년 同MCA법인대표 수석부사장(현)

정경화(鄭京和·女) CHUNG Kyung Wha
(생)1948·3·26 (출)서울 (학)1967년 미국 줄리어드음대졸 (경)바이올리니스트(현) 1968년 뉴욕필과 협연 1970년 영국 데뷔공연(런던 로열페스티벌홀) 1980년 엘리자베스콩쿨 심사위원 1981년 정경화·정명화·정명훈 트리오 연주회(워싱턴) 1982년 영국 '선데이 타임즈' 지난 20년간 가장 뛰어난 기악인 선정 1992년 UN 마약퇴치대사 1993~1994년 피아니스트 피터 프랭클과 카네기홀 공연(유럽·도쿄) 1995년 세계를 빛낸 한국음악인 대향연(올림픽주경기장) 1996·1997년 잉글리시체임버와 협연(런던·헬싱키) 1997년 국제무대 30주년기념 정경화페스티벌(예술의 전당) 1998년 보스턴심포니와 협연(보스턴 심포니홀) 1998년 독주회(시애틀·뉴욕 링컨센터) 1999년 바이올린 자선독주회(서울 온누리교회) 1999년 20세기를 빛낸 한국의 예술인 선정 2004년 정트리오 연주회(한국·일본) 2007년 미국 뉴욕줄리아드음악원 교수(바이올린 실기강의) 2010년 대관령국제음악제 공동예술감독 2012~2016년 이화여대 음악대학 석좌교수 2013~2015년 대통령소속 문화융성위원회 위원 2016~2018년 평창대관령음악제 공동예술감독 (상)메리웨더포스트 콩쿨 2위, 레벤트리트 국제콩쿨 1위(1967), 난파음악상, 제네바 콩쿨 1위(1971), 도이치그라모폰 어워드, 프랑스 디아파종 황금상, 미국 엑설런스2000상(1992), 그라모폰상(1994), 아시아위크 '위대한 아시아인 20인' 선정(1995), 영국 엑설런스2000상, 경암학술상(2005), 호암상 예술상(2011), 대원음악상 대상(2014) (작)음반 '멘델스존 & 브람스 피아노 트리오' '브람스 소나타집' '정트리오의 선물', 소품집 '콘 아모레', '추억의 선물' '사계' '드보르작, 바르토크 바이올린 협주곡' '베토벤, 브루흐 바이올린 협주곡' (종)기독교

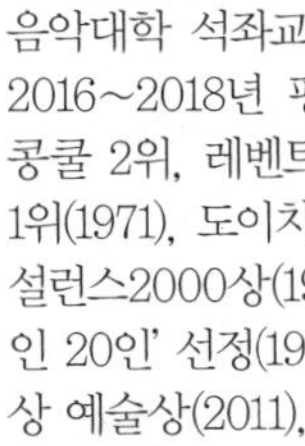

정경화(鄭景和) JEONG Kyeong Hwa (雲岩)
(생)1954·5·13 (본)영일(迎日) (출)충북 충주 (주)충청북도 충주시 중원대로 3324 택견연구원(043-850-7304) (학)1973년 충주고졸 1995년 한남대 지역개발대학원 최고지도자과정 수료 2005년 경희대 대학원졸 (경)1983년 한국전통택견계승 회장 1987~1998년 전국택견총전수관 관장 1987년 중요무형문화재 제76호 택견 조교 1990년 중요무형문화재 제76호 택견 예능보유자 후보 1995년 중요무형문화재 제76호 택견 예능보유자(현) 1995~1998년 공군사관학교 택견 강사 1999년 덴마크 특별초청 택견 공연 및 연수지도 2003년 한국택견학회 회장 2003~2007년 경찰수사보안연수소 택견 강사 2003~2008년 육군사관학교 택견 강사 2004년 미국 일리노이주 택견 해외공연 및 지도자 연수지도 2009년 경희대 객원교수 2009~2017년 서울대 강사 2009년 택견연구원 원장(현) 2015년 용인대 강사(현) 2015년 숙명여대 겸임교수(현) (상)충주시민상 (저)'택견 원론' (작)'택견 영상물제작(보존용)' (종)기독교

정경훈(鄭京薰) Jeong Kyung Hun
(생)1967·11·5 (본)동래(東萊) (주)세종특별자치시 도움6로 11 국토교통부 교통물류실(044-201-3800) (학)1985년 전주 영생고졸 1989년 서울대 국제경제학과졸 1991년 同행정대학원졸 (경)2002년 건설교통부 기획관리실 사무관 2002년 同기획관리실 서기관 2004년 同국토정책국 수도권계획과 서기관 2005년 同정책조정팀장 2006년 同혁신정책조정관실 혁신팀장 2007년 同장관비서관 2008년 국토해양부 주택기금과장 2009년 국무총리실 새만금사업추진기획단 파견(서기관) 2010년 국토해양부 녹색미래전략담당관 2010년 同국토정책과장 2011년 同국토정책과장(부이사관) 2013년 국토교통부 국토도시실 국토정책과장 2013년 同중앙토지수용위원회 사무국장 2014년 同기술안전정책관 2016년 국가공무원인재개발원 고위정책과정 파견(고위공무원) 2017년 국토교통부 국토도시실 도시정책관 2018년 同국토도시실 국토정책관 2018년 同건설정책국장 2019년 同국토도시실장 2019년 同교통물류실장(현) (상)근정포장(2013)

정경훈(鄭慶薰) JEONG Kyeong Hoon
(생)1969·9·27 (주)대전광역시 서구 청사로 189 특허청 운영지원과(042-481-5050) (학)1987년 이리고졸 1993년 전북대 기계과졸 (경)1994년 총무처 5급 공채 1995년 공업진흥청 사무관 1996년 특허청 심사2국 운반기계심사담당관실 사무관 2002년 同심사2국 금속심사담당관실 서기관 2005년 同기계금속건설심사국 원동기계심사담당관실 서기관 2007년 특허심판원 제4부 심판관, 특허청 기계금속건설심사국 정밀기계심사과 기술서기관 2011년 특허심판원 심판관 2012년 특허청 상표디자인심사국 상표심사정책과 서기관 2012년 同운영지원과 서기관 2014년 특허심판원 심판관 2015년 특허청 청장비서관 2016~2017년 同특허심사기획국 계측분석심사팀장 2017년 특허심판원 심판3부 심판관(과장급) 2018년 국외훈련 파견(현)

정경희(女) CHUNG Kyung Hee
(생)1960·11·2 (주)세종특별자치시 시청대로 370 한국보건사회연구원 부원장실(044-287-8218) (학)연세대 사회학과졸, 사회학박사(미국 노스캐롤라이나대) (경)한국보건사회연구원 책임연구원, 同연구위원 2008년 同저출산고령사회연구실장 2013년 同인구전략연구소 고령사회연구센터장 2013년 同인구정책연구본부 고령사회연구센터장, 同인구정책연구실 고령사회연구센터장 2017년 同인구정책연구실장 2018년 同부원장(현) (저)'노인과 한국사회'

정계선(鄭桂先·女)
(생)1969·8·2 (출)강원 양양 (주)서울특별시 서초구 서초중앙로 157 서울중앙지방법원(02-530-1114) (학)1987년 충주여고졸 1993년 서울대 법대졸 (경)1995년 사법시험 수석합격(37회) 1998년 사법연수원 수석수료(27기) 1998년 서울지법 판사 2000년 서울행정법원 판사 2002년 청주지법 충주지원 판사 2005년 의정부지법 고양지원 판사 2007년 서울남부지법 판사 2010년 서울고법 판사 2010년 헌법재판소 파견 2013년 울산지법 부장판사 2015년 사법연수원 교수 2017년 서울중앙지법 부장판사(현)

정관용(鄭寬容) CHUNG Kwan Yong

(생)1962·10·10 (출)충남 천안 (주)서울특별시 성북구 정릉로 77 국민대학교 교양대학(02-910-5440) (학)1981년 숭실고졸 1985년 서울대 사회학과졸 1987년 국민대 대학원 정치외교학과졸 (경)1986년 현대사회연구소 연구원 1989년 한국사회과학연구소 편집실장·정책실장 1991년 나라정책연구원 기획실장 1993년 대통령비서실 행정관(교문사회·정무) 1995~1996년 여의도연구소 기획위원 1996년 방송인·시사평론가(현) 2001년 인터넷신문 프레시안 정치에디터 2004년 同상임편집위원 2004~2008년 KBS 생방송 '심야토론' 진행자 2005년 인터넷신문 프레시안 이사 2006년 경희대 언론정보학부 겸임교수 2010~2018년 한림국제대학원대 미국법학과 교수 2010년 CBS라디오 '시사자키 정관용입니다' 진행자(현) 2013~2014년 JTBC '정관용 라이브' 진행자 2013년 'MBC 100분토론' 진행자 2015년 법무부 정책위원회 위원 2016년 'tvN 대학토론배틀 시즌6' 심사위원 2018년 국민대 교양대학 특임교수(현) (상)한국방송대상 진행자상(2007), 한국프로듀서상 라디오진행자부문(2007) (저)'한국정치의 구조와 진로'(共) '대중정당'(共) '정치개혁 시민운동론'(共) '우울한 세상과의 따뜻한 대화'(1999) '나는 당신의 말할 권리를 지지한다'(2009) '문제는 리더다'(2010)

정광복

(생)1970·8·15 (출)경남 (주)서울특별시 중구 마장로 45 서울지방경찰청 제1기동단(02-2115-9510) (학)대구 달성고졸 1992년 경찰대 행정학과졸(8기) (경)1992년 경위 임관 2009년 경기 의정부경찰서 정보보안과장 2011년 서울 중부경찰서 정보보안과장 2011년 서울 종로경찰서 정보과장 2014년 서울 남대문경찰서 정보과장 2016년 강원지방경찰청 경비교통과장(총경) 2017년 강원 정선경찰서장 2018년 강원지방경찰청 경비교통과장 2019년 서울지방경찰청 제1기동단장(현)

정광선(鄭光善) CHUNG Kwang Suon

(생)1945·3·27 (본)경주(慶州) (출)전남 완도 (주)서울특별시 동작구 흑석로 84 중앙대학교 경영경제대학(02-820-5524) (학)1963년 용산고졸 1971년 서울대 외교학과졸 1977년 미국 캘리포니아대 로스앤젤레스교 경영대학원졸 1982년 경영학박사(미국 캘리포니아대 로스앤젤레스교) (경)1981~1983년 미국 Rutgers대 조교수 1983~1988년 중앙대 경영대학 부교수 1985~1991년 쌍용경제연구소 초빙연구위원·위원장 1988~2010년 중앙대 경영학과 교수 1988년 미국 UCLA 객원연구교수 1991년 한국증권거래소 공시제도자문위원장 1992년 상공부 산업조직민간협의회 위원장 1992년 전국경제인연합회 자문위원 1994년 한국재무학회 회장 1994년 중앙대 경영연구소장 1996~1998년 同경영대학장 1997~1998년 한국중공업(주) 비상임이사 1999년 하나은행 사외이사 1999년 금융감독위원회 증권선물위원 2001~2003년 한국최고경영자포럼 공동대표 2002년 우리금융 사외이사 2002~2005년 기업지배구조개선지원센터 초대원장 2002~2004년 공적자금관리위원회 민간위원 2003~2004년 同매각소위원회 위원장 2004년 통합증권선물거래소 이사장 추천위원장 2005~2008년 기업은행 사외이사 2005~2006년 한국증권선물거래소 사외이사·감사위원장 2005~2009년 한국투자금융지주(주) 사외이사(감사위원) 2009~2010년 미국 UCLA 한국동창회 회장 2009~2013년 한국IR협의회 자문위원장 2010~2011·2013~2015년 하나금융지주(주) 사외이사 2010년 중앙대 경영경제대학 명예교수(현) 2010~2011년 삼정KPMG경제연구원 고문 2011년 하나대투증권 사외이사 2014~2015년 하나금융지주(주) 이사회 의장 2015년 하나·외환은행 통합추진위원회 위원장 (상)미국경영경제학회(NABE) 논문상(1990) (저)'Mergers, Restructuring, and Corporate Control(共)'(1990) '자산부채 종합관리(共)'(1993, 법문사) '기업경쟁력과 지배구조'(1994, 한국금융연구원) '21세기 한국기업의 통합체제(編)'(1995) '이사회 활성화 방안'(1999) (종)천주교

정광섭(鄭光燮) CHUNG Kwang Seop (松恩)

(생)1952·2·15 (본)봉화(奉化) (출)강원 고성 (주)서울특별시 노원구 공릉로 232 서울과학기술대학교 건축학부(02-970-6561) (학)1974년 한양대 건축공학과졸 1976년 서울대 환경대학원 환경계획학과졸 1991년 공학박사(한양대) (경)1979년 한국과학기술연구소 지역개발연구소 연구원 1981~1988년 경기공업전문대학 건축공학과 전임강사·조교수 1988~2010년 서울산업대 건축공학과 부교수·교수 1988·1990년 同건축공학과장 1995년 同산업대학원 건축공학과 주임교수 1995·1997년 同건축공학과장 1997~1999년 환경부 환경보전자문위원회 환경영향평가분과 위원 2000~2002년 서울산업대 산업기술연구소 센터장 2001년 同건축기술연구소장 2002년 한국설비기술협회 부회장 2002년 대한건축학회 건축설비위원장 2004~2008년 한국지열에너지학회 초대·2대 회장 2005년 서울산업대 주택대학원장 2006년 대한설비공학회 수석부회장 2007년 同회장 2007~2008년 서울산업대 공과대학장 2008년 同건축기계설비연구소장 2010~2017년 서울과학기술대 건축학부 건축공학전공 교수 2010년 同건축기계설비연구소장 2015~2019년 (사)한국녹색도시협회 이사장 2017년 서울과학기술대 건축학부 건축공학전공 명예교수(현) (상)서울특별시장표창, 시민봉사상(2001), 대한건축학회 학술상(2007), 대한설비공학회 학송상(2012), Marquis Who's Who 앨버트 넬슨 평생공로상(2017) (저)'건축급배수설비'(1986) '건축공기조화설비'(1993) '건축전기설비'(2002) '건축설비'(2005) '건축환경공학'(2005) '건물에너지관리'(2007) '그린빌딩과 설비시스템'(2008) (역)'건축환경설비계획'(2011) (종)천주교

정광섭(丁光燮) Chung Gwangsub

(생)1959·10·20 (주)충청남도 예산군 삽교읍 도청대로 600 충청남도의회(041-635-5315) (학)충남 홍성고부설방송통신고졸, 청양대 자치행정과졸 (경)안면택시 대표, 안면청소년회의소 회장, 안면초등학교운영위원회 위원장, (사)안면발전협의회 운영이사, 안면고 운영위원장 2006·2010년 충남 태안군의회 의원(국민중심당·자유선진당·선진통일당·새누리당) 2010~2012년 同의장 2010년 충남시·군의장협의회 감사 2014~2018년 충남도의회 의원(새누리당·자유한국당) 2014~2015년 同건설해양소방위원회 위원 2014~2015년 同예산결산특별위원회 부위원장 2014~2015년 同서해안살리기특별위원회 부위원장 2015·2016~2018년 同안전건설해양소방위원회 부위원장 2015년 同3농혁신등정책특별위원회 부위원장 2016~2018년 同운영위원회 위원 2017~2018년 同석탄화력발전소등배출미세먼지및유해물질저감특별위위원회 위원 2017~2018년 同윤리특별위원회 위원장 2018년 충남도의회 의원(자유한국당)(현) 2018년 同예산결산특별위원회 위원장(현) (상)글로벌 新한국인대상(2017) (종)불교

정광성(丁光聲)

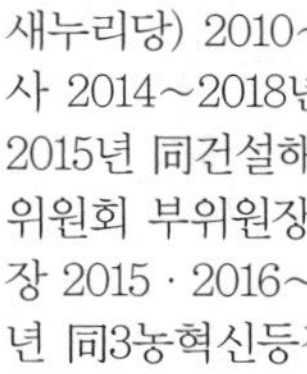

(생)1962·2·19 (출)전남 (주)경상남도 진주시 사들로123번길 32 한국남동발전 임원실(070-8898-1004) (학)1980년 광주 인성고졸 1985년 전남대 기계공학과졸 2018년 한양대 대학원 파워엔지니어링공학과졸 (경)2013년 한국남동발전 영흥화력본부 발전운영실장 2013~2015년 同신성장동력실 국내사업팀장 2015~2018년 강릉에코파워 기술운영본부장 2018~2019년 한국남동발전 삼천포본부장 2019년 同기술본부장(상임이사)(현)

정광식(鄭光植) JUNG Kwang Sik

(생)1959·9·18 (출)전북 정읍 (주)서울특별시 강남구 광평로 280 로즈데일빌딩 6층 대보건설(주) 사장실(02-3016-9020) (학)이리고졸, 전북대 건축학과졸, 한양대 대학원 건축학과졸, 건축공학박사(단국대) (경)1988년 금호그룹 입사, 금호건설 건축공사팀장, 금호산업(주) 건설사업부 상무대우

2004년 同건설사업부 상무 2008~2013년 금호건설 건축사업본부장(전무) 2009년 대한민국ROTC 20기 총동창회 수석부회장·회장 2014년 금호건설 부사장 2016년 대보건설 대표이사 사장(현) [상]국무총리표창 [종]기독교

정광영(鄭珖泳) Chung Kwang Young (지심)

[생]1956·10·6 [본]동래(東萊) [출]충남 홍성 [주]서울특별시 용산구 한강대로42길 4 (사)식량나눔재단(02-393-8888) [학]1975년 충남 예산고졸 2007년 한국사이버대 부동산학과졸 2013년 한양사이버대 대학원 부동산학과졸 2015년 동국대 대학원 법학 박사과정 수료 [경]1985년 한국부동산경제연구소 소장(현) 1995~2006년 한국경제신문 칼럼니스트 1997~2006년 한국생산성본부 초빙교수 1998~2006년 한국금융연수원 초빙교수 1998~2006년 중앙일보 칼럼니스트 1998~2006년 조선일보 칼럼니스트 2000~2005년 한경아카데미 초빙교수 2010~2014년 건국대 미래지식교육원 외래교수 2014년 동국대 공인중개사 법정의무교육 교수(현) 2014년 (사)식량나눔재단 이사장(현) 2015년 (주)흙 회장(현) 2015년 (사)한국아웃소싱기업협회 대표(현) [상]한국직능단체총연합회 대한민국신지식인(2000) [저]'부동산엔 정가가 없다'(1996, 갑진출판사) '부동산+풍수=도깨비방망이'(1997, 갑진출판사) '자투리땅 재테크'(1997, 북스파워) '차별화된 부동산을 찾아라'(2003, 거름출판사) '2003 부동산대해부'(2003, 중앙일보) '틈새부동산은 있다'(2004, 거름출판사) '2004 부동산대해부'(2004, 중앙일보) '다부자씨 부동산'(2004, 더난출판사) '2005 부동산대해부'(2005, 중앙일보) '부자가 되기로 결심하라'(2005, 자유로운상상) '신 부동산풍수'(2011, 갑진미디어) '한국의얼 111전'(2012, 새로운사람들) '달라이라마 111전'(2012, 작가와비평) '다부자씨 부동산'(2012, 더난출판사) '일공팔공논어1'(2014, 밥북) '부동산풍수'(2014, 갑진미디어) '애인논어'(2015, 밥북)

정광일(鄭光壹)

[생]1973·1·10 [출]충북 보은 [주]경상남도 창원시 성산구 창이대로 669 창원지방검찰청 총무과(055-239-4622) [학]1991년 충북 금천고졸 1998년 고려대 법학과졸 [경]1999년 사법시험 합격(41회) 2002년 사법연수원 수료(31기) 2002~2006년 변호사 개업 2006년 대구지검 검사 2008년 광주지검 목포지청 검사 2010년 서울북부지검 검사 2014년 의정부지검 검사 2016년 同부부장검사 2017년 창원지검 공판송무부장 2018년 수원지검 성남지청 형사4부장 2019년 창원지검 인권감독관(현)

정광중(鄭光中) JEONG Kwang Joong (聖堂)

[생]1960·1·18 [본]동래(東萊) [출]제주 제주시 [주]제주특별자치도 제주시 제주대학로 102 제주대학교 교육대학 초등사회과교육전공(064-754-4823) [학]1978년 오현고졸 1986년 동국대 지리교육학과졸 1990년 일본 도쿄학예대 대학원 사회과교육과졸 1994년 이학박사(일본 니혼대) [경]1994~1996년 동국대·경희대 시간강사 1996~2007년 제주교육대 사회과교육과 전임강사·조교수·부교수 2000~2001년 同제주지역사회연구소장 2001~2016년 제주신보 논설위원 2003~2007년 한라일보 탐사전문위원 2004~2006년 (사)한라산생태문화연구소 소장 2004~2006년 제주교육대 초등교육연구원장 2004~2005년 同학생처장 2007년 同사회과교육과 교수 2008년 제주대 교육대학 초등사회과교육전공 교수(현) 2009년 同교학처장 2011~2012·2017~2018년 제주학회 부회장 2014년 제주도 문화재위원(현) 2015~2017년 제주대 부총장 겸 교육대학장 2015년 곶자왈공유화재단 이사(현) 2019년 제주학회 회장(현) [상]제주교대 10년 근속상 [저]'사진과 지리(共)'(1999) '지리학 강의(共)'(1999) '지리학을 빛낸 24인의 거장들(共)'(2003) '한라산의 인문지리(共)'(2006) '한라산 개설서(共)'(2006) '제주여성의 삶과 공간(共)'(2007) [역]'바다를 건넌 조선의 해녀들'(2004) [종]불교

정광철(鄭光徹) CHUNG Kwang Chul

[생]1963·8·14 [출]서울 [주]서울특별시 서대문구 연세로 50 연세대학교 시스템생물학과(02-2123-2653) [학]1982년 양정고졸 1986년 서울대 화학과졸 1988년 同대학원졸 1994년 이학박사(미국 노스웨스턴대) [경]1995~1997년 미국 시카고대 박사 후 연구과정 1997년 연세대 의대 약리학교실 조교수 2002~2005년 同생명시스템대학 생물학과 부교수 2005년 同생명시스템대학 생물학과 교수 2011년 同시스템생물학과 교수(현) [저]'나의 뇌를 알자 : 내부모는 예외일 수 있을까?'(2004) [종]기독교

정광춘(鄭光春) CHUNG Kwang Choon (해은)

[생]1953·1·24 [출]경기 용인 [주]경기도 안산시 단원구 능안로 98-12 (주)잉크테크 비서실(031-496-5454) [학]1971년 보성고졸 1976년 한양대 공과대학 화학공학과졸 1978년 한국과학원 대학원 응용화학과졸 1985년 이학박사(한국과학기술원) [경]1978~1981년 한국화학연구소 연구원 1981~1983년 (주)대룡 기술부장 1985년 해은화학연구소 설립 1992년 (주)잉크테크 설립·대표이사 사장(현) 2000년 (주)해은켐텍 설립 2004~2011년 우수제조기술연구센터(ATC) 부회장 2008년 한국과학기술원(KAIST) 기업인협회 회장 2012년 (사)한국공업화학회 회장 [상]장영실상(1996), 대통령표창(1998), 환경부장관표창(1999), 은탑산업훈장(2001), KAIST 올해의 동문상(2002), 나노산업기술상 산업자원부장관표창(2006), IR52 장영실상(2007), IR52 장영실상 국무총리표창(2008), 특허기술상 세종대왕상(2009), 산업통상자원부장관표창(2014)

정광하(鄭光夏) Gwang-Ha Chung

[생]1966·5·22 [출]전남 순천 [주]서울특별시 서초구 헌릉로 12 현대기아차사옥 서관 7층 현대제철(주) 사업지원실(02-3464-6191) [학]1985년 순천고졸 1990년 고려대 경영학과졸 1992년 同대학원 경영학과졸 2000년 경영학박사(고려대) [경]1996년 한국외환은행 경제연구소 연구원 1996~2002년 국회사무처 근무(서기관급) 2003~2005년 대통령직인수위원회 행정관 2005년 현대제철(주) 대외협력실 근무 2014년 同대외협력실장(이사대우) 2017년 同사업지원실장(이사)(현)

정광현(鄭昹鉉) JUNG Gwang Hyeun

[생]1961·10·24 [본]초계(草溪) [출]강원 춘천 [주]강원도 춘천시 후석로 446 춘천소방서(033-248-9100) [학]춘천고졸, 강원대 물리학과졸 [경]1990년 소방공무원 임용, 춘천소방서 소방과 근무, 홍천소방서 소방과 근무, 강원도소방본부 방호구조과 근무, 춘천소방서 화천파출소장, 강원도소방본부 소방행정과 근무, 同소방행정과 장비관리계 근무 2009년 영월소방서 예방안전과장(소방령) 2010년 강원도소방학교 교육운영과장 2011년 강원도소방본부 소방행정과 지도감찰계장 2015년 강원 평창소방서장 2017년 강원도소방본부 방호구조과장 2018년 춘천소방서장(지방소방정)(현)

정광호(鄭光浩) Jung Kwang Ho

[생]1963·3·12 [주]전라남도 무안군 삼향읍 오룡길 1 전라남도의회(061-286-8200) [학]목포과학대학 토목학과졸, 초당대 기업관리학과졸, 同산업대학원졸 [경](유)경주종합건설 대표이사, 안좌중 제32회 동창회장 2006년 전남 신안군의원선거 출마(무소속) 2010년 전남 신안군의회 의원(민주당·민주통합당·민주당·새정치민주연합) 2012년 同운영위원장 2014~2018년 전남 신안군의회 의원(새정치민주연합·더불어민

주당) 2016~2018년 同의장 2016년 더불어민주당 전남도당 부위원장, 민주평통 신안군협의회 회장(현) 2018년 전남도의회 의원(더불어민주당)(현), 同한빛원전특별위원회 위원(현), 同안전건설소방위원회 위원 겸 예산결산특별위원회 위원(현)

정광회(鄭光會) CHUNG Kwang Hoe

(생)1960·4·22 (출)충남 논산 (주)경기도 성남시 분당구 판교로 335 차의과학대학교 바이오공학과(031-881-7017) (학)연세대 생화학과졸, 同대학원졸, 이학박사(연세대) (경)1984~1997년 (재)목암생명공학연구소 연구원·선임연구원·연구부장 1997~2006년 연세대 의대 심혈관연구소 조교수·부교수 1999~2012년 한국지혈혈전학회 이사장 2001~2006년 (주)바이오버드 대표이사 2006년 차의과학대 바이오공학과 교수(현) 2009~2012년 同연구처장 겸 산학협력부단장 2012년 同기획처장(현) 2012~2013년 (주)차바이오메드 대표이사 (상)연세대 의대 연구부문 우수교수상(2000), 영국 국제인명록협회 Top 100 Scientists of Year 2005 심혈관연구분야(2005) (종)기독교

정교선(鄭敎宣) CHUNG Kyo Sun

(생)1974·10·31 (출)서울 (주)서울특별시 강남구 압구정로 201 현대백화점그룹 부회장실(02-3416-5270) (학)1993년 경복고졸 1997년 한국외국어대 무역학과졸, 미국 뉴욕아델파이대 경영학과졸(MBA) (경)2004년 (주)현대백화점 경영관리팀장(부장) 2004년 同기획조정본부 기획담당 이사 2006년 同기획담당 상무 2007년 同전무 2008년 同기획조정본부 부사장 2008년 (주)현대그린푸드 대표이사 회장 2008년 (주)현대홈쇼핑 부사장 2009년 同대표이사 부회장(현) 2011년 현대백화점그룹 부회장(현) 2012년 (주)현대그린푸드 이사(현) (상)한국외국어대총동문회 공로상(2012)

정교순(鄭敎淳) JUNG Gyo Soon

(생)1956·9·3 (본)진주(晉州) (출)충남 연기 (주)대전광역시 서구 둔산중로 74 인곡타워 3층 법무법인 유앤아이(042-472-0041) (학)1974년 충남고졸 1982년 고려대 법대졸 (경)1983년 사법시험 합격(25회) 1986년 사법연수원 수료(15기) 1986년 대구지검 검사 1988년 대전지검 공주지청 검사 1989년 서울지검 의정부지청 검사 1991년 서울지검 검사 1994년 대전지검 검사 1996년 서울지검 북부지청 검사 1997년 同북부지청 부부장검사 1998년 대전고검 검사 1999년 변호사 개업 2008년 정&양합동법률사무소 변호사 2011년 충남고총동창회 회장 2011~2013년 대전지방변호사회 회장 2013년 법무법인 유앤아이 대표변호사(현) 2014년 충남도 소청심사위원장(현) 2014년 대전사랑시민협의회 회장(현), 세종특별자치시 고문변호사, 중앙분쟁조정위원회 위원, 언론중재위원회 위원(현), 고려대 대전·세종·충남교우회 회장 2015년 세종특별자치시 감사위원회 위원 2015년 同시민권익위원회 위원장

정구영(鄭銶永) JEONG Ku Yeong

(생)1938·11·12 (본)영일(迎日) (출)경남 하동 (주)서울특별시 강남구 언주로30길 26 타워팰리스 G동 606호 변호사정구영법률사무소 (학)1957년 부산고졸 1961년 서울대 법과대학졸 1973년 연세대 경영대학원 경영학과졸 (경)1962년 육군 법무관 1965년 서울지검 검사 1975년 대검찰청 검찰연구관 1977~1980년 법무부 송무 및 검찰제1과장 1980년 서울지검 특수제3부장 1981년 법무부 송무담당관·출입국관리국장 1982년 同검찰국장 1985년 부산지검 검사장·서울지검 검사장 1987년 광주고검 검사장 1989년 대통령 민정수석비서관 1990~1992년 검찰총장 1993년 변호사 개업(현), (사)신아시아연구소 이사장(현), (사)이병주기념사업회 공동대표(현) (상)청조근정훈장, 홍조근정훈장, 황조근정훈장 (종)기독교

정구용(鄭求龍) JUNG Koo Ryong

(생)1945·7·22 (출)충북 옥천 (주)경기도 시흥시 군자천로 171 인지컨트롤스(주) 비서실(031-496-1791) (학)1963년 옥천상고졸 1999년 서울대 최고경영자과정 수료 2004년 명예 경영학박사(한국산업기술대) 2008년 서울디지털대 e-비즈니스학과졸 (경)1979~1996년 공화금속공업(주) 대표이사 1996~2001년 (주)공화 대표이사 2001년 인지컨트롤스(주) 대표이사(현) 2003~2014년 한국상장사협의회 부회장 2009~2015년 시흥상공회의소 회장 2011년 (주)인지디스플레이 회장(현) 2012~2015년 한국무역협회 부회장 2014년 한국상장회사협의회 회장(현) (상)경제기획원장관표창(1987), 산업포장(1991), 석탑산업훈장(1997), 산업자원부장관표창(2003), 동탑산업훈장(2005), 재정경제부장관표창(2006), 기업은행 '명예의 전당' 헌정(2006), 국무총리표창(2011), 금탑산업훈장(2014), 자랑스런 삼성인상 특별상(2015) (종)천주교

정구정(鄭求政) CHUNG Ku Chung

(생)1955·2 (본)연일(延日) (출)충북 충주 (주)서울특별시 서초구 서초중앙로 87 정구정세무사무소(02-588-8744) (경)1975년 세무사시험 최연소합격(12회), 세무사 개업(현), 서울 서초구청 자문위원, 서울 서초세무서 과세전적부심사위원 2003~2005·2011~2015년 한국세무사회 회장(제23·27·28대) 2003~2005년 대통령자문 조세개혁특별위원회 위원 2003~2005년 재정경제부 세제발전심의위원 2003~2005년 국세청 세정혁신위원 2003~2005년 한국조세연구소 소장,대한불교조계종 중앙신도회 지도위원(현), 同불교포럼 감사, 아름다운재단 위원(현), 명지대총동문회 부회장(현) 2009년 (사)한국조세연구회 이사장(현) 2011~2015년 행정안전부 정책자문위원 2011~2015년 국세청 국세행정개혁위원회 위원 2011~2015년 한국조세연구소 소장 2011~2015년 법제처 국민법제관, 기획재정부 조세법령개혁추진위원 2011~2015년 同세제발전심의위원, (재)Kbiz사랑나눔재단 감사, (재)중소기업연구원 이사 2011~2015년 한국조세재정연구원 연구자문위원, 세금바로쓰기납세자운동본부 공동대표 2012년 (재)한국세무사회 '공익재단' 이사(현) 2012~2016년 同'공익재단' 이사장 2014~2017년 아시아오세아니아세무사협회(AOTCA) 수석부회장 2015년 한국세무사회 고문(현) 2017년 아시아오세아니아세무사협회(AOTCA) 명예고문(현) 2018년 대한불교조계종 불교포럼 운영위원(현) (상)동탑산업훈장(2005), 은탑산업훈장(2012), 대통령표창(2015) (종)불교

정구종(鄭求宗) CHUNG Ku Chong

(생)1944·11·4 (본)영일(迎日) (출)충북 영동 (주)서울특별시 종로구 새문안로 92 광화문오피시아빌딩 2331호 동서대 일본연구센터 서울사무소(02-723-2271) (학)1962년 대전고졸 1967년 연세대 국어국문학과졸 1989년 同행정대학원 외교안보학과졸 1995년 일본 게이오대 대학원 정치학 박사과정 수료 (경)1967~1981년 동아일보 기자·사회부 차장 1981년 同일본특파원 1985년 同사회부장 1989년 同편집국 편집위원 1991년 同도쿄지사장 1992년 일본정치학회 및 일본선거학회 회원(현) 1994년 동아일보 기획실 부실장 1995년 同출판국장 1997년 同편집국장 1998년 同이사대우 편집국장 1998~2014년 한일포럼 대표간사 1999~2001년 동아일보 출판담당 이사 2001~2009년 (주)동아닷컴 대표이사 사장 2003년 한국온라인신문협회 회장 2004~2005년 연세언론인회 회장 2005~2008년 한일미래포럼 대표 2009년 동서대 국제학부 석좌교수(현) 2009~2015년 同일본연구센터 소장 2009년 동아닷컴 고문(현) 2009년 한일문화교류회의 위원장 겸 한중일문화교류포럼 한국측대표(현) 2012~2017년 연세대문과대학동창회 회장 2015년 동서대 일본연구센터 고문(현) (상)연세언론인회 연세언론인상(2006), 연세대 연문인상(2011) (저)'21세기 일본의 국가전략'(1993) '해외저명신문사의 세계화 경영전략'(1995) '한일교류 2천년, 새로운 미래를 향하여'(2015) '일본의 국가전략과 동아시아안보'(2016) (종)기독교

정구창(鄭九彰)
(생)1965 · 4 · 6 (출)경남 합천 (주)세종특별자치시 정부2청사로 13 행정안전부 과거사관련업무지원단(044-205-1385) (학)1983년 창원고졸 1987년 국민대 행정학과졸 1990년 서울대 행정대학원 행정학과졸 (경)1992년 행정고시 합격(36회) 1993~1994년 총무처 내무부 근무 1994~2004년 경남도 내무국 지방과 · 투자유치과 · 통상협력과 · 지역정책과 사무관 2004~2010년 사천시 총무과 · 경남도 행정안전국 행정과 서기관 2010~2014년 경남도 인사과 · 경제정책과 부이사관 2014~2015년 同지방행정실 지역공동체단장 · 안전행정부 민간협력과장 · 사회통합지원과장 직대 2015년 행정자치부 부마민주항쟁보상지원단장 2016년 국가공무원인재개발원 고위정책과정 파견 2017~2018년 경남 창원시 제1부시장 2018년 同시장 권한대행 2019년 행정안전부 과거사관련업무지원단장(현) (상)대통령표창(2002), 홍조근정훈장(2010)

정구철(鄭求喆)
(생)1963 · 6 · 3 (주)서울특별시 종로구 청와대로 1 대통령 홍보기획비서관실(02-770-0011) (학)1982년 한성고졸 1994년 성균관대 중어중문학과졸 (경)1988~1994년 전국언론노동조합연맹 언론노보 기자 1995년 미디어오늘 편집국 차장, 전국언론노동조합연맹 교육선전국장 1997년 민주언론실천위원회 간사 1998~2001년 한솔교육 경영기획실 홍보팀장 2001년 한국기자협회 편집국장 2003년 (재)실업극복국민재단 기획홍보팀장 2004년 대통령 홍보수석비서관실 행정관 2005년 KTV한국정책방송 영상홍보원장 2006~2008년 대통령 국내언론비서관 2016~2018년 한국미래발전연구원 부원장 2018년 중소기업중앙회 상임감사 2019년 대통령 국민소통수석비서관실 홍보기획비서관(현)

정구현(鄭求鉉) JUNG Ku Hyun
(생)1947 · 12 · 28 (본)영일(迎日) (출)서울 (주)서울특별시 종로구 새문안로 92 오피시아빌딩 2126호(02-379-9581) (학)1965년 경복고졸 1969년 서울대 상대 경영학과졸 1973년 미국 뉴욕주립대 올바니교 대학원졸(MBA) 1976년 경영학박사(미국 미시간대) (경)1971년 육군 중위 예편(ROTC) 1977년 미국 미시간대 경영대학원 객원교수 1978~1986년 연세대 경영학과 조교수 · 부교수 1980년 미국 하와이대 경영대 초빙교수 1981년 일본 도쿄아시아경제연구소 객원연구원 1982년 한국경영학회 상임이사 1984년 미국 워싱턴대 초빙교수 1986~2003년 연세대 경영학과 교수 1989~1991년 同경영학과장 1989~1991년 한국마케팅학회 상임이사 1989~1994년 대통령자문 21세기위원회 위원 · 부위원장 1990~1996년 한국가스공사 비상임이사 1992~1998년 연세대 동서문제연구원장 1993년 한국국제경영학회 회장 1994년 한국경영연구원 부원장 1996년 금융개혁위원회 위원 1996년 대외경제정책연구원 감사 1997년 연세대 경영대학원장 1998년 현대건설 사외이사 1998년 코오롱상사 · 코오롱FnC 사외이사 1998년 국방부 국방개혁추진위원회 심의위원 1998년 한국경영사례연구원 원장 2000년 한국비영리학회 회장 2000년 삼성경제연구소 자문교수 2000년 현대자동차(주) 자문교수 2001년 한국디지털위성방송(주) 사외이사 2001년 LG전선 사외이사 2001년 한국경영연구원 원장 2002~2005년 사회복지공동모금회 이사 2002~2003년 연세대 상경대학장 2003~2008년 삼성경제연구소 소장 2004년 한국경영학회 회장 2006~2008년 한국학술진흥재단 비상임이사 2008~2013년 한국경영교육인증원 원장 2009년 삼성경제연구소 상근고문 2011~2017년 한국과학기술원(KAIST) 테크노경영대학원 초빙교수 2011~2013년 경기도 선진화위원회 위원장 2011~2013년 KB국민카드 사외이사 2012년 자유기업원 이사장 2012~2017년 자유경제원 이사장 2012년 (사)서울국제포럼 회장(현) 2013~2015년 경기개발연구원 이사장 2017~2018년 (주)삼표시멘트 사외이사 2018년 한국경영교육인증원 이사장(현) 2018년 제이캠퍼스 대표(현) (상)연세학술상(1989), 전경련 자유경제출판문화상(1997), 정진기언론문화상 대상 경제경영도서부문(2008) (저)'국제경영학(共)'(1982) '마케팅 전략'(1983) '한국기업의 성장전략과 경영구조(共)'(1986) '마케팅 원론(共)'(1987) '한국기업의 성장전략과 경영구조'(1987) '다국적기업의 실체'(1988) '21세기 한국의 사회발전 전략 : 성장 · 복지 · 환경의 조화(共)'(1995) '민영화와 기업구조(共)'(1996) '글로벌화와 한국경제의 선택(共)'(2002) '우리는 어디로 가고있는가'(2013, 청림출판) '동아시아의 부상 1960-2020(共)'(2019, 클라우드나인) (종)기독교

정구호(鄭求昊) JUNG Ku Ho
(생)1965 · 2 · 7 (출)서울 (주)서울특별시 송파구 양재대로62길 53 (주)제이에스티나(080-998-0077) (학)대신고졸, 미국 파슨스디자인학교졸 (경)2001~2002년 쌈지 대표이사 2003년 제일모직(주) 구호사업팀장 겸 WISH컴퍼니 여성복사업부 크리에이티브 디렉터(상무), 구호(KUHO) 크리에이티브 디자인디렉터, 제일모직(주) 패션부문 레이디스사업부 상무 2010~2013년 同패션부문 레이디스사업부 전무 2015~2019년 서울디자인재단 서울패션위크 총감독 2015~2016년 대통령직속 문화융성위원회 위원 2015~2016년 휠라코리아(주) CD(크리에이티브 디렉터 · 부사장) 2018년 한국패션디자이너연합회 회장 2019년 (주)제이에스티나 CD(크리에이티브 디렉터 · 부사장)(현) (상)제41회 대종상 영화제 의상상(2004), 아시아패션연합 한국협회 디자인 디렉터상(2005)

정구훈(鄭求勳) JUNG Ku Hun
(생)1946 · 4 · 13 (주)서울특별시 영등포구 여의대방로69길 23 한국금융IT빌딩 9층 한국사회복지공제회(02-3775-8899) (학)1964년 청주고졸 1970년 서울대 문리과대학 사회복지학과졸 1993년 충북대 행정대학원 고위지도자과정 수료(1기) 1994년 청주대 행정대학원 고위과정 수료(10기) 2002년 가톨릭대 사회복지대학원졸 (경)1965년 대학적십자 창립회원 1965~1966년 서울대 대학적십자회 회장 1965~1966년 대학적십자단전국연합회 회장 1971~1987년 (주)에넥스 상무이사 · 유정산업(주) 대표이사 1987~1990년 민주정의당 서울지부 부국장 1990~1995년 同충청도지부 사무처장 1995~1997년 신한국당 중앙당 정책평가위원회 상근위원 · 중앙당 직업능력개발위원회 상근위원 1997~1998년 한나라당 제1정책조정실 수석전문위원 1998~2008년 (사)신사회공동선운동연합 운영위원 1999~2002년 (사)한국사회복지사협회 사무총장 2000~2002년 여성가족부 청소년보호위원회 정책위원 2000~2002년 KBS '사랑의 리퀘스트' 운영위원 2001~2004년 서울대사회복지학과총동창회 회장 2001~2004년 (사)사천재단 소망의집 운영위원 2001~2014년 (사)자광재단 이사장 2002~2003년 한국아동복지학회 이사 2002~2003 · 2006~2007 · 2012년 한국노년학회 이사(현) 2003~2008년 가톨릭대 평생교육원 겸임교수 2003~2004년 면목사회복지관 관장 2004~2005년 한국사회복지학회 부회장 2004~2005년 서울시립금천청소년수련관 관장 2005~2009년 사회복지공동모금회 이사 2005년 제20차 세계노년학대회 한국대회유치단 위원 2005~2013년 제20차 세계노년학대회조직위원회 전시분과위원장 2006년 서울대총동창회 이사(현) 2007년 우천사회복지재단 이사(현) 2008년 한국자원봉사포럼 이사(현) 2008~2010년 한국노년학회 감사 2008~2010년 한국자원봉사협의회 사무총장 2009년 한국고령사회비전연합회 이사(현) 2010~2012년 한국자원봉사협의회 감사 2010~2013년 (사)코피온 이사 2010년 한국자원봉사학회 이사(현) 2013년 International Association of Gerontology and Geriatrics2013 사무총장 직대 2015~2017년 한국사회복지협의회 상근부회장 2015년 한국사회복지공제회 이사(현) 2017~2018년 한국사회복지협의회 부회장

정국현(丁局鉉) JEONG Kook Hyun

(생)1962·3·12 (출)전남 무안 (주)전라북도 무주군 설천면 무설로 1482 태권도진흥재단(063-320-0114) (학)1984년 한국체육대졸 1989년 同대학원졸 2004년 스포츠심리박사(명지대) (경)1982년 제5회 구아야킬 세계태권도선수권대회 라이트미들급 금메달 1983년 제6회 코펜하겐 세계태권도선수권대회 라이트미들급 금메달 1985년 제7회 서울 세계태권도선수권대회 웰터급 금메달 1987년 바르셀로나 세계태권도선수권대회 금메달 1987년 지하철공사 태권도팀 선수 겸 코치 1988년 서울올림픽대회 웰터급 금메달 1991년 경남태권도협회 전임코치 1999년 한국체육대 생활체육대학 태권도학과 강사·조교수·부교수·교수(현) 2007년 同태권도학과장 2013년 대한태권도협회 이사(현) 2013·2017년 세계태권도연맹(WTF) 집행위원(현) 2015~2017년 同기술위원장 2017년 한국체육대 생활체육대학장 2018년 태권도진흥재단 사무총장(현) 2019년 ATA(AThletes Association) Club 어드바이저(현) (상)체육훈장 백마장·거상장 (저)'태권도 겨루기'

정규남(丁圭男) JUNG Kyu Nam

(생)1944·8·5 (본)영광(靈光) (출)전남 고흥 (주)광주광역시 북구 양산택지소로 36 광신대학교 총장실(062-605-1000) (학)1965년 연세대 철학과졸 1968년 同대학원졸 1975년 미국 웨스트민스터신학교 대학원졸 1979년 철학박사(미국 드류대) (경)1979년 목사 안수 1979~1980년 광주신학교 교수·교무처장 1980년 총회신학교 교수 1980년 아세아연합신학원 교수 1982년 이스라엘 Tantur Ecumenical Inst. 교환교수 1982~1997년 아세아연합신학대 교수 1986년 영국 옥스퍼드대 교환교수 1994~1997년 아세아연합신학대 부총장 1997년 광신대 총장(현) 1997년 광주 중앙교회 협동목사 (저)'구약개론' '구약신학' '고린도전서강해' '고린도후서강해' (종)기독교

정규득(丁奎得) Jung Kyoodeuk

(생)1966·12·29 (본)나주(羅州) (출)대구 (주)서울특별시 종로구 율곡로2길 25 연합뉴스 콘텐츠평가실(02-398-3114) (학)1985년 성광고졸 1992년 경북대졸 (경)1993년 연합뉴스 입사(14기) 2004년 同뉴델리특파원(차장대우) 2007년 同국제뉴스3부 차장 2008년 同사회부 차장 2011년 同뉴욕특파원(부장대우) 2014년 同국제뉴스1부 부장대우 2015년 同통일외교부 부장급 2016년 同글로벌코리아센터 한민족뉴스부장 2018년 同한민족센터 동포·다문화부장(부국장대우) 2018년 同콘텐츠평가실 콘텐츠평가위원(부국장대우)(현)

정규봉(丁奎鳳) JUNG, KYU BONG

(생)1947·2·20 (출)경북 의성 (주)서울특별시 서초구 동광로18길 20 한국정수기공업협동조합(02-594-1100) (학)1965년 영남고졸 1970년 상주잠업초급대졸 1975년 충남대 경영대학원졸 (경)1978년 동일신약공업 차장 1981년 불이산업 대표 1989년 한국정수기공업협회 부회장 1992년 토산엔지니어링 대표이사 1993년 한국정수기공업협동조합 이사장(현) 2000년 (주)썬스카이 대표이사(현) 2016년 중소기업중앙회 부회장

정규상(鄭圭相) CHUNG Kyu Sang

(생)1952·4·10 (출)경남 함양 (주)서울특별시 종로구 성균관로 25-2 성균관대학교(02-760-0114) (학)1971년 서울고졸 1976년 성균관대 법률학과졸 1978년 同대학원 법학과졸 1989년 법학박사(성균관대) (경)1983년 사법시험 합격(25회) 1985년 사법연수원 수료(15기) 1989~2009년 성균관대 법학과 전임강사·조교수·부교수·교수, 同교학부처장 1991~1996년 법무부 민사특별법제정특별분과위원회 위원 2002년 성균관대 학생복지처장 2003년 同법과대학장 겸 양현관장 2006~2009년 한국민사소송법학회 제2부회장 2006~2009년 한국민사집행법학회 부회장 2009~2015년 성균관대 법학전문대학원 교수 2009~2012년 한국민사소송법학회 회장 2010~2012년 한국민사집행법학회 회장 2013~2014년 성균관대 인문사회과학캠퍼스 부총장 겸 스포츠단장 2013~2018년 한화투자증권 사외이사 2014년 同감사위원 2015~2018년 성균관대 총장 2019년 同명예총장(현) (저)'한국법의 이해'(共)

정규섭(鄭奎燮) JEONG Gyu Seop

(생)1953·2·13 (출)경남 진주 (주)경상남도 창원시 의창구 의안로8번길 23 범한엔지니어링 부회장실(055-297-9771) (학)1974년 진주농림고등전문학교 농공학과졸 1989년 경북산업대 토목공학과졸 2005년 경남대 행정학과졸 (경)1973~1980년 대구시·서울시·(주)LG 근무 1980년 마산시 수도과 근무 1986년 同칠서수원관리사무소 시설계장 1991년 同도시계획계장 1994년 同칠서수원관리사무소 기술담당관 1996년 同도시계획과장 2003년 同건설도시국장 2004년 同도시주택국장 2007년 同비전사업본부장 2010~2011년 창원시 초대 마산회원구청장 2012년 (주)범한엔지니어링 부회장(현) (상)건설교통부장관표창(1985·1997), 경남도지사표창(1992)

정규성(鄭圭成) JEONG Kyu Sung

(생)1960·8·12 (주)서울특별시 서대문구 연세로 50 연세대학교 이과대학 화학과(02-2123-2643) (학)1983년 연세대 화학과졸 1985년 同대학원 유기화학과졸 1991년 유기화학박사(미국 매사추세츠공과대) (경)1991년 미국 매사추세츠공과대 박사후 연구원 1991~1992년 미국 스크립연구소 박사후 연구원 1992년 연세대 이과대학 화학과 조교수·부교수·교수(현) 2016~2018년 同이과대학장 (상)장세희유기화학 학술상(2001), 연세학술상(2001), 연세대 우수업적교수상(2008)

정규성(鄭圭晟) Jung Kyu Sung

(생)1965·4·1 (출)경북 안동 (주)서울특별시 중구 세종대로 124 한국기자협회(02-734-9321) (학)1983년 안동고졸 1996년 대구대 법학과졸 2001년 중앙대 대학원 법학과 수료 (경)1999년 대구일보 북부지역취재반 기자 2000년 同편집국 사회1부 팀장 2004년 한국기자협회 대구일보지회장 2004~2005년 대구·경북기자협회 부회장 2006~2009년 대구일보 사회1부 차장대우·사회2팀장 2007년 국제기자연맹 특별총회 준비위원 2008년 대구·경북기자협회 회장 2009년 대구일보 정치팀장 2010년 同정치팀장(서울) 2012~2013년 한국기자협회 부회장 2013년 청와대 출입기자단 지역기자실 간사 2014~2015년 한국기자협회 수석부회장 2015년 대구일보 편집국 서울정치부장(부국장대우) 2016년 한국기자협회 회장(현) 2016년 한국신문윤리위원회 이사(현) 2016년 민족화해협력범국민협의회 공동의장(현) (상)한국언론인연합회 한국참언론인대상(2017)

정규열(鄭奎烈)

(생)1966 (출)울산 울주 (주)부산광역시 연제구 중앙대로 999 부산지방경찰청 청문감사담당관실(051-851-7000) (학)1985년 울산 학성고졸 1989년 경찰대학졸(5기) 2004년 부산대 대학원 행정학 박사과정 수료 (경)1989년 경위 임관 1994년 경남지방경찰청 기동5중대장(경감) 1995년 부산 동부경찰서 방범순찰대장 1997년 부산 북부경찰서 조사계장 2000년 부산 서부경찰서 청문감사관 2001년 부산 중부경찰서 생활안전과장(경정) 2004년 부산 동래경찰서 생활안전과장 2009년 부산지방경찰청 생활안전계장 2012년 同정보통신담당관(총경) 2014년 부산

강서경찰서장 2015년 부산지방경찰청 생활안전과장 2016년 부산동부경찰서장 2017년 부산지방경찰청 사이버안전과장 2017년 경남함안경찰서장 2019년 부산지방경찰청 청문감사담당관(현) (상)국무총리표창(2004), 근정포장(2011)

정규영(鄭圭永)

(생)1963·1·19 (출)서울 (주)서울특별시 송파구 정의로 30 서울동부지방검찰청 총무과(02-2204-4544) (학)1982년 경성고졸 1986년 성균관대 법학과졸 1988년 同대학원졸 (경)1996년 사법시험 합격(38회) 1999년 사법연수원 수료(28기) 1999년 대전지검 검사 2001년 창원지검 통영지청 검사 2003년 광주지검 검사 2005년 서울중앙지검 검사 2008년 제주지검 검사 2011년 인천지검 검사 2011년 同부부장검사 2012년 광주지검 공판부장 2014년 인천지검 강력부장 2015년 의정부지검 고양지청 부장검사 2016년 서울동부지검 공판부장 2017년 법무연수원 교수(부장검사) 2018년 同연구위원(부장검사) 2018년 서울고검 검사 2019년 서울동부지검 인권감독관(현)

정규일(丁圭一) Chung Kyuil

(생)1963·8·25 (주)서울특별시 중구 남대문로 39 한국은행(02-759-4026) (학)1981년 광주 대동고졸 1985년 성균관대 경제학과졸 2005년 경제학박사(미국 캘리포니아대 데이비스교) (경)1987년 한국은행 입행 1995년 同문서부 의사과 조사역 1997년 同국제부 외환실 조사역 2005년 同금융경제연구원 통화연구실 차장 2008년 同금융경제연구원 통화연구실장 2010년 同금융경제연구원 국제경제연구실장 2013년 同경제연구원 부원장 2014년 한국금융연구원 파견 2015년 한국은행 국제협력실장 2016년 同경제통계국장 2018년 同부총재보(현)

정규혁(鄭奎赫) CHUNG Kyu Hyuck

(생)1958·9·5 (출)부산 (주)경기도 수원시 장안구 서부로 2066 성균관대학교 약학과(031-290-7714) (학)1981년 성균관대 약학과졸 1983년 同대학원 약학과졸 1989년 약학박사(성균관대) (경)1987년 성균관대 약학과 강사 1989년 우석대 강사 1990~1995년 국립과학수사연구소 보건연구관 1995~2004년 성균관대 제약학과 조교수·부교수 2004년 同약학과 교수(현) 2004년 대한약사회 정책기획단 정책위원 2006~2008년 성균관대 약학부장 겸 임상약학대학원장 2011년 同약학대학장 겸 임상약학대학원장 2016~2018년 (사)한국약학교육협의회 이사장 2018년 한국약학교육평가원 이사장(현) (상)보건복지가족부장관표창(2009)

정규형

(생)1953 (출)경남 창원 (주)인천광역시 부평구 부평대로 35 한길안과병원(032-717-5709) (학)가톨릭대 의대졸, 의학박사(가톨릭대) (경)가톨릭대 의대 부속 성모병원 교수, 대한안과학회 부회장, 가톨릭대 의과대학동창회 제26대 회장, 의료법인 한길안과병원 이사장(현), 사회복지법인 한길재단 이사장(현), 대한병원협회 총무위원장 2015년 대한전문병원협의회 회장(현) 2016~2018년 대한병원협회 부회장 (상)아산상 대상(2007), 인천사회복지상 대상(2012), 제21회 JW중외박애상(2013)

정규호(鄭圭虎)

(생)1967 (출)경북 울릉 (주)대구광역시 달서구 화암로 301 대구지방국세청 성실납세지원국(053-661-7253) (학)대구 청구고졸, 세무대학졸(6기), 한국방송통신대졸, 경북대 경영대학원졸 (경)대구지방국세청 총무과·법인세과 근무, 경북 안동세무서 총무과 근무, 경북 구미세무서 조사과 근무, 대구지방국세청 조사1국 조사1과·조사3과 근무, 북대구세무서 재산법인세과 근무 2011년 대구지방국세청 조사1국 조사관리과 근무, 서울지방국세청 조사4국 조사관리과 근무, 경북 구미세무서 운영지원과장, 대구지방국세청 조사1국 조사2과장 2016년 국세청 운영지원과 서기관 2017년 경북 상주세무서장 2018년 경북 경산세무서장 2019년 대구지방국세청 성실납세지원국장(현)

정규황(鄭圭榥) Kyu Hwang Jung

(생)1966·4·2 (주)서울특별시 영등포구 여의대로 128 LG전자(주) 인사과(02-3777-1114) (학)연세대 전자공학과졸, 캐나다 맥길대 대학원 경영학(IMPM) 석사 (경)1991년 금성사 입사 2010년 LG전자 HA Built-in사업팀장(상무) 2014년 同H&A 북미·중남미영업담당 상무 2017년 同어플라이언스해외영업그룹장(전무) 2019년 同브라질법인장(전무)(현)

정균영(鄭均泳) Jung Kyun Young

(생)1963·12·10 (주)대전광역시 유성구 과학로 80-67 한국조폐공사 감사실(042-870-1002) (학)1983년 청주 청석고졸 1987년 중앙대 철학과졸 1997년 미국 뉴욕공과대 경영대학원졸(MBA) (경)민주통합당 충북도당 공동위원장 2009~2011년 청주·청원행정구역통합추진위원회 집행위원장 2012년 민주통합당 수석사무부총장 2013년 새정치민주연합 중앙당 정책위원회 부의장, (사)자치분권연구소 사무처장·상임이사 2018년 한국조폐공사 상임감사(현)

정균환(鄭均桓) CHUNG Kyun Hwan

(생)1943·7·23 (본)진주(晉州) (출)전북 고창 (학)1962년 고창고졸 1969년 성균관대 정치외교학과졸 1972년 同대학원졸 1998년 명예 정치학박사(충북대) 1999년 정치외교학박사(성균관대), 연세대 대학원 최고경영자과정 수료, 서울대 고위경영자과정 수료, 고려대 ICP과정 수료 (경)1985년 신민당 조직부국장 1987년 민주당 편집국장 1987년 평민당 창당발기인 1988년 제13대 국회의원(고창, 평화민주당·신민당·민주당) 1988년 민주연합청년동지회 중앙회장 1992년 제14대 국회의원(고창, 민주당·국민회의) 1992년 한·그리스친선협회 부회장 1996년 제15대 국회의원(고창, 국민회의·새천년민주당) 1996년 국민회의 지방자치위원장 1998년 同사무총장 1998년 同전북도지부장 1998년 同조직강화특별위원장 1999년 同총재특보단장 2000년 새천년민주당 총재특보단장 2000년 同전북도지부장 2000~2004년 제16대 국회의원(고창·부안, 새천년민주당) 2000년 새천년민주당 원내총무 2000년 국회 운영위원장 2001년 새천년민주당 총재특보단장 2001년 同중앙당 후원회장 2001년 태권도청소년연맹 초대총재 2002년 새천년민주당 원내총무 2002년 국회 운영위원장 2002년 새천년민주당 최고위원 2003년 同상임고문 2005년 민주당 전북도당 위원장 2006년 同고창·부안지역운영위원회 위원장 2006년 同부대표 2007년 대통합민주신당 최고위원 2007년 同전북도당 위원장 2008년 통합민주당 최고위원 2008년 민주당 당무위원 2012년 민주통합당 서울송파丙지역위원회 위원장 2013년 민주당 서울송파丙지역위원회 위원장 2014년 同최고위원 2014년 새정치민주연합 최고위원 2015년 同고문 2017년 국민의당 제19대 안철수 대통령후보 중앙선거대책위원회 고문 (저)'지방자치의 완성을 위한 경찰개혁'(1998) (종)기독교

정 근(鄭 根) JUNG Geun (행림)

(생)1960·9·8 (출)경남 산청 (주)부산광역시 부산진구 가야대로 767 정근안과병원(051-668-8001) (학)1978년 진주고졸 1985년 부산대 의과대학졸 1988년 同대학원 의학석사 1994년 의학박사(부산대) 1997년 미국 텍사스 Presby eye institute 연수 2007년 부산대 국제대학원 국제학과졸

(경)1990년 국군통합병원 안과 과장 1992년 메리놀병원 안과 과장 1992년 미국 안과학회 정회원 1992~1994년 부산대 의과대학 안과학교실 교수 1994년 서면메디칼정근안과 대표원장 1995년 부산대 의과대학 안과학교실 외래교수(현) 2000년 부산진경찰서 행정발전위원회 부위원장(현) 2002년 국제와이즈멘 동부지구 총재 2004년 부산지검 의료자문위원(현) 2004~2011년 (재)그린닥터스 상임대표 2006년 학교법인 브니엘학원 이사장 2006년 브니엘의료재단 이사장 2006년 대한의사협회 중앙이사 2006년 한국의정회 사무총장 2007년 대한결핵협회 이사 2007년 부산시의사회 총무부회장 2007년 부산YMCA 이사장 2007년 부산시민사회총연합 상임대표(현) 2009년 부산시의사회 회장 2009년 국제와이즈멘 한국동부지구 총재 2010년 부산시의료원 이사 2011년 (재)그린닥터스 이사장(현) 2012년 온종합병원 원장(현) 2012년 정근안과병원 원장(현) 2013~2015년 대한결핵협회 회장 2015년 경상대병원 비상임이사 (상)부산시장표창, 부산지방국세청장표창, 부총리 겸 재정경제부장관표창(2006), 대통령표창(2007), 장애인의날 공로패(2010), 보령의료봉사상(2011), 대한노인회장표창(2011) (저)'잘 보이는 안과클리닉' '나도 안과의사가 될 수 있다' (종)기독교

정근모(鄭根謨) CHUNG Kun Mo (聖村)

(생)1939·12·30 (본)동래(東萊) (출)서울 (주)대전광역시 유성구 대학로 291 한국과학기술원(KAIST) (042-350-2114) (학)1955년 경기고 수료(1년) 1959년 서울대 물리학과졸 1960년 同행정대학원 수료 1963년 이학박사(미국 미시간주립대) 1994년 명예 공학박사(미국 미시간주립대) 1995년 명예 공학박사(미국 뉴욕 폴리테크닉대) 2004년 명예 인문학박사(미국 헌팅턴대) 2006년 명예 리더십박사(미국 미드웨스트대) 2014년 명예 과학기술학박사(한국과학기술원) (경)1963~1966년 미국 남플로리다대 물리학과 조교수 1964~1967년 미국 프린스턴대·MIT 핵공학과 연구원 1967~1969년 미국 오크리지국립연구소 자문위원 1967~1971년 미국 뉴욕공대 전기물리학과 부교수 1970~1973년 한국과학원(KAIS)설립위원 겸 부원장 1971~1975년 同전기및전자공학과 교수 1973~1977년 同과학기술사회연구실장 1975~1982년 미국 뉴욕공대 핵공학과·전기공학과 교수 1975~1985년 프라즈마연구소 소장 1976~1977년 세계은행 에너지정책 자문위원 1976~1979년 미국 부룩헤븐국립연구소 연구위원 1977~1980년 한국표준연구소 특별고문 1979~1980년 미국 국무성 국제개발처(AID) 자문위원 1979~1982년 미국 과학재단 에너지분야 수석정책심의관 1982~1986년 (주)한국전력기술 사장 1983~1986년 한국원자력산업회의 부회장 1983~1986년 한국기술용역협회 부회장 1984~1985년 한국기술경제연구회 회장 1984~1986년 한국가스공사 이사 1984~1986년 한국전기협회 이사 1984~1986년 한국엔지니어클럽 부회장 1985년 세계에너지회의 국제집행위원회 부의장·명예 부의장(현) 1985~1986년 제6차 5개년계획 과학기술반 반장 1985~1990년 한국에너지협의회 기술자문위원장 1985~1986년 미국 원자력학회 한국지부 회장 1985~1988년 태평양연안원자력협력위원회 공동의장 1985~1989년 교육개혁심의위원 1985~1990년 국제원자력기구(IAEA) 안전자문위원회 이사·총회의장 1986년 미국 원자력학회 Fellow 겸 이사(현) 1987~2000년 아주대 에너지연구소·에너지학과 소장 겸 석좌교수 1988~1990년 한국과학재단 이사장 1989년 국제원자력기구 의장 1990년 스웨덴 왕립공학한림원(IVA) 외국인회원(현) 1990~1992년 남북민간과학기술교류 추진협의회 고문 1990년 과학기술처 장관 1996~1997년 원자력협력담당 대사 1992년 한국에너지공학회 초대 회장·명예회장(현) 1992~1994·1996~1997년 대한민국원자력위원회 위원 1992~1994·1998년 고등기술연구원 원장 1993년 한백연구재단 자문위원 1993~1995년 한모음회 회장 1993~1996년 청소년적십자(RCY) 초대동문회장 1993~1996년 국제재활교육교류재단 이사장 1994년 한국과학기술단체총연합회 고문(현) 1994년 국제원자력한림원(INEA) 회장·종신회원(현) 1994년 한국과학기술한림원 종신회원(현) 1994·2008~2015년 한국해비타트(사랑의집짓기운동연합회) 이사장·명예이사장 1994~1996년 미국 미시간주립대 한국총동문회장 1994~1996년 과학기술처 장관 1992~1993·1994~2000년 신사회공동선운동연합 공동대표 1996년 영국 왕립물리학회 Fellow(현) 1996년 도산안창호기념사업회 이사·회장·고문(현) 1997~2000년 사랑의장기기증운동본부 이사장 1997~2007년 서암학술재단 이사 1998년 미국 공학한림원(NAE) 외국인회원(현) 1998년 고등기술연구원 원장 1998년 대성산업(주) 사외이사 1999~2000년 스위스 로잔공과대 초빙교수 1999~2000·2008년 미국 조지메이슨대 초빙석학교수(현) 2000년 대성과학문화재단 이사(현) 2000~2004년 호서대 총장 2001년 한국위험통제학회 회장·명예회장(현) 2002~2006년 장영실기념사업회 회장 2003년 라이즈업코리아운동협의회 설립자·이사장 2004년 대구경북과학기술연구원 설립위원 2004년 (사)대한민국국가조찬기도회 회장·고문·이사(현) 2004~2007년 명지대 총장 2004~2007년 한국과학기술한림원 원장 2006년 MBC꿈나무축구재단 이사장 2007년 참주인연합 대통령후보 선출 2007~2008년 한국에너지재단(WEC)세계총회 유치위원회 위원장·명예위원장·고문 2009년 케냐 경제사회 자문위원(현) 2009년 한국전력공사 고문 2010년 아랍에미리트연합(UAE) 원자력국제자문위원(현) 2010년 말레이시아 과학기술자문위원(현) 2010년 국제원자력대학원대 설립추진위원장·국제자문위원장(현) 2010년 2013대구세계에너지총회 조직위원회 고문 2011년 서울시자원봉사센터 이사장 2012~2014년 아주대 에너지연구소장 겸 초빙석학교수 2014년 한국과학기술원(KAIST) 석좌교수(현) (상)은탑산업훈장(1987), 청조근정훈장(1991), 세계성령봉사상 국내부문(1991), 캐나다원자력협회 국제공로상(1998), 세계원자력한림원 공로상(1998), 장영실 과학문화상(2001), 늘푸른에너지대상(2003), 한국기독교학술상(2004), 전문인선교대상(2010), 한국과학기술한림원상 공로부문(2011), 한국원자력대상(2015) (저)'엔지니어링 산업육성을 위한 정책방향연구'(1984) '원자력기술의 자립정책'(1985) '2000년대를 향한 과학기술 예측과 장기개발전략'(1985) '원자력발전소의 기술경제성'(1987) '과학기술 – 미래를 개척하는 열쇠'(1989) '21세기로 가는 길'(1994) '중간진입전략'(1996) '과학기술위험과 통제시스템'(2001) '나는 위대한 과학자보다 신실한 크리스천이고 싶다'(2001) '소박하고 튼튼한 집'(2002) 자서전 '정근모의 삶과 비전, 헌신'(2007) '소명 앞에 무릎꿇은 신실한 크리스천들'(2013) 등 (역)'일본이 힘있는 나라가 된 이유'(1993) (종)기독교

정근식(鄭根埴) JUNG Keun Sik

(생)1957·11·15 (출)전북 익산 (주)서울특별시 관악구 관악로 1 서울대학교 사회학과(02-880-6407) (학)1975년 전주고졸 1980년 서울대 사회학과졸 1982년 同대학원 사회학과졸 1991년 문학박사(서울대) (경)1985~2003년 전남대 사회학과 전임강사·조교수·부교수·교수 1996~2001년 同호남문화연구소장·사회과학연구소장 2000년 同5.18연구소 편집위원장 2001~2002년 일본 교토대 객원연구원 2003년 서울대 사회학과 부교수·교수(현) 2004~2005년 한국사회사학회 회장 2005~2007년 대통령소속 친일진상규명위원회 위원 2005년 비판사회학회 부회장 2006년 同회장 2006년 서울대 통일연구소 통일연구실장 2007~2008년 미국 시카고대 방문교수 2008~2010년 서울대 규장각한국학연구원 부원장 2009~2011·2013~2014년 同사회학과장 2009~2012년 민주화운동기념사업회 연구소장 2011~2012년 서울대 민주화를위한교수협의회 의장 2013년 同평의원회 부의장 2014~2016년 同평의원회 의장 2016년 독일 베를린 자유대 방문교수 2016~2018년 서울대 통일평화연구원장 (상)전남대 후광학술상(2017) (저)'지역사회와 사회의식'(共) '근현대의 형성과 지역엘리트'(共) '지역발전과 기업전략'(共) '축제 민주주의 지역활성화' '일본 산촌의 지역활성화와 사회구조'(共) '문화도시 만들기 이론과 구상'(共·編) '구림연구'(共) '한국형 인권지표의 모색' '기억투쟁과 문화운동의 전개'(共) '해조류 양식어촌의 구조와 변동'(共) '지역전통과 정체성의 문화정치'(共) '고통의 역사–원폭의 기억과 증언'(編) '오키나와 미군기지의 정치사회학'(編) (역)'위뷔와 진실위원회 – 남아공의 인형극'

정근창(鄭根昌)

(생)1967·12 (주)서울특별시 영등포구 여의대로 128 LG트윈타워 (주)LG화학 자동차전지·개발센터(02-3773-1114) (학)한국과학기술원(KAIST) 화학공학과졸, 미국 캘리포니아공과대 대학원 화학공학과졸, 화학공학박사(미국 캘리포니아공과대) (경)2000년 한국파워셀 대표이사 2008년 (주)LG화학 Battery연구소 근무 2012년 同Battery연구소 연구위원 2014년 同자동차전지개발·Cell개발담당 상무 2017년 同자동차전지개발·Cell개발담당 전무 2017년 同자동차전지·개발센터장(전무)(현)

정근형(鄭根亨) Keun Hyoung Jung

(생)1964·4·21 (주)인천광역시 계양구 효서로 244 북인천세무서(032-540-6200) (학)1982년 천안중앙고졸 1984년 세무대학 내국세학과졸 (경)1984년 세무공무원 임용(8급 특채) 1984년 부천세무서·도봉세무서·효제세무서 근무 1990년 서울지방국세청 조사국 근무 1996년 재정경제원 세제실 국제조세과 근무 1998년 재정경제부 세제실 국제조세과 근무 1999년 서울지방국세청 조사국 근무 2003년 국세청 감사관실 감사1계 근무 2003년 同감사담당관실 근무 2006년 서울지방국세청 조사2국 조사3과 세무주사 2009년 강원 강릉세무서 부가소득세과장 2010년 경기 동안양세무서 운영지원과장 직대 2010년 同소득세과장 2012년 중부지방국세청 징세법무국 징세과 체납관리계 사무관 2012년 同징세법무국 징세과 징세사무관 2013년 국세청 감사담당관실 근무 2015년 서기관 승진 2016년 서울지방국세청 성실납세지원국 개인납세1과 소비세계 근무 2017년 강원 삼척세무서장 2018년 충북 동청주세무서장 2019년 북인천세무서장(현)

정금용(鄭金勇) Chung Keum Yong

(생)1962·6·9 (주)경기도 용인시 처인구 포곡읍 에버랜드로 199 삼성물산(주)(031-320-5002) (학)1981년 서대전고졸 1985년 충남대 법학과졸 (경)1985년 삼성전자(주) 인사팀 입사, 同북미인사팀장(상무보) 2007년 同상무(해외근무), 同인사팀 담당임원, 同DMC인사팀 상무, 同인사팀 상무 2010년 同인사팀 전무 2011년 삼성 미래전략실 인사지원팀장(전무) 2012~2014년 同미래전략실 인사지원팀장(부사장) 2014년 삼성전자(주) 인사팀장(부사장) 2016년 교육 파견(부사장) 2017년 삼성웰스토리 부사장 2018년 삼성물산(주) 리조트부문장(부사장) 2018년 삼성웰스토리 대표이사(현) 2018년 삼성물산(주) 리조트부문 대표이사 부사장 겸임(현)

정기로(鄭基鷺) JUNG Ki Ro

(생)1963·5·27 (출)인천 (주)경기도 화성시 동탄산단9길 23-12 APS홀딩스 임원실(031-776-1800) (학)1986년 서울대 제어계측공학과졸, 한국과학기술원(KAIST) 전기전자공학과졸 (경)1986년 한국전자통신연구소 반도체연구단 선임연구원 1994~2009년 코닉시스템(주) 대표이사 사장 2003년 (주)앤콤정보시스템 대표이사 2009~2017년 AP시스템 대표이사 사장 2015~2016년 (주)디이엔티 각자대표이사 2017년 AP시스템 부회장(현) 2017년 APS홀딩스 대표이사(현) (상)특허청장표창(2010), 산업포장(2014) (종)기독교

정기석(鄭錡碩) JUNG Ki Suck (취송)

(생)1958·8·17 (본)동래(東萊) (출)대구 (주)경기도 안양시 동안구 관평로170번길 22 한림대학교 성심병원(031-380-1879) (학)1977년 경북고졸 1983년 서울대 의대졸 1991년 同대학원 의학석사 1993년 의학박사(서울대) (경)1983~1987년 서울대병원 수련의·전공의 1990~2003년 한림대 의대 호흡기내과 조교수·부교수 1999년 한림대의료원 호흡기내과 분과장 1999년 대한결핵및호흡기학회 학술위원·고시위원·정보위원 2003~2016·2017년 한림대 의대 내과학교실 교수(현) 2003~2005년 同성심병원 수련교육부장 2006년 대한결핵및호흡기학회 정보이사, 한림대 의료원 학술연구위원장 2006년 同성심병원 내과 과장, 同의료원 중앙약사위원장, 同성심병원 폐센터장, 대한내과학회 교육이사, COPD연구회 총무, 보건복지부 질병관리본부 성인예방접종위원회 위원 2011~2016년 한림대 성심병원장 2011~2012년 대한결핵및호흡기학회 국제협력이사 2012년 同진료지침이사 2015년 同편집위원장 2016~2017년 보건복지부 질병관리본부장(차관급) 2018년 한림대 의료원장 2018년 대한병원협회 부회장 2018년 COPD연구회 회장(현) 2019년 아시아·태평양호흡기학회 차기(2021년) 학술대회장(현) (상)대한내과학회 우수논문상, 대한결핵및호흡기학회 우수논문상(2회) (저)'임상호흡기매뉴얼'(2003·2008) (종)천주교

정기선(鄭基宣) Chung Ki Sun

(생)1982·5·3 (본)하동(河東) (주)울산광역시 동구 방어진순환도로 1000 현대중공업(주) 그룹선박·해양영업본부(052-202-2114) (학)2001년 대일외고졸 2005년 연세대 경제학과졸 2011년 미국 스탠퍼드대 경영대학원졸(MBA) (경)현대중공업(주) 입사 2009년 同재무팀 대리 2011~2013년 보스턴컨설팅그룹(BCG) 근무 2015년 현대중공업(주) 기획·재무부문장(상무) 2015년 同기획실 총괄부문장 겸 영업본부 총괄부문장(전무) 2016년 同기획실 부실장 2017년 同중앙기술원 부원장 2017~2018년 同그룹선박·해양영업본부 부문장 2017년 同기획실 부실장(부사장), 현대중공업지주 경영지원실장(현) 2017년 현대글로벌서비스(주) 대표이사(현) 2018년 현대중공업(주) 그룹선박·해양영업본부 대표 겸임(현)

정기섭(鄭起燮) JEONG Ki Seop

(생)1961·10·4 (주)서울특별시 강남구 테헤란로 440 포스코센터 서관 16층 포스코에너지 기획지원본부(02-3457-2114) (학)영훈고졸, 연세대 경영학과졸 (경)대우인터내셔널 페르가나면방법인 대표(상무) 2012년 同경영기획총괄 해외관리팀장(상무) 2014년 同경영기획실장(상무) 2015년 (주)포스코 가치경영실 재무위원(사업관리담당 상무) 2016년 同가치경영센터 국내사업관리실장(상무) 2017~2018년 同가치경영센터 국내사업관리실장(전무) 2018년 포스코에너지(주) 기획지원본부장(부사장)(현)

정기승(鄭起勝) CHUNG Ki Seung

(생)1928·7·23 (본)진주(晋州) (출)충남 공주 (주)서울특별시 서초구 서초중앙로 63 901호 국가정상화추진위원회(02-445-5200) (학)1953년 공주고졸 1957년 서울대 법학과졸 (경)1956년 고등고시 사법과 합격(8회) 1958년 대전지법 판사 1961년 軍법무관 1963년 대전지법 판사 1965년 同홍성지원장 1966년 대법원 재판연구관 1971년 서울형사지법 부장판사 1972년 서울민사지법 부장판사 1974년 서울고법 부장판사 1980년 사법연수원 부원장 1981년 서울민사지법원장 1984년 서울형사지법원장 1985년 대법원 판사 1988년 한남합동법률사무소 대표변호사 1998년 헌법을생각하는변호사모임 회장, 同명예회장(현), 자유시민연대 공동의장, 同상임고문 2015년 국가정상화추진위원회 제2대 위원장(현) 2017년 '박근혜 대통령 탄핵소추안' 심판 대리인 (상)청조근정훈장(1988), 자랑스러운 서울법대인상(2009), 자랑스러운 충청인 특별대상 법조부문(2016) (종)기독교

정기애(鄭麒愛·女) Jeong Ki-Ae

(생)1959·1·12 (본)청주(淸州) (출)전북 전주 (주)서울특별시 서초구 반포대로 201 국립장애인도서관(02-590-0760) (학)1978년 창덕여고졸 1983년 숙명여대 문헌정보학과졸 2008년 중앙대 대학원 기록관리학과졸 2010년 기록관리학박사(중앙대) (경)1982년 한국전력기술(주) 입사, 同기술정보자료팀

ㅈ

장 2007년 산업자원부 기술표준원 ISO/TC46 SC11 전문위원 2009~2013년 한국전력기술(주) 기술정보자료실 부장 2013년 국가기록관리위원회 위원 2013년 행정자치부 국가기록원 기록관리표준화위원회 전문위원 2014~2015년 한국전력기술(주) 인재개발교육원장 2015년 행정자치부 국가기록원 기록정책부장 2017년 행정안전부 국가기록원 기록정책부장 2018년 국립장애인도서관 관장(현) (종)기독교

정기영(鄭琪榮) CHUNG Ki Young

(생)1954·3·15 (본)경주(慶州) (출)경남 마산 (주)서울특별시 서초구 서초대로74길 4 삼성경제연구소(02-3780-5800) (학)1972년 경기고졸 1976년 서울대 상대 경영학과졸 1981년 미국 위스콘신대 경영대학원졸 1986년 경영학박사(미국 캘리포니아대 버클리교) (경)1978년 국제경제연구원 연구원 1988년 한국금융연구원 연구위원 1989년 금융연수원 강사 1989년 서울대·한양대 강사 1992년 대통령 경제수석비서관실 파견 1993~1996년 한국금융연구원 선임연구위원·국제거시팀장 1994년 한국개발연구원 경제정책모니터 1996년 한국금융연구원 연구위원장 1997년 삼성금융연구소 소장(상무) 1998년 재정경제부 금융발전심의위원 2003년 삼성생명보험(주) 금융연구소장(부사장) 2007년 同경영전략실장(부사장) 2007~2008년 삼성경제연구소 연구조정실장(부사장) 2008~2009년 한국경영학회 부회장 2009년 삼성경제연구소 소장 2009년 同대표이사 부사장 2009~2012년 국가경쟁력강화위원회 민간위원 2009년 지식경제부 정책자문위원 2009~2012년 공정거래위원회 경제정책자문위원 2009~2012년 기획재정부 정책자문위원 2010~2015년 삼성경제연구소 대표이사 사장 2010년 G20정상회의준비위원회 민간위원 2014년 기획재정부 세제발전심의위원회 위원 2015년 삼성경제연구소 상담역 2016년 同고문 2017~2018년 同상담역 2019년 同비상근고문(현) (상)재무부장관표창(1994) (저)'환율결정에 관한 기간間 일반균형이론' '금융개방과 정책대응'(1994) '외환제도 개혁방안'(1995) '국제금융론(共)'(1996) (종)기독교

정기영(鄭起永) JUNG Ki Young

(생)1963·7·24 (본)연일(延日) (출)경북 포항 (주)부산광역시 금정구 금샘로485번길 65 부산외국어대학교 총장실(051-509-5032) (학)포항고졸 1984년 부산외국어대 일어과졸 1988년 일본 홋카이도동해대 대학원졸 2003년 문학박사(일본 홋카이도동해대) (경)1991~1993년 육군대학 번역실 근무 1994~2005년 부산외국어대 일본어과 전임강사·조교수·부교수 1998년 同신문사 주간 2002년 열린사이버대 실용어문학부 주임교수 2003년 부산외국어대 통번역대학원 한일전공 주임교수 2003년 同입학부처장 2004년 同대외협력실장 2005~2015년 同일본어과 교수 2006~2008년 同일본어대학장 2009년 영일만포럼 회장 2010~2011년 부산외국어대 영·일·중대학장 2010년 同일본연구소장 2011년 同대외협력처장 2013년 同인력관리실장 2015년 同특성화사업총괄단장 2015년 同일본어창의융합학부 교수(현) 2017년 대한일어일문학회 회장(현) 2018년 부산외국어대 총장(현) (상)제1회 한일교육교류대상(2016) (저)'NETWORK 일본어'(2003) '멀티미디어와 일본어 교육'(2003)

정기용(鄭基勇) CHUNG Ki Yong

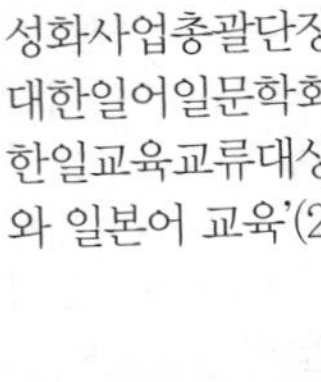

(생)1957·1·13 (본)경주(慶州) (출)충남 홍성 (주)경기도 안산시 단원구 광덕서로 72 중앙법조빌딩 503호 법무법인 로비즈(031-475-3600) (학)1975년 경기고졸 1981년 서울대 법대졸 1990년 미국 조지타운대 로스쿨 수료 (경)1981년 사법시험 합격(23회) 1983년 사법연수원 수료(13기) 1985년 춘천지검 검사 1987년 대전지검 홍성지청 검사 1988년 수원지검 검사 1991년 법무부 인권과 검사 1994년 서울지검 검사 1996년 대전고검 검사 1997년 대전지검 논산지청장 1998년 광주고검 검사(헌법재판소 연구관 파견) 2000년 법무부 인권과장 2000년 同국제법무과장 2001년 同법무심의관 2002년 서울지검 형사6부장 2002년 同형사3부장 2003년 대구지검 경주지청장 2004년 울산지검 차장검사 2005년 서울고검 공판부장검사 2006년 수원지검 안산지청장 2008년 법무법인 로비즈 대표변호사(현) 2019년 자유한국당 중앙윤리위원장(현) (상)법무부장관표창(1993), 검찰총장표창 (종)기독교

정기용(鄭冀溶) Chung Keeyong

(생)1971·1·9 (주)서울특별시 종로구 사직로8길 60 외교부 기후환경과학외교국(02-2100-7709) (학)1993년 서울대 공법학과졸 2002년 법학박사(미국 펜실베이니아대) (경)1993년 외무고시 합격(27회) 2004년 駐일본 1등서기관 2007년 駐불가리아참사관 2011년 외교통상부 국제법규과장 2013년 駐미국 공사참사관 2016년 글로벌녹색성장기구(GGGI) 거버넌스국장 2019년 외교부 기후환경과학외교국장(현)

정기정(鄭基正) JUNG Ki Jung

(생)1951·8·25 (출)전남 광양 (주)대전광역시 유성구 과학로 169-148 국가핵융합연구소 본관동 4층 ITER한국사업단(042-879-5500) (학)1977년 아주대 화학공학과졸 1983년 프랑스 국립툴루즈공과대 대학원 화학공학과졸 1985년 공학박사(프랑스 국립툴루즈공과대) (경)1977~1978년 아주대 조교 1982년 프랑스 국립응용과학원 국가엔지니어 1985~1986년 프랑스 국립공과대학 엔지니어 1986~1993년 한국원자력연구소 선임연구원·책임연구원·실장 1993~1997년 경제협력개발기구(OECD)·원자력기구(NEA) 파견 1997년 한국원자력연구소 책임연구원 1999년 同핵연료주기기술개발단 TRIGA연구로페로사업부장 2002년 同기획부장 2005년 同사용후핵연료기술개발부장 2006년 국가핵융합연구소 ITER사업단장 2007년 同ITER한국사업단 본부장 2008년 同ITER한국사업단장(현) (상)한국원자력연구소장상 3회(1990·1991), 과학기술부장관표창(2002), 프랑스 국가공로훈장(2003), 과학기술훈장 혁신장(2013)

정기철(鄭琪澈) Jeong Kichul

(생)1962·10·11 (본)동래(東萊) (출)대구 (주)서울특별시 서초구 강남대로 587 KCC건설 8~9층 한국감정평가사협회(02-521-0900) (학)1981년 대구 계성고졸 1996년 서울대 인류학과졸 (경)1988년 민중의당 정책실장 1989년 진보정치연합 민생민권국장 1991년 감정평가사(현) 2000년 대구 범일초 운영위원장 2001년 대구참여연대 운영위원 2001년 대구 수성구초등학교운영위원장협의회 회장 2001년 대구학교운영위원협의회 공동대표 2002년 대구사회연구소 연구위원 2002년 대구시의원선거 출마(대구 수성구, 무소속) 2007년 민주평통 자문위원 2010년 수성고 운영위원장 2012년 민주통합당 제18대 문재인 대통령후보선거대책위원회 대구시민캠프 공동대표 2013년 동평중 운영위원장 2014년 김부겸 대구시장후보 선거대책본부 정책팀장 2015년 더불어민주당 대구시당 노동위원장 2016~2017년 同대구수성구乙지역위원회 위원장 2016년 제20대 국회의원선거 출마(대구 수성구乙, 더불어민주당) 2016~2017년 더불어민주당 조직강화특별위원회 위원 (종)가톨릭

정기택(鄭起澤) Kee Taig Jung

(생)1963·1·28 (출)서울 (주)서울특별시 동대문구 경희대로 26 경희대학교 경영대학 경영학과(02-961-0489) (학)1986년 서울대 인문대학 영문학과졸 1988년 미국 코넬대 경영대학원 경영학석사 1992년 경영학박사(미국 펜실베이니아대 와튼스쿨) (경)1994년 경희대 경영대학 경영학과 교수(현) 1997년 병원경영학회 정책부회장·이사·자문이사(현) 2001~2002년 미국 스탠퍼드대 교환교수·펜실베이니아대 와튼스쿨 교환교수 2008~2010년 대통령직속 미래기획위원회 위원 2011~2013년 국가과학기술위원회 전문위원 2011~2012년 보건복지부 보건의료미래위원회 의료산업분과 위원장 2014~2015년 한국보건산업진흥원 원장

2015~2017년 국립중앙의료원 비상임이사 2019년 한국사회보장학회장(현) (상)미국 Merck 장학 재단 Doctoral Dissertation Fellowship(1991·1992), 한국보건행정학회 우수논문상(2001), 경희대 경영대학 최우수강의평가교수(2005), 제주특별자치도 명예도민(2007), 경희대 대학원 최우수강의상(2008), 보건복지부장관표창(2011)

정기현(鄭基賢) Chung Ki Hyun

(생)1956 · 1 · 26 (주)서울특별시 중구 을지로 245 국립중앙의료원 원장실(02-2260-7114) (학)1989년 전북대 의대졸 1999년 서울대 대학원 의학석사 2010년 의학박사(고려대) (경)1996~1998년 서울대 의료관리학교실 전임의 1998~2001년 충북도 보건소장 2003~2018년 내일의료재단 현대여성아동병원장 2008~2010년 질병관리본부 예방접종심의위원회 위원 2011~2012년 농어촌의료서비스개선사업중앙평가위원회 위원 2012~2013년 서울대 의대 의료관리학연구소 연구교수 2012~2016년 건강보험심사평가위원회 평가지표 선정위원 2012~2017년 성균관대 의대 삼성서울병원 외래교수 2012년 분만취약지지원사업 선정위원 2014년 민선6기 전남도지사직인수위원회 부위원장 2014~2018년 전남도 정책자문위원회 부위원장 2014~2016년 순천대 생명산업과학대학 겸임교수 2017년 건강보험보장성강화의료체계혁신포럼 총괄좌장 2017~2018년 공공보건의료발전위원회 위원장 2017년 대한주산의학회 정책이사(현) 2018년 국립중앙의료원장(현) 2018년 대한병원협회 부회장(상임이사)(현) (상)국무총리표창(2000), 충북도 신지식인상(2000), 우수공무원 수상(2000), 보건복지부장관표창(2012)

정기현(鄭基鉉) Jeong Gi-hyeon

(생)1960·11·19 (주)대전광역시 서구 둔산로 100 대전광역시의회(042-270-5142) (학)대구 영신고졸, 경북대 전자공학과졸, 목원대 대학원 행정학과졸 (경)한국전자통신연구원 책임연구원, 대전학부모연대 대표, 한국전자통신연구원 동문장학회 상임이사, iCOOP 대전소비자생활협동조합 감사 2014~2018년 대전시의회 의원(새정치민주연합·더불어민주당) 2014년 同교육위원회 위원 2014년 同윤리특별위원회 위원 2014·2016~2018년 同예산결산특별위원회 위원 2014·2016~2018년 同대전의료원설립추진위원회 위원 2015·2016~2018년 同윤리특별위원회 부위원장 2016~2018년 同운영위원회 위원 2016~2018년 同복지환경위원회 부위원장 2017~2018년 同원자력안전특별위원회 위원 2017~2018년 同예산결산특별위원회 위원장 2018년 대전시의회 의원(더불어민주당)(현) 2018년 同교육위원장(현)

정기현 Kihyun Jung

(생)1974 (주)서울특별시 강남구 테헤란로 142 페이스북코리아 (학)서울과학고졸, 서울대 기계공학과졸 1999년 同대학원 기계공학과졸 2006년 미국 캘리포니아대 버클리교 경영대학원졸(MBA) (경)1999년 엑센츄어코리아 · eBay · 보스턴컨설팅그룹(BCG) 한국지사 컨설턴트 2006년 구글 미국본사 제품담당 매니저(PM) 2012년 SK플래닛 비지니스유닛 부문장(전무) 2013년 同최고제품책임자(CPO) 2015년 同커머스프로덕트부문장 2016년 NHN 라인 최고사업책임자(CBO) 2019년 페이스북코리아 대표이사(현)

정기홍(鄭祁哄) Jung Ki-hong

(생)1968 · 1 · 16 (주)서울특별시 종로구 사직로8길 60 외교부 인사운영팀(02-2100-7141) (학)1992년 연세대 정치외교학과졸 1998년 영국 워릭대 대학원 국제경제학과졸 (경)1994년 외무고시 합격(28회) 1994년 외무부 입부 2000년 駐러시아 2등서기관 2003년 駐아르헨티나 1등서기관 2008년 駐시카고 영사 2011년 국무총리실 의전과장(파견) 2012년 외교통상부 유라시아과장 2013년 駐벨기에 · 유럽연합 참사관 2016년 외교부 유럽국 심의관 2018년 同유럽국장 2019년 同본부 근무(국장급)(현)

정기화(鄭淇化 · 女) JUNG, Ki-Hwa (南熹)

(생)1946 · 6 · 26 (본)해주(海州) (출)경남 진주 (주)서울특별시 도봉구 삼양로144길 33 덕성여자대학교 약학대학(02-901-8475) (학)1964년 진주여고졸 1969년 덕성여대 약학과졸 1971년 서울대 대학원 약제학과졸 1980년 위생화학박사(경희대) (경)1976~2011년 덕성여대 약학과 전임강사·조교수·부교수·교수 1988~1989년 미국 럿거스대 약대 Visiting Scholar 1993년 덕성여대 기획실장 1993~1998년 同약학대학장 1993년 同학생처장 1995~1998년 同약학연구소장 1995년 대한약학회 위생약학분과 회장 1995년 유네스코 서울협회 부회장 1995년 일본 생체과학연구소 초청연구자 1995~2013년 중앙약사심의위원회 위원·전문가 1996~2002년 한국식품위생안전성학회 부회장 1996~1997년 덕성여대 기획실장 1996~2000년 同대학발전위원회 본부장 1997년 同학생처장 1997년 한국응용약물학회 편집위원장 1998년 통일여성지도자회 부회장 1999년 일본 오사카대 약대 미생물동태학교실 객원연구원 1999년 한국응용약물학회 부회장 2000~2005년 한국환경독성학회 부회장·수석부회장·회장 2000년 통일준비여성지도자회 회장 2000년 한국응용약물학회 수석부회장 2001년 덕성여대 기획실장·발전처장 2002년 한국응용약물학회 회장 2002~2003년 미국 일리노이대 Visiting Scholar 2003~2004년 한국식품위생안전성학회 회장 2003년 한국응용약물학회 감사 2004년 한국환경독성학회 회장 2004~2006년 대한약학회 부회장 겸 이사 2004년 건강기능식품심의위원회 위원 2006~2008년 대한약학회 이사 2006~2008년 규제개혁위원회 위원 2006년 한국응용약물학회 고문(현) 2006년 환경독성보건학회 고문(현) 2007년 독성물질연구협의체 위원 2007~2014년 동물약사심의위원회 위원 2007년 약사시험위원회 위원 2007년 식품위생안전성학회 자문위원, 同고문(현) 2008년 식품위생심의위원회 위원 2008년 중앙환경보전자문회의 환경정책분과위원회 위원 2009~2016년 보건의료인국가시험원 약사외국대학인정심의위원장 2010년 한국응용약물학회 편집위원 2010년 보건복지부 식품위생심의위원회 유해오염물질분과 위원장 2011년 덕성여대 약학대학 명예교수(현) 2014년 한국약학사분과회 운영위원회(현) 2014년 동물약사심의위원회 부위원장(현) (상)의학신문사 의약사평론가상(1994), 식품위생안전성학회 학술상(2000), 대한약학회 약학교육상(2010), 덕성여대 40년근속상(2011), 홍조근정훈장(2011), 약사금탑상 약학연구부문(2013) (저)'Nutritional Basisin Health and Disease'(1990) '대한약전 제6개정 해설서'(1992) '최신위생약학'(1996) '약학개론'(1996) '위생약학'(1997·1999·2001) '대한약전 제7개정 해설서'(1998) '새천년에 산다'(2000) '약학개론'(2001) '실험위생 약학'(2001) '나의 영혼의 팡세' '새천년에 산다'(2002) '대한약전 제8개정 해설서'(2003) '예방약학'(2003·2006·2008·2009) '건강기능식품'(2004·2012) '질환별로 본 건강기능식품학'(2005) '약학입문'(2006) '대한약전 제9개정해설서'(2008) '건강과 행복을 염려하는 사람들'(2009) '인생의 사계절'(2011) '예방약학'(2011) '보건약학'(2014) (역)'독성학-생명·환경·생태계'(2008) '임상독성학/기본원리에서 응급치료 및 사고예방까지'(2015) (작)'덕성여자대학교 46년-정년기념문집'(2011) (종)기독교

정길근(鄭吉根) Jung, Kil Geun

(생)1968 · 10 · 1 (본)해주(海州) (출)경남 진주 (주)서울특별시 중구 동호로 330 CJ제일제당(주) 홍보실(02-6740-1114) (학)1987년 진주 동명고졸 1995년 연세대 정치외교학과졸 (경)1995~2006년 경향신문 기자 2006년 CJ그룹 홍보부장 2011년 同홍보담당 상무, CJ제일제당 경영개발센터 홍보2담당 상무 2017년 CJ(주) 커뮤니케이션실 부실장(부사장대우) 2017년 同커뮤니케이션실장(부사장대우) 2019년 CJ제일제당(주) 홍보실장(부사장)(현)

정길수(鄭吉秀) CHUNG Kil Su

(생)1943·2·26 (출)서울 (주)인천광역시 남동구 승기천로 388 남동공단1단지4B7L (주)세화공업 비서실(032-812-3668) (학)1961년 경남고졸 1967년 서울대 경제학과졸 (경)한국산업은행 근무, 대우중공업(주) 근무, (주)대우 이사·상무이사, 대우조선공업(주) 상무이사, 신아조선공업(주) 상무이사, 대우자동차 정비부품 및 구매총괄담당 전무이사 1995년 同체코주재 부사장, 대우중공업(주) 상용차부문 체코파견 부사장 1998년 대우그룹 체코지역본사 사장 2000년 (주)세화공업 대표이사 2015년 同회장(현)

정길영(鄭吉泳) JUNG Gil Young

(생)1949·8·3 (본)하동(河東) (출)충남 금산 (주)충청남도 논산시 부적면 감곡1길 7-24 길산파이프(주) 임원실(041-732-9994) (학)1968년 대전 대성고졸 2000년 고려대 경영대학원 수료 2016년 명예 경영학박사(한남대) (경)1991년 길산정밀 설립·대표 1997~2004년 길산특수강(주) 설립·대표이사 1998~2006년 길산정밀(주) 설립·대표이사 1999년 同의정부공장 설립·대표이사 2002년 대전 대성고총동문회 회장 2003년 (주)길산특수강 광주영업소 설립 2004년 길산스틸(주) 대표이사(현) 2005년 (주)길산골프클럽 설립·대표이사(현) 2005년 길산에스티(주) 설립·대표이사(현) 2006년 길산파이프(주) 대표이사(현) 2006년 同PE사업부 설립 2006년 중소기업중앙회 금강CEO포럼 회장 2007년 논산시기업인협의회 회장 2007년 한국철강협회 스테인리스스틸클럽 회장 2009년 길산에스티(주) 시흥지점 설립 2009년 법무부 범죄예방논산지역협의회장 2010년 길산파이프(주) 계룡공장 설립 2010년 길산스틸(주) 대전지점 설립 2010년 길산에스에스티(주) 설립·대표이사(현) 2012년 길산에스티(주) 코일센터 설립 (상)재정경제부장관표창(1998), 대전지검장표창(2003), 부총리 겸 재정경제부장관표창(2005), 산업자원부장관표창(2006), 법무부장관표창(2006), 석탑산업훈장(2007), 한국무역협회 1백만불 수출의 탑(2012), 한빛대상 지역경제발전부문상(2015) (종)기독교

정길영(鄭吉永) CHUNG Kil Young

(생)1962·6·30 (본)연일(延日) (출)충북 영동 (주)서울특별시 종로구 북촌로 112 감사원 감사위원실(02-2011-2050) (학)1980년 대전고졸 1984년 서울대 불어불문학과졸 1986년 同대학원 행정학과졸 1995년 일본 사이타마대 대학원 정책학과졸 (경)1984년 행정고시 합격(28회) 1996년 감사원 제5국 제6과 감사관(서기관) 2005년 同국가전략사업평가단 제1과장 2006년 同건설물류감사국 제4과장 2007년 同산업환경감사국 총괄과장(부이사관) 2007년 同사회복지감사국 총괄과장 2009년 同재정·조세감사국 제1과장 2009년 同행정지원실장 2010년 同특별조사국장(고위감사공무원) 2011년 국방대 파견 2011년 감사원 지방행정감사국장 2012년 同재정경제감사국장 2012년 同기획관리실장 2013년 同제2사무차장 2014년 同제1사무차장 2015년 同감사위원(차관급)(현) (상)대통령표창(1996), 홍조근정훈장

정길호(丁吉鎬) Jung, Kil-Ho (文峰)

(생)1953·8·23 (본)창원(昌原) (출)전북 남원 (주)전라북도 군산시 임피면 호원대3길 64 호원대학교 무기체계학과(063-450-7114) (학)1975년 건국대 정법대 행정학과졸 1985년 고려대 대학원 행정학과졸(행정학석사) 1998년 행정학박사(건국대) (경)1978~2014년 한국국방연구원 책임연구위원 1995~2003년 건국대·상명대·서울시립대·국방대 강사 1996년 미국 Santa Monica RAND연구소 초빙연구원 1997년 한국행정학회 운영이사 1999~2003년 국방부 규제개혁심의위원 2000~2003년 한국정책학회 운영이사 2001년 국군방송 시사프로 패널리스트 2003~2010년 국가보훈처 자체평가위원 및 정책자문위원 2004~2010년 한국행정학회·한국인사행정학회·한국조직학회 상임이사 2005~2012년 국방부 자체평가위원 2007년 한국행정학회 감사 2007~2012년 북한사회행정연구회 회장 2008년 국방부 자체평가위원장 2009~2010년 국방대 겸임교수 2011~2013년 통일부 정책자문위원 2015~2017년 건국대 행정대학원 초빙교수 2015~2017년 한국국방연구원 명예연구위원 2015년 호원대 무기체계학과 초빙교수(현) 2016년 더불어민주당 한반도경제통일특별위원회 부위원장(현) 2017~2018년 세종대·단국대 대학원 행정학과 강사 2017년 민주평통 자문위원 2018년 국방부 국방개혁자문위원(현) 2019년 민주평통 평화발전분과위원회 상임위원(현) (상)국방부장관표창(1991·1993·1995), 환경부장관표창(2005), 국무총리표창(2007) (저)'정부조직진단(共)'(2002) '한국의 예산과 정책(共)'(2002) '지식정보시대의 국방인력 발전방향(共)'(2003) '국방행정(共)'(2005) '함께 가꾸는 푸른세상(共)'(2005) (종)기독교

정길호(鄭吉鎬) JUNG KIL HO

(생)1967·1·14 (주)서울특별시 중구 세종대로 39 OK저축은행 비서실(1899-7979) (학)서울대 경제학과졸 (경)1992년 한미은행 2001년 휴먼컨설팅그룹(HCG) 부사장 2010년 아프로파이낸셜그룹·아프로서비스그룹 부사장 2013년 OK저축은행 러시앤캐시 프로배구단장 2014년 OK저축은행 부사장 2016년 同대표이사(현)

정난영(鄭蘭永) CHUNG Nan Young

(생)1942·7·20 (출)서울 (주)경기도 성남시 중원구 둔촌대로 484 시콕스타워 (주)유바이오시스(070-4228-8004) (학)1961년 대전고졸 1965년 성균관대 상학과졸 1997년 연세대 대학원 최고경영자과정 수료 (경)1983년 (주)유한양행 상무이사 1987년 (주)제일제당 이사대우 1989년 同제약사업부 이사 1991년 同제약사업부장(상무이사) 1994~2006년 (주)대웅제약 사장 1995~2001년 (주)태평양제약 대표이사 사장 2000년 한국제약협회 이사 2002~2004년 (주)태평양제약 고문 2003년 LG생명과학 사외이사 2006년 (주)대웅 대표이사 사장 2015년 同고문 2017년 (주)유바이오시스 회장(현)

정남기(鄭南基) CHUNG Nam Kee

(생)1943·3·1 (본)진주(晋州) (출)전북 고창 (주)전라북도 고창군 고창읍 중앙로 235 고창중·고동창회 (학)1962년 고창고졸 1968년 동국대 경제학과졸 (경)1970년 현대경제일보 입사 1972~1980년 합동통신 기자 1983년 전자시보 편집국장 1988년 연합통신 복직 1990년 同조사부 차장·부장대우 1994년 同부국장대우 조사부장 1997년 同부국장대우 편집부장 겸 교정부장 1998년 同부국장대우 편집부장 1998년 同논설위원실장 직대 1999년 연합뉴스 민족뉴스취재본부장 직대 2000~2010년 동학농민혁명유족회 회장 2000년 연합뉴스 민족뉴스취재본부장 2001년 同민족뉴스취재본부 고문 2001~2003년 同동북아정보문화센터 상임이사 겸 소장 2004년 한국편집미디어협회 부회장 2005~2007년 한국언론재단 이사장 2011년 동학농민혁명유족회 상임고문(현) 2012~2014년 진주정씨대종회 회장 2013~2015년 동학농민혁명기념재단 감사 2014년 진주정씨대종회 고문(현) 2019년 고창중·고동창회장(현)

정남기(鄭南基) CHUNG Nam Ki (윤석)

(생)1950·8·15 (본)하동(河東) (출)충북 (주)서울특별시 강남구 언주로129길 20 (사)무역관련지식재산권보호협회(02-3445-3761) (학)태백기계공고졸, 국민대 경제학과졸, 서울대 행정대학원 국가정책과정 수료 (경)1977년 현대자동차서비스 입사 1997년 同이사대우 1999년 同김해사업소장(이사) 1999년 현대자동차(주) 부품물류실장(이사) 2001년 현대모비스(주)

기아부품판매본부장(상무) 2003년 同부품영업본부장(전무) 2005년 同부품영업본부장(부사장), 同구매본부장(부사장) 2006년 한국지식재산보호협회(KOIPA) 초대회장 2007년 (사)무역관련지식재산권보호협회(TIPA) 회장(현) 2010년 범국민지식재산권보호연합회 회장 2018년 한국자유총연맹 이사 (상)자랑스런 국민인의 상(2013)

정남수(鄭南洙) Jung, Nam-soo

(생)1966·10·18 (주)대전광역시 서구 청사로 189 통계청 조사관리국 인구총조사과(042-481-3720) (학)경문고졸, 중앙대 응용통계학과졸 (경)2012년 통계청 조사기획과 근무 2012~2017년 同인구총조사과 근무 2017~2018년 경인지방통계청 사회조사과장 2018~2019년 同조사지원과장 2019년 통계청 조사관리국 인구총조사과장(현)

정남준(鄭男埈) Nam-Joon Chung (無碍)

(생)1956·12·12 (본)광주(光州) (출)광주 (주)제주특별자치도 서귀포시 서호중앙로 63 공무원연금공단 이사장실(064-802-2000) (학)1975년 광주제일고졸 1980년 한양대 정치외교학과졸 1986년 서울대 행정대학원 행정학과졸 1989년 미국 서던캘리포니아대 대학원 행정학과졸 1996년 행정학박사(미국 서던캘리포니아대) (경)1980년 행정고시 합격(23회) 1980~1991년 총무처 행정사무관 1992년 同소청심사위원회 심사과장 1994년 미국 연방정부 객원연구원 1996년 중앙공무원교육원 교육총괄과장 1996~2001년 한양대·성균관대·이화여대·한국외국어대 강사 1997년 총무처 국외훈련과장 1998년 행정자치부 교육훈련과장 1999년 대통령비서실 행정관(부이사관) 2002년 대통령자문 정책기획위원회 사무국장 2003년 중앙공무원교육원 기획지원부장(이사관) 2004년 행정자치부 공보관 2004년 광주시 행정부시장(관리관) 2006년 행정자치부 정부혁신본부장 2008~2009년 행정안전부 제2차관 2009~2011년 서울산업대 IT정책전문대학원 초빙교수 2009년 한국외국어대·명지대·중앙대·이화여대 강사 2011~2012년 한국외국어대 강사 2011~2012년 조선대 행정복지학부 초빙교수 2012년 행정개혁시민연합 상임집행위원 2013~2018년 미래정책연구원 원장 2014~2016년 행정개혁시민연합 공동대표 2016년 창조혁신네트워크(NCI) 대표 2018년 공무원연금공단 이사장(현) (상)대통령표창(1990), 황조근정훈장(2005) (저)'새 풀이 헌 풀을 이긴다'(2011) '열린 생각 열린 공간 : 검지로 건네는 세상 이야기'(2016)

정내권(丁來權) JUNG Nae Kwon

(생)1967·10·22 (출)전남 보성 (주)서울특별시 강남구 논현로136길 7 (주)엠트레이스테크놀로지 비서실(02-501-6026) (학)동양대졸 (경)1990~1999년 (주)한글과컴퓨터 개발부문 이사 겸 CTO 1991년 아래아한글1.52 개발 1992년 아래아한글2.0 한글맞춤법검사기 개발 1994년 아래아한글 윈도우버전3.0 개발 1995년 아래아한글 윈도우버전 3.0b 개발 1996년 아래아한글96 개발 1997년 아래아한글97 개발 1998년 아래아한글815버전 개발 1999년 (주)드림위즈 부사장 겸 CTO 2001년 아래아한글위디안 개발 2000년 (주)드림어플라이언스 대표이사 2002년 (주)엠트레이스테크놀로지 대표이사(현)

정다미(鄭多美·女) CHUNG Tammy

(생)1961·3·24 (출)서울 (주)서울특별시 서대문구 거북골로 34 명지대학교 경영대학 경영학과(02-300-0746) (학)1980년 경기여고졸 1984년 이화여대 영어영문학과졸 1986년 同대학원 경영학과졸 1992년 경영학박사(서울대) (경)1988~1995년 중앙대·경기대·덕성여대·이화여대·국립세무대학 시간강사 1993~1994년 대우투자자문(주) 경영조사부 자문역 1996~2004년 명지대 경영대학 경영학과 조교수·부교수 2004년 同경영학과 교수(현) 2004년 한국회계학회 여성분과위원장(상임이사) 2004년 한국관리회계학회 상임이사 2011~2013년 한국인터넷진흥원 비상임이사 2015년 한세실업(주) 사외이사 겸 감사위원(현) 2017년 명지대 경영대학원장(현) 2019년 한국금융투자협회 자율규제위원회 회계·재무 전문가 위원(현) (저)'유통원가시스템의 유효성에 관한 실증적 연구 : 국내할인업체를 중심으로'(1998) (역)'전략적 고객관리를 위한 7가지 핵심지표'(2005) (종)기독교

정다주(鄭多周)

(생)1976·2·14 (출)서울 (주)경기도 의정부시 녹양로34번길 23 의정부지방법원(031-828-0114) (학)1994년 개포고졸 2000년 서울대 공법학과졸 (경)1999년 사법시험 합격(41회) 2002년 사법연수원 수료(31기) 2002년 해군 법무관 2005년 수원지법 판사 2007년 서울중앙지법 판사 2009년 부산지법 판사 2013년 수원지법 판사 2013년 법원행정처 기획조정심의관 겸임 2015년 서울중앙지법 판사 2017년 울산지법 부장판사 2019년 의정부지법 부장판사(현)

정달영(鄭達永) JEONG Dal Young

(생)1957·1·25 (출)서울 (주)서울특별시 동작구 상도로 369 숭실대학교 자연과학대학 수학과(02-820-0419) (학)1979년 서울대 수학교육과졸 1981년 同대학원졸 1992년 이학박사(미국 뉴욕주립대) (경)서울대 대역해석학연구소 연구원 1983·1990년 연암공업전문대학 전임강사·조교수 1986년 경상대 수학과 강사 1988~1992년 미국 Hunter College 연구원 1992년 서울대 대역해석학연구센터 연구원 1993년 숭실대 수학과 교수(현) 2006년 同교수학습센터장 2013년 同베어드학부대학장 2015년 同교무처장

정대균(鄭大均)

(생)1961 (출)경남 함양 (주)경상남도 창원시 마산회원구 양덕서9길 11-11 MBC경남 임원실(055-250-5014) (경)1987년 진주문화방송 보도국 카메라기자 입사 2007년 同영상제작팀장 2008년 전국언론노동조합 문화방송본부 진주지부장 2011년 同문화방송본부 수석부위원장 2011년 지역방송협의회 공동의장 2010년 진주-창원MBC 강제통폐합저지 및 공정방송 쟁취 투쟁 중 해직 2013년 MBC경남 재입사 2018년 同대표이사 사장(현) (상)특종상(1996·1999), 리영희재단 공정언론지킴이상(2012)

정대만(鄭大萬)

(생)1962 (출)전남 화순 (주)경기도 안양시 만안구 냉천로 83 안양세무서(031-467-1201) (학)광주 살레시오고졸, 세무대학졸(1기) (경)세무공무원 임용(8급 특채), 전남 여수세무서 총무과 근무, 국세청 전산정보관리관실 근무, 서울 마포세무서 조사과 근무, 서울지방국세청 징세과 근무, 중부지방국세청 조사3국 조사3과 근무, 국세청 법무심사국 심사2과 근무 2012년 국세청 심사2담당관실 서기관, 서울지방국세청 국제조사관리과 6계장 2013년 강원 속초세무서장 2015년 중부지방국세청 조사4국 조사2과장 2016년 경기 평택세무서장 2017년 중부지방국세청 조사1국 조사2과장 2018년 서울 중랑세무서장 2019년 경기 안양세무서장(현)

정대상(鄭大相) Jeong Daesang

(생)1957·9·8 (출)서울 (주)서울특별시 성동구 마장로 210 한국기원 홍보팀(02-3407-3850) (경)1982년 프로바둑 입단 1984년 제왕전 본선 1985년 2단 승단 1985년 패왕전·박카스배 본선 1986년 3단 승단 1987년 대왕전·신왕전 본선 1988년 신왕전 본선 1989년 4단 승단 1990년 신왕전 본선 1991년 5단 승단 1992년 박카스배 본선 1993년 연승바둑최강전 본선 1994년 6단 승단 1994년 국기전 본선 1995년 한국이동통신배·테크론배

본선 1996년 7단 승단 1996년 왕위전·천원전 본선 1997·1998년 명인전 본선 1999년 8단 승단 1999년 삼성화재배 본선 1999·2000년 KBS바둑왕전 본선 2004년 자양바둑기실 지도사범 2004년 전자랜드배 왕중왕전 백호부 본선 2005년 9단 승단(현) 2005년 강동명인도장 지도사범 2005년 맥심커피배 본선 2006·2007년 맥심커피배 입신최강 본선 2007년 지지옥션배 입신최강 본선 2008년 원익배 십단전 본선 2009·2010년 지지옥션배 본선 2009년 맥심커피배 본선 2016년 삼성화재배 월드바둑마스터 본선 2017년 한국기원총재배 시니어바둑리그 준우승 2018년 대주배 본선

정대선(鄭大宣) JUNG Dea Sun

(생)1977 · 12 · 17 (본)하동(河東) (주)서울특별시 중구 퇴계로 272 현대BS&C 임원실(070-8277-7995) (학)미국 캘리포니아대 버클리교 회계학과졸 2008년 미국 매사추세츠공과대(MIT) 대학원 경제학과졸 (경)2004년 BNG스틸(주) 창원공장 공장 품질팀 · 수출팀 대리, 同이사 2008년 현대BS&C(주) 대표이사 사장 2014년 同사장(현)

정대연(鄭大然) JEONG Dae Yun

(생)1947 · 2 · 10 (본)영일(迎日) (출)경북 청도 (주)제주특별자치도 제주시 제주대학로 102 제주대학교 사회학과(064-754-2114) (학)1966년 부산고졸 1974년 고려대 사회학과졸 1976년 同대학원 사회학과졸 1984년 호주 퀸즈랜드대 대학원 사회학과졸 1988년 사회학박사(호주 퀸즈랜드대) (경)1974년 고려대 사학과 조교 1976~1981년 한국리서치 연구원 1977~1980년 강남대 강사 1981~2012년 제주대 사회학과 교수 1991년 전국국공립대대학신문주간교수협의회 부회장 1993년 한국사회학회 이사 1994년 국가5급공무원시험 출제위원 1996~2000년 아시아 · 태평양사회학회 이사 1996년 대학종합평가위원회 위원 1997~2000년 제주도 환경보전자문위원회 위원 1998년 KBS 제주방송총국 객원해설위원 1999년 제주도 국제자유도시추진실무위원회 위원 1999년 Asian Opinion Network 한국대표 전문위원 2000년 영국 Sheffield대 강의교수 2001~2002년 제주도 환경 · 교통 · 재해통합영향평가심의위원회 부위원장 2001년 지방의제21전국협의회 고문 2002 · 2004년 세계사회학대회 환경분과 조직위원장 2003 · 2004년 기후변화협약당사국 제9차유엔총회 한국정부 대표 2003년 대통령자문 지속가능발전위원회 위원 2004년 신행정수도후보지평가위원회 위원장 2004~2005년 대통령자문 교육혁신위원회 자문위원 2005년 생물권보전지역국제기구유치위원회 위원장 2005년 지속가능발전을위한환경정책연구회 연구위원 2005년 OECD 지속가능발전전문가회의 한국정부 대표 2011년 아시아기후변화교육센터장(현) 2012년 제주대 사회학과 명예교수(현) (저)'사회통계학'(1992) '제주사회론1 · 2(共)'(1995) '기초사회통계학'(1996) '사회과학방법론사전'(1997) '현대사회의 계급연구(共)'(1999) '현대사회학의 이해(共)'(2000) '환경사회학'(2001) '환경주의와 지속가능한 발전'(2004) '한국 지속가능발전의 구조와 변동'(2010)

정대용(鄭大用) CHUNG Dae Yong

(생)1953 · 4 · 1 (본)경주(慶州) (출)서울 (주)서울특별시 동작구 상도로 369 숭실대학교 벤처중소기업학과(02-820-0590) (학)1975년 한양대 화학공학과졸 1977년 고려대 대학원 경영학과졸 1989년 경영학박사(고려대) (경)1983~1998년 숭실대 경영학부 교수 1993~1995년 미국 펜실베이니아대 와튼스쿨 방문연구원 1993~1995년 아시아문화개발기구 이사 1995~1998년 전문인국제협력단 이사 1996~2001년 숭실대 중소기업대학원 교학부장 1998~2001년 同경영경제전략연구소장 1998~2019년 同벤처중소기업학과 교수 2001년 미국 케네소주립대 방문교수 2006~2008년 숭실대 벤처창업보육센터 위원 2006년 한국창업학회 회장 2008년 한국생산성학회 상임이사 2012~2013년 숭실대 정주영창업캠퍼스담당 특임부총장 2014년 세계미래포럼 특강 연사(현) 2016~2017년 한국경영교육학회 회장 2017년 미국 세계인명사전 'Marquis Who's Who in the world'에 등재 2019년 숭실대 벤처중소기업학과 명예교수(현) (저)'창업스쿨'(1997) '차업경영'(1997) '창업경영전략'(1998) 'CD-ROM을 이용한 중소-벤처경영론'(2001) '창업계획서와 컨설팅사례'(2003) (종)기독교

정대운(鄭大藴) JEONG Dae Woon

(생)1966 · 2 · 25 (본)나주(羅州) (출)전남 무안 (주)경기도 수원시 팔달구 효원로 1 경기도의회(031-8008-7000) (학)무안종합고졸 2007년 초당대 경찰행정학과졸, 경기대 교육대학원 교육학과졸 (경)열린우리당 광명시당원협의회 청년위원장 2003~2010년 (사)대한청소년육성회 광명지회장, 아시아일보 국회정치부 차장 2006~2010년 광명시교육청 학교폭력추방협의회 위원, 광명시생활체육회 이사, 독도향우회 경기도지회장, 광명경찰서 성폭력예방공동추진협의회 위원, 광명소방서 의용소방대 산악구조대 자문위원 2010년 경기도의회 의원(민주당 · 민주통합당 · 민주당 · 새정치민주연합) 2010년 同가족여성위원회 간사 2010년 민주당 경기도당 청소년보호특별위원회 위원장 2012년 경기도의회 정보위원장 2012년 同친환경농산물유통체제 및 혁신학교개선추진특별위원회 간사, 同예산결산특별위원회 위원 2013년 同뉴타운대책특별위원회 위원 2013년 同남북교류특별위원회 위원 2014~2018년 경기도의회 의원(새정치민주연합 · 더불어민주당) 2014년 同여성가족평생교육위원회 간사 2014~2015년 同친환경농축산물유통체계 및 혁신학교개선추진특별위원회 위원장 2015년 同예산결산특별위원회 위원장 2016~2018년 同여성가족교육협력위원회 위원 2017~2018년 同광명 · 시흥테크노밸리조성을위한특별위원회 위원장 2018년 경기도의회 의원(더불어민주당)(현) 2018년 同기획재정위원회 위원장(현) 2019년 광명시새마을회 명예회장(현) (상)서민과직능소상공인을위한유권자시민행동 선정 대한민국 유권자대상(2013 · 2017), 경기도청공무원노동조합 선정 '의정활동 우수도의원'(2015), 올해의 사회공헌대상 지역복지부문 대상(2016), 광명시 양성평등감사패(2016), 광명 서초교장 감사패(2017)

정대율(鄭大栗) CHONG DAE-YUL

(생)1965·10·29 (본)경주(慶州) (출)전남 나주 (주)강원도 동해시 한섬로 141-1 동해지방해양안전심판원 원장실(033-532-5410) (학)1984년 봉황고졸 1989년 한국해양대 항해학과졸 2005년 同대학원 해사법학과졸 2012년 해사법학박사(한국해양대) (경)1990~1999년 호유해운 항해사·대리 1999~2002년 현대오일뱅크 SBM선장(Loading Master) 2002~2008년 한국해양수산연수원 조교수 2008~2009년 해양수산부 인천지방해양안전심판원 심판관 2009~2011년 同부산지방해양안전심판원 심판관 2011~2014년 同동해지방해양안전심판원 심판관 2012년 한국해양대 해사산업연구소 해사법률지원연구실 자문위원 2013·2017년 (사)해양환경안전학회 교육정책분과위원장 2014년 목포선원노동위원회 공익위원·위원장 2014년 해양수산부 목포지방해양안전심판원 심판관 2016년 중앙해양안전심판원 심판관 2018년 동해지방해양안전심판원장(현) (역)'선원신분증명서에 관한 협약(개정) 제185호(共)'(2003, 해양수산부) '해상 및 항내에서의 선장 사고방지(共)'(2004, 한국해기사협회) '2006년 해사노동협약(共)'(2007, 해인출판사) '2007년 어선원노동협약 및 권고(共)'(2007, 다솜출판사) (종)기독교

정대이(鄭大利) JEONG Dae Yi

(생)1966·6·5 (본)진주(晉州) (출)경남 진주 (주)강원도 삼척시 정상로 53 삼척경찰서(033-571-2321) (학)진주고졸 1989년 경찰대 법학과졸(5기) (경)1989년 경위 임용, 경찰청 예산과 근무, 서울지방경찰청 정보부 근무, 강원 속초경찰서 방범과장·청문감사관, 강원 인제경찰서 방범수사과장 2002년 강원

영월경찰서 수사과장 2004년 강원지방경찰청 생활질서계장 2007년 강원 춘천경찰서 생활안전과장, 강원지방경찰청 작전의경계장 2012년 同경무과 교육계장 2012년 同여성청소년계장 2014년 同정보과 정보3계장 2017년 同정보과 정보3계장(총경) 2017년 강원지방경찰청 치안지도관(교육) 2019년 강원 삼척경찰서장(현) (상)경찰청장표창

정대정(鄭大正) Jeong dae jeong

(생)1971·4·3 (출)부산 (주)부산광역시 연제구 법원로 15 부산지방검찰청 형사1부(051-606-4308) (학)1989년 진주고졸 1998년 연세대 경영학과졸 (경)1997년 사법시험 합격(39회) 2000년 사법연수원 수료(29기) 2000년 광주지검 검사 2002년 同순천지청 검사 2004년 의정부지검 검사 2006년 대구지검 포항지청 검사 2009년 서울중앙지검 검사 2012년 수원지검 검사 2013년 同부부장검사 2014년 창원지검 공판송무부장 2015년 부산지검 동부지청 형사3부장 2016년 인천지검 형사5부장 2017년 서울남부지검 금융조사2부장 2018년 창원지검 형사1부장 2019년 부산지검 형사1부장(현)

정대진(鄭大鎭) Jeong Daejin

(생)1969·4·5 (출)전북 고창 (주)세종특별자치시 한누리대로 402 산업통상자원부 투자정책관실(044-203-4060) (학)전주 완산고졸, 서울대 경제학과졸 (경)1993년 행정고시 합격(37회) 2003년 산업자원부 자본재산업총괄과 서기관 2007년 同산업정책본부 산업기술협력팀장 2008년 지식경제부 산업기술정보협력과장 2009년 同투자유치과장 2010년 同소프트웨어산업과장 2012년 同산업경제정책과장 2013년 산업통상자원부 산업정책실 산업정책과장 2014년 同산업정책실 산업정책과장(부이사관) 2015년 同산업기반실 창의산업정책관(고위공무원) 2017년 同산업정책관 2018년 교육 훈련(고위공무원) 2019년 산업통상자원부 투자정책관(현)

정대철(鄭大哲) CHYUNG Dai Chul (萬初)

(생)1944·1·4 (본)진주(晉州) (출)서울 (주)서울특별시 영등포구 국회대로74길 19 5층 민주평화당(02-784-3330) (학)1962년 경기고졸 1966년 서울대 법대졸 1969년 同대학원 법학과졸 1975년 미국 미주리주립대 대학원 정치학과졸 1984년 정치학박사(미국 미주리주립대) 2003년 명예 법학박사(건국대) (경)1971~1972년 한양대 전임강사·조교수 1975~1977년 미국 미주리대 강사 1977년 제9대 국회의원(서울 종로구·중구 보궐선거, 무소속) 1978년 제10대 국회의원(서울 종로구·중구, 신민당) 1979년 신민당 정책위원회 부의장 1985년 현실문제연구소 이사장 1985년 민주화추진협의회 통일문제특위위원장 1987년 평민당 대변인 1988년 同정책위원회 의장 1988년 제13대 국회의원(서울 중구, 평민당·신민당·민주당) 1988년 국회 문화공보위원장 1990년 평민당 총재사회담당특보 1991년 신민당 당무위원 1992년 제14대 국회의원(서울 중구, 민주당·새정치국민회의) 1992년 민주당 최고위원 1993년 同상임고문 1995~2000년 새정치국민회의 부총재 1996년 同선거대책위원회 공동의장 1996년 同서울中지구당 위원장 1998년 한국야구위원회(KBO) 총재 2000~2004년 제16대 국회의원(서울 중구, 새천년민주당·열린우리당) 2000년 새천년민주당 최고위원 2001년 同상임고문 2002년 同최고위원 2002년 국민정치연구회 이사장 2002년 새천년민주당 중앙선거대책위원장 겸 집행위원장 2003년 同대표최고위원 2003년 한국장기협회 총재 2003년 열린우리당 상임고문 2005년 세계중소기업연맹(WASEM) 제17차 세계대회조직위원회 대회장 2005년 미국 스탠퍼드대 아시아태평양연구소 객원연구원 2007년 열린우리당 상임고문 2007년 대통합민주신당 정동영 대통령후보 중앙선거대책위원회 최고고문 2008~2011년 민주당 상임고문 2010년 극동정보대학 석좌교수 2011년 민주통합당 상임고문 2013년 민주당 상임고문 2014년 새정치민주연합 상임고문 2015년 더불어민주당 상임고문 2016년 국민의당 상임고문 2016년 필룩스 사외이사(현) 2017년 국민의당 제19대 안철수 대통령후보 중앙선거대책위원회 상임고문 2018년 민주평화당 상임고문(현) 2018년 한국블록체인기업진흥협회 총재(현) 2019년 소강민관식육영재단 이사장(현) (상)미국 미주리주립대 올해의 동문상·총동문회상, 제26회 소충·사선문화상 대상(2017) (저)'북한의 통일전략연구' '암탉이 울어야 새벽이 온다' (작)수필 '열린정치 열린생각' '새벽을 여는 젊은 정치' '유난히 큰 배꼽' '장면은 왜 수녀원에 숨었나' '21세기 희망의 프로젝트' (종)기독교

정대표(鄭大杓) JUNG Dae Pyo

(생)1956·6·27 (출)대구 (주)서울특별시 서초구 법원로1길 1 서호빌딩 402호 법무법인 심연(02-592-7200) (학)1975년 경북고졸 1979년 성균관대 법학과졸 1983년 同경영대학원졸 1985년 同대학원 법학과졸 (경)1985년 사법시험 합격(27회) 1988년 사법연수원 수료(17기) 1988년 서울지검 동부지청 검사 1990년 마산지검 거창지청 검사 1992년 서울지검 남부지청 검사 1994년 부산지검 검사 1996년 수원지검 검사 1997~1998년 미국 스탠퍼드대 연수 1999년 서울지검 검사 2000년 인천지검 부부장검사 2000년 부산고검 검사 2001년 대전지검 천안지청 부장검사 2002년 대구지검 총무부장 2003년 인천지검 강력부장 2004년 대검찰청 마약과장 2005년 서울남부지검 형사4부장 2006년 서울북부지검 형사1부장 2007년 부산지검 동부지청 차장검사 2008년 수원지검 성남지청 차장검사 2009년 울산지검 차장검사 2009년 부산지검 동부지청장 2010년 서울고검 형사부 검사 2011년 同송무부 검사 2012~2015년 한국소비자원 원장 2015년 법무법인 심연 대표변호사(현) 2015년 글로본(주) 사외이사(현) (상)대통령표창, 홍조근정훈장(2010)

정대화(鄭大和) CHUNG Dae Hwa

(생)1956·10·14 (본)영일(迎日) (출)서울 (주)강원도 원주시 상지대길 83 상지대학교 총장실(033-730-0114) (학)1984년 서울대 기계공학과졸 1990년 同대학원 정치학과졸 1995년 정치학박사(서울대) (경)1987년 한국사회과학연구소 연구위원 1988년 한국정치연구회 부회장 1992년 국회 정책연구위원 1993~1996년 한신대·서울대 강사 1995년 참여연대 의정감시센터실행위원 1995~1997년 학술단체협의회 연구위원장·정책위원장 1996년 한국정당정치연구소 부소장 1996~2018년 상지대 인문사회과학대학 교양과 교수 1997년 상지학원 사무국장 2000년 총선시민연대 대변인 2000년 민주사회정책연구원 운영위원 2001년 상지대 기획처장 2002년 대통령소속 의문사진상규명위원회 자문위원 2002년 대선감시시민옴부즈만 전문가위원장 2004년 총선물갈이국민연대 집행위원장 2004년 서울시민포럼준비위원회 운영부위원장 2005년 민주사회정책연구원 부원장 2005년 서울시민포럼 공동대표 2005년 서울시민연대 공동대표 2005년 학술진흥재단 학술평가위원 2006년 한국NGO학회 부회장 2006년 시민센터설립추진위원회 상임집행위원장 2006년 미래구상 기획단장 2007년 대통합민주신당 대표비서실장 2017년 상지대 총장 직무대행 겸 부총장 2018년 同총장(현) (저)'우리들의 절반 : 북한 백문백답(共)'(1991) '한국민주주의와 지방자치(共)'(1998) '김대중정부 개혁대해부(共)'(1998) '우리는 부패의 사명을 띠고 이 땅에 태어났다(共)'(2000) '제16대 국회의원총선거 평가(共)'(2000) '포스트 양김시대의 한국정치'(2002) '시민운동과 정당정치'(共)

정덕교(鄭德敎)

(생)1963·1·14 (출)서울 (주)부산광역시 강서구 공항진입로42번길 54 한국공항공사 부산지역본부(051-974-3301) (학)인덕공고졸, 동국대 회계학과졸 (경)1990년 한국공항공사 입사 2005년 同제주지역본부 총무팀장 2006년 同재무회계팀장 2008년 同무안지사 운영팀장 2009년 同부산지역본부 경영지원팀장 2013년 同CS상생팀장 2014년 同운영보안실장 2015년 同감사실장 2017년 同인사관리실장 2019년 同부산지역본부장(현)

정덕구(鄭德龜) CHUNG Duck Koo

(생)1948 · 11 · 1 (본)하동(河東) (출)충남 당진 (주)서울특별시 영등포구 여의나루로 53-2 원창빌딩 801호 니어재단(02-783-7409) (학)1967년 배재고졸 1971년 고려대 경영학과졸 1983년 미국 위스콘신대 경영대학원졸 (경)행정고시 합격(10회) 1970~1971년 고려대 기업경영연구소 경영진단부 근무 1972~1975년 국세청 행정사무관 1975년 재무부 입부 1979~1987년 同조세법규 · 재산세제 · 조세정책과장 1987~1989년 同자본시장 · 증권정책과장 1989년 駐영국대사관 재무관 1992년 재무부 저축심의관 · 국제금융국장 1993년 同경제협력국장(이사관) 1994년 同금융실명단 부단장 1994년 同국제금융국장 1994년 재정경제원 대외경제국장 1996년 아시아유럽정상회의(ASEM)준비기획단 사업추진본부장 1996년 재정경제원 기획관리실장 1997년 同제2차관보, 同IMF협상 수석대표 1998년 재정경제부 차관 1998년 금융통화위원회 위원 1998년 노사정위원회 실무위원 1999~2000년 산업자원부 장관 2000년 새천년민주당 총재경제특보 2000~2004년 서울대 국제대학원 초빙교수 2001~2004년 同국제금융연구센터 소장 2003년 중국 베이징대 초빙교수 2003년 중국 인민대 객좌교수 2004년 열린우리당 민생경제특별대책위원장 2004~2007년 제17대 국회의원(비례대표, 열린우리당) 2005년 '한 · 중 · 일 3국간 환율협력 국제세미나' 조직위원장 2005~2008년 중국 인민대학 재정금융대학원 초빙교수 2006~2007년 국회 2014평창동계올림픽유치특별위원회 위원장 2007년 니어(NEAR)재단 이사장(현) 2007년 고려대 경영대학 초빙교수 2008년 제18대 국회의원선거 출마(당진, 한나라당) 2010~2016년 국제회계기준(IFRS)재단 이사 2013년 중국 사회과학원 정책고문 (상)홍조근정훈장(1993), 청조근정훈장(2002), 경제학공동학술대회 특별공로상(2018) (저)'97년 이후의 한국경제' '키움과 나눔을 넘어서-한국경제의 미래설계' '한국을 보는 중국의 본심'(2010) '한국의 외교안보 퍼즐'(2013) '한국 경제, 벽을 넘어서'(2014) '한 · 일관계, 이렇게 풀어라'(2015) (종)기독교

정덕균(鄭德均) Jeong, Deog-Kyoon

(생)1958 · 8 · 29 (출)서울 (주)서울특별시 관악구 관악로 1 서울대학교 공과대학 전기 · 정보공학부(02-880-7437) (학)1981년 서울대 전자공학과졸 1984년 同대학원 전자공학과졸 1989년 전기공학박사(미국 캘리포니아대 버클리교) (경)1989년 미국 Texas Instruments 연구원 1991년 서울대 전기공학과 조교수 1995년 반도체회로 벤처 '실리콘이미지' 공동창업(미국 소재) 1996년 서울대 전기공학부 부교수 · 교수, 넥서스투자(주) 이사 2006~2008년 서울대 반도체공동연구소장 2012~2017년 同공과대학 전기 · 정보공학부 교수 2017년 국제전기전자공학회(IEEE) 석학회원(현) 2017년 서울대 공과대학 전기 · 정보공학부 석좌교수(현) 2018년 효성중공업(주) 사외이사(현) (상)훌륭한 공대 교수상(2000), 최우수강의상(2002), 우수강의 교수상(2002), 공학한림원 젊은공학인상(2007), 호암상 공학상(2009)

정덕모(鄭德謨) JUNG Deok Mo

(생)1957 · 9 · 12 (출)대구 (주)서울특별시 강남구 영동대로 517 아셈타워 22층 법무법인 화우(02-6182-8301) (학)1975년 경북고졸 1979년 서울대 법대졸 (경)1981년 사법시험 합격(23회) 1983년 사법연수원 수료(13기) 1983년 공군 법무관 1986년 서울형사지법 판사 1989년 서울민사지법 판사 1991년 대구지법 경주지원 판사 1993년 서울지법 동부지원 판사 1994년 서울고법 판사 1996년 대법원 재판연구관 2000년 수원지법 부장판사 2001년 미국 컬럼비아대 로스쿨 객원연구원 2003년 서울중앙지법 부장판사 2005년 대전고법 부장판사 2006~2010년 서울고법 부장판사 2010~2016년 법무법인 화우 파트너변호사 2011~2014년 디피씨(주) 사외이사 2017년 법무법인 화우 대표변호사(현)

정덕수(鄭德壽)

(생)1973 · 12 · 21 (출)경북 의성 (주)경기도 수원시 영통구 법조로 105 수원지방법원 총무과(031-210-1101) (학)1992년 달성고졸 1997년 서울대 공법학과졸 (경)1998년 사법시험 합격(40회) 2001년 사법연수원 수료(30기) 2001년 軍법무관 2004년 대구지법 판사 2007년 同상주지원 판사 2008년 수원지법 안산지원 판사 2013년 서울중앙지법 판사 2015년 서울남부지법 판사 2017년 울산지법 부장판사 2019년 수원지법 부장판사(현)

정덕준(鄭德俊) CHUNG Duk Joon

(생)1944 · 2 · 23 (본)동래(東萊) (출)전북 김제 (주)서울특별시 성동구 광나루로 130 서울숲IT캐슬 1310호 (사)한민족문화교류협회(02-464-7708) (학)1964년 남성고졸 1968년 고려대 국어국문학과졸 1977년 同대학원졸 1984년 문학박사(고려대) (경)1978년 고려대 강사 1979~1986년 우석대 전임강사 · 조교수 · 부교수 1986~2008년 한림대 국어국문학과 부교수 · 교수 1989년 미국 플로리다주립대 객원교수 1997년 안암어문학회 회장 1998년 한림대 교양교육부장 1999년 同인문대학장 2000년 한국문학이론과비평학회 회장 2001년 (사)한민족문화교류협회 회장(현) 2002년 한국언어문학회 회장 2004년 한국서사학회 회장 2006년 중국 요동대 교환교수 2008~2010년 중국 연태대 특임교수 2015년 카자흐스탄국립대 초빙교수(현) (저)'문학의 이해' '한국 현대소설 연구' '우리소설 어떻게 읽을 것인가' '조명희' '한국의 대중문학' '고교에서의 문학교육 어떻게 할 것인가' '중국조선족문학의 어제와 오늘' 'CIS 고려인문학사와 론' (종)천주교

정덕화(鄭德和) Chung Duck-Hwa

(생)1950 · 7 · 16 (출)경남 (주)경상남도 진주시 진주대로 501 경상대학교 대학원(055-772-0087) (학)1977년 경상대 농화학과졸 1979년 同대학원졸 1986년 농학박사(충남대) (경)1979~2015년 경상대 식품공학과 부교수 · 교수 · 농화학식품공학과 교수 1989년 미국 위스콘신대 방문연구원 1990년 영국 요크대 방문연구원 1993 · 1995년 일본 동경이과대 생명과학연구소 방문연구원 1998~2013년 보건복지부 식품위생심의위원회 위원장 2003년 한국식중독세균연구회 회장 2005년 농림축산식품부 농수산물품질관리심의회 위원 · 분과위원장 · 농수산물품질관리심의회 위원장(현) 2005년 한국GAP연구회 회장 2006년 (주)한국농식품안전관리원 원장(현) 2007~2009년 경상대 공동실험실습관장 2008~2014년 식품의약품안전처 자체평가위원회위원장 2009~2011년 경상대 대학원장 2009~2014년 한국식품위생안전성학회 부회장 · 회장 2009년 국무총리소속 식품안전정책위원회 민간위원협의회 위원 · 운영회비회 위원장(현) 2011년 (사)대한민국GAP연합회 회장(현) 2012년 농림축산식품부 농림식품과학기술위원회 안전유통전문위원장 2014년 한국식품안전관리인증원 원장추천위원회 위원장 2015년 경상대 농화학식품공학과 석좌교수, 同대학원 석좌교수(현) 2017~2019년 식품의약품안전처 정책자문관 2012년 농림축산식품부 농림식품과학기술위원(현) 2018년 농림부 농식품안전관리포험 위원장(현) (상)한국과학기술단체총연합회 우수논문상(1996), 한국식품안전성학회 학술상(2004), 식품의약품안전청장표창(2004), 국민포장(2005), 황조근정훈장(2015)

정덕환(鄭德煥) JUNG Duk Hwan (형원)

(생)1946 · 2 · 5 (본)초계(草溪) (출)서울 (주)경기도 파주시 소라지로195번길 47-30 에덴복지재단 에덴하우스(031-946-7030) (학)1966년 성남고졸 1966년 연세대 입학 2000년 나사렛대 인간재활학과졸 2002년 연세대 명예졸업 2004년 同경영대학원 최고경영자과정(AMP) 수료 2010년 나사렛대 재활대학원 직업재활학과졸(석사) (경)1965~1972년 유도 국가대표 1983년 사회복지법인 에덴복지재단 설립 · 이사장(현) 1996년 '장애

인 먼저' 실천중앙협의회 자문위원(현) 1999년 RI KOREA(국제재활협회) 직업재활분과위원(현) 2003년 한국장애인고용촉진공단 자문위원(현) 2005년 한국사회복지법인대표이사협의회 이사(현) 2006년 WI(Workability-International) ASIA 부회장 겸 WI KOREA 회장(현) 2008년 사랑의쌀나눔운동본부 자문위원(현) 2008년 한국보조기기산업협회 자문위원(현) 2009~2015년 한국장애인직업재활시설협회 회장 2009년 사회복지정치참여네트워크추진단 장애인복지정책위원(현) 2009년 경기북부사회적기업협회 고문·부회장(현) 2010년 한우리공동선실천연대 이사(현) 2010~2015년 보건복지부 중증장애인생산품우선구매촉진위원회 위원 2012년 고양시체육회 이사(현) 2012년 서울 구로구 장애인복지기금운영심의위원(현) 2014년 한국사회복지협의회 비상임이사(현) 2015년 (사)한국신체장애인복지 상임고문(현) 2015년 사랑의끈연결 국민운동본부 총재(현) 2015년 중증장애인평생일터행복공장만들기운동본부 회장(현) 2015년 행복공장만들기 운동본부 회장(현) 2016년 경기도장애인체육회 고문(현) (상)보건사회부장관표창(1981), 국민포장(1991), 신 한국인 선정(1993), 자랑스런 서울시민상(1994), 통일기반조성위원회 통일기반조성상(1996), 국민훈장 석류장(2000), 자랑스런 연세 사회복지인상(2001), 세계복음화협의회 자랑스런 장애인상(2001), 자랑스런 성남인상(2002), 제7회 일본 KAZUO ITOGA재단 기념상(2003), 한국언론인협회 특별공로상(2007), 도산아카데미 도산봉사상(2008), 2009자랑스런 한국장애인상(2009), MBC사회봉사대상 본상(2010), 2011년을빛낸도전한국인상(2012), 우봉봉사상(2013), 국민훈장 모란장(2018) (저)'절망이 나를 흔들어도'(1986) '절망을 넘어서'(1989) '에덴21세기 글로벌전략과 제'(2006), 자서전 '행복공장이야기'(2014)

정덕흥(鄭德興) CHEONG Deok Heung

(생)1948·9·26 (출)경북 의성 (주)서울특별시 강남구 영동대로 517 법무법인 화우(02-6003-7117) (학)1967년 경북고졸 1972년 서울대 법대졸 1976년 同대학원 법학과 수료 (경)1974년 사법시험 합격(16회) 1976년 사법연수원 수료(6기) 1979년 청주지법 판사 1982년 인천지법 판사 1984년 서울지법 북부지원 판사 1986년 서울형사지법 판사 1986년 서울고법 판사 1990년 대법원 재판연구관 1991년 대구지법 부장판사 1993년 서울가정법원 수석부장판사 1996년 서울지법 부장판사 1998년 부산고법 부장판사 2000년 서울고법 부장판사 2001~2003년 법무법인 화백 변호사 2002~2005년 행정자치부 경찰위원회 위원 2002~2010년 금융감독원 금융분쟁조정위원 2002~2008년 서울중앙지법 조정위원 2002년 교육인적자원부 사립학교교직원급여재심위원회 위원장 2003~2012년 법무법인 화우 변호사 2005년 부패방지위원회 비상임위원 2005~2008년 국가청렴위원회 비상임위원 2012년 법무법인 화우 고문변호사(현) (저)'상법판례집'(1998) (종)천주교

정도성(鄭道成) CHUNG Do Sung

(생)1957·8·24 (주)서울특별시 성북구 정릉로 77 국민대학교 조형대학 공업디자인학과(02-910-4603) (학)국민대 조형대학 산업디자인학과졸, 일본 규슈토카이대 대학원 조형예술학과졸, 디자인학박사(동서대) (경)일본 도요구치디자인연구소 근무, 울산대 전임강사, 국민대 산업디자인과 전임강사·조교수·부교수, 同조형대학 공업디자인학과 교수(현) 2006년 同조형대학장 2008~2011년 한국산업디자이너협회 부회장 2010~2014년 국민대 테크노디자인전문대학원장 2012년 同교무위원 2014~2017년 (사)한국산업디자이너협회 회장

정도성(鄭道成)

(생)1973·6·13 (출)서울 (주)경기도 평택시 평남로 1036 수원지방법원 평택지원(031-650-3114) (학)1992년 용산고졸 1998년 서울대 사법학과졸 (경)1997년 사법시험 합격(39회) 2000년 사법연수원 수료(29기) 2000년 육군 법무관 2003년 서울지법 의정부지원 판사 2004년 의정부지법 판사 2005년 서울중앙지법 판사 2007년 광주지법 목포지원 판사 2009년 광주고법 판사 2012년 인천지법 판사 2013년 대법원 재판연구관 2015년 제주지법 부장판사 2017년 수원지법 평택지원 부장판사(현)

정도언(鄭度彦) CHUNG Do Oen

(생)1948·2·7 (본)경주(慶州) (출)서울 (주)서울특별시 강남구 도곡로 194 일양약품(주) 회장실(02-570-3700) (학)1966년 삼선고졸 1970년 중앙대 약학과졸 1975년 고려대 경영대학원 수료 1990년 서울대 경영대학원 최고경영자과정 수료 1990년 연세대 경영대학원 최고경영자과정 수료 1991년 同행정대학원 고위정책과정 수료 (경)1974년 일양약품(주) 입사 1976년 同생산관리부장 1978년 同기획담당이사 1983년 同상무이사 1986년 同전무이사 1991년 同부사장 1994년 同대표이사 사장 1997년 同부회장 1997년 한국제약협회 부회장 1998년 일양약품(주) 대표이사 사장 2001년 同대표이사 회장 2013년 同회장(현) (상)농림수산부장관표창(1982), 보건복지부장관표창(1987), 산업포장(1995), 東巖 藥의 賞 제약부문(2012) (종)불교

정도영(鄭濤泳)

(생)1967·8·12 (출)강원 원주 (주)서울특별시 서초구 서초중앙로 157 서울중앙지방법원(02-530-1690) (학)1986년 원주 대성고졸 1994년 서울대 공법학과졸 (경)1994년 사법시험 합격(36회) 1997년 사법연수원 수료(26기) 1997년 광주지법 판사 1999년 同순천지원 판사 2001년 수원지법 여주지원 판사 2004년 서울중앙지법 판사 2007년 서울북부지법 판사 2009년 서울고법 판사 2010년 서울중앙지법 판사 2012년 서울가정법원 판사 2014년 청주지법 부장판사 2016년 의정부지법 부장판사 2017년 서울북부지법 부장판사 2019년 서울중앙지법 부장판사(현)

정도원(鄭道源) CHUNG Do Won

(생)1947·3·22 (출)서울 (주)서울특별시 종로구 종로1길 42 이마빌딩 15층 (주)삼표 회장실(02-460-7026) (학)1965년 경복고졸 1970년 미국 위스콘신주립대 금속학과졸 (경)1975년 강원산업 이사 1977년 同상무이사 1981년 同전무이사 1982년 同부사장 1989~1995년 同사장 1990~2000년 同부회장 1993년 정인욱학술장학재단 이사장(현) 2000년 (주)삼표 회장(현) 2001~2004년 한국골재협회 회장 (상)경복동문대상(2017) (종)기독교

정도헌(鄭道憲) JUNG Do Heon (周峰)

(생)1944·10·17 (출)충북 제천 (주)서울특별시 중구 장충단로 166 종이나라빌딩 7층 (주)종이나라(02-2267-9300) (학)1983년 한국방송통신대졸 1992년 서울대 공대 최고산업전략과정 수료 1999년 명예 경영학박사(미국 링컨대) 2001년 서울대 경영대학원 최고경영자과정 수료 (경)1972년 한국색채사 설립·대표 1989년 한국종이접기협회 설립·이사장 1992~2001년 同회장 1995년 국제로타리 3650지구 서울성동로타리클럽 회장 1995~2001년 한국문구성실신고회원조합장 1996년 도서출판 종이나라 회장 1996년 유망중소기업 선정 1996년 국민은행 비상임이사 1997년 서울핸즈 대표 1997년 (주)종이나라 대표이사 회장(현) (상)대통령표창(1993), 철탑산업훈장(1999), 국제문구전시회 신제품 경진대회 대상(2000) (종)기독교

정도현(鄭道鉉) JUNG Do Hyun

(생)1957·4·9 (출)부산 (주)서울특별시 영등포구 여의대로128 LG트윈타워 LG전자 임원실(02-3777-1114) (학)1976년 경남고졸 1981년 서울대 경영학과졸 (경)1983년 (주)LG 기획조정실 입사 1990년 (주)LG전자 회장실 재무팀 과장 1990년 (주)LG상사 투자심사과 과장 1992년 同LA지사 부

장 1997년 (주)LG 회장실 재무팀 부장 1997년 (주)LG전자 구조조정본부 사업조정팀 근무 1998년 同구조조정본부 사업조정팀 부장 2000년 同구조조정본부 상무보 2000년 同구조조정본부 사업조정팀 상무 2003년 (주)LG 사업개발팀장(상무) 2004년 同재경팀장(상무) 2005년 同재경팀장(부사장) 2008년 (주)LG전자 최고재무책임자(CFO·부사장) 2011년 同사내이사 2014년 同최고재무책임자(CFO·사장) 2014년 同재무·회계부문 각자대표이사 사장 2015년 同경영지원총괄 및 CFO 겸임 2017년 同대표이사 사장(CFO)(현) 2017년 에릭슨엘지(주) 이사(현) (상)금탑산업훈장(2016)

정도현(鄭道賢)

(생)1976·7·11 (출)서울 (주)세종특별자치시 다솜2로 94 해양수산부 장관실(044-200-5000) (학)1995년 반포고졸 2000년 연세대 행정학과졸 2008년 미국 피츠버그대 국제관계·공공정책대학원 공공정책 및 행정학과졸(MPPM) (경)2001~2006년 해양수산부 해양정책과·해양환경과·수산정책과 사무관 2006~2008년 미국 피츠버그대 국제관계·공공정책대학원 연수 2008~2010년 국토교통부 항만운영과·종합교통정책과 서기관 2010~2011년 대통령직속 녹색성장위원회 기후변화정책과장 2011~2015년 駐알제리대사관 참사관(국토해양관) 2015년 해양수산부 해양물류국 항만운영과장 2016년 同창조행정담당관 2017년 同혁신행정담당관 2018년 同유통정책과장 2019년 同장관비서실장(현) (상)대통령표창(2009), 외교부장관표창(2014), 해외건설협회 자랑스러운 해외건설외교관상(2014)

정동구(鄭東求) CHUNG Tong Gu (靑雲)

(생)1942·3·20 (본)경주(慶州) (출)충남 홍성 (주)서울특별시 송파구 중대로23길 17 베니스타워 8층 (사)태평양아시아협회(02-563-4123) (학)1962년 성북고졸 1966년 중앙대 문리대학 체육학과졸 1977년 단국대 대학원 체육학과졸 1991년 명예 체육학박사(러시아 모스크바 레닌중앙체육대) 1992년 이학박사(명지대) 1992년 명예 체육학박사(멕시코 과달라하라대) (경)1964년 제19회 동경올림픽대회 레슬링 라이트급 6위 1974~1977년 레슬링 국가대표팀 전임코치 및 몬트리올올림픽 코치 1977~2007년 한국체육대 체육학과 교수 1983년 미국 펜실베이니아주립대 연구교수 1988~1992년 한국체육대 총장 1989년 두이스브르크 유니버시아드대회 한국선수단장 1989~1993년 대한체육회(KOC) 이사·상임이사 1990~1997년 한국대학아마추어레슬링연맹 회장 1991년 서울올림픽기념체육진흥공단 이사 1991년 아시아대학스포츠연맹 수석부회장 1993년 중국 북경체육대 객원교수 2000~2003년 한국올림픽성화회 회장 2000년 한국체육단체연합 공동대표 2000년 아시아대학스포츠연맹 회장 2000~2004년 국민생활체육전국우드볼연합회 회장 2002년 서울시장직인수위원회 위원 2002년 한나라당 국책자문위원 2003년 서울시체육회 부회장 2007년 한국체육대 명예교수(현) 2008년 (사)태평양아시아협회 회장(현) 2010~2013년 (재)체육인재육성재단 이사장 2016년 (재)K스포츠재단 이사장 (상)체육훈장 기린장(1976), 체육훈장 거상장(1977), 서울시문화상(1992), 황조근정훈장(2007), 대한민국체육상 공로상(2014) (저)'레슬링'(1981) '투기' '스포츠를 위한 인간승리'(1999) (종)기독교

정동균(鄭東均)

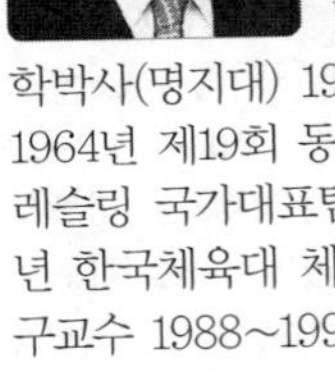

(생)1960·6·13 (출)경기 양평 (주)경기도 양평군 양평읍 군청앞길 2 양평군청 군수실(031-773-5200) (학)2014년 고려대 정책대학원 행정학과졸 (경)(주)유림엔마텍 대표이사 2005년 민주평통 상임위원, 민주당 부대변인 2014년 민주당 정책위원회 부의장 2014~2015년 새정치민주연합 경기양평·가평·여주지역위원회 위원장 2015~2016년 더불어민주당 경기양평·가평·여주지역위원회 위원장 2016~2017년 同경기여주시·양평군지역위원회 위원장 2018년 경기 양평군수(더불어민주당)(현)

정동근(鄭東根) Chung Tong Geun

(생)1961·1·3 (주)경기도 성남시 수정구 산성대로 553 을지대학교 의료IT학과(031-740-7161) (학)1986년 성균관대 전자공학과졸 1988년 同대학원 전자공학과졸 1995년 공학박사(성균관대) (경)1988~1989년 인덕공업전문대학 시간강사 1989~1991년 성균관대 시간강사 1990년 서울보건전문대 전산정보처리과 조교수 1998년 서울보건대 컴퓨터정보과 부교수, (주)프론트미디어 개발부 사이버채팅연구 지원, (주)태인테크노 개발부 ABS시스템개발연구 지원, (주)여명 개발부 철자의 모니터링 S/W개발연구 지원 2003년 서울보건대학 학사업무지원과장 2007~2009년 을지대 의료전산학과 교수 2009년 同의료IT학과 교수(현) 2011년 同교학처장 2018년 同교무처장 2019년 同바이오융합대학장(현) (저)'터보 파스칼 해석 Ver 5.0'(1990) 'PC따라하기' 'PC활용하기' 'C언어 따라하기' 'C++따라하기'

정동명(鄭東明) Jeong Dong Myeong

(생)1963·7·20 (본)동래(東萊) (출)부산 (주)대전광역시 서구 청사로 189 통계청 운영지원과(042-481-2012) (학)1982년 대구 대건고졸 1988년 경북대 통계학과졸 1991년 同대학원 통계학과졸 1996년 이학박사(경북대) (경)1998~2008년 통계청 사무관 2009년 同농어촌통계과장 2010년 同통계심사과장 2011~2012년 同사회통계기획과장 2013년 同대변인 2015년 同통계정책국 통계정책과장 2016년 同통계정책국 통계정책과장(부이사관) 2016년 同통계개발원 연구기획실장 2017년 동북지방통계청장 2019년 통계청 운영지원과장(현)

정동민(鄭東敏) CHONG Dong Min

(생)1960·6·10 (출)부산 (주)서울특별시 강남구 테헤란로92길7 법무법인 바른(02-3479-2695) (학)1979년 부산 금성고졸 1983년 고려대 법학과졸 (경)1984년 사법시험 합격(26회) 1987년 사법연수원 수료(16기) 1990년 부산지검 검사 1992년 창원지검 충무지청 검사 1993년 대검찰청 검찰연구관 1995년 서울지검 검사 1999년 울산지검 부부장검사 1999년 대구지검 영덕지청장 2000년 서울지검 남부지청 부부장검사 2001년 제주지검 부장검사 2002년 청주지검 부장검사 2002년 대구지검 공안부장 2003년 수원지검 공안부장 2004년 대검찰청 공보담당관 2005년 서울중앙지검 금융조사부장 2006년 광주지검 순천지청 차장검사 2007년 부산지검 2차장검사 2008년 서울동부지검 차장검사 2009년 광주지검 차장검사 2009년 대검찰청 공판송무부장 2010년 전주지검장 2011년 대전지검장 2012년 서울서부지검장 2013년 법무부 출입국·외국인정책본부장 2014년 법무법인 바른 변호사(현) 2014년 대한치과의사협회 고문변호사(현) 2015년 IOM이민정책연구원 비상임이사(현) 2016~2017년 (주)동양 사외이사2017년 LG화학 사외이사(현)

정동섭

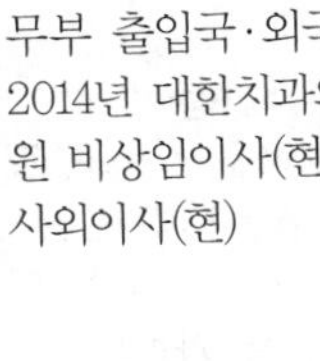

(생)1964·10 (주)서울특별시 서초구 태봉로 114 한국교원단체총연합회 사무국(02-570-5515) (경)1991년 한국교원단체총연합회 입회 2005~2007년 同조직국장 2008년 同대외협력팀장 2008~2010년 同대외협력국장 2010년 同학교교육지원본부장 2010년 同정책본부장 2011년 同정책기획특보 2011~2013년 同정책본부장 2011~2012년 同정치활동특보 겸임 2011년 게임물등급위원회 등급재분류자문위원(현) 2013년 한국교육신문 복지관리본부장 2013~2014년 한국교원단체총연합회 대외협력특보 2014년 同홍보실장 2016년 한국교육신문 편집출판본부장 겸 정책협력·국제협력특보 2017~2018년 同사장 2018년 한국교원단체총연합회 사무총장(현) 2018년 한국교육방송공사(EBS) 비상임이사(현)

정동수(鄭東洙) CHUNG Dong Soo

(생)1952·4·18 (출)경북 영주 (주)서울특별시 강남구 삼성로 511 골든타워 10층 인텔렉추얼디스커버리(주) 사장실(02-6004-8000) (학)휘문고졸, 서울대 영문학과졸, 同법학연구소 지적재산권전문과정 수료 (경)1975~1983년 현대건설(주) 근무 1978~1980년 同사우디아라비아 제다지사 및 얀부 석유화학 현장관리책임자, 현대전자산업(주) 법무실 지적재산권담당 이사 1985~1989년 HEA, Manager of Contracts & Legal Affairs 2001년 (주)하이닉스반도체 경영지원총괄 상무 2005년 同경영전략실 법무특허담당 상무, 同대외협력실 특허그룹 상무 2017년 인텔렉추얼디스커버리(주) 대표이사 사장(현) (종)기독교

정동수(鄭東洙) CHUNG Tong Soo

(생)1955·8·31 (출)서울 (주)서울특별시 강남구 테헤란로 518 섬유센터 12층 법무법인 율촌(02-528-5216) (학)1972년 미국 헐리우드고졸 1973년 미국 필립스아카데미 앤도버졸 1977년 미국 하버드대(Harvard Univ.) 사회학과졸 1980년 미국 프린스턴대(Princeton Univ.) 우드로윌슨국제행정대학원 국제행정학과졸 1984년 법학박사(미국 UCLA) (경)1979년 세계은행 방글라데시담당 경제분석가 1980년 미국 Exxon Corp. 금융분석가 1983년 미국 한미연합회 창립회장 1984~1986년 미국 'Whitman & Ransom' 법률사무소 변호사 1986~1993년 'Kim, Chung & Lim' 법률사무소 파트너변호사 1988년 미국 로스앤젤레스 군(country)기업위원회 위원 1989년 미국 캘리포니아주 경제발전위원회 아시아담당 자문위원 1991년 미국 로스앤젤레스시 소방경찰연기금운영위원회 이사 1992년 同산하 투자소위원회 위원장 1992년 미국 캘리포니아주 고등교육위원회 위원 1994년 미국 국제무역청 수출지원조정국장 1995년 同전략수출지원실장 2000~2001년 同금융및서비스업담당 부차관보(서리) 2001년 미국 메릴랜드토탈솔루션컨설팅 사장 2001년 미국 한미연합회 Washington D.C.지부 이사장 2001~2004년 맥슨텔레콤 감사·이사·고문 2003~2004년 법무법인 일신 외국고문변호사 2003~2004년 서울시 서울국제금융센터 자문위원 2003년 USO(United Service Organization) 이사 2003년 미국 'Lim, Ruger & Kim' 법률사무소 고문 2004~2006년 대구시 투자유치자문관 2004~2006년 법무법인 율촌 상임고문 2005년 대한상사중재원 중재인(현) 2006~2010년 대한무역투자진흥공사(KOTRA) 인베스트코리아단장 2010년 법무법인 율촌 미국변호사(현) 2012~2016년 라이나생명 사외이사 2014~2017년 한국광물자원공사 비상임이사 2015~2017년 경기도 투자유치자문단장 (상)국무총리표창(1988) (종)기독교

정동영(鄭東泳) Chung, Dong-Young

(생)1953·7·27 (본)동래(東萊) (출)전북 순창 (주)서울특별시 영등포구 의사당대로 1 국회 의원회관 906호(02-784-9540) (학)1971년 전주고졸 1979년 서울대 국사학과졸 1988년 영국 웨일즈대 카디프대학원 언론정보학과졸 (경)1974년 유신반대 긴급조치 위반으로 구속 1978년 문화방송 입사 1980년 同정치부 기자 1983년 同뉴스데스크 보조앵커 1986년 同0시뉴스 앵커 1989년 同LA특파원 1993년 同통일전망대 앵커 1994년 同뉴스데스크 앵커 1996년 국민회의 당무위원 1996년 제15대 국회의원(전주시 덕진구, 국민회의·새천년민주당) 1996·1998~1999년 국민회의 대변인 2000년 새천년민주당 대변인 2000~2004년 제16대 국회의원(전주시 덕진구, 새천년민주당·열린우리당) 2000년 한국인터넷정보학회 초대회장 2000년 새천년민주당 최고위원 2001년 同상임고문 2002년 同중앙선거대책위원회 공동위원장 2003년 제33차 다보스세계경제포럼(WEF) 노무현 대통령당선자 특사 2003년 열린우리당 영입추진위원장 2004년 同의장 2004년 同선거대책위원회 공동위원장 2004~2005년 통일부 장관 2004~2005년 국가안전보장회의(NSC) 상임위원장 겸임 2005년 제34차 다보스세계경제포럼(WEF) 노무현 대통령 특사 2005년 광복60주년기념사업추진위원회 정부위원 2005년 열린우리당 상임고문 2006년 건국대 언론홍보대학원 겸임교수 2006년 열린우리당 의장 2006~2007년 同상임고문 2007년 대통합민주신당 제17대 대통령 후보 2008년 민주당 서울동작구乙지역위원회 위원장 2008년 同상임고문 2008년 제18대 국회의원선거 출마(서울 동작구乙, 민주당) 2008년 미국 듀크대 연수 2009년 제18대 국회의원(전주시 덕진구, 무소속·민주당·민주통합당) 2010~2011년 민주당 상임고문 2010~2011년 同최고위원 2011년 민주통합당 상임고문 2012년 제19대 국회의원선거 출마(서울 강남구乙, 민주통합당) 2012년 민주통합당 문재인 대통령후보 선거대책위원회 '미래캠프' 산하 남북경제연합위원회 위원장 2013년 민주당 상임고문 2014~2015년 새정치민주연합 상임고문 2014년 同6.4지방선거대책위원회 공동위원장 2015년 4.29재보선 국회의원선거 출마(서울 관악구乙, 무소속) 2016년 제20대 국회의원(전주시丙, 국민의당·민주평화당〈2018.2〉)(현) 2016~2018년 국민의당 전주시丙지역위원회 위원장 2016·2018년 국회 국토교통위원회 위원(현) 2016년 한국아동인구환경의원연맹(CPE) 부회장 2016~2017년 국회 미래일자리특별위원회 위원장 2016년 국회 동북아평화협력의원외교단장(현) 2017년 국민의당 국가대개혁위원회 공동위원장 2017년 한·EU의원외교협의회 회장(현) 2017년 국민의당 제19대 안철수 대통령후보 중앙선거대책위원회 공동위원장 2018년 민주평화당 전주시丙지역위원회 위원장(현) 2018년 同GM군산공장폐쇄특별대책위원회 위원장 2018년 同지방선거인재영입위원회 위원장 2018년 국회 교육위원회 위원 2018년 민주평화당 대표최고위원(현) (상)백봉라용균선생기념사업회 백봉신사상(2000), 한국언론인연합회 올해의 정치인(2001) (저)에세이 '개나리 아저씨'(1999, 자작나무) '개성역에서 파리행 기차표를'(2007, 랜덤하우스코리아) '중산층 나라를 만들겠습니다'(2007, 산하) '트위터는 막걸리다'(2010, 리북) '10년 후 통일'(2013, 살림터) '정동영 아저씨의 한반도 통일 이야기'(2014, 청년사) (종)천주교

정동영(鄭東泳)

(생)1955·9·2 (주)경상남도 창원시 의창구 상남로 290 경상남도의회(055-211-7364) (학)통영고졸, 한국방송통신대 행정학과졸, 창원대 행정대학원졸 2017년 행정학박사(경상대) (경)경남도 기획실 근무, 통영군 내무과 근무, 창원경륜공단 공정부장, 한나라당 중앙위원, 경남정치포럼 이사, 세계도덕재무장 경남본부 이사, 경남도사이클연맹 재무이사 2006~2010년 경남 통영시의회 의원 2006~2008년 同기획총무위원장 2010년 경남 통영시장선거 출마(무소속) 2011년 10.26재보선 경남 통영시의원선거 출마(무소속) 2014년 경남도의원선거 출마(무소속), 경남교육정책개발 자문위원, 통영시 지역사회복지협의회 부의장, 세종건설(주) 창업 대표이사, 통영미래전략연구소 소장 2018년 경남도의회 의원(자유한국당)(현) 2018년 同농해양수산위원회 위원(현), 경상대 경상행정학연구회 이사(현)

정동욱(鄭東旭) CHUNG Dong Wook (廷山)

(생)1949·8·22 (본)경주(慶州) (출)충북 충주 (주)서울특별시 종로구 종로5길58 석탄회관 6층 법무법인 케이씨엘(02-721-4471) (학)1967년 경기고졸 1971년 서울대 법대졸 1973년 同대학원 법학과졸 2004년 성균관대 대학원 법학 박사과정 수료 (경)1972년 사법시험 합격(14회) 1974년 사법연수원 수료(4기) 1974~1976년 공군 법무관 1975년 숭전대 법경대학 강사 1977~1986년 부산지검·전주지검 군산지청·수원지검 인천지청·법무부 법무심의관실 검사 1986년 청주지검 제천지청장 1987년 부산지검 총무부장 1988년 대검찰청 검찰연구관 1989년 同공안3과장 1990년 同공안2과장 1990년 同공안1과장 1991년 법무부 법무과장 1993년 서울지검 동부지청 형사3부장 1993년 법무부 법무심의관 1994년 창원지검 진주지청장 1995년 부산지검 동부지청 차장검사 1996년 서울지검 동부지청 차장검사 1997년 인천지검 부천

지청장 1998~2002년 서울고검 검사 2003~2013년 삼성전자·중소기업중앙회 법률고문 2003~2005년 김장리법률사무소 변호사 2004년 여성부·서울시의회·로만손·벽산건설 고문 2005년 법무법인 케이씨엘 고문변호사(현) 2015~2018년 KT 사외이사 겸 감사위원 (상)홍조근정훈장(1992) (저)'민법총칙'(1972, 삼영사) '민법(상·하)'(1973, 삼영사) '민사소송법'(1975, 삼영사) '법학의 이해'(1997, 세경사) (작)계간 '경영법무' 시평 고정집필 (종)기독교

정동윤(鄭東潤) Chung Dong Yoon (荷邨)

(생)1939·4·3 (본)경주(慶州) (출)충북 충주 (주)서울특별시 중구 세종대로9길42 (주)부영(02-3374-5546) (학)1957년 청주고졸 1963년 서울대 법과대학 법학과졸 1971년 同대학원 법학과졸 1977년 법학박사(서울대) (경)1959년 고등고시 행정과 합격(11회) 1962년 고등고시 사법과 합격(14회) 1964~1975년 서울민사지법·서울형사지법 판사 1972~1973년 대전지법 판사 1975~1978년 대법원 재판연구관 1978~1980년 서울고법 판사 1979~1980년 광주지법 장흥지원장 1980년 사법시험·행정고등고시·변리사시험 시험위원 1981년 변호사 개업 1982~2004년 고려대 법학과 교수 1984~2004년 법무부 자문위원 1990~1994년 경제기획원 약관심사위원 1990년 한국상장회사협의회 자문위원 1994~1996년 한국상사법학회 회장·고려대 법학연구소장 1994~2005년 법무법인 티엘비에스 대표변호사 1996~2000년 한국방송공사(KBS) 이사 1997~2001년 서울시 도시계획위원 1998년 한국민사소송법학회 회장 1999~2008년 공정거래위원회 약관심사자문위원회 위원 1999년 한국기업지배구조개선위원회 위원 2000~2002년 고려대 법과대학장 겸 법무대학원장 2001~2002년 전국법과대학장협의회 회장 2002~2004년 법무부 사법시험관리위원회 위원 2004년 학교법인 국제법률경영대학원대(TLBU) 이사(현) 2004년 인촌상 심사위원 2005년 고려대 명예교수(현) 2005~2014년 법무법인 충정 변호사·고문변호사 2005~2006년 법무부 회사법개정위원회 위원장 2006~2008년 한국민사집행법학회 회장 2006년 대한민국학술원 회원(법학·현) 2006~2011년 서울시 인사위원회 위원(부위원장) 2008~2014년 한국상장회사협의회 감사업무자문위원회 위원장 2008~2014년 공정거래위원회 약관심사자문위원회 위원장 2008년 (주)부영 법률고문(현) 2010~2014년 서울사이버대 석좌교수 2018년 우정교육문화재단 이사(현) (상)녹조근정훈장(2004), 국민훈장 모란장(2014) (저)'폐쇄회사의 법리'(1982) '민사소송법'(1995) '상법 총칙·상행위법'(1996) '회사법'(2001) '상법上·下'(2003) '어음수표법'(2004) (종)천주교

정동일(鄭東一) Jung Dong-Il

(생)1969·2·22 (출)강원 홍천 (주)서울특별시 종로구 청와대로 1 대통령 사회정책비서관실(02-770-0011) (학)영일고졸 1993년 서울대 사회학과졸 1998년 同대학원 사회학과졸 2006년 사회학박사(미국 코넬대) (경)2006~2011년 한림대 사회학과 전임강사·조교수 2011년 숙명여대 경영학부 조교수·부교수·교수(현), 한국개발연구원(KDI) 경제전문가 자문위원 2017년 대통령직속 정책기획위원회 국민성장분과 위원 2019년 대통령 사회수석비서관실 사회정책비서관(현) (저)'춘천리포트4(共)'(2009, 나남) '지역 창조의 사회학(共)'(2012, 소화) '현대문명의 위기(共)'(2014, 나남)

정동준(鄭東俊) CHUNG Dong Joon (安岩)

(생)1932·2·1 (본)경주(慶州) (출)경기 안성 (주)서울특별시 서초구 서초대로54길 9-10 인사관리회관402호 전국한자교육추진총연합회 서초구지회(02-598-7575) (학)1960년 미국 메릴랜드대 미국문학과 수학 1961년 국민대졸 1967년 서울대 행정대학원졸 1971년 同경영대학원 경영자과정 수료 1974년 건국대 대학원 행정학 박사과정 수료 1980년 서울대 행정대학원 국가정책과정 수료 1981년 행정학박사(건국대) 1990년 숭실대 노사관계대학원 중퇴 (경)1953~1967년 육군본부·국방부 인사국 인사장교·국제체육계장·국제군인체육회 한국대표 1959년 미국 육군행정학교 인사관리 교관 1967년 예편(육군 소령) 1967~1990년 모토로라코리아(주) 전무·직업훈련원장·의료보험조합 대표이사 1974~1991년 한양대 행정대학원·사범대학·연세대 교육대학원·중앙대 평생교육원·국민대 강사 1974년 한국인사관리자협회 회장(현) 1978~1998년 미국 인적자원관리협회(SHRM) 한국지회장 1990~1994년 한국윌리암엠머서(주) 대표이사 사장 1993년 서울지방노동위원회 사용자위원 1995년 에치알센터(인사원) 대표(현) 1996년 (주)포스코휼스 부사장 1997년 한국노동교육원 객원교수 1998년 (주)퍼스나코리아 고문 1998년 홍익인간교육원 교수 1999년 한국롱프랑로라제약(주) 수석부사장 1999~2007년 중앙노동위원회 사용자위원 2001~2006년 동환산업(주) 부사장 겸 상임지식고문 2003~2005년 한국청소년인성문화추진회 상임고문 2004년 동작노인종합복지관 공익강사 2005~2009년 서초노인종합복지관 한문강사 2007~2008년 한국노동교육원 초빙교수 2009년 (사)전국한자교육추진연합회 서초구지회장(현) 2009년 한국마이크로소프트 어르신온라인창업아카데미 이수 2010~2011년 한우리정보문화센터 한우리문화대학 교수 2010~2013년 서울행정법원 통역자원봉사자 (상)경기도지사표창(1949), 육군 제5군단장표창(1956), 수도사단장표창(1956), 육군참모총장표창(1957·1958), 월남 제1등명예훈장(1965), 국무총리표창(1966), 보건사회부장관표창(1971·1974), 성동구청장표창(1971·1977), 대통령표창(1975), 서울시장표창(1978), 미국 모토로라회장표창(1983), 노동부 노동연수원장표창(1987), 한국일보사장표창(1987), 노동부장관표창(1988), 한국노동연구원장표창(2000), 한국노동조합총연맹위원장표창(2000) (저)'국제군인체육회와 한국'(1966) '직무관리' '직무평가훈련교범'(1967) '중소기업을 위한 인사관리'(1980) '인사관리 비교연구'(1981) 'Globalization of Human Resources Management'(1992) '常用漢字-韓·中·日 通用漢字 8008字'(2014) (역)'창업에의 길'(1982) '인사시스템체계 매뉴얼'(1989) (작)'통역장교5기 임관 제60주년기념 회고록' (종)기독교

정동창(鄭東昌) JEONG Dong Chang

(생)1959·3·13 (출)경북 영덕 (주)서울특별시 강남구 테헤란로 518 섬유센터 16층 한국섬유산업연합회(02-528-4001) (학)1977년 대륜고졸 1982년 고려대 경영학과졸 1983년 同대학원 행정학과졸 2001년 영국 서리대 경영대학원졸(MBA) (경)1991년 행정고시 합격(34회) 1997년 중소기업청 자금지원과 서기관 2002년 同대전충남지방사무소장 2003년 同판로지원과장 2004년 同해외시장과장 2005년 同인력지원과장 2005년 산업자원부 유통물류과장 2006년 同산업환경팀장 2007년 同섬유생활팀장 2008년 지식경제부 미래생활섬유과장 2009년 同기획재정담당관(부이사관) 2011년 同방산물자교육지원센터장(파견) 2013~2014년 산업통상자원부 산업기반실 지역경제정책관 2014년 포스코 ER실장(전무) 2016년 강남도시가스 대표이사 사장 2016~2017년 귀뚜라미에너지 대표이사 사장 2017년 한국섬유산업연합회 상근부회장(현)

정동채(鄭東采) CHUNG Dong Chea

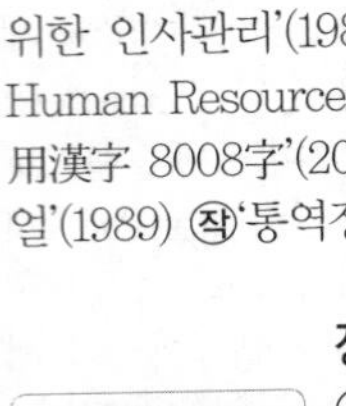

(생)1950·5·29 (본)하동(河東) (출)광주 (주)서울특별시 영등포구 국회대로68길 7 더불어민주당 민주당사(1577-7667) (학)1969년 광주 살레시오고졸 1977년 경희대 국어국문학과졸 1982년 미국 템플대 신문대학원 수료 (경)1976~1980년 합동통신 기자 1981~1983년 미국 필라델피아 자유신문 기자 1983~1987년 미국 워싱턴 한국인권문제연구소 김대중 이사장 공보비서 1988~1993년 한겨레신문 정치부 차장·여론매체부장·생활환경부장·논설위원 1993~1995년 아·태평화재단 김대중 이사장 비서실장 1995년 국민회의 총재 비서실장 1996년 제15대 국회의원(광주 西, 국민회의·새천년민주당) 1999년 국민회의 기획조정위원장 1999년 제7차 아시아·태평양의회포럼(APPF) 한국대표단

장 2000년 새천년민주당 대표비서실장 2000~2004년 제16대 국회의원(광주 西, 새천년민주당·열린우리당) 2000년 새천년민주당 기획조정실장 2000년 同광주시지부장 2002년 同노무현 대통령후보 비서실장 2002년 同노무현 대통령후보 정무특보 2003년 열린우리당 홍보위원장 2004년 同홍보기획단장 2004~2008년 제17대 국회의원(광주 西乙, 열린우리당·대통합민주신당·통합민주당) 2004년 열린우리당 윤리위원장 2004~2006년 문화관광부 장관 2006년 열린우리당 비상대책위원회 상임위원 2007년 同광주시당 위원장 2007~2008년 대통합민주신당 사무총장 2007년 同정동영 대통령후보 중앙선거대책위원회 상임선거대책본부장 2008년 민주당 당무위원 2012년 민주통합당 문재인 대통령후보 중앙선거대책위원회 인재영입위원장 2013~2015년 한국관광협회중앙회 고문 2013~2015년 (재)동아시아문화도시추진위원회 위원장 2013~2015년 광주국제영화제조직위원회 집행위원장 2013~2015년 아시아문화중심도시조성지원포럼 위원장 2013~2015년 광주에이스페어 추진위원장 2015년 충장축제추진위원회 위원장 2014~2015년 (재)광주비엔날레 대표이사 2015년 새정치민주연합 고문 2017년 문재인 대통령 인도·호주 특사 2017~2019년 2019광주세계수영선수권대회 자문위원 2019년 더불어민주당 고문(현) (상)제1회 청소년보호대상 특별공로상(1998), 한국여성유권자연맹 남녀평등정치인상(2002) (저)'열린가슴끼리 정다운 만남-鄭東采 사랑방 이야기 1·2'(1998·1999) (종)가톨릭

정동혁(鄭東赫) JEONG Dong Hyuk

(생)1972·11·10 (출)서울 (주)경기도 의정부시 녹양로34번길 23 의정부지방법원 총무과(031-828-0102) (학)1991년 서라벌고졸 1997년 고려대 법학과졸 (경)1999년 사법시험 합격(41회) 2002년 사법연수원 수료(31기) 2002년 해군 법무관 2005년 춘천지법 판사 2008년 수원지법 성남지원 판사 2011년 서울중앙지법 판사 2013년 서울북부지법 판사 2015년 서울고법 판사 2017년 창원지법 부장판사 2019년 의정부지법 부장판사(현)

정동희(鄭東熙) Jung Dong-Hee

(생)1962·2·11 (출)충남 예산 (주)경상남도 진주시 충의로 10 한국산업기술시험원 원장실(055-791-3000) (학)대전고졸, 서울대 기계공학과졸 (경)1991년 기술고시 합격(27회) 1992년 노동부 사무관 1994년 공업진흥청 사무관 1995년 산업자원부 사무관 2001년 同가스산업과 서기관 2002년 국방대학원 파견 2003년 산업자원부 한국형다목적헬기개발사업단 서기관 2004년 同산업기계과장 2006년 同디지털전략팀장 2007년 同디지털혁신팀장 2007년 대통령 정보과학기술보좌관실 행정관 2008년 지식경제부 산업환경과장 2009년 同산업기술개발과장 2010년 同산업기술개발과장(부이사관) 2010년 同산업기술정책과장 2011년 同녹색성장기획단 에너지정책팀장(고위공무원) 2013년 산업통상자원부 기술표준원 적합성정책국장 2013년 국무조정실 경제조정실 산업통상미래정책관 2014년 산업통상자원부 에너지자원실 원전산업정책관 2016~2017년 同국가기술표준원장 2018년 한국산업기술시험원 원장(현)

정두련(鄭斗錬) Doo Ryeon Chung

(생)1967 (주)서울특별시 강남구 일원로 81 삼성서울병원 감염내과(1599-3114) (학)1991년 서울대 의대졸 1993년 울산대 대학원 의학석사 2005년 의학박사(서울대) (경)1991~1992년 서울대병원 수련의 1992~1997년 서울아산병원 내과 전공의 1997~1999년 同감염내과 전임의 1999~2002년 미국 Harvard Medical School Research Fellow 2002~2006년 한림대 성심병원 감염관리실장, 同성심병원 항생제위원회 위원장 2002~2006년 同성심병원 감염내과장 2002~2006년 同의대 내과학교실 조교수·부교수 2004년 미국 Columbia 의대 New York Presbyterian Hospital 연수 2007년 삼성서울병원 감염내과 임상부교수 2007년 성균관대 의대 내과학교실 감염내과분과 부교수 2007년 삼성서울병원 감염관리실장 2012년 성균관대 의대 내과학교실 감염내과분과 교수(현) 2015년 삼성서울병원 감염내과장(현) 2016년 同감염병대응센터장 겸 감염관리실장(현)

정두석

(생)1974 (주)세종특별자치시 한누리대로 411 행정안전부 별관 지방자치분권실 주민과(044-205-3142) (학)서울시립대 도시행정학과졸 (경)2000년 행정고시 합격(44회), 행정안전부 혁신과제상황관리팀장, 경기도 보육정책과장, 국민대통합위원회 파견, 행정안전부 창조정부전략실 근무, 대통령실 파견 2015년 행정자치부 정책평가담당관 2016년 同지방행정실 선거의회과장 2017년 행정안전부 지방자치분권실 선거의회과장 2018년 同지방자치분권실 주민과장(현) (상)근정포장(2015)

정락현

(생)1960 (주)서울특별시 서초구 강남대로16길 24 개암빌딩2층 (주)개암죽염식품 서울사무소(02-579-4610) (학)부안농림고졸, 광운대 경영학과졸 (경)1988년 (주)개암죽염식품 대표(현) 2012년 한국죽염공업협동조합 이사장(현) 2015년 국가지정 죽염명인 수산 제3호 2017년 중소기업중앙회 이사 2019년 농식품산업위원회 위원장(현) (상)대통령표창(2013), 중소기업청장표창(2016)

정　란(鄭 鑾) CHUNG Lan

(생)1952·7·13 (본)진주(晉州) (출)전남 함평 (주)경기도 용인시 수지구 죽전로 152 단국대학교 건축대학 건축공학과(031-8005-3737) (학)광주제일고졸 1976년 서울대 건축공학과졸 1978년 同대학원 건축공학과졸 1987년 토목공학박사(미국 노스웨스턴대) (경)1977~1980년 현대건설 구조설계실 근무 1980~2017년 단국대 건축대학 건축공학과 교수 1983년 미국 Northwestern Univ. 연구원 1995년 법무부 삼풍백화점붕괴사고원인규명감정단 감정위원 및 감사 1995~1997년 단국대 건축공학과장 1996년 건설교통부 중앙건설기술심의위원 1998~1999년 대한건축학회 구조표준분과위원장 1998~2002년 서울시 건축위원회 심의위원 2002~2004년 한국전산구조공학회 부회장 2003년 건설교통부 건설교통안전기획단 자문위원 2003~2005년 한국구조물진단학회 부회장 2004년 건설교통부 중앙건설기술심의위원 2004년 대한건축학회 학술발표대회 운영위원장 2005~2006년 한국공학한림원 일진상·해동상 추천위원 2005년 同정회원(현) 2005~2007년 단국대 건축대학장, 同리모델링연구소장 2006년 同초고층빌딩글로벌R&BD센터장(현) 2007년 대한주택공사 주택도시자문위원 2007~2008년 한국콘크리트학회 부회장 2012~2013년 단국대 죽전캠퍼스 대학원장 2013~2015년 同교학부총장 2013~2014년 한국콘크리트학회 회장 2013년 전남개발공사 설계자문위원 2013~2019년 한국토지주택공사 행복주택기술자문위원장 2013~2015년 한국건설안전기술단체총연합회 초대 회장 2017년 단국대 건축대학 건축공학과 석좌교수(현) (상)한국콘크리트학회 논문상(1996·2010), 단국대 범은학술상(2005·2011), 건축의 날 건설교통부장관표창(2006), 한국과학기술단체총연합회 과학기술우수논문상(2006), 한국전산구조공학회 학술상(2007), 대한건축학회 학술상(2007), 헤럴드경제 대한민국 건설산업대상(2007), 서울시건설상 최우수상(2017) (저)'강도설계법에 의한 철근콘크리트 구조계산 규준 및 해설'(1988) '프리케스트 콘크리트 조립식구조 설계기준'(1992) '철근콘크리트 구조설계 预題집'(1992) '주택품질 향상을 위한 우수주택 시공업체 육성방안'(1994) '철근콘크리트 구조계산기준 및 해설'(2000) '콘크리트구조설계기준 해설'(2003) '공동주택의 리모델링을 위한 구조설계 및 보강지침'(2003) '콘크리트 표준시방서(내구

성편)'(2004) '콘크리트 구조물의 보수설계 시공요령'(2004) '해법중심 구조역학'(2005) '건축물 리모델링 기술'(2005) '콘크리트의 제조·시공·품질관리 및 유지관리'(2005) '시설물 리모델링의 이해와 실제'(2005) '콘크리트 표준시방서(유지관리편)'(2005) '콘크리트 구조설계'(2005) '리모델링을 위한 구조보강시스템, 동조 및 마찰 감쇠기의 제진성능'(2006) '해설중심 탄성론'(2006) '건축구조용어사전'(2008) '구조역학'(2009) '구조물의 행렬 해석'(2009) (역)'철근콘크리트 구조계산 규준'(1991) '콘크리트 공학'(2000)

정래혁(丁來赫) JUNG Nae Hiuk (石淵)

(생)1926·1·17 (본)나주(羅州) (출)광주 (학)1945년 일본 육군사관학교졸 1948년 육군사관학교졸(7기) 1953년 미국 육군지휘참모대졸 1961년 국방대학원졸 (경)1950년 육군 사단 참모장 1951년 군단 작전참모 1951년 육군본부 작전과장·차장 1952년 同비서실장 1954년 육군보병학교장·사단장 1956년 육군본부 작전교육국장 1958년 同군수참모부 차장 1959년 국방부 총무국장 1961~1962년 상공부 장관 1962년 군사령부 부사령관·군단장 1964년 육군사관학교장 1966년 군사령관 1968년 예편(육군 중장) 1968~1970년 한국전력공사 사장 1970~1971년 국방부 장관 1973년 제9대 국회의원(서울 성북·도봉, 민주공화당) 1976년 국회 국방위원장 1979년 제10대 국회의원(서울 성북, 민주공화당) 1980년 민주공화당 중앙위원회 의장 1980년 입법회의 부의장 1981년 민주정의당 전남지부장 1981~1984년 제11대 국회의원(담양·곡성·화순, 민주정의당) 1981~1983년 국회 의장 1983~1984년 민정당 대표위원 (상)충무무공훈장, 화랑무공훈장, 금성무공훈장, 방위포장, 보국훈장 통일장, 에티오피아훈장, 엘살바도르훈장, 페루대훈장, 일본 욱일대수장 (저)'격변의 생애를 돌아보며'(2002) (종)기독교

정량부(鄭良夫) Yang Boo Chung

(생)1945·2·3 (본)동래(東萊) (출)부산 (주)부산광역시 부산진구 엄광로 176 동의대학교 공과대학 건축학과(051-890-1606) (학)1963년 경남고졸 1968년 한양대 건축과졸 1979년 부산대 대학원 건축공학과졸 1989년 프랑스 소르본대 대학원졸 1991년 공학박사(한양대) (경)1974~1990년 동의대 공대 건축학과 전임강사·조교수·부교수 1988~1989년 프랑스 파리제4소르본대 교환교수 1989년 부산시 건축위원 1989년 동의대 산업기술개발연구소장 1990~2010년 同공대 건축학과 교수 1991년 同공과대학장 1993년 부산시 문화재위원 1995년 동의대 학생처장 1996년 부산시 도시공원위원 1997년 동의대 교무처장 2008년 同대학원장 2010년 同명예교수(현) 2010~2013년 同총장 2010년 (재)부산테크노파크 이사 2012년 대학입시전형위원회 위원 2012년 한국대학교육협의회 이사 2012년 한국대학사회봉사협의회 부회장 2012~2013년 부산·울산·경남·제주지역총장협의회 회장 2012년 (사)부산과학기술협의회 공동이사장 2012~2018년 부산시 문화재위원장 2013년 부산오페라하우스 민관학협의체창립회의 초대위원장(현) 2014년 (사)부산녹색도시포럼 상임대표(현) 2014~2018년 일제강제동원피해자지원재단 이사 (상)교육부장관표창(1985), 대한건축학회상(2006), 부산시장표창(2007), 홍조근정훈장(2010), 부산시문화상(2015) (저)'건축계획학'(2006, 동문출판) '서양건축사'(2007, 동문출판) '건축이 사람을 만든다'(2015, 비움) (역)'건축양식사'(1988, 기문당) (작)'부산어린이회관'

정 련(定 鍊) JUNG Ryeon

(생)1942·2·20 (본)안동(安東) (출)경북 예천 (주)부산광역시 서구 엄광산로40번길 80 대한불교조계종 내원정사(051-242-0691) (학)1973년 동아대 철학과졸 1992년 부산대 행정대학원 수료 2001년 동국대 불교대학원 불교사회복지학과졸 (경)1958년 부산 선암사에서 석암스님을 계사로 사미계 수지 1968년 부산 범어사에서 석암스님을 계사로 비구계 수지 1973년 대한불교조계종 내원정사 주지(현) 1985년 同유치원 설립·원장·이사장 1990년 부산지방경찰청 경승 1998년 사회복지법인 내원 대표이사(현) 1998년 (재)내원청소년단 이사장(현) 1998년 대한불교조계종 총무원 총무부장 1999~2001년 同포교원장 2000~2004년 同민족공동체추진본부장 2000~2006년 우리민족서로돕기 상임위원 2001~2003년 경제정의실천시민추진협의회 공동대표 2002년 동아대총동문회 부회장 2007년 (사)마하병원 이사장(현) 2009~2015년 학교법인 동국대 이사장 2012년 대한불교조계종 원로의원(현) (상)문교부장관표창(1986), 교육부장관표창(1992), 대한불교조계종 포교대상(1997), 국무총리표창(2002), 일맥문화대상 사회봉사상(2011), 협성문화재단 제3회 협성사회공헌상 교육·문화·예술부문(2013) (저)'유아언어 교육자료집' '유아를 위한 불교교육의 이론과 실천' (종)불교

정례헌(鄭禮憲) Jeong, Rye Heon

(생)1958·5·4 (출)충북 음성 (주)충청북도 청주시 흥덕구 오송읍 오송생명2로 187 한국보건복지인력개발원 경영전략본부(043-710-9101) (학)1975년 장충고졸 1998년 한국방송통신대 경제학과·행정학과졸 2003년 일본 도호쿠대 대학원 경제학연구과졸 (경)1976~1983년 충북 보은군 내무과 근무 1983~2000년 국립의료원 기획실·보건사회부 위생국·보건산업담당관실·식품의약품진흥과 근무 2000~2003년 일본 도호쿠대 파견(국외훈련) 2003년 보건복지부 혈액장기팀·재정운용담당관실 근무·국립인천검역소 평택지소장 2011년 국립여수검역소장, 국립보건연구원 연구기획과장 2014년 질병관리본부 총무과장 2016~2017년 보건복지부 감사관실 감사담당관 2017년 한국보건복지인력개발원 경영전략본부장(현) (상)근정포장(2012)

정만기(鄭晩基) Jeong Marn Ki

(생)1959·1·7 (본)연일(延日) (출)강원 춘천 (주)서울특별시 서초구 반포대로 25 한국자동차산업협회(02-3660-1800) (학)중앙고졸, 서울대 국민윤리교육학과졸, 同행정대학원졸, 경제학박사(프랑스 파리10낭테르대) (경)1983년 행정고시 합격(27회) 1996년 통상산업부 구주통상담당관실 서기관 1996~2005년 동국대 통상학부·경희대 경영학과·숙명여대 정책대학원 겸임교수 2001년 산업자원부 무역진흥과장 2003년 同산업기술개발과장 2004년 대통령비서실 경제보좌관실 행정관 2006년 산업자원부 총무과장·총무팀장 2007년 국방대 교육파견 2008년 산업자원부 산업통상기획관 2009년 지식경제부 무역정책관 2010년 同정보통신산업정책관 2011년 同대변인 2011년 同기획조정실장 2013년 산업통상자원부 산업기반실장 2014~2016년 대통령 산업통상자원비서관 2016~2017년 산업통상자원부 제1차관 2017년 단국대 행정법무대학원 초빙교수(현) 2017~2018년 (사)글로벌산업경쟁력포럼 초대 회장 2018년 한국자동차산업협회 회장(현)

정만석(鄭萬石) JUNG Man Suk

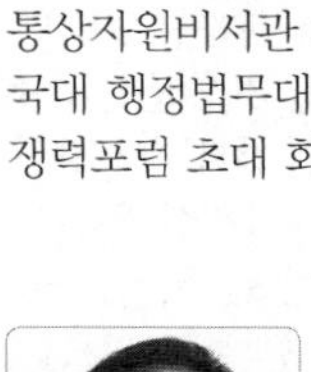

(생)1963·3·16 (출)전북 순창 (주)세종특별자치시 한누리대로 499 인사혁신처 차장실(044-201-8101) (학)군산제일고졸, 서울대 사회교육과졸, 同행정대학원 행정학과졸 (경)1992년 행정고시 합격(36회) 2001년 중앙인사위원회 인사정책과 임용담당 서기관 2004년 同인사정책국 정책총괄과 서기관 2004~2006년 同소청심사위원회 행정과장 2008년 행정안전부 인력개발기획과장 2009년 同인사실 인사정책과장 2010년 同인사실 인사정책과장(부이사관) 2012년 개인정보보호위원회 사무국장(고위공무원) 2013년 지역발전위원회 연계협력국장 2014~2015년 대통령 행정자치비서관실 파견(고위공무원) 2015년 인사혁신처 윤리복무국장 2017년 同기획조정관 2018년 同차장(현) (상)홍조근정훈장(2016)

정만순(鄭萬淳) Jeong Man Soon

(생)1945 · 1 · 3 (출)충북 청주 (주)충청북도 청주시 청원구 대성로298 청주대학교(043-229-8622) (학)1975년 청주대 상학과졸 1982년 경희대 대학원 체육학과졸 (경)1970년 엘살바도르 태권도 국제사범 1976년 제2회 아시아태권도대회 국제심판 1977년 제3회 세계태권도대회 국가대표팀 코치 1983~2010년 청주대 체육교육과 교수 1992년 제10회 아시아태권도대회 국가대표팀 감독 1994년 히로시마아시안게임 경기위원장 1996년 제5회 세계대학태권도대회 국가대표팀 감독 1997년 아시아태권도연맹 기술위원장 1997년 충북도체육회 상임이사 2002~2003년 청주대 사범대학장 2002년 제14회 부산아시안게임 태권도 국가대표팀 총감독관 2002년 대한태권도협회 운영이사 2008년 청주대 학생복지처장 2009년 충북도태권도협회 회장 2010년 청주대 명예교수(현) 2010년 국기원 운영이사 2011년 경주 세계태권도선수권대회 한국대표팀 단장 2012년 런던 페럴림픽 시범단장 2013년 인도네시아 한국홍보사절단장 2014~2016년 국기원 원장 (상)체육훈장 백마장(1977), 대통령표창(1986)

정만진(丁滿鎭) JEONG Man Jin

(생)1955·12·13 (출)서울 (주)서울특별시 서초구 서초대로 271 서초빌딩 2층 법무법인 두현(02-534-0062) (학)1974년 한성고졸 1978년 동국대 법학과졸 (경)1982년 사법시험 합격(24회) 1984년 사법연수원 수료(14기) 1985년 서울지검 검사 1987년 수원지검 여주지청 검사 1988년 대구지검 검사 1990년 부산지검 동부지청 검사 1993년 서울지검 서부지청 검사 1995년 인천지검 검사 1997년 서울고검 검사 1998년 대구지검 안동지청장 1999년 서울지검 부부장검사 2000년 수원지검 조사부장 2001년 사법연수원 교수 2003년 서울지검 북부지청 형사2부장 2003년 同북부지청 형사1부장 2004년 서울고검 검사 2005년 부산고검 검사 2007년 서울고검 검사 2009년 대구고검 검사 2010년 서울고검 검사 2012년 광주고검 검사 2015년 대전고검 검사 2016년 대구고검 검사 2018년 서울고검 검사 2019년 법무법인 두현 대표변호사(현)

정만호(鄭萬昊) CHUNG Man Ho

(생)1958·6·11 (본)연일(延日) (출)강원 양구 (주)강원도 춘천시 중앙로 1 강원도청 경제부지사실(033-249-2020) (학)1977년 한영고졸 1982년 고려대 경제학과졸 2002년 명지대 지방자치대학원 지식경영컨설팅과졸, 미국 서던캘리포니아대(USC) 연수 (경)1984년 한국경제신문 사회부·경제부 기자 1995년 同경제부 차장대우 1997년 同경제부장 1998년 同국제부장 1999년 同사회1부장 2000~2001년 同사회부장 2001~2002년 국가전략연구소 연구2실장 2002년 새천년민주당 수석전문위원 2002년 同선거대책본부 정책기획실장 2002~2003년 제16대 대통령직인수위원회 행정실장 2003년 대통령 정책상황비서관 2003~2004년 대통령 의전비서관 2004~2007년 (주)KTF엠하우스 사장 2007~2009년 (주)KT 미디어본부장(전문임원) 2008년 교육 파견 2010년 7.28재보선 국회의원선거 출마(강원철원·화천·양구·인제, 민주당) 2010년 민주당 철원·화천·양구·인제지역위원회 위원장 2012년 민주통합당 문재인 대통령후보 특보 2013년 세계미래포럼 대표 2013~2017년 (주)미래채움 대표 2017년 문재인광화문대통령 기획위원회 부위원장 2017년 강원도 경제부지사(현) (종)기독교

정만화(鄭萬和) CHUNG Man Wha

(생)1951·5·18 (본)영일(迎日) (출)경북 칠곡 (주)서울특별시 영등포구 양산로 53 월드메르디앙비즈센터 7층 한국항만협회 회장실(02-2165-0092) (학)1970년 경북고졸 1974년 육군사관학교졸(30기) 1980년 영남대 대학원 수료 1997년 국민대 대학원 석사(토목구조전공) (경)1980~1994년 부산항건설사무소·해운항만청 개발국 근무 1994년 부산지방해운항만청 조사시험과장 1995년 국외 훈련(미국 Delaware대) 1996년 부산지방해양수산청 시설과장 1997~2000년 해양수산부 신항만기획관실 기획1담당·기술안전과장·항만개발과장 2000년 同항만건설과장 2001년 同항만정책과장 2002년 울산지방해양수산청장 2004년 부산지방해양수산청 부산항건설사무소장 2004~2006년 해양수산부 항만국장 2006년 (주)알덱스 건설본부 부사장 2007년 同사장 2007년 온세텔레콤 사장 2008~2010년 남광토건 토목사업본부장(사장) 2010~2011년 同고문 2012~2014년 부산항만공사 항만위원장·위원 2013년 해양수산부 정책자문위원 2014~2015년 (주)건일엔지니어링 회장 2016~2017년 同고문 2017년 한국항만협회 회장(현) 2017년 민주평통 자문위원 (상)대통령표창(1991), 홍조근정훈장(2006)

정만화(鄭萬和)

(생)1956 (주)서울특별시 송파구 오금로 62 수산업협동조합중앙회(02-2240-2051) (학)부산수산대 수산경영학과졸, 동의대 행정대학원 행정학과졸, 경영학박사(부경대) (경)1981년 수산업협동조합중앙회 입회 2001년 同연수원장(부장) 2002~2004년 同감사실장·상호금융부장 2004년 同기획관리부장 2007년 同조합감사실장 2010년 同수산경제연구원장 2016~2017년 同중국 위해수협국제무역유한공사 사장 2017년 同지도경제상무(현) 2017년 Sh수협은행 비상임이사(현) 2017년 同은행장 직대

정면숙(鄭綿淑 · 女) JUNG Myun Sook

(생)1957 · 2 · 12 (출)서울 (주)경상남도 진주시 진주대로816번길 15 경상대학교 간호학과(055-772-8256) (학)1981년 서울대 간호학과졸 1984년 同대학원 간호학과졸 1995년 간호학박사(서울대) (경)1989년 경상대 간호학과 교수(현) 1994년 서울대 간호대학 객원교수 2000년 미국 Univ. of Iowa 객원교수 2004년 한국보건경제정책학회 이사 2007년 同출판위원 2008~2009년 한국간호행정학회 부회장 2008~2010년 경상대 대학원 부원장 2010~2011년 한국간호행정학회 제15대 회장 2010~2012년 경상대 교수입학사정관 2016~2018년 경남도 농작업안전보건전문위원회 위원 2018년 경상대 간호대학장(현) (상)경상대 10년 장기근속상(1995 · 2005) (저)'간호관리 자율 학습 및 실습지침서(共)'(1998) '간호철학과 지식개발(共)'(2007) '간호관리학 문제집(共)'(2013, 현문사) '간호학개론'(2015, 현문사) '간호관리학(共)'(2016)

정면우(鄭冕愚) Myeon Woo Chung

(생)1962·12·25 (본)동래(東萊) (출)충북 청주 (주)대전광역시 서구 청사로 166 대전지방식품의약품안전청 유해물질분석과(042-480-8780) (학)1981년 청주고졸 1988년 충북대 약학과졸 1992년 同대학원 생명약학과졸 2000년 생명약학박사(충북대) (경)1993~2002년 국립보건원 보건연구사 2002~2008년 식품의약품안전평가원 보건연구관 2008년 同임상연구과장 2013년 同실험동물자원과장 2017년 식품의약품안전처 의료기기안전국 기준규격팀장 2018년 대전지방식품의약품안전청 유해물질분석과장(현) (상)국무총리표창(2012) (역)'약물유전체학'(2014, 신일서적)

정명생(鄭明生) Jong Myung Saeng

(생)1963 · 1 · 15 (주)부산광역시 영도구 해양로301번길 26 한국해양수산개발원(051-797-4302) (학)1989년 성균관대 경제학과졸 1992년 同대학원 경제학과졸 2003년 경제학박사(성균관대) (경)2004~2009년 해양수산부 WTO-FTA 수산분야 협상대책단 2005~2008년 同수산정책국 및 국제협력관실 정책심의위원 2006~2007년 외교통상부 한 · 미FTA 민간자문위원 2006~2007년 한 · 미FTA협상 수산부문 협상대표단 2006~2010년 한국식품유통학회 이사 2007~2009년 외교통상부

한·EU FTA 민간자문위원 2007~2009년 한·중FTA 산관학 공동연구 참가(수산부문) 2008~2013년 농림수산식품부 원양협력관실 정책심의위원 2008~2013년 同정책자체평가위원 2008~2013년 同재정사업자체평가위원 2009년 한국수산경영학회 이사(현) 2009년 농어업·농어촌특별대책위원회 위원 2012~2013년 농림수산식품부 정책연구용역심의위원회 위원 2013~2017년 수협중앙회 기금관리위원회 위원 2013년 해양수산부 규제심사위원회 위원(현) 2013~2017년 同자체평가위원회 위원 2013~2017년 同정책자문위원회 수산분과 자문위원 2013~2017년 同해양수산미래기술위원회 위원 2014년 同FTA이행에따른어업인등지원위원회 위원(현) 2014년 同원양산업발전심의위원회 위원(현) 2014년 수협중앙회 한중FTA국내대책위원회 위원(현) 2015년 해양환경안전학회 이사(현) 2015년 해양수산부 중앙수산업·어촌정책심의회 위원(현) 2015년 한국수산과학회 이사(현) 2016년 수산경영학회 부회장(현) 2016년 해양수산부 정책연구심의위원회 위원(현) 2016년 한국수산회 회장추천위원회 위원 2016년 국제통상학회 부회장(현) 2016년 해양수산인재개발원 겸임교수(현) 2016년 한국해양수산개발원 부원장(현) 2017년 同선임연구위원(현) 2017년 해양수산부 농어업인삶의질향상위원회 위원(현) 2017년 국제수산물 수출포럼 공동회장(현) 2018년 부산대 기계기술연구원 겸임교수(현) 2018년 한국어촌어항협회 이사장추천위원회 위원 2018년 농·어업정책포럼 이사(현) 2018년 한국크루즈포럼 부회장 (상)대통령표창(2007)

정명시(鄭明時)

(생)1961·12·8 (주)부산광역시 연제구 중앙대로 999 부산지방경찰청 외사과(051-899-2176) (학)부산 배정고졸, 동아대졸, 부산대 대학원 행정학과졸 (경)1991년 경위 임용(경찰간부후보 39기) 1998년 경감 승진 2003년 경정 승진 2008년 부산지방경찰청 인사계장 2011년 同경비과장(총경) 2011년 부산 연제경찰서장 2013년 부산지방경찰청 정보과장 2014년 부산 사상경찰서장 2015년 부산지방경찰청 정보과장 2016년 울산 중부경찰서장 2016년 부산지방경찰청 외사과장 2017년 부산 기장경찰서장 2019년 부산지방경찰청 외사과장(현)

정명준(鄭明俊) CHUNG Myung Jun

(생)1958·1·5 (본)하동(河東) (출)서울 (주)경기도 김포시 월곶면 애기봉로409번길 50 (주)셀바이오텍 비서실(031-987-8101) (학)1980년 연세대 생물학과졸 1982년 서울대 대학원 미생물학과졸 1992년 생명공학박사(덴마크 왕립공대) (경)(주)미원 발효과 근무, 同중앙연구소 전통발효식품팀장, (주)대상 중앙연구소 근무, 경기대 대학원 식품생물공학과 겸임교수 1995년 (주)셀바이오텍 대표이사(현) 1998년 한국바이오벤처기업협의회 회장 1999년 (주)셀바이오텍인터내셔날 대표이사 사장 2000년 (사)한국미생물학회 학술위원 2000년 한국바이오협회 부회장(현) 2001년 한국보건산업진흥원 식품산업분과위원회 위원 2004년 한국유산균학회 부회장 2015년 연세대 시스템생물학과 겸임교수(현) (상)통상산업부장관표창, 특허청 특허기술상 충무공상(2015) (종)기독교

정명진(鄭明振) CHUNG Myung Jin (茗堂)

(생)1950·1·31 (본)진주(晉州) (출)전북 전주 (주)광주광역시 광산구 북문대로419번길 73 광주보건대학교 총장실(062-958-7500) (학)1973년 서울대 전기공학과졸 1977년 미국 미시간대 대학원 전기공학과졸 1983년 공학박사(미국 미시간대) (경)1976년 국방과학연구소 연구원 1980년 미국 미시간대 CRIM 연구조교 1983~2015년 한국과학기술원(KAIST) 전기및 전자공학과 교수 1994년 일본 기계기술연구소 객원연구원 1995년 미국 퍼듀대 방문연구원 2002~2004년 BK21 정보기술사업단장 2006년 제어자동차시스템학회 부회장 2007년 한국로봇학회 회장 2009년 지식경제부지정 로봇비전 및 인지센터장 2015년 한국과학기술원(KAIST) 전기및전자공학부 명예교수(현) 2015년 광주보건대 총장(현) 2017년 한국전문대학교육협의회 부회장(현) 2017년 광주·전남전문대학총장협의회 회장(현) (상)대한전기학회 학술상(1996), 제어자동화시스템공학회 고명삼학술상(2002), 제어자동화시스템공학회 공로상(2005), IROS99 학술상(2007), ICROS학술상(2013), KROS학술상(2014) (종)기독교

정명채(鄭明埰) JUNG Myung Chae

(생)1965·3·14 (본)연일(延日) (출)경북 영천 (주)서울특별시 광진구 능동로209 세종대학교 에너지자원공학과(02-3408-3827) (학)1984년 부산고졸 1989년 서울대 자원공학과졸 1991년 同대학원 자원공학과졸 1995년 공학박사(영국 런던대) (경)1997년 세명대 자원환경공학과 전임강사·조교수·부교수 1997년 원주지방환경관리청 환경영향심사위원 2004년 대한자원환경지질학회 이사, 同감사 2004년 대한자원환경지질학회 이사(현) 2004~2008년 한국지하수토양환경학회 편집위원 2004·2010~2011·2018년 한국폐기물자원순환학회 이사(현) 2007년 세종대 공과대학 에너지자원공학과 교수(현) 2009년 한국지하수토양환경학회 이사(현) 2013~2016년 세종대 입학처장 2016~2018년 한국대학교육협의회 대학입학지원실장 2018년 세종대 기획처장(현) (상)환경부장관표창(2004), 지식경제부장관표창(2011) (저)'지구자원과 환경'(1997) '환경지질학'(1998)

정명철(鄭明哲) Chung Myung-Chul

(생)1953·11·5 (출)서울 (주)서울특별시 강남구 테헤란로 203 현대모비스(주)(02-2018-5114) (학)1972년 보성고졸 1976년 고려대 금속공학과졸 (경)1978년 현대자동차 입사 2001년 同승용구동부품개발실장(이사대우) 2003년 同승용부품개발3실장(이사) 2005년 기아자동차 슬로바키아법인 구매담당 상무 2007년 同슬로바키아법인장(전무) 2011년 同슬로바키아법인장(부사장) 2011~2012년 현대파워텍 대표이사 부사장 2012~2013년 현대위아·현대메티아·현대위스코 대표이사 사장 겸임 2013년 경남FC 경영지원본부장 겸임 2013년 현대모비스(주) 대표이사 사장 2013~2016년 프로농구 울산모비스 피버스 구단주 2014년 현대모비스(주) 각자대표이사 사장 2016년 同고문(현) 2017년 서울대 공과대학 재료공학부 산학협력중점교수(현) (상)무역의 날 은탑산업훈장(2013)

정명호(鄭明鎬) JUNG Myung Ho

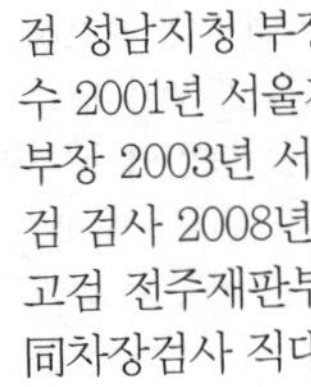

(생)1957·10·12 (출)서울 (주)서울특별시 서초구 반포대로 158 서울고등검찰청 총무과(02-530-3261) (학)1976년 경기고졸 1980년 서울대 법학과졸 1982년 同대학원 법학과 수료 (경)1981년 사법시험 합격(23회) 1983년 사법연수원 수료(13기) 1983년 인천지검 검사 1986년 전주지검 군산지청 검사 1987년 대구지검 검사 1989년 서울지검 검사 1991년 대검찰청 중수부 검사 1993년 수원지검 검사 1994년 부산고검 검사 1995년 부산지검 부부장검사 1996년 청주지검 부장검사 1997년 수원지검 성남지청 부장검사 1998년 서울고검 검사 1999년 사법연수원 교수 2001년 서울지검 북부지청 형사3부장 2002년 同북부지청 형사2부장 2003년 서울고검 검사 2004년 대구고검 검사 2006년 서울고검 검사 2008년 대전고검 검사 2010년 서울고검 검사 2012년 광주고검 전주재판부 검사 2014~2017년 대전고검 검사 2015~2017년 同차장검사 직대 2017년 서울고검 검사(현) (종)불교

정명호(丁明鎬) Myung Ho Jeong (松賢)

(생)1958·10·25 (본)나주(羅州) (출)전북 남원 (주)광주광역시 동구 제봉로 42 전남대학교병원 순환기내과(062-220-6243) (학)1976년 광주제일고졸 1983년 전남대 의대졸 1986년 同대학원졸 1989년 의학박사(전남대) 1994년 미국 메이요대 대학원졸 (경)1983~1987년 전남대병원 인턴·레지던트 1987

년 同순환기내과 전임의 1992~2003년 전남대 의과대학 순환기내과학교실 전임교수·조교수·부교수 1994년 미국 메이요클리닉 순환기내과 연구원 1996년 전남대병원 주사처치실장 1998년 同종합건강진단센터 실장 겸 외국인진료소장 2001년 同순환기내과 과장 2002년 同내과중환자실장 2002년 미국 세계인명사전 'Marquis Who's Who In the World' 에 등재 2002년 미국 인명사전(ABI) 'Great Minds of the 21st Century'에 선정 2002년 영국 케임브리지 국제인명사전(IBC) '위대한 1000인의 과학자'에 등재 2003년 전남대 의과대학 순환기내과학교실 교수(현) 2005년 전남대병원 교육연구실장 2006년 한국과학기술한림원 정회원(현) 2006년 미국 세계인명사전 'Marquis Who's Who in Medicine and Healthcare' 에 등재 2007년 전남대 심혈관계특성화사업단장(현) 2008년 보건복지부 지정 심장질환특성화연구센터장 2011~2014년 한국혈전지혈학회 이사장 2011~2013년 전남대병원 교육연구실장 2011년 '한국을 빛내는 사람들'에 선정 2012년 대한민국의학한림원 정회원(현) 2013년 보건복지부 지정 심혈관계융합센터장(현) 2013~2015년 전남대 의대 내과학교실 주임교수 2014년 한국혈전지혈학회 부회장 2017년 同회장(현) 2017년 대한심장학회 감사(현) 2018년 한국지질동맥경화학회 회장 2018년 대한심장학회 심근경색연구회 회장(현) 2018년 한국중재의료기기학회 회장(현) 2019년 대한심혈관중재학회 회장(현) 2019년 한국과학기술한림원 의약학부장(현) 2019년 同호남제주교류회장(현) [상]대한순환기학회 신진연구상, 대한내과학회 연구상, 대한내과학회 우수논문상(2002), 대한고혈압학회 학술상(2002), 용봉학술상(2004), 대한내과학회 학술상(2005), 서봉의학상(2006), 전남대 의대 우수교수상(2008), 전남대병원 학술연구상(2009), 대한심장학회 학술상(2010), 대학의학회 분쉬의학상(2012), 한국지질동맥경화학회 최우수상(2013), 한국혈전지혈학회 우수상(2013), 대한심장학회 아스트라제네카 학술상(2014), 유럽심장학회 최우수논문 포스터상(2015), 무등의림상 학술상(2015), 유럽생체재료학회 선정 최우수논문(2016), 보건복지부장관표창(2016), 광주시민대상 학술상(2017), 한국혈전지혈학회 학술상·우수논문상(2017), 전남의대 내과 동문회 자랑스런동문상(2017), 한국혈전지혈학회 최우수포스터상 (2018), 한국지질동맥경화학회 우수상(2018), 국립보건연구원 우수연구자상(2018), 한국지단동맥경화학회지 최우수논문상(2019) [저]'순환기환자를 위하여' '외국인환자를 위한 영어회화' '심전도 퀴즈, 심장병 환자를 위하여' 'Interesting Cases of Cardiovascular Intervention' '당신의 심장은 안녕하십니까?-심장병 환자를 위하여(共)'(2011, 전남대 출판부) '과학기술로 만드는 따뜻한 사회'(2014, 한림원) 'Unique cases of Cardiovascualr Intervention of the month'(2015) [역]'Coronary Restenosis'(2013) [종]가톨릭

정명화(鄭明和) CHUNG Myung Wha

[생]1946·3·14 [출]서울 [주]서울특별시 동작구 상도로133 (주)텔코전자 비서실(02-823-0823) [학]1964년 성동고졸 2003년 연세대 대학원 최고경영자과정 수료 [경]1980년 헬스전자 상무이사 1988년 효성실업 대표이사 1994년 (주)텔코전자 대표이사(현) 2002~2018년 한국전자공업협동조합 이사장 2003년 전자부품연구원 이사(현) 2007년 중소기업중앙회 비상근부회장 2013년 同통상자문위원 2016년 同부회장 2017년 同협동조합활성화위원회 공동위원장(현) 2018년 한국전자산업협동조합 이사장(현) [상]중소기업협동조합중앙회 우수경영자상(1996), 산업자원부장관표창(1999) [종]가톨릭

정명훈(鄭明薰) JUNG Myung Hoon

[생]1943·4·28 [출]경북 봉화 [주]경상북도 영주시 가흥로12번길 16 평창운수(주)(054-633-1378) [학]1963년 영주 영광고졸 1965년 중앙대 2년 중퇴 [경]1974년 삼영택시 전무 1981년 (합)영주여객 대표·명예회장(현) 2001년 평창운수(주) 대표이사(현) 2001년 영주시의회 의장 2006년 경북버스사업조합 이사장 2006년 대구지검 안동지청 범죄예방위원회 부회장 2006~2012년 영주상공회의소 회장 [상]영주시장표창(1983), 노동부장관표창(1984), 경북도지사표창(1985·1987), 국무총리표창(1986), 법무부장관표창(1986), 대통령표창(1992), 산업평화상(2005) [종]천주교

정명훈(鄭明勳) CHUNG Myung Whun

[생]1953·1·22 [출]서울 [학]1974년 미국 매네스음대(Mannes School of Music)졸 1978년 미국 줄리어드음대졸 [경]1960년 서울시립교향악단과 협연 1963년 미국 시애틀교향악단과 협연 1973년 영국 런던심포니와 협연 1975년 미국 줄리어드음대 학생오케스트라 상임지휘자 1976년 미국 뉴욕청년심포니 지휘자 1980년 LA필하모닉 부지휘자 1984년 서독 자르브뤼캔방송교향악단 음악감독 겸 상임지휘자 1986년 뉴욕 메트로폴리탄 오페라 데뷔 1987년 이탈리아 피렌체오케스트라 수석객원지휘자 1989~1994년 프랑스 국립바스티유오페라단 음악감독 겸 상임지휘자 1990년 도이치 그라모폰과 전속계약 1991년 서울에서 정트리오 연주회 1992년 UN 마약퇴치 대사 1995년 광복50돌(세계를 빛낸 한국 음악인 대향연) 공연 1996~1999년 한국명예문화대사 1997년 아시아필하모닉오케스트라 지휘자(현) 1997년 KBS교향악단 음악감독 겸 상임지휘자 1997년 이탈리아 로마산타체칠리아오케스트라 상임지휘자 2000~2003년 한국명예문화대사 2000~2015년 프랑스 라디오프랑스필하모니오케스트라 음악감독 겸 지휘자 2000년 일본 도쿄필하모닉 특별예술고문 2004~2006년 외교통상부 문화홍보 외교사절 2005년 서울시립교향악단 예술고문 2006~2015년 同예술감독 2006~2015년 同상임지휘자 2009년 (사)미라클오브뮤직 이사장(현) 2010년 G20정상회의준비위원회 민간위원 2011년 드레스덴 슈타츠카펠레 수석객원지휘자(현) 2012년 인천국제공항 명예홍보대사 2015년 프랑스 라디오프랑스 필하모닉 오케스트라 명예음악감독(현) 2016년 일본 도쿄필하모닉오케스트라 명예음악감독(현) 2017년 원코리아유스오케스트라 초대 음악감독 2017년 원코리아오케스트라 지휘자(현), 아름다운가게 고문(현) [상]차이코프스키 국제음악콩쿠르 은메달, 쇼팽경연대회 수석입상, 뉴욕시장표창, 프레미오 아비아티상, 아르투로 토스카니니상, 프랑스 국가공로훈장 기사장, 프랑스 빅투아르드라뮤지크 지휘자승리상·고전녹음승리상·오페라제작승리상, 금관문화훈장, 一民예술상, 미국 엑설런스2000상, 일본 아사히방송국 국제음악상, 프랑스 클래식음악의 승리상, 이탈리아 음악평론가협회 '프랑코 아비아티'(Premio della critica musicale Franco Abbiati)' 최고음악평론가상 지휘자부문(1988·2015), 대원음악상(2006), 한국이미지알리기 디딤돌상(2007), 마크 오브 리스펙트상(2008), 자랑스런 한국인대상 문화예술부문(2009), 프랑스 문화예술공로훈장 코망되르(2011), 이탈리아 베니스 라 페니체극장재단 '평생 음악상(Una vita nella musica Award)'(2013), 통일문화대상(2013), 이탈리아 국가공로훈장 '콤멘다토레 오르디네 델라 스텔라 디탈리아'(2017) [종]기독교

정명희(鄭明熙) CHUNG Myung Hee

[생]1945·9·21 [출]서울 [주]인천광역시 연수구 갯벌로 155 가천대학교 이길여암·당뇨연구원(032-899-6030) [학]1965년 경복고졸 1971년 서울대 의대졸 1973년 同대학원 약리학과졸 1981년 의학박사(미국 뉴욕주립대) [경]1977년 미국 뉴욕주립대 Downstate Medical Center 약리학 연구원 1981~2011년 서울대 의과대학 약리학교실 조교수·부교수·교수 1988년 일본 국립암센터 초빙연구원 1992년 서울대 의과대학 부학장 1996~1997년 대한약리학회 회장 2000년 한국노화학회 회장 2001년 한국독성학회 회장 2001년 한국프리라디칼학회 회장 2002~2004년 서울대 부총장 2005년 '황우석 교수의 인간배아 줄기세포 연구결과 재검증을 위한 조사위원회' 위원장 2007년 건강기능식품미래포럼 공동대표의장 2010년 삼성융합의과학원(SAIHST) 설립추진단장 2011~2014년 同원장 2011년 서울대 명예교수(현) 2015년 가천대 이길여암·당뇨연구원장(현) 2015~2018년 同의무부총장 겸임 2015년 가천의생명융합연구원 원장 [상]분쉬의학상(2000), 생명의 신비상 생명과학분야(2006) [저]'약리학'

정명희(鄭明姬 · 女) Jeong Myung Hee

(생)1966 · 5 · 2 (주)부산광역시 북구 낙동대로1570번길 33 북구청 구청장실(051-304-1978) (학)진해여고졸, 부산대 약학대학 제약학과졸, 경성대 대학원 임상약학과졸, 同대학원 약학 박사과정 수료 (경)동의과학대 외래교수, 부산시 중구약사회 회장, 부산시약사회 이사, 同약바르게알기운동본부장, 대한약사회 안전상비의약품안전교육 강사, 同의약품안전사용교육 강사, 민주평통 자문위원, 부산시 중구 사회복지긴급지원 심의위원 2014~2018년 부산시의회 의원(비례대표, 새정치민주연합 · 더불어민주당) 2014년 同보사환경위원회 위원 2014년 同윤리특별위원회 위원 2015~2018년 同복지환경위원회 위원 2015~2018년 同예산결산특별위원회 위원 2015년 同공기업특별위원회 위원 2016~2018년 同운영위원회 위원 2016년 더불어민주당 부산시당 공동대변인 2017년 同부산시당 乙지키는민생실천위원회 공동위원장 2017년 同제19대 문재인 대통령후보 부산시선거대책위원회 정책민원해결본부장 2018년 부산시 북구청장(더불어민주당)(현) (상)부산여성발전디딤돌상 의정상부문(2015), 2016 매니페스토약속대상 좋은조례분야(2017)

정몽구(鄭夢九) CHUNG Mong Koo

(생)1938 · 3 · 19 (본)하동(河東) (출)강원 통천 (주)서울특별시 서초구 헌릉로 12 현대자동차그룹 회장실(02-3464-1114) (학)1959년 경복고졸 1967년 한양대 공대 공업경영학과졸 1989년 명예 인문학박사(미국 Central Connecticut State Univ.) 2001년 명예 경영학박사(몽골국립대) 2003년 명예 경영학박사(고려대) 2015년 명예 공학박사(한양대) (경)1970년 현대자동차 서울사업소 부품과장 1970년 同서울사업소 부품과 차장 1972년 同서울사업소 부장 1973년 현대건설 자재부장 1973년 현대자동차 서울사업소 이사 1974~1987년 현대자동차써비스 대표이사 사장 1977~1987년 현대정공 대표이사 사장 1981~1987년 현대강관 대표이사 사장 1983~1984년 제4대 한국컨테이너공업협회 회장 1984~1997년 전국경제인연합회 이사 1985~1997년 대한양궁협회 회장 1986~1987년 제7대 한국컨테이너공업협회 회장 1986~1997년 아시아양궁연맹 회장 1986~1987년 현대산업개발 대표이사 사장 1987년 인천제철 대표이사 사장 1987~1996년 현대정공 · 현대자동차써비스 · 현대강관 · 현대산업개발 · 인천제철 회장 1993~1996년 대한체육회 부회장 1993~1999년 국제양궁연맹 부회장 1994~1998년 현대우주항공 회장 1996~2000년 현대그룹 회장 1997~2017년 전국경제인연합회 부회장 1997년 한 · 러경제협회 회장 1997년 아시아양궁연맹 명예회장(현) 1998~2000년 현대경영자협의회 회장 1999~2001년 민주평화통일자문회의 부의장 1999~2002년 한국표준협회 회장 1999년 현대자동차 회장(현) 1999년 기아자동차 회장(현) 1999년 국제양궁연맹 명예 부회장(현) 1999~2002년 '2010 세계박람회 유치위원회' 위원장 2000년 현대자동차그룹 회장(현) 2004년 한보철강 인수 2005~2010년 동아시아재단 이사장 2006년 현대제철 출범 2007년 '2012 세계박람회 유치위원회' 고문 2007년 同명예 유치위원장 2008년 '2012 세계박람회 조직위원회' 명예 위원장 2010년 동아시아재단 명예 이사장(현) 2011년 현대건설 인수 (상)수출산업포장(1979), 새마을지도자상(1981), 철탑산업훈장(1985), 체육훈장 맹호장(1986), 체육훈장 청룡장(1989), 동탑산업훈장(1989), 한국의 경영자상(1996), 한국경영자 대상(1997), 금탑산업훈장(1998), 미국 자동차산업 공헌상(2001), 북경시 명예시민(2003), 강소성 명예시민(2004), 북극성 훈장(2004), 자동차산업부문 최고 CEO(2004), 자동차산업부문 아시아 최고 CEO(2005), 인촌상 산업기술부문(2005), 세계에서 존경받는 기업인 42위(2005), 여수시 명예시민(2007), 밴플리트상(2009), 자동차산업부문 아시아 최고 CEO(2010 · 2011), 세계 자동차업계 파워리스트 2위(2011), 국민훈장 무궁화장(2012), 글로벌 최고 경영인상(2012), 세계 100대 CEO 6위(2012)

정몽규(鄭夢奎) Mong Gyu Chung

(생)1962 · 1 · 14 (본)하동(河東) (출)서울 (주)서울특별시 강남구 영동대로 520 에이치디씨(주)(02-2008-9401) (학)1980년 용산고졸 1985년 고려대 경영대학 경영학과졸 1988년 영국 옥스퍼드대 대학원 PPE(철학 · 정치 · 경제) 석사 (경)1988년 현대자동차(주) 입사 1990년 同부품개발본부담당 이사 1991년 同상무이사 1992년 同전무이사 1993년 同기획실 · 자재본부담당 부사장 1996~1998년 현대자동차(주) 회장 1997~1999년 한국자동차공업협회 회장 1998년 전국경제인연합회 한영재계회의 한국측위원장 1999~2018년 HDC현대산업개발(주) 회장 2000년 제33차 태평양경제협의회(PBEC) 한국측 대표연사 2011~2013년 한국프로축구연맹 총재 2011~2015년 아시아축구연맹(AFC) 회원국산하 프로리그특별위원회 위원 2013 · 2016년 대한축구협회 회장(현) 2013년 동아시아축구연맹 회장(현) 2015년 2019 아랍에미리트(UAE) 아시아축구연맹(AFC) 아시안컵조직위원회 부위원장 겸 발전위원회 위원(현) 2016년 2017 국제축구연맹(FIFA) 20세이하(U-20) 월드컵조직위원회 위원장 2016년 대한체육회 리우올림픽대회 대한민국선수단장 2016~2019년 아시아축구연맹(AFC) 부회장 겸 심판위원장 2017년 대한체육회 회원종목대표 부회장(현) 2017~2019년 국제축구연맹(FIFA) 평의회 위원 2018년 에이치디씨(HDC)(주) 대표이사 회장(현) 2018년 전국경제인연합회 남북경제교류특별위원회 초대 위원장(현) (상)세계경제포럼 1997년 세계차세대지도자 100인에 선정(1996), 한중우호교류기금회 제2회 한중청년학술상 경제부문(1997), 자랑스런 고대인상(2015), 한국능률협회 한국의 경영자상(2017), 한국경영학회 경영자대상(2017)

정몽근(鄭夢根) CHUNG Mong Keon

(생)1942 · 4 · 11 (본)하동(河東) (출)서울 (주)서울특별시 강남구 압구정로 165 (주)현대백화점 임원실(02-549-2233) (학)1959년 경복고졸 1964년 한양대 토목학과졸 (경)1964~1974년 현대건설 입사 · 자재담당 이사 1974년 금강개발산업 대표이사 1987년 同회장 2000년 현대백화점그룹 회장 2006년 同명예회장(현) (종)불교

정몽석(鄭夢錫) CHUNG Mong Suk

(생)1958 · 11 · 6 (본)하동(河東) (출)서울 (주)서울특별시 강남구 테헤란로 507 일송빌딩 16층 현대종합금속(주) 회장실(02-6230-6099) (학)1977년 오산고졸 1981년 건국대 경영학과졸 1986년 미국 조지워싱턴대 경영대학원졸 (경)1983년 현대시멘트(주) 입사 1986년 현대종합금속(주) 이사 1987년 同전무이사 1987년 성우종합운수(주) 사장 1988년 현대종합금속(주) 사장 1994년 同부회장 1995년 성우정밀산업(주) 회장 1997년 현대종합금속(주) 회장(현) 2009~2012년 (재)명동정동극장 이사

정몽용(鄭夢鏞) CHUNG Mong Yong

(생)1961 · 12 · 22 (본)하동(河東) (출)서울 (주)서울특별시 강남구 봉은사로 609 현대성우홀딩스 회장실(02-2189-5117) (학)1980년 영동고졸 1987년 경희대 무역학과졸 1991년 미국 아메리칸대 대학원 재정학과졸 (경)1987년 성우종합상운(주) 이사 1989년 성우정공(주) 이사 1991년 현대시멘트(주) 이사 1992년 성우정공(주) 전무 1993년 성우종합상운(주) 상무 1993년 현대시멘트(주) 상무 1994년 同전무 1994년 성우정공(주) 부사장 1994년 성우종합상운(주) 전무 1995년 同부사장 1996년 同사장 1996년 성우정공(주) 부사장 1996년 성우종합화학(주) 사장 1996년 성우정공(주) 사장 1997~2001년 同대표이사 부회장 1997년 성우종합화학(주) 부회장 1997~2000년 성우종합상운(주) 부회

장 1997~2000년 현대시멘트(주) 부사장 2000년 타이거넷(주) 부회장 2001년 현대성우오토모티브코리아(주) 회장 2015년 현대성우홀딩스(주)·현대성우캐스팅(주)·현대성우쏠라이트(주)·현대성우메탈(주) 회장(현)

정몽원(鄭夢元) CHUNG Mong Won

(생)1955·8·4 (본)하동(河東) (출)서울 (주)서울특별시 송파구 올림픽로 289 시그마타워 10층 한라그룹 회장실(02-3434-6000) (학)1974년 서울고졸 1979년 고려대 상과대학 경영학과졸 1982년 미국 서던캘리포니아대 경영대학원졸(MBA) (경)1978년 한라해운 입사·사원 1979년 현대양행 근무 1983년 만도기계 부장 1985년 同전무이사 1986년 한라공조 대표이사 사장 1989년 만도기계 대표이사 사장 1991년 한라건설 대표이사 사장 1992년 한라그룹 부회장 1997년 同회장(현) 2001~2013년 한라건설 대표이사 회장 2008~2012년 (주)만도 대표이사 회장 2012~2017년 同회장 2013~2019년 (주)한라 각자대표이사 회장 2013년 대한아이스하키협회 회장(현) 2013~2015년 한라인재개발원 원장 2017년 (주)만도 대표이사 회장(CEO)(현) (상)제30회 무역의 날 1억달러 수출의탑(1993), 올해의 자랑스런 고대체육인상 공로상(1995), 중국 쑤어주의 벗(명예시민)(2013), 고려대 경영대 교우회 '올해의 교우상' 오너부문(2015) (종)기독교

정몽윤(鄭夢允) CHUNG Mong Yoon

(생)1955·3·18 (본)하동(河東) (출)서울 (주)서울특별시 종로구 세종대로 163 현대해상빌딩 현대해상화재보험 회장실(02-732-1133) (학)1973년 중앙고졸 1984년 미국 샌프란시스코주립대졸 1985년 同경영대학원졸 (경)1977~1985년 현대종합상사 입사·부장 1979~1984년 同미주지사 근무 1985년 현대해상화재보험 부사장 1988년 同사장 1996~1999년 현대할부금융 대표이사 회장 1997~2001년 대한야구협회 회장 1997~2019년 駐韓요르단 명예영사 1998년 현대해상화재보험 고문 2001년 同회장(현) 2004년 同이사회 의장 겸임(현) 2015년 서울상공회의소 부회장(현) 2017년 대한상공회의소 금융위원장(현) (상)골든글러브 공로상 (종)기독교

정몽익(鄭夢翼) CHUNG Mong Ik

(생)1962·1·28 (본)하동(河東) (출)서울 (주)서울특별시 서초구 사평대로 344 (주)KCC 임원실(02-3480-5003) (학)1980년 용산고졸 1985년 미국 시러큐스대 MIS학과졸 1986년 미국 조지워싱턴대 상경대학원 국제재정학과졸 (경)1989년 (주)금강 입사, 同관리본부장, 同LA사무소장, 금강고려화학(주) 전무이사 2003년 同부사장 2005년 (주)KCC 총괄부사장 겸 관리본부장 2006년 同대표이사 사장(현), 전주KCC이지스 프로농구단 구단주(현) (상)동탑산업훈장(2010), 미국 커뮤니케이션연맹(LACP) '스포트라이트 어워드(Spotlight Awards)' 지속가능경영보고서부문 대상(2017)

정몽일(鄭夢一) CHUNG Mong Il

(생)1959·3·25 (본)하동(河東) (출)서울 (주)서울특별시 강남구 삼성로 566 빌딩엠 현대엠파트너스 회장실(02-728-8800) (학)1978년 배재고졸 1982년 연세대 경영학과졸 1989년 미국 조지워싱턴대 대학원졸 (경)1984년 현대그룹 입사 1990년 현대종합상사 이사대우 1990년 同상무이사 1991년 同전무이사 1992년 同부사장 1994년 현대종합금융 대표이사 사장 1998~1999년 同대표이사 회장 1999년 현대파이낸스(주) 대표이사 회장 1999~2015년 현대기업금융 대표이사 회장 2000~2015년 현대기술투자(주) 대표이사 회장 겸임 2016년 현대엠파트너스(주) 회장(현) (종)기독교

정몽준(鄭夢準) CHUNG Mong Joon

(생)1951·10·17 (본)하동(河東) (출)부산 (주)서울특별시 송파구 올림픽로43길 88 아산사회복지재단 이사장실(1688-7575) (학)1970년 중앙고졸 1975년 서울대 경제학과졸 1980년 미국 매사추세츠공과대(MIT) 경영대학원졸 1993년 국제정치학박사(미국 존스홉킨스대) 1998년 명예 체육학박사(명지대) 1999년 명예 법학박사(미국 메릴랜드대) 2000년 명예 법학박사(미국 뉴욕시립대 버룩칼리지) 2000년 명예 경영학박사(공주대) 2002년 명예 보건학박사(고신대) 2011년 명예 경영학박사(전주대) 2011년 명예 경영학박사(강원대) (경)1977년 육군 중위 전역(ROTC 13기) 1978년 현대중공업 입사 1980년 同상무이사 1981년 현대 종합기획실 상무이사 겸임 1982~1987년 현대중공업 사장 1983년 대한양궁협회 회장 1983~2014년 학교법인 울산공업학원(울산대·울산과학대) 이사장 1983년 세계궁도협회(FITA) 집행위원 1984년 실업테니스연맹 회장 1987년 현대중공업 회장 1987년 일본 東京大 교환교수 1988년 제13대 국회의원(울산 동구, 무소속) 1990년 현대중공업 고문 1990년 민자당 울산東지구당 위원장 1990년 현대학원 이사장 1990년 현대경제사회연구원 회장 1992년 제14대 국회의원(울산 동구, 국민당) 1993~2009년 대한축구협회 회장 1994~2010년 국제축구연맹(FIFA) 부회장 1995년 미국 존스홉킨스대재단 이사 1996년 제15대 국회의원(울산 동구, 무소속) 1996년 2002한일월드컵축구대회조직위원회 부위원장 1997년 FIFA 미디어위원장 1998년 한국유네스코협회연맹 회장 1999년 고려대 경영학과 석좌교수 1999년 학교법인 고려중앙학원 재단이사 2000년 제16대 국회의원(울산 동구, 무소속) 2000~2002년 2002한일월드컵축구대회조직위원회 공동위원장 2000~2015년 21세기평화재단 이사 2001년 아산사회복지재단 이사장(현) 2001년 미국 아시아소사이어티재단 이사 2002~2003년 국민통합21 대표최고위원 2002년 새천년민주당·국민통합21 공동선거대책위원회 명예위원장 2004~2007년 FIFA 올림픽분과위원회 부위원장 2004년 제17대 국회의원(울산 동구, 국민통합21) 2004년 동아시아축구연맹(EAFF) 회장·명예회장 2005~2015년 서강대 경영학과 겸임교수 2007년 FIFA 올림픽조직위원회 위원장 2007년 2011대구세계육상선수권대회조직위원회 고문 2007년 한나라당 제17대 대통령중앙선거대책위원회 상임고문 2008년 同최고위원 2008년 아산정책연구원 명예이사장(현) 2008년 제18대 국회의원(서울 동작구乙, 한나라당) 2008년 전국정(鄭)씨연합중앙회 총재(현) 2008년 한미외교협의회 회장 2008년 한·일의원연맹 고문 2009년 대한축구협회 명예회장(현) 2009년 전남 목포시 명예시민 2009~2010년 한나라당 대표최고위원 2011년 FIFA 명예부회장(현) 2012~2014년 제19대 국회의원(서울 동작구乙, 새누리당) 2012년 새누리당 상임전국위원 2012년 同제18대 대통령중앙선거대책위원회 공동위원장 2013년 同북핵안보전략특별위원회 고문 2013~2014년 한·중의원외교협의회 회장 2013~2015년 서울중앙고교우회 회장 2014년 학교법인 울산공업학원(울산대·울산과학대) 명예이사장(현) 2014년 국회 지방자치발전특별위원회 위원 2014년 서울특별시장선거 출마(새누리당) (상)자이르 국가훈장(1982), 산업포장(1983), 새마을훈장 노력장(1983), 은탑산업훈장(1984), 체육훈장 맹호장(1984), 월드컵유치공로포장(1988), 체육훈장 청룡장(1997), 국민훈장 무궁화장(2002), 몽골 친선훈장(2007), 말레이시아 국가발전공헌작위 다투(Dato)(2009), 한국경영교육특별대상(2009), 서울대 자랑스러운 ROTC동문상(2009), 남미축구연맹 최고훈장(2010), 여성정치발전인상(2011), 몽골 북극성훈장(2012), 글로벌리더스포럼 글로벌리더상(2013), 독일 대십자 공로훈장(2013), K리그 30주년 공로상(2013), 아시아축구연맹(AFC) 다이아몬드 오브 아시아(Diamond of Asia)(2013) (저)'기업경영이념' '일본의 정부와 기업관계' '일본에 말한다' '나의 도전 나의 열정'(2011, 김영사) '세상을 움직이는 리더와의 소통'(2011, 푸르메) '자유민주주의의 약속' '시장경제의 약속' '키다리 아저씨의 약속'(2012, 미다스북스) (역)'경쟁전략' (종)기독교

ㅈ

정몽진(鄭夢進) CHUNG Mong Jin

(생)1960·8·5 (본)하동(河東) (출)서울 (주)서울특별시 서초구 사평대로 344 (주)KCC 회장실(02-3480-5002) (학)1979년 용산고졸 1983년 고려대 경영학과졸 1986년 미국 조지워싱턴대 대학원졸 (경)1971년 고려화학 입사 1991~1994년 同이사 1994~1995년 同전무이사 1994~1995년 KCC싱가포르 대표이사 전무 1996~1997년 同대표이사 부사장·사장 1998~2000년 同부회장 2000년 금강고려화학 회장 2005년 (주)KCC 대표이사 회장(현) (상)2008 IMI 글로벌경쟁력부문 경영대상(2008), 매경이코노미 선정 '올해의 CEO'(2009), 울산대 공로상(2010)

정몽혁(鄭夢爀) CHUNG MONG HYUCK

(생)1961·7·29 (본)하동(河東) (출)서울 (주)서울특별시 종로구 율곡로2길 25 현대종합상사(주) 회장실(02-390-1121) (학)1980년 경복고졸 1989년 미국 캘리포니아대 수리경제학과졸 (경)1989~1991년 극동정유 부사장 1991~1993년 현대석유화학 부사장 1993~1996년 현대정유 대표이사 부사장 1996~1999년 현대석유화학 사장 1996~2002년 현대정유 사장 2002~2005년 (주)에이치애비뉴앤컴퍼니 회장 2006~2009년 (주)메티아 대표이사 사장 2010년 현대종합상사(주) 대표이사 회장(현) 2015년 현대씨앤에프(주) 회장 2017년 현대코퍼레이션홀딩스(주) 회장(현) (상)국세청장표창(1994), 충남도지사표창(1994), 현대그룹 최고경영자상(1996), 제34회 무역의 날 '수출의 탑'(1997), 스위스 다보스세계경제포럼 '미래의 세계지도자' 선정(1998), 한국산업영상전 대상(1999)

정무경(鄭茂京) JUNG Moo Kyung

(생)1964 (주)대전광역시 서구 청사로 189 조달청 청장실(070-4056-7100) (학)고려대 경제학과졸, 서울대 행정대학원 정책학과졸, 영국 워릭대 국제경제법학과졸, 행정학박사(고려대) (경)1988년 행정고시 합격(31회) 2001년 기획예산처 예산실 예산총괄과 서기관 2002~2005년 OECD근무 2006년 기획예산처 재정전략실 재정분석과장(부이사관) 2007년 대통령비서실 국정상황실 행정관(고위공무원) 2010년 국회 기획재정위원회 파견(고위공무원) 2012년 국무조정실 재정금융기후정책관 2013년 기획재정부 민생경제정책관 2014년 同관세국제조세정책관 2015년 同대변인 2017년 同기획조정실장 2018년 조달청장(현) (상)홍조근정훈장(2013) (저)'The Legal Framework for Budget Systems : An International Comparision'(共) (종)기독교

정무설(鄭茂卨) CHUNG, MOOSEOL

(생)1959·12·25 (본)나주(羅州) (출)경기 화성 (주)충청북도 진천군 덕산읍 교학로 30 국가공무원인재개발원 리더십개발부(043-931-6020) (학)1977년 수원고졸 1982년 충남대 행정학과졸 1998년 연세대 행정대학원 행정학과졸 2002년 미국 콜로라도대 행정대학원 정책학과졸 (경)2004년 행정자치부 총무과 서기관 2006년 同인력개발2팀장 2006년 同정보자원관리팀장 2010년 행정안전부 의정관실 상훈담당관 2011년 同인사실 인력개발관실 채용관리과장 2012년 同인사실 인력개발관실 채용관리과장(부이사관) 2013년 중앙공무원교육원 고위정책과정 교육파견 2014년 UN거버넌스센터 협력국장 2014년 국가기록원 나라기록관장 2015년 同서울기록관장 2015~2017년 대통령 총무비서관실 인사팀장(행정관)·선임행정관 2017년 국토교통부 공공기관지방추진위원회 지원국장(고위공무원) 2018년 국가공무원인재개발원 리더십개발부장(현) (상)총무처장관표창(1990), 국무총리표창(1994), 대통령표창(2012) (종)기독교

정무성(鄭茂晟) CHUNG Moo Sung

(생)1959·2·14 (주)서울특별시 동작구 상도로 369 숭실대학교 사회과학대학 사회복지학부(02-828-7212) (학)1977년 환일고졸 1984년 숭실대 영어영문학과졸 1986년 서울대 대학원 사회복지학과졸 1988년 미국 미네소타대 행정대학원 행정학과졸 1993년 사회복지행정학박사(미국 시카고대) (경)1991~1996년 서울신학대 사회복지학과 전임강사·조교수 1993~1996년 기독교사회복지연구소 소장 1996~2003년 가톨릭대 사회복지학과 조교수·부교수 1997~1998년 同사회복지대학원 교학부장 1998~2001년 同사회복지연구소장 2003년 숭실대 사회과학대학 사회사업학과 교수 2006년 同사회과학대학 사회복지학부 교수(현) 2006~2010년 同사회복지대학원장 2006~2008년 대한적십자사 프로그램개발위원장 2008년 사랑과행복나눔재단 자문위원 2011년 월드비전 이사(현) 2013~2016년 숭실사이버대 부총장 2013년 숭실대 사이버교육사업단장 2014~2016년 미소금융중앙재단 이사 2014~2017년 한국사회적기업진흥원 비상임이사 2015~2017년 한국비영리학회 회장 2015~2017년 숭실대 사이버교육사업단장 2015~2017년 대통령실 저출산고령화대책위원회 삶의질분과위원장 2016년 국가노후준비위원회 부위원장(현) 2017년 숭실사이버대 총장(현) 2017년 한국문화복지학회 초대회장(현) 2019년 한국사회복지학회 회장(현) (상)대통령표창(2010) (저)'사회복지프로그램 개발론' '사회복지행정론' '지역사회복지론' (종)기독교

정무영(鄭武永) JUNG Mooyoung (瑞巖)

(생)1949·3·10 (본)오천(烏川) (출)대구 (주)울산광역시 울주군 언양읍 유니스트길 50 울산과학기술원 총장실(052-217-1001) (학)1972년 서울대 항공공학과졸 1981년 미국 캔자스주립대 대학원 산업공학과졸 1984년 공학박사(미국 캔자스주립대) (경)1976~1978년 국방과학연구소 연구원 1978년 미국 캔자스주립대 산업공학과 연구조교·교육조교 1984년 同강사·연구원 1984~1986년 미국 위스콘신대 플레트빌교 산업공학과 조교수 1986~2005년 포항공과대 산업공학과 교수 1986~1991년 同산업공학과 주임교수 1992년 同제품생산기술연구소장, 국제산업공학인협회(IIEA) 창립회원(현), 산업공학회(IIE) 정회원(현), 대한산업공학회 종신회원(현) 1992~1994년 同부회장 1994~2000년 포항공과대 연구처장 1994년 국제산업공학저널·국제컴퓨터&산업공학저널 편집위원(현), 한국정밀공학회(KSPE) 정회원(현), 아시아태평양산업공학및경영시스템학회(APIEMS) 정회원(현) 2001~2002년 디자인및제조업자동화저널 편집위원 2001~2008년 바이오플러스(주) 대표이사 2005~2008년 포항공과대 산업경영공학과 교수 2006~2007년 同산업경영공학과 주임교수 2008~2015년 울산과학기술대 교학부총장·연구부총장 2015년 국가초고성능컴퓨팅위원회 부위원장(현) 2015년 울산과학기술원(UNIST) 초대 총장(현) 2016~2018년 세계경제포럼(WEF) 세계미래위원회 분과위원 (상)대한산업공학회 백암논문상(1992), 대한산업공학회 학술대상(1997)

정무창(鄭茂昌)

(생)1963·2·26 (주)광주광역시 서구 내방로 111 광주광역시의회(062-613-5044) (학)목포대 사회과학대학 법학과졸 (경)열린우리당 광주광산구지역위원회 주민복지특별위원장, (사)한국B.B.S 광주전남연맹 광산구지회 제3부회장 2006년 광주시 광산구의원선거 출마 2017년 더불어민주당 제19대 대통령선거 문재인후보 광주시당 광산甲 정당선거사무소장, 참좋은 광산포럼 공동대표(현) 2018년 광주시의회 의원(더불어민주당)(현) 2018년 同산업건설위원회 위원(현) 2018년 同예산결산특별위원회 위원(현) 2018년 同윤리특별위원회 위원(현)

정문국(丁文國) CHEONG Mun Kuk

(생)1959·5·23 (출)부산 (주)서울특별시 중구 세종대로7길 37 오렌지라이프생명보험(주) 비서실(02-2200-9114) (학)해동고졸 1983년 한국외국어대 네덜란드어과졸 (경)1984~1999년 제일생명보험(주) 근무 1999~2001년 Hudson International Advisors 대표이사 2001~2003년 AIG Global Investment Korea 대표이사 2003~2004년 AIG생명보험 상무 2004년 알리안츠생명보험(주) Alternative Sales 부사장 2007~2012년 同대표이사 사장 2013년 에이스생명보험 한국 대표이사 사장 2014~2018년 ING생명보험(주) 대표이사 사장 2018년 오렌지라이프생명보험(주) 대표이사 사장(현) (상)대한민국 금융대상 생명보험부분(2016)

정문기(鄭文琪) Moon Kee CHUNG

(생)1954·2·23 (주)경상남도 양산시 물금읍 부산대학로 49 부산대학교 의과대학 비뇨기과학교실(055-360-2134) (학)1978년 부산대 의대졸 1981년 同대학원 의학석사 1989년 의학박사(부산대) (경)1978~1983년 부산대 의대부속병원 전공의 1984~1986년 국군 부산병원 과장 1988~2019년 부산대 의대 비뇨기과학교실 조교수·부교수·교수 2006~2008년 대한비뇨기종양학회 부회장 2007~2009년 부산대 의과대학장 겸 의학전문대학원장 2008년 대한비뇨기과학회 이사장 2010~2012년 同회장 2013~2016년 부산시의료원 원장 2019년 부산대 의대 비뇨기과학교실 명예교수(현)

정문성(鄭文誠) JEONG Moon Seong

(생)1962·1·22 (본)동래(東萊) (출)부산 (주)경기도 안양시 만안구 삼막로 155 경인교육대학교 사회교육과(031-470-6228) (학)1980년 부산 브니엘고졸 1986년 서울대 사회교육학과졸 1989년 同대학원 사회교육학과졸 1994년 사회교육학박사(서울대) (경)1994년 경인교대 사회교육과 교수(현) 2007년 同교무처장 2011~2012년 同부총장 겸 대학원장 2012~2013년 한국열린교육학회 회장 2015~2017년 한국다문화교육연구학회 회장 2018년 한국사회과교육학회 회장(현) (저)'사회과 수행중심 평가'(2001) '협동학습의 이해와 실천'(2008) '함께해서 즐거운 협동학습'(2010) '홈스쿨NIE학습법'(2011) 'NIE선생님 첫걸음'(2011) '신문으로 하는 인성교육'(2013) '초등사회과교육'(2014) '다문화사회교수방법론'(2015) '토의토론수업방법84'(2017) (역)'사회과 창의적 교수법' (종)기독교

정문성(丁文晟)

(생)1967·3·27 (출)경북 김천 (주)서울특별시 서초구 서초중앙로 157 서울중앙지방법원(02-530-1114) (학)1986년 부산 혜광고졸 1991년 서울대 법학과졸 (경)1994년 사법시험 합격(36회) 1997년 사법연수원 수료(26기) 1997년 軍법무관 2000년 수원지법 판사 2002년 서울지법 판사 2004년 창원지법 판사 2007년 서울동부지법 판사 2010년 서울고법 판사 2012년 춘천지법 부장판사 2014년 사법연수원 교수 2017년 서울중앙지법 부장판사(현)

정문자(女) Jeong, Moon Ja

(생)1961 (출)경남 하동 (주)서울특별시 중구 삼일대로 340 국가인권위원회 상임위원실(02-2125-9606) (학)이화여대 인문과학대학졸 2005년 성공회대 시민사회복지대학원 사회복지학과졸 (경)부평지역자활센터 관장, 인천여성노동자회 회장 2007~2008년 한국여성노동자회 부대표 2009~2015년 同대표 2009~2013년 한국여성단체연합 사회권위원장, 함께일하는재단 운영위원, SBS 시청자위원회 위원 2014~2016년 한국여성단체연합 공동대표 2015~2017년 시민사회발전위원회 위원 2016~2018년 서울시 인권위원회 위원 2017~2018년 경찰청 인권침해사건진상조사위원회 민간위원 2018년 국가인권위원회 상임위원(차관급)(현) 2019년 스포츠혁신위원회 위원(현) (상)한국여성단체연합 여성운동지킴이상(2003), 인천시 여성인권증진상(2005) (저)'한국여성단체연합 30년의 역사(共)'(2017)

정문종(鄭文鍾) JEONG Moon Jong

(생)1959·10·7 (출)충남 연기 (주)서울특별시 영등포구 의사당대로 1 국회예산정책처 추계세제분석실(02-788-3774) (학)1982년 서울대 경제학과졸 1984년 同대학원 경제학과졸 1993년 경제학박사(서울대) (경)1989~1995년 국회도서관 입법자료분석실 자료분석관 1995년 국회사무처 입법조사분석실 입법조사연구관 1998년 同입법조사분석실 재정경제담당관 2000년 同예산분석관 2004년 국회예산정책처 재정정책분석팀 경제분석관 2008년 同예산분석실 법안비용추계팀장 2009년 同예산분석실 법안비용추계1팀장 2011년 同예산분석실 행정예산분석팀장 2012년 同예산분석실 행정예산분석과장(부이사관) 2013년 同사업평가국 사회사업평가과장 2016년 同경제분석실 조세분석심의관 2017년 同경제분석국장 2018년 同추계세제분석실장(관리관)(현) (종)천주교

정문헌(鄭文憲) CHUNG Moon Hun

(생)1966·5·4 (본)연일(延日) (출)서울 (주)서울특별시 영등포구 국회대로74길 20 바른미래당 서울시당(02-784-1403) (학)1984년 경복고졸 1990년 미국 위스콘신대(Univ. of Wisconsin) 정치학과졸 1994년 미국 시카고대(Univ. of Chicago) 대학원 정책학과졸 2002년 정치학박사(고려대) (경)2001~2016년 (재)유암문화재단 이사장 2002년 (사)우암평화연구원 연구위원 2002년 동국대 행정대학원 겸임교수 2002년 한나라당 이회창 대통령후보 특별보좌역 2003년 고려대 평화연구소 연구교수 2003년 한나라당 속초·고성·양양·인제지구당 위원장 2003년 강원사랑시민연대 공동대표 2004~2008년 제17대 국회의원(속초·고성·양양, 한나라당) 2004~2005년 한나라당 원내부대표 2004년 한국스카우트의원연맹 이사 2006~2007년 한나라당 제2정책조정위원장 2007년 민족화해협력범국민협의회 공동집행위원장 2009~2010년 대통령 외교안보수석비서관실 통일비서관 2011년 한나라당 속초·고성·양양당원협의회 운영위원장 2012년 새누리당 속초·고성·양양당원협의회 운영위원장 2012~2016년 제19대 국회의원(속초·고성·양양, 새누리당) 2012~2013년 새누리당 정책위원회 외교통상·국방담당부의장 2012년 同국군포로·납북자TF팀장 2013년 同북핵안보전략특별위원회 위원 2013~2014년 국회 외교통일위원회 여당 간사 2013년 새누리당 강원도당 위원장 2014년 同여의도연구원 통일연구센터장 2014년 同비상대책위원 2014년 국회 기획재정위원회 위원 2014년 국회 동북아역사왜곡대책특별위원회 위원 2014~2015년 새누리당 통일위원회 위원장 2015년 국회 정치개혁특별위원회 여당 간사 겸 공직선거법심사소위원회 위원장 2016~2018년 국민대 교양대학 초빙교수 2017~2018년 바른정당 속초·고성·양양당원협의회 운영위원장 2017년 同제19대 유승민 대통령후보 중앙선거대책위원회 유세본부 부본부장 2017년 同사무총장 2017년 同조직강화특별위원회 위원 2017~2018년 同강원도당 위원장 2018년 바른미래당 속초시·고성군·양양군지역위원회 위원장 2018년 同강원도당 공동위원장 2018년 同당대표 특보단장(현) 2019년 同서울종로구지역회 위원장(현) 2019년 한국외대 글로벌안보협력센터 선임자문위원(현) (상)법률소비자연맹 선정 국회 헌정대상(2013) (저)'탈냉전기 남북한과 미국-南北關係의 浮沈'(2004) (종)불교

정문호(鄭文鎬) Jeong, Moon-Ho

(생)1962·2·7 (출)충남 논산 (주)세종특별자치시 정부2청사로 13 소방청 청장실(044-205-7000) (학)보문고졸 1985년 충남대 화학과졸 2001년 호서대 대학원 안전공학과졸 (경)1990년 소방간부(6기) 임용, 대전시 소방본부 소방행정과 근무, 同소방본부 구급담당과 근무, 아산소방서장 2008년 공주소방서장, 중앙소방학교 서무계장 2009년 소방방재청 소방정책과 근무 2011년 대전시 소방본부장 2012년 충남도 소방본부장 2014년 인천소방안전본부장 2017년 서울소방재난본부장(소방정감) 2018년 소방청장(현)

정문화(鄭文和) CHUNG Moon Hwa

(생)1940·11·2 (본)영일(迎日) (출)부산 (학)1959년 경남고졸 1965년 서울대 행정학과졸 1988년 한양대 행정대학원졸 (경)1965년 행정고등고시 합격(3회) 1966년 법제처 사무관 1970년 총무처 인사과 근무 1971~1978년 同법무관·사무관리과장·고시과장·조직관리과장·총괄과장 1978년 同행정전산계획관 1979년 同행정관리국 심의관 1980년 同행정관리국장 1983년 同인사국장 1986년 同행정조사연구실장(1급) 1987년 同기획관리실장(1급) 1987년 소청심사위원장 1988년 행정개혁위원회 총괄분과위원회 간사 1988년 중앙공무원교육원장(차관급) 1990년 총무처 차관 1992년 한국행정학회 부회장 1993년 부산직할시장 1994~1995년 한국지방행정연구원 원장 1996년 21세기국가발전연구원 원장 1997년 한국행정연구원 원장 1998년 제15대 국회의원(부산 西 보선, 한나라당) 2000~2004년 제16대 국회의원(부산 西, 한나라당) 2006~2008년 경주대 총장 (상)녹조근정훈장, 황조근정훈장, 보국훈장 천수장 (저)'공무원 인사제도' '지방자치 이것을 아십니까' '새정부의 선택' (종)불교

정미경(鄭美京 · 女) CHUNG MI KYUNG

(생)1965·9·17 (본)진주(晋州) (출)강원 화천 (주)서울특별시 영등포구 버드나루로 73 자유한국당(02-6288-0200) (학)1984년 덕성여고졸 1989년 고려대 법학과졸 (경)1996년 사법시험 합격(38회) 1999년 사법연수원 수료(28기) 1999년 서울지검 의정부지청 검사 2001년 인천지검 부천지청 검사 2003년 광주지검 군산지청 검사 2005년 수원지검 검사 2007년 여성가족부장관 법률자문관 2007년 부산지검 검사 2007년 대한의사협회 아동학대예방전문위원 2007년 중앙아동보호전문기관 자문위원 2007년 경기도아동보호전문기관 아동학대사례판정위원 2008년 제18대 국회의원(수원 권선, 한나라당·새누리당·무소속) 2008년 한나라당 대표특보 2009년 同원내부대표 2010년 同대변인 2010년 국회 국방위원회 위원 2010년 국회 여성가족위원회 위원 2011년 국회 예산결산특별위원회 위원 2012년 제19대 국회의원선거 출마(수원乙(권선), 무소속) 2012~2014년 법무법인 광교 변호사 2014~2016년 제19대 국회의원(수원乙(권선) 보궐선거, 새누리당) 2014년 국회 국방위원회 위원 2014~2015년 새누리당 홍보기획본부장 겸 홍보위원장 2015년 국회 예산결산특별위원회 위원 2015년 새누리당 나눔경제특별위원회 위원장 2016년 同수원시戊당원협의회 운영위원장 2016년 법무법인 광교 변호사 2017년 바른정당 대선후보 경선관리위원회 원외위원장 2017년 同제19대 유승민 대통령후보 중앙선거대책위원회 홍보본부 부본부장 2018년 자유한국당 경기수원시戊당원협의회 운영위원장(현) 2019년 자유한국당 최고위원(현) (상)시민일보 의정·행정대상(2015) (저)'여자 대통령이 아닌 대통령을 꿈꿔라'(2007) (종)기독교

정미근(鄭美根) JUNG Mee Geun

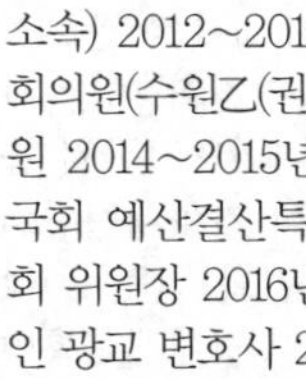

(생)1954 · 3 · 15 (주)서울특별시 동대문구 사가정로 272 신일제약(주) 부회장 비서실(02-2211-6700) (학)1978년 성균관대 약학과졸 (경)1978년 신일제약(주) 근무, 同상무이사, 同충주공장장(전무이사) 2011년 同부사장 2013~2018년 同대표이사 사장 2019년 同부회장(현) (종)기독교

정미애(鄭美愛 · 女) Jung Miae

(생)1968 · 2 · 20 (주)서울특별시 종로구 사직로8길 60 외교부 인사운영팀(02-2100-7141) (학)1989년 이화여대 정치외교학과졸 1991년 同대학원 정치외교학과졸 1996년 일본 쓰쿠바대 대학원 국제정치경제학졸 2000년 국제정치경제학박사(일본 쓰쿠바대) (경)2006년 국민대 일본학연구소 학술연구교수 2014년 駐일본대사관 선임연구원 2015년 미국 템플대 일본캠퍼스 아시아연구소 객원연구원 2015년 일본 고베대 국제협력연구과 객원교수 2017년 성공회대 민주주의연구소 연구위원 2017년 駐니가타 총영사(현) (저)'일본정치론'(共) '글로벌화 시대의 일본'(共) '일본 사회문화의 이해'(共) (역)'현대 일본의 시민사회 · 이익단체'

정미영(鄭美英 · 女) CHUNG Mi Young

(생)1967 · 3 · 1 (주)부산광역시 금정구 중앙대로 1777 금정구청 구청장실(051-519-4004) (학)부산대사대부고졸 1988년 부산대 사회과학대학 도서관학과졸 (경)부산시 부곡2동 · 장전1동주민센터 일본어강사, 쌈지도서실 대우도서문고 실장, 열린우리당 부산시당 지방자치발전특별위원회 위원, 부산시 금정구 부곡2동 주민자치위원회 고문 2006 · 2010년 부산시 금정구의회 의원(열린우리당 · 통합민주당 · 민주당 · 민주통합당 · 새정치민주연합) 2008~2010년 同부의장 2008년 민주당 부산금정구지역위원회 위원장 2009년 아름다운가게 금정점 운영위원 2014년 부산시 금정구의회 의원(새정치민주연합 · 더불어민주당) 2014~2016년 同기획총무위원장, 더불어민주당 전국여성위원회 부위원장 2018년 부산시 금정구청장(더불어민주당)(현)

정 민(丁 珉) Jung Min

(생)1953·7·12 (출)광주 (주)서울특별시 중구 세종대로9길 42 부영빌딩 6층 세무법인 충정 비서실(02-778-1391) (학)1972년 광주고졸 1976년 고려대 행정학과졸 1987년 미국 인디애나대 대학원 행정학과졸 (경)1975년 행정고시 합격(18회) 1981년 예편(해군 대위) 1983년 제주세무서 총무과장 1983년 마산세무서 소득세과장·법인세과장 1987년 부산 영도세무서 부가가치세과장 1988년 중부지방국세청 국제조세과장 1992년 同소득세과장·감사관 1993년 속초세무서장 1993년 익산세무서장 1994년 미국연방정리신탁공사(RTC) 및 국세청(IRS) 파견 1996년 원주세무서장 1998년 서울지방국세청 국제조세1과장 1999년 국세청 조사1과장 2000년 중부지방국세청 조사1국장 2001년 대통령 민정수석비서관실 국장 2003년 駐뉴욕총영사관 영사(세무협력관) 2005년 광주지방국세청장 2006년 국세청 전산정보관리관 2006년 법무법인 충정 고문 2007~2008년 대한광업진흥공사 비상임이사 2008년 세무법인 충정 대표(현) 2008~2009년 한국광물자원공사 비상임이사

정 민(鄭 珉) CHUNG Min

(생)1961 · 1 · 3 (출)충북 영동 (주)서울특별시 성동구 왕십리로 222 한양대학교 국어국문학과(02-2220-0720) (학)1983년 한양대 국어국문학과졸 1985년 同대학원졸 1990년 문학박사(한양대) (경)1991~2002년 한양대 국어국문학과 조교수 · 부교수 1987년 한국도교사상연구회 총무이사 1993년 同편집이사 1993년 한국한문학회 출판이사 1995년 同연구이사 1997년 同섭외이사 1999~2000년 한국도교문화학회 섭외이사 1999~2000년 한국시가학회 섭외이사 2002~2004년 同감사 2002년 한양대 인문과학대학 국어국문학과 교수(현) 2004~2006년 대동한문학회 편집위원 2012~2015년 한국고전번역원 비상임이사 2013년 대통령소속 인문정신문화특별위원회 인문학위원 2014~2016년 한양대 인문과학대학장 (상)간행물문화대상 저작상(2007), 우호인문학상 한국문학부문(2011), 지훈국학상(2012), 월봉저작상(2015) (저)'한국역대시화류편'(1988, 아세아문화사) '통감절요 1'

(1995, 전통문화연구회) '한시미학산책'(1996, 솔) '마음을 비우는 지혜'(1997, 솔) '목릉문단과 석주 권필'(1999, 태학사) '비슷한 것은 가짜다'(2000, 태학사) '한서 이불과 논어 병풍'(2000, 열림원) '돌위에 새긴 생각'(2000, 열림원) '한문의 이해'(2002, 한양대 출판부) '와당의 표정'(2002, 열림원) '책 읽는 소리'(2002, 마음산책) '초월의 상상'(2002, 휴머니스트) '정민 선생님이 들려주는 한시 이야기'(2002, 보림) '한시속의 새 그림속의 새 전2권'(2003, 효형출판) '미쳐야 미친다'(2004, 푸른역사) '죽비소리'(2005, 마음산책) '꽃들의 웃음판'(2005, 사계절) '어린이 살아있는 한자교과서 전5권'(2006, 휴머니스트) '다산선생 지식경영법'(2006, 김영사) '18세기 조선지식인의 발견'(2007, 휴머니스트) '스승의 옥편'(2007, 마음산책) '옛사람 맑은 생각 다산어록청상'(2007, 푸르메) '호걸이 되는 것은 바라지 않는다'(2008, 김영사) '아버지의 편지'(2008, 김영사) '성대중 처세어록'(2009, 푸르메) '고전문장론과 연암 박지원'(2010, 태학사) '한시미학산책(완결 개정판)'(2010, 휴머니스트) '한국학 그림과 만나다'(2011, 태학사) '새로 쓰는 조선의 차 문화'(2011, 김영사) '살아있는 한자 교과서 전2권'(2011, 휴머니스트) '다산의 재발견'(2011, 휴머니스트) '옛 사람 맑은 생각(共)'(2011, 푸르메) '삶을 바꾼 만남'(2011, 문학동네) '일침'(2012, 김영사) '불국토를 꿈꾼 그들'(2012, 문학의 문학) '정민 선생님이 들려주는 고전 독서법'(2012, 보림) '오직 독서뿐'(2013, 김영사) '파워클래식'(2013, 민음사) '한국학 그림을 그리다'(2013, 태학사) '우리 한시 삼백수-7언절구편'(2013, 김영사) '18세기 한중 지식인의 문예공화국'(2014, 문학동네) '조심'(2014, 김영사) '새 문화사전'(2014, 글항아리) '강진 백운동 별서정원'(2015, 글항아리) '파란(波瀾) 1·2'(2019, 천년의상상)

정민곤(鄭珉坤)

(생)1964·4·19 (주)광주광역시 서구 내방로 111 광주광역시청 시민안전실(062-613-4920) (학)광주인성고졸, 전남대 대학원 행정학과졸(석사) (경)1997년 지방고시 합격(3회) 2007년 광주시 대중교통과장(지방서기관) 2007년 同마케팅기획팀장 2010년 同하계U대회지원관 2010년 同비서실장 2012년 同창조도시정책기획관(지방부이사관) 2012년 同자치행정국장 2013년 同안전행정국장 2014년 광주 서구 부구청장 2015년 광주시 안전행정국장 2016년 교육 파견(지방부이사관) 2017년 광주시 교통건설국장 2017년 同문화관광체육실장 2018년 광주시의회 사무처장(지방이사관) 2018년 광주시 시민안전실장(현)

정민구(丁珉九)

(생)1967·6·25 (주)제주특별자치도 제주시 문연로 13 제주특별자치도의회(064-741-1963) (학)대정고졸, 제주대 무역학과졸 (경)제주주민자치연대 대표, 제주중앙초 학부모운영위원, 제주특별자치도 행정체제개편위원, 제주4.3희생자유족청년회 운영위원(현), 더불어민주당 제주특별자치도당 지방자치위원회 위원장(현) 2018년 제주특별자치도의회 의원(더불어민주당)(현) 2018년 同행정자치위원회 위원 겸 의회운영위원회 위원(현) 2018년 同4.3특별위원회 위원장(현) 2018년 同윤리특별위원회 위원(현)

정민규(鄭潤揆) Min-Kyu Chung

(생)1970·2·7 (본)해주(海州) (출)경남 진주 (주)서울특별시 서초구 법원로2길 17-8 구유빌딩 301호 법무법인 광화(02-594-5670) (학)1988년 경상대사대부고졸 1994년 서울대 법학과졸 2006년 고려대 언론대학원 최고위과정 수료(24기), 한국과학기술원(KAIST) 경영대학원졸(석사) (경)1996년 사법시험 합격(38회) 1999년 사법연수원 수료(28기) 1999년 공익법무관 2002년 법무법인 서정 변호사 2004년 대통령 혁신수석비서관실 선임행정관 2007년 수원지검 검사 2009년 同안양지청 수석검사 2011년 대구지검 서부지청 부부장검사 2012년 법무법인 더펌(The Firm) 파트너 변호사 2014년 KB금융지주 준법감시인(상무) 2015~2016년 KB투자증권 CIB기획실장(전무) 2018년 법무법인 광화 대표변호사(현) 2018년 대한변호사협회 통일문제연구위원회 위원(현) 2019년 민주평통 통일법제분과위원회 상임위원(현) (저)'북한투자의 시대'(2019)

정민근(鄭珉根) CHUNG Min Keun

(생)1956·8·6 (출)경남 마산 (주)서울특별시 영등포구 국제금융로 10 딜로이트안진회계법인 임원실(02-6676-3293) (학)1975년 마산고졸 1982년 부산대 경영학과졸 1984년 서울대 대학원 경영학과졸 1996년 중앙대 국제경영대학원졸 2001년 경영학박사(중앙대) (경)안건회계법인 전무이사, 생명보험회사·보험회사구조조정위원회 경영평가위원, 대한방직(주) 사외이사, 금융발전심의회 보험분과위원 2004년 하나회계법인 부대표이사, 안건회계법인 감사1본부장 2004년 딜로이트안진회계법인 감사본부장 2008년 중앙대 감사 2010·2012년 국무총리소속 정부업무평가위원회 민간위원 2012년 딜로이트안진회계법인 부회장(현) 2013~2016년 대한체육회 감사 2016년 한국공인회계사회 미래전략담당 부회장(현) 2016년 국립박물관문화재단 비상임감사(현) (상)국민포장(2012) (역)'관리회계의 신기법'

정민오(鄭玟遻) JUNG Min O

(생)1965·12·19 (본)진주(晋州) (출)전남 영광 (주)인천광역시 미추홀구 석정로 239 중부지방고용노동청 청장실(032-460-4530) (학)영동고졸 1987년 서울대 사회학과졸 1992년 同행정대학원 행정학과졸 (경)1991년 행정고시 합격(35회) 2003년 노동부 기획관리실 행정정보화담당관실 서기관 2004년 경인지방노동청 관리과장 2005년 노동부 고용평등국 여성고용과장 2005년 공정거래위원회 하도급1과장 2007년 駐제네바 국제연합사무처 및 국제기구대표부 1등서기관 2010년 노동부 고객만족팀장 2010년 고용노동부 감사관실 고객만족팀장(서기관) 2011년 同감사관실 고객만족팀장(부이사관) 2012년 기획재정부 정책조정국 기업환경과장 2014년 同협동조합운영과장 2014년 서울지방노동위원회 상임위원 2016년 고용노동부 국제협력관 2017년 인천지방노동위원회 위원장 2018년 중부지방고용노동청장(현) (종)기독교

정민철(鄭珉哲)

(생)1972·3·28 (출)대전 (주)대전광역시 중구 대종로 373 한화이글스(042-630-8200) (학)1992년 대전고졸 (경)1992년 프로야구 빙그레 이글스 입단(투수) 1994·1999년 한일슈퍼게임 국가대표 1994년 아시아퍼시픽게임 국가대표 1994~2000년 프로야구 한화 이글스 소속 1998년 방콕아시안게임 야구 국가대표 2000~2001년 일본 프로야구 요미우리 자이언츠 소속 2006~2009년 프로야구 한화 이글스 소속 2007년 프로야구 올스타전 서군대표 2009년 9월 은퇴(통산 161승 128패 10세이브, 평균자책점 3.51) 2010~2014년 프로야구 한화 이글스 1군·2군 투수코치 2015~2019년 MBC스포츠플러스 야구해설위원 2017년 '2017 아시아 프로야구 챔피언십 대회' 국가대표팀 투수 코치 2018년 제18회 자카르타-팔렘방아시안게임 야구국가대표팀 투수코치(금메달) 2019년 야구 국가대표팀 투수코치(현) 2019년 프로야구 한화 이글스 단장(현) (상)정규리그 승률 1위(1993), 프로야구 탈삼진왕·방어율 1위(1994), 제12회 일구상 재기선수상(2007) (종)불교

정민형(鄭敏亨) CHUNG Min Hyung

(생)1961·1·19 (출)서울 (주)경기도 수원시 영통구 삼성로 129 삼성전자(주)(031-200-1114) (학)1979년 서울공고졸 1983년 서울대 전자공학과졸 (경)1983년 삼성전자(주) 입사 1989년 同미국주재원 1994년 同기술기획 차장·디지털미디어연구소 부장 2003년 同디지털미디어연구소 기술기획팀장(

상무보) 2004년 同기술총괄 기술기획팀장 2005~2008년 삼성종합기술원 CTO전략팀장(상무) 2008~2010년 삼성전자(주) DMC연구소 기술전략팀장(전무) 2010년 同IP센터 라이센싱팀장 겸 기술분석팀장(전무) 2012년 同IP센터 기술분석팀장(전무) 2014년 同의료기기사업부 개발1팀장(부사장), 同의료기기사업부 DR사업팀장(부사장) 2017년 同자문역(현)

정민화(鄭珉和) Jeong Min Hwa

(생)1965·2·22 (주)충청북도 음성군 맹동면 이수로 93 국가기술표준원 기계융합산업표준과(043-870-5370) (학)1987년 고려대 전기공학과졸 1995년 同대학원 전기공학과졸 1999년 전기공학박사(고려대) (경)2001~2009년 산업자원부(지식경제부) 기술표준원 연구관 2010~2012년 국외훈련(일본) 2012년 지식경제부 기술표준원 적합성평가과장 2013년 산업통상자원부 국가기술표준원 적합성평가과장 2015년 同국가기술표준원 전기통신제품안전과장 2017년 한국에너지기술평가원 파견 2018년 국가기술표준원 기계소재표준과장 2019년 同기계융합산업표준과장(현)

정방원(丁芳原)

(생)1966·2·2 (주)서울특별시 관악구 관악로5길 33 관악경찰서(02-870-0140) (학)1988년 경찰대 법학과졸(4기) 1992년 연세대 법무대학원졸 (경)1988년 경위 임관 1998년 서울지방경찰청 제3기동대 35중대장(경감) 2003년 서울 강동경찰서 형사과장·서울 수서경찰서 형사과장·서울 서초경찰서 형사과장(경정) 2014년 경기지방경찰청 여성청소년과장(총경) 2014년 전북지방경찰청 여성청소년과장 2015년 전북 진안경찰서장 2016년 경기지방경찰청 생활안전과장 2016년 경기남부지방경찰청 생활안전과장 2017년 경기 수원서부경찰서장 2017년 경찰교육원 학생과장 2018년 경찰인재개발원 학생과장 2019년 서울 관악경찰서장(현) (상)경찰청장표창(2005)

정백영(鄭百永) CHUNG Baik Young

(생)1961·10·26 (본)동래(東萊) (출)경북 예천 (주)서울특별시 금천구 가산디지털1로 51 LG전자 차세대공조연구소(02-6915-1000) (학)인하대 기계공학과졸, 同대학원 기계공학과졸, 同대학원 공학박사 (경)LG전자(주) CTO AE연구소 근무 2005년 同DAC연구소 연구위원(상무) 2011년 同CTO산하 AE연구소 SAC팀장(전무) 2015~2016년 同CTO산하 공조사이클팀장(전무) 2016년 同CTO산하 L&A연구센터 차세대공조연구소장 2018년 同CTO차세대공조연구소장(전무)(현) (상)문교부장관표창, 과학기술부장관표창, 은탑산업훈장(2011) (종)가톨릭

정범구(鄭範九) JONG Bum Goo

(생)1954·3·27 (본)초계(草溪) (출)충북 음성 (주)서울특별시 종로구 사직로8길 60 외교부 인사운영팀(02-2100-7146) (학)1971년 성동고졸 1975년 경희대 정치학과졸 1987년 독일 Marburg대 대학원 정치학과졸 1990년 정치학박사(독일 Marburg대) (경)1990~1993년 경희대·충남대·한남대 강사 1992~1994년 현대경제사회연구원 정책연구실장 1994·1999년 CBS시사자키 '오늘과 내일' 진행 1995~2000년 차세대정치문화 연구소장 1997년 대선후보 초청 합동TV토론회 사회자, 시사평론가 1998년 KBS '정범구의 세상읽기' 진행 1999년 KBS 1TV '정범구의 시사비평' 진행 1999년 아태청년아카데미 자문교수 2000년 새천년민주당 당무위원 2000~2004년 제16대 국회의원(고양 일산구甲, 새천년민주당) 2000년 새천년민주당 홍보위원장 2002년 同대변인 2004년 CBS '정범구의 누군가' 진행 2007년 포럼통합과비전 상임대표 2007년 창조한국당 문국현 대통령후보 선거대책위원회 공동본부장 겸 전략기획위원장 2008년 同최고위원 2008년 제18대 국회의원 선거 출마(서울 중구, 통합민주당) 2008~2009년 민주당 서울中지역위원회 위원장 2008~2009년 同대외협력위원장 2009~2012년 제18대 국회의원(재보선 증평·진천·괴산·음성, 민주당·민주통합당) 2010년 민주당 홍보미디어위원장 2010년 국회 예산결산특별위원회 계수조정소위원 2012년 민주통합당 증평·진천·괴산·음성지역위원회 위원장 2012년 제19대 국회의원선거 출마(증평·진천·괴산·음성, 민주통합당) 2012년 민주통합당 재외선거대책위원회 유럽위원회 위원 2012년 同충북선거대책위원회 공동위원장 2017년 (사)먹고사는문제연구소 이사장 2018년 駐독일 대사(현) (상)국감시민연대 선정 상임위 우수국회의원(2000·2001·2002·2003), 자랑스런 성동인상(2009) (저)'정치개혁시민운동론'(共) '21세기프론티어'(共) '현대의 위기와 새로운 사회운동'(共) '현실인식과 인간해방'(共) '정범구의 세상읽기'(1998) '내 방의 불을 꺼야 세상의 어둠이 보인다'(2008) '이 땅에서 정치인으로 산다는것'(2011) (역)'해방1945~1950' '닭장속의 여우'(2015, 삼인) (종)기독교

정범구(鄭杋九) CHUNG Beom Ku

(생)1957·9·23 (주)대전광역시 유성구 대학로 99 충남대학교 경상대학 경영학부(042-821-5590) (학)1981년 서울대 경영학과졸 1983년 同대학원 경영학과졸 1993년 경영학박사(서울대) (경)1994년 군산대 사회과학대학 경영학과 전임강사 1996년 충남대 경상대학 경영학부 교수(현) 2003~2004년 한국인적자원개발학회 부회장 2003년 한국인사관리학회 부회장 2011년 한국인적자원개발학회 회장 2013년 충남대 교무처장 2015~2016년 同교학부총장 2016년 同총장 직무대리 2016년 한국인사관리학회 회장 2017년 한국원자력안전기술원 청렴옴부즈만대표(현) 2017년 한국인사관리학회 고문(현) (저)'한국노사관계의 발전방향과 과제'(1997) '한국경영의 새로운 도전'(2002) '조직행위론'(2003, 경문사) '중국 벤처비지니스 이해'(2004, 두남) '한국기업의 조직관리'(2005, 박영사) '인적자원관리'(2006) (역)'이카루스 패러독스'(1995, 21세기북스) '워룸가이드'(2001, 시유시)

정범모(鄭範謨) CHUNG Bom Mo (雲洲)

(생)1925·11·11 (본)동래(東萊) (출)서울 (주)강원도 춘천시 한림대학길 1 한림대학교 한림과학원(033-248-2907) (학)1949년 서울대 사범대학 교육학과졸 1952년 미국 시카고대 대학원 교육학과졸 1964년 교육학박사(미국 시카고대) (경)1958~1965년 서울대 사범대학 교육학과 강사·조교수·부교수 1965~1978년 同사범대학 교육학과 교수 1965년 한국교육학회 회장 1968년 행동과학연구소 소장 1973년 서울대 사범대학장 1974~1991년 행동과학연구소 회장 1978~1982년 충북대 총장 1982년 한림대 교수 1986년 대한민국학술원 회원(교육학·현) 1991년 한림대 대학원장 1992~1996년 同총장 1996년 관훈클럽 '한국언론2000년' 위원장 1996년 한림대 석좌교수 2006년 同한림과학원 회장 2007년 同한림과학원 명예석좌교수(현), 서울대 사범대학 명예교수(현) (상)국민훈장 동백장, 국민훈장 무궁화장(1996), 인촌상 교육부문(2003), 일송상(2007) (저)'교육평가'(1955) '교육심리통계적방법'(1956) '교육과정'(1957) '교육과 교육학'(1968) '미래의 선택'(1986) '가치관과 교육'(1992) '자아실현'(1997) '한국의 교육세력'(2000) '창의력'(2001) '한국의 내일을 묻는다'(2004) '한국의 세번째 기적'(2008) 'Development and Education'(2010)

정병걸(丁炳杰) CHUNG Byong Geol

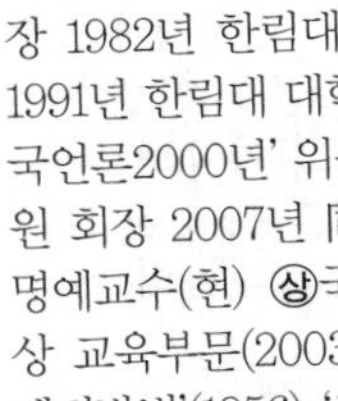

(생)1958·7·12 (출)전남 (주)경기도 파주시 문발로 439-1 한국검인정교과서협회(031-8071-7910) (학)광주고졸, 전남대졸, 미국 위스콘신대 대학원 교육행정학과졸 (경)1990년 행정고시 합격(34회) 2001년 교육인적자원부 대학재정과 서기관 2003년 서울대 서기관 2005년 대통령자문 교육혁신위

원회 파견 2006년 교육인적자원부 대학지원국 사립대학지원과장 2008년 교육과학기술부 교육복지기획과장 2009년 同교육복지기획과장(부이사관) 2009년 고용 휴직 2011년 교육과학기술부 대학선진화과장 2011년 울산시교육청 부교육감(일반직고위공무원) 2013년 교육부 지방교육지원국장 2014년 전남도교육청 부교육감 2015~2016년 충북도교육청 부교육감 2016년 한국검인정교과서협회 이사장(현)

정병국(鄭柄國) CHOUNG Byoung Gug

(생)1958·2·10 (출)경기 양평 (주)서울특별시 영등포구 의사당대로 1 국회 의원회관 801호(02-784-2747) (학)1977년 서라벌고졸 1984년 성균관대 사회학과졸 1998년 연세대 행정대학원졸 2004년 정치학박사(성균관대) (경)1980년 전국총학생회부활준비위원회 상임위원장 1987년 6.10민주화운동으로 옥고 1987년 민주당 대통령후보 홍보담당 전문위원 1988년 同총재비서관 1990년 민자당 대표최고위원 비서관 1992년 同총재비서관 1993~1997년 대통령 제2부속실장 1998년 미국 조지타운대 객원연구원 2000년 제16대 국회의원(가평군·양평군, 한나라당) 2001년 국회 물관리정책연구회장 2001년 한나라당 원내부총무 2001년 同총재실 부실장 2002년 同이회창 대통령후보비서실 부실장 2004년 제17대 국회의원(가평군·양평군, 한나라당) 2004년 한나라당 언론발전특별위원장 2004년 새정치수요모임 대표 2005~2006년 한나라당 홍보기획본부장 2007년 同홍보기획본부장 겸 홍보위원장 2007년 同제17대 대통령중앙선거대책위원회 미디어홍보단장 2008년 제18대 국회의원(양평군·가평군, 한나라당·새누리당) 2008년 민족화해협력범국민협의회 상임의장 2008년 한나라당 미디어발전특별위원회 위원장 2008년 同방송개혁특별위원회 위원장 2009년 연세대행정대학원총동창회 회장, 한국·인도네시아친선협회 회장, 국회 에너지식량자원포럼 대표, 한나라당 서민행복추진본부장 2010년 同사무총장 2010년 국회 문화체육관광방송통신위원장 2011년 문화체육관광부 장관 2012년 제19대 국회의원(여주시·양평군·가평군, 새누리당) 2012~2013년 국회 학교폭력대책특별위원회 위원장 2012년 새누리당 상임전국위원 2012년 同제18대 대통령중앙선거대책위원회 부위원장 2012년 국회 외교통일위원회 위원 2013~2016년 국회 인성교육실천포럼 상임대표 2014~2017년 국회의원축구연맹 상임대표 2014~2015년 국회 군인권개선및병영문화혁신특별위원회 위원장 2016년 새누리당 제20대 총선 경기권선거대책위원장 2016년 同여주시·양평군당원협의회 운영위원장 2016년 제20대 국회의원(여주시·양평군, 새누리당·바른정당〈2017.1〉·바른미래당〈2018.2〉)(현) 2016~2018년 국회 기획재정위원회 위원 2016년 남북관계정상화를위한여야중진모임 공동대표 2017년 바른정당 창당준비위원회 공동위원장 2017년 同초대 대표최고위원 2017년 同제19대 유승민 대통령후보 중앙선거대책위원회 공동위원장 2017~2018년 同조직강화특별위원회 위원장 2017~2018년 同민생특별위원회20 반려동물특별위원장 2018년 바른미래당 경기여주시·양평군지역위원회 위원장(현) 2018년 국회 외교통일위원회 간사(현) 2019년 국회 4차산업혁명특별위원회 위원장 2019년 4대강보해체저지범국민연합 고문(현) (상)홍조근정훈장, 서울석세스어워드 정치인부문(2010), 베스트드레서 백조상 정치인부문(2010), 자랑스러운 성균인상(2011), (사)한국청년유권자연맹 청년통통(소통·통합) 정치인상(2016) (저)'문화, 소통과 공감의 코드'(2011) '한 시간 더 행복할 수 있습니다-정병국의 첫 번째 경기행복프로젝트'(2014) (종)천주교

정병규(鄭秉奎) Byunggyu Jung

(생)1968 (본)합천(陜川) (출)경남 합천 (주)세종특별자치시 다솜로 261 국무조정실 국정과제관리관실 평가총괄과(044-200-2468) (학)1986년 부산 동아고졸 1990년 서울대 경제학과졸 2001년 독일 프라이부르크대 대학원 경제학과 수료 (경)2005년 국무조정실 한일수교회담 문서공개대책기획단 과장(서기관) 2006년 駐시카고 주재관 2010년 국무조정실 경제규제관리관실 경제규제심사1과장 2011년 同규제총괄정책관실 규제총괄과장 2013년 청년위원회 실무추진단 파견 2015년 국무조정실 경제조정실 제주특별자치도정책관실 총괄기획과장 2017년 同정부업무평가실 평가관리관실 평가관리과장 2018년 同국정과제관리관실 평가총괄과장(현)

정병기(鄭柄琦) Byung Kee Chung

(생)1948·4·25 (출)경북 (주)경상북도 김천시 공단4길 63 계양정밀(054-433-5578) (학)경북고졸, 연세대 경영학과졸, 서울대 세계경제최고전략과정 수료 (경)1970년 현대건설 입사 1982년 현대중공업 이사 1983년 현대상선 이사 1985년 同상무 1990년 同전무 1991년 同대표이사 1994년 계양정밀 대표이사(현) 2014~2018년 김천시인재양성재단 이사 (상)대통령표창(2001), 산업자원부장관표창(2001·2006), 경북도 선정 '우수 중소기업'(2002), 현대모비스 선정 '2003년 상반기 우수협력업체', 경북도 선정 '세계 초일류 중소기업'(2005), 경북도 산업평화대상 동상(2007), 한국산업안전공단 무재해 포상(2007·2010), 산업포장(2007), 노동부 노사협력생산성 향상상(2008), 지식경제부 자동차산업발전공로상(2008), 경북도 선정 '자랑스런 김천기업'(2011), 무역의 날 7천만불 수출의 탑(2012), 경북도 고용증진대상(2012), 지식경제부 선정 '월드클래스 300기업'(2013), 히든챔피언육성대상기업(2013), 대한무역투자진흥공사(KOTRA) 선정 월드챔프기업(2013), 무역의날 1억달러 수출의 탑(2013), 가솔린 WGT 녹색기술 인증(2014), 철탑산업훈장(2014), General Motors GM SOY AWARD 2014 'SUPPLIER OF THE YEAR'(2015), 경북경영자총협회 클린경영대상 금상(2015), 모범납세자상(2016), 제22회 김천시 문화상(2017), General Motors GM SQEA AWARD 2017 'Supplier Quality Excellence Award'(2017·2018), 고용노동부 선정 '2018 청년친화 강소 기업'(2018), 한국산업안전보험공단 무재해 20배 인증(2018)

정병기(丁炳起) Byung-ki Cheong

(생)1959·11·17 (주)서울특별시 중구 퇴계로 173 남산스퀘어 17층 녹색기술센터(02-3393-3901) (학)1978년 용문고졸 1982년 서울대 금속공학과졸 1984년 同대학원 금속공학과졸 1992년 공학박사(미국 카네기멜론대) (경)1994년 한국과학기술연구원(KIST) 선임연구원·책임연구원(현) 2008~2013년 과학기술연합대 대학원 나노재료공학전공 책임교수 2009년 한국과학기술연구원(KIST) 재료소자본부 전자재료센터장 2011~2013년 대한금속재료학회 편집이사 2012년 한국과학기술연구원(KIST) 미래융합기술연구본부장 2013~2016년 KIST-UNIST 울산연구센터장 2016~2017년 대한금속재료학회 부회장 2017년 한국과학기술연구원(KIST) 연구기획조정본부장 2018년 나노기술연구협의회 부회장(현) 2018년 한국공학한림원 일반회원(현) 2019년 한국과학기술연구원(KIST) 녹색기술센터 소장(현) (상)한국과학기술연구원 '이달의 KIST인상'(2012·2016), 과학기술연합대 최우수교수상(2012), 과학기술연합대 우수연구논문지도상(2012)

정병기(鄭秉基)

(생)1966·2·10 (주)충청남도 예산군 삽교읍 도청대로 600 충청남도의회(041-635-5219) (학)나사렛대 일반대학원 재활학과 석사과정 재학 중 (경)문재인 대통령후보 체육특별위원회 장애인체육분과 부위원장, 천안시장애인체육회 이사, 충남도장애인체육회 이사, (사)충남척수장애인협회 회장 2018년 더불어민주당 중앙당 정책위원회 부의장 2018년 충남도의회 의원(더불어민주당)(현), 더불어민주당 충남도당 장애인위원회 부위원장(현)

정병대(鄭柄大) JUNG Byung Dae

(생)1959·6·4 (출)경북 포항 (주)부산광역시 연제구 법원로 15 부산고등검찰청(051-606-3300) (학)1978년 환일고졸 1982년 서울대 법학과졸 (경)1983년 사법시험 합격(25회) 1985년 사법연수원 수료(15기) 1986년 軍법무관 1989년 부산지검 울산지청 검사 1990년 인천지검 검사 1993년 법무부 특수법령과 검사 1993년 同법무과 검사 1995년 서울지검 서부지청 검사 1998년 수원지검 부부장검사 1999년 대전고검 검사 2000년 미국 워싱턴대 Visiting Scholar 2001년 인천지검 공판송무부장 2002년 부산지검 형사4부장 2002년 同형사2부장 2003년 서울지검 전문부장검사 2004년 대전지검 논산지청장 2005년 의정부지검 형사1부장 2006년 법무연수원 연구위원 2007년 서울고검 검사 2009년 대전고검 검사 2010년 서울고검 검사 2012년 대구고검 검사 2014년 서울고검 검사 2016년 광주고검 검사 2018년 부산고검 검사(현)

정병덕(鄭秉德) CHUNG Byung Duk

(생)1956·11·3 (본)초계(草溪) (출)서울 (주)서울특별시 마포구 월드컵북로54길 12 쿠키미디어(주)(02-3153-4434) (학)1975년 배재고졸 1984년 한양대 국문학과졸 2010년 同산업경영디자인대학원졸 (경)1999년 국민일보 사회부 차장 2002년 同전국부장 직대 2003년 同사회부장 2004년 同편집국 부국장 2005년 同사회기획에디터 2005년 同심의실 위원 2007년 同편집국장 2008년 同사업국장 2011년 同디지털미디어국장 2011년 同광고마케팅국장 2012년 同비서실장 2013년 同비서실장(이사대우) 2014년 同경영전략실장(상무이사) 2016년 同경영부문총괄 상무이사 2018년 쿠키미디어(주) 대표이사(현) (상)행정자치부장관표창(2008), 독립기념관장표창(2010) (종)기독교

정병두(鄭炳斗) CHONG Byong Doo

(생)1961·11·13 (본)경주(慶州) (출)경남 하동 (주)서울특별시 종로구 사직로8길 39 김앤장법률사무소(02-3703-1996) (학)1980년 부산동고졸 1984년 서울대 법학과졸 1994년 미국 Berkeley 로스쿨 연수 (경)1984년 사법시험 합격(26회) 1987년 사법연수원 수료(16기) 1999년 서울지검 의정부지청 부부장검사 1999년 서울고검 검사(헌법재판소 재판연구관 파견) 2001년 대구지검 형사5부장 2002년 부산지검 외사부장 2003년 법무부 송무과장 2004년 同검찰1과장 2006년 서울중앙지검 형사1부장 2007년 대검찰청 범죄정보기획관 2007년 제17대 대통령직인수위원회 법무행정분과위원회 전문위원 2008년 수원지검 1차장검사 2009년 서울중앙지검 1차장검사(검사장급) 2009년 춘천지검장 2010년 대검찰청 공판송무부장, 세계검찰총장회의 조직위원장, 대법원 양형위원 2011년 법무부 법무실장 2012년 인천지검장 2013년 법무연수원 연구위원 2014년 변호사 개업 2017년 법무법인 지우 변호사 2017~2019년 법무법인 진 대표변호사 2019년 (주)LG유플러스 사외이사(현) 2019년 김앤장법률사무소 변호사(현) (저)'우루과이라운드의 법적고찰'(共) (종)가톨릭

정병룡(鄭秉龍)

(생)1963·8·6 (출)강원 평창 (주)경기도 광명시 철산로 3-12 광명세무서(02-2610-8242) (학)원주고졸, 세무대학 내국세과졸(2기) (경)세무공무원 임용(8급 특채), 서울 종로세무서 법인세과 근무, 국세청 소득세과 근무, 서울 종로세무서 민원실 근무, 경기 성남세무서 조사과 근무, 국세청 심사2과 근무, 서울 서초세무서 세원관리과 근무 2008년 서울지방국세청 국제거래조사국 국제조사2과장 직대 2009년 국세청 법무심사국 법규과 행정사무관 2014년 충남 공주세무서장 직대 2015년 중부지방국세청 성실납세지원국 개인납세1과장 2016년 경기 안산세무서장 2017년 서울 동대문세무서장 2019년 경기 광명세무서장(현)

정병석(鄭秉錫) CHUNG Byung Suk

(생)1953·5·17 (출)전남 영광 (주)경기도 안산시 상록구 한양대학로 55 한양대학교 경상대학 경제학부(031-400-5593) (학)1971년 광주제일고졸 1976년 서울대 상과대학 무역학과졸 1984년 미국 미시간주립대 대학원졸 1994년 경제학박사(중앙대) (경)1975년 행정고시 합격(17회) 1988~1994년 노동부 고용정책과장·분석관리과장 1994년 同근로기준과장 1995년 同고용보험심의관 1997년 광주지방노동청장 1998년 노동부 고용총괄심의관 1999년 同근로기준국장 2001년 同노정국장 2001년 중앙노동위원회 상임위원 2003년 노동부 기획관리실장 2004~2006년 同차관 2006~2008년 한국기술교육대 총장 2009년 한양대 경상대학 경제학부 특임교수(현) (상)대통령표창, 근정포장(1991), 황조근정훈장(1996) (저)'최저임금제의 경제적효과 및 운용실태 분석(共)'(1990) '최저임금법(共)'(1998) (종)천주교

정병석(鄭炳碩) CHUNG Byung Suk

(생)1954·10·9 (본)경주(慶州) (출)서울 (주)서울특별시 종로구 사직로8길 39 김앤장법률사무소(02-3703-1103) (학)1973년 경기고졸 1977년 서울대 법학과졸 1981년 同대학원 수료 1987년 영국 런던대 대학원졸 (경)1977년 사법시험 합격(19회) 1980년 사법연수원 수료(10기) 1980년 김앤장법률사무소 변호사(현) 1994년 대한상사중재원 중재인(현) 1987년 사법연수원 해상법·국제거래법 강사 1994~1995년 Unctad/IMO Joint Committee Arrest Convention 한국대표 1997년 사법연수원 강사·경희대 국제법무대학원 교수 1998년 서울중앙지법 조정위원(현) 1998년 해양수산부 정책자문위원 2000~2001년 법무부 국제사법개정위원회 위원 2002년 경희대 국제법무대학원 보험·해상법무학과 해상법비교연구 외래교수 2002년 법무부 국제거래법연구단 연구위원(현) 2004년 한국민사집행법학회 이사 2004~2005년 법무부 해상법개정위원 2006~2014년 한국해법학회 부회장·수석부회장·회장 2009년 국제사법학회 부회장(현) 2011년 법무부 상법개정위원회(운송편특위) 위원(현) 2013년 서울대 법학전문대학원 해상법 객원교수(현) 2014년 법무부 해상보험법 개정위원(현) 2014년 同국제사법 개정위원(현) 2015년 고려대 법학전문대학원 겸임교수(현) (저)'Provisional Remedies in International Commercial Arbitration'(共, Walter de Gruyter) 'Transnational Litigation'(共) (종)천주교

정병석(鄭炳碩) JUNG Byung Seok

(생)1957·5·29 (본)연일(延日) (출)경북 영천 (주)경상북도 경산시 대학로 280 영남대학교 철학과(053-810-2192) (학)1981년 영남대 철학과졸 1983년 同대학원 철학과졸 1990년 철학박사(대만 중국문화대) (경)1988~1995년 계명대 인문대학 철학과 전임강사·조교수 1995년 영남대 철학과 부교수·교수(현) 2008~2016년 한국동양철학회 부회장 2009년 한국유교학회 부회장(현) 2011~2012년 한국주역학회 회장 2012년 새한철학회 부회장, 同회장 겸 편집위원, 同자문위원(현) 2018년 영남대 문과대학장(현) (저)'주역의 현대적 조명' '傳統儒學的現代詮繹' '인간과 자연' '윤리질서의 융합' '철학사와 철학' '한국문화사상대계 2' '유학, 연속성의 세계와 철학' '점에서 철학으로' (역)'주역 상·하'(2010·2011) '中國哲學特講' '주역철학의 이해' '인륜과 자유' '동양철학과 아리스토텔레스' '중국고대사상사론'

정병석(丁炳碩) JEONG Byung Seok

(생)1958·7·16 (본)영광(靈光) (출)전북 남원 (주)광주광역시 북구 용봉로 77 전남대학교 총장실(062-530-1001) (학)1977년 광주제일고졸 1981년 서울대 법학과졸 1983년 同대학원 법학과졸 1992년 법학박사(서울대) (경)1986~1997년 전남대 법대 법학과 전임강사·조교수·부교수 1993~1994년 미국

컬럼비아대 로스쿨 연수 1996년 전남대 기획연구부실장 1997년 同법대 법학과 교수 2000~2001년 미국 콜로라도대 로스쿨 Visiting Scholar 2001·2002년 사법시험 출제·시험위원 2004년 사법개혁위원회 전문위원 2005년 입법고시 출제·채점위원 2005~2007년 전남대 법과대학장 2006~2010년 진실화해를위한과거사정리위원회 위원 2007~2009년 교육인적자원부 법학교육위원회 위원 2010~2016년 전남대 법학전문대학원 교수 2013~2014년 同융합인재교육원장 2017년 同총장(현) (저)'법학의 현대적 동향'(2004) '지적재산권법의 경제구조(共)'(2011) '어음수표법'(2012) '보험법'(2013) '기업유형론'(2014) '상법총칙 상행위'(2015) (종)기독교

정병선(鄭炳善) JEONG Byung-Seon

(생)1965·3·1 (주)대전광역시 유성구 대덕대로 481 국립중앙과학관 관장실(042-601-7800) (학)1984년 동암고졸 1989년 서울대 경제학과졸 1997년 同행정대학원 행정학과졸 1999년 영국 서섹스대 대학원 과학기술정책학과졸 (경)2002년 과학기술부 과학기술정책실 정책총괄과 사무관 2002년 同과학기술정책실 정책총괄과 서기관 2006년 同정책홍보관리실 서기관 2006년 국무조정실 파견 2007년 과학기술부 기술혁신평가국 조사평가과장 2008년 교육과학기술부 과학기술인력과장 2009년 同학생장학복지과장 2009년 同인재정책실 학생학부모지원과장 2010년 한국원자력연구원 파견(부이사관) 2012년 교육과학기술부 과기인재정책과장 2013년 미래창조과학부 과학기술정책국 과기인재정책과장 2013년 同미래인재정책국 미래인재정책과장 2014년 同미래인재정책국 미래인재정책과장(고위공무원) 2014년 국립외교원 교육파견(고위공무원) 2015년 미래창조과학부 연구개발정책실 연구공동체정책관 2015년 同연구개발정책실 연구성과혁신정책관 2015년 同기획조정실 정책기획관 2016년 同연구개발정책실 기초원천연구정책관 2017~2019년 과학기술정보통신부 연구개발정책실장 2019년 국립중앙과학관장(고위공무원)(현) (종)기독교

정병실(鄭炳實)

(생)1972·1·2 (출)전남 완도 (주)인천광역시 미추홀구 소성로163번길 17 인천지방법원(032-860-1114) (학)1990년 광주 송원고졸 1997년 중앙대졸 (경)1998년 사법시험 합격(40회) 2001년 사법연수원 수료(30기) 2001년 전주지법 판사 2004년 인천지법 판사 2007년 서울남부지법 판사 2009년 서울중앙지법 판사 2011년 의정부지법 고양지원 판사 2014년 대법원 재판연구관 2017년 광주지법·광주가정법원 장흥지원장 2019년 인천지법 부장판사(현)

정병원(鄭炳元) Chung Byung-won

(생)1963·8·6 (주)서울특별시 종로구 사직로8길 60 외교부 인사기획관실(02-2100-7141) (학)경신고졸 1986년 서울대 법학과졸 1988년 계명대 대학원 법학과졸 (경)1990년 외무고시 합격(24회) 1990년 외무부 입부 1995년 駐일본 2등서기관 1997년 駐피지 1등서기관 2002년 駐네덜란드 1등서기관 2003년 駐일본 1등서기관 2006년 대통령비서실 파견 2007년 외교통상부 국제협약과장 2009년 同일본과장 2009년 駐인도네시아 참사관 2011년 駐독일 공사참사관 2014년 외교부 동북아시아국 심의관 2016년 同동북아시아국장 2016년 일본군위안부피해자지원을위한재단설립준비위원회 위원 2016년 화해·치유재단 이사 2017년 국립외교원 경력교수 2018년 駐밴쿠버 총영사(현)

정병윤(鄭炳允) JUNG Byung Yoon

(생)1958·5·8 (본)동래(東萊) (출)대구 (주)경상북도 예천군 예천읍 도립대학길 114 경북도립대학교 총장실(054-650-0101) (학)1977년 경북고졸 1982년 서울대 서양사학과졸 2016년 명예 행정학박사(경일대) (경)2002년 의성군 부군수 2003년 경북도 도지사 비서실장 2005년 同과학정보산업국장 2006년 同경제과학진흥본부장 2007년 지방혁신인력개발원 고위정책과정 파견 2008년 경산시 부시장 2010년 경북도 행정지원국장 2012년 경산시 부시장 2013년 포항시 부시장(이사관) 2014년 교육파견 2015년 경북도의회 사무처장 2015~2017년 경북도 경제부지사 2017년 경북도립대 총장(현) (상)국무총리표창

정병윤(鄭炳潤) JEONG Byeong Yun

(생)1964·3·26 (출)전남 강진 (주)서울특별시 강남구 언주로 711 대한건설협회 부회장실(02-3485-8280) (학)1981년 휘문고졸 1985년 고려대 경제학과졸 1987년 서울대 행정대학원 행정학과졸 (경)행정고시 합격(29회) 2001년 건설교통부 지가제도과 서기관 2001년 同주거환경과 서기관 2002년 국민경제자문회의 사무처 서기관 2003년 신행정수도건설추진지원단 파견 2004년 건설교통부 기획담당관 2005년 同정책홍보관리실 기획총괄담당관 2005년 同기획총괄팀장 2006년 同기획총괄팀장(부이사관) 2007년 同혁신정책조정관(고위공무원) 2007년 同홍보관리관 2008년 국토해양부 홍보관리관 2008년 일본 부동산연구소 파견 2009년 국토해양인재개발원장 2010년 국토해양부 수자원정책관 2011년 원주지방국토관리청장 2012년 국토해양부 국토정책국장 2012~2013년 대통령 국토해양비서관 2013년 국토교통부 국토도시실장 2015~2016년 同기획조정실장 2017년 대한건설협회 상근부회장(현)

정병익(鄭炳益)

(생)1970·6·19 (출)충남 부여 (주)전라북도 전주시 완산구 홍산로 111 전라북도교육청 부교육감실(063-239-3113) (학)1989년 예산고졸 1995년 경인교대 초등교육학과졸 2007년 연세대 대학원 교육학과졸 2010년 미국 위스콘신대 메디슨교 박사과정(교육재정) 수료 (경)1993년 행정고시 합격(37회) 1995년 교육공무원 임용 1995~2005년 교육부 산업교육정책과·학술학사지원과·혁신담당관실·지방교육혁신과 근무 2005년 미국 위스콘신대 파견(서기관) 2010년 교원소청심사위원회 심사과장 2011년 교육부 유아교육과장(서기관) 2012년 同유아교육과장(부이사관) 2013년 대통령 교육문화수석비서관실 행정관 2014년 교육부 학술진흥과장 2015년 중앙공무원교육원 파견(일반직고위공무원) 2016년 군산대 사무국장 2017년 서울시교육청 기획조정실장 2018년 전라북도 부교육감(현) (상)근정포장(2014)

정병찬(鄭炳燦)

(주)서울특별시 송파구 올림픽로 424 국민체육진흥공단 경륜경정총괄본부(02-2067-5100) (학)한국체육대졸 (경)1988년 88서울올림픽 경기운영본부 상황담당관 2007년 국민체육진흥공단 홍보실장 2010년 同경주사업본부 일산지점장 2011년 同경륜·경정사업본부 올림픽공원지점장 2014년 同경륜·경정사업본부 사업전략실장 2015년 한국스포츠개발원 행정지원실장 2015년 국민체육진흥공단 스포츠레저사업본부 골프장사업실장 2017년 한국스포츠개발원 체육인재육성단장 2018년 국민체육진흥공단 경륜경정사업본부장 2019년 同경륜·경정총괄본부장(현)

정병천(程柄千) Jeong Byeong Cheon

(생)1961·3·5 (본)한산(韓山) (출)전남 화순 (주)경기도 수원시 장안구 조원로 8 경기남부보훈지청 지청장실(031-259-1701) (학)1981년 광주 동신고졸 1994년 조선대 법학과졸 2013년 연세대 보건대학원 보건정책학과졸 (경)1983년 공무원 임용(9급) 2008년 국가보훈처 행정사무관 2008년 同정보화팀장 직대 2014년 同보훈의료과 서기관 2016년 同보훈선양국 국립묘지정책과장 2017년 同충북남부보훈지청장 2018년 同보훈선양국 현충시설과장 2019년 경기남부보훈지청장(현) (상)국무총리표창(2001·2015) (종)기독교

정병하(鄭柄夏) CHUNG Byung Ha

(생)1959·12·30 (본)봉화(奉化) (출)서울 (주)서울특별시 강남구 언주로 211 강남세브란스병원 비뇨의학과(02-2019-3474) (학)1984년 연세대 의대졸 1987년 同대학원졸 1994년 의학박사(연세대) (경)1984~1988년 연세의료원 인턴·비뇨기과 전공의 1991~1995년 경상대 의과대학 전임강사·조교수 1995~2007년 연세대 의대 비뇨기과학교실 전임강사·조교수·부교수 2003~2005년 대한전립선학회 총무이사 2005년 同학술이사 2007~2009년 同회장 2007년 연세대 의대 비뇨의학교실 교수(현) 2010년 강남세브란스병원 비뇨의학과장(현) 2011년 아시아태평양전립선학회 부회장 2012·2014년 강남세브란스병원 암병원 비뇨기암클리닉팀장 2013~2014년 아시아태평양전립선학회 회장 2016~2018년 연세대 의과대학 비뇨의과학연구소장 2016년 강남세브란스병원 암병원 전립선센터 소장(현) 2016년 아시아태평양전립선학회 명예회장(현) (상)한국과학기술단체총연합회 과학기술우수논문상(1997), 대한전립선학회 우수연구상(2003·2005), 연세의료원 올해의교수상(임상부분)(2006), 연세대 의과대학 우수연구상(2010), 대한비뇨기과학회 비디오부분 우수연제발표상(2011), 대한전립선학회 구연상(2012), 대한전립선학회 올해의연구상(2012), 미국비뇨기과학회 최우수초록상(2014), 대한비뇨기과학회 최우수논문상(2014) (저)'전립선비대증'(2004) '전립선암 완치설명서'(2012) '전립선암 호르몬 치료 완벽가이드'(2016) (역)'전립선암으로부터 살아남는 법'(2005)

정병하(鄭炳昰) Chung Byung Ha

(생)1960·12·4 (출)경남 산청 (학)1979년 진주고졸 1987년 연세대 법학과졸 (경)1986년 사법시험 합격(28회) 1989년 사법연수원 수료(18기) 1989년 서울지검 남부지청 검사 1991년 부산지검 울산지청 검사 1993년 서울지검 검사 1996년 수원지검 검사 1997년 창원지검 검사 2001년 청주지검 부부장검사 2001년 서울지검 의정부지청 부부장검사 2002년 대전지검 천안지청 부장검사 2003년 법무연수원 연구위원 2004년 대구지검 공안부장 2005년 同상주지청장 2006년 서울중앙지검 공안2부장 2007년 서울고검 검사 2008년 대전지검 홍성지청장 2009~2012년 서울고검 검사 2009~2010년 형사정책연구원 파견 2011년 국민권익위원회 파견 2012~2015년 한국소비자원 소비자분쟁조정위원회 위원장 2015년 법무법인(유한) 대륙아주 파트너변호사 2016~2019년 대검찰청 감찰본부장 2019년 변호사 개업(현)

정병화(鄭秉和) Chung Byung Hwa

(생)1963·3·3 (주)서울특별시 종로구 사직로8길 60 외교부 인사운영팀(02-2100-7136) (학)1985년 연세대 정치외교학과졸 1990년 同대학원 행정학과졸 1994년 미국 매사추세츠대 대학원 정치학과졸 2017년 행정학박사(성균관대) (경)1987년 외무고시 합격(21회) 1987년 외무부 입부 1995년 駐미국 1등서기관 1998년 駐이디오피아 1등서기관 2003년 외교통상부 북미통상과장 2005년 駐제네바 참사관 2008년 駐예멘 공사참사관 2010년 G20정상회의준비위원회 파견 2011년 외교통상부 다자통상국 심의관 2013년 산업통상자원부 통상정책국 심의관 2013년 외교부 다자경제외교국장 2015년 미국 조지타운대 외교연구소 방문학자 2017년 駐벨기에·유럽연합 공사 2018년 駐슬로바키아 대사(현)

정보연(鄭寶淵) CHUNG Bo Yeun

(생)1954·11·6 (출)경북 성주 (주)대전광역시 대덕구 한밭대로 1027 우성빌딩 7층 (주)우성사료(042-670-1703) (학)1974년 대전상고졸 1978년 단국대 무역학과졸 1997년 서울대 경영대학원 최고경영자과정 수료 (경)1978년 우성실업(주) 입사 1985년 (주)우성사료 감사·전무이사 1992년 同부사장 1995년 同대표이사 사장 1998년 同대표이사 회장, 同회장(현) 2004년 (주)대전방송 대표이사 회장(현) (상)대통령표창(2005)

정복양(鄭福陽)

(생)1960·10·23 (출)강원 원주 (주)대전광역시 중구 중앙로16번길 5 대전·충남지방병무청(042-250-4212) (학)1979년 육민관고졸, 강원대 대학원 행정학과졸 (경)1990년 강원지방병무청 입청 2005년 서울지방병무청 동원2과장 2005년 병무청 지식경영전략추진T/F팀장 2012년 同사회복무국 사회복무정책과 서기관 2014년 同병역조사과장 2015년 同사회복무정책과장 2016년 부산지방병무청 징병관 2018년 병무청 병역조사과장 2018년 대전·충남지방병무청장(고위공무원)(현)

정복영(鄭福永) Jung Bokyoung

(생)1964·9·10 (본)진주(晋州) (출)경남 진주 (주)경기도 안산시 단원구 원고잔로 34 수도권대기환경청 청장실(031-481-1300) (학)1983년 진주 동명고졸 1991년 고려대 정치외교학과졸 (경)행정고시 합격(36회) 1993~2004년 환경처·낙동강환경청 사무관 2004~2005년 건설교통부 도시정책과 서기관 2005~2007년 미국 캘리포니아 환경청 파견 2007~2008년 국무조정실 규제개혁기획단 과장 2008년 환경부 감사관실 환경감시팀장 2008년 同상하수도정책관실 물산업육성과장 2009년 同물환경정책국 물산업지원팀장 2009~2010년 대통령 사회정책수석비서관실 행정관 2010~2012년 세계은행(세계환경투자시설) 파견 2012년 환경부 기후대기정책관실 대기관리과장 2013년 同환경정책실 기후대기정책과장 2014년 同국립환경인력개발원 원장(고위공무원) 2015년 중앙공무원교육원 교육파견(고위공무원) 2016년 금강유역환경청장 2016년 駐중국 공사참사관 2019년 수도권대기환경청장(현) (상)국무총리표창(2001)

정복철(丁福澈) CHUNG Bok Chul

(생)1968·1·5 (출)전남 영광 (주)세종특별자치시 다솜2로 94 해양수산부 수산정책실 어촌양식정책관실(044-200-5600) (학)1985년 전북 김제고졸 1990년 고려대 법학과졸 1996년 서울대 행정대학원졸 2003년 영국 버밍엄대 대학원 관광정책학과졸 (경)1992년 행정사무관 임용 1994년 해양수산청 국제협력관실 근무 1996년 해양수산부 국제협력과·항만물류과·해양정책과 근무 2004년 국립수산과학원 연구기획실 행정예산과장 2005년 동북아의평화를위한바른역사정립기획단 독도대응팀장 2006년 해양수산부 정책홍보관리관실 정보화팀장 2007년 同국제협력관실 자유무역대책팀장 2008년 농림수산식품부 창의혁신담당관(서기관) 2009년 同자원회복과장 2009년 同수산정책실 자원환경과장 2010년 同수산정책과장 2011년 同국제협력총괄과장(부이사관) 2012년 同어업자원관(고위공무원) 2013년 해양수산부 해양정책실 국제원양정책관 2014~2015년 국방대 교육파견(고위공무원) 2015년 여수지방해양수산청장 2017년 해양수산부 수산정책실 어촌양식정책관(현)

정봉기(鄭鳳起) JEONG Bong Ki

(생)1964·10·24 (출)경남 의창 (주)서울특별시 서초구 헌릉로 13 대한무역투자진흥공사 인재경영실(02-3460-7030) (학)1983년 경상고졸 1991년 한국외국어대 이탈리아어과졸 2003년 이탈리아 밀라노대 노동정책과학대학원 노사관계학과졸 (경)1991년 대한무역투자진흥공사(KOTRA) 입사 1991년 同전시부 근무 1993년 同지역조사부 근무 1994년 同상품개발처 근무 1996년 同마케팅지원처 근무 1996년 同밀라노무역관 근무 1999년 同기획조정실 근무 2001년 同밀라노무역관 근무 2005년 同총무팀 근무 2008년 同자그레브무역관장 2008년 同자그레브 코리아비즈니스센터장 2011년 同50주년사무국장 2011년 同조직망고충처리담당관 2012년 同방산물자교역지원센터 GtoG지원팀장 2014~2017년 同뮌헨무역관장 2017~2019년 同경남KOTRA지원단장 2019년 同밀라노무역관장(현) (상)장관표창(2002·2004)

정봉철(鄭鳳哲) CHUNG Bong Chul

(생)1956·3·19 (출)서울 (주)서울특별시 성북구 화랑로14길 5 한국과학기술연구원 미래융합기술연구본부 분자인식연구센터(02-958-5067) (학)1980년 연세대 화학과졸 1982년 한국과학기술원(KAIST) 화학과졸(석사) 1985년 화학박사(한국과학기술원) (경)1985~1992년 한국과학기술연구원(KIST) 도핑콘트롤센터 선임연구원 2000~2004년 연세대 화학과 객원교수 2002~2004년 고려대 화학과 객원교수 2004년 한국분석과학회 이사 2004년 한국대사체학회 회장 2006년 한국과학기술연구원(KIST) 생체과학연구부 생체대사연구센터장(책임연구원) 2008~2009년 한국질량분석학회 회장 2009~2011년 한국과학기술연구원(KIST) 생명·보건본부장 2011년 同생체분자기능연구센터 책임연구원 2011년 同강릉분원장 2014년 同분자인식연구센터 책임연구원(현) (상)한국과학기술단체총연합회 우수논문상(2005) (종)기독교

정봉훈(丁奉勳)

(생)1963·5·18 (출)전남 여수 (주)세종특별자치시 정부2청사로 13 해양경찰청 운영지원과(044-200-2114) (학)1981년 여수고졸 1986년 한국해양대 항해학과졸 2002년 同대학원졸 (경)1994년 해양경찰청 경위 임용(경찰간부 후보 42기) 2007년 해양경찰청 정보수사국 정보계장 2010년 同정보수사국 외사과장 2011년 同정보수사국 형사과장(총경) 2011년 同해양경찰학교 건설추진단장 2012년 제주지방해양경찰청 서귀포해양경찰서장 2014년 해양수산부 치안정책관 2014년 국민안전처 해양경비안전교육원 교육지원과장 2016년 同울산해양경비안전서장 2017년 同해양경비안전본부 해양수색구조과장 2017년 해양경찰청 구조안전국 수색구조과장 2017년 同운영지원과장 2019년 해양수산부 파견(경무관)(현)

정부옥(鄭副鈺) CHUNG BU OK

(생)1964 (주)서울특별시 송파구 올림픽로 300 롯데지주(주) HR혁신실(02-750-7114) (학)연세대 행정학과졸 (경)1988년 호남석유화학 입사 1997년 롯데 경영관리본부 인사·챌린지 담당 2005년 롯데대산유화 근무 2008년 롯데케미칼 HR부문장 2015년 同폴리머사업본부장 2019년 롯데지주(주) HR혁신실장(부사장)(현)

정부효(鄭富孝) chung bu-hyo

(생)1962·2·18 (본)진주(晋州) (출)경남 함안 (주)세종특별자치시 다솜로 261 국무조정실 세종특별자치시지원단 (학)1980년 마산공고졸 1996년 연세대 행정대학원 행정학과졸 (경)1985~2004년 총무처·행정자치부 근무 2004~2006년 중앙인사위원회 인사정책국 균형인사과 근무 2006~2008년 행정자치부 국정과제실시간관리추진단 팀장 2008~2013년 특임장관실 총무과장·특임2과장(부이사관) 2013년 국무총리비서실 정무실 국회협력행정관 2013년 同공보실 언론분석행정관 2014년 OECD대한민국정책센터 운영기획실장 2016년 국무조정실 정부업무평가실 평가지원과장 2018년 同주한미군기지이전지원단 정책총괄과장 2019년 同세종특별자치시지원단 총괄기획관(현) (상)국무총리표창(1996), 대통령표창(2002) (저)'서서 오줌누는 여자 치마입는 남자'(2000, 무한) '피할 수 없다면 즐겨라'(2003, 무한) '아름다운 인재혁명'(2006, 무한) '공무원 준비되지 않으면 꿈꾸지 말라'(2008, 법률저널)

정분희(鄭粉姬·女) Jeong Bun Hui

(생)1964·4·6 (주)서울특별시 종로구 와룡공원길 20 남북회담본부 회담지원과(02-2100-5613) (학)미국 텍사스대 오스틴교졸 (경)1999년 통일부 정보분석국 정보자료담당관실 사서사무관 2004년 同총무과 사서사무관 2007년 同통일사료관리팀장(서기관) 2008년 同인도협력국 이산가족과 서기관 2008년 同기획조정실 서기관 2012년 同통일교육원 지원관리과장 2013년 同본부 근무(서기관) 2019년 同남북회담본부 회담지원과장(현)

정사진(鄭思鎭)

(생)1957·4·15 (주)경기도 안양시 만안구 안양천서로 51 인탑스(주) 임원실(031-441-4181) (학)김천고졸, 경북대 전자공학과졸, 同대학원 전자재료공학과졸 (경)삼성전자(주) SST법인장(상무보) 2007년 同SSDP법인장 상무, 同디지털프린팅 글로벌운영팀장(상무) 2010년 同IT솔루션 Global운영팀장(상무) 2010년 同IT솔루션 Global운영팀장(전무) 2014년 인탑스(주) 생산총괄 부사장 2015년 同각자대표이사 사장(현)

정상교(鄭相敎)

(생)1961·3·25 (주)충청북도 청주시 상당구 상당로 82 충청북도의회(043-220-5116) (학)충주상고졸, 청주사범대 상업교육과졸 (경)이종근 국회의원 비서관 2006~2010년 충북 충주시의회 의원 2006~2008년 同산업건설위원장, 용산동청년회 고문, 충주시생활체육협의회 이사, 민주평통 충주시 자문위원, 한나라당 충주시당원협의회 부위원장, 同충북도당 여성정책개발위원, 국민생활체육 충북도 수상스키연합회장, 충주시새마을회 이사, 교육충주미래포럼 평생교육위원, (사)녹색어머니회 충주지회 자문위원, 충주시의회 예산결산특별위원장 2010년 충북 충주시의원선거 출마(한나라당) 2014~2018년 충북 충주시의회 의원(새누리당·자유한국당·더불어민주당) 2016~2017년 同산업건설위원장 2017~2018년 同행정복지위원회 위원 2018년 충북도의회 의원(더불어민주당)(현)

정상규(丁相奎)

(생)1969·2·13 (주)서울특별시 도봉구 마들로 749 서울북부지방법원(02-910-3310) (학)1987년 광주고졸 1993년 서울대 언어학과졸 1995년 同대학원 법학과졸 (경)1997년 사법시험 합격(39회) 2000년 사법연수원 수료(29기) 2000년 서울지법 예비판사 2002년 서울가정법원 판사 2004년 대전지법 홍성지원 판사 2007년 수원지법 판사 2009년 서울중앙지법 판사 2011년 법원행정처 형사심의관 겸임 2013년 서울고법 판사 2015년 광주지법 순천지원·광주가정법원 순천지원 부장판사 2016년 대법원 재판연구관 2019년 서울북부지법 부장판사(현)

정상균(鄭相鈞) Jeong Sang Gyun

(생)1961·2·24 (본)동래(東萊) (출)경북 상주 (주)경기도 의정부시 청사로 1 경기도청 북부청사 균형발전기획실(031-8030-2100) (학)1979년 김천고졸 1983년 영남대 지역사회개발학과졸 2006년 성균관대 행정대학원 행정관리학과졸 (경)2008년 제5기 고위정책과정교육 파견 2009년 경기도 인재개발원 e-러닝센터장 2010년 同여성가족국 보육정책과장 2011년 同기획조정실 기획담당관 2013년 경기 여주시 부시장 2014년 교육 파견 2015년 경기 평택시 부시장 2016년 경기도 교육협력국장 2017~2018년 경기 평택시 부시장 2018년 同시장 권한대행 2018년 경기도 농정해양국장 2019년 同균형발전기획실장(현) (상)공무원정보화능력경진대회 최우수상(2009)

정상근(鄭尙根) JUNG SANG KEUN

(생)1970·1 (주)서울특별시 영등포구 국제금융로2길 32 현대차증권 금융전략본부(1588-6655) (학)미국 캘리포니아대 응용수학과졸, 미국 버클리대 대학원 경영학과졸 (경)모건스탠리증권 은행담당 애널리스트(이사·상무), 동방페레그린증권 근무, 삼성증권 리서치센터 연구위원, 씨티그룹글로

벌마켓증권(주) 조사분석부 근무 2006~2013년 同대표이사 2014년 HMC투자증권 Wholesale사업본부장, 同금융전략사업본부장(전무) 2017년 현대차투자증권 금융전략본부장 2018년 현대차증권 금융전략본부장(부사장)(현)

정상기(丁相基) CHUNG Sang Ki

(생)1954·1·26 (출)전남 장흥 (주)경기도 성남시 수정구 대왕판교로851번길 20 세종연구소 중국연구센터(031-750-7500) (학)1973년 광주제일고졸 1978년 건국대 정치외교학과졸 1985년 대만 중국문화대 대학원 대륙문제연구소졸 2005년 건국대 대학원 박사과정 수료 2013년 명예 경영학박사(대만 중국문화대) (경)1977년 외무고시 합격(11회) 1977년 외무부 입부 1977~1980년 同기획관리실·중동국 근무 1982년 駐대만 2등서기관 1988년 駐싱가포르 1등서기관 1990년 駐중국 1등서기관 1994년 외무부 아시아태평양국 동북아2과장(중국과장) 1996년 駐스리랑카 참사관 1999년 대통령 의전비서관실 행정관 2000년 駐일본 공사참사관 2002년 외교통상부 아시아태평양국 심의관 2003년 同아시아태평양국장 2004년 駐샌프란시스코 총영사 2007년 외교통상부 본부대사 2008년 한국외국어대 법대 초빙교수 2009년 국립국제교육원 원장 2011~2014년 駐타이베이 대표 2014년 건국대 KU중국연구원 석좌교수(현) 2015년 동북아역사재단 비상임이사 2015~2018년 국립외교원 겸임교수 겸 외교안보연구소 중국연구센터 소장 2019년 세종연구소 중국연구센터 객원연구위원(현) (상)대통령표창(2회), 재외동포신문 2006 발로 뛰는 영사상(2007), 월드코리언신문 베스트공관장상(2012) (역)'한손에 잡히는 중국(共)'(2010, 지영사) (종)기독교

정상기(鄭詳基) Sangki Jeong

(생)1968·7·18 (본)하동(河東) (출)충북 청주 (주)서울특별시 서초구 마방로 68 한국과학기술기획평가원 평가분석본부(02-589-2249) (학)1992년 한국과학기술원(KAIST) 재료공학과졸 1994년 同재료공학 석사 2002년 재료공학박사(미국 카네기멜론대) (경)1994년 삼성종합기술원(기흥본원) 신소재연구실 연구원 1995년 한국과학기술원(KAIST) 재료공학과 연구원 2002년 삼성SDI 종합연구소 디스플레이PDP개발실 책임연구원 2003년 한국과학기술기획평가원 산업기반평가팀장 2008년 同투자전략실장 2009년 同사업총괄조정실장 2014~2016년 同평가분석본부 R&D평가센터장 2017년 同미래예측본부장 2018년 同평가분석본부장(현)

정상만(鄭相萬) JEONG, Sang Man

(생)1956·1·3 (출)경남 진주 (주)충청남도 천안시 서북구 천안대로 1223-24 공주대학교 건설환경공학부(041-521-9300) (학)1974년 진주고졸 1981년 고려대 토목공학과졸 1986년 미국 Utah주립대 대학원 토목공학과졸 1988년 토목공학박사(미국 Idaho대) (경)1988~1993년 한국건설기술연구원 수자원연구실 수석연구원 1994~2012년 공주대 공과대학 토목환경공학과 조교수·부교수·교수 1996~1999년 同방재연구센터 소장 2003~2005년 同공과대학장 2004~2005년 同공학교육지원센터 소장 2009년 미국 세계인명사전 'Marquis Who's Who in The World'에 등재 2010년 소방방재청 국립방재교육연구원장 2011~2012년 행정안전부 국립방재연구원장 2012년 공주대 건설환경공학부 교수(현) 2013~2017년 한국방재학회 회장 (상)한국수자원학회 학술상(2000), 한국방재학회 학술상(2003), 한국과학기술단체총연합회 과학기술 우수논문상(2003), 소방방재청장표창(2005), 건설교통부장관표창(2007), 미국 Marquis Who's Who in the World에 등재(2009), 한국물학술단체연합회 학술상(2009), 영국 IBC 'International Biographical Association Top 100 Engineers'에 선정(2009), 국토해양부장관표창(2009), 행정안전부장관표창(2012) (저)'수리학'(2006, 양서각) '수문학'(2012, 양서각) '방재학'(2012, 구미서관)

정상명(鄭相明) CHOUNG Sang Myung

(생)1950·4·6 (본)동래(東萊) (출)경북 의성 (주)서울특별시 서초구 서초대로74길 23 서초타운트라팰리스 401호 정상명법률사무소(02-598-3883) (학)1967년 경북고졸 1972년 서울대 법과대학졸 2008년 명예 법학박사(용인대) (경)1975년 사법시험 합격(17회) 1977년 사법연수원 수료(7기) 1977년 광주지검 검사 1980년 서울지검 검사 1983년 법무부 법무심의관실 검사 1986년 서울지검 검사 1990년 대구지검 김천지청장 1991년 법무부 검찰국 검사 1993년 대검찰청 공안제3과장 1993년 대구지검 형사2부장 1994년 同형사1부장 1995년 법무부 법무심의관 1996년 서울지검 조사부장 1997년 同형사2부장 1998년 광주지검 목포지청장 1999년 서울지검 제2차장검사 2000년 同동부지청장 2001년 대구고검 차장검사 2002년 법무부 기획관리실장 2003년 同차관 2004년 대구고검장 2005년 대검찰청 차장검사 2005~2007년 검찰총장 2007년 변호사 개업(현) 2019년 법무부 검찰총장후보추천위원회 위원장 (상)근정포장(1987), 홍조근정훈장(1995), 청조근정훈장(2007) (종)원불교

정상봉(鄭相鳳) JUNG Sang Bong

(생)1954·12·19 (본)동래(東萊) (출)충북 청원 (주)대전광역시 유성구 대덕대로989번길 242 한전원자력연료(주) 임원실(042-868-1000) (학)1973년 청주기계공고졸 1979년 울산공업전문대학 전기과졸 1982년 성균관대 전기공학과졸 2006년 서울대 경영자과정 수료 (경)1999~2000년 한국전력공사 충북지사 배전운영부장 2000~2003년 同충북지사 배전부장 2003년 同충북지사 음성지점장 2003~2004년 同충북지사 서청주지점 배전부장 2004~2005년 同충북지사 서청주지점 배전운영부장 2006~2007년 한국전력공사 충북지사 괴산지점장 2007~2008년 同대구사업본부 포항지점장 2008~2009년 同충북본부 서청주지점장 2009년 同충북본부장 2009년 同대전충남본부장 2012년 한전KDN 전력계통사업본부장 2013~2015년 同신성장동력본부장 2014~2015년 同ICT사업본부장 겸임 2015~2016년 (주)YTN 사외이사 2017년 한전원자력연료(주) 사장(현) (상)국무총리표창(1998)

정상설(鄭相卨) JUNG Sang Seol

(생)1950·10·14 (본)동래(東萊) (출)경남 (주)서울특별시 동대문구 경희대로 23 경희의료원 후마니타스암병원(02-958-2946) (학)1975년 가톨릭대 의대졸 1978년 同대학원졸 1986년 의학박사(가톨릭대) (경)1975~1980년 가톨릭대 의대 인턴·레지던트 1980~1983년 해군 군의관 1983~1996년 가톨릭대 의대 외과학교실 전임강사·조교수·부교수 1984년 同강남성모병원 외과 중환자실장 1986년 미국 켄터키루이빌의대 암연구소 연구원 1986년 가톨릭의과학원 외과학교실 호르몬수용체연구실장 1996~2016년 가톨릭대 의대 외과학교실 교수 2001년 同강남성모병원 유방외과장 2003~2005년 한국유방암학회 이사장 2005~2009년 대한임상종양학회 이사장 2005~2009년 건강보험심사평가원 암질환심의위원회 유방분과 위원 2007년 同신의료기술위원 2008~2014년 가톨릭대 의대 외과학교실 주임교수 2012~2014년 대한외과학회 이사장 2013년 국제의료기술평가학술대회(HTAi) 사무총장 2016~2018년 분당차병원 외과 유방·갑상선암센터 교수 2018년 경희의료원 후마니타스암병원개원추진단장 2018년 同후마니타스암병원장(현) (종)가톨릭

정상섭(丁相燮) JUNG Sang Sup

(생)1962·1·13 (출)경남 사천 (주)부산광역시 동구 중앙대로 365 부산일보(051-461-4114) (학)1981년 대아고졸 1988년 경상대 법학과졸 2003년 한국개발연구원(KDI) 언론인아카데미 수료 2005년 연세대 언론홍보대학원졸(석사) (경)1988년 부산일보 입사 1988~1999년 同국제부·생활과학부·

사회부 · 경제부 기자 2000~2001년 同경제부 · 정치부 차장 2002년 同국제부장 2003~2006년 同서울지사 경제부 · 정치부 부장 2005년 외교부 APEC 홍보자문위원 2006년 부산일보 경영기획실 뉴미디어팀장 2007년 同편집국 정치부장 2007~2008년 장유고 학교운영위 부위원장 2008년 부산일보 사업국 부국장 2009년 同편집국 선임기자 2010~2015년 한국에스페란토협회 기관지(La Lanterno Azia) 편집위원장 2012년 경남도 교육심의위원회 위원 2012~2013년 원경고 학교운영위원장 2013년 부산일보 논설위원 2014년 同기획실장 2014~2017년 통일부 통일교육위원 2014~2019년 부산여성가족개발원 이사 2014년 부산시 노사민정위원회 위원(현) 2015년 부일IS(주) 사장 2015년 부산울산과학기술전문가포럼 위원(현) 2015년 부산지법 민사조정위원(현) 2016~2017년 부산일보 기획위원 2018년 同선임기자(현) (상)한국기자협회 이달의 기자상 2회(1995), 부산일보 사내특종상(4회)

정상수(鄭相壽) CHONG Sang Soo

(생)1959 · 9 · 6 (출)서울 (주)충청북도 청주시 청원구 대성로 298 청주대학교 사회과학대학 광고홍보학과(043-229-8281) (학)1982년 중앙대 연극영화학과졸 1984년 同대학원 연극학과졸 (경)1987~1993년 (주)오리콤 PD · 감독 · CD 1993~1994년 린타스코리아 CD 1994~1996년 시드프로덕션 기획실장 1996년 (주)Ogilvy & Mather Korea 제작국장(상무) 2004~2007년 한국예술종합학교 영상원 겸임교수 2005~2007년 아주대 미디어학부 겸임교수 2007~2008년 (주)Ogilvy & Mather Korea 부사장 2008년 청주대 사회과학대학 광고홍보학과 교수(현) 2011~2012년 한국광고PR실학회 회장 2013~2014년 청주대 평생교육원장 2013~2016년 SBS 시청자위원 2013년 대한적십자사 홍보자문위원(현) 2013년 중앙선거관리위원회 홍보자문위원(현) 2014년 서울영상광고제 집행위원장(현) 2014~2016년 서울시 뉴미디어자문위원 2015년 뉴욕페스티벌 심사위원(현) 2015년 부산국제광고제 집행위원(현) 2017년 The International Business Awards(IBA) 영상 · 크리에이티브부문 심사위원장(현) 2018년 아시아태평양 에피광고제 유로베스트 · 원쇼 심사위원(현) 2019년 제1회 서울국제공공광고제(IPAF Seoul) 심사위원장(현) (상)한국산업영상전 특선, 대한적십자사 총재표창(2015), 국무총리표창(2017) (저)'스매싱'(2010) '광고와 스토리텔링'(2010) '함께해서 놀라움을(共)'(2011) 'CF직업'(2013) '한단어 프레젠테이션'(2014) (역)'효과적인 TV 광고 제작'(1995) '잠자는 아이디어 깨우기'(2000) '씽킹 플레이어'(2002) '잘나가는 광고 만들기'(2004) '데이비드 오길비의 어록'(2004)

정상식(丁相植) JEONG Sang Sik

(생)1966 · 7 · 7 (출)전북 익산 (주)서울특별시 중구 남대문로 63 한진빌딩 본관 법무법인 광장(02-772-5929) (학)1985년 전주 신흥고졸 1991년 서울대 공법학과졸 2006년 同공정거래법 전문분야법학연구과정 수료 (경)1993년 사법시험 합격(35회) 1996년 사법연수원 수료(25기) 1996년 수원지검 검사 1998년 전주지검 군산지청 검사 2000년 대전지검 검사 2002년 인천지검 검사 2004~2005년 법무부 기획관리실 검사 2005년 한화그룹 구조조정본부 법무실 상무 2008년 同경영기획실 법무팀 상무 2006년 공정거래위원회 경쟁법연구회 회원(현) 2013년 법무법인 광장 형사담당 변호사(현)

정상열(鄭相烈) Jeong Sangyeol

(생)1960 · 9 · 3 (본)동래(東萊) (출)충남 예산 (주)전라남도 진도군 임회면 진도대로 3818 국립남도국악원 원장실(061-540-4000) (학)1980년 국립국악고졸 1987년 서울대 음악대학 국악과졸 2003년 추계예술대 대학원 국악교육정책과졸 (경)1987~1993년 문화체육부 국립국악원 전속연주단 단원 1993~2004년 문화관광부 국립국악원 장악과 주무관 2004~2009년 同국립남도국악원 장악과장(초대) 2004~2008년 남도민요 전국경창대회 · 전국고수대회 추진위원회 위원 2006년 진도 석교고 국악과신설추진위원회 위원 2006~2012년 전통예술단 해외공연단장(미주 · 동남아 · 중동 · 카리브해 등) 2007년 진도예술영재교육원 운영위원회 위원 2007년 진도아리랑축제 만가상여놀이경연대회 · 민요민속경연대회 심사위원 2007년 남도민요 전국경창대회 · 전국고수대회 심사위원 2008~2010년 전남도문화재위원회 문화재전문위원 2009년 문화체육관광부 국립부산국악원 장악과장 직대 2009~2010년 同국립민속국악원 장악과장 2009~2014년 전국초등학생 및 유 · 초등교사 국악경연대회 심사위원 2010~2014년 문화체육관광부 국립민속국악원 원장 2011~2014년 전국서당문화한마당 자문위원 2013~2014년 '남원시민의장' 수상자선정심사위원 2014년 제84회 전국춘향선발대회 심사위원 2015년 제5회 장수 논개전국판소리경연대회 심사위원 2015년 제12회 전국악성옥보고거문고경연대회 심사위원 2015년 문화체육관광부 국립남도국악원 원장(현) (상)국립국악원장표창(1994), 문화체육부장관표창(1998)

정상영(鄭相永) CHUNG Sang Young

(생)1936 · 12 · 7 (본)하동(河東) (출)서울 (주)서울특별시 서초구 사평대로 344 KCC그룹 비서실(02-3480-5001) (학)1955년 용산고졸 1961년 동국대 상경대 경영학과졸 1967년 고려대 경영대학원 경영학과 수료 (경)1959년 금강스레트 사장 1970~1972년 현대자동차 부사장 1975년 금강스레트 감사 1976~1985년 고려화학 사장 1977년 (주)금강 사장 1985~1997년 고려화학 · (주)금강 회장 1997년 대한핸드볼협회 회장 1997년 KCC그룹 회장 2000년 同명예회장(현) (상)1억불 수출의 탑, 자랑스런 동국인상(2007)

정상영(鄭祥永) Chung, Sangyoung (無雲)

(생)1964 · 1 · 17 (본)연일(延日) (출)서울 (주)서울특별시 서대문구 경기대로 47 진양빌딩 1층 아동권리보장원 실종아동전문기관(02-777-0182) (학)1982년 관악고졸 1986년 서강대 불어불문학과졸 2004년 同언론대학원 신문출판학과졸 (경)1990~2008년 조선일보사 소년조선일보 편집국 기자 · 차장 2011~2014년 대한법률구조공단 홍보실장 2016~2019년 중앙입양원 대외협력국장 2019년 아동권리보장원 실종아동전문기관 단장(현) (저)'한 권으로 보는 그림 명화 백과'(2010, 진선출판사) '한눈에 펼쳐보는 세계 명화 그림책'(2011, 진선출판사) '명화 스티커 도감'(2013, 진선출판사)

정상용(鄭祥容) CHUNG Sang Yong

(생)1950 · 1 · 5 (본)전주(全州) (출)전남 함평 (주)서울특별시 동작구 여의대방로44길 46 남도학숙(02-820-3208) (학)1969년 광주제일고졸 1976년 전남대 법대 중퇴 2015년 同법대 명예졸업 (경)1979년 보성기업 근무 1980년 5 · 18광주항쟁으로 투옥 1984년 전남민주청년운동협의회 의장 1986년 5 · 3인천사태로 투옥 1987년 전남사회문제연구소 이사 겸 실행위원 1987년 5 · 18광주민중항쟁동지회 회장 1988년 평화민주당(평민당) 부대변인 1988년 제13대 국회의원(광주西甲, 평민당 · 신민당 · 민주당) 1991년 평민당 대외협력위원회 부위원장 1991년 신민당 대외협력위원회 부위원장 1992년 제14대 국회의원(광주西甲, 민주당 · 국민회의) 1994년 민주당 홍보위원장 1994년 한 · 러시아문화교류협회 회장 1995년 국민회의 서울서초乙지구당 위원장 1995년 同당무위원 1997~2001년 한국문화진흥(주) 사장 2002년 국민통합21 대외협력위원장 2002년 同광주西지구당 위원장 2002년 同중앙선대위 조직본부장 2002년 同조직위원장 2012년 민주통합당 문재인 대통령후보 문화국가위원장 2013년 민생실천희망연대 고문(현) 2018년 더불어민주당 이용섭 광주시장후보 선거대책위원장 2019년 남도학숙 원장(현) (저)'광주민중항쟁 1980 다큐멘터리(共)'(2004)

정상용(鄭相容) CHUNG Sang Yong (소평)

(생)1952·5·15 (본)진주(晋州) (출)전남 화순 (주)부산광역시 남구 용소로 45 부경대학교 환경·해양대학 지구환경과학과(051-629-7361) (학)1971년 경복고졸 1975년 서울대 지질학과졸 1982년 同대학원 지구과학과졸 1992년 이학박사(미국 네바다주립대) (경)1978년 한국동력자원연구소 위촉연구원 1982~1996년 부산수산대 응용지질학과 전임강사·조교수·부교수 1985년 同응용지질학과장 1994년 同해양과학대학 교무과장 1996년 부경대 응용지질학과 부교수 1996년 同지구환경과학부장 1999~2017년 同환경·해양대학 지구환경과학과 교수 1999~2000년 영월댐건설타당성종합검토공동조사단 댐안전분과 위원 1999~2001년 대한지질공학회 부회장 2000~2002년 한국지하수·토양환경학회 이사 2002~2004년 同회장 2003~2007년 환경부 중앙환경보전자문위원 2004~2008년 건설교통부 중앙지하수관리위원 2004년 대통령자문 지속가능발전위원회 물관리정책연구원 2004~2006년 부경대 도서관장 2005~2014년 한국지하수협회 자문위원 2005~2006년 중저준위방사성폐기물처분시설부지선정위원회 위원 2006~2012년 한국물포럼 이사 2007년 한국지하수·토양환경학회 고문(현) 2007년 부산시 지하수관리위원회 위원장 2009~2017년 부경대 지질환경연구소장 2009년 대한지질학회 전문위원회 위원장 2011년 미국 세계인명사전 'Marquis Who's Who in the World'에 등재 2012년 영국 국제인명센터(IBC) Outstanding Intellectuals of the 21th Century 등재 2012~2017년 부산시 건설기술심의위원 2014~2017년 同민자사업추진 심의위원 2014년 한국지하수지열협회 고문(현) 2017년 부경대 환경·해양대학 지구환경과학과 명예교수(현) (상)부산시장표창(2003), 교육인적자원부장관표창(2004), 한국과학기술단체총연합회 과학기술우수논문상(2005), 녹조근정훈장(2017) (저)'지질공학원론(共)'(1999) '암반의 조사와 적용(共)'(2004) (역)'지구환경과학(共)'(2013) (종)불교

정상운(鄭祥雲) JEONG Sang Un (雲岩)

(생)1958·9·7 (출)전북 고창 (주)경기도 안양시 만안구 성결대학로 53 성결대학교 신학부(031-467-8154) (학)1976년 환일고졸 1981년 성결대 신학과졸 1983년 한양대 대학원졸 1986년 침례신학대 대학원 신학과졸 1996년 철학박사(침례신학대) 2010년 명예 박사(몰도바 자유국제대) (경)1987~1999년 성결대 신학부 전임강사·조교수·부교수 1994년 同교목실장 1996년 同신학연구소장 1998년 同신학부장 1999년 同신학부 교수(현) 1999년 한국복음주의역사신학회 회장 2001년 성결대 신학대학원장 겸 선교대학원장 2002~2003년 전국기독교대학원장협의회 회장 2003~2004년 성결대 신학대학장 2004년 한국신학회 회장(현) 2005년 세계한인신학자대회 대회장(현) 2006~2012년 성결대 총장, 코리안디아스포라포럼 공동대표, 한국성결신학회 회장 2006~2008년 동북아선교회 공동회장 2008년 한국신학대학총장협의회 총무부회장 2008~2011년 한국성결교회연합회 신학위원장 2008년 베트남 홍방대 명예총장(현) 2010~2011년 한국신학대학총장협의회 수석부회장 2010년 한국복음주의신학대학총장협의회 회장 2011년 한국복음주의신학대학협의회(AETSK) 회장 2014년 한국대학기독총장포럼 공동회장(사무총장), 同회장(현) 2017~2018년 (사)라이즈업코리아 대표회장 (저)'교회사의 사람들'(1995) '한국성결교회사'(1997) '새벽을 깨우는 사람들' '성결교회와 역사연구Ⅰ·Ⅱ·Ⅲ' '알기쉬운 교회사'(2000) (종)기독교

정상윤(鄭相潤) CHUNG Sang Yune

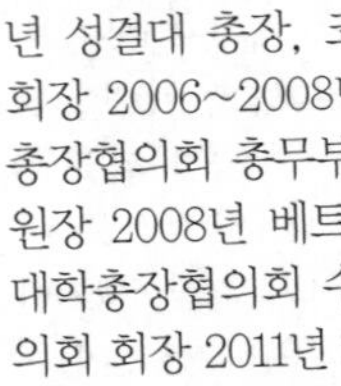

(생)1958·1·5 (본)해주(海州) (출)서울 (주)경상남도 창원시 마산합포구 경남대학로 7 경남대학교 미디어커뮤니케이션학과(창조관 2층)(055-249-2549) (학)1980년 서강대 신문방송학과졸 1983년 同대학원 신문방송학과졸 1996년 신문방송학박사(서강대) (경)1983년 서강대 신문방송학과 강사 1985~1996년 경남대 신문방송학과 전임강사·조교수·부교수 1996년 한국언론학회 총무이사 1996~2000년 한국방송학회 이사 1997년 경남대 미디어커뮤니케이션학과 교수(현) 2004년 한국지역언론학회 회장, 부산경남언론학회 회장, 언론개혁시민연대 방송개혁위원장, 同정책위원장 2008년 한국방송학회 지역방송특별위원장 2009~2011년 한국방송학회 산학협력위원장 2010년 미디어공공성포럼 공동대표 2011~2012년 경남대 행정대학원장 2012~2013년 경남신문 독자위원회 위원장 2013~2016년 지역신문발전위원회 위원 2016~2018년 경남도 지역방송발전위원회 위원장 2017~2018년 한국지역언론학회 언론과학연구편집위원장 2017~2018년 방송통신위원회 방송미래발전위원회 제2분과(편성·제작의자율성제고) 방송미디어분야 위원 (상)한국언론학회 공로상(1997), 한마공로상(1998), 부경언론학회 학술상(1998), 한국방송학회 공로상(2004) (저)'지역언론과 문화' '정보화시대의 지역방송(共)'(1998, 한울) '방송학 개론' '디지털 방송 미디어론'(2005) '한국의 지상파방송사 경영전략(共)'(2006) '방송환경변화에 따른 공익성 개념의 재정립 방향'(共) '방송통신융합과 지역방송'(共) '디지털시대의 케이블콘텐츠전략'(共) '세계의 지상파방송사 경영전략'(共)

정상윤(鄭尙潤) Jung Sang-Yoon

(생)1959·3·6 (주)서울특별시 송파구 송파대로28길 28 해양환경공단 해양보전본부(02-3498-8502) (학)1977년 부산진고졸 1986년 부산수산대 어업학과졸 2016년 부경대 대학원 수해양인적자원개발학과졸 (경)2002~2005년 해양수산부 어업교섭지도과·해양보전과 사무관 2005~2008년 駐후쿠오카총영사관 영사 2009~2014년 해양수산부 원양정책과·국제협력총괄과 서기관 2014~2018년 同동해어업관리단장 2018년 해양환경공단 해양보전본부장(상임이사)(현)

정상은(鄭相殷) JEONG Sang Eun

(생)1958·5·8 (본)동래(東萊) (출)강원 홍천 (주)강원도 영월군 영월읍 영월로 1892 영월교육지원청(033-370-1114) (학)진광고졸, 공주사범대 지구과학교육과졸, 강원대 교육대학원 지구과학교육과졸 (경)황지여중·속초여중·속초여고·고성고·강원사대부고·봉의고·양구중 교사 2001년 강원도교육과학연구원 과학교육부 교육연구사 2007년 강원도교육청 과학산업정보화과 장학사 2011년 원주교육지원청 장학사 2012년 영월 주천고 교감 2014년 원주교육지원청 학생생활과장 2016년 원주단구중 교장 2016년 강원도교육청 창의진로과장 2018년 영월교육지원청 교육장(현) (상)강원대총장표창

정상조(丁相朝) Sang Jo JONG

(생)1959·9·6 (출)서울 (주)서울특별시 관악구 관악로 1 서울대학교 법학전문대학원(02-880-8235) (학)1982년 서울대 법학과졸 1984년 同대학원졸 1987년 영국 런던대 대학원 법학과졸 1991년 법학박사(영국 런던대) (경)1984~1986년 서울시립대·숭실대 강사 1991년 독일 막스플랑크연구소 초청연구원 1992~1994년 한국법제연구원 수석연구원 1992년 서강대 강사 1992~2004년 서울대 법학과 강사·전임강사·조교수·부교수 1998년 同법과대학 학생담당 부학장 2002년 同법학도서관장 2003년 同기술과법센터장 2004~2009년 同법학과 교수 2008~2012년 同법과대학 교무부학장 겸 학생부학장 2009년 同법학전문대학원 교수(현) 2011년 국가지식재산위원회 민간위원 2012~2014년 서울대 법과대학장 겸 법학전문대학원장 2013~2015년 공공데이터제공분쟁조정위원회 위원 2014년 사법연수원 운영위원회 위원 2014~2016년 한국과학기술단체총연합회 지식재산위원회 위원장 2014~2018년 한국게임법과정책학회 회장 2014년 미국 워싱턴대 로스쿨 석좌방문교수 2015년 미국 하버드대 로스쿨 방문교수 2016년 한국과학기술한림원 정회원(정책학부·현) (상)대통령표창 (저)'컴

퓨터와 법률' '지적재산권법강의' '인터넷과 법률'(2000) '저작권법 주해'(2007, 박영사) 'Entertainment Law'(2007) '특허법 주해Ⅰ·Ⅱ'(2010) '지적재산권법'(2011) '지식재산권법'(2013)

정상직(鄭祥稙) JUNG Sang Jik

(생)1955·4·28 (주)대전광역시 동구 동대전로 171 우송정보대학 총장실(042-629-6102) (학)1979년 숭전대 영어영문학과졸 1983년 성균관대 대학원 무역학과졸 1989년 경제학박사(성균관대) (경)1984년 청주대 강사 1985년 대전실업전문대 조교수·부교수 1998년 우송정보대 전자무역실무과 교수 2006~2014년 우송대 국제경영학부 교수 2009년 同솔브릿지국제대학 부총장 2014년 同국제교류원장 2014년 우송정보대학 총장(현)

정상진

(생)1968 (출)대구 (주)대구광역시 수성구 달구벌대로 2460 수성경찰서(053-600-6602) (학)경북고졸 1990년 경찰대졸(6기) (경)1990년 경위 임용 2004년 대구지방경찰청 경비교통과장 직대(경정) 2007년 대구 수성경찰서 정보보안과장 2009년 대구 동부경찰서 정보보안과장 2010년 대구지방경찰청 홍보담당관실 홍보담당 2011년 同정보3계장 2012년 총경 승진 2013년 대구지방경찰청 경무과 치안지도관 2014년 同경비교통과장 2014년 대구 달서경찰서장 2016년 대구지방경찰청 정보과장 2017년 경북 경산경찰서장 2017년 경북지방경찰청 정보과장 2019년 대구 수성경찰서장(현)

정상채(鄭相采) JEONG Sang chae

(생)1953·4·8 (주)부산광역시 연제구 중앙대로 1001 부산광역시의회(051-888-8245) (학)하동고졸 (경)한진중공업 노조위원장(3선), 한진중공업 신용조합 이사장, 부산지방노동위원회 근로자위원, 민주노동당 창당 발기인, 노사갈등해소센터 부산·경남 상담소장, 한진중공업 비정규직노동상담소장 2012년 민주통합당 제18대 대통령선거대책위원회 노동특보 2014년 새정치민주연합 창당 발기인 2014~2018년 부산시 부산진구의회 의원(새정치민주연합·더불어민주당) 2018년 부산시의회 의원(더불어민주당)(현) 2018년 同경제문화위원회 위원(현) 2018년 同부산광역시산하공공기관장후보자인사검증특별위원회 위원(현)

정상천(鄭相天) Jung, Sang Chun

(생)1958·5·24 (본)동래(東萊) (출)충남 홍성 (주)서울특별시 중구 삼일대로 231 서울시의정회(02-771-5882) (학)1990년 충남대 교육대학원 교육학과졸 2013년 행정학박사(서울시립대) (경)1983~2006년 중등교 교사, (주)팬스코 대표이사 2010~2014년 서울시의회 교육위원회 교육의원 2010년 同친환경무상급식특별위원회 위원 2011년 同장애인특별위원회 위원 2011년 충남대총동문회 부회장 2012년 서울시의회 안전관리 및 재난지원특별위원회 위원 2012년 서울시립대 대학원 행정학과 박사동문회 회장 2012년 한국여가정책학회 부회장 2014년 서울시립대 도시과학대학원 행정학과 겸임교수 2015~2019년 세계교육연구소 소장 2016년 서울시의정회 교육위원장(현)

정상천(鄭相天) JUNG Sang-chun

(생)1963·3·5 (본)동래(東萊) (출)경북 경주 (주)서울특별시 종로구 세종대로 209 국가균형발전위원회 운영지원과(02-2100-1136) (학)1981년 대구 영신고졸 1988년 경북대 사범대학 불어교육과졸 1995년 프랑스 파리대 대학원 경제사학과졸 2003년 역사학박사(프랑스 파리대) (경)1989~1998년 상공부 무역위원회·미주통상과·국제기업과·북방통상과 근무 1998~2013년 외교통상부 유럽통상팀·북미통상과·駐뉴질랜드대사관·통상투자진흥과 근무 2013~2014년 통일부 투자개발지원과 개성공단담당 2014년 산업통상자원부 구주통상과 유럽통상팀장 2015년 同중동아프리카통상과 중동협력팀장 2017년 同비상기획관실 비상계획팀장 2018년 대통령직속 국가균형발전위원회 운영지원과장(현) (상)외교통상부장관표창(2008·2012), 대통령표창(2012) (저)'불교 신자가 쓴 어느 프랑스 신부의 삶-서리 밟는 매화(梅履霜 멜리장)'(2009, 내포교회사연구소) '나폴레옹도 모르는 한·프랑스 이야기'(2013, 국학자료원) '한국과 프랑스, 130년간의 교류'(2015, 국학자료원) '파리의 독립운동가 서영해'(2019, 산지니) (종)불교

정상철(鄭相喆) Jung, Sang Chul (松峴·徹立)

(생)1954·7·14 (본)동래(東萊) (출)충남 부여 (주)대전광역시 유성구 대학로 99 충남대학교 경상대학 경영학부(042-821-5114) (학)1971년 대전고졸 1978년 서울대 사회대학 사회학과졸 1981년 同대학원 경영학석사 1989년 경영학박사(서울대) (경)1981~1985년 서울대·성균관대·인하대·건국대·한국방송통신대 강사 1982~2019년 충남대 경상대학 경영학과 전임강사·조교수·부교수·교수 1992·1999년 同전자계산소장 1993년 한국생산관리학회 감사 1994년 미국 오하이오주립대 객원교수 1999년 충남대 정보화기획단장 1999년 한국정보시스템학회 부회장 2003~2005년 충남대 경상대학장 겸 경영대학원장 2004년 한국정보기술응용학회 회장 2007~2008년 충남대 기획처장 2012년 교육과학기술부 대학구조개혁위원회 위원 2012~2016년 충남대 총장 2012~2015년 한국대학교육협의회 이사 2012년 대청호보전운동본부 이사장 2012~2013년 교육부 대학구조개혁위원회 위원 2014~2015년 거점국립대학교총장협의회 회장 2014년 KORAIL 경영자문위원회 중앙위원(현) 2014~2016년 통일교육위원 충남협의회장 2014년 대전세계혁신포럼 운영위원 2014~2016년 대통령직속 통일준비위원회 통일교육자문단 자문위원 2016년 대전시 정책자문단장 2016년 대전지법 시민사법위원장 2016년 대한적십자사 대전·세종지사 회장(현) 2019년 충남대 경상대학 경영학과 명예교수(현) (상)충남대총장표창(2008) (저)'품질관리(共)'(1993, 한국방송통신대 출판부) '경영정보시스템(共)'(1997, 무역경영사) '의사결정지원을 위한 경영과 컴퓨터활용(共)'(1999, 문경사) '지식정보사회와 전자정부(共)'(1999, 나남출판) 'e-비지니스 개론(共)'(2002, 도서출판 영민) '전자상거래 & e-Business(共)'(2003, 영진닷컴) 'New정보기술과 경영전략(共)'(2006, 도서출판 대경) '서비스 시스템 운영관리(共)'(2009, 도서출판 대경) '글로벌 환경하에서의 공급사슬관리(共)'(2010, 도서출판 대경) (종)불교

정상철(鄭相喆)

(생)1972·7·5 (출)경남 남해 (주)경기도 성남시 수정구 산성대로 451 수원지방법원 성남지원(031-737-1100) (학)1992년 부산 내성고졸 1998년 고려대 법학과졸 (경)1999년 사법시험 합격(41회) 2002년 사법연수원 수료(31기) 2002년 서울지법 의정부지원 판사 2004년 서울중앙지법 판사 2006년 울산지법 판사 2009년 서울북부지법 판사 2011년 서울중앙지법 판사 2014년 서울동부지법 판사 2014~2016년 법원행정처 사법지원심의관 겸임 2017년 창원지법 부장판사 2019년 수원지법 성남지원 부장판사(현)

정상혁(鄭相赫) JUNG Sang Hyuck

(생)1941·12·25 (본)동래(東萊) (출)충북 보은 (주)충청북도 보은군 보은읍 군청길 38 보은군청 군수실(043-540-3001) (학)1960년 청주농고졸 1964년 충북대 농대 임학과졸 (경)1967~1973년 충북도 농촌진흥원 근무 1973~1980년 농촌진흥청 근무 1980~1985년 환경청 근무 1985~1987년 천세산업(주) 상무 1987~1992년 천수산업(주) 부사장 1993~2000년 보광산업(주) 대표이사 2000년 충북과학대학 강사 2002~2006년 충북

도의회 의원(한나라당) 2002년 同댐관련대책특별위원장 2004년 충북의정연구회 회장 2007년 영동대 강사 2008~2009년 보은로타리클럽 회장 2009년 충북4.19혁명기념사업회 부회장 2010년 충북 보은군수(자유선진당·무소속·민주통합당·민주당·무소속) 2010년 충북4-H본부 부회장 2012년 전국농어촌군수협의회 부회장 2013년 전국균형발전지방정부협의회 공동대표 2014~2018년 충북 보은군수(무소속·새누리당·자유한국당) 2018년 충북 보은군수(자유한국당)(현) (상)오바마대통령 자원봉사자상(2012), 한국국제연합봉사단 대한민국세종대왕 나눔봉사대상(2014), 민주신문 한국인물대상 지방자치공로부문(2015), 한국을 빛낸 자랑스러운 한국인대상 행정혁신발전공로대상(2015), 자랑스런대한민국시민대상 지차체부문 공로대상(2016), 미주동포후원재단(KALF) 자랑스러운 한국인상(2016), 한국지방자치경영대상 최고경영자상(2017) (저)'속리산 아들바우꽃' (종)기독교

정상혁(丁相赫) JUNG Sang Hyuk

(생)1961·8·27 (본)나주(羅州) (출)경북 경주 (주)서울특별시 서대문구 이화여대길 52 이화여자대학교 의학관 A동 405호(02-2650-5755) (학)1979년 한성고졸 1987년 연세대 의대졸 1990년 同대학원 보건학과졸 1995년 보건학박사(연세대) (경)1996~2001년 관동대 의대 예방의학교실 조교수·부교수·주임교수 1997~2001년 同보건소장 1997년 同사회교육원 건강관리교실 주임교수 1997년 대한의사협회 기획위원 2001~2002년 포천중문의과대 예방의학교실 부교수·주임교수 2002년 同의료원 기획조정실장 2002년 이화여대 의대 예방의학교실 주임교수·교수 2002년 대통령자문 의료제도발전특별위원회 전문위원 2003년 서울시의사회 정책이사 2006년 의료선진화위원회 제도개선전문위원회 전문위원 2007년 이화여대 의학전문대학원 기획부장 2010~2011년 대통령 보건복지비서관 2011년 이화여대 의학전문대학원 예방의학교실 교수(현)

정석구(鄭錫九) JOUNG Suk Ku

(생)1957·2·14 (본)초계(草溪) (출)전남 담양 (주)서울특별시 중구 을지로5길 26 미래에셋캐피탈(주)(02-3774-5951) (학)1976년 광주제일고졸 1984년 서울대 정치학과졸 1987년 同대학원졸 1991년 同대학원 정치학 박사과정 수료 (경)1988년 한겨레신문 기자 1999년 同경제부장 2003년 同논설위원 2005년 同경제부 기자(부장급) 2008년 同논설위원실장 2009년 同논설위원 2009년 同선임논설위원 2011~2014년 同논설위원실장 2013·2015~2017년 한국신문방송편집인협회 부회장 2014~2017년 한겨레신문 편집인(전무) 2014~2017년 한겨레경제사회연구원 부원장 2015~2017년 한국신문방송편집인협회기금 감사, 상지대 미디어영상광고학부 초빙교수(현) 2018년 미래에셋캐피탈(주) 사외이사 겸 이사회 의장(현)

정석균(鄭錫均) Chung, Sukkyun

(생)1962 (주)서울특별시 성동구 왕십리로 222 한양대학교 정책학과(02-2220-2888) (학)경제학박사(미국 펜실베이니아주립대) (경)1986년 행정고시 합격(30회) 2000년 정보통신부 체신금융국 금융기획과 서기관 2001년 同정보화기획실 정보보호산업과 서기관 2001년 同정보통신공무원교육원 기획연구과장 2002년 전남체신청 광주우편집중국장 2004년 경제협력개발기구(OECD) 파견 2004년 同정보경제분과위원회 부의장 2006년 정보통신부 정보통신전략기획관실 동향분석담당관 2006년 同미래정보전략본부 미래전략기획팀장 2007년 同소프트웨어정책팀장 2007년 대통령 경제수석비서관실 행정관 2009년 대통령직속 국가브랜드위원회 사업지원단 파견(부이사관) 2010년 방송통신위원회 정책총괄과장 2010년 한양대 정책과학대학 정책학과 교수(현) 2016년 同정책과학대학장 겸 공공정책대학원장(현)

정석길(鄭錫佶) JUNG Suk Gill

(생)1955·2·11 (주)경기도 안성시 대덕면 서동대로 4726 중앙대학교 예술대학 산업디자인학과(031-670-3135) (학)1982년 중앙대 제품디자인과졸 1987년 미국 Pratt대 대학원 공업디자인과졸 2000년 산업공학박사(동아대) (경)1981~1983년 삼성반도체통신 디자인실 근무 1988~1989년 同디자인실 과장 1989~1996년 동의대 산업디자인학과 교수 1993년 부산산업디자인협회 회장 1996년 중앙대 예술대학 산업디자인학과 교수(현) 2005년 경기도디자인협의회 부회장 2007~2009년 중앙대 제2캠퍼스 교무처장 겸 교양학부장 2011~2013년 同예술대학장 2011~2013년 同디자인학부장 2018년 同예술대학원장(현)

정석모(鄭碩謨)

(생)1965·12·5 (출)울산 (주)부산광역시 연제구 중앙대로 999 부산지방경찰청 생활안전과(051-899-2146) (학)1987년 경찰대졸(3기), 동의대 대학원졸(경영학박사) (경)1995년 부산 동부경찰서 경비과 경비계장 2003년 부산 연산경찰서 수사과 조사계장 2005년 부산 동부경찰서 생활안전과장 2008년 부산지방경찰청 외사과 외사3계장 2010년 同홍보담당관실 홍보계장 2014년 同홍보담당관(총경) 2015년 부산 중부경찰서장 2016년 부산지방경찰청 생활안전과장 2017년 경남 하동경찰서장 2019년 부산지방경찰청 생활안전과장(현)

정석원(鄭晳元)

(생)1973·4·23 (출)경북 영천 (주)경상남도 창원시 성산구 창이대로 681 창원지방법원(055-239-2000) (학)1992년 대구 협성고졸 1998년 고려대 법학과졸 (경)1998년 사법시험 합격(40회) 2001년 사법연수원 수료(30기) 2001년 軍법무관 2004년 대구지법 판사 2007년 수원지법 성남지원 판사 2011년 서울중앙지방법원 판사 2013년 서울동부지법 판사 2017년 창원지법 부장판사(현)

정석찬(鄭錫贊) Jung Suk Chan (도울)

(생)1960·4·20 (본)진주(晉州) (출)경남 합천 (주)세종특별자치시 아름서길 21 가축위생방역지원본부(044-550-5501) (학)1979년 대건고졸 1984년 경북대 수의학과졸 1986년 同대학원 수의학과졸(석사) 1991년 수의학박사(경북대) (경)1985년 대한수의학회 회원(현) 1986년 농촌진흥청 가축위생연구소 가축위생연구사 1994년 국립수의과학검역원 세균과 가축위생연구관 1999년 同축산물규격과 가축위생연구관 2003년 同축산물규격과장 2005~2015년 농림축산검역본부 세균과장 2006년 대한인수공통전염병학회 부회장(현) 2014~2017년 대한수의학회 감사 2015년 농림축산검역본부 조류질병과장 2016년 同세균질병과장 2016~2018년 同동물질병관리부장(국장급) 2017년 대한수의학회 평의원(현) 2018년 가축위생방역지원본부 본부장(현) (저)'의학미생물학(共)'(2010) '천연물질이용 동물질병 예방 및 치료(共)'(2010)

정석현(丁石鉉) CHUNG Suk Hyun

(생)1952·5·29 (본)창원(昌原) (출)전북 장수 (주)경기도 화성시 양감면 정문송산로 260 (주)수산중공업(02-514-1547) (학)1970년 전주공고졸 1979년 한양대 기계공학과졸 1998년 서울대 대학원 최고경영자과정 수료 (경)1983년 석원산업(주) 설립·회장 1989년 수산홈텍(舊 한국가스기기) 설립·회장(현) 1998년 수산아이앤티(舊 플러스기술) 설립·대표이사 회장(현) 2004~2018년 (주)수산중공업 대표이사 회장 2006년 (주)수산서비스 회장 2008년 환헤지(KIKO)피해기업공동대책위원회 위원장 2009~2018년 한국무역협회 비상근부회장, 한국엔지니어클럽 부회장, 벤처기업협회 부회장 2012~2015년 대한무역투자진흥공사(KOTRA) 비상임이사 2015년 한국공학한림원 정회원(기계공학·

현) 2016년 수산인더스트리 회장(현) 2016년 수산이앤에스 회장(현) 2018년 한국공학한림원 이사(현) 2018년 (주)수산중공업 회장(현) (상)재정경제부장관표창, 한국무역협회 올해의 무역인상(2007), 금탑산업훈장(2008), 노사문화대상 대통령표창(2011), 벤처창업대표 대통령표창(2011), 자랑스런 한양공대인상(2014), 소방산업대상 국무총리표창(2017), 자랑스러운 전북인상(2019)

정석호(鄭錫昊) Jeong Seog Ho

(생)1961·8·2 (본)경주(慶州) (출)전남 신안 (주)전라남도 완도군 완도읍 청해진남로 51 완도군청 부군수실(061-550-5013) (학)1980년 목포고졸 2005년 서울사이버대 법무행정학과졸 (경)2008년 전남도 신안군 자은면장 2009~2010년 同신안군 세무회계과장 2011년 전남도의회 사무처 의장비서실장 2012년 전남도 행정지원국 행정과 의전담당 2013년 同안전행정국 인력관리과 조직관리담당 2015년 광주하계유니버시아드대회 조직위원회 식음료숙박부장 2015년 전남도의회 사무처 안전행정환경위원회 수석전문위원 2016년 同사무처 보건복지환경위원회 수석전문위원 2017년 전남도 문화예술과장 2019년 전남 완도군 부군수(현) (상)내무부장관표창(1995), 국무총리표창(2000), 행정안전부장관표창(2009), 대통령표창(2019)

정석희(鄭錫熙) CHUNG Seok Hee

(생)1956·1·28 (본)온양(溫陽) (출)충남 홍성 (주)서울특별시 동대문구 경희대로 23 경희대학교 한방병원 한방재활의학과(02-958-9299) (학)1982년 경희대 한의학과졸 1986년 同대학원 한의학과졸 1991년 한의학박사(경희대) (경)1987~2001년 경희대 부속한방병원 한방재활의학과 임상연구원·전임강사·조교수·부교수 1993~1995년 同시내한방병원 한방재활의학과장 1995~1996년 同분당한방병원 한방재활의학과장 1999~2001년 경희의료원 동서협진척추센터 팀장 2000~2004년 한방재활의학과학회 회장 2001년 경희대 한의과대학 재활의학과교실 교수(현), 同한방병원 재활의학과장 2015~2017년 한의사국가시험위원장 2015~2016년 경희대 동서의학연구소장 2016~2019년 보건복지부 '한의 표준임상진료지침 개발사업단' 초대 단장 (저)'동의 재활의학과학(共)'(1995) '한방 재활의학과학'(2003) '한방 재활의학(共)'(2005) '침구가부' '본초신편' (역)'Textbook of Spinal Disorders'(2002) '척추질환의 이해'

정선근(鄭宣根) CHUNG Sun Gun

(생)1964·2·14 (주)서울특별시 종로구 대학로 101 서울대학교병원 재활의학과(02-740-8114) (학)1988년 서울대 의대졸 1992년 同대학원졸 1996년 의학박사(서울대) (경)1988~1992년 서울대병원 재활의학과 전공의 1992~1993년 同재활의학과 전임의 1993~1994년 서울시립아동병원 재활의학과장 1994~1997년 단국대 의대 재활의학교실 전임강사·조교수 1997~2009년 서울대 의대 재활의학교실 전임강사·조교수·부교수 2000~2002년 미국 노스웨스턴대·시카고재활센터 장기연수 2009년 서울대 의대 재활의학교실 교수(현) 2010·2012·2016년 서울대 의대 재활의학교실 주임교수(현) 2014·2016·2018년 서울대병원 재활의학과장(현) (저)'재활의학'(2002, 군자출판사)

정선애(鄭善愛·女) Jeong Seon Ae

(생)1967·5·30 (주)서울특별시 중구 세종대로 110 서울특별시청 서울혁신기획관실(02-2133-6300) (학)1989년 이화여대 정치외교학과졸 2008년 연세대 대학원 사회학과졸 (경)1996~1999년 경제정의실천시민연합 조직부장 1999~2006년 함께하는 시민행동 사무국장·정책실장 2007~2013년 한국인권재단 사무처장 2013~2019년 서울시NPO지원센터장 2019년 서울시 서울혁신기획관(현)

정선오(鄭善晤) Jeong Sun Oh

(생)1964·2·19 (출)경남 남해 (주)충청북도 청주시 서원구 산남로62번길 51 청주지방법원(043-249-7114) (학)1982년 진주고졸 1988년 서울대 경영학과졸 (경)1994년 사법시험 합격(36회) 1997년 사법연수원 수료(26기) 1997년 춘천지법 강릉지원 판사 2000년 춘천지법 판사 2001년 수원지법 판사 2003년 대전지법 판사 2006년 대전고법 판사 2008년 대법원 연구법관 2008년 대전지법 판사 2009년 대전고법 판사 2010년 청주지법 판사 2012~2015년 대전지법·대전가정법원 부장판사 2012~2015년 대전 중구선거관리위원회 위원장 2015년 청주지법 부장판사(현)

정선용(鄭善溶) Seonyong Jeong

(생)1965·8·28 (주)서울특별시 종로구 세종대로 209 행정안전부 인사기획관실(044-205-1386) (학)2003년 미국 워싱턴대 대학원 행정관리학과졸 (경)행정고시 합격(38회) 2004년 행정자치부 참여정책과 서기관 2004년 정부혁신세계포럼준비기획단 파견 2007년 행정자치부 변화관리팀장 2008년 同정부혁신본부 조직혁신단 조직제도팀장 2008년 행정안전부 조직제도과장 2008년 同조직정책관실 경제조직과장 2010년 미국 교육파견(서기관) 2012년 행정안전부 조직진단과장 2013년 안전행정부 조직정책관실 조직기획과장 2014년 駐UN대표부 주재관(부이사관) 2017년 행정안전부 정부혁신조직실 공공서비스혁신과장 2018년 同행정서비스통합추진단장(고위공무원) 2019년 국내파견(현)

정선재(鄭善在) JUNG Sun Jae

(생)1965·4·25 (출)서울 (주)서울특별시 서초구 서초중앙로 157 서울고등법원(02-530-1114) (학)1984년 영동고졸 1988년 서울대 법학과졸 (경)1988년 사법시험 합격(30회) 1991년 사법연수원 수료(20기) 1991년 공군 법무관 1994년 수원지법 판사 1996년 서울지법 판사 1998년 대전지법 홍성지원 판사 1999년 同홍성지원(서천군법원·보령시법원·예산군법원) 판사 2000년 수원지법 판사 2002년 서울지법 서부지원 판사 2004년 대법원 재판연구관 2006년 전주지법 부장판사 2007년 사법연수원 교수 2010년 서울중앙지법 형사단독1부·형사합의35부·형사합의23부 부장판사 2013년 서울동부지법 부장판사 2014년 대전고법 부장판사 2016년 서울고법 부장판사(현)

정선주(鄭善珠·女) JEONG Sunjoo

(생)1962·4·28 (본)하동(河東) (출)경남 함양 (주)경기도 용인시 수지구 죽전로 152 단국대학교 일반대학원 생명융합학과(031-8005-3196) (학)1985년 서울대 동물학과졸 1990년 이학박사(미국 유타대) (경)1990~1993년 미국 스탠퍼드대 의과대학 박사 후 연구원 1994년 서울대 유전공학연구소 연구원 1995~2007년 단국대 분자생물학과 전임강사·조교수·부교수 2000~2002년 同대학원 주임교수 2006~2008년 同국제문화교류처장 2007~2016년 同자연과학대학 분자생물학과 교수 2015~2018년 대통령직속 국가생명윤리심의위원회 위원 2016년 단국대 일반대학원 생명융합학과 교수(현) 2018년 (사)여성과학기술포럼 회장 2018년 단국대 국제대학원장 겸 국제대학장(현) 2019년 한국분자세포생물학회 부회장(현) (상)한국분자세포생물학회 우수포스터상(2004·2005), 국가연구개발 우수과제(2007), 학술진흥재단 우수과제(2007), 단국대 범은학술상(2007), 한국로레알 - 유네스코 여성생명과학상 학술진흥상(2014), 단국대 범은학술상 특별상(2014) (저)'분자세포 생물학'(1998) '생명과학'(2001) (역)'필수세포생물학'(2000) '분자생물학'(2000) '생물정보학'(2003) '당신의 유전자는 안녕하십니까?'(2007)

정선태(鄭善太) JEONG Sun Tae

(생)1956·10·9 (본)하동(河東) (출)광주 (주)서울특별시 노원구 노해로75길 14-27 정선태법률사무소(02-935-9440) (학)1975년 경기고졸 1979년 서울대 법대졸 1991년 同대학원 법학과졸 2002년 고려대 법무대학원 지적재산권과정 수료 (경)1980년 행정고시 합격(24회) 1981년 사법시험 합격(23회) 1983년 사법연수원 수료(13기) 1986년 대구지검 경주지청 검사 1988년 인천지검 검사 1990년 수원지검 성남지청 검사 1992년 서울지검 검사 1994년 광주고검 검사 1995년 광주지검 장흥지청장 1996년 서울지검 부부장검사 1997년 광주지검 특수부장 1997년 同공안부장 1998년 대검찰청 환경과장 1999년 同형사과장 2000년 同마약과장 2001년 서울지검 마약수사부장 2003년 창원지검 진주지청장 2004년 의정부지검 차장검사 2005년 대구지검 1차장검사 2006~2010년 서울고검 검사 2008년 제17대 대통령직인수위원회 법무행정분과선진화를위한법령정비TF팀장 2008년 대통령직속 국가경쟁력강화위원회 파견 2010년 대일항쟁기강제동원피해조사 및 국외강제동원희생자등지원위원회 위원장 2010~2012년 법제처장 2012~2017년 법무법인 양헌 대표변호사 2017년 변호사 개업(현) (상)대통령표창, 근정포장(2007) (종)기독교

정선화(鄭鮮和·女) JEONG Sun Hwa

(생)1972·12·20 (출)경남 (주)세종특별자치시 도움6로 11 전북지방환경청(063-238-8800) (학)마산제일여고졸, 서울대 대학원 약학과졸 (경)1997년 기술고시 합격(33회) 2003년 환경부 대기관리과 사무관 2004년 同환경평가과 사무관 2006년 同수질보전국 수질정책과 사무관 2007년 同환경정책실 화학물질안전과장(서기관) 2010년 한강유역환경청 유역관리국장 2011년 환경부 물환경정책국 유역총량과장 2012년 同자연보전국 자연자원과장 2016년 同자원순환국 자원재활용과장 2017년 대통령정책실 기후환경비서관실 행정관(부이사관) 2019년 환경부 기획재정담당관 2019년 전북지방환경청장(국장급)(현)

정성균(鄭成均)

(생)1970·5·30 (출)대전 (주)인천광역시 미추홀구 소성로163번길 17 인천지방법원 총무과(032-860-1169) (학)1989년 구로고졸 1993년 고려대 법학과졸 (경)1999년 사법시험 합격(41회) 2002년 사법연수원 수료(31기) 2002년 부산지법 예비판사 2004년 同판사 2005년 인천지법 판사 2008년 서울남부지법 판사 2010년 서울중앙지법 판사 2012년 서울가정법원 판사 2014년 서울중앙지법 판사 2016년 서울서부지법 판사 2017년 춘천지법 부장판사 2019년 인천지법 부장판사(사법연구)(현)

정성근(鄭成根) JUNG Sung Geun (일해)

(생)1953·5·12 (본)해주(海州) (출)충북 진천 (주)경기도 성남시 수정구 성남대로 1342 가천대학교 시각디자인과(031-750-5874) (학)1981년 중앙대 사진학과졸 1986년 홍익대 산업미술대학원 산업디자인학과졸 (경)1981~1983년 주부생활 사진부 기자 1983~1989년 경향신문사 출판사진부 기자 1991~1992년 홍익대 광고디자인학과 사진학 강사 2001년 가천의과대 영상정보대학원 객원교수 2003년 India 6th International Abliympics 사진부문 국제심사위원 2005년 경원전문대 사진학과 교수 2007~2012년 경원대 미술디자인대학 시각디자인과 사진전공 교수 2007년 同디자인문화정보대학원 포토그라피전공 주임교수 2007~2010년 한국예술문화단체총연합회 예술문화정책연구위원 2007년 사진명장 심사위원장(현) 2007년 전국장애인기능경연대회 사진부문 심사위원장(현) 2007~2010년 한국포토저널리즘학회 상임이사 2010년 법무부 청소년보호지도위원 2010년 행정안전부 사진 및 비디오직원채용 심사위원 2012~2018년 가천대 시각디자인과 교수 2012~2018년 同시각디자인과 사진전공 주임교수 2016년 국제장애인기능올림픽대회 선수지도위원장 겸 심사위원(현) 2018년 가천대 시각디자인과 명예교수(현) (상)한국사진출판문화상(2002), 옥조근정훈장(2004), 한국사진문화상(2017) (저)'정성근 제1회 사진집(사진과 Fashion의 만남)'(1993) '광고기획과 광고사진'(1994) '정성근 제2회 사진집(FASHION FANTASIA)'(1994) '한국사진의 현단계'(1994) '패션사진의 이론과 실제'(1995) '정성근 제3회 사진집(Fashion and Surrealism)'(1995) '사진일반개론'(1996) '중형카메라 테크닉'(1997) '정성근 제4회 사진집(Fashion & Picture)'(1997) '좋은 사진 테크닉'(1999) '눈으로 찍는 사진'(2000) '베스트 사진 만들기'(2001) '좋은 사진 만들기'(2002) '암실테크닉'(2002) '중형카메라의 모든 것'(2002) '정성근 제5회 사진집(Me Generation)'(2002) '정성근 제6회 사진집(Recovery of Physicality)'(2003) (역)'특수촬영기법'(1992) '사진과 패션의 만남'(1993) '암실기법'(1995) '사진 조명의 실제'(1996) (작)'서울 동방프라자갤러리 제1·2·3회 Fashion Photo Exhibition'(1993·1994·1995) '서울 삼성포토갤러리 제4회 Fashion & Picture Photo Exhibition'(1997) '서울 후지포토살롱 제5회 Me Generation Photo Exhibition'(2002) '서울 후지포토살롱 제6회 Recovery of Physicality - 線, 形, 色의 nude 사진전'(2003) '경기 창고갤러리 제7회 NUDE Photo Exhibition'(2005~2006) '서울 포토하우스 제8회 Yosemite contemplation Photo Exhibition'(2007) '서울 갤러리 빛 제9회 OUT DOOR Photo Exhibition'(2008) '서울 아트앤드림갤러리 제10회 心眼의 빛'(2010) '경기 와갤러리 제11회 Light of inward eyes'(2010) '서울 fn art갤러리 제12회 Beyond the Image'(2016) '서울 이즈갤러리 제13회 And Image... End Image...'(2017) (종)기독교

정성근(鄭聖根) CHUNG Sung Kun

(생)1957·2·24 (출)서울 (주)경기도 고양시 일산동구 중앙로 1065 새빛안과병원(031-900-7792) (학)1982년 가톨릭대 의대졸 1986년 同대학원졸 1993년 의학박사(가톨릭대) (경)1989~2002년 가톨릭대 의대 안과학교실 전임강사·조교수·부교수 1994~1995년 미국 캘리포니아대 샌프란시스코교 연수 2000~2005년 가톨릭대 성모병원 안과 과장 2002~2017년 同의대 안과학교실 교수 2007~2009년 한국콘택트렌즈연구회 회장 2008~2010년 대한안과학회 총무이사 2010년 同정책개발이사 2011년 대한검안학회 회장 2017년 새빛안과병원장(현)

정성기(鄭成基) Jeong, Seong-gi

(생)1962·10·14 (본)동래(東萊) (출)부산 (주)세종특별자치시 다솜2로 94 해양수산부 부산항북항통합개발추진단(044-200-5060) (학)1981년 경남공고졸 1989년 부경대 토목공학과졸 1997년 동아대 대학원 토목공학과졸 2001년 토목공학박사(동아대) (경)1988~2009년 부산시 감사관실·건설본부·투자개발기획팀 근무 2009~2011년 대통령실 행정관 2011~2012년 국토해양부 감사관실 근무 2012~2013년 대통령실 행정관 2013~2015년 해양수산부 대변인실·항만개발과·부산지방해양수산청 계획조사과장 2015년 해양수산부 항만지역발전과장(서기관) 2019년 同부산항북항통합개발추진단장(부이사관)(현)

정성남(鄭成男)

(생)1961·12·3 (출)전남 완도 (주)서울특별시 서초구 강남대로 27 한국농수산식품유통공사(aT) 유통본부(02-6300-1006) (학)1980년 광주살레지오고졸 1985년 전남대 독어독문학과졸 (경)2009년 농수산물유통공사(aT) 재무관리처 기금관리팀장 2010년 同유통교육원 교육기획팀장 2014년 한국농수산식품유통공사(aT) 유통기획팀장 2017년 同재무관리처장 2018년 同광주전남지역본부장 2018년 同식품산업처장 2018년 同유통본부 이사(현)

정성남(鄭城男) JUNG Sung Nam
(생)1963·6·3 (출)전북 김제 (주)서울특별시 광진구 능동로 120 건국대학교 항공우주정보시스템공학과(02-450-3449) (학)1986년 서울대 항공우주공학과졸 1989년 同대학원 항공우주공학과졸 1993년 항공우주공학박사(서울대) (경)1993년 대우중공업 우주항공연구소 선임연구원 1994~2006년 전북대 공대 항공우주공학과 교수 1997~1999년 미국 Univ. of Maryland 교환교수 2005~2006년 한국과학기술원(KAIST) 기계공학부 겸직교수 2006년 건국대 항공우주정보시스템공학과 교수(현) 2011~2012년 미국 NASA Ames 연구소 방문연구원 2013년 미국 항공우주학회(AIAA) 석학이사(Associate Fellow)(현) 2015년 미국헬기학회 학회지 부편집장(현) (종)가톨릭

정성복(鄭成福) JUNG Sung Bok
(생)1954·12·7 (본)경주(慶州) (출)부산 (주)서울특별시 서초구 서초대로 254 법무법인 청림(02-6203-0228) (학)1973년 서울고졸 1977년 서울대 법학과졸 1979년 同대학원 법학과 수료 (경)1983년 사법시험 합격(25회) 1985년 사법연수원 수료(15기) 1986년 부산지검 검사 1988년 대전지검 천안지청 검사 1990년 대구지검 검사 1992년 법무부 법무심의관실 검사 1994년 서울지검 검사 1997년 춘천지검 검사 1997년 同부부장검사 1998년 대검찰청 검찰연구관 2000년 창원지검 특수부장 2001년 수원지검 공판송무부장 2002년 同조사부장 2002년 서울고검 검사 2003년 서울지검 동부지청 형사4부장 2004년 대검찰청 감찰1과장 2005년 대구지검 경주지청장 2006년 수원지검 성남지청 차장검사 2007년 서울고검 검사 2009년 (주)KT 윤리경영실장(부사장) 2009년 同윤리경영실장(사장) 2012년 同그룹윤리경영실장(사장) 2013년 同그룹윤리경영부문장 겸 윤리경영실장(부회장) 2015~2017년 법무법인 청림 대표변호사 2017년 同변호사(현) (상)법무부장관표창 (종)불교

정성수(鄭成守) CHUNG Sung Soo (묵제)
(생)1950·6·6 (본)진주(晋州) (출)서울 (주)서울특별시 중구 퇴계로6길 3-30 정식품 회장실(02-3484-9508) (학)경기고졸, 성균관대 화학공학과졸, 한국과학기술원(KAIST) 생물공학과졸(석사) (경)(주)정식품 공장장·전무이사·부사장·대표이사·상임고문 1998년 同대표이사 부회장, (주)오쎄 대표이사 부회장, 同대표이사 회장(현), (주)자연과사람들 대표이사 부회장 2010년 (주)정식품 회장(현) (종)천주교

정성수(鄭成秀) JUNG Sung Su
(생)1961·9·20 (출)부산 (주)서울특별시 마포구 마포대로 155 LG마포빌딩 지투알(02-705-2600) (학)부산 대동고졸 1988년 한양대 신문방송학과졸 1997년 미국 워싱턴주립대 대학원 IAPP과정 수료 (경)금강오길비 부사장 2008~2010년 (주)엘베스트 광고본부장(상무) 2011~2014년 同광고사업부장(전무) 2015년 同광고본부장(전무) 2015~2018년 HS애드 어카운트서비스 1사업부문장(전무) 2019년 (주)지투알 대표이사 부사장(현) 2019년 (주)HS애드 대표이사 겸임(현) 2019년 (주)엘베스트 대표이사 겸임(현)

정성수(鄭成洙)
(생)1968·8·7 (출)경남 통영 (주)경상남도 창원시 의창구 상남로 289 경남지방경찰청 정보과(055-233-2181) (학)경남 통영고졸 1991년 경찰대 법학과졸(7기), 경남대 행정대학원 경찰학과졸 (경)1991년 경위 임관 1999년 경남지방경찰청 울산동부 방범순찰대장 2000년 서울지방경찰청 76중대장 2004년 경남 진주경찰서 생활안전과장 2007년 경남지방경찰청 정보3계장 2009년 경남 창원서부경찰서 정보과장 2010년 경남지방경찰청 경비경호계장 2011년 同감찰계장 2013년 同홍보계장 2014년 울산지방경찰청 정보과장 2015년 경남 고성경찰서장 2016년 경남지방경찰청 생활안전과장 2017년 경남 진주경찰서장 2018년 경남지방경찰청 정보과장(현)

정성숙(鄭誠淑·女) Choung Soung Sook
(생)1958·4·5 (주)서울특별시 서초구 남부순환로 2364 전통공연예술진흥재단 이사장실(02-580-3140) (학)1976년 서울예술고졸 1980년 이화여대 무용과졸 2004년 동국대 문화예술대학원 문화재학과졸(석사) 2008년 무용학박사(성균관대) 2011년 이화여대 정책과학대학원 여성최고지도자과정 수료 (경)국가무형문화재 제27호 승무 이수자, 국가무형문화재 제97호 살풀이춤 이수자, 경기도무형문화재 제34호 안성향당무 이수자 2007~2015년 한국체육대·동국대·용인대 강사 2009~2014년 강남구체육회 전통무용연합회 회장 2013~2018년 원광디지털대 전통공연예술학과 초빙교수 2014~2017년 강남문화재단 강남전통예술단 예술감독 2016년 한국국제예술원 전통예술학과 교수 2016년 이화예술단 대표(현) 2018년 제주국제대 실용예술학부 특임교수(현) 2018년 전통공연예술진흥재단 이사장(현) 2019년 동국대 문화예술대학원 불교예술문화학과 겸임교수(현) (저)'재인계통춤'(2012)

정성완(鄭晟完) Jeong Seongwan
(생)1968·10·8 (출)전남 광양 (주)인천광역시 미추홀구 소성로163번길 17 인천지방법원 총무과(032-860-1169) (학)1986년 순천고졸 1994년 성균관대 법학과졸 1997년 同대학원 법학과졸 (경)1998년 사법시험 합격(40회) 2001년 사법연수원 수료(30기) 2001년 부산지법 판사 2004년 인천지법 판사 2006년 서울남부지법 판사 2008년 서울행정법원 판사 2011년 서울동부지법 판사 2013년 서울중앙지법 판사 2013~2015년 헌법재판소 파견 2016년 창원지법 부장판사 2018년 인천지법 부장판사(현)

정성욱(鄭聖旭) JUNG Sung Wook
(생)1946·12·1 (출)대전 (주)대전광역시 서구 계룡로583번길 9 예미지빌딩 (주)금성백조주택(042-630-9406) (학)대전공고졸 1991년 중앙대 경영대학원 최고경영자과정 수료 1994년 충남대 경영대학원 최고경영자과정 수료 2001년 한밭대 산업대학원 최고경영자과정 수료 2011년 명예 경영학박사(충남대) 2015년 명예 건축공학박사(한남대) (경)1981년 (주)금성백조주택 대표이사 회장(현) 1994년 대전상공회의소 제15~21대 상임의원 1998~2007년 대한주택건설협회 대전·충남도회장 2001~2007년 한국자유총연맹 대전시회장, 대전시승마협회 회장, 대전시양궁협회 회장, 한국생산성학회 고문 2010~2016년 대전시개발위원회 회장 2012년 대한건설협회 대전시회장(현) 2012년 대전건설단체총연합회 회장(현) 2013~2018년 대전상공회의소 부회장 2016년 건설공제조합 운영위원(현) 2017년 건설경제신문 이사(현) 2018년 대전상공회의소 제23대 회장(현) 2018년 대한상공회의소 부회장 (상)국무총리표창(1997), 대통령표창(1999·2007·2013), 동탑산업훈장(1999), 대한건축학회 공적상부문 기술상(2014), 국민훈장 목련장(2014), 한국언론인연합회 '자랑스런 한국인대상' 건설발전부문(2014), 한밭교육대상 평생교육·교육독지가부문(2015), 자랑스러운 건설인상(2017)

정성욱(鄭城旭)
(생)1970·3·13 (출)대구 (주)대구광역시 수성구 동대구로 364 대구고등법원(053-757-6600) (학)1989년 성광고졸 1993년 고려대 법학과졸 (경)1998년 사법시험 합격(40회) 2001년 사법연수원 수료(30기) 2001년 대구지법 판사 2002년 대구고법 판사 2003년 대구지법 판사 2004년 同의성지

원 판사 2006년 대구지법 판사 2010년 同가정지원 판사 2011년 대구고법 판사 2013년 대구지법 포항지원·대구가정법원 포항지원 판사 2014년 대법원 재판연구관 2016년 부산지법 부장판사 2017년 대구고법 판사(현)

정성웅(鄭盛雄)

[생]1962·12·2 [주]서울특별시 영등포구 여의대로 38 금융감독원 임원실(02-3145-5322) [학]1981년 마산 중앙고졸 1989년 중앙대 경제학과졸 [경]1989년 신용관리기금 입사 1999년 금융감독원 검사8국 근무 2000년 同감사실 근무 2004년 同IT업무실 팀장 2005년 同거시감독국 팀장 2008년 同저축은행서비스국 팀장 2010년 예금보험공사 파견(실장급) 2011년 금융감독원 인재개발원 실장 2012년 세종연구소 파견(실장급) 2013년 금융감독원 공보실 국장 2015년 同상호금융검사국장 2016년 同불법금융대응단 선임국장 2017년 同금융소비자보호담당 부원장보(현)

정성윤(鄭盛允) JUNG Sung Yoon

[생]1963·3·8 [출]전남 담양 [주]대구광역시 수성구 동대구로 364 대구고등검찰청(053-740-3242) [학]1980년 광주 숭일고졸 1985년 고려대 법대졸 2002년 서울시립대 세무대학원졸 2005년 중국정법대 대학원 경제법학 박사과정 수료 2012년 서울시립대 세무대학원 박사과정 수료 [경]1987년 사법시험 합격(29회) 1990년 사법연수원 수료(19기) 1990년 軍법무관 1993년 대한법률구조공단 동부출장소 변호사 1995년 전주지검 검사 1997년 광주지검 해남지청검사 1999년 서울지검 남부지청 검사 2002년 수원지검 성남지청 부부장검사 2003년 제주지검 부장검사 2004년 서울서부지검 부부장검사 2005년 서울중앙지검 부부장검사 2006년 의정부지검 형사4부장 2007년 대구고검 검사 2007년 대구지검 형사2부장 2009년 서울고검 검사 2009년 법무연수원 연구위원 파견 2009년 광주지검 목포지청장 2010년 서울고검 검사 2010년 인천시 법률자문검사 2012년 부산고검 검사 2014년 서울고검 검사 2014년 서울중앙지검 중요경제범죄조사팀 파견 2015년 同중요경제범죄조사단 파견 2017년 대구고검 검사(현) [상]기획재정부장관표창(2008), 홍조근정훈장(2011), 자랑스러운 숭일인상(2013) [종]천주교

정성진(鄭城鎭) CHUNG Soung Jin (定庵)

[생]1940·7·4 [본]청주(淸州) [출]경북 영천 [주]서울특별시 서대문구 이화여대길 52 이화여자대학교(02-3277-3693) [학]1958년 경북고졸 1963년 서울대 법과대학졸 1966년 同사법대학원졸 1988년 법학박사(경북대) [경]1963년 사법시험 합격(2회) 1965년 공군 법무관 1969~1979년 의정부지청·대구지검·인천지청·성동지청·부산지검 검사 1979년 의성지청장 1980년 대검찰청 검찰연구관 1981년 법무부 조정과장·보호과장 1982년 대검찰청 중앙수사부 2과장 1983년 서울지검 특수3부장 1985년 대검찰청 중앙수사부 1과장 1986년 서울지검 북부지청 차장검사 1987년 제주지검장 1988년 법무연수원 기획부장 1989년 대검찰청 총무부장 1991년 법무부 기획관리실장 1991년 同법무실장 1992년 대구지검장 1993년 대검찰청 중앙수사부장 1993년 미국 스탠퍼드대 객원교수 1995년 일본 慶應大 객원교수 1995~2005년 국민대 법과대학 교수 1996~2002년 중앙선거관리위원회 위원 1999년 한국형사법학회 회장 1999년 사법개혁추진위원회 위원 2000~2004년 국민대 총장 2003~2004년 산학연구원 이사장 2004년 한국법학원 원장 2004년 부패방지위원회 위원장 2005~2007년 국가청렴위원회 위원장 2007~2008년 법무부 장관 2008년 국민대 명예교수·법인이사 2012~2016년 고려대 법인이사 2013~2015년 한국전문대학교육협의회 전문대학윤리위원회 위원장, 에이치엔엘 이사(현) 2017년 학교법인 이화학당 이사(현) 2017~2019년 대법원 양형위원회 위원장 [상]홍조근정훈장(1985), 한국법률문화상(2002), 청조근정훈장(2005), 법률소비자연맹 대한민국법률대상(2014) [저]'법치와 자유'(2010)

정성철(鄭聖哲) JUNG SUNG CHUL

[생]1964·10·21 [본]동래(東萊) [출]제주 서귀포 [주]서울특별시 양천구 안양천로 1071 이화여자대학교부속 목동병원(02-2650-5725) [학]1989년 한양대 의대졸 1991년 同대학원 의학석사 1997년 의학박사(한양대) [경]1996~2002년 질병관리본부 국립보건연구원 유전질환과 보건연구관 2002~2004년 同국립보건연구원 유전질환과장 2004년 이화여대 의대 생화학교실 교수(현) 2005~2007년 同의대 기획부장 2008~2016년 同의대 생화학교실 주임교수 2010~2012년 한국보건산업진흥원 R&D진흥본부 신기술개발단장 겸 중개연구단장 2012~2016년 이화여대 의과학연구소장 2012~2016년 同의학전문대학원 연구부원장 2016~2017년 이대목동병원 연구부원장 [상]보건복지부장관표창(2012), 대통령표창(2018) [종]기독교

정성택(鄭聖澤) JUNG Sung Taek

[생]1961·4·22 [주]광주광역시 동구 백서로 160 의과대학 정형외과학교실(062-220-6331) [학]1986년 전남대 의대졸 1990년 同대학원 의학석사 1996년 의학박사(전남대) [경]1999~2009년 전남대 의대 정형외과학교실 조교수·부교수 2004~2008년 전남대병원 정형외과장 2008~2011년 전남대병원 기획조정실장 2009년 전남대 의대 정형외과학교실 교수(현) 2010년 대한골관절종양학회 평의원(현) 2011~2012년 대한정형외과학회 이사 2011~2013년 同교과서편찬위원 2011~2014년 同영문학회지 편집위원 2011~2014년 同학회지 편집위원 2012년 (사)한국의과대학·의학전문대학원협회 전문위원 2013년 전남대학교 평의원 2014~2017년 대한정형외과학회 고시위원장 2015년 대한골관절종양학회 회장 2017~2018년 전남대 학생처장 2017~2018년 대한골연장변형교정학회 회장 2018년 대한소아청소년정형외과학회 회장(현) [상]대한정형외과학회잡지 발표논문 우수상(2005), 대한골관절종양학회 우수논문상(2006·2013), 국제사지보존학회(ISOLS) 우수논문상, 미국 정형외과학회 우수포스터상(2009), 서울국제인공관절학회 학술상(2010), 보건복지부장관표창, 전남대총장 교육우수상, 전남대총장 봉사우수상(2014), SICOT 학술본상(2015), 전남대의과대학동창회 자랑스런 동문상(사회봉사부문)(2015), 대한정형외과학회 추계학술대회 봉사상(2016)

정성학(鄭成學) Jeong Seong Hak

[생]1969·8·16 [본]동래(東萊) [출]경남 마산 [주]부산광역시 연제구 중앙대로 999 부산지방경찰청 수사과(051-899-2070) [학]1988년 마산중앙고졸 1992년 경찰대 법학과졸(8기) [경]2007년 부산 영도경찰서 수사과장 2008년 부산 동부경찰서 수사과장 2009년 부산 금정경찰서 수사과장 2010년 부산지방경찰청 수사1계장 2011년 同경무계장 2015년 치안정책과정 교육파견 2015년 부산지방경찰청 치안지도관 2015년 제주지방경찰청 여성청소년과장 2016년 부산 북부경찰서장 2017년 부산지방경찰청 형사과장 2018년 부산 금정경찰서장 2019년 부산지방경찰청 수사과장(현) [상]경찰청장표창(2003·2008) [종]불교

정성헌(鄭聖憲) CHUNG Sung Heon (悟童)

[생]1946·4·17 [본]초계(草溪) [출]강원 춘천 [주]경기도 성남시 분당구 새마을로 257 새마을운동중앙회(031-620-2310) [학]1964년 춘천고졸 1969년 고려대 정치외교학과졸 [경]1977~1995년 한국가톨릭농민회 사무국장·부회장 1985년 민주통일민중운동연합 상임집행위원 1987년 민주헌법쟁취국민운동본부 상임집행위원 1987년 대통령후보단일화쟁취국민협의회 사무처장 1989년 전국민족민주운동연합 상임집행위원 1991~1998년 (사)우리밀살리기운동 본부장 1994~1998년 농업협동조합중앙회 이사 1996~2006년 연어사랑시민모임 공동대표 1998~2018년 남북강

원도협력협회 이사장 1998년 한국DMZ평화마을추진위원회 공동대표 2009년 (사)한국DMZ평화생명동산 이사장(현) 2010~2013년 민주화운동기념사업회 이사장 2013년 유엔지속가능발전교육인재전문센터 이사장, 同명예이사장(현) 2014년 삼척시 원전유치찬반주민투표관리위원회 위원장 2017년 국회 헌법개정특별위원회 자문위원 2018년 새마을운동중앙회 제24대 회장(현) [상]석탑산업훈장(1996), 제4회 DMZ평화상 교류협력부문(2008), 제3회 민세상(2012) [저]'현장에서, 평화.생명.통일이야기'(2014) '2030 생명의 길'(2017) [종]가톨릭

정성호(鄭成湖) Jung Sung Ho

[생]1961 · 9 · 10 [출]강원 양구 [주]서울특별시 영등포구 의사당대로 1 국회 의원회관 609호(02-784-8991) [학]1980년 서울 대신고졸 1985년 서울대 법학과졸 2001년 대진대 법무행정대학원졸 [경]1986년 사법시험 합격(28회) 1989년 사법연수원 수료(18기) 1989~1992년 육군 제3사단 법무관 1992년 변호사 개업 1992년 민주사회를위한변호사모임 회원(현) 1993~1995년 서울지방변호사회 인권위원 1994년 의정부시 YMCA 이사 1996~2000년 경기북부환경운동연합 공동대표 1997~2001년 대한변호사협회 윤리위원 1998년 경기 연천군 고문변호사 2000년 새천년민주당 부대변인 · 당무위원회 위원 · 경기도당 상무위원 2000년 同동두천 · 양주지구당 위원장 2004~2008년 제17대 국회의원(동두천 · 양주, 열린우리당 · 대통합민주신당 · 통합민주당) 2004년 국회 대법원장 · 헌법재판소장 · 검찰총장 인사청문특별위원회 위원 2004~2005년 열린우리당 원내부대표 2004~2005년 국회 운영위원회 위원 2004~2005년 국회 남북관계특별위원회 위원 2004~2005년 국회 예산결산특별위원회 위원 2004~2005년 국회 법제사법위원회 위원 2006~2007년 열린우리당 원내부대표(법무담당) 2006~2007년 국회 독도수호 및 역사왜곡특별위원회 위원 2006~2007년 국회 건설교통위원회 위원 2006~2007년 국회 운영위원회 위원 2007~2008년 국회 정치관계특별위원회 위원 2007~2008년 국회 행정자치위원회 위원 2008년 동두천시 고문변호사 2009년 경기도교육청 고문변호사 2010년 의정부시 고문변호사 2011년 경기교육장학재단 감사 2011년 민주정책연구원 부원장 2012년 제19대 국회의원(양주시 · 동두천시, 민주통합당 · 민주당 · 새정치민주연합 · 더불어민주당) 2012년 국회 헌법재판소재판관선출에관한인사청문특별위원회 위원 2012년 민주통합당 조직강화특별위원회 위원장 2012년 同사법개혁특별위원회 위원장 2012~2013년 同수석대변인 2012~2014년 국회 기획재정위원회 위원 2012년 국회 한 · 러의원외교협의회 간사장 2013~2014년 국회 운영위원회 야당 간사 2013년 민주당 원내수석부대표 2014년 새정치민주연합 원내수석부대표 2014~2015년 국회 창조경제활성화특별위원회 위원 2014~2015년 국회 군인권개선 및 병영문화혁신특별위원회 야당 간사 2014년 국회 윤리특별위원회 위원 2014년 국회 교통위원회 야당 간사 2014~2015년 국회 국토교통위원회 교통법안소위원장 2015년 국회 국토교통위원회 국토법안소위원장 2015년 더불어민주당 민생본부장 2015년 국회 예산결산특별위원회 위원 겸 예산안조정소위원회 위원 2015~2016년 더불어민주당 당헌당규강령정책위원회 위원장 2016년 同경기양주시지역위원회 위원장(현) 2016년 제20대 국회의원(양주시, 더불어민주당)(현) 2016년 더불어민주당 비상대책위원회 위원 2016~2018년 국회 법제사법위원회 위원 2017년 더불어민주당 제19대 문재인 대통령후보 중앙선거대책본부 공명선거본부 공동본부장 2017~2018년 국회 재난안전대책특별위원회 위원 2018년 국회 사법개혁특별위원회 위원장 2018년 더불어민주당 중앙당 공직선거추천관리위원회 위원장 2018~2019년 국회 기획재정위원회 위원장 2019년 국회 법제사법위원회 위원(현) [상]입법 및 정책개발 정당추천 우수 국회의원 국회의장표창(2012), 시민일보 의정대상(2013), 전국시민단체총연합 모범 우수 국회의원(2013), 제15회 백봉신사상 '올해의 신사의원 BEST 11'(2013), 국정감사NGO모니터단 선정 국정감사 우수 국회의원상(2013 · 2014 · 2015), 법률소비자연맹 국회의원 헌정대상(2014 · 2016 · 2017 · 2018 · 2019), 선플운동본부 '국회의원 아름다운 말 선플상'(2014), 수도권일보 · 시사뉴스 선정 국정감사 우수 의원상(2015), 머니투데이 동료의원 선정 '입법우수의원'(2015), 제2회 한국을 빛낸 글로벌 100인 정치발전부문(2019) [종]기독교

정성호 JEONG Sung Ho

[생]1962 · 11 · 12 [주]광주광역시 북구 첨단과기로 123 광주과학기술원 기계공학부(062-715-2393) [학]1986년 경북대 공과대학 기계공학과졸 1988년 한국과학기술원 기계공학과졸 1997년 기계공학박사(미국 캘리포니아주립대 버클리교) [경]1988~1992년 포항산업과학연구원 선임연구원 1999년 광주과학기술원 조교수 2000년 한국레이저가공학회 편집위원 2003년 미국 Marquis Who's Who in Science & Engineering에 등재, 광주과학기술원 기전공학과 교수, 同창업보육센터장(현) 2012년 同연구처장 겸 산학협력단장(현), 同기계공학부 교수(현) 2019년 대한기계학회 부회장(현)

정성호(鄭聖鎬)

[생]1969 · 11 · 14 [출]부산 [주]부산광역시 해운대구 재반로112번길 20 부산지방법원 동부지원(051-780-1114) [학]1988년 부산 동래고졸 1997년 성균관대 법학과졸 [경]1997년 사법시험 합격(39회) 2000년 사법연수원 수료(29기) 2000년 부산지검 검사 2002년 창원지검 밀양지청 검사 2003년 서울지검 고양지청 검사 2004년 의정부지검 고양지청 검사 2005년 대구지검 검사 2007년 서울북부지검 검사 2009년 부산지법 동부지원 판사 2011년 부산고법 판사 2013년 울산지법 판사 2016년 대전지법 천안지원 · 대전가정법원 천안지원 부장판사 2018년 부산지법 동부지원 부장판사(현)

정성훈(鄭星勳) JEONG Sung Hoon

[생]1957 · 11 · 8 [본]연일(延日) [출]서울 [주]서울특별시 성동구 왕십리로 222 한양대학교 공과대학 유기나노공학과(02-2220-0498) [학]1984년 한양대 섬유고분자공학과졸 1990년 미국 노스캐롤라이나대 대학원 섬유고분자공학과졸 1994년 섬유고분자공학박사(미국 노스캐롤라이나대) [경]1983~1986년 한국바이린부직포연구소 연구원 1995~2002년 한양대 섬유공학과 전임강사 · 조교수 2002~2010년 同공과대학 분자시스템공학전공 부교수 · 교수 2011년 同공과대학 유기나노공학과 교수(현) 2013년 同대외협력처 부처장 2014~2017년 同대외협력처장 2017~2019년 同공과대학장 겸 공과대학원장 2018~2019년 한국공과대학장협의회 회장 2019년 한양대 경영부총장(현) [상]한국섬유공학회 학술상(2001) [종]기독교

정성훈(鄭聖勳)

[생]1969·11·1 [주]경상북도 경산시 하양읍 하양로 13-13 대구가톨릭대학교 경상관 406호(053-850-3414) [학]성균관대 경영학과졸, 재무관리박사(서강대), 세무학박사(서울시립대) [경]2011~2018년 대구가톨릭대 경제통상학부 부교수·교수, 더불어민주당 국민연금공공투자특별위원회 위원, 고용노동부 임금채권보장기금자산운용위원회 위원, 한국사학진흥재단 위험관리위원회 위원 2016~2017년 한국선물포럼 회장 2017년 대통령직속 지방자치발전위원회및지역발전위원회 세종·제주자치분권·균형발전특별위원회 위원(현) 2017~2018년 대통령직속 지역발전위원회 혁신도시특별위원회 위원 2017년 국무총리소속 사회보장위원회 위원(현) 2018~2019년 한국지방세연구원 원장 2018년 한국수출입은행 남북협력자문위원회 위원(현) 2018년 대통령직속 국가균형발전위원회 혁신도시특별위원회 위원(현) 2018년 국토교통부 주택도시기금 기금운용심의회 위원(현) 2018년 한국조세연구포럼 고문(현) 2019년 대구가톨릭대 글로벌비즈니스대학 경제금융부동산학과 교수(현) [저]'에센스 재무관리'(2012) '경제신문을 통한 금융투자이야기'(2012) '차트를 통한 행동재무의 이해'(2013) '부동산자산관리'(2015)

정성훈(鄭聖薰)

(생)1974·4·16 (주)세종특별자치시 도움4로 13 보건복지부 인사과(044-202-2160) (학)서울고졸, 전남대 의대졸 (경)보건복지부 공공의료과 사무관, 同질병정책과 사무관, 同보험급여과 사무관, 同보건의료정책과 사무관, 同건강정책과 사무관 2017년 질병관리본부 국립동해검역소장 2018년 질병관리본부 생물테러대응과장 2019년 교육파견(현)

정성희(鄭星姬·女) CHUNG Seong Hee

(생)1963·9·17 (출)경북 포항 (주)서울특별시 종로구 청계천로 1 동아일보 미디어연구소(02-2020-0114) (학)1982년 수도여고졸 1986년 서울대 국사학과졸 2002년 同환경대학원 환경관리학과 수료 2008년 한양대 언론정보대학원졸 2009년 연세대 언론홍보대학원 최고위과정 수료 2010년 건국대 그린경영임원과정 수료 (경)1985년 동아일보 입사 2003년 同사회2부 차장 2005년 同교육생활부장 2006~2016년 同논설위원(부국장급) 2010~2012년 한국여기자협회 부회장 2011~2013년 대통령소속 도서관정보정책위원회 위원 2011~2012년 중앙선거관리위원회 선거자문위원 2012~2014년 한국여기자협회 회장 2012~2013년 한국청소년희망재단 이사 2012년 대통령자문 저출산고령사회위원회 위원 2013년 한국청소년활동진흥원 비상임이사 2014~2016년 국가과학기술자문회의 자문위원 2017년 동아일보 논설위원(국장급) 2018년 同뉴스연구팀장 2019년 同미디어연구소장(현) (상)이달의 기자상(2회), 환경언론인상(1993), 대한언론인상(1999), 씨티뱅크언론상(2000), 국민포장(2002), 한국참언론인대상(2011), 최은희여기자상(2012), 국민훈장 동백장(2012) (저)'하나의 시장 하나의 룰(共)'(2000, 동아일보) (종)천주교

정성희(鄭聖熹·女)

(생)1972 (출)강원 강릉 (주)서울특별시 영등포구 의사당대로 1 국회사무처 행정안전위원회(02-788-2825) (학)강릉여고졸 1995년 고려대 행정학과졸, 서강대 대학원 경제학과졸, 미국 오하이오주립대 법학전문대학원졸 (경)1995년 공직 입문(제13회 입법고등고시 합격) 2009년 국회사무처 행정안전위원회 입법조사관(부이사관) 2010년 同인사과장, 국제의원연맹(IPU) 파견 2014년 국회사무처 법제실 행정법제심의관 2015년 중앙공무원교육원 파견(이사관) 2016년 국회입법조사처 사회문화조사실장 2018년 국회사무처 행정안전위원회 전문위원(현)

정세균(丁世均) Chung, Sye Kyun

(생)1950·9·26 (본)압해(押海) (출)전북 진안 (주)서울특별시 영등포구 의사당대로 1 국회 의원회관 718호(02-784-4410) (학)1969년 전주 신흥고졸 1975년 고려대 법과대 법학과졸 1985년 미국 뉴욕대 행정대학원졸 1990년 미국 페퍼다인대(Pepperdine Univ.) 대학원 경영학과졸(MBA) 2004년 경영학박사(경희대) 2014년 명예 정치학박사(전북대) (경)1973년 고려대 총학생회장 1978~1995년 쌍용그룹 입사·상무이사 1981년 대양장학회 이사장 1994년 미래농촌연구회 회장 1995년 민주당 진안·무주·장수지구당 위원장 1995년 새시대새정치연합청년회 전북도지부 회장 1996년 제15대 국회의원(전북 진안·무주·장수, 새정치국민회의) 1996~1998년 새정치국민회의 원내부총무 1996~1997년 同김대중총재 특보 1996~1999년 새시대새정치연합청년회 중앙회장 1998년 국민회의 원내수석부총무 1998년 同전북도지부장 직대 1998년 노사정위원회 간사 겸 상무위원장 1999~2002년 한국장애인사격연맹 회장 1999년 국민회의 제3정책조정위원장 1999~2000년 同'국민복지기본선 정책기획단'위원장 2000~2004년 제16대 국회의원(전북 진안·무주·장수, 새천년민주당·열린우리당) 2000년 새천년민주당 기획조정위원장 2000년 同전북도지부장 2002년 同재재정위원장 2002년 同국가비전21위원장 2002년 同정책위 의장 2003년 열린우리당 정책위 의장 2004~2005년 同전북도당 위원장 2004년 제17대 국회의원(진안·무주·장수·임실, 열린우리당·대통합민주신당·통합민주당) 2004년 국회 예산결산특별위원회 위원장 2005년 국회 운영위원장 2005~2006년 열린우리당 의장·원내대표 2006년 산업자원부 장관 2007년 열린우리당 의장 2007년 대통합민주신당 정동영대통령후보 중앙선거대책위원회 상임고문 2008년 제18대 국회의원(진안·무주·장수·임실, 통합민주당·민주당·민주통합당) 2008~2010년 민주당 대표최고위원 2008년 同당무위원 2010~2011년 同최고위원 2011년 同통합협상위원회 위원장 2011년 민주통합당 상임고문 2012년 제19대 국회의원(서울 종로, 민주통합당·민주당·새정치민주연합·더불어민주당) 2013년 국회 교육문화체육관광위원회 위원 2013년 민주당 상임고문 2013~2014년 국회 국가정보원개혁특별위원회 위원장 2014년 새정치민주연합 상임고문 2014년 同6.4지방선거대책위원회 공동위원장 2014년 국회 외교통일위원회 위원 2015년 새정치민주연합 유능한경제정당위원회 공동위원장 2015년 同가계부채특별위원회 고문 2015~2016·2018년 더불어민주당 상임고문(현) 2015~2016년 同유능한경제정당위원회 공동위원장 2016년 제20대 국회의원(서울 종로구, 더불어민주당·무소속〈2016.6〉·더불어민주당〈2018.7〉)(현) 2016~2018년 국회 의장 2016년 국회 신·재생에너지포럼 고문 2018년 국회 문화체육관광위원회 위원(현) 2018년 더불어민주당 중앙당후원회 후원회장(현) 2018년 한국·프랑스의원친선협회 회장(현) 2019년 더불어민주당 소재·부품·장비·인력발전특별위원회 위원장(현) (상)백봉신사상 대상(2005·2006), 백봉라용균선생기념회 백봉신사상 올해의 신사의원 베스트10(2009·2013·2017), 법률소비자연맹 대한민국법률대상(2014), 자랑스러운 경희인상(2017), 한국인터넷신문협회 정치부문 올해의 인물상(2017), 페루 대십자훈장(2017), 국민훈장 무궁화장(2018), '대한민국 위민 33인대상'의정혁신대상(2019), 자랑스러운 고대인상(2019), 세계한인교류협력 대상(2019) (저)'21세기 한국의 비전과 전략'(1999) '정세균이 바라보는 21세기 한국의 리더십'(2002, 나남) '나의 접시에는 먼지가 끼지 않는다'(2007, 다우) '질 좋은 성장과 희망 한국(대한민국의 미래 어떻게 준비할 것인가)'(2008, 백산서당) '정치 에너지'(2009, 후마니타스) '정치 에너지 2.0'(2011, 후마니타스) '99를 위한 분수경제'(2011, 다우) (종)기독교

정세영(丁世榮) Se-Young Choung

(생)1956·12·31 (본)나주(羅州) (출)서울 (주)서울특별시 동대문구 경희대로 26 경희대학교 약학대학 약학과(02-961-0372) (학)1975년 경복고졸 1980년 서울대 약학과졸 1982년 同대학원졸 1987년 약학박사(일본 도쿄대) (경)1988년 경희대 약학대학 조교수·부교수·교수(현) 1992년 한국환경독성학회 총무이사·기획이사·학술위원장 1992년 한국응용약물학회 국제협력간사·재무간사·총무간사·편집위원장·간사장·수석부회장·회장 1992년 환경독성학회 총무이사·기획이사·학술위원장·감사 1994년 환경부 자문교수 2002년 중앙약사심의위원회 위원(현) 1996~1998년 대한약학회 학술간사 2004·2008년 식품의약품안전청 식품위생심의위원회 위원 2004~2006년 同건강기능식품심의위원 2005~2007년 경희대 약학대학장 2007~2008년 대한약학회 부회장 2009년 식품의약품안전청 건강기능식품광고심의위원 2010~2012년 한국의약품법제학회 부회장 2011~2012년 대한약학회 회장 2011년 한국광고자율심의기구 광고분쟁조정위원 2014~2015년 대한약사회 약바로쓰기운동본부장 2014년 한국천연물의약품연구회 고문(현) 2015~2018년 한국약학교육평가원 원장 (상)과학기술처 우수논문상(1994·2000), 국제심포지움 올해의 최우수논문상(1999), 대한약사회 약사금탑상(2014) (저)'환경독성학'(2000) '위생화학'(2000) '독성학' '위생약학'(2001) '암! 이젠 걱정마라'(2003) '건강기능성 식품학'(2004) '건강기능식품'(2004) '활성산소와 질환(共)'(2004) '질환별로 본 건강기능식품학(共)'(2005) '건강기능식품 평가시험법'(2005) 'New Perspectives on Aloe'(2006) '독성학'(2008) 'MT 약학'(2008)

정세웅(鄭世雄) JUNG Se Woong

(생)1962·10·10 (주)경기도 용인시 기흥구 공세로 150-20 삼성SDI(주)(031-8006-3100) (학)1981년 중앙사대부고졸 1985년 서울대 전자공학과졸 1987년 한국과학기술원(KAIST) 전자공학과졸(석사) 1992년 전자공학박사(미국 콜로라도대) (경)1987년 C&B테크놀로지 연구원 1993년 삼성전자(주) 입사 1996년 同SOUND/LDI 수석연구원 2002년 同시스템LSI 홈플랫폼팀 연구위원(상무보), 同SOC연구소 H/P Solution팀장(상무보) 2005년 同SYS. LSI사업부 미디어개발팀장(상무보) 2008년 同디바이스솔루션총괄 시스템LSI 미디어플레이어팀 연구위원, 同시스템LSI 미디어개발팀장 2010년 同시스템LSI SOC개발실장(전무) 2010년 同반도체사업부 S.LSI담당 SOC개발실장(부사장) 2010년 同반도체사업부 S.LSI담당 전략마케팅팀장(부사장) 2014년 同반도체사업부 시스템LSI사업담당 파운드리사업팀장(부사장) 2015년 삼성SDI(주) 중대형전지사업부장(부사장) 2018년 同고문(현)

정세진(丁世鎭) Chung Se Jin

(생)1950·8·18 (본)나주(羅州) (출)서울 (주)서울특별시 영등포구 여의공원로 111 태영빌딩 10층 (주)태영인더스트리 비서실(02-2090-2620) (학)1969년 경복고졸 1979년 서울대 농업경제학과졸 (경)1980~1981년 태평양건설(주) 사우디아라비아 다란현장 자재과 근무 1981~1983년 同사우디아라비아 얀부현장 자재과 근무 1983~1986년 태영개발(주)기획실 근무 1986~1989년 (주)울산사이로 서울사무소 근무 1990~2007년 (주)태영인더스트리 기획 & 재무관리과 근무 2007~2010년 평택·당진항양곡부두(주) 대표이사 2010년 (주)태영인더스트리 대표이사 사장(현)

정세현(丁世鉉) JEONG Se Hyun (月谷·荒步)

(생)1945·5·7 (본)압해(押海) (출)중국 흑룡강성 (주)서울특별시 중구 장충단로 84 민주평화통일자문회의 사무처(02-2250-2300) (학)1964년 경기고졸 1971년 서울대 문리과대학 외교학과졸 1982년 정치학박사(서울대) (경)1977년 통일원 조사연구실 보좌관 1979년 同공산권연구관 1983년 同남북대화사무국 대화운영부장 1984년 同조사연구실 제2연구관 1986년 세종연구소 정치외교연구실장 1991년 민족통일연구원 부원장 1993~1996년 대통령 통일비서관 1996년 민족통일연구원 원장 1998~1999년 통일부 차관(11대) 2001년 국가정보원장 통일분야특별보좌역 2002~2004년 통일부 장관(29·30대) 2004~2007년 이화여대 사회과학대학 석좌교수 2004년 평화협력원 이사장(현) 2005~2009년 민족화해협력범국민협의회 대표상임의장 2006~2008년 대통령자문 통일고문회의 고문 2006~2016년 김대중평화센터 부이사장 2010~2014년 원광대 총장(11대) 2015~2017년 (사)한반도평화포럼 상임공동대표 2017년 한반도평화포럼 이사장(현) 2017년 한겨레통일문화재단 이사장(현) 2018년 통일TV 준비위원회 상임고문 2019년 통일TV 상임고문(현) 2019년 민주평화통일자문회의 수석부의장(장관급)(현) (상)문교부장관표창(1962), 국회의장표창(1968), 통일원장관표창(1978·1983), 청조근정훈장(2002), 한겨레통일문화상(2014) (저)'모택동의 국제정치사상'(1984, 형성사) '한반도의 통일전망(共)'(1986, 경남대 출판부) '남북한 통일정책 비교'(1990, 통일원) '정세현의 정세토크'(2010, 서해문집) '정세현의 통일토크'(2013, 서해문집) '정세현의 외교토크'(2016, 서해문집)

정세현(鄭世鉉) Jeong Sei Hyun (巨光)

(생)1954·1·8 (본)동래(東萊) (출)대구 (주)경기도 안양시 동안구 운곡로113번길 25 한국기술융합연구원 401호(010-3342-5157) (학)1972년 대구자연과학고졸 1979년 대구대 수학과졸 1982년 영남대 대학원 경영학과졸 1989년 연세대 대학원 공학과졸 2001년 경영학박사(가천대) 2006년 공학박사(국립창원대) 2014년 이학박사(대구대) 2017년 고려사이버대 기계제어공학·전기전자과학·상담심리학과졸, 군산대 건설기계공학과 석사과정 중 (경)한성디지털대 학생처장, 경남테크노파크 기계산업정보화사업단 시스템개발실장(3급 공무원 대우), 포스코건설 정보화담당 과장, 현대미포조선소 정보화담당 책임자, 한국산업기술평가원 전문위원, 한국경영기술컨설턴트협회 전문위원 2002~2007년 국립창원대 외래교수, 同경영대학원 겸임교수 2006년 열린우리당 경기도의회 의원 후보, 특허청 기술평가위원, 한국생산성본부 정보화사업부 전문위원, 중소기업청 정보화지도부 전문위원, 경기지방중소기업청 비즈니스 전문위원, 중앙선거대책위원회 행복한가정만들기운동본부 위원 2006년 (재)한국산업연구소 경영컨설팅사업본부장 2006~2018년 한국융합기술연구원 원장 2007~2010년 서울과학기술대 겸임교수 2008년 대구사이버대 겸임교수 2011~2017년 한국산업기술대 경영학부 교수 2012년 중국 연변과학기술대 겸임교수(현) 2017년 한국기술융합연구원 원장(현) (상)초고속통신망 원격강의시스템(국책사업) 성균관대총장 공로상(1997), 한국SI학회 우수사례논문(2002), 의왕시장표창(2011), 글로벌 자랑스런 한국인(2016) (저)'오피스 Plus 엑셀'(2001) '웹 정보시스템 총론'(2002) '상생 IT혁신 기반으로 한 성공적 SCM 구축 운영'(2010) 'Global e-SCM의 이해'(2017) (역)'열혈강의 Windows 2000 server'(2001) (종)천주교

정세현(鄭世現)

(생)1975·5·13 (주)경상북도 안동시 풍천면 도청대로 455 경상북도의회(054-880-5126) (학)경북 구미고졸, 한국외대 영어학과졸 (경)진솔학원 원장, 더불어민주당 중앙당 정책위원회 부위원장(현) 2018년 경북도의회 의원(더불어민주당)(현) 2018년 同의회운영위원회 위원(현) 2018년 同통합공항이전특별위원회 위원(현) 2018년 同정책위원회 위원(현) 2018년 同교육위원회 부위원장(현), 경북도 과학기술진흥위원회 위원(현)

정세희(鄭世熙·女) JEONG Se Hee

(생)1975·3·17 (출)광주 (주)세종특별자치시 도움5로 20 법제처 법령해석총괄과(044-200-6702) (학)광주살레시오여고졸, 전남대졸, 同대학원 법학과졸 (경)1998년 행정고시 합격(42회) 2000년 법제처 경제심판담당관실 사무관 2003년 同심판총괄과 사무관 2004년 同행정법제국 사무관 2006년 同정책홍보관리실 혁신인사기획관실 서기관 2008년 同행정법제국 서기관 2010년 同국민불편법령개폐팀 서기관 2012년 同행정법제국 법제관, 휴직 2017년 법제처 사회문화법제국 법제관 2018년 同법령해석총괄과장(현)

정소우(鄭小愚) CHUNG So Woo

(생)1958·8·15 (주)서울특별시 성북구 보문로34다길 2 성신여자대학교 인문과학대학 영어영문학과(02-920-7113) (학)1986년 한국외국어대 영어과졸 1989년 미국 워싱턴주립대 대학원 언어학과졸 1992년 언어학박사(미국 워싱턴주립대) (경)1993년 성신여대 인문과학대학 영어영문학과 교수(현) 2002~2004년 同인문과학연구소장 2004년 同영어영문학과장 2006년 同연구처장, 한국언어학회 출판이사, 한국언어정보학회 편집위원장, 담화인지언어학회 총무이사 2017~2018년 성신여대 인문과학대학장

정소운(鄭巢云·女) JEONG So Un

(생)1971·6·3 (출)서울 (주)서울특별시 종로구 세종대로 209 통일부 운영지원과(02-2100-5662) (학)1990년 덕원여고졸 1994년 서울대 영어영문학과졸 1996년 同행정대학원 정책학과졸 2005년 미국 하버드대 행정대학원(케네디스쿨)졸 (경)1995년 행정고시 합격(39회) 1997년 통일부 입부 2001

년 同통일정책실 정책기획과 행정사무관 2005년 同남북회담사무국 회담3과 행정사무관 2006년 同사회문화교류국 지원협력2팀장(서기관) 2007년 同사회문화교류본부 이산가족팀장 2007년 제17대 대통령직인수위원회 외교통일안보분과위원회 실무위원 2008년 대통령 통일비서관실 행정관 2009년 통일부 남북회담본부 회담2과장 2010년 同남북회담본부 회담1과장 2012년 同통일정책실 이산가족과장 2012년 同남북출입사무소 경의선운영과장 2012년 同정세분석국 경제사회분석과장 2014년 국무총리소속 6.25전쟁납북진상규명위원회 사무국 기획총괄과장(파견) 2015년 통일부 기획조정실 창조행정담당관 2016년 同통일준비위원회사무국 기획연구부장(부이사관) 2017~2018년 同기획조정실 기획재정담당관 2018년 고용휴직(현)

정 송(鄭 松) Chong Song

(생)1964 (출)서울 (주)대전광역시 유성구 대학로 291 한국과학기술원 전기및전자공학부(042-350-3473) (학)1983년 서울 여의도고졸 1988년 서울대 제어계측공학과졸 1990년 同대학원 제어계측공학과졸 1994년 전기·컴퓨터공학박사(미국 텍사스대 오스틴교) (경)1994~1996년 미국 AT&T Bell Laboratories 연구원 1996~2000년 서강대 전기공학과 조교수 2000년 한국과학기술원(KAIST) 전기 및 전자공학부 교수(현), 同정보통신기술(ICT) 석좌교수(현) 2019년 同인공지능(AI)대학원 사업총괄 2019년 同인공지능(AI)대학원 초대원장(현)

정송학(鄭松鶴) Jeong Song Hag

(생)1953·7·7 (본)나주(羅州) (출)전남 함평 (주)서울특별시 영등포구 국회대로76길 22 자유한국당 서울시당(02-704-2100) (학)1971년 조선대부고졸 1975년 조선대 법학과졸 2002년 서울대 행정대학원 국가정책과정 수료(54기) 2005년 고려대 경영대학원 최고경영자과정 수료(58기) 2007년 한양대 대학원 법학과졸 2008년 명예 행정학박사(세종대) 2009년 건국대 행정대학원 도시주택최고과정 수료 2010년 법학박사(한양대) 2014년 서울대 경영대학원 최고경영자과정 수료(77기) (경)1996년 코리아제록스(주) 서울·경기·강원총괄 이사 2000년 한국후지제록스(주) 수도권총괄 이사 2005년 同상무이사 2005년 후지제록스호남(주) 대표이사 사장, 전국정씨연합중앙회 부총재(현), (사)한중문화협회중앙회 부총재, 한국문예작가회 부회장(현) 2006~2010년 서울시 광진구청장(한나라당), 한국지방자치학회 이사 2010년 한양대 공공정책대학원 특임교수(현) 2010년 세종대 정책과학대학원 겸임교수 2011년 대통령소속 사회통합위원회 서울지역협의회 의장 2011년 전국시도민향우연합회 상임부총재(현) 2012~2013년 새누리당 서울광진甲당원협의회 운영위원장 2012년 제19대 국회의원선거 출마(서울 광진甲, 새누리당) 2012년 광진희망포럼 대표 2014~2015년 한국자산관리공사 상임감사 2014년 전국소년소녀가장돕기시민연합중앙회 공동대표회장(현) 2014년 (사)세계특공무술협회 명예총재 2014~2015년 (사)공공기관감사포럼 회장 2015년 (사)대한민국병역명문가회 중앙회장(현) 2016년 새누리당 서울광진구甲당원협의회 위원장 2016년 제20대 국회의원선거 출마(서울 광진구甲, 새누리당) 2017년 자유한국당 서울광진구甲당원협의회 운영위원장 2017년 조선대 정책대학원 초빙교수 2017년 기획재정부 예산성과금 심의위원(현) 2018년 국회출입기자클럽 명예회장(현) 2019년 자유한국당 서울광진구甲당원협의회 운영위원장(현) 2019년 同산업통상위원회 위원장(현) (상)President Club & Award(1999), 자랑스런 동문인상(2005·2006), 보건복지부장관표창(2006), 존경받는 대한민국 CEO대상(2007), 올해의 인물대상(2008), 몽골 항가리드메달(2010), 병역명문가상(2012), 대한민국을 이끄는 혁신리더 혁신CEO부문(2015·2016), 민주신문 한국인물대상(2015), 감사원장특별공로상(2015), 서울일보 서울문화대상(2015), 월간한국인 선정 대한민국 혁신 한국인&파워브랜드 대상(2017) (저)자전에세이 '열정은 시련도 녹인다'(2011) (종)천주교

정수성(鄭壽星) JUNG Soo Sung

(생)1946·1·2 (본)동래(東萊) (출)경북 경주 (학)1964년 경북고졸 (경)1966년 육군소위 임관(갑종 202기) 1966년 제27사단 77연대 수색2소대장 1967년 駐월남 9사단 29연대 10중대 소대장(전상) 1968년 제50보병사단 신병교육대대 소대장(교관) 1968년 同신교대 본부중대장 대리 1970년 同신교대 2교육중대장 1972년 제2보병사단 17연대 8중대장 1973년 同17연대 정보주임 대리 1975년 同17연대 작전주임 1976년 제1군사령부 인사처 인사통제장교 1979년 제21보병사단 인사참모 1980년 제21사단 수색대대장 1982년 육군종합행정학교 행정처장 1984년 제17보병사단 참모장 1986년 제17사단 제100연대장 1988년 육군본부 인사참모부 체육과장 1989년 同인사참모부 복지관리과장 1991년 수도군단 참모장(준장) 1993년 육군 인사참모부 근무처장(준장) 1995년 제55보병사단장(소장) 1997년 육군 보병학교장 1999년 수도군단장(중장) 2001년 제1군사령부 부사령관(중장) 2003~2005년 제1야전군사령관(대장) 2007년 한나라당 박근혜 전(前) 대표 안보특보 2009~2012년 제18대 국회의원(경주, 무소속·새누리당) 2009년 한국대만친선협회 이사 2009년 국회 행정안전위원회 위원 2009년 국회 독도영토수호대책특별위원회 위원 2010년 국회 세계박람회지원특별위원회 위원 2011년 국회 예산결산특별위원회 위원 2012~2016년 제19대 국회의원(경주, 새누리당) 2012년 국회 지식경제위원회 위원 2013년 국회 산업통상자원위원회 위원 2013년 국회 예산결산특별위원회 위원 2014~2015년 새누리당 경북도당 위원장 2014~2016년 국회 산업통상자원위원회 위원 2015~2016년 국회 윤리특별위원회 위원장 (상)인헌무공훈장(1967), 재구상(1973), 대통령표창(1981), 보국훈장 삼일장(1987), 보국훈장 천수장(1994), 보국훈장 국선장(2000), 미국 공로훈장(2005), 보국훈장 통일장(2005), 미합중국 공로훈장(2005), 법률소비자연맹선정 국회 헌정대상(2013), 대한민국재향군인회 향군대휘장(2013), 대한민국소비자대상 소비자입법부문(2013), 한국문화예술유권자총연합회 국정감사우수의원상(2013), 머니투데이 최우수법률상(2015), 한국산업대상 '창조경제산업대상'(2015), 연합매일신문 대한민국 인물대상(2015), 한국소비자협회 대한민국 소비자대상(2015), 컨슈머포스트 자랑스러운 대한민국대상(2015), 연합매일신문 국정감사 우수의원 대상(2015) (저)'외길인생, 그 40년을 넘어서며'(2008, 예전사) (종)불교

정수연

(생)1961·6·20 (주)경기도 수원시 영통구 삼성로 129 삼성전자(주) 무선사업부 글로벌제조센터(031-200-1114) (학)금오공고졸 1985년 영남공업전문대학 기계공학과졸 2003년 금오공대 산업시스템경영학과졸 (경)1980~1986년 대우전자(주) 근무, 삼성전자(주) 무선사업부 제조팀 부장 2007년 同무선사업부 제조팀장(상무보) 2008년 同무선사업부 Global제조팀 상무보 2009년 同무선사업부 한국제조팀장(상무) 2012년 同무선사업부 Global제조센터 한국제조팀장(전무) 2013년 同SEHZ법인장(전무) 2015년 同베트남법인장(전무) 2017년 同무선사업부 글로벌제조팀장(전무) 2017년 同무선사업부 글로벌제조센터장(부사장)(현)

정수열(鄭秀洌) CHUNG Soo Yeol (峻谷)

(생)1950·8·20 (본)초계(草溪) (출)전북 (주)경기도 수원시 영통구 매영로345번길 111 경기방송 임원실(031-210-0999) (학)1969년 동국대사대부고졸 1976년 경희대 신문방송학과졸 2000년 同대학원 신문방송학과졸 2013년 언론학박사(경희대) (경)1977년 MBC 라디오제작국 제작1부 PD 1982년 同라디오제작국 제작2부 PD 1984년 同편성국 라디오편성부 근무 1987년 同라디오제작국 제작2부 차장 1993년 同라디오편성부 부장대우 1995년 同제작2팀장 1996년 ABU프로그램콘테스트 심사위원 1997년 MBC 라디오편성기획팀장 1998년 同제작2부장 1998년 同제작1부장 1999년 同라디오국 위원 2000년 同라디오국 부국장 겸

라디오4CP 2001년 同라디오국 위원(부국장) 2004년 同라디오본부국장 2005년 MBC프로덕션 이사 · 사장 직대 2008~2010년 충주MBC 사장 2011년 극동대 언론홍보학과 석좌교수, 同언론홍보학과 초빙교수 2017년 同미디어예술대학 미디어홍보학과 초빙교수(현) 2019년 경기방송(KFM) 제작부문 사장(현) [상]ABU 특별상(1984), 한국방송대상 R연출상(1989) [역]'이렇게 스피치는 시작된다'(2014, 커뮤니케이션북스) [작]기획 · 제작 다큐멘터리 '격동50년' [종]기독교

정수용(鄭秀溶) CHUNG Soo Yong

[생]1950·1·31 [출]충북 충주 [주]서울특별시 서초구 서초대로19길 1 (사)한국유가공협회(02-584-3631) [학]1968년 경기고졸 1976년 서울대 경제학과졸 1984년 일본 一橋대 대학원 경제학부졸 1990년 同대학원 박사과정 수료 [경]1975~1980년 합동통신 외신부·사회부 기자 1981~1990년 산업연구원(KIET) 연구원 1990~1992년 한양유통 유통경제연구소 연구원 1992년 (주)빙그레 경영정보담당 이사 1994년 同상무이사 1995년 同중부사업본부장(상무) 1999년 同영업담당 상무 1999년 同생산본부장(전무) 2000~2008년 同대표이사 사장 2005년 (사)한국플라스틱리싸이클링협회 회장 2006~2008년 (사)한국플라스틱자원순환협회 회장 2008년 (주)빙그레 부회장 2013년 同고문 2015년 (사)한국유가공협회 회장(현) [상]KAIST 테크노경영자상(2004) [역]'유한계급론'

정수용(鄭秀鏞)

[생]1966 · 5 · 30 [주]서울특별시 성동구 강변북로 257 서울특별시 한강사업본부(02-3780-0704) [학]1991년 서강대 정치외교학과졸 1999년 미국 뉴욕주립대 대학원 정치학과졸 [경]1991년 행정고시 합격(35회) 1992년 행정사무관 임용 1999년 서울시 교통관리실 교통기획과 근무 2010년 同기획조정실 기획담당관 2012년 同기획조정실 정책기획관 직대 2014년 同경제진흥실 산업경제정책관 2014년 서울 금천구 부구청장 2017년 서울시 지역발전본부장 2019년 同한강사업본부장(현)

정수진(鄭琇眞 · 女)

[생]1969 · 10 · 5 [주]강원도 춘천시 중앙로 1 강원도의회(033-256-8035) [학]서강전문대학 산업디자인과졸 [경]민주동우지원단 강원도단장, 민주당 강원도당 조직2국장, 콩디자인 대표(현), 더불어민주당 강원도당 대외협력실장(현) 2018년 강원도의회 의원(비례대표, 더불어민주당)(현) 2018년 同농림수산위원회 위원(현)

정수현(鄭秀顯) Jung, Soo-Hyun

[생]1952·9·17 [출]서울 [주]서울특별시 서초구 헌릉로 12 현대자동차그룹 글로벌비즈니스센터(GBC)(02-3464-1114) [학]1969년 서울고졸 1973년 서울대 건축공학과졸 2005년 한국과학기술원(KAIST) 최고경영자과정(AIM) 23기 수료 2006년 서울대 대학원 건설산업최고전략과정(ACPMP) 3기 수료 [경]1975년 현대건설(주) 입사 1976년 同사우디아라비아 해군기지현장 근무 1979년 同미국 뉴저지지점 구매과장 1983년 同이라크 바그다드병원공사현장 근무 1984년 同사우디 리야드그룹A병원현장 근무 1988년 同주택사업본부 견적실장 1995년 同필리핀 마닐라법인 대표(이사대우) 1998년 同이사 2002년 同상무 2004년 同건축사업본부부본부장(전무) 2006~2009년 同건축사업본부장(부사장) 2009년 현대종합설계 부회장 2011년 현대엠코(주) 건축본부장(부사장) 2011년 同대표이사 사장 2011년 현대건설(주) 총괄 사장 2012~2018년 同대표이사 사장 2017년 대한건설협회 회원부회장 2018년 현대자동차그룹 글로벌비즈니스센터(GBC) 상근고문(현) [상]금탑산업훈장(2011), 자랑스런 서울대 공대동문상(2012), 자랑스러운 ROTCian(2012), 한국경제신문 건설부문 '대학생이 뽑은 올해의 최고경영자(CEO)'(2014)

정수현(鄭壽鉉) CHUNG Soo Hyon

[생]1956 · 2 · 1 [출]전북 남원 [주]경기도 용인시 처인구 명지로 116 명지대학교 예술체육대학 바둑학과(031-330-6256) [학]한양대 영어영문학과졸, 고려대 교육대학원 교육학과졸, 교육학박사(고려대) [경]1973년 프로바둑 입단 1974년 2단 승단 1977년 3단 승단 1977년 국수전 본선(통산7회) 1978년 4단 승단 1979년 국기전 본선(통산7회) 1981년 박카스배 본선 1984년 최고위전 · 패왕전 본선 1985년 패왕전 · 대왕전 본선 1986년 제1기 신왕전 우승 1986년 대왕전 · 박카스배 본선 1987년 대왕전 · 박카스배 본선 1988년 6단 승단 1988년 국수전 · 왕위전 · 국수전 본선 1989년 국수전 · 대왕전 본선 1990년 바둑왕전 · 왕위전 · 패왕전 · 바둑왕전 본선 1991년 박카스배 · 대왕전 · 바둑왕전 · 왕위전 본선 1992년 박카스배 · 왕위전 · 기성전 본선 1993년 제2기 연승바둑최강전 준우승 1993년 국기전 · 왕위전 본선 1994년 대왕전 · 연승바둑최강전 본선 1994년 8단 승단 1995년 제6기 비씨카드배 · 바둑왕전 · 최고위전 · 테크론배 본선 1996년 테크론배 · 바둑왕전 · 최고위전 본선 1997년 9단 승단(현) 1997년 명지대 체육학부 바둑학과정 겸임교수 1998년 同바둑학과 부교수 · 교수(현) 1999년 KBS바둑왕전 준우승 2004년 맥심배 입신최강전 8강 2005년 잭필드배 프로시니어기전 본선 2006 · 2007년 한국바둑리그 한게임 감독 2010~2015년 한국바둑학회 회장 [상]연승바둑최강전 준우승(1993), KBS 바둑왕전 준우승(1999), 국민체육진흥공단 이사장표창(2018) [저]'정수포석법'(1989) '바둑해프닝극장' '반상의 파노라마'(1997) '고급바둑전술' '인생과 바둑'(2002) '바둑읽는 CEO'(2009) '교양바둑입문' '바둑학개론'

정수화(鄭壽和) JEONG, Soo Hoa

[생]1968 · 5 [주]경기도 평택시 진위면 엘지로 222 LG전자 소재 · 생산기술원 장비기술센터(031-610-5181) [학]경북대 전자과졸, 同대학원 전자과졸, 미국 일리노이대 어배나 샴페인교 대학원 MBA [경]1987년 금성사 금성생기원 창원분소 입사 2006년 LG전자 생산기술원 노광기술팀장 2010년 同생산기술원 생산기반기술연구실장 2012년 同생산기술원 공정기술연구실장(상무) 2015년 同생산기술원 공정 · 검사장비ED담당 상무 2016년 同생산기술원 장비그룹장 겸 공정장비ED담당 상무 2018년 同생산기술원 장비그룹장 겸 공정장비개발담당 부사장 2018년 同생산기술원 장비그룹장(부사장) 2019년 同소재 · 생산기술원 장비기술센터장(부사장)(현)

정순관(鄭淳官) Chung, Soon-Gwan

[생]1958 · 1 · 2 [출]전남 순천 [주]전라남도 순천시 중앙로 255 순천대학교 행정학과(061-750-3711) [학]광주 동신고졸 1983년 전남대 행정학과졸 1985년 서울대 행정대학원 행정학과졸 1992년 행정학박사(전남대) [경]1992~1998년 광주전남발전연구원 연구조정부장 1998~2011년 순천대 행정학과 전임강사 · 조교수 · 부교수 2001~2002년 순천대 대학발전연구팀원(부처장) 2004~2005년 대통령자문 지방교육행정제도개선특별위원회 위원 2004~2006년 순천시 공직자윤리위원회 위원 2004~2009년 광주전남지방자치학회 회장 2005년 행정자치부 지방행정혁신 평가위원 2005년 서울행정학회 부회장 2005~2006년 대통령소속 지방이양추진위원회 위원 2005~2007년 한국거버넌스학회 편집위원장 2005~2007년 전국시장군수구청장협의회 정책자문위원 2005~2011년 전남도 여성정책심의위원회 위원 2006년 행정자치부 지방자치단체 혁신브랜드사업 지도자문위원 2006~2008년 순천대 지역개발연구소장 2007~2009년 전국시도의회의장협의회 정책자문위원회 부위원장 2007~2010년 순천대 공공서비스혁신연구센터장 2008년 한국거버넌스학회 회장 2008~2009년 대통령소속 지방분권촉진위원회 실무위원 2008~2009년 행정안전부 정책자문위원회 지역발전분과 위원 2009년 기획재

정부 공공기관장 경영계획서 이행실적 평가위원 2009~2010년 순천대 교무처장 2009~2015년 전남도 분쟁조정위원회 위원 2010년 순천대 총장 직무대리 2010~2011년 대통령소속 사회통합위원회 지방선거제도 소위원 2010~2011년 교육과학기술부 지방과학기술진흥자문위원회 위원 2011~2017 · 2019년 순천대 행정학과 교수(현) 2011~2013년 보건복지부 지정 전남사회서비스투자사업단장 2012년 한국행정학회 전략부회장 2012~2013년 대통령소속 지방분권촉진위원회 실무위원 2012~2013년 전국시도지사협의회 지방분권특별위원회 위원 2012~2016년 전남도 교육공무원 인사위원회 위원 2013년 한국정책학회 부회장 2013~2017년 전남도교육청 행정심판위원회 위원 2013~2015년 대통령소속 지방자치발전위원회 자문위원 2013~2015년 전남지방경찰청 민간징계위원회 위원 2014년 민선6기 전남도지사직무 인수위원 2014~2015년 한국지방자치학회 회장 2014~2016년 국무총리실 행정협의조정위원회 위원 2014~2016년 전남도 정책자문위원회 인재육성분과 위원 2014~2016년 순천시 용역과제심의위원장 2014~2016년 전남도 지방분권추진협의회 위원장 2015년 대통령소속 지방자치발전위원회 제2기 민간위원 2017년 同위원장(장관급) 2018~2019년 대통령소속 자치분권위원회 위원장(장관급) (상)홍조근정훈장(2007) (저)'지역혁신과 지역발전의 동인-전라남도를 중심으로-(共)'(2007, 정문사) '지역사회서비스혁신산업 사례집(共)'(2008, 전남지역사회서비스혁신센터)

정순균(鄭順均) Jung Soon Kyun

(생)1951 · 10 · 25 (본)경주(慶州) (출)전남 순천 (주)서울특별시 강남구 학동로 426 강남구청(02-3423-5001) (학)1971년 서울 경희고졸 1979년 고려대 정치외교학과졸 2005년 경희대 언론정보대학원 언론학과졸 (경)1978년 중앙일보 기자 1994년 同사회부 차장 1995년 同정치부 차장 1996년 同전국부 수도권팀장 1997년 同체육부장 1999년 同기획취재담당 부국장 2000년 同사회담당 부국장 2002년 새천년민주당 한화갑고문 특보 2002년 同노무현 대통령후보 언론특보 2002~2003년 제16대 대통령직인수위원회 인수위원 겸 대변인 2003년 국정홍보처 차장 2004~2005년 국정홍보처장 2005~2006년 경희대 아태국제대학원 객원교수 2006~2008년 한국방송광고공사 사장 2012년 민주통합당 제18대 문재인 대통령후보 언론특보단장 2017년 더불어민주당 제19대 문재인 대통령후보 언론고문 2018년 서울시 강남구청장(더불어민주당)(현) (상)한국기자상, 한국신문상 (저)'우리 교육 이대로 좋은가'(共) '아들아' (종)기독교

정순남(鄭順南) JUNG Soon Nam (여양)

(생)1961 · 10 · 27 (본)진주(晋州) (출)전남 나주 (주)서울특별시 서초구 바우뫼로37길 37 산업기술진흥협회회관 8층 한국전지산업협회(02-3461-9406) (학)1979년 광주 살레시오고졸 1983년 전남대 법과대학 행정학과졸 1999년 미국 위스콘신대 대학원 정책학과졸 2011년 경영학박사(중앙대) (경)1983년 행정고시 합격(26회) 1989년 전남도 도로관리사업소 관리과장 1990년 무역위원회 조사총괄과 · 불공정수출입조사과 사무관 1992년 상공부 상역국 무역정책과 사무관 1995년 통상산업부 지방중소기업과 사무관 1997년 교육 파견(미국 위스콘신대) 1999년 통상산업부 지방중소기업과 서기관 1999년 전남도 파견 2001년 산업자원부 시장관리과장(서기관) 2001년 KEDO 미국 뉴욕사무소 파견 2004년 산업자원부 지역산업진흥과장 2006년 同무역정책팀장 2008년 대통령자문 국가균형발전위원회 지역경제국장 2009년 지식경제부 지역경제정책관 2010년 同정책기획관 2011~2013년 전남도 경제부지사 2013~2015년 목포대 경영학과 교수 2015년 나주시 투자유치자문관 2015~2017년 한국도시가스협회 상근부회장 2017년 한국전지산업협회 상근부회장(현) (상)산업포장(2007)

정순덕(鄭順德) CHUNG Soon Duk

(생)1935 · 11 · 5 (본)진양(晋陽) (출)경남 통영 (학)1956년 통영고졸 1960년 육군사관학교졸(16기) 1974년 육군대학졸 1978년 국방대학원졸 1985년 연세대 경영대학원 수료 (경)1974년 육군대학 교관 1975년 사단 작전참모 1978년 보병 연대장 1980년 군단 참모장 1981년 예편(육군 준장) 1981년 제11대 국회의원(전국구, 민주정의당) 1981년 국회 재무위원회 간사·세법심의 소위원장 1982년 同금융심의 소위원장 1982~1984년 대통령 정무제1수석비서관 1985년 제12대 국회의원(충무·통영·거제·고성, 민주정의당) 1985년 민주정의당(민정당) 사무총장 1985년 同국책조정위원회 상근위원 1986년 同중앙집행위원 1988년 同경남지부 위원장 1988년 제13대 국회의원(충무·통영·고성, 민정당·민자당) 1988~1990년 국회 재무위원장 1988년 민정당 중앙집행위원 1990년 민주자유당 당무위원 1990년 同사무총장 1991년 한국·폴란드친선협회 회장 1992년 제14대 국회의원(충무·통영·고성, 민자당·신한국당) 1995년 민자당 중앙상무위 의장 1995년 국회 예결특별위원회 위원장 (상)화랑무공훈장, 보국훈장 삼일장(1979), 황조근정훈장(1985)

정순문

(생)1961 · 11 · 16 (주)경기도 화성시 삼성전자로 1 삼성전자(주) 반도체연구소 Logic TD팀(031-209-7114) (학)1984년 한양대 재료공학과졸 1986년 同대학원 재료공학과졸 1996년 재료공학박사(미국 플로리다대) (경)삼성전자(주) 반도체사업부 TD팀 수석 2007년 同메모리사업부 차세대연구팀 연구위원 2008년 同시스템LSI사업부 TD팀 연구위원 2012년 同시스템LSI사업부 Foundry사업팀 연구위원(전무) 2013년 同시스템LSI사업부 제조센터 전무, 同시스템LSI Foundry사업팀 연구위원(전무) 2017년 同반도체연구소 부사장 2019년 同반도체연구소 Logic TD팀장(현)

정순섭(鄭順燮) JUNG Sun Seop

(생)1964 · 5 · 25 (본)해주(海州) (주)서울특별시 관악구 관악로 1 서울대학교 법학전문대학원(02-880-2605) (학)1983년 진해고졸 1987년 서울대 법과대학 법학과졸 2002년 법학박사(호주 멜버른대) (경)2002~2003년 서울대 법학연구소 선임연구원 2006~2007년 홍익대 법학과 조교수 2007~2017년 서울대 법과대학 조교수·부교수·교수 2008년 同법학전문대학원 교수(현) 2007년 한국증권학회 이사 2009년 한국금융투자협회(KOFIA) 공익이사 2011년 한국거래소 시장감시위원회 위원 2012년 서울대 기획처 부처장 2013년 한국씨티금융지주 사외이사 2013년 한국금융소비자학회 부회장 2013~2015년 한국씨티은행 사외이사 2013년 금융감독원 금융감독연구편집위원 2013년 한국은행법학회 부회장 2013년 금융위원회 금융발전심의회 금융서비스분과 위원 2015년 同금융개혁회의 위원 2015~2018년 同비상임위원 2018년 한국금융정보학회 회장(현) 2018년 한국금융소비자학회 회장(현) 2018년 한국거래소 사외이사(현) (상)한국증권업협회 '올해의 증권인상'(2007), 대한민국증권대상 특별공로상(2009) (저)'자본시장법(共)'(2009·2010·2013) '인터넷과 법률 III(共)'(2010) '은행법'(2017)

정순신(鄭淳信)

(생)1966 · 6 · 6 (출)부산 (주)경상남도 창원시 성산구 창이대로 669 창원지방검찰청 차장검사실(055-239-4322) (학)1985년 부산 대동고졸 1989년 서울대 공법학과졸 (경)1995년 사법시험 합격(37회) 1998년 사법연수원 수료(27기) 1998년 변호사 개업 2001년 부산지검 동부지청 검사 2003년 창원지검 통영지청 검사 2005년 서울서부지검 검사 2008년 인천지검 검사 2010년 서울중앙지검 부부장검사 2011년 대검찰청 연구관 2012년 전주지검 남원지청장 2013년 의정부지검 형사5부장 2014년

인천지검 특수부장 2015년 서울서부지검 형사4부장 2016~2017년 서울중앙지검 형사7부장 2017년 '박근혜-최순실 게이트' 특별수사본부 부공보관 2017년 대전지검 홍성지청장 2018년 서울중앙지검 인권감독관 2019년 창원지검 차장검사(현)

정순애(鄭順愛 · 女)

(생)1955 · 12 · 3 (주)광주광역시 서구 내방로 111 광주광역시의회(062-613-5044) (학)광주여상졸, 호남대 신문방송학과졸, 同대학원 관광학 석사과정 수료 (경)열린우리당 광주시당 교육연수위원, 同광주서구甲지역위원회 여성위원장, 국민생활체육 전국배구연합회 이사, 同광주서구배구연합회 회장 2006년 광주시 서구의원선거 출마, 민주당 광주시당 부위원장 2014년 광주시 서구의회 의원(비례대표, 새정치민주연합 · 더불어민주당) 2014년 同운영위원장 2016년 더불어민주당 광주시당 여성위원장(현) 2018년 광주시의회 의원(더불어민주당)(현) 2018년 광주시의회 교육문화위원회 부위원장(현)

정순영(鄭珣永) JUNG Soon Young (末江 · 島村)

(생)1949 · 7 · 16 (본)연일(延日) (출)경남 하동 (학)1971년 중앙대 국어국문학과졸 1976년 건국대 대학원 국문학과졸 2002년 명예 문학박사(몽골국립대) (경)1976~1986년 경남간호전문대 · 마산대 · 진주여자전문대 · 동명전문대 교수 1976년 국제펜클럽 회원(현) 1981~1985년 평통 자문위원 1986년 부산전문대 부학장 1990~1998년 同학장 1998~2000년 부산안전실천시민연합 공동대표 1998~2000년 부산정보대학 학장 1999년 부산시인협회 회장 1999~2005년 민주평통 자문위원 2000년 부산시인협회 자문위원 · 고문(현) 2000~2003년 동명정보대 총장 2001~2009년 국제펜클럽 한국본부 부산위원회 회장 2002년 한국카바디연맹 초대회장 2002년 부산지역인재개발원 원장 2004년 청소년부산스포츠클럽 운영위원장, 동주대학 석좌교수 2007~2009년 사학분쟁조정위원회 위원, 토지문학제 추진위원장 2009년 국제펜클럽 한국본부 부산위원회 명예회장(현) 2010~2013년 조선대 이사 2010~2012 · 2014~2016년 한국자유문인협회 회장 2011~2014년 세종대 석좌교수 2013년 국제펜클럽 한국본부 부이사장 · 자문위원(현) 2018년 서울시인협회 부회장(현) 2019년 경기시인협회 부이사장(현) (상)국민포장(1992), 부산문학상, 부산시인협회상, 봉생문화상(1995), 옥조근정훈장(2000), 여산문학상(2014), 한국시학상(2016) (저)시집 '시는 꽃인가'(1975) '꽃이고 싶은 단장'(1976) '아름다운 사랑은 차라리 슬픔의 인연이어라'(1979) '조선징소리'(1981) '침묵보다 더 낮은 목소리'(1990) '잡은 손을 놓으며'(2009) '사랑'(2014) '4인시'(2016) '4인시집'(2018) (종)기독교

정순영(鄭淳泳) JEONG Soon Young

(생)1959 · 2 · 21 (출)전남 곡성 (주)대전광역시 유성구 유성대로1689번길 70 국가수리과학연구소(042-717-5701) (학)1982년 서울대 수학교육학과졸 1984년 同대학원졸 1989년 수학박사(서울대) (경)덕성여대 교수 1996~2018년 서강대 자연과학부 수학과 교수 2007년 한국과학재단 기초연구단 수리과학전문위원 2007년 同창의단장 2009~2011년 서강대 교무처장 2013년 同자연과학부 학장 2018년 기초과학연구원(IBS) 부설 국가수리과학연구소장(현)

정순오(鄭淳午)

(생)1962 (출)전남 강진 (주)광주광역시 서구 상무민주로6번길 31 서광주세무서(062-380-5200) (학)광주공업고졸, 조선대 경영학과졸 (경)1993년 세무공무원 임용 1993년 전북 정읍세무서 근무 2007년 광주지방국세청 운영지원과 근무 2009년 同운영지원과장(사무관) 2011년 전남 순천세무서 부가가치세과장 2013년 광주지방국세청 조사1국 조사1과장 2014년 同조사1국 조사1과장(서기관) 2014년 同조사1국 조사관리과장 2015년 전남 여수세무서장 2016년 북광주세무서장 2017년 전남 나주세무서장 2018년 서광주세무서장(현)

정순욱(鄭淳旭) (空心)

(생)1965 · 12 · 1 (출)경남 창원 (주)경상남도 함양군 함양읍 고운로 161-41 함양소방서(055-960-9201) (학)1984년 마산중앙고졸 1992년 동아대 행정학과졸 (경)1997~2002년 진해소방서 소방과 · 방호과 근무 2002~2004년 경남도 소방본부 방호구조과 근무 2004~2007년 거창소방서 소방행정과 근무 2007~2009년 경남도 소방본부 소방행정과 근무 2009~2013년 거창소방서 소방행정과 · 예방대응과 근무 2014~2016년 경남도 소방본부 소방행정과 근무 2016년 경남 밀양소방서장 2017년 경남 산청소방서장 2018년 경남 함양소방서장(현)

정순임(鄭順任 · 女)

(생)1972 · 12 · 20 (주)서울특별시 영등포구 의사당대로 1 국회예산정책처 기획관리관실(02-788-3763) (학)경북대 행정학과졸, 서울대 대학원 보건학과졸, 행정학박사(미국 텍사스주립대) (경)1996년 입법고시 합격(14회), 국회사무처 법제예산실 법제1과 입법조사관 2002년 同보건복지위원회 입법조사관 2003년 同행정자치위원회 입법조사관 2009년 同국회운영위원회 입법조사관 2012년 부이사관 승진 2013년 국회사무처 외교통상통일위원회 입법조사관 2015년 同국회운영위원회 입법심의관 2016년 同보건복지위원회 전문위원 2016년 이사관 승진 2018년 국회사무처 교육문화체육관광위원회 전문위원, 同교육위원회 전문위원 2019년 국회예산정책처 기획관리관(현)

정순천(鄭順天 · 女) Jung Soon Chun

(생)1961·2·2 (출)경북 청도 (주)대구광역시 북구 복현로 35 영진전문대학(053-940-5114) (학)2010년 경북대 정책정보대학원 사회복지학과졸, 행정학박사(영남대) (경)대구수성경찰서 청소년지도위원장 2005년 달구벌종합스포츠센터 관장 2006년 전석장애인스포츠센터 소장, 법무부 법사랑위원, 同범죄예방대구경북협의회 보호관찰분과 부위원장(현), 대구수성경찰서 청소년지도위원회 고문(현) 2006·2010년 대구시의회 의원(한나라당·새누리당), 대구시 결산검사위원 2011년 대구시의회 조례정비특별위원장 2012년 同건설환경위원장, 同예산결산특별위원장, 새누리당 전국여성지방의원협의회 공동대표, 同대구여성정치아카데미총동창회장 2013년 영진전문대학 사회복지과 겸임교수(현) 2014~2016년 대구시의회 의원(새누리당) 2014년 同경제교통위원회 위원 2014~2016년 同부의장 2014~2016년 同윤리특별위원회 위원 2014~2016년 同경제환경위원회 위원 2017년 성균관 인성교육원 대구연수원장(현) 2019년 자유한국당 대구수성구甲당원협의회 조직위원장(현) 2019년 남녀동수포럼 공동대표(현) 2019년 대경경제성장포럼 대표(현) (상)대구지검장표창(1996), 대구지방경찰청장표창(1997), 대구시장표창(2001), 여성부장관표창, 자랑스런 수성구민상(2003), 자랑스런 불자상(2004), 행정자치부장관표창(2005), 대구보호관찰소장표창(2007), 제23회 대구사회복지대회 복지지원부문 대상(2014), 한국청소년신문사 의정봉사대상(2014) (종)불교

정순평(丁淳平) JUNG Soon Pyeong

(생)1958 · 2 · 18 (본)나주(羅州) (출)충남 천안 (주)충청남도 천안시 서북구 새말3길 16 충무병원 별관 1층 충남핸드볼협회(041-553-2552) (학)1981년 고려대 정치외교학과졸 2000년 同정책대학원 경제학과졸 (경)해병대 중대장, 국회사무처 입법보좌관 1995 · 1998년 충남도의회 의원(자유민주연합)

ㅈ

2000년 同행정자치위원장 2000~2002년 충남도체육회 이사 2000~2006년 모닥불봉사회 감사 2001~2006년 충남핸드볼협회 고문 2003~2005년 천안해병전우회 회장 2006~2010년 충남도의회 의원(한나라당) 2006~2008년 同운영위원장 2010년 同의장 2010년 공주대 행정학과 객원교수 2010~2013년 한국폴리텍Ⅳ대학 학장 2014년 충남핸드볼협회 회장(현) 2016년 제20대 국회의원선거 출마(충남 천안시丙, 국민의당) [종]불교

정승도(鄭承燾) JUNG Seung Do

[생]1961 · 3 · 16 [출]전남 함평 [주]세종특별자치시 한누리대로 499 인사혁신처 정보화담당관실(044-201-8160) [학]광주 살레시오고졸, 전남대 계산통계학과졸 [경]2006년 행정자치부 정보자원관리팀 기술서기관 2007년 자치정보화조합 파견 2009년 행정안전부 광주정부통합전산센터 보안관리과장 2010년 同정부통합전산센터 보안관리과장 2013년 안전행정부 정부통합전산센터 보안통신과장 2014년 인사혁신처 기획조정관실 정보통계담당관 2015년 同기획조정관실 정보화담당관(서기관) 2017년 同기획조정관실 정보화담당관(부이사관)(현)

정승렬(鄭勝列) JEONG Seung Ryul

[생]1962·10·22 [본]하동(河東) [출]대구 [주]서울특별시 성북구 정릉로 77 국민대학교 기획부총장실(02-910-4568) [학]1981년 영남고졸 1985년 서강대 경제학과졸 1989년 미국 위스콘신대 대학원 경영정보학과졸 1995년 경영정보학박사(미국 사우스캐롤라이나대) [경]1995년 삼성SDS 컨설팅사업부 책임컨설턴트 1997~2007년 국민대 정보관리학부 전임강사·조교수·부교수 2008년 同경영대학 경영정보학부 교수(현), 同비즈니스IT전문대학원 교수(현) 2001년 국무조정실 국가정보화사업 및 중앙행정기관 정보화수준평가위원 2001년 농림부 정보·통계심의위원 2005년 외교통상부 외교정보화추진분과 위원 2005년 한국정보시스템학회지 편집위원 2005년 한국데이터베이스학회 이사 2006년 국세청 국세행정정보화 자문위원 2008~2009년 국민대 비즈니스IT전문대학원장, 해양경찰청 정보화예산사업평가위원장, 한국은행 정보화예산사업평가위원장, 2009~2011·2014년 국민대 대외교류처장 2014~2016년 同국제교류처장 2016~2017년 (사)한국인터넷정보학회 회장 2016년 국민대 기획처장 2017년 同기획부총장(현) [상]정보화유공 국무총리표창(2006) [저]'비즈니스 프로세스'(2018)

정승면(鄭承冕) JEONG Seung Myeon

[생]1967 · 4 · 17 [출]대구 [주]서울특별시 서초구 법원로2길 20 동구빌딩 301호 정승면법률사무소(02-595-5600) [학]1985년 대구 덕원고졸 1989년 고려대 법학과졸 [경]1994년 사법시험 합격(36회) 1997년 사법연수원 수료(26기) 1997년 인천지검 검사 2000년 창원지검 밀양지청 검사 2002년 수원지검 검사 2005년 법무부 검찰국 검사 2006년 同형사법제과 검사 2007년 서울중앙지검 검사 2008년 대통령 민정2비서관실 행정관 2009년 수원지검 부부장검사 2010년 대구지검 서부지청 부장검사 2011년 대전지검 공안부장 2012년 대구지검 공안부장 2013년 법무부 법무과장 2014년 同법무심의관 2015년 서울중앙지검 형사6부장 2016년 부산지검 형사1부장 2017년 대구지검 김천지청장 2018년 대구고검 검사 2018년 변호사 개업(현)

정승석(鄭承碩) JUNG Seung Suk

[생]1955 · 8 · 3 [본]경주(慶州) [출]전남 완도 [주]서울특별시 중구 필동로1길 30 동국대학교 불교대학 인도철학과(02-2260-8701) [학]1978년 동국대 인도철학과졸 1980년 同대학원 인도철학과졸 1991년 철학박사(동국대) [경]1986~1992년 전남대 · 동국대 · 성화대 · 서울대 · 서강대 대학원 강사 1992~2003년 동국대 불교대학 전임강사 · 조교수 · 부교수 1995~1998년 同불교대학원 학부장 2001년 인도철학회 편집위원장 2002년 동국대 불교문화연구원 간사 2003년 同불교대학 인도철학과 교수(현) 2005년 (사)한국교수불자연합회 부회장 2013~2015년 동국대 불교대학원장 겸 불교대학장 2014~2018년 인도철학회 회장 2015~2016년 동국대 일반대학원장 2015년 同불교학술원장(현) [저]'불교강좌 100문100답'(1989, 대원정사) '인도의 이원론과 불교'(1992, 민족사) '인간을 생각하는 다섯가지 주제'(1996, 대원정사) '차한잔을 마시며 나누는 불교교리'(1998, 민족사) '윤회의 자아와 무아'(1999, 장경각) '본대로 느낀대로 인도기행'(2000, 민족사) '법화경-민중의 흙에서 핀 연꽃'(2004, 사계절출판사) '고려대장경의 연구(共)'(2006, 동국대 출판부) '왕초보 법화경 박사 되다'(2009, 민족사) '버리고 비우고 낮추기'(2013, 민족사) [역]'대승불교개설'(1983) '생명의 연꽃, 법화경의 세계'(1983) '불교의 정치철학'(1987) '불교철학의 정수'(1989) '유식의 구조'(1989) '딴뜨라불교 입문'(1991) '요가수트라 주석'(2010) [종]불교

정승열(鄭承烈)

[생]1961 · 7 · 4 [출]전북 정읍 [주]강원도 원주시 건강로 32 국민건강보험공단(033-736-1035) [학]1980년 전라고졸 1987년 전북대 전산통계학과졸 1999년 연세대 대학원 전자계산학과졸 2011년 경영학박사(한양대) [경]1987~2009년 국민건강보험공단 총무 · 정보관리 · 기획조정실 부장 2009~2010년 同건강관리실장 2010~2012년 同금천 · 춘천 지사장 2014~2015년 同급여관리실장 2015~2016년 同양천지사장 2017년 同빅데이터실장 2018년 同정보화본부장 2019년 同징수상임이사(현) [상]보건복지부장관표창(1996 · 2005), 대통령표창(2009)

정승용(鄭承用) JUNG Seung Yong

[생]1962 · 11 · 10 [출]강원 춘천 [주]인천광역시 남동구 예술로152번길 9 인천지방경찰청 제1부장실(032-455-2221) [학]1981년 춘천고졸 1985년 경찰대 법학과졸(1기) [경]1985년 경위 임관 1997년 경정 임관 2004년 인천지방경찰청 경비경호계장 2006년 충북지방경찰청 정보통신담당관(경정) 2007년 충북 단양경찰서장(총경) 2008년 충남지방경찰청 생활안전과장 2009년 인천 계양경찰서장 2009년 인천지방경찰청 홍보담당관 2010년 인천 강화경찰서장 2011년 인천지방경찰청 생활안전과장 2011년 同수사과장 2013년 인천 남동경찰서장 2014년 인천지방경찰청 보안과장 2014년 경기 부천원미경찰서장(경무관) 2016년 전북지방경찰청 제2부장 2017년 인천지방경찰청 제2부장 2018년 인천국제공항경찰단장 2019년 인천지방경찰청 제1부장(현)

정승용(鄭昇溶) JEONG Seung Yong

[생]1964 · 9 · 26 [주]서울특별시 종로구 대학로 101 서울대학교병원 대장항문외과(02-2072-7303) [학]1989년 서울대 의대졸 1999년 同대학원 의학석사 2001년 의학박사(서울대) [경]1989~1994년 서울대병원 인턴 · 일반외과 레지던트 1994~1997년 軍의관 2000년 서울대병원 일반외과 전임의 2000년 국립암센터 부속병원 암예방검진센터장 2001년 同연구소 암예방조기검진연구과장 2003년 同부속병원 대장암센터장 2004년 미국 Memorial Sloan-Kettering Cancer Center 연수 2005년 국립암센터 연구소 대장암연구과 책임연구원 2005년 同부속병원 대장암센터장 2007년 同연구소 이행성임상제1연구부 대장암연구과장 2008년 서울대 의대 외과학교실 교수(현) 2011~2016년 서울대암병원 대장암센터장 2014~2016년 서울대 의과대학 교육부학장 겸 의학교육실장 2015~2016년 同암연구소장 2016년 서울대병원 기획조정실장 2019년 同진료부원장(현) [상]미국대장외과학회 학술상(2002)

정승원(鄭丞媛 · 女) Seung-Won Jeong

(생)1964 · 9 · 17 (본)영일(迎日) (출)대구 (주)대구광역시 달서구 장산남로 30 대구가정법원(053-570-1500) (학)1983년 선일여고졸 1987년 서울대 법대졸 1989년 同대학원 법학과 수료 (경)1988년 사법시험 합격(30회) 1991년 사법연수원 수료(20기) 1991년 수원지법 판사 1994년 서울민사지법 판사 1995년 청주지법 제천지원 판사 1996년 청주지법 판사 1998년 서울지법 판사 2000년 同북부지원 판사 2003년 서울고법 판사 2005년 서울가정법원 판사 2006년 同부장판사 2011년 수원지법 부장판사 2015년 서울가정법원 부장판사 2018년 대구가정법원 부장판사(현)

정승인(鄭勝仁) JUNG Seoung In

(생)1958 · 6 · 13 (출)부산 (주)서울특별시 중구 청계천로 100 시그니처타워 5층 (주)코리아세븐 임원실(02-3284-8001) (학)부산 동아고졸, 고려대 경영학과졸 (경)1987년 롯데그룹 기획조정실 근무 1993년 롯데백화점 기획실 근무 1998년 同판촉팀 근무 2002년 同인천점장 2007년 同기획부문장 2008~2011년 同마케팅부문장 2011년 롯데쇼핑(주) 롯데마트 디지털사업본부장 2013~2014년 同롯데마트 마케팅부문장(전무) 2014년 (주)코리아세븐 대표이사 전무 2017년 同대표이사 부사장(현)

정승일(鄭升一) CHEONG Seung Il

(생)1965 · 7 · 27 (본)하동(河東) (출)서울 (주)세종특별자치시 한누리대로 402 산업통상자원부 차관실(044-203-5001) (학)1984년 경성고졸 1988년 서울대 경영학과졸 1991년 同경영대학원졸(재무관리전공) (경)1989년 행정고시 합격(33회) 1989년 기아경제연구소 연구원 1990년 동력자원부 법무담당관실 사무관 1992년 同에너지지도과 사무관 1992년 同장관비서관 1993년 상공자원부 북방통상과 사무관 1995년 통상산업부 미주통상과 사무관 1997년 駐미국대사관 상무관 1998년 대통령 비서실장실 행정관 2000년 駐영국대사관 상무관 2004년 산업자원부 방사성폐기물과장 2006년 同반도체전기과장 2006년 同반도체디스플레이팀장 2007년 同가스산업팀장 2008년 지식경제부 장관비서관(서기관) 2008년 同장관비서관(부이사관) 2009년 同운영지원과장 2010년 同외국인투자지원센터 종합행정지원실장 2011년 同우정사업본부 예금사업단장(고위공무원) 2012년 同에너지산업정책관 2013년 산업통상자원부 에너지자원실 에너지산업정책관 2014년 미국 교육파견(고위공무원) 2015년 산업통상자원부 통상교섭실 자유무역협정정책관 2016년 同무역투자실장 2016년 同에너지자원실장 2018년 한국가스공사 사장 2018년 산업통상자원부 차관(현) (상)근정포장(2006), 홍조근정훈장(2013) (종)기독교

정승조(鄭承兆) Jung Seung Jo

(생)1953 · 12 · 29 (출)전북 정읍 (주)서울특별시 영등포구 여의대로 24 한미동맹재단(070-7755-0075) (학)부안 백산고졸, 육군사관학교 수석졸업(32기), 육군대학졸, 연세대 대학원졸 (경)합동참모본부 합동작전과장 2001년 제3공수여단장 2002년 한미연합사령부 기획참모부 차장 2003년 제3군사령부 작전처장 2004년 육군 1사단장(소장) 2005년 자이툰부대(이라크 평화재건사단) 제2대 사단장 2006년 합동참모본부 민심부장 2007년 국방부 정책기획관 2008년 2군단장(중장) 2009년 육군사관학교장(중장) 2009년 제1야전군사령관(대장) 2010년 한미연합사령부 부사령관(대장) 2011~2013년 합참의장 겸 통합방위본부장(대장) 2014년 미국 워싱턴 전략국제문제연구소(CSIS) 고위정책연구원 2017년 한미동맹재단 회장(현) 2017년 육군사관학교 석좌교수(현) (상)터키군 최고 공로훈장(2013), 미국 육군대학원(Army War College) '명예의 전당(Hall of Fame)' 헌정(2014) (종)천주교

정승종(鄭承宗) Jeong seung jong

(생)1968 · 6 · 1 (본)해주(海州) (출)전남 목포 (주)서울특별시 종로구 율곡로2길 25 연합뉴스 영상마케팅부(02-398-3114) (학)1987년 목포고졸 1992년 중앙대 행정학과졸 (경)1995~1998년 시사저널 근무 2003~2011년 한국경제TV 근무 2011년 연합뉴스 입사 2018년 同TV마케팅부장 2018년 同영상마케팅부장(현)

정승현(丁勝鉉) JUNG Sung Hyon

(생)1945 · 10 · 20 (출)전북 김제 (주)전라북도 전주시 완산구 기린대로 100 천주교 전주교구청(063-230-1004) (학)1969년 광주가톨릭대 신학과졸 1975년 同대학원 신학과졸 (경)1974~1979년 천주교 전주교구(전동성당 · 중앙성당) 신부 · 사목국장 1985~1988년 페루 차차뽀야스교구 선교사 1989~1990년 로마 교황청 전교원조회 한국지부 총무 1990~1994년 전북 익산 성글라라수녀원 신부 1994~2001년 천주교 전주교구 신부 2001~2004년 한국천주교주교회의 교리교육위원회 총무 2004~2006년 천주교 전주교구 장계성당 주임신부 2006~2011년 광주가톨릭대 총장 2011~2015년 천주교 전주교구 가톨릭신학원 교수 2016년 同전주교구 원로사목자(현) (종)천주교

정승현(鄭昇鉉) Chung Seung Hyun

(생)1956 · 5 · 25 (출)서울 (주)서울특별시 용산구 한강대로 100 BBDO코리아 임원실(02-3449-9000) (학)1975년 한성고졸 1982년 홍익대 시각디자인학과졸 2000년 同대학원 광고홍보학졸 (경)해태제과 · 오리콤 · 바른기획 · 제이월터톰슨코리아 근무, (주)동방커뮤니케이션즈 상무이사 2000년 同전무이사 2001년 JWT애드벤처 제작본부장 · 전무 2004~2008년 同대표이사 사장 2008년 BBDO코리아 대표이사 사장(현) (상)서울팩스타상(1983), 클리오 파이널리스트(1993)

정승현(鄭承賢) JEONG Seung Hyun

(생)1966 · 9 · 22 (본)하동(河東) (출)전남 무안 (주)경기도 수원시 팔달구 효원로 1 경기도의회(031-8008-7000) (학)광주 동신고졸 2003년 연세대 행정대학원 지방자치및도시행정학과졸 (경)제15 · 16대 국회의원 비서관 겸 보좌관, 민주당 창원甲지구당 사무차장, 새정치국민회의 안산甲지구당 총무부장, 새천년민주당 안산상록甲지구당 사무차장 2006 · 2010년 경기 안산시의회 의원(열린우리당 · 민주당 · 민주통합당 · 민주당 · 새정치민주연합) 2008년 同경제사회위원장, 同예산결산특별위원장 2010년 同기획행정위원장 2012 · 2013년 同예산결산특별위원회 위원 2014~2018년 경기 안산시의회 의원(새정치민주연합 · 더불어민주당) 2016~2018년 同부의장 2018년 경기도의회 의원(더불어민주당)(현) 2018년 同기획재정위원회 부위원장(현) (상)메니페스토 365 한국본부 의정대상(2018) (종)기독교

정승화(鄭承和) Joung seung hwa

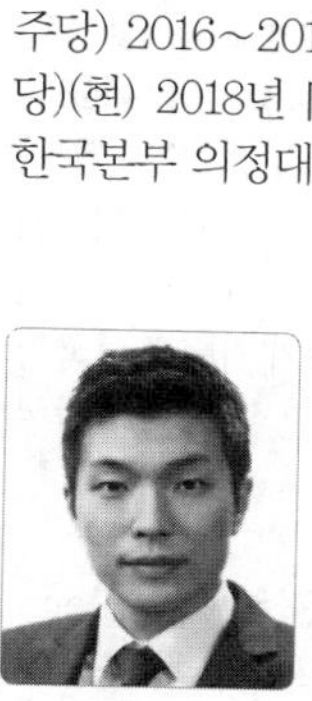

(생)1980 · 12 · 18 (본)동래(東萊) (출)서울 (주)세종특별자치시 갈매로 408 정부세종청사 14-2동 교육부 디지털소통팀(044-203-6820) (학)1999년 단국대사대부고졸 2007년 한국외국어대 신문방송학과졸 2009년 同대학원 신문방송학과졸 2018년 신문방송학박사(한국외국어대) (경)2008~2010년 교육과학기술부 사무관 2011년 청와대 홍보수석실 행정관 2015년 농림축산식품부 온라인대변인 2016년 교육부 홍보지원팀장 겸임 2016년 同부대변인 2018년 同국민소통지원팀장(서기관) 2018년 同디지털소통팀장(현) (상)핵안보정상회의 유공 표창(2012), 우수 정책 아이디어 표창(2012) (종)기독교

정승환(鄭承桓) CHUNG Seung Hwan

(생)1941·8·20 (본)진주(晋州) (출)경남 진주 (주)서울특별시 서초구 효령로46길 5 한불바이오(주) 회장실(02-421-7266) (학)1960년 진주고졸 1965년 중앙대 법정대학 정치외교학과졸 1967년 고려대 경영대학원 수료 (경)1968년 진양무역상사 창립·대표 1978년 한불약품(주) 설립·대표이사 1980~1987년 한국의약품수입도매협회 회장 1993년 한국의약품수출입협회 이사 1996년 同부회장 1996~2000년 보건복지부 중앙약사심의위원 1998~2015년 한불제약(주) 대표이사 회장 1998~2002년 보건복지부 의료보험약사심사위원 1998~2002년 민주평통 자문위원 1999년 한국의약품수출입협회 수석부회장 2003~2006년 同회장 2003~2016년 복지법인 석문복지재단 이사장 2007년 스트립의약품 상임고문(현) 2016년 한불바이오(주) 회장(현) (상)국민훈장 동백장(2005) (종)천주교

정승환(鄭承煥) CHUNG Seung Hwan

(생)1963·5·23 (출)경남 진주 (주)서울특별시 강남구 봉은사로 429 위즈코프(주)(02-2007-0300) (학)1983년 진주 대아고졸 1988년 서울대 경영학과졸 (경)한화종합금융(주) 근무, 한화투자신탁운용(주) 근무 1999년 (주)골드상호신용금고 상무이사, 와이비파트너스(주) 상무이사 2004년 위즈정보기술(주) 부사장 2004년 同대표이사 사장 2004년 同부회장 2005~2014년 同대표이사 회장 2010~2016년 코스닥협회 감사 2014년 위즈코프(주) 대표이사 회장(현) 2016년 코스닥협회 이사 2018년 同부회장(현)

정승환(鄭丞桓) CHONG Seung Hwan

(생)1977·5·22 (주)서울특별시 영등포구 의사당대로 1 국회예산정책처 예산분석실 예산분석총괄과(02-788-3769) (학)전북 동암고졸, 서울대 경영학과졸 (경)2001년 입법고시 합격(17회) 2001년 국회사무처 예산정책국 예산정책1과 예산분석관(사무관) 2002년 同예산결산특별위원회 입법조사관 2006년 同기획재정위원회 입법조사관(서기관) 2008년 同정무위원회 입법조사관 2009~2011년 同국제국 의회외교정책과 의회외교정책1담당·의전과 의전행사담당 2011년 同국제국 구주과장 2011년 同국방위원회 입법조사관 2013년 同홍보기획관실 미디어담당관 2015년 서울시 국회협력관(부이사관) 2016년 국회사무처 법제실 법제연구과장 2016년 국외교육 파견 2018년 국회예산정책처 예산분석실 예산분석총괄과장(현)

정승훈(鄭承熏) JUNG Seung Hun

(생)1963·3·2 (출)강원 춘천 (주)서울특별시 종로구 와룡공원길 20 통일부 남북회담본부(02-2076-1084) (학)1981년 청주고졸 1988년 연세대 정치외교학과졸 1995년 서울대 행정대학원졸 2002년 미국 존스홉킨스대 국제대학원졸 (경)2002년 통일부 교류협력국 교역과장 2004년 同사회문화교류국 이산가족과장 2007년 同통일교육원 지원관리팀장 2008년 同남북회담본부 회담3과장 2009년 휴직 2014년 통일부 기획조정실 기획재정담당관(부이사관) 2015년 同남북회담본부 회담1과장 2016년 同통일교육원 교수부장(고위공무원) 2016년 同공동체기반조성국장(고위공무원) 2017~2019년 同정세분석국장 2019년 同남북회담본부장(현) (상)근정포장(2002)

정승희(鄭承姬·女) CHUNG Seung Hee

(생)1945·1·30 (주)서울특별시 서초구 남부순환로 2374 한국예술종합학교 무용원(02-746-9000) (학)1967년 이화여대 무용학과졸 1970년 同대학원 무용학과졸 1991년 무용학박사(단국대) (경)1972~1993년 상명여대 교수 1987년 88서울예술단 운영위원 1988년 대한무용학회 회장 1989년 국가무형문화재 제27호 승무 이수자(현) 1991~1993년 상명여대 자연과학대학장 1996~2010년 한국예술종합학교 무용원 실기과 교수 2007~2009년 同무용원장 2013년 同무용원 명예교수(현) 2016년 대한민국예술원 회원(연극영화무용분과·현) (상)제2회 동아무용콩쿨 금상(동아일보)(1965), 86아시안게임식전문화행사 대통령표창(1986), 한국문화예술교육진흥원 무용교육위원 공로상(2009), 홍조근정훈장(2010), 무용예술가상(2014), 춤예술교육상(2016), 제5회 한성준예술상(2019) (저)'서양무용사'(1981, 보진재) '무용이론과 춤추기'(1989, 행림출판) '정승희와 함께 배우는 한국무용'(2001, 재외동포재단) '한성준-한영숙류 전통춤 살풀이 춤'(2007, 민속원) '한성준-한영숙류 전통춤 태평무'(2010, 민속원) '한성준-한영숙류 전통춤 승무'(2010, 민속원) (작)창작활동 '심청' '열반' '고독의심연' '꽃보라', '만다라' '고로초롬만 살았으면 싶어라' '불의딸' '네 영혼이(백화)' '청실홍실' '무천' '아제아제 바라아제', 뮤지컬 '춘향전' '양반전' '학이여 그리움이여' '달빛을 삼키면서' '새벽에 관음이 찾아오다' '달밟다아-혼불1' '물위에 쓴 시' 'Images-비천사신무' 등 (종)불교

정시채(丁時采) JEONG Si Chae (肯塘)

(생)1936·4·5 (본)압해(押海) (출)전남 진도 (주)전라남도 무안군 청계면 영산로 1807-65 사회복지법인 에덴원(061-454-7992) (학)1954년 목포고졸 1958년 전남대 법과대학졸 1968년 同대학원졸 1976년 서울대 행정대학원 수료 1985년 행정학박사(건국대) (경)1961년 고시행정과 합격(13회) 1967년 광주경찰서장 1969년 전남 무안군수 1970년 광주시장 1974년 경기도 북부출장소장 1976년 내무부 소방국장 1978년 同감사관 1980년 전남도 부지사 1981년 제11대 국회의원(전국구, 민주정의당) 1983년 민주정의당(민정당) 원내부총무 1985년 제12대 국회의원(해남·진도, 민정당) 1985년 민정당 원내수석부 총무 1985년 남북국회회담 대표 1986년 국회 예산결산특별위원장 1988년 민정당 해남·진도지구당 위원장 1989년 농촌문제연구소 이사장 1992년 제14대 국회의원(전국구, 민자당·신한국당) 1992년 국회 농림수산위원장 1993년 민자당 해남·진도지구당 위원장 1994년 同전남도지부장 1994년 同당무위원 1996년 신한국당 전남도지부장 1996년 同해남·진도지구당 위원장 1996~1997년 농림부 장관 1997~1999년 한나라당 해남·진도지구당 위원장 1999년 同당무위원 1999~2003년 초당대 총장 2002~2012년 전남사회복지협의회 회장, 사회복지법인 에덴원 이사장(현) (상)홍조근정훈장, 청조근정훈장 (저)'한국관료제도사' '한국행정제도사'(1986) '나의 삶 나의 생각' '저 높은 곳을 향하여' (종)기독교

정식원(鄭植元)

(출)경남 창녕 (주)대구광역시 수성구 무학로 227 대구지방경찰청 경비교통과(053-804-7021) (학)대구고졸 1988년 경찰대졸(4기), 경북대 수사과학대학원졸 (경)1999년 대구달서경찰서 방범과장 2000년 대구중부경찰서 방범과장 2002년 대구남부경찰서 방범과장 2003년 대구지방경찰청 기획계장 2008년 同생활질서계장 2009년 경북지방경찰청 생활안전과장(총경) 2010년 경북 성주경찰서장, 대구지방경찰청 생활안전과장 2012년 경북 경주경찰서장 2013년 대구지방경찰청 홍보담당관 2014년 대구남부경찰서장 2015년 대구지방경찰청 여성청소년과장 2016년 대구동부경찰서장 2017년 경북지방경찰청 112종합상황실장 2019년 대구지방경찰청 경비교통과장(현) (상)대통령표창(2005)

정 신(鄭 信) JUNG Shin

(생)1962·2·25 (주)전라남도 화순군 화순읍 서양로 322 화순전남대병원 원장실(061-379-7666) (학)1986년 전남대 의대졸 1989년 同대학원졸 1993년 의학박사(전남대) (경)1991~1993년 광주기독병원 신경외과 과장 1993년 전남대 의대 신경외과학교실 전임강사·조교수·부교수·교수(현) 1995

년 일본 大阪시립대 뇌기저부수술 단기연수 1996~1998년 캐나다 토론토대 뇌종양분자생물학연구소 연구원 1999년 대한암학회 편집위원 1999년 대한신경외과학회지 편집위원 1999년 대한뇌농양학회 상임이사 1999년 대한두개저외과학회 상임이사 2001년 미국 신경외과학회 종양분과 상임위원 2008~2010년 전남대병원 교육연구실장 2010년 대한신경외과학회 상임이사 2010년 전남대병원 기획실장 2011년 화순전남대병원 진료처장, 同신경외과장 2011~2012년 화순노인전문병원 수탁사업단장 2011~2013년 JCI재인증추진본부장 2011년 대한감마나이프방사선수술학회 회장 2012년 연구중심병원지정사업추진단 단장 2012년 AOCMF 아시아태평양 신경외과분야 교육위원(현) 2013년 제15차 세계신경외과학회(WFNS) 대회진행위원회 공동위원장 2013년 화순전남대병원장 직무대행 2013년 수술중신경감시연구회 이사 2014년 대한두개저외과학회 회장 2017년 대한뇌종양학회 회장 2017년 대한신경외과학회 이사 2018년 화순전남대병원장(현) (상)대한뇌종양학회 정기학술대회 최우수논문상(1990 · 2000 · 2004), 대한신경외과학회 추계학술대회 이헌제학술상(2000), 대한신경외과학회 추계학술대회 심보성학술상(2003 · 2005 · 2007), 전남대병원 임상의학연구소 결과보고서 우수논문상(2006), 서봉의학상(2008), 대한신경외과학회 우수포스터학술상(2012 · 2013)

정안식

(생)1959 · 8 · 27 (주)세종특별자치시 정부2청사로 13 행정안전부 중앙민방위경보통제센터(044-205-4380) (학)1982년 인하대 전자공학과졸 (경)1991년 내무부 기획과 근무 1995년 同방재과 · 재해대책과 근무 2004년 행정자치부 민방위기획과 근무 2008년 소방방재청 민방위과 경보계장 2009년 同통합망사업팀장 2014년 同정보화담당관실 근무 2014년 同민방위과 중앙민방위경보통제소장 2014년 同안전정책실 중앙민방위경보통제센터장 2016년 同안전정책실 긴급신고전화통합추진단장 2017년 同비상대비정책국 중앙민방위경보통제센터장(부이사관) 2017년 행정안전부 재난안전관리본부 비상대비정책국 중앙민방위경보통제센터장(현) (상)대통령표창(1993), 소방방재청장표창(2012)

정양모(鄭良謨) CHUNG Yang Mo (笑軒)

(생)1934 · 1 · 12 (본)동래(東萊) (출)서울 (주)서울특별시 용산구 임정로 26 백범김구기념관 관장실(02-799-3400) (학)1954년 경복고졸 1958년 서울대 문리대 사학과졸 2001년 명예 미술학박사(경기대) 2019년 명예 미술사학박사(명지대) (경)1958년 공군사관학교 교관 1962년 국립중앙박물관 근무 1973~1984년 국립경주박물관 관장 1975년 국립중앙박물관 수석학예연구관 1976년 서울대 강사 1979~1986년 국립중앙박물관 학예연구실장 1981년 한국고고미술연구소 이사장 1985 · 2003년 문화재청 문화재위원 1988년 한국미술사학회 회장 1993~1999년 국립중앙박물관 관장 1993년 문화재위원회 박물관분과위원장 1997년 숙명여대 대학원 공예과 겸임교수 1999년 한국미술발전연구소 소장 2000년 경기대 예술감정대학원 석좌교수 2000년 삼성문화재단 이사 2001년 경기도박물관 운영자문위원장 2003~2005년 문화재위원회 위원장 2003년 同박물관분과위원장 2003년 국립중앙박물관 운영자문위원장 2005년 문화재청 국보심의분과위원 2005년 일민문화재단 이사 2005년 연세대 국학연구원 객원교수 2005년 문화재위원회 국보지정분과위원, 백범김구기념관 관장(현) (상)홍조근정훈장, 황조근정훈장, 대통령표창, 은관문화훈장(2005), 자랑스런 박물관인상 원로부문(2008) (저)'한국의 불교회화(共)'(1970, 국립중앙박물관) '한국미술전집'(1975, 동화출판공사) '분청사기(감수)'(1978, 중앙일보사) '한국백자도요지(共)'(1986, 한국정신문화연구원) '한국의 도자기'(1991, 문예출판사) '국보(共)'(1998, 예경) '너그러움과 해학'(1998, 학고재) '고려청자'(1998, 대원사) '한국의 美(共)'(2007, 돌베개)

정양석(鄭亮碩) CHEONG Yang Seog

(생)1958 · 11 · 25 (본)하동(河東) (출)전남 보성 (주)서울특별시 영등포구 의사당대로 1 국회 의원회관 520호(02-784-5260) (학)1976년 광주 살레시오고졸 1980년 전남대 문리대학졸 1991년 서강대 공공정책대학원 국제관계통상외교학과졸 (경)1991년 민자당 인사부장 · 청년부장 · 의원부장, 신한국당 청년부국장 1996년 국회 정책연구위원 2000년 한나라당 의원국장 2002년 同제16대 대선 유세기획단장 2003년 同기획조정국장 2004년 同제17대 총선 기획단장 2005년 同부대변인 겸 사무처 전략기획위원회 상근위원, 同수석부대변인, 同사무처 동북아연구회 회장 2005년 국회 과학기술정보통신위원회 수석전문위원 2005년 한나라당 혁신위원회 위원, 同서울강북甲당원협의회 운영위원장, 제3기 한나라당 칼럼진(필명 : 큰바위얼굴) 2008년 제18대 국회의원(서울 강북구甲, 한나라당 · 새누리당) 2008~2009년 한나라당 원내부대표 2008년 국회 아시아문화외교포럼 책임연구위원 2008년 국회 공기업관련대책특별위원회 위원 2009~2010년 한나라당 대표비서실장 2010년 국회 기획재정위원회 위원 2010~2012년 한나라당 서울시당 윤리위원장 2012~2016년 새누리당 서울강북구甲당원협의회 운영위원장 2012년 제19대 국회의원선거 출마(서울 강북구甲, 새누리당) 2012~2014년 새누리당 중앙연수원장 2014~2015년 同제2사무부총장 2014~2015년 同조직강화특별위원회 위원 2016년 제20대 국회의원(서울 강북구甲, 새누리당 · 바른정당〈2017.1〉 · 자유한국당〈2017.11〉)(현) 2016년 국회 대법관(김재형)인사청문특별위원회 간사 2016년 국회 외교통일위원회 위원 2016~2017년 국회 남북관계개선특별위원회 간사 2016년 국회 운영위원회 위원 2017년 바른정당 원내수석부대표 2017년 국회 운영위원회 간사 2017년 바른정당 제19대 유승민 대통령후보 중앙선거대책위원회 홍보본부 공동본부장 2017년 국회 외교통일위원회 간사 2017년 바른정당 민생특별위원회20 소상공인특별위원장 2017년 국회 정치개혁특별위원회 간사 2017~2018년 국회 외교통일위원회 위원 2017년 자유한국당 정책위원회 부의장(현) 2017년 同정책혁신위원회 총괄간사(현) 2018년 同6.13전국지방선거공약개발단 중앙핵심공약개발단 산하 외교안보혁신단장 2018년 국회 외교통일위원회 간사 2018년 자유한국당 원내수석부대표(현) 2018년 同국가미래비전특별위원회 위원(현) 2019년 국회 운영위원회 간사(현) 2019년 국회 외교통일위원회 위원(현) (종)기독교

정양호(鄭徖鎬) CHUNG Yang Ho

(생)1961 · 12 · 22 (본)청주(淸州) (출)경북 안동 (주)대구광역시 동구 첨단로8길 32 한국산업기술평가관리원(053-718-8001) (학)1979년 안동고졸 1985년 서울대 경제학과졸 1987년 同행정대학원 수료 1996년 경제학박사(미국 서던일리노이대) (경)1984년 행정고시 합격(28회) 1985년 총무처 근무 1986~1991년 상공부 산업정책과 · 중소기업정책과 사무관 1992년 미국 유학 1996년 통상산업부 산업정책과 사무관 1997~2000년 산업자원부 미주협력과 · 산업정책과 서기관 2000년 미국 워싱턴주정부 파견 2002년 산업자원부 행정법무담당관 2003년 同디자인브랜드과장 2004년 同생물화학산업과장 2007년 同총무팀장 2008년 대통령직속 국가경쟁력강화위원회 투자촉진팀장(파견) 2009년 국방대 교육파견(일반직고위공무원) 2010년 지식경제부 전기위원회 사무국장 2011년 同산업기술정책관 2012~2013년 同기후변화에너지자원개발정책관 2013년 산업통상자원부 에너지자원정책관(국장) 2013년 새누리당 수석전문위원 2014~2016년 산업통상자원부 에너지자원실장 2016~2017년 조달청장 2019년 한국산업기술평가관리원 원장(현) (상)대통령표창(1996), 홍조근정훈장(2015) (저)'Benefit and Distance Functions'(共) 'Productivity and Undesirable Outputs'

정여천(鄭余泉) JEONG Yeo Cheon

(생)1959·4·3 (주)세종특별자치시 시청대로 370 대외경제정책연구원 러시아·유라시아팀(044-414-1062) (학)1984년 연세대 경제학과졸 1988년 독일 튀빙겐대 대학원 경제학과졸 1992년 경제학박사(독일 뮌헨대) (경)1989~1990년 독일 뮌헨대 경제학부 부설 동구경제사회연구소 연구원 1992~1993년 연세대·한양대 강사 1993·1999년 대외경제정책연구원 연구원·지역정보센터 러시아동구실장·지역경제실 연구위원 및 유럽팀장 1998년 한독경상학회 총무이사, 대외경제정책연구원 부원장 2014년 同러시아·유라시아팀 선임연구위원(현)

정연구(鄭然求) JEONG Yeon Koo

(생)1966·10·10 (주)경상북도 구미시 대학로 61 금오공과대학교 화학소재융합공학부(054-478-7631) (학)1988년 서울대 도시공학과졸 1990년 한국과학기술원(KAIST) 석사 1995년 공학박사(한국과학기술원) (경)1990~1994년 한국과학기술원(KAIST) 토목공학과 교육조교 1995~1996년 한국건설기술연구원 환경연구실 위촉연구원 1996년 금오공대 토목공학과 전임강사 1998년 同공간사회환경공학부 조교수·부교수 2004~2017년 同토목환경공학부 환경공학전공 교수 2010년 同토목환경공학부장 2017년 同산학협력단장·산학협력교육원장·산학융합사업단장·연구본부장·인적자원개발센터장·KIT융합기술원장 겸임 2017년 同화학소재융합공학부 환경공학전공 교수(현) 2018년 同산학협력단장 겸 산학융합사업단장(현)

정연덕(鄭然德) Jeong Yeon Deok (園湖·東村)

(생)1942·12·7 (본)영일(迎日) (출)충북 충주 (주)서울특별시 마포구 월드컵북로9길 18 남평빌딩 3층 한국시문학문인회(02-323-2227) (학)1964년 홍익대 국어국문학과·청주대 경제학과졸 1982년 고려대 교육대학원졸 (경)1976년 '시문학'에 '작은 고향'으로 시인 등단, 과천시문인협회 회장, 죽순·세계시 동인, 홍익문인회 부회장, 중원문학 주간, 내륙문학·남북시 동인, 충북 청풍중고·충주농공고·음성고·서울 신사중 교사, 서울 경수중 교감, 교육부 장학사, 同국제교육진흥원 한국문화담당 교수, 한강중 교감, 용산중 교장 2001~2009년 (사)한국현대시인협회 부이사장·지도위원, 한국시문학문인회 회장 2007년 同명예회장 겸 전문위원(현), '시현장' 발행인 겸 주간, 한강포럼 회원, 한국고서연구회 이사 2014년 국제PEN클럽 한국본부남북교류위원(현) 2014년 한국문인협회 문학사료발굴위원회 위원(현) 2018년 국원시학 발행인 겸 주간(현) (상)목련문화예술상(1980), 오늘의 스승상(1987), 율목문학상(1993), 홍익문학상(1996), 한국예총 예술문화상 공로상(1999), 시문학상(2002), 홍조근정훈장(2005), 한국글사랑문학상(2006) (저)'우리고장의 세시풍속'(1993) '자하신위의 시세계' (역)'달래강'(1978) '박달재'(1881) '망종일기'(1987) '달빛타기'(1990) '풀꽃은 일요일이 없다'(1993) '겨울새는 잠을 깬다'(1998) '흘러가는 산'(2001) '풀꽃들의 변주'(2002) '곱사등이 춤꾼'(2004, 영역시집) '샤론의 꽃바람'(2009) (종)기독교

정연두(鄭然斗) Jeong Yeondoo

(생)1966·3·7 (주)서울특별시 종로구 사직로8길 60 외교부 인사운영팀(02-2100-7141) (학)1989년 연세대 정치외교학과졸 1991년 同행정대학원 외교안보학과졸 (경)1991년 외무고시 합격(25회) 1991년 외무부 입부 1998년 駐일본 2등서기관 2002년 駐스리랑카 1등서기관 2004년 대통령비서실 파견 2006년 駐미국 참사관 2008년 외교통상부 장관보좌관 2009년 同북핵정책과장 2011년 국제원자력기구 안전조치실 비확산전문관 2014년 駐오스트리아 공사 2017년 외교부 장관특별보좌관 2017년 同북핵외교기획단장 2019년 同본부근무(국장급)(현)

정연만(鄭然萬) JEONG Yeon Man

(생)1959·3·25 (본)영일(迎日) (출)경남 산청 (주)서울특별시 마포구 마포대로 20 불교방송 비서실(02-705-5205) (학)1979년 진주고졸 1983년 서울대 사회교육학과졸 1988년 同대학원졸 2000년 미국 위스콘신대 대학원졸 (경)1994년 환경처 수질보전국 수질정책과 서기관 1995년 환경부 법무담당관 1995년 국무총리행정조정실 파견 1996년 환경공무원교육원 기획과장 1997년 환경부 대기보전국 대기관리과장 1998년 국외 훈련 2000년 환경부 환경정책국 환경평가과장 2000년 同환경정책국 국토환경보전과장 2001년 同수질보전국 수질정책과장(부이사관) 2001년 同총무과장 2002년 지속가능발전위원회 파견 2004년 환경부 수질보전국장 2005년 同수질보전국장(이사관) 2005년 미국 델라웨어대 파견 2006년 환경부 홍보관리관 2007년 금강유역환경청장 2008년 환경부 자원순환국장 2009년 同자연보전국장 2011년 同기획조정실장 2013~2016년 同차관 2014~2015년 국무총리산하 경제·인문사회연구회 비상임이사 2016년 불교방송(BBS) 경영자문위원(현) 2017년 대한불교조계종 중앙신도회 부회장(현) (상)대통령표창(1992), 조계종 불자대상(2015) (종)불교

정연복(鄭錬福) JUNG Yon Bok

(생)1966·4·18 (출)경남 진주 (주)서울특별시 강남구 테헤란로 317 동훈타워 법무법인(유) 대륙아주(02-3016-5241) (학)1984년 진주 대아고졸 1988년 서울대 법학과졸 1991년 同대학원 법학과졸 (경)1990년 사법시험 합격(32회) 1993년 사법연수원 수료(22기) 1993년 수원지검 성남지청 검사 1995년 대구지검 안동지청 검사 1997년 청주지검 검사 1999년 서울지검 검사 2002년 인천지검 검사 2005년 대구지검 부부장검사 2006년 광주고검 검사 2007년 청주지검 부장검사 2008년 사법연수원 교수 2010년 수원지검 성남지청 부장검사 2011년 인천지검 형사3부장 2012년 의정부지검 형사1부장 2013년 서울고검 검사 2013년 변호사 개업 2015년 법무법인(유) 대륙아주 변호사(현)

정연식(鄭演植) CHUNG Yeon Sik

(생)1956·11·5 (출)서울 (주)서울특별시 노원구 화랑로 621 서울여자대학교 인문대학 사학과(02-970-5456) (학)1979년 서울대 국사학과졸 1982년 同대학원 국사학과졸 1993년 문학박사(서울대) (경)1984~1992년 서울대·한신대·덕성여대·서원대 강사 1990~1994년 서울대 규장각 학예연구사 1994~2003년 서울여대 사학과 조교수·부교수 2002~2007·2012~2014년 同박물관장 2003년 同인문대학 사학과 교수(현) 2009년 同사무처장 2011년 同사학과장 겸 대학원 사학과장 2013~2015년 同인문대학장 2015년 同박물관학전공(연계전공) 주임교수 2015년 역사학회 이사 2015~2016년 同회장 2017년 서울여대 사학과장 2018년 同대학원장·교육대학원장·특수치료전문대학원장·휴먼서비스대학원장 겸임(현) (저)'한국중세사회 해체기의 제문제'(1987) '조선시대 사람들은 어떻게 살았을까(共)'(1996, 청년사) '일상으로 본 조선시대 이야기 1·2'(2001, 청년사) '영조 대의 양역정책과 균역법'(2015, 한국학중앙연구원 출판부) (종)기독교

정연우(鄭然雨) CHUNG Yeon Woo

(생)1958·6·20 (출)경북 구미 (주)충청북도 제천시 세명로 65 세명대학교 광고홍보학과(043-649-1261) (학)1977년 김천고졸 1983년 중앙대 신문방송학과졸 1987년 同대학원졸 1995년 신문학박사(중앙대) (경)1988~1996년 서울여대·중앙대·원광대·건국대·서일전문대학 강사 1996년 세명대 광고홍보학과 교수(현) 2003~2007년 광고소비자시민연대 공동대표 2004~2010년 선거방송토론위원회 위원 2004~2008년 한국광고홍보학회 편집위원 2005~2007년 한국언론정보학회 연구이사 2007~2008년

방송위원회 상품판매방송심의의원 2008~2012년 민주언론시민연합 상임공동대표 2008년 세명대 경영행정복지대학원장 2008~2016년 同평생교육원장 2012~2013년 한국언론정보학회 회장 2013년 KBS 경영평가위원 2017년 세명대 사회과학대학장(현) 2017년 언론중재위원회 중재위원(현) 2018년 (사)민주언론시민연합 상임공동대표(현) 2019년 방송통신위원회 방송광고균형발전위원회 위원장(현) (저)'한국 언론의 정치경제학(共)'(1990) '현대사회와 출판'(共) '현대 출판의 이해'(共) '정보사회와 매스컴'(共) '정보사회와 광고'(共) '사람, 사회, 그리고 미디어(共)'(2006) '방송통신융합과 지역방송(共)'(2007)

정연우(鄭然友) JUNG, Yeonwoo

(생)1970 · 12 · 27 (본)진양(晋陽) (출)경남 남해 (주)대전광역시 서구 청사로 189 특허청 산업재산정책국 산업재산정책과(042-481-5168) (학)1988년 진주 명신고졸 1994년 서울대 전기공학과졸 1997년 同대학원 전기공학과졸 (경)1998년 기술고시 합격(33회) 1998~1999년 행정자치부 수습사무관 1999년 특허청 전자심사담당관실 특허심사관 2005년 同정보기획담당관실 기술서기관 2007년 同기획재정담당관실 예산계장 2009년 국제지식재산연수원 창의발명교육과장 2011~2013년 국외 직무훈련(영국 옥스퍼드대 기술지주회사 : Isis Innovation) 2013년 특허청 대변인 2016년 同대변인(부이사관) 2018년 同산업재산정책국 산업재산활용과장 2019년 同산업재산정책국 산업재산정책과장(현) (상)대통령표창(2008), 근정포장(2015)

정연운(鄭然雲) Jeong Yeon Woon

(생)1961 · 12 · 25 (출)충북 충주 (주)충청북도 청주시 흥덕구 2순환로 1168 충청북도선거관리위원회(043-237-3940) (학)2012년 충북대 대학원 행정학과졸 (경)1995년 진천군선거관리위원회 사무과장(사무관) 2002년 서귀포선거관리위원회 사무국장(서기관) 2004년 청원군선거관리위원회 사무국장 2005년 충북도선거관리위원회 홍보과장 2008년 청원군선거관리위원회 사무국장 2011년 충북도선거관리위원회 지도과장 2013년 同관리과장(부이사관) 2015년 국방대 교육 파견(안보과정) 2016년 중앙선거관리위원회 감사관(이사관) 2017년 대전광역시선거관리위원회 사무처장(이사관) 2017년 충북도선거관리위원회 사무처장 2018년 세종특별자치시선거관리위원회 상임위원(관리관) 2018년 충북도선거관리위원회 상임위원(현) (상)근정포장(2016)

정연익(鄭然翼) JUNG YEON IK

(생)1967 · 3 · 14 (출)인천 (주)대구광역시 수성구 동대구로 364 대구고등검찰청 사무국(053-740-3242) (학)고려대 법학과졸 (경)1992년 행정고시 합격(35회), 인천지검 조사과 수사사무관, 대검찰청 공보관실 수사사무관 2001년 인천지검 사건과장 · 집행과장 · 강력과장 2005년 同총무과장 2006년 同수사과장 2007년 서울서부지검 집행과장 2008년 서울남부지검 사건과장 2009년 인천지검 부천지청 사무과장 2010년 검찰총장 비서관, 대전고검 검찰부이사관 2013년 청주지검 사무국장 2014년 중앙공무원교육원 파견 2015년 춘천지검 사무국장 2016년 서울남부지검 사무국장 2017년 수원지검 사무국장 2018년 부산지검 사무국장 2019년 대구고검 사무국장(현)

정연인(鄭然仁) Yeonin Jung

(생)1963 · 1 · 27 (출)경남 창원 (주)경상남도 창원시 성산구 두산볼보로 22 두산중공업(주) 임원실(055-278-6114) (학)1980년 마산 중앙고졸 1987년 부산대 기계설계학과졸 (경)2008~2009년 두산중공업 EHS · 생산지원 상무 2009~2015년 두산인프라코어(주) 운영혁신 · 생산총괄 전무 2015~2017년 두산중공업(주) 베트남비나(VINA) 법인장 2017~2018년 同보일러BU장 2019년 同관리부문장(부사장) 2019년 同각자대표이사 부사장(현) (상)베트남총리표창(2016)

정연재

(생)1969 · 9 (주)서울특별시 강남구 테헤란로4길 14 (주)삼성생명금융서비스(02-6231-9530) (학)1987년 대동고졸 1994년 영남대 지역개발학과졸 (경)1994년 삼성생명보험(주) 입사 2012년 同동탄오산지역단장 2014년 同경인지역사업부 부평지역단장 2015년 同경인지역사업부 안산지역단장(상무) 2016~2017년 同대구지역사업부 상무 2017년 同테헤란로사업단장(상무) 2018년 同FC지원팀 상무 2018년 (주)삼성생명금융서비스 대표이사(현)

정연주(鄭然柱) JUNG Yeon Joo

(생)1950 · 3 · 15 (주)서울특별시 강동구 상일로6길 26 삼성물산(주) 건설부문(02-2145-5114) (학)1969년 대구상고졸 1973년 동국대 경영학과졸 1998년 홍익대 세무대학원졸 2003년 서울대 대학원 e-비지니스최고경영자과정 수료 2008년 미국 스탠퍼드대 최고경영자과정 수료 (경)1976년 삼성물산 입사 · 이사 1998년 삼성전관 경영지원팀 상무이사 2000년 삼성SDI 전무이사 2002년 同부사장 2003~2009년 삼성엔지니어링(주) 대표이사 사장 2010~2011년 삼성물산(주) 대표이사 사장 겸 건설부문장 2010~2013년 대한건설협회 회원이사 2010년 건설공제조합 운영위원 2011~2013년 삼성물산(주) 대표이사 부회장 겸 건설부문장 2013년 同건설부문 고문(현) (상)철탑산업훈장(2004), 한국품질경영학회 한국품질경영인대상(2007), 금탑산업훈장(2009)

정연준(鄭然駿) CHUNG Yun Joon

(생)1967 · 4 · 21 (출)부산 (주)인천광역시 중구 월미로 96 선창산업(주) 임원실(032-770-3000) (학)1986년 홍익대사대부고졸 1990년 한국외국어대 이란어과졸, 미국 밴더빌트대 경영대학원 경영학과졸 (경)2001~2005년 선창산업(주) 상무 · 전무 2005년 同대표이사 사장 2012년 同부회장(현) 2015년 (사)한국합판보드협회 회장(현) (종)기독교

정연진(程鍊鎭) CHUNG Yeon Chin

(생)1948 · 8 · 20 (출)광주 (주)서울특별시 서초구 바우뫼로27길 2 일동홀딩스(주) 임원실(02-526-3329) (학)1968년 광주제일고졸 1973년 서울대 약학과졸 (경)1975년 일동제약(주) 입사 1991년 同부장 1996년 同이사대우 1999년 同상무 2002년 同상무이사 2005년 同마케팅본부장(전무이사) 2008년 同부사장 2011년 同대표이사 사장 2012~2014년 한국제약협회 부이사장 2012~2014년 同제약기업윤리위원장 2014년 同이사회 이사 2014~2016년 일동제약(주) 대표이사 부회장 2016년 일동홀딩스(주) 부회장(현) (상)서울대총동창회 공로패(2014)

정연채(鄭年彩) Yeon Chae Jung

(생)1963 · 8 · 12 (주)서울특별시 영등포구 여의대로 128 (주)LG 전자팀(02-3777-1114) (학)한국외국어대 경영학과졸 (경)1988년 금성사 입사 2008년 (주)LG 경영관리팀장(상무) 2015년 LG전자 정도경영담당 상무 2017년 同정도경영FD담당 전무 2018년 同정도경영담당 전무 2019년 (주)LG 전자팀장(전무)(현)

정연헌(鄭淵憲) Jung, Yeon Heon

(생)1968 · 4 · 24 (출)충북 충주 (주)광주광역시 동구 준법로 7-12 광주지방검찰청 형사1부(062-231-4308) (학)1985년 충주고졸 1992년 고려대 법학과졸 (경)1997년 사법시험 합격(39회) 2000년 사법연수원 수료(29기) 2000년 광주지검 검사 2002년 춘천지검 영월지청 검사 2003년 서울지검 고

양지청 검사 2004년 의정부지검 고양지청 검사 2005년 청주지검 검사 2007년 서울중앙지검 검사 2010년 대구지검 검사 2012년 서울동부지검 검사 2012년 사법연수원 교수 2014년 대구지검 공판부장 2015년 수원지검 여주지청 부장검사 2016년 대구지검 부부장 2017년 서울남부지검 공판부장 2017년 대전지검 천안지청 형사2부장 2018년 부산지검 서부지청 형사1부장 2019년 광주지검 형사1부장(현)

정영균(鄭瑛均) JEONG YOUNG KYOON

(생)1962·7·26 (본)하동(河東) (출)충북 충주 (주)서울특별시 강동구 상일로6길 39 강동타워 12층 (주)희림종합건축사사무소(02-3410-9103) (학)1981년 숭실고졸 1985년 서울대 건축학과졸 1987년 同건축대학원졸 1989년 미국 펜실베이니아대 대학원 건축학과졸 1998년 한양대 대학원 환경경영정책과정 수료 2002년 서울대 환경대학원 도시환경디자인 최고전문가과정 수료 2007년 고려대 정책대학원 Real Estate & Finance CRO과정 수료 (경)1990년 Mitchell & Giurgola Architects Partners 근무 1991년 Bower Lewis Thrower Architects 근무 1994년 (주)희림종합건축사사무소 입사 2001년 同대표이사(현) 2002년 (사)한국주거학회 참여이사 2004년 (사)한국도시설계학회 상임이사 2005년 중앙일보 조인스랜드 자문위원 2005년 남북투자기업협의회 전문위원 2005년 서울시도시건축전문가포럼 위원 2006년 (사)한국주거학회 부회장 2007년 매경춘추 칼럼 집필진 2007·2010년 대한건축학회 이사 2008년 미국 매사추세츠공과대(MIT) 도시계획학과 Visiting Scholar 2010년 빌딩스마트협회 부회장 2010년 한국건축가협회 제29회 대한민국건축대전 초대작가 2011년 국제건축가연맹(UIA) 총회 서울유치자문위원 2012년 (사)한국도시설계학회 상임이사 2013년 한국중견기업연합회 부회장 2014년 (사)월드클래스300기업협회 부회장 (상)제3회 해외플랜트의 날 대통령표창(2008), 시사저널 선정 건축분야 '한국의 미래 이끌 차세대영웅300인'(2008), 제11회 대한민국디자인대상 디자인경영부문 최우수상(국무총리상)(2009), 제4회 대한민국코스닥대상 최우수테크노경영상(2009), 만불 수출의 탑 수상(2012), 41회 상공의 날 국무총리표창(2014), 제3회 대한민국지식대상 대통령표창(2014), ENR Global Best Project(스포츠 부문) 수상(2015), World Stadium Congress 건축가부문 수상(2016), ENR Global Best Project(오피스 부문) 수상(2016), 제2회 중견기업인의 날 산업포장(2016), ACEC Engineering Excellence Awards(Socar Tower)(2017), 올해의 신성장기업 경영인상(2017), 서울대 공과대학 발전공로상(2017) (저)'희림 그 밝은 빛을 따라'(2007)

정영기(鄭濚基) CHUNG Young Ki

(생)1957·11·17 (주)서울특별시 마포구 와우산로 94 홍익대학교 경영대학 경영학부(02-320-1142) (학)성균관대 경영학과졸, 同경영대학원졸, 경영학박사(성균관대) (경)공인회계사시험 출제위원, 공무원임용고사 시험위원, 공인회계사 겸 컨설턴트세무사(현), 순천향대 경영학과 교수 2004년 同기획처장, 홍익대 경영대학 경영학부 교수(현) 2015~2018년 同경영대학장 겸 경영연구소장 2017년 대우조선해양 사외이사(현) 2019년 홍익대 중앙도서관장 겸 법학도서관장(현)

정영길(鄭永吉) JUNG Young Gil

(생)1965·10·1 (출)대구 (주)경상북도 안동시 풍천면 도청대로 455 경상북도의회(054-933-2200) (학)영남공고졸 2006년 경북과학대학 사회복지과졸, 경일대 행정학과졸 (경)성주군재향군인회 부회장(현), 성주군장애인협회 후원회장(현), 성주군사회단체협의회 사무국장, 성주청년회의소 회장, 성주군소방행정자문단 단장(현), 성주군체육회 이사, 성주군태권도협회 이사, 성주군씨름협회 이사, 한나라당 경북도당 청년위원장, 민주평통 자문위원, 한국자유총연맹 성주군지부 회원 2005년 경북도 소방행정자문위원회 위원 2006~2010년 경북 성주군의회 의원(한나라당) 2010년 경북도의회 의원(한나라당·새누리당) 2012년 同농수산위원회 부위원장 2014~2018년 경북도의회 의원(새누리당·자유한국당) 2014년 同농수산위원회 위원장 2016~2018년 同문화환경위원회 위원 2016~2018년 同정책연구위원회 위원장 2016~2017년 同예산결산특별위원회 위원 2018년 경북도의회 의원(무소속)(현) 2018년 同건설소방위원회 위원(현) 2018년 同독도수호특별위원회 위원(현) 2018년 同친환경에너지연구회 위원(현) (종)천주교

정영길(丁永吉) Jeong Younggil

(생)1975·3·1 (주)세종특별자치시 가름로 194 과학기술정보통신부 전파정책국 주파수정책과(044-202-4940) (학)1994년 남주고졸 2002년 고려대 컴퓨터공학과졸 2010년 영국 노팅햄대 대학원 정책학과졸 (경)2002년 기술고시 합격(37회) 2016년 미래창조과학부 국제협력총괄담당관실 글로벌파트너스팀장 2016년 同전파기반과장 2017년 과학기술정보통신부 전파정책국 전파기반과장 2017년 同정보통신정책실 정보화기획과장 2018년 同전파정책국 주파수정책과장(현) (상)우수공무원표창(2008)

정영덕(鄭永德) Joung Young Douk

(생)1967·9·18 (본)하동(河東) (출)경남 하동 (주)대전광역시 서구 복수북로 21 국립자연휴양림관리소(042-580-5500) (학)1993년 경상대 임학과졸 2013년 同대학원 산림공학과졸 (경)1992년 산림조합중앙회 조사설계부 근무 1997년 同기획실 근무 1999~2014년 同ENG센터 근무 2004년 산림청 임업연수부·산림교육원 외래강사 2004년 산림조합중앙회 임업기계훈련원 외래강사, 전남도 자문위원 2015년 한국임학회 이사 2015년 산림청 국립자연휴양림관리소장(현) (종)기독교

정영록(鄭永祿) Cheong Young-Rok

(생)1958·5·1 (주)서울특별시 관악구 관악로 1 서울대학교 국제대학원(02-880-8514) (학)1981년 서울대 경제학과졸 1987년 미국 Univ. of Southern California 대학원 경제학과졸 1990년 경제학박사(미국 Univ. of Southern California) (경)1998~2001년 연세대 조교수 2000~2001년 현대중국학회 회장 2001~2011년 서울대 국제대학원 조교수·부교수 2002년 전국경제인연합회 중국위원회 자문위원 2004년 한국무역협회 무역연구소 연구자문위원 2004년 외교통상부 정책자문위원 2005년 서울시정개발연구원 동북아도시연구센터 자문위원, (주)SBSi 비상근감사 2011~2013년 駐중국 경제2공사·경제공사 2013년 서울대 국제대학원 교수(현) 2014년 (주)하나은행 사외이사 2015~2018년 KEB하나은행 사외이사 2017~2018년 대통령직속 국민경제자문회의 대외경제분과 의장 2018년 한국투자금융지주 사외이사(현)

정영린(鄭永麟) Chung Young-Lin

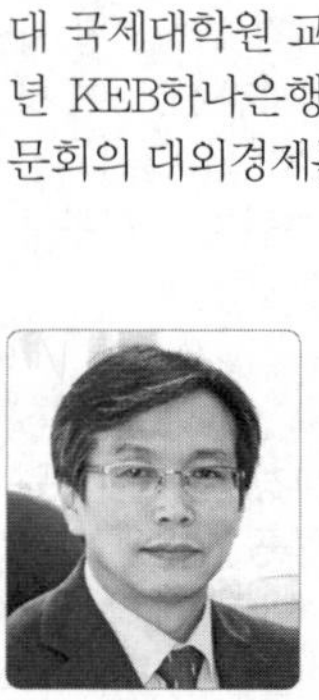

(생)1962·6·29 (본)경주(慶州) (출)충남 예산 (주)서울특별시 노원구 화랑로 727 한국스포츠정책과학원(02-970-9501) (학)1981년 제물포고졸 1985년 서울대 사범대학 체육교육학과졸 1987년 同대학원 체육교육학과졸 1997년 同대학원졸(체육교육학박사) (경)1988~1990년 공군사관학교 교관 및 전임강사(공군 중위) 1998년 관동대 사회체육학과 교수 2002~2003년 同체육학부 교수 2003~2014년 同스포츠레저학부 교수 2009년 한국학술진흥재단 복합학단 PM 2010~2011년 국회입법조사처 조사분석지원위원 2011~2012년 한국체육학회 총무이사 2011~2015년 국민체육진흥공단 기금운용심의위원 2011년 한국체

육정책학회 부회장(현) 2012년 스포츠복지포럼 정책위원장 2013~2014년 관동대 기획조정실장 2013~2014년 同대외협력처장 2013~2014년 한국체육학회 부회장 2013년 한국스포츠사회학회 부회장(현) 2013년 강원도체육회 이사(현) 2013~2016년 대한체육회 대한대학스포츠위원회(KUSB) 상임위원 2014년 가톨릭관동대 스포츠레저학부 교수 2014년 同스포츠예술대학장 2014~2016년 한국연구재단 학술지 평가위원 2014~2015년 가톨릭관동대 대외협력처장 2015년 同스포츠레저학전공 교수(현) 2015~2017년 同관광스포츠대학장 2016년 대한봅슬레이스켈레톤경기연맹 이사(현) 2018년 국민체육진흥공단 한국스포츠정책과학원장(현) (종)기독교

정영무(鄭泳武) JOUNG Young Moo

(생)1960·1·26 (출)경남 함양 (주)서울특별시 마포구 효창목길 6 한겨레신문(02-710-0161) (학)1982년 서울대 정치학과졸 2002년 서강대 언론대학원 수료 (경)1985년 서울신문 기자 1988년 한겨레신문 기자 1999년 同경제부 차장 2000년 同디지털부 부장대우 2000년 同민권사회2부장 2001년 同한겨레21 사업부장 겸 편집장 2003년 同콘텐츠평가실 평가위원(부장대우) 2004년 同교육문화국 교육취재부장 2005년 同경제부장 2006년 同경제담당 편집장 2006년 同편집국 수석부국장 2007년 同편집국장 직대 2007년 同편집국 수석부국장 2007년 同전략기획실장(이사대우) 2008년 同논설위원 2009년 同광고담당 상무 2011년 同논설위원 2014~2017년 同대표이사 사장 2014~2017년 한국디지털뉴스협회 회장 2015~2017년 한국신문윤리위원회 이사 2015년 허핑턴포스트코리아 대표이사 2015~2017년 한국신문협회 이사 2017년 한겨레신문 비상근고문(현) (저)'밀레니엄 파고'(1998) (역)'천안문'(1997)

정영복(鄭永福) JUNG Young Bok

(생)1946·1·16 (본)연일(延日) (출)경북 청도 (주)경기도 남양주시 진접읍 봉현로 21 현대병원 정형외과 관절센터(070-4395-0276) (학)1964년 대구 계성고졸 1966년 경북대 문리대학 의예과 수료 1970년 同의대 의학과졸 1978년 가톨릭대 대학원 의학석사 1982년 의학박사(가톨릭대) (경)1978년 가톨릭대 의대 정형외과교실 전임강사 1979~1989년 중앙대 의대 정형외과학교실 조교수·부교수 1986년 캐나다 토론토대 부속병원 연수 1989~2011년 중앙대 의대 정형외과학교실 교수 1996년 대한관절경학회 회장 1998년 대한슬관절학회 부회장 2000년 同회장 2001~2004년 대한정형외과학회지 편집위원장 2001년 대한정형외과스포츠학회 부회장 2002년 同회장 2008년 중앙대병원 무릎관절센터 소장 2010·2014년 영국 국제인명센터(IBC) '세계100대 의학자'로 선정 2010년 대한정형외과학회 회장 2011년 현대병원 부원장(현) (상)대한슬관절학회 최우수논문상(1998), 대한정형외과학회 학술상(2004·2005), 대한정형외과학회 최우수논문상(2006), 대한관절경학회 학술상(2006), International Surgical Technology Association(ISTA) Award(2015), Albert Nelson marquis Lifetime Achivement Award(2017·2018) (종)기독교

정영상(鄭榮相)

(생)1961·7·21 (출)전남 담양 (주)전라북도 전주시 덕진구 건산로 251 광주 전주고용노동지청(063-240-3400) (학)광주 인성고졸, 전남대 경제학과졸 (경)1989년 공무원 임용(7급 공채) 2004년 부산 진주노동지청 진주고용안정센터장 2005년 광주 익산노동지청 근로감독과장 2006년 광주 여수노동지청 여수종합고용안정센터장·순천고용안정센터장 2006년 고용노동부 감사담당관실 근무 2011년 광주지방고용노동청 산재예방지도과장 2013년 同근로개선지도1과장 2015년 광주 목포고용노동지청장 2017년 광주 전주고용노동지청장(현)

정영석(鄭暎錫) Jung, Young Seok

(생)1960·6·26 (출)부산 (주)서울특별시 강남구 강남대로 542 유안타저축은행 비서실(02-3466-1300) (학)서울대 경제학과졸, 미국 펜실베이니아대 와튼스쿨 대학원졸(MBA) (경)2000년 제일은행 입행, 同검사부장, 同행정지원단장 2006년 한국스탠다드차타드제일은행 소매및기업영업운영본부장 2007년 同서울·경인·충청·호남지역담당 상무, 同업무서비스개선부 상무, 同퍼스널뱅킹사업부 상무 2012년 한국스탠다드차타드저축은행(SC저축은행) 대표이사 2015년 한국스탠다드차타드은행 전무 2016~2017년 (주)한신저축은행 대표이사 2017년 유안타저축은행 대표이사(현)

정영석(鄭漢錫) JEONG Young Seok

(생)1960·9·11 (본)연일(延日) (출)경남 마산 (주)서울특별시 용산구 한남대로 136 서울특별시 중부기술교육원(02-361-5850) (학)1979년 대신고졸 1985년 고려대 철학과졸 (경)1985년 신민당 이철 국회의원후보 청년학생팀장 1988년 평민당 설훈 국회의원후보 개포구 선관위원 1988~2005년 정대철 국회의원 비서관·보좌관·한국야구위원회(KBO) 총재 비서실장 1996년 국민회의 제15대 국회의원선거대책위원장 비서관 1997년 국민회의 대통령선거 공동선거대책위원장 비서관 2002년 새천년민주당 대통령선거대책위원장 보좌관 2002~2003년 同대표최고위원 보좌관 2005~2008년 외교통상부 장관 정책보좌관 2012~2016년 정호준 국회의원 보좌관 2019년 서울시 중부기술교육원 원장(현)

정영석(鄭榮石) JUNG YOUNG SUK

(생)1963·6·21 (본)동래(東萊) (출)충북 영동 (주)서울특별시 용산구 서빙고로 137 국립중앙박물관 박물관정보화과(02-2077-9100) (학)1982년 대구 능인고졸 1991년 성균관대 행정학과졸 2008년 영국 버밍엄대 대학원 사회과학과졸 (경)2008년 국무총리실 문화체육과장 2009년 문화체육관광부 홍보콘텐츠기획과장 2010년 駐벨기에유럽연합대사관 문화홍보관·문화원장 2014년 국립중앙극장 교육전시부장 2015년 문화체육관광부 특구기획담당관 2016년 同국제문화과장 2019년 同국제문화과장(부이사관) 2019년 국립중앙박물관 박물관정보화과장(현)

정영석(鄭暎錫)

(생)1965·1·24 (출)경북 청송 (주)서울특별시 영등포구 여의대로 38 금융감독원 금융교육국(02-3145-5970) (학)1984년 대구 능인고졸 1990년 경북대 법과대학 사법학과졸 (경)1989년 보험감독원 입원 2004년 금융감독원 보험감독국 조직영업감독팀장 2010년 同기획조정국 조직예산팀장 2012년 同소비자보호총괄국 부국장 2013년 경북도 금융자문관 2015년 금융감독원 경남지원장 2016년 同여신전문검사실장 2018년 同대구경북지원장 2019년 同금융교육국장(현)

정영선(鄭永宣) CHUNG Young Seon

(생)1950·1·25 (본)연일(延日) (출)부산 (학)1969년 하동종합고졸 1983년 건국대 행정학과졸 1989년 同교육대학원졸 2003년 단국대 대학원졸 2008년 명예 행정학박사(부산외국어대) (경)1985년 경북대 예술대학 서무과장 1986~1993년 문교부 사무관 1993년 부산수산대 교무과장 1994년 한국교원대 경리과장 1996년 교육부 행정관리담당관 1997년 同편수관리담당관 1998년 同지방교육재정과장 1998년 同기획예산담당관 1999년 안동대 사무국장 1999년 울산시교육청 부교육감 2001년 국방대학원 파견 2002년 학술원 사무국장 2003년 교육인적자원부 교육자치지원국장 2003년 同교육자치심의관 2004년 同공보관 2005년 同기획홍보관리관 2005~2006년 同정책홍보관리실장 2006년 (사)

한국검정교과서 이사장 2008~2010년 디지털서울문화예술대 총장 2011~2014년 혜천대 총장 2014~2016년 대전과학기술대 총장 2016~2019년 오산대 총장 (상)근정포장(1981), 대통령표창(1991), 홍조근정훈장(2004) (종)기독교

정영순(鄭永順 · 女) CHUNG Young Soon

(생)1952·11·12 (출)서울 (주)서울특별시 서대문구 이화여대길 52 이화여자대학교 사회과학부(02-3277-2257) (학)서울사대부고졸 1975년 이화여대 사회사업학과졸 1977년 同대학원 사회사업학과졸 1980년 미국 아이오와대 사회사업대학원졸 1984년 사회복지정책학박사(미국 일리노이대) (경)1988~2018년 이화여대 사회복지학과 교수 1994~1996년 同사회복지학과 학과장 2000~2002년 한국아동복지학회 회장 2003~2004년 이화여대 사회복지대학원장 겸 사회복지관장 2003~2004년 한국사회보장학회 부회장·회장 2004년 보건복지가족부 국민연금 재심사위원 2005~2007년 노사정위원회 사회소위 위원장 2006~2007년 한국사회복지학회 부회장 2006~2018년 이화여대 사회복지전문대학원 교수 2006년 한국복지재단 감사 2008년 이화여대 교수협의회장 2010년 국가미래연구원 여성분야 발기인 2013년 제18대 대통령직인수위원회 여성·문화분과 전문위원 2013년 대통령 고용복지수석비서관실 여성가족비서관 2013년 한국복지재단 감사 2014년 미소금융중앙재단 이사 2016년 서민금융진흥원 휴면예금관리위원회 위원(현) 2018년 이화여대 사회과학부 사회복지학전공 명예교수(현) (상)대한민국학술원 선정 기초학문분야 우수학술도서 '고용과 사회복지'(2003) (저)'가족치료총론(共)'(1995) '사회복지학과 교육 프로그램 개발 연구'(1996) '한국의 아동복지법(共)'(2002) '고용과 사회복지'(2002) '아동학대예방서비스 발전방안에 관한 연구'(2002) '통치이념은 어떻게 정책에 반영되는가?(共)'(2005) '영국의 복지이념 변화에 따른 고용과 복지정책 비교연구(共)'(2005) (역)'OECD국가들의 적극적 사회정책 동향 및 도전과제'(2009)

정영식(鄭英植) Jeong Young Sik

(생)1961 · 4 · 15 (주)서울특별시 관악구 남부순환로272길 23 중앙선거방송토론위원회(02-3473-9969) (학)동국대 행정대학원졸 (경)2007년 송파구선거관리위원회 사무국장 2011년 수원시 권선구선거관리위원회 사무국장 2012년 중앙선거관리위원회 선거연수원 전임교수 2014년 경기도선거관리위원회 지도1과장 2015년 同관리과장 2017년 서울시선거관리위원회 사무처장(부이사관) 2018년 同사무처장(이사관) 2018년 중앙선거방송토론위원회 상임위원(관리관)(현)

정영식(丁寧植)

(생)1969 · 6 · 4 (출)대구 (주)서울특별시 종로구 사직로8길 39 세양빌딩 김앤장법률사무소(02-3703-4897) (학)1988년 달성고졸 1993년 한양대 법학과졸 1995년 서울대 대학원 법학과 석사과정 수료 (경)1997년 사법시험 합격(39회) 2000년 사법연수원 수료(29기) 2000년 인천지법 판사 2002년 서울지법 판사 2004년 울산지법 판사 2007년 서울중앙지법 판사 2010년 서울동부지법 판사 2011년 법원행정처 사법등기심의관 겸임 2013년 서울고법 판사 2015년 대구지법 부장판사 2016년 서울고법 판사 2017년 김앤장법률사무소 변호사(현) 2019년 대한변호사협회 법제1이사(현) 2019년 대법원 양형위원회 위원(현)

정영애(鄭英愛 · 女) CHUNG Young Ai

(생)1955 · 3 · 27 (출)경남 양산 (주)서울특별시 강북구 솔매로49길 60 서울사이버대학교 사회복지전공(02-944-5011) (학)진명여고졸 1977년 이화여대 사회학과졸 1981년 同대학원 사회학과졸 1997년 여성학박사(이화여대) (경)1983~1998년 덕성여대 · 이화여대 · 한양대 강사 1996~1998년 한국여성민우회 고용평등추진본부 정책위원장 1997년 한국여성단체협의회 근로여성위원 1997년 이화여대 한국여성연구원 프로젝트 연구원 1997년 정무2장관실 자문위원 1997년 한국여성학회 연구위원 1998~2003년 충북도 여성정책관 2000년 한국여성학회 이사 2002년 대통령직인수위원회 사회 · 문화 · 여성분과 위원 2003~2006년 대통령 균형인사비서관 2006~2007년 서울사이버대 부총장 2007~2008년 대통령 인사수석비서관 2008년 서울사이버대 노인복지학과 교수 2010년 한국여성학회 회장 2012년 서울사이버대 사회복지전공 교수(현) 2013~2016년 同대학원장 2017년 同부총장(현) 2017년 대통령직속 저출산고령사회위원회 민간위원(현) (상)여성신문사 미지여성상(2002), 서울시장표창(2013)

정영오

(생)1970 (출)서울 (주)서울특별시 서대문구 통일로 97 경찰청 인사기획계(02-3150-2431) (학)1993년 경찰대졸(9기) (경)1993년 경위 임용, 경찰청 혁신기획단 제도개선팀 근무, 행정안전부 자치경찰제 실무추진단 근무 2007년 경정 승진 2009년 경기 성남수정경찰서 생활안전과장 2011년 경찰청 복지정책과 복지운영담당, 同복지정책계장 2016년 경찰대 기획운영과장(총경) 2017년 충북 단양경찰서장 2017년 충북지방경찰청 경무과장 2018년 경찰청 수사제도개편2팀장 2019년 同경찰개혁추진TF팀장 2019년 同인사담당관(현)

정영우(鄭瑛宇)

(생)1959 · 2 · 28 (주)부산광역시 부산진구 진남로 506 부산여자대학교 총장실(051-852-0081) (학)중앙대 정치외교학과졸, 동아대 대학원졸, 정치학박사(동아대) (경)부산여자전문대학 교양정치과 교수 1998년 부산여대 관광학부 항공운항과 교수 2013년 同부총장 2017년 同총장(현)

정영인(鄭永仁) CHUNG Young In

(생)1956·9·19 (본)진양(晋陽) (출)경남 (주)경상남도 양산시 물금읍 금오로 20 양산부산대학교병원 정신건강의학과(055-360-1570) (학)1975년 마산고졸 1982년 부산대 의대졸 1985년 同대학원 의학석사 1993년 의학박사(부산대) (경)1982~1986년 부산대병원 정신과 인턴·레지던트 1987~1989년 국군부산병원 신경정신과장 1989년 부산대 의학전문대학원 정신과학교실 교수(현) 1993~1995년 미국 코넬대 의대 분자신경생물학연구소 연구원 1997년 호주 시드니의대 맨리병원 객원의사 2000년 벨기에 얀센연구소 객원정신과의사 2001년 부산대 대외협력지원본부 국내교류부본부장 2001~2007년 同의대 정신과학교실 주임교수 2001년 부산대병원 전산홍보실장 2002년 同대외협력지원본부장 2002~2008년 同정신과 과장 2003년 同기획조정실장 2007~2010년 국제신문 시론 칼럼니스트 2012~2014년 국립부곡병원장, 부산일보 시론 칼럼니스트, 리더스경제신문 칼럼니스트 2015년 미국정신의학회 International Fellow(현) (상)최신해 정신의학 연구기금 수상(2001) (저)'의료행동과학(共)'(2004) '현대인의 건강생활'(共) '현미경으로 들여다본 한국사회'(2011, 산지니) (역)'정신의학(共)'(2000, 한우리)

정영일(鄭英一) CHUNG Young Il

(생)1940 · 10 · 7 (본)동래(東萊) (출)부산 (주)세종특별자치시 조치원읍 터미널안길 60 7층 농정연구센터 이사장실(044-862-9209) (학)1964년 서울대 경제학과졸 1966년 同대학원 경제학과졸 (경)1970년 서울대 상과대학 전임강사 1971~1973년 일본 一橋大 객원연구원 1973~1985년 서울대 조교수 · 부교수 1978~1980년 일본 아시아경제연구소 객원연구원 1985~2006년 서울대 사회과학대학 경제학과 교수 1986~1988년 한국농업정책학회 회장 1988~1996년 농업정책심의회 위원 1988

~1997년 서울대 기획실장 1990~1993년 한국농촌경제연구원 이사 1991~1992년 일본 도쿄대 경제학부 교수 1993~1996년 한국농촌경제연구원 원장 1996~1998년 서울대 경제연구소장 1996~2001년 농정연구포럼 이사장 2001년 농정연구센터 이사장(현) 2001년 한국농업경제학회 회장 2001~2002년 농림부 양곡유통위원회 위원장 2004~2014년 (재)지역재단 이사장 2006년 서울대 명예교수(현) 2008~2012년 다솜둥지복지재단 이사장 2013년 同고문(현) 2014년 생생협동조합 이사장(현) 2014년 (재)지역재단 명예이사장(현) 2017년 농협중앙회 농업가치헌법반영자문위원회 위원장(현) (상)국민훈장 모란장(1997), 녹조근정훈장(2006), 일가재단 일가상-농업부문(2013) (저)'경제학원론' '농업경제학' '경제발전론' (역)'일본의 경제발전'(1991, 경문사)

정영조(鄭榮照) CHUNG Young Cho (如意)

(생)1944·4·28 (본)동래(東萊) (출)전북 완주 (주)인천광역시 강화군 송해면 강화대로 743 강화희망병원(032-932-9640) (학)1964년 전주고졸 1969년 고려대 의대졸 1977년 同대학원 의학석사 1982년 의학박사(고려대) (경)1970~1974년 육군 군의관 1974~1978년 신경정신과 수련의·전문의 취득 1979~1990년 인제대 의대 전임강사·조교수·부교수 1984년 미국 펜실베이니아대병원 정신과 연수 1986~1999년 인제대 의대 신경정신과 책임교수 겸 서울백병원 신경정신과 과장 1994년 대한신경정신의학회 수련고시위원장 1996년 한국정신신체의학회 회장 1999년 한국임상예술학회 회장 1999~2003년 '인제의학' 편집인 2000~2007년 인제대 의대 신경정신과 주임교수 겸 주임과장 2002년 同일산백병원 진료위원장 2003~2008년 대한신경정신의학회 교수협의회장 2004년 대한민국의학한림원 정회원·종신회원(현) 2005년 세계정신의학회 아세아태평양조직위원장 2006년 同아시아지역 최초대표위원 2006~2008년 대한신경정신의학회 이사장 2007~2011년 보건복지가족부 국립정신병원 책임운영심의회 위원장 2009년 춘천시노인전문병원장 2009년 고려대교우회 상임이사(현) 2009년 인제대 의대 명예교수(현) 2011~2012년 부곡온천병원장 2012~2015년 하나병원장 2015년 사천동희병원장 2015~2016년 인천보람병원장 2016년 강화희망병원장(현) (저)수필집 '태양의종교', '나와 영혼의 팡세'(共) '성공적 인간관계' '치매차단' '인간관계 바로 세우기'(2004) '신경정신의학(共)'(2004) '의료행동과학(共)'(2005) '치매를 알면 노후가 행복하다'(2009) '신체형장애'(2009) (역)'스트레스 제대로 다스리기'(2004, 중앙문화사) '음악 치료 어떻게 하나(共)'(2009, 중앙문화사) (종)기독교

정영준(丁暎浚) CHUNG Young Joon

(생)1952·8·4 (출)전남 보성 (주)전라남도 여수시 덕충2길 32 전남창조경제혁신센터(061-661-2002) (학)1970년 광주고졸 1978년 국제대 법학과졸 1984년 성균관대 대학원 경영학과졸 (경)1978년 호남정유(주) 입사 1992년 同광주지사장 1997년 LG칼텍스정유 광주·전남본부장(이사) 1998년 同광주·전남본부장(상무) 1999년 同호남지역본부장(상무) 2000년 同대전·충청지역본부장(상무) 2001년 同CR사업부문장(상무) 2003년 (주)해양도시가스 대표이사 사장 2013~2015년 同자문역 2015년 전남창조경제혁신센터 센터장(현) (상)철탑산업훈장(2007), 대통령표창(2013)

정영진(鄭永珍) CHONG Young Jin

(생)1958·8·30 (출)전북 고창 (주)서울특별시 관악구 관악로 174 법무법인 청구(02-888-5663) (학)1977년 중동고졸 1981년 고려대 법대졸 1983년 同대학원 법학과 수료 (경)1982년 사법시험 합격(24회) 1984년 사법연수원 수료(14기) 1986년 광주지법 판사 1989년 同장흥지원 판사 1990년 대전지법 판사 1992년 수원지법 판사 1995년 서울지법 북부지원 판사 1995년 同남부지원 판사 1997년 서울지법 판사 1998년 서울고법 판사 2000년 서울지법 판사 2001년 광주지법 부장판사 2003년 수원지법 안산지원 부장판사 2005년 서울중앙지법 부장판사 2008년 서울서부지법 부장판사 2011년 수원지법 부장판사 2014~2016년 의정부지법 부장판사 2016년 법무법인 청구 변호사(현)

정영진(鄭詠鎭) Youngin Jeong

(생)1959·9·16 (출)전북 전주 (주)경기도 용인시 기흥구 중부대로 411 강남병원(031-300-0782) (학)1977년 전주고졸 1983년 전북대 의대졸 1994년 同대학원 의학석사 2000년 의학박사(원광대) (경)1983~1984년 인천기독병원 인턴 1987~1991년 성애병원 정형외과 수련의 1993~1998년 신갈영동정형외과 개원·원장 1998년 용인 강남병원 개원·원장(현), 아주대 의료원 외래교수, 삼성의료원 외래교수, 포천중문의대 차병원 외래교수, 경기도정형외과학회 이사, 경기도중소병원협의회 회장, 대한병원협회 홍보·섭외이사, 대한중소병원협의회 부회장 2012~2018년 대한병원협회 사업위원장 2016년 경기도병원협회 회장(현) 2017년 전국시도병원협의회 의장(현) 2018년 대한병원협회 부회장(현) (상)한독학술경영대상(2014)

정영진(鄭永珍) JUNG Young Jin

(생)1966·8·19 (출)전남 순천 (주)서울특별시 종로구 사직로8길 39 세양빌딩 김앤장법률사무소(02-3703-1776) (학)1985년 순천고졸 1991년 서울대 법학과졸 1996년 同대학원 법학과졸, 同대학원 법학 박사과정 수료 2000년 미국 예일대 법학대학원졸 2003년 법학박사(미국 예일대) (경)1990년 사법시험 합격(32회) 1993년 사법연수원 수료(22기) 1994~1997년 공군 법무관 1996년 외무고시 합격(30회) 1996년 행정고시 합격(40회) 1997~2001년 외교통상부 외무관 2001년 미국 뉴욕주 변호사시험 합격 2002~2003년 미국 조지타운대 법과대학원 겸임교수 2002년 미국 Steptoe & Johnson 워싱턴사무소 주재 변호사 2003년 법무법인 광장 변호사 2004~2009년 법무법인 율촌 변호사 2004~2009년 공정거래위원회 카르텔자문위원 2005~2008년 Chambers Global 국제통상분야 Leading Lawyer 2006~2008년 Marquis Who's Who International (Global Competition Review)의 Leading Competition Lawyer 2006~2007년 고려대 경영대학원·KDI 국제대학원 겸임교수 2006년 대한상사중재원 중재인(현) 2007년 미국변호사협회(ABA) International Antitrust Committee 부회장 2007년 세계한인변호사협회(IAKL) 사무총장 2007~2008년 The World's Leading International Trade Lawyers (Euromoney) 2007년 World Bank 국제투자분쟁해결센터(ICSID) 중재위원 2007년 ICC 한국중재위원 2008년 미국 듀크대 법과대학원 방문교수 2008~2015년 한양대 겸임교수 2007·2009·2017년 이화여대 겸임교수 2008~2010년 방송통신위원회 법률고문 2009년 김앤장법률사무소 변호사(현) 2010년 검찰총장 정책자문단 위원 2010년 국민연금대체투자위원회 위원(현) 2011~2013년 공정거래위원회 시장구조개선자문위원회 위원 2012년 국립외교원 겸임교수 2015~2016년 국회 공직자윤리위원회 위원 2016년 세계변호사협회(IBA) International Antitrust Committee Officer(현) 2018년 한국국제경제법학회 회장(현) 2019년 ABA Section of Antitrust, Member of the International Cartel Task Force Committee(현) (상)한중일 차세대 지도자 선정(2008)

정영채(鄭永埰) JEONG Young Chae

(생)1964·5·26 (출)경북 영천 (주)서울특별시 영등포구 여의대로 60 NH투자증권 비서실(02-768-7001) (학)경북대사대부고졸, 서울대 경영학과졸 (경)대우증권 입사, 同자금부장, 同기업금융부장, 同주식인수부장, 同파생상품부장, 同기획본부장 2005년 同IB담당 상무이사 2005년 우리투자증권

IB사업부 대표(상무 · 전무 · 부사장) 2015년 NH투자증권 IB사업부 대표(부사장) 2018년 同대표이사 사장(현) 2018년 한국금융투자협회 자율규제위원회 회원대표 위원(현)

정영태(鄭榮台) Jeong Young-tae

(생)1952 · 7 · 18 (본)하동(河東) (출)충남 당진 (주)서울특별시 종로구 자하문로 77 대한유화(주) 사장실(02-2122-1402) (학)1971년 서울고졸 1975년 서울대 화학과졸 1987년 울산대 대학원 화학공학과졸 1992년 고분자공학박사(경북대) (경)1975~1977년 육군3사관학교 교수부 화학교수 1977년 대한유화공업(주) 생산부 중합1과 입사 1994~2003년 同기술연구소장 1997~2001년 부산대 자연과학대학 화학과 겸임교수 2002~2003년 한국고분자학회 이사 2003~2011년 대한유화공업(주) 공장장 2003~2012년 울산상공회의소 제14 · 15 · 16대 상임의원 2006~2008년 오트펠터미널코리아(주) 이사 2008년 대한화학회 부회장 2009~2011년 (주)한주 감사 2011~2015년 대한유화공업(주) 대표이사 2013년 한국석유화학협회 부회장(현) 2015년 대한유화(주) 대표이사 사장(현) (상)삼일문화상(1998), 한국고분자학회 기술상(2003), 장영실상(2003), 대한민국안전대상(2004), 국회의장 감사장(2005), 울산교육감 감사장(2008), 한국공학한림원 선정 '대한민국 100대 기술과 주역'(2010), 산업포장(2010)

정영태(鄭永泰) JEUNG Young Tae

(생)1955 · 9 · 10 (주)서울특별시 동대문구 장한로 21 북한연구소(02-2248-2397) (학)1980년 영남대 국어국문학과졸 1983년 한국외국어대 대학원 정치학과졸 1998년 정치학박사(프랑스 파리제1대) (경)1988~1990년 프랑스 파리제1대 제3세계정치 · 법연구소 연구위원 1990~1999년 한국외국어대 강사 1991년 통일연구원 선임연구위원 1999년 同북한정치군사연구실장, 同북한연구실장 2007년 同통일정책연구 편집위원, 同북한연구실 선임연구위원 2010년 同북한연구센터 소장 2011년 同북한연구센터 선임연구위원 2014~2015년 同통일정책연구협의회 사무국장 2015년 同북한연구실 선임연구위원 2015년 同명예연구위원 2016년 同석좌연구위원 2017년 북한연구소 소장(현) (저)'북 · 중, 북 · 소관계 변화 전망'(1991, 민족통일연구원) '북한 군사정책의 전개양상과 핵정책 전망'(1993, 민족통일연구원) '김정일의 군사권력 기반'(1994, 민족통일연구원) '김정일 체제하의 군부역할 : 지속과 변화'(1995, 민족통일연구원) '바람직한 대북정책 관리방안에 관한 연구'(1995) '북한의 생존정책-탈냉전시대의 적응과 도전(共)'(1995, 보성 출판사) '북한의 주변4국 군사관계'(1996, 민족통일연구원) '선진국방의 비전과 과제'(1996, 나남출판) '북한 사회주의 체제의 위기수준 평가 및 내구력 전망'(1996, 민족통일연구원) '북한의 국방계획 결정체계'(1997, 민족통일연구원) '북한이해의 길잡이'(1999, 박영사) '북한의 국방위원장 통치체제의 특성과 정책전망'(2000, 통일연구원)

정영태(鄭榮泰) JEONG Yeong Tae

(생)1956 · 8 · 14 (출)광주 (주)대전광역시 대덕구 한남로 70 한남대학교 산학협력부총장실(042-629-7110) (학)1975년 광주 동신고졸 1982년 전남대 화학공학과졸 2003년 고려대 행정대학원 경제학과졸, 경영학박사(한국산업기술대) (경)1983년 기술고시 합격(19회) 1984년 공업진흥청 사무관 임용 1985~1990년 同소요량관리과 · 기준조정과 근무 1990년 환경처 산업폐기물과 근무 1990~1994년 공업진흥청 기준조정과 · 화섬표준과 · 품질환경인증과 근무 1994~1995년 同국제협력과 · 품질환경인증과 서기관 1995년 同정밀경영과장 1996년 중소기업청 기술지도과장 1997년 同생활공업과장 1998년 同소기업과장 · 기술지도과장 1999년 同정보화지원과장 2002년 同자금지원과장(부이사관) 2004년 同창업벤처정책과장 2004년 경기지방중소기업청장 2004년 중소기업청 창업벤처국장 2006년 同기업성장지원국장 2006년 同성장지원본부장(이사관) 2006년 同성장지원본부장(일반직고위공무원) 2008년 同중소기업정책국장 2009~2011년 同차장(별정직고위공무원) 2011~2013년 동반성장위원회 사무총장 2011~2013년 대 · 중소기업협력재단 사무총장 겸임 2016~2018년 전략기술경영연구원(STEMI) 원장 겸 한국기업혁신진흥원 이사장 2018년 한남대 산학협력부총장(현) (상)대통령표창(2000) (종)기독교

정영태(鄭榮泰)

(생)1970 · 11 · 1 (출)서울 (주)부산광역시 연제구 법원로 34 정림빌딩 401호 법무법인 청률(051-507-1001) (학)1989년 광남고졸 1993년 건국대 법학과졸 (경)1999년 사법시험 합격(41회) 2003년 사법연수원 수료(32기) 2003년 울산지법 예비판사 2005년 同판사 2007년 부산지법 판사 2010년 同가정지원 판사 2012년 창원지법 통영지원 판사 2013년 부산고법 판사 2015~2017년 부산가정법원 판사 2017년 법무법인 청률 변호사 2017~2018년 대통령 법무비서관실 선임행정관 2018년 법무법인 청률 변호사(현)

정영택(鄭永澤) CHUNG Yung Taek

(생)1953 · 2 · 8 (주)서울특별시 서초구 잠원로 94 한신공영(주) 임원실(02-3393-3007) (학)선린상고졸, 건국대 경영학과졸 (경)(주)한양 부장, 코암시앤시개발(주) 상무이사, 한신공영(주) 관리본부장(상무) 2006년 同관리본부장(전무) 2011년 同부사장(현)

정영하(鄭永河 · 女)

(생)1975 · 9 · 29 (출)전남 함평 (주)경상남도 진주시 진양호로 303 창원지방법원 진주지원(055-760-3211) (학)1993년 광주여상졸 1999년 조선대 법학과졸 (경)2001년 사법시험 합격(43회) 2004년 사법연수원 수료(33기) 2004년 광주지법 예비판사 2006년 同판사 2007년 同목포지원 판사 2009년 同가정지원 판사 2011년 광주지법 판사 2014~2019년 광주가정법원 판사 2015~2016년 광주지법 목포지원 · 광주가정법원 목포지원 판사 겸임 2019년 창원지법 진주지원 부장판사(현)

정영학(鄭映學) JUNG Yung Hak

(생)1973 · 2 · 22 (출)경남 진해 (주)경상북도 김천시 물망골길 33 대구지방검찰청 김천지청 총무과(054-429-4545) (학)1992년 부산 해동고졸 1997년 서울대 사법학과졸 (경)1997년 사법시험 합격(39회) 2000년 사법연수원 수료(29기) 2000년 공익 법무관 2003년 부산지검 동부지청 검사 2005년 춘천지검 강릉지청 검사 2006년 서울중앙지검 검사(해외 파견) 2011년 부산지검 검사 2012년 국가정보원 파견 2013년 부산지검 부부장검사 2014년 同외사부장 2015년 대구지검 공안부장 2016년 수원지검 공안부장 2017년 대검찰청 공안3과장 2018년 서울서부지검 형사5부장 2018년 서울중앙지검 형사8부장 2019년 대구지검 김천지청장(현)

정영화(鄭永和) Jung Young Hwa

(생)1963 · 9 · 15 (출)경기 용인 (주)서울특별시 서초구 헌릉로 13 대한무역투자진흥공사 인재경영실(02-3460-7030) (학)1982년 태성고졸 1991년 한국외국어대 아랍어과졸 2002년 고려대 경영대학원 경영학과졸 (경)1991년 대한무역투자진흥공사(KOTRA) 입사 1991년 同전시부 근무 1994년 同대전무역전시관 근무 1995년 同국제화지원실 근무 1996년 同두바이무역관 근무 1999년 同총무처 근무 2001년 同총무팀 근무 2002

년 同트리폴리무역관장 2006년 同전시컨벤션팀 근무 2006년 김대중컨벤션센터 파견 2008년 대한무역투자진흥공사(KOTRA) 카라치무역관장 2008년 同카라치코리아비즈니스센터장 2011년 同중아CIS팀장 2012년 同글로벌정보본부 시장조사실 신흥시장팀장 2014년 同북미지역본부 달라스무역관장 2017년 同홍보실장 2019년 同토론토무역관장(현) [상]장관표창(1994 · 2000) [종]기독교

정영훈(鄭永薰) Jeong Yeong-hoon

[생]1961 · 8 · 5 [출]울산 [주]대전광역시 유성구 대덕대로 593 중소기업기술정보진흥원 사업지원본부(042-388-0140) [학]환일고졸, 중앙대 산업경제학과졸 [경]2014년 경기지방중소기업청 창업성장지원과장 2016년 중소기업청 소상공인지원과장 2017년 강원지방중소기업청장 2017년 강원지방중소벤처기업청장 2018년 중소기업기술정보진흥원 사업지원본부장(현)

정영훈(鄭映勳) Chung Young Hoon

[생]1963 · 8 · 31 [본]서산(瑞山) [출]경남 합천 [주]인천광역시 연수구 송도과학로 32 송도IT센터 11층 코오롱글로벌(주) 임원실(032-420-9100) [학]1981년 청구고졸 1988년 영남대 무역학과졸 [경]1995~2005년 코오롱인터내셔널(주) 싱가폴지사장 · 테헤란지사장 2006~2011년 코오롱아이넷(주) 중동아프리카지역본부장(상무) 2012~2013년 코오롱글로벌(주) 물자 · 자원BG장(전무) 2014년 同물자본부장(전무) 2015~2017년 同상사사업본부장(전무) 2018년 글로벌사업추진본부장(전무) 2019년 해외사업추진실장(전무)(현) [상]코오롱그룹 최우수사원상(2004), 산업자원부장관표창 무역진흥부문(2004), 주간조선 선정 '한국의 글로벌 전사'(2004) [저]'이제는 이란이다'(2016, 매일경제) [종]천주교

정영훈(鄭永勳) JEONG, YOUNGHUN

[생]1966 · 12 · 18 [본]진주(晉州) [출]전남 함평 [주]세종특별자치시 도움4로 13 보건복지부 보건의료정책실 한의약정책과(044-202-2580) [학]1985년 광주사레지오고졸 1993년 서울대 사회복지학과졸 2008년 영국 버밍엄대 대학원 사회정책학과졸 2013년 보건학박사(인제대) [경]1997~1998년 총무처 사무관 2000년 보건복지부 사무관 2008년 보건복지가족부 보육지원과장 2012년 UN ESCAP 사회개발국 과장 2015년 보건복지부 의료기관정책과장 2017년 同지역복지과장 2018년 행정안전부 혁신읍면동추진단 파견(부이사관) 2019년 보건복지부 보건의료정책실 한의약정책과장(현) [상]대통령표창(2016)

정영훈(鄭永勳)

[생]1968 · 12 · 20 [출]경남 사천 [주]경상남도 진주시 동진로 430 중소벤처기업진흥공단 감사실(055-751-9000) [학]1986년 대아고졸 1991년 서울대 법과대학 공법학과졸 [경]1997년 사법시험 합격(38회) 2000년 사법연수원 수료(29기) 2000년 벤처법률지원센터 변호사 2006년 (주)현대아산 사내변호사 2008년 同전략기획팀장 2009년 同금강산관광총괄 상무 2011년 변호사 개업(현) 2011년 직장인작은권리찾기 대표 2012년 제19대 국회의원선거 출마(진주甲, 민주통합당) 2014~2015년 새정치민주연합 진주甲지역위원회 위원장 2015년 同경남도당 대변인 2015년 더불어민주당 경남진주甲지역위원회 위원장 2016년 제20대 국회의원선거 출마(경남 진주시甲, 더불어민주당) 2016~2017년 더불어민주당 경남도당 위원장 2019년 중소벤처기업진흥공단 감사(상임이사)(현) [저]'인터넷 비즈니스 법률가이드(共)'(2000, 전자신문사) '다단계 법률가이드'(2002, 유토피아북) '21세기 지식인의 길, 육두피아'(2011, 팬덤북스)

정영훈(鄭暎勳)

[생]1970 · 12 · 24 [출]경북 예천 [주]경기도 안산시 단원구 광덕서로 75 수원지방법원 안산지원(031-481-1136) [학]1988년 대구 영진고졸 1996년 연세대 법학과졸 [경]1999년 사법시험 합격(41회) 2002년 사법연수원 수료(31기) 2002년 부산지법 예비판사 2004년 同판사 2005년 의정부지법 판사 2007년 서울남부지법 판사 2009년 서울중앙지법 판사 2011년 수원지법 판사 2015년 서울중앙지법 판사 2017년 부산지법 부장판사 2019년 수원지법 안산지원 부장판사(현)

정옥님(鄭玉任 · 女) Jeong Ok Nim

[생]1971 · 7 · 27 [주]전라남도 무안군 삼향읍 오룡길 1 전라남도의회(061-286-8200) [학]전남과학대 화훼원예과졸 [경]전남 옥과중 운영위원장, 더불어민주당 전남도당 여성국장, 同중앙당 보육특별위원회 부위원장 2018년 전남도의회 의원(비례대표, 더불어민주당)(현), 同전라남도청년발전특별위원회 부위원장(현), 同의회운영위원회 위원(현), 同기획행정위원회 위원 겸 예산결산특별위원회 위원(현)

정옥상(鄭玉相) Jung, Ok-Sang

[생]1959 · 9 · 6 [본]동래(東萊) [출]경남 거창 [주]부산광역시 금정구 부산대학로63번길 2 부산대학교 자연과학대학 화학과(051-510-2591) [학]1983년 부산대 화학과졸 1985년 한국과학기술원(KAIST) 화학과졸(석사) 1990년 화학박사(한국과학기술원) [경]1985~1990년 한국과학기술연구원(KIST) 연구원 1991~1998년 同선임연구원 1992~1993년 미국 Univ. of Colorado Post-Doc. 1995년 미국 Univ. of Colorado 연구원 1998~2003년 한국과학기술연구원(KIST) 책임연구원 2003년 부산대 화학과 부교수 · 교수(현) 2005~2007년 同화학과장 2007~2011년 한국기초과학지원연구원 부산센터 소장 2013년 부산대 화학과 BK21플러스 사업단장(현) 2015년 대한화학회 조직부회장 2016년 同무기화학분과 회장 2016년 同부산지부장 2017년 同홍보부회장 [상]한국과학기술연구원(KIST) 우수연구상(1994), 대한화학회 무기분과 우수연구상(2008), 대한화학회 이태규학술상(2011)

정옥자(鄭玉子 · 女) JUNG Ok Ja

[생]1969·9·26 [출]전남 나주 [주]서울특별시 서초구 서초대로74길 4 삼성생명 서초타워 법무법인(유) 동인(02-2046-0807) [학]1987년 전남대사대부고졸 1993년 고려대 심리학과졸 [경]1997년 사법시험 합격(39회) 2000년 사법연수원 수료(29기) 2000년 서울지검 동부지청 검사 2002년 춘천지검 강릉지청 검사 2004년 수원지검 검사 2006년 서울중앙지검 검사 2009년 부산지검 검사 2011년 수원지검 안양지청 검사 2013년 同안양지청 부부장검사 2013년 서울중앙지검 부부장검사 2015년 수원지검 평택지청 부장검사 2016년 대전지검 천안지청 부장검사 2017~2018년 대전고검 검사 2018년 법무법인(유) 동인 구성원변호사(현)

정 완(鄭 浣) Choung, Wan

[생]1961 · 2 · 28 [본]동래(東萊) [출]강원 원주 [주]서울특별시 동대문구 경희대로 26 경희대학교 법학전문대학원(02-961-9259) [학]1979년 성동고졸 1983년 경희대 법학과졸 1985년 同대학원 법학과졸 1991년 법학박사(경희대) [경]1985~1995년 법무부 전문위원 1995~2004년 한국형사정책연구원 연구위원 2003년 사이버범죄연구회 회장(현) 2005~2009년 경희대 법과대학 법학부 조교수 · 부교수 · 교수 2009년 국회 미디어발전국민위원회 위원 2009년 경희대 법학전문대학원 교수(현) 2009년 한국인터넷법학회 이사 2009년 한국경제법학회 이사 2009~2015년 미국 세계인명사전 'Marquis Who's Who in the World'에 6년 연속 등재 2010년 영국 국제인명센터(IBC) '21세기 탁월한

지식인' 및 '세계 100대 교육자'에 선정 2012~2013년 미국 와이오밍대 로스쿨 방문교수 (상)한국형사정책연구원장표창(1998), 국무조정실장표창(2003), 제1회 대한민국 사이버치안 대상(2009), 서울경찰청장 감사장(2010) (저)'인터넷과 법'(2007, 한국형사정책연구원) '사이버범죄에 관한 연구' '디지털사회의 문화'(2008, 경희대 출판문화원) '인터넷법연구'(2009. 한국형사정책연구원) '인간과 법'(2010, 석필) '경쟁법연구'(2010, 법원사) '사이버범죄론'(2010, 법원사) '경제법원론'(2015, 법원사) (역)'미국의 형사절차'(2000, 한국형사정책연구원) (종)기독교

정 완(鄭 完) JEONG Wan

(생)1968·2·24 (출)전남 나주 (주)서울특별시 서초구 서초중앙로 157 서울중앙지방법원(02-530-1114) (학)1986년 광덕고졸 1991년 서울대 법학과졸 1995년 同대학원 법학과 수료 (경)1994년 사법시험 합격(36회) 1997년 사법연수원 수료(26기) 1997년 軍법무관 2000년 창원지법 판사 2003년 인천지법 판사 2004년 서울남부지법 판사 2008년 서울고법 판사 2009년 헌법재판소 파견 2011년 서울중앙지법 판사 2012년 대전지법 부장판사 2014년 의정부지법 부장판사 2017년 서울중앙지법 부장판사(현)

정완규(鄭完圭) Chung Wan Kyu

(생)1957·11·19 (본)온양(溫陽) (출)서울 (주)경기도 안성시 대덕면 서동대로 4726 중앙대학교 예술대학 음악학부(031-670-3692) (학)1976년 서울예술고졸 1982년 연세대 피아노과졸 1986년 미국 Texas Tech Univ. 대학원 피아노과졸(석사) 1992년 피아노교수학박사(미국 Texas Tech Univ.) (경)1993년 중앙대 피아노학과 교수, 同음악학부 피아노전공 교수(현) 1998~2016년 한국피아노교수법학회 회장, 한국피아노두오협회 이사(현), 음악예술학회 고문(현) 2005~2007년 한국음악협회 부이사장 2005~2008년 한국문화예술위원회 위원 2006~2009년 예원학교 총동창회 회장 2014년 한국음악교육학회 이사(현) 2016년 한국음악교육공학회 이사(현) 2017년 한국피아노교수법학회 명예회장(현) 2019년 한국피아노학회 회장(현) (상)한국음악상(2005) (저)'피아노교재 클라비어 24권'(1998, 태림출판사) '클라비어 연주여행'(2004, 음악춘추)

정완용(鄭完溶) CHUNG Wan Yong

(생)1957·10·19 (출)전북 익산 (주)서울특별시 동대문구 경희대로 26 경희대학교 법학전문대학원(02-961-0745) (학)1980년 경희대 법학과졸 1982년 同대학원 법학과졸 1988년 법학박사(경희대) (경)1988년 원광대 법대 조교수 1991년 프랑스 파리제2대 방문교수 1993년 경희대 법학전문대학원 교수(현) 1994년 同법학과장, 同대학원 주임교수 1996년 同국제법무대학원 교학부장 2000년 영국 사우샘프턴대 방문교수 2006년 同입학관리처장 2007~2008년 전국입학처장협의회 회장 2008~2010년 한국해법학회 회장 2009~2012년 경희대 법학전문대학원장 겸 법과대학장 2013~2014년 同감사행정원장 2015~2016년 (사)한국기업법학회 회장 (상)정보통신부장관표창(2001), 과학기술정보통신부장관표창(2018), 법무부장관표창(2018) (저)'상법강의'(2001) '전자상거래법'(2009) '주석상법'(2015)

정완용(鄭完容) CHUNG Wan Yong

(생)1966·4·2 (주)서울특별시 강남구 봉은사로 435 한국통신사업자연합회(02-2015-9114) (학)1985년 부산 동천고졸 1989년 서울대 공법학과졸 1991년 同대학원 행정학과졸 (경)행정고시 합격(33회) 1998년 정보통신부 초고속망기획담당 서기관 1999년 Y2K 상황실 파견 2004년 부산국제우체국장 2005년 정보통신부 기획관리실 법무담당관 2006년 법무법인 태평양 파견 2007년 정보통신부 정보통신정책본부 중소기업지원팀장 2007년 同정보보호기획단 정보윤리팀장 2008년 방송통신위원회 통신정책국 통신이용제도과장(서기관) 2008년 同통신정책국 통신정책기획과장 2009년 同통신정책국 통신정책기획과장(부이사관) 2011년 同서울전파관리소장 2012년 중앙공무원교육원 교육파견(부이사관) 2013년 미래창조과학부 서울전파관리소장(고위공무원) 2015년 同정보화전략국장 2015년 同정보통신정책실 정보통신산업정책관 2017년 同장관정책보좌관 2017~2018년 과학기술정보통신부 지식재산전략기획단장 2018년 한국통신사업자연합회(KTOA) 상근부회장(현)

정완진(鄭琓鎭)

(생)1965·1·21 (출)경북 상주 (주)서울특별시 중구 퇴계로 190 MBN 매일방송 심의실(02-2000-3516) (학)건국대 일어교육학과졸, 경영학박사(연세대) (경)매일경제TV 산업부 기자 2000년 同사회생활부 기자 2002년 同사회생활부 차장 2002년 同산업부 차장대우 2004년 同산업부장 직대 2008년 同경제부·인터넷사업부장 2009년 同정치부장 2010년 同보도국 사회2부장·스포츠부장 2012년 MBN미디어 머니국장 2014년 매일경제TV Mmoney 대표이사 2015~2016년 매일경제TV 공동대표이사 2016년 매경헬스 이사 2019년 MBN(매일방송) 심의실장 직대(현) (상)대통령표창, 건국대 언론동문회 '2015 건국언론인상'(2015) (저)'기업 재창조를 위한M&A 생존전략(共)'(매일경제) '붉은 신호탄'(2014, 매경출판)

정왕국(程旺國) Jeong, Wang-guk

(생)1962·2·21 (출)광주 (주)대전광역시 동구 중앙로 240 한국철도공사 임원실(042-615-3002) (학)1981년 광주 정광고졸 1983년 한국철도대 철도경영과졸 2007년 충남대 경영대학원 경영학과졸 2017년 공학박사(우송대) (경)1983년 철도청 입사 2010~2011년 한국철도공사(코레일) 비서실장 2011~2012년 同경영혁신실장 2012~2013년 同전남본부장 2013~2014년 同기획조정실장 겸 용산사업단장 2014~2018년 同감사실장 2018~2019년 同기획조정실장 2019년 同경영혁신단장 2019년 同부사장(현) (상)국무총리표창(1981·1997), 철탑산업훈장(2018)

정요안

(생)1964 (출)서울 (주)경기도 수원시 팔달구 효원로 1 경기소방재난본부 청문감사담당관실(031-230-4500) (학)한성대 행정학과졸, 행정학박사(한성대) (경)1989년 소방사 임용(공채) 1996년 광명소방서 119구조대장 2002년 안양소방서 화재조사담당 2004년 소방방재청 총무과 근무 2007년 남양주소방서 소방행정과장 2007년 경기도 소방재난본부 소방혁신담당 2008년 경기 화성소방서 대응과장 2009년 경기도 소방재난본부 상황2담당 2009년 同정보통신팀장 2012년 同기획담당(소방령) 2012년 경기 구리소방서장 2016년 경기 화성소방서장 2017년 경기 안양소방서장(지방소방정) 2019년 경기소방재난본부 청문감사담당관(현) (상)대통령표창(2010)

정용기(鄭容起) JEONG Yong Ki (韓雄)

(생)1962·6·1 (출)충북 옥천 (주)서울특별시 영등포구 의사당대로 1 국회 의원회관 647호(02-784-7190) (학)1981년 대전고졸 1984년 경찰대 수료(3년) 1992년 연세대 정치외교학과졸 2011년 고려대 행정대학원졸 (경)1991년 민자당 공채(1기) 1993년 同원내총무보좌 1997년 한나라당 사무총장 보좌 1998년 同서울시지부 조직부장 1999년 同이회창 국회의원 비서관 2000년 同기획조정국 기획부장·심사부장 2002년 同이회창 대통

령후보 보좌역 2003년 同인권위원 2003년 同직능특위 부위원장 · 과학기술정보통신위원회 부위원장 2003년 同대전시대덕지구당 위원장 2004년 제17대 국회의원선거 출마(대전시 대덕구, 한나라당), 서울도시개발공사 사외이사 2006 · 2010~2014년 대전시 대덕구청장(한나라당 · 새누리당) 2014년 제19대 국회의원(대전시 대덕구 보궐선거 당선, 새누리당) 2014년 국회 안전행정위원회 위원 2014~2017년 새누리당 대전시대덕구당원협의회 운영위원장 2014년 국회 정부 및 공공기관등의해외자원개발진상규명을위한국정조사특별위원회 위원 2015년 국회 예산결산특별위원회 위원 2015~2016년 새누리당 대전시당 위원장 2015년 국회 운영위원회 위원 2016년 제20대 국회의원(대전시 대덕구, 새누리당 · 자유한국당〈2017.2〉)(현) 2016년 국회 국토교통위원회 위원 2016~2017년 국회 운영위원회 위원 2016년 한국아동인구환경의원연맹(CPE) 회원(현) 2016~2017년 새누리당 원내수석대변인 2016년 국회 윤리특별위원회 위원 2017년 국회 헌법개정특별위원회 위원 2017년 자유한국당 대전시대덕구당원협의회 운영위원장(현) 2017년 同원내수석대변인 2017년 同제19대 홍준표 대통령후보 중앙선거대책위원회 총괄선거대책본부 공보단장 2017년 同중앙직능위원회 제2본부장 2018년 국회 과학기술정보방송통신위원회 간사 2018년 자유한국당 정책위원회 의장(현) 2019년 국회 과학기술정보방송통신위원회 위원(현) 2019년 자유한국당 저스티스리그 공동위원장(현) (상)대한민국재향군인회 향군대휘장(2010), 국가생산성대상(2010), 생생도시대상(2010), 다산목민대상(2011), 어린이 안전대상 본상(2012), 메니페스토경진대회 공약이행분야 최우수상(2012), 국민안전대상 우수국회의원상(2016) (저)'정용기의 새 대전을 위한 새 생각'(2014)

정용달(鄭容達) JUNG Yong Dal

(생)1961 · 5 · 30 (출)대구 (주)부산광역시 연제구 법원로 31 부산지방법원(051-590-1201) (학)1980년 경북대사대부고졸 1985년 서울대 법대졸 (경)1985년 사법시험 합격(27회) 1988년 사법연수원 수료(17기) 1988년 육군 법무관 1991년 대구지법 판사 1995년 同경주지원 판사 1997년 대구지법 판사 1998년 대구고법 판사 2001년 대구지법 판사 2003년 同의성지원장 2005년 대구지법 부장판사 2007년 同가정지원장 2009년 대구지법 부장판사 2010년 언론중재위원회 대구중재부장 2011년 부산고법 부장판사 2012년 대구지법 수석부장판사 2015~2017년 대구고법 수석부장판사 2015~2017년 경북도선거관리위원회 위원장 2017년 대구고법 부장판사 2019년 부산지법원장(현)

정용대(鄭龍大)

(생)1968 (출)충남 논산 (주)서울특별시 강남구 학동로 425 강남세무서(02-519-4200) (학)대전 명석고, 서울대 사회교육과졸 (경)1997년 행정고시 합격(41회) 2009년 국세청 전자세원과 서기관 2011년 전북 정읍세무서장 2012년 서울지방국세청 세원분석국 서기관 2013년 同조사3국 서기관 2014년 대법원 파견 2015년 국세청 납세자보호관실 심사2담당관 2015년 서울 노원세무서장 2016년 국세공무원교육원 교수과장 2017년 국세청 개인납세국 부가가치세과장 2019년 서울 강남세무서장(현)

정용덕(鄭用德) JUNG Yong-duck (華峰)

(생)1949 · 1 · 16 (본)초계(草溪) (출)서울 (주)서울특별시 동작구 사당로 143 총신대학교 이사장실(02-3479-0200) (학)1981년 행정학박사(미국 서던캘리포니아대) (경)1982~1994년 성균관대 행정학과 교수 1986~1987년 영국 런던정치경제대 연구교수 1988~1989년 행정개혁위원회 전문위원 1990~1991년 독일 베를린자유대 초빙교수 1993~1998년 행정쇄신위원회 실무위원 1994~2014년 서울대 행정대학원 교수 1998~1999년 경영진단조정위원회 위원 2001년 한국행정학회 제35대 회장 2001~2005년 국가정보화평가위원회 민간위원장 2001~2003년 한국학술단체연합회 감사 2003~2005년 정부혁신지방분권위원회 위원 2003년 기획예산처 성과관리자문단 민간위원장 2004~2006년 외교통상부 혁신추진위원회 민간위원장 2004~2005년 한성대 이사 2005~2006년 행정정보공유추진위원회 민간위원장 2006~2007년 정부업무평가위원회 민간위원장 2006~2009년 한국행정연구원 원장 2008~2011년 평생교육진흥원 이사 2011~2013년 한국사회과학협의회 회장 2014년 서울대 행정대학원 명예교수(현) 2015년 금강대 글로벌융합학부 행정학전공 석좌교수(현) 2019년 총신대 이사장(현) (상)한국행정학회 우수논문상(1985), British FCO Scholarships and Awards(1986), 국민훈장 목련장(1988), 홍조근정훈장(2005), The Chester A. Newland Presidential Citation of Merit of the American Society for Public Administration(2013) (저)'Korean Public Administration and Policy in Transition'(1993) '현대국가의 행정학'(2001) '한 · 일 국가기구 비교연구'(2002) '거버넌스 제도의 합리적 선택'(2002) '한국행정 60년, 1948~2008(共)'(2008) 'Collaborative Governance in the United States and Korea'(2009) '페어 소사이어티'(2011) '공공갈등과 정책조정 리더십'(2011) '한국사회대논쟁(共)'(2012) '융합연구(共)'(2013) 'The Korean State, Public Administration, and Development'(2014) '행국행정학 60년, 1956~2016(共)'(2017) (역)'평등과 효율'(1984) '사익의 공공활용'(1986) '미래의 국정관리'(1998) '거버넌스, 정치 그리고 국가'(2003)

정용득(鄭鏞得) Chung, Yong Deuk

(생)1950 · 1 · 15 (본)동래(東萊) (출)경북 상주 (주)서울특별시 동작구 상도로30길 8 2층 (사)한국씨니어연합 임원실(02-815-1922) (학)1968년 서울 중동고졸 1972년 경희대 법과대학 행정학과졸 (경)1972~1984년 대한무역투자진흥공사(KOTRA) 과장 1985~1987년 한국생산성본부(KPC) 부장 1987~2000년 한국소비자원(KCA) 총무부장 · 홍보실장 · 소비자안전국장 · 정보출판국장 · 기획조정실장 · 분쟁조정1국장 · 정책연구실 교수 1999~2006년 한국조폐공사 열린공기업위원회 위원장 2000~2004년 서울산업통상진흥원(SBA) 사업운영본부장 2005~2006년 (사)한국프랜차이즈산업협회(KFA) 상근부회장 2007년 (사)전국중소기업지원센터협의회 사무총장 2008~2011년 한국정책능력진흥원 원장(CEO) 2009~2011년 한국승강기안전관리원 비상임이사 2009년 (사)한국씨니어연합 상임이사(현) 2012년 화성시복지재단 비상임이사 2012~2015년 화성상공회의소 상근부회장 2013년 (사)한국공공정책평가협회 부회장 2014년 사회복지법인 자제공덕회 공익이사(현) (상)KOTRA사장표창(1977), 상공부장관표창(1980), 부총리 겸 경제기획원장관표창(1991), 국민훈장 석류장(1999) (종)천주교

정용래(鄭勇來)

(생)1968 · 10 · 17 (출)전남 장흥 (주)대전광역시 유성구 대학로 211 유성구청 구청장실(042-611-2001) (학)중앙대 정치외교학과졸, 충남대 행정대학원 행정학과졸 (경)조승래 국회의원 보좌관, 허태정 유성구청장 비서실장 2017년 더불어민주당 제19대 문재인 대통령후보 중앙선거대책위원회 국가정책자문단 중앙위원 2018년 대전 유성구청장(더불어민주당)(현)

정용상(鄭容相) Chung, Yong Sang

(생)1955 · 3 · 10 (본)동래(東萊) (출)경남 거창 (주)서울특별시 중구 필동로1길 30 동국대학교 법과대학(02-2260-3267) (학)1973년 거창 대성고졸 1977년 건국대 법학과졸 1986년 同대학원 석 · 박사과정 수료 1990년 법학박사(건국대) (경)1977~1979년 ROTC(15기) 1987~2007년 부산외국어대 법학과 전임강사 · 조교수 · 부교수 · 교수 1988~1990년 同교무과장 1992~1993년 同대학원 · 교육대학원 교학부장 1993~2016

년 한국법학교수회 이사 · 간사 · 상임이사 · 사무차장(3회) · 사무총장(4회) · 감사 · 부회장(2회) · 수석부회장(2회) 1995~1996년 고려대 법과대학 교환교수 1996년 한국상사법학회 감사 · 이사 · 부회장(현) 1996년 한국재산법학회 이사 · 부회장(현) 1996년 한국경영법률학회 이사 · 감사 · 부회장(현) 1996년 한국비교사법학회 이사 · 상임이사 · 부회장(현) 1997년 부산외국어대 교수협의회 의장 1997년 한국상사판례학회 이사 · 부회장(현) 1997년 대한상사중재원 중재인(현) 1998~1999년 부산외국어대 종합기획실장 1999~2008년 한국법학원 대의원 · 이사 2000년 한국기업법학회 이사 · 상임이사 · 부회장(현) 2004~2013년 대한민국ROTC중앙회 부회장 2005~2007년 부산외국어대 초대 법과대학장 2005~2009년 한국도산법학회 부회장 2006~2009년 올바른로스쿨을위한시민인권노동법학계비상대책위원회 상임집행위원장 2007년 동국대 법과대학 교수(현) 2008~2009년 법무부 법교육위원회 위원 2008~2010년 한국엠네스티 법률가위원회 위원 2008~2011년 同법과대학장 겸 법무대학원장 2009~2011년 전국법과대학장협의회 회장 2009년 국가인권위원회 차별조정위원(현) 2010년 한중법학회 감사 · 부회장 · 자문위원장(현) 2010년 흥사단민족통일운동본부 이사 · 공동대표 · 상임대표 · 이사회장(현) 2010년 육군부사관학교발전기금 명예이사(현) 2011~2012년 한국법학원 부원장 2011~2015년 한반도이야기 최고위원 · 공동대표 2011년 사월회 이사 · 상임이사 · 부회장 · 수석부회장(현) 2011년 한백통일재단 중앙본부 상임대표 · 상임고문(현) 2011년 한미법학회 부회장(현) 2012~2016년 도산통일연구소 부소장 2012~2018년 전자문서전자거래분쟁조정위원회 위원장 2012~2018년 법무부 공증인징계위원회 위원 2013년 한국안보통일연구원 부원장(현) 2013년 헬프시리아 대표 겸 운영위원장(현) 2013~2014년 (사)이준국제법연구원 고문 겸 후원회장 2014~2016년 대한변호사협회 선거관리위원회 위원 2015~2016년 한국법학원 부원장 2015~2018년 흥사단 공의회 공의원 · 운영위원 2016년 IT비지니스협회 등기이사(현) 2017~2018년 한국법학교수회 회장 2017년 대한중재인협회 부협회장 겸 운영위원(현) 2017~2019년 통일교육협의회 이사 2017~2019년 민족화해협력범국민협의회 공동의장 2017~2018년 대법관후보추천위원회 위원 2017~2018년 검찰총장후보추천위원회 위원 2017년 포럼 명세재 대표(현) 2017년 시니어금융교육협의회 등기임원(현) 2018년 헌법재판관후보(대법관제청)추천위원회 위원 2018년 마리안느와 마가렛 노벨평화상범국민추천위원회 위원(현) 2018년 상 · 장례업발전선진화추진위원회 위원장(현) 2019년 대한중재인협회 아시아 · 태평양중재포럼 대표(현) 2019년 키르기스스탄 유라시아대학교 석좌교수(현) 2019년 국가발전정책연구원 부이사장(현) 2019년 한반도평화에너지센터 이사장(현) 2019년 민주평통 통일법제분과위원회 상임위원(현) ㉿홍조근정훈장(2007) (저)'미국회사법상의 제문제'(1998) '가상공간의 법률문제(共)'(1999) '국제통상법(共)'(2000) 'M&A법상의 제문제'(2003) '중국회사법론'(2003) '미국금융기관규제법(共)'(2005) '미국금융지주회사법의 이해(共)'(2006) '이슬람법의 동향과 과제(심포지움자료집)'(2006) '각국의 감사제도(共)'(2007) 'ASEAN투자법령해설서(1)(共)'(2012) 'ASEAN투자법령해설서(2)(共)'(2013) 'ASEAN투자법령해설서(3-1, 3-2)(共)'(2014)

정용석(鄭龍錫) JEONG Yong Seok

(생)1960 · 9 · 7 (출)서울 (주)서울특별시 동대문구 경희대로 26 경희대학교 생물학과(02-961-0829) (학)1986년 성균관대 생물학과졸 1989년 미국 East Stroudsburg대 대학원 생물학과졸 1994년 바이러스학박사(미국 Univ. of Texas at Austin) (경)1988~1989년 이스트스트로우스버그대 강의조교 1989~1994년 미국 텍사스대 오스틴교 연구조교 · 강사 1994~1995년 미국 하버드대 의대 연구원 1995~2004년 경희대 생물학과 조교수 · 부교수 1997년 대한의생명과학회 상임이사 1998~2001년 중앙약사심의위원회 분과위원장 1998~2000년 한국과학기술연구원(KIST) 객원선임연구원 1999~2000년 서울시 수도기술연구소 미생물자문위원 2000~2010년 환경부 먹는물 자문위원 · 관리위원 2004년 경희대 이과대학 생물학과 교수(현) 2011~2014년 同이과대학 부학장 2017년 同이과대학장(현) (저)'생물학적제제기준 및 시험방법'(1999) '중소규모 정수장의 바이러스 전국분포 실태조사연구(2001) '수돗물 바이러스 오염우려지역의 정밀조사연구(2001) '바이러스 표준분석방법 및 분석 인증제도 연구'(2001) '정수처리기술기준 시행을 위한 바이러스 정도관리연구'(2003) '환경미생물학 실험매뉴얼(2003) '바이러스학'(2004) '분자바이러스학(2005) (역)'환경미생물학 실험매뉴얼'(2003) '분자바이러스학(3판)'(2005)

정용석(鄭容晳)

(생)1972 · 3 · 28 (출)대전 (주)경기도 성남시 수정구 산성대로 451 수원지방법원 성남지원(031-737-1558) (학)1991년 동산고졸 1996년 고려대 법학과졸 (경)1998년 사법시험 합격(40회) 2001년 사법연수원 수료(30기) 2001년 軍법무관 2004년 대전지법 판사 2008년 수원지법 판사 2013년 서울남부지법 판사 2015년 서울중앙지법 판사 2016년 광주지법 부장판사 2018년 수원지법 성남지원 부장판사(현)

정용신(鄭容信 · 女)

(생)1973 · 7 · 31 (출)서울 (주)경상남도 창원시 성산구 창이대로 681 창원지방법원(055-239-2000) (학)1992년 대구 혜화여고졸 1997년 연세대 영어영문학과졸 2001년 同대학원 법학과졸 (경)1995년 행정고시 합격(39회) 2000년 사법시험 합격(42회) 2003년 사법연수원 수료(32기) 2003년 대전지법 예비판사 2004년 대전고법 예비판사 2005년 대전지법 판사 2006년 수원지법 성남지원 판사 2009년 서울중앙지법 판사 2011년 서울가정법원 판사 2018년 창원지법 부장판사(현)

정용익(鄭鏞益) JUNG Young Ik

(생)1967 (주)충청북도 청주시 흥덕구 오송읍 오송생명2로 187 식품의약품안전처 운영지원과(043-719-1241) (학)서울 강서고졸, 고려대 법학과졸 1999년 경희대 대학원 법학과졸 2014년 법학박사(고려대) (경)행정고시 합격(43회) 2008년 특허청 정보기획과 서기관 2009년 同산업재산정책국 산업재산정책과 서기관 2010년 同특허심판원 심판관 2011년 同국제지식재산연수원 지식재산교육과장 2012년 同고객협력국 국제출원과장 2013년 同산업재산정책국 산업재산보호과장 2015년 식품의약품안전처 농축산수산물안전국 농축수산물정책과장 2016년 국립외교원 교육훈련파견 2017년 식품의약품안전처 기획조정관실 기획재정담당관 2018년 同식생활영양안전정책과장(부이사관) 2018년 同식품소비안전국장 2019년 교육 훈련(고위공무원)(현)

정용인(鄭鏞仁) JUNG Yong In

(생)1942 · 5 · 5 (본)동래(東萊) (출)경북 예천 (주)서울특별시 서초구 서초중앙로 142 삼화빌딩 6층 정용인법률사무소(02-587-5021) (학)1960년 대창고졸 1964년 서울대 법대졸 1967년 同사법대학원졸 1980년 미국 캘리포니아웨스턴대 로스쿨 1년 수료 (경)1964년 사법시험 합격(4회) 1967년 軍법무관 1970년 청주지법 판사 1973년 同제천지원장 1974년 춘천지법 속초지원장 1975년 서울민형사지법 인천지원 판사 1977년 서울형사지법 판사 1978년 서울민사지법 판사 1980년 서울고법 판사 겸 대법원 재판연구관 1981년 대구지법 부장판사 1983년 서울지법 동부지원 부장판사 1985년 서울민사지법 부장판사 1987년 서울형사지법 부장판사 1987년 대구고법 부장판사 1989년 수원지법 수석부장판사 1991년 서울고법 부장판사 1993년 서울지법 북부지원장 1994년 전주지법원장 1995년 청주지법원장 1996년 대전지법원장 1998년 인천지법원장 1999년 서울가정법원장 1999~2000년 대전고법원장, 법무법인 영진 대표변호사 2014년 법률사무소 케이앤코 변호사, 변호사 개업(현) (종)기독교

정용진(鄭溶鎭) CHUNG Yong Jin
(생)1968·9·19 (출)서울 (주)서울특별시 중구 소공로 63 (주)신세계 부회장실(02-727-1062) (학)1987년 경복고졸 1994년 미국 브라운대 경제학과졸 (경)1995년 (주)신세계백화점 입사 1997년 同도쿄사무소 이사 1997년 신세계그룹 기획조정실 그룹총괄담당 상무 1998년 신세계백화점 신세계체인사업부본부장 상무 1998년 同경영지원실 상무 2000년 同경영지원실 부사장 2001년 (주)신세계 경영지원실 부사장 2006년 同부회장 2010년 同총괄대표이사 부회장 2013년 同부회장(현) 2015년 서울상공회의소 부회장(현) (상)한국윤리경영학회 윤리경영대상(2010), 럭스맨 기업인상(2015), 한국능률협회 한국의 경영자상(2017)

정용호(鄭用昊) Jung Yongho
(생)1960·5·21 (출)인천 (주)서울특별시 영등포구 여의공원로 111 KDB인프라자산운용 임원실(02-6333-3500) (학)1979년 인천 대건고졸 1983년 고려대 법학과졸 (경)1988년 KDB산업은행 입행 2002년 同자금거래실 부부장 2006년 同자본시장실 팀장 2007년 同자금거래실 팀장 2009년 同인사부 팀장 2011년 同자금거래실장 2012년 同비서실장 2013년 同인사부장 2014년 同개인금융부문장(부행장) 2015~2016년 同성장금융1부문장(부행장) 2017년 KDB인프라자산운용 경영관리본부장(부사장) 2018년 同대표이사(현)

정용화(鄭龍和) Chung Yong Hwa
(생)1953·7·30 (본)연일(延日) (출)광주 (주)광주광역시 동구 동명로26번길 15-3 광주전남민주화운동동지회(062-675-3555) (학)1973년 광주제일고졸 1988년 전남대 국어국문학과졸 2005년 조선대 대학원 행정학과졸 2008년 전남대 대학원 행정학박사과정 수료 (경)1981년 도서출판 '한마당' 기획영업부장 1983년 도서출판 '일과놀이' 대표 1988년 전남일보 사회부·경제부·정치부 기자 1991년 광주매일 정치부·사회부 차장 1994년 同지역사회부장 1995년 同정치부·사회부 부장 1996년 同지역사회부장 1997년 同정치부장 1998년 同서울취재부장 2000년 同정치부장·논설위원 2001년 5.18기념재단 상임이사 2006년 열린우리당 광주광역시당 사무처장 2007~2010년 (사)들불열사기념사업회 이사장 2009년 광주민주동지회 공동대표 2011~2016년 광주전남민주화운동동지회 상임대표 2014~2016년 (사)광주민주화운동기념사업회 이사장(현) 2017년 광주전남민주화운동동지회 상임고문(현) (상)한국기자협회 이달의 기자상(1993) (저)'5.18 광주항쟁 자료집'(編) '죽음을 넘어 시대의 어둠을 넘어'(編) '正史 5.18 上'(共)

정용화(鄭容和) CHUNG Yong Hwa (靑岑·松潭)
(생)1964·9·9 (출)전남 강진 (주)경기도 안양시 동안구 시민대로 297 1719호 (사)코리안드림네트워크(031-383-4430) (학)1982년 광주 인성고졸 1987년 서울대 외교학과졸 1989년 同대학원 외교학과졸 1998년 정치학박사(서울대) (경)1996~1998년 미국 하버드대 엔칭연구소 초빙연구원 1999~2001년 한국학중앙연구원 초빙연구원 2001~2006년 연세대 연구교수 2005년 중국 베이징대 연구학자 2006년 일본 도쿄대 객원연구원 2007~2008년 국제정책연구원(GSI) 정책전문위원 2007~2008년 제17대 대통령직인수위원회 정무분과 자문위원 2008년 제18대 국회의원선거 출마(광주 西甲, 한나라당) 2008~2010년 대통령 연설기록비서관 2010년 새날학교 명예이사장(현) 2010년 광주광역시장선거 출마(한나라당) 2010·2011년 한나라당 비상대책위원회 위원 2010~2018년 (사)호남미래연대 이사장 2012년 제19대 국회의원선거 출마(광주 西甲, 무소속) 2012~2015년 간행물윤리위원회 위원 2012~2015년 연세대 동서문제연구원 교수 2012~2013년 인성교육범국민실천연합 초대 사무총장 2012년 (사)통일생각 호남지역 대표 2014년 (사)고려인마을 후원회장(현) 2014~2016년 한국양성평등교육진흥원 초빙교수 2015년 광주하계유니버시아드대회 조직위원회 비상근부위원장 2018년 (사)코리안드림네트워크 이사장(현) (저)'문명의 정치사상 : 유길준과 근대한국'(2004) '동아시아의 지역질서: 제국을 넘어 공동체로(共)'(2005) '청소년을 위한 우리역사 바로보기(共)'(2006) '동아시아와 지역주의(共)'(2006, 지식마당) '민족과 국민 정체성의 재구성(共)'(2009, 혜안) '코리안 드림'(2010) (역)'녹색정치사상'(1993, 민음사)

정용환(鄭龍煥)
(생)1959·4·9 (주)부산광역시 강서구 화전산단5로 27 서번산업엔지니어링(주)(051-831-7676) (학)부산대 기계과졸 2005년 부경대 대학원 냉동공조공학과졸 (경)1993년 서번산업엔지니어링(주) 대표이사(현) 2015년 부산기계공업협동조합 이사장(현) 2018~2019년 중소기업중앙회 비상임이사 (상)부산중소기업인대상(2009), 부산산업대상 기술대상(2014)

정용환(丁龍煥)
(생)1975·12·15 (출)서울 (주)서울특별시 서초구 반포대로 157 대검찰청 DNA·화학분석과(02-3480-2410) (학)1994년 영등포고졸 2001년 서울대 경영학과졸 (경)2000년 사법시험 합격(42회) 2003년 사법연수원 수료(32기) 2003년 공익법무관 2006년 서울서부지검 검사 2008년 부산지검 동부지청 검사 2012년 법무부 법무심의관실 검사 2014년 서울중앙지검 검사 2017년 대전지검 천안지청 검사(서울고검 특별송무팀 파견) 2017년 同천안지청 부부장검사 2018년 대구지검 영덕지청장 2019년 대검찰청 DNA·화학분석과장(부장검사)(현)

정 우(頂 宇) JUNG Woo
(생)1952·6·16 (출)전북 김제 (주)강원도 원주시 소초면 구룡사로 500 구룡사(033-732-4800) (학)1974년 해인사 승가대 대교과졸 1998년 동국대 국제정보대학원 수료 (경)1965년 통도사에서 득도 1968년 통도사에서 비구계 수지(계사 홍법) 1971년 통도사에서 구족계 수지(계사 월하) 1980년 통도사 규정국장·재무국장 1983년 대한불교조계종 총무원 사회국장·교무국장·조사국장 1985년 통도사 서울포교당 '구룡사' 주지·회주(현) 1988년 도서출판 일주문 대표 겸 월간「붓다」발행인(현) 1988~1998년 대한불교조계종 제9·10·11·12대 중앙종회 의원 1994년 同총무원 총무부장 1994년 불교방송 전무이사 1997년 同대표이사 사장 2007~2011년 영축총림 통도사 주지 2007년 불교방송 이사 2007년 (사)홍법문화복지법인 이사장(현) 2013~2017년 대한불교조계종 군종특별교구장 2017~2018년 同총무원 총무부장 2018년 문화체육관광부 10.27법난피해자명예회복심의위원회 위원장(현) (상)만해대상 포교상(2001), 대종사 종정표창(2011), 조계종 포교대상(2017) (저)'길을 묻는다 불에 달군 돌을 물고1·2'(1994) '내 어릴 적 꿈은 운전수였네1·2'(2000) (종)불교

정우식(鄭雨植) CHUNG Woo Sik
(생)1958·8·30 (본)하동(河東) (출)서울 (주)서울특별시 양천구 안양천로 1071 이대목동병원 비뇨기과(02-2650-5677) (학)1977년 대성고졸 1983년 연세대 의대 의학과졸 1987년 同대학원 의학과졸 1990년 의학박사(연세대) (경)1988년 비뇨기과 전문의 1988~1990년 연세대 의대 비뇨기과 연구강사 1990~1993년 건국대 의대 비뇨기과 전임강사·조교수 1992~1993년 미국 남가주의대 교환교수 1993년 이화여대 의과대학 비뇨기과학교실 조교수·부교수·교수(현) 2002~2003년 미국 로체스터 메이요클리닉 교환교수 (저)'남성성기능장애 남성불임증 진료지침서'(1997) '남성과학(共)'(2003) '비뇨기과학남성과학' (종)기독교

정우식(鄭宇植)

[생]1971·7·14 [출]경남 진주 [주]경기도 고양시 일산동구 장백로 213 의정부지방검찰청 고양지청 형사2부(031-909-4309) [학]1990년 대아고졸 1995년 연세대 경영학과졸 [경]1999년 사법시험 합격(41회) 2002년 사법연수원 수료(31기) 2002~2006년 변호사 개업 2006년 전주지검 군산지청 검사 2008년 광주지검 순천지청 검사 2010년 서울남부지검 검사 2013년 인천지검 검사 2016년 사법연수원 교수 2018년 울산지검 공판송무부장 2019년 의정부지검 고양지청 형사2부장(현)

정우영(鄭佑泳) JUNG Woo Young

[생]1941·9·30 [출]충북 청원 [주]경상북도 구미시 3공단3로 82-13 제원화섬(주) 비서실(054-473-3427) [학]1959년 청주공고졸 [경]1978~1982년 (주)한국화섬 상무이사 1986~1995년 경북도배구협회 부회장 1982년 제원화섬(주) 대표이사(현) 1993~1998년 구미산동농공단지 회장 1994년 신원합섬(주) 대표이사 1995년 대구지법 민사조정위원 1996년 한국섬유개발연구원 이사 1998~2000년 구미인력은행 원장 1999년 구미상공회의소 상임의원·발전위원장 1999~2002년 한국섬유개발연구원 이사장 2001년 경북경영자협회 부회장 2005년 대한직물공업협동조합연합회 회장 2007년 중소기업중앙회 비상근부회장 2007~2010년 FITI시험연구원 이사장 [상]대한상공회의소회장표창(1983·1985·1989), 과학기술처장관표창(1985), 경북도지사표창(1986), 상공부장관표창(1988), 재무부장관표창(1994), 한국섬유대상 신소재개발부문(1994), 국무총리표창(1994·2003), 철탑산업훈장(1996), 산업자원부 신지식인 선정(1999), 대한민국 섬유소재품질대상(2002), 은탑산업훈장(2015) [종]불교

정우영(鄭祐泳) CHUNG Woo Young (德山)

[생]1949·12·27 [출]서울 [주]서울특별시 강남구 테헤란로98길 8 KT&G 대치타워 11층 혼다코리아(주) 임원실(02-3416-3301) [학]1968년 중앙고졸 1976년 성균관대 금속공학과졸 1980년 同대학원 경영학과졸 [경]1976년 기아기연공업(주) 입사 1995년 대림자동차(주) 이사대우 1996년 同이사 1997년 同상무이사 1998년 同전무이사 2000년 同대표이사 부사장·대표이사 사장 2001~2019년 혼다코리아(주) 대표이사 사장 2018년 한국수입자동차협회 회장(현) 2019년 혼다코리아(주) 대표이사 회장(현) [상]대통령표창(2009), 납세자의 날 산업포장(2014) [종]불교

정우영(鄭尤榮) CHUNG Woo Yeong

[생]1956·2·14 [출]부산 [주]부산광역시 부산진구 복지로 75 부산백병원 소아청소년과(051-890-6280) [학]1980년 부산대 의대졸 1983년 同대학원졸 1991년 의학박사(부산대) [경]1980~1981년 부산아동병원 인턴 1982~1985년 인제대 부산백병원 레지던트 1985년 同의대 소아청소년과학교실 교수(현) 1987~1988년 미국 UCLA 소아신장학 Fellow 1996년 인제대 부산백병원 홍보실장 1996~1997년 부산의사회 회지편집위원 1999~2001년 대한소아신장학회 회지간행위원 2001·2009년 경남신문 객원논설위원 2005~2015년 인제대 부산백병원 대외교류처장 2007~2009년 대한소아내분비학회 부회장 2008년 질병관리본부 지정 부산경남권희귀난치성질환지역거점병원 센터장(현) 2008년 부산국제영화제 의료지원팀장(현) [상]울산문화방송사장표창(2007), 보건복지부장관표창(2010), 부산시장표창(2019) [저]'희귀난치성질환의 이해 1~19권'(2008~2014) '터너증후군의 임상적 관리'(2010) [종]기독교

정우영(鄭又榮)

[생]1971·9·26 [출]전남 함평 [주]인천광역시 미추홀구 소성로163번길 17 인천지방법원(032-860-1169) [학]1990년 광주 석산고졸 1997년 한양대 법학과졸 [경]1998년 사법시험 합격(40회) 2001년 사법연수원 수료(30기) 2001년 서울지법 북부지원 판사 2002년 서울고법 판사 2003년 서울지법 판사 2004년 서울중앙지법 판사 2005년 부산지법 판사 2008년 수원지법 평택지원 판사 2010년 서울북부지법 판사 2012년 서울중앙지법 판사 2014년 인천지법 판사 2016년 부산지법 부장판사 2018년 인천지법 부장판사(현)

정우정(丁宇政)

[생]1972·12·22 [출]전남 영광 [주]서울특별시 서초구 서초대로 219 법원행정처 공보관실(02-3480-1149) [학]1991년 동국대부속고졸 1997년 서울대 사법학과졸 [경]1998년 사법시험 합격(40회) 2001년 사법연수원 수료(30기) 2006년 서울중앙지법 판사 2008년 광주지법 순천지원 판사 2012년 의정부지법 판사 2014년 대법원 재판연구관 2016년 대전지법 부장판사 2018년 의정부지법 부장판사(현) 2019년 법원행정처 공보관 겸임(현)

정우진(鄭宇鎭) JUNG Woo Jin

[생]1960·9·15 [주]서울특별시 구로구 디지털로34길 55 에너지경제신문 임원실(02-850-0114) [학]성균관대 대학원 경영학과졸 [경]1987년 매일경제신문 조사자료실 근무 1995년 同경리부 과장 2003년 同광고관리부장 2006년 同총무부장 2006년 아시아경제신문 기획관리국장 2008년 同독자서비스국장 2008년 同독자서비스국장(이사대우) 2011년 同인사총무담당 상무 2013년 에너지경제신문 경영총괄 부사장(현) 2014년 에경TV대표 겸임(현) [상]한국신문협회상

정우진

[생]1975·3·9 [출]독일 [주]경기도 성남시 분당구 대왕판교로 645번길 12 NHN(주)(031-8038-3000) [학]2000년 서울대 사회학과졸 [경]2000년 서치솔루션 입사 2001~2013년 NHN 미국법인 사업개발그룹장, 同플레이넷사업부장, 同캐주얼게임사업부장 2013년 NHN엔터테인먼트 사업센터장 겸 총괄디렉터 2013년 同대표이사 권한대행 2014년 NHN엔터테인먼트 대표이사(CEO) 2019년 NHN(주) 대표이사(CEO)(현)

정우택(鄭宇澤) CHUNG Woo Taik (泓谷)

[생]1953·2·18 [본]연일(延日) [출]부산 [주]서울특별시 영등포구 의사당대로 1 국회 의원회관 846호(02-784-9071) [학]1972년 경기고졸 1977년 성균관대 법학과졸 1979년 서울대 행정대학원 행정학과졸 1987년 경제학박사(미국 하와이대) 2013년 명예 교육학박사(한국교원대) [경]1978년 행정고시 합격(22회) 1980년 체신부 전주전화국 과장 1980~1988년 경제기획원 경제기획국·투자심사국·기획관리실 서기관대우 1989년 국제민간경제협의회 투자환경조사단 부단장 1991년 경제기획원 법무담당관 1992년 통일국민당 진천군·음성군지구당 위원장 1994년 21세기경제사회발전연구원 이사 1995년 자민련 진천군·음성군지구당 위원장 1996년 제15대 국회의원(진천군·음성군, 자민련) 1996년 자민련 정책위원회 수석부위원장 1998년 同제1사무부총장 1998년 同환경보존위원장 2000~2004년 제16대 국회의원(진천군·괴산군·음성군, 자민련) 2000년 자민련 정책위 의장 2000년 아·태환경개발의원회의(APPCED) 집행위원장 2001년 해양수산부장관 2001년 자민련 정책위 의장 2002년 同당발전쇄신특별위원회 위원장 2003~2004년 국회 보훈특별위원회 위원장 2004~2006년 (재)홍곡과학기술문화재단 이사장 2006~2010년 충북도지사(한나

라당) 2006~2008년 전국시도지사협의회 부회장 2009~2010년 충북혁신도시관리위원회 공동위원장 2009~2010년 2013충주세계조정선수권대회유치위원회 공동위원장 2009~2015년 (사)한국택견협회 총재 2010년 디지털서울문화예술대 총장 2011~2014년 사랑의끈연결운동본부 총재 2012~2014년 새누리당 최고위원 2012년 제19대 국회의원(청주시 상당구, 새누리당) 2012년 국회 지식경제위원회 위원 2012년 새누리당 제18대 대통령중앙선거대책위원회 부위원장 2013년 국회 산업통상자원위원회 위원 2013~2014년 새누리당 누리스타봉사단장 2014년 同직능위원회 위원장 2014년 국회 정무위원회 위원장 2016년 새누리당 제20대 총선 충북권선거대책위원장 2016년 제20대 국회의원(청주시 상당구, 새누리당·자유한국당〈2017.2〉)(현) 2016~2017년 국회 산업통상자원위원회 위원 2016~2017년 새누리당 원내대표 2016년 同대표최고위원 권한대행 2016~2017년 국회 운영위원회 위원장 2016~2017년 국회 정보위원회 위원 2017년 새누리당 비상대책위원회 위원 2017년 자유한국당 원내대표 2017년 同비상대책위원장 권한대행 2017년 한·미의원외교협의회 회장(현) 2017년 자유한국당 제19대 홍준표 대통령후보 중앙선거대책위원회 상임공동위원장 2017·2018년 국회 산업통상자원중소벤처기업위원회 위원(현) 2019년 자유한국당 충북도당 위원장(현) (상)부총리 겸 경제기획원장관표창, 대통령표창(1990), 2008 자랑스러운 성균인상(2009), 제45회 전국여성대회 우수지방자치단체장상(2009), 올해의 자랑스러운 성균법대인(2012), NGO모니터단 선정 국정감사 우수의원(2013), 선플운동본부 '국회의원 아름다운 말 선플상'(2014), 한국신문방송기자연맹 대한민국을 빛낸 한국인물 대상, 한국경제문화연구원 신지식인 대상, 전국사단법인총연합회 대한민국 의정혁신대상(2015), 대한기자협회 대한민국 의정대상(2015), 수도권일보 국정감사를 빛낸 우수국회의원 17인(2015), 금융소비자연맹 선정 '금융소비자 권익증진 최우수국회의원'(2015), 환경타임즈 선정 '올해를 빛낸 환경대상'(2015), 대한민국 유권자 대상(2016), 미국동서문화센터(EWC) 자랑스러운동문상(2018) (저)'한국경제의 개발전략과 향후과제' '예산쓰임새, 어떻게 개혁하여야 하나' '아버지가 꿈꾸는 세상, 아들에게 물려줄 희망' (종)기독교

정우현(鄭宇鉉) Chung Woo Hyun

(생)1961·9·17 (출)서울 (주)경기도 성남시 분당구 판교로 332 SK가스(02-3700-7114) (학)배명고졸, 서울대 경제학과졸 (경)SK건설(주) 기획운영실장(상무) 2012년 同기업문화실장(상무) 2014년 同경영기획부문장 겸 CSO(상무) 2015년 同경영기획부문장·CSO·CISO 겸임(전무) 2015 同국내플랜트오퍼레이션 부문장 2017년 SK가스 경영지원부문장(전무) 2017년 同에코에너지부문장(전무) 2019년 同사장보좌 부사장(현) (종)천주교

정 욱(鄭 煜) Jung Wook

(생)1946·3·17 (출)강원 강릉 (주)서울특별시 용산구 한강대로23길 55 아이파크몰테마파크 6층 1-1 대원미디어(주) 대표이사실(02-6373-3000) (학)1964년 강릉고졸 1988년 동국대 경영대학원졸 (경)1971년 소년한국일보 '숨은그림찾기' 연재 1973년 원프로덕션 설립·대표 1974년 대원프로덕션 대표 1977년 대원동화(주) 대표이사 1985년 청주대 강사 1992년 도서출판 대원(주) 회장 1994년 상공자원부 영상산업발전민간협의회 민간위원 1994~1996년 한국애니메이션제작자협회 회장 1996년 서울국제만화페스티벌추진위원회 부위원장 2000년 대원C&A홀딩스(주) 회장 2002년 대원씨아이(주) 대표이사(현) 2004년 대원방송 대표이사(현) 2007~2015년 대원미디어(주) 대표이사 2007~2015년 대원게임 대표이사 2017년 대원미디어(주) 각자대표이사(현) (상)대통령표창(1986), 국무총리표창, 제13회 색동회상(1990), 대한민국영상만화대상 금상(1995), 대한민국콘텐츠어워드 국무총리표창(2009), 서울국제만화애니메이션페스티벌(SICAF) 올해의 애니메이션어워드(2013), 2016 애니메이션·캐릭터 어워드 대상(2016) (저)'대한민국 콘텐츠 플랫폼 정욱과 대원'(2015)

정욱도(鄭煜都) Jeong, Ukdo

(생)1976·3·20 (본)진주(晉州) (출)서울 (주)충청남도 홍성군 홍성읍 법원로 38 대전지방법원 홍성지원(041-640-3100) (학)1995년 서울 화곡고졸 1999년 서울대 법학과졸 2003년 同대학원 법학과 수료 2010년 미국 뉴욕대 로스쿨졸(LL.M.) (경)1999년 사법시험 합격(41회) 2002년 사법연수원 수료(31기) 2002년 공군 법무관 2005년 서울서부지법 판사 2007년 서울행정법원 판사 2009년 부산지법 동부지원 판사 2014년 수원지법 안산지원 판사 2015년 서울남부지법 판사 2018년 대전지법 홍성지원·대전가정법원 홍성지원 부장판사(현)

정운석(鄭運石) JUNG Woon Suk

(생)1959·3·9 (주)서울특별시 서초구 바우뫼로 201 블랙야크(02-2286-9004) (학)1977년 서울 보인상고졸 1984년 서울산업대 경영학과졸 2006년 동국대 경영대학원 마케팅학과졸 (경)1984~1988년 (주)고려개발 재경부 근무 1988년 (주)톰보이 재경부 입사·부장 2001년 同재무기획담당 이사 2003년 同관리부문총괄 경영지원본부장(상무이사) 2006~2009년 同대표이사 사장 2009년 블랙야크 부사장 2012년 同사장(현) (상)'제25회 대한민국 三養堂 섬유·패션대상' 내수패션부문 수상(2018)

정운수(鄭運洙)

(생)1964 (주)서울특별시 영등포구 여의나루로 76 한국거래소 코스닥시장본부(02-3774-9000) (학)1982년 장충고졸 1986년 경희대 행정학과졸 2014년 미국 미시간주립대 국제전문인양성과정(VVIP) 수료 (경)1990년 한국거래소 입사 2007년 同홍보팀장 2008년 同경영전략팀장 2011년 同코스닥시장부장 2013년 同코넥스시장부장 2016년 同코스닥시장본부장보(상무) 2017년 同코스닥시장본부장 직대(상무) 2018년 同코스닥시장본부장(부이사장)(현)

정운진(鄭運辰)

(생)1964·4·20 (주)서울특별시 중구 세종대로9길 20 신한금융지주회사 그룹글로벌투자(GIB)사업부문(02-6360-3000) (학)1983년 대구 계성고졸 1987년 서울대 경제학과졸 (경)1990년 신한은행 입행 1994년 同평촌지점 대리 1998년 同제주지점 대리 2000년 同종합기획부 대리 2001년 신한금융지주회사 전략팀 부부장 2004년 신한은행 동경지점 부지점장 2007년 同영업부 부부장 2007년 同중계본동지점장 2008년 同계동지점 개설준비위원장 겸 지점장 2009년 신한금융지주회사 전략기획팀 부장 2014년 신한은행 강남대기업금융센터장 겸 RM 2016년 신한은행 종합기획부 본부장 2018년 同부행장보 2019년 신한금융지주회사 그룹글로벌투자(GIB)사업부문장(부사장보)(현)

정운찬(鄭雲燦) CHUNG Un Chan

(생)1947·3·21 (본)연일(延日) (출)충남 공주 (주)서울특별시 강남구 강남대로 278 (사)한국야구위원회(KBO)(02-3460-4600) (학)1966년 경기고졸 1970년 서울대 경제학과졸 1972년 미국 마이애미대 대학원 경제학과졸 1976년 경제학박사(미국 프린스턴대) 2004년 명예 국제교육학박사(러시아 국립극동대) (경)1976년 미국 컬럼비아대 조교수 1978~2009년 서울대 사회과학대학 경제학부 조교수·부교수·교수 1983년 미국 하와이대 초빙교수 1986년 영국 런던정경대 객원교수 1998년 한국금융학회 회장 1999년 독일 보쿰대 초빙연구교수 1999~2001년 정부출연연구기관연합이사회 경제사회연구회 민간이사 2000~2001년 재정경제부 금융발전심의회 위원장 2002년 보건복지부 국민연금발전위원회 위원장 2002년 서울대 사회과학대학장 2002~2006

년 同총장 2004년 과학기술부 사이언스코리아 공동의장 2005년 관정이종환교육재단 국외유학장학생심사위원장 2006년 한국경제학회 회장 2008~2009년 한국사회과학협의회 회장 2008년 미국 프린스턴대 초빙연구원 2008~2009년 서울대 금융경제연구원 초대원장 2009년 헌법재판소 자문위원 2009년 한국사회과학협의회 회장 2009~2010년 국무총리 2009~2010년 대통령소속 국가정보화전략위원회 공동위원장 2009~2010년 세종시 민관합동위원회 공동위원장 2010~2012년 동반성장위원회 위원장 2011년 제주·세계7대자연경관선정범국민추진위원회 위원장 2011년 서울대 명예교수(현) 2012년 동반성장연구소 이사장(현) 2013년 국립대학법인 서울대 이사 2015~2017년 (사)호랑이스코필드기념사업회 회장 2017년 同명예회장(현) 2017년 소상공인연합회 고문 2018년 (사)한국야구위원회(KBO) 총재(현) 2018년 (사)한국프로스포츠협회 회장(현) 2018년 미래에셋박현주장학재단 제3대 이사장(현), 일본 도쿄대 총장 자문위원(현) (상)자랑스런 경기인상(2003), 자랑스런 충청인상(2006), 서울대 빛내자상(2010), 한반도 통일공헌대상 정치행정부문(2017) (저)'경제통계학'(1985, 경문사) '중앙은행론'(1995, 학현사) '금융개혁론'(1995, 법문사) '한국경제 죽어야 산다'(1997, 나무와숲) '통계학'(1998, 경문사) '한국경제 아직도 멀었다'(1999, 나무와숲) '화폐와 금융시장(共)'(2000, 율곡출판사) '스무살에 선택하는 학문의 길(共)'(2005, 아카넷) '아버지의 추억'(2006, 따뜻한손) '거시경제론(共)'(2007, 율곡출판사) '예금보험론(共)'(2007, 서울대 출판부) '외환위기 10년 한국사회 얼마나 달라졌나'(2007, 서울대 출판부) '경제학원론(共)'(2009, 율곡출판사), 자서전 '가슴으로 생각하라'(2007, 따뜻한손), 평론집 '한국경제 아직 늦지 않았다'(2007, 나무와숲) '야구예찬'(2013, 휴먼큐브) (역)'중앙은행의 이론과 실제(共)'(2003, 율곡출판사) (종)기독교

정운천(鄭雲天) CHUNG Woon Chun

(생)1954·4·10 (출)전북 익산 (주)서울특별시 영등포구 의사당대로 1 국회 의원회관 828호(02-784-8975) (학)1973년 익산 남성고졸 1981년 고려대 농업경제학과졸 2003년 원광대 행정대학원 행정학과졸 2010년 명예 경제학박사(군산대) (경)1984년 삼부종합농장 겸 교육장 운영 1988년 농업후계자 선정 1989년 한국참다래협회 창립·초대회장 1990년 한국참다래유통사업단 설립·대표이사 1994~2008년 同영농조합법인 회장 1999년 농림부 선정 '신지식 농업인' 2000~2006년 (사)한국신지식농업인회 회장 2003년 대불대 겸임교수 2003~2004년 농림부 중앙농정심의회 위원 2005년 대통령직속 농어업·농어촌특별대책위원회 산하 쌀유통혁신협의회 의장 2006년 (사)한국농업CEO연합회 회장 2006년 (사)한국신지식농업인회 명예회장 2007년 전남도농업기술원 '2007 억대 농업인 성공사례 발표회-한국농업의 블루오션전략' 특강 2007년 전남대 응용생물학부 겸임교수 2007년 한나라당 경제살리기특별위원회 위원 2008년 농림수산식품부 장관 2009년 국무총리직속 새만금위원회 위원 2010년 전북도지사선거 출마(한나라당) 2010~2011년 한식재단 이사장 2010년 현미먹기운동본부 고문 2010년 경기음식페스티벌 추진위원장 2010년 전북대 농업생명과학대학 식품공학과 석좌교수 2010~2011년 한나라당 최고위원 2010년 同구제역대책특별위원장 2012년 제19대 국회의원선거 출마(전주시 완산구乙, 새누리당) 2012년 새누리당 조직강화특별위원회 위원 2012~2013년 同전북도당 위원장 2012년 同지역화합특별위원회 위원장 2014년 同전북도당 농업경쟁력강화특별위원장 겸 새만금특별위원장 2015년 同정책위원회 민생119본부 부본부장 2016년 同전주시乙당원협의회 운영위원장 2016년 제20대 국회의원(전북 전주시乙, 새누리당·바른정당〈2017.1〉·바른미래당〈2018.2〉)(현) 2016년 국회 산업통상자원위원회 위원 2016·2018년 국회 예산결산특별위원회 위원(현) 2016년 새누리당 윤리위원회 부위원장 2016년 同전북도당 위원장 2017~2018년 바른정당 전북도당 위원장 2017~2018년 국회 산업통상자원위원회 간사 2017년 바른정당 대통령후보 경선관리위원 2017~2018년 同최고위원 2017년 同제19대 유승민 대통령후보 중앙선거대책위원회 부위원장 2017~2018년 同민생특별위원회20 총괄위원장 겸 농촌태양광특별위원장 2017년 국회 산업통상자원중소벤처기업위원회 간사 겸 산업무역소위원회 위원 2017년 국회 재난안전대책특별위원회 위원 2018년 바른미래당 최고위원 2018년 同전주시乙지역위원회 위원장(현) 2018년 同전북도당 공동위원장 2018년 同정책홍보단장 2018년 국회 농림축산식품해양수산위원회 간사(현) 2018~2019년 국회 에너지특별위원회 위원 2018년 바른미래당 전북도당 위원장(현) (상)새농민상, 철탑산업훈장(1991), 대산농촌문화상 본상(1993), 신지식 농업인(1999), 고창애향대상(2010), 올해의 전북인상(2010), 청조근정훈장(2012), 대한민국신창조인대상 의정활동부문대상(2017), 대한민국산업대상 공로상(2018) (저)'거북선 농업'(2004) '박비향'(2009) '바보 정운천의 7번째 도전'(2011) '함거(檻車)에서 길을 찾다'(2015)

정운현(鄭雲鉉) JOUNG Wun Hyun

(생)1959·9·2 (출)경남 함양 (주)세종특별자치시 다솜로 261 국무총리비서실(044-200-2300) (학)1978년 대구고졸 1985년 경북대 문헌정보학과졸 2000년 고려대 언론대학원 신문학과졸 (경)1984~1998년 중앙일보 조사부·뉴스속보부·현대사연구소 기자 1998~2001년 대한매일 기자·특집기획팀 차장 1999~2003년 민간인학살범국민위원회 운영위원 2000년 친일인명사전 편찬위원 2000~2002년 민주언론운동시민연합 정책위원 2000~2004년 '민족21' 이사 2002년 오마이뉴스 편집국장 2003~2005년 한국인터넷기자협회 운영위원장·부회장 2004년 인터넷언론인포럼 총무 2005년 오마이뉴스 편집위원 2005년 대통령소속 친일반민족행위진상규명위원회 사무처장 겸 대변인 2008년 한국언론재단 연구이사 2008~2009년 태터앤미디어 공동대표 2010~2012년 (주)다모아 대표이사 2011~2014년 인터넷선거보도심의위원회 위원 2012~2013년 인터넷언론 '진실의 길' 편집장 2013년 국민TV 보도·편성담당 상임이사 2014~2016년 언론인금고관리위원회 위원 2014~2015년 팩트TV 보도국장 겸 앵커 2018년 국무총리 비서실장(차관급)(현) (저)'창씨개명(編)'(1993, 학민사) '친일파 – 그 인간과 논리(共·編)'(1990, 학민사) '친일파 2(共)'(1991, 학민사) '친일파 3(共)'(1992, 학민사) '친일파 죄상기(共·編)'(1994, 학민사) '서울시내 일제유산답사기'(1995, 한울) '호외, 백년의 기억들'(1997, 삼인) '학도여 성전에 나서라(編)'(1997, 없어지지않는이야기) '잃어버린 기억의 보고서- 증언 반민특위'(1999, 삼인) '나는 황국신민이로소이다'(1999, 개마고원) '실록 군인 박정희'(2004, 개마고원) '임종국평전'(2006, 시대의 창) '풀어서 본 반민특위 재판기록(編)(전4권)'(2009, 선인) '강우규 의사 일대기'(2010, 독립기념관) '情이란 무엇인가'(2011, 책보세) '친일파는 살아 있다'(2011, 책보세) '친일·숭미에 살어리랏다'(2012, 책보세) '박정희 소백과사전(共)'(2014, 전자책나무) '친일, 청산되지 못한 미래'(2014, 책보세) '어느날, 백수'(2014, 비아북) '작전명 녹두(전2권)'(책보세, 2014) '쓴 맛이 사는 맛'(2015, 비아북) '청년 여정남과 박정희 시대(여정남 평전)'(2015, 다락방) '혜주 – 실록에서 지워진 조선의 여왕'(2016, 피플파워) '조선의 딸, 총을 들다'(2016, 인문서원) '묻혀 있는 한국 현대사'(2016, 인문서원) '친일파의 한국 현대사(개정판)'(2016, 인문서원) '안중근家 사람들(共)'(2017, 경인문화사) (역)'창씨개명(編)'(1993, 학민사) '중국, 대만 친일파 재판사'(1995, 한울) (종)불교

정 원(丁 元)

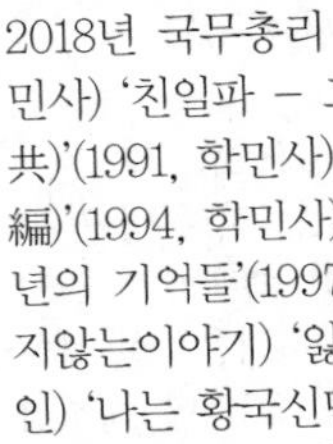

(생)1967·9·10 (출)부산 (주)서울특별시 서초구 서초중앙로 157 서울중앙지방법원(02-530-1690) (학)1986년 동천고졸 1991년 서울대 법학과졸 1994년 同대학원 법학과졸 (경)1997년 사법시험 합격(39회) 2000년 사법연수원 수료(29기) 2000년 서울지법 예비판사 2002년 서울가정지원 판사 2004년 부산지법 판사 2007년 유학 2008년 의정부지법 판사 2010년 서울동부지법 판사 2012년 서울고법 판사 2013년 대법원 재판연구관 2015년 부산지법 동부지원 부장판사 2017년 의정부지법 부장판사 2019년 서울중앙지법 부장판사(현)

정원기(鄭沅基) JHUNG Won-Ki

「생」1959·4·18 「출」전남 광양 「주」서울특별시 서초구 서초대로 330 영일빌딩 3층 법무법인 우원(02-537-0202) 「학」1977년 신일고졸 1981년 한국외국어대 법학과졸 1984년 同대학원 법학과졸 1993년 서울대 사법발전연구과정 수료 2001년 한국외국어대 세계경영대학원 최고경영자과정 및 글로벌리더십과정 수료 2003년 동국대 행정대학원 부동산최고위과정(RECEO) 수료 2005년 세계경영연구원 최고경영자과정(IGMP) 수료 2008년 동국대 행정대학원 최고위부동산경매과정(REACEO) 수료 「경」1984년 軍법무관 임용시험 합격(6회) 1985년 해군 법무관 임관 1985~1991년 해군 및 해병 軍검찰관·軍판사·법무참모·법무실장 1991년 해군본부 법무감실 법제과장 1992년 同법무감실 고등검찰부장 1995년 변호사 개업 2003년 한국외국어대 법학과 겸임교수 2007년 법무법인 우원 대표변호사(현) 「상」사법연수원장표창(1986), 국방부장관표창(1987)

정원영(鄭元榮) JEONG Won Young (淸湖)

「생」1956·5·21 「본」경주(慶州) 「출」전남 순천 「주」서울특별시 동대문구 회기로 37 한국국방연구원 국방인력연구센터(02-961-1669) 「학」1980년 연세대 행정학과졸 1982년 同대학원 행정학과졸 1991년 행정학박사(고려대) 「경」상명대·고려대·서울여대·세종대·서강대·국방대 강사 1988년 국방부 규제개혁위원 1989년 同심사분석평가위원 1994~2001년 한국국방연구원 동원정책연구실장 1998년 국방개혁추진위원회 심의위원 2001~2003년 同자문위원 2002년 한국국방연구원 인사병무연구팀장 2002~2009년 同병무동원연구실장 2002년 한국리더십학회 상임이사 겸 공공부문위원장 2002~2007년 국무총리실 비상기획위원회 비상근위원 2004년 한국인사행정학회 운영이사·감사·부회장 2004년 국방개혁위원회 자문위원 2005년 NSC 자문위원 2005~2006년 한국자치행정학회 운영이사 2005년 합동참모본부 자문위원 2005년 한국정책포럼 운영이사 2006년 비상기획위원회 자체평가위원 2008~2014년 행정안전부(現안전행정부) 자문위원 겸 정책평가위원 2009~2013·2017년 민주평통 자문위원(현) 2010~2012년 한국국방연구원 국방운영연구센터장 2011년 한국국정관리학회 회장 2013년 한국정책포럼 부회장 2014년 한국행정학회 국방행정특별위원장 2014년 인사혁신처 국가중앙선발시험위원(현) 2016년 한국국방연구원 국방운영연구센터 책임연구위원 2016~2018년 행정자치부 지방자치단체합동평가위원 2018년 한국국방연구원 명예연구위원(현) 2018년 행정안전부 정책자문위원(현) 「상」교육부장관표창(1971), 통일원장관표창(1972·1973), 국방부장관표창(1989·1992·1993·1997·2000), 여성가족부장관표창(2006), 대통령표창(2009) 「저」'2000년대 국방인력비전'(1997) '한국군 리더십'(1999) '지방자치시대 통합방위'(2000) '세계국방인력편람'(2001) '동원사전'(2002) '지식정보화시대의 국방인력 발전방향'(2003) '한국병역정책의 바람직한 진로'(2005) '국방행정론'(2005) '동원행정론'(2010) '새내기를 위한 행정학'(2014) '66권별 성경인명 뿌리찾기'(2018) 「종」기독교

정원오(鄭愿伍) Chong Won O

「생」1968·8·12 「본」경주(慶州) 「출」전남 여수 「주」서울특별시 성동구 고산자로 270 성동구청(02-2286-5000) 「학」1986년 여수고졸 1991년 서울시립대 경제학과졸 2017년 한양대 공공정책대학원 사회복지학과졸 「경」1995년 서울 양천구청장 비서실장 2000~2008년 국회의원 임종석 보좌관 2005년 열린우리당 국회 보좌진협의회 회장 2010년 민주당 부대변인 2010~2012년 성동구도시관리공단 상임이사 2012년 국회입법정책연구회 부회장·상임부회장 2013년 여주대 사회복지과 초빙교수 2014년 노무현재단 기획위원(현) 2014~2018년 서울시 성동구청장(새정치민주연합·더불어민주당) 2015~2018년 서울시 구청장협의회 사무총장 2015년 젠트리피케이션방지지방정부협의회 회장 2015년 재단법인 성동문화재단 이사장(현) 2016년 한양대 경영대학 특임교수(현) 2017~2018년 전국사회연대경제지방정부협의회 사무총장 2017년 더불어민주당 서울시당 다문화위원회 위원장 2018년 서울시 성동구청장(더불어민주당)(현) 2018년 전국사회연대경제지방정부협의회 회장(현) 2019년 대한민국시도지사협의회 지방분권특별위원회 위원(현) 2019년 전국시장군수구청장협의회 복지대타협특별위원회 간사(현) 「상」국회의장표창(2006), 민주화운동관련자 증서수여(2007), 민주당대표표창(2013), 보건복지부 행복나눔인상(2016), 지방자치행정대상(2016), 서울신문·STV 서울 석세스 어워드 정치부문 기초단체장대상(2017) 「저」'성동을 바꾸는 100가지 약속'(2014, I&R) '도시의 역설, 젠트리피케이션'(2016, 후마니타스)

정원재(鄭沅在) Jeong Won Jai

「생」1959·8·20 「출」충남 「주」서울특별시 종로구 종로1길 50 더케이트윈타워 A동 8층 (주)우리카드 사장실(02-3701-9114) 「학」1977년 천안상고졸 「경」1977년 한일은행 입행 2003년 우리은행 서천안지점장 2006년 同대전지점장 2008년 同삼성동지점장 2010년 同역삼역지점장 2011년 同충청영업본부장 2013년 同마케팅지원단 상무 2013~2016년 同기업고객본부장(집행부행장) 2017년 同영업지원부문장 겸 HR그룹장 2018년 (주)우리카드 대표이사 사장(현) 「상」한국은행총재표창(1995), 2018 대한민국 금융인상 여신금융 대상(2018)

정원재(鄭元在) CHUNG Weon Jae

「생」1961·8·12 「출」경북 청송 「주」대구광역시 달서구 학산로 45 달서구청 부구청장실(053-667-2010) 「학」1979년 계성고졸 1984년 경북대 행정학과졸 1994년 同행정대학원 행정학과졸 「경」1985년 행정고시 합격(29회) 1986년 총무처 수습행정관 1987년 대구시 내무국 총무과 행정사무관, 同기획관리실 경제통계계장, 同내무국 문화예술과 문화재계장 1993년 同교통관광국 운수행정계장 1995년 同경제국 경제기획계장 1996년 同지방공무원교육원 서무과장 1997년 同산업국 섬유공업과장(서기관) 1999년 同내무국 총무과장 2000년 同경제산업국 경제정책과장 2001년 同문화체육국 관광과장 2003년 同기획관리실 기획관 2005년 同과학기술진흥실장(부이사관) 2007년 同남구 부구청장 2008년 同교통국장 2010년 同동구 부구청장 2012년 대구경북경제자유구역청 행정개발본부장 2014년 대구시 북구 부구청장 2015년 同달서구 부구청장(현)

정원정(鄭原政)

「생」1967·5 「주」서울특별시 서초구 헌릉로 12 기아자동차(주) 글로벌사업기획실(080-200-2000) 「학」동국대 회계학과졸 「경」기아자동차(주) 유럽총괄법인 부장, 同서구팀장(부장), 同러시아판매법인장(이사대우), 同러시아판매법인장(이사) 2018년 同러시아권역본부장(이사) 2018년 同유럽지원실장(이사) 2019년 同글로벌사업기획실장(상무)(현)

정원혁(丁元赫)

「생」1972·12·31 「출」전북 김제 「주」서울특별시 마포구 마포대로 174 서울서부지방검찰청 형사2부(02-3270-4316) 「학」1991년 동암고졸 1997년 서울대 사법학과졸 「경」1998년 사법시험 합격(40회) 2001년 사법연수원 수료(30기) 2001년 공익법무관, 제주지검 검사 2006년 창원지검 진주지청 검사 2008년 인천지검 검사 2010년 서울중앙지검 검사 2014년 광주지검 검사 2015년 同부부장검사 2016년 창원지검 진주지청 부장검사 2017년 울산지검 형사3부장 2018년 법무부 북한인권기록보존소장 2019년 서울서부지검 형사2부장(현)

정원호(鄭圓鎬) CHUNG Won Ho

(생)1963·12·4 (출)서울 (주)서울특별시 강남구 일원로 81 삼성서울병원 이비인후과(02-3410-3579) (학)1982년 마포고졸 1988년 서울대 의대졸 1992년 同대학원 의학석사 1997년 의학박사(서울대) (경)1988~1992년 서울대병원 인턴·이비인후과 전공의 1995년 同전임의 1996년 미국 UCLA Medical Center 전임의 1998년 삼성서울병원 전문의 1999년 성균관대 의과대학 이비인후과학교실 조교수·부교수·교수(현) 2003~2005년 미국 UCSD 교환교수 2009~2011년 삼성서울병원 이비인후과 의국장 2012년 同의료법률자문단장(현) 2013~2015년 대한이비인후과학회 기획이사 2013~2015년 대한평형의학회 회장 2015~2017년 삼성서울병원 커뮤니케이션실장

정원호(鄭元鎬) Jeong Weon Ho

(생)1966·5·4 (출)경북 예천 (주)세종특별자치시 한누리대로 422 고용노동부 통합고용정책국 고령사회인력정책과(044-202-7454) (학)연세대 사회학과졸 (경)1998년 행정자치부 노동사무관시보 1999년 서울동부지방노동사무소 송파고용안정센터장 2006년 노동부 정책홍보관리본부 혁신성과관리단 서기관 2009년 同고용정책실 노동시장분석과장 2010년 대통령직속 미래기획위원회 사회정책국 파견 2011년 대전지방고용노동청 천안지청장 2011년 고용노동부 고용정책실 인적자원개발과장 2013년 중앙노동위원회 사무처 기획총괄과장 2014년 同사무처 법무지원과장 2016년 고용노동부 고용정책실 고용보험기획과장 2019년 同통합고용정책국 고령사회인력정책과장(현)

정원휘(鄭元揮) JUNG WON HWI

(생)1972·9·25 (출)서울 (주)경상남도 창원시 성산구 완암로 12 S&TC 임원실(055-212-6500) (학)1991년 대성고졸 1999년 서울대 정치학과졸 2002년 미국 하버드대 Law School PIL과정 수료 (경)2000년 사법시험 합격(42회) 2003년 사법연수원 수료(32기) 2003년 법무법인 대륙 변호사 2006년 월드건설그룹 법무실장 2010년 S&T홀딩스 이사·상무이사 2016년 S&TC 대표이사(현)

정월자(鄭月子·女) JEONG Wol Ja

(생)1954·5·5 (출)강원 영월 (주)서울특별시 마포구 백범로 136 (사)한국소기업소상공인연합회 임원실(02-717-1221) (학)1972년 정화여고졸 1996년 연세대 행정대학원 최고위정책과정 수료 2004년 숭실대 중소기업대학원 최고위정책과정 수료 2010년 충주대 경영학과졸 2017년 한국교통대 글로벌융합대학원 항공경영학석사과정 수료 (경)1996년 토탈퍼니처 관리이사 1996년 한국여성경영자총협회 이사 1997년 연세대 행정대학원최고위정책과정총동문회 부회장(현) 1997년 한나라당 이회창 대통령후보 정책위원 1998년 한·몽골교류협회 이사(현) 1999년 정인농원 대표(현) 1999년 샘주유소 이사 1999년 在京철암중고등학교 동창회장 2002년 (사)한국소기업소상공인연합회 수석상임부회장(현) 2002년 한나라당 이회창 대통령후보 직능특위 부위원장 2003년 강원일출회 수석부회장 2004년 (주)한국산업경제신문 부사장(이사)(현) 2004년 (사)세계중소기업연맹 한국연합회 부회장(현) 2005년 세계소기업소상공인대회 및 세계중소기업연맹(WASME) 제17차 세계서울대회조직위원회 상임부대회장 2005년 숭실대 중소기업대학원최고위정책과정총동문회 부회장 2007년 강원일출회 회장 2007년 대한불교조계종 삼각산 도선사 신도회 부회장(현) 2007년 (사)한국여성불교연합회 중앙본부 이사(현) 2007년 세계중소기업연맹(WASME) 여성특별위원회 위원장 겸 부총재(현) 2007년 한나라당 이명박 대통령후보 선거대책본부 민생경제특별위원회 위원 2008년 대한불교조계종 중앙신도회 부회장(현) 2008년 소기업소상공인경쟁력강화포럼 회장(현) 2008년 정인농원 대표(현) 2008년 강원도민회 부회장(현) 2008년 KSB 다우리(주) 감사(현) 2009년 중소기업진흥공단 비상임이사 2010년 (주)강원랜드 사외이사(현) 2010년 (사)한국청소년육성회 부총재(현) 2010년 한국자유총연맹 중앙회 이사(현) 2011년 더좋은나라포럼 직능위원장(현) 2012년 (사)세계중소기업연맹한국연합회 공동회장(현) 2012년 새누리당 박근혜 대통령후보 중앙선거대책위원회 직능총괄본부 소기업소상공인 위원장 2013년 바르게살기운동본부 여성회장(현) 2013년 민주평통 성북구자문위원회 부회장 2013년 서울북부지검 검찰시민위원회 위원 2014년 바르게살기 중앙포럼 회장(현) 2015년 민주평통 자문위원(현) 2015년 서울동부지검 검찰시민위원회 위원 2016년 국세청 기준경비율심의회 위원(현) 2016년 (사)한국쌀소비촉진범국민운동본부 중앙회 감사(현) (상)산업포장(2006)

정유경(鄭有慶·女) CHUNG Yu Kyuang

(생)1972·10·5 (출)서울 (주)서울특별시 중구 소공로 63 (주)신세계 임원실(02-727-1008) (학)1991년 서울예고졸, 이화여대 디자인학과졸 1995년 미국 로드아일랜드디자인학교 그래픽디자인 수료 (경)1996년 (주)조선호텔 마케팅담당 상무보 2003~2009년 同프로젝트실장(상무) 2009년 (주)신세계 부사장 2015년 同백화점부문 총괄사장(현)

정유미(鄭惟美·女)

(생)1972·8·17 (출)광주 (주)대전광역시 서구 둔산중로78번길 15 대전지방검찰청 형사2부(042-470-4044) (학)1991년 광주 대광여고졸 1996년 서울대 교육학과졸 (경)1998년 사법시험 합격(40회) 2001년 사법연수원 수료(30기) 2001년 광주지검 검사 2003년 창원지검 통영지청 검사 2005년 제주지검 검사 2007년 서울남부지검 검사 2010년 법무부 인권구조과 검사 2012년 부산지검 검사 2015년 광주지검 부부장검사 2016년 서울서부지검 부부장검사 2017년 서울중앙지검 공판3부장 2018년 대검찰청 공판송무과장(부장검사) 2019년 대전지검 형사2부장(현)

정유선(鄭有善·女)

(생)1967·1·25 (주)강원도 춘천시 중앙로 1 강원도의회(033-256-8035) (학)성공회대 NGO대학원 여성학과졸 (경)한국성인지예산네트워크 공동대표, 강원여성연대 공동대표, 원주여성민우회 대표, 원주녹색연합 공동대표, 한국소비자교육중앙회 강원지부 운영위원(현) 2018년 강원도의회 의원(비례대표, 더불어민주당)(현) 2018년 同사회문화위원회 위원(현)

정유섭(鄭有燮) Jung You Sub

(생)1954·12·6 (본)초계(草溪) (출)인천 (주)서울특별시 영등포구 의사당대로 1 국회 의원회관 339호(02-784-9423) (학)1973년 제물포고졸 1977년 고려대 행정학과졸 1989년 스웨덴 세계해사대(World Maritime) 대학원 해운행정학과졸 (경)1978년 행정고시 합격(22회) 1994~1997년 국제노동기구 전문가 파견 1998~2001년 駐미국대사관 해양관 2001~2003년 해양수산부 해양정책국 행정정책과장·기획관리실 행정관리담당관 2003년 한국해양수산개발원 파견 2005년 건설교통부 수송물류심의관·광역교통기획관 2006년 국립해양조사원장 2007년 인천지방해양수산청장 2007~2010년 한국해운조합 이사장 2011년 (주)케이엘넷 대표이사 사장, 인천대 겸임교수 2012~2016년 새누리당 인천시부평구甲당원협의회 운영위원장 2016년 제20대 국회의원(인천시 부평구甲, 새누리당·자유한국당〈2017.2〉)(현) 2016년 국회 가습기살균제사고진상규명과피해구제 및 재발방지대책마련을위한국정조사특별위원회 위원 2016~2017년 국회 산업통상자원위원회 위원 2016~2017년 국회 민생경제특별위원회 위원 2016~2017년 새누리당 인천시당 위원장 2016~2017년 同소상공인특별위원회 부위원장 2016~2017년 국회 '박근혜 정부의 최

순실 등 민간인에 의한 국정농단 의혹 사건 진상규명을 위한 국정조사특별위원회' 새누리당 간사 2017년 자유한국당 인천시당 위원장 2017년 同소상공인특별위원회 부위원장 2017년 同인천부평구甲당원협의회 운영위원장(현) 2017년 同중소기업특별위원회 위원장(현) 2017 · 2018년 국회 산업통상자원중소벤처기업위원회 위원(현) 2017년 자유한국당 대표최고위원 지역특보(인천) 2017 · 2018년 同원내부대표(현) 2017~2018년 국회 청년미래특별위원회 위원 2017 · 2018년 국회 운영위원회 위원(현) 2018년 국회 정치개혁특별위원회 간사 2018년 국회 정치개혁특별위원회 위원(현) (저)'정과 장의 제네바통신'(1997, 청년사) (역)'미국을 연주한 드러머 레이건'(2005, 열린책들) (종)기독교

정유승(鄭有勝) JUNG You Seung

(생)1960 · 11 · 13 (주)서울특별시 강남구 개포로 621 서울주택도시공사 도시재생본부(02-3410-7005) (학)경복고졸 1987년 한양대 건축공학과졸 1997년 미국 미시간대 대학원 건축학과졸 (경)대림산업(주) 건축사업본부 상무보 2003년 서울시 주택국 건축과 도시정비반장 2006년 서울 성동구 도시관리국장 2009년 서울시 균형발전본부 도심재정비1담당관 2011년 同도시기반시설본부 문화시설사업단장 2013년 同주택정책실 건축정책추진단장 2015년 同도시재생본부 동북4구사업단장 2015년 同주택건축국장 2018년 同강남구 부구청장 2019년 서울주택도시공사 도시재생본부장(현)

정유신(丁有信) JUNG Yoo Shin

(생)1959 · 10 · 23 (출)전북 정읍 (주)서울특별시 마포구 백범로 35 서강대학교 경영전문대학원(02-705-8893) (학)1979년 동북고졸 1983년 서울대 경제학과졸 1993년 서강대 경제대학원 금융경제학과졸 1997년 미국 펜실베이니아대 Wharton Business School졸(MBA) (경)1985년 대우경제연구소 입사 1988년 同증권조사실 애널리스트 1992년 同채권팀장 1997년 同금융팀장 1999년 대우증권(주) 신디케이션팀장 1999년 同채권영업부장 2000년 同ABS&파생상품부장 2001년 同ABS&파생상품부장 겸 IB2본부장 2002년 同IB1본부장 2004년 굿모닝신한증권 캐피털마켓 및 IB사업본부장(부사장) 2006년 同상품운용 및 개발본부장(부사장) 2007~2008년 同홀세일총괄 부사장 2008년 SC제일은행 부행장 2008~2011년 (주)한국스탠다드차타드증권 대표이사 2011~2014년 한국벤처투자(주) 대표이사 2013년 금융위원회 금융발전심의회 자본시장분과 위원 2014년 서강대 경영전문대학원 교수(현) 2015년 금융위원회 핀테크지원센터장(현) 2016~2017년 同금융발전심의회 금융서비스분과 위원 2016~2017년 한국투자증권 사외이사 2017년 신성장위원회 위원 2017년 서강대 기술경영전문대학원장(현) 2017년 금융위원회 자체규제심의위원회 위원(현) 2017년 중국자본시장연구회 회장(현) 2019년 KTB투자증권 사외이사(현) (상)매일경제신문 증권인상(2001), 머니투데이 IB 최우수딜상(2004), 제4회 대한민국IB대상 최우수 주간사(2007), 제1회 헤럴드경제 증권대상 최우수 M&A상(2008) (종)기독교

정유철(鄭有哲)

(생)1962 · 7 · 3 (출)부산 (주)대구광역시 달서구 화암로 301 대구지방교정청(053-230-5800) (학)단국대 대학원 법학과졸 (경)1991년 행정고시 합격(35회) 2003년 법무부 보안제1과 서기관 2006년 청주여자교도소장 2007년 법무부 교정기획과장 2008년 고위공무원 승진 2008년 수원구치소장 2009년 영등포구치소장 2010년 국방대 파견 2011년 대전교도소장 2011년 서울구치소장 2012년 법무부 교정정책단장 2015년 대전지방교정청장 2016년 법무연수원 교정연수부장 2017년 서울지방교정청장 2018년 대구지방교정청장(현) (상)법무부장관표창(2001), 홍조근정훈장(2013)

정 윤(鄭 潤) CHUNG Yoon

(생)1957 · 4 · 12 (출)서울 (주)부산광역시 부산진구 백양관문로 105-47 한국과학영재학교 교장실(051-606-2100) (학)1976년 경기고졸 1980년 서울대 공대 자원공학과졸 1982년 한국과학기술원(KAIST) 재료공학과졸 1987년 영국 Sheffield대 대학원 신소재공학과졸 2004년 공학박사(한양대) (경)1982~1985년 과학기술처 연구개발조정실 금속사무관 1985~1991년 同기술정책실 기술이전담당관실 · 국제협력담당관실 · 기술협력3과 근무 1991~1993년 同기술협력3과장 1993~1996년 駐중국대사관 과학관 1996~1997년 과학기술처 기술협력과장 1997~1999년 과학기술부 연구개발심의관 · 우주항공연구조정관 1999~2000년 同기초과학인력국장 2000년 한국과학기술평가원 파견 2000~2002년 과학기술부 연구개발국장 2003년 중앙공무원교육원 파견 2004년 과학기술부 연구개발국장 2004년 同과학기술혁신본부 연구개발조정관 2007~2008년 同차관 2008년 한국과학문화재단 이사 2008~2011년 한국과학창의재단 이사장 2011년 전북대 자연과학대학 과학학과 석좌교수 2013년 한국과학기술원(KAIST) 부설 한국과학영재학교 교장(현) (상)대통령표창(1990), 근정포장(1993), 황조근정훈장(2005)

정윤경(丁允京 · 女) Jung Yoon Kyung (光雄)

(생)1967·1·16 (출)전남 무안 (주)경기도 수원시 팔달구 효원로 1 경기도의회(031-8008-7000) (학)수원여고졸, 안양과학대학 전자통신과졸, 동국대 행정대학원 행정학과졸 (경)경기대 정치전문대학원 국가지도자과정 책임교수, (사)범국민에너지운동본부 사무처장, (사)한국웅변인협회 경기도본부 회장, 안양시보림장학회 회장, 광성웅변학원 원장, 한중경제인협회 특별이사, 새안양국제로타리클럽 회장, 민주평통 안양시협의회 운영위원 2006년 경기도의원선거 출마(무소속) 2016~2018년 경기도의회 의원(비례대표 승계, 더불어민주당) 2016~2018년 同문화체육관광위원회 위원 2016년 同선감학원진상조사및지원대책마련특별위원회 위원 2016년 同K-컬처밸리특혜의혹행정사무조사특별위원회 간사 2016년 同더불어민주당 수석대변인 2018년 경기도의회 의원(더불어민주당)(현) 2018년 同의회운영위원회 위원(현) 2018년 同문화체육관광위원회 부위원장(현) 2019년 同예산결산특별위원회 위원(현) (상)경기도교육감표창, 안양시장표창, 법무부장관표창, 세계한국어웅변대회 국무총리표창, 대통령표창, 대한민국 환경문화대상 및 국제환경문화 가이아대상 지방자치의정대상(2017) (종)가톨릭

정윤계(鄭胤癸) CHUNG YOUN KYAEI (忠殷)

(생)1953·3·17 (본)광주(光州) (출)경기 용인 (주)서울특별시 노원구 동일로 986 노원프레미어스엠코 102동 216호 (주)윤송이엔씨 비서실(02-959-2033) (학)1971년 한양공고졸 1974년 인천공업전문대학 전기학과졸 1979년 명지대 전기공학과졸 2002년 고려대 경영대학원 경영연구과정 수료 2003년 서울대 공과대학 최고산업전략과정 수료 2009년 고려사이버대 경영학과졸 2011년 광운대 경영대학원 경영학과졸(석사) 2014년 경영학박사(강남대) (경)1977~1986년 현대건설(주) 국내전기사업본부 근무 1986~2001년 현대엘리베이터(주) 설치공사관리팀장 2001~2003년 현평개발(주) 부사장 2003년 (주)윤송이엔씨 대표이사(현) 2005~2007년 서울노원자원회수시설주민협의체 위원 겸 감사 2006~2014년 고려대경영대학원교우회 집행간사 2007년 고려대교우회 상임이사(현) 2007~2015년 (사)한국청소년육성회 노원지구회 부회장 2008년 명지대총동문회 부회장(현) 2014년 명지대전기공학과동문회 회장(현) 2015년 고려대경영전문대학원교우회 부회장 2015년 정보통신산업진흥원 정보통신연구개발사업 평가위원(현) 2015년 한국산업기술평가관리원 지식경제 기술혁신 평가위원(현) 2015년 한국전문경영인학회 자문위원(산업계) 2016년 강남대 경영대학 강사 2016년 서정대 경영과 외래교수, 전기공사공제조합 경영자

문위원장 2016년 (사)한국청소년육성회 노원지구회 수석부회장(현) 2018년 서정대 경영과 전임교수 2019년 同경영과 겸임교수(현) 2019년 전기공사공제조합 비상임이사 겸 자금운용위원장(현) (상)고려대총장표창(2002), 서울시장표창(2007·2009·2012), 서울노원구청장표창(2008·2011), 경찰청장 감사장(2008), 서울노원경찰서장 감사장(2010), (사)한국청소년육성회총재표창(2010) (종)기독교

정윤기(鄭倫基) CHUNG Yoon Ki

(생)1958·11·28 (출)전남 광양 (주)서울특별시 서초구 반포대로30길 6 대영빌딩 법률사무소 온(02-535-9009) (학)1976년 순천고졸 1982년 전남대 법학과졸 (경)1985년 사법시험 합격(27회) 1988년 사법연수원 수료(17기) 1988년 전주지검 검사 1990년 광주지검 목포지청 검사 1991년 서울지검 검사 1994년 부산지검 동부지청 검사 1996년 광주지검 검사 1998년 대검 검찰연구관 2000년 수원지검 검사 2001년 춘천지검 영월지청장 2002년 창원지검 형사2부장 2003년 대구지검 강력부장 2004년 대검 강력과장 2005년 同조직범죄과장 2006년 서울중앙지검 마약·조직범죄수사부장 2007년 청주지검 충주지청장 2008년 의정부지검 고양지청 차장검사 2009년 전주지검 차장검사 2009년 변호사 개업 2011년 법률사무소 온 대표변호사(현) 2013년 한국법무보호복지공단 비상임감사

정윤동(鄭允棟) Jung Yoon Dong

(생)1961·11·14 (주)서울특별시 강서구 하늘길 260 (주)대한항공 임원실(02-2656-5821) (학)오산고졸, 한국외국어대 영어과졸, 캐나다 콘코디아대 대학원졸(MBA) (경)(주)대한항공 화물사업기획부담당 상무보 2010년 同화물사업기획담당 상무B 2015년 同화물사업기획담당 전무 2015년 同화물RM운영부담당 전무 겸 CSS추진 사무국장(현) (종)기독교

정윤모(鄭允模) JEONG Yoon Mo

(생)1964·6·24 (출)서울 (주)부산광역시 남구 문현금융로 33 기술보증기금 임원실(051-606-7503) (학)1983년 장충고졸 1987년 연세대 경제학과졸 1990년 서울대 행정대학원 정책학과졸 1995년 미국 일리노이대 대학원 경제학과졸 (경)1987년 행정고시 합격(31회) 1999년 중소기업청 자금지원과 근무(서기관) 2001년 同비서관 2002년 同정보화지원과장 2003년 러시아 반독점 및 기업지원부 파견 2005년 중소기업청 벤처진흥과장 2005년 대통령 산업정책비서관실 행정관 2006년 중소기업청 중소기업정책본부 정책총괄팀장 2007년 서울지방중소기업청장 2008년 중소기업청 경영지원국장 2009년 국방대학원 교육파견 2010년 중소기업청 중소기업정책국장 2011년 同소상공인정책국장(고위공무원) 2012년 중국 산동성 파견(고위공무원) 2014년 중소기업청 창업벤처국장 2014년 대통령 경제수석비서관실 중소기업비서관 2017년 중소기업청 차장 2017~2018년 중소벤처기업부 기획조정실장 2018년 기술보증기금 이사장(현)

정윤수(鄭允秀) JUNG Yoon Soo

(생)1956·8·3 (출)부산 (주)서울특별시 서대문구 거북골로 34 명지대학교 행정학과(02-300-0660) (학)1979년 연세대 행정학과졸 1981년 同대학원 행정학과졸 1992년 정책학박사(미국 펜실베이니아대 와튼스쿨) (경)1987~1989년 미국 펜실베이니아대 공공정책모델연구소 연구원 1992년 연세대 사회과학연구소 객원연구원 1992~1995년 경찰대 행정학과 조교수 1995년 명지대 행정학과 교수(현) 1998~1999년 서울시 시정개혁실무위원 2002년 미국 캘리포니아대 버클리교 방문교수 2003년 한국행정학회 정책연구회장 2004년 同연구부회장 2005~2007년 행정자치부 규제심사위원회 위원 2005~2007년 정보통신부 자체평가위원회 위원 2005~2007년 기획예산처 정부산하기관경영평가단 위원 2005~2006년 국무조정실 정보화평가위원회 위원 2006년 명지대 생활관장 2007~2008년 同대외협력처장 2008~2011년 同국제교류원장 2010년 한국지역정보화학회 회장 2010년 국무총리소속 정부업무평가위원회 민간위원 2011년 한국행정학회 연구부회장 2012~2014년 국무총리소속 정부업무평가위원회 민간위원장 2012~2014년 국회입법조사처 자문위원회 위원 2012~2014년 한국연구재단 정책자문위원 2013년 한국정책학회 회장 2013~2014년 국민대통합위원회 갈등관리포럼 노동복지분과장 2013~2015년 명지대 사회과학대학장 2013~2015년 同사회복지대학원장 2014년 경찰청 규제개혁위원회 위원장(현) 2014~2017년 감사원 정책자문위원회 위원 2014~2016년 한국정보화진흥원 비상임이사 2014~2015년 전자정부지원사업심의위원회 위원장 2015~2018년 한국행정연구원 원장 (상)Wharton Dean's Fellowship(1987), Chester Rapkin Award(1991), 정보통신부장관표창(2006), 명지대 학술상(2008), 행정안전부장관표창(2011), 근정포장(2012) (저)'국가, 시민사회, 정치민주화(共)'(1995, 한울아카데미) '사회복지조사론'(2015, 명지대학교 출판부) '자체감사론(共)'(2017, 대영문화사) (종)기독교

정윤숙(鄭潤淑·女) Jung yoon-suk

(생)1956·9·23 (출)대전 (주)서울특별시 강남구 역삼로 221 4층 한국여성경제인협회(02-369-0900) (학)1975년 대전여고졸 1979년 충남대 수학과졸 2001년 연세대 행정대학원 고위정책과정 수료 (경)1990년 우정크리닝 창업·대표(현) 1998년 충북도 바르게살기협의회 이사 1999~2003년 한국여성경제인협회 충북지회 초대회장 1999년 국내최초 '세탁위생보증마크인증' 획득 2000년 국내업계최초 '벤처기업인증' 획득 2001년 충북도민대상 심사위원 2002년 충북여성경제인협회 회장 2002년 충북도의회 의원(자민련) 2002년 同운영위원회 간사 2002년 同예산결산위원회 간사 2002년 중소기업부문 신지식인 선정 2006~2010년 충북도의회 의원(한나라당) 2006~2008년 同산업경제위원장 2010년 충북도의원선거 출마(한나라당), 새누리당 중앙여성위원회 상임전국위원 2014~2015년 한국무역보험공사 상임감사 2016년 제19대 국회의원(비례대표 승계, 새누리당) 2016년 국회 교육문화체육관광위원회 위원 2018년 한국여성경제인협회 수석부회장 2019년 同회장(현) (상)중소기업청장표창(2000), 충북도지사표창(2001), 여성부장관표창(2001), 이달의 우수중소기업인상(2004) (종)기독교

정윤순(鄭允淳) JUNG Yoonsoon

(주)세종특별자치시 도움4로 13 보건복지부 건강보험정책국 보험정책과(044-202-2710) (학)1995년 고려대 무역학과졸 2008년 영국 버밍엄대 대학원 사회정책학과졸 (경)2009년 보건복지부 의료자원과장 2011년 駐유럽연합·벨기에 보사관(참사관) 겸임 2014년 보건복지부 노인정책과장 2016년 同인구정책실 인구정책총괄과장 2016년 同저출산고령사회위원회 운영지원단장 2016년 同보건의료정책실 보건의료정책과장 2019년 同건강보험정책국 보험정책과장(현) (저)'알기쉬운 의료급여'(2003)

정윤철(鄭允喆) CHUNG Yun Chul

(생)1954·7·13 (출)부산 (주)서울특별시 성북구 화랑로14길 5 한국과학기술연구원 녹색도시기술연구소 물자원순환연구단(02-958-5833) (학)서울대 화학공학과졸, 한국과학기술원(KAIST)졸(석사), 환경공학박사(미국 캘리포니아대) (경)1988년 한국과학기술연구원(KIST) 녹색도시기술연구소 물자원순환연구단 책임연구원(현), 한국수질보전학회 총무이사, 한국물환경학회 부회장, 한국과학기술연구원 수질환경 및 복원연구센터장 2002년 同환경공정연구부장 2005년 同전략기획부장 2006~2009년 同연구조정부장 2011~2013년 한국연구재단 국책연구본부장 2017년 한국·베트남과학기술연구원(VKIST) 설립지원단장 (상)과학훈장 웅비장(2010)

정윤한(鄭倫漢) Yoon-han Jung

(생)1965 · 11 · 11 (본)진주(晋州) (출)전남 나주 (주)세종특별자치시 정부2청사로 13 행정안전부 재난안전관리본부 안전정책실 안전기획과(044-205-4110) (학)1984년 인천 광성고졸 1992년 성균관대 경제학과졸 1993년 서울대 환경대학원 도시및지역계획학과 중퇴 2011년 영국 노섬브리아대 행정대학원 행정학과 중퇴 2015년 한국개발연구원 국제정책대학원 정책학과졸 (경)1998~2001년 서울 종로구 교통행정과장 · 청소행정과장 · 교남동장 2001년 행정자치부 월드컵아시안게임지원단 근무 2003년 同재정정책과 근무 2007~2008년 同연금정책팀장 2009년 국무총리실 제주특별자치도지원처 근무 2012년 행정안전부 근무(과장급) 2013~2014년 안전행정부 재난역량지원과장 2014년 국민안전처 안전감찰담당관 2015년 同운영지원과장 2017년 행정안전부 재난안전관리본부 안전정책실 예방안전과장 2018년 同재난안전관리본부 안전정책실 안전기획과장(현) (종)기독교

정은경(鄭銀敬 · 女) JEONG Eun Kyeong

(생)1965 · 5 · 19 (출)광주 (주)충청북도 청주시 흥덕구 오송읍 오송생명2로 187 보건복지부 질병관리본부(043-719-7000) (학)전남여고졸, 서울대 의학과졸, 同대학원 보건학 석사, 예방의학박사(서울대) (경)2002년 국립보건원 전염병정보관리과장 2004년 질병관리본부 질병조사감시부 만성병조사과장 2005년 보건복지부 보건의료정책본부 혈액장기팀장(서기관) 2007년 同질병정책팀장 2008년 보건복지가족부 질병정책과장 2010년 보건복지부 건강정책국 질병정책과장 2010년 同보건산업정책국 보건산업기술과장 2012년 同응급의료과장(부이사관) 2013년 교육파견(부이사관) 2014년 보건복지부 질병관리본부 만성질환관리과장 2014년 同질병관리본부 질병예방센터장(고위공무원) 2016년 同긴급상황센터장(고위공무원) 2017년 同질병관리본부장(차관급)(현)

정은구(鄭殷九) CHUNG Eun Ku

(생)1955 · 2 · 15 (본)초계(草溪) (출)충북 음성 (주)경기도 안양시 만안구 삼덕로37번길 22 안양대학교 인문대학 영어영문학과(031-467-0812) (학)충북대 영어교육과졸, 성균관대 대학원 영어영문과졸 1990년 영어영문학박사(성균관대) (경)1993년 안양대 인문대학 영어영문학과 교수(현) 2004년 同교무처장 2013~2014년 同인문대학장 2015~2016년 同영어영문학과장 2017년 同교학부총장(현) (저)'영문법개론'(1998)

정은보(鄭恩甫) Jeong Eun-bo

(생)1961·8·18 (본)경주(慶州) (출)경북 청송 (주)서울특별시 종로구 사직로8길 60 외교부 인사운영팀(02-2100-7136) (학)1978년 대일고졸 1984년 서울대 경영학과졸 1986년 同대학원 경영학과졸 1994년 미국 오하이오주립대 대학원 경제학과졸 1996년 경제학박사(미국 오하이오주립대) (경)1984년 행정고시 합격(28회) 1987년 재무부 국제금융국 국제기구과 근무 1991년 同국고국 국유재산과 근무 1997년 재정경제원 법사행정예산담당관실 서기관 1998년 재정경제부 국제금융국 금융협력과 총괄·G7지역협력담당 서기관 1999년 同국제기구과 공공차관도입담당 서기관 2001년 同정책조정심의관실 조정2과장 2004년 同경제분석과장 2005년 同보험제도과장 2006년 同금융정책국 금융정책과장(서기관) 2007년 同금융정책국 금융정책과장(부이사관) 2007년 同자유무역협정국내대책본부 지원대책단장 2008년 기획재정부 국제금융정책관 2010년 외교안보연구원 교육파견(고위공무원) 2010년 금융위원회 금융정책국장 2012년 同사무처장 2013년 제18대 대통령직인수위원회 경제1분과 전문위원 2013년 기획재정부 차관보 2016~2017년 금융위원회 부위원장 겸 증권선물위원회 위원장(차관급) 2019년 외교부 한미방위비분담특별협정(SMA) 협상대표(현)

정은수(鄭恩洙) JEONG Eun Soo

(생)1959 · 2 · 5 (주)서울특별시 마포구 와우산로 94 홍익대학교 기계시스템디자인공학과(02-320-1676) (학)1981년 서울대 기계공학과졸 1983년 한국과학기술원(KAIST) 기계공학과졸(석사) 1991년 공학박사(미국 매사추세츠대) (경)LG전선(주) 연구원 1987~1991년 미국 매사추세츠대 기계공학과 연구조교 1991년 同기계공학과 Post-Doc. 1991~2003년 홍익대 공과대학 기계공학과 조교수 · 부교수 2003년 同공과대학 기계시스템디자인공학과 교수(현) 2008년 同교무처장 2015~2017년 同학사담당 부총장 겸 대학교원인사위원장 (상)제11회 과학기술우수논문상(2008) (저)'유체역학(共)'(2003, 시그마프레스)

정은수(鄭銀洙) Eugene Chung

(생)1961 · 6 · 22 (출)경북 (주)서울특별시 중구 세종대로 136 슈로더투자신탁운용 비서실(02-3783-0501) (학)성균관대 영문학과졸(경영학 복수전공), 서울대 경영대학원졸(MBA), 영국 런던정경대 대학원 재무학과졸(석사) (경)2001~2006년 하나알리안츠투신운용 CIO 2006~2008년 교보투자신탁운용 CIO 2008~2011년 교보생명보험 투자총괄 2011~2013년 교보AXA자산운용 CEO 2013년 알리안츠글로벌인베스터스자산운용 대표이사(CEO) 2017년 슈로더투자신탁운용(주) 대표이사(현)

정은승(鄭殷昇) Jung Eun Seung

(생)1960 · 8 · 22 (주)경기도 수원시 영통구 삼성로 129 삼성전자(주) DS부문 Foundry사업부(031-200-1114) (학)1978년 전주고졸 1983년 서울대 물리학과졸 1985년 同대학원 물리학과졸 1996년 물리학박사(미국 텍사스알링턴대) (경)1985년 삼성전자(주) 반도체부문 MICRO본부 마이크로공정개발1팀 입사 1997년 同시스템LSI사업부 TD 근무 1999년 同시스템LSI사업부 ASIC제품기술팀 근무 2001년 同시스템LSI사업부 기술개발실 T13 T/F 수석 2003년 同시스템LSI사업부 기술개발실 SOC PA2팀장 2007년 同시스템LSI사업부 기술개발실 PA2팀장 2008년 同시스템LSI사업부 LSI개발실 LSI PA팀장 2009년 同시스템LSI사업부 Foundry사업팀 TD팀장 2011년 同시스템LSI사업부 Foundry사업팀 TD팀 부팀장 2012년 同반도체연구소장(부사장) 2013년 同시스템LSI사업부 Foundry사업팀 제조센터장 2017년 同DS부문 Foundry사업부장(부사장) 2017년 同DS부문 Foundry사업부장(사장)(현) 2019년 한국공학한림원 정회원(현)

정은영(丁銀英 · 女) Jung Eun-young

(생)1968 · 7 · 17 (출)인천 (주)서울특별시 마포구 마포대로 174 서울서부지방법원(02-3271-1114) (학)1987년 부평여고졸 1992년 한양대 법학과졸 2003년 미국 Georgetown Univ. School of Law졸 (경)1991년 사법시험 합격(33회) 1994년 사법연수원 수료(23기) 1994년 창원지법 판사 1996년 同진주지원 판사 1997년 법무법인 광장 변호사 2006년 부산고법 판사 2008년 인천지법 판사 2010년 전주지법 부장판사 2011년 인천지법 부장판사 2014년 서울중앙지법 부장판사 2017년 서울서부지법 부장판사(현)

정은영(鄭殷寧 · 女) Jeong, Eun-young

(생)1970 · 2 · 16 (본)경주(慶州) (출)광주 (주)서울특별시 종로구 청와대로 1 대통령비서실 대변인실 (학)1988년 광주 송원여고졸 1993년 서울대 고고미술사학과졸 2003년 고려대 대학원졸 2015년 경영학박사(중앙대) (경)1994~1998년 김영사 편집부 에디터 2001~2002년 서울시 홍보담당관실 서울사랑 기자 2003~2007년 국무총리 민정수석비서관실 행정관 2008년 문화체육관광부 예술정책과 사무관 2010~2011년 대통령소속

국가건축정책위원회 건축디자인과 파견 2012~2014년 문화체육관광부 문화통상팀장 2014~2015년 대통령소속 국민대통합위원회 소통공감과장(파견) 2015년 문화체육관광부 국민소통실 여론과장 2017년 대통령 대변인실 행정관(현) (상)행정자치부장관표창(2006), 제25회 한국과학기술도서상 번역부문 과학기술부장관표창(2007), 국무총리표창(2009) (저)'신비한 과학문화 탐사'(2004, 문학동네어린이) '콸콸콸! 수돗물의 여행'(2006, 웅진지식하우스) '블랙리스트가 있었다'(2018, 위즈덤하우스) (역)'나는 왜 사이보그가 되었는가'(2004, 김영사) '거울 속의 원숭이(2006, 해나무)'

정은영(鄭恩英 · 女) JUNG Eun Young

(생)1977 · 4 · 11 (출)대구 (주)부산광역시 연제구 법원로 31 부산지방법원 총무과(051-590-1114) (학)1996년 대원외국어고졸 2000년 서울대 법학과졸 2002년 同대학원 법학과졸 (경)2001년 사법시험 합격(43회) 2004년 사법연수원 수료(33기) 2004년 수원지법 성남지원 예비판사 2005년 서울고법 예비판사 2006년 서울중앙지법 판사 2008년 부산지법 판사 2011년 수원지법 성남지원 판사, 서울중앙지법 판사 2016년 서울서부지법 판사 2016~2018년 헌법재판소 파견, 부산지법 판사 2019년 同부장판사(현)

정은택(鄭垠澤) Jeong Eun Taik

(생)1957 · 2 · 17 (주)전라북도 익산시 무왕로 895 원광대학교병원 호흡기내과(063-859-1184) (학)1980년 전남대 의대졸, 同대학원졸, 의학박사(전남대) (경)원광대 의과대학 호흡기내과학교실 교수(현) 1989년 미국 텍사스대 의과대학 암센터 연수 1995~1996년 대한결핵 및 호흡기학회 운영위원 2002~2003년 원광대 의과대학 교학부장 2005~2006년 대한결핵 및 호흡기학회 학술위원 2005~2006년 대한폐암학회 임상연구회 위원장 2005~2006년 원광대병원 보험위원회 위원장 2007~2008년 同진료처장 2011~2015년 同병원장 2012~2014년 대한병원협회 이사 2018년 대한호흡기학회 회장(현) (상)전남대 의과대학 동창회 자랑스러운 동문상 학술상부문(2017) (종)원불교

정은해(鄭恩海 · 女) JEONG Eun Hae

(생)1973 · 2 · 17 (출)경남 창녕 (주)세종특별자치시 도움6로 11 환경부 운영지원과(044-201-6242) (학)서울대 생물교육과졸, 同환경대학원 수료, 미국 예일대 산림환경대학원졸 (경)2004년 환경부 국토환경보전과 사무관, 同자연자원과 사무관 2005년 同상하수도국 수도정책과 서기관 2007년 지속가능발전위원회 파견 2008년 환경부 국립생물자원관 연구혁신기획과장 2009년 同기획조정실 정보화담당관 2010년 同상하수도정책관실 토양지하수과장 2011년 同국제협력관실 지구환경담당관 2013년 제18대 대통령직인수위원회 법질서 · 사회안전분과 실무위원 2013년 대통령 기후환경비서관실 행정관 2015년 환경부 기후대기정책관실 기후변화협력과장 2016년 고용 휴직(유엔지속가능발전센터(UNOSD))(부이사관)(현)

정은혜(鄭殷惠 · 女) Jung Eun Hae (素軒)

(생)1958 · 10 · 24 (본)연일(延日) (출)광주 (주)대전광역시 유성구 대학로 99 충남대학교 자연과학대학 무용학과(042-821-6482) (학)1976년 전주 기전여고졸 1980년 경희대 무용학과졸 1982년 同대학원졸 1995년 이학박사(경희대) (경)1969년 최선선생 사사(진안 · 부안초등시절 작품 농부 산조 등) 1974년 이길주선생 사사(꽃바람, 부채춤 등) 1976년 원로무용가 김백봉선생으로부터 화관무 · 부채춤 · 산조 · 장고춤 등 신무용 사사 1976~1987년 이정범선생으로부터 설장고 농악기법 사사 1976~1995년 안제승선생으로부터 무용이론 사사 1982~2007년 인간문화재 김천흥선생 학춤 · 처용무 · 춘앵전 등 궁중정재 사사 1984~1995년 경희대 · 서울예고 · 동덕여대 · 국립국악고 · 경성대 · 서울여대 강사 1986~1989년 인간문화재 한영숙선생으로부터 살풀이 · 승무 등 민속무용 사사 1986~1991년 서울예술단 지도연구원 1986년 정은혜무용단 창단 1988~2002년 故 최현 선생으로부터 명작무 '비상 · 연가 · 혼례풍속도 · 시나위 춤' 등 사사 1988년 서울올림픽 개막식 지도위원 1995년 충남대 자연과학대학 무용학과 교수(현) 1996년 춤목련회 창립회장 1999년 중요무형문화재 제39호 처용무 이수자 2002년 한 · 일 월드컵 문화예술축전선정 작품안무 2003년 충남도립국악단 지도위원 2003~2015년 이매방 선생으로부터 살풀이춤 · 호남검무 · 승무 · 입춤 등 사사 2005년 국립무용단 초청객원안무 2005년 유네스코 국제무용협회 이사(현) 2008년 중요무형문화재 제97호 살풀이춤 이수자 2010~2013년 김백봉춤보전회 회장 2011년 한국문화예술위원회 책임심의위원 2011~2014년 대전시립무용단 예술감독 겸 상임안무자 2015년 세종국제무용제 운영위원장(현) 2016~2018년 충남대 체육과학연구소장 (상)경희대주최 무용콩쿠르 수석상(1975), 사마란치위원장 올림픽기장 대회장, 서울예술단 공로표창(1990), 대전광역시장표창(2000), 김백봉춤보전회 안무자상(2000), 월드컵문화예술작품 공모 당선, 육군본부 군악대 공로표창(2004), PAF 안무상(2005), 한국춤평론가회 특별상(2006), 한국예술총연합회 문화예술상(2006), Spring Festival 최우수작품상(2006), 대전시 문화예술인상(2007), 대한민국무용대상 대통령상(2011), 한국비평가협회 베스트작품상(2013), 한국평론가협의회 최우수예술가상(2014), PAF 올해의 작품상(2014), 한빛대상 문화예술체육부문(2015), 문화대상 김백봉예술상(2016), PAF 예술상(2018) (저)'정재연구'(1993) '무용원론'(1995) '무용창작법'(1999) '무용감상과 비평'(2014) '한국 학춤의 역사적 생성과 미'(2018) (작)'달꿈' '들풀' '하늘소리 땅짓' '초극의 행로' '물의 꿈' '겨울비' '춘앵전 역사적 배경' '바람 속 내일' '미얄삼천리' '유성의 혼불' '서동의 사랑법' '진혼' ' 점지' '처용' '한울각시' '계룡이 날아오르샤' '다섯 그리고 하나' '대전십무' '기다림' '사의찬미' '몽...춤의 대지' '폴란드 여정' '대무의 고찰' '나홀로 아리랑' (종)천주교

정은혜(鄭銀惠 · 女)

(생)1971 · 11 · 24 (출)경북 성주 (주)인천광역시 미추홀구 소성로163번길 49 인천지방검찰청 여성아동범죄조사부(032-860-4770) (학)1990년 인천여고졸 1997년 서울대 사법학과졸 (경)2000년 사법시험 합격(42회) 2003년 사법연수원 수료(32기) 2003년 대전지검 검사 2005년 대구지검 상주지청 검사 2006년 청주지검 검사 2010년 서울중앙지검 검사 2013년 부산지검 동부지청 검사 2014~2016년 여성가족부 파견 2017년 의정부지검 고양지청 검사 2017년 同고양지청 부부장검사 2018년 인천지검 부천지청 부부장검사 2019년 인천지검 여성아동범죄조사부장(현)

정은혜(鄭恩惠 · 女) Eun Hye Jung

(생)1983 · 9 · 8 (출)서울 (주)서울특별시 영등포구 의사당대로 1 국회 의원회관 645호(02-784-9671) (학)2002년 광영여고졸 2006년 신라대 국제관계학과졸 2014년 연세대 대학원 정치학과졸(석사) 2018년 미국 하버드대 케네디행정대학원 행정학과졸(석사) (경)2011~2012년 민주정책연구원 미래기획실 인턴연구원 2012년 민주통합당 제19대 국회의원선거 중앙선거대책위원회 투표참여운동본부장 2012~2013년 同상근부대변인 2012년 민주통합당 제18대 문재인 대통령후보 선거대책위원회 직능특보실 청년특보 · 청년정책단장 · 부대변인 겸임 2013~2014년 민주당 여성리더십센터 부소장 2014년 새정치민주연합 박원순 서울시장후보 선거캠프 부대변인 2014~2015년 同전국청년위원회 운영위원 2016년 더불어민주당 상근부대변인 2016년 同제20대 국회의원 후보(비례대표 16번) 2019년 제20대 국회의원(비례대표 승계, 더불어민주당)(현) 2019년 국회 산업통상자원중소벤처기업위원회 위원(현) (종)기독교

정은환(鄭銀煥) CHUNG Un Hwan

(생)1948 · 12 · 3 (출)전남 함평 (주)서울특별시 중구 남대문로 64 금성빌딩 201호 정은환법률사무소(010-5478-2151) (학)1967년 광주제일고졸 1971년 서울대 법과대학졸 (경)1974년 사법시험 합격(16회) 1976년 사법연수원 수료(6기) 1976년 육군 법무관 1979년 전주지법 판사 1984년 同남원지원장 1985년 전주지법 판사 1986년 수원지법 판사 1987년 서울고법 판사 1990년 대법원 재판연구관 1991년 마산지법 진주지원 부장판사 1992년 창원지법 진주지원장 1993년 서울지법 의정부지원 부장판사 1995년 同서부지원 부장판사 1996~1999년 서울지법 부장판사 1999~2012년 법무법인 광장 변호사 2003~2005년 국세청 과세전적부심사위원회 위원 2005년 은평구 고문변호사 2006~2008년 금융감독위원회 제재심의위원 2013~2017년 서울중앙지법조정센터 상임조정위원 2017~2019년 법무법인 광장 파트너변호사 2019년 변호사개업(현)

정의돌(鄭儀乭) Jung-Euidol

(생)1961 · 3 · 15 (본)연일(延日) (출)강원 정선 (주)경기도 의왕시 시청로 11 의왕시청 부시장실(031-345-2010) (학)1977년 정선종합고졸 2000년 한경대 행정학과졸 (경)2007년 경기도 자치행정국 총무과 자원봉사지원팀장 2008년 同자치행정국 총무과 의전팀장 2009년 同기획조정실 평가담당관 평가기획팀장 2011년 同여성가족국 아동청소년과장 2013년 同보건복지국 건강증진과장 2013년 同인재개발원 e-러닝센터장 2015년 同도시주택실 공공택지과장 2016년 경기 연천군 부군수 2019년 경기 의왕시 부시장(현) (상)내무부장관표창(1995), 행정자치부장관표창(1998), 국무총리표창(2003), 대통령표창(2016) (종)가톨릭

정의배(鄭義培) JEUNG Eui Bae

(생)1961 · 10 · 26 (주)충청북도 청주시 서원구 충대로 1 충북대학교 수의과대학 수의학과(043-261-2397) (학)1984년 서울대 수의학과졸 1986년 同대학원 수의학과졸 1993년 의학박사(캐나다 브리티시컬럼비아대) (경)1986~1988년 (주)종근당 동물실험실 실장 1990~1993년 캐나다 브리티시컬럼비아대 객원연구원 1993~1995년 미국 워싱턴대 선임연구원 1995년 충북대 수의과대학 수의학과 전임강사 · 조교수 · 부교수 · 교수(현) 1995년 미국 워싱턴대 방문교수 1996~1997년 캐나다 브리티시컬럼비아대 방문교수 2000~2002년 충북대 동물의학연구소장 2001~2005년 국립산림과학연구원 겸임연구관 2002년 충북대 수의학과 선임학과장 2002년 중앙약사심의위원회 소분과 위원 2002년 과학기술부 세포응용사업단 이사 2003~2006년 식품의약품안전청 내분비장애물질평가위원 2003~2006년 同내분비독성과 자문위원 2003년 OECD Uterotrophic Assay 법제정심의위원 2006~2012년 충북대 BK21동물의료생명과학사업단장 2013년 同BK21플러스 미래수의학인재양성사업단장(현) 2014~2016년 同수의과대학장 2014년 한국과학기술한림원 정회원(농수산학부 · 현) (상)한국독성학회 · 한국환경성돌연변이발암원학회 학술대상(2015), 대한수의학회 학술연구대상(2016) (저)'척추동물 생화학(共)'(2005)

정의선(鄭義宣) Euisun Chung

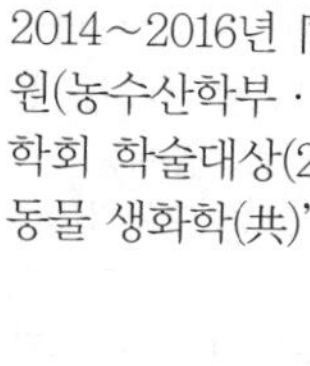

(생)1970 · 10 · 18 (본)하동(河東) (출)서울 (주)서울특별시 서초구 헌릉로 12 현대자동차(주) 부회장실(02-3464-1114) (학)1989년 휘문고졸 1993년 고려대 경영학과졸 1997년 미국 샌프란시스코대 대학원 경영학과졸 (경)일본 이토추상사 뉴욕지사 근무 1999년 현대자동차(주) 구매실장 · 영업지원사업부장 2000년 同이사 2001년 同상무이사 2002년 同국내영업본부 부본부장(전무) 2002년 현대카드(주) 전무이사 겸임 2003년 현대 · 기아자동차 기획총괄본부 부본부장(부사장) 겸 기아자동차 기획실장 2005~2008년 기아자동차 대표이사 사장 2005년 현대자동차그룹 기획총괄본부 사장 2005년 현대모비스(주) 사장 겸임 2005년 대한양궁협회 회장(현) 2005년 아시아양궁연맹 회장(현) 2008년 기아자동차 해외 · 재무 · 기획담당 사장 2009~2018년 현대자동차(주) 부회장 2012년 현대제철(주) 품질 · 경영기획부문 부회장(현) 2013~2018년 현대모비스(주) 기획실 · IT담당 이사 2018년 현대자동차그룹 총괄수석부회장 겸임(현) 2019년 수소위원회 공동회장(현) 2019년 기아자동차 사내이사(현) 2019년 현대자동차(주) 각자대표이사(현) 2019년 현대모비스(주) 각자대표이사(현) (상)세계경제포럼 선정 2006 젊은 글로벌 리더(Young Global Leader)(2006), 대한민국디자인대상 디자인경영부문 대통령표창(2008), 은탑산업훈장(2009), 소강체육대상 공로상(2017)

정의숙(鄭義淑 · 女) CHUNG Eui Sook

(생)1952 · 9 · 27 (학)1975년 이화여대 무용과졸 1978년 同대학원 무용과졸 1985년 미국 뉴욕대 대학원 무용학과졸 1996년 무용학박사(미국 뉴욕대) (경)1993~2000년 성균관대 무용과 조교수 · 부교수 1995년 세계무용연맹 한국본부 이사 2000~2018년 성균관대 무용과 교수 2001년 한국현대춤협회 회장, 同이사(현) 2008~2011년 한국무용예술학회 회장, 한국무용협회 이사, 아지드현대무용단 대표(현) 2010년 예술의전당 발레 · 무용부문 자문위원(현) 2011년 한국무용예술학회 명예회장(현) 2016~2018년 문화체육관광부 한국문화예술위원회 위원 2017년 서울무용영화제 집행위원장(현) 2018년 성균관대 무용과 명예교수(현) (상)서울공연예술제 대상 · 안무상 · 연기상, 대한무용학회 예술상(2007) (작)'붉은 영혼의 시'

정의용(鄭義溶) CHUNG Eui Yong

(생)1946 · 4 · 14 (본)연일(延日) (출)서울 (주)서울특별시 종로구 청와대로 1 국가안보실(02-770-7117) (학)1964년 서울고졸 1968년 서울대 외교학과졸 1982년 미국 하버드대 정책대학원 국제관계학과졸 2010년 명예 정치학박사(캄보디아 왕립학술원) (경)1972년 외무부 입부 1974년 駐캐나다 3등서기관 1982년 외무부 통상정책과장 1984년 駐타이 참사관 1986년 駐미국 참사관 1989년 외무부 정보분석관 1989년 同공보관 1991년 駐EC 공사 1993년 외무부 통상국장 1995년 駐미국 공사 1997년 駐이스라엘 대사 1998년 외교통상부 통상교섭조정관 2001~2004년 駐제네바대표부 대사 2002년 세계무역기구(WTO) 무역협상위원회(TNC) 산하 지적재산권(TRIPS) 협상그룹 의장 2002년 국제노동기구(ILO) 이사회 부의장 2003년 同이사회 의장 2004년 열린우리당 국제협력위원장 2004~2008년 제17대 국회의원(비례대표, 열린우리당 · 대통합민주신당 · 통합민주당) 2005년 한 · 미의원외교협회 간사장 2005년 한 · 파라과이의원친선협회 부회장 2005년 한 · 튀니지의원친선협회 이사 2007년 열린우리당 제2정책조정위원장 2008년 대통합민주신당 국제협력위원장 2017년 국가안보실장(장관급) 겸 국가안전보장회의(NSC) 상임위원장(현) 2018년 남북정상회담준비위원회 위원 (상)황조근정훈장(2004), 국회의장표창(2005), 칠레정부 베르나르도 오히긴스 훈장(2006)

정의채(鄭義采) JUNG(TJENG) Eui Chai

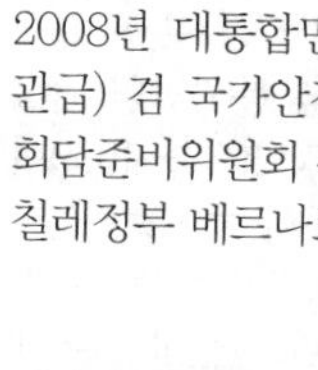

(생)1925 · 12 · 27 (본)하동(河東) (출)평북 정주 (학)1952년 가톨릭대 신학과졸 1958년 로마 울바노대 대학원 철학과졸 1961년 철학박사(로마 울바노대) (경)1953년 사제 수품 1961~1985년 가톨릭대 교수 1961년 미국 컬럼비아대 객원교수 1967년 가톨릭대 부학장 1970년 同교무처장 1972년 독일 뮌헨대 · 뮌헨 SJ철학대 객원교수 1972~1985년 가톨릭대 중

세사상연구소장 1974년 同대학원장 1976년 그리스도교철학연구소 창설 1978년 성심학원 이사장 1984년 천주교 불광동교회 주임신부 1985~1988년 서강대 철학과 교수 1988년 천주교 명동교회 주임신부 1988~1991년 가톨릭대 총장 1991~1993년 서강대 생명문화연구소 창설 및 초대소장 1991년 환경보전을위한한국가선언문제 제정위원장 1991~1994년 한국그리스도교사상연구소 초대이사장 1992~2009년 서강대 신학대학원 석좌교수 1994년 한국그리스도교사상연구소 상임고문 1999~2001년 한국가톨릭철학회 회장 1999~2004년 아시아가톨릭철학회 회장(중임), 同명예회장(현) 2001년 한국가톨릭철학회 창설·초대회장·명예회장(현) 2005년 로마교황청 명예고위성직자(몬시뇰)(현) 2008~2009년 대통령자문 국가원로회의 고문 2008년 건국60주년기념사업위원회 위원 2010년 태평관기영회 위원(현) 2010~2014년 신학대전공동번역위원회 창설·위원장 2014년 同명예회장(현) (상)로마 울바노대 최우수논문상(1961), 국민훈장 석류장·모란장, 가톨릭신문사상, 평안북도문화상, 한국천주교주교회의 가톨릭매스컴상 특별상(2009) (저)'형이상학' '철학의 위안' '존재의 근거문제' '중세철학사'(共) '사상과 시대의 증언' '삶을 생각하며' '존듀이의 윤리학설과 토마스아퀴나스의 윤리학설의 비판적 연구–형이상학적 관점에서' '사상과 시대의 증언(2권)' '시간과 영원 사이에 진리' '현재와 과거, 미래, 영원을 넘나드는 삶(3권)' '새 천년대 인류와 교회–새 천년대와 한국 교회' '모든것이 은혜였습니다' '인류공통문화 지각변동 속의 한국(3권)' 'De Naturelismo Experimentali Secundum John Dewey…' 'A Flow of Common Culture of Mankind, Korean Society and Religion' 'The Direction of Human Culture and KOREA in the New Millennium(Abridged)' (역)'신학대전(총10권)' '철학의 위안' '교회에 관한 교의헌장' '그리스도교적 교육에 관한 선언' '교회의 선교활동에 관한 교령' '토마스아퀴나스의 유와 본질에 대하여'외 다수 (작)시사·논설 등 4천여편 (종)천주교

정의춘(鄭義春) JEONG, EUI CHOON

(생)1962·4·4 (출)충남 (주)서울특별시 영등포구 국제금융로2길 24 동양(주) 플랜트사업본부(02-6150-7000) (학)1980년 휘문고졸, 1984년 인하대 기계공학과졸 (경)1986년 대우그룹 입사 2005~2009년 대우건설 나이지리아지사장·기술영업담당 부장 2010~2012년 同해외기술영업팀장(부장) 2013~2014년 同이라크·남아공지사장(상무) 2015~2017년 同플랜트·발전사업담당 상무 2019년 (주)동양 플랜트사업본부장(전무)(현)

정의화(鄭義和) Chung Ui-hwa (蒼空·中山·直制)

(생)1948·12·18 (본)영일(迎日) (출)경남 창원 (주)부산광역시 동구 중앙대로 401 김원묵기념 봉생병원(051-664-4000) (학)1967년 부산고졸 1973년 부산대 의대졸 1978년 연세대 대학원 의학석사 1995년 의학박사(인제대) 2002년 명예 경영학박사(한국해양대) 2009년 명예 정치학박사(조선대) 2011년 명예 교육학박사(공주대) 2015년 명예 법학박사(전남대) (경)1978년 봉생신경외과병원 원장 1978~1981년 미국 뉴욕대 신경외과·로마린다의대 연구펠로우 1985년 김원묵기념 봉생병원 원장 1989년 월간 '현장' 발행인 1989년 봉생문화회 회장 1994~1999년 포럼신사고 운영위원장 1996년 제15대 국회의원(부산 中·東, 신한국당·한나라당) 1997년 부산보이스카웃연맹장 1997년 봉생복지재단 이사장 1997년 부산사회복지협의회 회장 1997년 신한국당 부대변인 1998년 한나라당 원내부총무 1998~2000년 同과학기술위원장 1998년 同부산中·東지구당 위원장 2000년 제16대 국회의원(부산 中·東, 한나라당) 2000년 김원묵기념 봉생병원 의료원장 겸 병원장(현) 2003년 한나라당 원내수석부총무 2004년 제17대 국회의원(부산 中·東, 한나라당) 2004~2008년 국회 스카우트의원연맹(KSPA) 부회장 2005년 한·폴란드의원친선협회 회장 2005년 국회 중국의역사왜곡에대한특별위원장 2006년 국회 재정경제위원장 2006년 국회 여수엑스포유치추진특별위원장 2007년 한나라당 제17대 대통령중앙선거대책위원회 직능정책본부장 2008년 제18대 국회의원(부산 中·東, 한나라당·새누리당) 2008~2010년 한나라당 인재영입위원장 2008~2012년 국회 스카우트의원연맹(KSPA) 회장 2009년 한나라당 세종시특별위원회 위원장 2009~2010년 同최고위원 2010년 2015광주하계유니버시아드조직위원회 공동위원장 2010년 2010세계대백제전 명예홍보대사 2010~2012년 국회 부의장 2010~2013년 세계스카우트의원연맹(WSPU) 총재 2011년 한나라당 비상대책위원장 2012~2016년 제19대 국회의원(부산 中·東, 새누리당·무소속) 2012년 새누리당 상임전국위원 2012~2014년 국회인성교육실천포럼 상임대표 2013년 한·미외교협의회 회장 2013년 국회 외교통일위원회 위원 2013년 영일(迎日)정씨대종회 회장 2013~2014년 세계스카우트의원연맹(WSPU) 명예총재 2014~2016년 국회 의장 2016년 국회 신·재생에너지포럼 고문 2016년 대한민국평화통일국민문화제조직위원회 명예위원장 2016년 (사)새한국의비전 이사장(현) 2016년 한스자이델 고문(현) (상)자랑스러운 부산대인상(2010), 명예 광주시민, 명예 여수시민, 국정감사평가회 모범의원상(2010), 자랑스러운 조경인상 정책부문(2013), 법률소비자연맹 대한민국법률대상(2014), 한국언론인연대·한국언론인협동조합 선정 '2015 대한민국 창조혁신대상'(2015), 세계스카우트 아시아태평양지역총회 아·태지역 최고 공로장(2015), 전국청소년선플 SNS기자단 선정 '국회의원 아름다운 말 선플상'(2015), 백봉신사상 올해의 신사의원 베스트10(2015), 서울대 보건대학원 HPM총동문회 '자랑스런 서울대 보건인상'(2015), 한국스카우트연맹 스카우트 봉사대장(2016), 일본 욱일대수장(旭日大綬章)(2017), 대한민국 국민훈장(2018) (저)'건강한 사회 어디 없나요'(1996, 빛남) '쉼없는 항해 그리고 새로운 꿈'(2000, 말씀) '파워부산 정의화, 제2의 도시를 거부한다(編)'(2002, 화랑출판문화사) '나누는 사랑과 흐르는 정' '이름값 정치'(2011, 비타베아타) '정의화의 아름다운 복수'(2017, 도요) '우연은 신의 지문이다'(2018, 빛남) (작)사진작품 다수 전국 공모전과 촬영대회 특선 등 입상 및 입선 다수 (종)기독교

정의화(鄭義和)

(생)1958·2·12 (출)경북 포항 (주)경상북도 포항시 남구 희망대로 790 포항시야구협회(054-283-4991) (학)1977년 포항 동지고졸 1977년 경북대 상과 입학 (경)1981년 농협중앙회 경주시지부 입사 2006~2017년 경북도야구협회 부회장 2011년 농협은행 포항기업금융지점장 2013년 정송경호협회 수석부총재(현) 2013년 한국해양연안순찰단 수석부총재(현) 2014~2015년 농협은행 포항해도지점장 2016~2017년 경북도민일보 대표이사 사장 2017년 포항시야구협회장 2019년 同고문(현)

정이안(鄭婯安·女) Ian Jeong

(생)1968·10·6 (본)오천(烏川) (출)부산 (주)서울특별시 종로구 종로 22 인주빌딩 5층 정이안한의원(02-739-0075) (학)1992년 동국대 한의과대학졸 1995년 同대학원 한의학과졸 2000년 한의학박사(동국대) 2008년 고려대 경영전문대학원 경영학과졸(EMBA) (경)1995년 동국대의료원 부속한방병원 침구과 전문의 수료 1995년 정이안한의원 개원(현) 2005년 동국대 한의과대학 외래교수(현) 2008년 서울시 '아리수' 명예홍보대사(현) 2010년 인천경영자총협회 노사대학 교수 2010년 IBK기업은행 자문위원 2011년 농업협동조합중앙회 '식사랑 농사랑' 추진운영위원 2018년 경기대 서비스경영전문대학원 겸임교수(현) (상)한양대 EEP과정 최우수논문상(2008), 보건복지가족부 '올해의 우수건강도서상'(2009), 제3회 독서문화상 의료저술부문(2010) (저)'샐러리맨 구출하기'(2006) '20대부터 시작하는 스트레스 제로 기술'(2006) '내 몸에 스마일'(2009) '몸에 좋은 색깔음식 50'(2010) '자연이 만든 음식재료의 비밀'(2011) '직장인 건강 한방에 답이 있다'(2012) '떠나는 용기 : 혼자하는 여행이 진짜다'(2015) '기적의 1분 동안 만들기 달력'(2019, 이덴슬리벨)

정이영(鄭以永) Jeong Lee Young

(생)1957 · 12 · 14 (주)서울특별시 강남구 선릉로 514 성원빌딩 애큐온저축은행(1588-6161) (학)1984년 중앙대 경제학과졸 1995년 서강대 경제대학원졸 (경)1984년 한국은행 입행 1999년 금융감독원 조사1국 팀장(3급) 2000년 同은행감독국 팀장 2001년 同공보실 팀장 2004년 同은행검사2국 팀장 2005년 同인력개발실 팀장 2006년 同신용감독국 팀장(2급) 2008년 한국은행 파견(2급) 2009년 금융감독원 부산지원장 2010년 同조사연구실장 2011년 부산시 파견(2급) 2012년 금융감독원 거시감독국 연구위원 2013~2014년 同국제협력국 연구위원 2014~2017년 저축은행중앙회 부회장 2017년 (주)HK저축은행 상근감사위원 2017년 애큐온저축은행 상임감사위원(현)

정이종(鄭利鍾) Chung Yee Jong

(생)1955 · 5 · 17 (출)전남 광산 (주)서울특별시 강남구 테헤란로8길 33 세무법인 지산 회장실(02-6954-7300) (학)광주고졸, 건국대 정법대학 법학과졸, 同행정대학원 세무행정학과졸 (경)1995년 춘천세무서 소득세과장 1997년 서울 송파세무서 재산세과장 1998년 서울 개포세무서 법인세과장 1999~2005년 서울지방국세청 조사1 · 2 · 4국 서기관 2005년 국세청 심사2과 서기관 2006년 원주세무서장 2006년 서울지방국세청 조사4국 4과장 2007년 서울 강동세무서장 2008년 국세청 납세지원국 징세과장 2009년 광주지방국세청 세원관리국장 2009년 同세원관리국장(부이사관) 2010년 同조사1국장 2010년 서울지방국세청 납세자보호담당관 2011년 중부지방국세청 조사2국장(고위공무원) 2011~2012년 同조사1국장 2012~2015년 서안주정(주) 대표이사 사장 2015년 세무법인 지산 회장(현) (상)근정포장(2000)

정익래(鄭益來) CHUNG Ik Rai

(생)1948 · 12 · 9 (본)하동(河東) (출)전남 보성 (주)서울특별시 중구 퇴계로 165 신민빌딩 한국지방발전연구원(02-784-8005) (학)1967년 보성고졸 1972년 건국대 행정학과졸 (경)1973년 행정고시 합격(14회) 1974~1985년 총무처 · 제2무임소장관실 · 정무제1장관실 행정사무관 1985년 서울올림픽대회조직위원회 파견(사이클담당관) 1988년 정무장관 정책분석 · 정당담당관 1994년 同제2조정관 1998년 국무총리비서실 정당비서관 2002~2005년 국무총리 민정수석비서관 2007년 한국지방경영연구원 부이사장 2008년 한국지방발전연구원 원장(현) (상)대통령표창, 황조근정훈장 (종)천주교

정익우(鄭益雨) CHUNG Ik Woo

(생)1957 · 1 · 20 (본)광주(光州) (출)충남 공주 (주)서울특별시 서초구 서초중앙로 203 오릭스빌딩 4층 법무법인(유) 강남(02-6010-7025) (학)1975년 공주사대부고졸 1979년 단국대 법학과졸 1981년 同대학원 법학과졸 1989년 대만 대학 법학원 방문학자 연수 (경)1979년 사법시험 합격(21회), 사법연수원 수료(11기) 1981~1984년 육군법무관(검찰관) 1984년 부산지검 검사 1984~2001년 법무부 검사 1987년 대전지검 서산지청 검사 1988년 서울지검 검사 1988~1989년 대만 대학 법학원 방문학자 연수 1991년 광주지검 고등검찰관 1993년 同장흥지청장 1993년 대전고검 검사 1994년 대구지검 조사부장 1995년 인천지검 공안부장 1997년 同형사3부장 1997년 서울고검 검사 1998년 서울지검 북부지청 형사4부장 1999년 부산고검 검사 2000~2001년 서울지검 서부지청 형사1부장 2001년 변호사 개업 2001~2007년 법무법인 로쿨 변호사 2007~2010년 법무법인 바른 중국팀장(변호사) 2010~2012년 한중법학회 회장 2010~2012년 법무법인 주원 중국팀장(변호사) 2013년 법무법인(유) 강남 대표변호사(현)

정인교(鄭仁敎) CHEONG Inkyo

(생)1961 · 4 · 27 (본)연일(延日) (출)경남 진주 (주)인천광역시 미추홀구 인하로 100 인하대학교 국제통상학과(032-860-7785) (학)1980년 진주고졸 1985년 한양대 상경대학 경제학과졸 1988년 미국 미시간주립대 대학원 경제학과졸 1995년 경제학박사(미국 미시간주립대) (경)1996~2004년 대외경제정책연구원(KIEP) 연구원 · 연구위원 · 동남아팀장 · 자유무역협정(FTA)연구팀장 1998~2006년 FTA 협상 대표단 1999~2001년 동아시아비전그룹(EAVG) 사무국장 2002년 국무총리 국무조정실 정책평가전문위원 2004년 인하대 경상대학 경제학부 조교수 · 부교수 · 교수 2004~2005년 APEC Consultant(IAP Review Expert) 2005년 일본 總合硏究開發機構(NIRA) 초빙객원연구원 2006~2007년 한 · 미FTA특별위원회 위원 2006~2007년 한국통상학회 부회장 2006~2008년 농어업 · 농어촌특별대책위원회 농업통상위원회 위원 2006~2009년 외교통상부 한-미 FTA · 한-EU FTA 자문위원 2008~2009년 기획재정부 대외경제정책위원회 위원 2009년 국제통상학회 부회장 2009년 한국무역학회 무역학회지 편집위원장 2009~2015년 인하대 정석물류통상연구원장 2009~2013년 외교통상부 정책자문위원 2009~2012년 대한무역투자진흥공사 사외이사 2010년 한국국제통상학회 회장 2010~2013년 관세청 옴부즈맨 2011~2014년 인하대 펠로우(IFS) 교수 2011~2012년 한국협상학회 회장 2011년 국토해양부 남북경제통합분야 자문위원 2011~2014년 한국경제학회 이사 2011~2012년 국민일보 시론 필진 2012~2014년 매일경제신문 객원논설위원 2012~2015년 한국무역학회 부회장 2012년 산업통상자원부 통상교섭자문민간위원(현) 2013년 한국농촌경제연구원 쌀산업발전포럼 위원(현) 2013년 외교부 정책자문위원(현) 2015년 인하대 대외부총장(현) 2017년 同국제통상학과 교수(현) (상)외교통상부장관표창(1999), 관세청장표창(2003), 전국경제인연합회 시장경제대상(2006), 인하대 우수연구교수상(2007), 동북아연구재단(NEAR) 우수학술연구자상(2008), 납세자의날 대통령표창(2011) (저)'WTO 貿易自由化의 一般均衡效果分析(共)'(1996) 'APEC 貿易自由化 方案과 貿易自由化效果'(1996) '韓國의 小規模 自由貿易地帶 설립의 경제적 타당성에 대한 硏究(共)'(1996) 'APEC 마닐라실행계획(MAPA)의 분석과 평가(共)'(1997) '아시아 · 태평양지역에서의 경제통합(共)'(1998) '금융위기 이후 수출구조변화와 향후 수출여건 전망(共)'(1998) '미국 FTA 정책의 전개와 시사점'(1998) '동북아 경제협력 : 관세, 통상 등 지역경제협력(共)'(1999) '한 · 칠레 自由貿易協定(FTA) : 추진배경, 현황, 경제적 효과와 정책적 시사점(共)'(2000) '자유무역협정 시대에 어떻게 대처할 것인가?'(2001) '중국 WTO 가입의 경제적 효과와 정책시사점(共)'(2001) '한-일 FTA의 경제적 효과와 정책시사점'(2001) '한-칠레 FTA의 주요내용'(2002) 'East Asian Economic Integration : Recent Development of FTAs and Policy Implications'(2002) '2003년 DDA 종합점검(共)'(2003) 'ASEAN 경제통합 확대와 한국의 대응방향(共)'(2003) '중-아세안 FTA의 추진과 파급영향(共)'(2003) '한-중-일 FTA의 추진당위성과 선행과제(共)'(2003) '거대경제권과의 FTA 평가 및 정책과제(共)'(2004) '한-중 FTA의 경제적 파급효과와 주요 쟁점(共)'(2004) '한-중-일 FTA 대비 수산업 부문 영향 분석(共)'(2004) 'Korea-Japan FTA : Toward a Model Case for East Asian Economic Integration, Korea Institute for International Economic Policy(共 · 編)'(2005) 'East Asian Regionalism : Prospects and Challenges, Amsterdam : Springer(共 · 編)'(2005) '글로벌시대의 FTA 전략'(2005) '우리나라 FTA 원산지규정 연구 및 실증분석(共)'(2005) '한미 FTA 논쟁, 그 진실은?(共)'(2006) '한미 FTA, 100 활용하기(共)'(2007) '한미 FTA, 하나의 협정 엇갈린 진실(共)'(2008) '동아시아 경제통합 : 주요국 입장과 경제통합 이슈(共)'(2009) '신보호무역주의(編)'(2009) 'FTA 통상정책론'(2010)

정인권(鄭寅權) CHUNG In Kwon

(생)1958·8·17 (주)서울특별시 서대문구 연세로 50 연세대학교 생명시스템대학 시스템생물학과(02-2123-2660) (학)1981년 연세대 생물학과졸 1985년 同대학원졸 1991년 생물학박사(미국 오하이오주립대) (경)1985년 연세대 이과대학 생물학과 연구조교 1991~1992년 미국 오하이오주립대 Post-Doc. 1992년 미국 Harvard Medical School Post-Doc. 1993~2011년 연세대 생물학과 교수 2006~2008년 同정보통신처장 2007년 同생명시스템대학 설립준비위원장 2008~2009년 同생명시스템대학장 2011년 同생명시스템대학 시스템생물학과 교수(현) 2012~2016년 同교무처장 2012~2016년 同교육개발지원센터소장 2012~2014년 사학분쟁조정위원회 위원 (상)연세학술상(1999)

정인균(鄭寅均) CHUNG In Gyun

(생)1959·6·17 (출)전남 함평 (주)서울특별시 종로구 사직로8길 60 외교부 인사운영팀(02-2100-7141) (학)1977년 광주고졸 1982년 한국외국어대 스페인어과졸 1984년 서울대 행정대학원 행정학과졸 (경)1984년 외교통상부 입부 1992년 駐콜롬비아 1등서기관 1994년 駐그리스 1등서기관 1998년 외교통상부 통상교섭본부장 보좌관 2000년 駐제네바 1등서기관 2003년 외교통상부 구주통상과장 2004년 同자유무역협정1과장 2005~2007년 駐OECD대표부 참사관 2007년 駐미얀마 공사참사관 2010년 외교통상부 지역통상국 심의관 2011~2014년 駐에콰도르 대사 2015~2017년 행정차지부 국제행정협력관 2017년 駐칠레 대사(현)

정인균(鄭仁均) Chung In Kyun

(생)1961·12·3 (출)서울 (주)서울특별시 영등포구 여의공원로 13 한국방송공사 광고국(02-781-1000) (학)1980년 장훈고졸 1985년 한양대 경제학과졸 (경)1996년 한국방송공사(KBS) 광주방송총국 업무부담당 부장 1998년 同방송연수원 연수1부 차장 1999년 同인력관리국 인사관리부 차장 2003년 同인력관리실 인사·임금제도 부주간 2004년 同인적자원센터 인사팀 선임팀원 2006년 同인력관리실 인사제도전문위원 2010년 同인력관리실 조직제도팀장 2010년 同인적자원실 인사운영부장 2011년 同감사실 기획·경영감사부장 2012년 同인적자원실장 2014년 同감사실장 2015년 同창원방송총국장 2017년 同감사실 기획감사부 근무(국장급) 2017~2018년 同시큐리티 사장 2018년 同광고국 근무(국장급)(현)

정인봉(鄭寅鳳) CHUNG In Bong

(생)1953·12·10 (본)동래(東萊) (출)서울 (주)서울특별시 서초구 서초대로 275 중앙빌딩 505호 정인봉 법률사무소(02-537-3001) (학)1971년 경기고졸 1975년 서울대 법과대학졸 1978년 同대학원 수료 1997년 한국방송통신대 불어불문학과졸 (경)1975년 사법시험 합격(17회) 1977년 사법연수원 수료(7기) 1977년 軍법무관 1980년 서울지법 북부지원 판사 1983~1984년 서독 바이로이트대 연수 1985년 춘천지법 강릉지원 판사 1987년 변호사 개업(현) 1989년 서울지방변호사협회 인권위원 1991년 서울종로봉사회 명예회장 1993년 대한변호사협회 인권위원 1994년 환경운동연합 지도위원 1997년 한나라당 중앙상무위원 1998년 同종로지구당 위원장 2000~2002년 제16대 국회의원(서울 종로, 한나라당) 2000년 한나라당 인권위원회 부위원장 2005~2006년 同인권위원장 2008년 제18대 국회의원선거 출마(서울 종로, 자유선진당) 2010년 미래연합 최고위원 2010년 대한변호사협회 일제피해자특별위원회 위원(현) 2012년 새누리당 서울종로구당원협의회 운영위원장 (저)'특허법개론'(1986) 수필집 '그래도 골목에는 꿈이 있다'(1998) '세월을 담는 그릇'(2009) (역)'대처 리더십'(2007) (종)기독교

정인석(鄭寅奭) Cheong, Insuk

(생)1962 (주)서울특별시 동대문구 이문로 107 한국외국어대학교 상경대학 경제학부(02-2173-3097) (학)서울대 경제학과졸, 경제학박사(미국 프린스턴대) (경)한국외국어대 상경대학 경제학부 교수(현) 2012~2013년 同경제경영연구소장 2016년 한국산업조직학회 회장 2019년 한국외국어대 상경대학장(현) (저)'미시경제학(共)'(2016, 법문사)

정인섭(鄭印燮) CHUNG In Seob

(생)1954·9·26 (주)서울특별시 관악구 관악로 1 서울대학교 법학전문대학원(02-880-7554) (학)1977년 서울대 법학과졸 1982년 同대학원 법학과졸 1983년 미국 조지타운대 법학대학원졸 1992년 법학박사(서울대) (경)1984~1995년 한국방송통신대 법학과 전임강사·조교수·부교수 1987년 미국 The William Richardson School of Law, Univ. of Hawaii 객원교수 1995~2002년 서울대 법학과 조교수·부교수 1999~2006년 同법학도서관장 2002년 同법과대학 교수 2004~2007년 국가인권위원회 비상임위원 2006~2007년 서울대 법학연구소장 2009년 대한국제법학회 회장 2009~2017년 IOM이민정책연구원 비상임이사 2012년 한국인권재단 이사(현) 2012~2015년 동북아역사재단 비상임이사 2018년 서울대 법학전문대학원 교수(현) (상)현민국제법학술상(2012), 한국법교육학회 학술상 대상(2015) (저)'Korean Questions in the United Nations'(2002) '집회와 시위의 자유(編)'(2003) '이중국적(編)'(2004) '사회적 차별과 법의 지배(編)'(2004) '해외법률문헌 조사방법(共)'(2005) '국가인권위원회법 해설집(共)'(2005) '작은 거인에 대한 추억-재일변호사 김경득 추모집(編)'(2007) '국제법 판례 100선(共)'(2008) 외 다수 (역)'이승만의 전시중립론-미국의 영향을 받은 중립(이승만著)'(2000)

정인섭(鄭寅燮) JUNG In Sub

(생)1969·12 (출)경남 하동 (주)세종특별자치시 한누리대로 411 KT&G세종타워 4층 한화에너지(주)(044-850-3400) (학)1989년 동성고졸 1995년 서울대 경영학과졸 1999년 미국 보스턴대 대학원 경영학과졸(MBA) (경)대우(주) 비서실 근무, KPMG 컨설팅 근무, 벽산건설 해외사업담당, 옥포공영 베트남담당임원 2014년 한화생명보험(주) 해외사업팀장 2015년 同신규사업팀장 2016년 한화큐셀앤드첨단소재 부사장 2019년 한화에너지(주) 대표이사 부사장(현)

정인섭(鄭仁燮)

(생)1971·5·20 (출)경남 산청 (주)대구광역시 수성구 동대구로 364 대구지방법원 총무과(053-757-6470) (학)1990년 경상사대부고졸 1999년 서울대 경영학과졸 (경)2001년 사법시험 합격(43회) 2004년 사법연수원 수료(33기) 2004년 창원지법 예비판사 2006년 同판사 2007년 인천지법 판사 2010년 서울남부지법 판사 2013년 서울중앙지법 판사 2016년 서울남부지법 판사 2017년 대법원 재판연구관 2019년 대구지법 부장판사(현)

정인숙(鄭仁淑·女) JUNG IN SUK

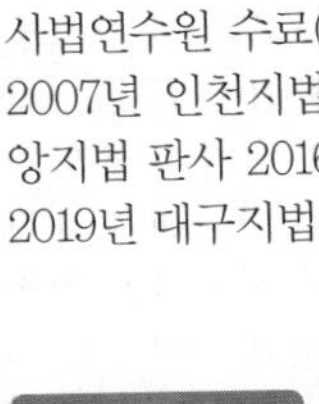

(생)1963·1·20 (본)연일(延日) (출)경남 진해 (주)대구광역시 수성구 동대구로 364 대구지방법원 총무과(053-757-6600) (학)1981년 마산여고졸 1985년 서울대 사법학과졸 (경)1989년 사법시험 합격(31회) 1992년 사법연수원 수료(21기) 1992년 변호사 개업 1996년 대구지법 판사 2000년 인천지법 판사 2003년 서울지법 남부지원 판사 2004년 서울남부지법 판사 2005년 서울고법 판사 2007년 서울중앙지법 판사 2008년 대전지법 부장판사 2009년 인천지법 부장판사 2011년 서울남부지법 부장판사 2015년 서울중앙지법 부장판사 2017년 서울남부지법 부장판사 2018년 대구지법 부장판사(현) (종)기독교

정인재(鄭仁在)

(생)1970·8·2 (주)경기도 부천시 상일로 129 인천지방법원 부천지원(032-320-1114) (학)1989년 전주 신흥고졸 1994년 서울대 사법학과졸 (경)1997년 사법시험 합격(39회) 2000년 사법연수원 수료(29기) 2000년 전주지법 예비판사 2002년 同판사 2003년 인천지법 판사 2006년 서울서부지법 판사 2010년 서울중앙지법 판사 2012년 서울동부지법 판사 2013년 서울고법 판사, 서울서부지법 판사 2015년 전주지법 부장판사 2018년 인천지법·인천가정법원 부천지원 부장판사(현)

정인정(鄭仁楨) CHUNG In Jeong

(생)1954·9·7 (출)경북 영천 (주)세종특별자치시 조치원읍 세종로 2511 고려대학교 세종캠퍼스 과학기술대학 컴퓨터융합소프트웨어학과(044-860-1342) (학)1974년 경복고졸 1978년 서울대 전자계산학과졸 1980년 한국과학기술원 대학원 전산학과졸 1989년 이학박사(미국 아이오와대) (경)1980~1983년 삼성전자(주) 컴퓨터사업부 연구원·대리 1981~1984년 홍익대 전산학과 강사 1981~1983년 동국대 전자계산학과 강사 1983~1984년 이화여대 전자계산학과 전임강사 1985~1989년 미국 Univ. of Iowa 전산학과 교육조교·연구조교 1990~1997년 고려대 전산학과 조교수·부교수 1992~1996년 同전산학과장 겸 대학원 주임교수 1992년 한국통신정보보호학회 종신회원(현) 1994~1998년 행정자치부 기술고등고시 출제위원·채점위원 1996~1998년 고려대 서창캠퍼스 전자계산소장 1996~2015년 한국전산홈 기술고문 1997년 고려대 세종캠퍼스 컴퓨터융합소프트웨어학과 교수(현) 1997~1998년 한국전산원 초빙연구위원 1997년 한국정보처리학회 논문편집위원 1998년 미국 Univ. of Iowa 교환교수 1999년 환경부 환경정보화추진분과 위원 2001~2004년 한국정보과학회 충남지부 이사 및 감사 2001년 한국정보통신기술협회 IT국제표준화전문가 2003년 코리아웹포럼 창립위원 2004년 한국정보통신기술협회 PG401 웹프로젝트위원회 의장 2004~2006년 同IT응용기술위원회 부위원장 2005년 산업자원부 기술자문위원 2001년 조달청 기술평가위원(현) 2007~2010년 고려대 과학기술대학 공학인증센터 소장 2008년 미국 세계인명사전 'Marquis Who's Who in Science and Engineering' 2008·2009년판에 등재, 산업통상자원부 기술자문위원 2017년 조달청 대형SW 사업전문평가위원(현) 2017년 법무부 국적심의위원(현) 2017~2019년 경기도 교육주민참여협의회 위원 2017~2019년 새만금개발청 기술자문위원 (상)Telecommunications Technology Association(TTA) 'Web Project Group Excellence Chairman Award'(2005), 고려대 석탑강의상(2006), 한국지능정보시스템학회 우수논문상(2006·2009·2012), 고려대 우수강좌상(2007), The 3rd ICUT(Outstanding Presentation)(2008), FTRA WCC 'Best Paper Award'(2012), 한국정보처리학회 최우수논문상(2014) (저)'교양전산(共)'(1992, 고려대) '오토마타와 계산이론'(1993, 홍릉과학) '컴퓨터개론과 포트란(共)'(1995, 홍릉과학) '자료구조 및 연습'(1997, 생능) '컴퓨터활용과 인터넷'(1997, 생능) '알고리즘'(1999, 홍릉과학) '인터넷 기초와 활용(共)'(2003, 생능) (종)기독교

정인진(丁仁鎭) CHUNG In Jin

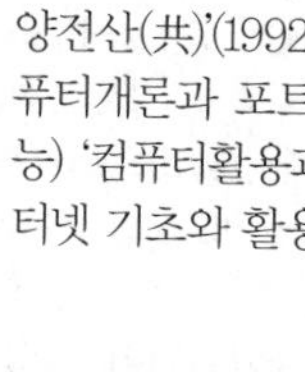

(생)1953·12·10 (출)경기 시흥 (주)서울특별시 강남구 테헤란로92길 7 법무법인 바른(02-3479-7555) (학)1972년 경동고졸 1977년 서울대 법과대학졸 (경)1975년 사법시험 합격(17회) 1977년 사법연수원 수료(7기) 1980년 수원지법 판사 1982년 서울지법 남부지원 판사 1984년 서울지법 판사 1985년 미국 하버드대 법과대 연수 1987년 춘천지법 강릉지원 판사 1988년 서울고법 판사 1990~1994년 대법원 재판연구관·부산지법 울산지원 부장판사 1994년 수원지법 부장판사 1995년 서울지법 동부지원 부장판사 1997년 서울지법 부장판사 1999년 부산고법 부장판사 2000~2004년 서울고법 부장판사 2004~2011년 법무법인 바른 변호사 2005년 대한상사중재원 중재인(현) 2005년 성균관대 법과대학 겸임교수 2012~2015년 법무법인 바른 대표변호사 2013~2016년 고려대 법학전문대학원 겸임교수 2014년 대한변호사협회 난민법률지원변호사단장(현) 2015~2017년 한국교육학술정보원 비상임이사 2016년 법무법인 바른 변호사(현) 2017년 공익법인 정 이사(현)

정인창(鄭仁昌) JUNG In-Chang

(생)1964·9·14 (출)부산 (주)부산광역시 연제구 법원남로15번길 6 은하빌딩 8층 801호 정인창법률사무소(051-507-7431) (학)1983년 부산남고졸 1987년 서울대 법과대학졸 (경)1986년 사법시험 합격(28회) 1989년 사법연수원 수료(18기) 1992년 서울지검 검사 1994년 창원지검 밀양지청 검사 1995년 부산지검 검사 1997년 수원지검 검사 1999년 서울지검 남부지청 검사 2001년 전주지검 부부장검사 2002년 대검찰청 검찰연구관 2003년 대전지검 공안부장 2004년 법무부 검찰3과장 2006년 대전지검 형사2부장 2007년 서울중앙지검 형사4부장 2008년 대구지검 김천지청장 2009년 서울고검 검사 2009년 수원지검 안양지청 차장검사 2009년 청주지검 차장검사 2010년 인천지검 제1차장 2011년 대검찰청 기획조정부장 2012년 대구고검 차장검사 2013년 춘천지검 차장검사 2013년 법무부 법무실장 2015년 부산지검장 2016~2017년 법무법인 율우 대표변호사 2017년 同고문변호사 2018년 변호사 개업(현)

정인철(鄭仁喆) JEONG In Cheol

(생)1959·6·8 (본)경주(慶州) (출)충북 영동 (주)서울특별시 종로구 종로1길 42 삼표레일웨이(02-6270-0000) (학)충북고졸, 충북대 토목공학과졸, 서울과학기술대 철도전문대학원 철도건설공학과졸 2008년 철도건설공학박사(서울과학기술대) (경)1982년 삼성그룹 입사, 삼성물산(주) 건설부문 국내토목팀·토목공사팀 공사파트장 2003년 同건설부문 상무보 2004년 同건설부문 토목사업본부 철도PM(상무보) 2006년 同건설부문 토목사업본부 PM(상무) 2010년 同건설부문 토목영업팀장 2011년 (주)한화건설 토목환경사업본부 상무 2012년 同토목환경사업본부장(상무) 2015~2017년 同토목환경사업본부장(전무) 2015년 한국철도건설협회 회장(현) 2018년 (주)한화건설 고문 2019년 삼표레일웨이(주) 대표이사(현) (상)철탑산업훈장(2005) (저)'일본철도교의 현황과 설계·계산 예(共)'(2006) '알기쉬운 철도용어집 해설집(共)'(2008)

정인화(鄭仁和) JEONG INHWA

(생)1957·7·27 (출)전남 광양 (주)서울특별시 영등포구 의사당대로 1 국회 의원회관 334호(02-784-3770) (학)한양대 국제관광대학원 관광정책개발학과졸 (경)전남 광양시 부시장, 전남 여수시 부시장 2014년 전남 광양시장선거 출마(무소속) 2016년 제20대 국회의원(전남 광양시·곡성군·구례군, 국민의당·민주평화당〈2018.2〉·대안정치연대〈2019.8〉)(현) 2016~2018년 국민의당 광양시·곡성군·구례군지역위원회 위원장 2016~2018년 국회 농림축산식품해양수산위원회 위원 2016~2017년 국회 민생경제특별위원회 간사 2016년 국회 미래일자리특별위원회 위원 2016년 국회철강포럼 연구책임의원(현) 2016~2018년 국민의당 정책담당 원내부대표 2017~2018년 同전남도당위원장 2017·2018~2019년 국회 예산결산특별위원회 위원 2017년 국회 정치발전특별위원회 위원 2017년 국민의당 가뭄피해대책특별위원회 위원장 2017~2018년 同민생경제살리기위원회 농축수산분과 위원장 2017년 국회 청년미래특별위원회 위원 2018년 민주평화당 사무총장 2018~2019년 同광양시·곡성군·구례군지역위원회 위원장 2018년 同중앙당 공직후보자추천관리위원회 위원장 2018~2019년 同조직강화특별위원회 위원장 2018~2019년 同원내기획당무부대표 2018년 국회 행정안전위원회 위원(현) (상)법률소비자연맹 국회의원 헌정대상(2017·2018·2019), 2018년도 입법 및 정책개발 우수국회의원상(2019), 2019 대한민국 의정대상(2019)

정 일(鄭 一) CHUNG Ill

(생)1955 · 9 · 9 (본)동래(東萊) (출)경북 상주 (주)경상북도 안동시 상지길 45 가톨릭상지대학교 총장실(054-857-9101) (학)1973년 대건고졸 1977년 광주가톨릭대 신학과졸 1982년 同대학원 조직신학과졸 1996년 영국 런던대 히드롭대학원 신학과졸 (경)1982년 사제 서품 1982년 천주교 서문동성당 보좌신부 1983년 천주교 안계성당 주임신부 1984년 상지실업전문대 교수 1986년 천주교 동부동성당 주임신부 1990년 천주교 모전성당 주임신부 1991년 영국 런던대 신학연구 1996년 천주교 율진성당 주임신부 1999년 대구가톨릭대 교수 2001~2004년 한국천주교주교회의 신앙교리위원회 위원 2004년 천주교 계림동성당 주임신부 2007~2012년 사단법인 상주 · 문경 · 예천범죄피해자지원센터 이사장 2008년 천주교 점촌동성당 주임신부 2012년 가톨릭상지대 총장(현) 2013~2015년 한국전문대학교육협의회 전문대학윤리위원회 위원 2014~2017년 안동MBC 시청자위원회 위원장 (상)법무부장관표창(2011) (저)'지상생활을 통해서 본 그리스도이신 예수' '새로운 교회모델인 작은 교회공동체' (역)'산다는 것이란 되어 간다는 것(제2차 바티칸 공의회 읽기)'(2000, 분도출판사) '선교의 어제와 오늘의 복음화'(2011, 위즈앤비즈) (종)가톨릭

정일문(丁一文) Il-Mun Jung

(생)1964·11·26 (출)광주 (주)서울특별시 영등포구 의사당대로 88 한국투자증권(주) 임원실(02-3276-5000) (학)1982년 광주진흥고졸 1988년 단국대 경영학과졸 2007년 서강대 대학원 최고경영자과정 수료 2008년 고려대 대학원 최고경영자과정 수료 (경)1988년 한국투자증권(舊동원증권) 입사 2004~2008년 同기업콘텐츠관리(ECM)부 상무·IB부문장·IB2본부장·IB본부장 2008~2015년 同기업금융본부장 겸 퇴직연금본부장(전무) 2012~2013년 한국중소기업학회 부회장 2012~2014년 코스닥발전협의회 위원 2013~2016년 한국거래소 국민행복재단 운영위원회 위원 2013~2016년 同규율위원회 시장감시위원 2016~2018년 한국투자증권 개인고객그룹장(부사장) 2019년 同대표이사 사장(현) 2019년 한국거래소 사외이사 겸 감사위원(현) (상)중소기업청 금융지원상(산업포장)(2005), 국무총리표창(2013), 부총리 겸 기획재정부장관표창(2013), 한국IB대상 주식발행부문(2014)

정일민(鄭鎰玟) CHUNG ILL MIN

(생)1958 · 1 · 13 (주)서울특별시 광진구 능동로 120 건국대학교 식량자원과학과(02-450-3730) (학)1986년 건국대 농학과졸 1988년 同대학원졸 1994년 농학박사(미국 일리노이대) (경)1987~1989년 건국대 농학과 조교 1990~1993년 미국 일리노이대 농학과 연구조교 1994~1995년 농촌진흥청 영남농업시험장 박사 후 과정 1994~1995년 건국대 농업자원개발연구소 박사 후 과정 1995년 강원대 자원식물학과 시간강사 1995~2016년 건국대 생명환경과학대학 응용생물과학과 교수 1997~2002년 한국약용작물학회 편집위원 1998년 한국소비자보호원 광고심의위원 1998년 한국환경관리공단 평가위원 1999년 경기도농업기술원 전문위원 2002년 한국작물학회 편집위원 2002년 건국대 국제협력실장 2003년 한국잡초학회 편집위원 2004년 Journal of Asian Plant Science 편집위원 2007~2015년 한국약용작물학회 편집위원장 2007~2012년 미국 Rice Univ. 겸임교수 2008년 한국과학기술한림원 정회원(현) 2010~2011년 건국대 교무처장 2014~2016년 同농축대학원장 2015년~2017 한국약용작물학회 회장 2016~2018년 건국대 상허생명과학대학장 2017년 同식량자원과학과 교수(현) 2017년 同산학협력단 바이오공동기기원장 2017년 한국약용작물학회 고문(현) 2018년 건국대 대학원장 (상)건국대 우수연구상(2004), 과학기술부총리 우수연구상(2006), 한국과학기술단체총연합회 우수연구상(2006), 건국대총동문회 학술연구대상(2007 · 2011)

정일선(丁一善 · 女) Chung Il Sun

(생)1967 · 2 · 10 (주)대구광역시 중구 태평로 141 대구여성가족재단(053-219-9971) (학)1989년 경북대 사회학과졸 1992년 同대학원 사회학과졸 2004년 사회학박사(경북대) (경)2012년 한국가족학회 이사(현) 2012년 대구경북학회 부회장(현) 2013년 (사)대구사회연구소 운영위원(현) 2013년 지방분권운동 대구경북본부 정책위원(현) 2015~2016년 영남일보 독자위원 2015년 대구시 사회적경제민관정책협의회 위원(현) 2015년 同도시브랜드위원회 운영위원(현) 2015년 同여성회관 운영위원(현) 2015년 대구여성가족재단 대표(현) 2015년 대구일가정양립지원센터 센터장(현) 2015년 대구지역사회서비스지원단 단장(현) 2016~2017년 여성가족부 정책자문위원회 위원 2016~2018년 대구시 지방분권협의회 위원 2016년 대구가정법원 조정위원(현)

정일선(鄭日宣) JEONG Il Sun

(생)1970 · 10 · 12 (출)서울 (주)서울특별시 강남구 테헤란로 512 현대비앤지스틸(주) 비서실(02-3467-0039) (학)1989년 경복고졸 1993년 고려대 산업공학과졸 1996년 미국 조지워싱턴대 대학원 경영학과졸 (경)1999년 기아자동차 기획실 이사 2000년 인천제철(주) 상무이사 2001년 삼미특수강(주) 대표이사 2001년 同상무이사 2002년 同전무이사 2002년 비앤지스틸(주) 전무이사 2003년 同부사장 2005~2011년 同대표이사 사장 2009년 한국철강협회 스테인리스스틸(STS)클럽 부회장 2011년 현대비앤지스틸(주) 대표이사 사장(현)

정일연(鄭一衍) JUNG Il Yeon

(생)1961·9·24 (출)전북 전주 (주)서울특별시 서초구 서초중앙로 119 세연타워 법무법인 베이시스(02-522-3200) (학)1980년 풍생고졸 1988년 건국대 법학과졸 (경)1988년 사법시험 합격(30회) 1991년 사법연수원 수료(20기) 1991년 청주지법 판사 1995년 수원지법 판사 1998년 변호사 개업 2002년 법무법인 한울 대표변호사 2004년 대전고법 판사 2006년 서울동부지법 판사 2007년 전주지법 부장판사 2008년 同수석부장판사 2009년 수원지법 부장판사 2010~2011년 언론중재위원회 경기중재부장 2011년 서울중앙지법 부장판사 2014년 서울동부지법 부장판사 2016~2018년 수원지법 안산지원장 2018년 법무법인 베이시스 대표변호사(현)

정일영(鄭日永) CHUNG Il Young

(생)1957·8·14 (출)충남 보령 (주)인천광역시 남동구 미래로 41 더불어민주당 인천시당(032-437-3200) (학)1976년 용산고졸 1980년 연세대 경영학과졸 1986년 서울대 행정대학원 행정학과졸 1988년 영국 옥스퍼드대 대학원 경제학과졸(경제학석사) 1997년 경제학박사(영국 리즈대) (경)1979년 행정고시 합격(23회) 1990년 교통부 도시교통정책과장 1992년 同항공국 항공정책과장 1993년 同관광국 관광기획과장 1997년 건설교통부 고속철도과장 1997년 국회 국제경쟁력강화특별위원회 과장 1998년 건설교통부 국제항공담당관 1999년 同총무과장 2000년 同국제항공협력관 2001년 駐몬트리올총영사관(ICAO 상주대표단) 파견 2001년 UN 국제민간항공기구대표부 참사관 2005년 해양수산부 안전관리관 2006년 건설교통부 홍보관리관 2007년 同항공기획관 2008년 국토해양부 항공·철도국장 2009년 同항공안전본부장 2009년 同항공정책실장 2010~2011년 同교통정책실장 2011~2014년 교통안전공단 이사장 2011년 국가교통위원회 위원 2012년 항공정책위원회 위원 2014년 한국항공대 항공·경영대학원 초빙교수 2016~2019년 인천국제공항공사 사장 2016~2019년 국제공항협의회(ACI) 아시아·태평양지역본부 이사 2019년 더불어민주당 인천연수구甲지역위원회 위원장(현) (상)대통령표창(1990), 홍조근정훈장(2008), Korea Top Brand Award 안전브랜드대상(2012·2013), 올

해의 CEO대상(2012), 대한민국윤리경영대상 종합대상(2012·2013), 한국의경영대상 존경받는기업부문 종합대상(2012·2013), 대한상공회의소·포브스 사회공헌대상 사회공익부문(2013), International Business Award '커뮤니케이션PR부문 금상'·'올해의 기업부문 은상'·'전 세계 소비자가 뽑은 올해의 기업상'(2013), 대한민국지식대상 우수상(2013), 대한민국소셜미디어대상(2013), 안전문화대상 최우수상(2013), 대한민국CEO리더십대상 동반성장부문(2013), 한국능률협회컨설팅 한국의 경영대상 최고경영자상(2014), 국제공항협의회(ACI) 특별공로상(2017) (저)'희망으로 행복을 쓰다'(2014, 북랩) (종)기독교

정일예(鄭一叡 · 女) JEONG Il Ye

(생)1974 · 4 · 11 (출)경북 포항 (주)부산광역시 연제구 법원로 31 부산가정법원 총무과(051-590-0065) (학)1993년 인헌고졸 1998년 서울대 외교학과졸 (경)2001년 사법시험 합격(43회) 2004년 사법연수원 수료(33기) 2004년 춘천지법 예비판사 2006년 同판사 2007년 수원지법 판사 2011년 서울중앙지방법원 판사, 서울남부지법 판사 2016년 서울중앙지법 판사 2019년 부산가정법원 부장판사(현)

정일용(鄭日鎔) CHUNG Il Yong

(생)1961·2·10 (출)광주 (주)서울특별시 종로구 율곡로2길 25 연합뉴스 통일언론연구소(02-398-3114) (학)1978년 광주고졸 1986년 고려대 정치외교학과졸 (경)1986년 동아출판사 근무 1987~1998년 연합통신 입사·특집부·해외부·사회부·북한부·남북관계부 기자 1997년 同노조위원장 1998년 연합뉴스 남북관계부 차장대우 1999년 同북한부 차장대우 2000년 同북한부 차장 2001년 同논설위원(차장급) 2003년 同논설위원(부장대우급) 2004년 同민족뉴스부 부장대우 2004년 한국기자협회 부회장 2004~2005년 남북기자교류추진위원회 위원장 2005년 연합뉴스 민족뉴스부장 2006년 同편집국장석 부장 2006~2007년 한국기자협회 회장 2006~2007년 한국신문윤리위원회 이사 2006~2007년 6.15공동선언실천을위한남측위원회 언론본부 상임대표 2008년 同언론본부 상임공동대표(현) 2008년 연합뉴스 콘텐츠평가실 평가위원 2009년 同한민족센터 한민족뉴스팀장(부국장대우) 2010년 同국제뉴스2부 기획위원 2011년 同국제국 국제에디터 2011년 同기사심의실 심의위원 2012년 同광주·전남취재본부장(부국장급) 2014년 同국제국 국제뉴스2부 기획위원(부국장급) 2015년 同편집국 국제기획뉴스부 대기자 2015년 同콘텐츠총괄본부 콘텐츠편집부 기자(부국장급) 2016년 同DB부 대기자(부국장급) 2018년 同통일언론연구소 설립추진단장(국장대우) 2018년 同평양지국개설준비위원회 위원장(현) 2018년 同통일언론연구소장(현) (상)한국기자상(1990), 통일언론상(1998), 한국언론인 대상(1999), 이달의 기자상(1999), 제3회 백범정신실천상 백범언론인상(2018) (저)'북한 50년'(共)

정일용(鄭壹溶)

(생)1961·5·11 (출)경북 경주 (주)경기도 수원시 장안구 수성로245번길 69 경기도의료원(031-250-8826) (학)한양대 의과대학졸 (경)1988~1991년 대한나관리협회 충북지부 관리의사 1991~1996년 한양대 의대부속 서울병원 근무 1996~1999년 연천군보건의료원 외과 과장 1999~2002년 원진녹색병원 부원장 2002~2018년 同원장 2014년 한국보건의료원 신의료기술평가위원회 위원(현) 2015년 원진직업병관리재단 이사(현) 2018년 국립중앙의료원 이사(현) 2018년 경기도의료원장(수원병원장 겸임)(현)

정일웅(鄭一雄) CHUNG Il Ung (덕호 · 은명)

(생)1945·3·17 (본)진주(晉州) (출)경남 고성 (주)경기도 성남시 분당구 구미로9번길 16 체리빌오피스텔 617호 한국코메니우스연구소(031-715-1066) (학)1974년 총신대 신학과졸 1980년 독일 Bonn대학 신학대학원졸 1984년 신학박사(독일 Bonn대학) (경)1984~1985년 총신대 신학대학원 전임강사 1985~1988년 同종교교육과 조교수 1988~1994년 同신학대학원 조교수·부교수 1994~2009년 同신학대학원 교수 2000년 한국코메니우스연구소 소장(현) 2004~2007년 총신대 부총장 2007년 同대학원장 2009~2013년 同총장 2012년 한국복음주의신학대학총장협의회 부회장·회장 2013년 총신대 신학대학원 명예교수 2014~2018년 한국대학기독총장포럼 대표회장 2014년 혜암신학연구소 편집자문위원(현) 2015년 국제독립교회연합회 신학위원장(현) (상)인헌무공훈장(1967) (저)'종교개혁시대의 기독교신앙의 가르침'(1987) '교육 목회학'(1993) '기독교 예배학 개론'(1996) '청년1부 성경공과' '한국교회와 실천신학'(1999) '평신도 인물사'(1999) '독일교회를 통하여 배우는 한국교회의 통일노력'(2000) '교회교육학'(2008) '성경해석과 성경교수학'(2009) '개혁교회예배와 예전학'(2009) '북한선교와 남북통일을 위한 섬김의 신학'(2012) '하이델베르그 요리문답서 해설'(2013) '코메니우스의 교육신학'(2017) (역)'하나님 나라의 신학'(1989) '독일개신교신학연구입문서'(1993) '기독교신앙의 초석'(1995) '코메니우스의 범교육학'(1996) '코메니우스의 발자취'(1998) '미래를 가진 하나님의 나라'(1999) '코메니우스의 어머니학교의 소식'(2001) '코메니우스의 대교수학'(2002) '살아계신 하나님: 현대 기독교 신앙과 삶(1권)'(2018) '인간과 예수 그리스도: 현대 기독교신앙과 삶(2권)'(2019) (종)기독교

정일정(鄭日正)

(생)1965 · 12 · 13 (주)세종특별자치시 다솜2로 94 농림축산식품부 국제협력국(044-201-2001) (학)1989년 서울대 경제학과졸 1997년 미국 일리노이대 대학원 경제학과졸 2004년 경제학박사(미국 일리노이대) (경)1989년 행정고시 합격(32회) 2005년 농림수산식품부 농업협상과장 2005~2008년 경제협력개발기구(OECD) 근무 2009년 농림수산식품부 국제기구과장 2010년 同식품산업정책과장 2011년 同수산인력개발원장(고위공무원) 2011~2012년 同원양협력관(고위공무원) 2012~2013년 외교안보연구원 파견 2013년 농식품공무원교육원 원장(고위공무원) 2013~2016년 국제농업개발기금(IFAD) 근무 2016년 농림축산식품부 국제협력국장(현)

정일태(鄭一太) JUNG Il Tae (斗溪)

(생)1959·3·27 (본)영일(迎日) (출)경북 영천 (주)서울특별시 영등포구 여의공원로 13 한국방송공사 보도본부 문화부(02-781-1000) (학)1977년 대구 대륜고졸 1981년 경북대 독어교육과졸 1988년 同대학원졸 (경)1987년 한국방송공사(KBS) 대구방송총국 보도국 기자 2003년 同안동방송국 방송부장 2005년 同대구방송총국 편집부장 2006년 同대구방송총국 취재부장 2008년 同대구방송총국 보도국장(부장급) 2010년 同시청자본부 시청자권익보호국 시청자사업부장(국장급) 2011년 同포항방송국장 2013년 同보도본부 보도국 편집위원 2014~2019년 언론사불자연합회 제8·9·10대 회장 2016년 한국방송공사(KBS) 보도본부 해설위원 2017년 同보도본부 문화부 디지털에디터(현) 2019년 언론사불자연합회 고문(현) (상)KBS사장표창, 내무부장관표창, 환경부장관표창, 행정자치부장관표창, 불교언론문화상 불교언론인상(2016) (종)불교

정일택(鄭日澤) CHUNG IL TAEK (훈경 · 기문)

(생)1961 · 11 · 11 (본)영일(迎日) (출)충북 영동 (주)충청북도 청주시 흥덕구 오송읍 오송생명1로 194-41 C&V센터 1F 충북경제자유구역청 기획총무부(043-220-8310) (학)1980년 영동농업고졸 1987년 한국방송통신대 농촌개발학과졸 1994년 충북대 행정대학원 행정학과졸 (경)2007~2008년 충북도 경제투자본부 통상외교팀 국제교류부장 2008~2009년 보건복지가족부 생명과학진흥과 파견 2009~2013년 충북도 바이오환경국 바이오정책과 바이오정책팀장 2015년 同남부출장소장 2018년 충북 영동군 부군수 2019년 충북경제자유구역청 기획총무부장(현) (상)대통령표창(2011) (종)천주교

정일형(鄭日亨) Jung Il-Hyung

(생)1966 · 5 · 9 (주)경기도 수원시 장안구 경수대로 973번길 6 경기일보 편집국(031-250-3400) (학)1985년 경동고졸 1989년 단국대 농업경제학과졸 (경)1988년 경기일보 편집국 정경부 기자 1991년 同편집국 제2사회부 오산주재 기자 1992년 同편집국 정경부 기자 1993년 同서울주재 국회출입기자 1994년 同편집국 정경부 기자 1998년 同편집국 정치부 기자 2001년 同편집국 제2사회부 차장대우 2002년 同편집국 정치부 차장 2003~2013년 同편집국 정치부장 · 제2사회부장 · 경제부장 2013년 同사회부 부국장대우 2015년 同지역사회부 부국장 2016년 同정치부 경기북부청담당 부국장 2018년 同편집국장(현)

정일환(鄭日煥) CHUNG Il Hwan

(생)1959 · 5 · 7 (출)경북 경산 (주)경상북도 경산시 하양읍 하양로 13-13 대구가톨릭대학교 사범대학 교육학과(053-850-3713) (학)1981년 경북대 사범대학 교육학과졸 1983년 서울대 행정대학원 행정학과졸 1989년 철학박사(미국 펜실베이니아주립대) (경)1982~1992년 한국교육개발원 책임연구원, 同교육행정연구부장 1992~2010 · 2012년 대구가톨릭대 사범대학 교육학과 교수(현) 1994~1996년 同사범대학 교육학과장 1996~1998년 同교육연구소장 1997년 同기획실 부실장 1998년 한국학술진흥재단 학술진흥정책연구실 전문위원(파견) 1999년 국가전문행정연수원 강사 1999년 한국교육개발원(중등교원 임용시험) 출제위원 1999년 대구가톨릭대 사범대학 교육학과장 2001년 同학생상담센터 소장 2001년 한국교육과정평가원(초등교원 임용시험) 출제위원 2007~2008년 한국대한교육협의회 정책자문교수(파견) 2008년 대구가톨릭대 사범대학장 2008년 대통령직인수위원회 자문위원 2008~2010년 경북도교육청 국정과제자문단 위원장 2008~2010년 대구시교육청 발전협의회 위원 2008~2010년 교육과학기술부 기숙형고교편람개발위원회 총괄책임자 2008~2010년 同자체평가위원 · 학교교육분과 소위원장 · 교육복지분과 정책자문위원 2008~2010년 대경교육학회 회장 2008~2010년 교육행정학회 이사 2008~2010년 한국교원교육학회 편집위원장 2008~2010년 교육재정경제학회 이사 2008~2010년 한국교육정치학회 회장 2009~2010년 교육과학기술부 입학사정관제정책위원장 2009년 同시도교육청평가위원회 총괄간사 2009년 同사교육없는학교선정위원회 위원 2009~2010년 한국교육개발원 교원양성기관평가위원회 편람개발위원 2009~2010년 국가교육과학기술자문회의 자문위원 2009~2018년 한국비교교육학회 회장 2010~2012년 대통령 교육비서관 2012년 대구가톨릭대 교육대학원장 2014년 아시아비교교육학회 이사(현) 2014년 세계비교교육학회 이사(현) 2019년 대구가톨릭대 중앙도서관장(현) (상)대통령실장표창(2012), 황조근정훈장(2013) (저)'한국교육개혁의 정치학(共)'(1998, 학지사) '교육정책론: 이론과 적용'(2000, 원미사) '현대비교교육발전론(共)'(2003, 교육과학사) '교육조직의 이해'(2003, 대구가톨릭대 출판부) '교육행정학 탐구: 개념과 실제'(2004, 원미사) '교육경영론: 이론과 실제(共)'(2005, 대건출판사) '교직과 교사(共)'(2007, 학지사) '선진한국의 교육비전(共)'(2008, 교육과학사) '한국교육의 새 지평: 교육의 재구조화(共)'(2010, 교육과학사) '비교교육학(共)'(2012, 교육과학사) '한국교육정책의 현안과 해법(共)'(2013, 교육과학사) '사회발전과 인적자본론 개정판(共)'(2013, 교육과학사) '교육학개론(共)'(2013, 동문사)

정장선(鄭長善) JEONG Jang Seon

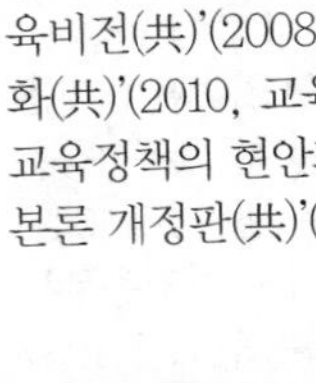

(생)1958 · 3 · 16 (출)경기 평택 (주)경기도 평택시 경기대로 245 평택시청 시장실(031-8024-2100) (학)1977년 중동고졸 1985년 성균관대 문리대학졸 1996년 연세대 행정대학원 행정학과졸 (경)1988년 대통령비서실 정무1과장 1992년 同정무2과장 1995 · 1998~2000년 경기도의회 의원 1999년 제2의건국범국민추진위원회 경기도추진위원회 상임위원 2000~2004년 제16대 국회의원(평택시乙, 새천년민주당 · 열린우리당) 2000년 새천년민주당 수석부대변인 2001년 同제4정책조정위원장 2002년 同농어민특별위원회 위원장 2003년 열린우리당 민생특별위원회 위원장 2004년 제17대 국회의원(평택시乙, 열린우리당 · 대통합민주신당 · 통합민주당) 2004년 열린우리당 의장비서실장 2005~2006년 同제4정책조정위원장 2005년 국회 한국 · 몽골협력토론회장 2006년 열린우리당 비상대책위원회 상임위원 2006년 同수도권대책특별위원회 위원장 2006년 (사)대한택견협회 회장 2007년 국회 건설교통위원회 열린우리당 간사 2007년 열린우리당 열린정책연구원 수석부원장 2008년 제18대 국회의원(평택시乙, 통합민주당 · 민주당 · 민주통합당) 2008~2010년 국회 지식경제위원장 2011년 민주당 사무총장 2012년 민주통합당 제18대 대통령중앙선거대책위원회 '미래캠프' 일자리혁명위원회 위원 2013년 국회의장 자문 국회정치쇄신자문위원회 위원 2014년 제19대 국회의원선거 출마(평택시乙 보궐선거, 새정치민주연합) 2014년 새정치민주연합 평택시乙지역위원회 위원장 2015~2016년 더불어민주당 평택시乙지역위원회 위원장 2016년 同선거대책위원회 위원 · 총선기획단장 · 총선기획단 운영지원본부장 · 공직선거후보자추천관리위원회 위원 · 선거대책본부 공동본부장 겸임 2016년 同총무본부장 2016년 同조직강화특별위원회 위원장 2016년 同전국대의원대회준비위원회 총괄본부장 겸 기획총무분과 위원 2017~2018년 同4차산업혁명신성장위원장 2018년 경기 평택시장(더불어민주당)(현) 2018년 평택시체육회 회장(현) (상)대통령표창, 동탑산업훈장(2009), 백봉신사상 올해의 신사의원 베스트10(2009) (종)기독교

정장원(鄭萇元) CHUNG Jang Won

(생)1958 · 1 · 15 (본)동래(東萊) (출)경북 봉화 (주)충청북도 괴산군 청안면 질마로불당재길 45 동서피씨씨(주) 비서실(043-820-2300) (학)중앙고졸, 중앙대졸, 同건설대학원졸 (경)1983~1999년 동서산업 건축부 차장 1999년 동서피씨씨(주) 대표이사(현) 2000~2001년 동서산업건설 대표이사 2007년 (사)한국복합화건축기술협회 회장 2015년 (사)아름다운주택포럼 회장 (상)국토교통부장관표창(2017) (종)가톨릭

정장훈(鄭長勳) Jung Jang Hun

(생)1959 · 9 · 19 (출)전남 (주)강원도 원주시 혁신로 22 국립공원공단 인재개발부(033-769-9414) (학)1979년 광주 인성고졸 1983년 조선대 토목공학과졸 (경)1985~1988년 쌍용건설(주) 근무 2002~2003년 국립공원관리공단 비서실장 2003~2008년 다도해해상국립공원사무소 소장 2009~2011년 내장산국립공원사무소 소장 2011~2012년 월출산국립공원사무소 소장 2013년 국립공원관리공단 생태복원부장 2014년 同홍보실장 2017~2018년 무등산국립공원사무소 소장 2019년 공로연수(현) (상)행정자치부장관표창(2000), 환경부장관표창(2006 · 2010), 국민포장(2015)

정재국(鄭在國) CHUNG Jae Kook

(생)1942 · 3 · 10 (본)영일(迎日) (출)충북 진천 (주)서울특별시 성북구 화랑로32길 146-37 한국예술종합학교(02-746-9000) (학)1956년 국립국악원부설 국악사양성소졸 1989년 단국대 교육대학원 수료 (경)1966년 국립국악원 국악사 1967년 同장악과 근무 1974년 이화여대 · 서울대 · 한양대 · 추계예술대 강사 1982년 국립국악원 연주단 악장 1991년 대한민국UN가입축하공연 참가 1992년 대한민국국악제 피리독주회 1993년 미국 5개도시 피리순회공연 1993년 중요무형문화재 제46호 피리정악 및 대취타 예능보유자 지정(현) 1993년 국립국악원 원로사범 1993년 명인명창피리독주회 1993년 조선일보 국악대공연 피리독주 1996년 국립국악원 예술감독 1998년 한국예술종합학교 전통예술원 교수 1998~2000년 용인대 대학원 · 이화여대 대학원 강사 2003년 한국

예술종합학교 전통예술원장 2011년 同명예교수(현) 2014~2016년 국립국악원 정악단 예술감독 (상)문화공보부장관표창, 한국음악팬클럽 이달의 음악가상(1982), KBS 국악대상(1983), 문화포장(1989), 송산문화상(2005), 보관문화훈장(2008), 조선일보 국악대상(2012) (저)'피리구음'(共) '피리산조'(1995, 은하출판사) '대취타'(1996, 은하출판사) (작)'피리구음정악보'

정재권(鄭在權) JUNG, Jae Gweon

(생)1964 · 8 · 20 (출)전남 완도 (주)서울특별시 종로구 송월길 52 서울자유시민대학(02-739-2751) (학)1982년 광주 금호고졸 1987년 서울대 국어국문학과졸 2019년 동국대 대학원 언론학과졸 (경)1990년 한겨레신문 사회부 · 한겨레21 · 생활과학부 기자 1999년 同경제부 기자 1999년 同정치부 기자 2001년 同남북관계부 기자 2002년 同경제부 기자 2003년 同정치부 기자 2006년 同편집국 정치팀장 2006년 同미디어사업단 한겨레21 편집장 2008년 同편집국 문화부문 편집장 2009년 同편집국 사회부문 편집장 2011년 관훈클럽 편집위원 2011년 한겨레신문 논설위원 2013년 同편집국 에디터부문장 2014년 同전략기획실장 2015년 同편집국 디지털부문장 2016~2018년 同디지털미디어사업국 선임기자 2018년 서울시 3.1운동100주년기념사업회 위원 2019년 연합뉴스 수용자권익위원회 위원(현) 2019년 서울시평생교육진흥원 서울자유시민대학 초대 학장(현)

정재규(鄭載圭) Jeong Jae Kyu

(생)1964 · 7 · 20 (출)전북 전주 (주)대전광역시 서구 둔산중로78번길 45 대전지방법원 총무과(042-470-1114) (학)1983년 전북사대부고졸 1987년 전북대 법학과졸 1990년 同교육대학원졸 2006년 同대학원 법학과졸 (경)1990년 사법시험 합격(32회) 1993년 사법연수원 수료(22기) 1993년 軍법무관 1996년 광주지법 판사 1998년 同순천지원 판사 1999년 同순천지원 광양시법원 판사 2000년 전주지법 판사 2002년 광주고법 판사 2005년 전주지법 판사 2008년 同군산지원 부장판사 2010~2012년 전주지법 수석부장판사 2010년 언론중재위원회 전북중재부장 2012년 전주지법 군산지원장 2014년 전주지법 수석부장판사 2016년 창원지법 수석부장판사 2016년 언론중재위원회 위원 2018년 대전지법 부장판사(현)

정재근(鄭在根) CHUNG Chae Gun

(생)1961 · 12 · 10 (본)하동(河東) (출)충남 논산 (주)서울특별시 마포구 마포대로 86 창강빌딩 17층 유엔 거버넌스센터(02-2100-4276) (학)1979년 대전고졸 1983년 고려대 법과대학 행정학과졸 2001년 미국 미시간대 대학원 도시및지역계획학과졸 2006년 서울대 행정대학원 행정학과졸 2013년 행정학박사(대전대) (경)1983년 행정고시 최연소 합격(26회) 1983~1995년 충남도청 · 공주시청 · 대전시청 · 내무부 사무관 1995년 내무부 기획계장 · 행정계장 · 지방행정연수원 교육1과장(서기관) 1997~2001년 국외 유학 2001년 행정자치부 서기관 2002년 대통령 정무수석비서관실 서기관 2004년 대통령 정책수석비서관실 부이사관 2005년 행정자치부 지방자치국 자치제도과장 2005년 同지방행정본부 자치제도팀장 2005년 同지방행정본부 자치행정팀장 2006년 충남도의회 사무처장 2006년 충남도 기획관리실장(고위공무원) 2009년 행정안전부 대변인 2010년 駐독일 공사 겸 총영사(고위외무공무원) 2011년 행정안전부 지방재정세제국장 2012년 同기획조정실장 2013~2014년 안전행정부 지방행정실장 2014~2016년 행정자치부 차관 2015~2016년 한국지방자치학회 및 한국행정학회 부회장 2016년 대전대 행정학과 초빙교수 2017년 유엔 거버넌스센터 원장(현) 2017년 행정안전부 제7회 지방자치단체생산성대상심사위원회 위원장(현) (상)국무총리표창(1994), 근정포장(2003), 홍조근정훈장(2009) (종)불교

정재남(鄭載男) Chung Jae-nam

(생)1962 · 2 · 18 (본)초계(草溪) (출)서울 (주)서울특별시 종로구 사직로8길 60 외교부 인사운영팀(02-2100-7136) (학)1988년 동국대 법학과졸 1994년 중국 베이징대 대학원 석사과정 수료 (경)1989년 외무고시 합격(23회) 1989년 외무부 입부 1996년 駐중국 2등서기관 1999년 駐폴란드 1등서기관 2004년 駐중국 1등서기관 2007년 외교통상부 기획재정담당관 2009년 同중국과장 2009년 駐일본 공사참사관 2013년 駐광저우 부총영사 2015년 駐우한 총영사 2018년 駐몽골 대사(현) (상)외교통상부장관표창(2003), 국방부장관표창(2006), 중앙선거관리위원장표창(2010) (저)'중국 소수민족 연구'(2007, 한국학술정보) '중국의 소수민족'(2008, 살림) '중일영토전쟁'(2016, 홀리데이북스) (역)'신중국 외교이론과 원칙'(1995, 아세아문학사)

정재룡(鄭在龍) CHUNG Jae Ryong

(생)1946 · 10 · 4 (본)진양(晋陽) (출)서울 (주)서울특별시 영등포구 은행로 58 삼도빌딩 1001호 금융소비자뉴스(02-761-5077) (학)1965년 경기고졸 1969년 서울대 법대졸 1972년 同대학원졸 1985년 미국 위스콘신대 대학원졸 1990년 국방대학원졸 2001년 명예 경영학박사(명지대) 2004년 법학박사(서울대) (경)1971년 행정고시 합격(10회) 1971~1977년 노동청 · 경제기획원 행정사무관 1978년 駐덴마크 경제협력관 1981~1983년 경제기획원 원가조사담당관 · 유통소비과장 · 자금계획과장 · 산업계획과장 1986~1989년 同국민생활과장 · 물가총괄과장 1989년 同공보관 1990년 국방대학원 파견 1991년 공정거래위원회 심판행정관 1992~1993년 同거래국장 · 독점관리국장 1993~1994년 경제기획원 물가정책국장 · 공보관 1994년 同예산실 총괄심의관 1995년 공정거래위원회 조사2국장 1996년 同상임위원 1996년 통계청장 1996년 세무대학 학장 1997년 재정경제원 기획관리실장 1998년 재정경제부 차관보 1999년 성업공사 사장 2000~2001년 한국자산관리공사 사장 2002년 법무법인 태평양 고문 2004년 상명대 법학과 석좌교수 2005~2008년 대한주택공사 사외이사 2005~2008년 직접판매공제조합 이사장 2009년 서울대 경쟁법센터 고문 2011~2012년 법무법인 주원 고문 2012년 신용보증기금 비상임이사 2015년 금융소비자뉴스 회장(현) (상)국무총리표창, 국민훈장 모란장(2001) (저)'부실채권정리'(2003) '부실채권정리제도의 국제표준화'(2005)

정재문(鄭在文) CHUNG Jey Moon (西堂)

(생)1936 · 10 · 31 (본)영일(迎日) (출)부산 (주)부산광역시 부산진구 새싹로 10 유당회관 5층 (재)해석정해영선생장학문화재단(051-809-2971) (학)1955년 경기고졸 1960년 미국 캘리포니아대 버클리교(Univ. of California Berkeley) 정치경제학과졸 1962년 독일 마인츠주립대 법경연구원 이수, 명예 정치학박사(중국 문화대) 2005년 명예 정치학박사(러시아 국립과학아카데미 세계경제 및 국제관계연구소) (경)1967~1970년 한국외국어대 법정대 강사 1968년 대양산업 · (주)신대동 사장 1969~1980년 석유협회 이사 · 회장 1980년 석유유통협회 회장 1982년 대한상공회의소 감사 1983년 전국버스터미널협회 회장 1985년 서울시국궁협회 회장 1985년 신한민주당(신민당) 국제국장 1985년 제12대 국회의원(전국구, 신민당) 1985년 신민당 총재외교담당특보 1988년 통일민주당(민주당) 국제위원장 1988년 제13대 국회의원(부산진甲, 민주당 · 민자당) 1988년 한 · 서독의원연맹 부회장 1989년 민주당 북방문제특별위원회 위원장 1990년 민자당 국제관계특별위원장 1992년 제14대 국회의원(부산진甲, 민자당 · 신한국당) 1992년 국회 외무통일위원장 1993년 민자당 당무위원 1993년 同평화통일위원장 1995년 同세계화추진위원장 1996년 제15대 국회의원(부산진甲, 신한국당 · 한나라당) 1997년 국회통일외무위원장 1997년 한나라당 중앙위원회 의장 2000~2002

년 제16대 국회의원(부산진甲, 한나라당) 2000년 한국의원외교포럼 회장 2000년 한나라당 지도위원 2001년 同국제위원장, 海石정해영선생장학회 이사장 2009년 (재)해석정해영선생장학문화재단 이사장(현) 2012~2017년 새누리당 상임고문 2017년 자유한국당 상임고문(현) (상)국무총리표창, 국제로타리클럽 공로표창, 러시아연방 우호훈장, 대만 친선외교포장(2009) (저)'새로운 민주사회' '소련은 그리 먼곳이 아니었다-나의 모스크바 담판'(2003, 오름) (종)원불교

정재민(鄭在珉)

(생)1963 (출)경남 진주 (주)경상남도 진주시 동진로 155 진주시청 부시장실(055-749-5005) (학)1982년 진주고졸 1988년 서울대 농학과졸 1999년 한국개발연구원(KDI) 국제정책대학원졸 (경)1991년 기술고시 합격(26회) 1992년 경남도 농어촌개발과 근무 2003년 同농산물원종장장 2004년 同농업정책과장 2005년 국외(미국 미시건주립대) 교육훈련 파견 2007년 경남도 농업기술원 기술연수과장 2008년 同농업지원과장 2010년 중앙공무원교육원 교육파견 2011년 경남도 농수산해양국장 2013년 경남 양산시 부시장 2014년 경남도 인재개발원장 2015년 경남발전연구원 파견 2017년 부산진해경제자유구역청 경남본부장 2017년 경남 진주시 부시장(현)

정재민(鄭載玟) Choung, Jae Min

(생)1977 (출)경북 경주 (주)경기도 과천시 관문로 47 방위사업청 함정사업부 특수함사업팀(02-2079-5570) (학)1996년 포항제철고졸 2000년 서울대 법학과졸 2006년 同대학원 법학과졸, 同대학원 법학 박사과정 수료 (경)2000년 사법시험 합격(42회) 2003년 사법연수원 수료(32기) 2003년 軍법무관 2006년 대구지법 판사 2009년 同포항지원 판사 2011년 외교부 법률자문관 2011년 대구지법 가정지원 판사 2014년 舊유고국제형사재판소(ICTY) 재판연구관 2015~2017년 의정부지법 판사 2017년 방위사업청 원가검증팀장(서기관) 2018년 同원가검증팀장(부이사관) 2018년 同국제협력총괄담당관 2019년 同함정사업부 특수함사업팀장(현) (상)제1회 포항국제동해문학상(2010), 제10회 세계문학상(2014) (저)'사법연수생의 짜장면 비비는 법'(2004, 황매) '이사부'(2010, 고즈윈) '국제법과 함께 읽는 독도현대사'(2013, 나남출판) '보헤미안 랩소디'(2014, 나무옆의자) '독도 인 더 헤이그'(2015, 휴먼앤북스)

정재선(鄭在善) Chung Chae Sun

(생)1963 · 11 · 30 (출)서울 (주)부산광역시 남구 문현금융로 40 부산국제금융센터 한국주택금융공사 임원실(051-663-8600) (학)1982년 중앙대사대부고졸 1986년 고려대 통계학과졸 1989년 同대학원 경영학과졸 (경)1990년 한국장기신용은행 국제부 대리 1999년 국민은행 국제금융부 과장 1999년 한국주택저당채권유동화(KOMOCO) 유동화1팀 부부장 2005년 한국주택금융공사 학자금유동화부장 2006년 同유동화개발부장 2007년 同유동화영업부장 2008년 금융연수원 연수 2009년 한국주택금융공사 조사연구부장 2010년 同대전충남지사장 2012년 同재무관리부장 2014년 同기획조정실장 2017년 同상임이사(현)

정재선(鄭載善 · 女) Jung Jae Sun

(생)1966 · 1 · 8 (출)강원 (주)서울특별시 강남구 봉은사로 179 H타워 (주)한국리서치 임원실(02-3014-0070) (학)1988년 이화여대 사회학과졸 (경)1988년 (주)한국리서치 입사 2003년 同기획조사부 상무 2004년 同기획조사사업본부장, 同전무 2016년 同사장(현)

정재섭(鄭在燮)

(생)1963 · 7 · 28 (출)인천 (주)서울특별시 중구 을지로 79 IBK기업은행 카드사업그룹(02-729-6359) (학)1981년 송도고졸 1985년 고려대 경영학과졸 (경)1985년 IBK기업은행 입행 2005년 同풍납동지점장 2005년 同서잠실지점장 2007년 同여의도기업금융센터장 2009년 同본부기업금융센터장 2012년 同기관고객부장 2014년 同개인고객부장 2015년 同남중지역본부장 2016년 同영업부장(본부장) 2017년 同CIB영업본부장 2018년 同카드사업그룹장 겸 신탁사업그룹장(부행장)(현)

정재성(鄭宰星) CHUNG Jae Sung

(생)1960 · 8 · 18 (출)부산 (주)부산광역시 연제구 법원로 28 부산법조타운 4층 법무법인 부산(051-951-7000) (학)1979년 부산 동아고졸 1983년 서울대 법대 법학과졸 1985년 同대학원 법학과졸 (경)1984년 사법시험 합격(26회) 1987년 사법연수원 수료(16기) 1987~1990년 육군 법무관 1990년 변호사 개업 2003년 법무법인 부산 대표변호사(현) (저)'실무체계계약법'(共) '영미법사전' '변호사가 풀어주는 노동법II' '노동조합 및 노동관계조정법'

정재송(鄭載松) Jaeson Chung

(생)1958 · 5 · 16 (출)경북 (주)인천광역시 부평구 평천로 221 (주)제이스텍 회장실(032-510-3000) (학)한국과학기술원(KAIST) 최고경영자과정 수료 (경)동명중공업 입사, 대우조선공업 근무, 가람유압시스템 근무, 가람하이드로텍 기술이사 1995년 (주)젯텍 설립 · 대표이사 2010년 (주)AST젯텍 대표이사 사장 2015년 (주)제이스텍 대표이사 회장(현) 2018년 코스닥협회 수석부회장 2019년 同회장(현) (상)산업자원부장관표창(2001), 5백만불 수출의탑(2004), 국무총리표창(2004), 고용노동부 · 한국산업인력공단 선정 '이달(12월)의 기능한국인'(2015), 동탑산업훈장(2015)

정재수(鄭在洙) JEONG Jae Soo

(생)1949 · 4 · 3 (출)경북 고령 (주)서울특별시 송파구 석촌호수로 166 산림조합중앙회(02-3434-7161) (학)1967년 고령농업고졸 2006년 계명문화대학 경영과졸 2008년 경운대 경찰행정학과졸 (경)1972~1976년 경북 고령군청 근무 1976~2005년 경북도 양묘과 · 영림과 · 식수과 · 산림과 근무 2005년 同산림환경연구소장 2005년 同산림보호과장 2007년 同산림환경연구소장 2008년 경북 고령군 부군수 2010년 경북 고령군수 선거 출마(무소속) 2018년 산림조합중앙회 조합감사위원장(현) (상)내무부장관표창(1990), 국무총리표창(1996), 대통령표창(2004), 녹조근정훈장(2009)

정재수(鄭在壽) JEONG Jae Su

(생)1959 · 1 · 20 (본)동래(東萊) (출)경북 청송 (주)인천광역시 부평구 무네미로448번길 56 한국폴리텍 II 대학 인천캠퍼스 금형디자인과(032-510-2224) (학)1979년 경일고졸 1993년 서울산업대 금형설계학과졸 1995년 한양대 대학원 산업공학과졸 2002년 공학박사(인하대) 2007년 한국교육개발원 사회복지학과 수료 (경)1985~1995년 한국산업인력공단 인천직업전문학교 교사 1996~1997년 서울정수기능대학 생산기계학과 전임강사 1997~2006년 인천기능대학 금형기술학과 조교수 · 부교수 2006~2007년 한국폴리텍II대학 인천캠퍼스 교수, 同산학협력단장, 同산학기술연구소장, 同평생교육원장, 同디자인센터장 2006~2007년 국가균형발전위원회 위원 2008~2012년 한국폴리텍II대학 남인천캠퍼스 학장 2008~2016년 자유주의교육연합 인천시 공

동대표 2012년 한국폴리텍Ⅳ대학 충주캠퍼스 컴퓨터응용기계과 교수 2012년 한국산업인력공단 대한민국산업현장교수(현) 2013년 한국폴리텍Ⅳ대학 아산캠퍼스 자동차기계과 교수 2015년 한국폴리텍Ⅱ대학 인천캠퍼스 금형디자인과 교수(현) 2015년 (사)한국안전돌봄서비스협회 회장(현) 2015년 (사)대한민국청렴코리아 공동대표(현) 2016년 협성대 IPP특별위원(현) 2018년 새마을문고 인천시협의회장(현) [상]인천시장표창(2003 · 2006), 중소기업청장표창(2005), 근정포장(2006), 행정자치부장관표창(2007) [저]'산업안전기사'(1996, 도서출판 세화) '산업안전공학'(2001) '산업안전보건'(2002) '산업안전보건법'(2007) [종]기독교

정재수(鄭在琇) Jeong Jaesu

[생]1967 · 11 · 15 [출]경북 청도 [주]대구광역시 달서구 장산남로 30 대구지방법원 서부지원(053-570-2220) [학]1986년 마산중앙고졸 1994년 연세대 정치외교학과졸 [경]1997년 사법시험 합격(39회) 2000년 사법연수원 수료(29기) 2000년 대구지법 판사 2003년 同김천지원 판사 2005년 대구지법 판사 2007년 同서부지원 판사 2010년 대구지법 판사 2011년 대구고법 판사 2013년 대구지법 김천지원 · 대구가정법원 김천지원 판사 2015년 창원지법 부장판사 2017년 대구지법 부장판사 2019년 同서부지원 부장판사(현)

정재수(鄭在洙)

[생]1968 [출]경북 김천 [주]경기도 수원시 장안구 경수대로 1110-17 중부지방국세청 징세송무국(031-888-4340) [학]1987년 대구 성광고졸 1994년 서울대 경제학과졸 [경]1996년 행정고시 합격(39회) 2005년 국세청 정책홍보관리관실 행정사무관 2007년 서기관 승진 2007년 서울지방국세청 납세자보호담당관실 서기관 2009년 同운영지원과 서기관 2009년 미국 콜로라도대 파견 2011년 창원세무서장 2012년 서울지방국세청 조사4국 조사3과장 2013년 국세청 창조정책담당관 2014년 同세원정보과장(서기관) 2015년 同세원정보과장(부이사관) 2016년 중부지방국세청 조사3국장(고위공무원) 2016년 同조사1국장 2018년 국방대 파견(고위공무원) 2019년 중부지방국세청 징세송무국장(현)

정재숙(鄭在淑 · 女) Chung Jae Suk

[생]1961 · 3 · 29 [출]서울 [주]대전광역시 서구 청사로 189 문화재청 청장실(042-481-4600) [학]1980년 무학여고졸 1985년 고려대 교육학과졸 1987년 성신여대 대학원 미술사학과 수료 [경]1988~1995년 서울경제신문 편집국 문화부 기자 1995년 한겨레신문 문화부 기자 1997년 同한겨레21부 기자 1999년 同사회부 기자 2000~2002년 同문화부 기자 2002년 중앙일보 문화부 기자 2004년 同문화부 차장대우 2007년 同중앙선데이본부 문화에디터 2008년 同데이뉴스룸 선데이문화담당(차장) 2008년 同문화데스크(부장대우) 2010년 同편집국 문화선임기자 2010년 同편집국 문화 · 스포츠에디터 2011년 同편집국 문화선임기자 2012~2018년 同편집국 문화전문기자 2013~2018년 국립현대무용단 이사 2014~2018년 중앙일보 논설위원 겸임 2014~2018년 문화재청 궁능활용심의위원회 위원 2018년 同청장(현)

정재승(鄭在勝) Jaeseung Jeong

[생]1972 · 5 · 6 [출]서울 [주]대전광역시 유성구 대학로 291 한국과학기술원 공과대학 바이오및뇌공학과(042-350-4319) [학]1990년 경기과학고졸 1994년 한국과학기술원(KAIST) 물리학과졸 1996년 同물리학과졸(석사) 1999년 물리학박사(한국과학기술원) [경]KBS 'TV책을 말하다' 진행자 2004년 미국 컬럼비아대 정신과 조교수 2004년 한국과학기술원(KAIST) 공과대학 바이오및뇌공학과 조교수 · 부교수 · 교수(현) 2009년 세계경제포럼(다보스포럼) '차세대리더'에 선정 2011년 국립중앙과학관 홍보대사 2014년 미래창조과학부 미래준비위원회 위원 2017년 대한야구소프트볼협회 이사(현) 2017년 치매극복 홍보대사 2018년 서울환경영화제(SEFF) 집행위원(현) 2018년 대통령직속 4차산업혁명위원회 '스마트시티 국가 시범도시' 총괄책임자(MP, Master Planer)(현) [상]대한민국과학문화상 문화창달부문(2011), 근정포장(2019) [저]'시네마 사이언스'(1999, 아카데미서적) '물리학자는 영화에서 과학을 본다'(2002, 동아시아) '정재승의 과학콘서트'(2003, 동아시아) '상상(共)'(2003, 휴머니스트) '만화 과학 콘서트1 · 2'(2005, 휴머니스트) '물리학자 정재승의 영화 속 과학학교1 · 2'(2007, 웅진주니어) '우주와 인간 사이에 질문을 던지다(共)'(2007, 해나무) '혁신청언(共)'(2007, 한국표준협회미디어) '과학콘서트+수학콘서트+우주콘서트'(2007, 동아시아) '있다면? 없다면!(共)'(2008, 푸른숲주니어) '일본과학 대탐험(共)'(2008, 궁리) '배신(共)'(2008, 한겨레출판) '화(共)'(2009, 한겨레출판사) '크로스(共)'(2009, 웅진지식하우스) '정재승의 도전 무한지식1 · 2 · 3'(2010, 달) '눈먼 시계공1 · 2(共)'(2010, 민음사) '쿨하게 사과하라(共)'(2011, 어크로스) '정재승의 과학 콘서트'(2011, 어크로스) '내가 걸은 만큼만 내 인생이다(共)'(2011, 한겨레출판사) '일생에 꼭 한 번은 들어야 할 명강(共)'(2012) '길은 걷는 자의 것이다(共)'(2012) '뇌과학자는 영화에서 인간을 본다'(2012, 어크로스) '물리학자는 영화에서 과학을 본다 : 정재승의 시네마 사이언스'(2012) '인간과 우주에 대해 아주 조금밖에 모르는 것들(共)'(2012, 낮은산) '과학, 10월의 하늘을 날다(共)'(2012, 청어람미디어) '뇌과학의 발전과 형법적 패러다임 전환에 관한 연구1(共)'(2012) '미래를 생각한다(共)'(2012, 비즈니스랩) '백인천 프로젝트(共)'(2013, 사이언스북스) '새로고침(共)'(2013) '카이스트, 미래를 여는 명강의'(2013, 푸른지식) '1.4킬로그램의 우주, 뇌(共)'(2014, 사이언스북스) '헬로, 사이언스(共)'(2014, 청어람미디어) '사랑(共)'(2014, 서울대출판문화원) '수학이 불완전한 세상에 대처하는 방법'(2015, 해나무) '달콤한 생명과학(共)'(2015) '보이지 않는 것들의 물리학(共)'(2015) '10년 후 대한민국 이제는 삶의 질이다'(2016, 지식공감) '쇼미더사이언스(共)'(2016, 청어람미디어) '열두 발자국'(2018, 어크로스) [역]'과학이란 무엇인가(共)'(2008, 승산) '파인만의 물리학 강의 Voiume3(共)'(2009, 승산) [작]동아일보연재소설 '눈 먼 시계공'(2009)

정재열(鄭在烈)

[생]1962 · 5 · 5 [출]경북 의성 [주]경상남도 밀양시 부북면 춘화로 124 밀양구치소(055-350-7700) [학]경북고졸, 영남대 사회학과졸 [경]1990년 교위임관(교정간부 33기) 1997년 김천소년교도소 교감 2006년 울산구치소 출정과장(교정관) 2007년 대구지방교정청 총무과 교정관 2009년 대구구치소 출정과장 2010년 김천소년교도소 보안과장 2011년 대구교도소 직업훈련과장 2013년 경주교도소 직업훈련과장 2015년 대구교도소 총무과장(서기관) 2016년 부산구치소 총무과장 2017년 경주교도소장 2018년 대구지방교정청 보안과장 2019년 밀양구치소장(현)

정재영(鄭在永) CHUNG Jay Young

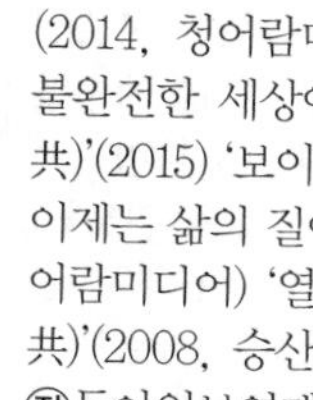

[생]1944 · 10 · 15 [본]연일(延日) [출]대전 [주]서울특별시 강남구 테헤란로 322 한신인터밸리24 동관 1718호 정보경영연구원 원장실(02-2183-1167) [학]1964년 대전고졸 1968년 성균관대 경영학과졸 1971년 일본 와세다대 대학원 무역경영학과졸 1974년 상학박사(일본 와세다대) [경]1976년 미국 뉴욕대 경영대학원 연구원 1984~2010년 성균관대 경영학과 교수 1986년 상공부장관 통상정책자문위원 1987년 대한상공회의소 한국경제연구센터 연구위원 1990년 한국산업은행 자문교수 1990년 현대사회연구소 감사 1994년 성균관대 경상대학장 1995년 同무역대학원장 1996년 대통령자문 교육개혁위원 1996년 국무총리자문 정보화추진위원회 자문위원 1998년 성균관대 정보통신경영공동연구소장 1998년 同경영대학원장 1998년 외교통상부 통상교섭전문위원 1999년 포항종합제철 사외이사 2000년 한 · 일경상학회 회장 2003

~2007년 성균관대 인문사회과학캠퍼스 부총장 겸 인문사회과학계열학부장 2003년 한국수출보험학회 회장 2004~2007년 성균관대 학술정보관장 2004~2008년 경제정의실천시민연합 경제정의연구소장·이사장 2004년 아태경제학회 회장 2008~2017년 SK텔레콤(주) 사외이사 2010~2015년 국무총리소속 새만금위원회 토지개발분과위원장 2010년 성균관대 경영학과 명예교수(현) 2015년 정보경영연구원 이사장(현) (상)산업포장(2003), 대통령표창(2010) (저)'로비경제학'(1987) '일본대미투자 실과 허' '씽크탱크비즈니스'(共)

정재오(鄭在吾)

(생)1969·9·29 (출)광주 (주)서울특별시 서초구 서초중앙로 157 서울고등법원(02-530-1114) (학)1988년 광주 사레지오고졸 1994년 서울대 법대 사법학과졸 1999년 同대학원 박사과정 수료 (경)1993년 사법시험 합격(35회) 1996년 사법연수원 수료(25기) 1996년 軍법무관, 서울지법 남부지원 판사 2001년 서울지법 판사 2003년 전주지법 판사 2006년 수원지법 평택지원 판사 2007년 법원행정처 기획조정심의관 2011년 서울고법 판사 2016년 부산고법 창원재판부 판사 2017년 서울고법 판사(현)

정재왈(鄭在曰) Jung Jaewal

(생)1964·10·5 (출)충남 당진 (주)경기도 고양시 덕양구 어울림로 33 고양문화재단(1577-7766) (학)1982년 호서고졸 1990년 고려대 영어영문학과졸 1996년 同언론대학원 연극영화과졸 2013년 문화콘텐츠학박사(고려대) (경)1990~1995년 한국일보·일간스포츠 문화부 기자 1995~2003년 중앙일보 문화부 기자 2002~2011년 경희대·숙명여대·세종대·국민대·한예종·수원대 강사 2003~2005년 LG연암문화재단 아트센터 운영부장 2006~2008년 문화체육관광부 산하 (재)서울예술단 이사장 겸 예술감독 2009~2010년 중앙일보 중앙선데이 칼럼니스트 2010~2011년 한국예술경영연구소 책임연구원 2010~2011년 (재)서울시립교향악단 자문위원 2010~2011년 문화체육관광부 공공기관장·단체장 경영실적 평가위원 2011년 同한국문화예술위원회 위원추천위원 2011년 (재)전문무용수지원센터 이사장 2011년 국립오페라단 대한민국오페라페스티벌운영위원회 부위원장 2010~2012년 서울문화재단 문화예술지원사업 심사위원 2010~2012년 (사)한국발레협회 자문위원 2012~2015년 예술경영지원센터 대표 2012~2013년 성균관대 일반대학원 예술학협동과정 초빙교수, 경희대 경영대학원 문화예술경영학과 객원교수 2016~2017년 (재)안양문화예술재단 대표이사 2019년 고양문화재단 대표이사(현) (상)제16회 관훈언론상(1999) (저)'세계 지식인지도(編)'(2002) '예술현장 실무매뉴얼 시리즈 〈홍보〉'(2007, 커뮤니케이션북스) '예술현장 실무매뉴얼 시리즈 〈국제교류〉'(2007, 커뮤니케이션북스) '뮤지컬을 꿈꾸다'(2009) '발레에 반하다'(2010, 아이세움) (역)'뮤지컬-기획·제작·공연의 모든 것'(2001) (작)연극 제작 '환(幻)'(2003), 뮤지컬 제작 '미녀와 야수'(공동제작, 2004) '바람의 나라'(2006) '왕의남자(공길전)'(2006), 피나 바우슈 무용 제작 '러프컷'(2005), 무용극 제작 '김용배입니다'(2006) (종)천주교

정재용(鄭在溶) Jung Jae Yong

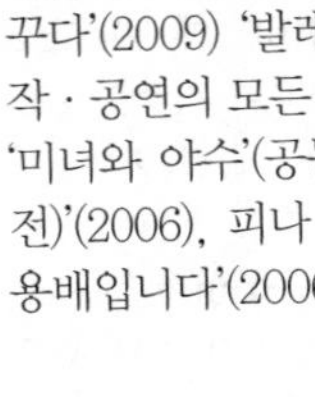

(생)1964·2·19 (본)연일(延日) (출)충북 충주 (주)서울특별시 종로구 율곡로2길 25 연합뉴스 국제뉴스2부(02-398-3114) (학)1982년 충주고졸 1987년 서울대 서양사학과졸 1990년 同대학원 서양사학과졸(문학석사) 2006년 고려대 경영대학원 최고경영자과정 수료 (경)1992년 연합뉴스 입사 1992~1994년 同사회부 기자 1994~2006년 同정치부 기자·차장 2003~2004년 미국 미시간대 연수 2005년 연합뉴스 노조위원장 2006~2008년 同전국부 차장 2008~2011년 同홍콩특파원·국제부 부장대우 2011년 연합뉴스TV 뉴스총괄부 부장급 2011~2013년 同앵커 2013년 연합뉴스 논설위원 2013년 同국제뉴스4부 기획위원 2013년 同국제뉴스3부장 2015년 同미디어여론독자부장 2015년 同통일외교부장 2016년 同통일외교부장(부국장대우) 2016년 同정치부장(부국장대우) 2017년 同논설위원(부국장대우) 2018년 국방부 국방정책자문위원(현) 2018년 연합뉴스 국제뉴스2부 선임기자 2019년 同국제뉴스2부 부국장대우 2019년 同국제뉴스2부 선임(현) (저)'자본주의적 인간 중국 남부인'(2012, 리더스북) (종)천주교

정재우(鄭宰宇)

(생)1970·3·10 (출)경남 진주 (주)울산광역시 남구 법대로 55 울산지방법원 총무과(052-216-8116) (학)1989년 진주 명신고졸 1994년 서울대 사법학과졸 (경)1996년 사법시험 합격(38회) 1999년 사법연수원 수료(28기) 1999년 육군 법무관 2002년 서울지법 남부지원 판사 2004년 서울중앙지법 판사 2006년 대전지법 판사 2009년 인천지법 부천지원 판사 2010년 서울고법 판사 2012년 서울행정법원 판사 2014년 대구지법 포항지원 부장판사 2016년 대구지법 영덕지원 부장판사 겸임 2017년 울산지법 부장판사(현)

정재욱(鄭宰旭) JEONG JAE UK

(생)1959·3 (주)서울특별시 서초구 헌릉로 12 현대자동차(주) 인사팀(02-3464-1114) (학)부산대 기계공학과졸 (경)현대자동차(주) 부품개발1실장(이사대우), 同차체샤시부품구매실장(이사대우·이사), 同부품개발사업부장(상무·전무), 同북경현대기차구매본부장(전무) 2018년 同북경현대기차구매본부장(부사장)(현)

정재욱(鄭載旭) Jeong, Jae Wook

(생)1959·9·23 (주)서울특별시 용산구 후암로4길 10 헤럴드스퀘어 헤럴드경제 심의실(02-727-0114) (학)건국대 대학원 사학과졸 (경)1999년 내외경제신문 사회문화부 기자 1999년 同정경부 차장대우 2002년 同정경부 차장 2004년 헤럴드경제 증권부장 2005년 同편집국 정치·사회부장 2007년 同정치사회에디터 겸 정치부장 2007년 同편집국장 2008년 同논설위원실장 2010년 同심의실장 겸 논설위원 2012년 同논설실장 2015년 同심의실장 겸 논설위원(현) 2015~2017년 건국대언론동문회 회장 (상)자랑스러운 건대 언론인(2008)

정재욱(鄭宰旭) CHUNG JAE WOOK

(생)1961·1·28 (주)서울특별시 용산구 한강대로 372 KDB생명보험(주) 사장실(02-6303-6000) (학)1983년 한양대 금속공학과졸 1992년 미국 조지아주립대 대학원 금융보험학과졸 1996년 금융보험학박사(미국 위스콘신대 메디슨교) (경)1997~1999년 보험개발원 보험연구소 부연구위원 1999~2004년 한국금융연구원 연구위원 2004년 세종대 경영학과 교수, LIG손해보험(現 KB손해보험) 사외이사, 하나HSBC생명보험 사외이사 2018년 KDB생명 대표이사 사장(현) (저)'신용정보업의 현안과 정책과제'(2005) '금융기관론'(2011) '금융기관론 제2판'(2013) '금융기관론 제3판'(2016)

정재욱(鄭宰旭)

(생)1970·1·2 (출)부산 (주)울산광역시 남구 법대로 55 울산지방법원(052-216-8116) (학)1988년 부산진고졸 1992년 경찰대학 법학과졸 (경)부산지방경찰청 제510전경대 소대장, 同기동6중대 소대장, 서울 노량진경찰서 조사계·종암경찰서 조사계 근무 1998년 사법시험 합격(40회) 2001년 사법연수원 수료(30기) 2001년 변호사 개업 2001년 대한법률구조공단 서울지부 변호사 2004년 同서울남부지부 구조부장 2005~2007년 同서울남부지부장 2007년 사법연수원 법관임용연수 2008년 부산지법 판사 2012년 수원지법 판사 2016년 서울중앙지법 판사 2018년 울산지법 부장판사(현)

정재욱(鄭在郁) JUNG JAE WUK

(생)1976 · 11 · 8 (본)진양(晋陽) (출)경북 상주 (주)세종특별자치시 가름로 194 과학기술정보통신부 운영지원과(044-202-4144) (학)1995년 김천고졸 2003년 중앙대 행정학과졸 (경)2005~2007년 과학기술부 행정사무관 2008~2010년 교육과학기술부 행정사무관 2011~2013년 국가과학기술위원회 과학기술정책국 연구개발기획과 행정사무관 · 연구개발기획과장 직대 2013년 미래창조과학부 과학기술정책국 과학기술정책과 행정사무관 2015년 同과학기술정책국 과학기술정책과 서기관 2015년 同과학기술전략본부 과학기술정책관실 과학기술정책과 서기관 2017년 同지식재산전략기획단 기획총괄과장 2017년 과학기술정보통신부 지식재산전략기획단 기획총괄과장 2018년 국외훈련(현)

정재웅(鄭在雄)

(생)1968 · 4 · 28 (주)서울특별시 중구 세종대로 125 서울특별시의회(02-3702-1400) (학)공학박사(서울대) (경)현대엔지니어링(주) 건축사업팀장 2017년 더불어민주당 제19대 문재인 대통령후보 선거대책위원회 도시계획특보 2018년 서울시의회 의원(더불어민주당)(현) 2018년 同도시계획관리위원회 위원(현) 2018년 同서부지역광역철도건설특별위원회 위원(현) 2018년 同예산정책연구위원회 위원(현)

정재원(鄭在媛 · 女) JOUNG Jae Won

(생)1962 · 11 · 26 (출)서울 (주)서울특별시 양천구 목동서로 159-1 CBS 선교TV본부(02-2650-7000) (학)1981년 군산여고졸 1985년 원광대 신문방송학과졸 (경)1984년 CBS 이리방송 아나운서 1995년 同편성제작국 프로듀서 1998년 同편성제작국 선교제작실 회원관리팀장 2000년 同선교제작실장 2003년 同편성제작국 방송위원 2005년 同울산방송본부 보도제작국 보도부장 2006년 同전북방송본부 보도제작국장 2008년 同TV본부 크루즈사업팀장 2008년 同TV편성제작국장 2010년 同선교본부 선교기획국장 2011년 同선교본부 선교협력1국장 2012년 同청주방송본부장 2014년 同선교TV본부 특임국장 2015년 同선교TV본부 선교국장 2017년 同선교TV본부장(현) (상)제1회 대한민국아나운서상(1990), 가톨릭언론상(1997) (종)기독교

정재원 CHUNG Jaewon

(생)2001 · 6 · 21 (주)서울특별시 강남구 학동로 107 더퍼스트빌딩 3층 브라보앤뉴(02-6978-5723) (학)동북고 재학 중(3학년) (경)2017년 브라보앤뉴 소속(현) 2017년 국제빙상연맹(ISU) 스피드스케이팅월드컵 1차대회 남자 매스스타트 동메달 · 남자 팀추월 금메달 2018년 제23회 평창동계올림픽 스피드스케이팅 남자 팀추월 은메달 2018년 국제빙상경기연맹(ISU) 스피드스케이팅 세계주니어선수권대회 남자 5000m 금메달 · 3000m 금메달

정재윤(鄭在鈗)

(생)1963 (출)전남 목포 (주)대전광역시 서구 둔산서로 70 서대전세무서(042-480-8241) (학)전남 목포고졸, 세무대학졸(1기) (경)세무공무원 임용(8급 특채), 서울 남대문세무서 근무, 서울지방국세청 국제거래조사국 근무 2009년 국세청 법무과 행정사무관 2011년 서울 서초세무서 조사과장 2012년 서울지방국세청 조사1국 조사1과 행정사무관 2013년 同조사1국 조사2과 행정사무관 2014년 同송무2과 행정사무관 2015년 同송무국 송무2과 개인1팀장(서기관) 2016년 전북 전주세무서장 2017년 전북 군산세무서장 2019년 서대전세무서장(현)

정재은(鄭在恩) CHUNG Jae Un

(생)1939 · 3 · 15 (본)온양(溫陽) (출)충북 충주 (주)서울특별시 중구 소공로 63 (주)신세계 비서실(02-317-0300) (학)1957년 경기고졸 1961년 서울대 공대 전자공학과졸 1964년 미국 컬럼비아대 전기공학과졸 1969년 同대학원 산업공학과졸 (경)1969년 삼성전자 입사 1969년 삼성전기 과장 1972년 삼성전자 차장 1972~1977년 신세계백화점 차장 · 부장 · 이사 1977년 삼성전자 이사 1978년 同상무이사 1981년 삼성전자부품 전무이사 1981년 공업표준협회 부회장 1982년 삼성전자 부사장 1982년 삼성전관 사장 1982년 국제기능올림픽 한국위원회 부회장 1983~1986년 삼성전자 · 삼성전자부품 사장 1983년 발명특허협회 부회장 1985년 전자공업진흥회 부회장 1986년 삼성전자 · 삼성전자부품 부회장 1987년 삼성물산 부회장 1988년 산업기술진흥협회 부회장 1988년 삼성종합화학 · 삼성항공산업 부회장 1992년 조선호텔 회장 1993년 신세계백화점 회장 1996년 同명예회장 2001년 신세계 명예회장(현) (상)금탑산업훈장, 한국의 경영자상, 미국 컬럼비아대 사무엘존슨메달(2012) (종)불교

ㅈ

정재정(鄭在貞) CHUNG Jae Jeong

(생)1951 · 9 · 18 (출)충남 당진 (주)서울특별시 동대문구 서울시립대로 163 서울시립대학교 국사학과(02-6490-2557) (학)1974년 서울대 역사교육학과졸 1982년 일본 도쿄대 대학원 한국사학과졸 1992년 문학박사(서울대) (경)1976~1982년 서울 상도중 교사 1982~1983년 서울대 사범대학 조교 1983~1994년 한국방송통신대 교수 1994~2017년 서울시립대 국사학과 교수 1996~1998년 한일관계사학회 회장 2000년 서울시립대 박물관장 2003년 同서울시민대학장 2003~2010년 한일역사공동연구위원회 위원 및 총간사 2004년 한국간행물윤리위원회 심의위원 2007~2009년 서울시립대 인문대학장 겸 교육대학원장 2007년 同인문과학연구소장 2009년 同대학원장 2009~2012년 동북아역사재단 이사장 2009~2012년 국사편찬위원회 위원 2010~2016년 대한민국역사박물관 자문위원장 2013~2016년 한일미래포럼 자문위원장 2014년 경북도 독도위원회 위원장(현) 2017년 서울시립대 국사학과 명예교수(현) 2017년 서울시 역사자문관(현) (상)대통령표창(1999), 치암학술상(2002), 보라나비 저작 · 번역상(2010) (저)'일제침략과 한국철도'(1999, 서울대 출판부) '일본의 논리' '한국의 논리' '한국과 일본 : 역사교육의 사상' '서울근현대 역사기행'(2005, 혜안) '한국철도의 르네상스를 꿈꾸며' '역사교과서속의 한국과 일본' '한국과 일본에서 함께 읽는 열린 한국사' '고대 환동해 교류사 전2권'(2010, 동북아역사재단) '젊은이에게 전하는 열린 한국사(共)'(2012, 솔) '주제와 쟁점으로 읽는 20세기 한일관계사'(2014, 역사비평사) (역)'식민통치의 허상과 실상'(2002, 혜안) '한국병합사의 연구' '일본의 문화내셔널리즘'(2008, 소화) '러일전쟁의 세기'(2010, 소화)

정재주(鄭在柱) JEONG JAE JOO (청암)

(생)1958 · 11 · 26 (본)동래(東萊) (출)경북 청도 (주)서울특별시 영등포구 양평로22길 21 코오롱디지털타워 507호 대아레저산업(주)(02-3394-8793) (학)1978년 경북고졸 1986년 대구대 법학과졸 2008년 同법과대학원 사법학과졸 2008년 한국생산성본부 최고경영자과정 수료 2012년 영남대 행정대학원 최고위정책리더과정 수료 2014년 서울대 법과대학 최고지도자과정 수료 2014년 한국생산성본부 법정관리인감사양성과정 수료 2014년 지식협동조합좋은나라 최고위과정 수료 2016년 부동산개발 전문인력과정 수료 (경)2005~2010년 KB국민은행 영천지점장 · 칠곡지점장 · 경주지점장 2010~2013년 同대구지점 · 신암동지점 수석지점장 2011~2013년 경북통상(주) 비상임이사 2013~2014년 KB국민은행 중부지역본부장 2015년 同인재개발부 교수 2016년 나이스정보통신(주) 사외이사 2016년 대아레저산업(주) 대표이사(현) 2017~2019년 (주)에스에프씨 사외이사

정재준(鄭宰準) CHEONG, Chaejoon

(생)1961 · 5 · 3 (출)대구 (주)충청북도 청주시 청원구 오창읍 연구단지로 162 한국기초과학지원연구원 오창센터 바이오융합연구부(043-240-5061) (학)1984년 서울대 물리학과졸 1989년 생물물리학박사(미국 Univ. of California at Berkeley) (경)1993년 한국기초과학지원연구원 선임연구원 1990~1993년 미국 Yale Univ. 박사후연구원 2001~2003년 자기공명연구실 국가지정연구실 책임자 2002년 한국과학기술연구원(KAIST) 초빙교수 2003~2004년 고려대 객원교수 2004~2018년 과학기술연합대학원대 교수 2005~2008 · 2011~2012 · 2017~2019년 한국기초과학지원연구원 부원장 2007년 '세포 자살을 촉진하는 단백질群의 3차원 구조를 처음으로 밝혀냄' 2008~2009년 미국 UCLA 초빙연구원 2017년 충북테크노파크 이사(현) 2018년 한국자기공명학회 회장(현) 2018년 한국연구개발서비스협회 이사(현) 2019년 한국기초과학지원연구원 바이오융합연구부 책임연구원(현) (상)과학기술진흥유공 대통령표창(2001), 과학기술진흥유공 과학기술부장관표창(2006), 과학기술연합대학원대 우수교수 총장표창(2010), 한국자기공명학회 이조웅학술상(2015)

정재철(鄭在哲) CHUNG Jae Chull (裕岩)

(생)1928 · 2 · 25 (본)영일(迎日) (출)강원 고성 (주)서울특별시 영등포구 버드나루로 73 우성빌딩 자유한국당(02-6288-0200) (학)1946년 배재고졸 1952년 동국대 정치학과졸 1967년 국방대학원졸 1990년 명예 정치학박사(동국대) (경)1955년 예편(육군 대위) 1955~1959년 부산여자대학 초대사무장 · 부학장 1962년 보건사회부 공보관 1963년 同자활지도과장 1966년 국립보건연구원 사무국장 1968년 전매청 기획관리관 1969년 同차장 1973년 재무부 기획관리실장 1975년 한국산업은행 부총재 1976년 신용보증기금 이사장 1979년 한일은행 은행장 1981년 제11대 국회의원(속초 · 양구 · 인제 · 고성, 민주정의당) 1981년 국회 예산결산특위 위원장 1981년 동국대 총동창회장 1981년 강원도민회 회장 1981년 한 · 터키의원친선협회 회장 1981년 한 · 일의원연맹 경제위원장 1982년 유암문화재단 이사장 1983년 국회 재무위원장 1985~1987년 정무제1장관 1985년 대통령 특사(시에라이온, 자이레) 1985년 제12대 국회의원(속초 · 양구 · 인제 · 고성, 민주정의당) 1986년 대통령 조문특사(스웨덴 팔메수상) 1986년 한 · 아르헨티나의원친선협회 회장 1990~1991년 한국산업은행 이사장 1992년 제14대 국회의원(속초 · 고성, 민자당 · 신한국당) 1992년 민자당 중앙상무위원회 의장 1994년 同강원도지부 위원장 1995년 同전당대회 의장 1995년 한 · 러시아의원친선협회 회장 1996~1997년 제15대 국회의원(전국구, 신한국당 · 한나라당) 1996년 신한국당 전당대회 의장 1999년 강원도민회 명예회장 1999~2012년 한나라당 상임고문 2008년 대한민국헌정회 원로위원(현) 2009~2013년 국민원로회의위원회 위원 2012년 새누리당 상임고문 2017년 자유한국당 상임고문(현) (상)화랑무공훈장(1952), 녹조 · 홍조근정훈장(1952 · 1975), 은탑산업훈장(1981), 아르헨티나 5월의 대십자훈장(1985), 자이르 공로대훈장(1986), 청조근정훈장(1987) (저)'일본의 재군비와 한국의 안전보장' '아름다운 유산'(2007) (종)불교

정재학

(생)1967 (주)서울특별시 서초구 강남대로 369 (주)롯데아사히주류 임원실(02-2143-3200) (학)관악고졸, 동국대 무역학과졸, 고려대 대학원 경영학과졸 (경)1990년 두산주류 근무 1999년 同수출팀장, 同도쿄지사 근무 2009년 롯데주류 수출팀장 2012년 同일본법인장 2018년 (주)롯데아사히주류 대표이사 상무보B 2019년 同대표이사(상무보A)(현)

정재헌(鄭在憲) JEONG Jae Hun

(생)1937 · 8 · 22 (출)서울 (주)서울특별시 중구 남대문시장길 25-8 5층 정재헌법률사무소(02-536-9563) (학)경기고졸 1960년 서울대 법대졸 (경)1961년 사법시험 합격(13회) 1963년 사법연수원 수료(3기) 1963~1965년 공군 법무관 1965년 부산지법 마산지원 판사 1969년 서울민사지법 판사 1973년 서울고법 판사 1977년 대법원 재판연구관 1978년 제주지법 부장판사 1980년 사법연수원 교수 1981년 서울형사지법 부장판사 1982년 변호사 개업(현) 1997~1999년 서울지방변호사회 회장 2001~2003년 대한변호사협회 회장 2010~2015년 대순진리회 임시종무원장 (상)국민훈장 무궁화장(2006), 서울지방변호사회 명덕상(2016) (종)불교

정재헌(鄭載憲) Jeong, Jae Heon

(생)1968 · 6 · 23 (출)경남 마산 (주)서울특별시 서초구 서초중앙로 157 서울중앙지방법원(02-530-1690) (학)1987년 마산고졸 1992년 서울대 공법학과졸 (경)1997년 사법시험 합격(39회) 2000년 사법연수원 수료(29기) 2000년 서울지법 판사 2002년 同동부지원 판사 2004년 대전지법 천안지원 판사 2007년 수원지법 성남지원 판사 2007년 미국 리치먼드대 파견 2010년 서울중앙지법 판사 2011년 법원행정처 사법정책실 정책심의관 겸임 2013년 사법연수원 교수 2016년 창원지법 부장판사 2017년 수원지법 부장판사 2017년 법원행정처 전산정보관리국장 겸임 2019년 서울중앙지법 부장판사(현)

정재현(鄭在賢) JEONG Jae Hyeon

(생)1975 · 5 · 20 (주)대구광역시 달서구 장산남로 40 대구지방검찰청 서부지청 형사2부(053-570-4490) (학)1994년 서라벌고졸 1999년 성균관대 법학과졸 (경)사법시험 합격(42회), 사법연수원 수료(32기) 2003년 공익법무관 2006년 대전지검 서산지청 검사 2008년 인천지검 검사 2010년 의정부지검 검사 2012년 청주지검 검사 2013~2015년 식품의약품안전처 파견 2016년 서울서부지검 검사 2017년 同부부장검사 2018년 서울중앙지검 부부장검사 2019년 대구지검 서부지청 형사2부장(현)

정재형(鄭在亨) Jaehyung Jung

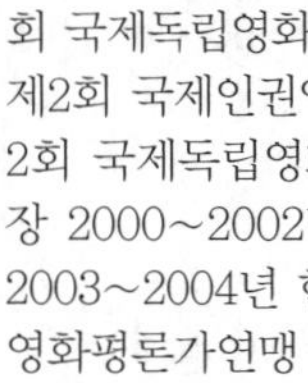

(생)1960 · 10 · 22 (출)대전 (주)서울특별시 중구 필동로1길 30 동국대학교 영화영상학과(02-2260-3436) (학)1979년 휘문고졸 1984년 동국대 연극영화과졸 1986년 同대학원졸 1991년 미국 뉴욕시티대 대학원 영화학과졸 2001년 영화학박사(중앙대) (경)1984~1986년 월간 '스크린' 취재 기자 · 계간 '열린영화' 편집인 · 계간 '영화언어' 편집인 1991년 동국대 영화영상학과 교수(현) 1992~1994년 한국영화학회 총무간사 1993년 대종상 심사위원 1995~1998년 EBS '시네마 천국' 진행 1996년 제1회 국제독립영화제 집행위원 1997년 제1회 여성영화제 심사위원 · 제2회 국제인권영화제 집행위원 · 열린영화제 심사위원 1998년 제2회 국제독립영화제 집행위원 1998~1999년 한국영화연구소 소장 2000~2002년 한국영화학회 이사 2003~2004년 同총무이사 2003~2004년 한국영화평론가협회 기획이사 2003~2004년 국제영화평론가연맹 한국지부 사무국장 2003~2004년 영상기술학회 이사 2003~2004년 영화교육학회 총무이사 2005~2008년 한국문화예술교육진흥원 영화교육위원회장 2005~2006년 한국영화학회 총무이사 2005년 광주국제영화제 수석프로그래머 2007~2008년 한국영화학회 부회장 · 편집위원장 2007~2008년 국제영화평론가연맹 한국지부 회장 2008년 전주국제영화제 '넷팩상' 심사위원 2008년 국제영화평론가연맹 한국지부 사무국장 2008~2010년 전국예술대교수연합 운영위원 2009~2010년 (사)한국영화학회 회장 2009~2013년 (사)비상업영화기구 위원 2009년 오프앤프리 국제

확장영화예술제 조직위원장 2009~2011년 부산국제영화제조직위원회 자문위원 2009~2011년 한국문화예술교육진흥원 이사 2010~2012년 충무로국제영화제 집행위원 2010~2012년 YTN 시청자심의위원회 위원 2012~2014년 영화복지재단 이사 2015~2016년 (사)한국영화평론가협회 회장 2015~2016년 동국대 문화예술대학원장 겸 예술대학장 (저)'뉴 시네마감독론'(1991, 한국문연) '정재형교수의 영화강의'(1994, 영화언어) '초창기 한국영화이론(編)'(1997, 집문당) '한국리얼리즘의 길찾기(共)'(1999, 도서출판 큰사람) '영화이해의 길잡이'(2003, 개마고원) '북한영화에 대해 알고 싶은 다섯 가지(編)'(2005, 집문당) 'N세대 영화교육론(編)'(2005, 집문당) 'MT영화학'(2008, 장서가) (역)'영화영상스토리텔링100'(2009, 책과길)

정재호(鄭在浩) JUNG JAEHO

(생)1965 · 10 · 22 (출)대구 달성 (주)서울특별시 영등포구 의사당대로 1 국회 의원회관 929호(02-784-0712) (학)1983년 대구 달성고졸 1987년 고려대 행정학과졸 (경)1989년 한국외환은행 입사 1998~2001년 同신용카드사 노조위원장 2002년 새천년민주당 제16대 노무현 대통령후보 정무보좌역 2003년 대통령 정무기획비서관실 행정관 2005년 대통령 시민사회수석비서관실 선임행정관 2006년 대통령비서실 사회조정비서관 2007~2008년 국무총리 민정수석비서관 2010년 민주당 정책위원회 부의장 2012년 민주통합당 제18대 문재인 대통령후보 선거펀드 총괄기획 2015년 새정치민주연합 노동위원회 대변인 2015년 더불어민주당 노동위원회 대변인 2015년 同남북교류협력특별위원회 부위원장 2016년 同경기고양시乙지역위원회 위원장(현) 2016년 제20대 국회의원(경기 고양시乙, 더불어민주당)(현) 2016년 국회 정무위원회 위원 2016년 더불어민주당 가습기살균제특별위원회 위원 2016~2017년 同대외협력위원장 2016년 同백남기농민대책TF 위원장 2017년 同제19대 문재인 대통령후보 중앙선거대책본부 국민참여본부 수석부본부장 2017년 한중국제영화제 국회특별위원장(현) 2017년 문재인대통령 러시아특사단 단원 2017년 대통령직속 북방경제협력위원회 특별고문(현) 2018년 국회 정무위원회 간사 2019년 국회 정무위원회 위원(현) (상)홍조근정훈장(2008), 국정감사 NGO 모니터단 국정감사 우수의원(2017), 더불어민주당 국정감사 우수의원(2017), 금융소비자원 선정 '올해의 금융소비자보호 국회의원 대상'(2017), 소상공인연합회 제20대 국회 초정상(2017), 유권자시민행동 대한민국 유권자 대상(2017), 법률소비자연맹 국회의원 헌정대상(2018) (저)'부엉이 바위를 가슴에 묻고'(2012, 모아북스) '대통령의 밥값은 누가 낼까'(2015, 모아북스) (종)천주교

정재화(鄭在和)

(생)1961 (출)경남 산청 (주)경상남도 김해시 계동로 175 김해서부경찰서(055-310-0321) (학)진주 대아고졸, 경상대졸 (경)1989년 경위 임용(경찰 간부후보 37기) 2003년 부산진경찰서 청문감사관 2004년 부산사상경찰서 경비교통과장 2005년 부산진경찰서 경무과장 2006년 부산지방경찰청 교육계장, 同인사계장 2012년 총경 승진 2013년 부산지방경찰청 경무과 치안지도관 2014년 경남 진주경찰서장 2016년 부산지방경찰청 보안과장 2016년 경남 양산경찰서장 2017년 부산지방경찰청 보안과장 2019년 경남지방경찰청 정보화장비과장 2019년 경남 김해서부경찰서장(현)

정재황(鄭在晃) JEONG Jae Hwang

(생)1958 · 2 · 11 (출)대구 (주)서울특별시 종로구 성균관로 25-2 성균관대학교 법학전문대학원(02-760-0346) (학)1981년 서울대 법학과졸 1983년 同대학원졸 1986년 법학박사(프랑스 파리제2대) (경)1989~1999년 홍익대 법학과 조교수 · 부교수 1999~2009년 同법학과 교수 2001년 한국공법학회 연구이사 · 총무이사 2002년 홍익대 교무부처장 2003년 성균관대 법과대학 교수 2007~2009년 헌법재판소 연구위원 2009년 성균관대 법학전문대학원 교수(현) 2009년 인터넷정보보호협의회 운영위원(현) 2011~2013년 한국언론법학회 회장 2012~2013년 한국공법학회 회장 2012년 대법원 국민사법참여위원회 위원 2013년 同법관징계위원회 위원 2013년 한국언론법학회 고문(현) 2013년 한국공법학회 고문(현) 2014년 국회의장직속 헌법개정자문위원회 위원 2014년 감사원 감사혁신위원회 위원 2015년 개인정보보호위원회 정책자문위원(현) 2016년 세계헌법대회 2018서울개최조직위원회 위원장(현) 2016년 세계헌법학회 회장 겸 집행이사(현) 2016년 한국헌법학회 고문, 同회장(현) 2017년 감사원 정책자문위원(현) 2017년 법교육위원회 위원장(현) (저)'판례헌법' '헌법재판개론' '헌법판례' '행정실무' '기본권 연구' '신 헌법입문'(2010, 박영사)

정재훈(鄭載勳) CHUNG Jae Hoon

(생)1960 · 4 · 19 (출)강원 춘천 (주)경상북도 경주시 양북면 불국로 1655 한국수력원자력(주)(054-704-2030) (학)1979년 용문고졸 1983년 성균관대 사회학과졸 1993년 일본 사이타마대졸 1998년 핀란드 헬싱키경제경영대학원 경영학과졸 2008년 경제학박사(순천향대) (경)1983년 행정고시 합격(26회) 1983~1989년 상공부 전자공업국 · 통상국 사무관 1990~1991년 국가안전기획부 파견 1993년 상공자원부 중소기업국 사무관 1995년 통상산업부 무역국 서기관 1997년 산업정책연구원 파견 1998년 중소기업청 자금지원과장 2000년 산업자원부 전자상거래과장 2001년 駐캐나다 1등서기관 2004년 산업자원부 산업기술개발과장 2004년 同산업기술정책과장 2005년 同총무과장 2006년 국방대 파견 2007년 산업자원부 홍보관리관 2008년 지식경제부 대변인 2008년 同무역정책관 2009년 同주력산업정책관 2010년 同산업경제정책관 2010년 同기획조정실장 2011년 同에너지자원실장 2012년 무역위원회 상임위원 2012~2013년 지식경제부 산업경제실장 2013년 '놀라온 오케스트라' 명예단장 2013 · 2016~2017년 한국산업기술진흥원(KIAT) 원장 2018년 한국수력원자력(주) 사장(현) 2018년 세계원전사업자협회(WANO) 이사(현) 2019년 同아시아지역 이사장(현) (상)홍조근정훈장(2008) (저)'희망의 코러스@새로운 시작'(2000, 리치북스)

정재훈(鄭在訓) CHEONG Jae Hoon

(생)1960 · 6 · 4 (본)동래(東萊) (출)제주 (주)서울특별시 노원구 화랑로 815 삼육대학교 약학대학 약학과(02-3399-1605) (학)1986년 삼육대 약학과졸 1989년 서울대 대학원 약학과졸 1995년 약학박사(서울대) (경)1996년 삼육대 약학대학 교수(현) 2000~2002년 미국 존스홉킨스대 방문연구교수 2003~2005년 삼육대 교무부장 2005~2006년 한국뇌학회 총무이사 2006년 同감사 2007년 삼육대 부설 의명신경과학연구소장(현) 2010~2016년 한국보건의료인국가시험원 약사외국대학인정심의위원 2011~2012년 (사)대한약학회 총무위원장 2011~2017년 한국약학교육평가원 상임이사 2012~2014년 삼육대 약학대학장 2012~2017년 중앙약사심의위원회 위원 2013~2015년 건강보험심사평가원 전문평가위원 2014~2016년 (사)한국약학교육협의회 기획위원장 2014~2016년 한국제약협회 의약품광고심의위원 2015년 (사)한국응용약물학회 회장 2017년 한국제약바이오협회 의약품광고심의위원회 위원장(현) 2017년 건강보험심사평가원 비상근심사위원(현) 2017년 식품의약품안전평가원 의약품심사자문단 자문위원(현) 2019년 (사)대한약학회 미래발전연구원 부원장(현) (상)부총리 겸 교육인적자원부장관표창(2004), 삼육대 교원업적우수교수표창(2005), 한국과학기술단체총연합회 과학기술우수논문상(2005), 식품의약품안전청장표창(2008), (사)한국응용약물학회 학술본상(2009), 보건복지부장관표창(2012), (사)한국에프디시법제학회 그린크로스법제과학상(2012), 삼육대 올해의 교수상(2013), 교육부장관표창(2014), 한국마약퇴치운동본부 학술대상(2016), 한국의약평론가회 약사평론가(2018) (저)'약물학 독성학 실험'(共) '청소년 금주교육' '절주하는 사회를 위하여' '처방조제와 복약지도'(共) '임상 e학'

(共) '약물학 연습'(共) '보건복지교육Ⅱ(共)'(2005, 삼육대 출판부) '케어매니저를 위한 의료일반(共)'(2006, 공동체) '노인건강과 낙상(共)'(2006, 삼육대 출판부) '금연교육의 이론과 실제(共)'(2006, 삼영출판사) '약물학(개정판)(共)'(2007) '약리학 정리와 시험(共)'(2012, 신일북스) '임상약리와 약물치료(共)'(2013, 신일북스) '한약재편람(共·編)'(2014, 서울대 출판문화원) '약물작용기본이론(共·編)'(2015, 군자출판사) '약물학(共·編)'(2015, 범문에듀케이션) 'ADHD New directions in diagnosis and treatment(共)'(2015, InTech) [역]'생리학(共)'(2005, 라이프사이언스) '약물학(共)'(2018, 범듀에듀케이션) 등 5편 [종]제칠일 안식일 예수재림교

정재훈(丁載勳) CHUNG Jae Hoon

[생]1960·10·26 [주]서울특별시 강남구 일원로 81 삼성서울병원 내분비대사내과(02-3410-3439) [학]1985년 서울대 의대졸 1995년 同대학원 의학석사 1999년 의학박사(서울대) [경]1985~1989년 서울대병원 인턴·레지던트 1989~1990년 軍의관 1990~1992년 공군 방공포병사령부 의무실장 1992~1994년 서울대병원 내분비대사내과 전임의 1993년 미국 국립보건원(NIH) NIDDK 방문연구원 1994년 삼성서울병원 내분비대사내과 전문의(현) 1997~2007년 성균관대 의대 내과학교실 조교수·부교수 2000년 미국 국립보건원(NIH) NIDDK 방문연구원 2001~2002년 미국 오하이오의대 방문연구원 2005년 삼성서울병원 갑상선암팀장 2007년 同진료의뢰센터장 2007년 성균관대 의대 내과학교실 교수·주임교수(현) 2009년 삼성서울병원 삼성암센터 갑상선암센터장 2011~2017년 同내분비대사내과장 2012~2015년 대한갑상선학회 이사장 2013~2017년 삼성서울병원 갑상선암센터장 2017년 同내과 과장(현) [상]Genzyme학술상(2007) [종]천주교

정재훈(鄭在勳) Jeong, Jae Hoon

[생]1970·1·2 [출]대구 [주]인천광역시 미추홀구 소성로163번길 49 인천지방검찰청 형사5부(032-860-4314) [학]1988년 대구 영남고졸 1994년 경북대 공법학과졸 1996년 同대학원 법학과졸 [경]1999년 사법고시 합격(41회) 2002년 사법연수원 수료(31기) 2002~2006년 변호사 개업 2002년 금융감독원 근무 2006년 울산지검 검사 2008년 대구지검 상주지청 검사 2010년 인천지검 검사 2013년 서울서부지검 검사 2015년 대전지검 검사 2016년 同부부장검사 2017년 광주지검 부부장검사(감사원 파견) 2018년 부산지검 공판부장 2019년 인천지검 형사5부장(현)

정재희(鄭在熙) Jae H. Jung

[생]1960·8·25 [출]강원 강릉 [주]서울특별시 강남구 삼성로 511 골든타워 18층 포드코리아(02-3440-3600) [학]1979년 강릉고졸 1985년 인하대 기계공학과졸 1990년 미국 피츠버그대 대학원졸(MBA) [경]1993년 포드 아·태지역본사 엔지니어링 매니저 1995년 포드코리아 영업·마케팅 이사 1999년 同영업·마케팅 총괄상무, 포드 아시아·태평양 17개국담당 디렉터 2002년 포드코리아 사장(현) 2012~2018년 한국수입자동차협회 회장 [상]225주년 기념 자랑스런 피츠버그인상(2013) [저]'나는 글로벌기업으로 출근한다(共)'(2015, 마인드북스)

정재희(鄭載熹)

[생]1974·2·10 [출]서울 [주]광주광역시 동구 준법로 7-12 광주지방법원(062-239-1710) [학]1992년 언남고졸 1998년 고려대 법학과졸 [경]1999년 사법시험 합격(41회) 2002년 사법연수원 수료(31기) 2002년 육군 법무관 2005년 광주지법 판사 2008년 수원지법 평택지원 판사 2011년 서울행정법원 판사 2013년 서울동부지법 판사 2015년 대법원 재판연구관 2018년 광주지법 부장판사(현)

정점식(鄭点植) JEONG jeom sig

[생]1965·7·15 [출]경남 고성 [주]서울특별시 영등포구 의사당대로 1 국회 의원회관(02-784-6327) [학]1983년 창원 경상고졸 1988년 서울대 법과대학졸 1994년 同대학원졸 [경]1988년 사법시험 합격(30회) 1991년 사법연수원 수료(20기) 1991년 軍검찰관 1994년 대구지검 검사 1996년 창원지검 밀양지청 검사 1997년 서울지검 검사 2000년 수원지검 검사 2002년 부산지검 검사 2003년 同부부장검사 2003년 서울지검 부부장검사 2004년 서울중앙지검 부부장검사 2005년 울산지검 형사2부장 2005년 춘천지검 속초지청장 2007년 대검찰청 공안2과장 2008년 同공안1과장 2009년 서울중앙지검 공안1부장 2009년 창원지검 통영지청장 2010년 부산지검 제2차장검사 2011년 서울중앙지검 제2차장검사 2012년 수원지검 안양지청장 2013년 서울고검 공판부장 2013년 법무연수원 기획부장(검사장급) 2015~2017년 대검찰청 공안부장(검사장급) 2017년 법무법인 아인 서초분사무소 대표변호사 2019년 제20대 국회의원(경남 통영시·고성군 보궐선거당선, 자유한국당)(현) 2019년 국회 문화체육관광위원회 위원 2019년 자유한국당 통영시고성군당원협의회 운영위원장(현) 2019년 同원내부대표(현) 2019년 同법률자문위원회 부위원장(현) 2019년 국회 예산결산특별위원회 위원(현) 2019년 국회 법제사법위원회 위원(현) 2019년 자유한국당 경남도당 원내수석부위원장(현)

정정길(鄭正佶) CHUNG CHUNG KIL

[생]1942·5·20 [출]경남 함안 [주]울산광역시 남구 대학로 93 학교법인 울산공업학원 이사장실(052-277-3101) [학]1961년 경북고졸 1965년 서울대 법학과졸 1968년 同행정대학원졸 1979년 정치학박사(미국 미시간대) [경]1968년 행정고시 합격(6회) 1969~1971년 농림수산부 기획계장 1971~1980년 경북대 법정대 조교수·부교수 1980~1985년 서울대 행정대학원 부교수 1985~2003년 同행정대학원 교수 1988년 행정개혁위원 1990년 미국 Brookings연구소 객원교수 1991년 서울대 한국행정연구소장 1994~1996년 同행정대학원장 1994~1995년 한국행정학회 회장 1995년 행정쇄신위원 1999~2002년 중앙인사위원회 자문회의 의장 2000년 정부기능조정위원회 위원장 2000~2002년 책임운영기관평가위원회 위원장 2000~2001년 한국사회과학연구협의회 부회장 2001~2002년 서울대 대학원장 2003~2008년 울산대 총장 2004년 울산지역혁신협의회 의장 2007~2008년 울산방송 사외이사 2008~2010년 대통령실장 2010년 미국 행정학술원(NAPA) 국제회원(현) 2011~2013년 한국학중앙연구원 원장 2014년 학교법인 울산공업학원(울산대·울산과학대) 이사장(현) 2019년 4대강보해체저지범국민연합 고문(현) [상]국민훈장 동백장(1998) [저]'정책결정론' '정책학원론' '대통령의 경제리더십' '50년대의 지방자치' '행정학의 새로운 이해' '행정의 시차적 접근' '전문가들이 본 이명박정부의 국정철학' '중도실용을 말하다' '작은 정부론' '정책평가' '한국행정의 연구' [종]기독교

정정숙(鄭淨淑·女) Jeongsook Chung

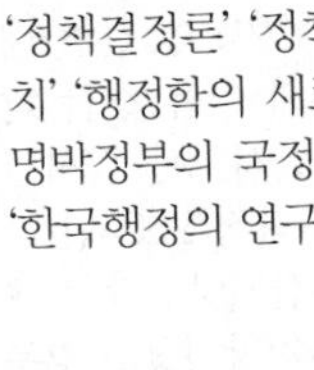

[생]1959 [주]전라북도 전주시 완산구 기린대로 192 전주문화재단(063-283-9225) [학]전주여고졸 1981년 이화여대 영어영문학과졸 1985년 同대학원 정치외교학과졸 1994년 정치외교학박사(이화여대) [경]1997~1999년 서울대 국제대학원 연수연구원·연구행정실장·경력개발실장 1999~2000년 일본 국제교류기금 연수 2000~2001년 이화여대 국제대학원 통상협력연구소 상임연구위원 2000~2001년 국제청소년원탁포럼 사회자·심사위원 2000~2001년 이화여대 국제대학원·정책대학원 강사 2002~2003년 세종연구소 일본연구센터 연구위원 2002~2003년 한국세계지역학회 감사·이사 2003~2005년 민주평통 자문위원 2004년 영세중립통일협의회 이사 2004년 한일사회문화포럼 이사 2005년 서울시 문화정책성별영향분석평가 자문위

원 2005년 국회 북한연구회 위원 2005년 대통령직속 동북아시대위원회 파견 2006년 문화관광부 정책자문위원회 전문위원 2006년 대통령직속 동북아시대위원회 사회문화협력분과 전문위원 2006년 경제인문사회연구회 특별연구위원회 연구위원 2006년 숙명여대·한국방송통신대 강사 2007년 대통령직속 동북아시대위원회 사회문화협력분과 위원장 2008년 경제인문사회연구회 인문정책위원 2008년 미래전략연구원 연구위원 2008년 문화체육관광부 종무실 자문위원 2008년 한신대 일본지역학 강사 2009년 한국문화예술위원회 지역사업평가위원 2009년 종교편향예방특강 강사 2009년 경희대 경영대학원 겸임교수 2009년 명지대 문화예술대학원 강사 2010년 경제인문사회연구회 연구용역심의위원 2010년 국방대 안보대학원 강사 2010년 아시아문화포럼 운영위원 2010년 외교안보연구원 글로벌리더십과정 강사 2010년 전주시 축제자문위원 2012년 문화예술위원회 지역사업평가위원 2012년 유네스코 문화와발전라운드테이블 전문위원 2012년 국제문화소통포럼 위원 2012~2014년 한국문화관광연구원 문화예술연구실장(연구위원) 2013~2017년 문화체육관광부 국제문화교류심의위원 2013~2015년 서울시여성능력개발원 자문위원 2013~2015년 성균관대 국정관리대학원 겸임교수 2014~2017년 한국문화관광연구원 문화예술연구실 연구위원 2016년 한국문화기획평가연구소 소장 2017년 전주문화재단 대표이사(현) 2018년 문화체육관광부 국제문화교류자문위원(현) 2018년 대통령직속 균형발전위원회 전문위원(현) 2018년 외교부 정책자문위원(현) 2018년 同공공외교분업위원회 민간위원(현) 2019년 한국국제문화교류진흥원 이사(현) (상)문화관광부장관표창(2007), 대통령포장(2008) (저)'북한·통일연구(共)'(1990) '21세기의 여성과 정치학(共)'(1997) '전환기의 러시아시민(編)'(2002) '천황과 일본문화(共)'(2004) '작은정부와 일본시민사회의 발흥(共)'(2005) '일본사회의 변화와개혁(共)'(2006) '한국의 동북아시대 구상–문화공동체의 이론적 기초(共)'(2006) '일본의 민주주의(共)'(2007) '아시아 민주주의 인권(共)'(2008) '한국외교정책 : 역사와쟁점 김대중 정부의 문화개방정책과 일본문화개방(共)'(2010)

정정식(鄭禎植) Jeong Jeongsik

(생)1961·1·10 (주)경기도 성남시 분당구 구미로 173번길 59 한국장애인고용공단(031-728-7255) (학)1979년 충북 운호고졸 1986년 충북대 농화학과졸 2002년 한국방송통신대 법학과졸 (경)2007년 노동부 법무행정팀 서기관 2010년 대전지방노동청 청주지청 서기관 2012년 고용노동부 인력수급정책국 사회적기업과장(서기관) 2013년 同사회적기업과장(부이사관) 2015년 대전지방고용노동청 대전고용센터 소장 2015년 고용노동부 고용보험심사위원회 위원장 2017년 同중앙노동위원회 조정심판국장 2018년 한국장애인고용공단 기획관리이사(현)

정정용(鄭正溶) Jeong Jeong-yong

(생)1969·4·1 (출)대구 (주)서울특별시 종로구 경희궁길 46 대한축구협회(02-2002-0707) (학)대구청구고졸, 경일대졸, 명지대 대학원 체육학과졸, 한양대 대학원 스포츠생리학 박사과정 수료 (경)1992~1997년 실업축구 이랜드 푸마 소속(수비수) 2008~2009년 대한축구협회(KFA) U-14 국가대표팀 코치·감독 2011년 同U-17 국가대표팀 코치 2012년 同U-23 국가대표팀 코치 2014년 프로축구 대구FC 수석코치 2015년 대구 현풍고 축구부 감독 2016년 대한축구협회(KFA) U-17 국가대표팀 감독 2016년 同U-20 국가대표팀 감독대행 2017년 同U-23 국가대표팀 감독대행 2017년 同U-20 국가대표팀 감독(현) 2019년 '2019 FIFA U-20 남자 월드컵' 준우승 (상)대한민국체육상 지도자상(2019)

정정훈(鄭楨勳) JEONG Jeong Hoon

(생)1967·2·28 (출)부산 (주)세종특별자치시 갈매로 477 기획재정부 인사과(044-215-2270) (학)1985년 부산중앙고졸 1992년 연세대 경제학과졸 (경)2002년 재정경제부 세제실 소득세제과 사무관 2003년 同세제실 소득세제과 서기관 2004년 同세제실 조세정책과 서기관 2006년 同혁신인사기획관실 인사팀장 2007년 교육 파견 2010년 기획재정부 다자관세협력과장 2011년 同예산총괄심의관실 기금운용계획과장 2012년 同조세정책관실 소득세제과장 2013년 대통령비서실 파견 2014년 기획재정부 FTA관세이행과장 2015년 同국제조세협력과장 2015년 同세제실 조세기획관실 조세분석과장 2016년 同세제실 조세정책과장(부이사관) 2017년 同기획재정담당관실 부이사관 2017년 국민경제자문회의 지원단 파견 2019년 재정정보공개및국고보조금통합관리시스템관리단 파견(현)

정종경(鄭鍾卿) CHUNG Jong Kyeong

(생)1963·2·25 (출)경남 (주)서울특별시 관악구 관악로 1 서울대학교 자연과학대학 생명과학부(02-880-4399) (학)1985년 서울대 약대 약학과졸 1987년 同대학원 생화학과졸 1993년 이학박사(미국 하버드대) (경)1994년 미국 다나파버암연구소 Post-Doc. 1995~1996년 미국 Harvard Medical School 박사 후 연수 1996년 미국 하버드대 의대 Post-Doc. 1996~2006년 한국과학기술원(KAIST) 생명과학과 조교수·부교수 2000년 제넥셀(주) 이사 2001~2009년 한국과학기술원 세포성장조절유전체창의연구단장 2005년 제넥셀세인(주) 기술이사 2006~2009년 한국과학기술원(KAIST) 생명과학과 교수 2010년 서울대 자연과학대학 생명과학부 교수(현) 2010~2019년 同에너지항상성조절창의연구단장 2010~2013년 한국초파리연구회 회장 2016년 한국과학기술한림원 정회원(이학부·현) 2017년 서울대 자연과학대학 생명과학부 부학부장(현) 2017년 同학부운영위원회·인사위원회·기획위원회 위원(현) (상)KAIST 학술대상(2008), 경암학술상 생명과학분야(2008), 한국분자세포생물학회 학술상(2010), 유니베라 생명약학 학술상(2010), 미래연구정보포럼 지식창조대상(2010), 주중광교수상(Lectur-eship Award)(2012), 제6회 아산의학상 기초의학부문(2013)

정종관(鄭鍾舘) JEONG Jong Kwan

(생)1963·10·2 (본)진주(晋州) (출)전북 옥구 (주)서울특별시 서초구 서초중앙로 157 서울고등법원(02-530-1114) (학)1981년 전주고졸 1985년 서울대 법학과졸 (경)1984년 사법시험 합격(26회) 1987년 사법연수원 수료(16기) 1990년 서울민사지법 판사 1992년 서울가정법원 판사 1994년 전주지법 판사 1997년 서울지법 북부지원 판사 1999년 서울고법 판사 2000년 대법원 재판연구관 2002년 춘천지법 강릉지원 부장판사 2003년 同강릉지원장 2004년 수원지법 성남지원 부장판사 2006년 서울행정법원 부장판사 2009년 대전고법 부장판사 2011년 서울고법 부장판사 2017년 의정부지법원장 2019년 서울고등법원 부장판사(현)

정종권(鄭宗權) JUNG Jong Kwon

(생)1950·7·28 (본)진양(晋陽) (출)경남 진주 (주)경상남도 진주시 의병로 51 진주보건대학교 총장실(055-740-1801) (학)1973년 한양대 건축공학과졸 1987년 경상대 교육대학원졸 (경)1976~1986년 진주간호보건전문대학 교수 1990년 한가람학원 이사 1991년 진주간호전문대학 학장 1998년 진주보건대 학장 2009년 同총장(현) 2013년 한국전문대학교육협의회 전문대학윤리위원회 위원

정종기(鄭宗基) Jung, Chong Ki (飽言)

(생)1957·6·29 (본)진주(晋州) (출)전남 광양 (주)경기도 안양시 만안구 성결대학로 53 성결대학교 관광개발학과(031-467-8156) (학)1975년 순천고졸 1982년 성결대 지역사회개발학과졸 1984년 경희대 대학원졸 1989년 행정학박사(필리핀 만유엘루이스케숀대) (경)1989~2001년 성결대 지역사회

개발학부 전임강사·조교수·부교수 1989~1992년 同지역사회개발학과장 1994년 同지역발전연구소장 1996년 同인간관계회복연구소장 2001~2010년 同지역사회개발학부 교수 2003년 同정보처장 2004년 同북한학연구소장 2005년 同사회과학대학장 2006년 同지역사회개발학부장 2007년 법무부 교정위원(현) 2007년 성결대 사회과학대학장 2008년 同동북아연구소장 2009년 同지역사회개발학부장 2009년 한국도시행정학회 이사(현), 인간관계회복학회 수석부회장 2009년 건강한사회만들기운동본부 이사(현) 2010~2017년 성결대 사회과학대학 지역사회과학부 교수 2012년 同글로벌센터장 2013년 同사회과학대학장 2013~2016년 同학생지원처장 2016~2017년 同일반대학원장 2017년 同사회과학대학 관광개발학과 교수(현) 2017~2018년 同입학관리처장 2019년 同기획혁신처장(현) (상)대통령표창(2008), 행정안전부장관표창(2009) (저)'딸아! 공부는 붕어빵이 아니란다' '사랑하는 사람을 위하여' '인간자원개발론' '고추와 숯덩이가 만나는 진짜이유' '성공과 행복을 위한 인간관계'(1997) '정보화와 지역사회'(1998) '딸아! 연애를 잘해야 행복하다'(1998) '지역사회 행정론'(1999) '정보화사회'(1999) '그래서 연애는 아름답다'(1999) '사랑하는 사람을 위하여'(2002) '기도하는 이를 위한 사랑의 징검다리'(2010) (역)'사자성경1'(2018, 홍성사)

정종득(丁鍾得) CHUNG Chong Dug (南觀)

(생)1941·2·2 (본)압해(押海) (출)전남 목포 (주)서울특별시 중구 을지로 16 백남빌딩 1006호 유엔 세계고아의날제정추진위원회 한국조직위원회(02-704-4011) (학)1959년 목포고졸 1965년 서울대 상대졸 1992년 同경영대학원 최고경영자과정 수료 1997년 한국과학기술원(KAIST) 최고정보경영자과정 수료 2007년 명예 경영학박사(목포대) 2008년 명예 행정학박사(목포해양대) (경)1963년 공인회계사 합격(10회) 1965년 한국산업은행 대리 1976년 쌍용(주) 차장 1978년 同기획조정실장 1979년 同이사 1983년 한국건업(주) 기획담당 이사 1984년 同상무이사 1987~1989년 同전무이사·정우개발 부사장·동부해양도시가스 대표이사 1989년 벽산건설(주) 부사장 1990년 한국건업(주) 부사장 1993년 벽산건설(주) 대표이사 부사장 1994년 벽산 대표이사 사장 1997~1998년 국제로타리3640지구 서울제일로타리클럽 회장 1998년 벽산건설(주) 대표이사 사장 2001~2003년 在京목포중·고 총동창회 회장 2005년 벽산건설(주) 부회장 2005년 전남 목포시장(보궐선거, 새천년민주당) 2006·2010~2014년 전남 목포시장(민주당·통합민주당·민주당·새정치민주연합) 2006·2009·2010~2012년 전남시장·군수협의회 회장 2012년 민주통합당 지방자치단체장협의회 부회장 2015년 (재)김대중기업사업회 이사(현) 2015년 (재)김대중노벨평화상기념관 이사(현) 2016년 유엔 세계고아의날제정추진위원회 한국조직위원회 위원장(현) (상)동탑산업훈장(1996), 은탑산업훈장(2003), 산업은행인상(2005), 풀뿌리 경영대상(2007), 한국일보 존경받는 대한민국CEO대상 신뢰경영부문(2008) (종)기독교

정종명(鄭鍾明) Chung Jong Myung

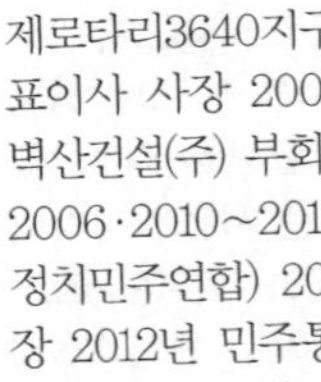

(생)1945·12·17 (본)봉화(奉化) (출)경북 봉화 (주)서울특별시 종로구 삼일대로30길 21 종로오피스텔 1209호 계간문예(02-3675-5633) (학)1964년 강릉고졸 1971년 서라벌예술대학 문예창작과졸 (경)1971~1975년 도서출판 국민서관 근무 1978~1983년 현대문학사 편집부 근무 1978년 월간문학 신인작품상에 '사자의 춤'으로 등단, 소설가(현), 한국문인협회 회원, 한국소설가협회 회원 1986~1988년 문예지 문학정신 편집장 2001~2009년 경기대 문예창작과 대우교수 2005~2007년 국제PEN클럽 한국본부 부이사장 2005년 숭실사이버대 방송문예창작학과 외래교수(현) 2006~2008년 (사)한국소설가협회 이사, 同중앙위원 2007~2010년 한국문인협회 이사 겸 편집국장 2010년 한국문학발전포럼 대표(현) 2011~2015년 한국문인협회 이사장 2011~2015년 한국문예학술저작권협회 이사 2011년 민주평통 자문위원(현) 2012~2015년 한국예술문화단체총연합회 부회장 2012년 대통령소속 사회통합위원회 서울지역위원 2015년 계간문예 발행인(현) 2015년 계간문예창작원 원장(현) (상)동포문학상(1985), 서라벌문학상(1999) (저)소설집 '오월에서 사월까지'(1985) '이명'(1988) '숨은 사랑'(1993) '의혹'(1999) 장편소설 '거인'(1986) '아들 나라'(1990) '신국(전3권)'(1995) '대상(전2권)'(1995) '올가미'(2009) 산문집 '사색의 강변에 마주 앉아'(2001) '숨은 사랑(共)'(2010) '사자의 춤'(2015) (종)개신교

정종미(鄭鍾美·女) JUNG Jong Mee

(생)1957·11·3 (출)대구 (주)서울특별시 성북구 안암로 145 고려대학교 디자인조형학부 조형미술학과(02-3290-2388) (학)1980년 서울대 회화과졸 1984년 同대학원 동양화과졸 1995년 미국 School of Parsons in New York & Dieu Donne Paper Mill & Printmaking Workshop in New York 수학 (경)1988~2000년 관동대·서울대·경희대·덕성여대 미술학부 강사 1991~2001년 개인전 6회 1983년 한국화 청년작가전(제주 동인미술관) 1988년 한국화 의식의 전환전(동덕미술관) 1989~1991년 한국화 오늘과 내일전(워커힐미술관) 1989년 관동대 교수미전(강릉 예총전시실) 1990년 제11회 국제선면전(일본 동경)·동방의 빛Ⅱ(러시아 키에프시립미술관) 1991년 한국화물성과시대정신전(미술회관)·한국-오스트리아교류전(빈 칼스트로블 화랑) 2008년 이중섭미술상 20년의 발자취-역대 수상작가 20인展 2008년 고려대 디자인조형학부 조형미술학과 교수(현) 2014년 同디자인조형학부장 (상)이중섭미술상(2001), 이인성미술상(2012) (저)'우리 그림의 색과 칠'(2001, 학고재) (작)개인전 6회(1991~2001) '제주 동인미술관 한국화 청년작가전'(1983) '동덕미술관 한국화 의식의 전환전'(1988) '워커힐미술관 한국화 오늘과 내일전'(1989~1991) '강릉 예총전시실 관동대 교수미전'(1989) '일본 도쿄 경제 11회 국제선면전'(1990) '러시아 키에프시립미술관 동방의 빛Ⅱ'(1990) '미술회관 한국화물성과시대정신전'(1991) '빈 칼스트로블 화랑 한국-오스트리아교류전'(1991) '이중섭미술상 20년의 발자취-역대 수상작가 20인展'(2008)

정종민(鄭宗珉)

(생)1971·3·8 (주)부산광역시 연제구 중앙대로 1001 부산광역시의회(051-888-8245) (학)부산대 법과대학 사법학과졸 (경)조경태 국회의원 정책보좌관, 열린우리당 건설기술발전특별위원회 정책실장, 同부산시당 공공기관유치특별위원회 정책실장, 노무현 사이버보좌관, 부산시장 보궐선거 오거돈후보 민원실장 1999~2004년 서울증권 자산관리매니저, 태종C&C 기획이사 2014~2018년 부산시 금정구의회 의원(새정치민주연합·더불어민주당) 2016~2018년 同기획총무위원회 위원장 2017년 더불어민주당 제19대 문재인 대통령후보 부산선거대책위원회 전략기획실장 2018년 부산시의회 의원(비례대표, 더불어민주당)(현) 2018년 同기획행정위원회 위원(현) 2018년 同시민중심도시개발행정사무조사특별위원회 위원(현)

정종복(鄭鍾福) JUNG Jong Bok

(생)1950·7·14 (출)경북 경주 (주)경상북도 경주시 중앙로 53 4층 정종복법률사무소(054-773-1313) (학)1969년 부산고졸 1974년 서울대 법과대학 행정학과졸 (경)1983년 사법시험 합격(25회) 1984년 사법연수원 수료(15기) 1985년 마산지검 검사 1988년 광주지검 순천지청 검사 1989년 서울지검 검사 1992년 수원지검 검사 1992년 국회 법사위원회 전문위원 1996년 변호사 개업 1996년 자민련 경주甲지구당 위원장 2004~2008년 제17대 국회의원(경주, 한나라당) 2005~2006년 한나라당 원내부대표 2005~2006년 同경북도당 수석부위원장 2009년 법무법인 두우앤이우 대표변호사 2012년 변호사 개업(현) 2016년 제20대 국회의원선거 출마(경북 경주시, 무소속) 2017년 바른정당 창당발기인 (종)불교

정종섭(鄭宗燮) CHONG Jong Sup

(생)1957 · 6 · 16 (출)경북 경주 (주)서울특별시 영등포구 의사당대로 1 국회 의원회관 1016호(02-784-6513) (학)1976년 경북고졸 1981년 서울대 법학과졸 1985년 경희대 대학원 법학과졸 1989년 법학박사(연세대) 1999년 미국 하버드대 연수 (경)1982년 사법시험 합격(24회) 1985년 사법연수원 수료(14기) 1989년 헌법재판소 헌법연구관 1992년 건국대 법대 교수 1996년 미국 하버드대 법대 방문교수 1999~2014년 서울대 법학전문대학원 교수 2008~2009년 방송통신심의위원회 위원 2008년 대구대 이사 2009년 문화재위원회 사적분과 · 매장문화재분과 위원 2010~2012년 서울대 법과대학장 겸 법학전문대학원장 2010~2012년 법학전문대학원협의회 이사장 2010년 한국고전번역원 이사 2011~2014년 현대엘리베이터(주) 사외이사 2012년 새누리당 공직자후보추천위원회 부위원장 2013년 국회 정치쇄신자문위원회 위원 2013~2014년 검찰개혁심의위원회 위원장 2013년 문화재청 미래를위한한국가유산자문위원회 위원장 2013~2014년 한국헌법학회 회장 2014년 삼성생명보험(주) 사외이사 2014년 안전행정부 장관 2014~2016년 행정자치부 장관 2016~2017년 새누리당 대구시동구甲당원협의회 운영위원장 2016년 제20대 국회의원(대구시 동구甲, 새누리당 · 자유한국당〈2017.2〉)(현) 2016~2018년 국회 국토교통위원회 위원 2016~2017년 국회 지방재정 · 분권특별위원회 위원 2016~2017년 새누리당 여의도연구원 부원장 2017년 국회 헌법개정특별위원회 위원 2017~2018년 자유한국당 대구시동구甲당원협의회 운영위원장 2017년 同여의도연구원 부원장 2017년 同제19대 홍준표 대통령후보 중앙선거대책위원회 국가대개혁위원회 행정개혁위원장 2017년 同인재영입위원장 2017년 국회 헌법개정특별위원회 간사 2018년 국회 헌법개정 및 정치개혁특별위원회 위원 2018년 국회 국방위원회 위원(현) 2018년 국회 예산결산특별위원회 위원(현) 2018년 국회 사법개혁특별위원회 위원(현) 2019년 자유한국당 중앙연수원장(현) 2019년 同사법개혁특별위원회 위원(현) 2019년 자유한국당 대구시당 위원장(현) (저)'헌법연구' '헌법재판연구'

정종순(丁鍾淳) Jung Jongsoon

(생)1955·1·9 (출)전남 장흥 (주)전라남도 장흥군 장흥읍 장흥로 21 장흥군청(061-860-0202) (학)장흥고졸, 농협대학 농업협동조합과졸, 광주대 회계학과졸, 조선대 경영대학원 수료, 전남대 행정대학원 수료, 고려대 경영전문대학원 수료 (경)농협중앙회 광주본부장(상무), 同상무, 同NH개발전무이사, 농촌사랑연수원 교수, 장흥중·고총동문회 회장, 장흥지역아동센터 후원회장, 안철수 '정책내일' 실행위원 2017년 국민의당 지방발전특별위원회 공동위원장 2018년 전남 장흥군수(무소속)(현) (저)'우리 함께 장흥의 희망을'(2014) '장흥의 희망을 디자인하다'(2018)

정종식(鄭宗植) CHUNG Chong Shik

(생)1932·3·21 (본)하동(河東) (출)경남 충무 (학)1951년 통영중졸(6년제) 1955년 서울대 문리대학 정치학과졸 1957년 同대학원 정치학과 수료(2년) (경)1955~1963년 경향신문 기자·정치부장 1961년 신문윤리위원회 위원 1963년 한국일보 외신부장 1963년 관훈클럽 총무 1964년 경향신문 문화부장 1965년 중앙일보 정치부장 1966년 서울신문 편집부장 1967년 한국일보 부국장 겸 외신부장 1968~1975년 同프랑스특파원 1975년 同논설위원 1975~1978년 일간스포츠 편집인 겸 편집국장 1978년 통일원 정책기획실장 1980년 남북총리회담 실무회담 대표 1981~1983년 한국일보 논설위원 1982년 평통 자문위원 1983~1986년 연합통신 사장·IPI 한국위원장 1983년 유네스코 한국위원회 홍보분과위원회 위원장 1986년 한진그룹 상임고문 1986년 대한준설공사 사장 1989년 한국공항 사장 1991년 경향신문 고문 1991~1997년 同구주본부장 (상)한국독립신문상, 국민훈장 목련장 (저)'North Korean Communism' 'Major Powers and Peace in Korea'(共) '파리 특파원의 소묘첩'(2010) (종)천주교

정종식(鄭鍾植)

(생)1965 · 3 (출)경북 예천 (주)서울특별시 송파구 강동대로 62 잠실세무서(02-2055-9242) (학)영남고졸 1985년 세무대학졸(3기), 한국방송통신대 경영학과졸 (경)1985년 세무공무원 임용(8급 특채), 서울 동대문세무서 및 삼성세무서 근무, 국세청 부가세과 근무, 서울지방국세청 조사국 근무, 국세청 조사국 근무, 同종합부동산세과 근무 2007년 사무관 승진, 경기 의정부세무서 총무과장, 서울지방국세청 세원관리국 소비계장, 국세청 법무과 법무5계장, 同법무과 법무6계장 2012년 同법무과 법무1계장(서기관) 2014년 同법무과 법무4계장 2014년 경북 영덕세무서장 2015년 중부지방국세청 조사4국 조사1과장 2015년 서울 서대문세무서장 2016년 국세청 법령해석과장 2019년 서울 잠실세무서장(현)

정종영(鄭鍾榮) Jung jong yong

(생)1970 · 12 · 1 (주)세종특별자치시 한누리대로 402 산업통상자원부 에너지자원실 에너지혁신정책과(044-203-5120) (학)1989년 상산고졸 1996년 서울대 국제경제학과졸 2009년 미국 머서대 Law School졸(J.D.) (경)1995년 행정고시 합격(39회) 1998~2004년 산업자원부 행정관리담당관실 · 반도체전기과 · 산업정책과 사무관 2004~2006년 同산업기술인력과 · 자원정책과 · 전기위원회 총괄정책과 서기관 2009~2013년 지식경제부 기업환경개선팀장 · 우정사업본부 예금자금운용팀장 · 예금자금과장 · 미주협력과장 2013~2016년 駐독일대사관 상무관 2016년 산업통상자원부 산업기반실 유통물류과장 2017년 同에너지자원실 원전산업정책과장 2019년 同에너지자원실 원전산업정책과장(부이사관) 2019년 同에너지자원실 에너지혁신정책과장(현)

정종욱(鄭鍾旭) JEONG JONG WOOK

(생)1970 · 6 · 18 (출)대구 (주)서울특별시 서초구 서초대로74길 11 삼성생명보험(주) 법무팀(02-772-6077) (학)1989년 대구 성광고졸 1993년 서울대 사법학과졸 1996년 同법과대학원졸 2005년 미국 서던캘리포니아대(USC) 로스쿨졸(LL.M.) (경)1994년 외무고시 합격(28회) 1995년 사법시험 합격(37회) 1998년 사법연수원 수료(27기) 1998년 軍법무관 2001년 서울지검 검사 2003년 수원지검 평택지청 검사 2004년 미국 연수 2006년 법무부 국제형사과 검사 2007년 수원지검 검사 2007년 법무법인 율촌 변호사, 삼성전자(주) 법무실 상무 2015년 同법무실 전무대우 2016년 삼성생명보험(주) 법무팀장 겸 준법감시인(전무)(현)

정종일(鄭宗逸) CHUNG Jong Il

(생)1965 · 3 · 27 (본)진양(晋陽) (출)경남 진주 (주)경상남도 진주시 진주대로 501 경상대학교 농업생명과학대학 농학과(055-772-1872) (학)1984년 대아고졸 1988년 경상대 농학과졸 1990년 同대학원 농학과졸 1996년 농학박사(미국 네브라스카대) (경)1996~1997년 미국 네브라스카주립대 농학과 Post-Doc. 1998년 경상대 농업생명과학대학 농학과 전임강사 · 조교수 · 부교수 · 교수(현) 2001년 한국육종학회지 편집위원 2004년 경상대 식물자원환경학부장 겸 농장장 2005~2006년 한국소비자연맹 GMO연구위원회 자문위원 2007년 한국육종학회 부회장 2010년 경상대 종합인력개발센터 취업지원부장 2010년 同생명과학원 부원장 2011년 同입학관리본부 부본부장 2015년 同생명과학연구원장 2016~2018년 同산학협력단장 2018년 同연구부총장 · 산학협력단장 · 사회맞춤형산학협력선도대학육성사업단장 겸임(현) (상)경상대총장표창(1988), 한국육종학회 연구상(2009) (저)'육종학(共)'(2005) (종)기독교

정종제(鄭宗題) Jeong, Jongje

(생)1963·5·20 (본)경주(慶州) (출)전남 완도 (주)광주광역시 서구 내방로 111 광주광역시청 행정부시장실(062-613-2010) (학)광주 인성고졸, 서울대 정치학과졸 (경)1988년 행정고시 합격(32회) 2002년 광주시 자치행정국 자치행정과장 2002~2004년 同문화관광국장 2004년 행정자치부 서기관 2005년 同지역경제팀장 2006년 同장관비서관(서기관) 2006년 부이사관 승진 2007년 행정자치부 자치행정팀장 2007년 국무조정실 제주특별자치도위원회 사무처 분권재정관 2008년 국무총리 제주특별자치도위원회 사무처 분권재정관 2010년 駐OECD대표부 공사참사관 2012년 행정안전부 행정선진화기획관 2013년 안전행정부 안전관리본부 안전정책국장 2014년 국민안전처 기획조정실장 2015년 同기획조정실장(고위공무원) 2015년 同안전정책실장 2017년 행정안전부 재난안전관리본부 안전정책실장 2017년 同재난안전관리본부 재난관리실장 2018년 광주시 행정부시장(현) (상)홍조근정훈장(2014) (저)'세느 강에 띄운 e편지'(2009, 비앤엠북스) '국장님의 서랍'(2011, 중앙북스) '파리에서 온 이메일'(2019, 비앤엠북스) (종)기독교

정종진(鄭鍾眞) JUNG Jong Jin

(생)1953·2·27 (출)경남 함양 (주)서울특별시 강서구 강서로45나길 47 선재빌딩 402호 도서출판 성림&지식더미(02-534-3074) (학)서울교대졸, 건국대 경영학과졸 (경)신월초교·영등포교 교사, (사)한국복사전송권관리센터 이사, 국립중앙도서관 한국문헌번호운영심의회 위원, 아시아·태평양출판협회(APPA) 사무총장, 도서관정보화원문DB구축위원회 위원 1993~2004년 대한출판문화협회 사무국장 2004~2017년 同감사 2005년 도서출판 성림&지식더미 대표(현) 2010년 세종출판물류단지사업협동조합 이사장(현) 2012년 한국출판협동조합 이사 (상)문화체육부장관표창, 국무총리표창

정종철(鄭鍾澈) Jeong, Jong Cheol

(생)1966 (출)경북 성주 (주)세종특별자치시 갈매로 408 교육부 교육안전정보국(044-203-6310) (학)성균관대 행정학과졸, 서울대 행정대학원졸 2001년 교육학박사(미국 조지아대) (경)1991년 행정고시 합격(34회) 1992~1996년 강원대 농대 서무과장·교무과장 직대 2001~2004년 교육인적자원부 학술학사지원과·혁신기획관실 서기관 2004년 한국방송통신대 교무과장 2005~2006년 고려대 교육대학원 겸임교수 2005년 교육인적자원부 지식정보정책과장 2006년 駐뉴욕총영사관 교육문화관 2009년 미국 뉴욕대 초빙연구원 2010년 교육과학기술부 교직발전기획과장 2011년 同대입제도과장 2012년 同인재정책실 미래인재정책관 2013년 교육부 기획조정실 정책기획관 2014~2017년 駐미국대사관 공사참사관 2017년 경상대 사무국장 2017년 교육부 학생복지정책관(일반직고위공무원) 2018년 同학생지원국장 2018년 대구광역시 교육청 부교육감 2019년 교육부 교육안전정보국장(현) (상)대통령표창(2012), 홍조근정훈장(2017)

정종태(丁鍾泰) CHUNG Jong Tae

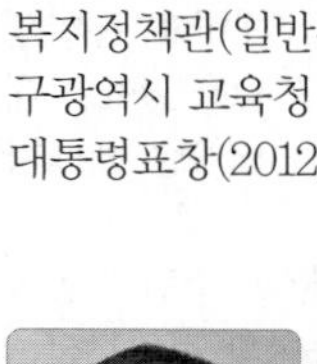

(생)1961·5·3 (출)전남 무안 (주)광주광역시 서구 상무누리로 30 김대중컨벤션센터 사장실(062-611-2004) (학)1984년 전남대 무역학과졸 1988년 연세대 대학원 경영학과졸 1994년 미국 컬럼비아대 경영대학원 수료 (경)2005년 대한무역투자진흥공사(KOTRA) 시장총괄팀장 2007년 同시카고무역관장 2010년 同운영지원처장 2011년 同유럽지역본부장 겸 프랑크푸르트무역관장 2015년 同KOTRA글로벌연수원장 2015년 同KOTRA아카데미원장 2017년 同KOTRA아카데미 일자리사업담당 연구위원 2018년 김대중컨벤션센터 사장(현)

정종태(鄭鍾泰) CHEONG Jongtae

(생)1963·3·17 (주)제주특별자치도 제주시 제주대학로 102 제주대학교 수의과대학 수의학과(064-754-3370) (학)1985년 서울대 수의학과졸 1987년 同대학원 임상수의학과졸 1992년 수의학박사(서울대) (경)1986~1987년 가축위생연구소 연구보조원 1987~1990년 성동가축병원장 1990~1992년 서울대 수의과대학부속 동물병원 조교 1992~1993년 제주대 농대 수의학과 시간강사 1992~1993년 서울대 수의과대학 수의학과 연수연구원 1993년 제주대 농대 수의학과 전임강사·조교수·부교수 2004년 同생명자원과학대학 수의학과 교수 2004~2005년 미국 코넬대 수의과대학 교환교수 2008년 제주대 수의과대학 수의학과 교수(현) 2010년 제주대 수의과학연구소장 2018년 同수의과대학장(현) (저)'개와 고양이의 방사선 진단학' '기초수의외과수술' '국문저역서명 수의학대사전' (역)'원색 도보 소동물 외과 수술'(共) '임상을 기초로한 고양이 질병'(共)

정종택(鄭宗澤) CHUNG Chong Teck

(생)1935·2·20 (본)영일(迎日) (출)충북 청원 (주)충청북도 청주시 흥덕구 강내면 월곡길 38 충청대학교(043-230-2114) (학)1953년 청주고졸 1958년 서울대 행정과졸 1983년 同경영대학원 최고경영자과정 수료 1993년 청주대 행정대학원 고위관리자과정 수료 1994년 충북대 경영대학원 최고경영자과정 수료 1997년 명예 행정학박사(청주대) 1998년 명예 이학박사(인제대) 1998년 명예 철학박사(일본 소카대) (경)1956년 광혜원중·고 교사 1969년 내무부 재정과장 1971년 대통령 정무비서관 1974년 내무부 기획관리실장 1976년 충북도지사 1980년 노동청장 1980년 농수산부 장관 1981년 제11대 국회의원(청주·청원, 민주정의당) 1981년 정무제1장관 1982년 한·가봉의원친선협회 명예회장 1983년 민주정의당(민정당) 충북지부 위원장 1985년 제12대 국회의원(청주·청원, 민정당) 1985~2000년 낙산장학회 이사장 1988년 한국4H연맹 총재 1988년 제13대 국회의원(청주甲, 민정당·민자당) 1988년 국회 예산결산특별위원회 위원장 1988년 정무제1장관 1990년 민자당 충북도지부 위원장 1991년 한·이란의원친선협회 회장 1993~2000년 한국정치발전연구회 이사장 1995년 민자당 교육연수원장 1995~1996년 환경부 장관 1997년 충청전문대학 학장 1997년 충청대학 학장·총장 1998~2000년 한국전문대학교육협의회 회장 1999년 대한민국헌정회 부회장·고문 2000년 새천년민주당 청원지구당 위원장 2000년 同당무위원 2000~2001년 대한민국헌정회 회장직대 2003년 한국지방대학총학장협의회 공동대표 2004년 대한적십자사 중앙위원 2004~2006년 한국전문대학교육협의회 회장 2006년 목우회 회장 2009년 충청향우회중앙회 총재·명예총재 2011년 충청대 명예총장(현) (상)대통령표창(1963), 국무총리표창(1971), 체육포장(1979), 청조근정훈장(1981), 콜롬비아 농업대십자훈장, 자랑스러운 충청인 특별대상 행정부문(2016), 심우문화상(2017) (저)'새마을운동과 지도이념'

정종화(鄭鍾和)

(생)1966·4·10 (출)전북 진안 (주)서울특별시 도봉구 마들로 747 서울북부지방검찰청 형사2부(02-3399-4305) (학)1985년 전주 완산고졸 1992년 한국외국어대 법학과졸 (경)1998년 사법시험 합격(40회) 2001년 사법연수원 수료(30기) 2001년 서울지검 검사 2003년 전주지검 군산지청 검사 2005년 광주지검 검사 2007년 의정부지검 고양지청 검사 2009년 법무부 보호법제과 검사 2011년 서울동부지검 검사 2015년 전주지검 부부장검사 2016년 부산지검 강력부장 2017년 법무부 범죄예방기획과장 2018년 대전지검 형사2부장 2018년 인천지검 형사4부장 2019년 서울북부지검 형사2부장(현)

정종환(鄭鍾煥) CHUNG Jong Hwan

(생)1948·7·30 (본)진주(晉州) (출)충남 청양 (주)서울특별시 영등포구 의사당대로1길 34 인영빌딩 아시아투데이 부회장실(02-769-5030) (학)1965년 청양농고졸 1969년 고려대 정치외교학과졸 1979년 미국 워싱턴대 대학원 경제학과졸 2000년 명예 경영학박사(순천향대) 2011년 명예 행정학박사(서울과학기술대) (경)1971년 행정고시 합격(10회) 1972년 농수산부 행정사무관 1974년 교통부 행정사무관 1980년 同안전·감사과장 1980년 同항정·도시교통과장 1983년 同조정과장·국제항공과장 1989년 同도시교통과장·총무과장 1989년 同공보관 1991년 同도시교통국장 1992년 同항공국장 1993년 同관광국장 1995년 건설교통부 국토계획국장 1996년 同기획관리실장 1997년 同수송정책실장 1998~2001년 철도청장 2001년 충남발전연구원 원장 2001년 한남대 지역개발대학원 교수 2001년 철도대학 초빙교수 2001년 MBC '성공시대' 출연 2002년 제주국제자유도시개발센터 이사장 2003년 한국고속철도건설공단 이사장 2004~2006년 한국철도시설공단 초대이사장 2007년 우송대 철도건설환경공학과 석좌교수 2008~2011년 국토해양부 장관 2012년 아시아투데이 상임고문 2013년 同부회장(현) (상)홍조근정훈장(1992), 한국능률협회 고객만족경영 대상·최고경영자상(1998·1999), 행정자치부 행정서비스헌장 대상(2001) (종)기독교

정종훈(鄭琮勳)

(생)1969·6·23 (주)세종특별자치시 한누리대로 411 행정안전부 지방재정경제실 교부세과(044-205-3751) (학)1988년 여수고졸 1998년 서강대 사회학과졸 (경)2014년 행정자치부 지방행정연수원 기획부 기획협력과장 2016년 同지방재정세제실 주소정책과장 2017년 同대변인실 홍보담당관 2017년 행정안전부 홍보담당관 2018년 同지방재정경제실 교부세과장(현)

정주년(鄭炷年) CHUNG Choo Nyun

(생)1937·5·20 (출)서울 (주)서울특별시 서초구 매헌로 46 UNEP 한국위원회(02-720-1011) (학)1956년 경기고졸 1960년 서울대 경제학과졸 1965년 同정치외교학과졸 (경)1965년 국회의장 공보비서관 1966년 대통령비서실 행정관 1967~1971년 외무부 대변인·駐영국대사관 1등서기관 1971년 남북회담 대표·대변인 1980년 駐제네바대표부 공사 1983년 외교안보연구원 연구위원 1988년 외무부 본부대사 1989~1992년 駐타이 대사 1992년 민자당 총재 의전보좌역 1993년 한국국제협력단 부총재 1994~1996년 同총재 1996~1998년 YTN 사장 1998년 국제연합환경계획(UNEP) 한국위원회 부총재(현) 1999년 관동대 초빙교수 2001년 한국관광협회중앙회 고문·부회장 (상)수단정부 최고나일훈장

정주성(丁珠聲) Ju-Seong, Cheong

(생)1964·2 (주)서울특별시 송파구 올림픽로35길 123 삼성물산(주)(02-2145-2114) (학)대동고졸, 성균관대 경영학과졸 (경)1988년 삼성물산(주) 입사 2008년 同재무담당 상무 2009년 同 경영기획실 재무팀장(상무) 2012년 同상사부문 경영관리팀장(상무) 2013년 同상사부문 경영지원팀장(전무) 2018년 同상사부문 경영지원팀장(부사장) 2018년 同경영기획실장(부사장)(현)

정주환(鄭周桓) Joohwan Jung

(생)1978·6·27 (주)경기도 성남시 분당구 판교역로 231 에이치스퀘어 에스동 6층 (주)카카오모빌리티 대표이사실(1644-4158) (학)2001년 서울대 기계항공공학과졸 2004년 同대학원 기술경영학과졸 (경)2004년 SK커뮤니케이션즈 근무 2008년 네오위즈 마케팅팀장 겸 게임사업팀장 2010년 넥스알 사업총괄이사(CSO) 2011년 써니로프트 설립·사장 2013년 다음카카오 신규사업팀장 2013년 同온디맨드팀 총괄 2015년 (주)카카오 O2O사업부문 총괄 부사장 2017~2019년 (주)카카오모빌리티 대표이사 2019년 同공동대표이사(현)

정 준(鄭 峻) CHUNG Joon

(생)1963 (출)서울 (주)경기도 성남시 분당구 판교역로 220 (주)쏠리드 비서실(031-627-6001) (학)서울 양정고졸 1986년 서울대 전자공학과졸 1988년 미국 Stanford대 대학원 전자공학과졸 1993년 전자공학박사(미국 Stanford대) (경)1986년 미국 스탠퍼드대 연구원 1993년 일본 Hitachi 중앙연구소 객원연구원 1994~1998년 한국통신 연구개발본부 선임연구원 1998~2012년 (주)쏠리테크 창업·대표이사 사장 2005년 다보스포럼 한국대표 2007년 (사)벤처기업협회 부회장 2007~2008년 (사)벤처리더스클럽 공동대표 2007~2010년 코스닥협회 이사 2010~2013년 한국거래소 코스닥시장상장위원회 위원 2010~2018년 한국스카우트연맹 중앙이사 2011~2013년 국가경쟁력강화위원회 위원 2012년 (주)쏠리드 대표이사CEO(현) 2014~2017년 국가과학기술자문회의 자문위원 2014~2015년 국가과학기술연구회 비상임이사 2015~2018년 국가과학기술심의회 기계·소재전문위원회 위원 2015~2017년 (사)벤처기업협회 회장 2015~2017년 금융위원회 금융개혁회의 위원 2015년 미래창조과학부 경기창조경제혁신센터 창업대사 2015~2016년 법무부 정책위원회 위원 2016~2017년 한국무역협회 비상임이사 (상)산업자원부장관표창(2001), 중소기업청 선정 '이달의 중소기업인상'(2001), 세계경제포럼 선정 기술개척자상(2003)

정준근(鄭準根) JUNG Jun Kuen

(생)1951·3·20 (출)경남 (주)경기도 수원시 장안구 서부로 2174 (사)한국철도차량엔지니어링 이사장실(031-269-5452) (학)1970년 마산공고졸 1984년 건국대 기계공학과졸 (경)1998년 철도청 차량국 객화차과 서기관 2000년 同서울철도차량정비창 서기관, 同대구차량사무소 서기관 2006년 한국철도공사 대전철도차량관리단장 2007년 同기술본부 차량기술단장 2008년 同인재개발원 인재육성기획단장 2013년 (사)한국철도차량엔지니어링 이사장(현)

정준기(鄭俊基) June-Key Chung

(생)1953·3·9 (주)서울특별시 종로구 대학로 103 서울대학교 의과대학 핵의학교실(02-740-8030) (학)1973년 서울대 문리과대 의예과 1977년 同의대졸 1980년 同대학원 의학석사 1987년 의학박사(서울대) (경)1978년 서울대병원 내과 전공의 1982년 국군 서울지구병원 핵의학과장 1985~2018년 서울대 의대 핵의학교실 교수 1988년 미국 국립보건원(NIH) 초청연구원 1996년 서울대병원 핵의학과장 1996년 서울대 암연구소 연구부장 2002~2006년 세계핵의학회 사무총장 2004년 대한의학한림원 정회원(현) 2004~2006년 서울대병원 핵의학과장 2005년 Annals of Nuclear Medicine 편집위원(현) 2007년 세계분자영상학회(WMIC) 집행위원(현) 2011~2014년 同의학역사문화원장 2011년 한국원자력의학원 비상임이사 2013년 대한갑상선학회 회장 2017년 영상의학·핵의학 학술잡지 'Journal of Nuclear Medicine(JNM)' 국제편집부위원장(현) 2018년 서울대 의대 핵의학교실 명예교수(현) (상)바이엘쉐어링 임상의학상(2009) (저)'핵의학(共)'(1992, 고려의학) '핵의학 입문(共)'(1993, 고려의학) '핵의학(共)'(1997, 고려의학) 'SPECT/CT, PET/CT Anatomy(編)'(2007, Springer) '고창순 핵의학(編)'(2008, 고려의학) '젊은 히포크라테스를 위하여'(2011, 서울대 출판문화원)

정준명(鄭埈明) CHUNG June Myong

(생)1945·6·1 (출)인천 (주)서울특별시 종로구 사직로8길 39 세양빌딩 김앤장법률사무소 상임고문실(02-3703-1152) (학)1964년 서울고졸 1967년 고려대 의과대학 수료 1973년 경희대 전자공학과졸 1980년 일본 조치대 연수 1994년 연세대 경영대학원 최고경영자과정 수료 2004년 서울대 경영대학 최고경영자과정(AMP) 수료 2005년 중앙대 대학원 중국경제전문가과정 수료 2005년 한양대 국제관광대학원 최고엔터테인먼트과정(EEP) 수료 2006년 중국 칭화대 연수 (경)1973년 삼성전자 입사 1977년 삼성물산 도쿄지점 과장 1981년 삼성그룹 이병철회장 비서팀장 1983년 삼성전기 경영기획실장·신규사업부장 1987년 同이사 1990년 同동경법인장(삼성전자재팬 사장), 일본 가전제품협회 정회원 1992년 삼성그룹 이건희회장 비서팀장 1993년 삼성전관 경영기획실장 1994년 삼성경제연구소 일본연구담당 상무, 대한한의사협회 정책기획위원 1995년 삼성자동차 전무이사·일본본사 자동차부문장 1997년 同대표이사 부사장 1997년 삼성 일본본사 대표이사 부사장 2001년 일본삼성(주) 대표이사, 駐日한국기업연합회 고문 2004년 일본 총리부 대일투자회의 외국인특별위원(총리임명), 일본 와세다대 아시아연구기구 현대한국연구소 객원연구원 2004년 삼성인력개발원 상담역(사장) 2007년 同비상근 상담역 2007~2011년 리인터내셔날법률사무소 상임고문 2008년 서울고총동창회 부회장 2010~2011년 하이트맥주 사외이사 2011년 김앤장법률사무소 상임고문(현) (상)경희경영자대상(2005) (종)기독교

정준석(鄭俊石) JUNG Joon Suk

(생)1951·12·15 (본)경주(慶州) (출)충남 천안 (주)서울특별시 영등포구 여의공원로 111 여의도태영빌딩 EY한영회계법인(02-3787-6600) (학)1970년 용산고졸 1977년 연세대 경영학과졸 1982년 서울대 행정대학원 행정학과졸 1991년 미국 워싱턴주립대(U.W) 대학원 경제학과졸 1997년 경제학박사(한양대) (경)1976년 행정고시 합격(19회) 1978년 특허청 지도과 행정사무관 1980년 체신부 장관비서실 행정사무관 1980~1987년 상공부 기업지도관실·산업정책관실·수송기계과·제철과·기획예산담당관실 행정사무관 1987년 한국개발연구원 파견 1991년 상공부 구주통상과장 1993년 상공자원부 전원입지과장 1994년 同자원협력과장 1996년 통상산업부 공보담당 1997년 同감사담당관 1998년 산업자원부 생활산업국 반도체전기과장 1998년 同총무과장 1998년 특허청 국제특허연수원 교수부장 1999년 駐미국 상무관 2002년 산업자원부 국제협력투자심의관 2003년 국방대학원 파견 2003년 산업자원부 원전수거물관리시설설치지원단장 2004년 同생활산업국장 2004년 중소기업청 차장 2005년 산업자원부 무역위원회 상임위원 2006년 同무역투자실장 2006년 同무역투자정책본부장 2006년 한국산업기술재단 이사장 2008~2009년 한국부품소재산업진흥원 원장 2009년 미국 워싱턴주립대(U.W) 한국총동창회장 2009년 EY한영회계법인 부회장(현) 2009년 한국공인회계사회 장기발전특별위원회 부위원장 2010~2013년 정보통신정책연구원 감사 2012년 한국공인회계사회 선출부회장 2014~2016년 NICE평가정보(주) 사외이사 겸 감사위원 2014~2017년 인천항만공사 항만위원장 (상)근정포장(1987), 올해의 자랑스런 U.W인(2008) (저)'우리나라 생산기술실태와 지원정책'(1989) '우리나라 물류지원정책'(1996) (종)기독교

정준섭(鄭準燮) Jung, Joon Sup

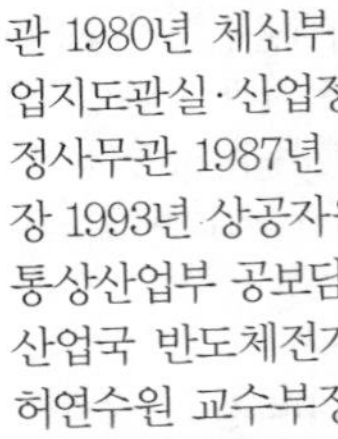

(생)1974 (본)서산(瑞山) (출)경북 김천 (주)세종특별자치시 도움4로 13 보건복지부 공공의료과(044-202-2530) (학)1993년 김천고졸 2001년 서울대 사회복지학과졸 2003년 同행정대학원 행정학과 수료 2013년 미국 샌디에이고주립대 대학원졸(Master of Public Health) (경)2001년 행정고시 합격(45회) 2002~2008년 보건복지부 재활지원과·정책홍보팀·보건의료정책과 근무 2008년 대통령 사회정책수석비서관실 행정관 2010년 보건복지부 현장소통팀장 2011~2013년 미국 San Diego State Univ. 교육파견 2013년 보건복지부 연금급여팀장 2014년 同사회서비스자원과장 2015년 同규제개혁법무담당관 2016년 대통령 민정수석비서관실 행정관(서기관) 2017년 보건복지부 기초의료보장과장 2018년 同공공의료과장(현)

정준수(鄭俊秀) JEONG JUN SU

(생)1962·11·2 (주)서울특별시 구로구 가마산로 291 KT텔레캅(주) 비서실(02-818-8022) (학)연세대 경영학과, 同대학원 경영학과졸 (경)1992년 한국통신 입사(선임연구원), (주)KT 인사기획부장 2005년 同지원부문 인재경영실 상무대우 2006년 同홍보실 상무대우(언론홍보담당) 2009년 同인재경영실 상무대우(인사담당) 2010년 同인재경영실 상무(인사담당) 2011년 同경기남부마케팅단장(상무) 2012년 同제주고객본부장(상무) 2014년 同충북고객본부장(상무) 2016년 同윤리경영센터장(상무) 2017년 同인재경영실 전무 2017년 KT에스테이트 ICT융합추진실장 겸 경영기획총괄 2018년 同미래사업실장 겸 개발사업본부장 2019년 KT텔레캅(주) 대표이사 사장(현)

정준영(鄭晙永) Chung June Young

(생)1967·2·15 (출)서울 (주)서울특별시 서초구 서초중앙로 157 서울고등법원(02-530-1114) (학)1985년 청량고졸 1989년 서울대 법과대학 사법학과졸 1999년 同대학원 법학과졸 (경)1988년 사법시험 합격(30회) 1991년 사법연수원 수료(20기) 1991년 軍법무관 1994년 서울지법 북부지원 판사 1996년 서울지법 판사 1998년 전주지법 군산지원 판사 2000년 인천지법 부천지원 판사 2002년 서울지법 판사 2002~2003년 미국 UC버클리법대 Visiting Scholar 2003년 서울고법 판사 2004년 국회 파견 2005년 법원행정처 송무심의관 2006년 광주지법 장흥지원장 2007년 대법원 재판연구관 2009년 인천지법 부장판사 2010년 언론중재위원회 서울제4중재부장 2010년 서울중앙지법 조정담당 부장판사 2011년 同파산부 부장판사 2013년 인천지법 부천지원장 2014년 특허법원 부장판사 2016년 서울고법 부장판사 2017년 서울중앙지법 파산수석부장판사 2017~2019년 서울회생법원 수석부장판사 직대 2017~2019년 대법원 회생파산위원회 위원 2019년 서울고법 부장판사(현) (종)가톨릭

정준영(丁俊榮) Joon-Young Chung

(생)1967·12·18 (본)나주(羅州) (출)대구 (주)서울특별시 종로구 율곡로2길 25 연합뉴스 경제부(02-398-3114) (학)1986년 경성고졸 1993년 성균관대 정치외교학과졸 (경)1994년 연합뉴스 사회부 기자 2000년 同산업부 기자 2003년 同북한부 기자 2005년 同정치부 통일외교팀 기자 2007년 미국 스탠퍼드대 아시아태평양연구소 (APARC) Visiting Scholar(연수) 2008년 연합뉴스 경제부 기자 2013년 同논설위원 2014년 同증권부 기자 2015년 同경제부 기자 2016년 同국제경제부장 2018년 同경제부장(현)

정준용(鄭準鎔) CHUNG, Junyong (型草)

(생)1959·12·9 (본)진양(晋陽) (출)경남 하동 (주)전라북도 전주시 덕진구 농생명로 300 농촌진흥청 농촌지원국 재해대응과(063-238-1040) (학)1979년 진주 대아고졸 1986년 경상대 낙농학과졸 2004년 건국대 농축대학원 축산자원생산학과졸 (경)2010년 국립원예특작과학원 기술지원과장 2011년 농촌진흥청 농촌지원국 지도개발과장 2012년 同고객지원센터장 2013년 국방대 안보과정 교육파견 2014년 농촌진흥청 대변인 2016년 同농촌지원국 지도정책과장 2016년 同농촌지원국 재해대응과장(현) (상)대통령표창(2009)

정준철(鄭俊喆)

생⃝1962 주⃝경기도 성남시 분당구 분당로 55 현대건설기계(주) 임원실(031-8006-6286) 학⃝영남대 기계공학과졸 경⃝현대건설기계(주) 벨기에법인장, 同영업본부장, 同중국사업총괄본부장(전무) 2019년 同중국사업총괄본부장(부사장)(현)

정준현(鄭準鉉) JEONG Jun Hyeon

생⃝1958·12·29 본⃝동래(東萊) 출⃝대구 주⃝경기도 용인시 수지구 죽전로 152 단국대학교 법과대학 법학과(031-8005-3293) 학⃝1982년 성균관대졸 1984년 同대학원졸 1991년 법학박사(고려대) 경⃝1986~1996년 법제처 법제연구담당관 1997~2007년 선문대 사회과학대학 법학부 교수 2005~2007년 정보통신윤리위원회 전문위원 2005~2009년 법제처 법령해석심의위원회 위원 2006~2007년 선문대 학생지원처장 2006년 한국환경법학회 편집이사 2007년 한국토지공법학회 법제이사 2007년 한국지방자치법학회 부회장(현) 2007년 단국대 법대 법학과 교수(현) 2008~2010년 同법과대학장 2010~2017년 대통령직속 행정심판위원회 및 중앙행정심판위원회 비상임위원 2012년 한국사이버안보법정책학회 회장 2016~2018년 경기도 행정심판위원회 위원 2017년 경기도의회 지방분권위원회 위원 상⃝정보통신부장관표창(2001), 국무총리표창(2002), 홍조근정훈장(2018)

정준호(鄭俊浩) CHUNG Joon Ho

생⃝1963·7·12 본⃝연일(延日) 출⃝충남 공주 주⃝서울특별시 강남구 삼성로 511 골든타워 (주)코람코자산신탁(02-787-0015) 학⃝1982년 충남고졸 1986년 서울대 경제학과졸 1989년 同행정대학원졸 1998년 경제학박사(미국 미주리대) 경⃝1987년 행정고시 재경직 합격(31회) 1998~1994년 재무부 외자정책과·장관비서실·은행과 근무 1998~2000년 금융위원회 근무 2000~2002년 KTB네트워크 기획관리부 이사 2002~2003년 우리금융지주 조사분석실장 2003~2008년 (주)코람코자산신탁 부사장 2009~2013년 同대표이사 사장 2014년 삼성그룹 금융일류화추진팀 전무 2015~2019년 삼성카드(주) 리스크관리실장(부사장) 2015~2016년 새누리당 핀테크특별위원회 위원 2019년 코람코자산신탁 대표이사 사장(현)

정준호(鄭峻鎬)

생⃝1965·1 주⃝서울특별시 강남구 영동대로 320 국민제2빌딩 롯데지에프알(02-6250-7500) 학⃝충주고졸, 성균관대 산업심리학과졸 경⃝1987년 신세계백화점 입사(삼성그룹 공채 28기) 1993년 同패션사업부 G/A·A/C브랜드 매니저 1996년 (주)신세계인터내셔날 G/A·A/C브랜드 매니저 1997년 신세계백화점 이탈리아지사장 1999년 (주)신세계인터내셔날 이탈리아지사장 2005년 同해외브랜드2팀장 2005년 同해외2사업부장(상무보) 2007년 同해외2사업부장(상무) 2009년 同해외사업부장(상무) 2010~2014년 同해외패션본부장(부사장보) 2013~2014년 同해외2사업부장(부사장보) 겸임 2014년 신세계조선호텔 면세사업부장(부사장보) 2015년 同면세사업부장(부사장) 2015~2017년 신세계 이마트 Boots 사업담당 부사장 2019년 롯데GFR(주) 대표이사 부사장(현)

정준호(鄭俊鎬) Jeong Junho

생⃝1980·5·3 본⃝동래(東萊) 출⃝서울 주⃝광주광역시 동구 동명로 109 2층 법무법인 평우(062-234-4100) 학⃝1999년 광주 동신고졸 2005년 서울대 법학과졸 경⃝2007년 사법시험 합격(49회) 2010년 사법연수원 수료(39기) 2012~2013년 대검찰청 법무관 2013~2014년 법무법인 양현 변호사 2014년 법무법인(유) 한별 변호사 2015년 중소기업청 대중소기업협력재단 수위탁분쟁조정협의회 제조분과위원 2016~2017년 법무법인 민 변호사 2016~2017년 더불어민주당 광주북구甲지역위원회 위원장 2016년 제20대 국회의원선거 출마(광주 북구甲, 더불어민주당) 2017년 법무법인 평우 대표변호사(현) 상⃝법무부장관표창

정준화(鄭俊和) Jeong Jun-Hwa

생⃝1966·9·10 출⃝경남 하동 주⃝경기도 고양시 일산서구 고양대로 283 한국건설기술연구원(031-910-0171) 학⃝1985년 진주고졸 1989년 서울대 공과대학 토목공학과졸 1991년 同대학원 토목공학과졸 2001년 공학박사(서울대) 2012년 서울대 융합기술원 월드클래스융합최고전략과정(WCCP) 경⃝1990년 한국건설기술연구원 도로연구실 연구원 2002~2005년 同정책평가팀장·기획팀장 2006~2007년 한국건설교통기술평가원 기획전문위원 파견 2009년 한국건설기술연구원 연구전략실장 2011년 同도로연구실장 2011년 과학기술연합대학원대(UST) 교통물류및ITS공학과 교수(현) 2013년 한국건설기술연구원 도로교통연구실장 2013~2014년 미래창조과학부 성과지표 점검위원 2014년 서울시 도로전문가포럼 위원(현) 2014~2017년 국토교통부 재정사업평가위원회 위원 2014~2017년 同성과평가위원회 위원 2015년 한국건설기술연구원 도로연구소장 2016년 同선임연구소장 2017~2018년 同원장 직대 2017년 한국도로학회 이사(현) 2018년 한국건설기술연구원 연구부원장 2019년 同선임연구위원(현) 상⃝한국건설기술연구원장표창(1992·1993), 건설교통부장관표창(1996·2006), 공공기술연구회이사장표창(2006), 대한토목학회장표창(2009), 국가경쟁력강화위원회 위원장표창(2010), 과학기술훈장 도약장(2014) 종⃝기독교

정준희(鄭俊熙) Jeong Joon-Hee

생⃝1963·1·16 본⃝동래(東萊) 출⃝충북 청주 주⃝서울특별시 영등포구 의사당대로 1 국회 통일특별보좌관실(02-788-2531) 학⃝1981년 관악고졸 1989년 한국외국어대 행정학과졸 1994년 서울대 행정대학원 행정학과졸 경⃝1991년 행정고시 합격(35회) 1992~1994년 통일원 남북회담사무국 행정사무관 1995~1996년 同교육홍보국 행정사무관 1996~1998년 同장관실 수행비서관 1998~2002년 통일부 정보분석실 행정사무관 2002~2004년 同정보분석실·공보관실·이산가족과 서기관 2004~2006년 청와대 NSC사무국 위기관리센터 행정관 2006~2008년 통일부 개성공단사업지원단 지원총괄팀장 2009~2010년 국외파견(미국 맨스필드재단) 2010년 통일부 정세분석총괄과장 2011년 同운영지원과장(부이사관) 2014년 同북한이탈주민정착지원사무소 화천분소장 2014년 同정세분석국장(고위공무원) 2015년 同대변인 2017년 국외 교육파견 2018년 통일교육원 교육협력부장 2018년 국회의장실 통일특별보좌관(현) 상⃝근정포장(2006)

정중택(鄭重澤) Joongtaek Chung

생⃝1965·4·1 본⃝동래(東萊) 출⃝대구 주⃝서울특별시 종로구 사직로8길 39 세양빌딩 김앤장법률사무소(02-3703-1071) 학⃝1984년 대구 달성고졸 1988년 한양대 법학과졸 경⃝1989년 사법시험 합격(31회) 1992년 사법연수원 수료(21기) 1992년 軍법무관 1995년 대구지검 검사 1997년 청주지검 충주지청 검사 1998년 서울지검 남부지청 검사 2000년 창원지검 검사 2002년 서울지검 검사 2004년 인천지검 부부장검사 2004년 미국 연수 2005년 대구지검 포항지청 부장검사 2006년 부산지검 마약·조직범죄수사부장 2007년 법무연수원 교수 2008년 대구지검 의성지청장 2009년 서울북부지검 공판송무부장 2009년 수원지검 안산지청 형사1부장 2010~2011년 의정부지검 형사1부장 2011년 김앤장법률사무소 변호사(현) 2015~2018년 AK홀딩스(주) 사외이사 겸 감사위원

정지권(鄭址權) JUNG Gi Kwon

(생)1960·9·11 (주)서울특별시 중구 세종대로 125 서울특별시의회(02-3702-1400) (학)문태고졸, 한국방송통신대 행정학과 재학 중, 디지털서울문화예술대 실버문화경영학과 재학 중 (경)성동구일반계남자고교유치추진특별위원회 위원장, 서울시 성수2가 3동 주민자치위원회 고문, 同성수2가 3동 바르게살기위원회 위원, 同성동구새마을지도자협의회 고문, 성동산악회 상임고문, 한마음회 회장, 동광건설 상임이사, 민주평통 자문위원 2002년 서울시 성동구의회 의원, 同행정자문위원, 민주평통 성동구협의회 자문위원(현) 2006년 서울 성동구의원선거 출마 2010년 서울시의원선거 출마(민주당) 2014년 서울시의원선거 출마(새정치민주연합) 2018년 서울시의회 의원(더불어민주당)(현) 2018년 同교통위원회 부위원장(현) 2019년 同예산결산특별위원회 위원(현)

정지석(鄭址錫) Chung, Jee Seok

(생)1963·3·15 (출)서울 (주)서울특별시 영등포구 여의나루로 76 (주)코스콤 비서실(02-767-8001) (학)1985년 고려대 경영학과졸 1987년 한국과학기술원(KAIST) 경영과학과졸(공학석사) 1995년 경영학박사(한국과학기술원) (경)1987~2013년 코스콤 입사(공채)·경영전략본부장·시장본부장·인프라본부장·정보본부장 2014~2015년 서울여대 경제학과 겸임교수 2014년 한신대 경영학과 외래교수 2015년 한국우편사업진흥원 자문위원 2015~2017년 한국지역정보개발원 정책기술본부장 2017년 (주)코스콤 대표이사 사장(현) (상)금융위원장표창(2008)

정지선(鄭志宣) CHUNG Ji Sun

(생)1972·10·20 (본)하동(河東) (출)서울 (주)서울특별시 강남구 압구정로 201 현대백화점그룹 비서실(02-549-2233) (학)1991년 경복고졸 1997년 연세대 사회학과 수료 1999년 미국 하버드대 스페셜스튜던트과정 이수 (경)2001년 (주)현대백화점 기획실장(이사) 2002년 同기획관리담당 부사장 2003년 현대백화점그룹 총괄부회장 2007년 同회장(현), 현대백화점 대표이사(현)

정지열(鄭址烈) Jiyeol Jeong

(생)1961·4·5 (주)인천광역시 연수구 능허대로 484 인천환경공단 경영본부(032-899-0100) (학)동산고졸 1986년 한양대 기계공학과졸 (경)한양대 유네스코동문회 인천지부 자문위원, 인천시 연수구 지체장애인협회 자문위원(현), 인천참여자치연대 창립회원, 인천시 연수구 노인복지회관 운영위원, 세화종합사회복지관 운영위원 2002~2018년 인천시 연수구의회 의원(민주당·민주통합당·민주당·새정치민주연합·더불어민주당) 2010~2012년 同의장 2018년 인천환경공단 경영본부장(상임이사)(현)

정지영(鄭智泳) CHUNG Ji Young

(생)1946·11·19 (출)충북 청주 (학)1965년 청주고졸 1975년 고려대 불어불문학과졸 1997년 同언론대학원졸 (경)1981년 영화 '안개는 여자처럼 속삭인다'로 영화감독 데뷔 1982년 문화방송 프로듀서 1993년 영화인협회 스크린쿼터감시단장 1994년 종합유선방송위원회 제3심의위원 1995년 한국영화감독협회 회장 1998년 순천향대 연극영화과 교수 1998년 정지영필름 대표(현) 1999년 영화진흥위원회 위원 2003~2004년 서울문화예술전문학교 학장 2004년 열린우리당 비례대표 선정위원 2005년 고양국제어린이영화제 집행위원장 2006년 (주)유비다임 사외이사 2008~2012년 고려대 미디어학부 교수 2012~2013년 同언론대학원 초빙교수 2015년 부천국제판타스틱영화제조직위원회 부위원장 2016년 同위원장 2016년 제3회 사람사는세상영화제 집행위원장 2016년 부천국제판타스틱영화제 조직위원장(현) 2017년 아시아나국제단편영화제 심사위원장 2017년 '영화 다양성 확보와 독과점 해소를 위한 영화인 대책위원회' 고문(현) 2018년 대한민국예술원 회원(영화)(현) (상)예술평론가협회 선정 '영화부문 최우수예술가'(1990), 청룡영화제 감독상(1991·2012), 도쿄국제영화제 최우수작품상·감독상(1992), 대종상 각색상(1992), 화관문화훈장(1993), 제42회 산세바스찬국제영화제 국제영화비평가상(1994), 청룡영화제 대상·작품상(1994), 백상예술제 영화부문 대상·작품상·감독상(1997), 대종상 감독상(1997), 이천 춘사대상영화제 특별공로상(2004), 금계백영화제 최우수외국어영화감독상(2012), 김대중노벨평화영화상 본상(2012), 올해의영화상 감독상(2013) (작)연출 'MBC 암행어사' '박순경' '춤추는 맨발' '완장' '마스터 클래스의 산책'(2011), 각본 '하얀 미소'(1980) '거리의 악사'(1987) '하얀전쟁'(1992) '산배암'(1998) '영화판'(2012) '부러진 화살'(2012) '남영동1985'(2012), 조감독 '가위 바위 보'(1976) '망명의 늪'(1978) 프로듀서 '셀프 포트레이트'(2002), 감독 '안개는 여자처럼 속삭인다'(1982) '추억의 빛'(1984) '위기의 여자'(1987) '산배암'(1988) '여자가 숨는 숲'(1988) '남부군'(1990) '산산이 부서진 이름이여'(1991) '헐리우드 키드의 생애'(1994) '맥주가 애인보다 좋은 일곱가지 이유'(1996) '블랙잭'(1997) '까'(1998) '아리랑'(2005) '이리'(2008) '마스터 클래스의 산책'(2013)

정지영

(생)1963·5 (주)서울특별시 강남구 압구정로 201 (주)현대백화점 영업본부(02-549-2233) (학)고려고졸, 고려대 경영학과졸 (경)1991년 (주)현대백화점 입사, 同영업전략담당, 同울산점장 2015년 同영업전략실장(전무) 2019년 同영업본부장 겸 영업전략실장(부사장)(현)

정지영(鄭智泳) JUNG Ji Young

(생)1967·5·4 (출)서울 (주)전라북도 전주시 덕진구 사평로 25 전주지방검찰청(063-259-4610) (학)1986년 서울고졸 1990년 서울대 법학과졸 (경)1992년 사법시험 합격(34회) 1995년 사법연수원 수료(24기) 1995년 서울지검 남부지청 검사 2004년 서울중앙지검 검사 2006년 대구지검 검사 2007년 同부부장검사 2008년 서울북부지검 부부장검사 2009년 대구지검 포항지청 부장검사 2009년 대전지검 천안지청 형사1부장 2010년 수원지검 안산지청 부장검사 2011년 대구지검 서부지청 부장검사 2012년 의정부지검 형사4부장 2013년 수원지검 성남지청 부장검사 2014년 인천지검 부천지청 부장검사 2015년 인천지검 형사2부장 2016년 대구고검 검사 2016년 서울고검 검사 2018년 전주지검 부장검사(현)

정지영(丁芝榮·女) JEONG Ji Young

(생)1976·4·4 (출)서울 (주)강원도 원주시 시청로 139 춘천지방검찰청 원주지청 형사2부(033-769-4322) (학)1995년 광주 송원여고졸 1999년 고려대 법학과졸 (경)2001년 사법시험 합격(43회) 2004년 사법연수원 수료(33기) 2004년 서울동부지검 검사 2006년 수원지검 여주지청 검사 2008년 인천지검 검사 2010년 창원지검 검사 2012년 수원지검 안산지청 검사 2016년 인천지검 부천지청 검사 2018년 同부천지청 부부장검사 2019년 춘천지검 원주지청 형사2부장(현)

정지영(鄭智榮·女)

(생)1976·12·5 (출)서울 (주)대구광역시 수성구 동대구로 364 대구지방법원 총무과(053-757-6470) (학)1995년 의정부여고졸 2002년 고려대 법학과졸 (경)2001년 사법시험 합격(43회) 2004년 사법연수원 수료(33기) 2004년 인천지법 예비판사 2006년 서울중앙지법 판사 2008년 광주지법 목포지원 판사 2011년 의정부지법 판사 2014년 서울행정법원 판사 2014~2016년 법원행정처 윤리감사제1심의관 2015년 서울북부지

법 판사 2016년 법원행정처 윤리감사기획심의관 겸임 2017년 서울고법 판사(공보관) 2019년 대구지법 부장판사(현)

정지완(鄭址完) CHUNG Ji Wan

(생)1956·10·18 (출)대전 (주)경기도 성남시 분당구 판교로255번길 34 솔브레인(주)(031-719-0700) (학)1975년 충남고졸 1982년 성균관대 화학과졸 (경)1982~1986년 성원교역(주) 근무 1986년 테크노무역(주) 창립·대표 2000~2011년 테크노세미켐(주) 대표이사 2003년 휙트(주) 이사 2010년 코스닥협회 부회장 2011~2019년 솔브레인(주) 대표이사 회장 2012년 코스닥협회 수석부회장 2013년 同회장 2015년 同명예회장(현) 2019년 솔브레인(주) 회장(현) (상)중소기업인상(2000), 녹색경영대상(2004), 제7회 EY 최우수기업가상 화학부문(2013)

정지용(鄭址鎔) JEONG Ji Yong

(생)1961·2·24 (본)경주(慶州) (출)충북 (주)인천광역시 남동구 예술로152번길 9 인천지방경찰청 보안과(032-455-2491) (학)인하대 행정대학원졸 (경)인천지방경찰청 경비계 근무, 同기동3중대 근무, 인천 강화경찰서 경비과장, 인천 연수경찰서 정보2계장, 인천 계양경찰서 정보2계장, 인천지방경찰청 공보담당관, 인천 계양경찰서 정보보안과장, 인천지방경찰청 정보3계장 2005년 同정보2계장(경정) 2008년 同정보2계장(총경) 2008년 전북지방경찰청 청문감사관 2009년 전북 장수경찰서장 2010년 전북지방경찰청 경비교통과장 2010년 인천지방경찰청 생활안전과장 2011년 인천 연수경찰서장 2012년 인천지방경찰청 정보과장 2013년 교육 파견(총경) 2014년 인천 남부경찰서장 2015년 인천지방경찰청 정보과장 2016년 인천 삼산경찰서장 2017년 인천지방경찰청 생활안전과장 2017년 인천 계양경찰서장 2019년 인천지방경찰청 보안과장(현) (상)행정자치부장관표창(2004), 대통령표창(2006)

정지원(鄭智元) Jung Ji Won

(생)1962·11·15 (출)부산 (주)부산광역시 남구 문현금융로 40 한국거래소 이사장실(051-662-2001) (학)1981년 부산 대동고졸 1985년 서울대 경제학과졸 1988년 同행정대학원 행정학과졸 1992년 미국 밴더빌트대 대학원 경제학과졸 2002년 미국 로욜라대 대학원 법학과졸 (경)1985년 행정고시 합격(27회) 1986년 재무부 기획관리실·경제협력국·이재국·금융국 사무관 1996년 재정경제원 금융정책실 산업자금담당관실 서기관 2004년 재정경제부 인력개발과장 2005년 금융감독위원회 감독정책1국 은행감독과장 2006년 同감독정책1국 은행감독과장(부이사관) 2006년 同감독정책1국 감독정책과장 2007년 同과장급 2009년 금융위원회 기업재무개선정책관(고위공무원) 2009년 同기획조정관 2012년 同금융서비스국장 2014~2015년 금융위원회 상임위원 2015~2017년 한국증권금융(주) 대표이사 사장 2015~2017년 同꿈나눔재단 이사장 2017년 한국거래소 이사장(현) (종)천주교

정지이(鄭志伊·女) CHUNG JI YI

(생)1977·12·17 (본)하동(河東) (출)서울 (주)서울특별시 종로구 율곡로 194 현대무벡스(주) 임원실(02-2072-6017) (학)이화여자외고졸 2001년 서울대 고고미술사학과졸 2003년 연세대 사회과학대학원 신문방송학과졸 (경)외국계 광고회사 근무 2004년 현대상선(주) 재정부 입사(경력사원) 2005년 同재정부 대리 2005년 同회계부 과장 2006년 현대U&I 상무이사 2007년 同전무이사 2007년 현대상선(주) 기획지원본부 부본부장(전무) 2008년 同사장실장(전무) 2012~2018년 현대U&I 전무 2014~2016년 현대상선(주) 글로벌경영실장(전무) 2018년 현대무벡스(주) 전무(현) 2018년 임당장학문화재단 이사장(현) (상)아시아소사이어티 코리아센터 '젊은 여성 리더상'(2011)

정지천(鄭智天) JEONG Ji Cheon

(생)1961·7·19 (출)경북 (주)경기도 고양시 일산동구 동국로 27 동국대학교 일산한방병원 한방내과(1577-7000) (학)1985년 동국대 한의학과졸 1987년 同대학원 한의학과졸 1991년 한의학박사(동국대) (경)1985~1989년 동국대 한의대 부속 한방병원 전공의·임상연구원 1989년 同한의과대학 신계내과학교실 교수(현) 1991년 同경주한방병원 내과 과장 1995년 同경주한방병원 교육연구부장 2003~2005년 同강남한방병원장 2006~2015년 同경주한방병원 한방내과 교수 2015~2017년 同일산불교한방병원장 2015년 동국대의료원 부의료원장 2017년 대통령 한방의료 자문의(현) (저)'신장이 강해야 성인병을 예방한다'(2000, 도서출판 청송) '우리집 음식동의보감'(2001, 중앙생활사)

정지태(鄭知太) CHUONG Ji Tae (杏潭)

(생)1954·7·13 (본)하동(河東) (출)서울 (주)서울특별시 성북구 고려대로 73 고려대학교 의과대학 소아청소년과학교실(02-2286-1125) (학)1979년 고려대 의과대학졸 1982년 同대학원 의학석사 1987년 의학박사(고려대) (경)1979~1983년 서울위생병원 전공의 1983~1986년 경기도립포천병원 공중보건의 1986~1988년 고려대의료원 연구원 1988~2019년 고려대 의대 소아청소년과학교실 교수 2001년 同안암병원 소아과장 2001~2004년 同의사법학연구소장 2003~2005년 同연구처장 2003년 전국대학교연구처장협의회 회장 2004~2005년 고려대 산학협력단장 2006~2013년 同의과대학 의학교육학교실 주임교수 2006~2008년 同의과대학장 2007년 同안암병원 환경보건센터장 2007~2009년 同교우회 부회장 2007년 한국화이자 의학상 운영위원 2007~2010년 보건복지부 내과계 의료전문평가위원회 위원 2008~2012년 한국의료법학회 회장 2008년 호암상 의학부문 심사위원 2008~2010년 식품의약품안전청 중앙약사심의위원회 전문위원 2008~2010년 질병관리본부 아토피천식예방관리홍보분과 위원 2009~2012년 대한의학회 법제이사 2009~2012년 대한의사협회 중앙윤리위원 2009~2018년 건강보험심사평가원 진료심사평가위원회 비상근심사위원 2010~2011년 환경보건센터협의회 회장 2011년 (사)문화예술나눔 이사장(현) 2011~2012년 국제로타리3640지구 신사로타리 회장 2011~2013년 환경부 중앙환경정책위원회 환경보건분과 위원 2011~2013년 同환경보건위원회 위원 2012~2018년 대한의학회 부회장 2013~2015년 대한소아알레르기호흡기학회 이사장 2018년 한국의료윤리학회 회장(현) 2018년 대한의학회 감사(현) 2019년 고려대 의대 소아청소년과학교실 명예교수(현) (상)한국소아감염병학회 사노피파스퇴르 학술상(2006, 공동수상) (저)'소아약전-항히스타민제(共)'(2001) '소아약전-마크로라이드항균제(共)'(2001) '천식과 알레르기질환(共)'(2004) '소아과학(共)'(2004) '대학경영의 원리와 진단(共)'(2005) '소아알레르기 호흡기학(共)'(2005) '미래의학(共)'(2008) '아버지, 그리운 당신(共)'(2009) '임상의학과 나의 삶(共)'(2010) (역)'의학보수교육(共)'(2003)

정지호(鄭地鎬)

(생)1963·6·25 (주)서울특별시 중구 세종대로9길 20 신한금융지주회사 그룹 글로벌사업부문(02-6360-3000) (학)1982년 대전고졸 1989년 고려대 경영학과졸 (경)1989년 (주)신한은행 입행 1993년 同구로동지점 대리 1995년 同외환업무부 대리 1998년 同대기업지원부 대리 2002년 同영업1부 부부장 겸 RM 2004년 同분당기업금융 부지점장 겸 RM 2005년 同기업서비스센터 부실장 2006년 同외환사업부 팀장 2008년 同우즈베키스탄사무소 조사역 2011년 同신한카자흐스탄 조사역 2015년 同글로벌영업추진부장 2017년 同본부장 2019년 신한금융지주회사 그룹 글로벌사업부문장(부사장보)(현)

정진관(鄭鎭寬)

(생)1966 (출)광주 (주)경기도 수원시 권선구 서부로 1673 경기 수원서부경찰서(031-8012-0321) (학)1985년 광주 송원고졸 1989년 경찰대 법학과졸(5기) 2006년 한국외국어대 정책과학대학원 공공정책학과졸 (경)1989년 경위 임용 2012년 충남지방경찰청 홍보담당관 2013년 전북 순창경찰서장(총경) 2014년 駐인도네시아 경찰주재관 2017년 인천 계양경찰서장 2017년 강원지방경찰청 112종합상황실장 2018년 경기남부지방경찰청 사이버안전과장 2019년 경기 수원서부경찰서장(현)

정진규(鄭鎭圭) CHUNG Jin Kyu

(생)1946·9·25 (출)서울 (주)서울특별시 강남구 테헤란로 317 법무법인(유) 대륙아주(02-563-2900) (학)1965년 경기고졸 1969년 서울대 법과대학졸 (경)1973년 사법시험 합격(15회) 1975년 사법연수원 수료(5기) 1978년 수원지검 검사 1981년 대전지검 홍성지청 검사 1983년 서울지검 검사 1986년 대검찰청 검찰연구관 1988년 마산지검 충무지청장 1990년 대검찰청 공안제2과장 1992년 同공안제1과장 1993년 서울지검 동부지청 특수부장 1993년 서울지검 공안2부장 1995년 同공안1부장 1996년 同남부지청 차장검사 1997년 대구지검 제2차장검사 1998년 同제1차장검사 1998년 부산지검 제1차장검사 1999년 법무연수원 기획부장 2000년 전주지검장 2000년 울산지검장 2001년 대검찰청 기획조정부장 2002년 인천지검장 2003년 서울고검장 2004~2005년 법무연수원장 2005~2018년 법무법인(유) 대륙아주 공동대표변호사 2015~2017년 대한변호사협회 총회 의장 2017~2018년 동사모2018(평창동계올림픽 서포터즈) 고문변호사 겸 홍보대사 2018년 법무법인(유) 대륙아주 고문변호사 2019년 同명예 대표변호사(현) (상)홍조근정훈장

정진규(鄭震圭) Jeong Jin-kyu

(생)1965·1·20 (주)서울특별시 종로구 사직로8길 60 외교부 인사기획관실(02-2100-7141) (학)1989년 경희대 정치외교학과졸 1991년 연세대 행정학과졸 1998년 미국 코넬대 대학원 행정학과졸 (경)1991년 행정고시 합격(35회) 1993~2005년 공보처·정보통신부 근무 2005년 외교부 입부 2005년 同통상전략과장 2005년 同경제기구과장 2007년 同개발정책과장 2008년 駐OECD 참사관 2011년 駐케냐 공사참사관 2015년 외교부 재외동포영사국심의관 2017년 同개발협력국장 2018년 駐불가리아 대사(현) (상)근정포장(2012)

정진기(程軫基) Jeong Jin Ki

(생)1968·8·23 (출)전남 담양 (주)경기도 의정부시 녹양로34번길 23 의정부지방검찰청(031-820-4542) (학)1986년 광주 동신고졸 1993년 전남대 사법학과졸 (경)1995년 사법시험 합격(37회) 1998년 사법연수원 수료(27기) 1998년 서울지검 북부지청 검사 2006년 서울중앙지검 검사 2009년 수원지검 성남지청 검사 2010년 서울남부지검 부부장검사 2011년 광주지검 목포지청 부장검사 2012년 울산지검 특수부장 2013년 인천지검 강력부장 2014년 수원지검 형사4부장 2015년 서울중앙지검 공판2부장 2016년 수원지검 안양지청 부장검사 2017년 광주지검 인권감독관 2018년 同목포지청장 2019년 의정부지검 차장검사(현)

정진도(鄭鎭度) CHUNG JIN DO

(생)1960·3·12 (본)진양(晋陽) (출)경남 하동 (주)충청남도 아산시 배방읍 호서로79번길 20 호서대학교 환경공학과(041-540-5743) (학)1983년 충남대 기계공학과졸 1985년 同대학원 기계공학과졸 1990년 기계공학박사(충남대) 1996년 환경공학박사(일본 가나자와대) (경)1988~1989년 일본 Osaka대 기계공학과 객원연구원 1990~1996년 동국대·대전공업대·한남대·대전산업대 강사 1990~1991년 한국기계연구원 기계공학부 내연기관연구실 선임연구원 1991~1993년 한국전력공사 기술연구원 발전연구실 선임연구원 1991~1996년 同기술연구원 전력연구실 책임연구원 1993년 호서대 공과대학 환경공학과 전임강사·조교수·부교수·교수(현) 1996~1997년 한국전력공사 전력연구원 수화력발전연구실 과장 2000년 아산시 설계자문위원 2002년 천안시 설계자문위원 2002년 미국 델라웨어대 교환교수 2004~2007년 호서대 산학협력단 벤처사업본부장 2005~2016년 환경부 충남녹색환경지원센터장 2007년 호서대 벤처전문대학원장 2011~2013년 충남녹색성장포럼 사무국장 2012~2016년 에너지인력양성사업단 단장 2013년 환경부지정 호서대 기후변화특성화대학원장(현) 2016년 한국에너지기후환경협의회 부회장(현) 2017~2019년 한국열환경공학회 회장 (상)호서대 연구자상(1997) (저)'유해가스 처리공학'(1996) '대기오염개론'(1999) '최신 대기오염 방지기술'(2000) '연소공학'(2000) '환경과학 지구보전'(2000) '대기오염공정시험법 기초'(2005) (종)기독교

정진락

(생)1965·4·15 (출)경북 영천 (주)강원도 춘천시 중앙로 16 무림빌딩 7층 한국감정원 강원춘천지사(033-251-2300) (학)경북대 회계학과졸 (경)한국감정원 경영지원실 재무관리부장 2012년 同경영관리실 노무관리부장 2014년 同감사실 감사부장, 同경영지원실장 2016~2017년 同홍보실장 2017년 同강원춘천지사장(현)

정진문(鄭鎭文) CHUNG Jin Mun

(생)1955·10·20 (출)경북 영천 (주)서울특별시 중구 을지로5길 26 센터원빌딩 동관 9층 SBI저축은행 임원실(1566-2210) (학)경북고졸, 고려대 경제학과졸 (경)2002년 삼성카드 영업지원담당 상무보 2003년 同마케팅담당 상무보 2004년 同제휴사업부장 상무 2006년 현대카드 영업본부장(상무) 2010년 同개인금융본부장(전무), SBI저축은행 부사장 2016년 同각자대표이사 부사장 2019년 同각자대표이사 사장(현) (종)천주교

정진상(鄭鎭相) CHUNG Chin Sang

(생)1957·2·15 (출)광주 (주)서울특별시 강남구 일원로 81 삼성서울병원 신경과(02-3410-3596) (학)1981년 서울대 의대졸 1986년 同대학원 의학석사 1989년 의학박사(서울대) (경)1982~1983년 서울대병원 인턴·신경과 레지던트 1986~1986년 서울목동성모병원 신경과장 1987~1995년 충남대 의대 신경과학교실 전임강사·조교수·부교수 1990~1995년 同의대 신경과학교실 주임교수 1990~1995년 충남대병원 신경과장 1992~1993년 미국 Tufts대 의과대학 신경과 객원연구원 1995년 삼성서울병원 신경과 전문의 1997~2000년 성균관대 의과대학 신경과학교실 부교수 2000년 同의대 신경과학교실 교수(현) 2001~2003년 대한두통학회 부회장 2002년 미국 하버드대 의과대학 Beth-Israel Deaconess병원 신경과 교환교수 2003~2009년 삼성서울병원 신경과장 2003~2009년 성균관대 의과대학 신경과학교실 주임교수 2003~2007년 대한두통학회 회장 2005~2008년 아시아두통학회 부회장 2008~2010년 대한뇌졸중학회 간행이사 2008~2010년 대한두통학회 교과서출판위원장 2009~2013년 삼성서울병원 뇌신경센터장 2009년 학술지 'Practical Neurology grand Round' 편집장(현) 2014~2016년 대한뇌졸중학회 이사장 2016년 同회장 2016년 아시아두통학회(ARCH : Asian Regional Committee of Headache) 회장(현) 2018년 대한신경과학회 이사장(현) 2018년 대한민국의학한림원 정회원(신경과학·현) (저)'뇌졸중환자의 이해와 관리'(1997, 삼성의료원) '일차진료의를 위한 약처방 가이드 : 내과계 중 두통'(2000, 대한내과학회) '신경과학-두통(77장)'(2005, 서울대 의과대학) '신경학- 두통과

목허리통증(編)'(2007, 대한신경과학회) '두통학-15장 만성매일두통 : 변형편두통, 만성기간형두통, 약물과용두통(編)'(2009, 대한두통학회) '두통학(編)'(2009, 대한두통학회) '뇌졸중-15장 열공뇌졸중과 기타 작은동맥질환(編)'(2009, 대한뇌졸중학회)

정진석(鄭鎭奭) CHEONG Jin Suk

(생)1931 · 12 · 7 (출)서울 (주)서울특별시 중구 명동길 74 천주교 서울대교구(02-727-2036) (학)1950년 중앙고졸 1950년 서울대 화학공학과 입학 1961년 가톨릭대 신학부졸 1970년 로마 울바노대 대학원졸 2000년 명예 법학박사(서강대) 2018년 서울대 명예졸업 (경)1961년 사제 수품 1961년 천주교 서울대교구 중림동본당 보좌신부 1961~1967년 성신고 교사 1962~1964년 천주교 서울대교구 법원공증관 1964년 한국천주교중앙협의회 총무 1965~1967년 천주교 서울대교구 대주교 비서 · 상서국장 1967년 성신고 부교장 1970년 주교 수품 1970~1998년 천주교 청주교구장 1970년 천주교 청주교구재단 이사장 1970년 청주가톨릭학원 이사장 1975~1999년 한국천주교주교회의 상임위원 1983년 同교회법위원회 위원장 1987년 同총무 1993년 同부의장 1996~1999년 同의장 1998년 천주교 대주교 1998~2012년 천주교 서울대교구장 겸 평양교구장 서리 1998~2002 · 2004~2012년 가톨릭학원 이사장 2003년 아시아특별주교시노드(주교회의)상설 사무처평의회 위원 2006년 교황 베네딕토 16세에 의해 추기경 서임(현) 2007~2012년 교황청 성좌조직재무심의추기경위원회 위원 2012년 천주교 서울대교구 원로사목자(현) (저)'장미꽃다발'(1961) '라디오의 소리'(1963) '라디오의 메아리'(1965) '목동의 노래'(1969) '敎階制度史'(1974) '교회法源史'(1975) '한국사제 특별권한해설' '말씀이 우리와 함께'(1986) '말씀의 식탁에서'(1986) '전국공용교구 사제특별권한 해설'(1988) '간추린 교회법 해설'(1993) '한국 천주교 사목 지침서'(1995) '한국 천주교 사목 지침서 해설'(1995) '우주를 알면 하느님이 보인다'(2003) '구세주 예수의 선구자 세례자 요한'(2004) '모세(상) 민족 해방의 영도자'(2004) '교회법제 해설11권' 수필집 '목동의 노래' 강론집 '말씀의 식탁에서' '간추린 교회법 해설' '교회법 해설' '모세(중) 율법의 제정자'(2006) '모세(하) 민족 공동체의 창설자'(2006) '희망을 안고 산 신앙인 아브라함'(2007) '믿음으로 위기를 극복한 성왕 다윗'(2008) '햇빛 쏟아지는 언덕에서'(2009) '하느님의 길, 인간의 길'(2010, 가톨릭출판사) '안전한 금고가 있을까'(2011, 가톨릭출판사) '가라지가 있는 밀밭'(2012, 가톨릭출판사) '닫힌 마음을 활짝여는 예수님의 대화'(2013, 가톨릭출판사) '정진석 추기경의 행복수업'(2014, 가톨릭출판사) '그분의 상처로 우리는 나았습니다'(2015, 가톨릭출판사) (역)'성녀 마리아 고레띠' '종군 신부 카폰' '카톨릭교리입문' '내가 하느님을 믿는 이유' '억만인의 신앙' '나는 믿는다' '질그릇' '인정받는 사람' '영혼의 평화' '강론집' '칠층산' '교회법전' '최양업 신부의 서한' '김대건 신부의 서한' 등 (종)천주교

정진석(鄭鎭碩) CHUNG Jin Suk

(생)1960 · 9 · 4 (본)동래(東萊) (출)충남 공주 (주)서울특별시 영등포구 의사당대로 1 국회 의원회관 946호(02-784-5070) (학)1979년 성동고졸 1985년 고려대 정치외교학과졸 2011년 명예 행정학박사(공주대) (경)1985~1994년 한국일보 사회부 · 정치부 기자 · 정치부 차장 · 국제부 차장 1993~1994년 미국 아메리칸대 국제관계대학 객원교수 1994~1997년 한국일보 워싱턴특파원 1996년 관훈클럽 회원 1997~1999년 한국일보 논설위원 1999년 자민련 공주시지구당 위원장 2000~2004년 제16대 국회의원(공주시 · 연기군, 자민련) 2000년 자민련 제3정책조정위원장 2000년 同원내수석부총무 2000년 同청년위원장 2001년 同제1정책조정위원장 2001~2002년 同대변인 2002년 세계태권도연맹 고문 2005~2008년 제17대 국회의원(공주시 · 연기군 보궐선거당선, 무소속 · 국민중심당 · 한나라당) 2006~2007년 국민중심당 원내대표 · 최고위원 2008~2010년 제18대 국회의원(비례대표, 한나라당) 2008~2009년 국회 규제개혁특별위원장 2008~2010년 한 · 페루의원친선협회 회장 2008~2010년 한 · 일의원연맹 21세기위원장 2009년 (재)계룡장학회 이사장 2010년 국회 정보위원장 2010~2011년 대통령 정무수석비서관 2012년 새누리당 서울중구당원협의회 운영위원장 2012년 국회의장 비서실장 2013~2014년 국회 사무총장(장관급) 2013년 운정회(雲庭會) 부회장 이사(현) 2014년 충남도지사선거 출마(새누리당) 2015~2016년 고려대 초빙교수 2015년 새누리당 공주시당원협의회 운영위원장 2016~2017년 同공주시 · 부여군 · 청양군당원협의회 운영위원장 2016년 제20대 국회의원(충남 공주시 · 부여군 · 청양군, 새누리당 · 자유한국당〈2017.2〉)(현) 2016년 새누리당 원내대표 2016년 국회 운영위원회 위원장 2016년 국회 정보위원회 위원 2016~2018년 국회 국방위원회 위원 2016년 자유한국당 충남도당 공주시 · 부여군 · 청양군당원협의회 운영위원장(현) 2017년 同제19대 홍준표 대통령후보 중앙선거대책위원회 공동위원장 2018년 同경제파탄대책특별위원회 위원장 2018년 국회 외교통일위원회 위원(현) 2019년 자유한국당 4대강보해체대책특별위원회 위원장(현) 2019년 4대강보해체저지범국민연합 고문(현) (상)한국일보 백상기자상(4회), 한국기자협회 기자상(2회), 일요신문 21세기 한국인상, 전국지역신문협회 의정활동부문 국회의원대상(2006), 국정감사 NGO모니터단 우수위원상(2007), 국회 입법 · 정책 최우수 국회의원(2008), KBS 명사스페셜 '오늘의 명사상'(2010) (저)'총성없는 전선-격동의 한 · 미 · 일 현대 외교 비사'(1999) '사다리 정치'(2014, 웅진윙스) (종)천주교

정진섭(鄭鎭燮) CHUNG Chin Sup

(생)1952 · 4 · 16 (본)동래(東萊) (출)경기 광주 (주)서울특별시 중구 남대문로 63 한진빌딩 법무법인 광장(02-2191-3010) (학)1972년 경동고졸 1984년 서울대 법과대학졸 (경)1981년 사법시험 2차 합격(유신반대 시위로 면접에서 탈락) 1993~1996년 환경운동연합 지도위원 · 나라정책연구회 운영위원 1993년 한국방송개발원 상임이사 1996~2000년 한나라당 안양동안乙지구당 위원장 1998년 同부대변인 2001년 同경기도지사선거대책위원회 기획위원장 2002년 同대통령선거 경기도대책본부 기획위원장 2004년 同안양동안甲지구당 위원장, 同여의도연구소 운영본부장 2005년 경기도지사 정책특별보좌관 2005년 제17대 국회의원(경기 광주 재선거, 한나라당) 2005년 한나라당 경기광주시당원협의회 운영위원장 2006년 同기획위원장 2007년 진실 · 화해를위한과거사정리위원회 '시국관련 시위전력이 있는 사법시험 탈락자 사법연수원 입소' 권고 2008년 한나라당 대표비서실장 2008년 법무부 사법시험 합격증 배부 2008~2012년 제18대 국회의원(경기 광주, 한나라당 · 새누리당) 2008년 한나라당 지방자치위원장 2010~2011년 同전략기획본부장 2011년 同정책위원회 농림수산식품 · 지식경제 · 국토해양분야 부의장 2011년 同경기도당 위원장 2012년 새누리당 제18대 대통령중앙선거대책위원회 환경산업특별본부장 2013년 사법연수원 입소 2015년 사법연수원 수료(44기) 2015년 법무법인 광장 변호사(현) 2016~2017년 새누리당 경기광주시甲당원협의회 운영위원장 2016년 제20대 국회의원선거 출마(경기 광주시甲, 새누리당) (저)'21세기 방송정책'(1996) '일하고 싶은 남자'(1999)

정진섭(鄭陳燮) JUNG Jin Sup

(생)1956 · 2 · 16 (출)강원 원주 (주)서울특별시 서초구 서초대로 254 오퓨런스 508호 법률사무소 솔(02-6207-0701) (학)1974년 경희고졸 1978년 경희대 법대졸 1983년 프랑스 국립사법관학교 국제부 수료 1992년 법학박사(경희대) 1994년 연세대 특허법무대학원졸 (경)1979년 사법시험 합격(21회) 1981년 사법연수원 수료(11기) 1981년 서울지검 남부지청 검사 1984년 청주지검 영동지청 검사 1986년 부산지검 검사 1987~1989년 법무부 검찰4과 · 검찰2과 검사 1989년 서울지검 검사 1991년 부산지검 검사 1993년 춘천지검 영월지청장 1994년 대검찰청 전산관리담당관 1996년 한국정보법학회 편집장 · 부회장 · 회원(현) 1997년 부산지검 총무부장 1997년 한국형사정책연구원 부원장 1998년 대검

찰청 기획과장 1999년 서울지검 형사6부장 2000년 同컴퓨터수사부장 2001년 제주지검 차장검사 2002년 서울고검 검사 2003년 서울지검 전문부장검사 2004년 서울중앙지검 전문부장검사 2004년 한국인터넷법학회 감사 2005~2006년 대전지검 전문부장검사 2006년 한국형사정책연구원 자문위원 2006년 국가정보원 산업보안 자문위원 2006년 컴퓨터프로그램심의조정위원회 위원 2006년 문화관광부 한미FTA저작권분야 자문위원 2006년 경희대 법대 교수 2007년 변호사 개업 2011년 법률사무소 솔 대표변호사(현) (저)'국제지적재산권법' '국제지적소유권법' '주관식 형법총론' (종)천주교

정진성(鄭鎭星 · 女) CHUNG Chin Sung

(생)1953·7·28 (본)동래(東萊) (출)충남 공주 (주)서울특별시 관악구 관악로 1 서울대학교(02-880-5114) (학)1976년 서울대 사회학과졸 1978년 同대학원 사회학과졸 1984년 사회학박사(미국 시카고대) (경)1989~1990년 일본 동경대 사회과학연구소 연구원 1990~1996년 덕성여대 사회학과 부교수 1996년 영국 Bristol대 방문교수 1996~2018년 서울대 사회과학대학 사회학과 교수 2001~2002년 同사회학과장 2003~2006년 유엔 인권보호증진소위원회 정회원 2004년 同인권특별보고관 2006년 서울대 여성연구소장 2008년 유엔 인권이사회 자문위원회(Human Rights Council Advisory Committee) 위원 2008년 同자문위원회 부의장 2009년 서울대 여교수회장 2010년 대통령직속 사회통합위원회 세대분과 위원장 2011년 同위원 2012~2015년 서울대 인권센터장 겸 인권상담소장 2013~2017년 IOM이민정책연구원 비상임이사 2013년 한국사회학회 회장 2014년 同이사 2014년 서울시교육청 학생인권위원장 2014~2015년 대통령소속 국민대통합위원회 위원 2017년 국제노동기구(ILO) '일의 미래 글로벌 위원회' 위원(현) 2018년 서울대 이사(현) 2018년 유엔 인종차별철폐위원회(CERD : Committee on the Elimination of Racial Discrimination) 위원(현) 2018년 서울대 사회과학대학 사회학과 명예교수(현) (상)홍조근정훈장(2013), 삼성행복대상(2014), 서울대 사회봉사상(2016) (저)'현대일본의 사회운동론'(2001) '여성의 눈으로 본 한일근현대사(共)'(2005) '인권으로 읽는 동아시아(共)'(2010) '경계의 여성들(共)'(2013) '일본군성노예제'(2016) '유엔과 인권규범의 형성'(2019, 나남출판) (역)'기업중심사회를 넘어서'(1995) '페미니즘과 포스트모더니즘의 만남'(1997)

정진수(鄭鎭守) JUNG Jin Soo

(생)1944·5·18 (본)동래(東萊) (출)서울 (주)서울특별시 마포구 신수로11길 93-85 민중극단(02-717-6936) (학)1962년 보성고졸 1967년 서강대 영어영문학과졸 1970년 중앙대 대학원 연극학과졸 1972년 미국 일리노이대 대학원 연극학과졸 (경)1974년 민중극단 단원·상임연출가 겸 대표(현) 1976년 국제극예술협회(ITI) 한국본부 사무국장 1978~1988년 한국연극협회 이사 1978년 민중극단 대표 1980년 국제극예술협회(ITI) 한국본부 이사 1981~2010년 성균관대 예술학부 연기예술학과 교수 1995~1998년 한국연극협회 이사장 1999년 '마당99세계공연예술제' 집행위원장 2008년 문화미래포럼 상임대표 2010~2012년 (재)국립극단 이사 2017년 대한민국연극제 심사위원장 (상)보관문화훈장, 시장경제대상 문화예술부문(2010) (저)'현대연극의 이해' '영미희곡의 세계' '연극과 뮤지컬의 연출' '새 연극의 이해' '아, 선각자여!(정진수 희곡집)' '세계 명작 단막 희곡선' '현대 고전 희곡선' 등 (역)'꿀맛' '희랍극선집' '현대연극의 사조' (작)연출 '꿀맛' '진짜 서부극' '칠산리' '이혼의 조건'

정진수(鄭震洙)

(생)1958·4·11 (주)서울특별시 양천구 목동동로 309 중소기업유통센터 비서실(02-6678-9000) (학)1991년 인하대 대학원 재료공학과졸 1999년 고분자공학박사(인하대) (경)(사)한국고무학회 전무이사·부회장, 지식경제부 기술표준원 NEP·GR심의위원, 중소기업청 우수제품인증심의위원, 교육인적자원부 중등교육실무과정 심의위원, 한양대 대학원 강사, 애경유지(주) 근무, 중소기업중앙연수원 교수, 同전북지역본부 기술협력센터장, 同경기서부지부 기술협력센터장, 同광주·전남지역본부장, 중소기업진흥공단 노동조합 부위원장 2013년 同청년창업사관학교 교장 2014년 同중소기업연수원장 2015년 同인력기술본부장(상임이사) 2016년 同기업지원본부장(상임이사) 2018~2019년 同부이사장 겸 기업지원본부장 2019년 중소기업유통센터 대표이사(현) (저)'World Best를 위한 사출성형과 제품설계'(2005, 교보문고) '고무재료와 가공기술'(2008, 한국고무학회) (작)'친환경성 인조미끼 제조기술'(2005, 직무특허) '진동흡수용 고비중 조성물, 그의 제조방법 및 그를 이용한 차량용 고비중 고분자 필름'(2006, 특허출원제2004-103512호)

정진수(鄭進受)

(생)1961 · 12 · 3 (출)경남 합천 (주)서울특별시 강남구 영동대로 517 법무법인 화우(02-6003-7103) (학)1980년 홍익대사대부고졸 1985년 서울대 법대 공법학과졸 (경)1990년 사법시험 합격(32회) 1993년 사법연수원 수료(22기) 1993년 서울민사지법 판사 1995년 서울지법 동부지원 판사 1997년 전주지법 군산지원 판사 1998년 同익산시법원 판사 1999년 同군산지원 판사 2000년 서울지법 판사 2002년 同서부지원 판사 2003~2004년 미국 하버드대 로스쿨 객원연구원 2005~2007년 대법원 재판연구관 2007~2017년 법무법인 화우 변호사 2009~2011년 사법연수원 교수 2010년 한국정보통신산업협회 통신민원조정센터 심의위원회 위원(현) 2010년 서울지방경찰청 인권위원회 위원(현) 2010~2012년 고려대 법학전문대학원 겸임교수 2011~2013년 서울대 법학전문대학원 외래교수 2014년 우리들휴브레인 감사 2017년 법무법인 화우 변호사 2018년 同업무집행 대표변호사(현) 2019년 엑세스바이오인코퍼레이션 사외이사(현)

정진수(鄭辰秀) CHUNG Jin Soo

(생)1964 · 9 · 15 (주)경기도 고양시 일산동구 일산로 323 국립암센터 부속병원 비뇨기암센터(031-920-1250) (학)1989년 서울대 의대졸 1994년 同대학원 의학석사 2001년 의학박사(서울대) (경)1989~1990년 서울대병원 인턴 1990~1994년 同레지던트 1994~1997년 육군 군의관 1997년 울산대병원 조교수 2001~2009년 국립암센터 부속병원 특수암센터 전문의 2001~2009년 同연구소 비뇨생식기암연구과 선임연구원 2004~2005년 미국 UCLA School of Medicine 연수 2009~2016년 국립암센터 연구소 비뇨생식기암연구과 책임연구원 2009년 同부속병원 비뇨기클리닉 전문의 2009~2019년 同부속병원 전립선암센터 전문의 2009~2016년 同부속병원 응급실장 2014~2017년 同부속병원 전립선암센터장 2014~2018년 대한비뇨기종양학회 신암연구위원장 2015~2017년 국립암센터 부속병원 비뇨기과장 2017년 同부속병원장(현) 2018년 대한비뇨기종양학회 신암진료지침특별위원회 위원(현) 2018년 국립암센터국제암대학원대학교 암의생명과학과 겸임교수(현) 2019년 同부속병원 비뇨기암센터 전문의(현) (상)대한비뇨기과학회 학술상(2001), 대통령표창(2019) (저)'전립선암'(2000, 효문사) '종양학'(2003, 일조각) '암정보'(2004 · 2006, 국립암센터 출판국) '암과 음식'(2006, 국립암센터 출판국)

정진수(鄭眞秀) JUNG Jin Soo

(생)1968 · 3 · 11 (본)동래(東萊) (출)서울 (주)경기도 성남시 분당구 대왕판교로644번길 12 (주)엔씨소프트 임원실(02-6201-2800) (학)1987년 경기고졸 1991년 서울대 법과대학졸 2002년 미국 듀크대 로스쿨(LL.M.)졸 (경)1991년 사법시험 합격(33기) 1994년 사법연수원 수료(23기) 1994년 軍법무관 1995년 한미연합군사령부 법무관 1997~2011년 김앤장법률사무소 변호사 2002년 미국 뉴욕주 변호사자격시험 합격 2002~2003년 미국 Cleary Gottlieb Steen & Hamilton 근무 2009~2011년 서

울지방변호사회 법제이사 2011년 (주)엔씨소프트 최고법률책임자(CLO · 전무) 2013~2015년 同최고운영책임자(COO · 전무) 2015년 인하우스카운슬포럼 부회장(현) 2015년 (주)엔씨소프트 최고운영책임자(COO · 부사장)(현) (역)'자산유동화 이론과 실제' (종)천주교

정진술(鄭鎭述)

(생)1975 · 3 · 14 (주)서울특별시 중구 세종대로 125 서울특별시의회(02-3702-1400) (학)서울대 대학원 정치학과졸 (경)정청래 국회의원 보좌관, 문재인 대통령후보 중앙선거대책위원회 조직본부 팀장, 더불어민주당 정책위원회 부의장 2018년 서울시의회 의원(더불어민주당)(현) 2018년 同도시안전건설위원회 부위원장(현) 2018년 同예산결산특별위원회 위원(현) 2018년 同청년 특별위원회 위원(현) 2018년 同서부지역 광역철도건설 특별위원회 부위원장(현) 2019년 同예산정책연구위원회 위원(현) 2019년 同체육단체 비위근절을 위한 행정사무조사 특별위원회 위원(현)

정진아(丁眞妸 · 女)

(생)1972 · 9 · 21 (출)서울 (주)인천광역시 미추홀구 소성로163번길 17 인천지방법원(032-860-1114) (학)1991년 당곡고졸 1997년 서울대 사회학과졸 (경)1998년 사법시험 합격(40회) 2002년 사법연수원 수료(31기) 2002년 서울지법 판사 2004년 서울서부지법 판사 2006년 제주지법 판사 2009년 수원지법 성남지원 판사 2014년 서울중앙지법 판사 2015년 사법연수원 교수 2018년 울산지법 부장판사(사법연구) 2019년 인천지법 부장판사(현)

정진엽(鄭鎭燁) CHUNG CHIN YOUB

(생)1955 · 3 · 10 (출)서울 (주)경기도 성남시 분당구 구미로173번길 82 분당서울대학교병원 정형외과(02-2072-2311) (학)1973년 서울고졸 1980년 서울대 의대졸 1988년 同대학원 의학석사 1993년 의학박사(서울대) (경)1984년 서울대병원 정형외과 전공의 1988년 원자력병원 선임의사 1990년 서울대병원 임상강사 1992년 미국 Gillette Children's Hospital Motion Lab. Fellow 1993~2015 · 2017년 서울대 의대 정형외과학교실 조교수 · 부교수 · 교수(현) 2002년 분당서울대병원 교육연구실장 2004~2008년 同진료부원장 2008~2013년 同병원장 2008~2012년 대한병원협회 병원정보관리이사 · 재무위원장 2008~2010년 대한소아정형외과학회 회장, 정보통신산업진흥원 비상임이사, 대한정형외과학회 국제위원, 의료기관평가인증원 기준조정위원회 위원 2012~2015년 의료기기상생포럼 총괄운영위원장 2012~2013년 대한병원협회 기획이사 2015~2017년 보건복지부 장관 (상)노사상생협력대상 국무총리표창(2008), 2011 대한민국글로벌경영인대상, 대한민국보건산업대상 특별상(2011), 산업포장(2011), 보건복지부장관표창(2012), 대한적십자사회원 유공장금장(2012), 대한민국 무궁화꽃 스타대상 정치부문(2015) (저)'소아정형외과학 요람'(1996) '학생을 위한 정형외과학'(1998)

정진영(鄭鎭永) CHEONG Chin Young

(생)1959 · 4 · 10 (출)대구 (주)서울특별시 종로구 사직로8길 39 세양빌딩 김앤장법률사무소(02-3703-1838) (학)1977년 경북고졸 1981년 서울대 법학과졸 (경)1981년 사법시험 합격(23회) 1983년 사법연수원 수료(13기) 1983년 부산지검 검사 1985년 춘천지검 영월지청 검사 1986년 서울지검 북부지청 검사 1988년 대구지검 검사 1990년 서울지검 동부지청 검사 1991년 법제처 파견 1993년 독일연방 법무성 파견 1994년 법무부 특수법령과 검사 1996년 대구지검 경주지청 부장검사 1997년 대구지검 강력부장 1998년 법무연수원 기획과장 1999년 대검찰청 환경보건과장 2000년 同형사과장 2001년 서울지검 형사9부장 2002년 同형사4부장 2002년 대전지검 서산지청장 2003년 서울고검 검사 2004년 제주지검 차장검사 2005년 서울북부지검 차장검사 2006년 의정부지검 고양지청장 2007년 제주지검장 2008년 창원지검장 2009년 서울서부지검장 2009~2010년 인천지검장 2011~2013년 대통령 민정수석비서관 2013년 김앤장법률사무소 변호사(현) 2015년 (주)신세계인터내셔날 사외이사 겸 감사위원(현) 2019년 신풍제약(주) 사외이사(현)

정진오(丁鎭午)

(생)1968 (출)충남 서천 (주)인천광역시 남동구 남동대로 773 3층 경인일보 인천본사 편집국(032-861-3200) (학)충남대 철학과졸 (경)1995~1999년 기자 2000년 경인일보 입사(경력기자) 2000~2012년 同인천본사 편집국 사회부 기자 · 차장 2013년 同인천본사 편집국 정치부장 2019년 同인천본사 편집국장(현) (상)이달의 기자상(2000 · 2007 · 2008 · 2013 · 2018), 한국신문상(2012) (저)'인천인물 100인(共)'(2009, 다인아트) '세계사를 바꾼 인천의 전쟁(共)'(2012, 다인아트) '평화도시 인천 : 삶과 도전 그리고 미래(共)'(2014, 책나무출판사) '세월을 이기는 힘, 오래된 가게'(2015, 한겨레출판) '인천문학전람(共)'(2015, 다인아트) '실향민 이야기(共)'(2018, 다인아트)

정진용(鄭鎭鏞) CHONG, Chin Yong

(생)1965 · 3 · 4 (본)동래(東萊) (출)서울 (주)세종특별자치시 도움5로 19 우정사업본부 경영기획실(044-200-8100) (학)1983년 상문고졸 1987년 연세대 사회학과졸 1992년 서울대 대학원 행정학과졸 (경)1998년 정보통신부 국제기구담당관실 서기관 2000년 부산 사하우체국장 2002년 북대구우체국장 2003년 정보통신부 우정사업본부 우편사업단 국제우편과장 2004년 同우정사업본부 금융사업단 예금과장 2005년 同경영기획실 경영지원과장 2005년 同재정관리과장 2007년 同금융사업단 보험기획팀장 2007년 同보험사업단 보험기획팀장 2008년 지식경제부 우정사업본부 보험기획팀장 2010년 同우정사업본부 예금사업단 금융총괄팀장(부이사관) 2011년 경북지방우정청장 2013년 미래창조과학부 우정사업본부 예금사업단장 2017년 과학기술정보통신부 우정사업본부 예금사업단장 2018년 同우정사업본부 전남지방우정청장 2018년 同우정사업본부 경영기획실장(현) (상)대통령표창(1998), 홍조근정훈장(2015)

정진용(鄭珍溶) Chung jin yong

(생)1970 · 1 · 18 (출)광주 (주)서울특별시 서초구 반포대로 158 서울중앙지방검찰청 공공수사1부(02-530-4771) (학)1988년 서라벌고졸 1992년 서울대 사법학과졸 1996년 同대학원 수료 (경)1998년 사법시험 합격(40회) 2001년 사법연수원 수료(30기) 2001년 서울지검 동부지청 검사 2003년 수원지검 평택지청 검사 2005년 부산지검 검사 2008년 법무부 상사법무과 검사 2009년 서울중앙지검 검사 2013년 대전지검 검사 2014년 수원지검 안산지청 검사(세계은행 파견) 2015년 同안산지청 부부장(세계은행 파견) 2016년 서울중앙지검 부부장(세계은행 파견) 2017년 인천지검 형사6부장 2017년 대검찰청 과학수사2과장, 同디엔에이 · 화학분석과장 2018년 서울중앙지검 총무부장 2019년 同공안1부장 2019년 同공공수사1부장(현)

정진우(鄭鎭宇) CHUNG Jin Woo (韶淵)

(생)1928 · 1 · 8 (출)평남 평양 (주)서울특별시 관악구 관악로 1 서울대학교 음악대학(02-880-7904) (학)1949년 서울대 의대졸 1959년 오스트리아 빈국립음대 피아노학과졸 1973년 의학박사(가톨릭대) 2001년 명예 음악학박사(한세대) (경)1959~1974년 서울대 음악대학 강사 · 전임강사 · 조

교수 · 부교수 1974~1993년 同기악과 교수 1976년 독주회 · 협연 · 합주 등 수십회 1980년 월간 '피아노음악' 편집인 · 발행인(현) 1989년 쇼팽협회 회장 1989년 국제쇼팽연맹 이사 1989년 일본 국제음악콩쿠르 심사위원 1992년 러시아 모스크바 청소년국제쇼팽콩쿠르 심사위원 1993년 서울대 음악대학 명예교수(현) 1996년 국제청소년쇼팽피아노콩쿠르 심사위원 2000년 러시아 모스크바 국제청소년쇼팽콩쿠르 심사위원 2000년 월간 '스트라드' 편집인 · 발행인 2002년 월간 '스트링앤드보우' 편집인 · 발행인(현) 2005년 한국베토벤협회 초대회장 2008년 팔순기념 '피아노의 대향연' 음악회 개최 (상)보관문화훈장(1991), 서울시 문화상(1992), 한국음악대상(1993), 한국음악상 대상(2003), 대한민국예술원상(2014) (저)'피아노의 길' '한국피아노계의 영원한 스승, 피아니스트 정진우 · 노래여, 노래여' (종)기독교

정진우(鄭鎭宇) CHUNG Jin Woo (陽谷)

(생)1938 · 1 · 17 (본)동래(東萊) (출)경기 김포 (주)서울특별시 강남구 도산대로6길 5 신사빌딩 5층 한국영화인복지재단 이사장실(02-540-4637) (학)1956년 김포농고졸 1961년 중앙대 법학과졸 (경)1962년 극영화 '외아들'로 감독데뷔 1969년 우진필름 대표이사 1971년 영화인협회 감독분과 부위원장 1972년 영화제작자협회 이사 1974년 同부의장 1983년 영화제작자협동조합 자율정화위원장 1985년 한국영화인협회 이사장 1989년 시네하우스 대표 2001년 한국영화인복지재단 이사장(현) 2001년 대종상영화제 심사위원장 2011~2016년 한국영화감독협회 이사장 (상)반공영화 최우수작품상, 대종상 최우수반공영화상, 국민훈장, 청룡상 최우수감독상, 대종상 감독상, 대종상 작품상, 아세아영화제 최고청년감독상, 칸느영화제 프랑스최고문화훈장 기사상, 프랑스 문화예술공로훈장, 황금촬영상 특별상(2007), 국제언론인클럽 글로벌 자랑스런 한국인대상 예술발전공헌부문(2015), 서울시문화상 대중예술부문(2019) (저)'13월의 사랑' '파란이별의 글씨' '국경 아닌 국경선' 각색 '무궁화꽃이 피었습니다' (작)감독 · 제작 '초우' '동춘' '섬개구리 만세' '초연' '심봤다' '뻐꾸기도 밤에 우는가' '자녀목' '앵무새 몸으로 울었다' '무궁화꽃이 피었습니다' '마지막 황태자 영친왕'

정진우(鄭鎭宇) JUNG Jin Woo

(생)1972 · 12 · 4 (출)서울 (주)경상남도 진주시 진양호로 301 창원지방검찰청 진주지청 총무과(055-760-4542) (학)1991년 단국대사대부고졸 1996년 서울대 사법학과졸 (경)1997년 사법시험 합격(39회) 2000년 사법연수원 수료(29기) 2000년 해군 법무관 2003년 인천지검 검사 2005년 춘천지검 원주지청 검사 2008년 대검찰청 연구관 2010년 서울중앙지검 검사 2013년 수원지검 부부장검사(법무연수원 파견) 2014년 서울중앙지검 부부장검사 2015년 법무부 국제형사과장 2016년 同공안기획과장 2017년 서울북부지검 형사4부장 2018년 부산지검 부부장검사 2018년 금융정보분석원 파견 2019년 창원지검 진주지청장(현)

정진욱(鄭鎭旭) CHUNG Jin Wook

(생)1960 · 7 · 7 (주)서울특별시 종로구 대학로 101 서울대학교병원 영상의학과(02-740-8114) (학)1979년 부산진고졸 1985년 서울대 의대졸 1989년 同대학원졸 1994년 의학박사(서울대) (경)1994~2006년 서울대 의대 영상의학교실 전임강사 · 조교수 · 부교수 2001~2002년 同의대 기금교수협의회장 2002~2008년 서울대병원 임상의학연구소 의료영상연구실장 2006~2017년 서울대 의대 영상의학교실 교수 2008~2010년 同의대 교수업적관리위원회 위원 2008~2011년 식품의약품안전청 진단용방사선안전관리자문위원회 자문위원 2009~2010년 대한인터벤션영상의학회 편집이사 2017년 서울대 의대 영상의학교실 주임교수(현) 2018년 서울대병원 영상의학과장(현) (상)서울대병원 학술상(2008)

정진욱(鄭晋旭) JUNG, JIN WOOK

(생)1972 · 9 · 18 (본)동래(東萊) (출)경남 산청 (주)대전광역시 서구 청사로 189 특허청 주거기반심사과(042-481-5754) (학)1991년 동인고졸 1999년 고려대 응용생명환경화학과졸 (경)1999년 기술고시 합격(35회) 2000~2005년 특허청 농림수산과 · 약품화학과 · 정밀화학과 심사관 2005년 同특허심판원 심판연구관 2006~2010년 同식품생물자원과 심사관 · 생명공학과 정책사무관 2010년 同약품화학과 파트장(서기관) 2011년 同심사품질담당관실 화학생명공학분야 평가관 2011년 대검찰청 지식재산권분야 수사자문관 파견 2013년 특허청 정밀화학과 · 에너지심사과 파트장 2014년 同특허심판원 심판관 2014년 同기획조정관실 창조행정담당관실 서기관, 同운영지원과 기술서기관 2018년 同특허심판원 심판10부 심판관 2019년 同주거기반심사과장(현) (저)'지식재산권범죄 실무사례집(共)'(2012, 서울중앙지검)

정진웅(丁珍雄)

(생)1968 · 12 · 1 (출)전남 고흥 (주)경기도 수원시 영통구 법조로 91 수원지방검찰청 형사1부(031-5182-4305) (학)1987년 순천고졸 1996년 서울대 법학과졸 (경)1997년 사법시험 합격(39회) 2000년 사법연수원 수료(29기) 2000년 대전지검 검사 2002년 춘천지검 영동지청 검사 2003년 수원지검 검사 2005년 서울남부지검 검사 2008년 청주지검 검사 2010년 수원지검 성남지청 검사 2013년 同성남지청 부부장검사 2013년 서울중앙지검 부부장검사 2014년 광주지검 목포지청 부장검사 2015년 청주지검 충주지청 부장검사 2016년 광주지검 형사2부장 2017년 서울남부지검 형사5부장 2018년 인천지검 형사3부장 2019년 수원지검 형사1부장(현)

정진원(鄭鎭原) JUNG Jin Won

(생)1970 · 2 · 4 (출)인천 (주)서울특별시 양천구 신월로 386 서울남부지방법원(02-2192-1114) (학)1988년 인천 동산고졸 1992년 서울대 물리학과졸 1992년 同대학원 물리학과졸 (경)1996년 사법시험 합격(38회) 1999년 사법연수원 수료(28기) 1999년 서울지법 남부지원 판사 2006년 인천지법 판사 2008년 서울동부지법 판사 2010년 서울중앙지법 판사 2012년 수원지법 안산지원 판사 2014년 창원지법 부장판사 2016년 수원지법 안양지원 부장판사 2018년 서울남부지법 부장판사(현)

정진철(鄭辰喆)

(생)1968 · 5 · 12 (주)서울특별시 중구 세종대로 125 서울특별시의회(02-3702-1400) (학)서울시립대 경영대학원 경영학과졸 (경)세무사(현), 더불어민주당 서울송파丙지역위원회 지방자치위원장, 남인순 국회의원 특별보좌역 2018년 서울시의회 의원(더불어민주당)(현) 2018년 同교통위원회 위원(현) 2018년 同예산결산특별위원회 위원(현) 2018년 同윤리특별위원회 위원(현) 2018년 同항공기 소음 특별위원회 위원(현) 2019년 同체육단체 비위근절을 위한 행정사무조사 특별위원회 위원(현)

정진태(鄭鎭台) Jintai Chung

(생)1961 · 5 · 11 (출)충남 당진 (주)경기도 안산시 상록구 한양대학로 55 한양대학교 기계공학과(031-400-5287) (학)1984년 서울대 기계공학과졸 1986년 同대학원 기계설계학과졸 1992년 기계공학박사(미국 Univ. of Michigan) (경)1987~1992년 한국표준과학연구원 음향진동연구실 연구원 1992~1993년 미국 Univ. of Michigan 기계공학과 Research Fellow 1993~1994년 삼성전자(주) 기억장치사업부 선임연구원 1994~1995년 한국항공우주연구소 위성사업단 선임연구원 1995년

한양대 공학대학 기계공학과 교수(현) 1995년 대한기계학회 정회원(현) 1995년 한국소음진동공학회 정회원(현) 2007~2010년 同동역학및제어부문 총무이사 겸 편집위원 2008~2010년 한국소음진동공학회 총무이사 2009년 국제소음진동학회(ICSV) 정회원 2011~2012년 대한기계학회 동역학및제어부문 부회장 2011~2015년 한국소음진동공학회 학술이사 2012년 미국항공우주학회(AIAA) 정회원(현) 2016년 한국소음진동공학회 부회장 (상)제10회 과학기술우수논문상(2000), 한양대 우수연구교수상(2000·2001), 한양대 Best Teacher상(2002·2003·2006·2008), 한국소음진동공학회 학술상(2004), 한양대 강의우수교수상(2005·2010), Best Engineering Science Teacher Award(2007·2009), 한양대 저명강의 교수상(2013)

정진택(鄭鎭澤) JUNG, JIN-TAK

(생)1949·4·18 (본)동래(東萊) (출)전남 영광 (주)서울특별시 강남구 논현로79길 72 올림피아센터 3층 세무법인 하나(02-2009-4332) (학)광주고졸, 서울대 상과졸, 건국대 행정대학원 세무행정학과졸, 미국 서던캘리포니아대 고위공직자과정 수료 (경)1971년 공인회계사 합격(5회) 1973년 행정고시 합격(13회) 1999년 국세청 정보개발1담당관 1999년 서울지방국세청 직세국장(부이사관) 1999~2002년 同조사2국장·조사1국장 2002년 국세청 개인납세국장(이사관), 세왕금속공업(주) 대표이사 사장 2006년 세무법인 하나 고문(현), 건국대 행정대학원 겸임교수 (상)국세청장표창 3회, 근정포장(1983), 총무처장관표창(1983), 대통령표창(2003)

정진택(鄭眞澤) CHUNG Jin Taek

(생)1960·10·3 (출)서울 (주)서울특별시 성북구 안암로 145 고려대학교 총장실(02-3290-1003) (학)1983년 고려대 기계공학과졸 1985년 同대학원 기계공학과졸 1992년 기계공학박사(미국 미네소타대) (경)1992~1993년 미국 미네소타대 연구원 1993년 고려대 공과대학 기계공학과 조교수·부교수·교수, 同공과대학 기계공학부 교수(현) 2009년 同교수학습개발원장 2009~2011년 同대외협력처장 2016년 한국유체기계학회 수석부회장 2016~2018년 고려대 공과대학장·공학대학원장·테크노콤플렉스원장 겸임 2017년 한국유체기계학회 회장 2017~2018년 고려대 기술경영전문대학원장 2018년 한국공학한림원 회원(기계공학·현) 2019년 고려대 총장(현)

정진평(鄭鎭平) CHUNG Jin Pyung

(생)1967 (주)충청남도 아산시 탕정면 만전당길 30 코닝정밀소재(주) 임원실(041-520-1114) (학)1991년 서울대 기계설계학과졸 1996년 同대학원 기계설계학과졸 2003년 기계공학박사(미국 매사추세츠공과대) (경)2003년 삼성코닝(주) 입사 2006년 삼성코닝정밀유리(주) 제조기술팀장 2010년 삼성코닝정밀소재(주) 제조기술팀장(상무) 2010년 同성형·가공기술팀장(상무) 2012년 同기술센터장(상무) 2014년 코닝정밀소재(주) 제조기술센터장(상무) 2015년 同전무(현)

정진학(鄭鎭學) JEONG Jin Hark

(생)1960·12·25 (출)강원 원주 (주)서울특별시 영등포구 국제금융로 24 유진기업(주) 사장실(02-3704-3390) (학)1987년 고려대 법학과졸 1991년 성균관대 무역대학원 국제경영학과졸 (경)1987년 한화유통(주) 경제연구소 근무 1994년 유진그룹 입사 1996년 유진기업(주) 남동공장장 1998년 同부천공장장 1999년 同이사 2001년 同부사장 2003년 유진콘크리트 사업본부장 겸 부사장 2004년 同수석부사장 2006~2009년 同최고운영책임자(COO·사장) 2007~2009년 유진기업(주) 각자 대표이사 겸임 2010년 유진기업(주) 건설소재부문 총괄사장 2012년 한국레미콘공업협회 회장(현) 2014년 유진기업(주) 사업총괄 사장(현) 2016~2018년 (사)한국리모델링협회 회장 2017년 동양 대표이사 사장 겸임(현)

정진행(鄭鎭行) Chung, Jin Haeng

(생)1955·10·19 (출)서울 (주)서울특별시 종로구 율곡로 75 현대건설(주) 임원실(02-746-2001) (학)1974년 경기고졸 1979년 서강대 무역학과졸 (경)1978~1988년 현대건설 근무 1989~2000년 현대석유화학 근무 2000~2004년 현대자동차(주) 중남미지역본부장(이사) 2004년 기아자동차(주) 홍보실 이사 2005년 同아·태지역본부장(상무) 2006~2007년 同유럽총괄본부장(전무) 2007년 위아(주) 전무 2007년 (주)현대오토넷 부사장 2008년 현대·기아자동차그룹 기획조정실 부사장 2009~2011년 동남권광역경제발전위원회 위원 2011~2018년 현대자동차(주) 전략기획담당 사장 2011년 동반성장위원회 위원 2011~2012년 국가브랜드위원회 위원 2011~2017년 전국경제인연합회 국제협력위원장 2012년 한국자동차공업협회 부회장 2012년 대한상공회의소 한국·인도경제협력위원장 겸 한국·터키경제협력위원장 2012~2014년 (사)한국자원봉사협의회 공동대표 2012년 한국무역협회 비상근부회장(현) 2012년 (사)한국자동차부품연구원 이사장 2012~2017년 전국경제인연합회 자유경제원 이사 2012년 한미경제협의회 부회장 2013년 서울상공회의소 비상근부회장 2013~2017년 전국경제인연합회 한·영CEO포럼위원회 위원장 2019년 현대건설(주) 부회장(현) (상)자랑스러운 서강경영인상(2012), 은탑산업훈장(2012), 서강대총동문회 '자랑스러운 서강인상'(2015)

정진혁(鄭鎭赫) Chung Jin Hyeog

(생)1957·12·6 (본)동래(東萊) (출)서울 (주)인천광역시 서구 백범로934번길 23 인천도시가스(주) 임원실(032-570-7770) (학)1976년 중앙대사대부고졸 1981년 명지대 아랍어과졸 (경)1984~1988년 인천도시가스(주) 근무 1988~1994년 피닉스전자 대표 1994~1996년 인천도시가스(주) 비서실장 1996년 同이사 2001년 同상무이사 2003년 同부사장 2012~2015년 同대표이사 사장 2012~2015년 한국가스연맹 이사 2012~2015년 인천경영자총협회 부회장 2015~2016년 인천도시가스(주) 고문 2016년 同대표이사 사장(현) (상)국무총리표창(2005), 산업평화대상(2007), 대통령표창(2007)

정진호(鄭振昊) JUNG Jin Ho

(생)1954·10·30 (본)나주(羅州) (출)전북 익산 (주)서울특별시 서초구 서초대로74길 4 삼성생명서초타워 17층 법무법인(유) 동인(02-2046-0620) (학)1971년 용산고졸 1975년 고려대 법학과졸 (경)1977년 사법시험 합격(19회) 1979년 사법연수원 수료(9기) 1979년 육군 법무관 1982년 수원지검 검사 1985년 대전지검 천안지청 검사 1986년 서울지검 의정부지청 검사 1988년 대전지검 검사 1990년 부산지검 검사 1991년 대구지검 영덕지청장 1992년 제주지검 부장검사 1993년 전주지검 부장검사 1993년 대전지검 형사2부장 1994년 수원지검 성남지청 부장검사 1995년 법무부 관찰과장 1995년 同조사과장 1997년 서울지검 남부지청 형사4부장 1997년 同남부지청 형사2부장 1998년 同남부지청 형사1부장 1998년 同공판부장 1999년 전주지검 군산지청장 2000년 서울지검 동부지청 차장검사 2001년 인천지검 부천지청장 2002년 서울고검 검사 2003년 사법연수원 부원장 2004년 법무부 보호국장 2005년 서울북부지검장 2006년 광주고검장 2007~2008년 법무부차관 2008~2014년 법무법인 동인 변호사 2008~2013년 (주)한화 사외이사 2014년 법무법인(유) 동인 대표변호사(현) (상)검찰총장표창(1987), 황조근정훈장(2006)

ㅈ

정진호(鄭振鎬) Jinho Chung

(생)1954·12·17 (출)대구 (주)서울특별시 강남구 테헤란로87길 22 더웰스인베스트먼트(02-552-1203) (학)1973년 계성고졸 1978년 고려대 통계학과졸 1980년 일본 와세다대 대학원졸 (경)일본 노무라증권 근무, 미국 푸르덴셜증권 근무, 에셋코리아 근무, 액츠투자자문 대표이사 사장 2004년 (주)바이넥스트캐피탈 대표이사 2005~2010년 푸르덴셜투자증권 대표이사 사장, 한국투자자문협의회 회장 2013년 (주)PINE STREET 최고경영자(CEO) 2013년 MC PINESTREET 대표이사 2013년 同부회장 2013년 금호석유화학(주) 사외이사 겸 감사위원(현) 2015년 MC Pavilion 대체투자(주) 대표이사 2015~2016년 同부회장 2016년 더웰스인베스트먼트(The Wells Investment) 회장(현) (종)기독교

정진호(鄭鎭浩) CHUNG Jin Ho

(생)1955·2·9 (출)서울 (주)서울특별시 관악구 관악로 1 서울대학교 약학대학(02-880-7820) (학)1978년 서울대 제약학과졸 1980년 同약학대학원 생명약학과졸 1987년 약학박사(미국 존스홉킨스대) (경)1987년 미국 Johns Hopkins Toxicology Division Post-Doc. 1988년 미국 NIH Carcinogenesis Division 방문연구원 1989년 서울대 약학대학 교수(현) 1993년 미국약리학회(ASPET) 정회원(현) 1993~1999년 서울대 실험동물실장 1995년 미국독성학회(SOT) 정회원(현) 1999~2003년 서울대 약학대학 약학과장 2001~2004년 국가지정연구실(NRL) 연구책임자 2003~2005년 서울대 약학대학 부학장 2004년 한국과학기술한림원 정회원(현) 2006년 식품의약품안전청(KFDA) 연구정책심의위원장 2006~2009년 세계산업안전보건학회(ILO) 조직위원 2007~2008년 한국식품위생안전성학회 회장 2007~2008년 한국독성학회 수석부회장 2008~2010년 서울대 환경안전원장 2010~2011년 한국독성학회 회장 2011~2013년 서울대 약학대학장 2011~2013년 식품의약품안전처 정책위원회 심의위원 2013~2014년 (사)한국약학교육협의회 이사장 2013~2017년 국무총리소속 식품안전정책위원회 심의위원 2016년 한국과학기술한림원 의약학부장·총괄부원장(현) 2015~2018년 미국 존스홉킨스대 한국총동문회 회장 2018년 과학기술정보통신부 국민생활과학자문단장(현) (상)근정포장(2010) (종)기독교

정진호(鄭震皓) JEONG Jin Ho

(생)1965·11·28 (출)경북 문경 (주)서울특별시 종로구 종로3길 17 디타워 23층 법무법인 세종(02-316-4036) (학)1983년 대구고졸 1987년 서울대 법학과졸 1989년 同대학원 법학과 수료 (경)1988년 사법시험 합격(30회) 1991년 사법연수원 수료(20기) 1994년 부산지법 울산지원 판사 1996년 부산지법 판사 1998년 수원지법 여주지원 판사 겸 양평군·이천시법원 판사 2001년 서울지법 남부지원 판사 2003년 서울고법 판사 2006년 의정부지법 부장판사 2009~2010년 서울동부지법 부장판사 2010년 법무법인 세종 파트너변호사(현)

정진후(鄭鎭珝) Jeong Jinhoo

(생)1957·11·6 (본)동래(東萊) (출)전남 함평 (주)경상북도 경주시 태종로 188 경주대학교 총장실(054-770-5114) (학)대입검정고시 합격, 중앙대 문예창작학과졸 (경)1988년 안양예고 교사·사학투쟁관련 해임 1989년 안양예고 복직·전국교직원노동조합 결성관련 해임 1990년 전국교직원노동조합 경기지부 사무국장 1992~1993년 同경기지부장 1994년 同사무차장 겸 조직국장·편집실장·사무처장 1999년 경기 백운중 복직 2000년 전국교직원노동조합 사무처장 2000년 공무원사학연금개악저지및올바른공적연금개혁을위한공동대책위원회 집행위원장 2001년 전국교직원노동조합 감사위원장 2003년 합법 전국교직원노동조합 1기 연가투쟁관련 파면 2005년 수원 제일중 복직 2007~2008년 전국교직원노동조합 수석부위원장 2008~2010년 同위원장 2012~2016년 제19대 국회의원(비례대표, 통합진보당·진보정의당·정의당) 2012년 국회 교육과학기술위원회 위원 2012년 국회 학교폭력대책특별위원회 위원 2012년 진보정의당 정책위원회 의장 2013년 국회 교육문화체육관광위원회 위원 2013년 정의당 원내수석부대표 2014~2015년 국회 국민안전혁신특별위원회 위원 2015~2016년 정의당 원내대표 2015년 국회 운영위원회 위원 2015년 국회 메르스대책특별위원회 위원 2015년 국회 정치개혁특별위원회 위원 2016년 정의당 안양시동안구乙지역위원회 위원장 2019년 경주대 총장(현) (상)경제정의실천시민연합 국정감사 우수의원(2014), 전국청소년선플SNS기자단 선정 '국회의원 아름다운 말 선플상'(2015) (종)불교

정진희(鄭璡熺) Jung Jin Hee

(생)1959·3·15 (주)서울특별시 영등포구 여의대로 128 트윈타워 LG전자(주) H&A사업본부(02-3777-1114) (학)경남고졸, 서울대 기계공학과졸, 同대학원 기계공학과졸, 기계공학박사(미국 휴스턴대) (경)1983년 금성사 창원연구소 입사 2007년 LS엠트론 중앙연구소장(상무) 2010년 LS엠트론 중앙연구소장(전무) 2011년 LG전자 AE연구소 칠러그룹장(수석연구위원·CTO) 2015년 同H&A에어솔루션연구소 칠러선행연구팀장(수석연구위원·전무) 2017년 同H&A에어솔루션연구소 칠러선행연구팀장(수석연구위원·부사장) 2018년 同에어솔루션연구소 산하 수석연구위원(부사장) 2019년 同H&A사업본부 산하 수석연구위원(부사장)(현) (상)국무총리표창(2010)

정찬균(鄭燦均)

(생)1965·7·29 (출)전남 나주 (주)전라남도 무안군 삼향읍 오룡길 1 전라남도청 자치행정국(061-286-3300) (학)1984년 광주 대동고졸 1991년 전남대 행정학과졸 (경)1997년 지방고시 합격 2004~2006년 광양만권경제자유구역청 기획예산과장 2006~2009년 전남도 기획조정실 정책연구담당·정책조정담당 2009~2010년 同경제과학국 비상경제상황실 근무·생물산업담당 2010년 同의회 사무처 농수산환경전문위원 직대 2010~2012년 여수세계박람회조직위원회 엑스포타운부장 2010년 지방서기관 승진 2013년 전남도 투자정책국 기업유치과장 2014년 전남 장성군 부군수 2016년 전남도 일자리정책실장 직대 2017년 同일자리정책실장(부이사관) 2018년 국가인재개발원 교육파견(지방부이사관) 2019년 전남도 보건복지국장 2019년 同자치행정국장(현)

정찬범 Jung Chan Beom

(생)1963·1·16 (주)서울특별시 강동구 상일로6길 26 삼성물산(주) 건설부문(02-2145-5114) (학)인하대 기계공학과졸, 삼성전자기술대학원 수료 (경)1988년 삼성전자(주) 입사, 同SEV담당 임원 2009년 同생활가전지원팀 상무 2011년 同영상디스플레이 인사팀장(상무), 제일모직(주) 인사지원실장(전무) 2014년 同인사지원팀장(전무) 2014년 同리조트·건설부문 인사지원팀장(전무) 2015년 삼성물산(주) 리조트·건설부문 인사지원팀장(전무) 2017년 同건설부문 경영지원실 인사팀장(전무) 2018년 同건설부문 품질안전실장(부사장)(현)

정찬설(鄭燦卨) JUNG CHAN SUL

(생)1959·5·16 (출)서울 (주)서울특별시 강동구 상일로6길 26 삼성엔지니어링(주) ENG'G본부(02-2053-3403) (학)1978년 장충고졸 1982년 한양대 화학공학과졸, 미국 오하이오주립대 대학원졸, 화학공학박사(고려대) (경)1986년 삼성엔지니어링(주) 입사 2002년 同공정팀장 2011년 同SEA 담당임원 2011년 同Upstream사업본부장 2013년 同기본설계팀장 2013년 同SEA법인장 2014년 同ENG'G 본부장(전무) 2017년 同ENG'G본부장(부사장)(현)

정찬수(鄭燦壽) JUNG Chan Soo

(생)1962·11·26 (출)전북 익산 (주)경기도 안산시 단원구 해안로 404 GS E&R 임원실(031-363-3550) (학)남성고졸 1987년 서울대 경영학과졸 (경)1987년 호남정유 입사, LG칼텍스정유(주) 신사업팀장 2004년 同가스사업부문장(상무) 2005년 GS칼텍스 가스사업부문장(상무), 同경영기획부문장 2009년 同법인사업부문장(전무) 2013년 (주)GS 경영지원팀장(전무) 2013~2019년 GS칼텍스 감사 2014년 (주)GS 경영지원팀장(부사장) 2014~2018년 GS에너지(주) 감사 2015~2019년 GS홈쇼핑 비상무이사 2018년 (주)GS 경영지원팀장(사장) 2019년 GS E&R 대표이사 사장(현) 2019년 (주)GS글로벌 기타비상무이사(현) 2019년 GS에너지(주) 이사(현) (종)불교

정찬식(鄭燦植)

(생)1963·1 (주)서울특별시 영등포구 여의대로 128 LG트윈타워 (주)LG화학 ABS사업부(02-3773-1114) (학)한양대 공업화학과졸 (경)2009년 (주)LG화학 대산공장 모노머생산담당 상무 2010년 同여수NCC공장장(상무) 2014년 同NCC사업부장(전무) 2017년 同ABS사업부장(부사장)(현)

정찬용(鄭燦龍) JEONG Chan Yong (聽雨堂)

(생)1950·9·11 (본)하동(河東) (출)전남 영암 (주)광주광역시 동구 천변우로 335 무등사랑(사)인재육성아카데미(062-224-7733) (학)1969년 광주제일고졸 1974년 서울대 언어학과졸 (경)1974년 민청학련사건관련 구속 1975~1979년 거창고 교사 1982년 거창YMCA 총무 1998~2003년 광주YMCA 사무총장 1998~2003년 광주시민단체협의회 상임대표 2000년 광주·전남정치개혁시도민연대 공동대표 2002년 시민사회단체연대회의 상임공동대표 2003년 대통령 인사보좌관 2003~2005년 대통령 인사수석비서관 2005년 외교통상부 NGO담당 대사 2006~2007년 여수세계박람회유치위원회 부위원장 2007년 서남해안포럼 상임대표 2008년 현대·기아자동차그룹 인재개발원장(사장) 2009~2018년 서남해안포럼 고문 2009년 2012여수엑스포조직위원회 위원 2009년 무등사랑(사)인재육성아카데미 이사장·명예이사장(현) 2010년 광주시장선거 출마(국민참여당) 2011~2018년 (사)사랑의빛 이사장·명예이사장 2014~2018년 광주시 광주자동차산업밸리추진위원회 위원장 (상)황조근정훈장(2007) (저)'정찬용의 도전'(2009, 21세기북스) '내 인생의 첫 수업'(2009, 두리미디어) '열 명의 사람이 노무현을 말하다'(2010, 오마이북) (종)기독교

정찬우(鄭燦宇)

(생)1975·12·23 (출)인천 (주)충청북도 충주시 계명대로 103 청주지방법원 충주지원(043-841-9119) (학)1994년 단국대부속고졸, 서울대 법과대학 사법학과졸 (경)1999년 사법시험 합격(41회) 2002년 사법연수원 수료(31기) 2002년 인천지법 판사 2003년 서울고법 판사 2004년 서울중앙지법 판사 2006년 전주지법 남원지원 판사 2009년 서울동부지법 판사 2012년 서울중앙지법 판사 2014년 서울동부지법 판사 2017년 청주지법 충주지원 부장판사 2018년 同충주지원장(현)

정찬형(鄭燦亨) Chung Chan Hyong

(생)1958·3·12 (출)대전 (주)서울특별시 마포구 상암산로 76 YTN 임원실(02-398-8020) (학)1976년 충남고졸 1983년 충남대 사학과졸 (경)1982년 MBC 입사, 同라디오국 프로듀서 1987년 同심의실 TV심의부 근무 1988년 同라디오국 제작1부 근무 1990년 同라디오편성부 근무 1993년 同라디오제작2부 근무 1995년 同라디오제작2팀 근무 1995년 同라디오제작1팀 근무 1996년 同FM1팀 근무 1998년 同라디오제작1부 차장 2000년 同라디오편성기획부 부장대우 2001년 同비서실장 2003년 同라디오본부 위원 2005년 同라디오본부장 2008년 同글로벌사업본부장 2009년 同라디오본부 프로듀서 2012년 同사회공헌실 부국장 2013~2015년 同라디오제작국 부국장 2015~2018년 교통방송(tbs) 대표이사 2018년 YTN 대표이사 사장(현) (상)한국프로듀서상 작품상(1994·1999·2000), 전국언론노동조합연맹 민주언론상(1997), 아·태방송연맹 라디오대상(1998), 제42회 한국방송대상 라디오음악구성 작품상(2015), 제28회 한국프로듀서상 공로상(2016) (작)라디오 프로그램 '푸른신호등', '지금은 라디오시대', '여성시대', '손석희의 시선집중', '김미화의 세계는 그리고 우리는', '신해철의 고스트 스테이션', '배철수의 음악캠프'

정창규(鄭昌奎)

(생)1973·1·6 (주)인천광역시 남동구 정각로 29 인천광역시의회(032-440-6067) (학)인천대 부설평생교육원 행정학과졸 (경)사회복지사(현), 무한버섯나라 대표(현), 在인천충남도민회 사무부총장·부회장(현) 2018년 인천시의회 의원(더불어민주당)(현), 同건설교통위원회 위원(현), 同예산결산특별위원회 위원장(현), 더불어민주당 인천시당남구甲 사무국장(현)

정창근(鄭昌根) Chung, Chang Kun

(생)1953·10·5 (본)경주(慶州) (출)전남 목포 (주)서울특별시 중구 필동로1길 30 동국대학교 사회과학대학 국제통상학과(02-2260-3280) (학)1977년 동국대 무역학과졸 1986년 미국 Kansas주립대 대학원 경제학과졸 1992년 경제학박사(미국 Kansas주립대) (경)1993년 동국대 사회과학대학 국제통상학과 교수 2007년 同사회교육원장 2009년 同행정대학원장 2009년 同사회과학대학장 2010년 전국행정대학원장협의회 회장 2010년 동국대 경찰사법대학원장 2011~2012년 同대외협력본부장 2012~2015년 同경영부총장 2013년 한국무역학회 회장 2013~2016년 미국 캔자스주립대한국동문회 회장 2014~2015년 만해축전추진위원회 위원장 2014~2015년 한국무역학회 명예회장 2015년 同고문, 同정부정책지원위원장(현) 2015년 동국대 총장 직대 2017년 한국4차산업혁명학회 초대회장 2018년 동국대 사회과학대학 국제통상학과 명예교수(현) (종)불교

정창근(鄭昌根)

(생)1961·3·21 (출)충남 아산 (주)대구광역시 동구 동내로 63 대구·경북지방병무청(053-607-6201) (학)1979년 온양고졸 2005년 한국방송통신대 행정학과졸 (경)1981년 공직 입문 2007년 인천경기지방병무청 고객관리과장 2010년 병무청 감사담당관실 감사·감찰담당 2014년 同사회복무연수센터 설립팀장 2015년 同사회복무국 복무관리과장 2016년 同운영지원과장 2018년 대구·경북지방병무청장(고위공무원)(현) (상)대통령표창(2013)

정창근(鄭昌根) CHUNG Chang Geun

(생)1963·9·3 (출)서울 (주)부산광역시 연제구 법원로 31 부산지방법원 총무과(051-590-1507) (학)1982년 숭실고졸 1986년 서울대 공법학과졸 1989년 단국대 행정대학원졸 (경)1991년 사법시험 합격(33회) 1994년 사법연수원 수료(23기) 1994년 변호사 개업 1997년 부산지법 판사 2000년 창원지법 판사 2001년 수원지법 평택지원 판사 2003년 同평택지원 안성시법원 판사 2004년 서울가정법원 판사 2006년 서울고법 판사 2008년 서울중앙지법 판사 2009년 춘천지법 부장판사 2010년 인천지법 부장판사 2013년 서울중앙지법 부장판사 2016년 서울남부지법 부장판사 2018년 서울동부지법 부장판사 2019년 부산지법 부장판사(현)

정창덕(丁昌德) JUNG CHANG DUK

(생)1960·7·24 (출)전북 임실 (주)강원도 횡성군 횡성읍 남산로 210 송호대학교 총장실(033-340-1000) (학)1985년 단국대 전기공학과졸 1991년 연세대 대학원 경제과졸 2001년 경영정보박사(한국과학기술원) (경)1985~1986년 일본 도시바대·와세다대 연구원 1990~1991년 미국 GE·GA Tech Univ. 연구원 1996년 한국사랑의울타리 대표 1996년 국제유비쿼터스협회 부총재 1996년 (사)한국유비쿼터스학·협회 회장 2002년 산업자원부·정보통신부 국가전략회의 위원, 서울벤처정보대학원대 교수·기획처장 2005년 대통령자문 정책기획위원회 위원 2006년 미국 UCLA·Indiana Univ. 연구원 및 객원교수 2007년 고려대 컴퓨터정보학과 교수 2010년 중국 하얼빈대 석좌교수 2014~2015년 강릉영동대 총장 2015~2017년 안양대 총장, 일본 동경교육대학원대 객원교수, (사)정부미래부 및 (사)미래창조융합협회 회장, 안전행정부3.0 자문강사위원 2017년 송호대 총장(현) 2019년 코레일 강원본부 횡성역 명예역장(현) (상)미국 ABB 소프트웨어상(1991), 산업자원부장관표창(1992·2006), SCI/IEEE 국제논문상(2009), 대통령표창(2013) (저)'CISA 문제와 정보 보호'(1995, 법영사) 'CISA 정보보안+'(1996, 법영사) 'C 프로그래밍'(1997, 양서각) '돌다리를 두드리면 건너지 못한다'(1997, 무한) '무엇이 정말 행복일까요'(1998, 은혜출판사) '창의력이 성공을 좌우한다'(1998, 청담문학사) '창의력 두배 키우기(저학년·고학년'(1999, 문공사) '성공지식경영'(2000, 학문사) '창조적경영 노하우'(2000, 교우사) 'IT 마케팅 성공법칙 11가지'(2002, 무한기획) '기업경영정보시스템'(2003, 그린) '유비쿼터스 개론'(2007, 홍릉과학출판사) '꿈을 꾸는 자는 아름답지만 꿈을 실천하는 자는 행복합니다'(2009, 대선) '스마트폰과 인터넷속 윤리 이대로 좋은가'(2010, 내하출판사) '행복경제'(2013, MJ미디어) '창의성기법'(2013, 월송) '희망이 이긴다'(2015, 행복에너지) 외 다수

정창림(鄭昌林)

(생)1969·1·15 (주)전라북도 전주시 완산구 서원로 99 전북지방우정청(063-240-3524) (학)1987년 순천고졸 1994년 건국대 행정학과졸 1999년 서울대 행정대학원 수료 (경)1999년 정보통신부 정보화기획실 초고속망구축과 사무관 2000년 同기획관리실 행정관리담당관실 사무관 2001년 同기획관리실 법무담당관실 사무관 2003년 同기획관리실 법무담당관실 서기관 2004년 同정보통신진흥국 통신경쟁정책과 서기관 2005년 同우정사업본부 순천우체국장 2006년 同중앙전파관리소 위성전파감시센터장 2007년 캐나다 브리티쉬컬럼비아 주정부 교육훈련 2009년 방송통신위원회 전파기획관실 주파수할당팀장 2011년 同디지털방송전환추진단 디지털방송지원과장 2013년 同감사담당관 2013년 미래창조과학부 전파정책국 전파방송관리과장 2015년 同통신정책국 통신정책기획과장 2016년 同통신정책국 통신정책기획과장(부이사관) 2017년 과학기술정보통신부 통신정책국 통신정책기획과장 2019년 同전파정책국 전파정책기획과장 2019년 同우정사업본부 전북지방우정청장(고위공무원)(현) (상)근정포장(2013)

정창선(鄭昌善) Jung, Chang sun

(생)1942·12·4 (출)전남 광주 (주)광주광역시 북구 무등로 204 중흥건설(주)(062-510-2114) (학)1996년 전남대 경영대학원 최고경영자과정 수료 (경)1983년 (합)중흥주택 설립 1989년 중흥건설(주) 설립 1990년 대한핸드볼협회 광주시회장 1992년 중흥건설(주) 회장(현) 1992년 대한주택건설협회 광주·전남지회 부회장 1994년 광주·전남경영자총협회 이사 1996년 광주시국민생활체육협의회 회장 1998년 법무부 법사랑 광주지역자문위원회 위원(현) 2000년 광주고법 조정위원(현) 2001년 대한주택건설협회 중앙회 부회장 2003년 同광주시회장 2004년 광주시체육회 부회장 2011년 (재)광주한마음장학재단 이사장 2018년 광주상공회의소 회장(현) 2018년 대한상공회의소 부회장(현) 2019년 (주)헤럴드 회장(현) (상)국민훈장 석류장(1995), 살기좋은아파트 우수상(1998·2011·2015·2017), 건설교통부장관표창(2001), 동탑산업훈장(2005), 대통령표창(2009), 토목건설기술대상 건축부문 최우수상(2016), 광주광역시시민대상 지역경제진흥부문(2017), 한국건축문화대상 대통령표창(2018)

정창섭(鄭昌燮) JUNG Chang Sub

(생)1954·10·26 (출)서울 (주)인천광역시 남동구 정각로 29 인천광역시청 정책특별보좌관실(032-440-5685) (학)1974년 서울고졸 1978년 서울대 법대 법학과졸 1980년 同행정대학원 수료 (경)1977년 행정고시 합격(21회) 1978년 강화군 행정관 1979년 경기도 내무국 서무과 근무 1983년 同지방공무원교육원 근무 1985년 同내무국 총무과 고시계장 1988년 同기획관리실 법무담당관 1989년 내무부 총무과 종합상황실장 1990년 대통령비서실 정무행정관 1992년 경기 남양주군수 1994년 내무부 지방행정연수원 교수부 운영과장 1994년 同법무담당관 1995년 同기획예산담당관 1997년 인천시 기획관리실장 2001년 국방대학원 입교 2002년 제2의건국범국민추진위원회 운영국장 2002년 경기도 기획관리실장 2003년 同행정1부지사 2008년 행정안전부 차관보 2009~2010년 同제1차관 2011년 대통령소속 지방분권촉진위원회 위원 2012~2014년 한국지역정보개발원 원장 2014년 강원대 사범대학 초빙교수 2015년 인천시 정책특별보좌관(현) (상)내무부장관표창, 총무처장관표창, 녹조근정훈장(1995) (종)기독교

정창성(鄭昌星) Jung, Cang Sung

(생)1972·6·7 (출)서울 (주)세종특별자치시 한누리대로 411 행정안전부 정부혁신조직실 조직진단과(044-205-2321) (학)1991년 대일고졸 1999년 연세대 행정학과졸 2014년 정책학박사(영국 엑세터대) (경)2001년 행정고시 합격(45회), 대통령 행정자치비서관실 행정관, 교육부 사회협력정책관실 근무, 안전행정부 조직기획과 근무, 행정자치부 인사혁신팀 근무, 同장관비서실 근무, 同지방세제팀 근무, 同기획예산담당관실 근무 2017년 同조직진단과장 2017년 행정안전부 정부혁신조직실 조직진단과장(현)

정창영(鄭暢泳) Jung Chang Young

(생)1943·11·18 (본)동래(東萊) (출)충북 충주 (주)서울특별시 서초구 서초대로74길 4 삼성생명서초타워 19층 삼성언론재단 이사장실(02-597-4201) (학)1961년 청주고졸 1967년 연세대 상경대 경제학과졸 1969년 미국 Univ. of Southern California 대학원 경제학과졸 1971년 경제학박사(미국 Univ. of Southern California) (경)1971~1980년 연세대 경제학과 조교수·부교수 1973년 한국개발연구원(KDI) 초청연구원 1980~2009년 연세대 경제학과 교수 1988~1993년 서울경제신문 비상임논설위원 1990~1993년 한국경제학회 'Korean Economic Review' 편집인 1990~1996년 한국산업은행 비상임이사 1990년 연세대 재무처장 1992년 同기획실장 1995년 한국국제경제학회 회장 1995년 연세대 경영대학원장 1998년 한국경제발전학회 회장 1999년 대통령자문 정책기획위원 2000~2002년 연세대 행정·대외부총장 2002년 한국경제학회 회장 2002년 대통령자문 국민경제자문회의 위원 2004~2007년 연세대 총장 2009년 同경제학과 명예교수(현) 2009년 함께나누는세상 상임대표(현) 2010년 삼성언론재단 이사장(현) 2011년 아시아나항공(주) 사외이사 2011년 삼성경제연구소 고문(현) 2014년 아시아나항공(주) 사외이사 겸 감사위원(현) 2016년 (재)여시재 이사(현) (상)청조근정훈장(2009), 자랑스러운 연세상경인상(2012), 자랑스러운 청고인상(2015) (저)'정교수의 경제교실'(1993) 'IMF 고통인가 축복인가'(1998) '경제발전론'(2000) '경제학원론'(2003) '민본경제 제1권 – 따뜻한 마음 냉철한 이성'(2018) (종)기독교

정창원(丁昶元) Joung, Chang-Won

(생)1970 · 9 · 29 (본)영광(靈光) (출)전남 영광 (주)서울특별시 중구 퇴계로 190 MBN 정치부(02-2000-3114) (학)1988년 살레시오고졸 1996년 한양대졸 2005년 건국대 부동산대학원졸 2009년 부동산학박사(한성대) (경)1995년 MBN 입사 2008년 同청와대 출입기자 2010~2011년 미국 존스홉킨스대 국제관계대학원(SAIS) 객원연구원 2012년 MBN 시사기획부장 2013년 同문화스포츠부장 2013년 同경제부장 2013년 同보도국 산업부장 2016년 同보도국 경제부장 2017년 同보도국 사회1부장 2018년 同보도국 정치부장(현) 2019년 同보도국장 직무대리 (상)좋은세상 나눔이상 언론부문(2014), 올해의 방송기자상(2014 · 2016), 한국기자협회 이달의 기자상(2016) (저)'돈 버는 부동산릿츠(共)'(2004) '1조 원의 사나이들'(2017) (종)천주교

정창주(鄭昌株) Jeong Chang Joo

(생)1954 · 8 · 24 (본)연일(延日) (출)대구 (주)경상북도 구미시 야은로 37 구미대학교 총장실(054-440-1101) (학)1973년 대구고졸 1977년 경북대 체육교육과졸 1983년 同대학원 체육학과졸 1992년 이학박사(경북대) (경)1979~1980년 의성 금성고 교사 1980~1992년 대구 성화여고 교사 1993~2005년 구미시체육회 이사 1995~1997년 구미1대학 학생과장 1996~1999년 한국체육학회 이사 1997~2004년 구미1대학 스포츠과학연구소장 1998~2006년 한국운동영양학회 부회장 2002~2004년 구미1대학 학생처장 2004년 同교학처장 2004~2012년 同학장 2012년 구미대 총장(현) 2017년 대구 · 경북전문대학총장협의회 감사(현) (상)구미시 지역체육발전상(1999), 경북체육회 우수선수지도자상(2000), 경북태권도협회 우수지도자상(2001), 구미시 지역사회발전상(2002) (저)'한국 청소년의 골연령과 체격'(1991) '생활체육과 건강'(1996) '새로운 학교보건'(1996) '운동과 건강'(2000) '학교보건교육론'(2000) '스포츠의학'(2000) (종)가톨릭

정창주(鄭昌柱) JUNG Chang Ju

(생)1954 · 11 · 10 (출)경남 마산 (주)경기도 구리시 벌말로 96 (주)일화 비서실(031-550-0100) (학)1972년 마산 용마고졸 1986년 경기대 영어영문학과졸 1990년 한국외국어대 세계경영대학원졸 1998년 경영학박사(창원대) (경)1978~1986년 (주)한양 근무 1987년 적성산업(주) 영업과장 1989~1991년 세계일보 경리과장 1992~1998년 일성레저산업 본부장 1998년 세계일보 기획국장 2000년 同관리국장 2000년 同총무국장 2004년 (주)용평리조트 전무이사 2005~2017년 同대표이사 사장 2010~2013년 2013스페셜올림픽세계동계대회준비위원회 위원 2010~2016년 한국휴양콘도미니엄경영협회 회장 2017년 (주)일화 대표이사(현) (종)통일교

정창헌(鄭昌憲)

(생)1960 · 9 · 10 (출)경남 남해 (주)경상북도 포항시 북구 흥해읍 동해대로 1001 포항교도소(054-262-1100) (학)남해고졸, 울산대 경영학과졸, 창원대 대학원 법학과졸 (경)1989년 7급 공채(교정간부 31기) 2004년 부산구치소 출정과장(교정관) 2005년 청송교도소 보안과장 2009년 법무부 교정본부 사회복귀과 교정관 2012년 서울구치소 복지과장 2013년 대구지방교정청 의료분류과장(서기관) 2013년 同보안과장 2014년 부산구치소 부소장 2015년 밀양구치소장 2016년 상주교도소장 2017년 대구지방교정청 총무과장 2018년 울산구치소장 2019년 포항교도소장(현) (상)국무총리표창(2002), 대통령표창(2011)

정창호(鄭彰鎬) CHUNG Chang Ho

(생)1967·2·17 (본)경주(慶州) (출)서울 (학)1985년 여의도고졸 1989년 서울대 법대졸 1991년 同법과대학원졸 (경)1990년 사법시험 합격(32회) 1993년 사법연수원 수료(22기) 1996년 서울지법 의정부지원 판사 1998년 수원지법 판사 1998년 서울지법 판사 2000년 제주지법 판사 2001년 영국 런던정경대(LSE) 연수 2002년 청주지법 제천지원 판사 2003년 同제천지원 단양군법원 판사 2004년 서울고법 판사 2005년 서울중앙지법 판사 2005년 통일부 파견(홍콩대 연수) 2006년 대법원 재판연구관 2008년 전주지법 부장판사 2008년 외교통상부 파견 2010~2014년 광주지법 부장판사 2011년 UN 캄보디아 크메르루주 전범재판소(ECCC) 재판관 파견 2015년 국제형사재판소(ICC) 재판관(현) 2016년 부산고법 부장판사 2018년 서울고법 부장판사(현) (종)기독교

정창화(鄭昌和) CHUNG Chang Wha

(생)1940 · 8 · 2 (본)연일(延日) (출)경북 의성 (주)서울특별시 영등포구 버드나루로 73 우성빌딩 자유한국당(02-6288-0200) (학)1958년 대구 계성고졸 1962년 연세대 정법대학 정치외교학과졸 (경)1969~1971년 국무총리실 재경사무관 · 정무장관실 비서관 1980년 민주정의당(민정당) 중앙정치연수원 훈련국장 1981년 同중앙정치연수원 부원장 1981년 제11대 국회의원(전국구, 민정당) 1983년 민정당 직능국장 1985~1988년 同정치연수원장 1985년 제12대 국회의원(전국구, 민정당) 1986년 헌법개정특별위원회 위원 1988년 제13대 국회의원(의성, 민정당 · 민자당) 1988년 민정당 원내수석부총무 1988년 국회 법개정특별위원회 위원장 1988년 민자당 원내수석부총무 1990년 同의성지구당 위원장 1990년 한 · 베네수엘라의원친선협회 회장 1990년 국회 농림수산위원장 1992~1995년 민자당 대구수성甲지구당 위원장 1997년 신한국당 중앙연수원장 1997년 한나라당 중앙연수원장 1998년 제15대 국회의원(의성 보선, 한나라당) 1998년 한나라당 사무총장 1999년 同정책위원회 의장 2000~2004년 제16대 국회의원(군위 · 의성, 한나라당) 2000~2001년 한나라당 원내총무 2001년 同농어촌발전특별위원회 위원장 2001년 한 · 우루과이친선협회 회장 2002년 한나라당 경북도지부 위원장 2003~2012년 同상임고문 2012~2017년 새누리당 상임고문 2017년 자유한국당 상임고문(현) (종)기독교

정창화(鄭昌和) Chung, Chang Hwa

(생)1961 · 6 · 18 (출)대구 (주)서울특별시 강남구 테헤란로 440 (주)포스코 인사팀(02-3457-0114) (학)1980년 서울 명지고졸 1985년 미국 웨인주립대 경제학과졸 1987년 同대학원 경제학과졸 1996년 경제학박사(미국 노스웨스턴대) (경)1996년 포항종합제철 입사 2006년 同ER실장 2009년 同대외협력실장 2011년 同대외협력실장(상무보) 2012년 同커뮤니케이션실장(상무) 2014년 同PR실장(상무) 2015년 (주)포스코건설 CR센터장(전무) 2015년 (주)포스코 PR실장(전무) 2016년 同경영지원본부 홍보실장(전무) 2017년 포스코(주) POSCO-China 대표법인장(전무) 2018년 중국한국상회 제25 · 26대 회장(현) 2019년 포스코(주) POSCO-China 중국대표법인장(부사장)(현)

정창훈(鄭昌勳) Paul Chung

(생)1965 · 5 · 23 (출)경남 진주 (주)서울특별시 강남구 논현로 508 LG아트센터(02-2005-1412) (학)1984년 서울 오산고졸 1988년 연세대 경영학과졸 1990년 미국 리하이대 대학원졸(MBA) (경)1990년 LG전자 입사 1998년 同아주지역본부(싱가포르) 마케팅담당 1999년 同금융기획그룹장 2002년 (주)LG 구조조정본부 사업조정팀 부장 2005년 同브랜드관리팀 부장 2008년 同브랜드담당 상무 2013년 LG연암문화재단 LG아트센터 대표(현) (저)'기업 브랜드의 전략적 경영(共)'(2010)

정채교(鄭蔡敎) JEONG CHAE GYO
(생)1970 (출)경남 하동 (주)세종특별자치시 한누리대로 2130 세종특별자치시청 도시성장본부(044-300-3010) (학)1989년 당곡고졸 1994년 고려대 토목환경공학과졸 2005년 미국 텍사스A&M대 대학원 사업관리학과졸 (경)1995년 기술고시 합격(30회) 2006년 행정중심복합도시건설청 기반시설본부 기반시설기획팀 서기관 2006년 同사업관리재정팀장 2007년 건설교통부 연구개발총괄팀장 2008년 국토해양부 용산공원조성추진기획단 공원정책과장 2009년 同4대강살리기추진본부 파견(서기관) 2014년 국토교통부 광역도시철도과장 2016년 同철도국 민자철도팀장 2017년 同건설정책국 기술정책과장 2018년 同건설정책국 기술정책과장(부이사관) 2018년 세종특별자치시 건설교통국장 2019년 同도시성장본부장(현)

정채민

(생)1970·10·15 (출)충남 논산 (주)서울특별시 종로구 사직로8길 31 서울지방경찰청 과학수사과(02-700-4104) (학)고려대 행정학과졸 (경)2002년 사법시험 합격(44회) 2003년 사법연수원 수료(34기) 2005년 경찰 임용(경정 특채) 2013년 서울 송파경찰서 형사과장 2015년 서울 종로경찰서 수사과장 2016년 경찰수사연수원 교무과장(총경) 2016년 강원 철원경찰서장 2017년 경찰위원회 근무(총경) 2019년 서울지방경찰청 과학수사과장(현)

정채봉(丁采琫) Cheong Chai Pong

(생)1960·8·8 (출)전남 (주)서울특별시 중구 소공로 51 우리은행 임원실(02-2002-3000) (학)1978년 목포상고졸 1987년 한국방송통신대 경영학과졸 1999년 명지대 대학원 경영학과졸 2009년 경영학박사(동국대) (경)1978년 한일은행 입행 2005년 우리은행 학동지점장 2007년 同개인마케팅팀 수석부부장 2008년 同개인고객본부 부장 2008년 同매경미디어센터지점장 2010년 同수원지점장 2012년 同역삼역금융센터장 2014년 同강남2영업본부장 2016년 同WM사업단 영업본부장대우 2017년 同WM그룹장(상무) 2017년 同IB그룹장(부행장) 2019년 同개인그룹 겸 영업부문장(현)

정채호(丁埰鎬) CHUNG Chae Ho (범주)

(생)1949·3·13 (본)창원(昌原) (출)전남 여수 (주)전라남도 여수시 소호8길 7 코리아요트학교 교장실(061-684-2580) (학)1967년 여수수산고등전문학교졸 1971년 고려대 경영학과졸 1978년 미국 New Jersey대 ACE(American Council on Education) 수료 1998년 한양대 지방자치대학원 수료 (경)1982~1995년 (주)고려상호신용금고 대표이사 1983~2017년 전남요트협회 회장 1983년 코리아요트학교 교장(현) 1986년 전라좌수영성역화사업추진위원회 위원장(현) 1989년 한국노진흥연구소 소장(현) 1989년 여수청년회의소 회장 1989~1992년 전남도체육회 이사·감사 1990년 전남지구 JC 연수원장 1995~1998년 전남 여천시장(민주·국민회의) 1996년 여수지역정보센터 이사장 1997년 거북선연구소 소장(현) 1998년 국제해양도시연구원 회장(현) 2006년 한국범선협회 회장(현) 2010~2011년 전남대여수캠퍼스총동창회 회장, 여수시 시정자문위원장 2017년 전남요트협회 명예회장(현) (상)대통령표창(2회), 재무부장관표창, 체육부장관표창, 성옥문화상, 내무부장관표창, 400만전남도민이주는상, 여수시민의상 (저)'임진왜란과 전라좌수영의 재조명' (역)'호좌수영지' (종)불교

정천기(鄭天基) Chung, Chun-ki (智菴)
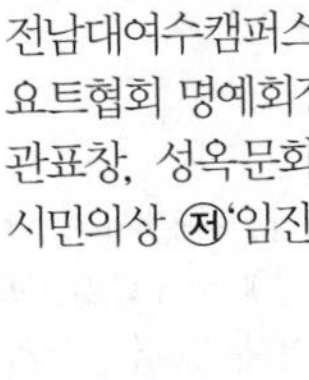
(생)1964 (본)진주(晋州) (출)전남 광양 (주)서울특별시 종로구 율곡로2길 25 연합뉴스 경영지원국(02-398-3114) (학)1982년 전남 순천고졸 1986년 건국대 국문학과졸 2002년 연세대 언론홍보대학원 저널리즘과졸 2004년 건국대 대학원 현대문학박사과정 수학 2014년 서울대 미술관 소프트파워 사회지도자를 위한 예술문화과정(ACP) 수료 (경)2000~2011년 연합뉴스 기자 2011~2015년 여성가족부 청소년유해매체 대중음악부문 심의위원 2011~2013년 연합뉴스 문화부장 2013~2015년 同기획조정실 저작권팀 기획위원 2014~2018년 한국저작권위원회 위원 2015~2016년 연합뉴스 기획조정실 미디어전략부장(부국장대우) 2016년 同미래전략실 부실장 겸 경영전략부장 2018년 同기획조정실 부실장 2018년 同평양지국개설준비위원회 위원 겸임 2019년 同경영지원국장(현) (상)한국기자협회 이달의기자상(2007) (저)'그 마음을 가져 오너라(共)'(2008, 조계종출판사)

정천락(鄭天洛)

(생)1957·6·18 (주)대구광역시 중구 공평로 88 대구광역시의회(053-803-5041) (학)대구 성광고졸 (경)대구시 달서구 자치행정국장, 대구시 달서구의회 사무국장 2018년 대구시의회 의원(자유한국당)(현) 2018년 同기획행정위원회 위원(현)

정천석(鄭千錫) Jung Cheon Seok

(생)1952·4·1 (출)울산 (주)울산광역시 동구 봉수로 155 동구청 구청장실(052-209-3001) (학)경남공고졸, 미국 에모리대 수학 (경)1986년 울산지역사회연구회 회장 1987년 민주연합청년동지회(연청) 울산지회장 1987~1992년 울산양심수후원회 회장 1991~1995년 경남도의회 의원 1996년 한국사회환경정책연구소 이사 1996~1999년 일산새마을금고 이사장 2001~2004년 한국윤활유공업협회 상근부회장 2005년 J .C .I Korea 동울산특우회 회장 2006·2010년 울산시 동구청장(한나라당) 2013년 늘봄퇴직자협동조합 이사장, 더불어민주당 중앙당 정책위원회 부의장, 同울산시당 정책위원회 제1정책조정위원장 2018년 울산시 동구청장(더불어민주당)(현) 2018년 울산시구청장·군수협의회 회장(현) 2018년 전국시장군수구청장협의회 부회장(현) (종)가톨릭

정천우(鄭千牛) JUNG CHUN WOO
(생)1975·2·2 (주)서울특별시 종로구 청와대로 1 대통령 의전비서관실(02-770-0011) (학)1992년 한영외국어고졸 2002년 고려대 심리학과졸 2013년 영국 버밍엄대 대학원 사회정책학과졸 (경)2014년 국토교통부 수자원정책국 하천운영과 서기관 2014년 同건설정책국 해외건설정책과 개발협력팀장 2016년 새만금개발청 기획조정관실 기획재정담당관 2017년 대통령 의전비서관실 행정관(현)

정 철(鄭 徹) Justin Chung

(생)1960·9·16 (본)진주(晋州) (출)부산 (주)서울특별시 중구 남대문로 78 SK건설 Infra Tech본부(02-3700-7523) (학)1979년 부산 동래고졸, 부산대 토목공학과졸, 한양대 대학원 토목공학과졸, 경영학박사(서울과학기술대) (경)1983~1991년 현대산업개발 근무 1991년 SK건설(주) 토목견적실장, 同국내·해외Infra사업관리본부장, 同Infra CoE 본부장(상무) 2017년 同Infra CoE 본부장(전무) 2019년 SK건설(주) Infra Tech 본부장(현) 2017년 대한건설협회 대기업정책위원회 부위원장(현) (상)도로의날 국토해양부장관표창(2011), 제27회 도로의날 은탑산업훈장(2018) (종)천주교

정 철(丁 澈) CHUNG, CHUL

(생)1965·11·14 (출)서울 (주)세종특별자치시 시청대로 370 대외경제정책연구원(044-414-1131) (학)1984년 휘문고졸 1988년 서강대 경제학과졸 1990년 同대학원 경제학과졸 2007년 경제학박사(미국 미시간대) (경)2001~2007년 미국 조지아공대 경제학부 교수 2007년 대외경제정책연구원 선임연구위원(현) 2009~2012년 한국무역협회 수석이코노미스트(미

국 워싱턴 근무) 2012~2016년 대외경제정책연구원 APEC연구컨소시엄 사무국장 2013~2015년 국제통상연구 편집위원장 2014~2016년 한국태평양경제협력위원회 부회장 2014~2016년 기획재정부 중장기전략위원회 민간위원 2014~2016년 외교부 정책자문위원 2014~2016년 대외경제정책연구원 아시아태평양본부장 2015년 한국국제통상학회 부회장(현) 2015년 EAER(舊JEAI) 편집위원장(현) 2016년 대외경제정책연구원(KIEP) 무역통상본부장 2018년 同부원장(현) (상)외교통상부장관표창(2010)

정철동(鄭哲東) JEONG Chul Dong

(생)1961·5·11 (주)서울특별시 중구 후암로 98 LG이노텍(주) 사장실(02-3777-1114) (학)1980년 대륜고졸 1984년 경북대 전자공학과졸 1996년 충북대 대학원 전자공학과 수료 (경)1984년 LG반도체 입사 2004년 LG필립스LCD(주) 생산기술담당 상무 2007년 LG디스플레이(주) 생산기술센터장(상무) 2010년 同생산기술센터장(전무) 2012년 同최고생산책임자(CPO·부사장) 2017년 (주)LG화학 정보전자소재사업본부장(사장) 2017년 한국공학한림원 일반회원(전기전자정보공학·현) 2019년 LG이노텍(주) 대표이사 사장(CEO)(현) (상)철탑산업훈장(2007)

정철민(鄭哲玟)

(생)1970·8·1 (출)경북 경주 (주)서울특별시 서초구 서초중앙로 157 서울중앙지방법원(02-530-1690) (학)1988년 경주고졸 1994년 고려대 법학과졸 (경)1996년 사법시험 합격(38회) 1999년 사법연수원 수료(28기) 1999년 육군 법무관 2002년 인천지법 판사 2004년 서울중앙지법 판사 2006년 대구지법 포항지원 판사 2010년 서울서부지법 판사 2011년 서울고법 판사 2012년 대법원 재판연구관 2014년 부산지법 부장판사 2017년 인천지법 부천지원·인천가정법원 부천지원 부장판사 2019년 서울중앙지법 부장판사(현)

정철영(鄭喆永) JYUNG Chyul Young

(생)1958·6·30 (출)서울 (주)서울특별시 관악구 관악로 1 서울대학교 농업생명과학대학 식물생산과학부(02-880-4832) (학)1981년 서울대 농업교육학과졸 1986년 同대학원졸 1989년 교육학박사(미국 오하이오주립대) (경)1989~1990년 미국 오하이오주립대 연구원 1990~1992년 서울대 농업개발연구소 특별연구원 1992~2005년 同농산업교육과 조교수·부교수·교수 1993~1996년 농촌진흥청 농촌지도관 1995년 서울대 농업교육과 학과장 1999년 교육부 주요정책과제 평가위원 2003~2004년 미국 Johns Hopkins Univ. 교환교수 2003~2007년 한국진로교육학회 부회장 2004~2006년 서울대 호암교수회관 관장 2005년 同농업생명과학대학 식물생산과학부 교수(현) 2006년 농촌계획학회 부회장 2007년 한국농·산업교육학회 부회장 2007년 서울대 농업생명과학대학 학생부학장 2007년 한국산업교육학회 부회장 2008~2012년 한국진로교육학회 회장 2011~2012년 서울대 학생처장 2012~2014년 한국잡월드 비상임이사 2013~2015년 한국산업교육학회 회장 2014~2017년 국가평생교육진흥원 이사장 2015~2017년 서울대 농업생명과학대학장 겸 국제농업기술대학원장 (상)한국과학기술단체총연합회 과학기술우수논문상(1995), 미국 오하이오주립대 International Alumni Award(2004)

정철용(鄭哲容) JUNG Cheol Yong

(생)1959·1·27 (주)서울특별시 종로구 홍지문2길 20 상명대학교 경영경제대학 경영학부(02-2287-5135) (학)1977년 경기고졸 1982년 서울대 경제학과졸 1987년 미국 워싱턴대 경영대학원졸 1992년 경영정보학박사(미국 텍사스대 오스틴교) (경)1990~1992년 미국 텍사스대 오스틴교 강사 1992~1993년 한국금융연구원 부연구위원 1993년 상명대 경영대학 경영학과 교수 2000~2002년 同정보관리처장 2006~2010년 금융감독원 정보화전략실장 2012년 상명대 입학홍보처장 2013~2014년 同입학처장 2014~2015년 同교무처장 2014년 한국경영정보학회 회장 2015년 NH농협금융지주 IT정보전략단 IT·보안 자문위원 2015~2016년 상명대 대학원장 2018년 同경영경제대학 경영학부 교수(현)

정철우(鄭喆友)

(생)1966·1 (출)경북 경주 (주)세종특별자치시 국세청로 8-14 국세청 기획조정관실(044-204-2300) (학)울산 학성고졸, 서울대 경제학과졸 (경)1993년 행정고시 합격(37회) 1995년 북대구세무서 총무과장 1996년 경주세무서 부가과장 1997년 국세청 조사국 조사1과 근무 2002년 서울지방국세청 조사2국 조사4과 근무, 同국제거래조사국 2과 근무 2005년 서울 반포세무서 조사과장 2006년 국세청 징세과 서기관 2010년 서울지방국세청 국제조사2과장 2011년 성남세무서장 2012년 국세청 기획재정담당관 2014년 同법무과장(부이사관) 2014년 대구지방국세청 세원분석국장 2015년 同성실납세지원국장 2015년 서울지방국세청 징세관 2016년 부산지방국세청 징세송무국장(고위공무원) 2017년 서울지방국세청 국제거래조사국장(고위공무원 나급) 2018~2019년 국세청 전산정보관리관 2019년 同기획조정관(현)

정철웅(鄭哲雄)

(생)1958·6·14 (주)서울특별시 서대문구 거북골로 34 명지대학교 사학과(02-300-0572) (학)1985년 숭실대 사학과졸 1986년 프랑스 Univ. de Strasbourg II 대학원 역사학과졸 1990년 문학박사(프랑스 사회과학문화연구원) (경)1991~1994년 한남대·숭실대·충남대 강사 1994년 명지대 사학과 교수(현) 2000년 명청사학회 총무이사 2002~2005년 同기획이사 2003~2005년 대구사학회 편집이사 2017~2019년 명지대 방목기초교육대학장

정철호(鄭哲鎬) CHUNG Chul Ho (淸江)

(생)1923·4·25 (본)경주(慶州) (출)전남 해남 (주)서울특별시 서대문구 홍제원6안길 3 판소리고법보존회(02-725-9939) (학)1940년 해남농고졸 (경)1938년 임방울선생께 판소리(적벽가) 사사 1942년 정응민선생께 판소리(춘향가) 사사 1948년 김재선선생께 판소리 고법 사사 1948년 최초의 아쟁 산조 발표회 1963년 한갑득선생께 거문고 사사 1964년 임방울류판소리 적벽가 완창 녹음 1965년 대한국악원 설립·원장 1984년 한국국악협회 이사 1990년 실연자연합회 이사 1991년 한국전통예술진흥회 이사 1992년 한·흑인친선문화축제 미국 뉴욕헬렘가 공연 1996년 국가무형문화재 제5호 판소리(고법) 예능보유자 지정(현) 1998~2001년 전남 남도국악단 상임지휘자 1998년 임방울문화재단 이사 1999년 (사)판소리고법보존회 이사장(현) 1999년 결식아동돕기 특별공연(광주문화예술회관) 2007년 진도군 홍보대사 2009년 장흥군 명예군민 2009~2010년 용인대 국악과 지도교수 2010~2012년 중앙대 국악과 겸임교수 2010년 UNESCO 무형문화유산 판소리 협약 홍보대사 (상)서울특별시장표창(1971), KBS 국악대상(1987), 국무총리표창(1995), 신재효 동리국악대상(1998), 대통령표창(1999), 보관문화훈장(2002), 국악공로상, 임방울국악상(2006), 방일영국악상(2008), 한국전문기자연대 자랑스러운 문화인상(2010) (저)'세상은 그를 잊으라 했다(共)'(1998, 삼인) '名鼓名唱의 幸路 국악계에 흐르는 장강, 청강 정철호 평전'(2010) '국가무형문화재 청강 정철호 국악세계'(2018) (작)음반 '임방울류 적벽가완창' '성좌 이차돈 국악작곡' '열사가', 창극 작곡 '임꺽정' '안중근전' '하늘도 울고 땅도 울고', 창무악 작곡 '춘하추동' '금화은화' '무영탑' (종)불교

정청래(鄭淸來) JUNG Chung Rai

[생]1965·4·18 [출]충남 금산 [주]서울특별시 영등포구 국회대로66길 11 더불어민주당 서울시당(02-3667-3700) [학]1984년 대전 보문고졸 1992년 건국대 산업공학과졸 2001년 고려대 교육대학원 사회교육경영과최고위과정 수료 2004년 서강대 공공정책대학원 북한통일정책학과졸 [경]1988년 건국대 조국통일특별위원장 1989년 전대협결사대 미국대사관저 점거농성·국보법 및 집시법위반등으로 2년 실형 1992년 길잡이학원 창립 1997년 건국대 민주동문회장 2000년 전대협동우회 부회장 2001년 금강산민족대토론회 및 평양민족통일대축전 청년대표 2003년 생활정치네트워크 '국민의 힘' 초대 대표 2003년 마포참여개혁포럼 대표 2003년 민주평통 자문위원 2004년 열린우리당 중앙위원 2004~2008년 제17대 국회의원(서울 마포구乙, 열린우리당·대통합민주신당·통합민주당) 2004년 열린우리당 원내부대표 2005~2007년 同전자정당위원장 2007년 국회 문화관광위원회 열린우리당 간사 2008년 민주당 서울마포乙지역위원회 위원장 2008년 同서울시당 지방자치위원장 2011년 민주통합당 서울마포乙지역위원회 위원장 2012~2016년 제19대 국회의원(서울 마포구乙, 민주통합당·민주당·새정치민주연합·더불어민주당) 2012년 민주통합당 인터넷소통위원장 2012년 同언론정상화특별위원회 위원 2012년 同한반도평화본부 간사 2012년 同선거관리위원회 부위원장 2012~2013년 국회 예산결산특별위원회 위원 2012~2014년 국회 정보위원회 간사 2012년 국회 외교통상통일위원회 위원 2012년 국회 헌법재판소 재판관인사청문특별위원회 청문위원 2013년 국회 외교통일위원회 위원 2013년 민주당 인터넷소통위원장 2013년 同서울마포乙지역위원회 위원장 2013년 同방송공정성특별위원회 위원 2013년 同한반도평화본부 간사 2013년 국회 국가정보원국정조사특별위원회 간사 2014년 국회 안전행정위원회 야당 간사 2014~2015년 국회 예산결산특별위원회 위원 2015년 새정치민주연합 최고위원 2015년 同가계부채특별위원회 위원장 2015~2016년 더불어민주당 최고위원 2016년 同더불어경제선거대책위원회 더컸유세단장 2019년 同서울마포구乙지역위원회 위원장(현) [상]법률소비자연맹 선정 국회 헌정대상(2013) [저]'사람만이 사람사는 세상을 만든다'(2003) '정청래와 함께 유쾌한 정치여행'(2011) '정통시사인물셀프탐구 OK 정청래'(2011) '거침없이 정청래'(2015) '국회의원 사용법'(2016) [종]기독교

정초시(鄭超時) Chung Cho See

[생]1954·11·11 [주]충청북도 청주시 상당구 대성로 102-1 충북연구원 원장실(043-220-1141) [학]원주고졸 1979년 연세대 경제학과졸 1981년 同대학원 경제학과졸 1991년 경제학박사(연세대) [경]1982년 청주대 경상대학 경제학과 교수(현) 1994~1996·2012년 同경제학과장 1998~1999년 同시청각교육실장 2002~2003년 同경제통상학부장 2014년 충북연구원 원장(현)

정총령(鄭總領)

[생]1973·8·3 [출]전남 광양 [주]서울특별시 서초구 서초중앙로 157 서울고등법원(02-530-1114) [학]1991년 광양제철고졸 1995년 서울대 사법학과졸 [경]1996년 사법시험 합격(38회) 1999년 사법연수원 수료(28기) 1999년 광주지법 예비판사 2001년 同판사 2002년 수원지법 판사 2006년 서울동부지법 판사 2007년 서울북부지법 판사 2009년 서울행정법원 판사 2011년 서울고법 판사 2011~2013년 헌법재판소 파견 2014년 광주지법 부장판사 2015년 서울고법 판사(현)

정춘보(鄭春寶) JEONG Chun Bo

[생]1955·7·6 [출]전남 광양 [주]서울특별시 강남구 영동대로 517 아셈타워 3층 (주)신영 비서실(02-6001-2524) [학]1974년 진상종합고졸 1979년 동아대 토목학과졸 1996년 중앙대 건설최고경영자과정 수료 2000년 고려대 컴퓨터과학기술대학원 수료 2001년 국제산업디자인대학원대 뉴밀레니엄과정 수료 2004년 서울대 최고경영자과정 수료 [경]1980년 부산시 근무 1984년 신영기업 설립·대표 1989년 신영미래산건 대표이사 1998~2005년 (주)신영 대표이사 사장 2001~2017년 (주)신영에셋 대표이사 겸임 2005년 한국디벨로퍼협회 회장 2006년 (주)신영 대표이사 회장(현) 2008~2014년 한국부동산개발협회 회장 2012~2017년 (주)대농 대표이사 겸임 [상]매일경제 부동산개발경진대회 개발부문 최우수상(1997), 한국고용복지재활원 감사장(1999), 서울경제 마케팅전략서비스부문 최우수상(2001), 국가보훈처장 감사패(2002), 대한매일 선정 대한민국경영인상(2003), 한경 거주문화대상 디벨로퍼부문(2004), 한경 글로벌비즈니스 경영대상 디벨로퍼부문(2004), 매경 골든타워대상 웰빙부문(2004)

정춘숙(鄭春淑·女) Jung Choun Sook

[생]1964·1·8 [출]서울 [주]서울특별시 영등포구 의사당대로 1 국회 의원회관 630호(02-784-3740) [학]1986년 단국대 국어국문학과졸 1998년 중앙대 사회개발대학원 사회복지학과졸 2015년 사회복지학박사(강남대) [경]1992년 한국여성의전화 상담부 간사, 同상담인권부장 1997년 서울여성의전화 사무국장, 서울성폭력상담센터 소장, 서울여성의전화 부회장, 同회장, 한국여성의전화 사무처장 2009~2013년 同상임대표, 同이사, 조선대 겸임교수·초빙강사, 한국여성단체연합 복지위원회 위원, 同여성인권위원장 2015년 새정치민주연합 혁신위원회 위원 2016년 제20대 국회의원(비례대표, 더불어민주당)(현) 2016년 국회 가습기살균제사고진상규명과피해구제및재발방지대책마련을위한국정조사특별위원회 위원 2016~2018년 국회 보건복지위원회 위원 2016·2018년 국회 여성가족위원회 간사(현) 2017년 국회 헌법개정특별위원회 위원 2017년 더불어민주당 제19대 문재인 대통령후보 중앙선거대책본부 정책본부 부본부장 2017~2018년 同대외협력위원장 2017년 국회 정치개혁특별위원회 위원 2017~2018년 더불어민주당 보육특별위원회 위원장 2017~2018년 同여성리더십센터 소장 2018년 국회 헌법개정 및 정치개혁특별위원회 위원 2018년 국회 예산결산특별위원회 위원(현) 2018년 국회 보건복지위원회 위원(현) 2016년 더불어민주당 중앙당 선거관리위원회 위원 2019년 同원내대변인(현) [상]제11회 미래를 이끌어갈 여성지도자상(2013), 대한민국인권상 국민포장(2015), 법률소비자연맹 총본부 국회의원 헌정대상(2017·2018), 국회사무처 2018년도 입법 및 정책개발 최우수상(2019)

정춘식(鄭春植) Chong, Chun Sik

[생]1963·3·22 [주]서울특별시 중구 을지로 66 KEB하나은행 개인영업그룹(1588-1111) [학]1982년 진해고졸 1989년 한국해양대 해운경영학졸 [경]1989년 조흥은행 대치동지점 입행 1992년 하나은행 총무부 근무 1993년 同부천지점 근무 1994년 同서초지점 대리 1995년 同대전지점 대리 2000년 同삼성역기업금융본부 기업금융전담역 2004년 同용산전자상가지점장 2007년 同상공회의소지점장 2010년 同마산기업센터지점장 2012년 同인천영업본부장 2015년 KEB하나은행 인천영업본부장 2016년 同부산영업본부장(전무) 2016년 同영남영업그룹장 직대 겸 부산영업본부장(전무) 2017년 同영남영업그룹장(전무) 2019년 同개인영업그룹 부행장(현) 2019년 하나금융투자(주) WM그룹장(부사장) 겸임(현)

정충기(鄭忠基) CHUNG Choong Ki

[생]1960·11·27 [본]하동(河東) [출]서울 [주]서울특별시 관악구 관악로 1 서울대학교 건설환경공학부(02-880-7347) [학]1979년 성동고졸 1983년 서울대 토목공학과졸 1985년 同대학원 토목공학과졸 1991년 공학박사(미국 노스웨스턴대) [경]1991년 미국 노스웨스턴대 박사 후 연구원 1992년 서울대 토목공학과 조교수·부교수 2002~2003년 미국 노스웨스턴대 교환교수 2004~2007년 서울대 지구환경시스템공학부 교수 2005년 同공학연구소장 2006년 同공대 연구부학장 2006년 同연구지원소

장 2007년 同건설환경공학부 교수(현) 2010년 대한토목학회 토목연구소장 2012~2015년 한국지반공학회 부회장 2014~2016년 서울대 공대 건설환경공학부장 2016년 대한토목학회 부회장 2018년 한국공학한림원 정회원(건설환경공학·현) 2019년 한국지반공학회 회장(현) (상)서울대 공대 우수강의교수상(2000·2006), 한국지반공학회 논문상(2001), 한국지반공학회장표창(2004), 한국지반공학회 학술상(2010), 대한토목학회 학술상(2011), 서울대 공대 우수연구교수상(2012), 국토해양부장관표창(2012)

정충현(鄭忠賢) JEONG CHUNG HYEON

(생)1969·3·5 (주)세종특별자치시 도움4로 13 보건복지부 사회복지정책실 복지행정지원관실(044-202-3127) (학)수원 수성고졸 1992년 성균관대 사회학과졸 2000년 同대학원 사회학과졸 2007년 미국 애리조나주립대 대학원 사회복지학과졸 (경)1994년 행정사무관 임용 1994~2002년 보건복지부 사회복지정책실·보건정책국 등 근무 2002년 同행정법무담당관(서기관) 2007년 同정책홍보관리실 기획조정팀장 2010년 同사회서비스자원과장 2010년 同건강정책과장 2010년 同장애인정책과장(부이사관) 2013년 同질병관리본부 감염병관리센터장(일반직고위공무원) 2015년 중앙공무원교육원 고위정책과정 파견 2016년 보건복지부 보육정책관 2016년 同질병관리본부 국립인천공항검역소장 2017년 同사회복지정책실 복지행정지원관(현)

정치용(鄭致溶) CHONG Chi Yong

(생)1957·12·15 (출)강원 원주 (주)서울특별시 서초구 남부순환로 2374 한국예술종합학교 음악원 지휘과(02-746-9248) (학)1977년 진광고졸 1983년 서울대 음대 작곡과졸 1990년 오스트리아 잘츠부르크 모차르테움국립음악대 대학원 지휘과 최우수졸 (경)오스트리아 잘츠부르크 국제음악제 현대오페라 부지휘자, 미시간심포니·라이프치히방송교향악단·서울시립교향악단·코리안심포니·부천시립교향악단 지휘자 1992년 서울시립대 강사 1993~2004년 한국예술종합학교 음악원 지휘과 조교수·부교수 1996년 평화통일기원 음악축제 지휘 1996년 안익태음악회 지휘 1996년 국립오페라단 정기공연 모차르트 '코지 판 두테' 지휘 1997년 모차르트 피아노협주곡 전곡연주회 지휘 1997년 러시아 필하모닉오케스트라 초청연주회 지휘 1997년 '웨스트사이드스토리' 음악감독 겸 지휘자 1998년 가극 '눈물의 여왕' 음악감독 1998년 어린이를위한 푸른음악회 지휘 1998년 오페라 '리골레토' 1998년 서울시립교향악단 수석객원지휘자 1999년 오페라 '라 트라비아타' 1999년 유니버설발레단 '호두까기 인형' 지휘자 1999~2001년 서울시립교향악단 단장 겸 지휘자 2004년 한국예술종합학교 음악원 지휘과 교수(현), (사)한국지휘자협회 이사, 원주시립교향악단 명예음악감독 2008~2014년 창원시립교향악단 예술감독 겸 상임지휘자 2010년 예술의전당 지휘부문 자문위원 2011~2015년 (사)한국지휘자협회 회장 2015~2017년 인천시립교향악단 예술감독 겸 상임지휘자 2016년 한국예술종합학교 음악원장 2017년 (재)코리안심포니오케스트라 예술감독(현) (상)오스트리아 국제지휘콩쿠르대상, 오스트리아 문화부장관상, 공간사랑 선정 김수근문화상, 문교부장관표창, 팬뮤직페스티벌 신인작곡상, 문화관광부 선정 오늘의 젊은 예술가상, 제5회 대한민국 뮤지컬대상 음악상, 한국음악협회 선정 한국음악상 본상(2010), 한국평론가협회 선정 서울음악대상(2012) (종)기독교

정칠희(鄭七熙) CHUNG Chil Hee

(생)1957·1·20 (본)온양(溫陽) (출)충남 아산 (주)경기도 수원시 영통구 삼성로 130 삼성전자 종합기술원(031-8061-1114) (학)1975년 용산고졸 1979년 서울대 물리학과졸 1981년 한국과학기술원(KAIST) 물리학과졸(석사) 1993년 물리학박사(미국 미시간주립대) (경)1979년 삼성전자(주) 입사 1981년 同반도체LSI개발담당 연구원 1983년 同반도체메모리개발담당 연구원 1993년 同반도체메모리개발담당 수석연구원 1998년 同시스템LSI사업부 스마트카드팀장(이사보) 1999년 同반도체메모리개발담당 이사보 2000년 同반도체총괄 시스템LSI사업부 LSI제품기술팀장(이사) 2001년 同반도체총괄 시스템LSI사업부 LSI제품기술팀장(상무) 2002년 同디바이스솔루션총괄 시스템LSI사업부 C&M개발팀장(상무) 2005년 同디바이스솔루션총괄 시스템LSI사업부 C&M개발팀장(전무) 2007년 同반도체총괄 시스템LSI사업부 기술개발실장 2008년 同반도체총괄 시스템LSI사업부 LSI개발실장(전무) 2009년 同반도체총괄 메모리사업부 FLASH개발실장(부사장) 2009년 同반도체연구소장(부사장) 2012~2015년 同종합기술원 부원장(부사장) 2015~2017년 同종합기술원장(사장) 2017년 12월 삼성전자(주) 고문(현) 2016~2019년 한국과학기술원(KAIST) 이사 2016년 기초과학연구원 이사(현) 2016년 한국연구재단 비상임이사(현) 2017년 한국공학한림원 정회원(전기전자정보공학·현) 2018년 나노융합산업연구조합 이사장(현) (상)장영실상(2002), 과학기술훈장 진보장(2011), 한국과학기술원(KAIST) 자랑스런 동문상(2016) (종)천주교

정 탁(鄭 鐸) Jeong Tak

(생)1959·4·5 (주)경상북도 포항시 남구 동해안로 6261 (주)포스코 마케팅본부(054-220-0114) (학)중앙고졸, 한국외국어대 아랍어과졸 (경)대우인터내셔널 쿠알라룸푸르지사장(상무) 2012년 (주)포스코 해외마케팅실장(상무) 2014년 同에너지조선마케팅실장(상무) 2015년 同에너지조선마케팅실장(전무) 2016년 同철강사업본부 철강사업전략실장(전무) 2017년 (주)포스코인터내셔널 이사(현) 2018년 (주)포스코 철강사업본부장(부사장) 2019년 同마케팅본부장(부사장)(현)

정태경(鄭泰坰) JEONG TAE GYEONG

(생)1961·8·23 (주)전라남도 여수시 해양경찰로 122 해양경찰교육원 종합훈련지원단(061-806-2000) (학)1980년 서울 대성고졸 1984년 한국해양대 항해학과졸 (경)1992년 간부후보 공채(40회) 2011년 중부 인천해양경찰서 경비구난과장(총경) 2012년 남해지방해양경찰청 경비안전과장 2012~2013년 해양경찰학교 훈련과장 2014년 서해 완도해양경찰서장 2014~2015년 국민안전처 서해해양경비안전본부 완도해양경비안전서장 2015~2016년 국민안전처 기획운영과장 2017년 중부 태안해양경비안전서장 2017년 중부 태안해양경찰서장 2017년 중부지방해양경찰청 기획운영과장 2019년 해양경찰교육원 종합훈련지원단장(현)

정태규(鄭太奎) Jung Tai Gju

(생)1963·7·20 (본)진주(晋州) (출)강원 춘천 (주)강원도 정선군 정선읍 봉양3길 21 정선군청 부군수실(033-560-2205) (학)1982년 춘천고졸 1986년 강원대졸 (경)2011년 강원도 탄광지역개발과 광무담당 사무관 2015년 同자원개발과 기획조정담당 사무관 2016년 강원랜드 파견(서기관) 2017년 강원도 경제진흥국 자원개발과장 2018년 강원 정선군 부군수(현) (종)가톨릭

정태련(鄭泰連) CHUNG Tae Ryoun

(생)1943·1·12 (본)동래(東萊) (출)충북 진천 (주)서울특별시 서초구 반포대로14길 36 현대전원오피스텔 12층 특허법인 동원(02-521-4111) (학)1962년 국립체신고졸 1970년 고려대 법학과졸 1992년 서울대 공대 최고산업전략과정 수료 1996년 同법학연구소 법학연구과정 수료 (경)1970년 한국비료공업(주) 입사 1973년 삼립식품공업(주) 입사 1976년 변리사시험 합격(13회) 1979년 특허법률사무소 개업 1982년 대한변리사회 재무이사 1984년 同총무이사 1987년 아세아변리사회 한국협회 사무국장 1988년 대한상사중재원 중재인 1988년 아세아변리사회 이사 1991년 특허청 영업비밀보호입법추진위원 1992~1994년 대한변

리사회 부회장 1994~1997년 아세아변리사회 한국협회장 1998년 AIPPI Korea 한국저명상표집(영문판) 편집위원회 부위원장 1998~2005년 서울고법 조정위원 2002~2003년 아세아변리사회 특허분과위원회 공동위원장 2002~2012년 동원국제특허법률사무소 대표변리사 2002~2003년 대한변리사회 회장 2003~2005년 아시아변리사회 부회장 2012년 특허법인 동원 대표변리사(현) (상)철탑산업훈장(2005) (저)'공업재산권 용어해설집'(1981) '공업소유권제도 해설'(1984) '공업소유권 지식'(1987) '의장법'(1993) (역)'의장법'(1993) (종)불교

정태명(鄭泰明) JUNG Tae Myung

(생)1957·9·26 (주)경기도 수원시 장안구 서부로 2066 성균관대학교 소프트웨어대학 소프트웨어학과(031-290-7950) (학)1981년 연세대 전기공학과졸 1984년 미국 일리노이대 전산학과졸 1987년 同대학원 컴퓨터공학과졸 1995년 공학박사(미국 퍼듀대) (경)성균관대 소프트웨어대학 소프트웨어학과 교수(현) 2000~2013년 한국침해사고대응팀협의회(CONCERT) 회장 2002년 정보보호실천협의회 회장 2005~2007년 성균관대 정보통신처장 2005년 경제협력개발기구(OECD) 정보보호작업반(WPISP) 부의장 2005년 (주)이노츠 사외이사 2008년 경제협력개발기구(OECD) 정보보호분과 부의장, 매일경제신문 객원논설위원 2010년 방송통신위원회 기술자문위원 2010년 同모바일시큐리티포럼 의장 2010년 (주)에너라이프 사외이사 2011년 경제협력개발기구(OECD) 정보통신정책위원회 정보보호작업반(WPISP) 부의장 2013년 한국침해사고대응팀협의회(CONCERT) 명예회장(현) 2014년 국제전기통신연합(ITU) 전권회의(Plenipotentiary Conference) 의제분야 총괄자문위원 2014~2018년 국무총리소속 정보통신전략위원회 민간위원 2018년 성균관대 소프트웨어대학장(현) (상)국무총리표창(2000), 경찰청장 감사장(2004), 홍조근정훈장(2007) (저)'전자상거래 관리사'(2000) '인터넷 정보보호'(2002, 영진) '사이버공격과 보안기술'(2009, 홍릉과학)

정태성(鄭泰成) Jung, Tae-sung

(생)1961 (주)제주특별자치도 제주시 문연로 6 제주특별자치도청 인사팀(064-710-6211) (학)2000년 제주대 경영대학원 회계학과졸 2010년 회계학박사(제주대) (경)1981년 공무원 임용 2005년 제주특별자치도 세정담당관실 과표담당 지방사무관 2013년 同정책기획관실 창조행정담당 지방사무관 2013년 행정안전부 파견 2014년 同기획조정실 세정담당관(지방서기관) 2018~2019년 同특별자치제도추진단장(부이사관) 2019년 제주평생교육장학진흥원 파견(현)

정태성(鄭泰成) JUNG Tae Sung

(생)1964·3·24 (출)충북 충주 (주)서울특별시 종로구 율곡로2길 25 연합뉴스 제작시스템부(02-398-3114) (학)1982년 충주고졸 1989년 아주대 전자공학과졸 1996년 미국 메릴랜드대 대학원 전기공학과 수료 (경)1989년 연합통신 전무국 기술부 입사 2003년 연합뉴스 통신부 차장 2004~2008년 同고객지원부장 2006~2011년 한국NewsML포럼 운영위원장 2008년 연합뉴스 전산부장(부장대우) 2009~2011년 同정보통신국 기술기획팀 부장대우 2009~2011년 IPTC(International Press Telecommunication Council) 부회장 2011년 연합뉴스 정보통신국 IT운영부 부장급 2012년 同정보통신국 IT기획부장(부국장대우) 2013년 同미디어기술국 ICT기획부장(부국장대우) 2013년 同미디어기술국 부국장 2013년 同미디어기술국 시스템운영부장 2015년 同미디어기술국장 2018년 同IT운영부 보안팀 근무(부국장급) 2018년 同IT운영부 근무(부국장급) 2019년 同IT운영부 근무(선임) 2019년 同제작시스템부 근무(선임)(현) (상)문화관광부장관표창(2007)

정태수(鄭泰琇) CHUNG Tae Soo

(생)1958·5·3 (출)서울 (주)서울특별시 강남구 도산대로 524 청담빌딩 8층 효성인포메이션시스템(02-510-0300) (학)1977년 신일고졸 1981년 서울대 경영학과졸 1983년 同대학원 경영학과졸 2000년 미국 뉴욕주립대 대학원 기술경영학과졸 (경)1983년 한국IBM 입사 2004년 同상무이사 2004년 (주)LG CNS 금융·서비스사업본부 상무 2006년 同금융·ITO사업본부 금융사업부장(상무) 2007년 LG엔시스 대표이사 2012~2015년 (주)LG CNS 금융·통신사업본부장(부사장) 2015년 同자문 2017년 효성인포메이션시스템(주) 대표이사(현) (종)천주교

정태언(鄭泰彦) JUNG Tae Un

(생)1951·10·4 (출)경북 상주 (주)서울특별시 종로구 종로5길 13 이촌세무법인(02-735-5780) (학)대구상고졸, 성균관대 경제학과졸, 서울대 행정대학원졸 (경)1975년 행정고시 합격(17회) 1976년 대구세무서 총무과장 1977년 북대구세무서 조사과장 1979년 서대구세무서 소득세과장 1990년 중부 영월세무서장 1991년 울산세무서장 1992년 영도세무서장 1994년 광명세무서장 1996년 양천세무서장 1997년 국세청 공보담당관 1999년 경인지방국세청 재산세국장 1999년 국세청 전산기획담당관 1999년 중부지방국세청 납세지원국장 2002년 서울지방국세청 세원관리국장 2003년 국세청 국제조세관리관 2004년 대구지방국세청장 2005년 국세청 전산정보관리관 2006년 중부지방국세청장 2006~2015년 한영회계법인 부회장 2015년 이촌세무법인 회장(현) (종)천주교

정태영(丁太暎) CHUNG Tae Young

(생)1960·4·11 (출)서울 (주)서울특별시 영등포구 의사당대로 3 현대카드(주) 비서실(02-2167-7088) (학)1979년 고려고졸 1983년 서울대 불어불문학과졸 1987년 미국 매사추세츠공대 대학원 경영학과졸 (경)1987년 현대종합상사(주) 기획실 이사 1988년 현대정공 동경지사담당 이사 1992년 同샌프란시스코지사담당 이사 1996년 同HYPA·HYMEX담당 상무이사·멕시코공장(HYMEX) 대표이사 1999년 同HYPA·HYMEX담당 전무이사 2000년 현대모비스(주) AT사업본부장 전무이사 2001년 기아자동차 자재본부장(전무) 2001년 현대·기아자동차 구매총괄본부 부본부장 2003년 현대카드(주) 부사장 2003~2015년 同대표이사 사장 2003~2015년 현대캐피탈(주) 대표이사 사장 2003년 종로학평 대표이사 2005년 종로학원 대표이사 2007~2015년 현대커머셜(주) 대표이사 사장 2009~2018년 현대차미소금융재단 이사장 2015년 현대카드(주)·현대캐피탈(주)·현대커머셜(주) 대표이사 부회장 겸임(현) (상)한국능률협회컨설팅(KMAC) 한국의 경영대상 최고경영자상(2008), 대한민국금융대상 여신금융대상(2013), 2014 여성소비자가 뽑은 베스트 금융CEO(2014), 프랑스정부 '레지옹 도뇌르' 훈장(2014), 금탑산업훈장(2014), 대영제국 지휘관 훈장(Honorary Commander of the Order of the British Empire : CBE)(2015)

정태영(丁泰榮) Gabriel Taeyoung JUNG

(생)1962·6·26 (본)나주(羅州) (출)부산 (주)서울특별시 마포구 토정로 174 세이브더칠드런코리아 사무총장실(02-6900-4400) (학)1981년 동래고졸 1985년 서울대 경영학과졸 1992년 고려대 경영대학원 경영학과졸, 서울대 경영대학원 최고경영자과정 수료 (경)1985년 대우증권(주) 입사 1997~2000년 헝가리 대우은행 부행장 2000~2002년 우즈베키스탄 대우은행 은행장 2008년 대우증권 Equity파생본부장 2009년 同Capital Market본부장 2009년 同IB사업부문장 2010년 KDB대우증권 IB사업부문대표 2012년 同Global사업부문 대표(부사장) 2014년 同전략기획본부장(부사장) 2014~2017년 대신증권(주) IB사업단장(부사장), 세이브더칠드런코리아 사무총장(현) (상)금융위원장표창(2010) (종)천주교

정태옥(鄭泰沃) Choung Tae Ok

(생)1961 · 11 · 27 (출)대구 (주)서울특별시 영등포구 의사당대로 1 국회 의원회관 419호(02-784-2820) (학)1980년 대구 대륜고졸 1985년 고려대 법과대학 행정학과졸 1987년 경북대 행정대학원졸 1999년 서울대 행정대학원졸 2013년 행정학박사(가톨릭대) (경)1986년 행정고시 합격(30회) 1991년 서울시 행정관리계장 1999년 同산업경제국 실업대책반장 2000년 해외훈련 파견 2002년 서울시 21C서울기획단 총괄반장 2003년 同경영기획실 재정분석담당관 2004년 同문화국 체육청소년과장 2005년 同여성가족정책관실 청소년담당관 2005년 同환경국 환경과장 2007년 同경영기획실 교육지원담당관 2008년 同디자인서울총괄본부 디자인기획담당관 2008년 대통령 행정자치비서관실 선임행정관 2009년 행정안전부 행정선진화기획관(고위공무원) 2010년 인천시 기획관리실장 2013년 안전행정부 지방행정실 지역발전정책관 2014년 同지방행정정책관 2014~2015년 대구시 행정부시장 2015년 대구창조경제연구소 이사장 2016년 제20대 국회의원(대구시 북구甲, 새누리당 · 자유한국당〈2017.2〉 · 무소속〈2018.6〉 · 자유한국당〈2019.1〉)(현) 2016~2017년 새누리당 원내부대표 2016년 同전당대회선거관리위원회 위원 2016년 국회 가습기살균제사고진상규명과피해구제 및 재발방지대책마련을위한국정조사특별위원회 위원 2016 · 2018년 국회 정무위원회 위원(현) 2016~2017년 국회 지방재정 · 분권특별위원회 위원 2016년 국회 운영위원회 위원 2017년 자유한국당 원내부대표 2017년 同제19대 홍준표 대통령후보 중앙선거대책위원회 국가대개혁위원회 사회갈등해소위원장 2017년 同원내대변인 2017년 국회 정치개혁특별위원회 위원 2017~2018년 자유한국당 대변인 2017년 同정책위원회 부의장 2018년 국회 헌법개정 및 정치개혁특별위원회 위원 2018년 국회 사법개혁특별위원회 위원(현) 2019년 자유한국당 대구북구甲조직위원장(현) 2019년 同사법개혁특별위원회 위원(현) 2019년 同정책위의장단 간사(현) 2019년 同당대표 특별보좌역(현) (상)홍조근정훈장(2011)

정태욱(鄭泰旭) CHUNG Tae Wook

(생)1959 · 2 · 4 (출)부산 (주)경기도 안성시 대덕면 양재미길 30 시노스(주) 비서실(031-677-6888) (학)숭문고졸 1984년 고려대 경영학과졸 1987년 미국 펜실베이니아대 대학원 경영학과졸(MBA) (경)1987년 앤더슨컨설팅 시카고지사 근무 1989년 동양증권 조사본부장 1991~1994년 자딘플레밍증권 운송 · 운송기계 · 소비자전자제품담당 1994~1997년 同이사 · 조사본부장 1997년 SG증권 서울지점장 · 조사본부장 1999~2004년 현대증권 리서치센터 조사본부장(상무) 2005년 현대그룹 기획총괄본부 상무 2007년 현대증권 자산관리본부장(상무) 2008년 同운용업진출추진본부장(상무) 2009년 同도매영업총괄 상무 2010~2012년 同캐피탈마켓부문장(전무) 2013년 시노스(주) 대표이사(현) (상)'아시아 머니' 선정 한국의 최고 애널리스트(1995), '아시아 머니' 선정 한국2위 애널리스트(1996), '아시아 머니' 선정 우수 애널리스트(1997 · 1998), 한국경제 선정 베스트 Strategist(1998), 매경증권인상 애널리스트부문 대상(2000), 조선일보 Fn Guide 리서치팀부문 2위 선정(2002), 매경 · 한경 리서치팀부문 1위 선정(2002) (종)기독교

정태원(鄭太源) CHUNG Tae Won

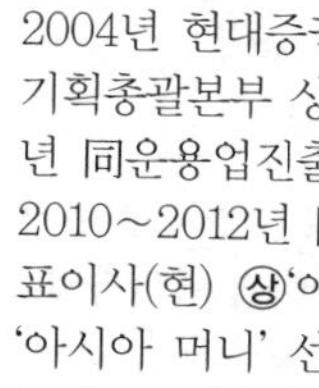

(생)1955 · 3 · 26 (출)경남 고성 (주)서울특별시 서초구 고무래로 6-6 송원빌딩 1층 법무법인 에이스(02-3487-5000) (학)1975년 경기고졸 1981년 고려대 법과졸 1996년 미국 조지타운대 법과대학원졸 (경)1983년 사법시험 합격(25회) 1985년 사법연수원 수료(15기) 1986년 부산지검 검사 1988년 대구지검 김천지청 검사 1989년 서울지검 서부지청 검사 1992년 법무부 법무심의관실 검사 1997년 미국 뉴욕주 변호사시험 합격 1999년 법무부 수출중소벤처기업 자문변호사 2002년 법무법인 나라 공동대표변호사 2005~2009년 국가청렴위원회 행정심판위원 2006년 법무법인 에이스 변호사(현) 2007 · 2012년 사법시험 출제위원 2010년 대한상사중재원 중재인 2010년 대한변호사협회 공보이사 2010년 방송통신심의위원회 선거방송심의위원회 부위원장 2011~2018년 법제처 법령해석심의위원회 위원 2014~2016년 대한변호사협회 부회장 2015~2016년 한성대 총장 (상)대통령표창(1989), 서울지방변호사회 공로상(2007), 대한변호사협회 공로상(2010) (저)'형사소송실무편람'(2000, 법원공보사) (종)기독교

정태원(鄭太元)

(생)1976 · 12 · 25 (출)서울 (주)제주특별자치도 제주시 남광북5길 3 제주지방검찰청 형사2부(-064-729-4308) (학)1995년 우신고졸 2001년 홍익대 법대졸 2001년 同대학원 법학과 석사과정 중 (경)2001년 사법고시 합격(43회) 2004년 사법연수원 수료(33기) 2004년 육군 군법무관 2007년 인천지검 검사 2009년 창원지검 진주지청 검사 2011년 부산지검 검사 2013년 수원지검 검사 2015년 서울동부지검 검사 2018년 대검찰청 검찰연구관 2019년 서울중앙지검 부부장검사 2019년 제주지검 형사2부장(현)

정태익(鄭泰翼) CHUNG, Tae Ik

(생)1943 · 7 · 28 (출)충북 청주 (주)서울특별시 서초구 남부순환로294길 33 한국외교협회(02-2186-3601) (학)1961년 경복고졸 1965년 서울대 법학과졸 1970년 同대학원 법학과졸 1973년 네덜란드 암스테르담대 유럽통합과정 수료 (경)1970년 외무부 입부 1973년 駐뉴욕 영사 1978년 외무부 구주총괄과장 1979년 駐일본 1등서기관 1981년 駐라이베리아 참사관 1984년 외무부 법무담당관 1985년 同총무과장 1986년 駐미국 참사관 1990년 대통령 외교담당비서관 1992년 외무부 미주국장 1993년 駐카이로 총영사 1995년 駐이집트 대사 1996년 외무부 제1차관보 1996년 同기획관리실장 1998년 외교통상부 기획관리실장 1998년 駐이탈리아 대사 2000년 외교안보연구원 연구위원 2000년 외교통상부 남북핵통제공동위원장 2001년 외교안보연구원장 2001년 대통령 외교안보수석비서관 2002년 駐러시아 대사 2004년 외교통상부 본부대사 2004년 러시아 문호(文豪)레오톨스토이협회 명예회원(현) 2005년 경남대 북한대학원 초빙교수 2006년 한 · 러친선협회 수석부회장(현) 2008년 제17대 대통령직인수위원회 기획조정분과위원회 자문위원 2008년 동북아평화연대 공동대표 2009~2016년 법무법인 율촌 고문 2010년 한국석유공사 이사회 의장 2010년 한러대화(KRD)포럼 조정위원(현) 2010년 한 · 러교류협회 집행이사 · 등기이사(현) 2012년 동북아평화연대 고문(현) 2012~2013년 단국대 석좌교수 2012년 同우석한국영토연구소 초대소장 2014~2016년 한국외교협회 회장 2016년 서초구 국제자문대사(현) 2017년 한국외교협회 명예회장(현) (상)러시아 상트페테르부르크시 공로메달(2003) (저)'남 · 북 · 러 협력사업의 시발점 가스관 프로젝트(共)'(2012, 푸른길)

정태인(鄭泰仁) Chung Tae-in

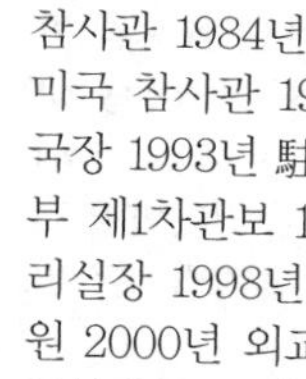

(생)1961 · 8 · 1 (주)서울특별시 종로구 사직로8길 60 외교부 인사운영팀(02-2100-7141) (학)1985년 서울대 인류학과졸 1987년 同행정대학원졸 1992년 미국 미시간대 대학원 경제학과졸(석사) (경)1986년 외무고시 합격(20회) 1987년 외무부 입부 1993년 駐노르웨이 2등서기관 1996년 駐말레이시아 1등서기관 2002년 駐러시아 1등서기관 2003년 외교통상부 남동아프리카과장 2005년 동북아시대위원회 파견 2006년 駐프랑스 참사관 2008년 駐아제르바이잔 공사참사관 2010년 외교통상부 아프리카중동국 심의관 2013년 駐인도 공사 겸 총영사 2014년 駐투르크메니스탄 대사 2017년 駐토론토 총영사(현)

정태일(鄭台一) CHUNG TAE IL

(생)1943·7·6 (출)대구 달성 (주)대구광역시 달서구 달서대로109길 38 한국OSG(주) 비서실(053-583-2000) (학)1964년 대구 성광고졸 1970년 영남대 기계학과졸 1984년 同경영대학원졸 2005년 경영학박사(영남대), 서울대 최고경영자과정 수료 (경)1976년 한국OSG(주) 대표이사(현), 중소기업중앙회 부회장, 대구경북중소기업협동조합 연합회장, 영남대총동창회 부회장, 대구성서산업단지관리공단 이사장, 대구·경북기계공업협동조합 이사장 2006~2013년 대구상공회의소 부회장 (상)금탑산업훈장(2002), 모범성실납세자 대통령표창(2011), 제9회 기업인 명예의 전당(2012) (저)'나사입문서' (종)기독교

정태진(鄭太鎭)

(생)1970 (출)경북 문경 (주)서울특별시 서대문구 통일로 97 경찰청 경비과(02-3150-1139) (학)1989년 점촌고졸 1993년 경찰대졸(9기), 서울대 대학원 행정학과졸 (경)1993년 경위 임관 2011년 총경 승진 2012년 경북지방경찰청 청문감사담당관 2013년 경북 칠곡경찰서장 2014년 경북 군위경찰서장 2014년 충북지방경찰청 112종합상황실장 2015년 서울지방경찰청 제1기동단장 2016년 서울강남경찰서장 2017년 서울지방경찰청 22경찰경호대장 2019년 경찰청 경비과장(현)

정태학(鄭泰學) CHUNG Tae Hak

(생)1966·1·16 (출)서울 (주)서울특별시 강남구 테헤란로 518 섬유센터 12층 법무법인 율촌(02-528-5364) (학)1984년 충암고졸 1988년 서울대 법학과졸 (경)1988년 사법시험 합격(30회) 1991년 사법연수원 수료(20기) 1991년 海軍 법무관 1994년 서울지법 북부지원 판사 1996년 서울지법 판사 1998년 춘천지법 강릉지원 판사 2000년 미국 University of Washington V.S.연수 2001년 수원지법 성남지원 판사 2002년 서울행정법원 판사 2004년 대법원 재판연구관 2006년 춘천지법 영월지원장 2007년 대법원 재판연구관 2009~2010년 수원지법 부장판사 2010년 법무법인 율촌 변호사(현) (종)천주교

정태화(鄭泰和) CHUNG Tae Wha (素湖)

(생)1952·8·11 (본)영일(迎日) (출)충북 (주)서울특별시 중구 통일로 10 연세재단세브란스빌딩 6층 STX중공업(주)(02-6960-6002) (학)경기고졸 1975년 서울대 공업교육학과졸 (경)1976년 (주)대우건설 입사 1979년 同리비아현장 근무 1983년 同싱가폴H.D.B현장 근무 1985년 同수단SKCC현장 근무 1999년 同이사 2000년 同경영혁신본부장(이사) 2001년 同상무이사 2003년 同전무이사 2004년 同부사장 2006년 同플랜트·해외부문장(부사장) 2006년 同해외사업본부장(부사장) 2007~2011년 TEC건설 대표이사 사장 2008년 명지건설(주) 대표이사 사장 2011년 진흥기업 대표이사 사장 2012년 범양건영(주) 대표이사 2013년 STX중공업(주) 대표이사 사장(현) (상)은탑산업훈장(2005)

정태화(鄭泰和) Jeong Tae Wha

(생)1964·3·17 (출)경북 칠곡 (주)부산광역시 동구 초량중로 67 부산지방국토관리청(051-660-1000) (학)1981년 영남고졸 1985년 연세대 건축학과졸 1988년 同대학원 건축학과졸 2004년 미국 미시간주립대 대학원졸 (경)1988년 기술고시 합격(23회) 1989~2005년 경기도·안산시·한국개발연구원(KDI) 국제정책대학원·국토교통부 근무 2005년 부산지방항공청 공항시설국장 2006년 건설교통부 공공기관지방이전추진단 파견(서기관) 2006년 행정중심복합도시건설청 도시계획본부 주택기획팀장 2008년 同주택건축과장 2008년 同도시디자인과장 2010년 국무총리실 파견(서기관) 2011년 국토해양부 국토정책국 건축기획과장 2013년 국토교통부 국토도시실 건축기획과장 2013년 同기술정책과장(부이사관) 2016년 同기술안전정책관 2017년 국방대 교육파견 2018년 행정중심복합도시건설청 공공건축추진단장(국장급) 2018년 부산지방국토관리청장(현)

정태훈(鄭泰勳) CHUNG Tae Hun

(생)1958·2·14 (출)부산 (주)부산광역시 사하구 낙동대로550번길 37 동아대학교 신소재물리학과(051-200-7228) (학)1982년 서울대 원자핵공학과졸 1984년 미국 미시간대 대학원졸 1986년 이학박사(미국 미시간대) (경)1986~1990년 동아대 자연과학대학 조교수 1990년 同신소재물리학과 부교수·교수(현) 2002~2003년 미국 캘리포니아대 방문교수 2005~2007년 동아대 정보통신처장 2017년 同자연과학대학장

정택근(鄭宅根) JUNG Taik Keun

(생)1953·11·30 (출)경남 거창 (주)서울특별시 강남구 논현로 508 GS타워 (주)GS 임원실(02-2005-8002) (학)1972년 경남고졸 1978년 연세대 행정학과졸 (경)1985년 럭키금성상사 싱가폴지사 과장 1996년 LG상사 금융회계팀 이사대우 2000년 同재경팀 상무 2003년 LG유통 재경담당 상무 2004년 GS리테일 경영지원본부장(CFO) 2009~2014년 (주)GS글로벌 대표이사 사장 2015~2016년 (주)GS 대표이사 사장 2015년 GS칼텍스 비상근이사(현) 2017년 (주)GS 대표이사 부회장(현) 2019년 GS리테일 기타비상무이사(현) 2019년 (주)GS글로벌 기타비상무이사(현)

정택렬(鄭宅烈)

(생)1969·7·1 (주)세종특별자치시 가름로 194 과학기술정보통신부 운영지원과(044-202-4820) (학)광주 금호고졸, 연세대 전기공학과졸, 영국 요크대 대학원 행정학과졸(석사) (경)2005년 과학기술부 연구개발조정관실 서기관 2007년 同정책홍보담당관실 기술서기관 2007년 同인력기획조정과장 2008년 교육과학기술부 정책자문지원과장 2008년 同홍보담당관 2009년 同방사선안전과장 2009년 해외연수(과장급) 2011년 교육과학기술부 원자력기술과장 2013년 미래창조과학부 정책조정지원과장 2013년 同연구기관지원팀장 2016년 同창조경제기획국 미래성장전략과장 2016년 駐러시아 1등서기관 2018년 駐러시아 참사관 2019년 과학기술정보통신부 미래인재정책과장(현) (상)국무총리표창(2006), 근정포장(2012)

정택수(鄭澤壽)

(생)1967·8·24 (출)울산 (주)대전광역시 서구 둔산중로69 특허법원(042-480-1400) (학)1986년 울산고졸 1991년 서울대 법학과졸 (경)1998년 사법시험 합격(40회) 2001년 사법연수원 수료(30기) 2001년 수원지법 성남지원 판사 2003년 서울지법 판사 2004년 대전지법 판사 2007년 청주지법 판사 2010년 대전지법 판사 2011년 대전고법 판사 2012년 특허법원 판사 2014년 대법원 재판연구관 2016년 청주지법 충주지원장 2018년 특허법원 판사(현)

정택화(鄭澤和) JEONG Taek Hwa

(생)1961·2·20 (출)강원 태백 (주)경상남도 창원시 성산구 창이대로 695 더원빌딩 401호 21세기 법률사무소(055-261-3300) (학)1979년 휘문고졸 1983년 고려대 법학과졸 1989년 同대학원 국제법학과 수료 (경)1983년 사법시험 합격(25회) 1985년 사법연수원 수료(15기) 1987년 서울지검 검사 1990년 마산지검 진주지청 검사 1991년 법무부 검찰국 검사 1994년 서울지검 검사 1996년 일본 법무성 파견 1998년 대검찰청 검찰연구

관 1999년 광주지검 부부장검사 2000년 대구지검 안동지청장 2001년 대구고검 검사 2002년 부산지검 부부장검사 2003년 법무부 인권과장 2004년 의정부지검 형사1부장 2005년 대구고검 검사 2007년 서울고검 검사 2009년 부산고검 검사 2010년 대전고검 검사 2011년 서울고검 검사 2013년 광주고검 검사 2016년 부산고검 검사 2016년 21세기법률사무소 대표변호사(현) (상)법무부장관표창, 검찰총장표창 (종)불교

정통령(鄭統領) Jung Tong Ryoung

(생)1972 · 8 · 29 (주)세종특별자치시 도움4로13 보건복지부 인사과(044-202-2161) (학)1990년 부산브니엘고졸 1998년 서울대 의대졸 2005년 同대학원 의학석사 2009년 의학박사(서울대) (경)2006~2012년 보건복지부 보건산업기술과 근무 2012~2014년 대통령 고용복지수석비서관실 보건복지비서관실 행정관 2014~2016년 보건복지부 보건산업정책국 생명윤리정책과장 2016년 同건강보험정책국 보험급여과장 2017~2018년 同건강보험정책국 보험급여과장(국장급) 2018년 세계보건기구(WHO) 파견(현)

정판용(鄭判龍) JEONG Pan Yong

(생)1950 · 7 · 16 (본)동래(東萊) (출)경남 진해 (주)부산광역시 강서구 녹산산단232로 38-26 부산진해경제자유구역청 총무팀(051-979-5046) (학)1969년 진해고졸, 한국방송통신대 행정학과 중퇴, 한국국제대졸, 한국해양대 항만물류최고경영자과정 수료 2013년 경남대 경영대학원 경영학과졸 2016년 창원대 대학원 국제무역학과 박사과정 수료 (경)진해시수산업협동조합 대의원 · 이사 · 감사, 국제라이온스협회 동진해라이온스클럽 회장, 진해여중 운영위원장, 민주평통 자문위원 1998년 경남도의회 의원(6대), 김학송 국회의원 비서관, 한나라당 진해시 사무국장, 同보좌관협의회 회장 2006 · 2010년 경남도의회 의원(제8대 · 9대)(한나라당 · 새누리당), 同예산결산특별위원회 위원장, 진해시 초 · 중 · 고운영위원장협의회 회장, 同신항만발전위원장, 경남사회복지공동모금회 모금분과위원장, 진해중 · 고총동창회 상임부회장, 부산 · 진해경제자유구역청 조합회의 의장 2010년 경남도의회 의장 2010년 同건설소방위원회 위원 2010~2014년 同신항특별위원회 위원장, 아이낳기좋은세상 경남운동본부 공동의장 2011년 창원시 신항만발전위원장(현) 2011년 인구보건복지협회 경남지회장 2012~2014년 경남도의회 부의장 2012년 同경제환경위원회 위원 2014~2016년 同한 · 동남아의원친선협회 회장 2014~2018년 경남도의회 의원(새누리당 · 자유한국당) 2014 · 2016~2018년 同경제환경위원회 위원 2016~2017년 同새누리당 원내대표 2016~2018년 同운영위원회 위원 2016~2017년 새누리당 경남도당 윤리위원회 부위원장 2017~2018년 경남도의회 자유한국당 원내대표 2017년 자유한국당 경남도당 윤리위원회 부위원장 2017년 부산 · 진해경제자유구역청조합회의 의장(현) (상)대통령표창(2011), 경남도교육감표창(2010), 전국지체장애인협회장표창(2012), 대한민국 미래경영대상(2013), 대한민국을 빛낸 인물대상(2013), 보건복지부장관표창, 올해의 존경받는 인물 대상, 자랑스런 도의원상(2016), 대한민국 혁신인물대상(2016) (종)불교

정평조(鄭坪朝)

(생)1963 · 7 · 4 (출)전남 순천 (주)경기도 구리시 안골로 36 남양주세무서 서장실(031-550-3242) (학)순천고졸 1983년 세무대학졸(1기), 경희대 대학원 경영학과졸 (경)1983년 세무공무원 임용(8급 특채), 중부지방국세청 감사관실 감찰계 근무, 국세청 감사담당관실 근무, 同종부세과 근무, 중부지방국세청 조사3국 조사관리과 근무, 同조사1국 조사2과 조사1계장 2014년 동울산세무서장 2016년 경기 포천세무서장 2017년 중부지방국세청 징세과장 2019년 경기 남양주세무서장(현)

정풍욱 JUNG POONG WOOK

(생)1963 · 8 (주)경기도 성남시 분당구 성남대로 343번길 9 SK주식회사 C&C(02-6400-0114) (학)1981년 홍익대사대부속고졸 1988년 고려대 경영학과졸 (경)2002년 SK C&C 회계팀장 2010년 同IT서비스기획팀장 2011년 同IT서비스지원본부장 2012년 同미국법인 CFO(상무) 2013년 同윤리경영실장 2015년 同구매본부장 2015년 SK주식회사 C&C 구매본부장 2019년 同고문(현)

정필모(鄭必模) Pil Mo Jung

(생)1958 · 6 · 3 (본)동래(東萊) (출)충남 당진 (주)서울특별시 영등포구 여의공원로 13 한국방송공사(02-781-1000) (학)1981년 한국외국어대졸 1999년 성균관대 대학원 신문방송학과졸 2013년 언론학박사(성균관대) (경)1987년 한국방송공사(KBS) 보도국 사회부 · 국제부 · 편집부 · 경제부 기자 1990년 한국기자협회 편집위원 2000년 한국방송공사(KBS) 보도제작국 차장 2001년 同경제전망대 팀장 겸 앵커 2002년 同보도국 재정금융팀장 2005년 同시사보도팀 취재파일4321 데스크 2005년 미국 듀크대 미디어 펠로우 2006년 한국기자협회 '이달의 기자상' 심사위원 2006년 한국방송공사(KBS) 보도본부 경제과학팀장 2008년 同보도본부 1TV뉴스제작팀장 2008년 同보도본부 경제뉴스 해설위원 2008년 한국방송기자연합회 방송기자상 심사위원 2009년 관훈클럽 편집위원 2009년 신용회복위원회 자문위원 2010년 기획재정부 세제발전심의위원회 심의위원 2013년 한국방송공사(KBS) 보도본부 국장급 보도위원 겸 미디어인사이드 앵커 2014년 산림청 정책자문위원회 자문위원 2014년 한국방송기자연합회 저널리즘특별위원회 위원장 2014년 한국언론진흥재단 연수운영자문위원회 자문위원 2016~2018년 KBS방송문화연구소 연구위원(국장급) 2017년 한국언론진흥재단 미디어정책포럼 위원 2017년 국민권익위원회 청탁금지법해석자문단 자문위원 2017년 한국방송기자연합회 교육자문위원회 위원장 2018년 한국방송공사(KBS) 부사장(현) (상)한국참언론인대상 경제부문(2007) (저)'방송보도를 통해 본 저널리즘의 7가지 문제(共)'(2013) '방송 뉴스 바로 하기-저널리즘의 7가지 문제와 점검 목록(共)'(2014) '달러의 역설'(2015) 'Understanding Journalism in Korea(共)'(2015)

정필재(鄭弼才) Jung Pil Jae

(생)1966 · 7 · 20 (출)전남 함평 (주)서울특별시 서초구 서초대로 274 3000타워 12층 1호 법무법인 세안(02-3473-0999) (학)1984년 조선대부속고졸 1989년 서울대 법과대학 공법학과졸 (경)1987년 사법시험 합격(29회) 1991년 사법연수원 수료(19기) 1991년 軍법무관 1994년 광주지검 검사 1996년 대전지검 홍성지청 검사 1998년 서울지검 북부지청 검사 2003년 同북부지청 부부장검사 2003년 청주지검 부부장검사 2004년 전주지검 군산지청 부장검사 2005년 서울중앙지검 부부장검사 2006년 서울고검 검사 2007년 인천지검 형사3부장 2008년 수원지검 형사4부장 2009년 서울동부지검 형사2부장 2009년 同형사1부장 2010년 대구지검 경주지청장 2011년 서울고검 검사 2013년 청주지검 충주지청장 2014~2016년 서울고검 검사 2016년 법무법인 세안 대표변호사(현) 2016년 제20대 국회의원선거 출마(경기 시흥시乙, 국민의당) 2016년 국민의당 시흥시乙지역위원회 위원장 2017년 同법률위원장 2018년 바른미래당 경기시흥시乙지역위원회 위원장

정하균(鄭河均) HAGYUN, JEONG

(생)1958 · 1 · 2 (본)청산(靑山) (출)강원 춘천 (주)서울특별시 영등포구 은행로 3 익스콘벤쳐타워 6층 행복한재단 이사장실(02-784-9936) (학)1976년 대일고졸 2008년 한국방송통신대 법학과졸 (경)2003~2007년 장애인차별금지법제정추진연대 법제위원 2004년 (사)한국척수장애인협회 회장 2004년

장애인체육정책발전추진위원회 위원 2006년 대한장애인조정연맹 수석부회장 2007년 기술기반삶의질향상정책연구 자문위원 2007년 재활보조기구품질관리연구 자문위원 2007년 참주인연합 최고위원 2008~2010년 친박연대 최고위원 2008년 제18대 국회의원(비례대표, 친박연대·미래희망연대·새누리당) 2008년 국회 민생안정특별대책위원회 위원 2008년 국회 미래전략및과학기술특별위원회 위원 2008년 국회 보건복지위원회 위원 2009년 국회 국제경기대회지원특별위원회 위원 2010~2015년 대한장애인조정연맹 회장 2010년 미래희망연대 최고위원 2011년 (사)대한산재장애인연합회 명예회장 2012년 행복한재단 이사장(현) 2019년 자유한국당 중앙장애인위원장(현) (상)한국장애인상 인권화합부문(2010), 대한민국 헌정대상(2011), 제3회 공동선 의정활동상(2011) (저)'희망은 내일을 꿈꾸게 한다'(2011)

정하영(鄭夏泳)

(생)1962·10·2 (출)경기 김포 (주)경기도 김포시 사우중로 1 김포시청 시장실(031-980-2114) (학)인하대 생물학과졸 (경)신김포농협 감사, 학교급식개선과조례제정을위한경기도운동본부 공동집행위원장 2010년 경기 김포시의회 의원(무소속·민주통합당·민주당·새정치민주연합) 2010·2012년 同부의장 2014~2016년 경기 김포시의회 의원(새정치민주연합·더불어민주당), 同행정복지위원장, 더불어민주당 교육특별위원회 부위원장, 同중앙위원, 同경기도당 운영위원 2016년 同경기 김포시乙지역위원회 위원장 2016년 제20대 국회의원선거 출마(경기 김포시乙, 더불어민주당) 2017년 더불어민주당 부대변인 2018년 경기 김포시장(더불어민주당)(현) (상)한반도통일공헌대상 정치행정분야(2018)

정하웅(鄭夏雄) Jeong, Hawoong

(생)1968·9·13 (주)대전광역시 유성구 대학로 291 한국과학기술원 자연과학대학 물리학과(042-350-2543) (학)1991년 서울대 물리학과졸 1993년 同대학원 물리학과졸 1998년 물리학박사(서울대) (경)2001~2001년 미국 Univ. of Notre Dame Research Assistant Professor 2001년 한국과학기술원(KAIST) 자연과학대학 물리학과 조교수·부교수·교수(현) 2014년 同복잡계연구센터장(현) 2014년 한국과학기술한림원 준회원(현) 2015~2016년 국회의장직속 미래전략자문위원회 위원 2017년 국세청 빅데이터자문단 국세트렌드분과 위원(현) (상)국무총리표창(2004), 한국물리학회 용봉상(2007), KAIST 우수강의대상(2009), 이달의 과학기술자상(2010), 한국물리학회 학술상(2013), 대통령표창(2016) (저)'구글 신은 모든 것을 알고 있다(共)'(2013)

정하원(鄭夏元)

(생)1961 (주)부산광역시 남구 문현금융로40 부산국제금융센터 한국주택금융공사 임원실(051-663-8512) (학)원광고졸, 성균관대 경제학과졸 (경)2005년 한국주택금융공사 유동화영업부 증권마케팅팀장 2009년 同익산채권관리센터장(부장) 2009년 同리스크관리부장 2012년 同시장유동화기획단장 2013년 同적격대출부장 2014년 同기획조정실장 2015년 同정책모기지부장 2016년 同주택금융연구원장 2018년 同상임이사(현)

정하정(鄭夏廷)

(생)1968·6·10 (출)충남 부여 (주)충청남도 서산시 공림4로 24 대전지방법원 서산지원(041-660-0600) (학)1986년 남대전고졸 1990년 서울대 사법학과졸 (경)2000년 사법시험 합격(42회) 2003년 사법연수원 수료(32기) 2003년 전주지법 예비판사 2005년 同판사 2006년 수원지법 평택지원 판사 2010년 서울동부지법 판사 2012년 서울중앙지법 판사 2014년 수원지법 판사 2018년 대전지법 서산지원·대전가정법원 서산지원 부장판사(현)

정학수(丁鶴秀) JEONG Hak Soo

(생)1954·12·28 (본)영성(靈城) (출)전북 고창 (주)경기도 과천시 공원마을4길 12 (사)한국귀농귀촌진흥원(02-503-8885) (학)1972년 고창고졸 1977년 고려대 행정학과졸 1979년 원광대 대학원 경영학과졸 1994년 미국 텍사스A&M대 대학원 농업경제학과졸 2009년 중앙대 대학원 산업경제학 박사과정 수료 (경)1977년 행정고시 합격(21회) 1978년 전북도 정읍군 수습사무관 1979~1990년 농수산부 사무관 1990년 농촌경제연구원 파견 1992년 해외 연수 1994년 농림수산부 농지관리과장 1995년 대통령비서실 행정관 1998년 농림부 기획예산담당관 1999년 同공보관 2000년 同농업정책국장 2001년 국방대학원 파견 2002년 농림부 농촌개발국장 2003년 同농업정책국장 2004년 한국농촌경제연구원 파견 2004년 국립농산물품질관리원장 2006년 농림부 정책홍보관리실장 2008~2009년 농림수산식품부 제1차관 2009~2013년 전주대 문화관광학부 석좌교수 2013년 同객원교수 2013년 전북발전연구원 정책고문 2013년 (사)한국귀농귀촌진흥원 초대 이사장(현) 2014년 전북 고창군수선거 출마(무소속) 2015년 (사)한국동아시아농업협회 부회장 2018년 농수산물유통공사(aT) 비상임이사(현) 2018년 (사)한국동아시아농업협회 회장(현) (상)대통령표창(1988), 고창군민의 장 애향장(1998), 홍조근정훈장(2000), 고창애향운동본부 애향대상(2011), 황조근정훈장(2012) (저)자전에세이 '다녀왔습니다'(2014)

정한근(鄭漢根) JUNG, HAN KEUN

(생)1964·3·3 (본)해주(海州) (출)부산 (주)세종특별자치시 가름로 194 과학기술정보통신부 지식재산전략기획단(044-202-4222) (학)1983년 부산 동인고졸 1987년 서울대 정치학과졸 (경)1991년 방송위원회 근무 2002년 同행정3부장 2003년 同위성방송부장 2004년 同방송콘텐츠부장 2005년 同대전사무소장 2006년 미국 미시간주립대 교육파견 2007년 방송위원회 혁신기획부장 2007년 同정보전산팀장·성과관리전담팀장 겸임 2008년 방송통신위원회 기획재정담당관(서기관) 2009년 同기획재정담당관(부이사관) 2009년 同방송진흥기획관(고위공무원) 2010년 同디지털방송전환추진단장 겸임 2011년 국방대 교육파견(고위공무원) 2011년 방송통신위원회 융합정책관 2012년 대통령실 선임행정관(고위공무원) 2013년 미래창조과학부 방송진흥정책관 겸 디지털방송전환추진단장 2013년 同대변인 2014년 同인터넷정책관 2015년 同정보보호정책관 2015~2017년 부산지방우정청장 2017년 고용휴직(고위공무원) 2017년 과학기술정보통신부 대변인 2018년 同지식재산전략기획단장(현) (상)홍조근정훈장(2013)

정한용(鄭漢容) JUNG Han Yong

(생)1955·11·26 (주)경기도 부천시 조마루로 170 순천향대 부천병원 정신건강의학과(032-621-5232) (학)고려대졸 1990년 同대학원 의학석사 1994년 의학박사(고려대) (경)1982~1986년 고려대병원 인턴·레지던트 1989~1990년 순천향대병원 신경정신과 전임의 1991~2001년 순천향대 의과대학 정신과학교실 전임강사·조교수·부교수 2001년 同교수(현) 2001년 법정신의학회 상임이사 2002년 대한정신약물학회 이사 2003년 대한의료감정학회 간행이사 2004년 대한생물정신의학회 상임이사 2010~2014년 순천향대 의과대학 정신건강의학교실 주임교수 2010~2012년 대한생물정신의학회 이사장 2013년 대한노인정신의학회 이사장 2014~2015년 대한신경정신의학회 부이사장 2015년 대한노인정신의학회 고문(현) 2016~2017년 대한신경정신의학회 이사장 2017년 순천향대 일반대학원장(현) (저)'신경인지기능의 평가 노인정신의학 대한노인정신의학회편(共)'(2004) '기분장애 신경정신의학 대한신경정신의학회편(共)'(2005) '양극성장애 : 우울증 Clinical Neuropsychopharmacology 대한정신약물학회편(共)'(2009) '재난현장에서의 심리적 개입(共)'(2009, 중앙문화사) '대한의학회 장애평가기준 – 해설과 사례연구(共)'(2011, 박영사) '재난현

장에서 어떻게 도와야 하나요? 재난시 심리적 도움주기(共)'(2011, 중앙문화사) '재난을 이겨내는 방법 – 재난 피해자를 위한 자가 심리 치료법(共)'(2012, 중앙문화사) '교통사고 어떻게 이겨 낼까요? – 교통사고 경험자를 위한 자가 심리 치료(共)'(2012, 중앙문화사)

정한중(丁漢仲)

(생)1971·1·9 (출)서울 (주)서울특별시 강남구 테헤란로 409 동신빌딩3층 대명회계법인(02-2078-5500) (학)대일고졸 1998년 동국대 회계학과졸 (경)1999년 공인회계사시험 합격 1999~2004년 대성회계법인 공인회계사 2004년 대명회계법인 금융본부 전무이사 2016년 연합뉴스 비상근감사(현) 2017년 대명회계법인 부대표(현)

정항기(鄭亢奇) Chung Hang Ki

(생)1963·9·9 (본)진양(晋陽) (출)경남 하동 (주)서울특별시 중구 을지로 170 대우건설 임원실(02-2288-3114) (학)대아고졸, 연세대 경영학과졸 (경)현대자동차 재경본부 근무, 현대그룹 종합기획실 근무, 현대카드 근무, 현대캐피탈 재무·전략·경영기획담당 이사, 현대그룹 기획총괄본부 상무, 현대증권(주) 경영기획본부장(상무보), 同경영기획본부장(상무) 2010년 同채권사업본부장 2012년 同PL사업본부장 2019년 (주)대우건설 최고재무책임자(CFO)(현)

정해관(丁海官)

(생)1967 (주)세종특별자치시 한누리대로 402 산업통상자원부 신통상질서협력관실(044-203-4860) (학)충주 대원고졸, 서울대 중문학과·경영학과졸, 미국 조지워싱턴대 대학원 국제비교법학과졸 (경)1993년 외무고시 합격(27회), 외교통상부 WTO과장, 同다자통상협력과장, 駐미국 참사관, 駐광저우 부총영사, 법무연수원 파견 2018년 산업통상자원부 신통상질서협력관(고위공무원)(현)

정해구(丁海龜) Jung Hae Gu

(생)1955·1·20 (출)충남 서천 (주)서울특별시 종로구 효자로 39 4층 대통령직속 정책기획위원회(02-397-2000) (학)1974년 명지고졸 1979년 연세대 행정학과졸 1987년 고려대 대학원 정치외교학과졸 1995년 정치학박사(고려대) (경)1988년 한국정치연구회 연구위원(현) 1998~1999년 세종연구소 객원연구위원 1999~2000년 성공회대 사회문화연구소 연구위원·전임연구원 2000년 同사회과학부 정치학전공 교수(현) 2000~2002년 학술단체협의회 운영위원장 2002~2004년 한국정치연구회 회장 2003년 대통령직인수위원회 정치개혁연구실 연구위원 2003~2007년 대통령자문 정책기획위원회 시스템개혁분과 정치행정위원 2008년 통합민주당 공천심사위원 2008~2010년 성공회대 대학원 교학처장 2012년 민주통합당 제18대 대통령중앙선거대책위원회 새로운정치위원회 간사 2013년 同비상대책위원회 정치혁신위원장 2014~2015년 새정치민주연합 정치혁신실천위원회 위원 2017년 국정기획자문위원회 정치행정분과위원회 위원 2017년 국가정보원 개혁발전위원회 위원장(현) 2017년 대통령직속 정책기획위원회 위원장(현) 2018년 同국민헌법자문특별위원회 위원장 겸임(현) (저)'국가형성론의 역사'(1983) '북한정치론(북한의 혁명이론)'(1990) '전두환과 80년대 민주화운동'(2011) (역)'10월인민항쟁 연구'(1988)

정해남(鄭海南) JUNG Hae Nam

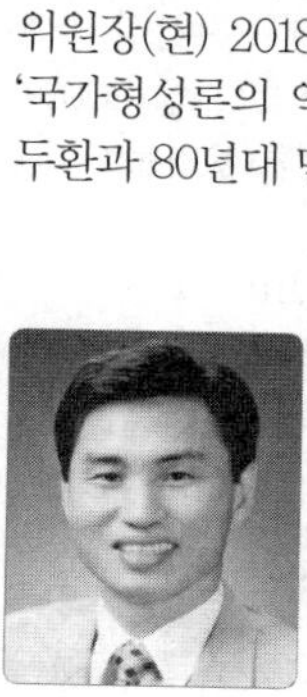

(생)1953·12·19 (출)충남 금산 (주)서울특별시 중구 후암로60길 11 한국의료분쟁조정중재원 조정6부(02-6210-0312) (학)1972년 경복고졸 1976년 서울대 법대졸 1984년 同대학원 법학과졸 1988년 미국 서던감리교대 대학원 법학과졸 (경)1979년 사법시험 합격(21회) 1982년 사법연수원 수료(12기) 1984년 광주지법 판사 1987년 同순천지원 판사 1989년 인천지법 판사 1992년 서울고법 판사 1992년 광주고법 판사(파견) 1993년 서울고법 판사 1994년 헌법재판소 헌법연구관 1997년 광주지법 부장판사 1999년 수원지법 부장판사 1999년 법무법인 희망 대표변호사 2006~2010년 헌법재판소 사무차장 2010~2012년 법무법인 민주 대표변호사 2012년 한국의료분쟁조정중재원 조정기획부 상임조정위원, 同조정6부 상임조정위원(현)

정해문(鄭海文) Chung Hae-moon

(생)1952·2·3 (출)부산 (주)서울특별시 종로구 사직로8길 60 외교부 인사기획관실(02-2100-7141) (학)1976년 서울대 무역학과졸 (경)1976년 외무고시 합격(10회) 1977년 외무부 입부 1981년 駐싱가포르 2등서기관 1987년 駐로스앤젤레스 영사 1990년 駐태국 참사관 1991년 외무부 동남아과장 1993년 駐나이지리아 참사관 1994년 외무부 총무과장 1995년 駐미국 참사관 1999년 외교통상부 지역통상국 심의관 2000년 駐오스트리아 공사 2003년 외교안보연구원 연구관 2004년 駐그리스 대사 2006년 외교통상부 본부대사 2007년 부산시 국제관계자문대사 2008년 駐태국 대사 2011년 외교통상부 본부대사 2012~2015년 한·아세안센터 사무총장 2013~2015년 서울신문 칼럼니스트 2014~2017년 인사혁신처 정책자문위원 2016~2018년 경희대 평화복지대학원 객원교수 2016~2017년 AON BGN LLC 고문 2016년 아세안지역안보포럼(ARF) 전문가그룹 한국대표(현) 2018년 외교부 외교정책자문위원(현) 2019년 봄학기 서울대 정치외교학부 강사 (상)알바니아 감사훈장(2006), 사이프러스 외교부특별상(2006), 그리스 피닉스대십자훈장(2007), 태국 대십자장훈장(2011), 황조근정훈장(2012), 베트남정부 무역·산업발전기여 훈장(2016) (종)기독교

정해붕(丁海鵬) JEONG Hae Boong

(생)1956·5·14 (출)전북 익산 (주)서울특별시 중구 삼일대로 358 신한L타워 10층 MCI Experian(02-398-5400) (학)1975년 전주고졸 1979년 전북대 무역학과졸 2009년 전남대 경영전문대학원 최고경영자과정 수료 2011년 서울대 경영전문대학원 최고경영자과정 수료 (경)1981년 제일은행 입행(국제영업부, 종합기획부) 1991년 하나은행 입행 1992년 同상계미도파지점 차장 1993년 同인사부 과장 1996년 同동소문지점장 1997년 同길동지점장 1998년 同익산지점장 2001년 同점포개발팀장 2002년 同천호동지점장 2004년 同사무지원부장 2005년 同남부영업본부장 2006년 同PB본부장 겸 WM본부장(부행장보) 2007년 同호남지역본부장(부행장보) 2010년 同영업추진그룹총괄 부행장 2011년 同영업총괄대표(부행장) 2011년 同전략사업그룹 부행장 2012~2014년 하나SK카드(주) 대표이사 사장 2014~2016년 하나카드(주) 대표이사 사장 2016~2017년 同자문역(부회장) 2017년 MCI Experian 대표이사(현) (상)대한민국 금융혁신대상 은행부문(2011), 대한민국 베스트뱅커대상(2014), 아주경제 금융증권 대상(2014), 금융위원회 대한민국금융대상(2015), 금융위원회 제25회 다산금융대상(2016) (종)기독교

정해성(鄭海成) JEONG Hai Seong

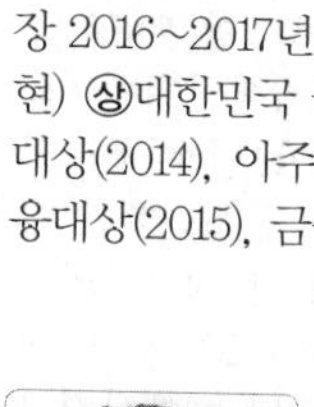

(생)1958·3·4 (본)진양(晋陽) (출)부산 (학)1977년 중앙고졸 1981년 고려대졸 (경)1984년 럭키금성 축구단 입단 1995년 포항제철 축구단 코치 1996년 축구국가대표팀 트레이너 1998년 올림픽대표팀 코치 2000년 시드니올림픽 축구대표팀 코치 2002년 한·일월드컵 국가대표 코치 2003년 전남드래곤즈 프로축구단 코치 2004년 부천SK 프로축구단 감독 2006~2007년 제주유나이티드FC 축구단 감독 2007년 축구국가대표팀 수석코치 2010~2012년 전남드래곤즈 프로축구단 감독 2017년 국가대표 축구팀 수석코치 2017년 베트남 프로축구 호앙아인잘라이(HAGL) FC 총감독 겸 기술위원장 2019년 베트남 프로축구 호찌민시티 FC 감독(현) (상)체육훈장 맹호장 (종)기독교

ㅈ

정해수(丁海壽) CHUNG Hea Soo

(생)1955·1·7 (본)나주(羅州) (출)경북 영주 (주)경기도 성남시 분당구 판교역로 235 에이치스퀘어N동 5층 (유)시높시스코리아 비서실(02-3404-2700) (학)1979년 인하대 전자공학과졸 (경)1979~1997년 삼성전자(주) System LSI ASIC 사업팀장 1998~2000년 同System LSI 사업개발팀장 2001~2002년 同System LSI 해외영업팀장 2003~2004년 삼성전기 SD사업부장 2005~2008년 (주)동부하이텍 영업본부장·신사업총괄 부사장 2008~2009년 HNT코리아(주) 경영고문 2008년 LG마이크론 고문 2009년 LG이노텍 고문 2010년 (유)시높시스코리아 대표이사(현) 2015년 비에스이홀딩스 사외이사(현) (상)국방부장관표창(1990), 삼성전자 대표이사표창(1991·1994·1996·1999) (종)기독교

정해영(丁海永)

(생)1969·4·15 (주)세종특별자치시 한누리대로 422 고용노동부 기획조정실 국제협력담당관실(044-202-7129) (학)미국 캘리포니아대 로스앤젤레스교(UCLA) 응용수학과졸, 영국 맨체스터대 경영대학원 인적자원관리 및 노사관계학과 석사 (경)1997~2006년 노동부 국제협력관실 근무 2006년 부산지방노동청 부산북부종합고용지원센터 소장, 노동부 여성고용대책과 서기관, 同청년고용대책과 서기관 2012년 부산지방노동청 진주지청장 2013년 대통령직속 청년위원회 파견 2015년 고용노동부 기획조정실 개발협력지원팀장 2017년 同기획조정실 국제협력담당관(현)

정해용(丁海龍) Jeong Hae Yong

(생)1969·11·2 (본)창원(昌原) (출)전남 여수 (주)충청남도 천안시 동남구 양지말1길 11-14 우정공무원교육원 교육운영과(041-560-5200) (학)1988년 여수고졸 1995년 서울대 농업교육과졸 1998년 同대학원 농산업교육과졸 2000년 同대학원 농산업교육학 박사과정 수료 (경)2001~2006년 다산E&E 컨설턴트 2006~2008년 중앙인사위원회 인재관리과 근무(일반계약직 5호) 2010~2012년 포스코경영연구소 교육부문 컨설턴트 2012~2015년 한화인재경영원 R&D팀장 2015년 미래창조과학부 우정공무원교육원 교육운영과장 2017년 과학기술정보통신부 우정공무원교육원 교육운영과장(현) (종)기독교

정해용(鄭海容) Jeong, Hae Yong

(생)1971·5·27 (출)경북 영천 (주)대구광역시 중구 공평로 88 대구광역시청 정무특별보좌관실(053-803-2190) (학)경주고졸, 경북대 사회학과졸 2001년 同대학원 사회학 석사과정 수료 (경)한나라당 대구시당 조직부장, 同중앙당 정책심의위원, 국회 정책연구위원 2006·2010~2014년 대구시의회 의원(한나라당·새누리당) 2009~2010년 한나라당 서민행복 대구추진본부장 2010년 同시의원협의회 원내대표 2010년 대구시의회 경제교통위원회 위원 2012년 同문화복지위원회 위원 2012년 同대구시공사·공단선진화추진특별위원회 위원장 2013년 同예산결산검사 대표위원 2014~2017년 대구시 정무조정실장 2017년 同정무특별보좌관(현) (저)'행복을 만드는 작은 정치'(2014) (종)불교

정해운(丁海云) jung haewoon

(생)1962·9·24 (출)서울 (주)서울특별시 성북구 성북로9길 38 401호 가교출판(02-762-0598) (학)1981년 한양공고졸 (경)1993년 가교출판 설립·대표(현) 2008년 한국출판영업인협의회 회장(현) 2012~2013년 한국출판협동조합 이사 2014년 대한출판문화협회 이사회원(현) (상)문화관광부장관표창(2010) (저)'문재인의 운명'(2011)

정해원

(생)1961·3 (주)서울특별시 중구 통일로 10 연세빌딩 20층 현대오일뱅크 안전생산본부(02-2004-3000) (학)영남대 화학공학과졸 (경)2013년 현대오일뱅크 상무보 2016년 同HOU생산부문장(상무) 2016년 同HOU생산부문장(전무) 2018년 현대케미칼 대표이사 전무 2018년 同대표이사 부사장 2018년 현대오일뱅크 안전생산본부장(부사장)(현)

정해일(丁海一) CHEONG Hae Il

(생)1954·3·22 (본)나주(羅州) (주)서울특별시 종로구 대학로103 서울대학교 의과대학 소아과학교실(02-740-8114) (학)1972년 경기고졸 1978년 서울대 의과대학졸 1981년 同대학원졸 1987년 의학박사(서울대) (경)1978~1989년 서울대병원 소아과 인턴·전공의·전임의·부과장 1989~1999년 서울대 의과대학 소아과학교실 조교수·부교수 1989~1992년 미국 미네소타주립대 소아신장분과 연구 Fellow 1999~2019년 서울대 의과대학 소아과학교실 교수 2010~2012년 대한소아신장학회 회장 2012년 희귀질환연구지원센터 센터장(현) 2013년 의학연구원신장연구소 소장 2019년 서울대 의과대학 명예교수(현)

정해일(鄭海日)

(생)1958·7·16 (주)충청남도 천안시 동남구 병천면 충절로 1600 한국기술교육대학교 기계공학과(041-560-1156) (학)서울대졸, 영국 임페리얼대 대학원졸, 박사(영국 임페리얼대) (경)한국기술교육대 기계정보공학부 교수 2013년 同기계공학과 교수(현) 2017~2019년 同IT융합과학경영산업대학원장

정해주(鄭海渝) JUNG Hae Ju

(생)1943·2·19 (출)경남 통영 (주)경기도 과천시 교육원로 98 한국화학융합시험연구원 이사장실(02-2164-0110) (학)1962년 통영고졸 1967년 서울대 법학과졸 1979년 국방대학원졸 1987년 서울대 행정대학원 최고정책과정 수료 2000년 명예 경영학박사(순천향대) 2006년 미국 펜실베이니아대 와튼스쿨 최고경영자과정 수료 (경)1968년 행정고시 합격(6회) 1976년 상공부 법무담당관 1988년 同감사관·공보관 1989년 同전자전기공업국장 1991년 同기초공업국장 1991년 同상역국장 1992년 민자당 상공전문위원 1993년 상공자원부 기획관리실장 1994년 同제2차관보 1994년 통상산업부 차관보 1995년 특허청장 1996년 중소기업청장 1997~1998년 통상산업부 장관 1998~2000년 국무총리 국무조정실장 2000~2004년 진주산업대 총장 2003~2004년 전국산업대총장협의회 회장 2003년 한국지방대학총학장협의회 공동대표 2004~2008년 한국항공우주산업(KAI) 대표이사 사장 2004~2008년 한국항공우주산업진흥협회 회장 2006~2008년 대통령직속 규제개혁위원회 위원장 2009년 한국화학융합시험연구원(KTR) 이사장(현) 2011~2015년 (주)한국전력공사 이사회 의장 2011~2017년 (사)상우회 회장 2012년 글로벌표준정책포럼 회장(현) 2012~2017년 대관령풍력(주) 회장 (상)녹조근정훈장, 청조근정훈장, 대통령표창, 한국정보시스템학회·한국인터넷전자상거래학회 주최 한국경영자대상(2007), 프랑스 레지옹도뇌르훈장(2007) (저)'대학이 변해야 나라가 산다-CEO 총장의 현장고백' (종)기독교

정해진(鄭海鎭) JEONG Hae Jin

(생)1964·1·10 (본)고창(高敞) (출)전북 전주 (주)서울특별시 관악구 관악로 1 서울대학교 자연과학대학 지구환경과학부(02-880-6746) (학)1986년 서울대 해양학과졸 1988년 同대학원졸 1995년 이학박사(미국 캘리포니아주립대) (경)1995~2003년 군산대 해양학과 전임강사·조교수·부교수 1996

년 국립수산진흥원 적조심의위원 1999년 해양수산부 연안GIS 자문위원 2002년 군산대 적조연구센터장 2002년 교육인적자원부 기초학문육성위원 2003년 서울대 자연과학대학 지구환경과학부 부교수 2006년 同자연과학대학 지구환경과학부 교수(현) 2006~2010년 同차세대융합기술원 환경에너지자원연구소장 2006년 한국해양학회 감사 2006년 한국조류학회지 'Algae' 편집위원(현) 2007~2010년 한국유해조류연구회 총무이사 2008~2012년 Ocean Science Journal 편집장 2008~2010년 한국해양학회지 '바다' 편집위원장 2008~2012년 한국해양학회 편집이사 2009년 2012여수엑스포 자문위원 2010년 Harmful Algel 편집위원 2013~2016년 미국조류학회지 편집자문위원 2015~2017년 국립해양생물자원관 비상임이사 (상)한국과학기술단체총연합회 과학기술우수논문상(2002), 여천생태학상(2010), 국제원생생물학회 올해의 논문상(2017) (저)'해양오염과 적조'(1996) '플랑크톤 생태학(共)'(2003)

정해창(丁海昌) CHUNG Hae Chang (若天·牛山)

(생)1937·11·4 (본)나주(羅州) (출)대구 (주)서울특별시 강남구 테헤란로 309 1605호 정해창법률사무소(02-532-4447) (학)1956년 경북고졸 1960년 서울대 법학과졸 1968년 미국 서던메소디스트대 대학원졸 (경)1958년 고시사법과·고시행정과 합격 1959년 공군 법무관 1962~1973년 대구지검·대전지검·서울지검·법무부 검사·의성지청장 1973년 법무부 검찰과장 1976년 서울지검 부장검사 1979~1981년 부산지검·서울지검 제2차장검사 1981년 법무부 검찰국장 1981년 서울지검장 1982년 법무부 차관 1985년 법무연수원장 1986년 대검찰청 차장검사 1987~1988년 법무부 장관 1989년 형사정책연구원 원장 1990~1993년 대통령 비서실장 1993년 변호사 개업 1993~2005년 나주정씨 월헌공파종회 회장 1994~2014년 한국범죄방지재단 설립·이사장 1997~2002년 한국아마추어바둑협회 회장 1998년 다산학술문화재단 이사장(현) 2002~2014년 좋은합동법률사무소 대표변호사 2004~2006년 서울대 법대 동창회장 2006~2010년 나주정씨중앙종회 회장 2006~2011년 (재)송설당 교육재단 이사장 2008~2012년 (재)대경육영재단 이사장 2015~2018년 법률사무소 신&박 고문변호사 2018년 변호사 개업(현) (상)홍조근정훈장(1973), 황조근정훈장(1987), 청조근정훈장(1990), 세계법률가대회 공로상, 자랑스러운 서울법대인상(2007), (사)법조언론인클럽 공로상(2015), 천고법치문화상(2015) (저)'체포와 구금' '대나무 그 푸른 향기' '형정의길 50년' (종)불교

정해훈(丁海勳) CHOUNG Hae Hoon

(생)1956·2·10 (본)나주(羅州) (출)충북 충주 (주)서울특별시 서초구 효령로34길 92 신구블레스밸리 아파트 101동 101호 (사)북방권교류협의회(02-711-8688) (학)1974년 서울 중경고졸 1983년 국민대 정치외교학과졸 1991년 서강대 공공정책대학원 북한정치연구과정 수료 1994년 러시아 모스크바 고르바초프재단 세계지도자과정 수료 1996년 경남대 행정대학원 북한학과졸 1999년 同북한대학원 북한학 박사과정 중퇴 (경)1981년 국민대 총학생회장 1983~1992년 KBS 보도본부 기자(국내 최초 북방전문기자) 1990년 (사)북방권교류협의회 사무총장·이사장(현) 1991년 월간 북방저널 편집인 겸 발행인(현) 1993년 중국 길림성 동북사범대 객원교수(현) 1994~1996년 북방정치경제학교 교장 1994~1996년 주간 대륙신문 발행인 1996년 중국 하북성 진황도시·당산시·절강성 항주시·영파시·소흥시·강소성 강언시·염성시·요녕성 부신시 개발구 경제고문(현) 1996년 중국 산동성 태안시·래서시·래무시·청도시 CCPIT 청도수출가공구 정부경제고문(현) 1997년 민주당 조순총재 정치담당 특보 1997년 한나라당 이회창대통령후보 유세·홍보본부장 1997~2000년 한국지방자치단체 중국투자무역대표부 수석대표 1998년 중국 절강대 한국연구소 객원교수(현) 1998~2000년 러시아 브리야티아공화국 대통령 경제고문 2001년 민주국민당 조순총재 비서실장 2001~2009년 한·중 IT교류협회 공동대표 2001~2009년 한·중창업교류협회 공동대표 2002년 녹색평화당 대변인 겸 공동대표 2004년 녹색사민당 최고위원 겸 공동대표 2004년 연합뉴스 월간 마이더스 칼럼리스트 2006년 경남대 극동문제연구소 초빙연구위원 2010년 同북한대학원 초빙교수·석좌교수 2012~2014년 대한기자협회중앙회 회장 2013년 중국 환구망(環球網 - 환구시보의 공식사이트) 특별논설위원 겸 고문(현) 2014년 대한언론인총연합회 중앙회장(현) 2016년 헤이리예술마을 고문(현) 2017년 안중근의사숭모회 자문위원(현) (상)서울올림픽공로상(1988), KBS 보도상, 러시아 브리아티아대통령 감사장 (종)가톨릭

정향미(鄭香美·女) JUNG HYANG-MI

(생)1967·10·9 (본)진양(晋陽) (출)서울 (주)세종특별자치시 갈매로 388 문화체육관광부 관광정책과(044-203-2810) (학)1986년 예일여고졸 1990년 연세대 심리학과졸 2003년 한국방송통신대 법학과졸 2009년 영국 맨체스터대 대학원 법학 박사과정 수료 (경)1998년 법제처 경제행정심판담당관실 사무관 2000년 同법령홍보담당관실 사무관 2001년 문화체육관광부 영상진흥과 사무관 2004년 同예술정책과 사무관 2009년 녹색성장위원회 녹색성장기획단 사무관 2009~2010년 문화체육관광부 저작권정책과 사무관·서기관 2010년 同국제문화과장·문화교류과장 2011년 同디자인공간문화과장 2012년 국무총리실 교육문화여성정책관실 문화체육과장 2013년 문화체육관광부 출판인쇄산업과장 2014년 국립국어원 한국어진흥과장 2017년 문화체육관광부 예술정책과장 2018년 同국제관광과장 2019년 同관광정책과장(현)

정헌배(鄭憲培) JEONG Heon Bae (松亭)

(생)1955·9·15 (본)연일(延日) (출)경북 선산 (주)서울특별시 동작구 흑석로 84 중앙대학교 경영경제대학 경영학부(02-820-5131) (학)1975년 경북사대부고졸 1979년 영남대 경영학과졸 1982년 프랑스 파리제9대 대학원졸 1984년 경영학박사(프랑스 파리제9대) (경)1981년 프랑스 파리대 마케팅연구소 연구원 1981년 프랑스 파리상공회의소 국제경영연구소 연구원 1985~1992년 중앙대 경영학과 조교수·부교수 1988년 국제연합 지역개발센터(UNCRD) 한국위원 1992년 미국 노스웨스턴대 객원교수 1993~2011년 중앙대 사회과학대학 상경학부 교수 1996년 세계경영연구원 원장(현) 1998년 중앙대 산업경영연구소장 겸 인삼산업연구센터 소장 2000년 국무총리 청소년보호위원회 위원 2002~2008년 한국환경경영학회 초대회장 2003~2007년 중앙대 산업경영대학원장 2004~2007년 同창업경영대학원 초대원장 2004년 음주문화시민연대 이사장(현), 좋은사람들(주) 사외이사 2011년 중앙대 경영경제대학 경영학부 교수(현) 2012·2013년 '2012·2013 대한민국 우리술 대축제' 자문위원 (상)산업자원부장관표창(2007), 한국벤처창업학회 창업진흥대상(2017) (저)'국제마케팅'(1988) '환경경영전략'(1995) '환경마케팅'(1997) '지구촌마케팅'(2000) '친환경마케팅'(2004) '술독에 빠진 교수님' '정헌배 교수의 술나라 이야기'(2011) '토탈창업학'(2016) (종)가톨릭

정헌율(鄭憲律) JUNG Hun Yul

(생)1958·3·25 (출)전북 익산 (주)전라북도 익산시 인북로32길 1 익산시청 시장실(063-859-5001) (학)1976년 전주고졸 1980년 전북대 행정학과졸 1987년 同대학원 경영학과졸 1990년 프랑스 Poitiers대 지역개발학 박사과정 수료, 행정학박사(서울시립대) (경)1980년 행정고시 합격(24회) 1981년 건설부 행정사무관 1990년 내무부 행정사무관 1995년 同서기관 1998년 행정자치부 서기관 1998년 청소년보호위원회 보호지도과장 2000년 이북5도위원회 함경북도 사무국장 2001년 행정자치부 법무담당관 2003년 同공기업과장 2004년 同재정정책과장

2005년 전북도 총무과 근무 2005년 지방자치단체국제화재단 뉴욕사무소 파견 2007년 행정자치부 지방행정정책관 2008년 행정안전부 지방행정연수원 인력개발부장 2008년 同정보화기획관(고위공무원) 2009년 同지방재정세제국장 2010년 전북도 행정부지사 2012~2014년 국민권익위원회 상임위원 2016~2018년 전북 익산시장(재선거 당선, 국민의당·바른미래당·무소속·민주평화당) 2018년 민주평화당 익산甲지역위원회 위원장 2018년 전북 익산시장(민주평화당)(현) 2018년 민주평화당 국가비전위원회 공동위원장(현), 同농축대책특별위원회 위원장(현)

정 혁(鄭 爀) CHUNG Hyuk

(생)1961·1·23 (출)전남 영암 (주)서울특별시 서초구 헌릉로 13 대한무역투자진흥공사 KOTRA아카데미(02-3497-1147) (학)1979년 숭일고졸 1985년 전남대 경영학과졸 2007년 핀란드 헬싱키경제대 대학원 경영학과졸(MBA) (경)1990~1994년 대한무역투자진흥공사(KOTRA) 오사카무역관 근무 1997년 同도쿄무역관 근무 2000년 同일본팀장 2002년 同일본지역본부 부관장 2004년 同외국기업고충처리팀장 2005년 同기획예산부장 2006년 同도쿄무역관장 2006년 同나고야무역관장 2008년 同나고야코리아비즈니스센터장 2010년 同IT산업처장 2010년 同일본사업단장 2011년 同역량개발처장 겸 인재경영팀장 2012년 同일본지역본부장 2016년 同글로벌일자리사업단장 2017년 同일자리사업실장 2018년 同글로벌일자리실장 2019년 同KOTRA아카데미 일자리사업담당 연구위원(현)

정 현 CHUNG Hyeon

(생)1996·5·19 (출)경기 수원 (학)2015년 수원 삼일공고졸 2018년 한국체육대 4년 재학 중 (경)2011년 제주국제주니어테니스대회 복식 우승 2011년 오렌지보울국제주니어테니스대회 16세부 단식 우승 2012년 인도국제주니어1차대회 단식 우승 2012년 제20회 오펜바흐국제주니어테니스대회 단식 우승 2013년 ITF서울남자퓨처스2차대회 단식 2위 2013년 ITF남자퓨처스대회 단식 2위 2013년 윔블던주니어테니스대회 단식 준우승 2013년 캐나다오픈주니어테니스대회 복식 2위 2014년 제17회 인천아시안게임 복식 금메달 2015~2018년 '삼성증권'과 후원 계약 2015년 남자프로테니스(ATP) 서배너 챌린저대회 우승 2015년 남자프로테니스(ATP) 부산오픈 챌린저대회 우승 2015년 남자프로테니스(ATP) 르꼬끄 서울오픈 챌린저 2위 2015년 제28회 광주하계유니버시아드대회 남자단식 금메달·남자복식 은메달·남자단체전 금메달 2016년 남자프로테니스(ATP) 가오슝 챌린저 단식 우승 2016년 남자프로테니스(ATP) 효고 노아 챌린저 단식 우승 2017년 남자프로테니스(ATP) 투어 넥스트제너레이션 파이널스 단식 우승 2018년 현대자동차 '제네시스'와 후원 계약(현) 2018년 호주 오픈 테니스대회 남자단식 4강 진출(한국테니스 사상 첫 그랜드슬램 4강 진출) 2018년 1월 남자프로테니스(ATP) 투어 단식 세계랭킹 29위(국내 역대 최고 순위) 2019년 남자프로테니스(ATP) 청두인터내셔널 챌린저 남자 단식 우승 (상)제4회 소강체육대상 남자최우수선수상(2012), 남자프로테니스(ATP) 기량발전상(2015)

정현곤(鄭鉉坤) Jung Hyun-gon

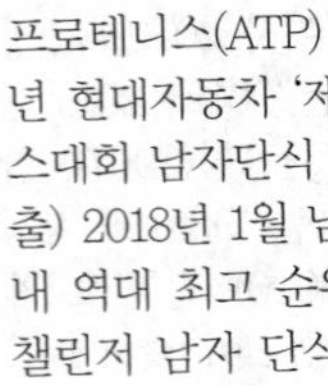

(생)1964 (출)경남 함안 (주)서울특별시 종로구 청와대로 1 대통령비서실 시민참여비서관실(02-770-0011) (학)진주고졸, 서울대 지구과학교육학과졸, 경남대 대학원 북한학과졸, 정치외교학박사(경남대) (경)1987년 서울대 반미자주화반파쇼민주화투쟁위원회 위원장 1997년 참세상을여는노동자연대 대중사업국장, 시민평화포럼 정책위원장, 시민사회단체연대회의 운영위원장·공동정책위원장, 창작과비평 상임편집위원 2017년 국무총리 시민사회비서관 2018년 대통령 시민사회수석비서관실 시민참여비서관(현)

정현교(鄭炫教) JEONG Hyun Kyo

(생)1955·8·17 (주)서울특별시 관악구 관악로 1 서울대학교 전기·정보공학부(02-880-7242) (학)1979년 서울대 전기공학과졸 1981년 同대학원 전기공학과졸 1984년 전기공학박사(서울대) (경)1984~1985년 서울대 공학연구소 특별연구원 1984~1994년 강원대 조교수·부교수 1987~1989년 미국 뉴욕폴리테크닉대 방문교수 1994~2012년 서울대 전기공학부 부교수·교수, 미래산업(주) 사외이사 2001년 대한전기학회 학술이사 2000~2002년 서울대 BK21정보기술사업단 부단장 2002~2004년 同기초전력공학공동연구소장 2003년 대한전기협회 비상근감사 2004~2008년 서울대 기초전력연구원장 2012년 서울대 전기·정보공학부 교수(현) 2016년 대한전기학회 회장 2016~2018년 (주)에이티세미콘 사외이사

정현모(鄭賢模)

(생)1959·9·6 (출)전남 순천 (학)한성대 대학원 행정학과졸 (경)1985년 소방사 임용(공채) 1995년 경기 이천소방서 양평파출소장 1997년 경기 성남소방서 진압대장 2007년 경기 동두천소방서 방호예방과장 2008년 경기 구리소방서 소방행정과장 2009년 경기도 소방재난본부 시설점검담당 2011년 同소방재난본부 소방전술담당 2011년 同소방재난본부 상황1담당 2015년 同북부소방재난본부 소방행정기획과장 2016년 경기 구리소방서장 2017~2019년 경기 시흥소방서장 (상)대통령표창(2013)

정현백(鄭鉉栢·女) CHUNG Hyun Back

(생)1953·4·9 (출)부산 (주)서울특별시 종로구 성균관로 25-2 퇴계인문관 31710 사학과(02-760-0301) (학)이화여고졸 1975년 서울대 사범대학 역사교육과졸 1978년 同대학원 서양사학과졸 1984년 문학박사(독일 보쿰대) (경)1984년 경기대 사학과 조교수 1986년 한국서양사학회 간사 1986~2017년 성균관대 사학과 교수 1988~1995년 한국여성연구회 공동대표 1990년 미국 하버드대 옌칭연구소 객원교수 1996년 독일 Siegen대 초빙교수 1997~2001년 평화를만드는여성회 공동대표 1999년 한국여성단체연합 통일평화위원장 2000년 서울여성노동자회 이사장 2002~2007년 한국여성단체연합 공동대표 2002년 경찰위원회 위원 2002년 부패방지위원회 자문위원 2004년 역사교육연구회 회장 2005년 청와대 고위공직자 인사검증자문회의 위원 2006년 남북교류협력추진협의회 위원 2007~2010년 민주화운동기념사업회 이사 2008~2009년 21세기여성포럼 공동대표 2008~2010년 학교법인 덕성학원 이사 2008년 시민평화포럼 공동대표 2009년 노무현재단 이사 2010~2016년 참여연대 공동대표 2013~2016년 국무총리자문 시민사회발전위원회 위원 2015년 민족화해협력범국민협의회 상임의장 2016년 서울성평등위원회 위원장 2017~2018년 여성가족부 장관 2018년 성균관대 사학과 명예교수(현) (상)국민훈장 목련장(2005) (저)'노동운동과 노동자문화'(1991) '여성사 연구의 이론과 방법' '역사연구에서 문화의 역할' '민족과 페미니즘'(2003) '여성사 다시 쓰기'(2007) '처음 읽는 여성의 역사(共)'(2011) '주거유토피아를 꿈꾸는 사람들. 독일과 오스트리아의 주거개혁 정치와 운동'(2016) '민족주의와 역사교육(共)'(선인) 외 (역)'페미니스트'(1997)

정현복(鄭鉉福) Jeong Hyeon Bok

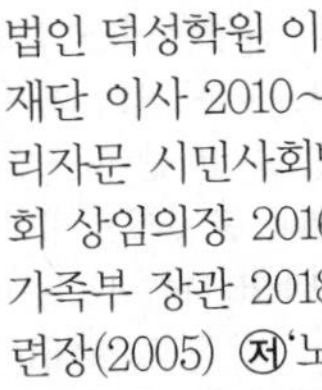

(생)1949·12·9 (출)전남 광양 (주)전라남도 광양시 시청로 33 광양시청 시장실(061-797-2201) (학)2003년 영등포고부설방송통신고졸 2007년 광주대 행정학과졸 2009년 한려대 사회복지대학원 사회복지학과졸 (경)1969년 광양군청 근무 1991년 나주시 민방위과장·환경보호과장·시민과장(행정사무관) 1995년 전남도 농민교육원 서무과장 1996년 同기획관리실 재정담당관실 예산담당 1999년 국가전문행정연수원 파견 2000

년 전남도 자치행정국 실업대책담당관 직대 2000년 同자치행정국 실업대책담당관(지방서기관) 2000년 同농정국 농업정책과장 2002년 2010세계박람회유치위원회 파견 2003년 전남도 공보관 2004년 전남 신안군 부군수 2006년 지역혁신인재개발원 고위정책과정 수료 2007~2009년 전남 광양시 부시장 2014~2018년 전남 광양시장(무소속) 2014~2018년 (재)백운장학회 이사장 2018년 전남 광양시장(무소속 · 더불어민주당〈2019.4〉)(현) [상]내무부장관표창(1976 · 1992), 전남도지사표창(1987), 녹조근정훈장(2003 · 2009), 서울석세스대상 기초단체장부문(2015), 중국국제우호도시대회 자매도시교류협력상(2016), 국무총리표창(2017), 우리글사랑 자치단체대상(2018), '대한민국 위민 33인대상' 행정대상(2019)

정현석(鄭鉉碩) Chung Hyun-Seog

[생]1966 · 5 · 11 [주]서울특별시 중구 퇴계로 110 한국화이자제약(주) 아태지역 클러스터비즈니스테크놀로지부(BT)총괄(02-317-2114) [학]1989년 서울대 국제경제학과졸 1991년 同대학원 국제경제학과졸 [경]액센추어 시니어매니저, 프라이스워터하우스쿠퍼스 컨설턴트, 삼성SDS 수석컨설턴트 2007년 한국화이자제약(주) 정보전략부문장(전무) 2017년 同아태지역 클러스터비즈니스테크놀로지부(BT)총괄 전무(현)

정현석(鄭鉉錫)

[생]1967 · 2 · 2 [주]충청북도 제천시 칠성로 53 청주지방법원 제천지원(043-640-2070) [학]1986년 강릉고졸 1990년 연세대 법학과졸 [경]1999년 사법시험 합격(41회) 2002년 사법연수원 수료(31기) 2002년 광주지법 판사 2003년 광주고법 판사 2004년 광주지법 판사 2005년 同순천지원 판사 2007년 수원지법 여주지원 판사 2010년 서울중앙지법 판사 2012년 서울동부지법 판사 2015년 대법원 재판연구관 2018년 청주지법 제천지원장(현)

정현수(鄭賢壽) CHUNG Hyun Soo

[생]1955 · 10 · 21 [출]강원 춘천 [주]서울특별시 강남구 테헤란로87길 36 도심공항타워 법무법인(유) 로고스(02-2188-2823) [학]1974년 서울 경동고졸 1979년 서울대 법대졸 1981년 同대학원 법학과 수료 [경]1981년 사법시험 합격(23회) 1983년 사법연수원 수료(13기) 1983년 서울민사지법 판사 1986년 서울가정법원 판사 1987년 춘천지법 영월지원 판사 1990년 서울지법 의정부지원 판사 1992년 미국 코넬대 연수 1992년 서울지법 남부지원 판사 1993년 법원행정처 조사심의관 1995년 서울고법 판사 1997년 서울지법 판사 1998년 광주지법 순천지원 부장판사 2000년 사법연수원 교수 2003년 서울지법 부장판사 2004년 서울중앙지법 부장판사 2006년 서울북부지법 부장판사 2007년 부산고법 부장판사 2008~2010년 서울고법 부장판사 2010년 법무법인(유) 로고스 변호사(현) [종]기독교

정현용(鄭顯溶) Jung Hyun Yong

[생]1965 · 11 · 13 [본]영일(迎日) [출]충북 옥천 [주]세종특별자치시 다솜로 261 국무조정실 규제총괄정책관실(044-200-2467) [학]1983년 선인고졸 1990년 서울대 외교학과졸 1996년 同행정대학원 정책학과 수료 1998년 미국 하버드대 케네디스쿨 행정학과졸 2008년 정책학박사(영국 맨체스터대) [경]1990년 행정고시 합격(34회) 1991~1994년 행정조정실 총괄조정관실 행정사무관 1995~1996년 同실장비서관 1998~2001년 국무조정실 규제개혁조정관실 총괄서기관 2001~2006년 同노동문화과장 · 재경산자과장 2006~2007년 同혁신팀장(부이사관) 2007~2009년 한국경제연구원 초빙연구위원 2009~2010년 국무총리실 駐韓미군기지이전지원단 정책조정팀장(부이사관) 2010년 同국정운영1실 갈등관리지원관(부이사관) 2010년 대통령직속 녹색성장위원회 녹색성장기획국장(고위공무원) 2013년 대통령 미래전략수석비서관실 선임행정관 2014년 국무조정실 일반행정정책관 2014년 同영유아교육보육통합추진단 부단장 2015년 同교육문화여성정책관(고위공무원) 2017년 同국정과제관리관(고위공무원) 2019년 同규제조정실 규제총괄정책관(현) [상]녹조근정훈장(2000), 대통령표창(2012) [저]'기업환경 개선의 경제적 효과분석'(2007, 한국경제연구원) '한국 노동시장의 유연안정성 현황 및 과제'(2008, 한국경제연구원) '규제등록제도 개선방안 연구'(2008, 한국경제연구원) [종]기독교

정현종(鄭玄宗) CHONG Hyon-jong

[생]1939 · 12 · 17 [출]서울 [주]서울특별시 서초구 반포대로37길 59 대한민국예술원(02-3479-7223) [학]1959년 대광고졸 1965년 연세대 문과대학 철학과졸 [경]1965년 현대문학으로 시인 등단 · 시인(현) 1965년 신태양사 근무 1970~1973년 서울신문 문화부 기자 1975~1977년 중앙일보 월간부 기자 1977~1982년 서울예술전문대학 교수 1982~2005년 연세대 국어국문학과 교수 1993 · 2002년 미국 UCLA 방문교수 2012년 대한민국예술원 회원(詩 · 현) [상]한국문학 작가상(1978), 연암문학상, 이산문학상(1992), 대산문학상(1996), 현대문학상(1998), 미당문학상(2001), 공초문학상(2004), 파블로 네루다 메달(2004), 근정포장(2005), 경암학술상 예술분야(2006), 김달진 문학상(2015), 제19회 만해대상 만해문예대상(2015), 은관문화훈장(2015) [저]시집 '사물의 꿈'(1972, 민음사) '고통의 축제'(1974, 민음사) '나는 별아저씨'(1978, 문학과지성사) '떨어져도 튀는 공처럼'(1984, 문학과지성사) '사랑할 시간이 많지 않다'(1989, 세계사) '한 꽃송이'(1992, 문학과지성사) '세상의 나무들'(1995, 문학과지성사) '갈증이며 샘물인'(1999, 문학과지성사) '광휘의 속삭임'(1999, 문학과지성사) '견딜 수 없네'(2003, 시와시학사) '그림자에 불타다'(2015, 문학과지성사), 시선집 '이슬'(1996, 문학과지성사) '섬'(2009, 열림원), 산문집 '숨과 꿈'(1982, 문학과지성사) '생명의 황홀'(1989, 세계사) '날아라 버스야:시와 삶에 관한 에세이'(2003, 시와시학사), 문학선집 '거지와 광인' '두터운 삶을 향하여'(2015, 문학과지성사) [역]'강의 백일몽' '스무편의 사랑의 시와 한편의 절망의 노래' '아는 것으로부터의 자유' '불과 얼음' '첫사랑'

정현철(鄭賢哲) Chung Hyun Cheol

[생]1956 · 8 · 8 [출]전북 전주 [주]서울특별시 서대문구 연세로 50-1 연세암병원 위암센터(02-2228-8132) [학]1982년 연세대 의대졸 1984년 同대학원졸 1992년 의학박사(연세대) [경]1989~2003년 연세대 의대 내과학교실 조교수 · 부교수 2004년 同의대 내과학교실 종양내과 교수(현) 2005~2008년 연세대의료원 암센터 종양내과장 2009년 同암센터 원장 2009년 연세대 언더우드-에비슨 특훈교수(현) 2013년 同의대 암연구소장, 대한위암학회 부회장, 대한암학회 학술이사 · 감사 2014~2016년 한국임상암학회 이사장 2015년 대한민국의학한림원 정회원(현) 2015년 연세대 의대 송당암연구센터장(현) 2016년 한국암치료보장성확대협력단 초대 대표(현) [종]기독교

정현출(丁絃出) JEONG Hyun Chul

[생]1969 · 3 · 18 [출]경남 사천 [주]경상북도 김천시 혁신8로 177 농림축산검역본부 운영지원과(054-912-0313) [학]1987년 진주고졸 1991년 서울대 경제학과졸 2003년 미국 펜실베이니아주립대 대학원졸 [경]2005년 농림부 자유무역협정과 서기관 2006년 同자유무역협정2과장 2008년 농림수산식품부 자유무역협정2과장 2009년 同농업정책국 경영인력과장 2009년 同경영조직과장 2010년 同지역개발과장 2011년 경제협력개발기구(OECD) 파견 2014년 농림축산식품부 농업정책국 농업정책과장 2016년 同농업정책국 농업정책과장(부이사관) 2016~2017년 대통령 농수산식품비서관 2017년 농림축산식품부 식생활소비정책과장 2017년 농림축산검역본부 동식물위생연구부장 직무대리 2018년 同동식물위생연구부 연구기획과장 2018년 駐제네바대표부 공사참사관(현)

정현태(鄭鉉泰) CHUNG Hyun Tae

(생)1951·9·29 (본)동래(東萊) (출)경북 군위 (주)경상북도 경산시 하양읍 가마실길 50 경일대학교 총장실(053-600-4042) (학)1974년 경희대 기계공학과졸 1976년 성균관대 대학원 산업공학과졸 1978년 동아대 대학원 산업공학과졸 1989년 공학박사(숭실대) (경)1977~2009년 경일대 경영공학과 교수 1990년 일본 오사카부립대 연구원 2001년 경일대 학생처장, 同기획처장 2009년 同부총장 2010년 同총장(현) 2012~2014년 대구·경북지역대학교육협의회 회장 (역)'경제성공학-개정4판'(1999) (종)불교

정현택(程鉉鐸) CHUNG Hyun Taek

(생)1958·12·19 (주)서울특별시 송파구 양재대로 1239 한국체육대학교 스포츠과학대학 체육학과(02-410-6868) (학)한국체육대 체육학과졸 1985년 경희대 대학원 교육학과졸 2000년 이학박사(경기대) (경)한국체육대 스포츠과학대학 체육학과 교수(현), 서울지방경찰청 무도지도위원 2013년 한국체육대 생활관장 2019년 同스포츠과학대학장 겸 훈련처장(현) (상)체육훈장 백마장, 한국대학유도연맹 우수지도자상(2009), 한국대학연맹 지도상(2010), 경상북도체육회표창(2010·2013), 부안군 문화체육대상(2011), 한국대학유도연맹 지도상(2011·2012·2013), 한국대학유도연맹 최우수지도자상(2011·2016) (종)불교

정현호(鄭賢豪) Chung Hyun Ho

(생)1960·3·6 (출)서울 (주)경기도 수원시 영통구 삼성로 129 삼성전자(주)(02-2255-0114) (학)1978년 덕수정보산업고졸 1983년 연세대 경영학과졸 1995년 미국 하버드대 대학원졸(MBA) (경)1983년 삼성전자(주) 입사 2003년 삼성 전략기획실 상무 2007년 삼성전자(주) 무선사업부 지원팀장(전무) 2010년 同디지털이미징사업부장(부사장) 2011년 삼성그룹 미래전략실 경영진단팀장(부사장) 2014년 同미래전략실 인사지원팀장(부사장) 2015년 同미래전략실 인사지원팀장(사장) 2017년 同사업지원TF장(사장)(현)

정현호(鄭鉉壕) Jung Hyun Ho

(생)1962·12·24 (주)서울특별시 강남구 테헤란로 626 메디톡스빌딩 (주)메디톡스(02-3471-8319) (학)1986년 서울대 미생물학과졸 1988년 한국과학기술원(KAIST) 세포생물학과졸(석사) 1992년 분자생물학박사(한국과학기술원) (경)1992년 미국 국립보건원 초빙연구원 1993년 한국생명공학연구원 선임연구원 1995년 선문대 응용생물과학부 전임강사·조교수·부교수 2000년 (주)메디톡스 대표이사(현) 2015년 미래창조과학부 충북창조경제혁신센터 창업대사 2015년 국가과학기술자문회의 자문위원 2018년 한국미생물생명공학회 부회장(현) (상)한국보건산업진흥원 우수기술경진대회 장려상(2005), 국무총리표창(2007), 제46회 무역의날 500만달러 수출의 탑(2009), 한국과학기술원 명예의동창상(2010), 제48회 무역의날 1천만달러 수출의 탑(2011), 제6회 이달의 산업기술상 사업화기술부문 최우수상(2014), 한국을 빛낸 올해의 무역인상(2015), 한국과학기술원(KAIST) 자랑스런 동문상(2016)

정형곤(鄭衡坤) Jeong, Hyung-Gon

(생)1965·10·5 (본)하동(河東) (주)세종특별자치시 시청대로 370 대외경제정책연구원(044-414-1127) (학)1992년 독일 본(Bonn)대 경제학과졸 1995년 同대학원 경제학졸 1998년 경제학박사(독일 퀼른대) (경)1997년 독일 본(Bonn)대 Staatswissenschaftliches Seminar 연구원 1998년 연세대 통일연구원 연구위원 1998~2003년 국가안보전략연구원 연구위원 2003년 제16대 대통령직인수위원회 통일·외교·안보분과 자문위원 2003~2005년 청와대 국가안전보장회의 전략기획실 및 정책조정실 선임행정관 2006~2008년 NSC·통일부·국가정보원 정책자문위원회 자문위원 2006·2011년 한·중·일 공동연구단(KIEP·IDE-JETRO·DRC) 공동연구자 2006~2013년 대외경제정책연구원 협력정책실 선임연구위원 2007년 산업자원부 자유무역지역후보지평가단 평가위원 2007년 재정경제부 경제자유구역후보지평가단 평가위원 2007년 공기업경영실적평가단 평가위원 2008년 제17대 대통령직인수위원회 파견 2008~2010년 경제특구 컨설턴트(베트남·우즈베키스탄·카자흐스탄 지식공유사업) 2008년 EAFTA Study Phase Ⅱ 연구단 공동연구자 2010~2011년 한·중·일FTA 산관학공동연구단 공동연구자 2010년 지식경제부 경제자유구역자문위원회 자문위원 2011~2012년 同경제자유구역후보지평가단 평가위원 2012년 기획재정부 예산집행심의회 심의위원(현) 2012~2013년 미국 Johns Hopkins Univ. 국제대학원(SAIS) 풀브라이트 방문학자 2013년 산업통상자원부 경제자유구역자문위원회 자문위원(현) 2014~2015년 대외경제정책연구원 부원장 2014년 한국동북아경제학회 부회장(현) 2014~2016년 공정거래위원회 정책자문위원 2014~2016년 관세청 관세행정발전심의위원회 위원 2016~2018년 대외경제정책연구원 동북아경제본부장 2016년 통일부 자체평가위원회 위원(현) 2017년 중국사회과학원 특임선임연구위원(Special Senior Research Fellow)(현) 2018년 대외경제정책연구원 선임연구위원(현) (상)국가안보보좌관 겸 NSC 사무처장표창(2005), 통일부장관표창(2006), 지식경제부장관표창(2008) (저)'체제전환의 경제학'(2000, 청암미디어) '베를린시대의 독일공화국 - 통일이 가져온 변화와 새로운 독일의 미래'(2000, 남지출판사) '북한의 대외경제정책 10년'(2001, 대외경제정책연구원) '직접투자기지로서의 북한내 사업단지 개발전략 : 업종선별, 입지선장 및 운영전략'(2002, 한국학술진흥재단) '북한경제개혁연구'(2002, 고려대 아세아문제연구소) '체제전환국 사례로 본 북한의 금융개혁 시나리오'(2003, 대외경제정책연구원) '사회주의 경제개혁과 초기조건'(2003, 통일부) '국내적 통일인프라 구축을 위한 실태조사 : 경제분야(共)'(2003, 통일연구원) '대북투자, 어디에 어떻게(共)'(2003, 해남) '경제협력 강화를 위한 한중일 사무국의 역할과 과제'(2011, 대외경제정책연구원) '북한의 투자유치정책변화와 남북경협방향'(2011, 대외경제정책연구원) 'South Korea : Which Way Will It go on Asian Intergation?'(2012, Joint U.S.-Korea Academic Studies Korea Economic Institute) (종)가톨릭

정형균(鄭亨均) CHUNG Hyung Kyun

(생)1955·1·24 (본)하동(河東) (출)대구 (주)서울특별시 송파구 양재대로 1239 한국체육대학교 체육과학대학 체육학과(02-410-6700) (학)1973년 청량공업고졸 1977년 원광대 체육교육학과졸 1983년 경희대 대학원 체육교육학과졸, 체육학박사(한양대) (경)1983년 한국체육대 체육학과 교수(현) 1984년 미국 LA올림픽 은메달(국가대표핸드볼팀 코치) 1992년 스페인 바르셀로나올림픽 금메달(국가대표핸드볼팀 감독) 1993~2016년 대한핸드볼협회 전무이사·기술위원장·상임부회장 1993년 국제핸드볼연맹(IHF) 지도자기술강사 1993년 同A급국제심판 1995년 세계여자핸드볼선수권대회 우승(국가대표핸드볼팀 감독) 1996년 미국 애틀랜타올림픽 은메달(국가대표핸드볼팀 감독) 1999~2001년 한국체육대 훈련처장 2004년 아시아핸드볼연맹 심판위원장 2005년 동아시아핸드볼연맹 사무총장 2011~2013년 한국체육대 사회체육대학원장 겸 교육대학원장 2012년 동아시아핸드볼연맹 회장(현) 2013년 국제핸드볼연맹 기술위원(현) 2013년 아시아핸드볼연맹 기술위원장(현) 2015년 한국체육대 대학원장 (상)체육훈장 거상장, 체육훈장 청룡장, 대한민국체육상 (저)'핸드볼기법' (작)'핸드볼트레이닝비디오'(10편)

정형근(鄭亨根) JUNG Hyung Keun

(생)1945·7·26 (본)해주(海州) (출)경남 거창 (주)서울특별시 서초구 서리풀길 25 1층 변호사정형근법률사무소(02-3487-7113) (학)1964년 경남고졸 1968년 서울대 법학과졸 1975년 同대학원 국제법학과 수료 1980년 미국 미시간대 대학원 형사법과졸 1991년 법학박사(서울대) 1994년 고려대 언론대학원 최고위언론과정 수료 (경)1970년 사법시험 합격(12회) 1972년 사법연수원 수료(2기) 1973년 육군 법무관 1975년 부산지검 검사 1977년 춘천지검 강릉지청 검사 1978년 서울지검 검사 1979~1983년 수원지검·서울지검 검사 1983년 국가안전기획부 대공수사국 법률담당관 1984년 同제1차장실 법률담당보좌관 1985년 同대공수사국 수사2단장 1988년 同대공수사국장 1992년 同수사차장보 1994~1995년 同제1차장 1995년 신한국당 부산北·강서甲지구당 위원장 1996년 제15대 국회의원(부산 북구·강서구甲, 신한국당·한나라당) 1996년 신한국당 정세분석위원장 1997년 한나라당 정세분석위원장 1998년 同총재비서실장 겸임 1998년 同기획위원장 2000년 제16대 국회의원(부산 북구·강서구甲, 한나라당) 2000년 한나라당 제1정책조정위원장 2002년 同대통령친인척및권력형비리조사특위 위원장 2004~2008년 제17대 국회의원(부산 북구·강서구甲, 한나라당) 2004년 한나라당 부산시당 위원장 2004년 同중앙위원회 의장 2004년 同상임운영위원 2006~2008년 同최고위원 2007년 同제17대 대통령선거 중앙선거대책위원회 부위원장 2008~2011년 국민건강보험공단 이사장 2011년 법무법인 에이스 고문변호사 2015년 일진전기 감사, 변호사 개업(현) (상)검찰총장표창, 보국훈장 국선장(1991), 보국훈장 천수장(1993) (저)'국제테러의 법적 규제에 대한 연구'(1992) '개 잡아먹는 법'(2000) '21세기 동북아 신국제질서와 한반도'(2007) 등 (역)'조작된 신화 존 에드거 후버' '세계를 진동시킨 3일간 – 8월 쿠데타' '러시아 최초의 민선 대통령 – 보리스 옐친' 'The Next War' '경제전쟁과 미국CIA' '갬비노 패밀리' '미국역사를 창조한 대통령 – 조지 워싱턴' '48년간 미국을 지배한 사나이 – 존 에드가 후버'

정형락(鄭亨洛) Chung Hyung Rak

(생)1969·8·10 (주)서울특별시 중구 장충단로 275 (주)두산 임원실(02-3398-3577) (학)대일외국어고졸, 미국 하버드대 경제학과졸, 미국 브라운대 대학원 경제학과졸 (경)Mckinsey & Company 근무, SK건설(주) 전략기획실장(상무), 딜로이트컨설팅 파트너 2011년 두산중공업 사장실 전략담당 임원(전무급) 2014년 (주)두산 퓨얼셀BG(Business Group) 총괄사장(현)

정형래(鄭亨來) CHUNG Hyung Rae

(생)1943·3·6 (본)경주(慶州) (출)경남 사천 (학)1961년 진주고졸 1965년 경희대 경제학과졸 (경)1968~1980년 합동통신 기자 1980년 연합통신 기자 1983년 同경제부 차장 1988년 同경제부장 1991년 同논설위원 1994년 同뉴미디어국 부국장 1994년 同광고사업국장 1997~1998년 同국제·업무담당 상무이사 1999년 조흥투자신탁운용(주) 사외이사 2002년 (주)CMad 대표이사 2003년 진흥상호저축은행 사외이사 2006년 한국상호저축은행 사외이사 (종)불교

정형민(鄭炯敏) Hyung Min Chung

(생)1964·10·31 (출)서울 (주)서울특별시 광진구 능동로 120-1 건국대학교 의학전문대학원 줄기세포교실(02-2049-6232) (학)1987년 건국대 축산학과졸 1989년 同대학원 축산학과졸 1993년 농학박사(건국대) (경)1990~1994년 건국대 동물자원연구센터 연구원 1993~1998년 同대학원 강사 1993년 성광의료재단 차병원 연구부장 1994년 차병원 여성의학연구소 불임연구실장 1996년 경희대 동서의학연구소 객원연구원 1997~2006년 포천중문의과대 해부학교실 조교수·부교수 1998년 미국 Columbia Univ. Visiting Professor 2001~2009년 포천중문의과대 세포 및 유전자치료연구소장 2003년 同여성의학연구소 연구부장(생식의학연구부 총괄) 2006년 同해부학교실 교수, (주)차바이오텍 사장 2009~2013년 차바이오앤디오스텍 사장 2009~2013년 차의과학대 바이오공학과 교수 2009~2013년 同세포및유전자치료연구소장, 미국 Stem International CEO 2012년 한국과학기술한림원 정회원(농수산학부)(현) 2013년 건국대 의학전문대학원 줄기세포교실 교수(현) (상)제16차 세계불임학회 The 2nd Place Prize Paper Award(1998), 제55차 미국생식의학회 The Best Video Award(2000), 미국 생식의학회 The Plenary Prize Paper(2004), 대한민국 차세대 CEO대상(2009)

정형선(丁炯先) JEONG Hyoung Sun

(생)1960·3·10 (본)영광(靈光) (출)서울 (주)강원도 원주시 연세대길 1 연세대학교 보건과학대학 보건행정학과(033-760-2343) (학)1982년 서울대 영어영문학과졸 1992년 同대학원 보건학과졸 1995년 보건학박사(일본 도쿄대) (경)1984~1995년 보건복지부 국제협력과·복지정책과 사무관 1995~1996년 同보건산업과·의료정책과 서기관 1996년 同공보관실 과장 1996년 同식품진흥과장 1997년 駐OECD대표부 일등서기관 2000년 OECD Project Manager 2002년 보건복지부 자활지원과장 2002년 한국보건행정학회 편집위원 2002년 연세대 보건과학대학 보건행정학과 교수(현) 2002년 한국사회보장학회 이사 2002년 한국보건경제학회 이사 2006년 건강보험정책심의위원회 위원 2007년 건강보험심사평가원 심사평가정책연구소장 2007년 OECD 보건계정전문가회의 의장 2008년 장기요양보험위원회 부위원장(현) 2012년 보건복지부 통계위원회 위원장 2012년 同규제심사위원회 복지분과위원장 2012년 한국보건경제정책학회 회장 2013~2016년 건강보험공단 재정운영위원회 위원장 2015~2016년 한국사회보장학회 회장 2019년 한국보건행정학회 회장(현) (상)우수공무원상(1994), 국무총리표창(1995), 황조근정훈장(2017) (저)'사회정책의 제3의 길'(2008) (역)'OECD국가의 의료제도'(2004) '일본의 개호보험과 보건의료복지복합체'(2006)

정형식(鄭亨植) CHEONG Hyung Sik

(생)1961·9·2 (본)초계(草溪) (출)강원 (주)서울특별시 서초구 서초중앙로 157 서울회생법원(02-3016-4901) (학)1980년 서울고졸 1985년 서울대 법학과졸, 同대학원졸 (경)1985년 사법시험 합격(27회) 1988년 사법연수원 수료(17기) 1988년 수원지법 성남지원 판사 1990년 서울가정법원 판사 1991년 서울민사지법 판사 1992년 창원지법 진주지원 판사 1995년 서울지법 판사 1997년 同동부지원 판사 1999년 수원지법 성남지원 판사 2001년 대법원 재판연구관 2003년 청주지법 부장판사 2004년 同수석부장판사 2005년 수원지법 부장판사 2007년 서울행정법원 부장판사 2010년 수원지법 평택지원장 2011년 대전고법 부장판사 2012년 서울고법 부장판사 2014년 서울행정법원 수석부장판사 2014년 서울고법 부장판사 2019년 서울회생법원장(현) (종)천주교

정형엽(鄭炯燁) Jeong Hyeongyeob

(생)1965 (출)강원 횡성 (주)경기도 의정부시 의정로 77 의정부세무서(031-870-4242) (학)원주고졸, 세무대학졸(4기), 한국방송통신대졸 (경)세무공무원 임용(8급 특채), 국세청 조사국 조사3과 근무, 서울 강남세무서 조사과 근무, 서울지방국세청 조사1국 조사1과 근무 2009년 국세청 조사기획과 사무관 2010년 서울지방국세청 조사2국 조사관리과장 직대 2015년 同조사2국 조사관리과 5팀장(서기관) 2016년 同조사4국 관리과 서기관 2016년 동울산세무서장 2017년 서대전세무서장 2019년 경기 의정부세무서장(현)

정형우(鄭滎又) CHUNG Hyoung-Woo

(생)1962·3·26 (출)서울 (주)서울특별시 종로구 세종대로 178 대통령직속 일자리위원회 일자리기획단(02-397-1391) (학)우신고졸, 중앙대 법학과졸, 서울대 행정대학원졸, 미국 일리노이주립대 대학원졸 (경)1989년 행정고시 합격(33회) 2001년 노동부 여성고용지원과장 2001년 국무총리국무조정실 파견 2003년 駐OECD대표부 서기관 2006년 노동부 국제협력국 국제노동정책팀장 2007년 同근로기준국 비정규직대책팀장(서기관) 2007년 同근로기준국 비정규직대책팀장(부이사관) 2008년 同고용정책실 고용서비스기획과장 2009년 同고용정책실 고용서비스정책과장 2009년 同부이사관(고용휴직) 2009년 OECD 파견 2012~2013년 고용노동부 고용정책실 노동시장정책과장 2012년 동아일보 청년드림센터 자문위원 2013년 대전지방고용노동청장(고위공무원) 2014년 고용노동부 고용정책실 노동시장정책관 2016년 同대변인 2017년 同근로기준정책관 2017년 중부지방고용노동청장 2018년 대통령직속 일자리위원회 일자리기획단 부단장(현) (종)기독교

정형일(鄭亨鎰) JUNG Hyung Il

(생)1960·12·19 (출)전북 고창 (주)서울특별시 마포구 성암로 267 문화방송 보도본부(02-789-0011) (학)1979년 전주고졸 1984년 서울대 영어영문학과졸 1986년 同대학원 영문학과졸 (경)1987년 문화방송(MBC) 보도국 사회부 기자, 同카메라출동 기자, 同2580부 기자 2000년 同정치부 차장대우 2001년 同뉴스편집1부 차장대우 2003년 同베이징특파원(차장) 2006년 同보도국 탐사보도팀장(차장) 2008년 同보도국 뉴스데스크팀장 2009년 同보도국 국제부장 2009년 同보도국 사회2부장 2010년 同보도국 문화부장 2011년 同보도본부 문화과학부장 2012년 同보도국 보도전략부 부장급 2013년 관훈클럽 감사 2014년 문화방송(MBC) 신사업개발센터 부장 2017년 同보도본부장(이사)(현) (상)고운문화상 언론인부문(2019) (역)'집으로'(2015, 인빅투스)

정혜승(鄭惠升·女) JUNG HAE SUNG

(생)1964·6·4 (주)광주광역시 서구 운천로 287 한국방송공사 광주방송총국(062-610-7201) (학)1981년 배화여고졸 1985년 홍익대 불어불문학과졸 2008년 영국 런던저널리즘스쿨(LSJ) 수료 (경)1985년 한국방송공사 입사(공채 11기) 1986년 同사회부 기자 1988년 同경제부 기자 1989년 同뉴스광장 앵커 1998년 同보도국 편집차장 2003년 同뉴미디어국 뉴미디어 부주간 2009년 同보도본부 보도국 2TV뉴스제작팀장 2010년 관훈클럽 운영위원(회계) 2010~2012년 한국여기자협회 부회장 2010년 한국방송공사(KBS) 보도본부 보도국 뉴스제작3부장, 同해설위원 2015년 관훈클럽 감사 2018년 한국방송공사(KBS) 광주방송총국장(현)

정혜원(鄭惠垣·女)

(생)1976·12·15 (출)서울 (주)광주광역시 동구 준법로 7-12 광주지방법원 총무과(062-239-1503) (학)1995년 대원외고졸 2000년 서울대 영어영문학과졸 (경)2001년 사법시험 합격(43회) 2004년 사법연수원 수료(33기) 2004년 부산지법 예비판사 2005년 부산고법 예비판사 2006년 부산지법 판사 2007년 수원지법 판사 2011년 서울북부지법 판사 2013년 서울중앙지법 판사 2015년 서울서부지법 판사, 서울동부지법 판사 2019년 광주지법 부장판사(현)

정혜진(鄭惠眞·女) JEONG Hye Jin

(생)1959·11·12 (출)강원 춘천 (주)서울특별시 중구 정동길 25 예원학교 무용과(02-727-9190) (학)서울예술고졸, 이화여대 무용학과졸, 同대학원 무용학과졸, 무용학박사(성균관대) (경)중요무형문화재 제92호 태평무 이수자, 한양대학교 ERICA 캠퍼스 예체능대학 무용예술학과 겸임교수, 예원학교 무용과 한국무용 강사(현), 현대춤협회 부회장, 세계무용연맹 한국본부 부회장, 88서울예술단 연구원, 서울예술단 무용감독 겸 예술부장, 서울예원학교 무용부장, 서울무용제 총감독 2019년 (재)세종문화회관 서울시무용단장(현) (상)제22회 서울무용제 대상·안무상(2000), 제15회 대한민국연예예술상 안무가상(2008), 제2회 대한민국무용대상 솔로듀엣전 최우수상(2009), 문화체육관광부장관표창(2011), 제25회 예총예술문화상 예술부문 공로상(2011), 제20회 대한민국연예예술상 무용인상(2014), 제29회 예총예술문화상 무용부문 대상(2015) (작)안무작 '메밀꽃 필무렵'(2010) '궁: 장녹수전'(2018) 외 다수

정호건(鄭鎬建) JUNG Ho Gun

(생)1963·12·23 (본)진양(晋陽) (출)부산 (주)서울특별시 서초구 서초대로 301 동익성봉빌딩 9층 법무법인(유) 해송(02-3489-7161) (학)1982년 서울 남강고졸 1986년 서울대 법대졸 (경)1984년 사법시험 합격(26회) 1988년 사법연수원 수료(17기) 1988년 軍법무관 1991년 서울지법 남부지원 판사 1993년 서울형사지법 판사 1995년 창원지법 판사 1998년 서울지법 판사 2000년 서울고법 판사 2002년 서울가정법원 판사 2003년 대전지법 공주지원장 2005년 수원지법 안산지원 부장판사 2007년 서울동부지법 부장판사 2009년 서울중앙지법 부장판사 2012년 서울북부지법 부장판사 2014~2017년 인천지법 부장판사 2017년 법무법인(유) 해송 대표변호사(현)

정호선(鄭鎬宣) CHUNG, Ho-Sun (金農)

(생)1943·1·29 (본)하동(河東) (출)전남 나주 (주)서울특별시 강남구 테헤란로25길 20 역삼현대벤처텔 1513호 마고문화재단 이사장실 (학)1962년 호남원예고졸 1969년 인하대 전기공학과졸 1975년 서울대 대학원 전자공학과졸 1980년 전자공학박사(프랑스 툴루즈공과대) (경)1968년 동양TV 기술국 기술감독 1976~1981년 경북대 공과대학 조교 1981~1991년 同공과대학 전기공학과 조교수·부교수 1984년 일본 상지대 교환교수 1991~1996년 경북대 공과대학 전기공학과 교수 1991년 미국 테네시공과대 교환교수 1991년 경북대 공학설계기술연구소장 1994년 통상산업부 산·학·연기술교류회 위원 1995년 경북대 공학설계기술연구원장 1995년 삼성전관 자문위원 1996년 제15대 국회의원(나주, 국민회의·새천년민주당) 1996년 새정치국민회의 과학기술특별위원회 부위원장 1996년 국회 통신과학기술위원회 상임위원 1997년 한국도농교육정보화운동본부 이사장 1997년 한·스웨덴의원친선협회 부회장 1997년 (사)한국노벨과학상수상지원본부 이사장 1998년 전국영·호남한가족화합추진본부 회장 1998년 인하대총동창회 제19대 회장 1998년 (사)한국발명단체총연합회 이사장 1998년 국민회의 제2정책조정위원회 부위원장 1998년 (사)한반도정보화추진본부 본부장 1998년 교육소프트웨어진흥센터 이사장 1998년 국회 정보통신포럼 책임연구원 1998년 전국과학·정보·기술인협회 공동회장 1998년 농어촌컴퓨터보내기운동본부 이사장 2000년 대한민국사이버국회 의장 2000년 바이오크리에이트 사장 2001년 현대정보기술(주) 상임고문 2002년 광주시장선거 출마(무소속) 2002년 월간 정경뉴스 편집위원 2004년 국회의원선거 출마(인천 남구甲·민주당) 2005년 통일국가건국추진본부장 2006년 천부넷방송(주) 대표이사 2007년 세계학생UN본부 본부장 2008년 (주)NGO World News 대표이사(CEO) 2008년 대한민국사이버국회 의장 2010년 외교부 세계학생연합 대표(현) 2011년 통일당 공동총재 2012년 CAB국회방송 대표(회장)(현) 2015년 카오스아트피아(주) 대표이사(현) 2015년 경대카오스아트협동조합 이사장 2015년 참좋은국회의원세우기국민운동 상임대표 2016년 한반도평화통일합동조합 이사장 2017년 마고문화재단 이사장(현) (상)한국소프트웨어공모전 은상(1988), 상공부장관표창(1992), 자랑스런 서울대 전자동문상(1996), 인하대 비룡대상(1997), 제2정무장관실·여성신문사 평등부부상(1997) (저)'알기쉬운 신경망 컴퓨터'(1991, 전자신문) '제6세대 신경컴퓨터'(1993, Ohm) '뉴로, 퍼지, 카오스'(1994, 대광서림)

'뇌와 카오스'(1994, Ohm) '카오스응용'(1995, Ohm사) '정교수님 신문에 났네요'(1996, 도서출판 중앙) '디지탈경제를 위한 정보화전략' '21세기 정보화사회 지도자를 위한 국가정책방향'(1997) '나는 오늘도 하이테크를 꿈꾼다'(1998, 한문학) '사이버세계로의 초대'(1999, 한반도정보화추진본부) '국가경쟁력 강화 중장기 비전'(1999, 지식정보사회기획단) '불로불사의 비밀'(2000, Biocreate) '돈을 잘 만드는 시장'(신광사) '우리 대통령! 아날로그 대통령? 디지털 대통령?'(2008, 진한M&B) 'The Great Mother MAGO(위대한 어머니 마고)(共)'(2012, Clover) '좋은 대통령! 나쁜 대통령!'(2012, 도서출판 진영사) '응답하라! 청춘2030(共)'(2012, 진한M&B) (작)디지털(카오스)아트 개인전, 정호선 · 박남희 부부전(7회 · 5회) (종)천주교

정호섭(鄭鎬涉) Jung, Ho-Sub

(생)1958·1·21 (출)서울 (주)서울특별시 관악구 남부순환로 1935 한국해양소년단연맹 총재실(02-886-8522) (학)서울 성남고졸 1980년 해군사관학교졸(34기) 1988년 국방대학원 안전보장 석사 1993년 국제정치학박사(영국 랭커스터대) 2008년 서울대 행정대학원 국가정책최고과정(ACAD) 수료 (경)1980년 임관(해군 소위) 1989년 소령 진급 2002년 충남함 함장 2006년 제2함대 전투전단장(부사령관·준장) 2007년 한미연합사령부 인사참모부장 2008년 해군본부 인사참모부장(소장) 2010년 국방부 국방정보본부 해외정보부장 2011년 해군 교육사령관(중장) 2012년 해군 작전사령관(중장) 2014년 해군 참모차장(중장) 2014~2015년 전쟁기념사업회 부회장 2015~2016년 제31대 해군 참모총장(대장) 2017~2019년 충남대 국가안보융합학부 석좌교수 2018년 한국해양소년단연맹 총재(현) (상)대통령표창(2005), 미국 공로훈장(2008), 보국훈장 천수장(2011), 인도네시아 해군 최고훈장(2015), 터키 공로훈장(2015), 페루 해군 십자공로훈장(2016) (저)'21세기 군사혁신과 한국의 국방비전 : 전쟁패러다임의 변화와 군사발전(共)'(1998) '해양력과 미·일 안보관계 : 미국의 대일 통제수단으로서의 본질'(2001) (역)'역사를 전환시킨 해양력 : 전쟁에서 해군의 전략적 이점(共)'(1998) '해군 대재난 사고'(2005) '해양전략론(共)'(2009) (종)불교

정호열(鄭浩烈) Ho Yul Chung

(생)1954 · 12 · 23 (본)연일(延日) (출)경북 영천 (주)서울특별시 종로구 성균관로 25-2 성균관대학교 법학전문대학원(02-760-0616) (학)1974년 경복고졸 1978년 서울대 법학과졸 1980년 同대학원 법학과졸 1991년 법학박사(서울대) (경)1987~1999년 아주대 법학과 조교수 · 부교수 · 교수 1992~2009년 한국상사법학회 이사 · 연구이사 · 국제이사 1992~1993년 미국 워싱턴대 법과대학원 풀브라이트 연구교수 1996~2005년 행정고시 · 외무고시 · 사법시험 위원 1998년 독일 Bayreuth대 법경제학부 교류교수 1998~1999년 서울대 법학과 · 대학원 강사 1999~2009년 성균관대 법과대학 법학과 교수 2001~2004년 소비자보호원 분쟁조정위원 2003~2005년 공정거래위원회 정책평가위원 2003~2009년 대한상사중재원 중재인 2003~2005년 노사정위원회 특수형태근로특별위원회 공익위원 2004~2005년 한국법학교수회 사무총장 2005~2009년 금융감독원 분쟁조정위원 2005년 일본 도쿄대 객원연구원 2006~2008년 성균관대 비교법연구소장 2006~2007년 보험개발원 객원연구원 2006~2007년 한국보험학회 편집위원장 2007~2009년 공정거래위원회 경쟁정책자문위원장 2008년 同법령선진화추진단 자문위원장 2008~2009년 지식경제부 법률분쟁조전전문위원장 2008~2009년 한국경쟁법학회 회장 2009~2010년 공정거래위원회 위원장 2010년 성균관대 법학전문대학원 교수(현) 2013~2015년 생명보험사회공헌재단 비상임이사 2014~2018년 한국법제연구원 연구자문위원장 2015년 현대제철(주) 사외이사(현) 2016~2017년 한국비교사법학회 회장 (상)한국보험학회 최우수논문상(2005), 홍조근정훈장(2008), 미국 워싱턴대 자랑스런 동문상(2011), 청조근정훈장(2012) (저)'부정경쟁방지법론'(1993, 삼지원) '공정거래법심결례백선(共)'(1996, 법문사) '보험이론 및 실무(共)'(1998, 형설출판사) '공정거래심결사례 국제비교(共)'(2003, 박영사) '이사의 손해배상책임과 제한(共)'(2003, 상장사협의회) '지배구조 개편의 후속입법 연구(共)'(2004, 대한상공회의소) '한국보험시장과 공정거래법'(2008, 보험연구원) '경제법(제4판 증보판)'(2013, 박영사) (역)'독일 부정경쟁법'(1996, 삼지원) (종)기독교

정호영(鄭鎬瑛) CHUNG Ho Young

(생)1948·4·12 (출)경기 양평 (주)서울특별시 강남구 테헤란로 133 법무법인 태평양(02-3404-0187) (학)1966년 서울고졸 1970년 서울대 법대졸 1983년 영국 케임브리지대 수료 (경)1970년 사법시험 합격(12회) 1972년 사법연수원 수료(2기) 1973년 서울형사지법 판사 1977년 제주지법 판사 1979년 서울민사지법 판사 1983년 서울고법 판사 1985년 대법원 재판연구관 1986년 법원행정처 조사심의관 1986년 부산지법 부장판사 1989년 사법연수원 교수 1991년 서울형사지법 부장판사 1993년 서울민사지법 부장판사 1993년 대구고법 부장판사 1995년 대구지법 수석부장판사 1996년 서울고법 부장판사 1996~1998년 대법원장 비서실장 겸임 2000년 서울행정법원 수석부장판사 2001년 춘천지법원장 2003년 대전지법원장 2004년 대전고법원장 2005~2006년 서울고법원장 2005~2006년 중앙선거관리위원회 위원 2005~2006년 대법원 소청심사위원회 위원장 2005~2006년 대법원 인사위원회 위원 2006년 법무법인 태평양 고문변호사(현) 2007~2011년 헌법재판소 공직자윤리위원 2007~2011년 경희학원 재단이사 2008년 BBK사건 특별검사 2008~2012년 (재)굿소사이어티 상임이사 2008~2012년 서울대법대총동창회 부회장 (상)황조근정훈장(2006)

정호영(鄭鎬永) CHUNG HO YOUNG

(생)1960 (출)경북 선산 (주)대구광역시 중구 동덕로 130 경북대학교병원(053-200-5114) (학)1979년 대구 영신고졸 1985년 경북대 의대졸 1988년 同대학원 의학석사 1995년 의학박사(경북대) (경)1990년 경북대병원 외과 전문의 취득(세부전공 : 위장관외과) 1993~1998년 대구적십자병원 외과 과장·진료부장 1998년 경북대 의대 외과학교실 및 의료정보학교실 교수(현) 1998년 경북대병원 외과 전문의(현) 2002~2004년 미국 조지타운대 의대 ISIS Center 방문교수 2005년 경북대병원 홍보실장 2007년 同의료정보센터장 2009년 同기획조정실장 2014년 同진료처장 2017년 同병원장(현) 2018년 상급종합병원협의회 감사(현) 2018년 서울대병원 사외이사(현) 2019년 대한의료정보학회 회장(현)

정호영(丁豪榮) JEONG HO YOUNG

(생)1961 · 11 · 2 (출)서울 (주)서울특별시 영등포구 여의대로 128 LG디스플레이 임원실(02-3777-1600) (학)1980년 한영고졸 1984년 연세대 경영학과졸 (경)1984년 LG전자(주) 예산과 입사 1988년 同GSEI 과장 1995년 LG그룹 감사실 부장 2000년 LG전자(주) 전략기획팀장(상무) 2004년 同LGEUK법인장(상무) 2006년 同재경부문 경영관리팀장(상무) 2007년 同재경부문장(CFO) 겸 부사장 2008년 LG필립스LCD(주) 경영지원센터장(부사장) 2008년 LG디스플레이(주) 경영지원센터장(부사장) 2008년 同CFO(부사장) 2013년 LG생활건강 CFO(부사장) 2016~2019년 (주)LG화학 CFO(사장) 2019년 同COO(사장) 2019년 LG디스플레이 대표이사 사장 내정(현) (종)기독교

정호원(鄭皓元) JUNG HO WON

(생)1966·1·17 (본)하동(河東) (출)경남 함양 (주)세종특별자치시 도움4로 13 보건복지부 인사과(044-202-2162) (학)1984년 진주 대아고졸 1988년 서울대 사회복지학과졸 2005년 영국 요크대 대학원 사회정책학과졸 (경)1996년 행정고시 합격(40회) 1997~2006년 보건복지부 사무관 2006년 대통령 정책

조정비서관실 행정관 2007년 보건복지부 연금정책팀장 2008년 同기초생활보장과장 2010년 同사회정책선진화담당관 2011년 同장관비서관 2012년 同보건산업정책과장 2013년 同해외의료진출지원과장 2014년 同사회서비스정책과장 2015년 同국민연금정책과장 2016년 同인구정책총괄과장(부이사관) 2017년 대통령비서실 선임행정관(고위공무원) 2018년 국립보건연구원 생명의과학센터장 2019년 국외훈련(현) (상)대통령비서실장표창(2007), 근정포장(2009) (종)불교

정호윤(鄭皓允) Chung Ho-yoon

(생)1969·9·2 (출)전남 광양 (주)전라북도 전주시 완산구 효자로 225 전라북도의회(063-280-3970) (학)1988년 순천 매산고졸 2008년 전주대 법학과졸 (경)전주대 총학생회장, 시민행동21 사무처장, 전북자원봉사종합센터 관리지원부장 2013년 사람사는세상 노무현재단 기획위원(현) 2014~2018년 전북도의회 의원(새정치민주연합·더불어민주당) 2014년 同환경복지위원회 위원 2014~2015년 同예산결산특별위원회 위원 2015년 새정치민주연합 전북도당 환경특별위원회 위원장 2015년 전북도의회 윤리특별위원회 위원 2015년 더불어민주당 전북도당 환경특별위원회 위원장 2016~2018년 전북도의회 환경복지위원회 부위원장 2016~2018년 同운영위원회 위원 2016~2018년 同남북교류협력위원회 위원 2017~2018년 同예산결산특별위원회 부위원장 2018년 더불어민주당 전북도당 선거대책위원회 대변인(현) 2018년 전북도의회 의원(더불어민주당)(현) 2018년 同문화건설안전위원회 위원장(현) (상)전국시·도의회의장협의회 우수의정대상(2017)

정호인(鄭虎仁) JUNG Ho In

(생)1964·11·30 (주)서울특별시 서초구 헌릉로 12 현대기아차사옥 서관 현대제철(주) 경영지원본부(02-3464-6008) (학)진주고졸, 연세대 경영학과졸 (경)현대자동차(주) 인력운영팀장, 同인사실장(이사대우) 2008년 同인사실장(이사) 2009년 同HMMA(미국현지법인) 이사 2010~2013년 同HMMA(미국현지법인) 상무 2013년 현대모비스(주) 경영지원본부장(전무) 2014년 울산모비스 피버스 프로농구단장 2017년 현대제철(주) 경영지원본부장(부사장)(현) (상)산업포장(2015)

정호준(鄭皓駿) CHYUNG Ho Joon

(생)1971·2·19 (본)진주(晋州) (출)서울 (주)서울특별시 중구 다산로 135 민주평화당 서울시당(02-2266-3660) (학)1989년 이화여대사대부고졸 1993년 한양대 사회학과졸 1999년 미국 뉴욕대 정보대학원졸 (경)2003년 열린우리당 서울中지구당 사이버전략연구소장 2004년 (재)정일형·이태영박사기념사업회 이사 2004년 열린우리당 과학기술정보화특별위원장 2005년 대통령 정무비서관실 행정관 2007년 (재)정일형·이태영장학회 회장 2008년 (재)정일형·이태영박사 기념사업회 이사장(현), (사)사회문화나눔협회 상임이사 2012년 민주통합당 서울중구지역위원회 위원장 2012~2016년 제19대 국회의원(서울 중구, 민주통합당·민주당·새정치민주연합·더불어민주당·국민의당) 2012년 민주통합당 원내부대표 2012년 同제18대 대통령중앙선거대책위원회 기획본부 부본부장 2012년 독립기념관 이사 2013년 민주당 의원담당 원내부대표 2013년 同원내대변인 2014년 새정치민주연합 원내대변인 2014년 국회 미래창조과학방송통신위원회 위원 2014~2015년 국회 예산결산특별위원회 위원 2014~2015년 국회 창조경제활성화특별위원회 위원 2015년 새정치민주연합 전국청년위원회 위원장 2015년 同경제정의·노동민주화특별위원회 위원 2015년 同재벌개혁특별위원회 위원 2015~2016년 더불어민주당 전국청년위원회 위원장 2015~2016년 同경제정의·노동민주화특별위원회 위원 2015~2016년 同재벌개혁특별위원회 위원 2016~2018년 국민의당 서울시당 위원장 2016~2018년 同서울중구·성동구乙지역위원회 위원장 2016·2017년 同비상대책위원회 위원(2회) 2017~2018년 同당기윤리심판위원 2017~2018년 同제2창당위원회 부위원장 2017~2018년 同민생경제살리기위원회 소상공인분과 공동위원장 2018년 민주평화당 서울중구·성동구乙지역위원회 위원장(현) 2018년 同서울시당 위원장(현) (상)대통령비서실장 표창(2006), 대한민국 국회의원 의정대상(2013), 전국지역신문협회 의정대상(2013), '올해의 베스트 드레서' 정치부문(2014), 국정감사 NGO모니터단 선정 '국정감사 우수국회의원'(2015) (종)기독교

정 홍(丁 弘) JEONG Hong

(생)1953·5·16 (본)나주(羅州) (출)서울 (주)경상북도 포항시 남구 청암로 77 포항공과대학교 전자전기공학과(054-279-2223) (학)1973년 서울고졸 1977년 서울대 전기공학과졸 1979년 한국과학원 전기 및 전자공학과졸 1984년 미국 MIT 대학원 전자공학과졸 1988년 전자공학박사(미국 MIT) (경)1979년 경북대 전자공학과 전임강사 1988~2000년 포항공과대 전자전기공학과 조교수·부교수 1996년 미국 루슨트테크놀로지벨연구소 연구원 1999·2000·2001년 미국 세계인명사전 'Marquis Who's Who in the World'에 연속 등재 2000~2018년 포항공과대 전자전기공학과 교수 2005년 미국 서던캘리포니아대 방문교수 2018년 포항공과대 전자전기공학과 명예교수(현) (상)포항제철 제철기술상(1996), 포항공대10년근속상(1998), 대한민국특허기술대전 산업자원부장관표창(2000), IDEC Chip Design Contest 최우수상(2001), SOC Design Conference LG최우수상(2002), 반도체설계 공모전 특별상(2007), 대한민국 발명 특허대전 동상(2008), BK21 국내학술대회·국내부문 우수 실적상(2009), Altera Design Contest (2013) (저)'Advances in Machine Vision(共)'(1989, Springer-Verlag) '알기쉬운 신경망 컴퓨터(共)'(1992, 전자신문사) 'Architectures for Computer Vision - From Algorithm to Chip with Verilog(共)'(2014, Wiley & Sons)

정홍근(鄭鴻根) Jeong Hong-geun

(생)1958·8·6 (본)초계(草溪) (출)부산 (주)서울특별시 강서구 하늘길 210 (주)티웨이항공 비서실(1688-8686) (학)1976년 동래고졸 1981년 고려대 정치외교학과졸 1983년 同대학원 정치외교학과졸 (경)1986년 (주)대한항공 입사 2004년 同국내선영업팀장 2006년 同나고야지점장 2009~2013년 (주)진에어 경영지원부서장(상무) 2013년 (주)티웨이항공 영업서비스본부장(상무) 2015년 同영업서비스본부 일본지역본부장 2015년 同대표이사(현)

정홍섭(鄭弘燮) JUNG Hong Sub (小剛)

(생)1947·1·15 (본)오천(烏川) (출)경북 경주 (주)부산광역시 남구 신선로 428 동명대학교 총장실(051-629-1000) (학)1966년 대구상고졸 1970년 경북대 교육학과졸 1983년 부산대 대학원졸 1990년 교육학박사(부산대) 2012년 명예 문학박사(대만 포광(佛光)대) (경)1974~1980년 내성중·부산전자공고 교사 1980~1985년 부산대 학생생활연구소 조교 1985~2013년 신라대 교육학과 교수 1985~2006년 한국교육학회 부산지회 이사 1990~1999년 신라대 교무부처장·기획실장·교무처장·사범대학장 1999~2002년 同교육대학원장 2000년 부산시교육위원회 교육위원 2001년 同부의장 2004·2008~2012년 신라대 총장 2007~2008년 대통령자문 교육혁신위원회 위원장(장관급) 2007~2008년 부산문화방송 시청자위원장, (주)돌담마을 대표이사 2017년 동명대 총장(현) 2019년 부산·울산·경남·제주지역대학교총장협의회 회장(현) (상)황조근정훈장(2008), 캄보디아 국가재건훈장(2011), 자랑스런 대상인상(2011), 駐韓인도대사관·인도문화원 감사장(2012), 청조근정훈장(2013) (저)'심리검사의 이론과 실제'(1986) 'EQ테스트북'(1997) '도덕지능(MQ)'(1997) 자전적 에세이 '강물은 굽이쳐도 바다로 간다'(2010) (종)불교

정홍식(鄭弘植) JUNG Hong Sik

(생)1957·12·5 (출)경북 문경 (주)서울특별시 서초구 서초대로 280 태양빌딩4층 법무법인 화인(02-523-3200) (학)1976년 동성고졸 1981년 고려대 법과대학 법학과졸 (경)1984년 사법시험 합격(26회) 1987년 사법연수원 수료(16기) 1997년 법무법인 화인 구성원변호사 2009년 同대표변호사(현), 국토교통부 하자심사·분쟁조정위원회 위원장, 同고문변호사, 同공동주택관리전문가위원회 위원, 공정거래위원회 건설분야 고문변호사, 대한상사중재원 건설분야 중재인 겸 이사(현), 서울중앙지법 조정위원(현), 건설경제신문 칼럼리스트(현), 한국토지주택공사 고문변호사 겸 계약심의위원회 위원(현), 경기도시공사 고문변호사(현), 대한상사중재원 건설전문가과정 강사, 공정거래위원회 하도급분쟁조정위원회 조정위원, 전국법원 건설전담부 법관연수 강사, 손해보험협회 구상금분쟁조정위원 (저)'아파트 하자소송 이렇게 해결하라!'

정홍언(精洪彦) JEONG Hong Eun

(생)1958·5·29 (출)경남 함양 (주)서울특별시 동대문구 천호대로 26 대상(주) 소재BU 사장실(02-2220-9500) (학)1976년 배문고졸 1980년 경상대 축산가공학과졸 (경)대상(주) 전분당영업본부 영업1팀장, 同전분당사업총괄 영업본부장, 同전분당영업본부장(상무이사) 2012년 同전분당사업본부장(상무이사) 2013년 同전분당사업본부장(전무이사) 2014년 同전분당사업총괄 전무이사 2016년 同소재BU 사장(현) 2017년 同각자대표이사 겸임(현)

정홍용(鄭弘溶) CHUNG Hong Yong

(생)1944·10·8 (본)영일(迎日) (출)충북 영동 (주)서울특별시 강남구 테헤란로 432 DB금융센터 21층(02-3484-1800) (학)1968년 서울대 금속공학과졸 1994년 同최고산업전략과정 수료 (경)1986년 동부산업 이사 1988년 동부제철 신사업기획담당 상무이사 1993년 同기술연구소장 겸임 1996년 同기계소재사업본부장 겸 그룹업무조정실담당 전무 2003년 동부정밀화학 감사 2009년 (주)동부메탈 신사업담당 사장 2010~2013년 同대표이사 사장 2013~2014년 (주)동부 전략담당 사장 2017년 同고문 2017년 DB메탈 고문(현) (상)석탑산업훈장(1996)

정홍원(鄭烘原) CHUNG Hong Won

(생)1944·10·9 (본)진양(晋陽) (출)경남 하동 (학)1963년 진주사범학교졸 1971년 성균관대 법정대학졸 2004년 서울대 행정대학원 국가정책과정 수료 (경)1972년 사법시험 합격(14회) 1974년 사법연수원 수료(4기) 1974년 서울지검 영등포지청 검사 1977년 부산지검 검사 1980년 서울지검 검사 1983년 법무부 법무과 검사 1986년 마산지검 거창지청장 1987년 법무연수원 기획과장 1988년 부산지검 동부지청 특수부장 1989년 대검찰청 강력부 과장 1990년 同중앙수사부 4과장 1991년 同중앙수사부 3과장 1993년 서울지검 특수3부장 1993년 同특수1부장 1995년 대전지검 차장검사 1995년 부산지검 울산지청장 1996년 同제1차장검사 1997년 서울지검 제3차장검사 1998년 同남부지청장 1999년 광주고검 차장검사 1999년 대검찰청 감찰부장 2000년 광주지검장 2002년 부산지검장 2003~2004년 법무연수원장 2004년 법무법인 로고스 공동대표변호사 2004~2006년 중앙선거관리위원회 상임위원 2006~2008년 법무법인 로고스 고문변호사 2008~2011년 대한법률구조공단 이사장 2011년 변호사 개업 2012년 한나라당 공직자후보추천위원회 위원장 2013~2015년 국무총리 2013년 '2013 대구세계에너지총회' 명예위원장 2016~2017년 박정희탄생100돌기념사업추진위원회 위원장 (상)홍조근정훈장(1980), 황조근정훈장(2003), 청조근정훈장(2008), 대한민국사회책임경영대상 정도경영부문(2010), 2015 자랑스러운 성균인상 공직자부문(2016) (종)기독교

정홍화(鄭洪和)

(생)1961·5·5 (본)영일(迎日) (출)경남 진주 (주)전라남도 나주시 전력로 55 한국전력공사 법무실(061-345-4600) (학)1980년 진주고졸 1985년 서울대 법학과졸 (경)1984년 사법시험 합격(26회) 1987년 사법연수원 수료(16기) 1990년 서울지검 남부지청 검사 1992년 창원지검 진주지청 검사 1994년 서울지검 검사 1997년 인천지검 검사 1997년 대검찰청 검찰연구관 1999년 청주지검 제천지청장 2000년 서울지검 동부지청 부부장검사 2002년 사법연수원 교수 2004년 서울남부지검 형사5부장 2005년 수원지검 형사3부장 2006년 변호사 개업 2006년 언론중재위원회 중재위원 2008년 법무법인 세화 변호사 2008년 한국전력공사 법무실장(현)

정화원(鄭和元) JUNG Hwa Won

(생)1948·7·8 (본)진주(晋州) (출)경북 상주 (주)서울특별시 영등포구 국제금융로6길 33 맨하탄빌딩 12층 1206호 한국장애인소비자연합 회장실(02-6952-2580) (학)1973년 서울맹학교 고등부졸 2000년 한국방송통신대 교육학과졸 2005년 동아대 정책과학대학원 사회복지학과졸 2007년 명예 사회학박사(동아대) (경)1981년 한국맹인침사회 설립·부산경남지회장 1983~1992년 부산맹인점자도서관 설립·관장 1983~1993년 한국맹인복지연합회 부산지부장 1987~2000년 (사)부산장애인총연합회 설립·회장 1990~1997년 부산장애인신용협동조합 이사장 1990~1993년 부산맹인복지회관 관장 1993년 부산시민운동협의회 공동대표 1993년 한국맹인복지연합회 이사 1996~2000년 부산시민운동단체협의회 대표 1996~2002년 한나라당 부산시지부 부위원장 1997년 한국맹인복지연합회 부산지부 회장 1997~2000년 세계시각장애인연맹(WBU) 한국대표 1998~2002년 부산시의회 의원(한나라당) 1998년 한국장애인단체총연맹 이사 1998년 부산시공동모금회 이사 1999년 부산시사회복지협의회 이사 2003년 한국시각장애인연합회 수석부회장 2004~2008년 제17대 국회의원(비례대표, 한나라당) 2004~2005년 국회 장애인특별위원회 간사 2006년 대한장애인체육회 이사 2007~2008년 국회 예산결산특별위원회 위원 2008년 한나라당 국책자문위원 2008년 한국장애인소비자연합 회장(현) 2011~2014년 (사)한국시각장애인가족협회 이사장 (상)국가보훈처장표창(1990), 국민포장(1991), 문화체육부장관표창(1993), 부산시 문화상(1993), 한국보훈대상(1996), 전국경제인연합회장표창, PSB문화대상 (종)기독교

정회경(鄭會卿·女) JUNG Hoe Kyoung

(생)1965·11·12 (출)서울 (주)서울특별시 강서구 화곡로61길 99 서울미디어대학원대학교 뉴미디어학부 미디어비즈니스전공(02-6393-3234) (학)1988년 이화여대 경제학과졸, 同대학원졸 1996년 신문방송학박사(성균관대) (경)1988년 KBS 방송문화연구소 연구원 1988~1993년 중앙일보 기자 1994~1999년 성균관대·경기대·한서대 강사 1996~1997년 영국 Univ. of London Goldsmiths College Visiting Fellow 2000년 한서대 인문사회학부 신문방송학과 부교수·교수 2002년 한국방송학회 편집위원 2003년 충남 서산시 지방분권협의위원 2005년 한국언론학회 미디어교육위원·이사 2006년 한국방송학회 협력이사, 同방송과수용자연구회장 2007년 한서대 인문사회학부 신문방송학과장, 한독미디어대학원대 뉴미디어학부 교수 2015년 서울미디어대학원대(SMIT) 뉴미디어학부 미디어비즈니스전공 교수(현) 2016년 同뉴미디어학부 미디어비즈니스전공 주임교수(현) (저)'한국케이블TV산업의 구조적 특성과 경제적 효율성에 관한 연구' '현대사회와 언론' '미디어경제학' '미디어교육과 교육과정' '디지털 마니아와 포비아(共)'(2007) '소셜미디어 연구(共)'(2012) '방송학개론(共)'(2013) '영상미디어교육의 이해(共)'(2013) '미디어 경영·경제'(2013) '뉴미디어 뉴커뮤니케이션(共)'(2014) '실감 미디어(共)'(2014) 'PAIRS, 문제를 해결하는 융합 리서치(共)'(2015) 등

정회교(鄭檜敎) Hoegyo, Chung (碧元)

(생)1934 · 1 · 25 (본)영일(迎日) (출)경남 진주 (주)경상남도 진주시 진주대로891번길5 진주제일병원(055-750-7123) (학)1958년 경북대 의대졸, 同대학원 의학석사 1970년 의학박사(경북대) (경)대구 제1육군병원 외과부장, 춘천제1야전병원 외과부장, 일본 오키나와 美육군병원 연수 1966년 제일외과의원 개업 1981년 진주제일병원 병원장, 同대표원장(현) (종)가톨릭

정회일(鄭會逸)

(생)1965 · 7 · 19 (출)충북 옥천 (주)경기도 수원시 영통구 법조로 105 수원지방법원 총무과(031-210-1101) (학)1984년 배문고졸 1988년 서울대 공법학과졸 1991년 고려대 대학원 법학과졸 (경)1998년 사법시험 합격(40회) 2001년 사법연수원 수료(30기) 2001년 대구지검 검사 2003년 창원지검 진주지청 검사 2005년 서울남부지검 검사 2007년 광주지법 판사 2012년 수원지법 평택지원 판사 2015년 서울중앙지법 판사 2017년 춘천지법 부장판사 2019년 수원지법 부장판사(사법연구)(현)

정효삼(鄭孝三)

(생)1970 · 2 · 19 (출)경북 군위 (주)전라남도 순천시 왕지로 21 광주지방검찰청 순천지청 형사1부(061-729-4308) (학)1987년 영동고졸 1994년 영남대 법학과졸 (경)1998년 사법시험 합격(40회) 2001년 사법연수원 수료(30기) 2001~2004년 변호사 개업 2004년 대전지검 천안지청 검사 2006년 전주지검 검사 2008년 대전지검 검사 2010년 서울중앙지검 검사 2014년 수원지검 검사 2015년 同부부장검사 2016년 부산지검 형사5부장 2016년 駐중국 법무협력관 2019년 광주지검 순천지청 형사1부장(현)

정효성(丁孝聲) JUNG Hyo Sung

(생)1950 · 10 · 20 (본)영성(靈城) (출)전남 영광 (주)전라남도 순천시 서문성터길 2 전라남도 순천의료원 원장실(061-759-9114) (학)조선대 의대졸, 고려대 법학석사 2009년 의학박사(경희대) 2010년 법학박사(고려대) (경)1987년 중앙성심병원 외과 과장 1988~2006년 동서울외과의원 원장 2001~2006년 대한의사협회 법제이사, 대통령직속 의료발전특별위원회 의료정책전문위원, 대한의사협회 중앙윤리위원회 부위원장 2006~2008년 한나라당 중앙위원회 보건위생분과 부위원장 2006년 대한병원협회 법제이사 2006~2008년 동해병원 원장 2007년 보건복지부 의료심사조정위원회 위원 2008~2009년 한국산재의료원 이사장 2012~2015년 국립나주병원 원장 2016년 전남도 순천의료원 원장(현) (상)조선대총동창회 '자랑스런 조대인'(2014)

정효직(鄭孝稙) Jung hyo jik

(생)1960 · 11 · 20 (주)세종특별자치시 정부2청사로 13 정부세종청사 행정안전부 정부청사관리본부 시설총괄과(044-200-1150) (학)2008년 한양대 대학원 건설관리학과졸 (경)1992~1997년 정부대전청사 설계 · 시공감독 2006~2014년 정부세종청사이전사업건설현장 총괄감독, 한국국제협력단(KOICA) 몽골정부지원(청사설계) 파견 2011년 정부청사관리소 청사이전사업과 기술서기관 2013년 안전행정부 정부청사관리소 세종청사관리소 시설2과장 2014년 행정자치부 정부청사관리소 세종청사관리소 시설2과장 2015년 同정부청사관리소 시설총괄과장 2017년 행정안전부 정부청사관리본부 시설총괄과장(현) (상)국무총리표창(1997), 대통령표창(2005)

정효진(鄭孝鎭) JEONG Hyo Jin

(생)1960 · 12 · 15 (주)충청북도 청주시 상당구 단재로317번길 59-9 충청북도체육회 사무처(043-220-9510) (학)1980년 충주고졸 1998년 한국방송통신대졸 (경)1981년 공무원 임용 2005년 충북도 바이오산업추진단 바이오총괄과 투자유치팀장 2006년 同경제통상국 투자유치단 기업유치지원과 지방행정사무관 2011년 同문화여성환경국 관광항공과장(서기관) 2012년 同경제통상국 기업유치지원과장 2013년 同안전행정국 자치행정과장 2015년 충북 보은군 부군수 2016년 교육 파견 2017년 충북경제자유구역청 충주지청장 2018년 충북도 문화체육관광국장 2018년 충북도체육회 사무처장(현)

정효채(鄭孝采) JEONG Hyo Chae

(생)1964 · 9 · 15 (출)충북 괴산 (주)울산광역시 남구 법대로55 울산지방법원 총무과(052-216-8116) (학)1982년 충북고졸 1986년 서울대 법대졸 1990년 同대학원 법학과 수료 (경)1988년 사법시험 합격(30회) 1991년 사법연수원 수료(20기) 1994년 서울민사지법 판사 1996년 서울지법 북부지원 판사 1998년 청주지법 판사 2000년 서울지법 의정부지원 판사 2002년 서울고법 판사 2003년 대법원 재판연구관 2005년 서울북부지법 판사 2006년 청주지법 영동지원장 2008년 사법연수원 교수 2011년 서울중앙지법 부장판사 2014년 의정부지법 수석부장판사 2016년 수원지법 성남지원장 2018년 울산지법 부장판사(현)

정후식(程厚植)

(생)1962 · 8 · 13 (출)광주 (주)광주광역시 동구 금남로 238 광주일보 논설실(062-222-8111) (학)석산고졸 1989년 전남대 독어독문학과졸 (경)1988년 광주일보 입사 1999년 同편집국 경제부 · 특집부 · 사회부 · 사회2부 · 체육부 기자 2000년 同사회2부 차장대우 2005년 同정치부 차장 2008년 同편집국 사회1부 부장대우, 同정경부 부장대우 2012년 同편집국 부국장 직대 겸 정치부장 2014년 同편집국장 2017년 同논설실장(이사)(현) 2017년 同기획조정실장 겸임(현) (상)한국신문상, 한국기자협회 이달의 기자상 2회, 광주전남기자협회 기자상 3회, 대통령표창 2회

정 훈(鄭 熏) CHUNG Hoon

(생)1951·4·24 (본)초계(草溪) (출)전북 정읍 (주)서울특별시 구로구 디지털로 288 한국DMB(주)(02-2082-2038) (학)1970년 서울 중앙고졸 1977년 서강대 신문방송학과졸 1997년 同언론대학원졸 (경)서강대·KBS방송아카데미 책임강사, 한국방송프로듀서연합회 사무국장, 유비쿼터스미디어콘텐츠연합 공동대표 1976~1980년 중앙일보 TBC PD 1980년 同해직 1981년 EBS PD 1984년 KBS PD 1988년 장애인전용지도 제작·무료배포 1992년 SBS프로덕션 제작부국장 1994년 A&C코오롱 상무이사 1998~2008년 경제정의실천시민연합 '시청자가 뽑은 올해의 좋은 프로그램' 심사위원장 2002년 월드와이드넷(코미디TV·무비플러스TV·예술영화TV) 부사장 2004년 경인방송(iTV) 전무이사 2005년 한국DMB(주) 사장 2006년 同회장, 서강대 초빙교수, 한반도선진화재단 기획위원 2006~2013년 서강대총동문회 수석부회장 2007~2008년 한국방송대상 심사위원, 방송통신심의위원회 연예오락방송특별위원회 심의위원 2009~2011년 同'이 달의 좋은 프로그램' 심사위원 2009~2011년 PD연합회 '이 달의 PD상' 심사위원장 2010~2011년 한국소통학회 부회장 2015년 한국지역사회협의회 이사(현) 2015년 사회복지법인 '등대복지회' 이사, 한국DMB(주) 상임고문(현) (상)문화공보부장관표창(1979), 백상예술대상(1987), 독일 베를린FUTURA세계프로그램상 그랑프리(1987), 한국방송대상(1992), 방송위원회 우수상, 한국PD대상 공로상(2008) (저)'한국PD연합회 20년사'(2007) (작)'인간만세' '이제는 파란불이다' '내가 겪은 공화국' (종)천주교

정훈도

(생)1963 (출)서울 (주)경기도 여주시 세종로 50 여주경찰서(031-887-0321) (학)경성고졸 1985년 경찰대졸(1기) (경)1985년 경위 임용 2012년 총경 승진 2013년 서울지방경찰청 치안지도관 2014년 강원지방경찰청 홍보담당관 2016년 경찰청 보안4과장 2016년 서울 동대문경찰서장 2017년 인천지방경찰청 정보화장비과장 2019년 경기 여주경찰서장(현)

정휘동(鄭輝東) JOUNG Whi Dong

(생)1958·10·7 (출)경북 경주 (주)서울특별시 서초구 사임당로 28 청호그룹 회장실(02-587-5034) (학)경주고졸, 한양대 공대졸, 미국 미네소타주립대졸, 同대학원 국제마케팅학과졸(MBA), 공학박사(미국 로욜라대), 서울대 경영대학원 최고경영자과정 수료, 同행정대학원 수료, 연세대 최고경영자과정 수료 (경)미국 바이오유나이트사 수석연구원, 미국 수질협회 회원 1997년 청호그룹 회장(현) 2011~2012년 기술사업화글로벌포럼 의장 (상)국무총리표창, 한국능률협회 최고경영자상(1999), 대한상공회의소 경영혁신 최우수CEO상(2003), 연세최고경영대상(2005), 한국을 빛낸 기업인 대상(2005), 한국의CEO대상(2005), 대한민국글로벌경영인 대상(2006), 제28회 연세경영자상 산업부문(2008), 서라벌대상(2009), 자랑스런 대한국민대상 기업경영대상 창조기업부문(2013), 일본 능률협회컨설팅 제11회 글로벌경영대상 최고경영자상(2013) (저)경영에세이 '물은 아래로 흐르고 사람은 위로 달린다'(2006)

정 흠(鄭 欽)

(생)1950 · 3 · 26 (주)서울특별시 동작구 흑석로 102 중앙대병원 안과(02-6299-1665) (학)1974년 서울대 의대졸 1977년 同대학원 의학석사 1982년 의학박사(서울대) (경)1979~1982년 해군포항병원 · 국군대구통합병원 · 해군기지병원 안과과장 1982~1994년 서울대 의대 안과학교실 전임강사 · 조교수 · 부교수 1984~1996년 한국망막학회 총무 1988~1991년 대한안과학회 수련고시위원 1994~1996년 同학술이사 1994~2015년 서울대 의대 안과학교실 교수 1994년 대한안과학회 학술이사 2001년 서울대병원 안과 과장 2004~2006년 한국망막학회 회장 2009~2013년 한국포도막학회 회장 2011~2013년 한국임상시각전기생리학회 회장 2012~2013년 대한안과학회 회장 2015년 서울대 명예교수(현) 2015년 중앙대 의대 안과 임상석좌교수(현) (저)'당뇨병과 눈'(1999) '망막질환과 형광안저촬영'(2000) '망막질환과 형광안저혈관조영'(2004) '망막'(2004) '최신 당뇨와눈'(2011)

정흥남(鄭興南)

(생)1967·3·9 (본)영일(迎日) (출)경북 포항 (주)경상북도 안동시 풍천면 검무로 77 경북지방경찰청 정보과(054-824-2785) (학)대구 능인고졸, 경찰대 행정학과졸(5기), 경북대 대학원 국제학과졸, 同대학원 정치학 박사과정 수료 (경)경북 포항남부경찰서 정보과장, 경북지방경찰청 기획예산계장·인사계장 2010년 同경비교통과장(총경) 2011년 경북 청도경찰서장 2012년 駐인도 경찰주재관(참사관 겸 영사), 대전지방경찰청 여성청소년과장 2015년 경북 경주경찰서장 2016년 경북지방경찰청 경무과장 2017년 경북 포항남부경찰서장 2019년 경북지방경찰청 정보과장(현)

정흥보(鄭興寶) Cheong Heung Bo

(생)1956 · 4 · 3 (본)동래(東萊) (출)대구 (주)경기도 용인시 기흥구 흥덕1로 13 SNK(031-8062-6690) (학)1975년 경북고졸 1981년 서울대 수의학과졸 2007년 건국대 언론홍보대학원 석사과정 수료 (경)1981년 MBC 입사 1981년 同사회부 기자 1982년 同스포츠취재부 기자 1986년 호주 연수(대학교) 1987년 MBC 스포츠제작부 기자 1988년 同올림픽특집국 기자 1989년 同정치부 기자 1992년 同라디오뉴스부 차장 1993년 同국제부 차장 1994년 同파리특파원 1997년 同대선방송기획단 팀장 1998년 同정치부 차장 1999년 同뉴스편집1부장 1999년 同정보과학부장 2000년 同정치부장 2000년 同뉴스편집1부장 2002년 同아시안게임방송기획단 보도위원 2003년 同보도국 부국장 2003년 同사장특보 2004년 同기획국장 2005년 同보도본부장(이사) 2006~2008년 同기획조정실장(이사) 2006~2007년 방송위원회 남북방송교류추진위원회 비상임위원 2006~2008년 방송영상산업진흥원 비상임이사 2008~2011년 춘천MBC 사장 2008~2011년 한국방송협회 이사 2009~2011년 지역MBC사장협의회 의장 2009~2011년 지역방송협회 공동대표 2011~2017년 서울대 언론정보학과 산학협력중점교수 2013~2014년 현대그룹 고문 2014~2018년 한국방송비평학회 부회장 2016~2018년 한국방송기자클럽 부회장 2016~2018년 YTN 사외이사 2018년 (주)SNK 대표이사(현) (상)서울대 공로상(2015) (종)가톨릭

정흥섭

(생)1962 · 2 (주)경기도 성남시 분당구 성남대로 343번길 9 SK주식회사 C&C 통신사업부문(02-6400-0114) (학)인하대 전자계산학과졸 (경)2002년 SK C&C(주) 화학사업1팀장 2009년 同PMO팀장 2012년 同Application개발본부장 2013년 同CV혁신본부장(상무) 2014년 同IT서비스혁신본부장(상무) 2015년 同통신사업본부장(상무) 2015년 SK주식회사 C&C 통신사업본부장(상무) 2016년 同통신사업1본부장(상무) 2017년 同통신사업본부장 겸 Digital Marketing개발담당 2018년 同통신사업부문장(전무) 2019년 同통신사업부문장(현)

정흥수(鄭興秀) CHEONG Heung Soo

(생)1940 · 9 · 9 (출)전남 영광 (주)서울특별시 강동구 성안로 9 한국방재협회(02-3472-8062) (학)1959년 광주공고졸 1967년 조선대 토목공학과졸 1988년 연세대 산업대학원졸 (경)1966~1977년 전남도 계장 1977~1982년 건설부 계장 1982년 駐요르단 건설관 1985년 국립건설시험소 재료 · 토질시험과장 1989년 이리지방국토관리청 하천과장 1990년 건설부 방재과장 1991년 내무부 방재과장 1992년 同방재계획관 1994년 同방재국장 1998년 행정자치부 방재국장 2002년 전남 영광군수선거 출마(무소속) 2017년 한국방재협회 회장(현) (상)녹조근정훈장, 황조근정훈장, 대통령표창

정흥태(鄭興泰) Chung Hung Tae

(생)1952 · 6 · 20 (본)동래(東萊) (출)부산 (주)부산광역시 해운대구 해운대로 584 부민병원 12층 이사장실(051-602-8112) (학)1971년 부산고졸 1972년 부산대 의대졸 1981년 同대학원 의학석사 1988년 의학박사(고려대) (경)1988년 부산대 의대 정형외과학교실 외래교수(현) 1988~2016년 부민정형외과 개원 · 원장 1998년 부산시 북구 자유산악회 회장 1998년 인제대 의대 정형외과학교실 외래교수(현) 2000~2011년 (사)부산시북구장애인협회 후원회장 2000~2011년 부산 북구지역자활센터 운영위원회장 2001년 청소년교육문화재단 국제교류위원장 2002년 부산국제영화제후원회 홍보위원장 2003년 사랑의장기기증운동 부산본부 후원회장 2006~2008년 대한정형외과학회 부산 · 울산 · 경남지회장 2007~2011년 오순절평화의마을 자문위원 2007~2013년 (사)요산기념사업회 이사장 2007년 인제대 의대 정형외과 외래교수협의회장(현) 2008년 인당의료재단(부민병원) 이사장(현) 2008년 부산대총동문회 수석부회장 2008~2013년 부산시의료산업협의회 이사장 2008~2012년 부산시병원회 회장 2009~2013년 부산권의료산업협의회 이사장 2009~2010년 부산국제의료관광컨벤션 집행위원장 2012~2014년 대한전문병원협의회 초대회장 2012~

2014년 대한병원협회 법제위원장 2013~2015년 同부회장 2013년 同발전특별위원장 2014~2015년 부산대총동문회 회장 2015년 대한전문병원협의회 명예회장(현) 2015년 더불어민주당 부산시당 오륙도연구소 이사장 2016~2018년 同부산북구·강서구乙지역위원회 위원장 2016년 (사)의료산업경영포럼 운영위원장(현) 2017년 더불어민주당 보건의료특별위원회 위원장(현) (상)재정경제부장관표창(2000), 대한매일신보 의료부문 대한민국 뉴리더상(2003), 부산광역시장표창(2004·2008·2014), 부산시민산업대상(2008), 보건복지부장관표창(2009·2014), 한독학술경영대상(2012), 제9회 자랑스런 부산대인선정(2012), 고용노동부장관 우수기업 인증패(2013), 대통령표창(2013·2016), 제7회 다자녀가정의 날 출산친화기업 표창패(2014), 일·가정 양립 캠페인 우수사례발표 표창장(2015), 국무총리표창(2015), 부산대 의과대학 자랑스런 동문상(2017)

정희경(鄭喜卿·女) Helen, CHUNG Hee Kyung (玄哉)

(생)1932·5·24 (본)동래(東萊) (출)서울 (주)경기도 이천시 마장면 청강가창로 389-94 학교법인 청강학원(02-2202-6653) (학)1951년 이화여고졸 1955년 서울대 사범대학 교육학과졸 1957년 미국 캔자스주립대 대학원졸 1975년 교육학박사(미국 오하이오노던대) (경)1961~1966년 서울대 사범대학 강사·전임강사 1966~1970년 성균관대 문리대학 부교수·여학생처장 1967년 YMCA연합회 실행위원 1967년 서울시 교육위원 1969년 지역사회학교후원회 부회장 1970년 서울대 사범대학 조교수 1971~1973년 남북적십자회담 대표 1971~1982년 이화여고 교장 1984년 한국방송통신대 연구교수 1985~1988년 현대고 교장 1985~1991년 민주평통 부의장 1988년 민정당 서울강남甲지구당 위원장 1990년 의왕 계원예고 교장 1993년 학교법인 청강학원(청강문화산업대학) 이사장(현) 1993년 뉴스타트운동 한국본부 회장 1995년 국민회의 지도위원회 부의장 1995년 同교육문화특별위원장 1996년 同선거대책위원회 공동의장 1996년 제15대 국회의원(전국구, 국민회의·새천년민주당) 2000~2007년 이승만박사기념사업회 부이사장 2002~2007년 (사)한미문화사회발전협회 이사장 2003~2008년 역사를사랑하는모임 회장 2007~2010년 (재)대한YMCA후원회 회장 2010~2013년 일가재단 이사장 (상)국민훈장 모란장, 제8회 비추미여성대상(2008), YWCA 대상(2012) (저)수필집 '시한속의 너와 나' '또 하나의 여로' '약함이 힘되고 어둠의 빛되어' '함께 생각합시다' '더불어 산다는 것은' '역사의 길목에 서서' '기죽이지 말라구요?' '학생상담의 이론과 실제' '삶, 그 신묘한 색채들(The Colors of Life)' (역)'변화하는 세계에서의 카운슬러' (종)기독교

정희규(丁憙圭) Jung, Heekyu

(생)1965·3·20 (본)나주(羅州) (출)제주 제주시 (주)세종특별자치시 도움6로11 환경부 물환경정책국 물환경정책과(044-201-7001) (학)1984년 혜광고졸 1991년 서울대 농업토목학과졸 (경)2007년 건설교통부 건설기술건축문화선진화기획단 기획조정팀 기술서기관, 국토해양부 4대강살리기사업단 조사분석팀장 2009년 同4대강살리기추진본부 기획재정팀장 2012년 同4대강살리기추진본부 유지관리팀장 2013년 국토교통부 수자원정책국 하천운영과장 2016년 同수자원정책국 수자원정책과장 2018년 同수자원정책국 수자원정책과장(부이사관) 2018년 환경부 수자원정책국 수자원정책과장 2018년 同상하수도정책관실 수도정책과장 2019년 同물환경정책국 물환경정책과장(현)

정희기(鄭熙基) Jeoung Hi Gi

(생)1964·12·15 (주)서울특별시 서초구 신반포로 194 경부선 9층 907호 금호고속(주) 부사장실(02-530-6102) (학)1982년 순천고졸 1987년 한양대 경제학과졸 2014년 광주일보 제2기 리더스아카데미 수료 (경)1986년 금호고속(주) 입사 1997년 同경영기획팀장 2002년 同경리1팀장 2005년 同경리팀장 2006년 同전략경영팀·재무관리팀·시스템팀담당 상무보 2007년 同고속관리담당 상무보 2008년 同고속관리담당 상무이사 2009년 同전략경영팀·재무지원팀·해외사업팀담당 상무이사 2010년 同관리담당 상무이사 2011년 同경영관리담당 상무이사 2012년 同직행본부 총괄전무이사 2014년 부산물류터미널(주) 이사 2015년 (주)속리산고속 이사(현) 2015년 금호고속(주) 고속총괄담당 전무 2018년 同고속총괄담당 부사장(현) (종)천주교

정희도(鄭熙道)

(생)1966·2·11 (출)서울 (주)서울특별시 서초구 반포대로 157 대검찰청 감찰2과(02-3480-2032) (학)1984년 전북사대부고졸 1988년 연세대 법학과졸 1993년 同대학원 사법공안행정과졸 (경)1999년 사법시험 합격(41회) 2002년 사법연수원 수료(31기) 2002년 전주지검 검사 2004년 광주지검 해남지청 검사 2005년 수원지검 검사 2007년 서울중앙지검 검사 2011년 광주지검 검사 2013년 의정부지검 고양지청 검사 2015년 서울남부지검 검사 2016년 同부부장검사 2016년 검찰총장직속 부패범죄특별수사단 제1팀 부팀장(부부장검사) 2017년 창원지검 특수부장 2018년 서울중앙지검 방위사업수사부장 2019년 대검찰청 감찰2과장(부장검사)(현)

정희돈(鄭熙墩) Jung Hee Don

(생)1962·10·1 (주)서울특별시 영등포구 국제금융로6길 42 (주)삼천리ENG(02-368-3500) (학)청구고졸 1985년 서강대 경영학과졸 1989년 한국과학기술원(KAIST) 경영과학과졸(석사) 1999년 경영공학박사(한국과학기술원) (경)삼일회계법인 경영컨설팅 이사, 하나로텔레콤 경영혁신실장 2006년 (주)삼천리 전략기획총괄 경영혁신담당 상무 2010년 同중부지역본부장(상무) 2010년 同사업개발본부 부동산개발TF 전무 2011년 同경영지원본부 부본부장(전무) 2013년 同경영전략본부 경영전략실장(전무) 2013년 同도시가스사업본부 인천본부장(전무) 2015년 同도시가스본부장(전무) 2015년 (주)삼천리ENG 대표이사 전무 2018년 同대표이사 부사장(현)

정희련(鄭熙鍊) CHUNG Hie Ryun

(생)1956·7·17 (출)서울 (주)서울특별시 강남구 도산대로45길 6 호림아트센터4층 풀무원다논(주) 비서실(02-519-8702) (학)1975년 서울고졸 1980년 성균관대 화학공학과졸 1986년 미국 코네티컷주립대 대학원 경영학과졸 (경)한국코카콜라보틀링 상무이사 2002~2003년 同영업총괄 부사장 2003~2006년 해태음료(주) 대표이사 사장 2006~2007년 아웃백스테이크하우스 대표이사 2008~2016년 풀무원샘물(주) 대표이사 사장 2017년 풀무원다논(주) 대표이사(현)

정희선(鄭凞仙·女) CHUNG Hee Sun

(생)1955·6·6 (출)충북 제천 (주)대전광역시 유성구 대학로 99 충남대학교 분석과학기술대학원(042-821-8540) (학)1974년 충주여고졸 1978년 숙명여대 약학과졸 1980년 同대학원 약학과졸 1987년 약학박사(숙명여대) (경)1978~1989년 국립과학수사연구소 이화학과 기기분석실 근무 1982년 미국 LA경찰국 범죄과학연구소 연수 1984년 미국 Ohio주 클리브랜드법검시관사무소 연수 1987~1998년 숙명여대 강사 1988년 미국 San Diego 보안관사무소 연수 1990년 국립과학수사연구소 약품연구실장 1993~1996년 同약독물과장 1995년 경찰대 강사 1996~2002년 국립과학수사연구소 마약분석과장 1997년 경찰종합학교 강사 1999년 중앙약사심의위원회 위원 1999년 미국 법과학회 회원 1999~2002년 숙명여대 겸임교수 2000년 식품의약품안전청 오남용약물사업·내분비계장애물질 자문위원 2002년 국제법중독학회 집행

위원 2002년 국립과학수사연구소 법과학부장 2008~2010년 同소장 2008~2012년 한국법과학회 회장 2008~2011년 국제법독성학회 사무총장 2009년 대한약학회 부회장 2010~2012년 국립과학수사연구원 원장 2011~2014년 세계법과학회(IAFS) 회장 2013년 충남대 분석과학기술대학원장(현) 2014~2016년 한국과학창의재단 비상임이사 2014~2018년 국제법독성학회 회장 2016~2019년 한국마약퇴치운동본부 부이사장 2017년 한국도핑방지위원회 ABP위원(현) 2017년 충남도 과학기술위원회 위원(현) 2018년 대통령소속 국가생명윤리심의위원회 과학계 민간위원(현) 2019년 한국여성과학기술단체총연합회 차기(2020년) 회장(현) 2019년 유엔마약범죄사무소(UNODC) 국제과학수사전문가 자문위원(현) (상)내무부장관표창, 보건사회부장관표창, 과학기술부 선정 '올해의 여성과학기술자상'(2007), 비추미여성대상 별리상(2010), 대영제국 지휘관 훈장(2014) (저)'생체시료에서 마약류의 검사'

정희섭

(생)1958 (주)서울특별시 종로구 이화장길 70-15 소호빌딩 1층 한국예술인복지재단(02-3668-0200) (학)서울대 불어교육과졸, 중앙대 대학원 예술경영학과졸 (경)1983~1986년 진도 석교고 교사(現 진도국악고), 극단 '현장' 대표 1990~1996년 (사)한국민족예술인총연합 정책실장 2000~2002년 국립중앙극장 공연과장 2003~2018년 (사)한국문화정책연구소 소장 겸 이사장 2008~2014년 부산대 출강 2014~2017년 중국 연변대 출강 2018년 한국예술인복지재단 대표이사(현) (상)국무총리표창(2001)

정희수(鄭熙秀) CHUNG Hee Soo

(생)1953 · 10 · 25 (본)영일(迎日) (출)경북 영천 (주)서울특별시 성북구 보문로 130 보험연수원 원장실(1588-3055) (학)1972년 대구상고졸 1982년 성균관대졸 1987년 미국 일리노이대 대학원 경제학석사 1992년 경제학박사(미국 일리노이대) 2003년 아주대 대학원 경영학석사 (경)1999년 포스코경영연구소 경영전략연구센터장 2002년 서울경제신문 논설위원 겸 백상경제연구원장 2005년 제17대 국회의원(영천 보궐선거 당선, 한나라당) 2006년 한나라당 원내부대표 2008년 제18대 국회의원(영천, 한나라당 · 새누리당) 2008년 국회 국토해양위원회 위원 2008년 국회 경제정책포럼 대표의원 2008~2009년 한나라당 경북도당 위원장 2009년 한 · 파키스탄의원친선협회 부회장 2009년 미래정치연구모임 공동대표 2010년 국회 일자리만들기특별위원회 간사 2010년 한나라당 제1사무부총장 2010년 한 · 핀란드의원친선협회 회장 2011~2012년 한나라당 사무총장 직대 2012~2016년 제19대 국회의원(영천, 새누리당) 2012년 국회 쇄신특별위원회 위원장 2012년 새누리당 경제민주화추진단 위원 2012년 同재외국민위원회 중국 위원장 2012년 同중앙선거대책위원회 중소기업 · 소상공인 · 벤처기업협력단 공동단장 2012년 同상임전국위원 2012년 국회 예산결산특별위원회 위원 2013년 한 · 브라질의원친선협회 부회장 2013년 한 · 아일랜드의원친선협회 이사 2013년 국회 국방위원회 위원 2013년 국회 사법제도개혁특별위원회 위원 2014년 한일의원연맹 경제과학위원회 위원장 2014~2016년 국회 기획재정위원회 위원장 2017년 더불어민주당 통합정부추진위원회 자문단 부단장 2018년 보험연수원 원장(현) (상)국정감사 NGO모니터단 선정 국정감사 우수의원(2006 · 2007 · 2008 · 2009 · 2010 · 2011 · 2012 · 2013), 국회의원 우수연구단체(2009), 국회의원 최우수연구단체(2010 · 2011 · 2012), 대한민국헌정상 우수상(2011), 국회사무처 선정 입법 및 정책개발 우수국회의원(2012), 국회의원 우수연구단체 최우수등급(2013), 국회사무처 선정 입법및정책개발 우수국회의원(2013), 대한민국소비자대상 소비자입법부문(2013), 법률소비자연맹 선정 국회 헌정대상(2013 · 2014), 바른사회밝은정치시민연합 제19대 국회 상반기 '입법 분야' 우수의원(2014), 바른사회시민회의 선정 '우수의정활동상'(2014) (저)'지방산업의 경쟁력 비교우위 분석'(1995, 대우경제연구소) '지방화시대의 지역산업경제 활성화 전략'(2002, 대한상공회의소) '뜻모아 힘모아 철도타고 세계여행 : 정희수의원과 철도동호회 회원들의 이야기'(2005)

정희시(鄭禧時)

(생)1962 · 5 · 25 (출)경남 합천 (주)경기도 수원시 팔달구 효원로 1 경기도의회(031-8008-7000) (학)연세대 정치외교학과졸 (경)1987~1997년 삼성물산 입사 · 과장 2007년 카이로스에프씨에이 대표, 군포환경자치시민회 공동대표, 더불어민주당 경기군포시지역위원회 협동조합위원장, 同경기도당 중소기업발전특별위원회 위원장 2016~2018년 경기도의회 의원(보궐선거 당선, 더불어민주당) 2016~2018년 同보건복지위원회 위원 2016~2018년 同경제민주화특별위원회 위원 2017~2018년 同지방분권위원회 위원 2017년 더불어민주당 미세먼지대책특별위원회 부위원장(현) 2018년 경기도의회 의원(더불어민주당)(현) 2018년 同보건복지위원회 위원장(현)

정희영(鄭熙永) CHUNG Hee Yung

(생)1940 · 4 · 8 (본)경주(慶州) (출)서울 (주)부산광역시 해운대구 마린시티1로 127 아라트리움 선진종합(주)(051-714-3905) (학)1959년 배재고졸 1965년 서울대 경제과졸 (경)1965년 현대건설 입사 1970년 同이사 1973년 현대중공업 상무이사 1976년 아세아상선 사장 1977년 현대중공업 사장 1978년 현대종합상사 사장 1981년 선진해운 사장 1981년 선진식품 사장 1982~1994년 선진종합(주) 사장 1985년 한국예선협회 회장 1994년 선진종합(주) 회장(현) (상)금탑산업훈장

정희영(鄭希永)

(생)1967·1·6 (출)충북 옥천 (주)경기도 수원시 장안구 창룡대로 223 경기남부지방경찰청 생활안전과(031-888-2346) (학)유성고졸, 충남대 법학과졸, 아주대 대학원 교통공학과졸 (경)1995년 경위 임용(경찰 간부후보 43기) 2000년 경감 승진 2005년 경정(화성경찰서 경비교통과장·화성경찰서 정보과장·수원중부경찰서 정보보안과장·경기지방경찰청 경무계장·정보2계장·정보3계장) 2014년 대전지방경찰청 경무과장(총경) 2015년 충북 진천경찰서장 2016년 충북지방경찰청 경비교통과장 2016년 교육파견(총경) 2017년 충북지방경찰청 정보화장비과장 2017년 경기 화성서부경찰서장 2018년 경기남부지방경찰청 생활안전과장(총경)(현)

정희원(丁憙源) JUNG Hee Won

(생)1951 · 6 · 14 (출)부산 (주)서울특별시 동작구 보라매로5길 20 보라매병원 신경외과(02-870-2114) (학)1969년 경남고졸 1975년 서울대 의대졸 1979년 同대학원 의학석사 1985년 의학박사(서울대) (경)1975~1980년 서울대병원 신경외과 전공의 1980~1983년 軍의관 1983~1985년 서울대병원 신경외과 전임의 1985~1998년 서울대 의대 신경외과학교실 전임강사 · 조교수 · 부교수 1988년 미국 캘리포니아주립대 뇌종양연구소 연구원 1998~2016년 서울대 의대 신경외과학교실 교수 1998년 분당서울대병원 건립본부 부본부장 1998년 대한두개저외과학회 회장 2002년 대한뇌종양학회 회장 2002년 대한신경외과학회 학술위원장 2003년 서울대병원 신경외과장 2005~2009년 보라매병원 병원장 2006년 대한신경외과학회 이사장 2009~2013년 세계신경외과학회 회장 겸 조직위원장 2010~2013년 서울대병원 병원장 2010년 한국U헬스협회 회장 2012~2014년 한국국제의료협회 회장 2012~2013년 대한병원협회 평가수련부회장 2016년 서울대 명예교수(현) 2016년 보라매병원 신경외과 교수(현) 2018년 (주)농심홀딩스 사외이사(현) (상)올해의 존경하는 서울대의대인(1995), 황조근정훈장(2012), 대통령표창(2013)

정희원(女) Jung Hee Won

(생)1965 · 10 · 18 (주)서울특별시 강서구 금낭화로 154 국립국어원 어문연구실(02-2669-9710) (학)언어학박사(서울대) (경)1994년 국립국어연구원 어문실태연구부 학예연구관 1998년 同어문규범연구부 학예연구관 2000년 同언어생활부 학예연구관 2004년 국립국어원 학예연구관 2007년 同국어실태연구팀장 2009년 同어문연구팀장 2014년 同어문연구실 한국어진흥과장 2014년 同어문연구실장(현)

정희원(鄭喜元) JUNG Hee Won

(생)1971 · 10 · 6 (출)대구 (주)서울특별시 서초구 반포대로 158 서울고등검찰청 총무과(02-530-3261) (학)1990년 부산 중앙고졸 1995년 서울대 공법학과졸 (경)1996년 사법시험 합격(38회) 1999년 사법연수원 수료(28기) 1999년 軍법무관 2002년 서울지검 검사 2004년 창원지검 진주지청 검사 2006년 수원지검 검사 2009년 법무부 형사법제과 검사 2011년 서울중앙지검 부부장검사 2012년 대검찰청 연구관 2013년 광주지검 강력부장 2014년 법무부 보호법제과장 2015년 同범죄예방기획과장 2016년 서울중앙지검 조사2부장 2017년 울산지검 형사1부장 2018년 서울서부지검 형사2부장 2019년 서울고검 검사(현)

정희윤(鄭熙允) Jung HeeYoun

(생)1958 · 4 · 2 (주)인천광역시 남동구 경인로 674 인천교통공사(032-451-2011) (학)국립철도고 토목과졸, 대림대학 토목공학과졸 (경)1996~1999년 인천시립대학 운영위원회 사무국장 2000~2006년 국회사무처 이호웅의원실 입법보좌관 2011~2014년 인천교통공사 상임감사 2016~2019년 서울교통공사 상임감사 2019년 인천교통공사 사장(현) (종)개신교

정희준(鄭熙准) Heejoon Chung

(생)1965 · 3 · 23 (본)동래(東萊) (출)인천 (주)부산광역시 해운대구 센텀중앙로 79 센텀사이언스파크 18층 부산관광공사(051-780-2100) (학)1984년 여의도고졸 1988년 연세대 체육교육학과졸, 미국 오하이오대 대학원졸 1998년 스포츠사회학박사(미국 미네소타대) 2005년 연세대 대학원 신문방송학 박사과정 수료 (경)2004~2005년 문화관광부 체육발전실무위원회 위원 2006~2007년 행정중심복합도시 건설추진위원회 위원 2008~2009년 국가인권위원회 정책자문위원회 위원 2010~2016년 부산참여연대 문화사회위원회 위원장 2010~2018년 동아대 예술체육대학 체육학과 교수 2018년 부산관광공사 사장(현) (저)'미국 신보수주의와 대중문화 읽기 : 람보에서 마이클 조든까지'(2007, 책세상) '스포츠코리아판타지 : 스포츠로 읽는 한국 사회문화사'(2009, 개마고원) '어퍼컷'(2009, 미지북스) (종)기독교

정희택(鄭熙澤) JEONG Hee Taek

(생)1963 · 9 · 23 (출)서울 (주)서울특별시 종로구 경희궁길 26 세계일보 사장실(02-2000-1201) (학)1989년 인천대 영어영문학과졸 2014년 한양대 언론정보대학원 언론학 석사 (경)1999년 세계일보 편집부 기자 2001년 同편집부 차장대우 2004년 同편집부 차장 2007년 同편집국 편집1팀장 2008년 同편집국 편집부장 2010년 同편집국 편집위원 2013년 同편집국 편집부장(부국장급) 2015년 세계닷컴 본부장 2015년 세계일보 디지털미디어국장 2015년 同경영지원본부장 겸 기획조정실장 2016년 한국신문협회 기조협의회 이사 2017년 세계일보 기획조정실장(상무보) 2017년 同경영지원본부장(상무보) 2018년 同대표이사 사장(현) 2019년 한국신문윤리위원회 이사(현)

제갈창(諸葛鎗)

(생)1967 · 5 · 16 (출)대구 (주)부산광역시 해운대구 재반로112번길 20 부산지방법원 동부지원(051-780-1114) (학)1985년 영신고졸 1989년 서울대 공법학과졸 1994년 同대학원 법학과졸 (경)1999년 사법시험 합격(41회) 2002년 사법연수원 수료(31기) 2002년 울산지법 예비판사 2004년 同판사 2006년 의정부지법 고양지원 판사 2009년 서울서부지법 판사 2012년 서울중앙지법 판사 2014년 서울가정법원 판사 2016년 서울중앙지법 판사 2017년 제주지법 부장판사 2019년 부산지법 동부지원 부장판사(현)

제대욱(諸大旭)

(생)1974 · 7 · 12 (주)부산광역시 연제구 중앙대로 1001 부산광역시의회(051-888-8245) (학)부산외국어대 스페인어과졸 (경)(주)동아화물운송공사 운영책임자, 부산외국어대총동문회 사무국장, 더불어민주당 중앙당 대변인단 부대변인 2018년 부산시의회 의원(더불어민주당)(현) 2018년 同경제문화위원회 위원(현) 2018년 同운영위원회 위원(현) 2018년 同민생경제특별위원회 위원(현)

제무성(諸武成) JEA Moo Sung

(생)1960 · 5 · 13 (본)칠원(漆原) (출)경남 통영 (주)서울특별시 성동구 왕십리로 222 한양대학교 공과대학 원자력공학과(02-2220-1346) (학)1986년 서울대 원자핵공학과졸 1988년 同대학원 원자핵공학과졸 1992년 공학박사(미국 캘리포니아대) (경)1992~1995년 한국원자력연구원 연구원, 미국 캘리포니아대 전문연구원 2001년 한양대 공과대학 원자력공학과 교수(현) 2001~2003년 미국 IAPSAM 집행위원 2002~2006년 한국안전학회 이사 2003~2005년 한국원자력학회 이사 2005~2006년 미국ANS 한국지회 집행위원 2006~2007년 한국원자력산업회의 이사 2007~2008년 캐나다 McMaster Univ. 연구교수 2012년 에너지미래교수포럼 회장 2013~2016년 국무총리직속 원자력안전위원회 전문위원 2014년 한국공학한림원 회원(현) 2015~2016년 한국원자력문화재단 원자력국민소통자문위원회 위원 2015~2017 (사)한국원자력학회 소통위원장 겸 공동대변인 2016~2018년 同안전연구부회 회장 2018년 국제원자력기구(IAEA) 국제원자력안전그룹(INSAG) 위원(현) 2018년 한국원자력안전기술원(KINS) 이사회 의장 2018년 원자력안전위원회 안전전문위원장(현) (저)'시스템안전공학개론'(2000) '계통신뢰도공학'(2014) (역)'열전달'(1995) (종)기독교

제민호(諸珉鎬) JHE Min Ho

(생)1963 · 9 · 16 (출)서울 (주)서울특별시 서초구 사평대로 84 이수건설(주) 임원실(02-590-6500) (학)1982년 인창고졸 1986년 서울대 국제경제학과졸 1989년 同대학원졸 (경)1993년 조흥은행 입행 1999년 이수화학(주) 기획실 전략기획팀장 2000년 이수창업투자 투자팀장 · 총괄임원 2004년 同대표이사 상무보 2007년 同대표이사 상무 2008년 (주)이수 상무 2012년 同전무 2013년 이수시스템(주) 전무 2013년 이수건설(주) 대표이사 전무 2015년 同대표이사 부사장 2016년 (주)이수 대표이사 2018년 이수건설(주) 대표이사(현)

제성호(諸成鎬) Jhe Seong Ho

(생)1958 · 7 · 8 (출)서울 (주)서울특별시 동작구 흑석로 84 중앙대학교 법학과(02-820-5453) (학)1977년 보성고졸 1981년 서울대 법학과졸 1983년 同대학원 법학과졸 1989년 법학박사(서울대) (경)1985~1986년 보병 제7사단 정훈장교, 육군본부 정훈감실 정훈교재 편찬위원 1986~1989년 육군사관학교 교관 · 전임강사 1990~1991년 수원대 법정대학 조

교수 1991~2000년 통일연구원 연구위원 · 선임연구위원 · 북한경제사회연구실장 · 북한인권센터 소장 1994~2015년 법무부 남북법령연구특별분과위원회 위원 1995년 법원행정처 특수사법제도연구위원회 연구위원 1996~1998년 MBC 객원해설위원(통일문제담당) 1999~2006년 통일부 경수로사업지원기획단 법률자문위원 2000년 중앙대 법학과 교수(현) 2001년 국가안전보장회의(NSC) 정책전문위원 2001~2002 · 2008~2013년 통일부 정책자문위원 2001~2015년 민주평통 자문위원 · 상임위원 · 운영위원 겸 인도지원인권분과 위원장 2002~2008년 법제처 자문위원 2004년 한반도포럼 회장 2005~2009년 대통령소속 친일반민족행위진상규명위원회 위원 2005~2007년 자유민주연구학회 회장 2006~2008년 뉴라이트전국연합 상임대표 2008년 국회 선거구획정위원회 위원 2008~2010년 외교통상부 인권대사 2010~2014년 국회 윤리심사자문위원회 위원 2010년 국무총리소속 6.25전쟁납북진상규명위원회 위원 2011~2014년 법제처 남북법제자문위원장 2013~2015년 국무총리소속 특수임무수행자보상심의위원회 위원 2013~2015년 납북피해자보상심의위원회 위원장 2014~2017년 법제처 연구위원 2015~2017년 민주평통 인권법제분과 위원장 2017년 자유한국당 대표 통일외교특보 2017년 대법원 통일사법연구위원회 연구위원(현) (저)'항공기테러와 국제법'(1989) '남북한 특수관계론'(1995) '한반도 비무장지대론'(1997) '미귀환 국군포로문제 해결방안'(1999) '한반도 평화체제의 모색 : 법규범적 측면을 중심으로'(2000) (역)'일본의 통신행정과 법체계' '대동아국제법의 제문제'

제영광(諸英光) Je Young Kwang

(생)1963 · 6 · 12 (출)전북 순창 (주)부산광역시 중구 충장대로 20 부산본부세관(051-620-6114) (학)광주 진흥고졸, 전남대 경제학과졸, 同대학원 경제학과졸, 미국 오레곤대 대학원 행정학과졸 (경)1993년 행정고시 합격(37회) 2013년 관세청 세원심사과장 2014년 同FTA집행기획담당관실 과장 2015년 同FTA집행기획담당관 2015년 인천공항국제우편세관 수출입통관국장 2017~2019년 관세청 감사관 2019년 부산본부세관장(현)

제윤경(諸閏景 · 女) JE YOUN KYUNG

(생)1971 · 7 · 25 (주)서울특별시 영등포구 의사당대로1 국회 의원회관 553호(02-784-7451) (학)덕성여대 심리학과졸 (경)한겨레이앤씨 재무컨설팅 사업본부장, 에셋비 교육본부장 2007~2016년 (주)에듀머니 대표이사 2011년 박원순 서울시장후보 선거캠프 부대변인 2012년 희망살림 상임이사 2012년 민주통합당 제18대 문재인 대통령후보 담쟁이캠프 공동선거대책위원장 2015년 롤링주빌리 대표 2015년 주빌리은행 상임이사 2016년 제20대 국회의원(비례대표, 더불어민주당)(현) 2016 · 2018년 국회 정무위원회 위원(현) 2016~2017년 국회 민생경제특별위원회 위원 2017년 더불어민주당 제19대 문재인 대통령후보 중앙선거대책위원회 공보단 대변인 2017년 同홍보위원장 2017~2018년 同원내대변인 겸 공보담당 원내부대표 2017~2018년 국회 운영위원회 위원 2017년 더불어민주당 경남사천 · 남해 · 하동지역위원회 위원장(현) 2018년 국회 여성가족위원회 위원(현) 2018년 국회 예산결산특별위원회 위원(현) 2019년 더불어민주당 원내부대표(현) (상)제14회 미래를 이끌어갈 여성지도자상(2016), 법률소비자연맹 선정 '2016 국정감사 우수의원'(2016), 금융소비자연맹 선정 '금융소비자권익증진 최우수의원'(2016), 조세일보 선정 '20대 국회 파워 의원 31인'(2016), 2018 입법 및 정책개발 우수국회의원(2019) (저)'아버지의 가계부'(2007) '불행한 재테크 행복한 가계부'(2007) '부자들의 행복한 가계부'(2007) '나의 특별한 소방관'(2008) '한국의 가계부 부자들'(2008) '착한소비의 시작 굿바이 신용카드(共)'(2010) '돈에 밝은 아이'(2010) '약탈적 금융사회(共)'(2012) '빚 권하는 사회, 빚 못 갚을 권리'(2015)

제정부(諸廷富) JE Jeong Boo

(생)1956 · 5 · 10 (본)칠원(漆原) (출)경남 고성 (주)부산광역시 서구 구덕로 225 동아대학교 법학전문대학원(051-200-8581) (학)1975년 마산고졸 1980년 동아대 법학과졸 1982년 同대학원 법학과졸 (경)1981년 행정고시 합격(25회) 1983년 법제처 법제조정실 행정사무관 1989년 대통령비서실 근무 1990년 서기관 승진 1998년 법제처 경제법제국 법제관 2001년 同행정법제국 법제관 2002년 同행정법제국 법제심의관 2004년 同사회문화법제국 법제심의관 2005년 同경제법제국장 2007년 同행정법제국장 2009년 同법령해석정보국장 2010년 同기획조정관 2011년 同차장 2013~2017년 법제처장 2017년 동아대 법학전문대학원 석좌교수(현) (상)국방부장관표창, 대통령표창, 홍조근정훈장

제정호(諸丁鎬) Jung Ho Je

(생)1957 · 3 · 1 (본)칠원(漆原) (출)서울 (주)경상북도 포항시 남구 청암로 77 포항공과대학교 신소재공학과(054-279-2143) (학)1979년 연세대 금속공학과졸 1981년 한국과학기술원(KAIST) 재료공학과졸 1983년 재료공학박사(한국과학기술원) (경)1983년 서독 원자력연구소 연구원 1986~2001년 포항공과대 재료금속공학과 조교수 · 부교수 · 교수 1994년 미국 엑슨연구소 방문교수 1999~2006년 LG Philips 디스플레이연구소 고문교수 2001년 미국 알곤연구소 방문교수 2001년 포항공과대 신소재공학과 교수(현) 2003년 국제콘소시움 X선현미경빔라인(7B2) 총괄책임자 2004년 방사광가속기 X선을 이용해 조영제 없이 미세혈관을 촬영하는 기술을 개발 2005년 포항공과대 생의학영상센터 소장 2006년 방사광 X선을 이용한 '밝은 장 X선 영상(Bright-Field X-ray Imaging) 현미경 기술'을 세계 최초로 개발 2006년 포항공과대 X선영상연구센터장(현) (상)한국과학재단 이달의 과학자상(2002), 과학기술부 · 스위스 과학기술청 한 · 스위스 우수연구자상(2003), 한국방사광이용자협의회 심계과학상(2003), 대한민국기술대전 특별상(2004), 경북과학기술대상 연구개발상(2005), (재)수당재단 수당상 응용과학부문(2015) (종)기독교

제종길(諸淙吉) JE Jong Geel (봄솔)

(생)1955 · 3 · 21 (본)칠원(漆原) (출)경남 창원 (주)경기도 군포시 엘에스로 172 한국해양수산기업협회(031-347-8892) (학)1973년 영등포고졸 1983년 건국대 생물학과졸 1985년 同대학원 생물학과졸(동물학석사) 1993년 서울대 대학원 해양학과졸(해양생태학박사) (경)1984~2004년 한국해양연구원 연구원 1994~2004년 상명대 · 인하대 · 성균관대 · 한양대 등 강사 1998~2000년 해안서식지복원연구회 회장 2004년 한국습지학회 부회장 2004~2008년 제17대 국회의원(안산 단원구乙, 열린우리당 · 대통합민주신당 · 통합민주당) 2005~2007년 국회 바다포럼 대표 2006~2007년 열린우리당 제5정책조정위원장, 민족정기의원모임 독도지키기추진위원장 2007~2008년 국회 기후변화포럼 공동대표 2008~2014년 도시와자연연구소 소장 2008~2011년 한양대 겸임교수 2008~2010년 한국해양연구원 정책자문위원 2010~2014년 한국환경교육네트워크 공동대표 2011~2013년 인천대 초빙교수 2011~2014년 기후변화정책연구소 소장 2011~2013년 한 · 중 황해보전 국가코디네이터 2012~2014년 한국생태관광협회 공동대표 2012년 한국보호지역포럼 위원장 2012~2014년 한국수중과학회 회장, 서울대 환경대학원 도시환경최고위과정 공동주임교수 2014~2018년 경기 안산시장(새정치민주연합 · 더불어민주당) 2014~2015년 전국다문화도시협회 회장 2015년 더불어민주당 자치분권민주지도자협의회 경기도 공동위원장 2016~2017년 2017생태관광및지속가능관광국제회의(ESTC)조직위원회 조직위원장 2016년 국가에너지정책전환을위한지방정부협의회 회장 2019년 한국해양수산기업협회 회장(현) 2019년 전국시장군수구청장협의회 사무처장(현) (상)건국대 공로상(1983), 대통령 산업포장(2001),

해양수산부장관표창(2003), EBS환경교육대상(2003), 대한민국환경대상 정치부문(2007), 의정대상(2007), 올해의 환경인상(2007), 대한민국 유권자대상(2015), 한국의 미래를 빛낼 CEO 친환경 경영부문(2016), TV조선 창조경영대상(2016), 기후변화그랜드리더스어워드 지방자치단체부문 리더스상(2016), 중앙일보 대한민국경제리더대상 혁신경영부분(2016), 자랑스러운 건국인상(2016) ㉨'이야기가 있는 제주바다'(2002, 도요새) '우리바다 해양생물(共)'(2002, 다른세상) '고등학교 교과서 해양환경(共)'(2003) '환경박사 제종길이 들려주는 바다와 생태이야기'(2006, 각) '숲을 지키는 사람들(共)'(2010) '갯벌의 이해와 교육(共)'(2012) '습지이해(共)'(2013) '도시 발칙하게 상상하라'(2014, 자연과생태) '도시 견문록'(2014, 자연과생태) ㉳'동물건축가'(2008) '활기가 넘치는 해양보호구역 네트워크'(2010) '국경을 초월한 자연보전(共)'(2012) '자연성지(共)'(2012) '생태관광사업에의 선진경영기법 적용방안(共)'(2013)

제태환(諸泰煥) Je tae hwan

㉢1961 · 8 · 24 ㉤전북 순창 ㉥전라북도 전주시 덕진구 백제대로 611 전주덕진소방서 서장실(061-250-4213) ㉦순창고졸 2005년 전북대 행정대학원 행정학과졸 2016년 행정학박사(전북대) ㉧1993년 소방간부후보생 임용(7기) 1993년 전북 김제소방서 신풍센터장 1998년 전북 정읍소방서 방호담당 · 소방담당 2002년 전북 군산소방서 소방담당 · 구조구급담당 2004년 전북 정읍소방서 장비담당 2005년 전북 완산소방서 방호과장 · 예방안전과장 2008년 전북 군산소방서 예방안전과장 2008년 전북소방안전본부 구조구급담당 2010년 전북 덕진소방서 현장기동단장 2012년 전북 정읍소방서장(지방소방정) 2014년 전북 전주완산소방서장 2016~2017년 전북도 소방본부 구조구급과장 2018년 전북 전주덕진소방서장(현)

제해성(諸海成) JE Hae Seong

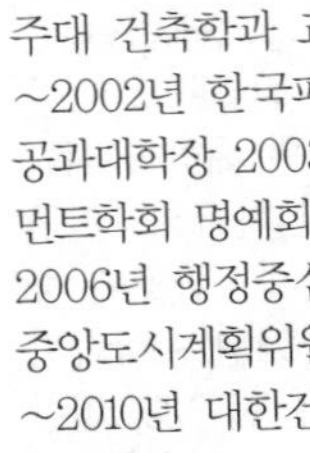

㉢1953·2·28 ㉣칠원(漆原) ㉤부산 ㉥서울특별시 용산구 한강대로 372 한국토지주택공사(02-6908-9007) ㉦1971년 부산고졸 1975년 서울대 건축학과졸 1982년 미국 MIT 대학원 건축학과졸 1986년 건축학박사(미국 펜실베이니아대) ㉧1976~1980년 건축사무소 정림건축 건축설계실 근무 1986~1992년 한국토지공사 기술연구소 연구위원 1987~2017년 아주대 건축학과 교수 1991년 同병원건립추진본부 건축본부장 2001~2002년 한국퍼실리티매니지먼트학회 회장 2001~2003년 아주대 공과대학장 2003~2004년 同교무처장 2003년 한국퍼실리티매니지먼트학회 명예회장 2006년 대한건축학회 친환경건축위원회 위원장 2006년 행정중심복합도시건설추진위원회 위원 2007년 건설교통부 중앙도시계획위원회 위원 2007~2011년 아주대 산업대학원장 2008~2010년 대한건축학회 부회장 2010년 행정중심복합도시건설청 총괄기획가 2010~2012년 한국도시설계학회 수석부회장 2011~2013년 대통령직속 국가건축정책위원회 건축문화진흥분과 위원장 2012~2014년 한국도시설계학회 회장 2012년 국토정책위원회 위원 2012~2015년 건축도시공간연구소 소장 2016~2018년 대통령직속 국가건축정책위원회 위원장 2018년 아주대 건축학과 명예교수(현) 2019년 한국토지주택공사(LH) '쿠웨이트 압둘라신도시' 총괄계획가 겸 위원장(현) ㉯문화공보부장관표창(1977), 대통령표창(2011) ㉨'컨벤션센터와 무역전시관 건축' '수원지역 현황과 과제' '단지계획' '교통영향평가 전문인력 교육교재-교통영향평가관련 건축법 해설'

제현인(諸炫仁) Hyun-in Je

㉢1969 · 8 · 4 ㉣칠원(漆原) ㉤전남 해남 ㉥서울특별시 종로구 율곡로2길 25 연합뉴스 기획조정부(02-398-3114) ㉦1988년 석관고졸 1996년 경희대 회계학과졸 2008~2009년 미국 미주리대 연수 ㉧1995년 연합통신 입사 1995~1999년 同텔리레이트부 근무 2000년 연합뉴스 경영기획실 근무 2009년 同기획부 차장대우 2011년 同신사옥건축팀장 2012년 同기획부 차장 2012~2014년 연합뉴스TV 경영기획팀장(차장급) 2014~2018년 同경영기획팀장(부장대우) 2018년 연합뉴스 기획조정부장(현) ㉩천주교

조갑제(趙甲濟) CHO Gab Jae

㉢1945·10·24 ㉣함안(咸安) ㉤일본 ㉥서울특별시 종로구 새문안로 92 조갑제닷컴(02-722-9412) ㉦1965년 부산고졸 1967년 부산수산대 중퇴 1997년 미국 하버드대 1년 연수(니만 펠로우) ㉧1971~1980년 국제신문 문화부·사회부 기자 1981~1983년 월간마당 취재부장·편집장 1983년 조선일보 월간조선 기자 1987년 同차장 1991년 同부장 1995년 同부국장 겸 월간조선 부장 1999년 월간조선 편집장 2001~2005년 同대표이사 사장 2001~2004년 同편집장 2004년 상미회(尙美會) 이사(현) 2005년 월간조선 편집위원 2005년 조갑제닷컴 대표(현) 2006년 자유언론인협회 고문 ㉯제7회 한국기자상(1974), 한국잡지협회 기자상(1990), 제4회 아시아·태평양상 특별상(1991), 서울언론인클럽 칼럼상(2006), 5.16민족상 안전보장부문(2009) ㉨'김대중의 정체'(2006) '박정희 전기'(2007) '一流국가 紀行'(2007) '역적모의'(2013) '국민의 武器'(2015) '한반도의 核겨울'(2015) 등 ㉪'10.26사건의 기록' '군부' '대폭발' '국가안전기획부' '사형수 오휘웅 이야기' '고문과 조작의 기술자들' '코리안 커넥션' '젊은 거인의 초상-이용대 장군전기' '김현희의 하느님' '7광구의 대도박' '12.12사건-정승화는 말한다' '석유사정 좀 환히 압시다' '박정희전기(5부작)'(1992) '근대화혁명가 박정희의 생애-내 무덤에 침을 뱉어라'(1998) '박정희의 마지막 하루'(2005) '제5공화국'(2005) '朴正熙의 결정적 순간들'(2009) 등

조갑출(趙甲出 · 女) CHO, Kap-Chul (曉泉)

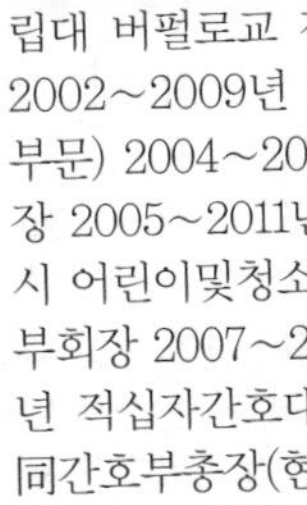

㉣함안(咸安) ㉤경북 청송 ㉥서울특별시 동작구 흑석로84 중앙대학교 적십자간호대학 103관(02-820-5672) ㉦1977년 적십자간호대학 간호학과졸 1984년 연세대 교육대학원졸(교육학석사) 1996년 간호학박사(연세대) ㉧1983~2011년 적십자간호대학 교수 1997~1998년 미국 뉴욕주립대 버펄로교 객원교수 1998~2001년 적십자간호대학 교학처장 2002~2009년 국제간호협의회 전문가그룹 한국대표(윤리 · 인권부문) 2004~2007년 적십자간호대학 산학협력처장 겸 산학협력단장 2005~2011년 성산생명윤리연구소 부소장 2005~2007년 서울시 어린이및청소년건강 자문위원 2007~2010년 한국간호교육학회 부회장 2007~2010년 대한간호협회 이사(제31 · 32대) 2009~2011년 적십자간호대학 총장 2011년 중앙대 간호학과 교수(현) 2011년 同간호부총장(현) 2011년 삼성꿈장학재단 이사(현) 2013년 중앙대 건강간호대학원장(현) 2014~2015년 한국아동간호학회 회장 2014~2017년 방송통신심의위원회 광고특별위원회 위원 2015~2017년 국무총리직속 아동정책조정위원회 위원 2016~2018년 연합뉴스 수용자권익위원회 위원 ㉯대한적십자사 적십자회원 유공장 금장(2008) ㉨'신생아건강간호(共)'(2018) '아동건강증진간호(共)'(2018) '아동건강회복간호(共)'(2018) 외 다수 ㉳'최신아동건강간호학 총론'(共) '최신아동건강간호학 각론'(共) ㉩가톨릭

조강환(曺康煥) CHO Kang Hwan (靑山)

㉢1940 · 6 · 14 ㉣창녕(昌寧) ㉤전북 고창 ㉥서울특별시 서대문구 충정로 29 동아일보 충정로사옥 2층 동아일보동우회(02-361-1211) ㉦1959년 중앙고졸 1965년 고려대 경영학과졸 1994년 同언론대학원 수료 1997년 同컴퓨터과학대학원 최고위정보통신과정 수료 1999년 국제산업디자인대학원대학 뉴밀레니엄과정 수료 ㉧1966~1996년 동아일보 기자 · 사회부 차장 · 조사부장 · 생활부장 · 논설위원 1994년 중앙교육 심의위원 1995~1999년 학교법인 상지학원 이사 1995년 문화방송 시청자위원회 부위원장 1995년 방송위원회 어린이프로그램 자문위

원장 1996~1999년 코리아리서치센터 회장 1996~1999년 국민복지추진연합 상임공동대표 1997년 은광학원 재단이사장 1997년 방송위원회 위원 1999년 同부위원장 2000년 同상임위원 2000년 同디지털방송추진위원장 겸 방송평가위원장 2000년 기네스월드 한국위원회 총재 2001년 방송위원회 이용약관심사위원장 2002년 同방송통신법제정비위원장 2003~2015년 (사)방송통신연구원 원장 2004~2007년 한양대 언론홍보대학원 객원교수 2005~2007년 생활경제TV 대표이사 회장 2010~2015년 창녕조씨 중앙화수회 회장 2015~2017년 창녕조씨 대종회 회장 2015~2017년 (사)방송통신연구원 이사장 2015년 동아일보동우회 회장(현) (상)황조근정훈장(2003) (저)'역사의 고전장' '백년대계 아침에 고치고 저녁에 바꾸고' '중용'(編) '한비자'(編) '육도삼략'(編), 칼럼집 '광화문 30년'(2009) '뜻이 있어 길이 있어 조강환이 살아온 날들'(2009) '세계사에 빛나는 한국인 영웅'(2012) '창녕조씨 인물사전'(2013)

조강희(趙康熙) Cho Kang Hee

(생)1962 · 10 · 26 (주)대전광역시 중구 문화로 282 충남대학교병원 재활의학과(042-280-7597) (학)1987년 충남대 의대졸 1992년 同대학원 의학석사 1996년 의학박사(충남대) (경)1987~1988년 충남대병원 인턴 1988~1988년 同신경외과 전공의 1988~1989년 충남대 의과대학 생리학교실 조교 1992~1996년 충남대병원 재활의학과 전공의 1996~1999년 충남대 의대 재활의학교실 전임강사 1999~2003년 同조교수 2001~2005년 同뇌과학연구소 연구기획부장 2003년 同통번역연구센터 자문위원 2003~2008년 同의대 재활의학교실 부교수 · 교수(현) 2005~2009년 同의공학연구소장 2006~2008년 同의대 재활의학과장 2008년 同의대 재활의학과교실 주임교수(현) 2012년 충남대병원 대전지역노인보건의료센터장 2012~2014년 同대전충청권역의료재활센터장 2013년 同척수손상및근골격계 재활클리닉 실장(현) 2015년 대한신경근골격초음파학회 이사 2016~2018년 대한재활의학회 이사장 2017~2019년 대한신경근골격초음파학회 회장 2018년 대한임상통증학회 회장(현) (상)산업통상자원부장관표창(2018) (저)'스포츠의학'(2001, 의학출판사)

조강희(趙堈熙) Ganghee Cho

(생)1963 · 12 · 11 (본)풍양(豊壤) (출)부산 (주)부산광역시 금정구 부산대학로63번길 2 부산대학교 일어일문학과(051-510-2096) (학)1986년 부산대 일어일문학과졸 1992년 일본 와카야마대 대학원 일어학과졸 1993년 일본 와세다대 대학원졸 1999년 일본문학박사(일본 히로시마대) (경)1992~1993년 일본 시코쿠학원대 강사 1993년 창신대 일어과 조교수 2000~2008년 일본 와세다대 대학원 객원연구원 2000~2003년 순천대 일어일문학과 조교수 2006년 부산대 인문대학 일어일문학과 부교수 2006~2008년 同일본연구소장 2009년 同인문대학 일어일문학과 교수(현) 2013~2016년 同교양교육원장 2016~2018년 同인문대학장 2019년 同교육부총장(현) (상)일본총합학술학회 학술상(2017) (저)'현대일본어 I' '조선자료에 의한 일본어 음성 음운 연구'(2001) '대마도 종가문고 역관 서간 조사'(2016) '일본문화(고등학교인정교과서)' 등 다수 (역)'조선통신사 유물도록'(2008) '유구 여송 표해록연구'(2011) 등 다수

조강희

(생)1965 (출)서울 (주)인천광역시 서구 환경로 42 한국환경공단 기후대기본부(032-590-3400) (학)남강고졸 1984년 서강대 화학과졸, 인천대 대학원 경제학과졸 2016년 경제학박사(인천대) (경)2003~2012년 인천환경운동연합 사무처장 2012년 인천환경공단 본부장 2015~2018년 인천환경운동연합 공동대표, 인천시 녹색성장위원회 위원장, 환경부 한강수계위원회 위원, 환경브릿지연구소 대표 2018년 한국환경공단 기후대기본부장(상임이사)(현)

조건주(曺健柱) cho keon joo

(생)1969 · 4 · 17 (본)창녕(昌寧) (출)대구 (주)서울특별시 강남구 영동대로 517 아셈타워 법무법인 화우(02-6003-7559) (학)1988년 부산 배정고졸 1994년 서울대 법대 사법학과졸 (경)1993년 사법시험 합격(35회) 1996년 사법연수원 수료(25기) 1999년 서울지법 판사 2003년 춘천지법 속초지원 판사 2006년 수원지법 판사 2007년 서울고법 판사 2009년 대법원 재판연구관 2011년 대전지법 부장판사 2012년 수원지법 안산지원 부장판사 2015~2017년 서울동부지법 부장판사 2017년 법무법인 화우 파트너변호사(현)

조건호(趙建鎬) CHO Kunho

(생)1952 (출)서울 (주)서울특별시 마포구 양화로 45 세아타워18층 파인스트리트그룹 회장실(02-6970-3700) (학)1975년 미국 펜실베이니아대 물리학과졸 1978년 미국 컬럼비아대 대학원 경영학과졸 (경)1989~2000년 Lehman Brothers 서울대표 2000~2007년 同아시아태평양지역투자은행 CEO 2007~2008년 同본사 부회장 2010~2012년 Millennium Partners 아시아태평양지역 회장 겸 CEO 2013년 파인스트리트그룹 대표이사 회장(현) (종)불교

조경란(趙京蘭 · 女) CHO Kyung Ran

(생)1960 · 12 · 16 (출)전남 목포 (주)대전광역시 서구 둔산중로69 특허법원(042-480-1400) (학)1979년 목포 진명여고졸 1983년 서울대 법대졸 (경)1982년 사법시험 합격(24회) 1984년 사법연수원 수료(14기) 1985년 서울민사지법 판사 1987년 서울가정법원 판사 1989년 청주지법 판사 1991년 수원지법 성남지원 판사 1993년 서울지법 북부지원 판사 1995년 서울지법 판사 1996년 서울고법 판사 1997년 대법원 재판연구관 1998년 서울가정법원 판사 2000년 광주지법 부장판사 2002년 수원지법 부장판사 2004년 서울중앙지법 부장판사 2007년 대전고법 부장판사 2008년 서울고법 부장판사 2012년 법원도서관장 겸임 2013~2015년 공공데이터제공분쟁조정위원회 위원 2014년 청주지법원장 2016년 서울고법 부장판사 2018년 특허법원장(현)

조경목(曺敬穆) CHO Kyung Mox

(생)1954 · 4 · 13 (본)창녕(昌寧) (출)경북 경주 (주)부산광역시 금정구 부산대학로63번길 2 부산대학교 공과대학 재료공학부(051-510-1430) (학)1973년 경북고졸 1979년 서울대 금속공학과졸 1982년 同대학원 금속공학과졸 1987년 재료공학박사(미국 브라운대) (경)1987~1988년 미국 Brown Univ. Post-Doc. 1988~1989년 독일 Max-Planck-Institut, Guest Scientist 1989~1990년 산업과학기술연구소 연구원 1990~2019년 부산대 공과대학 재료공학부 교수 1991년 미국 Brown Univ. 객원교수 1995~1996년 미국 MIT 객원교수 1996년 부산대 재료공학부장, 생산기술연구원 부산경남지역센터 소장 1997~1999년 부산대 기획연구부실장 2000년 일본 금속재료연구소(NIMS) 방문연구 2002~2005년 한국과학기술기획평가원(KISTEP) 소재화학전문위원 2006~2008년 부산대 재료공학부 학과장 겸 BK21사업단장 2008~2011년 한국기계연구원 부설 재료연구소장 2011년 한국공학한림원 정회원(재료자원공학분과 · 현) 2019년 부산대 공과대학 재료공학부 명예교수(현) (상)대한금속학회 논문상(1993), 한국주조학회 우수논문상(1995), 대한금속재료학회 우수논문상(2007), 현송교육문화재단 현송공학상(2008), 한국과학기술단체총연합회 과학기술우수논문상(2008) (저)'기술혁신을 위한 중소기업의 연구개발 투자결정 요인'(1997) (역)'공업재료공학'(2001)

조경목(曺慶穆) CHO Kyong-Mok

(생)1964·1·4 (본)창녕(昌寧) (출)대구 (주)서울특별시 종로구 종로 26 SK빌딩 SK에너지(주)(02-2121-5114) (학)1982년 대구 경신고졸 1986년 서울대 경영학과졸 (경)1986년 SK(주) 재정팀 입사 2000년 同자금팀 부장 2002년 同Corporate Development Group 팀장 2004년 同자금팀장 2005년 同금융팀장 2006년 SK텔레콤(주) 자금팀장(상무) 2006년 同재무관리실장(상무) 2009년 SK(주) 재무실장(상무) 2012년 同재무팀 전무 2013년 同재무팀장(CFO·전무) 2013~2018년 SK증권 이사회 의장 2014년 同재무부문장(CFO·전무) 2016년 同재무부문장(CFO·부사장) 2018년 SK에너지(주) 대표이사 사장(현) (상)대통령표창(1986)

조경민(趙庚民) CHO Kyung Min

(생)1954·2·2 (출)서울 (주)서울특별시 서대문구 충정로 36 한국보험대리점협회(02-755-5025) (학)경동고졸, 성균관대 철학과졸, 한양대 경영대학원 보험학 석사과정 수료 (경)1981년 보험감독원 입사 1995년 同특별검사국 과장 2001년 금융감독원 공시감독국 공시운영팀장 2002년 同보험검사국 보험조사팀장 2003년 同보험검사국 검사팀장 2004년 同보험조사1국 시장감시팀장 2005년 同보험검사1국 검사팀장(부국장) 2007년 同보험조사실 특별조사반장(부국장) 2007년 IBK기업은행 방카슈랑스사업단장 2008년 同보험자회사설립추진단 단장·부위원장 2010~2012년 IBK연금보험(주) 상임감사 2013~2015년 동양생명보험(주) CS본부장(전무) 2016년 同고문 2017년 (주)엠금융서비스 고문 2019년 한국보험대리점협회 회장(현)

조경상(趙慶相)

(생)1954·2·20 (출)충남 태안 (주)충청남도 서산시 잠홍2길 110 (주)서광 비서실(041-667-4000) (학)중앙대 경영대학원 석사과정 수료 (경)1977~1992년 한국전력공사 근무 1992년 (주)서광 대표이사 사장(현) 2000년 서산경찰서 행정발전위원 2001년 한국전기공사협회 충남지부 윤리위원장 2005년 (사)서산지역범죄피해자지원센터 초대 이사장 2005년 (사)전기공사공제조합장학회 이사 2006년 충남 서산시골프협회 회장 2011년 대전지검 서산지청 범죄예방서산지구 회장 2011~2018년 법무부 법사랑위원회 서산지역연합회장 2012년 (재)청지선도장학재단 이사장 2015년 서산상공회의소 고문 2018년 同제9대 회장(현) (상)법무부장관표창(2004), 국민포장(2012)

조경선(趙敬仙·女) CHO Kyung Sun

(생)1950·2·10 (출)서울 (주)서울특별시 영등포구 은행로 55 (주)신한 비서실(02-369-0030) (학)1968년 계성여고졸, 숙명여대 무역학과졸 (경)2001년 (주)에스엔드케이월드코리아 부회장 2001~2014년 (주)신한 부회장 2006년 메가시티(주) 이사 2008년 (주)신한 대표이사 2014년 同각자대표이사 부회장 2014년 同부회장(현) 2018년 同대표이사 겸임(현) (상)철탑산업훈장(2006) (종)기독교

조경수 JO KYEONG SU

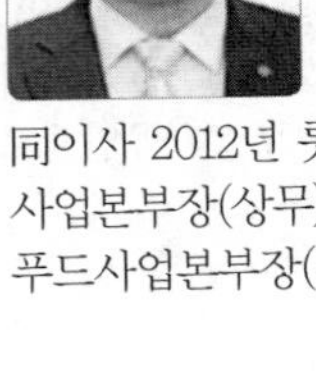

(생)1960·12·4 (주)서울특별시 영등포구 양평로19길 19 롯데푸드(주)(02-3469-3114) (학)1984년 동아대 경제학과졸 2005년 서강대 대학원 마케팅관리학과졸 (경)1986년 롯데제과 개발,마케팅담당 2009년 롯데제과 이사대우 2009년 롯데삼강 마케팅,영업담당, 同상품개발총괄 이사대우 2011년 同이사 2012년 롯데푸드(주) 유가공영업부문장 2014년 同파스퇴르사업본부장(상무) 2015년 同파스퇴르사업본부장(전무) 2017년 同홈푸드사업본부장(전무) 2019년 同대표이사 부사장(현)

조경순(趙敬淳) CHO Kyeong Soon

(생)1959·10·11 (출)서울 (주)경기도 용인시 처인구 모현읍 외대로 81 한국외국어대학교 공과대학 전자공학과(031-330-4115) (학)1978년 서라벌고졸 1982년 서울대 전자공학과졸 1984년 同대학원 전자공학과졸 1988년 공학박사(미국 카네기멜론대) (경)1988년 삼성전자(주) 반도체ASIC사업부 선임연구원 1990년 同수석연구원 대우 1994년 同수석연구원 1994~2001년 한국외국어대 공과대학 전자공학과 조교수·부교수 2001년 同공과대학 전자공학과 교수(현) 2002년 同정보산업공학연구소장 2010~2012년 同공과대학장 2010년 同공학교육혁신센터장 2014~2016년 同산학연계부총장 (상)교육과학기술부장관표창(2008) (종)기독교

조경식(曺京植) CHO Kyung Shik (裕石)

(생)1936·10·2 (본)창녕(昌寧) (출)경남 밀양 (학)1955년 경북대사대부고졸 1959년 서울대 상과대학졸 1966년 영국 맨체스터대 대학원졸 1998년 명예 경영학박사(순천향대) (경)1961~1969년 경제기획원 기획국·예산국 사무관 1970년 同외자관리과장 1973년 駐영국대사관 경제협력관 1976년 경제기획원 해외사업국장 1979년 同예산총괄관 1980년 同경제협력국장 1981년 국방부 관리차관보 1982년 경제기획원 예산실장 1982년 농수산부 차관보 1983~1987년 경제기획원 공정거래위원장 1987~1988년 해운항만청장 1988~1989년 교통부 차관 1990년 환경처 장관 1990~1992년 농림수산부 장관 1992~1998년 농림수산정보센터 이사장 1992~1998년 국제정책협의회(IPC) 한국대표 및 정회원 1996~2000년 한국해양대 총장 1996~1999년 한국해양연구소 이사장 1996~2000년 스웨덴 세계해사대학 이사 1997년 한국해양개발위원회 위원 1999~2005년 민주평통 자문위원·상임위원 2000~2001년 학교법인 동아학숙 이사 2001~2010년 CJ(주) 사외이사 (상)청조근정훈장, 사우디아라비아 압둘아지즈왕 보국훈장 (저)'환경보전의 길'(1990) '경쟁력 있는 농어촌건설'(1992) 'IPC 참여를 통한 외국의 농업정책에 관한 연구'(1993)

조경식(趙景植)

(생)1962·6·25 (출)제주 (주)대구광역시 동구 첨단로 7 신용보증기금 임원실(053-430-4014) (학)1981년 제주제일고졸 1985년 고려대 사학과졸 (경)1989년 신용보증기금 입사 2008~2010년 同부산중앙지점·안양지점 근무(2급) 2010~2013년 同양산·군포·화성지점장 2013년 同SOC보증부장 2014년 同신용보증부장(1급) 2015년 同신용보증부 본부장 2016년 同충청영업본부장 2016년 同인천영업본부장 2017년 同상임이사(현) (상)기획예산처장관표창(2006)

조경식(趙敬植) CHO, KYEONG-SIK

(생)1963·5·17 (출)서울 (주)경기도 고양시 일산동구 한류월드로 281 한국교육방송공사(EBS) 감사실(02-526-2502) (학)1982년 배재고졸 1986년 고려대 경영학과졸 2003년 미국 미시간주립대 대학원졸 (경)1990년 행정고시 합격(34회) 2001년 여수우체국장 2004년 국가사이버안전센터 파견 2005년 정보통신부 정보화기획실 정보보호산업과장 2005년 同정보이용촉진과장 2006년 同통신전파방송정책본부 통신경쟁정책팀장 2007년 同통신전파방송정책본부 통신방송정책총괄팀장 2008년 방송통신위원회 전파기획과장(서기관) 2009년 同전파정책기획과장 2009년 同기획재정담당관 2010년 同기획재정담당관(부이사관) 2012년 同국제협력관 2012년 同대변인 2013년 미래창조과학부 정책기획관 2014~2015년 미국 스탠퍼드대 Visiting Scholar 2015년 미래창조과학부 대변인 2016년 同방송진흥정책국장 2017년 과학기술정보통

신부 정보통신정책실 방송진흥정책국장 2017~2019년 방송통신위원회 사무처장 2019년 한국교육방송공사(EBS) 감사(현) (상)홍조근정훈장(2012) (종)기독교

조경애(趙慶愛 · 女)

(생)1963 (주)서울특별시 영등포구 버드나루로14가길 20 인구보건복지협회(02-2639-2885) (학)1981년 성신여대사대부고졸, 서울대 가정대학 의류학과졸 2007년 성공회대 시민사회복지대학원 사회복지학과졸 (경)1995~1998년 의료보험통합연대회의 사무차장 1998~2003년 건강연대 사무국장 2003~2012년 건강세상네트워크 공동대표 2006~2012년 (사)시민건강증진연구소 이사장 2009~2011년 건강연대 공동대표 2012년 민주통합당 제19대 국회의원 후보(비례대표 25번) 2012~2018년 건강세상네트워크 고문 2013년 건강한의료복지사회적협동조합 이사(현) 2014년 (사)보건복지자원연구원 이사(현) 2015~2017년 서울시 통합건강증진사업지원단 건강생태계 조성지원센터장 2017~2018년 서울시 공공보건의료재단 이사 2018년 인구보건복지협회 제18대 사무총장(현) (저)'빈곤과 건강(共)'(2003, 한울) '농어촌 복지의 이해(共)'(2010) '무상의료란 무엇인가(共)'(2012, 이매진)

조경엽(趙慶燁) Kyung-Yup Cho

(생)1961 · 9 · 9 (주)서울특별시 영등포구 국제금융로8길 26 KB금융지주 경영연구소(02-2073-7800) (학)1983년 연세대 경영학과졸 2011년 경영학박사(연세대) (경)1997~1998년 미국 조지타운대 정부기업관계연구소 객원연구원 1999년 매일경제신문 머니팀장 2000년 同증권부 차장대우 2001년 同증권부 차장 2003년 同금융부장 직대 2004년 同정치부장 2006년 同금융부장 2007년 同금융부장(부국장대우) 2008년 同사회부장 2008년 同국제부장 2009년 同주간국장 직대(부국장) 2011~2013년 同럭스맨 편집장 2013~2015년 KB금융지주 경영연구소장(상무) 2013년 금융위원회 금융발전심의회 금융소비자 · 서민금융분과 위원 2015년 KB금융지주 경영연구소장(전무) 2019년 同경영연구소장(부사장)(현)

조경오(趙庚五)

(생)1966 · 12 · 26 (주)광주광역시 북구 용봉로 77 전남대학교 수의과대학(062-530-1006) (학)1991년 전남대 수의학과졸 1993년 同대학원 수의학과졸 1997년 수의학박사(일본 홋카이도대) (경)1997~1998년 일본 홋카이도대 대학원 수의학과 박사후연구원 1998~2000년 미국 오하이오주립대 수의과대학 박사후연구원 2001년 전남대 의과학연구소 전임연구원 2002~2011년 同수의과대학 조교수 · 부교수 2010~2011년 同수의과대학 부학장 2011년 同수의과대학 교수(현) 2015~2017년 한국수의병리학회 총무 2018년 同부회장(현) 2019년 전남대학생처장(현)

조경자(趙敬子 · 女)

(생)1964 · 10 · 17 (주)서울특별시 용산구 이태원로 22 국방부 보건복지관실(02-748-6600) (학)고려대 국어국문학과졸 (경)행정고시 합격(40회) 1999년 국방부 조직관리과 행정사무관 2001년 同예산운영과 행정사무관 2005년 同국제협력관실 국제군축과 행정사무관 2007년 同총무팀 서기관 2008년 同인사기획관실 인적자원개발팀장(서기관) 2008년 同군인연금과장 2013년 同군수관리실 국제군수협력과장 2014년 同군수관리실 국제군수협력과장(부이사관) 2015년 同기획조정실 조직관리담당관 2017년 국가공무원인재개발원 교육파견(고위공무원) 2018년 국가안보실 선임행정관 2019년 국방부 인사복지실 보건복지관(현)

조경태(趙慶泰) CHO Kyoung Tae

(생)1968 · 1 · 10 (본)함안(咸安) (출)경남 고성 (주)서울특별시 영등포구 의사당대로 1 국회 의원회관 636호(02-788-2677) (학)1986년 경남고졸 1994년 부산대 토목공학과졸 1996년 同대학원 토목공학과졸 1999년 공학박사(부산대) (경)1995년 부산정보대 · 부경대 · 한국해양대 강사 1996년 민주당 부산시사하구甲지구당 위원장 1996년 同부산시지부 중소기업육성특위 위원장 2000년 새천년민주당 부산시사하구乙지구당 위원장 2001년 同부대변인 2002년 同노무현 대통령후보 정책보좌역 2002~2004년 민주평통 자문위원 2003년 대통령직인수위원회 기획조정분과 자문위원 2003년 정치개혁추진위원회 청년위원장 2004년 열린우리당 부산시지부 청년위원장 2004년 제17대 국회의원(부산시 사하구乙, 열린우리당 · 대통합민주신당 · 통합민주당) 2004년 열린우리당 제3정책조정위원회 부위원장 2004~2005년 同원내부대표 2005년 同건설기술발전특위 위원장 2005년 同부산시당 중앙위원 2007년 同원내부대표 2007년 同부산시당 위원장 2008년 제18대 국회의원(부산시 사하구乙, 통합민주당 · 민주당 · 민주통합당) 2008년 민주당 부산시당 위원장 2008년 同당무위원 2010년 국회 지식경제위원회 간사 2010년 국회 예산결산 및 기금심사소위원회 위원장 2012년 제19대 국회의원(부산시 사하구乙, 민주통합당 · 민주당 · 새정치민주연합 · 더불어민주당 · 새누리당) 2012년 국회 지식경제위원회 위원 2012년 민주통합당 제18대 대통령중앙선거대책위원회 특보기획위원장 2013년 국회 산업통상자원위원회 위원 2013년 민주당 최고위원 2013년 同상향식공천제도혁신위원장 2014년 새정치민주연합 최고위원 2015년 새조국전국포럼 상임고문 2016~2017년 새누리당 부산시사하구乙당원협의회 운영위원장 2016년 제20대 국회의원(부산시 사하구乙, 새누리당 · 자유한국당 〈2017.2〉)(현) 2016~2018년 국회 기획재정위원회 위원장 2016년 한국아동인구환경의원연맹(CPE) 부회장(현) 2017년 새누리당 인재영입위원장 겸 청년소통특별위원회 위원 2017년 자유한국당 부산시사하구乙당원협의회 운영위원장(현) 2017년 同인재영입위원장 2017년 同제19대 홍준표 대통령후보 중앙선거대책위원회 공동위원장 2018년 국회 예산결산특별위원회 위원(현) 2018년 국회 문화체육관광위원회 위원(현) 2018년 국회 4차산업혁명특별위원회 위원 2019년 자유한국당 최고위원(현) 2019년 同국가정상화특별위원회 위원장(현) (상)자랑스런 부산대인(2014), 한국언론사협회 대한민국우수국회의원대상 특별대상(2014), 글로벌 자랑스런 한국인대상(2015), (사)한국청년유권자연맹 청년통통(소통 · 통합) 정치인상(2016), 대한변호사협회 선정 '최우수 국회의원상'(2016), 한국을 빛낸 사람들 대상 '국회의정혁신공로대상'(2017) (저)'조경태의 누드정치'(2003) '세상과의 소통'(2009) '지역주의는 없다'(2011) '원칙있는 승리'(2012) (종)기독교

조경호(趙敬昊)

(생)1966 · 5 · 7 (출)전남 신안 (주)서울특별시 종로구 청와대로 1 대통령비서실 정무수석실(02-770-0011) (학)1984년 목포고졸 1992년 서울대 인문대학 서어서문학과졸 2017년 아주대 공공정책대학원 행정학과졸 (경)1992~1999년 한국일보 기자 1999년 조선일보 기자 2000~2005년 한국일보 기자 2005~2009년 (주)토피아에듀케이션 이사 2009~2011년 국회의원 보좌관(4급) 2011~2012년 국회 정책연구위원(3급 · 2급) 2012년 민주당 원내대표 행정비서관(2급) 2011~2012년 同원내대표 비서실장 2012~2014년 국회의원 보좌관(4급) 2014~2015년 경기도 사회통합부지사 정책보좌관 2015년 同연정협력관(서기관) 2016~2017년 국회의원 보좌관 2017년 더불어민주당 제19대 대통령선거 중앙선거대책위원회 일자리위원회 선임팀장 2017년 국정기획자문위원회 정책총괄전문보좌역 2017년 대통령비서실 정무수석실 행정관 2018년 대통령비서실 정무수석실 선임행정관(현) (상)민주당 대표 1급포상(2017)

ㅈ

조계철(趙啓哲) CHO Gye Cheol

(생)1965·3·1 (출)전북 (주)전라북도 전주시 완산구 충경로 102 농협중앙회 경원동지점 자유한국당 전북도당(063-287-2171) (학)우석고졸 1991년 전주대 법학과졸, 同토목공학과졸, 예원예술대 대학원졸 (경)전주시수영연맹 회장, 전주대충동문회 부회장(현), 전주 삼천초교 운영위원장 2008년 6.4재보선 전북도의원선거 출마(무소속) 2010~2014년 전북도의회 의원(민주당·민주통합당·민주당·새정치민주연합) 2010년 同행정자치위원회 간사 2012년 同산업경제위원회 간사 2012년 同산업경제위원회 부위원장 2012년 同운영위원회 위원 2015년 새누리당 중앙위원회 산업자원분과 부위원장 2017년 同전주乙당원협의회 운영위원장 2017년 자유한국당 중앙위원회 산업자원분과 부위원장(현) 2017년 同전주乙당원협의회 운영위원장(현) 2019년 同전북도당 윤리위원장(현)

조계현(趙啓顯)

(생)1964·5·1 (주)광주광역시 북구 서림로 10 광주-KIA챔피언스필드內 2층 기아타이거즈(070-7686-8000) (학)군산상고졸, 연세대졸 (경)1989~1998년 프로야구 해태 타이거즈 소속 1998~2000년 프로야구 삼성 라이온즈 소속 2000~2001년 프로야구 두산 베어스 소속 2002년 KBS 스포츠TV 야구해설위원 2002년 프로야구 기아 타이거즈 투수코치 2003년 同2군 투수코치 2004년 同1군 투수코치 2006~2009년 프로야구 삼성 라이온즈 투수코치 2007~2008년 베이징올림픽 국가대표팀 투수코치 2009년 프로야구 두산 베어스 코치 2011년 프로야구 LG 트윈스 수석코치 2014년 同감독대행 2014년 同2군 감독 2014년 인천아시안게임 야구대표팀 수석코치(금메달 획득) 2014~2017년 프로야구 기아 타이거즈 수석코치 2017년 프로야구 정규리그 및 한국시리즈 우승 2017년 프로야구 기아 타이거즈 단장(현) (상)제일화재 프로야구대상 프로코치상(2008)

조계현(曺季鉉) Cho kye hyun

(생)1970·10·20 (주)경기도 성남시 분당구 판교로 256-19 GB-1타워 카카오게임즈(070-8230-2325) (학)1986년 대전과학고졸 1991년 한국과학기술원(KAIST) 경영과학과졸 1993년 同대학원 경영과학과졸 1999년 경영과학박사(한국과학기술원) (경)1999년 한국과학기술원(KAIST) 정보시스템연구소 연구원 2006년 (주)네오위즈게임즈 부사장 2011년 同COO(최고운영책임자) 2012년 (주)위메이드크리에이티브 대표이사 2013~2015년 (주)위메이드엔터테인먼트 사장 2015년 게임인재단 이사장(현) 2016년 퍼블리싱플랫폼기업 '엔진'(NZIN Corp.) 부사장 2016년 카카오게임즈 각자대표이사(현)

조관제(趙寬濟) CHO Kwan Je

(생)1947·9·21 (본)함안(咸安) (출)대구 (주)경기도 부천시 지봉로34번길 33 4층 (사)한국카툰협회(032-345-5365) (경)1969년 만화전문 월간지 '만화왕국'입사 1980년 월간 여성지 '주부생활' 미술부 아트디렉터 1983년 KBS문화사업단 '여성백과' 아트디렉트 1991년 월간 'KBS-TV 유치원' 창간편집장 1998~2003년 (사)부천만화정보센터 소장(상임이사) 2004~2007년 同운영위원장 2005년 (사)한국만화가협회 부회장 한국카툭협회 회장 2007~2009년 (재)부천만화정보센터 이사장 2011~2014년 (사)한국만화가협회 25대 회장 2014~2018년 한국만화영상진흥원 만화박물관 명예관장 2014년 부천시 장기발전자문위원회 만화정책자문관 2014년 (사)한국카툰협회 회장(현) 2019년 부천국제만화축제 운영위원장(현) (상)대통령표창(2001), 부천시 시정발전공로상(2003), 청강카툰상 대상(2006), 대한민국 만화애니캐릭터대상 만화부문공로상(2007), 부천예술포럼 올해의예술가상 특별상(2007), 국제만화가대회(ICC) 공로상(2009), 부천만화대상 특별상(2012), 만화산업발전유공표창(2019) (저)'장미소녀 로우즈'(1980, 이서방문고) '도화골 아가씨'(1982) '만화로 풀어쓴 고사성어'(1990, 천재교육사) '신용조합중앙회 홍보만화'(1995) '(주)제일제당 사원교육만화'(1995) '열려라 섹스피아'(전2권)(1998, 서울문화사) '투자신탁협회 홍보만화'(1999) '신나는 만화교실'(2001, 다섯수레) '증권길라잡이'(2002, 더난출판사) '만화로 배우는 논술'(2003) '돌방이 논술 길라잡이'(2003, 책보) '만화로 보는 신나는 증권교실'(2004, 증권거래소), 카툰집 '취생몽사'(2007, 카툰피아), 시집 '색즉시공'(2009, 청강) '하로동선'(2011, 서울애니센터), 카툰작품집 '하로동선'(2011, 서울애니센터) 카툰작품집 '식구를위하여'(2017, 카툰캠퍼스) (작)'월간 학원「아빠의 첫사랑」'(1973) 연재 '소년조선일보「꽃이야기」'(1981) '소년조선일보「심청전」'(1981) '보물섬「만화로 보는 그림이야기」'(1982) '어린이세계「꼴레의 세계여행」'(1985~1987) '주간만화「주간장터」'(1987~1989) '매주만화「샐러리맨 성공보감」'(1989~1991) '매주만화「족상」'(1989~1991) '주간만화「열려라 섹스피아」'(1991) '토요신문「굿모닝 여의도」'(1993) '가톨릭 소년'(1994) '소년조선일보「신나는 만화교실」'(1998) '평화신문'(2014~2015) (종)천주교

조관호(曺瓘鎬) CHO Kwan Ho

(생)1953·10·17 (본)창녕(昌寧) (출)서울 (주)경기도 고양시 일산동구 일산로 323 국립암센터 양성자치료센터(031-920-0114) (학)1979년 연세대 의과대학졸 1986년 同대학원 의학석사 (경)1979~1980년 연세대 세브란스병원 인턴 1980~1983년 공군 軍의관 1984~1987년 연세대 암센터 방사선종양학 전공의 1987년 同암센터 방사선종양학 강사 1987~1988년 미국 사우스캐롤라이나대 의과대학 방사선생물학과 연구원 1988~1989년 미국 세인트애그니스병원 내과 전공의 1989~1990년 미국 미네소타대 의과대학 방사선생물학과 연구원 1990~1993년 同의과대학 방사선종양학 전공의 1993~2000년 同의과대학 방사선종양학 교수 겸 프로그램디렉터 2001년 국립암센터 부속병원 암진료지원센터 전문의 2001~2003년 同연구소 방사선핵의학연구부장 2001~2007년 同연구소 방사선의학연구과 책임연구원 2001~2002년 同부속병원 진료지원센터장 2002~2007년 同부속병원 양성자치료센터장 2007년 同연구소 융합기술연구부 방사선의학연구과장 2011~2013년 대한방사선종양학회 회장 2017~2018년 국립암센터 입자치료연구과 수석연구원 2019년 同양성자치료센터·특수암센터·전립선암센터 초빙의(현) (상)자랑스러운 국립암센터인상(2014) (저)'Levitt and Tapley's Technological basis of radiation therapy'(1998) 'Immunotoxin Methods and Protocol'(2001)

조 광(趙 珖) CHO Kwang

(생)1945·8·10 (본)한양(漢陽) (출)서울 (주)경기도 과천시 교육원로 86 국사편찬위원회 위원장실(02-500-8211) (학)1969년 가톨릭대 신학과졸 1973년 고려대 대학원 사학과졸 1985년 사학박사(고려대) (경)1973~1979년 고려대 강사 1979~1983년 동국대 사범대 국사교육과 전임강사·조교수 1983~2010년 고려대 문과대학 한국사학과 교수 1999~2004년 同BK21한국학교육연구단 참여교수 2000년 중국 北京大 교환교수 2001년 한국사상사학회 회장 2002년 조선시대사학회 회장 2002~2005년 한일역사공동연구위원회 총간사 2003~2005년 서울시 문화재위원 2003년 (사)한국인물연구소 편집자문위원 2003년 한국실학학회 부회장 2003년 국사편찬위원회 위원 2005~2007년 고려대 문과대학장 2005~2017년 안중근전집편찬위원회 위원장 2005~2010년 한일역사공동연구위원회 위원장 2006~2014년 (사)한국고전문화연구원 원장 2006~2007년 전국사립대인문대학장협의회 회장 2007년 (재)내일을여는역사 이사장 2007년 인문학진흥자문위원회 위원 2008~2010년 고려대 박물관장 2010년 同문과대학 한국사학과 명예교수(현) 2011~2012년 한국실학학회 회장 2012~2013년 연세대 문과대학 석좌교수 2012년 한국조회사연구소 고문 2014년 서울시사편찬위원회 위원장 2017년 국사편찬위원회

위원장(차관급)(현) (상)대통령표창(2010) (저)'19세기 한국전통사회의 변모와 민중의식(共)'(1982) '조선후기 천주교사 연구'(1988) '한국천주교 200년사'(1989) '조선왕조실록 천주교사 자료모음'(1997) '한국근현대사와 종교문화(共)'(2003) '신유박해 연구의 방법과 사료(共)'(2003) '한국현대사에서 제2공화국 민주당정권의 의미(共)'(2003) '대한계년사1-10'(2005) '조선후기사회와 천주교'(2010) '조선후기 천주교사 연구의 자료'(2010) '한국근현대 천주교사 연구'(2010) '조선후기 사회의 이해'(2010) '한국사학사의 인식과 과제'(2010) '조선후기 사상계의 전환기적 특성'(2010) (역)'천주실의(共)'(1999) '사학징의'(2001) '한일관계사의 쟁점(共)'(2010) (종)천주교

조광래(趙廣來) CHO Kwang Rae

(생)1954·3·19 (출)경남 진주 (주)대구광역시 수성구 유니버시아드로 180 대구FC 대표이사실(053-256-2003) (학)1973년 진주고졸 1977년 연세대 응용통계과졸 (경)1975~1986년 국가대표 축구선수 1978년 제8회 방콕아시아경기대회 축구 금메달 1986년 제10회 서울아시아경기대회 축구 금메달 1986년 멕시코월드컵 출전 1987년 대우로열즈 프로축구단 트레이너 1988년 독일·프랑스 연수 1989년 대우로열즈 프로축구단 감독 1995년 수원삼성블루윙즈 프로축구단 코치 1998년 안양LG치타스 프로축구단 감독 2004년 FC서울 프로축구단 감독 2007년 경남FC 프로축구단 감독 2010년 전국체육대회 명예홍보대사 2010~2011년 국가대표축구팀 감독 2014년 대구FC 단장 겸 대표이사(현) 2017년 제57회 경남도민체육대회 홍보대사 (상)프로축구 K-리그 최우수감독상(2000), 진주시민상(2010)

조광래(趙光來) Jo Gwang-Rae

(생)1959·2·15 (출)경남 창원 (주)대전광역시 유성구 과학로 169-84 한국항공우주연구원 발사체체계개발단(042-870-3809) (학)1982년 동국대 전자공학과졸 1984년 同대학원 마이크로파공학과졸 1988년 마이크로파공학박사(동국대) (경)1982~1985년 동국대 공대 조교 1984~1985년 同전자계산원 강사 1985~1987년 유한공업전문대 전자과 강사 1988년 광운대 전자통신과 강사 1988~1989년 천문우주과학연구소 선임연구원 1989년 한국항공우주연구원 우주발사체연구부장 2003년 同우주발사체사업단장 2009년 同발사체연구본부장 2011~2013년 同나로호발사추진단장 2013년 同연구위원 2014~2017년 同원장 2017년 同한국형발사체개발사업본부 발사체체계개발단 연구위원(현) (상)동국대총동창회 자랑스러운 동국인상(2013)

조광식(趙光植) CHO Kwang Sik

(생)1959·12·26 (본)함안(咸安) (출)경남 함안 (주)부산광역시 부산진구 새싹로 1 부산은행 부전동별관 4층 (주)BNK투자증권(051-669-8000) (학)1978년 마산상고졸 1985년 부산대 경영학과졸 2010년 한국외국어대 대학원 국제금융학과졸(MBA) (경)1985년 BOA 부산지점 근무 1989년 LG투자증권(주) 차장 2001년 이트레이드증권(주) IB사업본부 이사 2006년 同법인영업B.U 이사 2007년 CJ투자증권 IB사업본부장(상무) 2008년 하이투자증권 IB사업본부장(상무) 2009년 同기업금융I본부장(상무) 2012~2014년 同기업금융I본부장(전무) 2017년 (주)BNK투자증권 대표이사(현) (종)기독교

조광영(曺光榮) Cho Kwang Young

(생)1961·6·3 (주)전라남도 무안군 삼향읍 오룡길 1 전라남도의회(061-286-8200) (학)대불대 호텔경영학과졸 (경)해남군4-H연합회 회장, 해남문화원 수석부원장, 민주평통 자문위원(현) 2006·2010년 전남 해남군의회 의원(민주당·민주통합당·민주당·새정치민주연합) 2008~2010년 同총무위원장 2010~2012년 同산업건설위원장 2014년 새정치민주연합 해남·진도·완도지역위원회 사무국장 2014~2018년 전남 해남군의회 의원(새정치민주연합·더불어민주당) 2014~2016년 同부의장 2018년 전남도의회 의원(더불어민주당)(현), 同교육위원회 위원 겸 예산결산특별위원회 위원(현) (종)불교

조광주(趙光珠) CHO Kwang Ju

(생)1960·11·29 (본)백천(白川) (출)서울 (주)경기도 수원시 팔달구 효원로 1 경기도의회(031-8008-7000) (학)1979년 풍생고졸, 한국방송통신대 법학과졸, 가천대 경영대학원 사회적기업학과졸 (경)천주교만남의집 노동상담실무 간사, 대원여중 운영위원장, 경기광역자활센터 운영위원, 한국방송통신대 경기도시군협의회장, 민주통합당 성남중원지역위원회 위원장 직대 2010년 경기도의회 의원(민주당·민주통합당·민주당·새정치민주연합) 2010년 同여성가족평생교육위원회 위원 2010년 同간행물편찬위원회 위원 2012년 同경제과학기술위원회 위원 2014~2018년 경기도의회 의원(새정치민주연합·더불어민주당) 2014년 同경제과학기술위원회 간사 2015년 同예산결산특별위원회 위원 2015년 경기도 경기연정실행위원회 위원 2016~2018년 경기도의회 경제과학기술위원회 위원 2018년 경기도의회 의원(더불어민주당)(현) 2019년 同경제과학기술위원장(현) (상)행정감사우수도의원(2010) (종)천주교

조광한(趙光漢) CHO Kwang han

(생)1958·2·1 (출)서울 (주)경기도 남양주시 경춘로 1037 남양주시청 시장실(031-590-2001) (학)1976년 용문고졸 1985년 한국외국어대 중국어과졸 (경)1984년 (주)영흥철강 무역부 근무 1990년 민주당 편집국 부국장 1991년 同선전국장 1992년 同대표최고위원 비서관 1995년 同부대변인 1998년 대통령 정무수석비서관 보좌관 1998년 국가정보원 기획조정실장 보좌관 2000년 대한아이스하키협회 총무·홍보이사 2002년 새천년민주당 노무현 대통령후보 대선기획단 미디어기획실 부실장 2002년 同노무현 대통령후보 중앙선거대책위원회 방송찬조연설준비단장 2003년 제16대 대통령직인수위원회 정무분과 전문위원 2003년 대통령 홍보기획비서관 겸 부대변인 2004~2006년 한국가스공사 감사 2010년 군장대 신재생에너지계열 석좌교수 2018년 경기 남양주시장(더불어민주당)(현) (저)'당당하게 살자(共)'(2006, 한국가스공사) '조광한의 힘 셋'(2018) (종)불교

조광현(曺洸鉉) CHO Kwang Hyun (後岩)

(생)1949·8·26 (본)창녕(昌寧) (출)경남 김해 (주)부산광역시 동래구 금강공원로 40 온천사랑의요양병원(051-500-9000) (학)1974년 부산대 의대졸 1978년 同대학원졸 1984년 의학박사(부산대) (경)1984년 일본 쿠루메의대 조교 1984~2014년 인제대 의대 흉부외과학교실 교수 1985~2001년 同흉부외과장 1992년 미국 알레게니병원 방문교수 1994년 세계심장혈관외과학회 정회원(현) 1995년 대한흉부외과학회 상임이사 1997년 미국 흉부외과학회 국제회원(현) 2001~2005년 인제대 부산백병원장 2002년 대한순환기학회 이사 2002년 영남순환기학회 회장 2004년 부산지방경찰청 자문의사 2006년 시인 및 수필가 등단 2008·2013년 인제대 백중앙의료원 부의료원장 2008년 대한흉부외과학회 회장, 부산의사문우회 회장, 대한순환기학회 평의원 겸 이사, 부산시의사회 부회장, 대한의사협회 중앙대의원 2014년 인제대 의대 명예교수(현) 2014년 부산지검 형집행정지심사위원회 위원(현) 2014~2016년 부산 한국요양병원 병원장 2017년 온천사랑의요양병원 병원장(현) (상)국군의무사령관 공로표창(1981), 부산시장표창(1997), 인제대총장표창, 교육부장관표창, 부산시의사회 의학대상(1997), 장기이식본부표창, 보건복지부장관표창, 옥조근정훈장(2014) (저)'최신흉부외과학'(共) '심장학'(共) '호흡기학'(共) '이식학'(共) 시집 '때론 너무 낯설다' (종)기독교

조광현(曺光鉉) Kwang-Hyun Cho

(생)1971·8·6 (출)강원 춘천 (주)대전광역시 유성구 대학로 291 한국과학기술원 공과대학 바이오및뇌공학과(042-350-4325) (학)1993년 한국과학기술원 전기 및 전자공학과졸 1995년 同대학원 전기 및 전자공학과졸 1998년 공학박사(한국과학기술원) (경)1993~1998년 한국과학기술원(KAIST) 전기 및 전자공학과 연구조교·실험조교 1998년 同위촉연구원 1999년 同연수연구원 1999~2004년 울산대 전기전자정보시스템공학부 전임강사·조교수 2002~2003년 영국 UMIST Control Systems Centre Visiting Professor 2003년 스웨덴 Royal Institute of Technoly Research Fellow 2004년 아일랜드 Hamilton Institute 초빙석학 2004~2007년 서울대 의대 조교수·부교수 2004~2007년 同유전공학협동과정·생물정보학협동과정 겸임교수 2004~2007년 同Bio-MAX Institute 겸임교수(초대교수) 2006~2007년 대통령자문 의료산업선진화위원회 전문위원 2007년 한국분자세포생물학회 정회원(현) 2007년 한국과학기술원(KAIST) 바이오및뇌공학과 부교수·교수(현) 2007년 同전기및전자공학과·의과학대학원 겸임교수(현) 2007년 同로봇공학학제전공 겸임교수(현) 2008년 영국 Univ. of Oxford 초빙교수 2008~2009년 프랑스 국제기구HFSP 위원 2008~2013년 Encyclopedia of Systems Biology 편집위원장 2009년 영국 Univ. of Glasgow 초빙교수 2009년 한국생물정보시스템생물학회 학술이사 겸 부회장 2010~2017년 한국과학기술한림원 준회원 2011년 IEEE International Conference on Systems Biology General Chair 2011~2012년 미국 Univ. of California at Irvine 초빙교수 2011~2014년 한국과학기술원(KAIST) 지정 석좌교수 2012년 아일랜드 UCD Systems Biology Ireland 초빙석학(Walton Fellow) 2013년 중국과학원 Senior International Scientist 2015년 한국과학기술원(KAIST) 공과대학 바이오및뇌공학과장(현) 2018년 한국과학기술한림원 정회원(공학부·현) 2019년 한국과학기술원(KAIST) 연구처장 겸 연구기획센터장(현) (상)과학기술처장관표창(1993), 한국학술진흥재단 98신진연구인력 연구장려금(1998), 제어자동화시스템공학회 학술상(2002), 제어자동화시스템공학회 젊은과학자 우수논문상(2003), IEEE Senior Member(2006), 서울대병원 SCI 우수논문상(2006), IEEE/IEEK Joint Award for Young IT Engineer(2008), KAIST 생명과학기술대학 우수교원상(2008), KAIST 기술혁신상(2009), KAIST 국제협력상(2010), 젊은과학자상 공학부문(2010), Walton Fellow Award Science Foundation of Ireland(2012) (저)'시스템생물학(Systems Biology)'(2013, 홍릉과학출판사)

조광환(曺廣煥)

(생)1971·2·28 (출)충남 논산 (주)서울특별시 양천구 신월로 390 서울남부지방검찰청 공공수사부(02-3219-4314) (학)1989년 남대전고졸 1996년 연세대 법학과졸 (경)2000년 사법고시 합격(42회) 2003년 사법연수원 수료(32기) 2003년 대구지검 검사 2005년 인천지검 부천지청 검사 2007년 서울서부지검 검사 2010년 부산지검 검사 2012년 서울중앙지검 검사 2016년 광주지검 검사 2017년 서울중앙지검 부부장검사 2018년 법무부 통일법무과장 2019년 서울남부지검 공안부장 2019년 同공공수사부장(현)

조광휘(趙光彙)

(생)1965·11·18 (주)인천광역시 남동구 정각로 29 인천광역시의회(032-440-6051) (학)한국항공대 항공·경영대학원 항공우주법학과졸 (경)인천시배드민턴연합회 회장, 同공항신도시주민협의회장 2014년 인천시의원선거 출마(새정치민주연합), 더불어민주당 인천시당 영종·용유(무의·북도) 상생발전 특별위원장(현) 2018년 인천시의회 의원(더불어민주당)(현), 同운영위원회 부위원장(현), 同산업경제위원회 부위원장(현), 同예산결산특별위원회 위원(현)

조광희(趙光熙)

(생)1965·1·23 (주)경기도 수원시 팔달구 효원로 1 경기도의회(031-8008-7000) (학)경희대졸, 연세대 행정대학원 지방자치 및 도시행정학과 석사과정 중 (경)대보산업개발 대표이사, 안양시장애인체육회 상임부회장, 한국교통장애인협회 안양시지회 후원회장, 안양시지체장애인협회 자문위원, 안양시축구협회 이사, 한국청소년육성회 안양시지부 사무국장, 안양시·군포시·의왕시 환경운동연합회 회원, 협동조합 이음사회서비스경영연구원 자문위원 2014~2018년 경기도의회 의원(새정치민주연합·더불어민주당) 2014~2015년 同예산결산특별위원회 위원 2014년 同여성가족교육협력위원회 위원 2015~2017년 경기도 경기연정실행위원회 위원 2016~2018년 경기도의회 교육위원회 위원 2016~2018년 同윤리특별위원회 위원 2017년 경기도 교통자문위원회 고문, 더불어민주당 동북아평화협력특별위원회 부위원장 2018년 경기도의회 의원(더불어민주당)(현) 2018년 同제2교육위원회 위원장(현) (상)경기도의회 의정활동 우수의원(2017)

조광희(趙光熙) Kwang Hee Cho

(생)1967·7·15 (출)경북 영천 (주)서울특별시 강남구 강남대로 308 랜드마크타워 11층 법무법인 원(02-3019-5463) (학)1984년 경성고졸 1989년 서울대 법학과졸 1992년 同대학원 법학과 수료 (경)1990년 사법시험 합격(32회) 1994년 사법연수원 수료(23기) 1994~1995년 법무법인 화우 변호사 1997~2006년 법무법인 한결 파트너변호사 1997~1999년 인권영화제 집행위원 1999년 前검찰총장부인 '옷로비 의혹사건' 특별수사관 1999년 종합유선방송심사위원회 심의위원 2000년 변리사 등록 2000~2002년 중앙대 예술대학원 강사 2001년 同첨단영상대학원 강사 2006년 (주)영화사 봄 제작관리본부장 2006~2007년 영화진흥위원회 감사 2007년 고려대 법무대학원 강사, 중앙대 법과대학 겸임교수, 부산국제영화제 집행위원, 아시안필름마켓운영위원회 부위원장, (주)영화사 봄 대표이사 2009년 법무법인(유) 원 변호사(현) 2012년 무소속 안철수 대통령후보 비서실장 2014년 새정치민주연합 인재영입위원회 공동위원장 2014년 정책네트워크 '내일' 감사 2015~2019년 한국영화제작가협회 부회장 2015년 (주)씨에스에이코스믹 사외이사(현) 2017년 국민의당 제19대 안철수 대통령후보 비서실 부실장 (저)'영화인을 위한 법률가이드(共)'(2003, 시각과언어) 장편소설 '리셋'(2018, 솔)

조구래(趙九來) Cho Koo-rae

(생)1969·8·25 (출)충북 옥천 (주)서울특별시 종로구 사직로8길 60 외교부 인사기획관실(02-2100-7141) (학)대신고졸 1991년 서울대 정치학과졸 (경)1991년 외무고시 합격(25회) 1991년 외무부 입부 2000년 駐이스라엘 1등서기관 2002년 駐러시아 1등서기관 2006년 외교통상부 북핵2과장 2007년 대통령비서실 파견 2008년 외교통상부 북미2과장 2008년 駐미국 참사관 2011년 駐파키스탄 공사참사관 2014년 외교부 장관정책보좌관 2015년 同북미국 심의관 2016년 同인사기획관 2017년 同북미국장 2018년 駐튀니지 대사(현)

조 국(曺 國) Cho, Kuk

(생)1965·4·6 (본)창녕(昌寧) (출)부산 (주)서울특별시 관악구 관악로 1 서울대학교 법학전문대학원(02-880-7536) (학)1982년 부산 혜광고졸 1986년 서울대 법학과졸 1989년 同대학원 법학과졸 1995년 미국 캘리포니아대 버클리교 대학원 법학과졸 1997년 법학박사(미국 캘리포니아대 버클리교) (경)1992~1993·1999~2000년 울산대 법학과 전임강사·조교수 1993년 남한사회주의노동자연맹(사노맹) 산하 '남한사회주의과학원' 사건에 연루돼 국가보안법 위반으로 5개월 간 구속 2000

년 동국대 법과대학 조교수 2000~2002년 참여연대 사법감시센터 부소장 2000~2001년 민주화운동관련자 명예회복및보상심의위원회 자문위원 2001~2004년 대법원 양형제도연구위원회 위원 2001~2004년 서울대 법과대학 조교수·부교수 2002년 한국형사정책학회 편집간사 2002~2005년 참여연대 사법감시센터 소장 2003~2005년 한국형사정책학회 인권이사 2003년 대법원 법관인사제도개선위원회 위원 2003~2005년 경찰청 경찰혁신위원회 위원 2003~2004년 여성가족부 업무평가위원회 위원 2003~2004년 同성매매방지대책자문단 자문위원 2003~2004년 국무조정실 성매매방지기획단 위원 2003~2004년 국제검사협회 서울총회자문단 위원 2004~2005년 대검찰청 인권존중을위한수사제도개선위원회 위원 2004년 서울대 법학전문대학원 교수(현) 2005~2007년 법무부 감찰위원회 위원 2007~2008년 참여연대 운영위원회 부위원장 2007~2008년 법무부 검찰인권평가위원회 위원 2007~2010년 국가인권위원회 비상임위원 2007~2008년 서울대 대외협력부본부장 2007~2009년 대법원 양형위원회 전문위원 2009~2011년 同양형위원회 위원 2015년 새정치민주연합 혁신위원회 위원 2017~2019년 대통령 민정수석비서관 2019년 법무부장관 [상]정암 형사법학술상(2003), 한겨레신문 선정 '한국의 미래를 열어갈 100인 중 학술(인문·사회) 8인'(2004), 경향신문 선정 '한국을 이끌 60인'(2005), 대한민국학술원 기초학문육성 우수학술도서상(2006), 서울대 법과대학 우수연구상(2008), 동아일보 선정 '10년 뒤를 빛낼 대한민국 100인'(2010·2011·2012) [저]'양심과 사상의 자유를 위하여'(2001, 책세) '형사법의 성편향'(2003, 박영사) '위법수집증거배제법칙'(2005, 박영사) '보노보 찬가'(2009, 생각의나) '성찰하는 진보'(2008, 지성) '진보집권플랜(共)'(2010, 오마이북) '그가 그립다(共)'(2014, 생각의길) '왜 나는 법을 공부하는가'(2014, 다산북스) '절제의 형법학'(2014, 박영사) '치유의 인문학(共)'(2016, 위즈덤하우스), 비평집 '조국, 대한민국에 고한다'(2011, 21세기북스) [종]불교

조권제(趙權濟) CHO Kwun Jeh

[생]1951·4·3 [출]경남 함안 [주]부산광역시 사상구 장인로77번길 52 한국특수형강(주) 임원실(051-310-9011) [학]1971년 동래고졸 1975년 동아대 경영학과졸, 부산대 경영대학원 수료 [경]유니온스틸 상무이사, 동국제강(주) 감사담당 이사 2010~2014년 同당진공장 관리담당 상무 2014년 한국특수형강(주) 경영총괄 부사장 2014년 同각자대표이사(현)

조규곤(曺圭坤) CHO Kyu Gon

[생]1959·10·5 [본]창녕(昌寧) [출]강원 강릉 [주]서울특별시 마포구 월드컵북로 396 누리꿈스퀘어비즈니스타워17층 파수닷컴 비서실(02-300-9000) [학]1977년 강릉고졸 1981년 서울대 전기공학과졸 1983년 同대학원졸 1992년 컴퓨터공학박사(미국 Rutgers Univ.) [경]1983~1987년 삼성전자(주) 연구원 1992~2000년 삼성SDS Open Solution센터장·기술연구팀장·Nutrust Port 사장 2000년 (주)파수닷컴 대표이사(현), 한국정보보호협회(KISIA) 수석부회장, IT Leaders Club(삼성SDS출신 사장단 모임) 회장, 한국DRM협회(KODCA) 회장 2010~2014년 지식정보보안산업협회 수석부회장·회장, 미국전기전자협회(IEEE) 서울섹션 부회장 2017년 KGIT협회 회장(현) 2018년 인액터스코리아 이사(현) [상]정보통신부장관표창(2002), 대통령표창(2006), 산업포장(2014)

조규남(曺圭楠) CHO Kyu Nam (行善)

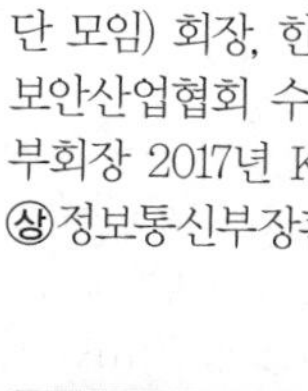

[생]1953·5·26 [본]창녕(昌寧) [주]세종특별자치시 조치원읍 세종로 2639 홍익대학교 세종캠퍼스 과학기술대학 조선해양공학과(044-860-2604) [학]1972년 경복고졸 1976년 서울대 조선해양공학과졸 1981년 미국 미시간대 대학원 조선해양공학과졸 1982년 同대학원 응용역학과졸 1985년 조선해양공학박사(미국 미시간대) [경]1981~1985년 미국 미시간대 연구조교 1985~1993년 현대중공업 선박해양연구소 해양연구실장(책임연구원) 1991년 한국해양공학회 학술이사 1993~1998년 한국전산구조공학회 이사·감사 1993~2018년 홍익대 세종캠퍼스 과학기술대학 조선해양공학과 교수 1993~1995년 한국해양연구소 해양공학자문위원 1994년 아세아구조연구회의 한국대표 1994년 통상산업부 산업표준심의위원 1994년 국립기술품질원 표준검사전문위원 1995년 한국기계연구원 선박해양공학센터 위촉연구원 1995년 홍익대 해양시스템연구센터 소장 1995~1997년 국제선박해양구조회의 전문위원 1995년 대한조선학회 편집위원 1995년 한국전산구조공학회 편집위원 1999년 해양수산부 정책자문위원회 해양분과위원 1999~2000년 한국해양과학기술협의회 이사 1999년 충남도 지방건설기술심의위원 1999년 한국석유공사 석유개발건설 설계자문위원 2000년 미국 미시간대 초빙교수 2002년 홍익대 취업정보실장 2003~2006년 ISSC 설계기준위원회 위원장 2006~2008년 홍익대 과학기술대학장 2009~2011년 한국해양과학기술진흥원 전문위원 2010년 한국선급 해양구조물위원회 위원장(현), 아세아태평양국제구조학회(TEAM) 한국대표(현) 2012년 국가교육과학기술자문회의 전문위원 2013년 해양수산부 해양수산미래기술위원회 공동위원장 2014~2015년 한국해양과학기술진흥원 전문위원 2015년 同전문평가단 해양·항만분과위원장(현) 2018년 홍익대 세종캠퍼스 과학기술대학 조선해양공학과 초빙교수(현) [상]경제기획원 군통계요원기술교육 우등상(1977), 미국 SSC(SHIP STRUCTURES COMMITTEE) SCHOLARSHIP AWARD(1984), 한국해양공학회 논문상(1996), 한국해양공학회 학술상(1999), 국무총리표창(2000), 미국 미시간대 자랑스러운 동문상(2007), 홍조근정훈장(2014) [저]'해양구조물의 설계 해석론'(1994) '해양구조물의 해석기법 개론'(1996) '수치해석-유한요소법의 이해'(1996) '해양공학개론'(1996) '해양21세기'(1998) '노아의 방주에서 심해저까지'(2004) [종]천주교

조규범(曺圭範) CHO Kyu-Bum

[생]1962·1·7 [출]서울 [주]서울특별시 영등포구 국제금융로 10 서울국제금융센터 One IFC빌딩 4층 딜로이트안진회계법인 세무자문본부(02-6676-2889) [학]서울 영훈고졸 1985년 서울대 국제경제학과졸 1998년 영국 버밍햄대 대학원졸 2017년 회계세무학박사(가천대) [경]1986년 공인회계사자격 취득·삼일회계법인 공인회계사 1992년 행정고시 합격(35회) 1992년 건설교통부 국토정책과·주택정책과 사무관 2000년 재정경제부 국제경제과·세제실 국세조세과·소득세제과 서기관 2004년 중앙인사위원회 홍보협력담당관 2005년 同정책홍보협력담당관 2005년 국외 훈련 2006년 재정경제부 부동산실무기획단 조세반장 2007년 同세제실 소비세제과장 2008년 기획재정부 세제실 환경에너지세제과장 2009년 同세제실 국제조세제도과장 2011년 同세제실 조세정책관실 소득세제과장 2012년 同세제실 조세정책과장(부이사관) 2012~2014년 OECD 대한민국정책센터 조세본부장(부이사관) 2015년 딜로이트안진회계법인 세무자문본부 부대표(현) 2015년 한국공인회계사회 조세이사 2016년 우정사업본부 보험적립금운용분과위원회 위원(현) 2017년 한국세법학회 부회장(현) 2018년 한국국제조세협회 이사(현) 2019년 한국공인회계사회 조세부회장(현)

조규상(趙圭相) CHO, KYU SANG

[생]1967·5·29 [본]평양(平壤) [출]서울 [주]서울특별시 영등포구 여의대로 60 NH투자증권 운용사업부(02-768-7000) [학]1986년 경성고졸 1991년 서강대 경영학과졸 [경]2000년 맥쿼리-IMM자산운용 부사장(CIO) 2007~2013년 골드만삭스자산운용 대표이사 2014년 우리투자증권 FICC사업부 대표(전무) 2015년 NH투자증권 Trading사업부 대표(전무) 2018년 同운용사업부 대표(부사장)(현)

조규설(曺圭卨) CHO Kyu Seol

(생)1973·10·22 (출)경북 김천 (주)경기도 의정부시 녹양로34번길 23 의정부지방법원(031-828-0102) (학)1992년 부산 혜광고졸 1997년 서울대 법학과졸 (경)1998년 사법시험 합격(40회) 2001년 사법연수원 수료(30기) 2001년 軍법무관 2004년 부산지법 판사 2007년 의정부지법 판사 2010년 서울북부지법 판사 2012년 서울중앙지법 판사 2014년 서울동부지법 판사 2016년 춘천지법 부장판사 2018년 의정부지법 부장판사(사법연구)(현)

조규성(曺圭聲) CHO Kyoo Sung

(생)1955·3·25 (출)인천 (주)서울특별시 서대문구 연세로 50-1 연세대학교 치과대학병원 치주과(02-2228-3188) (학)1979년 연세대 치의학과졸 1982년 同대학원 치의학과졸 1988년 치의학박사(연세대) (경)1979~1980년 연세대 치과대학병원 인턴·레지던트 1985~1998년 同치과대학 전임강사·조교수·부교수 1990~1991년 미국 UCLA 치과대학 방문교수 1991~2000년 한국구강보건협회 상무이사 1994년 연세대 치과대학 진료실장 1995~2009·2016년 同치과대학 치주조직재생연구소 총무(현) 1996년 미국 Loma Linda 치과대학 방문교수 1998년 연세대 치과대학 치주과학교실 교수(현) 1998년 同치과대학병원 치주과 주임교수 겸 치주과장 1999년 대한치주과학회 섭외이사·총무이사·부회장 2000년 연세대 치과대학 평생교육원장·임상연수원장 2002년 同치과대학병원 교육연구부장 2002·2007~2008년 연세임플란트연구회 회장 2004~2008년 연세대 치과대학 교무부학장 2005년 국제치과임플란트학자회의(ITI) Fellow 2006~2007년 대한구강악안면임플란트학회 부회장 2008~2010년 연세대 치과대학 동문회 부회장 2009년 同치과대학 치주조직재생연구소 부소장 2009~2011년 대한치주과학회 회장 2009~2010년 연세대 치과대학 교수평의회 의장 2010~2014년 同치과대학병원장 2013년 대한치과병원협회 부회장 2015년 연세대 치과대학 치주조직재생연구소장 (상)한국과학기술단체총연합회 과학기술우수논문상 (종)기독교

조규승(曺圭勝) CHO Kyu Seong

(생)1962·2·17 (출)충남 보령 (주)서울특별시 마포구 성암로 267 문화방송 테마파크사업팀(02-789-0011) (학)서울 남강고졸, 서울시립대 영어영문학과졸, 숭실대 노사관계대학원 노동법학과졸 (경)1986년 MBC 총무국 입사 2003년 同정책기획팀장 2006년 同인력자원국 인력개발부장 2007년 同인력자원국 인사부장 2009년 同신사옥추진부장 2011년 同사회공헌실장 2011년 (주)MBC나눔 대표이사 사장 2012년 MBC 경영지원본부장 2013년 同미래방송연구실 국장 2014년 同부동산자산개발TF팀장 2014~2017년 同신사업개발센터장 2018년 同테마파크사업팀 국장(현) (종)기독교

조규열(曹圭烈) Kyu-Yeol Cho

(생)1959·12·25 (출)서울 (주)부산광역시 해운대구 마린시티2로 38 한국해양진흥공사 정책지원본부(051-717-0604) (학)1978년 서울 명지고졸 1986년 국민대 무역학과졸 2001년 한국개발연구원(KDI) 국제정책대학원 국제경영학과졸(MBA), 한국해양대 대학원 해운경영학 박사과정 재학 중 (경)1986년 한국수출입은행 입행 2000년 同구매자금융부 선박금융실 심사역 2002년 同선박금융부 선임심사역 2005년 同뉴욕사무소 선임조사역 2008년 同프로젝트금융부 PF2팀장 2009년 同기획부 조직예산팀장 2011년 同수원지점장 2012년 同선박금융부장 2014년 同해양프로젝트금융부장 2016년 同해양금융종합센터장 2016~2017년 同해양·구조조정본부장(부행장) 2017년 한국해양보증보험(주) 사장 2018년 한국해양진흥공사 해양보증본부장 2019년 同정책지원본부장(현) (상)기획재정부장관표창(2009), 대통령표창(2012), 금융위원장표창(2014)

조규영(曺圭英) CHO KYU YUNG

(생)1959·10·1 (출)서울 (주)인천광역시 중구 공항로 272 에어서울(주)(1800-8100) (학)성동고졸, 고려대 법학과졸, 연세대 대학원 금호MBA과정 수료 (경)2004년 아시아나항공(주) 전략경영팀장 2006년 同기획부문 상무 2008년 同미주지역본부장 2011년 同경영지원본부장(전무) 2013년 同화물본부장(전무) 2014년 同전략기획본부장(전무) 2015년 同여객본부장(부사장) 2016년 아시아나에어포트 대표이사 2018년 에어서울(주) 대표이사 부사장(현)

조규일(曺圭逸) Jo, Kyoo-il

(생)1964·9·25 (출)경남 진주 (주)경상남도 진주시 동진로 155 진주시청(055-749-2002) (학)진주 대아고졸, 서울대 불어불문학과졸, 同대학원 행정학과졸, 프랑스 파리제12대 대학원 DEA과정 수료 (경)1995년 지방고시 합격(1회) 1996~1999년 서울 송파구 지역경제과장 2008년 서울시 한강사업본부 사업기획부장 2009년 대통령소속 정부혁신지방분권위원회 지원단 분권2과장 2011년 행정안전부 지방재정세제국 지방세분석과장(서기관) 2013년 안전행정부 지방세정책과장 2014년 경남도 정책기획관(부이사관) 2014년 同서부권개발본부장 2014년 同경제통상본부장 2015년 同미래산업본부장 2015~2017년 同서부부지사, 전국혁신도시협의회 회장 2017년 자유한국당 대표최고위원회 지방행정특별보좌역 2018년 부강진주연구원 원장 2018년 경남 진주시장(자유한국당)(현) (상)홍조근정훈장(2015)

조규전(曺圭田) JO Gyu Jeon

(생)1940·2·5 (출)충남 서천 (주)경기도 수원시 권선구 효원로266번길 25 (주)범아엔지니어링 임원실(031-220-3700) (학)1965년 한양대 토목공학과졸 1969년 同대학원 토목공학과졸 1976년 네덜란드 항공우주측량 및 지구과학원 대학원 항공사진측량공학과졸 1984년 공학박사(한양대) (경)1965년 건설부 국립건설연구소 항공사진측량 담당 1969~1998년 한양대·서울산업대·서울시립대·성균관대·경희대·고려대·인천대 강사 1971년 서울시 주택관리관실 항공사진측량계장 1977~1985년 아세아항업(주) 기술상무 1981~1996년 국제지구물리 및 측지학연맹 선임연구원 1984년 국제항공사진측량 및 원격탐사학회 한국대표 1985년 중앙항업(주) 기획관리실장(전무대우) 1985~2005년 경기대 토목공학과 교수 1987년 미국 전문측지학회(NSPS) 정회원(현) 1987년 미국 항공사진측량및원격측정학회(ASPRS) 정회원(현) 1988년 경기대 토목공학과장 1990년 한국측지학회 부회장 1992년 同논문편집위원장 1996년 同회장 1997년 경기대 공과대학장 1997년 同산업기술종합연구소장 2002~2008년 대한측량협회 회장 2002년 경기대 산업정보대학원장 2004년 同정보통신대학원장 2008년 (주)범아엔지니어링 부회장(현) (상)건설부장관표창, 서울시장 대서울상, 한국과학기술단체총연합회 과학기술우수논문상, 대한토목학회 학술상, 대통령표창, 근정포장(2005) (저)'표준측량학'

조규정(趙圭政) CHO Kyu Jung

(생)1949·12·21 (출)광주 (주)서울특별시 서초구 서초중앙로29길 10 백산빌딩 2,3,5층 법무법인 강남(02-6010-8006) (학)광주고졸 1971년 서울대 법대졸 (경)1973년 사법시험 합격(15회) 1975년 사법연수원 수료(5기) 1976년 공군 법무관 1978년 전주지검 검사 1981년 同군산지청 검사 1982년 서독 MAX PLANCK 국제형사법연구소 연수 1984년 법무연수원 연구관 1985년 법무부 법무실 검사 겸 서울지검 검사 1987년 서울지검 검사 1987년 청주지검 제천지청장 1989~1993년 광주지검 목포지청 부장검사·부산지검 강력부장 1993년 부산지검 형사2부장

1993년 법무부 송무심의관 1994년 서울지검 총무부장 1995년 同형사4부장 1995년 창원지검 진주지청장 1997년 인천지검 부천지청 차장검사 1998년 서울지검 남부지청 차장검사 1998년 서울고검 검사 1999년 국가정보원 파견 1999년 부산고검 차장검사 2000년 제주지검장 2001년 청주지검장 2002년 법무부 보호국장 2002년 광주지검장 2003~2008년 변호사 개업 2009년 법무법인 정평 공동대표변호사 2009년 인터넷신문 '브레이크뉴스' 논설고문 2009년 종합법률사무소 영해 대표변호사 2011년 상명대 석좌교수 2014년 법무법인 서진 대표변호사 2014~2016년 한국자산관리공사(캠코) 청렴옴부즈만 2015~2018년 법무법인 성진 대표변호사 2018년 법무법인 강남 구성원변호사(현)

조규조(曺奎照) JO Gue Jo

(생)1961·10·23 (출)충남 논산 (주)서울특별시 강남구 압구정로36길 18 신구빌딩 4층 한국모바일산업연합회(02-539-8700) (학)1984년 충남대 전자공학과졸 (경)1983년 기술고시 합격(19회) 1996년 정보통신부 정보통신정책실 기술기준과 서기관 1998년 2002한일월드컵축구대회조직위원회 파견 2000년 정보통신부 기획관리실 정보전산담당관 2002년 同전파방송관리국 주파수과장 2004년 同정보통신정책국 기술정책과장 2004년 同정보통신정책국 기술정책팀장 2005년 同정보통신정책국 기술정책팀장(부이사관) 2005년 同전파방송정책국 전파방송총괄과장 2006년 同전파방송기획단 전파방송정책팀장 2006년 국가정보원 국가사이버안전센터 파견(부이사관) 2007년 방송통신위원회 부이사관(해외 파견) 2010년 同부이사관 2013년 미래창조과학부 전파정책국장 2014년 同통신정책국장 2016~2019년 한국교육방송공사(EBS) 부사장 2019년 한국모바일산업연합회(MOIBA) 상근부회장(현) (상)근정포장(1997), 홍조근정훈장(2014)

조규표(曺圭標) Cho Kyoo Pyo

(생)1961·2·17 (본)창녕(昌寧) (출)전북 고창 (주)세종특별자치시 연서면 월하천로 289 세종특별자치시청 농업정책보좌관실(044-300-4300) (학)1981년 이리고졸 1988년 전북대 영어영문학과졸 2004년 미국 뉴욕주립대 올바니교 대학원 수료 2015년 충남대 창조경제리더아카데미과정 수료 (경)1988~1989년 국세청 근무(별정9급) 1989~1991년 농림수산부 국립종축원 주사보·주사 1991~2007년 농림부 농수산통계관실 주사·사무관 2007~2008년 同유통정책과 사무관 2008~2012년 농림수산식품부 유통정책과 사무관·서기관 2012~2013년 同국가식품클러스터추진팀 서기관 2013~2015년 농림축산식품부 국가식품클러스터추진팀 서기관 2015~2017년 세종특별자치시 농업정책과장 2017~2019년 同농업축산과장 2019년 同농업정책보좌관(현) (상)농림부장관표창(1993), 대통령표창(1996)

조규하(趙奎夏) CHO Kyu Ha

(생)1951·3·8 (출)서울 (주)서울특별시 서초구 사임당로 175 갤럭시타워 403호 SCSK (학)1969년 양정고졸 1973년 고려대 농학과졸 1980년 일본 산업능률대 경영학과졸 (경)1975~1981년 일본 SHARP Corp. 근무 1981~1987년 동아생명보험(주) 영업기획차장 1987년 한화증권(주) 국제부장 1995년 同이사보 1997년 同이사 1999년 同상무이사 2004년 한화투자신탁운용(주) 감사 2005년 한화증권 자산운용본부장(전무이사) 2005~2010년 CSK인베스트먼트코리아 대표이사 2008~2010년 여의도메리어트호텔 대표이사 2009년 대통령직속 국가브랜드위원회 국제협력분과위원회 위원 2010년 KT&G 감사위원 2010년 일본 SCSK 한국대표(현) 2010년 일본 Whiz Partners 자산운용(주) 특별고문 2011년 신용보증기금 비상근이사 2011년 한화인베스트먼트 이사 2011년 Suresoft Technologies Inc. 부회장 2014~2015년 KT&G 이사회 의장 겸 감사위원 2015년 同감사위원장, 한국인삼공사(KGC) 고문 2017~2018년 한화생명보험(주) 사외이사 겸 감사위원 2018년 한국야구위원회(KBO) Commissioner 자문위원(현) 2018년 외교부 경제외교 정책자문위원(현) (종)기독교

조규향(曺圭香)

(생)1962·1·28 (출)전남 나주 (주)광주광역시 광산구 용아로 112 강진경찰서(062-609-2191) (학)광주 숭일고졸, 조선대 정책대학원 행정학과졸 (경)1989년 경위 특채(감식) 1998년 경감 임용 2005년 경정 임용 2011년 광주지방경찰청 청문감사담당관실 감찰계장 2015년 충남지방경찰청 보안과장 2015년 총경 임용 2016년 충남 부여경찰서장 2017년 전남지방경찰청 형사과장 2018년 전남 강진경찰서장 2019년 광주지방경찰청 보안과장(현)

조규현(曺圭鉉) JOE Gyu Hyeon

(생)1966·9·16 (본)창녕(昌寧) (출)경남 사천 (주)서울특별시 강남구 테헤란로87길 36 도심공항타워 16층 법무법인(유) 로고스(02-2188-1070) (학)1985년 진주고졸 1989년 서울대 법학과졸 2015년 한국과학기술원(KAIST) 지식재산대학원졸 (경)1990년 사법시험 합격(32회) 1993년 사법연수원 수료(22기) 1993년 軍법무관 1996년 부산지법 판사 1999년 울산지법 판사 2000년 수원지법 성남지원 판사 2002년 서울지법 의정부지원 판사 2004년 서울고법 판사 2006년 대법원 재판연구관 2008년 부산지법 부장판사 2010년 수원지법 부장판사 2012년 서울북부지법 부장판사 2014~2016년 서울중앙지법 부장판사 2016년 법무법인(유) 로고스 변호사(현)

조규호(趙奎旿) Kyu Ho Jo

(생)1955·2·28 (출)경북 칠곡 (주)서울특별시 강남구 영동대로 735 골프존뉴딘홀딩스(1577-4333) (학)1973년 대륜고졸 1980년 경북대 법학과졸 1990년 미국 미시간대 대학원 행정학과졸 (경)2000년 감사원 기획관리실 국제협력담당관 2002년 同제4국 제5과 감사관 2007년 同감사청구조사단 감사청구조사팀장 2007년 同감사청구조사단 민원조사팀장 2008년 대통령실 파견(부이사관) 2009년 감사원 산업·금융감사국 제3과장 2010년 중앙공무원교육원 파견(고위감사공무원) 2011년 감사원 전략과제감사단장 2011년 同감사청구조사국장 2011~2012년 同공공기관감사국장 2012년 삼성자산운용(주) 상근감사위원 2018~2019년 同상근고문 2018년 (주)골프존뉴딘홀딩스 사외이사(현)

조규호(曺圭昊) Gyu-Ho Cho

(생)1959·8·14 (주)부산광역시 부산진구 새싹로 174 부산시설공단 기반시설본부(051-860-7602) (학)2010년 동의대 대학원 인터넷응용공학과졸(석사) (경)2010년 부산시 교통정보서비스센터장(서기관) 2012년 同방송통신담당관 2014년 同반여농산물도매시장관리사업소장 2015년 同재난상황실장 2017년 同세정담당관 2018년 부산시설공단 관리본부장(상임이사) 2018년 同기반시설본부장(상임이사)(현) 2018년 同이사장 직대

조규홍(曺圭鴻) Cho, Kyoo Hong

(생)1967·2·19 (본)창녕(昌寧) (출)경남 함안 (주)세종특별자치시 갈매로 477 기획재정부 인사과(044-215-2251) (학)1985년 중앙대사대부고졸 1989년 서울대 경제학과졸 1992년 同대학원 행정학과졸 2003년 미국 콜로라도대 경제학과졸 2005년 경제학박사(미국 콜로라도대) (경)1995년 재정경제원 예산실 근무·예산청 근무 1999년 기획예산처 재정

기획국 중기재정과 근무 1999년 同재정기획국 산업재정과 서기관 2001~2005년 미국 콜로라도대 유학 2005년 기획예산처 정책홍보관리실 법령분석과장 2006년 同재정전략실 전략기획팀장 2007년 同산업재정기획단 농림해양재정과장(서기관) 2007년 同산업재정기획단 농림해양재정과장(부이사관) 2008년 기획재정부 예산실 예산제도과장 2009년 同예산실 예산총괄과장 2010년 대통령 기획관리실 행정관(부이사관) 2011년 同기획관리실 선임행정관(일반직고위공무원) 2011년 기획재정부 장관정책보좌관 2011~2013년 同장관 비서실장 2013년 대통령 기획비서관실 선임행정관 2014년 기획재정부 예산실 경제예산심의관 2016~2018년 同재정관리관 2018년 유럽부흥개발은행(EBRD) 이사(현)

조균석(趙均錫) CHO Kyoon Seok

(생)1959 · 8 · 22 (본)한양(漢陽) (출)경북 영양 (주)서울특별시 서대문구 이화여대길 52 이화여자대학교 법학전문대학원 법학과(02-3277-6858) (학)1977년 제물포고졸 1981년 서울대 법학과졸 2006년 경희대 법학대학원졸 (경)1980년 사법시험 합격(22회) 1983년 사법연수원 수료(13기) 1985년 부산지검 검사 1987년 전주지검 군산지청 검사 1988년 광주지검 검사 1990년 일본 慶應大 방문연구원 1991년 서울지검 검사(한국형사정책연구원 파견) 1993년 서울지검 검사 1995년 법무부 검찰국 검사 1997년 駐일본 법무협력관 1999년 수원지검 공판송무부 부장검사 2000년 同형사4부 부장검사 2000년 법무부 보호과장 2002년 서울지검 형사7부 부장검사 2002년 同형사4부 부장검사 2003년 대구지검 김천지청장 2004년 서울고검 검사 2005년 서울남부지검 차장검사 2006~2007년 대전고검 검사 2008년 이화여대 법학전문대학원 교수(현) 2008년 범죄피해자보호위원회 위원 2009년 법조윤리협의회 위원 2014년 한국형사소송법학회 부회장 2014년 영남형사판례연구회 부회장 2015년 대통령소속 국가생명윤리심의위원회 위원 (상)홍조근정훈장(2006) (저)'고시행정법연구' '논점형법총론' '자금세정규제론'(1993) '국제형사사 법공조에관한 연구(共)'(1993) '형사사법공조에 관한 연구'(共) '大韓民國신국적법해설(共)'(1999) '범죄피해자지원개론'(2005) '형사법통합연습'(2016, 박영사) (종)기독교

조근영(趙根英) cho geun young

(생)1962 · 4 · 12 (본)한양(漢陽) (출)전남 해남 (주)광주광역시 서구 상무중앙로 114 랜드피아 303호 연합뉴스 광주 · 전남취재본부(062-373-1166) (학)1979년 해남고졸 1988년 전남대 신문방송학과졸 (경)2002년 연합뉴스 광주 · 전남취재본부 목포주재 차장 2006년 同광주 · 전남취재본부 목포주재 부장대우 2009년 同광주 · 전남취재본부 목포주재 부장 2012년 同광주 · 전남취재본부 부국장대우, 同광주 · 전남취재본부 목포주재 부국장대우 2015년 同전국부 부국장대우 2016년 同광주 · 전남취재본부장 2018년 同광주 · 전남취재본부 목포주재 기자(부국장) 2019년 同광주 · 전남취재본부 목포주재 기자(선임)(현) (종)불교

조근제(趙根濟) CHO Geun Je

(생)1953 · 5 · 23 (출)경남 함안 (주)경상남도 함안군 가야읍 말산로 1 함안군청(055-580-2001) (학)함안종합고졸 2010년 진주산업대 동물소재공학과졸 (경)1997~2005년 함안축산업협동조합 제13 · 14대 조합장, 함안군축구협회 회장, 경남축협조합장협의회 회장, 농협대학 명예교수, 함안경찰행정발전위원회 부위원장, 함안라이온스클럽 회장, 함안생활체육회 부회장, 함안군체육회 감사, 아라제전위원회 재정분과 위원장 2006 · 2010~2014년 경남도의회 의원(한나라당 · 새누리당) 2008~2010년 同농수산위원회 부위원장 2009년 同예산결산특별위원회 위원장 2010~2012년 同농해양수산위원회 위원장 2012~2014년 同부의장 2018년 경남 함안군수(자유한국당)(현)

조근호(趙根晧) CHO Gun Ho

(생)1959 · 10 · 1 (본)풍양(豊壤) (출)부산 (주)서울특별시 서초구 서초대로 356 서초지웰타워 12층 행복마루 법무법인(02-6237-6200) (학)1977년 대일고졸 1981년 서울대 법학과졸 1992년 스페인 마드리드 콤플루텐세대학 형사법연구소 수학 (경)1981년 사법시험 합격(23회) 1983년 사법연수원 수료(13기) 1983년 서울지검 검사 1986년 춘천지검 속초지청 검사 1987년 서울지검 남부지청 검사 1989년 법무부 송무과 검사 1992년 서울지검 동부지청 검사 1993년 스페인 마드리드 콤플루텐세대 방문연구원 1995년 대구지검 영덕지청장 1996년 대검찰청 검찰연구관 1998년 同범죄정보제1담당관 2000년 대통령 민정비서관 2002년 서울지검 형사5부장 2002년 同형사2부장 2003년 광주고검 검사 2004년 대구지검 1차장검사 2005년 同2차장검사 2005년 대검찰청 범죄정보기획관 2006년 同공판송무부장 2007년 사법연수원 부원장 2008년 대전지검장 2009년 서울북부지검장 2009년 부산고검장 2011년 법무연수원장 2011년 디지털포렌식산업포럼 회장(현) 2011~2016년 (사)한국포렌식학회 회장 2011년 행복마루컨설팅(주) 대표이사(현) 2011년 행복마루 법무법인 대표변호사(현) (상)청조근정훈장 (저)'조근호 검사장의 월요편지'(2009) '오늘의 행복을 오늘 알 수 있다면'(2012) '당신과 행복을 이야기하고 싶습니다'(2017) (종)기독교

조기량(曺基亮) CHO, Ki-Ryang

(생)1959 · 4 · 16 (본)창녕(昌寧) (출)전남 여수 (주)전라남도 여수시 대학로 50 전남대학교 공대 전기 · 전자통신 · 컴퓨터공학부(061-659-7200) (학)1978년 여수수산고등전문학교졸 1981년 광운공과대 통신공학과졸 1983년 건국대 대학원 전자공학과졸 2002년 자연과학연구박사(일본 오카야마대) (경)1983~1987년 여수수산전문대학 통신과 전임강사 · 조교수 1987~1993년 여수수산대학 전자통신공학과 전임강사 · 조교수 · 부교수 1993~1996년 여수수산대 전자통신공학과 부교수 1996~1998년 同전자통신공학과 교수 1998~2006년 여수대 전자통신공학과 교수 2006년 전남대 공학대학 전기 · 전자통신 · 컴퓨터공학부 교수(현) 2018년 同공학대학장(현)

조기룡(曺基龍) CHO Ki Ryung

(생)1965 · 12 · 26 (출)경남 창녕 (주)서울특별시 서초구 반포대로 158 서울고등검찰청 공판부(02-530-3300) (학)1984년 중앙고졸 1990년 서울대 법대 법학과졸 1995년 同대학원 법학과졸 (경)1994년 사법시험 합격(36회) 1997년 사법연수원 수료(26기) 1997년 창원지검 검사 1999년 대구지검 김천지청 검사 2001년 서울지검 남부지청 검사 2003~2004년 미국 듀크대 연수 2004년 법무부 법무심의관실 검사 2006년 대전지검 검사 2008년 서울중앙지검 검사 2009년 의정부지검 부부장검사 2010년 대검찰청 연구관 2010년 법무부 분류심사과장(서기관) 2011년 대구지검 영덕지청장 2012년 법무부 인권국 인권조사과장 2013년 대검찰청 감찰부 감찰2과장 2014년 서울중앙지검 형사3부장 2015년 광주지검 형사2부장 2016년 대검찰청 감찰1과장 2017년 청주지검 충주지청장 2018년 청주지검 차장검사 2019년 서울고검 공판부장(현)

조기상(曺淇相) CHO Ki Sang (七山)

(생)1937 · 6 · 16 (본)창녕(昌寧) (출)전남 영광 (주)서울특별시 은평구 은평로21길 34-5 화진복지산업(주) 회장실(02-357-9988) (학)1956년 경기고졸 1962년 서울대 문리과대학 정치학과졸 (경)1967년 장훈학원 이사 1969년 중앙공무원교육원 교수 1970년 장훈중 · 고 교장 1974년 중 · 고교사격연맹 부회장 1978년 중 · 고교태권도연맹 회장 1980년 유정제약 사장 1981년 제11대 국회의원(영광 · 함평 · 장성, 민주정의당) 1985년 민

주정의당(민정당) 전남지부 위원장 1985년 제12대 국회의원(영광·함평·장성, 민정당) 1987년 정무장관 1988년 민정당 함평·영광지구당 위원장 1990~1995년 민자당 함평·영광지구당 위원장 1997~2002년 자민련 함평·영광지구당 위원장 1998년 同정책자문위원회 부위원장 1999~2000년 同광주전남시도지부장 2001년 화진복지산업(주) 회장(현) 2010년 재헌국회의원유족회 회장(현) 2015년 대한민국헌정회 이사 2019년 同원로위원(현)

조기성(趙基成) CHO Ki Seong

(생)1958·4·29 (주)경기도 용인시 처인구 모현읍 외대로 81 한국외국어대학교 자연과학대학 생명공학과(031-330-4271) (학)1981년 서울대 미생물학과졸, 同대학원졸, 이학박사(서울대) (경)1989년 한국외국어대 자연과학대학 생명공학과 교수(현) 2001~2002년 同용인캠퍼스 도서관장 2002~2004년 同용인캠퍼스 총무처장 2003년 용인시 시정자문위원 2011~2013년 한국외국어대 자연과학대학장 2018년 同글로벌캠퍼스 부총장(현)

조기숙(趙己淑·女) CHO Kisuk

(생)1959·5·14 (출)경기 안양 (주)서울특별시 서대문구 이화여대길 52 이화여자대학교 국제대학원(02-3277-3657) (학)1978년 한성여고졸 1982년 이화여대 정치외교학과졸 1983년 同대학원 수료 1984년 미국 아이오와대 대학원 정치학과졸 1990년 정치학박사(미국 인디애나대) (경)1983년 미국 아이오와대 강의 1985년 미국 정치학회 회원(현) 1990년 미국 인디애나대 강사 1990년 同노동문제연구소 연구원 1991~1994년 이화여대·고려대·경희대·한국외국어대 강사 1994~1997년 인천대 정치외교학과 전임강사·조교수 1995~2002년 한국의회발전연구회 연구위원·'의정연구' 편집위원 1997~2005년 이화여대 국제대학원 부교수 1998년 통일부 남북회담사무국 자문위원 2000년 미국정치연구회 회장 2002~2005년 (주)리더십프런티어 대표이사 2003년 노무현 대통령당선자 취임사 준비위원 2003년 열린우리당 정당개혁단장 2004년 이화여대 국제정보센터 소장 겸 국제대학원 교학부장 2004년 중앙인사위원회 자문위원 2004년 미국 조지워싱턴대 방문교수 2005~2006년 대통령 홍보수석비서관 2006년 이화여대 국제대학원 부교수·교수(현) 2009년 사람사는세상 노무현재단 해외온라인위원장 2011~2015년 이화여대 국제통상협력연구소장 2013년 同공공외교센터장(현) 2013~2015년 느림보학교장 (상)이화여대 김애다상, 미국 인디애나대 정치학과 최우수논문상 (저)'미국선거연구의 경향과 쟁점'(共) '지방의회와 여성엘리트'(共) '합리적선택 : 한국의 선거와 유권자' '정당과 정책'(共) '21세기 정치와 여성'(共) '세계를 움직인 12명의 여성' '한국의 의회정치론'(共) '지역주의 선거와 합리적 유권자' '16대총선과 낙선운동' '한국은 시민혁명중' '21세기 한국의 정치' '마법에 걸린 나라' '왜 우리아이들은 대학에만 가면 바보가 될까?' 'Encyclopedia of leadership'(共·編) '여성 과학자의 글로벌 리더십'(2011) '한국민주주의 어디까지 왔나'(2012) '아이를 살리는 교육'(2012) '대통령의 협상'(2019, 위즈덤하우스) (역)'국제정치론의 고전'(共·編) '과학의 합리성'(共) '미국선거와 언론'(共) 'Encyclopedia of leadership'(共·編)

조기진(趙奇鎭) CHO Ki Jin

(생)1961·8·20 (출)경북 영주 (주)서울특별시 양천구 목동동로 233 방송통신심의위원회 감사실(02-3219-5040) (학)1985년 성균관대 행정학과졸 1997년 同경영대학원 세무학과졸 (경)1990년 대한생명 근무 1991년 방송위원회 입사 1996년 同총무부 차장 2000년 同기금관리부장 2002년 同기획부장 2003~2006년 同비서실장 2006년 서울산업대 교육 파견 2007~2008년 방송위원회 방송진흥국 전문위원 2009년 방송통신심의위원회 운영지원국장 2011년 同권익보호국장 2012년 同광주사무소장 2013년 同조사연구실 전문위원 2015년 同기획조정실장 2018년 同정책연구센터장 2019년 同감사실장(현) (종)기독교

조기호(趙琪鎬) CHO KI HO (수강)

(생)1954·2·10 (본)함안(咸安) (출)경남 진주 (주)경상남도 창원시 성산구 비음로 97 창원축구센터 경남FC(055-283-2020) (학)진주농림고등전문학교졸 1987년 한국방송통신대 행정학과졸 1990년 경남대 경영대학원 행정학과졸 2013년 창원대 국제무역학 박사과정 수료 (경)1975년 진주시 이반성면사무소 근무 1994년 경남 밀양군 문화공보실장 1994년 同사회진흥과장 1995년 경남도 경영지도계장 1996년 同국제교류계장 1997년 同예산계장 2003년 同민방위비상대책과장 2003년 同경제자유구역추진기획단장 2004년 同도지사 비서실장 2004년 同법무담당관 2005년 同공보관 2006년 창녕군 부군수 2007년 세종연구소 파견 2008년 의령군 부군수 2008년 경남도 남해안시대추진본부장(부이사관) 2008년 同남해안기획관 2009년 同행정안전국장 2009년 진주시 부시장 2010~2013년 창원시 제1부시장(이사관·관리관) 2014~2016년 경남신용보증재단 이사장 2016년 경남도민프로축구단(경남FC) 대표이사(현) (상)행정자치부장관표창(1999), 대통령표창(2000), 홍조근정훈장(2013)

조길수(趙吉洙·女) CHO Gil Soo

(생)1956·12·24 (출)대전 (주)서울특별시 서대문구 연세로 50 연세대학교 의류환경학과 삼성관 421호(02-2123-3104) (학)1974년 대전여고졸 1978년 서울대 의류학과졸 1980년 同대학원졸 1984년 의류학박사(미국 버지니아공대) (경)1984년 연세대 의류환경학과 조교수·부교수·교수(현) 1990년 미국 버지니아주립공대 Post-Doc. 1991~1995년 연세대 의류환경학과장 1994~1996년 한국섬유공학회 편집위원 1995~2003년 한국의류학회 편집위원 1995년 연세대 생활과학연구소 연구개발실장 1997~1999년 한국감성과학회 감사 1998·2001년 미국 버지니아공과대 산업공학과 교환교수 1999~2003년 연세대 의류과학연구소 부소장 1999~2000년 同생활과학대 교학부장 겸 학부장 2003년 同의류과학연구소장 2003~2006년 한국생활환경학회 부회장 2003~2004년 한국의류산업학회 부회장 2003~2006년 미국 세계인명사전 'Marquis Who's Who in Science and Engineering'에 등재 2004년 영국 국제인명센터(IBC) '올해의 교육자·과학자'에 선정 2004~2009년 지식경제부 산업원천기술과제 총괄책임자 2004~2005년 미국 세계인명사전 'Marquis Who's Who in the world'에 등재 2004~2007년 미국 세계인명사전 'Marquis Who's Who in Finance and Business'에 등재 2005년 영국 국제인명센터(IBC) '세계100대 과학자'에 선정 2005~2006년 한국감성과학회 수석부회장 2005~2006년 同회장 2006년 미국 퍼듀대 산업공학과 교환연구원 2007~2009년 연세대 생활과학연구소장 (상)연세대 우수교수상(2005), 한국과학기술단체총연합회 과학기술우수논문상(2005), 한국섬유공학회 학술상(2007) (저)'의류제품 품질평가'(1997) '패션 큰 사전'(1999) '새로운 피복재료학'(2002) 'e-book : 의류제품품질평가'(2002) '최신의류소재'(2004) '새로운 의류소재학'(2006) '최신의류소재'(2006) '의복과 환경'(2009) '감성의류과학'(2011) (역)'피복과학총론'(共) '패션 : 개념에서 소비자까지'(2003) (종)기독교

조길연(趙吉衍) CHO Gil Yoen

(생)1951·9·6 (출)충남 부여 (주)충청남도 예산군 삽교읍 도청대로 600 충청남도의회(041-635-5225) (학)1968년 부여고졸, 인천체육전문대학 무도과졸 (경)1972년 백제중 교사 1991년 충남도의회 의원(민주자유당) 1992년 한국자유총연맹 충남도지회 운영위원 1995년 충남도의원선거 출마(민주자유당) 2002~2006년 충남도의회 의원(자민련·국민중심당) 2002년 자민련 부여지구당 부위원장 2004~2006년 충남도의회 건설소방위원장, 同예산결산위원장, (주)풍림전기 대표이사 2018년 충남도의회 의원(자유한국당)(현) (상)교육부장관표창 (종)기독교

조길영(曺吉瑛)

(생)1962·1·23 (출)경남 사천 (주)경상남도 거제시 진목로 1 거제소방서 서장실(055-689-9281) (학)진주 대아고졸, 경상대 행정학과졸, 행정학박사(경상대) (경)2005년 경남 진주소방서 예방대응과장(소방령) 2007년 경남소방본부 예비담당(소방령) 2010년 경남 산청소방서장 2012년 경남 함양소방서장 2014년 경남 의령소방서장 2015년 경남 통영소방서장 2017년 경남 거창소방서장 2019년 경남 거제소방서장(현)

조길원(趙吉元) CHO Kil Won

(생)1956·7·25 (주)경상북도 포항시 남구 청암로 67 포항공과대학교 화학공학과(054-279-2270) (학)1980년 서울대 공업화학과졸 1982년 同대학원졸 1986년 고분자과학박사(미국 애크런대) (경)1986~1987년 미국 애크런대 고분자연구소 연구원 1987~1988년 IBM연구소 연구원 1988~2017년 포항공대 화학공학과 교수 1993년 일본 도쿄공업대 방문교수 2009년 한국과학기술한림원 정회원(현) 2017년 포항공과대(POSTECH) 화학공학과 'University Professor'(현) (상)이달의 과학기술자상(2010), 덕명한림공학상(2015), 과학훈장 도약장(2017)

조길형(趙吉衡) CHO Gil Hyoung

(생)1962·12·8 (본)한양(漢陽) (출)충북 충주 (주)충청북도 충주시 으뜸로 21 충주시청 시장실(043-850-5000) (학)1981년 충북 신흥고졸 1985년 경찰대학졸(1기) 2004년 한양대 지방자치대학원졸 2011년 법학박사(숭실대) (경)1992년 울산경찰서 보안과장 1994년 서울지방경찰청 제4기동대장 1994년 서울 청량리경찰서 방범과장 1995년 서울 종암경찰서 정보과장 1996년 서울지방경찰청 정보3계장·정보1계장 1999년 경찰대학 근무(총경) 2000년 강원 횡성경찰서장 2001년 경찰청 기획정보5과장 2002년 수원남부경찰서장 2003년 대통령 치안비서관실 행정관 2004년 서울 남대문경찰서장 2005년 행정자치부 자치경찰추진단 제도팀장 2006년 서울지방경찰청 경비1과장 2006년 경찰대학 학생지도부장 2007년 同학생지도부장(경무관) 2007년 경기지방경찰청 제1부장 2008년 중앙공무원교육원 교육파견 2009년 경찰청 감사관 2010년 충남지방경찰청장(치안감) 2010년 경찰청 기획조정관 2011년 강원지방경찰청장 2012년 경찰교육원장 2013년 중앙경찰학교장 2013~2014년 안전행정부 소청심사위원회 상임위원 2014~2018년 충북 충주시장(새누리당·자유한국당) 2014년 충북시장·군수협의회 부회장 2016~2017년 전국댐소재지시장·군수·구청장협의회 회장 2017년 한국택견협회 세계택견대회추진위원회 공동위원장 2017~2018년 충북시장·군수협의회 회장 2017~2018년 전국시장·군수·구청장협의회 부회장 2018년 충북 충주시장(자유한국당)(현) (상)국무총리표창(1997), 내무부장관표창, 경찰청장표창, 대통령표창(2004), 홍조근정훈장(2009), 대한민국혁신기업인 공유가치창출부문 대상(2016), 대한민국유권자대상 기초단체장부문(2017) (저)'자치경찰법안해설'(1999) '정보간부론'(2001) '집단행동'(2011) (종)감리교

조남관(趙南寬) CHO Nam Kwan

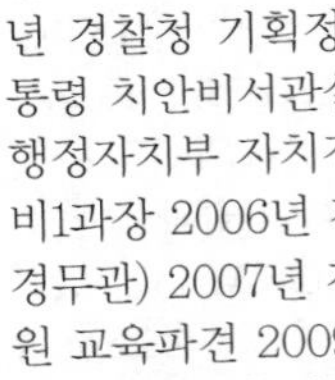

(생)1965·3·14 (본)풍양(豊壤) (출)전북 남원 (주)서울특별시 송파구 정의로 30 서울동부지방검찰청(02-2204-4544) (학)1983년 전주고졸 1987년 서울대 법학과졸 (경)1992년 사법시험 합격(34회) 1995년 사법연수원 수료(24기) 1995년 부산지검 검사 1997년 전주지검 군산지청 검사 1998년 서울지검 검사 2000년 의문사진상규명위원회 파견(조사1과장) 2001년 광주지검 검사 2004년 서울동부지검 검사 2006~2008년 대통령 사정비서관실 행정관 2008년 수원지검 성남지청 부부장검사 2009년 광주지검 마약·조직범죄수사부장 2009년 법무부 인권조사과장 2010년 同인권구조과장 2011년 서울동부지검 형사5부장 2012년 부산지검 형사4부장 2013년 수원지검 안양지청 부장검사 2014년 서울서부지검 형사1부장 2015년 광주지검 순천지청 차장검사 2016~2018년 서울고검 검사 2017~2018년 국가정보원 감찰실장 겸 적폐청산TF팀장(파견) 2018년 대검찰청 과학수사부장(검사장급) 2019년 서울동부지검장(현)

조남구(曺南球)

(생)1960·12·24 (주)부산광역시 연제구 중앙대로 1001 부산광역시의회(051-888-8245) (학)영남대 경제학과졸 (경)구포공인중개사사무소 소장(현) 1995년 부산시 북구의원선거 출마 1998년 부산시의원선거 출마 2016년 더불어민주당 제20대 전재수 국회의원후보 선거대책위원장 2017년 同제19대 문재인 대통령후보 부산北·강서甲선거대책위원회 본부장 2018년 부산시의회 의원(더불어민주당)(현) 2018년 同복지환경위원회 위원(현)

조남규(趙南圭)

(생)1963 (주)서울특별시 종로구 홍지문2길 20 상명대학교 문화기술대학원 공연예술경영학과(02-2287-5131) (학)한양대 무용학과졸, 同대학원 무용학과졸, 무용학박사(한양대) (경)국립국악원 무용단원, 서울시립가무단 지도위원, 전북대 초빙교수, 상명대 문화기술대학원 공연예술경영학과 교수(현), 同예술경영연구소장(현), 조남규·송정은무용단 대표, 광화문 댄스페스티벌 총감독, 한국무용과학회 이사, 한국무용사학회 이사, 한국무용협회 부이사장 2017년 同이사장(현)

조남용(趙南勇) CHO Nam Yong

(생)1951·6·10 (본)풍양(豊壤) (출)충남 부여 (학)1969년 대전고졸 1977년 고려대 영어영문학과졸 2010년 서울대 최고경영자과정 수료 (경)1976년 삼성전자(주) 입사 1988년 同부장 1988~1995년 同미국법인(SSI) 근무 1995년 同이사보 1997년 同이사 2000년 同독일지사 상무 2004년 同전무 2006~2008년 同메모리전략마케팅팀장(부사장) 2008년 同독일법인장 2009~2010년 도시바삼성스토리지테크놀러지코리아(주) 대표이사 2011~2019년 중국 투탑전자 부회장 2019년 同경영고문(현) (상)철탑산업훈장(2006) (종)기독교

조남욱(趙南煜) CHO Nam Wook

(생)1933·8·16 (본)풍양(豊壤) (출)충남 부여 (주)충청남도 부여군 규암면 흥수로 759 학교법인 백제학원 이사장실(041-836-3200) (학)1952년 경기고졸 1957년 서울대 법대졸 (경)1959~1962년 외자청 근무 1963년 경기도선거관리위원회 간사 1964년 중앙선거관리위원회 선거관리계장 1967~1971년 同선거과장·총무과장 1971~1976년 同총무국장 1976년 삼부토건 상임감사 1978년 同전무이사 1981년 同부사장 1983~1991년 同사장 1985년 대한건설협회 서울시지부장 1986년 韓·日친선협회 부회장 1987년 한국도로협회 부회장 1988~1993년 대한건설협회 회장 1988년 제13대 국회의원(전국구, 민주정의당·민주자유당) 1988년 민정당 부여지구당 위원장 1991년 삼부토건 대표이사 회장 1993년 학교법인 백제학원 이사장(현) 1993~1995년 민자당 부여지구당 위원장 1993년 대한건설협회 명예회장 1994년 숙정재단 설립·이사장 1998년 한국경영자총협회 부회장 1999년 대한중재인협회 부회장 2014년 한국자유총연맹 고문 (상)동탑·금탑산업훈장, 홍조근정훈장, 산업포장 (종)불교

조남준(趙南俊) Cho, Nam Joon

(생)1966·7·1 (본)풍양(豊壤) (출)경기 파주 (주)서울특별시 중구 세종대로 110 서울특별시청 도시재생실 역사도심재생과(02-731-2120) (학)1985년 경문고졸 1991년 서울시립대 도시계획학과졸 1998년 同도시과학대학원 교통관리학과 수료 (경)1991년 서울 서초구 토목과 근무 1994년 서울시 환경관리실 폐기물시설과 근무 1998년 同도시계획국 도시계획과·시설계획과 근무 2002년 同청계천복원추진본부 근무 2006년 同균형발전본부 근무 2009년 同도시계획국 지역발전계획추진반 지역정책팀장(사무관) 2011년 同도시계획국 도시계획과 지역계획팀장 2013년 同도시계획국 시설계획과 공공시설정책팀장 2016년 同도시계획국 생활권계획추진반장(서기관) 2016년 同도시계획국 시설계획과장 2019년 同도시재생실 역사도심재생과장(현)

조남천(趙南天) Nam-Chun Cho

(생)1959·6·19 (주)전라북도 전주시 덕진구 건지로 20 전북대학교병원 원장실(063-250-1110) (학)익산 남성고졸, 전북대 의대졸 1991년 同대학원 의학석사 1997년 의학박사(전남대) (경)1992년 일본 나고야대 의대 연수 1997~1998년 미국 위스콘신대 의대 연수, 전북대 의대 안과학교실 교수(현), 전북대병원 안과 과장 2002년 대한안과학회 이사 2009년 전북대병원 기획조정실장 2010년 미국 세계인명사전 'Marquis Who's Who in the World' 2011년판에 등재 2015~2017년 학교법인 서호학원 이사 2018년 전북대병원장(현) (상)미국 백내장굴절수술학회 최우수포스터상(2008)

조남철(趙南哲) CHO Nam Chul

(생)1952·10·23 (본)배천(白川) (출)서울 (주)서울특별시 종로구 대학로 86 한국방송통신대학교 국어국문학과(02-3668-4553) (학)1971년 휘문고졸 1975년 연세대 국어국문학과졸 1981년 同대학원 국어국문학과졸 1986년 문학박사(연세대) (경)1982~1987년 강릉대 국어국문학과 전임강사·조교수 1987~1994년 한국방송통신대 국어국문학과 조교수·부교수 1991~1994년 민주평통 자문위원 1991년 한국문학연구학회 총무이사 1994년 한국방송통신대 국어국문학과 교수, 同명예교수(현) 1998년 同기획실장 겸 방송통신연구소장 1999~2002년 同교무처장 2000~2005년 한국문학연구학회 회장 2001년 한국방송통신대 독학학위검정원장 2004~2005년 중국 연변대 초빙교수 2005~2008년 중국 중앙민족대 객좌교수 2005~2006년 한국방송통신대 교수협의회장 2008년 (사)동북아평화연대 공동대표 2009~2010년 재외동포신문 편집위원장 2009~2010년 (사)재외동포포럼 상임운영위원장 2010~2014년 한국방송통신대 총장 2011~2015년 한국문화국제교류운동본부 부회장 2013년 독서르네상스운동 상임대표 2015년 한인문화진흥원 원장(현) 2015년 한국문화국제교류운동본부 이사장(현) (상)연세대 연문인상 사회봉사부문(2017) (저)'문학의 이해'(1988) '대한국어'(1989) '현대소설론'(1990) '한국희곡론'(1990) '한국현대문학강독'(1990)

조남춘(趙南春) CHO Nam Choon (常綠)

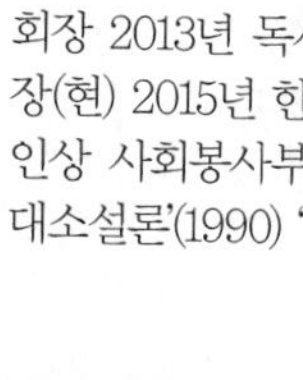

(생)1939·5·19 (본)풍양(豊壤) (출)충남 논산 (주)경기도 용인시 수지구 신수로 767 분당수지 U-TOWER 지식산업센터 15층 이니스트 비서실(080-353-6500) (학)1958년 중앙고졸 1962년 서울대 약학과졸 1969년 同대학원 보건학과졸 1999년 보건학박사(경산대) (경)1965~1982년 서울시 의약행정담당 의약계장 1982~2000년 서울대병원 약제부장 1995~2000년 한국병원약사회 회장 2002년 JW중외제약(주) 상근감사 2013년 한국희귀의약품센터 비상임감사 2017년 이니스트그룹 총괄부회장(현) 2019년 이니스트바이오제약 대표이사 겸임(현) (상)국민훈장 목련장(1999), 동암 약의상, 약사금장(2016) (종)가톨릭

조남한(趙南翰) CHO Nam Han

(생)1958·11·10 (주)경기도 수원시 영통구 월드컵로 164 아주대학교 의과대학 예방의학교실(031-219-4217) (학)1982년 미국 이스트테네시주립대 미생물학과졸 1983년 同대학원 환경역학과졸 1989년 의학박사(미국 피츠버그대) (경)1984~1989년 미국 피츠버그대 조교 1989년 同전임강사 1989~1994년 미국 노스웨스턴대 조교수 1994년 아주대 의대 예방의학교실 교수(현) 2006년 아주대의료원 임상역학센터장(현) 2013~2015년 세계당뇨병연맹(IDF) 서태평양지부 회장 2015년 국제당뇨병연맹(IDF) 회장 2017년 同총회장(현) (상)Florida of The Easter Seal Society 봉사상(1980), 미국 테니시 존슨시티시장표창(1981), 미국 마이애미시장표창(1982), 캄보디아 최고훈장 '사하메트레이 왕실 대십자훈장'(2015) (저)'Diabetes Mellitus in Pregnancy'(1995) 'Osteoporosis in Asia : Crossing the Frontiers'(1997) '당뇨병학'(1998) 'The First Asia-Pacific Diabetes Epidemiology Training Course'(1999)

조남호(趙南鎬) CHO Nam Ho

(생)1951·1·7 (본)양주(楊州) (출)인천 (주)서울특별시 용산구 한강대로71길 4 (주)한진중공업홀딩스 회장실(02-450-8020) (학)1969년 경복고졸 1973년 고려대 경영학과졸 1990년 연세대 경영대학원 최고경영자과정 수료 1992년 고려대 대학원 최고국제관리과정 수료 (경)1971년 대한항공 입사 1978년 한일개발(주) 근무 1989년 (주)한일레저 사장 1991년 한일개발(주) 부사장, 한진건설(주) 해외사업본부장 1994년 同대표이사 사장 1999년 한진중공업(주) 부회장 2003~2013년 同대표이사 회장 2007년 (주)한진중공업홀딩스 대표이사 회장(현) (상)은탑·금탑산업훈장(1995), 필리핀 대통령훈장(2008), 올해의 고대 경영인상(2010) (종)불교

조남훈(趙南薰)

(생)1968·6·28 (주)서울특별시 영등포구 국제금융로8길 26 KB금융지주 비서실(02-2073-0632) (학)성균관대 경제학과졸 (경)2007년 대우증권 경영관리부장 2011년 同런던법인장 2012년 同WM영업지원본부장 2014년 同국제영업본부장 2015년 KB투자증권 전략기획담당 상무보 2015년 同경영지원본부장(상무보) 2016년 同경영지원본부장(상무) 2017년 KB증권 글로벌사업본부장(상무) 2018년 KB금융지주 글로벌전략총괄 상무(CGSO)(현)

조남희(趙南熙) CHO Nam Hi

(생)1962·9·12 (본)한양(漢陽) (출)전북 전주 (주)울산광역시 남구 번영로 212 KBS 울산방송국 국장실(02-781-1000) (학)1981년 전주고졸 1985년 전북대 경영학과졸 2010년 연세대 법무대학원 조세법학과졸 (경)1985년 한국방송공사(KBS) 기획조정실 근무 1991년 同TV본부 제작관리부 근무 1993년 同울산방송국 총무부 근무 1997년 同울산방송국 총무부장 2000년 同재원관리부장 2001년 同정책기획센터 차장 2005년 同정책기획센터 세무기획프로젝트팀장 2006년 同정책기획센터 세무기획프로젝트팀 전문위원 2006년 同정책기획센터 법무팀 전문위원 2009년 同재무부 부장급 2013년 同부산방송총국 시청자서비스국장 2014년 同부산방송총국 근무, 同울산방송국 총무부 근무 2019년 同울산방송국장(현)

조노영(趙魯永) JO No Young

(생)1956·6·2 (출)경북 영양 (주)경상남도 진주시 에나로128번길 24 한국시설안전공단(055-771-1500) (학)1974년 영양고졸 1983년 영남대 토목학과졸 (경)2000년 건설교통부 신공항계획과 서기관 2003년 同기술정책과 서기관 2003년 同금강홍수통제소장 2004년 부산지방항공청 공항시설국장 2005년 원주지방국토관리청 도로시설국장 2005년 건설교통부 국민

임대주택건설기획단 주택건설과장(기술서기관) 2007년 同신도시개발팀장 2008년 국토해양부 항공철도국 공항계획과장 2009년 同항공정책실 공항정책과장 2010년 同항공정책실 공항정책과장(부이사관) 2010년 서울지방국토관리청 도로시설국장 2011년 공공주택건설추진단 공공택지관리과장 2012~2014년 원주지방국토관리청 도로시설국장(고위공무원) 2014년 한국철도공사(코레일) 안전본부장(상임이사) 2017년 한국시설안전공단 시설안전이사(상임이사)(현)

조능희(趙能熙)

(생)1961 (주)서울특별시 마포구 성암로 267 문화방송 기획조정본부(02-789-0011) (학)부평고졸, 서울대 불어불문학과졸 (경)1987년 문화방송(MBC) 교양제작국 입사 2008년 同시사교양국 PD수첩 CP 2008년 同시사교양국 시사교양2CP, 同교양제작국 부장 2015년 전국언론노동조합 문화방송본부 위원장 2017년 문화방송(MBC) 기획편성본부장(이사) 2018년 同기획조정본부장(이사)(현) (상)제18회 민주언론상 보도부문 특별상(2008)

조대경(曺大京) Cho, Tae Kyung

(생)1932 · 1 · 30 (본)창녕(昌寧) (출)서울 (주)서울특별시 관악구 관악로 1 서울대학교 사회과학대학 심리학과(02-880-5114) (학)1957년 서울대 심리학과졸 1965년 철학박사(독일 하이델베르크대) (경)1966~1968년 서울대 학생지도연구소 전임강사 1968~1974년 同문리과대학 조교수 1972~1973년 미국 하버드대 연경학회 초빙교수 1974~1975년 서울대 문리과대학 교무과장 1975~1976년 同사회과학대학 학장보 1979~1997년 同사회과학대학 심리학과 교수 1980~1981년 同학생생활연구소장 1981~1982년 중앙교육연수원 입시제도연구실장 1984~1985년 서울대 기획실장 1985년 도로교통안전협회 특별연구위원 1985년 한국심리학회 회장 1986~1988년 서울대총동창회 이사 1988~1990년 서울대 미국학연구소장 1991~1992년 한국문화및사회문제심리학회 초대 회장 1996년 대한민국학술원 회원(심리학 · 현) 1997년 서울대 심리학과 명예교수(현) (상)국민포장(1997) (저)'임상심리학'(1967) '청년초기의 세계'(1970) '심리학개론'(1983 · 1984) '정신위생'(1984) '사람과 자동차'(1993) (역)'정신분석학'(1967) '실수의 분석(일상생활의 정신병리)'(1973) '아이덴티티-청년과 위기'(1977) '정신분석학입문'(1985) '프로이드'(1987) '꿈의 해석'(1993)

조대식(趙大植) Jo Dae-shik

(생)1958 · 1 · 15 (출)서울 (주)서울특별시 마포구 독막로 282 대흥빌딩 4층 국제개발협력민간협의회(KCOC)(070-7477-1066) (학)1984년 고려대 사회학과졸 1988년 미국 사우스캐롤라이나대 대학원 사회학과졸 (경)1984년 외무고시 합격(18회) 1984년 외무부 입부 1990년 駐캐나다 2등서기관 1992년 駐오만 1등서기관 1997년 駐오스트리아 1등서기관 2001년 경수로사업지원기획단 파견 2002년 외교통상부 문화협력과장 2003년 駐싱가포르 공사참사관 2006년 駐스웨덴 공사참사관 2009년 외교통상부 문화외교국장 2011년 駐리비아 대사 2012년 외교통상부 기획조정실장 2013년 외교부 기획조정실장 2015~2017년 駐캐나다 대사 2018년 국제개발협력민간협의회(KCOC) 사무총장(현) (상)근정포장(2013)

조대식(曺大植) CHO Dae Sik

(생)1960 · 11 · 27 (출)경남 진해 (주)서울특별시 종로구 종로 26 SK그룹 SUPEX추구협의회(02-2121-0114) (학)1979년 대성고졸 1983년 고려대 사회학과졸 1985년 미국 클라크대 경영대학원졸(MBA) (경)삼성물산(주) Samsung America CFO(경영지원실장 · 상무), 同기획실 M&A담당 상무 2007년 SK(주) 재무담당 상무 2010년 同사업지원부문장 2012년 同재무팀장 겸 자율 · 책임경영지원단장 2013년 SK China 이사회 의장(현) 2013~2016년 SK텔레콤 사내이사 2013~2015 · 2017년 SK(주) 사내이사(현) 2015~2016년 同대표이사 사장 2015년 SK바이오팜 이사회 의장(현) 2015~2017년 同대표이사 사장 2015~2017년 SKC 이사회 의장 2016년 SK텔레콤 기타비상무이사(현) 2016년 SK네트웍스 이사회 의장 2016년 SK실트론 사내이사(현) 2016년 SK머티리얼즈 이사회 의장 2017~2018년 SK바이오팜 기타비상무이사 2018년 SK South East Asia Investment Pte. Ltd. 이사회 의장(현) 2017 · 2019년 SK그룹 SUPEX(Super Excellent)추구협의회 의장(현) (상)한경비지니스선정 '올해의 CEO'(2016)

조대식(趙大植)

(생)1963 · 5 · 22 (출)충북 제천 (주)대전광역시 동구 중앙로 240 한국철도공사 기술본부(1544-7788) (학)국립철도고졸, 한국방송통신대 행정학과졸, 대전대 경영행정대학원졸(경영학석사) (경)1981년 철도청 대구기관차사무소 근무 1984년 同제천기관차사무소 기관사 1994년 同운수국 열차과 근무 2001년 同대구기관차사무소 경주분소장 2005년 한국철도공사(코레일) 여객사업본부 여객수송팀장 2011년 同특별동차운영단장 2013년 同수송조정실 열차계획처장 2013년 同수송조정실장 2014년 同충북본부장 2015년 同수도권서부본부장 2018년 同수도권동부본부장 2019년 同기술본부장(상임이사)(현) (상)국무총리표창(1996), 대통령표창(2004), 대통령경호실장표창(2013)

조대엽(趙大燁) CHO Dae Yop

(생)1960 · 2 · 20 (출)경북 안동 (주)서울특별시 성북구 안암로 145 고려대학교 사회학과(02-3290-2080) (학)1987년 고려대 문과대학 사회학과졸 1990년 同대학원 사회학과졸 1995년 사회학박사(고려대) (경)1991년 동아대 · 한국외국어대 · 충북대 · 강원대 · 국민대 · 한양대 · 고려대 강사 1997~2000년 경남대 극동문제연구소 객원연구위원 2000~2001년 한국비교사회학회 총무이사 2000년 고려대 한국사회연구소 운영위원 2000년 同사회학과 교수(현) 2000~2001년 한국NGO학회 편집이사 2002년 고려대 안암학사 사감 2014~2016년 한국비교사회학회 회장 2015년 고려대 노동대학원장(현) 2016년 문재인 전 대표 싱크탱크 '정책공간 국민성장' 부소장 2018년 금융산업공익재단 초대 이사장(현) 2019년 국민경제자문회의 자문위원(현) (저)'한국의 시민운동 : 저항과 참여의 동학' '새로운 사회운동의 이론과 현실'(共) '지역사회운동의 계보학'(共) '한국 시민운동의 구조와 동학'(2007) '시민참여와 거버넌스'(2009) '작은 민주주의 친환경무상급식(共)'(2011) (역)'사회학이론의 형성(The Emergency of Sociological Theory)'

조대현(曺大鉉) CHO Dae Hyen

(생)1951 · 2 · 11 (출)충남 부여 (주)서울특별시 강남구 영동대로 517 아셈타워 18층 법무법인 화우(02-6003-7523) (학)1969년 용산고졸 1973년 서울대 법과대학졸 1975년 단국대 대학원 법학과 수료 (경)1975년 사법시험 합격(17회) 1977년 사법연수원 수료(7기) 1977~1980년 육군 軍법무관 1980년 서울민사지법 판사 1982년 서울형사지법 판사 1983년 대전지법 판사 1985년 서울가정법원 판사 1987년 서울고법 판사(직대) 1988년 同판사 겸 법원행정처 법정심의관 1991년 대구지법 김천지원장 1994년 사법연수원 교수 1997년 서울지법 부장판사 1999년 대법원장 비서실장 겸임 1999년 대전고법 부장판사 2000~2004년 서울고법 부장판사 2003년 법원행정처 인사관리실장 겸임 2004~2005년 법무법인 화우 변호사 2005~2011년 헌법재판소 재판관 2011년 법무법인 화우 고문변호사(현) (상)청조근정훈장(2011) (저)'하나님의 구원'(2015) (종)기독교

조대현(趙大賢) Cho Dae-Hyun
(생)1959 · 4 · 8 (출)강원 동해 (주)서울특별시 성동구 마장로 210 한국기원 홍보팀(02-3407-3850) (학)충암학원 수료 (경)1980년 프로바둑 입단 1983년 2단 승단 1984년 3단 승단 1985년 최고위전 본선 1986년 최고위전 · 신왕전 · 명인전 본선 1987년 신왕전 본선 1988년 5단 승단 1990년 6단 승단 1990년 신왕전 · 바둑왕전 본선 1991년 박카스배 본선 1992년 7단 승단 1992년 명인전 · 박카스배 본선 1993년 패왕전 본선 1994년 명인전 본선 1995년 8단 승단 1995년 연승바둑최강전 본선 1996년 바둑왕전 본선 1999년 9단 승단(현) 1999년 KBS바둑왕전 본선 2000년 LG정유배 본선 2003년 패왕전 본선 2004년 맥심배 입신최강전 본선 2005년 잭필드배 프로시니어기전 · 맥심커피배 입신연승본선 2005년 제27대 한국기원 기사회장 2005년 대한바둑협회 이사 2007년 제28대 한국기원 기사회장 2007년 원익배 십단전 · 맥심커피배 입신최강 본선 2008년 맥심커피배 입신최강 본선 2012년 지지옥션배 본선

조대현(曺大鉉) JO Dae Hyun
(생)1959 · 9 · 13 (본)창녕(昌寧) (주)경상북도 포항시 북구 포스코대로 256 포항우리들병원 통증센터(054-240-6173) (학)1984년 조선대 의대졸 1990년 同대학원 의학석사 1994년 의학박사(조선대) (경)국립의료원 전공의, 중앙대부속 필동병원 임상강사, 서울대병원 전임의, 인하대 의대 마취과학교실 교수, 차의과대학 마취통증의학과 부교수 · 교수, 분당차병원 통증클리닉 과장, University of Utah, Department of Anesthesiology, Adjunctive professor, 건양대 의대 마취통증의학과 교수, 건양대병원 통증클리닉 과장, 가톨릭대 의대 마취통증의학과 교수, 대전성모병원 통증센터 소장 2015년 아시아스케이팅연맹 의료고문(현) 2016년 대한통증학회 회장 2016년 同고문(현) 2018년 세계통증학회(IASP) 위원(현) 2019년 포항우리들병원 통증센터 소장(현) (상)대한통증연구학회 학술상(2007) (저)'문제로 풀어보는 통증의학'(2002) '신경차단의 가이드라인'(2003) '근골격질환의 진단과 주사요법'(2005) '신경차단술의 매뉴얼'(2006) '통증의학 3판'(2007) '통증의학 4판'(2012) '통증의학 5판'(2018)

조대호(趙大豪) CHO Dae Ho
(생)1973 · 1 · 2 (출)전남 순천 (주)서울특별시 서초구 반포대로 157 대검찰청 운영지원과(02-3480-2032) (학)1991년 대구 영진고졸 1997년 서울대 공법학과졸 (경)1998년 사법시험 합격(40회) 2001년 사법연수원 수료(30기) 2001년 공익법무관, 창원지검 검사 2006년 대구지검 경주지청 검사 2008년 인천지검 검사 2010년 부산지검 검사 2012년 대검찰청 검찰연구관 2014년 서울중앙지검 검사 2015년 同부부장검사 2016년 인천지검 부부장검사 2017년 창원지검 거창지청장 2017년 부산지검 외사부장 2018년 인천지검 특별수사부장 2019년 대검찰청 검찰연구관(현) 2019년 同인권수사자문관 겸임(현)

조대환(曺大煥) CHO Dae Hwan
(생)1956 · 9 · 18 (본)창녕(昌寧) (출)경북 청송 (주)서울특별시 서초구 서초대로58길 17 다민빌딩 4층 법무법인 대오(02-537-5646) (학)1975년 경북고졸 1980년 서울대 법학과졸 1994년 대만 국립대만대 법률학연구소 방문연구원과정 수료 (경)1981년 사법시험 합격(23회) 1983년 사법연수원 수료(13기) 1983~1986년 軍법무관 1986년 광주지검 순천지청 검사 1988년 대전지검 검사 1990년 인천지검 검사 1992년 서울지검 검사 1995년 서울고검 검사 1996년 광주지검 순천지청 부장검사 1997년 대구지검 조사부장 1998년 同특수부장 1999년 서울지검 서부지청 형사4부장 2000년 同서부지청 형사3부장 2001년 대전고검 검사 2002년 수원지검 형사1부장 2003년 제주지검 차장검사 2004년 서울고검 검사 2005~2007년 변호사 개업 2007~2008년 법무법인 하우림 대표변호사 2008년 '삼성 비자금 의혹' 특별검사보 2008~2009년 법무법인 렉스 대표변호사 2009~2011년 서울지방변호사회 증권커뮤니티위원장 2013년 제18대 대통령직인수위원회 법질서 · 사회안전분과 전문위원 2014~2015년 대우증권(주) 사외이사 겸 감사위원 2014년 4.16세월호참사특별조사위원회 상임위원 2015년 同부위원장 겸 사무처장 2015년 법무법인 대오 고문변호사(현) 2016~2017년 대통령 민정수석비서관 (상)국무총리표창 (종)불교

조덕선(趙德善) CHO Deog Seon
(생)1960 · 1 · 12 (본)옥천(玉川) (출)광주 (주)광주광역시 북구 제봉로 324 SRB미디어그룹(062-510-1125) (학)1980년 검정고시 합격 2002년 전남대 경영대학원 최고경영자과정 수료 (경)1999년 한국생활정보신문협회 부회장 2003년 광주사랑방신문사 · 부산시대신문사 · 옐로우사랑방 대표 2012년 SRB미디어그룹 회장(현) 2017년 무등일보 대표이사 회장 겸임(현) 2017년 한국생산성본부(KPC) CEO호남교류회 회장(현) (상)문화관광부장관표창, 보건복지부장관표창, 국무총리표창(2008), 대통령표창(2012), 동탑산업훈장(2016)

조덕제(趙德濟)
(생)1965 · 10 · 26 (주)부산광역시 강서구 체육공원로 43 강서체육공원 부산 아이파크(051-941-1100) (학)1987년 아주대졸 (경)1988~1995년 프로축구 부산 대우 로얄즈 소속, 김태희바르셀로나축구학교 감독 1996년 아주대 축구부 코치 2004년 同축구부 감독 2011년 수원시청축구단 유소년 총감독 2012~2017년 프로축구 수원 FC 감독 2017~2018년 대한축구협회 대회분과위원회 위원장 2018년 프로축구 부산 아이파크 감독(현) (상)K리그 베스트11 미드필더부문(1989)

조도순(曺度純) CHO Do Soon
(생)1955 · 2 · 18 (출)경남 의령 (주)경기도 부천시 지봉로 43 가톨릭대학교 생명과학과(02-2164-4357) (학)1973년 진주고졸 1977년 서울대 식물학과졸 1980년 同대학원 식물학과졸 1989년 식물학박사(미국 오하이오주립대) (경)1984년 미국생태학회 회원 1989년 미국 일리노이대 객원교수 1990년 성심여대 생물학과 조교수 1992년 국제식생학회 회원 · 영국생태학회 회원 1993~1996년 한국생태학회지 편집간사 1994년 유네스코 MAB한국위원회 위원 1994년 가톨릭대 환경학과 부교수 1998년 한국생물과학협회지 편집위원 1998년 한국식물학회 기획위원 · 편집위원 1999~2000년 한국생태학회지 편집간사 · 세계자연보전연맹한국위원회 총무간사 1999년 가톨릭대 생명과학과 교수(현) 1999~2001년 同자연과학연구소장 2002년 세계생태학대회(VIII INTECOL 2002) 조직위원회 편집위원장 2003년 캐나다 앨버타대 방문교수 2005년 한국생태학회 부회장 2005~2011년 문화재위원회 천연기념물분과 위원 2008~2012년 한국보호지역포럼 위원장 2010~2015년 유네스코 MAB한국위원회 부위원장 2012년 同국제생물권보전지역자문위원회(IACBR) 위원(현) 2013~2014년 한국생태학회 회장 2015년 유네스코 MAB한국위원회 공동위원장(현) (저)'한국의 생물 다양성 2000 : 생물자원의 보존, 연구 및 지속적인 이용을 위한 전략'(1994, 민음사) '고급생태학'(1995, 교문사) '개발과 유산의 보존'(1996, 유네스코 한국위원회) '현대생태학실험서'(1997, 교문사) 'Natural Protected Areas of Republic of Korea'(2008, Korea Proteced Areas Forum) (종)가톨릭

조돈문(趙敦文) Donmoon Cho

(생)1954·7·6 (본)풍양(豊壤) (출)강원 강릉 (주)경기도 부천시 지봉로 43 가톨릭대학교 사회과학부(02-2164-4265) (학)1977년 서울대 상대 경영학과졸 1984년 연세대 대학원 사회학과졸 1991년 미국 Univ. of Wisconsin-Madison 대학원 사회학과졸 1993년 사회학박사(미국 Univ. of Wisconsin-Madison) (경)1993년 가톨릭대 사회학과 교수, 同사회과학부 사회학전공 교수(2019년 8월 정년 퇴직), 同교수협의회장 겸 비상대책위원장, 한국산업노동학회 부회장, 同회장, 비판사회학회 회장, 민주화를위한전국교수협의회 상임의장, 대안연대회의 운영위원장, 한국라틴아메리카학회 부회장 겸 편집위원장, 한국비정규노동센터 공동대표 겸 이사장(현), 민주화를위한전국교수협의회 공동의장, 한국스칸디나비아학회 총무이사, 同회장(현), 대안연대회의 정책기획위원 2003년 한국라틴아메리카학회 편집위원장, 同고문(현) 2004년 민주노동당 교수지원단 집행위원장 2008년 同평가혁신위원장 2010년 학술단체협의회 상임대표, 同공동대표(현), 공공운수정책연구원 이사장, 진보정치세력의연대를위한교수연구자모임 공동대표(현) 2013년 삼성노동인권지킴이 상임대표(현) 2017년 대통령직속 일자리위원회 위원(현) 2019년 '평등하고 공정한 나라 노회찬재단' 이사장(현) 2019년 가톨릭대 사회과학부 사회학전공 명예교수(현) (저)'노동운동과 신사회운동의 연대'(1996), '노동계급의 계급 형성 : 남한 해방 공간과 멕시코 혁명기의 비교연구'(2004), '브라질에서 진보의 길을 묻는다 : 신자유주의시대 브라질 노동운동과 룰라정부'(2009), '노동계급 형성과 민주노조운동의 사회학'(2011), '비정규직 주체형성과 전략적 선택'(2012), '베네수엘라의 실험 : 차베스 정권과 변혁의 정치'(2013), '노동시장의 유연성-안정성 균형을 위한 유럽의 실험 : 유럽연합의 유연 안정성 모델과 비정규직 지침'(2016) '유럽의 노후보장체계와 기업연금'(1997), '신경영전략과 노동조합의 대응'(1999), '구조조정기 노동조합의 개입전략'(1999), '구조 조정의 정치 : 세계 자동차산업의 합리화와 노동'(1999), '한국 사회의 계급론적 이해'(2003), '경제위기와 한국인의 복지의식'(2003), '신자유주의 시대 라틴아메리카 시민사회의 대응과 문화변동'(2005), '산업공동화와 노동의 대응방향'(2005), '민주노조운동 20년 : 쟁점과 과제'(2008), '한국 사회, 삼성을 묻는다'(2008), '위기의 한국사회, 대안은 지역이다'(2011), '217 : 한국사회를 바꿀 진보적 정책대안'(2012), '사라져버린 사용자 책임 : 간접고용 비정규직 실태와 대안'(2013), '위기의 삼성과 한국사회의 선택'(2014), '노동자로 불리지 못하는 노동자 : 특수고용 비정규직 실태와 대안'(2016), '노동권 사각지대 초단시간 노동자'(2017), '공공부문 비정규직 제로화의 길 : 무기계약직 정책을 넘어'(2018), '해외사례를 중심으로 본 지역 일자리 · 노동시장 정책'(2018)

조돈현(曺敦鉉) JO Don Hyun

(생)1962·7·8 (주)서울특별시 종로구 종로 26 SK(주)(02-6400-0114) (학)강릉고졸, 고려대 교육학과졸, 미국 일리노이대 대학원 인력자원관리학과졸 (경)SK(주) 구조조정추진본부 인력팀 근무, SK텔레콤(주) SK아카데미 핵심역량교육팀장, 同EMD센터장, SK(주) HR실장 2012년 同기업문화팀장 2016년 同기업문화팀장(부사장) 2018년 同HR지원팀장(부사장) 2019년 同SUPEX추구협의회 HR지원팀장(현)

조동근(趙東根) CHO Dong Keun

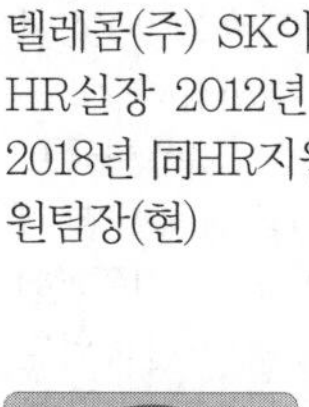

(생)1953·5·25 (본)한양(漢陽) (출)경기 광주 (주)서울특별시 서대문구 거북골로 34 명지대학교 사회과학대학 경제학과(02-300-0682) (학)1971년 서울사대부고졸 1975년 서울대 건축학과졸 1979년 同대학원 경제학과졸 1985년 경제학박사(미국 신시내티대) (경)1979~1980년 한국개발연구원 연구원 1980~1981년 한남대 경제학과 전임강사 1986~2018년 명지대 사회과학대학 경제학과 교수 1993~1994년 미국 신시내티대 교환교수 1997년 명지대 교무처장 1999년 同교육지원처 부처장 2001년 同투자정보대학원장 2005년 시장경제제도연구소 이사장 겸 소장 2006~2007년 명지대 사회과학대학장, 바른사회시민회의 공동대표(현) 2014년 한국증권금융 사외이사 2014년 자유와창의교육원 교수(현) 2016년 삼성화재해상보험 사외이사(현) 2018년 명지대 사회과학대학 경제학과 명예교수(현) (상)전국경제인연합회 시장경제대상 논문부문 우수상(2014) (저)'IMF개혁정책의 평가와 한국경제의 신패러다임'(2000, 집문당) '기업의 소유지배구조와 기업가치 간의 관계 - IMF 외환위기 이후 한국의 경험'(2008, 한국경제연구원) '경제개혁연대의 경제관 비판 : 다양한 쟁점에서의 상이한 시각'(2009, 자유기업원) (종)기독교

조동근(趙東根) Jo dong geun

(생)1961·7·16 (출)제주 서귀포 (주)제주특별자치도 제주시 문연로 6 제주특별자치도청 해양수산국(064-710-3200) (학)1980년 대구 성산고졸 1985년 한국방송통신대졸 1999년 제주대 산업대학원졸 (경)1980년 공무원 임용 2012년 제주특별자치도 해양수산국 수산정책과 어선어업담당(지방해양수산사무관) 2014년 同해양수산국 수산정책과 수산자원담당 2015년 同해양수산국 수산정책과 수산정책담당 2016년 同해양수산국 수산정책과장(지방해양수산서기관) 2019년 同해양수산국장 직대 2019년 同해양수산국장(현)

조동길(趙東吉) CHO Dong Kil

(생)1955·11·30 (출)서울 (주)서울특별시 중구 을지로 100 파인애비뉴 B동 25층 한솔그룹 회장실(02-3287-6008) (학)1980년 연세대 경제학과졸 (경)1979년 삼성물산 입사 1987년 한솔제지(주) 이사대우 1993년 同상무이사 1994년 同전무이사 1995년 同부사장 1997~2001년 한솔그룹 제지부문 부회장 1999~2001년 대한테니스협회 부회장 1999년 한·핀란드경제협력위원회 위원장 2002년 한솔그룹 회장(현) 2003~2013년 대한테니스협회 회장 2004~2007년 한국제지공업연합회 회장 (상)한국협상대상(1999) (종)기독교

조동석(趙東奭) CHO Dong Seok

(생)1954·3·26 (출)경북 영주 (주)서울특별시 서초구 법원로2길 15 길도빌딩 401호 법무법인 길도(02-3476-3300) (학)1971년 경복고졸 1975년 서울대 법학과졸 (경)1982년 사법고시 합격(24회) 1984년 사법연수원 수료(14기) 1985년 광주지검 검사 1987년 대구지검 안동지청 검사 1988년 서울지검 검사 1991년 법무부 법무심의관실 검사 1993년 수원지검 검사 1995년 서울지검 동부지청 검사 1996년 광주고검 검사 1997년 서울지검 부부장 1998년 울산지검 부장 1999년 사법연수원 교수 2001년 서울지검 북부지청 형사5부장 2002년 同북부지청 형사4부장 2003년 대구지검 형사1부장 2003년 서울고검 검사 2004년 대구지검 경주지청장 2005년 제주지검 차장검사 2006년 의정부지검 차장검사 2007년 서울고검 검사 2008년 변호사 개업 2010년 법무법인 길도 변호사(현) 2014년 삼광글라스(주) 사외이사(현)

조동성(趙東成) CHO Dong-Sung

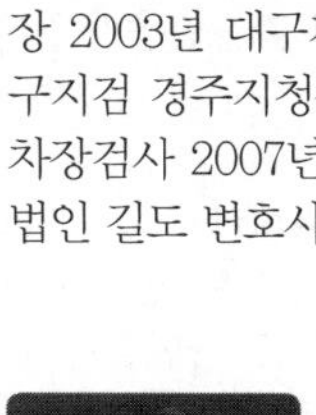

(생)1949·1·12 (본)배천(白川) (출)서울 (주)인천광역시 연수구 아카데미로 119 인천대학교 총장실(032-835-8003) (학)1967년 경기고졸 1971년 서울대 경영학과졸 1977년 경영학박사(미국 하버드대) 2007년 명예 철학박사(인제대) 2011년 명예박사(핀란드 알토대) (경)1976년 미국 펜실베이니아주 걸프오일 본사기획실 국제전략계획담당 1978~1989년 서울대 경영학과 조교수·부교수 1978년 미국 피츠버그대 객원교수 1983년 미국 하버드대 경영대학원 초청부교수 1983년 일본 아

세아경제연구소 초청연구원 1985년 프랑스 구주경영대학원 초청교수 1988년 국제경영학회 부회장 1989~2014년 서울대 경영학과 교수 1990년 스리랑카공화국 국제무역자문관 1990년 (재)서울대발전기금 상임이사 1991년 핀란드 헬싱키경제경영대 초청교수 1992년 일본 東京大 초청교수 1992년 일본 히토츠바시대 초청교수 1992년 한국자원경제학회 회장 1993~2004년 (사)산업정책연구원 원장·이사장 1994년 호주 시드니대 경영대학원 초청교수 1994년 온두라스 상무성 해외투자자문관 1996년 미국 미시간대 초청교수 1998년 미국 듀크대 초청교수 1999년 (주)데이콤 사외이사 1999~2001년 서울대 국제지역원장 2001~2003년 同경영대학장 2002년 무역위원회 위원 2002년 국제경영학회 Fellow 2003년 디자인브랜드경영학회 회장 2003년 한국CEO포럼 공동대표 2003년 윤경포럼 공동대표 2003년 한국여가문화학회 회장 2004년 대통령자문정책기획위원회 산하 사람입국신경쟁력특별위원회 위원 2004년 駐韓핀란드 명예영사(현) 2004년 코리아오토포럼(KAF) 회장 2004년 중국 북경대 초청교수 2005년 미국 듀크대 초청교수 2005년 중국 난카이대 초청교수 2005년 한국경영학회 회장 2005년 중국 저장(浙江)대 관리학원 한·중기업연구센터 공동센터장 2006년 한국학술단체총연합회 회장 2006년 한국지속경영학회 회장 2006~2012년 한국복사전송권협회 이사장 2006년 정부혁신관리위원회 위원장 2006년 대중소기업상생협력위원회 공동의장 2006년 피터드러커소사이어티 이사장 2008년 바른과학기술사회실현을위한국민연합 공동대표 2008년 지속경영인증사협회 회장, 기아자동차 사외이사, 하이닉스 사외이사 2009년 국립오페라단 이사 2010~2017년 (사)국제백신연구소 한국후원회장 2010년 동양종합금융증권 사외이사 2011~2017년 안중근의사기념관 관장 2011년 한국프로축구연맹 사외이사 2013~2016년 국가브랜드진흥원 이사장 2013년 자연환경국민신탁 이사장 2014년 메커니즘경영학회 창립회장 2014년 서울대 경영대학 명예교수(현) 2014년 중국 장강상학원 전략전공 전임교수 2015년 호텔롯데 사외이사 2016년 인천대 총장(현) 2017년 인천자동차발전협의회 공동대표(현) 2018년 대학평가인증위원회 위원장(현) (상)경제경영분야 출판대상(1981), 경영문화대상(1990), 이코노미스트상(1991), 자유문화출판대상, 산업포장(1999), 대통령표창(2004), 황조근정훈장(2006), 정진기언론문화상 경제·경영도서부문 장려상(2010), 핀란드 백장미장 1급 기사훈장(2015) (저)'The General Trading Company : Concept and Strategy'(1987, Lexington Books) '南朝鮮企業的國際經營事例, 吉林'(1991, 人民出版社) '국제경영학' '한국의 종합무역상사' '에너지정책과 한국경제' '21세기를 위한 국제경영' '재미있는 경영이야기'(共) '국가경쟁력 선진국으로 가는 지름길' '알기쉬운 경영전략' '경쟁에서 이기는 길' '장기전략계획' '이제는 전략경영의 시대' '반도체 이야기' '14가지 경영혁신 기법의 통합모델'(共) '21세기를 위한 경영학' '타이거테크놀로지-동아시아 반도체산업의 창조'(共) 'E-Business 경영전략' '21세기를 위한 전략경영' '디자인혁명, 디자인 경영' '유한킴벌리' 'M경영' '디자인혁명' '국가경쟁력' 소설 '장미와 찔레1·2' 'From Adam Smith to Michael Porter : Evolution of Competitiveness Theory(共)'(2000, World Scientific) 'Tiger Technology : The Creation of a Semiconductor Industry in East Asia(共)'(2000, Cambridge University Press) '經營, 南開大學出版社'(2000, SER-M) 'National Competitiveness Research(共)'(2001~2011, IPS) 'Design Management, Management Design'(2011, SNU Press) '디자인과 經營戰略'(2011, 아이웰) '國家競爭力 硏究 : 理論, 랭킹 및 應用'(2011, 서울경제경영) '디자인理論, 디자인經營, 經營디자인'(2012, 서울경제경영) '日本長壽企業의 進化와 韓國企業에의 示唆點'(2012, 서울경제경영) 'From Adam Smith to Michael Porter : Evolution of Competitiveness Theory - Extended Edition(共)'(2013, World Scientific) 'International Review of National Competitiveness : A Detailed Analysis of Sources and Rankings(共)'(2013, Gloucestershire) '메커니즘기반관점 : 통합적경영을 위한 새로운 경영패러다임'(2014, 서울경제경영) (종)기독교

조동용(趙東龍)

(생)1952·6·26 (주)강원도 속초시 법대로 4 법무법인 서하(033-635-2868) (학)1971년 속초고졸 1975년 건국대 법학과졸 1985년 同대학원 법학과졸 (경)1982년 사법시험 합격(24회) 1985년 사법연수원 수료(14기) 1985년 변호사 개업, 법무법인 서하 변호사(현) 1997년 춘천지방변호사회 이사, 속초·고성·양양지방변호사회 회장 1998년 함경북도영북지구도민회 회장(현) 2008년 제18대 국회의원선거 출마(속초·고성·양양, 한나라당) 2015년 건국대법과대학동문회 회장(현) 2017년 강원지방변호사회 회장(현) 2017년 전국지방변호사회장협의회 회장 2017년 대한변호사협회 총회 의장(현) 2017년 함경북도중앙도민회 부회장(현)

조동용(趙東龍) Jo Dongyong

(생)1968·4·11 (주)전라북도 전주시 완산구 효자로 225 전라북도의회(063-280-3970) (학)군산대 경제학과졸, 전북대 대학원 도시계획과졸, 원광대 대학원 도시공학 박사과정 수료 (경)전북체험교육연구소 대표(현), 대통령자문 국가균형발전위원회 자문위원, 군산자전거타기운동본부 대표, 더불어민주당 전북도당 도시재생특별위원회 위원장 2018년 전북도의회 의원(더불어민주당)(현) 2018년 同문화건설안전위원회 위원(현) 2018년 同도시재생연구회 대표의원(현) 2018년 同공공기관지원특별위원회 부위원장(현)

조동원(趙東元) CHO Dong Won (志堂)

(생)1932·10·11 (본)한양(漢陽) (출)경기 광주 (학)1951년 서울사대부고졸 1958년 서울대 법대졸 (경)1956~1967년 동화통신 기자·미국특파원 1967년 同편집부국장 1968~1971년 同편집국장 직대·이사·편집국장·출판국장 1972~1973년 문화공보부 해외공보관 부관장·관장 1973년 코리아헤럴드 업무이사 1977년 대한상공회의소 전무이사 1979년 대한상사중재협회 전무이사 1980~1983년 대한상사중재원 이사·사무국장 1982~1985년 서울사대부고총동창회 회장 1983~2002년 민주평통 자문위원 1984년 한국경제신문 상임감사 1985년 대한태권도협회 이사 1985~2013년 국기원 이사 1987년 서울중앙로타리클럽 회장 1987년 한국경제신문 전무이사 1989년 동화통신 사우회장(현) 1990~2013년 해외문화교류협회 이사장 1993년 국제로타리 한국지국장 1993년 동작장학재단 부이사장(현) 2013년 해외문화교류협회 명예회장(현) (상)이란 호마윤3등훈장, 대통령표창, 국민훈장 석류장 (저)'격동속에 부침한 어느 통신사의 얘기'(2005) (역)'빛은 동방에서'(1959)

조동일(趙東一) CHO Dong Il

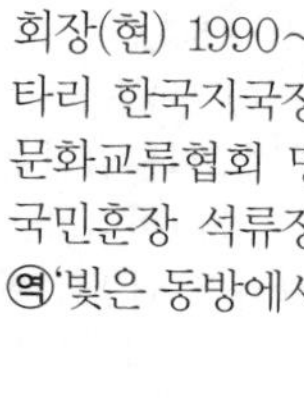

(생)1939·8·9 (출)경북 영양 (주)서울특별시 서초구 반포대로37길 59 대한민국학술원(02-3400-5214) (학)1962년 서울대 불어불문학과졸 1966년 同국어국문학과졸 1968년 同대학원 국문학과졸 1976년 문학박사(서울대) (경)1966~1978년 계명대 전임강사·조교수·부교수 1978~1981년 영남대 부교수·교수 1981~1987년 한국정신문화연구원 교수 1987~2004년 서울대 국어국문학과 교수 1994년 일본 도쿄대 객원교수 2004년 서울대 국어국문학과 명예교수(현) 2004~2009년 계명대 석좌교수 2007년 대한민국학술원 회원(한국고전문학·현) 2010년 중국 연변대 명예교수(현) (상)도남국문학상, 출판문화상 저작상, 중앙문화대상 학술대상, 만해학술상, 인문·사회과학부문 대한민국학술원상(2000), 韓佛문화상(2002), 경암학술상(2005), 벽사학술상(2011), 후쿠오카 아시아문화상 학술연구상(2011) (저)'한국문학통사' '세계문학사의 허실' '소설의 사회사 비교론' '세계문학사의 전개' '동아시아문학사 비교론'(1993, 서울대출판부) '우리학문의 길'

(1996, 지식산업사) '한국의 문학사와 철학사'(1996, 지식산업사) '인문학문의 사명'(1997, 서울대출판부) '동아시아 구비서사시의 양상과 변천'(1997, 문학과지성사) '중세문학의 재인식'(전3권) '발상의 전환에서 창조의 결실까지' '학문에 바친 나날 되돌아보며'(2004, 지식산업사) '통일의 시대가 오는가'(2019, 지식산업사)

조동제(趙東濟) Dong Jae Cho

(생)1945·1·3 (주)서울특별시 종로구 새문안로 9 서울적십자병원 산부인과(02-2002-8432) (학)1969년 연세대 의대졸 1978년 同대학원 의학석사 1984년 의학박사(연세대) (경)1980~1995년 연세대 의대 산부인과 전임강사·조교수·부교수 1983년 미국 오하이오주립대 연수 1995~2010년 연세대 의대 산부인과학교실 교수 1996년 同의대 교육계획위원장 2005~2006년 대한불임학회 회장 2010년 연세대 의과대학 산부인과학교실 명예교수(현) 2010년 서울적십자병원 산부인과 전문의·과장(현) 2014~2015년 대한산부인과학회 회장 2015년 同명예회장(현)

조동철(曺東徹) CHO Dongchul

(생)1961·3·23 (주)서울특별시 중구 세종대로 67 한국은행 금융통화위원회(02-759-4114) (학)1984년 서울대 경제학과졸 1986년 同대학원 경제학과졸 1991년 경제학박사(미국 위스콘신대) (경)1991~1995년 미국 텍사스A&M대 경제학과 조교수 1995~2009년 한국개발연구원 부연구위원·연구위원·선임연구위원, 同거시·금융경제연구부장 2003년 대통령직인수위원회 자문위원 2004년 국무총리 정책자문단 위원 2005년 감사원 자문위원 2005~2006년 재정경제부 장관자문관 겸 거시경제팀장 2006~2016년 한국개발연구원 정책대학원 교수 2008~2010년 대통령직속 미래기획위원회 위원 2013~2015년 대통령자문 국민경제자문회의 거시금융분과 민간위원 2013~2016년 한국개발연구원 수석이코노미스트 겸 거시경제연구부장 2014년 신한은행 사외이사 2014년 국무총리소속 정부업무평가위원회 위원 2015년 대통령직속 국민경제자문회의 기초경제1분과 자문위원 2016년 한국은행 금융통화위원회 위원(현) (저)'Global Economic Crisis : Impacts, Transmission and Recovery(共)'(2012) 'Growth, Crisis, and the Korean Economy'(2015)

조동혁(趙東赫) Henry D. CHO (禹松)

(생)1950·11·22 (출)서울 (주)서울특별시 중구 을지로 100 파인애비뉴 B동 25층 한솔그룹 임원실(02-3287-6004) (학)1971년 미국 캔터버리고졸 1975년 미국 미들버리대(Middlebury Coll.) 경제학과졸 (경)1976년 삼성물산 입사 1981년 고려흥진 차장 1983년 同부장 1984년 同상무이사 1988년 同사장 1996년 한솔흥진 사장 1997년 한솔그룹 정보통신부문 부회장 1997~2001년 同금융부문 부회장 2001~2003년 한글과컴퓨터 사외이사 2002년 한솔그룹 명예회장(현) (종)기독교

조동현(曺東鉉) Cho Dong Hyun

(생)1951·3·12 (주)경상북도 경산시 진량읍 대구대로 201 대구대학교 축구부(053-850-5882) (학)1971년 경희고졸 1975년 경희대 체육학과졸 (경)1971~1976년 국가대표 축구선수 1978~1981년 기업은행 축구단 선수 1985~1997년 同코치·감독 1998년 울산 현대미포조선 축구단 감독 2005~2009년 U-20 청소년축구 국가대표팀 감독 2006년 AFC 아시아청소년선수권대회 U-19 청소년대표팀 감독 2009년 U-19 청소년축구 국가대표팀 감독 2010~2015년 경찰청 축구단 감독 2016~2019년 서울 유나이티드 FC 감독 2019년 대구대 축구부 단장(현)

조동호(趙東浩) Cho Dong Ho

(생)1956·4·3 (출)전북 부안 (주)대전광역시 유성구 대학로 291 한국과학기술원(KAIST) 전기및전자공학부(042-350-3467) (학)1979년 서울대 전자공학과졸 1981년 한국과학기술원(KAIST) 전기 및 전자공학과졸(석사) 1985년 공학박사(한국과학기술원) (경)1985~1987년 한국과학기술연구원(KIST) 통신공학연구실 선임연구원 1987~1998년 경희대 전자계산공학과 교수 1989~1995년 同전자계산소장 1998년 한국과학기술원(KAIST) 전기 및 전자공학부 교수(현) 2003~2006년 정보통신부 IT신성장동력이동통신 PM 2004~2008년 과학기술부 차세대성장동력추진특별위원회 민간위원 2004~2006년 同차세대이동통신사업단장 2007~2011년 한국과학기술원(KAIST) IT융합연구소장 2009~2011년 同온라인전기자동차사업단장 2010~2013년 한국통신학회 부회장·감사·수석부회장 2010년 방송통신위원회 자문위원 2010~2015년 한국과학기술원(KAIST) 조천식녹색교통대학원장 2011~2019년 同무선전력전송연구센터장 2011~2013년 同ICC부총장 2012~2015년 한국해양과학기술원 이사 2013년 한국공학한림원 정회원(현) 2014년 한국통신학회 회장 2014년 국제전기통신연합(ITU) 전권회의(Plenipotentiary Conference) 컨퍼런스·학술대회분야 총괄자문위원 2015~2016년 해양수산부 정책자문위원회 해양분과위원 2016년 미래창조과학부 ICT R&D기술로드맵총괄위원회 위원장 2016년 정보통신기술진흥센터(IITP) 우수평가위원단 우수평가위원 2018~2019년 同최고전문가 2018년 ICT R&D 열린혁신위원회 위원(현) (상)국가산업발전기여 대통령표창(2006), 올해의 KAIST인(2007), 지식경제부장관표창(2009), KAIST 개교 제45주년기념 연구대상(2013), 홍조근정훈장(2016), 한국통신학회 해동학술대상(2017) (저)'디지털 컨버젼스 전략'(2005) 'Cross-Layer Design in Wireless MAN in Toward Broadband Wireless Metropolitan Area Networks : Mobile WiMAX'(2007) 'Wireless Power Transfer in On-Line Electric Vehicle in Wireless Power Transfer'(2012, River Publishers Series in Communications) 'An Overview of OLEV Technology in Wireless Charging Technology and The Future of Electric Transportation'(2015, SAE International) 'The On-line Electric Vehicle Wireless Electric Ground Transportation Systems'(2017, Springer International Publishing) (종)기독교

조동호(曺東昊) Dongho Jo

(생)1960·3·27 (출)경기 파주 (주)서울특별시 강남구 언주로 120 인스토피아빌딩 국가안보전략연구원(02-572-7090) (학)1984년 서울대 경제학과졸 1986년 同대학원 경제학과졸 1991년 경제학박사(미국 Univ. of Pennsylvania) (경)1991~2002년 한국개발연구원 북한경제팀장 1995년 헝가리 사회과학원 세계경제연구소 초빙연구원 2001년 통일부 자문위원 2002년 국무총리실 정책평가위원회 전문위원 2003년 북한경제전문가100인포럼 회원(현) 2004년 한국개발연구원 기획조정실장 2006~2007년 同연구3부 선임연구위원 2007~2017년 이화여대 사회과학대학 및 대학원 북한학과 교수 2009~2010년 同기획처 부처장 2011년 한반도포럼 회원(현) 2012년 이화여대 대학원 북한학과 주임교수 2013~2016년 국무총리 산하 경제·인문사회연구회 비상임이사 2014~2016년 이화여대 통일학연구원장 2014년 대통령직속 통일준비위원회 경제분과위원회 민간위원 2014년 한국수출입은행 북한개발연구센터 소장 2017년 국가안보전략연구원 원장(현) (저)'남북경협의 제도화 방안' '21세기 남북한과 미국' '통일시대를 대비한 남북경제관계의 발전방안' '북한의 노동제도와 노동력실태'(2000) '남북경제공동체 형성을 위한 남북경협 추진전략 및 주요과제'(2001) 'Food Problems in North Korea'(2003) 'The Korean Economy : Post-Crisis Policies, Issues and Prospects'(2004) '개성있는 개성을 만나다'(2008) '남북한 경제통합 : 전략과 과제'(2008) '남북관계사 : 갈등과 화해의 60년'(2009) '중국의 정치경제 변화에 따른 북한경제의 진로와 남북경협의 방향'(2013) '전환기 한국 지속가능발전 종합전략'(2015)

조두영(趙斗英) CHO Doo Young (兼山)

(생)1937·8·25 (본)임천(林川) (출)서울 (주)경상북도 청송군 진보면 경동로 4003 청송진보병원 병원장실(054-874-7717) (학)1955년 경기고졸 1961년 서울대 의대졸 1963년 同대학원 의학석사 1975년 의학박사(서울대) (경)1961~1965년 해군 軍의관 1965년 미국 뉴욕 Brooklyn Jewish병원 인턴 1966~1969년 미국 코넬대병원 정신과 레지던트 1969년 미국 하이포인트병원 전임의 1970~1974년 미국 뉴욕 Coney Island 시립병원 정신과병동장 1974~1984년 서울대 의대 조교수·부교수 1979~1992년 미국 뉴욕대 정신과 객원조교수·부교수 1980~1983년 한국정신분석학회 초대회장 1984~2002년 서울대 의대 정신과학교실 교수 1987년 대한신경정신의학회 학회장 1992~1996년 서울대 의대 정신과학교실 주임교수 겸 서울대병원 신경정신과장 1994~1996년 한국정신신체의학회 학회장 2002년 서울대 명예교수(현) 2002~2009년 조두영신경정신과의원 개업 2009년 청송진보병원장(현) (상)유한저작상 은상(1980), 동아의료문화상 저작상 금상(1985), 대한신경정신의학회 벽봉학술상(1989), 시고니기념재단 시고니상(2002), 대한신경정신의학회 환인학술상(2002), 서울의대동창회 함춘학술상(2013) (저)'임상소아과학(共)'(1979) '응급의학(共)'(1980) '정신과학(共)'(1983) '임상행동과학'(1985) '갱년기의학(共)'(1987) '인간생명과학(共)'(1993) '프로이트와 한국문학'(1999) '노인정신의학(共)'(2000) '행동과학 – 의사와 환자'(2001) '손창섭 문학의 정신분석 : 목석의 울음'(2004) 등

조두영(趙斗暎) CHO Doo Young

(생)1961·3·13 (출)서울 (주)서울특별시 강남구 테헤란로 317 변호사 조두영법률사무소(02-555-6108) (학)1980년 배문고졸 1984년 연세대 법학과졸 1987년 同대학원 법학과졸 (경)1985년 사법시험 합격(27회) 1988년 사법연수원 수료(17기) 1988년 서울지검 동부지청 검사 1990년 대구지검 경주지청 검사 1992년 부산지검 검사 1994년 서울지검 검사 1997년 부산지검 울산지청 검사 1998년 울산지검 검사 1999년 법무부 특수법령과 검사 2000년 서울지검 남부지청 특수부 부부장검사 2000년 대구지검 영덕지청장 2001년 서울지검 금융조사부 부부장검사 2002년 부산지검 공판부장 2003년 대검찰청 중앙수사부 수사과장 2004년 사법연수원 교수 2006년 서울동부지검 형사1부장 2007~2011년 변호사 개업 2011년 금융감독원 감찰실 국장 2014년 同특별조사국장 2015~2017년 同부원장보 2018년 변호사 개업(현) (상)국가정보원장표창(1997), 검찰총장 모범검사상(1998), 서울중앙지검장표창(2001) (저)'식품범죄론'(1996) '입증책임론'(2005, 대유출판사) '소송물론'(2006, 박영사) '증권범죄의 이론과 실무'(2018, 박영사) (종)기독교

조두현(曺斗鉉) CHO Doo Hyun

(생)1969·12·1 (출)전북 익산 (주)경기도 과천시 관문로 47 법무부 장관정책보좌관실(02-2110-3033) (학)1988년 영등포고졸 1998년 서울대 경제학과졸 (경)2001년 사법시험 합격(43회) 2004년 사법연수원 수료(33기) 2004년 서울북부지검 검사 2006년 대전지검 천안지청 검사 2008년 부산지검 검사 2010년 서울중앙지검 검사 2013년 수원지검 안양지청 검사 2016년 전주지검 검사 2016~2018년 국민권익위원회 파견 2018년 전주지검 부부장검사 2019년 법무부 장관정책보좌관(현)

조락교(趙樂敎) CHO Rak Kyo

(생)1936·7·19 (출)경남 김해 (주)경기도 안산시 단원구 번영로 192 삼륭물산(주) 비서실(032-321-0091) (학)1959년 연세대 경제학과졸 1962년 同대학원 경제학과졸 (경)1962~1967년 연세대 경제학과 전임강사 1967~1972년 농어촌개발공사 근무 1973~1978년 해태제과(주) 상무이사·해태주조(주) 전무이사·해태유업(주) 전무이사 1979~1980년 선경금속(주) 대표이사 사장 1980년 삼륭물산(주) 대표이사 사장 1995년 용운장학회 이사장(현) 2005년 삼륭물산(주) 회장(현) (상)대통령표창(1986), 재정경제부장관표창(2004), 연세를 빛낸 동문상(2011)

조만승(趙晩承) Cho Man Seung

(생)1960·6·7 (본)한양(漢陽) (출)전남 신안 (주)전라북도 전주시 덕진구 기지로 120 한국국토정보공사 부사장실(063-906-5022) (학)1978년 목포고졸 2006년 경기대 대학원 지리정보학과졸 2010년 서울대 국가정책과정 수료 2011년 중앙공무원교육원 고위정책과정 수료 2012년 지적학박사(목포대) (경)2010년 대한지적공사 지적정보사업단장 2010년 同사업처장 2011년 同기획조정실장 2013년 同광주전남지역본부장 2015년 한국국토정보공사 광주전남지역본부장 2017년 同지적사업본부장(상임이사) 2018년 同부사장 겸 기획혁신본부장(현) (상)대통령표창(2015) (종)가톨릭

조만희(趙萬熙) jo, man-hee

(생)1969·10·20 (본)한양(漢陽) (출)경북 영주 (주)세종특별자치시 갈매로 477 기획재정부 세제실 조세정책과(044-215-4110) (학)1987년 영주고졸 1994년 서울대 경영학과졸 (경)1998년 경산세무서 재산세과장 1999년 양천세무서 세원관리1과장 2000년 재정경제부 국제조세과 사무관 2002년 서초세무서 조사2과장 2003년 재정경제부 소비세제과 사무관 2004년 同소득세제과 사무관 2005년 同조세정책과 사무관 2007년 국무조정실 재경금융심의관실 금융정책과장 2008년 미국 한미경제연구소(KEI) 파견 2010년 대통령비서실 파견 2011년 벨기에 세계관세기구(WCO) 파견 2014년 기획재정부 세제실 조세법령개혁팀장 2014년 同경제정책국 부동산팀장 2015년 同세제실 재산세과장 2015년 同세제실 조세분석과장 2016년 同세제실 금융세제과장 2016년 同세제실 법인세제과장 2018년 同세제실 조세특례제도과장 2019년 同세제실 조세정책과장(부이사관)(현) (저)'원산지규정과 자유무역협정'(2014, 삼일인포마인)

조맹제(趙孟濟) CHO Maeng Je

(생)1950·3·3 (본)함안(咸安) (출)경남 (주)서울특별시 종로구 대학로 101 서울대학교 의과대학 정신과학교실(02-2072-2457) (학)1976년 서울대 의대졸 1979년 同대학원 의학석사 1989년 의학박사(서울대) (경)1976~1977년 서울대병원 인턴 1977~1981년 同신경정신과 전공의 1981~1984년 국군서울지구병원 신경정신과장(軍의관) 1985~1986년 용인정신병원 신경정신과장 1987~1988년 대한신경정신의학회 총무간사 1987~1988년 同학술지 편집위원 1987~1999년 서울대 의과대학 정신과학교실 전임강사·조교수·부교수 1987~1989년 한국분석심리학회 총무 1988~1990년 서울대 의과대학 정신의학학술지 편집위원 1990~1992년 미국 국립정신보건연구소 전임연구원 1990~1993년 한국수면학회 평이사 1993~1995년 과학정책연구소 의료보건소위원회 전문위원 1993년 The World Association for Psychosocial Rehabilitation National Secretary 1994~1996년 대한노인정신의학회 학술부장 1994년 대한의학협회 편집자문·실무위원 1996년 대한노인정신의학회 학술지 편집위원 1996~1997년 대한신경정신의학회 총무부장 1996년 한국정신사회재활협회 부회장 1996년 미국 UCLA 의과대학 노인정신과 초빙교수 1998년 보건복지부 중앙약사심의위원 1998년 대한노인정신의학회 학술지 편집위원장 1999~2015년 서울대 의과대학 정신과학교실 교수 2001~2002년 대한사회정신의학회 부회장 2003~2004년 미국 남가주대 의과대학 초빙교수 2004~2007년 한국정신사회재활협회 이사장 2008~2010년 대한사회정신의학회 회장 2008~2010

년 서울대 의과대학 정신과학교실 주임교수, 서울대병원 신경정신과장 2010~2013년 대한노인정신의학회 이사장 2011~2013년 대한신경정신의학연구재단 이사장 2015년 대한민국의학한림원 정회원(현) 2015년 서울대 명예교수(현) [상]국제노인정신의학회 Poster Award(1998), 세계보건의날 보건복지부장관표창(2011) [저]'응급처치 중 정신과 영역의 응급처치'(1987) '일반보건학 중 정신질환'(1994) '정신보건의 현황과 정책개발'(1994) '정신보건정책개발과 지역정신보건사업서'(1994) '종촌재가환자를 위한 지역정신보건사업 시범연구'(1995) '의학개론 중 성인기과 노년기 발달'(1995) '노인의학 중 노인성질환'(1997) '노인정신의학 중 역학'(1998) '한국노인의 정신건강실태와 건강증진-대도시노인대상연구'(2000) '우울증의 역학'(2003) '한국인 치매환자의 행동 및 심리증상의 횡문화적 특성'(2006) '아름다운 노후를 위한 정신건강 : 제3기 인생길라잡이 시리즈'(2007)

조맹효(趙孟孝) Cho, Maenghyo

[생]1962 [주]서울특별시 관악구 관악로 1 서울대학교 기계항공공학부(02-880-1693) [학]1980년 서울 한영고졸 1984년 서울대 항공우주공학과졸 1986년 同대학원 항공우주공학과졸 1993년 공학박사(Aeronautics & Astronautics 전공)(미국 워싱턴대) [경]1994~1999년 인하대 항공우주공학과 전임강사·조교수 1999~2001년 서울대 기계항공공학부 조교수·부교수 2006년 同기계항공공학부 기계공학전공 교수(현) 2016년 한국공학한림원 정회원(기계공학분과·현) [상]서울대 강의우수교수상(2002), 대한기계학회(KSME) 학술상(2007), 한국전산구조공학회(KOSEIK) 논문상(2008), 한국과학기술단체총연합회(KOFST) 과학기술우수논문상(2008), 서울대 공과대학 신양공학학술상(2008), IJSS 50 Most cited articles International Journal of Solids and Structures(2009), 서울대 연구우수교수상(2009·2010), 대한기계학회(KSME) 대한기계학회논문집A 최우수논문상(2011), 서울대 훌륭한 공대 교수상 학술부문(2017)

조명계(曺明桂) JOH MYUNG GYE

[생]1955·1·20 [본]창녕(昌寧) [출]경기 안산 [주]경기도 용인시 처인구 용인대학로 134 용인대학교 문화예술대학 문화콘텐츠학과(031-8020-3539) [학]1974년 숭문고졸 1978년 명지대 무역학과졸 2003년 영국 Univ. of Reading 대학원 경영학과졸 2004년 영국 Univ. of Northumbria 대학원 문화경영학과졸 2005년 영국 Univ. of Cambridge 대학원 건축환경학과졸 2010년 경영학박사(스위스 Business School Lausanne) [경]1989~1997년 소더비아시아 부사장 1997~1998년 금호그룹 부사장 1998~2005년 독일 앙거만그룹 부사장 2008~2018년 홍익대 경영대학원 문화예술경영전공 교수 2018년 용인대 문화예술대학 문화콘텐츠학과 교수(현) [상]중국 연변미술대학표창(1995) [저]'공예산업과 문화상품마케팅(共)'(2006, 한국공예문화진흥원 총서) '다양성시대의 마케팅전략'(2006, 한솜미디어) '문화예술경영'(2006, 띠앗) '상업사'(2012, 한솜미디어) '예술과 앙트러프러너십'(2016, 살림) '아티스트로 살아남기'(2018, 이다북스) [역]'수퍼콜렉터'(2011, 북치는 마을) [종]기독교

조명래(趙明來)

[생]1955·3·22 [출]경북 안동 [주]세종특별자치시 도움6로 11 환경부 장관실(044-201-6001) [학]안동고졸 1979년 단국대 법정대학 행정학과졸 1981년 서울대 환경대학원 도시계획학과졸 1986년 영국 서섹스대 대학원 도시 및 지역학과졸 1992년 도시 및 지역학박사(영국 서섹스대) [경]1981년 서울대 환경계획연구소 상임특별연구원 1983년 영국 서섹스대 객원연구원 1985년 단국대 지역개발학과 조교수·부교수 1992년 한국사회과학연구소 연구기획위원 1994년 서울시 용산구 도시계획위원 1994년 캐나다 칼톤대 초빙연구원 1994~2000년 (사)한국도시연구소 산업연구부장 1995년 경제정의실천시민연합 도시개혁센터 운영위원 1995년 (사)환경과생명 편집위원 1995년 (사)환경정의시민연대 운영위원 1996년 그린벨트해결을위한시민연대 집행위원장 1996년 서울시 시민녹색위원회 위원 1996~2000년 단국대 지역개발학과 교수(학과장) 1996년 서울시 지방의제21 도시계획분과장 1997년 「Space and Culture」 국제편집위원 1999년 경기도 도시계획위원 1999년 문화개혁시민연대 공간환경위원장 2000년 국회환경포럼 정책자문위원 2000~2017년 단국대 사회과학대학 도시지역계획학전공 교수 2000년 「공간과 사회」 편집위원장 2000년 서울시 녹색시민위원회 위원 2001년 대통령직속 지속발전위원회 실무위원 2001~2017년 (사)한국도시연구소 소장·이사 2001년 (사)환경과생명 편집인 겸 이사 2001~2004년 한국공간환경학회 회장 2001~2006년 대통령직속 정책기획위원회 참여정부평가위원 2002년 (사)한국정치학회 환경·기술분과위원장, 서울YMCA 시민정치위원회 위원장 2003년 대통령직속 국가균형발전위원회 전문위원 2004년 문화관광부 평가위원 2004년 환경부 중앙환경보전자문위원·갈등관리심의위원장 2005년 행정중심복합도시건설추진위원회 자문위원 2006년 외교통상부 환경자문위원·FTA위원 2006년 행정자치부 공익사업선정위원 2007년 한국NGO학회 부회장 2016~2017년 희망새물결 상임대표 2017년 대통령직속기구 산하 '세종·제주자치분권·균형발전특별위원회' 세종특별자치시분과 위원 2017~2018년 한국환경정책·평가연구원(KEI) 원장 2018년 환경부 장관(현) 2018년 대통령직속 국가균형발전위원회 위원(현) [상]단국대 인촌장학생(1975), 서울대 교수요원 장학생(1979), 단국대 연구업적상(2000), 한국지역사회개발학회 학술상(2003) [저]'생태도시를 향한 발걸음 : 생태도시의 원리와 전략'(2005, 전망) '현대 공간이론의 사상가들 : 알랭 리피에츠의 조절이론'(2005, 한울아카데미) '개발정치와 녹색진보'(2006, 환경과생명) '지구화, 되돌아 보기와 넘어서기'(2009)

조명선(曺明仙·女) CHO Myung Sun

[생]1958·8·13 [출]서울 [주]서울특별시 서초구 강남대로 343 특허법인 태평양(02-2188-5217) [학]1981년 이화여대 약학과졸 1983년 서울대 대학원 약학과졸 1989년 분자생물학박사(미국 Univ. of Illinois at Chicago) 2003년 충남대 특허법무대학원 법학과졸 [경]특허청 심사3국 약품화학과 사무관 2001년 대한여성과학기술인회 감사 2008년 특허청 약품화학심사과장 2011년 특허법원 파견(과장급) 2013년 특허심판원 심판7부 수석심판관 2015~2017년 대법원 파견 2017~2018년 특허심판원 심판관 2018년 특허법인 태평양 변리사(현) [저]'진보성 판단시 사후적 고찰 배제 방안'(共) 'KSR v. Teleflex 판결 이후 미국에서 생명공학 및 의약분야의 진보성 판단동향' 'Research Tool특허에 관한 생명과학분야의 최근 이슈' '생명공학발명과 특허' 'WTO TRIPs 해설서'(2005, 특허청)

조명우(趙明寓) CHO MYEONG WOO

[생]1960 [주]인천광역시 미추홀구 인하로 100 인하대학교 총장실(032-860-7001) [학]1983년 서울대 공대 기계설계학과졸 1985년 同대학원 기계설계학과졸 1992년 공학박사(미국 일리노이주립대) [경]1985년 한국생산성본부 자동화사업부 전문위원 1993~1997년 대우전자 시스템사업부장 1997~2006년 인하대 공대 기계공학과 부교수 2006~2018년 同교수 2009~2011년 同공과대학 부학장 2009~2010년 同수송기계부품 산학공동사업단 부단장 2013~2014년 同교무처장 2014~2015년 同교학부총장 2018년 同총장(현) [저]'21세기를 위한 공작기계'(2001, 문운당) '21세기를 위한 기계공작법'(2001, 문운당) '생산자동화, 동시공학과 생산공정 사례, 실무중심의 기계공작법(共)'(2007, 문운당)

조명철(趙明哲) CHO Myung Chul

(생)1959·4·2 (출)평남 평양 (주)서울특별시 영등포구 버드나루로 73 우성빌딩 자유한국당(02-6288-0200) (학)1977년 북한 남산고등중졸(6년제) 1983년 북한 김일성종합대 경영조정학과졸 1987년 경제학박사(북한 김일성종합대) (경)1987~1992년 김일성종합대 경제학부 교수 1993년 중국 북경 語言학원 연수 1993년 중국 천진 南開大 연수 1994년 귀순 1995년 대외경제정책연구원 지역통상실 책임연구원 1998~2000년 경남대 북한대학원 초빙교수 1999~2004년 통일부 정책자문위원 1999~2005년 전국경제인연합회 자문위원 2000~2004년 충효국민운동본부 고문 2001~2005년 한국개발연구원 국제정책대학원 자문위원 2002~2005년 재정경제부 민간자문단 자문위원 2002~2006년 국가안전보장회의 정책자문위원 2002~2006년 경기도 남북교류협력위원회 위원 2003년 경희대 국제지역학부 겸임교수 2003년 대외경제정책연구원 통일국제협력팀장 2005년 同선임연구위원 2008년 同동북아경제협력센터 소장 2009년 同국제개발협력센터 소장 2011년 통일부 통일교육원장(고위공무원) 2012~2016년 제19대 국회의원(비례대표, 새누리당) 2012년 국회 외교통상통일위원회 위원 2013년 국회 외교통일위원회 위원 2013년 국회 국정조사특별위원회 위원 2013년 국회 운영위원회 위원 2014~2016년 새누리당 인천계양乙당원협의회 운영위원장 2014년 국회 윤리특별위원회 위원 2014년 국회 기획재정위원회 위원 2014·2016년 새누리당 북한인권및탈북자·납북자위원회 위원장 2015년 同정책위원회 외교통일정책조정위원회 부위원장 2015년 同정책위원회 민생119본부 부본부장 2017년 자유한국당 북한인권 및 탈북자·납북자위원회 위원장(현) 2017년 同제19대 홍준표 대통령후보 중앙선거대책위원회 국가대개혁위원회 북한핵대응위원장 2017년 同인권위원회 부위원장(현) (상)통일문화대상 특별상(2011), 공동선 의정활동상(2013), 범시민사회단체연합 좋은국회의원상(2014) (종)침례교

조명한(趙明翰) ZOH Myeong Han

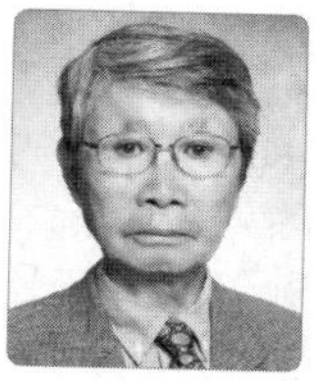

(생)1938·2·6 (본)한양(漢陽) (출)함북 경성 (주)서울특별시 서초구 반포대로37길 59 대한민국학술원(02-594-0324) (학)1961년 서울대 문리대 심리학과졸 1963년 同대학원 심리학과졸 1971년 철학박사(서울대) 1977년 미국 하버드대 연수 (경)1969~2003년 서울대 사회과학대 심리학과 교수 1983년 미국 브라운대 초빙교수 1989년 한국인지과학회 회장 1994년 한국심리학회 회장 1996년 미국 매사추세츠대 암허스트교 겸임교수 1997~1999년 인지과학연구소 소장 2003년 서울대 명예교수(현) 2005년 대한민국학술원 회원(인지언어심리학·현) (상)문화공보부 우수학술도서상(1982), 과학기술연합회 우수논문상(1991), 옥조근정훈장(2003) (저)'한국아동의 언어획득 연구 : 책략모형' '언어심리학 : 언어와 사고의 인지심리학' '인지과학 : 마음, 언어, 계산'(共) '삶의 질에 대한 국가간 비교' '언어심리학'(共) (종)기독교

조명행(趙明行) CHO Myong Haing

(생)1941·3·25 (출)서울 (주)강원도 영월군 김삿갓면 영월동로 1107-1 영월아프리카미술박물관 관장실(033-372-3229) (학)1959년 서울고졸 1964년 연세대 정치외교학과졸 1967년 同대학원 수료 (경)1965년 외무부 입부 1970년 駐아르헨티나 3등서기관 겸 부영사 1975년 駐일본 1등서기관 1978년 외무부 아주국 대양주담당관 1981년 駐자메이카 참사관 1984년 駐스페인 참사관 1987년 외무부 기획조정관 1988년 同정보문화국 정세분석관 1989년 駐앵커리지 총영사 1991년 駐나이지리아 대사 1994년 외무부 의전심의관 1995년 외교안보연구원 미주연구부장 1996년 駐칠레 대사 1999년 외교통상부 본부대사 2000년 在韓유엔기념묘지관리처(UNMCK) 처장 2001년 (사)한국·아프리카협회 회장, 同명예회장(현) 2003년 한·중남미협회 상근부회장 2008년 同상임고문(현), 동구여상고 이사 2011년 영월아프리카미술박물관 관장(현) (상)칠레 대공로훈장(1999), 황조근정훈장(1999) (종)기독교

조명현(曺明鉉) CHO Myung Hyun

(생)1960·7·2 (출)광주 (주)경기도 성남시 분당구 성남대로54번길 3 한국토지주택공사 주거복지기획처(031-738-4570) (학)정광고졸, 조선대 경제학과졸, 중앙대 사회개발대학원 부동산학과졸 (경)대한주택공사 전남지사 업무부 근무, 同인력개발처 인사부 근무, 同택지계획처 택지계획부 근무, 同강원지역본부 판매팀장, 同강원지역본부 총무팀장, 同강원본부 택지보상팀장 2007년 서울대 교육파견 2008년 대한주택공사 도시재생사업본부 도시재생계획처 사업기획팀장 2009년 同도시재생사업처 사업기획팀장 2010년 한국토지주택공사 도시재생사업처 도시재생기획팀장 2011년 同도시재생사업처 주거환경개선부장 2013년 同도시재생사업처장 2014년 同도시재생계획처장 2015년 同광주전남지역본부장 2016년 同인천지역본부장 2017년 同경기지역본부 성남권주거복지센터 전문위원 2018년 同주거복지기획처 차장(현)

조명현(曺明鉉) Myeong Hyeon Cho

(생)1964·6·11 (주)서울특별시 성북구 안암로 145 고려대학교 경영대학 국제경영학과(02-3290-1948) (학)1987년 서울대 경영학과졸 1988년 미국 코넬대 경영대학원 경영학과졸 1989년 프랑스 파리고등경영대학원(ESSEC) 경영학과졸 1994년 경제학박사(미국 코넬대) (경)1997년 고려대 경영대학 국제경영전공 조교수·부교수·교수(현) 2001년 한국통신민영화추진위원회 위원 2002~2010년 미국 밴더빌트대 Owen경영대학원 겨울학기 초빙교수 2002·2005년 한국국제경영학회 이사 2005년 산업자원부 산업발전심의위원회 위원 2006년 재정경제부 세제발전심의위원회 위원 2006~2007년 대통령자문 국민경제자문회의 전문위원 2008년 한국전략경영학회 이사(현) 2009년 기획재정부 공공기관장평가단 간사 2010년 한국경영학회 이사 2010~2012년 한국경영교육학회 부회장 2010~2013년 금융위원회 금융발전심의회 위원 2012~2014년 금융감독원 금융감독자문위원회 위원 2013년 기획재정부 공공기관평가단 평가위원 2013~2015년 삼성테크윈(주) 사외이사 겸 감사위원 2010~2011년 (주)포스코 자문교수 2013~2016년 예금보호공사 자문위원 2014~2016년 학교법인 신진학원 이사 2014~2016년 한국거래소 시장감시위원회 위원 2015년 同시장감시위원회 위원장 직대 2016~2019년 한국기업지배구조원 원장 2018년 롯데건설(주) 사외이사(현) 2019년 국제기업지배구조연대(ICGN) 이사(현) (상)미국 코넬대 Davenport Award for Outstanding Teaching(1994), 매일경제선정 '올해의 매경 이코노미스트상'(1999), 고려대 경영대학 최우수강의상(2003·2013), 미국 밴더빌트대 Owen경영대학원 Dean's Acknowledgement for Outstanding Teaching(2006), 한국경영교육학회 최우수논문상(2010)

조명환(趙明煥) Cho, Myung-Hwan

(생)1956·10·30 (출)강원 화천 (주)서울특별시 광진구 능동로 120 건국대학교 생명과학특성학과(02-450-3427) (학)1975년 한영고졸 1979년 건국대 미생물공학과졸 1982년 同대학원 미생물공학졸 1989년 미생물·면역학박사(미국 애리조나대) 2005년 미국 하버드대 케네디스쿨 행정학과졸(MPA) 2019년 미국 MIT 경영대학원 블록체인 최고경영자과정 수료 (경)1989년 세계 최초 에이즈진단시약 '크립토스포리디움 키트' 개발 1990년 건국대 생물학과 교수 1991년 미국 메릴랜드대 생물학·미국정부학 겸임교수(현) 1997년 미국 스탠퍼드대 객원교수 및 노벨상수상자 바로크 블럼버그 박사와 공동연구 1998~2017년 건국대 생명과학과 교수 1999~2001년 同교수협의회 회장 1999~2001년 전국사립대학교수협의회 부회장 2000년 (주)넥솔바이오텍 공동대표 2001~2002년 건국대 기획조정처장 2002년 (주)셀트리온 공동창업 2005~2009년 미국 하버드대 케네디스쿨 'Korea Policy Review' 자문위원 2005~2009년 아시아·태평양에이즈학회 회장 2005~2009년 유엔에이즈계획(UNAIDS) 자문위원 2007년 제8차 아시아·태평양에이즈총회(스리랑카) 개최 2008년 경제발전모델

'Corporate Helix Model' 발표 2009년 제9차 아시아·태평양에이즈총회(인도네시아) 개최 2009년 'UNAIDS 에이즈50년위원회' 아시아대표 2009년 '2031 아시아경제발전예측보고서' 공동대표 2011년 제11차 아시아·태평양에이즈총회(대한민국) 조직위원장 2011년 UN에이즈고위급회담 민간대표 2012년 국제의약품구매기구 평가위원(현) 2013년 아시아·태평양에이즈학회 감사 2017년 同회장(현) 2017년 건국대 상허생명과학대학 생명과학특성학과 교수(현) (상)한국산업미생물학회 학술장려상(1996), 서울신문 선정 '세계 최고에 도전하는 한국인 과학자'(1998), 보건복지부장관표창(2004·2011), 영국 국제인명센터 선정 '올해의 국제 과학자'(2006), 건국대 우수강의교수(2007), 미국 인명정보연구소 선정 '아시아를 대표하는 올해의 인물'(2009), 뉴스메이커 선정 '한국을 이끄는 혁신리더'(2011), 시사투데이 선정 '올해의 新 한국인 대상'(2011), 스포츠조선 선정 '대한민국 자랑스러운 혁신 한국인'(2011), 매일경제 선정 '대한민국을 이끄는 재계인물 500人'(2013), 대한민국창조경영대상(2013), 건국대학교 강의평가 우수교수(2015), 대한민국4.19자유평화공헌대상(2016), 미국 메릴랜드대학 글로벌교수상(2016), 대한민국인물대상 생명과학부문(2018) (저)'AIDS : Taking a Long-Term View(共)'(2011, FT Press USA) 'Asian Economies in Rapid Transition : HIV Now and Through 2031(共)'(2011, UNAIDS) '꼴찌박사'(2017) (역)'유전자의 분자생물학(共)'(탐구당) '우리들의 성(共)'(2008) (종)기독교

조무영(趙武英) JO Moo Young

(생)1962·11·15 (본)임천(林川) (출)충남 부여 (주)경기도 수원시 팔달구 효원로 241 수원시청 제2부시장실(031-228-2036) (학)1980년 이리고졸 1988년 충남대 행정학과졸 1993년 서울대 행정대학원 행정학과 수료, 영국 뉴캐슬대 대학원졸 (경)2002년 건설교통부 수송정책실 공항계획과 사무관 2003년 同수송정책실 공항계획과 서기관 2004년 同감사관실 참여담당관실 서기관 2004~2006년 국무조정실 주한미군대책기획단 주민지원과장 2007년 건설교통부 대중교통팀장 2008년 국토해양부 대중교통과장 2008~2011년 유엔아시아태평양경제사회위원회(UNESCAP) 파견 2011년 국토해양부 자동차생활과장 2011년 同교통정책실 자동차운영과장 2013년 국토교통부 철도정책과장(부이사관) 2016년 同자동차관리관실 자동차정책과장 2017~2019년 부산지방항공청장 2019년 경기 수원시 제2부시장(현) (상)대통령표창 (종)기독교

조무제(趙武濟) CHO Moo Je

(생)1941·6·1 (출)경남 진주 (주)부산광역시 서구 구덕로 225 동아대학교 부민캠퍼스 법학전문대학원(051-200-8510) (학)1961년 진주사범학교졸 1965년 동아대 법대졸 1967년 서울대 사법대학원졸 1986년 법학박사(동아대) (경)1965년 사법시험 합격(4회) 1970~1977년 부산지법·마산지원 판사 1977년 부산지법 소년부지원장 1978년 대구고법 판사 1981년 부산지법 부장판사 1982년 同진주지원장 1984년 부산지법 부장판사 1987년 대구고법 부장판사 1988년 부산고법 부장판사 1990년 부산지법 수석부장판사 1994년 부산고법 수석부장판사 1994년 창원지법원장 1997년 부산지법원장 1998~2004년 대법관 2004년 동아대 법과대학 석좌교수 2009년 同법학전문대학원 석좌교수(현) 2009~2014년 부산지방법원조정센터 상임조정위원(위원장) (상)청조근정훈장(2004), 영산법률문화상(2005), 대한변호사협회 한국법률문화상(2015) (저)'주해민법 채권각칙(I)(共)'(1985) '제3판 주해민법 채권각칙(I)(共)'(1999)

조무제(趙武濟) Moo Je Cho

(생)1944 · 8 · 2 (본)함안(咸安) (출)경남 사천 (주)울산광역시 울주군 언양읍 유니스트길 50 울산과학기술대학교(052-217-0114) (학)1964년 사천농고졸 1968년 경상대 농화학과졸 1970년 서울대 대학원 농화학과졸 1976년 이학박사(미국 Univ. of Missouri-Columbia) (경)1971~2003년 경상대 자연대학 생화학과 전임강사 · 조교수 · 부교수 · 교수 1982년 미국 위스콘신대 객원교수 1984~1989년 경상대 유전공학연구소장 1984년 일본 교토대 객원연구원 1988년 독일 Bayreuth Univ. 객원연구원 1990~1999년 한국과학재단 지정 SRC 식물분자생물학 및 유전자조작연구센터 소장 1992~2004년 한 · 독식물생명과학공동심포지엄 한국측 조직위원장 1994~1995년 경상대 대학원장 1995~2002년 한국과학기술한림원 정회원 1996~1999년 한국생화학회 감사 1996년 한 · 이스라엘생명공학공동심포지엄 한국측 위원장 1996년 New York Academy of Science Member(현) 1997~1998년 경상대 자연과학대학장 1998년 한 · 중생명공학공동심포지엄 한국측 대표 1998년 한 · 일생명공학공동심포지엄 한국측 대표 1999년 한국분자생물학회 회장 1999~2003년 교육부 BK21대학원육성사업단(응용생명과학사업단) 단장 2000~2003년 한국과학재단 이사 2001~2004년 과학기술부 21세기뉴프론티어사업단(작물유전체) 이사장 2001년 한 · 미생명공학공동심포지엄 한국측 대표 2003년 한국과학기술한림원 종신회원(현) 2003~2007년 경상대 총장 2005~2006년 거점국립대총장협의회 회장 2006년 우수연구센터(SRC/ERC) 생명공학분야선정위원회 위원장 2007~2015년 울산과학기술대(UNIST) 총장 2008 · 2009년 올해의 여성과학기술자상 종합심사위원장 2009년 한국과학상 종합심사위원장 2010~2011년 국립대선진화위원회 위원장 2010~2011년 국가과학기술위원회 민간위원 2011~2014년 한국과학기술단체총연합회 부회장 2011~2012년 국립대학발전추진위원회 위원장 2011~2012년 국가과학기술자문회의 과학기술분과 위원장 2012년 한 · 러대학총장포럼 대표 겸 교육 · 과학분과 위원장 2012년 한국과학기술기획평가원 이사 2012년 국가초고성능컴퓨팅위원회 부위원장 2014~2015년 국가과학기술자문회의 부의장 2016년 울산과학기술대(UNIST) 명예교수(현) 2016~2018년 한국연구재단 이사장 (상)미국 국무성 Fulbright Fellowship(1974), 금호생명과학상(1998), 제7회 한국과학상 생명과학분야(2000), 대한민국 국회과학기술대상(2004), 과학기술훈장 창조장(2005), 서울대 상록인재대상(2007), 울산시민대상 학술 · 과학기술부문상(2015), 청조근정훈장(2016) (저)'식품첨가물' '생화학'

조무현(趙武顯) CHO Moo Hyun

(생)1954 · 10 · 1 (본)함안(咸安) (출)경북 청도 (주)경상북도 포항시 남구 청암로 77 포항공과대학교 물리학과(054-279-2075) (학)1977년 서울대 원자핵공학과졸 1979년 同대학원졸 1988년 물리학박사(미국 Univ. of Wisconsin-Madison) (경)1979~1982년 육군제3사관학교 전임강사 1980~1994년 포항방사광가속기 건설프로젝트 참여 1988~1989년 미국 위스콘신대 메디슨교 Research Assistant 1989~2003년 포항공과대 물리학과 조교수 · 부교수 1995~2007년 KSTAR 초전도핵융합연구장치 건설프로젝트 참여 2000년 Argonne National Lab USA Visiting Scientist at APS 2002~2004년 한국물리학회 플라즈마분과위원장 2003년 포항공과대 물리학과 교수(현) 2005~2006년 한국물리학회 홍보잡지담당 실무이사 2008년 한국과학재단 핵융합단장 2009년 한국연구재단 핵융합단장 2009~2011년 포항공과대 연구처장 2011년 同가속기연구소장 2015~2017년 同부총장 2016~2019년 포항산업과학연구원 사외이사 2018년 포항공과대 나노융합기술원장(현) (상)대통령표창(1994), 교육과학기술부장관표창(2009), 경북과학기술대상 기술개발상(2014) (종)가톨릭

조문수(趙文秀) CHO Moon Soo

(생)1958 · 9 · 4 (출)부산 (주)경상남도 밀양시 부북면 춘화로 85 한국카본(055-350-8888) (학)1977년 동아고졸 1983년 동국대 공대 화학공학과 수료 1993년 연세대 경영대학원 최고경영자과정 수료 (경)1983년 (주)한국화이바 입사 · 기획실장 1984년 (주)한국카본 대표이사 사장, 同대표이사 회장(현) 1990년 (주)한국화이바 대표이사 사장 1991년 (주)한국월드스포츠 대표이사 1997년 한국기계연구원 추진위원회 위원 2004년 한

국복합재료학회 부회장 2018년 (사)한국드론산업진흥협회 회장(현) ㉯항공기용 복합소재 개발에 대한 장영실상(1991), 노동부장관표창(1992), 방위산업체 연구개발분야 대상(1993), 재정경제원장관표창(1996), 은탑산업훈장(2013) (종)불교

조문수(趙文秀) CHO Moon Soo

(생)1959·3·4 (주)서울특별시 동작구 상도로 369 숭실대학교 산업정보시스템공학과(02-820-0696) (학)1983년 숭실대 산업공학과졸 1985년 미국 웨스턴일리노이대 대학원 경영학과졸(MBA) 1990년 미국 아이오와대 대학원 산업공학과졸 1995년 산업공학박사(미국 아이오와대) (경)1996년 숭실대 산업정보시스템공학과 조교수·부교수·교수(현) 2007~2009년 同학생처장 2009~2011년 同평생교육원장 2014~2015년 안익태기념재단 사무총장 2016~2017년 제주특별자치도 서울본부 자문위원장 2017년 숭실대 교수협의회 회장(현), 민주평통 상임위원, 민족화해협력범국민협의회 정책위원회 위원, 세계한민족공동체재단 상임위원, (사)남북체육교류협회 감사, 한반도물류연합포럼 사무총장 2019년 민주평통 평화발전분과위원회 상임위원(현) (종)기독교

조문현(曺文鉉) JO Mun Hyun

(생)1955·5·26 (출)서울 (주)서울특별시 서초구 서초중앙로 215 4층 법무법인 두우(02-595-1255) (학)1977년 서울대 법학과졸 1986년 同대학원졸 1988년 미국 컬럼비아대 법과대학졸 (경)1977년 사법시험 합격(19회) 1979년 사법연수원 수료(9기) 1979~1982년 육군법무관 1982~1992년 김앤장법률사무소 변호사 1988년 미국 뉴욕주 변호사시험 합격 1991~1994년 삼정합동법률사무소 변호사 1993~1996년 재무부 관세심의위원 1994~1997년 율촌합동사무소 변호사 1997년 변호사 개업 1998년 법무법인 두우 대표변호사, (주)오리콤 사외이사 2009년 (주)두산 사외이사 2009~2013년 법무법인 두우&이우 대표변호사 2010~2012년 세계한인변호사회(IAKL) 회장 2011~2014년 한국공예디자인문화진흥원 비상임이사 2013년 법무법인 두우 대표변호사(현) 2014~2015년 미국 컬럼비아대한국총동창회 회장 2016년 同고문(현)

조미숙(趙美淑·女) Cho, Mi Sook

(생)1960·12·15 (주)서울특별시 서대문구 이화여대길 52 이화여자대학교 신산업융합대학 식품영양학과(02-3277-2826) (학)1985년 이화여대 대학원 영양학과졸 1991년 이학박사(이화여대) (경)1983~1990년 중앙대·호서대·신구대·대전실업전문대학 강사 1985년 아세아식품영양연구소 연구원 1990년 서울여대·서울보건대 강사 1991년 이화여대 강사 1992~2006년 배화여자대학 식품영양과 전임강사·조교수·부교수 2004~2005년 미국 미시간주립대 객원교수(Michigan State University Visiting Scholar), 이화여대 식품영양학과 교수(현) 2006~2009년 서울특별시 자랑스러운 우리 음식점 선정위원 2009~2012년 동아시아식생활학회 상임이사·한국외식경영학회 부회장 2012~2014년 이화여대 건강과학대학장 2014~2016년 同총무처장 2016~2017년 (사)한국식생활문화학회 회장

조미연(趙美衍·女) CHO Mee Yon

(생)1963·7·25 (본)풍양(豊壤) (출)서울 (주)강원도 원주시 일산로 20 원주세브란스기독병원 병리과(033-741-1553) (학)1988년 연세대 원주의과대학졸 1991년 同대학원 의학석사 1999년 의학박사(고려대) (경)1988년 연세대 원주기독병원 수련의 1989~1992년 同원주기독병원 전공의 1995~2010년 同원주의대 병리학교실 조교수·부교수 2001~2003년 미국 University of Washington Medical Center(Seattle) 연구원 2010년 연세대 원주의대 병리학교실 교수(현) (종)기독교

조미연(趙美衍·女) CHO Mi Yun

(생)1967·1·20 (출)광주 (주)서울특별시 서초구 강남대로 193 서울행정법원(02-2055-8114) (학)1986년 휘경여고졸 1990년 성균관대 법대 법학과졸 (경)1995년 사법시험 합격(37회) 1996년 사법연수원 수료(27기) 1998년 광주지법 예비판사 2000년 同목포지원 판사 2002년 수원지법 판사 2006년 서울중앙지법 판사 2008년 서울가정법원 판사 2010년 서울고법 판사 2012년 수원지법 판사 2013년 청주지법 부장판사 2015년 수원지법 부장판사 2018년 서울행정법원 부장판사(현)

조미옥(曺美玉·女) JO MI OK

(생)1969·1·3 (출)전남 순천 (주)서울특별시 서초구 서초중앙로 157 서울중앙지방법원(02-530-1114) (학)1987년 전남 순천여고졸 1990년 연세대 법학과졸 (경)1994년 사법시험 합격(36회) 1997년 사법연수원 수료(26기) 1997년 광주지법 순천지원 판사 1999년 광주지법 판사 2001년 수원지법 평택지원 판사 2005년 서울중앙지법 판사 2007년 서울서부지법 판사 2009년 서울고법 판사 2011년 서울서부지법 판사 2012년 청주지법 부장판사 2014년 인천지법 부장판사 2016년 서울서부지법 부장판사 2018년 서울중앙지법 부장판사(현)

조미진(趙美珍·女) CHO Mi Jin

(생)1962·4·17 (주)경기도 용인시 기흥구 마북로 240번길 17-4 현대자동차그룹 인재개발원(031-8014-6300) (학)연세대 사회학과졸, 미국 인디애나대 대학원 교육공학과졸 (경)1987년 모토로라코리아 입사·상무 2007년 LG디스플레이 인재개발담당 상무, 모니터그룹 부사장 2013~2014년 하이드릭앤스트러글스코리아 리더십컨설팅부문 대표파트너 2014년 현대자동차그룹 인재개발원 리더십개발실장(상무) 2017년 同인재개발원 부원장(전무)(현)

조 민(曺 敏) CHO Min

(생)1955·10·15 (본)창녕(昌寧) (출)경남 의령 (주)서울특별시 서초구 반포대로 217 통일연구원(02-2023-8000) (학)1974년 부산 동아고졸 1981년 고려대 노어노문학과졸 1984년 同대학원 정치외교학과졸 1992년 정치외교학박사(고려대) (경)1993년 통일연구원 통일정책연구실 선임연구위원 2006년 한국민족통일학회 부회장 2007년 평화재단 이사 2008년 통일연구원 통일정책연구실장 2009~2010년 同통일정책연구센터 소장 2009~2013년 평화재단 평화교육원 부원장·원장 2012년 (사)코리아글로브 이사장 2014~2015년 통일연구원 연구본부장 2015년 同부원장 2016년 同초청연구위원 2017년 同석좌연구위원(현) (저)'한국민족주의연구' '지역갈등해소방안' '통일과정에서 민간단체의 역할' '통일이후 북한지역 국유재산 사유화방안 연구' (종)불교

조민경(趙珉慶·女) CHO MINKYUNG

(생)1971·6·25 (출)인천 (주)서울특별시 종로구 세종대로 209 여성가족부 여성정책과(02-2100-6141) (학)1990년 인성여고졸 1994년 숙명여대 통계학과졸 (경)1999~2002년 인천시 서구청 근무 2002~2008년 여성부 근무 2008년 대통령실 파견 2008년 여성부 규제개혁법무담당관 2009년 同장관비서관 2010년 同여성정책국 성별영향평가과장(서기관) 2010년 여성가족부 여성정책국 성별영향평가과장(서기관) 2011년 同홍보담당관 2011년 同장관비서관 2014년 同홍보담당관 2016년 同가족정책과장(부이사관) 2017년 同여성정책과장(부이사관)(현) (종)기독교

조민석(趙珉奭)
(생)1971·7·3 (출)경남 김해 (주)경상남도 창원시 성산구 창이대로 681 부산고등법원 창원재판부(055-266-2200) (학)1989년 김해고졸 1996년 서울대 경제학과졸 (경)1997년 사법시험 합격(39회) 2000년 사법연수원 수료(29기) 2000년 서울지법 동부지원 판사 2002년 서울지법 판사 2004년 창원지법 판사 2007년 의정부지법 고양지원 판사 2010년 서울행정법원 판사 2012년 부산고법 판사 2013년 대법원 재판연구관 2015년 부산지법 부장판사 2019년 부산고법 창원재판부 판사(현)

조민식(趙敏植) CHO Min Sik

(생)1966·8·12 (주)제주특별자치도 제주시 첨단로 242 (주)카카오(064-795-1500) (학)휘문고졸, 서울대 경영학과졸, 同대학원 회계학과졸, 미국 스탠퍼드대 경영대학원 정보통신경영자과정(SEIT) 수료, 프랑스 인시아드 경영대학원 Chairman 25 program 수료 (경)1992~1993년 삼정합동법률사무소 공인회계사 1993~2000년 삼정합동회계사무소 공인회계사 2000년 삼정회계법인(KPMG) 공인회계사, 同기업금융본부장 2007~2014년 同전무이사, 중국 코리안데스크 대표 2014년 (주)카카오 사외이사 겸 감사위원 2014~2015년 (주)다음카카오 사외이사 겸 감사위원장 2015년 (주)카카오 사외이사 겸 감사위원장(현) 2018~2019년 (주)파마리서치프로덕트 사외이사 2019년 광동제약(주) 사외이사(현) (종)기독교

조민행(趙敏行) CHO Minhaeng

(생)1965·2·26 (본)한양(漢陽) (출)서울 (주)서울특별시 성북구 안암로 145 고려대학교 화학과(02-3290-3133) (학)1983년 인창고졸 1987년 서울대 화학과졸 1989년 同대학원졸 1993년 이학박사(미국 시카고대) (경)1991년 미국 Univ. of Rochester 방문연구원 1992년 일본 Institute for Molecular Science 방문연구원 1993년 미국 Brown Univ. 방문연구원 1994년 미국 Massachusetts Institute of Technology 연구원 1996~1999년 고려대 화학과 조교수 1997년 일본 Institute for Molecular Science 방문교수 1999년 고려대 화학과 부교수·교수(현) 2000년 영국 Univ. of Oxford 방문교수 2003~2009년 고려대 다차원분광학연구센터 소장 2005년 세계적인 학술저널 네이처 '2차원 분광학을 이용한 세계 최초 광합성 초기에너지 이동경로규명'에 관한 논문발표 2005년 현대·기아자동차 자연과학 석좌교수 2014년 기초과학연구원 분자분광학 및 동력학연구단장(현) (상)미국 시카고대 William R. Harper Fellowship·Marc P. Galler Prize, 미국 화학학회 Nobel Laureate Signature Award, 영국문화원 Chevening Scholar Award, 과학기술부 젊은과학자상, 이달(12월)의 과학기술자상(2009), 경암학술상 자연과학부문(2010), 한국과학기술한림원상 학술부문(2011), 대한민국학술원상(2012), 대한화학회 입재물리학상(2017) (저)'Two-Dimensional Optical Spectroscopy'(2009)

조배숙(趙培淑·女) CHO Bae Sook

(생)1956·9·10 (본)임천(林川) (출)전북 익산 (주)서울특별시 영등포구 의사당대로 1 국회 의원회관 616호(02-784-6264) (학)1975년 경기여고졸 1979년 서울대 법학과졸 1985년 同대학원 법학과졸 (경)1980년 사법시험 합격(22회) 1982년 사법연수원 수료(12기) 1982년 서울지검 검사 1986년 인천지검 검사 1986년 수원지법 판사 1988년 대구지법 판사 1989년 일본 게이오대·세케대 객원연구원 1991~1993년 서울지법 남부지원 판사 1991~1993년 서울민사지법 판사 1993년 서울고법 판사 1995~2000년 변호사 개업 1995~2000년 여성변호사회 회장 1998년 법무부 사회보호위원회 위원 1999년 민주평통 자문위원 1999년 국무총리실 행정심판위원회 위원 1999년 국무총리실 기초과학기술연구원 이사 2000~2016년 법무법인 로고스 변호사 2001~2003년 제16대 국회의원(전국구 승계, 새천년민주당) 2001년 새천년민주당 부대변인 2002년 同원내부총무 2004~2007년 열린우리당 중앙위원 2004년 제17대 국회의원(익산시乙, 열린우리당·중도개혁통합신당·중도통합민주당·대통합민주신당·통합민주당) 2004년 국회 한·루마니아의원외교협의회장 2004년 열린우리당 제6정책조정위원장 2005년 同전국여성위원장 2006년 同최고위원 2006~2008년 국회 문화관광위원장 2007년 중도개혁통합신당 최고위원 2007년 대통합민주신당 중앙위원 2008~2012년 제18대 국회의원(익산시乙, 통합민주당·민주당·민주통합당·무소속) 2008년 민주당 당무위원, 국회 예산결산특별위원회 위원, 국회 농림수산식품위원회 위원 2010년 국회 기획재정위원회 위원 2010~2011년 민주당 최고위원 2012년 제19대 국회의원선거 출마(익산시乙, 무소속) 2014년 새정치민주연합 전북도당 공동위원장 2015년 同전북도당 상임고문 2016년 제20대 국회의원(익산시乙, 국민의당·민주평화당〈2018.2〉)(현) 2016년 국민의당 가습기살균제문제대책특별위원회 위원장 2016~2018년 同익산시乙지역위원회 위원장 2016년 同비상대책위원회 위원 2016~2017년 同정책위원회 의장 2016년 국회 대법관(김재형)인사청문특별위원회 위원장 2016~2017년 국회 산업통상자원위원회 위원 2016년 국회 동북아평화·협력의원외교단 단원(현) 2017년 국민의당 제19대 안철수 대통령후보 중앙선거대책본부 직능본부장 2017·2018년 국회 예산결산특별위원회 위원(현) 2017년 국민의당 전당대회준비위원회 부위원장 2017·2018년 국회 산업통상자원중소벤처기업위원회 위원(현) 2017~2018년 국민의당 한·미FTA대책TF 위원장 2017~2018년 同제2창당위원회 당헌당규재개정위원장 2018년 국회 사법개혁특별위원회 위원 2018년 민주평화당 당대표 2018년 同익산시乙지역위원회 위원장(현) 2018년 同갑질근절대책위원회 위원장(현) 2018년 국회 에너지특별위원회 위원(현) 2019년 대통령직속 미세먼지문제해결을위한국가기후환경회의 위원(현) 2019년 민주평화당 원내대표(현) (상)인물대상 의정부문(2010), 한국을 빛낸 사람들 대상 '최우수의정활동대상'(2017), 대한변호사협회 선정 우수국회의원상(2017) (저)자서전 '진심에 불을 지펴라'(2008) (종)기독교

조범구(趙範九) CHO Bum Koo

(생)1939·3·4 (본)풍양(豊壤) (출)서울 (주)서울특별시 송파구 올림픽로35가길 11 한신오피스텔 207호 한국심장재단(02-414-5321) (학)1958년 서울고졸 1964년 연세대 의과대학졸 1971년 同대학원 의학석사 1976년 의학박사(연세대) (경)1971~1984년 연세대 의과대학 흉부외과학교실 전임강사·조교수·부교수 1976년 미국 흉부외과학회 초청 텍사스심장연구소 교환교수 1984~2004년 연세대 의과대학 흉부외과학교실 교수 1991년 연세의료원 심장혈관센터 원장 1995년 아시아심혈관외과학회 상임이사 1996~1997년 대한흉부외과학회 회장 1998~2001년 대통령 의무자문의 2000~2003년 연세대 세브란스병원장 2000년 한국생체재료학회 회장 2000년 전국대학병원장협의회 초대회장 2004~2008년 건강보험심사평가원 진료심사평가위원장 2004년 연세대 명예교수(현) 2010년 한국심장재단 이사장(현) (상)청룡봉사상(1996), 의협신문 제19회 보령의료봉사상 대상(2004), 연세대 연세의학 학술부문 대상(2004), 몽골 친선공로훈장(2007) (저)'최신흉부외과학' (종)기독교

조범구(趙範九) Bum Coo CHO

(생)1961·12·10 (출)서울 (주)서울특별시 강남구 영동대로 517 시스코코리아 임원실(02-3429-8000) (학)1980년 고려고졸 1984년 서울대 산업공학과졸 1986년 한국과학기술원(KAIST) 석사 (경)1989년 액센추어 입사 2004~2007년 同첨단전자및통신산업부 총괄부사장 2004~2005년 중국 TCL톰슨전자 정보기술부 대표(CIO) 겸임 2007년 액센추어코리아 첨단전자및통신산업부 총괄대표 2007년 同아시아태평양지역 소비

자전자산업부 총괄대표 2008년 액센츄어 아시아·태평양지역 첨단 전자산업부문 대표 2009~2011년 시스코코리아 사장 2011년 삼성 전자(주) 전무이사 2016년 시스코시스템즈코리아 대표이사(현)

조범제(趙凡濟) JO Bum Je

(생)1964·6·20 (본)함안(咸安) (출)경북 청송 (주)서울특별시 서초구 서초대로41길 20 화인빌딩 3층 법무법인 천우(02-591-6100) (학)1983년 경북사대부고졸 1987년 서울대 공법학과졸 1993년 同대학원 법학과졸 (경)1999년 사법고시 합격(41회) 2001년 사법연수원 수료(31기) 2002년 법무법인 천우 대표변호사(현) 2002년 사법연수원 제31기 서울대동문회장 2003년 금융감독원 자문변호사 2003년 성신여대 법률상담변호사 2003년 MBC아카데미 교육변호사 2004년 대한배구협회 고문변호사 2004년 경찰연구·고향신문 칼럼위원 2005년 서울지방변호사회 섭외위원회 위원 2007년 대한변호사협회 이사, 대한사회복지회 이사(현) 2007년 한국의료기기광고사전심의위원 2008년 태평양전쟁강제동원희생자등지원심의위원회 위원 2008년 중앙하천관리위원 2009년 서울지방변호사회 청년변호사평의회 부의장 2010년 서울시 스키연합회 자문위원 2011년 SBS공익프로그램 자문변호사 2019년 법조윤리협의회 사무총장 겸 주무간사(현)

조 벽(趙 璧) Peck Cho

(생)1956·11·14 (본)함안(咸安) (출)서울 (주)서울특별시 종로구 평창문화로 75 글로리아타운 407호 HD행복연구소(02-525-9767) (학)1979년 미국 위스콘신대 기계공학과졸 1981년 미국 노스웨스턴대 대학원 기계공학과졸 1984년 기계공학박사(미국 노스웨스턴대) (경)미국 미시간공과대 기계공학과 교수, 同옴부즈맨(Ombudsman), 同Student Success Center 디렉터, 同혁신센터(Innovation Center) 소장, 同학습센터(Learning Center) 소장, 同기계공학과 열유체공학 디렉터, 미국 캘리포니아주립대 연구원, 미국 로렌스버클리국립연구소 연구원, 미국 프린스턴대 Visiting Professor, 서울대 Brain Pool 초빙교수, 한양대 수석자문교수, 한국공학교육학회 부회장, 한국공학한림원 교육위원장, 한국산업기술재단 자문위원, 경주시 힐링마을설립 정책고문, 교육부 정책자문위원, 서울시교육청 정책자문위원, 창의과학재단 자문위원, 대통령직속 국가인적자원위원회 운영위원, 대법원 국민사법참여위원회 위원, 학교폭력대책위원회 공동위원장 2007~2016년 동국대 석좌교수, HD행복연구소 공동소장(현), 숙명여대 석좌교수 2019년 고려대 석좌교수(현) (상)미국과학재단(NSF) 연구상(Research Initiation Award)(1990), 미국자동차협회(SAE) 교육자상(1991), 미국 미시간공대 최우수교수상(1991·1993), 미국공학교육학회(ASEE) 북서부지역 최우수논문상(1991), 미국 미시간주 최우수교수상(1992), 미국우수공학도회의 우수엔지니어상(Eminent Engineer)(1995), 미국공학교육학회(ASEE) 교육자상(1996), 미국 미시간공대 마틴루터킹상(2003), 미국 미시간공대 Distinguished Service Award(2003), 한국공학교육학회 공로상(2004), 한국공학한림원 해동상 공학교육혁신부문(2008), 중앙공무원연수원 베스트강사상(2012·2013), 대통령표창(2016) (저)'한국인이 반드시 일어설 수밖에 없는 7가지 이유(共)'(1998, 명진출판사) '새시대 교수법'(1999, 한단북스출판사) '이민가지 않고도 우리아이 인재로 키울 수 있다(共)'(2000, 한단북스출판사) '조벽교수의 명강의 노하우 & 노와이'(2001, 해냄출판사) '새시대 교수법 상담 가이드북'(2002, 한단북스출판사) '글로벌 정보사회의 전개와 대응(共)'(2002, 나남출판사) 'H.O.P.E. 자녀 교육법(共)'(2002, 해냄출판사) '나는 대한민국의 교사다'(2004, 해냄출판사) '조벽 교수의 인재혁명'(2010) '내 아이를 위한 사랑의 기술, 감정코칭(共)'(2011, 해냄출판사) '희망특강'(2012, 해냄출판사) '수업컨설팅'(2012, 해냄출판사) '청소년 감정코칭(共)'(2012, 해냄출판사) '감정코치 K(共)'(2012, 해냄출판사) '인성이 실력이다'(2016, 해냄출판사) '정서적 흙수저와 정서적 금수저(共)'(2018, 해냄출판사)

조병구(趙炳球) CHO Byung Koo

(생)1956·1·28 (본)한양(漢陽) (출)서울 (주)서울특별시 동대문구 회기로 47 한국개발연구원 글로벌지식협력센터 소장실(02-6312-4006) (학)1974년 서울고졸 1979년 서울대 사회학과졸 1982년 同대학원 사회학과졸 1991년 사회학박사(미국 일리노이대 어배나교) (경)1983년 한국인구보건연구원 근무 2003~2006년 한국개발연구원(KDI) 경제정보센터 소장, 同재정·사회개발연구부 선임연구위원, 同정보자료실장 2005년 同북한경제팀 선임연구위원, 同부설 국민경제교육연구소 종합기획실장 2010년 同기획조정실장 2011년 同경영지원본부장 2013~2014년 同경제정보센터 소장 2014년 同경제정보센터 선임연구위원 2015년 同북한경제연구부장 2017년 同지식협력단지운영단장 2019년 同글로벌지식협력센터 소장(현) (종)천주교

조병구(趙炳九) CHO Byung Koo

(생)1974·3·3 (출)대구 (주)서울특별시 마포구 마포대로 174 서울서부지방법원(02-3271-1114) (학)1993년 단국대사대부고졸 1997년 서울대 사법학과졸 (경)1996년 사법시험 합격(38회) 1999년 사법연수원 수료(28기) 1999년 육군 법무관 2002년 서울지법 판사 2004년 서울서부지법 판사 2006년 대전지법 공주지원 판사 2007년 同홍성지원 판사 2010년 사법연수원 교수 2012년 서울행정법원 판사 2014년 창원지법 진주지원 부장판사 2015년 대법원 재판연구관 2016년 수원지법 부장판사 2016년 법원행정처 공보관 2018년 서울서부지법 부장판사(현) (종)기독교

조병기(趙昺琦) Cho, Byung Ki

(생)1962·6·5 (본)한양(漢陽) (출)충남 서산 (주)경기도 광주시 오포읍 봉골길 229 한국기술교육대학교 고용노동연수원(031-760-7705) (학)1980년 서령고졸 1986년 중앙대 경제학과졸 1991년 서울대 행정대학원 행정학과졸 (경)1987년 행정고시 합격(31회) 1997~1999년 노동부 근로기준과 서기관 1999~2001년 노사정위원회 기획과장 2001~2003년 서울북부지방노동사무소장 2003~2005년 미국 버지니아노동연구센터 객원연구원 2005~2007년 노동부 보험운영지원팀장 2007~2008년 同산재보험혁신팀장(부이사관) 2008~2009년 同산재보험과장 2009~2010년 同서울종합고용지원센터 소장 2010년 고용노동부 기획조정실 정책기획관(고위공무원) 2012년 산업재해보상보험재심사위원회 위원장 2014년 고용노동부 감사관 2017년 중부지방고용노동청장 2017~2019년 서울지방노동위원회 위원장 2019년 한국기술교육대 고용노동연수원장(현) (상)충남도교육감표창(1980), 대통령표창(1996)

조병두(趙炳斗) CHO Byung Doo

(생)1940·1·1 (주)충청남도 천안시 서북구 입장면 연곡길 356 (주)동주 대표이사실(041-955-7000) (학)1963년 성균관대 상학과졸 1996년 명예경영학박사(성균관대) 2010년 철학박사(성균관대) (경)1963년 현대건설 재정부 근무 1966년 KCC 경리과장 1969년 현대자동차 재정부 차장 1971년 KCC 상무이사 1981년 (주)동주 대표이사 회장(현) 1986년 세우실업(주) 대표이사 회장 1992~2007년 서울팝스오케스트라 이사장 1994~2000 경북대학 이사장 1995년 대호포장 대표이사 회장 1997~2001년 경동대학교 이사장 2004년 (사)한국마케팅연구원 이사장 (상)문화관광부장관표창(1999), 메세나문화대상(2001), 성균경영인상(2001·2006), 석탑산업훈장(2007), 자랑스러운 성균인상(2007), 옥관문화훈장(2012)

조병무(曺秉武) JO Byung Moo (平里)

(생)1937·12·28 (본)창녕(昌寧) (출)경남 함안 (학)1957년 마산상고졸 1964년 동국대 국어국문학과졸 1976년 단국대 대학원 국어국문학과 수료 1984년 한양대 대학원 국어국문학과 수료 (경)1963년 현대문학평론 「날개의 표상」 추천 데뷔, 문학평론가 겸 시인(현) 1980년 국제펜클럽 한국본부 이사·펜과 문학 주간 1980~1998년 대림전문대학 교양과 교수 1992년 한국현대시인협회 부회장 1996년 96문학의해조직위원회 기획팀장 겸 기획분과회장 1998~2003년 동덕여대 인문학부 문예창작전공 교수 1999년 한국문학평론가협회 부회장 2000~2002년 한국현대시인협회 회장 2003년 同명예회장 2003년 동덕여대 교수 퇴임 2007~2008년 군포문인협회 회장 2012년 제78차 국제PEN대회 총괄위원 2019년 한국문인협회 고문 2019년 한국현대시인협회 평의원(현) 2019년 국제펜클럽 한국본부 고문(현) 2019년 군포신문 논설위원(현) 2019년 (사)자연을사랑하는문학의집서울 이사(현) (상)현대문학상(1979), 시문학상(1985), 국민포장(1987), 동국문학상(1996), 대통령표창(1996), 윤동주문학상(1997), 조연현문학상(2002), 군포시민대상(2008), 국제PEN문학상(2011), 제4회 군포문학상(2012), 제3회 녹색문학상(2014) (저)문학평론집 '가설의 옹호' '새로운 명제' '시를 어떻게 쓸 것인가' '시짜기와 시쓰기' '존재와 소유의 문학' '문학작품의 사고와 표현'(2006) '문학의 환경과 변화의 시대'(2011) '조운 평전'(2011) '개정판 시를 어떻게 쓸 것인가'(2011), 시집 '겨울연주(共)' '꿈사설' '떠나가는 시간' '머문자리 그대로' '숲과의 만남'(2014), 수필집 '니그로오다 황금사슴이야기' '꽃바람 불던 날' '기호가 말을 한다' '내 마음속의 숲'(2009) '한국소설묘사사전'(전6권) (작)'무슨 색갈이 나올까' '시가 있는 사찰 여행' '인사동 거리' '숲과의 만남' '입술과 꽃잎' '마음' '편지' (종)불교

조병수(趙秉洙) CHO Byoung Soo

(생)1951·10·12 (출)인천 (주)서울특별시 강남구 도산대로 509 미래아이앤지 조병수의원(02-541-3991) (학)제물포고졸 1977년 경희대 의과대학졸 1981년 同대학원졸 1986년 의학박사(고려대) (경)1977~1982년 경희대병원 인턴·소아과 레지던트 1982~1996년 경희대 의과대학 소아과 임상강사·전임강사·조교수·부교수 1987~1988·1994년 미국 William Beaumont Hospital 신장학 연수 1990년 대한신장학회 총무이사 1996~2013년 경희대 의과대학 소아과학교실 교수 1998년 同동서신장병연구소장 1998~2003년 同의과대학 소아과장 1999~2004년 한국방송공사 객원해설위원 1999년 한국방송기자클럽 홍성현언론상 기금이사 2000~2007년 (사)한국학교보건협회 회장 2004년 대한소아신장학회 감사·이사 2005년 경희의료원 동서의학연구소장 2009년 (사)한국학교보건협회 집단뇨검사연구위원장 2010년 미국 세계인명사전 'Marquis Who's Who in the World'에 등재 2010년 국제신장학회 논문선정위원 2011년 미국 세계인명사전 'Marquis Who's Who in the World' 인물선정위원 2011년 국제신장학저널 'World Journal of Nephrology' 편집위원 2012년 한국건강관리협회 등기이사 2013년 경희대 명예교수(현) 2013년 디올메디바이오 조병수의원 원장 2013년 同줄기세포연구소장·신장센터장 겸임 2015년 (주)미래아이앤지 조병수의원 원장(현) 2015년 同줄기세포연구소장(현) 2016년 同조병수의원 신장병클리닉 대표원장(현) (상)국제신장학회 Grant(1990), 대한소아과학회 석천학술상(1990), 대한의학협회 동신스미스클라인 학술상(1991), 대한소아과학회 우수포스터상(1991), 대한신장학회 학술상(1996), 미원학술상(2000), 고황의학상 금상(2002), 대통령표창(2013)

조병옥(趙炳玉)

(생)1958·1·25 (출)충북 음성 (주)충청북도 음성군 음성읍 중앙로 173 음성군청 군수실(043-871-3010) (학)1989년 청주대 영어영문학과졸 2004년 충북대 행정대학원 행정학과졸 (경)2003년 충북도 공보관실 홍보관리팀장 2004년 同자치행정국 노근리사건실무지원단 총괄팀장 2005년 同정책관리실 성과관리담당관실 평가팀장 2009년 同문화관광환경국 문화팀장 2010년 同보건복지여성국 노인장애인과장·자치연수원 도민연수과장 2010년 同의회사무처 운영전문위원 2011~2014년 同균형건설국 균형개발과장 2014년 충북 음성군 부군수 2014년 충북도 도지사 비서실장 2015년 同균형건설국장(부이사관) 2017년 同행정국장 2018년 충북 음성군수(더불어민주당)(현) (상)재무부장관표창(1989), 국무총리표창(1994), 대통령표창(2007)

조병우(趙炳祐) CHO Byoung Woo

(생)1941·4·13 (본)한양(漢陽) (출)경북 영덕 (주)서울특별시 구로구 구로동로 174 (주)유풍 회장실(02-852-5200) (학)1959년 경북고졸 1964년 서울대 공대 섬유공학과졸 1991년 同경영대학원 최고산업전략과정 수료(5기) (경)1974년 유풍실업 설립·대표이사 사장, 원우무역 대표이사 사장 1998년 한국공학원 최고경영인평의회 위원, 유풍실업 회장 2004년 (주)유풍 대표이사 회장(현) 2006년 서울대 공대·한국공학한림원 '한국을 일으킨 엔지니어 60인'에 선정(섬유부문), 한국공학한림원 부의장·명예회원(현) 2009년 한국무역협회 비상근부회장 (상)1천만달러 수출의탑, 새마을유공표창(1985), 석탑산업훈장(1985), 한국의류산업협회 다시장수출상(1987), 신규시장개척상, 은탑산업훈장(1992), 5천만달러 수출의탑(1992), 한국섬유신문 제2회 한국섬유대상 고유브랜드 부문(1992), 서울대공대인상(1994), 자랑스러운 서울대공대동문상(2004) (종)가톨릭

조병욱(趙炳煜) Jo Byung Wook

(생)1961·1·27 (주)서울특별시 종로구 사직로8길 60 외교부 인사운영팀(02-2100-7141) (학)1983년 육군사관학교 토목공학과졸 1991년 미국 아메리칸대 행정대학원졸(미국정치전공) (경)1994년 駐국제연합 1등서기관 1995년 駐미국 1등서기관 2001년 駐토론토 영사 2008년 駐캐나다 공사참사관 2014년 駐홍콩 부총영사 2016년 駐미국 공사 2018년 駐사우디아라비아 대사(현)

조병익(趙炳翼) Byung Ik Cho

(생)1959·2·11 (주)서울특별시 종로구 새문안로 68 흥국생명보험(주) 비서실(02-2002-7000) (학)1986년 성균관대 경영학과졸 (경)1985년 삼성생명보험(주) 경리팀 입사 2003년 同기획·전략지원 근무 2009년 同법인사업부장(상무) 2013~2015년 同법인영업본부장(전무) 2017년 흥국생명보험(주) 대표이사(현)

조병주(趙柄周) CHO Byung Joo

(생)1964·5·14 (출)서울 (주)서울특별시 영등포구 여의대로 24 칼론인베스트먼트 자산운용(주)(02-761-9015) (학)1983년 관악고졸 1987년 연세대 경영학과졸 (경)2008년 NH투자증권 투자금융본부장(상무) 2008~2012년 同IB2본부 상무 2013년 한화투자증권 프로덕트본부장(상무) 2015년 이트레이드증권 IB사업부 대표 2015년 이베스트투자증권(주) IB사업부 대표 2017년 同투자금융본부장(상무) 2018년 同투자금융본부장(전무) 2019년 칼론인베스트먼트자산운용 대표이사(현)

조병택(趙炳澤) JO Byeong Taek

(생)1955·9·15 (출)경북 (주)서울특별시 중구 서소문로 117 (주)대한항공 임원실(02-2656-6564) (학)성동공고졸, 인하대 경영학과졸 (경)(주)대한항공 공사계약팀장 2005년 同자재부 내자구매팀장 2007년 同기내식지원담당 상무B, 同ERP추진본부 기내식부문 상무 2010년 同기내식지원담당 상

무 2012년 同기내식총괄담당 전무 2013년 同기내식총괄담당 전무A 2014년 同기내식기판사업본부장(전무)(현) 2015년 同객실승무본부장 겸임 (종)불교

조병학(趙炳學) Byeong Hak CHO

(생)1960·8·14 (출)인천 (주)경기도 용인시 처인구 포곡읍 에버랜드로 199 삼성물산(주) 리조트부문(02-2183-2772) (학)수도사대부고졸, 서강대 전자공학과졸 (경)삼성전자(주) 반도체총괄 시스템LSI사업부 기획팀장(상무보) 2005년 同반도체총괄 시스템LSI사업부 기획팀장(상무) 2006년 同기흥공장 영업1팀 상무, 同시스템LSI사업부 영업팀장(상무) 2010년 삼성에버랜드 전무 2014년 제일모직 리조트사업부장(전무) 2015년 同리조트사업부장(부사장) 2015년 삼성물산(주) 리조트·건설부문 리조트사업부장(부사장) 2018년 同리조트부문 고문(현) (종)천주교

조병학

(생)1967·3·27 (주)경기도 수원시 영통구 삼성로 129 삼성전자(주) S.LSI사업부 기반설계실(02-2255-0114) (학)1989년 미국 캘리포니아대 로스앤젤레스교 전자공학과졸 1991년 미국 캘리포니아대 버클리교 대학원 전자공학과졸 1995년 전자공학박사(미국 캘리포니아대 버클리교) (경)2004년 Marvell Technology 연구원 2012년 삼성전자(주) DMC연구소 Modem RF Lab 근무 2013년 同S.LSI사업부 Modem RF Lab 근무 2014년 同S.LSI사업부 Modem RF팀 근무 2014년 同S.LSI사업부 RF개발팀장 2017년 同S.LSI사업부 기반설계팀장(전무) 2019년 同S.LSI사업부 기반설계팀장(부사장) 2019년 同S.LSI사업부 기반설계실장(부사장)(현)

조병현(趙炳顯) CHO Byoung Hyun (牛峴)

(생)1955·3·2 (본)함안(咸安) (출)경북 포항 (주)경기도 안산시 단원구 광덕서로 75 수원지방법원 안산지원(031-481-1114) (학)1974년 경남고졸 1978년 서울대 법대졸 1980년 同대학원 법학과 수료 (경)1979년 사법시험 합격(21회) 1981년 사법연수원 수료(11기) 1981년 軍법무관 1984년 서울민사지법 판사 1986년 서울지법 동부지원 판사 1989년 부산지법 울산지원 판사 1991~1994년 서울고법 판사 1992년 서울형사지법 판사 파견 1994년 대법원 재판연구관 1996년 부산지법 울산지원 부장판사 1998년 수원지법 부장판사 1999년 서울지법 서부지원 부장판사 2000년 서울행정법원 부장판사 2003년 대전고법 부장판사 2004년 同수석부장판사 2005년 서울고법 부장판사 2010년 부산지법원장 2010년 부산시 선거관리위원장 2011년 서울행정법원장 2012년 대구고법원장 2013년 대전고법원장 2013~2019년 중앙선거관리위원회 위원 2013~2015년 서울고법원장 2015~2017년 서울고법 부장판사 2016~2017년 서울중앙지법 부장판사 겸임 2017년 수원지법 안산지원 광명시법원 원로(元老)법관(현) (종)기독교

조병훈(趙炳勳) CHO Byung Hoon (爽憧)

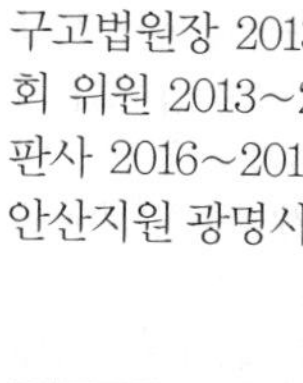

(생)1957·5·20 (본)한양(漢陽) (출)경북 영주 (주)서울특별시 금천구 벚꽃로 286 삼성리더스타워 709호 한국현대인물편찬위원회(050-2303-0678) (학)1975년 대건고졸 1981년 영남대 경제학과졸 1983년 한양대 행정대학원 행정학과졸 1998년 경북대 대학원 행정학 박사과정 수료 (경)1981~1993년 문교부 행정주사 1993~1999년 대구예술대 예술복지행정학과 전임강사·조교수 1995~2005년 한국정부학회 이사 1998~2010년 대한정치학회 이사 1999~2010년 대구예술대 경찰복지행정학과 부교수·교수 2000~2014년 대구지검 학교폭력예방선도위원회 강연위원 2002~2009년 대구예술대 교수협의회 회장 2006년 대구시 교육위원선거 출마 2004~2005년 한국행정학회 운영이사 2006년 한국정부학회 감사 2006년 대구경북지역교수협의회연합회 사무국장 2007년 대한지방자치학회 이사, 同부회장, 서울행정학회 연구위원 2008~2014년 한국행정학회 운영이사 2008년 한국정부학회 교육정보이사 2008년 한국치안행정학회 총무위원장·부회장 2008년 대구경북지역교수협의회연합회 공동회장 2008년 한양조씨대종회 이사(현), 영남대상경대학동창회 부회장(현) 2008~2010년 국제당수도연맹 부회장 2009년 한국정부학회 섭외홍보위원장 2009~2013년 대구시 학교폭력대책지역위원회 위원 2009년 서울행정학회 이사 2009년 대구시 국공립인문계고등학교학교운영위원대표협의회 회장 2009년 한국사립대학교수회연합회 공동회장 2010년 한국현대인물편찬위원회 회장(현) (상)문교부장관표창(1982), 제8회 장한한국인상 사회인부문 대상(2009), 한국사립대학교수회연합회 공로상(2010), 옥조근정훈장(2011) (저)'예술과 행정' '지역사회와 함께하는 학생(청소년)문화 활성화 방안 연구(共)'(2001, 한국청소년개발원) '지식기반서비스업 인적자원개발실태 및 정책발전방향 연구(共)'(2004, 교육인적자원부) (종)기독교

조보연(趙普衍) CHO Bo Youn

(생)1948·9·25 (본)풍양(豊壤) (출)충남 논산 (주)서울특별시 동작구 흑석로 102 중앙대학교병원 갑상선센터(02-6299-1295) (학)1965년 경복고졸 1971년 서울대 의대졸 1974년 同대학원 의학석사 1980년 의학박사(서울대) (경)1979~2011년 서울대 의대 내과학교실 내분비내과 전임강사·조교수·부교수·교수 1982년 미국 하버드대 의대부속 베스이스라엘병원 연수 1984년 제3차 아세아대양주핵의학회 총무 1988년 대한내분비학회 고문(현) 1989년 제4차 아세아대양주갑상선학회 총무 1989~2000년 同학술위원 1990년 미국내분비학회 정회원(현) 1990~1995년 제11차 세계갑상선학회 학술위원 1991년 제4차 한일갑상선학회 사무총장 1993~1994년 대한내분비학회 보험이사 1995~1996년 同총무이사 1995~2000년 아세아대양주갑상선학회 평의원·학술위원 1995~2000년 제12차 세계갑상선학회 학술위원, 서울대병원 핵의학과장, 同교육연구부장, 미국 국립보건원(NIH) 연구원 1998~2001년 서울대병원 임상의학연구소장 1999년 미국갑상선학회 정회원(현) 2000~2005년 아세아대양주갑상선학회 회장 2001년 제3차 한중일갑상선학회 회장 2001~2002년 대한내분비학회 이사장 2010년 대한갑상선학회 회장 2011~2014년 중앙대 의대 내과학교실 교수 2011년 중앙대병원 갑상선센터장(현) (상)대한내과학회 최우수논문상(1988), 아세아·대양주갑상선학회 DAIICHI학술상(1993), 대한내분비학회 오가논학술상(1997), 대한내분비학회 학술상(1999), 대한내분비학회 남곡학술상(2003), 대한갑상선학회 범산학술상(2007), 녹조근정훈장(2014) (저)'증례중심의 갑상선학(共)'(2000·2005) '임상갑상선학'(2001·2005·2010) (종)불교

조보희(趙寶熙) CHO Bo Hee

(생)1964·12·12 (본)풍양(豊壤) (출)경북 상주 (주)서울특별시 종로구 율곡로2길 25 연합뉴스 출판부(02-398-3601) (학)1983년 상주고졸 1990년 한양대 경영학과졸 (경)1990~2011년 연합뉴스 편집국 사진부 기자 2001년 同노조위원장 2008~2011년 연합뉴스 편집국 사진부 부장대우(청와대 출입) 2011년 同사진부장 2011년 연합국제보도사진전 심사위원 2012년 연합뉴스 편집국 사진부 근무(부장급) 2014년 同사진부 근무(부국장대우) 2015년 同콘텐츠총괄본부 콘텐츠제작팀 선임기자 2015년 同편집국 사진부 기자(부국장대우) 2016년 同DB부 기자(부국장대우) 2018년 同DB부 기자(부국장) 2018년 同출판부 기자(부국장) 2019년 同출판부 기자(선임)(현) 2019년 러시아 로시야시보드냐 통신사 '안드레이스테닌 국제보도사진전' 심사위원 (상)농림축산식품부장관표창(2013), 한국보도사진전 최우수상(2013), 대한상공회의소 사진공모전 우수상(2018)

조복래(趙福來) Cho Bock Rae

(생)1961 · 11 · 8 (출)경남 진주 (학)1979년 진주고졸 1987년 서울대 정치학과졸 2011년 한국과학기술원(KAIST) 최고위과정 수료 2012년 서울대 법과대학 최고위과정 수료 2013년 가톨릭대 최고위과정 수료 (경)1988년 연합통신 입사(7기) 1991년 同사회부 기자 1992년 同정치부 기자 1999년 연합뉴스 국제뉴스2부 차장대우 2000년 同정치부 차장대우 2001년 同정치부 차장 2005년 同정치부 부장대우 2005년 同워싱턴특파원 2008~2011년 同정치부장 2011년 관훈클럽 편집위원 2011년 연합뉴스 편집국 정치에디터(부국장대우) 2012년 同국제국 기획위원 2013년 연합뉴스TV(뉴스Y) 보도국장 2014년 同보도국장(부국장) 2014년 프레스클럽 운영위원 2015년 국회방송 자문위원 2015년 국방부 정책자문위원 2015 · 2017년 한국신문방송편집인협회 부회장 2015~2018년 연합뉴스 콘텐츠융합담당 상무이사 (상)한국참언론인대상(2015) (종)가톨릭

조복연(趙福衍)

(출)전남 화순 (주)대전광역시 서구 청사로 189 병무청 입영동원국(042-481-2728) (학)전남대졸, 미국 미주리주립대 대학원 공공정책학과졸 (경)2006년 병무청 선병국 서기관 2007년 同사회복무정책본부 사회복무교육팀장 2009년 광주 · 전남지방병무청 징병관 2010년 병무청 정보관리과장 2015년 同병역자원국 병역조사과장(서기관) 2016년 同병역자원국 병역조사과장(부이사관) 2017년 경인지방병무청 병역판정관(과장급) 2017년 광주 · 전남지방병무청장(고위공무원) 2018년 교육 파견(고위공무원) 2019년 병무청 입영동원국장(현)

조봉성(曺鳳晟) CHO Bong Sung

(생)1957 · 3 · 25 (출)전북 전주 (주)전라북도 전주시 완산구 기린대로 222 승주빌딩 4층 전주매일(063-288-9700) (학)전주영생고졸 1981년 전주대 일어교육학과졸 (경)1999년 전북도민일보 완주주재 부장대우, 同서울주재 정치부장 2004년 매일전북 편집국장 2005~2009년 전북매일신문 편집국장 2009년 同대표이사(현)

조봉업(曺捧業) CHO, Bong Up

(생)1968 · 10 · 12 (본)창녕(昌寧) (출)전북 고창 (주)세종특별자치시 한누리대로 411 행정안전부 지역발전정책관실(044-205-3500) (학)1985년 고창고졸 1990년 경희대 영어영문학과졸 1993년 서울대 행정대학원 행정학과 수료 2006년 한국개발연구원(KDI) 국제정책대학원 공공정책학과졸 (경)1992년 행정고시 합격(36회) 2006년 행정자치부 지역경제공기업팀 서기관 2007년 정부혁신지방분권위원회 기획총무팀장 2007년 행정자치부 윤리복지정책관실 근무지원팀장 2008년 대통령 행정자치비서관실 행정관 2009~2011년 행정안전부 지방재정세제국 재정정책과장(부이사관) 2011년 유엔 거버넌스센터 협력국장 2014년 전북도 기획관리실장(고위공무원) 2014~2016년 전주시 부시장 2016년 미국 교육 파견 2017년 행정안전부 기획조정실 근무(고위공무원) 2018년 同지방자치분권실 지역발전정책관(현) (상)대통령표창(1999), 한국개발연구원(KDI) 국제정책대학원 자랑스러운 동문인상(2015)

조봉한(趙倴漢) Bonghan Brian CHO

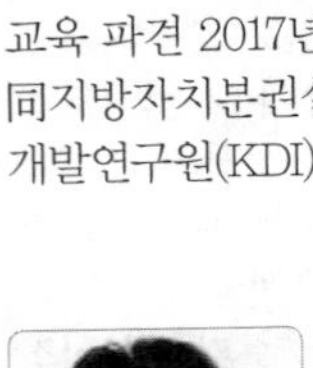

(생)1965 · 1 · 23 (본)김제(金堤) (출)전북 김제 (주)서울특별시 강남구 테헤란로98길 28 이쿠얼키(02-567-2982) (학)1983년 전주 신흥고졸 1987년 서울대 계산통계학과졸 1989년 미국 서던캘리포니아대 대학원졸 1997년 공학박사(미국 서던캘리포니아대) (경)미국 오라클社 근무 2001년 국민은행 차세대뱅킹시스템(NGBS)팀장 겸 신기술팀장 2004년 서강대 경영대 겸임교수 2004년 하나은행 정보전략본부장(부행장보·CIO) 2006년 (주)하나금융지주 상무이사 2008~2013년 同부사장 겸 최고정보책임자(CIO) 2008~2014년 하나아이앤에스 대표이사 사장 2009~2011년 하나은행 정보전략본부 부행장보 2013~2017년 서울대 초빙교수 2014년 삼성화재해상보험(주) 경영혁신실장(부사장) 겸 정보보호최고책임자(CISO) 2016년 이쿠얼키(주) 대표(현) (상)세계로보트월드컵대회 챔피언(1997), 벤처기업협회 특별공로상(2005) (종)기독교

조봉현(曺奉鉉) CHO Bong Hyeon (데이빗)

(생)1950 · 4 · 11 (본)창녕(昌寧) (출)인천 (주)인천광역시 남동구 남동대로 71 남동공단 131블럭 4롯트 대현산업(주) 임원실(032-812-5511) (학)1990년 광주대 무역학과졸 1992년 인하대 공과대학원졸 2003년 서울대 행정대학원 국가정책과정 수료 (경)1972년 대현산업사 창업 · 대표 1983년 대현산업(주) 대표이사(현) 2005~2016년 한국프라스틱공업협동조합연합회 회장 2015~2016년 중소기업중앙회 부회장 2015~2016년 고용노동부 최저임금위원회 사용자위원 (상)중소기업청장표창(2006), 산업자원부장관표창(2006), 대통령표창(2006), 동탑산업훈장(2007), 인하비룡대상 산업기술부문(2017) (종)기독교

조봉환(曺琫煥) Bong Hwan CHO

(생)1961·3·26 (본)창녕(昌寧) (출)경북 안동 (주)대전광역시 중구 보문로 246 대림빌딩 3층 소상공인시장진흥공단(042-363-7502) (학)1979년 경북고졸 1984년 서울대 불어불문학과졸 1986년 同행정대학원졸 (경)1986년 행정고시 합격(30회) 2004년 기획예산처 재정기획실 산업재정2과장 2005년 同농림해양재정과장 2006년 同균형발전정책팀장(부이사관) 2007년 同재정감사기획관 2007년 同민간투자제도팀장 2008년 기획재정부 예산실 민간투자제도과장 2009년 同재정정책국 재정정책과장 2010년 국방대 교육파견(일반직고위공무원) 2012년 국회 예산결산특별위원회 파견 2013년 기획재정부 공공혁신기획관 2015년 同공공정책국장 2016~2017년 민관합동창조경제추진단 단장 2017~2019년 중소벤처기업부 중소기업정책실장 2019년 소상공인시장진흥공단 이사장(현)

조부영(趙富英) CHO Pu Young (一健)

(생)1936 · 2 · 9 (본)임천(林川) (출)충남 홍성 (주)서울특별시 종로구 삼일대로 428 507호 어문정책정상화추진회(02-762-8401) (학)1956년 홍성고졸 1960년 연세대 정치외교학과졸 1981년 서울대 행정대학원 국가정책과정 수료 2002년 명예 경제학박사(공주대) (경)1971년 국제전기기업 상무이사 1975~1982년 국제특수금속 사장 1982년 대한통운 전무이사 1982~1985년 동아콘크리트 부사장 · 사장 1986년 동아건설 산업공장 사업본부 사장 1987년 청석수련원 이사장 1987년 조양문장학회 회장 1988년 신민주공화당(공화당) 사무차장 1988년 제13대 국회의원(청양 · 홍성, 공화당 · 민자당) 1988년 공화당 당기위원회 부위원장 1990년 민자당 제2사무부총장 1990년 同당보편집위원장 겸 홍보대책위원장 1992년 제14대 국회의원(청양 · 홍성, 민자당 · 자민련) 1994년 민자당 사회담당정책조정실장 1995년 자유민주연합(자민련) 청양 · 홍성지구당 위원장 1995년 同사무총장 겸 당무위원 1997년 대통령직인수위원회 경제1분과 간사 1998~1999년 대한주택공사 사장 1998년 대한근대5종바이애슬론연맹 회장 2000년 자민련 제16대 총선 선거대책본부장 2000년 同부총재 2000~2004년 제16대 국회의원(전국구, 자민련) 2001년 자민련 내각제추진위원장 2002년 충청향우회중앙회 회장 2002~2004년 국회 부의장 2004년 자민련 비상대책위원장 2006년 국민중심당 상임고문 2006년 同공천심사위원장 2008년 자유선진당 상임고문 2012~2014년 어문정책정상화추진회 공동대표 2014년 同이사(현), (사)전통문화연구회 이사장(현) (저)'지조있는 사람이 그립다' (종)기독교

조비룡(趙飛龍) CHO BE LONG

(생)1966·1·1 (본)함안(咸安) (출)부산 (주)서울특별시 종로구 대학로 101 서울대학교병원 가정의학과(02-2072-2195) (학)1990년 서울대 의대졸 1996년 同보건대학원졸 1999년 의학박사(고려대) (경)1991~1994년 서울대병원 가정의학과 레지던트 1994~1997년 공군 비행단당 軍의관 1997~1999년 서울대병원 가정의학과 전임의 1999년 서울대 의대 가정의학교실 교수(현) 2003~2006년 同의과대학 학생부학장보 겸 대외협력실장 2003년 同보건진료소장(현), 서울대병원 건강증진센터장 2006년 同의학연구윤리심의위원회 위원(현) 2008·2012·2014년 同가정의학과 진료과장 2010년 질병관리본부 심뇌예방전문분과 위원 2010년 보건복지부 건강관리서비스활성화포럼 위원 2010년 중앙약사심의위원회 전문위원 2012~2016년 서울대 의과대학 가정의학교실 주임교수, 대한가정의학회 총무이사·정책이사(현) (상)국무총리표창(2014) (저)'스포츠의학(共)'(2001) '영양치료가이드(共)'(2003) '노인병학(共)'(2005) '최신가정의학'(2008, 한국의학) '남성갱년기'(2009, 군자출판사) '산후관리 가이드북'(2009, 해피케어) '우리가족 건강주치의(共)'(2010, 하서출판사)

조상래(趙尙來) CHO Sang Rae (冬艸)

(생)1936·9·6 (본)김제(金堤) (출)전북 김제 (주)전라북도 익산시 평동로 710 동일유업(주)(063-855-7031) (학)1956년 남성고졸 1960년 중앙대 문리대학 교육학과졸 1985년 연세대 고위정책과정 수료 (경)1972년 초대국민회의 대의원 1973년 곡물협회 감사 1974~1994년 동일유업 사장 1975년 레슬링협회 전북지부 회장 1981년 제11대 국회의원(김제·부안, 민주정의당) 1983년 민주정의당(민정당) 재정위원회 부위원장 1985년 제12대 국회의원(김제·부안, 민정당) 1985년 민정당 중앙위원회 부의장 1994년 동일유업(주) 회장(현) (종)원불교

조상명(趙相明) CHO Sang Myung

(생)1955·2·15 (출)경북 안동 (주)부산광역시 남구 신선로 365 부경대학교 신소재시스템공학과(051-629-6377) (학)1977년 한국해양대 기관공학과졸 1982년 同대학원졸 1988년 공학박사(일본 오사카대) (경)1979~1981년 포항전문대학 전임강사 1983~1988년 한국해기연수원 전임강사·조교수 1984~1985년 일본 오사카대 용접공학연구소 연구원 1992~1996년 부산대 공대 생산가공학과 전임강사·조교수 1993년 일본 오사카대 객원교수 1996~2004년 부경대 생산가공학과 조교수·부교수 2004~2012년 同신소재공학부 교수 2005~2006년 대한용접접합학회 사업이사 2009년 부경대 신소재공학부장 2010년 同융복합부품소재용접기술센터장(현) 2010~2014년 同원자력부품소재인력양성센터장 2010년 대한용접접합학회 감사 2011~2014년 同동남지회장 2012년 부경대 신소재시스템공학과 교수(현) 2014년 슈퍼티그웰딩(주) 대표이사 (상)우수기술지도상(1992), 대한용접학회 학술상(2004), 부경대 산학협력상(2010), 대한용접접합학회 논문상(2011), 대한용접접합학회 공로상(2012), 대한용접접합학회 KWIC용접산업기술상(2014), 교육부장관표창(2016) (저)'플랜트용접 WPS(Welding Procedure Specification)'

조상범(趙相範) CHO Sang Beom

(생)1972·10·30 (주)제주특별자치도 제주시 문연로 6 제주특별자치도청 문화체육대외협력국(064-710-3300) (학)1991년 제주 오현고졸 1997년 한양대 행정학과졸 (경)1996년 지방고시 합격(2회) 1998년 남제주군 실업대책팀장 2002년 제주도 기획조정담당관실 제도개선담당 행정사무관 2004년 同국제자유도시관광국 국제자유도시과 제도개선담당 행정사무관 2005년 同특별자치도추진기획단 프로젝트담당관실 특별자치1담당 행정사무관 2006년 同프로젝트담당관 2008년 제주특별자치도 규제개혁법제팀 행정사무관 2008년 교육 파견(행정사무관) 2010년 제주특별자치도 특별자치과장 직대 2011년 同특별자치과장(서기관) 2011년 同예산담당관 2013년 同정책기획관 2014년 同특별자치제도추진단장 2016년 제주시 부시장 2017년 장기교육 파견(부이사관) 2018년 제주특별자치도 인재개발원장 2018년 同문화체육대외협력국장(현) (상)녹조근정훈장(2014)

조상식(趙相植) CHO Sang Sik

(생)1967·2·25 (출)경북 안동 (주)서울특별시 중구 필동로1길 30 동국대학교 사범대학 교육학과(02-2260-3391) (학)1989년 서울대 교육학과졸 1999년 독일 괴팅겐게오르크아우구스트대 대학원 교육학과졸 2003년 교육철학박사(독일 괴팅겐게오르크아우구스트대) (경)1990~1993년 구로고 교사 2002년 한독교육학회 편집위원 2002~2008년 교육철학회 편집위원 2002~2003년 서울대 객원연구원 2004년 숙명여대 초빙교수 2004년 동국대 사범대학 교육학과 전임강사·조교수·교수(현) 2007년 同학생상담센터장 2011~2013년 同교양교육원장 2019년 同다르마칼리지 학장 겸 창의혁신소통센터장(현) (저)'현상학과 교육학-현상학적 교육학에서 육체의 의미'(2002) '윌리엄 제임스-교육론'(2005) '루소 학교에 가다'(2006, 디딤돌) '푸코 감옥에 가다'(2009, 디딤돌) (역)'근대교육의 종말-가족과 학교에 대한 새로운 대안'(2002) '쉽게 읽는 칸트 판단력비판'(2003) '독일교육학의 이해-정신과학적 교육학의 방법론'(2004) '교육학의 거장들Ⅰ·Ⅱ'(2004) '이성1-우리 시대의 이성비판'(2010) (종)불교

조상원(趙相元)

(생)1972·10·25 (출)전북 부안 (주)서울특별시 양천구 신월로 390 서울남부지방검찰청 형사6부(02-3219-2413) (학)1991년 동국대사대부고졸 2000년 건국대 법학과졸 (경)2000년 사법시험 합격(42회) 2003년 사법연수원 수료(32기) 2003년 광주지검 검사 2005년 전주지검 군산지청 검사 2007년 서울북부지검 검사 2010년 수원지검 검사 2013년 대전지검 검사 2015년 서울남부지검 검사 2016년 '박근혜 정부의 최순실 등 민간인에 의한 국정농단 의혹 사건'(최순실 특검법) 파견 2017년 수원지검 안양지청 검사 2017년 서울중앙지검 부부장검사 2019년 서울남부지검 형사6부장(현)

조상준(曺尙駿) JO SANG JUN

(생)1970·7·8 (출)경남 창원 (주)서울특별시 서초구 반포대로 157 대검찰청 형사부(02-3480-2262) (학)1989년 경성고졸 1994년 서울대 사법학과졸 2004년 미국 컬럼비아대 대학원 LL. M. (경)1994년 사법시험 합격(36회) 1997년 사법연수원 수료(26기) 1997년 軍법무관 2000년 서울지검 검사 2002년 대구지검 포항지청 검사 2004년 미국 뉴욕주 변호사시험 합격 2005년 대구지검 검사 2006년 대검찰청 중앙수사부 검사 2008년 대통령 민정수석비서관실 근무 2010년 법무부 검찰과 검사 2011년 서울중앙지검 부부장검사 2012년 법무부 검찰국 국제형사과장 2013년 대검찰청 연구관 2013년 同수사지원과장 2014년 同수사지휘과장 2015년 서울중앙지검 특수2부장 2016년 서울고검 검사 2016년 방위사업청 방위사업감독관 파견 2017년 대구고검 검사 2018년 부산지검 제2차장검사 2019년 대검찰청 형사부장(검사장급)(현)

조상철(趙商喆) CHO Sang Chul

(생)1969·6·21 (출)서울 (주)서울특별시 마포구 마포대로 174 서울서부지방검찰청(02-3270-4542) (학)1988년 여의도고졸 1992년 서울대 사법학과졸 (경)1991년 사법시험 합격(33회) 1994년 사법연수원 수료(23기) 1994년 軍법무관 1997년 서울지검 검사 1999년 대전지검 천안지청 검사 2001년 법무부 검찰국 검사 2002년 同검찰1과 검사 2005년 서울북부지검 검

사 2006년 同부부장검사 2007년 제주지검 부장검사 2008년 대검찰청 연구관 2009년 춘천지검 속초지청장 2010년 법무부 형사기획과장 2011년 同검찰과장 2012년 서울중앙지검 형사제1부장 2013년 법무부 대변인 2014년 대검찰청 공안기획관 2015년 부산지검 동부지청장 2016년 서울남부지검 제1차장검사 2017년 법무부 기획조정실장(검사장급) 2018년 대전지검장 2019년 서울서부지검장(현)

조상헌(趙相憲) CHO Sang Heon

(생)1959 · 12 · 22 (출)대구 (주)서울특별시 종로구 대학로 101 서울대학교병원 내과(02-2072-2211) (학)1978년 광성고졸 1984년 서울대 의대졸 1991년 同대학원 의학석사 1993년 의학박사(서울대) (경)1992년 서울대 의대 내과학교실 교수(현) 1996~1998년 영국 사우스햄턴 의대병원 Postdoctoral Fellow 2000~2004년 서울대 의대 교무부학장보 2000년 대한천식알레르기학회 학술이사 2000~2009년 대한면역학회 재무이사 · 재무운영위원장 2003년 서울대병원 헬스케어시스템강남센터 설립기획위원 · 부원장 2003년 보건복지부 약물유전체연구사업단 부단장 2003년 한국천식협회 운영위원 · 사무차장 2004년 서울대병원 알레르기내과장 2004~2013년 보건복지부 만성기도폐쇄성질환임상연구센터 천식지침개발 책임연구자 2010~2016년 서울대병원 헬스케어시스템강남센터 원장 2012년 한국보건산업진흥원 비상임이사 2015~2017년 대한천식알레르기학회 이사장 (저)'2005년 최신지견 내과학(共)'(2005) '인간생명과학개론(共)'(2005)

조상호

(생)1970주 (주)세종특별자치시 한누리대로 2130 세종특별자치시청 정무부시장실(044-300-2050) (학)건국대 행정학과졸, 고려대 대학원 정치외교학과졸(석사), 同대학원 정치외교학 박사과정 수료 (경)2012년 이해찬 국회의원 보좌관 2014년 세종특별자치시 시장 비서실장 2018년 同시장 정책특별보좌관 2018년 더불어민주당 대표비서실 정무조정실장 2019년 세종특별자치시 정무부시장(현)

조상호(趙相鎬) CHO Sang Ho

(생)1972·3·15 (출)전북 고창 (주)서울특별시 중구 세종대로 125 서울특별시의회(02-3702-1400) (학)1998년 전북대 상과대학 회계학과졸, 서울시립대 세무전문대학원 세무학과졸 (경)세무사(현), 두리세무법인 종로지점 대표, 한국세무사회 중소기업 자문위원 2010년 서울시의회 의원(민주당·민주통합당·민주당·새정치민주연합) 2010년 同재정경제위원회 위원 2010년 同예산결산특별위원회 위원 2010년 同시의회개혁과발전특별위원회 위원 2011년 同한강르네상스특혜비리규명행정사무조사특별위원회 위원 2012년 同지하철9호선및우면산터널등민간투자사업진상규명특별위원회 위원 2012년 同경전철민간투자사업조속추진지원을위한특별위원회 위원 2012~2014년 同윤리특별위원회 위원 2013년 同부모교육과행복가정네트워크특별위원회 부위원장 2013년 同남북교류협력지원특별위원회 위원 2013년 同사립학교투명성강화특별위원회 위원 2014~2018년 서울시의회 의원(새정치민주연합·더불어민주당) 2014·2016년 同운영위원회 부위원장 2014·2016년 同도시안전건설위원회 위원 2014~2015년 同의회개혁특별위원회 위원장 2015~2016년 同서울국제금융센터(SIFC)특혜의혹진상규명을위한행정사무조사특별위원회 위원 2015~2016년 同예산결산특별위원회 위원 2015년 同청년발전특별위원회 위원 2015년 同서소문밖역사유적지관광자원화사업지원특별위원회 부위원장 2015~2016년 同하나고등학교특혜의혹진상규명을위한행정사무조사특별위원회 위원 2016년 同기획경제위원회 위원장 2016년 同서부지역광역철도건설특별위원회 위원 2018년 서울시의회 의원(더불어민주당)(현) 2018년 同교육위원회 위원(현) 2019년 同체육단체 비위근절을 위한 행정사무조사 특별위원회 위원(현) (종)천주교

조상희(趙相熙)

(생)1960 · 10 · 8 (출)경북 영양 (주)경상북도 김천시 혁신2로 26 대한법률구조공단(054-810-0132) (학)1979년 대구고졸 1984년 서울대 법학과졸 1986년 同대학원 법학석사 1993년 同대학원 법학 박사과정 수료 (경)1984년 사법시험 합격(26회) 1988년 사법연수원 수료(17기) 1988~1991년 해군 법무관 1991년 김앤장법률사무소 변호사 1994년 서울지법 동부지원 판사, 민주사회를위한변호사모임 교육문화위원장 2000년 포항공대 겸임교수, 학교법인 지산학원 관선이사, 법무법인 창조 변호사 2002년 문화방송(MBC) FM '조상희의 생활법률' 진행 2004~2018년 건국대 법대 · 법학전문대학원 교수 2004년 한국간행물윤리위원회 심의위원 2006년 방송통신융합추진위원회 위원, 교육과학부 고문변호사, 법무부 선진법제정포럼 위원 2018년 대한법률구조공단 제13대 이사장(현) (저)'조상희 변호사의 생활법률 365가지'

조서환(趙庶煥) CHO Seo Hwan

(생)1957 · 7 · 10 (출)충남 청양 (주)서울특별시 서초구 고무래로10길 39 조서환마케팅그룹(02-593-5304) (학)정산고졸 1982년 경희대 영어영문학과졸 1998년 同대학원 경영학과졸 2000년 경영학박사(경희대) (경)1982~1992년 애경산업 마케팅매니저 1992년 다이알코리아 마케팅담당 이사 1994년 한국로슈 마케팅담당 이사 1995년 애경산업 마케팅담당 상무이사 2001년 (주)KTF 마케팅전략실장 2003년 同강북사업본부장(상무) 2003년 同마케팅부문 광주마케팅본부장(전무) 2004년 同마케팅부문 대전마케팅본부장(전무) 2006년 同마케팅부문 수도권마케팅본부장(전무) 2006년 同고객서비스부문 수도권마케팅본부장(전무) 2007년 同법인사업본부장(부사장) 2007년 아시아태평양마케팅포럼 회장(현) 2009년 同부사장 2009년 KT 연구위원(전무) 2009~2010년 국가브랜드위원회 자문위원 2009~2014년 세라젬헬스앤뷰티 대표이사 사장 2014년 조서환마케팅그룹 대표이사(현) (상)전국경제인연합회 경영인대상, 능률협회 경영인대상, 경희대 경영인대상, 저축의 날 금융위원장표창(2014) (저)'한국형 마케팅'(2004) '대한민국1등상품 마케팅전략'(2005) '모티베이터'(2008, 책든사자) '근성:같은 운명, 다른 태도'(2014, 쌤앤파커스) '마케팅은 생존이다'(2015, (주)북스톤) (종)기독교

조석래(趙錫來) CHO Suck Rai

(생)1935 · 11 · 19 (출)경남 함안 (주)서울특별시 마포구 마포대로 119 (주)효성 임원실(02-707-7015) (학)1955년 일본 히비야고졸 1959년 일본 와세다(早稻田)대 이공학부졸 1966년 미국 일리노이대 공과대학원졸 2005년 명예 공학박사(일본 와세다대) 2013년 명예 공학박사(미국 일리노이공과대(IIT)) (경)1966~1970년 동양나일론 상임감사 · 상무이사 · 전무이사 1970년 同사장 1973년 동양폴리에스터 사장 1975년 효성중공업 사장 1976년 효성물산 사장 1976년 한 · 덴마크경영협회 위원장 1980년 대한배구협회 회장 1981년 효성중공업 회장 1981년 아시아배구연맹 부회장 1982~1998년 효성그룹 회장 1984년 동양학원 이사장 1986년 한국능률협회 부회장 1987~2007년 전국경제인연합회 부회장 1989~2005년 한 · 일경제협회 부회장 1992년 한 · 중경제협회 부회장 1993~1997년 한국경제연구원 원장 1994년 태평양경제협의회(PBEC) 한국위원장 1995년 한강포럼 회장 · 명예회장 1997년 연세대 국제학대학원 특임교수 1997년 한국경제연구원 부회장 1998년 효성T&C 대표이사 회장 1998~2016년 (주)효성 대표이사 회장 2000~2009년 한 · 미재계회의 한국측 위원장 2002년 태평양경제협의회(PBEC) 국제회장 2004년 同명예회장 2005~2014년 한 · 일경제협회 회장 2005~2014년 한일산업기술협력재단 이사장 2007~2010년 전국경제인연합회 회장 2008년 대도시기후리더십그룹(C40) 정상회의조직위원회 위원장 2009년 대통령자문 통일고문회의 고문 2010년 서울G20비즈니스

서밋조직위원회 공동위원장 2010년 전국경제인연합회 300만고용창출위원장 2011~2014년 (주)카프로 비상임이사 2017년 (주)효성 명예회장(현) (상)대통령표창(1971 · 1976), 석탑산업훈장(1972), 동탑산업훈장(1974), 덴마크 다네브로그훈장(1980), 체육포장(1982), 금탑산업훈장(1989), 한국의 경영자상(1994), 미국 일리노이공대 올해의 자랑스런 동문상(1995), 청소년대훈장(1996), 미국 일리노이공대 우수동문상 · 국제지도자상(2000), 일본 최고훈장 욱일대수장(旭日大綬章)(2009)

조석영(趙奭泳)

(생)1971 · 3 · 17 (출)경북 영양 (주)전라북도 전주시 덕진구 사평로 25 전주지방검찰청 형사1부(063-259-4308) (학)1990년 한영고졸 1998년 서울대 경영학과졸 (경)1998년 사법시험 합격(40회) 2001년 사법연수원 수료(30기) 2001년 인천지검 검사 2003년 대전지검 공주지청 검사 2004년 부산지검 동부지청 검사 2007년 서울중앙지검 검사 2009년 키르기스스탄 대검찰청 파견(反부패 자문관) 2011년 대검찰청 연구관 2013년 대전지검 검사(감사원 파견) 2015년 同부부장검사(감사원 파견) 2016년 同부부장검사(駐미국대사관 파견) 2019년 대검찰청 DNA · 화학분석과장(부장검사) 2019년 전주지검 형사1부장(현)

조석호(趙錫虎)

(생)1960 · 11 · 24 (주)광주광역시 서구 내방로 111 광주광역시의회(062-613-5044) (학)1979년 광주숭일고졸 (경)새천년민주당 광주북구乙지구당 지방자치위원장, 열린우리당 매곡동 지방자치협의회장 1998 · 2002 · 2010년 광주시 북구의회 의원(열린우리당 · 국민참여당 · 통합진보당 · 새정치민주연합) 2002~2003년 同운영총무위원장 2012년 同운영위원장 2014년 새정치민주연합 광주시당 창당발기인 2014~2018년 광주시 북구의회 의원(새정치민주연합 · 더불어민주당) 2014~2016년 同부의장 2017년 더불어민주당 제19대 문재인 대통령후보 광주시 공동선거대책본부장 2018년 광주시의회 의원(더불어민주당)(현) 2018년 同예산결산특별위원회 위원(현) 2018년 同의회운영위원회 위원(현) 2018년 同세계수영선수권대회 지원특별위원회 위원(현) 2018년 同산업건설위원회 위원(현) 2018년 同윤리특별위원회 위원(현)

조석훈(趙錫勳) Jo seuk hun

(생)1968 · 2 · 13 (본)옥천(玉川) (출)전남 곡성 (주)세종특별자치시 도움6로 11 환경부 물통합정책국 물이용기획과(044-201-7110) (학)1985년 광주 진흥고졸 1992년 부산대 공과대학졸 (경)1992년 환경처 임용 1992년 同수질보전국 해양보전과 근무 1993년 同환경정책실 기술정책과 근무 1994~2002년 환경부 상하수도국 상수도과 · 수질보전국 수질정책과 근무 2002~2010년 同수질보전국 유역총량제도과 · 국토해양부 4대강추진본부 근무 2010년 환경부 상하수도정책관실 생활하수과 근무 2013년 同기획조정실 기획재정담당관실 국회담당 근무 2017년 환경부 물환경정책국 수질관리과장 2019년 同물통합정책국 물이용기획과장(현)

조 선(趙 瑄) Jo Sun

(생)1962 · 3 · 21 (출)경남 남해 (주)부산광역시 동구 중앙대로 365 부산일보 감사실(051-461-4114) (학)1987년 부산대 정치외교학과졸 (경)1999년 부산일보 경제부 차장 2000년 同국제부장 2001년 同스포츠레저부장 2003년 同경제부장 2004년 同사회부장 2005년 同편집국 부국장 겸 생활과학부장 2006년 同편집국 부국장 2008년 同해양문화연구소장(국장급) 2008년 同광고국장 2010년 同논설위원 2011년 同총무국장 2013년 同기획실장 2013~2016년 부산도시공사 비상임이사 2014년 부산일보 상임감사(현)

조선영

(생)1978 (주)서울특별시 노원구 광운로 20 학교법인 광운학원(02-940-5008) (학)2001년 미국 카네기멜론대졸 2005년 미국 일리노이대 어배나-샴페인교 대학원졸(석사) 2011년 연세대 경영대학원 조직이론 박사과정 수료 (경)연세대 대학원 경영연구소 연구원, 삼정회계법인(KPMG) 컨설팅 차장, NSYSCOM 사회공헌기업전략 선임연구원, 학교법인 광운학원 정책부실장 2016년 同상임이사 2018년 同이사장(현) 2019년 화도기념사업회 이사장(현)

조선혜(女) CHO Sun Hye

(생)1955 (출)인천 (주)서울특별시 서대문구 성산로 321 (주)지오영(02-3141-6440) (학)1973년 인일여고졸 1977년 숙명여대 약학과졸 (경)1980년 인천의료원 약제과장 1991년 성창약품 대표이사 2001년 가야식품 대표이사 2002년 (주)지오영 대표이사 회장(현) 2006년 한국의약품도매협회 부회장 2006년 강원지오영 설립 2008년 제주지오영 설립 2009년 영남지역 청십자 인수 2010년 호남지오영 · 대전지오영 설립, 한국의약품도매협회 이사, 대한약사회 제약유통위원회 이사 2013년 同부회장 2014년 숙명여대 숙명문화재단 이사장(현) 2018년 (사)한국의약품유통협회 회장(현) (상)강서구약사회장 감사패(2005), 포브스아시아 선정 아시아파워여성기업인(2014), 동탑산업훈장(2014), 대한민국공헌대상 보건 부문 대상(2018)

조선희(趙善姬 · 女)

(생)1970 · 10 · 11 (주)인천광역시 남동구 정각로 29 인천광역시의회(032-440-6077) (학)서산고졸, 서울신학대 신학과졸, 성공회대 NGO대학원 여성학과졸 (경)인천여성회 회장, 인천교육희망네트워크 공동대표 2018년 인천시의회 의원(비례대표, 정의당)(현), 同운영위원회 위원(현), 同교육위원회 위원(현), 同예산결산특별위원회 위원(현), 정의당 인천시당 여성위원장(현)

조성갑(趙成甲) CHO Sung Kap

(생)1954 · 8 · 30 (출)전북 군산 (주)전라남도 영암군 삼호읍 녹색로 1113 세한대학교(061-469-1114) (학)1974년 익산 남성고졸 1981년 성균관대 국제무역학과졸 1994~1995년 미국 하버드대 비즈니스스쿨 연수 1996년 서울대 행정대학원 정보통신정책과정 수료 2002년 同국가정책과정 수료 2005년 연세대 경제대학원 통상산업과졸 2008년 국제경제학박사(중앙대) (경)1980~2001년 한국IBM 본부장 · 전문위원 · 지사장 2001년 한국정보처리학회 부회장 2002~2005년 한국정보통신수출진흥센터 원장 2005년 한국정보산업연합회 자문위원, 국정자문회의 정보통신위원회 위원장 2005년 호서대 초빙교수 2006년 ASEM정상회의 정보통신분과 의장 2006~2007년 현대정보기술(주) 부사장 2006년 (사)유비쿼터스미디어콘텐츠연합 공동대표(현) 2007~2017년 IT전문가협회 기획이사 · 자문위원 · 회장 2007~2008년 RTE솔루션 대표이사 2008~2011년 한국전자통신연구원 초빙연구원 2008~2010년 고려대 정보경영대학원 연구교수 · 초빙교수 2011~2014년 인천정보산업진흥원 원장 2013년 미래창조과학부 과학기술정책자문위원 2014~2015년 한국정보처리학회 회장 2015년 고려대 정보보호대학원 교수(현) 2016년 (사)인터넷윤리실천협의회 회장 2017년 (사)한국인터넷윤리진흥협회 회장(현) 2017년 과학기술정보통신부 과학기술정책자문위원(현) 2018년 국무총리직속 소비자정책위원회 위원(현) 2019년 세한대학교 부총장(현) (상)국민훈장 목련장(2014)

조성겸(趙盛謙) CHO Sung Kyum

(생)1957·1·15 (출)충남 서천 (주)대전광역시 유성구 대학로 99 충남대학교 사회과학대학 언론정보학과(042-821-6376) (학)1981년 서울대 신문학과졸 1983년 同대학원 언론정보학졸 1990년 언론정보학박사(서울대) (경)1991~2003년 충남대 신문방송학과 전임강사·조교수·부교수 1999~2000년 미국 아이오와대 School of Journalism 방문교수 2003년 충남대 사회과학대학 언론정보학과 교수(현) 2006~2007년 미국 인디애나대 Center for Survey Research 방문교수 2007년 'Indian Journal of Science communication' 편집위원(현) 2008년 충남대 아시아여론연구소(舊 사회조사센터) 소장 2008년 한국언론학회 과학보건커뮤니케이션분과 회장 2009~2017년 통계청 자체평가위원 2010~2015년 병무청 자체평가위원 2010~2013년 여론집중도조사위원회 위원장 2011~2012년 한국조사연구학회 회장 2012~2014년 충남대 사회과학연구소장 2012~2016년 아시아여론조사학회(ANPOR) 회장 2013~2016년 지역신문발전위원회 부위원장 2014~2016년 충남대 사회과학대학장 겸 행정대학원장 2015~2016년 한국언론학회 회장 2017년 한국ABC협회 인증위원회 위원(현) 2018년 통계청 2020인구주택총조사자문위원회 위원장(현) 2019년 충남대 대외협력추진위원(현) (상)한국갤럽학술논문상(2004), 2005인구주택총조사 유공자포상(2006), 인도 라자스탄 과학자대회 '제1회 국제과학커뮤니케이션상'(2013) (저)'Fishbein의 다차원적인 태도모형의 타당성에 관한 검증연구' '설득커뮤니케이션 개론(共)'(1992, 나남) '공보관이 되려면(共)'(1992) '공학도를 위한 커뮤니케이션 기법(共)'(2007) '표와 그래프의 효과적인 제시방법'(2010, 통계교육원) '미디어 이용자 조사방법의 문제점과 개선방향(共)'(2010, 여론집중도조사위원회) '생명과학기술의 이해 그리고 인간의 삶(共)'(2012, 궁미디어)

조성관(趙成官) CHO Sung Kwan

(생)1960·4·29 (본)함안(咸安) (출)경기 용인 (주)서울특별시 강남구 테헤란로 432 DB금융센터 21층 (주)DB메탈 경영지원실(02-3484-1968) (학)1979년 인창고졸 1984년 중앙대 경영학과졸 2008년 연세대 경영전문대학원졸(MBA) (경)1997년 (주)한정화학 과장 2006년 (주)동부한농화학 비료사업관리지원부 상무 2006년 동부한농(주) 비료사업관리지원부 상무 2006~2007년 同재료기획실 상무 2007년 동부제강(주) 재무기획팀 상무 2008년 동부제철(주) 회계팀장(상무) 2010년 同경영지도팀장(상무) 2011~2014년 동부특수강(주) 경영지원실장(상무) 2015년 (주)동부메탈 경영지원실장(상무) 2017년 (주)DB메탈 경영지원실장(상무) 2018년 同경영지원실장(부사장)(현)

조성구(趙誠久) CHO SUNG GOO

(생)1959·8·2 (출)경북 (주)서울특별시 영등포구 선유로 75 GS홈쇼핑 대외·미디어본부(02-2007-4254) (학)서강대 경제학과졸 (경)LG홈쇼핑 HR홍보담당 본부장, 同업무미디어담당 본부장 2006년 GS홈쇼핑 업무미디어부문장(상무) 2010년 同업무미디어부문장(전무) 2013년 同글로벌사업본부장(전무) 2016년 同대외전략본부장 겸 HR부문장(전무) 2017년 同대외·미디어본부장 겸 HR본부장(전무)(현) (상)공정거래위원장표창(2010)

조성권(趙誠權) CHO Sung Gweon

(생)1967·10·5 (본)풍양(豊壤) (출)충남 부여 (주)서울특별시 종로구 사직로8길 39 세양빌딩 김앤장법률사무소(02-3703-1968) (학)1985년 여의도고졸 1989년 연세대 법대졸 1995년 同대학원 법학과졸 (경)1991년 사법시험 합격(33회) 1994년 사법연수원 수료(23기) 1994년 軍법무관 1997년 서울지법 의정부지원 판사 1998년 인천지법 판사 1999년 서울지법 판사 2001년 창원지법 통영지원 판사 2004년 서울행정법원 판사 2006년 서울고법 판사 2007년 대법원 재판연구관 2011~2012년 수원지법 부장판사(사법연구) 2012년 김앤장법률사무소 변호사(현) 2015년 로앤비 온주 국세기본법·소득세법 부문 집필자(현) 2015년 강남경찰서 집회·시위자문위원회 위원(현) 2017년 연세대학교 법학전문대학원 겸임교수(현) 2017년 서울지방변호사회 회보편집위원회 편집위원(현) 2018~2019년 (사)한국조세연구포럼 대외협력이사 2019년 (사)한국조세연구포럼 기획부학회장(현) (저)'민사항고재판실무편람(共)'(2010, 민사항고재판실무편람 집필위원회)

조성남(趙成南·女) Sung-Nam CHO

(생)1954·9·17 (주)서울특별시 서대문구 이화여대길 26 이화여자대학교 사회과학부(02-3277-2249) (학)1977년 이화여대 사회학과졸 1979년 同대학원 사회학과졸 1988년 사회학박사(미국 하와이대) (경)1978~1979년 한국과학기술연구소 경제분석실 연구원 1988년 미국 동서문화센터연구원 1988년 미국 하와이대 사회학과 강사 1988년 연세대·서강대 강사 1990년 이화여대 사회과학대학 사회학과 조교수·부교수·교수, 同사회과학부 사회학전공 교수(현) 1995~1997년 同사회학과장 1997~2001년 同국제교육원장 2002~2006년 한국보건사회학회 부회장 2005년 한국사회학회 부회장 2006~2010년 이화여대 사회과학연구소장 2011~2013년 한국인구학회 감사 2014~2015년 평화의료재단 총재 2015년 이화여대 이화리더십개발원장 2016년 한국사회학회 회장 2016년 한국사회과학협의회 부회장 2017년 한국사회학회 이사 (상)이화여대 우등졸업상(1977), 대한민국학술원 우수학술도서상(2003) (저)'Abortions in korea'(1997, Seoul National Univ. Press) 'Korean in America'(1998, Univ. of Hawaii Press) '청소년의 하위문화와 정체성'(2002) '에이지붐 시대 : 고령화사회의 미래와 도전'(2004) '생애준비교육과 조부모길잡이'(2004) '한국인은 누구인가?' '성의 눈으로 본 대학사회와 젠더정치' (역)'사회학이론'(2006) (종)기독교

조성남(趙成男) CHO Sung Nam

(생)1958·1·18 (본)경주(慶州) (출)인천 (주)충청남도 공주시 반포면 반포초교길 253 치료감호소(041-840-5400) (학)1981년 고려대 의과대학졸 1990년 同대학원졸 2001년 배재대 대학원 법학과졸 2005년 同대학원 법학박사과정 수료 (경)미국 UCLA 약물남용연구소 연수 1988~1999년 법무부 치료감호소 일반정신과장 1999년 국립공주정신병원 의료부장 2002~2011년 국립부곡병원 병원장 2011년 을지대 성남캠퍼스 중독재활복지학과 교수·초빙교수(현) 2011년 同부설 을지중독연구소장 2013년 同강남을지병원장 2019년 법무부 치료감호소장(현) (상)근정포장(2004) (역)'법정신의학'(2013) (종)기독교

조성대(趙成大) Cho Sung-dae

(생)1962·2·28 (주)서울특별시 금천구 가산디지털2로 53 한라시그마밸리 12층 한국어촌어항공단 경영기획본부(02-6098-0721) (학)1981년 대천수산고졸 1983년 군산수산전문대학졸 1993년 한국방송통신대졸 1998년 건국대 농축대학원졸 (경)1983년 공무원 임용 2013년 해양수산부 감사담당관실 서기관 2015년 국립수산과학원 대외협력과장 2015년 부산지방해양수산청 해양수산환경과장 2016년 해양수산부 허베이스피리트피해지원단 지원총괄팀장 2017년 同양식산업과장(서기관) 2018년 同양식산업과장(부이사관) 2019년 한국어촌어항공단 경영기획본부장(상임이사)(현)

조성대(趙盛大) CHO SUNG DAE

(생)1962·9·22 (본)풍양(豊壤) (출)충남 부여 (주)서울특별시 강남구 선릉로 652 유진저축은행 임원실(1544-6700) (학)1980년 강경상고

졸 1985년 홍익대 경영학과졸 1992년 同대학원 경영학과졸 2016년 한국과학기술원(KAIST) 대학원 경영학과졸(석사) (경)현대증권(주) 지원본부장(상무보대우) 2010년 同중부지역본부장(상무보) 2012년 同경영지원본부장(상무) 2015년 同경영지원본부장(전무) 2016년 同경영관리부문장(전무) 2017년 현대저축은행 부사장 2017년 유진저축은행 부사장(현) (종)기독교

조성민(趙誠民) CHO Sung Min (松山)

(생)1952·3·15 (본)한양(漢陽) (출)경기 하남 (주)서울특별시 성동구 왕십리로 222 한양대학교 법학전문대학원(02-2220-0996) (학)1980년 한양대 법학과졸 1982년 同대학원졸 1988년 법학박사(한양대) (경)1982년 서울교육대·전주대 시간강사 1983~1993년 경상대 법과대학 교수 1987년 同법대학장 1993~2017년 한양대 법과대학 교수·법학전문대학원 교수 1995년 사법시험·행정고시·외무고시 출제위원 2000년 행정자치부 정책자문위원 2001년 한양대 학생처장 2002년 국가경찰위원회 위원 2003년 서울 용문고 총동문회 회장 2003년 공인중개사시험위원회 위원 2003년 한양대 행정대학원 부동산학과 주임교수 2004년 同법학연구소장 2005년 시인 등단(문예사조) 2006년 한국부동산법학회 회장 2007년 경찰대 외래교수 2010년 한양대 대외협력처장 2011년 경찰교육원 외래교수 2011년 민주평통 자문위원 2012년 국토연구원 감사 2012년 중원대 교육이사 2013~2019년 서울동부지법 민사조정위원 2014년 한양대 재직교수동문회 회장 2014년 국방부 조사본부 법률자문위원 2014년 인사동시인들 동인회장(현) 2015~2016년 한양대 총동문회 상임부회장 2015년 서울북부지법 국선변호운영위원(현) 2016년 아태문인협회 초대이사장(현) 2017년 한양대 법학전문대학원 명예교수(현) 2018~2019년 성산효대학원대학교 부총장 (상)황조근정훈장(2017) (저)'민법총칙'(1999) '물권법'(2000) '채권법총론'(2000) '채권법각론'(2001) '민법연습'(2003) '친족상속법'(2007) '재산법입문'(2009) '행복한 성경여행'(2009) '신민법강의'(2013) '채권법강의'(2014) '크리스천 리더십'(2017) '삼국지에서 내 성격을 찾다(共)'(2017, 박영사), 시집 '행복의 뜨락'(2007) '시간의 절정'(2013) '사랑의 이정표'(2017) (종)기독교

조성민(趙盛敏) Cho Seong Min

(생)1962·2·11 (본)풍양(豊壤) (출)충남 서천 (주)서울특별시 강서구 화곡로 398 홈플러스(주) 임원실(02-3459-8560) (학)1981년 전북기계공고졸 1989년 광운대 전자공학과졸 (경)1989년 삼성그룹 공채 입사 1989년 삼성전자 근무 1994년 同도쿄주재원 1997년 삼성물산 유통부문 근무 1999년 삼성테스코(주) 근무 2003년 同운영기획팀장 2005년 同청주점장 2006년 同의정부점장 2008년 同강서점장 2011년 홈플러스(주) 강서점장 2012년 同인천작전점장 2014년 同홍보총괄 상무(현) (종)기독교

조성민(曺成旻) CHO SEONG MIN

(생)1962·9·19 (본)창녕(昌寧) (출)경남 합천 (주)대전광역시 서구 대덕대로168번길 64 연합뉴스 대전·충남취재본부(042-521-9700) (학)1980년 춘천제1고졸 1988년 충남대 국문학과졸 (경)1988~1994년 중도일보 기자 1994~2003년 연합뉴스 대전충남취재본부·충청취재본부 기자 2003년 同대전·충남지사 차장대우 2006년 同대전·충남지사 차장 2009년 同대전·충남취재본부 부장대우 2010년 同전국부 부장대우 2011년 同대전·충남취재본부 부장대우 2012년 同대전·충남취재본부장(부장) 2015년 同대전·충남취재본부장(부국장대우) 2016년 同대전·충남취재본부 선임기자(부국장대우) 2017년 同대전·충남취재본부 서산주재 부국장대우 2019년 同대전·충남취재본부 부국장대우 2019년 同대전·충남취재본부 선임(현) (종)천주교

조성범(趙成範) Seong Beom Cho

(생)1971·1·21 (출)서울 (주)충청북도 청주시 흥덕구 오송읍 오송생명2로 187 국립보건연구원 생명정보연구과(043-719-8850) (학)1989년 언남고졸 1996년 경희대 의대졸 2004년 성균관대 의학대학원 생식의학과졸 2009년 이학박사(서울대) (경)1996~1997년 경희대부속 경희의료원 인턴 1997~2001년 삼성서울병원 산부인과 전공의 2001~2004년 군복무(공중보건의) 2009~2013년 질병관리본부 국립보건연구원 바이오과학정보과 연구관 2013년 同국립보건연구원 바이오과학정보과장 2017년 同국립보건연구원 생명정보연구과장(현)

조성부(趙成富) CHO Sung Boo

(생)1956·8·18 (출)전북 남원 (주)서울특별시 종로구 율곡로2길 25 연합뉴스 비서실(02-398-3114) (학)전주고졸 1979년 고려대 신문방송학과졸 (경)1978년 동양통신 기자 1990년 연합통신 부에노스아이레스특파원 1998~1999년 한국기자협회 회장·언론개혁시민연대 공동대표 2000년 연합뉴스 경제부장 2002년 同국제뉴스국 기획위원 2003년 同국제뉴스국 전문기자(부국장급) 2003년 同방콕특파원(국장대우) 2006년 同국제뉴스2부 국장대우 2006년 同국제뉴스1부 기획위원 2007년 同광주·전남지사장 2007년 同광주·전남취재본부장 2009년 同논설위원실 고문(국장급) 2011년 同논설위원실 주간(이사대우) 2012년 同수용자권익위원회 위원 2013~2014년 同논설위원실 고문(이사대우) 2014~2017년 뉴스통신진흥회 이사 2018년 연합뉴스 대표이사 사장(현) 2018년 연합뉴스TV 대표이사 사장(현) 2018년 연합인포맥스 대표이사 회장(현) 2018년 연합뉴스 동북아센터 이사장(현) 2019년 아태뉴스통신사기구(OANA) 의장(현) (상)고려대언론인교우회 '2018 장한 고대언론인상'(2018) (저)'독일언론이 기록한 격동 한국현대사' (종)가톨릭

조성식(趙聖植) CHO Sung Sik

(생)1952·11·18 (출)부산 (주)서울특별시 강남구 테헤란로 134 포스코P&S타워 9층 메타넷글로벌 비서실(02-3777-8888) (학)1971년 휘문고졸 1979년 고려대 물리학과졸 (경)EDS 프로젝트매니저, 현대정보기술 이사, LG EDS 공공사업본부 상무, SAP 코리아 부사장 2004~2017년 SAS코리아 대표이사 사장 2018년 메타넷글로벌 대표이사 사장 2018년 同부회장(현)

조성열(趙聖烈) CHO Sung Yurl (갈메)

(생)1936·3·25 (본)한양(漢陽) (출)전남 보성 (주)서울특별시 강남구 논현로175길 107 큐빅디자인빌딩 큐빅디자인연구소(02-548-7931) (학)1959년 서울대 미대졸 1965년 홍익대 건축과졸 1982년 국민대 대학원 건축공학과졸 (경)1966~1973년 신세계백화점 인테리어디자인과장 1966년 큐빅디자인연구소 대표(현) 1972년 조성열 건축전(신세계화랑) 1976년 조성열·박현기 건축전(대구화랑) 1976~1982년 중앙대 건축과 강사 1979~1981년 한국실내건축가협회 초대회장 1981년 홍익대 강사 1981년 서울올림픽 유치위원 1982~2005년 한국건축가협회 초대작가전 1982~1984년 독립기념관 기획위원 1984~2004년 성신여대 조형대학원 강사 1986~1989년 서울올림픽조직위원회 편찬위원장 1991년 한국실내건축대전 심사위원장 1992년 조성열 건축전(예술의전당) 1993~1994년 서울시 경관 심의위원 1999년 조성열전 ART & ARCHITECTURE(예술의전당) 2001~2004년 홍익대 산업미술대학원 겸임교수 (상)한국건축가협회 건축상(1981·1983·1988·1989), 서울올림픽 뉴델리 국제전시회 특별상(1981), 한국실내디자인학회 작품상(1997), 월간디자인 올해의 작품상(1997), 문화체육부 문화공로상 건축부분(1997), 대통령표창(1988), 대한민국 디자인대상(1999), 수지쉐르빌아파트 환경디자인

대상(2006), 대한건축학회 작품상(2009) (저)'조성열 작품집'(1972) '인테리어 디자인-주택편'(1983) '인테리어디자인의 실제'(1988) '세계의 인테리어디자인' '올림픽환경디자인' '큐비즘의 조형세계'(1992) (작)'파인힐 체인점들'(1972~1995) '서울올림픽 바덴바덴 한국관 설계'(1981) '서울올림픽 동베를린 KOEX 홍보관설계'(1984) '독립기념관 전시설계'(1984) '아시안게임 환경디자인'(1985~1986) '삼성제약 본사설계'(1989) '전쟁기념관 전시설계'(1989~1991) '연경' '신공항 고속도로 전시관'(1995) (종)기독교

조성완(趙成琓) JO Sung Wan

(생)1963 · 10 · 6 (출)충북 보은 (주)전라북도 완주군 이서면 안전로 111 한국전기안전공사 사장실(063-716-2000) (학)1982년 서대전고졸 1989년 충남대 물리학과졸 2001년 고려대 행정대학원 공공정책학과졸 2016년 재난과학박사(서울시립대) (경)1990년 기술고시 합격(26회) 1991년 소방간부(소방령) 특채 임용, 강원도 소방본부 구조구급과장, 대전시 소방본부 방호 · 소방행정과장, 대전 북부소방서장 2000년 행정자치부 소방국 예방 · 장비계장(소방정) 2004년 대전시 소방본부장 2006년 세종연구소 교육파견 2007년 소방방재청 소방정책본부 소방제도팀장 2008년 同소방제도과장 2008년 同소방정책국 구조구급과장 2008년 중앙소방학교장(소방감) 2009년 교육 입교 2010년 소방방재청 소방정책국장 2011년 소방산업진흥정책심의위원 2012년 서울소방재난본부장 2013~2014년 소방방재청 차장 2015~2016년 서울시립대 도시방재안전연구소 연구위원 2017년 우송대 소방방재학과 초빙교수 2017년 한국전기안전공사 사장(현) (상)대통령표창(1999), 홍조근정훈장(2007)

조성용(趙誠龍) Cho Sung Yong

(생)1962 · 7 · 31 (출)경기 김포 (주)대구광역시 동구 첨단로 39 한국산업단지공단 강원지역본부(070-8895-7650) (학)1983년 안양과학대학 토목공학과졸 2008년 한국디지털대 부동산학과졸 (경)1986년 한국산업단지공단 입사 2006년 同김해사업단 단지개발팀장 2008년 同전략사업처 개발전략팀장 2009년 同개발사업처 단지개발팀장 2010년 同산단사업처 산단개발팀장 2012년 同경기지역본부 기획총괄팀장 2013년 同산업단지개발실 건설사업팀장 2015년 同산업단지개발실장 2015년 同산업단지개발실장(1급) 2017년 同강원지역본부장(현)

조성용(趙晟容) Cho Sung Yong

(생)1968 · 11 · 4 (주)서울특별시 양천구 공항대로 572 (주)경인양행 비서실(02-3660-7805) (학)1991년 서울대 공업화학과졸 1993년 同대학원 공업화학과졸 2008년 Ph.D(영국 케임브리지대) (경)1992~1998년 (주)경인양행 중앙연구소 연구원 1998~2001년 일본 Sumitomo Chemical연구소 연구원 2004~2010년 (주)경인양행 중앙연구소장 2010년 同총괄부사장 2011년 同대표이사 2011년 (주)와이즈켐 대표이사(현) 2015년 (주)경인양행 대표이사 사장 겸임(현) (상)영국염료염색학회(SDC) 골드메달(2016), 제43회 상공인의날 기념 수상(2016)

조성우(趙誠宇) CHO Sung Woo (虛堂)

(생)1950 · 3 · 22 (본)풍양(豊壤) (출)서울 (주)서울특별시 종로구 새문안로 69 구세군회관 3층 (사)민족화해협력범국민협의회(02-761-1213) (학)1968년 서울 대신고졸 1984년 고려대 행정학과졸 1984년 일본 와세다대 정경학부 경제학과 수료 1986년 일본 도쿄대 대학원 국제관계학과 수료 1987년 일본 가큐슈인대 동양문화연구소 수료 (경)1974년 고려대 비상총학생회장 1975년 가톨릭학생연맹사건관련 7년 언도 1978년 민주청년협의회 의장 1979년 명동YMCA 위장결혼사건 주도 · 계엄령위반으로 수배 1980~1982년 김대중 내란음모사건에 연루 1983년 일본으로 추방 1987년 귀국 1988년 평화연구소 설립 · 소장 1989년 전국민족민주운동연합 특별위원회 상임집행위원 1989년 평화연구소 관련 1년 복역 1990년 베를린남북해외실무회담 남측 대표 1990년 베를린회담관련 1년6월 선고 1992년 민주주의민족통일전국연합 자주통일위원장 1994년 자주평화통일민족회의 정책위원장 1994년 범민족대회관련 수배 1996년 바르샤바남북회담 관련 1년6월 선고 1998년 자주평화통일민족회의 공동의장 2000~2003년 (재)민주화운동기념사업회 이사 2000년 (사)민족화해협력범국민협의회 집행위원장 2000년 고려대민주동우회 회장 2000년 자주평화통일민족회의 상임의장 2001~2002년 (사)민족화해협력범국민협의회 공동의장 2001년 민족공동행사 남측추진본부 공동대표 겸 상임집행위원장 2003년 신당연대추진회의 상임대표 2003년 개천절민족공동행사준비위원회 공동준비위원장 · 민족평화축전 조직위원 2003~2006년 (사)민족화해협력범국민협의회 상임의장 2003~2004년 한반도미래전략연구소 이사장 2003년 열린우리당 중앙당 상임중앙위원, 남북평화교류특별위원회 위원장 2003~2010년 한민족운동연합단체 상임대표 2007~2009년 대신고총동문회 회장 2007~2013년 (사)민족화해협력범국민협의회 공동의장 2008~2014년 한국민주주의전당건립범국민추진위원회 상임집행위원장 2012년 6 · 15공동선언실천남측위원회 상임대표(현) 2013~2015년 (사)민족화해협력범국민협의회 상임의장 2014년 도시의농부들협동조합 이사장(현) 2014~2019년 우리겨레하나되기운동본부 이사장 2015년 (사)민족화해협력범국민협의회 지도위원(현) 2015년 주권자전국회의 상임대표(현) 2019년 겨레하나 이사장(현) (종)천주교

조성욱(曺成旭) CHO Sung Wook

(생)1962 · 12 · 31 (출)부산 (주)서울특별시 강남구 영동대로 517 아셈타워 법무법인(유) 화우(02-6182-8572) (학)1981년 경성고졸 1985년 서울대 법대졸 (경)1985년 사법시험 합격(27회) 1988년 사법연수원 수료(17기) 1988년 육군 법무관 1991년 서울지검 남부지청 검사 1993년 춘천지검 강릉지청 검사 1994년 서울지검 검사 1996년 수원지검 검사 1998년 국회 법제사법위원회 입법심의관(부산고검 파견) 2000년 청주지검 제천지청장 2001년 서울지검 부부장검사 2002년 해외 파견(미국 스탠퍼드대) 2003년 울산지검 공안부장 2004년 대검찰청 범죄정보1담당관 2006년 서울중앙지검 형사4부장 2007년 국가청렴위원회 법무관리관(부산고검 파견) 2008년 대검찰청 범죄정보기획관 2008년 대통령 민정2비서관 2009년 법무연수원 기획부장(검사장급) 2011년 법무부 기획조정실장 2012년 대전지검장 2013년 서울서부지검장 2013년 광주고검장 2015년 대전고검장 2016~2019년 변호사 개업 2018년 (주)KT스카이라이프 사외이사(현) 2019년 법무법인(유) 화우 대표변호사(현) 2019년 쌍용양회공업(주) 사외이사(현) (상)황조근정훈장(2013)

조성욱(趙成旭 · 女) JOH SUNG WOOK

(생)1964·1·15 (주)세종특별자치시 다솜3로 95 공정거래위원회 위원장실(044-200-4187) (학)1982년 청주여고졸 1986년 서울대 경제학과졸 1988년 同대학원 경제학과졸 1994년 경제학박사(미국 하버드대) (경)1994~1997년 미국 뉴욕주립대(State Univ. of New York) 경제학과 조교수 1997~2003년 한국개발연구원(KDI) 연구위원 1997~2002년 재정경제부 금융발전심의위원회 위원 1999~2009년 공정거래위원회 경쟁정책자문위원회 위원 2003~2005년 고려대 경영학과 부교수 2004년 일본개발은행 방문연구원(Development Bank of Japan visiting research fellow, Shimomura Fellowship Program) 2005년 서울대 경영대학 재무·금융전공 교수(현) 2008년 세계통화기금(IMF) 초빙연구위원 2012~2013년 서울대 경영전문대학원 Executive MBA 주임교수 2013~2019년 금융위원회 증권선물위원회 비상임위원 2015~2016

년 한국금융학회 부회장 2016~2019년 서울대 금융경제연구원 부원장 2016~2019년 한국금융정보학회(FISK) 회장 2017~2019년 서울대 증권·금융연구소장 2018년 한국개발연구원(KDI) 50주년위원회 위원 2019년 공정거래위원회 위원장(장관급)(현)

조성욱(曺成旭) Jo Sung-wook

(생)1973·5·24 (주)서울특별시 종로구 사직로8길 60 외교부 아세안국 아세안협력과(02-2100-8451) (학)1992년 서초고졸 2000년 서울대 영어영문학과졸 2005년 미국 컬럼비아대 대학원 국제관계학(SIPA) 석사 (경)2001~2010년 외교통상부 의전1담당관실 근무·한반도평화교섭본부 북핵외교기획단 북핵1과 2등서기관·한반도평화교섭본부 북핵외교기획단 북핵정책과 2등서기관·駐오스트리아 2등서기관 2010~2017년 대통령 의전비서관실 파견·駐휴스턴총영사관 영사 2017년 외교부 의전장실 외교사절담당관 2017년 同의전장실 의전행사담당관 2019년 同남아시아태평양국 아세안협력과장 2019년 同아세안국 아세안협력과장(현)

조성원(趙星媛·女) Sung-won Cho

(생)1960·3·7 (주)서울특별시 노원구 화랑로 621 서울여자대학교 인문대학 영어영문학과(02-970-5427) (학)1983년 서강대 국어국문학과졸 1985년 미국 위스콘신대 메디슨교 대학원 비교문학과졸 1994년 문학박사(미국 텍사스대 오스틴교) (경)1994년 서강대·아주대 강사 1996년 명지대 교양영어 강의조교수 1997~2000년 국제비교문학회 번역분과 위원 1998년 서울여대 인문대학 영어영문학과 부교수·교수(현) 2003년 同교양교육부장 2007~2009년 同대외협력실장 2008~2009년 同홍보실장 겸임 2009년 同대외협력홍보실장 2010년 同대외협력홍보처장 2011~2012년 同국제협력부장 2014~2015년 한국비교문학회 회장 2015년 서울여대 인문대학 영어영문학과장 (저)'그리스 로마극의 세계'(2000)

조성원(趙誠願) CHO Seong Won

(생)1969·6·1 (본)풍양(豊壤) (출)서울 (주)경기도 성남시 분당구 분당로 55 퍼스트타워 11층 (주)조이시티(031-789-6500) (학)1996년 동국대 경제학과졸 (경)1996년 (주)대우 재경팀 근무 2000년 (주)미래와사람 투자사업부 근무 2001년 (주)인티즌 마케팅본부장 2004년 (주)엔도어즈 부사장 2006~2013년 同대표이사 사장 2011년 넥슨코리아 퍼블리싱사업본부장 2012년 同사업개발센터장 2013년 (주)조이시티 대표이사(현) (상)글로벌스탠다드 경영대상-신상품혁신부문(2008), 대한민국게임대상 최우수상(2008), 대한민국인터넷상 국무총리표창(2009), 한국을 빛낸 무역인상(2009), 5백만불 수출의 탑(2009), 1천만불 수출의 탑(2010), 대한민국게임대상 우수상(2012)

조성은(趙聖恩) Jo, Sung Eun

(생)1968·1·20 (본)함안(咸安) (출)대구 (주)서울특별시 종로구 북촌로 112 감사원 공공기관감사국(02-2011-2370) (학)1986년 대구 경신고졸 1990년 서울대 경영학과졸 1995년 同대학원 경영학과졸 2002년 미국 텍사스A&M대 대학원 경제학과졸 (경)1994년 행정고시 합격(38회) 2004~2005년 감사원 혁신평가담당관실·평가연구원 기획행정실 감사관 2006~2008년 同산업·환경감사국 총괄과 감사관 2009~2011년 대통령 민정수석비서관실 공직기강비서관실 행정관 2011~2014년 감사원 금융기금감사국 제1과장·산업금융감사국 제3과장 2014년 同국토·해양감사국 제1과장 2015년 경찰청 감사관 2017년 감사원 대변인 2018년 同공공기관감사국장(현) (종)기독교

조성을(趙誠乙) CHO Sung Eul

(생)1956·1·9 (출)경북 상주 (주)경기도 수원시 영통구 월드컵로 206 아주대학교 인문대학 사학과(031-219-2850) (학)1982년 서울대 동양사학과졸 1984년 연세대 대학원 사학과졸 1992년 철학박사(연세대) (경)1993년 아주대 사학과 조교수·부교수 1999년 한국사연구회 이사 2000년 미국 뉴욕주립대 교환교수 2002년 한국사상사학회 감사 2002년 아주대 인문대학 사학과 교수(현) 2003년 한국실학학회 이사 2005년 同편집위원 2007~2009·2013~2018년 아주대 박물관장 2015~2016년 한국사학사학회 회장 (저)'한국의 역사가와 역사학'(2004) '조선후기 사학사연구'(2004) '한국중세의 정치사상과 주례'(2005) '한국실학사상연구 2-정치경제학편'(2006) (역)'유교 경전의 의해' '주서백선'(2000)

조성익(趙誠益) CHO Soung Ik

(생)1953·2·2 (출)서울 (주)서울특별시 관악구 관천로 93 트윈타워 3층 금융안전홀딩스(02-3670-7403) (학)1971년 용산고졸 1975년 고려대 법학과졸 1984년 미국 펜실베니아주립대 대학원 경제학과졸 (경)1977년 행정고시 합격(20회) 1977년 총무처 수습행정관 1978년 문교부 공보관실 근무 1978~1982년 경제기획원 투자2과·기획1과·종합기획과 근무 1982년 해외 유학 1984~1990년 경제기획원 예산실·공정거래실 근무 1990~1991년 공정거래위원회 기업관리과·정책기획과 근무 1991년 同기업관리과장 1992년 경제기획원 장관 비서관 1993년 同행정예산담당관 1994년 同상공과학예산담당관 1994년 재정경제원 소비자정책과장 1996년 대통령비서실 파견 1999년 통계청 통계정보국장 1999년 국가전문행정연수원 통계연수부장 2000년 중앙공무원교육원 파견 2001년 국가전문행정연수원 통계연수부장 2001년 재정경제부 경제홍보기획단장 2002년 同국제금융심의관 2003년 同부총리 겸 장관비서실장 2004년 同정책조정국장 2004~2007년 同경제자유구역기획단장 2007~2008년 증권예탁결제원 사장 2011~2017년 SK증권 사외이사 2018년 금융안전홀딩스 회장(현) (종)기독교

조성일(趙聖一) CHO Sung Il

(생)1954·12·13 (출)서울 (주)서울특별시 동작구 흑석로 84 중앙대학교 국제대학원(02-820-5624) (학)경기고졸 1977년 서울대 경제학과졸 1985년 미국 미시간대 국제경제대학원졸 1989년 경영학박사(미국 미시간대) (경)1985~1987년 미국 미시간대 경영학과 강사 1987~1993년 미국 시라큐스대 경영학과 조교수 1993~1995년 정보통신정책연구원(KISDI) 선임연구위원 1995~1999년 한림대 경영학부 부교수 1999년 중앙대 국제대학원 교수(현) 2001~2003·2004~2005·2007~2013년 同국제대학원장 2001~2007년 (주)LG데이콤 사외이사 겸 감사위원 2001~2013년 기획재정부 공공기금투자풀운영위원회 위원 2002~2003년 정보통신부 산하기관경영평가단장 2002~2005년 기획예산처 기금운용평가단장 2005~2006년 싱가포르국립대 경영대학 교환교수 2009~2013년 조달청 원자재시장분석위원회 위원 2009~2013년 서울시 국제교류기금운영위원회 위원 2009~2013년 기획재정부 기금운용평가단 위원 2010~2016년 同성과평가위원회 위원 2011~2013년 중앙대 글로벌인적자원개발대학원장 2012~2015년 키움증권(주) 사외이사 2013년 공공기관자산운용평가단 단장(현) 2014~2015년 LS자산운용 사외이사 2015년 금융감독원 금융소비자보호심의위원회 위원장(현) 2016년 중앙대 통번역연구소장(현) 2016~2018년 이베스트투자증권 사외이사 2016년 국제금융발전심의회 위원장(현) 2016~2018년 기획재정부 기금운용평가단 국민연금평가팀장 2017년 한국주택금융공사 주택금융운영위원회 위원(현) 2017년 중앙대 행정부총장(현) 2019년 미래에셋대우(주) 사외이사(현) (상)부총리 겸 기획재정부장관표창(2014) (저)'20대를 위한 스마트 금융생활 가이드'

조성일(趙成日) JO Sung Il

(생)1958 · 8 · 16 (본)한양(漢陽) (출)서울 (주)서울특별시 성동구 청계천로 540 서울시설공단 이사장실(02-2290-6101) (학)1977년 배문고졸 1985년 한양대 토목공학과졸 2005년 토목공학박사(영국 서리대) (경)1985년 기술고시 합격(21회) 1986년 총무처 토목사무관 1987년 서울 동작구청 토목과장 1989년 서울시 도시계획과 지역계획계장 1992년 同종합건설본부 토목1부 과장 1997년 同건설안전관리본부 시설관리1부 과장 1999년 同지하철건설본부 건설2부장 2001년 해외 연수 2004년 서울시 상수도사업본부 시설부장 2005년 同도시계획국 시설계획과장 2005년 同도시계획국 도시계획과장 2008년 同도시교통본부 도로기획관 직대(지방부이사관) 2008년 대통령 국토해양비서관실 선임행정관 2009년 서울시 도시기반시설본부 시설안전국장 2010년 同도시기반시설본부 시설국장 2010년 同도시안전본부 시설안전기획관 2012년 서울 구로구 부구청장 2013년 서울시 도시기반시설본부장(지방이사관) 2014년 同도시안전실장(지방관리관) 2015년 同도시안전본부장(지방관리관) 2018년 서울시립대 도시과학대학 소방방재학과 책임교수(현) 2018년 건국대 행정대학원 도시및지역계획학전공 초빙교수(현) 2018년 대도시방재연구소 소장(현) 2019년 서울시설공단 이사장(현) (상)대통령표창(1995), 행정자치부장관표창(2000), 홍조근정훈장(2009) (저)'콘크리트보수 및 유지관리' '물리, 그 생각의 스킬'(2014, 퍼플) '물리, 그 생각의 스킬'(2015, 북랩)

조성재(趙誠宰)

(생)1956 · 12 · 23 (출)충남 부여 (주)대전광역시 유성구 가정로 267 한국표준과학연구원 부원장실(042-868-5597) (학)재료공학박사(한국과학기술원) (경)1985년 한국표준과학연구원(KRISS) 연구원 2007~2008년 (사)출연(연)연구발전협의회 총연합회장 2008~2011년 한국표준과학연구원(KRISS) 산업측정표준본부장 2010~2013년 아시아 · 태평양측정표준협력기구(APMP) 재료측정(TCMM)기술위원장 2015년 한국표준과학연구원(KRISS) 정책협력부장 2016년 同신기능재료표준센터 책임연구원 2017년 同부원장(현)

조성제(趙性濟) Cho Seong Je

(생)1966 · 10 · 5 (출)경남 합천 (주)부산광역시 연제구 법원로 28 부산법조타운 법무법인 국제(051-242-9908) (학)1985년 부산 성도고졸 1990년 서울대 사법학과졸 (경)1990년 사법시험 합격(32회) 1993년 사법연수원 수료(22기) 1993~1996년 육군 법무관 1996년 부산지법 판사 1999년 변호사 개업, 법무법인 국제 변호사 2011~2014 · 2016년 同대표변호사(현) 2015년 同변호사

조성주(趙誠宙) CHO SUNG JOO

(생)1967 · 8 · 31 (출)서울 (주)세종특별자치시 한누리대로 499 인사혁신처 인재채용국(044-201-8201) (학)1986년 천안북일고졸 1993년 서울대 인류학과졸 1995년 同대학원 행정학과졸 (경)1994년 행정고시 합격(38회) 2002년 중앙인사위원회 급여정책과 사무관 2003년 同사무처 서기관 2006년 同고위공무원지원단 역량평가과장(서기관) 2007년 同급여정책과장 2008년 행정안전부 급여정책과장 2008년 同성과후생관실 성과급여기획과장 2009년 대통령실 인사비서관실 근무 2011년 해외파견(서기관) 2014년 안전행정부 인사실 인력기획과장 2014년 인사혁신처 인력개발국 인력기획과장 2015년 同인사관리국 인사정책과장(부이사관) 2016년 국가공무원인재개발원 리더십개발부장(국장급) 2018년 교육파견(국장급) 2018년 인사혁신처 인재채용국장(현) (상)근정포장(2014)

조성준(趙誠駿) CHO Sung Joon

(생)1965 · 12 · 9 (주)강원도 춘천시 강원대학길 1 강원대학교 의학전문대학원 흉부외과학교실(033-250-7881) (학)1991년 고려대 의대졸 1995년 同대학원 의학석사 2000년 의학박사(고려대) (경)1996년 대한적십자강원지사 공중보건의사 1999년 고려대의료원 흉부외과 임상강사 2001년 강원대 의과대학 흉부외과학교실 교수 2005년 同의학전문대학원 흉부외과학교실 교수(현) 2019년 同의학전문대학원장(현) 2019년 同의학영재교육원장(현)

조성진(趙成珍) JO Seong Jin

(생)1956 · 7 · 10 (출)충남 대천 (주)서울특별시 영등포구 여의대로 128 트윈타워 LG전자(주) 부회장실(02-3777-1114) (학)1976년 용산공고졸 2006년 부산대 경영대학원 최고경영자과정(AMP) 수료 (경)1976년 금성사 전기설계실 입사 1985년 同전기회전기설계실 근무(기정보) 1987년 同전기회전기설계실 근무(기정) 1991년 同전기회전기설계실 근무(기감보) 1995년 LG전자 세탁기설계실 부장 2001년 同세탁기연구실장(연구위원 · 상무) 2005년 同세탁기사업부장 2007년 同세탁기사업부장(부사장) 2013년 同HA(Home Appliance)사업본부장(사장) 2014년 同H&A(Home Appliance & Air Solution)사업본부장(사장) 2016년 同각자대표이사 사장(홈어플라이언스&에어솔루션(H&A)사업본부장) 2017년 同대표이사 부회장(CEO)(현) 2017년 同LG SIGNATURE Committee 위원장(현) 2017~2019년 同이사회 의장 (상)산업자원부 선정 '대한민국 산업기술 10대 기술 대상'(2006), 동탑산업훈장(2007), 대한민국 100대기술주역상(2010), 한국품질경영학회 글로벌품질경영인대상(2016), 금탑산업훈장(2017)

조성찬(趙誠贊) seong chan cho

(생)1959·1·19 (출)서울 (주)충청북도 청주시 청원구 오창읍 양청4길 45 국가과학기술인력개발원(043-251-7001) (학)1978년 우신고졸 1984년 아주대 기계공학과졸 1997년 영국 맨체스터대 대학원 과학기술정책학과졸 (경)2004년 과학기술부 연구개발국 기계전자기술과장 2004년 同과학기술협력국 동북아기술협력과장 2005년 同원자력안전과장 2006년 同원전기술개발과장 2007년 同원전기술개발과장(부이사관) 2007년 한국원자력통제기술원 파견 2008년 교육과학기술부 정책조정지원과장 2009년 同과학기술정책과장 2010년 국립중앙과학관 과학전시연구단장 2011년 국가과학기술위원회 기획관리관(고위공무원) 2012년 중앙공무원교육원 교육파견(고위공무원) 2013~2015년 대통령소속 국가지식재산위원회 지식재산전략기획단 지식재산정책관 2015년 미래창조과학부 국립과천과학관장 2017년 국가과학기술인력개발원(KIRD) 원장(현)

조성철(趙成喆)

(생)1960 (주)대구광역시 동구 신암로 125 한국장학재단(053-238-2100) (학)구미 선산고졸, 단국대 영어영문학과졸 (경)공직 입문(7급 공채) 2015년 기획재정부 예산실 기금운용계획과장 2016년 同예산실 안전예산과장 2017년 同예산실 총사업비관리과장 2018년 同회계결산과장 2018년 한국장학재단 상임이사(현)

조성철(趙成哲)

(생)1970 · 8 · 26 (출)전북 남원 (주)전라남도 여수시 해양경찰로 122 해양경찰교육원 교육지원과(061-806-2516) (학)1989년 전주 상산고졸 1998년 서울대 법과대학 공법학과졸 (경)2003년 사법시험 합격(45회) 2007년 사법연수원 수료(36기) 2007년 경정 특채(고시) 2007년 해양경찰청 레저기획

계장 2009년 전북 군산해양경찰서 수사과장 2011년 해운대 여름해양경찰서장 2014년 해양경찰청 국제협력담당관 2014년 국민안전처 중부지방해양경비안전본부 상황담당관 2015년 同서해지방해양경비안전본부 경비안전과장(총경) 2016년 同부안해양경비안전서장 2017~2018년 해양경찰청 인사담당관 2019년 해양경찰교육원 교육지원과장(현)

조성칠(趙誠七)

(생)1962·9·21 (주)대전광역시 서구 둔산로 100 대전광역시의회(042-270-5142) (학)고려대 중어중문학과졸 (경)대전독립영화협회 조직위원장(현) 2017년 더불어민주당 제19대 문재인 대통령후보 대전시 공동선거대책본부장 2018년 대전시의회 의원(더불어민주당)(현)

조성택(趙性澤) Sungtaek Cho

(생)1957·11·19 (본)한양(漢陽) (출)부산 (주)서울특별시 성북구 안암로 145 고려대학교 문과대학 철학과(02-3290-2023) (학)1981년 고려대 영어영문학과졸 1986년 동국대 대학원 인도철학과졸 1995년 철학박사(미국 캘리포니아대 버클리교) (경)1995~2001년 미국 뉴욕주립대 스토니브룩교 Assistant Professor 1996년 국제원효학회 간사 1998~2004년 미국 종교학회 한국종교그룹 회장 2001년 한국불교학회 이사 2002년 인도철학회 이사 2002년 한국철학회 편집이사 2002년 불교학연구회 이사 2002년 고려대 인문학부 철학과 부교수 2004년 미국 종교학회 상임운영위원 2005년 한국학술진흥재단 인문사회지원단 전문위원 2006~2007년 同인문학단장 2006년 고려대 문과대학 철학과 교수(현) 2007년 同국제한국학센터 소장 2008년 同민족문화연구원 부원장 2008년 인문한국기획위원회 위원장 2010~2012년 대한불교조계종 화쟁위원회 위원 2012~2014년 (사)우리는선우 이사장 2013~2015년 대통령소속 인문정신문화특별위원회 철학위원 2014년 시민행성 공동대표 2014년 함께하는경청 상임이사(현) 2014년 화쟁아카데미 대표(현) 2015~2016년 고려대 민족문화연구원장 2015~2017년 인문한국연구소협의회 회장 2016~2018년 대한불교조계종 화쟁위원회 부위원장 2017년 플라톤아카데미 이사(현) 2018년 새마을운동중앙회 윤리위원장(현) (상)不二賞(학술연구부문)(2003), 올해의 학진인상(2006), 불교평론 올해의 논문상(2012), 원효학술상(2013) (저)'Encyclopedia of Buddhism(Yujong)'(2003) 'Transculturality : Epistemology, Ethics, and Politics(Hermeneutic Pluralism of Wonhyo)'(2004)

조성필(曺聖弼)

(생)1970·1·30 (출)전남 화순 (주)서울특별시 송파구 법원로 101 서울동부지방법원(02-2204-2114) (학)1988년 광주제일고졸 1993년 서울대 법학과졸 1997년 同대학원 수료 (경)1995년 사법시험 합격(37회) 1998년 사법연수원 수료(27기) 1998년 광주지법 판사 2000년 同순천지원 판사 2002년 수원지법 판사 2005년 서울중앙지법 판사 2007년 서울동부지법 판사 2010년 서울고법 판사 2011년 대법원 재판연구관 2013년 광주지법 부장판사 2015년 수원지법 부장판사 2017년 서울동부지법 부장판사(현)

조성한(趙成漢) Cho Sung Han

(생)1957·10·22 (출)서울 (주)서울특별시 동작구 흑석로 84 중앙대학교 공공인재학부(02-820-5512) (학)1980년 연세대 행정학과졸 1984년 同대학원 행정학과졸 1990년 미국 시카고대 대학원 공공정책학과졸 1994년 사회정책학박사(미국 시카고대) (경)1995년 한국행정연구원 수석연구원 1999~2010년 중앙대 행정학과 교수 1999년 대우재단 이사(현) 2005~2007년 중앙대 언론매체부장 2007년 한국조직학회 회장 2010년 중앙대 공공인재학부 교수(현) 2012~2013년 同중앙도서관장 겸 박물관장 (저)'사회복지행정서비스 전달체계 연구'(1998) '정책평가과정에서의 NGO의 역할'(2003) '재단독립'(2003) '인사행정의 이해'(2004) '사회복지정책론'(2006) '현대인사행정론'(2007)

조성한(趙聖韓)

(생)1965 (출)충남 (주)서울특별시 종로구 종로 33 그랑서울 GS건설 Global Engineering본부(02-2154-1114) (학)1983년 서대전고졸 1987년 연세대 토목공학과졸 1989년 同대학원 토목공학과졸 1997년 토목공학박사(연세대) (경)1991년 GS건설 입사 2003년 同연구개발팀장(차장) 2004년 同연구개발팀장(부장) 2008년 同지반팀장(부장) 2012년 同토목기술담당 상무보 2014년 同토목PROPOSAL담당 상무 2015년 同플랜트수행3설계담당 상무 2018년 同기술본부장(CTO)·기술연구소장·플랜트CAS설계담당 상무 겸임 2019년 同Global Engineering본부장·기술본부장·기술연구소장(CTO·전무) 겸임(현)

조성형(趙聖衡) Cho Sung Hyoung

(생)1963·8·18 (주)서울특별시 종로구 종로1길 50 더케이트윈타워 A동 매일유업 경영지원본부(02-2127-2113) (학)1982년 천안북일고졸 1986년 서울대 식품공학과졸 (경)CJ(주) 인사파트장(부장) 2005년 同인사팀장 2010년 CJ제일제당(주) 인재원 부원장(상무) 2011~2013년 CJ(주) 인사팀장(부사장) 2014년 매일유업 경영지원본부장(부사장)(현)

조성혜(趙星惠·女) Cho seong Hea

(생)1960·7·27 (출)부산 (주)인천광역시 남동구 정각로 29 인천광역시의회(032-440-6030) (학)1982년 성신여대 국어교육학과졸 (경)1982년 당진 미호중 교사 1989년 인천여성노동자회 상담부장 1993년 일하는여성 편집위원장 1995년 평등의전화상담소 소장 1999년 인천여성실업대책본부 본부장 1999~2002년 인천여성노동자회 회장 2000년 고용평등상담실 대표 2000년 한국여성노동자회협의회 부대표 2000~2003년 인천의제21실행위원 2000년 부평자활후견기관 관장 2002년 同운영지원장 2002년 한국여성단체연합 노동위원장 2003~2004년 부평자활후견기관 관장 2003년 인천인권영화제 상임조직위원장 2003년 인천여성노동자회 지도위원 2009년 同이사 2013년 인천민주평화인권센터장 2014년 인천여성노동자회 이사장 2016년 인천민주화운동센터장 2018년 인천시의회 의원(비례대표, 더불어민주당)(현), 同기획행정위원회 위원(현) (상)대통령표창(2003), 국무총리표창(2015)

조성호(趙成浩) CHOH Sung Ho

(생)1935·11·7 (본)한양(漢陽) (출)함북 청진 (주)서울특별시 성북구 안암로 145 고려대학교 물리학과(02-3290-3090) (학)1954년 예산농고졸 1958년 서울대 물리학과졸 1960년 同대학원 물리학과졸 1968년 이학박사(미국 브라운대) (경)1968~1971년 캐나다 맥마스터대 박사 후 연구원 1971년 고려대 물리학과 부교수 1974~2001년 同물리학과 교수 1979년 영국 옥스퍼드대 방문과학자 1987년 미국 브라운대 객원교수 1989~1993년 한국물리학회 부회장 겸 편집위원장 1991년 고려대 기초과학연구소장 1992년 同이과대학장 1994~1996년 기초과학지원연구소 서울분소장 1994년 한국과학기술한림원 회원 1995년 同종신회원(현) 1995년 국가과학기술자문회의 위원 1997년 영국 물리학회(IOP) Fellow 2000~2002년 한국자기공명학회 회장 2001년 고려대 명예교수(현) 2001년 한국기초과학지원연구원 서울센터 명예연구원(현) 2011년 대한민국학술원 회원(물리학·현) (상)한국물리학회 논문상(1983), 국민훈장 목련장(1987), 3.1문화상(1990), 한국물리학회 성봉물리학상(2000), 옥조근정훈장(2001), 대한민국학술원상(2004) (저)'자기공명방법'(1991) '고체자기공명 이론과 실험' (역)'고체물리학'(共) (종)기독교

조성호(趙誠鎬) Sung Ho Cho

(생)1960·2·21 (본)한양(漢陽) (출)서울 (주)서울특별시 성동구 왕십리로 222 한양대학교 공과대학 융합전자공학부(02-2220-0390) (학)1978년 고려대사대부고졸 1982년 한양대 전자공학과졸 1984년 미국 아이오와대 대학원 전자컴퓨터공학과졸 1989년 전자컴퓨터공학박사(미국 유타대) (경)1989~1992년 한국전자통신연구원(ETRI) 선임연구원 1992년 한양대 공과대학 융합전자공학과 조교수·부교수·교수(현) 1997~2001년 同창업보육센터 부소장 2000년 국가평생교육진흥원(NILE) 학점은행운영본부 학점인정심의위원회 분과위원(현) 2000~2003년 (주)제퍼스미디어통신 대표이사(교수 창업) 2002~2004년 일본 와세다대 국제정보통신연구과 강의교수 2006년 한양대 BK21플러스 융합IT기반미래가치창조인력양성사업단 대외협력위원장(현) 2006~2009년 同컴퓨터교육위원회 위원장 2007년 한국산업기술진흥협회 NT인증 및 장영실상 심사위원(현) 2007년 KOTRA 글로벌인재사업단 고용추천서(골드카드)발급 평가위원(디지털전자 분야)(현) 2008~2012년 중국 북경우전대학 고등초빙과학자 2008~2014년 한양대 첨단무선인식·통신기술연구센터장 2010~2018년 한국과학기술단체총연합회 국제협력팀 해외고급과학자초빙사업 IT분과 평가위원 2011~2012년 국가과학기술위원회 지식재산전문위원회 전문위원 2012년 중국 북경우전대학 초빙교수(현) 2013~2014년 한양대 공과대학 부학장 2015~2017년 同공과대학 2학장 (상)한국음향학회 학술상(1994), TI Korea DSP Design Contest 우승(2000), 한양대 Best Researcher상 기술이전부분(2008), 대한전자공학회 DSP Design Contest 최우수상(2008), Creative DSP Design Contest Xilinx상(2008), International Conference on Communication Theory, Reliability, and Quality of Service, Colmar, France, 최우수논문상(2009), IEEE International Conference on Network Infrastructure and Digital Content, Beijing, China, 최우수논문상(2009), 한국과학기술단체총연합회장표창(2014) (역)'신호와 시스템'(1998, 복두출판사) '신호와 시스템'(2001, 범한서적주식회사) '확률 및 랜덤프로세스'(2009, SciTech)

조성호

(생)1970 (출)충북 (주)충청북도 진천군 진천읍 중앙동로 68 진천경찰서(043-531-5220) (학)1991년 경찰대졸(7기) (경)1991년 경위 임용 2003년 충북지방경찰청 외사계장(경감) 2004년 충북지방경찰청 공보담당관(경정) 2008년 同기획예산계장 2012년 同인사계장 2014년 同경무계장 2015년 同경무과 치안지도관(총경) 2015년 중앙경찰학교 교무과장 2016년 경찰수사연수원 운영지원과장 2017년 충북 괴산경찰서장 2017년 경찰대학 기획협력과장 2019년 충북 진천경찰서장(현)

조성호(曺星鎬)

(생)1977·2·16 (주)강원도 춘천시 중앙로 1 강원도의회(033-256-8035) (학)세명대 전기공학과졸 (경)예편(소령), 영진물산 대표(현), 원주대성중·고총동문회 사무차장(현), 원주시남성의용소방대 대원(현), 미래디지털콘텐츠개발원 자문위원(현) 2018년 강원도의회 의원(더불어민주당)(현) 2018년 同경제건설위원회 위원(현)

조성환(趙成煥)

(생)1967·2·28 (주)대전광역시 유성구 대덕대로 730 삼양사 화학연구소(042-865-8114) (학)1990년 성균관대 화학공학과졸 2012년 화학공학박사(성균관대) (경)1995년 삼양사 입사, 同AM BU 신소재연구소 EP소재프로그램팀장, 同화학연구소 EP소재프로그램팀장 2015년 同화학연구소장(상무)(현)

조성환(趙城晥) CHO Sung Hwan

(생)1970·8·18 (출)부산 (주)서울특별시 영등포구 당산로2길 12 조아제약(주) 비서실(02-6670-9200) (학)1989년 부산 혜광고졸 1998년 고려대 경제학과졸 2016년 중앙대 의약식품대학원 약학과졸 (경)1998년 D.A.P 경영컨설팅 1999년 드림아이인터내셔널(주) 기획본부 근무, 캠프론(주) 근무 2002년 조아제약(주) 기획담당 이사 2004년 同대표이사 사장, 메디팜(주) 대표이사 사장 2017년 조아제약(주) 대표이사 부회장(현)

조성환(曺晟桓)

(생)1971·10·29 (주)경기도 수원시 팔달구 효원로 1 경기도의회(031-8008-7000) (학)가톨릭대 의료경영대학원 경영학과졸 (경)열린우리당 파주시중앙대의원 2017년 더불어민주당 제19대 문재인 대통령후보 조직특보, 同중앙당 정책위원회 부의장 2018년 경기도의회 의원(더불어민주당)(현) 2018년 보건복지위원회 위원(현)

조성훈(趙成勳) CHO Sung Hoon

(생)1961·1·12 (출)서울 (주)서울특별시 영등포구 의사당대로 143 금융투자협회빌딩 한국자본시장연구원(02-3771-0876) (학)1979년 경희고졸 1985년 서울대 경영학과졸 1985년 同대학원 경영학과졸 1995년 경영학박사(미국 오하이오주립대) (경)1985~2000년 KT 근무 2001~2008년 한국증권연구원 연구위원·연구조정실장 2008년 한국증권학회 이사 2008년 한국증권연구원 부원장 2009년 한국자본시장연구원 부원장 2014년 同선임연구위원(현) 2015년 KTH(주) 사외이사(현)

조성희(趙城禧)

(생)1961·7·13 (본)함안(咸安) (출)경북 구미 (주)경상북도 상주시 상산로 223 상주시청 부시장실(054-537-6005) (학)1979년 김천 중앙고졸 1995년 경일대 행정학과졸 1998년 미국 미시간주립대 VIIP과정 수료 2003년 경북대 국제대학원 국제경영학석사 2013년 경영학박사(계명대) (경)1981년 지방행정 9급 1991년 경북도 총무과·의회사무처·도시계획과·감사관실 근무 2005년 지방행정사무관 승진 2006년 대한무역투자진흥공사(KOTRA) 인도네시아 자카르타무역관 근무(경북도 통상투자주재관) 2009년 경북도 국제통상과·투자유치단·감사관실 총괄담당 사무관 2014년 同국제비즈니스과장 2016년 同청년취업과장 2017년 경북 울진군 부군수(서기관) 2018년 경북 울진군 부군수(부이사관) 2018년 교육 파견(부이사관) 2019년 경북 상주시 부시장(현) (상)국무총리표창(2001) (저)'Pride 경북, 인도네시아'(2008)

조세연(趙世演) CHO Sae Youn

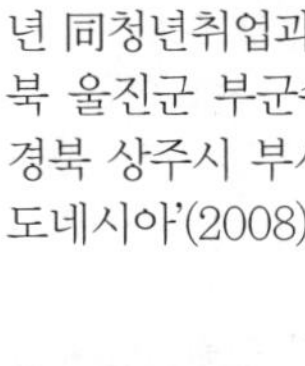

(생)1960·4·14 (출)부산 (주)강원도 춘천시 강원대학길1, 강원대학교 영어영문학과(033-250-8145) (학)1979년 휘문고졸 1986년 경희대 영어영문학과졸 1988년 同일반대학원 영어학과졸 1996년 언어학박사(미국 일리노이대) (경)1992년 미국 일리노이대 연구원 1997년 호남대 영어과 조교수 2010~2012년 국제어학원 원장, 강원대 영어영문학과 교수(현) 2014년 同국제교류본부장 2014년 한국생성문법학회 부회장(현) 2014년 한국언어정보학회 편집위원장(현) 2019년 강원대 인문대학장(현) (저)'미국문화와 사회' (종)불교

조세영(趙世暎) Cho Seiyoung

㉡1961 · 10 · 11 ㊉서울 ㊟서울특별시 종로구 사직로8길 60 외교부 제1차관실(02-2100-7026) ㊕1980년 신일고졸 1984년 고려대 법학과졸 ㊎1984년 외무고시 합격(18회) 1986~1987년 외무부 장관비서관 1989년 일본 게이오대 방문연구원 1990년 駐일본 2등서기관 1994년 駐예멘 1등서기관 1996년 대통령비서실 의전과장 1998년 외교통상부 동북아1과 서기관 1999년 駐샌프란시스코 영사 2001년 駐일본 경제과장 2004년 외교통상부 동북아통상과장 2006년 駐중국 참사관 2008년 駐일본 공사참사관 2010년 駐일본 공사참사관(고위공무원) 2011년 외교통상부 동북아시아국장 2013~2018년 동서대 국제학부 특임교수 2015~2018년 同일본연구센터 소장 2017년 국가안보실 정책자문위원회 위원 2017년 외교부 '한 · 일 일본군 위안부 피해자 문제 합의 검토 TF(태스크포스)' 부위원장 2018년 국립외교원장(차관급) 2019년 외교부 제1차관(현) ㊍'봉인을 떼려하는가 : 미 · 일동맹을 중심으로 본 일본의 헌법개정문제'(2004) '한일관계 50년, 갈등과 협력의 발자취'(2014, 대한민국역사박물관) '日韓外交史'(2015, 平凡社) '외교외전'(2018, 한겨레출판)

조세환(曺世煥) CHO Se Hwan

㉡1953·4·18 ㊄창녕(昌寧) ㊉경북 김천 ㊟서울특별시 성동구 왕십리로 222 한양대학교 도시대학원 도시설계·경관생태조경학과(02-2220-0274) ㊕1972년 김천고졸 1977년 영남대 조경학과졸 1981년 서울대 환경대학원 조경학과졸 1994년 도시공학박사(한양대) ㊎1996~1998년 경북도 문화재전문위원 2003~2018년 한양대 도시대학원 도시설계·경관생태조경학과 랜드스케이프 어바니즘전공 교수 2003~2018년 同공학대학원 생태조경학과 조경·생태복원전공 주임교수 2005~2009년 서울시 건설기술심의위원 2005~2007년 서울 강남구 도시계획위원 2006년 LH공사 총괄건축가(MA) 2008~2012년 同자문위원 2008~2012년 행정중심복합도시건설청 총괄자문위원 2008년 (사)한국경관학회 이사 2009년 (사)한국조경학회 회장 2009~2010년 (재)한국환경조경발전재단 이사장 2009~2010년 국토해양부 4대강살리기 중앙자문위원 2010년 LH공사 친환경인증심의위원 2010~2011년 용산공원및주변부종합정비계획 상임자문 2010~2012년 국제공원및레크레이션행정연맹 한국위원회 위원장 2010~2011년 인천시 도시경관위원 2011년 (사)한국조경학회 고문(현) 2011년 (재)한국환경조경발전재단 고문(현) 2011~2012년 한양대 도시대학원장 2011~2013년 서울시 도시공원위원 2011년 同한강르네상스특화공원 MP 자문위원 2012년 LH공사 총괄조경가(MLA) 2012년 (사)한국전통조경학회 고문(현) 2012년 경기도시공사 자문위원(현) 2012~2014년 (사)한국도시설계학회 이사 2012~2014년 수도권광역경제발전위원회 자문위원 2013년 '당인리 서울복합화력발전소 공원화사업' 총괄전문가(PA) 2013년 (사)한국조경사회 고문(현) 2013~2016년 국토교통부 용산공원추진협의회 의장 2013~2018년 同용산공원추진위원회 위원 2015년 (사)한국정원디자인학회 고문(현) 2015년 국방부 미국기지이전사업단 자문위원(현) 2015~2017년 전남도 기본경관계획 총괄경관계획가(MLP) 2016~2019년 (사)한국바이오텍경관도시학회 회장 2018년 한양대 도시대학원 도시설계·경관생태조경학과 명예교수(현) 2019년 (사)한국바이오텍경관도시학회 고문·글로벌바이오도시포럼 의장(현), 문화체육관광부 4대강살리기 자문위원·공공디자인포럼 위원·중앙건설기술 심의위원·국립한국문학관설립위원회 부위원장, 대통령직속 국가건축정책위원회 자문위원, 세계조경가협회 아시아·태평양지역(IFLA APR)총회 대회장 ㊌제13회 올해의 조경인상(2010), 제8회 자랑스러운 조경인상(2011), 국토교통부장관표창(2013), 대통령표창(2018) ㊍'조경설계론'(1999) '도시와 인간'(2005) '한국의 미술-일본의 미술'(동경 소화당) '한국조경의 도입과 발전 그리고 비전'(2008) '랜드스케이프 리뷰'(2010) '진화도시학의 서막:디지로그 랜드스케이프 도시 시대의 시작'(2018) '야사(野史)로 읽는 랜드스케이프 아키텍춰'(2018) '한국 현대조경 태동의 역사'(2018)

조소연(趙蘇衍) CHO So Yeon

㉡1964 · 4 · 8 ㊄풍양(豊壤) ㊉충남 서천 ㊟세종특별자치시 한누리대로 411 행정안전부 공공서비스정책관실(044-205-2400) ㊕1983년 군산중앙고졸 1987년 고려대 행정학과졸 1989년 서울대 행정대학원 행정학과졸 ㊎1990년 행정고시 합격(34회) 2000년 중앙인사위원회 직무분석과 서기관 2002년 同직무분석과장 2003년 同성과관리과장 2006년 同인재조사담당관 2008년 행정안전부 고위공무원제도과장 2008년 同조직실 행정진단센터 제도진단과장 2009년 同조직실 행정진단센터 제도진단과장(부이사관) 2009년 지방자치단체국제화재단 교류연수국장 2010년 고위정책과정교육 파견 2011년 충남도 복지보건국장 2011년 행정중심복합도시건설청 기획조정관(고위공무원) 2013년 대전시 기획관리실장 2015년 행정자치부 정부세종청사관리소장 2015년 同정부서울청사관리소장 2016년 同정부통합전산센터 운영기획관 2017년 同국가기록원 기록서비스부장 2017년 행정안전부 국가기록원 기록서비스부장 2018년 同공공서비스정책관(현) ㊌근정포장(2001), 홍조근정훈장(2010)

조송만(曺松萬) CHO SONG MAN

㉡1960·3·7 ㊉전남 신안 ㊟서울특별시 서초구 사평대로 16 (주)누리텔레콤 회장실(02-781-0792) ㊕1979년 목포고졸 1984년 전남대 계산통계학과졸 ㊎1984~1991년 (주)대우통신 근무 1992년 (주)에이티아이시스템 설립 1994년 同대표이사 2000년 (주)누리텔레콤 대표이사 사장 2010년 우수기술연구센터(ATC)협회 이사 2013년 한국소프트웨어산업협회 이사(현) 2014년 코스닥협회 부회장(현) 2016년 벤처기업협회 이사(현) 2017년 (주)누리텔레콤 대표이사 회장(현) ㊌자랑스러운 중소기업인상(2007), 코스닥대상 최우수테크노경영상(2009), 벤처기업대상 지식경제부장관표창(2009), IT이노베이션대상 대통령표창(2009), 산업포장(2015), 전파방송산업 진흥주간 신기술부문 국무총리상(2015), SW기업경쟁력 대상 특별상 해외진출기업 우수상(2016)

조송호

㉡1956·12·3 ㊟경상남도 통영시 광도면 공단로 940 성동조선해양(주)(055-647-7132) ㊕1975년 광주제일고졸 1980년 서울대 농공학과졸 ㊎1983~1988년 삼성그룹(제일제당) 공채·근무 1989~1995년 ALFA-LAVAL KOREA 영업부장 1995~1997년 KBC 광주방송 기획실장 1997~2001년 동양상호저축은행 상무이사 2001~2005년 대한페이퍼텍 대표이사 2005~2009년 대주그룹 기획실장 및 감사실장 2009~2011년 대한페이퍼텍 대표이사·관리인(광주지법) 2012~2017년 세기·대도산업(주)·동화중공업·해인레저산업(주)·(주)세인홀딩스·태광의료재단·고성중공업 관리인·CRO·감사(창원지법) 2016~2018년 포항공대·더연리지(주)·더연리지웨딩홀앤드뷔페(주)·세진하이테크 CRO 및 감사(창원지법) 2018년 성동조선해양(주) 관리인(현)

조수미(曺秀美 · 女) Sumi Jo

㉡1962·11·22 ㊄창녕(昌寧) ㊉서울 ㊟서울특별시 강남구 강남대로 310 SMI엔터테인먼트(02-3461-0976) ㊕1981년 선화예고졸 1986년 이탈리아 산타체칠리아음악학교 성악과졸 1993년 서울대 성악과 2년 수료 ㊎유병무·이경숙교수에게 사사, Giannella Borelli에게 사사 1986년 '리골레토' 질다역으로 데뷔 1989년 카라얀 지휘 '가면무도회' 오스카역 1989년 솔티 지휘 '마술피리' 밤의여왕 역 1991년 영국 런던 코벤트가든극장에서 '호프만 이야기' 올림피아역 1991년 주빈메타 지휘 '마술피리' 밤의여왕 역 1995년 미국 피츠버그독창회에서 로림마젤과 협연 1995년 런던필과 한국에서 협연 1995년 광복50주년 기념공연 1996년 아르헨티나 부에노스아이레스에서 '마술피리' 공연 1998

년 방정환재단 발기이사 2002년 부산아시안게임 홍보대사 2002년 외교부 문화홍보담당 외교사절(Diplomatic Envoy for Cultural Affairs and Information)(현) 2002년 2010세계박람회(EXPO)유치위원회 홍보대사 2003년 서울시 홍보대사 2003년 2010평창동계올림픽유치위원회 홍보대사 2005년 국가이미지 홍보대사 2006년 2012여수세계박람회유치위원회 명예홍보대사 2008년 인천국제공항 홍보대사 2010년 대한적십자사 친선대사 2010년 2018평창동계올림픽유치위원회 홍보대사 2011년 2013순천만국제정원박람회 홍보대사 2011년 중앙선거관리위원회 공명선거홍보대사 2012년 2014 인천아시안게임 홍보대사 2016년 웨일스 카디프 국제성악콩쿠르 'BBC 카디프 싱어 오브 더 월드(BBC Cardiff Singer of the World)' 심사위원(현) 2017~2018년 2018평창동계올림픽 홍보대사 2017년 이탈리아 로마 콜로세움 자선콘서트 '셀러브리티 파이트 나이트(CFN Celebrity Fight Night)' 공연 2019년 2020함양산삼항노화엑스포 홍보대사(현) (상)나폴리 Zonta 국제콩쿠르 1위(1985), 시칠리아 Enna 국제콩쿠르 1위(1985), 트리에스터 Vlotti 국제콩쿠르 1위(1985), 바로셀로나 Vinas 국제콩쿠르 1위(1986), 베로나 국제콩쿠르 1위(1986), 난파상(1992), 이탈리아 Forli 황금기러기상(1993), 김수근 문화상(1994), 칠레 최고음악가상(1994), 대한민국문화훈장(1995), 프랑스 비평가 선정 'Grand Palmier'(1997), 유네스코 선정 '평화예술인'(2003), 국제 푸치니상(2008), PETA 공로상(2012), 대원음악상 대상(2013), 티베리니 금상(2015), 다비드 디 도나텔로 영화제 주제가상(2016), 이탈리아 정부 친선훈장(2019) (저)'노래에 살고 사랑에 살고'(1997) '꿈꾸는 프리마돈나 조수미'(2010, 창해) (작)음반 'Le Comte Ory' 'CARNAVAL' '새야새야'(1993) '아리아리랑' 'ROMANTIC' 'CaroMio Ben' 'Only Love' 'Be Happy-Falling in Love with Movie' 'Ich Liebe Dich'(2010)

조수용 Suyong Joh

(생)1974 · 1 · 25 (주)경기도 성남시 분당구 판교역로 235 에이치스퀘어 N동 7층 (주)카카오(070-7492-1300) (학)서울대 산업디자인학과졸 1999년 同대학원졸 (경)프리챌 디자인센터장 2003년 NHN 디자인총괄 2007년 同CDM부문장 2007~2010년 同이사 2010년 제이오에이치 대표 겸 크리에이티브 디렉터(현) 2011년 '매거진 B' 창간 2012년 건강식당 '일호식' 대표 2013년 아메리칸 다이닝 세컨드 키친 대표 2013년 'Ed Bag' 런칭 2014년 영종도Nest hotel · 여의도Glad hotel 브랜딩 · 디자인 총괄 2016년 (주)카카오 브랜드디자인총괄 부사장 2018년 同공동대표이사(현) (상)대한민국디자인대상 디자인경영 공로부문 국무총리표창(2007), 나눔글꼴 캠페인 '칸느 크리에이티브' PR부문 은상(2007), '칸느 크리에이티브' 디자인부문 은상(2013), 문화체육관광부장관표창(2016) (저)'나음보다 다름(共)'(2015)

조수인(趙秀仁) CHO Soo In

(생)1957 · 1 · 13 (본)한양(漢陽) (출)서울 (주)서울특별시 서초구 서초대로74길 11 삼성전자(주)(02-2255-0114) (학)1975년 용산고졸 1979년 서울대 전자공학과졸 (경)1979년 삼성전자 입사 1994년 同메모리본부 메모리설계 연구사원(임원) 1997년 同메모리본부 DRAM설계팀장(이사) 1998년 同메모리본부 DRAM설계팀장(상무) 2000년 同메모리사업부 DRAM개발2실장(전무) 2003년 同메모리사업부 DRAM개발실장(부사장) 2007년 同반도체총괄 메모리사업부 메모리제조센터장 2007년 同반도체총괄 메모리사업부장 2009년 同반도체사업부 메모리담당 사장 2011년 삼성모바일디스플레이 대표이사 사장 2011년 한국디스플레이산업협회 부회장 2012년 同회장 2012년 삼성디스플레이 OLED사업부장(사장) 2012~2015년 삼성전자(주) 의료기기사업부장(사장) 2013~2015년 삼성메디슨 대표이사 2016년 삼성전자(주) 상담역(현) (상)삼성그룹 1M DRAM개발 기술대상(1986), 삼성그룹 0.6㎛급 초미세가공기술개발 기술대상(1989), 전자전기 200억불 수출탑(1992), 삼성그룹 256M DRAM개발 기술대상(1994)

조수정(趙守貞 · 女) Soojung Cho

(생)1975 · 3 · 15 (출)서울 (주)세종특별자치시 한누리대로 402 산업통상자원부 통상법무기획과(044-203-4870) (학)1994년 덕원여고졸 1998년 서울대 외교학과졸 2005년 미국 컬럼비아대 국제대학원 국제관계학과졸 2011년 국제법학박사(고려대) (경)1997년 행정고시 합격(41회) 1999~2012년 외교통상부 통상교섭본부 WTO과 · 한미FTA추진기획단 사무관 · 서기관 2013년 산업통상자원부 동아시아FTA추진기획단, 同동북아통상과장 2018년 同통상법무기획과장(현) (종)기독교

조수행(趙壽行) CHO Soo Haeng

(생)1964·2·25 (출)충남 당진 (주)서울특별시 강서구 하늘길 78 한국공항공사 서울지역본부(02-2660-4034) (학)1990년 충남대 경영학과졸 (경)1990년 한국공항공단 임용(5급甲) 1992년 同감사실 감사1과 근무 1996년 同사천지사 관리과장(3급) 2002년 한국공항공사 여수지사 운영부장(2급) 2006년 同제주지역본부 운영단 운영계획팀장 2008년 同포항지사 운영팀장 2008년 同노무복지팀장 2010년 同경영관리실장(1급) 2011~2014년 同인사관리실장 2014년 국방대 교육파견 2015년 한국공항공사 여수지사장 2016년 同여객지원실장 2016년 同안전보안본부장 2017년 同서울지역본부장(현) (상)국토해양부장관표창(2009) (종)기독교

조 숙(趙 淑 · 女)

(생)1960 · 5 · 30 (주)서울특별시 중랑구 신내로 156 서울의료원 산부인과(02-2276-7000) (학)이화여대 의대졸, 가톨릭대 대학원 의학석사, 의학박사(가톨릭대) (경)이화여대 부속병원 · 가톨릭의대 부속병원 전공의, 미국 Univ. of Texas Health Science Center 연수, 인하대 산부인과학교실 부교수, 서울의료원 의학연구소장 2015~2018년 서울시 북부병원장, 서울의료원 산부인과 과장(현)

조 순(趙 淳) CHO Soon (少泉) · (春軒)

(생)1928 · 2 · 1 (본)풍양(豊壤) (출)강원 강릉 (주)서울특별시 관악구 관악로 1 서울대학교 경제학부(02-880-6360) (학)경기고졸 1949년 서울대 상대 전문부졸 1960년 미국 보오든(Bowdoin)대 대학원졸 1967년 경제학박사(미국 캘리포니아대 버클리교) 1994년 명예 법학박사(미국 보오든대) 2000년 명예 경제학박사(러시아 경제학교) (경)1949~1950년 강릉농업학교 교사 1951년 육군 보병9사단 통역장교 1951년 육군사관학교 수석고문관실 통역장교 1952~1957년 同교수부 전임강사 1960~1965년 미국 캘리포니아대 조교 · 강사 1965~1967년 미국 뉴햄프셔대 조교수 1968~1969년 서울대 상대 부교수 1968~1973년 同경제연구소장 1969~1975년 同상대 교수 1969~1976년 국무총리 기획조정실 평가교수 1969~1976년 한국은행 조사1부 고문교수 1970~1988년 서울대 경제학과 교수 1972~1973 · 1976년 경제기획원 외자도입심사위원 1975년 서울대 사회과학대학장 1978년 국제경제학회 회장 1981~1985년 대한민국학술원 회원(경제학) 1982년 서울대 사회과학연구소장 1987년 미국 국제경제연구소(IIE) 객원연구원 1987~2015년 대한민국학술원 회원(경제학) 1988~1990년 부총리 겸 경제기획원 장관 1991년 국가과학기술자문회의 자문위원 1991년 통일부 통일고문회의 고문 1992~1993년 한국은행 총재 1993년 同고문 1993~1995년 도산서원 원장 1994년 이화여대 석좌교수 1995~1997년 서울특별시장(민주당 · 새정치민주연합) 1997년 민주당 총재 1997~1998년 한나라당 총재 1998~2000년 제15대 국회의원(강릉乙 보선, 한나라당 · 민주국민당) 1998~2000년 한나라당 명예총재 2000년 민주국민당 창단준비위원장 · 대표최고위원 2001년 (사)인간개발연구원 명예회장 2002~2003년 신품질포럼 초대위원장 2002~2015년 명지대 경제학과 명예교수 2002년 안중근의사숭

모회 이사장 2002년 서울대 경제학부 명예교수(현) 2002년 민족문화추진회 회장 2003년 대통령직속 국민경제자문회의 부의장 2004년 SK(주) 사외이사 2005년 과학선현장영실선생기념사업회 회장 2005년 코아로직 사외이사 2005~2008년 한국학중앙연구원 이사장 2005년 풍양조씨연수원 원장 2006년 한반도선진화재단 고문 2007~2010년 SK에너지(주) 사외이사 2009년 (사)한·러문화경제협회 명예회장 (상)茶山경제학상, 매경 이코노미스트상, 서울대 상대 총동창회 빛내자상(1995), 駐韓미8군 감사패(한미친선에 기여한 공로)(1996), 자랑스런 서울대인상(2008), 국민훈장 무궁화장(2014) (저)'한국경제의 이론과 현실'(1990) 'The Dynamics of Korean Economic Development in Korea'(1994) '새로운 선거문화를 위하여'(1995) '열린사회는 휴머니스트가 만든다'(1995) '경제학원론 해답집(共)'(1998) '창조와 파괴-경제재생을 위한 조순의 제안'(1999) '한자공부, 절대로 하지 마라?'(2004) '한국경제의 현실과 진로' '중장기 경제개발전략에 관한 연구' 'J.M.케인즈' '화폐금융론' '한국경제의 이해' (역)'아시아의 근대화' '케인즈 일반이론'

조 순(趙 淳) Cho Soon

(생)1962·2·28 (출)경남 김해 (주)인천광역시 서구 환경로 42 국립환경과학원 연구전략기획과(032-560-7061) (학)1980년 부산진고졸 1985년 고려대 식물보호학과졸 2010년 同대학원 환경생태학과졸 (경)1992~1998년 환경부 수질보전국·폐기물자원국 근무 1998~2005년 同감사관실·수질보전국 근무 2005~2015년 同기획예산담당관실·물환경정책국 물환경정책과 근무 2015년 同운영지원과 근무 2017년 同국립생물자원관 운영관리과장 2018년 同국립환경과학원 연구전략기획과장(현)

조순승(趙淳昇) CHO Soon Sung (주암)

(생)1929·3·22 (본)옥천(玉川) (출)전남 승주 (학)1949년 중앙고졸 1953년 서울대 문리대학 정치학과졸 1959년 정치학박사(미국 미시간대) (경)1959년 연세대 정치외교학과 조교수 1961~1965년 고려대 정치학과 부교수 1961~1963년 일본 동경국제기독교대 부교수 1963년 미국 네브래스카주립대 부교수 1965년 미국 워싱턴주립대 부교수 1967년 미국 오리건주립대 명예교수 1968~1988년 미국 미주리주립대 교수 1974년 在미국 한국정치학회 회장 1978년 일본 조치대 초빙교수 1978년 외교안보연구원 초빙교수 1984년 경희대 평화복지대학원 부원장 1988년 평화민주당(평민당) 당무위원 1988년 同국제위원장 1988년 제13대 국회의원(구례·승주, 평민당·신민당·민주당) 1988년 평민당 총재특보 1990년 同국제위원장 1991년 신민당 당무위원 1991년 민주당 당무위원 1991년 同통일국제위원장 1992년 제14대 국회의원(승주, 민주당·국민회의) 1994년 국회 상공자원위원장 1995년 국회 통상산업위원장 1996년 제15대 국회의원(순천乙, 국민회의·새천년민주당) 1997년 연세대 국제학대학원 특임교수 1998년 국민회의 당무위원·지도위원 2000년 새천년민주당 고문 2000~2008년 세종연구소 이사 2002년 새천년민주당 노무현 대통령후보 외교담당 고문 2006~2008년 학교법인 경기학원 이사장 (상)사회과학학술공로상(1994) (저)'서구의 정치전통' 'Korea in the World Politics' '한국분단사'(1982) '朝鮮分斷の責任' 'US-Korean Relations : 1882-1982' (종)기독교

조순용(趙淳容) Cho, Soon Yong

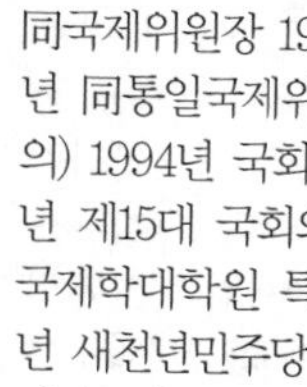

(생)1951·7·16 (출)전남 순천 (주)서울특별시 영등포구 국회대로74길 19 한국TV홈쇼핑협회(02-780-9350) (학)1978년 서울대 동양사학과졸 1986년 미국 미주리대 연수 2005년 건국대 언론홍보대학원졸 2010년 명예 박사(순천대) (경)1977년 TBC 기자 1980년 한국방송공사(KBS) 보도국 기자 1983~1984년 同'뉴스파노라마' 진행 1993년 同외신부·정치부 차장 1993년 同'사건25시' 진행 1994~1998년 同워싱턴총국 특파원 1998~1999년 同정치부 청와대출입기자 1999~2000년 同사회부장 2000~2001년 同정치부장, 同편집주간(국장급) 2002~2003년 대통령 정무수석비서관 2003~2004년 순천대 인문사회대학 법정학부 석좌교수 2005~2011년 유원미디어 대표이사 2005~2011년 한국방송협회 지상파디지털멀티미디어방송(DMB)특별위원회 위원장 2006년 유원미디어 'DMB포커스' 진행 2006~2007년 불교방송 '조순용의 아침저널' 진행 2009년 대한적십자사 자문위원(현) 2009년 순천대 석좌교수 2009~2013년 김대중평화센터 자문위원·운영위원 2016년 한국프로골프협회(KPGA) 자문위원회 위원(현) 2016년 불교방송 경영자문위원(현) 2018년 한국TV홈쇼핑협회(KOTA) 회장(현) (상)황조근정훈장(2003) (저)'때론 치열하게 때로는 나지막이(共)'(2000, 울림사) '인생은 생방송, 나는 프로다'(2003, 금영) '우리가 꿈꾸었던 세상(共)'(2008, 환경재단 도요새)

조순형(趙舜衡) CHOUGH Soon Hyung

(생)1935·3·10 (본)한양(漢陽) (출)충남 천안 (주)서울특별시 중구 세종대로 135 조선일보 독자권익보호위원회(02-724-6242) (학)1954년 서울고졸 1958년 미국 조지타운대 외교학과 수학 1964년 서울대 법대졸 (경)1981년 제11대 국회의원(서울 성북구甲, 무소속) 1984년 민주화추진협의회 상임운영위원 1985년 신민당 정무위원 1985년 제12대 국회의원(서울 도봉구, 신민당) 1987년 민주당 정무위원 1988년 同공동대표위원 1990년 同부총재 1991년 同최고위원 1992년 제14대 국회의원(서울 도봉구丙, 민주당·새정치국민회의) 1992년 국회 교육위원장 1995년 새정치국민회의(국민회의) 사무총장 1996년 同선거대책본부장 1996년 제15대 국회의원(서울 강북구乙, 국민회의·새천년민주당) 1996년 한·이탈리아의원친선협회 회장 1998년 국민회의 당무위원회 부의장 2000~2004년 제16대 국회의원(서울 강북구乙, 새천년민주당) 2002년 새천년민주당 상임고문 2002년 同정치개혁추진위원장 2002년 同중앙선거대책위원회 공동위원장 2003년 同비상대책위원장 2003~2004년 同대표 최고위원·중앙상임위원회 의장 2006년 제17대 국회의원(서울 성북구乙 재보선, 민주당·자유선진당) 2008~2012년 자유선진당 상임고문 2008년 제18대 국회의원(비례대표, 자유선진당) 2010~2011년 자유선진당 미래혁신특별위원회 위원장 2012년 선진통일당 상임고문 2013년 조선일보 독자권익보호위원회 위원장(현) (상)백봉신사상(1999·2000·2001·2002), 자랑스런 서울인상(2007), 백봉신사상 올해의 신사의원 베스트11(2010), 자랑스러운 서울법대인(2012)

조승구(趙昇九) JO Seung Koo

(생)1962·12·24 (출)충북 청주 (주)부산광역시 남구 신선로 428 동명대학교 건축대학 건축학과(051-629-2432) (학)1980년 청주고졸 1985년 한양대 건축학과졸 1991년 미국 캔자스주립대 대학원 건축학과졸 1996년 건축학박사(미국 조지아공과대) (경)1997년 미국 조지아대 공대 연구원 1997~2006년 동명정보대 건축학과 교수 1999년 영국 버밍엄대 연구원 2000~2002년 동명정보대 기획처장 2005년 미국 컬럼비아대 건축과 교환교수 2006년 동명대 건축대학 건축학과 교수(현) 2006~2007년 同기획처장 2008~2009년 同건축대학장, 同건축도시연구소장 2011~2012년 同기획처장 2011년 同기획전략처장 2014~2016년 同교무처장 2015년 미국 세계인명사전 'Marquis Who's Who in the World 2016년판'에 등재 2019년 (사)한국건축가협회 부산건축가회 회장(현) (상)미국 조지아공과대 최우수교육상(1996) (종)기독교

조승국(趙勝國) CHO Seung Kuk

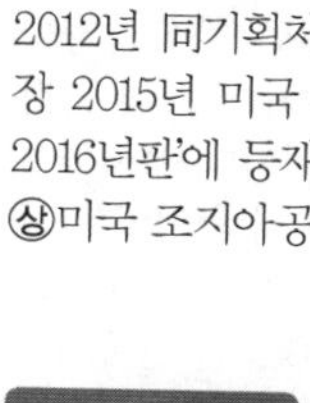

(생)1965·2·7 (주)경기도 군포시 한세로 30 한세대학교 사회과학부 국제경영학과(031-450-5229) (학)1983년 홍익대사대부고졸 1987년 고려대 경제학과졸 1995년 미국 조지워싱턴대 대학원 경제학과졸 1997년 경제학박사(미국 조지워싱턴대) (경)1997~1998년 고려대 경제연구소 연구위원

1997년 동국대 무역학과 강사 1997~1998년 고려대 경제학과 강사 1998~2002년 한국경제학회 경제학연구 편집위원 1998~2017년 한세대 경영학부 교수 1999년 환경정의시민연대 환경경제분과 정책위원 2000~2001년 대통령자문 지속가능발전위원회 수자원분과 소위원회 전문위원 2003~2005년 강원지역환경기술개발센터 평가위원 2005년 국제지역학회 이사 2007년 한세대 기획처장 2008~2009년 同대학원장 2016년 同부총장(현) 2017년 同사회과학부 국제경영학과 교수(현) (저)'오염배출권거래제'(1997) (종)기독교

조승래(趙承來) JO SEOUNGLAE

(생)1968·2·21 (본)함안(咸安) (출)충남 논산 (주)서울특별시 영등포구 의사당대로 1 국회 의원회관 940호(02-784-2640) (학)대전 한밭고졸, 충남대 사회학과졸 2015년 同평화안보대학원 평화안보학과졸 (경)2004~2008년 대통령비서실 행정관·사회조정비서관 2010~2014년 충남도지사 비서실장 2014~2016년 단국대 초빙교수 2014~2016년 순천향대 지역정책연구원 부원장 2014~2016년 충남도 정책특별보좌관 2016년 제20대 국회의원(대전시 유성구甲, 더불어민주당)(현) 2016~2018년 국회 교육문화체육관광위원회 위원 2016~2017년 국회 지방재정·분권특별위원회 위원 2016년 더불어민주당 대전시유성구甲지역위원회 위원장(현) 2016년 同참좋은지방정부위원회 상임위원(현) 2016~2018년 同교육특별위원회 위원장 2016년 한국영화를사랑하는 국회의원모임 공동대표(현) 2017년 더불어민주당 제19대 문재인 대통령후보 중앙선거대책본부 정책본부 부본부장 2017~2018년 同국정관리담당 원내부대표 2017년 대한민국게임포럼 공동대표(현) 2017년 문재인 대통령 에콰도르 특사 2017~2018년 국회 운영위원회 위원 2017~2018년 더불어민주당 적폐청산위원회 위원 2017년 同지방선거기획단 위원 2018·2019년 국회 예산결산특별위원회 위원(현) 2018년 더불어민주당 대전시당 위원장(현) 2018년 국회 교육위원회 간사(현) 2019년 국회 세종의사당추진특별위원회 위원(현) (상)제3회 KOMCA 저작권대상 특별공로상(2017), 제1회 한국인권대상 인권신장 부문(2017), 쿠키뉴스 선정 국정감사 우수의원(2017), JJC지방자치TV 선정 국정감사 우수의원(2017), 더불어민주당 선정 국정감사 우수의원(2017), NGO모니터단 선정 국정감사 우수의원(2017), 국제저작권관리단체연맹 특별공로상(2018), 법률소비자연맹 국회의원 헌정대상(2019)

조승만(曺勝萬)

(생)1956·1·28 (주)충청남도 예산군 삽교읍 도청대로 600 충청남도의회(041-635-5316) (학)공주대 산업과학대학원 행정학과졸, 문학박사(한서대) (경)충남도 주민복지과장·의회사무과장·홍성읍장, 홍주초총동문회 회장, 홍성군 사회복지협의회 부회장 2018년 충남도의회 의원(더불어민주당)(현) 2018년 同내포문화권발전을위한특별위원회 부위원장(현)

조승우(曺承佑) CHO Seung U

(생)1962·3·8 (본)창녕(昌寧) (출)부산 (주)세종특별자치시 다솜2로 94 해양수산부 세월호후속대책추진단(044-200-6290) (학)1981년 부산동고졸 1986년 연세대 정치외교학과졸 1997년 고려대 정책대학원 경제학과졸 2007년 경영학박사(서울시립대) (경)1986~1987년 LG전자(주) 수출영업부 근무 1988~1994년 국회의원 보좌관 1995~1996년 대통령 외교안보비서관실 행정관 2001년 아이디어컨설턴트 이사 2004년 한국시설안전기술공단 기획본부장, 同관리본부장(이사) 2007~2010년 연세대 경영연구소 전문연구원 2008년 한국시설안전공단 부이사장 겸 경영본부장 2009년 기획재정부 공기업경영평가위원, 공기업준정부기관고객만족도조사기술평가위원, 문화체육관광부 경영평가위원, 국립공원관리공단 자문위원 2009~2014년 서울시립대 경영학부 전공담당객원교수 2011~2016년 예금보험공사 성과관리위원, 아리랑TV 시청자위원, 한국산업인력공단 경영지도사 시험출제위원, 지식경제부 전시발전심의위원 2013~2016년 기술신용보증기금 자산운용평가위원 2014년 서울도시철도공사 운영자문위원 2014년 서울시교육청 미래혁신교육추진단 위원 2014년 同마을학교추진인력단 위원 2014~2016년 서울시립대 경영학부 초빙교수 2015년 서울시교육청 공유재산심의위원회 위원 2018년 해양수산부 세월호후속대책추진단장(현)

조승우(曺昇佑)

(생)1974·10·2 (출)부산 (주)경기도 성남시 수정구 산성대로 451 수원지방법원 성남지원(031-737-1100) (학)1993년 부산 대연고졸 1999년 서울대 공법학과졸 (경)1998년 사법시험 합격(40회) 2001년 사법연수원 수료(30기) 2001년 법무법인 태평양 변호사 2013년 부산지법 판사 2017년 춘천지법 원주지원 부장판사 2019년 수원지법 성남지원 부장판사(현)

조승제(趙承濟) JO Seung Je

(생)1958·3·24 (본)함안(咸安) (출)부산 (주)광주광역시 동구 필문대로 309 조선대학교 경상대학 경영학부 회계전공(062-230-6842) (학)1981년 조선대 법학과졸 1983년 미국 노스이스트미주리주립대 대학원 회계학과졸 1996년 경영학박사(세종대) (경)1999년 조선대 경영학부 회계전공 교수(현) 2000~2002년 同교육대학원 부원장 2002~2004년 同경영대학원 부원장 2004~2006년 同산학협력단 부단장, 同회계학과장, 캐나다 윈저대 객원교수 2008년 한국회계정보학회 부회장 2012년 同회장 2013~2015년 조선대 소비자생활협동조합 이사장 2013년 한국대학생활협동조합연합회 이사장 (상)한국회계정보학회 최우수논문상(2015), 한국회계학회 회계학 교육혁신상(2018) (저)'Readings in Management Accounting(編)'(1997) 'Readings in International Accounting(編)'(1998) 'Cases of Management Accounting(編)'(1998) 'READINGS IN ACCOUNTING(編)'(1999) 'READINGS IN MANAGEMENT ACCOUNTING, 2nd(編)'(2000) '회계용어사전(編)'(2001) '재무회계원리'(2007) 'ERP EXAM REVIEW 회계'(2008) 'ERP EXAM REVIEW 물류'(2008) '회계용어를 알면 세계가 보인다(영한회계용어사전)'(2008) '회계학강독'(2009) '글로벌 재무회계원리'(2009) '핵심ERP기출문제해설집(시스템관리)'(2009) 'ERP기출문제해설집 회계관리'(2009)

조승현(曺昇鉉) Cho Seung Hyun

(생)1963·10·23 (주)서울특별시 영등포구 은행로 14 KDB산업은행 임원실(02-787-4000) (학)1982년 대전 대성고졸 1986년 서울대 경영학과졸 1998년 미국 오레곤대 대학원 경영학과졸 (경)1989년 KDB산업은행 입행 1999년 同국제업무부 대리 2000년 同국제금융실 과장 2002년 同국제업무부 차장 2005년 同KDB아일랜드 부부장 2008년 同발행시장실 팀장 2009년 同국제금융실 팀장 2012년 同런던지점장 2014년 同벤처금융실장 2016년 同창조금융부문장(부행장) 2017년 同글로벌사업부문장(부행장)(현) 2017~2018년 同중소중견금융부문장 겸임

조승환(趙承煥) JO Seung Hwan

(생)1962·10·3 (주)서울특별시 서초구 성촌길 56 삼성전자(주) 삼성리서치(02-2255-0114) (학)인하대사대부고졸, 한양대 전자공학과졸, 同대학원 전자공학과졸 (경)2006년 삼성전자(주) 무선사업부 개발실 상무, 同무선사업부 개발팀 상무 2010년 同무선사업부 개발팀 전무 2011년 同무선사업부 선행개발팀장(부사장) 2012년 同무선사업부 개발실 연구위원(부사장) 2016년 同소프트웨어센터 부센터장(부사장) 2017년 同삼성리서치 부소장(부사장)(현)

조승환(趙承煥)

(생)1966·2·17 (주)서울특별시 서초구 마방로 60 해양수산과학기술진흥원 원장실(02-3460-4084) (학)1984년 부산 대동고졸 1990년 고려대 법학과졸 1997년 同대학원졸 2002년 미국 워싱턴대 School of Law LL.M.과정 수료 (경)1992년 통일원 통일정책실 근무 1993년 同남북회담사무국 근무 1994~1998년 국무총리 정무비서관실 근무 1998~2000년 국무총리 의전비서관실 근무 2003년 해양수산부 연안계획과장 2006년 부산지방해양수산청 항만물류과장 2007년 해양수산부 국제기획관실 물류제도팀장(서기관) 2007년 同해운물류본부 국제기획관실 물류제도팀장(부이사관) 2007년 제17대 대통령직인수위원회 경제2분과위원회 실무위원 2009년 대통령실 파견 2010년 2012여수세계박람회조직위원회 파견(고위공무원) 2011년 인천지방해양항만청 인천항건설사무소장 2012년 駐영국 공사참사관 2015년 해양수산부 해사안전국장 2016년 부산지방해양수산청장 2017~2018년 해양수산부 해양정책실장 2018년 해양수산과학기술진흥원 원장(현) 2019년 한국해양과학기술원 비상임이사(현)

조시영(趙時永) CHO Si Young

(생)1944·12·25 (출)전북 옥구 (주)경기도 시흥시 공단1대로 391 시화공단 4나 506 (주)대창 회장실(031-496-3200) (학)1989년 숭실대 중소기업대학원 수료 1990년 서울대 경영대학원 최고경영자과정 수료 2003년 명예 경영학박사(한국산업기술대) (경)1974년 대창공업사 대표 1977년 대창공업(주) 대표이사 회장 1989년 대창판매(주) 대표이사 1992년 인천·경기비철금속공업협동조합 이사 1992년 한국신동공업협동조합 이사 1996년 시흥시경영인협의회 회장 1997~2009년 시흥상공회의소 회장 1998년 제2의건국범국민추진위원회 시흥시위원장 2010년 (주)대창 대표이사 회장(현) (상)상공부장관표창, 국무총리표창, 동탑산업훈장(2004), 대통령표창(2005), 서울과학종합대학원 자랑스러운 원우상(2010) (종)불교

조 신(趙 晨) CHO Shin

(생)1957·12·21 (출)전남 광양 (주)서울특별시 서대문구 연세로 50 연세대학교 정보대학원(02-2123-4546) (학)1976년 휘문고졸 1982년 서울대 경제학과졸 1989년 경제학박사(미국 워싱턴대) (경)1988~1989년 미국 일리노이주립대 경제학과 조교수 1990년 통신개발연구원 연구위원 1998~1999년 정보통신정책연구원 선임연구위원 2000년 SK텔레콤 정책협력실장(상무) 2002년 同경영전략실장(상무) 2003년 同마케팅사업부문장(상무) 2004년 同고객부문장(전무) 2005년 同전략기획부문장 2007년 同인터넷사업부문장 2007~2008년 SK커뮤니케이션즈 대표이사 겸임 2008년 하나로텔레콤 대표이사 사장 2008~2010년 SK브로드밴드 대표이사 사장 2010~2013년 지식경제부 R&D전략기획단 정보통신산업 투자관리자 2013~2015년 연세대 정보대학원 교수 2013~2015년 同글로벌융합기술원장 2014~2015년 대통령직속 규제개혁위원회 위원 2015~2016년 대통령비서실 미래전략수석비서관 2016년 연세대 정보대학원 교수(현) (저)'대한민국 IT인사이드'(2013)

조신섭(趙信燮) CHO Sinsup

(생)1952·3·14 (본)함안(咸安) (출)부산 (주)서울특별시 관악구 관악로 1 서울대학교 자연과학대학 통계학과(02-880-6566) (학)1970년 경기고졸 1974년 서울대 응용수학과졸 1976년 同대학원 계산통계학과졸 1984년 이학박사(미국 위스콘신대) (경)1986~1995년 서울대 자연과학대학 통계학과 조교수·부교수 1995~2017년 同자연과학대학 통계학과 교수 1999년 同기획부실장 2012~2013년 한국통계학회 회장 2017년 서울대 자연과학대학 통계학과 명예교수(현) (저)'현대통계학' 'SAS를 이용한 통계자료분석' '통계학개론'(2008) '시계열분석'(2008) '일반 통계학' '컴퓨터를 이용한 통계학' '엑셀데이터분석'(2010) '엑셀에 기초한 통계학 입문'(2010) (종)기독교

조신숙(趙新淑·女) CHO Shin Sook

(생)1963·2·18 (주)서울특별시 종로구 세종대로 209 여성가족부 가족지원과(02-2100-6341) (학)1985년 이화여대 사회생활학과졸 (경)2002년 여성부 조사과 사무관 2004년 同사회문화담당관실 사무관 2005년 여성가족부 가족정책국 가족문화팀 사무관 2007년 同권익증진국 권익기획팀 서기관 2008년 여성부 권익기획과 성매매방지종합대책총괄 서기관 2009년 同인력개발기획과장 2010년 同장관비서관(서기관) 2010년 여성가족부 장관비서관 2011년 同홍보담당관 2014년 同성별영향평가과장 2016년 세종연구소 교육파견(과장급) 2017년 여성가족부 권익지원과장(서기관) 2018년 同권익지원과장(부이사관) 2019년 同가족지원과장(현)

조신희(趙信熙·女) CHO Shin Hee

(생)1966·1·1 (출)전북 김제 (주)서울특별시 종로구 사직로8길 60 외교부 인사기획관실(02-2100-7863) (학)1984년 김제여고졸 1989년 한양대 독어독문학과졸 2001년 한국방송통신대 법학과졸 2017년 고려대 대학원 정책학과졸 (경)1992년 행정고시 합격(36회) 1994~2002년 해양수산청 국제협력관실 원양어업담당관실·군산지방해양수산청 해양환경과 근무 2002년 해양수산부 해운물류국 선원노정과 사무관 2002년 同해운물류국 선원노정과 서기관 2003년 인천지방해양수산청 선원해사과장 2005년 미국 워싱턴대 교육 2007년 해양수산부 어업자원국 어업교섭과장 2008년 농림수산식품부 통상협력과장(서기관) 2009년 同국제협력국 양자협상협력과장 2010~2013년 駐중국 1등서기관 2013년 해양수산부 해양정책실 원양산업과장 2014년 同해양정책실 원양산업과장(부이사관) 2015년 同해양정책실 국제원양정책관 2018년 駐피지 대사(현) (상)대한민국 공무원상(2016)

조아미(趙雅美·女) CHO Ami

(생)1961·5·12 (본)한양(漢陽) (출)서울 (주)서울특별시 서대문구 거북골로 34 사회과학대학 청소년지도학과(02-300-0623) (학)1980년 숭의여고졸 1984년 이화여대 초등교육학과졸 1987년 미국 서던캘리포니아대 대학원 교육심리학과졸 1991년 교육학박사(미국 서던캘리포니아대) (경)1992~1994년 명지전문대 시간강사 1993~1996년 덕성여대·이화여대·경희대 시간강사 1996년 명지대 사회과학대학 청소년지도학과 조교수·부교수·교수(현) 2001~2002년 일본 동북대 겸임교수 2002~2003년 미국 펜실베이니아주립대 교환교수 2006~2008년 청소년복지학회 부회장 2006년 미래를여는청소년학회 위원장 2007~2009년 명지대 생활관장 2007~2010년 한국청소년복지학회 부회장 2011년 명지대 상담실장 2011년 미래를여는청소년학회 회장 2012년 여성가족부 자체평가위원 2012년 同청소년정책자문위원(현) 2012년 서울시 청소년육성위원회 위원 2012년 한국청소년활동진흥원 비상임이사 2016~2018년 한국청소년복지학회 제10대 회장 2017~2019년 여성가족부 청소년보호위원회 위원 2017년 명지대 교육대학원장(현) 2018년 한국청소년복지학회 고문(현) (저)'청소년심리학' '청소년학 총론' '청소년세계의 이해' (종)기독교

조애리(趙愛利·女) CHO Ae Ri

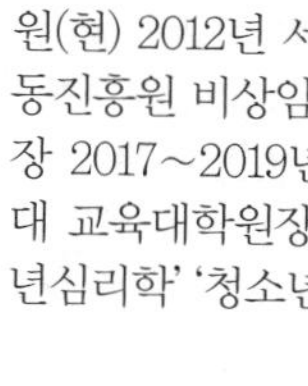

(생)1958·2·6 (출)서울 (주)서울특별시 도봉구 삼양로144길 33 덕성여자대학교 약학대학 약학과(02-901-8388) (학)1980년 덕성여대 약학과졸 1982년 서울대 대학원 약학과졸 1990년 약학박사(미국 럿거스대) (경)1985년 미국 럿거스대 연구조교·선임연구원 1990년 미국 하버드대 의대 연구

조교 1992~1993년 덕성여대 약학대학 연구교수 1994년 同약학과 교수(현) 2004~2005년 미국 매사추세츠공과대 교환교수 2013~2015년 덕성여대 약학대학장 2015년 한국약제학회 부회장(현)

조양래(趙洋來) CHO Yang Rai

(생)1937 · 10 · 19 (본)함안(咸安) (출)경남 함안 (학)1956년 경기고졸 1962년 미국 앨라배마대(Univ. of Alabama)졸 (경)1963년 효성물산 입사 1968년 동양나일론 이사 1969년 한국타이어제조(주) 상무이사 1971년 同전무이사 1977년 同부사장 1979년 同사장 1980년 同회장 1981~1988년 同사장 1982~1985년 대한타이어공업협회 회장 1988~2018년 한국타이어(주) 회장 1990~2018년 (재)한국타이어나눔재단 이사장 (상)동탑산업훈장(1986), 헝가리 십자공로훈장(2012)

조양선(趙亮善) CHO Yang Sun

(생)1964 · 2 · 7 (주)서울특별시 강남구 일원로 81 삼성서울병원 이비인후과(02-3410-3578) (학)1989년 서울대 의대졸 1997년 同대학원 의학석사 1999년 의학박사(한림대) (경)1996년 서울대병원 이비인후과 전공의 수료 1997년 성균관대 의과대학 이비인후과학교실 전임강사 · 조교수 · 부교수 · 교수(현) 2001~2003년 미국 아이오와대 방문조교수 2005~2009년 삼성서울병원 이비인후과 의국장 2012~2016년 성균관대 의과대학 기획실장 2013~2015년 삼성서울병원 입원부장 2015년 同퀄리티혁신실장 2016~2018년 대한이과학회 회장

조양일(趙洋一) CHO Yang Il

(생)1952 · 7 · 1 (출)부산 (학)1971년 경남고졸 1978년 동국대 사학과졸 (경)1978년 동양통신 사회부 기자 1981년 연합통신 사회부 기자 1984년 同지방1부 기자 1986년 同사회부 기자 1992년 同사회부 차장대우 1994년 同사회부 차장 1996년 同사회부 부장대우 1998년 同사회부장 1998년 연합뉴스 사회부장 2000년 同부국장대우 논설위원 2003년 同지방국장 직대 2003년 同지방국장 2005년 同논설위원실장 2006년 同논설위원실 고문 2008~2009년 법조언론인클럽 회장 2008~2009년 연합뉴스 편집위원실 고문 2008년 대한법률구조공단 비상임이사 2009~2010년 연합뉴스 논설위원실 주간(이사대우) 2009년 법조언론인클럽 고문(현) 2010년 연합뉴스 수용자권익위원회 위원 2010~2016년 삼성에스원 상임고문 · 고문

조양환(曺暘煥) CHO Yang Hwan

(생)1962 · 11 · 8 (출)경남 김해 (주)부산광역시 서구 구덕로 168 소문빌딩 2층 정안네트웍스(051-244-9736) (학)1981년 부산남고졸 1985년 동아대 무역학과졸 1987년 성균관대 대학원 무역학과졸 2006년 동아대 대학원 법학과졸 (경)1991년 동아대총동창회 이사 1993년 한나라당 부산청년연합회 부회장 1995년 부산시 서구의회 의원 1995년 同산업건설위원회 간사 1995년 한국청년회의소 부산지구 조직관리실장 1995년 민주평통 상임위원(현) 1998년 한나라당 부산청년연합회 부회장 1998 · 2002 · 2006년 부산시의회 의원(한나라당) 1998~2016년 부산시스쿼시연맹 회장 2001년 한나라당 부산서구지구당 사무국장 2001년 부산시스쿼시연맹 회장 2003년 부산시의회 결산검사위원장 2004년 同행정문화교육위원장 2005년 APEC범시민지원협의회 이사 2005년 2005세계역도선수권대회조직위원회 부위원장 2006년 부산시의회 부의장 2006~2018년 정안철강 사장 2008년 제18대 국회의원선거 출마(부산西, 한나라당) 2011~2014년 기술보증기금 감사 2011~2012년 대통령직속 지방분권위원회 위원 2012~2013년 국민권익위원회 자문위원 2015년 바르게살기운동 부산서구협의회 회장(현) 2018년 정안네트웍스 사장(현)

조양희(曺羊希 · 女) Cho Yang Hee

(생)1970 · 2 · 24 (출)경남 의령 (주)서울특별시 도봉구 마들로 749 서울북부지방법원(02-910-3114) (학)1988년 세화여고졸 1992년 서울대 법학과졸 (경)1993년 사법시험 합격(35회) 1996년 사법연수원 수료(25기) 1996년 서울지법 판사 1998년 同서부지원 판사 2000년 대전지법 판사 2003년 서울지법 판사 2004년 서울중앙지법 판사 2005년 서울동부지법 판사 2008년 서울고법 판사 2009년 사법연수원 판사 2011년 서울서부지법 판사 2012년 부산지법 부장판사 2014년 수원지법 성남지원 부장판사 2016년 서울북부지법 부장판사(현)

조억헌(趙億憲) CHO Oek Hun

(생)1959 · 6 · 25 (출)전남 고흥 (주)광주광역시 남구 중앙로 87 광주방송 임원실(062-650-3003) (학)1977년 광주상고졸 1985년 광주대 금융학과졸 1990년 同대학원 금융학과졸 1993년 연세대 대학원졸 (경)광주은행 종합기획부 차장 1997년 同北광주지점장 1998년 同서울분실장, 同총무부장 2002년 同영업지원부장 · 同비서실장 · 同강남지점장 2005년 同목포지점장 2006년 同광주시청지점장 2007년 同고객지원본부장(이사대우) 2007년 同고객지원본부장(부행장보) 2009년 同개인고객본부장(부행장보) 2010년 同개인고객본부장(부행장) 2011~2013년 同지역발전본부장(부행장) 2014년 광주방송(KBC) 부사장 2017년 同대표이사 사장(현) (상)은행감독원장표창

조여원(趙麗媛 · 女) CHOUE Ryo Won

(생)1950·5·11 (출)서울 (주)서울특별시 동대문구 경희대로 26 학교법인 경희학원(02-961-0101) (학)이화여고졸 1973년 이화여대 가정관리학과졸 1975년 경희대 대학원졸 1986년 미국 Drexel Univ. 대학원졸 1992년 영양학박사(미국 Univ. of Illinois) (경)1993~1997년 차병원 영양연구소장 1994~2002년 경희대 의학영양학과 부교수 1998년 대한지역사회영양학회 상임이사 1998~2014년 경희대 임상영양연구소장 1999년 한국영양학회 영문논문심사위원 겸 Nutritional Sciences誌 편집위원 1999~2006년 경희대 동서의학대학원 주임교수 2000~2002년 한국영양학회 학술이사 2000~2004년 한국지질학회 식사요법분과 분과장 2002년 한국영양학회 상임이사 2002년 대한영양사협회 학술지 편집위원 2002년 대한영양사회 학술상 논문심사위원 2002~2014년 경희대 동서의학대학원 의학영양학과 교수 2005~2011년 同동서의학대학원장 2006년 식품의약품안전청 정부업무자체평가위원 2009년 한국영양학회 부회장 2009~2010년 대한비만학회 부회장 2010~2014년 한국임상영양학회 부회장 2010~2011년 한국영양학회 수석부회장 2011년 同회장 2012~2014년 한국여성과학기술단체총연합회 이사 2012~2014년 한국과학기술단체총연합회 대의원 2012년 European Journal of Clinical Nutrition Editorial Board 2014~2015년 학교법인 경희학원 이사 2014년 한국임상영양학회 회장 2015년 학교법인 경희학원 상임이사(현) (상)한국영양학회 학술상(1997·2002), 대한영양사회 학술상(2001), 한국과학기술단체총연합회 과학기술우수논문상(2002), 대한지역사회영양학회 학술상(2003), 한국과학기술단체총연합회 학술상(2009), 보건복지부 비만예방의 날 기념 포상(2013) (저)'고지혈증 치료지침(共)'(1996) '인간과 생활환경(共)'(1997) '영양과 건강(共)'(1997) '영양판정(共)'(1998) '임상 심장학(共)'(1998) '임상식사지침서'(1999) '생체방어와 식품알러지의 기능성 성분(共)'(2002) '영양의학(共)'(2002) '고지혈증과 동맥경화(共)'(2003) '임상 영양학-개정판'(2006) '식생활과 건강-개정판'(2006) '현대인과 생활영양'(2007) '식사처방지침서'(2007) '약선의 사계'(2009) '뇌졸중 식단가이드'(2009) '대사증후군 예방을 위한 약선'(2011) '(사례와 함께 하는) 임상 영양학'(2012) (역)'임상영양치료 프로토콜'(1999) '임상영양치료 사례연구집(共)'(2003) '임상영양학-Nutrition Therapy and Pathophysiology'(2012) (종)기독교

조연기(趙然基) CHO, youn ki

(생)1961 · 1 · 7 (주)경상남도 사천시 사천읍 항공로 64 한국항공서비스(주)(055-851-9668) (학)1979년 마산고졸 1984년 연세대 기계공학과졸 1986년 同대학원 기계공학과졸 (경)1986년 삼성항공 입사 1998년 同기체생산관리팀장 2008년 한국항공우주산업(주) 항공기생산담당(상무급) 2010년 同생산관리담당 임원 겸 기술위원 2013년 同생산센터장 · 경영기획실장(상무) 2014년 同경영기획본부장(상무) 2015년 同전략기획본부장(상무) 2018년 同관리본부장(전무) 2018년 同MRO법인설립위원회 위원장(전무) 2019년 한국항공서비스(주) 대표이사(현)

조연흥(曺然興) CHO Youn Heung

(생)1940 · 2 · 6 (본)창녕(昌寧) (출)평남 평양 (주)서울특별시 중구 세종대로21길 30 조선일보內 방일영문화재단(02-724-5040) (학)1959년 중앙고졸 1967년 연세대 정치외교학과졸 (경)1967년 조선일보 입사 1979년 同사회부 차장 1984년 同정치부 차장 1984년 同주간부장 1984년 同총무부장 1985년 同사회부장 1987년 同총무국 부국장 겸 사업부장 1988년 同총무국장 1993년 同총무국장(이사대우) 1994년 同총무국장(이사) 1996년 同제작국장 2001년 同제작담당 상무이사 2004~2005년 同전무이사 2007년 방일영문화재단 이사장(현) (저)'야성아마존기행'(1974) '古堂曺晩植회상록'(1995) (종)기독교

조영걸(趙泳杰) Young-Keol Cho

(생)1962 · 6 · 12 (본)한양(漢陽) (출)경북 영양 (주)서울특별시 송파구 올림픽로43길 88 서울아산병원 미생물학교실(02-3010-4283) (학)1987년 한양대 의대졸 1989년 同대학원 의학석사 1993년 의학박사(한양대) (경)1993~2004년 울산대 의대 미생물학교실 전임강사 · 조교수 · 부교수 1997~1998년 미국 하버드대 의대 교환교수 2002~2015년 미국 세계인명사전 'Marquis Who's Who in the World'에 등재 2004년 울산대 의대 미생물학교실 교수(현) 2004~2006 · 2011년 同의대 미생물학교실 주임교수 2004년 미국 인명사전 ABI · 영국 인명사전 IBC에 등재 2013~2014년 · 2019 고려인삼학회 부회장(현) (상)한국과학기술단체총연합회 우수논문상(2001), 고려인삼학회 우수논문상(2005), 대한에이즈학회 에이즈학술상(2011), 울산대 올해의교수상(2011), 코메디닷컴 선정 '올해의 인물'(2011), 고려인삼학회 학술상(2013), 한양의대인상(2016) (저)'의학미생물학'(共) '최신 고려인삼연구(Ⅰ)(共)'(2007, 고려인삼학회) (역)'의학미생물학(共)'(2014) (종)기독교

조영곤(曺永昆) CHO Young Kon (청후 · 정후)

(생)1958 · 9 · 24 (본)창녕(昌寧) (출)경북 영천 (주)서울특별시 강남구 영동대로 517 법무법인 화우(02-6003-7514) (학)1976년 경북고졸 1981년 서울대 법학과졸 1983년 同대학원 법학과졸 (경)1983년 사법시험 합격(25회) 1987년 사법연수원 수료(16기) 1991년 부산지검 검사 1993년 대구지검 김천지청 검사 1994년 서울지검 검사 1997년 대구지검 검사 1999년 대구고검 검사 1999년 대구지검 의성지청장 2000년 서울지검 부부장검사 2002년 부산지검 강력부장 2003년 대검찰청 강력과장 2004년 수원지검 형사3부장 2005년 서울중앙지검 마약·조직범죄수사부장 2006년 춘천지검 원주지청장 2007년 대구지검 2차장검사 2008년 의정부지검 차장검사 2009년 법무부 인권국장 2009년 대전고검 차장검사 2009년 대검찰청 마약·조직범죄부장 2009년 同외국인조직범죄 합동수사본부장 2010년 同강력부장 2011년 同형사부장 겸임 2011년 울산지검장 2012년 대구지검장 2013년 서울중앙지검장 2014~2018년 법무법인 화우 대표변호사 2015년 한국범죄방지재단 감사(현) 2017년 경찰청 피해자보호정책자문위원회 위원(현) 2018년 한국형사정책연구원 형사정책연구자문위원(현) 2018년 법무법인 화우 변호사(현) (상)마약대상(1996)

조영권(趙永權) CHO Young Kwon

(생)1960 · 10 · 18 (본)한양(漢陽) (출)인천 (주)서울특별시 동작구 흑석로 84 중앙대학교 지식경영학부(02-820-5551) (학)1974년 인천 부평고졸 1983년 중앙대 정경대학 경제학과졸 1985년 미국 델라웨어대 대학원 경제학과졸 1995년 경제학박사(미국 코네티컷대) (경)1995~1997년 신원 Venture Capital 선임조사역 1997~1999년 국민일보 차장 · 부장대우 · 경영지원실장(이사) 1999~2001년 (주)팍스넷 상무이사 · 전무이사 2002년 파이낸셜뉴스 전무이사 2008~2014년 同발행인 겸 대표이사 부사장 2014년 중앙대 지식경영학부 겸임교수(현) (상)자랑스러운 중앙언론동문상(2014) (종)기독교

조영규(趙榮珪) CHO Young Gyoo

(생)1950 · 3 · 31 (본)한양(漢陽) (출)충남 예산 (주)경기도 수원시 팔달구 효원로 1 경기도청 법률자문관실(031-8008-2206) (학)1968년 예산농고졸 1980년 국민대 법학과졸 1982년 同대학원 법학과졸 (경)1985~2003년 국민대 법학과 강사 1994년 법제처 처장비서관 1996년 同행정심판관리국 일반행정심판담당관 1997년 同행정법제국 법제관 1999년 同법령홍보담당관(부이사관) 2001년 同사회문화법제국 법제관 2003~2006년 同경제법제국 법제관 2003년 중앙공무원교육원 사이버교육 강사 2006년 법제처 행정법제국 법제심의관(일반직고위공무원) 2007년 同경제법제국 법제심의관 2008년 국회 파견 2009~2010년 법제처 경제법제국 법제심의관 2010년 경기도 법률자문관(현) (상)대통령표창(1992), 홍조근정훈장(2010) (저)'민법총칙' (종)기독교

조영길(曺永吉) CHO Young Kil

(생)1940 · 5 · 9 (출)전남 영광 (주)경기도 성남시 수정구 위례대로 83 한국군사문제연구원 기획홍보실(031-727-8101) (학)1958년 광주 숭일고졸 1974년 육군대학졸 1979년 국방대학원졸 1990년 동국대 안보행정대학원 수료 (경)1962~1991년 갑종 172기 임관 · 합동참모본부 전력계획담당관 · 수도기계화사단여단장 · 육군본부 전략기획과장 · 국방대학원 교수부장 · 육군본부 전략기획처장 1991년 제31사단장 1993~1995년 합동참모본부 전력기획차장 · 부장 1995년 제2군단장(중장) 1997년 제2군사령부 부사령관 1998년 2군사령관(대장) 1999~2001년 합참의장 2003~2004년 국방부 장관 2005년 국방연구원 연구원 2006년 한국군사문제연구원 연구위원(현) 2010~2013년 한국전쟁기념재단 고문 (상)화랑무공훈장(1970), 무공포장(1970), 월남영웅 은·동성훈장(1970), 미국 동성훈장(1970), 보국훈장 천수장(1987), 보국훈장 국선장(1996), 보국훈장 통일장(1999)

조영래(趙暎來) CHO Young Lae

(생)1952 · 2 · 12 (출)대구 (주)대구광역시 달서구 월곡로 60 대구보훈병원(053-630-700) (학)1970년 경북고졸 1976년 경북대 의대졸 1979년 同대학원 의학석사 1986년 의학박사(경북대) (경)1984~2006년 경북대 의대 산부인과학교실 전임강사 · 조교수 · 부교수 · 교수 1994년 일본 도쿄암센터 연수 2000~2001년 경북대 의대 암연구소장 2001~2003년 경북대병원 기획조정실장 2005~2007년 同진료처장 2007~2008년 同대구 · 경북지역 암센터 소장 2007~2017년 경북대 의학전문대학원 산부인과학교실 교수 2008~2009년 대구 · 경북병원회 회장 2008~2011년 경북대병원장, 대한병원협회 이사 2018년 대구보훈병원장(현) (상)문교부장관표창(1976), 국방부장관표창(1981), 대한산부인과학회 최우수논문상(1998), 대한부인종양콜포스코피학회 우수논문상(2002) (저)'부인과학'(共) '산과학'(共) '부인종양학'(共)

조영민(曺英珉) CHO Young Min

[생]1970·10·9 [본]창녕(昌寧) [출]경남 마산 [주]서울특별시 종로구 대학로 101 서울대학교병원 내분비대사내과(02-2072-2211) [학]1996년 서울대 의대졸 2000년 同대학원 의학석사 2004년 의학박사(서울대) [경]1996~2000년 서울대병원 인턴·내과 레지던트 2001~2002년 同내분비내과 전임의 2003~2010년 서울대 의대 내분비내과학교실 전임강사 2004~2006년 대한당뇨병학회 부총무·국제협력위원회 위원·진단소위원회 위원·연구위원회 위원 2005년 대한내분비학회 수련위원회 간사 2009~2010년 캐나다 브리티쉬컬럼비아대 방문교수 2010~2015년 서울대 의대 내과학교실 조교수 2016년 同의대 내과학교실 부교수(현) 2017년 조선일보 의학자문위원 2018년 서울대병원 대외협력실장 2019년 서울대 배곧캠퍼스 서울대병원 설립추진단장(현) [상]제10회 한독학술상(2014), 마사토 카수가(Masato Kasuga)상(2018) [저]'시간제한 다이어트 : 건강한 체중에 이르는 가장 단순한 전략(共)'(2018, 아침사과)

조영범(趙永範)

[생]1968·11·11 [출]제주 북제주 [주]대전광역시 서구 둔산중로78번길 45 대전지방법원 총무과(042-470-1114) [학]1986년 제주제일고졸 1991년 서울대 법대 사법학과졸 [경]1995년 사법시험 합격(37회) 1996년 사법연수원 수료(27기) 1998년 부산지법 예비판사 2000년 同판사 2002년 청주지법 판사 2006년 同충주지원 판사 2010년 대전고법 판사 2013년 대전지법 부장판사 2016년 대전지법 논산지원장 겸 대전가정법원 논산지원장 2018년 대전지법 부장판사(현)

조영삼(曺永三) CHO YOUNG SAM

[생]1962·1·28 [본]창녕(昌寧) [출]부산 [주]세종특별자치시 시청대로 370 산업연구원 부원장실(044-287-3187) [학]1980년 대전고졸 1985년 고려대 경제학과졸 1988년 同대학원 경제학과졸 1998년 경제학박사(고려대) [경]1988~2014년 산업연구원 연구원·연구위원 2000년 중소기업특별위원회 위원장 자문관 2001~2004년 同실무위원회 위원 2003~2004년 국가과학기술위원회 종합조정실무위원회 위원 2003~2007년 공정거래위원회 하도급자문위원회 위원 2007년 미국 워싱턴대 Visiting Scholar 2008~2010년 중소기업학회 부회장, 산업연구원 베이징사무소 수석대표 2013~2014년 同중소·벤처기업연구실장(연구위원) 2014년 同중소·벤처기업연구실장(선임연구위원) 2015년 同중소·벤처기업연구실 선임연구위원 2018년 同부원장(현) [상]통상산업부장관표창(1996), 국무총리표창(2001), 중소기업특별위원장표창(2002), 산업포장(2004) [저]'중소기업 해외직접투자의 구조와 성과'(1995, 산업연구원) '한국 5대재벌 백서(共)'(1999, 나남) '도전과 혁신, 도약의 길-중소기업 발전비전과 육성전략(共)'(2003, 중소기업청) '중소기업 정책금융에 관한 OECD Conference 보고서(共)'(2006)

조영삼(曺泳杉) ZOH, youngsam

[생]1966·1·18 [본]창녕(昌寧) [출]전남 해남 [주]서울특별시 은평구 통일로62길 7 서울기록원(02-350-5610) [학]1984년 광주고졸 1992년 한신대 국사과졸 1997년 국민대 대학원 국사학과졸 2011년 기록정보학박사(명지대) [경]2000년 국회사무처 국회기록보존소 근무 2004년 同국회기록보존소 기록연구사 2005년 대통령 기록관리비서관실 기록연구사 2008~2012년 투명사회를위한정보공개센터 이사 2009년 한신대 한국사학과 초빙교수 2011~2012년 한국기록전문가협회 사무처장 2013~2017년 서울시 정보공개정책과장 2018년 同서울기록원장(현)

조영상(曺榮祥) CHO Young Sang

[생]1958·10·29 [본]창녕(昌寧) [출]전남 영암 [주]경기도 부천시 상일로 130 법무법인 오아시스(032-325-3115) [학]1977년 영암고졸 1982년 동국대 법학과졸 1984년 同대학원 법학과졸 1998년 아주대 경영대학원 최고경영자과정 수료 [경]1983년 사법시험 합격(25회) 1985년 사법연수원 수료(15기) 1993년 인천지방변호사회 이사 1994년 부천시 종합민원실 법률상담위원 1995년 부천YMCA 이사 1996년 민주당 부천원미乙지구당 위원장 1997년 중동신문 발행인·대표 1997년 전국아파트연합회 부회장 1997년 국민회의 주택문제특별위원회 부위원장 1998년 同부천원미乙지구당 부위원장 1998년 인천지방변호사회 인권위원장 1999년 인천방송 법률상담변호사 1999년 부천시생활체육볼링연합회 회장 2000~2004년 새천년민주당 부천소사지구당 위원장 2001년 가톨릭대 행정대학원 겸임교수 2002년 부천드림시티방송 '생활법률' 진행 2003년 법무법인 오아시스 대표변호사(현) 2005~2007년 민주당 부천소사지역운영위원회 위원장 2008년 민주당 법률지원단장 [저]'도전하는 삶이 아름답다'(2004) [종]기독교

조영석(曺永錫) CHO Young Suk

[생]1954·5·13 [본]창녕(昌寧) [출]서울 [학]1978년 서강대 철학과졸 1988년 미국 루이지애나주립대 Agricultural and Mechanical College 정보학과졸(MLIS) 1994년 컴퓨터과학박사(미국 루이지애나주립대) [경]1980~1983년 한국후지쯔(주) 프로그래머 1983~1984년 同Systems Analyst 1989~1994년 미국 루이지애나주립대 Computer Analyst 1995~2014년 동국대 과학기술대학 컴퓨터멀티미디어학부 교수 1998년 同컴퓨터교육원장 1999~2001년 同정보관리실장 2002년 同벤처창업보육센터소장 2005~2006년 同국제교육원장 2011~2012년 同경주캠퍼스 과학기술대학장 겸 공학교육혁신센터장 2014~2019년 同경주캠퍼스 과학기술대학 컴퓨터공학전공 교수 2015~2016년 同경주캠퍼스총장직무준비단장 2016~2017년 同경주캠퍼스 교무처장 겸 학부교육선진화사업단장 2016~2017년 同경주캠퍼스 도서관장 2018년 同경주캠퍼스 과학기술대학장·사범교육대학장·공학교육혁신센터장 겸임

조영석(趙榮石) Cho Young-seok

[생]1967·11·29 [출]서울 [주]서울특별시 강서구 오정로 443-83 아시아나타운 본관 아시아나항공 임원실(02-2669-3744) [학]1986년 동국대사대부고졸 1993년 고려대 문과대학 영어영문학과졸(학사) 2015년 연세대 언론홍보대학원졸(석사), 한국PR전문가회(KAPR) PR전문가 인증1기 [경]1992년 아시아나항공 입사 2005년 금호아시아나그룹 전략경영실 그룹홍보팀장 2013년 同전략경영실 상무(그룹홍보총괄) 2013년 금호아시아나그룹 홍보담당 상무 2014년 아시아나항공 홍보담당 상무(현), 한국광고주협회 홍보위원회 위원, 전국경제인연합회 경제홍보위원, 한국PR협회 이사, 한국광고학회 이사, 아시아나국제단편영화제 집행위원

조영선(曺永鮮)

[생]1966·1·19 [주]서울특별시 중구 삼일대로 340 나라키움저동빌딩 국가인권위원회 사무총장실(02-2125-9650) [학]전남 학다리고졸, 성균관대 토목공학과 중퇴 [경]1999년 사법시험 합격(41회) 2002년 사법연수원 수료(31기), 법무법인 한울 소속변호사, 법무법인 동화 구성원변호사, 민주화운동관련명예회복 및 보상심의위원회 관련자분과 위원, (사)사회갈등연구소 이사, 6.15공동위원회 남측위원회 협동사무처장, 한국한센인권변호단 간사, 대한변호사협회 인권위원회 위원 2014년 민주사회를위한변호사모임 사무총장 2017년 민관합동 문화예술계블랙리스트진상조사및제도개선위원회 소위원장 2017년 국가인권위원회 사무총장(현)

조영수(曺榮秀) CHO Young-Soo
(생)1962 · 12 · 6 (출)서울 (주)서울특별시 서초구 헌릉로 13 대한무역투자진흥공사 인사팀(02-3460-7034) (학)1981년 배재고졸 1988년 고려대 영어영문학과졸 (경)1989년 대한무역투자진흥공사(KOTRA) 입사 1991년 同총무부 근무 1993년 同마드리드무역관 근무 1996년 同경기무역관 근무 1999년 同산티아고무역관 근무 2003년 同기획조정실 근무 2004년 同아이치EXPO전담반 차장 2005년 同아바나무역관장 2008년 同아바나코리아비즈니스센터장 2010년 同생활소비재산업팀장 2011년 同해외투자상담팀장 2012년 同마이애미무역관장 2015년 同수출기업화지원실 수출첫걸음지원팀장, 同시장동향분석실장 2017년 同해외정보운영실장 2018년 同런던무역관장(현)

조영식(趙永植) CHO Young Sik
(생)1964 · 9 · 17 (주)서울특별시 서대문구 이화여대길 52 이화여자대학교 조형예술대학 산업디자인학과(02-3277-2539) (학)1987년 서울대 산업미술학과졸 1990년 同대학원졸 1991년 영국 레스터대 폴리테크닉대학원졸 (경)1991~1992년 (주)한국프리즘 제품개발실장 1993~1994년 계원조형예술대학 산업디자인과 전임강사 1994년 이화여대 조형예술대학 산업디자인전공 교수(현) 2016~2017년 同디자인학부장 2017년 同디자인대학원장(현) (상)한국생태환경건축학회 디자인작품상(2009) (저)'녹색위기'(1998) '인간과 디자인의 교감'(2000) '제품기호학'(2006)

조영신(趙榮新) Cho, Young Shin
(생)1967 · 12 · 28 (출)충남 (주)세종특별자치시 한누리대로 402 산업통상자원부 중견기업정책관실(044-203-4350) (학)1985년 서울 승문고졸 1990년 서울대 경제학과졸 2002년 경제학박사(미국 미주리주립대) (경)1990년 행정고시 합격(34회), 통상산업부 산업배치과 · 다자협상과 사무관, 同장관 수행비서, 지식경제부 무역투자실 무역정책과 서기관, 同기후변화대책팀장, 駐프랑스대사관 참사관 2009년 지식경제부 전자정보산업과장 2011년 同석유산업과장 2012년 同성장동력정책과장(부이사관) 2013년 산업통상자원부 산업기반실 창의산업정책과장 2014년 국가기술표준원 기술규제대응국장 2015년 국립외교원 교육파견 2016년 대한무역투자진흥공사(KOTRA) 방산물자교역지원센터장 2016년 산업통상자원부 통상국내정책관(고위공무원) 2018년 同중견기업정책관(현)

조영일(曺永一) CHO Young Il
(생)1960 · 9 · 7 (출)강원 강릉 (주)서울특별시 마포구 백범로 192 S-OIL(주) 비서실(02-3772-5997) (학)1977년 강릉고졸 1982년 서울대 무역학과졸 1990년 미국 시라큐스대 경영대학원 경영학과졸 (경)1981년 쌍용정유(주) 입사 1996년 同자금팀 부장 1999년 同대외이사 2000년 에쓰오일(주) 회계부문 상무 2009년 同국내영업본부장(부사장) 2012년 同부사장(CFO) 2015년 同수석부사장(CFO)(현)

조영일
(생)1970 · 6 · 24 (출)전남 화순 (주)전라남도 무안군 삼향읍 후광대로359번길 28 전남지방경찰청 형사과(061-289-2373) (학)광주제일고졸 1993년 경찰대졸(9기), 전남대 대학원졸 (경)1993년 경위 임용 2016년 광주지방경찰청 교통안전계장 2017년 同치안지도관 2018년 전남 진도경찰서장(총경) 2019년 전남지방경찰청 형사과장(현)

조영제(趙玲濟)
(생)1962·7·27 (주)경상남도 창원시 의창구 상남로 290 경상남도의회(055-211-7332) (학)경남대 행정대학원 정치외교학과졸 (경)국회사무처 입법보좌관, 마산대 외래교수, 여의도연구원 정책자문위원(현), (사)전국고용서비스협회 경남지회 고문(현), 자유한국당 경남도당 대외협력위원장(현), 자유한국당 원내총무(현) 2018년 경남도의회 의원(비례대표, 자유한국당)(현) 2018년 同교육위원회 부위원장(현) 2018년 同의회운영위원회 위원(현)

조영조(趙瑛朝) CHO Young Jo
(생)1961·3·22 (본)백천(白川) (출)서울 (주)대전광역시 유성구 가정로 218 한국전자통신연구원 인간로봇상호작용연구실 지능형인지기술연구부(042-860-5233) (학)1978년 신일고졸 1983년 서울대 제어계측공학과졸 1985년 한국과학기술원(KAIST) 전기전자공학과졸 1989년 전기전자공학박사(한국과학기술원) 2006년 서강대 경영대학원 최고경영자과정 수료 (경)1989~1998년 한국과학기술연구원 선임연구원 1994~1995년 일본 통산성 기계기술연구소 로봇연구부 초빙연구원 1997년 미국 앰허스트대 초빙연구원 1998~2001년 한국과학기술연구원 책임연구원 2001~2004년 (주)아이콘트롤스 기술연구소장(상무) 2004~2008년 한국전자통신연구원 지능형로봇연구단장 2008~2014년 OMG 국제표준로보틱스분과 공동의장 2008년 한국전자통신연구원 융합기술연구부문 연구위원, 同융합기술연구부문 로봇연구부 책임연구원 2010년 同융합기술연구부문 로봇·인지시스템연구부 책임연구원, 同인간로봇상호작용연구실 지능형인지기술연구부 책임연구원(현) 2010~2014년 한국로봇산업협회 감사 2011년 한국로봇학회 부회장·수석부회장 2014년 국가과학기술연구회 다중지능로봇융합클러스터장 2017년 한국로봇학회 회장 (상)대한민국로봇대상 지식경제부장관표창(2008), 국무총리표창(2018) (종)가톨릭

조영조(趙泳照) Young-jo Cho
(생)1962·5·8 (주)서울특별시 영등포구 은행로 38 한국수출입은행(02-3779-6114) (학)1980년 영훈고졸 1984년 경희대 영어교육학과졸 1989년 同대학원 법학과졸 2017년 경영학박사(호서대) (경)1989년 한국수출입은행 입행 2008년 同남북협력1실 팀장 2009년 同남북협력기획실 팀장 2010년 同북경사무소장 2013년 同상생금융실장 2014년 同중소조선금융실장 2014년 同기업성장지원부장 2016년 同중소중견금융1부장 2017년 同부산지점장 2018년 同준법감시인(현) (상)통일부장관표창(2009), 기획재정부장관표창(2011), 한국수출입은행장표창(2016)

조영준(曺榮俊) CHO Young Jun (榮文)
(생)1965·6·24 (본)창녕(昌寧) (주)서울특별시 용산구 한강대로21길 25 (주)세계섬유신문(02-3665-6950) (학)대구 청구고졸, 경북대 자연대학 지질학과졸 (경)1998년 한국섬유경제신문 취재부장 1998~2001년 (주)세계섬유신문 편집국장 2002년 同대표이사 겸 발행인(현) 2002년 패션저널·텍스타일라이프·ITFOCUS 발행인(현) (저)'섬유산업 경쟁력 높일 수 있다(共)'(2005)

조영준(曺永俊) Jo Yung-joon
(생)1969 · 4 · 3 (주)서울특별시 종로구 사직로8길 60 외교부 중남미국(02-2100-7418) (학)1995년 고려대 서문학과졸 2000년 스페인 국립콤플루텐스대 대학원 국제관계학과졸 (경)1995년 외무고시 합격(29회) 1995년 외무부 입부 2002년 駐페루 2등서기관 2004년 駐덴마크 1등서기관 2009년 駐네덜란드 1등서기관 2011년 同참사관 2011년 외교통상부 중미카리브과장 2013년 외교부 재외공관담당관 2014년 駐캐나다 참사관 2017년 국방부 외무협력관 2018년 외교부 중남미국장(현)

조영진(曺永鎭) Young Jin Cho

(생)1969·3·30 (본)창녕(昌寧) (출)경남 합천 (주)서울특별시 종로구 청와대로 1 대통령 자치분권비서관실(02-770-0011) (학)1987년 거창 대성고졸 1993년 경상대 행정학과졸 1997년 서울대 대학원 행정학과졸 (경)1998년 행정고시 합격(42회) 1999~2006년 행정자치부 기획조정실 기획담당·행정관리국 정보공개법담당 사무관 2008~2009년 서울시 금융도시담당관·서울디자인본부 과장 2011~2012년 행정안전부 성과고객담당관 2014~2016년 행정자치부 지방재정경제실 지방세정책과장·지방세운영과장·지방세특례제도과장 2017년 同재정정책과장 2017년 대통령 정무수석비서관실 자치분권비서관실 행정관(현)

조영철(趙英哲) CHO Young Cheol

(생)1959·4·21 (출)경북 청송 (주)대구광역시 수성구 동대구로 364 대구고등법원(053-757-6600) (학)1977년 경북고졸 1982년 서울대 법대졸 1985년 同대학원 법학과 수료 (경)1983년 사법시험 합격(25회) 1985년 사법연수원 수료(15기) 1989년 대구지법 판사 1992년 同김천지원 판사 1994년 수원지법 판사 1997년 서울지법 판사 1998년 서울고법 판사 1999년 대법원 재판연구관 2001년 대구지법 부장판사 2003년 수원지법 부장판사 2005년 서울중앙지법 부장판사 2007년 광주고법 부장판사 2009년 서울고법 행정10부 부장판사 2014년 서울중앙지법 민사수석부장판사 2015년 의정부지법원장 2017년 서울고법 부장판사 2019년 대구고법원장(현) (종)기독교

조영탁(曺永卓) Cho Youngtak

(생)1959 (주)전라남도 나주시 빛가람로 625 전력거래소 이사장실(061-330-8110) (학)1983년 서울대 사회과학대학 경제학과졸 1985년 同대학원 경제학과졸 1993년 경제학박사(서울대) (경)국회도서관 입법자료분석실 산업담당 자료분석관 1994~2018년 한밭대 경제학과 교수, 同교수협의회 사무국장 1999~2000년 미국 Univ. of Maryland Institute for Ecological Economics Visiting Scholar, 대전시 여성정책위원회 위원, 한국생태경제연구회(KSEE) 회장, 정부산하기관 경영평가위원회 위원 2008~2017년 전력수급기본계획 전문위원 겸 워킹그룹장 2012~2014년 국가에너지기본계획 전력분과 위원장 2015~2016년 한국경제발전학회(KDEA) 회장 2018년 전력거래소 이사장(현)

조영택(趙泳澤) CHO Young Tack

(생)1951·1·21 (본)함안(咸安) (출)전남 완도 (주)광주광역시 동구 천변우로 369 2019광주세계수영선수권대회조직위원회 사무총장실(062-616-4204) (학)1969년 광주제일고졸 1973년 연세대 행정학과졸 1989년 同행정대학원 도시및지역개발학과졸 2008년 행정학박사(한양대) (경)1973년 행정고시 합격(13회) 1975~1980년 전남도 근무 1980~1985년 내무부 지방행정국 근무 1985~1986년 장성군수 1986년 내무부 민방위본부 과장 1988년 同심의담당 서기관 1989년 同지도과장 1990년 同행정과장 1991년 同연수원 근무 1992년 경기도 기획관리실장 1992~1994년 의정부시장 1995년 군포시장 1995년 경기도 공영개발사업단장 1997년 국무총리행정조정실 내무행정심의관 1998년 국무조정실 자치행정심의관 1998년 행정자치부 공보관 1998년 同인사국장 1999년 同자치행정국장 2000~2002년 同차관보 2002~2003년 同차관 2003년 공무원연금관리공단 이사장 2003년 국무조정실 기획수석조정관(차관급) 2005~2006년 국무조정실장(장관급) 2006년 광주광역시장선거 출마(열린우리당) 2006년 대통령 정무특보 2007~2008년 대통령직속 아시아문화중심도시조성위원회 위원장 2008~2012년 제18대 국회의원(광주 서구甲, 통합민주당·민주당·민주통합당·무소속) 2008~2010년 민주당 제6정책조정위원장 2010년 同공동대변인 2010~2011년 국회 운영위원회 위원 2010년 민주당 비상대책위원회 위원 2011년 同정책위 부의장 2011년 국회 정무위원회 간사 2012년 제19대 국회의원선거 출마(광주 서구甲, 무소속) 2014~2016년 새정치민주연합 광주서구乙지역위원회 위원장 2015년 4.29재보선 국회의원선거 출마(광주 서구乙, 새정치민주연합) 2016년 2019광주세계수영대회조직위원회 사무총장(현) (상)근정포장(1980), 녹조근정훈장(1991), 경제정의실천시민연합 및 NGO모니터단 선정 우수 국감의원(2011), 문화예술유권자총연합회 선정 자랑스러운 대한민국 우수 국회의원(2011), 민주통합당 선정 국정감사 최우수의원(2011) (저)'질 높은 사회, 어디로 가야 하는가'(2011, 21세기북스) (종)천주교

조영현(曺永鉉) Cho Young Hyun

(생)1961·8 (출)전남 화순 (주)서울특별시 영등포구 국제금융로6길 11 IBK투자증권(02-6915-5000) (학)1980년 광주상고졸 1987년 동국대 회계학과졸 2010년 한양대 공공정책대학원졸 (경)1979년 IBK기업은행 입행 2007년 同내방역지점장 2008년 同방배중앙지점장 2010년 同청천동지점장 2012년 同남동공단기업금융비전지점장 2014년 同강서·제주지역본부장 2015년 同인천지역본부장 2016년 同IT그룹장(부행장) 2018년 同CIB그룹장(부행장) 2018년 IBK투자증권 경영총괄 부사장(COO)(현)

조영호(曺永昊) CHO Young Ho

(생)1957·8·10 (본)창녕(昌寧) (출)대구 (주)대전광역시 유성구 대학로 291 한국과학기술원 공과대학 바이오및뇌공학과(042-350-4314) (학)1976년 경북고졸 1980년 영남대졸 1982년 한국과학기술원(KAIST)졸 1990년 공학박사(미국 캘리포니아대 버클리교) (경)1982~1986년 한국과학기술연구원(KAIST) 연구원 1987~1991년 미국 버클리대 Berkeley Sensor & Actuator Center 연구원 1991~1994년 한국과학기술원(KAIST) 기계기술연구소 연구원 1994년 同기계공학과 겸임교수(현) 1994년 마이크로머신 국제전문가 2000~2009년 교육과학기술부 창의적연구진흥사업 디지털나노구동연구단장 2002년 한국과학기술원(KAIST) 바이오및뇌공학과 교수(현) 2003년 IEEE International MEMS Conference 대회장 2008년 World Micromachine Summit 대회장 2008년 한국과학기술원(KAIST) 세포벤치연구센터 소장(현) 2010~2012년 한국연구재단 국책연구본부 나노융합단 뇌융합분야 전문위원(RB) 2011년 Power Micro Electro Mechanical Systems 국제학술대회장 2011~2016년 미래창조과학부 신기술융합형성장동력사업 혈중암세포암예후진단융합연구단장 2014~2017년 同신기술융합형성장동력사업본부장 2017년 한국과학기술원(KAIST) 인공지능연구소 겸임교수(현) (상)과학기술부장관표창(2002), 부총리 겸 과학기술부장관표창(2005), 과학기술진흥유공자 과학기술포장(2008), 대한민국 지식재산교육대상 특허청장표창(2012), 녹조근정훈장(2015) (저)'마이크로머신 및 기술연계'(1994) '나노기술이 미래를 바꾼다'(2002) '공학기술 복합시대'(2003) '한국의 대표 과학자가 말하는 100가지 과학토픽·교양으로 읽는 과학의 모든 것 2'(2006) '진화하는 테크놀로지'(2009)

조영호(曺永昊)

(생)1966·2·2 (출)제주 (주)광주광역시 서구 상무번영로 85 광주가정법원 부장판사실(062-608-1200) (학)1986년 오현고졸 1991년 서울대 법학과졸 (경)1997년 사법시험 합격(39회) 2000년 사법연수원 수료(29기) 2000년 서울지법 남부지원 판사 2002년 서울지법 판사 2004년 광주지법 판사 2007년 인천지법 판사 2008년 광주지법 목포지원 판사 2009년 광주고법 판사 2011년 광주지법 판사 2015년 대전지법 천안지원·대전가정법원 천안지원 부장판사 2016년 광주가정법원 부장판사(현)

조영환(曺永煥) JO Young Hwan

(생)1953·4·20 (출)부산 (주)서울특별시 강남구 학동로 337 로덴치과 강남구청역점 원장실(02-516-3322) (학)1972년 부산고졸 1979년 서울대 치과대학졸 1984년 同대학원졸(석사) 1987년 의학박사(서울대) (경)1982년 로덴치과 원장(현) 1991년 SDI 로덴아카데미&로덴임플란트센터 소장(현) 1994년 미국 UCLA 치대 심미치과센터 Visiting Scholar 1997년 American College of Dentists Fellow 1997년 미국 남가주대 치대 임상교수 1997년 일본 악교합협회 지도의 1997년 국제악교합학회(IAD) 한국지회장 겸 아시아지부 부회장 2007년 (주)로덴포유 대표이사(현) 2007년 로덴치과네트워크 대표원장 2008년 대한치과턱관절기능교합학회 명예부회장(현) 2009~2012년 (주)디오 사장 2011년 로덴치과그룹 대표원장(현) (상)국제악교합학회 아시아지부 마스터상(1996), 국제악교합학회 아시아지부 PKT상(1997) (저)'심미접착치과학'(1994, 군자출판사) 'Contemporary Esthetic Dentistry(共)'(1995, Quintessence) '교합학'(1996, 군자출판사) '악교합학 용어와 최신정의'(1996, Quintessence) 'The Immediate Load Implant'(1998, Quintessence) 'Oral Rehabilitation'(1998, Quintessence) (종)불교

조영환

(생)1970·9·27 (주)강원도 원주시 지정면 오크밸리1길 66 HDC리조트(주)(033-730-3121) (학)숭실고졸, 고려대 경영학과졸 (경)1996년 현대자동차 입사 1999년 현대산업개발 입사 2009년 호텔아이파크 경영기획팀장 2015년 현대산업개발 운영사업팀장(상무) 2018년 호텔아이파크(주) 대표이사 상무 2018년 호텔HDC(주) 대표이사 상무 2019년 HDC리조트(주) 대표이사(현)

조영훈(曺永勳) CHO Young Hoon

(생)1967·10·25 (출)서울 (주)서울특별시 중구 퇴계로 24 SK남산그린빌딩 SK브로드밴드(주) 커뮤니케이션추진실(080-828-2106) (학)1990년 서울대 정치학과졸 1992년 同행정대학원 수료 2006년 영국 요크대 대학원 경제학과졸 2007년 同경영대학원졸 (경)1993년 행정고시 합격(36회) 1993~1996년 국무총리행정조정실 경제조정관실 근무 1996~2003년 정보통신부 정보통신정책실·전파방송관리국 근무 2003~2005년 同경주우체국장 2007년 同개인정보보호팀장 2008년 방송통신위원회 개인정보보호과장(서기관) 2008년 同통신정책국 통신이용제도과장 2009년 同뉴미디어정책과장 2010~2012년 同위원장 비서관 2014년 SK텔레콤 상무 2015년 同스마트홈TF팀장(상무) 2016년 同Home사업Unit장(상무) 2019년 SK브로드밴드(주) 커뮤니케이션추진실장(현)

조오섭(曺五燮) CHO Ou Seop

(생)1968·7·19 (출)전남 담양 (주)서울특별시 종로구 세종대로 209 정부서울청사 4층 대통령직속 국가균형발전위원회(02-2100-1197) (학)동신고졸, 전남대 신문방송학과졸 (경)在光州담양향우회 감사(현), 전남대총동창회 부회장(현), 동신고총동창회 이사, 민주당 전국청년위원회 상무위원, 관현장학재단 이사(현), 광주YMCA 평생교육복지회 위원, 한국입양홍보회 이사(현), 전남일보 독자권익위원회 위원, 광주트라우마센터 운영위원, 참여자치21 회원(현), 광주시 북구건강복지타운 주민위원회 운영위원, 민주당 중앙당 부대변인, 광주교도소 교정자문위원 2010년 광주시의회 의원(민주당·민주통합당·민주당·새정치민주연합) 2010년 同운영위원회 간사 2010년 同산업건설위원회 위원 2010년 同4대강사업특별위원회 위원장 2012년 同운영위원회 위원장 2012년 同환경복지위원회 위원 2014년 새정치민주연합 중앙당 부대변인 2014~2018년 광주시의회 의원(새정치민주연합·더불어민주당) 2014년 同행정자치위원회 위원 2015·2016년 同예산결산특별위원회 위원 2016~2018년 同환경복지위원회 위원 2016년 더불어민주당 광주시당 대변인 2017~2018년 광주시의회 청년발전특별위원회 위원장 2017~2018년 同더불어민주당 원내대표 2018년 대통령직속 국가균형발전위원회 소통기획관(현) 2019년 同대변인 겸임(현) (상)케이블TV방송대상 공로상(2019) (종)가톨릭

조옥래(趙玉來) CHO Ok Rae

(생)1962·9·13 (출)경남 함안 (주)서울특별시 종로구 종로 1 교보생명빌딩 15층 교보AXA자산운용 임원실(02-767-9600) (학)1981년 부산상고졸 1988년 연세대 경영학과졸 1994년 同대학원 경영학 박사과정 수료 (경)1996년 교보생명보험 경영연구소 입사 1998년 同금융조사부 조사역 1998년 同재무기획관리부 및 재무기획팀 근무 1999년 同이사회 사무국 업무보좌역 2000년 同e-business팀 과장 2001년 同미주지역 자산운용 현지법인장 2003년 同투자포트폴리오관리팀장 2004년 同투자사업팀장 2008년 교보AXA자산운용(주) 경영지원본부장(CFO) 2011년 교보증권(주) 경영지원실장(상무) 2016년 同경영지원실장(전무) 2016년 교보AXA자산운용 대표이사(현)

ㅈ

조옥현(曺沃鉉) Jo Ok Hyon

(생)1969·8·9 (주)전라남도 무안군 삼향읍 오룡길 1 전라남도의회(061-286-8200) (학)한의학박사(원광대) (경)조옥현고구려한의원 원장(현), 전남도 정책자문위원, 취암장학회 이사장, 전남 여성장애인연대 운영이사 2018년 전남도의회 의원(더불어민주당)(현), 同남북교류협력지원특별위원회 위원(현), 同경제관광문화위원회 위원(현)

조완규(趙完圭) CHO Wan Kyoo (雪浪)

(생)1928·2·11 (본)임천(林川) (출)서울 (주)서울특별시 관악구 관악로 1 서울대학교 연구공원內 국제백신연구소 한국후원회(02-881-1303) (학)1946년 대전중졸 1952년 서울대 문리대학 생물학과졸 1956년 同대학원졸 1969년 이학박사(서울대) 1995년 명예 이학박사(캐나다 브리티시컬럼비아대) 1996년 문학박사(호주 그리피스대) (경)1957~1992년 서울대 문리대학 전임강사·조교수·부교수 1964~1966년 미국 펜실베이니아대 생식생리학연구소 연구원 1968~1987년 서울대 자연과학대학 동물학과 교수 1972년 미국 하버드대 생식생물학연구소 연구원 1973년 영국 케임브리지대 생리학과 연구원 1975년 서울대 자연과학대학장 1977년 WHO 인간생식연구위원회 위원 1978년 한국동물학회 회장 1979년 서울대 부총장 1979~1984년 한국과학기술단체총연합회 부회장 1980년 대한불임학회 회장 1980년 한국환경성돌연변이발암원학회 회장 1982년 유전공학학술협의회 회장 1984년 한국과학기술단체총연합회 회장 1985년 교육개혁심의회 위원 1987년 한국과학기술단체총연합회 명예회장(현) 1987년 국제인권옹호한국연맹 이사(현) 1987~1991년 서울대 총장 1988년 대학교육협의회 회장 1989년 대통령 과학기술자문회의 위원장 1989년 생산기술연구원 이사장 1989년 한국정신문화연구원 이사 1990~1997년 UN대 신기술연구소 이사 1990년 한국생물과학회 회장 1991년 한국과학재단 이사장 1991년 국가과학기술자문회의 위원 1991~2001년 한·미우호협회 이사장 1991년 서울대 자연과학대학 교수 1991년 한국바이오산업협회(舊 한국생물산업협회) 회장·명예회장 1992~1993년 교육부 장관 1992년 서울대 자연과학대학 명예교수(현) 1993년 중국 山東大 명예교수(현) 1993년 대학평가인정위원회 위원장 1993년 방송문화진흥회 이사장 1993~1996년 광주과학기술원 이사장 1994~1997년 한국대학총장협회 회장 1994~1998년 일본 이화학연구소(RIKEN) 첨단연구사업부 자문위원 1994~1998년 한국과학기술한림원 원장 1997년 한국대학총장협회 이사장 1998년 국제백신연구소(IVI) 한국후원회 이사장·고문 1998년 한국과학기

술한림원 이사장 1998년 민주평통 자문위원 1998년 제2의건국범국민추진위원회 공동위원장 2000년 학교법인 고촌학원 이사장 2000년 통일고문 2001년 중국 연변대 명예교수(현) 2001년 국무총리실 정책평가위원장 2002년 대한민국최고과학기술인선정위원회 위원장 2002년 한국대학교육협의회 상임자문위원회 위원장 2003년 서울과학종합대학원 명예총장(현) 2005년 국제백신연구소 한국후원회 상임고문(현) 2007~2013년 인촌상위원회 위원장 2007~2013년 대동세무고 종근당고촌학원 이사장 2008년 코리아바이오경제포럼 명예회장(현) 2009년 한국바이오협회 고문(현) 2016년 대한민국학술원 회원(생물학)(현) 2018년 한국과학기술유공자회 회장(현) 2018년 교육재단 서울아카데미(서울과학종합대학원, aSSIST) 이사장(현) (상)국민훈장 모란장, 청조근정훈장, 과학기술훈장 창조장, 인촌상 교육부문(2006), 서울대 자랑스러운 자연대인상(2011) (저)'동물비교 해부학' '발생생물학'

조 용(趙 庸) CHO Yong

(생)1962·2·18 (출)경북 상주 (주)서울특별시 중구 무교로 32 효령빌딩 1105호 한국블록체인협회(02-6412-4778) (학)대구 달성고졸 1984년 한국외국어대 영어과졸 (경)1986년 시사영어사 편집국 근무 1986년 경향신문 사회부 기자 1989년 세계일보 정치부 기자 1991년 문화일보 정치부 기자 1999년 同정치부 차장 2002년 同사회부장 2004년 同정책사회부장 2004년 同논설위원 2006년 同편집국 부국장 2008년 同논설위원 2008년 강원도지사 정무특별보좌관 2009~2010년 강원도 정무부지사 2011년 한나라당 대표특보 2014~2017년 IBK기업은행 사외이사 2019년 한국블록체인협회 수석부회장(현) (역)'신자유주의와 인간성의 파괴'

조용경(趙庸耿) CHO Yong Kyung (寒松)

(생)1951·1·23 (본)풍양(豊壤) (출)경북 문경 (주)서울특별시 강남구 테헤란로 311 (사)글로벌인재경영원 이사장실(02-508-0898) (학)1969년 경기고졸 1974년 서울대 법학과졸 (경)1985년 포항제철 입사 1988년 同홍보부장 1988년 同회장보좌역(이사보) 1990년 민자당 박태준 최고위원 보좌역 1995년 도서출판 한송 대표 1997년 자민련 총재비서실 차장 1999년 포스코개발 전무이사 2001년 포스코건설(주) 부사장 2009년 (주)대우엔지니어링 대표이사 부회장 2011년 포스코엔지니어링 대표이사 부회장 2012년 同부회장 겸 상임고문 2012년 무소속 안철수 대통령후보 국민소통자문단장 2013년 (사)한국다문화센터 공동대표 2014년 (사)글로벌인재경영원 이사장(현) (저)'발가벗은 임금님과 젊은 부통령(編)'(1997) '한 번쯤 기억해야 할 것' (역)'이런 교수는 대학을 떠나라'(1995) (종)기독교

조용구(趙鏞龜) CHO Yong Ku

(생)1956·8·25 (출)경북 문경 (주)서울특별시 서초구 서초중앙로 157 서울중앙지방법원(02-530-1114) (학)1975년 경복고졸 1979년 서울대 법대졸 (경)1979년 사법시험 합격(21회) 1981년 사법연수원 수료(11기) 1981년 육군 법무관 1984년 인천지법 판사 1986년 서울지법 북부지원 판사 1989년 대구지법 안동지원 판사·서울민사지법 판사 1994년 대법원 재판연구관 1996년 대구지법 상주지원장 1998년 수원지법 부장판사 1998년 언론중재위원회 경기중재부장 1999년 서울지법 서부지원 수석부장판사 2000년 서울지법 부장판사 2004년 서울동부지법 수석부장판사 2005년 부산고법 부장판사 2006년 서울고법 부장판사 2010년 同수석부장판사 2010년 서울서부지법원장 직대 2011년 울산지법원장 2012년 인천지법원장 2013년 서울고법 부장판사 2015~2017년 사법연수원장 2015년 중앙선거관리위원회 위원(현) 2017년 서울중앙지법 원로(元老)법관(현) (상)서울지방변호사협회 선정 '2014년 우수법관'(2015)

조용국(趙鏞國) Cho Yong Kuk

(생)1958·11·2 (본)함안(咸安) (주)경상남도 양산시 어곡공단로 116 (주)코렌스 임원실(055-371-6700) (학)1977년 진주고졸 1982년 성균관대 금속공학과졸 1985년 연세대 산업대학원 수료, 同경영전문대학원 최고경영자과정 수료 (경)1985~1990년 (주)풍산금속 동래공장 근무 1990년 (주)코렌스 회장(현) 2009년 양산상공회의소 제10대 상임의원, 同부회장 2011년 어곡관리공단 이사장 2018년 양산상공회의소 회장(현) 2018년 대한상공회의소 감사(현) (상)양산시 기업인대상(2007), 대통령표창(2007), 무역의 날 7천만불 수출탑(2012), 산업포장(2012), 무역의 날 1억불 수출탑(2014), 대통령표창(2016)

조용균(趙容均) CHO Yong Kyun

(생)1960·4·11 (출)인천 (주)인천광역시 미추홀구 소성로 159 법무법인 로웰(032-865-1600) (학)1979년 부평고졸 1984년 성균관대 법과대학졸 1996년 同대학원 법학과졸 1998년 미국 플로리다대 대학원 비교법과정 수료(LL.M.) 2000년 법학박사(성균관대) (경)1986년 사법시험 합격(28회) 1989년 사법연수원 수료(18기) 1989년 인천지법 판사 1993년 창원지법 충무지원 판사 1996년 서울지법 판사 1999년 同북부지원 판사 2001년 서울고법 판사 2002년 대법원 재판연구관 2004년 인천지법 부장판사 2005년 변호사 개업, (주)오공 비상근사외이사 2006년 법무법인 로웰 변호사(현), 한나라당 인천시당 법률지원단장 2012~2014년 새누리당 인천시당 법률지원단장 2014~2015년 인천시 정무특별보좌관 (저)'이제, 바름 正을 만날 시간'(2014)

조용근(趙鏞根) CHO Yong Keun (雅山)

(생)1946·12·3 (본)함안(咸安) (출)경남 진주 (주)서울특별시 서초구 서초대로 271 세무법인 석성(02-3485-8800) (학)경북사대부고졸 2012년 성균관대 명예졸업 2013년 명예 신학박사(서울기독대) (경)1966년 국세청 근무 1996년 의성세무서장 1998년 서울지방국세청 재산세조사과장 1999년 同조사관리과장 1999년 同조사4국 2과장 2000년 중부세무서장·영등포세무서장 2001년 국세청 공보담당관 2002년 서울지방국세청 납세지원국장 2004년 대전지방국세청장 2005년 세무법인 석성 회장(현), (재)석성장학회 회장(현), (사)석성1만사랑회 이사장(현) 2007~2011년 한국세무사회 25·26대 회장 2009년 국세청 국세행정위원회 위원 2010~2016년 국민일보 감사 2010년 JK미디어그룹 초대회장 2010~2016년 (재)천안함재단 이사장 2011년 현대상선(주) 사외이사 겸 감사위원, 밥퍼나눔운동본부 명예본부장(현), 치유상담대학원대 이사장, 경향신문 고문, CBS 정책자문위원, (주)서연 사외이사, 서초경찰서 청소년문화발전위원장, 대림대 등록금조정위원회 위원, 대한치과의사협회 고문 2016년 한국장학재단 경영고문(현) 2016년 극동방송 시청자위원장(현), 서울고검 검찰시민위원회 위원(현) (상)대통령표창(1982), 근정포장(1992), 홍조근정훈장(2005), 언론인연합회 자랑스런 한국인대상(2006), 대한민국헌정회 감사패(2010), 한국기독교선교대상 기독실업인부문(2010), 은탑산업훈장(2011), 명예해군(2011), 한국언론인연합회 나눔봉사종합대상(2017), 교육부장관표창(2017), 국민일보 올해의 크리스천상(2018) (저)'기적은 순간마다'(2012) '나는 평생 세금쟁이'(2016, 나남) '크리스천의 재정관리'(2017, 상상나무) (종)기독교

조용기(趙鏞基) Yonggi Cho (靈山)

(생)1936·2·14 (본)함안(咸安) (출)울산 울주 (주)서울특별시 영등포구 여의공원로 101 CCMM빌딩 11층 국민일보(02-6181-5050) (학)1958년 순복음신학교(現 한세대)졸 1968년 명예 신학박사(미국 베다니성서대) 1989년 명예 목회학박사(미국 오랄로버츠대) 1990년 명예 목회학박사(미국 리젠트대)

(경)1958년 순복음교회(대조동) 창립 1962~2008년 여의도순복음교회(순복음중앙교회) 당회장 1966~1978년 기독교대한하나님의성회 총회장 1967년 기독교세계오순절대회 중앙실행위원 1976년 국제교회성장연구원(C.G.I) 총재 1982~2017년 (재)순복음선교회 이사장 1982년 同총재(현) 1982~1983년 호서대재단 이사장 1986~2017년 사회복지법인 엘림복지회 대표이사 1986~2001년 한세대재단 이사장 1988년 국민화해운동본부 총재 1988~1994년 국민일보 이사장 1992~2000년 세계하나님의성회 총재 1994~1997년 한국기독교지도자협의회 회장 1995~1997년 국민일보 회장 1998~2001년 한국기독교지도자협의회 공동회장 1999~2011년 굿피플(NGO) 이사장 2000년 DCEM(David Cho Evangelistic Mission) 총재(현) 2002년 한국기독교지도자협의회 상임고문 2004년 (재)아가페 대표고문(현) 2005년 기독교사회복지엑스포 명예대회장 2008~2017년 사랑과행복나눔재단(現 영산조용기자선재단) 이사장 2008년 여의도순복음교회 원로목사(현) 2010년 출산장려국민운동본부 총재 2010~2012년 국민일보 회장 겸 발행인 2011년 한국신문윤리위원회 이사 2011년 (사)굿피플(NGO) 총재(현) 2012년 국민일보 명예회장(현) (상)대통령표창(1982), 적십자헌혈유공장 금장(1994), 환경대청상 금상(1995), 국민훈장 무궁화장(1996), 더패밀리오브맨메달리온상(2005), 유집상 전도대상(2005), 캄보디아 왕실 우호 훈장 'Royal Knight of Friendship of the Kingdom of Cambodia', 세계방송선교 공로상(2010) (저)'오중복음과 삼중축복' '새 천년을 위한 영적리더십' '절대절망 절대희망' '4차원의 영적세계(The Fourth Dimension)' 등 300여권 (역)'The Fourth Dimension' 등 영문 저서 49권 및 번역서 200여권 (작)'얼마나 아프셨나' '내 평생 살아온 길' 등 복음성가 및 합창곡 30여곡 작사 (종)기독교

조용기(趙鏞起)

(생)1964·4·21 (출)부산 (주)서울특별시 강남구 테헤란로 317 동훈타워 법무법인 대륙아주(02-563-2900) (학)1983년 부산 배정고졸 1988년 서울대 경제학과졸 1996년 同행정대학원 수료 (경)1990년 행정고시 합격(34회) 1991년 총무처 행정사무관시보 1993년 농림부 행정사무관 1998년 사법시험 합격(40회) 2001년 사법연수원 수료(30기) 2001년 서울지법 동부지원 판사 2002년 서울고법 판사 2003년 서울지법 판사 2005~2008년 대전지법 홍성지원 판사 2008~2017년 법무법인 지성 변호사 2011년 중부지방국세청 국세심사위원 2013~2015년 서울시 집합건물분쟁조정위원회 위원 2014~2018년 축산물품질평가원 비상임이사 2014~2016년 기획재정부 부담금운용심의위원회 민간위원 2014년 교통안전공단 비상임감사 2015년 금융위원회 법령해석심의위원회 위원 2015~2017년 금융감독원 금융분쟁조정위원회 위원 2015~2017년 금융투자협회 공익이사 2015~2017년 농림축산식품부 중앙가축방역협의회 위원 2015~2017년 경찰청 사이버안전자문단 위원 2015~2017년 기획재정부 고문변호사 2017년 법무법인(유) 대륙아주 변호사(현) 2015~2017년 한국금융투자협회 공익이사 2017년 금융위원회 금융발전심의회 금융소비자·서민금융분과 위원(현)

조용두(趙庸斗) Cho, Yong-Doo

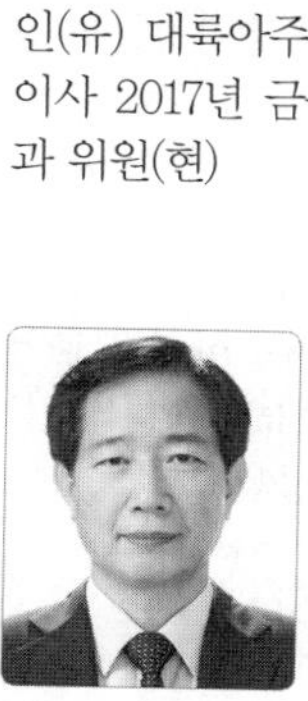

(생)1960·4·19 (주)서울특별시 강남구 테헤란로 440 포스코센터 동관 6층 포스코경영연구원 부원장실(02-3457-8000) (학)1979년 서라벌고졸 1984년 성균관대 무역학과졸 1986년 서울대 대학원 경제학과졸 1995년 경제학박사(영국 옥스퍼드대) (경)1987~1989년 한국개발연구원 금융경제연구실 연구원 1995~1999년 영국 셰필드대 동아시아학과 조교수 1998~1999년 아시아개발은행 컨설턴트 1999~2002년 포스코경영연구소 경제동향연구센터 연구위원 2002~2006년 同경영연구1센터 수석연구위원 2006~2008년 同경제동향분석그룹장 2006~2007년 정부산하 공기업 경영평가위원 2008~2009년 포스코경영연구소 경제연구실장 2010년 포스코 경영전략1실 미래전략그룹리더(상무보) 2012년 同기획재무부문 경영진단실장(상무) 2014년 同가치경영실 재무전략담당 상무 2015~2016년 포스코건설 경영기획본부장(전무) 2017년 포스코경영연구원 철강연구센터장 2018년 同산업연구센터장 2019년 同부원장(부사장)(현)

조용래(趙容來) CHO Yong Rae

(생)1957·11·10 (출)광주 (주)광주광역시 남구 효덕로 277 광주대학교(062-670-2114) (학)1976년 광주제일고졸 1984년 중앙대 경제학과졸 1989년 일본 게이오대 대학원졸 1996년 경제학박사(일본 게이오대) (경)1993년 중앙대 강사 1997년 한양대 아·태지역연구센터 책임연구원 1999~2005년 국민일보 논설위원 2003년 한양대 국제학대학원 겸임교수 2004년 재정경제부 세제발전심의위원 2005년 국민일보 경제부 편집위원 2006년 同탐사기획팀 편집위원 2006년 同논설위원 2011년 同논설위원(부국장급) 2011년 同카피리더 2012년 同논설위원(국장대우) 2013년 同논설위원(국장급) 2014년 同수석논설위원 2014년 同편집인 겸 논설실장(이사) 2015·2017년 한국신문방송편집인협회 감사(현) 2016년 국민일보 컨텐츠제작총괄 이사 2018~2019년 同대기자 2019년 광주대 초빙교수(현) (상)중앙대언론동문회 '2015 자랑스런 중앙언론동문상'(2015) (저)'자본주의 사회를 보는 두 시각' '도시와 문명' '시장이냐 정부냐' (역)'자본주의 이전의 사회주의와 자본주의 이후의 사회주의' '평화의 묵시' (종)기독교

조용래(趙龍來)

(생)1976·5·3 (출)경북 김천 (주)인천광역시 미추홀구 소성로163번길 17 인천지방법원(032-860-1114) (학)1994년 김천고졸 1999년 서울대 사법학과졸 (경)1999년 사법시험 합격(41회) 2002년 사법연수원 수료(31기) 2002년 軍법무관 2005년 창원지법 판사 2008년 인천지법 판사 2012년 서울중앙지법 판사 2014년 의정부지법 고양지원 판사 2015년 서울고법 판사 2017년 춘천지법 부장판사 2019년 인천지법 부장판사(현)

조용만(趙容滿) Cho, Yong Man

(생)1961·8·19 (출)전남 (주)대전광역시 유성구 과학로 80-67 한국조폐공사 사장실(042-870-1001) (학)1979년 순천고졸 1985년 서울대 무역학과졸 1987년 同대학원 행정학과졸 (경)1986년 행정고시 합격(30회) 2002년 기획예산처 재정기획단 재정2팀장 2002년 미국 미주리대 교육 훈련 2004년 과학기술혁신본부준비기획단 파견 2005년 기획예산처 기금정책국 연금보험기금과장 2005년 同고령화대책팀장 2005년 同재정기준과장 2006년 同민간투자제도과장(서기관) 2006년 同민간투자제도과장(부이사관) 2007년 同성과관리제도팀장 2008년 기획재정부 재정정책국 재정정책과장 2009년 同국외파견(국장급) 2010년 국회 예산결산특별위원회 파견(고위공무원) 2012년 기획재정부 무역협정국내대책본부 무역협정지원단장 2013년 산업통상자원부 무역투자실 통상국내대책관 2014년 기획재정부 재정관리국장 2017년 同기획조정실장 2018년 한국조폐공사 사장(현) (상)기획재정부장관표창(2002), 대통령표창(2008)

조용무(趙容武) CHO Yong Moo

(생)1942·2·21 (출)대전 대덕 (주)대전광역시 서구 둔산중로78번길 20 명진빌딩 605호 법무법인 새날로(042-472-3191) (학)1960년 대전고졸 1964년 서울대 법대졸 (경)1971년 사법시험 합격(13회) 1973년 사법연수원 수료(3기) 1973년 서울민사지법 판사 1975년 서울형사지법 판사 1978년 대전지법 판사 1979년 同공주지원장 1980년 서울지법 남부지원 판사 1982년 서울민사지법 판사 1983년 서울고법 판사 1987년 전주지법 부장판사 1990년 사법연수원 교수 1992년 서울민사지법 부장판사 1994년 대전고법 부장판사 1995년 대전지법 수석부장판사 1996

년 서울고법 부장판사 1996년 인천지법 수석부장판사 1997년 서울고법 부장판사 2000년 서울지법 의정부지원장 2002년 제주지법원장 2003년 창원지법원장 2004~2005년 대전지법원장 2006년 케이티앤지(KT&G) 고문변호사 2007년 한국수자원공사 고문변호사 2007년 충남도 고문변호사 2007년 대전시도시개발공사 고문변호사 2008년 충남대병원 이사 겸 고문변호사 2008년 법무법인 새날로 변호사(현) 2011년 대전지방변호사회 고문이사 · 자문위원장

조용범(趙鏞範) Cho Yong Beom

(생)1959 · 5 · 24 (주)서울특별시 광진구 능동로 120 건국대학교 전기전자공학부(02-450-3491) (학)1981년 경북대 전자공학과졸 1988년 미국 서던캘리포니아대 대학원 전자공학과졸 1992년 전자공학박사(미국 케이스웨스턴리저브대) (경)1983~1985년 동양시스템(주) 근무 1987~1988년 미국 사우스캘리포니아대 교육조교 1988~1990년 미국 케이스웨스턴리저브대 연구조교 1992~ 2016 · 2018년 건국대 전기전자공학부 전자공학전공 교수(현) 1998년 대한전자공학회 선거관리위원 2006~2008년 건국대 정보통신처장 2014~2016년 同정보통신대학장 2016년 연구성과실용화진흥원 원장 2018년 과학기술일자리진흥원 원장 2018년 건국대 대외부총장(현)

조용병(趙鏞炳) CHO Yong Byoung

(생)1957 · 6 · 30 (출)대전 (주)서울특별시 중구 세종대로9길 20 신한은행 16층 신한금융지주 임원실(02-757-2767) (학)1976년 대전고졸 1981년 고려대 법학과졸 2000년 핀란드 헬싱키경제대 대학원졸(MBA) (경)1984년 신한은행 입행 1998년 同미금동지점장 2000년 同세종로지점장 2002년 同인사부장 2004년 同기획부장 2006년 同강남종합금융센터장 2007년 同뉴욕지점장 2009년 同글로벌사업그룹 전무 2010년 同경영지원그룹 전무 2011년 同리테일부문장 겸 영업추진그룹 부행장 2013년 신한BNP파리바자산운용 대표이사 사장 2015년 신한은행장 2017년 신한금융지주 대표이사 회장(현) (종)기독교

조용복(趙容福) CHO Yong Bok

(생)1965·5·5 (본)풍양(豊壤) (출)전북 익산 (주)서울특별시 영등포구 의사당대로 1 국회사무처 정무위원회(02-788-2074) (학)1984년 전북사대부고졸 1993년 고려대 행정학과졸 1998년 경희대 법과대학원 법학과졸 (경)1992년 입법고시 합격(11회) 2002년 국회사무처 예산정책국 예산분석관 2002년 同정무위원회 입법조사관 2005년 同정무위원회 입법조사관(부이사관) 2005년 同국제국 국제기구과장 2006년 同국제국 국제협력과장 2006년 同총무과장 2007년 駐뉴욕총영사관 영사(입법관) 2010년 국회사무처 외교통상통일위원회 입법조사관 2011년 同농림수산식품위원회 입법심의관 2012년 同의정연수원장(고위공무원) 2013년 同기획조정실장(이사관) 2014년 駐오스트리아 공사 2016년 국회예산정책처 예산분석실장 2018년 국회사무처 정무위원회 수석전문위원(차관보급)(현) (상)국회사무총장표창(1999), 대통령표창(2005)

조용석(趙容奭) CHO Yong Seok

(생)1958 · 2 · 6 (본)함안(咸安) (출)경북 포항 (주)서울특별시 성북구 정릉로 77 국민대학교 자동차공학과(02-910-4716) (학)1981년 서울대 기계공학과졸 1990년 미국 네브래스카대 링컨교 대학원 기계공학과졸 1994년 기계공학박사(미국 펜실베이니아주립대) (경)1981년 한국기계연구원 연구원 1994년 국민대 자동차공학과 조교수 · 부교수 · 교수(현) 2006~2008년 同총무지원처장 2001년 SBS골프채널 해외경기해설위원(현) 2010년 한국자동차산업협회 코리아오토포럼 환경기술분과위 위원(현) 2011년 (주)오리엔트정공 사외이사(현) 2011년 국민대 자동차공학전문대학원장 2012~2013년 同총무처장 2012년 한국자동차공학회 부회장 2013년 국민대 관리처장 2017년 한국자동차공학회 회장 (상)한국과학기술단체총연합회 과학기술우수논문상(2007), 대통령표창(2015) (저)'자동차환경개론(共)'(2001) '자동차사정론(共)'(2002) '대체에너지(共)'(2007) (역)'연소공학(共)'(1999)

조용성(趙容成) Cho, Yong-Sung

(생)1964·11·29 (주)울산광역시 중구 종가로 405-11 에너지경제연구원 원장실(052-714-2200) (학)1987년 고려대 농업경제학과졸 1991년 同대학원 환경자원경제학과졸 1996년 경제학박사(미국 미네소타대) (경)2000~2018년 고려대 식품자원경제학과 교수 2011년 同대외협력처장 2017년 서울에너지공사 에너지연구소장 2018년 환경부 중앙환경정책위원회 기후대기분과 위원장 2018년 에너지경제연구원 원장(현) (상)환경부장관표창(2007·2014), 한국환경정책평가연구원 우수논문상(2014)

조용성

(생)1967 (출)경남 남해 (주)충청남도 아산시 무궁화로 112 경찰수사연수원 운영지원과(041-538-0615) (학)진주고졸 1988년 경찰대졸(4기) (경)2012년 서울경무과 근무(총경) 2012년 대구지방경찰청 생활안전과장 2013년 경북 청도경찰서장 2014년 경기지방경찰청 제2청 여성청소년과장 2015년 경기 파주경찰서장 2017년 경기북부지방경찰청 112종합상황실장 2017년 경기 일산서부경찰서장 2019년 경찰수사연수원 운영지원과장(현)

조용순(趙鏞淳) Yong-Soon Cho

(생)1958 · 5 · 21 (주)서울특별시 영등포구 은행로 38 한국수출입은행 감사실(02-3779-6005) (학)1977년 익산 남성고졸 1981년 원광대 체육교육과졸 2007년 동국대 행정대학원 공안행정학과졸 (경)1984년 대통령경호실 근무 2001년 同경호부장 2008년 대통령실 경호처 경호안전교육원장 2009년 同경호처 경호본부장 2012년 국민체육진흥공단 상임감사 2018년 한국수출입은행 감사(현)

조용식(趙鏞植) CHO YONG SIK (청계)

(생)1960 · 11 · 27 (본)한양(漢陽) (출)전북 김제 (주)전라북도 전주시 완산구 유연로 180 전북지방경찰청 청장실(063-280-8113) (학)1979년 군산제일고졸 1986년 동국대 경찰행정학과졸 2012년 원광대 행정대학원졸 2015년 경찰학박사(원광대) (경)2000년 경기 일산경찰서 수사과장(경정) 2001년 경기 일산경찰서 정보과장 2002년 서울 수서경찰서 정보보안과장 2003년 서울 강남경찰서 정보보안과장 2004년 서울 송파경찰서 정보보안과장 2005년 서울 동작경찰서 정보과장 2006년 서울지방경찰청 정보1과 정보1계장 2009년 전북지방경찰청 경무과장(총경) 2010년 전북 김제경찰서장 2011년 전북 익산경찰서장 2013년 서울지방경찰청 정부서울청사경비대장 2014년 서울 수서경찰서장 2015년 서울지방경찰청 인사교육과장 2017년 인천국제공항경찰대장(경무관) 2018년 서울지방경찰청 경무부장 2018년 同차장(치안감) 2019년 전북지방경찰청장(현) (상)대통령표창(1999 · 2008)

조용식(趙庸植) CHO Yong Sig

(생)1964 · 7 · 20 (본)김제(金堤) (출)전북 김제 (주)서울특별시 강남구 테헤란로 323 휘닉스오피스텔 704호 노무법인 벽성(02-3446-0101) (학)전북 원광고졸 1994년 성균관대 법학과졸 2004년 고려대 노동대학원 노동법학과졸 2008년 중앙대 대학원 법학 박사과정 수료 (경)1997~1999년 세종노무법인 노무사 2002년 노무법인 벽성 대표노무사(현) 2003~2006년 여

성부 성희롱예방강사 2003년 강남대 강사 2004~2005년 송파구상공회의소 노무상담역 2005~2017년 성균관대총동창회 이사, (사)민족화합운동연합 지도위원, (사)민족화합운동인천연합 사무총장, (사)한국공인노무사회 사무총장 2010년 서울디지털대 법무행정학과 비전임교수(현) 2013~2016년 국정감사NGO모니터단 공동집행위원장 2013년 同공동자문단장 ㉶'핵심노사관계론'(2007, 법경원) '2007 최신노동법전(共·編)'(2007, 법경원) ㉻개신교

조용연(趙勇衍) CHO Yong Yeon

㉯1957·3·27 ㉰충남 홍성 ㉲서울특별시 강남구 도곡로 194 일양빌딩 3층 법무법인 서평(02-6271-4300) ㉱1975년 경기고졸 1979년 서울대 법대졸 ㉳1979년 사법시험 합격(21회) 1981년 사법연수원 수료(11기) 1981년 서울민사지법 판사 1983년 서울지법 판사 1985년 춘천지법 판사 1986년 同강릉지원 판사 1987~1988년 서울지법 남부지원 판사 1988년 변호사 개업 1990년 춘천지법 영월지원 판사 1992년 서울고법 판사 1994년 서울민사지법 판사 1996년 서울가정법원 판사 1997년 대전지법 서산지원장(부장판사) 1999년 수원지법 부장판사 2000년 서울지법 남부지원 부장판사 2002~2003년 서울지법 부장판사 2003~2009년 법무법인 충정 구성원변호사 2009~2011년 법무법인 시공 대표변호사 2011년 법무법인 도연 구성원변호사 2014년 同대표변호사 2014년 법무법인(유) 강남 변호사 2017년 법무법인 서평(瑞平) 구성원변호사(현)

조용우(趙龍雨)

㉯1967·3·12 ㉲부산광역시 중구 중앙대로 62 대교빌딩 3층 부산환경교육센터(070-7425-0452) ㉱부산대 대학원 철학 박사과정 수료 ㉳2009년 부산환경교육센터 이사(현) 2013~2016년 해운대기찻길친구들 공동대표, 해운대시민포럼 운영위원장 2014년 부산시의원선거 출마(새정치민주연합) 2015~2016년 더불어민주당 부산해운대·기장乙지역위원회 위원장 2015년 同부산시당 대변인 2015년 同중앙당 부대변인 2016년 同부산기장군지역위원회 위원장 2016년 同부산시당 교육연수위원장 2016년 제20대 국회의원선거 출마(부산 기장군, 더불어민주당) 2018년 더불어민주당 원내대표 정무특보

조용우(趙龍雨)

㉯1967·6·7 ㉰전남 순천 ㉲서울특별시 종로구 청와대로 1 대통령비서실 국정기록비서관실(02-770-0011) ㉱1997년 한양대 영어교육과졸 ㉳동아일보 편집국 경제부 기자 2013년 同미래전략연구소 신성장동력팀장 2013년 채널A 보도본부 경제부 차장 2014년 동아일보 사회부 차장 2016년 同정치부 차장 2017년 더불어민주당 제19대 문재인 대통령후보 중앙선거대책위원회 공보기획팀 선임팀장 2017년 대통령 국정기록비서관(현) ㉴제310회 이달의 기자상 취재보도1부문(2016)

조용욱(趙容旭) CHO Yong Wook

㉯1957·1·7 ㉮한양(漢陽) ㉰서울 ㉲경기도 성남시 분당구 야탑로 59 분당차병원 내과(031-780-5215) ㉱1975년 대광고졸 1981년 연세대 의대졸 1987년 同대학원 의학석사 1993년 의학박사(순천향대) ㉳1984~1988년 연세대 의대 인턴·전공의 수료, 同세브란스병원 내분비내과 연구강사 1989~1995년 순천향대 천안병원 내분비내과 전임강사·조교수, 미국 보스턴대 연구교수 1995년 경희대 분당차병원 내분비내과 부교수 1997년 포천중문의과대 내과학교실 교수 2003년 同교무처장 2006년 同분당차병원 진료부장, 同분당차병원 제2진료부원장 2008년 同분당차병원 당뇨병·갑상선센터장 2008년 노인당뇨병연구회 회장 2009년 차의과학대 내과학교실 교수(현) 2009·2012년 同분당차병원 당뇨병·갑상선센터장 2013~2015년 同분당차병원 내과부장, 대한당뇨병학회 경인지회장 2016년 同회장 ㉶'내분비학'(共) ㉷'당뇨병 두렵지 않다'(共) '아는 만큼 보이는 당뇨병' ㉻기독교

조용은(趙庸銀) CHO Yong Eun

㉯1957·6·30 ㉰서울 ㉲서울특별시 강남구 언주로 211 강남세브란스병원 신경외과(02-2019-3390) ㉱1981년 연세대 의대졸 1988년 同대학원 의학석사 1992년 의학박사(연세대) ㉳1989~1992년 연세대 의대 신경외과학교실 연구강사 1992~2004년 同신경외과학교실 전임강사·조교수·부교수 1995~1996년 프랑스 리옹1대학 신경외과전문병원 연수 1996년 프랑스 보르도펠그린병원 척추센터 연수 2003년 연세대 영동세브란스병원 척추센터 소장 2003년 대한척추신경외과학회 상임이사·특별상임이사·부회장 2003년 연세대 강남세브란스병원 척추신경연구소장(현) 2004년 同의대 신경외과학교실 교수(현) 2005~2007년 同영동세브란스병원 척추전문병원 진료부장 2007~2011년 同강남세브란스병원 척추병원장 2016~2017년 대한척추신경외과학회 회장 2017~2018년 同특별상임이사 2018년 同고문(현)

조용익 CHO Yong Ik

㉯1960·12·26 ㉰전남 순천 ㉲전라남도 무안군 삼향읍 후광대로 242 (재)전남문화관광재단 대표이사실(061-280-5800) ㉱목포대 대학원 경영행정학과졸 ㉳1979년 공무원 임용 2004년 광양만권경제자유구역청 총무과장 2010년 전남도 농림식품국 농업정책과장 2014년 同인재양성과장 2015년 同대변인 2016년 지방행정연수원 교육파견(지방서기관) 2017년 전남 담양군 부군수 2018년 同군수 권한대행 2019년 (재)전남문화관광재단 대표이사(현)

조용일(趙鏞一) CHO Yong Il

㉯1958·8·18 ㉮함안(咸安) ㉰대구 ㉲서울특별시 종로구 세종대로 163 현대해상화재보험(주) 임원실(1588-5656) ㉱1977년 경북고졸 1981년 서울대 영어영문학과졸 ㉳2000년 현대해상화재보험(주) 법인영업지원부장 2001년 同업무담당 2002년 同이사대우, 同일반업무담당 상무 2010년 同일반보험업무본부 전무 2010년 同기업보험2본부장(전무) 2013년 同기업보험부문장(전무) 2015년 同기업보험부문장(부사장) 2018년 同업무최고책임자(COO·부사장) 2019년 同업무최고책임자(COO·사장)(현)

조용주(曺容珠)

㉯1959·9·22 ㉰전북 남원 ㉲전라북도 남원시 요천로 1965 남원소방서 서장실(063-630-8200) ㉱전북대 행정대학원졸 ㉳1982년 소방공무원 임용(공채 3기), 전북도 소방안전본부 예방팀장·소방행정팀장 2009년 전주완산소방서 현장기동단장, 군산소방서 대응구조과장 2013년 전북도 소방본부 교육감찰팀장, 전주완산소방서 소방행정과장 2016년 전북 무진장소방서장 2017년 전북 남원소방서장(현) ㉴국무총리표창

조용준(趙容俊) CHO Yong Jun

㉯1931·7·15 ㉰전남 담양 ㉲경상남도 밀양시 부북면 춘화로 85 (주)한국화이바 회장실(055-359-2002) ㉱1997년 명예 공학박사(조선대) ㉳1966년 (주)은성사 전무이사 1972년 한국화이바그라스공업사 대표 1977년 (주)한국화이바 대표이사 1989년 同회장(현) 1998~2012년 밀양상공회의소 회장 ㉴보건사회부장관표창, 동탑산업훈장, 장영실상, 특허기술상, 세종대왕상, JEC(유럽복합재료연합회) 공로표창(2009), 자랑스런 방산인상 특별공로상(2014) ㉶'독창력만이 살길이다'(1999, 미래지성)

조용준(趙庸準) CHO Yong Joon

㊀1959 · 5 · 30 ㊁전북 전주 ㊂서울특별시 종로구 종로3길 17 디타워 23층 법무법인 세종(02-316-4089) ㊃1978년 용산고졸 1983년 서울대 법대졸 1985년 同대학원 법학과졸 ㊄1985년 사법시험 합격(27회) 1988년 사법연수원 수료(17기) 1988년 부산지법 판사 1993년 서울지법 의정부지원 판사 1996년 同서부지원 판사 1998년 서울지법 판사 1998년 해외 연수 1999년 서울지법 판사 2000년 서울고법 판사 2002년 서울지법 판사 2003년 춘천지법 부장판사 2004년 同수석부장판사 2005년 수원지법 여주지원장 2007~2010년 서울중앙지법 부장판사 2010년 법무법인 세종 파트너변호사(현), (사)나눔과이음 이사(현), 아름다운가게 감사(현)

조용준(趙容準) CHO Yong Jun

㊀1965 · 9 · 25 ㊅한양(漢陽) ㊁서울 ㊂서울특별시 영등포구 의사당대로 82 하나금융투자 리서치센터(02-3771-7023) ㊃1984년 동국대부고졸 1991년 고려대 경영학과졸 2003년 同경영대학원졸 2012년 중국 상해교통대 경제대학원 수료 ㊄1991년 쌍용그룹 근무 1994년 신영증권 리서치센터 기업분석팀장, 同기업분석팀 과장, 증권연수원 강사, 신용분석사회 강사 2002년 대우증권 리서치센터 제조팀장, 同자동차기계팀장 겸 수석연구위원 2006년 신영증권 리서치센터장(이사) 2008년 同리서치센터장(상무) 2010~2013년 同리서치센터장(전무) 2013~2015년 하나대투증권 리서치센터장(전무) 2015년 하나금융투자 리서치센터장(전무)(현) ㊆내외경제 베스트애널리스트, 한국경제 베스트애널리스트(1999), 매일경제 베스트애널리스트(1999), 서울경제 증권대상(2004), 매일경제 증권인상(2006) ㊇'한눈에 보는 2000년 한국경제'(1999) '가치투자가 최고다'(2008) '한국의 개미들을 위한 워렌버핏 따라하기'(2010) '10년의 선택 중국에 투자하라'(2013) '중국내수 1등주에 투자하라'(2014)

조용준(趙容焌)

㊀1966 · 6 · 12 ㊂서울특별시 송파구 법원로 114 (주)동구바이오제약 임원실(02-2684-5421) ㊃문일고졸, 고려대 경영학과졸, 同대학원 경영학과졸 ㊄2013년 한국제약협동조합 이사장(현) 2015년 (주)동구바이오제약 대표이사(현) 2017년 한국제약바이오협회 부이사장(현) 2017년 중소기업중앙회 이사 2018년 同부회장(현) ㊆대한민국미래창조경영대상 미래기술선점부문 대상(2015), 중소기업중앙회 자랑스러운 중소기업인(2016), 석탑산업훈장(2017)

조용직(趙容直) CHO Yong Jik (印空)

㊀1940 · 12 · 11 ㊅한양(漢陽) ㊁황해 연백 ㊂경기도 용인시 처인구 중부대로 1360 한솔빌딩 버넷인베스트먼트코리아(031-337-1119) ㊃1959년 서울 용산고졸 1965년 서울대 사회학과졸 1972년 同신문대학원 수료 1986년 同행정대학원 고위정책과정 수료 1990년 미국 존스홉킨스대 국제관계과정 수료 1996년 서울대 경영대학원 최고과정 수료 2001년 한양대 행정대학원 사회복지학과졸 ㊄1965년 민주공화당 공채1기 1971~1977년 同운영국장 · 조사국장 · 총무국장 1977년 同중앙훈련원 교수 1979년 同선전부장 1981~1985년 한국국민당 사무차장 1986년 제12대 국회의원(전국구, 한국국민당) 1987년 신민주공화당 창당발기인 1987년 同대변인 1990년 민자당 정책평가위원 1991년 同부대변인 1992~1996년 제14대 국회의원(전국구, 민자당) 1993년 한 · 타이의원협회 부회장 1994년 민자당 서울송파乙지구당 위원장 1996년 자민련 정책위원회 수석부의장 1997년 同당무위원 1998년 공무원및사립학교교직원의료보험관리공단 이사장 1998~2000년 국민의료보험관리공단 이사장 2001년 삼영화학그룹 부회장 2002~2003년 제주크라운C.C 대표이사 2003년 자민련 총재특보 2005~2008년 제주크라운C.C 고문 2005~2006년 헌정회 정책위원회 부의장 2005년 서울대 사회학과총동문회 회장 2006년 한나라당 국책자문위원 2007년 모건데이빗인베스트먼트코리아 감사 2009년 민주평통 자문위원 겸 상임고문 2010년 버넷인베스트먼트코리아(주) 감사(현) 2011~2014년 새누리당 정책위원회 안보분과 간사 2012~2017년 同국책자문위원회 교육과학기술분과 부위원장 · 위원장 2012년 同박근혜대통령후보 대외협력특보 2012년 同박근혜대통령후보 직능총괄녹색위원회 부위원장 2013~2015년 운정회 사무총장 2015~2017년 대한민국헌정회 이사 2015년 운정문화재단 이사(현) 2017년 자유한국당 국책자문위원회 부위원장(현) 2018년 민족중흥회 부회장(현) ㊆문화공보부장관표창(1975) ㊇'다양한 사회-합리적 정치'(1988) ㊈불교

조용진(趙鎔鎭) CHO YONG JIN

㊀1953 · 12 · 5 ㊅옥천(玉川) ㊁전남 고흥 ㊂광주광역시 북구 첨단벤처로108번길 9 한국광산업진흥회(062-605-9601) ㊃1973년 조선대부고졸 1976년 조선대 이공대학 기계과졸 1986년 광주대 법학과졸 2002년 전남대 행정대학원 행정학과졸 ㊄2002년 광주시 공보관(서기관) 2004년 同환경녹지국장(부이사관) 2005년 同자치행정국장 2007~2009년 同의회 사무처장(이사관) 2007~2012년 호남대 초빙교수 2009년 전남대 행정대학원 총동창회장 2009~2010년 광주시 기획관리실장(고위공무원) 2012년 *在光州*고흥향우회 회장 2013년 한국광산업진흥회 상근부회장(현) ㊆근정포장(1998), 녹조근정훈장(2000), 대통령표창(2006), 홍조근정훈장(2010)

조용철(趙庸喆) CHO Yong Chul

㊀1946 · 12 · 25 ㊅풍양(豊壤) ㊁경북 상주 ㊂대구광역시 북구 원대로 128 연우빌딩 연합뉴스 대구 · 경북취재본부(053-355-4242) ㊃1965년 대륜고졸 1971년 서울대 신문대학원 기자교육 이수 1990년 경희대 신문방송대학원 수료(신문전공) ㊄1969년 영남일보 기자 1978년 동양통신 기자 1981년 연합통신 기자 1988년 同대구지국 취재차장 1991년 同대구지사 취재부장대우 1992년 同대구지사 취재부장 1992 · 1998 · 1999 · 2000 · 2002 · 2003년 대구시문화상 심사위원 1995년 연합통신 전국부 부장급 1996년 同대구지사장 1996년 경희대총동문회 이사(현) 1999년 연합뉴스 대구 · 경북취재본부장 2002년 同대구 · 경북취재본부 기획위원 2003년 同경북지사장 2003년 대구경북분권혁신민관협의회 자문위원 2003년 대구경북지역발전협의회 회원 2005~2006년 연합뉴스 대구 · 경북지사장 2005년 2011대구세계육상선수권대회 유치위원 2006년 대구시경북도경제통합 자문위원 2007년 연합뉴스 대구 · 경북취재본부 고문(현), 대구경북첨단의료복합단지 유치자문위원, 경북도사회복지공동모금회 운영위원 2011년 연합뉴스TV 사외이사(현) ㊆새마을포장(1985), 경희언론문화인상(2005)

조용필(趙容弼) CHO Yong Pil

㊀1950 · 3 · 21 ㊁경기 화성 ㊂서울특별시 서초구 남부순환로335길 15 (주)YPC프로덕션(02-555-5420) ㊃1968년 경동고졸 ㊄1969년 컨트리웨스턴 그룹 '에트킨스' 결성 1971년 김트리오 결성 1976년 '돌아와요 부산항에' 발표(서라벌레코드) 1978년 조용필과위대한탄생 결성 1980년 제1집 '창밖의 여자' 발표(지구레코드) 1981년 제3집 '미워 미워 미워' 발표(지구레코드) 1982년 제4집 '못 찾겠다 꾀꼬리' 발표(지구레코드) · 일본 NHK리사이틀홀 첫 단독콘서트 1983년 제5집 '나는 너 좋아' 발표(지구레코드) 1984년 제6집 '눈물의 파티' 발표(지구레코드) · 팬레터 모음집 '일편단심 민들레야' 출간 1984~1989년 PAX MUSICA 참가 1985년 제7집 '미지의 세계' 발표(지

구레코드) 1986년 일본 히로시마세계평화음악제 참가 1987년 제9집 '그대 발길 머무는 곳에' 발표(지구레코드) 1987년 일본 도쿄가요제 참가 1988년 제10집 '서울 서울 서울' 발표(지구레코드) 1988년 아시아음악제 한국대표 1988년 중국 北京 공연(평화우호방문단) 1990년 제12집 '추억속의 재회' 발표(현대음반) 1990년 '창밖의 여자' 앨범 100만장 돌파-한국 기네스북에 기록 1991년 제13집 '꿈' 발표(서울음반) 1992년 제14집 '슬픈 베아트리체' 발표(서울음반) 1993년 조선일보 주최 조용필 가요생활 25주년 빅 콘서트(세종문화회관) 1994년 제15집 '남겨진 자의 고독' 발표(대영A/V) 1995년 (주)YPC프로덕션(舊 필기획) 설립·대표(현) 1997년 제16집 '바람의 노래' 발표(YPC레코드) 1998년 제17집 '친구의 아침' 발표(YPC) 1998년 건국50년 가수부문 1위 선정 1999년 필레코드 설립 1999년 탄자니아정부 명예홍보대사 2002년 월드컵 홍보대사 2003년 콘서트(잠실 올림픽주경기장) 2003년 제18집 '오버 더 레인보우' 발표 2004년 콘서트 '지울 수 없는 꿈'(예술의전당 오페라극장) 2005년 경기방문의 해 홍보대사 2005년 첫 평양 콘서트 '조용필 평양 2005'(평양 류경 정주영체육관) 2006년 전국투어 콘서트 2008년 대구세계육상선수권대회 홍보대사 2013년 제19집 'Hello' 발표 2013년 45주년 전국투어콘서트 2018년 50주년 전국투어콘서트, 가수(현) (상)선데이컵 최우수가수왕상(19기), TBC 가요대상 최우수가요상(1980), 서울국제가요제 금상(1980), MBC 10대가수상(1980·1981·1982·1983·1984·1985), KBS 방송가요대상(1981·1983·1985), 미국 암팩트사 골든릴상(1982), 일본 SONY-CBS 골든디스크상(1988), 한국방송대상(1998), 탄자니아정부 문화훈장(2001), 보관문화훈장(2003), 통일문화대상(2005), 골든디스크상 공로상(2005), 한국대중음악상 공로상(2006), 올해의 자랑스런 경동인(2009), 미국 경제전문지 포브스 선정 '아시아의 기부 영웅'(2013), 2013엠넷 20's초이스 음반부문(2013), 은관문화훈장(2013), 골든디스크상 음반부문 본상(2014), '2013년을 빛낸 도전한국인 10인' 문화부문 대상(2014) (작)'창밖의 여자'(1979) '촛불'(1980) '조용필3집'(1981) '못찾겠다 꾀꼬리'(1982) '친구여'(1983) '눈물의 파티'(1984) '여행을 떠나요'(1985) '허공'(1985) '조용필 9집'(1987) ''88 조용필'(1988) 'Q'(1989) '추억속의 재회'(1990) 'The Dreams'(1991) 'CHO YONG PIL' (1992) '조용필과 위대한탄생'(1994) 'Eternally'(1997) 'Ambition'(1998) 'Over The Rainbow'(2003) 'Hello'(2013)

조용한(趙勇漢)

(생)1972·5·9 (출)부산 (주)인천광역시 미추홀구 소성로163번길 49 인천지방검찰청 총무과(032-860-4770) (학)1991년 부산중앙고졸 1996년 고려대 법학과졸 (경)1998년 사법시험 합격(40회) 2001년 사법연수원 수료(30기) 2001년 공익법무관 2004년 대구지검 포항지청 검사 2006년 창원지검 검사 2008년 대구지검 검사 2011년 서울중앙지검 검사 2014년 부산지검 검사 2015년 서울중앙지검 부부장검사 2016년 부산지검 동부지청 형사3부장 2017년 창원지검 진주지청 형사1부장 2018년 서울중앙지검 과학기술범죄수사부장 2019년 인천지검 부부장검사(현) 2019년 금융정보분석원 파견(현)

조용현(趙鏞賢) Jo Yong Hyun

(생)1968·3·25 (본)함안(咸安) (출)경남 함안 (주)서울특별시 서초구 서초중앙로 157 서울고등법원(02-530-1114) (학)1987년 덕원고졸 1991년 서울대 법대졸 (경)1990년 사법시험 합격(32회) 1993년 사법연수원 수료(22기) 1993년 軍법무관 1996년 서울지법 남부지원 판사 1998년 서울지법 판사 2000년 춘천지법 판사 2004년 서울고법 판사 2005년 대법원 재판연구관 2008년 전주지법 부장판사 2009년 대법원 부장판사 2013년 서울중앙지법 부장판사 2016년 대전지법 천안지원장 겸 대전가정법원 천안지원장 2017년 부산고법 부장판사 2018년 서울고법 부장판사(현)

조용호(趙龍鎬) CHO Yong Ho

(생)1955·2·15 (출)충남 청양 (주)서울특별시 광진구 능동로 120 건국대학교 법학전문대학원(02-450-3599) (학)1973년 서울 중앙고졸 1977년 건국대 법경대학 법학과졸 1980년 同대학원 법학과졸 (경)1978년 사법시험 합격(20회) 1980년 사법연수원 수료(10기) 1983년 대전지법 판사 1986년 同서산지원 판사 1989년 수원지법 판사 1990년 서울고법 판사 1993년 대법원 재판연구관 1997년 서울지법 의정부지원 부장판사 1998년 수원지법 부장판사 1998년 서울지법 동부지원 부장판사 1999년 서울행정법원 부장판사 2002년 특허법원 부장판사 2004년 서울고법 부장판사 2009년 춘천지법원장 2010년 서울남부지법원장 2011년 광주고법원장 2012년 서울고법 행정7부 부장판사 2013년 서울고법원장 2013~2019년 헌법재판소 재판관 2019년 건국대 법학전문대학원 석좌교수(현) (상)자랑스러운 건국인(2010), KU 리더상(2013), 청조근정훈장(2019)

조용호(趙容晧) Cho, Yongho

(생)1961·7·3 (출)강원 춘천 (주)세종특별자치시 도움5로 20 법제처 법제정책국 법령정비과(044-200-6571) (학)한국개발연구원(KDI) 국제정책대학원졸, 미국 캘리포니아웨스턴대 법학전문대학원졸 (경)2002년 법제처 행정법제국 서기관 2003년 同행정심판관리국 경제심판담당관실 서기관 2004년 한국개발연구원(KDI) 국제정책대학원 파견(서기관) 2005년 국외 훈련 2006년 법제처 행정법제국 서기관 2006년 대한무역투자진흥공사 파견 2007년 법제처 수요자중심법령정보추진단 행정사회법령정보팀장 2008년 同법령해석정보국 수요자법령정보과장 2009년 同사회문화법제국 법제관 2011년 同경제법제국 법제관 2012년 同법령해석정보국 생활법령과장 2012년 同법령해석정보국 자치법제지원과장 2012년 강원도 입법자문관 2014년 법제처 행정법제국 법제관 2015년 同법제지원단 법제관 2016년 同법제정책국 법제조정법제관 2018년 同법제정책국 법령정비과장(현)

조용호(趙容浩) CHO Yong Ho

(생)1967·12·21 (출)대구 (주)서울특별시 강남구 언주로 711 건설회관 5층 법무법인 새빛(02-565-7188) (학)1986년 대일고졸 1991년 서울대 서어서문학과졸 (경)1996년 사법시험 합격(38회) 1999년 사법연수원 수료(28기) 1999~2000년 인천지검 검사 2000년 I&S법률사무소 파트너변호사 2004년 경기지방노동위원회 공익위원 2005년 법률사무소 사람과사람 대표변호사 2008년 법무법인 퍼스트 대표변호사 2011년 법무법인 새빛 파트너변호사 2012~2018년 S&T중공업 상근감사 2013년 법무법인 새빛 대표변호사(현)

조용환(趙庸煥) Cho Yong Whan

(생)1959·9·27 (출)대구 (주)서울특별시 서대문구 충정로 60 KT&G 서대문타워 10층 법무법인(유) 지평(02-6200-1755) (학)1978년 대신고졸 1982년 서울대 법학과졸 2000년 同대학원 법학과졸 (경)1982년 사법시험 합격(23회) 1984년 사법연수원 수료(14기) 1985년 해군 법무관 1988년 법무법인 세종 변호사 1988년 민주사회를위한변호사모임 창립멤버 1989년 법무법인 덕수 변호사 1994년 미국 하버드대 법과대 인권연구소 객원연구원 1995년 영국 케임브리지대 국제법연구소 객원연구원 1999년 한국인권재단 사무총장 2003~2006년 방송위원회 비상임위원 2007년 법무법인 지평지성 변호사 2007년 국제인권법학회 이사 2014~2018년 법무법인 지평 변호사, 제주올레 이사(현), (재)진실의 힘 이사(현) 2017년 한국방송공사(KBS) 이사(현) 2018년 법무법인(유) 지평 변호사(현) (역)'벌거벗은 나라들 : 세계화가 남긴 것(共)'(1996, 한송) '허위자백과 오판'(2014, 후마니타스)

조우석(趙祐奭) Cho Woo-Seok

(생)1964·4·13 (주)경상남도 진주시 소호로 101 한국세라믹기술원(055-792-2630) (학)1983년 충남고졸 1988년 한양대 무기재료공학과졸 1990년 同대학원 무기재료공학과졸 1995년 공학박사(일본 도쿄대) (경)1995~1999년 일본 과학기술진흥사업단 창조과학기술추진사업 연구원 1999~2000년 미국 조지아공대 Research Scientist 2007년 한국세라믹기술원 도자세라믹센터장 2000~2007년 삼성코닝 DIM사업부 기술총괄그룹장 2010~2011년 미국 알프레드대 객원연구원 2010년 경상대 신소재공학부 겸임교수(현) 2012년 삼성코닝어드밴스드글라스 기술자문(현), 대한민국 명장 심사위원, 여주·이천도자기 명장 심사위원, 중앙관세분석소 도자기부문 자문위원 2018년 한국세라믹기술원 선임본부장(현) 2018년 同융합기술사업단장(현)

조우성(曺祐誠) JO WOO-SUNG

(생)1969·7·26 (본)창녕(昌寧) (출)경남 밀양 (주)서울특별시 강남구 테헤란로 420 HLMC빌딩 4층 기업분쟁연구소(02-568-2420) (학)1987년 경남 밀양고졸 1991년 서울대 법과대학졸 1994년 同대학원 법학과졸 (경)1991년 사법시험 합격(33회) 1994년 사법연수원 수료(23기) 1994년 軍법무관 1997~2013년 법무법인 태평양 변호사 2000~2003년 서울지법 분쟁조정위원 2000~2003년 (주)로엔비 마케팅이사 2009년 (주)e4B 대표전문가(현) 2011~2013년 언론중재위원회 선거기사심의위원 2013~2016년 법무법인 한중 변호사 2013~2016년 교육부 정책자문위원 2013~2016년 서울지방변호사회 교육위원 2013~2016년 同중소기업자문특별위원회 위원 2013~2016년 대한변호사협회 사내변호사특별위원회 위원 2013~2016년 기업분쟁연구소(CDRI) 소장 2013년 프랜차이즈협회 정책자문위원(현) 2015년 (주)머스트노우 대표이사(현) 2016년 합동법률사무소 기업분쟁연구소 대표변호사(현) 2017년 케이티비스팩2호 사외이사(현) (저)'내 얘기를 들어줄 단 한 사람이 있다면'(2013, 리더스북) '이제는 이기는 인생을 살고 싶다'(2016)

조우연(趙佑衍)

(생)1968·10·20 (출)경북 상주 (주)서울특별시 도봉구 마들로 749 서울북부지방법원(02-910-3114) (학)1987년 광주 석산고졸 1994년 성균관대 법학과졸 1996년 同대학원 법학과 수료 (경)1996년 사법시험 합격(38회) 1999년 사법연수원 수료(28기) 1999년 창원지법 판사 2003년 수원지법 안산지원 판사 2007년 서울동부지법 판사 2009년 서울중앙지법 판사 2010년 서울고법 판사 2012년 서울동부지법 판사 2014년 춘천지법 부장판사 2016년 의정부지법 부장판사 2018년 서울북부지법 부장판사(현)

조우철(趙祐徹)

(생)1968·8 (주)서울특별시 영등포구 국제금융로6길 17 유리자산운용 임원실(02-2168-7900) (학)경남 진주고졸, 고려대 법학과졸 (경)LG투자증권 근무 2001년 동부증권 근무 2003년 同종합금융팀 차장 2005년 同종합금융팀장(부장) 2006년 同종합금융팀 이사 2008년 同종합금융팀 상무보 2009~2010년 同SF본부장(상무) 2011년 부국증권 기업금융담당 상무 2012~2016년 同종합금융부장(전무) 2018년 케이리츠앤파트너스 대표이사 사장 2019년 유리자산운용 대표이사 사장(현)

조우현(趙祐鉉) CHO Woo Hyun

(생)1955·4·17 (출)전남 순천 (주)서울특별시 강남구 테헤란로87길 36 도심공항타워 14층 법무법인(유) 로고스(02-2188-2801) (학)1974년 순천고졸 1980년 서울대 법학과졸 (경)1981년 사법고시 합격(23회) 1983년 사법연수원 수료(13기) 1983~1995년 마산지검·광주지검 목포지청·서울지검 의정부지청·부산지검·서울지검 북부지청·대구지검·대구고검 검사 1996년 서울지검 공판부 부부장 1997년 광주지검 순천지청 부장 1998년 창원지검 형사2부장 1999년 서울지검 의정부지청 형사3부장 2000년 同의정부지청 형사1부장 2001년 同북부지청 형사1부장 2003년 광주지검 목포지청장 2004년 서울고검 검사 2005년 대전고검 검사 2005년 공정거래위원회 위원장 법률자문관 겸 송무기획단장 파견 2006년 서울중앙지검 부장검사 2007년 서울고검 검사 2007년 법무법인(유) 로고스 변호사 2013년 同대표변호사(현)

조욱래(趙旭來) CHO Wuk Rai

(생)1949·3·16 (본)함안(咸安) (출)경남 함안 (주)서울특별시 중구 세종대로 58 16층 DSDL(주)(02-778-9938) (학)1967년 경기고졸 1972년 미국 이스턴미시간대 경영학과졸 1974년 미국 컬럼비아대 대학원졸 (경)1974년 대전피혁 이사 1976년 同부사장 1976~1979년 (주)동성 사장 1978~1992년 대전피혁 사장 1978년 동성종합건설 사장 1979~1988년 효성알미늄 사장 1979~1982년 효성금속 사장 1980~1983년 효성기계 사장 1982년 대성 사장 1983년 효성기계공업 회장 1985~1997년 駐韓수리남 명예영사 1992년 대전피혁 회장 1992년 대성 회장 1992년 DSDL(주) 회장(현) (상)은탑산업훈장 (종)불교

조욱성(曺旭城) CHO WOOK SUNG

(생)1957·8·15 (출)서울 (주)경상남도 거제시 마전1길 91 거제대학교 총장실(055-680-1501) (학)1975년 서라벌고졸 1980년 울산대 조선공학과졸 2005년 한국과학기술원(KAIST) 경영대학원졸(석사) (경)1982년 대우조선 입사, 同인사총무담당, 同전략기획실장 2006년 JR건설(舊 진로건설) 대표이사 2007년 대우정보시스템(주) 전무 2008년 同지원총괄 부사장 2009년 同사업총괄 대표이사 2012~2013년 포스텍 대표이사 2014년 STX조선해양 부사장 2015년 대우조선해양(주) 관리본부장(부사장) 2017~2018년 同조선소 관리본부장(부사장) 2019년 거제대 총장(현)

조욱형(趙旭衡) JO Ouk Hyong

(생)1967·2·28 (출)경남 통영 (주)대전광역시 서구 청사로189 정부대전청사관리소(042-481-4114) (학)1985년 통영고졸 1989년 한양대 행정학과졸 1991년 서울대 대학원 정책학과졸 (경)1988년 행정고시 합격(32회) 1997년 내무부 지방세심사과 서기관 1998년 행정자치부 지방재정세제국 지방세심사과 서기관 1998~2000년 미국 시라큐스대 연수 2000~2001년 부산아시아경기대회조직위원회 파견(서기관) 2001년 행정자치부 사업2부장 2004년 국가전문행정연수원 교육1과장 2005~2006년 지방혁신인력개발원 인력개발1팀장 2006년 행정자치부 법무행정팀장 2007년 미국 노스캐롤라이나 주정부 파견(부이사관) 2009년 행정안전부 자치행정과장 2010년 한국지역정보개발원 기획조정실장 파견(고위공무원) 2010년 국가기록원 기록정책부장 2010년 대전시 기획관리실장 2013년 안전행정부 창조정부전략실 전략기획관 2014년 중앙공무원교육원 고위정책과정훈련 파견 2015년 행정자치부 대변인 2015년 同개인정보보호위원회 사무국장 2016~2017년 서울시 재무국장 2018년 행정안전부 정부대전청사관리소장(고위공무원)(현)

조운근(曺沄根)

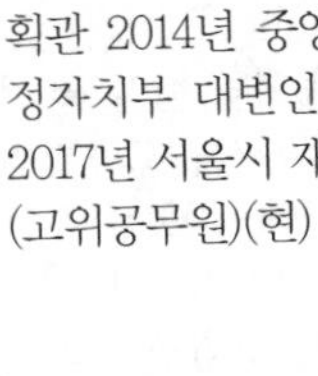

(생)1964·6·20 (출)전남 광주 (주)서울특별시 영등포구 여의대로 38 금융감독원 인사기획팀(02-3145-5475) (학)1983년 금호고졸 1991년 전남대 경영학과졸 2005년 성균관대 경영전문대학원졸(MBA) (경)1991년 보험감독원 입사 2010년 금융감독원 손해보험서비스국 상시감시팀장 2011년

同손해보험검사국 검사기획팀장 2012년 同복합금융감독국 부국장 2013년 광주광역시청 파견 2014년 금융감독원 인재개발원 실장 2015년 同보험상품감독국장 2016년 同북경사무소장 2018년 同광주전남지원장 2019년 숭실대 파견(국장급)(현)

조운조(趙運朝) CHO Un Jo (素庵)

(생)1945·1·20 (본)평양(平壤) (출)서울 (주)서울특별시 서대문구 이화여대길 52 이화여자대학교 음악대학 한국음악과(02-3277-2449) (학)1964년 국립국악고졸 1974년 서울대 국악과졸 1976년 同대학원졸 2005년 공연예술학박사(성균관대) (경)1964~1979년 문화공보부 국립국악원 연주원·연주단악장 1979년 이화여대 한국음악과 전임강사·조교수·부교수·교수·명예교수(현) 1980~2013년 한국정악원 이사·부이사장·이사장·명예이사장 1982년 한국국악학회 이사 1983년 한국동서음악회 이사·부회장·회장 1988년 중요무형문화재 제1호 종묘제례악 전수조교(현) 1991년 미국 캘리포니아주립대 객원교수 1994년 국악인물흉상건립위원회 위원장(현) 2005년 전국예술대학교수연합 공동대표(현) 2008~2012년 문화미래포럼 공동대표 2008년 한국문화예술위원회 위원 2017~2018년 (사)황학정 사두(대표이사) 2019년 同고문(현) (상)문화공보부장관표창(1976·2004), KBS 국악대상(1986), 녹조근정훈장(2009) (저)'대학' '국악과 교육' 등

조운행(趙雲行)

(생)1961·4·10 (주)광주광역시 동구 금남로 182 우리종합금융(주)(02-2000-6600) (학)1979년 홍성고졸 1987년 경희대 경영학과졸 (경)1987년 상업은행 입행 2005년 우리은행 여신정책팀 수석산업분석역 2005년 同대화역지점장 2006년 同검사실 수석검사역 2007년 同압구정동지점장 2010년 同전략기획부장 2011년 同여의도지점장 2013년 同경기북부영업본부장 2015년 同업무지원단장 2017년 同기관그룹장(집행부행장) 2018년 同영업지원부문장 겸 HR그룹 집행부행장 2019년 우리종합금융(주) 대표이사 사장(현)

조운호(趙雲浩) JO Un Ho (雲耕)

(생)1962·3·23 (본)함안(咸安) (출)전남 해남 (주)경기도 용인시 기흥구 동백죽전대로 291 하이트진로음료(031-8006-7100) (학)1981년 부산상고졸 1988년 경성대 회계학과졸 2006년 연세대 경영대학원 마케팅과졸 (경)1981년 제일은행 입사 1990년 웅진그룹 입사 1995년 웅진식품 기획실장 1998년 同영업부장 1999~2005년 同대표이사 사장 2002년 세계경제포럼(WEF) '아시아의 미래를 짊어질 차세대 한국인 리더'에 선정 2003년 한국식품저장유통학회 부회장 2003년 전국경제인연합회 국제경영원 이사 2005~2006년 웅진식품 부회장 2006~2008년 (주)세라젬 부회장, 한국능률협회 마케팅위원회 부위원장, 아시아과학인재포럼 이사, 한·중경영인협회 부회장 2009~2016년 (주)얼쑤 대표이사 사장 2017년 하이트진로음료(주) 대표이사(현) (상)한국기업경영학회 한국기업경영대상(2001), 한국인재경영대상 최고경영자상(2004), 국무총리표창(2005), 한국을 빛낸 CEO상(2005), 한국윤리경영대상 인재양성부문 대상(2005) (저)경영에세이 '아무도 하지 않는다면 내가 한다'(2004)

조웅기(曺雄基) Cho ung ki

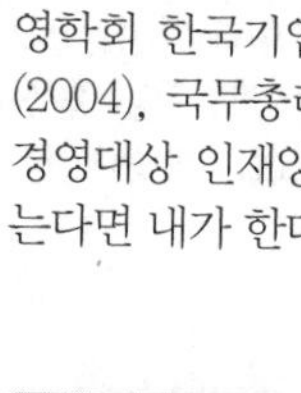

(생)1964·2·12 (출)부산 (주)서울특별시 중구 을지로5길 26 미래에셋빌딩 동관 16층 미래에셋대우 임원실(02-3774-1700) (학)1982년 부산기계공고졸 1991년 연세대 경영학과졸 2005년 서강대 경영대학원 최고경영자과정 수료 2012년 서울대 경영대학원 최고경영자과정 수료 (경)보람은행·하나은행· 미래에셋자산운용 근무 2001년 미래에셋증권(주) 금융상품영업본부 부장 2002년 同CW본부장 2005년 同IB본부장 2006년 同법인CM사업부 대표 2009년 同리테일사업부 사장 2011년 同대표이사 사장 2013년 同홀세일·기업RM·트레이딩부문 각자대표이사 사장 2016년 同대표이사 사장 2017년 미래에셋대우 대표이사 사장 2018년 同대표이사 부회장(현)

조웅래(趙雄來) CHO WUNG RAE

(생)1959·11·29 (출)경남 함안 (주)대전광역시 서구 계룡로 314 3층 (주)맥키스컴퍼니(042-537-9500) (학)1978년 마산고졸 1985년 경북대 전자공학과졸 (경)1984년 삼성전자·LG전자 근무 1995년 (주)5425(휴대폰벨소리·컬러링 서비스업체) 대표이사 1999년 조웅장학재단 설립 2004년 (주)선양 회장 2011~2019년 대전시육상경기연맹 회장 2012년 산림청 정책자문위원 2013년 (주)맥키스컴퍼니 회장(현) 2013년 기획재정부 예산낭비신고센터 민간전문위원 2017년 대전시통합체육단체장협의회 제1대 의장 2017년 대전시육상연맹 통합 제1대 회장 2018년 '2019 대전방문의 해' 홍보대사 (상)대전시 시민대상화합장(2009), 문화체육관광부 국민생활체육진흥표창(2010), 대전시 자랑스러운대전인상(2010), 한국국제회계학회 경영대상(2011), 함안군민상(2012), 문화체육관광부장관표창(2013), 한국전통시장학회 창조경제대상(2013), 한국재능기부협회 창조경제인대상(2014), 대한경영학회 최고경영자대상(2017) (저)'첫술에 행복하라'(2014)

조 원(趙 源) CHO Won

(생)1963·1·31 (본)영춘(永春) (출)서울 (주)서울특별시 중구 세종대로 92 한화금융센터 17층 한화종합화학(주)(02-6321-3215) (학)환일고졸, 연세대 화학공학과졸 (경)한화석유화학(주) PVC S/T영업팀장(상무보) 2009년 한화케미칼(주) PVC S/T영업팀장(상무보) 2012년 同업무지원실장 2013년 同PVC 영업담당 상무보 2013년 同PVC영업담당 상무 2014년 同중국닝보법인장 2017년 同기획부문장 2018년 同PO사업부장(전무) 2018년 한화종합화학(주) PTA영업담당 전무(현)

조원경(曺媛卿·女)

(생)1976·3·10 (출)서울 (주)서울특별시 서초구 서초대로 219 대법원(02-3480-1100) (학)1995년 한영외국어고졸 1999년 서울대 사법학과졸 (경)1999년 사법시험 합격(41회) 2002년 사법연수원 수료(수석졸업·31기) 2002년 서울지법 판사 2004년 서울동부지법 판사 2006년 대전지법 판사 2009년 수원지법 판사 2011년 서울중앙지방법원 공보판사 2013년 서울서부지법 판사 2013년 법원행정처 기획조정심의관 겸임 2015년 서울동부지법 판사 2016년 휴직 2017년 부산지법 서부지원 부장판사 2018년 대법원 재판연구관(현)

조원동(趙源東) CHO, WON-DONG

(생)1956·8·12 (본)양주(楊州) (출)충남 논산 (학)1975년 경기고졸 1980년 서울대 경제학과졸, 영국 옥스퍼드대 대학원졸, 경제학박사(영국 옥스퍼드대) (경)1979년 행정고시 합격(23회) 1998년 재정경제원 조사홍보과장 1998년 대통령 경제수석실 행정관(서기관) 1999년 재정경제부 정책기획관 2001~2004년 국제통화기금(IMF) 자문관 겸임 2004년 재정경제부 경제홍보기획단장 2005년 同정책기획관 2005년 同경제정책국장 2005년 연합인포맥스 자문위원 2007년 재정경제부 차관보 2007년 제17대 대통령직인수위원회 기획조정분과위원회 전문위원 2008년 국무총리실 국정운영실장 2009~2010년 同사무차장(차관급) 2009~2010년 同세종시기획단장 겸임 2011년 한국개발연구원 국제정책대학원 초빙교수 2011~2013년 한국조세연구원 원장 2013~2014년 대통령 경제수석비서관 2014~2017년 중앙대 경영학부 석좌교수

조원영(趙元英) CHO Won Young

(생)1949·10·17 (본)임천(林川) (출)서울 (주)서울특별시 성북구 화랑로13길 60 학교법인 동덕여학단(02-940-4022) (학)1968년 경복고졸 1974년 연세대 경영학과졸 1979년 미국 뉴욕대 대학원졸 1989년 경남대 대학원졸 1990년 명예 경영학박사(미국 퍼시픽주립대) (경)1980~1995년 동덕여대 강사·전임강사·조교수·부교수 1981년 同기획실장 1988~1996년 同부총장 1991년 민주평통 자문위원 1991년 춘강장학회 이사 1994년 춘강기념사업회 운영위원장 1995~2003년 동덕여대 경영학과 교수 1996~2003년 同총장 2002년 한국대학총장협회 사무총장 2015년 학교법인 동덕여학단(동덕여대) 이사장(현)

조원진(趙源震) CHO Won Jin (해암)

(생)1959·1·7 (출)대구 (주)서울특별시 영등포구 의사당대로 1 국회 의원회관1018호(02-784-4165) (학)1978년 서울 인창고졸 1988년 한국외국어대 정치외교학과졸 1995년 중국 베이징대 국제정치대학원 수료(1년) 1999년 영남대 행정대학원졸(행정학석사) (경)1996년 제15대 황병태 국회의원 보좌관 2004~2008년 駐중국한국인회 부회장 2006~2008년 세계해외한인무역협회(OKTA) 북경지회장 및 상임이사 2008년 제18대 국회의원(대구시 달서구丙, 친박연대·한나라당·새누리당) 2010~2011년 한나라당 원내부대표 2010년 同정책조정위원회 부위원장 2010년 同조직강화특위 위원 2010년 同지방선거공천심사위원회 위원 2010년 국회 운영위원회 위원 2010년 국회 국토해양위원회 위원 2012년 제19대 국회의원(대구시 달서구丙, 새누리당) 2012~2013년 새누리당 전략기획본부장 2012년 同제18대 대통령중앙선거대책위원회 불법선거감시단장 2012년 한중정치경제포럼 대표의원 2013~2014년 국회 정보위원회 간사 2013년 박근혜 대통령 당선인 중국 특사 2013년 한·중정상회담 박근혜 대통령 특별수행 2013년 국회 정무위원회 위원 2013년 새누리당 제2정책조정위원장 2013년 同외교역량강화특별위원회 위원 2014~2015년 국회 안전행정위원회 여당 간사 2014~2015년 새누리당 정책위원회 제1정책조정위원장 2014년 同재외국민위원회 중국위원장 2015년 국회 공무원연금개혁특별위원회 국민대타협기구 공동위원장 2015년 새누리당 정책위원회 부의장 2015년 同정책위원회 안전행정정책조정위원회 위원장 2015년 同대구시당 위원장 2015~2016년 同원내수석부대표 2015년 국회 운영위원회 여당 간사 2015년 국회 안전행정위원회 위원 2016년 제20대 국회의원(대구시 달서구丙, 새누리당·자유한국당〈2017.2〉·새누리당〈2017.4〉·대한애국당〈2017.7〉·우리공화당〈2019.6〉)(현) 2016년 국회 환경노동위원회 위원 2016년 새누리당 최고위원 2016년 국회 예산결산특별위원회 위원 2017년 새누리당 제19대 대통령 후보 2017년 국회 미래창조과학방송통신위원회 위원 2017년 대한애국당 공동대표 2017~2018년 국회 과학기술정보방송통신위원회 위원 2018년 국회 행정안전위원회 위원(현) 2019년 우리공화당 공동대표(현) (상)선플운동본부 '국회의원 아름다운 말 선플상'(2014), 유권자시민행동 대한민국유권자대상(2015), 대한민국 의정대상(2016) (저)'21세기 정치지도자의 리더십' '열정으로 다시 쓰는 내 사랑 대구'(2014) (종)기독교

조원철(曺源徹) CHO Won Cheol

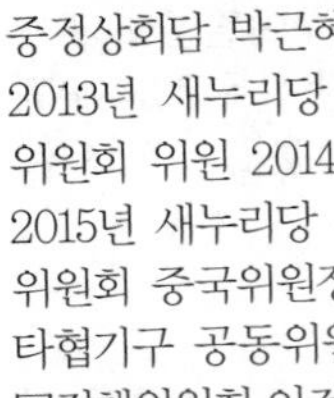

(생)1962·4·10 (출)서울 (주)서울특별시 서초구 서초중앙로 125 로이어즈타워 703호 조원철법률사무소(02-523-8400) (학)1980년 관악고졸 1985년 서울대 공법학과졸 (경)1986년 사법시험 합격(28회) 1989년 사법연수원 수료(18기) 1989년 대구지법 판사 1993년 同경주지원 판사 1994년 수원지법 성남지원 판사 1997년 서울지법 판사 1999년 同남부지원 판사 2001년 서울고법 판사 2002년 대법원 재판연구관 2004년 창원지법 부장판사 2006년 수원지법 부장판사 2008년 서울중앙지법 부장판사 2011년 서울서부지법 수석부장판사 2012~2015년 의정부지법 고양지원장 2015년 변호사 개업(현)

조원태(趙源泰) CHO Won Tae

(생)1975·12·25 (본)양주(楊州) (주)서울특별시 중구 남대문로 63 한진빌딩 (주)한진칼 임원실(02-726-6166) (학)2006년 미국 서던캘리포니아대 경영대학원졸(MBA) (경)2003년 한진정보통신 영업기획담당(차장) 2004년 (주)대한항공 경영전략본부 경영기획팀 부팀장 2006년 同자재부 총괄팀장(부장) 2007년 同자재부 총괄팀장(상무보) 2007~2017년 유니컨버스(주) 대표이사 2007~2017년 유니컨버스투자 이사 2008년 (주)대한항공 자재부 총괄팀장(상무B) 2008년 (주)한진 이사 2008년 (주)한진드림익스프레스 등기이사 2009년 (주)대한항공 여객사업본부장(상무A) 2009년 (주)진에어 등기이사 2009년 제동레저 이사 2010년 (주)대한항공 여객사업본부장(전무) 2011년 同경영전략본부장(전무) 2012년 同등기이사 2013년 同경영전략본부장(부사장) 2013년 同그룹경영지원실 부실장 2013년 同화물사업본부장 2014~2016년 同여객·화물·영업 및 기획부문 총괄부사장 2014~2015년 同그룹경영지원실장 겸임 2014~2017년 (주)한진칼 대표이사 2015~2016년 한진해운신항만 이사 2016~2017년 한진정보통신(주) 대표이사 2016~2017년 한국공항(주) 대표이사 2016년 (주)대한항공 대표이사 총괄부사장 2016~2017년 (주)진에어 대표이사 2016~2019년 정석기업 이사 2017~2019년 (주)대한항공 대표이사 사장 2017년 프로배구 대한항공 점보스 구단주(현) 2017년 한국배구연맹(KOVO) 총재(현) 2017년 대한상공회의소 관광산업위원회 위원장(현) 2019년 한진그룹 회장(현) 2019년 (주)한진칼 대표이사 회장(현) 2019년 (주)대한항공 대표이사 사장(현) 2019년 국제항공운송협회(IATA) 서울 연차총회 의장 2019년 同집행위원회 위원(현) (종)불교

조원현(趙元顯) Won-Hyun Cho

(생)1952·2·1 (본)함안(咸安) (출)경북 청도 (주)서울특별시 서대문구 충정로 36 (재)한국장기조직기증원(02-3447-5632) (학)1969년 경북고졸 1975년 경북대 의대졸 1988년 의학박사(경북대) (경)1976년 동산기독병원 외과 레지던트 1977년 울릉군립병원 외과 과장 1982년 국방부 의무실장 1994~2017년 계명대 의대 외과학교실 교수 1999~2006년 대한혈관외과학회 상임이사 2000~2002년 국립장기이식관리기관 운영위원·3권역 대표 2000~2008년 대한이식학회 상임이사 2002년 계명대 동산병원 이식·혈관외과 분과장 2003년 同의대 외과학교실 주임교수 2003~2005년 同동산병원 외과장 2005~2007년 同동산병원장 2005~2007년 대한정맥학회 이사장 2007년 보건복지가족부 장기구득시범사업센터장 2009~2016년 (사)생명잇기 초대이사장 2009~2011년 대한이식학회 이사장 2010년 대한혈관외과학회 회장 2012~2015년 한국장기기증네트워크 이사장 2013년 세계이식인경기연맹(World Transplant Games Federation) 이사(현) 2014~2016년 보건복지부 장기이식윤리위원회 위원장 2015~2016년 대한이식학회 회장 2017년 (재)한국장기조직기증원 원장(현) (상)국방부장관표창(1982), 대한외과학회 학술상(1999), 대한적십자사 적십자박애장 은장(2009), 대구시의사회 봉사상(2010), 보건복지부장관표창(2011) (저)'신장이식'(2000, 군자출판사) '전인의학'(2003, 계명대 출판부) '외과학'(2011) '생명잇기 : 장기기증의 이해'(2011, 보건복지부) (역)'장기이식의 세계'(1995, 계명대 출판부) '하나의 죽음 여섯의 삶'(1997) '죽음 앞에서 만나는 새로운 삶'(2006, 계명대 출판부) '니콜라스 정말 네가 한거야?'(2015) (종)기독교

조원호(曺元鎬) JO Won Ho

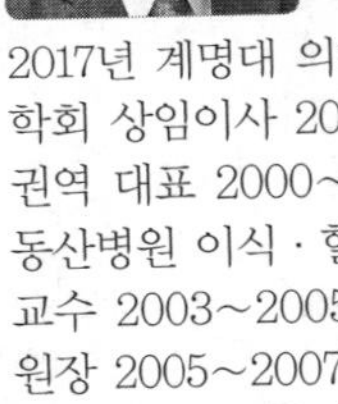

(생)1950·11·5 (본)창녕(昌寧) (출)경남 김해 (주)서울특별시 관악구 관악로 1 서울대학교 공과대학 재료공학부(02-880-7156) (학)1968년 경남고졸 1973년 서울대 섬유공학과졸 1975년 同대학원 섬유공학과졸 1977년 미국 뉴욕 폴리테크닉대(Polytechnic Inst.) 대학원 고분자공학과졸 1979년 공학박사(미국 뉴욕 폴리테크닉대) (경)1980~1990년 서울대 공

과대학 섬유고분자공학과 조교수 · 부교수 1986~1987년 미국 텍사스대 화학공학과 방문연구원 1988~1991년 서울대 기기분석실장 1988~1998년 同신소재공동연구소 고분자연구부장 1990~2016년 同공과대학 재료공학부 교수 1992~1995 · 1997~2000년 同섬유고분자공학과장 1996~1997년 미국 매사추세츠대 고분자공학과 방문교수 1999~2008년 서울대 고차구조형유기산업재료연구센터 소장 2000년 중국 베이징화공대학 객좌교수(현) 2004~2005년 서울대 재료공학부장 2004~2005년 한국접착및계면학회 회장 2004년 한국접착및계면학회 자문위원(현) 2005년 한국고분자학회 회장 2016년 서울대 공과대학 재료공학부 명예교수(현) (상)과학기술 우수논문상(1992), 훌륭한 공대교수상(1998), 상암고분자상(2002) (저)'고분자물성론'(1995) (종)불교

조원호(曺元鎬)

(생)1963 (주)서울특별시 영등포구 여의대로 128 LG디스플레이(주) 모바일제조센터(02-3777-1114) (학)경북대 물리학과졸 (경)2009년 LG디스플레이(주) 패널DE담당 상무 2016년 同어드밴스드패널(Advanced Panel)공장장(전무) 2017년 同pOT공장장(전무) 2018년 同모바일제조센터장(전무)(현)

조원홍(趙源弘) Wonhong Cho

(생)1964 · 11 (주)서울특별시 서초구 헌릉로 12 현대자동차(주) 고객경험본부(02-3464-1114) (학)서울대 경영학과졸, 미국 펜실베이니아대 대학원 경영학과졸 (경)모니터그룹코리아 대표이사, 현대자동차(주) 해외마케팅사업본부장(전무), 同마케팅사업부장(전무) 2014~2017년 同마케팅사업부장(부사장) 2015~2017년 同디자인경영담당 겸임 2017년 同고객경험본부장(부사장)(현)

조원희(趙元熙) Jo, Won Hee

(생)1956 · 2 · 27 (본)풍양(豊壤) (출)경북 상주 (주)서울특별시 성북구 정릉로 77 국민대학교 경상대학 경제학과(02-910-4527) (학)1975년 경북고졸 1980년 서울대 사회과학대학 경제학과졸 1982년 同대학원 경제학과졸 1984년 同대학원 경제학박사과정 수료 1989년 경제학박사(영국 런던대) (경)1982~1984년 서울대 경제학과 조교 1991~1992년 국민경제제도연구원 책임연구원 1992년 국민대 경상대학 경제학과 조교수 · 부교수 · 교수(현) 1993년 한국경제학회(KER) 편집위원 1994년 학술단체협의회 학술위원장 1994~1996년 국민대 경상대학 경제학과장 1996년 참여연대 부설 참여사회연구소 연구위원 1997년 한국사회경제학회 편집위원장 2001~2004년 대안연대회의 사무국장 2003년 한국사회경제학회 운영위원장 2003~2004년 국민대 경제학부장 2004년 투기자본감시센터 운영위원 2006~2010년 대안연대회의 운영위원장 2010~2011년 (사)금융경제연구소 소장 2011년 (사)복지국가소사이어티 정책위원 겸 편집위원장 2017년 국정기획자문위원회 경제2분과위원회 위원 2017년 대통령직속 정책기획위원회 국민성장분과 위원(현) (저)'자유주의비판(共)'(1996) '한국경제의 위기와 개혁과제(編)'(1997) '한국경제, 재생의 길은 있는가(共)'(2001)

조유제(趙有濟) CHO Yoo Je

(생)1958 · 3 · 28 (주)대구광역시 북구 대학로 80 경북대학교 IT대학 전자공학부(053-950-5547) (학)서울대 전자공학과졸, 한국과학기술원(KAIST) 전기전자공학과졸(석사), 전기전자공학박사(한국과학기술원) (경)1989년 경북대 IT대학 전자공학부 교수(현) 1992~1994년 캐나다 토론토대 전기공학과 객원교수 1999년 한국통신학회 이동통신연구회 운영위원 1999년 한국정보과학회 정보통신연구회 협동운영위원 2001년 정보합동학술대회(JCCI) 조정위원 2002~2003년 미국 국립표준기술연구소(NIST) 객원연구원 2004년 한국통신학회 평의원 2005년 경북대 IT대학 전기전자공학부 부학부장 2013~2016년 同정보전산원장 2014년 한국통신학회 부회장 2017년 同회장 2018년 경북대 IT대학장(현)

조유현(曺有賢 · 女) CHO You Hyun

(생)1965 · 10 · 9 (출)서울 (주)서울특별시 동작구 흑석로 84 중앙대학교 경영경제대학 경영학부(02-820-5360) (학)1984년 이화여고졸 1988년 서울대 생활과학대학 소비자학과졸 1992년 미국 코넬대 대학원 소비자경제학과졸 1993년 소비자경제학박사(미국 코넬대) (경)1993~1994년 계명대 · 경희대 · 서울대 강사 1994~2010년 중앙대 생활과학대학 조교수 · 부교수 · 교수 1996~1998년 同도서위원 1997~1999년 同교수협의회 대의원 1997년 소비자시민모임 서울지부 운영위원(현) 1997년 한국가정생활개선진흥회 전문위원 1999~2000년 경제정의실천시민연합 부정부패추방운동본부 정책위원 1999~2001년 중앙대 인간생활환경학과 학과장 1999~2001년 同정보화추진위원 2001~2002년 미국 Univ.of Virginia 방문교수 2002~2003년 중앙대 학생생활연구소 상담위원 2002~2007년 한국소비자학회 상임이사 2003~2005년 한국소비자보호원 정책자문위원 2003년 한국소비자교육지원센터 이사(현) 2003~2011년 중앙대 입시기획위원 2004~2005년 同주거학과 학과장 2005~2007년 同교수협의회 부회장 2007년 한국소비문화학회 이사, 同부회장 겸 편집위원장 2008년 한국소비자업무협회 인천 · 경기지역 부회장 2008~2011년 한국소비자원 정책자문위원 2009~2011년 가정을건강하게하는시민의모임 이사 2009~2011년 한국소비자학회 상임이사 2009~2012년 한국소비자정책교육학회 상임이사 · 부회장 2011~2014년 중앙대 사회과학대학 사회복지학부 교수 2012년 한국소비자학회 부회장 2012년 (사)미래소비자포럼 사무총장 2014년 (사)소비자와함께 정보감시위원회 위원장(현) 2014년 중앙대 경영경제대학 경영학부 교수(현) 2015~2016년 同인권센터장 2018년 한국소비문화학회 회장(현) (상)제18회 소비자의 날 대통령표창(2013), 이화를 빛낸상(2014), 중앙대 20년 근속상(2014) (저)'소비자운동' '21세기를 준비하자'(1998) '생활과학의 이해'(2002) (역)'소비자주의 : 시장을 지키는 파수꾼'(1996)

조유현(趙洧賢)

(생)1970 · 11 · 20 (출)경남 합천 (주)경상북도 경산시 압량면 김유신로 12 경산소방서(053-811-1119) (학)대구 경원고졸, 동국대 경찰행정학과졸 (경)1997년 소방위 임관(소방간부후보 9기) 2004년 경북 경산소방서 소방행정담당(소방경) 2011년 경북 고령소방서 소방행정과장(소방령) 2016년 경북도 소방본부 119특수구조단장(소방정) 2018년 경북 고령소방서장 2019년 경북 경산소방서장(현) (상)국무총리표창(2014)

조윤남 CHO Yun Nam

(생)1968 (출)경기 양주 (주)서울특별시 중구 명동11길 24 6층 대신자산운용(주) 임원실(02-769-3280) (학)1993년 한양대 공학과졸 1995년 한국과학기술원(KAIST) 공학과졸(석사) (경)1995~2000년 삼성엔지니어링 공정팀 근무 2000~2004년 우리투자증권 애널리스트 2004~2007년 신한금융투자증권 퀀트애널리스트 2007~2011년 대신증권(주) 투자전략부장 2011~2014년 同리서치센터장(상무) 2014~2018년 국제공인재무분석사(CFA) 한국협회 회장 2015년 대신증권(주) 리서치센터장(전무) 2016년 대신자산운용 마케팅 · 운용총괄 전무(현) (상)헤럴드경제 증권인대상(2008), 조선일보 최우수 애널리스트(2009), 매일경제 증권인상(2009 · 2012), 매일경제 · 한국경제 · 조선일보 베스트 애널리스트(2009), 한국경제 베스트 애널리스트(2010~2013), 매일경제 베스트 애널리스트(2010 · 2012), 조선일보 베스트 애널리스트(2011 · 2013), 톰슨로이터 · 중앙일보 최우수 리서치센터상(2013), 매경증권대상 증권부문 투자전략 금상(2016)

조윤만(趙允萬) Cho Yun Man

(생)1968 · 12 · 20 (본)한양(漢陽) (출)부산 (주)인천광역시 연수구 해돋이로 130 해양경찰청 외사과(032-835-2668) (학)1987년 부산 내성고졸 1991년 경찰대 법학과졸 2013년 인하대 대학원 공법학 석사과정 수료 (경)2009년 제주지방해양경찰청 서귀포해양경찰서 수사과장 2010~2011년 해양경찰청 정보수사국 광역수사계장 2012~2013년 경찰청 수사기획단 파견 2014년 해양경찰청 정보수사국 정보3계장 2014~2016년 국민안전처 해양경비안전본부 비서실장 2017~2018년 제주지방해양경찰청 기획운영과장 2018년 서귀포해양경찰서장 2019년 해양경찰청 외사과장(현) (상)국토해양부장관표창(2011), 해양경찰청장표창(2013), 대통령표창(2015) (종)무교

조윤삼(曺潤三) CHO Yoon Sam

(생)1958 · 5 · 30 (출)서울 (주)경상북도 포항시 남구 철강로 348 (주)세아L&S 임원실(054-278-8701) (학)1977년 경기고졸 1981년 홍익대 경영학과졸 (경)1984년 세아제강 영업부 입사 1988년 同영업부 대리 1993년 同대리점영업팀 과장 1997년 同재무팀장 2001년 同수출1팀장 2005년 同기획부문 이사보 2008년 同기획부문 이사 2011년 同강관영업담당 상무 2015년 (주)세아L&S 대표이사 전무 2018년 同대표이사 부사장(현) (상)초록우산어린이재단 감사패(2015)

조윤선(趙允旋 · 女) CHO Yoon Sun

(생)1966·7·22 (본)함안(咸安) (출)서울 (학)1984년 세화여고졸 1988년 서울대 외교학과졸 2001년 미국 컬럼비아대 법과대학원졸(LL.M.) (경)1991년 사법시험 합격(33회) 1994년 사법연수원 수료(23기) 1994~2001·2002~2007년 김앤장법률사무소 변호사 2002년 Amster, Rothstein & Ebenstein·Fish & Neave Law Firm 근무 2002년 미국 연방 항소법원 근무 2002년 한나라당 제16대 대통령중앙선거대책위원회 공동대변인 2007~2008년 한국씨티은행 부행장 겸 법무본부장 2008년 제18대 국회의원(비례대표, 한나라당·새누리당) 2008~2010년 한나라당 대변인 2008~2010년 국회 정무위원회 위원 2008년 한·이탈리아의원친선협회 부회장 2010년 국회 문화체육관광방송통신위원회 위원 2010~2011년 한나라당 중앙교육원 부원장 2010년 한국전쟁기념재단 부이사장 2010년 한국국제협력단(KOICA) 대외원조(ODA) 홍보대사 2010년 지속가능성장을위한물관련아시아국회의원회의 의장 2011년 국제교류재단 서울국제음악제 조직위원장 2011년 KBS교향악단 운영위원 2011년 국회 기후변화대응·녹색성장특별위원회 위원 2011년 한국패션문화100년어워즈 친선대사 2012년 새누리당 제19대 총선 중앙선거대책위원회 대변인 2012년 同제18대 대통령중앙선거대책위원회 대변인 2012년 제18대 대통령직인수위원회 대변인 2013~2014년 여성가족부 장관 2014~2015년 대통령 정무수석비서관 2015~2016년 성신여대 법과대학 석좌교수 2016~2017년 문화체육관광부 장관 (상)국정감사 NGO모니터단 우수국감의원(2008), 문화체육관광부 우수교양도서 선정(2008), 서울석세스어워즈2009 정치부문상(2009), 전국지역신문협회 정치부문 의정대상(2010), 스포츠서울미디어 선정 '국회 보좌진이 함께 일하고 싶은 국회의원 1위'(2010·2011), 모델라인 제27회 코리아베스트드레서 정치인부문 선정(2011) (저)'미술관에서 오페라를 만나다'(2007) '문화가 답이다'(2011) (종)불교

조윤성(趙允晟) JO Yoon Sung

(생)1958 · 10 (주)서울특별시 강남구 논현로 508 GS리테일 편의점사업부(02-2006-2105) (학)중앙대부고졸, 고려대 통계학과졸 (경)1985년 럭키금성상사 입사 1993년 同경영심사팀 과장 1993년 同동경지사 재무회계팀장 1999년 LG상사 마트경영기획팀 부장 2003년 LG유통 마트춘천점장(상무) 2004년 同물류부문장 2006년 GS리테일 물류부문장 겸 경영혁신부문장 2007년 同MD본부 MD1본부장 겸 경영혁신부문장 2009년 同경영지원부문장(CFO), 同경영지원본부장(CFO · 전무) 2013~2014년 GS리테일 CVS사업부 영업1부문장(부사장) 2015~2018년 (주)후레쉬서브 대표이사 2015년 GS리테일 CVS영업본부장(부사장) 2016년 同편의점사업부 대표(부사장)(현) 2017년 (사)한국편의점산업협회 회장(현)

조윤신(趙胤新) CHO Yoon Shin

(생)1958 · 3 · 21 (출)충남 보령 (주)경상남도 창원시 성산구 창이대로 681 창원지방법원 총무과(055-239-2009) (학)1976년 경기고졸 1980년 서울대 법대졸 1982년 同대학원 수료 (경)1988년 사법시험 합격(30회) 1991년 사법연수원 수료(20기) 1991년 서울지법 남부지원 판사 1995년 대구지법 판사 1998년 서울지법 판사 2000년 同동부지원 판사 2002년 서울고법 판사 2003년 대법원 재판연구관 2006년 의정부지법 부장판사 2008년 대법원 연구법관 2009년 서울남부지법 부장판사 2011년 서울중앙지법 부장판사 2014년 수원지법 안산지원장 2016년 의정부지법 부장판사 2019년 창원지법 부장판사(현)

조윤영(趙倫英) CHO YUN YEONG

(생)1958 · 11 · 28 (출)충북 충주 (주)서울특별시 강남구 테헤란로87길 46 한무컨벤션(주) 사장실(02-3466-8080) (학)1976년 용산고졸 1980년 서울대 공대 산업공학과졸 1982년 한국과학기술원(KAIST) 경영학과졸(석사) 1991년 산업공학박사(한국과학기술원) (경)1980년 삼성물산 기획실 기획팀 근무 1986년 삼성경제연구소 경영연구실 근무 1991년 삼성회장비서실 근무 1998년 삼성경제연구소 신경영팀장(이사 · 상무) 2002년 삼성 기업구조조정본부 재무팀 상무 2005년 同기업구조조정본부 재무팀 전무 2007년 삼성SDS 전략마케팅실장(전무) 2010~2012년 同모바일커뮤니케이션본부 전무 2013년 한무컨벤션(주) 대표이사 사장(현)

조윤옥(趙允玉 · 女) CHO, YOUN-OK

(생)1957·2·25 (본)한양(漢陽) (출)서울 (주)서울특별시 도봉구 삼양로144길 33 덕성여자대학교 자연과학대학 식품영양학과(02-901-8376) (학)1975년 숙명여고졸 1979년 덕성여대 가정학과졸 1983년 同대학원 식품영양학과졸 1987년 식품영양학박사(미국 오리건주립대) (경)1988년 덕성여대 자연과학대학 식품영양학과 조교수·부교수·교수(현) 1993~1994년 同학생부처장 1997~1999년 同홍보과장 2000~2001년 Nutritional Sciences 편집위원·편집위원장 2001년 덕성여대 교무부처장 2004~2006년 한국여성과학기술단체총연합회 대의원·편집위원 2004년 한국인영양섭취기준제정위원회 수용성비타민분과장 2004년 한국영양학회 총무이사·재무이사·서울시지부장 2008~2011년 덕성여대 특수대학원장 2014년 同기획처장 2015년 한국영양학회 회장 2017~2019년 덕성여대 자연과학대학장 (상)한국과학기술단체총연합회 과학기술우수논문상(2005) (저)'제7차 한국인 영양권장량(共)'(2000, 한국영양사학회) '다이어트와 체형관리(共)'(2004, 교문사) '한국인 영양섭취기준(共)'(2005, 한국영양사회) '영양학용어집'(2006, 한국영양사회) (역)'영양학의 최신정보(共)'(2003, 한국영양사회)

조윤제(趙潤濟) CHO Yoon Je

(생)1952·2·22 (본)함안(咸安) (출)부산 (주)서울특별시 마포구 백범로 35 서강대학교 국제대학원(02-705-8682) (학)1970년 경기고졸 1976년 서울대 경제학과졸 1981년 미국 스탠퍼드대 대학원졸 1984년 경제학박사(미국 스탠퍼드대) (경)1984년 세계은행 경제분석관 1989년 국제통화기금(IMF) 경제분

석관 1990년 미국 조지타운대 겸임교수 1992년 세계은행 선임경제분석관 1993년 한국조세연구원 선임연구위원·부원장 1995년 부총리 겸 재정경제원 장관자문관 1997~2003·2008~2017년 서강대 국제대학원 교수 1998~2003년 세계은행 자문교수 1999년 효성 사외이사 1999년 국제금융센터 운영위원 1999년 대통령자문 국민경제자문회의 민간위원 2000년 금융발전심의회 위원 2001년 한국금융학회 부회장 2003년 대통령 경제보좌관 2005~2008년 駐영국 대사 2009년 세계경제연구원 고문 2009년 서강대 국제대학원장 2012년 한영미래포럼 의장 2013년 대통령자문 국민경제자문회의 거시금융분과 민간위원 2016년 문재인 전 대표 싱크탱크 '정책공간 국민성장' 소장 2017년 문재인 대통령 유럽연합(EU)·독일 특사 2017년 서강대 국제대학원 명예교수(현) 2017~2019년 駐미국 대사 [상]매경이코노미스트상(1995), 황조근정훈장(2012), 미국 국제문제협회 특별외교상(2018) [저]'Lessons from Financial Liberalization in Asia-A Comparative Study' '한국의 권력구조와 경제정책'(2009) '제자리로 돌아가라'(2015) '위기는 다시 온다'(2016) '한국의 소득분배'(2016)

조윤제(趙潤濟) Cho Yunje

[생]1964·1·14 [출]대구 [주]경상북도 포항시 남구 청암로 77 포항공과대학교 생명과학과(054-279-2288) [학]1986년 서울대 식품공학과졸 1989년 미국 아이오와주립대 대학원 생화학과졸 1994년 생물학박사(미국 코넬대) [경]1993~1995년 미국 Memorial Sloan-Kettering Cancer Center 연구원 1995~2000년 한국과학기술연구원(KIST) 구조생물학센터 선임연구원 2001년 포항공과대 생명과학과 부교수·교수(현) 2001~2016년 구조생물학연구단 이사 2001~2010년 창의유전자손상신호전달사업단 이사 2007~2009년 (사)한국분자세포생물학회 편집위원 2008~2016년 (사)한국방사광이용자협회 이사 2009~2013년 HFSP(Human Frontier Science Program) 심의위원 2010년 (사)한국분자세포생물학회 Ethnic Affairs 2012년 대한민국한림원 프런티어과학자(현) 2012~2017년 (사)한국구조생물학회 부회장 2013년 삼성미래육성재단 검토 및 선정위원 2014~2016년 학술지 'Molecules and Cells' 부편집장 2014년 포스코청암재단 청암펠로우십 선정위원(현) 2014년 HFSP(Human Frontier Science Program) 위원(현) 2015~2016년 (사)한국세포주기학회 회장 2015~2016년 (사)한국분자세포생물학회 편집위원 2015~2016년 (사)한국방사광이용자협회 부회장 2017년 한국과학기술한림원 정회원(이학부)(현) 2017~2019년 (사)한국구조생물학회 회장 2019년 同감사 겸 법인이사(현) [상]영국부 Queen Elizabeth II Award(1999), 대통령표창(1999), 포스텍 스타과학자(2011), 포스코청암상 과학상(2016)

조윤희(趙允熙) JHO Yoon Hee

[생]1968·6·5 [출]전남 해남 [주]서울특별시 강남구 테헤란로 518 섬유센터 12층 법무법인 율촌(02-528-5680) [학]1986년 광주 광덕고졸 1993년 서울대 법과대학 사법학과졸 [경]1993년 사법시험 합격(35회) 1996년 사법연수원 수료(25기) 1996년 전주지법 판사 1999년 同군산지원 판사 2000년 서울지법 의정부지원 판사 2003년 서울행정법원 판사 2007년 서울고법 판사 2009년 대법원 재판연구관 2015~2016년 서울중앙지법 부장판사 2016년 법무법인 율촌 변호사(현)

조은래(趙垠來)

[생]1973·9·3 [출]경남 사천 [주]서울특별시 서초구 서초중앙로 157 서울고등법원(02-530-1114) [학]1992년 창원고졸 1998년 고려대 법학과졸 [경]1998년 사법시험 합격(40회) 2001년 사법연수원 수료(30기) 2001년 軍법무관 2004년 인천지법 판사 2006년 서울중앙지법 판사 2008년 춘천지법 속초지원 판사 2012년 인천지법 부천지원 판사 2014년 대법원 재판연구관 2016년 창원지법 진주지원 부장판사 2018년 서울고법 판사(현)

조은석(趙垠奭) CHO Eun Suk

[생]1965·5·21 [출]전남 장성 [주]서울특별시 서초구 서초대로 219 대법원 양형위원회(02-3480-1100) [학]1984년 광주 광덕고졸 1988년 고려대 법학과졸 [경]1987년 사법시험 합격(29회) 1990년 사법연수원 수료(19기) 1990년 軍법무관 1993년 수원지검 성남지청 검사 1995년 부산지검 울산지청 검사 1997년 서울지검 검사 1999년 同의정부지청 검사 2002년 同의정부지청 부부장검사 2002년 수원지검 부부장검사 2003년 서울지검 부부장검사 2004년 대검찰청 공판송무과장 2005년 울산지검 형사1부장 2006년 대검찰청 범죄정보2담당관 2007년 同범죄정보1담당관 2008년 서울중앙지검 형사3부장 2009년 대검찰청 대변인 2010년 서울북부지검 차장검사 2011년 광주지검 순천지청장 2012년 법무연수원 연구위원 2013년 서울고검 형사부장 2013년 대검찰청 형사부장(검사장급) 2015년 청주지검장 2015년 사법연수원 부원장(검사장급) 2017년 서울고검장(고등검사장급) 2018년 법무연수원장(고등검사장급) 2019년 대법원 양형위원회 위원(현)

조은수(趙殷秀)

[생]1965 [출]서울 [주]인천광역시 부평구 길주로 511 부평경찰서(032-363-1321) [학]1985년 경찰대졸(1기) [경]1985년 경위 임용 2003년 인천지방경찰청 경무기획계장 2004년 인천 서부경찰서 형사과장 2009년 인천지방경찰청 광역수사대장 2010년 同수사과 수사2계장 2011년 총경 승진 2014년 인천지방경찰청 제2부 수사과장 2015년 인천중부경찰서장 2016년 인천지방경찰청 형사과장 2016년 인천서부경찰서장 2017년 인천지방경찰청 생활안전과장 2019년 인천 부평경찰서장(현)

조은아(曺檒兒·女)

[생]1976·11·15 [출]경남 의령 [주]충청북도 청주시 서원구 산남로62번길 51 청주지방법원(043-249-7114) [학]1995년 마산 성지여고졸 1999년 서강대 법학과졸 [경]2000년 사법시험 합격(42회) 2003년 사법연수원 수료(32기) 2003년 전주지법 예비판사 2005년 同판사 2006년 수원지법 안산지원 판사 2009년 서울중앙지법 판사 2012년 서울서부지법 판사 2015년 서울중앙지법 판사 2018년 청주지법 부장판사(현)

조은정(趙恩姘·女) Cho,Eunjung

[생]1962·6·6 [출]서울 [주]충청남도 천안시 동남구 병천면 충절로 1687 관세국경관리연수원(041-410-8550) [학]1980년 송곡여고졸 1984년 서울대 가정관리학과졸 1986년 同대학원 가정관리학과졸 1994년 소비자학박사(서울대) [경]1995년 삼성소비자문화원 고객만족연구실 과장 1997년 삼성전자(주) 고객지원사업부 근무, 同글로벌마케팅연구소장 2010년 同글로벌마케팅실 MDC·역량개발교육 CMI·PLM 리더(상무) 2014년 同글로벌B2B센터 상무 2017~2019년 HP프린팅(주) 자문역(상무) 2017~2019년 제주올레·오레스트 자문 겸 여성신문 부사장(재능기부) 2019년 관세청 관세국경관리연수원장(고위공무원)(현)

조은희(趙恩禧·女) Cho, Eun-hee

[생]1961·5·20 [본]함안(咸安) [출]경북 청송 [주]서울특별시 서초구 남부순환로 2584 서초구청(02-2155-6033) [학]1980년 경북여고졸 1984년 이화여대 영문학과졸 1987년 서울대 대학원 국문학과졸 2004년 행정학박사(단국대) 2006년 미국 아메리카대 선거캠페인최고전문가과정 수료 [경]1988~1995년 영남일보 편집국 취재기자 1995~1998년 경향신문 편집국 취재기자 1998~1999년 대통령 행사기획비서관 1999년 대통령 문화관광비서관 2002~2006년 주간 여성신문 '우먼타임스' 편집국장 겸 편집위원장 2003~2004년 (주)조&커뮤니케이션 CEO 2005~2006년

미국 조지타운대 객원연구원 2006~2007년 한양대 행정대학원 겸임교수 2007~2008년 同언론정보대학원 겸임교수 2007~2009년 연구공간 여성과정책 대표 2007~2009년 (사)양성평등실현연합 공동대표 2007년 한나라당 선거대책위원회 양성평등본부 수석부본부장 겸 홍보분과위원장 2007~2008년 제17대 대통령직인수위원회 사회문화교육분과위원회 전문위원 2008~2010년 서울시 여성가족정책관(1급) 2010~2011년 同정무부시장(차관급) 2011~2012년 (사)한국정책분석평가학회 부회장 2013~2014년 세종대 행정학과 초빙교수 2014~2018년 서울시 서초구청장(새누리당·자유한국당) 2017년 자유한국당 서울서초구乙당원협의회 운영위원장 2018년 서울시 서초구청장(자유한국당)(현) (상)특종상, 우수제작상, 황조근정훈장(2012), 범시민사회단체연합 좋은자치단체장상(2014), 유권자시민행동 대한민국유권자대상 기초자치단체장부문(2015·2016), 대한민국 신창조인대상, 매니페스토 공약이행부문 최우수상(2015), 한국지방자치경영대상 복지보건부문 대상(2015), 2015 자치구행정우수사례발표회 우수상(2015), 대한민국 지방자치발전대상(2015), 대통령표창(2015), 제12회 의정·행정대상 기초자치단체장부문 행정대상(2015), 제2회 한국경제를 빛낸 인물 고객만족경영부문·부동산경영혁신부문(2016), 대한민국나눔봉사대상 지역나눔부문 대상(2017), 한부모가정사랑상 자치단체장상(2017), 그린애플 어워즈(The Green Apple Awards)(2017), 한국반부패정책학회 '대한민국 반부패 청렴대상'(2017), 한국언론인연합회 자랑스런 한국인 대상(2017), 서울시사회복지사협회 복지구청장상(2018) (저)'한국의 퍼스트레이디'(2007) (종)기독교

조은희(趙恩嬉·女)

(생)1969·12·15 (주)세종특별자치시 도움6로 11 환경부 환경보건정책관실 화학물질정책과(044-201-6770) (학)서울대 대학원 환경계획학과졸 (경)2000년 환경부 산업폐수과 사무관 2001년 同화학물질과 사무관 2004년 同혁신인사기획관실 사무관 2005년 同혁신인사기획관실 서기관, 同재정기획관실 서기관 2007년 同환경보건정책과장 2007년 국무조정실 환경정책팀장 2008년 지속가능발전위원회 파견 2009년 국외 훈련 2012년 환경부 온실가스종합정보센터 정보관리팀장 2012년 同환경보건정책관실 화학물질과장 2014년 駐유엔 1등서기관 2018년 환경부 자연보전정책관실 국토환경정책과장(부이사관) 2018년 同환경보건정책관실 화학물질정책과장(현)

조응준(趙應準) JO Eung Joon

(생)1954·2·18 (본)한양(漢陽) (출)서울 (주)경기도 수원시 영통구 광교로 145 차세대융합기술원 A동 11층 아스타 비서실(031-888-9596) (학)1972년 경기고졸 1979년 서울대 화학공학과졸 1982년 미국 휴스턴대 대학원졸 1984년 화학공학박사(미국 휴스턴대) 1985년 미국 휴스턴대 경영대학원졸(MBA) 1985년 경영학박사(미국 휴스턴대) (경)1978~1980년 한국과학기술연구원(KIST) 연구원 1984~1985년 미국 Gulfcoast SBDC Counselor·Business Analyst 1985~1987년 한국에너지연구소 선임연구원 1987년 한화그룹 경영기획실 차장 1988~1991년 삼성그룹 비서실 경영기획팀 부장 1991년 (주)녹십자 기획조정실장(상무) 1991~1994년 (주)삼양사 회장 특별자문 1998년 (주)녹십자 부사장 2000년 同대표이사 사장 2002~2004년 (주)녹십자상아 대표이사 사장 2002년 경향신문 부회장 겸 구조조정위원회 의장 2002~2003년 同대표이사 회장 2002~2004년 GC International Inc. 대표이사 사장 2003~2004년 녹십자생명보험(주) 회장 2006년 아스타 설립·회장(현) (종)기독교

조응천(趙應天) CHO Eung Chon

(생)1962·9·17 (출)대구 (주)서울특별시 영등포구 의사당대로 1 국회 의원회관 312호(02-784-2717) (학)1981년 성광고졸 1985년 서울대 공법학과졸 (경)1986년 사법시험 합격(28회) 1989년 사법연수원 수료(18기) 1989년 軍법무관 1992년 서울지검 남부지청 검사 1994년 청주지검 충주지청 검사 1995년 대전지검 검사 1997년 법무부 검찰3과 검사 1999년 서울지검 검사 2001년 대전지검 서산지청장 2002년 부산고검 검사 2003년 대구지검 공안부장 2004년 서울북부지검 부부장검사(부패방지위원회 파견) 2005년 수원지검 공안부장 2006~2007년 법무부 장관정책보좌관 2008년 국가정보원장 특보 2009년 김앤장법률사무소 변호사 2013년 제18대 대통령직인수위원회 법질서·사회안전분과 전문위원 2013~2014년 대통령 민정수석비서관실 공직기강비서관 2015~2016년 해산물식당 '별주부' 개업 2016년 더불어민주당 경기남양주甲지역위원회 위원장(현) 2016년 제20대 국회의원(경기 남양주시甲, 더불어민주당)(현) 2016년 더불어민주당 청년일자리TF 위원 2016·2018~2019년 국회 법제사법위원회 위원 2016~2018년 국회 정보위원회 위원 2017년 더불어민주당 제19대 문재인 대통령후보 중앙선거대책본부 공명선거본부 부본부장 겸 법률지원단장 2017~2018년 同법률지원담당 원내부대표 2017~2018년 국회 운영위원회 위원 2018년 국회 사법개혁특별위원회 위원 2018년 국회 예산결산특별위원회 위원(현) 2019년 국회 국토교통위원회 위원(현) (상)국무총리표창(1996)

조의섭(趙義燮) CHO Euy Sup

(생)1967·7·17 (본)한양(漢陽) (출)서울 (주)서울특별시 영등포구 의사당대로 1 국회사무처 행정안전위원회(02-784-1359) (학)1986년 여의도고졸 1993년 서강대 정치외교학과졸 1997년 同대학원 경제학과졸 2004년 미국 컬럼비아대 대학원 국제관계학과졸 (경)1994년 입법고시 합격(12회) 1994년 국회사무처 법제예산실 법제담당 1996년 同예산결산특별위원회 입법조사관 1999년 同기획예산담당관실 예산담당 2004년 同재정경제위원회 입법조사관 2006년 同기획조정실 기획예산담당관 2007년 同기획조정실 기획예산담당관(부이사관) 2008년 同총무과장 2009년 同정무위원회 입법조사관 2011년 同국토해양위원회 입법조사관 2012년 국회예산정책처 경제분석실 조세분석심의관 2013년 국회사무처 정무위원회 전문위원 2014년 중앙공무원교육원 파견 2015년 국회사무처 관리국장 2016년 同기획재정위원회 전문위원(이사관) 2017년 국회예산정책처 추계세제분석실장 2018년 국회사무처 문화체육관광위원회 전문위원 2019년 同행정안전위원회 수석전문위원(차관보급)(현) (상)국회사무총장표창(2000), 국회의장표창(2006)

조의연(趙義衍) CHO Eui Yeon

(생)1966·7·8 (출)충남 부여 (주)서울특별시 도봉구 마들로 749 서울북부지방법원(02-910-3310) (학)1985년 남대전고졸 1989년 서울대 법학과졸 1991년 同대학원졸 (경)1992년 사법시험 합격(34회) 1992년 행정고시 합격(36회) 1995년 사법연수원 수료(24기) 1995년 해군 법무관 1998년 대구지법 판사 2001년 同안동지원 판사 2002년 장기해외연수(캐나다 브리티시컬럼비아대) 2003년 인천지법 부천지원 판사 2006년 법원도서관 조사심의관 2008년 서울고등법원 판사 2009년 사법연수원 교수 2010년 광주지법 부장판사 2011년 인천지법 부장판사 2014년 서울남부지법 부장판사 2016년 서울중앙지법 부장판사 2019년 서울북부지법 부장판사(현)

조의환(曺義煥) CHO Eui Hwan (石泉)

(생)1941·11·20 (본)창녕(昌寧) (출)경기 수원 (주)서울특별시 마포구 와우산로 121 삼진제약(주) 회장실(02-338-5511) (학)1960년 수원고졸 1964년 중앙대 약대졸 1983년 同대학원졸 1988년 생약학박사(중앙대) (경)1968년 건풍제약(주) 근무 1970년 삼진상사 설립·이사 1972년 삼진제약(주) 설립 1984~2001년 일진제약(주) 설립·이사 1988~2001년 삼진제약(주) 공동대표이사 사장 1992년 한국약제학회 이사 1992년 한국생약학회 이사 1994년 한국신약개발연구조합 이사 ·감사·부이사장 1999년 한국PDA 이사 2001년 향남제약공단사업협

동조합 이사장 2001년 삼진제약(주) 공동대표이사 부회장 2002년 同공동대표이사 회장(현) 2003년 한국제약협회 이사 2003~2013년 한국신약개발연구조합 이사장 2011~2013년 한국제약협동조합 이사 [상]서울시장표창, 대한약학회 약학기술상, 은탑산업훈장(1997), 1백만불 수출탑(2001), 한국여약사회 감사패(2010), 국가유공자 [종]기독교

조이현(曺二鉉) CHO Yi Hyon

[생]1955 · 8 · 25 [본]창녕(昌寧) [출]충남 천안 [주]충청남도 홍성군 홍북읍 상하천로 58 충청남도평생교육진흥원(041-635-1200) [학]천안고졸, 한국방송통신대 행정학과졸, 충남대 행정대학원졸 [경]1975년 충남 천원군 공무원 1996년 천안시 여성회관 사무장(행정사무관) 1998년 同경영개발사업소 경영사업과장 2000년 충남도 법무담당관실 법제심사담당, 同예산담당관실 투자심사담당 · 재정지원담당 · 예산총괄담당 2006년 同지방공무원교육원 교수(일반정책담당관 · 균형발전담당관 겸임) 2007년 同지방공무원교육원 수석교수(서기관) 2008년 同기획관리실 예산담당관 2009년 충남 서천군 부군수 2011년 충남도 지방공무원교육원장 2012년 교육 파견(부이사관) 2013~2014년 충남 당진시 부시장 2018년 더행복한충남준비위원회(충남도지사인수위원회) 기획조정분과 위원 2018년 (재)충청남도평생교육진흥원 원장(현) [상]국무총리표창(1995), 대통령표창(2005)

조익문(趙翼門)

[생]1961 · 9 · 21 [출]전남 순천 [주]전라남도 나주시 그린로 20 한국농어촌공사 감사실(061-338-5002) [학]1980년 순천고졸 2005년 전남대 경제학과졸 [경]1993~1999년 (주)보성건설 이사 2004년 한국토지공사 광주전남지사 지역발전협력단장 2005년 同광주전남본부 국유재산팀장 2006년 同개성지사 총괄팀장 2008년 同광주전남지역본부 수완사업단 용지팀장 2009~2018년 세종커뮤니케이션 대표 2018년 한국농어촌공사 상임감사(현)

조익재(趙益宰) Cho Ick Jae

[생]1966 · 9 · 20 [출]인천 [주]서울특별시 영등포구 여의나루로 61 하이투자증권 리서치센터(02-2122-9190) [학]제물포고졸 1989년 고려대 경영학과졸 1991년 同대학원 경영학과졸 [경]1993~1999년 대우경제연구소 자산운용모델팀 선임연구원 1999년 대우증권 투자전략팀 과장 1999~2004년 메리츠증권 리서치팀장(차장 · 부장) 2004년 CJ투자증권(주) 리서치센터장(이사) 2008년 同리서치센터장(상무) 2008년 하이투자증권 리서치센터장(상무) 2012년 同리서치센터장(전무) 2018년 同법인영업본부장(전무) 2019년 同리서치센터 전문위원(현)

조인동(曺仁棟) CHO In Dong

[생]1966 · 7 · 25 [주]서울특별시 중구 무교로 21 서울특별시청 경제정책실(02-2133-5200) [학]1984년 광주제일고졸 1988년 서울대 정치학과졸 1990년 同행정대학원졸 1996년 미국 조지아대 대학원 행정학과졸 [경]2002년 서울시 기획예산실 심사평가담당관 2003년 同경영기획실 조직담당관 2004년 同문화국 관광과장(서기관) 2004년 미국 조지아주 파견 2006년 서울시 문화재과장 2006년 同국제협력과장 겸 창의혁신반장 2007년 同산업국 산업지원과장 2008년 同경영기획실 기획담당관 2009년 同경영기획실 정책기획관(부이사관) 2010년 同기획조정실 정책기획관 2011년 해외 파견(부이사관) 2012년 서울시 서울혁신기획관 2013년 同서울혁신기획관(지방이사관) 2014~2017년 서울 서대문구 부구청장 2017년 서울시 일자리노동정책관 2018년 同경제진흥본부장 2019년 同경제정책실장 2019년 同경제정책실장(관리관)(현)

조인묵(趙仁默) CHO IN MOOK

[생]1958 · 10 · 4 [본]풍양(豊壤) [출]강원 양구 [주]강원도 양구군 양구읍 관공서로 38 양구군청 군수실(033-480-2201) [학]1977년 강원고졸 1985년 강원대 농학과졸 2007년 고려대 정책대학원 행정학과졸 2016년 평생교육학박사(숭실대) [경]1986~1991년 지방공무원 7급 임용 1998~2010년 행정안전부 자치행정과 근무 2010~2011년 대통령직속 지방행정체제개편지원단 근무 2011년 행정안전부 정부청사관리소 관리총괄과장 2013년 강원도 투자유치과장 2013년 강원 정선군 부군수 2014년 강원도 보건복지여성국 복지정책과장 2015년 同인재개발원장 2016년 同동해안권경제자유구역청 행정개발본부장 2016년 同녹색국장 2016년 학교법인 루터교학원 이사 2017년 민주평통 자문위원 2017년 강원테크노파크 정책협력관 2017년 강원대총동문회 부회장(현) 2017년 더불어민주당 제18대 문재인 대통령후보 강원영서북부선거대책위원장 2017년 同대통령선거 중앙선거대책위원회 60년민주당계승위원회 본부장 2018년 숭실대 산학협력단 전임연구원 2018년 同일반대학원 초빙교수 2018년 강원 양구군수(더불어민주당)(현) [상]강원도지사표창(1988), 국무총리표창(1988 · 2000 · 2006), 경찰청장표창(1994), 내무부장관표창(1997), 대한지적공사 감사패(2007) [저]'육도삼략-6가지 지혜로 3가지 전략을 얻어라'(2017) [종]기독교

조인상(趙仁相) JO In Sang

[생]1943 · 12 · 10 [본]평양(平壤) [출]충북 음성 [주]서울특별시 관악구 신림로59길 23 삼모스포렉스 (사)농업사회발전연구원(02-884-3781) [학]1962년 청주 대성고졸 1969년 충북대 농화학과졸 1973년 同대학원 농화학과졸 1978년 미국 미주리대 대학원 중퇴 1983년 농학박사(충북대) [경]1964년 육군 복무 1969~1975년 농업기술연구소 · 농촌진흥청 시험국 근무 1975~1983년 농업기술연구소 농업연구사 1981~1982년 벨기에 겐트대 연구원 1983~1998년 농업기술연구소 토양물리연구실장 1987~2006년 충북대 · 경희대 · 건국대 · 한농전 · 한경대 강사 1990년 한국토양비료학회 총무 1993 · 2004년 중국토양학회지 'PEDOSPHERE' 편집위원 1994년 同상임이사 1998~2000년 농업과학기술원 토양관리과장 2000~2002년 한국토양비료학회 부회장 2002년 同이사 2002~2004년 정밀농업연구회 부회장 2004년 경기도박물관 문화해설사 2006년 (사)농업사회발전연구원 이사 · 사무국장, 同편집위원장 겸 부원장(현) 2008년 수원화성연구회 감사(현) 2008년 수원박물관 자원봉사 해설사(현) 2009년 수원화성박물관 자원봉사 해설사(현) 2011 · 2012년 KOICA 에콰도르 영농교육 2012 · 2013년 KOICA 필리핀 민다나오 영농교육 2016년 경기도 수원시 서둔동 자치위원(현) [상]녹조근정훈장(2003), 농림수산부장관표창(2회), 농촌진흥청장표창(2회) [저]'농토배양기술'(1980) '자영농 기초'(1990) 'Development of Conservation Farming on Hillslopes'(1991) '작물환경'(1996) '작물재배생리의 이론과 실제'(1997) '작물별 시비처방기준'(1999) '토양사전'(2000) '토양 및 식물체분석법'(2000) '농촌진흥40년사'(2002) '농업과학기술원 발자취'(2004) 'Fertilizer Recommendation for Crop Production'(2014) 등 [작]'간이토양수분측정기 개발'(1973) '점토함량 간이측정기 개발'(1983) '천연제오라이트를 이용한 중금속흡착제 개발'(1996) '폐프라스틱이용 소수성 토양개량제 개발'(1996) [종]천주교

조인상(趙仁相) CHO IN SANG

[생]1962 · 8 · 12 [출]경기 수원 [주]경기도 수원시 팔달구 효원로 241 수원시청 기획조정실(031-228-2021) [학]경기 유신고졸, 아주대졸 [경]1987년 공무원 임용, 수원시 재활용사업소장 2009년 同청소행정과장 2010년 同복지여성국 사회복지과장 2011년 同문화교육국 체육진흥과장, 同도서관사업소장(서기관) 2017년 同환경국장 2018년 同권선구청장(부이사관) 2019년 同기획조정실장(현) [상]환경부장관표창(1997), 대통령표창(2013)

ㅈ

조인영(趙璘英·女)

(생)1977·8·4 (출)서울 (주)대구광역시 수성구 동대구로 364 대구지방법원 총무과(053-757-6470) (학)1996년 이화여자외국어고졸 2000년 서울대 법학과졸 2003년 서울대 법학대학원 수료 (경)2000년 사법시험 합격(42회) 2003년 사법연수원 수료(32기) 2003년 서울지법 북부지원 예비판사 2004년 서울고법 예비판사 2005년 서울중앙지법 판사 2007년 울산지법 판사 2011년 수원지법 판사, 의정부지법 판사, 법원행정처 기획조정심의관 겸임 2015년 서울서부지법 판사 2017년 서울중앙지법 판사 2019년 대구지법 부장판사(현)

조인원(趙仁源) Inwon Choue

(생)1954·10·31 (출)서울 (주)서울특별시 동대문구 경희대로 26 학교법인 경희학원(02-961-0101) (학)1977년 경희대 정치학과졸 1988년 정치학박사(미국 Univ. of Pennsylvania) (경)1980년 UN 안전보장이사회 인턴 1989~2004년 경희대 정치외교학과(평화복지대학원·NGO대학원) 강사·조교수·부교수·교수 1993년 미국 Univ. of Pennsylvania 객원교수 1994년 한국정치경제학회 이사 1997~1999년 GCS(Global Cooperation Society) 국제본부 UN대표 1997년 Asia-Pacific Dialogue 공동의장 1997~1998년 대통령직인수위원회 국정지표심의위원회 전문위원 1998년 서울NGO대회 삼자공동추진위원회 한국대표 1999년 서울NGO대회장 특별자문 2000년 경향신문 뉴스메이커 칼럼니스트 2001~2004년 경희대 NGO대학원장 2001~2004년 同NGO국제연구소장 2001년 同Global NGO Complex 건립기획위원회 위원장(현) 2001년 (재)시민방송 창립발기인 2002년 한국정치학회 연구이사 2003~2005년 국무총리자문 시민사회발전위원회 위원 2004년 경희대 미래문명원 명예원장 2004~2018년 학교법인 경희학원 이사 2006년 (재)희망제작소 이사 2006~2018년 경희대 총장 2009~2012년 미래재단(Foundation For The Future) 자문위원 2009~2018년 경희사이버대 총장 겸임 2018년 학교법인 경희학원 이사장(현) (저)'국가와 선택'(1996) '문명충돌 현장을 가다'(2006) '포월(包越)의 초대-탈현대, 탈권위의 새로운 정치담론을 찾아서'(2006) '탈20세기 대화록(共)'(2006) '정치의 미래-그 이상향을 탐색하다'(2008) '미래대학 라운드테이블'(2010) '정치와 정치, 그리고 정치'(2012)

조인원(趙寅元) CHO IN WON

(생)1958·7·15 (주)서울특별시 마포구 상암산로 48-6 JTBC플러스(02-2031-8421) (학)1984년 경희대 신문방송학과졸 (경)2007~2009년 허스트중앙 대표이사 2009~2014년 중앙M&B 대표이사 2014~2015년 제이콘텐트리 대표이사 2015년 JTBC 편성실장(전무) 2015년 중앙미디어큐채널(QTV) 대표이사 2015년 JTBC플러스 엔터부문 대표 2016년 同엔터·트렌드부문 대표 2019년 同고문(현)

조인재(曺仁再) CHO In Jae

(생)1964·1·12 (출)경남 거제 (주)경기도 의정부시 신흥로 174 경기도 북부소방재난본부(031-849-2821) (학)1983년 장승포 해성고졸, 한국방송통신대 법학과졸, 경남대 행정대학원졸 (경)1993년 소방간부후보공채 합격(7기) 1993년 경기 동두천소방서 예방계장·성남소방서 구조대장·소방본부 구조구급과 근무(지방소방위) 1996년 행정자치부 소방국 장비통신방호과 근무(소방경) 2002~2004년 同중앙119구조대 현장지휘팀장(소방령) 2002년 해외훈련(독일 선진구조기법 연수) 2003년 해외훈련(알제리 119국제구조대) 2004년 소방방재청 중앙119구조대 첨단장비팀장 2006년 同과학화기반팀 소방령 2007년 同중앙119구조대 행정지원팀 소방령 2008년 同재난상황실 소방령 2008년 경남도소방본부 방호구조과장(소방정) 2012년 소방방재청 소방산업과 근무(소방정) 2014년 국민안전처 중앙소방본부 소방산업과 산업계장 2015년 울산시 소방본부장(소방준감) 2017년 세종연구소 파견 2018년 제주특별자치도 소방안전본부장 2019년 경기도 북부소방재난본부장(소방준감)(현) (상)국가정보원장표창(1999), 국무총리표창(2000)

조인제(趙仁濟) CHO In Je

(생)1943·2·1 (본)함안(咸安) (출)경남 함안 (주)서울특별시 강남구 테헤란로13길 12 한주빌딩 4층 특허법인 뉴코리아(02-566-8300) (학)1965년 서울대 공과대학 화학공학과졸 1997년 연세대 대학원 법학과졸 1998년 미국 산타클라라대 법과대학 수료 (경)상공부 석유화학과장, 同정밀화학과장, 특허청 심판관 1995년 同항고심판관 1998년 同심사3국장(이사관) 1999년 특허심판원 제10부 심판장, 대한변리사회 부회장, 특우회 부회장(현), 법무법인 세종 수석변리사, 아세아변리사회 본부이사, 특허법인 뉴코리아 대표변리사(현) (상)근정포장(1981), 대통령표창(1999) (저)'미국의 특허분쟁사례'(1999)

조인철(趙寅喆) Cho In-Cheul

(생)1964·8·19 (출)전남 영광 (주)서울특별시 종로구 새문안로 82 에스타워 16층 농어업·농어촌특별위원회 사무국(02-767-1203) (학)1983년 광주 서석고졸 1991년 고려대 문학과졸 1997년 同대학원 경제학과졸 2010년 정책학박사(영국 버밍엄대) (경)1996년 행정고시 합격(40회) 2000~2003년 기획예산처 정부개혁실 사무관 2003~2005년 同예산실 사무관 2005~2007년 同성과관리본부 성과관리제도팀 서기관 2011~2012년 대통령비서실 행정관(부이사관) 2014~2016년 국무총리실 영유아교육·보육통합추진단 기획조정과장 2016년 기획재정부 예산실 총사업비관리과장 2017년 同예산실 문화예산과장 2018년 同예산실 농림해양예산과장 2019년 대통령직속 농어업·농어촌특별위원회 사무국 부국장(고위공무원)(현) (상)대통령표창(2004)

조인형(趙仁衡) Jo In Hyeong

(생)1965·1·14 (출)전남 강진 (주)광주광역시 동구 지산로 73 동명빌딩 3층 조인형법률사무소(062-234-4700) (학)1983년 전남고졸 1991년 연세대 법학과졸 (경)1991년 사법시험 합격(33회) 1994년 사법연수원 수료(23기) 1994년 광주지검 검사 1996년 전주지검 군산지청 검사 1998년 서울지검 의정부지청 검사 2000년 서울지검 검사 2002년 대구지검 검사 2004년 서울서부지검 검사 2006년 同부부장검사 2007년 광주고검 검사 2008년 광주지검 목포지청 부장검사 2009년 同순천지청 부장검사 2009년 서울서부지검 공판송무부장 2010년 대구지검 서부지청 부장검사 2011년 서울고검 검사 2013년 대전고검 검사 2014년 대구지검 형사2부장 2015년 서울고검 검사(인천지검 중요경제범죄조사단 파견) 2015년 변호사 개업(현)

조인호(趙仁鎬) CHO In Ho

(생)1958·4·7 (본)한양(漢陽) (출)서울 (주)서울특별시 강남구 도곡로 194 법무법인 서평(02-6271-4300) (학)1977년 서라벌고졸 1981년 서울대 법과대학졸 1988년 同대학원 법학과졸 (경)1982년 사법시험 합격(24회) 1984년 사법연수원 수료(14기) 1985년 軍검찰관 1988년 대구지법 판사 1991년 대구지법 김천지원 판사 1992년 수원지법 판사 1995년 서울지법 동부지원 판사 1997년 서울고법 판사 1998년 대법원 재판연구관 2002년 서울지법 동부지원 부장판사 2004년 서울동부지법 부장판사 2005년 서울중앙지법 구술심리시범재판부 부장판사 2005~2007년 언론중재위원회 중재부장 2007년 부산고법 부장판사 2008년 서울고법 부장판사 2014~2016년 대전지법원장 2016년 법무법인 조홍 공동대표변호사 2016년 변호사 개업 2018년 법무법인 서평 변호사(현)

조인호(曺仁鎬) JO In Ho

(생)1959·6·30 (본)창녕(昌寧) (출)대구 달성 (주)서울특별시 양천구 안양천로 1071 이화여자대학교 의학전문대학원 분자의과학교실(02-2650-5827) (학)1977년 경북고졸 1982년 서울대 제약학과졸 1984년 同대학원 약학과졸 1989년 이학박사(미국 뉴욕주립대) (경)1999년 한국조직공학회 부회장·학술위원장 2000년 인하대 의대·연세대 보건대학원·고려대 의대 외래교수 2001년 국립보건원 특수질환부장 업무대행 2001년 同생명의학부장 직대 2001년 국민고혈압사업단 자문위원 2003년 국립보건연구원 생명의학부장 2004년 보건복지부 보건의료R&D 총괄실무위원 2005~2007년 국립보건연구원 생명의과학센터장 2005년 대한약학회 이사 2005년 세계세포공학회 조직위원 2005~2011년 미국 세계인명사전 'Marquis Who's Who in the World'에 등재 2006년 영국 세계인명사전 'International Bibliographic Center(IBC)2006년판(23rd)'에 등재 2007·2011년 미국 세계인명사전 'Marquis Who's Who in Asia'에 등재 2007년 이화여대 의학전문대학원 분자의과학교실 교수(현) 2008년 同의과학연구소장, 同연구부원장 2016~2018년 同의학전문대학원 분자의과학교실 주임교수 2016~2017년 한국조직공학·재생의학회 회장 2019년 이대목동병원 줄기세포재생의학연구소장(현) (상)서울대 대학신문사 희곡부분 당선(1981), Buffalo Research Foundation Graduate Student Fellowship(1984), Buffalo Water and Salt Club Young Scientist Award(1987), Society of Biomedical Research Young Investigator Award(1995), New England Bioscience Society Appreciation Award(1997), International Symposium for Insulin Resistance and Atherosclerosis Young Investigator Award(2000), 대한생화학·분자생물학회 우수포스터상(2003) (저)'당뇨병의 역사, 기전 그리고 치료'(1998) '전사인자로서의 에스트로젠 수용체의 역할'(1999) '세포의 분자체제 In 조직공학과 재생의학'(2002·2010) (종)기독교

조일영(趙一榮·女) Cho Il Young

(생)1965·1·3 (출)충북 충주 (주)서울특별시 강남구 테헤란로 133 법무법인(유) 태평양(02-3404-0545) (학)1983년 충주여고졸 1987년 고려대 법학과졸 (경)1989년 사법시험 합격(31회) 1992년 사법연수원 수료(21기) 1992년 청주지법 판사 1996년 수원지법 판사 2000년 서울중앙지법 판사 2002년 同서부지원 판사 2003년 서울고법 판사 2005년 대법원 재판연구관 2009년 인천지법 부장판사 2010년 미국 Fordham Law School Visiting Scholar 2011년 서울행정법원 부장판사 2013년 법무법인(유) 태평양 변호사(현) 2013~2014년 국민권익위원회 비상임위원 2013~2015년 서울지방국세청 고문변호사 2014년 중앙행정심판위원회 비상임위원(현) 2015~2019년 주식백지신탁심사위원회 위원 2015~2017년 서울지방국세청 공적심사위원회 위원 2015년 서울시 지적재조사위원회 위원(현) 2016년 同행정심판위원회 비상임위원(현) 2017년 법제처 법령해석심의위원회 위원(현) 2019년 보건복지부 감사자문위원회 위원(현)

조일현(曺馹鉉) CHO Il Hyun

(생)1955·7·15 (본)창녕(昌寧) (출)강원 홍천 (주)강원도 춘천시 경춘로 2354 더불어민주당 강원도당(033-242-7300) (학)1980년 강원사대부고졸 1984년 상지대 행정학과졸 1987년 한양대 행정대학원졸 1993년 행정학박사(경기대) 1996년 연세대 언론홍보대학원졸 2004년 정치학박사(중국 북경외교대) (경)1985년 근로농민당 부대변인 1985년 同원주·원성·횡성·홍천지구당 위원장 1988년 신민주공화당 총재보좌역 1988년 농촌문제연구소 소장 1992년 제14대 국회의원(홍천, 국민당·신민당·자민련) 1993년 국민당 정책위원회 의장 1994년 신민당 대변인 1995년 자민련 홍천·횡성지구당 위원장 1999~2000년 상지대 초빙교수 2000년 중국 베이징대 파견교수 2003년 한국휠체어농구협회 부회장 2004~2008년 제17대 국회의원(홍천·횡성, 열린우리당·중도통합민주당·대통합민주신당·통합민주당), 한·이집트의원친선협회 회장 2006~2007년 열린우리당 원내수석부대표 2006~2008년 국회 건설교통위원장 2007~2008년 대한핸드볼협회 회장 2007년 대통합민주신당 최고위원 2008년 민주당 홍천·횡성지역위원회 위원장 2008년 경희대 객원교수 2012년 제19대 국회의원 선거 출마(홍천·횡성, 민주통합당) 2012년 민주통합당 강원도당 위원장 2013년 민주당 강원도당 위원장 2014~2015년 새정치민주연합 강원도당 위원장 2014~2015년 同홍천·횡성지역위원회 위원장 2015년 더불어민주당 홍천·횡성지역위원회 위원장 2016년 同홍천·철원·화천·양구·인제지역위원회 위원장(현) 2016년 더불어민주당 강원도당 상임고문(현) 2017년 상지대총동문회 회장(현) (저)'미래 한국의 권력구조'(2004) '도사리의 꿈'(2010) '특별한 점심'(2014) '광화문 아고라'(2017) (역)'조직의 리더십'(2000)

조일호(趙逸鎬) CHO Il Ho

(생)1960·10·22 (주)서울특별시 서초구 명달로 41 한국식품산업협회(02-3470-8100) (학)1987년 건국대 원예학과졸 (경)1987년 기술고시 합격(22회) 1988년 국립농산물검사소 전북도지소 고창출장소 국제협력담당 사무관 1991년 국립식물검역소 국제검역정보과 사무관 1995년 同병균조사과 사무관 1998년 농림부 국제농업국 무역진흥과 사무관 2000년 同국제농업국 국제협력과 서기관 2004년 국립종자관리소 익산지소장 2005년 同재배시험과장 2007년 국립종자원 품종심사과장, 駐중국대사관 농무관 2015년 국립종자원 전남지원장 2016년 同품종보호과장 2017년 同품종보호과장(부이사관), 同고위공무원 2018년 한국식품산업협회 전무이사(현)

조일환(趙一煥) CHO, ILHWAN

(생)1971·1·2 (출)경남 마산 (주)세종특별자치시 다솜2로 94 해양수산부 어업정책과(044-200-5510) (학)1989년 경남 거창고졸 1996년 부경대 양식학과졸 2001년 미국 듀크대 대학원 환경학과졸 2007년 법학박사(미국 인디애나대) (경)1997~2008년 해양수산부 어업진흥과·무역진흥담당관실·통상협력팀·자유무역대책팀 사무관 2008~2011년 농림수산식품부 수산통상과·수산정책과 서기관 2011~2013년 同다자협상협력과장·장관비서관·제18대 대통령직인수위원회 실무위원 2013년 해양수산부 행정관리담당관 2013년 駐중국대사관 해양수산관 2017년 해양수산부 수산자원정책과장 2018년 同어업정책과장 2018년 경제협력개발기구(OECD) 수산위원회 부의장(현) 2019년 해양수산부 어업정책과장(부이사관)(현)

조장섭(曺長燮)

(생)1962 (출)전남 담양 (주)전라남도 무안군 무안읍 무안로 479 무안경찰서(061-455-0220) (학)1993년 조선대졸 (경)1993년 순경 임용 2000년 경위 승진 2004년 경감 승진 2008~2011년 전남지방경찰청 기동대장(경정) 2011~2012년 전남 광양경찰서 생활안전과장 2012~2013년 전남지방경찰청 112상황실장, 同여수엑스포 기획단장 2013~2017년 同교통안전계장 2017~2019년 同치안지도관(총경) 2019년 전남 무안경찰서장(현)

조장연(趙章衍) CHO Jang Youn

(생)1952·8·18 (주)서울특별시 강남구 논현로121길 22 한국유나이티드제약 임원실(02-512-9981) (학)1977년 한국외국어대 행정학과졸 1983년 미국 텍사스알링턴대 대학원 회계학과졸 1987년 경영학박사(미국 플로리다주립대) (경)1987~1996년 미국 네브래스카주립대 교수 1996~2017년 한국외국어대 경영학과·경영학부 교수, 同명예교수(현) 2006년 同상경대

학장 2007~2009년 同경영대학원장 2009년 한국유나이티드제약(주) 사외이사 겸 감사위원장(현) 2014~2017년 사이버한국외국어대 부총장 (저)'Encyclopedic Ditionnary of Accounting'(1996) '기업가치 평가론'(1997 · 2001) '한국회계정보의 신뢰성 제고방안'(1998) '기업구조조정론'(1998)

조재경(趙宰慶) CHO Jae Kyung

(생)1957 · 7 · 18 (본)한양(漢陽) (출)부산 (주)서울특별시 서대문구 이화여대길 52 이화여자대학교 조형예술대학 디자인학부(02-3277-2513) (학)1980년 서울대 응용미술과졸 1983년 同대학원 산업디자인과졸 2007년 同산업디자인과 박사과정 수료 (경)영국 Birmingham institute of Art & Design Visiting Scholar, 미국 Arizona State Univ. Visiting Scholar, 서울여대 산업디자인과 교수, 이화여대 조형예술대학 디자인학부 산업디자인전공 교수(현) 2005년 同대외협력처 부처장, 한국디자인학회 이사, 한국상품학회 부회장, (사)한국산업디자이너협회 부회장, (사)한국디자인단체총연합회 이사, 한국문화디자인학회 이사, 서울시디자인포럼 위원, 파주시 기획발전위원, 한국도로공사 경관설계 및 디자인자문위원, 특허청 상표디자인 심의위원 2011~2015년 이화여대 디자인대학원장 2013 · 2018년 同조형예술대학 산업디자인전공 주임교수(현) 2014~2015년 한국디자인경영학회 회장 2015~2016 · 2018년 이화여대 융합디자인연계전공 주임교수(현) 2015 · 2019년 同융합디자인연구소장(현) 2019년 同디자인대학원장 겸 조형예술대학장(현) (저)'이미지상자'(2001) '하이터치 문화'(2003) (역)'디자인마케팅' '인간을 위한 디자인'(2009) (종)기독교

조재구(趙在九) CHO Jae Gu

(생)1952 · 12 · 10 (출)경남 함안 (주)서울특별시 강동구 올림픽로 604 3층 한중미디어연구소(02-482-0305) (학)1992년 중앙대 신문방송대학원졸 2013년 신문방송학박사(중국 인민대학 신문학원) (경)1990년 (주)신서무역 기획이사 1993년 한국케이블TV방송협회 홍보국장 1996년 同조사연구실장 1997년 同사업지원국장 1998년 방송개혁위원회 실행위원 2000년 CJ미디어 부사장 2000~2003년 CJ CableNet 양천방송 대표이사 2000~2002년 경남방송 · 마산방송 대표이사 2001년 한국케이블TV방송협회 정책제도분과위원장 2001년 디지털미디어포럼 대표 2002년 한국케이블TV방송협회 윤리위원 2003년 한빛아이앤비 총괄담당 사장 2004~2008년 중화TV 이사장 2006~2008년 방송통신융합추진위원회 위원 겸 기구법제분과위원장 2007~2013년 (사)서울문화포럼 문화산업분과 위원 겸 이사 2011~2014년 (사)한중미래협회 이사 2012~2014년 (사)미디어시민모임 공동대표 2013년 (사)한중미디어연구소 이사장(현) 2018년 방송통신위원회 제10기 시청자권익보호위원회 위원 2019년 (주)홈초이스 대표이사(현) (상)대통령표창, 국세청장표창 (저)'선거와 홍보' '뜨거운 노래를 땅에 묻는다' '케이블TV손자병법'(2005) '베이징올림픽 성공비결'(2007) (역)'중국방송연감'(2006)

조재구(趙在九) JO Jae Gu

(생)1962 · 4 · 8 (출)경북 고령 (주)대구광역시 남구 이천로 51 남구청 구청장실(053-664-2001) (학)중앙정보경영고졸, 대구보건대 보건행정학과졸 2008년 영남대 경영학과졸 2010년 同경영대학원 경영학과졸 (경)용마자동차상사 대표, 영남대 총동창회 상임이사, 대구자동차매매사업조합 부이사장, 대구시 남구생활체육협의회 부회장, 대구시 남구바르게살기협의회 부회장, 대구시자동차매매사업조합 부이사장, 천마라이온스클럽 회장 2005년 국제라이온스협회 356-A지구 지역부총재 2006 · 2010~2014년 대구시 남구의회 의원(무소속 · 새누리당) 2006~2008년 同사회도시위원회 위원장 2010년 同미군부대이전대책위원장 2012년 同의장, 대구시구 · 군의회의장협의회 회장 2013~2016년 전국균형발전지방의회협의회 회장 2014~2018년 대구시의회 의원(새누리당 · 자유한국당) 2014년 同건설교통위원회 위원장 2016~2018년 同건설교통위원회 부위원장 2016~2018년 同운영위원회 위원 2016~2018년 同대구국제공항통합이전추진특별위원회 위원장 2018년 대구시 남구청장(자유한국당)(현) (상)대통령표창(2012), 전국시 · 도의회의장협의회 우수의정대상(2017)

조재기(趙在基) CHO Jae Ki

(생)1950 · 3 · 17 (출)경남 하동 (주)서울특별시 송파구 올림픽로 424 올림픽회관 국민체육진흥공단(02-410-1100) (학)부산 대동고졸 1972년 동아대 농학과졸 1975년 경기대 체육학과졸 1977년 동아대 대학원 체육학과졸 1993년 이학박사(한양대) (경)1976년 몬트리올올림픽 유도 무제한급 동메달 1978~1993년 동아대 체육학과 전임강사 · 조교수 · 부교수 1982~1983년 국가대표 유도코치 1986년 서울아시아경기대회조직위원회 유도대회운영본부 담당관 1986~1988년 서울올림픽경기대회조직위원회 유도대회운영본부 사무차장 1987년 대한유도회 이사 1992~1993년 동아대 체육부장 1993~2010년 同스포츠과학대학 경기지도학전공 교수 1993~1995년 미국 텍사스주립대 교환교수 1997~1999년 부산시체육회 사무처장 1999~2001년 동아대 학생처장 2000~2001년 한국스포츠정보학회 회장 2001년 부산아시안게임 경기담당 사무차장 2002~2004년 대한체육회 이사 2003~2006년 아시아올림픽평의회(OCA) 조정위원 2005년 동아대 체육대학장 2005~2008년 대한올림픽위원회 선수분과위원장 2008~2010년 한국스포츠산업경영학회 회장 2008~2009년 국민체육진흥공단 비상임이사 2008~2009년 대한체육회 사무총장 2009년 同경기력향상분과위원장 2009~2016년 대한카바디협회 회장 2010~2015년 동아대 스포츠과학대학 스포츠지도학과 교수 2001~2002년 부산아시아경기대회조직위원회 대회운영본부 경기담당 사무차장 2014년 아시아카바디연맹(AKF) 부회장(현) 2015년 동아대 스포츠과학대학 스포츠지도학과 명예교수(현) 2017년 대한체육회 회장자문위원 2018년 국민체육진흥공단 이사장(현) (상)체육훈장 거상장(1976), 대한체육회 최우수선수상(1980), 대통령표창(1988), 체육훈장 맹호장(2003), 녹조근정훈장(2015) (저)'스포츠정보론' '스포츠경영학' '체육행정관리론'

조재린(趙宰隣) Cho, Jaerin

(생)1970 · 7 · 5 (주)서울특별시 영등포구 국제금융로6길 38 보험연구원(02-3775-9008) (학)1994년 서울대 수학과졸 2004년 캐나다 퀸스대 대학원 통계학과졸 2007년 통계학박사(캐나다 퀸스대) (경)1994~1998년 브레인컨설팅 SI사업부 근무 2000~2007년 삼성화재 장기상품개발팀 근무 2007~2008년 서울대 통계학과 연구원 2008~2010년 성균관대 시스템경영공학과 연구원 2010~2010년 가천대 가천벨연구소 선임연구원 2016년 보험연구원 금융전략실장 2017년 同연구조정실장 2019년 同부원장(현)

조재문(趙在汶) JO Jae Moon

(생)1961 · 8 · 17 (주)경기도 수원시 영통구 삼성로 129 삼성전자(주)(031-200-1114) (학)1984년 서울대 전기공학과졸 1986년 한국과학기술원(KAIST) 전자공학과졸(석사) 1991년 전자공학박사(한국과학기술원) (경)1989년 삼성그룹 입사, 삼성전자(주) 디지털미디어연구소 DTV연구팀장, 同DMC연구소 N/W Solution팀장(연구위원) 2010년 삼성 펠로우 2010년 삼성전자(주) DMC연구소 Media SoC팀 연구위원(상무) 2010년 同DMC연구소 Media SoC팀 연구위원(전무) 2011년 同HME사업팀 개발팀장(전무) 2012년 同의료기기사업부 개발팀장(전무) 2014년 同의료기기사업부 개발2팀장(전무) 2016년 同의료기기사업부 의료기기선행개발팀장(연구위원) 2017년 同의료기기사업부 의료기기선행개발팀장(부사장), 同자문역(현)

조재민(趙在敏) CHO Jae Min

(생)1962·9·13 (본)함안(咸安) (출)부산 (주)서울특별시 영등포구 국제금융로 10 쓰리아이에프씨 41층 KB자산운용(주)(02-2167-8200) (학)1981년 충암고졸 1985년 서울대 경영학과졸 1987년 미국 뉴욕대 대학원졸(MBA) (경)1988~1993년 씨티은행 자금부 근무·Senior Dealer 1994년 同Global Asset Management Sales Manager 1996년 Credit Agricole Indosuez 홍콩지점 Head of Korea Desk 1998년 Standard Bank 홍콩지점 Head of Asian Fixed Income 1999년 마이다스에셋자산운용 대표이사 사장 2009~2013년 KB자산운용(주) 대표이사 사장 2012~2013년 금융투자협회 비상근부회장 2013~2016년 KTB자산운용(주) 대표이사 2017년 KB자산운용(주) 대표이사 사장 2018년 同전통자산부문 각자대표이사 사장(현)

조재빈(趙在彬) Cho, Jae-Been

(생)1970·12·15 (출)경남 산청 (주)경기도 수원시 영통구 법조로 91 수원지방검찰청 총무과(031-210-4200) (학)1989년 진주동명고졸 1993년 서울대 사법학과졸 (경)1997년 사법시험 합격(39회) 2000년 사법연수원 수료(29기) 2000년 익산지검 검사 2002년 수원지검 여주지청 검사 2003년 서울지검 검사 2004년 서울중앙지검 검사 2006년 청주지청 검사 2008년 법무부 정책홍보관리실 검사 2009년 同기획검사실 검사 2010년 서울서부지검 검사 2013년 同부부장검사 2013년 서울중앙지검 부부장검사 2014년 대전지검 부부장검사(국무조정실 파견) 2015년 서울북부지검 형사6부장 2016년 서울중앙지검 특수4부장 2017년 대검찰청 검찰연구관(검찰개혁추진단 파견) 2018년 법무연수원 용인분원 교수 2019년 수원지검 부부장검사(현)

조재섭(趙在燮) Jaesop Jo

(생)1973·12·15 (본)함안(咸安) (출)경남 남해 (주)서울특별시 종로구 세종대로 209 정부서울청사 통일부 정세분석국 정치군사분석과(02-2100-5870) (학)1992년 진주고졸 2000년 연세대 행정학과졸 2002년 서울대 행정대학원 행정학과졸 2017년 미국 조지아대 행정대학원졸 (경)2013~2014년 대통령 소속 국민대통합위원회 파견 2014~2015년 통일부 한반도통일미래센터 기획과장 2017년 同기획조정실 혁신행정담당관 2018년 同장관 비서관 2019년 同정세분석국 정치군사분석과장(현)

조재연(趙載淵) CHO JAE YOUN

(생)1956·6·1 (본)백천(白川) (출)강원 동해 (주)서울특별시 서초구 서초대로 219 법원행정처(02-3480-1100) (학)1974년 덕수상고졸 1980년 성균관대 법학과졸 1982년 서울대 대학원 법학과졸, 同법학연구소 공정거래법과정 수료, 한양대 경영대학원 건설경영자과정 수료, 홍익대 세무대학원 세무전략과정 수료 (경)1980년 사법시험 수석합격(22회) 1982년 사법연수원 수료(12기) 1982년 서울민사지법 판사 1984년 서울형사지법 판사 1986년 춘천지법 강릉지원 판사 1989년 서울지법 동부지원 판사 1991년 서울가정법원 판사 1993년 변호사 개업 2012~2013년 방송통신심의위원회 규제심사위원장 2012년 공정거래위원회 약관심사자문위원 2013~2017년 법무법인 대륙아주 대표변호사 2013~2015년 미래창조과학부 고문변호사 2013~2015년 대한변호사협회 장애인법률지원변호사 2014년 경찰청 경찰수사정책위원회 위원 2015년 한국농촌경제연구원 비상임감사 2015년 언론중재위원회 감사 2017년 방송통신위원회 시청자권익보호위원회 위원 2017년 대법원 대법관(현) 2019년 법원행정처장 겸임(현) (저)'외국중재판정의 승인과 집행'(법원행정처) '가사사건의 제문제'(법원행정처) '강제집행과 체납처분의 경합'(법원행정처)

조재연(曺宰涓) CHO Jae Yeon

(생)1963·4·6 (출)전남 진도 (주)제주특별자치도 제주시 남광북5길 3 제주지방검찰청(064-729-4626) (학)1982년 부산기계공고졸 1986년 부산대 무기재료공학과졸 (경)1993년 사법시험 합격(35회) 1996년 사법연수원 수료(25기) 1996년 인천지검 검사 1998년 대전지검 천안지청 검사 1999년 부산지검 검사 2001년 서울지검 검사 2003년 대검찰청 검찰연구관 2006년 울산지검 검사 2007년 금융감독위원회 파견 2008년 금융위원회 법률자문관 2009년 서울중앙지검 부부장검사 2011년 대구지검 안동지청장 2012년 대검찰청 강력부 마약과장 2013년 서울중앙지검 첨단범죄수사2부장 2014년 同증권범죄합동수사단장(부장검사) 2015년 광주지검 형사1부장 2016년 서울남부지검 제2차장검사 2017년 대구지검 서부지청장 2018년 창원지검 차장검사 2019년 제주지검장(현)

조재영(趙載英) CHO Jae Yeung (西荷)

(생)1919·6·18 (본)백천(白川) (출)황해 연백 (주)서울특별시 서초구 반포대로37길 59 대한민국학술원(02-3400-5214) (학)1941년 수원고등농림학교졸 1943년 일본 규슈(九州)제국대 농학과졸 1962년 농학박사(고려대) (경)1945년 중앙농업시험장 전작계장 1955년 서울대 농대 부교수 1957년 고려대 농대 부교수·실험농장장 1959~1984년 同농학과 교수 1972년 농업진흥청 농업산학협동심의회 전문위원 1977~1979년 한국작물학회 회장 1977년 농업과학협회 부회장 1977~1979년 농수산부 농정심의위원 1981~1983년 同정책자문위원 1981~1984년 고려대 식량자원연구소장 1981년 대한민국학술원 회원(식용작물학·현) 1983~1985년 환경농학회 회장 1984년 고려대 명예교수(현) 1992~1994년 한국맥류연구회 회장 (상)과학기술훈장 진흥장(1972), 작물학회 공로상(1982), 국민훈장 목련장(1984), 월남장(1991), 육종학회 공로상(1991), 황해도민상(1999) (저)'전작'(1959) '작물학개론'(1962) '재배학범론'(1963) '재배학원론'(1964) '작물생리학'(1977) '실험통계분석' '농업정설' '한국농업개론' (종)유교

조재용(趙宰庸)

(생)1960·4·10 (주)충청남도 서산시 대산읍 독곶1로 82 롯데엠시시(주)(02-840-0934) (학)1984년 서울대 화학공학과졸 (경)1989년 현대석유화학 근무 2005년 호남석유화학(주) 신규사업팀장 2006년 同중국 가흥공장 파견 2009년 同중국 가흥공장담당 이사대우 2011년 同중국 가흥호석공정소료 총경리(이사) 2012년 同중국 상해호석화학무역 총경리(이사) 2013년 롯데케미칼(주) 중국 상해호석화학무역 총경리(이사) 2013년 同방향족사업본부 PTA영업담당 이사 2014년 同상무 2014년 대산엠엠에이(주) 대표이사 2015년 롯데엠알시(주) 대표이사 상무 2017~2018년 同대표이사 전무 2018년 롯데엠시시(주) 대표이사(현)

조재원(趙梓元) JOH Jae Won

(생)1957·9·29 (주)서울특별시 강남구 일원로 81 삼성서울병원 이식외과(02-3410-3466) (학)1976년 경기고졸 1982년 서울대 의대졸 1987년 同대학원 의학석사 1992년 의학박사(서울대) (경)1991년 충북대 의대 전임강사 1992~1993년 미국 존스홉킨스대 의대 전임의 1993~1994년 미국 버지니아대 의대 전임의 1994년 삼성서울병원 이식외과 전문의 1997~2002년 성균관대 의대 외과학교실 부교수 1999년 삼성서울병원 이식외과장 2002년 성균관대 의대 외과학교실 교수(현) 2009~2012년 삼성서울병원 장기이식센터장 겸 조직은행장 (상)대한이식학회 종근당 학술상(2003), 제3회 대웅의료상-이승규 간이식 임상·연구상(2015) (역)'Chassin 외과수술의 원칙와 실제'(2007, 가본의학)

조재일(趙在一) ZO JAE ILL

(생)1956·4·11 (주)서울특별시 강남구 일원로 81 삼성서울병원 폐식도암센터(1599-3114) (학)1980년 서울대 의대졸 1983년 同대학원 의학석사 1994년 의학박사(서울대) (경)1980~1985년 서울대병원 인턴·레지던트 1988~2000년 원자력병원 흉부외과장 1997~1999년 同교육수련부장 2001~2012년 국립암센터 폐암연구과 책임연구원 2002~2007년 同중환자실장 2003~2009년 同폐암센터장 2004~2007년 세계폐암학회 조직위원회 사무처장 2009~2011년 국립암센터 부속병원장 2012년 삼성서울병원 폐식도외과 전문의 2012년 대한흉부종양외과학회 회장 2013년 성균관대 의과대학 흉부외과학교실 교수(현) 2013~2019년 삼성암병원 폐식도암센터장 2016~2017년 대한흉부심장혈관외과학회 회장 (상)대한흉부심장혈관외과학회 연구공로상(2015)

조재철(趙在喆) Cho Jai-chel

(생)1965·5·6 (주)서울특별시 종로구 사직로8길 60 외교부 인사운영팀(02-2100-7138) (학)1989년 서울대 불어불문학과졸 (경)1992년 외무고시 합격(26회) 1993년 외무부 입부 1999년 駐베네수엘라 2등서기관 2003년 駐헝가리 1등서기관 2007년 駐아일랜드 참사관 2009년 외교통상부 문화예술사업과장 2011년 同핵안보정상회의준비기획단 파견 2012년 駐스웨덴 참사관 2015년 駐오사카 부총영사 2017년 駐짐바브웨 대사(현) (상)근정포장(2012)

조재형(趙哉衡) CHO Jae Hyung

(생)1957·8·26 (출)강원 강릉 (주)서울특별시 서대문구 충정로 70 웨스트게이트타워 19층 (주)피알원(02-6370-3300) (학)1986년 서강대 경영대학원졸 2014년 광고홍보학박사(한양대) (경)1984~1992년 (주)LG화학 홍보기획과장·소비자상담실장 1992년 LG그룹 회장실 고객정보담당 팀장 1993~2006년 (주)커뮤니케이션신화 대표이사 2000년 국제피알협회(IPRA) 정회원 2004년 노동부 정책자문위원 2005년 복권위원회 홍보자문위원 2006년 한국외국어대 언론정보학부 강사 2006년 한국피알협회 고문 2006~2007년 한국PR기업협회 회장 2006년 (주)피알원 공동대표이사(현) 2007년 저출산고령화위원회 자문위원 2008년 공익법인 아시아사랑나눔 상임이사 2008년 숭실대 언론홍보학과 겸임교수 2008년 한국소비생활연구원 법정이사(현) 2014~2019년 한양대 언론정보대학원 겸임교수 (저)'위기는 없다'(1995) '매스컴과 만날 때'(1996) '위험사회'(2017)

조재호(趙在浩)

(생)1966·11·26 (출)대구 (주)서울특별시 종로구 종로 33 그랑서울 GS건설(주)(02-2154-1114) (학)1985년 대구 달성고졸 1990년 서울대 법학과졸 2014년 연세대 대학원 경영학과졸 (경)1997년 사법시험 합격(39회) 2000년 사법연수원 수료(29기) 2000년 수원지검 검사 2002년 대구지검 경주지청 검사 2003년 창원지검 검사 2006년 서울중앙지검 검사 2008년 GS건설(주) 국내법무2담당 전문위원(상무) 2010년 同법무지원담당 상무 2012년 同국내법무담당 상무 2014년 同주택영업담당 상무 2017년 同건축부문 주택영업담당 전무 2017년 同도시정비담당 전무(현)

조재호(曺載昊) CHO Chae Ho

(생)1967·6·8 (출)경남 밀양 (주)세종특별자치시 다솜2로 94 농림축산식품부 농촌정책국(044-201-1501) (학)1985년 충암고졸 1989년 연세대 경제학과졸 1996년 서울대 행정대학원 수료 2002년 영국 요크대 대학원 경제학과졸 (경)1990년 행정고시 합격(34회) 1992년 농림부 농산통계담당관실 사무관 1996년 同농업금융과 사무관 1998년 同개발정책과 사무관 2002년 同협동조합과 서기관 2003년 同국제농업국 통상협력과장 2005~2006년 同국제농업국 국제협력과장 2006년 駐벨기에 1등서기관 겸 구주연합대표부 1등서기관 2009년 농림수산식품부 유통정책과장 2010년 同농업정책과장 2010년 同국제협력국장(고위공무원) 2013년 국립외교원 파견 2013년 농림축산식품부 농림축산검역본부 영남지역검역본부장 2015년 同농업정책국장 2017년 국립농산물품질관리원장 2019년 농림축산식품부 농촌정책국장(현) (상)국무총리표창

조재홍(曺在弘) JO, JAEHONG

(생)1972·10·3 (본)창녕(昌寧) (출)경남 진주 (주)서울특별시 종로구 사직로8길 60 외교부 인사기획관실 인사운영팀(02-2100-7141) (학)1991년 진주대아고졸 2000년 연세대 경제학과졸 (경)2001~2004년 건설교통부 행정사무관(국제협력·해외건설·토지정책담당) 2005~2007년 외교통상부 자유무역협정국 행정사무관 2007년 외무사무관 전직 2007~2009년 중국 베이징어언대 연수 2010년 외교통상부 기획조정실 기획재정담당관(외무서기관) 2011~2012년 同자유무역협정정책국 한·미FTA이행팀 외무서기관 2012~2014년 駐제네바 1등서기관(WTO 농업협상담당) 2014~2016년 駐세네갈 참사관 2016년 외교부 기획조정실 창조행정담당관 2018년 同양자경제외교국 북미유럽경제외교과장 2019년 同인사기획관실 인사운영팀장(과장급)(현) (상)부총리 겸 기획재정부장관표창 (종)불교

조재훈(曺在薰) Jaehoon Jo

(생)1968·5·5 (출)경기 오산 (주)경기도 수원시 팔달구 효원로 1 경기도의회(031-8008-7000) (학)유신고졸, 경기대 산업공학과졸 (경)안민석 국회의원 특별보좌관, 오산자치시민연대 사업국장, 열린우리당 경기도당 중소기업특별위원회 부위원장, 대성이엔에프(주) 이사 2006년 경기도의원선거 출마(열린우리당), 대통합민주신당 오산지역청년위원장, PCA생명보험 보험인, 오산시체육회 이사 2014~2018년 경기도의회 의원(새정치민주연합·더불어민주당) 2014년 同운영위원회 위원 2014년 同농정해양위원회 간사 2015년 同평택항발전추진특별위원회 위원 2015~2018년 同항공기소음피해대책특별위원회 위원 2016~2018년 同교육위원회 위원 2016~2018년 同윤리특별위원회 위원 2016년 同경제민주화특별위원회 위원 2018년 경기도의회 의원(더불어민주당)(현) 2018년 同건설교통위원회 위원장(현)

조전욱(趙全旭) CHO Jeon Wook

(생)1960·3·2 (출)서울 (주)경상남도 창원시 성산구 불모산로10번길 12 한국전기연구원 전력기기연구본부 초전도연구센터(055-280-1604) (학)1983년 한양대 전기공학과졸 1985년 同대학원 전기공학과졸 2001년 전기공학박사(연세대) (경)1983~1984년 한양대 조교 1984~1990년 LG전선(주) 주임연구원 1990년 한국전기연구원 HVDC연구본부 초전도케이블팀장, 同책임연구원(현) 2018년 同HVDC연구본부 초전도연구센터장 2019년 同전력기기연구본부 초전도연구센터장(현) (상)한국전기연구원 과학의날기념 과학상(1999), 한국전기연구원 과학의날기념 장려표창(2004), 한국초전도저온공학회 고온초전도케이블개발 기술상(2004), 과학기술부장관표창(2005), 과학기술포장(2014) (종)천주교

조전혁(趙全赫) CHO Jun Hyuk

(생)1960·7·14 (주)부산광역시 수영구 황령대로 497 자유한국당 부산광역시당(051-625-6601) (학)부산 가야고졸 1984년 고려대 경제학과졸 1989년 미국 위스콘신대 메디슨교 경제학과졸 1991년 경제학박사(미국 위스콘신대 메디슨교) (경)1992~1993년 선경경제연구소 금융경제실장 1993~1994

년 (주)와이즈디베이스 국제금융자문위원 1997~2008·2012~2013년 인천대 경제학과 교수 2005년 동아일보 객원논설위원 2005~2011년 자유주의교육운동연합 상임대표 2007년 한나라당 여의도연구소 부소장 2007년 제17대 대통령직인수위원회 사회교육문화분과위원회 자문위원 2008~2012년 제18대 국회의원(인천 남동구乙, 한나라당·새누리당), 한나라당 여의도연구소 감사 2009년 同대표특보 2009~2011년 (사)자유교육연합 이사장 2010~2011년 한나라당 원내부대표 2010~2011년 국회 운영위원회 위원 2011년 국회 예산결산특별위원회 위원 2011년 한나라당 등록금TF 위원 2013~2015년 대우조선해양(주) 사외이사 겸 감사위원 2013년 명지대 방목기초교양대학 교양학부 교수 2014~2016년 한국전력공사 비상임이사 2015~2017년 새누리당 인천남동구乙당원협의회 운영위원장 2016년 제20대 국회의원선거 출마(인천 남동구乙, 새누리당) 2016~2018년 한국전력공사 비상임이사 2016년 새누리당 인천시당 위원장 직무대행 2017년 바른정당 부산사하甲당원협의회 운영위원장 2017년 同제19대 유승민 대통령후보 중앙선거대책위원회 직능본부 부본부장 2019년 자유한국당 부산해운대구甲당원협의회 운영위원장(현) (상)자유경제입법상(2010) (작)'토지와 주택의 불평등'(1999)

조점근(趙点根) CHO Jum Kun

(생)1959·9·1 (출)전남 강진 (주)서울특별시 서초구 마방로 68 동원산업빌딩 5층 동원시스템즈(주) 비서실(02-589-4703) (학)2002년 주성대학 금융정보학과졸 (경)2004년 (주)동원EnC 진천공장장(상무보), 동원시스템즈(주) 포장사업부문 상무보 2006년 同포장사업부장(상무이사) 2009년 同포장사업부장(전무이사) 2011년 同정밀부문장(부사장) 2011년 同각자대표이사 2012년 同대표이사 부사장 2013~2015년 한진피앤씨 대표이사 2014년 동원시스템즈(주) 대표이사 사장(현) 2015~2018년 (주)테크팩솔루션 대표이사 겸임 (상)석탑산업훈장(2012), 환경부장관표창(2012) (종)불교

조정구(曺正九) Cho, Jeong-goo

(생)1961·11·1 (본)창녕(昌寧) (출)부산 (주)부산광역시 북구 함박봉로140번길 120 부산광역시보건환경연구원 대기환경연구부(051-309-2900) (학)1980년 부산고졸 1987년 동아대 환경공학과졸, 同대학원 환경공학과졸 2000년 환경공학박사(동아대) (경)1988~2015년 부산시보건환경연구원 환경연구부 근무 2016년 同환경연구부장 2018년 同대기환경연구부장(현) (상)내무부장관표창(1994) (저)'대기환경기사 산업기사(共)'(2000, 성안당) (역)'환경시스템공학(共)'(2000, 동일출판사) (종)불교

조정권(曺正權)

(생)1962·4·25 (출)대구 (주)경상남도 진주시 동진로 430 중소벤처기업진흥공단 기획본부(055-751-9401) (학)1979년 대건고졸 1983년 영남대 무역학과졸 1989년 연세대 대학원 공업경영학과졸 (경)1986년 중소기업진흥공단 입사 2007년 同경기북부지부장 2010년 同투자사업처장 2011년 同기획조정실장 2014년 同인천지역본부장 2015년 同인재경영실장 2017년 同대구지역본부장 2018년 同경영관리본부장(상임이사) 2018년 同기획본부장(상임이사) 2019년 중소벤처기업진흥공단 기획본부장(상임이사)(현)

조정래(趙廷來) JO Jung Rae (白山)

(생)1943·8·17 (본)함안(咸安) (출)전남 순천 (주)서울특별시 중구 필동로1길 30 동국대학교 국어국문·문예창작학부(02-2260-8706) (학)1962년 보성고졸 1966년 동국대 국어국문학과졸 (경)1970년 현대문학에 소설 '누명'으로 소설가 등단 1970년 동구여상 교사 1972년 중경고 교사 1973~1975년 '월간문학' 편집장 1975~1977년 소설문예 발행인 1977~1980년 도서출판 '민예사' 대표 1984~1989년 한국문학 주간 1997년 동국대 국어국문·문예창작학부 석좌교수(현) 1998~2003년 제2의건국범국민추진위원회 위원 2000년 한국작가회의 자문위원 2005년 광복60주년기념사업추진위원회 고문, 참여사회연구소 등기이사, 同자문위원(현), 민족문제연구소 자문위원 2013~2014년 정책네트워크 '내일' 이사 2014년 2014서울국제도서전 홍보대사 2015년 복지TV 상임고문(현) (상)현대문학상(1981), 소설문학 작품상(1982), 대한민국문학상(1983), 성옥문화상(1988), 동국문학상(1989), 단재문학상(1991), 노신문학상(1998), 광주시문화예술상, 제7회 만해대상 문학부문(2003), 월간문학 제1회 동리상(2003), 자랑스러운 보성인상, 제11회 현대불교문학상 소설부문(2006), 순천문학상(2008), 자랑스러운 동국인상(2008), 최고의책 국내부문(2010), 한국예술평론가협의회 제33회 올해의 최우수 예술가상 문학부문(2013), 제1회 심훈문학대상(2014), 은관문화훈장(2017), (사)한국서점조합연합회 서점인이 뽑은 올해의 작가(2019) (저)'누명'(1970) '어떤 전설'(1972) '황토'(1974) '허망한 세상이야기'(1978) '불놀이' '대장경'(1980), 중단편집 '상실의 풍경' '비탈진 음지' '어떤 솔거의 죽음' '마술의 손'(1978) '그림자 접목' '조정래 그의 문학속으로', 대하소설 '태백산맥 전10권'(1986) '아리랑 전12권'(1994) '한강 전10권'(2001) '비탈진 음지'(2011, 해냄), 산문집 '누구나 홀로 선 나무'(2003) '황홀한 글감옥'(2009) '허수아비 춤'(2010, 문학의 문학), 단편 '수수께끼의 길', '어떤 솔거의 죽음'(2011, 해냄), 중편 '안개의 열쇠', 장편 '인간연습'(2006) '오 하느님'(2007) '황토'(2011, 해냄) '정글만리'(2013, 해냄) '천년의 질문'(2019, 해냄), 사진집 '길'(2015, 해냄) (종)불교

조정래(趙政來)

(생)1972·4·3 (출)경남 함안 (주)강원도 춘천시 공지로 284 춘천지방법원(033-259-9000) (학)1991년 마산고졸 1999년 서울대 공법학과졸 (경)2000년 사법시험 합격(42회) 2003년 사법연수원 수료(32기) 2003년 부산지법 예비판사 2005년 同판사 2007년 의정부지법 고양지원 판사 2010년 서울중앙지법 판사 2012년 서울가정법원 판사 2014년 서울중앙지법 판사 2015년 서울고법 판사 2017년 서울중앙지법 판사 2018년 춘천지법 부장판사(현)

조정목(曺楨穆)

(생)1964 (출)경북 경주 (주)제주특별자치도 서귀포시 서호중로 19 국세공무원교육원(064-731-3311) (학)영신고졸, 서울대 경영학과졸 (경)1994년 행정고시 합격(38회) 2007년 국세청 세원정보과 서기관 2009년 김천세무서장 2009년 포항세무서장 2010년 서울지방국세청 조사3국 조사관리과장 2011년 同조사4국 조사관리과장 2011년 국세청 세원정보과장 2013년 同국제조사과장 2014년 同소득세과장 2014년 同납세자보호담당관(부이사관) 2015년 대구지방국세청 성실납세지원국장 2016년 미국 국세청 파견(고위공무원) 2018년 부산지방국세청 조사2국장 2018~2019년 중부지방국세청 성실납세지원국장 2019년 국세공무원교육원 원장(현)

조정식(曺正植) CHO Jung Sik

(생)1963·1·31 (출)서울 (주)서울특별시 동작구 흑석로 84 중앙대학교 광고홍보학과(02-820-5508) (학)1985년 연세대 신문방송학과졸 1988년 미국 텍사스대 대학원 광고학과졸 1992년 광고학박사(미국 플로리다대) (경)1993년 한국방송광고공사 광고연구소 연구위원 1994년 중앙대 광고홍보학과 교수(현) 1995년 웰컴 자문교수 1998년 동방커뮤니케이션즈 자문교수 1998~1999년 중앙대 신문방송대학원 교학부장 2001~2002·2005~2009년 同광고홍보학과 학과장 2005~2006년 한국광고학회 연구이사 2006~2007년 同총무이사 2013~2015년 중앙대 신문방송대학원장 2016년 한국광고학회 회장 (저)'Integrated 광고 매체기획론(共)'(2007, 학현사)

조정식(趙正湜) CHO Jung Sik

(생)1963·12·25 (출)서울 (주)서울특별시 영등포구 의사당대로 1 국회 의원회관 720호(02-788-2923) (학)1981년 서울 동성고졸 1988년 연세대 건축공학과졸 2002년 同행정대학원 도시및지방행정학과졸 (경)1982~1992년 학생·노동운동 1985년 민족자주수호투쟁위원회 시위주도 1992년 통합민주당 기획조정실 전문위원 1995~1999년 제정구 국회의원 정책보좌진 1995~1999년 국민통합추진회의 기획위원 2000년 미국 USIA 연수 2003년 이부영 국회의원 보좌관 2003년 국민통합연대 기획위원회 부위원장 2003년 열린우리당 당의장 특별보좌역 2003~2005년 시흥희망포럼 대표 2004년 제17대 국회의원(시흥시乙, 열린우리당·대통합민주신당·통합민주당) 2005~2013년 한국백혈병어린이재단 이사 2007년 열린우리당 홍보기획위원장 2008년 제18대 국회의원(시흥시乙, 통합민주당·민주당·민주통합당) 2008~2009년 민주당 원내대변인 2010년 국회 지식경제위원회 위원 2010~2012년 민주당 경기도당 위원장 2011년 국회 예산결산특별위원회 위원 2012년 제19대 국회의원(시흥시乙, 민주통합당·민주당·새정치민주연합·더불어민주당) 2012년 국회 기획재정위원회 위원 2012년 민주통합당 문재인 대통령후보 선대위 '민주캠프' 산하 소통1본부장 2013년 국회 예산결산특별위원회 위원 2013년 국회 예산재정개혁특별위원회 위원 2014년 새정치민주연합 경기도당 6.4지방선거공천관리위원회 위원장 2014년 국회 교육문화체육관광위원회 위원 2014년 국회 윤리특별위원회 위원 2014~2015년 국회 남북관계및교류협력발전특별위원회 위원 2014~2015년 새정치민주연합 사무총장 2014~2015년 同야당탄압저지대책위원회 위원장 2014~2015년 同정치혁신실천위원회 위원 2014~2015년 同조직강화특별위원회 위원장 2014년 同전국대의원대회준비위원회 총괄본부장 2016년 제20대 국회의원(시흥시乙, 더불어민주당)(현) 2016~2018년 국회 국토교통위원회 위원장 2016년 더불어민주당 경기시흥시乙지역위원회 위원장(현) 2017년 同제19대 문재인 대통령후보 중앙선거대책위원회 국토교통정책위원장 2018년 국회 기획재정위원회 위원(현) 2018~2019년 국회 예산결산특별위원회 간사 2019년 더불어민주당 정책위원회 의장(현) 2019년 同민주연구원 이사(현) (상)제21회 대한민국을 빛낸 한국인물대상 정치공로부문 대상(2016), 사회정의시민행동 제8회 공동선 의정활동상(2016), 법률소비자연맹 '제20대 국회 1차년도 국회의원 헌정대상'(2017), INAK사회공헌대상 국회의정대상(2017), 2018 입법 및 정책개발 우수국회의원(2019) (종)천주교

조정열(趙靜烈·女) Yol Cho

(생)1967·2·12 (주)서울특별시 강남구 테헤란로 132 (주)한독 사장실(02-527-5363) (학)1989년 이화여대 사회학과졸 1991년 同대학원 사회학과졸 (경)1991~1992년 동서리서치 연구원 1993~1999년 유니레버코리아 마케팅매니저 1999~2001년 로레알코리아 브랜드디렉터 2002~2004년 한국MSD 영업·마케팅 상무 2005년 MSD 본사 아시아·태평양지역 전략마케팅 상무 2007년 한국MSD 대외협력부 상무 2009년 피자헛 마케팅 전무 2011년 케이옥션 대표이사 2012~2016년 갤러리현대 대표이사 2017년 (주)쏘카 대표이사 2018년 同이사 2018년 (주)한독 대표이사 사장(현)

조정우(趙政宇) CHO Jeong Woo

(생)1961·1·11 (주)서울특별시 종로구 종로 26 SK바이오팜 임원실(02-2121-0110) (학)경성고졸, 인하대 생물학과졸, 同대학원 생물학과졸, 생물학박사(미국 텍사스A&M대) (경)SK(주) 상품화사업개발팀 그룹리더 2004년 同Life Science Lab장, 同Discovery Lab장 2008년 同Life Science 신약개발사업부장 2009년 同Life Science 신약개발연구소장 2011년 SK바이오팜 신약개발사업부장(상무) 2013년 同신약개발사업부장(전무) 2016년 同신약사업부문장(COO·부사장) 2017년 同대표이사(현)

조정웅(趙正雄)

(생)1969·2·24 (출)서울 (주)경기도 수원시 영통구 법조로 105 수원지방법원(031-210-1114) (학)1987년 영일고졸 1991년 서울대 법학과졸 (경)1997년 사법시험 합격(39회) 2000년 사법연수원 수료(29기) 2000년 서울지법 의정부지원 판사 2002년 서울지법 판사 2004년 창원지법 진주지원 판사 2007년 서울행정법원 판사 2009년 서울북부지법 판사 2012년 서울고법 판사 2014년 서울중앙지법 판사 2015년 광주지법 부장판사 2017년 수원지법 부장판사(현)

조정원(趙正源) Chungwon CHOUE

(생)1947·12·20 (본)백천(白川) (출)서울 (주)서울특별시 중구 세종대로 55 부영태평빌딩 10층 세계태권도연맹(02-539-1752) (학)1966년 서울고졸 1970년 경희대 경제학과졸 1974년 미국 페어레이디킨슨대(Fairleigh Dickinson Univ.) 대학원 국제정치학과졸 1984년 국제정치학박사(벨기에 루뱅카톨릭대) 1993년 명예 법학박사(대만 중국문화대) 1998년 명예 인문학박사(미국 센트럴코네티컷주립대) 1998년 명예 박사(일본 소카대) 2000년 국제산업디자인대학원대(IDAS) 뉴밀레니엄과정 수료 2001년 명예 법학박사(미국 볼스테이트대) 2004년 명예 인문학박사(멕시코 과달라하라국립대) 2005년 명예 상학박사(일본 도쿄국제대학) 2009년 명예 인류학박사(필리핀 팬퍼시픽대 노스필리핀) (경)1979~1997년 경희대 정치외교학과 조교수·부교수·교수 1979~1984년 同기획실장 1983~1988년 同체육위원회 위원장 1983~1993년 한국대학탁구연맹 초대회장 1985~2003년 경희대 국제교류위원장 1986~1994년 同동북아연구원장 1989~2003년 同농구단장 1991~1997년 대한올림픽위원회(KOC) 문화위원 1992년 경희대 아시아태평양지역연구소장 1993~1996년 同서울캠퍼스 부총장 1995년 제1회 한·중동양의학국제심포지엄 준비위원장 1995년 국제태권도아카데미 원장 1996~1997년 제40차 세계체육학술대회 조직위원장 1997~2003년 경희대 총장 1997~2003년 한국사립대학총장협의회 부회장 1997년 경희대 아태지역운영재단 이사장 1998년 대한태권도협회 고문 1998~2003년 국제교육진흥원 국비유학자문위원장 1998년 대한체육회 후원회 발기인 1998년 (사)태평양·아시아협회 이사 1998~1999년 아시아태평양대학협의회(AUAP) 상임이사 1998년 러시아 The Academy of Creative Endeavour 정회원 1998년 제2의건국범국민추진위원회 위원 1998년 대한올림픽위원회(KOC) 위원 1998년 한반도정보화추진본부 자문위원 1999년 북경임업대학 명예교수 1999~2001년 아시아태평양대학협의회(AUAP) 제2부회장 1999~2003년 2010평창동계올림픽유치위원회 고문 1999년 서울NGO세계대회 조직위원장 1999년 러시아 모스크바국립대 명예교수(현) 2000~2003년 국제교육진흥원 운영심의위원장 2000~2003년 경희대 총장 2000년 태평양아시아협회 이사장 2001년 한국복지재단 이사 2001년 필리핀 라살대학 유첸코센터 이사 2002~2005년 대한체육회 부회장 2002~2003년 아시아태평양대학협의회(AUAP) 제1부회장 2003~2004년 경희대 정치외교학과 교수 2003년 한국대학교육협의회 감사 2003년 한국대학총장협의회 운영이사 2003~2004년 아시아태평양대학협의회(AUAP) 회장 2004~2006년 중국 베이징대 석좌교수 2004년 한국국제정치학회 부회장 2004년 세계태권도연맹 총재(4선·현) 2005~2007년 2014평창동계올림픽유치위원회 부총재 2005년 대한올림픽위원회 고문 2005년 2014인천아시아경기유치위원회 부위원장 2005년 한국국제정치학회 명예이사 2005년 중국 스차하이 체육대학 명예교수(현) 2006년 중국 인민대 석좌교수(현) 2006년 한국페어플레이위원회 초대회장(현) 2006년 GCS International(前밝은사회국제클럽) 국제본부 총재(현) 2006년 학교법인 경희학원 이사 2006년 한국올림픽성화회 명예회장(현) 2006년 동화홀딩스(주) 사외이사(현) 2007년 국제지역학회 고문(현) 2009~2015년 세계태권도평화봉사재단 이사장 2009년 경희대 국제지역연구원 이사장 2010년 한국방문의해위원회 위원(현) 2013~2018년 駐한국 온두라스대사관 명예영사 2016년 세계태권도평화봉사재단 명예총재(현) 2017년 IOC(국제올림픽위원

회) 올림픽난민재단 이사(현) (상)대통령표창(1983), 미국 Indiana주 Muncie시 명예시민(1986), 미국 New Jersey주 Jersey시 명예시민(1987), 미국 페퍼다인대 감사장(1987), 글로벌코리아상(1998), 벨기에왕실 공로훈장(2000), 일본 오후대 이사장공로상(대학장 금장)(2000), 경희체육인상 공로상(2004), 청조근정훈장(2006), 미국 California주 Carson시 명예시민(2007), 몽골 올림픽국가협회 체육공로훈장(2007), 자랑스러운 경희인상(2013), 코트디부아르 체육공로훈장(2013) (저)'남북한통합론'(1990) '제네바회담과 북한의 화평통일론'(1990) '동북아 국가간의 협력방안'(1991) '대학은 미래의 펀드다'(2008) 'Peace in Mind, Sports at Heart'(2009) (역)'화평의 책'(1985)

조정제(趙正濟) JOH Jung Jay (秀山)

(생)1939 · 10 · 16 (본)함안(咸安) (출)경남 고성 (주)서울특별시 동작구 현충로 85 원불교서울회관 B10호 아프리카어린이돕는모임 이사장실(02-825-5196) (학)1958년 경남고졸 1963년 서울대 문리대 영어영문학과졸 1970년 同행정대학원졸 1976년 경제학박사(미국 캔자스주립대) 2000년 명예 경영학박사(한국해양대) (경)1966년 행정고시 합격 1966~1974년 경제기획원 사무관 1976년 同자금계획과장 1978년 국토개발연구원 수석연구원 1981년 同연구위원 1984~1991년 同부원장 1986년 대한국토 · 도시계획학회 부회장 1991년 한국개발연구원 초빙연구위원 1992년 대한국토 · 도시계획학회 회장 1994년 해운산업연구원 원장 1997년 해양수산개발원 초대 원장 1997~1998년 해양수산부 장관 1998년 규제개혁위원회 경제분과위원장 1998~2001년 한국해양대 초빙교수 1999년 (사)아프리카어린이돕는모임 이사장(현) 2000~2001년 해양문화재단 이사장 2003년 국무총리 정부정책평가위원회 위원장 2004년 월간 '수필문학'으로 수필가 등단 2005년 단편소설 '은파를 넘어서'로 소설가 등단 2008년 원불교문화예술단체총연합회 회장 (상)국무총리표창, 국민훈장 모란장, 현정국토개발상(1998) (저)'지역산업연관연구' '도시재정 개선방안연구' '토지세제의 과제와 정책' '도시경영' '도시정책분석' '좁은 땅 넓은 바다', 단편소설 '은파를 넘어서'(2005), 장편소설 '북행열차' (종)원불교

조정필(曺程弼)

(생)1969 · 4 · 8 (본)창녕(昌寧) (출)광주 (주)세종특별자치시 도움5로 20 법제처 운영지원과(044-200-6521) (학)1987년 광주제일고졸 1997년 서울대 서양사학과졸 (경)2003년 행정고시 법무행정직 합격(47회) 2004년 법제처 근무 2006~2007년 同사회문화법제국 법제관실 해양수산부 · 해양경찰청담당 사무관 2009년 同기획재정담당관실 정부입법총괄 사무관 2011년 同경제법제국 법제관실 국토해양부담당 사무관 2013년 同법제지원단 법제관실 의원입법총괄 사무관 2014년 同법제지원단 법제관실 의원입법총괄 서기관 2015년 同법령해석정보국 법령정보정책관실 법제교육과 서기관 2016년 同법령해석국 행정법령해석과 서기관 2017년 同법령해석국 사회문화법령해석과 서기관 2017년 同법제조정총괄법제관실 법제조정법제관 과장 2019년 同법제정책국 법제조정법제관 2019년 울산시 법제협력관(과장급)(현)

조정현(曺正鉉) CHO Jeong Hyeon

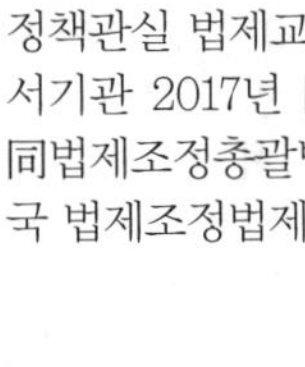

(생)1969 · 10 · 28 (출)전남 목포 (주)서울특별시 서초구 서초중앙로 157 서울중앙지방법원(02-530-1114) (학)1988년 목포 영흥고졸 1994년 서울대 공법학과졸 (경)1994년 사법시험 합격(36회) 1997년 사법연수원 수료(26기) 1997년 제주지법 판사 2002년 수원지법 안산지원 판사 2006년 서울동부지법 판사 2007년 영국 킹스칼리지런던 파견 2008년 서울고법 판사 2010년 서울중앙지법 판사 2012년 광주지법 부장판사 2013년 사법연수원 교수 2015년 수원지법 안산지원 부장판사 2017년 서울중앙지법 부장판사(현)

조정호(趙正鎬) CHO Jung Ho

(생)1958 · 10 · 5 (본)양주(楊州) (출)인천 (주)서울특별시 강남구 강남대로 382 메리츠금융지주 회장실(02-3786-2000) (학)1978년 미국 대처스쿨졸 1983년 미국 서던캘리포니아대 경제학과졸 1988년 스위스 International Institute for Management Development(국제경영개발대학원) MBA 수료 (경)1983~1989년 (주)대한항공 구주지역본부 차장 · 부장 1984년 同구주지역본부장 1989년 한일투자증권(주) 이사대우 부장 1991~1994년 同상무이사 1994~1995년 同총괄전무이사 1995~1996년 동양화재해상보험(주) 전무이사 1996~1997년 同부사장 1997~1999년 한진투자증권(주) 대표이사 사장 1999~2000년 同대표이사 부회장 2000~2003년 메리츠증권(주) 대표이사 부회장 2003~2007년 同대표이사 회장 2007년 메리츠종합금융 등기이사 겸임 2007년 메리츠증권(주) 회장 2007~2013년 메리츠화재해상보험(주) 회장 2007년 메리츠종합금융(주) 비상근이사 2013 · 2014년 메리츠금융지주 회장(현)

조정호(趙廷鎬) CHO Jung Ho

(생)1970 · 2 · 8 (본)김제(金堤) (출)서울 (주)대전광역시 유성구 대덕대로 776 한국천문연구원 우주과학본부(042-865-3234) (학)1988년 선덕고졸 1992년 충남대 천문우주과학과졸 1995년 연세대 대학원 천문대기과학과졸 2012년 이학박사(독일 본(Bonn)대) (경)1995~1996년 한국표준과학연구소 부설 천문대 GPS팀 단기기술원 1996~1999년 同부설 천문대 GPS팀 연구원 1999~2001년 한국천문연구원 GPS연구그룹 연구원 2001~2005년 同GPS연구그룹 선임연구원 2005~2006년 同우주측지연구그룹 선임연구원 2006~2009년 同우주측지연구부 지구관측연구그룹장 2009~2010년 同우주과학연구부 우주측지연구그룹장 2010년 해외 파견(선임연구원) 2011년 한국천문연구원 책임연구원(현) 2014~2018년 同우주과학본부 우주측지그룹장 (상)한국천문연구원기술상 최우수상(2007), 교육과학기술부장관표창(2010) (저)'현대천문학 강좌'(共) '열린어린이 우주캠프' 시리즈

조정환(曺晶煥)

(생)1955 (출)강원 인제 (주)경기도 파주시 광탄면 혜음로 765 학교법인 한민학원 이사장실(031-937-6600) (학)춘천제일고졸 1977년 육군사관학교졸(33기) (경)1998년 21사단 63연대장 2000년 육군본부 비서실 정책과장 2001년 同정보작전참모부 작전과장 2004년 同정보작전참모부 계획편제처장 2005년 제22사단장 2008년 육군본부 정보작전참모부장 2008년 제5군단장(중장) 2010년 육군 참모차장 2011년 육군 제2작전사령관(대장) 2012~2013년 육군 참모총장(대장) 2014~2016년 광복청년아카데미 명예총재, 서울공대 미래안보전략기술과정 자문위원장, 학교법인 한민학원(한민고) 이사장(현) (상)보국훈장 천수장(2008), 올해의 자랑스러운 강원인(2012)

조종관(趙鍾寬) CHO Chong Kwan

(생)1956 · 1 · 20 (본)한양(漢陽) (출)충남 보령 (주)대전광역시 동구 대학로 62 대전대학교 둔산한방병원 동서암센터(042-470-9134) (학)인창고졸 1979년 경희대 한의학과졸 1981년 同대학원졸 1987년 한의학박사(경희대) (경)1982년 경희대 한방병원 전문의 1984~1989년 동국대 한의학과 조교수 1989년 대전대 한의과대학 교수(현) 1995년 同한방병원 의무부원장 1996년 중국 북경광안문병원 종양과 · 중국과학원 종양병원 연수 1997~2001년 대전대 한방병원장 1999년 同동서생명과학연구장 1999년 同둔산한방병원 동서암센터장(현) 1999~2003년 同한의과대학장 1999년 同한의학연구소장 2003년 중국 상해중의약대 용화병원

종양과 연구원 2004년 同객좌교수 2004년 대전대 둔산한방병원장 2014~2016년 대한암한의학회 회장 (저)'한방임상종양학' '플러스 암 치료법' '수레바퀴 암치료법' '암의 휴면요법' '몸에 좋은 한방치료' '한방 암 치료가 몸에 좋다' '한의학의 암치료기술' '암 전이 재발을 막아주는 한방 신치료 전략(共)'(2009) (역)'역대암치료선' (종)기독교

조종국(趙鍾國) CHO Chong Kook (南溪)

(생)1943·1·12 (본)한양(漢陽) (출)충남 부여 (주)대전광역시 중구 계백로 1719 센트리아오피스텔605호 (주)CK 대표이사실(042-531-9795) (학)1961년 부여고 3년 중퇴, 同명예졸업 1986년 동국대 대학원 한문교육학과 수료 1987년 충남대 경영대학원 최고경영자과정 수료 1992년 同행정대학원 최고관리자과정 수료 2006년 방송통신고졸 2011년 대전대 산업광고심리학과 중퇴 (경)1970~1971년 서울신문 사회부 기자 1971년 국가비상사태 언론인구속사건 옥고 1983년 충남도전 초대작가·운영위원·전람회장 1984년 국립현대미술관 초대작가 1986년 (사)한국예술문화단체총연합회 충남도연합회장 1988년 同부회장 1988년 同대전시연합회장 1988년 한국예술문화진흥 이사장(현) 1989년 대전시미술대전 초대작가·운영위원장 1992년 대전세계박람회조직위원회 문화예술전문위원 1994년 대한민국서예대전 심사위원 1995년 한·중문화교류 회장(현) 1995~2002년 대전시의회 의원(자민련) 1995~1997년 同부의장·의장 직대 1996년 (주)새대전아트 대표이사 2000~2002년 대전시의회 의장 2000~2007년 한국예술문화단체총연합회 부회장, 同대전시연합회장 2002~2004년 자민련 대전中지구당 위원장 2005년 (주)CK 대표이사(현) 2010년 (주)한국광고진흥재단 대표이사 2011년 제30회 대한민국미술대전 서예부문 운영위원장 2012년 대전시문화재단 자문위원장 2014년 대전시의정회 회장(현) 2017년 한국펜클럽 회원(현), 同문화예술정책위원장(현) (상)충남도문화상 예술부문, 서울신문 향토문화대상 현대문화부문 본상, 한국예술문화단체총연합회 예술문화대상, 대전시문화상 사회봉사부문, 대전시미술대전 초대작가상, 시사투데이 올해의 新한국인 大賞(2013), 중국 강소성인민정부 '강소성을 빛낸 인물상'(2014) (저)수필집 '별을 바라보는 마음으로' '계룡로의 아침' '내마음의 꽃신', 서문집 '남계조종국서예' (작)서예저작권 '내 아들을' (종)천주교

조종국(趙鍾國) CHO Jong Kook

(생)1965·3·26 (출)경남 함안 (주)부산광역시 해운대구 센텀중앙로 55 영화진흥위원회 사무국(051-720-4700) (학)1984년 마산 중앙고졸 1990년 중앙대 예술대학 문예창작학과졸 (경)1991년 영화 및 비디오월간지 '비디오플라자' 기자 1992~1993년 영화주간지 '영화저널' 기자·영화월간지 '스크린' 기자 1994~1996년 비디오숍 체인 '영화마을' 설립·기획이사·편집장 1996년 영화월간지 '스크린' 편집장 1997~2000년 영화주간지 '씨네21' 기자·취재팀장 1998~2002년 인권영화제 집행위원·자문위원 2001~2012년 영화제작사 (주)조우필름 대표 2004~2005년 영화제작사 이스트필름(주) 공동대표 2005~2007년 영화진흥위원회 규정심의소위원회·경영지원소위원회 위원 2005~2011년 (사)영화인회의 상임집행위원 2007년 영화사 청어람(주) 감사 2007~2009년 (사)부산국제영화제조직위원회 기획실장·집행위원·사무차장 2011~2014년 (사)부산영상위원회 사무처장 2014~2018년 영화주간지 '씨네21' 비상임편집위원 2018년 영화진흥위원회 사무국장(현) (작)공동제작 '달려라 장미'(2005), 제작·프로듀서 '손님은 왕이다'(2006)

조종란(趙鍾蘭·女) Cho Chong Ran

(생)1961·10·23 (출)충북 (주)경기도 성남시 분당구 구미로173번길 59 한국장애인고용공단 이사장실(031-728-7070) (학)1981년 서울 영훈고졸 1985년 서울여대 사회사업학과졸 1998년 이화여대 사회복지대학원 사회복지학과졸 (경)1986~1987년 한국사회복지사협회 사무국 간사 1987~1990년 서울시립남부장애인종합복지관 사회복지사 1990년 한국장애인고용촉진공단 대리 2005년 同정보관리부장 2007년 同고용촉진국 고용총괄팀장 2010년 한국장애인고용공단 고용지원국장 2010~2014년 同고용촉진이사 2014~2017년 성민복지재단 성민복지관장 2017년 한국장애인고용공단 이사장(현) (상)삼애봉사상(2000), 국무총리표창(2007), 서울특별시장표창(2017)

조종래(趙鍾來) CHO Jong Rae

(생)1968·5·2 (출)부산 (주)부산광역시 강서구 녹산산단335로 8 부산지방중소벤처기업청 청장실(051-601-5101) (학)1987년 부산고졸 1991년 한양대 행정학과졸 2004년 미국 콜로라도주립대 대학원 행정학과졸 (경)1992년 중앙공무원교육원 사무관 2000년 중소기업청 벤처기업국 벤처정책과 서기관 2004년 同창업벤처국 창업벤처정책과 서기관 2005년 同중소기업정책국 구조개선과장 2006년 同정책홍보관리관실 재정기획법무관 2006년 同정책홍보관리본부 재정법무팀장 2006년 同정책홍보관리본부 혁신인사기획팀장 2007년 同창업벤처본부 창업벤처정책팀장 2007년 同창업벤처본부 창업벤처정책팀장(부이사관) 2008년 同벤처정책과장 2009년 同인력지원과장 2012년 同기획조정관실 고객정보화담당관 2013년 同옴부즈만지원단장 2014년 同생산기술국 생산혁신정책과장 2015년 同소상공인정책국 소상공인정책과장 2015년 同중견기업정책국장 2016년 국가공무원인재개발원 교육파견(고위공무원) 2017년 부산지방중소기업청장 2017년 부산지방중소벤처기업청장(현)

조종묵(趙種默) Cho Jong Mook

(생)1961·1·28 (출)충남 공주 (주)전라북도 완주군 삼례읍 삼례로 443 우석대학교 소방방재학과(063-290-1478) (학)공주사대부고졸 1987년 충남대 영어영문학과졸 1994년 단국대 대학원 행정학과졸 2010년 행정학박사(충북대) (경)1990년 소방간부후보생 6기 2007년 경북 의성소방서장 2011년 중앙소방학교 교육기획과장 2013년 소방방재청 기획조정관실 정보화담당관 2014년 국민안전처 특수재난지원관실 담당관 2015년 국방대 파견 2016년 제20대 중앙119구조본부장 2016년 국민안전처 중앙소방본부 소방조정관 2017년 소방청 차장 2017~2018년 同청장 2019년 우석대 소방방재학과 초빙교수(현)

조종수(趙鐘壽) CHO Chong Soo

(생)1952·4·8 (출)경북 청송 (주)대구광역시 수성구 달구벌대로 2330 교보생명빌딩 (주)서한(053-740-5863) (학)1970년 청송고졸 1974년 영남대 토목공학과졸 2004년 서울대 공과대학원 건설산업최고전략과정 수료 (경)2003년 (주)서한 대표이사(현) 2005년 국제로타리 3700지구 ROTC로타리클럽 회장 2008년 영남대ROTC동문회 회장 2009년 대구상공회의소 상공의원(현) 2009년 영남대총동문회 부회장(현) 2009~2012년 대한건설협회 대구시회 회장 2012년 대한건설협회 대구시회 명예회장 2012~2016년 대구·경북지구ROTC 회장 2013년 대구경영자협회 부회장(현) 2015~2019년 대한건설협회 대구시회장 2017년 건설경제신문 이사(현) (상)동탑산업훈장(2011), 건설업윤리경영대상(2013), 국무총리표창(2014)

조종완

(생)1964 (출)서울 (주)충청남도 아산시 신창면 황산길 100-50 경찰대학 학생지도부(041-968-2112) (학)1982년 경성고졸 1986년 경찰대 법학과졸(2기) (경)1986년 경위 임관 2007년 경찰청 총무과 근무 2007년 경북 안동경찰서장(총경) 2009년 경찰청 교육과장 2010년 서울 동작경찰서장 2011년 경찰청 감사담당관 2014년 경기 분당경찰서장(경무관) 2015년 국립외

교원 경무담당관 2015년 경기지방경찰청 제3부장 2016년 경기남부지방경찰청 제3부장 2016년 경찰청 과학수사관리관 2018년 경기남부지방경찰청 제2부장 2018년 同사이버성폭력특별수사단장 겸임 2019년 경찰대학 학생지도부장(현)

조종태(趙鍾泰) JO Jong Tae

[생]1967·2·28 [본]함안(咸安) [출]경남 함안 [주]광주광역시 동구 준법로 7-12 광주고등검찰청(062-233-2169) [학]1985년 마산 중앙고졸 1991년 서울대 국어국문학과졸 [경]1993년 사법시험 합격(35회) 1996년 사법연수원 수료(25기) 1996년 수원지검 검사 1998년 창원지검 통영지청 검사 2000년 서울지검 검사 2002년 프랑스 국립사법관학교 연수 2003년 울산지검 검사 2005년 법무부 정책홍보관리실 검사 2008년 서울동부지검 검사 2009년 同부부장검사 2010년 대구지검 부부장검사 2011년 전주지검 정읍지청장 2012년 법무부 범죄예방정책국 법질서선진화과장 2013년 同범죄예방정책국 범죄예방기획과장 2014년 대검찰청 범죄정보1담당관 2015년 서울중앙지검 조사1부장 2016년 대구고검 검사 2016년 법무부 정책기획단장 겸임 2017년 대검찰청 검찰연구관(검찰개혁추진단장) 2018년 수원지검 성남지청장 2019년 법무부 '검찰 과거사위원회 수사권고관련수사단' 차장검사 겸임(현) 2019년 광주고검 차장검사(검사장급)(현) [상]홍조근정훈장(2018)

조주관(曺主冠) CHO Ju Gwan

[생]1953·6·5 [본]창녕(昌寧) [출]충북 옥천 [주]서울특별시 서대문구 연세로 50 연세대학교 노어노문학과 [학]1973년 대전고졸 1981년 고려대 노어노문학과졸 1983년 同대학원졸 1987년 미국 오하이오주립대 대학원졸 1991년 러시아문학박사(미국 오하이오주립대) [경]1991년 서울대 강사 1993~2002년 연세대 노어노문학과 조교수·부교수 1996~2000년 고리키세계문학연구소 학술위원 1998~2000년 한국러시아문학회 회장 1998~2000·2004~2006년 연세대 노어노문학과장 1998년 同미디어아트연구소 부소장 1999~2000년 교육부 교과용도서심의회 심의위원 2001~2002년 미국 오하이오주립대 교환교수 2002년 학술진흥재단 심사위원 2002~2018년 연세대 노어노문학과 교수 2007년 同문과대학 부학장 2017년 대한민국학술원 회원(러시아문학·현) 2019년 연세대 노어노문학과 명예교수(현) [상]푸슈키메달, 조지아공화국 명예훈장(2017) [저]'러시아 시강의' '러시아 고대문학' '20세기 프랑스, 독일, 러시아 문학과 또 다른 문학' '19세기 프랑스, 독일, 러시아 문학' '기술매체 시대의 텍스트와 미학'(2005) '죄와 벌의 현대적 해석'(2007) [역]'보즈네센스끼 시선집' '러시아 현대 비평이론' '러시아 시의 이해와 분석' '고대 러시아 문학 선집 1,2' '안나 아흐마또바 시선집' '러시아 희곡 1,2' '말로 표현된 사상은 거짓말이다' '나의 사랑 나의 인생(불라뜨 아꾸자바의 노래시)' '비 이야기(벨라 아흐마둘리나 시선집)' '러시아문학의 하이퍼텍스트' '빼째르부르그 이야기' '루슬란과 류드밀라'

조주연(趙珠淵) CHO Joo Yun

[생]1957·1·26 [출]대전 [주]서울특별시 서초구 서초중앙로 96 서울교육대학교 초등교육과(02-3475-2535) [학]1976년 대전고졸 1981년 서울대 교육학과졸 1985년 同대학원 교육학과졸 1990년 철학박사(미국 오리건대) [경]1981년 상계여중 교사 1982년 서울사대부속여중 교사 1990~1992년 서울대·한국교원대·성균관대·서울교육대 강사 1990~1992년 국립교육평가원 조교수 1992년 서울교육대 초등교육과 조교수·부교수·교수(현) 2002~2004년 한국초등교육학회 이사 2005년 서울교육대 초등교육연구원장 2009년 同교육연수원장 2010~2012년 한국초등교육학회 회장 2017년 서울교육대 도서관장 겸 교육박물관장(현) [상]교육부장관표창(1997) [저]'열린교육의 이해'(共) '수업기술의 이론과 실제' [역]'오른뇌를 활용하는 수업기술' [종]기독교

조주영(曺周永)

[생]1960·8·12 [출]전남 [주]경기도 성남시 분당구 안양판교로 1207 한국석유관리원(031-7890-200) [학]1978년 광주 숭일고졸 1984년 전남대 무역학과졸 [경]2000~2005년 산업자원부 행정관리담당관실·월드컵조직위원회 파견·지식경제부 자본재산업총괄과·무역정책과 사무관 2005년 산업자원부 석유산업과 사무관 2009년 지식경제부 지역투자과 서기관 2010~2011년 통일부 남북협력지구지원단 파견(서기관) 2011~2013년 지식경제부 재난안전관리팀장 2013~2014년 방위사업청 파견(서기관) 2015~2016년 국민안전처 파견(서기관) 2016~2017년 산업통상자원부 산업재난담당관 2017년 한국석유관리원 경영이사(상임이사)(현) 2018년 同이사장 직대 [상]장관급표창(을지연습 유공)(1989), 대통령표창(2002), 홍조근정훈장(2017), 아시아경제 '2019사랑받는공공기관대상' 경영혁신부문 최우수상(2019)

조주완(曺周完) Cho Joo-wan

[생]1962·10·11 [주]서울특별시 영등포구 여의대로 128 LG트윈타워 서관 LG전자 인사팀(02-3773-1114) [학]동성고졸, 부산대 기계공학과졸, 연세대 대학원 경영학과졸 [경]1982년 금성사 업무부 입사 1992년 同냉기 미주과·냉기 구주수출팀장 1996년 LG전자 독일법인 뒤셀도르프지사 근무 2001년 同DA해외사업전략그룹장, 同에어컨북미그룹장 2005년 同뉴저지법인 DA OEM담당 2006년 同캐나다법인장(상무) 2010년 同호주법인장(상무) 2012년 同AE본부 RAC사업부장(상무) 2014년 同미국가전법인장(전무) 2017년 同북미지역 대표 겸 미국법인장(전무) 2018년 同북미지역 대표(부사장)(현) 2018년 同미국법인장(부사장) 겸임 [상]대통령표창(2017)

조주현(曺朱鉉)

[생]1969·1·8 [출]대전 [주]대전광역시 서구 청사로 189 1동 중소벤처기업부 운영지원과(042-481-4315) [학]1986년 대성고졸 1990년 서울대 외교학과졸 1993년 同대학원 행정학과졸 2000년 미국 델라웨어대 대학원 경제학석사 수료 2005년 同대학원 경제학박사 수료 [경]1996년 중소기업청 지원총괄국 국제협력과 사무관 1997년 同기획관리관실 기획예산담당관실 사무관 1998년 同중소기업정책국 소기업과 사무관 1998년 同벤처기업국 창업지원과 사무관 1999~2005년 미국 델라웨어대 유학 2005년 중소기업청 중소기업정책국 정책평가과 사무관 2005년 同기술지원국 기술정책과 사무관 2006년 同청장비서관(서기관) 2007년 同창업벤처본부 벤처투자팀장 2008년 同창업벤처국 벤처투자과장(서기관) 2009년 同소상공인정책국 시장개선과장 2010년 同기술혁신국 기술협력과장 2011년 同소상공인정책국 소상공인정책과장 2011년 同중소기업사업조정 T/F팀장 2013년 대통령 중소기업비서관실 행정관(부이사관) 2016년 대통령 중소기업비서관실 선임행정관(고위공무원) 2017년 중소기업청 생산기술국장 2017~2019년 중소벤처기업부 기술인재정책관 2019년 同교육 훈련(현)

조주홍(趙周洪)

[생]1969·10·15 [주]경상북도 안동시 풍천면 도청대로 455 경상북도의회(054-880-5126) [학]대륜고졸, 홍익대 경영학과졸, 영남이공대학 토목과졸, 경북대 정책정보대학원 석사과정 재학 중 [경](주)한일건설 대표이사, 한국청년회의소 영덕청년회의소 회장, 법무부 법사랑위원회 영덕지역협의회 운영위원, 포항교도소 교정위원(현), 한국스카우트연맹 경북영덕지구연합회 회장(현) 2007년 한나라당 제17대 대통령선거 경북선거대책위원회 공동청년본부장 2012년 새누리당 제18대 대통령선거 경북선거대책위원회 유세본부장, 同경북도당 홍보위원장 2014~2018년 경북도의회 의원(비례대표, 새누리당·자유한국당) 2014

년 同농수산위원회 위원 2014년 同정책연구위원회 부위원장 2014~2016년 同새누리당 원내대표단 대변인 2016년 同문화환경위원회 위원 2016년 同원자력안전특별위원회 위원, 새누리당 경북도당 홍보위원장 2018년 경북도의회 의원(자유한국당)(현) 2018년 同문화환경위원회 위원장(현) 2018년 同원자력대책특별위원회 위원(현)

조주환(曺周煥)

(생)1965·10·19 (주)서울특별시 중구 서소문로 100 중앙일보 제작국(02-751-5114) (학)1984년 마산고졸 1990년 서울대 서양사학과졸 (경)1994년 중앙일보 편집부 기자 2002년 同편집국 종합편집부 기자 2005년 同편집국 종합편집부 J팀 기자 2006년 同편집국 종합편집부 차장대우 2007년 同편집국 편집부문 차장대우 2008년 同편집국 편집부문 J팀장 2011년 同편집디자인에디터(부장대우) 2012년 同편집국 Saturday부문 에디터 2014년 同편집디자인에디터 2015년 同신문제작담당 종합편집에디터 2016년 同신문제작담당 종합에디터 2016년 同편집국 멀티미디어에디터(부장) 2017년 同편집제작부문 멀티미디어에디터(부국장대우) 2017년 同제작1담당 2018년 同제작국장(현) (상)한국편집기자상(1999), 제11회 한국편집상 레이아웃부문 대상(2004)

조준모(趙俊模) CHO Joon Mo

(생)1962·9·1 (본)백천(白川) (출)서울 (주)서울특별시 종로구 성균관로 25-2 성균관대학교 경제학과(02-760-0422) (학)1981년 경복고졸 1985년 연세대 경제학과졸 1987년 미국 시카고대 대학원 경제학과졸 1990년 경제학박사(미국 시카고대) (경)1990~1994년 미국 Oklahoma대 조교수 1992~2000년 Journal of Applied Business Research Reviewer 1994~1999년 숭실대 경제통상학과 조교수 1998~1999년 同노사관계대학원 교학부장 1998~1999년 제2기 노사정위원회 책임전문위원 1999~2005년 숭실대 경제학과 부교수 2001년 한국노동경제학회 연구이사 2002~2003년 同상임이사 2002년 노사정위원회 공익위원 2003~2005년 숭실대 노사관계대학원 주임교수 2003~2005년 同경제학과장 2004~2005년 同평생교육센터장 2005년 同노사관계대학원장 2005년 한국공공정책학회 학술부회장 2005년 성균관대 경제학과 교수(현) 2006년 중앙노동위원회 공익위원 2006년 성균관대 HRD센터장(현) 2008년 학교법인 덕성학원 이사 2008년 국회 환경노동위원회 자문위원 2011~2014년 성균관대 교무처장 2014년 대통령직속 규제개혁위원회 경제분과 민간위원 2015~2016년 성균관대 경제대학장 (저)'아웃소싱 매뉴얼'(1999) '노사협력적 고용관리 매뉴얼'(1999) '인적자원의 확충과 보호(共)'(2005) '신산별교섭론'(2006) '특수형태종사자보호에 관한 경제학적 이해(共)'(2007) '신노사문화 정착을 위한 노동관계법 전환에 관한 연구' '한미 FTA의 노동시장 파급효과와 노동제도 변화(共)'(2008) (종)기독교

조준웅(趙俊雄) CHO Joon Woong

(생)1940·10·13 (출)경남 함안 (주)서울특별시 서초구 서초대로45길 20 변호사교육문화관 2층 법무법인 세광(02-595-6633) (학)1959년 부산사범학교졸 1967년 서울대 법학과졸 (경)1970년 사법시험 합격(12회) 1972년 사법연수원 수료(2기) 1973년 서울지검 검사 1981년 대검찰청 검찰연구관 1982년 부산지검 검사 1985년 춘천지검 영월지청장 1986년 대검찰청 공안2과장 1987년 부산지검 공안부장 1989년 서울남부지검 특수부장 1991년 대검찰청 공안기획담당관 1992년 서울지검 공안2부장 1993년 同공안1부장 1993년 부산지검 울산지청장 1994년 서울지검 제1차장검사 1995년 인천지검 부천지청장 1995년 서울지검 동부지청장 1997년 광주고검 차장검사 1999년 춘천지검장 1999년 광주지검장 2000년 인천지검장 2006년 법무법인 세광 대표변호사(현) 2006년 대한은박지공업(주) 사외이사 2007년 '삼성 비자금 의혹' 특별검사 (상)홍조근정훈장

조준필(趙埈佖) CHO Joonpil

(생)1959·1·24 (출)부산 (주)경기도 수원시 영통구 월드컵로 164 아주대학교병원 응급의학과(031-219-5286) (학)1983년 연세대 의대졸 1988년 同대학원 의학석사 1995년 의학박사(연세대) (경)1991~1994년 연세대 의대 외과학교실 전임강사 1994년 아주대 의대 응급의학교실 교수(현) 2000~2002년 2002한일월드컵축구경기(2002 FIFA World Cup Games) 의무전문위원 2002~2008년 경기남부권역 응급의료센터 소장 2004년 아주대의료원 지역사회안전증진연구소장(현) 2008~2011년 경기도립의료원(수원병원·의정부병원·이천병원·안성병원·파주병원·포천병원) 원장 겸 수원병원장 2014~2015년 한국항공응급의료협회 회장 (저)'지역사회안전증진 이론과 실제'(2008)

조준혁(趙俊赫) Cho June-Hyuck

(생)1960·3·4 (주)서울특별시 종로구 사직로8길 60 외교부 인사운영팀(02-2100-7863) (학)1982년 한국외국어대 불어과졸 1984년 同대학원 정치학과졸 1987년 미국 조지아대 대학원 정치학과졸(석사) (경)1982년 외무고시 합격(16회) 1982년 외무부 입부 1988년 駐필리핀 2등서기관 1995년 駐미국 1등서기관 1997년 駐자메이카 참사관 1998년 아시아·유럽정상회의(ASEM)준비기획단 파견 1999년 외교통상부 문화협력과장 2000년 同북미2과장 2000년 駐캐나다 참사관 2003년 駐브라질 공사참사관 2007년 외교통상부 문화홍보담당 심의관 2008년 同유엔과장 2008년 駐오스트리아 공사 2009년 駐오스트리아 차석대사 2011~2014년 駐카메룬 대사 2014년 국회의장 외교특임대사 2015~2017년 외교부 대변인, 연합뉴스 수용자권익위원회 위원 2018년 駐페루 대사(현)

조준형(趙駿衡) CHO Jun Hyung (淸岩)

(생)1957·12·27 (본)한양(漢陽) (출)경북 포항 (주)강원도 춘천시 강원대학길 1 강원대학교 산림환경과학대학 1호관(033-250-8350) (학)1983년 중앙대 공과대학 화학공학과졸 1984년 일본 나고야대 화학공학과졸 1989년 화학공학박사(일본 나고야대) (경)강원대 산림환경과학대학 제지공학과 교수(현) 1996~1997년 미국 국립임산물연구소·미국 위스콘신대 방문연구교수 2002~2010년 강원대 서울본부장, 국회환경포럼 정책자문위원(현), 한국환경기술진흥원 평가심의위원(현), 한국산업기술평가관리원 평가심사위원(현) 2010~2012년 강원대 학생처장 2012~2013년 중국 동북임업대 교환교수 2015~2016년 한국화학공학회 강원지부장 2017년 일본 나고야대 한국총동창회장(현) 2017년 강원대 대외협력부총장(현) (상)미국 농무성공로상(1997), 교육환경대상(2003), 한국펄프종이공학회 저술상(2007), 한국펄프종이공학회 우수논문발표상(2015) (저)'분리의 과학' '펄프·제지공학'(1995) '입자응용과학'(2003) '펄프제지 폐수처리'(2007) '펄프·종이 수처리 기술'(2016) (역)'분리의 과학' '입자분체공학'(2015) (종)천주교

조준형(趙俊炯) CHO Joon Hyung

(생)1960·8·8 (출)대전 (주)서울특별시 서초구 서초대로74길 11 삼성전자(주) 법무실 법무팀(02-2255-0114) (학)1979년 금오공고졸 1986년 동아대 법대졸 (경)1987년 사법시험 합격(29회) 1990년 사법연수원 수료(19기) 1990년 서울지검 남부지청 검사 1992년 대구지검 김천지청 검사 1994년 부산지검 검사 1996년 법무부 검찰1과 검사 1998년 서울지검 검사 2000~2002년 인천지검 검사 2002년 김앤장법률사무소 변호사 2007년 변호사 개업 2009년 리인터내셔널 법률사무소 변호사, 삼성전자(주) CEO 보좌역 2011년 同법무실 법무팀장(부사장대우)(현)

조준형(趙俊衡)

(생)1968 · 2 · 5 (주)서울특별시 강남구 남부순환로 2913 동하빌딩 3층 대주회계법인(02-568-7683) (학)1987년 대구 성광고졸 1993년 서울대 국제경제학과졸 1995년 同대학원 경영학과졸 (경)1995~1998년 한국장기신용은행 중견행원 2002~2005년 대성회계법인 공인회계사 2005~2016년 대명회계법인 상무 2007~2009년 미국 Grant Thornton International San Jose office Senior Associate(대명회계법인 소속 파견 근무) 2012~2013년 한국공인회계사회 신감사기준번역검토위원회 위원 2012~2016년 同품질관리대책위원회 위원 2013~2014년 同세무조정감리위원회 위원 2015~2016년 (주)연합뉴스 비상근감사 2017년 대주회계법인 상무(현)

조준호(趙俊鎬) CHO Jun Ho

(생)1959·2·16 (주)경기도 이천시 마장면 지산로 167-72 LG인화원(031-630-6720) (학)1977년 휘문고졸 1982년 서울대 경제학과졸 1984년 미국 시카고대 대학원 마케팅학과졸 (경)1981년 한국투자신탁 근무 1984년 한국존슨앤드존슨 근무 1986년 LG전자(주) 해외영업부문 근무 1987년 同오디오미주과장 1989년 同가전부문 전략기획실 과장 1992년 LG그룹 회장실 V-추진본부장 1996년 同회장실 경영혁신추진본부 이사대우 1998년 LG(주) 구조조정본부 경영혁신추진본부 이사 1999년 同구조조정본부 이사회지원실 상무보 2000년 LG정보통신 단말사업본부 단말기획담당 상무 2000년 LG전자(주) 정보통신단말사업본부 단말기획담당 상무 2002년 同정보통신전략담당 부사장 2002년 세계경제포럼(WEF)의 '아시아의 미래를 짊어질 차세대 한국인 리더'에 선정 2004년 LG전자(주) 북미사업담당 부사장 2007년 (주)LG 부사장 2008년 同경영총괄 부사장 겸 CFO 2008년 同대표이사 부사장 겸 최고운영책임자(COO) 2010~2014년 同대표이사 사장 겸 최고운영책임자(COO) 2015~2017년 LG전자(주) 각자대표이사 사장(MC사업본부장) 2017년 同MC사업본부장(사장) 2018년 LG인화원 원장(사장)(현)

조중권

(생)1965 (주)서울특별시 영등포구 여의대로 128 LG트윈타워 LG경영개발원(02-3773-0592) (학)고려대 재료공학과졸 (경)1987년 금성사 비디오연구소 입사 2000년 LG IBM 홍보부장 2005년 LG전자 홍보부장 2016년 同홍보전략Task 상무 2017년 LG그룹 홍보팀 상무(현)

조중래(趙重來) CHO Choong Lai

(생)1958·3·17 (본)함안(咸安) (출)서울 (주)서울특별시 성북구 안암로 145 고려대학교 기술경영전문대학원(02-3290-4871) (학)성동고졸, 고려대 화학공학과졸, 미국 카네기멜론대 대학원 토목환경공학과졸 2001년 환경시스템공학박사(고려대) (경)1983년 SK(주) 입사 1990년 同공정기술과장 1993년 同환경기술팀장 1993~2001년 환경경영국제표준화회의(ISO/TC207) 한국대표 1996~2000년 국회 환경포럼 자문위원 2000~2001년 산업자원부 청정기술평가위원회 위원 2002년 SK(주) 안전환경기획팀장 2004년 同안전환경담당임원(상무) 2004년 국가지속가능발전위원회 위원 2004년 환경부 장관 자문위원 2004·2008~2011년 대한상공회의소 녹생성장기후환경위원회 위원 2005~2007년 SK텔레콤 홍보실장(상무) 2008년 SK에너지(주) 환경사업부장(상무) 2009년 SK China 환경사업부장 겸임 2009년 대한상공회의소 기후변화대책단장 2010~2012년 국가과학기술위원회 녹색환경자원분과 전문위원 2012~2013년 SK China 수석부총재 2014~2015년 한양대 공학대학원 특임교수 2016년 고려대 기술경영전문대학원 특임교수(현) (상)환경부장관표창(1999·2000), 대통령표창(2002), 매일경제 광고대상 '올해의 광고인상'(2006), 교육부총리·보건복지부장관·경찰청장표창(2007)

조중래(趙重來)

(생)1975 · 1 · 22 (출)경남 함안 (주)경기도 수원시 영통구 법조로 105 수원지방법원 총무과(031-210-1114) (학)1993년 경상고졸 1998년 서울대 법학과졸 (경)1997년 사법시험 합격(39회) 2000년 사법연수원 수료(29기) 2000년 軍법무관 2004년 청주지법 판사 2007년 수원지법 성남지원 판사 2010년 서울북부지법 판사 2012년 서울중앙지법 판사 2013년 대법원 재판연구관 2015년 서울북부지법 판사 2016년 창원지법 부장판사 2018년 수원지법 부장판사(현) 2018년 헌법재판소 파견(현)

조중명(曺重明) CHO Joong Myung

(생)1948 · 12 · 15 (본)창녕(昌寧) (출)강원 태백 (주)경기도 성남시 분당구 대왕판교로 700 코리아바이오파크 A동 5층 (주)크리스탈지노믹스 비서실(031-628-2700) (학)1969년 중앙고졸 1973년 서울대 문리과대학졸 1975년 同대학원졸 1981년 생화학전공 이학박사(미국 휴스턴대) (경)1974~1977년 한국원자력연구소 분자생물학연구실 연구원 1981~1984년 미국 베일러대 의대 분자생물학 박사후 연구원 1984~1994년 (주)럭키 미국현지법인 Luck Biotech Corp. 상무이사 · 연구소장 1994~2000년 LG화학 바이오텍연구소 소장 · 전무이사 1998년 International Moleular Biology Network 한국분회 발기인 1999~2001년 과학기술부 기초과학실무위원회 위원 1999~2003년 신약개발연구조합 신의약상 심사위원 1999~2002년 한국생명공학연구원 자문위원 1999~2001년 창의적연구진흥사업 기획 · 평가위원 2000년 크리스탈지노믹스(주) 설립 · 대표이사 회장(현) 2002년 한국바이오벤처협회 부회장 2004년 송도바이오메디컬허브추진 자문위원 2005~2008년 대통령소속 의료산업선진화위원회 위원 2005~2006년 보건의료기술평가위원 2005년 의료선진화위원회 위원 및 의약R&D분과 위원장 2006년 대한상사중재원 중재인 2006~2008년 산업자원부 바이오산업전략회의 민간위원 2006~2010년 인간유전체기능연구사업단 운영위원 2007~2008년 한국생명공학연구협의회 운영위원 2007~2008년 중소기업중앙회 벤처기업위원회 위원 2008~2011년 국가생명윤리위원회 위원 2009년 한국바이오협회 부회장 2013년 화일약품 대표이사 회장(현) (상)매일경제 장영실상(1991 · 1993 · 1995 · 1996), 과학의날 대통령표창(1992), 발명의날 금탑산업훈장(1994), 산업자원부 신지식인 선정(1999), 매일경제 과학기술부문 대상(2000), 한국벤처대전 산업자원부장관표창(2002), 한국과학기자협회 올해의 과학기술인상(2003), 포항가속기연구소 심계학술상(올해의 최우수연구상)(2004), 한국보건산업진흥원 연구부문 우수상(2005), 보건복지부장관표창(2010 · 2015) (종)기독교

조중식(曺中植) CHO JOONG SHIK

(생)1967 · 3 · 14 (출)경남 (주)서울특별시 중구 세종대로21길 30 조선일보 국제부(02-724-5114) (학)1982년 부산 배정고졸 1991년 서울대 국사학과졸 (경)1991년 조선일보 입사 2002~2003년 중국 베이징대 연수 2004~2006년 조선일보 베이징특파원 2012년 同애드마케팅팀장 2014년 同산업2부장 2016년 同디지털뉴스본부 취재팀장 2018년 同국제부장(현)

조중혁(趙重赫)

(생)1966 (출)경남 마산 (주)울산광역시 중구 성안로 112 울산지방경찰청 보안과(052-210-2191) (학)경상고졸 1987년 경찰대졸(3기) (경)1987년 경위 임관 2000년 경감 승진 2007년 경정 승진 2009년 부산 동래경찰서 경비교통과장 2010년 부산 사하경찰서 정보과장 2011년 부산지방경찰청 외사3계장 2013년 同국제범죄수사대장 2016년 울산지방경찰청 청문감사담당관(총경) 2017년 울산 중부경찰서장 2019년 울산지방경찰청 보안과장(현) (상)모범공무원상(1997), 국무총리표창(2002)

조증성(曺增成) CHO Jeoung Sung

[생]1954 · 12 · 27 [주]부산광역시 사상구 주례로 47 동서대학교 메카트로닉스융합공학부(051-320-1712) [학]1981년 한양대 산업공학과졸 1985년 미국 아이오와주립대 대학원 산업공학과졸 1988년 공학박사(미국 아이오와주립대) [경]1992~2015년 동서대 산업경영공학과 교수 2007~2011년 同대학원장 2007~2011년 同국제경영대학원장 2011년 同부총장 2015년 同메카트로닉스융합공학부 교수(현) 2015~2019년 同제1부총장 2015~2017년 同디자인대학장

조지호(趙志浩) CHO Ji Ho

[생]1968 · 4 · 30 [출]경북 청송 [주]대구광역시 달서구 달구벌대로259길 15 대구 성서경찰서(053-609-0211) [학]대구 대건고졸 1990년 경찰대 행정학과졸(6기) [경]2011년 총경 임관 2012년 강원 속초경찰서장 2013년 강원지방경찰청 생활안전과장 2014년 경찰청 여성청소년과장 2015년 서울 서초경찰서장 2016년 경찰청 경무인사기획관실 인사담당관 2018년 同혁신기획조정담당관 2019년 대구 성서경찰서장(경무관)(현) [상]모범공무원 국무총리표창(2002), 근정포장(2009)

조지훈(曺志訓) JO Ji Hun

[생]1968·9·30 [주]전라북도 전주시 덕진구 팔과정로 164 전라북도경제통상진흥원(063-711-2067) [학]전주동암고졸 1995년 전북대 상대 무역학과졸 [경]전북기독교사회운동연합 정책부장, 민주주의민족통일전북연합회 조직국장, 8.15 50주년민족공동행사인간띠잇기 전북본부 사무국장, 열린우리당 전주완산지구당 운영위원, 同전북도당 청년위원장, 同전주완산甲 국회의원사무소장, 민주당 전북도당 상무위원, 同전주완산甲 부위원장 1998·2002·2006· 2010~2014년 전북 전주시의회 의원(민주당·민주통합당·민주당·새정치민주연합) 2006~2008년 同행정위원장 2008~2010년 同부의장 2010~2012년 同의장 2010년 전북시·군의회 의장단협의회 회장 2012년 전북용무도협회 회장 2012년 전북 전주시의회 행정위원회 위원 2019년 전북도경제통상진흥원 원장(현) [상]한국탄소융합기술원 탄소산업발전 공로패(2013)

조진수(趙辰洙) Jinsoo Cho

[생]1956·10·29 [주]서울특별시 성동구 왕십리로 222 한양대학교 기계공학부(02-2220-0429) [학]1975년 경기고졸 1979년 서울대 공과대학졸 1981년 同대학원 항공공학과졸 1988년 항공공학박사(미국 퍼듀대) [경]1981~1985년 공군사관학교 교수부 항공공학과 교관·전임강사·부교수(공군대위 전역) 1981년 한국항공우주학회 정회원 1982~1985년 한양대 공과대학 강사 1988년 미국항공우주학회(AIAA) Senior Member(현) 1988~1990년 미국 Allison Gas Turbine Div. G.M. Project Engineer 1990년 미국 Purdue Univ. 항공우주공학과 객원조교수 1990~1993년 포항공대 기계공학과 조교수 1993~1994년 한국항공우주연구소 위촉연구원 1993년 대한기계학회 정회원(현) 1993년 한양대 기계공학부 조교수·부교수·교수(현) 1995~2003년 同대학원 항공공학과 전공주임교수 1995년 한국항공우주산업연구조합 기술전문위원 1997~1999년 기계공업진흥회 우수자본재포상심의위원 1999년 한국항공우주학회 사업이사 2001년 한국산업기술평가원 전문평가위원(현) 2001~2010년 산업자원부 항공우주개발과제 평가위원 2001~2002년 同추진장치로드맵위원회 전문위원·총괄위원장 2002~2004년 한양대 공과대학 기계공학부장 2003~2004년 산업자원부 무인항공기로드맵위원회 위원장 2003~2010년 건설교통부 항공사고조사위원회 위원 2005~2008년 한국공학교육학회 편집위원장·기획이사 2005~2010년 지식경제부 민군겸용기술위원회 전문위원 2006년 한국국방포럼 이사(현) 2006년 전남 고흥군 우주항공산업발전협의회 위원 2006년 바른과학기술사회실현을위한국민연합 발기인·집행위원 2006~2007년 산업자원부 민군겸용기술위원회 위원 2010~2011년 한양대 제4공과대학장 2010년 한국항공우주학회 부회장 2011년 공군 정책발전자문위원 2011년 한국항공우주산업 항공기술자문단장 2011년 한국산업기술평가관리원 연구장비평가단 위원(현) 2012년 한국항공우주연구원(KARI) 자문위원 2012년 공군 항공사업지원TF 자문위원장 2013년 한국항공우주학회 회장 2013년 국방과학연구소(ADD) 자문위원(현) 2013년 산업통상자원부 자체평가위원 2013~2014년 항공안전기술센터 비상임이사 2014~2016년 항공안전기술원 비상임이사 2014~2018년 한국방위산업학회 이사 2014년 한국항공우주산업(주) 산학위원회 위원장 2014년 국방NCW포럼 이사(현) [상]한국과학재단 장학생(1979~1980), 미국 Purdue Univ. Dean's List(1986~1988), 미국 Purdue Univ. David Ross Fellowship(1988), 제12회 중소기업기술혁신대전 중소기업청장표창(2011), 2013년 공군을 빛낸인물(2014), 제25회 과학기술 우수논문상(2015) [저]'항공기 개념설계'(2001, 경문사)

조진욱(趙鎭旭) CHO Chin Wook

[생]1952·10·10 [출]충남 [주]경기도 안양시 만안구 안양로 464 미원상사 임원실(031-472-9231) [학]중앙고졸 1975년 서울대 화학공학과졸, 한양대 경영대학원졸(MBA) [경]1978~1980년 금호석유화학 근무 1981~1997년 한국바스프 영업팀장·기획담당 상무 1997년 同아시아태평양지역 환경·건강·안전담당 이사 1998~2002년 중국바스프 스티레닉스사 대표 2002년 폴리미래(주) 대표이사 2006~2011년 한국바스프(주) 대표이사 회장 2011년 솔브레인(주) 대표이사 사장 2015년 미원상사(주) 공동대표이사(현) [상]동탑산업훈장(2004), 한국의 경영자상(2010) [종]천주교

조진원(趙鎭元) Cho Jin Won

[생]1958·3·11 [주]서울특별시 서대문구 연세로 50 연세대학교 시스템생물학과(02-2123-4083) [학]1982년 연세대 생물학과졸 1984년 同대학원 미생물학과졸 1993년 미생물학박사(미국 캘리포니아대 데이비스교) [경]1993~1996년 미국 SUNY Stony Brook 박사 후 연구원 1996년 연세대 시스템생물학과 조교수·부교수·교수(현) 1997년 한국발생학회 이사 1998년 한국동물학회 학술간사 1999년 한국분자생물학회 운영위원 2000~2001년 한국동물학회 총무간사 2005~2009년 연세대 박물관 간사 2005~2007년 同이과대학 생물학과장 2006년 한국분자세포생물학회 총무운영위원 2006~2008년 연세대 이과대학 생명과학부장 2007~2014년 국제복합당질학회 한국대표 2008년 연세대 단백질네트워크연구센터 소장 2008~2009년 한국분자세포생물학회 학술상위원장 2007~2013년 한국당과학회 간사장·부회장·회장 2008~2009년 한국여성유권자연맹 자문교수 2010~2014년 한국분자세포생물학회 교육위원장·부회장 2012년 연세대 융합오믹스의생명과학과 주임교수 2013~2016년 同언더우드특훈교수 2014~2016년 한국싱어송라이터협회 회장 2015~2016년 한국분자세포생물학회 이사 2016년 당수식화네트워크연구센터장(현) 2017년 한국싱어송라이터협회 명예회장(현) 2017년 국제당질학회(International Glycoconjugates Organization) 회장 [상]TBC 젊은이의 가요제 우수상 및 작사상(1997), 연세학술상(2009) [역]'분자세포생물학'(1996) '세포학'(2000) '생명과학'(2009) 'Biology : The Dynamic Science'(2009)

조진형(趙鎭衡) CHO Jin Hyung

[생]1943·2·14 [본]한양(漢陽) [출]충남 예산 [주]인천광역시 부평구 부흥로 329 로얄프라자 801호 (재)부평장학재단(032-511-6263) [학]1963년 송도고졸 1967년 건국대 경영학과졸 1989년 연세대 경영대학원 수료 1993년 서울대 행정대학원 수료 [경]1973~1997년 덕원농산 대표 1973년 진선미예식장 대표 1980년 대한씨름협회 회장 1983~1995년 양돈협회 부회장 1983

~1987년 인천교육위원회 장학위원 1988년 민정당 인천北甲지구당 위원장 1989년 국제라이온스 309지구6지역 위원장 1990년 도시사회정책연구소 이사장 1990년 민자당 중앙상무위원 1991~2018년 인천시테니스협회 회장 1992년 제14대 국회의원(인천北甲, 무소속·민자당·신한국당) 1992년 민자당 원내부총무 1994년 국회 건설위원회 간사 1996년 제15대 국회의원(인천 부평甲, 신한국당·한나라당) 1997년 신한국당 재해대책위원장 1997~1998년 한나라당 재해대책위원장 1998~2003년 同인천시지부장 1998~2003년 同당무위원 2000년 同인천부평甲지구당 위원장 2001년 송도고총동문회 회장 2002년 (재)부평장학재단 이사장(현) 2007년 한나라당 인천시당 위원장 2008년 제18대 국회의원(인천 부평甲, 한나라당·새누리당) 2008~2010년 국회 행정안전위원장 2008년 2014인천아시아경기대회조직위원회 고문 2009년 한나라당 재정위원장 2010년 同재외국민협력위원장 2012년 새누리당 제18대 대통령중앙선거대책위원회 인천시선거대책위원회 고문 2015~2016년 대한민국헌정회 이사 2016년 제20대 국회의원선거 출마(인천 부평구甲, 무소속) (상)자랑스러운 건국인상(2008) (저)'한국도시사회 정책연구' '도시사회' (종)기독교

조찬만(趙燦萬)

(생)1970 · 8 · 26 (출)전북 부안 (주)서울특별시 서초구 서초중앙로 118 카이스시스템빌딩 4층 법무법인 아인(02-581-5400) (학)1989년 부안 백산고졸 1998년 경희대 법학과졸 2002년 同대학원 국제지도자과정 수료 2005년 연세대 법무대학원 경영법무학과졸 (경)1999년 사법시험 합격(41회) 2002년 사법연수원 수료(31기) 2002~2007년 변호사 개업 2007년 부산지검 검사 2009년 수원지검 검사 2011~2012년 대전지검 검사 2012년 변호사 개업 2013년 법무법인(유) 강남 구성원변호사 2015년 법무법인 율정 대표변호사 2017년 법무법인 아인 대표변호사(현)

조찬영(趙燦榮)

(생)1973·8·13 (출)전북 부안 (주)서울특별시 서초구 서초중앙로 157 서울고등법원(02-530-1114) (학)1992년 전주고졸, 고려대졸 1998년 同대학원 법학과졸 (경)1997년 사법시험 합격(39회) 2000년 사법연수원 수료(29기) 2000년 軍법무관 2006년 인천지법 부천지원 판사 2010년 서울남부지법 판사 2011년 법원도서관 조사심의관 겸임 2013년 서울고법 판사 2015년 광주지법 부장판사 2016년 서울고법 판사(현)

조찬휘(趙瓚彙) Cho Chan Hwi

(생)1948 · 11 · 14 (출)충북 청원 (주)서울특별시 서초구 명달로9길 6 (재)의약품정책연구소(02-3474-5301) (학)1967년 청주고졸 1974년 중앙대 대학원졸(약학석사) (경)1974년 한독약품 입사 1978~1980년 同성북구영업소장 1980년 수보온누리약국 대표약사(현) 2001~2007년 성북구약사회 회장 2007~2010년 대한약사회 부회장 겸 서울시약사회 회장 2010~2012 서울시약사회 총회의장 2013 · 2016~2019년 대한약사회 회장(제37 · 38대) 2013년 (재)의약품정책연구소 이사장(현) 2013년 (재)약학정보원 이사장(현) 2013년 약사공론 회장(현) 2016년 항생제바로쓰기운동본부 위원(현) (상)대한약사회장표창(2002), 보건복지부장관표창(2008), 국민훈장 동백장(2015)

조창상(趙昌相) Cho Chang Sang

(생)1968 · 8 · 13 (본)평양(平壤) (출)충남 태안 (주)서울특별시 종로구 세종대로 178 WEST KT빌딩 13층 북방경제협력위원회(02-3148-7605) (학)1987년 대전 대신고졸 1992년 서울대 경영학과졸 2008년 벨기에 국제관계학대학원(CERIS : Centre Europeen de Recherches Internationales et Strategiques) 국제정치학과졸 2019년 정치학박사(경남대) (경)1993년 행정고시 합격(37회) 1999~2005년 재정경제부 경제협력국 근무 2005~2006년 대통령자문 동북아시대위원회 경제협력팀 근무 2006년 재정경제부 세제실 관세국 FTA팀장 2006년 벨기에 세계관세기구(WCO) 기술전문관 파견 2010년 기획재정부 대외경제국 통상정책과장 2012년 대통령실 정책실 녹색성장기획관실 행정관 2013년 대통령 미래전략수석비서관실 행정관 2014년 IDB연차총회 준비기획단 단장 2015년 통계청 기획조정관 2018년 국방대 교육파견(국장급) 2019년 대통령직속 북방경제협력위원회 지원단 부단장(현) (상)홍조근정훈장(2013) (종)가톨릭

조창섭(曺昌燮) CHO Chang Sub

(생)1940·12·22 (본)창녕(昌寧) (출)경남 (주)서울특별시 관악구 관악로 1 서울대학교 독어교육과(02-880-5114) (학)1964년 서울대 사범대학 독어교육학과졸 1967년 同교육대학원 교육학과졸 1976년 철학박사(독일 베를린자유대) (경)1969년 단국대 문리대학 전임강사·조교수·부교수 1981~1983년 중앙대 독어과 교수 1983~1990년 한국독어독문학교육학회 회장 1984~2006년 서울대 독어교육과 조교수·부교수·교수 1997~1999년 同외국어연구소장 1997년 한국독어독문학교육학회 회장 2000~2004년 서울대 사범대학장 2006년 同명예교수(현) 2008~2012년 단국대 교육대학원장 2008~2011년 同특수교육대학원장 겸임 2008년 (사)한국독서교육실천연합회 회장(현) 2012년 글로벌리더쉽아카데미 고문 2013~2016년 한국투자아카데미 회장 2016년 서울대 명예교수협의회 부회장 겸 학술위원장(현) 2017년 한국선비문화연구원 부원장(현) (상)홍조근정훈장(2006) (저)'독일표현주의 드라마'(1991) '예술시대의 독일문학'(1993) '현실주의 독일문학'(1994) '볼프강 보르헤르트의 삶과 문학'(2000, 서울대학교출판부) '독일 현대문학'(2002) '학교 공부 바로 하기(共)'(2004, 황금가지) '학습 능력 향상을 위한 조창섭 독서법'(2005) '독서능력개발과 논술'(2007, 에듀왕)

조창진(趙昶鎭) CHO Chang Jin

(생)1953 · 10 · 1 (주)강원도 원주시 행구로 148 SG건설(주) 회장실(033-735-9210) (학)동도공고졸, 동양공업전문대학졸, 상지대 경영대학원졸(경영학석사) (경)횡성군청 건설과 토목직 근무, 원주군청 건설과 토목계장 · 건설계장, (주)영진산업 이사, 섬강종합건설(주) 대표이사, 새마을운동중앙회 횡성군 회장, 대한건설협회 강원도회 간사 · 회장, 원주 KTV 이사, 건설사업연구원 이사 2014년 SG건설(주) 회장(현) 2016년 (재)최규하대통령기념사업회 이사(현) 2017년 G1강원민방 대표이사 회장(현) 2017년 민주평통 강원지역회의 부의장 2018년 원주상공회의소 회장(현) (상)국민훈장 모란장(2017)

조창학(趙昌鶴) CHO Chang Hak

(생)1963 · 8 · 3 (본)한양(漢陽) (출)경북 청송 (주)대구광역시 수성구 동대구로 351 법무빌딩 701호 조창학법률사무소(053-742-0053) (학)1981년 대구 대건고졸 1985년 성균관대 법학과졸 (경)1984년 사법시험 합격(26회) 1987년 사법연수원 수료(16기) 1987년 육군 법무관 1990년 대구지법 판사 1994년 同경주지원 판사 1996년 대구지법 판사 1997년 대구고법 판사 1999년 대구지법 의성지원장 2002년 同상주지원장 2004년 同부장판사 2005년 同가정지원장 2007~2010년 同부장판사 2010년 변호사 개업(현) (종)불교

조창현(趙昌賢)

(생)1962·9·1 (출)경남 진주 (주)서울특별시 강남구 도산대로 458 (주)신세계사이먼(1644-4001) (학)진주 동명고졸, 경상대 행정학과졸 (경)2013년 신세계(주) 본점 점장(상무) 2014년 同센텀시티점장(상무) 2015년 同식품생활본부장(부사장보) 2016년 同사내이사 2017년 同영업1본부장(부사장보) 2018년 同영업본부장(부사장) 2019년 (주)신세계사이먼 대표이사(현)

조창호(趙昌好) CHO Chang Ho

(생)1942·2·15 (출)경남 통영 (주)부산광역시 수영구 광안해변로 100 삼익비치아파트 306동 501호 조창호법률사무소(051-622-3888) (학)1960년 통영수산고졸 1965년 경희대 법대졸 (경)1972년 사법시험 합격(14회) 1974년 사법연수원 수료(4기) 1974년 대구지법 판사 1977~1983년 부산지법·마산지원 판사 1983년 마산지법 거창지원장 1984년 부산지법 판사 1985년 대구고법 판사 1987년 부산고법 판사 1989년 마산지법 충무지원장 1991년 부산지법 부장판사 1993~2009년 변호사 개업 2009~2015년 부산지법 조정센터 상임조정위원 2015년 변호사 개업(현) (종)천주교

조창환(曺昌煥) Cho, Chang Whan

(생)1937·9·10 (본)창녕(昌寧) (주)서울특별시 영등포구 선유동2로 70 이화산업(주)(02-2007-5555) (학)1955년 서울고졸 1957년 미국 트라이스테이트대(Tri-State Univ.) 경제학과졸 1961년 미국 웨스턴리저브대(Western Reserve Univ.) 상학과졸 (경)1963년 이화산업(주) 전무이사 1971년 서정학원 이사 1980~2018년 이화산업(주) 회장 1980년 유정화학(주) 회장 1981년 보신물산(주) 회장 1982~2018년 삼명물산(주) 회장 1983년 유풍무역(주) 회장, 덕국염료(주) 회장, 영화기업(주) 회장 1986~2018년 이화소재(주) 회장 1990~2018년 이화엔지니어링 회장 1995년 창녕조씨대종회 회장 겸 종덕제장 2000년 서울고총동창회 제12대 회장 2001년 인왕장학재단 이사장(현) 2005년 서정학원(동산초·대경중·대경상고) 이사장(현) 2007년 (재)창조장학회 이사장(현) 2009~2018년 이화물산(주) 회장 2019년 이화산업(주) 명예회장(현) (상)체육훈장 기린장(1982), 산업포장(1991), 국민훈장 목련장(2014) (종)불교

조창환(趙昌煥) Cho, Chang Hwan

(생)1958·8·23 (본)한양(漢陽) (출)충북 보은 (주)서울특별시 송파구 송이로15길 14 자동제어회관 4층 한국자동제어공업협동조합(02-582-6856) (학)1976년 보문고졸 1985년 한국방송통신대 행정학과졸 2010년 고려대 행정대학원 공공행정과졸 (경)1978~2007년 조달청 비축2과·계약과·외자2과·기획실 근무 2007년 同기획실·구매국 자재구매과·정보기술용역과 서기관 2008년 인천지방조달청 자재구매과장 2011년 서울지방조달청 시설과장 2011년 同정보기술용역과장, 국방대 교육파견 2013년 조달청 조달교육담당관 2014년 조달교육원장 2014~2016년 서울지방조달청 경영관리과장(부이사관) 2017년 한국자동제어공업협동조합 전무이사(현) (상)국무총리표창(1999), 조달청장표창(2000), 대통령표창(2004), 홍조근정훈장(2017)

조철구(趙澈九) CHO Chul Gu

(생)1954·1·31 (주)서울특별시 노원구 노원로 75 원자력병원 방사선종양학과(02-970-2114) (학)1980년 서울대 의대졸 1984년 同대학원 의학석사 1994년 의학박사(서울대) (경)1980~1984년 서울대병원 진단방사선과 전공의 1984~1987년 국군수도통합병원 군의관 1986년 원자력병원 방사선종양학과장 1990년 중앙대 의대 방사선과교실 외래부교수 1991년 미국 M.D. Anderson 암센터병원 방사선종양학과 연구임상 Observer 1991년 일본 방사선종합의학연구소 연수 1996년 서울대 의대 치료방사선과교실 외래조교수 2005년 한국원자력의학원 진료부장 2007~2008년 원자력병원 원장 2007~2008년 한국원자력의학원 동남권분원설립추진단장 2008년 원자력병원 방사선종양학과 2과장 2010~2013년 한국원자력의학원 의료용중입자가속기사업단장 2010년 IAEA 개도국방사선치료증진을위한자문단 자문위원(현) 2010~2013년 한국원자력의학원 원자력병원장 2012년 IAEA/RCA 아태지역정위적방사선치료기술(SBRT)보급사업 기술협력사업 총괄책임자(현) 2012~2014년 PTCOG51 세계입자방사선치료학회 자문위원 2012~2014년 방사선이해를위한의사모임 회장 2013~2015년 한국원자력의학원 원장 2014년 대한방사선방어학회 부회장 2015년 원자력병원 방사선종양학과장(현) (상)대한치료방사선과학회 최우수논문상(1994), 부총리 겸 과학기술부장관표창(2006), 대한민국 건강지킴이 국내 암부분 대상(2008) (종)기독교

조철기(趙喆紀)

(생)1965·9·23 (주)충청남도 예산군 삽교읍 도청대로 600 충청남도의회(041-635-5331) (학)1985년 예산농업전문대 농업학과졸 (경)아산신도시탕정주민대책위원회 홍보국장, 민주당 충남도당 지방자치정책위원, 탕정초총동창회 부회장, 인영 한우농장 대표, 민주당 아산위원회 운영위원 2010년 충남 아산시의회 의원(민주당·민주통합당·민주당·새정치민주연합), 同총무복지위원회 위원, 同보육특별위원회 위원 2014~2018년 충남 아산시의회 의원(새정치민주연합·더불어민주당), 더불어민주당 부대변인(현) 2018년 충남도의회 의원(더불어민주당)(현) 2018년 同예산결산특별위원회 부위원장(현), 민주평통 자문위원(현)

조철호(趙哲鎬) JO Cheol Ho

(생)1945·6·10 (본)양주(楊州) (출)충북 청주 (주)충청북도 청주시 청원구 충청대로 103 동양일보 회장실(043-218-5225) (학)1964년 충북 청주고졸 1968년 청주대 국어국문학과졸 (경)1971년 충청일보 기자 1975년 합동통신 기자 1980~1985년 충북문인협회 회장 1981년 연합통신 청주주재 기자 1985년 同청주취재반장 1987~1990년 한국예술문화단체총연합회 충북도연합회장 1988~1991년 연합통신 청주지국장 1991~2004년 동양일보 사장 1992년 소년동아일보 사장 1995년 월간화보 동양라이프 사장 1996년 도서출판 푸른나라 사장 2004년 동양일보 회장(현) 2007년 (사)한국시낭송전문가협회 회장(현) 2013~2017년 한국예술문화단체총연합회 충북도연합회장 (상)충북도 문화상, 월간문학 신인상, 중국 장백산문학상 (저)시집 '살아있음만으로'(1989), '다시 바람의 집'(2013), '유목민의 아침'(2015) 여행에세이집 '중국대륙 동·서횡단 2만5000리'(2005), '들끓는 중국'(2011)

조철호(趙喆鎬)

(생)1968·11·3 (주)부산광역시 연제구 중앙대로 1001 부산광역시의회(051-888-8245) (학)동아대 경기지도학과졸, 同국제대학원 국제학과 휴학 중 (경)국민체육진흥공단 전문위원, 민주당 부산시당 조직국장 2014년 부산시의원선거 출마(새정치민주연합), 박재호 국회의원 보좌관 2018년 부산시의회 의원(더불어민주당)(현) 2018년 同교육위원회 위원(현) 2018년 同남북교류협력특별위원회 위원(현) 2018년 同민생경제특별위원회 위원(현)

조청명(曺青明) CHO, CHUNG-MYONG

(생)1960·10·18 (주)전라남도 광양시 희망길 12-14 제철회관 1층 전남드래곤즈(061-815-0114) (학)1979년 수성고졸 1985년 고려대 경영학과졸 1999년 한국교육개발원대 국제경영학 석사 (경)1986년 포항제철 입사 1995년 포스틸 근무 2005년 (주)포스코 혁신기획실장 2009년 同미래전략그룹리더 2010년 포스코건설 경영전략실장(상무) 2012~2014년 대우인터내셔널 경영기획총괄 전무 2014년 (주)포스코 가치경영실장 직대(전무) 2015년 同가치경영실장(부사장) 2015년 同회장 보좌역 2015~2018년 (주)포스코플랜텍 대표이사 사장 2019년 전남드래곤즈 대표이사 사장(현)

조청식(趙淸植) Cho Chung Sik

(생)1964·1·10 (주)경기도 수원시 팔달구 효원로 241 수원시청 제1부시장실(031-228-2035) (학)1983년 상문고졸 1992년 서울시립대 영어영문학과졸 (경)1993년 행정고시 합격(37회) 1994년 공무원 임용 2006년 경기도 교통국 대중교통과장 2007년 경기 부천시 소사구청장 2008년 경기도 교통도로국장 직대 2009년 同교통도로국장(지방부이사관) 2010년 세종연구소 교육파견 2011년 경기도 평생교육국장 2011년 경기 파주시 부시장 2013년 경기도 안전행정실장 2014년 중앙공무원교육원 교육파견 2015년 경기도의회 사무처장(지방이사관) 2015년 경기 용인시 부시장 2017년 경기도 기획조정실장 2019년 경기 수원시 제1부시장(현) (상)근정포장(2006), 다산대상 청렴봉사부문(2008), 홍조근정훈장(2017)

조 춘(趙 椿) CHO Choon

(생)1960·1·9 (본)함안(咸安) (주)서울특별시 종로구 종로3길 17 법무법인 세종(02-316-4213) (학)1979년 부산 동인고졸 1984년 서울대 법학과졸 1986년 同법과대학원 법학과졸(법학석사) 2001년 법학박사(서울대) 2002년 미국 캘리포니아대 버클리교 법과대학원 법학과졸(LL.M.) (경)1987년 사법시험 합격(29회) 1990년 사법연수원 수료(19기) 1990년 대구지검 검사 1992년 춘천지검 강릉지청 검사 1993년 서울지검 남부지청 검사 1994년 법무법인 세종 파트너변호사(현) 2002~2003년 미국 UC Berkeley 법과대학원 LL.M. & Visiting Scholar 2004~2006년 감사원 정보공개심의회 위원 2007~2009년 사법연수원 민사변호사실무 교수 2008년 (사)행정법이론실무학회 회장 2009년 행정안전부 고문변호사 2009년 同감사청구심의회 위원 2010~2011년 (사)한국세법학회 감사 2010년 대한변호사협회 세제위원회 위원(현) 2012~2017년 한국법학원 이사 2012~2018년 국민권익위원회 소속 중앙행정심판위원회 비상임위원 2012~2015년 중부지방국세청 고문변호사 2013~2014년 안전행정부 감사청구심의회 위원 2016년 서울지방국세청 고문변호사 2017년 행정법이론실무학회 이사(현) 2017년 서울지방변호사회 조세커뮤니티 위원장(현) 2018년 한국세법학회 부회장(현) (종)기독교

조충연(趙忠衍) Jerry CHO

(생)1973·12·22 (본)풍양(豊壤) (출)충남 부여 (주)서울특별시 마포구 방울내로11길 37 라이브벤처 비서실(02-747-9241) (학)중앙대 신문방송대학원 신문과졸 (경)1997년 한국신문협회 기획부·세계신문협회(WAN)·국제언론인협회(IPI) 근무 2001년 메트로신문 설립(Founder)·대표이사·경영담당 이사 2003년 포커스신문 경영기획실장(상무이사) 2006년 모티스(KOSDAQ) 신규사업본부장 2007~2013년 시티미디어 대표이사 사장 2014년 라이브벤처 대표(현) 2016년 (주)세토웍스 대표이사(현)

조충현(曺忠鉉)

(생)1962·11·11 (출)전남 고흥 (주)광주광역시 광산구 무진대로 240 2층 IBK기업은행 충청·호남그룹(062-949-5700) (학)1980년 벌교상고졸 1989년 단국대 회계학과졸 (경)1979년 IBK기업은행 입행 2008년 同시화옥구지점장 2010년 同논현역지점장 2011년 同안양지점장 2014년 同반월지점장 2015년 同경서지역본부장 2017년 同충청·호남그룹 부행장(현)

조치훈(趙治勳) CHO Chi Hoon

(생)1956·6·20 (출)부산 (경)1962년 渡日·木谷實(9단)도장 입문 1968년 입단(만 11년8세로 일본기원 최연소 입단기록 수립) 1968년 2단 승단 1969년 3단 승단 1970년 4단 승단 1971년 5단 승단 1973년 6단 승단 1975년 프로10걸 전우승 1975년 7단 승단 1976년 8강 쟁패전 우승·왕좌위 획득 1978년 8단 승단 1979년 기성위 획득 1980~1985년 명인위 보유(60세까지 명예명인자격 획득) 1981년 9단 승단(최연소·최단기 승단기록)(현) 1981년 본인방위 획득(사상 4인째) 1982년 10단위 획득 1982년 학성전 우승 1982년 수재배 우승 1983~1986년 기성위 보유 1983년 NHK배 우승 1983년 일본 바둑계 최초 대삼관「그랜드슬램」달성 1986년 기성위 보유 1987년 천원위 보유 1994년 기성위 보유 1995년 본인방 7연패 1996년 본인방 8연패 1996년 명인위 보유 1997년 본인방 9연패 1997년 일본 명인전 2연패 1998년 기성위 3연패 1998년 본인방 10연패 1999년 기성위 4연패 1999년 1000승 달성 2002년 일본 早碁선수권 우승 2002년 일본 아곤(阿含)·기리야마(桐山)배 우승(일본 바둑계 최다신기록 65회 우승 달성) 2003년 삼성화재배 세계바둑오픈 우승 2005년 십단전 우승 2007년 NHK배 우승(일본 타이틀 통산 70회 우승) 2007년 십단전 우승 2007년 아함동산배 준우승 2008년 NHK배 준우승 2008년 기성전 준우승 2008년 십단전 준우승 2008년 1300승 달성 2008년 개인통산 2000국 달성 2011년 바둑마스터스컵 우승 2012년 일본 바둑 사상 최초 1400승 달성 2014년 일본 제4회 마스터스컵 우승 2015년 제5회 일본 마스터스컵 우승(74회 우승으로 일본 최다 우승 기록경신) 2016년 일본 바둑계 최고 권위 '명예명인' 등극 2017년 제7회 일본 마스터즈컵 준우승 2018년 제5기 대주배 시니어 최강전 우승 (상)은관문화훈장, 일본 저널리스트상, 일본 기도문화상 최고우수기사상, 바둑대상 시니어기사상(2017), 국수(國手) 선정(2018), 바둑대상 시니어기사상(2018), 일본 문화훈장 자수(紫綬) 포장(2019) (저)자전적 전기 '목숨을 걸고 둔다' '바둑해설집'

조태열(趙兌烈) CHO Tae Yul

(생)1955·11·10 (본)한양(漢陽) (출)경북 (학)1974년 서울 중앙고졸 1979년 서울대 법학과졸 1983년 영국 옥스퍼드대 대학원 수료 (경)1979년 외무고시 합격(13회) 1979년 외무부 입부 1984년 駐태국 2등서기관 1990년 駐미국 1등서기관 1992년 駐사우디아라비아 참사관 1994년 외무부 장관보좌관 1995년 同통상2과장 1996년 駐제네바대표부 참사관 2000년 駐미국 참사관 2002년 외교통상부 통상정책기획심의관 2002년 同북미·구주통상심의관 2003년 同지역통상국장 2004~2005년 세계무역기구(WTO) 패널위원 2005년 駐제네바대표부 차석대사 2005~2007년 세계무역기구(WTO) 정부조달위원회 의장 2005~2007년 同분쟁패널 의장 2007년 2012여수엑스포유치현지민관합동대책본부 본부장 2007~2008년 외교통상부 통상교섭조정관 2008년 駐스페인 대사 2011~2012년 외교통상부 개발협력대사 2011년 유엔개발협력포럼 자문위원 2012년 경기도 국제관계자문대사 2013~2016년 외교부 제2차관 2014년 세계경제포럼(WEF) 북극관련글로벌의제협의회 위원 2016~2019년 駐유엔(UN) 대사 2017~2018년 유엔 평화구축위원회(PBC) 의장 2019년 유엔개발계획(UNDP)·유엔인구기금(UNFPA)·유엔프로젝트조달기구(UNOPS) 집행이사회 의장(현) (상)홍조근정훈장(2008), 올해를 빛낸 중앙인상(2008), 스페인정부 국민훈장 대십자장(2012)

조태영(趙泰永) Cho Tai Young

(생)1958·5·19 (본)한양(漢陽) (출)서울 (주)서울특별시 서대문구 통일로 81 NH농협생명빌딩 동북아역사재단 사무총장실(02-2012-6009) (학)1981년 서울대 경제학과졸 1987년 미국 미네소타대 Hubert H. Humphrey Institute 행정학과졸 (경)1981년 외무고시 합격(15회) 1981년 외무부 입부 1989년 駐일본 2등서기관 1995년 駐파키스탄 참사관 1997년 駐일본 1등서기관 2000년 대통령비서실 파견 2001년 외교통상부 동북아1과장 2002년 駐이탈리아 참사관 2005년 駐일본 공사참사관 2007년 대통령비서실 파견 2008년 외교통상부 동북아시아국장 2010년 駐방글라데시 대사 2012년 외교통상부 대변인 2013년 외교부 대변인 2014~2018년 駐인도네시아 대사 2018년 동북아역사재단 사무총장(현) (상)홍조근정훈장(2007) (종)기독교

조태원(曺太元)

(생)1960·6·16 (출)광주 (주)서울특별시 송파구 석촌호수로 166 산림조합중앙회 임원실(02-3535-7114) (학)1988년 홍익대 경영학과졸 1991년 고려대 대학원 회계학과졸 (경)1979년 제일은행 업무기획부 근무, 동화은행 종합기획부 근무 2005년 신한은행 시너지영업본부 팀장 2007년 同나라사랑카드팀장 2008년 同일산문촌지점장 2010년 同봉천동지점장 2013년 同관양동지점장 2015년 同화곡역지점장 2015년 同법인금융상품1부 근무 2016~2018년 산림조합중앙회 상호금융수신부 자문역 2018년 同신용상무 2019년 同상호금융상무(현)

조태익(趙泰益) Cho Tae-ick

(생)1965·9·25 (주)서울특별시 종로구 사직로8길 60 외교부 인사운영팀(02-2100-7136) (학)서울고졸 1987년 연세대 정치외교학과졸 1990년 同행정대학원 외교안보학과졸(행정학석사) 1994년 미국 미시간주립대 대학원 행정학과졸(석사) (경)1990년 외무고시 합격(24회) 1990년 외무부 입부 1996년 駐러시아 2등서기관 1999년 駐노르웨이 1등서기관 2004년 駐오스트리아 참사관 2007년 외교통상부 재외동포영사제도과장 2009년 同인권사회과장 2010년 駐아랍에미레이트 참사관 2014년 駐이란 공사참사관 2017년 보건복지부 기획조정실 국제협력관 2018년 駐탄자니아 대사(현) (상)국무총리표창(2012)

조태임(趙泰任·女) Cho Tae Im

(생)1953·1·24 (본)한양(漢陽) (출)전남 순천 (주)서울특별시 서초구 서초대로 251 삼우빌딩 4층 (사)해피맘(02-537-1660) (학)1975년 중앙대 사범대학 가정교육학과졸 2001년 숙명여대 대학원 전통식생활문화과졸 2010년 식품영양학박사(한양대) 2011년 이화여대 정책과학대학원 여성최고지도자과정 수료 2015년 서울대 법과대학원 최고경영자과정 수료 2016년 同공과대학원 에너지CEO과정 수료 (경)1980~1991년 한국부인회 총본부 소비자분과위원 1980~2000년 대선냉장 대표 2001~2011년 한국식품개발연구원 원장 2010~2012년 보건복지부 의약품처방조제지원시스템 전국확대추진위원회 위원 2012~2018년 생활환경운동여성단체연합 공동대표 2012~2014년 농림축산검역검사본부 기술자문위원 2012~2018년 (사)한국부인회 회장 2012~2017년 국정감사NGO모니터단 공동단장 2013~2017년 국토교통부 NGO 정책자문위원회 위원 2013년 (사)4대악척결범국민운동본부 상임대표 2013년 식품의약품안전처 표시기준분과심의위원회 위원 2013~2015년 여의도연구원 청소년·여성분과 자문위원 2014~2018년 금융감독원 자문위원 2014~2016년 경찰위원회 비상임위원 2014년 식품의약품안전처 건강기능식품 심의위원 2014년 방송통신위원회 종편 심사위원 2014년 건강보험공단 비만대책위원회 위원 2015~2016년 한국소비자원 정책자문위원 2015~2017년 한국여성인력개발센터연합 회장 2015년 미래창조과학부 홈쇼핑재승인 심사위원 2015년 식품의약품안전처 축산물위생심의위원회 위원(현) 2018년 (사)한국부인회 명예회장(현) 2018년 해피맘·세계부인회총본부 회장(현) (상)시사투데이 사회공헌대상(2014), 대한민국 혁신경영대상(2015), 국민훈장 동백장(2015) (저)'엄마가 딸에게 들려주는 영양이야기'(2012, 한우리) '감사합니다'(2017, 도서출판 행복에너지)

조태제(趙泰濟) Cho Tae Je

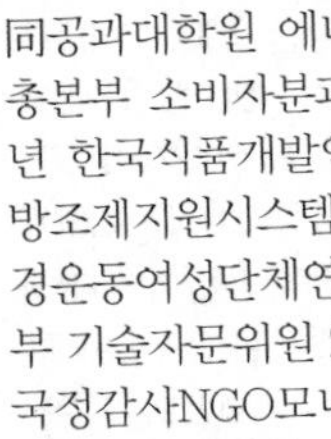

(생)1957·9·2 (출)경남 함안 (주)서울특별시 성동구 왕십리로 222 한양대학교 법학전문대학원(02-2220-1307) (학)1976년 마산고졸 1982년 한양대 법학과졸 1984년 同대학원 법학과졸 1993년 법학박사(한양대) (경)1988~2000년 관동대 법학과 교수 1994~1995년 독일 뷔르츠부르크대 연구교수 1999~2000년 관동대 경제법연구소장 2000년 한양대 법학전문대학원 교수(현) 2002~2003년 인문사회연구회 평가위원 2004년 법무부 자문위원회 위원 2004년 중앙인사위원회 행정심판위원 2005년 한양대 사회봉사단 기획운영실장 2005년 서울시 환경영향평가심의회 위원 2006~2008년 한양대 학생처장 겸 사회봉사단 부단장, 인문경제사회연구회 기획평가위원 2008~2011년 한양대 정책과학대학장 2009~2011년 한국법정책학회 회장 2009년 경찰청 인권위원회 위원 2011~2012년 한국환경법학회 회장 2012~2014년 한국국토정보공사 비상임이사 2013~2014년 한양대 대학평의원회 위원 2013~2018년 한국법정책학회 이사장 2014~2018년 국무총리소속 부마민주항쟁진상규명및관련자명예회복심의위원회 위원·위원장 2016년 학교법인 송곡학원 이사(현) 2016~2019년 더불어민주당 윤리심판원장 2019년 한양대 대학평의원회 의장(현) 2019년 同교수평의원회 의장(현) (종)기독교

조태형(趙台衡) JO Tae Hyung

(생)1952·4·20 (본)한양(漢陽) (출)서울 (주)서울특별시 성동구 아차산로 78 태신빌딩 에코넷홀딩스(02-463-3100) (학)1970년 서울 경복고졸 1975년 서울대 약학대졸 2003년 중앙대 대학원 약학과졸 (경)1981~1990년 (주)서흥캅셀 입사·이사 1990~2000년 (주)남양알로에 전무 1997~2000년 同생명과학연구소장 겸임 1997년 한국건강기능식품협회 기술분과위원장 1997~2001년 대한화장품공업협회 GGMP 운영위원 2000년 한국건강기능식품협회 품질인정심의위원 2000~2002년 (주)유니젠 부사장 2003년 (주)남양 기술부분총괄담당 부사장(CTO) 2003~2006년 (주)유니젠 대표이사 사장 2004년 식품의약품안전청 한국건강기능식품협회 표시광고사전심사위원·정책위원장 2006년 (주)에코넷 사장(CTO·최고기술책임자) 2006~2014년 (주)유니베라 CTO(최고기술책임자) 2015년 (주)유니젠 대표이사 사장 2017년 에코넷홀딩스 고문(현) (상)보건복지부장관표창, 대통령표창, 과학기술부장관표창 (저)'기능성 식품의 이해'(1999)

조태희(趙泰熙) Taehee Cho

(생)1962·7·2 (주)전라남도 나주시 빛가람로 601 한국농촌경제연구원 대외협력정보실(061-820-2226) (학)1985년 건국대 축산학과졸 1987년 同대학원 축산경영학과졸 (경)2005년 민주평통 홍보분과 위원 2013~2016년 농림축산식품부 장관정책보좌관 2016년 한국농촌경제연구원 대외협력정보실장(현) (상)국무조정실장표창(2004)

조택일(趙澤一) CHO Taeg Il

(생)1963·7·23 (주)서울특별시 영등포구 여의대로 128 LG트윈타워 LG전자(주) 컨버전스센터(02-3773-1114) (학)청주고졸, 한양대 전자공학과졸, 전자공학박사(한국과학기술원) (경)1999년 LG전자 DTV연구소 ATSC2팀 책임연구원 2004년 同DTV연구소 DSB그룹장 2006년 同DTV연구소 DSB그룹장(연구위원), 同DTV연구소 BEN그룹장(연구위원) 2010년 同CTO Digital TV연구소장(상무) 2011년 同CTO Convergence연구소장(상무) 2012년 同TV상품기획그룹장(상무) 2013년 同HE선행상품기획그룹장(상무) 2014년 同CIC센터장(상무) 2014년 同CI센터장(상무) 2016년 同CTO부문 컨버전스센터장(상무) 2017년 同CTO부문 컨버전스센터장(전무)(현)

조학희(趙學熙) Hakhee Jo

(생)1963·10·17 (주)서울특별시 강남구 영동대로 511 한국무역협회 국제사업본부(02-6000-5020) (학)1989년 충북대 무역학과졸 1998년 벨기에 루뱅대(Univ. of Leuven) 대학원 국제경제학과졸(EU경제통합) (경)1988년 한국무역협회 입사 1998년 벨기에 Van Bael & Bellis Law Firm 연구원, 한

국무역협회 해외진출컨설팅센터 팀장 2009년 同워싱턴지부장, 同국제무역연구원 전략시장연구팀장 2015년 同국제협력실장 2017년 同e-Biz 지원본부장(상무) 2018년 同국제사업본부장(상무)(현)

조한구(趙漢九) CHO Han Koo

[생]1946·1·7 [출]충남 서산 [주]충청남도 서산시 지곡면 화천3길 56 서일고등학교(041-669-1080) [학]1964년 수도공고졸 1971년 건국대 농화학과졸 1974년 고려대 교육대학원졸 2001년 교육학박사(필리핀 마닐라아레네타대) [경]1974년 서일중·서일고 설립·교장·이사장(현) 1984년 혜전전문대 강사 1987~1997년 서산라이온스클럽 회장 1989년 새마을운동 서산시지회 지도위원 1990년 서산시교원총연합회 회장 1991년 민자당 중앙정치교육원 지도교수 1995년 서산시선거관리위원회 부위원장 1998년 통일원 통일교육전문위원·충남도협의회 부회장 2000~2003년 충남교원단체총연합회 부회장 2001년 국제라이온스 355-D지구20지역 부총재 2003년 한서대 대학원 강사 2006년 충남 서산시장선거 출마(한나라당) 2009년 민주평통 서산지역협의회장 2015~2018년 대한사립중고등학교장회 충남회장 2016~2018년 한국중등교장협의회 충남회장 2018년 한국사립초중고법인협의회 충청남도회장(현) [상]국무총리표창, 통일원장관표창, 충남도지사표창, 내무부장관표창, 충남도교육감표창, 서산시민대상, 영광의 충남인상 [저]'한반도 그리고 통일' '교육행정유형관계론' '교육행정가의 인성 및 가치관과의 상관관계연구' [종]기독교

조한규(趙漢圭) CHO Han Gyu

[생]1955·1·7 [출]전남 순천 [주]서울특별시 강남구 언주로 556 성우빌딩 7층 (주)중소기업신문(02-832-6115) [학]1973년 순천고졸 1981년 경희대 영어영문학과졸 1985년 연세대 행정대학원졸 [경]1991년 세계일보 정치부 차장대우 1996년 同정치부 차장 2000년 同정치부장 2003년 同논설위원 2005년 同정치부장 2005년 同부국장 2005년 同스포츠신문창간추진단장 2005~2006년 스포츠월드 총괄본부장 겸 편집국장, MBN 해설위원 2013~2015년 세계일보 대표이사 사장 2013~2015년 세계닷컴·스포츠월드 사장 겸임 2014~2015년 한국신문협회 이사 2014~2015년 한국디지털뉴스협회 감사 2017년 (주)중소기업신문 회장(현) [상]경희언론인상(2013)

조한기(趙漢起)

[생]1966·9·25 [출]충남 태안 [주]서울특별시 종로구 세종대로 209 정부서울청사 4층 대통령직속국가균형발전위원회(02-2100-1137) [학]1985년 충남 서령고졸 1995년 연세대 영어영문학과졸 [경]1993년 한국민족예술인총연합 문예아카데미 강사 1996~2000년 同월간 '민족예술' 편집장·문화정책연구소 사무국장 2000~2003년 이미경 국회의원 보좌관 2003~2006년 문화관광부 장관(이창동) 정책보좌관 2006~2007년 국무총리 의전비서관 2007~2008년 한명숙 국회의원 보좌관 2008~2010년 최문순 국회의원 보좌관 2010년 안희정 충남도지사후보 대변인 2011년 강원도지사 정무특별보좌관 2012년 제19대 국회의원선거 출마(서산·태안, 민주통합당) 2012년 민주통합당 서산·태안지역위원회 위원장 2012년 同정책위원회 부의장 2012년 同문재인 대통령경선후보캠프 정무팀장 2012년 同문재인 대통령후보선거대책위원회 뉴미디어·SNS지원단장 2014년 새정치민주연합 충남도당 대변인 2014~2015년 同서산·태안지역위원회 위원장 2014년 제19대 국회의원선거 출마(서산·태안 보궐선거, 새정치민주연합) 2015년 충남도개발공사 비상임감사 2015년 더불어민주당 충남서산시·태안군지역위원회 위원장 2016년 제20대 국회의원선거 출마(충남 서산시·태안군, 더불어민주당) 2017년 대통령 의전비서관 2018~2019년 대통령 제1부속비서관 2019년 대통령직속 국가균형발전위원회 전략기획위원(현)

조한섭(曺漢燮)

[생]1966·6·22 [주]경기도 안성시 아양로 12 안성우체국(031-8046-7906) [학]1985년 조선대부속고졸 2012년 한국방송통신대 법학과졸 [경]2010년 행정안전부 조직정책관실 조직진단과 근무 2012년 同조직정책관실 경제조직과 근무 2015년 행정자치부 조직정책관실 조직진단과 근무 2016년 우정공무원교육원 교육지원과 근무 2017~2018년 부산지방우정청 울산우체국장 2019년 과학기술정보통신부 우정사업본부 경인지방우정청 안성우체국장(현)

조한승(趙漢乘) Jo Han-seung

[생]1982·11·27 [주]서울특별시 성동구 마장로 210 한국기원 홍보팀(02-3407-3870) [경]1995년 프로바둑 입단 1997년 2단 승단 1998년 3단 승단 2000년 4단 승단 2001년 5단 승단 2001년 신인왕전 우승 2001년 한·중 신인왕전 준우승 2003년 제46기 국수전 준우승 2003년 6단 승단 2003년 제8기 LG정유배 준우승 2003년 제7기 SK가스배 신예프로10걸전 우승 2003년 7단 승단 2004년 제23기 KBS바둑왕전 준우승 2005년 8단 승단 2005년 TV바둑아시아선수권대회 준우승 2005년 제1기 영남일보배 최고수전 준우승 2006년 9단 승단(현) 2006년 제11기 박카스배 천원전 우승 2006년 제5기 마스터즈 토너먼트 우승 2007년 제35기 강원랜드배 명인전 준우승 2007년 제26기 KBS바둑왕전 준우승 2008년 TV아시아바둑선수권대회 준우승 2009년 제1회 비씨카드배 준우승 2009년 제14기 GS칼텍스배 우승 2010년 제15기 GS칼텍스배 준우승 2010년 광저우아시안게임 단체전 금메달 2011년 제55기 국수전 우승 2012년 제56기 국수전 우승 2013년 스포츠어코드 세계마인드게임 남자단체전 우승 2013년 제3회 초상부동산배 한·중 바둑단체 대항전 우승 2014년 제57기 국수전 우승 2015년 제58기 국수전 준우승 2016년 제59기 국수전 준우승 2018년 제19회 맥심배 우승 [상]바둑문화상 다승상(2001), 바둑문화상 최다승상·연승상(64승 17패21연승, 2002), 2009 바둑대상 감투상(2010), 바둑대상 기록부문 다승상·승률상(2011), 행복나눔인 보건복지부장관표창(2012)

조한욱(趙漢旭) CHO Han Wok

[생]1956·8·29 [출]부산 [주]부산광역시 연제구 법원로 12 로윈타워 10층 법무법인 지석 부산분사무소(051-506-8833) [학]1975년 경남고졸 1980년 부산대 법학과졸 2004년 건국대 대학원졸 [경]1981년 사법시험 합격(23회) 1983년 사법연수원 수료(13기) 1983년 마산지검 검사 1986년 대구지검 경주지청 검사 1987년 인천지검 검사 1989년 부산지검 동부지청·서울지검 남부지청 검사 1994년 서울고검 검사 1995년 청주지검 제천지청장 1996년 부산지검 동부지청 형사3부장 1997년 同동부지청 형사2부장 1997년 부산지검 형사1부장 1998년 광주지검 공안부장 1999년 사법연수원 교수 2001년 서울지검 동부지청 형사3부장 2002년 同동부지청 형사1부장 2003년 대전고검 검사 2003년 부패방지위원회 법무관리관 2005년 서울고검 검사 2006년 부산지검 동부지청장 2007년 서울고검 형사부장 2008년 광주고검 차장검사 2009년 변호사 개업 2013년 법무법인 지석 부산분사무소 파트너변호사(현) [상]자랑스러운 부산대인(2012)

조한익(趙漢翊) CHO Han Ik

[생]1943·4·26 [본]평양(平壤) [출]충남 청양 [주]서울특별시 종로구 대학로 101 서울대학교병원 의과대학(02-740-8114) [학]1961년 서울대사대부고졸 1967년 서울대 의대졸 1969년 同대학원 의학석사 1972년 의학박사(서울대) [경]1976~2009년 서울대 의대 진단검사의학교실 전임강사·조교수·부교수·교수 1977년 미국 미네소타대 의대 연수 1981년 영

국 왕립의과대학원 연구원 1983년 서울대 진단검사의학과 주임교수 겸 서울대병원 진단검사의학과장 1985년 독일 뮌헨대 연수 1989년 미국 메이요클리닉 연수 1991년 대한수혈학회 회장 1991년 한국건강관리협회 감사 1992~1995년 임상병리학회 이사장 1992년 인도주의실천의사협의회 공동대표 1993년 미국 임상병리학회 회원 1994년 서울대병원 의료정보실장 1995년 대한혈액학회 이사장·회장 1995년 세계의료정보학회 MEDIFO98학술대회 사무총장 1995년 세계혈액학회 이사 1995년 일본 오사카시립대 방문교수 1997년 대한임상병리학회 회장 1997년 임상검사정도관리협의회 회장 1997년 대한적십자사 혈액전문위원 1998년 대한진단검사의학회 회장 1998년 세계병리연합회 이사·윤리위원 2001년 세계병리학회 학술대회장 2001년 임상검사표준화아시아네트워크협회 회장 2002년 한국골수은행협회 이사 2004~2015년 한국조혈모세포은행협회 이사 2004년 대한적십자사 혈액사업본부장 2004년 同혈액관리본부장 2004년 한국건강관리협회 부회장 2005년 대통령자문 국가생명윤리심의위원회 부위원장 2006년 골수은행협회 부회장 2006~2008년 세계혈액검사학회 이사 2007년 국가생명윤리심의위원회 위원장 2009년 서울대 의대 명예교수(현) 2009~2015년 한국건강관리협회 회장 2016년 同중앙검사본부 원장(현) (상)스미스클라인 학술상, 의학논문상, 세계병리연합 Medal of Hornor, 옥조근정훈장(2008) (저)'혈액학'(共) '가정의학' '임상진단학' '현장 검사 이론과 실제' '응급의학' '보건의료정보학'(共) 'Hemaimage' '혈액 스라이드 모음집' '임상병리학(共)'(1992) '수혈의학(共)'(1993) '의료정보학(共)'(2002) '의료에는 신토불이가 없다'(2003) '질환별진단검사알고리즘(共·編)'(2015, (재)서울의과학연구소) (역)'실용혈액학'(1999) '정보화를 위한 의료조직관리' (종)가톨릭

조한창(趙漢暢) CHO Han Chang

(생)1965·5·14 (출)충남 부여 (주)서울특별시 서초구 서초중앙로 157 서울고등법원(02-530-1114) (학)1983년 서울 상문고졸 1987년 서울대 법학과졸 (경)1986년 사법시험 합격(28회) 1989년 사법연수원 수료(18기) 1992년 부산지법 동부지원 판사 1997년 서울지법 의정부지원(연천군법원·동두천시법원) 판사 1998년 수원지법 판사 1999년 서울지법 판사 2001년 서울고법 판사 2002년 대법원 재판연구관 2004년 제주지법 부장판사 2005년 同수석부장판사 2006년 사법연수원 교수 2008년 서울중앙지법 부장판사 2011년 수원지법 평택지원장 2012년 부산고법 창원재판부 부장판사 2013년 서울고법 부장판사(현) 2015~2016년 서울행정법원 수석부장판사 직대

조항선(趙恒宣) CHO Hang Sun

(생)1959·9·14 (출)서울 (주)경상북도 경주시 유림로5번길 183 서라벌도시가스(주)(054-776-8000) (학)1978년 명지고졸 1982년 연세대 화학공학과졸 1984년 同대학원 화학공학과졸 (경)1985년 GS칼텍스(주) 입사 1998년 同비서실장 2003년 同전력및자원개발부문장(부장) 2004년 同전력 및 자원개발부문장(상무) 2007년 同자원개발부문장(전무) 2013년 서라벌도시가스(주) 대표이사(현) (상)산업포장(2012)

조해근(曺海根) CHO Hae Geun

(생)1958·9·28 (본)창녕(昌寧) (출)강원 강릉 (주)경기도 의정부시 녹양로34번길 23 의정부지방법원 총무과(031-828-0102) (학)1977년 강릉고졸 1982년 서울대 법학과졸 1985년 同대학원 법학과졸 1996년 법학박사(서울대) (경)1982년 사법시험 합격(24회) 1984년 사법연수원 수료(14기) 1985년 제1공수특전여단 법무장교 1988~2003년 변호사 개업, 강원도야구협회 부회장, 강릉시야구협회 회장, 춘천지방변호사회 이사 2004년 사법연수원 교수 2019년 의정부지법 부장판사(현)

조해근(曺海根) CHO Haekeun

(생)1967·10·21 (본)창녕(昌寧) (출)경남 밀양 (주)세종특별자치시 가름로 194 과학기술정보통신부 운영지원과(044-202-4144) (학)1976년 창원고졸 1994년 성균관대 행정학과졸 2009년 미국 시라큐스대 대학원 공공행정학과졸 (경)1994년 행정고시 합격(38회) 2013~2014년 미래창조과학부 뉴미디어정책과장 2014년 국제전기통신연합(ITU) 고용 휴직 2017년 미래창조과학부 다자협력담당관 2017년 과학기술정보통신부 기획조정실 다자협력담당관 2018년 同정보통신정책실 정보보호기획과장 2018년 대통령직속 4차산업혁명위원회 지원단 파견(현)

조해녕(曺海寧) CHO Hae Nyoung (素德)

(생)1943·11·4 (본)창녕(昌寧) (출)경북 경산 (주)대구광역시 동구 장등로 36 4층 대구사회복지공동모금회(053-667-1000) (학)1961년 경북고졸 1965년 서울대 행정학과졸 1969년 同행정대학원 행정학과졸 (경)1971년 행정고시 합격(10회) 1971~1979년 경북도·내무부 사무관 1979~1981년 경북도 기획관·영양군수·금릉군수 1981년 대통령 비서관 1984년 내무부 행정과장 1985년 同지방행정연수원 교수부장 1985년 대구시 기획관리실장 1988년 창원시장 1989년 내무부 지자제기획단장 1990년 대통령 정무비서관 1992년 내무부 지방행정국장 1993년 同기획관리실장 1993~1995년 대구시장 1996년 총무처 장관 1997년 새마을운동중앙협의회 회장 1997~1998년 내무부 장관 1999~2002년 한국자원봉사포럼 회장 2001년 세계자원봉사자의 해(IYV2001) 한국위원회 공동대표 2002~2006년 대구광역시장(한나라당) 2008~2012년 학교법인 영광학원(대구대) 이사장 2009~2015년 화성산업 사외이사 2009년 2011 대구세계육상선수권대회조직위원회 공동위원장 2011~2015년 대구사회복지공동모금회 회장 2014~2018년 DGB금융지주 사외이사 2015년 대구사회복지공동모금회 고문(현) 2018~2019년 DGB금융지주 이사회 의장 (상)홍조근정훈장(1992), 황조근정훈장(1995), 청조근정훈장(1998) (종)가톨릭

조해주(曺海珠) CHO Hai Ju

(생)1955·12·4 (본)창녕(昌寧) (출)전북 장수 (주)경기도 과천시 홍촌말로 44 중앙선거관리위원회 상임위원실(02-503-1114) (학)1985년 한국방송통신대 행정학과졸 1997년 미국 웨스턴일리노이대 대학원 정치학과졸(정치학 석사) 2007년 서울대 행정대학원 국가정책과정 수료(6개월 과정) (경)1988년 전북선거관리위원회 관리과장 1992년 정읍시선거관리위원회 사무국장 1994년 서울 은평구선거관리위원회 사무국장 1997년 서울 강서乙선거관리위원회 사무국장 1999년 서울시선거관리위원회 지도과장 2001년 중앙선거관리위원회 선거과장 2003년 경기도선거관리위원회 사무국장 2005년 중앙선거관리위원회 선거연수원장 2007년 同기획조정실장 2009년 同선거실장 2010~2012년 경기도선거관리위원회 상임위원 2013~2016년 단국대 천안캠퍼스 초빙교수 2015년 방송통신심의위원회 제20대 국회의원 선거방송심의위원회 부위원장 2016년 국민대 정치대학원 겸임교수 2019년 중앙선거관리위원회 상임위원(현) (상)영주지방철도청장표창(1980), 중앙선거관리위원장표창(1982), 홍조근정훈장(2003) (종)천주교

조해현(曺海鉉) CHO Hae Hyun

(생)1960·4·15 (본)창녕(昌寧) (출)대구 (주)대전광역시 서구 둔산중로78번길 45 대전고등법원(042-470-1102) (학)1977년 경북고졸 1981년 서울대 법대졸 1983년 同대학원졸 (경)1982년 사법시험 합격(24회) 1984년 사법연수원 수료(14기) 1985년 사단 검찰관 1988년 서울지법 남부지원 판사 1990년 서울민사지법 판사 1992년 대구지법 상주지원 판사

1994년 미국 버클리대 교육파견 1995년 대구지법 판사 1995년 대구고법 판사 1996년 서울고법 판사 1998년 대법원 재판연구관 1999년 미국 연방사법센터 교육파견 2001년 수원지법 부장판사 2003년 서울행정법원 부장판사 2006년 부산고법 부장판사 2007년 인천지법 수석부장판사 2008년 서울고법 부장판사 2014년 대구지법원장 2016년 서울고법 부장판사 2018년 대전고법원장(현)

조향현(曺享鉉)

(생)1968 · 7 · 6 (출)전남 진도 (주)서울특별시 송파구 올림픽로 424 벨로드롬 1층 대한장애인체육회(02-3434-4500) (학)삼육재활고졸, 목포대 경제학과졸, 중앙대 사회개발대학원 사회복지학과졸, 숭실대 대학원 사회복지학 박사과정 수료 (경)보건복지부 재활지원과 근무, 한국지체장애인협회 근무, 전남장애인종합복지관 근무, 의정부시장애인종합복지관 관장 2007년 문화관광부 체육국 장애인체육팀장 2008년 문화체육관광부 체육국 장애인체육과장 2009년 同체육국 장애인문화체육과장 2009년 同체육국 장애인문화체육팀장, 이천장애인체육종합훈련원 원장 2010년 광저우아시안게임 한국선수단 총감독 2012년 런던장애인올림픽 한국선수단 총감독 2013~2017년 한국장애인고용안정협회 회장 2013년 대한장애인체육회 비상임이사(현) 2015~2017년 한국장애인개발원 비상임이사 (상)신지식인공무원표창(2000), 대통령표창(2003), 대만 정부산하 장애인단체 상잔육락협회 거광상(炬光賞)(2003), 국회의장표창(2004)

조 현(趙 顯) Cho Hyun

(생)1957 · 11 · 30 (본)함안(咸安) (출)전북 익산 (주)서울특별시 종로구 사직로8길 60 외교부 인사운영팀(02-2100-7143) (학)전주고졸 1980년 연세대 정치외교학과졸 1993년 미국 컬럼비아대 대학원 국제관계학과졸 2000년 프랑스 파리정치대 대학원 국제정치학과졸 2008년 국제정치학박사(프랑스 툴루즈대) (경)1979년 외무고시 합격(13회) 1979년 외무부 입부 1985년 駐벨기에 2등서기관 1987년 駐중앙아프리카공화국 2등서기관 1989년 駐세네갈 2등서기관 1994년 외무부 통상기구과장 1995년 駐미국 1등서기관 1999년 경제협력개발기구(OECD) 사무국 근무 2002년 외교통상부 다자통상국 심의관(한 · 일FTA협상 수석대표 겸임) 2003년 대통령정책실 파견 2004년 외교통상부 국제경제국장(한 · 멕시코 FTA협상 수석대표 겸임) 2004~2005년 이화여대 국제대학원 국제관계학 겸임교수 2006년 駐UN대표부 차석대사 2008년 외교통상부 에너지 · 자원대사 2009년 同다자외교조정관 2009년 한 · 미원자력협정협상 수석대표 겸임 2011년 駐오스트리아 특명전권대사 겸 駐빈 국제기구대표부 대사 2011년 유엔개발공업기구(UNIDO) 공업개발이사회 의장 2012년 탄도미사일확산방지행동규범(HCOC) 의장 2015년 한국외국어대 초빙교수 2015~2017년 駐인도 대사 2017년 외교부 제2차관 2018~2019년 同제1차관 2019년 駐유엔(UN) 대사(현) (상)홍조근정훈장(2012), 오스트리아 은장훈장(2014) (종)기독교

조현걸(趙顯傑) CHO Hyun Keol

(생)1957 · 4 · 1 (출)경북 의성 (주)경상북도 구미시 대학로 61 금오공과대학교 교양교직과정부(054-478-7868) (학)1976년 대구고졸 1980년 경북대 정치외교학과졸 1985년 同대학원 정치학과졸 1993년 정치학박사(경북대) (경)1986년 계명대 · 안동대 · 경북대 강사 1993년 금오공대 교양교직과정부 전임강사 · 조교수 · 부교수 · 교수(현) 1995년 한국국민윤리학회 대구경북지회 이사 1998년 금오공대 선주문화연구소장 1999년 대한정치학회 이사 2004년 금오공대 인문사회과학부장 2006년 同교양교직교육원장 2017~2019년 同평생교육원장 (저)'현대정치사상의 이해'(共) '현대사회의 윤리와 사상' '정치학의 이해' (종)기독교

조현근(趙顯根) CHO HYUN KEUN

(생)1961 · 9 · 20 (본)한양(漢陽) (출)서울 (주)서울특별시 송파구 송파대로 268 한솔섬유빌딩 3층 풀무원샘물(02-2140-8725) (학)1980년 미국 제임스먼로고졸 1985년 미국 캘리포니아대 LA캠퍼스(UCLA) 경제학과졸 (경)1985~1988년 A. L. WILLIAMS & ASSOC. 영업직 근무 1988~2007년 필립모리스인터내셔널 마케팅 이사 2007~2016년 DIAGEO ASIA PACIFIC 부사장 2016년 풀무원샘물 대표이사(현)

조현기(趙賢紀) Cho Hyun-Gi

(생)1970 · 2 · 3 (주)서울특별시 중구 퇴계로 24 SK B&T 마케팅본부(02-6360-0810) (학)1988년 명지고졸 1997년 인하대 경영학과졸 2008년 미국 오하이오주립대 대학원 재무관리과졸 (경)1997년 SK해운(주) 가스선팀 입사 2000년 同가스선팀 대리 2004년 同자금팀 대리 2004년 同자금팀 과장 2008년 同Global사업추진팀 과장 2009년 同성장동력팀 과장 2010년 SK(주) 사업지원팀 PL 2013년 SK해운(주) 경영관리팀장(부장) 2013년 同전략기획팀장(부장) 2016~2017년 同전략기획본부장(상무) 2018년 SK B&T 전략기획본부장(상무) 2019년 同마케팅본부장(현)

조현래(趙炫來) Jo Hyunrae

(출)경남 사천 (주)세종특별자치시 갈매로 388 문화체육관광부 관광산업정책관실(044-203-2805) (학)진주 동명고졸, 고려대졸 (경)1992년 행정고시 합격(36회) 2006년 문화관광부 문화산업국 게임산업팀장 2009년 문화체육관광부 미디어정책과장(서기관) 2009년 同미디어정책국 미디어정책과장 2010년 同기획조정실 기획행정관리담당관(부이사관) 2011년 국가브랜드위원회 파견 2012년 문화체육관광부 저작권정책관실 저작권정책과장 2013년 同장관 정책보좌관 2013년 同예술국 예술정책과장 2014년 국립중앙박물관 기획운영단장(고위공무원) 2016년 미국 교육파견(고위공무원) 2017년 문화체육관광부 콘텐츠정책국장 2019년 同예술정책관 2019년 同관광산업정책관(현)

조현명(趙顯命)

(생)1962 · 11 · 20 (주)경상남도 김해시 김해대로 2401 김해시청 부시장실(055-330-3101) (학)1981년 마산고졸 1989년 서울대 신문학과졸 (경)1996년 지방고시 합격(1회) 2000년 경남도 여성아동과 여성복지계장 2008년 행정안전부 민간협력과 · 제도총괄과 근무 2011년 (재)대장경세계문화축전조직위원회 사무국장 2012년 경남도 친환경에너지과장 2012년 경남 고성군 부군수 2013년 지방행정연수원 교육파견(지방부이사관 승진) 2013년 경남도 도시교통국장 2015년 국외 훈련(미국 듀크대) 2016년 경남도 환경산림국장 2016년 경남 양산시 부시장 2017년 경남도 행정국장(지방부이사관) 2018년 同행정국장(지방이사관) 2018년 경남 김해시 부시장(현)

조현배(趙顯培) cho hyun bai

(생)1960 · 3 · 15 (본)함안(咸安) (출)경남 창원 (주)세종특별자치시 정부2청사로 13 해양경찰청 청장실(044-205-2110) (학)1979년 마산고졸 1983년 부산수산대 환경공학과졸 1994년 연세대 행정대학원 사법공안행정학과졸 2011년 경찰행정학박사(동국대) (경)1987년 경찰 간부후보 35기 2004~2005년 울산지방경찰청 생활안전과장 · 경무과장 2005~2006년 경찰대 교무과장 2006~2007년 경기 과천경찰서장 2007~2008년 서울지방경찰청 정보1과장 2009~2010년 서울 용산경찰서장 2010년 대통령실 101경비단 근무 2010~2011년 행정안전부 장관 치안

정책관 2011년 서울지방경찰청 정보관리부장 2013년 同경무부장 2014년 경찰청 정보심의관 2014년 同정보국장(치안감) 2015년 경남지방경찰청장(치안감) 2016년 경찰청 기획조정관(치안감) 2017년 부산지방경찰청장(치안정감) 2018년 해양경찰청장(현) (상)내무부장관표창(1997), 대통령표창(1999), 경찰청장표창(2006), 대법원장표창(2009), 홍조근정훈장(2011), 자랑스러운 부경인상(2017) (종)기독교

조현범(趙顯範) Cho Hyun Bum

(생)1972·1·7 (출)경남 함안 (주)서울특별시 강남구 테헤란로 133 한국테크놀로지그룹 임원실(02-2222-1063) (학)미국 보스턴칼리지 재정학과졸 (경)1998년 한국타이어(주) 입사 2002년 同광고홍보팀장(상무보) 2003년 同마케팅본부 부본부장(상무) 2006년 同경영기획본부장(부사장) 2012년 同경영기획본부장(사장) 2012~2015년 同마케팅본부장(사장) 2015년 한국타이어월드와이드(주) 경영기획본부장 2017년 한국타이어월드와이드(주) COO & CSFO 2018년 同최고운영책임자(사장·COO) 2018년 한국타이어(주) 대표이사 사장(CEO) 2019년 한국테크놀로지그룹 사장 겸 최고운영책임자(COO·현) 2019년 한국타이어앤테크놀로지 대표이사 사장(CEO)(현)

조현상(趙顯相) CHO Hyun Sang

(생)1971·11·26 (출)서울 (주)서울특별시 마포구 마포대로 119 (주)효성 비서실(02-707-7984) (학)1990년 서울 경복고졸 1990년 연세대 교육학과 입학 1994년 미국 브라운대(Brown Univ.) 경제학과졸 (경)1993년 MARUBENI Corp. 일본본사 근무 1996년 BAIN & Company 동경·서울지점 근무 2000년 NTT 일본본사 법인영업팀 근무 2001년 (주)효성 전략본부 이사 2003년 同전략본부 상무 2005년 한국국제교류재단 한중일차세대지도자포럼 멤버 2006년 Asia Society 'Asia21 Global Young Leader' 선정 2007년 국립중앙박물관 젊은 운영위원 멤버(현) 2007~2018년 同평의원회 위원 겸임 2007년 세계경제포럼(WEF) 선정 '2007 차세대 지도자(Young Global Leader)' 2007~2011년 (주)효성 전략본부 전무 2010년 세계경제포럼(WEF) '차세대 글로벌리더(YGL) G20 이니셔티브' 멤버(현) 2011년 (주)효성 산업자재PG장(전무) 2012년 同산업자재PG장·전략본부 부사장·화학PG CMO(최고마케팅경영자) 겸임 2017년 同산업자재PG장·화학PG CMO·전략본부장(사장) 겸임 2018년 同총괄사장(현) 2018년 국립중앙박물관 평의원회 이사(현)

조현석(趙顯錫) Jo Hyeon Seok (宇松)

(생)1958·12·3 (본)함안(咸安) (출)경기 안성 (주)인천광역시 남동구 남동대로215번길 30 인천종합비즈니스센터 9층 인천신용보증재단(032-260-1550) (학)1977년 안성고졸 2006년 인천대 경영학과졸 2008년 同대학원 경영학과졸 (경)2008년 인천시 종합건설본부 총무부장 2010년 인천경제자유구역청 투자전략기획과장 2011년 인천시 문화관광체육국 문화예술과장 2011년 同시장 비서실장 2012년 同보건복지국 사회복지봉사과장 2013년 同문화관광체육국장 2014년 同안전행정국 근무(부이사관) 2015년 同연수구 부구청장 2016년 인천신용보증재단 제9·10대 이사장(현) (상)대통령표창(2008), 홍조근정훈장(2016) (종)천주교

조현석(趙顯奭) CHO, Hyun-suk

(생)1963·11·13 (본)함안(咸安) (출)대구 (주)경상남도 밀양시 점필재로 20 국립식량과학원 남부작물부(055-350-1210) (학)1982년 대구 오성고졸 1989년 경북대 농학과졸 1991년 同대학원 농학과졸 1996년 농학박사(경북대) (경)1992~2000년 농촌진흥청 농업유전공학연구소 세포유전과 농업연구사 2001년 농림축산식품부 GMO대책실 파견 2002~2007년 국립농업생명공학연구원 유전자원과·생물안전성과 농업연구관 2008년 농촌진흥청 연구정책국 첨단농업과 근무 2009년 국립농업과학원 생물안전성과 농업연구관 2012~2018년 同생물안전성과장 2014년 경북대 농업생명과학대학 초빙교수 2018년 (사)한국식물생명공학회 회장(현) 2018년 한국육종학회 부회장 2018년 국립식량과학원 남부작물부장(현) (상)농림부장관표창(2001), 농촌진흥청장표창(2006), 한국식물생명공학회 우수논문상(2008), 대통령표창(2016) (저)'식물형질전환'(2007, 정문각)

조현성(趙顯星) Cho Hyun Sung

(생)1961·6·7 (주)서울특별시 강남구 일원로 81 삼성서울병원 마취통증의학과(02-3410-0264) (학)1986년 서울대 의대졸 1997년 同대학원졸 1999년 의학박사(서울대) (경)1989~1990년 국립경찰병원 인턴 1992~1996년 서울대병원 마취통증의학과 레지던트 1996~1997년 삼성서울병원 전임의 1997년 성균관대 의대 마취통증의학과 조교수·부교수·교수(현) 2005~2011년 삼성서울병원 마취통증의학과장 2005년 同수술실장

조현숙(趙賢淑·女) CHO Hyun Sook

(생)1957·12·28 (출)전남 순천 (주)대전광역시 유성구 유성대로 1559 국가보안기술연구소(042-870-2114) (학)1975년 광주중앙여고졸 1979년 전남대 수학교육과졸 1991년 충북대 대학원 전자계산학과졸 2001년 전산학박사(충북대) (경)1982년 한국전자통신연구소 선임연구원 1996~1999년 한국전자통신연구원 지상S/W연구실장·방송S/W개발팀장 1999년 同정보보호시스템연구부장 2000년 同정보보호기술연구본부장 2001년 同정보보호기술연구본부 차세대보안응용연구부장 2003년 과학기술부 신기술융합사업 차세대시큐리티사업단장 2007년 한국전자통신연구원 IT융합서비스부문 미래기술연구그룹장 2008년 同SW콘텐츠연구부문 정보보호연구본부장 2009년 同SW콘텐츠연구부문 정보보호연구부장, 同사이버보안연구단장 2014년 同SW·콘텐츠연구소 사이버보안연구본부장 2017년 同국가보안기술연구소장(현) (상)과학기술훈장 진보장, 아시아-태평양정보보안리더십공로프로그램(Information Security Leadership Achievements) 올해의 수상자(2013) (종)가톨릭

조현식(趙炫植) CHO Hyun Shik

(생)1968·3·18 (본)양주(楊州) (출)서울 (주)서울특별시 중구 명동8나길 10 사보이호텔 대표이사실(02-778-5555) (학)1987년 용산고졸 1990년 미국 샌프란시스코대 경영학과졸 1992년 同경영대학원졸(MBA) 2003년 경영학박사(연세대) (경)1994~1997년 육군 정훈장교 1997년 (주)사보이호텔 입사 1999년 同대표이사(현) 2002~2009년 (주)카후나빌 대표이사 2006~2016년 (주)이엔쓰리 대표이사 (종)불교

조현식(趙顯植) CHO Hyun Sik

(생)1970·1·7 (출)경남 함안 (주)서울특별시 강남구 테헤란로 133 한국테크놀로지그룹 임원실(02-2222-1353) (학)1995년 미국 시라큐스대(Syracus Univ.) 경제학과졸 (경)1997년 한국타이어(주) 입사 2001년 同상무보 2002년 同상무, 同해외영업부문장(상무) 2004년 同해외영업부문장(부사장) 2006년 同마케팅본부장(부사장) 2008년 同한국지역본부장 2010년 한국타이어(주) 한국지역본부장 2010년 同마케팅본부장(사장) 2012년 한국타이어월드와이드(주) 대표이사 사장(CEO) 2015년 한국타이어(주) 마케팅본부장 겸임 2018년 한국타이어월드와이드(주) 대표이사 부회장(CEO) 2019년 한국테크놀로지그룹 대표이사 부회장(CEO)(현)

조현용(趙顯龍) Cho, Hyun Yong

(생)1966·8·23 (본)함안(咸安) (출)서울 (주)서울특별시 동대문구 경희대로 26 경희대학교 교육대학원 한국어교육과(02-961-0799) (학)1985년 용산고졸 1990년 경희대 국어국문학과졸 1994년 同대학원 국어국문학과졸 2000년 문학박사(경희대) (경)2003년 경희대 교육대학원 한국어교육과 교수(현) 2003~2013년 국제한국어교육학회 정보이사·연구이사·편집이사 2004~2012년 경희대 국제교육원 교학부장 2004~2008년 교육인적자원부 국제교육진흥원 국제교류심의위원 2005~2008·2012~2014년 경희대 교육대학원 한국어교육전공 주임교수 2009년 미국 뉴욕주립대 방문교수 2012~2014년 경희대 국제교육원 부원장 2013년 법무부 출입국외국인정책본부 '징검다리' 편집위원 2014년 한국어교육기관대표자협의회 부회장 2015~2018년 경희대 국제교육원장 2016년 同글로벌센터장 2016~2018년 한국어교육기관대표자협의회 회장 (저)'한국어 어휘교육 연구'(2000) '우리말 깨달음 사전'(2005) '한국어 교육의 실제'(2005) '우리말로 깨닫다'(2009) '한국인의 신체 언어'(2009) '우리말 가슴을 울리다'(2012) '한국어 문화 교육 강의'(2013) '우리말 지친 어깨를 토닥이다'(2014) '우리말 선물'(2016) '한국어, 문화를 말하다'(2017) '우리말 지혜'(2018)

조현욱(趙賢旭·女) Hyun-wook CHO

(생)1966·11·10 (본)옥천(玉川) (출)전북 순창 (주)서울특별시 서초구 서초중앙로 160 법률센터 502호 더조은 종합법률사무소(02-594-1237) (학)1983년 부산 동래여고졸 1987년 서울대 법과대학 법학과졸 2002년 미국 듀크대 Law School 수학 2008년 서울대 자연과학대학 최고전략과정 수료 (경)1986년 사법시험 최연소 합격(28회) 1990년 사법연수원 수료(19기) 2000년 대전지법 판사 2002년 대구지법 판사 2003년 대구고법 판사 2004년 인천지법 판사 2006년 전주지법 부장판사 2007~2008년 인천지법 부장판사 2008년 변호사 개업 2011년 인천시 공직자윤리위원회 위원장 2013~2016년 대한변호사협회 이사 2015년 언론중재위원회 위원 2015년 서울고법 민사·가사 조정위원(현) 2015년 중앙행정심판위원회 위원(현) 2015~2017년 산업통상자원부 전기위원회 위원 2016~2017년 (사)한국여성변호사회 수석부회장 2017년 국가인권위원회 비상임위원(현) 2017년 더조은종합법률사무소 대표변호사(현) 2018년 한국여성변호사회 회장(현) 2018년 대한변호사협회 부협회장(현) (상)법무부장관표창(1996) (저)'각국의 법률구조제도(共)'(1997) (종)기독교

조현일(趙顯日) CHO Hyeon IL

(생)1963·9·21 (출)부산 (주)서울특별시 중구 청계천로 86 한화그룹 컴플라이언스위원회(02-729-1114) (학)1982년 부산 가야고졸 1986년 서울대 사법학과졸 1989년 同대학원 법학 석사과정 수료 (경)1986년 사법시험 합격(28회) 1989년 사법연수원 수료(18기) 1989년 軍법무관 1992년 부산지법 판사 1996년 서울지법 의정부지원 판사 1998년 인천지법 판사 1998년 미국 컬럼비아법과대학원 연수 2000년 서울지법 판사 겸 법원도서관 조사심의관 2001년 서울고법 판사 2004년 인천지법 부장판사 2006년 법원행정처 국제심의관 2007~2009년 서울동부지법 부장판사 2009년 변호사 개업 2013년 한화그룹 경영기획실 법무팀장(부사장) 2016년 同경영기획실 법무팀장(사장) 2018년 同컴플라이언스위원회 사장(현)

조현일(趙顯逸)

(생)1965·7·22 (주)경상북도 안동시 풍천면 도청대로 455 경상북도의회(054-880-5126) (학)대륜고졸, 계명대 생물학과졸, 영남대 경영대학원 인사조직학과졸 (경)청수워터피아 대표(현), 경산시 청년연합회 회장, 경산맥심회 회장, 청록장학회 회장(현), 경산라이온스클럽 부회장, 민주평통 자문위원(현) 2014~2018년 경북도의회 의원(새누리당·자유한국당) 2014년 同교육위원회 위원 2014·2016년 同지방분권추진특별위원회 위원 2015·2016년 同조례정비특별위원회 위원 2015년 경산라이온스클럽 회장 2016년 경북도의회 교육위원회 부위원장 2016년 同운영위원회 위원 2017년 同예산결산특별위원회 위원 2018년 경북도의회 의원(자유한국당)(현) 2018년 同운영위원회 위원(현) 2018년 同교육위원회 위원(현) 2018년 同지진대책특별위원회 위원(현) 2018년 同정책연구위원회 위원장(현) 2019년 同예산결산특별위원회 위원(현) (상)한국지역신문협회 지구촌희망펜상 의정대상(2016), 전국시·도의회의장협의회 우수의정대상(2017)

조현재(趙顯宰) CHO Hyun Jae

(생)1960·11·19 (본)함안(咸安) (출)경북 포항 (주)경상북도 안동시 도산면 퇴계로 1997 한국국학진흥원(054-851-0700) (학)1979년 휘문고졸 1983년 연세대 행정학과졸 1988년 서울대 대학원 행정학과졸 1995년 행정학박사(영국 브리스톨대) (경)1983년 행정고시 합격(26회) 1983년 입법고시 합격(6회) 1983년 체육부 국내체육국 국제경기과·지도육성과 행정사무관 1993년 문화체육부 청소년정책실 청소년기획과 행정사무관 1995년 同청소년정책실 청소년기획과 서기관 1996년 대통령비서실(정무·사회) 서기관 1998년 문화관광부 문화재관리국 무형문화재과장 1999년 同관광국 관광시설과장·국제관광과장 2000년 영국 브리스톨시청 파견 2002년 문화관광부 체육국 생활체육과장·국제체육과장 2003년 同청소년국장 2005년 同관광레저도시추진기획단장 2006년 同체육국장 2008년 중앙공무원교육원 파견 2009년 4대강살리기 문화기획단장 2009년 문화체육관광부 관광산업국장 2011년 同기획조정실장 2013~2014년 同제1차관 2014년 동양대 경영관광학부 석좌교수(현) 2014~2018년 (사)국제관광인포럼 이사장 2015년 대한체육회 전국체육대회위원회 위원장 2015~2018년 법무법인 민(民) 상임고문 2016~2017년 문화체육관광부 한국문화예술위원회 위원 2016년 대한체육회 임원심의위원회 위원장 2016년 (사)국제문화협력지원센터 이사장(현) 2018년 대한축구협회 부회장(현) 2018년 同제2NFC건립추진위원회 위원장(현) 2018년 한국국학진흥원 원장(현) (상)대통령표창(1989), 근정포장(2001), 홍조근정훈장(2012)

조현정(趙顯定) CHO Hyun Jung

(생)1957·8·13 (본)함안(咸安) (출)경남 김해 (주)서울특별시 서초구 서초대로74길 33 (주)비트컴퓨터(02-3486-1234) (학)1977년 서울 용문고졸 1985년 인하대 전자공학과졸 1997년 연세대 보건대학원 보건환경고위정책과정 수료 2004년 명예공학박사(인하대) (경)1983년 비트컴퓨터 창업경영자(CEO) 1996년 대한의료정보학회 부회장·이사(현) 1998~2012년 한국소프트웨어산업협회 부회장·이사 1999~2014년 인하대 겸임교수 2000년 조현정재단 이사장(현) 2003~2006년 한국기술거래소 이사장 2003~2011년 이화여대 겸임교수 2005~2007년 한국벤처기업협회 회장 2005년 비트컴퓨터 대표이사 회장(현) 2006~2016년 코스닥협회 부회장·이사·부회장 2007~2014년 남북IT교류협력본부 수석부회장 2007~2016년 통일IT포럼 부회장 2008년 한국공학한림원 정회원(현) 2010년 고용노동부 청년고용 홍보대사 2010년 YES리더스지원단 단장(현) 2010년 한양대 특임교수(현) 2010년 한국벤처기업협회 명예회장(현) 2011년 한국공학한림원 이사(현) 2013~2019년 한국소프트웨어산업협회 회장 2015년 대검찰청 검찰미래발전위원회 위원 2015~2017년 대통령자문 국민경제자문회의 혁신경제분과 자문위원 2017년 국무총리자문 국민안전안심위원회 위원(현) 2019년 한국전력공사 윤리준법위원회 외부위원(현) 2019년 한국소프트웨어산업협회 명예회장(현) (상)체육부장관표창(1988·1989), 통상산업부장관 벤처기업대상(1997), 정보통신부장관표창(1997), 국무총리 98데이터베이스대상(1998), 국무총리 정보문화상(1998), 보건복지부장관표창(1999), 동탑산업훈장(2000),

보건복지부 신지식인상(2002), 생산성CEO대상(2007), 은탑산업훈장(2010), 대한의료정보학회 공로상(2012), 모범납세자 기획재정부장관표창(2012), 인사관리학회 인재경영대상(2013) [저]'컴퓨터여행'(1992) '내 삶의 가장 소중한 선택'(1993) '한국벤처산업발전사2'(2005) '아름다운 열정'(2008) [종]천주교

조현준(趙顯俊) CHO HYUN JUN

[생]1967·9·17 [본]함안(咸安) [출]경남 통영 [주]경상남도 창원시 의창구 중앙대로 300 경상남도청 기획조정실 정책기획관실(055-211-2310) [학]부산대졸 [경]2000년 지방고시 합격(6회) 2007년 경남도 경제자유구역지원담당 2008년 同인터넷홍보담당 공보관 2011년 同기획담당 정책기획관 2012년 경남도인재개발원 인재양성과장(서기관) 2013년 경남도 성장동력과장 2014년 미국 듀크대 연수 2015년 경남도 기계융합산업과장 2017년 同미래산업국 국가산단추진단장 2018년 同기획조정실 정책기획관(현) [상]재정경제부장관표창(2007)

조현준(趙顯俊) CHO Hyun Joon

[생]1968·1·16 [출]경남 함안 [주]서울특별시 마포구 마포대로 119 (주)효성 임원실(02-707-7334) [학]1987년 미국 세인트폴스스쿨졸 1991년 미국 예일대 정치학과졸 1996년 일본 게이오대 법학대학원 정치학과졸 [경]1992~1993년 일본 미쓰비시상사 에너지부 LPG수입부 근무 1995~1997년 미국 모건스탠리(일본 동경) 법인영업부 근무 1997년 효성T&C 경영기획팀 부장 1998년 (주)효성 전략본부 경영혁신팀 이사 2000년 同전략본부 상무 2001년 同전략본부 전무 2003년 同전략본부 부사장 2005년 同무역PG장(부사장) 2007년 同섬유·무역PG장(사장) 2011년 同섬유PG장·무역PG장·전략본부장(사장) 겸임 2012년 同섬유PG장·정보통신PG장·전략본부장(사장) 겸임 2017년 同섬유PG장 겸 정보통신PG장(회장) 2017년 同대표이사 회장(현) [상]베트남 기획투자부장관표창(2016)

조현준(趙顯俊) Hyunjoon Cho

[생]1979·7·6 [본]함안(咸安) [출]서울 [주]세종특별자치시 도움6로 11 국토교통부 항공정책실 공항안전환경과(044-201-4347) [학]1998년 경기과학고졸 2003년 서울대 지구환경시스템공학과졸 2010년 同대학원 지구환경시스템공학과졸 [경]2004년 중앙공무원교육원 근무 2005년 국무조정실 제주특별자치도기획단 시설사무관(파견) 2010년 국토교통부 항공정책실 공항정책과 시설사무관 2011년 同철도국 철도기술안전과 시설사무관 2013년 기술서기관 승진 2014년 미국 World Bank Transport & ICT GP Senior Transport Specialist 2016년 국토교통부 교통물류실 자동차보험팀장 2017년 同도로국 서울세종고속도로팀장 2017년 同철도국 철도운행안전과장 2018년 국무조정실 생활SOC추진단 사업기획팀장 2019년 국토교통부 항공정책실 공항안전환경과장(현)

조현진(趙賢珍·女) Cho, Hyun Jin

[생]1971·11·4 [본]함안(咸安) [출]부산 [주]인천광역시 연수구 해돋이로 130 해양경찰청 방제기획과(032-835-2090) [학]1990년 해운대여고졸 1994년 부경대 해양학과졸 1997년 同대학원 해양학과졸 2001년 해양과학박사(일본 나가사키대) [경]2002~2004년 제주대 해양과환경연구소 학술연구교수 2004년 해양경찰청 임용(환경사무관) 2008년 목포해양경찰서 해양오염방제과장 2010년 해양경찰청 예방지도과 계장 2012년 同기동방제과장(기술서기관) 2013년 국제해사기구 Senior Advisor 2014년 국민안전처 제주지방해양경비안전본부 해양오염방제과장 2015년 同해양경비안전본부 해양오염예방과장 2017년 남해지방해양경찰청 해양오염방제과장 2019년 해양경찰청 해양오염방제국 방제기획과장(현)

조현철

[생]1961 [주]서울특별시 동작구 보라매로5길 51 롯데알미늄(주) 임원실(02-801-8009) [학]경북대 응용통계학과졸, 건국대 대학원 벤처경영학과졸(석사) [경]1988년 롯데알미늄(주) 기획·경영지원·연구부서 근무 2014년 同영업본부장 2017년 同경영지원부문장(전무) 2018년 同대표이사 전무(현)

조현호(曺賢鎬)

[생]1970·5·13 [출]전남 담양 [주]광주광역시 동구 준법로 7-12 광주지방법원(062-239-1710) [학]1989년 광주 석산고졸 1993년 조선대졸, 同대학원졸 [경]1997년 사법시험 합격(39회) 2000년 사법연수원 수료(29기) 2000년 부산지검 검사 2002년 광주지검 목포지청 검사 2003년 광주지검 검사 2005년 서울남부지검 검사 2008년 대구지검 검사 2009년 광주지법 판사 2011년 광주고법 판사 2013년 광주지법 해남지원·광주가정법원 해남지원 판사 2015년 광주지법 판사 2016년 대전지법 부장판사 2018년 광주지법 부장판사(현)

조형래(趙亨來) CHO Hyung Rae

[생]1959·5·8 [출]서울 [주]서울특별시 서초구 서초대로 398 플래티넘타워 15층 베네통코리아 대표이사실(080-820-8801) [학]1985년 미국 이스턴미시간대(Eastern Michigan) 대학원 생명공학과졸 [경]1989~1996년 3M코리아 Sales & Marketing 담당 1996년 브라운코리아 영업부장 1997~1998년 同한국지사장 1999년 질레트코리아 상무 2000년 同전무 2003~2004년 同대표이사 사장 2005~2011년 리바이스코리아 대표이사 사장 2012~2015년 컬럼비아스포츠웨어코리아 대표이사 사장 2016년 베네통코리아 대표이사 사장(현) [종]기독교

조형래(趙亨來) CHO HYUNG RAE

[생]1965 [주]서울특별시 중구 세종대로21길 30 조선일보 경영기획실(02-724-5114) [학]1984년 서울대 외교학과졸 1988년 同행정대학원졸 2008년 영국 요크대 대학원 경제학과졸 [경]조선일보 입사, 同사회부 기자, 同편집부 기자, 同사장실 근무, 同산업부 기자 2015년 同디지털뉴스본부 취재팀장 2016년 同산업2부장 2019년 同경영기획실장(현) 2019년 한국신문협회 기조협의회 회장(현)

조형연(趙亨衍)

[생]1978·11·9 [주]강원도 춘천시 중앙로 1 강원도의회(033-256-8035) [학]강원대 일반대학원 경영학과 마케팅전공 석사과정 수료 [경]강원도민일보 경제부·사회부 기자, 강원도당구연맹 기획홍보이사(현), 인제군지체장애인후원회 이사(현), 더불어민주당 강원도당 경제산업정책위원회 특별위원장(현) 2018년 강원도의회 의원(더불어민주당)(현) 2018년 同경제건설위원회 위원(현) [상]전국시도의회의장협의회 우수의정대상(2019)

조형우(趙炯又)

[생]1975·4·25 [출]서울 [주]충청북도 청주시 서원구 산남로 62번길 51 청주지방법원(043-249-7114) [학]1994년 수성고졸 1999년 서울대 사법학과졸 [경]2000년 사법시험 합격(42회) 2003년 사법연수원 수료(32기) 2003년 軍법무관 2006년 인천지법 판사 2008년 서울중앙지법 판사 2010년 창원지법 거창지원 판사 2012년 同진주지원 판사 2014년 수원지법 안양지원 판사, 同여주지원 판사 2016년 서울중앙지법 판사 2018년 청주지법 부장판사(현)

조형철(趙炯澈) JO Hyoung Cheull

(생)1964·10·15 (출)전북 전주 (주)전라북도 전주시 완산구 백제대로 269 민주평화당 전북도당 사무처(063-285-1888) (학)1983년 완산고졸 1994년 전주대 법학과졸 (경)1992년 기독교신문 주간 '실로암' 발행인 1993년 한국대학총학생회연합 중앙위원 1995~1998년 전주시의회 의원(무소속) 1996년 새시대새정치연합청년회(연청) 완산회장 1997년 전주시생활체육빙상연합회 회장 2004년 6·5재보선 전주시의원 후보(새천년민주당) 2010~2014년 전북도의회 의원(민주당·민주통합당·민주당·새정치민주연합) 2010년 同교육위원회 위원 2010년 同민주당 원내부대표 2019년 민주평화당 전북도당 사무처장(현)

조형호(曺亨鎬) JO HYUNG HO (以一)

(생)1953·6·4 (본)창녕(昌寧) (출)경남 김해 (주)경상남도 김해시 인제로 197 인제대학교 금형·신소재공학과(055-320-3464) (학)1979년 부산대 금속공학과졸 1981년 同대학원 금속공학과졸 1987년 공학박사(일본 도호쿠대) (경)1981~1982년 한국중공업(주) 중앙시험소 기사 1987~1991년 (주)럭키금속기술연구소 선임연구원 1991년 한국생산기술연구원 주조기술실 수석연구원 2003년 同신소재본부 나노소재팀장 2007년 同부산연구센터 소장 2008년 同동남권지역본부장 2014년 同동남권지역본부 해양플랜트기자재R&D센터 수석연구원 2014~2015년 同비상근연구원 2014년 인제대 공과대학 나노융합공학부 교수 2015~2018년 同산업융합대학원 교수 2015~2018년 同산업기술융합대학원장 2018년 同금형·신소재공학과 교수(현) (상)WAI국제학회 최우수논문상(2002·2007), 대통령표창(2005), 한국주조학회 논문상(2007), 대한금속재료학회 특별상(청웅상)(2007), (사)한국동및동합금연구회 해봉기술상(2008), 생산기술연구상(2009) (저)'2000대예측'(2000, 매일경제신문) (종)불교

조형희(趙亨熙) CHO, Hyung Hee

(생)1959·10·10 (출)충남 (주)서울특별시 서대문구 연세로 50 연세대학교 공과대학 기계공학과(02-2123-2828) (학)1982년 연세대 기계공학과졸 1985년 同대학원 기계공학과졸 1992년 기계공학박사(미국 미네소타대) (경)1995년 연세대 공과대학 기계공학과 교수(현) 2003~2005년 同기계공학부장 2005~2007년 同공과대학 교학부학장 2009년 미국기계학회 선임연구원(현) 2009~2017년 국방피탐지감소기술 특화연구센터장 2010~2014년 (사)한국유체기계학회 부회장·수석부회장·회장 2012~2014년 연세대 그린기술연구원장 2012~2015년 同공학교육혁신센터장 2014~2016년 同언더우드특훈교수 2015~2016년 同산학협력단장 2015~2018년 (사)대한기계학회 부회장·수석부회장·회장 2016~2018년 연세대 연구처장 2016년 한국공학한림원 정회원(기계공학분과·현) 2018년 방위사업청 '무인기용 고효율 터빈기술' 특화연구센터장(현) 2019년 연세대 항공전략연구원장(현) (상)대한기계학회 학술상(2000), 연세대 연세학술상(2001), 연세대 공과대학 최우수교수상(2001), 한국과학기술단체총연합회 과학기술우수논문상(2007), 연세대 우수강의교수상(2007), 유체기계공업학회 학술상(2008), 기계의 날 지식경제부장관표창(2011), 한국공학교육학회 이기준 공학혁신상(2012), 연세대 공과대학 최우수공학교수상(2013), 연세대 공헌교수상(2014), 연세대 최우수업적교수상(2014·2017·2018·2019) (저)'열병합발전 기술 가이드북(編)'(2003, 에너지관리공단) 'Impingement Jet Cooling in Gas Turbines'(2014, WIT Press) '가스터빈 블레이드 열전달'(2016) '가스터빈 고온부품 막냉각 기술'(2017) '유체기계용어 사전'(2017, 한국유체기계학회)

조혜성(趙惠星·女)

(생)1964·8 (주)대전광역시 유성구 문지로 188 (주)LG화학 기술연구원 중앙연구소 분석센터(042-866-2114) (학)이화여대 화학과졸, 同대학원 화학과졸 (경)2007년 (주)LG화학 CRD연구소 연구위원(상무) 2015년 同기술연구원 중앙연구소 기반기술연구센터 연구위원(상무) 2017년 同기술연구원 중앙연구소 분석센터장(상무) 2017년 同기술연구원 중앙연구소 분석센터장(전무)(현)

조혜연(趙惠連·女) Cho, Hye Yeon

(생)1985·6·7 (출)경기 수원 (주)서울특별시 성동구 마장로 210 한국기원 홍보팀(02-3407-3870) (학)고려대 영어영문학과졸 (경)김원 6단 문하생 1997년 입단(여자프로 세계 최연소 입단) 1999년 2단 승단 1999년 흥창배 준우승 2000년 여류프로국수전 준우승 2001년 3단 승단 2002년 여류국수전 준우승 2003년 여류프로국수전 우승 2003년 여류명인전 준우승 2003년 4단 승단 2004년 여류명인전 우승 2004년 5단 승단 2005년 여류명인전 준우승 2005년 6단 승단 2005년 여류국수전·전자랜드배 왕중왕전 우승 2006년 여류국수전·전자랜드배 왕중왕전 주작부 준우승 2006년 7단 승단 2007년 여류국수전 준우승 2008년 8단 승단 2008년 한국관광 명예홍보대사 2009년 여류명인전 준우승 2010년 STX배 여류명인전 준우승 2010년 광저우아시안게임 단체전 금메달 2010년 9단 승단(현) 2011년 STX배 여류명인전 준우승 2011년 제1회 황룡사가원배 여자단체전 준우승 2012년 제1회 화정차업배 우승 2012년 제1기 여류심단전 우승 2015년 9월24일 통산 500승 달성(여성 기사 두 번째) 2017년 한국여자바둑리그 준우승 2017년 제11회 지지옥션배 우승 2018년 제5기 대주배 시니어 최강전 준우승 (상)여류기사상(2003·2004) (저)'조혜연 창작사활 1·2'(2009, 오로미디어) '조혜연 창작사활3·4·5'(2011) '실전/공략의 안력(眼力)'(2015)

조혜영(曺慧映·女) Cho, Hyeyoung

(생)1964·11·28 (본)창녕(昌寧) (출)부산 (주)대구광역시 동구 첨단로 39 한국산업단지공단 기업지원본부(070-8895-7050) (학)1983년 명지여고졸 1987년 서울대 지리학과졸 1989년 同대학원 지리학과졸 1999년 지리학박사(서울대) (경)1990~1992년 국토연구원 지역경제연구실 연구원 1996~1997년 서울대 국토문제연구소 연구원 1997년 한국산업단지공단 정책연구팀 책임연구원 2003~2007년 국가균형발전위원회 자문위원 2005년 한국산업단지공단 정책연구팀장(연구위원) 2008~2011년 행정안전부 규제개혁위원회 전문위원 2008~2015년 서울시 산업진흥지구자문위원회 위원 2011~2014년 경기도 산업입지정책심의회 위원 2016년 한국산업단지공단 산업입지연구소장(선임연구위원) 2018년 同기업지원본부장(상무이사)(현) (저)'산업단지 50년의 성과와 발전과제'(2014, 한국산업단지공단) '산업단지 클러스터의 성과와 과제'(2015, 한국산업단지공단)

조혜정(趙惠貞·女) CHO HYE JUNG

(생)1961·2·26 (주)서울특별시 동작구 흑석로 84 중앙대학교 예술대학원 예술경영학과(02-820-5463) (학)1983년 이화여대 법학과졸 1991년 중앙대 대학원 연극영화과졸(영화학 전공) 1998년 영화학박사(중앙대) (경)1991년 '영화예술'에 신인평론 추천 1992년 한국영화평론가협회 회원(현) 1994년 국제영화비평가연맹 한국본부(FIPRESCI KOREA) 회원(현) 1994~2000년 중앙대·상명대·서울예술대 강사 1998~2001년 중앙대 대학원·동국대 대학원 강사 1999~2001년 수원대 강사 2000년 제8회 춘사영화제 본심위원 2001~2004년 수원대 연극영화학부 초빙교수 2002·2004년 대종상영화제 본심위

원 2002~2007년 청룡상영화제 심사위원 2003~2004년 한국영화평론가협회 이사 2003~2004년 한국영화학회 국내학술이사 2003~2004년 문화관광부 비디오물산업진흥위원회 위원 2004~2010년 수원대 연극영화학부 전임강사 2004~2005년 한국영화학회 영화교육위원회 운영위원(부위원장) 2004~2006년 한국영화사학회 총무이사 2004~2005년 한국영화교육학회 편집이사 2005년 프랑스 문화예술학회 이사 2005~2008·2011~2014년 영상물등급위원회 위원 2005~2017년 여성영화인모임 이사 2007년 제12회 부산국제영화제 FIPRESCI Award 심사위원 2008~2009년 영화진흥위원회 비상임위원 2009년 부일영화상 심사위원 2010년 중앙대 예술대학원 예술경영학과 교수(현) 2011~2015년 한국영상자료원 영화·영상분야 이사 2012년 한국영화교육학회 부회장·회장 2014~2015년 가톨릭영화제 조직위원장 2018년 한국영화평론가협회 회장(현) (저)'그리고 영화는 계속된다'(2003, 행복한집) '영화 읽기(共)'(2004, 영화진흥위원회 교재편찬위원회, 커뮤니케이션북스) '고등학교 교사를 위한 영화 읽기(共)'(2004, 영화진흥위원회 교재편찬위원회, 커뮤니케이션북스) '만추, 이만희(共)'(2005, 커뮤니케이션북스) '한국영화사(共)'(2006, 커뮤니케이션북스) '배우 신성일(共)'(2009, 커뮤니케이션북스) (역)'페미니즘/영화/여성(共)'(1993, 여성사) '스타덤:욕망의 산업1(共)'(1999, 시각과 언어) (작)'알렝레네 영화의 시간개념-시간과 기억의 미학' '달마가 동쪽으로 간 까닭은-보이지 않는 실존의 영상' (종)가톨릭

조호경(趙鎬敬) CHO Ho Kyung

(생)1964·1·14 (출)전남 완도 (주)서울특별시 서초구 서초대로 274 3000타워 5층 법무법인 에이원(02-3477-6100) (학)1982년 목포고졸 1986년 경찰대 법학과졸(2기) (경)1986년 전남지방경찰청 경위 1991년 목포경찰서 외사계장 1994년 사법시험 합격(36회) 1997년 사법연수원 수료(26기) 1997년 청주지검 검사 1998년 대전지검 홍성지청 검사 2000년 인천지검 부천지청 검사 2002년 서울지검 북부지청 검사 2004년 대구지검 검사 2006년 서울중앙지검 검사 2009년 인천지검 부부장검사 2010년 대구지검 김천지청 부장검사 2011년 同강력부장 2012년 부산지검 강력부장 2013년 인천지검 형사5부장 2014년 서울북부지검 형사5부장 2015년 서울남부지검 형사4부장 2016~2017년 법률사무소 휴(Hue) 변호사 2018년 변호사 개업 2019년 법무법인 에이원 변호사(현)

조호권(曺瀩權) CHO Ho Kwon

(생)1960·6·9 (출)전남 영암 (주)광주광역시 서구 풍암2로57번길 10 (사)한반도미래연구원 원장실(062-973-0849) (학)광주 동신고졸, 조선대 경영학과졸, 同대학원 경영학과졸 (경)1996년 서울증권(주) 운암동지점장, 同서울지역본부장, 同수도권지역본부장, 同경기지역본부장, 同충청지역본부장, 同호남지역본부장, 경제정의실천시민연합 회원, 민주당 보건복지위원회 부위원장, 송원대학 금융세무학과 외래교수, 조선대 경영대학원 겸임교수 2006·2010~2014년 광주시의회 의원(민주당·통합민주당·민주당·민주통합당·민주당) 2006년 同행정자치위원장 2006~2010년 광주비엔날레 이사, 광주시체육회 이사, 광주시자원봉사센터 이사, 국민생활체육 광주시배드민턴연합회장 2008~2010년 광주시의회 부의장, 조선대총동창회 부회장(현) 2010년 민주당 광주시당 대변인 2012~2014년 광주시의회 의장 2013~2014년 전국시도의회의장협의회 사무총장, 유진투자증권 본부장 2014년 광주시 북구청장 예비후보(새정치민주연합) 2016년 (사)한반도미래연구원 원장(현) (상)제2회 매니페스토약속대상 광역지방의원부문(2010), 한국지방자치학회 의원발의우수조례우수상(2011), 광주시생활체육회 공로패(2011), 자랑스런 동신인상(2013) (저)'경제전문가 조호권과 시민이 믿는 행복한 변화'(2014) (종)천주교

조호연(趙皓衍) CHO Ho Yeon

(생)1958·8·19 (출)인천 (주)서울특별시 송파구 중대로 296 6층 (주)씨티씨바이오 임원실(1661-8800) (학)1977년 제물포고졸 1984년 서울대 축산학과졸 (경)1984~1991년 동방유량(주) 근무 1991~1993년 (주)서울신약 근무 1993년 세축상사 대표이사 1996~2013년 (주)씨티씨바이오 대표이사 사장 2013~2014년 대한무역투자진흥공사 서비스자문위원 2013년 (주)씨티씨바이오 대표이사 회장(현) (상)송파구청 성실납세 우수기업 표창(2009), KOITA IR52 장영실상(2009), 신성장경영대상 대통령표창(2012)

조호연(趙浩衍) CHO Ho Yon

(생)1960·9·2 (출)충남 부여 (주)서울특별시 중구 정동길 3 경향신문 논설위원실(02-3701-1071) (학)1978년 공주대사대부고졸 1985년 고려대 영어영문학과졸 (경)1986년 경향신문 입사 1989~1994년 同사회부·국제부·전국부·사회부 기자 1998년 同사회부 차장대우 1999년 同정치부 차장대우 2000년 同정치부 차장 2003년 同정치문화부 부장대우 2004년 同논설위원(부장대우급) 2005년 同논설위원(부장급) 2005년 同편집국 전국부장 2006년 同편집국 사회부장 2007년 同편집국 사회에디터 2008년 同편집국 기획탐사에디터 2009년 同편집국 사회에디터 2009년 同출판국 위클리경향편집장 2009년 同출판국장 2011년 同편집국 사회·기획에디터 2013년 同편집국장 2014년 同논설위원 2018년 同논설주간(현) (상)제10회 한국참언론인대상 사회부문(2014), 고려대 언론인교우회 장한 고대 언론인상(2014)

조홍구(趙弘九) CHO Hong Koo

(생)1946·3·5 (본)풍양(豊壤) (출)서울 (주)서울특별시 서초구 사임당로 18 한국콜마(주) 임원실(02-3485-0313) (학)1964년 용산고졸 1968년 성균관대 약학과졸 1975년 同무역대학원졸 (경)1968년 (주)중외제약 입사 1978년 同생산부장 1980년 同마케팅부장 1984~1989년 同본부장(이사) 1990년 대유신약 영업상무이사 1991~1992년 (주)중외제약 공장장(상무이사) 1993년 同마케팅담당 전무이사 1999~2003년 同부사장 2000년 중외화학 대표이사 2004년 유케이케미팜 사장 2007년 한국콜마(주) 제약사업부문 대표이사 2012~2017년 同대표이사 부회장 2012~2019년 콜마파마(주) 이사 2017년 한국콜마홀딩스(주) 부회장(현)

조홍근(曺弘根)

(생)1956 (주)부산광역시 해운대구 센텀중앙로 78 센텀그린타워 3층 부산창조경제혁신센터(051-749-8900) (학)1974년 경북고졸 1979년 고려대 법학과졸 (경)1983~2001년 (주)롯데호텔 입사·감사실장 2007~2008년 한무컨벤션(주) 상무 2008~2009년 STX리조트 대표이사 2009~2014년 롯데월드 영업본부장 2014년 부산창조경제혁신센터 센터장(현)

조홍남(趙洪男) CHO Hong Nam

(생)1966·8·11 (출)인천 (주)세종특별자치시 다솜로 261 국무총리비서실 소통지원비서관실(044-200-2724) (학)1985년 인천 광성고졸, 1989년 성균관대 정치외교학과졸 1992년 同대학원 정책학과졸 (경)2007년 국무총리 정무수석비서관실 과장급 2008년 국무총리 공보비서관실 언론지원행정관(서기관) 2010년 국무총리실 기획총괄정책관실 정책관리과장 2011년 同기획총괄정책관실 정책관리과장(부이사관) 2011년 同국정운영1실 통일안보정책과장 2011년 同제주자치도정책관실 총괄기획과장 2012년 대통령실 파견 2013년 대통령비서실 파견 2015년 국무총리 시민사회비서관 2016년 교육파견 2017년 국무조정실 새만금사업추진지원단 부단장 2018년 한국교통연구원 고용휴직(고위공무원) 2019년 국무조정실 새만금사업추진지원단 부단장 2019년 국무총리 소통지원비서관(현)

조홍래(趙弘來) CHO Hong Rae

(생)1957 · 10 · 7 (출)서울 (주)울산광역시 동구 방어진순환도로 877 울산대학교병원 외과(052-250-7842) (학)1976년 신일고졸 1982년 서울대 의대졸 1990년 同대학원 의학석사 1993년 의학박사(서울대) (경)1991~1995년 한림대 의대 외과학교실 전임강사 · 조교수 1995~1997년 미국 Emory 의대 이식연구소 연수 1997년 울산대 의대 일반외과학교실 부교수 · 교수(현), 同산학협력단장 겸 LINC사업단장(현) 2011년 (재)한국장기기증원 비상임이사 2012~2016년 울산대병원장 2017년 울산대 산학협력부총장(현) 2017년 (사)울산산학융합원 원장(현) (상)대한의사협회장표창(2017)

조홍래(趙洪來) CHO Hong Rae

(생)1961 · 10 · 18 (출)서울 (주)서울특별시 영등포구 의사당대로 88 한국투자신탁운용 임원실(02-3276-4700) (학)1979년 서울 명지고졸 1983년 서울대 경제학과졸 1984년 미국 예일대 대학원 경제학과졸 1991년 同대학원 경제학 박사과정 수료 (경)1992~2002년 현대경제연구원 동향분석실장 · 세계경제실장 · 경제연구담당 이사 2002년 동원증권 리서치센터 이사 2002년 同리서치센터장(부사장) 2003년 同리서치본부장(부사장) 2005년 한국투자증권 리서치본부장(전무) 2008년 한국투자금융지주(주) 투자전략실장(전무), 同글로벌리서치실장(전무) 2015년 한국투자신탁운용 대표이사 부사장 2017년 同대표이사 사장(현) 2018년 한국금융투자협회 비상근부회장(현) (저)'왕초보주식교실'(2005)

조홍민(曺弘旻) Cho Hong Min

(생)1966 · 1 · 29 (본)창녕(昌寧) (출)서울 (주)서울특별시 중구 정동길 3 경향신문 편집국 주간경향(02-3701-1114) (학)1984년 서울 대원고졸 1988년 연세대 독어독문학과졸 1990년 同대학원 독어독문학과졸 (경)1991~2006년 경향신문 입사 · 편집국 편집부 · 국제부 · 뉴스메이커부 · 경제부 · 체육부 기자 2006~2007년 일본 게이오대 미디어커뮤니케이션연구소 방문연구원 2007년 경향신문 정치부 차장 2008~2011년 同도쿄특파원 2011년 同편집국 국제부 · 사회부 차장 2012년 同사장실장 2013년 同사장실장(부장급) 2014년 同국제부장 2016년 同편집국 스포츠부장 2019년 同편집국 주간경향 에디터 겸 편집장(부국장)(현) (상)한국신문상(2007)

조홍복(趙弘福) CHO Hong Bok

(생)1933 · 3 · 4 (출)부산 (주)부산광역시 수영구 수영성로 43 수영고적민속예술보존협회(051-752-2947) (경)1978년 중요무형문화재 제43호 수영야류 입문 1986년 同이수자 선정 1996년 同전수교육조교 선정 1999년 대만 99미아올리 국제가면축제공연 2000년 국제민속축제 공연 2001년 독일 브라우니겐 국제민속축제 공연 2002년 국가무형문화재 제43호 수영야류(영감) 예능보유자 지정(현) 2002년 월드컵 축하공연 (상)부산시장표창, 수영민속보존협회표창

조홍석(曺弘錫) CHO Hong Suk

(생)1967 · 12 · 26 (출)서울 (주)서울특별시 중구 세종대로 136 서울파이낸스센터 12층 노무라이화자산운용 회장실(02-3783-9500) (학)1986년 경복고졸 1990년 단국대 경영학과졸 1994년 고려대 경영대학원 경영학과졸 (경)1990~2003년 이화산업 · 영화기업 이사 1990~2006년 이화엔지니어링 이사 1990~2005년 삼명물산 감사 1999년 이화유통 대표이사 2003~2006년 이화산업 · 영화기업 부사장 2003~2007년 이화트론 부사장 2004년 (사)한국빌딩경영협회 부회장 2005년 삼명물산 대표이사 2006년 이화산업 · 영화기업 사장 2007~2012년 노무라이화자산운용 공동대표이사 2012년 同회장(현) 2013년 (사)한국빌딩경영협회 회장(현) (종)불교

조홍식(趙弘植) CHO Hong Sik

(생)1963 · 9 · 9 (출)서울 (주)서울특별시 관악구 관악로 1 서울대학교 법학전문대학원(02-880-8789) (학)1982년 숭실고졸 1987년 서울대 법대졸 1993년 미국 미국 캘리포니아대 버클리교 법과대학원 법학과졸(LL.M.) 1995년 법학박사(미국 캘리포니아대 버클리교) (경)1986년 사법시험 합격(28회) 1989년 사법연수원 수료(18기) 1989~1991년 부산지법 판사 1991년 법무법인 한미 변호사 1993년 미국 뉴욕주 변호사시험 합격 1996년 미국 U.C. Berkeley 법과대학 객원연구원 1996년 법무연수원 연구위원 1997~2008년 서울대 법학부 전임강사 · 조교수 · 부교수 2000년 同법과대학 부학장 2001년 미국 Duke대 객원교수 2005년 일본 도쿄대 객원교수 2007년 서울대 법과대학 인사위원 2008~2018년 同법과대학 법학부 교수 2010년 同환경에너지법정책센터장(현) 2010년 녹색성장위원회 위원 2012~2014년 서울대 법과대학 교무부학장 겸 법학전문대학원 교무부원장 2014~2017년 경찰위원회 위원 2016~2018년 서울대 법과대학장 겸 법학전문대학원장 2016년 한국환경법학회 회장 2016~2019년 한국수자원공사 비상임이사 2018년 서울대 법학전문대학원 교수(현) (상)환경부장관표창(2000), 서울대학교 우수연구상(2009), 한국환경법학회 학술상(2009), 서울대학교 우수강의상(2010), 서울지방변호사회 감사장(2011), 환경부장관표창(2011), 대통령표창(2013), 홍조근정훈장(2015), 행정자치부장관표창(2015), 예금보험공사 KDIC Best Director(2015) (저)'공정거래와 법치(編)'(2004) '해외법률문헌조사방법(編)'(2005) '특수불법행위(編)'(2007) '민주주의와 시장주의'(2007) '소비자와 법의 지배(編)'(2008) '식품안전법연구(編)'(2008) 'Routledge Handbook of Constitutional Law(共)'(2013, Routledge) '녹색성장 1.0(共)'(2013, 교보문고) 'Current Issues in Korean Law(共)'(2014, The Robbins Collection Berkeley Law)

조홍용(曺弘用)

(생)1970 · 7 · 20 (출)경남 합천 (주)충청북도 청주시 서원구 산남로70번길 51 청주지방검찰청 형사2부(043-299-4309) (학)1989년 부산진고졸 1999년 고려대 한국사학과졸 (경)2000년 사법시험 합격(42회) 2003년 사법연수원 수료(32기) 2003~2005년 율경종합법률사무소 변호사 2005년 해양경찰청 수상레저계장 2006년 대구지검 검사 2008년 同경주지청 검사 2010년 수원지검 안산지청 검사 2013년 서울남부지검 검사 2015년 부산지검 검사 2017년 법무연수원 용인분원 교수 2018년 대구지검 경주지청 형사부장 2019년 청주지검 형사2부장(현)

조홍준(曺鉷峻) Cho, Hong Jun

(생)1962 · 2 · 27 (출)경남 통영 (주)서울특별시 종로구 종로 1 교보빌딩 9층 법무법인(유) 한결(02-3458-9503) (학)1981년 부산 혜광고졸 1988년 고려대 법학과졸 2013년 同법무대학원 금융법학과졸 (경)1988년 사법시험 합격(30회) 1991년 사법연수원 수료(20기) 1991년 변호사 개업, 한국전력노동조합 고문변호사 2009~2015년 서울중앙지법조정센터 상임조정위원 2012~2013년 고려대 법무대학원 겸임교수 2014~2017년 한국저작권위원회 위원 2015년 법무법인(유) 한결 변호사(현), 대한상사중재원 중재인(현), (사)한국조정학회 부회장(현) (상)서울중앙지법 우수국선변호인 선정(2004) (저)'ADR의 社會統合的 機能'(2013, 저스티스)

조홍희(趙鴻熙) CHO Hong Hee

(생)1959·7·17 (본)양주(楊州) (출)경기 가평 (주)서울특별시 강남구 테헤란로 133 법무법인(유) 태평양(02-3404-0313) (학)1977년 용문고졸 1981년 성균관대 무역학과졸 1988년 영국 바스대 사회과학대학원 조세학과졸(MSc in Fiscal Studies) 1989년 同대학원 박사과정 1년 수료 (경)1980년 행정고시 합격(24회) 1981년 총무처 행정사무관시보 임용 1983년 진주세무서 총무과장 1993년 국세청 청장비서관 1995년 同조사국 전산조사과 서기관 1996년 同법인세과 서기관 1997년 駐영국대사관 세무협력관 2000년 남양주세무서장 2002년 서울지방국세청 조사2국 조사4과장 2003년 국세청 법인세과장 2004년 同행정관리담당관 2004년 同혁신기획관(부이사관) 2005년 駐뉴욕총영사관 파견 2006년 고위공무원 승진 2007년 중부지방국세청 조사3국장 2008년 서울지방국세청 조사4국장 2009년 국세청 법인납세국장 2009년 同법무심사국장·징세법무국장 2010년 서울지방국세청장 2011년 법무법인(유) 태평양 고문(현) 2013~2019년 (주)대교 사외이사 2013년 (주)셀트리온 사외이사(현) (상)근정포장(1994), 홍조근정훈장(2004) (종)천주교

조화순(曺和淳·女) Whasun JHO

(생)1966·2·23 (출)경북 상주 (주)서울특별시 서대문구 연세로 50 연세대학교 정치외교학과(02-2123-2949) (학)1989년 연세대 정치학과졸 1991년 同대학원 정치학졸 2003년 정치학박사(미국 노스웨스턴대) (경)한국전산원 선임연구원·책임연구원 2005년 미국 노스웨스턴대 Visiting Scholar 2005~2006년 서울과학기술대 IT정책전문대학원 공공정책 조교수, 한국행정학회 이사, 한국정치학회 이사, 한국국제정치학회 이사, 사이버커뮤니케이션학회 이사, 행정안전부 정책자문위원, 정보공개위원회 민간위원, 복권위원회 위원 2006년 연세대 정치외교학과 교수(현) 2011년 대한지적공사 비상임이사 2012~2016년 여성가족부 정책자문위원 2013년 한국국토정보공사 비상임이사 2013~2015년 한국지역난방공사 비상임이사 2013~2014년 미국 하버드대 Visiting Scholar 2016년 사이버커뮤니케이션학회 회장 2016년 연세대 디지털사회과학센터(CDSS) 센터장(현) 2016년 Social Science Korea 대형사업단 연구책임자(현) 2017년 연세대 국가관리연구원장(현) 2018년 한국과학기술한림원 정회원(정책학부·현) 2018년 국무총리소속 공직인사혁신위원회 민간위원(현) (상)문교부 우수논문상(1988), 의회발전연구회 연구기금(1991), 한미장학기금(1997), 연세대 우수연구실적 연구부문(2006), 연세대 우수업적교수상(2007), 연정학술상(2008), 연암 Fellowship(2012·2013), 대한민국학술원 우수학술도서 선정(2012·2013·2016·2017), 행정자치부장관표창(2015), 교육부장관표창(2017) (저)'디지털 거버넌스 : 국가, 시장, 사회의 미래'(2010) '집단지성의 정치경제'(2011) '소셜네트워크와 정치변동'(2012) '정보시대의 인간안보 : 감시사회인가? 복지사회인가?'(2012) 'Building telecom markets : evolution of governance in the korean mobile telecommunication market'(2013, Springer) '소셜네트워크와 선거(編)'(2013) '한국 정당의 미래를 말하다'(2015) '사이버 공간의 문화코드'(2015) '빅데이터로 보는 한국정치 트렌드'(2016) '사회과학자가 보는 4차 산업혁명'(2018)

조환근(曺煥根) JO Hwan Keun

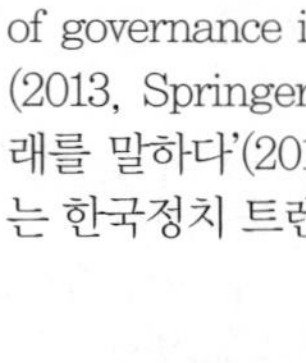

(생)1963·8·24 (본)창녕(昌寧) (출)강원 강릉 (주)강원도 춘천시 중앙로 1 강원도소방본부 특수구조단(033-249-5670) (학)부산남고졸, 관동대 건축공학과졸 (경)2004년 삼척소방서 소방행정과장(지방소방경) 2005년 동해소방서 행정담당 2006년 同소방행정과장(지방소방령) 2007년 강릉소방서 소방행정과장 2008년 同방호구조과장 2009년 속초소방서 현장지휘대장 2012년 평창소방서 소방행정과장 2016년 속초소방서 현장대응과장 2017년 강원도 소방학교 교육지원과장 2018년 강원 양양소방서장 2019년 同소방본부 특수구조단장(현)

조환길(曺煥吉) CHO Hwan Kil

(생)1952·11·7 (출)대구 달성 (주)대구광역시 중구 남산로4길 112 천주교 대구대교구청(053-250-3016) (학)1971년 대구고졸 1981년 광주가톨릭대 대학원졸 (경)1981년 사제 서품 1981년 대덕천주교회 보좌신부 1982년 복자천주교회 보좌신부 1988년 덕수천주교회 주임신부 1994년 형곡천주교회 주임신부 1998년 同사목 국사도직담당 1998~2002년 천주교 대구대교구 사목국장 1999~2004년 同대구대교구 사무처장 2004년 관덕정순교기념관 관장 겸임 2004~2007년 매일신문 대표이사 사장 2007~2008년 한국신문협회 부회장 2007년 주교 서품 2007~2010년 천주교 대구대교구 보좌주교 2009~2010년 同대구교구장 직대 겸임 2009년 한국천주교주교회의 성직주교위원회 위원·민족화해주교특별위원회 위원·시복시성주교특별위원회 위원(현) 2009년 학교법인 선목학원 이사장(현) 2010년 천주교 대구대교구장(대주교)(현) 2013년 학교법인 해은학원 이사장(현) 2014~2017년 한국천주교주교회의 가정사목위원회 위원장 2014~2018년 同선교사목주교위원회 위원 2014~2017년 한국천주교중앙협의회 감사 2017년 同이사(현) 2017년 한국천주교주교회의 상임위원(현) 2018년 同교회법위원회 위원장(현) (종)천주교

조황희(趙晃熙) CHO Hwang Hee

(생)1962·1·2 (출)광주 (주)세종특별자치시 시청대로 370 과학기술정책연구원(044-287-2001) (학)1984년 전남대 공업화학공학과졸 1987년 한국과학기술원(KAIST) 산업공학과졸(석사) 1994년 산업공학박사(한국과학기술원) (경)1987년 천문우주과학연구소 연구원 1990년 과학기술정책연구원 연구원 1995년 일본 도쿄대 객원연구원 1998년 과학기술부 국가과학기술장기계획 기획위원 2000년 과학기술정책연구원 산업혁신연구부장 2003년 同기초과학인력팀장 2003년 과학기술부 장관자문관 2004년 과학기술정책연구원 지역혁신팀장 2004년 同혁신정책연구센터장 2006~2008년 同기획조정실장 2008년 同선임연구위원 2011년 同우주정책팀장 2011년 同부원장 2012~2016년 한국원자력안전기술원 비상임이사 2013년 과학기술정책연구원 혁신정책본부 선임연구위원 2013~2014년 기술경영경제학회 이사 2014~2016년 과학기술정책연구원 국제기술혁신협력센터장 2015~2017년 국가과학기술심의회 공공·우주전문위원회 위원 2016년 과학기술정책연구원(STEPI) 국제기술혁신협력센터 선임연구위원 2017년 同원장(현) (상)국민포장(2007) (저)'따뜻한 기술(共)'(2012) '자연에서 배우는 청색기술(共)'(2013) 'ST-IT 위성통신융합기술(共)'(2014) (역)'인류가 살고 있는 우주'(2012) '은하와 우주의 계층구조'(2014)

조효정(曺孝姃·女)

(생)1974·6·17 (출)경남 밀양 (주)경기도 수원시 영통구 법조로 105 수원고등법원(031-639-1555) (학)1993년 대구 경일여고졸 1997년 서울대 컴퓨터공학과졸 (경)1999년 사법시험 합격(41회) 2002년 사법연수원 수료(31기) 2002년 서울지법 판사 2004년 서울동부지법 판사 2006년 대구지법 판사 2009년 수원지법 판사 2014년 서울중앙지법 판사 2017년 청주지법 영동지원장 2019년 서울고법 판사 2019년 수원고법 판사(현)

조효제(趙孝濟) CHO, HYO JE

(생)1962·12·29 (출)부산 (주)서울특별시 강남구 논현로 508 GS타워 16층 GS파워(주)(02-2005-4007) (학)1981년 경남고졸 1985년 서울대 사법학과졸 (경)1989년 호남정유 입사 2003년 GS칼텍스 LNG기획팀장 2006년 同LNG구매부문장(상무) 2007년 同이사회지원실 상무 2010년 GS파워(주) 마케팅부문장(상무) 2014년 同마케팅부문장(전무) 2015년 인천종합에너지(주) 대표이사 2017년 GS에너지 경영지원본부장(부사장) 2019년 GS파워(주) 대표이사 부사장(현)

조훈배(趙訓培)

㉺1963·9·25 ㊟제주특별자치도 제주시 문연로 13 제주특별자치도의회(064-741-1977) ㊞남주고졸 ㊌안덕JCI 회장, 제주특별자치도 서귀포시 안덕면재향군인회 회장, 제주들녘영농조합법인 대표, 더불어민주당 정책위원회 부의장 2018년 제주특별자치도의회 의원(더불어민주당)(현) 2018년 同농수축경제위원회 위원 겸 예산결산특별위원회 위원(현) 2018년 同4.3특별위원회 부위원장(현) 2018년 同대규모개발사업장에대한행정사무조사를위한특별위원회 위원(현)

조훈현(曺薰鉉) Cho Hoonhyun

㉺1953·3·10 ㊍전남 목포 ㊟서울특별시 영등포구 의사당대로 1 국회 의원회관 1009호(02-784-2187) ㊞1967년 일본 신명중졸 2003년 명예 체육학박사(목포대) ㊌1962년 프로바둑 입단 1966년 일본기원 초단 1971년 5단 승단 1975년 최강자전·백남배·국수전·최고위전 우승 1976년 최강자전·왕좌전·국수전·국기전·최고위전 우승 1977년 최강자전·왕좌전·왕위전·국수전·국기전·최고위전 우승 1978년 최강자전·왕위전·국수전·국기전·최고위전·패왕전 우승 1979년 8단 승단 1979년 왕위전·국수전·국기전·명인전·패왕전·최고위전 우승 1980년 왕위전(4연패)·국수전·기왕전·명인전·패왕전·최고위전 우승(7연패) 1981년 국수전·기왕전·국기전·명인전·패왕전·KBS바둑왕전 우승 1982년 9단 승단(현) 1982년 왕위전·국수전·기왕전·국기전·패왕전·최고위전·KBS바둑왕전·제왕전 우승 1983년 왕위전·국수전·기왕전·국기전·패왕전·최고위전·대왕전 우승 1984년 왕위전·국수전·국기전·명인전·패왕전·최고위전·대왕전·천원전·바둑왕전·제왕전 우승 1985년 왕위전·국수전 우승(11연패)·기왕전·국기전·패왕전·명인전·최고위전·제왕전·대왕전 우승 1986년 왕위전·기왕전·국기전·명인전·패왕전·최고위전·대왕전·천원전·제왕전·바둑왕전 우승 1987년 왕위전·기왕전·국기전·패왕전·최고위전·대왕전·바둑왕전 우승 1988년 왕위전·국수전·기왕전·명인전·패왕전·최고위전·천원전·제왕전 우승 1989년 왕위전·국수전·명인전·패왕전·최고위전·대왕전·기성전·천원전·제왕전·바둑왕전·응창기배 우승 1990년 왕위전·기왕전·명인전·패왕전·비씨카드배·천원전·KBS바둑왕전 우승 1991년 국수전·기왕전·패왕전·기성전 우승 1992년 국수전·기왕전·패왕전 우승 1993년 기왕전·패왕전·최고위전·대왕전·제왕전 우승 1994년 제왕전·동양증권배·후지쓰배 우승 1995년 천원전·후지쓰배 준우승 1996년 기왕전·패왕전·비씨카드배 우승 1997년 동양증권배·패왕전 우승·유공배 명인위 획득 1998년 국수전·패왕전 우승 1999년 중국 제1회 춘란배세계바둑선수권대회·바둑왕전 우승 2000년 후지쓰배·TV아시아바둑선수권대회·패왕전 우승·명인전 준우승 2001년 후지쓰배·삼성화재배·TV아시아바둑선수권대회·국수전 우승 2002년 제1회 KT배·제7회 삼성화재배·제4회 농심신라면배 한국대표 우승·TV아시아바둑선수권 준우승·제7기 박카스배 천원전 준우승 2003년 왕위전 우승·기성전 준우승, (재)한국기원 상임이사, 인터넷바둑사이트 '타이젬' 이사 2004년 제1기 전자랜드배 왕중왕전 봉황부 우승 2010년 제1회 대주배 시니어최강자전 우승 2011년 제2회 대주배 시니어최강전 준우승 2013년 제7기 지지옥션배 시니어팀 우승·제4회 대주배 시니어최강자전 우승 2014년 국수산맥 국제페어바둑대회 공동우승 2015년 시니어국기전 우승·'2014~2015 시니어 바둑 클래식 왕중왕전' 우승·제2회 명월산배 한·중·일 원로기사 초청전 우승 2016년 제20대 국회의원(비례대표, 새누리당·자유한국당〈2017.2〉)(현) 2016~2018년 국회 교육문화체육관광위원회 위원 2016~2017년 국회 남북관계개선특별위원회 위원 2018년 국회 문화체육관광위원회 위원(현) 2018년 국회 윤리특별위원회 위원(현) ㊗은관문화훈장(1989), 바둑문화상 우수기사상(2회), 최다승기록상·특별상, 바둑문화상수훈상(1999), 후지쓰배 우승컵(2000), 전자랜드 현무왕전 준우승(2008), 2009 바둑대상 시니어기사상(2010), 국수(國手) 선정(2018) ㊛'조훈현 바둑입문' '오늘의 바둑신서' '조훈현과의 대화(共)'(1999) '조훈현 바둑입문 1·2'(2010, 다산출판사)

조휴옥(趙休玉) CHO Hue-Ok

㉺1967·12·20 ㊍전남 순천 ㊟부산광역시 연제구 법원로 31 부산지방법원(051-590-1114) ㊞1984년 광주진흥고졸 1988년 서울대 법대졸 1990년 同대학원졸 ㊌1989년 사법시험 합격(31회) 1992년 사법연수원 수료(21기) 1992년 광주지법 판사 1995년 同목포지원 판사 1996년 서울지법 의정부지원 판사 1997년 同의정부지원(남양주시법원·가평군법원) 판사 1998년 부산지법 판사 1999년 서울지법 판사 2001년 同남부지원 판사 2004년 서울고법 판사 2006년 서울동부지법 판사 2007년 광주지법 순천지원 부장판사 2008년 사법연수원 교수 2010년 의정부지법 부장판사 2011년 서울동부지법 부장판사 2013년 서울중앙지법 부장판사 2016년 서울북부지법 부장판사 2018년 부산지법 부장판사(현)

조흥구(曺興九) Jho, Heung Gu

㉺1961·10·14 ㊍경남 창녕 ㊟경상북도 청송군 청송읍 군청로 51 청송군청 부군수실(054-870-6005) ㊞대구 능인고졸, 독학사 2011년 영남대 행정대학원 자치행정학과졸 ㊌1980년 공무원 임용(9급 공채) 2014년 경북도립대 행정사무국장 직대(지방서기관) 2014년 경북도 체육진흥과장 2014년 한국지역진흥재단 파견 2015년 경북도 복지건강국 장애인복지과장 2016년 同도청신도시본부 총괄지원과장 2017년 지방행정연수원 고급리더과정 교육훈련 2018년 경북도 인재개발정책관 2018년 경북 청송군 부군수(현) ㊗내무부장관표창(1993)

조흥동(趙興東) CHO Heung Dong (월륜)

㉺1941·5·16 ㊔한양(漢陽) ㊍경기 이천 ㊟서울특별시 서초구 반포대로37길 59 대한민국예술원(02-3479-7224) ㊞서울 경동고졸 1965년 중앙대 법과대학졸 1995년 同사회개발대학원졸 ㊌1962년 국립무용단 공연 출연 1965년 무용학원 설립 1967년 한국무용협회 이사 1968년 무용발표회 개최 1978년 건국30주년기념공연 '탑교놀이' 안무 1982년 한국남성무용단 창단기념공연 '소품집' 안무 1983년 국립무용단 지도위원 1985년 한국무용협회 부이사장 1986년 창작무용극 '대' 발표 1988년 서울올림픽개막제 '길놀이' 안무 1990년 국립무용단 상임안무가 1991~2005년 한국무용협회 이사장 1992년 '92춤의해' 운영위원장 1993년 국립무용단 단장 겸 예술감독 1995년 태평무 보존회 회장 1997~1998년 서울예술단 예술감독 1998년 한국예술문화단체총연합회 회장 1999년 경희대 교육대학원 초빙교수 2003년 대한민국예술원 회원(무용·현) 2003년 국민대 공연예술학부 초빙교수 2003~2014년 경기도립무용단 예술감독 2005~2009년 문화재위원회 무형문화재예능분과 위원 2005년 호암아트홀 한국명인 4인무 공연 2005년 한중합작 무용극 '꿈' 안무 2005년 고양 명무전 '한량무' 공연 2005년 일본 후쿠오카 한류페스티벌 '한량무' 공연 2005년 한국무용협회 고문(현) 2006년 '조흥동 춤의 세계' 지방도시순회공연 2007년 한량무무보집 출간 기념공연(국립극장 소극장) 2007년 조택원탄생100주년기념공연 '신노신불로'(국립극장) 2008년 우리춤협회 '한량무' 공연(예악당) 2008년 서울무용제 개막 '한량무' 공연(아로코극장) 2008년 마산 김해랑추모공연 '한량무'(마산3·15아트센터) 2008년 제주서귀포 '한량무' 공연 2009년 명무전 '한량무' 공연(국립국악원) 2009년 창무국제무용제 '한량무' 공연(의정부예술의전당) 2010년 경주 영주 선비축제 '한량무' 공연(영주 선비촌 특설무대) 2010년 경남 논개문화제 '한량무' 공연(진주성 야외무대) 2010년 중국 상하이엑스포 한국의 날 '한량무' 공연(상하이엑스포행사장) 2010년 강원 홍천 최승희춤축제 '한량무' 공연(홍천문예회관) 2010년 국립국악원 명무전 '한량무' 공연(국립국악원) 2010년 부산 한국남성명무전 '한량무' 공연(부산국립국악원) 2010년 마산 김해랑추모무용제 '한량무' 공연(3·15아트센터) 2011년 한국명작무 대제전 '한량무' 공연(예술의전당) 2012년 월륜삶과춤 60주년기념공연 조흥동 춤의세계(아르코예

술극장) 2017년 대한민국예술원 부회장(현) (상)대학무용콩쿨 안무지도상(1975), 제1회대한민국무용제 입상(1979), 제3회대한민국무용제 안무상(1981), 서울시 문화상(1992), 한국예술가평론가협의회 최우수예술가상(1993), 문화체육부 예술가의 장한 어머니상(1995), 문화체육부 대한민국문화예술상(1995), 옥관문화훈장(2000), 이천시장표창(2003), 한국문화단체총연합회 무용대상(2005), 경기도지사표창(2012), 은관문화훈장(2018) (저)'한량무 무보집'(2007, 열화당) (작)주요대작 안무&연출 '제신의 고향'(1974), '이차돈'(1976), '푸른 흙의 연가'(1979), '춤과 혼'(1981), '맥'(1983), '부운'(1984), '젊은날의 초상'(1985), '대(代)'(1986), '흙의 울음'(1990), '강강술래'(1992), '환'(1993), '무천의 아침'(1994), '비나리98'(1998), '우리춤 그맥 2000'(2000), '연인'(2000), '황진이'(2001), '잃어버린 신화를 찾아서'(2001), '화합의 빛'(2002), '마의태자'(2002), '삼별초의 혼'(2003), '고성의 무맥'(2004), '조신의 꿈'(2004), '꿈꿈이었으니'(2005), '봉수당진찬례와 우리춤의 맥'(2006), '황진이'(2007), '춤향기그색깔'(2007), '달하-The Moon'(2008), '천년의 유산'(2009), '태권무무 달하'(2009), '천년의 유산Ⅱ-한국의얼'(2010), '상하이엑스포초청공연'(2010), '천년의유산Ⅲ-화조풍월'(2011), '도미부인'(2011), '태권무무 달하 북미순회 공연'(2011), '천년의 유산Ⅳ-우리춤, 천년을 걷다'(2012), '태권무무달하 중국동북아박람회초청 공연'(2012), '천년의 유산 주요코하마총영사관초청 공연'(2012), '태권무무달하 항주국제엑스포초청 공연'(2012), '태권무무달하 미주순회 공연'(2012) (종)불교

조흥식(曺興植) CHO Heung Seek

(생)1953·5·7 (본)창녕(昌寧) (출)부산 (주)세종특별자치시 시청대로 370 세종국책연구단지 사회정책동 한국보건사회연구원(044-287-8102) (학)1971년 부산고졸 1976년 서울대 문리과대학 사회사업학과졸 1980년 同대학원 사회복지학과졸 1991년 사회복지학박사(서울대) (경)1981~1991년 청주대 사회복지학과 교수 1987년 영국 헐대 사회복지학과 객원교수 1991~2018년 서울대 사회과학대학 사회복지학과 교수 1993년 한국사회복지학연구회 회장 1994년 참여연대 사회복지위원장 1994년 同집행위원, 同사회복지위원회 실행위원 1995년 민주화를위한전국교수협의회 정책위원장 1996~2014년 국제재활협회(RI) KOREA 행정정책분과 위원장 1997년 미국 시카고로욜라대 대학원 교환교수 2000년 한국학교사회복지학회 회장 2000년 참여사회연구소 이사 2001년 국무총리산하 청소년보호위원회 위원 2002년 대통령직속 농어업농어촌특별대책위원회 상임위원 2002년 보건복지부 중앙생활보장위원회 위원 2002년 한국사회복지교육협의회 인증위원장 2002~2012년 한국여성재단 배분분과위원장 2002년 同이사(현) 2002년 서울대 사회과학대학 교무부학장 2003년 한국사회복지학회 부회장 2004년 노동부 정책자문위원 2005년 영국 버밍햄대 방문교수 2005년 대통령자문 빈곤격차차별시정위원회 위원 2006~2008년 서울대 사회과학연구원장 2006~2010년 한국군(軍)사회복지학회 초대회장 2007~2008년 한국사회정책학회 회장 2008~2017년 대한법률구조공단 비상임이사 2008~2010년 보건복지부 장애인장기요양보장제도 민간추진단장 2008~2011년 서울시사회복지공동모금회 부회장 2009년 국방부 군인복지위원회 위원 2009년 한국법무보호복지공단 비상임이사 2009~2011년 국무총리산하 농림어업인삶의질향상 및 농산어촌지역개발위원회 위원 2009년 농림수산식품부 여성농업인육성정책자문회의 위원 2010년 여성가족부 정책자문위원 2012~2013년 한국사회복지학회 회장 2014년 국제재활협회(RI) 한국대표 의장 2015~2017년 서울대 교수협의회 회장 2016년 전국국공립대학교수회연합회 상임회장 2016년 대학정책학회 회장 2017년 대통령직속 정책기획위원회 포용사회분과위원장 2018년 학교법인 영광학원 이사 2018년 한국보건사회연구원 원장(현) (상)근정포장(2015) (저)'인간생활과 사회복지' '한국사회복지론' '사회복지실천론' '교회 자원봉사' '가족복지학' '여성복지학' '산업복지론' '한국사회복지의 현실과 선택' '참여민주주의와 한국사회' '사회복지제도의 쟁점과 과제' '비교빈곤정책론' '사회복지개론' 등 다수 (역)'인간행동과 사회환경' '질적연구방법론' (종)기독교

조희금(趙熙今·女) Hee-Keum Cho

(생)1954 (주)서울특별시 강남구 테헤란로52길 6 테헤란오피스빌딩 1104호 (사)가정을건강하게하는시민의모임(02-6354-0515) (학)1978년 서울대 가정대학 가정관리학과졸 1982년 同대학원 가정관리학과졸(석사) 1996년 가정학박사(경희대) (경)대구대 사회과학대학 가정복지학과 교수 2005년 중앙건강가정지원센터 초대 센터장 2010~2011년 청도군건강가정지원센터장 2011~2013년 대구대 교무처장 2011~2012년 한국가정관리학회 회장 2014~2015년 (사)가정을건강하게하는시민의모임 이사장 2015~2016년 한국가족자원경영학회 회장 2016~2018년 대구대 교학부총장 2017~2018년 同교육혁신본부장 2017~2018년 대한가정학회 회장 2017년 대구대 일반대학원장 2018년 同총장 직대 2019년 (사)가정을건강하게하는시민의모임 이사장(현) 2019년 대구대 가정복지학과 명예교수(현) (상)홍조근정훈장(2014)

조희길(曺喜吉) CHO Hee Gil

(생)1961·2·14 (본)창녕(昌寧) (출)경북 경주 (주)서울특별시 서초구 서초중앙로 53 대림빌딩 8층 나이스엔지니어링(주) 대표이사실(02-6942-5555) (학)경주고졸, 동국대 경영학과졸 1992년 경희대 대학원 경영학과졸 1999년 경영학박사(경희대) (경)1987년 호국문예 당선(시인 등단) 2001년 한국능률협회컨설팅 CS경영본부장 2005년 청호나이스(주) 마케팅본부장 2012년 同전무이사 2018년 同부사장 2018년 나이스엔지니어링(주) 대표이사(현) (상)월간 '문학세계' 신인상(1991), 대한적십자사총재표창, 국방부장관표창, 국가품질경영 유공 대통령표창(2010), 글로벌경영대상 경영자상(2011), 대한민국 신기술혁신상 경영자상(2013), 제8회 세계문학상(2013), 한국경영인협회 최고경영자상(2015), 대한민국 명가명품대상 시문학부문(2017), 세계문학상 시부문 대상(2018), 문학세계문학상 시부문 대상(2019) (저)'무명기(共)'(1980) 'CS추진실무론' '새벽숲에서 밤바다까지'(共) '나무는 뿌리만큼 자란다'(2007, 문학세계) '시조새 다시 날다'(2017, 현대시학) (종)불교

조희대(曺喜大) CHO Hee Dae

(생)1957·6·6 (출)경북 경주 (주)서울특별시 서초구 서초대로 219 대법원 대법관실(02-3480-1100) (학)1975년 경북고졸 1979년 서울대 법과대학졸, 미국 코넬대 대학원졸 (경)1981년 사법시험 합격(23회) 1983년 사법연수원 수료(13기) 1983년 육군·군수사령부 검찰관 1986년 서울형사지법 판사 1989년 서울민사지법 판사 1991년 대구지법 안동지원 판사 1995년 서울고법 판사 1996년 대법원 재판연구관 1998년 대구지법 부장판사 2000년 사법연수원 교수 2003년 서울지법 부장판사 2004년 서울중앙지법 부장판사 2006년 부산고법 부장판사 2006년 서울고법 부장판사 2012년 대구지법원장 2012년 대구시선거관리위원회 위원장 겸임 2014년 대법원 대법관(현)

조희연(曺喜昖) CHO Hee Yeon

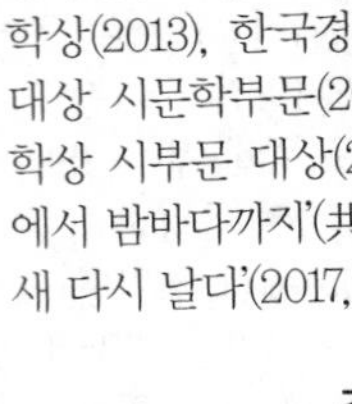

(생)1956·10·6 (본)창녕(昌寧) (출)전북 정읍 (주)서울특별시 종로구 송월길 48 서울특별시교육청 교육감실(02-399-9201) (학)1975년 서울 중앙고졸 1980년 서울대 사회학과졸 1983년 연세대 대학원 사회학과졸 1992년 사회학박사(연세대) (경)1988~1991년 학술단체협의회 정책위원 1988년 한국사회과학연구소 회원·연구기획위원 1990~2014년 성공회대 사회과학부 교수 1991~1992년 학술단체협의회 운영위원장 1993년 한국사회학회 이사 1994년 참여연대 집행위원 1995년 미국 서던캘리포니아대 한국학 객원교수 1996~1997년 영국 랑카스터대 교환교수 1997년 대만 국립대만대 교환교수 1997~2000년 참여연대 정책위원장·협동사무처장 2000~2002년 同집행위원장 2000년 성공회대 민주화운동자료관장 2001년 同시민사회복지대학원장 2002~

2003년 민주사회정책연구원 부원장 2002~2003년 참여연대 운영위원회 부위원장 2007년 同정책자문위원회 부위원장, 민주화를위한전국교수협의회 상임의장 2013년 성공회대 NGO대학원장 2014~2018 · 2018년 서울특별시 교육감(현) 2014~2016년 전국시도교육감협의회 부회장 (상)'대한민국 위민 33인대상' 교육혁신대상(2019) (저)'한국민주주의와 사회운동' '계급과 빈곤' '한국의 국가민주주의 정치변동' '한국사회구성체논쟁1 · 2 · 3 · 4' 'NGO 가이드' '한국의 정치사회적 지배담론과 민주주의의 동학'

조희정(曺喜正) CHO Hei Jung

(생)1936·1·26 (출)전북 순창 (주)전라북도 전주시 완산구 안행로 73 전주노인대학(063-272-6502) (학)1954년 전북 순창농고졸 1959년 건국대 법정대졸 1992년 원광대 행정대학원졸 (경)1970년 공화당 서울성동甲지구당 사무국장 1972년 전북일보 사업국장 1977년 (주)호텔해운대 대표이사 1977년 한국청년회의소 연수원 교수 1985년 평통 자문위원 1988년 바르게살기운동 전북도협의회 부회장 1988년 전라일보 상무이사 1992년 전북애향운동본부 사무처장 1993~2015년 전북도민일보 부사장 1995년 전북도재향군인회 고문(현) 1995년 바르게살기운동 전북도협의회 고문(현) 2000~2014년 전북애향운동본부 부총재 2010~2011년 한국JC특우회 전북지구 부회장 2015년 전주노인대학 학장(현) (상)국민포장, 대통령표창, 문교부장관표창, 법무부장관표창, 향군휘장 (종)기독교

조희진(趙嬉珍 · 女) CHO Hee Jin

(생)1962 · 10 · 15 (출)충남 예산 (주)서울특별시 서초구 서초대로 250 스타갤러리브릿지 11층 법무법인 담박(02-548-4301) (학)1981년 성신여고졸 1985년 고려대 법학과졸 2000년 미국 인디애나주립대 법과대학원졸 (경)1987년 사법시험 합격(29회) 1990년 사법연수원 수료(19기) 1990년 서울지검 검사 1992년 수원지검 검사 1996년 서울지검 북부지청 검사 1998년 법무부 여성정책담당관 1999년 서울지검 동부지청 검사 2002년 서울고검 검사 2003년 법무부 검찰국 검사 2004년 의정부지검 형사4부장 2005년 사법연수원 교수 2007년 서울중앙지검 공판2부장 2008년 同형사7부장 2009년 서울고검 검사 2009년 의정부지검 고양지청 차장검사 2010년 대전지검 천안지청장 2011년 서울고검 검사 2011~2012년 국가경쟁력강화위원회 파견 2013년 법무연수원 연구위원 2013년 서울고검 차장검사(검사장급) 2015년 제주지검장 2015년 의정부지검장 2017~2018년 서울동부지검장 2018년 대검찰청 '성추행 사건 진상 규명 및 피해 회복 조사단' 단장 겸임 2018년 법무법인 담박 대표변호사(현) (상)홍조근정훈장(2013), 한인검사협회 선구자상(2017)

조희찬(趙希燦)

(생)1976 · 3 · 28 (출)경남 김해 (주)울산광역시 남구 법대로 55 울산지방법원 총무과(052-216-8116) (학)1995년 단국대사대부고졸 2000년 서울대 사법학과졸 (경)2000년 사법시험 합격(42회) 2003년 사법연수원 수료(32기) 2003년 軍법무관 2006년 서울서부지법 판사 2008년 서울행정법원 판사 2010년 대구지법 의성지원 판사 2012년 대전지법 서산지원 판사 2014년 의정부지법 판사 2016년 사법연수원 교수 2019년 울산지법 부장판사(현)

조희천(曺喜天) CHO Hee Chun

(생)1952 · 2 · 18 (출)전북 전주 (주)전라북도 전주시 완산구 전주천서로 267 전주기전대학 총장실(063-280-5208) (학)1971년 전주고졸 1978년 연세대 공대 토목공학과졸 1991년 전주대 중소기업대학원졸 1998년 경제학박사(전주대) (경)1981년 (주)고려상호신용금고 입사 1986~2000년 同대표이사 1993년 전국상호신용금고협회 전북지부장 1995년 전주대 무역학과 강사 1997년 군산전문대 강사 2000년 전주기전여대 부학장 2001~2005년 同학장 2015년 전주기전대학 총장(현) (상)법무부장관표창, 검찰총장표창, 파라과이 문화교육원장관표창, 행정자치부장관표창 (종)기독교

조희태(趙喜泰) CHO Hee Tai (深泉)

(생)1944 · 3 · 25 (본)함안(咸安) (출)경남 진주 (주)울산광역시 중구 성안8길 71 대한적십자사 울산광역시지사(052-210-9595) (학)1962년 진주고졸 1968년 진주교육대 체육학과졸 (경)1968~1973년 초등학교 교사 1974~1980년 국제신문 울산주재기자 1985~1988년 경남신문 편집국 근무 1988~1995년 국제신문 편집부장 1996년 경상일보 편집국 부국장대우 1997년 同편집국장 · 이사대우 편집국장 2003년 同편집 · 기획이사 2004년 同상무이사 2005년 광역일보 대표이사 사장 2006~2011년 울산신문 대표이사 사장 2012~2019년 同대표이사 사장 2016년 대한적십자사 울산광역시지사 운영위원 2017년 울산시탁구협회 회장(현) 2018년 대한적십자사 울산광역시지사 상임위원(현) (상)울산시문화상 (종)기독교

조희현(曺喜賢) Jo Hee Hyun

(생)1963 · 4 · 22 (출)서울 (주)서울특별시 마포구 마포대로 78 경찰공제회(1577-0112) (학)1981년 경신고졸 1986년 경찰대 행정학과졸 (경)1996년 충남지방경찰청 교통과 교통계장 1998년 경찰청 정보국 정보1과 근무 1999년 同정보국 정보2과 근무 2002년 同정보국 정보3과 근무 2003년 교육 파견 2005년 경북지방경찰청 생활안전과장(총경) 2006년 대구지방경찰청 경비교통과장 2007년 대구 북부경찰서장 2008년 서울지방경찰청 정보2과장 2009년 서울 서대문경찰서장 2010년 서울지방경찰청 정보2과장 2011년 경찰청 정보심의관(경무관) 2012년 경북지방경찰청 차장 2014년 서울지방경찰청 생활안전부장 2014년 경찰청 생활안전국장(치안감) 2015년 전북지방경찰청장(치안감) 2017~2018년 경찰청 정보국장(치안감) 2019년 경찰공제회 사업관리이사(현) (상)근정포장(2008)

종 상(宗 常) Jong Sang (大弓)

(생)1948·7·10 (본)도강(道康) (출)전북 임실 (주)경기도 의왕시 청계로 475 대한불교조계종 청계사(031-426-2221) (학)1974년 법주사승가대 대교과졸 1988년 동국대 행정대학원 수료 (경)1965년 법주사에서 최월산 화상을 은사로 득도 1965년 법주사에서 6하안거 성만 1973년 법주사에서 석암화상을 계사로 비구계 수지 1975년 불국사 재무국장 1980년 대한불교조계종 총무원 조사국장 1984~1988년 同제8대 중앙종회 의원 1985년 同총무원 총무국장 1985년 불국사 재무국장 1988년 법보신문 사장 1988~1992년 대한불교조계종 제9대 중앙종회 의원 1989년 관악산 연주암 주지 1989년 불국사 부주지 1998년 대한불교조계종 제12대 중앙종회 의원 1999년 석굴암 주지 2000년 청계사 주지 2002년 同회주(현) 2002년 불국사 주지 2002년 법보신문 발행인 2003년 동국대 이사 2004년 금강산 신계사 복원추진위원장, 불국사 관장(현) (저)'기와를 갈아서 거울 만들기'(2001) (역)'호국삼부경' (종)불교

종 수(宗 水) Jong Su (明海)

(생)1955 · 3 · 14 (출)전남 순천 (주)서울특별시 종로구 율곡로6길 36 월드오피스텔 907호 한국사찰림연구소(02-921-0408) (학)1979년 불국승가대학 사교과졸 (경)1975년 불국사에서 월산스님을 계사로 사미계 수지 1982년 범어사에서 석암스님을 계사로 비구계 수지 1986~1993년 경주 삼불사 주지 1988년 카루나의 모임 초대 · 3대 회장 1989년 불국사 교무

국장 1990~1997년 경주교도소 종교위원 1994~2002년 분황사 주지 1994~2000년 경주신문 이사 1995년 원효학연구원 상임이사·부원장 1996년 한국환경센터 건립위원 1997~1999년 청주불교방송 운영위원·감사 1998~1999년 대한불교조계종 총무원 감사국장·기획실장 1998년 법보신문 총무국장 1999~2003년 부산교도소 종교교화위원 1999년 경북오페라단 이사 2000~2003년 원효학연구원 부원장 2001~2002년 경주경찰서 경승실장 2001~2006년 대한불교조계종 중앙선거관리위원(간사) 2001~2006년 불교환경연대 중앙위원 2002~2004년 영덕 장육사 주지 2002~2004년 대구불교방송 총괄국장 2002~2005년 경북 영덕경찰서 경승실장 2003년 대구선거관리위원회 공명선거자문위원 2003~2005년 민주평통 자문위원 2003~2006년 경북도 종합자원봉사센터 이사 2004~2007년 경북지방경찰청 경승 2005년 대한불교조계종 총무원 호법부장 2005~2007년 민주평통 상임위원 2006년 불교환경연대 지도위원 2007년 민주평통 자문위원 2008년 경북도 전통사찰보존위원 2009·2011·2013·2015~2017년 민주평통 문광분과 중앙상임위원(14·15·16·17기) 2010년 (사)한중문화협회 부회장(현) 2013년 (사)한국사찰림연구소 이사장(현), (사)국제연꽃마을 부회장 2014년 중국 푸단(復旦)대 한국연구중심 고급고문(현) 2015년 한반도푸단포럼 대표(현) 2016년 대구경북경제자유구역청 투자유치고문(현) 2017년 (사)숲힐링문화협회 고문(현) 2017년 민주평통 사회문화교류분과 중앙상임위원(18·19기)(현) (상)경상북도지사 감사장(1995), 행정자치부장관 감사장(2001), 대한불교조계종 포교원장 표창(2003) (종)불교

종 하(鍾 夏) (晋山)

(생)1938·7·4 (본)밀양(密陽) (출)서울 (주)서울특별시 마포구 마포대로 20 불교방송(BBS) 이사장실(02-705-5114) (학)1957년 진주농고졸 1973년 동국대 행정대학원 수료 (경)1971년 대한불교조계종 총무원 조사국장 1972년 同4~12대 중앙종의회 의원 1973년 관음사 주지(현) 1973년 대한불교조계종 재정국장 1977년 同총무부장 1987년 同부원장 1987·1992년 同중앙종의회 의장 1992·2007년 불교방송(BBS) 이사 1993~1997년 同이사장 2002~2010년 승가학원 이사 2006~2007·2013년 불교방송(BBS) 이사장(현) 2017년 대한불교조계종 원로회의 의장 (상)대한불교조계종 종정표창(2회) (종)불교

종 훈(宗 薰) (鐘旭)

(생)1954·2·20 (본)진양(晋陽) (출)부산 (주)경기도 과천시 교육원로 41 보광사(02-502-2262) (학)1973년 부산 해동고졸 1983년 동국대 불교대학 선학과졸 (경)1974년 부산 범어사에서 석암화상을 계사로 비구계 수지 1988년 대한불교조계종 총무원 교무국장 1989년 금정학원 감사 1990년 대한불교조계종 총무원 교무국장 1992년 同기획실장 1993년 불교방송 편성제작국장 1994년 同기획심의실장 1995년 同총무국장 1997년 경기 과천 보광사 주지(현) 2000~2013년 불교방송 감사 2002년 대한불교조계종 총무원 기획실장 2006년 불교문화사업단 단장 2009년 한국불교문화원 원장 2013년 대한불교조계종 자성과쇄신 결사추진본부 결사총괄부장 2013~2015년 불교방송 이사 (상)대한불교조계종 종정표창(1992) (저)'동국사상도첩제고'(1983) (종)불교

좌남수(左楠守) JWA Nam Su

(생)1949·10·10 (출)제주 북제주 (주)제주특별자치도 제주시 문연로 13 제주특별자치도의회(064-741-1931) (학)제주상고졸, 숭실대 대학원졸 (경)제주도 지방노동위원회 공익위원, 제주도 경제살리기대책위원회 위원, 제주도노사정협의회 위원 1970~1975년 제주시 근무 1982년 한국노동조합총연맹 제주도본부 사무국장, 同제주도본부장, 제주도노동위원회 근로자위원 1991년 제주도의원선거 출마(무소속) 1992년 한국노동조합총연맹 제주도본부 의장 1998년 제주도의원선거(비례대표, 새정치국민회의) 2004년 제주도의원선거 출마(열린우리당) 2006·2010~2011년 제주특별자치도의회 의원(비례대표, 열린우리당·통합민주당·민주당), 同농수축·지식산업위원회 간사 2006년 제주도사회복지공동모금회 부위원장 2006~2010년 하이테크산업진흥원 이사 2008~2010년 어류양식수협 이사 2010~2011년 제주특별자치도의회 농수축·지식산업위원장 2014~2018년 제주특별자치도의회 의원(새정치민주연합·더불어민주당) 2014~2015년 同예산결산특별위원회 위원장 2014년 同농수축지식산업위원회 위원 2015년 同제주도특별법제도개선및토지정책특별위원회 위원장 2016~2018년 同농수축경제위원회 위원 2016년 同예산결산특별위원회 위원 2016년 더불어민주당 제주도당 위원장 직대 2018년 제주특별자치도의회 의원(더불어민주당)(현) 2018년 同행정자치위원회 위원(현) (상)국무총리표창, 노동부장관표창, 제12회 우수조례상 우수상(2016)

좌승희(左承喜) JWA Sung Hee (淸外)

(생)1946·4·6 (출)제주 북제주 (주)서울특별시 마포구 월드컵로 386 (재)박정희대통령기념재단(02-716-9345) (학)1966년 제주제일고졸 1971년 서울대 경제학과졸 1975년 同대학원졸 1983년 경제학박사(미국 캘리포니아대 로스앤젤레스교) (경)1973~1977년 한국은행 근무 1982년 미국 캘리포니아주립대 강사 1983~1985년 미국 Mineapolis소재 연방준비은행 경제연구관 1985~1989년 한국개발연구원 국제경제·금융팀 연구위원 1990~1991년 同금융연구팀장 1992~1993년 同거시경제팀장 1994~1997년 同선임연구위원 1994~1995년 同국제화연구팀장 1995~1997년 同법경제·세계화팀장 1995~1997년 대통령자문 정책기획위원회 위원 1997~2005년 전국경제인연합회 산하 한국경제연구원장 1998~2000년 정보통신부 통신위원회 위원 1998년 한국금융학회 부회장 1999년 同감사 2000~2003년 대통령자문 정부혁신추진위원회 위원 2001년 한국주택은행 사외이사 2002~2003년 대통령자문 국민경제자문회의 위원 2002년 국민투자신탁운용 사외이사 2002년 국제자유도시포럼 공동의장 2005~2006년 한국비교경제학회 회장 2005~2006년 제주학회 회장 2005~2008년 서울대 국제대학원 초빙교수, 同경제학부 겸임교수 2006~2011년 경기개발연구원 원장 2006~2008년 한국규제학회 회장 2008년 한국제도경제학회 회장 2008년 국가경쟁력강화위원회 위원 2008~2012년 롯데쇼핑(주) 사외이사 2008년 경기도연구기관협의회 회장 2009년 두산중공업(주) 사외이사 2011~2013년 경기개발연구원 이사장 2013~2015년 한국개발연구원 국제정책대학원 초빙교수 2015년 영남대 박정희새마을대학원 석좌교수 2015~2016년 미디에펜 공동대표이사 회장 2016년 (재)박정희대통령기념재단 이사장(현) (상)부총리 겸 재정경제원장관표창, 매일경제 Economist상, 정진기언론문화상(2회), 산업포장 (저)'국제화시대의 한국경제운영'(1994) '내생적 금융제도론'(1995) '한국의 시장개방정책'(1995) '진화론적 재벌론'(1998) '명령으로 안되는 경제'(1999) '기업의 본질에 대한 새로운 조명'(2002) '신국부론'(2006) 'The Political Economy of Market Opening Pressure and Response' 'Reorganization of Korea's Macroeconomic Managmet' '진화를 넘어 차별화로-복잡계 경제의 단순한 발전원리'(2008) '하룻밤에 읽는 이야기 한국경제'(2010) '대한민국 성공경제학-흥하는 이웃이 있어야 나도 흥한다'(2010)

주강현(朱剛玄) Joo Kang-hyun

(생)1955·8·28 (본)능성(綾城) (출)서울 (주)부산광역시 영도구 해양로301번길 45 국립해양박물관(051-309-1701) (학)1974년 서울 양정고졸 1983년 경희대 외국어학과졸 1986년 同대학원 민속학과졸 1996년 민속학박사(경희대) 2002년 문화재학박사(고려대) (경)1987~1990년 경희대 중앙박물관 큐레이터 1999~2009년 문화재청 문화재전문위원 2008~2018년 제주대 석좌교수 2013년 (사)아시아퍼시픽해양문화연구원 원장 2013년 The International Conference on Ocean and Culture

조직위원장 2016년 해양수산부 해양르네상스위원회 위원장 2017년 국제해양문화위원회(IOCC: International Ocean & Culture Committee) 한국대표 2017년 해양수산부 해양수산정책자문위원단 총괄정책위원장 2017년 국회해양포럼 민간집행위원장 2018년 국립해양박물관 관장(현) (상)한겨레신문 민주언론상, 문화관광부 최우수저작상 (저)'북한민속학사'(1991) '굿의 사회사'(1992) '북한의 민족생활풍습'(1994) '마을로 간 미륵Ⅰ·Ⅱ'(1995) '한국의 두레Ⅰ·Ⅱ'(1996) '우리문화의 수수께끼 Ⅰ·Ⅱ'(1996) '조기에 관한 명상'(1998) '한국민속학연구방법론비판'(1999) '21세기 우리문화'(1999) '북한의 우리식문화'(2000) '레드신드롬과 히딩크신화—붉은축제: 신명의 거리굿에 관한 보고'(2002) '개고기와 문화제국주의—이른바 문명과 야만에 관하여'(2002) '왼손과 오른손—억압과 금기의 문화사'(2002) '黃金の海 ·イシモチの海'(2003) '우리문화의 수수께끼Ⅰ·Ⅱ'(2004) '제국의 바다 식민의 바다'(2005, 웅진) '두레—농민의 역사'(2006) '돌살—신이 내린 황금그물'(2006) '觀海記 Ⅰ·Ⅱ·Ⅲ'(2006) '등대—제국의 불빛에서 근대의 풍경으로'(2007) '등대여행'(2007, 생각의나무) '적도의 침묵'(2008) '독도견문록'(2008, 김영사) '유토피아의 탄생-섬, 이상향'(2012, 돌베개) '환동해문명사'(2015, 돌베개) '독도강치 멸종사'(2016, 서해문집) '등대의 세계사'(2018, 서해문집) 등 50여권 (역)'인디언의 바다'(2010, 블루&노트)

주광남(朱光男) JOO Kwang Nam

(생)1944·8·23 (주)서울특별시 서초구 서운로 19 서초월드오피스텔 701호 금강철강(주) 비서실(02-3471-0001) (학)1962년 용산고졸 1967년 인하대 조선공학과졸 1980년 경영학박사(연세대) (경)1969~1973년 일신제강(주) 근무 1973~1977년 금강철강상사 사장 1977~2008년 금강철강(주) 대표이사 1994년 을지세무서 명예서장 2001년 서초세무서 명예서장, 연세대경영대학원총동창회 부회장 2008~2015년 금강철강(주) 회장 2008~2010년 인하대총동창회 회장 2015년 금강철강(주) 대표이사 회장(현) (상)연세경영자상(2001), 자랑스러운 인하공대인상(2007) (종)기독교

주광덕(朱光德) JOO Kwang Deok

(생)1960·7·26 (본)신안(新安) (출)경기 구리 (주)서울특별시 영등포구 의사당대로 1 국회 의원회관 826호(02-784-2855) (학)1979년 춘천제1고졸 1987년 고려대 법학과졸 (경)1991년 사법시험 합격(32회) 1994년 사법연수원 수료(23기) 1994년 서울지검 동부지청 검사 1996년 광주지검 해남지청 검사 1997년 서울지검 의정부지청 검사 1998년 변호사 개업 2003년 구리시가정법률상담소 무료법률상담 대표 2008년 제18대 국회의원(구리시, 한나라당·새누리당) 2008년 한나라당 대표특보 2011년 同직능특별위원회 부위원장 2011~2012년 同법률지원단장 2011~2012년 同서민정책특위원회 서민대책의료대책소위원장 2012년 새누리당 비상대책위원회 위원 2012~2013년 同구리시당원협의회 운영위원장 2012년 제19대 국회의원선거 출마(구리시, 새누리당) 2013~2014년 대통령 정무비서관, 법무법인 인 변호사 2016~2017년 새누리당 경기남양주시丙당원협의회 운영위원장 2016년 제20대 국회의원(경기 남양주시丙, 새누리당·자유한국당〈2017.2〉)(현) 2016·2018년 국회 법제사법위원회 위원(현) 2016~2017년 국회 예산결산특별위원회 간사 2017년 자유한국당 경기남양주시丙당원협의회 운영위원장(현) 2017년 同제19대 홍준표 대통령후보 중앙선거대책위원회 국가대개혁위원회 상임부위원장 2017년 同정치보복대책특별위원회 부위원장 2017년 同개헌특별위원회 위원장 2018년 국회 운영위원회 위원 2018년 국회 헌법개정 및 정치개혁특별위원회 간사 2018년 자유한국당 경기도당 위원장 2018년 同경기도당 공천관리위원회 위원장 2018년 同국가미래비전특별위원회 위원 2018년 同정책위원회 부의장(현) 2019년 同사법개혁특별위원회 위원(현) (상)의정행정대상 국회의원부문(2010), 한국을 빛낸 사람들 대상 '국회법률혁신공로대상'(2017)

주광일(朱光逸) CHU Kwang Il

(생)1943·8·12 (본)신안(新安) (출)인천 (주)서울특별시 서초구 사임당로17길 90 서초롯데캐슬 84 102동 302호(02-598-4266) (학)1961년 경기고졸 1965년 서울대 법대 법학과졸 1967년 同사법대학원졸 1975년 미국 조지워싱턴대 법과대학원 수료 1979년 법학박사(서울대) 1985년 연세대 행정대학원 최고위과정 수료 2006년 미국 노스웨스턴대 법과대학원졸(LL.M.) (경)1965년 사법시험 합격(5회) 1967년 육군 법무관 1971~1981년 서울지검 의정부지청·춘천지검·원주지청·법무부 검찰국·서울지검 검사 1981년 법무부 검찰제4과장 1981년 일본 게이오義塾대 방문연구원 1982년 대구지검 특수부장 1983년 부산지검 특수부장 1985년 사법연수원 교수 1987년 청주지검 차장검사·사법시험위원 1988년 서울지검 북부지청 차장검사 1990년 광주지검 차장검사 1991년 부산지검 동부지청장 1992년 대전고검 차장검사 1993년 대검찰청 감찰부장 1993년 춘천지검장 1993년 법무부 법무실장 1994년 인천지검장 1995년 대전고검장 1997년 서울고검장 1998~2001년 국민고충처리위원회 위원장 1998년 변호사 개업(현) 1999년 경희대 법대 겸임교수 2000~2001년 세계옴부즈맨협회 부회장 2001년 제일국제법률사무소 공동대표변호사 2002년 한국공공정책학회 회장 2002~2010년 법무법인 나라 고문변호사 2005년 한림국제대학원대 초빙교수 2011년 세종대 교양학부 석좌교수 2016~2019년 법무법인 두우 고문변호사 2019년 주광일법률사무소 변호사(현) (상)홍조·황조근정훈장(1996), 국민훈장 모란장(2001), 국방부장관표창, 법무부장관표창, 복사골문학회 가장문학적인상 (저)'전문법칙연구' '주석 형사소송법' '종합서식대전' '주석형사소송법' '아픔과 보람도 국민과 함께 체험수기집'(2001) (작)시집 '저녁 노을 속의 종소리' (종)천주교

주규준(朱奎俊) JOO KYU JOON

(생)1978·12·15 (본)신안(新安) (출)부산 (주)서울특별시 영등포구 의사당대로 1 국회사무처 행정법무담당관실(02-788-4776) (학)부산남고졸 2008년 부산대 법학과졸 2009년 평생교육진흥원 회계학과졸 2010년 고려대 법무대학원 금융법학과졸 (경)2005년 사법시험 합격(47회) 2007년 사법연수원 수료(37기) 2008~2012년 국회입법조사처 금융외환팀 입법조사관 2012년 국회사무처 법제사법위원회 입법조사관 2014년 同대변인실 근무(서기관) 2016년 同법제실 정무환경법제과장 2018년 同기획조정실 행정법무담당관 2019년 同기획조정실 행정법무담당관(부이사관)(현) (종)불교

주기재(朱杞載) JOO Gea Jea

(생)1960·2·15 (주)부산광역시 금정구 부산대학로63번길 2 부산대학교 생명과학과(051-510-2258) (학)1983년 부산대 생물학과졸 1986년 미국 앨라배마대 대학원 생물학과졸 1990년 생물학박사(미국 앨라배마대) (경)1990년 미국 Univ. of Alabama 연구원 1991년 미국 마이애미대 식물학과 연구원 1993~2009년 부산대 생물학과 전임강사·조교수·부교수·교수 1995~1998년 대외경제정책연구원 대외경제전문가풀(지구환경) 1995년 부산대 환경기술산업개발연구센터(RRC) 교육홍보실장 2007~2010년 환경부 국가습지심의위원회 위원 2008~2015년 부산대 환경기술산업개발연구소장 2008~2014년 同산업개발연구소장 2009년 同생명과학과 교수(현) 2009~2014년 동아시아람사르지역센터 명예센터장 2009년 한국생태학회 부회장 2013~2015년 4대강사업조사평가위원회 위원 2015~2016년 한국하천호수학회 회장 (상)습지보전상, 과학기술우수논문상, 한국육수학회 공로상(1998), 산업자원부장관표창(2000), 일본 시가현 생태학비와호상(2005), 환경부장관표창(2007), 람사르습지보전상(2015) (저)'지구촌 환경파괴와 회복'(1994) '수서생태학'(2002)

주낙영(朱洛榮) Joo Nak Young

(생)1960 · 6 · 26 (본)신안(新安) (출)경북 경주 (주)경상북도 경주시 양정로 260 경주시청 시장실(054-779-6000) (학)1979년 능인고졸 1983년 성균관대 행정학과졸 1985년 서울대 행정대학원 행정학과졸 1994년 미국 아이오와대 대학원 도시및지역개발학과졸 2015년 행정학박사(경북대) (경)1985년 행정고시 합격(29회) 1987~1997년 경북도 내무국 총무과 · 비서실 · 기획관리실 사무관 1997년 同교학과장 · 정보통신과장 · 자치행정과장 1998년 同기획관 2001년 同자치행정국 비서실장 2002년 경북 상주시 부시장 2005년 경북도 경제통상실장 2005년 同자치행정국장 2006년 행정자치부 지방혁신전략팀장 2006년 同주민서비스혁신추진단 총괄기획팀장 2006년 同장관 비서관 2007년 同균형발전기획관 2007년 제17대 대통령직인수위원회 행정실 실무위원 2008년 대통령 행정자치비서관실 선임행정관 2009년 駐뉴욕 부총영사 2012년 행정안전부 지방분권지원단장 2012년 同제도정책관 2013~2015년 경북도 행정부지사 2014년 同도지사 권한대행 2015~2017년 행정자치부 지방행정연수원장 2017년 자유한국당 수석전문위원 2018년 경북 경주시장(자유한국당)(현) (상)녹조근정훈장(2002), 대통령표창(2012) (종)기독교

주남철(朱南哲) Joo Nam Chull (又晦·居然軒)

(생)1939·1·28 (본)신안(新安) (출)함북 성진 (주)서울특별시 성북구 안암로 145 고려대학교(02-720-9369) (학)1957년 보성고졸 1962년 연세대 건축공학과졸 1964년 同대학원 건설공학과졸 1974년 이탈리아 로마대(La Sapienza) 건축대 수학(국가초청장학생) 1977년 건축계획학박사(서울대) (경)1964~1988년 연세대 건축공학과 강사 1968~1981년 이화여대 미술대학 장식미술과 전임강사·조교수·부교수 1977~2009년 서울시 문화재위원 1978~1979년 국무총리실 특정지역개발위원단 위원 1981~2004년 고려대 건축공학과 교수 1981~2001년 이화여대 대학원 강사 1983~1984년 서울시 건설본부 남서울대공원 자문위원 1983~1990년 과학기술처 국립과학관 건축자문위원 1984년 서울시 올림픽경기장실시설계 심사위원 1985~2003년 문화재청 문화재위원 1985~1995년 건설부 중앙건설심사위원 1986~2011년 서울시 표석설치위원회 위원 1987~1992년 건설부 건축사위원회 위원 1989~1993년 1993대전국제무역박람회조직위원회 건축전문위원 1989~1991년 청와대 춘추관·관저·본관 건축자문위원 1990년 남산제모습찾기 역사문화분과위원 1993~1997년 舊조선총독부청사 철거자문위원 1994~1997년 경복궁복원정비 연구위원 2001년 세계기념물및유적협의회(ICOMOS) 한국위원회 회원(현) 2001~2003년 同한국위원회 위원장 2004년 고려대 명예교수(현) 2008~2009년 광화문광장조성자문단 위원장 2008~2011년 한성백제역사박물관 건설자문위원 겸 부위원장 2009년 세종대왕동상위원회 위원장 2011년 한성백제역사박물관 개관준비위원, 서울시 표석설치위원회 위원장 (상)한국건축가협회 초평상(1981), 대한건축학회 특별상 남파박학재상(1987), 대통령표창(1991), 옥관문화훈장(2001), 옥조근정훈장(2004), 대한건축학회 특별상 소우저작상(2005), 서울시문화상 문화재분야(2010) (저)'한국건축의장'(1979) '한국주택건축'(1980) '한국의 전통적 주택(日文)'(1981) '한국건축미'(1983) '이태리 르네상스 건축사'(1987) '비원'(1990) '한국의 전통민가'(1999) '한국의 목조건축'(1999) '한국건축사'(2000) '한국의 문과 창호'(2001) '연경당'(2003) '궁집'(2003) '동궐도 읽기(共)'(2005) '한국의 정원'(2009) 외 공저 21권 (작)'연세대 광혜원' '고려대 한국학관'

주대명(朱大明) JUE Dae Myung

(생)1951 · 7 · 7 (본)능성(綾城) (출)대구 (주)서울특별시 서초구 반포대로 222 가톨릭대학교 의대(02-2258-7697) (학)1970년 중앙고졸 1974년 서울대 농화학과졸 1977년 한국과학기술원(KAIST) 생물공학과졸(석사) 1981년 생화학박사(가톨릭대) (경)1981~1996년 가톨릭대 의대 전임강사 · 조교수 · 부교수 1987~1989년 미국 Rockfeller대 객원교수 1996~2016년 가톨릭대 의대 생화학교실 교수 2005년 학술지 Experimental Molecular Medicine 편집위원장(현) 2008년 대한생화학분자생물학회 회장 2009~2011년 가톨릭대 성의교정 도서관장 2016년 同의대 명예교수(현) (종)기독교

주대영(朱大榮) JU Dae Young

(생)1966·11·28 (주)세종특별자치시 도움6로 11 환경부 정책기획관실(044-201-6540) (학)1985년 의정부고졸 1992년 서울대 농화학과졸 1995년 同대학원 환경계획학과졸 2004년 농업환경화학박사(미국 캘리포니아대 데이비스교) (경)1992년 기술고등고시 합격(28회) 1997년 환경부 자연보전국 자연정책과 사무관 1999년 미국 캘리포니아대 파견 2001년 미국 유학 2004년 환경부 대기보전국 사무관 2004년 同자원순환국 사무관 2005년 同상하수도국 서기관 2006년 국립생물자원관 건립추진기획단 과장 2007년 UNESCAP 파견 2010년 국립환경과학원 연구지원과장 2011년 환경부 환경보건정책관실 생활환경과장 2012년 同상하수도정책관실 토양지하수과장 2013년 同국제협력관실 해외협력담당관 2014년 同기획조정실 기획재정담당관 2015년 同국제협력관 2016년 同감사관(국장급) 2017년 국정기획자문위원회 파견(국장급) 2018년 환경부 국립환경인력개발원장 2018년 同기획조정실 정책기획관(현)

주대준(朱大俊) Dae-Joon JOO

(생)1953·7·12 (본)신안(新安) (출)경남 산청 (주)서울특별시 동대문구 왕산로 122 7층 콘코디아(02-6213-5170) (학)대구 성광고졸 1983년 고려대 경영학과졸 1987년 미국 캘리포니아주 해군대학원(NPS) 컴퓨터시스템공학과졸(석사) 2003년 경영정보공학박사(한국과학기술원), 서울대 공대 최고산업관리자과정 수료, 연세대 대학원 최고경영자과정 수료 (경)1990~1997년 대통령비서실 전산실 프로그램개발담당관·전산실장 1991년 청와대기독신우회 창립·신우회장 1997~2003년 대통령경호실 정보통신기술심의관 2003~2005년 同정보통신처장 2006년 同IT행정본부장 2007년 同경호차장 2008년 대통령실 경호처 경호차장 2009년 한양대 대학원 겸임교수 2009년 경희대 체육대학 겸임교수 2009년 성결대 공학부 객원교수 2009년 CTS기독교TV 방송경영위원 2010~2013년 한국과학기술원(KAIST) 전산학과 교수 2010~2013년 同대외부총장 2010년 同사이버보안연구센터 소장 2010~2015년 同S+컨버전스 최고경영자과정 책임교수 2011~2015년 同사이버보안연구센터 소장 2011~2015년 同정보보호대학원 교수 2011년 월드비전 이사(현) 2011년 티치포올코리아 이사(현) 2012~2015년 (사)한국기독교직장선교연합회 대표회장 2014년 누가선교회 회장(현) 2015년 선린대 총장 2015~2017년 새누리당 경기광명시乙당원협의회 운영위원장 2015년 융합사이버보안학회 회장(현) 2016~2017년 새누리당 디지털정당위원회 위원장 2017년 (사)한국 스마트산업진흥협회 회장(현) 2017년 (사)CTS인터내셔널 회장(현) 2017년 (사)한국유에코산업협회 회장 2017년 국가조찬기도회 부회장(이사)(현) 2017년 국가사이버안전연합회 회장(현) 2019년 콘코디아(미국)교육법인 이사장(현) (상)대통령표창(1993), 홍조근정훈장(1999) (저)'창조적 초발상의 지식경영(共)'(1999) '광대역 통합 네트워크 서비스(共)'(2006) '바라봄의 법칙'(2008) '바라봄의 기적'(2012) '왜 내가 못해'(2014) '이 땅에 묻힌 선교사들이 다 전하지 못한 100년의 이야기' (2019) (종)기독교

주대철(朱大哲)

(생)1955 · 8 · 21 (주)경기도 부천시 평천로 655 부천테크노파크4단지 202동 702호 세진텔레시스 비서실(032-621-0055) (학)서울대 경영대학원졸 (경)1996년 세진텔레시스 대표이사(현) 2003년 한국정보통신공업협동조합 이사장 2004년 중소기업연구원 이사(현) 2007년 중소기업중앙회 비상근부회장(현) 2014년 한국방송통신산업협동조합 이사장(현)

주대하(朱大河)

(생)1967 · 3 · 21 (주)강원도 춘천시 중앙로 1 강원도의회(033-256-8035) (학)서울대 사범대학 체육교육과졸 (경)서울대 육상감독, 강원 속초고총동창회 부회장(현), 강원 속초시체육회 이사, 강원도장애인육상연맹 부회장 2016년 2016리우패럴림픽 국가대표 육상총감독 2018년 강원도의회 의원(더불어민주당)(현) 2018년 同사회문화위원회 위원(현), 속초시 함경남도 도민회 부회장(현) (상)전국시도의회의장협의회 우수의정대상(2019)

주대환(周大煥) Ju Dae-Hwan

(생)1954 · 6 · 1 (본)상주(尙州) (출)경남 함안 (주)서울특별시 종로구 수표로28길 5 대성빌딩 301A호 사회민주주의연대(02-6487-5282) (학)1973년 마산고졸 1985년 서울대 철학과졸 (경)1974년 민청학련사건 관련 구속 1978년 광화문 연합시위사건으로 구속 1979년 부마민중항쟁 관련 구속 1987년 인천지역 민주노동자연맹 정책실장 1991년 한국사회주의노동당사건 관련 구속 1992년 한국노동당 창당준비위원장 1994년 진보정치연합 창원지부 위원장 1996년 개혁신당 창원乙지구당 위원장 1997년 국민승리21 마산 · 창원지부 공동대표 2001년 민주노동당 마산합포지구당 위원장 2002년 16대 국회의원 보궐선거 출마(마산 합포, 민주노동당) 2004년 제17대 국회의원선거 출마(마산합포, 민주노동당) 2004~2005년 민주노동당 정책위원회 의장 2008년 제18대 국회의원선거 출마(마산甲, 무소속) 2008년 사회민주주의연대 공동대표(현) 2018~2019년 바른미래당 당무감사위원장 2019년 '플랫폼 자유와 공화' 공동의장 2019년 바른미래당 혁신위원회 위원장 (상)제6회 민세(民世)상(2015) (저)'87 · 88년 정치위기와 노동운동'(1989) '사회주의자의 실천1 · 2'(1991) '진보정치의 논리'(1994, 현장문학사) '자랑스런 나라는 정직한 사람이 만든다'(1995) '진보정당은 비판적 지지를 넘어설 수 있는가'(2002, 이후) '대한민국을 사색하다'(2008, 산책자) '좌파 논어'(2014, 나무나무) '주대환의 시민을 위한 한국현대사'(2017, 나무나무)

주돈식(朱燉植) CHOO Don Shik

(생)1937 · 7 · 8 (본)신안(新安) (출)충남 천안 (학)1957년 서울사대부고졸 1961년 서울대 사범대 국어교육과졸 1984년 경희대 대학원졸 1998년 명예 신문학박사(러시아 국립모스크바대) (경)1990년 조선일보 편집국장 1994~1995년 문화체육부 장관 1995~1996년 정무제1장관 1998~2001년 세종대 언론문화대학원장 2002~2005년 同석좌교수 2006년 성남아트센터 후원회 초대회장 (상)세종언론상(2006) (저)회고록 '문민정부 1천2백일-화려한 출발, 소리없는 실종'(1997) '우리도 좋은 대통령을 갖고 싶다'(2004) '조선인 60만 노예가 되다'(2007) '처음 듣는 조선족의 역사'(2010) '세상 어떻게 돌아갑니까'(2012) '어머니의 꽃밭'(2016, 레인보우) (종)기독교

주동식(朱東植) JOO Dong Sik

(생)1961 · 12 · 15 (출)전남 여수 (주)전라남도 무안군 삼향읍 오룡길 1 전라남도청 자치행정국 총무과(061-286-3351) (학)1979년 전주고졸 1986년 한양대 경제학과졸 1989년 서울대 대학원 행정학과졸 (경)1987년 전남도 근무 1989년 광주시 확인평가계장 · 기획계장 1991~1997년 내무부 공원 · 사회진흥 · 여론 · 행정계장 1997년 전남도 기획관 1998년 화순군 부군수 2000년 전남도 도지사비서실장 2001년 同문화환경국장 2002년 세종연구소 파견 2003년 전남도 경제통상실장 2005년 해외 파견(부이사관) 2007년 전남도 관광문화국장 2010년 同F1대회조직위원회 기획본부장 2012년 목포시 부시장 2013년 전남도의회 사무처장 2014년 전남도 일자리정책실장 2016년 同도민안전실장(이사관) 2019년 중국 저장성 파견(이사관)(현) (상)국민포장

주명수(朱明秀) JU Myeong Su

(생)1954 · 12 · 26 (본)신안(新安) (출)전남 신안 (주)서울특별시 서초구 서초대로 254 법무법인 정담(02-587-1900) (학)1973년 인창고졸 1981년 고려대 법학과졸 1987년 수도침례신학대졸 1989년 아세아연합신학대 대학원졸 1992년 미국 사우스웨스턴침례교신대졸 1993년 미국 서던메소디스트대 법대졸 1997년 한남대 대학원 법학박사과정 수료 2013년 신학박사(백석대) (경)1981년 사법시험 합격(23회) 1983년 사법연수원 수료(13기) 1983년 전주지검 군산지청 검사 1985년 서울지검 동부지청 검사 1994년 백운대 침례교회 협동목사 1995~1999년 한남대 법대 객원교수 1996년 법무법인 한별 변호사 2002년 사법연수원 외래교수 2009년 법무법인 정담 대표변호사(현) 2009년 밝은교회 담임목사(현) (저)'기도해야하나 병원으로 가야하나' '복음을 지켜라' '할렐루야 변호사' '영혼의 어두운 밤' '시장터 영성' (역)'법률과 상담' (종)기독교

주명수(朱明秀) CHOO Myung Soo

(생)1958 · 7 · 11 (출)서울 (주)서울특별시 송파구 올림픽로43길 88 서울아산병원 비뇨기과(02-3010-3735) (학)1977년 신일고졸 1983년 서울대 의대졸 1987년 同대학원 의학석사 1994년 의학박사(서울대) (경)1992년 한림대 의과대학 교수 1994년 울산대 의과대학 비뇨기과학교실 교수(현) 2013~2017년 서울아산병원 비뇨기과장 2014~2017년 同전립선센터 소장 2014년 대한비뇨기과학회 회장

주명현(周明鉉) Ju Myung Hyun

(생)1961·5·25 (본)철원(鐵原) (출)전남 영광 (주)세종특별자치시 갈매로 408 교육부 기획조정실(044-203-6030) (학)광주인성고졸, 조선대 회계학과졸, 단국대 대학원졸, 숭실대 대학원 박사과정 수료 (경)1981년 공무원 임용(9급 공채) 2002~2009년 교육인적자원부 차관실·교육재정지원과·혁신인사기획관실·정책홍보관리실·교육과학기술부 인사과 사무관 2009~2014년 한국체육대 총무과 서기관·교육과학기술부 학원상황팀장·학생건강안전과장·체육예술교육과장 2014년 교육부 창조행정담당관 2014년 同운영지원과장 2015년 충남대 사무국장(고위공무원) 2016년 세종특별자치시 부교육감 2016년 교육부 대변인 2017년 충북도 부교육감 2018년 同교육감 권한대행 2019년 교육부 기획조정실장(현)

주민철(周愍瞮)

(생)1974 · 11 · 3 (출)경남 함안 (주)서울특별시 서초구 반포대로 157 대검찰청 법과학분석과(02-535-4216) (학)1993년 창원고졸 1999년 서울대 공법학과졸 (경)2000년 사법시험 합격(42회) 2003년 사법연수원 수료(32기) 2006년 광주지검 검사 2008년 춘천지검 영월지청 검사 2012년 서울중앙지검 검사 2015년 인천지검 검사 2016년 대검찰청 검찰연구관 2017년 부산지검 검사 2017년 서울중앙지검 부부장검사 2018년 창원지검 거창지청장 2019년 대검찰청 법과학분석과장(부장검사)(현)

주상룡(朱相龍) JOO Sang Lyong

(생)1954·9·12 (본)신안(新安) (출)서울 (주)세종특별자치시 조치원읍 세종로 2639 홍익대학교 세종캠퍼스 상경대학(044-860-2363) (학)1973년 경기고졸 1977년 서울대 공대 산업공학과졸 1979년 한국과학기술원(KAIST) 대학원 산업공학과졸(석사) 1984년 미국 인디애나주립대(Indiana State Univ.) 대학원 경영학과졸(MBA) 1990년 경영학박사(미국 뉴욕대) (경)1979~1982년 (주)LG전자 기획심사본부 투자관리부 근무 1982년 안권회계법인 Supervisor 1990~1991년 (주)한신경제연구소 증권조사부장 1991~1993년 (주)한국산업증권 조사부 1급담당역(부장) 1993년 홍

익대 상경대학 금융보험학전공 교수(현) 2002년 미국 Univ. of Illinois at Urbana-Champaign 교환교수 2006~2008년 홍익대 상경대학장 2007년 한국증권학회 회장, 재정경제부 금융발전심의회 위원 2007년 同시장효율화위원회 위원장, 국민연금기금 운영평가단장 2008년 노동부 고용·산재보험기금 운용위원 2008~2011년 한국증권선물거래소(KRX) 사외이사 겸 감사위원장 2008~2010년 한국산업은행 경영평가위원장, 사학연금관리공단 자산운용위원, 남북협력기금 투자성과평가위원(현), 대외경제협력기금 성과평가위원(현) 2011년 한국금융투자협회 증권위원회 위원 2012년 세종시교육청 자문위원 2013년 한국장애인재단 기금운용위원(현) 2013~2015년 한국금융학회 이사 2014년 국가보훈처 보훈기금자산운용위원 2015년 우정사업본부 예금자산운용위원장(현) 2016년 삼영화학 비상임이사(현) 2016년 서울외국어대학원대 재단이사(현) 2018년 한국수출입은행 출자회사관리위원회 위원장(현), 호림박물관재단 이사(현) (저)'이자율 위험관리'(1998) '재무관리 On Line 교재'(2002) '투자은행과 한국자본시장'(2011) (역)'옵션·금융 선물'(1999) '금융공학 금융혁신'(1999)

주상용(朱祥鎔) JOO SANG YONG

(생)1975·2·7 (출)서울 (주)대구광역시 달서구 장산남로 40 대구지방검찰청 서부지청(053-570-4542) (학)1993년 단국대사대부고졸 1998년 서울대 사법학과졸 2008년 미국 펜실베이니아대(UPENN) 대학원 LL.M.과정졸 (경)1997년 사법시험 합격(39회) 2000년 사법연수원 수료(29기) 2003년 서울지검 검사 2004년 서울중앙지검 검사 2005년 대전지검 서산지청 검사 2009년 부산지검 검사 2011년 법무부 법무심의관실 검사 2013년 서울중앙지검 부부장검사 2014년 인천지검 부부장검사(법무부 정책기획단 파견) 2015년 법무부 법무실 통일법무과장 2017년 서울중앙지검 형사8부장 2018년 부산지검 형사2부장 2019년 대구지검 서부지청 차장검사(현) (상)검찰총장표창(2010), 법무부장관표창(2012)

주상우(朱祥佑) Joo, Sang Woo

(생)1959·9·19 (출)대구 (주)경상북도 경산시 대학로 280 영남대학교 기계공학부(053-810-2568) (학)1982년 서울대 섬유공학과졸 1984년 同대학원 섬유공학과졸 1989년 기계공학박사(미국 미시간대) (경)1992~1995년 미국 Wayne State Univ. 기계공학과 조교수 1995년 영남대 기계공학부 교수(현) 1996년 영국 Cambridge Univ. 응용수학이론물리학과 방문교수 1997년 독일 Augsburg Univ. 물리학과 방문교수 1998~1999년 미국 Northwestern Univ. 응용수학과 방문교수 2007~2008년 미국 Univ. of Nevada Las Vegas 기계공학과 방문교수 2011~2013년 국가과학기술위원회 전문위원 2014~2015년 미국 Univ. of Tennessee Knoxville 방문교수 2015~2018년 한국연구재단 공학단 유체공학전문위원 2016년 한국과학기술한림원 정회원(공학부·현) 2018년 영남대 외국어교육원장 (상)Rackham Predoctoral Fellowship(1988), McIver Award(1988), Outstanding Achievement Award(1989), 우수연구상(2004)

주상훈(周相勳) JOO Sang Hoon

(생)1960·2·4 (출)서울 (주)경상북도 포항시 남구 청암로 67 포항산업과학연구원 재료공정연구소(054-279-6233) (학)1982년 서울대 재료금속학과졸 1984년 同재료금속학과졸 1990년 금속공학박사(캐나다 맥길대) (경)1990~2001년 포항산업과학연구원(RIST) 용융환원프로젝트팀 팀리더 2001년 포스코 FINEX연구개발추진반 그룹리더 2010년 同철강기술전략실 상무보 2014년 同광양연구소장(상무) 2015년 포항산업과학연구원(RIST) 경영지원부문장(상무) 2016년 同기술실용화실장(상무) 2019년 同재료공정연구소장(전무)(현) (상)캐나다 광산야금학회 Best Paper Award(1991), 미국 광산야금재료학회 야금 및 공정분야 기술상(1997), 대통령표창(2007), 대한금속학회 철재상(2011), European Patent Office 'European Inventor Award-Non European Countries'(2013)

주선회(周善會) Sun-Hoe CHOO

(생)1946·2·21 (본)상주(尙州) (출)경남 함안 (주)서울특별시 서초구 반포대로 138 법무법인 삼우(02-3482-7011) (학)1965년 경남 마산상고졸 1969년 고려대 법대졸 1971년 서울대 사법대학원 수료 1982년 미국 하버드대 법과대학원졸 (경)1969년 사법시험 합격(10회) 1974~1983년 대구지검·부산지검·법무부·서울지검 검사 1983년 법무연수원 연구관 1985년 마산지검 부장검사 1986년 부산지검 공안부장 1988년 대검찰청 공안1과장 1989년 법무부 국제법무심의관 1990년 서울지검 조사부장 1991년 同형사2부장 1992년 창원지검 차장검사 1993년 부산지검 울산지청장 1993년 서울지검 제3차장 1994년 부산고검 차장검사 1995년 대검찰청 감찰부장 1997년 同공안부장 1998년 청주지검장 1999년 울산지검장 1999년 광주고검장 2000년 법무연수원장 2001~2006년 헌법재판소 재판관 2006~2007년 同소장 권행대행, 법무법인 삼우 고문변호사(현) 2008~2012년 웅진코웨이(주) 사외이사 2013~2016년 고려대교우회 회장 (상)홍조·황조·청조근정훈장

주성문(朱成文) Joo Sung Moon

(생)1948·8·16 (본)신안(新安) (출)전남 목포 (주)서울특별시 송파구 정의로8길 13 (주)수성엔지니어링 부회장실(02-552-0111) (학)1966년 목포고졸 1971년 고려대 토목공학과졸 1973년 同대학원 토목공학과졸 (경)현대건설 과장 1979~1985년 대한콘설탄트 이사 1986년 (주)유신코퍼레이션 상무이사 1990년 同전무이사 1998년 同부사장 2002년 同수석부사장 2004~2007년 同대표이사 사장 2007년 (주)수성엔지니어링 사장 2015년 同부회장(현) (상)인천시장표창(1999), 건설교통부장관표창(2000), 한국도로공사장표창(2001), (사)한국전산구조공학회 기술상(2004), (사)한국강구조학회 기술상(2004), (사)대한토목학회 기술상(2004), 서울사랑시민상 토목부문 본상(2005), 과학기술훈장 웅비장(2006) (역)'토질, 기초구조물의 설계와 예해'(1991) '말뚝기초 설계편람'(1991) '기술자를 위한 기초공법'(1991) (종)천주교

주성영(朱盛英) JOO Seong Young

(생)1958·4·27 (출)경북 울진 (주)대구광역시 북구 칠곡중앙대로 332 4층 주성영법률사무소(053-312-3800) (학)1976년 경북고졸 1982년 고려대 법학과졸 2007년 영남대 행정대학원졸, 同대학원 사법학 박사과정 수료 (경)1987년 사법시험 합격(29회) 1990년 사법연수원 수료(19기) 1990년 춘천지검 검사 1991년 대구지검 영덕지청 검사 1992년 제주지검 검사 1994년 창원지검 검사 1996년 서울지검 검사 1998년 전주지검 검사 1998년 대전지검 천안지청 검사 2000년 대구지검 부부장검사 2002~2003년 대구고검 검사 2003년 변호사 개업(현) 2004~2005년 한나라당 원내부대표 2004년 제17대 국회의원(대구東甲, 한나라당) 2008년 제18대 국회의원(대구東甲, 한나라당·새누리당) 2009년 한나라당 제1정책조정위원장 2009년 同아동성범죄대책특별위원장 2010년 국회 사법제도개혁특별위원회 간사 2010년 국회 법제사법위원회 간사 2011년 한나라당 대구시당 위원장 2012년 국회 정치개혁특별위원회 간사 2012년 중소기업법률지원센터 설립·소장 2012년 새누리당 제18대 대통령중앙선거대책위원회 유세단장 2013년 (사)중소기업연구지원센터 이사장 2017년 바른정당 대구북구乙당원협의회 조직위원장, 스포츠토토 사장(현) (상)검찰총장표창(1995·1996), 국무총리표창(1997) (저)'8년간의 여정'(2012)

주성혜(朱成惠·女) Joo, Sunghye

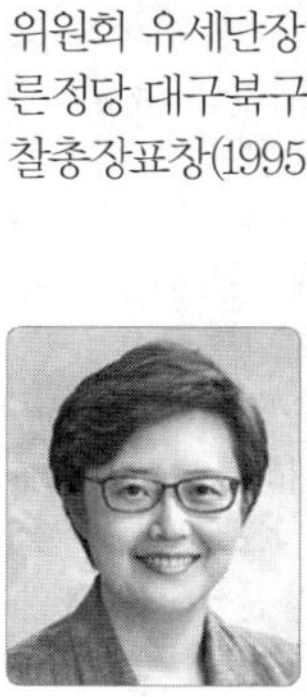

(생)1962 (출)부산 (주)서울특별시 서초구 남부순환로 2374 한국예술종합학교 음악원 음악학과(02-746-9253) (학)서울예술고졸, 서울대 음악대학 작곡과졸, 同대학원 음악학과졸, 同대학원 음악학 박사과정 수료, 미국 메릴랜드주립대(UMCP) 대학원 음악인류학 박사과정 수료 (경)1993년 한국예술종합학교

음악원 음악학과 조교수·부교수·교수(현), 同여성활동연구소장, 同기획처장 2010년 제2회 UNESCO 세계문화예술교육대회 집행위원 겸 청년포럼(Youth Forum) 운영위원장 2011~2013년 한국과학창의재단 이사 2012년 대한민국인재상 중앙심사위원 2013년 한국교육방송(EBS) 시청자위원 2014~2017년 한국문화예술교육진흥원 원장 2015년 문화체육관광부 지역문화협력위원회 위원, 유네스코한국위원회 문화정보커뮤니케이션분과위원회 위원(30대), 국무조정실 세종특별자치시지원위원회 민간위원(3기) 2018년 교육부 학교예술교육정책자문위원회 위원장(현) (상)동아일보 신춘문예 음악평론부문 당선(1985) (저)'음악읽기 세상읽기'(1996) '음악원 아이들의 한국문화읽기'(2002) '국립오페라단 40년사(共)'(2002) '음악학 : 사람을 느끼고 세상을 듣는'(2008)

주세훈(朱世訓) JOO SAE HUN

(생)1970·8 (출)서울 (주)서울특별시 강남구 삼성로 512 삼성동빌딩 7층 인터파크(02-6004-7710) (학)1989년 경성고졸 1995년 경희대 경영학과졸 2009년 연세대 언론홍보대학원졸 (경)2001~2010년 예스24 기획지원본부장 2010~2016년 인터파크 마케팅지원실 상무 2016년 同도서부문 대표(현) 2017년 (주)인터파크송인서적 이사(현) (상)제13회 한국유통대상 특별상(2008) (종)기독교

주소령(朱沼鈴·女) JOO Soyoung

(생)1964·3·21 (출)서울 (주)충청북도 음성군 맹동면 이수로 93 국가기술표준원 적합성정책국(043-870-5307) (학)1983년 서울 명성여고졸 1987년 서울대 공과대학 섬유공학과졸 1989년 同대학원 섬유공학과졸 1993년 섬유공학박사(서울대) (경)1995년 공직 입문(박사 경력 채용) 1995년 국립공업기술원 섬유과 공업연구사 1998년 중소기업청 국립기술품질원 섬유과 공업연구관 1999년 산업자원부 기술표준원 섬유과·고분자섬유과 공업연구관 2002년 기술표준원 고분자섬유과·생활복지표준과 공업연구관 2007년 同에너지물류표준과 공업연구관 2008년 同국제표준협력과 공업연구관 2009년 同화학세라믹표준과장 2010년 同국제표준협력과장 2012년 산업통상자원부 전략물자관리팀장 2014년 同투자유치과장 2016년 同섬유세라믹과장 2017년 국가기술표준원 표준정책과장 2018년 同적합성정책국장(현)

주수석(朱壽錫) JOO Soo Seok

(생)1953·8·19 (출)서울 (주)서울특별시 서대문구 충정로 23 (주)풍산(02-3406-5114) (학)1971년 성동고졸 1981년 한양대 금속공학과졸 (경)(주)풍산 특수사업본부 근무, 同안강공장 기술연구소장(상무보) 2008년 同동래공장장(상무보) 2010년 同부산공장장(상무) 2011년 同부산공장장(전무) 2017년 同방산생산1본부장(부사장)(현)

주순식(朱舜埴) JU Soon Sik

(생)1953·11·17 (본)신안(新安) (출)서울 (주)서울특별시 강남구 테헤란로 518 섬유센터 12층 법무법인 율촌(02-528-5433) (학)1972년 경기고졸 1977년 서울대 경제학과졸 1978년 同행정대학원졸 1989년 경제학박사(미국 하와이대) 1999년 한국방송통신대 법학과졸 2002년 아주대 경영대학원 경영학과졸(MBA) (경)1977년 행정고시 합격(21회) 1978년 총무처 수습행정관 1979~1985년 서울시공무원교육원·경제기획원 근무 1985년 해외 유학 1989~1993년 경제기획원 대외경제조정실 근무 1993년 공정거래위원회 국제업무과장 1994년 부총리 겸 경제기획원 장관비서관 1994년 同지역경제1과장 1995년 공정거래위원회 국제업무1과장 1996년 同독점정책과장 2000년 同총괄정책과장 2000년 同정책개발기획단장 2002년 同독점국장 2003년 국방대 파견 2004년 공정거래위원회 심판관리관 2004년 同소비자보호국장 2005년 同소비자본부장 2006년 同시장감시본부장 2006~2009년 同상임위원 2009년 법무법인 율촌 고문(현) 2009~2012년 (주)하나SK카드 사외이사 2011년 공정거래위원회 30년사편찬위원장 2015~2018년 SK(주) 이사회 이사 2015년 대한전선(주) 사외이사(현) 2019년 (주)한진칼 사외이사(현) (상)서울시장표창(1982), 대통령표창(1992), 홍조근정훈장(2007) (종)기독교

주승용(朱昇鎔) JOO Seung Yong (世進)

(생)1952·6·7 (본)신안(新安) (출)전남 고흥 (주)서울특별시 영등포구 의사당대로 1 국회 의원회관 907호(02-784-0896) (학)1971년 광주제일고졸 1976년 성균관대 전자공학과졸 1980년 고려대 경영대학원 무역학과졸 2000년 여수대 산업대학원 최고경영관리자과정 수료 2005년 서울대 대학원 건설산업최고전략과정 수료 2005년 여수대 대학원 수산생물학 박사과정 수료 2013년 수산과학박사(전남대) (경)1991·1995년 전남도의회 의원 1991년 민주당 중앙위원 1991년 민주평통 자문위원 1992년 민주연합청년동지회 여천군지회장 1994년 한국내외문제연구소 이사 1996~1998년 전남 여천군수(무소속·국민회의) 1998~2002년 여수시장(무소속) 1998~2000년 전남도 시장·군수협의회 회장 1998~2000년 전국시장·군수·구청장협의회 공동회장 2004년 열린우리당 전남도지부장 2004년 제17대 국회의원(여수시乙, 열린우리당·중도개혁통합신당·중도통합민주당·대통합민주신당·통합민주당) 2004년 열린우리당 전남도당 위원장 2005년 同중앙위원 2006~2007년 同원내부대표 2007년 중도개혁통합신당 대표비서실장 2007년 국회 건설교통위원회 간사 2008년 제18대 국회의원(여수시乙, 통합민주당·민주당·민주통합당) 2008~2010년 민주당 전남도당 위원장 2008~2010년 국회 여수세계박람회지원특별위원회 간사 2010년 국회 보건복지위원회 간사 2010년 민주당 제5정책조정위원장 2011년 同정책위원회 수석부의장 2011년 민주통합당 정책위원회 의장 2012년 제19대 국회의원(여수시乙, 민주통합당·민주당·새정치민주연합·더불어민주당·국민의당) 2012~2013년 국회 국토해양위원회 위원장 2012년 KTX경제권포럼 공동대표 2013~2014년 국회 국토교통위원회 위원장 2014년 새정치민주연합 사무총장 2014년 국회 안전행정위원회 위원 2014~2015년 새정치민주연합 조직강화특별위원회 위원 2015년 同최고위원 2015년 국회 예산결산특별위원회 위원 2015년 국회 산업통상자원위원회 위원 2016년 국민의당 원내대표 2016년 同최고위원 2016년 제20대 국회의원(여수시乙, 국민의당·바른미래당<2018.2>)(현) 2016~2018년 국민의당 여수시乙지역위원회 위원장 2016년 同비상대책위원회 위원 2016~2017년 同원내대표 2016·2018년 국회 국토교통위원회 위원(현) 2016년 국회 운영위원회 위원 2016년 국회 정보위원회 위원 2017년 국민의당 제19대 안철수 대통령후보 중앙선거대책위원회 공동위원장 2017년 同대표최고위원 권한대행 2017~2018년 同제2창당위원회 지방선거기획단준비위원장 2017~2018년 여야 4당(더불어민주당·자유한국당·국민의당·바른정당) 물관리일원화협의체 위원장 2018년 국회 헌법개정 및 정치개혁특별위원회 위원 2018년 바른미래당 여수시乙지역위원회 위원장(현) 2018년 국회 부의장(현) 2018년 국회 행정안전위원회 위원 2019년 바른미래당 최고위원(현) 2019년 아시아국회의원불협의회 초대 회장(현) (상)순천대 감사패(2010), 대한민국환경대상 정치부문 지도자대상(2010), 법률소비자연맹 국회의원 헌정대상(2011·2013·2015·2017·2018), 한국언론진흥재단 한민족대상 의정부문(2014), INAK(Internet Newspaper Association of Korea) 국회의정상(2015), NGO모니터단 선정 '국정감사 모범의원'(2015), 새정치민주연합 선정 '국정감사 우수의원'(2015), 한국유권자총연맹 선정 '국정감사 최우수의원상'(2015), 2015 자랑스러운 성균인상 공직자부문(2016), 대한변호사협회 선정 '최우수 국회의원상'(2016), 대한민국 유권자 대상(2016), 대한민국 입법대상(2016), 환경타임즈 올해를 빛낸 참 환경인대상(2016), NGO모니터단국정감사 우수의원(2016), 한국소비자협회 대한민국 소비자대상 입법의정부문 올해의 최고인물(2017), 2018 입법 및 정책개발 우수국회의원(2019) (저)'소걸음으로 천리를 가다'(2013)

주승재(周承載) Seung-Jae Joo

(생)1959 · 7 · 4 (본)상주(尙州) (출)서울 (주)제주특별자치도 제주시 아란13길 15 제주대학교병원 심장내과(064-717-1700) (학)1978년 서울 성남고졸 1984년 서울대 의대졸 1993년 同대학원 의학석사 1998년 의학박사(서울대) (경)1991~1993년 동아대 의대 전임강사 1993~2004년 고신대 의대 조교수 · 부교수 · 교수 1999~2000년 미국 Cleveland Clinic Research Fellow 2000~2001년 고신대 의대 의학과장 2004년 제주대 의학전문대학원 내과학교실 부교수 · 교수(현) 2004~2005년 同의대 임상주임교수 겸 제주대병원 교육연구부장 2005~2010년 제주대병원 기획조정실장 2006~2009년 同신축병원건립본부장 2009~2014년 同권역심뇌혈관질환센터장 2014~2016년 제주대 의학전문대학원장 겸 학무위원 2016~2019년 제주대병원장 (상)권역심뇌혈관질환센터 보건복지부장관표창(2011), 제주대 강의평가 최우수교수 총장표창(2012), 지역보건의료분야 발전 유공 보건복지부장관표창(2013), 제주대 연구업적 우수교수 총장표창(2016), 소비자권익보호 유공 대통령표창(2017)

주시경(朱時炅) Joo, Si-Kyoung

(생)1966·5·11 (출)서울 (주)대전광역시 서구 청사로 189 관세청 심사정책국(042-481-7674) (학)휘문고졸, 고려대 사회학과졸, 서울대 행정대학원 행정학과졸 (경)1993년 행정고시 합격(37회) 2001년 인천공항세관 조사총괄과장 2003년 관세청 감사관실 서기관 2003년 同국제협력과장 2005년 同외환조사과장 2005년 駐상해총영사관 영사(관세관) 2008년 관세청 수출입물류과장 2009년 양산세관장 2010년 관세청 대변인 2012년 同조사총괄과장 2012년 인천공항세관 수출입통관국장 2013년 관세청 관세국경관리연수원장 2014년 중앙공무원교육원 교육파견 2015년 대구본부세관장 2016년 국회 기획재정위원회 파견 2017년 관세청 통관지원국장 2018년 광주본부세관장 2019년 관세청 심사정책국장(현)

주시보(周時普) JOO Si Bo

(생)1960 · 6 · 21 (본)상주(尙州) (출)부산 (주)인천광역시 연수구 컨벤시아대로 165 (주)포스코인터내셔널 자원개발본부(02-759-2114) (학)동아고졸, 부경대 기관학과졸, 한양대 산업대학원 자원공학과졸 (경)(주)대우인터내셔널 미얀마E&P사무소장(상무), 同해외생산본부장(상무) 2013년 同해외생산본부장(전무), 同석유가스운영실장(전무) 2016년 同자원개발본부장(부사장) 2016년 (주)포스코대우 자원개발본부장(부사장) 2019년 (주)포스코인터내셔널 자원개발본부장(부사장)(현) (상)해외자원개발 유공 동탑산업훈장(2013) (종)기독교

주양규(朱瀁圭) JU Yang Kyoo

(생)1959·8·22 (출)강원 영월 (주)서울특별시 종로구 인사동7길 32 SK G.Plant 22층 SK건설(주) 임원실(02-3700-7114) (학)1978년 배재고졸 1982년 한양대 기계공학과졸 1985년 同대학원 산업공학과졸 (경)현대 ENG 근무, 현대중공업 근무, 현대건설 근무 2005년 SK건설(주) 카데레이타TF PD(상무) 2007년 同플랜트신규사업추진본부장 겸 카데레이타TF PD(상무) 2008년 同화공영업1본부장(상무) 2008년 同화공마케팅총괄 전무 2009년 同화공플랜트사업1총괄·카데레이타TF PD·글라드스톤 LNG FEED PJT팀 PD(전무) 겸임 2010년 同화공아메리카총괄 카데레이타TF ED(전무) 2012년 SK E&C 미국법인장 겸 SK건설 카데레이타TFT PD(전무) 2014년 SK건설(주) International Operation 2부문장(전무) 2016년 同International Operation2부문장·카데레이타TFT PD·중남미 RMC장(부사장) 겸임 2017년 同International Operation2부문장·지역마케팅본부장·미주 RMC장(부사장) 겸임 2018년 同Industry Service부문장·마케팅본부장·미주 RMC장(부사장) 겸임 2019년 同Oil&Gas사업부문장·Oil&Gas Tech본부장·PIEM Project Sponsor(부사장) 겸임(현)

주영민

(생)1962 (주)서울특별시 중구 통일로 10 연세빌딩 20층 현대오일뱅크 글로벌사업본부(02-2004-3000) (학)성균관대 화학공학과졸 (경)1988년 극동정유(現 현대오일뱅크) 생산계획실 근무, 同생산관리팀장 · 수급팀장 2010년 현대오일뱅크 전략지원부문장(상무보) 2012년 同상무 2016년 同전무, 현대쉘베이스오일 대표이사 전무 2018년 同대표이사 부사장 2018년 현대오일뱅크 글로벌사업본부장(현)

주영섭(朱榮涉) JOO Young Sub

(생)1956·10·15 (출)서울 (주)서울특별시 성북구 안암로 145 고려대학교 공학대학원(02-3290-4121) (학)1974년 서울 경복고졸 1978년 서울대 기계공학과졸 1980년 한국과학기술원(KAIST) 생산공학과졸(석사) 1995년 산업공학박사(미국 펜실베니아주립대) (경)1980년 대우전자(주) 기획본부장, 同정보통신사업부장, 同연구소장, 同전략기획담당 임원, 대우자동차(주) 근무, 대우조선(주) 근무 2000~2004년 GE써모메트릭스 아시아태평양담당 사장·GE써모메트릭스코리아(주) 대표이사 사장·GE써모메트릭스테크놀로지스(주) 대표이사 사장 2004~2006년 (주)본텍 대표이사 사장 2006~2008년 (주)현대오토넷 대표이사 사장 2008~2009년 (주)현대오토넷 고문 2009~2010년 현대모비스 고문 2010~2013년 지식경제부 R&D전략기획단 주력산업총괄MD 2013년 한국공학한림원 정회원(현) 2013~2014년 서울대 융합과학기술대학원 초빙교수 2013년 산업창의융합포럼 스마트편리분과 위원장 2014년 국가과학기술연구회 융합연구위원회 위원 2014년 同미래성장동력특별위원회 위원 2014~2016년 서울대 공과대학 기계항공공학부 객원교수 겸 공과대학 산학협력추진위원장 2015년 대통령직속 국민경제자문회의 위원 2016~2017년 중소기업청장(차관급) 2017년 고려대 공학대학원 석좌교수(현) 2018년 (사)한국ICT융합네트워크 공동회장(현) 2018년 (주)토니모리 사외이사(현) (종)천주교

주영섭(周英燮) JOO Yung Sup

(생)1957·12·9 (출)전북 고창 (주)서울특별시 영등포구 국제금융로 10 서울국제금융센터 9층 딜로이트 안진회계법인(02-6676-1000) (학)1976년 고창고졸 1980년 서울대 사범대학 사회교육과졸 1997년 미국 코네티컷대 대학원 경제학과졸 (경)1979년 행정고시 합격(23회) 1981년 이리세무서 총무과장, 남광주세무서 총무과장, 서광주세무서 부가세2과장, 부천세무서 소득세과장, 수원세무서 법인세2과장, 한국국제조세교육센터 파견 1998년 재정경제부 소득세제과장 2001년 同법인세제과장 2002년 同소비세제과장 2003년 同세제실 조세정책과장 2004년 同세제실 조세정책과장(부이사관) 2004년 국회사무처 재정경제위원회 파견(국장급) 2005년 재정경제부 국세심판원 상임심판관 2007년 同근로장려세제추진기획단 부단장 2008년 기획재정부 재산소비세정책관 2008년 同조세정책관 2010년 同세제실장 2011~2013년 관세청장 2013년 딜로이트안진회계법인 고문(현) (상)국제지식경영대상(2011)

주영식 Ju, Young sik

(생)1966 · 7 · 7 (주)대전광역시 서구 청사로 189 특허청 특허심판원 심판7부(042-481-5851) (학)1985년 군산고졸 1993년 서울시립대 화학공학과졸 2002년 충남대 대학원 법학과졸 (경)1993~2001년 총무처 · 공보처 · 특허청 심사조정과 화공사무관 2002년 특허청 정밀화학심사과 심사평가담당관실 기술서기관 2006년 특허법원 기술심리관 2008년 특허심판원 심판관 2009년 특허청 생명공학심사과장 2013년 同특허심사3국 응용소재심사과장(부이사관) 2014년 특허심판원 심판7부 기획심판장(고위공무원)(현) (상)차관급표창(1997 · 2000 · 2001 · 2003 · 2010), 대통령표창(2011)

주영준(朱泳俊)

(생)1968 (주)세종특별자치시 한누리대로 402 산업통상자원부 에너지자원실(044-203-5701) (학)연세대 경제학과졸, 경영학박사(영국 맨체스터대) (경)1993년 행정고시 합격(37회) 2003년 산업자원부 산업정책과 서기관 2004년 정부혁신지방분권위원회 파견(과장급) 2008년 지식경제부 구미협력과장 2008년 同지식서비스과장 2009년 同에너지기술팀장 2010년 대통령실 파견 2011년 지식경제부 자동차조선과장 2011년 同장관 비서관(서기관) 2012년 同장관 비서관(부이사관) 2016년 대한무역투자진흥공사(KOTRA) 방산물자교역지원센터장 겸 GtoG교역지원센터장 파견(국장급) 2016년 국가기술표준원 제품안전정책국장 2016년 산업통상자원부 에너지신산업정책단장 2017년 駐중국 상무관 2018년 산업통상자원부 에너지자원실장(현)

주영창(朱永昶) Young-Chang Joo

(생)1965 (주)서울특별시 관악구 관악로 1 서울대학교 공과대학 재료공학부(02-880-8986) (학)1987년 서울대 금속공학과졸 1989년 同대학원 금속공학과졸 1995년 금속공학박사(미국 매사추세츠공과대) (경)1995~1997년 독일 막스·플랑크역사학연구소 Visiting Scientist 1997~1999년 미국 Advanced Micro Devices Senior Device Engineer 2003년 서울대 공과대학 재료공학부 조교수·부교수·교수(현) 2006~2007년 미국 스탠퍼드대 Visiting Professor 2015~2018년 미국 재료학회(MRS) 이사회 멤버 2017~2018년 (사)대학산업기술지원단(UNITEF) 제10대 단장 2018년 한국공학한림원 회원(재료자원공학·현)

주영환(朱映奐) JOO Young Hwan

(생)1970·4·10 (출)경북 울진 (주)인천광역시 미추홀구 소성로163번길 49 인천지방검찰청 제1차장검사실(032-860-4302) (학)1988년 휘문고졸 1995년 서울대 공법학과졸 (경)1995년 사법시험 합격(37회) 1998년 사법연수원 수료(27기) 1998년 수원지검 검사 2000년 대구지검 포항지청 검사 2002년 서울지검 검사 2004년 대전지검 서산지청 검사 2006년 법무부 정책홍보관리실 검사 2008년 서울서부지검 검사 2010년 서울중앙지검 부부장검사 2012년 춘천지검 영월지청장 2013년 대검찰청 범죄정보2담당관 2014년 인천지검 외사부장 2014년 부산고검 검사(서울중앙지검 파견) 2016년 검찰총장 직속 부패범죄특별수사단 1팀장(부장검사) 2017년 대검찰청 대변인 2019년 인천지검 제1차장검사(현)

주영훈(朱英訓) YOUNG HOON JU

(생)1956 · 4 · 17 (출)충남 금산 (주)서울특별시 종로구 청와대로 1 대통령경호처(02-770-0011) (학)1975년 중동고졸 1984년 한국외국어대 아랍어과졸 2007년 연세대 대학원 행정학과졸 2015년 방송통신대 문화교양학과 재학 중 (경)1984년 경호관 임용, 대통령경호실 보안과장 1997년 同인사과장 2003년 同경호부장 2006년 同안전본부장 2008년 同전직경호팀장 2017년 더불어민주당 제19대 문재인 대통령후보 광화문대통령공약기획위원회 부위원장 2017년 대통령 경호실장(장관급) 2017년 대통령 경호처장(차관급)(현) (상)대통령표창(1989), 근정포장(1992), 홍조근정훈장(2004)

주영훈(周永君) Joo Young Hoon

(생)1958 · 6 · 26 (출)강원 속초 (주)전라북도 군산시 대학로 558 군산대학교 공과대학 IT정보제어공학부(063-469-4706) (학)1982년 연세대 전기공학과졸 1984년 同대학원 전기공학과졸(석사) 1995년 同대학원 전기공학과졸(박사) (경)1986~1995년 (주)삼성전자 자동화기술연구소 팀장 1995년 군산대 전자정보공학부 전임강사 · 조교수 · 부교수, 同공과대학 IT정보제어공학부 교수(현) 1998~1999년 미국 휴스턴대 전기 및 컴퓨터공학과 방문교수 2001~2005년 (사)로보틱스연구조합 전문위원 2008~2009년 한국지능시스템학회 회장 2014~2017년 International Journal of Control, Automation and Control 편집위원장(SCI급저널) 2016~2017년 제어로봇시스템학회 부회장 2016년 교육부선정 이공대학 중점연구소 책임(군산대 풍력기술연구센터장)(현) 2019년 대한전기학회 회장(현) (상)한국퍼지 및 지능시스템학회 학술상(2000), ISIS 우수논문상(2005), 한국퍼지 및 지능시스템학회 논문상(2005), ISIS 일본퍼지학회 우수논문상(2006), 제어자동화시스템공학회 우광방학술상(2006), 한국지능시스템학회 학술상(2010), 제어로봇시스템학회 학술상(2010), 대한전기학회 학술상(2011), 대한전기학회 논문상(2013), 대한전기학회 양흥석학술상(2015) (저)'인공지능의 원리와 실무사례'(1998) '지능형 디지털 재설계'(2006) '퍼지모델 동정'(2006)

주 완(朱 浣) JOO Wan

(생)1959 · 4 · 11 (본)신안(新安) (출)서울 (주)서울특별시 종로구 사직로8길 39 세양빌딩 김앤장법률사무소(02-3703-4751) (학)1978년 동국대부속고졸 1983년 서울대 법학과졸 1993년 同대학원졸 (경)1983년 사법시험 합격(25회) 1985년 사법연수원 수료(15기) 1986~1989년 육군 법무관 1989~1993년 대우그룹 기획조정실 노무담당 임원 겸 법률고문 1991~1996년 경기대 강사 1991~2000년 연세대 특수대학원 강사 1993~1995년 유원건설(주) 감사실장(상무이사) 겸 법률고문 1995~2000년 회명합동법률사무소 변호사 1995~1997년 노사관계개혁위원회 위원 1996~2002년 노동부 고용보험심사위원회 위원 1996년 한국경영자총협회 자문위원(현) 1996년 고용노동부 자문변호사(현) 1997~2006년 중앙노동위원회 심판담당 공익위원 2000~2002년 교육부 자문변호사 2000~2004년 노동교육원 객원교수 2001~2006년 법무부 사법시험 및 군법무관 임용시험 출제위원 2001~2004년 HON노동법연구소 소장 2002년 사법연수원 외래교수 2004~2008년 법무법인 지성 대표변호사 2005년 한국노총 자문변호사 2006년 전국전력노조 고문변호사 2006년 전국택시노련 고문변호사 2007년 재단법인 하나금융나눔재단 이사 2008~2014년 법무법인 광장 변호사 2008년 연세대 경영대학원 외래강사 2008~2010년 노동부 공인노무사징계위원회 위원 2009년 한국야구위원회 자문위원 2009년 서울지방변호사회 전공별커뮤니티 노동분과위원장(현) 2009~2011년 노동부 '노동민원행정옴부즈만' 위원회 위원 2009~2011년 同갈등관리심의위원회 위원 2010~2012년 국민경제자문회의 위원 2011~2013년 중앙노동위원회 조정담당 공익위원 2014년 노동법이론실무학회 공동회장 2014년 서울변호사협회 노동법연수원장(현) 2014년 고려대 겸임교수(현) 2014년 가천대 초빙교수(현) 2014년 김앤장법률사무소 변호사(현) 2014~2017년 인천시 자문변호사 2016년 중앙일보 리셋코리아 노동분과위원장 2017년 한반도평화만들기재단 감사 2017년 한국노총 좋은친구산업복지재단 이사 2018년 (사)유라시아21 감사 2019년 한국노총 조직분쟁조정위원회 위원 (상)석탑산업훈장(2011) (저)'경영상 해고와 M&A'(2003) (종)기독교

주용중(朱庸中)

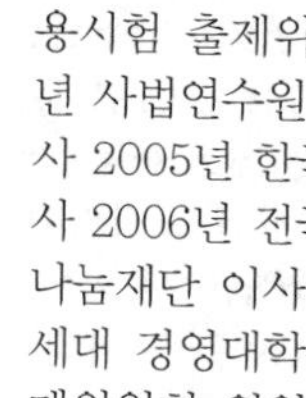

(생)1962 · 11 · 6 (주)서울특별시 중구 세종대로21길 40 TV조선 보도본부(02-2180-1808) (학)관악고졸, 서울대 법학과졸, 同대학원 정치학과졸 (경)1990~2000년 조선일보 편집부 · 사회부 · 정치부 기자 2000~2006년 同워싱턴특파원 2006년 同논설위원 2006년 同국제부 차장대우 2010년 同논설위원 2013년 同편집국 정치부장 2015년 同편집국 국제부장(부국장) 2016년 TV조선 보도본부장(현)

주용태(朱容台) Joo, Yongtae

(생)1968·11·20 (주)서울특별시 중구 덕수궁길 15 서울특별시청 관광체육국(02-2133-2800) (학)1987년 서울고졸 1991년 연세대 행정학과졸 1994년 同대학원 행정학과졸 2011년 미국 콜로라도대 대학원 행정학과졸 (경)1993년 행정고시 합격(37회) 2007년 서울시 클린도시과장 2008년 同청소년담당관 2011년 同일자리정책과장 2013년 同기획조정실 기획담당관 2014년 同기획조정실 정책기획관(부이사관) 2015~2016년 국외훈련(부이사관) 2017년 서울시 경제진흥본부 창조경제기획관 2017년 同평생교육국장 2018~2019년 同관광체육국장 2019년 同관광체육국장(이사관)(현)

주우정(朱禹貞) Woo-Jeong Joo

(생)1964·6·15 (주)서울특별시 서초구 헌릉로 12 기아자동차 재경본부(080-200-2000) (학)1983년 오성고졸 1987년 서강대 경제학과졸 (경)1990년 현대정공 입사 2000년 기아자동차 미국판매법인 CFO 2004년 同재경본부 국제금융팀장 2005년 同재경본부 원가기획팀장 2008년 同유럽총괄법인 CFO(이사) 2010년 同재경본부 재무관리실장(이사) 2015년 현대제철 재경본부 재무관리실장(상무) 2016년 同재경본부 원가관리실장(상무) 2018년 同재경본부 경영관리실장(상무) 2018년 기아자동차 재경본부장(전무)(현)

주우진(朱尤進) CHU, WU JIN

(생)1960·11·10 (주)서울특별시 관악구 관악로 1 서울대학교 경영대학(02-880-6947) (학)1983년 서울대 경영대학 경영학과졸 1986년 미국 펜실베이니아대 대학원 응용경제학·경영과학과졸 1987년 경영학박사(미국 펜실베이니아대) (경)1992년 미국 매사추세츠공대(MIT) 국제자동차문제연구소 한국대표 1993년 서울대 경영대학 마케팅전공 조교수·부교수·교수(현) 1994~1997·2003년 International Journal of Research in Marketing 편집위원 1996~1997년 통상산업부 산업정책자문위원 1996~2001년 Marketing Science 편집위원 1999년 제스퍼오토CAR123 대표이사 1999년 공정거래위원회 경쟁정책위원회 위원 2000년 한국마케팅학회 이사 2001년 산업자원부 부품소재산업발전위원회 위원 2002~2004년 서울대 호암교수회관장 2004년 同진로취업센터장 2004~2006년 同학생처 부처장 2012~2015년 AK홀딩스(주) 사외이사 2015~2018년 同감사위원 2015년 한국마케팅학회 부회장 (상)'Journal of Marketing Education선정 아시아톱10(연구업적2위)'(2003), '미국 마케팅교육저널선정 아시아태평양톱10교수(연구분야 2위)'(2003), 미국 국제경영학회의 JIBS데케이드어워드 최우수논문상(2009) (저)'전자상거래에서의 마케팅 믹스'(1999) '데이터베이스 마케팅'(2000) '인터넷 마케팅'(2002) '의류산업의 QR시스템 및 사례연구'(2003)

주웅용(周雄龍) CHOO Wung Yong

(생)1952·12·5 (출)서울 (주)서울특별시 관악구 관악로 1 서울대학교 재료공학부(02-880-7156) (학)1971년 서울고졸 1976년 서울대 금속공학과졸 1978년 한국과학기술원(KAIST) 재료공학과졸(석사) 1981년 재료공학박사(한국과학기술원) (경)포항종합제철(주) 기술연구소 후판연구팀장, 同기술연구소 부소장, (주)포스코 포항 후판부장, 同EU사무소장(상무대우), 同EU사무소장(상무), 同생산기술부문 기술연구원장(전무) 2011년 한국공학한림원 재료자원공학분과 정회원·원로회원(현) 2011년 (재)포항산업과학연구원(RIST) 원장 2014년 同상임고문 2016년 서울대 재료공학부 객원교수(현)

주 원(朱 遠) Won JU

(생)1963·9·2 (출)서울 (주)서울특별시 종로구 새문안로 68 흥국생명빌딩 2층 흥국증권(02-6742-3601) (학)1986년 연세대 경영학과졸 1989년 미국 뉴욕대 대학원 경영학과졸 (경)1989~1999년 쌍용투자증권(주) 채권부·주식부·해외투자부 근무 1999~2000년 홍콩코리아 아시아펀드운용 근무 2000년 키움닷컴증권(주) 자산운용담당 이사대우 2002년 同상무 2007년 유진투자증권 자산운용본부장 겸 신규사업본부장(전무) 2008년 同자산운용본부장 겸 마케팅본부장(전무) 2009년 KTB투자증권 대표이사 부사장 2012~2013년 同대표이사 사장 2013~2014년 同상임고문 2017년 흥국증권 대표이사(현) (종)기독교

주원석(朱元碩) JOO Won Suk

(생)1958·12·18 (출)경기 부천 (주)서울특별시 서초구 서초대로 301 동익성봉빌딩 12층 미디어월 비서실(02-3019-6301) (학)1977년 여의도고졸 1984년 성균관대 무역학과졸 1987년 미국 인디애나대 경영대학원졸(MBA) 2007년 명예 경영학박사(성균관대) (경)1990년 (주)벼룩시장 설립 1992년 월간「테니스코리아」창간 1994·2015~2017년 (사)대한테니스협회 부회장 1994~1999년 한국휠체어테니스협회 회장 1995년 대원인쇄(주) 설립 1995년 팁스데이타(주) 설립 1995년「부천포커스」창간 1997년 인천지법 부천지원 조정위원 1997년 (주)부동산써브 설립 1998~2007년 (사)부천국제판타스틱영화제후원회 부회장·조직위원 1998~2007년 (사)루푸스를이기는사람들협회 이사 1999년 대한장애인테니스협회 명예회장(현) 1999년 (주)웹트레인 설립 2000년 부천필하모니오케스트라후원회 회장(현) 2002년 (주)미디어월 대표이사 회장(현) 2002년 성균관대체육회 부회장 2002년 성균관대총동창회 상임이사·부회장 2003년 부천카툰네트워크(주) 대표이사 2004년 (주)딘타이펑코리아 설립 2004년 (주)벨익스프레스 설립 2005년 (주)티브이벼룩시장 설립 2006년 (주)잡크래커 설립 2007년 축구 월간지 포포투 창간 2007년 2534남성매거진 M25 창간 2007년 부동산써브 S&C 설립 2007년 인자인케어컴퍼니 설립 2007년 타운워크 창간 2007년 성균관대체육회 회장 2011년 신영균예술문화재단 이사(현) 2011년 (재)대원문화재단 이사(현) 2011년 성균관대 SKK GSB DEAN'S COUNCIL MEMBER(현) 2012~2015년 IUAA EXECUTIVE COUNCIL MEMBER 2012년 아름다운재단 이사(현) 2012년 예술의전당 후원회 이사(현) 2015년 INDIANA UNIVERSITY KELLEY SCHOOL OF BUSINESS GLOBAL DEAN'S COUNCIL MEMBER(현) 2017년 (사)현대미술관회 부회장(현) (상)문화관광부장관표창(2000), 대통령표창(2008), 체육훈장 기린장(2008), 자랑스러운 경영대학 동문상(2011), 자랑스러운 성균인상(2011), 미국 인디애나대 경영대학 선정 '올해의 기업인상'(2016)

주원홍(朱元洪) JOO Won-Hong

(생)1956·11·15 (주)서울특별시 중랑구 망우로 182 서울특별시체육회 임원실(02-490-2700) (학)1975년 동인천고졸 1979년 성균관대 법정대학 법학과졸 (경)1979~1984년 대우중공업·대우전자 테니스팀 선수 1985~1989년 제일생명보험(주) 테니스부 감독 1985~2001년 (사)대한테니스협회 이사 1986~1995년 MBC 해설위원 1992년 월간 테니스코리아 발행인 1992~1998년 삼성물산(주) 테니스단 감독 1996년 (사)한국테니스지도자협회 회장 1999년 삼성증권(주) 테니스단 감독 1999~2006년 Teko주니어테니스아카데미 교장 1999~2002년 남자테니스 국가대표팀 감독 2002~2016년 체육시민연대 공동대표 2003~2005년 (사)대한테니스협회 전무이사 2004~2008년 국민체육진흥공단 이사 2009~2013년 한국실업테니스연맹 부회장 2009년 미디어월그룹 고문 2009~2011년 대한장애인테니스협회 부회장 2010

년 한국테니스꿈나무육성위원회 위원장(현) 2012년 대한장애인테니스협회 회장, 同명예회장(현) 2012~2016년 서울시체육회 실무부회장 2013년 대한체육회(KOC) 생활체육위원장 2013~2016년 (사)대한테니스협회 회장 2015~2017년 아시아테니스연맹 부회장 2015년 아시아올림픽평의회(OCA) 생활체육위원회 위원(현) 2016년 '통합 대한테니스협회' 임시회장 2018년 서울시체육회 수석부회장(현) (상)서울시문화상 체육부문(2013), (사)한국올림픽성화회 체육상 공로상(2015)

주윤중(朱玧重)

(생)1961·5·4 (주)서울특별시 광진구 천호대로 716-10 서울물연구원 원장실(02-3149-1706) (학)1987년 고려대 영어영문학과졸 2000년 서울대 행정대학원 수료 2001년 한국개발연구원(KDI) 국제정책대학원 정책학과졸 2002년 미국 시라큐스대 행정대학원 행정학과졸 (경)1995년 지방고등고시 합격(1회) 1996년 서울시 지방행정사무관 1997~2007년 서울 강남구 개포3동장·교통지도과장·지역경제과장·사회복지과장·비서실장·총무과장 2007년 同도시경제기획단장 2008~2010년 미국 콜로라도대 행정대학원 객원연구원 2010년 서울 강남구 기획경제국장 2013년 同행정국장 2013년 同부구청장 2018년 同구청장 권한대행 2018년 수도권교통본부 본부장 2019년 서울시 상수도사업본부 서울물연구원장(현) (상)내무부장관표창(1997) (종)천주교

주은기(朱殷奇)

(생)1962·1·28 (주)경기도 수원시 영통구 삼성로 129 삼성전자(주) 상생협력센터(031-200-1114) (학)전주고졸, 한양대 법학과졸, 한국과학기술원(KAIST) 테크노경영대학원졸(MBA) (경)삼성전자(주) 경영지원총괄 감사팀 부장 2005년 同경영지원총괄 감사팀 상무보, 同경영지원팀 상무 2010년 同교육파견(전무) 2014년 同감사팀장(부사장) 2014년 同상생협력센터 업무팀장(부사장) 2015년 同상생협력센터 대외협력팀장(부사장) 2016년 同상생협력센터장(부사장)(현)

주은수(朱恩洙) JOO, Eun Soo

(생)1956·9·29 (본)신안(新安) (출)부산 (주)서울특별시 중구 소공로 70 서울중앙우체국 사서함 5115호 미디어경영연구소(02-393-9710) (학)1976년 동래고졸 1980년 부산대 철학과졸 1989년 연세대 경영대학원졸 1997년 同언론홍보대학원졸 (경)1985~1991년 중앙일보 근무 1991~1995년 한국경제신문 마케팅팀장 1995~1999년 국민일보 근무 1997~1998년 한국신문협회 기조실장협의회 이사 2001년 미디어경영연구소 소장(대표연구원·현) 2002년 연세대 언론연구소 객원연구위원(현) 2005~2014년 지역신문발전위원회 전문위원 2008년 한국언론학회 정회원(현) 2009년 한국미디어경영학회 정회원(현) 2012·2018년 한국잡지학회 이사(현) (상)한국신문협회상(1993), 문화체육관광부장관표창(2012) (저)'한국신문산업의 경쟁력 강화방안'(1997) '최고신문 일등신문1'(1997, 도서출판 세란) '지역언론, 변해야 산다'(2003) '최고신문 일등신문2'(2003, 미디어경영연구소) '신문의 위기-진단과 처방(共)'(2003, 한국언론재단) '2004 한국의 지역신문(共)'(2004, 한국언론재단) '문화미디어백서(共)'(2006, 문화체육관광부) '문화산업백서(共)'(2007~2013, 문화체육관광부) '신문자료 신고와 검증 및 공개(共)'(2008, 신문발전위원회) '2011 잡지산업 실태조사(共)'(2011, 한국언론진흥재단) '새로운 생태계의 미디어 정책(책임)'(2012, 한국언론진흥재단) '디지털 환경의 전문잡지 활성화방안(共)'(2014, 한국언론진흥재단) '디지틀 플랫폼 잡지산업 수익창출 모델(共)'(2015, 한국언론진흥재단) (종)기독교

주인기(朱仁基) In-Ki Joo

(생)1949·2·26 (본)신안(新安) (출)서울 (학)1967년 동성고졸 1971년 연세대 경영학과졸 1974년 서울대 경영대학원 경영학과졸 1977년 미국 뉴욕대 대학원 경영학과졸 1986년 회계학박사(미국 뉴욕대) (경)1981~1991년 연세대 상경대학 경영학과 조교수·부교수 1987~1991년 International Accounting Standard Committee(IASC) 한국대표 1991~2014년 연세대 경영대학 경영학과 교수 1993년 同어학원 부원장 1994년 同경영학과장 1994년 국세심판소 비상임심판관 1995년 한국리스협회 경영평가위원장 1997년 연세대 경영연구소장 1998~2000년 同교무처장 1999~2000년 한국회계학회 회장 1999~2002년 연세대 학부대학장 2002~2004년 同기획실장 2002~2008년 한국공인회계사회 국제부회장 2002~2010년 한국CFO대상 심사위원장 2005~2008년 한국회계기준원 이사장 2006년 한국기업윤리학회 회장 2007~2013년 LG전자 사외이사 겸 감사위원장 2007년 대림수암장학문화재단 이사(현) 2007~2008년 한국경영학회 회장 2009~2011년 아·태회계사연맹(CAPA) 회장 2011~2014년 감사원 정책자문위원 2012~2016년 국제회계사연맹(IFAC) 이사 2013년 2015아시아·태평양회계사연맹총회 준비위원장 2014년 연세대 경영대학 경영학과 명예교수(현) 2016년 국제회계사연맹(IFAC) 부회장 2018년 同회장(현) 2019년 (주)한진칼 사외이사(현) (상)부총리 겸 재정경제부장관표창(2001), 근정포장(2004), 한국회계학회 삼일저명교수(2005), 한국공인회계사회 우수논문상(2006), 우수강의교수(2009·2011), 한국회계학회 교육공로상(2011) (저)'新재무회계(共)'(1985) '新재무제표론(共)'(1991) '회계감사(共)'(1991) '회계원리(共)'(1996·2011) '회계원리플러스'(2006) (역)'원가회계(共)'(1989) (종)기독교

주인욱(朱仁煜) CHOO In Wook

(생)1952·6·10 (출)서울 (주)울산광역시 중구 태화로 239 동강병원 의료원장실(052-241-1114) (학)1971년 경기고졸 1978년 서울대 의대졸 1981년 同대학원 의학석사 1991년 의학박사(서울대) (경)1978~1983년 서울대병원 인턴·레지던트 1983~1986년 軍의관(서귀포의료원 방사선과장) 1986~1987년 서울대병원 전임의 1987~1991년 한림대 의대 강동성심병원 조교수·부교수 1991~1994년 미국 Univ. of Michigan Hospitals Visiting Assistant Professor 1994~2016년 삼성서울병원 영상의학과 전문의 1997~2016년 성균관대 의대 영상의학교실 교수 1998~2003년 삼성서울병원 기획실장 1999~2001년 同영상의학과장 1999~2001년 성균관대 의대 진단방사선과학 주임교수 2003~2004년 삼성서울병원 영상의학과장 2003~2004년 성균관대 의대 방사선과학 주임교수 2004~2008년 삼성서울병원 삼성암센터설립기획단장 2016년 동강의료재단 동강병원·DK동천병원 의료원장(현) (상)대한방사선의학회 해외저술상 (종)천주교

주재성(朱宰聖) JOO Jae Seong

(생)1956·1·17 (출)강원 춘천 (주)서울특별시 영등포구 국제금융로8길 26 KB국민은행 상임감사위원실(02-2073-7012) (학)1974년 경기고졸 1979년 서울대 경영학과졸 1993년 경영학박사(미국 일리노이대 어바나-샘페인교) (경)1981년 한국은행 입행 1999년 금융감독원 감독1국 과장 2000년 同감독정보국 팀장 2001년 세계은행 파견 2004년 금융감독원 총무국 비서실장 2005년 同총괄조정국 복합금융감독실장 2006년 同조사2국장 2007년 同신용감독국장 2007년 同총괄조정국장 2008년 同변화추진단 부단장 2008년 同은행업서비스본부장(부원장보) 2011~2013년 同은행·중소서민담당 부원장 2013~2015년 우리금융지주 우리금융경영연구소 대표이사 2015년 금융위원회 금융개혁회의 위원, 김앤장 법률사무소 상임고문 2017~2019년 신한금융지주 사외이사 2019년 KB국민은행 상임감사위원(현) (상)재무부장관표창(1987), 한국은행 총재표상(1996), 금융감독위원장표창(1998) (종)기독교

주재승

(생)1962 (주)경기도 성남시 분당구 황새울로312번길 26 (주)농협케미컬(031-738-5200) (학)광주상고졸, 경기대 회계학과졸, 한국방송통신대 법학과졸 (경)2011년 농협중앙회 월피동지점장 2012년 同NH카드분사 단장 2013년 同인력개발부 단장 2015년 同상호금융기획부 국장 2016년 NH농협은행 정보보호부장 2016년 同스마트금융부장 2017년 同종합기획부장 2018년 NH농협금융지주 디지털금융최고책임자(CDO · 부행장보) 2019년 (주)농협케미컬 전무이사(현)

주재중(朱在仲) Joo, Jae-Jung

(생)1958·10·9 (출)대구 (주)서울특별시 중구 을지로 66 하나생명보험(주) 임원실(02-3709-7323) (학)1978년 대륜고졸 1982년 서울대 경영학과졸 1996년 일본 와세다대 대학원 경영학과졸 (경)1983년 외환은행 입행 1991년 同인사부 대리 1996년 同신탁부·동경지점 과장 2002년 同인재개발실·경영전략부 차장 2003년 同강남역지점 부지점장 2004년 同기업상품개발부장 2005년 同KPI팀장 2009년 同동경지점장 2012년 하나금융지주 전략기획실 상무 2012년 同미래발전기획단장 대행 2013년 同전략기획실 상무 2013년 同재무기획팀·IR팀·자원관리팀 상무(CFO 대행) 2014년 同CFO(전무) 2014~2015년 한국외환은행 기획관리그룹장(전무) 2015년 하나생명보험(주) 최고운영책임자(COO) 2017년 同재무·상품계리부문장(전무) 2018년 同대표이사 사장(현)

주재환(周宰煥) JU Jae Hwan

(생)1958 · 4 · 21 (출)경남 함안 (주)서울특별시 마포구 마포대로 45 일진머티리얼즈(주) 임원실(02-707-9060) (학)양정고졸, 고려대 화학공학과졸 (경)1981년 삼성그룹 입사, 삼성SDI(주) 멕시코법인 제조팀장 2002년 同상무보, 同전사품질혁신팀장 2005년 同전지사업부 제조팀장(상무) 2010년 同전지사업부 제조팀장(전무) 2014년 일진머티리얼즈(주) 공동대표이사 2018년 同공동대표이사 사장(현)

주정민(朱定珉) Chungmin Joo

(생)1964·11·29 (출)전남 여수 (주)광주광역시 북구 용봉로 77 전남대학교 신문방송학과(062-530-2677) (학)1986년 전남대 신문방송학과졸 1992년 고려대 대학원 신문방송학과졸 2001년 신문방송학박사(고려대) (경)1999년 방송개혁위원회 전문위원 2002년 전남대 신문방송학과 부교수·교수(현) 2005~2007년 광주시민방송(공동체라디오) 편성책임자 및 이사 2007~2008년 미국 미주리대 커뮤니케이션학과 객원교수 2008년 한국언론학회 연구이사 2011~2014년 방송통신위원회 지역방송발전위원회 위원 2012~2015년 언론중재위원회 광주중재부 위원 2012~2017년 장애인방송시청보장위원회 위원장 2014~2015년 광주전남언론학회 회장 2015년 전남대 신문방송사 주간 2016~2018년 한국방송광고진흥공사 비상임이사 2018년 광주혁신추진위원회 위원장(현) 2019년 시청자권익보호위원회 위원(현) 2019년 전남대 기획조정처장(현) (상)방송통신위원장표창(2010), 근정포장(2015) (저)'현대방송의 이해(共)'(1999) '모바일미디어(共)'(2005) '디지털방송미디어론(共)'(2006) '방송통신융합과 지역방송(共)'(2007) '방송영상미디어의 이해(共)'(2007)

주정산(朱正山) JU Jung San

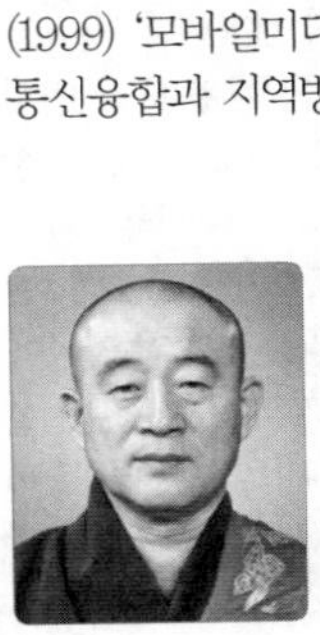

(생)1948 · 1 · 24 (출)경북 울진 (주)충청북도 단양군 영춘면 구인사길 73 구인사(043-423-7100) (학)1968년 울진농고졸 (경)1969년 구인사 입산 1971년 대한불교천태종 총무원 재무과장 1971년 구인사에서 득도(은사 박상월) · 스님(현) 1972~1973년 대한불교천태종 총무원 총무부 서무국장 1973년 同3급 법계 1975~1978년 同총무원 재무부장 1975~1981년 同제5 · 6 · 7대 종의회 의원 1978년 同사회부장 1980년 同법사 1980~1982년 同총무부장 1981년 同종의회 부의장 1981~1985년 부산 광명사 주지 1982년 대한불교천태종 교화원 교무부장 1985년 同제2대 포교원장 1985년 同총무원 부원장 1988년 同종의회 의원 1988년 同감사원장 1999~2011년 대한불교천태종 복지재단 이사장, 대구 대성사 주지 2006~2011년 제14 · 15대 대한불교천태종 총무원장 (종)불교

주정호(朱錠浩) JOO Jung Ho

(생)1973 · 3 · 27 (주)경기도 김포시 대곶면 대명항로403번길 109 (주)율림금속 임원실(031-997-0955) (학)1992년 청원고졸 1997년 서울대 경영학과졸 2002년 同대학원 경영학과졸 (경)1998~2000년 (주)소만사 기획 · 마케팅팀장 2000~2001년 (주)인텔링스 기획과장 2001~2002년 (주)아이티링크 통신컨설턴트 2002~2007년 (주)한국파워보이스 기획이사 2007~2009년 (주)넥스에너지 대표이사 2009~2016년 (주)한국자원투자개발 대표이사 2010년 (주)율림금속 대표이사(현)

주종갑(朱鍾甲) Joo Jong Gab

(생)1960 · 1 · 8 (주)경상북도 김천시 혁신6로 17 한국교통안전공단 철도항공안전실 항공안전처(054-459-7020) (학)하동고졸, 부경대졸 (경)1987년 교통안전공단 입사 2013년 同울산지시장 2014년 同감사처장 2015년 同성과평가처장 2016년 同감사실장 2017년 同경영지원실장 2018년 한국교통안전공단 부산본부장 2019년 同철도항공안전실 항공안전처 수석위원(현)

주종국(周鍾國) JOO, JONG GOOK

(생)1965 · 8 · 2 (본)안의(安義) (출)서울 (주)서울특별시 종로구 율곡로2길 25 연합뉴스 콘텐츠평가실(02-398-3114) (학)1984년 재현고졸 1991년 고려대 신문방송학과졸 (경)1991년 연합뉴스 입사 2010년 同뉴욕지사장(특파원), 연합뉴스TV 뉴스총괄부장, 同기사심의실장 2014년 연합뉴스 증권부장 2015년 同문화부장 2016년 同경제부장 2016년 同윤리감사팀 감사위원 2017년 同경기북부취재본부장 2019년 同논설위원 2019년 同콘텐츠평가실장 겸 고충처리인(현)

주중철(朱重徹) Joo Joong-chul

(생)1964 · 5 · 8 (주)경상북도 안동시 풍천면 도청대로 455 경상북도청 국제관계대사실(054-880-2031) (학)1990년 부산대 정치외교학과졸 1996년 일본 게이오대 대학원 국제정치학과졸 (경)1990년 외무고시 합격(24회) 1990년 외무부 입부 1998년 駐일본 2등서기관 2001년 駐방글라데시 참사관 2005년 외교통상부 인사운영팀장 2007년 同동남아과장 2007년 同일본과장 2008년 駐오스트리아 참사관 2011년 駐이라크 공사참사관 겸 駐아르빌 연락사무소장 2014년 글로벌리더십과정 파견 2015~2017년 駐요코하마 총영사 2017년 경북도 국제관계대사(현)

주지홍(朱智鴻) CHOO JI HONG

(생)1977 · 6 · 30 (주)서울특별시 서초구 남부순환로 2159 (주)사조해표 임원실(02-2007-3000) (학)2002년 연세대 사회학과졸 2005년 미국 일리노이대 대학원 경제학과졸 2011년 미국 미시간대 앤아버교 경영대학원졸(MBA) (경)2006~2007년 베어링포인트 근무 2011년 (주)사조해표 기획실장 2014년 同경영지원본부장 2015년 사조그룹 식품총괄 경영본부장 2016년 (주)사조해표 상무이사(현)

주진수(朱眞秀) JOO Jin Soo

(생)1962 · 7 · 11 (출)서울 (주)서울특별시 성북구 안암로 145 고려대학교 물리학과(02-3290-3103) (학)1981년 숭문고졸 1985년 고려대 물리학과졸 1992년 미국 오하이오주립대 대학원 물리학과졸 1994년 이학박사(미국 오하이오주립대) (경)1994년 미국 오하이오주립대 박사후연구원 1995년 고려대 물리학과 조교수 · 부교수 · 교수(현) 1999~2000년 한국물리학회 홍보잡지편집위원 2000~2001년 삼성코닝 기술자문위원 2001~2002년 미국 오하이오주립대 물리학과 방문교수 2004~2009년 학술진흥재단 중점연구소 세부과제책임자 2006~2008년 고려대 안암학사 사감장 2007~2012년 한국연구재단 도약과제 연구책임자 2014년 한국과학기술한림원 정회원(이학부 · 현) 2016~2017년 고려대 관리처장

주진숙(朱眞淑 · 女) JOO Jin Sook

(생)1953 · 1 · 28 (주)서울특별시 마포구 월드컵북로 400 한국영상자료원 원장실(02-3153-2001) (학)1972년 서울 금란여고졸 1976년 이화여대 시청각교육학과졸 1978년 서강대 대학원 신문방송학과졸 1984년 미국 아이오와대 Film Studies 석사 1990년 영화학박사(미국 텍사스주립대) (경)1992~2018년 중앙대 영화학과 교수 1999~2002 · 2005~2008년 한국영상자료원 이사 2000년 여성영화인모임 이사(현) 2001년 문화관광부 21세기문화정책위원회 위원 2003~2005년 한국영화평론가협회 회장 2005~2007년 국제영화비평가연맹 한국지부 회장, 서울국제가족영상축제 심사위원장 2018년 중앙대 영화학과 명예교수(현) 2018년 한국영상자료원 원장(현) (저)'여성영화인 사전'(2001) '한국의 영화감독 7인을 말하다(共)'(2008) (역)'영화예술'(1993) '호모 punk 이반'(1999) '세계영화사'(2000) (작)'포스트모더니즘과 영화'

주진암(朱鎭岩)

(생)1969 · 9 · 18 (주)경기도 수원시 영통구 법조로 105 수원지방법원(031-210-1114) (학)1988년 김해고졸 1990년 세무대학졸 (경)1994년 국세청 근무 1997년 사법시험 합격(39회) 2000년 사법연수원 수료(29기) 2000년 부산지법 예비판사 2002년 同판사 2003년 수원지법 판사 2006년 서울중앙지법 판사 2009년 서울동부지법 판사 2012년 서울고법 판사 2014년 서울중앙지법 판사 2015년 춘천지법 강릉지원 부장판사 2017년 수원지법 부장판사(현)

주진오(朱鎭五) JOO Jin Oh

(생)1957 · 1 · 4 (주)서울특별시 종로구 세종대로 198 대한민국역사박물관(02-3703-9211) (학)1982년 연세대 사학과졸 1984년 同대학원 사학과졸 1995년 사학박사(연세대) (경)1987~1998년 상명대 사학과 전임강사 · 조교수 · 부교수 1997년 미국 하버드대 방문교수 1998~2007년 상명대 사학과 교수 1998년 미국 텍사스대 오스틴교 방문교수 1999~2003년 상명대 인문과학연구소장 2000~2004년 同평생교육원장 2005~2007년 문화재청 근대문화재분과 전문위원 2005~2010년 한 · 일역사공동연구위원회 근현대분과 간사 2005년 상명대 사학과장 2007~2017년 同역사콘텐츠학과 교수 2007년 同인문사회과학대학장 2007~2009년 전국대학문화콘텐츠학과협의회 회장 2007년 인문콘텐츠학회 기획이사 2008~2017년 상명대 다문화사회연구소장 2016~2017년 서울시교육청 역사교육위원회 위원장 2017년 대한민국역사박물관 관장(현) (저)'한국의 역사가와 역사학 하(共)'(1994, 창작과비평) '한국근현대의 민족문제와 신국가건설'(1997, 지식산업사) '한중일 역사인식과 일본교과서'(2002, 역사비평사) '문화원형 디지털콘텐츠화사업 성과와 비전(共)'(2006, 한국콘텐츠진흥) '한일관계사 연구현황과 일본의 역사교육'(2007, 한일역사공동연구위원회) '새로운 한국사 길잡이-하-(共)'(2008, 지식산업사) (역)'실천을 위한 역사학'(1987)

주진우(朱鎭旴) JOO Jin Woo

(생)1949 · 8 · 28 (본)신안(新安) (출)경북 성주 (주)서울특별시 서대문구 통일로 107-39 사조그룹 회장실(02-3277-1710) (학)1968년 경기고졸 1974년 서울대 정치학과졸 1977년 미국 컬럼비아대 대학원 정치학과졸 1977년 同대학원 박사과정 수료 1990년 서울대 경영대학원 AMOP과정 수료 1995년 고려대 언론대학원 최고위언론과정 수료 2004년 정치외교학박사(한양대) (경)1973~1974년 외한은행 근무 1977년 사조산업(주) 부사장 1978~1994년 (주)사조상호신용금고 · 사조냉장(주) · 사조축산(주) · 부국사료(주) · 사조개발(주) · (주)푸르고맑게 · (주)Green and Blue · (주)농수축산신문 · (재)취암장학재단 · Sajo America Inc. 설립 1978년 대한출판협회 이사 1979년 사조산업 사장 1979년 사조그룹 회장(현) 1994년 한국원양어업협회 부회장 1996년 제15대 국회의원(고령 · 성주, 신한국당 · 한나라당) 1998년 한나라당 청년위원장 1999년 同원내부총무 2000~2004년 제16대 국회의원(고령 · 성주, 한나라당) 2000년 한나라당 총재비서실장 2001년 同국가혁신위원회 행정실장 2003년 同정책위 부의장 2005년 한국무역협회 비상근부회장(현) 2014년 駐韓모리셔스 명예영사(현) 2015~2019년 사회복지법인 자광재단 이사장 (상)대통령표창(1979), 석탑산업훈장(1985), 5천만불 수출의탑(1988), 재무부장관표창(1989), 금탑산업훈장(1992), 대한민국 해양대상(2010) (저)'21세기에 도전하는 우리 농민들' '2000년대 일본농업' '푸른 들 푸른 바다' '농심천심' (종)천주교

주진우(朱鎭宇) Ju Jin U

(생)1964 (주)서울특별시 중구 세종대로 110 서울특별시 사회서비스원(02-2133-7746) (학)1987년 서울대 경제학과졸 (경)1995년 전국민주노동조합총연맹 준비위원회 정책위원 1995년 전국민주노동조합총연맹 조사통계부장 2000년 同정책2국장 2003년 同미조직 · 비정규사업실장 2006년 (사)평화박물관건립추진위원회 사무처장 2011년 한국노동사회연구소 연구위원 2012년 서울시 정무부시장 노동보좌관 2013년 同시장 정책특보 2014년 서울연구원 초빙연구위원 2016~2018년 同초빙선임연구위원 2018년 대통령직속 일자리위원회 공공일자리전문위원회 위원(현) 2019년 서울시 사회서비스원장(현)

주진우(周珍佑)

(생)1972 (출)충남 공주 (주)서울특별시 종로구 자하문로17길 7 서울지방경찰청 22경찰경호대(02-770-0343) (학)1993년 경찰대 행정학과졸(9기), 동국대 경찰대학원 범죄학과졸 (경)1993년 경위 임용 2003년 경감 승진 2007년 대전지방경찰청 개청준비기획단 경정 2008년 대전 대덕경찰서 생활안전과장, 서울지방경찰청 경비부 경비1과 경비2계장 2016년 同생활안전부 치안지도관(총경) 2016년 제주지방경찰청 경비교통과장 2016년 대전지방경찰청 경비교통과장 2017년 충남 예산경찰서장 2019년 서울지방경찰청 22경찰경호대장(현)

주진우(朱晋佑)

(생)1975 · 5 · 25 (출)경남 진주 (주)서울특별시 서초구 반포대로34길 14 정명빌딩 5층 501호 주진우 법률사무소(02-516-9330) (학)1994년 대연고졸 2000년 서울대 공법학과졸 (경)1999년 사법시험 합격(41회) 2002년 사법연수원 수료(31기) 2002년 대구지검 검사 2004년 대전지검 검사 2006년 서울중앙지검 검사 2009년 법무부 법무과 검사 2011년 대전지검 천안지청 검사 2014~2017년 대통령 민정수석비서관실 행정관 2017년 부산지검 동부지청 부부장검사 2017년 청주지검 충주지청 부장검사 2018~2019년 서울동부지검 형사6부장 2019년 변호사 개업(현)

주찬웅(朱讚雄) JOO Chan Uhng

(생)1954 · 10 · 3 (출)전북 전주 (주)전라북도 전주시 덕진구 건지로 20 전북대학교병원 어린이병원 소아청소년과(063-250-1471) (학)1979년 전북대 의대졸 1982년 同대학원졸 1987년 의학박사(전북대) (경)1979~1983년 전북대병원 소아과 전공의 1983~1986년 군산개정병원 소아과장 1986년 연세대 의대 소아과(소아심장학) 연구원 1986~1997년 전북대 의대 소아과학교실 전임강사 · 조교수 · 부교수 1989년 미국 Univ. of Texas Health Science Center at SA Post-Doc. 1992~1993년 同교환교수 1997년 전북대 의대 소아과학교실 교수, 同의학전문대학원 소아청소년과학교실 교수(현) 1998년 同학생처 행정연구팀장 2002~2004년 同의과대학장 겸 보건대학원장 2017~2018년 전북대병원 어린이병원장 (종)기독교

주창돈(朱昌暾) CHANG DON JU

(생)1957 · 4 · 7 (출)대구 (주)서울특별시 강남구 테헤란로86길15 (주)코리아트래블즈(02-2013-1500) (학)대구 계성고졸, 서울대 경제학과졸, 미국 아메리칸대 대학원 경영학과졸(MBA) (경)1985~1991년 한국은행 근무 1991~1995년 삼성생명보험(주) 입사 · 재무기획팀 근무 1995~1997년 同채권팀장 1997~1998년 同금융팀장 1998~2000년 同재무기획팀장 2002~2005년 同기획팀장 2005~2011년 同삼성금융연구소 상무 2011년 同비상근자문역 2014년 (주)코리아트래블즈 대표이사(현)

주창윤(朱昌潤) JOO Chang Yun

(생)1963 · 1 · 9 (본)신안(新安) (출)대전 (주)서울특별시 노원구 화랑로 621 서울여자대학교 사회과학대학 언론영상학부(02-970-5585) (학)1981년 대전 대신고졸 1986년 한양대 신문방송학과졸 1988년 同대학원 신문방송학과졸 1993년 영국 글래스고대 신문방송대학원졸 1997년 신문방송학박사(영국 글래스고대) (경)1986년 세계문학「봄호」로 시인 등단 1999~2001년 한국방송진흥원 책임연구원 2000년 KBS 시청자위원 2001년 서울여대 사회과학대학 언론영상학부 방송영상학전공 교수(현) 2003년 SBS 시청자위원, 한국방송학회 총무이사 2006년 서울여대 방송국 · 학보사 주간 2008~2009년 한국언론학회 총무이사 2010년 同문화젠더분과장 2010년 同커뮤니케이션이론편집위원장 2011년 同방송영상학전공 주임교수 겸 대학원 언론영상학과장 2012년 同언론영상학부장 2014년 방송통신심의위원회 방송언어특별위원회 위원 2017년 서울여대 비즈니스커뮤니케이션전공 주임교수 2017 · 2018~2019년 同디지털영상전공 주임교수 2018~2019년 同언론영상학부장 겸 일반대학원 언론영상학과장 (상)한국방송학회 학술상(2005), 한국언론학회 희관저술상(2016) (저)'텔레비전과 문화연구' '매스커뮤니케이션과 현대사회' '텔레비전 화면깨기'(2001) '영상이미지의 구조'(2003) '텔레비전 드라마 : 장르 · 미학 · 해독'(2005) '대한민국 컬처코드'(2010) '허기사회'(2013) '사랑이란 무엇인가 : 왜 지금 사랑이 중요한가'(2015) '한국현대문화의 형성'(2015) (역)'비디오저널리즘'(1999) (작)시집 '물위를 걷는 자 물밑을 걷는 자'(1989), '옷걸이에 걸린 羊'(1997)

주채광(朱埰光)

(생)1971 · 2 · 14 (출)광주 (주)경기도 고양시 일산동구 장백로 209 의정부지방법원 고양지원 총무과(031-920-6112) (학)1989년 광주 살레시오고졸 1999년 연세대 법학과졸 (경)1998년 사법시험 합격(40회) 2001년 사법연수원 수료(30기) 2001년 대전지법 천안지원 판사 2004년 인천지법 판사 2006년 서울북부지법 판사 2008년 서울중앙지법 판사 2010년 서울남부지법 판사 2014년 대법원 재판연구관 2016년 광주지법 부장판사 2018년 의정부지법 고양지원 부장판사(현)

주철환(朱哲煥) JOO CHULHWAN

(생)1955 · 5 · 29 (본)신안(新安) (출)경남 마산 (주)경기도 수원시 영통구 월드컵로 206 아주대학교 인문대학 문화콘텐츠학과(031-219-2813) (학)1974년 동북고졸 1978년 고려대 국어국문학과졸 1980년 同대학원졸 2001년 국문학박사(고려대) (경)1978년 동북중 국어교사 1979~1980년 동북고 국어교사 1980~1982년 육군 복무 1983~1989년 고려대 강사 1983년 MBC 입사 1986년 同교양제작부 PD 1987년 同TV제작국 제작3부 PD 1991년 同예능2담당 PD 1994년 同예능1팀 PD 1996년 同예능4담당 PD 1997년 同예능1팀장 1998년 同예능국CP 차장 1999~2000년 同편성기획부장 직대 1999년 중앙대 신문방송학과 강사 2000년 EBS FM '주철환이 만나는 세상' 진행 2000~2007년 이화여대 언론홍보학부 교수 2001년 문화관광부 21세기문화정책위원 2005년 방송위원회 산하 방송발전기금 관리위원 2005년 EBS TV '생방송 시선' 진행 2007~2009년 OBS 경인TV 사장 2008년 (사)여의도클럽 부회장 2010년 중앙일보 방송콘텐츠 총괄역 2010년 중앙미디어네트워크 방송제작본부장 2011년 중앙일보 방송본부 상무 2011년 同방송설립추진단 드라마 · 예능콘텐트본부장 2011년 JTBC 편성본부장 2012년 同콘텐트본부장 2012~2014년 同대(大)PD 2014~2016 · 2018년 아주대 인문대학 문화콘텐츠학과 교수(현) 2015년 (재)세종문화회관 이사 2016~2018년 서울문화재단 대표이사 (상)한국방송대상 우수작품상(1990 · 1991), 백상예술상(1995), 한국방송위원회 이달의 좋은 프로그램상(1996), 한국방송위원회 대상 프로그램기획부문(1997), 경제정의실천시민연합 시청자가뽑은좋은프로그램상(1998), 한국여성단체연합 평등방송 디딤돌상(1999), 제12회 한국방송프로듀서상 공로상(2000), 서울특별시장표창(2017) (저)'주철환 프로듀서의 숨은 노래찾기'(1990) 'PD는 마지막에 웃는다'(1992) '30초안에 터지지 않으면 채널은 돌아간다'(1993) '상자속의 행복한 바보'(1995) '사랑이 없으면 희망도 없다'(1999) '시간을 디자인 하라'(2000) '나는 TV에서 너를 보았다'(2001) '스타의 향기'(2003) '거울과 나침반'(2004) 'PD마인드로 성공인생을 연출하라'(2006) '주철환의 사자성어'(2008) '청춘'(2010) '더 좋은 날들은 지금부터다'(2013) '오블라디 오블라다'(2013) '인연이 모여 인생이 된다'(2015) (작)'장학퀴즈' '퀴즈 아카데미' '우정의 무대' '일요일 일요일 밤에' 'TV청년내각' '대학가요제' '테마게임' '토요일 토요일은 즐거워' '21세기 대중문화대장정' '민족통일음악회(평양공연)' '스타도네이션 꿈은 이루어진다', 앨범발표 '다 지나간다'(2009) '시위를 당겨라'(2011), 공연 '주철환 음악이야기, 노래는 불러야 노래'(2009 · 2010 · 2011) (종)기독교

주태산(朱泰山) JOO Tae San

(생)1957 · 11 · 11 (출)서울 (주)서울특별시 종로구 율곡로 84 가든타워 10층 이코노믹리뷰(02-6321-3000) (학)1984년 성균관대 국어국문학과졸 2001년 同언론정보대학원 수료 (경)1996~1997년 한국기자협회 감사 1996~2000년 숙명여대 강사 1997년 세계일보 경제부장 1998~2000년 同논설위원 1998년 대한상의 한국경제연구센터 연구위원 1999년 양재포럼 간사 2000년 (주)인티즌 부사장 2003~2011년 (주)맥스무비 대표이사 2003년 사회복지법인 아이들과미래 이사 2004~2008년 공정거래위원회 자문위원 2007년 중국 북경 88PIAO 총경리 2012년 이코노믹리뷰 편집인(현) (상)한국기자협회 이달의 기자상(1996), 공정거래위원장표창(2001), 과학기술부 벤처기업상(2003), 서울신문 대한민국경영인상(2003), 한국일보 대한민국글로벌경영인대상(2006) (저)'경제 못살리면 감방 간대이'(1998) (역)'평화를 위하여'(1994) (종)기독교

주태석(朱泰石) JU Tae Seok

(생)1954·2·10 (본)신안(新安) (출)대구 (주)서울특별시 마포구 와우산로 94 홍익대학교 미술대학 회화과(02-320-1961) (학)1978년 홍익대 회화과졸 1980년 同대학원 회화과졸 (경)개인전 28회, 홍익대 미술대학 회화과 교수(2019년 8월 퇴직) 2004년 同학생처장 2006년 同미술디자인교육원장 2007~2008년 同미술디자인교육원장 2008년 서울시립미술관 운영자문위원 2011년 대학미술협의회 회장 2013~2015년 홍익대 미술대학원장 2015년 가톨릭미술공모전 심사위원 2017년 홍익대 현대미술관장 2019년 同미술대학 회화과 초빙교수(현) (상)제7회 전국대학미전 대통령표창(1976) (종)천주교

주한규(朱漢奎) Joo Han-gyu

(생)1962·11·12 (본)신안(新安) (출)경기 여주 (주)서울특별시 관악구 관악로 1 서울대학교 공과대학 원자핵공학과(02-880-9241) (학)1984년 서울대 원자핵공학과졸 1986년 同대학원 원자핵공학과졸 1996년 원자핵공학박사(미국 퍼듀대) (경)1986~1990년 한국원자력연구원 연구원 1990~1992년 同선임연구원 1993~1997년 미국 퍼듀대 원자핵공학과 조교·박사 후 연구원 1997~2004년 한국원자력연구원 박사 후 연구원·선임연구원·책임연구원 2004년 서울대 공과대학 원자핵공학과 부교수 2009년 同공과대학 원자핵공학과 교수(현) 2013~2017년 同공과대학 원자핵공학과장 2015년 미국 원자력학회(ANS·American Nuclear Society) Fellow(석학회원)(현) 2016년 서울대 원자력정책센터장(현) 2018년 한국공학한림원 회원(재료자원공학·현) (상)두산원자력기술상(2010), 신양공학학술상(2010), 서울공대 우수강의 교수상(2010), 서울대 글로벌창의 융합연구자상(2013) (종)기독교

주 현(朱 炫) Ju, Hyeon

(생)1961·5·2 (본)신안(新安) (출)서울 (주)세종특별자치시 시청대로 370 산업연구원 중소벤처기업연구본부(044-287-3202) (학)1980년 환일고졸 1984년 서울대 경제학과졸 1991년 同대학원 경제학과졸 2006년 경제학박사(서울대) (경)1985년 산업연구원 연구원·부연구위원·연구위원·선임연구위원 1991~1992년 영국 케임브리지대 'Faculty of Economics and Politics' Visiting Scholar 1999~2017년 중소기업청 자체규제심사위원회 위원 2002~2003년 미국 캘리포니아대 버클리교 Visiting Scholar 2006~2013년 산업연구원 중소벤처기업연구실장 2008~2017년 국민연금공단 대체투자위원회 위원 2009~2017년 한국동북아경제학회 이사 2009~2017년 공정거래위원회 하도급정책자문단 위원 2009~2017년 대한상공회의소 중견기업위원회 자문위원 2010~2017년 중소기업옴부즈만 자문위원 2011~2017년 동반성장위원회 동반성장지수실무위원회 위원 2011~2017년 보건복지부 국민연금기금투자정책전문위원회 위원 2013~2014년 산업연구원 산업경제연구실장 2014~2017년 통계청 통계자료제공심의회 심의위원 2015~2017년 한국산업조직학회 감사 2015~2017년 한국중소기업학회 부회장 2016~2017년 산업연구원 부원장 2017~2019년 대통령정책실 경제수석비서관실 중소기업비서관 2018~2019년 同일자리수석비서관실 중소벤처비서관 2019년 산업연구원 중소벤처기업연구본부 선임연구위원(현) (상)상공자원부장관표창(1994), 대통령표창(2010), 국가경쟁력강화위원장표창(2012) (저)'한국 제조업의 에너지이용 효율성 분석'(1991, 산업연구원) '벤처기업의 발전전략(共)'(2000, 산업연구원) '공공기관의 중소기업제품 구매제도 개선방안(共)'(2001, 중소기업특별위원회·산업연구원) '지방 벤처기업 활성화 방안(共)'(2001, 산업연구원) '현단계 벤처기업 육성정책의 과제(共)'(2002, 산업연구원) '대·중소기업 양극화의 현황과 정책과제(共)'(2006, 산업연구원) '중소기업 관점에서 본 규제영향분석제도의 실효성 검토(共)'(2008, 산업연구원) '주요 중소기업 지원제도 개선방안(共)'(2008, 산업연구원) '판로 확충을 통한 중소기업 경쟁력 강화방안(共)'(2009, 산업연구원) '자영업 비중의 적정성 분석 및 정책과제 연구(共)'(2010, 소상공인진흥원·산업연구원) '대·중소기업 동반성장을 위한 정책과제(共)'(2011, 산업연구원) '성과공유제 실태분석 및 확산방안(共)'(2012, 산업연구원) '아세안의 중소기업 현황 및 정책(共)'(2013, 산업연구원) '개인기업의 실태 및 정책과제(共)'(2013, 산업연구원) '산업의 글로벌화와 경쟁정책(共)'(2014, 산업연구원) '제조업의 메가트렌드와 정책과제(共)'(2015, 산업연구원) '글로벌 금융위기 이후 선진국의 산업정책 연구(共)'(2015, 산업연구원) (종)기독교

주현종(周眩鍾) JOO Hyun Jong

(생)1964·6·7 (본)초계(草溪) (출)충북 옥천 (주)세종특별자치시 도움6로 11 국토교통부 혁신도시발전추진단(044-201-4452) (학)1983년 대전 대신고졸 1988년 고려대 법학과졸 (경)1990년 행정고시 합격(34회) 2002년 건설교통부 기획관리실 기획담당관실 서기관 2002년 同수송정책실 국제항공과 서기관, 同육상교통국 도시철도과 서기관 2005년 同투자심사팀장 2006년 同예산총괄팀장 2008년 국토해양부 자동차정책과장 2009년 同해양정책국 해양개발과장 2009년 同해양정책국 해양영토개발과장 2010년 同주택토지실 국토정보정책과장 2011년 同주택토지실 국토정보정책과장(부이사관) 2012년 同기업복합도시과장 2013년 국토교통부 동서남해안및내륙권발전기획단 기획관 2013년 同기획조정실 정책기획관(고위공무원) 2015년 국방대 안보과정 교육파견 2016년 국토교통부 물류정책관 2017년 同항공정책관 2018년 교육 파견(고위공무원) 2018년 원주지방국토관리청장 2019년 국토교통부 혁신도시발전추진단 부단장(현) (상)근정포장(2007)

주형철(朱亨喆) Joo, Hyungchul

(생)1965·1·7 (출)대전 (주)서울특별시 종로구 청와대로 1 대통령 경제보좌관실(02-770-0011) (학)1983년 대전 대신고졸 1989년 서울대 컴퓨터공학과졸 2003년 미국 매사추세츠공과대(MIT) 대학원 경영학과졸(MBA) (경)1997년 SK텔레콤 경쟁력강화특별대책위원회 통화품질TFT 근무 1998년 同기획조정실 전략기획팀 근무 1999년 同구조조정추진본부 사업구조조정TFT 근무 2001년 同무선인터넷전략본부 무선인터넷사업추진팀 근무 2003년 同경영전략실 사업개발팀장 2004년 同신규사업추진본부 Convergence팀장 2005년 同U-Biz추진본부장 2006년 同U-Biz개발실장(상무), SK C&C 기획본부장 2008년 SK(주) 정보통신담당 상무 2008년 SK커뮤니케이션즈 최고운영책임자(COO) 2008년 同대표이사(CEO) 2009년 (사)한국인터넷자율정책기구(KISO) 의장 2010년 同이사 2012년 NHN NEXT 부학장 겸 교수 2015~2018년 서울산업진흥원 대표이사 2017년 대통령소속 4차산업혁명위원회 위원 2018~2019년 한국벤처투자 대표이사 사장 2019년 대통령 경제보좌관(차관급) 겸 국민경제자문회의 간사위원(현) 2019년 대통령직속 정책기획위원회 산하 신남방정책특별위원회 위원장(현)

주호영(朱豪英) JOO Ho Young

(생)1960·12·10 (본)신안(新安) (출)경북 울진 (주)서울특별시 영등포구 의사당대로 1 국회 의원회관 514호(02-784-2055) (학)1978년 대구 능인고졸 1982년 영남대 법학과졸 1985년 同대학원 법학과졸 1997년 법학박사(영남대) (경)1982년 사법시험 합격(24회) 1984년 사법연수원 수료(14기) 1985년 사단 보통군법회의 검찰관 1988년 대구지법 판사 1992년 同김천지원 판사 1995년 미국 듀크대 Law School Visiting Scholar(법관 해외연수) 1995년 대구지법 판사 1996년 대구고법 판사 1997년 대구지법 영덕지원장 1999년 수원지법 성남지원 판사 2000년 대구지법 상주지원장 2002~2003년 同부장판사 2003년 변호사 개업 2003년 경북도 행정심판위원 2003년 대구지방변호사회 인권위원 2004년 제17대 국회의원(대구시 수성구乙, 한나라당) 2007년 한나라당 이명박 대통령후보 비서실장 2007년 이명박 대통령당선인 대변인 2008년 제18대 국회의원(대구시 수성구乙, 한나라당·새누리당) 2008년 한나라당 원내수석부대표 2009~2010년 특임장관 2010~2011년 한나라당 여의도연구소장 2011년 同인재영입위원장 2012년 제19대 국회의원(대구시 수성구乙, 새누리당·무소속) 2012~2014년 새누리당 대구시당 위원장 2012년 국회 문화체육관광방송통신위원회 위원 2013년 국회 교육문화체육관광위원회 위원 2013~2014년 국회 정치개혁특별위원회 위원장 2014~2015년 새누리당 정책위원회 의장 2014년 同비상대책위원회 위원 2014년 국회 국방위원회 위원 2014년 대통령직속 통일준비위원회 위원 2014년 새누리당 방산비리TF팀장 2015년 국회 공무원연금개혁특별위원회 위원장 2015년 대통령 정무특별보좌관 2015년 국회 정보위원회 위원장 2016년 제20대 국회의원(대구시 수성구乙, 무소속·새누리당〈2016.6〉·바른정당〈2017.1〉·자유한국당〈2017.11〉)(현) 2016~2018년 국회 국토교통위원회 위원 2016년 새누리당 대구시수성구乙당원협의회 조직위원장 2016년 국회 운영위원회 위원 2017년 바른정당 원내대표 2017년 同대구시당 위원장 2017년 同대표최고위원 권한대행 2017년 同제19대 유승민 대통령후보 중앙선거대책위원회 공동위원장 2017년 국회 정보위원회 간사 2017년 바른정당 민생특별위원회20 장애인특별위원장 2017년 자유한국당 대구수성구乙당원협의회 운영위원장(현) 2018년 국회 정무위원회 위원(현) 2019년 자유한국당 사법개혁특별위원회 고문(현) (상)자유경제원 자유경제입법상(2014) (종)불교

주홍민(朱弘珉)

(생)1972 · 6 · 20 (주)서울특별시 종로구 세종대로 209 금융정보분석원 제도운영과(02-2100-1884) (학)전남대사대부고졸 1995년 서울대 경제학과졸 2013년 미국 보스턴대 대학원 법학과졸 (경)1999년 행정고시 합격(43회) 2002년 재정경제부 국고국 · 금융정책국 · 경제협력국 근무 2008년 금융위원회 금융서비스국 · 자본시장국 근무 2014년 同자본시장조사단 서기관 2014년 미래창조과학부 우정사업본부 예금사업과장 2017년 금융위원회 금융현장지원단 현장지원팀장(과장급) 2017년 同전자금융과장 2019년 금융정보분석원(FIU) 제도운영과장(현)

주효종(周曉鍾) JU HYO JONG

(생)1967 · 1 · 9 (출)충북 옥천 (주)대전광역시 서구 한밭대로 809 사학연금회관 대전지방국세청 조사1국(042-615-2702) (학)청주운호고졸, 세무대학졸(5기) (경)8급 세무공무원 특채 1987년 서울 개포세무서 법인세과 근무 1997년 서울지방국세청 조사1국 근무 2000년 서울 종로세무서 세원관리2과 근무 2003년 국세청 국세상담센터 서면2팀 근무 2005년 서울지방국세청 조사2국 근무 2007년 국세청 기획재정담당관실 근무 2010년 서울지방국세청 국제조사1과 조사팀장 2011년 국세청 원천세과 원천3계장 2013년 同기획재정담당관실 예산계장 2015년 同기획재정담당관실 예산1계장(서기관) 2016년 서대전세무서장 2018년 대전지방국세청 성실납세지원국장 2019년 同조사1국장(현)

지갑종(池甲鍾) CHI Kap Chong (松泉)

(생)1927·2·10 (본)충주(忠州) (출)광주 (주)서울특별시 중구 소공로 70 중앙우체국 사서함936 유엔한국참전국협회(02-785-4088) (학)1945년 개성 송도고졸 1952년 연희대 상과졸 (경)1946년 미국 군정청 통위부 문관 1951년 영국 로이타통신 종군기자 1952년 국제신보 기자 1953년 세계통신 기자 1955년 연합신문 정치부 차장 1962년 유엔참전국 연락본부장 1970년 한국전쟁기념관건립추진위원회 위원장 1971년 한·벨기에협회 이사 1976년 6.25참전국제향군연맹 특별고문 1977년 유엔한국참전국협회 회장(현) 1981년 제11대 국회의원(전국구, 민주정의당) 1981년 민주정의당(민정당) 홍보선전분과위원장·국제분과위원장 1985년 제12대 국회의원(전국구, 민정당) 1985년 민정당 중앙위원회 국제분과위원장·국책연구소 부소장 2002~2013년 항공우주박물관 관장 (상)국민훈장 석류장, 필리핀 1등공로훈장, 수교훈장 흥인장, 룩셈부르크 코맨더훈장, 벨기에 코맨더왕관훈장, 미국 육군공로훈장, 남아프리카공화국 굿호프훈장, 대영제국 O.B.E.훈장, 호주 AM훈장, 캐나다 무공훈장, 뉴질랜드 공로훈장, 국민훈장 무궁화장(2014)

지건길(池健吉) JI Gon-gil (丘嵓)

(생)1943·6·29 (본)충주(忠州) (출)광주 (주)서울특별시 중구 세종대로 17 국외소재문화재재단 이사장실(02-6902-0700) (학)1961년 광주고졸 1966년 서울대 고고인류학과졸 1978년 同대학원 고고학전공 수료 1981년 역사학박사(프랑스 렌대) (경)1968년 예편(육군 중위) 1968~1977년 문화재연구소 학예연구사·학예연구관 1977년 국립부여박물관장 1979년 국립중앙박물관 고고부 학예연구관 1981년 국립민속박물관장 1983년 국립중앙박물관 고고부장 1989년 국립광주박물관장 1993년 국립경주박물관장 1997년 국립중앙박물관 학예연구실장 1998년 駐프랑스 한국문화원장 2000~2003년 국립중앙박물관장 2001~2009년 문화재청 문화재위원회 매장문화재분과 위원 2004년 동아대 인문과학대학 고고미술사학과 초빙교수 2009~2013년 문화재위원회 부위원장 겸 매장문화재분과위원장 2012~2014년 아시아문화중심도시조성위원회 위원장 2015년 영월국제박물관포럼조직위원회 공동위원장 2016년 국외소재문화재재단 이사장(현) (상)근정포장(1982), 황조근정훈장(2003), 자랑스런 박물관인상 원로부문(2010) (저)'천마총(共)'(1974) '동·서양 거석문화 비교연구(佛文)'(1981) '고고학과 박물관 그리고 나'(2011) '한반도의 고인돌사회와 고분문화'(2014) '한국고고학 백년사'(2016) (종)천주교

지 광(智 光)

(생)1951·5·23 (출)강원 원주 (주)서울특별시 강남구 양재대로 340 능인선원(02-577-5800) (학)서울고졸 2002년 한국방송통신대 영어영문학과졸, 서울대 대학원 종교학과졸, 동국대 불교대학원 선학과졸 2009년 철학박사(서울대) (경)한국일보·코리아타임스 기자 1980년 반정부 및 민주화운동으로 강제 해직·입산 출가, 지리산·덕유산 등 선방 및 토굴에서 수행 1984년 사회복지법인 능인선원 개원·원장(현) 1988년 사회복지법인 능인종합사회복지관 설립, (재)능인불교선양원 개원·이사장, 학교법인 한국불교대학원 설립·이사장, 대한불교조계종 제12대 중앙종회 의원, 동국대 불교대학원 겸임교수 2005년 민주화 유공자로 인정 2006년 국제신문 대표이사 사장 2006년 同회장 2008년 同대표이사 회장 2014년 능인불교대학원대 설립·총장(현) (상)대한불교조계종 포교대상(1999), 대한불교조계종 사회복지단체대상(2003) (저)'구도자의 노래'(1990) '내일의 문은 기도로 열린다'(1990) '영원을 향하여 열반을 향하여'(1991) '크게 버린 자 크게 얻는다'(1991) '자네와 나는 둘이 아니라네'(1993) '괴로움도 즐거움도 본래 하나라네'(1994) '영원한 광명의 삶'(2000) '별과 나 그리고 부처님'(2000) '사바를 밝히는 유마의 광명'(2000) '쑥뜸과 대우주의 道'(2001) '저 짙푸른 창공과 나는 하나라네'(2002) '영원을 걷는 새벽의 영웅들'(2003) '새벽바다에 새 돛을 띄운다'(2004) '정진'(2007) (종)불교

지광철(池光澈) Kwangchul Ji

[생]1968·3·22 [본]충주(忠州) [출]전북 남원 [주]세종특별자치시 갈매로 477 기획재정부 통상조정과(044-215-7650) [학]1987년 전주 해성고졸 1995년 서울대 외교학과졸 2002년 한국방송통신대 법학과졸 2005년 미국 펜실베이니아대 로스쿨 법학과졸(석사) 2011년 고려대 법과대학원 법학 박사과정 수료 [경]1998년 행정고시 합격(42회) 1999년 공정거래위원회 약관심사과 행정사무관 2000년 同심판관리담당관실 행정사무관 2001년 同기업결합과·국제기구과 행정사무관 2002~2004년 부패방지위원회 홍보협력국 대외협력과·정책기획실 제도1담당관실 행정사무관 2006년 국가청렴위원회 정책기획실 총괄정책과 서기관 2008년 헌법재판소 기획조정실 국제협력과장 2009년 G20정상회의준비위원회 국제금융시스템개혁국 총괄서기관 2010년 기획재정부 G20기획조정단 거시총괄과 총괄(주무서기관) 2012년 同대외경제국 국제개발정책팀장 2014년 세계은행(World Bank) 대외협력관(Liaison Officer) 2017년 기획재정부 국제금융협력국 녹색기후기획과장 2017년 同개발금융국 녹색기후기획과장 2018년 同통상조정과장(현)

지광훈(智光薰) CHI Kwang Hoon

[생]1948·1·17 [본]봉산(鳳山) [출]서울 [주]서울특별시 성북구 안암로 145 고려대학교 생명과학대학 환경생태공학부(02-3290-1114) [학]1968년 보성고졸 1976년 고려대 지질학과졸 1984년 일본 千葉大 대학원졸 1993년 공학박사(일본 千葉大) [경]1980~1982년 일본 千葉大 원격탐사연구센터 연구원 1996~2000년 충남대 겸임교수 1997년 韓·NASA ICG위원 1997년 한국자원연구소 정보전산실장 1998~1999년 同기술정보부장·지구환경연구부장 1999년 대한원격탐사학회 부회장 2000년 한국지질자원연구원 국가지질자원정보센터장, 同지질기반정보연구부 지질자원정보센터 책임연구원 2000년 우주개발전문위원회 위성활용소위원회 위원 2001년 대한원격탐사학회 수석부회장 2003~2005년 同회장 2003~2010년 과학기술연합대학원 지리정보시스템공학과 책임교수 2004~2005년 한국GIS전문가협회 부회장 2005년 대한원격탐사학회 명예회장 2005년 同고문·명예회원(현) 2008~2013년 과학기술연합대학원대 초빙교수 2008~2009년 한국지질자원연구원 국토지질연구본부 지질정보연구실 책임연구원 2008~2010년 대한광업진흥공사 비상임이사 2009~2011년 한일산업기술협력재단 전무이사 2009~2011년 한일경제협회 전무이사 겸임 2011~2012년 한국생산기술연구원 고문 2012년 공주대 인문사회과학대학 지리학과 객원교수 2012년 고려대 생명과학대학 환경생태공학부 연구교수(현) [상]과학기술훈장 진보장(2004) [저]'위성에서 본 한국의 지형'(2007) '위성에서 본 한국의 하천지형'(2008) '위성에서 본 한국의 해안지형'(2008) '위성에서 본 한국의 산지지형'(2009) [종]천주교

지귀연(池貴然) JEE Kui Youn

[생]1974·11·12 [본]충주(忠州) [출]서울 [주]부산광역시 해운대구 재반로112번길20 부산지방법원 동부지원(051-780-1114) [학]1993년 개포고졸 1998년 서울대 사법학과졸 [경]1999년 사법시험 합격(41회) 2002년 사법연수원 수료(31기) 2002년 공군 법무관 2005년 인천지법 판사 2007년 서울가정법원 판사 2009년 광주지법 장흥지원 판사 2013년 수원지법 판사 2015년 대법원 재판연구관 2018년 부산지법 동부지원 부장판사(현) [저]'형법총론(共)'(1999) [종]기독교

지규택(池奎澤) JI KYU-TAEK

[생]1969·3·8 [출]충북 제천 [주]세종특별자치시 갈매로 477 기획재정부 감사관실(044-215-2208) [학]1987년 제천고졸 1991년 연세대 행정학과졸 1998년 영국 애버딘대 대학원 정치·국제관계학과졸 [경]2002년 기획예산처 정부개혁실 행정1팀 서기관 2003년 同기금정책국 행정기금과 계장 2004년 노사정위원회 운영과장 2006년 기획예산처 재정총괄심의관실 재정운용협력과장 2007년 同산업재정기획단실 과학환경재정과장 2008년 기획재정부 재정정책국 재정분석과장 2009년 同대외경제국 국제경제과장 2010년 同대외경제국 국제경제과장(부이사관) 2010년 駐UAE 경제참사관 2014년 통일교육원 교육파견(부이사관) 2015년 기획재정부 기획조정실 정책기획관 2015~2017년 2018평창동계올림픽조직위원회 재정국장(파견) 2017년 국방대 교육파견 2018년 기획재정부 감사관(현) [저]'사막 위에 세운 미래, 아랍에미리트 이야기(共)'(2014, 삼성경제연구소)

지기룡(池氣龍) CHEE Ki Ryong

[생]1964·5·1 [주]서울특별시 서초구 서초중앙로 148 희성빌딩 8층 법무법인 해마루(02-536-5437) [학]1982년 광주 동신고졸 1986년 고려대 법학과졸 [경]1988년 사법시험 합격(30회) 1991년 사법연수원 수료(20기) 1991~1994년 軍법무관 2000년 감사원 1국 1과 부감사관, 중화합동법률사무소 변호사 2004~2017년 법무법인 해마루 구성원변호사 2006년 군의문사진상규명위원회 비상임위원 2007년 한국조폐공사 비상임이사 2013~2015년 한국보육진흥원 비상임감사 2017년 법무법인 해마루 대표변호사(현) 2018년 환경운동연합 사업감사(현) 2018년 한국환경정책·평가연구원 감사(현)

지대범(池大範) Ji Dae Bum

[생]1960 [출]부산 [주]서울특별시 마포구 성암로 301 한국지역정보개발원(KLID) 원장실(02-2031-9100) [학]동인고졸, 부산대 계산통계학과졸, 연세대 공학경영학석사 [경]삼성전자(주) 입사, 삼성SDS(주) 정보전략실 근무, 同통합서비스총괄 상무, 삼성증권 최고정보화책임자(CIO)(상무) 2015~2017년 사회보장정보원 정보이사, 호서대 디지털기술경영학과 초빙교수 2018년 한국지역정보개발원(KLID) 원장(현) [상]대통령표창(2003)

지대섭(池大燮) CHI Dae Sup (平立)

[생]1943·10·27 [본]충주(忠州) [출]광주 [주]서울특별시 영등포구 여의나루로 67 (주)썬앤트리자산운용 임원실(02-2183-0470) [학]1961년 광주제일고졸 1965년 한양대 기계공학과졸 1989년 연세대 행정대학원 최고정책과정 수료 1997년 고려대 언론대학원 최고위언론과정 수료 1999년 한국체육대 스포츠최고경영자과정 수료 [경]1977~1996년 청호컴퓨터(주) 회장 1985년 월간 '컴퓨터월드' 발행인 1990년 민주평통 자문위원 1990~1995년 민자당 광주北甲지구당 위원장 1996년 자민련 광주·전남지부장 1996~2000년 제15대 국회의원(전국구, 자민련) 1996년 한·일의원연맹 상임간사 1996년 자민련 당무위원 1996년 대한속기협회 회장 1998년 대한트라이애슬런경기연맹 회장 1998년 대통령직인수위원회 위원 2000~2010년 (주)청호컴넷 회장 2003년 광주정치경제연구소 소장 2003년 (사)한·중친선협회 부회장 2005년 민주당 재정위원장 2006~2012년 (주)광림 비상근회장 2008년 녹원목장 설립 2013~2015년 서울마주협회 회장 2016년 국민의당 창당발기인 2016년 (주)썬앤트리자산운용 대표(현) [역]'하이테크 경영' [종]불교

지대운(池大雲) JI Dae Woon

[생]1958·2·25 [출]강원 고성 [주]경기도 부천시 상일로129 인천지방법원 부천지원(032-320-1213) [학]1976년 서울 경동고졸 1980년 고려대 법과대학졸 1982년 同대학원졸 [경]1980년 사법시험 합격(22회) 1983년 사법연수원 수료(13기) 1986년 서울지법 북부지원 판사 1989년 서울민사지법 판사 1990년 춘천지법 판사 1992년 서울지법 동부지원 판사 1994년 서울고법 판사 1996년 대법원 재판연구관 1998년 춘천지법 속초지원장 2000년 사법연수원 교수 2003~2005년 서울중앙지법 부장판사 2003년 법원행정처 건설국장 2005년 부산고법 부장판사 2006년 사

법연수원 수석교수 2006년 서울고법 부장판사 2010년 서울중앙지법 파산수석부장판사 2012년 광주지법원장 2012년 광주가정법원장 2012년 광주시 선거관리위원장 2013년 인천지법원장 2013년 인천시 선거관리위원장 2014년 서울고법 부장판사 2016년 대전고법원장 2018년 인천지법 부천지원 · 인천가정법원 부천지원 부장판사(현)

지대윤(池大潤) Dae Yoon Chi

(생)1955·8·13 (출)부산 (주)서울특별시 마포구 백범로 35 서강대학교 자연과학대학 화학과(02-715-2430) (학)1977년 서강대 화학과졸 1979년 한국과학기술원(KAIST) 화학과졸(석사) 1986년 이학박사(미국 일리노이주립대) (경)1979~1982년 한국과학기술연구원 고분자화학연구부 촉매화학연구실 연구원 1986년 미국 Berkeley대 박사 후 과정 1988~1992년 한국과학기술원(KAIST) 응용과학연구부 선임연구원 1994~1995년 삼성의료원 핵의학과 Staff 1995년 인하대 화학과 부교수 1999년 (주)퓨쳐켐 설립·대표이사(현) 2000년 인하대 화학과 교수 2001년 서울대 핵의학과 초빙교수 2009년 서강대 화학과 교수(현) 2009년 교육과학기술부 지정 첨단의료기기사업본부장 (상)장세희 학술상(2002), 2015 KAIST 자랑스런 동문상(2016) (저)'핵의학 입문' (종)기독교

지 덕(池 德) CHI Duke

(생)1934·5·10 (본)충주(忠州) (출)대구 (주)서울특별시 종로구 김상옥로 30 한국기독교총연합회(02-741-2782) (학)1958년 수산대 어로학과 재학중 침례신학대 편입 1978년 침례신학대 대학원졸 1983년 목회학박사(미국 캘리포니아대) 1993년 교육학박사(미국 루이지애나뱁티스트대) (경)1975년 기독교한국침례회 총회장, 침례신학대 이사장, 한국기독교부흥협의회 회장(14대) 1980~1990년 세계복음화중앙협의회 회장 1987년 수도침례신학대 학장 1991년 同대학원 명예원장 1993년 한국기독교총연합회 대표회장 1998~2000년 同대표회장 1998년 同증경대표회장(현), 7개종단협의회 대표의장 1999~2000년 한국종교지도자협의회 회장 1999년 민주평통 특별자문위원 2001년 2002한·일월드컵조직위원회 조직위원 2003년 왈레스기념침례병원 이사장 2007~2012년 뉴라이트기독교연합회 상임대표회장 2009년 기독교한국침례회포럼 이사장, (사)박정희대통령기념관 설립법인이사 2016년 침례회미래포럼 이사장(현) (상)정무장관표창, 국민훈장 모란장, 문화관광부장관표창 (저)'새부흥의 불길'(1985) '지도자와 트러스트'(1999) (종)기독교

지동섭(池東燮) JEE Dong Seob

(생)1963 · 7 · 7 (본)충주(忠州) (출)경기 이천 (주)서울특별시 종로구 종로 26 SK루브리컨츠(주) 사장실(02-2121-6114) (학)1982년 경남고졸 1987년 서울대 물리학과졸 1990년 同대학원 경제학과졸 (경)1990년 한국신용평가(주) 근무 1990년 SK 구조조정추진본부 근무 1994년 SK(주) 가스사업팀 근무 2000년 SK텔레콤(주) 전략기획실 기업전략팀 근무 2001년 同기획조정실 사업전략팀 근무 2002년 同경영전략실 기업전략팀장 2003년 同경영전략실 컨버전스TF장(상무) 2004년 同경영전략실장(상무) 2007년 同마케팅전략실장(전무) 2008년 同M&O기획실장(전무) 2010년 同IT사업단장 2012년 SK텔레콤(주) 미래경영실장 2013~2014년 同전략기획부문장(부사장) 2015년 SK그룹 SUPEX추구협의회 통합사무국장 2017년 SK루브리컨츠 대표이사 사장(현)

지만석(池晩碩) Ji, Man Seok

(생)1970 · 3 · 27 (본)충주(忠州) (출)전남 담양 (주)세종특별자치시 정부2청사로 13 행정안전부 재난안전관리본부 안전정책실 예방안전과(044-205-4510) (학)1988년 숭일고졸 1996년 전남대 법학과졸 2015년 호주국립대 대학원 공공정책학과졸(석사) (경)2001년 광주시 동구 행정개혁기획단 근무 2002년 同동구 도시국 교통과장 2003년 행정자치부 대구유니버시아드대회 지원단 근무 2004년 국무조정실 일반행정심의관실 근무 2005년 행정자치부 안전정책단실 안전기획팀 근무 2006~2007년 同균형발전지원본부 균형발전팀 근무 2008~2009년 행정안전부 인사실 인사정책관실 고위공무원정책과 근무 2015년 국민안전처 재난관리실 재난복구정책관실 복구총괄과 근무 2015년 同대변인실 홍보담당관 2017년 행정안전부 부대변인 겸 안전소통담당관 2018년 同재난안전관리본부 안전정책실 예방안전과장(현)

지만원(池萬元) JEE Man Won

(생)1942 · 11 · 20 (본)충주(忠州) (출)강원 횡성 (주)서울특별시 서초구 방배로27길 27 동우빌딩 503호 시스템클럽 비서실(02-595-2563) (학)1961년 한영고졸 1966년 육군사관학교졸(22기) 1975년 미국 해군대학원(NPS) 행정과학대학원졸 1980년 시스템공학박사(미국 해군대학원) (경)1971년 월남전 포대장 1972~1974년 국방부 정보본부 해외정보수집 장교 1980년 국가안전기획부 정책보좌관 1981~1987년 국방연구원 책임연구위원 1987년 예편(육군 대령) 1987~1989년 미국 해군대학원 부교수 1990년 사회발전시스템연구소 소장(군사평론가) 1998~1999년 서울시 시정개혁위원 1998~1999년 국가안보정책연구소 자문위원 2003년 시민단체 '국민의 함성' 대표 2007~2008년 시스템미래당 대표, 시스템클럽 대표(현) (상)인헌무공훈장(1971) (저)'신바람이냐 시스템이냐'(1993) 'One Korea?(共)'(1994) '북한의 핵을 읽어라'(1994) '문민IQ'(1994) '싱크로 경영'(1994) '통일의 지름길은 영구분단이야'(1996) '추락에서 도약으로 : 시스템요법'(1997) '뚝섬하늘에서 사라진 무지개' '흔들리는 황혼'(1998) '국가개조 35제'(1998) '시스템을 통한 미래경영'(1998) '햇볕정책의 허실'(1999) '둥지 잃은 어미새'(1999) '북한을 영구분단시키자'(1999) '한국호의 침몰'(2000) '수사기록으로 본 12.12와 5.18'(2008) '뚝섬무지개'(2009) '시스템경영'(2009) '솔로몬 앞에 선 5.18'(2010) '5.18분석 최종보고서'(2014)

지만호(池萬浩) JI Man Ho (鏡湖)

(생)1946·9·20 (본)충주(忠州) (출)경남 거제 (주)서울특별시 중구 장충단로 84 민주평화통일자문회의(02-2250-2300) (학)1981년 미국 노드럽대 경영학과 수료 1993년 명예 경영학박사(미국 코넬대) 1994년 동국대 행정대학원 수료 (경)미국 칼슨시티 명예시민·행운의 열쇠 수여 1981년 도서출판 한국문예사 대표 1990년 월간 '한방과 건강' 발행인·편집인 1994년 주간 '매일건강신문' 발행인·편집인 1994년 중국 장춘중의학원 객좌교수 1995년 중국 연변대의학원 객좌교수 1995년 통합민주당 거제지구당 위원장 겸 보건복지특별위원장 1996년 제15대 국회의원선거 출마 1997년 한나라당 거제지구당 공동위원장 1998년 동국대총동문회 부회장 2000년 제16대 국회의원선거 출마(전국구, 민국당) 2000년 아리랑TV 중국담당 고문 2000년 국회 노인복지정책연구회 자문위원 2001년 포탈사이트 '한방 114' 대표 2005년 한나라당 정책위원회 부위원장 2007년 민족전통인술세계화운동본부 사무총장 2008년 한나라당 제17대 대통령중앙선거대책위원회 원내대책회의 부위원장, 同제17대 대통령선거 이명박후보 정책특별보좌관, 동국대총동문회 상임이사, 同지도위원(현) 2009~2018년 시사경제지 '오늘의한국' 공동발행인·회장, 민주동지회 운영위원(현), 민주평통 상임위원, 한국하모니카교육협회 이사장, 수필가(현), 칼럼니스트(현), 在京거제시향인회 회장 2015년 주식회사 삼오기업 회장(현) 2016년 세상만사포럼 대표(현) 2017년 더불어민주당 제19대 문재인 대통령후보 중앙선거대책위원회 국민화합과화해특별위원장 2017년 민주평통 자문위원(현) 2017년 59열린 동지회 회장(현) 2018년 시사경제지 '오늘의한국' 명예회장(현) 2019년 민주평통 상임위원(현) (상)내무부장관표창(1981), 문화관광부장관표창(2000), 아시아태평양출판협회 최우수도서부문 금상, 국민훈장 동백장(2014) (저)'건강을 빌려드립니다'(1994) '건강정보1'(1996) '신경정신병 상,하'(1997) (작)한중영동양의학 상용 대 사전 발간(세계최초)

지병근(池丙根) Ji Byeong Geun
(생)1962 · 1 · 23 (본)충주(忠州) (출)대구 (주)서울특별시 영등포구 국제금융로2길 24 SK증권 WM추진본부(02-3773-8074) (학)경북대 무역학과졸 (경)1989년 SK증권 입사 2004~2007년 同구서지점장 2005년 同부장 2007년 同대구서지점장 2010년 同성서지점장 2014년 同대구지점장 2014년 同WM추진본부장 직대 2016년 同WM추진본부장(상무) 2019년 同WM추진본부장(현)

지병목(池炳穆) JI, Byong Mok
(생)1962 · 8 · 7 (본)충주(忠州) (출)경기 하남 (주)서울특별시 종로구 효자로 12 국립고궁박물관(02-3701-7500) (학)1981년 서울 영동고졸 1985년 성균관대 사학과졸 1987년 同대학원 사학과졸 1996년 문학박사(프랑스 파리제7대) (경)2005년 국립창원문화재연구소장 2006년 문화재청 발굴조사과장 2007년 국립경주문화재연구소장 2010년 국립부여문화재연구소장 2011년 국립문화재연구소 연구기획과장 2013년 국립고궁박물관 유물과학과장 2014년 국립문화재연구소 고고연구실장 2016년 국립나주문화재연구소장 2018년 국립고궁박물관장(현) (상)홍조근정훈장(2019) (저)'고구려연구(共)'(1999)

지병문(池秉文) Jee Byung Moon
(생)1953 · 10 · 14 (본)충주(忠州) (출)전남 영광 (주)대구광역시 동구 혁신대로 345 한국사학진흥재단 이사장실(053-770-2500) (학)1971년 광주제일고졸 1977년 전남대 경제학과졸 1985년 同대학원 정치학과졸 1988년 정치학박사(미국 뉴욕주립대 스토니브룩교) (경)1982~1995년 전남대 정치외교학과 전임강사 · 조교수 · 부교수 1989~1992년 同정치외교학과장 1991년 일본 쓰쿠바대 객원교수 1992년 전남대 행정대학원 부원장 1994년 미국 뉴욕주립대 교환교수 1995~2017년 전남대 정치외교학과 교수 1996년 대통령자문 정책기획위원회 위원 1996~2000년 전남대 아시아태평양지역연구소장 1997년 한국지방자치학회 부회장 1998년 한국정치학회 상임이사 1999~2004년 광주전남개혁연대 공동대표 2000~2002년 전남대 정치외교학과장 2000년 한국정치학회 연구이사 2000년 대통령자문 정부혁신추진실무위원회 위원 2001년 한국정치학회 이사 2002년 同부회장 2002년 호남정치학회 회장 2003년 정치개혁연대 상임공동대표 2003년 미국 뉴욕주립대 객원연구원 2004년 한국국제정치학회 부회장 2004~2008년 제17대 국회의원(광주南, 열린우리당 · 대통합민주신당 · 통합민주당) 2005~2006년 열린우리당 제6정책조정위원장 2007년 대통합민주신당 원내부대표 2007년 同국민경선관리위원회 집행위원장 2012~2016년 전남대 총장 2014~2015년 한국대학교육협의회 부회장 2014 · 2015년 전국국공립대학교총장협의회 회장 2014년 대통령직속 통일준비위원회 통일교육자문단 자문위원 2014년 교육부 지방대학 및 지역균형인재육성지원위원회 위원 2015~2016년 한국대학교육협의회 이사 2018년 광주은행 사외이사 2018년 한국사학진흥재단 이사장(현) (상)캄보디아 총리 훈장(2016) (저)'한국지방자치의 이해'(1992) '지역사회와 사회의식(共)'(1994) '현대한국정치의 전개와 동학(共)'(1997) '현대 한국정치의 새로운 인식(共)'(2001) '국회 그리고 한국의 정치'(2009, 도서출판 오름)

지상근(池相根) JEE, Sang-Keun (石天)
(생)1961 · 3 · 24 (본)충주(忠州) (출)경북 문경 (주)경상북도 구미시 비산로 33 지상뉴메틱(주) 임원실(054-463-2090) (학)문경공고졸, 경일대 기계공학과졸 1996년 금오공과대 대학원 기계공학과졸 2014년 의공학박사(영남대) (경)대우조선해양(주) 입사 1993년 지상뉴메틱(주) 설립 · 대표이사(현), 영진전문대학 겸임교수, 국가기술자격검정시험문제 출제위원 · 검토위원, 기능경기대회 심사위원 · 심사장, 중소기업청 CEO 초빙교수 2015~2017년 (사)구미중소기업협의회 회장 2017년 대구지방법원 김천지원 구미시법원 민사조정위원(현) 2018년 구미시 선거관리위원회 위원(현) 2018년 경상북도기능경기대회 기술부위원장(현) 2019년 미국 세계인명사전 'Marquis Who's who in the World'에 등재 (상)모범중소기업상(2004), 경북도지사표창(2005), 구미시장표창, 산업인력공단 선정 생산화자동화부분 명장(2005), 철탑산업훈장(2007), 한국산업단지공단 이사장표창, 산업통상자원부장관표창 (저)'공유압기능사(共)' '공유압일반' '공압시스템의 구성과 위치제어에 관한 연구' '최적 체압분산을 위한 욕창예방 매트리스 제어시스템의 설계' (작)'생산자동화 트레이닝 키트' '메카트로닉스 트레이닝 키트' 'Rehab-Aid system'

지상목(池相睦) JEE Sang Mok
(생)1960 · 10 · 16 (출)충남 금산 (주)충청북도 청주시 서원구 산남로 3 청주지방법원 총무과(043-249-7201) (학)1978년 검정고시 합격 1988년 중앙대 법학과졸 (경)1988년 사법시험 합격(30회) 1991년 사법연수원 수료(20기) 1991년 전주지법 판사 1995년 대전지법 판사 1997년 同홍성지원 판사 1999년 인천지법 판사 2002년 서울행정법원 판사 2004년 서울고법 판사 2006년 인천지법 부장판사 2009년 서울남부지법 부장판사 2011년 서울중앙지법 부장판사 2014년 서울북부지법 부장판사 2016년 수원지법 부장판사 2019년 청주지법 부장판사(현)

지상욱(池尙昱) JI SANGWUK
(생)1965 · 5 · 16 (본)충주(忠州) (출)서울 (주)서울특별시 영등포구 의사당대로 1 국회 의원회관 420호(02-784-9640) (학)1989년 연세대 토목공학과졸 1992년 미국 스탠퍼드대 대학원 토목공학과졸 1997년 건축학박사(일본 도쿄대) 2009년 한국방송통신대 법학과 휴학 중 (경)1997~2000년 일본 도쿄대 공학계 연구과 객원연구원 1999~2003년 한국건설기술연구원 기술정책연구그룹장(선임연구원) 2003년 미국 스탠퍼드대 후버연구소 교환교수 2004~2008년 연세대 국제대학원 연구교수 2007년 무소속 이회창 대통령후보 홍보특보 2008년 자유선진당 대변인 2008~2010년 同총재 공보특보 2009~2013년 연세대 공학대학원 겸임교수 2010년 자유선진당 대변인 2010년 서울시장선거 출마(자유선진당) 2010~2011년 자유선진당 미래혁신특별위원회 분과위원장 2013~2014년 연세대 토목환경공학과 겸임교수 2013~2014년 同공과대학 사회기반시설자산관리연구센터장 2014년 (사)대한토목학회 통일비전위원장 2015년 새누리당 서울중구당원협의회 운영위원장 2016~2017년 同서울중구 · 성동구乙당원협의회 운영위원장 2016년 제20대 국회의원(서울 중구 · 성동구乙, 새누리당 · 자유한국당〈2017.2〉 · 바른정당〈2017.3〉 · 바른미래당〈2018.2〉)(현) 2016년 새누리당 대변인 2016 · 2018년 국회 정무위원회 위원(현) 2017년 바른정당 제19대 유승민 대통령후보 중앙선거대책위원회 대변인단장 2017~2018년 同민생특별위원회20가맹점갑질근절특별위원장 2017년 한 · 일의원연맹 상임간사(현) 2017년 연세대 총동문회 제29대 상임부회장(현) 2017~2018년 여야 4당(더불어민주당 · 자유한국당 · 국민의당 · 바른정당) 물관리일원화협의체 간사 2017~2018년 바른정당 정책위원회 의장 2018년 국회 헌법개정 및 정치개혁특별위원회 위원 2018년 바른미래당 정책위원회 의장 2018년 同서울중구 · 성동구乙지역위원회 위원장(현) 2018~2019년 국회 예산결산특별위원회 위원 2018년 국회 남북경제협력특별위원회 간사(현) 2019년 국회 예산결산특별위원회 간사(현) 2019년 국회 정치개혁특별위원회 위원(현) 2019년 바른미래당 원내부대표(현) 2019년 국회 예산결산특별위원회 일본무역분쟁대응소위원회 위원장(현) (상)국무총리표창(2003), 한국을 빛낸 사람들 대상 '국회토목환경혁신공로대상'(2017) (저)'굿소사이어티'(2011, 예지) (종)기독교

지상학(池相學) Ji sang hak

(생)1949·7·9 (본)충주(忠州) (출)충북 충주 (주)서울특별시 양천구 목동서로 225 대한민국예술인센터 10층 한국영화인총연합회(02-2655-3077) (학)1970년 서울대 응용미술학과 수료 (경)1975년 동아일보 신춘문예 시나리오부문에 '광화문'으로 당선, 영화진흥위원회·서울신문·문화일보·국방부 등 시나리오 공모 심사위원장, KBS TV극본 공모 심사위원, 대종상·춘사영화예술상 등 심사위원장, 한국방송대상 심사위원, 영상작가교육원·방송작가교육원·MBC아카데미 등 후진 양성, 영상작가그룹 '창작시대' 대표 2002~2004년 추계예술대 영상문예대학원 겸임교수 2008년 한국영화인협회 이사 2008~2015년 (사)한국시나리오작가협회 이사장 겸 영상작가교육원장 2016년 (사)한국영화인총연합회 회장(현) (상)백상예술대상 시나리오상(1983), 대종상영화제 각색상(1986), 대종상영화제 각본상(1996), 올해의 예술가상 문학부문(2011), 자랑스러운 영화인(2012), 서울시 문화상(2012) (저)'지상학시나리오선집' '지상학에니메이션시나리오선집' '지상학TV특집극선집' '소설 비가비' 등 (작)영화 '로보트태권V-시리즈'(1975·1976·1977) '죽음보다 깊은 잠'(1979) '밤의 찬가'(1979) '우산 속의 세 여자'(1980) '세번은 짧게 세번은 길게'(1981), TV드라마 MBC '암행어사'(1981) '자녀목'(1984) '우리들의 신부'(1987) '남태평양 3000마일'(1987) '한힌샘 주시경'(1987) '칠수와 만수'(1988), KBS2 '꽃 피는 둥지'(1989) '숲은 잠들지 않는다'(1989) '사랑은 구름을 비로 내리고'(1989) '지구인'(1990) '검생이의 달'(1990), SBS '은하수를 아시나요'(1991) '비가비'(1992) '청춘극장'(1993) '우리들의 넝쿨'(1995) '학생부군신위'(1996) '산부인과'(1997) '엑스트라'(1998) '그림일기'(1999) '만남'(1999) '왕초'(1999) '부엌데기'(2002) '리멤버'(2002) '골목안 사람들'(2002) '순덕이'(2003) '대한민국 헌법 제1조'(2003) '화랑전사 마루'(2006) 'JTBC 여자가 두 번 화장할 때'(2011) '막걸스'(2013) (종)기독교

지석환(智錫煥)

(생)1976·10·29 (주)경기도 수원시 팔달구 효원로 1 경기도의회(031-8008-7000) (학)한양대 생명과학과졸 (경)민주평통 자문위원(현), 더불어민주당 경기용인시甲지역위원회 청년위원장 2018년 경기도의회 의원(더불어민주당)(현) 2018년 同보건복지위원회 위원(현) 2018년 더불어민주당 전국청년지방의원협의회 광역회장(현)

지 선(知 詵) (鶴峰)

(생)1946·1·6 (본)전주(全州) (출)전남 장성 (주)전라남도 장성군 북하면 백양로 1239 고불총림 백양사(061-392-7502) (학)1965년 백양사 운문강원 사교과 수료 1968년 광주 정광고졸 1970년 백양사 승가대 대교과졸 1971년 조계종 중앙교육원 1기 수료 (경)1961년 장성 백양사에서 석산 상현스님을 은사로 득도 1964년 범어사에서 동산 대종사를 계사로 보살계 수지 1967년 범어사에서 석암 대종사를 계사로 비구계 수지 1970년 백양사 총무·교무 1972년 서옹(西翁) 대종사를 법사로 건당 1972년 영광군 불갑사 주지 1976년 대한불교조계종 종정 사서실장 1976년 同4대 중앙종회 의원 1976년 同중앙포교사 1976년 관음사 주지 1978년 대한불교조계종 비상종회 의원 1979년 광주 문빈정사 주지 1980년 대한불교조계종 제6대 중앙종회 의원 1981년 제3회 대만 세계승가대회 한국대표 1981년 한국대학생불교연합회 지도법사 1984년 무등(無等)지 발간 1984년 광주시사암연합회 회장 1985년 광주무등민족문화회 의장 1986년 불교관계악법 철폐운동공동대책위원회 상임지도위원장 및 100만인서명운동본부장 1986년 정토구현광주불교협의회 의장 1986~1988년 불교정토구현전국승가회 창립지도위원 1987년 민주헌법쟁취국민운동본부 상임공동대표 1987년 同광주·전남본부 공동의장 1987년 故박종철·이한열열사민주국민장 공동대표 1988년 민족자주·통일불교운동협의회 의장 1988년 광주시민청년학생민족자주학교 교장 1990년 전국민족민주운동연합 공동의장 1990년 불교정토구현전국승가회 의장 1991년 조국의자주적평화통일을위한범민족대회 공동대표 1991년 민주주의민족통일전국연합 공동의장 1992년 국가보안법철폐범국민투쟁본부 상임의장 1992년 조국의평화통일을위한범민족대회 공동본부장 1992년 실천불교전국승가회 창립 및 상임지도위원 1993년 광주불교교육원 원장 1993년 민족화해와통일을위한종교인협의회 공동의장 1993년 전국불교운동연합 상임의장 1993년 쌀수입개방저지범불교도비상대책위원회 의장 1994년 우리농업지키기범국민운동본부 공동대표 1994년 참교육시민모임 공동대표 1994년 5.18진상규명과광주항쟁정신계승국민위원회 공동대표 1994년 5.18개념재단 이사 1994~1999년 대한불교조계종 백양사 주지 1994년 통일시대민주주의국민회의 공동대표 1995~2001년 실천불교전국승가회 공동의장 1998년 제2의건국범국민추진위원회 상임위원 2004년 대한불교조계종 고불총림 백양사 유나(維那) 2004년 同박물관장 2004년 同학봉수석관장 2004년 (사)실천불교승가회 이사장 2007년 6월민주항쟁기념사업회 상임이사장 2009년 (사)김대중·노무현추모공원조성위원회 이사장 2012년 대한불교조계종 고불총림 백양사 수좌 2013년 同고불총림 백양사 방장(현) 2017년 민주화운동기념사업회 이사장(현) (상)대한불교조계종 종정표창(1972·1987), 민주주의민족통일전국연합 공로패(1991), 관현민주대상(1998), 오월어머니상(2010) (저)'대중아 물이 거꾸로 흐른다'(1983, 도서출판 남풍) '여래의 깃발'(1987, 도서출판 남풍) '아름다운 그 이름 사람이어라'(1991, 도서출판 들불) '세간과 출세간'(1996, 도서출판 사회문화원) '다큐 6월항쟁'(2007, 민주화운동기념사업회) '무등(無等)'(2011, 문빈정사) '큰 무당 나와야 정치 살아난다(共)'(2012, 도서출판 알마) (작)'민족·민주 달마도' (종)불교

지성규(池聖圭) Ji, Sung Kyoo

(생)1963·11·30 (주)서울특별시 중구 을지로 66 KEB하나은행 임원실(02-2002-2027) (학)1982년 밀양고졸 1989년 연세대 경영학과졸 (경)1989년 한일은행 수송동지점 입행 1991년 하나은행 영업준비사무국 입행 1995년 同국제부 대리 1998년 同외환기획관리팀장 1998년 同영업2부 차장 1999년 同인력지원부 과장 2001년 同홍콩지점 차장 2004년 同심양지점장 2007년 同중국유한공사설립단 팀장 2010년 (주)하나금융지주 차이나데스크팀장 2011년 同글로벌전략실장(본부장) 2014년 하나은행 경영관리본부 전무 2014년 同중국유한공사 은행장(전무) 2015년 KEB하나은행 중국유한공사 은행장(전무) 2018년 同글로벌사업그룹 부행장 2019년 하나금융지주 그룹글로벌총괄 부사장 2019년 KEB하나은행 은행장(현)

지송하(女)

(생)1973·1 (주)경기도 수원시 영통구 삼성로 129 삼성전자(주) 영상디스플레이 영상전략마케팅팀(031-200-1114) (학)1996년 이화여대 홍보학과졸 (경)1995~1997년 Sonyon커뮤니케이션 마케팅기획 1998~2000년 콜롬비아 트리스타코리아 마케팅전략기획 2000~2009년 한국P&G 미디어커뮤니케이션 근무 2009년 삼성전자(주) VD사업부 Marcom파트 근무 2010년 同VD사업부 Experience마케팅파트장 2013년 同VD사업부 마케팅그룹 근무 2015년 同GMO브랜드전략그룹장 2015년 同GMO브랜드전략그룹장(상무) 2019년 同영상디스플레이 영상전략마케팅팀 담당 상무(현)

지순구(池淳求) JI Sun Gu

(생)1961·2·10 (출)경북 선산 (주)서울특별시 강남구 언주로 319 한국조달연구원(02-796-8234) (학)1979년 현일고졸 1987년 건국대 전기공학과졸 1997년 미국 캘리포니아주립대 롱비치교 대학원 전기전자공학과졸 (경)1988년 기술고시 합격(23회) 1999년 조달청 시설국 설비

과 서기관 2005년 同원자재비축관리담당관 2005년 同국제물자본부 국가기관외자팀장 2006년 同국제물자본부 원자재비축사업팀장 2006년 미국 Univ. of Missouri-Columbia 국외훈련파견 2008년 조달청 외자장비과장 2009년 同전자조달국 정보기획과장 2009년 同시설사업국 시설총괄과장(부이사관) 2010년 대구지방조달청장 2010년 조달청 전자조달국장(고위공무원) 2011년 부산지방조달청장 2013년 중앙공무원교육원 교육파견 2014년 조달청 국제물자국장 2016~2018년 조달청 차장 2019년 한국조달연구원 원장(현) (상)국무총리표창(1988), 대통령표창(2009), 홍조근정훈장(2017)

지승동(池承東) JI SEONG DONG

(생)1946·3·1 (출)경북 영주 (주)서울특별시 강남구 삼성로96길 6 LG트윈텔빌딩 대명종합건설 회장실(02-2191-5501) (학)건국대 경영학과졸, 同경영대학원 수료, 중앙대 건설대학원 수료, 고려대 컴퓨터과학기술대학원 수료 (경)1987년 대명종합건설 회장(현), 대한주택건설협회중앙회 부회장 2011~2015년 대한불교조계종 신도회 회장 2012~2015년 한국경제인불자연합회 회장 2012~2015년 대한불교조계종 직할교구신도회 회장 (상)서울특별시장표창(1984), 건설교통부장관표창(1995·2006), 국가보훈처장표창(2001), 국무총리표창(2002), 경기도 선정 '성실납세자'(2002), 국세청 선정 '100대 납세자'(2004), 대통령표창(2005), 동탑산업훈장(2013) (종)불교

지승룡(池承龍) JI Seung Ryong

(생)1955·1·14 (출)전북 익산 (주)전라북도 익산시 금마면 고도길 85 학교법인 익성학원(063-836-6057) (학)1973년 경신고졸 1982년 한양대 경영학과졸 1988년 同대학원 경영학과졸 (경)1982년 신흥증권 대리 1985년 계암물산 대표이사 1997년 신흥증권 이사대우 1998년 同대표이사 부사장 1999~2008년 同사장 2003년 학교법인 익성학원(익산중·고) 이사장(현) 2008년 (재)유당장학재단 설립·이사장(현) (상)국민훈장 동백장(2015)

지연희(池蓮姬·女) CHI Youn Hee (文琶)

(생)1948·3·22 (본)충주(忠州) (출)충북 청주 (주)서울특별시 마포구 양화로 156 한국수필가협회(02-532-8702) (학)동국대 예술대학원 문예창작과 수료 (경)수필가(현), 시인(현) 1983년 「월간문학」에 '관음소심'으로 수필가 등단 1983년 한국문인협회 회원 1984년 한국수필가협회 회원 1984년 대표에세이문학회 창립회원 1986년 同서울지회 초대회장 1991년 현대수필문학회 이사 1992년 대표에세이문학회 회장 1993년 한국수필가협회 이사 1993년 한국낭송문학회 부회장 1994년 한국여성문학인회 이사 1997년 분당 AK문화아카데미 詩창작반 강사 1997년 격월간문학지 '한국문인' 주간 1999년 일산 현대백화점 문화아카데미 詩창작반 강사 2000년 동남보건대 평생교육원 문예창작과 주임교수(현) 2001~2015년 동덕여대 문예창작과 강사 2003년 신세계백화점 경기점·본점 문화아카데미 시·수필창작반 강사 2003년 「시문학」지에 신인상 수상·시인 활동(현) 2003년 (사)한국현대시인협회 회원·이사(현) 2003년 한국시문학문인회 회원 2004~2008년 한국문인협회 감사 2006~2014년 한국수필가협회 부이사장 2006년 종합문학지 '문파' 발행인(현) 2007~2017년 국제펜클럽 한국본부 이사 2017년 同고문(현) 2011년 (사)한국문인협회 수필분과 회장 2012~2014년 여성문학인회 부이사장 2015년 (사)한국문인협회 제26대 수필분과 회장(현) 2015~2018년 (사)한국수필가협회 이사장 2016년 (사)한국시인협회 회원(현) 2018년 (사)한국수필가협회 명예이사장(현) (상)월간문학 신인상(1983), 동포문학상 우수상(1988), 한국수필문학상(1996), 시문학 신인상(2003), 김소월문학상(2004), 대한문학상 대상(2012), 한국예술문화단체총연합회 예술문화상(2012), 구름카페문학상(2013), 조경희수필문학상(2019) (저)시집 '마음읽기'(1989), '하루가 저물고 다시 아침이'(1998), '초록물감 한 방울 떨어져'(2001), '나무가 비에 젖는 날은 바람도 비에 젖는다'(2003), '사과나무'(2004), '현대시작품론'(2006, 정은출판), '남자는 오레오라고 쓴 과자케이스를 들고 있었다'(2009) 수필집 '이제 사랑을 말하리라'(1986), '사랑찾기'(1988), '가난한 마음을 위하여'(1989), '그리운 사람이 올것만 같아'(1990), '비추이는 것이 어디 모습뿐이랴'(1990), '그대 가슴에 뜨는 초록빛 별처럼'(1991), '네게 머무는 나는 얼마나 아름다운지'(1994), '하얀 안개꽃 사랑'(1998), '시간의 유혹'(2000), '현대수필작품론'(2006, 정은출판), '시간의 흔적'(2007), '매일을 삶의 마지막 날이라고 생각할 수 있을 때'(2010), '사계절에 취하다'(2013), '알리사'(2013), '식탁 위 사과 한 알의 낮빛이 저리붉다'(2014), '씨앗'(2014) (종)가톨릭

지영난(池泳暖·女) Chi Young-Nahn

(생)1967·9·24 (출)서울 (주)충청북도 청주시 서원구 산남로62번길 51 대전고등법원 청주재판부(043-249-7114) (학)1986년 은광여고졸 1990년 서울대 사법학과졸 (경)1990년 사법시험 합격(32회) 1993년 사법연수원 수료(22기) 1993년 서울지법 서부지원 판사 1995년 서울지법 판사 1997년 청주지법 판사 1999년 인천지법 부천지원 판사 2001년 서울지법 판사 2003년 同남부지원 판사 2004년 서울남부지법 판사 2005년 서울고법 판사 2006년 대법원 재판연구관 2008년 대전지법 부장판사 2010년 수원지법 부장판사 2013년 서울중앙지법 부장판사 2015년 대법원 사실심충실화사법제도개선위원회 위원 2016년 서울서부지법 부장판사 2018년 대전고법 청주재판부 부장판사 겸 청주지법 수석부장판사(현)

지영미(池榮美·女) Youngmee Jee

(생)1962·3·12 (본)충주(忠州) (출)서울 (주)충청북도 청주시 흥덕구 오송읍 오송생명2로 187 국립보건연구원 감염병연구센터(043-719-8400) (학)1980년 예일여고졸 1986년 서울대 의대졸 1988년 영국 런던대 보건대학원(LSHTM) 의학석사(미생물학전공) 1997년 의학박사(영국 런던대) (경)1986~1987년 미국 NIH NCI Guest Scientist 1997~2007년 보건복지부 질병관리본부 바이러스부 소화기바이러스과장(연구관)·감염병센터 간염폴리오바이러스과장 1998~2001년 서울대 의대 미생물학교실 초빙교수 2000·2006년 세계보건기구(WHO) 서태평양지역본부 예방접종프로그램 단기자문관 2007~2014년 同서태평양지역본부 예방접종프로그램 지역조정관 2014~2017년 보건복지부 질병관리본부 국립보건연구원 면역병리센터장(일반직고위공무원) 2015년 세계보건기구(WHO) B형간염전문가위원회 위원 (현) 2015년 同Scientific Advisory Group for the Blue-print on Research and Development Preparedness 자문위원(현) 2016년 국제백신연구소(IVI) 이사(현) 2016년 세계보건기구(WHO) '예방접종전략전문가자문그룹(Strategic Advisory Group of Experts on Immunization, SAGE)' 위원(현) 2017년 국가폴리오박멸인증위원회 위원장(현) 2017년 국가예방접종전문위원회 위원 (현) 2017년 보건복지부 질병관리본부 국립보건연구원 감염병연구센터장(현) 2017~2019년 대한감염학회 회장 2017~2019년 대한에이즈학회 부회장 2018년 한국파스퇴르연구소 과학자문위원회 위원(현) 2018년 세계보건기구(WHO) Market Information for Access (MI4A) to vaccines 위원 (현) 2018년 RIGHT기금이사회 이사 (현) 2018년 국가폴리오바이러스안전인증위원회 위원장 (현), 국가감염병연구포럼추진단장 (현) (상)국무총리표창(2005), 근정포장(2017)

지영선(池永善 · 女) JI Young Sun

(생)1949·12·5 (출)서울 (주)서울특별시 마포구 성미산로11길 5 (사)생명의숲(02-735-3232) (학)1968년 경기여고졸 1972년 서울대 문리대 독어독문학과졸 1977년 同대학원 독어독문학과졸 (경)1972~1977년 중앙일보 문화부·편집부 기자 1977년 한국일보 주간한국부 기자 1978~1988년 동아일보 문화부 기자·생활과학부 차장 1988~1995년 한겨레신문 생활환경부장·문화부장·여론매체부장·국제부장 1995년 同편집국 부국장 1998년 同논설위원 1999년 간행물윤리위원회 서평분과 위원 2000년 대통령자문 지속가능발전위원회 위원 2000년 미국 하버드대 국제문제연구소 펠로우 2002년 관훈클럽 감사 2002년 한겨레신문 국장대우 논설위원 2003년 同콘텐츠평가실 평가위원 2004년 同논설위원 2005년 정부공직자윤리위원회 위원 2005년 국방부 과거사진상규명위원회 민간위원 2006~2008년 駐보스턴 총영사, (사)생명의숲 이사장 2009~2015년 환경운동연합 공동대표 2012년 (사)생명의숲 공동대표(현) 2015~2018년 서울시 녹색서울시민위원회 공동위원장 2018년 방송문화진흥회 이사 (저)'링컨 타운카를 타고 보스턴을 달린다'(2010)

지영조(池永朝)

(생)1959·7·16 (주)서울특별시 서초구 헌릉로 12 현대자동차(주) 전략기술본부(02-3464-1114) (학)서울대 기계공학과졸, 응용수학박사(미국 브라운대) (경)1989년 미국 AT&T 벨 연구소 수석연구원 1995년 맥킨지 컨설턴트 1998~2007년 액센츄어 전자정보통신컬설팅담당 파트너(부사장)·아시아태평양지역 이동통신총괄 파트너(부사장) 2007년 삼성전자(주) 정보통신총괄 무선사업부 마케팅담당 전무 2008년 同정보통신총괄 기획팀장 2009년 同DMC부문총괄 기획팀장(전문위원) 2010년 同기획팀장(전문위원) 2012년 同DMC부문 기획팀장(전문위원) 2013년 同기획팀장(전문위원) 2017년 현대자동차그룹 전략기술연구소장(부사장) 2017년 同전략기술본부장 2019년 同전략기술본부장(사장)(현)

지용구(地龍九) Yong Gu Ji

(생)1978·9·18 (주)세종특별자치시 정부2청사로 13 행정안전부 인사기획관실(044-205-1386) (학)1997년 청량고졸 2002년 서울대 지리교육과졸 2016년 미국 뉴욕대 대학원 MPA(Master of Public Administration) (경)2009년 행정안전부 지방재정세제국 교부세과 사무관 2011년 同국가기록원 정책기획과 사무관 2013년 안전행정부 안전관리본부 서기관 2016년 국민안전처 기후변화대책과장 2017년 행정안전부 재난안전관리본부 안전정책실 재난영향분석과장 2018년 同재난안전관리본부 안전정책실 안전점검과장, 대통령비서실 파견(현)

지용석(池龍碩) JEE Yong Seok

(생)1964·3·29 (출)경남 (주)경기도 용인시 기흥구 탑실로35번길 14 한국알콜산업(주) 임원실(031-282-8121) (학)경문고졸, 연세대 의대졸, 同대학원 의학석사, 의학박사(고려대) (경)(주)비즈마크 대표이사 2003년 한국알콜산업(주) 기획이사, 同상무이사, 同사장, (주)케이씨엔에이 전무, 국제에스터 대표이사 2010년 (주)이엔에프테크놀로지 대표이사(현) 2015년 한국알콜산업(주) 부회장 2016년 同대표이사(현)

지용익(池用益) JI YONG EIK

(생)1962·4·15 (본)충주(忠州) (출)충북 진천 (주)충청북도 청주시 상당구 교동로9 교직원공제회관3층 충청미디어(043-211-7500) (학)1980년 청주고졸 1987년 충북대 경영학과졸 2011년 同대학원 경영학과졸(석사) (경)1987년 충청일보 입사 1989년 중부매일 입사 1997~2001년 同사회부장 2002년 同편집부국장 겸 정경부장 2004년 同편집부국장 겸 사회부장 2004년 同편집국장 2007년 同편집국장(이사대우) 2008년 同부사장 겸 편집·인쇄인 2009~2013년 同대표이사 사장 2009년 충북언론인클럽 회장 2011년 한국신문방송편집인협회 이사 2013년 중부매일신문 부회장 2014~2015년 충북대 경영학과 초빙교수 2014년 충청미디어 대표이사 겸 발행인(현) 2015년 충북대 경영학과 겸임교수(현) (상)한국언론대상(1997)

지용택(池龍澤) JI Yong Tak (海觀)

(생)1937·7·4 (본)충주(忠州) (출)인천 (주)인천광역시 중구 서해대로 366 정석빌딩 신관 803호 새얼문화재단(032-885-3611) (학)1960년 인천고졸 1961년 경희대 법대 법학과졸 1973년 고려대 경영대학원졸 1974년 연세대 대학원 행정학과졸 1979년 서울대 경영대학원 최고경영자과정 수료 1993년 연세대 행정대학원 고위정책과정 수료 (경)1975년 새얼문화재단 이사장(현) 1975년 인천시 시정자문위원 1975년 민족통일인천직할시협의회 회장 1975년 한일투자신탁(주) 비상임감사 1976년 한국노총 사무총장 1979년 전국자동차노동조합 위원장 1985년 인천시립병원 이사 1988년 민주화합추진위원회 위원 1988년 인천시민발전협의회 수석부회장 1989년 대한적십자사 인천지사 상임위원 1989년 국제로타리클럽 369지구 총재지역 대표 1993년 계간 '황해문화' 발행인(현) 1996년 인천앞바다핵폐기장대책범시민협의회 상임대표 1997년 인천일보 비상임이사 1998년 인천고총동창회 회장 1999년 인천국제공항 비상임이사 2002년 대한적십자사 중앙위원 2002년 전국자동차노동조합 위원장 2002~2007년 승일제관(주) 사외이사 2003~2010년 인천국제공항 사외이사 2007년 (주)승일 사외이사(현) 2008~2009년 세계도시물포럼조직위원회 지역자문위원 (상)국민훈장 석류장(1998), 인천사랑 대상(2010) (저)'장강을 넘어 역사를 넘어'(1998) (종)불교

지 원(志 源)

(생)1956·10·20 (본)영천(永川) (출)경북 영천 (주)부산광역시 남구 홍곡로336번길 41 문수사(051-624-3754) (학)1974년 가야고졸 1980년 동국대 불교대학 선학과졸 (경)1966년 불국사에서 사미계 수지(계사 임배스님) 1974년 범어사에서 구족계 수지(계사 석암스님) 1984~1992년 문수사 주지서리 1989년 대한불교신문 총무이사 1991~1999년 전국어린이불교연합회 부회장 1992년 문수사 주지(현) 1994~1998년 대한불교조계종 제11대 중앙종회 의원 1996~2000년 동국대 석림동문회 사무총장 1996년 부산불교연합회 교육원장, 同고문, 同부회장(현) 2004년 불교생명윤리정립연구위원회 공동위원장 2004~2007년 대한불교조계종 총무원 사회부장 2007년 同남북불교교류특별보좌관, 불교인권위원회 공동대표, (사)위드아시아 이사장(현), 부산남구불교연합회 회장(현) (상)대한불교조계종 총무원장 공로상(1983) (저)'山門에 부는바람'(1991) '걸망에 내려놓고 마음도 내려놓고'(1994) '이별연습'(2000) (종)불교

지원림(池元林) JEE Won Lim

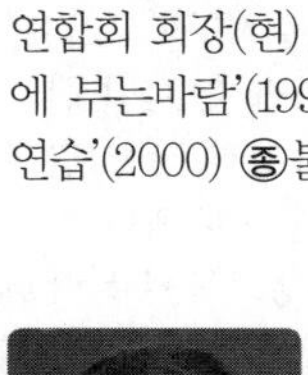

(생)1958·3·1 (출)경북 안동 (주)서울특별시 성북구 안암로 145 고려대학교 법학전문대학원(02-3290-2876) (학)1976년 대구 경북고졸 1981년 서울대 법학과졸 1984년 同대학원 법학과졸 1993년 법학박사(서울대) (경)1985년 사법시험 합격(27회) 1988년 사법연수원 수료(17기) 1988년 변호사 개업 1988~1989년 법무법인 을지합동법률사무소 변호사 1989~1999년 아주대 법학과 전임강사·조교수·부교수 1996~1998년 독일 쾰른대 비교사법 및 국제사법연구소 객원연구원 1999~2003년 한양대 법대 부교수·교수 2000년 한국비교사법학회 상임이사 2000년 한국민사법학회 부회장 2003~2007년 성균관대 법과대학 교수 2007년 고려대 법학전문대학원 민법전공 교수(현) 2009년 법

무부 민법개정위원회 1분과위원장 2012～2015년 한국원자력문화재단 비상임이사 (상)사법연수원장표창(1988), 홍조근정훈장(2016) (저)'민법주해 제9권(共)'(1995) '민법주해 제12권(共)'(1997) '민법케이스연습'(2000) '주석 채권총칙2'(2000) '주석 민법총칙2·3'(2001) '민법강의'(2002) '민법연습(共)'(2007)

지 유(知 有)

(생)1931·5·30 (출)일본 오사카 (주)부산광역시 금정구 범어사로 250 금정산 범어사(051-508-3122) (경)1949년 범어사에서 혜일스님을 은사로 사미계 수지 1949년 해인사에서 수선안거 이래 67안거 성만 1950년 해인사에서 상월스님을 계사로 보살계·구족계 수지 1970～1972년 봉암사 주지 1975～1977년 범어사 주지 1992～2002년 범어사 금어선원 조실 2002～2003년 대성암 선원 조실 2013년 금정총림 범어사 초대방장(현)

지은림(池殷林·女) Eunlim Chi

(생)1961·8·22 (주)서울특별시 동대문구 경희대로 26 경희대학교 교육대학원(02-961-0475) (학)1984년 이화여대 영어영문학과졸 1987년 미국 시카고대 대학원 교육학과졸 1992년 교육학박사(미국 시카고대) (경)1993～1996년 서울대·중앙대·서울여대 시간강사 1997년 한국교육개발원 협력교수 1997년 경희대 교육대학원 교수(현) 2000년 한국교육과정평가원 자문위원 2004～2005년 경희대 교수학습지원센터 부소장 2005～2014년 同교양학부장 2013～2016년 同교육대학원장 2013～2015년 同교육사업추진단장 2013～2015년 同교수학습지원센터장 2016년 同서울캠퍼스 교무처장(현) 2016년 同교수학습지원센터장·교육사업추진단장 2017～2018년 同서울캠퍼스 연구처장 2018년 한국교육평가학회 회장(현) (저)'우리가 꿈꾸는 아름다운 학교'(2002) '문항반응이론의 이론과 실제-외국어 수행평가를 중심으로'(2003) '시험, 왜 보나?'(2003) '교육평가용어사전'(2004) '우리 교육 어디로 가야하나?'(2004) '통계의 이해'(2005) 'Teaching Portfolios'(2006)

지은희(池銀姬·女) CHI Eun Hee

(생)1947·6·26 (출)서울 (주)서울특별시 영등포구 국회대로55길 6 여성미래센터 여성사회교육원(02-312-0872) (학)1965년 이화여고졸 1969년 이화여대 사회학과졸 1978년 同대학원 사회학과졸 2015년 미국 메릴랜드대 명예 Public Service 박사 (경)1969～1973년 동양시멘트공업 입사·비서과장 1973년 이화여대 여성자원개발연구소 근무 1979년 同여성학과 연구조교 1980～1990년 이화여대·덕성여대·한신대·성균관대 강사 1983년 여성평우회 공동대표 1990년 민중당 여성위원장·정치연수원장 1994년 한국여성단체연합 정책전문위원장·상임대표 1996～1999년 한국정신대문제대책협의회 기획위원장 1996년 노사관계개혁위원회 공익위원 1997년 한국여성사회교육원 원장 1998년 여성특별위원회 위촉위원 1998년 언론개혁시민연대 공동대표 1998년 한국정신대문제대책협의회 공동대표 1999～2002년 한국여성단체연합 공동대표 2000～2003년 방송문화진흥회 이사 2001～2003년 민족화해협력범국민협의회 상임의장 2001～2003년 시민사회단체연대회의 공동대표 2003～2005년 여성부 장관 2005년 상지대 석좌교수 2006·2009～2013년 덕성여대 총장 2006년 방송통신융합추진위원회 민간위원, 서울시 성평등위원회 위원장 2015년 새정치민주연합 국정자문회의 자문위원 2015～2018년 여성사회교육원 이사장 2016년 충남도 양성평등비전위원회 공동위원장 2016년 희망새물결 고문 2016년 정의기억재단 이사장(현) 2018년 여성사회교육원 이사 2019년 同고문(현) 2019년 서울시 시정고문단 대표(현)

지의규(池義圭) CHIE Eui Kyu

(생)1970·2·14 (본)충주(忠州) (출)서울 (주)서울특별시 종로구 대학로 101 서울대학교병원 방사선종양학과(02-2072-3705) (학)1991년 서울대 의대 의예과 수료 1995년 同의대졸 1999년 同대학원 의학석사(치료방사선과학 전공) 2011년 방사선종양학박사(서울대) (경)1995년 서울대병원 수련의 1996년 同전공의 2002년 국립암센터 전문의 2003년 서울대병원 전임의 2004년 同방사선종양학과 임상교수(조교수대우) 2011년 서울대 의대 방사선종양학교실 기금부교수 2014～2016년 同의대 방사선종양학교실 부교수 2016년 同의대 방사선종양학교실 교수(현) 2016～2017년 대한방사선방어학회 의학이사 2018년 同총무이사(현) (상)방사선 및 방사선동위원소 이용진흥연차대회 교육과학기술부장관표창(2011), 제5회 대한암학회 머크세레노 암학술상(2015) (저)'종양학 개정판(共)'(2012, 일조각)

지익표(池益杓) CHI Ik Pyo (佑潭)·(寂仙)

(생)1925·10·28 (본)충주(忠州) (출)전남 완도 (주)서울특별시 서초구 법원로1길 11 금구빌딩303호 지익표법률사무소(02-537-7217) (학)1942년 여수공립수산학교졸 1966년 단국대 법률학과졸 1967년 연세대 대학원 수학 1980년 미국 컬럼비아대 ALP과정 수료 (경)1957년 고등고시 사법과 합격(9회) 1960～1966년 광주지법 판사 1962～1971년 광주오라토리오성가단 단장 1966년 변호사 개업(현) 1967년 광주시장로회 회장 1983년 광주지방변호사회 회장·대한변호사협회 부회장 1985~1986년 국제로타리 371지구(전라남도일원) 총재 1990년 사할린동포법률구조회 회장 1991년 對日침략청산촉구한민족회 회장 1992년 對日민간법률구조회 회장 1993년 한국기독교개혁협의회 회장 1995년 바른역사를위한민족회의 공동의장 1995～2004년 법무법인 正平 대표변호사 2006년 서울화해조정중재변호사단 대표변호사(현) (상)국민훈장 모란장(1985), 국민훈장 무궁화장(1999) (저)'사할린 報告書'(1975) '對日민족소송의 이론과 실제'(1990) '기독교 개조론'(2005) '광복60년의 증언'(2005) (작)작곡 '靑山의 여름밤'(1946) '화홍학교 교가'(1952) '靑山의 노래'(2001), 시 '나는 靑山島 사람'(1998) '하늘 송(頌)'(2005) (종)기독교

지일구(池一求) Ji il koo

(생)1962·7 (본)충주(忠州) (출)경북 상주 (주)경상북도 포항시 북구 해동로 376 해양수산부 포항지방해양수산청(054-245-1500) (학)1981년 함창고졸 1989년 서울시립대 행정학과졸 (경)1991～1996년 수산청 협동조합과·총무과 근무 1996～2004년 해양수산부 총무과·항만운영개선과·항만운영기획과·항만운영과 근무 2004년 평택지방해양수산청 총무과장 2008～2012년 농림수산식품부 식품산업진흥팀·소비안전팀 근무 2012년 同검역정책과 서기관 2013년 해양수산부 어촌양식정책관실 서기관 2016년 부산지방해양수산청 운영지원과장 2017년 해양수산부 남해어업관리단장 2018년 포항지방해양수산청장(현)

지일우(池一于) CHI ILL WOO

(생)1962·3·7 (본)충주(忠州) (출)대구 (주)서울특별시 종로구 율곡로2길 25 연합뉴스 한민족센터(02-398-3114) (학)1981년 대구 대건고졸 1985년 고려대 노어노문학과졸 1987년 同문과대학원 노문학과졸 (경)1989년 연합통신 입사 1990～1994년 同국제부·경제2부 기자 1994～1997년 YTN 파견 1997년 연합통신 모스크바특파원 1998년 연합뉴스 모스크바특파원 2001년 同국제뉴스1부 차장대우 2002년 同정보과학부 차장대우 2004년 同통일외교팀 차장 2006년 同통일외교팀장(부장대우) 2009년 同국제뉴스3부장 2010년 同문화부장 2011년 同국제국 기획위

원 2012년 연합뉴스TV 보도국 취재담당 부국장 2013년 同심의실장 겸 고충처리인 겸임 2013년 연합뉴스 국제국 국제뉴스부국장 2015년 同편집국 국제기획뉴스부 선임기자 2015년 同경기북부취재본부장 2017~2018년 同콘텐츠평가실장 · 고충처리인 2017~2018년 同저작권팀장 겸임 2018년 同한민족센터 본부장(현)

지정근(池正根)

(생)1967 · 2 · 9 (주)충청남도 예산군 삽교읍 도청대로 600 충청남도의회(041-635-5317) (학)충남 아산고졸, 강남사회복지학교 부동산학과졸 (경)티브로드중부방송 대표사업부장, 천안시체육회 이사 2018년 충남도의회 의원(더불어민주당)(현)

지준근(池俊根) JI Jun-Keun

(생)1964 · 8 · 13 (본)충주(忠州) (출)서울 (주)충청남도 아산시 순천향로 22 순천향대학교 공과대학 전기공학과(041-530-1371) (학)1986년 서울대 전기공학과졸 1988년 同대학원 전기공학과졸 1994년 전기공학박사(서울대) (경)1991~1994년 기초전력공학공동연구소 연구원 1994~1996년 순천향대 제어계측공학과 전임강사 1996~2000년 同전기전자공학부 조교수 2000~2005년 同정보기술공학부 부교수 2004~2005년 同산학협력단 산학협력담당관 2005년 同공과대학 전기공학과 교수(현) (상)한국전력공사 전력기술기초연구 우수과제상(1996), 한국산학기술학회 우수논문상(2004), IEEE IECON'04 Best Paper Award(2004), KIPE JPE(Journal of Power Electronics) Best Paper Award(2012), 전력전자학회 백현상(2016) (역)'디지털시스템'(2002, 인터비젼) (종)기독교

지철호(池澈湖) JI Chul Ho

(생)1961 · 3 · 5 (출)충남 서산 (주)세종특별자치시 다솜3로 95 공정거래위원회 부위원장실(044-200-4026) (학)서울 남강고졸 1984년 고려대 행정학과졸 1986년 서울대 대학원 행정학 석사 1993년 일본 사이타마대 정책과학대학원 정책학과졸 2015년 법학박사(동국대) (경)1985년 행정고시 합격(29회) 1987년 총무처 수습행정관 1991년 경제기획원 공정거래실 사무관 1994년 同경제교육기획국 · 예산실 사무관 1995년 재정경제원 예산실 · 대외경제국 사무관 1996년 공정거래위원회 국제업무1과 사무관 1997년 同총괄정책과 서기관 1998년 대통령 정책기획수석비서관실 서기관(파견) 1998년 공정거래위원회 정책국 제도개선과 서기관 1999년 국무조정실 규제개혁3심의관실 서기관(파견) 1999년 공정거래위원회 정책국 제도개선과 · 총괄정책과 서기관 2000년 同부산지방사무소장 2001년 同정책국 제도개선과장, 대통령 경제수석비서관실 행정관(서기관) 2005년 공정거래위원회 부이사관(일본 연수) 2005년 세종연구소 파견 2006년 공정거래위원회 시장감시본부 기업결합팀장 2007년 同독점감시팀장 2007년 同기획홍보본부 홍보관리관 2008년 同대변인 2009년 同카르텔조사국장 2009년 同경쟁정책국장 2011년 同기업협력국장 2012~2015년 同상임위원 2015~2016년 고려대 미래성장연구소 초빙교수 2016년 중소기업중앙회 공정거래분야 자문위원 2017년 同상임감사 2018년 공정거래위원회 부위원장(차관급)(현) (상)경제기획원장관표창(1991), 근정포장(1999) (저)'한국의 술 반세기의 반가지'(2004)

지 청(池 淸) JEE Chung (一濯)

(생)1940 · 7 · 27 (본)충주(忠州) (출)서울 (주)서울특별시 강동구 천호대로 1006 브라운스톤 1302호 (재)사회과학원(02-742-9890) (학)1958년 덕수상고졸 1963년 고려대 경영학과졸 1965년 同대학원 경영학과졸 1968년 미국 컬럼비아대 경영대학원졸 1975년 경제학박사(고려대) (경)1969~1975년 고려대 전임강사 · 조교수 · 부교수 1975~2005년 同경영학과 교수 1981년 미국 스탠포드대 객원교수 1982년 고려대 무역연구소장 1983년 同총무처장 1986년 同기업경영연구소장 1987 · 1991년 한국재무학회 회장 1988년 한국증권학회 회장 1989년 금융통화운영위원회 위원 1991년 고려대 경영대학장 1993~2000년 전국경제인연합회 자문위원 1994년 일본 와세다대 교환교수 1994년 고려대 경영대학원장 1995년 삼성전기(주) 자문위원 1996년 한국경영학회 회장 1998년 금융발전심의회 위원장 1999년 하나증권 사외이사 1999년 고려대 국제대학원지원재단 이사장 2001~2004년 부실채무기업책임심의위원회 위원장 2002년 현대산업개발(주) 사외이사 2005년 고려대 명예교수(현) 2006년 사립학교교직원연금관리공단 비상임이사 2011년 (재)사회과학원 이사장(현) (상)홍조근정훈장(2005), 상남경영학자상(2008) (저)'경영의사결정론'(1971) '현대재무관리론' '투자론' '외국인직접투자론'(1975) '국제재무관리'(1989) '현대투자론'(1994) '재무관리'(1995) '재무학원론'(2001) (종)기독교

지 현(智 玄)

(생)1957 (주)서울특별시 종로구 우정국로 55 대한불교조계종 조계사(02-768-8600) (경)1971년 법종스님을 은사로 보각사에서 사미계 수지 1975년 범어사에서 구족계 수지(소천스님 계사) 1986년 청량사 주지, 대한불교조계종 중앙종회 제12 · 13 · 14 · 15대 의원, 좋은벗풍경소리 총재, 대한불교조계종 사회복지재단 상임이사, (사)이웃을돕는사람들 대표, 경제정의실천불교시민연합 공동대표 2011년 한국불교문화사업단 단장 2012 · 2014년 대한불교조계종 총무원 총무부장, 同총무원 역사문화관광자원조성사업추진위원회 총도감(현) 2012~2017년 문화체육관광부 10.27법난피해자명예회복심의위원회 위원장 2014년 대한불교조계종 호법분과위원장 2015년 조계사 주지(현) 2016년 청량사 회주(현) 2017년 조계사 포교원 신도종책위원회 위원장 2018년 대한불교조계종 역사문화관광자원조성사업(총본산성역화)추진위원회 집행위원장 2018년 同총무원 총무부장 (저)'바람이 소리를 만나면'(2003, 세상을여는창) '사람이 살지 않는 곳에도 길은 있다'(2007, 아름다운인연)

지현석(池炫石) GI Hyun Suk

(생)1937 · 3 · 18 (출)경남 산청 (주)부산광역시 사하구 다대로 153 대우제약(주) 회장실(051-790-3804) (학)진주고졸 1960년 서울대 약대졸 (경)1960년 건일약품(주) 근무 1969년 화신약품공업사 근무 1976년 대우약품공업(주) 대표이사, 同회장 2009년 대우제약(주) 회장(현) (상)부산벤처기업인상(2003)

지 홍(至 弘) (碧巖)

(생)1952 · 6 · 20 (본)밀양(密陽) (출)전남 무안 (주)서울특별시 종로구 우정국로 55 대한불교조계종 포교원(02-2011-1891) (학)1986년 동국대 교육대학원 철학교육과 수료 (경)1970년 부산 범어사에서 光德스님을 은사로 득도 1971년 범어사에서 사미계 수지 1974년 쌍계사에서 비구계 수지 1991년 금강정사 창건 · 주지 · 회주 1992년 불교문화교육원 설립 1994년 대한불교조계종 개혁회의 의원 1994년 同포교부장 1994년 同제11~16대 중앙종회 의원(현) 1998년 同총무원 기획실장 1999~2004년 同조계사 주지 2004년 불광사 회주, 환경정의 공동대표 · 고문(현), 인드라망생명공동체 공동대표(현), 지구촌공생회 이사(현) 2008년 불광장학회 이사장(현) 2008년 성동구치소 불교교정협의회 회장(현) 2008년 송파구 녹색송파위원회 분과위원장(현) 2009년 불교출판문화협회 회장(현) 2011~2018년 대한불교조계종 민족공동체추진본부장, 同이사 2015년 동국대 이사 2016년 대한불교조계종 포교원장(현) (종)불교

지훈상(池勳商) CHI Hoon Sang

(생)1945·7·16 (출)인천 (주)경기도 포천시 해룡로 120 차의과학대학교 교학부총장실(031-881-7040) (학)1970년 연세대 의대졸 1972년 同대학원 의학석사 1980년 의학박사(연세대) 2005년 명예 의학박사(몽골 몽골국립의대) (경)1981~1992년 연세대 의대 외과학교실 조교수·부교수 1987~2014년 미국외과학회 정회원 1988년 연세대 영동세브란스병원 응급진료센터 소장 1989년 미국 외상학회 명예회원(현) 1992~2010년 연세대 의대 외과학교실 교수 1992년 同영동세브란스병원 외과 과장 1992~1996년 同영동세브란스병원 기획관리실장 1993년 국제외과학회 정회원(현) 1998~2001년 대한응급의학회 회장 1999~2003년 연세대 의대 영동세브란스병원장 1999~2001년 대한외상학회 회장 2003년 연세대 의과대학총동창회 부회장 2004~2008년 同의무부총장 겸 의료원장 2004년 同의료기술연구단장 2007년 同총장 직무대행 2007~2010년 한국원자력의학원 이사 2007~2010년 국제의료기관평가위원회(JCI) 아시아지역 국제이사 2008~2010년 대한병원협회 회장 2008~2011년 국립의료원 운영심의회 위원 2008~2013년 초록우산 어린이재단 이사·대표이사 2009~2010년 대한외과학회 회장 2010년 연세대 의대 명예교수(현) 2010~2017년 연세대재단 감사 2012~2016년 차의과학대 의무부총장 2012~2016년 분당차병원장 2012~2016년 성광의료재단 의료원장 겸임 2014년 미국외과학회 종신명예회원(현) 2016년 차의과학대 교학부총장(현) (저)'최신외과학'(1987) '급성복증'(1987)

지희정(池希定·女) Ji, Hee Jung

(생)1959·6·12 (출)서울 (주)경기도 성남시 분당구 대왕판교로 700 코리아바이오파크 B동 4층 (주)제넥신 바이오연구소(031-628-3200) (학)배화여고졸 1982년 연세대 생화학과졸 1984년 同대학원 생화학과졸 1994년 생화학박사(미국 퍼듀대) (경)1996년 (주)LG화학 바이오텍연구소 책임연구원 2002년 (주)LG생명과학 제품개발팀장·의약품RA2팀 부장, 同SR-hGH(서방형 인간성장호르몬) 프로젝트리더 2006년 同hGH 개발담당 상무 2013~2017년 (주)녹십자 개발본부장(전무) 2018년 GC녹십자(주) 개발본부장(전무) 2018년 (주)제넥신 바이오연구소장(부사장)(현)

지희진(池熺珍) JI Heuli Jin

(생)1965·6·1 (본)충주(忠州) (출)충남 부여 (주)서울특별시 서대문구 통일로 81 임광빌딩 16층 (주)한중훼리(02-360-6900) (학)1984년 공주사대부고졸 1988년 서울대 정치학과졸 1991년 同행정대학원 행정학과졸 (경)1991년 부산지방해운항만청 총무과·부두과 근무, 해양수산부 해운정책과 근무 1999년 同기획예산담당관실 서기관 2000년 국제노동기구(ILO) 근무 2003년 해양수산부 기획관리실 법무담당관 2004년 同해운물류국 연안해운과장 2004년 同장관 비서관 2005년 同해양정책과장 2006년 同해양정책과장(부이사관) 2007년 同해운물류본부 해운정책팀장 2008년 국토해양부 해운정책과장 2009년 同교통정책실 자동차정책과장 2010년 중앙해양안전심판원 수석조사관 2011년 2012여수세계박람회조직위원회 파견(고위공무원) 2011년 미국 연방해양대기청(NOAA) 파견 2014~2015년 인천지방해양항만청장 2015년 중앙해양안전심판원장 2015~2017년 대통령 해양수산비서관 2019년 (주)한중훼리 대표이사 사장(현) (상)대통령표창(1998) (종)기독교

진 관(眞 寬)

(생)1948·4·12 (출)전북 김제 (주)서울특별시 종로구 우정국로 45-19 조계사교육관 3층 한국불교종단협의회(02-732-4885) (학)1970년 부산 범어사 강원 대교과 중퇴 1980년 동국대 불교대졸 1986년 서울예전 문예창작과졸 1990년 광주대 신문방송학과졸 1993년 조선대 교육대학원졸, 중앙승가대 대학원 박사과정 재학 중 (경)1963년 금산사에서 득도 1965년 사미계 수지 1968년 해인사에서 비구계 수지 1976년 '시문학'에 시인등단 1981~1984년 중앙승가대 교무 1984년 민주통일국민회의 감사 1985년 민불련 창립·공동의장 1986~1992년 불교정토구현전국승가회 의장 1987년 국민운동본부 총무분과 위원장 1987년 6.10항쟁 사건으로 투옥 1988년 남북공동올림픽추진본부 결성 1988년 범민족대회추진본부 지도위원 1991년 광주전남민주연합 상임공동의장 1991년 전국민족민주운동연합 평화위원장 1991년 민족대회남측본부 실행위원 1992년 민주주의민족통일전국연합 인권위원장, 조계종 인권위원장 1992년 불교인권위원회 인권상심사위원 1992년 민족민주열사추모사업연대회의 의장 1992년 불교언론대책위원회 위원장 1992~2000년 미륵정사 주지 1994년 대한불교조계종 제11대 중앙종회 의원 1994년 불교인권위원회 공동대표 1997년 새불교실천승가회 회장 2001년 길상사 주지 2006년 (사)한국불교종단협의회 불교인권위원장(현) 2009년 불교언론연대 위원장 (저)시집 '물결 갈라지는 곳에서' '목마른 마당' '한자락 남은 마음' '아사달의 연가' '까마귀 우는 산' '광주에 오신 부처님' '통일꾼 만세' '분단의 나라' '우리 함께 살자', 수필집 '부처님이시여 우리 부처님이시여', 소설 '다라니' '당신의 침묵' '지나간 세월' '고구려시대의 불교수용사 연구'(2008), 철학서 '불교의 생명관'(2012) '효봉 선사의 불교 사상 연구'(2015, 한강) (종)불교

진광식(陳光植)

(생)1961·3·21 (출)경북 영주 (주)대구광역시 중구 공평로 88 대구광역시청 자치행정국(053-803-2080) (학)경북 경안고졸, 영남대 행정학과졸 2004년 경북대 대학원 일반행정학과졸 (경)1981년 대구시 서구 원대3가동사무소 근무(지방서기보) 2002년 대구시 감사관실 근무 2007년 同보건복지국 복지정책관실 근무(사무관) 2010년 同자치행정국 자치행정과 근무 2010년 同대변인실 근무 2014년 同기획조정실 규제개혁추진단장(지방서기관) 2015년 同문화체육관광국 문화예술정책과장 2017년 同대변인 2018년 同시민행복교육국장 2018년 同자치행정국장(지방부이사관)(현)

진광철(陳光哲)

(생)1972·3·26 (출)전북 익산 (주)서울특별시 서초구 서초중앙로 157 서울고등법원(02-530-1186) (학)1991년 전북대사대부고졸 1998년 고려대 법학과졸 (경)1998년 사법시험 합격(40회) 2001년 사법연수원 수료(30기) 2001년 서울지법 판사 2003년 同남부지원 판사 2005년 대전지법 서산지원 판사 2008년 수원지법 판사 2010년 서울중앙지법 판사 2012년 서울동부지법 판사 2014년 대법원 재판연구관 2016년 전주지법 정읍지원장 2018년 서울고법 판사(현)

진교영(秦敎英)

(생)1962·8·26 (주)경기도 수원시 영통구 삼성로 129 임원실 삼성전자(주) DS부문 반도체총괄 메모리사업부(02-2255-0114) (학)1981년 서울고졸 1985년 서울대 전자공학과졸 1987년 同대학원 전자공학과졸 1994년 전자공학박사(서울대) (경)1994~1997년 미국 스탠퍼드대 Post-Doc. 1997년 삼성전자(주) 메모리사업부 반도체연구소 연구원 2002년 同메모리 DRAM PA팀 수석연구원 2003년 同메모리사업부 반도체연구소 차세대연구1팀 상무보 2009년 同반도체연구소 메모리TD팀장(상무) 2010년 同반도체연구소 메모리TD팀장(전무) 2011년 삼성 펠로우(Fellow) 2013년 삼성전자(주) 반도체연구소 메모리TD팀장(부사장) 2014년 同메모리사업부 DRAM개발실장(부사장) 2017년 同DS부문 반도체총괄 메모리사업부장(부사장) 2017년 同DS부문 반도체총괄 메모리사업부장(사장)(현) 2019년 한국공학한림원 정회원(현) 2019년 한국반도체산업협회 회장(현)

진교원(秦敎元) JIN Kyo Won

(생)1962·9·22 (주)경기도 이천시 부발읍 경충대로 2091 SK하이닉스(031-630-4114) (학)영일고졸, 서울대 물리학과졸 (경)(주)하이닉스반도체 상무보 2008년 同Flash개발사업부 Flash제품담당 상무 2012년 同Flash개발사업부 Flash제품담당 전무 2012년 SK하이닉스 전무 2012~2013년 SK텔레콤 SC사업기획본부장 겸임 2014년 SK하이닉스 NAND총괄본부장(전무) 2015년 同NAND개발부문장(전무) 2017년 同품질보증본부장(부사장) 2019년 同DRAM개발사업담당 부사장(현)

진교훈(陳校薰)

(생)1967·6·19 (출)전북 전주 (주)서울특별시 서대문구 통일로 97 경찰청 정보국(02-3150-2281) (학)1985년 전북 완산고졸 1989년 경찰대 행정학과졸(5기), 연세대 행정대학원졸 (경)1989년 경위 임용 2003년 경찰대학 혁신기획단 근무(경정) 2004년 경찰청 정보국 정보2과 근무 2008년 대통령치안비서관실 파견(경정) 2009년 경찰교육원 교무과장(총경) 2010년 전북 정읍경찰서장 2011년 경찰청 수사구조개혁단 협의조정팀장 2011년 同기획조정과장 2013년 서울 양천경찰서장 2014년 경찰청 기획조정과장 2015년 同기획조정관실 새경찰추진단장(경무관) 2016년 전북지방경찰청 제1부장 2017년 경찰대학 치안정책연구소장 2018년 서울지방경찰청 정보관리부장(경무관) 2019년 同정보관리부장(치안감) 2019년 경찰청 정보국장(현)

진기훈(秦基勳) Chin Ki-hoon

(생)1963·3·25 (주)서울특별시 종로구 사직로8길 60 외교부 인사운영팀(02-2100-7146) (학)1986년 서울대 외교학과졸 1988년 同대학원 외교학과졸 1995년 미국 노스캐롤라이나주립대 대학원 정치학과졸 (경)1991년 외무고시 합격(25회) 1991년 외무부 입부 1997년 駐영국 2등서기관 2000년 駐휘지 1등서기관 2003년 駐타이베이 대표보(1등서기관) 2006년 동북아시대위원회 파견 2007년 외교통상부 대변인실 공보담당관 2008년 同대북정책협력과장 2009년 駐상하이 영사 2011년 駐청뚜 부총영사 2014년 駐타이베이대표부 부대표(공사참사관) 2015년 駐아프가니스탄 대사 2018년 駐투르크메니스탄 대사(현)

진 념(陳 稔) JIN Nyum

(생)1940·12·2 (본)여양(驪陽) (출)전북 부안 (학)1958년 전주고졸 1963년 서울대 상과대학졸 1968년 미국 워싱턴대 대학원 수료 1988년 경제학박사(한양대) 1997년 명예 철학박사(전북대) (경)1962년 고등고시 행정과 합격 1963년 경제기획원 사무관 1971~1976년 同물가총괄·자금계획·종합기획과장 1976년 同경제기획관 1977년 駐영국대사관 참사관 1980년 경제기획원 물가정책관 1981년 同물가정책국장 1982년 同공정거래실장 1983년 同차관보 1988년 해운항만청장 1990년 재무부 차관 1991년 경제기획원 차관 1991~1993년 동력자원부 장관 1994년 미국 스탠퍼드대 초빙교수 1995년 전북대 상과대학 초빙교수 1995년 국가경영전략연구원 원장 1995~1997년 노동부 장관 1997년 한국개발연구원 자문위원 1997년 기아그룹 회장 1998년 기획예산위원회 위원장 1999년 기획예산처 장관 2000년 재정경제부 장관 2001~2002년 부총리 겸 재정경제부 장관 2002년 새천년민주당 경기도지사 후보 2002년 서강대 경제대학원 교수 2002~2013년 삼정KPMG 고문 2003년 한국가스공사 사외이사 2003년 서정법무법인 고문 2004년 LG전자 사외이사 2005년 한국선진화포럼 운영위원장 2005~2008년 포스코청암재단 이사 2006~2009년 청소년금융교육협의회 회장 2010~2013년 전북대 석좌교수 2012~2015년 한국학중앙연구원 이사장 2013년 한국개발연구원 국제정책대학원 초빙교수(초빙연구위원 겸임) (상)홍조근정훈장, 황조근정훈장 (저)'영국의 주요제도와 정책'(1980) '21세기를 준비하는 에너지정책'(1993) '새 노사 문화-노사가 함께 이기는 길'(1997) '슘페터假說의 실증적 분석-한국기계공업의 규모와 기술개발을 중심으로' '경제살리기 나라살리기'(2002) (종)기독교

진대제(陳大濟) Daeje Chin

(생)1952·1·20 (본)여양(驪陽) (출)경남 의령 (주)서울특별시 서초구 논현로 153 스카이레이크빌딩 5층 스카이레이크인베스트먼트(주) 비서실(02-579-0330) (학)1970년 경기고졸 1974년 서울대 전자공학과졸 1977년 同대학원 전자공학과졸 1979년 미국 매사추세츠주립대 대학원 전자공학과졸 1983년 전자공학박사(미국 스탠퍼드대) (경)1981~1985년 미국 휴렛팩커드 연구원 1983~1985년 미국 IBM WATSON연구소 연구원 1985년 삼성전자(주) 미국법인 수석연구원 1987년 同반도체부문 이사대우 1992년 同반도체부문 상무 1993년 同반도체부문 메모리사업부 전무 1997년 同시스템LSI사업부 대표이사 부사장 1998~2000년 同중앙연구소장 겸임 2000~2003년 同디지털미디어총괄 사장 2001년 同디지털미디어총괄 대표이사 사장 2001년 국가과학기술자문회의 자문위원 2003~2006년 정보통신부 장관 2004년 과학기술부·한국과학문화재단 선정 '2004 닮고 싶고 되고 싶은 과학기술인 10명' 2006년 열린우리당 경기도지사 후보 2006년 한국정보통신대(ICU) 석좌교수 2006년 서울대·한국공학한림원 선정 '한국을 일으킨 엔지니어 60인' 2006~2013년 스카이레이크인큐베스트(주) 설립·대표이사 회장 2007년 동부하이텍 반도체부문 비상임경영고문 2007년 한국경쟁력연구원 이사장 2008년 '2009 인천세계도시엑스포조직위원회' 위원장 2013년 스카이레이크인베스트먼트(주) 대표이사 회장(현) 2018년 서울시 혁신성장위원장 겸 시정고문(현) 2018~2019년 한국블록체인협회 초대 회장 2019년 서울시 글로벌챌린지조직위원장(현) (상)삼성그룹 기술대상(1987·1989), 특허기술상(1994), 통상산업부장관 세종대상(1994), 한국공학기술상(1997), 대한민국과학기술상(1997), 금탑산업훈장(2001), 과학기술부 제1회 올해의 테크노CEO상(2002), 제3회 닮고 싶고 되고 싶은 과학기술인 사회문화부문(2004), PICMET 심포지엄 기술관리 최우수지도자상(2004), 대한전자공학회 전자대상(2005), 제1회 한국을 빛낸 CEO상(2005), 미국 비즈니스위크 아시아스타상(2005) (저)'Computer Aided Design and VLSI Device Development(1st ed.)'(1985, Kluwer Academic) 'Computer Aided Design and VLSI Device Development(2nd ed.)'(1988, Kluwer Academic) '열정을 경영하라'(2006, 김영사) (종)천주교

진명기(秦明基) JIN Myong Kee

(생)1967·10·20 (본)풍기(豊基) (출)제주 북제주 (주)서울특별시 종로구 새문안로 76 콘코디언빌딩 13층 대통령직속 미세먼지문제해결을위한국가기후환경회의(02-6744-0500) (학)구미공고졸, 대구대 경영학과졸, 영국 버밍햄대 대학원 경영학과졸(MBA) (경)1995년 행정고시 합격(39회), 국외 훈련(영국 버밍햄대), 행정자치부 재정정책팀·교육훈련과 근무, 국무조정실 특정평가심의관실 파견 2007년 행정자치부 지방공기업팀장 2008년 행정안전부 지방공기업과장 2008년 同자치제도과장(서기관) 2009년 同지방세분석과장 2011년 駐우즈베키스탄대사관 파견 2014년 행정자치부 본부 근무(과장급) 2015년 同지방재정세제실 지방세운영과장 2015년 국무조정실 조세심판원 제6상임심판관(고위공무원) 2019년 행정안전부 비상대비정책국 민방위심의관 2019년 대통령직속 '미세먼지 문제 해결을 위한 국가기후환경회의' 총괄운영국장(현) (상)근정포장(2010) (종)불교

진명호

(생)1958 · 12 · 26 (주)경기도 안양시 만안구 박달로 351 (주)노루페인트 임원실(031-467-6005) (학)동국대 회계학과졸 (경)(주)노루오토코팅 관리담당 임원, (주)노루페인트 관리본부장(전무) 2017년 同각자대표이사 부사장(현)

진민자(陳敏子 · 女) JIN Min Ja (靑雁)

(생)1944 · 3 · 31 (본)여양(驪陽) (출)서울 (주)서울특별시 용산구 대사관로31길 24 (사)청년여성문화원(02-796-6644) (학)1962년 경기여고졸 1967년 이화여대 사범대학 과학교육과졸 1971년 同교육대학원졸 1994년 고려대 언론대학원 최고위언론과정 수료 2002년 국민대 정치대학원졸 2008년 이화여대 사회복지대학원 글로벌복지최고위과정 수료 (경)1968~1977년 이화여대 사범대학 조교 · 강사 1975년 크리스천아카데미 여성사회교육간사 1983~1991년 숭의여전 · 배화여전 · 명지실업전문대 강사 1984년 6.3동지회 부회장 · 대외협력위원장(현) 1985년 (사)청년여성문화원 원장 · 이사장(현) 1989년 (주)태준제약 상근감사 1991~2013년 민주평통 자문위원 · 상임위원 · 운영위원 1991~2007년 서울시 공적심사위원 1993~2013년 국정홍보처 국민홍보위원 1996~2009년 (주)태준제약 부회장 1997~1999년 정무제2장관실 여성정책심의실무위원 1997~2006년 보건복지부 가정의례심의위원 1997년 생활개혁실천협의회 운영위원 · 이사 · 이사장 1999~2003년 (사)한국자유총연맹 부총재 2001~2014년 여성가족부 성희롱예방교육 및 양성평등교육 전문강사 2002~2003년 성신여대 문화산업대학원 겸임교수 2002년 서울시 공적심사위원장 2002~2011년 한국지역난방공사 열린공기업위원 2002년 (사)나라발전연구회 이사(현) 2003~2014년 신성대 교양학부 초빙교수 2003~2016년 서울시 중부여성발전센터 수탁운영운영법인 이사장 2006년 학교법인 건국대재단 이사(현) 2008년 행정안전부 공직자민원봉사대상 심사위원 2009~2011년 민주평통 운영위원 2009~2014년 (사)늘푸른장사문화원 이사장 2009~2011년 (사)한국사학법인연합회 감사 2009년 청소년폭력예방재단 이사 · 여성위원장(현) 2009~2011년 서울시 여성발전기금 운영심의위원회 위원 2010년 (재)행복한학교재단 이사 2010~2012년 여성가족부 청소년특별회의추진위원회 위원 2010년 보건복지부 생활개혁실천협의회장 2011년 서울시 서초여성인력개발센터 수탁운영 운영법인 이사장(현) 2012년 서울시 여성상 심사위원 2012년 (사)청소년여성문화원 작은혼례운동협동조합 대표(현) 2012년 (사)한국여성단체협의회 부회장(현) 2013년 민족화해협력범국민협의회 여성위원장(현) 2013년 국가원로자문회의 이사(현) 2014년 마포구립 청아어린이집 운영법인 이사장(현) 2015년 (사)21세기여성정치연합 공동대표(현) 2015년 민주평통 자문위원(현) (상)이화여대총장 감사장(1997), 대통령표창(1997), 국민훈장 석류장(1999), 용산구여성단체연합회장표창(1999), 경기여고동창 영매상(1999), 민주평통 공로장(2005), 검찰총장 감사장(2006), 뉴스매거진 2014 대한민국인물대상 여성봉사대상(2014), 통일부장관표창(2015) (종)불교

진병태(陳炳太) JIN Byeong Tae

(생)1964 · 1 · 25 (출)경북 김천 (주)제주특별자치도 제주시 청사로 13 경인빌딩 4층 연합뉴스 제주취재본부(064-727-4999) (학)1981년 대구 달성고졸 1987년 서울대 사회학과졸 2006년 서강대 경제대학원졸 (경)2000년 연합뉴스 경제부 차장대우 2001년 同경제부 차장 2002년 同경영기획실 차장 2003년 同경제부 차장 2005년 同경제부 부장대우 2005년 중국 상하이 화동사범대 연수(부장대우) 2008년 연합뉴스 상하이특파원(부장급) 2009년 同국제뉴스3부 부장급 2009년 同증권부장 2011년 同편집국 부장급 2011년 연합뉴스TV 보도국 부국장 겸 제작팀장 2011~2012년 同보도국 부국장 겸 뉴스제작부장 2011~2012년 同고충처리인 겸임 2012년 연합뉴스 편집국 경제에디터 2013년 同기획조정실장 2014년 同기획조정실장(부국장급) 2015년 同국제뉴스3부 기획위원 2015년 同베이징지사장 2018년 同국제뉴스1부 기자(부국장급) 2018년 同국제뉴스2부 기자(부국장급) 2018년 同제주취재본부장(현)

진상도(陳尙道)

(생)1966 (출)경남 합천 (주)울산광역시 중구 성안로 112 울산지방경찰청 수사과(052-210-2166) (학)1985년 부산고졸 1990년 경찰대 법학과졸(6기) (경)1990년 경위 임관 1997년 경남 남해경찰서 방범과장(경감) 1999년 울산중부경찰서 조사계장 2003년 울산지방경찰청 생활안전계장(경정) 2004년 울산남부경찰서 수사과장 2005년 울산중부경찰서 형사과장 2008년 울산지방경찰청 강력계장 2010년 同광역수사대장 2013년 울산남부경찰서 형사과장 2015년 울산지방경찰청 생활안전과장(총경) 2016년 경남 합천경찰서장 2017년 울산지방경찰청 정보과장 2018년 울산 울주경찰서장 2019년 울산지방경찰청 수사과장(현)

진상범(陳祥範) Chin, Sang Bum

(생)1951 · 2 · 4 (본)여양(驪陽) (출)전북 익산 (주)전라북도 전주시 덕진구 백제대로 567 전북대학교 인문대학 독어독문학과(063-270-3183) (학)1970년 전주고졸 1974년 서강대 독어독문학과졸 1977년 同대학원 독어독문학과졸 1981년 문학박사(고려대) 1989년 오스트리아 빈대 독문학 박사과정 수료(Kan. Dr. Phil.) (경)1981~2016년 전북대 인문대학 독어독문학과 교수 1987년 오스트리아 학무성(BMWF) 초청 오스트리아 빈대 독문학 연구교수 1995년 세계비교문학회 총무 1997년 국제비교문학회(ICLA) 정회원(현) 1997년 국제독어독문학회(IVG) 정회원(현) 1998년 오스트리아 빈대 파견교수, 국제현대언어문학회(FILLM) 정회원(현), 국제비교문학회 한국주최 ICLA2010 조직위원 2007년 세계문학비교문학회 회장 · 고문(현) 2008년 한국독일어문학회 편집위원 2008년 한국비교문학회 이사 · 감사 2009~2016년 전북대 국제문화교류연구소장 2012년 한국지식재산관리 심사위원회 전문위원(현), 국회 휴먼네트워크 전문가(현) 2014년 희망사다리연구회 부대표(현) 2016년 전북대 인문대학 독어독문학과 명예교수(현), 독일아인쉬타인(Einstein) 심사위원, 세계문학연구(World Literature Studies) 국제학지 심사위원 2017년 미국 세계인명사전 'Marquis Who's Who in the World' 2018년판에 등재 2018년 헬싱키국제코리아연구회(Helsinki International Korea Studies) 창립 · 부회장(현) 2018년 국제학술지 'International Journal of Literature and Arts' 편집위원(현) (상)대한민국사회공헌대상(2011), 21세기 한국을 이끄는 혁신리더상(2011), 전북대 30년 장기근속상(2011), 문화체육관광부 우수학술도서 선정(2012), 한국민족정신진흥회 현대한국인물사 등재(2012), 한국교원단체총연합회 교육 공로상(2014), 녹조근정훈장(2016), 마르퀴스 후스후 알버트 넬슨 평생공로자 수상(2018) (저)'파우스트와 빌헬름마이스터연구'(共) '독일문학의 수용과 해석'(共) '대중문학이란 무엇인가'(共) '신문소설이란 무엇인가'(共) '한국문학속의 세계문학'(共) '성장소설이란 무엇인가'(共) 'Eins und doppelt(共)'(2000, peter lang) '한국근대문학의 비교문학적 연구, 서구문학의 수용과 그 한국적 변용(共)'(2004) 'Transgressing Cultural and Ethnic Borders Boundaries limits and Traditions(共)'(2004, Unisa Press) '한국과 외국문학에 있어서 신화적 주제론과 서사구조비교연구(共)'(2006) 'Divergente Kulturraeume in der Literatur Band 7(共)'(2007, Peter Lang) 'Beyond Binarisms(共)'(2009, aeroplano) '서양예술속의 동양탐색'(2011, 집문당) '독일문학의 동양과 만남'(2011, 한국학술정보) 'Vielheit und Einheit der Germanistik weltweit(共)'(2012, Peter Lang) '한독문학의 비교문학적 연구

(2012, 도서출판 박이정) '독일 교양소설의 심층적 연구'(2014, 도서출판 박이정) '헤세 문학의 숲을 향하여'(2016, 한국문화사) '문학 스캔들(共)'(2017, 한국외국어대 지식출판원) '한국문화세계화전략론(共)'(2018) (역)'토마스만소설과 피카레스크적 요소' (작)'동아시아의 평화연대를 통한 남북통일의 길을 묘색해 본다' '독일청소부와 한국청소부' '한국음식을 세계화하려면' 외 수필 및 시 다수 (종)기독교

진상범(陳尙範) JIN Sang Beom

(생)1969 · 10 · 9 (출)대전 (주)서울특별시 서초구 서초중앙로 157 서울중앙지방법원(02-530-1114) (학)1988년 서울 상문고졸 1992년 서울대 법대 사법학과졸 (경)1993년 사법시험 합격(35회) 1996년 사법연수원 수료(25기) 1996년 서울지법 의정부지원 판사 1998년 수원지법 판사 1998년 서울지법 판사 2000년 전주지법 군산지원 판사 2003년 서울지법 판사 2004년 서울중앙지법 판사 2005년 서울남부지법 판사 2007년 서울고법 판사 2009년 대법원 재판연구관 2013년 수원지법 부장판사 2014년 대법원 재판연구관 2017년 서울중앙지법 부장판사(현)

진상훈(陳相勳)

(생)1975 · 2 · 14 (출)경남 사천 (주)서울특별시 서초구 서초중앙로 157 서울고등법원(02-530-1114) (학)1993년 반포고졸 1998년 서울대 사법학과졸 (경)1997년 사법시험 합격(39회) 2000년 사법연수원 수료(29기) 2000년 軍법무관 2003년 수원지법 판사 2005년 서울중앙지법 판사 2007년 춘천지법 강릉지원 판사 2008년 춘천지법 판사 2010년 서울고법 판사 겸임 2011년 수원지법 평택지원 판사 2012년 법원행정처 국제심의관 겸임 2014년 서울고법 판사 2015년 창원지법 진주지원 부장판사 2017년 서울고법 판사(현)

진석범(晋錫範) JIN SOK BUM

(생)1972 · 7 · 5 (출)서울 (주)경기도 수원시 장안구 경수대로 1150 신관 3층 경기복지재단(031-267-9302) (학)1991년 동국대사대부고졸 1995년 성균관대 사회복지학과졸 2001년 가톨릭대 대학원 사회복지학과졸 2015년 사회복지학박사(건국대) (경)2005~2013년 동서울대 실버복지과 조교수 2007~2018년 한국케어교육대학협의회 사무총장 2012~2018년 경기 성남시사회복지사협회장 2014~2018년 수원과학대 사회복지과 조교수 2018년 경기 성남시지역사회보장협의체 공동위원장 2018년 경기복지재단 대표이사(현) (상)경기복지재단 경기도 사회복지혁신 아이디어공모전 대상(2011), 경기도 사회적기업 우수아이템 공모전 장려상(2011), 중소기업청 시니어 창업 인식개선 공모전 지도자상(2012) (저)'사회복지사상'(2008, 학지사) '사회복지정책론'(2009, 대왕자) '사회복지행정론'(2018, 대영문화사) (종)천주교

진선미(陳善美 · 女) JIN Sun Mee

(생)1967 · 5 · 14 (본)강릉(江陵) (출)전북 순창 (주)서울특별시 영등포구 의사당대로 1 국회의원회관 527호(02-784-9591) (학)1984년 전북 순창여고졸 1988년 성균관대 법학과졸 (경)1996년 사법시험 합격(38회) 1999년 사법연수원 수료(28기) 1999년 법무법인 덕수 변호사 2004~2010년 (재)내셔널트러스트 문화유산기금 감사 2005~2007년 민주사회를위한변호사모임 여성인권위원장 2008년 이안법률사무소 공동대표 2012년 제19대 국회의원(비례대표, 민주통합당 · 민주당 · 새정치민주연합 · 더불어민주당) 2012년 민주통합당 문재인 대통령후보선거기획단 공동대변인 2012 · 2014년 국회 안전행정위원회 위원 2012년 국회 윤리특별위원회 위원 2013년 민주당 정책위원회 부의장 2014년 국회 여성가족위원회 위원 2014년 새정치민주연합 원내부대표 2014~2015년 同정치혁신실천위원회 위원 2014년 同공적연금발전TF 위원 2015년 同원내부대표(법률담당) 2015년 국회 운영위원회 위원 2015~2016년 더불어민주당 법률담당 원내부대표 2016년 同제20대 총선 선거대책위원회 위원 2016년 同서울강동구甲지역위원회 위원장(현) 2016년 제20대 국회의원(서울 강동구甲, 더불어민주당)(현) 2016년 더불어민주당 민주주의회복TF 위원 2016년 국회 예산결산특별위원회 위원 2016~2017년 국회 안전행정위원회 위원 2016~2017년 국회 저출산 · 고령화대책특별위원회 간사 2017년 더불어민주당 제19대 문재인 대통령후보 중앙선거대책본부 유세본부 공동수석부본부장 2017년 同정책위원회 제1정책조정위원장 2017년 국회 헌법개정특별위원회 위원 2017~2018년 국회 행정안전위원회 간사 2017~2018년 더불어민주당 적폐청산위원회 간사 2017년 同지방선거기획단 위원 2018년 국회 사법개혁특별위원회 위원 2018년 더불어민주당 원내수석부대표 2018년 국회 운영위원회 간사 2018년 국회 과학기술정보방송통신위원회 위원 2018~2019년 여성가족부 장관 2018년 국회 문화체육관광위원회 위원 2018년 대통령직속 국가균형발전위원회 위원 2019년 국회 보건복지위원회 위원(현) (상)여성신문 미래를 이끌 여성지도자상(2011), 경제정의실천시민연합 국정감사 우수의원(2013 · 2014), 한국인터넷기자협회 인터넷 언론의 날 우수의정상(2013), 민주당 국정감사 우수의원(2013), 새정치민주연합 국정감사 우수의원(2014 · 2015), 국정감사NGO모니터단 국정감사 우수의원(2014 · 2015), 유권자시민행동 국정감사 최우수 국회의원(2014), '올해의 베스트 드레서' 정치부문(2014), 한국을 빛낸 대한민국 충효대상 국회의정부분 아동복지혁신 공로대상(2015), 제18회 대한민국을 빛낸 21세기 한국인상 정치부문 한국인물대상(2015), 유권자시민행동 대한민국 유권자 대상(2015), 글로벌 자랑스러운 인물대상 정치발전부문(2015), 전국청소년선플SNS기자단 선정 '국회의원 아름다운 말 선플상'(2015), (사)대한인터넷신문협회 INAK Press Club상(2016), 법률소비자연맹 '제20대 국회 1차년도 국회의원 헌정대상'(2017)

진선영(陳善永) Jin Sun Young

(생)1973 · 2 · 22 (주)서울특별시 종로구 세종대로 209 금융위원회 기업구조개선과(02-2100-2924) (학)1991년 서울 석관고졸 2000년 한양대 경제학과졸 2013년 미국 보스턴칼리지대 대학원 경영학과졸(MBA) (경)2000년 행정고시 합격(44회), 금융위원회 금융서비스국 보험과 · 은행과 근무 2015년 同금융서비스국 금융분쟁대응팀장(서기관) 2016년 법제처 경제법제국 법제관 2017년 금융위원회 정책홍보팀장 2019년 同기업구조개선과장(현)

진성기(秦聖麒) CHIN Song Gi (한집)

(생)1936 · 3 · 5 (본)진주(晋州) (출)제주 북제주 (주)제주특별자치도 제주시 제주대학로102 제주대학교(064-754-2114) (학)1956년 제주 오현고졸 1960년 제주대 국어국문학과졸 1985년 명예 사회학박사(미국 유니언대) 2014년 명예 문학박사(제주대) (경)1964~2014년 제주민속박물관 관장 1966년 제주민속연구소 소장(현) 1966~1969년 제주도 문화재위원 1972~1977년 중앙문화재전문위원 1978~1982년 제주도연구회 창립 및 초대 부회장 1991년 김구선생 기념비 세움 1992년 제주무신궁 차림 2003년 한국무속학회 고문(현) 2005년 한국무교학회 상임고문(현) 2007년 제주민속박물관 부설 제주무교대학 박물관대학 개교 및 학장 2009~2017년 (사)제주도박물관협의회 고문 2016년 제주대 초빙연구원(현) (상)국무총리표창(1970), 제주도 문화상(1974), 한국출판문화상(1991), 일붕문화상(1995), 노산문화상(1999), 외솔상(1999), 옥관문화훈장(2003), 한국무교학술상(2008), 탐라문화상(2010), 우수사립박물관인상(2013) (저)'제주

민속총서(전30권)'(1958) '제주도속담(1959) '제주도무속론고(남국의 무속)'(1966) '남국의 민속놀이'(1975) '제주도巫歌본풀이사전'(1991) '제주무신궁(濟州巫神宮)'(1992) '제주의 보배를 지키는 마음'(1993) '유물마다 되살아나는 노래'(1994) '신화와전설(제주도전설집)'(2001) '(영원한 슬기와 향기의 샘)제주도 금기어 연구사전'(2002) '제주민속의 아름다움 : 그 오묘한 빛과 향기'(2003) '제주무속학사전'(2004, 제주민속연구소) '무속학(巫俗學)'(2006) '제주도학(한집고희기념집)'(2006, 제주민속연구소) '올레질 엣말'(2011) '이 길을 이겨야 하는 물결 센 파도소리'(2011) '굿 · 춤 · 소리를 찾아서'(2011) '제주도민요전집'(2012) (역)'제주도방언성경(마가복음)'(1992) '자청비 신화'(2007)

진성철(秦成哲) JIN Sung Chul

(생)1964 · 3 · 9 (출)대구 달성 (주)대구광역시 수성구 동대구로 364 대구고등법원(053-755-1882) (학)1982년 대구 능인고졸 1986년 서울대 법대졸 1988년 同대학원 법학과졸 (경)1986년 사법시험 합격(28회) 1990년 사법연수원 수료(19기) 1990년 공군 법무관 1993년 대구지법 판사 1996년 同경주지원 판사 2001년 대구고법 판사 2003년 대법원 재판연구관 2005년 대구지법 부장판사 2009년 同가정지원장 2011년 대구지법 부장판사 2013년 부산고법 창원재판부 부장판사 2015년 대구고법 부장판사 2017년 대구고법 수석부장판사 2019년 同부장판사(현)

진성호(秦聖昊) JIN Seong Ho

(생)1962 · 11 · 26 (출)부산 (주)서울특별시 영등포구 의사당대로 1 국회방송 방송제작과(02-788-3753) (학)1981년 경남고졸 1985년 서울대 경영학과졸 (경)1999년 조선일보 문화부 기자 2002년 同문화부 차장대우 2003년 同사회부 차장대우 2004년 同미디어팀장 2005년 同인터넷뉴스부장 직대 2007년 同편집국 미디어담당 전문기자 2007년 한나라당 제17대 대통령중앙선거대책위원회 뉴미디어팀장 2007~2008년 제17대 대통령직인수위원회 사회교육문화분과위원회 전문위원 2008~2012년 제18대 국회의원(서울 중랑乙, 한나라당 · 새누리당) 2008년 국회 문화체육관광방송통신위원회 위원 2008년 한나라당 서울중랑乙당원협의회 위원장 2008~2011년 同서울시당 뉴타운대책위원장 2010년 同전당대회준비위원회 위원 2010~2011년 同디지털본부장 2010~2011년 同디지털정당위원장 2011년 국회 공직자윤리위원회 위원 2011~2016년 한국전화결제산업협회(KPBIA) 초대 회장 2011년 한나라당 서울시당 대변인 2012년 제19대 국회의원선거 출마(서울 중랑구乙, 무소속) 2016년 국회방송(NATV) '정치토론 왈가왈부' 패널(현) (상)새마을금고특별대상(2010)

진세근(陳世根)

(생)1960 · 5 · 25 (출)서울 (주)서울특별시 중구 세종대로 124 한국신문방송편집인협회(02-732-1726) (학)서라벌고졸 1986년 서울대 중어중문학과졸 (경)1998년 중앙일보 홍콩특파원 2002년 同국제부 차장대우 2003년 同국제부 차장 2006년 同국제부 북경특파원(차장) 2008년 同국제부 북경특파원(부장대우) 2009년 同국제부 부장대우 2010년 同탐사2팀장 2011년 同탐사데스크 2011년 同편집국 사회에디터 2012년 同지역콘텐트제작담당 2013~2015년 중앙미디어네트워크 JMplus JMAP 부문장, 서경대 초빙교수 겸 대외협력실장 2018년 한국신문방송편집인협회 사무총장(현) 2018년 디지털저널리즘복원특별위원회 간사(현) (상)삼성언론상 어젠다상(2012)

진세리(陳세리 · 女)

(생)1977 · 12 · 15 (출)서울 (주)대구광역시 수성구 동대구로 364 대구지방법원(053-757-6600) (학)1996년 한영외국어고졸 2001년 서울대 법학과졸 (경)2000년 사법시험 합격(42회) 2003년 사법연수원 수료(32기) 2003년 서울지법 예비판사 2005년 서울서부지법 판사 2007년 대구지법 상주지원 판사 2010년 의정부지법 판사 2012년 서울서부지법 판사 2016년 대법원 재판연구관 2018년 대구지법 부장판사(현)

진수희(陳壽姬 · 女) CHIN Soo Hee

(생)1955 · 11 · 12 (본)여양(驪陽) (출)대전 (학)1971년 대전여고졸 1976년 연세대 사회학과졸 1982년 미국 인디애나주립대 블루밍턴교 대학원 사회학과졸 1991년 사회학박사(미국 일리노이대 시카고교) (경)1975~1978년 한국개발연구원 연구원 1984~1995년 한양대 · 상명대 · 연세대 · 한림대 강사 1995년 한나라당 여의도연구소 선임연구위원 1999년 세종대 겸임교수 1999년 한국여성정치문화연구소 감사 2004년 제17대 국회의원(비례대표, 한나라당) 2004년 국회 여성정책포럼 대표 2005년 한나라당 제6정책조정위원장 2005년 재단법인 '연구 및 치료목적 난자기증을지원하기위한모임' 창립발기인 겸 이사 2006년 한나라당 원내부대표 2007년 同이명박 대통령후보 대변인 2007년 제17대 대통령직인수위원회 정무분과위원회 간사 2008년 제18대 국회의원(서울 성동甲, 한나라당 · 새누리당) 2008년 국회 규제개혁특별위원회 간사 2008~2010년 국회 기획재정위원회 위원 2009년 한나라당 여의도연구소장 2009~2010년 (사)초록자전거물결운동 회장 2010년 한나라당 인재영입위원회 부위원장 2010~2011년 보건복지부 장관 2011년 국회 문화체육관광방송통신위원회 위원 2015년 가천대 생활과학대학 사회복지학과 석좌교수 2017~2018년 바른정당 서울중구 · 성동甲당원협의회 운영위원장 2017~2018년 同조직강화특별위원회 위원 2017~2018년 同최고위원 2018년 바른미래당 서울중구 · 성동구甲지역위원회 위원장 2018년 同서울시당 공동위원장 (저)'동등한 사회의 실현을 위한 여성의 사회참여 확대방안'(1995) '통일문화연구'(1997) '여성의 일과 삶의 질'(1999) (종)기독교

진승호(陳滕昊) JIN Seoung Ho

(생)1962 · 11 · 2 (본)여양(驪陽) (출)대전 (주)서울특별시 종로구 세종대로 209 대통령직속 국가균형발전위원회 기획단(02-2100-1137) (학)1981년 대전고졸 1986년 서울대 국제경제학과졸 1993년 同행정대학원 수료 1997년 영국 맨체스터대 대학원 경제학과졸 2000년 경제학박사(영국 맨체스터대) (경)1989년 행정고시 합격(33회) 1990~1991년 총무처 수습행정관 1991년 경제기획원 정책조정국 사무관 1999년 재정경제부 경제협력국 경협총괄과 사무관 2001년 同경제협력국 서기관 2002~2005년 駐상하이총영사관 재경관 2005년 재정경제부 경제정책국 경제홍보지원과장 2005년 同정책홍보관리관실 교육홍보팀장 2006년 同국제조세과장 2007년 同부가가치세제과장 2008년 기획재정부 예산실 교육과학예산과장 2009년 미래기획위원회 파견(부이사관) 2010~2011년 대통령실 행정관 2014년 기획재정부 대외경제국 대외경제협력관 2016년 同국제금융협력국장 2016년 同대외경제국장 2017~2018년 더불어민주당 정책위원회 수석전문위원 2019년 국가균형발전위원회 기획단장(현) (종)기독교

진 영(陳 永) CHIN Young

(생)1950·10·23 (본)여양(驪陽) (출)전북 고창 (주)세종특별자치시 정부2청사로 13 행정안전부 장관실(044-205-1000) (학)1970년 경기고졸 1975년 서울대 법학과졸 1984년 미국 워싱턴주립대 법과대학원졸(LL.M) (경)1975년 사법시험 합격(17회) 1977년 사법연수원 수료(7기) 1979년 육군 법무관 1980년 서울지법 남부지원 판사 1981년 변호사 개업 1984~1988년 88서울올림픽 조직위원회 고문변호사 1987년 LG그룹 상임 법률고문 1994년 회명합동법률사무소 대표변호사 1996년 대한태권도협회 이사 1997년 한나라당 이회창 대통령후보 정책특별보좌역 2000년 同서울용산지구당 위원장 2001년 건국대 부동산대학원 겸임교수 2003년 한나라당 기획위원장 2004년 제17대 국회의원(서울 용산구, 한나라당) 2004~2005년 한나라당 대표 비서실장 2007년 同전국위원회 부의장 2008년 제18대 국회의원(서울 용산구, 한나라당·새누리당) 2008~2010년 한나라당 전국위원회 수석부의장 2008~2011년 국제의회연맹(IPU) 부회장·집행위원 2009년 同부회장 2010년 한나라당 홍보기획본부장 2010년 同비상대책위원회 위원 2010년 국회 행정안전위원회 위원 2010년 한나라당 서울시당 위원장 2011년 同직능특별위원회 상임부위원장·서울지역특별위원장 2012~2013년 새누리당 정책위 의장 2012년 제19대 국회의원(서울 용산구, 새누리당·더불어민주당) 2012년 새누리당 국민행복추진위원회 부위원장 2012년 제18대 대통령직인수위원회 부위원장 2013년 보건복지부 장관 2014년 국회 안전행정위원회 위원장 2014년 새누리당 재외국민위원회 북미주서부지역 위원장 2015년 (사)도시재생포럼 대표의원 2016년 同더불어경제선거대책위원회 공동부위원장 겸 서울시선거대책위원회 공동위원장 2016년 제20대 국회의원(서울 용산구, 더불어민주당)(현) 2016년 더불어민주당 비상대책위원회 위원 2016~2018년 국회 국방위원회 위원 2016년 더불어민주당 서울용산구지역위원회 위원장(현) 2016~2018년 同사회적경제위원회 위원장 2017년 同제19대 문재인 대통령후보 중앙선거대책위원회 공동위원장 겸 인재영입위원회 공동위원장 2018년 同중앙당 선거관리위원회 위원장 2018년 국회 외교통일위원회 위원 2019년 행정안전부 장관(현) 2019년 국회 농림축산식품해양수산위원회 위원(현) 2019년 대통령직속 국가균형발전위원회 위원(현) (상)제14회 백봉신사상 올해의 신사의원 베스트11(2013), 미국 워싱턴대 올해의 동문상(2013), 선플운동본부 '국회의원 아름다운 말 선플상'(2014), 한국언론사협회 대한민국우수국회의원대상 특별대상(2014), 대한민국무궁화대상 정치부문(2015) (저)'인간의 얼굴을 한 자유주의자의 세상읽기' '재판매가격 유지행위에 관한 한미법 연구' 칼럼 '헌법수호와 자유기업주의' (종)기독교

진영민(陳永敏) JIN Yeong Min

(생)1965·1·7 (출)경남 마산 (주)경상북도 구미시 임수로 53 SK실트론 경영지원부문(054-470-8499) (학)서강대 경영학과졸 (경)1988년 SK에너지 감사팀 근무 1996년 SK그룹 경영기획실 사업지원팀 근무 2000년 SK텔레콤 신규사업본부 근무 2001년 SK 구조조정본부 재무개선담당 2004년 同투자회사관리실 재무담당(팀장) 2007년 SK(주) 재무실 재무팀장 2009년 SK C&C SKMS담당 상무 2009년 同SKMSCR본부장(상무) 2011년 同재무본부장(상무) 2013년 SK증권 경영지원실장 2014년 SK China 부총재 2017년 同China 경영지원부문장(전무) 2017~2018년 중국한국상회 제24대 회장 2017년 SK실트론 경영지원부문장(현)

진영재(陳英宰) JIN Young Jae

(생)1960·11·5 (출)경기 안성 (주)서울특별시 서대문구 연세로 50 연세대학교 정치외교학과(02-2123-2942) (학)1987년 연세대 정치외교학과졸 1991년 미국 노스웨스턴대 대학원 정치학과졸 1997년 정치학박사(미국 캘리포니아대 어바인교) (경)1996년 미국 Quantitative Microsoft 통계연구보조원 1997~2000년 연세대 동서문제연구원 전문연구원 1998년 한국사회과학데이터센터(KSDC) 이사 2000~2009년 연세대 정치외교학과 조교수·부교수 2002년 International Institute of Democracy and Election Association(IDEA) Member(현) 2003년 제16대 대통령직인수위원회 정치개혁연구실 연구위원 2003~2005년 연세대 정치외교학과장 2008~2010년 同통일연구원장 2009년 同정치외교학과 교수(현) 2011~2013년 同국가관리연구원장 2017년 한국정치학회 회장 (상)연세대 사회과학대학 우수강의상 5회(2008~2012), 연세대 사회과학대학 최우수강의상(2012) (저)'정치외교학 총론(共)'(2000) '한국정치'(2015, 법문사)

진영주(女) JIN Young Ju

(생)1974·2·7 (주)세종특별자치시 도움4로 13 보건복지부 인사과(044-202-2160) (학)연세대 영어영문학과졸 (경)1998년 행정고시 합격(42회) 2002년 보건복지부 보험협력담당관실 행정사무관 2004년 同보험연금정책본부 보험급여기획팀 행정사무관 2007년 同보건의료정보팀장(서기관) 2008년 보건복지가족부 보육재정과장 2009년 同정책통계담당관 2009년 해외 연수(서기관) 2012년 보건복지부 통상협력담당관 2013~2016년 대통령 보건복지비서관실 행정관(부이사관) 2016년 보건복지부 보건의료정책실 응급의료과장 2018년 同인사과장(현)

진영철(陳永喆)

(생)1966·3·1 (출)경남 고성 (주)경상남도 창원시 의창구 상남로 289 경남지방경찰청 경비교통과(055-233-2256) (학)부산기계공고졸, 부산외국어대 법학과졸 (경)1994년 경위 임용(경찰간부후보 42기) 2003년 경남 하동경찰서 정보과장·생활안전과장(경정) 2006년 김해경찰서 경비교통과장 2008년 창원중부경찰서 경비교통과장 2009년 경남지방경찰청 교통안전계장 2014년 同112종합상황실장(총경) 2015년 울산지방경찰청 보안과장 2015년 경남 함안경찰서장 2016년 경남지방경찰청 경비교통과장 2017년 경남 창원서부경찰서장 2019년 경남지방경찰청 경비교통과장(현)

진영호(陳榮昊) JIN Yeong Ho

(생)1958·1·29 (본)영양 (출)대구 (주)서울특별시 성북구 안암로 145 고려대학교 경영대학(02-3290-2602) (학)경북고졸, 영남대 국제경영학과졸, 일본 와세다대 대학원 상학과졸, 고려대 경영대학원 글로벌최고경영자과정 수료, 서울대 세계경제최고전략과정(ASP) 수료, 경영학박사(숭실대) (경)2005~2008년 푸르덴셜투자증권(주) 법인영업1본부장 2008~2010년 군인공제회 부이사장 2012년 비엔지증권 대표이사 2012~2015년 (주)두산캐피탈 대표이사 2016년 현대해상화재보험 사외이사(현) 2017년 고려대 경영대학 산학협력중점교수(현) (종)기독교

진영환(陳榮煥) JIN Young Hwan

(생)1947·1·7 (본)여양(驪陽) (출)대구 (주)대구광역시 달서구 성서동로 163 삼익THK(주)(053-665-7000) (학)1965년 대구농림고졸 1974년 건국대 무역학과졸 1975년 고려대 경영대학원 수료 (경)1975년 (주)신삼익·삼익정공(주) 이사 1976년 삼익THK(주) 이사 1992년 산학연구원 부이사장(현) 1993~2008년 성서산업단지관리공단 부이사장 1994년 삼익공업(주) 대표이사 사장 2001년 삼익LMS(주) 대표이사 사장 2003~2015년 대구상공회의소 상공의원·감사·부회장 2003~2011년 대구기계부품연구원 이사 2004년 한국기계산업진흥회 이사(현) 2004년 삼익LMS(주) 대표이사 회장 2006~2018년 삼익THK(주) 대표이사 회장 2006~2012년 대구광역시새마을회 회장 2007~2011년 대구경북기계공업협동조합 이사장 2011년 同명예이사장(현) 2013

년 한국중견기업연합회 부회장(현) 2015~2018년 대구상공회의소 회장 2018년 同명예회장(현) 2018년 삼익THK(주) 각자대표이사 회장(현) 상대구시중소기업대상 우수상(1997), 재정경제부장관표창(2000), 노동부장관표창(2000), 대통령표창(2000 · 2002), 산업포장(2006), 노사화합상(2007), 금탑산업훈장(2019)

진옥동(晋玉童)

생1961 주서울특별시 중구 세종대로9길 20 신한은행 임원실(02-6360-3000) 학덕수상고졸, 한국방송통신대 경영학과졸, 중앙대 대학원 경영학과졸 경1980년 기업은행 입행 1986년 신한은행 입행 1992년 同인력개발실 근무 1997년 同일본 오사카지점 근무 2002년 同여신심사부 부부장 2004년 同자금부 근무 2008년 同일본 오사카지점장 2011년 일본 SH캐피탈 사장 2014년 신한은행 일본법인 부사장 2016년 同일본법인장 2017년 신한금융지주 부사장 2019년 신한은행 은행장(현) 2019년 신한금융지주 기타비상무이사(현)

진옥섭(陳玉燮) Jin Ok Sub

생1965 · 11 · 27 주서울특별시 강남구 봉은사로 406 한국문화재재단 이사장실(02-3011-2103) 학경기대 사학과졸, 안동대 대학원 민속학과 이수 경1995~1997년 서울두레극장 극장장 2001~2003년 KBS 굿모닝코리아 PD 2005~2006년 한국문화예술위원회 전통예술위원회 위원 2008~2010년 한국영상대학교 이벤트연출학과 겸임교수 2008년 하이서울페스티벌 봄축제 예술부 감독 2008년 한국문화재재단 한국문화의집 예술감독 2010~2017년 한국민속예술축제 예술감독 및 추진위원 2014~2017년 국립무형유산원 토요상설공연 연출 2018년 한국문화재재단 이사장(현) 상월간 '객석' 예음문화상(무용평론상)(1993), 한국문화예술위원회 올해의 예술상(2006), 한국춤비평가상 특별상(2011), 문화체육관광부장관표창(2016)

진용복(陳庸馥)

생1962 · 1 · 20 주경기도 수원시 팔달구 효원로 1 경기도의회(031-8008-7000) 학수성고졸, 충북대 토목공학과졸, 경희대 행정대학원 사회복지학과졸 경사회복지법인 '위성' 이사(현), 한국어린이집연합회 부회장, 경기도어린이집연합회 회장, 경기도육아지원센터 운영위원장, 용인시보육시설연합회 회장, 용인시보육정책위원회 위원장, 해오름어린이집 원장 2008~2012년 (사)경기도어린이집연합회 회장, 경기도사회복지공제회 이사, 경기도보육정책포럼 부회장(현), 한국크리스토퍼리더십 경기센터 강사 2014~2018년 경기도의회 의원(비례대표, 새정치민주연합 · 더불어민주당) 2014~2015년 同예산결산특별위원회 위원 2014 · 2019년 同여성가족평생교육위원회 위원(현) 2014~2016 · 2018년 同여성가족교육협력위원회 위원(현) 2015년 同장기미집행도시공원특별위원회 간사 2015년 同청년일자리창출특별위원회 위원 2016~2018년 同도시환경위원회 간사 2016~2018년 同미래신산업육성 및 일자리창출특별위원회 위원 2017~2018년 同광명 · 시흥테크노밸리조성위한특별위원회 위원, 더불어민주당 정책위원회 부의장(현) 2018년 경기도의회 의원(더불어민주당)(현) 2018년 同의회운영위원회 위원장(현) 상자랑스런 경기인대상 광역의정부문(2018)

진용환(秦龍煥) Jhin, Yong Hwan

생1964 · 11 · 20 출경북 주대구광역시 달성군 논공읍 달성군청로 33 달성군청 부군수실(053-668-2011) 학1983년 경신고졸 1990년 경북대졸 경1993년 행정고시 합격(37회) 1999년 대구시 법무담당관실 송무및법제담당 사무관 1999년 同물류교통과 사무관 2001년 同교통정책과 교통기획담당 사무관 2004년 同버스개혁기획단장(서기관) 2007~2009년 KDI 국제정책대학원 교육파견 2009년 대구시 기계자동차과장 2010년 同녹색성장정책관 2010년 同공무원교육원장 2011년 同환경녹지국장(부이사관) 2013년 세종연구소 교육파견 2014년 대구시 세계물포럼지원단장 2015년 대구시 서구 부구청장 2017년 대구시 도시철도건설본부장 2019년 대구 달성군 부군수(현)

진 월(眞 月) Jinwol (伽倻山人)

생1950 · 4 · 28 본전주(全州) 출경기 의왕 주서울특별시 중구 필동로1길 30 동국대학교 만해관321호 한국불교학회(010-3104-1160) 학1968년 안양공고졸 1974년 해인사 승가대학 대교과졸 1984년 동국대 승가학과졸 1986년 서강대 종교학과졸 1990년 미국 하와이대 대학원 종교학과졸 1998년 불교학박사(미국 캘리포니아주립대 버클리교) 경1986~1992년 미국 하와이 대원사 법사 1994년 불교-기독교학회(SBCS) 국제자문위원 1999년 한국종교연합 대표 1999~2004년 우리민족서로돕기운동 집행위원 2000년 대한불교조계종 국제교류위원회 부위원장 2002~2004년 同광명불교대학장 2002년 종교연합(URI) 세계이사 2002년 아시아종교인평화회의(ACRP) 이사 2003년 세계불교도우의회(WFB) 이사 2003년 엘리자종교간 세계종교지도자이사회 이사 2003년 코리아글로브 대표 2003~2005년 대통령자문 지속가능발전위원회 위원 2004년 서울불교대학원 불교학과 교수 · 우리말로학문하기모임 부회장 2005년 동국대 정각원장 2005년 조계종 환경자문위원 2005~2011년 불교환경연대 지도위원 2005년 한국불교학회 이사 2005년 同명예이사(현) 2006년 동국대 선학과 교수, 同불교문화대학 불교학부 교수 2009년 유엔 디케이드 코얼리션 운영위원회 위원 2012~2016년 세계불교도우의회(WFB) 부회장 2015년 세계불교문화보리달마협회 회장(현) 2016년 리버모어 고성선원 선원장(현) 상대한불교조계종 총무원장표창(1984) 저'Choui Uisun'(2003) 역'평화를 이루는 지혜'(2003) 종불교

진은숙(陳銀淑 · 女) Unsuk Chin

생1961 · 7 · 14 출서울 학서울대 음대 작곡과졸, 독일 함부르크음악대 음악대학원 작곡과졸 경1988년 독일 베를린공대 전자음악스튜디오 작곡가 2001년 도이체 심포니오케스트라 초빙작곡가 2005년 통영국제음악제 상임작곡가 2006~2018년 서울시립교향악단 상임작곡가 2010년 영국 필하모니아 오케스트라 '오늘의 음악' 예술감독(현) 2016년 미국 뉴욕대 국제고등연구소 주관 '클래식 음악의 미래' 프로젝트 연구전문가그룹 멤버(현) 2016~2017년 서울시립교향악단 공연기획자문역(Artistic Advisor) 2019년 독일 함부르크 엘프 필하모니 오케스트라 '2019~2020 시즌' 상주작곡가(현) 상가우데아무스(Gaudeamus) 국제작곡콩쿠르 1등, 그라베마이어 상(Grawemeyer Award)(2004), 아놀드 쇤베르크상(2005), 피에르 대공 작곡상, 경암학술상 예술분야(2007), 호암상 예술상(2012), BBC 뮤직 매거진상 프리미어부문(2015), 비후리 시벨리우스 음악상(2017), 자랑스러운 서울대인상(2017), 제4회 마리호세 크라비스 음악상(2018), 독일 바흐음악상(2019) 작'스펙트라'(1985) '소프라노와 앙상블을 위한 문자 퍼즐'(1993) '바이올린 협주곡'(2001) '피아노와 타악을 위한 이중 협주곡'(2002) '피아노를 위한 에뛰드 1번, 2번, 3번, 4번, 5번, 6번'(2003) '피아노와 타악을 위한 이중 협주곡'(2005) '오페라 '이상한 나라의 앨리스'(2007) '첼로 협주곡'(2009)

진인주(陳仁住) CHIN In Joo

생1953 · 6 · 1 출서울 주인천광역시 미추홀구 인하로 100 인하공업전문대학 총장실(032-870-2001) 학경기고졸 1976년 서울대 화학공학과졸 1978년 한국과학기술원(KAIST) 화학공학과졸(석사) 1983년 고분자공학박사(미국 메사추세츠공과대) 경1983년 미국 Massachusetts Institute of Tech. 연구원 1984년 미국 Univ. of Connecticut 연구원 1985년 미국 IBM(East Fishkill, NY) 연구원 1986~2013년 인하대 공대 나노시스템공학부 고분자신소재공학과 교수 1991년 미국 IBM Almaden Research Center 방문연구원 1999년 미국 Univ. of Massachusetts, Amherst 방문교수 1999~2019년 (주)노루홀딩스 사외이사 2000~2002년 인하대 교무처장 2003 · 2004년 프랑스 르아브르대 화학과 초빙교수 2004년 중국 사천대 객원교수 2008년 한국바이오플라스틱협회 회장(현) 2009~2013년 인하대 대외부총장 2011년 한국고분자학회 부회장 2013년 인하공업전문대학 총장(현) (저)'생활속의 고분자'(2004, 학연사) '나노소재'(2006, 대영사) (종)기독교

진재교(陳在敎) JIN Jae Kyo (白雲)

(생)1961 · 7 · 11 (본)여양(驪陽) (출)부산 (주)서울특별시 종로구 성균관로 25-2 성균관대학교 사범대학 한문교육과(02-760-0551) (학)1984년 성균관대 한문교육과졸 1986년 同대학원 한문학과졸 1992년 한문학박사(성균관대) (경)1988~1995년 성균관대 대동문화연구원 연구원 1988년 한국한문학회 연구이사 1995~1998년 경북대 한문학과 조교수 1998년 성균관대 한문교육과 부교수 · 교수(현), 同한문교육과장, 同교육대학원 한문교육전공 학과장, 同동아시아학술원 동아시아학융합사업단장 2006년 교육인적자원부 동아시아학융합사업단장 2007년 성균관대 대학원 동아시아학과장 2008년 교육인적자원부 WCU 단장 2014년 성균관대 사범대학장 겸 교육대학원장 2016년 전국사립교육대학원장협의회 회장 2016년 한국한문교육학회 회장 2016년 성균관대 대동문화연구원장 겸 동아시아학술원장 2016년 우리한문학회 회장(현) 2018년 한국고전번역학회 회장(현) (저)'고전문화작가론'(共) '민족문학사 강좌'(共) '이개 홍양호 문학연구' '충돌과 착종의 동아시아를 넘어서 : 근대전환기 동아시아의 자기인식과 대외인식'(2007, 성균관대 동아시아학술원) '우리 한문학과 일상문화'(2007, 이화한문학연구회) '문예 공론장의 형성과 동아시아'(2008, 성균관대 출판부) '천재비령 : 역사상의 중한관계'(2009, 광서사범대학출판사) '새 민족문학사강좌'(2009, 민족문학사연구소) '학문장과 동아시아(編)'(2013, 성균관대) '한국학의 학술사적 전망(共)'(2014) (역)'18세기 조선인물지'(1997, 민족문학사연구소) '조선후기 인물전'(2005, 현암사) '알아주지 않은 삶-조선조 후기 전과 기사 모음집'(2005, 태학사) '정조어찰첩'(2009, 성균관대 동아시아학술원) '북학 또 하나의 보고서-설수외사'(2011, 성균관대 출판부) '18세기 일본 지식인 조선을 엿보다-평우록(共)'(2013, 성균관대 출판부) '19세기 견문지식의 축적과 지식의 탄생(상 · 하)'(2013, 소명출판)

진재선(陳載仙) CHIN Jae Seon

(생)1974 · 7 · 25 (출)전북 익산 (주)경기도 과천시 관문로 47 법무부 검찰과(02-2110-3063) (학)1992년 익산 이리고졸 1997년 서울대 사법학과졸 (경)1998년 사법시험 합격(40회) 2001년 사법연수원 수료(30기) 2001년 공익법무관 2004년 춘천지검 검사 2006년 청주지검 영동지청 검사 2008년 전주지검 검사 2012년 서울중앙지검 검사 2015년 부산지검 동부지청 부부장검사 2016년 대전지검 공판부장 2017년 서울중앙지검 공안2부장 2018년 법무부 형사기획과장(부장검사) 2019년 同검찰과장(부장검사)(현)

진정길(陳正吉)

(생)1973 · 3 · 13 (출)경북 고령 (주)경기도 성남시 수정구 산성대로 451 수원지방검찰청 성남지청 형사2부(031-739-4701) (학)1992년 경북사대부고졸 2000년 연세대 법학과졸 (경)1999년 사법시험 합격(41회) 2002년 사법연수원 수료(31기) 2002~2007년 법무법인 화우 변호사 2007년 인천지검 검사 2009년 대구지검 의성지청 검사 2011년 수원지검 검사 2014년 대구지검 검사 2016년 서울중앙지검 부부장검사 2017년 법무연수원 용인분원 교수 2018년 창원지검 공판송무부장 2019년 수원지검 성남지청 형사2부장(현)

진정무(陳正武)

(생)1965 (주)경상남도 창원시 의창구 상남로 289 경남지방경찰청 청장실(055-233-2110) (학)1965년 밀양고졸, 경찰대졸(4기), 연세대 대학원졸, 동국대 대학원 박사과정 수료 (경)1988년 경위 임관, 부산지방경찰청 보안과장, 駐토론토총영사관 주재관 2012년 경기 가평경찰서장 2014년 서울 용산경찰서장 2015년 서울지방경찰청 청문감사담당관 2015년 경기 분당경찰서장(경무관) 2017년 충북지방경찰청 제1부장(경무관) 2018년 경남지방경찰청 제2부장(경무관) 2018년 서울지방경찰청 교통지도부장(경무관) 2019년 同교통지도부장(치안감) 2019년 경남지방경찰청장(현)

진정일(陳政一) JIN Jung Il (回堂)

(생)1942 · 4 · 19 (본)여양(驪陽) (출)서울 (주)경기도 성남시 분당구 돌마로 42 한국과학기술한림원(031-726-7900) (학)1960년 서울 성동고졸 1964년 서울대 문리과대학 화학과졸 1966년 同대학원 화학과졸 1969년 이학박사(미국 뉴욕시립대) 2007년 명예 박사(러시아 Kazan국립공업대) (경)1969~1974년 미국 스타우퍼케미칼 선임연구원 1974년 고려대 화학과 부교수 1977~2007년 同화학과 교수 1979 · 1987년 미국 매사추세츠대 방문교수 1989년 고려대 교무처장 1989년 한국과학재단 심의위원 1994년 한국과학기술한림원 정회원 1994년 미국 뉴욕과학한림원 회원 1994~2002년 한국과학재단 이사 · 부이사장 1994년 한국과학기술한림원 정회원 · 종신회원 · 원로종신회원(현) 1995년 한국고분자학회 부회장 1996년 同수석부회장 1996년 국제순수응용화학협회 회원 1996년 영국 왕립화학회 Fellow(현) 1996~2000년 한국기초과학지원연구소 서울분소장 1997년 한국고분자학회 회장 1998년 전자광감응분자연구소 소장 1998년 대한화학회 총무부회장 2000년 同회장 2002~2004년 고려대 대학원장 2002년 同교무부총장 직대 2002~2005년 한국과학기술단체총연합회 회장 2003~2004년 한국과학기술학회 회장 2005년 과학문화진흥회 부회장 2006년 국제순수 · 응용화학연합회(IUPAC) 고분자분과 회장 2006년 중국 길림대(Jilin Univ.) 명예교수(현) 2007~2010년 한국과학기술한림원 이사 2008~2009년 국제순수 · 응용화학연합회(IUPAC) 회장 2008~2009년 아시아고분자학회연합회(FAPS) 설립 · 회장 2008년 고려대 석좌교수 2008~2009년 과학문화진흥회 회장 2009년 중국 북경화공대 명예교수(현) 2009년 아시아화학연합회 Fellow(현) 2010~2015년 한국과학문화교육단체연합회 회장 2011~2014년 한국과학학술지편집인협의회 회장 2013~2017년 고려대 KU-KIST 융합대학원 석좌교수 2016년 미국화학회(ACS) 고분자재료과학과공학(PMSE) 석학회원(현) 2016년 한국문화교육단체연합회 이사장 2016년 수당재단 이사 겸 수당상운영위원회 위원장(현) 2017년 서울성동고장학재단 이사장(현) (상)고려대 학술상(1986), 한국고분자학회 학술상(1988), 한국과학상(1991), 세종문화상(1998), 서울시문화상(2003), 일본고분자학회 국제상(2004), 폴 폴로리 고분자연구상(2005), 수당상(2006), 옥조근정훈장(2007), 장백산 우의상(2007), 한국과학기술한림원상(2008), 중국 우의장(2010), 과학기술훈장 창조장(2013), 한국인 최초 나노과학분야 유네스코 메달 수여(2016) (저)'액정중합체'(1986, 민음사) '신유기화학(共 · 編)'(1989, 창원사) '액정고분자(共)'(2001, 문운당) '진정일의 교실밖 화학이야기'(2006, 양문) '고분자화학연구실에서 무슨 일이 일어나고 있을까?(編)'(2007, 양문) '진정일 교수, 시에게 과학을 묻다'(2012, 궁리) '진정일 교수, 교실 밖 화학이야기'(2013, 궁리) '진정일 교수가 풀어놓는 과학쌈지'(2014, 궁리) '과학자는 이렇게 태어난다'(2017, 궁리) (역)'유기화학'(고려학력연구사) '일반화학'(1987, 일신사) '프로야구 왜 나무방망이 쓰나'(1998, 동아일보) '멘델레예프와 주기율표(共)'(2006, 대한화학회) (종)불교

진 제(眞 際) Jin Jae

(생)1934·1·12 (출)경남 남해 (주)대구광역시 동구 동화사1길 1 팔공총림 동화사(053-980-7900) (학)1952년 해인사강원 대교과 수료 (경)1954년 해인사에서 석우선사를 은사로 득도 1957년 통도사에서 구족계 수지 1967년 향곡선사로부터 법을 인가 받아 경허·혜월·운봉·향곡선사로 전해내려온 법맥을 이음(석가여래부촉법 제79법손) 1971년 해운정사 창건 1979년 해운정사 금모선원 조실 1991년 선학원 이사장·중앙선원 조실 1993년 부산광역시불교연합회 증명 1994~2013년 팔공산 동화사 금당선원 조실 1996년 대한불교조계종 기본선원 조실 1998년 백양사 1차무차선대법회 초청법주 1999년 경주 금천사 창건 2000년 문경 봉암사 조실 2000년 백양사 2차무차선대법회 초청법주 2002년 국제무차선대법회 법주 2003년 대한불교조계종 원로의원 2004년 同대종사(현) 2009년 부산 벡스코 백고좌대법회 법주 2011년 미국 뉴욕 리버사이드교회 간화선대법회 법주 2012년 대한불교조계종 제13대 종정 2013년 同팔공총림 동화사 초대 방장(현) 2015년 '광복70주년 한반도통일과 세계평화를 위한 세계간화선무차대법회' 법주 2017년 대한불교조계종 제14대 종정(현) (저)법어집 '돌사람 크게 웃네', '선 백문백답', '고담녹월', '석인은 물을 긷고 목녀는 꽃을 따네'(2010), 'Open the Mind, See the Light', 'Finding the True Self', '참선이란 무엇인가? 마음의 고향에 이르는 길' (종)불교

진종근(陳鍾根) JIN Jong Geun

(생)1960·9·20 (출)경남 함안 (주)서울특별시 강북구 오패산로 406 강북경찰서(02-944-4206) (학)경남 함안고졸, 한국방송통신대졸 (경)1983년 순경 임용(공채) 1992년 경위 승진 2000년 충남 조치원경찰서 방범과장(경감) 2011년 서울지방경찰청 101경비단 2중대장 2003년 대통령경호실 경찰관리관실 근무(경감) 2006년 경북 예천경찰서 생활안전과장(경정) 2008년 서울지방경찰청 5기동대장 2009년 서울 은평경찰서 정보보안과장 2011년 서울지방경찰청 112센터장 2012년 서울 종암경찰서 정보보안과장 2013년 서울지방경찰청 202경비단 경비과장 2014년 경남지방경찰청 홍보담당관(총경) 2014년 치안정책과정 교육파견 2015년 경남 산청경찰서장 2016년 서울지방경찰청 청사경비대장 2017년 경기 의정부경찰서장 2017년 경찰병원 총무과장 2019년 서울 강북경찰서장(현) (상)대통령표창, 대통령경호실장표창, 행정안전부장관표창, 경찰청장표창

진창수(陳昌洙) CHIN Chang Soo

(생)1961·12·19 (본)여양(驪陽) (출)경남 김해 (주)경기도 성남시 수정구 대왕판교로851번길 20 세종연구소(031-750-7571) (학)1986년 서강대 정치학과졸 1988년 同대학원 정치학과졸 1994년 정치학박사(일본 도쿄대) (경)1995~1996년 서울대 지역종합연구소 특별연구원 1995년 서울대·서강대·단국대·인하대 시간강사 1995~1996년 서강대·고려대·숭실대 시간강사 1996년 서강대·한국외국어대·인하대 시간강사 1996~1999년 세종연구소 국제정치경제연구실 연구위원 2002~2015년 同일본연구센터장 겸 수석연구위원 2007~2009년 同부소장 겸임 2014년 대통령직속 통일준비위원회 외교안보분과위원회 전문위원 2015~2018년 세종연구소 소장 2016년 일본군위안부피해자지원을위한재단설립준비위원회 위원 2016~2017년 (재)화해·치유재단 이사 2018년 세종연구소 일본센터장(수석연구위원)(현) (저)'동아시아 정치체제(共)'(1998) '동북아 지역안보와 일본의 역할'(1998) '규제완화의 정치 : 비교연구'(1998) '북한문제의 국제적 쟁점(共)'(1999) '전환기의 일본 안보정책'(1999) '21세기 동북아 평화증진과 북한'(2001) '한국과 일본의 금융개혁'(2001) '동북아시아에서의 경제협력의 정치경제'(2002) '일본의 정부개혁'(2003)

진철민(陳哲珉)

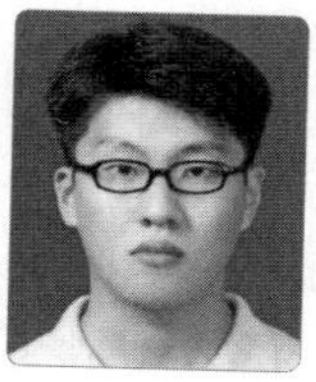

(생)1972·5·15 (출)전남 담양 (주)경기도 의정부시 녹양로34번길 23 의정부지방검찰청 형사3부(031-5182-4359) (학)1991년 광주 송원고졸 1996년 한양대 법학과졸 (경)1999년 사법시험 합격(41회) 2002년 사법연수원 수료(31기) 2002년 육군 군법무관 2005년 서울서부지검 검사 2007년 전주지검 군산지청 검사 2009년 인천지검 검사 2011년 광주지검 검사 2013년 서울중앙지검 검사 2016년 청주지검 부부장검사 2017년 전주지검 군산지청 형사2부장 2018년 대구지검 공판부장 2019년 의정부지검 형사3부장(현)

진철평(陳哲平) CHIN Chul Pyung

(생)1941·2·25 (출)서울 (주)서울특별시 서초구 서운로6길 22 (주)뉴코리아진흥 회장실(02-3473-4755) (학)1959년 서울고졸 1963년 서울대 상대 경제학과졸 2000년 한국외국어대 대학원 최고경영자과정 수료 (경)1965년 한국수산개발공사 무역부 입사 1976년 뉴코리아무역상사 설립·대표 1989년 (주)뉴코리아진흥 회장(현) 1993년 진안카벨 설립·대표이사 1996년 진안정보통신 설립·대표이사 1999년 한국무역대리점협회 연수원장 2001년 同회장 2002~2004년 한국수입업협회 회장 2003년 한국무역협회 이사 2004년 조선대 초빙객원교수 2006년 중국 CCPIT 명예회장 2015~2018년 한국무역협회 비상근부회장 (상)석탑산업훈장(2003), 삼육대총장 감사패(2003), 중국 상무부 감사패(2004) (종)기독교

진태옥(陳泰玉·女) JIN Tae Ok

(생)1934·6·20 (출)함남 원산 (주)서울특별시 강남구 삼성로758 (주)진태옥(02-518-8029) (학)1963년 국제복장학원졸 (경)1963년 이종천패션연구소 근무 1965년 프랑소와즈(여성복) 설립 1978년 베베프랑소와즈(아동복) 설립 1986년 프랑소와즈옴므(남성복) 설립 1987년 1·2회 Art To Wear(국립현대미술관 초대전) 1990년 서울패션디자이너협의회(SFAA : Seoul Fashion Artist Association) 결성·초대회장 1990년 SFAA 서울콜렉션 연속 발표 1992년 (주)진태옥 대표디자이너(현) 1994년 뉴욕 버그도프굿맨(Bergdorf Goodman) 백화점 입점 1996년 (주)클리포드社와 JINTEOK NECKWEAR 라이센스 브랜드 전개 1998년 영국 PHAIDON사 발행 'THE FASHION BOOK(ART분야 세계 최고의 권위지)'에서 '20세기를 빛낸 패션인 500인'에 한국인 최초로 선정 (상)동아일보제정 87디자이너상(1988), 상공부장관 최고디자이너상(1994), 대통령표창(1996), ELLE지 선정 올해의 디자이너상(1997), 정헌재단 정헌섬유산업상(1999), 화관문화훈장(2007), 세계패션그룹(FGI) 한국협회 올해의 패션대상(2009) (저)회고작품집 '비욘드 네이처(Beyond Nature)' (작)'서울올림픽 유니폼 디자인' '아시아나항공 유니폼 디자인' '평창올림픽 의상 디자인'(2018)

진현민(陳賢敏)

(생)1974·9·3 (출)전남 고흥 (주)서울특별시 서초구 서초중앙로 157 서울고등법원(02-530-1114) (학)1991년 광주 인성고졸 1995년 서울대 사법학과졸 (경)1996년 사법시험 합격(38회) 1999년 사법연수원 수료(28기) 1999년 공군 법무관 2002년 서울지법 판사 2004년 서울가정법원 판사 2006년 전주지법 판사 2010년 의정부지법 판사 2011년 사법연수원 교수 2013년 서울고법 판사 2014년 광주지법 목포지원·광주가정법원 목포지원 부장판사 2015년 서울고법 판사(현)

진현일(陳賢一)

(생)1972·10·13 (출)부산 (주)대구광역시 수성구 동대구로 366 대구지방검찰청 공공수사부(053-740-4542) (학)1991년 부산 구덕고졸 1999년 연세대 법학과졸 (경)2000년 사법시험 합격(42회) 2003년 사법연수원 수료(32기) 2003년 창원지검 검사 2005년 대구지검 영

덕지청 검사 2007년 수원지검 안산지청 검사 2009년 서울중앙지검 검사 2012년 울산지검 검사 2014년 대검찰청 검찰연구관 2016년 서울북부지검 검사 2017년 同부부장검사 2019년 광주지검 순천지청 부장검사 2019년 대구지검 공안부장 2019년 同공공수사부장(현)

진현지(陳炫志 · 女)
(생)1976 · 2 · 26 (출)서울 (주)울산광역시 남구 법대로 55 울산지방법원 총무과(052-216-8116) (학)1994년 경기여고졸 2002년 서울대 경제학과졸 (경)2001년 사법시험 합격(43회) 2004년 사법연수원 수료(33기) 2004년 서울북부지법 예비판사 2005년 서울고법 예비판사 2006년 서울중앙지법 판사 2008년 대전지법 판사 2011년 수원지법 판사 2015년 서울중앙지법 판사 2017년 서울동부지법 판사 2019년 울산지법 부장판사(현)

진현환(陳玄煥) JIN Hyun Hwan
(생)1965 · 4 · 3 (출)경북 김천 (주)세종특별자치시 도움6로 11 국토교통부 대변인실(044-201-3060) (학)1984년 김천고졸 1989년 연세대 경제학과졸 2006년 영국 버밍엄대 대학원 사회정책학과졸 (경)1992년 행정고시 합격(36회) 1996년 건설교통부 주택정책과 사무관 2001년 同차관 비서관 2002년 同주택정책과 서기관 2004년 국외 훈련(영국 버밍엄대) 2006년 同정책조정팀장 2008년 대통령실 행정관(국정기획 · 경제수석실) 2009년 국토해양부 주택정책과장(부이사관) 2011년 同도시정책과장 2012년 미국 연방정부(주택도시부) 파견 2014년 국토교통부 토지정책과장 2014년 同기획조정실 기획담당관 2015년 同장관 비서실장 2015년 同국토도시실 도시정책관(일반직 고위공무원) 2017년 국가공무원인재개발원 교육파견 2017년 국토교통부 공공주택추진단장 2018년 同주택토지실 주거복지정책관 2018년 同항공정책관 2019년 同대변인(현)

진형구(秦炯九) CHIN Hyung Gu
(생)1945 · 9 · 24 (출)경기 광주 (주)서울특별시 서초구 서초중앙로26길 18 진영빌딩3층 진형구법률사무소(02-535-2090) (학)1963년 서울 경복고졸 1967년 서울대 공대 전기공학과졸 1972년 同대학원 법학과졸 1975년 법학박사(서울대) 1980년 미국 서던메소디스트대 대학원 비교법학과졸(MCL) (경)1970년 사법시험 합격(11회) 1972년 사법연수원 수료(1기) 1972~1983년 부산지검 · 군산지청 · 서울남부지청 · 인천지청 · 법무부 검찰3과 검사 1983년 대검찰청 검찰연구관 1985년 同전산관리담당관 1986년 법무부 인권과장 1987년 同법무과장 1989년 서울지검 서부지청 형사2부장 1990년 서울고검 검사 1991년 서울지검 총무부장 1992년 同조사부장 1993년 전주지검 차장검사 1993년 서울지검 제2차장 1994년 同서부지청장 1995년 대검찰청 공판송무부장 1996년 同감찰부장 1998년 同공안부장 1999년 대전고검장 2000년 변호사 개업(현) 2002년 월간지 '차이나라이프' 발행인 2005~2011년 (주)한국DMB 회장 2006년 법무법인 산경 고문변호사 2008년 HG컨설팅그룹 대표이사 2011년 (주)한국DMB 사외이사 2013년 법무법인 강남 고문변호사 (상)홍조근정훈장(1983)

진형석(晋炯晳) Jin Hyeongseok
(생)1975 · 6 · 24 (주)전라북도 전주시 완산구 효자로 225 전라북도의회(063-280-3970) (학)전주대 경영대학 금융보험부동산학과졸, 고려대 경영대학원 기업경영연구과정 수료 (경)전주지역자활센터 운영위원, 전북도육상경기연맹 부회장, 더불어민주당 전북도당 중소기업특별위원회 위원장 2018년 전북도의회 의원(비례대표, 더불어민주당)(현) 2018년 同예산결산특별위원회 위원 2018년 同교육위원회 위원(현)

진 홍(陳 鴻) JIN Hong
(생)1958 · 9 · 10 (출)전북 전주 (주)서울특별시 마포구 월드컵북로54길 11 전자회관 12층 한국전자정보통신산업진흥회 부회장실(02-6388-6100) (학)1977년 전주고졸 1981년 연세대 경영학과졸 1982년 전북대 대학원졸 1990년 일본 사이타마대 대학원졸 (경)1982년 행정고시 합격(25회) 1982년 총무처 사무관 2001~2005년 대통령비서실 행정관 2005년 산업자원부 무역위원회 무역조사실장 2006년 산업자원부 전기위원회 사무국장 2007년 同지역산업균형발전기획관 2008년 지식경제부 기획조정실 정책기획관 2009년 同기후변화에너지정책관 2010~2011년 同무역위원회 상임위원(고위공무원) 2011~2014년 한국생산성본부(KPC) 회장 2016~2017년 전북도 정무부지사 2018년 한국전자정보통신산업진흥회 상근부회장(현) 2019년 3D융합산업협회 회장(현)

진홍순(晋洪順) JIN Hong Soon
(생)1949 · 11 · 7 (본)남원(南原) (출)전북 전주 (주)서울특별시 중구 세종대로 124 한국프레스센터 11층 뉴스통신진흥회(02-734-4813) (학)1968년 전주고졸 1974년 서울대 동양사학과졸 (경)1994년 KBS 보도국 정치부 차장 1997년 同통일부장 1998년 同정치부장 1999년 同보도국 부주간 2000년 同보도국 국제담당 주간 2001년 同보도국 취재1담당 주간 2002년 同보도국장 2003년 同보도본부 국제팀 베이징지국장 2006~2008년 同특임본부장 2009~2012년 同비상임이사 2018년 뉴스통신진흥회 이사(현) (종)불교

진효근(陳孝根) JIN Hyo Keun (和谷)
(생)1956·4·26 (출)서울 (주)전라남도 나주시 문화로 211 한전KPS PRM부(061-345-2124) (학)1975년 서울고졸 1979년 한양대 법학과졸 1986년 同대학원 법학과졸 1988년 미국 일리노이대 대학원 법학과졸 (경)1981년 사법시험 합격(23회) 1983년 사법연수원 수료(13기) 2002년 서울지방변호사회 당직변호사 운영위원장, 법무법인 신화 변호사 2009~2015년 서울중앙지방법원조정센터 상임조정위원 2014~2016년 교통안전공단 비상임이사 2015~2017년 대한변호사협회 감사 2017~2019년 한전KPS 법무팀 변호사 2019년 同PRM부 변호사(현) (저)'특허 실용신안 법률지식'

진희선(陳熹善)
(생)1964 · 2 · 17 (주)서울특별시 중구 세종대로 110 서울특별시청 행정2부시장실(02-2133-8680) (학)1988년 연세대 건축공학과졸 1996년 미국 아이오와주립대 대학원 도시계획학과졸 2007년 도시공학박사(연세대) (경)1987년 기술고시 합격(23회) 2003년 서울시 도시계획국 뉴타운사업반장 2004년 금천구 도시관리국장 2006년 서초구 도시디자인국장 2008년 서울시 도시계획국 도시관리과장 2011년 同주택본부 주거정비과장 2012년 同주택정책실 주거재생정책관 2014년 同주택정책실장 직대 2015년 同주택건축국장(지방이사관) 2015년 同도시재생본부장(지방관리관) 2018년 同행정2부시장(현)

진희섭
(생)1962 (출)전북 군산 (주)전라남도 해남군 해남읍 영빈로 61 해남경찰서(061-530-3210) (학)전주대 행정학과졸 (경)1992년 경위 임용(간부후보 40기) 2009년 광주동부경찰서 형사과장(경정) 2010년 광주지방경찰청 마약수사대장 2011년 同수사1계장 2012년 同수사2계장 2015년 同수사과 지능범죄수사대장 2016년 제주지방경찰청 형사과장 2017년 전남지방경찰청 정보화장비과장 2017년 전남 고흥경찰서장 2018년 제주지방경찰청 112상황실장 2019년 전남 해남경찰서장(현)

한국인물사전

2020

YONHAPNEWS

ㅊ

수록 순서 가나다 · 생년월일순

약 호 (생) 생년월일 (본) 본관 (출) 출생지
(주) 주소(연락처) (학) 학력 (경) 경력 : (현) → 현직
(상) 상훈 (저) 저서 (역) 역서
(작) 작품 (종) 종교

차경택(車冏澤)

(생)1962 · 6 · 27 (출)대구 (주)제주특별자치도 제주시 문연로 18 제주지방경찰청 외사과(064-798-3178) (학)경찰대 법학과졸(1기), 미국 플로리다주립대 대학원 범죄학과졸 (경)대구 달서경찰서 보안과장, 경기 의왕경찰서장, 駐태국 1등서기관, 경찰청 외사국 외사정보과 근무 2009년 대통령소속 군의문사진상규명위원회 파견(총경) 2010년 충남지방경찰청 청문감사담당관 2010년 충남 청양경찰서장 2011년 경찰청 외사기획과 근무(총경), 서울 용산경찰서 보안과장, 駐필리핀 영사, UN동티모르지원단 한국경찰단장 2014년 경기 연천경찰서장 2016년 경찰대학 기획협력과장 2017년 대전지방경찰청 보안과장 2018년 강원 태백경찰서장 2019년 제주지방경찰청 외사과장(현) (상)녹조근정훈장, 외교통상부장관표창 (저)'경찰외사론'

차경환(車京煥) CHA Kyung Hwan

(생)1969 · 1 · 7 (출)서울 (주)서울특별시 서초구 서초대로50길 8 관정빌딩 9층 법무법인 평안(02-3477-5495) (학)1987년 단국대사대부속고졸 1991년 서울대 법학과졸 (경)1990년 사법시험 합격(32회) 1993년 사법연수원 수료(22기) 1993년 軍법무관 1996년 서울지검 검사 1998년 대전지검 천안지청 검사 2000년 법무부 검찰4과 검사 2001년 同검찰1과 검사 2004년 서울서부지검 검사 2004년 대검찰청 검찰연구관 2007년 춘천지검 영월지청장 2008년 수원지검 부장검사 2008년 미국 LA 총영사관 법무협력관 2009년 서울고검 검사 2009년 대검찰청 정책기획과장 2010년 서울중앙지검 형사6부장 2011년 법무부 대변인 2012년 同정책기획단장 2012년 서울고검 검사 2013년 수원지검 제2차장검사 2015년 법무부 인권국장 2015년 서울고검 차장검사(검사장급) 2017년 대검찰청 기획조정부장 2018~2019년 수원지검장 2019년 법무법인 평안 대표변호사(현)

차광선(車光善) CHA Kwang Sun

(생)1946 · 9 · 10 (출)충남 아산 (주)서울특별시 강서구 금낭화로 234 국제청소년센터2층 세계도덕재무장(MRA/IC) 한국본부 총재실(02-2662-7360) (학)성남고졸, 명지대 영어영문학과졸, 문학박사(명지대) (경)1971~1972년 세계도덕재무장(MRA/IC) 한국본부 뉴스편집장 1972~1978년 명지중 · 고 영어교사 1978~1985년 한국청소년단체협의회 총무부장 · 기획부장 1982~1999년 세계도덕재무장(MRA/IC) 한국본부 이사 1986~2001년 한국청소년단체협의회 사무총장 1987~2005년 민주평통 자문위원 1989~1999년 문화관광부 청소년육성실무위원회 위원 1990~2004년 명지전문대 겸임교수 · 명지대 강사 · 호서대 초빙교수 1991~2001년 국제청소년광장(IYF) 준비위원장 1997~2000년 국무총리실 청소년보호위원회 정책자문위원회 위원 1998~2008년 아시아청소년단체협의회(AYC : 20개국) 수석부회장 1999~2012년 세계도덕재무장(MRA/IC) 한국본부장 1999~2013년 한국엡손청소년육성재단 이사 2001~2004년 국립중앙청소년수련원 전문위원 2003~2012년 서울시 청소년위원회 위원 2004년 동북아청소년(대학생)포럼 위원장(현) 2005~2009년 한국청소년단체협의회 부회장 2005~2012년 호서대 교양학부 교수 2006~2008년 국무총리실 국가청소년위원회 국제교류분과 위원 2007~2012년 청소년교류센터 소장 2009~2013년 한국청소년단체협의회 회장 2012~2017년 여성가족부 정책자문위원 2012년 세계도덕재무장(MRA/IC) 한국본부 총재(현) (상)서울시교육감표창(1976), 대통령표창(1991), 교육부장관표창(1992), 문화체육부장관표창(1995), 국민훈장 목련장(2002), 아시아청소년지도자상(2008), 세계청년지도자상(2009), 여성가족부 푸른성장대상(2012)

차광중(車光重) Cha Kwang Joong

(생)1945 (주)서울특별시 종로구 계동길 31 (주)삼양인터내셔날(02-3670-9710) (학)1971년 연세대 경영학과졸 (경)1970년 럭키 입사 1995년 LG화학 상무이사 1997년 옥산유통 대표이사 2001년 (주)삼양인터내셔날 대표이사 사장 2005년 (주)보헌개발 대표이사(현) 2017년 (주)삼양인터내셔날 대표이사 부회장(현)

차국헌(車國憲) Char, Kookheon

(생)1958 · 7 · 17 (주)서울특별시 관악구 관악로 1 서울대학교 공과대학 화학생물공학부 302동725호(02-880-7431) (학)1981년 서울대 화학공학과졸 1983년 한국과학기술원(KAIST) 화학공학졸(석사) 1989년 화학공학박사(미국 스탠퍼드대) (경)1983~1984년 럭키화학 중앙연구소 연구원 1989~1990년 미국 IBM Almaden Research Center 객원연구원 1990~1991년 LG화학 고분자연구소 선임연구원 1990년 미국물리학회 정회원 1990년 미국화학회 · 미국재료학회 정회원(현) 1991년 서울대 공과대학 화학생물공학부 조교수 · 부교수 · 교수(현) 1997년 스위스 로잔공대(EPFL) 재료공학과 초빙교수 1997~1998년 미국 Cornell Univ. 재료공학과 초빙교수 2005년 프랑스 EPEL 초빙교수 2006~2019년 서울대 융합과학기술대학원 교수 겸임 2009년 미국 매사추세츠공대(MIT) 초빙교수 2010년 서울대 공과대학 화학생물공학부장 2010년 미국물리학회 석학회원(현) 2010년 한국공학한림원 정회원(현) 2010~2017년 지능형유도조합체창의연구단(한국연구재단 지원) 연구단장 2011년 독일 구텐베르크연구재단(GRC) 석학회원(현) 2012년 한국과학기술한림원 정회원(현) 2016년 (주)LG화학 사외이사(현) 2017년 한국공학한림원 상임부회장(현) 2017년 서울대 공과대학장(현) 2017년 同공학전문대학원장(현) 2018년 한국고분자학회 수석부회장, 同회장(현) (상)한국반도체조합 시스템 집적 반도체 개발사업 선행기반 분야 우수연구개발상(2003), 서울대 우수연구교수(2003), 서울대 우수업적교수(2003), 한국화학공학회 최우수화공인상(2005), 독일 마인츠대 구텐베르크 리서치 어워드(2006), 한국공학한림원 젊은공학인상(2008), Merck Award(2010), 신양공학상(2011), 한국고분자학회 삼성고분자학술상(2012), 국무총리표창(2012) (저)'Block Copolymers and Adhesion between Immiscible Polymers'(1991) 'Changes of Interfacial Adhesion by The Addition of Reactive Polymers'(1997) 'SAXS and Rheological Studies on the Order-Disorder Transition in Mixtures of Polystyrene-b-Poly-isoprene-b-Polystyrene and Low Molecular Weight Polystyrene'(2000) 'The Rheology of Semiconductors'(2001) 'Session2 : Back-End Process & Low-k Inerconnect'(2004) 'Electronic Devices'(2004) 'Functional Polymer Films Volume 2 : Characterization and Applications-Hybrid Multilayer Films Containing Nano-Objects'(2011)

차규근(車圭根) CHA Gyu Geun

(생)1968 · 4 · 11 (출)경남 합천 (주)경기도 과천시 관문로 47 법무부 출입국 · 외국인정책본부(02-2110-4001) (학)1986년 대구 달성고졸 1991년 서울대 법학과졸 1995년 同대학원 법학과 수료 2005년 일본 규슈대 대학원 국제관계법학과졸 (경)1992년 사법시험 합격(34회) 1995년 사법연수원 수료(24기) 1998년 동신제약(주) 사외이사 2002년 서울지방변호사

ㅊ

회 재무위원회 간사 2002년 SBS 자문변호사 2002~2004년 여주대 감사 2003~2004년 대한변호사협회 법률구조재단 이사 2006~2011년 법무부 출입국 · 외국인정책본부 초대 국적 · 난민과장(부이사관) 2008~2011년 同국적법개정소위원회 위원 및 간사 2012~2017년 법무법인 공존 설립 · 대표변호사 2013년 외교통상부 재외공관영사선발 면접위원 2013년 한국이민학회 이사 2014년 중국동포연합중앙회 한국측 고문변호사 2017년 법무부 출입국 · 외국인정책본부장(현) (상)대한상공회의소회장표창(2010), 병무청장표창(2010), 법무부장관표창(2011), 보건복지부장관표창(2011) (저)'무죄다라고 말할 수 있는 용기'

차기철(車基哲) CHA Ki Chul

(생)1958 · 1 · 22 (출)대전 (주)서울특별시 강남구 언주로 625 (주)인바디(02-501-3939) (학)1976년 대광고졸 1980년 연세대 기계공학과졸 1982년 한국과학기술원(KAIST) 기계공학과졸(석사) 1988년 미국 유타대 대학원 생체공학과졸 1992년 생체공학박사(미국 유타대) (경)1982~1986년 대림기술연구소 연구원 1992~1995년 미국 하버드대 의대 연구원 1995~2014년 (주)바이오스페이스 대표이사 사장 2014년 (주)인바디 대표이사 사장(현) 2018년 한국과학기술원(KAIST)총동문회 제24대 회장(현) 2019년 한국공학한림원 정회원(전기전자정보공학 · 현) (상)연세 자랑스런 공학인상(2010), 과학기술훈장 웅비장(2012)

차기환(車基煥) CHAH Kee Whahn

(생)1963 · 2 · 22 (출)부산 (주)서울특별시 서초구 강남대로 299 강남메트로빌딩 10층 우정합동법률사무소(02-583-1288) (학)1981년 여의도고졸 1985년 서울대 법학과졸 1996년 미국 컬럼비아대 연수 (경)1985년 사법시험 합격(27회) 1988년 사법연수원 수료(17기) 1989년 軍검찰관 1998년 서울지법 의정부지원 판사 1998년 변호사 개업, (주)바른손 사외이사, 법무법인 두우 변호사, 우정합동법률사무소 공동대표변호사(현) 2009~2015년 방송문화진흥회 이사 2014년 4 · 16세월호참사특별조사위원회 비상임위원 2015년 한국방송공사(KBS) 이사(현)

차남규(車南圭) CHA Nam Gyu

(생)1954 · 1 · 1 (출)부산 (주)서울특별시 영등포구 63로 50 63한화생명빌딩 한화생명보험(주) 부회장실(02-789-8087) (학)1972년 부산고졸 1977년 고려대 법학과졸 (경)1979년 한화기계 입사 1996년 同이사보 1997년 同이사 1998년 FAG한화베어링(주) 상무 1999년 한화정보통신(주) 성남공장장(상무) 2001년 여천NCC(주) 상무이사 2002년 대한생명보험 지원총괄전무 2005년 同국제업무팀 중국주재 임원(전무) 2007~2009년 한화테크엠 대표이사 2009년 대한생명보험(주) 보험영업총괄 부사장 2012~2017년 한화생명보험(주) 대표이사 사장 2014~2015년 대한승마협회 회장 2017년 한화생명보험(주) 대표이사 부회장 2018년 同각자대표이사 부회장(현) (상)철탑산업훈장(2008)

차대영(車大榮) CHA Dae Young

(생)1957 · 7 · 27 (본)연안(延安) (출)경기 평택 (주)경기도 화성시 봉담읍 와우안길 17 수원대학교 조형예술학부 동양화과(031-220-2540) (학)1975년 환일고졸 1979년 홍익대 동양화과졸 1985년 同대학원 동양화과졸 2000년 동방대학원대 서화예술학 박사과정 수료 (경)1993~2016년 수원대 조형예술학부 한국화과 전임강사 · 조교수 · 부교수 · 교수 1996~1998년 同조형예술학부장 2001~2010년 (사)서울미술협회 부회장 2004~2009년 국제미술교류협회 회장 2010~2013년 (사)한국미술협회 이사장 2012~2014년 (사)한국문화예술단체총연합회 부회장 2016년 수원대 조형예술학부 동양화과 교수(현) 2016년 한국미술시가감정협회 이사장(현) 2017년 한국미술문화총연합회 초대 공동이사장(현) 2018년 외교부 문화예술자문위원(현) 2018년 수원대 미술대학원장(현) 2018년 同미술대학장 (상)대한민국미술대전 특선(1989), MBC미술대전 장려상(1991), 대한민국미술대전 대상(1991), 한국미술작가상(1999), MANIF 서울국제아트페 대상(1999), 환경부장관표창(2007), 올해의 예술가상(2012) (저)'미술과 생활'(2003, 대한교과서) (작)개인전 72회(미국 · 일본 · 중국 · 독일 · 프랑스 · 싱가폴 · 인도네시아 등), 해외전 및 기획단체전 1200회 (종)불교

차동민(車東旻) CHA Dong Min

(생)1959 · 11 · 29 (출)경기 평택 (주)서울특별시 종로구 사직로8길 39 세양빌딩 김앤장법률사무소(02-3703-1141) (학)1977년 제물포고졸 1981년 서울대 법학과졸 (경)1980년 사법시험 합격(22회) 1983년 사법연수원 수료(13기) 1983년 軍법무관 1986년 서울지검 검사 1989년 춘천지검 강릉지청 검사 1991년 법무부 검찰3과 검사 1993년 서울지검 검사 1994년 서울고검 검사 1995년 대전지검 강경지청장 1996년 대검찰청 검찰연구관 1998년 수원지검 공안부장 1999년 대검찰청 공보담당관 2001년 서울지검 특수3부장 2002년 同특수2부장 2003년 부산고검 검사 2004년 대검찰청 수사기획관 2005년 수원지검 안산지청장 2006년 대검찰청 기획조정부장 2008년 법무부 검찰국장 2009년 수원지검장 2009년 대검찰청 차장 2011년 서울고검장 2011년 김앤장법률사무소 변호사(현) 2013년 삼성언론재단 비상임이사(현) (상)황조근정훈장(2009)

차동언(車東彦) CHA Dong Eon

(생)1963 · 12 · 1 (출)울산 (주)서울특별시 강남구 테헤란로 317 동훈타워 법무법인 대륙아주(02-3016-8720) (학)1982년 경기고졸 1986년 서울대 법대졸 2007년 법학박사(동국대) (경)1985년 사법시험 합격(27회) 1988년 사법연수원 수료(17기) 1988년 육군 법무관 1991년 서울지검 동부지청 검사 1992년 미국 워싱턴주립대 대학원 연수 1993년 대구지검 경주지청 검사 1995년 인천지검 부천지청 검사 1996년 미국 조지워싱턴대 대학원 연수 1997년 수원지검 검사 1999년 서울지검 검사 2000년 춘천지검 부부장검사 2001년 창원지검 통영지청 부장검사 2002년 서울지검 부부장검사 2003년 인천지검 조사부장 2004년 의정부지검 형사3부장 2005년 부산지검 형사3부장 2006년 서울중앙지검 형사8부장 2007년 형사통합추진단장 파견 2008년 대구지검 2차장검사 2009년 광주지검 순천지청장 2009년 서울고검 검사 2010년 대검찰청 연구관 겸 국제협력단장 2010~2011년 대구고검 검사 2010~2011년 공정거래위원회 법률자문관 2011~2018년 법무법인 화우 변호사 2012년 서울 동대문구 법률고문(현) 2012년 법제처 법령해석심의위원회 위원(현) 2018년 법무법인 대륙아주 파트너변호사(현) (저)'형사증거법1'(2007, 법문사)

차동옥(車東鈺) CHAH Dong Ok

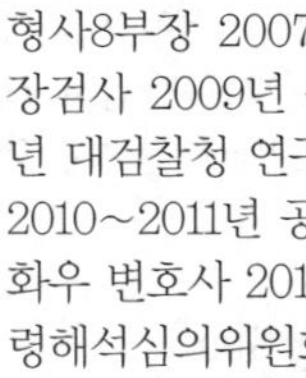

(생)1955 · 12 · 16 (출)충북 괴산 (주)서울특별시 종로구 성균관로 25-2 성균관대학교 경영학과(02-760-0457) (학)1975년 경복고졸 1982년 성균관대 영어영문학과졸 1984년 서울대 경영대학원졸 1992년 경영학박사(미국 메릴랜드대) (경)서울대 · 고려대 강사 1995년 성균관대 경영학과 교수(현), 대유리젠트증권(주) 사외이사, 한국경영자총협회 자문위원 2002년 성균관대 경영학과장 2005~2007년 同대외협력처장, 오성엘에스티(주) 비상근감사 2008~2009년 한국인사관리학회 회장 2008년 성균관대 경영학부 경영연구소장 2009년 同경영전문대학원 부원장, (사)한국리더십학회 부회장(현) 2011~2013년 성균관대 국제처장 2012~2013년 대한경영학회 회장 2012~2014년 현대증권(주) 사외이사 (저)'조직행동론'(2004, 성균관대 경영대학원 iMBA) '라이벌 리더십'(2007, (주)크레듀) '과천CS'(2008, 한국노동연구원 부설 뉴패러다임센터)

차동익(車東益) CHA, DONG IK

(생)1959·8·25 (주)경기도 안성시 금광면 금광오산로 252 (주)메덱셀(070-7542-4469) (학)1978년 충암고졸 1986년 연세대 의용공학과졸 1993년 同산업대학원 전자공학과졸 2004년 의용전자공학박사(연세대) (경)1985~1995년 (주)중외메디칼연구소 근무 1996~2007년 (주)GE Healthcare Korea 근무 2008~2014년 (주)원익 대표이사 2012년 (사)한국의료기기산업협회 이사 2014~2015년 (주)원익 메디컬본부장 2015년 (주)메덱셀 대표이사(현) 2018년 (사)한국의료기기산업협회 감사 (상)동탑산업훈장(2017)

차동호(車東虎)

(생)1961·11 (주)서울특별시 중구 세종대로9길 53 CJ대한통운(주) 임원실(02-3782-0114) (학)부산 금성고졸, 부산수산대 경영학과졸 (경)CJ GLS 운영본부장 2005년 同글로벌사업본부장(상무) 2011년 한국통합물류협회 택배위원회 부위원장 2013년 CJ GLS CL영업본부장(부사장대우) 2013년 CJ대한통운(주) 택배부문장(부사장대우) 2017년 同택배부문장(부사장) 2018년 同택배글로벌혁신TF 부사장(현) (상)동탑산업훈장(2015)

차맹기(車孟麒) CHA Maeng Kee

(생)1966·8·8 (본)연안(延安) (출)경남 밀양 (주)서울특별시 종로구 사직로8길 39 세양빌딩 김앤장법률사무소(02-3703-1114) (학)1985년 창원고졸 1990년 서울대 법학과졸 (경)1992년 사법시험 합격(34회) 1995년 사법연수원 수료(24기) 1998년 부산지검 검사 2000년 창원지검 통영지청 검사 2001년 창원지검 검사 2003년 서울지검 검사 2004년 서울중앙지검 검사 2005년 러시아 유전개발의혹사건 특별파견검사 2006년 수원지검 안산지청 검사 2007년 同안산지청 부부장검사 2008년 대검찰청 연구관 2008년 '이명박 특검법' 특별파견검사 2009년 부산지검 특수부장 2010년 서울남부지검 형사6부장 2011년 수원지검 특별수사부장 2012년 서울중앙지검 형사5부장 2013년 울산지검 형사1부장 2014년 서울북부지검 형사1부장 2015년 부산지검 제2차장검사 2016년 대전지검 천안지청장 2017년 수원지검 제1차장검사 2018년 의정부지검 고양지청장 2019년 김앤장법률사무소 변호사(현)

차명석(車明錫) Myeong-seok Cha

(생)1969·4·20 (출)서울 (주)서울특별시 송파구 올림픽로 25 잠실야구장 LG트윈스(02-2005-5709) (학)서울 성남고졸, 건국대졸 (경)1991년 '1992 KBO 신인드래프트' 2차 1라운드에서 전체 5번으로 태평양 돌핀스에 지명 1992~2001년 프로야구 LG 트윈스 소속(투수) 2001년 현역은퇴 2002~2003년 MBC ESPN 메이저리그 해설위원 2004년 프로야구 LG 트윈스 2군 투수코치 2006년 同2군 불펜코치 2009년 同2군 재활코치 2009년 同육성군 투수코치 2010년 同2군 투수코치 2012~2013년 同1군 투수코치 2014·2017년 MBC스포츠플러스 프로야구 해설위원 2015년 프로야구 LG 트윈스 1군 수석코치 2016년 프로야구 KT 위즈 육성군 투수 총괄코치 2018년 프로야구 LG 트윈스 단장(현) (상)스포츠서울 올해의 상(1997), 조아제약 프로야구대상 프로코치상(2013), CJ마구마구 일구상 지도자상(2013)

차명진(車明進) CHA Myeong Jin

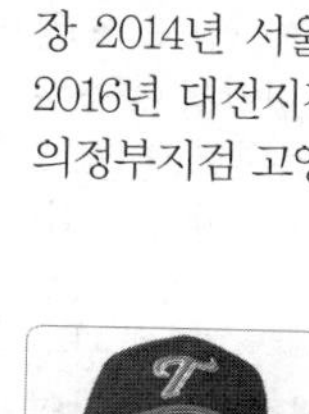

(생)1959·8·14 (본)연안(延安) (출)서울 (주)경기도 부천시 소사로 257 태한빌딩 5층 자유한국당 경기부천시소사구당원협의회(032-345-2001) (학)1978년 서울 용문고졸 1985년 서울대 정치학과졸 1996년 同대학원 정치학과졸 (경)1985~1989년 민주화운동·노동운동 1989년 민중당 노동위원회 '노동자의 길' 편집장 1990~1991년 同서울구로甲지구당 사무국장 1996~2000년 김문수 국회의원 보좌관 2000년 신한국당 입당 2000~2002년 한나라당 이회창 총재·대통령후보 보좌역 2003~2005년 경기도 공보관 2006년 한나라당 김문수 경기도지사후보 선대위 총괄실장 2006년 경기도지사직인수위원회 부위원장 2006년 제17대 국회의원(부천시 소사구 재보선당선, 한나라당) 2006~2008년 국회 정무위원회·예결산위원회·농해수위원회·운영위원회 위원 2007년 한나라당 이명박 대통령후보 선거대책위원회 미디어홍보본부장 2007년 同원내부대표 2008년 제18대 국회의원(부천시 소사구, 한나라당·새누리당) 2008년 한나라당 수석대변인 2008년 同경기도당 조직본부장 2010년 同공천심사위원회 부위원장 2010년 김문수 경기도지사후보 선거대책본부장 2010년 한나라당 경기도당 수석부위원장 2010년 국회 세계박람회지원특별위원회 한나라당 간사 2011년 한나라당 정책위 부의장 2011년 국회 국토해양위원회 위원 2011년 국회 저축은행비리국정조사특별위원회 한나라당 간사 2011년 한나라당 전략기획본부장 2012년 새누리당 경기부천시소사구당원협의회 운영위원장 2012년 제19대 국회의원선거 출마(부천시 소사구, 새누리당) 2016년 제20대 국회의원선거 출마(부천시 소사구, 새누리당) 2017년 자유한국당 경기부천시소사구당원협의회 운영위원장(현) (상)자유기업원 자유경제입법상(2008) (저)'초보정치인 차명진의 좌충우돌 의정일기'(2008) '정치, 그림속을 걷다'(2011) (종)가톨릭

차문중(車文中) TCHA Moon Joong

(생)1961·7·14 (주)서울특별시 서초구 서초대로74길 4 삼성경제연구소(02-3780-8001) (학)1980년 대성고졸 1984년 서울대 경제학과졸 1992년 경제학박사(미국 시카고대) (경)1992~2005년 호주 웨스턴오스트레일리아대 경제연구소 연구위원 1992~2005년 同경제학과 조교수·부교수·교수 1996년 호주국립대 초빙연구위원 1998년 한국개발연구원 국제정책대학원 초빙부교수 2001년 호주 웨스턴오스트레일리아대 경제연구소 부소장 2003년 한국개발연구원 초빙연구위원 2005년 同산업·기업경제연구부 선임연구위원 2007~2008년 同경제개발협력연구실장 2008~2010년 同부원장 겸 산업·기업경제연구부장 2011~2013년 同국제개발협력센터 소장 2013~2014년 경제부총리 겸 기획재정부 장관 선임자문관 2014~2015년 한국개발연구원 산업·서비스경제연구부장, 同정책대학원 교수 2015년 삼성전자(주) 상근고문 2015년 삼성경제연구소 대표이사 소장(부사장) 2017년 同대표이사 소장(사장)(현)

차문호(車文鎬) CHA Moon Ho

(생)1968·10·10 (출)전북 정읍 (주)서울특별시 서초구 서초중앙로 157 서울고등법원(02-530-1114) (학)1987년 전주 덕진고졸 1992년 서울대 사법학과졸 (경)1991년 사법시험 합격(33회) 1994년 사법연수원 수료(23기) 1994년 육군 법무관 1997년 전주지법 판사 2000년 同정읍지원 판사 2001년 서울지법 의정부지원 판사 2002년 同의정부지원 파주시법원 판사 2003년 同의정부지원 판사 2004년 서울중앙지법 판사 2006년 서울고법 판사 2007년 대법원 재판연구관 2009년 전주지법 부장판사 2010년 대법원 재판연구관 2012년 인천지법 부장판사 2012년 법원행정처 사법등기국장 겸임 2015년 서울중앙지법 부장판사 2016년 대전지법 수석부장판사 2016년 同헌법행정재판연구회장 2017년 대전고법 부장판사 2018년 서울고법 부장판사(현)

차문환(車文煥) CHA Moon Hwan

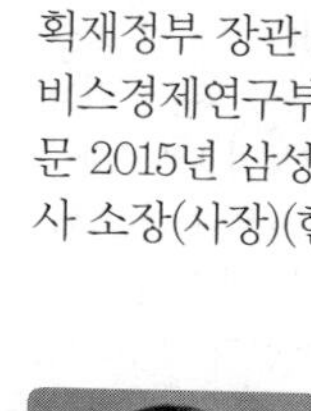

(생)1966·10·2 (주)서울특별시 중구 청계천로 86 한화케미칼 CA사업부(02-729-2700) (학)경동고졸, 서울대 화학공학과졸, 미국 스탠퍼드대 대학원 경영학과졸 (경)한화석유화학 CA 해외영업팀장(상무보) 2010년 한화케미칼(주) CA 해외영업팀장(상무보), 同솔라사업기획팀장(상

무보) 2014년 한화큐셀 상무 2015~2017년 同대표이사 2016년 국회 신·재생에너지포럼 운영위원(현) 2017년 한화종합화학 대표이사 2017~2018년 한화솔라파워 대표이사 겸 솔라사업부 상무 2018년 한화케미칼 CA사업부장(상무) 2019년 同CA사업부장(전무)(현)

차민규 CHA Min Kyu

(생)1993·3·16 (주)경기도 의정부시 시민로 1 의정부시청 직장운동경기부(031-828-2114) (학)서울 동북고졸 2016년 한국체육대졸 (경)2010년 제91회 전국동계체육대회 쇼트트랙 남자고등부 500m 은메달 2011년 제92회 전국동계체육대회 쇼트트랙 남자고등부 3000m계주 금메달·남자고등부 500m 금메달 2012년 제93회 전국동계체육대회 스피드스케이팅 남자 500m 금메달 2013년 제94회 전국동계체육대회 스피드스케이팅 남자 500m 금메달·남자 1000m 금메달 2015년 제45회 회장배 전국남녀스피드스케이팅대회 남자 500m 3위 2016~2019년 동두천시청 소속 2016년 제97회 전국동계체육대회 스피드스케이팅 남자 500m 금메달·남자 1000m 금메달 2016년 제51회 전국남녀종목별스피드스케이팅선수권대회 남자 500m 은메달·남자 1000m 금메달 2016년 국제빙상연맹(ISU) 스피드스케이팅월드컵 2차대회 남자 500m 3위 2016년 제43회 전국남녀스프린트스피드스케이팅선수권대회 남자 500m 1차레이스 1위·남자 500m 2차레이스 1위·남자 1000m 1차레이스 1위·남자 1000m 2차레이스 2위(남자부 종합우승) 2017년 제98회 전국동계체육대회 스피드스케이팅 남자 500m 금메달·남자 1000m 은메달 2017년 제28회 카자흐스탄 알마티동계유니버시아드 스피드스케이팅 남자 500m 금메달·남자 1000m 금메달 2017년 제8회 일본 삿포로 동계아시안게임 스피드스케이팅 남자 500m 동메달 2017년 국제빙상연맹(ISU) 스피드스케이팅월드컵 3차대회 남자 500m 은메달 2018년 제23회 평창동계올림픽 스피드스케이팅 남자 500m 은메달 2019년 국제빙상경기연맹(ISU) 스피드스케이팅월드컵 파이널 남자 500m 은메달(한국신기록 34초03 달성) 2019년 의정부시청 소속(현)

차민식(車敏植) CHA, Min-Sik

(생)1958·1·22 (본)연안(延安) (출)광주 (주)전라남도 광양시 항만대로 465 여수광양항만공사 사장실(061-797-4301) (학)1976년 광주제일고졸 1981년 서울대 법학과졸 2007년 동아대 대학원 물류시스템공학과졸 2011년 법학박사(서울대) (경)1982~1984년 삼미해운(주) 근무 1984~1986년 범양상선(주) 근무 1986~1991년 삼선해운(주) 근무 1991~2000년 서울라인(주) 근무 2000~2003년 (주)엔시스 근무 2004~2012년 부산항만공사 항만운영계획팀장·경영혁신팀장·선진경영팀장·기획조정실장 2012~2016년 同경영본부장(부사장) 2018년 여수광양항만공사 사장(현) (상)해양수산부장관표창(2006) (저)'국가임무의 기능사화와 국가의 책임'(2011, 경인문화사)

차민철(車敏哲) CHA Min Chul

(생)1960·1·6 (주)경기도 안산시 상록구 한양대학로 55 한양대학교 과학기술대학 나노광전자학과(031-400-5486) (학)1982년 서울대 물리학과졸 1984년 同대학원 물리학과졸 1992년 물리학박사(미국 인디애나대) (경)1987년 미국물리학회 회원(현) 1992~1995년 미국 켄터키대 박사후연구원 1995년 한국물리학회 회원(현) 1995~2016년 한양대 과학기술융합대학 응용물리학과 교수 1998년 고등과학원 준회원(현) 2003년 미국 예일대 방문교수 2007년 미국 인디애나대 방문연구원 2017~2019년 한양대 과학기술융합대학장 2017년 同과학기술융합대학 나노광전자학과 교수(현) 2017~2018년 한국물리학회 네이버사전특별위원회 위원

차범근(車範根) CHA Bum Kun

(생)1953·5·22 (본)연안(延安) (출)경기 화성 (주)서울특별시 종로구 평창6길 54 차범근축구교실(02-796-7979) (학)1973년 경신고졸 1976년 고려대 체육학과졸 (경)1971년 청소년 국가대표 1972~1978년 국가대표 축구선수 1979~1983년 독일 분데스리가 프랑크푸르트팀 소속 1983~1989년 독일 분데스리가 레버쿠젠팀 소속 1986년 멕시코월드컵 국가대표 1990~1994년 프로축구 현대 감독 1990년 차범근축구교실 회장·이사장(현) 1997~1998년 국가대표축구팀 감독 1998~1999년 중국 선천 핑안클럽 감독 1999년 영국 축구전문지 월드사커 「20세기 세계축구를 움직인100인」에 선정 2001년 MBC 축구해설위원 2004~2010년 프로축구 수원 삼성 블루윙즈 감독 2004년 '2004 K리그' 우승 2005년 A3닛산챔피언스컵(한·중·일 프로축구 챔피언 왕중왕전) 우승 2005년 수퍼컵 우승 2005·2008년 프로축구 삼성하우젠컵 우승(2회) 2006년 MBC 독일월드컵 해설위원 2008년 프로축구 삼성하우젠 K리그 챔피언결정전 우승 2009년 2022월드컵유치위원회 유치위원 2010~2014년 SBS 해설위원 2010년 폭스바겐코리아 뉴 페이톤 홍보대사 2013년 독일 프랑크푸르트 '레전드 베스트 11' 선정 2016~2017년 2017국제축구연맹(FIFA) 20세이하(U-20) 월드컵조직위원회 부위원장 2016년 국제축구역사통계재단(IFFHS) 선정 '축구 레전드 48인' 2017년 독일 분데스리가 홍보대사(현) 2017년 독일 프로축구 분데스리가 '레전드 9인'에 선정 2017년 대한체육회 선정 '스포츠영웅 명예의 전당'에 헌액(축구인 최초) (상)체육훈장 기린장(1975), 체육훈장 백마장(1979), 프로축구감독상(1994), 아시아축구연맹(AFC) 선정 아시아 최고지도자(1997), 한국올림픽성화회 올해의 지도자상, 독일 축구역사가협회 선정 20세기 최고의 아시아축구선수, 삼성하우젠 K리그 감독상(2008), 조선일보제정 2008원저어워즈 한국축구대상 감독상(2008), 아시아축구연맹(AFC) 공로상(2010), 제1회 한국패션100년어워즈 스포츠부문 수상(2011) (저)'내 얼굴이 못생겼다구요'(1990, 우석출판사) '슈팅메시지 차범근에세이1'(1997, 우석) '그라운드 산책 차범근에세이2'(1997, 우석) '네 꿈을 펼쳐라'(1998, 진선출판사) (작)'그라운드에서 들리는 하나님의 음성'(음성간증 테이프) (종)기독교

차범준(車帆濬)

(생)1978·3·19 (출)강원 춘천 (주)경상남도 창원시 성산구 창이대로 669 창원지방검찰청 공공수사부(055-239-4622) (학)1996년 춘천고졸 2002년 고려대 법대졸 (경)2001년 사법시험 합격(43회) 2004년 사법연수원 수료(33기) 2004년 공익법무관 2007년 대구지검 서부지청 검사 2009년 광주지검 목포지청 검사 2011년 수원지검 검사 2013년 대검찰청 검찰연구관 2015년 서울중앙지검 검사 2018년 同부부장검사 2019년 창원지검 공안부장 2019년 同공공수사부장(현)

차봉근(車奉根) CHA Bong Kun

(생)1965·5·25 (주)서울특별시 영등포구 국제금융로6길 42 (주)삼천리 사업본부(02-368-3300) (학)영남대 화학공학과졸, 서강대 대학원 경영학과졸 (경)(주)삼천리 도시가스사업총괄 도시가스기획담당 이사대우 2011~2012년 同도시가스사업본부 안전기술담당 2013년 同도시가스사업본부 영업담당 이사 2014~2015년 (주)휴세스 대표이사 상무 2015~2016년 (주)삼천리 사업본부 안전기술담당 상무 2017년 同사업운영본부 인천지역본부장(상무) 2018년 同운영본부 마케팅담당 상무 2019년 同사업본부 마케팅담당 상무(현)

차봉진(車奉晋) CHA Bong Jin

(생)1957·12·20 (주)서울특별시 관악구 관악로 1 서울대학교 약학대학 신약개발센터(143동) 301호 진양제약 생명과학연구소(02-3470-0470) (학)1979년 서울대 약대 제약학과졸 1983년 同약학대학원 약제학과졸 1998년 약학박사(서울대) (경)2003년 동아제약(주) 천안공장장(상무) 2005년

同생산본부장 2007~2009년 同연구소 제품개발연구소장(상무) 2010~2013년 同생산본부장(전무), 한국PDA 이사, 한국공기청정협회 전문위원, 식품의약품안전청 중앙약사심의위원회 전문가, 한국제약협회 GMP위원, 한국약제학회 이사, 식품의약품안전처 중앙약사심의위원회 전문가 2014~2015년 동아ST 생산본부장(부사장) 2017년 진양제약 생명과학연구소장(부사장)(현) (저)'공기청정편람'(共) '제10개정 약전해설서'(共) (종)천주교

차상현 Cha Sang Hyun

(생)1974 · 11 · 7 (주)서울특별시 마포구 월드컵로 240 서울월드컵경기장內 4층 GS칼텍스 서울KIXX 배구단(02-376-3012) (학)1993년 마산중앙고졸 1997년 경기대졸 (경)1997~2004년 프로배구 삼성화재 블루팡스 소속 2004년 경기대 배구팀 코치 2005~2006년 프로배구 LIG손해보험 코치 2007년 월드리그국제남자배구대회 국가대표팀 트레이너 2007~2011년 상무신협 배구단 코치 2009년 남자배구 국가대표팀 감독대행 2011~2014년 GS칼텍스 서울KIXX배구단 코치 2016년 同감독(현)

차석용(車錫勇) CHA Suk Yong

(생)1953 · 6 · 9 (본)연안(延安) (출)서울 (주)서울특별시 종로구 새문안로 58 LG광화문빌딩 (주)LG생활건강 비서실(02-3773-1114) (학)1974년 경기고졸 1982년 미국 뉴욕주립대 경영학과졸 1984년 미국 코넬(Cornell)대 경영대학원졸(MBA) (경)1985년 미국P&G 근무 1998년 P&G 쌍용제지 대표이사 사장 1999년 한국P&G 대표이사 사장 2001년 해태제과 대표이사 사장 2003년 국민은행 사외이사 2004년 LG생활건강 대표이사 사장 2007년 코카콜라음료 대표이사 사장 2009년 2018 평창동계올림픽유치위원회 감사 2010년 더페이스샵 대표이사 사장 2011년 코카콜라음료 대표이사 부회장 2011년 더페이스샵 대표이사 부회장 2011년 LG생활건강 대표이사 부회장(현) (상)산업자원부 수출의탑(1999), 국무총리표창(2002), 로지스틱스 CEO대상(2003), 매경이코노미 선정 '100대CEO'(2007 · 2008 · 2009 · 2010~2014 · 2016~2017), 제15회 BPW골드 어워드(2008), 한국국제경영학회 글로벌CEO대상(2009), 아시아머니 선정 '한국최고경영자'(2009 · 2010), 제44회 납세자의날 대통령표창(2010), 아시아머니 선정 '한국최고경영자'(2010), 매경이코노미 선정 '올해의 CEO'(2012 · 2014 · 2015), 조선비즈 선정 '베스트 CEO'(2013 · 2014), 포춘코리아 선정 '올해의 CEO'(2014), 환경부장관표창(2015), 국민훈장 동백장(2015), 하버드비즈니스리뷰 선정 '베스트 퍼포밍 코리안 최고경영자 1위'(2015), 한경비즈니스 선정 '올해의 CEO'(2015) (종)기독교

차석주(車錫柱)

(생)1962 · 3 (주)서울특별시 서초구 헌릉로 12 현대자동차(주) 인사팀(02-3464-1114) (학)영국 맨체스터대 대학원졸 (경)현대자동차 안전성능개발실장, 同중국기술연구소장(상무) 2018년 同중국기술연구소장(전무) 2018년 同중국제품개발본부장(부사장)(현)

차성수(車聖秀) CHA Sung Soo

(생)1957 · 2 · 1 (출)경기 용인 (주)서울특별시 영등포구 63로 50 한국교직원공제회 이사장실(02-767-0620) (학)휘문고졸 1983년 고려대 사회학과졸 1986년 同대학원 사회학과졸 1996년 사회학박사(고려대) (경)1986~1989년 고려대 · 동아대 · 한양대 강사 1988~1989년 한국사회연구소 노동분과 팀장 1989~2006 · 2008~2010년 동아대 사회학과 교수 1994~1996년 부산시 고용심의위원회 실무위원 1998~2002년 부산참여자치시민연대 정책기획위원장 1998~2000년 KBS 부산방송총국 시청자위원회 위원 1999~2004년 (사)시민정보미디어센터 정책위원장 2000~2005년 주민자치센터풀뿌리네트워크 연구기획위원 2001~2002년 부산발전연구원 연구기획위원 2001~2006년 한국지역사회학회 연구이사 2002~2003년 한국산업사회학회 부회장 2002~2004년 민주주의사회연구소 NGO분과팀장 2002~2003년 부산시 도시혁신위원회 위원 2003~2004년 同인재개발협의회 위원 2003~2004년 국가균형발전위원회 전문위원 2003~2005년 동북아전략연구원 연구기획위원 2006~2007년 대통령 사회조정1비서관 2006~2007년 대통령 시민사회비서관 2007~2008년 대통령 시민사회수석비서관 2009년 노무현재단 상임운영위원 · 이사 2010년 서울시 금천구청장(민주당 · 민주통합당 · 민주당 · 새정치민주연합) 2011년 인간도시컨센서스 고문 2014~2018년 서울시 금천구청장(새정치민주연합 · 더불어민주당) 2018년 한국교직원공제회 이사장(현) (상)대통령표창(2016) (역)'사회과학개론(共)'(1986) '한국전쟁의 전개과정(共)'(1989) '사회과학개론 Ⅱ(共)'(1990) '21세기 프론티어 전환의 물결과 신발전 모델(共)'(1994) '민주주의와 자본주의(共)'(1994) '매니페스토 전략과 실제(共)'(2006) (종)기독교

차성수(車誠洙)

(생)1966 · 7 · 27 (출)서울 (주)경상북도 경주시 충효천길 19 한국원자력환경공단(054-750-4114) (학)서울대 지질과학과졸, 同대학원 지구물리학과졸, 지구환경과학박사(서울대) (경)2006~2011년 에이멕코리아 부사장 2007~2011년 인천대교(주) 부사장 2007~2009년 민주평통 상임위원 2011~2012년 미국 버지니아공대 객원연구원 2012~2014년 에이맥코리아 대표이사 사장 2013~2014년 에이멕파트너스코리아 대표이사 사장 2014~2015년 베트남 호찌민공대 초빙교수 2016~2017년 서울대 지구환경과학부 객원교수 2016~2017년 (주)코센(TUV SUD KOCEN) 대표이사 사장 2018년 한국원자력환경공단 이사장(현) (상)대통령표창(2009)

차성식(車聖植) Cha Seong Sig

(생)1955 · 6 · 7 (출)광주 (주)광주광역시 북구 용봉로 77 전남대학교 지구환경과학부(062-530-3463) (학)1978년 서울대 해양학과졸 1980년 同대학원졸 1987년 이학박사(서울대) (경)전남대 해양학과 교수, 同지구환경과학부 교수(현) 1991년 미국 마이애미대 연구교수 1994년 전남대 해양학과장 2017~2019년 同대학원장 2017년 광주전남연구원 연구자문위원장(현)

차성진(車聲振) CHA Sung Jin

(생)1954 · 7 · 8 (출)경기 용인 (주)서울특별시 중구 세종대로 124 한국언론진흥재단 광고본부(02-2001-7114) (학)1982년 한국외국어대 러시아어학과졸, 同대학원 동구지역연구학과졸 (경)1982년 매일경제신문 기자 1990년 한겨레신문 편집부 근무 1995년 同뉴미디어국 부장 1997년 同편집부장 1999년 同제작국장 2000년 同증면 · 지면개편대책위원회 위원 겸 제작국장 2000년 同경영지원실장 2000년 同경영기획실장 2001년 同이사, 同객원기자, 한겨레시니어(주) 기획이사 겸 자서전학교장 2018년 한국언론진흥재단 광고본부장(상임이사)(현) 2019년 문화체육관광부 정부광고자문위원(현)

차성호(車成鎬)

(생)1969 · 2 · 15 (주)세종특별자치시 한누리대로 2120 세종특별자치시의회(044-300-7000) (학)남대전고졸, 충청대 사회복지과졸 (경)연봉초 운영위원장, 민주당 세종특별자치시당 청년위원장 더불어민주당 세종특별자치시당 사무처장 2014년 세종특별자치시의원선거 출마(새정치민주연합) 2017년 더불어민주당 제19대 문재인 대통령후보 세종특별자치시선

ㅊ

거대책위원회 선거연락소장 2018년 세종특별자치시의회 의원(더불어민주당)(현) 2018년 同산업건설위원회 위원장(현) 2018년 同공공시설물인수점검특별위원회 위원장(현) 2019년 同예산결산특별위원회 위원(현)

차순길(車淳吉)

(생)1970·9·9 (출)경북 예천 (주)서울특별시 서초구 반포대로 158 서울중앙지방검찰청 형사8부(02-530-4314) (학)1989년 김천고졸 1996년 연세대 법학과졸 (경)1999년 사법시험 합격(41회) 2002년 사법연수원 수료(31기) 2002년 인천지검 검사 2004년 부산지검 검사 2006년 서울중앙지검 검사 2009년 의정부지검 검사 2010년 법무부 통일법무과 검사 2012년 대구지검 검사 2015년 대검찰청 검찰연구관 2016년 서울중앙지검 부부장검사 2017년 법무부 법조인력과장 2018년 춘천지검 영월지청장 2019년 서울중앙지검 형사8부장(현)

차순도(車淳道) CHA Soon Do

(생)1953·7·10 (본)연안(延安) (출)대구 (주)대구광역시 중구 달성로 56 계명대학교 동산의료원 산부인과(053-250-7509) (학)1978년 경북대 의대졸 1982년 同대학원 병리학과졸 1988년 병리학박사(충남대) (경)1986~2018년 계명대 의대 산부인과학교실 전임강사·조교수·부교수·교수 1990~1991년 미국 매사추세츠대 Medical Center 연수 1998~2002년 同동산의료원 주임교수·과장 2005년 同동산의료원 부원장 2007년 同동산의료원 기획정보처장 2009~2013년 同의무부총장 겸 동산의료원장 2011년 한·키르키즈협회 회장(현) 2011년 인구보건복지회 대구경북지부장 2011~2018년 인간보건복지협회 대구경북지회장 2013~2017년 계명대 총장보좌역 2013년 대구의료관광진흥원 원장(현) 2013년 대구경북병원회 회장 2015년 메디시티대구협의회 회장(현) 2018년 계명대 의대 산부인과학교실 석좌교수(현) (종)기독교

차순영(車淳榮)

(생)1960·11·1 (출)부산 (주)서울특별시 강남구 삼성로 511 (주)코람코자산신탁(02-787-0000) (학)부산대 경영학과졸 (경)1987년 LG상사 입사 1996년 LG그룹 회장실 근무 2000년 LG상사 뉴욕·LA지사 근무, 同패션부문 기획심사·인재개발BSU장 2005년 同패션부문 경영지원실 부장 2006년 同숙녀복사업부장(상무) 2008년 (주)LG패션 혁신추진실장 2009년 同전략기획실장(상무) 2010년 同전략기획실장(전무) 2013년 同스포츠부문장 겸 신사캐주얼부문장 2014년 (주)LF 스포츠부문장 겸 신사캐주얼부문장(전무) 2014년 同경영혁신본부장(전무) 2017년 同경영지원부문장(부사장) 2019년 (주)코람코자산신탁 경영부문장(사장)(현)

차순오(車淳五)

(생)1968·4·23 (출)강원 횡성 (주)강원도 춘천시 금강로 28 자유한국당 강원도당 사무처(033-256-3201) (학)1987년 원주고졸 1994년 한양대 사회대학 관광학과졸 2019년 同공공정책대학원 지방자치학과졸 (경)1994년 민주자유당 입당(공채), 同원내기획국·조직국·의원국·대선기획단 부국장, 同대표최고위원 보좌역·원내대표 보좌역, 새누리당 정무위원회 전문위원, 同기획재정위원회·보건복지위원회 수석전문위원 2012~2013년 同조직국장 2013년 국회 정책연구위원(1급) 2013년 새누리당 기획조정국장 2014년 同중앙연수원 교수 겸 정책위원회 수석전문위원 2016년 同경기도당 사무처장 2017년 자유한국당 경기도당 사무처장 2019년 同강원도당 사무처장(현) (상)국회의장표창(2013)

차승재(車勝宰) TCHA Sung Jai

(생)1960·3·26 (출)서울 (주)서울특별시 중구 퇴계로36길 2 동국대학교 영화영상제작학과(02-2260-3771) (학)1986년 한국외국어대 불어교육과졸 (경)1986~1991년 강남 방배동에 '이색지대' 카페 운영 1995~2000년 (주)우노필름 설립·대표이사 사장 2000년 (주)싸이더스 부사장 2001년 同대표이사 사장 2004년 (주)싸이더스픽쳐스 대표이사 사장 2004~2009년 (주)싸이더스 FNH 각자대표이사 사장 2004~2013년 동국대 영상대학원 영화영상학과 부교수·교수 2007~2009년 同영상미디어대학장 겸 영상대학원장 2007~2012년 (사)한국영화제작가협회 회장 2007년 한류정책자문위원회 위원 2008년 한국문화산업단체연합 공동대표 2012년 한국대중문화예술산업총연합 회장 2013년 동국대 영상대학원 영화영상제작학과 교수(현) (상)청룡상 최우수작품상, 백상예술대상 작품상, 영화평론가상 최우수작품상, 황금촬영상 제작공로상, 대종상 심사위원특별상, 맥스무비 최고영화상 최고작품상(2004) (작)영화제작 '걸어서 하늘까지'(1992), '101번째 프로포즈'(1993), '너에게 나를 보낸다'(1994), '돈을 갖고 튀어라'(1995), '깡패 수업'(1996), '모텔 선인장'(1997), '비트'(1997), '8월의 크리스마스'(1998), '처녀들의 저녁식사'(1998), '태양은 없다'(1998), '유령'(1999), '행복한 장의사'(1999), '킬리만자로'(2000), '청춘'(2000), '나도 아내가 있었으면 좋겠다'(2000), '무사'(2001), '화산고'(2001), '썸머타임'(2001), '와니와 준하'(2001), '인디안썸머'(2001), '마리이야기'(2001), '고양이를 부탁해'(2001), '봄날은 간다'(2001), '결혼은 미친 짓이다'(2001), '정글쥬스'(2002), '서울'(2002), '로드무비'(2002), '살인의 추억'(2003), '지구를 지켜라'(2003), '싱글즈'(2003), '말죽거리 잔혹사'(2004), '범죄의 재구성'(2004), '늑대의 유혹'(2004), '슈퍼스타 감사용'(2004), '역도산'(2004), '내머리속의 지우개'(2004), '남극일기'(2005), '소년, 천국에가다'(2005), '천군'(2005), '연애'(2005), '연애의목적'(2005)

차연수(車連水·女) CHA Youn-Soo

(생)1959·10·17 (출)전북 전주 (주)전라북도 전주시 덕진구 백제대로 567 전북대학교 생활과학대학(063-270-3822) (학)1982년 전북대 식품가공학과졸 1984년 숙명여대 대학원졸 1993년 영양학박사(미국 테네시대) (경)1984~1986년 우석대 가정대학 식품영양학과 조교 1986~1987년 전북대·우석대·예수간호전문대 시간강사 1989~1991년 미국 테네시대 강의조교 1991~1993년 同실험조교 1993~1995년 전북대 의대 생화학교실 연구원 1993~1996년 원광대·전북대 시간강사 1996~1998년 여수수산대 식품영양학과 전임강사·조교수 1998년 전북대 생활과학대학 식품영양학전공 조교수·부교수·교수(현) 2006~2007년 한국운동영양학회 부회장 2007년 전북대 비만연구센터 센터장(현) 2008년 한국식품영양과학회 JMF 편집부위원장 2008년 (재)전주생물소재연구소 이사 2009년 전북대 생활과학대학장 2009년 전북대병원 기능성식품임상시험지원센터 임상책임교수(현) 2013~2015년 전북대 기획처장 2015년 同농생명식품연구개발원장(현) 2016년 한국과학기술한림원 정회원(농수산학부·현) 2018년 한국영양학회 회장 2019년 同포상특별위원장(현) (상)한국식품영양과학회 공로상(2004), 한국식품영양과학회 한식우수성논문공모전 우수상(2009), 한국과학기술단체총연합회 과학기술우수논문상(2010), 뉴트리라이트 학술상(2012), 대한비만학회 우수학술상(2014), 보건복지부장관표창(2016), 한국식품영양과학회 학술대상(2016)

차영구(車榮九) CHA Young Koo

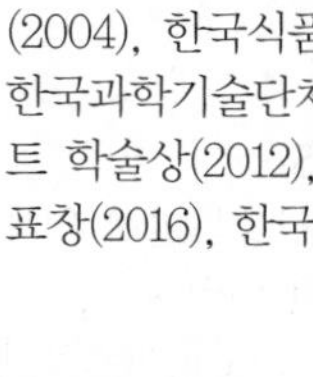

(생)1947·12·14 (본)연안(延安) (출)광주 (주)경기도 남양주시 진접읍 광릉수목원로 195 경희대학교 평화복지대학원(031-570-7012) (학)1970년 육군사관학교졸(26기) 1975년 서울대 대학원 외교학과졸 1977년 프랑스 사회과학대학원졸 1979년 국제정치학박사(프랑스 사회과학대학원) (경)1979년

육군사관학교 정치학과 조교수 1981~1993년 한국국방연구원 정책기획연구부장·실장 1985년 미국 버클리대 동아시아연구소 객원연구원 1989~1994년 21세기위원회 위원 1991년 일본 국제문제연구소 선임객원연구위원 1991~1995년 한·불문화협회 회장 1993년 한국국방연구원 군비통제연구센터 소장 1994년 국방부 정책기획국 차장 1998년 同대변인 1999년 同장관특별보좌관 1999년 同정책기획국장 2001~2004년 同정책실장 2004년 예편(육군 중장) 2004년 서울대 국제대학원 객원연구교수 2005~2006년 (주)팬택 상임고문 2007년 경희대 평화복지대학원 석좌교수(현) 2009~2011년 한국퀄컴(주) 사장 2009~2011년 퀄컴 미국본사 수석부사장 2011년 한국퀄컴(주) 고문 (상)보국훈장 삼일장, 보국훈장 천수장, 대통령표창 (역)'군과 미디어'

차영민(車永敏)

(생)1973·11·25 (출)충북 청주 (주)경기도 수원시 영통구 법조로 105 수원지방법원(031-210-1114) (학)1992년 서울 숭실고졸 1997년 서울대 사법학과졸 (경)1996년 사법시험 합격(38회) 1999년 사법연수원 수료(28기) 1999년 육군 법무관 2002년 서울지법 판사 2004년 서울동부지법 판사 2006년 대전지법 판사 2006년 미국 스탠포드대 연수 2010~2014년 서울고법 판사 2010~2012년 법원행정처 형사심의관 겸임 2014년 창원지법 부장판사 2015년 대법원 재판연구관 2017년 수원지법 부장판사(현)

차영수(車永洙) Cha Young Su

(생)1963·5·30 (주)전라남도 무안군 삼향읍 오룡길 1 전라남도의회(061-286-8200) (학)조선대 체육학과졸 (경)(주)해피아키 부사장(현), 한국청년회의소 강진청년회의소 제27대 회장, 한국대학역도연맹 회장(현) 2018년 전남도의회 의원(더불어민주당)(현), 同남북교류협력지원특별위원회 위원(현), 同안전건설소방위원회 위원 겸 예산결산특별위원회 위원(현)

차영주(車榮珠·女) CHA Young Joo

(생)1955·12·19 (출)서울 (주)서울특별시 동작구 흑석로 102 중앙대병원 진단검사의학과(02-6299-2720) (학)1980년 서울대 의과대학졸 1983년 同대학원 의학석사 1987년 의학박사(서울대) (경)1981~1984년 서울대병원 진단검사의학과 전공의 1984년 중앙대 의과대학 진단검사의학교실 임상강사·조교수·부교수·교수(현) 1988~2004년 同부속 용산병원 진단검사의학과장 1992~1995년 서울대 의과대학 검사의학교실 외래교수 1992~1993년 미국 미네소타주 Mayo Clinic Research Associate 1999년 동경도립노화연구소 연구교수 2004~2017년 중앙대병원 진단검사의학과장 2007~2014년 同임상의학연구소장 2007년 대한진단검사의학회 이사장 2007년 아시아진단의학검사표준화네트워크 부회장(현), 한국유전자검사평가원 이사장 2010~2011년 대한수혈학회 회장 2010년 일본 임상화학표준물질연구소 고문(현) 2010년 대한수혈학회 회장 2010년 미국 세계인명사전 'Marquis Who's Who'에 등재 2011~2013년 중앙대병원 의약학연구원장 2011~2017년 중앙대 의과대학 진단검사의학교실 주임교수 2012년 중앙대병원 헌혈센터장(현) 2014~2016년 同의생명연구원장 2015년 대통령소속 국가생명윤리심의위원회 위원(현) (상)한국바이오래드 정도관리대상(2006), 대통령표창(2010), 중앙대의료원 학술기여상(2010), 시사투데이 대한민국 신지식경영대상(2011), 중앙대 산학협력우수교수표창(2012), 중앙대의료원 연구업적상(2013), 대한혈액학회 학술상(2014), 대한진단검사의학회 우수논문상(2015), 대한임상화학회 우수논문상(2017)

차영환(車永煥) CHA Young Hwan

(생)1964·11·21 (출)서울 (주)세종특별자치시 다솜로 261 국무조정실 제2차장실(044-200-2400) (학)1984년 대일고졸 1988년 서울대 경제학과졸 1991년 同대학원 행정학과졸 2004년 경제학박사(미국 미주리대) (경)행정고시 합격(32회) 1995년 재정경제원 인력기술과 사무관 1998년 재정경제부 경제정책국 경제분석과 사무관 1999년 同경제정책국 종합정책과 사무관 2000년 同경제정책국 종합정책과 서기관 2005년 同정책조정국 기술정보과장 2006년 기획예산처 재원기획과장 2007년 재정경제부 경제정책국 인력개발과장 2007년 同정책홍보관리실 정책상황팀장 2008년 대통령 경제금융비서관실 행정관 2009년 기획재정부 경제정책국 경제분석과장 2010년 同경제정책국 종합정책과장 2012~2014년 국제부흥개발은행(IBRD) 파견 2014년 기획재정부 정책조정국 협동조합정책관(일반직고위공무원) 2015년 同정책조정국 성장전략정책관 2016년 同정책조정국장 2017년 대통령정책실 경제수석비서관실 경제정책비서관 2018년 국무조정실 제2차장(현) (상)근정포장(2007) (종)천주교

차용범(車鎔範) CHA Yong Bum (芳河)

(생)1955·7·23 (본)연안(延安) (출)경남 하동 (주)부산광역시 남구 수영로 309 경성대학교 신문방송학과(051-663-4114) (학)1980년 동아대졸 1982년 同대학원졸 1994년 미국 미주리주립대 신문대학원 국제언론정책과정 수료 2001년 법학박사(동아대) (경)1980년 부산일보 기자 1988년 부산매일신문 기자 1991년 한국기자협회 부산지부장 1992년 부산매일신문 사회부 차장 1993년 同사회부 부장대우 1994년 同사회부장 1994~2008년 동아대·부경대·경성대 강사·겸임교수 1996년 부산매일신문 논설위원 1997년 同편집국 부국장 1998년 同편집국장 1999년 부산언론인클럽 사무총장 2001~2014년 부산시 미디어센터장 2010년 봉생문화포럼 운영위원장 2014~2017년 벡스코(BEXCO) 상임감사 2015년 봉생문화포럼 회장(현) 2018년 부산환경공단 상임감사 2019년 경성대 신문방송학과 교수(현) (상)봉생문화상 언론부문(1991), 부산청년대상 지역개발부문(1992), 한국언론학회 언론상 탐사보도부문(1996) (저)기획르포 '낙동강 살아나는가'(1991) 보도평론집 '권력, 인권 그리고 언론'(1996) 칼럼집 '부산 부산사람 부산시대'(1999) '현대사회와 매스커뮤니케이션'(2003) '부산사람에게 삶의 길을 묻다'(2014) '기자답게 선비처럼'(2019, 미디어줌)

차용준(車庸準) Yong-Jun Cha

(생)1953·11·27 (출)부산 (학)1979년 부산수산대 식품공학과졸 1985년 공학박사(부산수산대) (경)1986~1993년 창원대 화학과 조교수·부교수 1986~1988년 同화학과장 1990~1991년 미국 루이지애나주립대 식품공학과 Post-Doc. 1991~1993년 同객원교수 1992~1994년 창원대 기초과학연구소장 1993~2019년 同식품영양학과 부교수·교수 1996~1997년 미국 미시시피주립대 식품공학과 객원교수 1997~1999년 창원대 식품영양학과장 2000~2004년 국립수산진흥원 겸임연구관 2000~2002년 한국수산학회 편집위원장 2004년 한국식품영양학회 부회장 2005년 한국식품영양과학회 감사 2005~2010년 산업자원부지원 지역혁신클러스트사업 창녕양파장류RIS사업단장 2005~2007년 경남도 양파연구소 겸임연구관 2005~2009년 거제시 발전기획위원회 위원 2006·2010년 한국식품영양과학회 부회장 2008~2015년 (재)창녕양파장류연구소 소장 2009년 미국 세계인명사전 'Marquis Who's Who in the World'에 등재 2009년 영국 국제인명센터(IBC) '21세기 저명한 지식인 2000명'에 등재 2009년 미국 인명연구소(ABI) '21세기 위대한 지성'에 선정 2010년 한국수산학회 부회장 2014~2015년 경남생명산업 비R&D기업지원사업단 단장 2017년 한국식품영양과학회 회장 (상)한국과학기술단체총연합회 과학기술우수논문상, 한국수산학회 최우수논문상, 한국식품영양과

학회 Nutrilite학술상(2005), 국가균형발전위원장표창(2006), 산업자원부장관표창(2회), 경남도지사표창, 중소기업청장표창, 창원대총장표창, 한국식품영양과학회 공로상(2018) (저)'Flavor and Lipid Chemistry of Seafoods'(1997) (종)기독교

차원석(車元錫) TCHA WON SOG

(생)1950·7·24 (본)연안(延安) (출)평남 평양 (학)1975년 가톨릭대 신학과졸 1981년 이탈리아 로마울바노대 대학원 철학과졸 1982년 同대학원 철학박사과정 수료 (경)1976년 명동 천주교회 보좌신부 1983년 문산 천주교회 주임신부 1984~1997년 가톨릭대 전임강사·조교수·부교수 1985년 同중세사상연구소장 1986년 同학생처장 1989년 가좌동 천주교회 주임신부 1994년 가톨릭대 기획조정처장 1995년 同기획처장 1997년 同인간학교실 교수 1997~2001년 同교학부총장 2001~2005년 화곡본동성당 주임신부 2006~2011년 압구정성당 주임신부 2011년 노원본당성당 주임신부 2016~2019년 천주교 서울대교구 대치2동성당 주임신부

차원천(車沅千) CHA WON CHEON

(생)1957·12·5 (주)서울특별시 송파구 올림픽로 300 롯데월드타워 27층 롯데컬처웍스(주)(1544-8855) (학)1979년 조선대 경영학과졸 1981년 同대학원 경영학과졸 (경)1999년 롯데그룹 경영관리본부 경영관리1·2팀 근무 2004년 同정책본부 운영2팀 근무 2013년 롯데쇼핑(주) 시네마사업본부 대표(상무) 2014년 同시네마사업본부 대표(전무) 2018년 롯데컬처웍스(주) 대표이사 전무 2019년 同대표이사 부사장(현)

차윤경(車尹炅) CHA Yun Kyung

(생)1955·5·18 (주)서울특별시 성동구 왕십리로 222 한양대학교 사범대학 교육학과(02-2220-1108) (학)1981년 서울대 교육학과졸 1983년 同대학원 교육학과졸 1986년 미국 스탠퍼드대 대학원 사회학과졸 1989년 철학박사(미국 스탠퍼드대) (경)1983년 태릉중 교사 1989년 한양대 사범대학 교육학과 교수(현) 2004년 同학생생활상담연구소장, 한국다문화교육학회 회장·고문(현), 다문화가족정책위원회 민간위원, 외국인정책위원회 민간위원 2014~2016년 한양대 사범대학장 겸 교육대학원장 2016년 同상담심리대학원장

차윤재(車允在) CHA Yoon Jae

(생)1957·2·2 (본)연안(延安) (출)충북 청주 (주)경상남도 창원시 의창구 사림로45번길 59 경상남도청소년지원재단(055-711-1300) (학)청주상업고졸, 한국신학대졸 (경)1990년 전국민족민주운동연합 중앙위원, 청주노동문제상담소 소장 1992년 민주정부수립을위한국민운동 충북본부 집행위원장 1993년 충북목회자정의평화실천협의회 회장 1994년 민주주의민족통일 충북본부 부의장 2000~2016년 마산YMCA 사무총장, 푸른마산21추진협의회 회장 2003~2007년 도시연대 공동대표 2003년 경남시민사회단체연대회의 대표 2005~2014년 지방분권운동 경남본부 집행위원장 2010~2011년 경남민주도정협의회 위원 2014~2018년 경남도교육청 경남교육정책협의회 위원 2018년 경상남도청소년지원재단 원장(현) 2019년 연합뉴스 경남취재본부 콘텐츠자문위원장(현) (종)기독교

차은경(車恩京·女)

(생)1968·3·22 (출)인천 (주)인천광역시 미추홀구 소성로163번길 17 인천지방법원 총무과(032-860-1169) (학)1986년 인천 인일여고졸 1990년 이화여대 경제학과졸 1992년 同대학원 경제학과졸 (경)1992~1993년 에너제경제연구원 근무 1998년 사법시험 합격(40회) 2001년 사법연수원 수료(30기) 2001년 법무법인 세종 변호사 2006년 수원지법 판사 2008년 서울중앙지법 판사 2010년 대구지법 김천지원 판사 2013년 수원지법 판사 2015년 서울중앙지법 판사 2016년 부산지법 부장판사(사법연구) 2016년 대구가정법원 부장판사 2018년 인천지법 부장판사(현)

차은영(車殷泳·女) CHAH Eun Young

(생)1962·10·25 (주)서울특별시 서대문구 이화여대길 52 이화여자대학교 경제학과(02-3277-2797) (학)1985년 이화여대 경제학과졸 1988년 미국 Univ. of California at San Diego 대학원 경제학과졸 1990년 경제학박사(미국 Univ. of California at San Diego) (경)1990년 국민경제제도연구원 초빙연구위원 1991~2003년 이화여대 경제학과 전임강사·조교수·부교수 1994~2000년 한국소비자보호원 정책연구심의위원 1996년 통상산업부 무역정책자문위원 1997년 한국여성경제학회 이사 1998년 재정경제부 금융발전심의위원 1999년 환경부 중앙환경보전자문위원 2001년 미국 Univ. of California at San Diego Department of Economics 객원교수 2003년 이화여대 경제학과 교수(현) 2003년 한국여성경제학회 편집위원장 2003년 재정경제부 재정자금심의위원 2003년 헤럴드경제신문 객원논설위원 2003년 이화여대 총무처 부처장 2004년 대통령자문 국민경제자문회의 위원 2005~2010년 하나은행 사외이사 2006년 이화여대 재무처 부처장 겸 자금팀장 2007~2009년 한국여성경제학회 회장 2007년 금융감독위원회 금융감독선진화추진위원 2007~2009년 기획예산처 부담금운용심의위원 2007년 노동부 퇴직연금심의위원 2008년 해군발전 자문위원 2009년 한국여성경제학회 고문(현) 2010년 기획재정부 복권위원회 위원 2010년 금융위원회 금융선진화합동회의 위원 2010~2018년 국민일보 경제시평 집필 2010·2012년 국무총리 산하 정부업무평가위원회 민간위원 2011년 삼성카드(주) 사외이사 2017년 하나금융지주 사외이사(현) (저)'지방화와 여성'(1998, 미래인력연구센터) '페미니즘의 수용과 학문체계의 변화'(2003, 이화여대 한국여성연구원) '경제학의 이해'(2003, 이화여대 사회과학연구소) '사회과학의 이해'(2004, 이화여대 출판부) '경제의 최전선을 가다'(2007, 리더스북) '남북관계사 : 갈등과 화해의 60년'(2009, 이화여대 출판부)

차의환(車義煥) TCHA Ui Hwan

(생)1947·3·15 (출)울산 (주)울산광역시 남구 돋질로 97 울산상공회의소 임원실(052-228-3017) (학)1966년 부산상고졸, 건국대 정치외교학과졸, 연세대 행정대학원졸, 경제학박사(프랑스 보르도1대) (경)1976~1991년 경제기획원 외자관리국·물가정책국·경제기획국 근무 1998년 국무총리국무조정실 심사평가총괄과장 2002~2003년 同수해방지대책기획단 기획총괄국장 2002~2005년 한국외국어대 행정학과 겸임교수 2003년 국무총리국무조정실 심사평가2심의관 2004년 대통령 혁신관리비서관 2006~2008년 대통령 혁신관리수석비서관 2008~2013년 건국대 행정대학원 석좌교수 2009년 울산상공회의소 상근부회장(현) 2010년 중국 칭다오국제상공회의소 특별고문 2012년 동국대 행정학과 겸임교수, 울산과학기술대 경영학과 겸임교수 2019년 연합뉴스 울산취재본부 콘텐츠자문위원장(현) (상)부총리 겸 경제기획원장관표창, 대통령표창, 홍조근정훈장(1996), 황조근정훈장(2007) (저)'정책평가의 이론과 실제'(1999) '정부혁신의 전략과 변화관리'(2007) '회야강의 달'(2013) '회야강의 달'(2014)

차인규(車仁圭)

(생)1957·7·26 (주)경기도 용인시 기흥구 마북로 240번길 17-4 현대자동차그룹 인재개발원 마북캠퍼스(031-8014-6300) (학)장훈고졸, 성균관대 기계공학과졸 (경)현대자동차(주) 기획조정실 R&D담당, 현대엔지비 R&D본부 연구개발기획팀장 2006년 同사업총괄 이사대우 2008년 현대자동

차(주) 차량정보사업실장(이사) 2010년 同연구개발기획실장(상무) 2012년 同차량개발정보센터장 2013년 同연구개발기획조정실장(전무) 2014년 同시험담당 전무 2014~2017년 현대엠엔소프트(주) 대표이사 2017년 현대자동차그룹 전략기술연구소 미래전략사업부장 2017년 同오픈이노베이션전략사업부장(부사장) 2019년 同인재개발원장(현)

차인덕(車仁德) CHA In Duk

(생)1956·8·12 (출)서울 (주)서울특별시 영등포구 의사당대로 82 하나대투증권빌딩 6층 도시바글로벌커머스솔루션즈코리아 임원실(02-3279-0001) (학)1975년 경복고졸 1980년 성균관대 경제학과졸 1984년 미국 위스콘신대 경영대학원졸 2003년 서울대 경영대학원 최고경영자과정 수료 (경)1984~1991년 시티뱅크코리아 영업·마케팅매니저 1991~1998년 디지털이퀴프먼트코리아 영업·마케팅매니저 1998~2001년 컴팩코리아 이커머스사업본부장 2001~2014년 도시바코리아(주) 대표이사 사장 2010~2018년 디지틀조선 사외이사 2015~2017년 도시바테크코리아 대표이사 2017년 도시바글로벌커머스솔루션즈코리아 대표이사(현) (상)시티코프 Chairman's appreciation 어워드(1988), 디지털아시아매니지먼트 엑셀런스 프로그램 위너(1996), 디지털아시아 리더십 엑셀런스 프로그램 위너(1997), 컴팩 피나클클럽 쿼타어치버상(2001), 컴팩 월드와이드 베스트세일즈 디렉터상(2001), 식스시그마 블랙벨트(2003), 도시바 MI 이노베이션 어워드(2006) (저)'미래는 꿈을 닮는다(共)'(2007)

차인준(車仁濬) CHA In June

(생)1951·12·8 (본)연안(延安) (출)울산 울주 (주)서울특별시 중구 마른내로 9 학교법인 인제학원(02-2004-4522) (학)1970년 부산고졸 1977년 서울대 의대졸 1979년 同대학원졸 1985년 임상독성학박사(서울대) (경)1977~1979년 서울대 조교 1979~1982년 국군 지구병원 연구부 독성학 과장 1982~1995년 인제대 의대 조교수·부교수 1984~1988년 同교무담당 학장보(교무과장) 1986~1987년 미국 국립환경보건원(NIEHS : Genetic Toxicology, Br. National Institute of Environmental Health Science) 객원연구원 1987~1989년 인제대 교학과장 1989~1991년 同의예과장 1990~1991년 同대학원장보 1991~1993년 同농어촌연구소장 1991~1997년 同기획홍보실장 1996~2014년 同의대 약리학교실 교수 1996~2001년 同부산백병원 임상약리센터 소장 1997~1999·2000~2004년 同부총장 2003~2004년 同평가기획실장 2004~2008년 同대학원장 2005~2007년 同첨단산업기술대학원장 2008~2014년 同특별자문위원 2008년 대한약리학회 회장 2014~2018년 인제대 총장 2016년 부산·울산·경남·제주지역대학교총장협의회 회장 2017년 학교법인 인제학원 이사(현) (상)청조근정훈장(2019) (저)'성선 호르몬과 길항제'(1988, 도서출판 한우리) '약리학' '96감염학'(1996, 인제대) '97감염학'(1997, 인제대) '임상감염학1'(1998, 인제대 출판부) '심장학'(1998, 인제대) '임상감염학'(1998, 인제대) '성선 호르몬과 길항제'(1998, 도서출판 한우리) '99심장학'(1999, 인제대) '간추린 약리학(共)'(2002, 정문각) '신토불이 항균제'(2004, 법문사) '대학 IMF 도전과 희망'(2005, 백산출판사) '교육 Korea 30'(2011, 박문사)

차인호(車仁浩) CHA In Ho

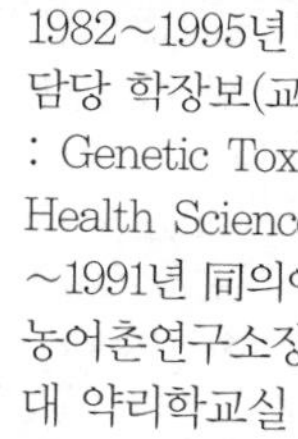

(생)1959·9·21 (주)서울특별시 서대문구 연세로 50-1 연세대학교 치과대학(02-2222-3130) (학)1984년 연세대 치의학과졸 1991년 同대학원 치의학과졸 2000년 치의학박사(고려대) (경)1990년 연세대 치과대학 구강악안면외과학교실 연구강사·전임강사·조교수·부교수·교수(현), 대한구강악안면외과학회 정회원, 대한악안면성형재건외과학회 정회원, 세계구강악안면외과학회 정회원 2008년 연세대 치과대학병원 구강악안면외과 과장 2008년 同치과대학 구강악안면외과학교실 주임교수 2013~2015년 대한악안면성형재건외과학회 회장 2014~2016년 연세대 치과대학병원장 2016~2018년 연세대의료원 감사실장 (상)대한구강악안면외과학회 심계학술상(2014) (저)'구강암'(2002) '구강암의 수술'(2003) '악안면성형재건외과학'(2004) '구강악안면 임프란트학'(2004) '구강악안면외과학 교과서'(2013) (역)'치과치료계획의 길라잡이'(1999) (종)천주교

차장훈(車將勳) CHA, JANG-HOON

(생)1965·1·2 (본)연안(延安) (출)경남 창녕 (주)서울특별시 영등포구 국제금융로 24 유진투자증권(02-368-6600) (학)1983년 대성고졸 1989년 고려대 사회학과졸 1994년 同대학원 경제학과졸 (경)1994~1999년 대우경제연구소 채권팀 선임연구원 1999~2004년 다임인베스트먼트 채권운용팀장 2004~2007년 산은자산운용 채권운용팀장 2007년 CJ자산운용 채권운용본부장 2008~2009년 HI자산운용 채권운용본부장 2009년 유진투자증권 채권운용파트장(상무보) 2011년 同채권금융본부장(상무보) 2011년 同채권금융본부장(상무) 2012~2018년 同채권금융본부장(전무) 2018년 同전문위원(현) (종)기독교

차재연(女)

(생)1965 (출)서울 (주)서울특별시 강남구 테헤란로 422 kt타워17층 (주)KT에스테이트(02-2040-3002) (학)1988년 서울대 경영학과졸 1991년 同대학원 경영학과졸 (경)1991~1999년 (주)KT 경영연구소 연구원 1999년 同기획조정실 근무 2002년 同재무실 원가담당 2003년 同가치경영실 자금담당 부장 2010년 (주)KTDS 경영지원실장(CFO·CIO) 2010년 (주)KT 코퍼레이트센터 그룹시너지TF장(상무) 2012년 同가치경영실 자금담당 상무 2014년 同비서실 재무담당 상무 2015년 비씨카드(주) 경영기획부문장(전무) 2018년 (주)KT에스테이트 경영기획실장(전무) 2018년 同경영기획총괄 부사장(현)

차재호(車載浩) CHA Jae Ho (又晩)

(생)1934·3·1 (본)연안(延安) (출)경기 여주 (주)서울특별시 관악구 관악로 1 서울대학교 심리학과(02-880-6429) (학)1952년 여주농고졸 1956년 서울대 심리학과졸 1962년 同대학원졸 1966년 미국 애리조나대 대학원졸 1971년 심리학박사(미국 UCLA) (경)1971년 미국 캘리포니아주립대 조교수 1973년 행동과학연구소 연구교수 1974~1984년 서울대 심리학과 조교수·부교수 1982년 한국심리학회 회장 1983년 사회과학연구협의회 총무간사 1983년 미국 UCLA 교환교수 1984년 사회과학연구협의회 연구위원장 1984~1999년 서울대 심리학과 교수 1986년 同학생생활연구소장 1995년 교육부 중앙교육심의위원 1995년 중국 吉林대 객원교수 1998년 교육부 학술진흥위원회 위원장 1999년 서울대 심리학과 명예교수(현) 2004년 대한민국학술원 회원(사회심리학·현) (상)교육부장관표창, 국무총리표창, 여주문화상, 자랑스런 UCLA인상(2009) (저)'한국의 남아존중사상' '실험설계법' '심리학개론' '사회심리 실험실습' '문화설계의 심리학' (역)'자유와 존엄을 넘어서' '프로이드 자서전' '세계문화와 조직'

차정인(車正仁) CHA Jeong In

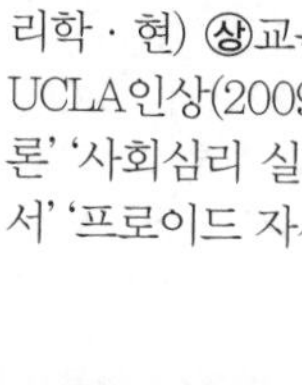

(생)1961·2·28 (본)연안(延安) (출)경남 창원 (주)부산광역시 금정구 부산대학로63번길 2 부산대학교 법학전문대학원(051-510-3715) (학)1979년 마산고졸 1983년 부산대 법학과졸 1985년 同대학원 법학과졸 2009년 법학박사(부산대) (경)1986년 사법시험 합격(28회) 1989년 사법연수원 수료(18기) 1989년 창원지검 검사 1991년 대구지검 상주지청 검사 1992년 서울지검 남부지청 검사 1993~2006년 변호사 개업 1995년 창원YMCA

시민중계실 사업위원장 1995년 마산문화방송 시사프로그램 '르포 13' 사회자 1996년 同라디오 '차정인의 열린 법정' 진행 2000~2001년 새천년민주당 창원乙지구당 위원장 2000년 경남외국인노동자상담소 이사장 2002년 창원시장선거 출마(무소속) 2006년 부산대 법학과 교수 2009년 同법학전문대학원 교수(현) 2010년 창원YMCA 이사장 2015년 중앙선거관리위원회 소속 국회의원선거구획정위원회 위원 2015년 영남형사판례연구회 회장(현) 2016년 부산대 법학전문대학원장(현) 2017년 법무부 법무·검찰개혁위원회 위원(현) (상)대통령표창(1997), 부산대 우수강의교수상(2011) (저)'차정인의 열린 법정'(1999) '형사소송실무'(2013, 신조사) (종)기독교

차정호(車正浩) CHA Jeong Ho

(생)1957·10·22 (출)대구 (주)서울특별시 강남구 도산대로 449 (주)신세계인터내셔날 비서실(02-3440-1001) (학)1976년 경복고졸 1981년 서울대 경영학과졸 (경)1981년 삼성그룹 입사, 삼성물산(주) LA지사·뉴욕지사 관리담당 부장 2003년 同인터넷쇼핑몰사업부장(상무보) 2006년 同뉴욕지사 관리담당 상무 2006년 同루마니아 오텔리녹스사업부장 겸 공장장(상무) 2007년 (주)호텔신라 면세유통사업부장(상무) 2010년 同면세유통사업부장(전무) 2013년 同면세유통사업총괄 부사장 2015~2016년 同상근고문 2017년 (주)신세계인터내셔날 대표이사 2019년 同총괄대표이사 겸 패션라이프스타일부문 대표이사(현) 2019년 (주)신세계톰보이 대표이사 겸임(현)

차정훈(車定勳) CHA JEONG HOON

(생)1963 (주)서울특별시 강남구 테헤란로 309 삼성제일빌딩 (주)한국토지신탁(02-3451-1100) (학)1981년 전주 해성고졸 1987년 경희대졸 (경)2006년 엠케이전자(주) 회장 2015년 (주)한국토지신탁 각자대표이사 회장(현)

차종선(車宗墡) CHA Jong Sun (차돌)

(생)1954·12·1 (본)연안(延安) (출)전북 익산 (주)전라북도 전주시 덕진구 사평로 24 대동빌딩 3층 303호 법무법인 세상(063-275-2766) (학)1973년 이리고졸 1977년 전북대 법학과졸 1993년 호서대 대학원 법학과졸 2001년 법학박사(전북대) (경)1983년 사법시험 합격(25회) 1985년 사법연수원 수료(15기) 1985년 변호사 개업 1997년 전주지방변호사회 부회장 1998년 전북택견협회 회장(현) 1999년 전주경실련 공동대표 1999년 한국기업법학회 부회장 2000년 학교법인 예원예술대 이사장(현) 2001년 국무총리 청소년보호위원 2003~2005년 전주지방변호사회 회장 2003~2005년 대한변호사협회 부회장 2003~2007년 전북대총동창회 회장 2003년 KBS 시청자자문위원 2004~2006년 전북도 고문변호사 2005~2007년 전주시 고문변호사 2005년 열린우리당 전북도당 부위원장 2006~2011년 전북안전생활실천시민연합 상임고문 2007~2015년 전북도교육청 고문변호사 2008년 전북발전연구원 이사 2008년 (재)한국문화예술회관연합회 이사 2010년 전북도 갈등조정협의회 위원 2011~2014년 전북도 사회복지협의회 회장 2016년 법무법인 세상 변호사(현) 2017년 전주시 고문변호사(현) (상)국민훈장 석류장(2002) (저)'주주대표소송제도의 개선방안에 관한 연구' (종)천주교

차준택(車濬澤) CHA Jun Taek

(생)1968·8·30 (본)연안(延安) (주)인천광역시 부평구 부평대로 168 부평구청 구청장실(032-509-6000) (학)부평고졸 1992년 고려대 불어불문학과졸 2000년 미국 아메리칸대 대학원 국제관계학과졸 (경)송영길 국회의원 보좌관, 홍영표 국회의원 보좌관, 최용규 국회의원 보좌관, 고려대 국회보좌진협의회 부회장, (사)한국청소년운동연합 부평지회장 2010년 인천시의회 의원(민주당·민주통합당·민주당·새정치민주연합) 2011년 同예산결산특별위원장 2012년 同운영위원회 위원 2012년 同기획행정위원회 부위원장 2014~2018년 인천시의회 의원(새정치민주연합·더불어민주당) 2014년 同기획행정위원회 위원장 2016~2018년 同기획행정위원회 위원 2016~2018년 同예산결산특별위원회 위원 2018년 더불어민주당 한국GM대책특별위원회 위원 2018년 인천시 부평구청장(더불어민주당)(현) (상)2019 대한민국 자치발전 기초부문 대상(2019)

차진석(車辰錫) CHA Jin Seok

(생)1963·4·11 (출)서울 (주)서울특별시 종로구 종로 26 SK이노베이션 재무본부장실(02-2121-5114) (학)1982년 배재고졸 1986년 서울대 경제학과졸 1989년 同대학원졸 1994년 미국 미시간대 대학원 경제학과졸 (경)1985년 행정고시 합격(29회) 1986년 총무처 사무관 1987년 동대전세무서 근무 1995년 재정경제원 금융정책실 금융총괄과 사무관 1999년 서기관 승진 2000년 재정경제원 금융정책국 증권제도과 서기관 2000년 SK(주) Professional Resource Group Business Consulting담당 상무 2001년 SK텔레콤(주) m-Commerce사업본부 m-Commerce기획팀장(상무) 2002년 同m-Finance사업본부장(상무) 2005년 同CRM본부장(상무) 2006년 SK(주) 자금담당 상무, SK에너지(주) 경영관리담당 상무 2008년 同R&M경영지원본부장 2010년 同CMS재무부문장 2011년 SK이노베이션 경영관리본부장(전무) 2013년 同재무부문장 2014년 同재무본부장(CFO·전무) 2016년 同재무본부장(CFO·부사장)(현)

차천수(車千洙) CHA Cheon Soo

(생)1953·5·1 (출)충북 청주 (주)충청북도 청주시 청원구 대성로 298 청주대학교 총장실(043-229-8012) (학)1976년 청주대 건축공학과졸 1992년 연세대 대학원 건축공학과졸 2005년 건축공학박사(청주대) (경)2007~2008년 GS건설 건축영업본부 부사장 2009~2012년 이지빌(주) 대표이사 2012~2017년 (주)효성건설PG·진흥기업(주) 대표이사 2015~2017년 청주대 대학평의회 의장 2017~2019년 학교법인 청석학원 이사 2017~2019년 대전과학기술대 부총장 2019년 청주대 총장(현) (상)국무총리표창(1996), 석탑산업훈장(2008) (종)천주교

차철순(車澈淳) CHA Cheol Soon

(생)1952·6·25 (본)연안(延安) (출)대구 (주)서울특별시 서초구 서초대로78길 5 대각빌딩 17층 법무법인 정향(02-535-8004) (학)1970년 경북고졸 1974년 서울대 법과대학졸 1978년 同대학원 법학과졸 1994년 법학박사(중앙대) (경)1973년 사법시험 합격(15회) 1975년 육군 법무관 1978년 청주지검 검사 1981년 대구지검 검사 1982년 법무부 검찰국 검사 1984년 법제처 파견검사 1984년 미국 워싱턴대 Visiting Scholar 1985년 서울지검 검사 1987년 대구지검 상주지청장 1988년 서울지검 고등검찰관 1989년 법무부 고등검찰관 1992년 부산지검 공안부장 1993년 同형사3부장 1993년 사법연수원 교수 1995년 서울지검 조사부장 1995년 同형사2부장 1996년 同형사1부장 1996년 부산지검 동부지청 차장검사 1997년 대구고검 검사 1998년 인천지검 차장검사 1999년 서울고검 검사 2000년 변호사 개업 2003년 사법시험 출제위원 2005년 한국원자력법학회 회장(현) 2011~2013년 대한변호사협회 수석부회장 2011~2013년 국무총리소속 사회보장위원회 위원 2012~2015년 뉴스통신진흥회 감사 2012년 법무부 변호사징계위원회 위원 2016년 법무법인 정향 대표변호사(현) (상)법무부장관표창(1985), 홍조근정훈장(1997) (종)불교

차태익(車泰益) CHA TAE IG

(생)1954·1·15 (출)경기 이천 (주)경기도 이천시 영창로 119 이천양정여자고등학교(031-633-7801) (학)이천제일고졸, 한국방송통신대 행정학과졸 (경)1974년 경기 이천시 근무 2008년 同자치행정과장 2009년 서기관 퇴직 2011~2015년 이천환경(주) 대표이사 2012~2018년 이천아트홀 운영위원 2013년 수원지법 여주지원 조정위원(현) 2013~2016년 이천시시설관리공단 비상임이사 2016년 同이사장 2016년 학교법인 양정학원(이천양정여고) 감사(현) (상)장관표창(5회), 경기도지사표창(2회), 녹조근정훈장 (종)기독교

차태진(車泰進) Tae Jin Cha

(생)1966·2·10 (주)서울특별시 중구 통일로2길 16 AIA생명보험 대표이사실(02-3707-4761) (학)1992년 서강대 경영학과졸 (경)1991~1993년 액센츄어 전략컨설턴트 1993~1995년 베인앤컴퍼니 전략컨설턴트 1995~2000년 푸르덴셜생명 라이프플래너·세일즈매니저 2000~2009년 메트라이프생명 CNP MGA 대표 2009~2014년 同개인영업·마케팅·전략영업채널 총괄 임원 2014~2015년 ING생명 영업총괄 부사장(CSO) 2015년 AIA생명보험 대면채널 영업총괄 수석부사장 2016년 同대표이사(현) (상)한국신지식인협회 금융분야 신지식인(1999), 2018 자랑스러운 서강경영인(2018) (저)'차태진을 벤치마킹하라'(2003, 북메이커) '차태진 챔피언의 법칙'(2008, 지식노마드) (역)'백만달러 원탁으로의 초대 1·2'(2001, 북메이커) '세일즈가 힘이다'(2003, 북메이커)

차하순(車河淳) CHA Ha Soon (玄石)

(생)1929·8·13 (본)연안(延安) (출)함북 (주)서울특별시 서초구 반포대로37길 59 대한민국학술원(02-3400-5220) (학)1956년 서울대 사학과졸 1959년 同대학원 사학과졸 1966년 미국 브랜다이스대 대학원 사상사학과졸 1969년 역사학박사(미국 브랜다이스대) (경)1960~1961년 단국대 전임강사 1961~1994년 서강대 사학과 교수 1977년 同교무처장 1983~1984년 (사)역사학회 회장 1987~1991년 서강대 문과대학장 1987~1993년 유네스코 한국위원회 위원·집행위원·인문사회과학분과위원장 1988~1990년 한국서양사학회 회장 1989~1991년 서강대 부총장 1992~1994년 同인문과학연구소장 1994~2003년 同학교법인 이사 1994년 同명예교수(현) 1999~2016년 국제역사학 한국위원장 2001~2017년 한일역사가회의 조직위원장 2002년 대한민국학술원 회원(서양사·현) 2003년 (사)역사학회 이사 2008~2011년 대한민국학술원 인문사회과학부 회장 2011년 한국현대사학회 고문(현) (상)서울평론상(1974), 월봉저작상(1977), 대한민국학술원상 인문과학부문(1986), 국민포장(1994), 국민훈장 동백장(1998), 성곡학술문화상(2003), 자랑스러운 중앙인상(2007), 인촌상 인문사회문학부문(2008) (저)'근대정치사상사 연구(共)'(1972) '르네상스의 사회와 사상'(1973) '역사와 지성'(1973) '역사의 이해'(1974) '역사의 이론과 서술(共)'(1975) '서양사총론'(1976) '역사의 의미'(1981) '형평의 연구: 8세기 유럽 정치사상을 중심으로'(1983) '서양사학의 수용과 발전'(1988) '역사의 본질과 인식'(1988) '한국사 시대구분론(共)'(1995) '새로 쓴 서양사총론 I·II'(2000) '역사가의 탄생(共·編)'(2008) (역)'근대과학의 기원'(1974) '서양의 지적전통'(1980) '존재의 대연쇄'(1984) '神과 자아를 찾아서'(1985) '20세기의 역사(共)'(2000) (종)천주교

차한성(車漢成) CHA Han Sung

(생)1954·11·26 (본)연안(延安) (출)경북 고령 (주)서울특별시 강남구 테헤란로 131 재단법인 동천(02-3404-7590) (학)1972년 경북고졸 1977년 서울대 법학과졸 (경)1975년 사법시험 합격(17회) 1977년 사법연수원 수료(7기) 1977년 육군 법무관 1980년 서울민사지법 판사 1982년 서울형사지법 판사 1983년 대구지법 판사 1985년 서울지법 북부지원 판사 1986년 프랑스 국립사법관학교 연수 1988년 서울민사지법 판사 1988년 서울고법 판사 1989년 법원행정처 인사관리심의관 1991년 대구지법 부장판사 1994년 사법연수원 교수 1996~1999년 서울지법 부장판사 1996~1999년 법원행정처 건설국장 겸임 1999년 대구고법 부장판사 2000년 서울고법 부장판사 2002년 법원행정처 사법정책연구실장 겸임 2003년 서울지법 파산수석부장판사 직대 2004년 서울중앙지법 파산수석부장판사 2005년 청주지법원장 2006년 법원행정처 차장 2008~2014년 대법원 대법관 2011~2014년 법원행정처장 겸임 2014~2015년 영남대 법학전문대학원 석좌교수 2015년 재단법인 동천 이사장(현) (상)청조근정훈장(2014) (저)'민법 주해'(共) (종)천주교

차현배(車炫培) CHA Hyun Bae

(생)1947·12·19 (본)연안(延安) (출)전남 강진 (주)서울특별시 용산구 새창로45길 74 제이씨현시스템(주) 회장실(02-6715-2114) (학)1967년 서울 덕수상고졸 1975년 한국외국어대 베트남어학과졸, 건국대 대학원 경영학 박사과정 수료 1996년 연세대 경영대학원 최고경영자과정 수료 2001년 서울대 경영대학원 최고경영자과정 수료 (경)1975~1978년 농업협동조합중앙회 근무 1978~1984년 선경(주) 근무 1984년 제이씨현시스템(주) 창립·대표이사 회장(현) 1999년 (재)제이씨현장학재단 설립·이사장(현) 2000년 엘림넷(주) 창립·대표이사(현) 2006~2013년 코스닥상장법인협의회 부회장 2014~2018년 제이씨현전자(주) 대표이사 회장 2017년 디엔디컴(주) 대표이사(현) 2019년 제이씨현전자(주) 이사(현) (상)서대문세무서장표창(1999), 재정경제부장관표창(2000), 관세청장표창(2005), 용산구청장표창(2008), 서울시교육감표창(2013) (저)'생존의 법칙'(2014) (종)기독교

차형준(車炯準) CHA Hyung Joon

(생)1968·1·20 (본)연안(延安) (출)강원 횡성 (주)경상북도 포항시 남구 청암로 77 포항공과대학교 화학공학과(054-279-2280) (학)1986년 관악고졸 1990년 서울대 화학공학과졸 1992년 同대학원 화학공학과졸 1995년 공학박사(서울대) (경)1993년 서울대 조교 1995년 생명공학연구소 박사 후 연구원 1996년 미국 메릴랜드주립대 박사 후 연구원 1998년 同연구조교수 1999~2009년 포항공대 화학공학과 조교수·부교수 2009년 同화학공학과 교수(현) 2012~2015년 同세아젊은석좌교수 2015년 (주)네이처글루텍 기술총괄 대표이사(현) 2017년 포항공대 세아석좌교수(현) 2019년 한국공학한림원 일반회원(현) (상)한국생물공학회 신인학술상(2005), 한국생물공학회 담연학술상(2007), 삼일문화대상 특별상(2007), 한국화학공학회 범석논문상(2008), 웰빙바이오대전 대구경북과학기술연구원장표창(2008), 송곡과학기술상(2010), 한국생물공학회 우수기술연구상(2010), 국무총리표창(2010), 경북과학기술대상 학술연구상(2010), 포스텍 선정 차세대과학자(2011), 정부 연구개발 우수성과 선정(2012), 자랑스런 포스테키안상(2013), 한국공학한림원·산업통상자원부 선정 '2020년 미래 100대 기술과 주역'(2013), 해양수산부장관표창(2015), 한국과학기술단체총연합회 제26회 과학기술 우수논문상(2016), 도전! K-스타트업 경진대회 국무총리표창(2016), 특허청·한국발명진흥회 주관 올해의 발명왕(2017), 해양수산과학기술대상 산업부문(2017), 한국공학상(2017)

차호준(車昊峻) CHA Ho Joune

(생)1965·10·10 (본)연안(延安) (출)강원 화천 (주)서울특별시 종로구 세종대로 209 행정안전부 의정담당관실(02-2100-3072) (학)성수고졸, 강원대 영어교육과졸, 강릉원주대 대학원 관광경영학과 수료 (경)삼척고 교사, 강릉시 자치발전담당관, 同문화체육시설관리사무소장, 同투자유치기획단장, 강원도 통상협력담당, 同교육협력담당, 同관광기획담당, 同혁신분권과장 2007년 교육 파견 2008년 강원도 국제협력실 대외협력관 2008

ㅊ

년 同투자유치사업본부 관광시설유치과장 2008년 同미래사업개발과장 2009년 행정안전부 파견 2012년 강원도 투자유치사업본부 기업유치과장 2013년 同경제진흥국 기업지원과장 2013년 안전행정부 파견 2015년 국립과학수사연구원 연구기획과장 2015년 2018평창동계올림픽조직위원회 자원봉사부장 2016~2018년 同자원봉사부장(부이사관) 2018년 행정안전부 의정담당관(현)

차흥봉(車興奉) CHA Heung Bong

(생)1942 · 11 · 10 (본)연안(延安) (출)경북 의성 (주)서울특별시 중구 무교로 20 초록우산어린이재단(1588-1940) (학)1961년 경북사대부고졸 1969년 서울대 사회학과졸 1971년 同대학원 수료 1998년 문학박사(중앙대) (경)1971년 대통령비서실 행정관 · 서기관 1976~1983년 보건사회부 해외이주 · 사회 · 보험제도과장 1983~1995년 한림대 전임강사 · 조교수 · 부교수 1989년 同기획실장 1993년 同사회대학장 1994년 同부총장 1995~1999년 同사회복지학과 교수 1998년 국민의료보험관리공단 설립위원장 1999년 국민연금관리공단 이사장 1999~2000년 보건복지부 장관 2000~2008년 한림대 사회복지학과 교수 2003~2004년 한국노년학회 회장 2003~2006년 한국노인과학학술단체연합회 회장 2003년 건강보험재정통합추진기획단 단장 2004년 보건복지부 공적노인요양보장제도실행위원회 위원장 2004년 (재)서울복지재단 초대 이사장 2004년 한국사회복지학회 회장 2004년 공적노인요양보장제도실행위원회 위원장 2005년 삼성생명공익재단 이사 2006년 (재)한국장애인복지진흥회 회장 2007년 보건복지부 차세대건강보장위원회 위원장 2008년 한림대 사회복지학과 명예교수(현) 2009~2010년 서울시 노인정책전략그룹 공동위원장 2009년 한국고령사회비전연합회 회장(현) 2011~2016년 한국사회복지협의회 회장 2011~2016년 한국자원봉사협의회 공동대표 2011~2013년 민주평통 자문위원 2011~2012년 서울시 고령친화도시추진위원회 위원장 2012~2016년 국제사회복지협의회(ICSW) 동북아지역 회장 2013~2017년 세계노년학회(IAGG) 회장 2013~2016년 세계사회복지대회 상임조직위원장 2018년 (사)웰다잉시민운동 이사장(현) 2019년 초록우산어린이재단 대표이사(현) (상)대통령표창(1975 · 1989), 국민훈장 동백장(1998), 청조근정훈장(2003) (저)'국민의료보장론'(1992) '고령화사회의 장기요양보호'(2000, 소화) '의약분업정책과정'(2006)

채경수(蔡慶洙) CHAE Gyung Soo

(생)1958 · 11 · 11 (출)부산 (주)서울특별시 강남구 테헤란로 518 섬유센터 12층 법무법인 율촌(02-528-5955) (학)경남고졸 1981년 동아대 법학과졸 2000년 국방대학교 대학원 국방관리학과졸 (경)1980년 행정고시 합격(23회) 1988년 국세청 국제조세국 사무관 1992년 서울지방국세청 조사1국 조사담당 사무관 1994년 同조사1국 조사관리과 1계장 1996년 국세청 법인세과 법인1계장(서기관) 2000년 중부지방국세청 조사2국 2과장 2000년 수원세무서장 2001년 강서세무서장 2001년 재정경제부 금융정보분석원 조세정보과장 2003년 국세청 국제세원관리담당관 2005년 同법인세과장(부이사관) 2006년 서울지방국세청 조사2국장 2006년 국무조정실 파견(고위공무원) 2008년 대구지방국세청장 2009년 국세청 조사국장 2009~2010년 서울지방국세청장 2010~2012년 삼정KPMG그룹 부회장 2012년 법무법인 율촌 고문(현) 2014년 (주)CJ헬로비전 사외이사(현) (상)근정포장(1994)

채계순(蔡桂順 · 女)

(생)1965 · 6 · 25 (주)대전광역시 서구 둔산로 100 대전광역시의회(042-270-5142) (학)충남대 사회학과졸 (경)대전여민회 공동대표, 대전여성자활지원센터장, 여성인권지원상담소 느티나무 소장, 대전여성단체연합 정책위원장, 대전시 인권위원회 부위원장 2018년 대전시의회 의원(비례대표, 더불어민주당)(현)

채광철

(생)1966 (출)전남 함평 (주)전라남도 목포시 청호로 231 목포해양경찰서(061-241-2000) (학)한국해양대 항해학과졸 (경)해양경찰교육원 건설추진단장 2014년 해양경찰청 서귀포해양경찰서장 2014년 국민안전처 제주해양경비안전본부 서귀포해양경비안전서장 2015년 통일교육원 교육파견 2017년 군산해양경비안전서장(총경) 2017년 서해지방해양경찰청 군산해양경찰서장 2017~2018년 해양경찰청 구조안전국 해양안전과장 2019년 서해지방해양경찰청 목포해양경찰서장(현)

채균식(蔡均植) Kyun-shik Chae

(생)1964 · 10 · 4 (본)인천(仁川) (출)경북 상주 (주)대전광역시 유성구 가정로 267 한국표준과학연구원 성과확산부(042-868-5040) (학)1982년 용운고졸 1986년 계명대 문헌정보학과졸 1996년 충남대 대학원 문헌정보학과졸 2006년 문헌정보학박사(충남대) (경)1989년 한국표준과학연구원 입원 2012년 同국가참조표준센터장 2017년 同성과확산부장(현) (종)천주교

채기준(蔡淇俊) CHAE, KI JOON

(생)1957 · 10 · 22 (출)서울 (주)서울특별시 서대문구 이화여대길 52 이화여자대학교 엘텍공과대학 소프트웨어학부 컴퓨터공학전공(02-3277-2370) (학)1982년 연세대 수학과졸 1984년 미국 시라큐스대 대학원 컴퓨터과학과졸 1990년 공학박사(미국 노스캘리포니아주립대) (경)1990~1992년 미국 해군사관학교(UNSA) 전자계산학과 조교수 1992년 이화여대 엘텍공과대학 소프트웨어학부 컴퓨터공학전공 교수(현) 2002년 同정보통신처장 2004년 同정보통신연구소장 2005년 同IT특성화사업단장 2005~2007년 (재)그래픽스연구원 원장 2007년 개방형컴퓨터통신연구회(OSIA) 회장 2008~2010년 이화여대 입학처장 2011~2013년 同컴퓨터전자공학부장 겸 컴퓨터공학전공 주임교수 2014년 同정보통신처장 2015~2016년 同공과대학장 2015~2016년 同공학교육혁신센터장 겸임 (상)한국정보처리학회 추계학술대회 우수논문상(2003), 한국과학기술단체총연합회 과학기술우수논문상(2003) (저)'데이터통신 및 분산망'(2005, 희중당)

채길순(蔡吉淳) Chae Gil Soon

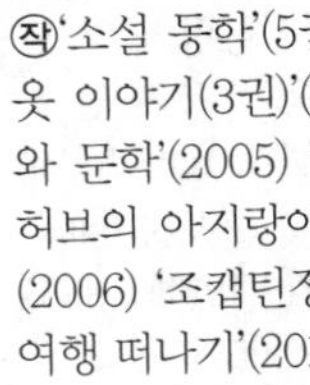

(생)1955 · 6 · 14 (본)인천(仁川) (출)충북 영동 (주)서울특별시 서대문구 가좌로 134 명지전문대학 문예창작과(02-300-1349) (학)1983년 청주대 국어국문학과졸 1999년 국어국문학박사(청주대) (경)1983년 충청일보 신춘문예에 '꽃마차' 당선으로 등단, 평택 한광고 국어교사 1988년 청주 세광고 국어교사, 명지전문대 문예창작과 강사 · 부교수 2007년 同문예창작과 교수(현) 2011~2015년 同문예창작과장, 한국소설가협회 회원(현), 소설가(현) (상)한국일보 광복50주년기념 1억원고료 당선(1995) (작)'소설 동학'(5권) '사금골 이야기' '어둠의 세월(上 · 下)'(1993) '흰옷 이야기(3권)'(1997) '동트는 산맥(7권)'(2001) '전쟁의 기억, 역사와 문학'(2005) '소설 창작의 즐거움'(2006) '말 글 삶'(2006) '샤르허브의 아지랑이'(2006) '소설 창작 여행'(2006) '동학혁명과 소설'(2006) '조캡틴정전'(2010) '소설 창작의 길라잡이'(2010) '소설 창작여행 떠나기'(2012) '웃방데기'(2014) '독일 아리랑'(2018) (종)기독교

채남기

(생)1965 (주)서울특별시 영등포구 여의나루로 76 한국거래소 경영지원본부(02-3774-8502) (학)고려대 영어영문학과졸, 미국 밴더빌트대 경영대학원졸(MBA) (경)한국거래소 경영지원본부 정보사업부 근무 2010년 同코스닥시장본부 코스닥시장총괄팀 코스닥매매제도팀장 2012년 同유가증권시

장본부 주식시장부장 2016년 同경영지원본부 전략기획부장 2016년 同코스닥시장본부 본부장보 2018년 同경영지원본부 본부장보 2019년 同경영지원본부장 겸 부이사장(상임이사)(현)

채동석(蔡東錫) CHAE Dong Suck

(생)1964·5·18 (출)서울 (주)서울특별시 구로구 가마산로 242 애경산업(주) 비서실(02-818-0099) (학)장충고졸 1997년 성균관대 철학과졸 1990년 미국 조지워싱턴대 대학원 국제경영학과졸 (경)애경화학 감사, 애경유지공업(애경백화점) 이사 1994년 同상무이사 1998년 同기획관리총괄 전무이사 2001년 AK DP&F 대표이사 2003년 애경백화점 대표이사 사장 2003~2004년 수원애경역사 대표이사 사장 2003년 평택역사 대표이사 2006년 애경그룹 유통·부동산개발부문장(부회장) 2017년 애경산업(주) 대표이사 부회장(현) (종)천주교

채동욱(蔡東旭) CHAE Dong Wook

(생)1959·1·2 (본)평강(平康) (출)서울 (주)서울특별시 강남구 도곡로 194 일양빌딩 3층 법무법인 서평(02-6271-4300) (학)1977년 서울 세종고졸 1981년 서울대 법학과졸 1984년 同대학원 수료 (경)1982년 사법시험 합격(24회) 1984년 사법연수원 수료(14기) 1985년 軍법무관 1988년 서울지검 검사 1991년 수원지검 여주지청 검사 1992년 법무부 특수법령과 검사 1994년 서울지검 검사 1995년 독일연방 법무부 파견 1996년 서울고검 검사 1997년 창원지검 밀양지청장 1998년 서울지검 부부장검사 1999년 부산지검 동부지청 형사2부장 2000년 同동부지청 형사1부장 2000년 서울지검 의정부지청 형사5부장 2001년 대검찰청 마약과장 2003년 서울지검 특수2부장 2004년 대전지검 서산지청장 2005년 부산고검 검사 2005년 부패방지위원회 법무관리관 2005년 국가청렴위원회 법무관리관 2006년 대검찰청 수사기획관 2007년 부산고검 차장검사 2008년 전주지검장 2009년 법무부 법무실장 2009년 법조윤리협의회 위원 2009년 대전고검장 2011년 대검찰청 차장검사 2012년 서울고검장 2013년 제39대 검찰총장 2017년 법무법인 서평(瑞平) 구성원변호사(현) (상)근정포장(1991), 황조근정훈장(2010) (저)'독일법률 : 사법통합개관'(共) '통일독일 : 동구제국 몰수재산처리 개관'(共) '북한법의 체계적 고찰Ⅰ·Ⅱ'(共) (종)불교

채동호(蔡東虎) Dongho Chae

(생)1958·1·1 (주)서울특별시 동작구 흑석로 84 중앙대학교 수학과(02-820-5214) (학)1981년 서울대 물리학과졸 1983년 同대학원 물리학과졸 1986년 미국 시라큐스대 대학원 수학과졸 1988년 미국 프린스턴대 대학원 응용수학과졸 1989년 이학박사(미국 프린스턴대) (경)1989년 미국 Indiana Univ. 박사후 연구원 1990년 미국 Brown Univ. 연구조교수 1991~1994년 포항공과대 수학과 조교수 1994~2003년 서울대 수학과 조교수·부교수 2003년 同자연대학 수리과학부 교수 2004~2011년 성균관대 자연과학부 수학전공 교수 2006년 교육인적자원부 및 한국학술진흥재단 선정 '대한민국 국가석학(Star Faculty)' 2011년 중앙대 수학과 CAU석학교수(현) (상)과학기술우수논문상(1996), 한국과학상(2004)

채미옥(蔡美玉·女) CHAE Mie Oak

(생)1955·11·10 (본)인천(仁川) (출)경북 (주)세종특별자치시 도움6로 11 국토교통부 공공토지비축심의위원회(02-2110-6244) (학)1975년 진명여고졸 1979년 이화여대 영문과졸 1982년 서울대 환경대학원 조경학과졸 1997년 도시공학박사(서울시립대) (경)1979~2014년 국토연구원 선임연구위원 1998~1999년 건설교통부 감정평가기획단 기획위원 1999년 서울시립대 도시행정학과 강사 1999년 제4차 국토계획 연구단 2000~2001년 캐나다 The University of Toronto 교환교수 2003년 환경부 국토환경보전자문위원 2004년 해양수산부 중앙연안관리심의위원 2004년 대한국토도시계획학회 편집위원 2005년 안양대 겸임교수 2006년 행정자치부 중앙지적위원 2006년 국토연구원 토지·주택연구실장 2007~2015년 문화재청 문화재위원 2009~2011년 국토연구원 문화국토전략센터장 2012년 同문화국토연구센터장 2013~2015년 대통령직속 문화융성위원회 전통분과 전문위원 2013~2015년 국토교통부 중앙지적재조사심의위원회 위원 2013년 국무총리실 소속 접경지역정비심의위원회 위원 2013~2015년 행정자치부 지자체합동평가심의위원 2014년 한강시민위원회 위원(현) 2014~2019년 한국감정원 부동산연구원장 2015~2017년 대구시 성과평가위원 2015~2016년 재단법인 미르 감사 2015~2017년 문화재청 정책연구심의위원회 위원 2017~2019년 同갈등관리심의위원회 위원 2017년 국토교통부 공공토지비축심의위원회 위원(현) 2018년 同갈등관리심의위원회 위원(현) 2018년 同지적재조사위원회 위원(현) (상)건설부장관표창(1990), 건설교통부장관표창(1997), 국민포장(2004) (저)'선진사회를 향한 토지정책방향 및 추진전략연구'(2006·2007) '고도의 역사문화환경조성 방향'(2007) '고도지역 주민지원 구체화방안 연구'(2008) '부여 고도보존계획'(2009) '역사문화환경보전지역의 체계적 관리방안'(2012) '산림복지지원을 위한 산지관리제도 기반 구축 연구'(2012) '산지전용권거래제도 도입방안 연구'(2012·2013) (역)'강과 한국인의 삶' '강과 옛도읍'(2012, 나남출판사)

채방은(蔡方垠) CHAE Bang Eun

(생)1946·5·31 (본)평강(平康) (출)서울 (주)서울특별시 서초구 서초대로 279 국제빌딩 3층 법무법인 한덕(02-595-7800) (학)1965년 경기고졸 1970년 서울대 공과대학 기계공학과졸 1983년 미국 미시간대 법과대학원졸 2000년 법학박사(경희대) (경)1970년 사법시험 합격(12회) 1972년 사법연수원 수료(2기) 1973~1985년 서울지검·춘천지검 원주지청·서울지검 북부지청·대구지검·서울지검 검사 1985년 대구지검 상주지청장 1985년 경북궁도협회 회장 1986년 대검찰청 전산관리담당관 1988년 국회 법제사법위원회 전문위원 1991년 서울지검 특수3부장 1992년 同강력부장 1993년 창원지검 진주지청장 1993년 서울지검 남부지청 차장검사 1994년 부산지검 제1차장검사 1995년 서울지검 북부지청장 1997년 서울고검 검사 1998년 변호사 개업 2001년 천지인합동법률사무소 변호사 2003~2019년 세아베스틸 사외이사 2004년 삼청교육피해자명예회복 및 보상심의위원회 위원장 2004년 상명대 석좌교수 2008~2014년 법무법인 한덕 대표변호사 2008~2012년 대한변호사협회 등록심사위원장 2009~2019년 국회 입법지원위원 2009년 학교법인 대양학원(세종대) 임시이사장 2010년 대한상사중재원 중재인(현) 2012~2016년 (재)한국마약퇴치운동본부 이사 2014~2017년 앨트웰(주) 회장(사내이사) 2014년 (재)앨트웰민초장학재단 이사장(현) 2014년 법무법인 한덕 구성원변호사(현) 2015년 (재)우서문화재단 이사(현) (상)홍조근정훈장 (종)불교

채상묵(蔡相默) CHAE Sang Mook (錦堂)

(생)1944·11·4 (본)평강(平康) (출)전북 전주 (주)서울특별시 서초구 효령로31길 54 세창빌딩 3층 채상묵무용연구원(02-525-5012) (학)1962년 전주영생고졸 1966년 중앙대 무용학과졸 1994년 명지대 사회교육대학원졸 (경)1964~1974년 국립무용단 단원 1974년 채상묵무용원 원장 겸 무용단장(현) 1981년 한국무용협회 이사 1986~2002년 무용연구회 이사, 대한민국무용제 1·3·5·9회 참가 발표, 한국무용협회 전통분과 위원장, 국가무형문화재 제27호 승무 이수자(현), 우봉전통무용보존회 회장 1996년 한국예술종합학교 무용원·세종대·한성대 예술대학원·대진대 강사 1997년 중요무형문화재 제97호 살풀이춤 이

수자 2002~2005년 서울예술단 무용감독 2005~2011년 한국무용협회 부이사장 2005~2014년 한국예술종합학교 무용원 겸임교수, 同전통예술원 무용과 강사, 국립국악원 전통공연예술문화학교 강사 2011년 한국무용협회 고문(현) 2012년 한국전통춤협회 이사장(현) (상)문공부장관표창, 개천예술제 최우수상, 전주대사습놀이 장원 무용부문, 한국예술평론가협회 최우수예술인상 무용부문, 한국예총 예술공로상(2005), 예총예술문화상 대상 무용부문(2007), 제59회 서울시 문화상 무용분야(2010) (저)'아름다운 반세기 무용가 채상묵'(2011, 채륜출판사) (작)출연 '공간+나', '머물러있는 혼', '공수래공수거', '님', '마른풀 꽃의 소리', '비로자나佛에 관한 명상', '혼의 울림', '회심곡', '고이 접어서 나빌레라', '시인의 여정', '해어화', '홍랑 그 애닯은 사랑', '소용돌이', '누가 아름다운 鶴의 눈물을 보았는가', '연리근', '채상묵춤 50년의 香' (종)천주교

채석래(蔡錫來) CHAE Seok Lae

(생)1959 · 9 · 22 (주)경기도 고양시 일산동구 동국로 27 동국대학교 일산병원 진단검사의학과(031-961-7890) (학)1984년 서울대 의대졸 1988년 同대학원 의학석사 1993년 의학박사(서울대) (경)중앙대 의대 진단검사의학교실 교수, 同용산병원 진단검사의학과장, 동국대 의대 진단검사의학교실 교수(현) 2007년 同의과대학 부학장 2009년 동국대의료원 전략경영실장 2012년 동국대 일산병원장 2015년 대한진단혈액학회 부회장 2016년 同회장 2016년 대한수혈학회 부회장 2017년 同회장 2017년 동국대 일산병원장 (종)불교

채석현(蔡錫賢) CHAE Seok Hyeon

(생)1966 · 11 · 11 (출)대구 (주)경상남도 창원시 성산구 창이대로 669 창원지방검찰청 중요경제범죄조사단(055-239-4407) (학)1985년 대구 대륜고졸 1989년 서울대 공법학과졸 (경)1997년 사법시험 합격(39회) 2000년 사법연수원 수료(29기) 2000년 광주지검 검사 2002년 대전지검 천안지청 검사 2004년 의정부지검 검사 2006년 수원지검 성남지청 검사 2008년 서울서부지검 검사 2011년 창원지검 검사 2013년 同부부장검사 2013년 대전지검 부부장검사 2014년 광주지검 부부장검사 2015년 대구지검 포항지청 부장검사 2016년 서울북부지검 공판부장 2017년 대구고검 검사 2019년 창원지검 중요경제범죄조사단 부장(현)

채성준(蔡晟俊) CHAE Sung Joon

(생)1949 · 10 · 24 (본)평강(平康) (출)서울 (주)인천광역시 남동구 남동서로 312 새한화장품(주)(032-672-7113) (학)1972년 성균관대 화공학과졸 1975년 同무역대학원 무역학과 수료 (경)1972~1981년 세일화학공업사 대표 1981~1994년 한진화학공업사 대표 1994년 새한화장품(주) 대표이사 사장(현) (종)기독교

채수경(蔡洙慶 · 女) CHAE Soo Kyeong

(생)1976 · 12 · 9 (주)세종특별자치시 한누리대로 411 행정안전부 지방인사제도과(044-205-3341) (학)성균관대 행정학과졸 (경)2005년 중앙공무원교육원 교육1팀 사무관 2007년 중앙인사위원회 직무분석과 서기관 2008년 행정안전부 인사실 성과급여기획과 서기관 2008년 국무총리실 파견 2013년 안전행정부 창조정부전략실 창조정부기획과 서기관 2013년 대통령직속 청년위원회 파견(서기관) 2014년 행정자치부 전자정부국 전자정부정책과 서기관 2015년 同전자정부국 글로벌전자정부과장 2015년 고용휴직 2017년 행정안전부 기획조정실 국제안전협력담당관 2018년 同기획조정실 국제협력담당관 2018년 同지방인사제도과장(현)

채수양(蔡洙亮)

(생)1969 · 5 · 27 (출)전남 무안 (주)광주광역시 동구 준법로 7-12 광주지방검찰청 공판부(062-231-4317) (학)1988년 광주대동고졸 1995년 서울대 경영학과졸 (경)2000년 국회사무처 과학기술 · 정보통신담당 법제관 2000년 사법시험 합격(42회) 2003년 사법연수원 수료(32기) 2003년 인천지검 부천지청 검사 2005년 대구지검 의성지청 검사 2007년 광주지검 검사 2010년 대구지검 경주지청 검사 2012년 서울북부지검 검사 2014년 의정부지검 검사 2016년 광주지검 순천지청 검사 2017년 광주지검 부부장검사 2018년 의정부지검 부부장검사 2019년 광주지검 공판부장(현)

채수일(蔡洙一) Steve Chai

(생)1963 · 12 · 29 (출)서울 (주)서울특별시 중구 을지로5길 26 센터원 동관 31층 보스턴컨설팅그룹(02-399-4654) (학)1985년 미국 서던캘리포니아대(Univ. of Southern California) 전기공학과졸 1987년 同대학원 전기공학과졸 1993년 미국 Univ. of Pennsylvania 와튼스쿨 MBA(전략경영 및 금융전공) (경)1993년 보스턴컨설팅그룹(BCG) 보스턴본사 입사 1994년 同서울사무소 근무 2002년 同서울사무소 지사장 2005~2017년 同서울사무소 공동대표 2005년 同금융분과총괄 겸임 2006년 同아 · 태지역금융총괄 겸임 2017년 同서울사무소 고문(현)

채수종(蔡洙宗) Chae, Soo Jong

(생)1966 · 8 · 8 (출)충남 공주 (주)세종특별자치시 정부2청사로 13 소방청 기획재정담당관실(044-205-7210) (학)한국외국어대졸 (경)1993년 행정고시 합격(37회) 2005년 거창소방서 소방행정과장(지방소방령) 2006년 중앙소방학교 파견 2007년 同소방시험센터장 2008년 소방방재청 소방제도과 소방령 2008년 同소방행정과 소방령 2010년 중앙119구조대 기술지원팀 소방령 2010년 대전시 소방본부 소방행정과장(지방소방정) 2012년 대전북부소방서장 2013년 대전시 소방본부 예방안전과장 2015년 국민안전처 중앙소방본부 소방산업과 근무(소방정) 2015년 同중앙소방본부 119구급과장 2016년 세종특별자치시 소방본부장(소방준감) 2019년 소방청 기획조정관실 기획재정담당관(현) (상)대통령표창

채수찬(蔡秀燦) CHAE Su Chan

(생)1955 · 2 · 27 (본)평강(平康) (출)전북 전주 (주)대전광역시 유성구 대학로 291 한국과학기술원 경영대학 기술경영학부(042-350-4911) (학)1974년 전주고졸 1978년 서울대 수학과졸 1985년 경제학박사(미국 펜실베이니아대) (경)1983년 프랑스 파리 CEPREMAP 초빙연구원 1984년 벨기에 루뱅카톨릭대 CORE 초빙연구원 1984년 독일 만하임대 초빙연구원 1985년 미국 라이스대 경제학과 조교수 1987년 미국 코넬대 초빙교수 1989년 캐나다 British Columbia대 초빙교수 1990년 스페인 바르셀로나 Instituto Analisis Economico 초빙연구원 1993년 미국 라이스대 종신교수 1994년 미국 Brookings연구소 초빙연구원 1994년 정보통신정책연구원 초빙연구원 1995 · 1998년 대외경제정책연구원 초빙연구원 1996년 삼성경제연구소 초빙연구원 1999년 에너지경제연구원 초빙연구원 2001년 조세연구원 초빙연구원 2004~2008년 제17대 국회의원(전주덕진, 열린우리당 · 대통합민주신당 · 통합민주당) 2005년 다보스포럼 노무현 대통령당선자 특사 2005년 열린우리당 정책위원회 부의장 2007년 同제3정책조정위원장 2007년 대통합민주신당 정책위원회 부의장 2008년 민주당 정책위원장 부의장 2008년 한강서사이어티 이사장(현) 2010년 한국과학기술원(KAIST) 경영과학과 교수 2013년 同기술경영전문대학원장 2013년 同기술경영학과 교수 2015년 새정치민주연합 전북도당 상임고문, 한국과학기술원(KAIST) 지역혁신센터장(현), 同바이오헬스케어혁신정책센터장(현) 2016년 同경영대학 기술경영학부 교수(현) 2019년 同대외부총장(현) (종)기독교

채승석(蔡昇錫) Che Seung Seok

(생)1970 · 7 · 9 (출)서울 (주)경기도 광주시 곤지암읍 경충대로 451 애경개발(주) 사장실(031-762-6588) (학)대원외고졸 1993년 단국대 사학과졸 (경)1994년 애경그룹 입사, 광고대행사 애드벤처 차장 2000년 애경개발(주) 전무 2005년 同부사장 2005년 同대표이사 사장(현)

채승우

(생)1962 (주)서울특별시 종로구 자하문로33길 31 삼남석유화학(주)(02-740-7450) (학)1988년 전남대 화학공학과졸 (경)1988년 삼남석유화학(주) 입사, 同여수공장 생산팀장, 同여수공장 부공장장 2015년 同여수공장장(상무) 2017년 同대표이사(현)

채승원(蔡承元)

(생)1971 · 1 · 21 (주)경기도 여주시 현암로 21-12 수원지방법원 여주지원(031-880-7500) (학)1989년 광주고졸 1993년 성균관대 법학과졸 1996년 同대학원 법학과졸 (경)1997년 사법시험 합격(39회) 2000년 사법연수원 수료(29기) 2006년 수원지법 안산지원 판사 2009년 서울중앙지법 판사 2011년 서울동부지법 판사 2012년 서울고법 판사 2014년 서울동부지법 판사 2015년 대전지법 부장판사 2017년 수원지법 여주지원 부장판사(현)

채승훈(蔡昇勳) CHAI Seung Hoon

(생)1955 · 9 · 15 (본)평강(平康) (출)서울 (주)경기도 화성시 봉담읍 와우안길 17 수원대학교 문화예술학부(031-220-2174) (학)1974년 휘문고졸 1978년 동국대 국어국문학과졸 1986년 同대학원 연극연출학졸 (경)1980~1984년 극단 에저또 상임연출 1984~1988년 극단 신협 상임연출 1988년 극단 반도 대표 · 상임연출 1993~1995년 극단 산울림 예술감독 1995년 극단 창파 대표 · 상임연출(현) 1995년 동국대 · 상명대 · 한림대 · 명지대 겸임교수및강사 1996년 한국연극연출가협회 이사, 서울극단대표자협의회 운영위원 1997~1999년 상명대 무대디자인과 부교수 1998년 한국연극협회 이사 1999년 수원대 문화예술학부 연극전공 교수(현) 1999년 한국연극교육학회 이사 1999년 한국연극협회 숙원사업추진위원회 위원 2000~2009년 대학로포럼 운영위원 2002년 국제극예술협회 한국지부 부회장 2003년 서울연극협회 회장 2005년 한국연극학과교수협의회 부회장, 수원대 연극영화학과장 2009년 대학로포럼 대표(현) 2011년 한국연극교육학회 회장 2011년 한국대학연극학과교수협의회 회장 2018년 GKL 사회공헌재단 이사장(현) (상)백상예술대상 신인연출상(1992), 백상예술대상 최우수작품상(1995), 평론가협회상(1995), 동아연극상 연출상(1996), 한국연극협회상 최우수작품상(1998 · 2001), 몰도바국제연극제 대상(2006), 서울연극제 최우수작품상(2008), 프라하국제연극제 최우수작품상(2009), 해외진출 유공 문화체육부장관표창(2018) (저)'이해랑 연출교정'(1986) '아르또의 잔혹연극 연구'(2003) '2020미래한국(共)'(2005)

채시호(蔡時昊)

(생)1968 · 11 · 17 (출)경북 김천 (주)울산광역시 남구 법대로81번길 4 2층 채시호법률사무소(052-227-5600) (학)1988년 대구 달성고졸 1992년 영남대 법학과졸 (경)1997년 사법시험 합격(39회) 2000년 사법연수원 수료(29기) 2000년 울산지법판사 2005년 창원지법 통영지원 판사 2008년 부산지법 판사 2010년 부산고법 판사 2012년 변호사 개업, 同행정심판위원회 위원(현), 同출자기관운영심의 위원(현) 2015~2019년 同시설공단 이사 겸 고문변호사, 한국석유공사 계약심의 및 법률자문위원(현), 경상일보 법률자문 위원(현), 법무법인 마이더스 변호사 2019년 연합뉴스 울산취재본부 콘텐츠자문위원(현), 변호사 개업(현)

채신덕(蔡信德)

(생)1964 · 3 · 10 (주)경기도 수원시 팔달구 효원로 1 경기도의회(031-8008-7000) (학)1991년 서강대 수학과졸 (경)김포경제정의실천시민연합 집행위원장, 김포시체육회 사무국장 2015년 경기 김포시의원선거 출마(재선거, 새정치민주연합), 민주평통 자문위원(현), 김포중 · 제일고 · 제일공고총동문회 부회장 2018년 경기도의회 의원(더불어민주당)(현) 2018년 同문화체육관광위원회 위원(현) 2019년 同예산결산특별위원회 위원(현)

채연석(蔡連錫) CHAE Yeon Seok

(생)1951 · 11 · 1 (본)평강(平康) (출)충북 충주 (주)대전광역시 유성구 가정로 217 과학기술연합대학원대학교(042-865-2476) (학)1970년 세광고졸 1975년 경희대 물리학과졸 1984년 미국 미시시피주립대 대학원 항공우주공학과졸(석사) 1987년 항공우주공학박사(미국 미시시피주립대) (경)1979년 유한공업전문대학 전임강사 1980~1981년 유한전문대 기계과 전임강사 1982~1987년 미국 미시시피주립대 항공우주공학과 연구조교 1988년 천문우주과학연구소 선임연구원 1989년 한국항공우주연구원 선임연구원 1998~2012년 同책임연구원 1998년 同우주추진연구그룹장 2000년 同우주기반기술연구부장 2000년 同KSR-Ⅲ 사업단장 2002년 同선임연구부장 2002~2005년 同원장 2006~2013년 同연구위원 2006년 한국우주소년단 부총재 2011 · 2012~2014년 충북도 명예도지사 2013년 과학기술연합대학원대(UST) 홍보대사 2013~2016년 同과학기술정책과 교수 2014~2016년 국립광주과학관 비상임이사 2016년 과학기술연합대학원대(UST) 초빙교수(현) 2017년 국토교통부 항공 · 철도사고조사위원회 위원장(현) 2019년 과학기술인력개발원 석좌교수(현) (상)과학기술부장관표창(1993), 대통령표창(1994), 국회 과학기술대상(2002), 닮고 싶고 되고 싶은 과학기술인(2002), 과학기술훈장 웅비장(2003), 한국을 이끌 60인 선정(2006), 자랑스러운 유성인상(2014), 대한민국과학문화상(2014), 다산대상(2015) (저)'로켓과 우주여행'(1972) '한국초기화기연구'(1981) '눈으로 보는 로켓이야기'(1995) '눈으로 보는 우주개발이야기'(1995) '우리 로켓과 화학무기'(1998) '로켓이야기'(2002) '우리는 이제 우주로 간다'(2006) '미래과학교과서-우주공학'(2007) '꿈의 로켓을 쏘다'(2008) (역)'NASA 우주개발의 비밀'(2003) '우주선의 역사'(2007) (종)기독교

채영남

(주)광주광역시 광산구 목련로 372-49 본향교회(062-959-0001) (학)광주 숭일고졸, 호남신학대졸, 장로회신학대 신학대학원졸, 광주대 법학과졸, 조선대 교육대학원졸, 전주대 신학대학원졸, 신학박사(장로회신학대) (경)대한예수교장로회 본향교회 담임목사(현) 2008~2009년 광주동노회 노회장 2009년 칼빈탄생500주년기념학술대회 준비위원장 2013년 넬슨만델라광주추모행사 준비위원장, 대한예수교장로회총회 훈련원장, 同농촌선교연구소 이사장, 同예배학교 교장, 同100주년기념예배목회매뉴얼 집필위원장, 同대한기독교서회 서기이사, 同문화재단 이사, (사)라이즈업코리아운동본부 대표회장, 호남신학대 객원교수 겸 신학교육자문위원(현), 모스크바 장신대 이사 겸 객원교수, (사)해피광주 및 광주성시화운동본부 대표회장(현), 광주장로교회협의회 대표회장, CTS광주방송 이사장, (사)한국기독교군선교연합회 광주지회장, 광주지방경찰청 경목실장 및 세계경찰선교협의회 대표회장 2015년 대한예수교장로회 통합 총회장 2016~2017년 한국장로교총연합회 대표회장 2016년 대한예수교장로회 통합 총회한국교회연구원 이사장(현) 2018년 한국지역성시화운동협의회 대표회장(현) (상)행정안전부장관표창(2010), 법무부장관표창(2013), 시사투데이 올해의 新한국인 大賞(2014) (저)'청소년 문제와 교회의 역할' '미래사회와 목회자의 지도력' '교회의 활성화를 위한 통합적 예배' '예배학교' '예배가 살아야 교회가 산다'(共) '예배목회매뉴얼'(共)

ㅊ

채영도(蔡泳到) CHAI Young Do

(생)1954·10·7 (출)전남 함평 (주)경기도 수원시 장안구 서부로 2066 성균관대학교 자연과학대학 수학과(031-290-7024) (학)1974년 광주 동신고졸 1981년 서강대 수학과졸 1983년 서울대 대학원 수학과졸 1987년 수학박사(미국 로체스터대) (경)1987~1995년 성균관대 자연과학부 수학전공 조교수·부교수 1990년 미국 캘리포니아대 객원교수 1992년 성균관대 수학과장 1995년 同자연과학부 수학과 교수, 同자연과학대학 수학과 교수(현) 1997년 미국 일리노이대 객원교수 2001~2005년 대한수학회 국제관계위원·운영위원·편집위원장·총무이사·실무운영위원·편집위원·대외협력위원장·기하학분과위원·겨울학교장 2002년 대한교육협회 평가편암위원 2002~2004년 한국과학재단 기하·위상분과 전문위원 2003년 한국학술단체총연합회 기술위원 2005년 과학기술부 조사분석평가위원 2006년 同토탈로드맵검토위원 2006~2007년 同전문위원회 위원장 2007년 미국수학회 논문평가위원 (저)'미적분학'(1999, 성균관대) '대한미적분학'(2006, 경문사) (역)'미분기하학'(1997, 희중당) '미분기하학 입문'(2009, 경문사) (종)천주교

채영복(蔡永福) CHAE Yung Bog

(생)1937·5·25 (본)평강(平康) (출)강원 김화 (주)서울특별시 성동구 왕십리로 222 한양대학교 퓨전테크놀로지센터 5층 아시아연구네트워크(02-2220-4806) (학)1955년 경동고졸 1959년 서울대 문리대학 화학과졸 1961년 독일 뮌헨 루드비히막시밀리안대 대학원 유기화학과졸(디푸롬) 1965년 이학박사(유기화학전공)(독일 뮌헨 루드비히막시밀리안대) (경)1965년 서독 막스프랑크세포화학연구소 연구원 1967년 미국 뉴욕대 메디컬센터 생화학연구소 연구원 1969년 한국과학기술연구원(KAIST) 유기합성연구실장 1975년 同유기화학제2연구실장 1978년 同응용화학연구부장 1981년 한국과학기술원(KAIST) 응용화학연구부장 겸 농약화학실장 1982~1993년 한국화학연구소 소장 1984년 정밀화학공업진흥회 창립 1984~1993년 同부회장 1984년 대덕연구단지기관장협의회 회장 1985년 정밀화학발전민간협의회 위원장 1985년 물질특허민간협의회 위원장 1986년 한국신약연구조합 창립 1989년 대통령자문 과학기술자문회의 위원 1993년 한국과학기술단체총연합회 부회장 1993년 국가과학기술자문회의 위원 1993년 포항제철 산업과학기술연구원 이사 1993~1995년 대한화학회 회장 1994년 한국과학기술한림원 사무총장 1994년 同종신회원(현) 1994~1999년 한국화학연구소 연구위원 1995~1997년 IUPAC산하 아시아의약화학회연합회 회장 1995년 민주평통 자문위원 1997년 한국과학기술한림원 부원장 1999년 기초기술연구회 이사장 2002~2003년 과학기술부 장관 2004~2010년 한양대 화학과 석좌교수 2004~2013년 한국파스퇴르연구소 이사장 2005~2007년 국가과학기술위원회 민간위원 2005~2008년 한국과학기술단체총연합회 회장 2007년 (재)경기도바이오센터 이사장 2007~2014년 분자설계연구소 이사장 2009~2011년 한국계산과학공학학회 회장 2009~2013년 대통령자문 국민원로회의 위원, (사)원정연구원 이사장(현) 2010~2014년 경기과학기술진흥원 초대이사장 2010년 교육과학기술부 지방과학기술진흥자문위원장 2011~2014년 학교법인 상지학원 이사장 2011년 (사)아시아연구네트워크(ARN) 이사장(현) 2012년 과학기술연우연합회 회장(현) (상)국민포장, 국민훈장 동백장, 3.1문화상, 운경상, 효령상, 프랑스 최고훈장 레종 도뇌르(2006), 청조근정훈장

채영수(蔡永洙) CHAE Young Su

(생)1947·9·4 (출)전남 순천 (주)서울특별시 서초구 서초중앙로 157 서울중앙지방법원조정센터(02-530-1746) (학)1966년 순천고졸 1970년 고려대 법학과졸 1995년 同대학원(상법전공) 수료 (경)1972년 사법시험 합격(14회) 1974년 사법연수원 수료(4기) 1975년 공군 법무관 1977년 광주지법 판사 1979년 同장흥지원 판사 1981년 광주지법 판사 1982년 수원지법 판사 1983년 서울지법 동부지원 판사 1985년 서울고법 판사 1988년 대법원 재판연구관 1989년 광주지법 부장판사 1991년 사법연수원 교수 1993년 서울민사지법 부장판사 겸 법원행정처 법정국장 1995년 서울지법 부장판사 1996년 대전고법 부장판사 1998년 서울고법 부장판사 2003년 채영수법률사무소 변호사 2005년 법무법인 에이스 대표변호사 2006~2009년 경찰위원회 위원장 2007~2013년 법무법인 동인 고문변호사 2013년 서울중앙지방법원조정센터 상임조정위원 2017년 同상근위원(현), 성심종합 법무법인 변호사(현) (종)천주교

채우석(蔡禹錫) CHA Woo Seok (母山)

(생)1946·12·27 (출)충남 (주)전라남도 나주시 건재로 185 동신대학교 한의과대학 한의학과(061-330-3502) (학)1966년 남성고졸 1973년 경희대 한의학과졸 1975년 同대학원졸 1984년 한의학박사(경희대), 명예 의학박사(러시아 국립전통의학원) (경)1973~1975년 경희대 부속한방병원 인턴·레지던트 1984~1996년 대전대 한의학과 교수 1989~1993년 同한의과대학장 1989년 대한침구의학회 회장 1996년 대전대 대학원장 1996~2012년 동신대 한의학과 교수 1996~2012년 同의무부총장 1996~2004년 同부속한방병원장 1999년 同대학원장 1999년 한국한의과대교육협의회 부회장 2010~2017년 의료법인 해인의료재단 이사장 2012년 동신대 한의과대학 한의학과 석좌교수(현) 2012~2017년 동신한방병원 원장 2017년 同명예병원장(현) (상)국민훈장 동백장, 교육부장관표창, 국무총리표창, 장한한국인상, 옥조근정훈장 (저)'침구학(上·下)' '경혈집성' '안침요법' '한의학개론'(1997, 대성문화사) '모산의랑'(2001, 주민출판사) '동의노인병학'(2001) (종)기독교

채원규(蔡杬圭)

(생)1963·9·17 (출)대구 (주)대구광역시 동구 첨단로 7 신용보증기금 임원실(053-430-4003) (학)1982년 경북고졸 1988년 경북대 경영학과졸 (경)1988년 신용보증기금 입사 2011년 同SOC보증부장 2012년 同강서지점장 2013년 同신용보험부장 2014년 同리스크관리실장 2014년 同인사부장 2015년 同대구경북영업본부장 2016년 同경기영업본부장 2017년 同서울서부영업본부장 2018년 同상임이사 2019년 同전무이사(현) (상)재정경제부장관표창(2006)

채유미(蔡裕美·女)

(생)1970·3·3 (주)서울특별시 중구 세종대로 125 서울특별시의회(02-3702-1400) (학)서울대 농업생명과학대학 농가정학과졸 (경)더불어민주당 서울노원丙지역위원회 상계5동 협의회장 2018년 서울시의회 의원(더불어민주당)(현) 2018년 同교육위원회 위원(현) 2018년 同정책위원회 위원(현)

채윤경(蔡胤耕·女) Chae, Yun Kyoung

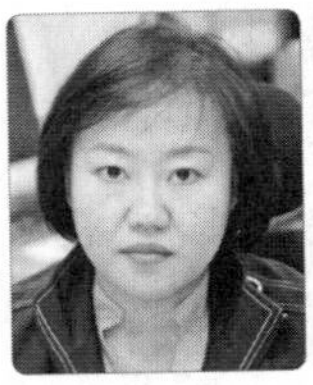

(생)1963·4·23 (본)평강(平康) (출)서울 (주)경기도 의왕시 계원대학로 66 계원예술대학교 애니메이션과(031-420-1862) (학)1986년 서울대 미술대학 응용미술학과졸 (경)1985~1988년 삼영애니메이션 감독 1988~1991년 카투너스코리아 감독 1991~1995년 툰타운 감독 1996~2002년 계원조형예술대학 애니메이션과 전임강사·조교수 1996년 국제애니메이션필름협회 KOREA회원(현) 1998~1999년 (주)곰무리 자문교수 1999년 영화진흥위원회 진흥위원 1999~2000년 '2000새로운 예술의 해' 추진위원 2000~2001년 (재)문화산업지원센터 이사 2002~2008년 계원조형예술대학 애니메이션과 부교수·교수 2003~2005년 방송위원회 국내제작애니메이션 판정위원 2003~2005년 계원조형예술대학 예술공학연구소장 2004년 영화진흥위원회 애니메이션정책소위원회 위원 2008년 의왕시선거방송토론위원회 위원 2008~2012년 계

원디자인예술대 애니메이션과 교수 2012년 계원예술대 애니메이션과 교수(현) 2013~2015년 同학생처장 2014~2018년 영상물등급위원회 위원 2015~2017년 평창동계올림픽대회 · 장애인동계올림픽대회 조직위원회 브랜드전문위원 2015~2017년 콘텐츠산업진흥위원회 위원 2016~2018년 문화체육관광부 감사자문위원회 위원 겸 청렴시민감사관 (작)디자인 '2002 부산아시안게임 마스코트', '서울국제에어쇼 EIP용 캐릭터', '삼성화재 CIP용 캐릭터', '삼성 유니텔 캐릭터', '데이콤 CIP용 캐릭터', '의왕시 TIP용 캐릭터', '부산 아이콘스 구단 캐릭터', '(재)백혈병소아암협회 캐릭터', '세계빛엑스포2005 eip용 캐릭터', '2009 동물보호문화산업대전 eip 디자인' 애니메이션 'The Saleaman'(1996), '성호와 감기도깨비'(2008), '심청전 Demo'(2009), '인형극을 통한 장애인식개선프로젝트 캐릭터 기획 및 개발'(2009) 연출 '안녕하세요 조선의 천재화가님 中 전시 애니메이션 선비의 네 친구 문방사우'(2011), 'SBS이슬람문명전 : 알사바왕실컬렉션TV 스팟 광고'(2013)

채이배(蔡利培) CHAE YIBAI

(생)1975 · 1 · 2 (주)서울특별시 영등포구 의사당대로 1 국회 의원회관 633호(02-784-9480) (학)계산고졸, 고려대 행정학과졸, 同법학대학원 석사과정 수료 (경)1998년 참여연대 경제민주화위원회 간사 2001년 공인회계사(현) 2001~2004년 삼일회계법인 금융본부 근무 2004~2007년 이엔테크놀로지 재무팀장 2006~2016년 좋은기업지배연구소 연구위원 2009~2016년 경제개혁연구소 연구위원 2016~2018년 국민의당 공정경제위원장 2016년 제20대 국회의원(비례대표, 국민의당 · 바른미래당〈2018.2〉)(현) 2016~2018년 국민의당 제3정책조정위원장 2016~2018년 국회 정무위원회 위원 2016~2018년 국민의당 국민정책연구원 부원장 2017년 同제19대 안철수 대통령후보 중앙선거대책본부 공약단장 2017년 同원내수석부대표 2017~2018년 同정책위원회 수석부의장 2017년 同혁신위원회 위원 2017~2018년 (사)싱크탱크 미래 이사 2017~2018년 국회 청년미래특별위원회 간사 2018년 국회 청년미래특별위원회 위원 2018년 바른미래당 경북도당 공동위원장 2018년 同비상대책위원회 위원 2018~2019년 同원내부대표 2018년 국회 법제사법위원회 위원(현) 2018~2019년 국회 예산결산특별위원회 위원 2018~2019년 바른미래당 당대표 비서실장 2019년 국회 사법개혁특별위원회 간사 2019년 바른미래당 정책위원회 의장(현) (상)글로벌평화공헌대상 정치발전부문(2017)

채인묵(蔡仁默)

(생)1961 · 11 · 6 (주)서울특별시 중구 세종대로 125 서울특별시의회(02-3702-1400) (학)한국방송통신대 법학과졸, 고려대 정책대학원 도시지방행정학 석사과정 수료 (경)제17대 이목희 국회의원 비서관, 민주당 중앙당선거대책위원회 복지건설협력위원장, 同서울금천지역위원회 조직국장, 민주평통 자문위원, 한국야외수련원 대표, 영종수련원 소장 2010~2014년 서울시 금천구의회 의원(민주당 · 민주통합당 · 민주당 · 새정치민주연합) 2010~2012년 同운영위원장 2012~2014년 同복지건설위원장 2014년 서울시 금천구의원선거 출마(새정치민주연합) 2018년 서울시의회 의원(더불어민주당)(현) 2018년 同기획경제위원회 부위원장(현) 2018년 同예산결산특별위원회 위원(현) 2018년 同항공기 소음 특별위원회 위원(현) 2018년 서울시농수산식품공사 사장 후보자 인사청문특별위원회 위원(현)

채일병(蔡日炳) CHAE Il Byung (金馬)

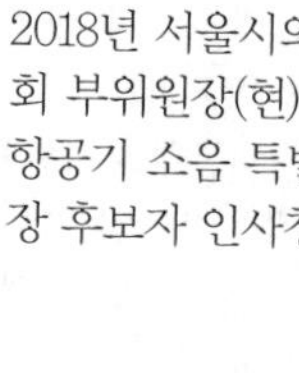

(생)1947 · 8 · 8 (본)평강(平康) (출)전남 해남 (주)서울특별시 영등포구 의사당대로 1 대한민국헌정회(02-757-6612) (학)1966년 광주제일고졸 1971년 국민대 법률학과졸 1984년 국방대학원졸 1996년 서울대 행정대학원 수료 1998년 경희대 언론정보대학원 수료 2000년 국민대 대학원 행정학 박사과정 수료 2014년 명예 행정학박사(필리핀 퍼시픽인터컨티넨탈대) (경)1973년 행정고시 합격(14회) 1974년 총무처 행정사무관 1982년 同서기관 1986년 同교육훈련과장 1988년 同인사기획과장 1991년 국무총리행정조정실 심의관 1993년 총무처 조직국 조사심의관 1993년 대통령자문 21세기위원회 사무국장 1995년 총무처 정부합동민원실장 1996년 同복무감사관 1998년 행정자치부 인사복무국장 1998년 同자치지원국장 1999년 同인사국장 1999~2002년 同소청심사위원 2002~2004년 부패방지위원회 상임위원 겸 사무처장(차관급) 2003~2015년 한국투명성기구(TI Korea) 자문위원 2005년 국민대 행정대학원 객원교수 2005~2011년 한국스피치토론문화진흥회 회장 2005년 (사)뉴거버넌스연구센터 이사장 2006~2015년 (사)21세기한중교류협회 사무총장 · 부회장 · 자문위원 2006~2012년 대불대 석좌교수 2006~2008년 제17대 국회의원(해남 · 진도 재보선 당선, 민주당 · 대통합민주신당 · 통합민주당) 2006~2015년 한민족응원문화운동본부 공동총재 2007년 민주당 대표비서실장 2007년 대통합민주신당 원내부대표 2007년 한국채씨중앙종친회 회장 2007~2015년 (사)아시아예술교류협회 상임고문 2007년 (재)한일우호협력재단 이사장 2008~2011년 광주발전연구원 원장 2008년 세계가채종친총회 부이사장 2008~2015년 (사)전통경관보전연구원 상임고문 2008~2015년 한국신미술협회 회장 2008~2015년 (사)누가선교회 이사 2008년 (사)한국유스호스텔연맹 이사 2008~2015년 (사)세계미술연맹 총재 2008~2011년 제2대 광주발전연구원 원장 2009~2010년 호남대 겸임교수 2010~2015년 반부패국민연대 광주전남본부 고문 2010~2015년 광주전남발전포럼 고문 2010~2015년 호남미래연대 고문 2011~2012년 동신대 객원교수 2011년 매일방송(주) 회장 2011~2015년 희망정치연대 상임의장 2011~2015년 대한행정사협회 고문 2012년 세한대 석좌교수 2013~2016년 전남대 정책대학원 행정학과 객원교수 2014~2019년 대한민국헌정회 광주시지회장 2014~2015년 PIC(Pacific Intercontinental College)대 명예총장 2015년 세한대 석좌교수 2015년 현대아미스(주) 회장 2019년 대한민국헌정회 위원(현) (상)총무처장관표창(1981), 근정포장(1986), 황조근정훈장(1997) (저)'땅끝에서 희망을 보라'(2007) '길가의 질경이와 쉬지않는 마중물'(2011, 에코미디어) (종)기독교

채장수(蔡長洙) CHAE Chang Soo

(생)1962 · 1 · 20 (출)대구 (주)대구광역시 수성구 동대구로 401 삼성화재빌딩 12층 YTN 대구 · 경북취재본부(053-751-9800) (학)1989년 영남대 경제학과졸 (경)1988년 CBS 기자 1995년 YTN 기자 1999년 同네트워크부 대구팀장 2001년 同사회2부 대구팀장(차장급) 2002년 同대구지국장 2007년 同보도국 사회2부 대구지국장(부장대우) 2009년 同보도국 사회2부 대구지국장(부장급) 2013년 同대구지국장(부국장급) 2015년 同대구 · 경북취재본부장(현)

채정룡(蔡政龍) CHAE Jeong Ryong

(생)1953 · 9 · 15 (출)전북 (주)전라북도 군산시 대학로 558 군산대학교 자연과학대학 체육학과(063-469-4641) (학)1972년 전주고졸 1977년 중앙대 체육교육과졸 1981년 고려대 대학원 체육학과졸 1987년 이학박사(고려대) (경)1983~1994년 군산대 자연과학대학 체육학과 조교수 · 부교수 1992~1994년 同자연과학대학 학생과장 1994~2019년 同자연과학대학 체육학과 교수 1994~1996년 同기숙사 사감장 1997~1999년 同체육학과장 · 체육부장 1999년 세계조정선수권대회 한국대표단장 2000~2002년 한국운동과학회 부회장 2001년 대한운동사회 부회장 겸 전북지회장 2002년 대한운동사협회 부회장 2003년 군산대 학생처장 2005~2008년 대한조정협회 국제상임이사 2008~2009년 군산대 생활체육지도자연수원장, 2013충주세계조정선수권대회 유치추진위원 2009년 한국운동생리학회 부회장 겸 상임이사 2009년 대한조정협회 부회장 2010~2014년 군산대 총장 2015년 2015광

ㅊ

주유니버시아드대회조직위원회 부위원장 2016~2017년 (사)군산자원봉사센터 이사장 2017~2019년 더불어민주당 군산지역위원회 위원장 2018년 同한국GM대책특별위원회 위원(현) 2018년 同현대화추진특별위원회 위원(현) 2019년 군산대 자연과학대학 체육학과 명예교수(현) (상)체육부장관표창(1991), 자랑스러운 중앙인상(2012), 청조근정훈장(2019) (저)'스포츠의학 입문'(1992) '운동생리학'(1995) '스포츠의학 입문'(1997, 보경문화사) '스포츠의학'(1998) '인간과 스포츠의학'(2001, 대경출판사)

채정석(蔡晶錫) CHAE Jung Sug

(생)1956·9·3 (본)평강(平康) (출)서울 (주)서울특별시 강남구 영동대로 741 은성빌딩별관 법무법인 웅빈(02-553-3000) (학)1974년 서울 중앙고졸 1979년 서울대 법학과졸 1982년 同대학원 법학과졸 (경)1980년 행정고시 합격(24회) 1981년 사법시험 합격(23회) 1983년 사법연수원 수료(13기) 1983년 육군 법무관 1986년 대구지검 검사 1988년 전주지검 정주지청 검사 1989년 서울지검 검사 1991년 해외연수 1992년 법무부 검찰1과 검사 겸 서울지검 검사 1992년 미국 스탠퍼드대 법과대학원 환경법전공 연수 1994년 법무부 검찰국 검사 겸 서울고검 검사 1995년 수원지검 여주지청장 1997년 대전지검 공안부장 1997~1999년 법무부 검찰4과 과장 1999년 서울지검 동부지청 형사6부장 2000년 서울고검 검사 2002년 인천지검 형사1부장 2002년 부산고검 검사 2002년 미국 스탠퍼드대 후버연구소 객원연구원 2003년 서울고검 검사 2004~2005년 서울남부지검 전문부장검사 2005년 변호사 개업·법무법인 장한(C&K) 대표변호사 2005년 한화 법무실장(부사장급) 2007년 한화그룹 구조조정본부 부사장 2008년 同경영기획실 사장 겸 법무실장 2009년 법무법인 렉스 대표변호사 2009~2013년 법무법인(유) 에이펙스 대표변호사 2013~2014년 법무법인 세종 구성원변호사 2014년 법무법인 웅빈 대표변호사(현) (저)'수사실무 편람'(1986) (종)기독교

채정선(蔡貞善·女)

(생)1973·3·24 (출)경북 성주 (주)대구광역시 수성구 동대구로 364 대구지방법원(053-757-6600) (학)1992년 대구 남산여고졸 1996년 경북대 공법학과졸 (경)1998년 사법시험 합격(40회) 2001년 사법연수원 수료(30기) 2001년 수원지법 판사 2003년 서울지법 판사 2004년 서울중앙지법 판사 2005년 부산지법 판사 2007년 대구지법 서부지원 판사 2009년 同가정지원 판사 2013년 대구고법 판사 2015년 대구지법 김천지원·대구가정법원 김천지원 판사 2016년 창원지법 부장판사(사법연구) 2018년 대구지법 부장판사(현)

채정섭(蔡正燮) Chae jeong seob

(생)1965·2·2 (출)전남 나주 (주)서울특별시 송파구 법원로11길 12 한양타워 (주)한양 임원실(02-721-8114) (학)1989년 전남대 경영대학졸 2012년 건국대 부동산대학원졸 2015년 서울대 공과대학 건설산업최고전략과정(ACPMP) 12기 수료 (경)1992년 보성건설(주) 입사 2003년 (주)한양 전략사업본부 근무 2007년 同개발사업본부 이사 2008년 同전략사업본부 기획총괄 2010년 同개발사업본부장(전무) 2013년 同경영기획실장(부사장) 2015년 同경영혁신실장(부사장) 2018년 同대표이사 부사장 2018년 同대표이사 사장(현)

채종일(蔡鍾一) Chai Jong-Yil

(본)인천(仁川) (출)부산 (주)서울특별시 강서구 화곡로 350 한국건강관리협회(02-2601-6141) (학)1976년 서울대 의대졸 1979년 同대학원 의학석사 1984년 의학박사(서울대) (경)1985~1995년 서울대 의대 조교·강사·조교수·부교수 1986~1987년 미국 농무성 기생충병연구소 방문교수 1986~1991년 대한기생충학회 학술부장 1994~1997년 同감사 1995~2016년 서울대 의대 기생충학교실 교수 1997~2001년 同의학연구원 감염병연구소장 1998~2001년 同의학연구원 부원장 2000~2001년 대한기생충학회 회장 2002년 서울대 의대 기생충학교실 주임교수 2007년 대한의사협회 학술이사 2009년 한국건강관리협회 부회장 2013~2016년 한국과학기술한림원 의약학부장 2016년 서울대 의대 명예교수(현) 2016년 한국과학기술한림원 출판담당 부원장 2016·2019년 한국건강관리협회 회장(현) 2018년 세계기생충학자연맹(WFP) 회장(현) (상)대한군진의학협회 학술상(1981), 대한기생충학회 학술상(1984), 한국과학기술단체총연합회 과학기술우수논문상(2004) (저)'임상 기생충학 개요'(1995) '기생충감염(소아과학)'(1997) '우리 몸의 기생충 적인가 친구인가'(2016)

채충근(蔡忠根) CHAE Chung Keun

(생)1957·1·23 (본)인천(仁川) (출)경북 상주 (주)서울특별시 구로구 디지털로26길 111 제이앤케이디지털타워 509호 (주)미래기준연구소(02-6124-6911) (학)1977년 경북 순심고졸 1981년 영남대 화학공학과졸 2017년 공학박사(광운대) (경)1998년 한국가스안전공사 기준총괄처 기술계획부장 1999~2008년 同기술기준처장 2008년 同충북지역본부장 2009년 同시험검사실장 2009년 同검사지도처장 2010~2012년 同안전관리이사 2012년 (주)한국가스기준연구소 대표이사 소장 2013년 (주)미래기준연구소 대표이사 소장(현) (상)산업포장(2004) (저)'가스와 가스기기의 종합지식'(1994, 형제사) '가스3법해설'(2012, 한국가스기준연구소) '도시가스 기준해설'(2014, 미래기준연구소) '가스3법해설(개정판)'(2015, 미래기준연구소) '유해화학물질 취급시설 검사 및 안전진단 기준해설'(2015, 미래기준연구소) '화학물질안전개론'(2016, 연세대 대학출판문화원) '방폭전기기기 설치 및 유지관리 기준해설'(2018, 미래기준연구소) '폭발위험장소 종류구분 및 범위산정 기준해설'(2018, 미래기준연구소)

채평석(蔡平錫)

(생)1949·7·1 (주)세종특별자치시 한누리대로 2120 세종특별자치시의회(044-300-7000) (학)부강상고졸 (경)청원군체육회 부회장, 부용면생활체육협의회 회장, 부강초 운영위원장, 同총동문회 부회장, 부강중 육성회장, 부용면번영회 총무·감사·이사(현) 2006년 충북 청원군의원선거 출마, 세종시정상추진충청권비상대책위원회 공동대표 2014년 새정치민주연합 세종특별자치시당 부위원장 2014년 세종특별자치시의원선거 출마(새정치민주연합) 2018년 세종특별자치시의회 의원(더불어민주당)(현) 2018년 同행정복지위원회 위원장(현)

채향석(蔡香錫) CHAE HYANG SEOK

(생)1968·10·25 (본)평강(平康) (출)전남 순천 (주)세종특별자치시 도움5로 20 법제처 행정법제혁신추진단 총괄팀(044-200-6740) (학)1987년 순천고졸 1996년 고려대 법학과졸 2010년 미국 인디애나대 대학원 법학과졸(L.L.M) 2017년 고려대 대학원졸(법학박사) (경)1996년 행정고시 합격(40회) 1997년 총무처 행정사무관 임용 1998년 정보통신부 정보화기획실 사무관 2001년 행정자치부 민방위재난통제본부 사무관 2002년 법제처 행정심판관리국 사무관 2005년 同법제조정실 혁신인사기획관실 서기관 2006년 同행정심판관리국 행정교육심판팀장 2007년 同경제법제국 법제관 2008년 同기획조정관실 국민불편법령개폐팀장 2011년 국가경쟁력강화위원회 법제도단 파견 2013년 법제처 경제법제국 법제관 2015년 인천시 법제협력관(파견) 2016년 법제처 법제정책국 법제조정총괄법제관(부이사관) 2017년 同대변인 2017년 대통령 법무비서관실 행정관 2019년 법제처 경제법제국 법제관 2019년 同행정법제혁신추진단 총괄팀장(현) (상)근정포장(2008)

채현일(蔡鉉一) CHAI HYUNIL

(생)1970·7·26 (본)평강(平康) (출)광주 (주)서울특별시 영등포구 당산로 123 영등포구청 구청장실(02-2670-3303) (학)광주 광덕고 중퇴(검정고시) 2000년 서울대 사회과학대학 정치학과졸 (경)2007~2015년 국회의원 비서관·보좌관 2016~2017년 서울특별시장 정무보좌관 2017년 대통령 정무수석비서관실 행정관 2018년 서울시 영등포구청장(더불어민주당)(현) (종)천주교

채형석(蔡亨碩) CHAI Hyung Suck

(생)1960·8·13 (출)서울 (주)서울특별시 구로구 가마산로 242 애경그룹 임원실(02-818-1861) (학)1979년 고려고졸 1983년 성균관대 경영학과졸 1985년 미국 보스턴대 경영대학원 경영학졸 (경)1985년 애경산업(주) 감사 1985년 애경유지공업(주) 감사 1986~2003년 同대표이사 1986년 애경백화점 대표이사 1995~2003년 수원애경역사 대표이사 1999~2004년 평택애경역사 대표이사 2000~2001년 AK면세점 대표이사 2000년 애경복지재단 이사장 2002년 애경그룹 부회장 2006년 同총괄부회장 겸 그룹최고경영자(CEO)(현) 2008년 한국외국어대 경영학과 겸임교수 (종)천주교

채홍호(蔡鴻浩) CHAE Hong Ho

(생)1963·11·14 (본)인천(仁川) (출)경북 문경 (주)세종특별자치시 정부2청사로 13 행정안전부 재난관리실(044-205-5100) (학)1981년 구미전자공고졸 1989년 서울시립대 행정학과졸 2003년 미국 콜로라도주립대 대학원졸 (경)1989년 행정고시 합격(33회) 1999년 행정자치부 자치지원국 민간협력과 사무관 2000년 同자치행정국 민간협력과 서기관 2001~2003년 교육파견(미국 콜로라도 주립대) 2005년 행정자치부 자치인력개발원 교수부 교육2과장 2006년 同정책홍보관리본부 홍보관리팀장 2007년 同균형발전총괄팀장 2008년 행정안전부 기획재정담당관 2008년 同기획재정담당관(부이사관) 2009년 해외 파견 2010년 駐시드니총영사관 부총영사 2011년 대통령실 행정자치담당 행정관 2011년 소방방재청 기획조정관 2012~2014년 대구시 기획관리실장 2013~2014년 대구도시철도공사 비상임이사 2014년 안전행정부 정책기획관 2014년 행정자치부 기획조정실 정책기획관 2015년 국방대 교육파견 2016년 행정자치부 지방행정실 자치제도정책관 2017년 同지방행정정책관 2017년 행정안전부 지방자치분권실 지방행정정책관 2018년 同3.1운동및대한민국임시정부수립100주년기념사업추진기획단장 2019년 同재난관리실장(현) (상)녹조근정훈장(2007) (종)기독교

채훈관(蔡薰寬) CHAE Hun Gwan

(생)1962·5·6 (출)충북 청주 (주)충청북도 영동군 영동읍 대학로 310 유원대학교 총장실(043-740-1010) (학)1980년 세광고졸 1984년 경희대 물리학과졸 1996년 충북대 대학원 건축공학과졸 2003년 건축공학박사(충북대) (경)1984년 학교법인 금강학원 사무국장 1989년 새한주택 상무 1991년 대자개발(주) 대표이사 1991년 학교법인 형석학원 이사장 1991년 학교법인 금강학원 법인이사 2002~2010·2013~2016년 영동대 총장 2016년 충북지역대학총장협의회 회장(현) 2016년 유원대 총장(현) (종)불교

채희길(蔡熙吉)

(생)1949·2·2 (주)대구광역시 달성군 논공읍 논공중앙로33길 7-9 기업은행 2층 달성1차산업단지관리공단(053-616-6500) (학)1967년 경북대사대부고졸 1971년 한양대 공과대학 정밀기계공학과졸 (경)1974~1980년 현대중공업(주) 의장생산부 근무 1980~1985년 (주)대우ITT 기술부 근무 1985~1990년 한국델파이(주) 연구소 근무 1990~1995년 대길정밀 대표 1995~2015년 (주)대길 대표이사 2005~2010년 한국델파이(주) 협력업체협의회장 2005~2015년 달성산업단지관리공단 이사 2006~2011년 대구달성경찰서 경찰발전위원회 부위원장 2015년 달성1차산업단지관리공단 이사장(현)

채희봉(蔡熙峯) CHAE HEE BONG

(생)1966·1·10 (본)인천(仁川) (출)경북 문경 (주)대구광역시 동구 첨단로 120 한국가스공사 사장실(053-670-0001) (학)1984년 용산고졸 1988년 연세대 경제학과졸 1990년 서울대 대학원 행정학과졸 1997년 미국 밴더빌트대 대학원 경제학과졸 2015년 경제학박사(동국대) (경)1988년 행정고시 합격(32회) 1991년 동력자원부 에너지관리과 사무관 1993~1995년 통상산업부 산업정책과 사무관 1997년 同산업입지환경과 서기관 2001년 지속가능발전위원회 경제사회팀장 2002년 산업자원부 기획관리실 국가균형발전추진단 지역산업연구팀장 2003년 미국 버지니아주정부 직무훈련 파견 2005년 산업자원부 산업정책국 산업구조과장 2006년 同산업기술개발과장 2006년 同산업기술개발팀장 2007년 대통령 산업정책비서관실 행정관 2008년 지식경제부 가스산업과장 2009년 同에너지자원정책과장 2010년 同기술표준원 표준기술기반국장(고위공무원) 2010년 미주개발은행(IADB) 에너지디비전 에너지스페셜리스트(파견) 2011년 대통령직속 지역발전위원회 기획단 정책총괄국장 2013년 산업통상자원부 에너지자원실 에너지절약추진단장 2014년 同에너지자원실 에너지산업정책관 2016년 同에너지자원실장 2016년 同전기위원회 상임위원 겸임 2016년 同무역투자실장 2017~2018년 대통령정책실 경제수석비서관실 산업정책비서관 2018년 산업통상자원부 통상차관보 2019년 연세대 정보대학원 객원교수 2019년 원광대 LINC+사업단 초빙교수 2019년 한국가스공사 대표이사 사장(현) 2019년 한국가스연맹 회장(현) (저)'대처 VS 클린턴 리더십'(2007, 미래엠앤비) '새로운 자본주의 리더십을 말하다'(2012, 씨크라우딩)

채희완(蔡熙完) CHAE Hee Wan

(생)1948·8·23 (본)인천(仁川) (출)서울 (주)부산광역시 금정구 부산대학로63번길 2 부산대학교 예술문화영상학과(051-510-3755) (학)1968년 경기고졸 1974년 서울대 미학과졸 1977년 同대학원 미학과졸 (경)1980~1985년 청주사범대 무용교육학과 전임강사·조교수 1985~1994년 부산대 예술대 조교수·부교수 1985년 한국무용평론가회 회장 1988~1992년 부산민족문화운동협의회 회장 1988년 전국민족극운동협의회 회장 1993년 한국민족예술인총연합 민족미학연구소장 1993년 (사)민족미학연구소 소장(현) 1994~2013년 부산대 예술문화영상학과 교수 2002~2005년 한국민족극운동협회 회장 2007~2009년 문화재위원회 무형문화재예능분과 위원 2013년 부산대 예술문화영상학과 명예교수(현) 2018년 한국춤비평가협회 회장(현) (상)옥조근정훈장(2013) (저)'공동체의 춤·신명의 춤' '탈춤' '한국의 민중극'(共) '한국춤의 정신은 무엇인가' '여가와 삶 중〈한국공연예술의 세계〉' '한국문화사상 대계4중〈한국공연예술의 세계〉' '한국근대미학과 우현미학의 현대성 중〈제천의식과 한국춤의 원류〉' '〈우리춤〉중 봉산탈춤 노장춤의 의미체계' '〈승전무의 실상〉중 통영 승전무의 미의식 및 미적 세계탐구를 위한 통학문적 접근'

채희율(蔡熙律) CHAI Hee Yul

(생)1960·1·23 (출)경기 수원 (주)경기도 수원시 영통구 광교산로 154-42 경기대학교 지식정보서비스대학 경제학부(031-249-9410) (학)1978년 서울 대성고졸 1983년 서울대 경제학과졸 1986년 프랑스 파리제10대 대학원 경제학과졸 1991년 경제학박사(프랑스 파리제10대) (경)1991년 프랑스 릴2대 부설 보험산업연구소 연구원 1991~1994년 同전임강

사 · 부교수 1993~2000년 同종신교수 1994~1997년 한국금융연구원 은행팀 부연구위원 1997~2006년 경기대 경제학부 조교수 · 부교수 2003~2008년 Asia-Pacific Journal of EU Studies Editor in Chief 2004~2005년 미국 캘리포니아대 버클리교 객원연구원 2005~2007년 경기대 교무처 부처장 겸 교수학습개발센터장 2006~2016년 同경상대학 경제학과 교수 2008년 대통령직인수위원회 상임자문위원 2008~2011년 금융위원회 비상임위원 2009~2011 · 2014년 한국경제학회 이사 2009년 한국금융연구원 자문위원(현) 2009~2011년 수도권광역경제발전위원회 위원 2010~2012년 경기대 교무처장 겸 본부대학장 2010년 대외경제정책연구원 자문위원(현) 2010~2017년 한국국제금융학회 이사 · 부회장 2010~2012년 국무총리실 자체평가 경제 · 재정분과위원장 2011~2013년 우리은행 사외이사 2012~2014년 한국국제경제학회 감사 2013~2015년 우리금융지주 사외이사 2013~2014년 경기도 선진화위원회 위원 2013년 한국EU학회 부회장 2014년 同회장 2014~2017년 경기도 경제일자리위원회 위원 2017~2018년 한국국제금융학회 회장 2017년 한국은행 경기지역본부 자문교수(현) 2017년 기획재정부 정책성과평가위원회 위원장 겸 예산분과 소위원장(현) 2017년 경기대 지식정보서비스대학 경제학부 교수(현) 2017~2019년 同대학평의회 회장 (상)한국금융학회 우수논문상(2016 · 2017) (저)'은행자기자본비율규제의 이론과 실제'(1995, 한국금융연구원) '외국의 은행합병현황'(1996, 한국금융연구원) '유로화의 출범과 한국경제'(1999, 박영사) '인터넷 및 데이터통신활성화를 위한 연구'(2000, 한국통신 경영연구소) '국가전략의 대전환'(2000, 삼성경제연구소) '지식기반경제의 구축과 정보화 촉진을 위한 EU의 정책방향'(2000, 대외경제정책연구원) '유럽통합과 아시아태평양지역'(2003) '금융개방의 경제적 효과와 과제'(2008) '안정적 성장을 위한 거시경제구조'(2009) '신삼국지, 중국화 파고 속의 한국'(2011, 매일경제신문)

채희창(蔡禧昌) CHAE HEE CHANG

(생)1965 · 11 · 4 (출)충북 제천 (주)서울특별시 종로구 경희궁길 26 세계일보 논설위원실(02-2000-1710) (학)1984년 제천고졸 1991년 고려대 교육학과졸 2001년 한국개발연구원(KDI) 언론인경제정책전문과정 수료 2003년 서강대 대학원 오피니언리더프로그램과정 수료 2005년 한국언론재단 탐사보도 디플로마 수료 2007년 선거보도 디플로마 수료(2007) (경)1992년 세계일보 입사 1995년 同편집국 사회부 기자 1996년 同체육부 기자 1997년 同사회부 기자 2001년 同경제부 기자 2002년 同특별기획취재팀 기자 2002년 同경제부 차장대우 2004년 同사회부 법조팀장 겸 사건데스크 2004년 同특별기획취재팀장(차장급) 2005년 同사회부 법조팀장 겸 사건데스크(차장급) 2006년 同사장실 기획팀 차장 2006년 同특별기획취재팀장 2007년 同특별기획취재팀장(부장대우) 2008년 同편집국 사회부장 2010년 同편집국 경제부장 2011년 同편집국 사회부장 2012년 同편집국 산업부장 2014년 同광고국 기획위원 2015년 同편집국 부국장 2015년 同디지털미디어국 부국장 겸임 2015년 同디지털미디어국장 2016년 同편집국 수석부국장 2018년 同편집국 부국장 2018년 同편집국장 2018년 同논설위원(현) (상)이달의 기자상(1993 · 2004 · 2004 · 2006 · 2006 · 2007 · 2008), 한국기자상 기획보도부문(1994), 한국신문상(2004), 삼성언론상(2005 · 2007), 관훈언론상(2006), 청소년폭력예방재단 공로상(2007), 10대 인권보도상(2008), 앰네스티언론상(2008)

천강욱

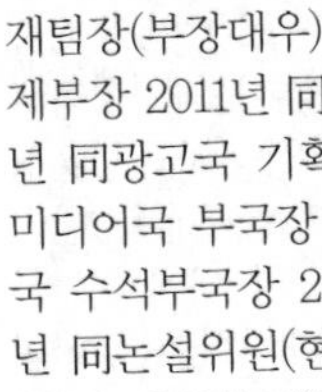

(생)1966 · 1 · 3 (주)경기도 수원시 영통구 삼성로 129 삼성전자(주) 영상디스플레이사업부 개발팀(031-200-1114) (학)1988년 부산대 전자공학과졸 1990년 한국과학기술원(KAIST) 전자공학과졸(석사) 1995년 전자공학박사(한국과학기술원) (경)삼성전자(주) 디지털미디어연구소 DTV연구팀 수석 2009년 同영상디스플레이사업부 DTV선행개발T/F 연구위원 2010년 同영상디스플레이사업부 개발팀 연구위원 2012년 同영상디스플레이사업부 개발실 연구위원 2013년 同영상디스플레이사업부 개발실 연구위원(전무) 2015년 同영상디스플레이사업부 상품전략팀장(부사장) 2017년 同영상디스플레이사업부 개발팀 부사장(현) (상)과학기술포장(2015)

천경미(千京美 · 女) Kyeong Mi Cheon

(생)1960 · 1 · 3 (출)전남 (주)부산광역시 남구 문현금융로 40 한국자산관리공사 기업지원본부(051-794-2901) (학)1980년 대전여상졸 1998년 대전산업대 전자계산학과졸 2004년 대전대 대학원 사회복지학과졸 (경)1980년 충청은행 입행 1991년 同원동지점 과장 1994년 同전산정보부 대리 1998년 同전산부 과장 1998년 (주)하나은행 황실지점장 2002년 同쌍용동지점장 2005년 同태평동지점장 2008년 同충청영업추진부장 2010년 同관저동지점장 2012년 同대전중앙영업본부장 2014년 同대전영업본부장(전무) 2015년 同고객보호본부장(전무) 2015년 同금융소비자본부장 겸임 2015년 同정보보호최고책임자(전무) 2016~2017년 금융감독원 금융소비자보호담당 부원장보 2018년 한국자산관리공사(KAMCO) 가계지원본부장(상임이사) 2019년 同기업지원본부장(상임이사)(현)

천경송(千慶松) CHUN Kyung Song

(생)1939 · 1 · 5 (본)영양(潁陽) (출)광주 (주)서울특별시 강남구 영동대로 517 아셈타워 22층 법무법인 화우(02-6003-7107) (학)1957년 광주고졸 1962년 서울대 법대졸 (경)1961년 고시사법과 합격(13회) 1963년 軍법무관 1965~1974년 부산지법 · 서울지법 의정부지원 · 서울형사지법 · 서울민사지법 판사 1974년 서울고법 판사 1977년 광주고법 판사 겸 대법원 재판연구관 1979년 대전지법 부장판사 1980년 서울민사지법 부장판사 겸 사법연수원 교수 1981년 서울고법 부장판사 1988년 청주지법원장 1991년 광주고법원장 1992년 대전고법원장 1993~1999년 대법원 대법관 1998~1999년 법관인사위원회 위원장 1999~2003년 법무법인 화백 고문변호사 2003년 법무법인(유) 화우 고문변호사(현) (종)천주교

천경준(千敬俊) CHUN Kyong Joon

(생)1947 · 4 · 8 (출)경북 경산 (주)서울특별시 송파구 오금로 91 태원빌딩 (주)씨젠 회장실(02-2240-4000) (학)1966년 경북고졸 1970년 한양대 전자공학과졸 1989년 경북대 산업대학원 회로및시스템학과졸 1992년 전자공학박사(경북대), 서울대 경영대학원 최고경영자과정(AMP) 수료 (경)1977년 삼성전자 입사 1994년 同이사보 1995년 同이사 1997년 同상무이사 1998년 同전무이사 1999년 同통신연구소장(부사장) 2000년 대한전자공학회 부회장 2005년 삼성전자 기술총괄 고문, 에스원 부사장, (주)씨젠 이사 2011년 同회장(현) (상)대한민국과학기술상 기술상, 자랑스러운 한양공대인상(2010), 석탑산업훈장(2011), 서울대 AMP(최고경영자과정) 대상(2016) (종)천주교

천관영(千寬英) CHUN Kwan Yung

(생)1974 · 7 · 18 (출)충북 충주 (주)서울특별시 도봉구 마들로 747 서울북부지방검찰청 형사5부(02-3399-4308) (학)1993년 청주고졸 1998년 서울대 법학과졸, 同대학원 법학과졸 (경)1999년 사법시험 합격(41회) 2002년 사법연수원 수료(31기) 2002년 공익법무관, 춘천지검 강릉지청 검사 2007년 울산지검 검사 2010년 의정부지검 검사 2012년 서울서부지검 검사 2014~2016년 광주지검 부부장검사 2015~2017년 駐독일대사관 파견 2017년 대구지검 공판부장 2018년 부산지검 동부지청 형사2부장 2019년 서울북부지검 형사5부장(현)

천기옥(千琪玉·女) CHUN GI OK

(생)1964·9·25 (본)영양(潁陽) (출)울산 (주)울산광역시 남구 중앙로 201 울산광역시의회(052-229-5125) (학)동래여자전문대졸, 울산대 지역개발학과졸 (경)1994~2001년 현대주부대학총동창회 회장 1995년 울산시 동구 교육봉사위원회 위원, 울산시 동구 여성정책위원회 위원 2002·2006~2007년 울산시 동구의회 의원 2006~2007년 同의장 2011년 4.27재보선 울산시 동구청장선거 출마(무소속) 2014년 울산시의회 의원(새누리당·자유한국당) 2014년 同환경복지위원회 위원 2016년 同운영위원회 부위원장 2016년 同교육위원회 부위원장 2016년 同예산결산특별위원회 위원 2017년 자유한국당 울산시당 여성위원회 위원장 2018년 울산시의회 의원(자유한국당)(현) 2018년 同교육위원회 위원장(현) (상)전국시·도의회의장협의회 우수의정 대상(2016) (종)기독교

천기홍(千奇弘)

(생)1970·4·26 (출)충남 아산 (주)서울특별시 서초구 반포대로 157 대검찰청 조직범죄과(02-3480-2282) (학)1988년 천안고졸 1997년 고려대 법학과졸 (경)2000년 사법시험 합격(42회) 2003년 사법연수원 수료(32기) 2003년 서울지검 동부지청 검사 2004년 서울동부지검 검사 2005년 광주지검 검사 2007년 전주지검 검사 2009년 서울중앙지검 검사 2012년 수원지검 검사 2016년 대검찰청 검찰연구관 2017년 대전지검 검사 2017년 서울중앙지검 부부장검사 2018년 대검찰청 마약과장 2019년 同조직범죄과장(부장검사)(현)

천기흥(千璣興) CHUN Ki Heung

(생)1943·1·26 (본)영양(潁陽) (출)서울 (주)서울특별시 서초구 사평대로26길 86 청광아트빌라 가동 101호 천기흥법률사무소(02-594-3314) (학)1962년 경기고졸 1966년 서울대 법대졸 1969년 同사법대학원 수료 (경)1967년 사법시험 합격(8회) 1973~1983년 부산지검·순천지청·서울지검·법무부 법무실·서울지검 검사 1983년 제주지검 차장검사 1985년 사법연수원 교수 1987년 서울지검 남부지청 형사3부장 1988년 법무부 섭외법무심의관 1989년 서울지검 형사4부장 1990년 同총무부장 1991년 변호사 개업 1998년 한화 사외이사 1999년 대한투자신탁 사외이사 2003~2005년 서울지방변호사회 회장 2005년 우리투자증권 사외이사 2005~2007년 대한변호사협회 회장 2007~2017년 법무법인 한얼 고문변호사 2008년 (주)혜인 사외이사 2008년 자유선진당 공천심사위원장 2011년 국회 선거구획정위원회 위원장 2013~2016년 민주화운동관련자명예회복및보상심의위원회 위원장 2016~2017년 제6대 법조윤리협의회 위원장 2018년 변호사 개업(현) (상)홍조근정훈장(1981), 국민훈장 모란장(2001), 국민훈장 무궁화장(2009), 자랑스러운 서울법대인(2010) (저)'북한인권백서(共)'(2006) '변호사가 본 이성의 세계, 감성의 세계'(2015) (종)성공회

천대엽(千大燁) CHEON Dae Yeop

(생)1964·2·6 (출)부산 (주)서울특별시 서초구 서초중앙로 157 서울고등법원(02-530-1114) (학)1983년 부산 성도고졸 1988년 서울대 법학과졸 1990년 同대학원 법학과졸 2000년 미국 캘리포니아대 데이비스교 법학전문대학원졸(LL.M.) (경)1989년 사법시험 합격(31회) 1992년 사법연수원 수료(21기) 1992년 해군 법무관 1995년 서울지법 동부지원 판사 1997년 서울지법 판사 1999년 창원지법 통영지원 판사 2001년 부산고법 판사 2003년 서울지법 판사 2004년 대법원 재판연구관 2006년 서울동부지법 판사 2007년 부산지법 부장판사 2008년 대법원 재판연구관 2012년 서울중앙지법 부장판사 2014년 부산고법 부장판사 2016년 서울고법 부장판사(현) 2017~2019년 대법원 산하 양형위원회 상임위원 겸임

천득염(千得琰) CHEON Deuk Youm

(생)1953·9·19 (본)영양(潁陽) (출)전남 신안 (주)광주광역시 북구 용봉로 77 전남대학교 공과대학 건축학부(062-530-1637) (학)1971년 목포고졸 1977년 전남대 건축공학과졸 1980년 同대학원 건축공학과졸 1990년 공학박사(고려대) (경)1985년 전남도·광주시 문화재위원(현) 1987~2019년 전남대 공과대학 건축학부 교수 1990년 광주대교구청 건축위원(현) 1992~1993년 미국 하버드대 미술학과 한국과학재단 박사 후 과정 1993~2003년 아시아연구협회(AAS) 정회원 1995년 광주시 건축위원 1999~2000년 전남대 학생처장 1999~2009년 문화관광부 중앙문화재위원회 전문위원 및 위원 1999년 전남도 기획위원 2000년 부국문화재단 이사 2000년 대한적십자사 위원(현) 2000년 한국도서학회 정회원 및 이사(현) 2002년 한국전통조경학회 회원(현) 2002년 생태건축학회 회원(현) 2002~2005년 광주문화중심도시 실무위원 2002~2003년 일본 교토대 대학원 건축학전공 일한문화교류기금 객원학자 2004~2014년 자활후견인기관 이사장 2004~2014년 아파트공동체 이사장 2004~2007년 영산강연구센터 소장 2004~2006년 한국건축역사학회 회장 2004~2007년 문화재청 문화재전문위원 2005년 한국주거학회 회원(현) 2005년 지역문화교류재단 이사(현) 2005년 인문콘텐츠학회 회원(현) 2005년 광주시 지방건설기술 심의위원(현) 2006~2007년 전남대 바이오하우징연구소 소장 2006~2010년 同문화예술특성화사업단장 2006~2014년 함평세계나비곤충엑스포 조직위원회 위원 2007~2013년 전남대 초고층미래주거연구소장 2007년 同문화특성화사업 공간·일상연구사업단장(현) 2007~2008년 대통령직속 아시아문화중심도시조성위원회 위원 2007년 광주문화예술진흥위원회 위원 2007년 문화재위원회 건축문화재분과 위원 2007년 건설교통부 중앙건축위원회 위원 2008~2012년 국토해양부 중앙건축위원회 위원 2009년 한국산학협동연구원 부원장(현) 2009~2014년 대인예술시장프로젝트 추진위원장 2010년 (사)대한건축학회 광주·전남지회장 2010년 한국건축역사학회 부회장 2010~2014년 전남대 아시아문화연구소장 2010~2014년 아시아문화예술특구활성화사업단장 2011~2012년 4대강사업자문위원회 위원 2012~2014년 한옥박람회추진위원회 부위원장 2012~2015년 광주폴리추진위원회 위원 2013년 전남도 한옥위원회 위원장(현) 2013~2014년 아시아문화아카데미 원장 2013~2015년 전남도 경관위원회 위원 2013~2014년 전남대 융복합특성화사업단장 2014년 同문화전문대학원 겸직교수(현) 2014~2016년 한국건축역사학회 회장 2014년 한옥박람회추진위원회 위원장(현) 2014~2017년 문화재청 문화재위원·고도위원 2015년 광주폴리추진위원회 회장(현) 2016년 국제온돌학회 부회장, 同회장(현) 2017년 문화재청 문화재위원(현) 2019년 전남대 건축학부 명예교수(현) 2019년 同연구석좌교수(현) (상)전남대 10년 근속표창(1997), 대한적십자사총재표창(1998), 99건축문화의 해 추진 공로감사장(1999), 전남대총장 공로패(2000), 대한건축학회 학술상(2007), 한운상 교육부분(2009), 대한건축학회 공로패(2012), 한국건축역사학회 감사패(2012), 한국공업화학회장표창(2012), 대한건축학회 학술상(2013), 건축가협회 초평상(2015) (저)'향토사의 길잡이'(1995, 수서원) '한국의 명원 소쇄원'(1999, 발언) '전남의 전통건축'(1999) '한국의 건축문화재'(2002, 기문당) '해외 문화도시 그리기'(2005, 전남대 출판부) '광주건축100년'(2006, 전남대 출판부) '한국의 미, 최고의 예술품을 찾아서'(2007, 돌베개) '건강한 한옥 짓는 이야기'(2010, 기문당) '광주건축사'(2012, 전남대 출판부) '전남의석탑'(2015, 전남대 출판부) '은일과 사유의 공간 소쇄원'(2017, 심미안) (종)천주교

천문석(千文碩) CHUN Mun Suk

(생)1943·2·17 (본)영양(潁陽) (출)경남 김해 (주)서울특별시 서대문구 연세로 50 연세대학교 천문우주학과(1599-1885) (학)1961년 경남고졸 1969년 연세대 물리학과졸 1977년 천문학박사(호주 Austrailian National Univ.) (경)1977년 영국 옥스포드대 천체물리학과 연구원 1979~1987년 연세

ㅊ

대 천문대 기학과 조교수 · 부교수 1987~2008년 同이과대학 천문우주학과 교수 1988년 한국천문학회 회장 1990년 연세대 천문대학장 1992년 한국우주학회 회장 1994년 연세대 전산원장 1996~1998년 同정보통신처장 1999년 同천문대장 2002년 한국우주과학회 회장 2002년 연세대 자연과학연구소장 2008년 同천문우주학과 명예교수(현) (저)'구형항성계의 진화'(1997, 민음사) '외부은하'(2000, 연세대학교출판부) (종)기독교

천문우(千文宇) CHUN Moon Woo

(생)1943 · 1 · 4 (출)대구 (주)경기도 고양시 일산동구 동국로 32 동국대학교 약학대학 약학과(031-961-5203) (학)1961년 경북고졸 1965년 서울대 약학대학졸 1968년 同대학원졸 1978년 약학박사(일본 오사카대) (경)1970~1978년 효성여대 약학과 조교수 1979~1985년 서울대 약학대학 조교수 · 부교수 1981년 미국 코넬대 SLOAN-KETTERING 암연구소 연구원 1985~2008년 서울대 약학대학 약학과 교수 1991년 同약학대학 약학과장 1993~1995년 同약학연구소장 1999~ 2003 · 2011년 同약학대학장 2002년 전국약학대학협의회 회장 2008년 대통령직속 국가과학기술위원회 위원 2008년 서울대 명예교수(현) 2011년 동국대 약학대학 약학과 교수 2011~2013년 同약학대학장 2013~2014년 서울대약학대학총동창회 회장 2013년 한국유기합성학회 회장 2013년 동국대 약학대학 약학과 석좌교수(현) 2014~2016년 아시아의약화학연맹(AFMC) 이사회 회장 (상)대한약학회 학술상(1998), 홍조근정훈장(2008) (종)기독교

천병호(千炳浩) CHUN Byung Ho

(생)1961 · 11 · 28 (주)서울특별시 강남구 강남대로 382 메리츠화재해상보험(주) 상품전략실(02-3786-2114) (학)보성고졸, 고려대 통계학과졸 (경)삼성화재해상보험(주) 장기상품개발파트장, 同장기보험상품팀장(상무) 2015년 메리츠화재해상보험(주) 상품전략실장 겸 장기보험팀장(상무) 2016년 同상품전략실장 겸 장기보험팀장(전무)(현)

천성관(千成寬) CHUN Sung Gwan

(생)1958 · 8 · 16 (출)충남 논산 (주)서울특별시 종로구 사직로8길 39 세양빌딩 김앤장법률사무소(02-3703-1905) (학)1976년 경기고졸 1980년 서울대 법학과졸 (경)1980년 사법시험 합격(22회) 1982년 사법연수원 수료(12기) 1982년 육군 법무관 1985년 수원지검 검사 1988년 대전지검 서산지청 검사 1989년 법무부 검찰2과 검사 1991년 서울지검 검사 1993년 수원지검 여주지청장 1995년 대검찰청 검찰연구관 1997년 수원지검 공안부장 1998년 부산지검 공안부장 1999년 대검찰청 공안1과장 2000년 서울지검 공안2부장 2001년 同공안1부장 2002년 대검찰청 공안기획관 2003년 수원지검 2차장 2004년 부산지검 2차장 2005년 同1차장 2005년 서울고검 차장 2006년 울산지검장 2007년 서울남부지검장 2008년 수원지검장 2009년 서울중앙지검장 2009~2011년 법무법인 로월드 상임고문변호사 2011년 김앤장법률사무소 변호사(현) 2019년 (주)두산 사외이사(현) 2019년 CJ(주) 사외이사(현)

천성복(千成福) CHUN Sung Bog

(생)1962 · 8 · 21 (주)서울특별시 성동구 자동차시장길 23 (주)예스코 임원실(02-2210-7207) (학)숭실고졸, 동국대 회계학과졸 (경)1987년 LG화재해상보험 입사 2007년 가온전선(주) CFO(이사) 2010년 同지원본부장(CFO · 상무) 2013년 同영업본부장(CMO · 전무) 2014년 (주)예스코 경영관리본부장(전무) 2015년 同각자대표이사 전무 2018년 同대표이사 부사장(CEO)(현)

천성봉(千聖奉)

(생)1969 · 12 · 15 (출)경남 고성 (주)경상남도 창원시 의창구 중앙대로 300 경상남도청 산업혁신국(055-211-3100) (학)1988년 진주고졸 1994년 서울대 사회교육학과졸 (경)1996년 지방행정고시 합격(2회) 1997년 경남 사천시 기획감사담당관실 사무관 2008년 경남도 남해안경제실 국제통상과장 2010년 同보건복지여성국 사회장애인복지과장 2010년 同공보관 2011년 同기획조정실 정책기획관 2012년 경남 함양군 부군수 2013년 경남도 행정국 행정과장 2014년 同도시교통국장(지방부이사관) 2015년 경남 밀양시 부시장 2016년 국외훈련 파견 2017년 경남도 미래산업국장 2019년 同산업혁신국장(현) (상)대통령표창(2011)

천세창(千世昌) Cheon, Se-chang

(생)1966 (출)전북 (주)대전광역시 서구 청사로 189 특허청 차장실(042-481-5941) (학)전북 영생고졸, 서울대졸 (경)1991년 기술고시 합격(27회) 2001년 특허청 발명정책과 서기관 2004년 同정보자료관실 정보관리담당관 2006년 특허심판원 심판관 2007년 특허법원 파견 2008년 특허청 산업재산정책국 산업재산정책과장 2009년 IPTV표준화협의회 IPTV표준특허지원단장 2009년 부이사관 승진 2010 · 2011 · 2015년 특허심판원 심판장 2013년 특허청 특허심판1국장 2017년 同특허심사기획국장 2019년 同차장(현) 2019년 同수출규제대응지식재산권지원단장 겸임(현)

천시영(千時寧) CHON Shi Yong

(생)1958 · 8 · 24 (출)경기 파주 (학)1977년 여의도고졸 1983년 한국외국어대 행정학과졸 1991년 미국 컬럼비아대 언론대학원 수료 2002년 연세대 대학원 언론홍보학과졸 (경)1984년 코리아헤럴드 입사, 同체육부 · 사회부 · 경제부 · 정치부 기자 2000년 同정치부 부장대우 2001년 同정치사회부장 2003년 同편집국 국차장 2004년 헤럴드미디어 M&B국장 2005년 코리아헤럴드 논설위원 2006년 同편집국 국차장 겸 경제부장 2010년 同편집국장 2011년 헤럴드미디어 KH본부 본부장 겸 편집국장 2012년 코리아헤럴드 본부장 겸 편집국장 2013년 同논설위원 2014~2019년 同논설실장 2018년 필리핀 아시아뉴스네트워크(ANN) 회장(현) (상)사내특종상, 우수기자상, 한국외국어대 언론인상(2011) (종)가톨릭

천신일(千信一) Chun Shin Il

(생)1943 · 9 · 11 (본)영양(潁陽) (출)부산 (주)서울특별시 중구 세종대로 55 삼성생명빌딩B1층 (주)세중 임원실(02-2126-7777) (학)1961년 경남고졸 1965년 고려대 정치외교학과졸 1994년 同언론대학원 최고위과정 수료 1996년 同정보통신대학원 최고위과정 수료 1998년 한국체육대 최고위과정 수료 1999년 경남대 북한대학원 수료 2006년 서울과학종합대학원 4T CEO과정 수료 2008년 同기후변화리더십과정 수료 2016년 명예 법학박사(일본 와세다대) (경)1965년 육군 소위임관(ROTC 3기) 1967년 한국경제문제연구회 연구원 1968~1973년 윤천주 국회의원 비서관 1974년 동양철관공업(주) 상무이사 1974~1977년 (주)제철화학 설립 · 대표이사 사장 1976~1996년 (주)태화유운 설립 · 대표이사 사장 1977~1982년 동해산업(주) 대표이사 사장 1980년 CISV한국협회 회장 · 명예회장(현) 1980~1982년 한국과산화공업(주) 대표이사 사장 1982~2006년 (주)세중여행 설립 · 대표이사 회장 1982~1996년 대한레슬링협회 이사 · 부회장 1986년 (주)세성항운 설립 · 대표이사 회장(현) 1987년 (주)세중엔지니어링 설립 · 대표이사 회장 1992년 금강공업(주) 감사 1993년 (주)세중정보기술 설립 · 대표이사 회장(현) 1996~2005년 성북문화원 부원장 1997~2000 · 2002~2011년 대한레슬링협회 회장 2000년 세중옛돌

박물관 설립·대표(현) 2000년 (주)세중컨설팅 설립·대표이사 회장 2001년 국립민속박물관회 부회장(현) 2001~2010년 동양제철화학(주) 사외이사 2002년 (주)세중아이앤씨 대표이사 2002년 (주)세중게임박스 설립·대표이사 회장 2002~2005년 대한올림픽위원회 상임위원·감사 2003~2006년 在京경남고동창회 회장 2003~2008년 (주)세중나모 대표이사 회장 2004~2010년 국제레슬링연맹 집행위원 2005~2009년 대한체육회 부회장 2005년 고려대정경대교우회 회장 2005~2009년 성북문화원 원장 2006~2015년 (주)세중 대표이사 회장 2006년 휴켐스(주) 사외이사 2006년 우리옛돌문화재단 이사장(현) 2006~2011년 (주)세중나모여행 대표이사 회장 2007년 (주)세중에스엔씨 대표이사 회장(현) 2007~2010년 고려대교우회 회장 2009~2011년 대한체육회 이사 2015년 (주)세중 회장(현) (상)대통령표창(1977), 내무부장관 감사장(1986), 세계레슬링연맹금장(1999), 국민훈장 석류장(2002), 메세나대상 창의상(2002), 한국관광인협회 올해의 관광인상(2002), 일간스포츠신문 골든브랜드대상(2002), 체육훈장 맹호장(2004), 대한민국체육상(2004), 한국언론인협회 자랑스러운 한국인대상(2006), 환경재단 선정 '세상을 밝게 만든 100인'(2006), 신산업경영원 한국윤리경영대상(2008) (저)'우리 옛 돌조각의 혼'(2000) '재일본 유출문화재 실태조사'(2001) (종)불교

천양철(千亮哲) CHUN Yang Chul

(생)1946·8·12 (출)전북 전주 (학)1965년 전주고졸 1969년 서울대 외교학과졸 1975년 同대학원 외교학과 수료 1986년 미국 캘리포니아대 수료 (경)1974년 합동통신 기자 1981년 연합통신 기자 1987년 同카이로특파원 1991년 同특신부 차장 1992년 同사회부 차장 1993년 同사회부 부장대우 1995년 同사회부 부장급 1996년 同사회부 부장 1998년 同편집국 부국장 직대 1998년 연합뉴스 편집국 부국장 직대 2000년 同편집국 부국장 2000년 同지방국장 직대 2000~2003년 同편집담당 상무이사 (종)기독교

천영미(千映美·女) CHUN Young Mi

(생)1966·4·15 (출)강원 (주)경기도 수원시 팔달구 효원로 1 경기도의회(031-8008-7000) (학)안산공과대학 사회복지과졸 2017년 강남대 사회복지전문대학원 사회복지학과졸 (경)2005~2010년 경기도보육시설연합회 사무국장, 아이낳기좋은세상경기운동본부 실무위원 2010년 6.2전국동시지방선거 경기도사회복지대책위원회 실무위원 2010년 경기도의회 의원(비례대표, 민주당·민주통합당·민주당·새정치민주연합), 同여성가족평생교육위원회 위원, 同예산결산특별위원회 위원, 同윤리특별위원회 위원, 민주통합당 대변인, 안산시교육발전위원회 위원 2014~2018년 경기도의회 의원(새정치민주연합·더불어민주당) 2014~2015년 同윤리특별위원회 위원 2014년 同교육위원회 위원 2015~2018년 경기도보육정책포럼 이사 2015년 경기도의회 윤리특별위원회 간사 2016~2018년 同건설교통위원회 위원 2017~2018년 同예산결산특별위원회 위원 2017~2019년 강원도 홍보대사, 더불어민주당 경기도당 운영위원(현) 2018년 경기도의회 의원(더불어민주당)(현) 2018년 同제1교육위원회 위원장(현) (상)전국시·도의회의장협의회 우수의정 대상(2016)

천영식(千榮植) Chun, Youngsik

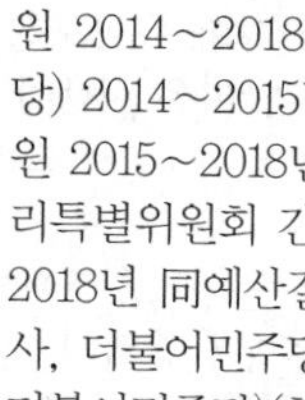

(생)1965·10·25 (출)경북 청송 (주)대구광역시 달서구 달구벌대로 1095 계명대학교 성서캠퍼스 언론광고학부(053-580-5966) (학)1984년 영신고졸 1990년 서울대 서양사학과졸 2009년 한양대 언론정보대학원졸 (경)1991~2007년 문화일보 편집국 정치부·사회부 등 기자 2007년 同경제산업부 차장대우 2008년 同사회부 차장대우 2009년 同워싱턴특파원 2013년 同정치부 부장대우 2014년 同편집국 전국부장 2014년 대통령 홍보수석비서관실 국정홍보비서관 2014~2017년 대통령 홍보수석비서관실 홍보기획비서관, 청와대불자회 부회장 2018년 계명대 언론광고학부 광고홍보학전공 초빙교수(현) 2018년 한국방송공사(KBS) 이사(현) (상)이달의 기자상(1997년 2회·2002·2003) (저)'고독의 리더십-인간 박근혜의 60년'(2013, 학고재)

천영우(千英宇) CHUN Yung Woo

(생)1952·1·27 (본)영양(穎陽) (출)경남 밀양 (주)서울특별시 종로구 새문안로 92 오피시아빌딩 1601호 (사)한반도미래포럼(070-8822-7445) (학)동아고졸 1977년 부산대 불어과졸 1994년 미국 컬럼비아대 대학원 국제학과졸 (경)1977년 외무고시 합격(11회) 1977년 외무부 입부 1981년 駐프랑스대사관 2등서기관 1986년 駐모로코대사관 1등서기관 1991년 외무부 정책총괄과장 1994년 駐오스트리아대사관 참사관 1995년 駐유엔대표부 참사관 1998년 외교통상부 과학환경담당심의관 1999년 경수로사업지원기획단 파견 2001년 외교통상부 장관보좌관 2002년 同국제기구정책관 2003년 駐유엔대표부 차석대사 2005년 외교통상부 외교정책실장 2006~2008년 同한반도평화교섭본부장(차관급) 2008년 駐영국 대사 2009~2010년 외교통상부 제2차관 2010~2013년 대통령 외교안보수석비서관 2013년 (사)한반도미래포럼 이사장(현) 2014~2016년 아산정책연구원 고문

천용택(千容宅) CHUN Yong Taek

(생)1937·8·28 (본)영양(穎陽) (출)전남 완도 (주)광주광역시 서구 상무누리로 93 광주보훈회관 1층 (사)탈북민사랑나눔운동본부(070-4490-698) (학)1956년 목포 문태고졸 1960년 육군사관학교졸(16기) 1975년 육군대졸 1977년 국방대학원졸 1980년 중앙대 경영대학원졸 1991년 서울대 최고경영자과정 수료 1997년 고려대 컴퓨터대학원졸 (경)1973년 육군 포병 대대장 1975년 육군 25사단 군수참모 1979년 육군 포병 연대장 1980년 합동참모본부 전략기획부 군사력건설과장 1982년 同전략기획부 차장 1983년 육군본부 정책기획실 체계분석처장 1985년 12사단장 1987년 육군본부 민사심리전 참모부장 1989년 2군단장 1991년 합동참모본부 전략기획본부장 1993년 예편(육군 중장) 1993~1994년 국가안보회의 상근위원 겸 비상기획위원장 1995년 국민회의 지도위원 1996~1999년 제15대 국회의원(전국구, 국민회의) 1996년 국민회의 안보특별위원장 1998~1999년 국방부 장관 1999년 국가정보원장 2000~2004년 제16대 국회의원(강진·완도, 새천년민주당·열린우리당) 2000년 새천년민주당 전남도지부장 2000~2002년 국회 국방위원장 2001년 새시대전략연구소 이사장 2003년 열린우리당 전남도지부 창당준비위원장 2003년 同중앙위원 2005년 (재)고령화사회희망재단 이사 2007년 대통합민주신당 정동영대선후보 중앙선거대책위원회 국가안보위원회 위원장 2017년 (사)탈북민사랑나눔운동본부 상임고문(현) (상)인헌무공훈장(1973), 보국훈장 삼일장·천수장·국선장, 청조근정훈장(1995) (저)'달라진 남한말과 북한말'(共) (종)천주교

천원주(千瑗周) Chun wonju

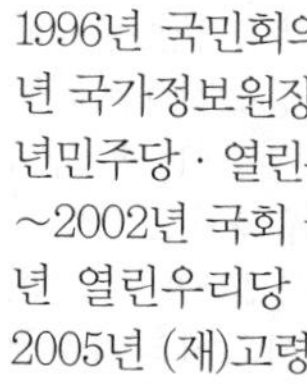

(생)1963·7·8 (본)영양(穎陽) (출)광주 (주)서울특별시 중구 세종대로 124 한국언론진흥재단 지역언론지원국(02-2001-7810) (학)1982년 숭일고졸 1990년 경희대 신문방송학과졸 1996년 同대학원 신문방송학과졸 (경)2004년 한국언론재단 출판팀 차장 2004년 서울신문 편집자문위원 2005년 재외동포신문 편집위원 2005년 한국언론재단 언론인연수팀장 2006년 同교육팀장 2008~2009년 同저작권사업단 부장 2011년 한국언론진흥재단 읽기문화진흥팀장 2013년 同인적역량강화팀장 2014년 同부산지사장 2016년 同뉴스저작권지원단장 2016년 同미디어진흥실장 2019년 同지역언론지원국장(현) (상)문화관광부장관표창(2007) (종)가톨릭

천재호(千宰昊) Chun, Jaeho

(생)1974·4·20 (주)세종특별자치시 갈매로 477 기획재정부 정책조정국 산업경제과(044-215-4530) (학)1998년 서울대 경제학과졸 2012년 미국 밴더빌트대 대학원 경제학과졸 (경)1999년 행정자치부 사무관 2000~2002년 기획예산처 기획관리실 기획예산담당관실·예산관리국 관리총괄과 근무 2002~2005년 同장관실·예산관리국 관리총괄과·예산실 예산제도과 근무 2005~2007년 同재정운용실 중기재정계획과·재정총괄과 근무 2007년 同사회재정기획단 복지재정과 근무 2008년 기획재정부 예산실 예산제도과·예산총괄과 근무 2010년 한국조세연구원 파견 2011년 국외 교육훈련(미국 밴더빌트대) 2013년 기획재정부 예산실 문화예산과 근무 2013년 대통령비서실 총무재정팀 근무 2016년 부총리 겸 기획재정부장관 비서관 2017년 기획재정부 예산실 농림해양예산과장 2018년 同정책조정국 지역경제정책과장 2019년 同정책조정국 산업경제과장(현)

천정배(千正培) CHUN Jung Bae

(생)1954·12·12 (본)영양(穎陽) (출)전남 신안 (주)서울특별시 영등포구 의사당대로 1 국회 의원회관 521호(02-784-9850) (학)1972년 목포고졸 1976년 서울대 법과대학 법학과졸 1988년 同대학원 법학과졸 (경)1976년 사법시험 합격(18회) 1978년 사법연수원 수료(8기) 1978~1981년 軍법무관 1981년 변호사 개업 1991년 대한변호사협회 인권위원 1996년 제15대 국회의원(안산시乙, 국민회의·새천년민주당) 1996년 국민회의 총재특보 1996년 한·영의원친선협회 회장 1997년 국민회의 정책위원회 부의장 1997년 아·태평화재단 감사 1998년 국민회의 총재비서실 수석부실장 1998년 同총재권한대행 비서실장 1999년 同총재권한대행 상임특보 1999년 同총재특보 2000년 새천년민주당 총재특보 2000~2004년 제16대 국회의원(안산시乙, 새천년민주당·열린우리당) 2000년 새천년민주당 수석부총무 2002년 同노무현대통령후보 정무특보 2003년 同윤리위원장 2003년 열린우리당 정강정책위원장 2003~2005년 同상임중앙위원 2004년 同클린선거위원장 2004년 제17대 국회의원(안산시 단원구甲, 열린우리당·대통합민주신당·통합민주당) 2004~2005년 열린우리당 원내대표 2004년 미국 경제주간지 비즈니스위크 '2004년 아시아 스타 24인' 선정 2004~2005년 국회 운영위원장 2005년 법무부 장관 2006년 열린우리당 상임고문 2007년 대통합민주신당 정동영 대통령후보 중앙선거대책위원회 상임고문 겸 가족행복위원회 공동위원장 2008년 제18대 국회의원(안산시 단원구甲, 통합민주당·민주당·민주통합당) 2008년 민주당 당무위원, 법무법인 해마루 고문변호사 2008년 국회 문화체육관광방송통신위원회 위원 2008년 중소기업살리기의원모임 대표 2008년 한·러의원외교협의회 회장 2010년 민주당 최고위원 2012년 민주통합당 서울시송파구乙지역위원회 위원장 2012년 제19대 국회의원선거 출마(서울시 송파구乙, 민주통합당) 2014년 새정치민주연합 기초자치단체장후보자자격심사위원회 위원장 2015년 (사)복지국가소사이어티 광주지부 상임고문 2015년 제19대 국회의원(광주시 서구乙 재·보궐선거 당선, 무소속·국민의당) 2015년 국회 국토교통위원회 위원 2016년 국민의당 공동대표 2016년 同선거대책위원회 위원장 2016년 同정치혁신특별위원회 위원장 2016년 제20대 국회의원(광주시 서구乙, 국민의당·민주평화당〈2018.2〉·대안정치연대〈2019.8〉)(현) 2016~2018년 국민의당 광주시서구乙지역위원회 위원장 2016~2018년 국회 보건복지위원회 위원 2016년 국회 민생경제특별위원회 위원 2017년 국회 헌법개정특별위원회 위원 2017년 국민의당 제19대 안철수 대통령후보 중앙선거대책위원회 공동위원장 2017~2018년 同정치개혁TF팀장 2017~2018년 同제2창당위원회 정치혁신위원장 2018년 민주평화당 헌법개정 및 정치개혁특별위원회 위원장 2018~2019년 同광주시서구乙지역위원회 위원장 2018년 국회 외교통일위원회 위원(현) 2018~2019년 민주평화당 선거제도개혁특별위원회 위원장 2018~2019년 同민주평화연구원장 2018년 국회 정치개혁특별위원회 위원 (상)백봉기념사업회 백봉신사상, 올해의 정치인상(2001), 백봉신사상 올해의 신사의원 베스트11(2010), 대한민국무궁화대상 정치부문(2010), 세계언론평화대상 민주평화대상(2015), INAK 국회의정상(2016), 전국지역신문협회 의정대상(2016) (저)자서전 '꽁지머리를 묶은 인권변호사'(1996) (종)기독교

천정우(千錠佑)

(생)1955·9·11 (출)경북 (주)부산광역시 남구 문현금융로 40 한국자산관리공사 가계지원본부(051-794-2901) (학)1975년 부산상업고졸 1984년 부산산업대 경영학과졸 (경)1975년 상업은행 입행, 同영남영업본부 근무 1999년 한빛은행 용호동지점장 2001년 同모라동지점장 2004년 우리은행 부산지점장 2004년 同부산경남동부영업본부장 2009년 (주)21세기조선 사외이사 2017년 민주평통 부산금정구협의회장 2018년 부산시의회 의정자문위원회 위원 2019년 한국자산관리공사(KAMCO) 가계지원본부장(상임이사)(현)

천정희(千丁熙) Cheon, Jung Hee

(생)1969 (주)서울특별시 관악구 관악로 1 서울대학교 자연과학대학 수리과학부(02-880-1443) (학)1991년 한국과학기술원(KAIST) 수학과졸 1993년 同대학원 수학과졸 1997년 수학박사(한국과학기술원) (경)1997~2000년 한국전자통신연구원 선임연구원 2000년 미국 Brown Univ. 박사 후 연구원 2000~2003년 한국정보통신대 조교수 2003년 서울대 자연과학대학 수리과학부 조교수·부교수·교수(현) 2017년 同수학기반산업데이터해석연구센터장(ERC)(현) (상)아시아스크립트 최우수논문상(2008), 이달의 과학기술인상(2018), 포스코청암상 과학상(2019)

천종식(千宗湜) CHUN Jon JongSik

(생)1967·2·20 (출)서울 (주)서울특별시 관악구 관악로 1 서울대학교 자연과학대학 생명과학부(02-880-8153) (학)1990년 서울대 미생물학과졸 1995년 미생물학박사(영국 뉴캐슬대) (경)1995년 서울대 분자미생물학연구센터 Post-Doc. 1996년 미국 Univ. of Maryland Biotechnology Institute 연구원 1998~2000년 한국생명공학연구원 유전자은행실 선임연구원 2000년 서울대 생명과학부 조교수·부교수·교수(현) 2004~2009년 국제백신연구소 분자미생물과장 2009년 (주)천랩 설립자·대표이사(현) 2014년 한국과학기술한림원 정회원(이학부·현) (상)산업통상자원부장관표창 벤처활성화 유공포상(2014), Bergey's Award(2018) (저)'고마운 미생물 얄미운 미생물'(2005)

천종호(千宗湖)

(생)1965·10·14 (출)경남 산청 (주)부산광역시 연제구 법원로 31 부산지방법원(051-590-1114) (학)1985년 부산남고졸 1992년 부산대 법학과졸 (경)1994년 사법시험 합격(36회) 1997년 사법연수원 수료(26기) 1997년 부산지법 판사 2000년 同동부지원 판사 2003년 同가정지원 판사 2005년 부산지법 판사 2007년 부산고법 판사 2010년 창원지법 판사 2012년 同부장판사 2013년 부산가정법원 부장판사 2018년 부산지법 부장판사(현) (상)자랑스러운 부산대인(2017), 영산법률문화상(2017), 한국범죄방지재단 실천공로상(2017) (저)'아니야, 우리가 미안하다'(2013, 우리학교) '이 아이들에게도 아버지가 필요합니다'(2015, 우리학교) '호통판사 천종호의 변명'(2018, 우리학교)

천준호(千峻昊) Cheon Joonho
(생)1964 · 4 · 18 (주)서울특별시 종로구 사직로8길 60 외교부 인사기획관실(02-2100-7141) (학)1987년 서울대 영어영문학과졸 1990년 고려대 대학원 법학과졸 1995년 미국 아이오와대 대학원 법학과졸 (경)1998년 외무고시 합격(23회) 1989년 외무부 입부 1998년 駐캐나다 1등서기관 2002년 駐불가리아 1등서기관 2004년 외교통상부 통상분쟁해결과장 2005년 同다자통상협력과장 2007년 駐미국 참사관 2009년 駐브라질 공사참사관 2011년 駐시카고 부총영사 2014년 중앙공무원교육원 파견(고위정책과정) 2015~2017년 외교부 양자경제외교국장 2017년 同정책연수(고위공무원) 2018년 駐미국대사관 공공외교공사 겸 경제공사 직대(현)

천준호(千俊鎬) CHEON JUN HO

(생)1971 · 2 · 15 (출)서울 (주)서울특별시 영등포구 영신로 166 더불어민주당 서울시당(02-3667-3700) (학)1989년 대광고졸 1994년 경희대 사학과졸 2002년 同행정대학원 자치행정학 석사과정 수료 (경)1993년 경희대 총학생회장 1999~2006년 한국청년연합(KYC) 사무처장 2006~2010년 同공동대표 2010~2011년 同이사 2011년 내가꿈꾸는나라 기획위원장 2011년 혁신과통합 시민참여위원장 2011년 서울시장 기획보좌관 2014년 서울시장 비서실장 2015년 서울시장 정무보좌관 2016년 (사)지금함께 상임이사 2016년 더불어민주당 뉴파티위원회 위원 2016년 제20대 국회의원선거 출마(서울 강북구甲, 더불어민주당) 2016년 더불어민주당 서울강북구甲지역위원회 위원장(현) 2017년 同제19대 문재인 대통령후보 중앙선거대책본부 국민참여본부 부본부장 2017년 同정당발전위원회 위원 2016~2018년 同추미애당대표 특별보좌관 2017년 한국자산관리공사(캠코) 일자리추진자문단(현) 2018년 더불어민주당 한반도 경제통일교류 부위원장(현) 2019년 同을지키는민생실천위원회 부위원장(현) 2019년 同미세먼지대책특별위원회 부위원장(현) 2019년 同정책위원회 부의장(현) 2019년 (사)민생경제지원단 공동위원장(현)

천진기(千鎭基) CHEON Jin Gi

(생)1962 · 2 · 12 (본)영양(潁陽) (출)경북 안동 (주)전라북도 전주시 완산구 쑥고개로 249 국립전주박물관(063-220-1003) (학)1980년 경안고졸 1984년 안동대 민속학과졸 1989년 영남대 대학원 문화인류학과졸 2002년 국어국문학박사(중앙대) (경)1991년 국립중앙박물관 학예연구사 1995년 국립문화재연구소 학예연구사 1997년 실천민속학회 편집위원 · 평생회원(현) 1999년 국립민속박물관 학예연구관 2005년 同민속연구과장, 가톨릭대 국어국문학과 강사 2011년 국립민속박물관장 2018년 국립전주박물관장(현) (상)대통령표창(2003) (저)'한국동물민속론'(2002) '한국말민속론'(2006) '운명을 읽는 코드 열두 동물'(2008)

천진우(千珍宇) CHEON Jin Woo

(생)1962 · 10 · 5 (주)서울특별시 서대문구 연세로 50 연세대학교 화학과(02-2123-5631) (학)1985년 연세대 화학과졸 1987년 同대학원 화학과졸 1993년 이학박사(미국 일리노이대 어배나교) (경)1993년 미국 AT&T Bell Labs, Murray Hill, NJ 방문연구원 1993~1995년 미국 U.C. Berkeley 화학과 및 Lawrence Berkeley Nat'l Lab. 재료과 박사후 연구원 1995~1998년 미국 UCLA 화학과 연구원 1998~2001년 한국과학기술원(KAIST) 화학과 조교수 1998~1999년 미국 UCLA 방문교수 1999년 독일 Ruhr University-Bochum 방문교수 2001~2002년 한국과학기술원(KAIST) 화학과 부교수 2001년 산업자원부 나노산업화위원회 위원 2002년 연세대 화학과 부교수 · 교수(현) 2003년 한국과학기술한림원 회원(현) 2004년 삼성전기 자문위원 2007년 미국 MRS(Materials Research Society)심포지움 조직위원(현) 2009년 세계학술저널 ACR(Accounts of Chemical Research) Senior Editor(현) 2014년 미국화학회(American Chemical Society) 석학회원(Fellow)(현) 2015년 기초과학연구원(IBS) 나노의학연구단장(현) 2016년 연세대 Y-IBS과학원장(현) (상)Graduate Research Fellowship(1988), KCS Wiley Young Chemist Award(2001), 한국과학기술한림원 제6회 젊은과학자상(2002), 대한화학회 무기분과 우수연구상(2004), 인촌상 자연과학부문(2011), 미래연구정보포럼 지식창조대상(2010), 포스코 청암상 청암과학상(2012), 호암재단 과학상(2015)

천풍조(千豊祚) Chun Poongjo

(생)1947 · 3 · 12 (출)부산 (주)서울특별시 성동구 마장로 210 한국기원 홍보팀(02-3407-3870) (경)1968년 프로바둑 입단 1969년 3단 승단 1971년 4단 승단 1972년 부산일보 관전기 집필 1975년 5단 승단 1978년 국기전 본선 1985년 바둑왕전 본선 1985년 6단 승단 1987년 바둑왕전 본선 1989년 바둑왕전 본선 1990년 동양증권배 본선 1991년 비씨카드배 본선 1991년 7단 승단 1993년 명인전 · 박카스배 본선 1995~1997년 제22대 한국프로기사회장 2005년 8단 승단 2012년 9단 승단(현)

천호선(千皓宣) CHEON Ho Sun

(생)1962 · 8 · 30 (본)영양(潁陽) (출)서울 (주)경상남도 김해시 진영읍 봉하로 107 사람사는세상 노무현재단(055-344-1004) (학)1980년 환일고졸 1987년 연세대 사회학과졸 (경)1991년 노무현 국회의원 비서관 1992년 유인태 국회의원 보좌관 1994년 민주당 서울송파甲지구당 사무국장 1998년 송파구 구정연구단 실장 2002년 새천년민주당 부대변인 2002년 同대통령선거대책위원회 인터넷선거특별본부 기획실장 2003년 제16대 대통령직인수위원회 국민참여센터 전문위원 2003년 대통령 참여기획비서관 2003년 대통령비서실 제도개선팀장 겸임 2003년 대통령 정무기획비서관 2004년 대통령 의전비서관 2005년 대통령 국정상황실장 2005~2006년 대통령 의전비서관 2007~2008년 대통령 대변인 2007~2008년 대통령 홍보수석비서관 겸임 2008년 더좋은민주주의연구소 기획위원장 2009년 국민참여당 실행위원 2010년 同최고위원 2010년 同서울시당 위원장 2011년 同상임중앙위원회 위원 2011년 통합진보당 대변인 2012년 제19대 국회의원선거 출마(서울 은평구乙, 통합진보당) 2012년 통합진보당 최고위원 2012년 새진보정당추진회의 대선기획단장 2012~2013년 진보정의당 최고위원 2012년 同제18대 대통령중앙선거대책위원회 전략기획본부장 2013~2015년 정의당 대표 2016~2017년 同교육연수원 단장 2017년 同제19대 대통령중앙선거대책위원회 공동선대위원장 2017년 사람사는세상노무현재단 이사(현)

청 화(青 和)

(생)1944 · 12 · 25 (출)전북 남원 (주)서울특별시 성북구 정릉로6가길 14 청암사(02-914-0967) (학)1997년 동국대 문화대학원 문예창작과 중퇴 (경)1964년 화계사에서 혜암스님을 계사로 사미계 수지 1972년 해인사에서 고암스님을 계사로 구족계 수지 1977년 불교신문 신춘문예에 시조 '미소' 당선 1978년 한국일보 신춘문예에 시조 '채석장 풍경' 당선 1981~1982년 대한불교조계종 총무원 교무국장 1982년 同총무원장 사서 1986년 민주헌법쟁취국민운동 공동의장 1992~2002년 실천불교승가회 의장 1994년 대한불교조계종 초심호계위원장 1994~1998년 同제11대 중앙종회 차석 부의장 1995년 춘천 청평사 주지 1997년 민주개혁국민연합 공동의장 1998~2002년 대한불교조계종 제12대 중앙종회 수석부의장 2002~2004년 同제13대 중앙종회 의원, 6 · 10항쟁계승사업회 공동의장 2004년 대한불교조계종 교육원장 2004년 (사)로터스월드 이사(현) 2006년 춘천불교사암연합회 회장 2007년 실천불교승가회 명예의장, 同상임고문 2007년 참여연대 공동대표, 서울 청암사 승려(현) (저)산문 '돌을 꽃이라 부른다면' 시집 '무엇을 위해 살 것인가'(2009) (종)불교

ㅊ

최각규(崔珏圭) CHOI Gak Kyu (東村)
(생)1933·11·3 (본)강릉(江陵) (출)강원 강릉 (학)1952년 강릉상고졸 1957년 서울대 문리대학 정치학과졸 1982년 미국 하버드대 대학원 수학 1998년 명예 경제학박사(강릉대) (경)1956년 고등고시 행정과 합격(7회) 1956년 재무부 예산국 사무관 1961년 경제기획원 투자예산과장 1966~1970년 재무부 관세국장·국고국장·기획관리실장 1970년 同세정차관보 1971년 同재정차관보 1973년 同차관 1974년 경제기획원 차관 1975년 농수산부 장관 1977~1979년 상공부 장관 1980년 한비 사장 1982년 한양화학 사장 1984~1985년 同회장 겸 경인에너지 사장 1985~1987년 석유협회 회장 1987년 신민주공화당(공화당) 당무위원 1988년 同사무총장·강원지부 위원장 1988년 제13대 국회의원(강릉, 공화당·민자당) 1988년 한·이집트의원친선협회 회장 1990년 민자당 당무위원 1990년 同정책위원회 의장 1991년 同강릉지구당 위원장 1991~1993년 부총리 겸 경제기획원 장관 1994년 강릉대 객원교수 1995년 자민련 부총재 1995~1998년 강원도지사(자민련·무소속·한나라당) 2000~2001년 새천년민주당 강릉지구당 위원장 2000년 同당무위원 2001년 한국무역협회 무역진흥기금관리위원회 위원장 2001년 새천년민주당 상임고문 2007년 현진그룹 경영고문 (상)녹조근정훈장(1962), 아르헨티나 대십자훈장(1977), 청조근정훈장(1979), 벨기에 대십자훈장, 룩셈부르크 세느왕관대공훈장 십자대장(1979) (종)천주교

최갑수(崔甲壽) Choi, Kab-soo
(생)1954·4·2 (출)서울 (학)1972년 대광고졸 1976년 서울대 서양사학과졸 1980년 同대학원졸 1991년 문학박사(서울대) (경)1981~1983년 동덕여대 국사교육과 전임강사 1983~1996년 서울대 인문대학 서양사학과 전임강사·조교수·부교수 1996~2019년 同인문대학 서양사학과 교수 1997~1998년 同인문대학 부학장 1999~2001년 민주화를위한전국교수협의회 상임의장 2001년 전국교수노동조합 준비위원장 2004~2006년 한국서양사학회 회장 2006~2008년 한국프랑스사학회 회장 2009년 한국대학신문 논설위원 2012년 한국인권재단 이사 2018~2019년 학교법인 성신학원(성신여대) 이사 (저)'유라시아 천년을 가다(共)'(2002) '프랑스 구체제의 권력구조와 사회(共)'(2009) '근대 유럽의 형성(共)'(2011) (역)'프랑스대혁명사' '프랑스사'

최갑철(崔甲鐵)
(생)1962·7·26 (주)경기도 수원시 팔달구 효원로 1 경기도의회(031-8008-7000) (학)부천고졸, 서울과학기술대 산업대학원 건설시스템공학과졸 (경)담주종합건설(주) 대표이사, 부천 오정동주민자치위원회 위원장, 부천시새마을회 오정동협의회장, 동산초 학교운영위원장, 오정동 참여예산 동주민회 의장, 부천시체육회 이사, 부천시장애인체육회 이사, 북중총동문회 회장, 대명초 운영위원, 부천고총동문회 이사, 오정동 군부대이전추진위원장 2014년 새정치민주연합 부천시 오정동협의회장 2014~2018년 경기 부천시의회 의원(새정치민주연합·더불어민주당) 2018년 경기도의회 의원(더불어민주당)(현) 2018년 同안전행정위원회 위원(현)

최 강(崔 剛) Choi Kang
(생)1959·8·11 (주)서울특별시 종로구 경희궁1가길 11 아산정책연구원(02-730-5872) (학)1983년 경희대 영어영문학과졸 1985년 미국 위스콘신대 메디슨교 대학원 정치학과졸 1991년 정치학박사(미국 오하이오주립대) (경)1996~1998년 한국국방연구원 군제군축연구실장 1998~2002년 국가안전보장회의 정책기획조정부장 2002~2005년 한국국방연구원 국방현안팀장 2005~2012년 외교안보연구원 미주연구부 교수 2008~2012년 同미주연구부장 2012년 국립외교원 외교안보연구소장 2012~2013년 同기획부장 2013년 아산정책연구원 부원장(현) 2015년 산업통상자원부 환태평양경제동반자협정(TPP) 전략포럼 위원 2017년 국가안보실 정책자문위원회 위원(현)

최강열(崔康烈) CHOI Kang Yell
(생)1958·7·13 (출)충남 청양 (주)서울특별시 서대문구 연세로 50 연세대학교 생명시스템대학 생명공학과(02-2123-2887) (학)1977년 서울 영훈고졸 1985년 연세대 생명공학과졸 1988년 미국 사우스다코타주립대 대학원 미생물학과졸 1993년 이학박사(미국 퍼듀대) (경)1993~1995년 미국 Harvard Medical School 생화학·분자약학과 Post-Doc. 1995~2001년 연세대 의과대학 생화학·분자생물학교실 조교수·부교수 2001~2004년 同공과대학 생명공학과 부교수 2001년 국립보건원·한국과학재단·학술진흥재단·보건복지가족부·국립암센터·대한민국10대신기술상·서울시 신기술연구개발사업 및 보유기술 사업화지원 평가위원 2002~2008년 미국 세계인명사전 'Marquis Who's Who'에 7년 연속 등재 2003년 'Experimental and Molecular Medicine' 편집인(현) 2003년 바이오의약연구센터(RRC)·세포다이나믹스연구센터(SRC) 자문위원 2004년 연세대 생명시스템대학 생명공학과 교수(현) 2005~2009년 국가지정연구실(NRL) 책임자 2005년 국제세포공학대회 조직위원 2006~2007년 연세대 유전체협동과정 주임교수 2006·2007년 변리사시험 출제및채점위원 2007년 미국 캘리포니아대 샌디에이고교 방문교수 2007년 한·일세포신호전달 및 분자영상학술대회 조직위원장 2008년 윈트신호전달사람질병학술대회 조직위원장 2013년 암예방학회 감사 2014년 同상임이사 2014~2015년 한국세포생물학회 회장 (상)교육과학기술부 선정 '연구개발사업 우수연구성과 50선'(2008), '국가우수연구개발성과 100선'(2013), 한국과학기술한림원 선정 '한림선도과학자'(2013), 연세대 우수교수상(2013), 한국연구재단 선정 '기초연구 우수성과 50선'(2013) (저)'왓슨과 크릭, 이중나선구조 발견의 드라마'(1995) '생명공학동향'(1996) '인간복제'(1997) '생명코드 AGCT(유전자가 세상을 바꾼다)'(1998) '1999년 노벨생리의학상, 군터브로벨'(1999) '한국의 산업기술과 친환경 사업대책-신소재 바이오 의약환경부문'(2006) 'MAP OF TEEN 생명공학'(2008) '줄기세포 발견에서 재생의학까지'(2011, 장서가) (종)기독교

최강욱(崔康旭)
(생)1968·3·24 (주)서울특별시 종로구 청와대로 1 대통령 공직기강비서관실(02-770-0011) (학)1986년 전주 전라고졸 1990년 서울대 법학과졸 1992년 同대학원 법학과졸 (경)군법무관 임용시험 합격(11회) 1999~2001년 국방부 국회담당 법무관 2004~2005년 同검찰단 수석검찰관 2005~2018년 법무법인 청맥 변호사, 민주사회를위한변호사모임 사법위원장 2006~2010년 방위사업청 옴브즈만 2009~2011년 대한변호사협회 재개발·재건축위원회 위원 2010~2012년 국회 윤리심사자문위원 2012~2018년 방송문화진흥회 이사(9기·10기) 2017년 경찰청 경찰개혁위원회 수사개혁분과 위원 2018년 국방부 '국군기무사령부 개혁위원회(기무사 개혁TF)' 민간위원 2018년 KBS1라디오 '최강욱의 최강시사' 진행 2018년 대통령 민정수석비서관실 공직기강비서관(현) (저)'무엇이 시민을 불온하게 하는가'(2009, 갤리온) '권력과 검찰'(2017, 창비) '법은 정치를 심판할 수 있을까?'(2017, 창비)

최강주(崔康柱) Choi, Kang-ju
(생)1962·8·20 (출)전북 남원 (주)경기도 과천시 관문로 47 법무부 교정본부(02-2110-3007) (학)동국대 경찰행정학과졸 2009년 고려대 정책대학원 공안행정학과졸 (경)1989년 7급 공채(31회) 2006년 법무부 교정기획과 서기관 2009년 공주교도소장 2009년 법무부 의료과장 2010년 同교

정기획과장 2011년 부이사관 승진 2012년 광주교도소장(고위공무원) 2014년 국방대 파견 2015년 인천구치소장 2015년 서울구치소장 2016년 광주지방교정청장 2017년 대전지방교정청장 2018년 법무부 교정본부장(현)

최강희(崔康熙) CHOI Kang Hee

(생)1959·4·12 (출)경기 양평 (학)우신고졸 (경)1979년 실업리그 한일은행축구단 입단 1980~1982년 육군 축구단 소속 1983년 프로축구 포항제철 돌핀스(現 포항 스틸러스) 입단 1984~1992년 프로축구 울산 현대축구단 소속(207경기 출전 : 10골 22도움) 1987~1992년 국가대표 축구선수 1988년 서울올림픽 국가대표 1990년 이탈리아월드컵축구 국가대표 1995년 프로축구 수원 삼성 블루윙즈 트레이너 1998~2001년 同코치 2002년 부산아시안게임 국가대표팀 코치 2005~2011·2013~2018년 프로축구 전북 현대 모터스 감독 2006년 아시아축구연맹(AFC) 챔피언스리그 우승 2009·2011·2014·2015·2017·2018년 프로축구 K리그 우승(6회) 2012~2013년 국가대표축구팀 감독 2016년 프로축구 K리그 준우승 2016년 아시아축구연맹 챔피언스리그(ACL) 우승 2018~2019년 중국 슈퍼리그 톈진 취안젠 감독 2019년 중국 슈퍼리그 다롄 이팡 감독 2019년 중국 슈퍼리그 상하이 선화 감독(현) (상)프로축구 베스트상(4회) 및 모범상(2회), MVP(1986), 쏘나타 K리그 대상 올해의 감독상(2009), 현대오일뱅크 K리그1(클래식) 감독상(2011·2014·2015), 스포츠투아이 이달의 감독상(2016), 아시아축구연맹(AFC) 선정 '올해의 감독'(2016), K리그1(클래식) 감독상(2017), KEB하나은행 K리그1(클래식) 감독상(2018), 전북도체육회 전북체육상 공로부문(2018)

최거훈(崔巨勳) CHOI Geo Hoon

(생)1957·10·27 (본)수성(隋城) (출)부산 (주)서울특별시 서초구 고무래로 6-6 선경빌딩 법무법인 에이스(02-3487-5000) (학)1976년 경남고졸 1980년 서울대 법학과졸 1988년 연세대 대학원 법학과 수료 (경)1985년 사법시험 합격(27회) 1988년 사법연수원 수료(17기) 1988년 수원지검 검사 1990년 대전지검 홍성지청 검사 1991년 서울지검 남부지청 검사 1994년 부산지검 검사 1995년 변호사 개업, 법무법인 가람 대표변호사 1998~2002년 부산남중 운영위원장 1999~2001년 서부교육청 관내중학교운영위협의회 회장 2001년 부산장애인총연합회 고문변호사 2001~2004년 한국음식업중앙회 부산지회 고문변호사 2004년 제17대 국회의원 후보(부산 사하乙, 한나라당) 2008년 제18대 국회의원 후보(부산 사하乙, 한나라당) 2009~2010년 국회의장 비서실장(차관급) 2009~2012년 법무법인 에이스 부산분사무소 대표변호사 2012년 법무법인 에이스 변호사(현)

최건호(崔建鎬) CHOI Kun Ho

(생)1936·8·20 (출)충남 논산 (주)서울특별시 강남구 삼성로85길 25 충무교회(02-558-1009) (학)1955년 부여고졸 1961년 서울신학대졸 1975년 同신학대학원졸 1987년 장로회신학대 대학원졸 1987년 신학박사(미국 샌프란시스코신학교) (경)1967년 기독교대한성결교회 목사 안수 1970년 同성광교회 담임목사 1974~2005년 同충무교회 담임목사 1975년 서울신학대 대우교수 1981년 대한기독교교육협회 회장 1985년 기독교대한성결교회 중앙교육원장 1991년 기독교신문 논설위원 1994년 기독교대한성결교회 총회장 1998~1999년 한국기독교총연합회 이단·사이비대책위원장 2001년 한국기독교직장선교연합회 회장 2001~2004년 기독교대한성결교회 총회교육원 원장 2002~2006년 CBS 이사·관리사장·부이사장 2002~2004년 직장선교목회자협의회 회장 2004~2018년 강북구 번동 제3복지관 이사장 2005년 필리핀 마닐라국제대학원 원장 2005년 기독교대한성결교회 충무교회 원로목사(현) 2007~2009년 국민일보 자문위원장 2008년 성결인신문 사장 2008~2009년 국민문화재단 이사 2010~2012년 기독교대한성결교회 성광회 회장 2015년 세계유대교기독교신교협의회(IFCJ) 이사·고문(현) (상)무임소장관표창, 성전건축 공로표창(1981), 지역사회봉사표창(1986), 농어촌선교공로표창(1989), 성결교육대상(2011) (저)'날마다 새롭게'(1987) '웨슬레안 강단Ⅰ·Ⅱ' '생동하는 신앙'(1988) '안이한 신앙의 극복'(1989) '절기 및 기념일 설교집'(1989) '크리스챤 청지기'(1995) '소망예식서'(1996) (역)'목회와 신학' (종)기독교

최경규(崔暻奎) CHOI Kyung Gyu

(생)1952·11·17 (본)전주(全州) (출)강원 (주)서울특별시 서대문구 이화여대길 52 이화여자대학교 의학과(02-3277-2114) (학)1982년 연세대 의대졸 1985년 同대학원 의학석사 1989년 의학박사(연세대) (경)1983~1986년 연세대 신촌세브란스병원 전공의 1986년 同영동세브란스병원 연구강사 1986~1990년 이화여대 의대 전임강사 1990년 미국 미네소타의대 교환교수 1993~2006년 이화여대 목동병원 신경과장 1993~2002년 同의대 신경과학교실 조교수·부교수 1994~2002년 同목동병원 전산위원장 1994년 同임상교학부장 1998~2003년 同의과학연구소장 1999년 同도서관장 2002~2017년 同의과대학 신경과학교실 교수 2003~2007년 同의료원 기획조정실장 2006~2009년 同의학전문대학원 부원장 2006~2008년 同의과학연구소장 2006~2009년 同BK21사업단장 2008~2009년 양천메디컬센터 기획단장 2008~2017년 양천구치매지원센터 센터장 2009~2012년 보건복지가족부 치매사업단 자문위원 2009년 이화여대 의과학연구소 퇴행성뇌질환센터장 2011~2012년 대한치매학회 회장 2011~2013년 보건산업진흥원 R&D개발본부 PM운영위원 2014~2015년 대한신경과학회 회장 2015~2016년 대한치매학회 회장 2016~2017년 이화여대 목동병원 파킨슨센터장 2017년 이화여대 명예교수(현) 2017년 건강보험심사평가원 상근평가위원(현) (상)보건복지부장관표창(2014) (저)'최신신경학'(2000) (역)'신경계 진단의 국소화'(1999) '양자의사'(2017) '영혼의 물리학'(2017)

최경규(崔瓊奎) CHOI Kyung Kyu

(생)1963·2·20 (본)전주(全州) (출)경기 화성 (주)충청북도 청주시 서원구 산남로70번길 51 청주지방검찰청(043-299-4543) (학)1981년 숭문고졸 1985년 한양대 법학과졸 1989년 단국대 대학원 법학과졸 (경)1993년 사법시험 합격(35회) 1996년 사법연수원 수료(25기) 1996년 부산지검 검사 1998년 수원지검 평택지청 검사 2000년 서울지검 검사 2002년 대구지검 경주지청 검사 2004년 대구지검 검사 2006년 서울동부지검 검사 2009년 대검찰청 연구관 2010년 대전지검 특수부장 2011년 대구지검 특수부장 2012년 수원지검 성남지청 부장검사 2013년 인천지검 형사4부장 2014년 서울남부지검 형사4부장 2015년 수원지검 형사1부장 2016년 대구지검 서부지청 차장검사 2017년 제주지검 차장검사 2018년 서울북부지검 차장검사 2019년 청주지검장(현)

최경란(崔炅蘭·女) CHOI, KYUNG RAN

(생)1962·10·22 (주)서울특별시 성북구 정릉로 77 국민대학교 조형대학 공간디자인학과(02-910-4283) (학)1985년 서울대 산업디자인학과졸 1988년 同대학원 산업디자인학과졸 1992년 미국 캘리포니아대 로스앤젤레스교(UCLA) 산업디자인학과졸 (경)1996~2000년 계원조형예술대학 조교수 2000~2001년 국제산업디자인대학원 조교수 2001년 국민대 조형대학 공간디자인학과 교수(현) 2008년 同동양문화연구소장 2010~2015년 광주디자인비엔날레 총감독·서울디자인한마당 총감독·세계디자인정책포럼 집행위원장 2014~2018년 국민대 테크노디자인전문대학원장 2017~2018년 (주)현대리바트 사외이사 2018년 서울디자인재단 대표이사(현)

최경렬(崔京烈)

(생)1964 (출)충남 서산 (주)부산광역시 남구 문현금융로 40 한국예탁결제원 전략기획본부(051-519-1500) (학)서울대 독어독문학과졸, 성균관대 대학원 행정학과졸 (경)1992년 한국예탁결제원 입사 2012년 同국제서비스부장 2014년 同해외사업부장 2016년 同증권예탁부장 2017년 同투자지원본부장 2018년 同국제펀드본부장 2019년 同전략기획본부장(현)

최경림(崔京林) CHOI Kyong-lim

(생)1958 · 1 · 16 (출)부산 (학)경남고졸 1980년 서울대 외교학과졸 1986년 미국 코네티컷대 대학원 국제정치학과졸 (경)1982년 외무고시 합격(16회) 1987년 駐미국대사관 2등서기관 1995년 駐자메이카대사관 1등서기관 1997년 駐제네바대표부 1등서기관 2001년 외교통상부 세계무역기구과장 2002년 駐제네바대표부 참사관 2005년 외교통상부 자유무역협정국 자유무역협정제1교섭관 2007년 同자유무역협정국장 2007년 同자유무역협정추진단 자유무역협정제1기획관 2008년 同자유무역협정정책국장 2009년 駐브라질 대사 2012년 외교통상부 자유무역협정 교섭대표 2013~2015년 산업통상자원부 통상차관보 2015~2018년 駐제네바 대사 2016년 유엔 인권이사회(UNHRC) 의장 2017년 세계무역기구(WTO) 상품무역이사회 의장 2017년 국제노동기구(ILO) 정부그룹 의장 2017년 G20 셰르파(현) 2018년 정부 G20 국제협력대사(현) (상)홍조근정훈장(2008)

최경배(崔庚培) Cyung Bea CHOI

(생)1958 · 3 · 23 (출)전남 (주)서울특별시 강동구 상일로6길 26 삼성엔지니어링(주)(02-2053-2737) (학)경동고졸, 한양대 기계공학과졸 (경)삼성엔지니어링(주) SESA팀장, 同해외거점운영그룹장, 同SEI법인장, 同석유화학사업본부장, 同화공3사업부 담당임원, 同화공발전사업본부장, 同화공사업본부장(상무) 2015년 同화공사업본부장(전무) 2015년 同화공Proposal본부장(전무) 2017~2019년 同Proposal본부장(전무) 2019년 同자문역(현)

최경선(崔景善) CHOI KYEONG-SUN

(생)1960 · 5 · 2 (본)수원(水原) (출)서울 (주)서울특별시 송파구 올림픽로 289 (주)한라홀딩스(02-526-0501) (학)1979년 서울고졸 1985년 한양대 기계공학과졸 (경)1986년 (주)만도 입사 2008년 同MMT(Maysan Mando Turkey) 부사장 2014년 同Suspension Division 부문장 2017년 同Suspension Division 본부장 2018년 (주)한라홀딩스 각자대표이사 부사장(현) (종)무교

최경수(崔慶洙) CHOI Kyung Soo

(생)1960 · 1 · 30 (본)경주(慶州) (출)대구 (주)세종특별자치시 남세종로263 한국개발연구원 연구본부 지식경제연구부(044-550-4114) (학)1982년 서울대 경제학과졸 1984년 同대학원 경제학과졸 1992년 경제학박사(미국 시카고대) (경)1992년 미국 Duke대 경제학과 초빙조교수 1993년 산업연구원 책임연구원 1995~1998년 한국노동연구원 부연구위원 1998~2000년 경일대 경제학과 조교수 2000년 한국개발연구원 연구위원, 同재정 · 사회개발연구부 연구3부 선임연구위원 2004년 기획예산처 장관 정책보좌관 2005~2006년 同장관 정책자문관 2008년 국민경제자문회의 자문위원 2013년 한국개발연구원 미래전략연구부 선임연구위원, 同산업 · 서비스경제연구부 선임연구위원 2015년 同산업 · 서비스경제연구부장 2016년 同인적자원정책연구부장 2018년 同연구본부 지식경제연구부장(현) (상)기획재정부장관표창(2006)

최경숙(崔敬淑 · 女) CHOI Kyung Suk

(생)1967 · 1 · 15 (출)충북 청주 (주)서울특별시 영등포구 의사당대로 22 한국장애인개발원 원장실(02-3433-0641) (학)청주대 건축공학과졸, 부산대 사회복지학과졸, 同대학원 사회복지학 석사과정 수료, 同대학원 여성학협동과정 수료 (경)부산여성장애인연대 성폭력상담소장, 同성폭력피해자보호시설 원장, 同대표, 한국여성장애인연합 공동대표, 부산여성단체연합 부대표, 대통령직속 빈곤과차별시정위원회 차별시정분야 전문위원 2007~2010년 국가인권위원회 상임위원(차관급) 2009~2010년 同위원장 직무대행 2016년 더불어민주당 제20대 국회의원 후보(비례대표 27번) 2017년 대통령직속 정책기획위원회 포용사회분과 위원 2018년 한국장애인개발원 원장(현)

최경식(崔景植) CHOI Kyung Sik

(생)1962 · 3 · 8 (주)경기도 수원시 영통구 삼성로 129 삼성전자(주) 무선사업부 전략마케팅실(031-8062-3500) (학)인창고졸, 한양대 전기공학과졸, 同대학원 전기공학과졸 (경)삼성전자(주) 북미마케팅팀 담당부장 2006년 同디지털AV솔루션사업팀 STB마케팅담당 상무보 2008년 同네트워크사업부 Internet Infra사업팀 상무 2009년 同구주SEPOL법인장(상무) 2011년 同무선사업부 전략마케팅팀 전무 2014년 同무선사업부 전략마케팅실 부사장 2015년 同구주총괄 무선담당 부사장 2015년 同무선전략마케팅실 부사장 2017년 同무선사업부 전략마케팅실장(부사장)(현)

최경실(崔慶實 · 女) Choi Gyoung Sil

(생)1962 · 3 · 5 (주)서울특별시 서대문구 이화여대길 52 이화여자대학교 디자인학부(02-3277-3458) (학)1984년 이화여대 실내디자인학과졸 1992년 독일 뒤셀도르프 Fachhochschule 실내건축 Diploma (경)이화여대 조형예술대학 장식미술과 교수, 同조형예술대학 디자인학부 공간디자인전공 교수(현), 同대학원 색채디자인전공 주임교수(현) 1998년 同장식미술학과장 2008 · 2013년 同색채디자인연구소장(현) 2012년 同기숙사관장 2012~2013년 한국색채학회 회장 2013년 미국 세계인명사전 'Marquis Who's Who Publications Board'에 등재 2015~2017년 이화여대 디자인대학원장 (상)마포구청장표창(2002), 서울특별시장표창(2005), 법제처장표창(2006), 여수세계박람회 대통령표창(2013), (사)한국디자인단체총연합회 공로상(2013), 국토교통부장관표창(2013), (사)한국색채학회 공로상(2014) (저)'공간구조(Raumstrukturen) – 건축의 공간질서 연구를 위한 개론'(1996, 국제) '환경색채계획론(共)'(2001, 이화여대 색채디자인연구소) '환경색채계획 100색표, 디자인프로젝트연구(共)'(2001, 이화여대 색채디자인연구소) '공간속의 디자인, 디자인 속의 공간(共)'(2004, 효형출판사)

최경원(崔慶元) CHOI Kyung Won

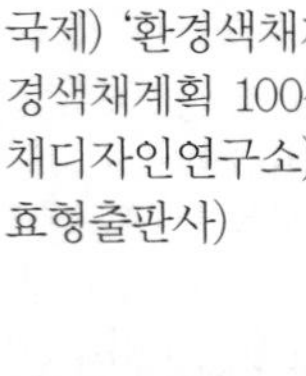

(생)1946 · 10 · 24 (본)경주(慶州) (출)서울 (주)서울특별시 종로구 사직로8길 39 세양빌딩 김앤장법률사무소(02-3703-1246) (학)1963년 경기고졸 1967년 서울대 법대졸 1969년 同사법대학원졸 1978년 독일 프라이부르크대 연수 (경)1967년 사법시험 합격(8회) 1969년 육군 법무관 1973~1982년 춘천지검 · 부산지검 · 법무부 검찰4과 · 법무과 · 서울지검 검사 1982년 법무부 조사과장 1983년 同송무과장 1986년 대통령 법무비서관 1987년 서울지검 특수3부장 1988년 同특수2부장 1989년 서울고검 검사 1989년 대통령 사정비서관 1991년 대구지검 차장검사 1992년 부산지검 제2차장검사 1993년 서울지검 북부지청장 1993년 법무부 기획관리실장 1994년 청주지검장 1995년 대구지검장 1997년 대검찰청 형사부장 1997년 법무부 검찰국장 1998~1999년 同차

관 1999년 김앤장법률사무소 고문변호사 2001~2002년 법무부 장관 2002년 김앤장법률사무소 변호사(현) 2006~2008년 현대제철(주) 사외이사 2011~2014년 검찰동우회 회장 2014~2018년 대한적십자사 법률고문 2014~2015년 국립대학법인 서울대 이사 2015~2018년 KT&G 사외이사 2015~2016년 국립대학법인 서울대 이사장 2018년 CBS 시청자위원회 위원장(현) (상)홍조근정훈장(1991), 청조근정훈장(2002), 제24회 자랑스러운 서울법대인(2016) (종)기독교

최경자(崔庚子 · 女)

(생)1960 · 2 · 5 (주)경기도 수원시 팔달구 효원로 1 경기도의회(031-8008-7000) (학)2006년 대진대 공공행정대학원 행정학과졸 (경)새꿈어린이집 원장, 경기북부여성근로복지센터 자문위원 2006~2010년 경기 의정부시의회 의원(비례대표, 열린우리당), 同운영위원회 부위원장, 민주평통 자문위원, 서정대학 사회복지행정학과 강사, 의정부시 보육정책위원회 위원, 同장애인종합복지회관 운영위원, 신흥대학 사회복지과 외래강사, 신한대 사회복지학과 외래강사 2010년 경기 의정부시의회 의원(민주당 · 민주통합당 · 민주당 · 새정치민주연합) 2010년 同기획복지위원장 2014~2018년 경기 의정부시의회 의원(새정치민주연합 · 더불어민주당) 2014~2016년 同의장 2018년 경기도의회 의원(더불어민주당)(현) 2018년 同제1교육위원회 위원(현) (상)한국전문인대상 의정부문대상(2015), 창조혁신 한국인대상(2017)

최경주(崔敬周) CHOI Kyoung Joo

(생)1962 · 3 · 2 (출)전남 영암 (주)서울특별시 종로구 종로 33 그랑서울Tower1 13층 미래에셋자산운용 임원실(1577-1640) (학)1980년 광주제일고졸 1989년 전주대 무역학과졸, 연세대 경영대학원졸 (경)1997년 한남투자신탁증권 강남역지점장 1998년 미래에셋자산운용 마케팅본부장(이사) 1999년 미래에셋증권(주) 금융상품영업본부장 2002년 同상무이사 2005년 同부사장 2007년 同퇴직연금컨설팅1부문 대표(부사장) 2011년 同Wholesale부문 대표(부사장) 2014년 同기업RM부문 대표(부사장) 2015년 同WM부문 대표(사장) 2016년 미래에셋자산운용 리테일 · 연금마케팅부문 총괄대표(사장) 2018년 同마케팅1부문 대표(부회장)(현) (상)자랑스런 在京전주대인상(2008)

최경주(崔京周) CHOI Kyoung Ju

(생)1970 · 5 · 19 (출)전남 완도 (주)경기도 파주시 회동길 174 대한골프협회(031-955-2255) (학)1988년 한서고졸 1998년 광주대 무역학과졸 (경)1988년 골프 입문 1993년 프로 데뷔 1995 · 1997년 팬텀오픈 우승 1996년 한국오픈 우승 1997년 일간스포츠 포카리오픈 우승 1999년 기린오픈 1위 1999년 우베고산오픈 1위 1999~2005년 (주)슈페리어 소속 1999년 한국오픈골프선수권 우승 1999년 PGA컵 골프토너먼트 우승 2000년 슈페리어오픈 우승 2000년 미국 PGA투어 시드권 획득(퀄리파잉스쿨 공동 35위), 국내 프로 중 최초로 미국 PGA투어 라이센스 획득 2000년 에어캐나다챔피언십 8위 2000년 슈페리어오픈 1위 2002년 미국프로골프(PGA) 컴팩클래식 우승 2002년 PGA 탬파베이클래식 우승 2003년 메르세데스챔피언십 준우승 2003년 SK텔레콤오픈골프 우승 2003년 유럽프로골프(EPGA)투어 린데저먼마스터스 우승 2004년 마스터스대회 3위 2004년 동양화재컵 SBS프로골프최강전 우승 2005년 나이키골프코리아 소속 2005년 SK텔레콤오픈 우승 2005년 PGA 크라이슬러클래식 우승 2005년 유러피안골프(EPGA) UBS홍콩오픈 준우승 2006년 크라이슬러챔피언십 우승 2007년 PGA 메모리얼토너먼트 우승 2007년 PGA AT&T내셔널 우승 2007년 KPGA투어 제23회 신한동해오픈골프대회 우승 2007년 PGA 페덱스컵 플레이오픈 준우승 2008년 (사)최경주재단 이사장(현) 2008년 소니오픈 우승 2008년 서울시 홍보대사 2008년 SK텔레콤오픈 우승 2008년 KPGA투어 제24회 신한동해오픈골프대회 우승 2008년 육군 명예홍보대사 2008년 LG스킨스게임 우승 2009년 PGA투어 노던트러스트오픈 공동3위 2009년 아시아투어 이스칸다르 조호르오픈 우승 2010년 서브스폰서(슈페리어, 신한은행, SK텔레콤) 2010년 아시아투어 겸 유럽투어 메이뱅크 말레이시아오픈 2위 2010년 PGA투어 트랜지션스 챔피언십 2위 2010년 PGA투어 마스터스 공동4위 2010년 원아시아투어 SK텔레콤오픈 3위 2010년 KPGA투어 제25회 신한동해오픈골프대회 2위 2011년 SK텔레콤 소속(현) 2011년 PGA투어 취리히 클래식 공동3위 2011년 제주도 세계7대자연경관선정(N7W)추진위원회 홍보대사 2011년 PGA투어 플레이어스 챔피언십 우승 2011년 PGA투어 AT&T 내셔널 2위 2011년 PGA투어 플레이오프 투어챔피언십 공동3위 2011년 KPGA투어 최경주CJ인비테이셔널 초대 우승 2012년 인천국제공항 명예홍보대사 2012년 희망서울 홍보대사 2012년 KPGA투어 최경주CJ인비테이셔널 우승 2014년 2014인천아시안게임 홍보대사 2015년 인천 프레지던츠컵골프대회 인터네셔널팀 수석부단장 2014년 PGA투어 트래블러스 챔피언십 공동2위 2016년 제31회 리우데자네이루올림픽 남자골프 국가대표팀 감독 2016년 PGA투어 파머스인슈어런스 오픈 2위 2019년 2020도쿄올림픽 남자골프 국가대표팀 감독(현) 2019년 멜버른 프레지던츠컵골프대회 인터네셔널팀 부단장 (상)체육훈장 맹호장, 체육훈장 청룡장(2007), 아시아태평양브랜드재단 브랜드퍼스낼러티상(2010), 자랑스러운 한국인대상 스포츠부문(2011), 미국 골프기자협회 자선상(Charlie Barlett Award)(2013), 아시아태평양 골프 명예의 전당(2013), 한국언론인연합회 대한민국나눔봉사대상 자선봉사부문 대상(2017), 대한민국을 빛낸 호남인상(2018) (저)자서전 '코리안 탱크, 최경주'(2012, 비전과 리더십)

최경진(崔慶鎭) CHOI Kyung Jin (正岩)

(생)1953 · 1 · 28 (본)경주(慶州) (출)서울 (주)충청북도 음성군 생극면 차생로 168 DB월드 대표이사실(043-879-7900) (학)서울대 지리학과졸 (경)1981년 동부건설 입사, 동부제철 뉴욕 · LA지사장 2006년 (주)동부하이텍 영업총괄 상무 2009년 동부익스프레스 부사장 2011년 同여객부문 대표이사 사장, 동부하슬라파워(주) 대표이사 2012~2014년 동부발전삼척(주) 대표이사 사장 2013~2014년 동부발전당진(주) 대표이사 사장 2014년 동부익스프레스 여객부문 대표이사 2014년 동부발전삼척(주) 공동대표이사 사장 2015~2019년 동부월드 대표이사 2019년 DB월드 대표이사(현) (종)천주교

최경진(崔景津) CHOI KYOUNG JIN

(주)경기도 성남시 수정구 성남대로 1342 가천대학교 법과대학 법학과(031-750-8764) (학)청주고졸, 성균관대 법학과졸, 同대학원 법학과졸, 법학박사(성균관대), 미국 듀크대 School of Law졸(LL.M.) (경)2007년 가천대 법과대학 법학과 교수(현), 서울고법 전문심리위원(현) 2015년 유엔(UN) 상거래위원회 한국정부 대표 2015~2017년 시청자미디어재단 비상임이사 2016년 가천대 국제교류처장(현) 2017년 문화체육관광부 제3기 콘텐츠분쟁조정위원회 위원(현) 2017년 유엔(UN) 국제상거래법위원회 조사위원(현) 2018~2019년 방송통신심의위원회 통신권익보호특별위원회 위원 2019년 同통신분쟁조정위원회 위원(현) 2019년 금융위원회 혁신금융심사위원회 위원(현) 2019년 가천대 국제어학원장 겸임(현) (상)국무총리표창(2017)

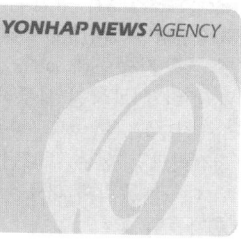

최경환(崔敬煥) CHOI Gyung Hwan

(생)1959·7·28 (본)경주(慶州) (출)전남 장성 (주)서울특별시 영등포구 의사당대로 1 국회 의원회관 728호(02-784-5891) (학)1978년 광주상고졸 1992년 성균관대 사학과졸 1997년 한국노동연구원 노사관계고위지도자과정 수료 2000년 영국 공무원대 연수과정 수료(3주) 2008~2010년 김대중도서관 김대중평화아카데미 수료 (경)1986년 민주화운동청년연합 중앙위원 1989년 同성남지역위원장 1990년 여강출판사 기획실장 1994년 통일시대민주주의국민회의 정치위원회 부위원장 1996년 새정치국민회의 소속 국회의원 보좌관 1999년 同개혁추진위원회 실행위원 1999년 국민정치연구회 이사 1999년 인터넷 성희롱예방교육센터 운영 1999~2003년 대통령 공보비서관실 행정관 2002~2003년 대통령 공보기획비서관 2003년 (사)녹색환경운동 이사 2004~2009년 김대중 前대통령 비서관(2급상당) 2005~2009년 김대중평화센터 홍보기획국장 2006년 김대중 前대통령 방북실무협상 대표 2008~2009년 김대중 前대통령 비서관(고위공무원) 2009년 故김대중 대통령 국장 장의위원회 대변인 2009~2010년 연세대 김대중도서관 객원교수 2009년 (사)김대중평화센터 공보실장 겸 대변인 2009~2013년 민주화운동청년연합동지회 회장 2010년 (사)행동하는양심 이사 2011년 민주당 김대중리더십연구특별위원회 위원장 2011년 민주정책연구원 객원연구위원 2012년 장준하선생암살의혹규명국민대책위원회 공동대표 2012년 민주통합당 제19대 총선 중앙선거대책위원회 전략본부장 2012년 同제18대 대통령중앙선거대책위원회 국민통합위원회 부위원장 2013년 한국신지식인협회 자문위원 2013~2015년 (사)민생평화광장 상임대표 2014년 전남대 기초교육원 객원교수 2014년 광주복지국가소사이어티 공동대표 2015년 (사)민생평화광장 지도위원 2016년 제20대 국회의원(광주시 북구乙, 국민의당·민주평화당〈2018.2〉·대안정치연대〈2019.8〉)(현) 2016년 국민의당 기획담당 원내부대표 2016년 同비상대책위원장 비서실장 2016~2018년 同광주시북구乙지역위원회 위원장 2016~2018년 국회 국토교통위원회 위원 2016~2017년 국회 남북관계개선특별위원회 간사 2017년 국민의당 대표최고위원 정무비서실장 2017년 同당무담당 원내부대표 2017~2018년 同통일위원장 2017년 同제19대 안철수 대통령후보 비서실장 2017~2018년 同기획담당 원내부대표 2017년 국회 운영위원회 위원 2017~2018년 국민의당 광주시당 위원장 직무대행 2017~2018년 同조직강화특별위원회 위원 2017년 국회 재난안전대책특별위원회 위원 2018년 민주평화당 대변인 2018~2019년 同광주북구乙지역위원회 위원장 2018년 同광주시당 위원장 직대 2018년 국회 문화체육관광위원회 위원(현) 2018년 국회 남북경제협력특별위원회 위원(현) 2018~2019년 민주평화당 최고위원 2018~2019년 同원내대변인 2018~2019년 同원내수석부대표 2019년 同광주시당 위원장 (상)행정안전부장관표창(2009), 자랑스런 유은동문상(2016), 대한민국의정대상(2016) (저)'김대중 리더십'(2010, 아침이슬) '배움의 시간'(2011, 아침이슬) '김대중을 다시 부르고 있다'(2014) (종)기독교

최경환(崔敬煥)

(생)1960·12·1 (출)대구 (주)대구광역시 북구 내곡로 123 천주교 대구대교구 사수성당(053-314-3217) (학)1979년 계성고졸 1982년 대건신학대졸 1986년 광주가톨릭대 대학원졸 1993년 계명대 교육대학원졸 (경)1987년 천주교 계산성당 보좌신부 1988년 同대덕성당 보좌신부 1989년 同해평성당 주임신부 1990년 효성여고 교목 1993년 미국 연수 1995년 대구가톨릭대 교수 1996년 천주교 김천황금성당 주임신부 2000년 선목학원 사무국장 2001~2004년 대구가톨릭대 사무처장, 천주교 윤일성당 신부 2008년 천주교 대구대교구 100주년성전건립담당 신부 2011년 천주교 욱수성당 주임신부 2014~2018년 대구가톨릭대 의료원장 2018년 천주교 사수성당 주임신부(현) (종)가톨릭

최경희(崔景喜·女) CHOI Kyug Hee

(생)1947·4·19 (출)강원 춘천 (주)서울특별시 마포구 월드컵북로 25 강원도민회관 402호(02-778-6340) (학)춘천여고졸, 이화여대 성악과졸 1997년 同교육대학원졸 (경)1997년 신한국당 자문위원, 한국식품공업 대표, 한나라당 한사랑합창단장, 同중앙위원, (사)강원도민회 부회장, 同고문(현) 2004년 제17대 국회의원선거 출마(비례대표, 한나라당) 2008년 제18대 국회의원선거 출마(비례대표, 한나라당) 2010~2012년 제18대 국회의원(비례대표 승계, 한나라당·새누리당) 2016~2019년 더케이호텔앤리조트 상임감사

최계동(崔桂東) CHOI KAE DONG

(생)1963·12·21 (출)서울 (주)경기도 수원시 팔달구 효원로 1 경기도청 경제실 경제기획관실(031-8030-2900) (학)수원고졸, 성균관대 신문방송학과졸, 미국 센트럴미시간대 대학원 행정학 석사과정 수료 (경)1997년 행정고시 합격(20회) 2009년 경기도 콘텐츠진흥과장 직대 2010년 同문화체육관광국 관광진흥과장 2012년 同비전담당관 2013년 同기획조정실 기획담당관 2014년 경기 시흥시 부시장(부이사관) 2016년 경기도 문화체육관광국장 2018년 경기 의왕시 부시장 2019년 경기도 경제노동실 혁신산업정책관 2019년 同경제실 경제기획관(현)

최계식(崔癸軾) CHOI Kye Shik

(생)1939·4·20 (출)경기 (주)서울특별시 강남구 광평로51길 6-11 (재)한국건설안전기술원(02-571-1851) (학)1959년 경기공고졸 1964년 한양대 토목공학과졸 1983년 同대학원졸 1989년 구조공학박사(한양대) (경)1963~1969년 건설부 국립건설연구소 근무 1969~1977년 한국도로공사 근무 1977년 대림산업(주) 부장 1984년 同이사대우 1986년 同이사 1989년 同상무이사 1993년 同전무이사 1996~1999년 同건설사업부 부사장 겸 교육연구원장 2000년 경희대 토목공학과 객원교수, 한국기술사회 이사, 해양수산부 기술자문위원, 대전시 기술자문위원 2000~2001년 쌍용엔지니어링(주) 부회장 2000년 한양대 토목공학과 겸임교수 2002년 (주)이제이텍 회장 2003~2010년 한국건설안전기술원 원장 2003~2005년 한국도로학회 회장 2010년 한국건설안전기술원 상임기술고문(현) (상)건설부장관표창(1975), 철탑산업훈장(1982), 자랑스러운 한양공대인상(2010) (저)'토목재료시험법과 해설 및 응용'(1990) '토목·건축구조물의 구조진단방법'

최계운(崔桂澐) CHOI Gye Woon

(생)1954·7·9 (출)경기 화성 (주)인천광역시 연수구 아카데미로 119 인천대학교 도시환경공학부 건설환경공학전공(032-835-8467) (학)1980년 경기공업고등전문학교졸 1982년 인하대 토목공학과졸 1985년 서울대 대학원 토목공학과졸 1991년 공학박사(미국 콜로라도주립대) (경)1991년 한국수자원공사 책임연구원 1994년 환경부 고도정수처리 자문위원 1994~2010년 인천대 토목환경시스템공학과 교수 1996년 한국토양환경학회 인천지부장 1998년 한국수자원학회 수리분과위원장 1999~2002년 인천경제정의실천시민연합 정책위원장 2000년 건설교통부 중앙건설심의위원 2001~2003년 대통령자문 지속가능발전위원회 수자원분과 위원 2002~2004년 인천경제정의실천시민연합 도시환경개혁운동본부장 2009~2010·2011년 인천대 대학발전본부장 2010~2013·2016~2019년 同도시환경공학부 건설환경공학전공 교수 2011년 인천경제정의실천시민연합 공동대표 2011년 인천대 도시과학대학장 2013~2016년 한국수자원공사 사장 2013~2016년 한국대댐회(KNCOLD) 회장 2016년 아시아물위원회(AWC) 초대회장 2017년 한국스마트워터그리드학회 회장(현) 2019년 인천시 상수도혁신위원회 위원장(현) 2019년 인천대 도시환경공학부 건설환경

공학전공 명예교수(현) (상)한국수문학회 학술상(1995), 건설교통부장관표창(2002), 국민포장(2003), 한국정책대상(2015), 자랑스러운 해외동문인의 상(2016) (저)'상수도공학의 이론과 적용' '인천상수도 90년' (종)기독교

최고희(崔高熙) CHOI GoHee

(생)1963·7·23 (주)서울특별시 서초구 양재대로11길 19 LG전자(주) CTO SIC센터(02-3777-1114) (학)서천고졸, 국민대 전자학과졸, LG MBA(석사) (경)1987년 LG전자(주) 입사 2003년 同Universal Mobile Telecomm. System연구소 무선기술그룹장(수석연구원) 2007년 同전자·이통기술연구소 모뎀기술실장(상무) 2015년 同CTO부문 System Integrated Circuit센터 통신솔루션개발실장(전무) 2016년 同CTO부문 차세대표준연구소장(전무) 2019년 同CTO SIC센터장(부사장)(현)

최공웅(崔公雄) CHOE Kong Woong

(생)1940·1·1 (출)서울 (주)서울특별시 강남구 영동대로 411 아셈타워 22층 법무법인 화우(02-6003-7503) (학)1958년 경동고졸 1962년 서울대 법대졸 1963년 同사법대학원졸 1974년 미국 일리노이대 대학원졸 1978년 네덜란드 헤이그국제법아카데미 수료 (경)1962년 고등고시 사법과 수석합격(14회) 1963~1966년 공군본부 검찰관·법무사·검찰과장 1966~1975년 서울민사지법·서울형사지법 판사 1975년 춘천지법 판사 1977년 대법원 재판연구관 겸 서울고법 판사 1977~1999년 사법연수원·서울대법학연구소 사법발전과정·연세대 법무대학원·경희대 국제대학원 강사 1980년 대구지법 부장판사 1981년 서울민사지법 부장판사 1982년 사법연수원 교수 겸임 1983년 대구고법 부장판사 1985년 서울고법 부장판사 1991년 청주지법원장 1993년 전주지법원장 1993년 서울가정법원장 1994년 대구고법원장 1994~1998년 한국국제거래법학회 회장 1996년 대전고법원장 1998년 특허법원장 1999~2003년 법무법인 우방 고문변호사 1999년 한국중재인협회 부회장 1999~2007년 한국국제사법학회 회장 2000~2003년 이화여대 법학과 겸임교수, 일본 오사카대 강사 2000~2003년 경찰위원회 위원장 2000년 한국일보 총선보도자문위원장 2000~2010년 대한상사중재원 이사 2003년 법무법인 화우 고문변호사(현) 2003~2005년 경동고총동창회 회장 2003년 아시아변리사회(APPA) 한국협회 고문 2003년 무역중재인포럼 대표 2004년 인터넷주소분쟁위원회 고문 2005~2008년 일본 데츠카야마대 외부평가위원 2005년 한국재산권법학회 회장 2007년 중재CEO아카데미 원장 2007년 한국국제사법학회 명예회장(현) 2007년 한국산업재산권법학회 명예회장 2007년 대한중재인협회 고문(현) 2008~2011년 중앙대 법과대학 초빙교수 2009년 차세대콘텐츠재산학회 회장 2010년 국무총리실 지식재산정책협의회 자문위원 2011년 국제중재위원회 위원(현) 2014년 대한불법화해중재원 원장(현), 한국지식재산학회 고문(현) (저)'국제소송'(1984·1992) '주석민법'(2000) (역)'리바이어던(共)'(2009) (종)기독교

최공필(崔公弼) CHOI Gong Pil

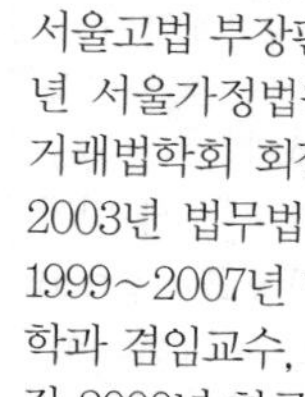

(생)1958·1·3 (본)전주(全州) (출)서울 (주)서울특별시 중구 명동11길 19 은행회관 7층 한국금융연구원(02-3705-6373) (학)1976년 신일고졸 1980년 한국외국어대 영어과졸 1983년 미국 미시간대 대학원 경제학과졸 1988년 경제학박사(미국 버지니아대) (경)1980~1981년 대한상공회의소 조사부 근무 1984년 미국 버지니아대 강사 1988~1994년 대우경제연구소 특수연구실장 1994~1999년 한국금융연구원 경제동향팀장 1999~2007년 同금융시장팀 선임연구위원 2001년 대통령자문 정책기획위원회 위원 2001~2002년 미국 연방준비은행(FRB San Franciso) 객원연구원 2001~2002년 대통령자문 정책기획위원회 국가신용등급소위원회 위원 2005~2006년 미국 샌프란시스코 연방은행 은행감독국(BSR) 선임자문역 2007년 국가정보원 경제담당정보관(차관보급), 세계은행(World Bank)·아시아개발은행(ADB) Local Consultant 2008~2009년 우리금융지주 전략·경영감사·IR담당 전무 2010년 한국금융연구원 상임자문위원 2014년 국제통화기금(IMF) Visiting Scholar 2016~2018년 한국금융연구원 미래금융연구센터장 겸임 2017년 한국수출입은행 비상임이사(현) 2018년 금융감독원 블록체인자문단장(현) 2018년 한국금융연구원 초빙연구위원(현) (상)Dupont Graduate Fellow(1984·1985·1986), 대우경제연구소 최우수논문상(1990), 재정경제원장관표창(1997), 매경 이코노미스트상(2000) (저)'선행지수를 이용한 경기전환점 포착'(1989, 대우경제연구소) '우리나라의 외환조기경보체제'(1999, World Bank) '인구고령화의 경제적 영향과 시사점'(2005, 금융연구원) 등 (종)기독교

최 관(崔 爟) CHOI, KWAN

(생)1957·12·6 (본)경주(慶州) (출)경북 경주 (주)서울특별시 종로구 성균관로 25-2 성균관대학교 경영대학(02-760-0503) (학)1976년 서울고졸 1980년 성균관대 경영학과졸 1982년 한국과학기술원(KAIST) 경영과학과졸(석사) 1991년 회계학박사(미국 Syracuse대) (경)1982~1994년 세종대 전임강사·조교수·부교수 1994년 성균관대 경영학부 부교수 1998년 同경영대학 교수(현), 한국공인회계사회 분재조정위원회 위원, 한국회계학회 편집위원장, 한국회계기준위원회 위원, 한국회계정보학회 부회장, 한국산업경영학회 부회장, 금융감독원 회계제도심의위원회 위원, 기획재정부 세제발전심의위원회 위원 2013~2017년 금융위원회 공적자금관리위원회 민간위원 2013~2014년 한국회계학회 회장 2014~2016년 한국지역난방공사 사외이사 2016~2018년 KB증권(주) 사외이사 2017년 성균관대 경영대학장·경영전문대학원장·경영대학원(IMBA)장 겸임(현) 2019년 현대종합상사(주) 사외이사(현) (상)한국회계학회 학술상(2000) (저)'국제회계기준해설서'(1995) '연결재무제표해설서'(1996) '기업회계실무해설서 1997'(1997) '자본시장에서의 회계정보 유용성 제2판(共)'(2010, 신영사) '중급재무회계연습(共)'(2012, 신영사) 'IFRS 중급재무회계 제6판(共)'(2014, 신영사) 'IFRS 회계원리 제5판(共)'(2014, 신영사) '회계와 사회 제8판'(2018, 신영사) 'IFRS 중급재무회계 제9판(共)'(2019, 신영사) 'IFRS 회계원리 제9판(共)'(2019, 신영사)

최관규(崔寬圭) CHOE Kwan Kyoo (夏林)

(생)1962·1·25 (본)전주(全州) (출)전북 군산 (주)대전광역시 유성구 유성대로 1534 한국원자력통제기술원 교육훈련센터(042-860-9731) (학)1980년 전북군산제일고졸 1988년 연세대 불어불문학과졸 1991년 프랑스 파리제10대 대학원 정치학과졸 1998년 정치학박사(프랑스 파리제10대) (경)1990년 아프리카 가봉·카메룬·토고주재 무역상사 STEC 근무 1998~2001년 연세대 동서문제연구원 전문연구원·연구교수 2001~2004년 한국원자력연구소(KAERI) 통제정책실 선임연구원 2004년 군산문화경제포럼 대표(현) 2005년 국가원자력관리통제소(NNCA) 통제정책실 선임연구원 2005년 한국북방학회 부회장 2005년 대덕과학기술연합대학원대 겸임교수 2006년 군산시장 출마(무소속) 2007~2009년 한국원자력통제기술원 통제정책부장 2009년 同통제정책부 책임연구원 2012년 同경영전략실장 겸 교육훈련실장 2014년 同교육훈련센터장 2015년 同원자력통제본부 안전조치실 책임연구원 2017년 同정책연구센터장 2018년 同교육훈련센터 전임교수(현) (저)'유럽의 정치와 경제(共)'(2002) '유라시아 비전과 홀로서기'(2006) (종)기독교

최관병(崔官炳)

(생)1969 (출)제주 (주)세종특별자치시 한누리대로 422 고용노동부 혁신행정담당관실(044-202-7047) (학)1988년 제주 대기고졸 1993년 서울대 지리학과졸 2006년 미국 미시간주립대 대학원 노사인력학과졸 (경)1998년 행정고시 합격(41회) 1998~2007년 노동부 고용정책실 고용정책과·노사

정책국 노사협력복지과·근로기준국 임금근로시간정책팀·근로기준국 비정규직대책팀 행정사무관 2007~2009년 同근로기준국 비정규직대책팀·근로기준과 정책서기관 2009~2011년 同노사정책실 안전보건지도과·산업안전과· 안전보건정책과 정책서기관 2011년 중앙노동위원회 사무처 교섭대표결정과장 2012년 고용노동부 노동정책실 고용차별개선과장 2014년 同산재예방보상정책국 산재예방정책과장 2015년 부산지방고용노동청 창원고용노동지청장 2017년 서울지방노동위원회 사무국장 2017년 고용노동부 최저임금지원T/F팀 근무(과장급) 2017년 同혁신행정담당관(현)

최관섭(崔寬燮)

(생)1967·10·13 (출)경북 (주)세종특별자치시 한누리대로 499 인사혁신처 인재정보기획관실(044-201-8050) (학)1985년 포항고졸 1992년 고려대 행정학과졸 1995년 서울대 대학원 행정학과 수료 1999년 미국 인디애나대 대학원 행정학과졸 2014년 행정학박사(명지대) (경)1991년 행정고시 합격(35회) 1993년 총무처 인사국 사무관 2000년 중앙인사위원회 기획총괄과 서기관 2002년 同인사정책과 서기관 2003년 同인사정책심의관실 성과관리과장 2005년 同성과후생국 직무역량과장 2006년 同성과후생국 직무분석과장 2008년 행정안전부 성과기획과장 2008년 同인사실 심사임용과장 2009년 同인사실 심사임용과장(부이사관) 2010년 경북도 보건복지여성국장 2011년 여성가족부 청소년정책관 2013년 개인정보보호위원회 사무국장 2014년 안전행정부 인사실 성과후생관 2014년 인사혁신처 성과복지국장 2015년 同인사관리국장 2016년 駐이탈리아 공사 2019년 인사혁신처 재해보상정책관 2019년 同인재정보기획관(현) (상)근정포장(2008), 홍조근정훈장(2015) (저)'HR인사이트(共)'(2009)

최관웅(崔寬雄) CHOI Kwan Woong

(생)1956·3·19 (주)대구광역시 중구 명덕로 333 대구백화점 사장실(053-420-8888) (학)국민대졸 (경)2005년 현대백화점 미아점장(이사대우) 2006년 同중동점장(이사대우) 2008년 同일산점프로젝트 상무乙 2009년 同킨텍스점 PM담당 상무甲 2011년 同킨텍스점장(전무) 2012년 同판교복합몰프로젝트팀장(전무) 2016년 대구백화점 사장(현) (종)기독교

최관호(崔官鎬) CHOI Kwan Ho

(생)1971·10·9 (본)전주(全州) (출)전북 (주)경기도 성남시 분당구 대왕판교로645번길 14 XL게임즈(1588-0550) (학)1996년 서울대 경영학과졸 1999년 同대학원 경영학과졸 (경)제일기획 근무, 새롬기술 근무, (주)네오위즈 글로벌지원센터 본부장(이사), 同부사장 2007년 (주)네오위즈게임즈 대표이사, 同최고운영책임자(COO) 2009년 同일본자회사 게임온 대표, (주)네오위즈홀딩스 최고전략책임자(CSO) 2011~2013년 한국게임산업협회 회장, 게임문화재단 이사, (주)네오위즈아이엔에스 대표이사(CEO) 2013~2015년 (주)네오위즈인터넷 대표이사(CEO) 2013년 (주)네오위즈블레스스튜디오 대표이사(CEO) 2015년 네오위즈홀딩스 사내이사 2015~2017년 XL게임즈 최고전략책임자(CSO) 2017년 同경영담당 각자대표이사(현) (상)대한민국문화콘텐츠 해외진출유공자 국무총리표창(2008) (종)기독교

최관호(金甫煥)

(출)전남 곡성 (주)서울특별시 서대문구 통일로 97 경찰청 경무인사기획관실((02)3150-2121) (학)1984년 광주 숭일고졸, 동국대 경찰행정학과졸 2006년 同대학원 경찰행정학과졸 (경)1991년 경위 임관(경찰간부후보 39기), 경찰청 기획업무담당, 同보안3과 보안1계장(경정) 2009년 광주지방경찰청 경비교통과장(총경) 2010년 전남 무안경찰서장 2011년 인천국제공항대장 2013년 서울 서초경찰서장 2014년 경찰청 감사담당관, 광주지방경찰청 제1부장 2016년 경무관 승진, 영국 포츠머스대 연수 2017년 전북지방경찰청 제2부장 2017년 경찰청 자치경찰추진단장(경무관) 2018년 전남지방경찰청장(치안감) 2019년 경찰청 경무인사기획관(현)

최 광(崔 洸) CHOI Kwang (學知)

(생)1947·9·1 (본)전주(全州) (출)경남 남해 (주)서울특별시 종로구 성균관로 25-2 성균관대학교 국정전문대학원(02-740-1820) (학)1966년 부산고졸 1970년 서울대 경영학과졸 1974년 미국 위스콘신대 대학원 공공정책학과졸 1979년 경제학박사(미국 메릴랜드대) (경)1969년 공인회계사 합격 1976년 미국 메릴랜드대 경제연구소 주임연구원 1978년 同경제학과 전임강사 1979~1981년 미국 와이오밍대 경제학과 조교수 1981~1985년 한국개발연구원 연구위원 1982~1984년 한국과학기술원 교수 1983년 한국재정학회 이사 1984~1996년 한국조세학회 이사·감사·부회장·회장 1985~2012년 한국외국어대 경제학과 교수 1986~1997년 한국조세연구소 연구위원 1988~1993년 경제기획원 예산회계제도심의회 위원 1988년 국세청 세정민관협의회 위원 1988~1989년 영국 요크대 명예객원교수 1990~1993년 한국산업은행 사외이사 1991~1994년 대통령 사회간접자본투자기획단 자문위원 1995~1997년 한국조세연구원 원장 1997년 한국공공경제학회 회장 1997~1998년 보건복지부 장관 2000~2001년 일본 히토쯔바시대 초빙교수 2003~2004년 국회 예산정책처장 2004~2007·2011~2019년 경암교육문화재단 이사 2005년 미래한국신문 편집위원 2006~2009년 자유기업원 이사 2006~2015년 풍해문화재단 이사 2013년 국회 공직자윤리위원회 위원장 2013~2015년 국민연금공단 이사장 2016년 성균관대 국정전문대학원 석좌교수, 同국정전문대학원 초빙교수(현) (상)석탑산업훈장(1986), 청조근정훈장(2003) (저)'한국의 지하경제에 관한 연구'(1987) '현대경제학의 이해'(1988) '한국재정40년사'(1990) '분배정의와 재정정책'(1992) '한국조세정책50년'(1997) '알기쉬운 경제원리와 올바른 경제정책'(1998) '공공부문 생산성' '일본의 경제정책과 재정정책'(2002) '경제 원리와 정책'(2003) 'Fiscal and Public Policy in Korea' 'Tax Policy and Tax Structure in Korea' 'Economic Development and Economic Policy in Korea'(2005) '국가정체성과 나라경제 바로보기'(2006) '큰 시장 작은정부를 위한 재정정책의 과제'(2007) '세금경제학'(2007) '국가 번영을 위한 근본적 세제개혁 방안'(2008) '한국의 부가가치세 : 경험 및 시사점'(2008) '시장경제와 정부재정 : 헌법적 고찰'(2009) '자본주의 시장경제와 정부 : 근원적 고찰과 헌법적 실천'(2009) '복지정책에 대한 근원적 고찰'(2013) '오래된 새로운 비전'(2017) '오래된 새로운 전략'(2017) (역)'공공선택이론 및 재정이론' '국가의 흥망성쇠' '공공경제학' '권력과 경제번영' '집단행동의 논리' (종)기독교

최광국(崔光國)

(생)1961·8·3 (주)서울특별시 송파구 법원로9길 26 한국LPG산업협회(02-3411-5111) (학)1980년 성남서고졸 1989년 건국대 법학과졸 (경)산업자원부 기획관리실 법무담당관실 행정사무관 2009년 지식경제부 에너지자원정책과 서기관 2012년 同에너지기술팀장 2013년 국가기술표준원 지원총괄과장 2015년 산업통상자원부 석탄산업과장 2016~2017년 오송첨단의료산업진흥재단 전략기획본부장 2018년 한국LPG산업협회 부회장(현) (상)교육감표창(1989), 국무총리표창(2000)

최광무(崔光武) CHOE Kwang-Moo

(생)1954·6·7 (출)서울 (주)대전광역시 유성구 대학로 291 한국과학기술원 공과대학 전산학부(042-350-3502) (학)1976년 서울대 전자공학과졸 1978년 한국과학기술원졸(석사) 1984년 공학박사(한국과학기술원) (경)1984~2019년 한국과학기술원(KAIST) 공과대학 전산학부 교수 1985~1986년

미국 AT&T Bell Labs Research Division MTS 근무 1997~1999년 정보과학회 프로그래밍언어연구회 위원장 1997~2000년 한국과학기술원 전산학과장 2008년 同17대 교수협회장 2019년 同공과대학 전산학부 명예교수(현)

최광빈(崔光彬) Choi Kwang Bin

(생)1958·6·17 (출)경기 (주)서울특별시 노원구 노해로 437 노원구청 힐링도시추진단(02-2116-3114) (학)수원고졸, 충북대 농과대학 산림자원학과졸, 서울대 대학원 산림경영학과졸 (경)1980년 기술고등고시 합격(16회) 2000~2002년 서울시 한강사업기획단 공원담당관(지방임업서기관) 2002~2004년 미국 워싱턴주 Parks & Recreation Commission 연수 2005년 서울시 공원과장 2007년 同조경과장 2008년 同공원조성과장 2010년 同푸른도시국장 2012년 同공원녹지국장 2012년 同푸른도시국장 2014년 서울시 노원구 부구청장(지방이사관) 2015~2017년 서울시 푸른도시국장 2018년 민선7기 서울 노원구청장 당선자 인수위원장 2018년 서울 노원구 힐링도시추진단장(현)

최광석(崔光石) CHOI Kwang Suk

(생)1941·3·27 (출)충북 청원 (주)충청남도 공주시 정안면 정안농공단지길 32-116 우진페인트 임원실(031-986-7711) (학)1960년 청주공고졸 1966년 한양대 화학공학과졸 1980년 연세대 경영대학원 최고경영자과정 수료 (경)1962년 삼화페인트 입사·기술부 연구과장 1972년 모던도장기술센터 설립 1975년 우진화학공업사 설립 1983년 한국도로협동조합 이사 1985년 우진페인트 대표이사 1998년 한국페인트잉크공업협동조합 이사장 2017년 우진페인트 회장(현) (상)건설부장관표창

최광수(崔侊洙) CHOI Kwang Soo

(생)1935·2·24 (출)서울 (학)1953년 경기고졸 1957년 서울대 법과대학 행정학과졸 1959년 미국 조지타운대 외교학과 수료 (경)1956년 고시행정과 합격·외무부 입부 1958년 駐미국대사관 3등서기관 1962년 駐일본대표부 2등서기관 1965년 외무부 동북아주과장 1967년 駐미국 참사관 1970년 외교연구원 상임연구위원 1970년 외무부 통상진흥관 1971년 同아주국장 1972년 국방부 군수차관보 1973년 同차관 1974년 대통령 의전수석비서관 1979년 대통령 비서실장 1980년 국가보위비상대책위원회 위원 1980년 제1무임소장관 1981~1982년 체신부 장관 1983년 駐사우디아라비아 대사 1985년 駐유엔 대사 1986~1988년 외무부 장관 1989년 대전세계박람회조직위원회 고문 1991년 현대경제사회연구원 회장 1992~1993년 미국 하버드대 아시아문제연구소 초빙연구원 1997~1998년 통일고문 1998년 한·일포럼 회장 2012년 최규하대통령기념사업회 발기인대회 및 창립총회 초대회장 2013~2016년 同이사장 (상)수교훈장 광화장, 청조근정훈장, 파라과이 대십자훈장, 멕시코 수교훈장

최광수(崔廣洙) CHOE Kwang Su

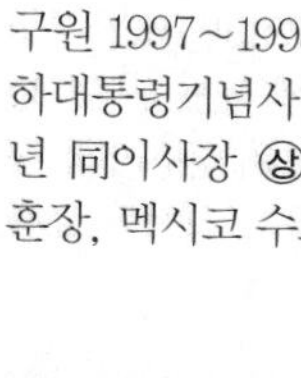

(생)1958·1·22 (출)서울 (주)경기도 화성시 봉담읍 와우안길 17 수원대학교 공과대학 전자재료공학과(031-220-2175) (학)1980년 미국 윌리엄앤드메리대 물리학과졸 1982년 미국 컬럼비아대 대학원졸 1989년 공학박사(미국 컬럼비아대) 1991년 미국 뉴욕대 경영전문대학원졸(MBA) (경)1981~1982년 미국 Columbia Univ. Research Assistant 1982~1991년 미국 IBM Corp., East Fishkill Facility, Staff Engineer 1991년 수원대 공과대학 전자재료공학과 조교수·부교수·교수(현) 2001~2003년 미국 IBM Corp., T.J. Watson Research Center, Visiting Scientist 2006년 同국제협력처장 2008~2011년 同비서실장 2011년 同평가실장 2012년 同비서실장 2014년 同대외협력처장 2015년 同국제협력처장(현) (상)수원대 공로상(1996), 수원대 10년 근속상(2003), 스승의날 교육부장관표창(2009) (저)'기초전기전자공학실험(共)'(2009, 수원대 공학교육혁신센터)

최광수(崔晃銖) Choi, Gwang Su

(생)1962·2·24 (주)서울특별시 서초구 헌릉로 13 대한무역투자진흥공사(02-3497-1130) (학)1988년 영남대 심리학과졸 2002년 고려대 경영대학원졸 (경)1990년 대한무역투자진흥공사(KOTRA) 입사 1992년 同시장개척부 근무 1995년 同미국 달라스무역관 근무 1998년 同시장조사처 근무 1999년 同투자협력처 근무 1999년 同외국인투자옴부즈만사무소 근무 2002년 同캐나다 밴쿠버무역관 근무 2006년 同투자전략팀 부장 2007년 同투자전략팀 차장 2007년 한국국제전시장 파견 2009년 대한무역투자진흥공사(KOTRA) 뉴욕무역관 수출인큐베이터운영팀장 2012년 同중소기업협력팀장 2013년 同중소기업지원본부 수출지원실 수출첫걸음지원팀장 2015~2018년 同청두무역관장 2018년 同KOTRA아카데미 글로벌마케팅 연구위원(현)

최광식(崔光植) CHOE Kwang Shik

(생)1953·5·5 (본)경주(慶州) (출)서울 (주)서울특별시 성북구 안암로 145 고려대학교 한국사학과(02-3290-2030) (학)1971년 서울 중앙고졸 1976년 고려대 사학과졸 1981년 同대학원 사학과졸 1990년 문학박사(고려대) (경)1981~1982년 고려대·효성여대 강사 1982~1993년 효성여대 전임강사·조교수·부교수 1993~1995년 同교수 1995~2018년 고려대 한국사학과 부교수·교수 1998년 同총무처장 2000년 同박물관장 2000~2002년 한국역사민속학회 회장 2001~2002년 미국 UCLA 방문교수 2001~2003년 한국고대사학회 회장 2003년 중국의고려사왜곡대책위원회 위원장 2004년 고구려연구재단 이사 2007~2009년 문화재위원회 사적분과 위원 2008~2011년 국립중앙박물관장 2009~2011년 문화재위원회 세계유산분과 위원 2009~2012년 국사편찬위원회 위원 2010년 한국사연구회 회장 2011년 문화재청장 2011년 역사교육과정개발추진위원회 위원 2011~2013년 문화체육관광부 장관 2013~2014년 한류3.0위원회 초대 위원장 2014~2015년 남북역사학자협의회 위원장 2014~2018년 경주시 신라왕경복원추진위원회 위원장 2018년 고려대 한국사학과 명예교수(현) (상)박물관인의날 대통령표창(2007), 올해를 빛낸 중앙인상(2008), G20정상회의 대통령표창(2011), 밀레니엄 프라미스 감사패(2011), 고려대 문과대학교우회 자랑스러운 문과대학인(2013) (저)'고대한국의 국가와 제사'(1995) '몽골의 암각화'(1998) '한국 고대의 토착신앙과 불교'(2000) '남창 손진태의 삶과 학문'(2000) '용인의 마을의례'(2000) '해상왕 장보고'(2003) '중국의 고구려사 왜곡'(2004) '우리 고대사의 성문을 열다'(2004) '한국 고대의 토착신앙과 불교'(2007) '점교 삼국유사'(2009) '우리나라의 역사와 문화 : 손진태 유고집'(2013) '한류로드-전통과 현대의 창조적 융화'(2013) '실크로드와 한국문화'(2013) '삼국유사 역주본'(2014, 고려대 출판사) '읽기쉬운 삼국유사'(2016, 고려대 출판문화원) (역)'단재 신채호의 천고'(2004) (종)불교

최광웅(崔光雄) CHOI Kwang Woong (深川)

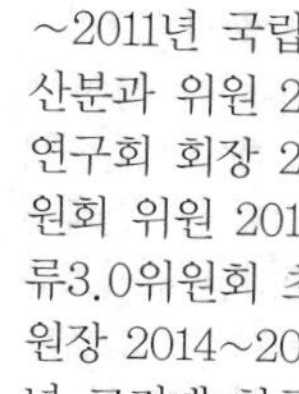

(생)1944·6·11 (본)전주(全州) (출)전북 김제 (주)경상북도 포항시 남구 청암로 77 포항공과대학교 박태준미래전략연구소(054-279-0054) (학)1964년 전주고졸 1971년 고려대 통계학과졸 (경)1971년 포항종합제철(주) 입사 1986년 同경영조사부장 1989년 同경영정책부장 1992년 同이사 1994년 同상무이사 1998년 同투자사업합리화추진반장 1998년 同전무이사 2002년 (주)포스코 전무이사 2003~2005년 同부사장 2005~2011년 포스코청암재단 상임부이사장 2013~2016년 포항공과대 박태준

미래전략연구소장 2016년 同박태준미래전략연구소 미래전략연구위원회 위원(현) 상국무총리표창, 국민훈장 목련장 저'삶의 지평선을 바라보며'(2005) '열정의 테마'(2005) 종천주교

최광웅(崔光雄) CHOI Kwang Woong

생1964 · 2 · 5 출전북 주서울특별시 중구 퇴계로 36 707-1호 학전주고졸, 서울대 철학과졸 경1990년 민주당 노동부장 · 평화통일부장, 유인태 국회의원 비서관, 민주당 서울도봉甲지구당 사무차장, 민주개혁정치모임 청년위원 1995~1998년 서울시의회 의원, 대통령 균형인사비서관실 행정관, 대통령 정무수석비서관실 행정관, 대통령 인사관리비서관실 행정관 2005~2006년 대통령 인사제도비서관 2007~2008년 한국항공우주연구원 감사 2006~2016년 극동대 교양학부 교수 2010~2011년 민주당 조직사무부총장 2012년 민주정책연구원 부원장 2013년 국민정당추진네트워크 임시대표 2015년 데이터정치경제연구원장(현) 2018년 전문건설공제조합 운영위원 2019년 더불어민주당 일본경제침략대책특별위원회 위원(현)

최광주(崔光珠) CHOI Kwang Ju (光得)

생1954 · 7 · 18 본경주(慶州) 출경남 밀양 주경상남도 창원시 의창구 중앙대로210번길 3 경남신문(055-210-6000) 학경남대 전기공학과졸, 同대학원 전기공학석사, 공학박사(경남대), 경남대 경영대학원 경영학석사, 서울대 행정대학원 정책과정 수료, 同공대 건설산업전략과정 수료, 同환경대학원 도시환경과정 수료, 한국과학기술원(KAIST) 경영대학원 최고경영자과정 수료 경마산시 건축심의위원, 창신대학 건축과 겸임교수, 한국국제대 초빙교수, 2002 아시안게임 자문위원, 바르게살기마산시협의회 부회장, 경남대동창회 부회장 · 감사, 민주평통 마산시지회장 겸 중앙상임위원, (사)21세기이순신연구회 초대 회장, 한국전력기술인협회 회장, 경남도새마을회 회장, 경남지방경찰청 경찰발전위원장 2005~2017년 광득종합건설(주) 회장 2005~2017년 광득산업개발(주) 회장 2007년 경남도체육회 이사 2008년 국립창원대 겸임교수 2010년 서울대총동창회 이사, 대한건설협회 중소위원회 부회장 2011년 경남대총동창회 회장 2011년 (사)한국행복복지경남포럼 회장 2013년 경남신문 사외이사 2013년 부산고법 창원재판부 조정위원 2014년 경남도 주민자치회 총괄회장 2017년 경남신문 대표이사 회장(현) 2017년 한국디지털뉴스협회 감사(현) 2017년 민주평통 경남지역회의 부의장 상경남도지사표창, 통상산업부장관표창, 동탑산업훈장(2011), 캄보디아국왕훈장(2013), 자랑스러운 서울대 국가정책인대상(2016) 종불교

최광준(崔光準) Choi Kwang Joon (高峰)

생1956 · 11 · 29 본양주(楊州) 출경기 주부산광역시 사상구 백양대로700번길 140 신라대학교 국제지역학부 일어일본학전공실(051-999-5402) 학1976년 경기 오산고졸 1985년 청주대 일어일문학과졸 1988년 일본 니혼대 대학원 일어일문학과졸 1991년 同대학원 일어일문학 박사과정 수료 1998년 일본고전문학박사(일본 후쿠오카대) 경1989~1998년 부산여자대학 일어일문과 전임강사 · 조교수 · 부교수 1994년 同인문사회과학부 교무과장 1995년 同교무부처장 1996년 일본 후쿠오카대 인문학부 외국인연구원 파견 1997년 부산한일교류협회 이사(현) 1998년 동아시아일본어일본문학학회 부회장(현) 1998년 신라대 일어일문학과 교수 1998년 同연구교류부장 1999년 同교무처장 2004년 同일어일문학과장 2006년 同대외협력처장 2009 · 2017년 同평생교육원장(현) 2011~2014년 한국일어일문학회 부회장 2014년 同회장 2015년 신라대 국제지역학부 일어일본학전공 교수(현) 2017~2018년 同글로벌비즈니스대학장 상일본 일한교류기금상, 駐부산 일본총영사표창 저'만엽집 선'(2012) '일본문화의 이해'(2012) 등 30여권 역'고대일본어의 표기법 연구'(2001) '일본만요슈 완역'(2018)

최광춘(崔光椿) Choi Kwang-chun

생1957 · 12 · 26 출서울 주서울특별시 성북구 화랑로13길 60 동덕여자대학교 시각 · 실내디자인학과(02-940-4771) 학1982년 중앙대 예술대학(시각디자인전공)졸 1999년 同예술대학원 디자인과졸 경1981~1997년 희성산업 광고제작 사원 · SP디자인팀장 1998~2007년 LG애드 SPCR팀 국장 2007~2008년 (주)이엠와이 부사장 2008~2013년 HS애드 NMMC본부 국장 2013~2014년 SP디자인연구소 대표 2015년 동덕여대 디자인대학 시각 · 실내디자인학과 교수(현), 영주시 3대문화권 조성사업 자문위원(현), (사)대한전시디자인학회 고문(현) 상조선일보 광고대상 전국경제인연합회장표창(1983), 조선일보 광고대상 상공부장관표창(1983), 일본 POPAI SHOW 금상(1998), 대한민국광고대상 SP부문 금상(1998), FIFA 한일월드컵 기장(2002), 한국광고대회 문화관광부장관표창(2005) 저'세계박람회 기업관의 전략과 실제(共)'(2015) 'NCS학습모듈 디자인(共)'(2018, 한국디자인진흥원) 종기독교

최광필(崔光弼) Choi Kwang-Pil

생1965 · 7 · 3 주서울특별시 영등포구 의사당대로 1 국회의장 정책수석비서관실(02-788-2043) 학고려대 정치외교학과졸, 同대학원 정치사상과졸, 정치학박사(고려대) 경1989~1991년 국방부 근무지원단 근무 1991~1992년 고려대 평화연구소 연구원 1992~1995년 통일연구원 연구원 1995~2000년 고려대 아세아문제연구소 총간사 2000~2002년 同아세아문제연구소 연구조교수 2002~2004년 일본 도쿄대 대학원 법학정치학연구과 객원연구원 2004~2008년 정의용 국회의원 보좌관 2008~2018년 문희상 국회의원 보좌관 2018~2019년 국회의장 정무조정비서관 2019년 同정책수석비서관(현)

최광해(崔光海) CHOI Kwang Hae

생1961 · 7 · 21 본탐진(耽津) 출전남 여수 주서울특별시 중구 후암로 110 서울시티타워 12층 우리금융경영연구소(02-2173-0510) 학1979년 경동고졸 1983년 고려대 정치외교학과졸 1985년 서울대 행정대학원졸 1992년 영국 케임브리지대 대학원 경제학과졸 1993년 영국 런던대 대학원 개발경제학박사과정 수료 경1984년 행정고시 합격(28회) 1985년 총무처 수습행정사무관 1986년 경제기획원 경제기획국 사무관 1990년 공정거래위원회 근무 1991년 영국 연수 1993년 경제기획원 예산실 사무관 1996년 재정경제원 경제협력과 서기관 1998년 대통령 정책기획수석비서관실 행정관 1999~2002년 駐OECD대표부 1등서기관 2003년 대통령 정책실 행정관 2003~2005년 재정경제부 국제금융국 금융협력과장 · 국제기구과장 2005년 同혁신인사기획관(부이사관) 2007~2010년 駐홍콩영사관 재경관 2011년 기획재정부 대외경제협력관(고위공무원) 2012년 同장기전략국장 2013~2015년 同공공정책국장 2015년 국제통화기금(IMF) 대리이사 2016년 매일경제 '매경춘추' 필진 2016~2018년 우리금융경영연구소 부소장 2018년 同대표이사(현) 저'금융제국 홍콩'(2011) '금융제국, 홍콩-쓰러지지 않는 홍콩의 금융강국 전략' 'IMF 견문록: 세계경제의 중심 IMF 700일간의 기록'(2016) 종천주교

최광호(崔光浩) Kwang Ho Choi

생1956 · 9 · 25 출서울 주서울특별시 영등포구 여의대로 24 전경련회관 8~16층 (주)한화건설 본사 대표이사실(02-2055-6000) 학서울과학기술대 건축설계학과졸, 同대학원 행정학과졸 경1977년 (주)한화건설 입사 2007년 同건축지원팀 상무 2011년 同건축사업본부장(전무) 2012년 同이라크 비스야마 신도시건설(BNCP)사업단장(전무) 2014년 同해외부문장(전무) 2014년 同해외부문장(부사장) 2015~2018년 同대표이사 부사장 2017년 대한건설협회 회원부회장(현) 2019년 (주)한화건설 대표이사 사장(현) 상건설의날 산업포장(2012)

최교일(崔敎一) CHOI Gyo Il

(생)1962·2·28 (본)경주(慶州) (출)경북 영주 (주)서울특별시 영등포구 의사당대로 1 국회 의원회관 934호(02-784-4195) (학)1980년 경북고졸 1984년 고려대 법대졸 1989년 同대학원 법학과졸 1994년 영국 런던대 킹스칼리지 연수 (경)1983년 사법시험 합격(25회) 1985년 사법연수원 수료(15기) 1989년 청주지검 검사 1991년 대구지검 의성지청 검사 1992년 제주지검 검사 1994년 서울지검 검사 1997년 대검찰청 검찰연구관 1999년 춘천지검 속초지청장 2000년 서울지검 부부장검사 2001년 법무부 법조인력정책과장 2003년 서울지검 형사7부장 2004년 부산지검 형사1부장 2005년 대검찰청 과학수사기획관 2006년 서울고검 검사 2007년 수원지검 1차장검사 2008년 서울중앙지검 제1차장검사 2009년 서울고검 차장검사 2009년 법무부 검찰국장 2011~2013년 서울중앙지검장 2013~2015년 변호사 개업 2014년 한국전력공사 사외이사 2015~2016년 법무법인(유) 해송 대표변호사 2016~2017년 새누리당 경북영주시·문경시·예천군당원협의회 운영위원장 2016년 제20대 국회의원(경북 영주시·문경시·예천군, 새누리당·자유한국당〈2017.2〉)(현) 2016년 새누리당 법률지원단장 2016년 국회 가습기살균제사고진상규명과피해구제 및 재발방지대책마련을위한국정조사특별위원회 위원 2016·2018년 국회 기획재정위원회 위원(현) 2016년 국회 저출산·고령화대책특별위원회 위원 2016년 국회 대법관(김재형)임명동의에관한인사청문특별위원회 위원 2016년 새누리당 법률자문위원장 2016~2017년 국회 '박근혜 정부의 최순실 등 민간인에 의한 국정농단 의혹 사건 진상규명을 위한 국정조사특별위원회' 위원 2017년 국회 저출산·고령화대책특별위원회 간사 2017년 자유한국당 경북영주시·문경시·예천군당원협의회 운영위원장(현) 2017년 同대선기획단 클린선거본부장 2017년 국회 헌법개정특별위원회 위원 2017년 자유한국당 법률자문위원장(현) 2017년 同정치보복대책특별위원회 위원 2017~2018년 同정책위원회 부의장 2018년 국회 예산결산특별위원회 위원(현) 2018년 국회 정치개혁특별위원회 위원(현) 2019년 자유한국당 경북도당 위원장(현)

최교진(崔敎振) Choi Kyo Jin

(생)1953·11·24 (출)충남 보령 (주)세종특별자치시 한누리대로 2154 세종특별자치시교육청 교육감실(044-320-1000) (학)1972년 경동고졸 1981년 공주대 사범대학 국어교육과졸 (경)1981~1984년 대천여중 교사 1985년 충남민주운동청년연합 지도위원 1986년 同의장 1987년 민주헌법쟁취국민운동본부 교육위원장 1987년 충청민주교육실천협의회 의장 1988~1989년 강경여중 교사 1990~1991·1994~1998년 충청민주교육실천협의회 충남지부장 1992년 同수석부위원장 1998~2003년 세도중 교사 1999년 전국교직원노동조합 부위원장 2001~2003년 대전참여자치시민연대 공동의장·상임의장, 21세기대안정책포럼 공동대표, 한국교육복지포럼 공동대표 2003년 열린우리당 대전시창당준비위원회 상임위원장 2005~2008년 한국토지공사 감사 2012년 세종특별자치시 교육감 선거 출마 2013년 세종교육희망포럼 대표, 사람사는세상 노무현재단 대전세종충남지역위원회 공동대표(현) 2014~2018·2018년 세종특별자치시 교육감(현) (저)'사랑이 뛰노는 학교를 꿈꾸다'(2013)

최구식(崔球植) CHOI Ku Sik

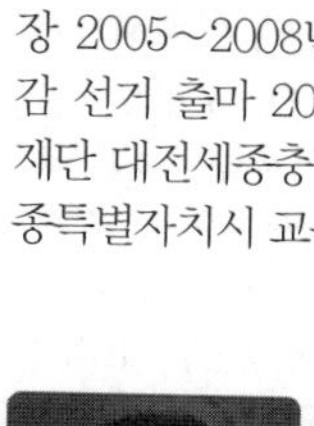

(생)1960·10·11 (본)화순(和順) (출)경남 산청 (주)경상남도 산청군 시천면 남명로240번길 33 한국선비문화연구원(055-973-9991) (학)1978년 진주고졸 1985년 서울대 외교학과졸 1995년 영국 뉴캐슬대 대학원 정치학과 수료 2003년 경기대 정치전문대학원 외교안보과정 수료 (경)1985년 조선일보 사회부·문화부·정치부 기자 2000년 同사장실 차장대우 2000년 同정치부 차장대우 2002년 한나라당 대선후보경선 언론특보 2002~2003년 국회의장 공보수석비서관 2004년 YMCA Green Doctor's 경남지부 공동대표 2004년 한나라당 중앙위원 2004년 제17대 국회의원(진주甲, 한나라당·무소속) 2004~2005년 한나라당 원내부대표 2004·2010년 한국신문윤리위원회 위원 2006년 한나라당 여의도연구소 부소장 2008년 제18대 국회의원(진주甲, 무소속·한나라당·무소속) 2008~2009년 한나라당 대표 특보단장 2009년 同제6정책조정위원장 2009년 同진주甲당원협의회 운영위원장 2010년 同인재영입위원회 부위원장 2010년 국회 국토해양위원회 간사 2010년 한나라당 정책조정위원장 2011년 同홍보기획본부장 2012년 제19대 국회의원선거 출마(진주甲, 무소속) 2013년 '2013 산청세계전통의약엑스포' 조직위원회 집행위원장 2015년 경남도 정무부지사 2015년 同서부부지사 2016~2017년 부산대 산학협력단 석좌교수 2016년 한국선비문화연구원 원장(현) 2017년 바른정당 경남진주시甲당원협의회 운영위원장 2017년 同제19대 유승민 대통령후보 중앙선거대책위원회 전략본부 부본부장 (상)국민훈장 모란장(2014) (저)'신식구식 행진곡'

최권석(崔權碩) Kwon-Seok Choi

(생)1960·7·10 (출)서울 (주)서울특별시 영등포구 의사당대로 22 이룸센터(사)한국능률협회(02-3274-9201) (학)1979년 서울 우신고졸 1985년 중앙대 경영학과졸 1998년 서강대 경영대학원 회계학과졸 2007년 The 3rd Wharton-KMA CEO Institute 수료 (경)1985~1988년 (주)롯데기공 근무(롯데그룹15기) 1989년 (주)롯데호텔월드 근무 1990~1996년 (주)한국능률협회컨설팅 재무팀장 1997~1999년 同경영기획실장 2000년 (사)한국능률협회 그룹기획조정실장 2002년 同사무처장 2002년 한국능률협회사회교육원(주) 원장 2010년 (사)한국능률협회 대표이사 2018년 同상근부회장(현) (상)국무총리표창(2013)

최권행(崔權幸) Choi Kwon-Hang

(생)1954 (출)광주 (주)세종특별자치시 갈매로 388 아시아문화중심도시조성위원회(044-203-2350) (학)1987년 서울대 불어불문학과졸 1989년 同대학원 불어불문학과졸 1995년 문학박사(프랑스 스트라스부르1대) (경)1996~2019년 서울대 인문대학 불어불문학과 교수 2011~2015년 학교법인 목민학원 이사 2012년 한국불어불문학회 회장 2018년 대통령직속 아시아문화중심도시조성위원회 위원장(현) 2019년 서울대 불어불문학과 명예교수(현) (저)'프라임 불한사전'(2003, 두산동아) (역)'그윽한 기쁨(共)'(2002) '빠블로 네루다(共)'(2005, 생각의나무)

최규남(崔圭楠)

(생)1964·4·13 (주)서울특별시 종로구 종로 26 SK그룹 SUPEX추구협의회 글로벌사업개발담당 임원실(02-6400-0114) (학)1987년 서울대 산업공학과졸 1989년 미국 스탠퍼드대 대학원 공업경영학과졸, 미국 뉴욕대 경영대학원(Stern Business School) 재무금융학과 수료 (경)퍼시픽제미나이자산운용사 운영, 시트·킴자산운용사 애널리스트, 보광창업투자 고문 2007~2009년 한국게임산업진흥원 원장 2007년 한류정책자문위원회 위원 2009~2011년 동국대 문화콘텐츠연구원장 2010~2012년 이스트게이트캐피탈매니지먼트(벤처투자회사)한국법인(East Gate PartnersKorea) 대표 2012~2018년 제주항공 대표이사 사장 2018년 SK그룹 SUPEX(Super Excellent)추구협의회 글로벌사업개발담당 총괄부사장(현)

최규병(崔珪昞) Choi Gyubyung

(생)1963·5·6 (출)전북 부안 (주)서울특별시 성동구 마장로 210 한국기원 홍보팀(02-3407-3870) (학)충암고졸, 중앙대 정치외교학과졸 (경)1975년 프로바둑 입단 1984년 2단 승단 1987년 3단 승단 1989년 4단 승단 1989년 동양증권배 본선 1990년 신왕전·국수전·동양증권배 본선 1991년 5단 승단 1991년 국수전·박카스배·바둑왕전 본선 1992년 6단 승단 1992

년 국기전 본선 1993년 박카스배 · 국기전 · 기성전 · 왕위전 · 명인전 · 패왕전 · 연승바둑최강전 · 비씨카드배 · 한국이동통신배 본선 1994년 7단 승단 1994년 박카스배 준우승 1994년 후지쯔배 · 국기전 · 왕위전 본선 1995년 박카스배 · 테크론배 · 기성전 · 명인전 · 왕위전 · 국기전 · 비씨카드배 · 동양증권배 본선 1996년 8단 승단 1999년 9단 승단(현) 1999년 입신연승최강전 우승 1999년 LG정유배 · 왕위전 · 기성전 · 국수전 · 천원전 · LG배 세계기왕전 본선 2000년 입신연승최강전 준우승 2000년 명인전 · 기성전 · 천원전 본선 2001년 제3회 농심신라면배 한국대표 2004년 전자랜드배 왕중왕전 백호부 · 삼성화재배 본선 2005년 기성전 · 맥심커피배 본선 2006년 기성전 · 맥심커피배 입신최강 본선 2006년 전자랜드배 왕중왕전 4강 2007년 한국바둑리그 영남일보 감독 2008년 제2회 지지옥션배 본선 2009년 KB국민은행 한국바둑리그 영남일보 감독 2009년 BC카드배 · 지지옥션배 · 삼성화재배 본선 2009년 제29대 한국기원 프로기사회장 2010년 지지옥션배 본선 2013년 제4기 대주배 준우승 2014년 시니어바둑클래식 시니어국수전 우승 2015년 시니어바둑클래식 시니어기성전 준우승 2016년 맥심배 본선 2017년 맥심배 · 지지옥션배 본선 2018년 대주배 본선

최규복(崔圭復) Choe, Kyoo Bok

(생)1956 · 11 · 21 (출)서울 (주)서울특별시 강남구 테헤란로 504 유한킴벌리(주) 사장실(02-528-1721) (학)한성고졸 1983년 숭실대 경영학과졸 2002년 연세대 경영대학원 마케팅 · 국제경영학과졸 (경)1983년 유한킴벌리(주) 마케팅부 입사 2000년 同유아용품사업개발담당 상무 2003년 同유아용품사업 · 신규사업 전무 2003년 Kimberly-Clark 북아시아 유아용품사업본부장 겸임 2007년 유한킴벌리(주) 유아 · 아동용품사업 총괄부사장 2010년 同대표이사 사장(현) (상)한국경제신문 사회책임경영대상(2010), 중앙일보 이코노미스트 경제리더대상(2010), 국민훈장 동백장(2012), HDI인간경영대상 사회공헌부문(2015) (저)'마케터분투기'(2010)

최규성(崔圭成) CHOI Kyu Sung

(생)1950 · 2 · 4 (본)전주(全州) (출)전북 김제 (학)1968년 전주고졸 1972년 서울대 법과대학 법학과졸 (경)1978~2004년 (주)동주무역상사 대표이사 1985년 서울민통련 부의장 1989년 서울민족민주운동협의회 공동의장 1989년 전국민족민주운동연합 상임집행위원 1991년 민주주의민족통일전국연합 제도정치위원장 1992년 민주대개혁 민주정부수립을위한국민회의 부집행위원장 1993년 통일시대국민정치모임 사무처장 1995년 새정치국민회의 창당발기인 2000년 새천년민주당 창당발기인 2000년 同시민사회특위 부위원장 2002년 同대통령선거대책위원회 조직본부 부본부장 2002년 同노무현 대통령후보 김제지역선거대책위원장 2004년 국민정치연구회 부이사장 2004년 제17대 국회의원(전북 김제 · 완주, 열린우리당 · 대통합민주신당 · 통합민주당) 2004년 열린우리당 사무처장 2005년 同전북도당 위원장 2005년 민주평화국민연대 부이사장 2006년 열린우리당 의장 특보 2007년 대통합민주신당 대표 비서실장 2008년 제18대 국회의원(김제 · 완주, 통합민주당 · 민주당 · 민주통합당) 2008~2016년 민주평화국민연대 공동대표 2010년 국회 국토해양위원회 간사 2012~2016년 제19대 국회의원(김제 · 완주, 민주통합당 · 민주당 · 새정치민주연합 · 더불어민주당) 2012~2013년 국회 농림수산식품위원장 2012년 민주통합당 제18대 대통령중앙선거대책위원회 농수축산위원장 2013년 同전당대회준비위원회 부위원장 2013~2014년 국회 농림축산식품해양수산위원회 위원장 2014년 국회 농림축산식품해양수산위원회 위원 2014년 새정치민주연합 전국대의원대회준비위원회 부위원장 2014년 同김제 · 완주지역위원회 위원장 2015년 同전북도당 위원장 직대 2015년 더불어민주당 김제 · 완주지역위원회 위원장 2016년 밤다리(주) 대표이사 2018년 한국농어촌공사 사장 (상)NGO모니터단 국정감사 우수의원(2014), 법률소비자연맹 국회의원 헌정대상(2015)

최규성(崔圭晟) Choi Gyu Sung

(생)1965 · 6 · 27 (출)경북 경주 (주)서울특별시 중구 퇴계로 173 남산스퀘어 19층 휴켐스(주)(02-2262-0600) (학)1983년 경주고졸 1990년 영남대 경영학과졸 (경)1991년 현대자동차(주) 종합관리실 근무 1994년 삼성자동차(주) 경영기획팀장 2001년 태광실업(주) 기획조정실 재무기획 · 경영지원총괄담당 2006년 同기획조정실 상무 2007년 휴켐스(주) 경영관리총괄 전무 2012년 同대표이사 부사장 2013년 同대표이사 사장 2017년 同부회장(현) 2017년 태광실업(주) 기획조정실장 겸임 2018년 同사장(현) (상)대통령표창(2013 · 2016), 국무총리표창(2014)

최규식(崔奎植) CHOE Kyoo Sik

(생)1953 · 11 · 17 (본)전주(全州) (출)전북 전주 (주)서울특별시 종로구 사직로8길 60 외교부 인사기획관실(02-2100-7863) (학)1972년 전주고졸 1977년 서울대 철학과졸 1978년 同대학원 정치학과 수료 (경)1978년 한국일보 입사 1995년 同국제부장 1996년 同특별취재부장 1998년 同정치부장 2000년 同부국장 겸 통일문제연구소장 2001년 同기획조정실장 · 경영전략실장 2002년 同편집국장 2003~2004년 同논설위원 2004~2012년 한국에어로빅체조연맹 회장 2004년 제17대 국회의원(서울 강북乙, 열린우리당 · 대통합민주신당 · 통합민주당) 2005년 열린우리당 의장비서실장 2007년 대통합민주신당 제17대 대통령선거대책위원회 종합상황본부장 겸 서울시 선대위원장 2008년 제18대 국회의원(서울 강북乙, 통합민주당 · 민주당 · 민주통합당) 2008년 국회 행정안전위원회 위원 2008~2010년 민주당 서울시당 위원장 2008~2010년 同당무위원 2011년 同중앙위원회 부의장 2013~2015년 원광대 신문방송학과 초빙교수 2018년 駐헝가리대사(현) (상)한국기자협회 한국기자상(1989) (저)'행복한 마이너리티'(2007) (종)기독교

최규연(崔揆然 · 女)

(생)1973 · 4 · 14 (출)서울 (주)경기도 의정부시 녹양로34번길 23 의정부지방법원 총무과(031-828-0102) (학)1991년 세화여고졸 1997년 연세대 법학과졸 (경)1998년 사법시험 합격(40회) 2001년 사법연수원 수료(30기) 2001년 서울지법 판사 2003년 同남부지원 판사 2005년 청주지법 판사 2009년 인천지법 판사 2013년 서울남부지법 판사 2017년 전주지법 부장판사 2017년 광주고법 판사 겸임 2019년 의정부지법 부장판사(현)

최규옥(崔圭鈺) CHOI Kyoo Ok

(생)1960 · 5 · 10 (본)전주(全州) (출)충남 천안 (주)서울특별시 금천구 가산디지털2로 123 월드메르디앙 2차 8층 오스템임플란트(주) 대표이사실(02-2125-3646) (학)천안고졸 1991년 서울대 치의학과졸 1996년 단국대 대학원 치의학과졸 2010년 의학박사(고려대) (경)1997년 오스템임플란트(주) 대표이사 2001~2012년 앞선치과병원 병원장 2004~2008년 고려대 임플란트연구소 객원교수 2006~2012년 同임상치의학대학원 외래교수 2007~2013년 (사)벤처기업협회 부회장 2008~2011년 한국생체재료학회 부회장 2009~2013년 (사)벤처기업협회 바이오의료협의회장 2011년 (사)한국중견기업연합회 이사 2016년 오스템임플란트(주) 회장(현) (상)대한매일 대한민국경영인상(2003), 부산중소기업인대상 우수상(2004), 벤처기업대상 산업포장(2006), 과학기술부 및 과학문화재단 '닮고 싶고 되고 싶은 과학기술인 10인'산업분야 선정(2007), 자랑스러운 충청인상(2008), 21세기대상 생산부문 대상(2010) (저)'치과의료보험 전산실무' (역)'치주기구 사용의 이론과 실습'

최규완(崔圭完) CHOI Kyoo Wan (高岩)

(생)1937 · 3 · 27 (본)월성(月城) (출)대구 (주)서울특별시 종로구 대학로 103 서울대학교 의과대학(02-740-8114) (학)1955년 경북고졸 1961년 서울대 의대졸 1967년 의학박사(서울대) 1970년 이학박사(미국 미시간대) (경)1967~1997년 서울대 의대 전임강사 · 조교수 · 부교수 · 교수 1969년 미국 미시간대 연구교수 1984년 서울올림픽조직위원회 의무위원 1988~1993년 대통령 주치의 1997~2002년 성균관대 의대 소화기내과 교수 1997년 삼성서울병원 소화기센터장 1998~2002년 삼성의료원 원장 2000년 인성의과학연구재단 이사장(현) 2001년 대한내과학회 회장 2002년 삼성서울병원장 경영상담역 2003년 서울대 의대 명예교수(현) 2003년 학교법인 건국대 상임이사 2005년 건국대 의료원장 2007년 성균관대 의대 명예교수(현) (상)국민훈장 모란장(1992), 옥조근정훈장(2002), 바둑문화대상(2006) (저)'임상의를 위한 소화기질환 증례집'(2002, 진기획) '삶의 발자취' '믿음의 길걸음' (종)기독교

최규완(崔圭完) CHOI Kyu Wan

(생)1954 · 3 · 20 (출)전북 전주 (주)서울특별시 마포구 마포대로 45 일진그룹 비서실(02-707-9011) (학)배명고졸 1982년 경희대 행정학과졸 1986년 서울대 행정대학원졸 (경)1982년 행정고시 합격(26회), 국가정보원 전북지부장 2009년 일진그룹 비서실장(사장)(현) 2015~2017년 일진디앤코 대표이사

최규운(崔奎雲) Choi Gyu Un

(생)1965 · 2 · 18 (주)전라북도 전주시 완산구 유연로 180 전북지방경찰청 보안과(063-280-8291) (학)1983년 전북 이리고졸 1988년 경찰대 법학과졸(4기) 2006년 원광대 행정대학원 경찰행정학과졸 (경)1999~2000년 전북지방경찰청 2308전경대장 2004~2005년 경남 통영경찰서 생활안전과장 2005~2007년 전북 군산경찰서 · 완산경찰서 생활안전과장 2007~2013년 전북지방경찰청 외사계장 · 경무계장 2013년 전북 덕진경찰서 경무과장 2014년 전북 완산경찰서 여성청소년과장 2015년 전북지방경찰청 여성청소년과장 2016년 전북 순창경찰서장 2017년 광주지방경찰청 112종합상황실장 2017년 전북 진안경찰서장 2019년 전북지방경찰청 보안과장(현) (상)행정자치부장관표창(2002 · 2005), 대통령표창(2008)

최규윤(崔圭允) CHOI Kyu Yun

(생)1954 · 7 · 28 (본)전주(全州) (출)경남 고성 (주)서울특별시 중구 을지로 170 대우건설(02-2288-3114) (학)1974년 동래고졸 1981년 영남대 법학과졸 (경)1980년 금융감독원 입사 2003년 同증권검사국 부국장 2005년 同공시심사실장 2006~2009년 同공시감독국장 2009년 한국금융투자협회 자율규제본부장(상무) 2009~2012년 同파생상품서비스본부장 2012년 우리에이엠씨(주) 고문 2013~2016년 신한금융투자(주) 상근감사위원 2017년 (주)대우건설 사외이사 겸 감사위원(현) 2017년 도레이케미칼(주) 사외이사 겸 감사위원(현)

최규일(崔圭一) CHOI Kyu Il

(생)1965 · 6 · 24 (출)전북 부안 (주)서울특별시 서초구 서초중앙로24길 12 법무법인 호민(02-592-8181) (학)1984년 전주고졸 1991년 서울대 법대 공법학과졸 (경)1994년 사법시험 합격(36회) 1997년 사법연수원 수료(26기) 1997년 전주지법 판사 · 정읍지원 판사 2002년 同남원지원 판사 2003년 수원지법 판사 2006년 서울중앙지법 판사 2008년 서울고법 판사 2010년 수원지법 판사 2012년 전주지법 부장판사 2015~2017년 수원지법 부장판사 2017년 법무법인 호민 대표변호사(현)

최규종(崔圭鍾) Kyuchong CHOI

(생)1968 · 12 · 8 (출)경남 하동 (주)대전광역시 서구 청사로 189 특허청 특허심사1국(042-481-5829) (학)1991년 서울대 제어계측공학과졸 1994년 同대학원 제어계측공학과졸 2000년 한국방송통신대 법학과졸 2004년 미국 MIT SPURS(도시 및 지역연구과정) 수료 2004년 미국 하버드대 케네디스쿨 대학원 정책학과졸 (경)1994년 기술고시 합격(29회) 1995년 통상산업부 전기사무관 1995년 同미주통상담당관실 전기사무관 1999년 산업자원부 반도체전기과 전기사무관 2001년 同산업기술정책과 전기사무관 2002년 同디지털전자산업과 전기사무관 2005년 同방사성폐기물과 근무 2005년 同대외협력과장 2006년 同에너지기술팀장 2008년 駐인도 상무참사관 2011년 지식경제부 전력진흥과장 2013년 산업통상자원부 산업정책실 조선해양플랜트과장(서기관) 2014년 同산업정책실 조선해양플랜트과장(부이사관) 2015년 同산업정책실 소재부품정책과장 2016년 대통령직속 지역발전위원회 정책총괄국장(고위공무원) 2017년 국방대 교육파견(고위공무원) 2018년 특허청 특허심사1국장(현) (저)'현대 인도의 이해'(2011)

최규철(崔圭徹) CHOI Kyu Chul (沂巷)

(생)1944 · 1 · 1 (본)전주(全州) (출)경북 영주 (주)서울특별시 중구 세종대로 124 한국프레스센터 1311호 한국신문방송편집인협회(02-732-1726) (학)1962년 경기고졸 1966년 서울대 행정학과졸 1970년 同행정대학원 수료 1980년 인도 뉴델리 Indian Institute of Mass Communication 수료 1990년 미국 하버드대 Nieman Fellow(언론인연수프로그램) 수료 (경)1970년 동아일보 입사 1984년 同정치부 차장대우 1985년 同정치부 차장 1989년 同외신부 차장 1991년 同사회부 부장대우 1991년 同국제부장 1994년 同정치부장 1996년 同편집국 부국장 1998년 同편집국 수석부국장 1999년 同심의실장 2000년 同심의연구실장 2000년 同편집국장 2001년 同논설위원실장 2001년 同논설주간 2003~2005년 同이사대우 논설주간 2003년 한국신문방송편집인협회 회장 2003년 한국신문윤리위원회 이사 2005년 한국신문방송편집인협회 기금 이사 2005년 한국신문방송편집인협회 고문(현) 2007년 한나라당 이명박 대통령후보 언론위원장 2007~2008년 제17대 대통령직인수위원회 사회교육문화분과위원회 자문위원 2008~2011년 뉴스통신진흥회 이사장 2016년 경인미술관 '산 · 빛 · 바람전' 운영위원장 (종)기독교

최규하(崔圭夏) CHOI, GYW-HA

(생)1955 (주)경상남도 창원시 성산구 불모산로10번길 12 한국전기연구원 원장실(055-280-1000) (학)1974년 부산고졸 1978년 서울대 전기공학과졸 1980년 同대학원 전기공학과졸 1986년 전기공학박사(서울대) (경)1980~2018년 건국대 공대 전기공학과 교수 1987~1988년 미국 오리건주립대 박사 후 연구원 1997년 건국대 학술진흥처장 1998년 同연구처장 1998년 국제무선장해특별위원회 IEC/CISPR 한국대표단 1998년 미국 버지니아주립대 교환교수 1999년 IEEE APEC'99 Program Committee Member 2000년 대한전기학회 학술이사 2002~2004년 건국대 교무처장 2003~2004년 전력전자학회 감사 2007~2008년 同회장 2012~2013년 건국대 부총장 2013년 산업통상자원부 에너지안전전문위원회 위원 2018년 한국전기연구원(KERI) 원장(현) (상)대한전기학회 학술상(1986), IEEE KOREA COUNCIL MDC 공로패(1991), 건국대 학술연구상(1991), 대한전기학회 논문상(1995), 건국대동문회 학술대상(1999), 전력전자학회 논문상(1999), 전력전자학회 학술상(2000), 산업포장(2003), 건국대 · 중소기업청 산학연협력센터 최우수연구상(2003), 전력전자학회 학술상(2006), 전력전자학회 공로상(2009), 전력전자학회 국문논문상(2009), 제2회 전력전자학회 박민호학술상(2011)

ㅊ

최규현(崔圭賢) CHOI Gyu Hyeon

(생)1969·3·23 (출)서울 (주)서울특별시 마포구 마포대로 174 서울서부지방법원(02-3271-1114) (학)1987년 동국대사대부고졸 1992년 서울대 공법학과졸 (경)1991년 사법시험 합격(33회) 1994년 사법연수원 수료(23기) 1994년 軍법무관 1997년 인천지법 판사 1999년 서울지법 판사 2001년 춘천지법 영월지원 판사 2004년 서울동부지법 판사 2006년 서울고법 판사 2007년 대법원 연구법관 2007년 同재판연구관 2009년 전주지법 부장판사 2010년 인천지법 부장판사 2013년 서울중앙지법 부장판사 2016년 서울남부지법 부장판사 2018년 서울서부지법 부장판사(현)

최규호(崔圭浩) CHOI kyuho

(생)1965·11·7 (주)경기도 성남시 수정구 성남대로 1259 성남수정경찰서(031-750-4321) (학)1983년 광주고졸 1987년 경찰대 행정과졸(3기) 1995년 일본 동북대 대학원졸 (경)1987년 경위 임관 2004년 경기지방경찰청 1부 경무과 기획예산계장 2006년 同3부 정보과 정보4계장 2009년 同3부 정보과 정보2계장 2011년 울산지방경찰청 경비교통과장 2011년 충북지방경찰청 홍보담당관 2013년 경기 성남중원경찰서장 2014년 경기지방경찰청 3부 정보과장 2015년 경기 부천오정경찰서장 2016년 경기지방경찰청 여성청소년과장 2016년 경기남부지방경찰청 여성청소년과장 2016년 경기 평택경찰서장 2017년 경기남부지방경찰청 경무과장 2019년 경기 성남수정경찰서장(현)

최규홍(崔圭弘) CHOI Kyu Hong

(생)1961·10·10 (출)부산 (주)서울특별시 송파구 법원로 101 서울동부지방법원(02-2204-2114) (학)1980년 부산고졸 1984년 서울대 법학과졸 (경)1984년 사법시험 합격(26회) 1987년 사법연수원 수료(16기) 1987년 軍법무관 1990년 수원지법 판사 1992년 서울민사지법 판사 1994년 춘천지법 판사 1997년 서울지법 판사 1999년 서울고법 판사 2000년 대법원 재판연구관 2001년 서울지법 판사 2002년 울산지법 부장판사 2004년 수원지법 부장판사 2006년 서울동부지법 부장판사 2008년 서울중앙지법 부장판사 2010년 광주고법 부장판사 2011년 서울고법 부장판사 2018년 서울동부지법원장(현)

최근덕(崔根德) CHOI Gun Duk (春崗)

(생)1933·6·29 (본)경주(慶州) (출)경남 합천 (주)서울특별시 중구 퇴계로 163 허주빌딩 402호 (사)유교학술원(02-763-0020) (학)1955년 진주농림고졸 1959년 성균관대 동양철학과졸 1961년 同대학원 국문학과졸 2004년 명예 철학박사(대구한의대) (경)1960년 신태양사 기자·출판부장 1961년 농협대학·성신여대 강사 1963년 휘문출판사 주간·상무 1970년 동아일보 창간50주년기념 장편소설 공모 '식민지' 당선 1971년 문조사 대표 1978년 한국정신문화연구원 고전연구실장 1980년 同자료조사실장 1980년 同한국학대학원 교수 1983~2001년 성균관대 유학과 교수 1987년 同유학대학장 1988년 同유학대학원장 1989년 (사)사계신독재양선생기념사업회 이사장 1991년 동양예학회 창립·대표 1992~1999년 율곡학회 이사·회장 1992~1995년 유교학회 회장 1992~1999년 포은사상연구원 이사·원장 1994~1998·2003~2013년 성균관장 1994~1999년 국제유교연합회(ICA) 창립·이사장(본부 중국북경) 1995~1999년 유도회중앙회 회장 1999~2013년 한국종교지도자협의회 공동대표 2001~2013년 유교학회 이사장 2001년 (사)유교학술원 이사장(현) 2005년 (사)한국서원연합회 이사장 2007년 (사)석전보존회 이사장 2007~2011년 한국종교인평화회의 대표회장, (사)종교평화국제사업단(IPCR) 이사장 2009년 (사)고운국제교류사업회 이사장 2010~2013년 (재)성균관 이사장 2011~2013년 유교방송 대표이사 사장 (상)성곡학술상(1996), 국민훈장 모란장 (저)'植民地'(1970, 東亞日報) '水沒村'(1975, 現代文學) '논어인간학'(1987, 열화당) '한국유학사상연구'(1992, 철학과현실사) '叛逆'(1993, 한길사) '우리의 선비는 이렇게 살았다'(1999, 자유문학사) '氣'(2015, 문예바다) (역)'한글논어' '보람있는 삶을 위하여' (종)유교

최근민(崔根敏) CHOI GEUN MIN

(생)1960·9·20 (주)경상북도 구미시 3공단3로 132-11 SK실트론 임원실(054-470-8400) (학)1984년 서울대 무기재료공학과졸 2001년 전자공학박사(일본 도호쿠대) (경)1989~2006년 현대전자 R&D 연구원 2007~2012년 SK하이닉스 미국법인 제조기술임원 2013~2015년 同중국 우시FAB 제조기술그룹장(상무보) 2016년 同생산기술센터장(전무) 2017년 同Tech혁신센터장(전무) 2018년 同SHE담당 전무 2019년 SK실트론 제조기술총괄 부사장(현)

최근희(崔瑾熙) Geun Hee Choi

(생)1956·7·2 (본)삭녕(朔寧) (출)경기 양평 (주)서울특별시 동대문구 서울시립대로 163 서울시립대학교 도시과학대학 도시행정학과(02-6490-2715) (학)1984년 서울시립대 도시행정학과졸 1987년 미국 루이지애나주립대 대학원 경제학과졸 1992년 도시 및 지역계획학박사(미국 서던캘리포니아대) (경)1991~1992년 미국 California주 PROP Inc.(Practical Research for Planning) 연구원 1992년 서울시립대·국민대·국립경찰대·한국외국어대 국제대학원·서울시공무원교육원 강사 1993~1994년 한국과학기술원(KAIST) 교통연구부 연구원 1994~1995년 서울학연구소 전문위원·기획학술부장 1995년 서울시립대 도시과학대학 도시행정학과 전임강사·조교수·부교수·교수(현) 1996년 대한국토도시계획학회 종신회원(현) 1998년 입법고시·행정고시·지방고시 출제 및 채점위원 1999년 미국 워싱턴소재 Apex재단 Advisor 객원연구원 2000~2002년 서울시립대 학생부처장 겸 학생생활연구소장 2002~2003년 미국 워싱턴대 교환교수 2005~2007년 서울시립대 학생처장 2012~2014년 한국도시행정학회 회장 2013~2015년 서울시립대 도시과학대학장 겸 도시과학대학원장 2015년 同도시행정학과장 (상)국토해양부장관표창(2009) (저)'의정의 이해'(1994) '도시 및 지역경제 개발정책'(1996) '서울의 공간구조변화와 공공정책'(1996) '지방정부의 경영전략'(1999) '지역경제론'(1999) '서울20세기 : 생활, 문화변천사'(2001) '지역경제활성화방안'(2004) '강일2택지개발사업지구 업무시설 확충 및 활용방안'(2004) (종)기독교

최금락(崔今洛) CHOE Guem Nak

(생)1958·5·14 (출)경기 여주 (주)서울특별시 중구 남대문로 63 한진빌딩 법무법인 광장(02-772-4336) (학)1976년 경기고졸 1980년 서울대 무역학과졸 1985년 同대학원 무역학과 수료 (경)1984~1991년 MBC 편집부·경제부 기자 1991년 SBS 경제부·정치부 차장대우 1998년 同워싱턴특파원(차장) 2001년 同비서실장(부장급) 2003년 同보도본부 사회2CP 2003년 同뉴스콘텐츠개발팀장(부장급) 2004년 同국제부장·미래부장 2004년 同경제부장 겸임 2005년 同보도본부 정치부장 2007년 同보도본부 정치부장(부국장급) 2008년 同보도본부 보도국 부국장 2010년 同보도본부장(이사) 2011년 同방송지원본부장(이사) 2011년 대법원 양형위원회 위원 2011~2013년 대통령 홍보수석비서관 2014년 법무법인 광장 고문(현) 2014~2016년 同공익활동위원회 위원장 겸임 (상)한국참언론인대상 방송경영부문(2010)

최금성(崔錦星) CHOI Keum Sung
(생)1957·11·12 (주)서울특별시 중구 퇴계로 173 남산스퀘어 19층 휴켐스(주) 대표이사 사장실(02-2262-0600) (학)전주고졸, 전북대 화학공학과졸 (경)삼성석유화학(주) 생산부장, 同공무부장, 同울산공장장 수석부장(상무보), 同울산공장장 상무 2005년 同국내영업담당 상무 2007년 (주)동부하이텍 유화사업부장(상무), 휴켐스(주) 생산본부장, 同생산·영업·신사업 총괄부사장 2017년 同대표이사 사장(현)

최금숙(崔錦淑·女) Choe Keum Sook
(생)1950·4·26 (출)서울 (주)서울특별시 용산구 한강대로21길 25 한국여성단체협의회 회장실(02-794-4560) (학)1969년 경기여고졸 1973년 이화여대 법학과졸 1983년 同대학원 법학과졸 1987년 법학박사(이화여대) (경)1974년 이화여대 법정대학 도서실 조교 1975~1976년 한국가정법률상담소 간사 1976~1977년 부산가정법률상담소 간사 1976~1978년 부산YWCA 강사 1983~1990년 이화여대 법학과 강사 1984~1987년 동덕여대·성신여대·인천대 강사 1990~2015년 이화여대 법과대학 조교수·부교수·교수 1998~2002년 법무부 남북특수법령위원회 위원 1999~2003년 국세청 국세심사위원 1999년 공정거래위원회 약관심사위원 1999년 대한가정법률복지상담원 이사(현) 2004~2007년 국가인권위원회 비상임위원 2006~2008년 이화여대 총무처장 2008~2010년 同대외협력처장 겸 감사실장 2009~2015년 同법학전문대학원 교수 2011~2014년 한국여성정책연구원 원장 2011년 (사)부산국제단편영화제조직위원회 이사(현) 2012년 국립여성사박물관 건립추진위원회 위원(현) 2012~2014년 법무부 법무자문위원장 2013년 저출산·고령사회위원회 민간위원 2013년 서울가정법원 50주년기념사업조직위원회 위원 2013~2016년 (사)한국여성유권자연맹 중앙이사 2013~2016년 개성공업지구지원재단 자문위원회 위원 2013~2014년 고용노동부 고용정책심의회 위원, (사)함께우리·다문화사회진흥원 감사, 한국그린캠퍼스추진위원회 이사(현), 환경생명포럼 이사(현), (재)디아지오코리아 마음과마음재단 이사, (사)역사·여성·미래 감사(현), 새삶 이사(현), (사)여성인권을지원하는사람들 이사(현), 남북여성합창단 '여울림' 단원(현), 여성통일연구회 부회장(현) 2015년 이화여대 법학대학원 명예교수(현) 2015년 한국여성단체협의회 회장(현) 2015년 민족화해협력범국민협의회 상임의장(현) 2016년 법무부 사면심사위원회 외부위원 2016년 여성가족부 정책자문위원회 위원(현) 2017년 국무총리소속 시민사회발전위원회 위원(현) 2017년 同양성평등위원회 위원(현) 2018년 국민권익위원회 청렴사회민간협의회 위원(현) (상)홍조근정훈장(2006·2007) (저)'여성과 법률'(2002, 박영사) '고령사회의 법적 과제'(2004, 한국법제연구원) '친족상속법강의'(2006, 제일법규) '상속법에서의 제문제'(2007, 세창출판사) '약관규제법'(2007, 세창출판사) '소비자권리와 현대법'(2007, 세창출판사) '친족법에서의 제문제'(2007, 세창출판사) '여성관련법률'(2007, 세창출판사)

최금암(崔金岩) CHOI Kum Am
(생)1960·6·5 (출)서울 (주)서울특별시 종로구 우정국로 26 센트로폴리스빌딩 7층 여천NCC 비서실(02-6370-5300) (학)1979년 관악고졸 1983년 고려대 통계학과졸 (경)1997년 한화케미칼 PVC영업부장 1997년 한화그룹 구조조정위원회 감사팀 부장 1998~2003년 同구조조정본부 지원팀·인사팀 상무보 2003~2005년 同구조조정본부 기획팀 상무 2005~2007년 한화석유화학 CA사업부장·기획실장 상무 2007~2009년 한화그룹 경영기획실 상무 2009~2011년 同경영기획실 기획담당 전무 2011~2014년 同경영기획실장 부사장 2013~2014년 비상경영위원회 실무총괄위원 2014년 여천NCC 대표이사 부사장 2015~2017년 同공동대표이사 사장 2018년 同공동대표이사 부사장(현)

최기동(崔基棟) CHOI Ki Dong
(생)1962·8·1 (출)경기 남양주 (주)부산광역시 연제구 연제로 36 부산지방고용노동청 청장실(051-850-6301) (학)고려고졸, 성균관대 사회학과졸, 서울대 행정대학원 행정학과졸 (경)1988년 행정고시 합격(32회) 1997년 노동부 훈련정책과 서기관 2001년 同공보관실 서기관 2001년 同중앙노동위원회 사무국 조정과장, 同춘천사무소 관리과장 2002~2007년 同고용정책실 고용보험과장 2004년 국제노동기구 파견 2007년 노동부 고용정책본부 고령자고용팀장 2008년 同고용정책실 여성고용과장 2008년 同고용정책실 여성고용과장 2009년 부산지방노동청 부산종합고용지원센터 소장 2010년 인천지방노동위원회 위원장 2012년 경제사회발전노사정위원회 운영국장 2013년 고용노동부 기획조정실 국제협력관 2014년 중앙공무원교육원 교육파견 2015년 대구지방고용노동청장 2017년 부산지방노동위원회 위원장 2018년 부산지방고용노동청장(현)

최기문(崔圻文) CHOI Key Moon
(생)1952·8·25 (출)경북 영천 (주)경상북도 영천시 시청로 16 영천시청 시장실(054-330-6002) (학)1970년 경북사대부고졸 1975년 영남대 경영학과졸 1977년 서울대 행정대학원졸 1999년 동국대 대학원 행정학 박사과정 수료 2001년 행정학박사(동국대) (경)1975년 행정고시 합격(18회) 1993년 서울 종로경찰서장 1995년 내무부장관 치안보좌관(경무관) 1998년 경찰청 기획정보심의관 1999년 경북지방경찰청장(치안감) 1999년 대통령 치안비서관 2000년 경찰청 차장(치안정감) 2001년 한국경찰학회 부회장 2001년 경찰대 학장 2003~2005년 경찰청장(치안총감), 계명대 법경대학 경찰학부 초빙교수 2007년 (주)한화건설 고문 2012년 제19대 국회의원선거 출마(경북 영주, 무소속) 2016년 제20대 국회의원선거 출마(경북 영천시·청도군, 무소속) 2018년 경북 영천시장(무소속)(현) 2018년 (재)영천시장학회 이사장(현) (상)대통령표창(1987), 녹조근정훈장(1992), 황조근정훈장(2001) (저)회고록 '험블레스 오블리주, 경찰의 길을 묻다'(2006, 고즈윈)

ㅊ

최기상(崔基相) CHOI Ki Sang
(생)1969·10·7 (본)전주(全州) (출)전남 영암 (주)서울특별시 도봉구 마들로 749 서울북부지방법원(02-910-3114) (학)1988년 광주 사레지오고졸 1994년 서울대 경영학과졸 2006년 독일 뮌헨대 연수 (경)1993년 사법시험 합격(35회) 1996년 사법연수원 수료(25기) 1999년 광주지법 판사 2001년 同목포지원 판사 2001년 영암군선거관리위원회 위원장 2003년 인천지법 판사 2004년 인천시 공직자윤리위원 2006년 서울서부지법 판사 2008년 서울고법 판사 2008년 헌법재판소 파견(헌법연구관) 2010년 서울행정법원 판사 2011년 전주지법 남원지원장 2011년 남원시선거관리위원회 위원장 2013년 수원지법 부장판사 2014~2015년 헌법재판소 파견 2015년 서울중앙지법 부장판사 2018년 서울북부지법 부장판사(현) 2018년 전국법관대표회의 의장

최기수(崔基洙) choi ki su
(생)1964·11·24 (본)경주(慶州) (출)충남 보령 (주)세종특별자치시 갈매로 408 교육부 사학감사담당관실(044-203-6336) (학)1983년 충남 홍성고졸 1990년 성균관대 경영학과졸 2000년 중앙대 대학원 행정학과졸 2010년 한국교원대 대학원 교육학과졸 (경)1991~2000년 서울시교육청 근무 2001~2007년 교육부 평생학습정책과·기획예산담당관실·교육예산과·운영지원과 근무 2008~2014년 同재외동포교육과·지방교육재정과·차관실(비서관) 근무 2014년 서울교육대 사무국장 2015년 교육부 지방교육재정분석평가팀장 2017년 同대변인실 홍보담당관 2018년 서울과학기술대 서기관 2019년 교육부 사학감사담당관(현) (상)서울시교육감표창(1998), 국무총리표창(2006), 대통령표창(2011)

최기수(崔奇洙) CHOE KISU

(생)1966·1·30 (본)강릉(江陵) (출)경북 안동 (주)세종특별자치시 도움5로 20 국민권익위원회 행정심판국 사회복지심판과(044-200-7871) (학)1984년 경북 경일고졸 1986년 세무대학 관세과졸 2001년 중국 북경공상대 대학원 경제법학과졸 2008년 중국 북경과학기술대 대학원 기업관리학과 수료 (경)1986~1990년 관세청 근무 1991~1996년 총무처 근무 1996~2001년 식품의약품안전청 근무 2002~2005년 부패방지위원회 근무 2005~2007년 국가청렴위원회 근무 2008년 국민권익위원회 근무 2013년 同행정교육심판과 서기관 2017년 同운전심판팀장 2018년 同행정심판국 사회복지심판과장(현) (상)총무처장관표창(1995), 국민권익위원회 위원장표창(2009)

최기식(崔基植) CHOI KI SIK

(생)1969·4·28 (본)경주(慶州) (출)경남 밀양 (주)대구광역시 수성구 동대구로 364 대구지방검찰청 제1차장검사실(053-740-3300) (학)1988년 경남 밀양고졸 1992년 고려대 법대 법학과졸 2005년 독일 뮌헨대 장기연수 2010년 강원대 일반대학원 법학과 석사(행정법 전공) 2015년 북한대학원대 박사과정 수료 (경)1995년 사법시험 합격(37회) 1996년 사법연수원 수료(27기) 1998년 제2군단 군검찰관 2000년 제22사단 법무참모 2001년 서울지검 서부지청 검사 2003년 창원지검 통영지청 검사 2006년 서울중앙지검 검사 2009년 대검찰청 연구관 2011년 인천지검 부부장검사(駐독일 법무협력관 파견) 2013년 법무부 법무실 통일법무과장 2015년 서울중앙지검 총무부장 2016년 同형사5부장 2017년 법무부 북한인권기록보존소장(부장검사) 2018년 수원지검 성남지청 차장검사 2019년 대구지검 제1차장검사(현) (상)공안업무 유공 법무부장관표창(2007), 제6회 매경 경제검사상(2017) (역)리하르트 슈뢰더 著 '독일 통일에 관하여 잘못 알고 있는 것들(共)'(2015)

최기억(崔基億) TSCHOE KI EOK

(출)경북 경산 (주)서울특별시 종로구 율곡로2길 25 (주)연합인포맥스(02-398-4920) (학)1982년 대구 영남고졸 1988년 경희대 사학과졸 (경)1990년 연합뉴스 근무 2001년 연합인포맥스 금융팀장 2004년 同금융&M부장 2006~2009년 同금융증권부장 2007년 재정경제부 산하 금융발전심의위원회 은행분과 위원 2008년 금융위원회 산하 금융발전심의위원회 은행분과 위원 2009년 (주)연합인포맥스 취재본부장 2010년 同경매사업본부장 겸임 2012년 同취재본부장 겸 경매사업본부장(이사대우) 2013~2015년 同취재본부장 겸 경매사업본부장(이사) 2015년 同전문위원 2015년 同금융공학연구소장 2016년 기획재정부 산하 국제금융발전심의위원회 위원(현) 2018년 (주)연합인포맥스 전무이사(현) (저)'초보자를 위한 알기쉬운 환율가이드'(2000) '금리, 채권지식이 돈이다'(2001) '국제금융지식이 돈이다'(2002) '부자들의 저녁식사'(2003) 'CEO 세종대왕 인간경영리더십'(2004, 이지북) '환율 지식은 모든 경제지식의 3분의 1'(2005) '대한민국 환율의 비밀'(2017)

최기영(崔起榮) Choi kiyoung

(생)1955·8·30 (출)서울 (주)세종특별자치시 가름로 194 과학기술정보통신부 장관실(044-202-4000) (학)1974년 서울 중앙고졸 1978년 서울대 전자공학과졸 1980년 한국과학기술원(KAIST) 전기 및 전자공학 석사 1989년 전기공학박사(미국 스탠퍼드대) (경)1978년 (주)금성사 중앙연구소 연구원 1989년 미국 케이던스사(Cadence Design Systems, Inc.) 선임연구원(SMTS) 1991~2019년 서울대 전기·정보공학부 교수 2003년 대한전자공학회 SoC설계연구회 위원장 2008년 국가지정연구실(Reconfigurable MP-SoC Design Technology) 책임자 2009년 서울대 내장형시스템연구센터장 2017년 국제전기전자공학회(IEEE) 석학회원(현) 2017~2019년 서울대 뉴럴프로세싱연구센터장 2019년 반도체공학회 수석부회장 2019년 과학기술정보통신부 장관(현)

최기영(崔基映) Ki-Young Choi

(주)서울특별시 강남구 테헤란로 521 파르나스타워 19층 한국어도비시스템즈(02-530-8000) (학)1987년 한양대졸 2004년 미국 노스웨스턴대 켈로그경영대학원졸 2006년 핀란드 헬싱키경제대 경영대학원졸(MBA) (경)1991~1993년 한국HP 기술컨설턴트 1994~1999년 한국오라클 제품마케팅 매니저 겸 수석세일즈컨설턴트 1999년 한국마이크로소프트(한국MS) 비즈니스개발 및 솔루션세일즈 리드 2003년 同오피스 및 윈도우사업부 리드·디렉터 2005년 同비즈니스 및 마케팅사업본부장 2008년 同엔터프라이즈 및 파트너그룹 시니어디렉터 2011년 미국 마이크로소프트 본사 아시아태평양지역본부 엔터프라이즈사업담당 2014년 한국마이크로소프트(한국MS) 부사장 2015~2017년 同최고운영책임자(부사장) 2015~2016년 同대표이사 직대 2017~2018년 (주)오토데스크코리아 사장 2018년 한국어도비시스템즈 대표이사 사장(현)

최기운(崔基雲) CHOI Ki Woon

(생)1959·11·7 (출)전남 (주)대전광역시 유성구 대학로 291 한국과학기술원 물리학과(042-350-2537) (학)1977년 인창고졸 1981년 서울대 물리학과졸 1983년 同대학원 물리학과졸 1986년 이학박사(서울대) (경)1986~1987년 미국 하버드대 물리학과 연구원 1987~1988년 미국 존스홉킨스대 물리학과 연구원 1988~1990년 미국 카네기멜론대 물리학과 연구원 1990~1992년 미국 캘리포니아주립대 물리학과 연구원 1992~1993년 전북대 초빙교수 1993년 한국과학기술원(KAIST) 물리학과 교수(현) 2007년 교육인적자원부 및 한국학술진흥재단 '국가석학(우수학자)' 선정 2014년 기초과학연구원(IBS) 순수물리이론연구단장(현) 2017년 한국과학기술한림원 정회원(이학부)(현) (상)한국과학재단 및 과학논문인용색인(SCI) 주관사 미국 톰슨사이언티픽 선정 '올해 세계 수준급 연구영역 개척자상'(2007), 교육인적자원부·한국학술진흥재단 선정 '2007년 우수학자'(2007), 한국과학상 물리분야(2011)

최기의(崔棋義) CHOI Gi Eui

(생)1956·12·27 (본)삭녕(朔寧) (출)경남 진주 (주)서울특별시 강남구 학동로 213 KS신용정보(02-712-5000) (학)1975년 부산남고졸 1983년 동아대 정치외교학과졸 1993년 창원대 대학원 경영학과졸 2003년 핀란드 헬싱키경제경영대학원 경영학과졸(MBA), 경영학박사(경희대) (경)2004년 국민은행 복권사업부장 2005년 同인사부장 2007년 同개인영업본부장 2008년 同여신그룹 부행장 2010년 同전략그룹 선임이사부행장 2010년 KB금융지주 이사 2010년 국민은행장 직대 2010년 KB금융지주 카드사설립기획단장(부사장대우) 2011~2013년 KB국민카드 대표이사 사장 2014년 새만금개발청 자문위원 2014년 동아대 금융학과 부교수 2014~2015년 同산학협력단 부교수 2015~2016년 부산파이낸셜뉴스 사장 2017년 KS신용정보 대표이사 부회장(현) (상)금융감독위원회 금융산업발전유공표창(2003), 헬싱키MBA 최우수논문상(2003), 재정경제부장관표창(2005), 한국100대 CEO(2012), 대한민국금융대상 여신금융대상(2012), 월간중앙 2013 대한민국 CEO리더십대상(2012), 포춘코리아 선정 '2013 한국 경제를 움직이는 인물'(2013)

최기주(崔岐柱) Keechoo Choi

(생)1961·8·22 (출)경북 상주 (주)세종특별자치시 도움6로 11 국토교통부 대도시권광역교통위원회(044-201-3160) (학)1980년 우신고졸 1984년 서울대 토목공학과졸 1986년 同대학원 토목공학과졸 1992년 교통계획학박사(미국 일리노이대) (경)1987년 한국종합기술개발공사 도로부 체계분석

가 1991~1992년 미국 일리노이주 어바나 샴페인 대중교통부 체계분석가 1992~1994년 서울시정개발연구원(現 서울연구원) 도시교통연구부 책임연구원 1994~2003년 아주대 환경도시공학부 교통공학전공 부교수 2003~2015년 同환경도시공학부 교통공학전공 교수, 건설교통부 중앙건설기술심의위원, 해양수산부 신항만건설교통영향평가 중앙심의위원 2010~2019년 교육과학기술부·미래창조과학부·한국연구재단·아주대 TOD기반지속가능도시·교통연구센터 소장 2015년 아주대 공대 교통시스템공학과 교수(현) 2015년 대한교통학회 부회장 2017~2019년 同회장 2018년 한국공학한림원 회원(건설환경공학·현) 2019년 대도시권광역교통위원회 위원장(차관급)(현) (상)대한교통학회 학술상(1998), 대한토목학회 논문상(2002), 대한교통학회 학술상(2004), 대한교통학회 학술상(2005), 대한교통학회 학술상(2006), 제18회 과학기술우수논문상(2008, 한국과학기술단체총연합회), 대한토목학회 학술상(2009), 대한교통학회 학술상(2010), 한국대기환경학회 환경부장관표창(2011), 대한교통학회 학술상(2012) (저)'Tschangho John Kim and Keechoo Choi, "Transportation, Spatial Interaction, Telecommunication and Information Systems: A Research Agenda", in Book of Regional Science'(1990, Springer-Verlag) '교통계획의 이해(共)'(1998) '교통공학개론'(2000, 영지문화사) '교통정보공학론'(2008, 청문각) 'Tschangho John Kim and Keechoo Choi, "Springer Handbook of Geographic Information; GIS of Transportation" in Book of Geographic Information'(2012, Springer-Verlag) (역)'도시교통망이론 I'(2004, 청문각)

최기찬(崔基讚)

(생)1958·3·10 (주)서울특별시 중구 세종대로 125 서울특별시의회(02-3702-1400) (학)동국대 경영대학원 경영학과졸 (경)금천구시설관리공단 이사회 의장, 금천구체육회 수석부회장 2018년 서울시의회 의원(더불어민주당)(현) 2018년 同교육위원회 위원(현) 2018년 同정책위원회 위원(현) 2018년 同윤리특별위원회 부위원장(현) 2019년 同예산결산특별위원회 위원(현)

최기혁(崔杞爀) Choi, Gi-Hyuk

(생)1960·4·6 (출)인천 (주)대전광역시 유성구 과학로 169-84 한국항공우주연구원 미래융합연구부(042-860-2375) (학)1996년 고층대기학박사(영국 런던대) (경)1985~1989년 한국기계연구원 선임연구원 1989~1992년 한국항공우주연구원 선임연구원 1997년 同책임연구원(ISS팀장) 2006년 同우주인개발단장 2009년 同국제협력팀장 2011년 同미래기반연구실장 2012년 同미래융합연구실장 2015년 同융합기술연구본부 달탐사연구단장 2017년 同융합기술연구센터장 2018년 同융합기술연구센터 책임연구원 2018년 同미래융합연구부 책임연구원(현) (상)과학기술처장관표창(1989), 교육과학기술부 국가우수연구 60선 선정(2008), 교육과학기술부장관표창(2009), 교육과학기술부 연구재단 우수연구 100선 선정(2009), 국토해양부장관표창(2010) (종)기독교

최기화(崔基華) CHOI Gi Hwa

(생)1962·4·20 (출)경남 산청 (주)서울특별시 영등포구 국제금융로 20 율촌빌딩 6층 방송문화진흥회(02-780-2491) (학)서울대 동양사학과졸 (경)2000년 문화방송(MBC) 보도국 라디오인터넷뉴스부 차장대우 2001년 同보도국 뉴스편집2부 차장대우 2002년 同보도국 국제부 차장대우 2003년 同기획국 정책기획팀 차장 2004년 同보도국 사회2부 차장 2006년 同보도전략팀 부장대우 2006년 同보도국 국회팀장(부장대우) 2007년 同보도국 사회정책팀장 2008년 同기획조정실 정책기획팀장 2009년 同기획조정실 정책기획부장 2010년 同홍보국장 2010년 同보도국 사회1부장 2011년 同보도본부 편집1부장 2012년 同보도본부 보도국 부국장 2013년 同보도국 취재센터장 2013년 同기획국장 2015년 同보도국장 2017~2018년 同기획본부장(이사) 2017년 同사장 직무대행 2018년 방송문화진흥회 이사(현) (상)제11회 참언론인대상 사회부문상(2015)

최길성(崔吉成) Choi Kil Sung

(생)1963·4·10 (출)서울 (주)세종특별자치시 조치원읍 대첩로 32 세종창조경제혁신센터(044-999-0003) (학)1982년 서울 용문고졸 1989년 서울대 경영학과졸 1995년 서강대 최고경영자과정 수료 2003년 한국과학기술원(KAIST) MBA (경)1989년 아시아나항공 경영전략실 입사 1996년 SK텔레콤 경영전략실 입사 2004년 WIBRO 사업권획득·6시그마/BMI 추진 2007년 SK컴즈 전략기획실장·인재개발원장 2011년 同New플랫폼사업본부장(싸이월드 C로그·LBS·스마트TV·P-M·Life DB) 2012년 SK플래닛 글로벌커뮤니케이션TF장 겸 매드스마트 공동대표 2013~2014년 同Telco사업본부장 2015년 세종창조경제혁신센터장(현)

최길수(崔吉秀) CHOI Kil Su

(생)1966·10·7 (출)경기 파주 (주)서울특별시 서초구 서초중앙로 119 세연타워 11층 법무법인 베이시스(02-522-3200) (학)1985년 명지고졸 1989년 서울대 공법학과졸 1992년 同대학원 법학과 수료 (경)1991년 사법시험 합격(33회) 1994년 사법연수원 수료(23기) 1994년 軍법무관 1997년 대구지검 검사 1999년 同경주지청 검사 2000년 서울지검 동부지청 검사 2004년 의정부지검 고양지청 검사 2006년 제주지검 부부장검사 2006년 대검찰청 검찰연구관 2007년 서울중앙지검 부부장검사 2008년 대전지검 서산지청 부장검사 2009년 광주지검 특별수사부장 2009년 인천지검 형사5부장 2010년 법무연수원 검사교수 2011년 수원지검 형사4부장 2012년 서울서부지검 형사3부장 2013년 의정부지검 형사2부장 2014년 서울고검 검사 2015년 대구지검 안동지청장 2016년 서울고검 검사 2017~2018년 서울남부지검 중요경제범죄조사단 부장검사 2018년 법무법인 베이시스 변호사(현)

최길학(崔吉學) CHOI Kil Hak

(생)1949·10·8 (출)충남 서산 (주)충청남도 서산시 읍내3로 28 서림빌딩 5층 서림종합건설(주)(041-667-1155) (학)1979년 한남대 경영대학원 수료 (경)1982년 서산청년회의소 회장 1999년 대전지법 서산지원 조정위원회장 2001년 서산발전협의회(서산시기관장) 위원 2001년 서산시지역경영협의회 위원 2001년 충남도노사정위원회 위원 2001년 충남발전연구원 이사 2001년 서림종합건설(주) 공동대표이사(현) 2001년 서산상공회의소 회장 2003년 서산시지역혁신분권협의회 공동대표 2006년 대한상공회의소 예산심의위원 2006년 同상임위원 2007~2015년 서산상공회의소 회장 2015년 충남지역인적자원개발위원회 위원 (상)민주자유당총재표창(1994), 대전지방국세청장표창(1998), 서산시장표창(1999), 산업포장(2013) (종)불교

최낙준(崔洛駿) CHOI NAK JOON

(생)1966·10·21 (출)전북 익산 (주)전라북도 전주시 덕진구 사평로 11 반석빌딩 1층 최낙준법률사무소(063-278-2733) (학)1984년 전주고졸 1989년 고려대 법과대학 법학과졸 1991년 同대학원 법학과 수료 (경)1997년 사법시험 합격(39회) 2000년 사법연수원 수료(29기) 2000년 변호사 개업(현) 2007~2009년 전주시 시민감사관 2007년 전북도 의정비심의위원회 위원 2011년 전주시테니스협회 회장(현) 2013~2015년 언론중재위원회 전북중재부 중재위원 2015~2017년 전북지방변호사회 부회장 2019년 同회장(현)

최낙현

(생)1964·3 (주)서울특별시 종로구 종로33길 31 (주)삼양사 식품BU(02-740-7114) (학)1989년 전북대 경영학과졸 2012년 동국대 경영전문대학원 MBA (경)1989년 (주)삼양제넥스 입사, 同인천공장 지원팀장, 同본사 경영지원팀장 2013년 同관리총괄 2016년 (주)삼양사 식품BU영업총괄 상무 2019년 同식품BU(Business Unit)장(상무)(현)

최남규(崔南奎)

(생)1959·11·12 (주)인천광역시 서구 봉수대로 415 SK인천석유화학 비서실(032-570-5120) (학)중경고졸, 연세대 화학공학과졸, 한국과학기술원(KAIST) 화학공학과졸(석사) (경)1985년 유공 입사 2003년 SK(주) 운영최적화팀장 2006년 同No.2 FCC 기획담당 2008년 SK에너지 설비기획담당 2010년 同석유생산2공장장 2013년 同OPI실장 2013년 SK인천석유화학 생산관리실장 겸 대외협력 총괄 2017년 同대표이사 사장(현)

최남수(崔南洙) CHOI Nam Soo

(생)1961·7·6 (본)해주(海州) (출)전북 전주 (주)서울특별시 영등포구 국제금융로6길 38 보험연구원(02-3775-9000) (학)1983년 서울대 경제학과졸 2001년 미국 워싱턴주립대 대학원 경제학과졸 2003년 미국 UC Berkely 경영대학원졸(MBA) (경)1983년 한국경제신문 입사 1988년 서울경제신문 기자 1992년 SBS 기자 1995년 YTN 기자 1998년 同경제부 차장대우 1999년 同경제부 차장 2003~2005년 삼성화재해상보험 경영기획팀 전략지원파트장 2005년 同자동차보험연구TF 부장 2005년 YTN 기획팀장 2006년 同경영기획실장 직대 2007년 同보도국 경제부장(부국장) 2008년 (주)머니투데이방송 경제방송보도본부장 2008년 同보도본부장(부사장) 2015~2017년 同대표이사 사장 2017년 同고문 2017~2018년 YTN 대표이사 사장 2019년 SK증권(주) 사외이사(현) 2019년 보험연구원 보험발전분과 연구자문위원장(현) (저)'한국경제입문'(共) '교실 밖의 경제학'(2010) '나는 기자다'(2019, 새빛) (역)'크라이슬러 자서전'

최남식(崔南植)

(생)1968·8·12 (본)전주(全州) (출)광주 (주)서울특별시 서초구 반포대로30길 81 법무법인 평산(02-582-8500) (학)1987년 광주 동신고졸 1994년 서울대 공법학과졸 (경)1995년 사법시험 합격(37회) 1998년 사법연수원 수료(27기) 1998년 서울지법 동부지원 판사 2000년 서울지법 판사 2002년 광주지법 순천지원 판사 2005년 수원지법 판사 2007년 서울중앙지법 판사 2010년 서울고법 판사 2011년 대법원 재판연구관 2013년 제주지법 부장판사 2014~2015년 제주지법 수석부장판사 2014~2015년 언론중재위원회 제주중재부 중재위원 2015년 수원지법 평택지원 부장판사 2017~2018년 서울북부지법 부장판사 2018년 법무법인 평산 구성원변호사(현)

최남철

(생)1963·8 (주)경기도 성남시 분당구 판교역로 145 삼성물산(주) 건설부문 Building사업부(02-2145-5114) (학)고려대 건축공학과졸, 同대학원 경영학과졸(석사) (경)1988년 삼성물산(주) 입사 2011년 同주택공사팀장(상무) 2013년 同Q-HSE경영실장(전무) 2014년 同감사팀장(전무) 2017년 同건설부문 Building사업부 하이테크팀장(전무) 2018년 同건설부문 Building사업부장(부사장)(현)

최남호(崔南浩) CHOI Nam Ho

(생)1969·4·24 (출)서울 (주)세종특별자치시 한누리대로 402 산업통상자원부 제조산업정책관실(044-203-4300) (학)1988년 성동고졸 1994년 서울대 경제학과졸 (경)1994년 행정고시 합격(38회) 2005년 산업자원부 자본재산업총괄과 서기관 2005년 한국형헬기개발사업단 파견 2007년 산업자원부 산업구조팀장(서기관) 2008년 지식경제부 방사성폐기물과장 2009년 대통령실 파견(서기관) 2010년 미국 실리콘밸리 한국무역관 파견(서기관) 2012년 지식경제부 기계항공시스템과장 2013년 산업통상자원부 자동차항공과장 2013년 同기획조정실 기획재정담당관(서기관) 2015년 同기획조정실 기획재정담당관(부이사관) 2016년 국가기술표준원 기술규제대응국장(고위공무원) 2016년 산업통상자원부 대변인 2017년 同에너지자원실 에너지자원정책관 2018년 同산업혁신성장실 시스템산업정책관 2019년 同제조산업정책관(현)

최노석(崔魯錫) CHOI Noh Sok

(생)1948·2·16 (본)전주(全州) (출)경남 고성 (주)서울특별시 성동구 고산자로 345 고운타워 601호 장터투어(02-2038-6668) (학)1966년 마산고졸 1975년 연세대 국어국문학과졸 1985년 미국 길퍼드대 정치학과 수료 2012년 경기대 관광전문대학원 관광학과졸 (경)1969년 전국국어운동학생회연합회장 1974년 경향신문 기자·정치부·사회부 차장 1987년 同파리특파원 1988년 프랑스 파리 한인중·고 설립·교장 1993년 경향신문 문화1부장 1995년 同논설위원(부국장대우) 1997년 민주당 언론특보·당무위원·홍보본부장 1997년 한나라당 조순 총재 특보·부대변인 2002~2004년 미래한국신문 이사 겸 편집국장 2004년 한국음식업중앙회 정책기획실장 2006년 낙동강정맥금강소나무복원 국민운동본부 공동대표 2010~2017년 한국관광협회중앙회 상근부회장, 창원시 관광진흥위원장, (주)장터투어 대표(현) 2019년 한국바른언론인협회 회장(현) (저)'미완의 혁명-동구 페레스트로이카의 현주소'(1990) '젓가락으로 들어올린 지구'(1994) '무궁화영토'(2006) '내안의 1%가 기적을 만든다'(2008) '인간화 시대'(2012, 21세기북스) (종)기독교

최대경(崔大敬) Choi, Dae Kyung

(생)1961·11·12 (주)부산광역시 연제구 중앙대로 1001 부산광역시청 환경정책실(051-888-3600) (학)부산대 대학원 토목공학과졸 (경)2011년 부산시 도시개발본부 건설방재관실 도로계획담당 2013년 同건설안전시험사업소장(지방서기관) 2013년 同건설본부 도로교량건설부장 2015년 同도시계획실 도시계획과장 2017년 同낙동강관리본부장(지방부이사관) 2018년 同도시계획실장 2018년 同시민안전혁신실장 2019년 同환경정책실장(현)

최대석(崔大錫) CHOI Dae Seok

(생)1956·8·24 (본)전주(全州) (출)서울 (주)서울특별시 서대문구 이화여대길 52 이화여자대학교 이화·포스코관 201호(02-3277-3738) (학)1975년 경복고졸 1982년 연세대 정치외교학과졸 1984년 미국 Syracuse대 국제관계학과졸 1993년 정치학박사(미국 Claremont대) (경)1993~1994년 경남대 극동문제연구소 객원연구원 1994~1996년 통일연구원 책임연구원 1996~2006년 동국대 사회과학대학 북한학과 부교수 1997년 북한연구학회 상임이사 1998~2002년 통일부 정책자문위원 1998년 세계지역연구협의회 국제이사 1999년 민족화해협력범국민협의회 정책위원 2000년 한국정치학회 북한통일연구위원장 2001~2003년 민주평통 자문위원 2002년 경실련 통일협회 정책위원·이사 2002~2003년 미국 클레어먼트대 방문교수 2003년 통일부 정책평가

위원 2003년 한국국제정치학회 이사 2003~2006년 우리민족서로돕기운동 평화나눔센터 소장 2004~2007년 한국NGO학회 상임이사 2004~2006년 한국정치학회 연구이사·이사 2005년 동국대 행정대학원 및 사회과학대 통합행정지원실장 2006년 이화여대 일반대학원 북한학과 교수(현) 2006년 통일부 남북관계발전위원회 위원 2006년 우리민족서로돕기운동 공동대표 2007년 한국정치학회 부회장 2007~2014년 이화여대 통일학연구원장 2010년 국가미래연구원 외교안보분야 발기인 2011년 북한연구학회 회장 2013년 제18대 대통령직인수위원회 외교·국방·통일분과 인수위원 2014~2017년 이화여대 정책과학대학원장 겸 정보과학대학원장 2015년 (재)세종연구소 이사 2018년 이화여대 정책과학대학원장 겸 사회과학대학장 2018년 同이화사회과학원장 2019년 同대외부총장 겸 교육혁신단장(현) 2019년 민주평통 국민소통분과위원회 상임위원(현) (상)국민훈장 동백장(2016) (저)'외교정책의 이론과 이해'(1998, 오름) '미국외교정책-이론과 실제'(1998, 박영사) '현대북한체제론'(2000, 을유문화사) '남북화해와 민족통일'(2001, 을유문화사) '북한주민의 일상생활과 대중문화'(2003, 도서출판 오름) '동북아 NGO 연구총서'(2005, 통일연구원) '북한의 방송언론과 예술'(2006, 경인문화사) '미국외교정책-이론과 실체'(2009, 박영사) '남북관계사 : 갈등과 화해의 60년'(2009, 이화여대 출판부)

최대우(崔大羽) CHOI Dae Woo (錦石)

(생)1940·5·22 (본)경주(慶州) (출)경남 합천 (주)서울특별시 종로구 자하문로 26 (사)제헌국회의원유족회 회장실(02-738-2453) (학)1958년 진주고졸 1962년 동국대 정치외교학과졸 (경)1984~1989년 서울올림픽대회조직위원회 자료과장 1990년 총무처 상훈과장 1991년 同의정과장 1994~1995년 중앙공무원교육원 고위정책과정 수료 1995년 1997무주·전주동계유니버시아드대회조직위원회 지원본부장 1997년 총무처 국가상징 및 의전제도발전기획단장 1998년 대통령직인수위원회 행정부실장 1998년 행정자치부 정부수립50주년기념사업추진기획단 부단장 1999년 병무청 기획관리관 1999~2000년 부산지방병무청장 2000년 (사)제헌국회의원유족회 사무총장 2000~2006년 (사)대한민국수석인총연합회 회장 2006년 同명예회장 2008년 同상임고문(현) 2011~2018년 (사)제헌국회의원유족회 부회장 2018년 同회장(현) (상)근정포장(1979), 체육훈장 백마장(1989), 체육훈장 거상장(1997), 홍조근정훈장(2000) (저)'壽石과 더불어 한 평생'(共) '石談'(共) (종)기독교

최대진(崔大鎭) Choi Dae Jin

(생)1964·9·10 (출)경북 포항 (주)경상북도 안동시 풍천면 도청대로 455 경상북도청 환경산림자원국(054-880-3500) (학)대륜고졸, 경북대 토목공학과졸, 同대학원졸(수자원학전공) (경)1996년 지방고시 합격(2회) 1997년 안동시 건설과 근무 2001년 경북도 지역개발과 건설기술팀장 2003년 同도시계획과 사무관 2004년 국가전문행정연수원 중견관리자과정 교육 2005년 경북도 민방위재난관리과 사무관 2007년 同기획조정본부 사무관 2010년 同낙동강사업팀장(서기관) 2011년 同도로철도과장 2013년 同치수방재과장 2014년 同도청이전추진본부장 2014년 同도청신도시본부장 2015년 同지역균형건설국장(부이사관) 2017년 교육 파견(부이사관) 2018년 경북 경산시 부시장 2018년 同시장 권한대행 2019년 경북도 건설도시국장 2019년 同환경산림자원국장(현) (상)국무총리표창(2008), 근정포장(2012)

최대집(崔大集)

(생)1972·7·27 (출)전남 목포 (주)서울특별시 용산구 이촌로46길 33 대한의사협회(02-794-2474) (학)1991년 목포고졸 1999년 서울대 의대졸 2007년 한양대 대학원 서양철학 석사과정 수료 (경)2000년 공중보건의 2004~2016년 자유개척청년단 상임대표 2007년 제17대 대통령선거 무소속 이회창 후보 중앙선거대책위원회 대외협력특보 2009년 전국의사총연합 조직국장 2011~2017년 아킬라미디어 대표 2015~2016년 의료혁신투쟁위원회 공동대표 2016~2018년 전국의사총연합 상임대표 2017년 자유통일해방군 상임대표 2017년 통일한국당 제19대 대통령선거 남재준 후보 중앙선거대책위원회 선거대책본부장 2017년 태극기혁명국민운동본부 공동대표 2017년 대한의사협회 국민건강수호비상대책위원회 부위원장 2017년 同투쟁위원장 2018년 최대집의원 원장(정형외과·내과)(현) 2018년 대한의사협회 회장(현) 2018년 한국의사100년기념재단 이사장(현)

최대호(崔大鎬) CHOI Dae Ho

(생)1958·6·10 (출)전남 해남 (주)경기도 안양시 동안구 시민대로 235 안양시청 시장실(031-8045-2001) (학)연세대 문학과졸, 한국방송통신대 경제학과졸, 고려대 교육대학원 교육학과졸, 교육학박사(고려대) (경)1989~2010년 필탑학원 원장 2007~2008년 연세대 교육대학원 겸임교수 2007년 경기 안양시장 재·보궐선거 출마(대통합민주신당) 2008~2010년 민주당 경기도당 부위원장 2010~2014년 경기 안양시장(민주당·민주통합당·민주당·새정치민주연합) 2014년 경기 안양시장선거 출마(새정치민주연합) 2016~2018년 더불어민주당 경기안양시동안乙지역위원회 위원장 2018년 同인적자원특별위원회 위원장 2018년 경기 안양시장(더불어민주당)(현) 2018년 전국대도시시장협의회 회장(현) 2019년 참여민주주의지방정부협의회 초대 회장(현) (상)대통령표창(2006), 대한민국 무궁화대상 행정부문(2011), 대한민국CEO리더십대상 스마트창조부문(2013), 한국사회복지사협회 사회복지대상(2019) (저)'안양하세요'(2014)

최덕균(崔德均) CHOI Duck Kyun

(생)1956·1·22 (출)서울 (주)서울특별시 성동구 왕십리로 222 한양대학교 공과대학 신소재공학부(02-2290-0506) (학)1978년 서울대 요업공학과졸 1980년 한국과학기술원(KAIST) 재료공학과졸(석사) 1988년 공학박사(미국 스탠퍼드대) (경)1980년 전자기술연구소 연구원 1981~1983년 한국과학기술원(KAIST) 연구원 1984년 미국 스탠퍼드대 재료공학과 연구조교 1988년 SRI인터내셔널 연구원 1990년 한양대 공과대학 신소재공학부 조교수·부교수·교수(현) 2002년 한국공학한림원 정회원(현) 2011~2014년 한양대 산학협력단장 2017년 同교학부총장 겸 대학원장(현) (상)서울대 공과대학장표창(1978), American Association for Crystal Growth Student Speaker Award(1988), 과학기술부 Frontier 추진위원회 공로감사패(1999), 한국결정성장학회 감사장(2000), The International Symposium on Hybrid Nano materials Toward Future Industries HNM 2006, The Best Poster Award(2006) (저)'나노 촉매를 이용한 전계 유도 방향성 결정화'(2004, 과학기술부) (역)'재료과학'(2006, 한티미디어)

최덕근(崔德根) CHOI Deok Keun

(생)1959·4·11 (주)강원도 영월군 한반도면 화랏길 57 한일현대시멘트 영월·단양공장(033-370-5500) (학)광명고졸, 인하공업전문대학졸, 인하대 기계공학과졸 (경)1984년 (주)한일시멘트 입사 2008년 同기술지원담당 상무보 2010년 同기술지원담당 전무 2011년 同품질지원담당 겸임 2012년 同단양공장장(전무) 2016년 同단양공장장(부사장) 2017년 현대시멘트(주) 영월·단양공장장(부사장) 2018년 한일현대시멘트 영월·단양공장장(부사장)(현)

최덕률(崔德律) Choi Duklyoul

(생)1958·10·7 (출)전남 해남 (주)서울특별시 강남구 광평로 281 효성수서빌딩 (주)SR 영업본부(02-6484-4314) (학)1977년 광주 송원고졸 1985년 전남대 철학과졸 2003년 고려대 행정대학원 정책학과졸 2012년 서울대 경영대학원 공기업고급경영자과정 수료 (경)1985년 철도청 입사 1997년 순천지방철도청 흥국사역장 2000~2003년 철도청 기획본부 기획예산과 예산총괄팀장 2005년 코레일 기획조정본부 전략기획팀장 2006년 同강원지사 경영관리팀장 2007년 同인사노무실 인사기획팀장 2007년 同기획조정본부 전략기획팀장 2008년 同경영혁신실장 2009년 同기획조정실장 2010~2011년 同전북본부장 2012년 同부산경남본부장 2014년 同물류본부장 2016~2018년 물류사업본부장 2018년 (주)SR 영업본부장(상임이사)(현) (상)국무총리표창(1993), 대통령표창(2002·2008)

최덕수(崔德洙) CHOI Duck Soo (怡泉)

(생)1942·10·20 (출)경북 예천 (주)대구광역시 수성구 동대구로 348-15 율촌빌딩1층 법무법인 세영(053-744-3900) (학)1961년 경북대사대부고졸 1965년 경북대 법정대졸 1969년 서울대 사법대학원졸 (경)1967년 사법시험 합격(8회) 1969년 軍법무관(육사) 1972년 전주지법 판사 1975년 대구지법 영덕지원장 1977년 대구지법 판사 1981년 대구고법 판사 1982년 대법원 재판연구관 1983년 대구지법 부장판사 1986년 同경주지원장 1988년 대구지법 부장판사 1991년 대구고법 부장판사 1992년 대구지법 수석부장판사 겸임 1994년 대구고법 수석부장판사 1999년 대구지법원장 2000~2003년 대구고법원장 2003년 법무법인 세영 대표변호사(현) 2009~2010년 사회복지공동모금회 경북지회장 2010~2014년 경북대총동창회 회장

최덕수(崔德壽) Choi, Deok-Soo

(생)1952·3·5 (출)부산 (주)서울특별시 성북구 안암로 145 고려대학교 한국사학과(02-3290-2030) (학)1971년 서울대 사대부고졸 1976년 고려대 사학과졸 1978년 同대학원졸 1988년 문학박사(고려대) (경)1977~1982년 고려대 민족문화연구소 연구원 1982~1994년 공주대 사범대학 역사교육과 조교수·부교수 1989년 미국 하와이대 한국학센터 객원연구원 1994~2017년 고려대 한국사학과 교수 1999~2007년 同민족문화연구원 한국사연구소장 2000~2009년 同BK21 한국사학교육연구단 참여교수·단장 2006년 동북아역사논총 편집위원 2007년 고려사학회 편집위원 2013~2015년 고려대 문과대학장 2017년 고려대 한국사학과 명예교수(현) (저)'한국사37 – 강화도 조약과 개항'(2000, 국사편찬위원회) '한국사37 – 개항의 역사적 의의'(2000, 국사편찬위원회) '일본군 위안부 관련 기초문헌 자료집'(2002, 여성부) '한국사의 재조명'(2002, 고려대학교 출판부) '한국학정보처리를 위한 다국어시소러스 연구(2004, 고려대 민족문화연구원) '개항과 朝日관계'(2004, 고려대 출판부) '대한제국과 국제환경'(2005, 선인) '이토 히로부미의 한국 병합 구상과 조선 사회'(2012, 열린책들) '근대 한국의 개혁구상과 유길준'(2015) (역)'근대 조선과 일본'(2015)

최도석(崔道碩)

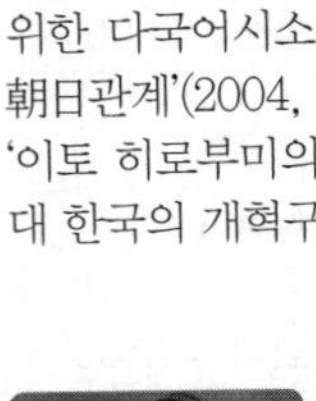

(생)1958·6·10 (주)부산광역시 연제구 중앙대로 1001 부산광역시의회(051-888-8245) (학)2004년 공학박사(동아대) (경)대통령직속 지방자치발전위원회 실무위원, 부산발전연구원 선임연구위원, 동아대 겸임교수 2018년 부산시의회 의원(자유한국당)(현) 2018년 同해양교통위원회 위원(현) 2018년 同운영위원회 위원(현) 2018년 同시민중심 도시개발 행정사무조사특별위원회 위원(현) 2018년 同예산결산특별위원회 위원(현) 2018년 자유한국당 부산시당 정책개발위원회 부위원장(현)

최도성(崔道成) CHOI Do Soung

(생)1952·10·18 (본)해주(海州) (출)부산 (주)경기도 성남시 수정구 성남대로 1342 가천대학교 경영대학(031-750-5530) (학)1970년 서울대사대부고졸 1974년 서울대 상대 경영학과졸 1976년 同대학원졸 1980년 재무학박사(미국 펜실베이니아주립대) (경)1980년 미국 펜실베이니아주립대 조교수 1981~1986년 미국 테네시대 재무학과 조교수·부교수 1984~1985년 미국 시카고대 Visiting Scholar 1986년 미국 뉴욕주립대 부교수 1994~2008년 서울대 경영학과 교수 1997~1999년 同증권금융연구소장 1998년 한국증권학회 부회장 1999년 한국석유공사 사외이사 1999년 인문사회연구회 기획평가위원 2000년 한국증권학회 회장 2001년 서울대 경영도서관장 2001년 금융감독위원회 증권선물위원회 비상임위원 2001년 한국금융학회 부회장 2002년 기업지배구조개선지원센터 연구위원장 2004년 우리금융지주 사외이사 2005년 한국증권선물거래소 사외이사 2005~2008년 한국증권연구원 원장 2006년 한국재무학회 회장 2007년 산은사랑나눔재단 비상임이사 2008~2012년 한국은행 금융통화위원회 위원, 한동대 국제개발협력대학원 교수 2011~2013년 KDB나눔재단 비상임이사 2012~2014년 한동대 국제화부총장 2013년 (주)삼천리 사외이사 2015년 가천대 경영대학 글로벌경영학트랙 교수(현) 2015~2019년 (주)포스코대우 사외이사 2016~2018년 가천대 국제부총장 2017년 同경영대학장 2018년 (주)삼천리 감사위원(현) (상)정진기 언론문화상(1999), 한국재무학회 최우수논문상, 한국증권학회 최우수논문상 (저)'파생금융상품과 금융위험 관리'(1997) '회사정리제도'(1998) '글로벌시대의 M&A사례'(2004) '한국기업의 배당정책'(2006) 'Cross Boder M&A'(2008) 'Competiton among International Financial Centers in Asia-Pacific(編)'(2009) (종)기독교

최도성(崔燾成) CHOI DO SUNG

(생)1957·10·18 (주)광주광역시 북구 필문대로 55 광주교육대학교 총장부속실(062-520-4001) (학)1982년 전남대 자연과학대학 생물학과졸 1986년 서울대 대학원 식물학과졸 1989년 이학박사(서울대) (경)1991~2019년 광주교대 과학교육과 전임강사·조교수·부교수·교수 1993~1997년 同과학교육연구소 연구부장 1996~1997년 同과학교육과 학과장 및 대학원 주임교수 1997~1999년 同대학신문사 및 교육방송국 주간교수 2003~2005년 同교무처장 2007~2008년 同교수협의회 회장 2007~2008년 同과학교육과 학과장 2007~2008년 同교육대학원 주임교수 2007년 同70년사발간위원회 부위원장 2008년 전국교육대학교교수협의회연합회 부회장 2008~2010년 광주교대 교육연수원장 겸 평생교육원장 2008년 목포어린이바다체험관 건립자문위원(현), 목포자연사박물관 운영자문위원(현) 2010년 전라남도 정책위원회 인재육성전문위원(현) 2012년 2012전라남도과학전람회 지도위원 2012년 제26회 광주광역시과학전람회 심사위원 2019년 광주교육대 총장(현) (상)광주교육대 풍향교육상(2007), 대통령표창(2012) (저)'자연과 교재연구'(1996, 형설출판사) '자연과학개론'(1996, 형설출판사) '자연과학개론(개정판)'(1998, 형설출판사) '과학영재교육(초등과학반)'(2000)

최도영(崔道永) CHOI Do Young

(생)1955·6·2 (주)서울특별시 동대문구 경희대로 23 경희대학교 한방병원 침구과(02-958-9205) (학)1980년 경희대 한의학과졸 1986년 同대학원졸 1992년 한의학박사(경희대) (경)경희대 한의과대학 침구과학교실 교수(현) 2003년 경희의료원 한방병원 교육부장, 同한방병원 침구과 전문의(현) 2004~2006년 대한침구학회 회장 2010년 대한한방암학회 부회장 2012~2017년 (사)대한한의학회 부회장 2013~2016년 경희대 한방병원장 2017년 (사)대한한의학회 회장(현) (상)국무총리표창(2019)

최도자(崔道子 · 女) CHOI DOJA

(생)1955 · 3 · 4 (출)전남 여수 (주)서울특별시 영등포구 의사당대로 1 국회 의원회관 523호(02-784-8640) (학)전남대 교육대학원 유아교육학과졸 (경)2012~2014년 전남어린이집연합회 회장, 한국어린이집총연합회 부회장, 전국국공립어린이집연합회 회장 2016년 제20대 국회의원(비례대표, 국민의당 · 바른미래당〈2018.2〉)(현) 2016년 국회 보건복지위원회 위원 2017~2018년 국민의당 여성담당 원내부대표 2017년 同원내대표 비서실장 2017년 同자원봉사위원회 위원장 2017년 同제19대 안철수 대통령후보 중앙선거대책본부 직능본부 수석부본부장 2017~2018년 同중앙위원회 부의장 2017~2018년 국회 운영위원회 위원 2017~2018년 국회 미세먼지대책특별위원회 간사 2018년 국민의당 여수시甲지역위원회 위원장 2018년 국회 미세먼지대책특별위원회 위원 2018년 바른미래당 여수시甲지역위원회 위원장(현) 2018~2019년 同원내부대표 2018년 국회 보건복지위원회 간사(현) 2018~2019년 국회 예산결산특별위원회 위원 2019년 바른미래당 수석대변인(현) (상)대통령표창(2009), 국민훈장 석류장(2014), 법률소비자연맹 '제20대 국회 1차년도 국회의원 헌정대상'(2017), 대한민국 참봉사대상 보건부문 보건공로대상(2017), 2018년도 입법 및 정책개발 최우수국회의원상(2019), 제2회 한국을 빛낸 글로벌 100인 정치발전부문 대상(2019)

최돈설(崔燉卨) CHOI Don Seol

(생)1946 · 6 · 15 (본)강릉(江陵) (출)강원 강릉 (주)강원도 강릉시 하슬라로 96 강릉문화원(033-648-5248) (학)강릉농고졸, 관동대 행정학과졸, 중앙대 경영대학원 최고경영자과정 수료, 연세대 경제대학원 최고경제과정 수료 (경)1991년 강원 명주군 환경보호과장 1992년 同지역경제과장 1993년 강릉시 지역경제과장 1995년 同교통행정과장 1996년 同기획담당관 1998년 同사회경제국장 1998년 同농림수산환경국장 2000년 同문화관광복지국장 2004~2005년 同자치행정국장 2006년 강릉시테니스연합회장 2006년 영일세무법인 상임고문 2007~2012년 강릉시체육회 상임부회장 2010~2011년 강릉중앙고(舊강릉농고) 총동문회장 2015년 강릉문화원 원장(현) 2018년 한국문화원연합회 이사(현) (상)내무부장관표창

최동규(崔東奎) CHOI Dong Kyu

(생)1947 · 12 · 10 (본)전주(全州) (출)충북 청주 (주)서울특별시 서초구 사평대로20길 12-3 서인빌딩3층 (주)서인종합건축사사무소 대표이사실(02-532-1874) (학)1967년 경기고졸 1971년 한양대 공과대학 건축공학과졸 1989년 同산업대학원 건축과졸 (경)1971~2011년 진아건축연구소 · 공간연구소 · 한국건축기술연구소 근무 1978년 서인종합건축사사무소 대표이사(현) 2000~2003년 한국건축가협회 건축사지 편찬위원장 2004~2006년 同홍보위원회 위원장 2004~2007년 건국대 건축전문대학원 겸임교수 2006~2014년 서울대 건축학과 출강 2006~2015년 한국건축가협회 명예이사 2007년 同명예건축가(현) 2015~2017년 同감사 2015~2016년 명예건축가회 총무 (상)경기도건축문화상 대상(1998), 경기도건축문화상 은상(2001 · 2005), 한국건축문화대상 특선(2005), 서울시시민사랑건축상 장려상(2005), 한국목조건축대전 본상(2006), 대통령표창(2011) (저)'The Dispute'(1993) (종)개신교

최동렬(崔東烈) CHOI DONG RYUL

(생)1963 · 1 · 2 (본)해주(海州) (출)부산 (주)서울특별시 강남구 테헤란로 518 법무법인 율촌(02-528-5988) (학)1982년 부산 혜광고졸 1986년 서울대 법대 사법학과졸 1988년 同대학원 법학과졸 (경)1988년 사법시험 합격(30회) 1991년 사법연수원 수료(20기) 1991년 부산지법 판사 1994년 同울산지원 판사 1995년 인천지법 판사 1998~1999년 미국 조지워싱턴대 방문학자 2000~2002년 서울지법 남부지원 판사 2002~2004년 서울고법 판사 2004~2006년 대법원 재판연구관 2006~2008년 同공동조부장재판연구관(상사총괄 · 형사총괄) 2088~2009년 대법원 부장재판연구관 2009~2010년 수원지법 부장판사 2010~2013년 서울중앙지법 부장판사 2011~2012년 대법원 양형위원회 수석전문위원 2013년 법무법인 율촌 변호사(현) (상)CorporateINTL WhiteCollarCrime분야 전문변호사, 리걸타임즈 2015올해의변호사(2016) (종)천주교

최동만(崔東萬) CHOI Dong Man

(생)1960 · 3 · 3 (출)경남 함안 (주)서울특별시 강서구 화곡로68길 82 강서IT밸리 1306-3호 (주)지투인(02-6961-5493) (학)1979년 마산용마고졸 1986년 중앙대 경영학과졸 2009년 서울대 최고경영자과정 수료 (경)롯데그룹 기획조정실 근무, 한창그룹 구조조정실장, (주)한창제지 영업본부장(상무), 同관리본부장(상무) 2013년 페리칸앤플러스 대표이사 2015년 (주)지투인 대표이사(현)

최동석(崔東錫) CHOI Dong Seok

(생)1960 · 12 · 14 (출)전남 영암 (주)서울특별시 서초구 헌릉로 13 대한무역투자진흥공사 인사팀(02-3460-3336) (학)1979년 전남고졸 1983년 전남대 경제학과졸 1987년 서울대 행정대학원 행정학과졸 2003년 한국개발연구원(KDI) 국제정책대학원 경영학과졸 (경)1987년 대한무역투자진흥공사(KOTRA) 입사 1987년 同해외조사부 근무 1989년 同미주부 근무 1991년 同뉴욕무역관 근무 1994년 同기획관리부 근무 1995년 同기획관리처 근무 1997년 同부카레스트무역관 근무 1998년 同부카레스트무역관장 2001년 同인사팀 근무 2002년 同통상전략팀 근무 2004년 同콜롬보무역관장 2007년 광양만권경제자유구역청 파견 2008년 대한무역투자진흥공사(KOTRA) 중아CIS팀장 2009년 同뭄바이무역관장 2012년 同글로벌정보본부 시장조사실장 2013~2016년 同뉴델리무역관장 2015~2016년 同서남아지역본부장 겸직 2016년 同경제외교지원실장 2017~2019년 同광주전남KOTRA지원단장 2019년 同본부 근무(처장급)(현)

ㅊ

최동수(崔東洙) Choi Dong Su

(생)1962 · 9 · 25 (주)서울특별시 중구 소공로 51 우리금융지주 경영지원본부(02-2002-3000) (학)1981년 광주 대동고졸 1985년 중앙대 경제학과졸 2007년 고려대 경영전문대학원 경영학과졸(MBA) (경)2010년 우리은행 강남기업영업지점장 2011년 同프로젝트금융부장 2014년 同투자금융부장 2015년 同중앙기업영업본부장 2016년 同금융소비자보호센터장 2017년 同본점 영업본부장 2018년 同미래전략단 상무 2019년 우리금융지주 경영지원본부 총괄부사장(CIO)(현)

최동우(崔東祐) CHOE Dong Woo (楊村)

(생)1942 · 9 · 20 (본)경주(慶州) (출)부산 (학)1961년 부산고졸 1965년 서울대 문리대 정치학과졸 1967년 同경영대학원 수료 1983년 미국 미주리대 신문대학원 연수 1987년 한국외국어대 무역대학원 경영정보학과 수료 2001년 성균관대 행정대학원졸 (경)1965~1980년 동양통신 기자 1981년 연합통신 체육부장 1983년 同과학부장 1986년 同편집위원 1987년 同홍콩특파원 1990년 同뉴미디어실 부실장 1991년 同뉴미디어실장 1994~1997년 同국제 · 업무담당 상무이사 2009년 국민대통합운동연합 공동대표

최동욱(崔東煜) Dong Wook Choi

(생)1955 · 7 · 9 (주)서울특별시 강남구 일원로 81 삼성서울병원 외과(1599-3114) (학)1980년 서울대 의대졸 1982년 同대학원졸 1990년 의학박사(서울대) 2004년 연세대 보건대학원 고위정책과정 수료 (경)1981~1985년 서울대병원 인턴 · 일반외과 레지던트 1985~1988년 유성선병원 외과 과

장 1988~1995년 원자력병원 외과5과장 1991~1992년 미국 피츠버그대 전임의 1995~2005년 원자력병원 외과4과장 1995년 일본 교토대 외과 연수 1999년 일본 국립암센터 연수 1999~2001 · 2004~2005년 원자력병원 진료부장 2005년 삼성서울병원 소화기외과 임상교수 2007년 同췌담도암팀장 2007년 한국간담췌외과학회 상임이사 겸 학술위원장 2005년 성균관대 의과대학 외과학교실 교수(현) 2009~2015년 삼성서울병원 삼성암센터 췌담도암센터장 2011~2013년 한국간담췌외과학회 회장 2013~2015년 삼성서울병원 소화기외과장 2015~2018년 성균관대 의과대학 외과학교실 주임교수 2015~2018년 삼성서울병원 외과장 2017~2019년 아시아태평양간췌담도학회 회장

최동윤(崔東允) CHOI Dong Yun

(생)1957 · 5 · 18 (주)서울특별시 노원구 동일로 1229 노원구서비스공단 이사장실(02-2289-6700) (학)1987년 동아대 법학과졸 2001년 同대학원 법학과졸 (경)1987년 행정고시 합격(31회) 1989~1995년 서울시 지방행정사무관 1995~1999년 대통령 민정수석비서관실 행정관 1999년 국무조정실 규제개혁조정관실 근무 2000년 서울산업진흥재단 파견 2001년 서울시 문화관광국 문화재과장 2002년 同청계천복원추진본부 복원총괄담당관 2004년 同감사관실 감사담당관 2005년 同행정국 총무과장 2006년 해외훈련 파견(미국 콜로라도주립대 행정대학원) 2008년 서울시 여성가족정책관실 가족보건기획관 2009년 同여성가족정책관실 가족보건기획관(이사관) 2010~2011년 同감사관 2011~2012년 同상수도사업본부장 2013~2014년 同경제진흥실장(지방관리관) 2018년 노원구서비스공단 이사장(현) (상)대통령표창, 녹조근정훈장

최동익(崔東益) Dong Ic Choi

(생)1962 · 4 · 8 (주)서울특별시 관악구 남부순환로 1717 실로암시각장애인복지관(02-880-0500) (학)1981년 서울맹학교졸 1985년 숭실대 사회사업학과졸 1988년 同대학원 사회사업학과졸 1989년 미국 미시간대 대학원 사회복지학과졸 (경)1998~2002년 사회복지법인 실로암시각장애인복지회 이사 및 사무총장 2003~2006년 한국시각장애인연합회 사무총장 2010년 同회장 2010~2012년 한국장애인고용공단 이사 2011년 국가인권위원회 정책자문위원 2011~2014년 한국장애인단체총연맹 공동대표 2012년 한국장애인복지관협회 회장 2012~2016년 제19대 국회의원(비례대표, 민주통합당 · 민주당 · 새정치민주연합 · 더불어민주당) 2012년 국회 장애인복지포럼 대표의원 2012 · 2014년 국회 보건복지위원회 위원 2012년 민주통합당 제18대 대통령중앙선거대책위원회 장애인위원회 공동위원장 2013년 민주당 전국장애인위원회 위원장 2013년 同정책위원회 부의장 2013년 同대외협력담당 원내부대표 2013년 국회 운영위원회 위원 2014년 국회 윤리특별위원회 야당간사 2014년 새정치민주연합 전국장애인위원회 위원장 2015년 국회 공적연금강화와노후빈곤해소를위한특별위원회 위원 2015년 국회 평창동계올림픽및국제경기대회지원특별위원회 위원 2015년 더불어민주당 전국장애인위원회 위원장 2016년 同더불어경제선거대책위원회 공동부위원장 2016년 실로암시각장애인복지관 사무총장(현) 2017년 국민의당 제19대 안철수 대통령후보 중앙선거대책위원회 고문 (상)대통령표창(2005), 산업포장(2011) (저)'어둠 속에서 꿈을 꾸다-장애인 국회의원 최동익이 전하는 희망의 메시지'(2013, 해피스토리)

최동주(崔東株) CHOI Dong Ju

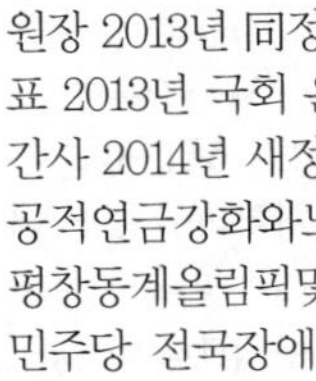

(생)1965 · 5 · 19 (본)전주(全州) (출)서울 (주)서울특별시 용산구 청파로47길 100 숙명여자대학교 글로벌서비스학부(02-2077-7725) (학)1988년 중앙대 정경대학 정치외교학과졸 1992년 미국 아메리칸대 대학원 국제관계학과졸 1995년 정치경제학박사(영국 런던대) (경)1993~2010년 숙명여대 국제관계대학원 교수 1996~1998년 포스코경영연구소 연구위원 1997~1999년 서울대 국제대학원 초빙교수 2000년 한국아프리카학회 편집이사 · 부회장(현) 2001~2006년 전국경제인연합회 국제협력위원회 자문교수 2004~2006년 재외동포재단 자문위원 2005~2013년 숙명여대 글로벌인적자원개발센터장 2005년 대한체육회 국제위원 2006~2009년 한국국제정치학회 섭외이사 · 총무이사 · 연구이사 2006~2007년 영국 런던대 SOAS 방문학자 2008년 국제스포츠외교연구회 이사 · 부회장(현) 2008~2013년 (사)한국다문화학회 총무이사 · 특별위원장 2008년 영문저널 Asia Pacific Women's Information Network 편집인(현) 2008~2012년 숙명여대 아 · 태여성정보통신원장 2009년 同글로벌서비스학부 글로벌협력전공 교수(현), 同글로벌서비스학부장 2009~2010년 대외경제정책연구원 자문위원 2009~2012년 글로벌HRD포럼 자문위원 2009년 국회 입법조사처 조사분석지원위원(현) 2009~2012년 대통령직속 국가브랜드위원회 자문위원 2011~2012년 (사)사회적기업네트워크(SEN) 정책이사 2014~2015년 숙명여대 대외협력처장 2014년 한미교육위원단 이사(현) (상)포스코경영연구소 최우수연구원상(1998), 숙명여대 최우수교수상(2005) (저)'東南亞 華僑經濟圈의 大中華經濟圈 統合에 대한 展望'(1996) '스마트스틸 : 포스코의 經營革新(共)'(1996) '東北亞 국가의 에너지소비와 월경성 오염문제(共)'(1998) '오세아니아(共)'(1998) '知識經營(共)'(1998) '아시아-태평양 1998-1999(共)'(1999) '아시아-태평양 2000(共)'(2000) '베트남 파병이 한국경제의 성장과정에 미친 영향'(2001) '나일유역분쟁과 수단 내전 : 수자원 갈등을 중심으로'(2004) '아프리카의 세계화와 지역통합(共)'(2005) 'Socio-Economic Background of Civil Conflicts in LDCs : A Search for Alternative Analysis Model for Africa'(2005) 'Socio-Economic Approach for Softening Borders : Implication of Experiences in the Korean Peninsula'(2007, CRRID) (역)'Karens, M.P. and Mingst, K.A. International Organizations : The Politics and Processes of Global Governance'(2004) 'Shively, Phillips, Power and Choice : An Introduction to Political Science'(2004) 'Kumar, Rajesh and Sethi, Anand, Doing Business In India, Palgrave Macmillan'(2005) '국제기구의 이해 : 글로벌 거버넌스의 정치와 과정(共)'(2007, 명인문화사) 'Hudson, V.M. Foreign Policy Analysis : Classic and Contemporary Theory'(2007) '인도 비즈니스 문화의 이해(共)'(2008, 삼성북스) '정치학개론'(2008, 명인문화사) '외교정책론(共)'(2009, 을유문화사) 'Buzan, Barry and Hansen, Lene, The evolution of International Security'(2009, Cambridge University Press) '정치학방법론(共)'(2010, 명인문화사) '국제안보론(共)'(2010, 을유문화사)

최동천(崔瞳天) Choi Dongchun

(생)1968 · 7 · 29 (주)서울특별시 중구 세종대로 136 파이낸스빌딩 11층 마스타카드코리아(주)(02-398-2243) (학)고려대 무역학과졸, 미국 노스웨스턴대 대학원 재정학과졸(MBA) (경)맥킨지(McKinsey & Co.) 서울 및 뉴욕사무소 컨설턴트, 살로먼스미스바니(Salomon Smith Barney) 홍콩 및 싱가포르사무소 근무, 일신투자 근무 2003년 마스타카드인터내셔널코리아(주) 부대표 겸 영업총괄 상무 2008년 마스타카드코리아(주) 대표이사(현) 2017년 마스터카드 한국 · 홍콩 · 마카오 · 대만시장 총괄대표(현)

최동철(崔東哲) CHOI Dong Chull

(생)1958 · 5 · 22 (주)서울특별시 강남구 일원로 81 삼성서울병원 알레르기내과(02-3410-3422) (학)1984년 서울대 의대졸 1992년 同대학원 의학석사 1997년 의학박사(서울대) (경)1984~1987년 충북지역보건소 보건지소장 1987~1991년 서울대병원 인턴 · 레지던트 1991~1992년 同알레르기내과 전임의 1992~1994년 미국 존스홉킨스대 의대 Asthma & Allergy Center Postdoctoral Research Fellow 1994년 삼성서울병원 내과 전문의(현) 1997~2001 성균관대 의과대학 내과학 조교수 1999~

2001년 국군수도병원 국방부 의무자문관 2001년 성균관대 의과대학 내과학교실 부교수·교수(현) 2003~2013년 삼성서울병원 알레르기내과장 (저)'사천만의 알레르기'(1997, 도서출판 소화) '내과학'(1998, 도서출판 고려의학) '한국의 알레르기비염 진단과 치료 지침서'(1999) '임상 내과학'(2004)

최동철(崔東喆)

(생)1959·10·2 (출)전남 광양 (주)전라남도 보성군 벌교읍 녹색로 5247 보성소방서 서장실(061-859-0900) (학)여수고졸 (경)1983년 소방공무원 임용 1994년 전남 순천소방서 곡성파출소장 1998년 전남 광양소방서 광영파출소장 2000년 전남 목포소방서 예방담당·구조담당 2002년 전남 여수소방서 방호담당·산업안전담당 2005년 전남 광양소방서 소방담당·예방담당 2008년 전남 여수소방서 방호구조과장 2009년 전남 광양소방서 소방과장 2011년 전남도 소방본부 소방행정담당 2014년 同소방본부 119안전종합상황실장 2015년 전남 여수소방서장 2017~2019년 전남 광양소방서장 2019년 전남 보성소방서장(현)

최동호(崔東鎬) CHOI Dong Ho (又青)

(생)1948 (본)전주(全州) (출)경기 수원 (주)서울특별시 성북구 안암로 145 고려대학교 문과대학 국어국문학과(02-3479-7224) (학)1966년 양정고졸 1970년 고려대 국어국문학과졸 1975년 同대학원 현대문학과졸 1981년 문학박사(고려대) (경)1976년 고려대 강사 1979~1981년 경남대 국어교육과 전임강사·조교수 1981~1988년 경희대 국어국문학과 조교수·부교수 1988~2013년 고려대 국어국문학과 조교수·부교수·교수 1990~2012년 계간 '서정시학' 주간 1993년 고려대 국어국문학과장 겸 대학원 주임교수 1993~1995년 '현대문학' 주간 1996년 고려대 출판부장 2000년 시사랑문화인협의회 회장(현) 2001~2003년 민족어문학회 회장 2001년 한국시학회 부회장 2001년 한국문학평론가협회 부회장 2004~2006년 한국시학회 회장 2006~2008년 고려대 대학원장 2006~2013년 同BK21 한국어문교육연구단장 2007~2009년 한국문학평론가협회 회장 2011~2013년 한국비평학회 회장 2012~2015년 한국문학번역원 이사 2012년 황순원학회 회장(현) 2012~2014년 한국문화예술위원회 위원 2013년 고려대 국어국문학과 명예교수(현) 2013년 경남대 석좌교수(현) 2013~2015년 수원시 인문학자문위원회 위원장 2014년 홍재학당 이사장(현) 2015~2016년 (사)한국지역인문자원연구소 이사장 2016~2018년 한국시인협회 회장 2019년 대한민국예술원 회원(詩·현) (상)대한민국 문학상, 소천 비평문학상, 현대불교문학상, 편운 문학상, 고산문학상 시부문(2009), 박두진문학상(2009), 제11회 유심작품상 시부문(2013), 만해대상 문예부문(2017), 제14회 김삿갓문학상(2019) (저)'현대시의 전신사'(1985) '불확정시대의 문학'(1987) '삶의 깊이와 시적 상상'(1995) '소설어 사전'(1998) '디지털문화의 생태시학'(2000) '현대시사의 감각'(2004) '진흙천국의 시적 주술'(2006) '얼음 얼굴'(2011, 서정시학) '디지털코드와 극서정시'(2012) '히말라야의 독수리들' '정지용 시와 비평의 고고학'(2013) '정지용 문학전집-전 2권, 개정판'(2015, 서정시학) (역)'헤겔시학' '문심조룡' (작)시집 '황사바람'(1976) '아침책상'(1988) '딱따구리는 어디에 숨어 있는가'(1995) '공놀이하는 달마'(2002) '불꽃비단벌레'(2009) '얼음얼굴'(2011) '수원 남문 언덕'(2014, 서정시학) (종)불교

최동호(崔同鎬) CHOI Dong Ho

(생)1965·10·28 (출)경남 마산 (주)경상남도 창원시 마산회원구 내서읍 광려천남로 25 (주)MH에탄올 임원실(055-231-0705) (학)1984년 경남상고졸 1989년 동의대 경제학과졸 (경)1993년 무학건설(주) 관리이사 1996년 同상무이사 1998년 (주)무학주정 상무이사, 同대표이사 2008년 (주)MH에탄올 대표이사 2015~2016년 同각자대표이사 2016년 同사장 2017년 同부회장(현)

최동환(崔東煥) CHOI Donghwan

(생)1955·3·27 (본)전주(全州) (출)충북 진천 (주)서울특별시 성동구 서울숲2길 45-1 아프리카인사이트 이사장실(070-7559-2013) (학)1977년 서울대 불문학과졸 1981년 프랑스 파리 국제행정대학원 수료 (경)1977년 외무고시 합격(11회) 1977년 외무부 입부 1982년 駐모리타니아 2등서기관 1988년 駐프랑스 1등서기관 1991년 경제협력개발기구(OECD) 파견 1992년 대전엑스포조직위원회 국제협력부장 1994년 외무부 아프리카과장 1995년 駐캐나다 참사관 1997년 駐파키스탄 공사참사관 2000년 駐몬트리올 부총영사 겸 국제민간항공기구 교체대표 2002년 국회의장 의전·국제비서관 2003년 駐프랑스 공사 겸 총영사 2006~2009년 駐세네갈 대사 2009년 국방대 파견(고위공무원) 2010년 충북도 국제관계자문대사 2012~2015년 駐몬트리올 총영사 겸 駐국제민간항공기구 대사 2015~2017년 (사)세계무술연맹 사무총장 2018년 아프리카인사이트 이사장(현) 2018년 한-아프리카협회 회장(현) (상)녹조근정훈장(1994), 세네갈 국가훈장 사자기사장(2009), 홍조근정훈장(2015) (종)기독교

최동훈(崔東勳) Choi Dong Hoon

(생)1963·6·23 (주)경기도 용인시 처인구 금학로 225 용인세브란스병원(031-331-8888) (학)1988년 연세대 의과대학졸 1996년 同대학원 의학석사 2003년 의학박사(연세대) (경)1999년 연세대 의과대학 내과학교실 심장내과 교수(현) 2012~2016년 同세브란스 심장혈관병원 진료부장 2013~2016년 同세브란스 심장혈관병원 심장내과 과장 2014~2016년 대한심장학회 연구이사 2016~2019년 연세대 세브란스병원 심장혈관병원장 2017~2018년 대한심장학회 학술이사 2019년 연세대 의료원 용인동백세브란스병원장(현)

최두선(崔斗善) CHOI Doo Sun

(생)1963·1·25 (출)대구 (주)대전광역시 유성구 가정북로 156 한국기계연구원 나노융합기계연구본부 나노공정연구실(042-868-7124) (학)1985년 영남대 기계설계공학과졸 1989년 同대학원졸 2002년 연세대 대학원 기계공학과졸 (경)1989~1990년 LG이노텍(주) 연구원 1990년 한국기계연구원 지능형정밀기계연구본부 나노공정장비센터 연구원, 同나노융합기계연구본부 나노공정장비연구실 책임연구원 2011년 同나노융합기계연구본부 나노공정연구실장 2014년 同나노융합기계연구본부 나노공정연구실 책임연구원(현) (상)이 달의 과학기술인상(2011), 한국기계연구원 최우수연구상 금상(2012), 대한민국기술대상 대통령표창(2014) (종)기독교

최두천(崔斗泉)

(생)1973·6·4 (출)대구 (주)경기도 과천시 관문로 47 법무부 인권조사과(02-2110-3261) (학)1992년 대구 협성고졸 1999년 서울대 금속공학과졸 (경)1999년 사법시험 합격(41회) 2003년 사법연수원 수료(31기) 2003년 인천지검 검사 2005년 창원지검 밀양지청 검사 2007년 부산지검 동부지청 검사 2009년 서울중앙지검 검사 2012년 법무부 인권조사과 검사 2013년 대구지검 검사 2017년 법무연수원 용인분원 교수 2018년 법무부 인권조사과장(현)

최두호(崔斗豪)

(생)1977·4·13 (출)인천 (주)전라남도 순천시 왕지로 21 광주지방법원 순천지원(061-729-5114) (학)1996년 명덕외국어고졸 2001년 서울대 법학과졸 (경)2000년 사법시험 합격(42회) 2003년 사법연수원 수료(32기) 2003년 軍법무관 2006년 서울남부지법 판사 2008년 서울중앙지법 판사 2010년 전주지법 판사 2012년 창원지법 판사 2014~2016년 인천지법 판

사 2014년 법원행정처 윤리감사제1심의관 2015~2016년 同윤리감사기획심의관 겸임 2016년 서울고법 판사 2018년 광주지법 순천지원 · 광주가정법원 순천지원 부장판사(현)

최두환(崔斗煥) CHOI DOO HWAN

(생)1970 · 8 · 24 (주)서울특별시 종로구 종로1길 50 더케이트윈타워 B동 SKC(주) 마케팅1본부(02-3787-1234) (학)1989년 부산 내성고졸 1996년 부산대 경제학과졸 2004년 성균관대 경영대학원 경영학과졸(MBA) (경)1996~2008년 SK텔레콤(주) 입사 및 구매팀 · 자금팀 · 경영분석팀 · 경영전략팀 등 근무 2009~2011년 SK(주) 경영분석실 · 사업지원실 근무 2011~2015년 SK그룹 SUPEX추구협의회 자율 · 책임경영지원단 근무 2016년 SKC(주) 윤리경영실장 2017년 同윤리경영실장 겸 조명사업담당 2018년 同구매지원실장 겸 윤리경영실장(CIO) 2019년 同마케팅1본부장(현)

최두회(崔斗會) Choi Doo Hoi

(생)1963 · 1 · 15 (주)경기도 성남시 분당구 분당로 55 퍼스트타워 12층 한솔EME(주) 임원실(031-778-5555) (학)충북대 건축공학과졸 2009년 고려대 경영대학원 경영학과졸 (경)1994년 한솔건설 입사 2004년 同팀장 2007년 同이사 2008년 同공사담당 상무, 同대표이사 사장, 한솔EME(주) 사업관리본부장, 同대표이사 부사장 2013년 同대표이사 사장(현) 2014~2018년 한솔신텍(주) 대표이사 사장 겸임

최득신(崔得信) CHOI Deuk Sin

(생)1965 · 5 · 23 (출)경북 상주 (주)서울특별시 서초구 서초중앙로 70 동명빌딩 5층 법무법인 평강(02-6092-0060) (학)1984년 서울 영일고졸 1988년 고려대 법학과졸, 同정보경영공학전문대학원졸(공학석사), 同대학원 공학 박사과정 수료 (경)1993년 사법시험 합격(35회) 1996년 사법연수원 수료(25기) 1996년 창원지검 검사 1998년 대구지검 안동지청 검사 1999년 인천지검 부천지청 검사 2001년 서울지검 검사 2003년 대구지검 검사 2005년 서울서부지검 검사 2006년 대검찰청 연구관 2007~2009년 김앤장법률사무소 변호사 2009~2010년 경기도 법률자문검사 · 특별보좌관 2009년 수원지검 검사 2010년 同부부장검사 2011년 대구지검 공판부장 2012년 법무법인 평강 변호사, 同대표변호사(현) 2018년 '드루킹 댓글 조작 사건' 특별검사보 (저)'기업정보보안 업그레이드 지침서 Secrets Plus'(2015, 법무법인 평강) '마지막 재판 : 교회와 법 이야기'(2016, 요나미디어) '현대 교회를 위한 교회법 개론'(2016, 요나미디어) '포렌식 법학 개론'(2016, 법무법인 평강)

최락도(崔洛道) CHOI Rak Do (夏亭)

(생)1938 · 1 · 18 (본)전주(全州) (출)전북 김제 (주)서울특별시 영등포구 국회대로74길 19 민주평화당(02-788-3808) (학)1956년 김제고졸 1960년 중앙대 법학과졸 1971년 전북신학교 신학과졸 1985년 한국방송통신대 농학과졸 1990년 연세대 행정대학원졸 1998년 명지대 대학원졸 2001년 행정학박사(중앙대) (경)1970년 서해방송 편성부국장 1972년 同보도국장 1975년 同논평위원 1975년 전북JC 회장 1977년 한국JC 연수원 교수 1985년 신한민주당(신민당) 청년국장 1985년 제12대 국회의원(김제, 신민당) 1985년 민주화추진협의회 상임운영위원 1988년 평화민주당(평민당) 정책위원회 부의장 1988년 제13대 국회의원(김제 · 부안, 평민당), 평민당 전북지부 위원장 1992년 제14대 국회의원(김제, 민주당 · 국민회의) 1992년 민주당 지자체특별위원장 1993년 同당기위원장 1994년 同사무총장 1995년 국회 통신과학기술위원장 2000년 우석대 객원교수 2002년 민주화추진협의회 지도위원 2008~2010년 (사)세계프로태권도협회 총재 2009~2010년 아시아일보 회장 2009년 한국신체장애인복지회 고문(현) 2011년 민주통합당 전북도당 상임고문 2013년 민주당 전북도당 상임고문 2013년 대한민국헌정회 전북지회장 2014년 전북 김제시장선거 출마(무소속), 대한민국헌정회 고문(현) 2018년 민주평화당 고문(현) (저)'우리 시대에 조광조가 있다면' '징치고 막이 오르면' (종)기독교

최만수(崔萬秀) CHOI Man Soo

(생)1957 · 11 · 29 (출)서울 (주)서울특별시 관악구 관악로 1 서울대학교 공과대학 기계항공공학부(02-889-6669) (학)1980년 서울대 기계공학과졸 1982년 同대학원졸 1987년 공학박사(미국 캘리포니아대 버클리교) (경)1987~1988년 미국 Univ. of California Berkeley Post-Doc. 1991년 서울대 공과대학 기계항공공학부 교수(현) 1997년 나노입자제어기술연구단 단장 2004~2018년 Journal of Aerosol Science 편집장 2008년 대한기계학회 열공학부문 부회장 · 회장 2009~2011년 서울대 공과대학 교무부학장 2011년 한국공학한림원 기계공학분과 정회원(현) 2012년 (재)멀티스케일에너지시스템연구단 단장(현) 2014~2018년 국제에어로졸기구(IARA) 회장 2014년 한국과학기술한림원 정회원(공학부 · 현) (상)한 · 스위스우수연구자상, 과학기술우수논문상(2000), 대한기계학회 학술상(2001), 서울대 SCI 논문우수교수(2003), 서울대 우수연구교수(2007), 대한기계학회 공로상(2010), 서울대 학술연구상(2012), 경암교육문화재단 경암학술상(2015)

최만식(崔萬植) CHOI Man Sik

(생)1970 · 7 · 9 (본)전주(全州) (출)전남 순천 (주)경기도 수원시 팔달구 효원로 1 경기도의회(031-8008-7000) (학)경희대 경영학과졸 2007년 同행정대학원 행정학과졸 (경)경희대총학생회 회장, 김태년 국회의원 보좌관, 민주평통 자문위원, 민주당 성남수정구위원회 부위원장 2006 · 2010년 경기 성남시의회 의원(민주당 · 민주통합당 · 민주당 · 새정치민주연합) 2010년 同경제환경위원장 2014~2018년 경기 성남시의회 의원(새정치민주연합 · 더불어민주당) 2016~2018년 同예산결산특별위원장 2018년 경기도의회 의원(더불어민주당)(현) 2018년 同문화체육관광위원회 위원(현) 2019년 同예산결산특별위원회 위원(현) (종)기독교

최만우(崔萬雨) CHOI Man Woo

(생)1965 · 1 · 21 (출)경남 하동 (주)경상남도 사천시 남일로 29 사천소방서(055-830-9211) (학)울산대 화학공학과졸, 경북대 대학원졸 (경)경남도 소방과 소방공무원 임용, 거제소방서 · 통영소방서 행정 · 예산장비 · 방호담당, 경남도 소방행정과 감찰반 근무, 진주소방서 소방행정과장 · 방호구조과장, 행정자치부 소방국 정책기획단 근무, 한국국제대 소방방재학부 겸임교수 2007년 경남도 소방본부 방호구조과 예방담당 2007년 同소방행정과 기획감찰담당 2009년 경남 거창소방서장 2011년 경남 진주소방서장 2012년 경남 거제소방서장 2014년 경남 함안소방서장 2016년 경남 김해동부소방서장 2017년 경남 밀양소방서장 2018년 경남 산청소방서장 2019년 경남 사천소방서장(현) (상)대통령표창(2004)

최만현(崔晩鉉)

(생)1959 · 5 · 17 (주)경기도 과천시 교육원로 98 한국화학융합시험연구원 부원장실(02-2164-0104) (학)1978년 진주고졸 1986년 경상대 경제학과졸 2002년 태국 아시아공과대 대학원 에너지경제 · 계획학졸(석사) (경)1991~2004년 교통부 도시교통정책과 · 상공부 총무과 · 산업자원부

가스기획과 · 산업환경과 · 전기위원회 총괄정책과 근무 2004년 산업자원부 섬유패션산업과 행정사무관 2006년 同산업기술개발과 행정사무관 2008년 지식경제부 가스산업과 행정사무관 2012년 同행정관리담당관실 행정사무관 2013년 산업통상자원부 행정관리담당관실 행정사무관 2013년 同창조행정담당관실 서기관 2015년 同감사담당관 2016년 한국화학융합시험연구원(KTR) 부원장(현)

최만희(崔晩熙) CHOI Man Heui

(생)1956 · 9 · 15 (출)광주 (주)서울특별시 종로구 경희궁길 46 대한축구협회(02-2002-0707) (학)전남기계공고졸, 중앙대졸 1982년 同대학원 체육학과졸 1998년 체육학박사(중앙대) (경)1980년 남강고 축구부 감독 1982년 풍생고 축구부 감독 1990~1991년 FIFA U-20 국가대표팀 코치 1994~1996년 프로축구 전북 현대 다이노스 코치 1997년 同감독, 프로축구 부산 아이콘스 부단장, 프로축구 수원 삼성 블루윙즈 2군 코치 2000~2002년 프로축구 전북 현대 모터스 감독 2002~2004년 프로축구 부산 아이콘스 수석코치, 프로축구 부산 아이파크축구단 부단장 2010~2012년 프로축구 광주 FC 초대감독 2013년 파주 NFC 센터장 2013년 대한축구협회 기술교육실장 2013년 同일반이사(현) 2014년 同대외협력기획단장 2016~2018년 아이파크스포츠(주) 대표이사 2018년 HDC스포츠(주) 대표이사

최맹호(崔孟浩) CHOI Meng Ho

(생)1948 · 11 · 21 (본)전주(全州) (출)경북 선산 (주)서울특별시 동대문구 이문로 107 학교법인 동원육영회(02-2173-2114) (학)1976년 한국외국어대 러시아어과졸, 동국대 언론정보대학원졸, 서울대 행정대학원 국가정책과정 수료, 고려대 대학원 최고위언론과정 수료, 연세대 대학원 최고위언론과정 수료 (경)1976년 동아일보 사회부 기자 1980년 해직 1981년 삼성물산 홍보과장 1984년 동아일보 복직 1985년 同미주지사 파견 1986년 同정치부 기자 1989년 同빈특파원 1992년 同베를린특파원 1994년 同사회부 차장 1994년 同과학부장 1995년 同사회부장 1996년 同뉴스플러스부장 1997년 同국제부장, 관훈클럽 운영위원 1999년 同편집국 부국장 2000년 同경영지원국장 2001~2005년 同경영전략실장 2003년 한국신문협회 기조협의회 회장 2005년 동아일보 출판국장 2006년 同출판편집인 겸 출판국장(이사) 2006년 대한민국육군협회 자문위원(현) 2007년 동아일보 영업사업담당 이사 2008년 同영업사업담당 상무이사 겸 인쇄인 2010~2015년 同대표이사 부사장 2010년 고려중앙학원 이사 2013~2017년 한국국방연구원 비상임이사 2014년 학교법인 동원육영회(한국외국어대) 이사(현) 2015~2016년 동아일보 고문 (상)동국대 언론정보대학원 동국언론인상(2009), 외대를 빛낸 동문상(2010), 자랑스러운 외대인상(2010)

최명규(崔明圭) CHOI Myeong Kyu

(생)1959 · 1 · 5 (본)강릉(江陵) (출)강원 정선 (주)강원도 평창군 대관령면 올림픽로 108-27 2018평창기념재단 대외협력처(033-350-2018) (학)정선고졸, 한국방송통신대 행정학과졸 (경)정선군 내무과 근무, 강원도 기획관실 근무, 同지방과 근무, 同경제정책과 근무, 同수송정책기획단 수송정책담당, 삼척의료원 경영혁신팀 기획총괄담당, 강원도 지방분권담당, 同관광홍보담당, 同관광기획담당 2008년 同투자유치사업본부 기업유치과장 2011년 同자치행정국 자치행정과장 2012년 同자치행정국 총무과 서기관(교육입교) 2013년 同비서실장 2013년 同안전자치행정국장 직대 2014년 同안전자치행정국장(부이사관) 2016년 장기교육 2017년 강원도 올림픽운영국장 2016년 2018평창동계올림픽대회조직위원회 홍보협력사무차장 2018년 同사업사무차장 2019년 2018평창기념재단 대외협력처장(현)

최명규(崔明奎)

(생)1976 · 11 · 3 (출)경기 부천 (주)경상남도 진주시 진양호로 301 창원지방검찰청 진주지청 형사2부(055-760-46002) (학)1995년 부천고졸 2001년 서울대 경제학과졸 (경)2001년 사법시험 합격(43회) 2004년 사법연수원 수료(33기) 2004년 軍법무관 2007년 서울북부지검 검사 2009년 대전지검 논산지청 검사 2011년 의정부지검 고양지청 검사 2013년 서울중앙지검 검사 2017년 부산지검 서부지청 검사 2018년 서울남부지검 부부장검사 2019년 창원지검 진주지청 형사2부장(현)

최명서(崔明瑞) CHOI Myung Seo

(생)1956 · 8 · 27 (본)영월(寧越) (출)강원 영월 (주)강원도 영월군 영월읍 하송로 64 영월군청(033-370-2201) (학)마차고졸 1989년 한국방송통신대 행정학과졸 2003년 강원대 경영행정대학원 행정학과졸, 경희사이버대 사회복지학과졸 (경)강원도 공보기획담당, 同향토문화담당, 강원 영월군 문화관광과장 2010년 강원도 동강관리사업소장 2011년 同환경관광문화국 문화예술과장 2012년 강원 영월군 부군수(서기관) 2014년 강원도 보건복지여성국 여성청소년가족과장 2014~2018년 강원도의회 의원(새누리당 · 자유한국당) 2014년 同기획행정위원회 위원 2016~2018년 同경제건설위원회 위원 2018년 강원 영월군수(자유한국당)(현) (상)총무처장관표창(1994)

최명수(崔明洙) Choi Myoung Soo

(생)1958 · 5 · 20 (주)전라남도 무안군 삼향읍 오룡길 1 전라남도의회(061-286-8200) (학)고구려대 사회복지학과졸 (경)나주시 왕곡면장 · 회계과장 · 시민소통실장 · 기획예산실장, 더불어민주당 정책위원회 부의장(현) 2018년 전남도의회 의원(더불어민주당)(현), 同교육위원회 위원(현)

최명식(崔明植)

(생)1963 · 2 · 21 (출)경북 경주 (주)경기도 수원시 영통구 청명남로 13 동수원세무서(031-695-4200) (학)서울 용문고졸 1983년 세무대학졸(1기), 경희대 대학원 경영학과졸 (경)1983년 세무공무원 임용(8급 특채) 1983년 서울 마포세무서 법인세과 근무 1990년 서울지방국세청 조사국 제1조사관 1993년 재무부 세제실 조세정책과 근무 2007년 국세청 국세공무원교육원 교수(사무관) 2012년 同국세공무원교육원 교수(서기관) 2014년 부산지방국세청 감사관 2015년 서부산세무서장 2016년 중부지방국세청 조사4국 조사3과장 2017년 경기 화성세무서장 2018년 중부지방국세청 조사1국 조사2과장 2019년 경기 동수원세무서장(현)

최명옥(崔明玉) CHOI Myung Ok

(생)1944 · 10 · 1 (본)경주(慶州) (출)경남 사천 (주)서울특별시 관악구 관악로 1 서울대학교 교수종합연구동(150동) 101호(02-880-1364) (학)1973년 서울대 국어국문학과졸 1975년 同대학원졸 1982년 문학박사(서울대) (경)1976~1986년 영남대 문리과대학 전임강사 · 조교수 · 부교수 1983~1984년 영국 Univ. of Edinburgh Department of Linguistics Postdoctoral Fellow 1986~1995년 서울대 인문대학 조교수 · 부교수 1990~1991년 일본 텐리대 외국어학부 객원교수 1995~2010년 서울대 국어국문학과 교수 1996~1997년 일본 도쿄대 문학부 객원교수 2002~2003년 일본 텐리대 국제문화학부 객원교수 2003~2004년 서울대 국어국문학과장 2005~2006년 일본 도쿄대 문학부 대학원 객원교수 2005~2006년 한국방언학회 초대 회장 2006년 同제2대 회장 2010년 서울대 국어국문학과 명예교수(현) 2011~2012년 중국 중앙민족대 객원교수 2015년 중국 남경대 객원교수 (상)일석국어학연구

장려상(1981), 녹조근정훈장(2010), 일석국어학상(2013) (저)'경북 동해안방언 연구'(1980) '월성지역어의 음운론'(1982) '국어음운론(共)'(1997) '국어음운론과 자료'(1998) '한국어 방언연구의 실제'(1998) '경주 속담 · 말 사전(共)'(2001) '함북 북부지역어 연구(共)'(2003) '국어음운론'(2004) '한국언어지도(共)'(2008) '현대한국어의 공시형태론'(2008) '경기 포천 지역의 언어화 생활'(2008) '경기 파주 지역의 언어화 생활'(2009) '한국어의 방언'(2015) (종)천주교

최명용(崔鳴鏞) CHOI Myeong Yong

(생)1958 · 7 · 27 (출)강원 춘천 (주)서울특별시 금천구 가산디지털2로 53 한라시그마밸리 한국어촌어항공단 이사장실(02-6098-0700) (학)1977년 춘천고졸 1983년 연세대 토목학과졸 1985년 同토목학과졸 1997년 영국 스완지부속대 수료 (경)1991년 동해지방해운항만청 조사시험과장 1993~1995년 해운항만청 개발국 기획과 · 건설과 근무 1995년 영국 Swansea대 파견 1997~1999년 해양수산부 항만건설국 항만기술과 · 항만정책과 · 민자개발과 근무 1999년 마산지방해양수산청 항만공사과장 2001~2002년 해양수산부 항만국 항만건설과 · 민자계획과 · 항만정책과 근무 2002년 부산항건설사무소 시설과장 2004년 해양수산부 항만국 항만건설과장 2005년 同항만국 민자계획과장 2009년 국토해양부 건설수자원정책실 하천운영과장 2010년 同물류항만실 항만재개발과장 2010년 同물류항만실 항만지역발전과장 2011년 同항만정책과장(부이사관) 2013년 해양수산부 항만국 항만정책과장 2013년 여수지방해양항만청장 2014년 부산지방해양항만청 부산항건설사무소장(고위공무원) 2015년 부산지방해양수산청 부산항건설사무소장 2016~2017년 해양수산부 항만국장 2018년 한국어촌어항공단 이사장(현) (상)근정포장(2013)

최명재(崔明在) CHOI Myoung Jae

(생)1927 · 5 · 18 (본)전주(全州) (출)전북 김제 (주)강원도 횡성군 안흥면 봉화로 800 민족사관고등학교 이사장실(033-343-1115) (학)1945년 전주북중졸 1951년 서울대 상학과졸 (경)1951~1966년 상업은행 근무 1969~1977년 성진자동차공업 설립 · 대표이사 1973~1977년 성진협동(주) 설립 · 대표이사 1977년 성진낙농(주) 설립 · 대표이사 1987~2004년 파스퇴르유업(주) 설립 · 회장 1993년 민족사관고 설립 2002~2003년 同교장 2004년 同이사장(현) (저)자서전 '20년 후 너희들이 말하라'

최명철(崔明哲) CHOI Myeong Cheol

(생)1970 · 5 · 31 (출)경남 사천 (주)세종특별자치시 다솜2로 94 농림축산식품부 국제협력총괄과(044-201-2031) (학)진주 대아고졸, 서울대 농촌사회학과졸 (경)1997년 행정고시 합격(41회) 1998년 건설교통부 서울지방철도청 사무관 2001년 농림부 축산국 축산물유통과 · 식량정책국 식량정책과 사무관 2006년 同농산물유통식품산업국 유통정책과 서기관 2008년 국립농산물품질관리원 제주지원장 2009년 농림수산식품부 기획조정실 정보화담당관 2009년 同홍보담당관 2011년 同식품산업정책과장 2012년 同소비안전정책과장 2013년 同기획조정실 정책평가담당관 2013년 농림축산식품부 농촌정책국 정책평가담당관 2013~2015년 국외 파견(과장급) 2015년 농림축산식품부 규제개혁법무담당관 2016년 同축산정책과장(부이사관) 2019년 同국제협력총괄과장(현)

최명한(崔明翰) Choi myunghan

(생)1961 · 4 · 7 (본)전주(全州) (출)전남 목포 (주)부산광역시 영도구 태종로 727 한국해양대 해양군사대학(051-410-5360) (학)1981년 경성고졸 1985년 해군사관학교 국제관계학과졸 2009년 경남대 대학원 인사조직학과졸 (경)2006년 해군본부 장교인사과장 2007년 양만춘함장 2009년 합동참모본부 의장 보좌관 2010년 해군본부 대외협력과장 2010년 1함대 11구축함 전대장 2011년 駐일본 해군무관 2013년 정보사령부 제2여단장 2014년 한 · 미연합사령부 인사참모부장 2015~2017년 해군 제8전투훈련단장 2017년 예편(준장) 2017년 한국해양대 해양군사대학장(현) (상)대통령표창(2010) (종)불교

최명해(崔明海) CHOI Myong Hae

(생)1948 · 11 · 12 (출)대구 (주)서울특별시 종로구 사직로8길 39 세양빌딩 김앤장법률사무소(02-3703-1547) (학)1967년 경북고졸 1972년 서울대 상학과졸 (경)1975년 행정고시 합격(17회) 1976~1999년 동대구세무서 조사과장 · 영주세무서장 · 강남세무서장 · 삼성세무서장 · 국세청 기획예산담당관 · 국세청 조사1과장 1999년 국세청 국제조세국장 1999년 서울지방국세청 재산세국장 1999년 同세원관리국장 2000년 국세청 기획관리관 2001년 대구지방국세청장 2002년 국세청 국제조세관리관 2003년 同조사국장 2004~2005년 재정경제부 국세심판원장 2005년 김앤장법률사무소 고문(현) 2008~2017년 현대산업개발(주) 사외이사 2009년 동아일보 감사 2009~2015년 SK이노베이션(주) 사외이사 겸 감사위원

최명헌(崔明憲) CHOI Myung Hun (松正)

(생)1929 · 6 · 16 (본)해주(海州) (출)평북 정주 (주)서울특별시 영등포구 의사당대로 1 대한민국헌정회(02-757-6612) (학)1949년 단국대 수료 1950년 육군사관학교졸 1953년 미국 포병학교 수료 (경)1952년 포병대장 1958년 육군본부 작전참모 1960년 군사령부 정보 · 작전참모 1961년 재건운동 충남지부장 1963년 예편(육군 대령) 1970년 인천수출산업공단 이사장 1971~1984년 한국수출산업공단 이사장 1981년 제11대 국회의원(서울 구로, 민정당) 1982년 한 · 일의원연맹 경제분과위원장 1983년 민주정의당(민정당) 중앙위원회 상공분과위원장 1985년 同당무발전위원회 부위원장 1985년 제12대 국회의원(전국구, 민정당) 1985년 국회의장 비서실장 1988년 노동부 장관 1989~1992년 대한무역진흥공사 이사장 1997~2000년 국민회의 부총재 1997년 대통령직인수위원회 제2경제분과위원장 1998년 同통일고문 1998~2001년 민주평통 상임위원 1999년 국민회의 이북7도위원장 1999년 새천년민주당 창당준비위원회 상임부위원장 2001~2004년 제16대 국회의원(전국구 승계, 새천년민주당) 2002년 새천년민주당 선거관리위원회 부위원장 2002년 同상임고문 2002년 同이북7도민위원장 2003년 同최고위원 2003년 同사무총장 2003년 同상임고문, 민주당 상임고문 2017~2019년 대한민국헌정회 고문 2019년 同위원(현) (상)건국공로훈장, 충무무공훈장, 화랑무공훈장, 보국훈장 삼일장, 금탑산업훈장, 청조근정훈장, 동탑산업훈장 (종)기독교

최명환(崔明煥) CHOI Myung Hwan

(생)1955 · 6 · 2 (주)서울특별시 마포구 백범로 35 서강대학교 컴퓨터공학과(02-705-8495) (학)1978년 서울대 전기공학과졸 1980년 한국과학기술원(KAIST) 전기공학과졸(석사) 1989년 컴퓨터공학박사(미국 매사추세츠대) (경)1980~1984년 삼성전자(주) 통신연구소 선임연구원 1985~1989년 미국 매사추세츠대(암허스트) 연구조교 1989~1991년 Integrated Network Corp. 연구원 1991~1993년 삼성전자(주) 통신연구소 수석연구원 1993년 ATM-Korea Interest Group NM Working Group 의장 1993~2002년 서강대 컴퓨터학과 조교수 · 부교수 2002년 同컴퓨터학과 교수 2005년 同정보통신원장 2007년 서강대 컴퓨터공학과 교수(현) 2017년 同정보통신대학원장(현) (저)'PC와 인터넷'(2000) '전자공학@정보사회'(2002)

최명훈(崔明勳) Choi Myunghun

(생)1975 · 5 · 12 (출)서울 (주)서울특별시 성동구 마장로 210 한국기원 홍보팀(02-3407-3850) (경)1991년 입단 1995년 왕위전 본선 1996년 5단 승단 1996년 제3기 테크론배 준우승 1996년 동양증권배 · LG배 세계기왕전 · 후지쯔배 · 왕위전 · 천원전 본선 1997년 6단 승단 1998년 제3기 박카스배 준우승 1999년 배달왕전 · 명인전 · 기성전 · 천원전 · KBS바둑왕전 · 신인왕전 · 삼성화재배 · 춘란배 본선 2000년 7단 승단 2000년 LG정유배 우승 2000년 배달왕전 · 기성전 · 삼성화재배 · 응씨배 · 후지쯔배 · 춘란배 본선 2001년 제6회 LG정유배 준우승 2001년 8단 승단 2002년 제7회 LG정유배 준우승 2002년 춘란배 본선 2003년 LG정유배 · 패왕전 · 기성전 본선 2004년 9단 승단(현) 2004년 박카스배 천원전 본선 2007년 GS칼텍스배 본선 2008년 하이원배 명인전 · 한국바둑리그 · 원익배 십단전 본선 2009년 KBS바둑왕전 · 맥심커피배 본선 2014~2016년 국가대표 바둑팀 코치 2016년 KBS바둑왕전 본선 2016년 최명훈9단바둑학원 개원 · 대표(현) (상)바둑문화상 감투상(1996)

최몽룡(崔夢龍) CHOI Mong Lyong (希正)

(생)1946 · 9 · 13 (본)경주(慶州) (출)서울 (주)서울특별시 관악구 관악로 1 서울대학교 고고미술사학과(02-880-5114) (학)1964년 중앙고졸 1968년 서울대 고고인류학과졸 1971년 同대학원졸 1983년 철학박사(미국 하버드대) (경)1971~1981년 전남대 문리대학 사학과 전임강사 · 조교수 1977년 문화재 전문위원 1981~1988년 서울대 문리대학 조교수 · 부교수 1986~1988년 同인문대학 부학장 1987년 한국상고사학회 회장 1988~2012년 서울대 고고미술사학과 교수 1995~1999년 同박물관장 1999~2003년 문화재위원회 위원 2005년 학술진흥재단 심사평가위원 2012년 서울대 고고미술사학과 명예교수(현) (상)전남도 문화상(1976) (저)'A Study of the Yongsan River Villey Culture'(1983) '고등학교 국사 교과서'(1988~2011) '재미있는 고고학여행'(1991) '한국문화의 원류를 찾아서'(1993) '인류의 선사시대' '러시아의 고고학'(1994) '문명의 발생'(1994) '5000년전의 남자'(1995) '고고학과 자연과학'(1995) '도시 · 문명 · 국가'(1996) '인물로 본 고고학사'(1997) '한국고대국가 형성론'(1997) '고고학 연구방법론'(1998) '한국지석묘의 연구방법과 이론'(2000) '흙과인류'(2000) '시베리아의 선사고고학'(2002) '동북아시아 청동기시대 문화연구'(2002) '백제를 다시본다'(2004, 일어판) '한성시대 백제와 마한'(2004) '최근 고고학자료로 본 한국고고학 · 고대사의 신연구'(2006) '동북아 청동기시대 문화연구 II'(2006) '경기도의 고고학'(2006) '한국청동기철기시대와고대사회의복원'(2008) '21세기의 한국고고학 1-5'(2008~2011) '한국상고사 연구여적'(2008) '21세기의 한국고고학 V'(2012, 희정 최몽룡교수 정년퇴임 논총 마지막 책, 서울 : 주류성) 개정판 '인류문명발달사 : 고고학으로 본 세계문화사'(2013) '인류문명발달사(개정5판)'(2013) '한국고고학연구'(2014) '고구려와 중원문화'(2014) '인류문명발달사(교재용 개정6판)'(2015) '세계사 속에서의 한국'-희정 최몽룡교수 고희논총'(2016) '선사문화와 국가의 형성-고고학으로 본 한국상고사'(2016) '중국고고학-주제별 항목별로 본 중국 문화사 서설-'(2018) (역)'21세기의 한국고고학'(2012) '인류문명발달사'(2015) '중국 동북부에서 문명의 발생'(2015) '선사문화와 국가의 형성-고고학으로 본 한국상고사'(2016) '흔암리 주거지와 문화사적 맥락-공렬토기, 지석묘와 고조선'(2016)

최무경(崔茂炅) Choi Moo Kyung

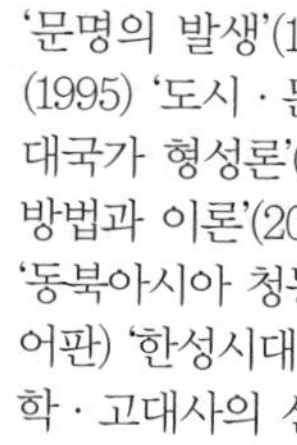

(생)1966 · 9 · 9 (주)전라남도 무안군 삼향읍 오룡길 1 전라남도의회(061-286-8200) (학)여수정보과학고졸, 한영대학 기계공학과졸, 동신대 대학원 관광학과졸 (경)나르샤관광개발 대표(현), 남산요양원 운영위원, 민주통합당 여수乙지역위원회 관광특별위원장 2012~2014년 전남 여수시의회 의원(보궐선거 당선, 민주통합당 · 민주당 · 새정치민주연합) 2014년 전남도의원선거 출마(무소속), 더불어민주당 전남도당 문화관광특별위원장(현) 2018년 전남도의회 의원(더불어민주당)(현), 同교육위원회 위원 겸 윤리특별위원회 위원(현), 同광양만권해양생태계보전특별위원회 위원(현)

최무열(崔武烈) Choi Moo-yeol

(생)1960 · 4 · 5 (본)경주(慶州) (출)경북 경산 (주)대구광역시 북구 구암로65길 38 북대구우체국(053-310-3000) (학)1979년 성광고졸 2007년 한국방송통신대 행정학과졸 2009년 인하대 물류전문대학원 물류경영학과졸 (경)1986~1990년 상주우체국 · 경산우체국 행정주사보 1990년 경북체신청 업무국 우무과 행정주사보 1995년 정보통신부 기획관리실 기획예산담당관실 행정주사 2003년 광화문우체국 우편물류과장(행정사무관) 2004년 정보통신부 우정사업본부 우편사업단 우편기획과 행정사무관 2005년 同우정사업본부 경영기획실 투자기획팀 행정사무관 2008년 지식경제부 우정사업본부 경영기획실 재정관리팀 행정사무관 2012년 同우정사업본부 보험사업단 보험기획과 서기관 2012년 구미우체국장 2013년 경북지방우정청 우정사업국장 2015년 대구달서우체국장 2017년 경산우체국장 2018년 북대구우체국장(현)

최무진(崔珷塡) Choi, Moo-Jin

(생)1967 · 11 · 25 (출)전남 담양 (주)세종특별자치시 다솜3로 95 공정거래위원회 운영지원과(044-200-4187) (학)1985년 광주 서석고졸 1990년 서울대 경영학과졸 (경)1992년 행정고시 합격(36회) 2002년 재정경제부 금융정책국 은행제도과 서기관 2005년 공정거래위원회 경쟁국 가맹사업거래과장 2005년 同시장감시본부 거래감시팀장 2007년 同소비자정보팀장 2007년 同소비자본부 정보교육안전팀장 2008년 同소비자안전과장 2009년 同서비스카르텔과장 2010년 세종연구소 파견 2011년 공정거래위원회 소비자정책과장 2014년 同소비자정책국 소비자정책과장(부이사관) 2014년 同시장감시국 시장감시총괄과장 2015년 同기업거래정책국 기업거래정책과장 2017년 同카르텔총괄과장 2017년 同기업거래정책국장(고위공무원) 2019년 국방대 파견(현)

최문규(崔文奎) CHOI Moon Gyoo

(생)1958 · 6 · 20 (출)서울 (주)서울특별시 서대문구 연세로 50 연세대학교 독어독문학과(02-2123-2337) (학)1982년 연세대 독어독문학과졸 1988년 독일 Bielefeld대 대학원 독어독문학과졸 1992년 문학박사(독일 Bielefeld대) (경)1986~1991년 독일 프리드리히나우만재단 장학생 1991~1993년 연세대 · 홍익대 · 한양대 · 한신대 시간강사 1994년 연세대 독어독문학과 조교수 · 부교수 · 교수(현) 1995~2014년 한국뷔히너학회 총무이사 · 편집이사 · 편집상임이사 · 부회장 · 감사 1996~1997년 아시아독어독문학자대회준비위원회 사무총장 1996년 독일 학술교류처(DAAD) 연구방문교수 1999년 한국독어독문학회 연구이사 1999~2004년 독일어문학회 편집이사 · 편집위원 2000~2001년 한국번역학회 편집출판 2000~2001년 독일 훔볼트재단(AvH)지원 쾰른대 객원교수 2001~2004년 한국독어독문학교육학회 기획연구이사 · 국제상임이사 2002년 한국훔볼트클럽 총무이사 2002~2004년 연세대 비교문학협동과정 학과장 2002~2003년 同외국어특기자 책임지도교수 2002~2003년 同독어독문학과장 2003년 한국독어독문학회 편집위원 · 편집출판상임이사 2003~2005년 연세대 문과대학 교학부장 · 부학장 2005~2006년 同독어독문학과장 2006~2008년 同언어연구교육원(한국어학당 · 외국어학당) 원장 2007~2008년 同LA분원장 겸임 2013~2016년 同문과대학장 2015년 한국뷔히너학회 편집위원(현) (상)연세대 우수연구교수상(2002) (저)'문학과 역사철학의 의미동일성과 의미차이성'(1991) '탈 현대성과 문학의 이해'(1996) '19세기 자연과학과 자연관(共)'(1997) '문학이론과 현실인식'(2000) '고등학교 독일어의 독해'(2002) '축제와 문화(共)'(2003) '문학, 그 사이의 존재(共)'(2003) '기억과 망각 : 문학과 문화

ㅊ

학의 교차점(共)'(2003) '니체 : 바이로이트의 리하르트 바그너, 유고'(2005) '독일낭만주의'(2005) '자율적 문학의 단말마?'(2006) (역)'새로운 문학이론(共)'(1994) '소통행위이론(共)'(1995) '아방가르드와 현대성'(1995) '한줌의 도덕'(1995) '두 열림을 향하여'(1996) '절대적 현존'(1998) '그림자를 판 사나이'(2002)

최문규(崔汶圭) CHOI Moon Kyu

(생)1971·8·9 (출)전북 임실 (주)서울특별시 서초구 잠원로 94 한신공영(주) 임원실(02-3393-3113) (학)1990년 대원외국어고졸 1998년 서강대 경영학과졸 2002년 미국 선더버드대 대학원졸(MBA) (경)현대상선 근무, 현대자동차 대리 2005년 한신공영(주) 입사, 同경영지원부 이사 2016년 同총괄부사장 2017년 同각자대표이사 부사장(현)

최문기(崔文箕) MOONGI CHOI

(생)1977·7·13 (본)경주(慶州) (출)대구 (주)세종특별자치시 가름로 194 과학기술정보통신부(044-202-4004) (학)1996년 경신고졸 2005년 서울대 기계항공공학부졸 2012년 영국 서섹스대 대학원 과학기술정책과졸 (경)2005년 행정고시 합격(48회) 2005~2006년 과학기술부 기초연구지원과 사무관 2006~2007년 국무총리실 방송통신융합추진지원단 사무관 2007년 과학기술부 연구개발예산담당관실 사무관 2008년 교육과학기술부 과학기술전략과 사무관 2009년 同예산담당관실 사무관 2010년 同핵융합지원팀 사무관 2012년 同글로벌협력전략팀 사무관 2013년 미래창조과학부 재정팀 사무관 2015년 同기획재정담당관실 서기관 2017년 同기획조정실 구주아프리카협력담당관 2017년 과학기술정보통신부 기획조정실 국제협력관실 구주아프리카협력담당관 2019년 同비서실장(현) (상)대통령표창(2014)

최문성(崔文誠) Choi, mun sung

(생)1959·3·2 (출)경남 고성 (주)경상남도 진주시 진양호로369번길 3 진주교육대학교 총장실(055-740-1100) (학)1977년 부산중앙고졸 1982년 서울대 정치학과졸 1984년 同대학원 정치학과졸 1991년 정치학박사(서울대) 2016년 명예박사(몽골국립교육대) (경)1993년 진주교육대 도덕교육과 교수 2007년 同발전기획단장, 同다문화교육원장 2013년 同교수협의회장 2014년 한국다문화교육학회 부회장, 동북아역사재단 자문위원, 민주평통 자문위원 2016년 진주교육대 총장(현) 2018년 전국교원양성대학교총장협의회 회장

최문순(崔文洵) CHOI, Moon-soon

(생)1954·4·4 (본)강릉(江陵) (출)강원 화천 (주)강원도 화천군 화천읍 화천새싹길 45 화천군청(033-440-2202) (학)화천실업고졸 (경)1976년 화천군4H연합회 회장 2000년 지방행정사무관 승진 2000년 강원 화천군 간동면장 2005년 同자치행정과장 2008년 同주민생활지원과장(지방서기관) 2008년 同주민생활지원실장 2011년 同기획감사실장 2011년 화천중·고 총동문회장(현) 2012년 강원도 교육연구실장 2013년 강원 화천군 부군수 2014~2018년 강원 화천군수(새누리당·자유한국당) 2016~2018년 세계겨울도시시장회의 아시아·오세아니아지역 부회장 2018년 강원 화천군수(자유한국당)(현) (상)녹조근정훈장(2013) (종)기독교

최문순(崔文洵) CHOI Moon Soon

(생)1956·2·4 (본)강릉(江陵) (출)강원 춘천 (주)강원도 춘천시 중앙로 1 강원도청 도지사실(033-249-2001) (학)1974년 춘천고졸 1978년 강원대 영어교육과졸 1984년 서울대 대학원 영어영문학과졸 (경)1984~1996년 MBC 보도국 사회부·기동취재반 기자 1995년 同노조위원장 1996년 해직 1997년 MBC 보도국 기동취재부 복직 1998년 同보도국 기획취재부 차장대우 1998~2001년 전국언론노동조합연맹 위원장 2001년 MBC 보도제작국 차장 2001년 同R·인터넷뉴스부 부장대우 2003년 同인터넷뉴스센터 취재에디터(부장대우) 2003년 同보도제작국 2CP 2005~2008년 同대표이사 사장 2005년 한국방송협회 부회장 2006년 同회장 2007~2008년 同부회장 2008~2011년 제18대 국회의원(비례대표, 통합민주당·민주당) 2008년 민주당 언론장악저지대책위원회 간사 2010년 同평창동계올림픽유치지원특별위원회 위원 2010년 同유비쿼터스위원장 2011년 강원도지사(재보선 당선, 민주당·민주통합당·민주당·새정치민주연합) 2011년 강원FC 구단주(현) 2014~2018년 강원도지사(새정치민주연합·더불어민주당) 2014~2016년 지역균형발전협의체 공동회장 2016~2017년 전국시·도지사협의회 회장 2017~2019년 대한체육회 지역대표 부회장 2017~2018년 2018평창동계올림픽대회조직위원회 공동집행위원장 2018년 강원도지사(더불어민주당)(현) 2018년 더불어민주당 참좋은지방정부위원회 공동위원장(현) (상)MBC창사 30주년 공로상(1991), 방송보도상(1992), 한국언론학회 언론상(1993), 방송문화진흥대상(1993), 한국방송대상 우수작품상(1993), 안종필 자유언론상(1996), 한국방송대상 보도기자상(1998), 송건호 언론상(2009), '2009 민주당 파워블로그어워드' 파워블로그상(2010), 경제정의실천시민연합 선정 '국정감사 우수의원'(2010), 대한민국경제리더대상 가치경영부문대상(2015), 기후변화센터 그랜드리더스어워드 지자체부문상(2016), 대한민국 유권자대상 광역자치단체장부문(2017), 한국여성단체협의회 우수지방자치단체장상(2017), 국제올림픽위원회(IOC) 올림픽 은장 훈장(2018), 대한민국자치발전 광역자치부문 대상(2018) (저)'감자의 꿈'(2014, 고즈윈)

최문정(崔文禎·女) Moonjung Choi

(생)1966·12·7 (출)서울 (주)서울특별시 서초구 마방로 68 한국과학기술기획평가원 기술예측센터(02-589-2193) (학)1989년 연세대 식품공학과졸 1991년 同대학원졸 1996년 식품과학박사(미국 오하이오주립대) (경)1992년 한국식품개발연구원 연구원 1997년 미국 오하이오주립대 박사후연구원 1997~2002년 연세대 생물산업소재연구센터 연구원 1998년 同생물자원공학과 강사 1998년 서울산업대 식품공학과 강사 1999년 연세대 생명공학과 강사 2002년 한국과학기술기획평가원 선임연구위원(현) 2007년 同조정평가단 공공복지평가팀장 2008년 同연구제도실장 2010년 同정책기획본부 선임연구위원 2012년 同기술예측실장 2014년 同미래예측본부장 2017년 同기술예측센터장(현)

최문환(崔文煥) Choi Moon Hwan (소율)

(생)1960·12·8 (본)해주(海州) (출)경북 영덕 (주)경기도 안성시 시청길 25 안성시청 부시장실(031-678-2010) (학)1980년 영해고졸 1989년 건국대 환경공학과졸 2001년 경기대 행정대학원 행정학과졸 (경)1994~2001년 경기도 총무과·지방과·감사실 근무(6급) 2001년 경기도립직업전문학교 IT과장(행정사무관) 2003년 경기 의왕시 사회복지과장 2005년 경기도의회 의정홍보담당 2006년 경기도 공보관실 언론(신문)담당 2009년 同정책기획심의관실 의회협력팀장 2010년 同예산담당관실 건설농정팀장 2013년 同정책기획관실 조직팀장 2013년 同안전총괄담당관(서기관) 2014년 교육 파견 2015년 경기도 대외협력담당관 2016년 同예산담당관 2017년 경기 양평군 부군수 2019년 경기 안성시 부시장(현) 2019년 同시장 권한대행(현) (상)환경부장관표창(1993), 내무부장관표창(1996), 국무총리표창(2001·2007), 경기도지사표창(2012) (종)유교

최미복(崔美福·女)

(생)1977·3·28 (출)경기 성남 (주)대구광역시 수성구 동대구로 364 대구지방법원 총무과(053-757-6470) (학)1996년 안양고졸 2000년 서울대 역사교육학과졸 (경)2001년 사법시험 합격(43회) 2004년 사법연수원 수료(33기) 2004년 대구지법 예비판사 2006년 同판사 2007년 인천지법 판사 2011년 서울중앙지법 판사 2013년 수원지법 판사 2016년 서울중앙지법 판사 2019년 대구지법 부장판사(현)

최미섭(崔味燮)

(생)1966·5·7 (출)경북 안동 (주)경상북도 안동시 풍천면 검무로 77 경북지방경찰청 112종합상황실(054-824-2129) (학)경일대 전자계산학과졸, 경북대 산업대학원 컴퓨터공학과졸 (경)1991년 순경 임용(공채) 2013년 대구지방경찰청 112상황팀장 2014년 同보안계장 2017년 同감찰계장(총경) 2019년 경북지방경찰청 112종합상황실장(현)

최미희(崔美姬·女) Choi, mihee

(생)1961·1·14 (본)전주(全州) (출)경기 여주 (주)서울특별시 영등포구 의사당대로 1 국회예산정책처 조세분석심의관실(02-788-4830) (학)1979년 서울 동명여고졸 1983년 숙명여대 생물학과졸 1997년 同대학원 경제학과졸 2000년 경제학박사(숙명여대) 2014년 세무학박사(서울시립대) (경)2004~2005년 국회예산정책처 사업평가국 사업평가관 2005~2017년 同사업평가국 산업사업평가과장 2017년 同경제분석국 산업고용분석과장 2018년 同추계세제분석실 조세분석심의관(부이사관)(현) (상)환경부장관표창(1999), 국회의장표창(2012) (저)'환경의 학제적 이해 : 환경경제학을 넘어 생태경제학으로(共)'(2007, 한울아카데미) (역)'습지의 경제적 가치화'(2008, 돌베게)

최민도(崔珉道) CHOI MIN DO

(생)1964·6·12 (출)부산 (주)광주광역시 서구 무진대로 932 (주)광주신세계 비서실(1588-1234) (학)1983년 달성고졸 1991년 성균관대 기계공학과졸 (경)1990년 삼성그룹 입사 1993년 同기계소그룹 전략기획실 기획팀 대리 1996년 (주)신세계 백화점부문 기조실 기획팀 입사·과장 2004년 同백화점부문 미아점 영업2팀 잡화생활부장 2007년 同백화점부문 CRM팀장 2010년 同백화점부문 MD5담당 생활팀 수석 2011년 同백화점부문 마케팅담당 마케팅팀 수석 2011년 同백화점부문 영업전략담당 영업전략팀 수석 2012년 同패션연구소장(상무보) 2013년 同영업전략담당 상무보 2014년 同신규개발담당 상무 2016년 同백화점부문 본점 점장(상무) 2018년 (주)광주신세계 대표이사(현)

최민선(崔民善) Choi Min Seon

(생)1959·1·28 (본)경주(慶州) (출)전남 (주)전라남도 목포시 해양대학로 91 목포대학교 해사대학 기관시스템공학부 기관공학관 1301호(061-240-7212) (학)1982년 한국해양대 기관학과졸 1990년 同대학원졸 1995년 공학박사(한국해양대) (경)1982년 범양상선 근무 1991년 목포해양전문대학 전임강사 1993년 목포해양대 기관시스템공학부 교수(현) 2001년 同기획실장 2005년 同기관시스템공학부장 2006년 同산학협력처장 2007~2009년 同교무처장 2009년 同총장 직대 2009~2011년 목포시 시정평가위원회 위원장 2013~2017년 (사)한국해양레저네트워크 이사장 2013~2017년 목포해양대 총장 2014~2017년 명량대첩기념사업회 이사 2014~2018년 목포문화방송 시청자위원회 위원장 2015~2016년 광주·전남지역대학교총장협의회 회장 (상)교육과학기술부장관표창(2010)

최민수(崔敏壽) CHOI Min Soo

(생)1965·7·7 (출)충남 예산 (주)서울특별시 강남구 언주로 711 한국건설산업연구원 건설정책연구실(02-3441-0637) (학)1989년 충남대 건축공학과졸 1992년 同대학원 건축공학과졸 1996년 공학박사(충남대) (경)1995년 일본 국토교통성 건축연구소 위촉연구원 1995년 한국건설산업연구원 건설정책연구실 선임연구위원(현) 2000년 국토해양부 건설환경발전위원회 자문위원 2002년 대한상사중재원 중재인 2002년 국회 환경포럼 특별위원회 전문위원 2004년 호주 뉴사우스웨일즈대 객원연구위원 2004년 한국건설교통기술평가원 신기술평가위원 2004년 국토해양부 감사자문단 자문위원 2005~2015년 同골재수급심의위원회 심의위원 2005년 同건설산업진흥기본계획·건설산업선진화기획단 실무위원 2006~2009년 충남대 건축공학과 겸임교수 2006년 건축시공기술사(현) 2007~2008년 중앙대 건설대학원 겸임교수 2007년 한국건설관리학회 논문상임심사위원(현) 2007년 International Journal of Project Management 논문심사위원 2010~2015년 한국건설산업연구원 건설정책연구실장 2010~2016년 대한건설협회 중소건설업육성위원회 전문위원 2010년 기획재정부 정부계약제도심의위원회 위원·국가계약분쟁조정위원회 전문위원(현) 2012~2015년 대한건축학회 건축정책위원회 위원장(현) 2013년 한국골재협회 공제조합 운영위원(현) 2014년 국토교통부 하자분쟁심사위원회 전문위원 2015년 서울시 총괄건설정책자문단 자문위원(현) 2017년 산업정책연구실 선임연구위원(현) 2017년 한국건축시공학회 부회장(현) (상)대한주택공사 우수석사논문공모 최우수상(1992), 삼성물산 건설부문 건설논문상 최우수상(1993), 동아건설산업(주) 창립50주년 건설논문상 1위(1995), 건설교통부장관표창(2002) (저)'공공공사 하자보수책임제도의 개선방안'(2003) '차기 정부의 건설정책 과제'(2012) '턴키 심의 및 낙찰자 결정 방식의 개선 방안'(2012) '종합평가방식의 최고가치낙찰제 도입 방안'(2013) '건설업, 이렇게 해봅시다'(2015)

최민자(崔珉子·女) CHOI, Min-Za

(생)1955·3·30 (본)전주(全州) (주)서울특별시 성북구 보문로34다길 2 성신여자대학교 정치외교학과(02-920-7131) (학)1978년 부산대 정치학과졸 1981년 미국 애리조나주립대 대학원 정치학과졸 1983년 정치학박사(영국 켄트대) (경)1984년 성신여대 정치외교학과 교수(현) 1991~1994년 장보고기념탑건립위원회 위원장 1991년 중국 황해경제권연구중심 상무이사·駐한국 대표 1992년 (사)우리연합 이사장(현) 1992~2000년 중국 심양세종조선어학교 명예교장 1993~1995년 중국 위해시 해외연의회 부회장 1993~1997·2001~2005년 민주평통 자문위원 1994·2004년 한국정치학회 감사 1994~1996년 성신여대 교육방송국장 1995년 UN세계평화센터건립위원회 위원장(현) 1995~1996년 중국 훈춘백산대학 명예이사장 1996~1997년 중국 북경대 객원교수 1998~2000년 성신여대 사회과학연구소장 2000~2005년 해양수산부 정책자문위원 2002년 국가안전보장회의(NSC) 사무처 정책전문위원 2003~2004년 21세기정치학회 부회장 겸 서울지회장 2003~2005·2007년 한국정치학회 이사 2004년 한국학술진흥재단 2004 학술연구심사평가위원회 사회과학분야 위원 2006년 중국 연변대 초빙교수(객좌교수) 2006년 동아시아국제정치학회 부회장 2006~2007년 국사찾기협의회 회장 2006~2007년 한국세계지역학회 이사 2008년 한국시민윤리학회 부회장 2008년 한국정치학회 부회장 2009~2010년 21세기정치학회 부회장 2009년 서울 강북구 제안심사위원회 위원(현) 2009년 동학학회 회장(현) 2009~2015년 동학학보 편집위원장 2010년 한국세계지역학회 부회장 2010~2011년 문화체육관광부 공직자종교차별자문위원회 자문위원 2010년 성신여대 대학입학전형 교수입학사정관 2012~2015년 코리아정책연구원 자문위원 2013년 민주평통 상임위원(현) 2013년 한국정치학회 부회장 2014~2017년 성신여대 사회과학대학장 2017년 同부총장 2017년 同총장 직대 (상)영국 ORS Award(1982), 대통령표창(1994), 2014 세종도서 학술부문 선정(2014), 교육부장관표창(2015) (저)'국가발전의 사회과학(共)'(1987) '길(道)을 찾아서'(1997, 까치) '21세기 정치와 여성(共)'(1998, 나남출판) '직접시대'(2001, 도서출판 범한) '새벽이 오는 소리'(2002, 창해) '세계인 장보고와 지구촌 경영'(2003, 도서출판 범한) '동학사상과 신문명'(2005, 도서출판 모시는사람들) '한국정치사상사(共)'(2005, 백산서당) '천부경, 삼일신고, 참전계경'(2006, 모시는사람들) '생태정치학 : 근대의 초극을 위한 생태정치학적 대응'(2007, 모시는사람들) '생명에 관한 81개조 테제 : 생명정치의 구현을 위한 眞知로의 접근'(2008, 모시는사람들) '삶의 지문'(2008, 모시는사람들) '현대정치사상과 한국적 수용(共)'(2009, 법문사) '통섭

의 기술'(2010) '동서양의 사상에 나타난 인식과 존재의 변증법'(2011) '새로운 문명은 어떻게 만들어지는가 : 한반도發 21세기 과학혁명과 존재혁명'(2013, 모시는사람들) '스피노자의 사상과 그 현대적 부활'(2015) '빅 히스토리: 생명의 거대사, 빅뱅에서 현재까지'(2018)

최민지(崔珉芝 · 女)

(생)1979 · 8 · 20 (주)세종특별자치시 도움6로 11 환경부 통합허가제도과(044-201-6715) (학)이화여대 행정학과졸 (경)2005년 환경부 정보화담당관실 사무관 2006년 同환경정책실 환경보건정책과 사무관 2007년 국무조정실 기후변화대책기획단 파견(사무관) 2008년 국무총리 기후변화대책기획단 파견(사무관), 대통령직속 녹색성장위원회 기후변화대응팀 사무관, 환경부 자원순환국 자원재활용과 사무관 2012년 同지구환경담당관실 서기관 2012년 同물환경정책국 서기관 2016년 同기후대기정책관실 기후변화협력과장 2017년 同환경보건정책관실 환경보건관리과장 2018년 同자원순환정책관실 자원재활용과장 2019년 同통합허가제도과장(현)

최민호(崔旼鎬) CHOI Min Ho

(생)1956 · 10 · 24 (출)대전 (주)서울특별시 마포구 와우산로 94 홍익대학교(02-320-1034) (학)1973년 보성고졸 1980년 한국외국어대 법학과졸 1986년 연세대 행정대학원졸 1993년 일본 동경대 법학대학원졸 2004년 행정학박사(단국대) (경)1981년 행정고시 합격(24회) 1988년 충남도 도시개발계장 1989년 경기도 지방공무원교육원 근무 1990년 내무부 지방자치제실시기획단 근무 1991년 일본 東京大 유학 1993년 내무부 제도연구담당 1995년 충남도 기획관 1995년 내무부 지방자치단제도담당관 1998년 행정자치부 복지과장 1998년 충남도 정책관리관 1998년 同정책국장 · 정책관리관 겸 2000안면도국제꽃박람회조직위원회 사무차장 2002년 同기획정보실장 2002년 同기획관리실장 2003년 제2의건국범국민추진위원회 운영국장 2003년 행정자치부 지방분권지원단장 2004년 同공보관 2006년 미국 조지타운대 객원연구원 2006년 충남도 행정부지사 2008년 행정안전부 인사실장 2009년 同소청심사위원장(차관급) 2011년 행정중심복합도시건설청 청장 2012~2015년 공주대 행정학과 객원교수 2012년 새누리당 제18대 대통령중앙선거대책위원회 세종시발전특별위원장 2015년 국무총리 비서실장(차관급) 2015~2018년 배재대 행정대학원 석좌교수 2015년 홍익대 초빙교수(현) (상)감사원장표창, 대통령표창(1994), 녹조근정훈장(2002) (저)'공무원, 우리는 아무말도 하지 않았다'(2000) '국제통상의 이해(共)'(2003) '풍요로운 삶, 품격있는 삶 세종'(2011) (작)소설 '아웃터넷'(2009)

최민희(崔敏姬 · 女) CHOI Min Hee

(생)1960 · 12 · 3 (출)서울 (주)서울특별시 마포구 신수로 56 사람사는세상 노무현재단(1688-0523) (학)1979년 혜화여고졸 1985년 이화여대 사학과졸 (경)1985년 월간 「말」 기자 1985년 민주언론운동협의회 간사 1988년 「창작과 비평」에 '성난휠체어'로 문단 등단 1990년 민주언론운동협의회 중앙위원 1994년 同사무국장 1998년 (사)민주언론운동시민연합 교육홍보국장 1999년 同기획관리국장 2000년 同사무총장 2000~2015년 수수팔떡아이사랑모임 대표 2003년 (사)청암언론문화재단 이사(현) 2004년 언론개혁국민행동 공동집행위원장 2006년 (사)민주언론시민연합 상임대표 2006~2008년 방송위원회 부위원장 2009년 사람사는세상 노무현재단 상임운영위원(현) 2011년 민주당 최고위원 2012~2016년 제19대 국회의원(비례대표, 민주통합당 · 민주당 · 새정치민주연합 · 더불어민주당) 2012년 민주통합당 제18대 대통령중앙선거대책위원회 총무본부 부본부장 2012년 국회 문화체육관광방송통신위원회 위원 2013년 국회 미래창조과학방송통신위원회 위원 2014~2015년 국회 예산결산특별위원회 위원 2014년 국회 지속가능발전특별위원회 위원 2014~2015년 국회 정부및공공기관등의해외자원개발진상규명을위한국정조사특별위원회 위원 2014 · 2015년 국회 운영위원회 위원 2015년 새정치민주연합 여성담당 원내부대표 2015~2016년 더불어민주당 여성담당 원내부대표 2016~2018년 同경기남양주시丙지역위원회 위원장 2016년 제20대 국회의원선거 출마(경기 남양주시丙, 더불어민주당) 2017년 더불어민주당 제19대 문재인 대통령후보 중앙선거대책본부 소셜네트워크서비스(SNS)본부 수석부본부장 2017년 국정기획자문위원회 경제2분과 위원 2017~2018년 더불어민주당 디지털소통위원장 2017년 대통령직속 정책기획위원회 국민주권분과 위원(현) (저)'황금빛 똥을 누는 아기'(2001) '해맑은 피부를 되찾은 아이'(2002) '노무현 상식 혹은 희망(共)'(2002) '우리는 부패의 사명을 안고 태어났다'(共) '왜 조선일보인가'(共) '엄마 몽이 주는 뽀얀사랑'(2004)

최바울(崔바울) Choi Paul

(생)1974 · 2 · 12 (본)경주(慶州) (출)대구 (주)대전광역시 서구 한밭대로 713 통계센터 7층 통계개발원 경제사회통계연구실(042-366-7301) (학)1992년 대구 경신고졸 1998년 경북대 경제학과졸 2002년 同대학원 경제학과졸 2012년 경제학박사(서울대) (경)2002~2016년 한국개발연구원 재정복지정책연구부 전문위원 2016~2018년 통계청 통계개발원 정책지표연구실장 2019년 同통계개발원 경제사회통계연구실장(현) (종)기독교

최백희(崔百熙) Choi Bak Hee (素村)

(생)1939 · 2 · 7 (본)경주(慶州) (출)서울 (주)서울특별시 금천구 시흥대로 244 희명병원 이사장실(02-804-0002) (학)1957년 성남고졸 1964년 고려대 의대졸 1966년 同의학석사 1972년 의학박사(고려대) (경)1967~1970년 軍의관 1980~1982년 구로구의사회 초대회장 1981년 고려대 의대 외래교수 1982~1983년 국제라이온스클럽 316-D지구 부총재 1982~1985년 대한의학협회 의무이사 · 재무이사 1985년 희명병원 설립 · 원장 1985년 同이사장(현) 1985년 바르게살기운동협의회 자문위원(현) 1987년 성남고 장학문화재단 이사 1988년 금천경찰서 경찰발전위원회 고문 1990년 고려대 의대 외래교수 1995년 연세대 의대 외래교수 1995년 금천구 공직자윤리위원회 위원 2000년 경찰발전행정위원회 위원장 2001년 대한레이저학회 감사위원 2001년 중소병원협회 자문(현) 2001년 금천구 사회복지위원회 위원장(현) 2001년 同지역사회복지협의체 위원장(현) 2001년 남부경찰서 치안행정자문위원 · 위원장(현) 2001년 한국의정회 부회장 2003년 대한노화방지협회 감사위원 2005년 금천지역사회보장대표협의체 위원장 2006년 서울 금천구 세정협의회 회장 2009년 서울시의사회 금천구의사회 고문 (상)서울시장표창(1987 · 2011 · 2017) (종)기독교

최병갑

(생)1971 (출)경기 안성 (주)경기도 김포시 사우중로 1 김포시청 부시장실(031-980-2010) (학)서울대 행정대학원졸 (경)1997년 지방고시 합격(3회), 경기도 서비스산업과장 2014년 同문화체육관광국 문화정책과장(서기관) 2017년 同공유시장경제국장(부이사관) 2018년 同본부 근무(서기관) 2019년 同수자원본부장 직대 2019년 경기 김포시 부시장(현) 2019년 김포시 일자리창출위원회 위원장(현)

최병관(崔秉冠) Choi, Byung-Kwan

(생)1961 · 12 · 20 (본)경주(慶州) (주)충청남도 천안시 서북구 천안대로 1223-24 공주대학교 건축학부(041-521-9342) (학)1985년 한양대 건축공학과졸 1990년 同대학원 공학과졸 1994년 공학박사(한양대) (경)1993~1996년 대한건축학회 정회원 1994~1998년 한국교육시설학회 정회원 1995~1998년 일

본건축학회 정회원 2005년 공주대 공과대학 건축학부 교수(현) 2006~2007년 同대학혁신본부 특성화사업단장 2008년 同건축학부장 2015~2016년 同공과대학장 2016~2018년 교육부 학교설립중앙투자심의위원회 심의위원 2017년 대한건축학회 이사(현) 2017년 한국교육시설학회 이사(현) 2017년 미래교육환경학회 회장(현) 2017~2018년 교육부 정책자문위원회 학교안전분과 위원 (상)교육과학기술부장관표창(2011), 문화체육관광부장관표창(2016) (저)'장애자를 위한 건축설계'(1992) '배리어프리 디자인(共)'(2008, 기문당) '대학시설 이론과 실제(共)'(2009, 학지사) 'Urban transcript 네도시이야기'(2012) '2012 당진원도심 재생프로젝트'(2013) (역)'학교건축의 변혁'(1995)

최병구(崔秉九) CHOI Byung Goo

(생)1964·7·2 (출)강원 강릉 (주)세종특별자치시 갈매로 388 문화체육관광부 관광정책국(044-203-2801) (학)강릉고졸, 서울대 영어교육학과졸, 정책학박사(미국 시라큐스대) (경)1990년 공무원 임용 2001년 문화관광부 행정관리담당관실 서기관 2003년 同문화콘텐츠진흥과장 2004년 同기획조정팀장 2005년 同문화중심도시조성추진기획단 종합기획팀장 2007년 同문화산업본부 문화산업진흥단 영상산업팀장 2008년 同문화산업본부 문화산업진흥단 영상산업팀장(부이사관) 2008년 문화체육관광부 문화콘텐츠산업실 영상산업과장 2008년 同저작권산업과장 2009년 同문화정책국 국제문화협력과장 2009년 同문화콘텐츠산업실 문화산업정책과장(부이사관) 2009년 대통령 문화체육비서관실 선임행정관 2012년 문화체육관광부 국립중앙도서관 디지털자료운영부장(고위공무원) 2012년 駐미국 공사참사관 2015년 문화체육관광부 기획조정실 정책기획관 2016년 同대변인 2016년 同문화콘텐츠산업실 콘텐츠정책관 2017년 국가공무원인재개발원 교육파견 2018년 한국예술종합학교 사무국장 2018년 문화체육관광부 소통지원관 2019년 同관광정책국장(현)

최병국(崔炳國) CHOI Byung gook (悟石)

(생)1942·1·27 (본)경주(慶州) (출)울산 (주)서울특별시 서초구 서초대로41길 19 한국사학진흥재단 203호 최병국법률사무소(02-597-8778) (학)1960년 부산고졸 1965년 서울대 법학과졸 1970년 同사법대학원 법학과졸 1979년 국방대학원 수료 (경)1968년 사법시험 합격(9회) 1970년 육군 법무관 1973년 예편(대위) 1973~1983년 마산지검·부산지검·대구지검·서울지검 검사 1983년 춘천지검 속초지청장 1985년 국회 법제사법위원회 수석전문위원 1988년 서울지검 공안2부장 1991년 부산지검 울산지청장 1992년 대전지검 차장검사 1993년 서울지검 제1차장검사 1993년 대전고검 차장검사(검사장) 1994년 법무부 기획관리실장 1995년 대검찰청 공안부장 1997년 민주이념연구소 소장 1997년 대검찰청 중앙수사부장 1997년 인천지검장 1998~1999년 전주지검장 1999년 변호사 개업(현) 2000년 제16대 국회의원(울산南, 한나라당) 2003년 한나라당 울산시당 위원장 2004년 同공직자자산신탁추진위원회 위원장 2004년 제17대 국회의원(울산南甲, 한나라당) 2004~2006년 한나라당 울산시당 위원장 2004년 同인권위원장 2005년 同통합과미래를위한특별위원회 위원장 2007~2008년 국회 법제사법위원장 2007년 한나라당 제17대 대통령선거 울산선거대책위원회 위원장 2008년 제18대 국회의원(울산南甲, 한나라당·새누리당) 2008년 한나라당 윤리위원장 2008년 국회 미국산쇠고기수입협상국정조사특별위원회 위원장 2008~2010년 국회 정보위원장 2010~2011년 대장경천년세계문화축전 고문 2010년 국회 정각회장 2010년 국회 기우회장 2010년 국회 한·나이지리아의원친선협회 회장 2010년 국회 한·몽골의원친선협회 부회장 2010년 국회 한일의원연맹 간사 2010~2011년 한나라당 중앙위원회 의장 2011년 同개헌특별위원장 2011년 同울산시당 위원장 2012년 분권형개헌추진국민연합 공동대표 2016년 늘푸른한국당 창당준비위원회 공동위원장 2017년 同공동대표 2018년 자유한국당 상임고문(현) 2019년 4대강보해체저지범국민연합 고문(현) (상)홍조근정훈장(1989) (종)불교

최병국(崔炳國) CHOI Byoung Gook

(생)1960·10·24 (출)서울 (주)서울특별시 종로구 율곡로2길 25 연합인포맥스(02-398-4901) (학)1984년 한양대 독어독문학과졸 2001년 독일 마르부르크필립스대 정치학부 수학 2015년 한양대 언론정보대학원졸 (경)1988년 연합뉴스 기자 1998년 同노조위원장 2002년 同베를린특파원 2005년 同국제경제부 부장대우 2006년 同국제뉴스2부장 2008년 同국제뉴스1부장 2009년 同유럽총국(벨기에 브뤼셀) 총괄데스크 2012년 同국제뉴스부 기획위원 2013년 同콘텐츠평가실장 2013년 同고충처리인 겸임 2013년 同 수용자위원회 위원 겸임 2014년 同경기북부취재본부장 2015년 同국제뉴스부 선임기자 2016년 同IT의료과학부 선임기자 2017~2018년 同국제경제부 기자 2018년 연합인포맥스 대표이사 사장(현)

최병국(崔秉國) CHOI Byung Kuk

(생)1962·10·10 (출)서울 (주)경상북도 김천시 혁신8로 119 국립종자원 원장실(054-912-0119) (학)1981년 서울 성동고졸 1989년 서울대 경제학과졸 2002년 미국 조지아주립대 대학원 경영학과졸 (경)1995년 행정고시 합격(38회) 1995~2005년 농림부 식량정책과·국제협력과·친환경농업정책과 행정사무관 2004년 同친환경농업정책과 서기관 2005년 同국제협력과 서기관 2005년 국무조정실 규제개혁기획단 파견 2006년 국립농산물품질관리원 혁신기획팀장(서기관) 2007년 농림부 국제농업국 통상협력과장 2008년 농림수산식품부 수산통상과장(서기관) 2009년 同국제협력국 다자협상협력과장 2011년 同농업정책국 농지과장 2013년 농림축산식품부 국제협력국 국제개발협력과장(부이사관) 2014년 同국제협력국 국제협력총괄과장 2016년 同농림축산검역본부 영남지역본부장 2017년 국외직무훈련 파견(국장급) 2018년 국립종자원 원장(현)

최병근(崔炳根) CHOI Byung Keun

(생)1962·11·26 (출)전남 화순 (주)광주광역시 동구 동명로 110 법조타운 최병근법률사무소(062-232-8583) (학)1981년 대동고졸 1986년 전남대 법과대학 법학과졸 2006년 同대학원 법학과졸 2009년 법학박사(전남대) (경)1994년 사법시험 합격(36회) 1997년 사법연수원 수료(26기) 1997년 변호사 개업(현) 1999년 삼성화재 법률고문 2006~2012년 광주시 토지수용위원회 위원 2006~2011년 同남구청 고문변호사 2007~2014년 광주지방변호사회 공보이사·국제이사·사업이사 2009년 전남대 법학전문대학원 겸임교수(현) 2011~2019년 광주시 소청심사위원회 위원 2011년 전남 화순군 고문변호사(현) 2013~2017년 광주지방국세청 국세심사위원회 위원 2014년 광주시 고문변호사(현) 2015년 한국전력(주) 고문변호사(현) 2015년 광주지방변호사회 제1부회장 2017~2018년 同회장 2019년 대한변호사협회 부회장(현)

최병노(崔炳魯) CHOI Byeong Ro

(생)1964·12·20 (출)부산 (주)서울특별시 강남구 논현로 430 아세아타워 15층 과학기술인공제회 경영기획본부(02-3484-7073) (학)1983년 성도고졸 1990년 서울대 경영학과졸 2002년 한국과학기술원(KAIST) 테크노경영대학원 금융공학과졸 (경)1990~2002년 한국투자신탁 금융경제연구소 근무 2003년 플러스자산운용 AI운용본부장 2005년 유리자산운용(주) AI운용본부장(상무), 同대안투자본부장 2010년 우리자산운용 글로벌운용본부장(상무보) 2014년 과학기술인공제회 자산운용본부 PM그룹장 2015~2018년 同자산운용본부 증권투자실장 2018년 同경영기획본부 책임매니저(현) 2018년 세티벤처캐피탈 경영관리본부장(현)

ㅊ

최병대(崔炳大) Choi Byung-Dae

(생)1953 · 9 · 7 (출)경북 경산 (주)경기도 수원시 권선구 수인로 126 수원시정연구원 원장실(031-220-8001) (학)1977년 한양대 행정학과졸 1982년 서울대 대학원 도시계획학과졸 1987년 미국 아크론대 대학원 행정학과졸 1992년 행정학박사(미국 아크론대) (경)1992년 서울시정개발연구원 도시경영부 책임연구원 1995년 同도시경영연구부장 1996년 同수석연구원 · 연구위원 1997년 同기획조정실장 1997년 서울시 정책기획관(부이사관) 1998년 서울시정개발연구원 기획조정실장 1998~2001년 同시정개혁연구지원단장 · 선임연구위원 2001~2018년 한양대 정책과학대학 행정학과 교수 2004~2006년 同지방자치대학원장 2004~2005년 건설교통부 신도시기획자문단 자문위원 2004~2005년 행정자치부 지방자치단체 합동평가위원 2005~2009년 반부패국민연대 이사 2005~2006년 행정자치부 정부혁신관리위원회 위원 2005~2008년 서울시 청렴계약옴부즈만 대표 2005~2007년 정보통신윤리위원회 위원 2006~2008년 한양대 사회과학대학장 2006~2008년 감사원 자치행정감사본부 자문위원 2006~2013년 서울시 시민평가단장 2008~2013년 행정개혁시민연합 집행위원 2009~2010년 국가보훈처 자체평가 · 자문위원 2009~2010년 한국지방자치학회 회장 2011~2014년 서울시 용역심사위원회 위원장 2011~2013년 행정안전부 자문위원회 지방행정분과위원장 2012년 미국 세계인명사전 'Marquis Who's Who in the World 2013판'에 등재 2013년 서울시 시정여론조사자문위원장(현) 2019년 수원시정연구원 원장(현) (상)서울시장표창(1993), 고주 노융희 한국지방자치학술상(2001), 서울정책인대상(2002), 대통령표창(2002), 한양대 최우수교수상(2005), 한양대 Best Teacher상(2007), 지방행정 및 국가발전기여 감사패(2009), 근정포장(2016) (저)'Urban Management in Seoul'(共) 'Building Good Governance'(共) '서울시정의 로컬거버넌스 도입방안'(共) '한국지방자치론'(共) '국토와 환경'(共) '정책과정에서의 위원회의 역할에 관한 실증분석'(2005) '지방의회 인턴십의 실태와 발전방안'(2006) '자치행정의 이해'(2007) '정부조직진단'(共) '자치행정의 이해'(2008) '한국지방자치의 이해'(2008) '거버넌스의 이해'(共) '시장군수학'(2009) '한일지방자치비교(共)'(2010) (역)'地方政治改革의 길'(1998) '미국 지방정부의 성과측정과 벤치마킹(共)'(1999) (종)가톨릭

최병덕(崔炳德) CHOI Byoung Deok

(생)1955 · 10 · 25 (본)월성(月城) (출)경북 경주 (주)서울특별시 서초구 서초대로74길 4 삼성생명 서초타워 법무법인 동인(02-2046-0691) (학)1972년 경북고졸 1976년 서울대 법학과졸 1989년 프랑스 국립사법관학교 연수 (경)1978년 사법시험 합격(20회) 1980년 사법연수원 수료(10기) 1980년 대구지법 판사 1982년 同경주지원 판사 1985년 대구지법 판사 1990년 대구고법 판사 1993년 대구지법 영덕지원장 1995년 춘천지법 부장판사 1997년 서울지법 의정부지원 부장판사 1998년 인천지법 부천지원 부장판사 1998년 서울지법 북부지원 부장판사 1999년 서울지법 부장판사 2002년 대구고법 부장판사 2004년 서울고법 부장판사 2009년 울산지법원장 2009년 울산시선거관리위원회 위원장 2010년 수원지방법원장 2012년 대전고등법원장 2012~2014년 사법연수원장 2012~2015년 중앙선거관리위원회 위원 2014년 법무법인(유) 동인 대표변호사(현) 2014~2015년 경찰위원회 위원장 2018년 교육부 사학분쟁조정위원회 위원 2018년 효성T&C(주) 사외이사(현) (상)울산지법 감사패(2010) (종)불교

최병렬(崔秉烈) CHOE Byung Yul

(생)1938 · 9 · 16 (본)화순(和順) (출)경남 산청 (주)서울특별시 영등포구 버드나루로 73 우성빌딩 자유한국당(02-6288-0200) (학)1957년 부산고졸 1964년 서울대 법대 행정학과졸 1973년 미국 남가주대 신문대학원졸 (경)1959년 한국일보 입사 1961~1963년 육군 복무 1963년 조선일보 기자 1974~1980년 同정치부장 · 사회부장 · 편집국 부국장 1980~1985년 同편집국장 1983년 同이사 1985년 제12대 국회의원(전국구, 민주정의당) 1985년 민주정의당(민정당) 정세분석실장 1985년 同국책연구소 부소장 1988년 대통령 정무수석비서관 1988년 문공부 장관 1990년 공보처 장관 1990~1992년 노동부 장관 1992년 제14대 국회의원(전국구, 민자당) 1993년 민자당 당무위원 1994~1995년 서울특별시장 1996~2016년 안전생활실천시민연합 공동대표 1996~1998년 제15대 국회의원(서울 서초甲, 신한국당 · 한나라당) 1998~2002년 한나라당 부총재 2000~2004년 제16대 국회의원(서울 강남甲, 한나라당) 2002년 한나라당 대통령선거대책위원회 공동의장 2002년 同북한핵무기대책특위 위원장 2003~2004년 同대표 최고위원 2004년 同상임고문 2010년 세계전통의약엑스포유치위원회 공동위원장 2012~2017년 새누리당 상임고문 2017년 자유한국당 상임고문(현) 2017년 안전생활실천시민연합 명예대표(현) (상)청조근정훈장(1992), 국제라이온스협회 탁월한지도자상(1995) (저)'보수의 길 소신의 삶'(2011, 기파랑) (종)천주교

최병록(崔秉錄)

(생)1961 · 8 · 1 (출)충북 청주 (주)경상남도 창원시 마산회원구 송평로 39 창원교도소(055-298-9010) (학)청주고졸, 청주대 법학과졸, 同대학원 법학과졸(석사) (경)1988년 교회사보 임용(7급) 1999년 원주교도소 교무과장(교회관) 2009년 청주여자교도소 사회복귀과장 2011년 진주교도소 사회복귀과장 2011년 안양교도소 사회복귀과장(서기관) 2013년 서울지방교정청 사회복귀과장 2014년 대전지방교정청 사회복귀과장 2015년 대전교도소 총무과장 2016년 同부소장 2017년 상주교도소장 2018년 대전지방교정청 사회복귀과장 2018년 同총무과장 2019년 창원교도소장(부이사관)(현) (상)법무부장관표창(1998), 국무총리표창(2007)

최병륜(崔炳崙)

(생)1960 (주)울산광역시 중구 서원3길 65 울산문화방송 사장실(052-290-1112) (학)서울 영동고졸, 성균관대 신문방송학과졸 (경)1986년 문화방송(MBC) 입사 2002년 전국언론노동조합 문화방송본부 파견 2003년 문화방송(MBC) 시사교양국 시사교양4부 프로듀서(차장) 2005년 同시사교양국 3CP(부장대우) 2005년 同시사교양국 1CP(부장대우) 2006년 同시사교양국 특임3CP 2007년 同시사교양국 4CP(부장) 2009년 同시사교양국 시교프로그램개발부장 2018년 울산MBC 대표이사 사장(현)

최병률(崔柄律)

(생)1965 · 2 · 26 (출)서울 (주)서울특별시 양천구 신월로 386 서울남부지방법원(02-2192-1114) (학)1983년 동아고졸 1987년 서울대 공법학과졸 (경)1995년 사법시험 합격(37회) 1998년 사법연수원 수료(27기) 1998년 서울지법 판사 2000년 同남부지원 판사 2002년 청주지법 판사 2005년 인천지법 부천지원 판사 2007년 서울중앙지법 판사 2009년 서울남부지법 판사 2010년 서울고법 판사 2011년 대법원 재판연구관 2013년 서울남부지법 판사 2014년 부산지법 부장판사 2016년 인천지법 부천지원 부장판사 2018년 서울남부지법 부장판사(현)

최병모(崔炳模) CHOE Byoung Moh

(생)1949 · 5 · 22 (출)전남 강진 (주)서울특별시 서초구 강남대로 251 해동빌딩 6층 법무법인 양재(02-522-4264) (학)1967년 서울고졸 1971년 서울대 법학과졸 1997년 제주대 대학원 법학과 석사과정 수료 (경)1974년 사법시험 합격(16회) 1976년 사법연수원 수료(6기) 1979년 육군 법무관 전역(예비역 대위) 1979년 청주지법 판사 1983년 同제천지원장 1985년 인천지법 판사 1986년 변호사 개업 1986년 정의실천법조인회(정법회) 공동창립 · 인권간사 1986년 공해반대시민운동협의회 공동창립 · 재정위원

장 · 지도위원 1987~2008년 덕수합동법률사무소 변호사 1988년 민주사회를 위한 변호사모임(민변) 공동창립 1988년 공해추방운동연합 공동창립 1991~1994년 천주교인권위원회 위원장 1993년 환경운동연합 공동창립 1997~2000년 제주환경운동연합 공동의장 1998~2000년 민주사회를 위한 변호사모임 부회장 1999년 '前검찰총장부인 고급옷로비의혹사건' 진상규명을 위한 특별검사 2000~2015년 환경운동연합 공익환경법률센터 이사장 2000~2003년 방송문화진흥회 이사 2002~2004년 민주사회를 위한 변호사모임 회장 2003~2004년 해외민주인사 명예회복과 귀국보장을 위한 범국민추진위원회 상임대표 2004년 친일반민족행위 진상규명 시민연대 상임공동대표 2005~2013년 우리겨레하나되기운동본부 이사장 2005년 아시아태평양법률가회의(COLAPⅢ) 한국조직위원장 2005년 법무부 정책위원회 위원장 2006년 한국비정규노동센터 공동대표(현) 2006년 대통령자문 통일고문회의 고문 2007~2014년 (사)복지국가소사이어티 이사장, 同고문(현) 2008~2009년 법무법인 씨엘 대표변호사 2009년 법무법인 양재 대표변호사(현) 2013~2018년 우리겨레하나되기운동본부 이사 2014~2016년 비례민주주의연대 공동대표 2015~2017년 (사)더미래연구소 이사장 2019년 우리겨레하나되기운동본부 고문(현) (저)'매향리 미군전용사격장 조사보고서'(1989 · 1990, 인권보고서) '언론의 자유'(1990 · 1991, 인권보고서)

최병민(崔炳敏) CHOI Byung Min

(생)1952 · 3 · 14 (본)전주(全州) (출)서울 (주)서울특별시 용산구 한남대로 98 일신빌딩 깨끗한나라(주) 회장실(02-2270-9204) (학)1971년 경기고졸 1975년 서울대 외교학과졸 1978년 미국 남가주대 경영대학원졸 1999년 국제산업디자인대학원대 뉴밀레니엄디자인혁신과정 수료 (경)1978년 (주)대한펄프 사장 비서실장 1980년 同전무이사 1983~2004년 同대표이사 사장 1994~2001년 한국능률협회 비상임이사 1997~2010년 (주)한국케이블TV 나라방송 대표이사 사장 2001년 한국제지공업연합회 부회장 2004년 (주)대한펄프 회장 2006~2009년 同대표이사 회장 2007년 한국제지공업연합회 회장 2011~2015년 깨끗한나라(주) 회장 2013~2016년 한국제지연합회 회장 2013년 (재)한국제지자원진흥원 이사장 2015~2019년 깨끗한나라(주) 대표이사 회장 2015년 강원대 제지공학과 겸임교수 2019년 깨끗한나라(주) 회장(현) (상)재무부장관표창, 철탑 · 은탑산업훈장 (종)천주교

최병민(崔炳敏) Choi Byung Min

(생)1963 · 8 · 15 (주)경기도 안산시 단원구 적금로 123 고려대학교 안산병원(031-412-6543) (학)1988년 고려대 의대졸 1997년 同대학원 의학석사 2002년 의학박사(고려대) (경)2002~2006년 고려대 의대(안산병원) 소아청소년과학교실 임상조교수 · 부교수 · 교수 2006~2008년 미국 뉴욕주립대 교환교수 2009~2011년 고려대 안산병원 소아청소년과장 · QI위원장 2012~2013년 同기획실장 2013년 한국보건의료인국가시험원 의사국가시험 문항개발위원 2013년 한국보건의료연구원 연구기획자문단 · 협력연구주제 평가위원(현) 2014년 식품의약품안전처 중앙약사심의위원회 전문가 · 의료기기허가 심사자문(현) 2014~2016년 고려대 안산병원 부원장 2015년 대한신생아학회 무임소 운영위원 · 간행위원(현) 2015년 대한소아과학회 보험이사 · 간행위원(현) 2015년 대한의학회 고시전문위원 · 임상진료지침 평가위원(현) 2015년 한국보건의료연구원 연구기획자문단 · 협력연구주제 평가위원(현) 2015~2016년 질병관리본부 영유아검진신생아전문기술분과 위원 2016년 고려대 안산병원 소아청소년과장 2016년 대한주산의학회 부회장 · 고위험주산기센터 TFT위원 · 논문심사위원(현) 2016년 대한의사협회 의료행위심의위원(현) · 보험위원회 부회장(현) 2016년 同전문의 고시위원회 위원 2016년 대한모유수유의학회 이사 · 모자보건학회 재정위원장(현) 2016년 신의료기술평가위원회 평가위원 2016년 의료기관평가인증원 자원조사위원(현) 2017년 보건복지부 건강보험전문평가위원(현) 2017년 건강보험심사평가원 환자분류체계검토위원 · 임상전문가 · 약제급여평가위원 · 상대가치임상전문가패널 · 치료재료전문평가위원 · 진료심사평가위원회 비상근심사위원(현) 2018년 고려대 안산병원장(현) 2018년 대한병원협회 이사(현) (상)보건복지부장관표창(2019), 경기도지사표창(2019)

최병부(崔炳富)

(생)1966 (출)경남 밀양 (주)서울특별시 종로구 사직로8길 31 서울지방경찰청 교통안전과(02-700-5022) (학)1985년 부산 대동고졸 1990년 경찰대 법학과졸(6기) 2010년 서울시립대 대학원 교통공학과졸 (경)1990년 경위 임용 1997년 경감 승진 2004년 경정 승진 2012년 경기지방경찰청 정부과천청사경비대장 2013년 경남 진해경찰서장(총경) 2014년 경기지방경찰청 제1부 교통과장 2015년 경찰청 교통국 교통안전과장 2015년 경기 용인서부경찰서장 2016년 중앙경찰학교 교무과장 2017년 서울서부경찰서장 2017년 서울지방경찰청 교통안전과장(현) (상)대통령표창(2006)

최병선(崔秉瑄) CHOI Byung Sun

(생)1959 · 1 · 2 (출)인천 (주)서울특별시 종로구 종로3길 17 디타워 23층 법무법인 세종(02-316-4298) (학)1977년 서라벌고졸 1981년 서울대 사회과학대학 외교학과졸 1984년 同대학원 법학과졸 1988년 同대학원 법학 박사과정 수료 1992년 미국 워싱턴대 법과대학원졸(LL.M.) (경)1984년 사법시험 합격(26회) 1987년 사법연수원 수료(16기) 1987년 법무법인 세종 변호사(현) 1992~1993년 영국 Field Fisher Waterhouse 근무 2003~2012년 은행연합회 은행신상품심의위원회 위원 2005~2008년 채권금융기관조정위원회의 위원 2006~2008년 이트레이드증권 사외이사 2006~2009년 한국증권선물거래소 분쟁조정심의위원회 위원 2006~2008년 한국공항공사 투자및자금업무심의위원회 위원 2009~2010년 한국거래소 분쟁조정심의위원 2010~2011년 법무법인 세종 상해대표처 수석대표변호사 2014~2016년 세계한인법률가회(IAKL) 회장 (저)'해외사채발행 실무해설'(2004)

최병선(崔炳善) Choi, Byoung-Sun

(생)1969 · 4 · 28 (본)경주(慶州) (출)충남 (주)서울특별시 종로구 사직로8길 60 외교부(02-2100-7146) (학)1988년 잠실고졸 1995년 연세대 경영학과졸 2005년 미국 컬럼비아대 대학원 정책학과졸 2005년 영국 런던정경대(LSE) 대학원 정책학과졸 (경)월마트코리아 · 시티은행(서울) 근무 2001년 외무고시 합격(35회), 외교부 다자통상협력과 근무, 同통상교섭본부장 비서관, 同FTA상품과 근무, 同FTA무역규범과 근무, 同FTA협상총괄과 근무, 同중동2과 근무, 同동아시아경제외교과 근무, 한 · 칠레/한 · 미/한 · 캐나다/한 · 유럽연합(EU)/한 · 중FTA 협상대표단 근무, 대통령 외교비서관실 행정관, 駐뉴욕총영사관 근무, 駐이라크대사관 경제참사관, 駐미국대사관 경제과장, 외교부 아프리카중동국 중동2과 차석 2017년 同중동2과장 2018년 駐아랍에미레이트 정무참사관(현) (종)기독교

최병수(崔炳秀) CHOI Byoung Soo

(생)1961 · 12 · 24 (출)강원 춘천 (주)강원도 춘천시 중앙로 23 강원일보 미디어총괄기획본부(033-258-1710) (학)강원대 행정학과졸, 서울대 행정대학원졸, 행정학박사(강원대) (경)1988년 강원일보 기자 1998~1996년 강원기자협회 회장 2000년 한국기자협회 부회장 2000년 강원일보 사회부장 2001년 同국제부장 2001~2002년 미국 Duke대 아시아태평양연구소 객원연구원 2003년 강원일보 정치부장 2004년 同서울주재 취재팀장(청와대출입) 2007년 同제1취재담당 부국장 2008년 한국신문윤리위원회 위원 2009년 강원일보 편집국장 2014년 同논설주간 겸 미디어총

ㅊ

괄기획본부장(이사), 강원대·한림대 겸임교수 2014~2015년 대통령소속 지방자치발전위원회 실무위원 2015년 한국기자협회 기자상 심사위원 2015년 강원일보 미디어기획총괄본부장(상무이사)(현) (상)한국기자상(2001), 한국신문상 대상(2001), 강원기자상 대상, 이달의 기자상(5회) 등 (저)'한국민주주의 위기 비상구는 있다'(1996)

최병식(崔秉植) CHOI Byeong Sik

(생)1947·6·9 (출)대구 (주)경상북도 경산시 진량읍 공단6로 77 SL(주) 비서실(053-856-8511) (학)1967년 대구상고졸 1975년 영남대 상경대학 경제학과졸 (경)1979년 삼립산업(주) 차장·부장 1983~1990년 同이사·상무이사·전무이사 1996년 同부사장 2003년 同사장 2004년 SL(주) 사장(현) (상)영상아카데미 경영인상(2011) (종)천주교

최병식(崔炳植) CHOI Byung Sik

(생)1954·8·18 (본)경주(慶州) (출)전북 고창 (주)서울특별시 동대문구 경희대로 26-6 경희대학교 미술대학 미술학부(02-961-0643) (학)1973년 서라벌고졸 1980년 경희대 사범대학 미술교육과졸 1983년 대만 중국문화대 예술대학원졸 1992년 철학박사(성균관대) (경)1993년 문화체육부 젊은예술가상 미술부문 심사위원 1995년 경희대 미술대학 교수(현) 1997~2002년 한국화랑협회 미술품감정위원회 운영위원, 감정위원 1998~1999년 한국미술협회 부이사장 2000년 이중섭미술상 심사위원 2002년 한국화랑협회 자문위원 2003년 한국문화예술진흥원 미술대전평가위원장 2003년 석주미술상 심사위원 2004년 한국문화관광연구원 '2004국제아트페어' 평가위원, 2005-2017년 서울특별시 박물관미술관 등록심의자문위원 2005년 시립박물관미술관 지원평가단장 2005~2006년 (사)한국박물관협회 자문위원장 2006년 국립현대미술관 미술은행 운영위원 2007~2008년 (사)한국사립박물관협회 자문위원 2008~2010년 문화체육관광부 규제개혁위원회 위원 2009년 국립현대미술관 미술은행 운영위원 2009~2010년 대통령실 교육과학문화분야 정책자문위원 2010년 문화예술위원회 책임심의위원 2010년 예술의전당 미술자문위원 2010년 국립현대미술관 미술은행 운영위원 2010년 한국사립미술관협회 자문위원 2012년 국립현대미술관 운영자문위원 2013년 경기도 공사립박물관미술관 지원사업평가단장 2015년 (사)한국사립박물관협회 길위의인문학 지원사업, 사립박물관 교육인력 지원사업 평가단장 2016년 경기도박물관협회 공사립박물관미술관 지원사업 평가단장 2016년 (사)한국사립박물관협회 사립미술관전문인력지원사업 평가위원회 위원장, 2016-2017년 예술의전당 서예박물관 운영자문위원, 2018-2019년 서울시립미술관 운영자문위원회 위원장, 2018-2019년 문화체육관광부 국립현대미술관 운영심의위원회 위원장 (저)'중국회화사론'(1983) '미술의 이해'(1989) '아시아미술의 재발견'(1991) '미술의 구조와 그 신비'(1992) '동양미술사학'(1993) '동양회화미학'(1994) '운보 김기창 예술론 연구'(1999) '천연기념물이 된 바보'(1999) '미술 시장과 경영'(2001) '문화전략과 순수예술'(2008) '미술시장과 아트딜러'(2008) '미술시장 트렌드와 투자'(2008) '수묵의 사상과 역사'(2008) '뮤지엄을 만드는 사람들'(2010, 동문선) '뉴 뮤지엄의 탄생'(2010) '박물관 경영과 전략'(2010) '미술품감정학'(2014, 동문선)

최병암(崔炳巖)

(생)1966 (주)대전광역시 서구 청사로 189 산림청 기획조정관실(042-481-4030) (학)중앙대 법학과졸, 영국 리즈대 환경대학원졸(생태경제학석사) (경)1993년 행정고시 합격(36회) 2002년 산림청 기획예산담당관실 서기관 2004년 同국제협력담당관 2008년 同도시숲경관과장 2009년 同산지관리과장 2010년 계간「산림문학」으로 등단·시인(현) 2011년 산림청 산림정책과장(서기관) 2011년 同산림정책과장(부이사관) 2013년 同산림환경보호과장 2013년 同산림이용국장(고위공무원) 2015년 중앙공무원교육원 교육파견(고위공무원) 2015년 산림청 산림보호국장 2017년 同산림복지국장 2018년 同기획조정관(현) (상)홍조근정훈장(2015) (저)시집 '나무처럼'(2018)

최병오(崔炳五) CHOI Byoung Oh

(생)1953·11·18 (출)부산 (주)서울특별시 강남구 논현로 322 패션그룹형지(주) 회장실(02-3498-7205) (학)2003년 연세대 경제대학원 최고경제인과정 수료 2003년 서울대 대학원 패션산업최고경영자과정 수료 2006년 세계경영연구원 IGMP 수료 2007년 명예 경영학박사(순천향대) 2007년 서울대 경영대학 최고경영자과정 수료 2009년 명예 경영학박사(전주대) 2011년 명예 경영학박사(단국대) 2018년 명예 경영학박사(부산대) 2019년 명예 철학박사(전남대) (경)1982년 크라운 대표 1994년 형지물산 설립 1997년 형지리테일 대표이사 1998~2009년 (주)형지어패럴 대표이사 회장 2004년 형지크로커다일 대표이사 2005년 샤트렌 대표이사(현) 2006년 전주대 문화관광대학 객원교수(현) 2006년 대한상공회의소 윤리경영위원(현) 2006년 한국국제기아대책기구 대외협력위원(현) 2007년 한국패션협회 부회장 2007년 서울대 패션산업최고경영자과정총교우회 회장 2008년 한국섬유산업연합회 부회장(현) 2008년 대한상공회의소 중견기업위원회 부위원장 2009년 패션그룹형지(주) 대표이사 회장(현) 2009년 한국국제기아대책기구 명예나눔대사 2010년 단국대 경영대학원 초빙교수 2011~2018년 한국의류산업협회 회장 2012년 중앙대 경영경제대학 지식경영학부 특임교수(현) 2013~2018년 대한상공회의소 중견기업위원회 위원장 2013년 전국경제인연합회 창조경제특별위원회 운영위원(현) 2015년 소상공인연구원 초대 이사장(현) 2016년 우리다문화장학재단 이사(현) 2016년 부산대 경영대학원 AMP총동창회 회장(현) 2018년 한국경영자총협회 부회장(현) 2019년 부산섬유패션정책포럼 상임대표(현) (상)제18회 섬유의날 철탑산업훈장(2004), 제10회 한국유통대상 장관표창(2005), 국제섬유신문 삼우당 섬유·패션대상(2006), 한국의CEO대상(2007), 대한민국 디자인대상(2008), 대한민국 브랜드마케팅부문 마케팅대상(2008), 고객만족경영대상 고객가치혁신부문 대상(2008), 한국유통대상 프랜차이즈·전문점부문 대상(2008), 한국경영사학회 CEO대상(2008), 제14회 한국유통대상 지식경제부장관표창(2009), 모범납세자표창(2009), 기업혁신대상(2009), 제24회 섬유의날 은탑산업훈장(2010), 한국의 경영대상(2011), 매경이코노미 한국의100대CEO(2012·2013·2014·2015·2016·2017·2018·2019), 한국능률협회 한국의 경영자상(2012), 대통령표창(2013), 한국언론인연합회 자랑스러운 한국인 대상 경영혁신부문(2013), 2013 서울대 AMP 대상(2014), 유니세프한국위원회 감사패(2014), 단국대총동창회 '자랑스런 단국인상'(2014), 베트남정부 감사장(2015), 대한민국 중견기업 CEO대상(2015), 한국의 경영대상 최고경영자상(2015), 연세를 빛낸 기업경제인상(2015), 대한민국 퍼스트브랜드 대상 특별상(2016), 산업통상자원부장관표창(2017), 한경 다산경영상 창업경영인(2018)

최병완(崔炳完) Choi Byung Wan

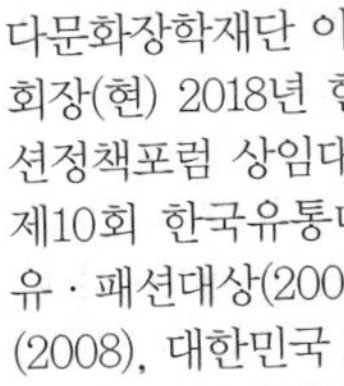

(생)1966·11·5 (본)경주(慶州) (출)울산 울주 (주)세종특별자치시 갈매로 477 기획재정부 국고국 국유재산조정과(044-215-5250) (학)1985년 고졸검정고시 합격 1993년 고려대 지리교육학과졸 (경)1999년 지방고시 합격(4회) 1999년 인천시 남구청 정책연구관(지방행정사무관) 2003~2008년 인천시 지식정보산업팀장·정책조정팀장 2003~2005년 재정경제부 경제자유구역기획단 파견 2005~2009년 기획예산처 균형발전재정총괄과·공공기관제도혁신팀 행정사무관 2009년 기획재정부 민자사업관리과·교육과학예산과·기금사업과 서기관 2011년 여수엑스포조직위원회 재정법무부장·입장권부장 2013년 기획재정부 국가계약개선팀장 2013년 대통령직속 국가과학기술자문회의 미래전략팀장 2016년 기획재정부 국고국 계약제도과장 2017년 한국외국어대 위탁 교육 2019년 기획재정부 국고국 국유재산조정과장(현) (상)근정포장

최병용(崔炳鏞) Choi Byoung Yong

(생)1959·5·17 (주)전라남도 무안군 삼향읍 오룡길 1 전라남도의회(061-286-8200) (학)여수공고졸 (경)여수건강과생명을지키는사람들 공동대표, 전국민주노동조합총연맹 전국화학섬유연맹 광주전남본부 부본부장 2014년 전남도의원선거 출마(통합진보당), 더불어민주당 부대변인, 同여수지역위원회 부위원장(현) 2018년 전남도의회 의원(더불어민주당)(현), 同안전건설소방위원회 위원 겸 예산결산특별위원회 위원(현)

최병욱(崔秉旭) CHOI Byoung Wook

(생)1961·7·18 (주)대전광역시 유성구 동서대로 125 한밭대학교 총장실(042-821-1544) (학)1984년 연세대 화학과졸 1986년 同대학원 유기화학과졸 1992년 이학박사(미국 일리노이대) (경)1987년 예편(육군 소위) 1992년 미국 Univ. of Illinois(UIUC) Post-Doc. 1994년 목암생명공학연구소 단백질화학실장 1995년 대전산업대 공업화학과 전임강사 1997년 同조교수 1999년 同공업화학과장·응용화학공학부장 2001~2006년 한밭대 부교수 2001년 산업자원부 기술표준원 산업표준심의회 전문위원 2003년 미국 암연구소(NCI) 방문연구원 2005년 한밭대 공과대학 교학위원회 부위원장 2006년 同공과대학 화학생명공학과 교수(현) 2006년 同공학교육혁신센터장 2007년 同교수학습센터장 2007년 학술진흥재단 NURI사업 상시컨설팅 위원 2008·2010년 한국공학교육인증원 인증평가위원 2010년 한밭대 기획홍보처장 2011년 同국제교류원장 2012년 한국공학교육인증원 인증기준위원회 위원 2013년 제주지역사업평가원 이사 2013년 교육부 정책자문위원회 위원 2014년 한밭대 공과대학 화학생명공학과장 2016~2018년 同공과대학장 겸 공학교육혁신센터장 2018년 同총장(현)

최병욱(崔炳旭) CHOI Byoung Wook

(생)1965·4·28 (본)해주(海州) (출)충남 공주 (주)서울특별시 서대문구 연세로 50-1 연세대학교 의과대학 영상의학교실(02-2228-2381) (학)1983년 공주사대부고졸 1989년 연세대 의대졸 1997년 同대학원 의학석사 2002년 의학박사(연세대) (경)2006~2011년 연세대 의대 영상의학교실 부교수 2009~2013년 대한영상의학회 정보이사 2011년 연세대 의대 영상의학교실 교수(현) 2011·2014~2019년 연세대의료원 심장혈관병원 심장영상의학과장 2011~2012년 대한심장혈관영상의학회 회장 2011년 아시안심장혈관영상의학회 사무총장 2012년 심장혈관영상CT학회(SCCT·Society of Cardiovascular Computed Tomography) 한국지회장 2012년 대한심장혈관자기공명영상연구회 회장 2014년 연세대 의대 방사선의과학연구소장(현) 2016년 대한의학영상정보학회 회장 (저)'심장-혈관 영상의학'(2008) (종)천주교

최병인(崔炳寅) CHOI Byung Ihn

(생)1950·1·2 (본)경주(慶州) (출)서울 (주)서울특별시 동작구 흑석로 102 중앙대학교병원 영상의학과(02-6299-3204) (학)1968년 경기고졸 1974년 서울대 의대졸 1977년 同대학원졸 1983년 의학박사(서울대) 1998년 한국과학기술원(KAIST) 경영대학원 최고지식경영자과정 수료 (경)1974~1979년 서울대병원 인턴·전공의 1979~1982년 軍의관(소령 예편) 1982~1994년 서울대 의과대학 진단방사선과 전임강사·조교수·부교수 1982~1992년 대한초음파의학회 총무이사 1985년 미국 캘리포니아대 샌프란시스코의대 연구원 1988년 일본 東京大 의대 객원연구원 1990년 미국 하버드대부속 매사추세츠종합병원 객원교수 1991~1992년 대한소화기병학회 재무이사 1992~1995년 대한초음파의학회 국제협력이사 1994~2005년 대한위암학회 이사 1994년 미국 피츠버그의대·워싱턴의대 객원교수 1994년 서울대 의과대학 방사선과학교실 교수 1994~2015년 同의과대학 영상의학교실 교수 1995~1998년 대한초음파의학회 기획이사 1996년 대한자기공명의과학회 이사(현) 1998~2002년 서울대병원 교육연구부장 2001~2005년 대한초음파의학회 이사장 2003~2006년 세계초음파의학회 수석부회장 2004~2005년 대한초음파의학회 부회장 2004~2007년 아시아초음파의학회 회장 2004~2006년 서울대병원 진단방사선과장 2005~2008년 대한영상의학회 회장 2006년 세계초음파의학회 이사(현) 2006~2008년 아시아·오세아니아방사선의학회 사무총장 2007년 미국 M.D. Anderson Cancer Center 방사선과 객원교수 2007년 건강보험심사평가원 중앙심사위원 2007년 북미영상의학회(RSNA) 명예회원(현) 2008~2011년 대한초음파의학재단 이사장 2010년 대한간학회 회장 2010~2012년 아시아·오세아니아영상의학회(AOCR) 회장 2010년 일본 방사선의학회 명예회원(현) 2010~2012년 국제방사선의학회 집행이사 2010년 독일 방사선의학회 명예회원(현) 2011년 미국 Memorial Sloan-Kettering Cancer Center 영상의학과 객원교수 2011년 인도네이사 초음파의학회 명예회원(현) 2011년 유럽영상의학회 명예회원(현) 2011~2013년 아시아복부영상의학회 회장 2011년 미국 영상의학전문의학회(ACR) 명예펠로우(Honorary Fellow)(현) 2012~2015년 북미영상의학회(RSNA) 국제자문위원장 2012~2015년 대한영상의학회 상임이사 2012~2015년 한국방사선의학재단 이사장 2013년 홍콩영상전문의학회 명예영사(현) 2014년 프랑스 파리7대학 부속병원 Hopital Beaujon 객원교수 2015년 ACAR2017조직위원회 자문위원장 2015년 중앙대 의대 영상의학교실 교수(현) 2016년 대한민국의학한림원 국제협력위원장(현) 2016년 일본초음파의학회 명예회원(현) 2016년 한국방사선의학재단 이사 2016년 아시아·오세아니아영상의학회(AOCR) 조직위원장 2016년 아시아초음파의학회 2018조직위원회 자문위원장 2016년 한국과학기술한림원 융합과학기술위원 겸 대외협력위원 (상)대한방사선의학회 학술상(1987), 대한방사선의학회 저술상(1989), 한국과학기술단체총연합회 우수논문상(1992), 대한초음파의학회 학술상(1994), 대한초음파의학회 저술상(1994), 분쉬의학상(2002), 미국 초음파의학회 명예학자(2003), 오세아니아 초음파의학회 명예회원, 베네수엘라초음파의학회 명예회원(2005), 이태리 볼로냐의학회 명예회원(2006), 유럽복부영상의학회 명예학자(2007), 아시아초음파의학회 공로회원상(2010), 서울대 학술연구상(2011), 보건복지부장관표창(2013) 미국복부영상의학회 국제회원상(2015) 일본초음파의학회 명예회원상(2016), 아시아오세아니아영상의학회 금메달(2016), 아시아복부영상의학회(ASAR) 국제학술대회 금메달(2017) (저)'대장항문학(共)'(1991) '상복부 초음파 진단학'(1997) '진단방사선과학'(共) '복부방사선과학 증례집'(共) '담석증(共)'(1999) '위암'(共) '간경변증(共)'(2000) '간담췌외과학'(共) '소화기계질환'(共) '간암'(共) '복부초음파진단학(編)'(2006) '간담췌외과학(제2판)'(2006) 'Textbook of Gastrointestinal Radiology'(2007) '영어논문 작성과 발표요령'(2010) '영상의학(제3판)'(2010) '소화기계질환(제3판)'(2011) 'Textbook of Hilar Cholangiocarcinoma'(2013) 'Radiology Illustrated : Hepatobiliary and Pancreatic Radiology'(2014) 'Radiology Illustrated : Gastrointestinal Tract'(2015)

최병인(崔秉寅) CHOI Byung In

(생)1962·7·27 (출)전남 나주 (주)서울특별시 금천구 가산디지털2로 98 IT캐슬 2동 714호 이지스엔터프라이즈(주)(02-2082-7201) (학)1980년 우신고졸 1984년 서울대 항공우주공학과졸 1986년 한국과학기술원(KAIST) 석사 1992년 기계공학박사(미국 MIT) (경)1993년 미국 McKinsey & Co. Cleveland OH 근무 1994년 맥켄지코리아 근무 1998년 앤더슨컨설팅코리아 전략부문 이사 2000년 효성데이타시스템(주) 대표이사 2000~2010년 이지스효성 대표이사 2002년 노틸러스효성(주) 대표이사 2002년 (주)효성 정보통신PG장 2006년 同신규사업부문 사장 2010년 이지스엔터프라이즈(주) 대표이사(현) (종)천주교

최병일(崔炳鎰) CHOI Byung-il

(생)1958 (주)서울특별시 서대문구 이화여대길 52 이화여자대학교 국제대학원(02-3277-3656) (학)1982년 서울대 경제학과졸 1984년 미국 예일대 대학원 경제학과졸 1989년 경제학박사(미국 예일대) (경)1989~1997년 통신개발연구원 연구위원·국제전략연구실장 1990~1993년 한미통신협상·우루과이라운드·한-EU협상 한국대표단 1990~1994년 체신부장관 자문관 1994~1997년 세계무역기구(WTO) 기본통신협상 한국수석대표 1997년 통상학회 이사 1997년 이화여대 국제대학원 교수(현) 2001년 한국국제경제학회 사무국장 2003년 한국경제학회 사무국장 2003~2004년 바른사회시민회의 사무총장 2004~2011년 同정책위원장 2005~2011년 이화여대 국제통상협력연구소장 2007~2011년 同국제대학원장 2007~2008년 한국협상학회 회장 2008년 유엔한국협회(UNA-Republic of Korea) 부회장(현) 2011~2014년 한국경제연구원 원장 2011~2013년 국민경제자문회의 자문위원 2011~2013년 FTA 국내대책위원회 민간위원 2015년 바른사회시민회의 공동대표(현) 2017년 한국국제통상학회 회장 2018년 한국국제경제학회 회장(현) (상)체신부장관표창(1991), 정보통신부장관표창(1995), 한국유엔협회 공로패(2008) (저)'한국개혁의 정치경제학'(2000) '새로운 시장환경과 정보통신상의 국제경쟁력' '기업하기 좋은 나라'(2002) '한국의 통상협상 : 쌀에서 스크린쿼터까지(共)'(2004) '공정거래법 개정방향'(2005) '한미FTA 역전시나리오'(2006) '선진통상국가 실현을 위한 중장기 통상전략 연구 : 통상거버넌스'(2007) '기로에 선 한미FTA 해법'(2009)

최병재(崔炳載) CHOI Byung Jae

(생)1965·8·20 (본)경주(慶州) (출)경북 (주)경상북도 경산시 진량읍 대구대로201 대구대학교 정보통신대학 전자전기공학부(053-850-6633) (학)1987년 경북대 전자공학과졸 1989년 한국과학기술원(KAIST) 원자력공학과졸(석사) 1998년 공학박사(한국과학기술원) (경)1989~1995년 한국전력공사 전력연구원 전문원 1999년 대구대 정보통신대학 전자제어공학전공 교수(현) 2005년 同교무부처장 2009~2012년 同산학연구처장 겸 산학협력단장 2012년 同LINC사업단장 2015년 同재활산업인력양성사업단장(현) 2017년 同LINC성과확산추진단장 2018~2019년 同전자전기공학부장 2019년 同정보통신대학장(현) (상)대통령표창(2011) (저)'임베디드 마이크로프로세서'(2006)

최병조(崔秉祚) CHOI Byung Jo

(생)1953·2·23 (출)경기 (주)서울특별시 관악구 관악로 1 서울대학교 법학전문대학원(02-880-7534) (학)1975년 서울대 법학과졸 1978년 同대학원 법학과졸 1985년 법학박사(독일 Gottingen George August대) (경)1985~1996년 서울대 법학과 전임강사·조교수·부교수 1986년 한국서양고전학회 총무이사 1992년 독일 괴팅겐대 객원교수 1994년 서울대 법학연구소 간행부장 1995~1997·1997~1999년 同법학도서관장 1996~2018년 同법학과·법학전문대학원 교수 1996년 비교법실무연구회 운영위원 2003~2015년 서울대 법학연구소장 2005년 중국 화동정법대학 로마법및구주법연구센터 명예교수 2011년 독일 괴팅겐학술원 선정 인문부문 종신회원(현) 2018년 서울대 명예교수(현) 2019년 영산대 석좌교수(현) 2019년 대한민국학술원 회원(로마법·현) (상)한국법학교수회 현암법학저작상(1998), 서울대 학술연구상(2012), 제11회 영산법률문화상(2015) (저)'민법주해'(共) '로마법연구'(1995, 서울대 출판부) '로마법강의'(1999, 박영사) '해외법률문헌 조사방법'(2000, 서울대 출판부) '법률가의 윤리와 책임'(2000, 박영사) '中德法律繼受與法典編纂'(2000) '민법주해 제17권(共)'(2005, 박영사) '법치주의의 기초 : 역사와 이념(共)'(2006, 서울대 출판부) '로마법의 향연'(2019, 도서출판 길) (역)'헤겔의 법철학과 로마법'(1999) '로마법 민법논고'(1999, 박영사)

최병준(崔炳俊)

(생)1957·11·21 (주)경상북도 안동시 풍천면 도청대로 455 경상북도의회(054-775-1991) (학)경주공고졸, 동국대 사회과학대학원 개발행정학과졸, 공학박사(경일대) (경)경주청년회의소 회장, 경북도태권도협회 상임부회장, 경주시학교운영위원협의회 회장 1998·2002·2006~2010년 경북 경주시의회 의원, 同산업건설위원장 2006~2008년 同기획행정위원장 2010년 同의장, 경동정보대 겸임교수 2010년 학교운영위원회경주지역협의회 회장 2011년 경북도태권도협회 회장 2012년 새누리당 제18대 대통령선거 직능총괄본부 스포츠문화경북대책위원장 2014~2018년 경북도의회 의원(새누리당·자유한국당) 2014·2016년 同교육위원회 위원 2014·2016년 同원자력안전특별위원회 위원장 2015·2016년 同예산결산특별위원회 부위원장 2016년 同정책연구위원회 위원 2016년 同운영위원회 위원 2018년 경북도의회 의원(자유한국당)(현) 2018년 同윤리특별위원회 위원장(현) 2018년 同원자력대책특별위원회 위원(현) 2018년 同교육위원회 위원(현)

최병준(崔炳俊) CHOI BYUNG-JOON

(생)1964·5·20 (출)충남 서천 (주)부산광역시 연제구 법원로 31 부산지방법원(051-590-1114) (학)1982년 대전고졸 1986년 서울대 사회학과졸 1993년 충남대 대학원 법학과졸 (경)1986년 사법시험 합격(28회) 1989년 사법연수원 수료(18기) 1989년 軍법무관 1992년 창원지법 진주지원 판사 1995년 대전지법 판사 1997년 同천안지원 판사 1998년 프랑스 국립사법관학교 연수 1999년 대전고법 판사 2001년 변호사 개업 2004년 청주지법 판사 2006년 대전지법 부장판사 2008년 同홍성지원장 2010년 대전지법 부장판사 2011년 청주지법 수석부장판사 2011년 언론중재위원회 위원 겸임 2014년 대전지법 천안지원장 겸 대전가정법원 천안지원장 2016년 대전지법 부장판사 2018년 부산지법 부장판사(현)

최병준(崔炳俊)

(생)1965 (주)서울특별시 중구 정동길 3 경향신문 편집국(02-3701-1114) (경)1991년 경향신문 입사(공채 32기), 同대중문화부장 2012년 同엔터테인먼트1부장 2014년 同사회부장, 同출판국장, 同사원주주회장 2016년 同편집국 문화에디터 2018년 同편집국 문화에디터(부국장) 2018년 同전략기획실장 2019년 同편집국장(현)

최병철(崔秉喆) CHOI Byung Chul

(생)1958·9·16 (주)서울특별시 서초구 헌릉로 12 현대자동차(주) 임원실(02-3464-1114) (학)대창고졸, 성균관대 경영학과졸 (경)1987년 현대정공 입사, 현대모비스(주) 재경실장(이사대우), 同이사 2008년 同재경사업부장(상무) 2009년 同재경사업부장(상무이사) 2010년 同재경사업부장(전무) 2012년 同재경사업본부장(부사장) 2016년 현대자동차(주) 재경본부장(CFO·부사장)(현) 2019년 현대커머셜(주) 기타비상무이사(현)

최병철(崔秉哲) CHOI Byoung Cheol

(생)1959·10·2 (출)충남 (주)서울특별시 동작구 여의대방로16길 61 기상청 운영지원과(02-2181-0341) (학)1978년 삽교고졸 1983년 연세대 천문기상학과졸 1985년 同대학원 기상학과졸 2002년 이학박사(영국 이스트앵글리아대) (경)1985년 기상청 기상연구소 기상연구사 1993년 同기상연구소 기상연구관 2003년 同기상연구소 지구대기감시관측소장 2006년 同기상연구소 원격탐사연구실장 2006년 同기상연구소 응용기상연구실장 2007년 同기상연구소 응용기상연구팀장 2008년 스위스 제네바 WMO 파견 2011년 국가기상위성센터 위성분석과장 2013년 통일교육원 교육파

견(과장급) 2014년 국립기상연구소 응용기상연구과장 2015~2018년 국립기상과학원 재해기상연구센터장 2018년 同환경기상연구과 기상연구관 2018년 공로연수(현) (상)과학기술부장관표창(2003) (역)'기후변화 2001'(2002) '위기의 지구 : 폭염'(2007) (종)기독교

최병춘(崔炳春)

(생)1957·5·19 (주)부산광역시 남구 용소로 45 부경대학교 자연과학대학 물리학과(051-629-5571) (학)1985년 부산대 물리교육학과졸 1987년 同대학원 물리학과졸 1993년 이학박사(부산대) (경)1986~1989년 부산대 기초과학연구소 조교 1993~1995년 부산공업대 자연과학과 전임강사 1995~2004년 부경대 물리학과 조교수·부교수 2000~2001년 미국 노스웨스턴대 방문교수 2002~2004년 부경대 기초과학연구소장 2004년 同물리학과 교수(현) 2007~2008년 同기획처장 2018년 同자연과학대학장(현) (역)'일반물리학'(1994, 도서출판 창문각) '결정성장학'(1998, 도서출판 대웅) '대학물리학'(1998, 청문각) '대학물리학'(2002, 북스힐)

최병혁(崔秉赫)

(생)1963 (출)경기 화성 (주)서울특별시 용산구 이태원로 22 사서함 181-1호 한미연합군사령부(02-794-2081) (학)서울 중경고졸 1985년 육군사관학교졸(41기), 미국 육군대학원 과정 이수 (경)1985년 소위 임관, 육군 제3군사령부 작전처장 2014년 육군 제22사단장(소장) 2016년 육군본부 감찰실장 2017년 육군 제5군단장(중장) 2018년 육군 참모차장 2019년 한미연합군사령부 부사령관(대장)(현) (상)보국훈장 국선장(2018)

최병현(崔秉鉉) CHOI Byung Hyun

(생)1948·7·14 (본)탐진(耽津) (출)전북 (주)서울특별시 동작구 상도로 369 숭실대학교(02-820-0380) (학)1972년 숭실대 사학과졸 1981년 同대학원졸 1990년 문학박사(숭실대) (경)1973년 문화재연구소 학예연구사 1983~1994년 한남대 역사교육과 전임강사·조교수·부교수 1994~1996년 同역사교육과 교수, 同박물관장 1996~2013년 숭실대 인문대학 사학과 교수 1996년 한국고고학회 운영위원 1997년 문화재관리국 문화재위원회 전문위원 1998년 한국고고학회 평의원 1998년 숭실대 한국기독교박물관장 2003~2007년 문화재위원회 매장문화재분과위원 2006~2007년 한국고고학회 회장 2012년 대한민국학술원 회원(고고학·현) 2013년 숭실대 명예교수(현) (상)녹조근정훈장(2013) (저)'한국의 고고학(共)'(1989, 강담사) '신라고분연구'(1992, 일지사) '한국미술사의 현황(共)'(2000, 예경) '한국고고학강의(共)'(2010, 사회평론) '동아시아의 고분문화(共)'(2011, 서경문화사)

최병호(崔炳虎) Byeongho Choe

(생)1962·6·1 (본)양천(陽川) (주)부산광역시 금정구 부산대학로63번길 2 부산대학교 경제통상대학 경제학부(051-510-2556) (학)1986년 부산대 경제학과졸 1988년 同대학원 경제학 석사과정 수료 1993년 경제학박사(미국 텍사스A&M대) (경)부산대 경제통상대학 경제학부 교수(현), 同경제통상대학원 교수(현) 2006~2012년 한국재정학회 연구이사 2012~2014년 안전행정부 지방재정부담심의위원회 위원 2012~2014년 부산대 평생교육원장 2013~2014년 부산시 물가위원회 위원장 2013년 행정자치부 중앙투자심사위원(현) 2013~2015년 대통령소속 지방자치발전위원회 자문위원 2014~2016년 부산대 기획처장 2015~2016년 한국지방재정학회 편집위원장 2015~2017년 대통령직속 지역발전위원회 위원(교육인재양성분과위원회 위원장 겸임) 2016년 기획재정부 세제발전심의위원회 위원 2016~2017년 한국경제학회 이사 2016~2017년 한국재정학회 회장 2016~2017년 한국재정정보원 자문위원 2017~2018년 한국지방재정학회 부회장 2017년 한국자산관리공사 경영자문위원(현) 2017~2018년 부산대 교육부총장 2017~2019년 同대학원장 2018~2019년 대통령직속 정책기획위원회 산하 재정개혁특별위원회 조세소위원장 2019년 대통령직속 자치발전위원회 정책자문위원(현) 2019년 부산광역시 정책고문(현) 2019년 국회입법조사처 자문위원(현) (상)행정자치부장관표창(2002), 한국지방재정학술상(2007), 한국지방정부학회 최우수논문상(2009), 전국경제인연합회 시장경제대상(2009), 안전행정부장관표창(2013), 한국은행 우수논문상(2012·2013·2014), 한국지방재정인상(2015) (저)'지방재정의 적정구조'(2007) '한국경제선진화를 위한 세제개혁'(2008) '한국세제60년사'(2013) '한국지방세제60년사'(2017) (역)'도시 및 지역경제학'(2006)

최병화(崔炳化) Choi Byeong Wha

(생)1962·1·9 (주)서울특별시 영등포구 은행로 3 신한아이타스(주) 임원실(02-2180-0401) (학)1981년 덕수상고졸 1989년 광운대 경영학과졸 2017년 서울대 대학원 최고경영자과정(AMP 83기) 수료 (경)1989년 신한은행 입행 1998년 同영업부 대리 2001년 同여의도대기업금융지점 차장 겸 RM 2002년 同영업1부 차장 겸 RM 2004년 同종합금융영업부 SRM(부서장대우) 2006년 同종합금융영업부장 겸 ERM 2007년 同강남종합금융센터 지점장 겸 ERM 2009년 同강남대기업금융센터장 겸 PRM 2011년 同기업고객부장 2012년 同산업단지금융본부장 2013년 同부행장보 2015년 同기업그룹 부행장 2017년 同대기업그룹 및 기업그룹담당 부행장 겸임 2019년 신한아이타스(주) 대표이사 사장(현) (상)지식경제부장관표창(2008), 산업포장(2015), 자랑스러운 광운인상(2018)

최병환(崔炳煥) CHOI Byung Hwan

(생)1963·11·15 (출)부산 (주)세종특별자치시 다솜로 261 국무조정실 국무1차장실(044-200-2200) (학)1982년 부산사대부고졸 1986년 서울대 법학과졸 2001년 미국 위스콘신대 법과대학원 법학과졸 (경)1989년 행정고시 합격(33회) 1991년 서울시 근무 1993년 정무장관실 정책담당관 1998년 국무조정실 국회담당관·정무담당관 2004년 미국 뉴욕주 변호사자격 취득 2005년 국무조정실 홍보기획팀장 2006년 국무총리 공보비서관(국장) 2007년 국무총리 민정2비서관 2008년 국무총리 공보비서관 2010년 국무총리실 문화노동정책관 2010년 同의전관 2012년 同규제총괄정책관 2013년 국무조정실 국정운영실 기획총괄정책관 2014년 同사회조정실장 2015년 대통령 정책조정수석비서관실 국정과제비서관 2016년 국무조정실 국정운영실장 2017년 대통령직속 국정기획자문위원회 전문위원 2017년 국무조정실 국무1차장(차관급)(현) (상)홍조근정훈장(2012)

최병환 CHOI BYEONG HWAN

(생)1964·9 (주)서울특별시 용산구 한강대로23길 55 CJ CGV 사장실(1544-1122) (학)1992년 광운대 전자통신학과졸 2009년 한국정보통신대 대학원 통신공학과졸 (경)1989년 데이콤·쌍용컴퓨터 통신망 구축 1997년 하나로텔레콤 eBiz사업 기획 2007년 헬로비전 전략기획팀장(실장) 2010년 同Tiving 사업추진실장 2013~2018년 CJ포디플렉스 대표이사 2018년 CJ CGV 대표이사(현)

최병휘(崔秉輝) CHOI Byung Hwi

(생)1954·9·21 (출)전북 (주)서울특별시 동작구 흑석로 102 중앙대학교병원 호흡기알레르기내과(02-6299-1114) (학)1979년 서울대 의대졸 1982년 同대학원졸 1988년 의학박사(서울대) (경)1980~1983년 서울대병원 내과 전공의 1983~1986년 국군수도통합병원 군의관 1986~1987년 서울

대병원 알레르기내과 전임의 1987~1989년 중앙대 용산병원 내과 임상강사 1989~1998년 同의대 내과학교실 조교수·부교수 1991~1992년 캐나다 McMaster Univ. 교환교수 1998년 중앙대 의과대학 내과학교실 교수(현) 2001~2003년 同용산병원 교육연구부장 2003~2005년 同용산병원 진료부장 2003~2005년 천식및알레르기예방운동본부 본부장 2005~2008년 중앙대 용산병원 호흡기알레르기내과장 2005년 대한천식알레르기학회 총무이사 2008~2010년 중앙대병원 호흡기알레르기내과장 2010~2014년 同내과과장 2011~2013년 대한천식알레르기학회 이사장 (상)제37회 유한결핵및호흡기학술상(2015)

최보원(崔寶元·女)

(생)1977·2·2 (출)서울 (주)충청남도 천안시 동남구 청수14로 77 대전지방법원 천안지원(041-620-3024) (학)1995년 혜화여고졸 1999년 고려대 법학과졸 (경)2000년 사법시험 합격(42회) 2003년 사법연수원 수료(32기) 2003년 서울지법 의정부지원 예비판사 2004년 서울고법 예비판사 2005년 서울중앙지법 판사 2007년 광주지법 목포지원 판사 2010년 의정부지법 고양지원 판사, 서울남부지법 판사 2019년 대전지법 천안지원·대전가정법원 천안지원 부장판사(현)

최보율(崔普律) CHOI Bo Youl

(생)1957·11·8 (출)서울 (주)서울특별시 성동구 왕십리로 222 한양대학교 의대 의학과 예방의학교실(02-2220-0662) (학)1983년 한양대 의대졸 1987년 서울대 대학원 의학석사 1990년 의학박사(한양대) (경)1990년 한양대 의대 예방의학교실 조교수·부교수·교수(현) 2001~2002년 국립보건원 중앙유전체사업단 운영위원 2001~2002년 同국가홍역퇴치5개년사업 자문위원 2014~2016년 한국역학회 회장 2015년 중동호흡기증후군(MERS·메르스) 민관합동대책본부 역학조사위원장 2017년 대한예방의학회 이사장(현) (상)근정포장(2001), 한국과학기술단체총연합회 우수논문상(2003), 양평군 감사패(2006), 녹조근정훈장(2017) (저)'예방접종 후 이상반응 역학조사 업무 편람'(2001) '심혈관질환의 예방과 관리'(2003) '예방의학(共)'(2004)

최보현(崔甫鉉)

(생)1970·5·29 (출)전남 여수 (주)서울특별시 종로구 사직로8길 31 서울지방경찰청 경무과(02-700-2418) (학)여수고졸, 동국대 법학과졸, 연세대 행정대학원졸 (경)2004년 사법시험 합격(46회) 2007년 사법연수원 수료(36기) 2007년 경기 안산상록경찰서 인권보호관(경정 특채) 2009년 同경비교통과장 2010년 경찰청 규제개혁법무담당관실 소송지원담당 2011년 同규제개혁법무담당관실 송무담당 2014년 同외사국 외사기획계장 2016년 총경 승진 2016년 제주지방경찰청 수사1과장 2017년 제주 서귀포경찰서장 2019년 서울지방경찰청 경무과(청와대 국정상황실 파견)(현)

최복규(崔復奎) CHOI Bok Kyu

(생)1963·11·5 (출)인천 (주)인천광역시 미추홀구 경원대로 881 인천가정법원(032-620-4213) (학)1982년 양정고졸 1986년 서울대 법과대학졸 (경)1986년 사법시험 합격(28회) 1989년 사법연수원 수료(18기) 1989년 전주지법 판사 1991년 同정주지원 판사 1993년 전주지법 판사 1994년 인천지법 판사 1997년 서울지법 판사 1999년 同동부지원 판사 2001년 서울고법 판사 2002년 대법원 재판연구관 2004년 전주지법 부장판사 2006년 사법연수원 교수 2008년 서울북부지법 부장판사 2009년 서울동부지법 부장판사 2010년 서울중앙지법 부장판사 2011년 언론중재위원회 위원 2013년 서울북부지법 부장판사 2014년 同수석부장판사 2016년 수원지법 부장판사 2018년 인천가정법원장(현)

최복수(崔福洙) CHOI Bok Soo

(생)1963·7·29 (출)강원 정선 (주)세종특별자치시 정부2청사로 13 행정안전부 재난관리정책관실(044-205-5100) (학)1990년 한양대 행정학과졸 2000년 충북대 행정대학원졸 2003년 한국개발연구원 국제정책대학원 공공정책학과졸 2004년 미국 미시간주립대 도시계획과정 수료 (경)1991년 행정고시 합격(35회) 2005년 충북도 기획관리실 기획관 2006년 소방방재청 정책개발분석팀장 2007년 同방재대책팀장 2008년 同방재관리국 방재대책과장, 대통령실 파견(부이사관) 2009년 행정안전부 재난안전실 재난안전정책과장 2012년 세종특별자치시 기획조정실장 2013~2014년 청주시 부시장 2014년 국민안전처 기획조정실 정책기획관(고위공무원) 2015년 同안전정책실 생활안전정책관 2016년 同안전정책실 안전총괄기획관 2017년 국가안보실 선임행정관 2018년 행정안전부 재난안전관리본부 재난관리실 재난관리정책관(현) (상)대통령표창(2001)

최봉구(崔鳳九) CHOI Bong Goo

(생)1940·2·21 (본)경주(慶州) (출)경남 남해 (주)서울특별시 영등포구 의사당대로 1 대한민국헌정회(02-757-6612) (학)1983년 중앙대 사회개발대학원 수료 1991년 미국 하버드대 행정대학원 수료 1991년 연세대 행정대학원 고위정책과정 수료 (경)1968년 법무부 검찰국 근무 1977~1980년 대검찰청 비서관 1981년 구룡수산 대표이사 1986~2013년 서울오페라단 이사 1988~1992년 제13대 국회의원(전국구, 평화민주당·신민당·민주당) 1989년 평민당 원내부총무 1991년 민주연합청년동지회중앙회 회장 1991년 신민당 원내부총무 1991년 민주당 원내부총무 1993~2012년 (주)구룡상역 대표이사 1994~1995년 대한민국헌정회 이사 1994년 남북신뢰회복추진협의회 회장(현) 1997~2008년 민주당 중앙위원 1998년 국가경영전략위원 1999년 21세기 국정자문위원회 위원 2008년 통합민주당 중앙위원 2008년 민주당 중앙위원 2015~2017년 대한민국헌정회 이사 2016년 더불어민주당 고문 2017년 대한민국헌정회 감사, 同부회장 2019년 同위원(현) (종)기독교

최봉근(崔鳳根)

(생)1973 (주)세종특별자치시 도움4로 13 보건복지부 재정운용담당관실(044-202-2331) (학)서울대 산림자원학과졸 (경)2002년 지방행정고시 합격(8회), 여성가족부 근무 2009년 보건복지가족부 사회복지정책실 국민연금재정과 서기관 2011년 보건복지부 사회복지정책실 민생안정과 서기관, 同사회복지정책실 급여기준과 서기관, 同보건산업정책국 보건산업정책과 서기관 2014년 同기획조정실 재정운용담당관실 서기관 2015년 同보건의료정책실 약무정책과장 2016년 대통령 여성가족비서관실 행정관 2017년 보건복지부 인구정책실 분석평가과장 2018년 同사회복지정책실 사회서비스일자리과장 2019년 同기획조정실 재정운용담당관(현)

최봉태(崔鳳泰) CHOI Bong Tai

(생)1962·7·16 (출)대구 (주)대구광역시 수성구 동대구로 355 범어빌딩 4층 법무법인 삼일(053-743-0031) (학)1981년 대구고졸 1988년 서울대 법학과졸 1997년 일본 도쿄대 대학원졸 (경)1989년 사법시험 합격(31회) 1992년 사법연수원 수료(20기) 1992년 변호사 개업 1997년 '정신대할머니와 함께하는 시민모임' 창립 1997년 변리사 등록 1997년 영남대 겸임교수 1997~2004년 경북지방노동위원회 공익위원 1997~1998년 대한청과(주) 대표이사 직대 1998년 대구참여연대 초대 사무처장 1998년 성서공단 고문변호사 1998~2004년 (주)창신 파산관재인 1998~1999년 在韓동경대 법과대학 동창회 간사장 1999년 모하당

연구회 회장 1999년 계명대 창업보육센터 고문변호사 1999~2004년 대구지검 범죄피해자구조심의회 심의위원 2001~2004년 (주)호익산업 파산관재인 2001~2004년 일제강점하강제동원피해진상규명등에관한특별법제정추진위원회 공동집행위원장 2003~2004년 정신대할머니와함께하는시민모임 대표 2003년 대구지방변호사회 국제교류위원장 2004년 민주사회를위한변호사모임 대구지부 초대지부장 2005~2006년 국무총리산하 일제강점하강제동원피해진상규명위원회 사무국장(별정직 2급) 2006년 법무법인 삼일 변호사(현) 2007~2009년 건강보험관리공단 고문변호사 2008년 경북도 독도수호법률자문위원 2009년 일제피해자공제조합 고문 2010년 대한변호사협회 일제피해자인권특별위원회 위원장, 근로복지공단 채권추심전문변호사 [상]대한변호사협회 '변호사 공익대상'(2014), 제45회 한국법률문화상(2014) [저]'버려진 조선의 처녀들' '전후보상 속보'(2000)

최봉현(崔奉炫) Choi, Bonghyun

[생]1960·10·16 [출]경남 사천 [주]서울특별시 종로구 율곡로 53 해영회관5층 (재)한국공예디자인문화진흥원(02-398-7901) [학]1980년 대아고졸 1986년 경상대 무역학과졸 1991년 서울대 대학원 국제경제학과졸 2000년 경제학박사(서울시립대) [경]1986년 산업연구원 입사 1993년 미국 East-West Center 객원연구원 1996년 일본 국제동아시아연구센터 객원연구원 2003~2006년 산업연구원 지식서비스팀장 2005년 同연구위원 2006~2009년 同서비스산업실장 2016년 同선임연구위원, 문화체육관광부 자체평가위원회 재정분과위원장, 기획재정부 국가재정운용계획수립TF(문화체육관광 분야) 반장, 同타당성평가자문위원회 자문위원(현), 同국제행사심사위원(현), 문화체육관광부·미래창조과학부 민관콘텐츠정책협의회 민간위원 2017년 (재)한국공예디자인문화진흥원 원장(현) [상]문화관광부장관표창, 경제인문사회연구회 이사장표창

최불암(崔佛巖) CHOI Bool Am

[생]1940·6·15 [본]해주(海州) [출]인천 [주]경기도 안성시 삼죽면 동아예대길 47 동아방송예술대학교 방송연예학부(031-670-6750) [학]1958년 중앙고졸 1963년 한양대 연극영화과졸 2008년 명예 문학박사(호남대) [경]탤런트(현) 1965년 국립극단 단원 1967년 KBS 공채 탤런트(6기) 1982년 한국어린이재단 전국후원회장(현) 1986년 극단현대예술극장 대표 1990년 지역사회교육후원회 청소년담당 이사 1992~1996년 제14대 국회의원(전국구, 통일국민당·무소속·민자당·신한국당) 1994년 한국복지재단후원회 회장 1995년 (사)여의도예술문화 이사장 1996년 신한국당 서울영등포乙지구당 위원장 1997년 호서대 연극영화과 교수 1998~2008년 (사)웰컴투코리아시민협의회 회장 1999~2000년 서일대학 연극학과 겸임교수 2000년 Hi서울 시민대표 2003년 2003경주세계문화엑스포 명예홍보대사 2003년 IVI국제백신연구 홍보대사 2003년 육군 홍보대사 2004년 퍼그워시코리아그룹 친선대사 2007년 2012여수세계박람회 명예홍보대사 2007년 세명대 방송연예학과 초빙교수 2008년 다문화가족사랑걷기모금축제 대회장 2008년 서울시 홍보대사(현) 2009년 2014인천아시아경기대회 홍보대사 2009년 대한치주과학회 잇몸사랑 홍보대사 2009년 경기도 무한돌봄 홍보대사 2009년 불암산 명예산주(현) 2010년 한국주택금융공사 홍보대사 2010년 김수환추기경연구소 홍보대사 2010년 '함께하는 법 행복한 문화시민캠페인' 홍보대사 2010년 DMZ다큐멘터리영화제 조직위원 2011년 서울대병원 발전후원회 홍보대사 2011년 KBS 1TV '한국인의 밥상' 진행(현) 2012년 청소년 흡연·음주 예방 홍보대사, 어린이재단 초록우산 홍보대사 2012년 경기도 살리고 농정 홍보대사 2012년 食사랑農사랑 홍보대사 2012년 희망서울 홍보대사 2013년 국민공감 농정위원회 홍보자문위원 2013년 육군 지상군페스티벌 홍보대사 2013년 경기도 슬로푸드국제대회 홍보대사 2014~2015년 MBN '최불암의 이야기 숲 어울림' 진행 2014년 동아방송예술대 엔터테인먼트학부 석좌교수, 同방송연예학부 석좌교수 2017년 서울시 다동·무교동 도시재생 명예 총괄코디네이터(현) 2018년 경찰청 명예 경무관(현) [상]국민훈장 목련장, 백상연극영화 예술상, 백상예술대상 남자최우수연기상(1974·1978), 백상예술대상 인기상(1975), 대종상영화제 남우조연상(1978), 대종상영화제 남우주연상(1979), 자랑스런 한양인상(2004), 서울드라마페스티벌 명예의전당 올해의스타(2008), 연세대 언론홍보대학원 최고위과정 총동창회 '2010 동문을 빛낸 인물'(2010), 위암장지연상 방송부문(2011), 은관문화훈장(2014), 대한민국 국회대상 공로상(2016), 서울시 '최장수 홍보대사' 감사패(2017) [저]'그게 무엇이관데' '최불암의 청소년문화기행' '나의 인생 나의 사랑' '인생은 연극이고 인간은 배우라는 오래된 대사에 관하여'(2007) '견디지 않아도 괜찮아(共)'(2008) [작]TV드라마 'MBC 수사반장'(1971) 'MBC 전원일기'(1980) 'MBC 제1공화국'(1981) 'MBC 제2공화국'(1989) 'MBC 사랑해 당신을'(1990) 'MBC 여명의 눈동자'(1991) 'MBC 분노의 왕국'(1992) 'MBC 여'(1995) 'MBC 미망'(1996) 'MBC 그대 그리고 나'(1997) 'MBC 아름다운 서울'(1999) 'MBC 사랑은 아무나 하나'(2000) 'MBC 리멤버'(2002) 'MBC 영웅시대'(2004) 'MBC 진짜진짜좋아해'(2006) 'MBC 궁'(2006) 'MBC 달콤한 스파이'(2006) 'SBS 식객'(2008) 'SBS 그대, 웃어요'(2009) 'MBC 로드넘버원'(2010) 'SBS 당신의 천국'(2010) 'KBS 스카우트'(2011) 출연영화 '여마적'(1968) '사나이 멋진 이별'(1971) '청바지'(1974) '영자의 전성시대'(1975) '진짜진짜 좋아해'(1977) '바람불어 좋은날'(1980) '기쁜우리 젊은날'(1987) '까불지마'(2004) '잠복근무'(2005) '로드 넘버원'(2010) 나레이션 '붓다 : 시다르타 왕자의 모험'(2011) '천상의 화원 곰배령'(2011) '법정 스님의 의자'(2011)

최삼규(崔三奎) CHOI Sam Kyu

[생]1939·10·4 [출]경기 화성 [주]서울특별시 마포구 양화로 104 이화공영(주) 비서실(02-336-0041) [학]1959년 용산고졸 1961년 중앙대 약학과 중퇴 [경]1961~1968년 협창토건(주) 상무이사 1968~1971년 대륭기업(주) 전무이사 1971년 이화공영(주) 대표이사 회장(현) 1988~2011년 서울 마포세무서 세정협의회장 1999년 대한건설협회 간사 겸 서울시회 대의원 2000년 법무부 범죄예방위원 서울서부지역협의회장 2005년 同범죄예방위원전국연합회 수석부회장, 同범죄예방위원전국연합회장 2005년 대한건설협회 윤리위원장 2009년 同서울시회장 2011~2016년 同회장 2011~2016년 대한건설단체총연합회 회장 2011~2016년 한국건설산업연구원 이사장 2011~2016년 건설기술교육원 이사장 2016년 법무부 범죄예방위원전국연합회 명예회장(현) 2016년 (주)건설경제신문 회장(현) [상]은탑산업훈장(2006), 자랑스런 한국인대상 건설발전부문(2012), 금탑산업훈장(2015)

최삼룡(崔三龍) CHOI Sam Ryong

[생]1963·10·27 [출]대구 [주]대구광역시 중구 공평로 88 대구광역시청 시민안전실(053-803-2100) [학]1981년 영남고졸 1985년 서울대 정치학과졸 1987년 同행정대학원졸 1995년 미국 피츠버그대 대학원 도시계획과졸 [경]1987년 행정고시 합격(31회) 1988년 총무처 행정사무관 1989년 대구시 지방공무원교육원 교수 1992년 同기획담당관실 국제협력계장 1996년 同경제국 경제기획계장 1998년 同경제산업국 국제협력과장 2001년 同문화체육국 관광과장 2001년 同경제산업국 경제정책과장 2005년 同기획관리실 기획관(지방부이사관) 2007년 국외 훈련 2008년 2011대구세계육상선수권대회조직위원회 기획조정실장 2010년 대구시 문화체육관광국장 2012년 대구 달성군 부군수 2015년 대구시 시민행복교육국장 2016년 同창조경제본부장 2017년 同시민안전실장(현) [상]녹조근정훈장(2004)

최상규(崔相奎) CHOI Sang Gyu

(생)1956·9·1 (주)서울특별시 영등포구 여의대로 128 트윈타워 LG전자(주) 한국영업본부(02-6456-4000) (학)경북대사대부고졸, 경북대 전자공학과졸 (경)1981년 금성사(現 LG전자) 입사 2002년 同유통팀장 2004년 同시스템팀장 2009년 하이비지니스로지스틱스 대표이사 2010년 LG전자(주) 한국마케팅본부장(상무) 2010년 同한국마케팅본부장(전무) 2011년 同한국영업본부장(부사장) 2015년 同한국영업본부장(사장)(현)

최상근(崔相根)

(생)1964·5·12 (주)서울특별시 강남구 언주로 711 건설회관 대한건설협회 기획본부(02-3485-8209) (학)1983년 서울 남강고졸 1990년 서울시립대 건축공학과졸 2013년 고려대 정책대학원졸(경제학석사) (경)1990년 대한건설협회 입사 2000년 同기술실 기술제도팀장 2003년 同기술실 기술정책부장 2005년 同기술환경본부 주택지원팀장 2008년 同기술지원본부 규제개혁팀장 2010년 同기술지원본부 원가조사실장 2011년 同정책본부 계약제도실장 2014~2016년 LH공사 계약심의위원회 위원 2014년 조달청 규제심사위원회 위원(현) 2014년 대한상사중재원 중재인(현) 2016년 대한건설협회 회원본부 정보관리실장 2017년 同기획본부장(상임임원)(현) (상)환경부장관표창(1995), 건설교통부장관표창(2003), 부총리 겸 기획재정부장관표창(2013)

최상기(崔翔基) CHOI Sang Ki

(생)1954·9·2 (출)경남 양산 (주)경상남도 창원시 의창구 창원대로18번길 46 (재)경남창조경제혁신센터(070-7726-4250) (학)부산고졸, 부산대 기계설계학과졸 (경)1978년 두산중공업(주) 입사 2006년 同발전BG 터빈·발전기설계담당 상무 2008년 同발전BG 터빈·발전기BU장(전무) 2011~2013년 同Power BG 터빈·발전기BU장(전무) 2014년 (재)경남창조경제혁신센터 센터장(현) (상)산업포장, 대통령표창(2010)

최상기(崔相基) CHOI Sang Kee

(생)1955·1·3 (본)전주(全州) (출)강원 인제 (주)강원도 인제군 인제읍 인제로187번길 8 인제군청 군수실(033-460-2003) (학)인제농업고졸 (경)인제군 새마을과 국토미화계장, 同재무과 관재계장, 同경리계장, 同기획실 예산계장, 同내무과 행정계장, 同문화진흥과장, 同문화경제과장, 同문화관광과장, 同기획감사실장, 同주민생활지원실장 2009년 강원도인재개발원 교육지원과장 2010년 교육파견(서기관) 2010년 인제군 부군수 2014년 강원 인제군수선거 출마(새정치민주연합), 더불어민주당 강원도당 부위원장 2018년 강원 인제군수(더불어민주당)(현) (상)대통령표창, 내무부장관표창, 강원도지사표창 (종)천주교

최상대(崔象大) CHOI, Sangdae

(생)1965·4·9 (출)서울 (주)세종특별자치시 갈매로 477 기획재정부 사회예산심의관실(044-215-7201) (학)1984년 서울고졸 1988년 연세대 경제학과졸 1991년 서울대 대학원 행정학과졸, 미국 메릴랜드대 대학원 정책학과졸 (경)1990년 행정고시 합격(34회) 2000년 기획예산처 재정기획국 사회재정과 서기관 2003년 同예산관리국 제도관리과 서기관 2003년 同예산관리국 관리총괄과 서기관 2004년 디지털예산회계시스템추진기획단 파견 2005년 국제부흥개발은행(IBRD) 파견 2007년 기획예산처 업무성과관리팀장 2008년 대통령 경제금융비서관실 행정관 2009년 기획재정부 예산실 과장 2010년 同예산실 복지예산과장 2011년 同예산총괄심의관실 예산정책과장 2012년 同예산총괄심의관실 예산총괄과장 2013~2015년 세계은행 파견 2015년 기획재정부 기획조정실 정책기획관 2016년 경제부총리 겸 기획재정부 장관비서관(일반직고위공무원) 2017년 同비서실장 2017년 同재정혁신국장 2018년 同예산실 사회예산심의관(현)

최상덕(崔相德) Choi Sang Duk

(생)1964·2·23 (본)해주(海州) (출)전남 장성 (주)전라남도 여수시 대학로 50 전남대학교 해양기술학부(061-659-7166) (학)1982년 광주 숭일고졸 1989년 전남대 해양학과졸 1991년 同대학원 해양학과졸 1996년 이학박사(부경대) (경)1992~1998년 국립수산과학원 연구원 1998년 전남대 수산해양대학 해양기술학부 교수(현) 2004~2005년 同산학협력본부장 2010년 同최고수산경영자과정교육원장(현) 2011~2016년 아시아수산학회 이사 2012년 전남도 수산조정위원회 위원장(현) 2012년 (재)2012여수세계박람회 이사 2012년 (사)한국미래바다포럼 상임대표(현) 2016년 중앙연안관리심의위원회 위원(현) 2017년 광양만권특별관리해역환경자문회 위원장(현) 2018년 전남대 수산해양대학장(현) (상)전남대총장표창 (저)'해양오염론' '수산해양학개론' '고등학교 수산양식'(2015, 전남교육청) '고등학교 패류양식(共)'(2015, 서울교과서) '고등학교 어류양식(共)'(2015, 서울교과서) (종)천주교

최상문(崔相文) CHOI Sang Moon

(생)1959·8·20 (본)해주(海州) (출)경북 의성 (주)대구광역시 동구 동대구로 441 영남일보 제작국(053-757-5340) (학)1976년 의성공고졸 1988년 경북산업대 전기과졸 1998년 계명대 산업대학원졸 (경)1977~1979년 삼원화학(주) 근무 1983~1988년 매일신문 근무 1988년 영남일보 입사 1998년 同공무국장 직대 2004년 同공무국장 2005년 同제작국장(현)

최상방(崔相昉) Sang Bang Choi

(생)1954·9·11 (본)강릉(江陵) (출)강원 강릉 (주)인천광역시 미추홀구 인하로 100 인하대학교 공과대학 전자공학과(032-860-7417) (학)1974년 서울사대부고졸 1981년 한양대 전자공학과졸 1988년 미국 Univ. of Washington 대학원 전기전자컴퓨터공학과졸 1990년 공학박사(미국 Univ. of Washington) (경)1981~1986년 LG정보통신(주) 근무 1990년 미국 워싱턴대 박사후연구원 1991년 인하대 공과대학 전자공학과 교수(현) 1998~1999년 미국 Stanford Univ. 방문교수 2000~2002년 인하대 공과대학 제1부학장 (저)'Fault-Tolerant Parallel and Distributed Systems(共)'(1998) (역)'확률론(共)'(2004) '컴퓨터시스템 구조 및 설계(共)'(2005) 'VHDL을 이용한 디지털 시스템 설계'(2008) '확률 및 랜덤 프로세스'(2008)

최상석(崔相奭) CHOI Sang Seog

(생)1955·4·15 (본)강릉(江陵) (출)강원 삼척 (주)경기도 안양시 동안구 학의로 250 화신엔지니어링(031-596-6110) (학)성균관대 토목공학과졸, 한양대 행정대학원 토지·부동산행정학과졸, 중앙대 건설대학원 해외건설PM전문가과정 수료, 서울시립대 도시행정대학원 수료, 서울대 경영대학원 금호MBA과정 수료, 同환경대학원 수료, 매경-KAIST CKO과정 수료, 한양대 도시대학원 박사과정 수료, 서울산업대 대학원 최고위건축개발과정 수료 (경)(주)금호엔지니어링 상무이사, 국민고충처리위원회 비상근전문위원, 시민문화발전모임 운영위원, 서울시 한옥위원회 위원, 공학인증원 평가위원, 소방방재청 사전재해영향성검토위원, 대한측량협회·대한국토도시계획학회·한국암반공학회·한국환경영향평가학회·한국프로젝트관리기술회·대한지하수환경학회·한국도시설계학회·한국도시계획기술사회·(사)부동산투자분석전문가협회·한국BCP협회·한국방재협회·한국문화재수리기술자협회 회원 2005년 (주)동호 건설기술연구소 전무이사

2007년 同건설기술연구소 부사장 2013~2014년 同도시계획부 부사장 2014년 (주)삼안 부사장 2014년 (사)부동산투자분석전문가협회 회장 2017년 (사)대한상사중재인협회 이사(현) 2019년 (주)화신엔지니어링 부사장(현) (상)문교부장관표창(1980), 건설교통부장관표창(2002), 과학기술부장관표창(2004), 제4회 기술사의날 기술대상(2005), 산업포장(2008), 신지식인 지정(2011), 소방방재청장표창(2014), 덕원기술상(2017) (역)'외국의 리써치코아'(1990) '하이테크 아메리카'(1990) '지하공간 이용기술에 관한 테크놀로지 아세스멘트'(1992) '영국의 사이언스 파크'(1996) (종)기독교

최상열(崔相烈) SANG CHOI

(생)1961·7·25 (주)경상남도 사천시 사남면 공단1로 78 한국항공우주산업(주) 사업본부(055-851-1000) (학)1980년 우신고졸 1984년 한국항공대 경영학과졸 (경)1996년 현대우주항공 경력입사 2005년 한국항공우주산업(주) 항공기수출1팀장 2008년 同수출기획담당 2009년 同수출사업담당 2010년 同중동담당 2011년 同마케팅2담당 상무 2015년 同완제기수출2실장(상무) 2016년 同완제기수출실장(상무) 2018년 同해외사업2실장(상무) 2018년 同사업본부장 겸 해외사업2실장(전무)(현)

최상엽(崔相曄) CHOI Sang Yup

(생)1937·2·14 (본)경주(慶州) (출)경북 포항 (주)서울특별시 서초구 서초중앙로 69 르네상스빌딩 606호 최상엽법률사무소(02-525-5511) (학)1955년 포항고졸 1961년 서울대 법대졸 (경)1963년 서울지검 검사 1974년 대검찰청 검찰연구관 1975년 법무부 검찰2과장 1976년 同검찰1과장 1979년 서울지검 총무부장 1980년 同특수2부장 1981년 사법연수원 부원장 1981년 대검찰청 형사2부장 1982년 同공안부장 1987년 同차장검사 1990년 법제처장 1992년 변호사 개업 1996년 한국법제연구원 이사장 1997년 법무부 장관 1997년 변호사 개업(현) (상)홍조근정훈장(1977), 황조근정훈장(1987), 체육훈장 맹호장(1989), 청조근정훈장(1992)

최상영(崔尚永) Choi Sang-yeong

(생)1963 (주)서울특별시 종로구 청와대로 1 대통령비서실 제2부속실(02-730-5800) (학)부산 개성고졸, 부산외국어대 스페인어과졸 (경)더불어민주당 부산시당 정책실장, 同제18대 대통령선거 선거대책위원회 상황실장, 포럼지식공감 사무처장 2017년 대통령 제2부속비서관실 선임행정관 2019년 대통령 제2부속비서관(현)

최상옥(崔相玉) CHOI Sang Ok (裕堂)

(생)1927·12·8 (본)전주(全州) (출)전남 화순 (주)광주광역시 북구 금남로 146 남화토건(주) 회장실(062-527-8811) (학)1935년 한문學塾 수학 1941년 尋常소학교졸 1977년 전남대 경영대학원 수료 1994년 同경영대학원 최고경영자과정 수료 2002년 명예 경영학박사(전남대) (경)1946년 남화토건사 창업 1958년 남화토건(주) 대표이사 회장 1973년 학교법인 유당학원(광주 서석중·고) 설립·이사장(현) 1974~1996년 법무부 갱생보호위원 광주지역연합회장 1975~2010년 광주지검 소년선도자문위원 1978~1994년 광주상공회의소 부회장 1980~1993년 광주지법 가사·민사조정위원회 회장 1981~1983년 대한유도회 전남도 부회장 1983~1996년 대한검도회 회장 1985~1996년 국제검도연맹(IKF) 부회장 1985~2010년 평통 자문위원 1987~2010년 한국어항협회 고문 1988~2001년 전국문화원연합회 전남도지회장 1989~2009년 대한적십자사 광주·전남지사 상임위원 1990~1995년 바르게살기운동중앙회 부회장 겸 전남협의회장 1990~1996년 국제라이온스클럽 309C지구 회장·부총재 1990~2001년 금호종합금융(주) 감사 1991~1997년 한국유네스코 광주·전남협회장 1993~1996년 대한체육회 감사 1996~2001년 화순향교 典校 1999년 (재)유당문화재단 이사장(현) 2002~2009년 대한적십자사 중앙위원, 남화토건(주) 명예회장(현) (상)석탑산업훈장(1984), 국민훈장 석류장(1984), 체육훈장 백마장(1989), 화관문화훈장(1996), 광주시 시민대상(2001), 용봉경영대상(2001), 법무부장관표창, 어항협회 어항인 대상(2005), 은탑산업훈장(2007), 대한적십자사 광무장(2009), 빛고을 인륜대상(2009), 국민모범인상(2014) (저)'지성의 행로'(2000) (종)천주교

최상윤(崔賞潤) CHOI Sang Yoon (遁石)

(생)1940·12·1 (본)수성(隋城) (출)부산 (주)부산광역시 해운대구 APEC로 17 센텀리더스마크 2704호 예술도시부산포럼 (학)1960년 동래고졸 1969년 동아대 국어국문학과졸 1971년 同대학원 국어국문학과졸 1989년 문학박사(세종대) (경)계간 '南部文學'에 소설 '부활'로 등단 1979~2006년 동아대 국어국문학과 전임강사·조교수·부교수·교수 1980년 부산국어교육학회 회장 1990년 동남어문학회 회장 1992~1993년 부산시보·국제신문·충청일보 칼럼리스트 1995년 동아대 교수평의회 의장 1995년 부산·경남사립대교수협의회 회장 1998년 동아대 사회교육원장 1998년 부산시문인협회 회장 1998년 한국해양문학상 운영위원장 2000~2012년 부산예총 회장 2000년 부산국제비엔날레 조직위원회 부위원장 2000~2010년 부산문화관광축제조직위원회 집행위원장 2000년 부산국제영화제조직위원회 이사 2000년 2002 월드컵·아시안게임문화축전전문위원회 위원장 2001년 100만평시민문화공원조성추진위원회 공동의장 2002년 부산세계합창올림픽대회 수석부위원장 2002년 지방분권부산운동본부 공동대표 2003~2005년 조선통신사 문화사업추진위원회 부위원장 2003년 부산·북한교류지원범시민협의회 상임위원 2004년 2005APEC범시민지원협의회 상임이사 2004년 2005APEC정상회의 문화축전위원회 위원장 2004년 부산시 문화예술진흥위원 2005년 2005APEC정상회의 고위자문위원 2005년 부산MBC 시청자위원장 2006년 동아대 명예교수(현) 2007년 대한민국 '문화의 달' 추진위원장 2007년 부산국제무용제조직위원회 부조직위원장 2009년 한국합창조직위원회 공동대표 2010~2014년 한국예술문화비평가협회 회장 2014~2015년 부산문화재단 민간이사장 2015년 예술도시부산포럼 회장(현) (상)내무부장관표창, 한국비평문학상, 봉생문화상, 부산시 문화상(2005), 일맥문화대상(2005), 녹조근정훈장(2006) (저)'한국 자의식 소설연구' '한국현대소설연구' '현대문학의 이해' '한국현대작품론' 평론집 '한국현대소설의 비평적 조명' 수필집 '둔석의 허튼소리'

최상인(崔相仁)

(생)1962·10·14 (본)경주(慶州) (출)대구 (주)서울특별시 마포구 독막로 324 동서식품(주) 홍보실(02-3271-0022) (학)경북대 식품공학과졸, 同대학원 식품공학과졸, 한양대 대학원(MBA) 석사 (경)1987년 동서식품(주) 입사, 同연구소 근무, 同마케팅팀장 2016년 同홍보실장(현)

최상일(崔相日) CHOI Sang Il

(생)1957·1·7 (출)서울 (주)서울특별시 노원구 광운로 20 광운대학교 환경공학과(02-940-5183) (학)1979년 서울대 공대 토목공학과졸 1983년 同대학원 토목공학과졸 1989년 토목공학박사(미국 콜로라도주립대) (경)1987~1988년 미국 콜로라도대 연구원 1990년 광운대 환경공학과 교수(현) 2003~2005년 同공과대학장 2006~2009년 한국광해관리공단 비상임이사 2009~2010년 한국지하수토양환경학회 회장 2010~2011년 광운대 환경대학원장 (저)'환경학개론(共)'(1996, 형설출판사) '최신 하수도 공학(共)'(1997, 동명사) '토양환경공학(共)'(2001, 향문사) '토양지하수환경(共)'(2006, 동화기술) '토양위해성평가(共)'(2008, 동화기술) '토양오염 관리 및 복원 개론(共)'(2009, 동화기술) (역)'수돗물의 미생물학' '정수시설의 최적유지관리'

ㅊ

최상재(崔相宰) CHOI Sang Jae

(생)1961·5·5 (주)서울특별시 양천구 목동서로 161 SBS 특임이사실(02-2061-0006) (학)1980년 대구 성광고졸 1985년 고려대 정치외교학과졸 (경)1996년 SBS 입사, 同노조 부위원장, 同공정방송위원회 간사 2001년 同시사다큐팀 PD 2004년 同PD 협회장 2005년 同노조위원장 2005년 전국언론노동조합 부위원장 2007~2011년 同위원장, 미디어오늘 발행인 2009년 미디어발전국민위원회 위원 2012년 SBS 제작본부 부장 2016년 同사장직속 지속혁신추진단장 2016년 同경영본부 부본부장 2017년 同전략기획실장 2018년 同전략기획실장(이사) 2019년 同특임이사(현) (상)제21회 안종필언론상 본상(2009), 불교인권위원회 불교인권상(2009), 제8회 송건호 언론상(2009)

최상주(崔相宙) Choi, sang joo

(생)1960·3·1 (본)전주(全州) (출)경북 (주)서울특별시 양천구 목동서로 201 (주)KMH(02-2647-1255) (학)고려대 경제학과졸, 同대학원 화폐금융학과졸 (경)1997년 제15대 대통령인수위원회 전문위원 1999년 (주)케이엠홀딩스 회장 2000년 (주)KMH 회장 겸 이사회 의장(현) 2001년 에듀박스 대표이사 회장 2002년 무한투자(주) 사장 2013~2019년 아시아경제신문 공동대표이사·회장 2013~2014년 (주)팍스넷 공동대표이사 회장

최상준(崔相俊) CHOI Sang Jun (석봉)

(생)1938·12·20 (출)전남 화순 (주)광주광역시 북구 금남로 146 남화토건(주) 임원실(062-527-8817) (학)광주공고졸, 전남대 건축공학과졸, 同대학원 최고경영자과정 수료 (경)남화토건(주) 상무이사, 同전무이사, 同부사장, 남화개발 대표이사, 남화토건(주) 대표이사 사장, 同대표이사 부회장, 同대표이사 회장(현) 1997~2009년 광주지방노동청 노동위원회 위원 2003~2012년 국민생활체육광주골프연합회 회장 2006년 전남대 경영대학 객원교수(현) 2007~2011년 광주시공직자윤리위원회 위원장 2009~2013년 전남대총동창회 회장 2009~2012년 대한건설협회 부회장 2009~2012년 同전남도회장 2012~2015년 광주상공회의소 부회장 2012~2018년 대한적십자사 광주·전남지사 회장 2013~2016년 (사)전남자원봉사센터 이사장 2013~2018년 (사)한국산학협동연구원 이사장 2014년 (사)광주경영자총협회 회장(현) 2015~2017년 민주평통 광주지역회의 부의장 2017년 (사)용아박용철기념사업회 이사장(현) 2017년 광주시 노사민정협의회 위원(현) 2018년 광주시 일자리위원회 위원(현) 2019년 광주상공회의소 고문(현) 2019년 광주시 시정자문회의 의장(현) (상)산업포장(1992), 동탑산업훈장(2000), 한국전문경영인학회 한국 CEO 선정(2005), 한국지역문학인협회 신인문학상(2007), 바티칸 베네딕토 16세 교황 '강복장'(2012), 금탑산업훈장(2013), 대한경영학회 대한경영자대상(2014), 광주시민대상(2014), 한국윤리경영학회 한국윤리경영대상(2015), 한국언론인연합회 자랑스런한국인대상 건설발전부문(2015), 전남도지사 감사패(2016), 광주하계 U대회 공로 대통령표창(2017), 전남 화순군민의상(2017), 대한적십자사 최고명예대장(2018), 한국경영사학회 CEO 대상(2018), 전남도 문화상 미술부문(2018) (저)'남화가 살아 가는길 1·2·3권'(2004) '남화가족이 잘 사는 길 4·5·6권'(2006) '남화가족이 생각하며 사는 길 7권'(2009) '남화가족이 더불어 사는 길 8권'(2013) '길을 찾아라 9권'(2016) '길을 뚫어라 10권'(2019) (종)천주교

최상준(崔相俊) CHOI Sang Joon

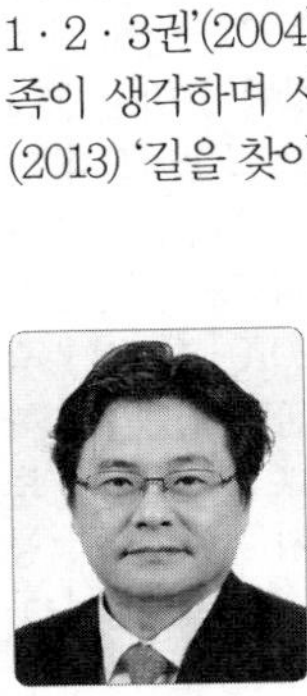

(생)1959·7·29 (출)광주 (주)광주광역시 동구 필문대로 365 조선대학교부속병원 의과대학 산부인과(062-220-3080) (학)1984년 조선대 의대졸 1995년 同대학원졸 1999년 의학박사(전남대) 2000년 미국 예일대 부속병원 산부인과 모체태아의학 박사후과정 (경)1990년 순창보건의료원 산부인과장 1995년 조선대 의대 산부인과학교실 교수(현) 2004~2005년 조선대의과대학 교수협의회 회장 2004~2007년 대한비뇨부인과학 편집위원 2005~2007년 同부속병원 홍보실장 2005~2009년 同부속병원 산부인과장 2006~2009년 광주지방경찰청 원스톱센터 운영위원 2006~2010년 대한모체태아학회 상임이사 2008년 대한주산기학회 이사(현) 2008~2010년 조선대 의학연구소장 2009~2011년 同부속병원 진료부장 2009년 대한산부인과초음파학회 감사 2010~2011년 호남주산기학회 회장 2014년 대한산부인과초음파학회 호남지회장(현) 2014~2016년 조선대 의학전문대학원장 겸 의과대학장 2015~2016년 同보건대학원장 2016년 광주지검 자문위원(현) 2016년 광주지법 전문심리위원(현) (상)경찰청장 감사장(2010) (저)'임신과 분만'(2003) '건강한 주부 행복한 가정'(2003) '부인과학 초음파(共)'(2007) '산과학(共)'(2007) '태아기형 초음파영상도해(共)'(2009) (역)'응급의학(共)'(2001)

최상철(崔相哲) CHOI Sang Cheol

(생)1964·3·29 (출)충북 진천 (주)서울특별시 서초구 서초중앙로 178 서초한샘빌딩 정부법무공단(02-2182-0055) (학)1983년 청주 세광고졸 1987년 서울대 법대졸, 미국 펜실베이니아대 법과대학원 연수, 전국경제인연합회 글로벌최고경영자과정 수료(56기), 서울대 환경대학원 도시환경최고전문가과정 수료(8기), 同공과대학 최고산업전략과정 수료(44기), 숙명여대 법과대학 공정거래법연수과정 수료(3기), 서울지방변호사회 조세연수과정 수료(14기) (경)1987년 사법시험 합격(29회) 1990년 사법연수원 수료(19기) 1990년 육군 법무관 1993년 서울지검 의정부지청 검사 1995년 대전지검 강경지청 검사 1996년 서울지검 검사 1998년 청주지검 검사 2001년 대구지검 검사 2002년 同부부장검사 2003년 전주지검 군산지청 부장검사 2004년 법무연수원 기획부 교수 2006년 수원지검 형사4부장 2007년 서울중앙지검 부장검사 2008~2009년 서울남부지검 형사2부장 2009년 변호사 개업 2011~2013년 정부법무공단 변호사3팀장 2011년 同교육위원회 위원장 2013~2016년 同변호사5팀장 2013년 同기획홍보실장(현) 2014년 국립중앙의료원 비상임감사, 인하대 법학전문대학원 초빙교수 2016년 정부법무공단 변호사7팀장(현) (상)안전행정부장관표창(2013), 보건복지부장관표창(2013), 농림축산식품부장관표창(2016)

최상호(崔相鎬) Sang Ho Choi

(생)1960·4·22 (본)전주(全州) (주)서울특별시 관악구 관악로 1 서울대학교 식품·동물생명공학부(02-880-4857) (학)1982년 서울대 식품공학과졸 1985년 한국과학기술원(KAIST) 대학원 생물공학과졸 1992년 이학박사(미국 아이오와대 의과대학) (경)1985~1988년 한국과학기술연구원·생명공학연구소 연구원 1992년 미국 캘리포니아공대 박사후연구원 1993년 미국 예일대 박사후연구원 1993~2004년 전남대 식품공학과 전임강사·조교수·부교수 1997년 미국 위스콘신대 방문교수 2004년 서울대 농업생명과학대학 식품·동물생명공학부 식품생명공학전공 교수(현) 2009~2013년 농촌진흥청 녹색성장기술위원회 자문위원 2010년 서울대 식품안전성및독성연구센터 소장(현) 2011~2015년 국무총리실 식품안전정책위원회 전문위원 2014년 서울대 식중독균유전체연구사업단장(현) 2015년 (주)삼립식품 사외이사 겸 감사위원 2016년 한국과학기술한림원 정회원(농수산학부·현) (상)Iowa government Bioctalysis and Bioprocessing fellowship(1991), 과학기술부 우수논문상(2004), 한국미생물생명공학회 학술대상(2017)

최상화(崔相和) CHOI Sang Wha

(생)1957·8·12 (본)수성(隨城) (출)충남 아산 (주)경기도 안성시 서동대로 4726 중앙대학교 전통예술학부(031-670-4738) (학)1979년 중앙대 예술대학 음악학과졸 1989년 한양대 대학원 국악과졸 2008년 문학박사(고려대) (경)1981~1990년 서울시립국악관현악단 근무 1990~2003년 전북대 한국음악과 조

교수 · 부교수 1995년 전북도립국악원 상임지위자 2001~2017년 한국디지털국악연구회 회장 2002년 중앙대 예술대학 전통예술학부 교수(현) 2004~2010년 同국악교육대학원 부원장 2004년 한국국악음향연구소 대표 2004~2006년 국립국악관현악단 예술감독 2008년 문화체육관광부 아시아전통오케스트라 예술감독(현) 2008~2011년 同아세아문화중심추진단 TF위원 2011~2013년 중앙대 국악교육대학원장 2012~2014년 한국문화예술위원회 위원 2013년 중앙대 예술대학장 2013년 同산학협력단 학교기업 '아리' 대표(현) 2014~2016년 중앙음악치료학회 회장 2015년 경기도립국악단 예술단장 (종)기독교

최상훈(崔尙燻) CHOI Sang Hun

(생)1964 · 4 · 26 (출)전남 진도 (주)서울특별시 종로구 북촌로 112 감사원 감찰관실(02-2011-2804) (학)1983년 홍익사대부고졸 1987년 고려대 법학과졸 (경)1988년 사법시험 합격(30회) 1991년 사법연수원 수료(20기) 1991년 軍법무관 1994년 부산지검 검사 1996년 대구지검 김천지청 검사 1997년 인천지검 검사 1999년 서울지검 북부지청 검사 2001년 광주지검 검사 2003년 同부부장검사 2003년 서울지검 부부장검사 2004년 광주지검 목포지청 부장검사 2005년 전주지검 부장검사 2006년 수원지검 성남지청 부장검사 2007년 서울고검 검사 2008~2010년 부산고검 검사 2008~2009년 진실화해를위한과거사정리위원회 집단희생조사국장(파견) 2010년 광주지검 형사1부장 2013년 부산고검 부장검사 2015~2018년 서울고검 검사(인천지검 중요경제범죄조사단 파견) 2018년 감사원 감찰관(고위감사공무원)(현)

최서은(崔瑞恩 · 女)

(생)1976 · 7 · 20 (출)서울 (주)대구광역시 수성구 동대구로 364 대구지방법원 총무과(053-757-6470) (학)1995년 구정고졸 1999년 서울대 사법학과졸 (경)2000년 사법시험 합격(42회) 2003년 사법연수원 수료(32기) 2003년 서울지법 북부지원 예비판사 2004년 서울고법 예비판사 2005년 서울중앙지법 판사 2007년 창원지법 판사 2011년 의정부지법 고양지원 판사 2014년 서울중앙지법 판사 2016년 대법원 재판연구관 2019년 대구지법 부장판사(현)

최석란(崔石蘭 · 女) CHOI Suk Ran

(생)1955 · 7 · 19 (주)서울특별시 노원구 화랑로 621 서울여자대학교 사회과학대학 아동학과(02-970-5555) (학)이화여대 영어영문학과졸, 미국 Illinois대 대학원졸, 교육학박사(미국 Illinois대) (경)1991년 서울여대 아동학과 조교수 · 부교수 · 교수, 同사회과학대학 아동학과 교수(현) 1997년 미국 Illinois대 교환교수 2002년 서울여대 교육대학원장 2011년 同기획정보처장 2014년 同대학원장 · 교육대학원장 · 사회복지 · 기독교대학원장 · 특수치료전문대학원장 겸임 2016년 同보육교사교육원장 2017~2019년 同미래교육단장 · 외국어교육원장 · 평생교육원장 · ICT교육원장 · 보육교사교육원장 겸임 (저)'유아사회교육의 이해' '유아생활교육' '아동현장연구' '어린이집에서의 보호와 교육' '어린이의 또래관계' '놀면서 자라는 어린이' '평화를 사랑하는 어린이' '유아교육개론'

최석문(崔碩文) CHOI Seok Mun

(생)1966 · 4 · 23 (출)부산 (주)제주특별자치도 제주시 남광북5길 3 제주지방법원 총무과(064-729-2423) (학)1985년 동래고졸 1990년 서울대 법대 공법학과졸 (경)1993년 사법시험 합격(35회) 1996년 사법연수원 수료(25기) 1996년 서울지법 판사 1998년 同남부지원 판사 2000년 제주지법 판사 2004년 서울북부지법 판사 2006년 서울고법 판사 2007년 대법원 연구법관 2008년 헌법재판소 파견 2010년 서울동부지법 판사 2011년 부산지법 동부지원 부장판사 2013년 의정부지법 고양지원 부장판사 2014년 수원지법 평택지원 부장판사 2016년 서울중앙지법 부장판사 2019년 제주지법 부장판사(현)

최석순(崔碩洵) CHOI Suk Soon

(생)1964 · 7 · 15 (주)서울특별시 강서구 마곡동로 110 코오롱글로텍(02-3677-5700) (학)춘천고졸, 서울대 지리학과졸 (경)1986년 코오롱상사 입사 2003년 코오롱글로텍 C-프로젝트팀장 2004년 코오롱웰케어 사업총괄부장 206년 同총괄담당 상무보 2008년 코오롱글로텍 화이버사업본부장 겸 스포렉스사업본부장 2010년 同AM사업본부장 겸 LM사업본부장(상무) 2011년 同AM사업본부장(전무) 2012년 同대표이사 부사장 2014년 同대표이사 사장(현) 2017년 코오롱패션머티리얼 대표이사 사장 겸임(현)

최석식(崔石植) Seok Sik Choi

(생)1954 · 7 · 28 (본)해주(海州) (출)전북 부안 (학)1973년 전주 해성고졸 1977년 전북대 법학과졸 1984년 서울대 행정대학원졸 1987년 영국 맨체스터대 대학원 과학기술정책과졸 2001년 행정학박사(성균관대) (경)1976년 행정고시 합격(19회) 1980년 과학기술처 행정사무관 1985년 同인력계획담당관 1987년 정책연구평가센터 파견연구관 1989년 과학기술처 연구관리과장 1990년 同원자력정책과장 1990년 同기획총괄과장 1993년 同인력정책관 1995년 同공보관 1996년 同기술인력국장 1998년 국방대학원 입교 1999년 과학기술부 과학기술정책국장 1999년 同연구개발국장 2000년 대통령 과학기술비서관 2001년 과학기술부 과학기술정책실장 2003년 同기획관리실장 2004~2006년 同차관 2006년 건국대 대외협력부총장 2006년 e사이언스포럼 초대의장 2007~2008년 한국과학재단 이사장 2008년 연구관리혁신협의회 회장 2008~2011년 서울대 공과대학 재료공학부 객원교수 2008~2011년 전북대 석좌교수 2009~2011년 건국대 석좌교수 2011~2015년 상지영서대 총장 2011~2015년 학군제휴대학협의회 회장 2015~2019년 세경대 총장 2019년 한국 e-science 포럼 의장(현) (상)고운문화상(1991), 근정포장(1992), 황조근정훈장(2003) (저)'우리의 과학기술 어떻게 높일 것인가' '산다는 것은 : 언론홍보현장 편' '서울에서 남극까지' '연구개발경영의 이론과 실제' '과학기술정책론' 'Analysis of the British Industrial Innovation Policy System Between 1960-1985' (종)가톨릭

최석영(崔晳泳) Seokyoung Choi

(생)1955 · 10 · 1 (본)강릉(江陵) (출)강원 강릉 (주)서울특별시 중구 남대문로 63 한진빌딩 법무법인 광장(02-6386-6620) (학)1974년 강릉고졸 1979년 서울대 독어독문학과졸 2004년 한국개발연구원(KDI) 국제정책대학원 MBA (경)1979년 외무부 입부 1985년 독일 하이델베르크대 정치학과 연수 1988년 駐케냐대사관 1등서기관 1991년 외무부 과학환경과 서기관 1994년 駐제네바대표부 참사관 1997년 외교통상부 환경과학과장 1999년 駐유엔대표부 참사관 2002년 외교통상부 APEC담당 심의관 2004년 아시아태평양경제협력체(APEC) 사무차장 2005년 同사무처장 2006~2009년 駐미국대사관 경제공사 2009년 외교통상부 DDA협상대사 2010~2012년 同통상교섭본부 자유무역협정교섭대표 2012~2015년 駐제네바 대사 2013~2018년 우즈베키스탄 WTO 가입작업반 의장 2012~2013년 유엔난민기구(UNHCR) 집행이사회 부의장 2013~2014년 同집행이사회 의장 2013년 유엔배상위원회 부의장 2014~2015년 세계무역기구(WTO) 서비스무역이사회(CTS) 의장 2016~2018년 UN 중앙긴급대응기금(CERF) 자문위원 2016~2018년 아시아소사이어티 무역위원회 위원 2016~2018년 서울대 국제대학원 객원교수 2016년 법무법인 광장 고문(현) 2016년 롯데쇼핑 사외이사(현) 2017년 국립외교원 외교역량평가 위원(현) (상)근정포장(2006), 황조근정훈장(2012) (저)'APEC의 개방적 지역주의'(2006) '최석영의 FTA협상노트'(2016, 박영사) (종)기독교

최석우(崔錫禹) CHOI Seog Ou

(생)1962·2·3 (본)경주(慶州) (출)서울 (주)충청남도 천안시 서북구 입장면 양대기로길 89 한국생산기술연구원 성형기술그룹(032-850-0332) (학)1980년 동성고졸 1984년 아주대 기계공학과졸 1986년 한국과학기술원(KAIST) 대학원 생산공학과졸 1997년 공학박사(아주대) (경)1986년 한국과학기술연구원(KAIST) 연구원 1990년 한국생산기술연구원 수석연구원 2003~2004년 한국소성가공학회 단조분과위원회 간사 2003년 한국생산기술연구원 디지털생산공정팀장 2005년 同디지털성형팀장 겸 지역혁신클러스터추진단장 2005년 일본 AIST 초빙연구원 2007년 한국생산기술연구원 생산공정기술본부장 2008년 同지식기반서비스본부장 2009년 同충청·강원권기술지원본부장 2010년 同경기기술실용화본부장 2011년 同엔지니어링기술지원센터 소장 2012~2013년 同미래전략본부장, 同성형기술연구실용화그룹 연구원 2015년 同성형기술그룹 수석연구원(현) (상)한국생산기술연구원장표창(1999), 산업자원부장관표창(2003), 국무총리표창(2010) (종)불교

최석윤(崔錫潤)

(생)1959 (주)서울특별시 강남구 강남대로 382 메리츠화재해상보험(1566-7711) (학)서울대 경영대학졸 (경)1982년 JP모건 입사 2007년 바클레이즈 캐피탈(Barclays Capital) 근무 2007년 로열뱅크오브스코트랜드(RBS) Global Banking & Markets 부문 서울대표 2008년 ABN AMRO은행 서울지점 대표 2011년 골드만삭스증권 공동대표 2016년 서울대 경영대학 겸임교수 2018년 메리츠화재해상보험 기업보험총괄 사장(현)

최석종(崔石鍾) CHOI Suk Jong

(생)1961·6·18 (본)해주(海州) (출)서울 (주)서울특별시 영등포구 여의대로 66 KTB빌딩 5층 KTB투자증권(주) 임원실(02-2184-2200) (학)서울 양정고졸, 고려대 정치외교학과졸, 연세대 경영대학원(MBA)졸 (경)1988년 LG투자증권(주)입사 2003년 同기업금융1팀장 2007년 우리투자증권(주) 개포지점장 2008년 NH투자증권(주) 기업금융본부장(상무) 2008~2012년 同IB1본부장(상무) 2012년 교보증권 구조화금융본부장 2015년 同IB금융본부장(전무) 2016년 KTB투자증권(주) 대표이사 사장(현) (상)재정경제부장관표창(2005), 기획재정부장관표창(2008)

최석진(崔錫珍) CHOI Suk Jin (文寬)

(생)1944·10·30 (본)강릉(江陵) (출)강원 강릉 (주)서울특별시 서초구 남부순환로364길 7-6 (사)한국환경교육협회(02-571-1195) (학)1963년 경동고졸 1967년 서울대 사회교육과졸 1982년 고려대 교육대학원졸 1991년 미국 스탠퍼드대 Summer Institute 수료 1992년 문학박사(동국대) (경)1969~1983년 서울시내 공립 중·고 교사·주임교사 1983~1997년 한국교육개발원 사회과 교육연구부장·교육과정연구본부장·환경교육연구팀장 1985~2015년 교육부 교육과정 및 교과서 평가위원 1989~2004년 한국환경교육학회 창설·회장·명예회장·고문 1996~2001년 유네스코·유엔환경계획 한국위원회 자문위원 겸 연구위원 1996~1998년 한국사진지리학회 회장 1998~2004년 한국교육과정평가원 기획조정실장·교육평가연구본부장 1998~2000년 환경부 환경교육전문가협의회 회장 2000~2004년 同한·중·일환경교육네트워크사업(TEEN) 한국측책임자 2002년 이화여대 특임교수·겸임교수 2006~2011년 인하대 초빙교수, (사)한국환경교육협회 부회장 겸 부설 국제환경교육연구소장(현) 2009~2012년 (사)한국학교환경위생협회 이사장 2010년 국가 지속가능발전위원회 국제협력분과위원장 2010~2015년 환경부 환경교육진흥위원 2010~2013년 同환경교육프로그램 심의위원 및 위원장 2012년 同환경교육발전위원회 위원 겸 공동회장 2016년 교육부 교육과정및교과서 심의위원 (상)문교부(교육과학기술부)장관표창 4회, 환경처장관표창, 대통령표창, 국민훈장 동백장, 한국환경교육학회 최우수논문상 등 (저)'한국사회과교육학개론' '한국의 환경교육' '환경교육' '늘 푸른 지구를 위하여' '환경과학' '한국의 환경 50년사' '환경과 생활' '체험환경교육의 이론과 실제' '생태와 환경' '환경과 녹색성장' '21세기 한국의 환경교육' '환경교육학개론' '사회과교육학신론' '세계의 환경교육 동향' '환경교육론'(2014) 등 共著 다수 (역)'사회과 교수법' 등 共著 다수 (종)불교

최석진(崔碩珍) Choi Seok Jin

(생)1962·2·14 (주)부산광역시 부산진구 복지로 75 부산백병원 영상의학과(051-890-6579) (학)1986년 인제대 의대졸, 同대학원졸 2000년 의학박사(고신대) (경)1987년 인제대 부산백병원 수련의 1990년 同부산백병원 전공의 1994년 同의대 진단방사선학교실 교수(현) 2004~2009년 同의대 학생담당 부학장 2015년 同의대 교무담당 부학장 2019년 同의과대학장(현)

최석진(崔錫珍)

(생)1963·3·8 (주)세종특별자치시 한누리대로 402 산업통상자원부 산업재난담당관실(044-203-5580) (학)1982년 문경공고졸 1986년 강원대 자원공학과졸 (경)산업자원부 감사관실 행정사무관 2012년 지식경제부 기획재정담당관실 서기관 2013년 산업통상자원부 운영지원과 팀장, 同광업등록사무소장 2017년 同군산자유무역지역관리원장(과장급) 2017년 同산업재난담당관 2019년 同산업재난담당관(부이사관)(현) (상)국무총리표창(2002)

최석호(崔石鎬) CHOI Suk Ho

(생)1958·5·8 (출)서울 (주)경기도 용인시 기흥구 덕영대로 1732 경희대학교 응용과학대학 응용물리학과(031-201-2418) (학)1981년 서울대 물리학과졸 1984년 한국과학기술원 물리학과졸(석사) 1987년 이학박사(한국과학기술원) (경)1987~1991년 한국표준연구소 선임연구원 1989년 미국 표준기술연구소 객원연구원 1991년 경희대 응용과학대학 응용물리학과 조교수·부교수·교수(현) 1994년 한국과학기술원 대우교수 2001~2003년 경희대 자연과학종합연구원장 2009년 경희대 석학교수(경희 펠로우)(현) 2015년 사이언티픽 리포트(Scientific Reports) 편집위원(현) (상)한국물리학회 학술상(2011)

최석호(崔釋顥)

(생)1963·5·8 (출)경북 경주 (주)서울특별시 중구 을지로 79 IBK기업은행 임원실(02-729-6226) (학)1981년 경주고졸 1985년 동국대 경제학과졸 (경)1987년 IBK기업은행 입행 2010년 同송도국제도시지점장 2011년 同나눔행복부장 2013년 同IBK컨설팅센터장 2014년 同기업고객부장 2015년 同검사부장(본부장) 2017년 同남부지역본부장 2018년 同기업고객그룹장(부행장) 2019년 同경영지원그룹장(부행장)(현)

최석환(崔石煥)

(생)1962·2·6 (출)경북 안동 (주)대구광역시 수성구 무학로 227 대구지방경찰청 청문감사담당관실(053-804-7025) (학)1980년 안동고졸, 연세대 법학과졸 (경)1992년 경위 임용(경찰간부후보 40기) 2000년 대구 동부경찰서 수사과장 2008년 경찰청 경무기획국 인사과장 2009년 경북 청송경찰서장 2010년 서울지방경찰청 정부중앙청사경비대장 2011년 경찰청 경무국 교육과장 2012년 서울 광진경찰서장 2013년 경찰청 교육정책담당관 2014년 대구 동부경찰서장 2015년 경북지방경찰청 경무과장 2016년 대구 북부경찰서장 2017년 경북지방경찰청 청문감사담당관 2017년 경북 경산경찰서장 2019년 대구지방경찰청 청문감사담당관(현)

최 선(崔 先) CHOI Sun

(생)1959 · 9 · 12 (주)충청남도 서산시 대산읍 독곶2로 103 한화토탈 임원실(041-660-6114) (학)경주고졸, 서울대 화학공학과졸, 한국과학기술원(KAIST) 화학공학과졸(석사) (경)2004년 SK이노베이션 기술원 촉매공정연구소장 2012~2013년 同비상근고문 2013~2015년 삼성토탈 에너지 · 화성연구담당 전무 2015년 한화토탈(주) 에너지 · 화성연구담당 전무 2017년 同연구소장(전무)(현)

최 선(崔 善 · 女) CHOI Sun

(생)1974 · 1 · 28 (주)서울특별시 중구 세종대로 125 서울특별시의회(02-3702-1400) (학)서경대 일어학과졸 (경)서경대 총학생회장, 서울강북주민무료법률상담센터 사무국장, 同운영위원, (주)대교 눈높이교사, 서울시학교급식조례제정 강북운동본부 공동대표, 서울강북구보육조례개정운동본부 미아1 · 2 · 5 · 6 · 7 · 8동 본부장, 민주노동당 중앙당 대의원, 同서울강북구위원회 위원장 2006 · 2010~2014년 서울시 강북구의회 의원(진보신당 · 민주통합당 · 민주당 · 새정치민주연합), 同예산결산특별위원회 위원, 同조례정비특별위원회 부위원장, 同행정위원회 부위원장 2006~2008년 同운영위원장, 진보신당 전국위원, 강북구의정비인하운동본부 공동대표 2010~2012년 서울시 강북구의회 운영위원장, 박용진 국회의원 비서관 2018년 서울시의회 의원(더불어민주당)(현) 2018년 同교육위원회 위원(현) 2018년 同청년 특별위원회 위원(현) 2018년 同예산정책연구위원회 위원(현) 2019년 同윤리특별위원회 위원(현)

최선국(崔善國)

(생)1973 · 9 · 14 (주)전라남도 무안군 삼향읍 오룡길 1 전라남도의회(061-286-8200) (학)목포고졸, 성균관대 문과대학 철학과졸 (경)목포신문 기자, 열린우리당 목포시지역위원회 운영위원, 목포시사회적기업협의회장, 더불어민주당 전남도당 원도심활성화 특별위원회 위원장(현), (유)사람과사람 대표이사 2018년 전남도의회 의원(더불어민주당)(현), 同전라남도청년발전특별위원회 위원(현), 同안전건설소방위원회 위원 겸 예산결산특별위원회 위원(현)

최선목(崔善穆) CHOI Sun Mok

(생)1957 · 11 · 26 (본)경주(慶州) (출)충남 부여 (주)서울특별시 중구 청계천로 86 한화그룹 커뮤니케이션위원회(02-729-1114) (학)1976년 충남고졸 1984년 연세대 행정학과졸 (경)1984년 한양화학 영업부 입사 1990년 同기획실 근무 1997년 한화석유화학 감사팀장 2002년 한화그룹 구조조정본부 홍보팀 부장 · 상무보 2005년 同구조조정본부 홍보팀장(상무), 대덕테크노밸리 마케팅부 상무 2009년 同마케팅기획총괄 전무 2010년 (주)아산테크노밸리 사업본부장(전무) 2013년 (주)한화도시개발 경영지원실장 2014~2015년 同대표이사 2015년 (주)한화 경영기획실 커뮤니케이션팀장(부사장) 2016년 한국광고주협회 운영위원(현) 2016~2018년 연합뉴스 수용자권익위원회 위원 2018년 한화그룹 커뮤니케이션위원회 위원장(사장)(현)

최선미(崔善美 · 女) Choi Sun Mi

(생)1969 · 11 · 3 (주)대전광역시 유성구 유성대로 1672 한국한의학연구원 부원장실(042-868-9601) (학)1994년 대구한의대 한의학과졸 1996년 경희대 대학원 한의학과졸 2000년 한의학박사(경희대) (경)1994년 한국한의학연구원 책임연구원(현) 1998년 한국보건의료관리연구원 연구자문위원 2002~2005년 경원대 한의과대학 시간강사 2003~2005년 경희대 한의과대학원 시간강사 2003~2009년 대전대 한의과대학원 겸임교수 2003~2009년 대구한의대 한방산업대학원 객원교수 2004년 과학기술연합대학원대 한의생명과학과 전임교원 겸 캠퍼스대표교수(현) 2005~2009년 보건복지부 R&D 전문위원 2005~2007년 자동차보험분쟁조정심의위원회 심의위원 2009년 식품의약품안전처 한의약전문위원회 전문위원(현) 2010년 국제표준화기구 전통의학분야 기술위원회(ISO/TC249) 전통의학의료기기분과(WG4) Covenor(현) 2010~2012년 국가과학기술위원회 운영위원회 민간위원 2013~2016년 국가과학기술심의회 생명의료전문위원회 전문위원 2016년 한국한의학연구원 한의기술표준센터장(부장) 2017년 국가과학기술자문회의 전문위원 2018년 한국한의학연구원 부원장(현) 2018년 농림축산식품부 농림식품과학기술위원회 위원(현) 2018년 한국연구재단 창의적 자산 실용화 지원사업 사업관리위원회 위원(현) 2019년 보건복지부 보건의료기술정책심의위원회 위원(현) (상)과학기술훈장 진보장(2017)

최 성(崔 星) CHOI Sung (호정)

(생)1951 · 5 · 9 (본)경주(慶州) (출)경북 포항 (학)1969년 동국고졸 1976년 동국대 시스템공학과졸 1980년 고려대 대학원 정보처리학과졸 1983년 연세대 산업대학원 전자계산학과졸 1999년 이학박사(강원대) (경)1976년 한국기업은행 전산개발과 근무 1980년 조선대 전자계산학과 전임강사 1981년 한국전자계산(주) Kcc Prime Se 과장 1983년 제주은행 전산실장 1986년 한국생산성본부 OA추진사무국장 1994~2016년 남서울대 컴퓨터학과 교수 1994년 同산업기술연구소장 1995년 한국IT전문가협회 이사(현) 1999년 도산아카데미 유비쿼터스포럼 부위원장 2000년 한민족IT평화봉사단 단장 2000년 한국디지털정책학회 수석부회장 · 명예회장(현) 2001년 한국게임학회 수석부회장 2002년 한국정보상학회 부회장 2002년 현정포럼 정책위원장 2004년 나눔문화시민연대 공동대표 2004년 통일IT포럼 교육위원장 · 자문위원, 한국정보처리학회 이사 2005년 한국정보통신기술사협회 특별이사(현) 2008년 북한과학도서100만권지원및자립학운동본부 본부장(현) 2009~2013년 IT영재연구소 소장 2010년 평양과학기술대 이러닝센터장 · 표준연구소장(현) 2013년 동북아정보연구원 원장(현) 2014년 (사)한국어정보학회 회장 · 명예회장(현) 2014~2016년 통일IT포럼 학술위원장 2014년 중국 연변과학기술대 겸임교수(현) 2016년 한국서울남부섬유협동조합 연구소장(현) 2016년 (사)동북아공동체ICT포럼 학술위원장 2018년 同연구이사(현) (상)한국정보처리학회 우수논문상, 서울시 봉사상(1984), 교육부장관표창(2002), 해외장애인봉사 정보통신부장관표창(2003), 대한민국소프트웨어발전공로 대통령표창(2004), 게임기술개발 공로상(2007), 근정포장(2011), 제5회 도전한국인상 IT봉사부문(2013), 방송통신위원장표창(2013) (저)'21세기 기술경영' '경영정보길라잡이' '비지니스리엔지니어링' 'C언어' '소프트웨어 엔지니어링' 'COBOL언어' 'BASIC언어' '컴퓨터개론' '회계시스템CBT' '가상기술응용' '전통예절 원격교육시스템' (역)'소프트웨어공학'(1989) '비즈니스리엔지니어링'(1994) '게임PD가되는길'(1997) '가상화스토리지네트워크'(2006) '소프트웨어엔지니어링'(2003) '핀테크보안경영'(2016) (종)천주교

최성국(崔盛國) Choi, Sung Gook

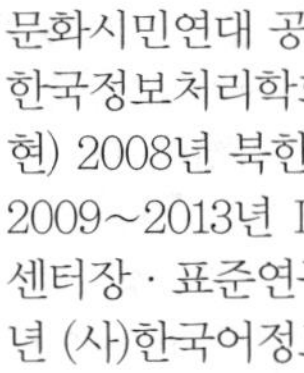

(생)1969 · 2 · 11 (출)전남 무안 (주)부산광역시 연제구 법원로 15 부산지방검찰청 총무과(051-606-4542) (학)1987년 전남고졸 1994년 숭실대 법학과졸 (경)1998년 사법시험 합격(40회) 2001년 사법연수원 수료(30기) 2001년 부산지검 검사 2003년 광주지검 순천지청 검사 2005년 울산지검 검사 2007년 서울중앙지검 검사 2010년 수원지검 검사 2012년 사법연수원 교수 2015년 서울중앙지검 부부장검사 2016년 서울북부지검 부부장검사 2017년 제주지검 부장검사 2017년 전주지검 군산지청 형사1부장 2018년 광주고검 검사 2019년 부산지검 인권감독관(현)

ㅊ

최성권

(생)1965·8·1 (주)서울특별시 영등포구 국제금융로6길 11 IBK투자증권(주) 임원실(02-6915-5000) (학)1986년 인하대 회계학과졸 (경)1982년 외환은행 입사 1992년 하나은행 입사 1999년 신한금융투자 입사 2003년 同논현지점장·리테일영업기획부장·인사부장 2009년 同IB기업금융부장·IB RM센터장 2012년 同IB기업금융본부장 2013년 同IB투자금융본부장 2015년 同IB기업금융본부장 2016년 同고객자산운용본부장(상무) 2017~2018년 同법인금융상품영업본부장(상무) 2018년 IBK투자증권(주) 자산관리사업부문장(전무) 2019년 同IB사업부문장(현)

최성규(崔聖奎) CHOI Sung Kyu (聖山)

(생)1941·7·25 (출)충남 연기 (주)인천광역시 미추홀구 인하로 458 인천순복음교회(032-421-2591) (학)1961년 서울 용문고졸 1965년 명지대 경영관리학과졸 1978년 한세대 신학과졸 1991년 명예 신학박사(미국 베데스다대) 2005년 명예 문학박사(명지대) (경)1981년 기독교 대한하나님의성회에서 목사 안수 1982~1983년 여의도순복음교회 교무국장 1983~2016년 인천순복음교회 당회장 목사 1988년 인천성시화운동본부장 1990·1993·2000년 기독교 대한하나님의성회 총회장 1991년 순복음유치원 이사장 1992년 순복음신학원 이사장 1993년 인천기독교연합회 총회장 1994년 성산청소년효재단 이사장 1995년 성산청소년효행봉사단 이사장 1996년 한국기독교총연합회 공동회장 1996년 학교법인 성산학원·성산효대학원대 설립·총장 1999년 성산효마을학교 교장(현) 2001년 기독교충청협의회 대표회장 2002년 한국오순절교회협의회 대표회장 2002~2008년 효실천운동협의회 상임회장 2002~2003년 한국기독교교회협의회(KNCC) 회장 2004~2005년 한국기독교총연합회(CCK) 대표회장 2005년 광복60년기념사업추진위원회 고문 2006년 대통령산하 저출산고령화대책위원회 종교인대표위원 2006~2014년 한국효운동단체총연합회 대표회장 2007~2015년 성산효대학원대 총장 2009년 기독교대한하나님의성회 국내총회장 2010년 同통합총회 총회장 2010~2017년 학교법인 상명학원 이사 2011~2014년 전국대학원대학교협의회 회장 2012년 한국복음주의신학대학협의회 회장 2014년 (사)한반도평화화해협력포럼 이사장(현) 2014년 성산효나눔재단 이사장(현) 2015년 성산하모니복지재단 이사장(현) 2015년 (사)한국대학원대학교육협의회 이사장(현) 2016년 성산효대학원대 명예총장 2016~2017년 대통령소속 국민대통합위원회 위원장 2016년 인천순복음교회 원로목사(현) 2017년 성산효대학원대 총장(현) 2018년 학교법인 명지학원 명예이사장(현) (상)대통령표창(1992·2011), 대한적십자사 총재 헌혈유공금장(1996), 문화관광부장관표창(1998), 국민포장(1999), 제12회 한국기독교선교대상 목회자부문대상(2001), 제4회 한국교회 연합과 일치상(2009), 국무총리표창(2010), 국민훈장 석류장(2016) (저)'행복한 우리가정'(1996) '효의 길, 사람의 길(共)'(1999) '효학개론'(2001) '하늘의 복, 땅의 복' '성령에 사로잡힌 사람' '효신학개' '효가 살아야' '최성규의 시편' '1일1장1독+1효 시리즈' '101일 성경통독 특별새벽기도회' '아들아(1,2,3권)' '성경적인 삶 시리즈' '교회복지목회론' '효 운동하는 목사 최성규의 고집' '효와 행복' 등

최성기 CHOI Sung Ki

(생)1957·9·12 (출)경남 진해 (주)서울특별시 서초구 강남대로93길 32 평화빌딩 601호 (주)인포서치(02-541-7601) (학)고려대 문과대 사회학과졸, 고려대 대학원 사회학과졸 (경)고려대 사회학과 강사, 同경영대학 명예강사, 강남대 사회사업학과 강사, (주)한국리서치 마케팅조사사업부 수석부장 2000년 同마케팅조사사업부 이사 2002년 (주)인포서치 대표이사(현) (종)기독교

최성길(崔成吉)

(생)1961·12·24 (출)경북 경주 (주)서울특별시 서초구 효령로 304 법무법인 우면(02-3465-2200) (학)1980년 우신고졸 1986년 서울대 사법학과졸 (경)1996년 사법시험 합격(38회) 1999년 사법연수원 수료(28기) 1999년 서울지법 동부지원 판사 2001년 同판사 2003년 창원지법 판사 2004년 창원지법 함안군·의령군 판사 2007년 인천지법 부천지원 판사 2011년 서울중앙지법 판사 2013년 서울동부지법 판사 2014년 춘천지법 부장판사 2016년 의정부지법 부장판사 2018년 법무법인 우면 대표변호사(현) 2018년 (사)국가발전정책연구원 법률지원단장(현)

최성남(崔聖男) CHOI Seong Nam

(생)1965·12·20 (출)강원 춘천 (주)서울특별시 서초구 서초대로 254 오퓨런스빌딩 법무법인 청림(02-6203-0228) (학)1983년 강원사대부고졸 1987년 서울대 법학과졸 (경)1992년 사법시험 합격(34회) 1995년 사법연수원 수료(24기) 1995년 부산지검 동부지청 검사 1997년 춘천지검 영월지청 검사 1998년 서울지검 검사 2000년 울산지검 검사 2002년 수원지검 안산지청 검사 2004년 창원지검 검사 2007년 同부부장검사 2007년 법무연수원 파견 2009년 수원지검 평택지청 부장검사 2009년 울산지검 공안부장 2010년 대검찰청 공안2과장 2011년 同공안1과장 2012년 서울고검 검사 2012년 서울중앙지검 공공형사수사부장 2013년 同공안1부장 2014년 울산지검 형사1부장 2014년 서울고검 검사 2015년 서울남부지검 형사1부장 2016년 울산지검 차장검사 2017년 서울고검 송무부장 2018년 同검사 2018년 법무법인 청림 대표변호사(현)

최성락(崔成洛) CHOI Sung Rak

(생)1964·8·10 (본)수성(隋城) (출)전남 무안 (주)충청북도 청주시 흥덕구 오송읍 오송생명2로 187 식품의약품안전처(043-719-1211) (학)1983년 광주고졸 1988년 성균관대 경제학과졸 2002년 고려대 생명공학원 식품산업최고경영자과정 수료 2010년 식품의약학박사(조선대) (경)1989년 행정고시 합격(33회) 1990년 보건사회부 행정사무관 1993년 同보험정책과 사무관 1995~1999년 보건복지부 장관실·식품정책과·보건산업정책과 사무관 2000년 同약무식품정책과 서기관 2001년 식품의약품안전청 행정법무담당관 2003년 보건복지부 기획관리실 정보화담당관, 대통령직속 고령화 및 미래사회위원회 파견 2004년 보건복지부 보건정책국 식품정책과장 2005년 同건강정책국 건강정책과장 2006년 식품의약품안전청 식품본부 유해물질관리단장(부이사관) 2007년 同식품본부장 2007년 同유해물질관리단장 겸임 2008년 同식품안전국장 2010년 국방대 안보과정 교육파견(고위공무원) 2011년 보건복지부 저출산고령사회정책실 보육정책관 2012년 同대변인 2014년 同보건의료정책실 보건의료정책관 2015년 同사회복지정책실 사회서비스정책관 2016년 同사회복지정책실 복지행정지원관(국장급) 2017년 식품의약품안전처 차장(현) (상)대통령표창(2001) (저)'식품위생법의 이해'(2002)

최성배(崔誠倍) CHOI Sung Bae

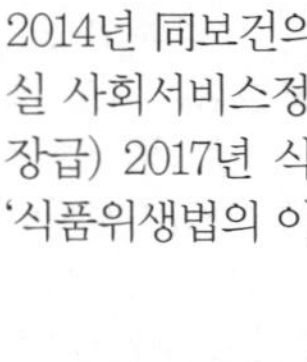

(생)1969·10·31 (출)인천 (주)서울특별시 마포구 마포대로 174 서울서부지방법원(02-3271-1104) (학)1988년 장훈고졸 1992년 서울대 법대졸 2004년 미국 듀크대 대학원졸(LL.M) (경)1991년 사법시험 합격(33회) 1994년 사법연수원 수료(23기) 1994년 軍법무관 1997년 서울지법 판사 1999년 同남부지원 판사 2001년 춘천지법 판사 2002년 同화천군법원 판사 2005년 서울고법 판사 2007년 대법원 재판연구관 2009년 창원지법 부장판사 2010년 사법연수원 교수 2012년 의정부지법 고양지원 부장판사 2014년 서울중앙지법 부장판사 2017년 창원지법 진주지원장 2019년 서울서부지법 부장판사(현)

최성봉(崔聖奉) CHOI Seong Bong

【생】1958·10·7 【본】강릉(江陵) 【출】충북 청주 【주】대전광역시 유성구 과학로 169-84 한국항공우주연구원(042-860-2460) 【학】1977년 청주고졸 1981년 중앙대 기계공학과졸 1984년 同대학원 기계공학과졸 1991년 기계공학박사(미국 루이지애나공대) 【경】1985년 현대자동차(주) 연구원 1991년 현대중공업 중앙연구소 선임연구원 1992년 한국전자통신연구원 선임연구원 1995년 한국항공우주연구원 책임연구원, 同통신위성그룹장 2003년 同통신해양기상위성사업단장 2009년 同위성연구본부 통신해양기상위성사업단장 2011년 同정지궤도위성체계팀 책임연구원 2015년 同위성연구본부장 2018년 同위성연구본부 책임연구원(현) 【상】동탑산업훈장(2009)

최성수(崔成洙) Choi Sung-soo

【생】1964·11·29 【주】서울특별시 종로구 사직로8길 60 외교부 인사운영팀(02-2100-7863) 【학】1991년 서울대 불어불문학과졸 1996년 미국 미시간대 대학원 경제학과졸 【경】1991년 외무고시 합격(25회) 1991년 외무부 입부 1998년 駐뉴질랜드 2등서기관 2001년 駐이란 1등서기관 2006년 駐유엔 1등서기관 2009년 외교통상부 아프리카과장 2009년 同개발협력과장 2011년 駐OECD대표부 참사관 2014년 駐우크라이나 공사참사관 2016년 미국 조지타운대 객원연구원 2018년 駐리비아 대사(현) 【상】근정포장(2004)

최성수(崔誠洙)

【생】1975·9·27 【출】전북 김제 【주】경기도 부천시 상일로 129 인천지방법원 부천지원(032-320-1114) 【학】1994년 대전 유성고졸 1999년 서울대 사법학과졸 【경】1999년 사법시험 합격(41회) 2002년 사법연수원 수료(31기) 2002년 해군 법무관 2005년 서울중앙지법 판사 2007년 서울동부지법 판사 2009년 청주지법 판사 2013년 인천지법 판사, 의정부지법 판사 2017년 창원지법 진주지원 부장판사 2019년 인천지법·인천가정법원 부천지원 부장판사(현)

최성식(崔盛植) Seong-Sik, CHOI

【생】1963·2·1 【출】서울 【주】경기도 용인시 처인구 동부로 61 용인송담대학교 총장실(031-330-9105) 【학】1981년 대원고졸 1990년 미국 Towson State Univ. 수학과졸 1998년 성균관대 대학원 기계공학과졸 【경】1991~1993년 (주)효성 철강3부 근무 1995~2000년 용인송담대 기획관리실장 2000~2002년 학교법인 송담학원 사무국장 2002년 용인송담대 자동차기계과 교수, 同산학협력단장, 同국제교육원장, 同부총장 2009년 同총장(현)

최성식(崔盛植) Choi Seong Sik

【생】1965·3·12 【본】전주(全州) 【출】서울 【주】서울특별시 송파구 송파대로 570 현대하이카손해사정(주)(02-3420-4605) 【학】1984년 대광고졸 1990년 동국대 국문학과졸 【경】1994~2004년 현대해상자동차손해사정(주) 입사·고객서비스팀장 2005년 同수원차량보상팀장 2008~2009년 同천안차량보상부서장·대전차량보상부서장 2009~2011년 同차량보상지원부서장 2011년 현대하이카손해사정(주) 경영지원부서장 2017년 同하이카출동본부장(상무) 2019년 同하이카서비스지원본부장(현) 【종】기독교

최성안(崔成安) CHOI SUNG AN

【생】1960·11·2 【주】서울특별시 강동구 상일로6길 26 삼성엔지니어링(주)(02-2053-3000) 【학】1978년 마산고졸 1983년 서울대 기계공학과졸 【경】2005년 삼성엔지니어링(주) 화공사업팀 PM(부장) 2008년 同에너지사업팀 PD(상무이사) 2012년 同조달부문장(전무이사) 2014년 同화공사업본부장(부사장) 2017년 同플랜트사업1본부장(부사장) 2018년 同대표이사 사장(현)

최성완(崔盛椀)

【생】1973·6·2 【출】서울 【주】서울특별시 마포구 마포대로 174 서울서부지방검찰청 총무과(02-3270-4542) 【학】1992년 경기고졸 1997년 서울대 공법학과졸 【경】1997년 사법시험 합격(39회) 2000년 사법연수원 수료(29기) 2000년 공익법무관 2003년 부산지검 검사 2005년 의정부지검 고양지청 검사 2008년 서울북부지검 검사 2010~2012년 외교통상부 파견 2013년 서울북부지검 부부장검사 2013년 서울중앙지검 부부장검사 2014년 수원지검 성남지청 부부장검사 2015년 제주지검 부장검사 2016년 사법연수원 교수 2017년 부산지검 동부지청 형사1부장 2018년 의정부지검 형사3부장 2019년 서울서부지검 인권감독관(현)

최성용(崔成龍) Choi Seong-yong

【생】1967 【주】세종특별자치시 다솜2로 94 해양수산부 해양정책실 해양보전과(044-200-5850) 【학】1986년 부산 혜광고졸 1990년 한국해양대 항해학과졸 2003년 미국 델라웨어대 해양정책대학원졸 【경】1994~1998년 부산지방해양수산청 선박검사관 1998~2001년 마산지방해양수산청 선박검사관 2009~2012년 국제해사기구(IMO, International Maritime Organization) 기술전문관 2015년 해양수산부 기술서기관 2016년 同해사안전관리과장 2019년 同해양보전과장(현)

최성욱(崔成旭) Choi Sung Wook

【생】1961·5·25 【본】삭녕(朔寧) 【출】서울 【주】대전광역시 서구 청사로 189 통계청 차장실(042-481-2520) 【학】1979년 관악고졸 1992년 서강대 불어불문학과졸 2004년 미국 Univ. of Delaware 대학원 경제학과졸 【경】1994년 행정고시 합격(38회) 1995년 총무처·통계청 산업통향과·통계청 기획과 행정사무관 2002년 통계청 통계기획국 혁신인사관(서기관) 2005년 同연구기획실장 2007년 同산업동향과장 2007년 同통계정책과장 2009년 호주 통계청 파견 2011년 통계청 경제통계기획과장(부이사관) 2013년 同통계정책국장(일반직고위공무원) 2014년 同경제통계국장 2016년 同조사관리국장 2017년 同통계데이터허브국장 2017년 同차장(현) 【상】국무총리표창

최성원(崔誠元) CHOI Sung Won

【생】1969·12·8 【본】경주(慶州) 【출】서울 【주】서울특별시 서초구 서초중앙로 85 가산빌딩 8층 광동제약(주) 부회장실(02-6006-7777) 【학】1988년 영동고졸 1992년 서울대 경영학과졸 1996년 일본 게이오대 경영대학원졸 【경】1992년 광동제약(주) 입사 2000년 同상무이사 2001년 同전무이사 2004년 同부사장 2005년 同사장 2013년 同대표이사 사장 2013~2016년 한국표준협회 비상근부회장 2015년 광동제약(주) 대표이사 부회장(현) 2015년 코리아e플랫폼(주) 대표이사 사장 2016년 同대표이사 부회장(현)

최성유(崔成有)

【생】1967·6·26 【출】전북 정읍 【주】전라남도 순천시 중앙로 255 순천대학교 사무국(061-750-3009) 【학】1986년 성남서고졸 1994년 단국대 행정학졸 2008년 미국 플로리다주립대 대학원졸 【경】1996년 행정고시 합격(39회) 2006년 교육인적자원부 인적자원정책국 서기관 2006년 부산시교육청 서기관 2009년 교육과학기술부 학술연구윤리과 서기관 2009년 同학술연구정책실 서기관 2010년 同지방과학팀장 2010년 同지방과학진흥팀장 2011년 同과학기술진흥팀장 2012년 同인재정책과장 2012년 同교육복지과장 2012년 同학생복지원국 학생복지과장 2013년 교육부 교육정책실 교원복지연수과장 2014년 駐일본대사관 참사관(부이사관) 2017년 국가교육회의 기획단 파견(부이사관) 2018년 교육부 교육협력과장 2019년 순천대 사무국장(일반직고위공무원)(현)

최성은(崔聖銀 · 女) CHOE Song Eun

(생)1956 · 9 · 11 (본)경주(慶州) (출)서울 (주)서울특별시 도봉구 삼양로144길 33 덕성여자대학교 미술사학과(02-901-8404) (학)1977년 이화여대 영문학과졸 1979년 홍익대 대학원 미술사학과졸 1991년 미술사학박사(미국 일리노이대 어배나 샘페인교) (경)1980~1985년 문교부 예술원 연구원 1989~1991년 영남대 · 성신여대 · 이화여대 · 숙명여대 강사 1992~1996년 덕성여대 예술대학 동양화과 조교수 1997~2003년 同인문학부 미술사전공 부교수 2003년 同미술사학과 교수(현) 2005년 강원도 문화재위원(현) 2007~2015년 문화재위원회 건축문화재분과 위원 2007~2009년 한국미술사교육학회 회장 2007~2017년 서울시 문화재위원 2011~2015년 문화재위원회 동산문화재분과 위원 2015~2016년 한국고대학회 회장 2015~2017년 덕성여대 박물관장 2015~2016년 동양미술사학회 회장 2017년 경북 세계문화유산분과 위원(현) 2018년 문화재청 무형문화재위원회 위원(현) 2018년 경기도 문화재위원(현) (저)'철불'(1995) '석불, 돌에 새긴 정토의 꿈'(2003) '석불 · 마애불'(2004) '고려시대 불교조각 연구'(2013) 외 다수 (역)'동양미술사(共)'(1993) '중국미술사(共)'(1999) '중국의 불교미술'(2001) (종)불교

최성일(崔誠日) Choi Seongil

(생)1963 · 2 · 23 (본)해주(海州) (출)전남 보성 (주)서울특별시 강남구 테헤란로 313 예일세무법인(02-2188-8100) (학)1982년 광주동신고졸 1984년 세무대학졸 1997년 한국방송통신대 경영학과졸 2000년 성균관대 경영대학원 경영학과졸 (경)1994~2005년 국세청 재산세과 근무 2005~2013년 국세공무원교육원 교수과 근무 2014년 여수세무서장 2015년 서울지방국세청 조사3국 조사1과장 2015년 국세청 자산과세국 자본거래관리과장 2016년 同납세자보호관실 심사2담당관 2017년 同납세자보호관실 심사1담당관 2018~2019년 서울 서초세무서장 2019년 예일세무법인 대표세무사(현) (상)근정포장(1997), 모범공무원 국무총리표창(2004), 우수공무원 대통령표창(2010) (저)'상속세와 증여세 실무'(2019)

최성일(崔聖一) SEONG IL CHOI

(생)1964 · 4 · 2 (주)서울특별시 영등포구 여의대로 38 금융감독원 비서실(02-3145-5330) (학)1983년 서울 경신고졸 1987년 서울대 경제학과졸 2000년 미국 시카고대 경영대학원 석사(MBA) 2016년 경영학박사(중앙대) (경)1987년 한국은행 조사제2부 · 국제금융부 근무 1993년 은행감독원 여신관리국 · 감독기획국 근무 1999년 금융감독원 은행검사1국 · 보험감독국 등 근무 2000년 同국제업무실 근무 2003년 同비은행감독국 팀장 2004년 同감독총괄국 팀장 2005년 미국 FRB of New York 파견 2007년 금융감독원 은행감독국 팀장 2008년 대통령실 파견 2009년 금융감독원 은행서비스총괄국 팀장 2011년 同보험감독국 부국장 2013년 同은행감독국장 2015년 同감독총괄국장 2016년 同IT · 금융정보보호단장 겸 선임국장 2017년 同업무총괄담당 부원장보 2018년 同전략감독담당 부원장보(현)

최성준(崔成俊) CHOI Sung Joon

(생)1957 · 7 · 12 (본)전주(全州) (출)서울 (주)서울특별시 중구 세종대로 55 부영태평빌딩 25층 법무법인 양헌(02-397-9800) (학)1975년 경기고졸 1979년 서울대 법과대학 법학과졸 1981년 同대학원 법학과 수료 (경)1981년 사법시험 합격(23회) 1983년 사법연수원 수료(13기) 1984년 해군법무관 1986년 서울민사지법 판사 1989년 서울형사지법 판사 1990년 제주지법 판사 1992년 서울지법 북부지원 판사 1994년 법원행정처 송무국 송무심의관 겸임 1996년 서울고법 판사 1998년 특허법원 판사 2000년 수원지법 부장판사 2002년 서울지법 부장판사 2004년 서울중앙지법 부장판사 2004~2014년 인터넷주소분쟁조정위원회 위원 2005년 특허법원 부장판사 2006년 同수석부장판사 2006~2011년 한국정보법학회 회장 2007년 서울고법 부장판사 2009~2012년 지적재산권법연구회 회장 2010~2012년 서울중앙지법 민사수석부장판사 2012~2014년 춘천지법원장 겸 서울고법 부장판사 2012~2014년 강원도선거관리위원회 위원장 2014~2017년 방송통신위원회 위원장(장관급) 2017년 법무법인 양헌 대표변호사(현)

최성지(崔聖知 · 女)

(생)1971 (출)경남 (주)서울특별시 종로구 세종대로 209 여성가족부 대변인실(02-2100-6020) (학)대구 경화여고졸, 이화여대 법학과졸 (경)1994년 행정고시 합격(38회), 국가보훈처 사무관, 고용노동부 여성고용정책과 사무관 2005년 여성가족부 보육기획과장 2009년 同다문화가족정책과장 2010~2012년 대통령 여성가족비서관실 행정관 2013년 여성가족부 국제협력담당관, 同다문화가족정책과장(부이사관) 2015년 同여성정책과장 2016년 同여성정책국장(이사관) 2017년 국가공무원인재개발원 교육파견(국장급) 2018년 여성가족부 정책기획관 2018년 同청소년기획관 2019년 同대변인(현)

최성진(崔成眞) CHOI Seong Jin

(생)1966 · 3 · 4 (출)전남 구례 (주)서울특별시 중구 퇴계로 100 스테이트타워남산 8층 법무법인 세종(02-316-4405) (학)1984년 대성고졸 1990년 서울대 법과대학 법학과졸 1997년 同법과대학원 법학과졸 2003년 미국 산타클라라대 로스쿨졸(LL.M.) 2011년 서울대 법학전문대학원 박사과정 수료 (경)1991년 사법시험 합격(33회) 1994년 사법연수원 수료(23기) 1994년 軍법무관 1997년 서울지검 검사 1999년 청주지검 제천지청 검사 2000년 서울지검 북부지청 검사 2004년 수원지검 검사 2004~2007년 법무부 형사사법통합정보체계추진단 파견 2006년 수원지검 부부장검사 2007년 同여주지청 부장검사 2008년 서울고검 검사 2008년 법무연수원 교수 2009년 대검찰청 디지털수사담당관 2010년 대구지검 부장검사 2010년 금융위원회 금융정보분석원 심사분석실장 2011년 부산지검 형사3부장 2012년 대전지검 홍성지청장 2013년 수원지검 성남지청 부장검사 2014년 대검찰청 과학수사기획관 2014년 법무법인 세종 변호사(현) 2015년 금융정보분석원 자금세탁방지 정책자문위원(현) 2015년 대검찰청 정책연구심의위원회 위원(현) 2015년 同검찰정보화발전 자문위원(현) 2016년 국무총리 산하 DNA-DB 관리위원회 위원(현)

최성천

(출)강원 원주 (학)1988년 공군사관학교졸(36기) (경)1988년 소위 임관, 합동참모본부 작전3처장, 공군 제10전투비행단장, 공군본부 정보작전참모부장 2018년 공군 공중전투사령부 사령관(소장)(현)

최성필(崔盛弼) CHOI Seong Pil

(생)1968 · 9 · 25 (출)전남 광양 (주)경상북도 안동시 강남로 306 대구지방검찰청 안동지청 총무계(054-820-4543) (학)1986년 순천 매산고졸 1992년 성균관대 법학과졸 1994년 同대학원졸 (경)1996년 사법시험 합격(38회) 1999년 사법연수원 수료(28기) 1999년 서울지검 의정부지청 검사 2001년 전주지검 정읍지청 검사 2002년 광주지검 검사 2004년 同목포지청 검사 2005년 서울중앙지검 검사 2008년 수원지검 검사 2011년 同성남지청 부부장검사 2011년 법무연수원 교수 2013년 청주지검 부장검사 2014년 의정부지검 형사5부장 2015년 인천지검 공안부장 2016년 서울북부지검 형사4부장 2017년 수원지검 성남지청 형사1부장 2018년 서울동부지검 형사2부장 2019년 대구지검 안동지청장(현)

최성해(崔成海) CHOI Sung Hae

[생]1953·6·7 [출]경북 영주 [주]경상북도 영주시 풍기읍 동양대로 145 동양대학교 총장실(054-630-1005) [학]1971년 대구고졸 1978년 단국대 무역학과졸 1985년 미국 템플대 대학원 MBA과정 수료 1993년 미국 워싱턴침례신학대 대학원졸(교육학석사), 명예교육학박사(단국대) [경]1986~1988년 미국 필라델피아경제인협회 사무총장 1990~1993년 Fort Dix Baptist 목사 1994년 동양대 총장(현) 1996~2019년 학교법인 현암학원 이사 1998~2012년 산업제어기술원 이사장 2005년 (사)영주FM방송 이사장(현) 2010~2012년 한국대학교육협의회 이사 2010~2012년 대구·경북지역대학교육협의회 회장 2010년 한국교회언론회 이사장(현) 2011년 한국대학총장협회 이사(현) 2012년 한국대학법인협의회 이사(현) 2015~2016년 한국사립대학총장협의회 회장 2015~2017년 한국대학교육협의회 부회장 2016년 한국대학총장협의회 명예회장(현) [저]'교육개혁 이대로는 안된다'(1998) '교수평가와 연봉제(共)'(2000) [종]기독교

최성현(崔聖鉉) Sunghyun Choi

[생]1970·5·7 [주]서울특별시 관악구 관악로 1 서울대학교 공과대학 전기·정보공학부(02-880-8425) [학]1992년 한국과학기술원 전기전자과졸(학사) 1994년 同전기전자학과졸(석사) 1999년 전기컴퓨터공학박사(미국 Univ. of Michigan) [경]1999~2002년 미국 Philips Research 연구원·팀장 2002~2006년 서울대 공대 전기공학부 조교수 2004~2010년 한국통신학회 기획위원회 위원 2006~2011년 서울대 전기공학부 부교수 2009~2010년 미국 스탠퍼드대 방문교수 2011~2015년 한국통신학회 국제저널위원회 집행이사 2011년 서울대 공대 전기공학부 교수 2012년 同공대 전기·정보공학부 교수(현) 2013년 국제전기전자공학회(IEEE) 석학회원(현) 2015년 한국통신학회 상임이사(현) 2017~2019년 서울대 공과대학 교무부학장 [상]삼성전자 휴먼테크 논문상 동상(1997), ACM 공로상(2005·2007), IEEE Standards Association 표준공로상(2005), 제1회 RFID/USN 논문상(2005), 서울대 공대 우수강의상(2006), IEEK 및 IEEE Joint Award for Young IT Engineer of the Year(2007), 경찰청 감사장(2007), 서울대 공대 우수연구상(2008), 과학기술부 및 한국과학기술한림원 '제11회 젊은과학자상'(2008), 서울대 공과대학 신양공학학술상(2011), KICS Dr. Irwin Jacobs Award(2013), 2020 한국을 이끌 100대 기술의 주역 선정(2013) [저]'Broadband Wireless Access & Local Networks : Mobile WiMAX and WiFi(共)'(2008) [종]기독교

최성호(崔聖昊) CHOI Seong Ho

[생]1960·8·31 [출]대구 [주]서울특별시 서대문구 연세로 50-1 연세대학교 치과대학병원 치주과(02-2228-3189) [학]1979년 동성고졸 1985년 연세대 치대 치의학과졸 1988년 同대학원 치의학과졸 1994년 치의학박사(연세대) [경]1988~1991년 수도통합병원 치주과장 1991~2005년 연세대 치과대학 치주과 강사·전임강사·조교수·부교수 1998~1999년 미국 Univ. of New York Buffalo 구강생물학과 방문교수 2001~2003년 대한치주과학회 정보통신이사 2001~2002년 IADR학회 한국지부 정보통신이사 2002년 연세대 치과병원 원내생산진료실장 2004년 대한구강악안면임플란트학회 정회원 2005년 연세대 치과대학 치주과학교실 교수(현), 同치주과장 겸 주임교수, 대한치주과학회 학술이사 2005년 일본 동경치대 방문교수 2008년 연세대 치과병원 교육연구부장 겸 치주과장 2008년 同치과대학 치주과학교실 주임교수, 국제구강임플란트학회(ICOI) 한국부회장(현) 2011년 한국생체재료학회 국제이사, 대한치주학회 총무이사 2014~2016년 연세대 치과대학 교무부학장 2015년 同치과대학 구강악안면방사선과학교실 주임교수 2017년 대한치주학회 회장(현) 2018년 대한민국의학한림원 정회원(치의학)(현) 2018년 연세대 치과대학장 겸 치의학전문대학원장(현) 2018년 한국생체재료학회 고문(현) [상]대한치주과학회 동선신인학술상(2001), 한국과학기술단체총연합회 과학기술우수논문상(2004), 한국생체재료학회 이스토스템우수학술상(2009) [저]'치주과학'(2008, 군자출판사) '치주성형 재건술'(2008, 대한나래출판사) [종]기독교

최성호(崔聖浩) CHOI Seong Ho

[생]1965·4·10 [출]광주 [주]경기도 과천시 관문로 47 방송통신위원회 이용자정책국(02-2110-1500) [학]1984년 광주 인성고졸 1988년 연세대 행정학과졸 1994년 同행정대학원 도시행정학과졸 [경]1993년 행정고시 합격(36회) 1996년 정보통신부 정보화기획실 정보화제도과 근무 1998년 同정보화기획실 기획총괄과 사무관 2000년 同차관 비서관 2003년 광주우편집중국 국장 2005년 정보통신부 정보통신정책국 지식정보산업팀장 2006년 대통령비서실 행정관 2007년 정보통신부 통신위원회 이용자보호팀장 2008년 방송통신위원회 통신이용자보호과장 2009년 同방송통신진흥정책과장 2010년 同통신이용제도과장 2012년 同네트워크정책국 네트워크기획과장 2013년 미래창조과학부 정보화전략국 정보화기획과장 2014년 同정보통신방송정책실 정책총괄과장 2015년 방송통신위원회 창조기획담당관(부이사관) 2016년 同기획조정관(고위공무원) 2018년 국립외교원 파견 2019년 방송통신위원회 이용자정책국장(현) 2019년 同단말기유통조사단장(현) [종]기독교

최성호(崔盛浩)

[생]1967·1·21 [주]서울특별시 종로구 북촌로 112 감사원 제2사무차장실(02-2011-2080) [학]1985년 부산 해동고졸 1990년 서울대 경영학과졸 2006년 한국개발연구원(KDI) 국제정책대학원 공공정책학과졸, 미국 미시간주립대 대학원 금융학과졸 [경]1992년 행정고시 합격(36회), 총무처 근무, 농림수산부 근무, 감사원 제2국 제1과 감사관, 同재정경제감사국 제3과 감사관, 同재정금융감사국 제2과 감사관, 同기획담당관실 감사관 2009년 同기획관리실 결산담당관(과장급) 2009년 同금융기금감사국 제4과장, 대통령비서실 파견(부이사관) 2011년 감사원 재정경제감사국 제1과장 2011년 同비서실장 2012년 고위공무원 승진 2015년 감사원 전략감사단장 2016년 同특별조사국장 2017년 同사회복지감사국장 2018년 同기획조정실장 2018년 同공직감찰본부장 2019년 同제2사무차장(현) [상]감사원장표창(1998), 대통령표창(2000)

최성환(崔聖煥) Sung Whan CHOI

[생]1956·12·1 [출]대구 [주]서울특별시 성북구 안암로 145 고려대학교 경제학과(02-3290-2200) [학]1976년 배재고졸 1980년 고려대 경제학과졸 1989년 미국 펜실베이니아대 대학원 경제학과졸 1991년 경제학박사(미국 펜실베이니아대) [경]1980~2000년 한국은행 조사부·국제부·워싱턴과 근무 2000~2006년 조선일보 경제신문기자 2004~2018년 고려대 국제대학원·경영전문대학원 겸임교수 2006년 SBS라디오 '정석문의 섹션라디오' 고정출현 2006~2012년 대한생명보험 경제연구소 상무 2007년 조선일보 방일영문화재단 이사(현) 2008~2017년 전국경제인연합회 한국경제위원회 위원 2009년 한국국제금융학회 이사 2009년 한국연금학회 이사(현) 2012년 대한생명보험 은퇴연구소장 2012년 한화생명보험(주) 은퇴연구소장 2014~2018년 同보험연구소장 2015년 예스24(주) 사외이사 겸 감사위원장(현) 2018년 한화생명보험(주) 자문 2019년 고려대 경제학과 객원교수(현) [저]'얼굴 없는 대통령'(2003, 태학사) '직장인을 위한 생존경제학'(2006, 원앤원북스) '고전과 논술(共)'(2006, 조선일보) '고전과 논술 2008(共)'(2007, 조선일보) '생각이 부(富)를 결정한다(共)'(2008, 무한)

'역사, 미래와 만나다 : 건국 60년 기념 강연집(共)'(2009, 서강애드넷) '최성환의 지청구 경제학'(2010, W미디어) '비하인드 은퇴스토리(共)'(2013, W미디어) '영화 속 은퇴스토리'(2013, W미디어) '3만달러 시대, 패러다임이 바뀐다'(2014, W미디어) '통계로 보는 은퇴스토리'(2014) (역)'기부2.0(共)'(2013, W미디어) '억만장자 아빠가 딸에게 보내는 편지(共)'(2013, 한경매거진)

최성환(崔星煥) CHOI SUNG HWAN

(생)1961 · 4 · 14 (출)충북 괴산 (주)강원도 춘천시 동내면 세실로 49 강원지방경찰청 생활안전과(033-248-0746) (학)1980년 충북고졸 1986년 충북대 법학과졸 2003년 서강대 경영대학원 MBA 수료 (경)1987년 청와대 101경비단 근무 1990년 치안본부 인사교육부 근무 2004년 제주도해안경비단 902대대장 2005년 서울 마포경찰서 교육과장 2007년 서울 양천경찰서 · 마포경찰서 · 용산경찰서 경무과장 2011년 서울 마포경찰서 · 강남경찰서 생활안전과장 2014년 충남지방경찰청 치안지도관 2014년 충북지방경찰청 경비교통과장 2015년 대전중부경찰서장 2016년 경찰대학 운영지원과장 2017년 서울 용산경찰서장 2019년 강원지방경찰청 생활안전과장(현) (상)국무총리표창(2000 · 2005)

최성환(崔誠桓) Choi Sung Hwan

(생)1968 · 8 · 18 (본)경주(慶州) (출)서울 (주)서울특별시 서초구 서초대로 254 오퓨런스빌딩 1212호 최성환법률사무소(02-6224-6464) (학)1987년 우신고졸 1991년 국민대 법학과졸 (경)1996년 사법시험 합격(38회) 1999년 사법연수원 수료(28기) 1999년 서울지검 북부지청 형사전담 검사 2001년 광주지검 목포지청 형사 · 특수전담 검사 2003~2005년 광주지검 형사부 · 강력부 검사 2005년 대구지검 특수부 검사 2007~2009년 서울중앙지검 형사부 · 특수1부 검사 2009년 대검찰청 중앙수사부 검찰연구관 직무대리(인천지검 소속) 2009~2010년 미국 노스캐롤라이나주립대 연수 2010년 대검찰청 중앙수사부 검찰연구관 직무대리(인천지검 소속) 2011년 금융위원회 법률자문관 파견 2012년 서울중앙지검 특수3부 부부장검사 2013년 부산지검 동부지청 형사3부장 2014년 서울남부지검 형사5부장 2016년 서울중앙지검 특수3부장 2017~2018년 광주지검 형사2부장 2018년 변호사 개업(현)

최성훈

(생)1973 (주)경기도 수원시 장안구 경수대로 1110-17 중부지방국세청 송무과(031-888-4011) (학)성보고졸, 서울대 사회학과졸, 同행정대학원 행정학과졸(석사), 同대학원 정책학 박사과정 수료 (경)2001년 사법시험 합격(43회) 2004년 사법연수원 수료(33기) 2004년 국회예산정책처 예산분석관 2005~2007년 감사원 심사2담당관실 부감사관 · 국가전략사업평가단 부감사관 2007년 법무법인 대아 변호사 2008년 변호사 개업 2015년 중부지방국세청 송무과장(현)

최성희(崔星熙 · 女) Choi, Sunghee

(생)1974 · 6 · 30 (주)서울특별시 종로구 청와대로 1 대통령비서실(02-770-0011) (학)1993년 대진여고졸 1998년 서울대 서양사학과졸 2001년 同대학원 정책학과졸 2011년 정책학박사(미국 델라웨어대) (경)2001년 문화관광부 문화산업국 출판산업과 · 공보관실 사무관 2004년 同문화중심도시조성추진기획단 사무관 2006년 同관광국 관광산업과 사무관 2007년 미국 델라웨어대 교육파견 2011년 문화체육관광부 예술정책관실 디자인공간문화과 사무관 2012년 대통령실 의전비서관실 행정관(서기관) 2013년 문화체육관광부 국어정책과 한글박물관팀장 2014년 국립한글박물관 기획운영과장 2014년 대통령직속 청년위원회 파견(서기관) 2015년 문화체육관광부 콘텐츠산업실 게임콘텐츠산업과장 2017~2018년 국가지식재산위원회 파견(과장급) 2018~2019년 문화체육관광부 국민소통실 소통지원과장 2019년 대통령비서실 행정관(과장급)(현) (상)대통령표창(2012) (종)기독교

최성희(崔盛姬 · 女) CHOI Seung Hee

(생)1976 · 3 · 20 (주)세종특별자치시 도움5로 20 법제처 법제정책국 법제정책총괄과(044-200-6561) (학)1998년 서울대 불어교육학과졸 (경)2002년 법제처 경제행정심판담당관실 사무관 2003년 同행정법제국 사무관 2005년 同경제법령해석팀 사무관 2007년 同행정법제국 서기관 2008년 同정책홍보관리실 혁신관리담당관실 서기관 2008년 同기획조정관실 창의혁신담당관실 서기관 2008년 同법령해석정보국 수요자법령정보과 서기관 2010년 同경제법제국 서기관 2011년 同기획조정관실 기획재정담당관실 서기관 2012년 同법제지원단 법제관 2012년 同행정법제국 법제관 2013년 국외훈련 파견(과장급) 2015년 법제처 법제지원단 법령입안지원과장 2016년 육아 휴직 2017년 법제처 법령해석국 경제법령해석과장 2018년 同법제지원국 법제교육과장 2019년 同법제정책국 법제정책총괄과장(현)

최세균(崔世均) CHOI Se-Gyun (그빛)

(생)1947 · 5 · 1 (본)전주(全州) (출)경기 안성 (주)서울특별시 종로구 창신10길 27 상록수문학사(02-766-8117) (학)1983년 서울신학대 신학과졸 1991년 연세대 연합신학대학원졸 2002년 명예 문학박사(미국 뱁티스트신학대) 2008년 서울예술대 최고위과정(문화예술사) 수료 (경)1975~1980년 가나안농군학교 교무과장 1980~2017년 그사랑성결교회 설립 · 담임목사 1993년 계간 상록수문학 대표(현) 2003~2005년 한국문인협회 안산지부장(시인) 2007~2010년 (주)코레스 비상근이사 2015년 상록수문예연구원 원장(현) 2015년 한국문인협회 서정문학연구위원장(현) 2017년 한국문인협회 평생교육원 시창작강사(현) 2017년 서울 그사랑교회 원로목사(현) 2019년 상록수문학도서관 관장(현) (상)제4회 순수문학상 본상(1996), 성호문학상(2000), 경기문학상(2002), 안산시장상(2005), 자랑스러운 연세인상(2019) (저)시집 '그 하늘'(1993) '사랑하게 하소서'(1993) '유서를 보여주시겠습니까'(1996) '울고 있는 그대에게'(1997) '그나라 가는 길에'(1999) '빛'(2007) 수필집 '그사랑 빛이 되어'(1998) '나는 가슴으로 운다'(1999) '들에 핀 꽃을 보라'(2005) (종)기독교

최세균(崔世均) CHOI Se Kyoon

(생)1956 · 1 · 11 (주)전라남도 나주시 빛가람로 601 한국농촌경제연구원(061-820-2001) (학)서울 경신고졸, 동국대 농업경제학과졸, 同대학원졸, 농업경제학박사(미국 퍼듀대) (경)성균관대 강사, 미국 퍼듀대 연구조교, 한국농촌경제연구원 책임연구원 · 연구위원 2001년 同국제농업연구실장 2004년 同선임연구위원 2006~2008년 同국제농업연구센터장 2010년 同글로벌협력연구본부장 2012년 同부원장 2012~2013년 同FTA이행지원센터장 겸임 2013~2016년 同원장 2016년 同자문위원(현) (저)'우루과이라운드(UR) 농산물협상백서(共)'(1994) '한국의 FTA전략(共)'(2003) '한-칠레 FTA협상백서(共)'(2004) '농업부문 FTA 추진전략 연구 및 DB구축(共)'(2006) '동아시아 경제통합(共)'(2009)

최세명(崔世明)

(생)1983 · 12 · 26 (주)경기도 수원시 팔달구 효원로 1 경기도의회(031-8008-7000) (학)고려대 법학과졸 (경)2016년 변호사시험 합격(5회), 법무법인 율석 파트너변호사(현), 더불어민주당 분당乙지역위원회 법률지원 특별위원장(현) 2018년 경기도의회 의원(더불어민주당)(현) 2018년 同의회운영위원회 위원(현) 2018년 同제2교육위원회 위원(현)

최세훈(崔世勳) CHOI Se Hoon

(생)1963·12·28 (출)부산 (주)서울특별시 서대문구 충정로 60 KT&G 서대문타워 10층 법무법인(유) 지평(02-6200-1817) (학)1982년 부산남고졸 1986년 서울대 법학과졸, 미국 스탠퍼드대 Law School Visiting Scholar (경)1990년 사법시험 합격(32회) 1993년 사법연수원 수료(22기) 1993년 부산지검 검사 1995년 대구지검 경주지청 검사 1997년 서울지검 의정부지청 검사 1999년 대구지검 검사 2001년 법무부 법무심의관실 검사 2003년 서울지검 검사 2004년 대검찰청 검찰연구관 2004년 서울중앙지검 검사 2005년 청주지검 부부장검사 2006년 대구지검 공판부장(해외연수) 2007년 서울동부지검 부부장검사(미국 파견) 2008년 부산지검 특수부장 2009년 법무부 법조인력정책과장 2010년 서울고검 검사 2011년 대전지검 홍성지청장 2012년 서울동부지검 형사1부장 2013년 의정부지검 고양지청 차장검사 2014년 대구지검 포항지청장 2015~2016년 서울고검 공판부장 2016~2018년 법무법인 지평 파트너변호사 2018년 법무법인(유) 지평 파트너변호사(현) (상)검찰총장표창(2000), 대통령표창(2004)

최세훈(崔世勳) CHOI Se Hun

(생)1967·11·4 (출)서울 (주)경기도 성남시 분당구 판교역로 235 H스퀘어 N동 6층 (주)카카오(02-6718-3271) (학)1990년 연세대 경영학과졸 1994년 미국 펜실베이니아대 와튼스쿨 MBA (경)1994~2000년 ING Barings 미주본부·서울지점 근무 2000년 (주)라이코스코리아 경영지원본부장(CFO) 2002년 (주)다음커뮤니케이션 EC사업본부장 2002년 同경영지원부문장(기획재무본부·경영지원본부·신사업본부 총괄 CFO) 2004~2008년 다음다이렉트자동차보험(주) 대표이사 2008년 (주)다음커뮤니케이션 이사회 의장 2009~2014년 同대표이사 사장 2013~2015년 한국인터넷자율정책기구(KISO) 이사회 의장 2014~2015년 다음카카오 공동대표이사 2015년 (주)카카오 최고재무책임자(CFO), 同MTF TF장(현) (상)매경이코노미 선정 '올해의CEO상'(2012)

최송식(崔松植) CHOI Song Sik

(생)1961·3·4 (출)경남 고성 (주)부산광역시 금정구 부산대학로63번길 2 부산대학교 사회과학대학 사회복지학과(051-510-2138) (학)1984년 부산대 사회복지학과졸 1986년 同대학원졸 1991년 사회복지학박사(부산대) (경)1984~1986년 부산한병원 사회복지사 1989~1996년 양산병원 사회사업과장, 부산여대 강사 1996~1997년 한국정신보건사회사업학회 학술위원장 1996~2003년 경성대 사회복지학과 조교수 1997년 사회복지법인 부산생명의전화 자문교수 겸 자살예방위원장 1997년 부산정신보건심의위원회 위원 1999년 한국마약퇴치본부 부산지부 자문교수 2003년 부산대 사회과학대학 사회복지학과 부교수·교수(현) 2003~2005년 한국정신보건사회사업학회 홍보출판위원장 2003년 부산시 남구청 인사위원회 위원 2004년 부산시 보육위원회 부위원장 2006~2008년 한국정신보건사회복지학회 회장 2007~2009년 부산대 사회과학대학 부학장 2015~2017년 同사회과학대학장 2017년 同행정대학원장 (저)'의료복지서비스와 의료정책'(2000, 세종출판사) '정신보건복지론'(2002, 양서원) '차(다)문화와 사회복지실천'(2003) '알코올중독자의 회복 훈련'(2004) '장애인콜택시 도입 및 효율적 운영방안에 관한 연구조사'(2005) '한국 사회복지의 새로운 지평'(2007)

최수규(崔壽圭) CHOI Su Gyu

(생)1959·11·9 (출)전북 전주 (주)경기도 성남시 수정구 성남대로 1342 가천대학교(031-750-5114) (학)1978년 전주고졸 1983년 고려대 경영학과졸 2000년 미국 오리건주립대 대학원 행정학과졸 (경)1986년 행정고시 합격(30회) 1997년 대전·충남지방중소기업청 지원협력과장 1998년 同조사관리과장 2000년 중소기업청 기획관리실 행정법무담당관 2001년 同경영지원국 판로지원과장 2003년 同기획예산담당관 2004년 同기획관리실 기획예산법무담당관(서기관) 2004년 同기획관리실 기획예산법무담당관(부이사관) 2004년 同중소기업정책국 정책총괄과장 2006년 대통령직속 중소기업특별위원회 국장 2007년 국방대 파견 2007년 중소기업청 기술경영혁신본부장 2008년 同창업벤처국장 2010년 경기지방중소기업청장(일반직고위공무원) 2011년 중소기업청 중소기업정책국장 2013~2014년 대통령 경제수석비서관실 중소기업비서관 2014~2017년 중소기업청 차장 2017년 중소기업중앙회 상근부회장 2017~2018년 중소벤처기업부 차관 2019년 가천대 석좌교수(현)

최수길(崔壽吉)

(생)1961·2·13 (출)강원 화천 (주)강원도 춘천시 영서로 2854 강원도교육청 행정국(033-258-5330) (학)검정고시 합격, 한양사이버대 실용영어과졸 (경)1981~2006년 강원 화천중·화천교육청 관리과·화천여중·봉의초교·이승복기념관·강원도과학교육원·춘성교육청·강서중·대전엑스포조직위원회·강원도교육청 총무과·기획관리국 시설과·원통중·원통고·석사초교·김화공고·김화중·철원교육청 지원과 근무 2007년 속초상고 교육행정실장(사무관) 2008년 춘천기계공고 교육행정실장(사무관) 2010년 강원도교육청 교육국 교원정책과 단체교섭담당 사무관 2011년 同감사담당관실 감사1담당·감사총괄담당 사무관 2012년 同관리국 총무과 총무담당 사무관 2013년 同행정국 총무과 총무담당 사무관 2014년 同행정국 총무과 서기관(교육파견) 2015년 同강원교육과학정보원 총부부장(서기관) 2015년 同행정국 총무과장(서기관) 2017년 同원주교육문화관장(부이사관) 2018년 同행정국장(부이사관)(현) (상)교육감표창(1986), 국무총리표창(1994), 교육부장관표창(1996), 행정안전부장관표창(2010), 교육과학기술부장관표창(2010)

최수만(崔洙滿) CHOI Soo Mann

(생)1961·10·1 (출)서울 (주)대전광역시 유성구 테크노9로 35 대전테크노파크(042-930-2880) (학)배재고졸, 연세대 인문대학졸, 同대학원 행정학과졸, 행정학박사(연세대) (경)1989~1991년 연세대 사회과학연구소 연구원·지역개발연구소 선임연구원 1991~1996년 포스데이타(주) 정보통신교육훈련원·SI해외프로젝트팀 근무, 신세기이동통신(주) 설립추진반 과장대우 1998년 새정치국민회의 정보통신정책전문위원 1999~2000년 국무조정실 Y2K대책협의회의 위원 2000~2003년 새천년민주당 과학기술정보통신전문위원 2003년 제16대 대통령직인수위원회 경제2분과 실무간사 2003~2005년 정보통신부 장관정책보좌관 2006~2008년 한국전파진흥원 원장 2009년 OB맥주 정책홍보담당 전무 2013~2014년 同정책홍보담당 부사장 2015년 (주)유디피 사외이사 2018년 대전테크노파크 원장(현)

최수연(崔修演)

(생)1961·12·22 (주)전라북도 전주시 덕진구 아중로 136 효진빌딩 4층 전라북도관광협회(063-287-6292) (학)원광대 행정대학원 최고정책관리자과정 수료, 전북대 경영대학원 최고경영자과정 수료 (경)(유)동양해외관광 대표이사(현), (유)동양실업 회장(현), (유)동양산업개발 대표이사(현), (주)루미덕트ENG 회장(현), 동양로지스 대표이사(현), 전북도전세버스운송사업조합 부이사장, 전북전국여행관광버스사업협동조합 이사장(현), 익산경찰서 경찰발전위원회 위원장(현), 익산마한로타리 부회장(현) 2014년 전북도관광협회 회장(현) 2018년 전북도체육회 이사(현)

최수열 Soo-Yeoul Choi

(생)1979·3·11 (주)부산광역시 남구 유엔평화로76번길 1 부산시립교향악단(051-607-3106) (학)한국예술종합학교 지휘과졸, 독일 드레스덴국립음대 최고연주자과정 수료 (경)한국예술종합학교 음악원 예비학교 강사 2007년 TIMF 앙상블 객원지휘자, 코리안심포니오케스트라 객원지휘자, 부천필하모닉오케스트라 객원지휘자, 수원시립교향악단 객원지휘자, KBS교향악단 객원지휘자 2011년 서울시립교향악단 객원지휘자, 한국예술영재교육원 오케스트라 지휘자 2010~2011년 국제앙상블 모데른아카데미 지휘자 2014년 서울시립교향악단 부지휘자 2017년 부산시립교향악단 예술감독 겸 상임지휘자(현)

최수영(崔水榮) CHOI Soo Young

(생)1953·10·20 (본)해주(海州) (출)서울 (주)강원도 춘천시 한림대학길 1 한림대학교 바이오메디컬학과(033-248-2112) (학)1980년 연세대 생화학과졸 1982년 同대학원 생화학과졸 1986년 이학박사(미국 Univ. of Tennessee Knoxville) (경)1987~1988년 미국 Univ. of California Berkeley Post-Doc. 1988년 한림대 바이오메디컬학과 교수(현) 1994~1996년 同교무부처장 1998년 同기획처장 2001년 同산학협력단장 겸 특성화사업단장 2003년 한국생화학분자생물학회 간사장 2003~2006년 한림대 교무연구처장 2006~2010년 BMB Reports 편집위원장 2006년 한국과학기술한림원 정회원(이학부·현) 2007~2010년 한림대 부총장 2010년 한국뇌신경과학회 회장 2011~2012년 스크립스코리아항체연구원(SKAI) 연구본부장 2012년 생화학분자생물학회 부회장 2012~2014년 한림대 부총장 2013~2017년 강원컨벤션뷰로 이사장 2014년 생화학분자생물학회 회장 2015년 한국연구재단 분자생명분야 책임전문위원(CRB) 2015~2017년 국가생명공학종합정책심의회위원 2017년 한림대 연구석좌교수(현) (상)한국과학기술단체총연합회 우수논문상(1996·2004), 대통령표창(2001), 강원인대상(2005), 한국생화학분자생물학회 학술지 최다인용상(2008·2014), 강원도문화상 학술부문(2011), 동곡상 교육연구부문(2011), 강원도 10대 특허상(2013), 미래창조경영대상(2014), 무사강연학술상(2015), 한국생화학분자생물학회 국제학술대회 학술지상 최다인용상(2016)

최수진(崔秀珍·女)

(생)1974·6·14 (출)서울 (주)경기도 고양시 일산동구 호수로 550 사법연수원(031-920-3114) (학)1991년 광주 경신여고졸 1996년 이화여대 법학과졸 (경)1999년 사법시험 합격(41회) 2002년 사법연수원 수료(31기) 2002년 서울지법 남부지원 판사 2003년 서울고법 판사 2004년 서울중앙지법 판사 2006년 광주지법 판사 2010년 인천지법 판사 2012년 서울남부지법 판사 2014년 서울중앙지법 판사(헌법재판소 파견) 2016년 서울남부지법 판사 2017년 전주지법 부장판사 2019년 사법연수원 교수(현)

최수태(崔秀泰) CHOI Su Tae (정운)

(생)1953·10·5 (출)경남 진주 (주)광주광역시 남구 송암로 73 송원대학교 총장실(062-360-5750) (학)1972년 진주고졸 1975년 진주교육대졸 1987년 한국방송통신대 행정학과졸 1993년 고려대 교육대학원졸 1999년 철학박사(미국 아이오와대) (경)1977~1981년 국민학교 교사 1979년 행정고시 합격(23회) 1982~1990년 경남도교육청 근무 1990~1994년 교육부 감사관실·기획관리실 사무관 1994년 순천대 교무과장 1998년 교육부 교육정책담당관 1999년 同대학학사제도과장 2001년 교육인적자원부 감사담당관 2001년 경남도교육청 부교육감 2004년 대통령 교육문화비서관 2005~2007년 인천시교육청 부교육감 2008년 미국 연방과학재단 파견 2009년 교육과학기술부 인재정책기획관 2009년 同교육선진화정책관 2010년 同인재정책실장 2010~2011년 同교원소청심사위원장 2011년 송원대 총장(현) (상)대통령표창, 교육부장관표창 (종)천주교

최수현(崔守鉉) Choi Soo Hyun

(생)1955·8·15 (출)충남 예산 (주)서울특별시 성북구 정릉로 77 국민대학교 경영대학(02-910-5473) (학)1975년 서울고졸 1981년 서울대 생물교육과졸 1983년 同행정대학원졸 2008년 중앙대 대학원 정책학 박사과정 수료 (경)1982년 행정고시 합격(25회) 1983년 재무부 국고국·경제협력국·이재국·재무정책국·재정경제원 금융정책실 근무 1998년 World Bank Senior Officer 2003년 대통령 경제정책수석비서관실 행정관 2008년 금융위원회 기획조정관 2008년 한나라당 정책위원회 수석전문위원 2009년 금융위원회 금융정보분석원장 2011년 금융감독원 수석부원장 2013~2014년 同원장 2015년 국민대 경영대학 석좌교수(현) 2019년 에이치피바이오 경영최고자문위원(현)

최수환(崔秀煥) CHOI Soo Hwan

(생)1964·7·8 (출)광주 (주)서울특별시 서초구 서초대로 219 법원행정처 사법지원실(02-3480-1211) (학)1982년 광주 석산고졸 1988년 서울대 사법학과졸 (경)1988년 사법시험 합격(30회) 1991년 사법연수원 수료(20기) 1991년 광주지법 판사 1993년 同장흥지원 판사 1995년 광주지법 판사 1998년 同나주시법원 판사 1999년 광주지법 판사 2002년 광주고법 판사 2004년 대법원 재판연구관 2005년 광주지법 민사10부 판사 2006년 同부장판사 2007년 사법연수원 교수 2009년 광주지법 해남지원장 2011년 同순천지원장 2013년 광주지법 부장판사 2014년 광주고법 부장판사 2016년 광주지법 수석부장판사 2016~2018년 언론중재위원회 위원 2018년 광주고법 부장판사(현) 2019년 법원행정처 사법지원실장 겸임(현)

최숙아(女) Sook Ah Choi

(생)1968 (주)서울특별시 강남구 강남대로 298 푸르덴셜타워 르노삼성자동차(주) 재무본부(02-3707-5300) (학)덕성여대 영어영문학과졸, 미국 보스턴대 대학원 경영학과졸 (경)삼성증권 국제영업팀 애널리스트, 포스코 국제금융팀·IR팀 근무, 이베이코리아 재무본부 부장, 에어리퀴드코리아 상무(CFO), 同북미지역본부 전략기획실장, 에어리퀴드USA 부사장 2014년 르노삼성자동차(주) 재무본부장(CFO)(현)

최순철(崔珣哲) CHOI Soon Chul

(생)1955·2·22 (주)서울특별시 종로구 대학로 101 서울대학교 치과병원 영상치의학과(02-2072-2622) (학)1979년 서울대 치의학과졸 1982년 同대학원졸 1988년 치의학박사(서울대) (경)1979~1982년 서울대병원 인턴·레지던트과정 수료 1982~1985년 군의관 복무(육군대위 예편) 1985~1988년 경북대 치과대학 전임강사· 조교수 1989년 서울대 치과대학 치의학과 전임강사·조교수·부교수·교수 1992~1993년 미국 노스캐롤라이나대 방문교수 1997년 미국 워싱턴대 방문교수 1998~2003년 서울대 치과병원 구강악안면방사선과장 2001~2003년 同치과대학 구강악안면방사선학교실 주임교수 2002년 미국 코네티컷대 방문교수 2003~2004년 서울대 치과대학 학생담당부학장 2004~2008년 대한구강악안면방사선학회 회장 2005년 서울대 치의학대학원 영상치의학교실 교수(현) 2010~2013년 한국보건의료인국가시험원 이사 2011~2012년 서울대 치의학대학원장 2017년 세계영상치의학회 회장(현)

최순홍

(생)1950 (출)서울 (주)경기도 안양시 동안구 엘에스로 127 LS산전(주) 비서실(1544-2080) (학)경기고졸, 서강대 공과대학졸, 미국 조지워싱턴대 대학원 컴퓨터공학과졸, 미국 펜실베이니아대 대학원 와튼스쿨 MBA, 공공정책학박사(미국 조지워싱턴대) (경)1981년 국제통화기금(IMF) 근무 2004~2007년 同정보통신기술실장 2007년 UN 사무국 초대정보통신기술국장(Chief Information Technology Officer · 사무차장보급) 2012년 새누리당 박근혜 대통령후보 과학기술특보 2013년 대통령 미래전략수석비서관 2014년 LS산전(주) 상근고문(현)

최승기(崔勝起)

(생)1961 (주)대전광역시 서구 청사로 189 중소벤처기업부 감사관실(042-481-3933) (학)1980년 동인천고졸 1988년 연세대 경영학과졸 2001년 미국 위스콘신주립대 대학원 행정학과졸 (경)1994년 행정고시 합격(37회) 2011~2012년 감사원 전략과제감사단 제2과장 2012~2014년 경기도교육청 감사관 2014~2016년 감사원 사회복지감사국 제4과장 2016~2018년 한국조세재정연구원 파견 2018년 중소벤처기업부 감사관(고위공무원)(현)

최승남(崔承南) CHOI Seung Nam

(생)1956 · 9 · 6 (출)광주 (주)서울특별시 강남구 논현로 626 엠빌딩 3층 리솜리조트 서울사무소(02-3470-8000) (학)1975년 광주고졸 1980년 고려대 경제학과졸 (경)1979년 상업은행 입행 2000년 우리아메리카은행 지점장 2004년 우리은행 서소문지점장 2007년 同영업부장 2008년 同글로벌사업단장 2009년 同자금시장본부장(집행부행장) 2013년 우리금융지주 경영기획본부 부사장 2015년 호반건설 부사장 2016년 호반산업 대표이사 사장 2017~2018년 (주)호반건설산업 대표이사 사장 2018년 리솜리조트 대표이사(현) (상)금융감독원장표창(2002), 부총리 겸 재정경제부장관표창(2007) (종)천주교

최승덕(崔承德) Choi Seung Dueg

(생)1961 · 10 · 21 (출)서울 (주)서울특별시 강남구 테헤란로 440 포스코센터 서관 15층 포스코기술투자(02-3457-6300) (학)1980년 광성고졸 1984년 연세대 금속공학과졸 1986년 同대학원 금속공학과졸 2002년 신소재공학박사(포항공과대) (경)1988~2010년 포항산업과학연구원(RIST) 신사업R&D 수석 2011년 포스코 신성장기술전략실장 2014년 同신사업투자기술기획실장 2015년 同신사업기획실장(상무) 2016~2019년 포항산업과학연구원 재료공정연구소장(전무) 2019년 포스코기술투자 부사장(현)

최승돈(崔丞惇)

(생)1972 · 5 (주)대전광역시 유성구 문지로 188 (주)LG화학 기술연구원 자동차전지개발센터(042-866-2114) (학)연세대 금속공학과졸, 미국 텍사스오스틴대 대학원 재료공학과졸, 재료공학박사(미국 텍사스 오스틴대) (경)2014년 (주)LG화학 자동차전지개발센터 연구위원 2017년 同자동차전지개발센터 Cell개발담당 전무(현)

최승복(崔承福) CHOI Seung Bok

(생)1955 · 1 · 2 (본)해주(海州) (출)경기 화성 (주)인천광역시 미추홀구 인하로 100 인하대학교 공과대학 기계공학과(032-860-7319) (학)1979년 인하대 기계공학과졸 1986년 미국 미시간주립대 대학원졸 1990년 공학박사(미국 미시간주립대) (경)1979~1984년 대한항공 기술연구소 연구원 1987년 미국 LORD Co. 연구원 1990~1991년 한국기계연구원 선임연구원 1991년 인하대 공과대학 기계공학과 조교수 · 부교수 · 교수(현) 1995~2008년 한국소음진동공학회 편집이사 1999년 인하대 공과대학 부학장 2000년 한국공학한림원 준회원 2003~2004년 미국 메릴랜드대 방문교수 2008년 한국과학기술한림원 정회원(현) 2009~2012년 한국소음진동공학회 부회장 2012년 한국공학한림원 정회원(현) 2015~2017년 인하대 대학원장 2016~2017년 한국소음진동공학회 회장 (상)한국공학한림원 젊은 공학인상(2000), 한국공학기술상(2000), 과학기술우수논문상(2002), 영국기계학회 최우수논문상(2004), 한국소음진동공학회 국제학술상(2007), 한국과학기술한림원 덕명한림공학상(2014), 미국기계학회 최우수연구자상(2015) (저)'Encyclodia of Smart Materials(共)'(2002, John Wiley and Sons) 'Smart Materials and Structures : New Research(共)'(2007, Nova Science Publishers) '계측공학 : 기계적 물리량 측정의 이론 및 응용(共)'(2007, 도서출판 YOUNG) 'Smart Materials(共)'(2008, CRC Press) (역)'공학기술복합시대, Chapter 6 스마트 재료시스템(共)'(2003, 생각의 나무)

최승부(崔勝夫) CHOI Seung Boo (榮埈)

(생)1940 · 8 · 21 (본)경주(慶州) (출)경북 영주 (주)서울특별시 서초구 서초중앙로 118 카이스시스템빌딩 9층 법무법인 신우(02-561-7470) (학)1960년 서울사대부고졸 1964년 서울대 문리대학 사회학과졸 1987년 同행정대학원 국가정책과정(ACAD) 수료 1993년 숭실대 노사관계대학원졸 2001년 同대학원 법학 박사과정 수료 (경)1968년 행정고시 합격(6회) 1976~1978년 노동청 실업대책과 · 노정과장 1978년 駐요르단대사관 노무관 1981~1985년 노동부 노동조합 · 임금복지과장 1985년 노동연수원장 1987년 노동부 노정국장 1988년 국립노동과학연구소장 1989년 대통령 경제비서관(이사관) 1992년 노동부 노사정책실장(관리관) 1993년 한국노동교육원 원장 1993년 한국산업안전공단 이사장 1994~1996년 노동부 차관 1997년 한국노동연구원 자문위원 1997~2007년 순천향대 초빙교수 1997~2001년 숭실대 노사관계대학원 겸임교수 1999~2004년 법무법인 정현 상임고문 2004년 법무법인 신우 상임고문(현) (상)근정포장(1976), 홍조근정훈장(1991), 황조근정훈장(1997) (종)기독교

최승삼(崔承三) CHOI Seung Sam
(생)1969 · 9 · 11 (본)해주(海州) (출)강원 춘천 (주)대전광역시 서구 청사로 189 특허청 특허심판원 심판7부(042-481-5561) (학)춘천고졸, 연세대 화학공학과졸 (경)특허청 정밀화학심사과 화공사무관, 同약품화학심사팀 화공사무관 2007년 同특허심판원 송무팀 기술서기관 2011년 同화학생명공학심사국 기술서기관 2013년 同화학생명공학심사국 생명공학심사과 기술서기관 2015년 同특허심판원 심판6부 심판관 2016년 특허법원 파견 2018년 특허청 특허심판원 심판7부 심판관(현) (종)불교

최승수(崔承洙 CHOI Seung Soo

(생)1964 · 7 · 15 (출)충북 청주 (주)서울특별시 서대문구 충정로 60 KT&G 서대문타워 10층 법무법인(유) 지평(02-6200-1759) (학)1982년 청석고졸 1989년 서울대 법대 사법학과졸, 미국 펜실베이니아대 대학원 법학과졸, 서울대 법과대학 공정거래전문가과정 수료 (경)1993년 사법시험 합격(35회) 1996년 사법연수원 수료(25기) 2000년 변호사 개업 2001~2018년 법무법인 지평 파트너변호사 2014년 한국게임법학회 회장(현) 2014 · 2017년 문화체육관광부 제2 · 3기 한국콘텐츠분쟁조정위원회 위원(현) 2017년 기획재정부 국가계약분쟁조정위원회 위원(현) 2017년 문화체육관광부 고문변호사(현) 2018년 법무법인(유) 지평 파트너변호사(현) (저)'영화비즈니스 계약법'(2015, 진원사) '음악밴드 명칭의 법적 쟁점, 음악콘텐츠와 법(共)'(2016, 채움북스)

ㅊ

최승순(崔勝淳) CHOI Seung Soon

(생)1960 · 6 · 27 (본)통천(通川) (출)서울 (주)서울특별시 강남구 영동대로 517 아셈타워 23층 법무법인(유) 화우(02-6003-7506) (학)1979년 신일고졸 1983년 고려대 법학과졸 1992년 미국 보스턴대 로스쿨졸(LL.M.) 1993년 미국 펜실베이니아대 로스쿨졸(LL.M.) (경)1984년 사법시험 합격(26회) 1987년 사법연수원 수료(16기) 1987년 육군 법무관 1993년 미국 뉴욕주 변호사시험 합격 1993~1998년 법무법인 충정 변호사 1997~2001년 숙명여대 법학과 겸임교수 1998년 사법연수원 강사 1998~2003년 법무법인 우방 변호사 2001년 대한상사중재원 대외무역분쟁조정인(현) 2003~2014년 법무법인 화우 변호사 2004년 인천시 외국인투자유치협의회 위원(현) 2006~2011년 서울시 정책자문단 위원 2009~2014년 한국금융투자협회 분쟁조정위원회 위원 2011~2012년 금융발전심의회 위원 2013~2017년 고려대 법학전문대학원 운영자문위원회 위원 2014년 법무법인(유) 화우 대표변호사(현)

최승우(崔勝友) CHOI Seung Woo

(생)1946 · 12 · 28 (출)서울 (주)서울특별시 서초구 바우뫼로 198 신우개발(주) 비서실(02-2137-3000) (학)서울대사대부고졸 1970년 성균관대 경제학과졸 (경)1972년 제일제당 경리과 입사 1978년 중앙일보 경리부 차장 1979년 同자금부장 1986년 同관리국장 겸 신문제작실무위원회 위원 1990년 同이사대우 1992년 삼성중공업(주) 이사 1993년 삼성종합건설 이사 1993년 삼성건설(주) 이사 1996년 삼성물산(주) 건설부문 상무, 신우개발(주) 대표이사 사장 2012년 同대표이사 회장(현)

최승원(崔承源)

(생)1975 · 6 · 4 (주)경기도 수원시 팔달구 효원로1 경기도의회(031-8008-7000) (학)강남대 경영대학 세무학과졸 (경)2006년 열린우리당 김근태의장 비서, 유은혜 국회의원 비서관, 더불어민주당 인권위원회 부위원장, 김근태재단 운영이사 2018년 경기도의회 의원(더불어민주당)(현)

최승일(崔勝一) CHOI Sung Il

(생)1954 · 7 · 18 (출)강원 영월 (주)세종특별자치시 조치원읍 세종로 2511 고려대학교 세종캠퍼스 과학기술대학 환경시스템공학과(044-860-1453) (학)1976년 서울대 토목공학과졸 1983년 미국 콜로라도주립대 대학원졸 1987년 환경공학박사(미국 아이오와주립대) (경)1987년 미국 아이오와주립대 토목공학과 수석연구원 1988년 한국건설기술연구원 기획조정실장, 미국 콜로라도주립대 연구조교, 대한환경공학회 이사, 한국수자원공사 설계자문위원, 환경부 상하수도자문위원 1992~2019년 고려대 세종캠퍼스 과학기술대학 환경시스템공학과 교수 2008~2009년 대통령자문 국가지속가능발전위원회 위원 2010~2012년 고려대 자연과학대학장 2011~2016년 환경부 지능형상수관망연구사업단장 2012년 국토해양부 중앙설계심의위원회 위원 2012~2015년 고려대 세종캠퍼스 부총장 2013~2014년 세종특별자치시 정책자문위원회 위원 2013년 한국환경한림원 정회원(현) 2014~2017년 오송첨단의료산업진흥재단 비상임이사 2014~2016년 환경부 자체평가위원회 위원장 2014~2017년 수돗물시민네트워크 공동대표 2014~2016년 서울시 수돗물평가위원회 위원장 2016년 한국상하수도협회 부회장(현) 2016년 환경부 에코스마트상수도기술개발사업단장(현) 2018년 한국물학술단체연합회 회장(현) 2019년 고려대 세종캠퍼스 과학기술대학 환경시스템공학과 명예교수(현) (상)대통령표창(2000), 대한상하수도학회 공로상(2001 · 2009), 환경부장관표창(2002), 근정포장(2006), 한국물학술단체연합회 학술상(2013), 홍조근정훈장(2016), 대한상하수도학회 발전공헌상(2016) (역)'정수시설 최적설계 및 유지관리(취수시설~오존처리)'(1997)

최승재(崔昇宰) Choi, Sung Jai

(생)1971 · 10 · 3 (주)서울특별시 서초구 법원로3길 6-1 태지빌딩 501호 최신법률사무소(02-595-8400) (학)1990년 서울대 독어/사법학과졸 2000년 同대학원 법학과졸 2004년 미국 컬럼비아대 Law School졸(LL.M.) 2009년 서울시립대 대학원 조세법학과 박사과정 수료 2009년 법학박사(서울대) (경)1997년 사법시험 합격(39회) 2000년 사법연수원 수료(29기) 2000~2006년 삼성SDI 선임변호사 2006~2008년 미국 마이크로소프트 한국지사 변호사(상무대우) 2008~2012년 경북대 법학전문대학원 교수 2012~2014년 김앤장법률사무소 변호사 2011~2015년 국가지식재산위원회 전문위원 2013~2015년 법무부 변호사제도개선위원회 위원 2014~2015년 대법원 재판연구관 2015~2017년 법무법인 다래 변호사 2016년 한양대 법학과 겸임교수 2016년 대한상사중재원 중재인(현) 2017년 국가권익위원회 해석자문위원 2017년 최신법률사무소 개업(현) 2015년 대한변호사협회 법제연구원장(현) 2017년 국제지식재산보호협회(AIPPA) 부회장(현) 2018년 금융위원회 금융투자부문 옴부즈맨(현) (상)서울지방변호사회 공로상(2009), 대한변호사협회 공로상(2010) (저)'IT 기술과 법'(2007, 홍익대 출판부) '경쟁전략과 법'(2009, 한국학술정보) '특허권남용의 경쟁법적 규율'(2010, 세창출판사) '전략적 기업경영과 법'(2010, 한국학술정보) '과학기술법(共)'(2010, 진원사) '공정거래법의 쟁점과 과제(共)'(2010, 법문사) '미국 대법관이야기'(2011, 경북대 출판부) '미국특허법'(2011, 법문사) '대기업비판의 실상과 본질(共)'(2012, 한국경제연구원) '비상장주식 가치평가와 법(共)'(2012, 한국경제연구원) '변호사와 의뢰인사이의 비밀보호에 대한 제도연구'(2013, 법률신문사) '변호사전'(2014, 법률신문사) '증권집단소송법 개정론(共)'(2014, 법률신문사) '변호사 적정수에 대한 연구(共)'(2015, 법률신문사)

최승종(崔昇鍾) CHOI Seung Jong

(생)1964 · 8 · 18 (본)경주(慶州) (출)서울 (주)서울특별시 서초구 양재대로11길 19 LG전자(주) CTO SIC센터(02-6912-6954) (학)서라벌고졸, 서울대 전자공학과졸, 한국과학기술원(KAIST) 전자공학과졸(석사), 공학박사(미국 뉴욕렌셀러공과대) (경)1989년 LG전자(주) 입사 2003년 同DTV연구소 SAT그룹 연구위원(상무) 2010년 同CTO SIC센터 DTV SoC개발실장(상무) 2013년 同CTO SIC연구소 DTV SoC개발실장(전무) 2016년 同CTO부문 SIC센터장(전무) 2019년 同CTO SIC센터 산하 수석연구위원(부사장)(현) (상)대한전자공학회 기술혁신상(2010) (종)기독교

최승주(崔承柱) CHOI Sung Ju

(생)1941 · 12 · 11 (본)충주(忠州) (출)충북 청원 (주)서울특별시 마포구 와우산로 121 삼진제약(주) 회장실(02-392-5313) (학)1960년 청주고졸 1965년 충북대 약대졸 1985년 고려대 경영대학원 수료 1991년 서울대 경영대학원 최고경영자과정 수료 2003년 명예 약학박사(충북대) (경)1970년 삼진상사 설립 1972~2001년 삼진제약(주) 대표이사 사장 1991년 대한상공회의소 화학공업위원회 부위원장 1997년 신촌로타리클럽 회장 2002년 삼진제약(주) 대표이사 회장(현) (상)재무장관표창(1990), 철탑산업훈장(1996), 국세청장표창(2001), 서울시장표창

최승준(崔承俊) CHOI SEUNG JOON

(생)1946 · 4 · 10 (본)해주(海州) (출)서울 (주)서울특별시 용산구 청파로47길 100 숙명여자대학교 음악대학 작곡과(02-710-9554) (학)1965년 서울고졸 1972년 서울대 음악대학 작곡과졸 1984년 미국 American Conservatory of Music대 대학원 작곡과졸 (경)1967~1970년 육군사관학교 군악대 복무 1972~1980년 중앙대사범대학부속여중 교사 1980~1982년 계원예술고 음악과장 1985~1987년 한국교원대 음악교육과 전임강사

1987~2011년 숙명여대 음악대학 작곡과 전임강사·조교수·부교수·교수 1989~2009년 작곡동인 '소리목' 회장 1990·1991·1992년 대학입학학력고사 출제위원 1994~1999년 창악회 회장 1996년 한국음악협회 이사·회원(현) 2001년 창악회 명예회장(현) 2001~2005년 한국작곡가협회 이사장 2002~2004년 숙명여대 음악대학장 2006년 사단법인 한국작곡가협회 명예이사장(현) 2008년 모던하모니카앙상블 대표(현) 2010년 작곡동인 '소리목' 고문(현) 2011년 숙명여대 음악대학 작곡과 명예교수(현), 아시아작곡가연맹 한국위원회 자문위원(현) [상]서울대 음대 제16회 전국학생음악경연대회 작곡부 1등(1964), (사)한국음악협회 한국음악상 작곡부문(1998), (사)한국음악협회 제18회 대한민국작곡상 독주곡부문(1999), 홍조근정훈장(2011) [저]'조성음악의 이해를 위한 시창과 청음'(1987, 수문당) '예술가곡의 작곡지도'(1989, 아트소오스) '음악분석을 위한 선곡집(編)'(2000, 파브르 애두터리알) '가야금합주곡 선곡집'(2008, 수문당) [종]천주교

최승준(崔乘俊) CHOI Seung Jun

[생]1956·7·13 [본]강릉(江陵) [출]강원 정선 [주]강원도 정선군 정선읍 봉양3길 21 정선군청 군수실(033-560-2201) [학]정선종합고졸 1977년 신구전문대학 치기공과졸(전문학사) 2008년 대원과학대학 사회복지과졸(전문학사) [경]한일전기공사 대표, 정선청년회의소 회장, 영월댐건설반대대책위원회 위원장, 법무부 범죄예방위원, 민주평통 자문위원(현), 정선신용협동조합 이사장, 정선군사회복지협의회 회장 2002·2006~2010년 강원 정선군의회 의원 2006·2008년 同의장 2010~2014년 강원 정선군수(민주당·민주통합당·민주당·새정치민주연합) 2011년 정선군체육회 회장 2011년 (재)정선장학회 이사장 2014년 강원 정선군수선거 출마(새정치민주연합) 2016년 더불어민주당 강원도당 상임부위원장 2018년 강원 정선군수(더불어민주당)(현)

최승필(崔勝弼) CHOI Seung Pil

[생]1968·9·2 [본]전주(全州) [주]서울특별시 동대문구 이문로 107 한국외국어대학교 법학전문대학원(02-2173-3260) [학]2005년 독일 뷔르츠부르크대 경제학과 수학 2006년 법학박사(독일 뷔르츠부르크대) [경]1994·1997~2003년 한국은행 근무 2006~2007년 同국제수지팀 과장, 한국공법학회 이사, (사)한국헌법학회 이사, (사)은행법학회 연구이사(현), 한국경제법학회 이사, 한국환경법학회 이사 2011년 한국외국어대 법학전문대학원 교수(현) 2011~2012년 同홍보실장 2013년 同법과대학 부학장, 한국행정법학회 이사 2013년 중국 인민대 식품안전거버넌스센터 객원연구원 2014~2015년 미국 UC Berkeley Law School 방문교수 2014년 국회 입법지원위원회 위원 2016~2017년 한국지방자치법학회 홍보이사·섭외이사 2018년 한국외국어대 기획조정처장 2018년 한국공법학회 홍보이사 [상]한국은행총재표창(2005) [저]'공적자금관리의 적정성 제고연구(I)'(2009, 한국법제연구원) 'G-20 국가의 출구전략에 관한 법제연구-사우디아라비아'(2010, 한국법제연구원) 'Multilateralism and Regionalism in Global Economic Governance(共)'(2011, Routledge) '총량적 재정규율제도 도입에 관한 연구'(2012, 한국법제연구원) '거시건전성규제체제의 국제적 동향과 변화'(2013, 한국법제연구원) '탄소배출권의 할당과 분쟁해결에 관한 법적검토'(2013, 한국법제연구원) [종]천주교

최승호(崔勝皓) CHOI Seung Ho

[생]1958·7·19 [출]전남 보성 [주]서울특별시 강남구 언주로 211 강남세브란스병원 위장관외과(02-2019-3374) [학]1976년 광주제일고졸 1982년 연세대 의대졸 1992년 同대학원졸 1997년 의학박사(고려대) [경]1990~2005년 연세대 의대 외과학교실 연구강사·전임강사·조교수·부교수 1996년 미국 Massachusetts General Hospital & Harvard Medical School Research Fellow 2005년 연세대 의대 외과학교실 교수(현) 2007~2015년 강남세브란스병원 외과장 2007~2009년 同기획관리실장 2010~2015년 同암병원 위·식도암클리닉팀장 2013~2015년 대한비만대사외과학회 회장 2015~2017년 강남세브란스병원 암병원장 2016년 同위장관외과장(현) 2016~2017년 대한위암학회 회장 2016년 연세대의료원 미디어홍보센터 부소장(현) 2019년 세계비만대사외과학회(IFSO) 이사 겸 아시아태평양지구 대표(현)

최승호(崔承浩)

[생]1961·12·26 [주]서울특별시 마포구 성암로 267 문화방송(MBC) 사장실(02-789-0011) [학]영남고졸, 경북대 행정학과졸 [경]1986년 문화방송(MBC) 교양제작국 입사 2002년 同시사제작2국 특임CP 2003년 同시사교양국 시사교양특임3차장, 同보도국 영상편집부 부장대우 2003년 전국언론노조연맹 노조부위원장 겸 MBC본부 노조위원장 2005년 문화방송(MBC) 시사교양국 'PD수첩' CP(책임PD) 2006년 同시사교양국 'W' CP(책임PD) 2008년 同시사교양국 'MBC스페셜' CP(책임PD) 2008년 미국 미주리대 연수 2009~2012년 문화방송(MBC) 시사교양국 'PD수첩' 선임PD 2012년 同해직 2013~2017년 독립언론 뉴스타파 PD 겸 앵커 2017년 문화방송(MBC) 대표이사 사장(현) [상]올해의 프로듀서상(2006), 투명사회상 프로그램부문(2009), 안종필 자유언론상(2010), 송건호 언론상(2010), 환경재단 세상을 밝게 만든 사람들(2010), 한국PD대상 올해의PD상(2011), 전주국제영화제 다큐멘터리상·넷팩상(2016), 한국인터넷기자협회 참언론상(2016) [작]'MBC스페셜' '이제는 말할 수 있다' '경찰청 사람들' 'PD수첩' 'W' 다큐멘터리 영화 '자백'(2016) '공범자들'(2017) 제작

최승호

[생]1964·6 [출]대구 달성 [주]서울특별시 영등포구 여의대로 60 NH투자증권 IB2사업부(02-768-7000) [학]서울대 경제학과졸, 동국대 대학원 경제학과졸 [경]통신정책연구소 연구원, 한국신용정보(NICE) 중공업실장, 同산업평가실장 2008년 우리투자증권 IB사업부 근무, NH투자증권 리스크관리본부장, 同Product Sales본부장, 同고객자산운용본부장(상무) 2018년 同IB2사업부 대표(상무) 2018년 同IB2사업부 대표(전무)(현)

최승환(崔昇煥) CHOI Seung Hwan

[생]1956·2·17 [출]부산 [주]서울특별시 동대문구 경희대로 26 경희대학교 법과대학(02-961-0742) [학]1980년 서울대 인문대학 철학과졸 1982년 同대학원 국제법학과졸 1989년 미국 뉴욕대 대학원 국제법학과졸 1990년 同대학원 법학과졸 1991년 법학박사(서울대) [경]1990년 서울국제법연구원 책임연구원 1992년 수원대 법학과 전임강사 1995년 경희대 법과대학 조교수·부교수·교수 1996년 대한국제법학회 이사 1999~2001년 경희대 국제법무대학원 교학부장 1999년 서울국제법연구원 이사 2001~2002년 미국 미시간대 Law School Research Scholar 2003~2006년 국제거래법학회 부회장 2007년 경희대 법학연구소장 2007~2008년 국제경제법학회 회장 2012~2015년 세계국제법협회(ILA) 한국지부 회장 2013년 대한국제법학회 회장, 세계무역기구(WTO) 보조금및상계조치위원회 중재전문가, 중국 정법대학 국제법학원 초빙교수, 국제공정무역학회 부회장, 국무총리실 소속 식품안전정책위원회 위원 2018년 경희대 법학전문대학원 교수(현) 2018년 (사)한중법학회 회장(현) [상]현암학술상(2005) [저]'국제경제법' '한-미 주둔군지위 협정연구' '국제통상과 WTO법' '환경보호와 국제법질서' '수의분야 유전자변형생물체의 효율적인 관리방안'(2009, 한국수의과학검역원)

최승훈(崔承勳) CHOI Seung Hoon

(생)1955·3·2 (출)부산 (주)서울특별시 강남구 언주로 211 강남세브란스병원 소아외과(02-2019-3377) (학)1973년 성동고졸 1979년 연세대 의대졸 1983년 同대학원졸 1994년 의학박사(한양대) (경)1979~1984년 세브란스병원 외과 인턴·레지던트 1984년 연세대 의대 소아외과학교실 강사 1986년 일본 국립소아병원 외과 연구원 1986년 미국 필라델피아아동병원 외과 펠로우 1988~2002년 연세대 의과대학 외과학교실 전임강사·조교수·부교수 1995~1996년 일본 도교대 의학부 객원교수 2002년 연세대 의대 외과학교실 교수(현) 2014~2015년 대한소아외과학회 회장 2014~2016년 아시아소아외과학회 회장 2015년 강남세브란스병원 소아외과장(현) (저)'소아외과학 임상' (종)기독교

최승훈(崔昇勳) CHOI Seung Hoon

(생)1957·10·3 (본)탐진(耽津) (출)서울 (주)경기도 용인시 수지구 죽전로 152 단국대학교(031-8005-2236) (학)1975년 경동고졸 1981년 경희대 한의학과졸 1983년 同대학원졸 1987년 한의학박사(경희대) 1989년 고려대 대학원 철학과 수료 (경)1982~1983년 동양한의원 원장 1984~1985년 원제한의원 원장 1984~1988년 대전대 한의학과 강사·전임강사·조교수 1987~1988년 同한방병원 예진실장 1988~1996년 경희대 한의대학 조교수·부교수 1989년 대만 중국의약학원 교환교수 1990년 대만 국가과학위원회 초청교수 1993~1994년 중국 국가중의약관리국 초청교환교수 1996년 대한동의병리학회 부회장 1996~1997년 대한한의사협회 부회장 1996~2011년 경희대 한의과대학 병리학교실 교수 1997~2001년 동서의학연구회 부회장 1998~2001년 경희대 한의학과장 1999년 한양대 의대 객원교수 2000년 아주대 의대 객원교수 2001~2002년 미국 스탠퍼드대 의대 방문교수 2002년 중앙대 의대 외래교수 2003~2008년 세계보건기구 서태평양지역 전통의학자문관(고문) 2008~2011년 경희대 한의과대학장 2011~2014년 한국한의학연구원 원장 2014~2015년 단국대 특임부총장 2014년 同대학원 생명융합학과 교수(현) 2018년 한약진흥재단 이사장 2019년 한국한의약진흥원 이사(현) (상)근정포장(2014) (저)'東醫病理學(共)'(1991) '內經病理學'(1993·1995) '東醫腫瘍學'(1995) '東醫壽世保元 : Longevity & Life Preservation in Oriental Medicine(英文)'(1996) '韓方病理學'(1997) '한의학이야기'(1997) '難經入門'(1998) '韓醫學'(2016) (종)기독교

최시억(崔時億)

(생)1965 (출)충북 청주 (주)서울특별시 영등포구 의사당대로 1 국회사무처 과학기술정보방송통신위원회(02-788-2616) (학)충북고졸, 한국외국어대졸, 국방대 안전보장대학원졸 (경)국회사무처 행정법무담당관실 법무담당 2002년 同통일외교통상위원회 입법조사관 2005년 同교육위원회 입법조사관 2006년 한국학대학원 파견 2007년 국회사무처 기획조정실 행정법무담당관 2008년 대전시 파견 2009년 국회사무처 예산결산특별위원회 입법조사관 2012년 同의정종합지원센터장 2012년 同국제국 의회외교정책심의관 2013년 기획재정부 파견 2014년 국회사무처 정무위원회 전문위원 2016년 교육 파견 2017년 국회사무처 국토교통위원회 전문위원 2018년 국회도서관 의회정보실장 2019년 국회 과학기술정보방송통신위원회 수석전문위원(차관보급)(현)

최시영

(생)1964·1·18 (주)경기도 수원시 영통구 삼성로 129 삼성전자(주) Foundry사업부(031-200-1114) (학)1986년 연세대 재료공학과졸 1988년 同대학원 재료공학과졸 1994년 전자재료공학박사(미국 오하이오주립대) (경)1995년 삼성전자(주) 반도체연구소 선임연구원 1998년 同메모리사업부 공정개발팀 수석 2009년 同반도체연구소 공정개발팀 연구위원 2010년 同반도체연구소 공정개발3P/J장 2013년 同시스템LSI사업부 TD센터 공정개발팀장(전무) 2014년 同반도체연구소 공정개발2팀장(전무) 2015년 同시스템LSI사업부 YE팀장 2017년 同LSI사업부 제조센터장(부사장) 2017년 同Foundry사업부 제조기술센터장(부사장)(현)

최시헌(崔是憲) Choi Si Heon

(생)1964 (출)대구 (주)세종특별자치시 국세청로 8-14 국세청 개인납세국(044-204-3200) (학)경북대사대부고졸 1985년 세무대학졸(3기), 한국방송통신대 경영학과졸 (경)2012년 국세청 운영지원과 서기관 2013년 충남 공주세무서장 2013년 국무조정실 조세심판원 상임심판관실 조사관 2014년 서울지방국세청 조사1국 조사3과장 2014년 국세청 원천세과장 2016년 同조사1과장 2016년 대구지방국세청 성실납세지원국장(부이사관) 2017년 서울지방국세청 감사관 2018년 중부지방국세청 징세송무국장(고위공무원) 2019년 국세청 개인납세국장(현)

최신규(崔信奎) CHOI Shin Kyu

(생)1956·1·9 (출)서울 (주)서울특별시 구로구 부일로 869 (주)초이락컨텐츠팩토리(070-5008-9977) (학)2004년 명예 경영학박사(한양대) (경)1974년 협성공업사 창업 1981년 서울공업사 대표 1987년 서울화학 창업 1997~2014년 (주)손오공 설립·대표이사 사장 1997년 (주)손오공 회장 1998년 서울국제애니메이션페스티벌조직위원회 부위원장 2002~2013년 (주)SCM 설립·사장 2004년 한국벤처기업협회 부회장 2009년 한국만화영상진흥원 이사 2011년 (사)IEF조직위원회 이사장(현) 2015년 (주)초이락컨텐츠팩토리 콘텐츠제작총괄(현) (상)수출의 탑(1996), 재정경제부장관표창(1998), 대통령표창(2003), 중소기업청 선정 신지식인(2003), 대한민국 게임대상(2004), SICAF성공기여 표창(2004), 대한민국애니메이션 대상(2006), 한국만화가협회 감사패(2007), 경찰청장 감사장(2012) (저)'멈추지 않는 팽이'(2011)

최신원(崔信源) Choi, Shin-Won

(생)1952·11·20 (본)수원(水原) (출)경기 수원 (주)서울특별시 중구 남대문로 90 SK네트웍스(주)(070-7800-2114) (학)1971년 배문고졸 1976년 경희대 경영학과졸 2012년 명예 경영학박사(건국대) 2014년 명예 철학박사(경희대) (경)1980년 선경합섬(現 SK케미칼) 입사 1981년 (주)선경인더스트리 대리 1987년 (주)선경(現 SK네트웍스) 미국 뉴욕사무소 이사 1991년 선경그룹(現 SK그룹) 경영기획실 상무 1994년 (주)선경 전무 1996년 同부사장 1997~1998년 SK유통(現 SK네트웍스) 대표이사 부회장 2000~2015년 SKC(주) 대표이사 회장 2008년 아너소사이어티(사회복지공동모금회 고액기부자모임) 회원 2009년 미국 포브스誌 아시아판(Forbes Asia) '기부영웅'에 선정 2011~2017년 경기사회복지공동모금회 회장 2011년 한국·브라질소사이어티(KOBRAS) 회장(현) 2012년 駐韓브라질 명예영사(현) 2012년 아너소사이어티(사회복지공동모금회 고액기부자모임) 총대표(현) 2012~2018년 수원상공회의소 회장 2012년 세계공동모금회(UWW : United Way Worldwide) 리더십위원회 위원(현) 2013~2017년 (사)한국상표디자인협회 회장 2013년 국제전략문제연구소(CSIS) 산하 태평양포럼 국제이사회 이사(현) 2014년 경희대 경희미래위원회 공동위원장(현) 2015년 SKC(주) 회장 2015~2018년 경기도상공회의소연합회 회장 2015~2018년 대한상공회의소 부회장 2016년 SK네트웍스 대표이사 회장(현) 2018년 대한펜싱협회 회장(현) 2018년 사회복지공동모금회 부회장(현) 2019년 아시아펜싱연맹 부회장(현) (상)駐韓미군사령관 감사패, 대한민국녹색경영대상, 무역학자전국대회 무역인대상(2005), 금탑산업훈장(2008), 국방부장관 감사패(2015), 브라질 리오 브랑코 훈장(2015), 자랑스러운 경희인상(2016), 세계공동모금회(UWW) 글로벌 필란트로피 어워드(2017), APAIB-UN 제 1회 글로벌 비즈니스 리더상(2018), 국민훈장 동백장(2019) (종)불교

최신융(崔信隆) Choe, Shin-Yung

(생)1954 · 10 · 29 (본)경주(慶州) (출)경북 포항 (주)서울특별시 용산구 청파로47길 100 숙명여자대학교 행정학과(02-710-9498) (학)1974년 중앙고졸 1978년 한국외국어대 영어과졸 1983년 서울대 행정대학원 행정학과졸 1991년 행정학박사(미국 뉴욕주립대) (경)1987~1991년 미국 뉴욕주립대 비교발전연구소 연구원 1991년 숙명여대 행정학과 조교수 · 부교수 · 교수(현) 1998~1999년 미국 뉴욕주립대 교환교수 2002년 한국행정학회 부회장 2005~2008년 '규제연구' 편집위원장 2008~2010년 한국규제학회 회장 2008~2010년 대통령직속 국가경쟁력강화위원회 위원 2008년 관세청 민관규제개혁공동위원장 2009~2012년 숙명여대 교수협의회 회장 2009~2013년 국방부 민관규제개혁공동위원장 2010년 한국국제협력단 청렴옴부즈만 2011~2012년 숙명여대 사회과학대학장 (저)'정보사회와 정치과정(共)'(1993, 비봉출판사) '행정기획론(共)'(2000, 박영사) '한국의 환경지속성(共)'(2004, 대영출판사) '부동산학개론(共)'(2008, 부연사) '주택정책론(共)'(2008, 부연사)

최신형(崔信亨) CHOI SHIN HYUNG

(생)1960 · 11 · 15 (주)서울특별시 영등포구 국회대로 559 삼성생명빌딩(1588-3114) (학)가야고졸, 부산대 경제학과졸 (경)삼성전자(주) 재무팀 상무보 2005년 同구조조정본부 상무, 同전략기획실 상무 2008년 同경영전략팀 전무 2010년 삼성에버랜드 감사 2011년 삼성물산 상사부문 부사장 2012~2015년 한국회계기준원 회계기준위원회 비상임위원 2014년 삼성생명보험(주) 경영지원실장(부사장) 2015~2017년 同CPC전략실장 2017~2019년 同대표이사실 담당임원(부사장) 2019년 삼성생명서비스 대표이사(현)

최양규(崔梁圭) CHOI Yang Kyu

(생)1966 · 6 · 25 (본)전주(全州) (출)전남 목포 (주)대전광역시 유성구 대학로 291 한국과학기술원(KAIST) 공과대학 전기및전자공학부(042-350-3477) (학)1985년 서울대 사범대학 물리교육과졸 1989년 同자연대학원 물리학과졸 1999년 미국 캘리포니아대 버클리교 대학원 전기전자공학과졸 2001년 전기전자공학박사(미국 캘리포니아대 버클리교) (경)1991년 (주)하이닉스반도체 과장 2001~2002년 대만 TSMC 컨설턴트 2001~2003년 미국 캘리포니아대 버클리교 연구원 2004년 한국과학기술원(KAIST) 전자전산학과 조교수 2005년 同전자전산학부 전기 및 전자공학과 부교수 2006년 '테라급 차세대 반도체소자에 적용이 가능한 새로운 구조의 3차원 3㎚(나노미터 : 10억분의 1m)급 '나노전자소자(FinFET)'를 공동 개발하는데 성공 2007년 '세계최소 테라급 플래시메모리' 개발 2011년 한국과학기술원(KAIST) 공과대학 전기및전자공학부 교수(현) 2017년 한국과학기술한림원 정회원(공학부)(현) (상)미국 캘리포니아 버클리대 전자전산학과 최우수박사졸업논문상(2002), 이달의 과학기술상(2006)

최양도(崔良燾) CHOI Yang Do

(생)1953 · 3 · 15 (출)경북 (주)서울특별시 관악구 관악로 1 서울대학교 농업생명과학대학 응용생물화학부(02-880-4650) (학)1976년 서울대 농화학과졸 1978년 한국과학기술원(KAIST) 생물공학과졸(석사) 1985년 생물학박사(미국 노스웨스턴대) (경)1978~1981년 한국과학기술연구소 응용생화학실 연구원 1986~1996년 서울대 농대 농화학과 조교수 · 부교수 1991년 농촌진흥청 농업기술연구소 농업연구관 1993년 同중앙농업산학협동심의회 전문위원 1994년 서울대 농업생명과학대학 농화학과장 1996년 同농생명공학부 교수, 同응용생물화학부 교수 1999년 한국과학재단 전문분과위원 2001년 한국분자생물학회 학술위원장 2001~2005년 특허청 심사자문위원 2001년 과학기술부 21세기프론티어연구개발사업 작물유전체기능연구사업단장 2003년 BrainPool 화공 · 생명분야 선정위원 2003년 식품의약품안전청 유전자재조합식품 안전성평가자료심사위원 2005년 한국과학기술한림원 정회원(현) 2011년 한국분자세포생물학회 회장 2015년 대한민국학술원 회원(농생명공학 · 현) 2018년 서울대 응용생물화학부 명예교수(현) (상)상록농업생명과학연구대상(2002), 한국과학기술단체총연합회 과학기술우수논문상(2003), 화농연학재단 화농상(2004), 한국응용생명화학회 학술상(2006), 대한민국학술원상(2007), 교육과학기술부 및 한국과학기술단체총연합회 '대한민국최고과학기술인상'(2008) (작)'형질전환 신품종 벼 대량생산기술개발 착수-벨기에 Crop Design사와 국제공동연구개발 협약체결'(2004)

최양미(崔洋美 · 女)

(생)1963 · 2 · 21 (주)대구광역시 동구 첨단로 120 한국가스공사 기술사업본부(053-670-0450) (학)1981년 경기 영복여고졸 1985년 아주대 전자공학과졸 2003년 한국과학기술원(KAIST) 경영대학원 석사(Techono-MBA) (경)1985~1999년 한국가스공사 근무 2000년 同e-Business팀 과장 2003년 同사업개발팀 차장 2008년 同PI팀(ERP Project) 차장 2010년 同녹색성장팀장 2012년 同가스연구원 연구기획팀장 2016년 同기술기획팀장 2016년 同설비기술처장 2018년 同기술사업본부장(현)

최양수(崔良洙) CHOI Yang Soo

(생)1955 · 7 · 1 (본)경주(慶州) (출)서울 (주)서울특별시 서대문구 연세로 50 연세대학교 언론홍보영상학부(02-2123-2977) (학)1974년 경동고졸 1978년 연세대 신문방송학과졸 1982년 미국 보울링그린주립대 대학원 방송영화학과졸 1986년 커뮤니케이션학박사(미국 아이오와대) (경)1986년 미국 위스콘신대 교수 1987~1991년 미국 캘리포니아주립대 방송영화학과 교수 1992~2006년 연세대 신문방송학과 교수 1993년 방송심의위원회 위원 2001년 연세대 영상제작센터 소장 2002~2004년 同사회과학연구소장 2004년 同영상대학원장 2006년 同언론홍보영상학부 교수(현) 2007년 同커뮤니케이션대학원장 2008~2009년 同정보대학원장 2008년 (사)여의도클럽 부회장 2008~2009년 한국방송학회 회장 2012~2015년 한국방송공사(KBS) 이사 (저)'21세기의 방송-정책편성 · 제작경영' '디지털 방송론(共)'(2002) '한국의 문화변동과 미디어(共)'(2004) '메가트랜드 코리아(共)'(2006) '디지털시대의 미디어 이용(共)'(2006) 'IT는 한국을 어떻게 변화시키는가(共)'(2006) (역)'텔레비전 경제학' '영상경제학'(2004)

최양하(崔楊河) CHOI Yang Ha

(생)1949 · 10 · 7 (출)서울 (주)서울특별시 마포구 성암로 179 (주)한샘 회장실(02-590-3123) (학)1968년 보성고졸 1973년 서울대 금속공학과졸 (경)1976년 대우중공업 근무 1979년 (주)한샘 입사 1983년 同공장장 1989년 同상무 1994년 同대표이사 전무 1997년 同대표이사 사장 2004년 同대표이사 부회장 2008~2017년 한샘이펙스 대표이사 사장 2009년 同대표이사 회장(현) (상)산업포장(1998), 다산경영상 전문경영인부문(2014), 은탑산업훈장(2015)

최양환(崔良桓)

(생)1950 · 2 · 25 (주)서울특별시 중구 세종대로9길 42 (주)부영(02-3774-5500) (학)1990년 서울산업대 산업공학과졸 2002년 동국대 행정대학원 수료 (경)국방부 미군기지이전사업단 근무, 록인김해레스포타운 대표이사, 도심엔지리어링 부회장 2016년 부영주택 전무이사 2016년 同건설본부 대표이사 2016년 (주)부영 각자대표이사(현)

ㅊ

최양희(崔陽熙) CHOI Yang Hee

(생)1955 · 7 · 27 (본)강릉(江陵) (출)강원 강릉 (주)서울특별시 관악구 관악로 1 서울대학교 공과대학 컴퓨터공학부(02-880-7303) (학)경기고졸 1975년 서울대 전자공학과졸 1977년 한국과학원(KAIS) 전기및전자공학과졸(석사) 1984년 전산학박사(프랑스 ENST대) (경)1977~1979년 한국통신기술연구소 전임연구원 1981~1984년 프랑스 CNET연구소 방문연구원 1984~1991년 한국전자통신연구소 책임연구원 1988년 미국 IBM 왓슨연구소 방문과학자 1991~2000년 서울대 공대 전기컴퓨터공학부 조교수 · 부교수 2000~2014 · 2017년 同공대 컴퓨터공학부 교수(현) 2006~2010년 포스데이타 사외이사 2006년 한국공학한림원 정회원 2006~2012년 미래인터넷포럼 의장 2007년 한국과학기술한림원 정회원 2008년 한국정보과학회 회장 2009~2011년 서울대 융합과학기술대학원장 2009~2011년 同차세대융합기술연구원장 2010년 방송통신위원회 기술자문위원 겸 미래인터넷추진위원 2010~2012년 포스코ICT 사외이사 2010년 지식경제부 지식경제 R&D전략기획단 비상근단원 2011년 대통령직속 국가정보화전략위원회 위원 2013~2014년 삼성미래기술육성재단 초대 이사장 2014~2017년 미래창조과학부 장관 2019년 서울대 AI위원장(현) (상)과학기술훈장 도약장(2009), 인터넷기술상(2009), 대한민국 인터넷대상 개인공로상(2009), 세계기업가정신네트워크 Startup Nations Award(2015), 올해의 자랑스러운 강원인(2015) (저)'통신프로토콜'

최연매(崔蓮梅 · 女) CHOI Yeon Mea

(생)1960 · 8 · 30 (출)충북 청주 (주)서울특별시 서초구 사임당로 15 (주)김정문알로에 회장실(02-405-6116) (학)1979년 청주여고졸 1983년 청주사범대 국어국문학과졸 2006년 서울대 최고경영자과정 수료 2007년 同BIO최고경영자과정 수료 (경)1985~1987년 청주중앙여중 국어교사 1991년 (주)김정문알로에 청주지사장 1996년 同이사 2003년 同부회장 2006년 同대표이사 회장(현)

최연수(崔淵洙)

(생)1959 · 2 · 10 (출)전남 강진 (주)전라남도 목포시 해양대학로 91 목포해양대학교 대학본부 4층(061-240-7839) (학)전남 장흥고졸, 여수수산전문대학 수산증식과졸 (경)1982년 8급 공무원 특채 2004년 전남도 도서개발담당 2005년 장흥군 수산5급 해양수산과장 2007년 전남도 해양바이오연구원 증식연구과장 2009년 同수산식품담당 2010년 同해양항만과(해양생물과)수산식품담당 2012년 同수산자원과 친환경수산담당 2012년 同해양수산과학원장 2013년 해양수산과학원장 직무대리(3급기관장) 2014년 행정자치부 지방행정연수원 고급리더과정 장기교육 파견 2015년 전남도 해양자원연구부장 2015년 同수산자원과장(서기관) 2016년 同해양수산과학원장 직대(부이사관) 2017년 同해양수산기술원장 2019년 공로연수(부이사관) 2019년 전남어촌특화지원센터장(현) (상)지역사회발전유공 국무총리표창(2005)

최연옥(崔然玉) CHOI Yeonok

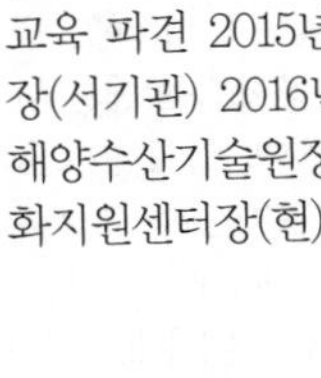

(생)1969 · 4 · 19 (본)전주(全州) (출)경남 마산 (주)대전광역시 서구 청사로 189 통계청 조사관리국(042-481-3700) (학)1987년 마산 경상고졸 1993년 서울대 경제학과졸 2001년 미국 워싱턴대 시애틀교 경제학대학원졸 (경)1993년 행정고시 합격(37회) 2001년 통계청 경제통계국 산업동향과 사무관 2002년 同서기관 2005년 同사회통계국 고용복지통계과장 2007년 駐호주통계청 근무 2009년 통계청 통계정책과장 2011년 同통계개발원장 2014년 同통계정보국장 2015년 同통계데이터허브국장 2015년 同사회통계국장 2017년 미국 국외직무훈련 2018년 통계청 통계개발원장 직대 2019년 同조사관리국장(현) (상)홍조근정훈장(2015)

최연현(崔然炫) CHOE Yeon Hyeon

(생)1958 · 12 · 11 (본)전주(全州) (출)전남 (주)서울특별시 강남구 일원로 81 삼성서울병원(02-3410-2509) (학)1976년 광주제일고졸 1983년 서울대 의대졸 1986년 同대학원 의학석사 1991년 의학박사(서울대) (경)1984~1987년 同진단방사선과 레지던트 1987~1990년 육군 軍의관 1990~1993년 부천세종병원 방사선과장 1993년 미국 다트머스대 다트머스-히치콕병원 연구의사 1994년 미국 하버드대 브리검앤위민즈병원 연구의사 1994년 삼성서울병원 영상의학과 전문의(현) 1997년 성균관대 의대 영상의학교실 부교수 · 교수(현) 2003년 미국 CIMIT Massachussetts General Hospital, Visiting Professor 2003년 영국 로열브롬튼병원 방문교수 2007~2010년 대한심장혈관영상의학회 회장 2009~2010년 삼성서울병원 심장혈관센터 이미징센터 부센터장 2011~2012년 同심장혈관센터 이미징센터장 2011~2012년 국제학술지 International Journal of Cardiovascular Imaging 부편집인 2012~2013년 국제학술지 Acta Radiologica 분야별 편집인 2013년 국제학술지 'Korean Journal of Radiology' 편집장(현) 2015~2017년 아시아심장혈관영상의학회 회장 2017년 삼성서울병원 영상의학과장(현) 2018년 대한민국의학한림원 정회원(영상의학 · 현) 2018년 대한자기공명의과학회 회장(현) 2019년 아시아자기공명의과학회 회장(현) (상)North American Society of Cardiac Imaging Best Presentation and Poster Award First Place(2002), North American Society of Cardiac Imaging Bayer Poster Award(2007) (저)'영상의학 핸드북'(2010) '임상자기공명영상학'(2014) (종)기독교

최연혜(崔然惠 · 女) CHOI Yeon Hye

(생)1956 · 4 · 2 (출)대전 (주)서울특별시 영등포구 의사당대로 1 국회 의원회관 829호(02-784-5087) (학)1974년 대전여고졸 1979년 서울대 독어독문학과졸 1982년 同인문대학원 독문학과졸 1989년 독일 만하임대 대학원 경영학과졸 1994년 경영학박사(독일 만하임대) (경)1994~1996년 경희대 경영대학원 시간강사 1995~1997년 산업연구원(KIET) 초청연구위원 1997~2004년 한국철도대학 운수경영학과 전임강사 · 조교수 · 부교수 1999년 철도청 업무평가위원장 2001년 건설교통부 철도산업구조개혁추진위원회 위원 2003년 대통령직인수위원회 경제2분과 자문위원 2003년 철도청 철도운임 · 요금정책심의위원장 2004년 과학기술부 국가과학기술위원 2004년 철도청 차장 2005년 한국철도공사 부사장 2006~2010년 한국철도학회 부회장 2007년 한독경상학회 부회장 · 이사 2007~2009년 한국철도대학 학장 2009~2011년 同총장 2009년 세계철도대학교협의회 회장 2010~2016년 한국교통카드산업협회 회장 2012년 새누리당 대전시서구乙당원협의회 위원장 2012년 제19대 국회의원선거 출마(대전시 서구乙, 새누리당) 2012~2013년 한국교통대 교통대학원 교통정책학과 교수 2013~2016년 한국철도공사(코레일) 사장 2014~2016년 한국철도협회 회장 2015년 몽골국립교통대 명예교수(현) 2016년 한국교통대 교통대학원 교통정책학과 교수 2016년 제20대 국회의원(비례대표, 새누리당 · 자유한국당 〈2017.2〉)(현) 2016년 새누리당 원내부대표 2016년 국회 가습기살균제사고진상규명과피해구제 및 재발방지대책마련을위한국정조사특별위원회 위원 2016~2017년 국회 산업통상자원위원회 위원 2016~2017년 국회 남북관계개선특별위원회 위원 2016년 새누리당 최고위원 2016~2017년 同소상공인특별위원회 위원장 2017년 자유한국당 소상공인특별위원회 위원장 2017~2018년 국회 산업통상자원중소벤처기업위원회 위원 2018년 국회 과학기술정보방송통신위원회 위원(현) 2018년 국회 에너지특별위원회 위원 2019년 자유한국당 당대표 특별보좌역(현) 2019년 同조직강화특별위원회 위원(현) (상)최우수박사학위논문상, 은탑산업훈장(2015), 'Golden Chariot International Transport Award(황금마차상)' 올해 최고의 CEO상(2015) (저)'철도경영론'(2003) '철도영업개발'(2003) '시베리아 횡단철도 : 잊혀진 대륙의 길을 찾아서'(2006) '시베리아 횡단철도'(2013) '벤츠 베토벤 분데스리가'(2013) '대한민국 블랙아웃 : 독일의 경고-탈원전의 재앙'(2018)

최연호(崔連鎬) CHOI Yeon Ho

(생)1957·8·19 (출)전북 김제 (주)서울특별시 중구 세종대로21길 39 한·아프리카재단(02-722-4700) (학)1983년 고려대 영어영문학과졸 (경)1983년 외무고시 합격(17회) 1983년 외무부 입부 1988년 駐샌프란시스코 영사 1995년 駐일본 1등서기관 1998년 駐인도 참사관 2000년 외교통상부 주한공관담당관 2001년 同의전2담당관 2002년 駐벨기에·구주연합 참사관 2005년 駐루마니아 공사참사관 겸 총영사 2007년 외교통상부 통상홍보기획관 2009년 同기획조정실 조정기획관 2010년 駐밴쿠버 총영사 2014년 외교부 아프리카미래전략센터 준비기획단장 2014~2018년 駐남아프리카공화국 대사 2018년 한·아프리카재단 초대 이사장(현)

최연호(崔然皓) CHOI, YEON HO

(생)1964·2·18 (주)서울특별시 강남구 일원로 81 삼성서울병원 소아청소년과(02-2148-9911) (학)1988년 서울대 의대졸 1992년 同대학원 의학석사 1999년 의학박사(서울대) (경)1988~1992년 서울대병원 수련의·소아과 전공의 1992~1993년 군의관 1993~1995년 국군수도병원 소아과장 1995~1996년 서울대병원 어린이병원 소아과 전임의 1996~2001년 인하대의대 소아과학교실 전임강사·조교수 2001년 성균관대 의대 소아청소년과학교실 부교수·교수(현) 2004~2005년 미국 UCLA Dept. of Membrane Physiology 연수 2005~2007년 대한소아소화기영양학회 재무이사 2010년 삼성의료원 삼성국제진료센터 설립추진본부 신규사업팀장 2018년 성균관대 의과대학장 겸 의학전문대학원장(현)

최연희(崔鉛熙) CHOI Yeon Hee

(생)1944·12·29 (본)강릉(江陵) (출)강원 동해 (주)서울특별시 강남구 삼성로96길 23 (주)DB Inc. 임원실(02-2136-6000) (학)1964년 서울고졸 1968년 서울대 법과대학 법학과졸 1982년 성균관대 대학원 형사법과졸 1994년 법학박사(성균관대) (경)1972년 사법시험 합격(14회) 1974년 사법연수원 수료(4기) 1975년 부산지법 판사 1976년 서울지검 북부지청 검사 1979년 법무부 법무실 조사과 검사 1981년 同보호국 보호과 검사 1982년 서울지검 검사 1986년 대검찰청 검찰연구관 1988년 대전지검 부장검사 1989년 대검찰청 공안2과장 1990년 서울고검 검사 1991년 대통령 사정비서관 1993년 대통령 법률비서관 1994년 서울지검 형사4부 부장검사 1994년 춘천지검 차장검사 1996년 제15대 국회의원(강원 동해, 신한국당·한나라당) 1996년 신한국당 대표위원 특보 1996~2000년 同동해지구당 위원장 1996년 변호사 개업 1996년 신한국당 법률자문위원 1996년 同제1정책조정위원·기획조정위원 1997년 한나라당 대통령후보 법률담당 특별보좌역 1998년 同원내부총무 2000년 同강원도지부 위원장 2000년 제16대 국회의원(강원 동해·삼척, 한나라당) 2004년 제17대 국회의원(강원 동해·삼척, 한나라당·무소속) 2001년 한나라당 제1정책조정위원장 2002~2003년 同제1사무부총장 2004년 국회 법제사법위원장 2005~2006년 한나라당 사무총장 2008년 제18대 국회의원(강원 동해·삼척, 무소속) 2012년 제19대 국회의원선거 출마(강원 동해·삼척, 무소속) 2013년 (주)삼표시멘트 부회장 2014년 동부그룹 건설·디벨로퍼·농업·바이오부문 회장 2015년 (주)동부 회장 2017년 (주)DB Inc. 회장(현) (상)근정포장(1982), 홍조근정훈장(1992), 대한민국헌정상(2011) (저)'주관식 민법문제집'(1976) '사회보호법 해설'(1981)

최열수(崔烈壽) Choi, Yeol-soo

(생)1967·12·24 (출)부산 (주)대전광역시 서구 청사로 189 1동 중소벤처기업부 운영지원과(042-481-4315) (학)1986년 부산 동성고졸 1992년 동아대 행정학과졸 2002년 네덜란드 마스트리히트대 경영대학원 경영학과졸(MBA) (경)2015년 중소기업청 경영판로국 공공구매판로과 서기관 2015년 同청장비서관 2017~2019년 중소벤처기업부 지역기업정책관실 지역특구과장 2019년 부산시 소상공인지원담당관(현)

최 영(崔 瑩) CHOI Young

(생)1964·5·4 (출)경북 (주)서울특별시 영등포구 은행로 17 (주)나이스홀딩스 사장실(02-2122-4000) (학)1982년 경희고졸 1989년 성균관대 경상대학 경제학과졸 (경)1989~1998년 한화종합금융 근무 1998~2000년 한아름종합금융 근무 2001년 하나로종합금융 근무 2001년 우리금융지주 근무 2001~2002년 (주)캐피탈라인 근무 2003~2005년 동원창업투자금융(주) 상무 2005~2006년 (주)에스투비파트너스 대표이사 2006년 나이스홀딩스 부사장 2013년 同대표이사 부사장 2014년 同대표이사 사장(현)

최영광(崔永光) CHOI Young Kwang

(생)1940·11·3 (본)전주(全州) (출)서울 (주)서울특별시 강남구 테헤란로 401 남경센타 7층 공증인가 서일합동법률사무소(02-3429-1012) (학)1959년 경기고졸 1964년 서울대 법대졸 1967년 同사법대학원졸 (경)1965년 사법시험 합격(4회) 1967년 대구지검 검사 1969년 서울지검 검사 1974년 법무부 법무실 검사 1977년 서울지검 검사 1980년 대검찰청 검찰연구관 1981년 법무부 검찰3과장 1982년 同검찰1과장 1983년 서울고검 검사 1985년 서울지검 형사3부장 1985년 서울고검 검사 1986년 서울지검 형사4부장 1987년 同남부지청 차장검사 1988년 대구지검 차장검사 1989년 부산지검 제1차장검사 1990년 서울지검 제1차장검사 1991년 同남부지청장 1992년 법무연수원 기획부장 1993년 청주지검장 1993년 대검찰청 강력부장 1993년 법무부 검찰국장 1994년 서울지검장 1995~1997년 법무연수원 원장 1997년 한국형사정책연구원 원장 1998~2012년 법무법인 일원 변호사 1998년 동양종금 사외이사 2000~2002년 한솔제지 사외이사, 오리콤 사외이사 2001~2007년 삼아약품 사외이사 2007~2019년 삼아제약 사외이사 2012년 공증인가 서일합동법률사무소 변호사(현) (상)홍조근정훈장, 황조근정훈장, 보국훈장 천수장 (종)천주교

ㅊ

최영권(崔永權) CHOI Yeong Kweon

(생)1956·8·26 (본)전주(全州) (출)전북 진안 (주)부산광역시 연제구 법원로 15 부산고등검찰청(051-606-3300) (학)1975년 전주고졸 1979년 서울대 법대졸 (경)1982년 사법시험 합격(24회) 1984년 사법연수원 수료(14기) 1985년 軍법무관 1988년 대한법률구조공단 변호사 1992년 창원지검 검사 1994년 전주지검 정주지청 검사 1995년 서울지검 검사 1997년 대전고검 검사 1998년 광주지검 순천지청 부장검사 1999년 울산지검 부장검사 2000년 인천지검 공판송무부장 2001년 서울고검 검사 2002년 대전지검 형사1부장 2003년 부산고검 검사 2003년 국민고충처리위원회 파견 2005년 광주고검 검사 2006년 부산고검 검사 2008년 서울고검 검사 2010년 대구고검 검사 2012년 서울고검 검사 2014년 대전고검 검사 2016년 서울고검 검사 2018년 부산고검 검사(현) (종)기독교

최영권(崔永權) CHOI Young Kweon

(생)1960·4·3 (주)서울특별시 서초구 사임당로1길 7 아이큐어(주) 임원실(02-6959-6909) (학)1984년 서울대 약학과졸 1986년 同대학원 약학과졸 1996년 약학박사(미국 유타대) (경)1987~1991년 한국과학기술연구원(KIST) 연구원 1995년 네덜란드 트벤테대학 객원연구원 1996년 미국 유타대 CCCD(Center for Chemical Delivery) 연구원 1997~2000년 (주)삼양사 의학연구소 수석연구원 2000년 아이큐어(주) 대표이사(현) (상)은탑산업훈장(2019)

최영권(崔永權) Choi Young Gwon

(생)1964·7·16 (본)전주(全州) (출)서울 (주)서울특별시 영등포구 국제금융로2길 32 여의도파이낸스타워 우리자산운용(주) 임원실(02-3770-1300) (학)1983년 성동고졸 1987년 서강대 경제학과졸 2009년 同경영대학원 경영학과졸 2014년 경영학박사(숭실대) (경)1989년 한국투자신탁 입사 1995~1999년 同주식운용팀·고유운용팀 펀드매니저 1999~2000년 동양오리온투신증권 주식운용1팀장 2000년 동양투자신탁운용 주식운용1팀장 2003년 제일투자신탁운용 주식운용본부 부본부장 2003년 同포트폴리오팀장 겸임, 同주식운용본부장 2004년 국민은행 신탁자산운용팀장 2008년 同신탁부장 2009~2013년 플러스자산운용(주) 자산운용본부장(전무) 2014~2016년 공무원연금공단 자금운용단장(CIO) 2014~2016년 숭실대 겸임교수 2015~2017년 과학기술인공제회 전문위원 2015~2017년 한국거래소 주가지수운영위원회 위원 2017년 하이자산운용 대표이사 2019년 우리자산운용(주) 대표이사(현) (상)Asiainvestor 올해의 CIO(chief investment officer of the year)상(2015) (종)기독교

최영규(崔永奎)

(생)1972·6·10 (주)전라북도 전주시 완산구 효자로 225 전라북도의회(063-280-4473) (학)이리고졸, 전주대 사회과학대학 국제관계학과졸 (경)전북도민일보 기자 2016년 더불어민주당 중앙당 부대변인 2016~2018년 전북도의회 의원(보궐선거 당선, 더불어민주당) 2016년 同예산결산특별위원회 부위원장 2016~2018년 同예산결산특별위원회 위원 2016년 同더불어민주당 원내대변인 2016~2018년 同남북교류협력위원회 위원 2016~2018년 同교육위원회 위원 2016~2018년 同운영위원회 위원 2018년 同의원(더불어민주당)(현) 2018년 同교육위원회 위원장(현) 2018년 더불어민주당 전북도당 대변인(현), 2019년 同전북도당 부위원장(현) (상)전국시·도의회의장협의회 우수의정대상(2017)

최영근(崔英根) CHOI Young Keun

(생)1957·3·1 (출)경남 (주)서울특별시 노원구 광운로 20 광운대학교 소프트웨어융합대학 소프트웨어학부(02-940-5215) (학)1980년 서울대 수학교육과졸 1982년 同전산대학원 계산통계학과졸 1989년 계산통계학박사(서울대 대학원) (경)1989년 한국정보과학회 병렬처리연구회 운영위원회 1995년 광운대 이과대학 전자계산학과 교수 1999년 同전자정보대학 컴퓨터공학부 교수 2000년 흥국생명보험 사외이사 2002~2004년 광운대 교무연구처장 2006~2007년 同교양학부장 2008년 同전자정보공과대학 컴퓨터소프트웨어학과 교수, 同소프트웨어융합대학 소프트웨어학부 교수(현) 2018·2019년 同대학원장(현) 2018년 同광운한림원장 2019년 同부총장(현)

최영근(崔榮根) CHOI YOUNG KUN

(생)1961 (주)서울특별시 영등포구 여의대로 128 LG트윈타워 LG디스플레이(02-3777-1114) (학)영남대 경영학과졸, 同대학원 경제학과졸, 미국 워싱턴대 대학원 경영학 석사(MBA) (경)2009년 LG디스플레이(주) 구매2담당 상무 2017년 同구매그룹장(전무)(현)

최영근(崔榮根)

(생)1966 (출)경북 경산 (주)세종특별자치시 다솜3로 95 공정거래위원회 기획조정관실(044-200-4252) (학)대구 영남고졸, 고려대 법학과졸 (경)1993년 행정고시 합격(37회) 1995~1997년 조달청 근무 2010년 공정거래위원회 카르텔조사국 카르텔조사과장 2013년 同심판관리관실 경쟁심판담당관 2014년 同카르텔조사국 카르텔총괄과장 2017년 同운영지원과장 2017년 同시장감시국 시장감시총괄과장 2019년 同경쟁정책국 경쟁정책과장 2019년 同기획조정관(국장급)(현)

최영길(崔永吉) CHOI Youngkil

(생)1949·4·24 (본)탐진(耽津) (출)전남 구례 (주)서울특별시 서대문구 거북골로 34 명지대학교 아랍지역학과(02-300-0590) (학)1970년 순천고졸 1976년 한국외국어대 아랍어과졸 1979년 사우디아라비아 왕립이슬람대 수료 1981년 한국외국어대 대학원 아랍어과졸 1986년 이슬람학박사(수단 움도르만국립대) (경)1977년 사우디아라비아 제다 이슬람문화원 전임강사 1981~1992년 명지대 아랍학과 전임강사·조교수·부교수 1983년 사우디아라비아 무함마드이븐사우디왕립대 객원교수 1992~2014년 명지대 아랍지역학과 교수 1993년 성천문화재단 동서인문古典강좌 교수 1996년 동남아시아·태평양지역이슬람회의기구 집행위원 1998년 세계이슬람총연맹 최고회의 위원(현) 2001~2003년 명지대 인문대학장 2005~2012년 (사)그린레인저 이사장 2010년 국제자연환경교육재단 이사장·이사 2012년 숲사랑소년단 이사장 2013년 同이사 2015년 (재)한국이슬람교 할랄위원장 2016~2018년 同이사장 2016년 명지대 아랍지역학과 명예교수(현) 2017~2019년 한국할랄산업학회 회장 2019년 한국할랄산업학회 명예회장(현) (상)사우디아라비아압둘라국왕 국제번역상(2009), 대통령표창(2013), 녹조근정훈장(2014) (저)'꾸란해설' '16억 아랍인들의 역사와 문화' '이슬람문화의 이해' '이슬람의 생활규범' '이슬람문화' '이슬람사상' '아랍어-한글사전' '한글-아랍어 사전' '나의 이슬람문화 체험기' '아담과 하와의 사건' '인생교과서 무함마드' 등 (역)'성 꾸란(의미의 한국어 번역)' '예언자 무함마드의 생애' '이슬람과 에티켓' 등 73편의 저서 및 역서

최영길(崔英吉)

(생)1962 (주)제주특별자치도 제주시 용담로 3 제주출입국·외국인청(064-741-5411) (학)진주고졸, 부산대 법학과졸 (경)1988년 김포출입국관리사무소 주사보 1998년 同주사 2005년 법무연수원 기획부 일반연수과 사무관 2006년 駐중국대사관 근무 2012년 법무부 출입국정책단 출입국심사과 서기관 2013년 駐선양총영사관 영사 2015년 법무부 국적통합정책단 국적과장 2016년 同대전출입국관리사무소장 2016년 同인천공항출입국관리사무소 심사국장 2018년 同인천공항출입국관리사무소 지원국장 2018년 同화성외국인보호소장 2019년 同제주출입국·외국인청장(부이사관)(현)

최영남(崔永男)

(생)1963·1·10 (본)경주(慶州) (출)전남 구례 (주)전라남도 순천시 왕지로 24 금강타워 3층 법무법인(유) 지평(061-724-2001) (학)1982년 순천고졸 1987년 서울대 사법학과졸 (경)1993년 사법시험 합격(35회) 1996년 사법연수원 수료(25기) 1996년 대전지법 판사 1998년 同홍성지원 판사 1999년 광주지법 판사 2001년 同순천지원 판사 2003년 同광양시·구례군법원 판사 2004년 광주지법 판사 2005년 광주고법 판사 2008년 광주지법 판사 2011년 同순천지원 부장판사 2013~2017년 광주지법 부장판사 2017~2018년 법무법인 지평 파트너변호사 2018년 법무법인(유) 지평 파트너변호사(현)

최영득(崔永得) CHOI Young Deuk

(생)1961·5·12 (본)경주(慶州) (출)서울 (주)서울특별시 서대문구 연세로 50-1 세브란스병원 비뇨기과(02-2228-2317) (학)1978년 신일고졸 1986년 연세대 의대졸 1993년 同대학원졸 1998년 의학박사(연세대) (경)1986~1991년 연세대의료원 인턴·레지던트 1994년 이화여대 목동병원 비뇨기과 전임의 1995년 연세대 의과대학 비뇨의학교실 교수(현) 2008년 세브란스병원 의료기기임상시험센터장, 미국 비뇨기과학회(AUA) 정회원(현) 2013년 세브란스병원 로봇내시경수술센터 소장 2014년 同비뇨기과장 2015년 연세대의료원 연세암병원 비뇨기암센터장(현)

2015~2019년 세브란스병원 임상시험센터 의료기기임상시험부장 2018년 연세대 비뇨의학교실 주임교수(현) 2018년 同비뇨의과학연구소장(현) 2018년 세브란스병원 비뇨의학과장(현) (상)인삼학회 학술상(1996), 대한남성과학회 Pharmacia & Upjohn Award(2000), 한국과학기술단체총연합회 제10회 과학기술우수논문상(2000), 대한비뇨기종양학회 우수연재상(2004) (저)'조직공학에서의 유전자치료' 'Griffith's 5-minute CLINICAL CONSULT' '방광암진료지침' '고환암진료자분류 및 병리생태'(2010) (종)기독교

최영락(崔英洛)

(생)1962 (주)제주특별자치도 제주시 첨단로 213-4 제주국제자유도시개발센터 운영사업본부(064-797-5605) (학)인하대 대학원 교통경제학과졸 (경)국토교통부 건설총괄과 근무, 同감사담당관, 통일부 투자개발지원과장, 국토지리정보원 공간영상과장 2017년 서울지방국토관리청 수원국토관리사무소장 2019년 제주국제자유도시개발센터(JDC) 운영사업본부장(상임이사)(현)

최영무(崔泳武) CHOI Young Moo

(생)1963·2·25 (본)경주(慶州) (출)경기 (주)서울특별시 서초구 서초대로74길 14 삼성화재해상보험(주)(02-2119-2000) (학)1981년 서울 충암고졸 1985년 고려대 식물보호학과졸 2006년 同노동대학원 수료 2012년 서울대 경영대학원 AMP과정 수료 (경)삼성화재해상보험(주) 총무부장 2005년 同인사팀장(상무) 2010년 同인사팀장(전무) 2011년 同전략영업본부장(전무) 2013년 同자동차보험본부장(전무) 2014년 同자동차보험본부장(부사장) 2018년 同대표이사 사장(현)

최영묵(崔永默) CHOI Young Mook

(생)1960·8·1 (본)경주(慶州) (출)충남 보령 (주)서울특별시 강남구 언주로 711 건설공제조합(02-3449-8601) (학)1979년 숭문고졸 1986년 연세대 사회학과졸 (경)1985년 동아일보 입사 1986년 同사회부 기자 1989년 同정치부 기자 1999년 同정치부 차장대우 2001년 同사회부 차장대우 2002년 同국제부 차장대우 2002년 同국제부 차장 2003년 同사회1부 차장 2005년 同기획특집부장 2005년 同사회부장 2007년 同통합뉴스센터장(부국장급) 2008년 同편집국 부국장 2011년 同고객지원국장 2011년 同마케팅본부장(국장급) 2012년 GS건설 상근홍보위원 2017년 同비상근홍보위원 2018년 건설공제조합 이사장(현) (상)한국기자협회 이달의 기자상

최영민(崔榮敏) CHOI Young Min

(생)1955·1·11 (출)서울 (주)서울특별시 종로구 대학로 101 서울대학교병원(02-2072-2385) (학)1973년 중앙고졸 1980년 서울대 의대졸 1983년 同대학원 의학석사 1990년 의학박사(서울대) (경)1981~1984년 서울대병원 산부인과 전공의 1987~1989년 서울대병원 산부인과 전임의 1989~2000년 서울대 의대 산부인과교실 전임강사·조교수·부교수 1994~1996년 대한산부인과학회 사무총장 1997년 미국 Yale대 연수 2000년 서울대 의대 산부인과학교실 교수(현) 2003~2005년 대한보조생식학회 총무이사 2003~2005년 대한심신산부인과학회 학술위원장 2003~2005년 대한의학유전학회 학술위원장 2004~2006년 대한불임학회 학술위원장 2004~2005년 미성년여성의학연구회 초대회장 2006~2008년 대한생식의학회 총무이사 2006~2013년 대한생식면역연구회 초대회장 2007~2011년 국가생명윤리위원회 인공수정전문위원회 위원 2007~2011년 대한산부인과학회 보조생식술위원장 2008~2011년 대한의학유전학회 부회장 2009~2013년 한국유전자검사평가원 이사 2009~2015년 한국혈우재단 이사 2010년 ASPIRE(Asia Pacific Initiative on Reproduction) Executive Board 2011년 대한보조생식학회 부회장 2011년 한국발생생물학회 회장 2012~2013년 대한의학유전학회 회장 2012~2014년 대한생식의학회 회장 2013~2015년 대한보조생식학회 회장 2013년 서울대 의대 인구의학연구소장 2013년 'Fertility and Sterility' Editorial Board 2013년 국가줄기세포은행 심의위원회 위원장 2013~2015년 보건복지부 배아연구계획심의자문위원단 위원 2013년 대한산부인과학회 보조생식술위원장 2014년 제3차 Asian Conference on Endometriosis 조직위원장 2014년 대한민국의학한림원 정회원(현) 2015년 대한심신산부인과학회 회장 2015~2017년 대한자궁내막증연구회 부회장 2017~2018년 同회장 (상)대한폐경학회 최우수논문상(1996), 서울대 의과대학 학술상(2009), 대한산부인과학회 최우수논문상(2010) (저)'가정의학'(1993) '폐경기 여성의 관리'(1994) '생식의학 및 가족계획'(1996) '부인과학'(1998) '산부인과학'(1999) '생식내분비학'(2002) '임상윤리학'(2005) '폐경기 건강(共)'(2006, 군자출판사) '부인과학'(2007) '폐경기 여성의 관리'(2007) '남성과학'(2010) '부인과 내시경학(共)'(2011, 군자출판사) '부인과 내분비학'(2012) '오래 살고 싶으신가요?'(2012, 연합뉴스) '만성골반통(共)'(2013, 군자출판사) '임상윤리학(共)'(2014) '부인과학(共)'(2015) (역)'Thompson & Thompson 의학유전학'(2002) (종)기독교

최영범(崔永範) CHOI Young Beom

(생)1961·2·27 (출)경남 마산 (주)서울특별시 중구 충무로 29 아시아미디어타워 11층 아시아경제신문(02.2200.2191) (학)1984년 한국외국어대 정치외교학과졸 (경)1992년 문화일보 입사 1999년 同정치부 기자 2000년 同정치부 차장대우 2001년 同사회1부 차장대우 2002년 同정치부 차장대우 2004년 同사회1부장 직대 2004년 同사회부장 직대 2005년 同정치부장, 포레스코 사외이사 2007년 문화일보 논설위원 2008년 관훈클럽 편집위원 2008년 문화일보 전국부장 2009년 同편집국 정치부장 2010년 同부국장 직대 겸임 2012년 同편집국장 2014~2016년 한국장애인개발원 비상임이사 2016~2017년 문화일보 논설위원 2017년 아시아경제신문 대표이사 사장 2019년 同주사업(미디어)부문 경영총괄 각자대표이사(현) (상)한국외국어대 언론인상(2012)

최영복(崔永福) Young-Bok Choi

(생)1959·5·17 (출)경북 포항 (주)부산광역시 남구 신선로 428 동명대학교 전자공학과(051-629-1142) (학)1978년 계성고졸 1984년 경북대 전자공학과졸 1988년 同대학원졸 1996년 공학박사(일본 오사카대) (경)1984년 LG전자 가전연구소 연구원 1985~1992년 한국전자통신연구소 선임연구원 1996년 동명정보대 정보통신공학과 조교수·부교수 2007~2008년 한국콘텐츠학회 영남지부장 2008년 동명대 정보통신공학과 교수 2010~2011년 同정보통신대학장 2011년 同전자공학과 교수(현) 2018년 同공과대학장(현) (상)교육과학기술부장관표창(2009)

최영삼(崔榮三) CHOI YUNG SAM

(생)1954·5·2 (본)해주(海州) (출)경북 경산 (주)서울특별시 서초구 고무래로 6-6 송원빌딩 1층 법무법인 에이스(02-3487-5000) (학)1977년 영남대 법정대학 행정학과졸 1979년 同대학원 행정학과졸(석사) (경)1981년 美8군 번역병(병장) 제대 1981년 팀스피리트 수석통제관 전속통역 1986년 사법시험 합격(28회) 1989년 사법연수원 수료(18기) 1989~2008년 국가정보원 법률연구관·법무과장·심리전단장·강원지부장·대구지부장(1급 관리관) 1991년 미국 FBI 제167기 정규과정 연수 2000년 중앙공무원교육원 제8기 고위정책과정 수료 2009년 법무법인 에이스 구성원변호사(현), 국가과학기술연구회 고문, 한국가스안전공사 고문, 신용보증기금 고문변호사, 주택금융공사·삼성화재 고문변호사(현), (주)현대그린푸드 사외이사 2011년 (주)연합뉴스TV

사외이사(현) 2014년 NH농협선물(주) 사외이사(현) 2016~2019년 선린대 법률고문 2017년 도레이케미칼(주) 사외이사(현) (상)대구유니버시아드대회 유공포장(2003)

최영삼(崔英森) Choi Young-sam

(생)1963·12·18 (주)서울특별시 종로구 사직로8길 60 외교부 인사운영팀(02-2100-7139) (학)1994년 고려대 독어독문학과졸 (경)1993년 외무부 입부 1997년 駐오스트리아 행정관 2000년 駐말레이시아 3등서기관 2004년 駐토론토 부영사 2006년 駐도미니카 3등서기관 2007년 駐크로아티아 2등서기관 2010년 G20정상회의준비위원회 파견 2011년 핵안보정상회의준비기획단 파견 2012년 외교통상부 경리계장 2013년 駐OECD 1등서기관 2015년 외교부 채용평가팀장 2016년 駐이스라엘 공사참사관 겸 라말라연락사무소장 2018년 駐니카라과 대사(현) (상)국무총리표창(2008), 대통령표창(2011)

최영삼(崔泳杉) Choi Youngsam

(생)1966·7·11 (본)전주(全州) (출)전북 남원 (주)서울특별시 종로구 사직로8길 60 외교부 인사운영팀(02-2100-7139) (학)1990년 서울대 중어중문학과졸 1998년 미국 미시간대 대학원 아시아지역학과졸 (경)1990년 외무고시 합격(24회) 2000년 외무부 입부 2000년 駐중국 1등서기관 2003년 駐인도 1등서기관 2006년 駐태국 참사관 2007년 외교통상부 동북아시아지역협력과장 2009년 同동북아협력과장 2009년 同중국과장 2011년 同동북아2과장 2011년 駐중국 공사참사관 2015년 외교부 상황실장 2015년 同유네스코협력TF 업무지원 2016년 同문화외교국장 2017년 駐중국 공사 2018년 駐상하이 총영사(현) (종)기독교

최영상(崔榮相) CHOI Young Sang

(생)1959·7·17 (본)경주(慶州) (출)경남 마산 (주)서울특별시 강남구 영동대로 517 아셈타워40층 AT커니코리아(02-6001-8001) (학)1981년 연세대 경제학과졸 1998년 서울대 최고경영자과정 수료 2000년 미국 펜실베이니아대 와튼스쿨 글로벌매니지먼트과정 수료 (경)1988~1996년 컨설팅소프트웨어그룹 대표이사 사장 1996~2002년 프라이스워터하우스쿠퍼스컨설팅코리아 대표이사 사장 2000년 (주)메타넷 설립·대표이사 회장(현), 연세대 경영정보대학원 겸임교수, 이화여대 경영대학원 MBA과정 겸임교수, 연세대 글로벌MBA과정 자문위원 2006년 AT커니코리아 대표이사 회장(현) 2014년 대우정보시스템 사내이사(현) (상)올해의 청년연세상경인상(2001), 연세대 상경·경영대학동창회 자랑스런 연세상경인상(2016) (종)천주교

최영석(崔榮奭) CHOI Young Seok

(생)1961·11·6 (본)양주(楊州) (출)대구 (주)충청북도 청주시 서원구 1순환로 776 충북대학교병원 이비인후과(043-269-6362) (학)1986년 서울대 의대졸 1996년 同대학원 의학석사 2005년 의학박사(충남대) (경)1991년 국군서울지구병원 이비인후과장 1993년 서울대병원 이비인후과 전임의사 1994년 충북대 의과대학 이비인후과학교실 교수(현) 2017~2019년 同의과대학장 (종)기독교

최영선(崔永善) CHOI Young Sun (道剛堂)

(생)1958·9·28 (본)경주(慶州) (출)경남 합천 (주)서울특별시 용산구 신흥로 152 한국에너지재단(02-6913-2114) (학)1985년 서울대 사회과학대학 사회학과졸 2003년 한양대 언론정보대학원졸 (경)1986년 한국기독교사회문제연구원 연구간사 1988년 한겨레신문 기자 1997년 同민권사회1부 차장 1999년 同국제부 차장 1999~2003년 실업극복국민운동위원회 사무차장(겸직) 2001~2003년 한겨레신문사 교육사업단장 2004년 同경영기획실장 2005~2006년 同문화교육사업국장 2007년 한국에너지재단 기획본부장 2008년 同사업운영본부장 2015년 同지원본부장 2018년 同기획협력본부장 2018년 同사무총장(현) (상)5.18민주유공자(2001), 민주화운동관련자(2011) (저)'자연사기행 : 한반도는 숨쉬고 있다'(1995)

최영수(崔英洙) David Choi

(생)1947·4·5 (본)강릉(江陵) (출)경북 고령 (주)대구광역시 중구 달성로 100 크레텍책임(주) 회장실(053-250-0709) (학)1987년 대구대 사회개발학과 수료 1990년 경북대 경영대학 경영자과정 수료 1999년 서울대 경영대학 경영자과정 수료 2001년 연세대 유통과정 수료 2002년 同마케팅과정 수료 2003년 한국과학기술원(KAIST) 정보경영자과정 수료 2004년 서울대 행정대학원 국가정책과정 수료 (경)1971~2010년 책임테크툴 대표이사 1996년 '신용으로 성공한 중소기업인 40인' 선정 2000년 중소기업청 신지식인 선정 2003~2016년 대구상공회의소 상임의원 2007~2010년 (사)한국산업용재공구상협회 회장 2010년 크레텍책임 대표이사 2012~2018년 대구시새마을회 회장 2012년 TBC문화재단 이사(현) 2015년 크레텍책임(주) 대표이사 회장(현) 2016~2018년 대구상공회의소 부회장 (상)국세청장표창(1989·2002), 법무부장관표창(1990·2004), 재무부장관표창(1993), 교육부장관표창(2000), 대구산업경영대상(2003), 글로벌비즈니스 경영대상(2005), 국무총리표창(2005), 한국유통대상 산업자원부장관표창(2006), 한국표준협회 품질경영상 최우수상(2006), 대통령표창(2008), 모범납세자상(2009), 한국유통대상 지식경제부장관표창(2010), 산업포장(2011), 한국산업경영학회 경영자대상(2014), 서울대 AMP대상(2014) (종)기독교

최영수(崔英洙) CHOI Young Soo

(생)1955·4·11 (본)경주(慶州) (출)강원 속초 (주)서울특별시 강남구 봉은사로 418 조양빌딩 7층 라미드그룹(02-2186-7860) (학)1973년 설악고졸 1993년 한국방송통신대 경영학과졸 1997년 경희대 경영대학원 관광경영학과졸 2006년 관광경영학박사(안양대) (경)서울라마다호텔 사장, 보나벤처타운 대표이사, 양평T.P.C.골프클럽 사장, 이천미란다호텔 사장, 빅토리아호텔 이사, 홍인관광호텔 대표이사, 송도비치호텔 대표이사, 한국자유총연맹 인천시지부 부회장, 설악고총동문회 회장 1998년 라미드그룹 사장(현) 2004~2010년 호남대 호텔경영학과 겸임교수 2004~2010년 안양대 관광경영학과 외래교수, 강원대 경영관광학부 외래교수 2005년 라미드관광(주)·남양주C.C 사장 2006년 영농조합법인 (주)천지인 대표이사 사장(현) 2010년 (주)한울·사천리조트 등기이사(현) 2011년 라미드호텔전문학교 학장 2011~2016년 강원도민회 부회장 2012년 (주)바이오컨트리클럽 대표이사 사장(현) 2013~2016년 한국관광호텔리조트전문경영인협회 회장, 在京속초시민회 회장 2014년 인천송도비치호텔 대표이사(현) 2018년 (주)블루스톤자산개발 대표이사 사장(현) (저)'문화관광자원론' (종)천주교

최영승(崔泳勝) Choi Young Seung

(생)1963·2·1 (본)경주(慶州) (출)경남 진주 (주)서울특별시 강남구 논현로 651 대한법무사협회(02-511-1906) (학)1982년 경남 대아고졸 1987년 경상대 행정학과졸 2000년 한양대 행정대학원 법학과졸 2003년 법학박사(경희대) (경)2003년 법무사 개업(현) 2003~2010년 가천대 법대 겸임교수 2005년 한국피해자학회 수석감사 2005~2018년 참여연대 사법감시센터 실행위원 2010년 한국소년정책학회 법제이사(현) 2010~2014년 아주대 법학전문대학원 겸임교수 2015년 한국

비교형사법학회 이사(현) 2015년 경찰청 교양아카데미강좌(인권분야) 강사 2015~2016년 서울지방경찰청 경찰공무원 신규임용면접위원장 2016년 同경찰공무원 특진심사위원 2016년 법무부 교정정책자문위원 2017년 서울시 자치경찰시민회의 위원(현) 2017년 한양대 법학전문대학원 겸임교수(현) 2018년 대한법무사협회 회장(현) [저]'피의자신문과 적법절차'(2005, 세창출판사) '형사소송법'(2012, 피앤씨미디어) '형사소송법개론'(2013, 피앤씨미디어) [종]가톨릭

최영식(崔永植)

[생]1958·1·23 [주]강원도 원주시 입춘로 10 국립과학수사연구원(033-902-5001) [학]한양대 의대졸 1991년 同대학원 의학석사 1999년 의학박사(한양대) [경]2003~2005년 국립과학수사연구소 법의학부 법의학과장 2005~2010년 同동부·중부분소장 2006~2008년 법의감식연구회 회장 2012~2013년 국립과학수사연구원 법의학부장 2012년 경찰청 과학수사자문위원(현) 2013년 한국경찰과학수사학회 부회장 2013년 국립과학수사연구원 서울과학수사연구소장 2016년 대한법의학회 제13대 회장 2016년 국립과학수사연구원장(현)

최영식(崔泳植) CHOI Young Sik

[생]1960·2·20 [출]전북 순창 [주]경기도 안양시 동안구 관악대로 335 세광빌딩 4층 최영식법률사무소(031-449-6000) [학]1976년 전주고졸 1981년 단국대 법학과졸 1999년 同법무대학원졸 [경]1982년 사법시험 합격(24회) 1984년 사법연수원 수료(14기) 1985년 軍법무관 1988년 변호사 개업(현) 1993년 단국대총동창회 상임이사 1995년 새정치국민회의 창당발기인·인권인원 1996년 민주연합청년동지회 서울회장 1997년 同수석부회장 1997년 새시대새정치연합청년중앙회 부회장 1999년 법률소비자연맹 집행위원장 1999년 한국검도협회 총재 1999년 한국마사회 기부심의위원 2000년 새시대새정치연합청년회 수석부회장 2000년 국회 원내기획실장(1급 상당) 2004년 평안종합법률사무소 개업 2006년 민주당 법률구조단장 2007년 법무법인 화평 구성원변호사 2007년 단국대 형사법 겸임교수 2008년 안양시호남향우회 회장 2009년 안양시향우연합회 회장·경기도호남향우연합회 상임수석부회장 2010년 전주고총동창회 부회장(현) 2010년 단국대총동창회 부회장(현) 2010년 법무법인 솔로몬 구성원변호사 2010년 평촌상가연합회 고문변호사 2011년 안양시상인연합회 고문변호사(현) 2012년 경기도교육청 소청심사위원회 위원 2014년 경기도호남향우회총연합회 회장 2015년 안양시상공회의소 상담변호사 2015년 새정치민주연합 대외협력위원회 수석부위원장 2015년 안양법인택시협의회 고문변호사(현) 2016년 국민의당 인권위원장 2016~2017년 同대외협력특별위원장 2016년 국회 공직자윤리위원회 위원(현) 2016년 단국대 초빙교수 2016년 (재)김대중기념사업회 자문위원(현) 2017년 (재)단문장학회 이사(현) 2017년 SGI서울보증 지정변호사

최영식(崔永植) Choi Young-Sik

[생]1964·2·19 [주]부산광역시 서구 감천로 262 고신대학교 복음병원 원장실(051-990-6001) [학]1988년 고신대 의대졸 1998년 同대학원 의학석사 2001년 의학박사(인제대) [경]1988~1992년 고신의료원 내과 수련의·전공의·전문의 1993~2007년 고신대 의과대학 내과학교실 전임강사·조교수·부교수, 부울경내분비대사학회 총무이사(현), 부산비만연구회 회장(현), 대한임상초음파학회 부회장(현), 부산경남내과학회 부이사장(현), 부울경내분비대사학회 회장(현), 대한당뇨병학회 부산경남지회장(현), 대한내분비학회·대한당뇨병학회 평의원(현), 대한내분비학회 약제보험위원(현), 부산내과학회 학술위원(현) 2007년 고신대 의과대학 내과학교실 교수(현) 2001~2002년 同의과대학 의예과장 2003~2005년 同복음병원 교육연구부장 2007~2009년 同복음병원 진료부장 2009~2012년 同복음병원 대외협력홍보실장 2012~2015년 同복음병원 기획조정실장 2015~2018년 同복음병원 부원장 2018년 同의무부총장 겸 복음병원 병원장(현) [상]대한내분비학회 우수논문상(2003), 고신대 의과대학 베스트티처상(2008), 부산가정의학회 베스트 강사상(2010), 병무청장표창(2010), 대한갑상선학회 우수논문상(2013), 부산시의사회 학술대상(2014), 대통령표창(2019)

최영식(崔寧植) Young Sik Choi

[생]1964·7·3 [출]서울 [주]경기도 안산시 단원구 엠티브이12로 16 협진커넥터(주)(031-434-7091) [학]1983년 배재고졸 1987년 서울대 금속공학과졸 1989년 同대학원 금속공학과졸 1996년 금속공학박사(서울대) [경]1995~1996년 삼성전기(주) 재료연구 선임연구원 2003년 同FCB개발3그룹장(부장) 2004~2008년 同PKG사업2팀 FCB개발그룹장(부장급) 2009년 同ACI사업부 ACI개발팀장(상무) 2015년 同ACI사업부 ACI개발팀장(전무) 2016~2017년 同ACI사업부 ACI사업부장(전무) 2018년 삼성전기 전무 2019년 협진커넥터 대표이사(현)

최영심(崔永心·女) Choi Youngsim

[생]1969·10·3 [주]전라북도 전주시 완산구 효자로 225 전라북도의회(063-280-3970) [학]전북 성은여고졸, 우석대 교육대학원 교육학과졸 [경]민주노총 전국교육공무직본부 전북지부 수석부본부장, 전주교육청 교육공무직원인사위원회 위원, 정의당 전북도당 부위원장(현) 2018년 전북도의회 의원(비례대표, 정의당)(현) 2018년 同농산업경제위원회 위원(현) 2018년 同운영위원회 위원(현)

최영아(崔榮娥·女)

[생]1977·1·29 [주]서울특별시 서초구 반포대로 157 대검찰청 피해자인권과(02-3480-2032) [학]1995년 서문여고졸 2000년 고려대 법학과졸 [경]2000년 사법시험 합격(42회) 2003년 사법연수원 수료(32기) 2003년 인천지검 검사 2005년 청주지검 충주지청 검사 2007년 서울남부지검 검사 2010년 인천지검 부천지청 검사 2012년 광주지검 검사 2014년 서울중앙지검 검사 2017년 同부부장검사 2018년 서울남부지검 부부장검사 2018년 청주지검 형사3부장 2019년 대검찰청 피해자인권과장(부장검사)(현) [상]여성가족부장관표창(2013)

최영애(崔永愛·女) CHOI Young Ae

[생]1951·1·10 [출]부산 [주]서울특별시 중구 삼일대로 340 나라키움 저동빌딩 국가인권위원회 위원장실(02-2125-9600) [학]1970년 부산여고졸 1974년 이화여대 기독교학과졸 1976년 同대학원 수료 1978년 미국 인디애나대 종교 연구 1989년 이화여대 여성학대학원졸 [경]1989년 사회복지법인 한국자원봉사능력개발연구회 연구실장 1990년 홍익대 강사 1991~2001년 한국성폭력상담소 소장 1991~1994년 성폭력특별법제정추진위원회 위원장 1992년 김보은·김진관사건공동대표위원회 공동위원장 1997년 미국 위스콘신주립대 여성연구소 객원연구원 1998년 교육부 성교육자문위원회 위원장 1998년 경찰청 경찰개혁위원 2002~2004년 국가인권위원회 사무총장 2004~2007년 同상임위원 2010~2018년 (사)여성인권을지원하는사람들 이사장 2016~2018년 서울시 인권위원회 위원장 2018년 국가인권위원회 위원장(장관급)(현) [상]여성동아대상, 황조근정훈장(2009), 서울특별시 여성상 대상(2014), 한국씨티은행·한국YWCA연합회 한국여성지도자상(2017) [저]'일그러진性' '새로보는 성문화' '성폭력의 실상' [종]기독교

최영운(崔永云)

(생)1967·2·10 (출)경남 함안 (주)서울특별시 서초구 반포대로 158 서울고등검찰청 총무과(02-530-3261) (학)1985년 마산고졸 1993년 한양대 법학과졸 (경)1995년 사법시험 합격(37회) 1998년 사법연수원 수료(27기) 1998~2000년 변호사 개업 2000년 대구지검 검사 2002년 창원지검 거창지청 검사 2003년 수원지검 성남지청 검사 2005년 서울서부지검 검사 2008년 창원지검 검사 2010년 인천지검 검사 2010년 同부부장검사 2011년 서울중앙지검 부부장검사, 대구지검 김천지청 부장검사 2012년 수원지검 평택지청 부장검사 2013년 울산지검 형사3부장 2014년 서울남부지검 공판부장 2015년 인천지검 형사4부장 2016년 광주고검 검사 2016년 인천지검 부천지청 부장검사 2017년 대전고검 검사 2017년 수원지검 안산지청 형사1부장 2018년 서울고검 검사(현)

최영은(崔瑛恩·女)

(생)1977·6·30 (출)경북 경주 (주)대구광역시 달서구 장산남로 30 대구가정법원(053-570-1500) (학)1996년 대구 혜화여고졸 2001년 서울대 법학과졸 (경)2000년 사법시험 합격(42회) 2003년 사법연수원 수료(32기) 2003년 대구지법 예비판사 2004년 대구고법 예비판사 2005년 대구지법 판사 2006년 의정부지법 고양지원 판사 2009년 서울중앙지법 판사 2011년 서울북부지법 판사 2013년 서울남부지법 판사 2014년 서울중앙지법 판사 2016년 서울고법 판사 2018년 대구가정법원 부장판사(현)

최영의(崔盈禕·女) CHOI Young Eui

(생)1968·4·5 (출)경남 산청 (주)서울특별시 송파구 정의로 30 서울동부지방검찰청 중요경제범죄조사단(02-2204-4000) (학)1986년 마산제일여고졸 1990년 이화여대 법학과졸 (경)1996년 사법시험 합격(38회) 1999년 사법연수원 수료(28기) 1999년 수원지검 성남지청 검사 2001년 인천지검 부천지청 검사 2003년 춘천지검 원주지청 검사 2004년 수원지검 안산지청 검사 2006년 서울중앙지검 검사 2010년 창원지검 검사 2011년 의정부지검 부부장검사 2012년 수원지검 성남지청 부부장검사 2013년 서울고검 검사 2014년 수원지검 안양지청 부부장검사 2015년 부산고검 검사 2016년 부산지검 부부장검사 2017년 서울동부지검 중요경제범죄조사단 부장검사(현)

최영익(崔榮益) CHOI Young Ik

(생)1963·6·4 (출)경북 경산 (주)서울특별시 영등포구 의사당대로 97 교보증권빌딩 4층 법무법인 넥서스(02-6932-2200) (학)1982년 영훈고졸 1986년 서울대 법과대학 사법학과졸 1993년 한국무역연수원 국제무역연수과정 수료 1995년 미국 워싱턴대 대학원 법학과졸 2001년 세종대 경영대학원 e-Business과정 수료 2001년 미국 스탠퍼드대 Graduate School of Business Strategy and Entrepreneurship in the IT Industry프로그램 수료 2002년 전경련 부설 International Management Institute Global Business School Executive Program 수료 2003년 중앙대 지역대학원 중국경제전문가과정 수료 2004년 미국 국무성-국가경영전략연구원 차세대정치지도자과정 수료 (경)1985년 사법시험 합격(27회) 1988년 사법연수원 수료(17기) 1988~1991년 육군 법무관 1991~1995년 김앤장법률사무소 변호사 1995~1996년 미국 Preston Gates & Ellis 법률회사 변호사 1996~2000년 김앤장법률사무소 파트너변호사 2000~2008년 법무법인 우일 창립파트너·대표변호사 2001~2009년 숙명여대 법학부 겸임교수 2001~2002년 서울변호사회 국제위원회 간사 2005~2009년 한국과학기술원(KAIST) 겸임교수 2005~2009년 이화여대 법과대학 겸임교수 2007~2009년 증권거래소 시장감시위원회 위원 2008~2019년 한국유리공업(주) 사외이사 2009~2010년 리인터내셔널법률사무소 대표변호사 2011년 법무법인 넥서스 창립파트너·대표변호사(현) 2011~2014년 대한변호사협회 사내변호사특별위원회 위원 2013~2014년 同국제이사 2013년 同국제교류특별위원회 위원(현) 2013~2014년 同국제위원장 2013~2014년 서울국제중재센터 이사 2015년 (주)쏠리드 사외이사 겸 감사위원(현) (저)'불쌍한 CEO들의 달걀 세우기'(2005)

최영일(崔永日) Choi Yeong-il

(생)1971·8·8 (주)전라북도 전주시 완산구 효자로 225 전라북도의회(063-280-3970) (학)배영고졸, 전북과학대학 사회복지과졸, 전주대 경영대학 경영학과 재학 중 (경)순창경찰서 행정발전위원, 순정축산업협동조합 대의원·이사, 민주당 전북도당 청년위원장, 同전국청년위원회 운영위원, 민주평통 순창군협의회 자문위원(현) 2006·2010~2014년 전북 순창군의회 의원(무소속·민주통합당·민주당·새정치민주연합) 2012~2014년 同의장 2014~2018년 전북도의회 의원(새정치민주연합·더불어민주당) 2014~2015년 同문화관광건설위원회 위원 2014~2015년 同예산결산특별위원회 위원 2015년 同문화건설안전위원회 위원 2015년 새정치민주연합 전북도당 민원실장 2015년 더불어민주당 전북도당 민원실장 2016~2018년 전북도의회 행정자치위원회 부위원장 2016~2018년 同운영위원회 위원 2017~2018년 同예산결산특별위원회 위원장 2018년 전북도의회 의원(더불어민주당)(현) 2018년 문화건설안전위원회 위원 겸 예산결산특별위원회 위원(현) 2019년 더불어민주당 전북도당 을지키기 민생실천위원회 위원장(현) (상)전국시·도의회의장협의회 우수의정대상(2017)

최영재(崔英宰) Young Jae, Choi

(생)1963·1·24 (본)삭녕(朔寧) (출)전북 장수 (주)강원도 춘천시 한림대학길 1 한림대학교 사회·경영1관 10203(033-248-1921) (학)1988년 고려대 신문방송학과졸 1994년 同대학원 신문방송학과졸 2004년 저널리즘박사(미국 텍사스대 오스틴교) (경)1989년 연합뉴스 기자 1995년 YTN 기자 2004~2015년 한림대 언론정보학부 교수 2005년 국정홍보처 자문위원 2006년 한국언론학회 기획이사 2007년 한국방송학회 연구이사 2008~2011년 뉴스통신진흥회 이사 2009년 전국지역언론학회 연합회장 2009~2011년 코레일 홍보자문위원장 2012~2014년 연합뉴스TV 시청자평가위원 2013~2014년 한림대 언론정보학부장 2015~2018년 연합뉴스 수용자권익위원회 위원 2015년 한림대 미디어스쿨 교수(현) 2015~2018년 同교무처장 (저)'현대방송의 이해'(共) '사라지는 신문독자'(2005) '변화하는 미디어의 사회적 책임 : 미디어 어카운터빌리티와 수용자 복지를 중심으로'(2005) '방송저널리즘과 공정성 위기'(2006) '방송뉴스'(2011) (종)가톨릭

최영조(崔永祚) CHOI Young Jo

(생)1955·3·15 (본)양천(陽川) (출)경북 경산 (주)경상북도 경산시 남매로 159 경산시청 시장실(053-810-5000) (학)1973년 대구상고졸 1980년 영남대 행정학과졸 1985년 경북대 대학원 도시행정학과졸 2016년 명예 행정학박사(경일대) (경)1979년 행정고시 합격(23회) 1980년 경북도 내무국 서무과 근무, 同교육원 교무계장(행정사무관) 1984년 同문서계장, 同세무조사계장, 同평가계장, 同새마을계장, 同인사계장 1991년 同민원담당관 1992년 경북도의회 전문위원(서기관) 1994년 경북도 총무과 서기관, 경북도의회 전문위원, 경북도 가정복지청소년과장, 同사회진흥과장 1998년 경북 봉화군 부군수 2000년 경북 영주시 부시장 2000년 경북도 감사관 2002년 同보건환경산림국장(부이사관) 2002년 미국 아이오와대 파견 2004년 경북도 공무원교육원장 2005년 同경제통상실장 2006년 (재)문화엑스포 사무처장 2008년 경북 구미시 부시장 2009년 지방행정연수원 교육파견 2010년 경북도 문화체육국장 2011년 경북도의회 사무처장 2012년 경북 경산시장(보궐선거 당선, 무소속·새누리당) 2014~2018년 경북 경산시장(새누리당·자유한국당) 2014~2018년 (재)경북IT융합산업

기술원 이사장 2018년 경북 경산시장(자유한국당)(현) (상)국무총리표창(1983), 홍조근정훈장(2004), 대한민국재향군인회 공로휘장(2014), '2017 대한민국 유권자대상' 기초자치단체장부문 대상(2017) (종)천주교

최영주(崔榮柱) Choi Young Joo

(생)1957·6·26 (주)서울특별시 중구 세종대로 125 서울특별시의회(02-3702-1400) (학)청운대 섬유공학과졸, 연세대 행정대학원 정치행정학과과졸 (경)서울시 강남구 개포1동 방위협의회 회장, 민주당 서울시당 지방자치특별위원회 부위원장 2010~2014년 서울시 강남구의회 의원(민주당·민주통합당·민주당·새정치민주연합) 2010~2012년 同부의장, (사)자연보호중앙연맹 서울시협의회 수석상임부회장 2012년 민주통합당 제18대 대통령선거 경선 서울강남乙대책본부장, 서울교건 대표이사, 더불어민주당 서울강남구乙지역위원회 사무국장 2018년 서울시의회 의원(더불어민주당)(현) 2018년 同문화체육관광위원회 부위원장(현) 2018년 同윤리특별위원회 위원(현) 2019년 同예산결산특별위원회 위원(현) 2019년 同김포공항주변지역활성화특별위원회 위원(현)

최영주(崔映周·女) CHOIE Young Ju

(생)1959·7·20 (출)서울 (주)경상북도 포항시 남구 청암로 77 포항공과대학교 수학과(054-279-2051) (학)1982년 이화여대 수학과졸 1986년 이학박사(미국 템플대) (경)1986년 미국 오하이오주립대 강사 1988년 미국 Univ. of Maryland Visiting Assistant Professor 1989년 미국 Univ. of Colorado Assistant Professor 1990년 포항공대 수학과 교수(현) 1996년 영국 Univ. of Cambridge Visiting Scholar 1998년 한국고등과학원 수학분과자문위원 2001년 경북도 과학기술자문위원 2004년 International Journal of Number Theory 편집위원(현) 2005·2011년 미국 스탠퍼드대 방문교수 2007~2009년 포항공대 수학과 주임교수 2009~2010년 대한수학회 학회보 편집장 2009~2011년 포항수학연구소 소장 2009~2011년 세계수학자대회 유치위원 2009~ 2010·2012년 미국 수학회 초대Fellow(석학회원) 2011년 독일 막스프랑크연구소 방문교수 2011~2014년 대한수학회 이사 2012~2015년 세계수학자대회 조직위원 2013년 포항공대 교수평의회 의장 2013년 한국여성수리과학회 이사·부회장 2014년 한국연구재단 자연과학분과 심사위원장(현) 2014년 미래창조과학부 연구개발사업 종합심사위원 2017년 한국여성수리과학회 회장 2018년 한국과학기술한림원 정회원(이학부·현) 2018년 한국여성과학기술인총연합회 부회장(현) 2018년 한국연구재단 비상임이사(현) 2018년 UNIST 비상임이사(현) 2019년 대한수학회 학술부회장(현) (상)대한수학회 논문상(2002), '권경환 석좌교수'賞(2004), 올해의 여성과학기술자상(2005), 아모레퍼시픽 여성과학자상 '과학기술상'(2007), 교육과학기술부·한국과학창의재단 선정 '2008년 닮고 싶고 되고 싶은 과학기술인'(2008), 교육부장관표창(2015), 대한수학회 학술상(2018) (저)'Number Theory and Applications : Proceedings of the International Conferences on Number Theory and Cryptography'(2009, Hindustan Book Agency)

최영주(崔英珠·女) CHOI Youngju

(생)1967·7·24 (주)충청북도 청주시 흥덕구 오송읍 오송생명2로 187 식품의약품안전평가원 바이오생약심사부 바이오심사조정과(043-719-5052) (학)1990년 서울대 약학과졸 1992년 同대학원 약학과졸 2009년 약학박사(서울대) (경)2013년 식품의약품안전평가원 바이오생약심사부 유전자재조합의약품과장 2015년 同의약품심사부 의약품심사조정과장 2018년 同바이오생약심사부 바이오심사조정과장(현)

최영준(崔榮俊) CHOI Young Jun (無碍)

(생)1959·1·19 (본)초계(草溪) (출)전남 여수 (주)서울특별시 마포구 백범로31길 21 3층 서울시50플러스재단 (학)1977년 금호고졸 1985년 전남대 공업경영학과졸 2001년 광주대 언론대학원졸 2014년 조선대 대학원 신문방송학 박사과정 수료 (경)1984년 광주MBC 라디오 PD 1995년 同TV PD 1998년 同취재부 기자 2000년 同보도국 차장 2001년 同취재부 부장대우 2001년 同노조위원장 2003년 同보도국 보도제작부장 2005년 同취재부장 2006년 광주YMCA 이사(현) 2008년 同사업국장 2010년 同보도제작국장 2011~2012년 同보도국장 2012년 同보도국 보도위원 2013년 同창사50주년기획단장 2013년 관현장학재단 이사장(현) 2014~2017년 광주MBC 대표이사 사장 2014~2017년 중국 후난대(湖南大) 객좌교수, 전남대 지역개발연구소 초빙연구원, 한국건강관리협회 전국대의원(현) 2018년 한국백혈병소아암협회 광주전남지회 이사장(현), (사)광주전남언론포럼 부이사장(현) 2018년 서울시50플러스재단 이사장(현) 2019년 금호산업 사외이사(현) (상)국무총리표창(1992), 한국프로듀서상 작품상(1993), 한국방송대상 작품상(1994), 한국방송클럽 BJ보도제작상(1999), 광주전남 올해의 기자상(1999), '자랑스러운 전남대인' 선정(2016)

최영준(崔榮俊)

(생)1962·2·11 (주)서울특별시 중구 세종대로 67 삼성카드(주) 경영지원실(1588-8700) (학)부산중앙고졸, 부산대 경영학과졸 (경)삼성전자(주) 경리팀 근무 2004년 同재무팀 상무보 2006년 同전략지원팀 상무보 2007년 同전략지원팀 상무 2009년 同DS부문 지원팀 상무 2010년 同시스템LSI사업부 지원팀장(상무) 2010년 同시스템LSI사업부 지원팀장(전무) 2013년 同미래전략실 전략1팀 전무 2013년 同미래전략실 전략1팀 부사장 2017년 同재경팀 부사장 2017년 同경영지원실 부사장 2018년 삼성카드(주) 경영지원실장(부사장)(현) 2018년 삼성카드 사내이사(현)

최영준(崔領埈) Choi, Young Jun

(생)1966·8·9 (주)서울특별시 종로구 세종대로 209 통일부 통일정책실(02-2100-5950) (학)서울 영동고졸, 연세대 행정대학원 행정학과졸, 정책과학박사(미국 아이다호대) (경)통일부 평화통일대행진T/F팀장, 同홍보우수사례준비팀장, 同교육·학계통일기반조성 T/F 팀장, 同남북협력지구지원단 운영협력팀장, 同남북회담본부 회담1과장 2013년 同기획조정실 창조행정담당관(서기관) 2014년 同교류협력국 교류협력기획과장 2014년 대통령직속 통일준비위원회 파견 2015년 통일부 통일정책실 정책기획과장(부이사관) 2016년 同기획조정실 정책기획관(고위공무원) 2017년 국외교육훈련 파견(고위공무원) 2018~2019년 통일부 남북협력지구발전기획단장 2019년 同통일정책실장(현)

최영준(崔榮俊) Choi Young Jun

(생)1968 (출)전북 순창 (주)세종특별자치시 국세청로 8-14 국세청 감사담당관실(044-204-2601) (학)동신고졸, 연세대 경제학과졸, 서울대 행정대학원졸 (경)2000년 행정고시 합격(44회), 군산세무서 납세지원과장, 이천세무서 납세자보호담당관, 중부지방국세청 조사2국 2과 사무관 2005년 국세청 혁신기획관실 행정사무관 2008년 同조사1과 행정사무관 2011년 同조사1과 2계장(서기관) 2011년 서울지방국세청 조사4국 조사3과 1계장 2012년 영월세무서장 2013년 대법원 파견 2014년 서울지방국세청 조사2국 조사2과장 2015년 同운영지원과장 2016년 서울 송파세무서장 2017년 국세청 기획조정관실 국세통계담당관 2019년 同감사담당관(현)

최영진(崔永鎭) CHOI Young Jin

(생)1967·2·7 (출)경남 진주 (주)서울특별시 종로구 청와대로 1 대통령비서실(02-770-0011) (학)1984년 부산진고졸 1991년 서울대 지리학과졸 (경)1992년 행정고시 합격(36회), 정보통신부 정보통신정책국 사무관 2001년 同정보통신정책국 정책총괄과 서기관 2003년 同정보통신공무원교육원 교학과장 2005년 同정부통합전산센터 기획전략팀장 2006년 同장관 비서관 2007년 同통신전파방송정책본부 통신자원정책팀장 2008년 방송통신위원회 이용자네트워크국 시장조사과장 2009년 同통신경쟁정책과장 2011년 同조사기획총괄과장 2012년 同정책총괄과장(부이사관) 2013년 미래창조과학부 방송통신융합실 정책총괄과장 2013년 同정보통신방송정책실 정책총괄과장 2014년 국립전파연구원장(이사관) 2016~2018년 세계은행(World Bank) 파견(고위공무원) 2018년 과학기술정보통신부 우정사업본부 전남지방우정청장 2018년 대통령비서실 선임행정관(현) (상)대통령표창(2001), 근정포장(2013)

최영찬(崔榮燦)

(생)1967 (출)경기 화성 (주)세종특별자치시 도움5로 20 법제처 법령해석국(044-200-6701) (학)유신고졸, 연세대졸 (경)1993년 행정고시 합격(37회) 2002년 법제처 경제법제국 서기관 2004년 同법제조정실 혁신인사 서기관 2005년 同사회문화법제국 법제관(서기관) 2006년 국회 법제사법위원회 파견 2008년 법제처 사회문화법제국 법제관 2011년 同기획조정관실 법제총괄담당관 2011년 同행정법제국 법제관 2012년 중앙공무원교육원 파견교수 2013년 법제처 경제법제국 법제관 2014년 同기획조정관실 법제정책총괄담당관 2015년 同경제법제국 법제관 2015년 同경제법제국 법제관(부이사관) 2017년 同헌법개정지원단 부단장(고위공무원) 2018년 同법제지원국장 2019년 同법령해석국장(현)

최영철(崔永喆) CHOI Young Choul (靑湖)

(생)1935·12·19 (출)전남 목포 (주)서울특별시 성북구 서경로 124 서경대학교 총장실(02-940-7012) (학)1954년 목포고졸 1958년 서울대 문리과대학 정치학과졸 1969년 미국 컬럼비아대 신문대학원 수료 (경)1958~1962년 한국일보·민국일보 기자 1962~1971년 동아일보 기자·정치부장·외신부장 1971년 정무담당 무임소장관실 정무조정실장 1973년 제9대 국회의원(통일주체국민회의, 유신정우회) 1973년 유신정우회 정책위원 겸 상공위원장 1979년 제10대 국회의원(목포·무안·신안, 민주공화당) 1979년 민주공화당 원내부총무·대변인 1981년 제11대 국회의원(목포·무안·신안, 민주정의당) 1981~1983년 국회 보사위원장 1983년 민주정의당 정책위원회 부의장 1985년 同전당대회 부의장 1985년 제12대 국회의원(목포·무안·신안, 민주정의당) 1985년 국회 부의장 1986년 민주정의당 중앙집행위원 1987년 同전남지부장 1988년 同국책평가위원장 1988년 체신부 장관 1989년 노동부 장관 1990년 민자당 목포지구당 위원장 1990~1992년 대통령 정치담당특보 1991년 서화작가협회 회장 1992~1993년 부총리 겸 통일원 장관 1994년 통일번영연구원 회장(현) 1997~2003년 통일고문 1998~2000년 목포해양대 객원교수 2001년 서경대 석좌교수 2008년 同총장(현) (상)청조근정훈장, 벨기에 대십자훈장, 대한민국디자인대상 뷰티디자인교육대상(2010) (저)'산업평화' '7천만이 하나로' '통일로 막히면 돌아가자' '이등인생의 되바라진 소리'(춘·하·추)

최영철(崔泳喆) CHOI Young Chul

(생)1949·11·2 (본)경주(慶州) (출)전남 담양 (주)경기도 안양시 동안구 부림로 121 동아프라자 (주)이산 임원실(031-389-0166) (학)1968년 광주제일고졸 1972년 서울대 토목공학과졸 1983년 미국 스탠퍼드대 대학원 도시공학과졸 (경)기술고시 합격(12회) 1991~1996년 駐말레이시아대사관 건설관 1998년 건설교통부 주택도시국 도시계획과장 1999년 同고속철도건설기획단장 2000년 同수자원국장 2002년 서울지방국토관리청장 2003년 건설교통부 수자원국장 2004년 同기술안전국장 2004~2005년 同수송정책실장 2005~2008년 건설공제조합 이사장 2006년 대한건설단체총연합회 이사 2009~2011년 (주)휴다임 부회장 2011년 (주)이산 부회장 2012년 同도로국토철도부문 부회장(현) (상)건설부장관표창, 대통령표창, 외무부장관표창, 홍조근정훈장 (종)기독교

최영태(崔泳太) CHOI Young Tae

(생)1954·9·25 (본)화순(和順) (출)전남 (주)광주광역시 북구 용봉로 77 전남대학교 사학과(062-530-3250) (학)1977년 전남대 사학과졸 1984년 同대학원졸 1991년 문학박사(전남대) (경)1989~1990년 독일 보쿰대(Univ. of Bochum) 연구원 1991년 전남대 사학과 전임강사·조교수·부교수 2000~2001년 미국 아이오와대(Univ. of Iowa) 방문학자 2002년 전남대 사학과 교수(현) 2004~2006년 同5·18연구소장 2005~2006년 한국독일사학회 회장 2007~2008년 전남대 인문대학장 2007~2010년 광주흥사단 상임대표 2009~2012·2014년 광주시민단체협의회 상임대표 2010~2012년 민주화를위한전국교수협의회 공동의장 2013~2014년 전남대 교무처장 2015~2016년 광주흥사단 평의회 의장 2017년 국회 헌법개정특별위원회 자문위원 2017~2018년 국무총리소속 시민사회발전위원회 위원 2017년 국방부 5.18진상조사위원회 위원 2018년 광주광역시 교육감선거 출마 (저)'서양의 지적운동Ⅱ(共)'(1998) '베른슈타인의 민주적 사회주의론 : 수정주의 논쟁과 독일사회 민주당'(2007) '지역 교류문화로 본 역사(共)'(2008) '5·18 그리고 역사 : 그들의 나라에서 우리 모두의 나라로(共)'(2008) '지역과 교류 그리고 문화(共)'(2009) '역사에서의 지역정체성과 문화(共)'(2010) '독일통일의 3단계 전개과정'(2018) (역)'미국을 바꾼 4인의 혁신주의 대통령들(共)'(1999)

최영한(崔泳漢) Choi Yeonghan

(생)1967·5·10 (주)서울특별시 종로구 사직로8길 60 외교부 인사운영팀(02-2100-7146) (학)1990년 서울대 외교학과졸 1999년 미국 뉴욕주립대 대학원 경영학과졸(석사) (경)1991년 외무고시 합격(25회) 1991년 외무부 입부 2002년 駐샌프란시스코 영사 2004년 駐과테말라 참사관 2007년 외교통상부 다자통상협력과장 2008년 駐시애틀 영사 2011년 駐멕시코 공사참사관 2014년 국회사무처 외교통일위원회 파견 2016년 통일연구원 국제협력단장 2017년 교육부 국제협력관 2018년 駐케냐 대사(현)

최영해(崔永海) CHOI Young Hae

(생)1963·1·4 (출)경북 경주 (주)서울특별시 종로구 세종대로 178 대통령직속 4차산업혁명위원회 지원단(02-750-4750) (학)1986년 서울대 영어영문학과졸 1989년 同행정대학원졸 2000년 미국 시라큐스대 대학원졸 (경)1992년 체신부 한·미UR협상담당 사무관 1994년 정보통신부 통신기획과 통신정책담당 사무관 1996년 同부가통신과 PCS담당 사무관 2000년 同기획총괄과 서기관 2001년 同감사팀장 2003년 同제주체신청장 2004년 同장관 비서관 2006년 同통신전파방송정책본부 통신자원정책팀장 2007년 同전파방송기획단 방송위성팀장 2008년 방송통신위원회 통신경쟁정책과장 2009년 同전파정책기획과장 2009년 대통령실 파견 2011년 방송통신위원회 운영지원과장 2012년 서울전파관리소장 2013~2014년 국방대 교육파견(국장급) 2014년 미래창조과학부 창조경제기획국 심의관 2015년 同기획조정실 국제협력관 2016년 同전파정책국장 2017년 과학기술정보통신부 정보통신정책실 전파정책국장 2017년 同정보통신정책실 인터넷융합정책관 2018년 대통령직속 4차산업혁명위원회 지원단장(현)

최영해(崔永海) Younghae Choi

(생)1965·3·16 (본)경주(慶州) (주)서울특별시 서대문구 충정로 29 동아일보사 5층 미디어연구소 심의연구팀(02-361-1385) (학)1989년 서울대 경영학과졸 1992년 同대학원 경영학과졸 2007년 미국 노스캐롤라이나대(UNC-채플힐) 저널리즘스쿨 객원연구원 (경)2000년 동아일보 편집국 금융부 경제부 기자 2002년 同정치부 기자 2006년 同경제부 기자(차장급) 2007년 同편집국 차장(미국 연수) 2008년 同편집국 산업부 차장 겸 위크엔드팀장 2008년 同편집국 정치부 차장 겸 국회반장 2009년 同편집국 국제부 차장 2009~2012년 同워싱턴특파원 2013년 同논설위원 2015년 同AD본부 부장 2015년 관훈클럽 운영위원(기획) 2016년 동아일보 편집국 국제부장 2016년 관훈클럽 운영위원(편집) 2017년 동아일보 논설위원 2018년 同편집국 심의연구팀장 2018년 (사)한미클럽 이사(현) 2019년 동아일보 미디어연구소 심의연구팀장(부국장급)(현)

최영홍(崔永洪) CHOI Young Hong

(생)1954·10·3 (본)경주(慶州) (출)전북 익산 (주)서울특별시 성북구 안암로 145 고려대학교 법학전문대학원(02-3290-1904) (학)1972년 전주고졸 1976년 서울대 법학과졸 1986년 고려대 대학원졸 1991년 법학박사(고려대) (경)1978년 軍법무관 임용시험 합격 1992년 국방부 검찰부장 1992~2005년 변호사 개업(서울) 1999년 대한상사중재원 중재인(현) 2000~2002년 광운대 법학과 겸임교수 2002~2014년 공정거래위원회 가맹사업거래분쟁조정협의회 위원장 2006~2007년 서강대 법학과 교수 2006~2013년 게임물등급위원회 윤리위원회 위원 2007년 고려대 법학전문대학원 교수(현) 2010년 한국경영법률학회 회장 2013년 한국유통법학회 회장(현) 2014년 롯데하이마트 사외이사(현) 2017년 한국프랜차이즈산업협회 상생위원회 혁신위원장 (상)국방부장관표창(1989), 국무총리표창(2003), 홍조근정훈장(2010) (저)'가맹계약론'(2003) (역)'화이트칼라 범죄와 함정수사 기법'(1988) '군대를 위한 전쟁법'(1993) '국제 프랜차이즈 계약입문'(2010) (종)천주교

최영환(崔瑛桓)

(생)1984·1·13 (주)광주광역시 서구 내방로 111 광주광역시의회(062-613-5044) (학)계명대 체육학과 태권도학과 중퇴 2007년 필리핀 퍼시픽인터컨티넨탈대 경영학과졸 (경)아시아문화원 근무, 광주시체육회 사무장 2018년 광주시의회 의원(비례대표, 더불어민주당)(현) 2018년 同교육문화위원회 위원(현) 2018년 同청년발전특별위원회 위원장(현) 2018년 同윤리특별위원회 부위원장(현) 2018년 同예산결산특별위원회 위원(현)

최영희(崔英姬·女) CHOI Young Hee

(생)1950·7·20 (출)전북 전주 (주)서울특별시 서대문구 신촌로7길 18 탁틴내일(02-338-7480) (학)1969년 이화여고졸 1973년 이화여대 사회학과졸 (경)1973~1980년 도시산업선교회 노동교육담당 1980~2005년 도서출판 석탑 대표 1985년 한국출판문화운동협의회 초대회장 1987년 한국여성민우회 부회장 1992~1994년 대한출판문화협회 이사 1993~2002년 내일신문 발행인 겸 대표이사 1995~2005년 (사)청소년을위한내일여성센터 회장 1997년 한국출판협동조합 이사 1998~2000년 청소년보호위원회 성문화대책위원장 1998년 경찰청 경찰개혁위원 2000~2005년 중앙노동위원회 공익위원 2000~2005년 (재)자녀안심하고학교보내기운동국민재단 이사 2001~2005년 국무총리실 청소년보호위원 2002~2005년 내일신문 부회장 2002~2005년 경찰위원회 위원 2002~2005년 학교폭력대책국민협의회 상임대표 2002~2005년 사회복지공동모금회 이사 겸 기획위원장 2003~2005년 정부혁신 및 지방분권위원회 위원 2004~2005년 한국장애인고용촉진공단 비상근이사 2004~2005년 중앙인사위원회 인사정책자문회의 위원 2004~2005년 학교법인 광운학원 이사 2005년 (사)청소년을위한내일여성센터 이사장 2005년 국가청소년위원회 위원장 2008년 제18대 국회의원(비례대표, 통합민주당·민주당·민주통합당) 2008년 민주당 제5정책조정위원장 2008년 국회 보건복지위원회 위원 2008년 국회 여성위원회 위원 2010년 국회 여성가족위원회 위원장 2010년 민주당 정책위원회 부의장 2012년 (사)탁틴내일 이사장(현) 2015~2016년 총신대 문제해결대책위원회 상임위원 (상)의정행정대상 국회의원부문(2010)

최예용(崔禮鎔) CHOI, YE-YONG

(생)1965 (출)서울 (주)세종특별자치시 다솜로 261 국무조정실 사회적참사특별조사위원회(가습기살균제사건과 4.16세월호참사 특별조사위원회)(044-200-2114) (학)1983년 서울 서라벌고졸 1989년 서울대 산업공학과졸 2001년 영국 런던대 대학원졸 2013년 환경보건학박사(서울대) (경)1986년 공해추방운동청년협의회 연구원 1988년 공해추방운동연합 활동 1994년 환경운동연합 연구원 2001년 (사)시민환경연구소 연구원·부소장 2005년 환경운동연합 바다위원회 부위원장 2008년 한국석면추방네트워크 집행위원장 2009~2018년 환경보건시민센터 소장 2016년 가습기살균제참사전국네트워크 공동운영위원장 2018년 국무조정실 사회적참사특별조사위원회(가습기살균제사건과 4.16세월호참사 특별조사위원회) 부위원장(현) (상)환경운동연합 제4회 임길진환경상(2016)

최오길(崔五吉) CHOI Ohe Gil (仁山)

(생)1942·1·23 (출)강원 강릉 (주)서울특별시 송파구 백제고분로 450 인팩(주) 비서실(02-3432-3333) (학)1961년 강릉상고졸 1969년 고려대 경영학과졸 1972년 同경영대학원 경영학과졸 (경)1969~1972년 한국산업은행 근무 1975~1979년 대신증권(주) 상무이사 1980~1990년 동신제지공업(주) 대표이사 1991년 인팩(주) 대표이사 회장(현) 2002~2018년 자동차부품연구원 감사 2008~2014년 현대모비스협력회 회장, 한국자동차산업협동조합(KAICA) 이사(현), 자동차부품산업진흥재단 이사(현), 현대·기아자동차협력회 감사(현), 현대모비스협력회 고문(현) (상)우수자동차부품기업(2003), 은탑산업훈장(2007), 노사문화우수기업(2009), 자동차부품 산업대상(2010), 한중경제협력포럼 한국경제협력상(2017), 제15회 한국경영인협회 가장 신뢰받는 기업상(2017), 대한민국 산업대상 글로벌부문(2018), 금탑산업훈장(2018) (종)기독교

최오암(崔五岩) CHOI Oh Am

(생)1959·11·16 (본)경주(慶州) (출)부산 (주)서울특별시 영등포구 63로40 라이프빌딩304호 건축사사무소 CMA(070-4140-7912) (학)1978년 동아고졸 1990년 홍익대 건축학과졸 (경)1990~1999년 우일종합건축사사무소 근무 1999~2002년 종합건축사사무소 뿌리 소장 2002~2005년 건축사사무소 도경 소장 2005년 건축사사무소CMA 대표건축사(현) 2006년 同건축·부동산·경제·경영융복합연구소장(현) (상)대한민국건축대전 입선(1989), 한국부동산투자자문협회 부동산개발 연구사례 우수상(2002) (작)기획부문 '두산그룹 4개부지 이용계획 마스터플랜', '동아제약 이전계획 마스터플랜', '삼성의료원 삼성제일병원신관 CM' 설계부문 '대전엑스포 후지쯔관', '신한은행 전산센터', '보람은행 전산센터', '서울대부속 분당병원', '고신의료원', '우리들병원', '한독약품빌딩', '삼영모방사옥', '동아출판사 리모델링', '두산전자 이리공장', '두산기계 창원공장' PM/CM부문 '양평강하 리조트', '경포호텔워터파크', '용인초부전원주택단지', '서초테마상가 주상복합건축', '중흥테마상가 주상복합건축', '대치 주상복합건축' R&D부문 '건축·부동상·경제·경영 융복합시스템 R&D'

ㅊ

최옥술(崔玉述) CHOI Ok Sool

[생]1961·1·5 [본]경주(慶州) [출]전남 진도 [주]서울특별시 양천구 목동동로 233 방송통신심의위원회 방송심의국(02-3219-5201) [학]1989년 서울시립대 회계학과졸 [경]1996년 방송위원회 대전사무소장 1997년 同관리부장 2000년 同기획부장 2002년 同의사협력부장 2003년 同대전사무소장 2005년 교육 파견 2006년 방송위원회 기획관리실 혁신기획부장 겸 정보전산팀장 2007~2008년 同시청자지원실 전문위원 2008년 방송통신심의위원회 기획관리실 대외협력팀장 겸 홍보팀장 2009년 同통신심의실장 2010년 同감사실장 2011년 同대전사무소장 2012년 同방송심의국장 2013년 同기획조정실장 2015년 同권익보호국 전문위원 2015년 同인터넷피해구제센터장 2018년 同전문위원 2019년 同저작권침해대응단장 2019년 同방송심의국 수석전문위원(현)

최완규(崔完圭) CHOI Wan Kyu

[생]1950·12·13 [출]충남 [주]경기도 의정부시 호암로 95 신한대학교 국제관 1층 탈분단경계문화연구원(031-870-3850) [학]1969년 광주고졸 1974년 경희대 정치외교학과졸 1977년 同대학원 정치학과졸 1987년 정치학박사(경희대) [경]1983~1999년 경남대 정치외교학과 전임강사·조교수·부교수 1988년 同법정대학 학장보 1988년 미국 Berkeley대 연구교수 1990년 경남대 정치외교학과 학과장 겸 대학원 주임교수 1994년 同극동문제연구소 분소장 1999~2006년 同북한대학원 교수 2000년 同북한대학원 부원장 2001~2003년 경제정의실천시민연합 통일협회 정책위원장 2004~2005년 북한연구학회 회장 2004년 경제정의실천시민연합 통일협회 운영위원장 2005년 同이사 2005~2007년 경남대 북한대학원장 2006~2015년 북한대학원대 교수 2009~2012년 同부총장 2010년 우리민족서로돕기운동 상임공동대표(현) 2012~2015년 북한대학원대 총장 2015년 同명예교수(현) 2015년 신한대 탈분단경계문화연구원장(현) [저]'북한사회의 구조와 변화' '민주시민론' '정치학개론' '한반도통일의 국제적 조건에 관한 연구' '북한체제수립과정에 관한 연구' '전환기의 북한의 사회주의' '북한사회주의 건설의 정치경제' '한국정치사회의 새흐름' [역]'소유의 역사' '중국경제개혁의 정치적 논리' '저개발의 발전'

최완규(崔完圭) CHOI Wan Gyu

[생]1964·8·18 [출]경북 울진 [주]서울특별시 마포구 월드컵북로 361 한솔교육빌딩 11층 에이스토리(02-2088-2585) [학]인천대 영문학과 중퇴 [경]드라마작가(현) 1993년 MBC베스트극장 극본공모 '재미없는 사랑 재미있는 영화'로 당선·데뷔 2003년 제주국제자유도시 명예홍보대사 2005년 에이스토리 설립·대표작가(현) [상]MBC방송대상 작가상(1994), 한국방송대상 작가상(2000), MBC연기대상 TV부문 공로상(2006), 한국방송프로듀서상 시상식 TV작가부문 제작부문상(2007), 백상예술대상 TV부문 극본상(2007), 서울문화예술대상 드라마작가대상(2010) [작]방송극본 'MBC 허준'(1999) 'MBC 상도'(2001) 'SBS 올인'(2003) 'SBS 폭풍속으로'(2004) 'SBS 러브스토리 인 하버드'(2004) 'MBC 주몽'(2006) 'SBS 식객'(2008) 'KBS 바람의나라'(2008) 'MBC 종합병원2'(2008) 'SBS 태양을 삼켜라'(2009) 'SBS 마이더스'(2011) 'MBC 빛과 그림자'(2011) 'MBC 트라이앵글'(2014)

최완주(崔完柱) CHOE Wan Joo

[생]1958·1·13 [출]충남 예산 [주]경기도 파주시 금정로 45 의정부지방법원 고양지원 파주시법원(031-945-8668) [학]1976년 예산고졸 1981년 서울대 법과대학졸 [경]1981년 사법시험 합격(23회) 1983년 사법연수원 수료(13기) 1983년 해군 법무관 1986년 서울지법 동부지원 판사 1989년 서울민사지법 판사 1989년 부산동부지법 판사 1994년 부산고법 판사 1994년 법원행정처 사법정책연구심의관 1996년 서울고법 판사 1998년 춘천지법 부장판사 2000년 사법연수원 교수 2003년 서울지법 부장판사 2004년 서울중앙지법 부장판사 2006년 인천지법 수석부장판사 2006년 광주고법 수석부장판사 2007년 서울고법 부장판사 2009년 서울중앙지법 형사수석부장판사 2010년 서울고법 부장판사 2010년 헌법재판소 수석부장연구관 2011년 서울고법 부장판사 2012년 울산지법원장 2014~2015년 서울행정법원장 2015년 서울고법 부장판사 2017~2019년 서울고법원장 2017~2019년 대법원 양형위원회 위원 2019년 의정부지법 고양지원 파주시법원 원로(元老)법관(현) [저]'형사소송법'(共)

최완현(崔完鉉) CHOI Wan Hyun

[생]1964·10·20 [출]부산 [주]부산광역시 기장군 기장읍 기장해안로 216 국립수산과학원 원장실(051-720-2000) [학]1981년 부산공고졸 1991년 부산수산대 수산경영학과졸 2002년 부경대 대학원졸 [경]1994년 기술고시 합격(30회) 1997년 해양수산부 국제협력관실 원양어업과 근무 1999년 同어업자원국 자원관리과 근무 2001년 同어업교섭지도과 근무 2002년 同수산정책국 수산정책과 서기관 2004년 同어촌어항과 서기관 2005년 同해양정책국 해양환경발전팀장 2005년 대통령 농어촌비서관실 행정관 2007년 해양수산부 어업자원국 양식개발과장 2008년 농림수산식품부 어업자원관실 양식산업과장 2009년 同수산정책실 어선인력과장 2009년 同수산정책실 수산개발과장 2010년 同장관비서관 2010년 同농업정책국 경영조직과장 2011년 同농업정책국 경영인력과장 2011년 농수산식품연수원 운영지원과장 2012년 농림수산식품부 수산정책실 지도안전과장(부이사관) 2013년 해양수산부 수산정책실 수산정책과장 2014년 同해양정책실 국제원양정책관(고위공무원) 2015년 국방대 교육파견(고위공무원) 2016년 해양수산부 수산정책실 어업자원정책관 2016년 同수산정책실 수산정책관 2017년 同수산정책실 어업자원정책관 2018년 同수산정책실장 2019년 국립수산과학원장(현) [상]장관표창(2002), 대통령 비서실장 표창(2006), 대통령표창(2010)

최요철(崔堯喆)

[생]1964·8·5 [주]전라북도 전주시 덕진구 팔달로 325 한국은행 전북본부(063-250-4000) [학]1983년 광주 금호고졸 1990년 성균관대 경제학과졸 2006년 경제학박사(미국 퍼듀대) [경]1990년 한국은행 입행 1991~1993년 同전북본부 근무, 同통화정책국 정책분석팀장, 同통화정책국 정책총괄팀장, 同조사국 국제경제부장, 同기획협력국 지역협력실장, 同국제국 북경사무소 홍콩주재원 2019년 同전북본부장(현)

최용경(崔龍卿) CHOE Yong Kyung

[생]1957·3·20 [주]대전광역시 유성구 과학로 125 한국생명공학연구원(042-860-4184) [학]서울대 사범대학 생물교육학과졸 1981년 한국과학기술원(KAIST) 생물공학과졸(석사) 1987년 생물공학박사(한국과학기술원) [경]충남대 의과대학 겸임조교수, 순천향대 미생물학교실 외래교수 1997년 한국생명공학연구원 책임연구원(현), 同세포생물학연구실장 2003년 同연구정책부장 2003년 同단백질시스템연구센터장 2005년 同선임연구부장 2006년 同연구정책부장 2006년 한국과학재단 생명공학전문위원 2007년 同생명공학단장 2008년 한국생명공학연구원 선임연구본부장 2010~2013년 경제협력개발기구(OECD) 생명공학작업반(WPB) 부의장 2011년 同유전체의학연구센터 책임연구원 2011년 同바이오의약연구소장 2014년 한국생명공학연구원 의생명중개연구센터 책임연구원 2015년 경제협력개발기구(OECD) 과학기술정책위원회(CSTP) 바이오나노융합기술작업반(BNCT) 부의장 2017년 한국생명공학연구원 국가생명연구자원정보센터장, 한·러신약개발심포지엄 공동조직위원장 [상]과학기술훈장 도약장(2012)

최용규(崔龍圭) CHOI Yong Kyu

(생)1944·6·9 (본)강릉(江陵) (출)강원 (주)경기도 안양시 동안구 시민대로 171 금강벤처텔 1108호 세계농정연구원 이사장실(031-389-1445) (학)1963년 강릉상고졸 1967년 고려대 통계학과졸 1970년 미국 농무성대학원 수료 (경)1973년 농림수산부 행정사무관 1978년 同경제통계담당관 1980년 駐브라질 농무관 1981~1990년 駐일본 농무관·농림수산부 농산통계담당관·국제협력과장 1990년 농림수산부 국제협력담당관·통상협력1담당관 1991년 駐제네바대표부 파견 1995년 농림수산부 국제농업국장 1996년 농림부 국제농업국장 1997년 同원예특작국장 1998년 同국제농업국장 2001년 산림청 차장 2002년 세계농정연구원 원장 2004~2007년 제주대 생명공학부 교수 2007년 세계농정연구원 원장(현) 2013년 同이사장 겸임(현) (상)녹조근정훈장, 홍조근정훈장, 황조근정훈장

최용규(崔龍圭) CHOI Yong Gue

(생)1956·8·14 (본)해주(海州) (출)충남 서천 (주)인천광역시 연수구 아카데미로 119 인천대학교 이사장실(032-835-9481) (학)1975년 경기상고졸 1977년 국제대 경영학과 수료(2년) 1982년 고려대 법학과졸 2001년 한국방송통신대 중어중문학과 재학 중 (경)1975~1977년 한국은행 근무 1985년 사법시험 합격(27회) 1988년 변호사 개업(현) 1988년 인천지방변호사협회 인권위원·기획위원장, 인천경실련 집행위원, 환경운동연합 지도위원 1991년 인천시의회 의원 1995~1998년 인천 부평구청장(민주당·국민회의) 1999년 국민정치연구회 상임이사 2000~2004년 제16대 국회의원(인천 부평乙, 새천년민주당·열린우리당) 2003년 새천년민주당 제3정책조정위원회 부위원장 2003년 열린우리당 제3정책조정위원장 2004~2008년 제17대 국회의원(인천 부평乙, 열린우리당·중도개혁통합신당·중도통합민주당·대통합민주신당·통합민주당) 2004년 열린우리당 제1정책조정위원장 2005년 한·우크라이나의원친선협회 회장 2006~2007년 열린우리당 원내수석부대표 2007년 중도개혁통합신당 원내대표 2007년 2014인천아시안게임조직위원회 부위원장 2007년 대통합민주신당 정동영 대통령후보 법무특보단장 2018년 국립대학법인 인천대 이사 2019년 同이사장(현) 2019년 최운산장군기념사업회 회장(현) (종)기독교

최용규(崔容圭) Choi, Yong Gyu

(생)1962·12·26 (출)대전 (주)대전광역시 유성구 월드컵대로 32 대전시티즌(042-824-2002) (학)대전상업고졸, 충남대 철학과졸 (경)1999년 대한매일 전국팀 기자(차장급) 2004년 서울신문 편집국 수도권부 기자(차장급) 2005년 同편집국 산업부 차장급 2008년 同편집국 산업부 차장 2008년 同편집국 정책뉴스부 차장 2009년 同편집국 사회부 차장 2009년 同편집국 사회부 탐사보도팀 부장급, 同편집국 사회부장 2011년 同논설위원 2012년 同사회2부장 2013년 同편집국 산업부장 2014년 同편집국 산업부장(부국장급) 2014년 同광고국 기획위원 2014년 同사업단 부단장 2015년 同편집국 사회2부 선임기자 2015년 同편집국 부국장 겸 포럼팀장 2016년 同지방자치연구소 연구위원 2016년 同논설위원 2017년 同편집국 부국장 2019년 同광고국장 2019년 대전시티즌 대표이사(현) (상)이달의 기자상(2009)

최용규(崔龍圭)

(생)1969·1·2 (출)경북 포항 (주)서울특별시 도봉구 마들로 747 서울북부지방검찰청 형사1부(02-3399-4304) (학)1987년 대동고졸 1991년 서울대 공법학과졸 (경)1997년 사법시험 합격(39회) 2000년 사법연수원 수료(29기) 2000년 서울지검 검사 2002년 대구지검 안동지청 검사 2003년 부산지검 검사 2005년 대구지검 검사 2007년 서울동부지검 검사 2010년 울산지검 검사 2010년 국회 파견 2013년 울산지검 부부장검사 2013년 대검찰청 연구관 2014년 대구지검 경주지청 부장검사 2015년 광주지검 장흥지청장 2016년 부산지검 동부지청 형사2부장 2017년 同동부지청 부부장검사 2017년 법무부 검찰제도개선기획단장 파견 2018년 서울중앙지검 공판2부장 2019년 서울북부지검 형사1부장(현)

최용근(崔龍根) CHOI Yong Keun

(생)1954·4·17 (출)전남 구례 (주)서울특별시 서초구 서초대로 260 순영빌딩 6층 법무법인 동서남북(02-2055-1212) (학)1982년 성균관대 법학과졸 1985년 同대학원졸 2000년 서울대 법대 전문분야 법학연구과정 수료 (경)1988년 사법시험 합격(30회) 1991년 사법연수원 수료(20기) 1991~2005년 변호사 개업 1996년 대한변호사협회 교육위원 2001년 한국가스공사·솔로몬신용정보 법률고문 2002년 (사)흥사단 정책운영위원(현) 2002년 대한변호사협회 이사 2003년 대전지법 파산관재인 2003년 대한상사중재원 중재위원 2005년 법무법인 동서남북 대표변호사(현) 2005년 투명사회협약협의회 위원 2005년 소록도 한센인 대한민국 변호단(현) 2005년 법무부 신분제도개선(호적법개정)위원회 위원 2007년 대한변호사협회 인권위원(현) 2007년 국가인권위원회 정책자문위원(현) 2007년 중앙선거관리위원회 정보공개심의위원 2007년 서울지방변호사회 이사 2008년 서울중앙지법 국선변호감독위원회 위원 2013~2016년 대한변호사협회 사법소위원회 위원 2015년 同신문 편집위원 2016년 서울시 인권상 심사위원 2017년 SBS 방송자문위원(현) 2017년 중앙선거관리위원회 정보공개심의위원(현) 2018년 대한변호사협회 공익대상 심사위원(현) (상)서울지방변호사회장표창(2008), 대한변호사협회 공로상(2017), 법조언론인클럽 올해의 법조인상(2018)

최용덕(崔容德)

(생)1958·6·1 (주)경기도 동두천시 방죽로 23 동두천시청 시장실(031-860-2001) (학)동두천고졸, 한국방송통신대 경영학과졸 (경)1985년 동두천시 지방공무원 임용 2014년 동두천시 소요동장 2017년 명예 퇴직(지방서기관) 2017년 전국행정사협회 부회장 2017년 더불어민주당 동두천시·연천군지역위원회 부위원장 2018년 경기 동두천시장(더불어민주당)(현) 2019년 경기도시장군수협의회 사무처장(현)

최용배(崔容培) CHOI Yong Bae

(생)1963·10·9 (출)서울 (주)서울특별시 성북구 화랑로32길 146-37 한국예술종합학교 영상원 영화과(02-769-7843) (학)1982년 신일고졸 1986년 서울대 서양사학과졸 1989년 서울예술대학 영화과졸 (경)2001~2013년 청어람(주) 설립·대표이사 2013년 한국영화제작가협회 부회장(현) 2013년 한국예술종합학교 영상원 영화과 교수(현) 2016~2018년 부천국제판타스틱영화제 집행위원장 (상)디렉터스컷 어워드 올해의 제작자상(2006), 서울예대 '올해를 빛낸 자랑스러운 동문상'(2006), 씨네21 선정 올해의 제작자(2006·2012), MBC 제2회 대한민국영화대상 작품상(2006), 제27회 청룡영화상 작품상·최고흥행상(2006), 1st ASIAN FILM AWARD BEST FILM(2007), 영화기자협회 제4회 올해의 영화상 영화인상(2013) (작)제작 '효자동 이발사'(2004), '작업의 정석'(2005), '흡혈형사 나도열'(2006), '괴물'(2006), '사과'(2008), '26년'(2012) 투자 '꽃피는 봄이오면'(2004), '빈집'(2004), '극장전'(2005), '용서받지 못한자'(2005) 등

최용범(崔容範) CHOI Yong Bum

(생)1963·12·28 (출)전북 (주)전라북도 전주시 완산구 효자로 225 전라북도청 행정부지사실(063-280-2010) (학)1981년 전주고졸 1985년 전북대 정치외교학과졸 1987년 명지대 대학원 행정학과졸 (경)1991년 행정고시 합격(35회) 2001년 행정자치부 자치행정국 자치행정과 사무관 2002년 同자치

행정국 자치행정과 서기관 2005년 정부혁신지방분권위원회 파견 2006년 행정자치부 단체교섭팀장 2007년 同지방인사여성제도팀장 2008년 행정안전부 지방공무원과장 2008년 同지방성과관리과장 2009년 同지식제도과장 2009년 대통령비서실 파견(서기관) 2013년 駐OECD 대한민국대표부 파견 2015년 행정자치부 지방자치인재개발원 기획부장 2017년 행정안전부 지방자치인재개발원 기획부장 2017년 同정부혁신조직실 공공서비스정책관 2018년 同조직정책관 2019년 전북도 행정부지사(현)

최용석(崔用晳) CHOI Yong Suk (東濟)

(생)1959·8·27 (본)경주(慶州) (출)서울 (주)부산광역시 동구 자성로141번길 11 지성산업(주) 회장실(051-634-4006) (학)1978년 명지고졸 1984년 미국 미네소타대 경영학과졸 1989년 부산대 경영대학원졸 (경)1984년 우성식품(주) 입사 1984~1985년 미국 코카콜라 근무 1985년 우성식품(주) 과장 1986년 同기획조정실장 1987년 同이사 1988년 同상무이사 1991년 부산청년회의소 회장 1992~1996년 우성식품(주) 대표이사 부사장 1992년 (주)아시아·태평양컨설팅센터 이사 1993년 한국청년회의소 국제실장 1993년 한국해양소년단 부산연맹 부연맹장 1993~2000년 Heritage Murgerbon Corp. 사장 1993년 駐부산 호주영사관 명예부영사 1994~2000년 부흥개발(주) 사장 1994년 국제청년회의소 부회장 1995년 同아태지역개발위원회 의장 1996년 同상임부회장 1996~2002년 우성식품(주) 대표이사 사장 1997년 학교법인 덕원학원 감사(현) 1999년 국제청년회의소 세계회장 2000년 同이사장 겸 세네타 의장 2000년 새천년민주당 총재 특보 2000년 同국제협력위원회 부위원장 2000년 駐부산 호주영사관 명예영사(현) 2002년 지성산업(주) 회장(현) 2003년 부산상공회의소 상임의원 2005~2011년 대한유화공업(주) 사외이사 2009년 골든블루(주) 부회장(현) 2009년 부산 해운대구경제인협회 회장(현) 2011~2015년 대한유화공업(주) 감사 2015년 대한유화(주) 감사(현) (상)국민훈장 목련장(2000), 법무부장관표창(2005), 부산산업대상 봉사대상(2015) (종)불교

최용석(崔容碩)

(생)1966·11·27 (출)경북 영천 (주)대구광역시 수성구 무학로 227 대구지방경찰청 과학수사과(053-804-7057) (학)1984년 경북 포항고졸 1988년 경찰대졸(4기) 2007년 경북대 대학원 심리학과졸 (경)1988년 경위 임관 1999년 대구지방경찰청 감식계장 2005년 同과학수사계장 2007년 대구북부경찰서 형사과장(경정) 2008년 駐캐나다 오타와 폴리스서비스 파견 2011년 경찰청 수사국 과학수사담당 2012년 駐영국 런던경찰청 Crime Academy 파견 2016년 서울지방경찰청 경무과 근무(총경) 2016년 대구지방경찰청 홍보담당관 2017년 同제1부 경무과 치안지도관 2017년 경북 울진경찰서장 2019년 대구지방경찰청 과학수사과장(현) (저)'현장감식과 수사, CSI(共)'(2008, 수사연구사)

최용석(崔容碩) CHOI Yong Seok

(생)1967·10·27 (출)서울 (주)대전광역시 서구 둔산중로78번길 15 대전고등검찰청 총무과(042-470-3242) (학)1986년 동국사대부고졸 1990년 연세대 행정학과졸 1993년 同법과대학원졸 (경)1992년 사법시험 합격(34회) 1995년 사법연수원 수료(24기) 1998년 서울지검 공익법무관 1998년 변호사 개업 2000년 광주지검 검사 2002년 대전지검 홍성지청 검사 2003년 서울지검 북부지청 검사 2004년 서울북부지검 검사 2006년 의정부지검 검사 2007년 同부부장검사 2008년 광주지검 순천지청 부부장검사 2009년 전주지검 군산지청 부장검사 2009년 서울중앙지검 부부장검사 2010년 서울북부지검 공판부장 2011년 광주지검 형사3부장 2012년 서울중앙지검 부장검사 2013년 전주지검 정읍지청장 2014년 의정부지검 고양지청 부장검사 2015년 서울고검 검사 2017년 서울북부지검 중요경제범죄조사단 부장검사 2019년 대전고검 검사(현)

최용석(崔容碩) Choi, Yong Seok

(생)1968·1·1 (주)강원도 화천군 간동면 간척월명로 302 사서함2호 북한이탈주민정착지원사무소 화천분소(033-440-3653) (학)부산진고졸, 서울대 서어서문학과졸, 미국 조지아대 대학원 행정학과졸, 정치학박사(미국 조지아대) (경)2007년 통일부 정책홍보본부 서기관 2012년 同남북회담본부 회담협력과장 2013년 同통일교육원 교육협력과장 2014년 同기획조정실 창조행정담당관 2015년 국방대 교육파견 2016년 통일부 남북회담본부 회담2과장 2018년 同정세분석국 정치군사분석과장 2019년 同북한이탈주민정착지원사무소 화천분소장(부이사관)(현)

최용수(崔容洙) CHOI Yong Soo

(생)1973·9·10 (출)부산 (주)서울특별시 마포구 월드컵로 240 서울월드컵경기장 FC서울(02-306-5050) (학)부산 동래고졸 1994년 연세대졸 (경)1992년 아시아청소년선수권 국가대표 1993년 세계청소년선수권 국가대표 1994년 K-리그 신인왕 1994~2000년 안양 LG치타스 프로축구단 소속 1996년 미국 애틀랜타올림픽 출전 1998년 프랑스월드컵 출전 1998년 방콕아시안게임 국가대표 2000년 K리그 최우수선수 2001~2005년 일본 J리그 제프유나이티드이치하라 및 J2리그 교토 퍼플상가 소속 2002년 한·일월드컵 출전 2005년 일본 J리그 주빌로 이와타 입단 2006년 프로축구 FC서울 플레잉코치 2006년 同코치 2011년 同수석코치·감독대행 2011~2016년 同감독 2012년 프로축구 K리그 우승 2013년 AFC 챔피언스리그 준우승 2016~2017년 중국 프로축구 장수 쑤닝 감독 2018년 프로축구 FC서울 감독(현) (상)KBS배 춘계고교대회 득점왕(1988), 프로축구 신인상(1994), 월드컵 최종예선 득점 1위(7골)(1997), 시즌 세계선수 개인별 득점랭킹에서 공동7위(국제축구사 및 통계연맹)(1998), 키카특별상(1999), 체육훈장 맹호장(2002), K리그 대상 감독상(2012), AFC 올해의 감독상(2013) (종)기독교

최용식(崔龍式) CHOI Yong Sik

(생)1946·4·28 (출)서울 (주)서울특별시 마포구 신수로 46 5층 한국공구공업협동조합(02-711-0989) (학)중앙대 사회개발대학원졸 (경)중소기업공제사업 기금운영위원, 한국공구공업협동조합 이사장(현), (주)원일특강 비상근이사(현) 2007년 중소기업중앙회 비상근부회장 2016년 同부회장(현) (상)중소기업협동조합대상 공공구매사업부문상(2009)

최용호(崔龍浩) CHOI Yong Ho

(생)1964·7·3 (출)대구 (주)서울특별시 서초구 서초중앙로 157 서울중앙지방법원(02-530-1114) (학)1983년 진주 동명고졸 1991년 성균관대 법학과졸 (경)1994년 사법시험 합격(36회) 1997년 사법연수원 수료(26기) 1997년 부산지법 울산지원 판사 1998년 울산지법 판사 2000년 수원지법 평택지원 판사 2002년 수원지법 판사 2004년 서울중앙지법 판사 2007년 서울동부지법 판사 2008년 서울고법 판사 2008~2010년 헌법재판소 헌법연구관 2011년 서울남부지법 판사 2012년 제주지법 부장판사 2013년 同수석부장판사 2014년 수원지법 부장판사 2017년 서울중앙지법 부장판사(현)

최용환(崔容煥) Choi Yonghwan

(생)1957·7·8 (학)대구 계성고졸 1980년 경북대 법학과졸 1989년 미국 아메리칸대 대학원 법학과졸 (경)1999년 駐로스앤젤레스 영사 2005년 駐이탈리아 공사참사관 2011년 駐미국 공사 2014년 한남대 국방전략대학원 초빙교수 2016년 국가안보전략연구원 이사 2018년 駐이스라엘 대사 2019년 국가정보원 제1차장(현) (상)보국훈장 천수장(2012), 근정포장(2013)

최용훈(崔容熏) CHOI Yong Hoon

(생)1953·1·12 (출)전남 화순 (주)광주광역시 북구 금남로 146 한국케이블TV 광주방송(062-417-5002) (학)1972년 광주고졸 1976년 고려대 농과대학 임학과졸 1978년 同교육대학원 교육행정학 석사과정 수료 1997년 광주대 언론대학원 언론홍보학과 이수 2003년 가천의과대 영상정보대학원 영상학 석사과정 수료 2005년 전남대 행정대학원 최고위정책과정 이수 (경)1980~1981년 대웅제약(주) 영업부 근무 1982~1984년 광주 인성고 근무 1984년 학교법인 유당학원(광주서석중·고) 상임이사 겸 법인기획실장(현) 1986~2000년 광주시검도회 부회장 1987~1988년 한국교원단체총연합회 대의원 1987~1990년 전남지방경찰청 위민봉사위원 1990년 인간성회복운동추진협의회 상임운영위원 겸 광주전남지부장 1995년 (주)한국케이블TV 광주방송 대표이사(현) 1996~2000년 동신대 신문방송학과 겸임교수 1996~2000년 전남지방경찰청 치안자문위원 1996~2004년 광주시선거관리위원회 위원 1997~1999년 민주평통 자문위원 1998~1999년 광주시 제2건국추진위원회 위원 1999년 광주교도소 교화위원 겸 자문위원(현) 2000년 고려대 교우회 부회장 겸 광주교우회장(현) 2001~2003년 광주시체육회 이사 2002·2016년 광주시검도회 회장(현) 2004년 광주전남언론학회 이사 2007~2009년 광주시체육회 감사 2007년 광주정보문화산업진흥원 이사 2008년 장애인먼저실천 광주운동본부 이사(현) 2009~2011년 한국케이블TV방송협회 이사 2009~2011년 민주평통 상임위원 2009~2012년 한국전파진흥원 광주시청자미디어센터 발전협의회 위원 2009년 고려대 발전위원회 위원(현) 2009년 광주지방경찰청 경찰발전위원회 위원(현) 2010년 영산강살리기시민자문단 자문위원 2010년 광주시체육회 부회장(현) 2011년 광주시 공직자윤리위원회 위원 2012년 한국전파진흥원 광주시청자미디어센터 발전협의회 위원장 2014년 한국스카우트 광주연맹 지방이사(현) (상)내무부장관 공로패(1994), 공보처장관표창(1995·1997), 한국보이스카웃연맹총재 감사패(1997), 전남대총장 공로패(1998), 대한검도회장 공로패(1999), 경찰청장 감사패(2000), 중앙선거관리위원장표창(2000), 한국보이스카웃연맹총재 공로패(2000), 법무부장관표창(2004), 행정자치부장관 감사패(2005), 한국방송학회장 감사패(2005), 재정경제부장관표창(2006), 누리문화재단 감사장(2006), 광주광역시장 감사패(2006), 국민생활체육 전국검도연합회장 감사패(2006), 광주시체육회장 공로패(2007), 광주광역시장표창(2007), 대한체육회장표창(2008), 광주고동창회 감사장(2008), YTN 감사패(2008), 중앙전파관리소 감사패(2009), 광주지방경찰청 감사장(2009), 기획재정부장관표창(2010), 한국케이블TV방송협회 방송대상 공로상(2010), 대한적십자사총재표창(2010), 광주광역시장 성취패(2010·2012), 대한체육회장표창(2011), 우리아이희망네트워크 감사패(2011), 민주평통 의장표창(2011), 한국케이블TV방송SO협의회 감사패(2012), 전국개별SO발전연합회 감사패(2012), 광주광역시민 대상(2012), 행정안전부장관 감사장(2012), 국민포장(2012), 방송통신위원장표창(2013), 한국스카우트연맹총재 봉사장(2014), 광주시청자미디어위원회 감사패(2015), 한국케이블TV방송협회 20주년 특별상(2015), 한국케이블TV방송협회 케이블방송대상(2016), 북광주세무서 세정협조상(2017), 대한적십자사 홍보활동유공(2017), 광주가정위탁지원센터 홍보활동상(2017)

최용훈(崔容熏)

(생)1972·9·3 (출)충북 영동 (주)전라북도 전주시 덕진구 사평로 25 전주지방검찰청 총무과(063-259-4610) (학)1991년 서초고졸 1995년 서울대 사법학과졸 1996년 同대학원졸 (경)1995년 사법시험 합격(37회) 1998년 사법연수원 수료(27기) 1998년 수원지검 검사 2000년 대전지검 천안지청 검사 2002년 부산지검 검사 2005년 법무부 국제법무과 검사 2008년 서울중앙지검 검사 2010년 수원지검 성남지청 부부장검사 2011년 대전지검 천안지청 부장검사 2012년 인천지검 부부장검사 2015년 同외사부장 2016년 서울북부지검 형사2부장 2017년 서울남부지검 형사1부장 2018년 창원지검 진주지청장 2019년 전주지검 차장검사(현)

최우식(崔羽植) CHOI Woo Sik

(생)1957·1·19 (본)경주(慶州) (출)경북 경주 (주)대구광역시 수성구 동대구로 348-15 법무법인 세영(053-743-1414) (학)1975년 경북고졸 1979년 서울대 법대졸 1981년 영남대 대학원 법학과 수료 (경)1979년 사법시험 합격(21회) 1981년 사법연수원 수료(11기) 1981년 軍법무관 1984년 대구지법 판사 1987년 同경주지원 판사 1990년 대구지법 판사 1992년 대구고법 판사 1995년 대구지법 판사 1996년 창원지법 부장판사 1997년 대구지법 부장판사 2000년 同포항지원장 2002년 대구지법 부장판사 2003년 대구고법 부장판사 2005년 대구지법 수석부장판사 2006년 대구고법 부장판사 2008년 同수석부장판사 2010년 울산지법원장 2010년 울산시선거관리위원회 위원장 2011~2012년 대구지법원장 2011년 대구시선거관리위원회 위원장 2012년 대구고법 부장판사 2013~2015년 同법원장 2016년 법무법인 세영 고문변호사(현) (상)황조근정훈장(2015)

최우식(崔祐植) Choi, woosik

(생)1959·2·27 (본)전주(全州) (출)전남 곡성 (주)전라남도 무안군 삼향읍 오룡길 1 전남도청 총무과(061-286-8200) (학)1975년 순천고졸 1991년 한국방송통신대 법학과졸 (경)2014~2015년 2015 광주하계유니버시아드대회 조직위원회 수송부장 2015년 전남도 사회복지과장 2015년 同법무통계담당관 2017~2018년 전남도의회 사무처 정책담당관 2019년 공로연수(현) (종)원불교

최우영(崔祐榮) CHOI Woo Young

(생)1959·4·1 (본)경주(慶州) (출)전북 남원 (주)서울특별시 마포구 마포대로 45 경영기획실 해외사업팀(02-707-9114) (학)1977년 전주고졸 1982년 연세대 정치외교학과졸 1984년 同대학원 정치학과졸 1987년 미국 델라웨어대 대학원 정치학과졸 1992년 법학박사(미국 조지타운대) (경)1983~1985년 동서문제연구원 연구원 1993년 JW LEE & ASSOCIATES 변호사 1996년 (주)선경상사 변호사 1997년 일진그룹 경영기획실 법무부문장(상무) 2008~2009년 同법무실장 2010년 同비서실 법무담당 전무 2013년 同경영기획실 법무팀장(전무) 2017년 同경영기획실 해외사업팀장(전무)(현)

최우영(崔祐榮) Choi Woo-young

(생)1961·12·2 (출)대구 (주)서울특별시 강남구 테헤란로 223 큰길타워빌딩 8층 법무법인 충정(02-750-9111) (학)1980년 대구 영남고졸 1984년 서울대 법대졸 1995년 미국 버지니아대 로스쿨졸(LL.M.) 2006년 고려대 노동대학원 최고위과정 수료 (경)1982년 사법시험 합격(24회) 1986년 사법연수원 수료(15기) 1986~1989년 육군 법무관 1989년 변호사 개업(Kim&Hwang) 1993~2015년 법무법인 충정 설립·구성원변호사 1995년 미국 뉴욕주 변호사시험 합격 1999년 소비자분쟁조정위원회 증권분야 전문위원 2000년 Cyber중앙(주) Joins Law Clinic 상담변호사 2011년 대한상사중재원 중재인 2012년 한국채무자회생법학회 부회장 2014년 법무법인 충정 대표변호사(현) 2017년 한국채무자회생법학회 수석부회장 2017년 세계한인법률가대회(IAKL) 이사(현) 2018년 싱가포르국제조정센터 전문중재인(현) 2019년 한국채무자회생법학회 회장(현)

ㅊ

최우영(崔佑榮)

(생)1973·4·7 (출)광주 (주)경상남도 창원시 성산구 창이대로 669 창원지방검찰청 형사3부(055-239-4315) (학)1992년 광주제일고졸 1996년 한양대 법학과졸 (경)2001년 사법시험 합격(43회) 2004년 사법연수원 수료(33기) 2004년 의정부지검 검사 2006년 광주지검 목포지청 검사 2008년 울산지검 검사 2010년 수원지검 안산지청 검사 2012년 서울중앙지검 검사 2015년 부산지검 검사 2015~2017년 금융감독원 파견 2018년 부산지검 부부장검사 2019년 창원지검 형사3부장(현)

최우정(崔宇正) Choi Woo-jung

(생)1966·9·20 (출)서울 (주)서울특별시 중구 남대문시장10길 2 에스에스지닷컴 (학)배문고졸 1989년 숭실대 수학과졸 (경)1999년 (주)오이뮤직 대표이사 2002년 (주)플럭서스 대표이사 2003년 (주)다음커뮤니케이션 디앤샵본부장·(주)다음온켓 대표이사 2004~2006년 (주)다음커뮤니케이션 사내이사 2006년 同E커머스부문 대표 2006~2007년 (주)디앤샵 대표이사 2008년 同경영자문담당 이사 2009년 同대표이사 사장 2009년 (주)GS홈쇼핑 상무 2010년 이마트 온라인사업담당 상무 2012~2017년 (주)신세계 경영전략실 e커머스총괄 부사장보 2014년 중앙대 산업창업대학원 유통관리학과 겸임교수 2015년 (주)신세계 경영전략실 e커머스총괄 부사장보 2017년 同e커머스총괄 부사장 2019년 에스에스지닷컴 대표이사(현)

최우진(崔宇鎭)

(생)1973·8·6 (출)경기 여주 (주)경기도 수원시 영통구 법조로 105 수원지방법원 총무과(031-210-1101) (학)1992년 마포고졸 1996년 고려대 법학과졸 (경)1999년 사법시험 합격(41회) 2002년 사법연수원 수료(31기) 2002년 軍법무관 2005년 부산지법 판사 2008년 인천지법 판사 2009년 서울중앙지법 판사 2011년 춘천지법 영월지원 판사 2012년 서울서부지법 판사 2013년 법원행정처 사법지원심의관 겸임 2015년 대전고법 판사 2017년 대구지법 김천지원·대구가정법원 김천지원 부장판사 2017년 대구지법 상주지원·대구가정법원 상주지원 부장판사 겸임 2019년 수원지법 부장판사(현)

최욱락(崔旭洛) CHOI Uk Nak

(생)1944·7·29 (본)강화(江華) (출)경기 용인 (주)경기도 부천시 삼작로79번길 20 (주)제이슨앤컴퍼니 회장실(032-682-8888) (학)1963년 양정고졸 1970년 인하대 공대졸 1997년 연세대 경영대학원 최고경영자과정 수료 (경)1970년 한국화약 입사 1989년 골든벨상사 이사 1991~1996년 한화종합화학 태국(주) 대표이사 1992년 駐태국 한국투자기업협의회 회장 1993년 駐태국 한국교민회 부회장 1997년 (주)한화 무역부문장 1998년 同무역부문 대표이사 사장 1998년 한·그리스경제협력위원회 위원장 2001~2002년 (주)대덕테크노밸리 대표이사 사장 2003년 (주)제이슨앤컴퍼니 회장(현) (상)10억불수출탑, 은탑산업훈장(2008) (종)기독교

최욱진(崔旭鎭)

(생)1970·8·22 (출)경북 군위 (주)부산광역시 연제구 법원로 31 부산지방법원 총무과(051-590-1114) (학)1989년 영남고졸 1996년 고려대 법학과졸 (경)1998년 사법시험 합격(40회) 2001년 사법연수원 수료(30기) 2001년 변호사 개업 2006년 부산지법 판사 2010년 인천지법 판사 2013년 서울중앙지법 판사 2014년 서울고법 판사 2016년 부산지법 부장판사(현)

최욱철(崔旭澈) CHOI Wook Cheul

(생)1953·2·9 (본)강릉(江陵) (출)강원 강릉 (주)서울특별시 송파구 올림픽로 378 세민빌딩 5층 501호 한국휠체어농구연맹(02-3462-2015) (학)1972년 강릉 명륜고졸 1976년 명지대 행정학과졸 1983년 경희대 경영대학원 경영학과졸 1994년 서울대 행정대학원 국가정책과정 수료 1995년 고려대 행정대학원 고위정책과정 수료 (경)1971년 영동지구RCY 회장 1975년 명지대 총학생회장 1978년 예편(중위·ROTC 14기) 1987년 공화당 대통령선거대책본부 명주군대책위원장 1988년 신민주공화당 명주지구당 위원장 1990년 민주당 명주·양양지구당 위원장 1993년 제14대 국회의원(명주 보궐선거, 민주당) 1994년 민주당 원내부총무 1994년 강원미래연구소 이사장 1996년 제15대 국회의원(강릉乙, 민주당·신한국당·한나라당) 1998년 한나라당 중앙연수원장 2002년 국민통합21 중앙선거관리대책위원회 직능본부장 2003년 중국 북경대 정치발전연구소 연구위원 2005년 (주)강원랜드 상임감사 2008~2009년 제18대 국회의원(강릉, 무소속) 2017년 더불어민주당 제19대 문재인 대통령후보 강원도선거대책위원회 공동상임위원장 2018년 강원 강릉시장선거 출마(더불어민주당) 2019년 (사)한국휠체어농구연맹(KWBL) 총재(현) (저)에세이 '감자에 싹이나서' 여행자료집 '테마로 가는 강릉여행' (종)천주교

최운백(崔雲白)

(생)1971·10·5 (출)대구 (주)대구광역시 중구 동덕로 194 대구광역시청 혁신성장국(053-803-6400) (학)1989년 오성고졸 1993년 서울대 경제학과졸 2003년 영국 엑스터대 대학원 경영경제학과졸 (경)1994년 행정고시 합격(38회) 2005년 과학기술부 정책홍보담당관실 서기관 2006년 同기초연구국 서기관 2007년 同과학기술기반국 연구실안전과장 2007년 同과학기술협력국 구주기술협력과장 2008년 교육과학기술부 기획조정실 규제개혁법무담당관 2008년 대구시 신기술산업본부 과학기술팀장 2008년 同신기술산업국 과학산업과장 2010년 同신기술산업국 녹색성장정책관 2012년 同첨단의료산업국장(서기관) 2012년 同첨단의료산업국장(부이사관) 2014년 同창조경제본부장 2016년 국외 훈련 2018년 대구시 미래산업추진본부장 2018년 同혁신성장국장(현)

최운성(崔雲聖)

(생)1968·2·1 (출)대구 (주)대구광역시 수성구 동대구로 364 대구지방법원(053-757-6600) (학)1987년 대구고졸 1996년 고려대 법학과졸 (경)1998년 사법시험 합격(40회) 2001년 사법연수원 수료(30기) 2001년 대구지법 판사 2004년 同김천지원 판사 2007년 대구지법 판사 2010년 同서부지원 판사 2011년 대구고법 판사 2015년 대구지법 경주지원·대구가정법원 경주지원 판사 2016년 창원지법 밀양지원장 2018년 대구지법 부장판사(현)

최운식(崔運植) CHOI Woon Sik

(생)1961·8·16 (출)충남 금산 (주)서울특별시 강남구 테헤란로 317 동훈타워 법무법인(유) 대륙아주(02-3016-5231) (학)1980년 대전고졸 1985년 한양대 법학과졸 (경)1990년 사법시험 합격(32회) 1993년 사법연수원 수료(22기) 1993년 서울지검 서부지청 검사 1995년 대전지검 홍성지청 검사 1997년 서울지검 검사 1999년 울산지검 검사 2001년 법무부 검찰국 검사 2003년 수원지검 검사 2005년 同부부장검사 2005년 제주지검 부부장검사 2006년 수원지검 평택지청 부장검사 2007년 同안산지청 부장검사 2008년 인천지검 마약·조직범죄수사부장 2009년 서울고검 검사(법무연수원 파견) 2010년 서울북부지검 형사3부장 2011년 청주지검 충주지청장 2012년 대검찰청 중앙수사부 저축은행비리 합수단장 겸 서울중앙지검 금융조세조사 제1부장 2013년 춘천지검 차장검사 2014년 대구지검 김천지청장 2015년 법무연수원 연구위원 2015년 법무법인(유) 대륙아주 변호사 2018년 同대표변호사(현)

최운열(崔運烈) CHOI Woon Youl

(생)1950 · 4 · 2 (본)전주(全州) (출)전남 영암 (주)서울특별시 영등포구 의사당대로 1 국회 의원회관 445호(02-784-2350) (학)1969년 광주제일고졸 1974년 서울대 경영학과졸 1979년 미국 조지아대 대학원 경영학과졸 1982년 경영학박사(미국 조지아대) (경)1982~2015년 서강대 경영학과 교수 1987년 금융발전심의위원회 위원 1988~2002년 금융산업발전심의회 증권분과위원장 1994년 증권관리위원회 비상임위원 1995~2002년 한국증권연구원 원장 1997년 서강대 국제평생교육원장 1998년 同국제문화교육원장 1998~2000년 코스닥위원회 위원장 1999년 동원증권 사외이사 2001년 한국증권학회 회장 2002~2003년 한국은행 금융통화위원회 위원 2003년 한국금융학회 회장 2004년 서강대 경영대학원장 2004년 국민은행 사외이사 2004~2007년 현대미포조선 사외이사 2005~2008년 우리금융지주 사외이사 2005~2009년 서강대 부총장 2005~2008년 대통령자문 국민경제자문회의 자문위원 2007~2009년 한국CEO포럼 공동대표 2008~2014년 삼성카드 사외이사 2008~2014년 KTB자산운용 사외이사 2011년 서울아이비포럼 이사장 2015~2016년 KB금융지주 사외이사 2015년 서강대 경영학부 명예교수(현) 2015년 同석좌교수 2016년 더불어민주당 더불어경제선거대책위원회 국민경제상황실장 2016년 제20대 국회의원(비례대표, 더불어민주당)(현) 2016~2017년 더불어민주당 정책위원회 부의장 2016년 同청년일자리TF 위원 2016 · 2018년 국회 정무위원회 위원(현) 2016~2017년 국회 미래일자리특별위원회 간사 2017년 더불어민주당 제19대 문재인 대통령후보 중앙선거대책위원회 비상경제대책단 부단장 2017~2018년 국회 4차산업혁명특별위원회 위원 2018년 더불어민주당 국가경제자문회의 부의장(현) 2019년 同정책위원회 제3정책조정위원장(현) 2019년 同대표최고위원 특별보좌관(현) (저)'성공적인 주식투자' '투자론' '선진증시 이래서 강하다' '서비스산업의 국제경쟁력'(共) '신경제와 증권시장의 진로'(共) (종)기독교

최운지(崔雲芝) CHOI Woon Ji (三靑)

(생)1927 · 9 · 15 (본)경주(慶州) (출)경북 고령 (학)1945년 경북고졸 1961년 미국 샌프란시스코대졸 1964년 서울대 행정대학원졸 1973년 정치학박사(건국대) (경)1959년 외자청 駐샌프란시스코 구매관 1961년 조달청 검사과장 1965년 재무부 회계제도 · 총무과장 1966~1970년 전매청 기획관리관 · 업무국장 · 관리국장 1970년 재무부 세관국장 1970~1974년 관세청 차장 1974년 건국대 교수 1975년 국제전선 사장 1975년 명지대 교수 1976년 한국 · 가봉합작통상 사장 1977년 미국 쌍용해운 사장 1978~1985년 국제전선 사장 1979년 대한펜싱협회 회장 1981년 민한당 정책심의위원장 1985년 제12대 국회의원(전국구, 민한당 · 신한민주당) 1986년 민중민주당 부총재 1988년 제13대 국회의원(대구西乙, 민주정의당 · 민자당) 1988년 민주정의당(민정당) 세제개혁특별위원회 위원장 1989년 同정책위원회 부의장 1990~1992년 한국지도자육성장학재단 감사 1990년 한 · 일친선협회 부회장 1990년 미래경제연구원 이사장 1992~1995년 제14대 국회의원(전국구, 민자당) 1992년 한 · 이스라엘의원친선협회 회장 1993년 한 · 일의원연맹 부회장 1995년 자민련 대구西乙지구당 위원장 1998~1999년 대한지적공사 사장 1998년 대한민국헌정회 감사 2002년 국민통합21 상임고문 2002년 새천년민주당 · 국민통합21 중앙선대위 공동위원장 (상)대통령표창(1963), 황조근정훈장, 가봉공화국 수교훈장(1977) (저)'똑바로 보고' '전체주의와 민주주의' '독재정치론' '전환기의 목소리' (종)천주교

최 웅(崔 雄)

(생)1961 · 2 · 15 (출)경북 안동 (주)경상북도 안동시 풍천면 도청대로 455 경상북도청 재난안전실(054-880-2300) (학)1980년 경북 경안고졸 1985년 건국대 축산학과졸 (경)1986년 기술고시 합격(21회) 1999년 경북도 농수산국 유통특작과장 2001년 지방행정연수원 고급간부과정 교육파견 2002년 경북도 세계농업한마당기획단장 2002년 同농수산국 농산과장 2004~2006년 미국 미주리대 파견 2006년 경북도 농수산국 농업정책과장 2009년 경북 청송군 부군수 2011년 지방행정연수원 교육파견 2012년 경북도 미래전략기획단장 2012년 同농수산국장(지방부이사관) 2014년 同농축산유통국장 2016년 경북 안동시 부시장 2017년 경북 포항시 부시장(지방이사관) 2019년 경북도 재난안전실장(현)

최웅기(崔雄基) CHOI Woong Ki

(생)1953 · 7 · 29 (본)경주(慶州) (출)경남 마산 (주)경상남도 창원시 의창구 우곡로217번길 26 대한건설협회 경상남도회(055-288-7001) (학)경남 창신고졸 1981년 경남대 국어교육과졸, 同경영대학원 경영학과졸 (경)1981년 경남신문 입사 1981년 同교열부 근무 1984년 同사회부 기자 1987년 同사회부 차장 1994년 同사회부장 2001년 同경제부장 2001년 同정치부장 겸 논설위원 2002년 同정치부장 2004년 同사업국장 2005년 同광고국장 2006년 同상무이사 2009~2012년 同대표이사 사장 2014~2015년 시티세븐풀만앰배서더호텔 사장 2015년 대한건설협회 경남도회 사무처장 2016년 同경남도회 상근부회장(현)

최웅선(崔雄善) CHOI Woong Seon

(생)1972 · 2 · 11 (출)서울 (주)서울특별시 송파구 백제고분로 450 (주)인팩(02-6714-5513) (학)1991년 미국 Dunn스쿨졸 1995년 미국 뉴저지주립대 경제학과졸 2001년 同대학원졸(MBA) (경)성신테크(주) 감사, (주)인팩 관리본부 총괄담당 상무이사, 同관리본부장(부사장) 2009년 인팩 대표이사 사장(현) 2008년 인팩케이블(주) 대표이사 겸임(현) 2017년 중견기업연합회 이사(현) (상)포춘코리아 선정 '2013 한국 경제를 움직이는 인물'(2013) (종)기독교

최웅식(崔雄植) CHOI Woong Sig

(생)1962 · 7 · 10 (본)해주(海州) (출)서울 (주)서울특별시 중구 세종대로 125 서울특별시의회(02-3702-1400) (학)한국방송통신대 행정학과 제적, 한국외국어대 정치행정언론대학원 공공정책학과졸 (경)한반도전략연구소 국장, 민주당 서울시당 조직실장, 同서울시당 상무위원 2010년 서울시의회 의원(민주당 · 민주통합당 · 민주당 · 새정치민주연합) 2010~2012년 同교통위원장 2012년 同재정경제위원회 위원 2012년 同예산결산특별위원회 위원 2012년 同경전철민간투자사업조속추진지원을위한특별위원회 위원 2013년 同윤리특별위원회 위원 2014년 同동남권역집중개발특별위원회 위원 2014~2018년 서울시의회 의원(새정치민주연합 · 더불어민주당) 2014년 同운영위원장 2014년 同문화체육관광위원회 위원 2014년 同윤리특별위원회 위원 2016년 同환경수자원위원회 위원 2017년 제19대 문재인 대통령후보 서울시당 선거대책위원회 총괄본부장 2018년 서울시의회 의원(더불어민주당)(현) 2018년 同도시안전건설위원회 위원(현) 2018년 서울시 농수산식품공사 사장 후보자 인사청문특별위원회 위원(현) 2019년 서울시의회 예산결산특별위원회 위원(현) (상)대한민국 바른지도자상 교통부분 의정대상(2010), 자랑스런 대한국민대상 지방자치의정대상(2014), 전국시 · 도의회의장협의회 우수의정대상(2017)

최웅영(崔雄永)

(생)1975 · 6 · 3 (출)서울 (주)경상남도 창원시 성산구 창이대로 681 창원지방법원(055-239-2009) (학)1994년 단국대사대부고졸 2002년 서울대 경제학과졸 (경)2001년 사법시험 합격(43회) 2004년 사법연수원 수료(33기) 2006년 서울중앙지법 판사 2008년 대전지법 천안지원 판사 2011년 수원지법 성남지원 판사 2014년 서울중앙지법 판사 2017년 서울동부지법 판사 2017년 법원행정처 사법정책심의관 겸임 2019년 창원지법 부장판사(현)

ㅊ

최원구(崔源九) CHOI, WON KOO

(생)1964·8·3 (본)수성(隨城) (출)서울 (주)서울특별시 서초구 강남대로2길 16 한국지방세연구원(02-2071-2743) (학)1983년 인창고졸 1990년 아주대 경제학과졸 1993년 일본 메이지대 대학원 정치경제학연구과졸 1998년 경제학박사(일본 메이지대) (경)1998~2001년 아주대 강사 1999~2013년 인천발전연구원 연구위원·기획조정실장·연구기획본부장 2013년 인천대 강사 2013~2018년 한국지방세연구원 선임연구위원·연구기획본부장 2018년 성신여대 강사 2018년 한국지방세연구원 부원장(현) 2019년 부산시 정책고문(현) (상)인천광역시장표창(2004), 행정자치부장관표창(2005·2016) (저)'市場化時代の地域経済(共)'(2000, 일본 鹿児島地域経済研究所) (역)'消費課税'(1998, 日本経済調査協議会) (종)기독교

최원규(崔元奎) Choi, Won-gyu

(생)1959·8·24 (출)서울 (주)전라북도 전주시 덕진구 백제대로 567 전북대학교 사회과학대학 사회복지학과(063-270-2964) (학)전주고졸 1982년 서울대 사회복지학과졸 1987년 同대학원 사회복지학과졸 1996년 사회복지학박사(서울대) (경)1991년 전북대 사회과학대학 사회복지학과 전임강사·조교수·부교수·교수(현), 同실직자사회복지지원센터 소장 1996~1997년 미국 루이지애나주립대 교환교수 2005년 전북사회복지사협의회 회장 2011~2013년 한국사회복지연구회 회장 2012년 전북대 사회복지학과장 2012~2014년 同학생처장 2014~2017년 전북사회복지협의회 회장 2016~2018년 전북대 사회과학대학장 2017년 한국사회복지학회 수석부회장 2018년 同회장 (저)'한국사회복지학회 50년사(共·編)'(2007) '서울대학교 사회복지학과 50년사(共·編)'(2009) '사회복지의 역사(共)'(2010, 나남)

최원목(崔元睦) CHOI Won Mok

(생)1960·7·10 (본)경주(慶州) (출)서울 (주)서울특별시 강남구 테헤란로 202 금융결제원 감사실(02-531-1003) (학)중앙대사대부고졸, 고려대 경영학과졸 1989년 서울대 행정대학원 행정학과졸 1999년 영국 버밍엄대 대학원 경제학과졸 (경)1983년 행정고시 합격(27회) 1985~2000년 재무부 기획관리실 이재국·재정경제원 예산실·재정경제부 국제금융국 근무 2000년 금융정보분석원(FIU) 구축추진기획단 총괄기획과장 2002~2004년 대통령비서실 금융담당행정관(부이사관) 2004~2005년 재정경제부 지역경제정책과장 2005~2006년 同정책조정국 정책조정총괄과장 2006년 국방대 파견(고위공무원) 2007년 駐영국 재경공사참사관 2009년 기획재정부 장관비서실장 겸 정책보좌관 2011년 同재정관리국장 2012~2013년 대통령 국정과제1비서관 2012~2013년 대통령 경제금융비서관 겸임 2013년 기획재정부 기획조정실장 2014~2017년 아시아개발은행(ADB) 상임이사 2018년 금융결제원 감사(현)

최원석(崔元碩) CHOI Won Suk

(생)1943·4·24 (본)경주(慶州) (출)대전 (주)경기도 안성시 삼죽면 동아예대길 47 학교법인 공산학원(031-670-6793) (학)1961년 이화여대부속고졸 1967년 한양대 경제학과졸 (경)1971년 대한통운(주) 사장 1972년 동아건설(주) 사장 1972년 대전문화방송(주) 사장 1972년 동아실업·대한용역 사장 1976년 코리아엔지니어링 사장 1976~1997년 駐韓요르단 명예총영사 1977~1998년 동아그룹 회장 1979~1995년 대한탁구협회 회장 1981년 평통 상임위원 1981년 SLOOC 위원 1981년 백제문화개발연구원 이사장 1981년 KOC 상임위원 1983~1998년 동아생명보험 회장 1985년 학교법인 공산학원 이사장(현) 1991년 전국경제인연합회 부회장 1994년 한국경영자총협회 부회장 1994년 한국기업메세나협의회 회장 1995년 2002월드컵축구대회 유치위원 1996년 대한건설협회 회장 1996년 한국건설단체연합회 회장 1998년 한국메세나협의회 기업회장·명예회장 2002년 동아건설 대표이사회장 (상)동탑산업훈장(1973), 요르단독립훈장(1977), 금탑산업훈장(1981), 체육훈장 맹호장(1981), 서울시문화상(1981), 국민훈장 동백장(1984), 새마을훈장 협동장(1985), 체육훈장 청룡장(1986), 국민훈장 모란장(1988), 올림픽훈장(1989), 적십자회원 유공금장(1989), 무역인대상(1997), 토목대상(1998), 대통령표창 (종)기독교

최원석(崔元碩) Choi Won Sok

(생)1964·1·16 (주)서울특별시 종로구 사직로8길 60 외교부 인사기획관실(02-2100-7141) (학)1986년 경찰대학 법학과졸 1988년 서울대 대학원 문학석사 1994년 영국 버밍햄대 대학원 국제학과졸 (경)1994년 경찰청 중앙경찰학교 경비학과장 1999년 駐프랑스 3등서기관 2004년 방콕 인터폴아시아지역사무소 파견 2008년 駐터키 1등서기관 2010년 駐프랑스 1등서기관 2012년 외교통상부 외교사절담당관 2013년 駐프랑스 참사관 2016년 駐포르투갈 공사참사관 2017년 세종연구소 국가전략연수과정 파견 2018년 駐세네갈 대사(현)

최원석(崔元碩)

(생)1966·1·27 (출)경북 (주)서울특별시 양천구 목동서로 161 SBS 보도국(02-2061-0006) (학)1988년 서울대 법학과졸 (경)1992~2014년 SBS 입사·정치부 기자·북경특파원 2014년 同보도본부 정책사회부장 2016년 同정치부장 2017년 同보도국장(현)

최원석(崔源錫)

(생)1974·2·8 (출)서울 (주)울산광역시 남구 법대로 45 울산지방검찰청 형사3부(052-228-4306) (학)1992년 대원외국어고졸 1998년 서울대 사법학과졸 (경)2000년 사법시험 합격(42회) 2003년 사법연수원 수료(32기) 2003년 공익법무관 2006년 의정부지검 검사 2008년 광주지검 목포지청 검사 2010년 창원지검 검사 2013년 인천지검 검사 2015년 서울동부지검 검사 2017년 울산지검 검사 2017년 同부부장검사 2018년 서울동부지검 부부장검사 2019년 울산지검 형사3부장(현)

최원식(崔元植) Won Sik Choy

(생)1954·1·14 (출)서울 (주)대전광역시 서구 둔산서로 95 을지대학교병원 정형외과(042-611-3279) (학)1972년 경기고졸 1978년 서울대 의과대학졸 1987년 의학박사(서울대) (경)1978~1983년 서울대 의과대학 인턴·정형외과 레지던트 1983년 서울을지병원 정형외과장 1985년 영국 London Hospital Medical College 및 London Clinic 인공관절대치술연구 Clinical Assistant·Research Fellow 1985년 영국 Oxford대 Nuffield Orthopaedic Centre International Fellow 1986~2007년 을지의과대 정형외과학교실 교수 2003~2007년 을지의과대병원 의무부총장 2007년 을지대 의과대학 정형외과학교실 교수(현) 2008년 同부총장 2008~2011년 同의무부총장

최원식(崔元植) CHOI Won Sick

(생)1963·3·8 (출)충남 보령 (주)인천광역시 미추홀구 소성로 159 현준솔로몬시티빌딩 3층 법무법인 로웰(032-213-7000) (학)1981년 인천 부평고졸 1985년 서울대 법대 공법학과졸 1987년 同대학원 사법학과 수료 (경)1986년 사법시험 합격(28회) 1989년 사법연수원 수료(18기) 2004년 인천시 법률고문 2004년 인천문화재단 이사 2005년 인천항만공사 항만위원 2006년 법무법인 로웰 구성원변호사(현), 민주사회를위한변호사모임 회원(현) 2011년 민주통합당 인천계양구乙지역위원회 위원장 2012년 제19대 국회의원(인천 계양구乙, 민주통합당·민주당·

새정치민주연합 · 더불어민주당 · 국민의당) 2012년 국회 태안유류피해대책특별위원회 위원 2013년 민주당 전략기획위원장 2013년 同당무위원 2014년 민주당 · 새정치연합 신당추진단 정무기획위원 2014년 새정치민주연합 전략기획위원회 공동위원장 2014년 同전당원투표 및 국민여론조사관리위원회 위원 2014년 국회 미래창조과학방송통신위원회 위원 2014 · 2015년 국회 예산결산특별위원회 위원 2014~2015년 새정치민주연합 인권위원장 2014년 同민주정책연구원 부원장 2015년 同원내부대표(기획담당) 2015년 국회 운영위원회 위원 2015년 더불어민주당 민주정책연구원 부원장 2015년 同기획담당 원내부대표 2016년 국민의당 수석대변인 2016년 제20대 국회의원선거 출마(인천 계양구乙, 국민의당) 2016년 국회 보건복지위원회 야당 간사 2016~2017년 국민의당 국민소통본부장 2016년 同인천시계양구乙지역위원회 위원장 2017년 同대선기획단 부단장 2017년 同제19대 안철수 대통령후보 중앙선거대책위원회 손학규상임위원장 비서실장 겸 전략본부 수석부본부장 2017년 同제2창당위원회 부위원장 2018년 바른미래당 인천계양구乙지역위원회 위원장 (상)원자력안전과 미래 선정 '원자력 안전상'(2015) (종)천주교

최원용(崔元鎔) CHOI Won Yong

(생)1965 · 9 · 6 (본)수성(隋城) (출)경남 김해 (주)경상북도 포항시 남구 청암로 77 포항공과대학교 화학공학과(054-279-2283) (학)1984년 서울 동북고졸 1988년 서울대 공업화학과졸 1990년 포항공대 대학원 화학과졸 1996년 이학박사(미국 California Institute of Technology) (경)1990~1991년 포항공대 조교 1996년 미국 NASA Jet Propulsion Laboratory 연구원 1998년 포항공대 화학공학과 조교수 · 부교수 · 교수(현) 2004년 미국 세계인명사전 'Marquis Who's Who in the World'에 등재 2008년 환경분야 국제적 권위학술지 'Journal of Hazardous Materials' 편집장 2014년 한국과학기술한림원 정회원(공학부 · 현) 2017년 미국화학학회(ACS) '환경 과학과 기술' 부편집장(현) (상)한국공업화학회 우수논문발표상(2001), 젊은과학자상(2005), 한국과학기술한림원 학술상(2015) (저)'Aquatic Redox Chemistry : ACS Symposium Series(共)'(2011, American Chemical Society)

최원욱(崔元旭) CHOI Won-Wook

(생)1961 · 11 · 25 (출)서울 (주)서울특별시 서대문구 연세로 50 연세대학교 경영대학(02-2123-5470) (학)1980년 우신고졸 1984년 연세대 경영학과졸 1987년 미국 미시간대 대학원 경영학과졸 1993년 회계학박사(미국 컬럼비아대) (경)1987~1988년 미국 뉴욕 Deloitte & Touche 회계법인 근무 1993~1994년 Hongkong Univ. of Science & Technology 조교수 1994년 미국 뉴저지주립대 조교수 1998년 한국회계학회 이사 1998년 동국대 회계학과 조교수 2004년 同부교수 2004~2008년 연세대 경영대학 부교수 2007년 同사회교육원 감사 2008년 同경영대학 교수(현) 2008년 同경영전문대학원 MBA운영교수 2019년 LIG넥스원(주) 사외이사(현) (저)'Financial Statement Analysis' '세법개론'

최원일(崔元一) Won-Il Choi

(생)1962 · 11 · 4 (주)부산광역시 사상구 주례로 47 동서대학교 경영학부(051-320-1964) (학)1984년 부산대 경영학과졸 1986년 同대학원 경영학과졸 1997년 경영학박사(부산대) (경)우리증권 근무 1995년 한국마케팅관리학회 상임이사 1997~1999년 서남대 전임강사 1999년 동서대 경영학부 교수(현) 2008~2010년 同산학협력단장 2011년 同기획부처장 2015~2016년 同산학협력단장 2015년 同CK총괄사업단장 2016년 同인사평가처장 겸임 2019년 同교학부총장(현) (저)'마케팅'(2000) '인터넷마케팅'(2002) 'Excel을 활용한 경영통계학'(2003) 'Contemporary 인터넷마케팅'(2004) '현대마케팅'(2004) '경영통계학'(2005) '엑셀을 활용한 통계학'(2007)

최원일(崔元一)

(출)경기 과천 (주)경기도 과천시 경마공원대로 107 한국마사회 건전화본부(02-509-1006) (학)대전고졸, 고려대 사회학과졸 (경)1989년 한국마사회 근무, 同제주기획팀 근무, 同정보화전력팀장 2004년 同마케팅팀장 2008년 同기획관리팀장 2011년 同홍보실장 2014년 同동부권역본부장 2015년 同감사실장 2016년 同제주지역본부장 2017년 同대전지사장 겸 남부권역본부장 2018년 同서울고객지원처장 겸 방송센터장 2019년 同건전화본부장(상임이사)(현)

최원준(崔源埈) Won Jun Choi

(생)1963 · 1 · 13 (주)대전광역시 서구 관저동로 158 건양대학교의료원(042-600-8866) (학)1988년 고려대 의대졸 1996년 同대학원 의학석사 1998년 의학박사(고려대) (경)1988~1993년 고려대 구로병원 일반외과 인턴 · 레지던트 1993~1994년 육군 6사단 19연대 의무중대장 1994~1995년 수도방위사령부 30경비단 의무실장 1995~1996년 同헌병단 의무실장 1996~1998년 고려대 구로병원 일반외과 임상강사 1998년 同안산병원 일반외과 임상강사 2000년 건양대병원 일반외과 전문의(현) 2003~2011년 건양대 의대 외과학교실 부교수 2005년 同교육연구부장 2005~2006년 캐나다 캘거리대 의과대학 연수 2008년 건양대병원 외과부장 2008년 同QI실장 2008년 同진료부장 2011년 건양대 의대 외과학교실 교수(현) 2013~2016년 건양대병원 제2진료부원장 2015~2016년 건양대 의과대학장 2016년 건양대병원장(현) 2017~2019년 대한병원협회 대전세종충남병원회장 2018년 건양대의료원 제9대 의료원장(현) (상)대한민국글로벌리더 대상 글로벌의료서비스부문(2017)

최원진(崔源珍)

(생)1973 (주)서울특별시 중구 소월로 3 롯데손해보험(주)(02-3455-3114) (학)서울대 경제학과졸, 미국 미시간대 로스쿨 법학박사 (경)1999년 행정고시 합격(43회) 2000년 재정경제부 금융정책국 사무관 2008년 기획재정부 국제금융국 근무 2011년 同금융협력과 서기관 2012~2015년 국제통화기금(IMF) 자문관 2015년 JKL파트너스 상무이사 2019년 同전무이사 2019년 롯데손해보험(주) 대표이사(현)

최원혁

(생)1960 (주)서울특별시 종로구 새문안로 58 LG광화문빌딩 (주)판토스 비서실(02-3771-2114) (학)한성고졸 1984년 성균관대 응용통계학과졸 (경)1985년 3M코리아 근무 1998년 로레알코리아 본부장 2002년 로레알 아시아프로젝트 디렉터 2006년 CJ대한통운 본부장(상무) 2013년 同본부장(부사장) 2015년 범한판토스 COO(부사장) 2015년 同대표이사 2017년 (주)판토스 대표이사(현) 2019년 한국통합물류협회 회장(현)

최원현(崔元賢) CHOI Won Hyun (夢孫)

(생)1955 · 3 · 18 (본)해주(海州) (출)서울 (주)서울특별시 종로구 종로5길 58 석탄회관빌딩 10층 법무법인 케이씨엘(02-721-4211) (학)1974년 경기고졸 1978년 서울대 법학과졸 1980년 同대학원 법학과 수료 1986년 미국 뉴욕대 대학원 법학과졸(M.C.J.) 1988년 미국 컬럼비아대 대학원 법학과졸(J.D.) (경)1978년 사법시험 합격(20회) 1980년 사법연수원 수료(10기) 1980~1983년 軍법무관 1983~1984년 수원지법 판사 1984년 변호사 개업 1986년 미국 뉴욕주변호사시험 합격 1988~1990년 미국 Baker&McKenzie 법률사무소 근무 1990~1992년 세방종합법률사무소 변호사 1992~2008년 법무법인 케이씨엘(KCL) 변호사 1993~1998년 한국석유공사 고문변호사 1999~2002년 한국신용정

보(주) 자문위원 2002~2017년 한국야구위원회(KBO) 고문변호사 2005년 대한상사중재원 중재인(현) 2005년 대한중재인협회 부회장(현) 2007~2015년 한국야구위원회(KBO) 프로야구반도핑위원회 위원 2008~2010년 대한변호사협회 이사 2008년 법무법인 케이씨엘 대표변호사(현) 2017년 한국야구위원회(KBO) 상벌위원회 위원장(현) 2017년 학교법인 용문학원 이사

최원호(崔元湖) CHOI Won Ho

(생)1967·4·1 (본)해주(海州) (출)강원 홍천 (주)세종특별자치시 가름로 194 과학기술정보통신부(044-202-4610) (학)춘천고졸, 성균관대 공과대학 기계설계학과졸, 기계공학박사(영국 버밍엄대) (경)1992년 기술고시 합격(28회), 과학기술처 기술정책국 정책기획과 사무관, 同장관비서관, 과학기술부 기계전자기술과 서기관, 同영광원전주재관실 서기관, 同원자력협력과 서기관 2005년 국립과학관추진기획단 기획과장 2006년 駐러시아 주재관 2009년 교육과학기술부 미래원천기술과장 2010년 同거대과학정책과장 2010년 同정책조정지원과장 2011년 국가과학기술위원회 과학기술정책과장 2012년 교육과학기술부 연구조정총괄과장 2013년 미래창조과학부 연구조정총괄과장 2014년 중앙공무원교육원 파견 2015년 미래창조과학부 성과평가국장 2015년 同연구개발정책실 연구성과혁신정책관 2015년 대통령 과학기술비서관실 선임행정관(국장급) 2016년 국가지식재산위원회 지식재산정책관 2016년 미래창조과학부 국제협력관 2017년 과학기술정보통신부 기획조정실 국제협력관 2017년 同연구개발정책실 거대공공연구정책관(현) (종)기독교

최월영(崔月榮) CHOI Wol Yeong

(생)1964·10·12 (출)강원 평창 (주)대구광역시 수성구 동대구로73길 6 명보빌딩 9층 최월영법률사무소(053-746-8900) (학)1983년 대구 성광고졸 1987년 서울대 사법학과졸 1990년 경북대 법학대학원졸 (경)1990년 사법시험 합격(32회) 1994년 사법연수원 수료(23기) 1994년 대구지법 판사 1997년 同김천지원 판사 1999년 대구지법 판사 2003년 同가정지원 판사 2005년 대구고법 판사 2007년 대구지법 판사 2008년 대법원 연구법관 2009년 대구지법 김천지원장 2011년 대구지법 부장판사 2015~2017년 同서부지원 부장판사 2017년 변호사 개업(현)

최위승(崔渭昇) CHOI Wee Sung

(생)1933·2·10 (본)전주(全州) (출)경남 고성 (주)경상남도 창원시 마산회원구 봉암공단2길 6 (주)무학 임원실(070-7576-2000) (학)마산상고졸 1965년 경남대 상학과졸 1974년 同경영대학원 수료 (경)1973~1982년 무학주조 회장 1978~1996년 무학주정 회장 1979~1988년 마산상공회의소 회장 1980년 경남체육회 부회장 1980~1988년 경남신문 이사회장 1984~1989년 경남축산업협동조합중앙회 회장 1985년 무학장학재단 이사장 1986~1996년 신명공업·은하산업·용원컨트리클럽 회장 1989~1993년 대한적십자사 경남지사장·경남지회장 1992~1996년 同정책자문회의 회장 1992~2001년 경남신문 대표이사 회장 1995~1998년 민주평통 경남지역 부의장 1996~2008년 (주)무학 회장 1999년 경남발전협의회 회장 2006년 경남지역발전협의회 이사장(현) 2008년 (주)무학 명예회장(현) (상)국무총리표창, 금탑산업훈장, 국민포장, 경남은행 공로패(2010), 고성군민상(2012)

최유경(崔裕景·女) Choi, You-gyeong

(생)1965·3·25 (주)울산광역시 중구 종가로 345 한국산업인력공단 감사실(052-714-8194) (학)계명대 영어영문학과 중퇴 (경)2014~2018년 울산시의회 의원(비례대표, 새정치민주연합·더불어민주당) 2016~2018년 同교육위원회 위원 2016~2018년 同예산결산특별위원회 위원 2017년 더불어민주당 울산시당 제19대 대통령선거 선거대책위원회 선대본부장 2017~2019년 同울산시당 대변인 2019년 한국산업인력공단 상임감사(현)

최유현(崔維玹·女) CHOI You Hyun

(생)1936·2·15 (본)탐진(耽津) (출)전남 목포 (주)부산광역시 금정구 중앙대로1793번길 50 금정빌딩 1층 중수원(051-583-2370) (학)1956년 혜광고졸 2004년 한국인적자원부 전통예술 학사 (경)1959~1968년 부산 시내여중고 교사 1963년 관인 최유현수예학원 설립 1966~2003년 한국기능올림픽 자수부문 심사위원·심사장 1967~1987년 최유현자수학원 운영 1968~1990년 국내전시회 10회 1972년 동아미술전 초대작가 1979~1982년 미국 뉴욕·LA 특별전 1983년 한국자수문화협의회 이사 1983~1988년 일본 도쿄·오사카 특별전 1987년 자수문화연구소 중수원 운영(현) 1988년 부산시립박물관 관우회 부회장 1988년 부산시립박물관 초대작품전 1990년 부산문화예술 진흥위원 1996년 국가무형문화재 제80호 자수장 기능보유자 지정(현) 1996~2007년 대한민국전승공예대전 심사위원 1996년 기능보유자 작품전 출품 2008년 부산대 겸임교수 2014년 同석좌교수(현) (상)국전공예부분 입선(1962), 국전공예부분 특선(1963), 전승공예대전 문공부장관표창(1984), 전승공예대전 문화재위원장표창(1985), 한국불교 미술대전 동상(1986), 전승공예대전 국무총리표창(1987), 전승공예대전 대통령표창(1988), 교육문화대상 성지상(1988), 부산시 문화상(1990), 부산문화대상 전통문화부문(2011) (저)'자수장'(1999, 국립문화재연구소) (종)불교

최 윤(崔 潤) CHOI Yoon

(생)1957·10·19 (본)전주(全州) (출)경북 경산 (주)서울특별시 영등포구 63로 40 라이프오피스텔 532호 동부두라크린에어(02-780-4325) (학)1976년 춘천고졸 1978년 강원대 영어교육학과 입학 1980년 계엄령위반으로 제적 (경)1985년 강원민주통일민중운동연합 상임위원장 1987년 민주쟁취국민운동본부 강원지부 사무처장 1991년 민중당 춘천지구당 위원장 1991년 同강원도지부장 1993년 춘천환경운동연합 부대표 1994년 춘천경제정의실천시민연합 사무국장 1994년 춘천시민상담소 소장 1995년 희망의정치를여는젊은연대 부대표 1996년 민주당 춘천甲지구당 위원장 1997년 미국정치연구회 이사 1999년 청년개혁연대 상임고문 2002~2008년 강원네트 대표 2003~2006년 춘천환경운동연합 감사 2003~2006년 참여시대강원포럼 대표 2004~2007년 열린우리당 국정자문위원 2006년 동부두라크린에어 대표이사(현) 2007년 대통합민주신당 강원도당 위원장 2007년 통합과번영을위한 미래구상 집행위원장 2008년 통합민주당 강원도당 위원장 2008년 민주당 강원도당 위원장 2008년 제18대 국회의원선거 출마(강원 춘천, 민주당) 2019년 민주평통 강원지역회의 부의장(현) (종)기독교

최 윤(崔 潤) Yoon Choi

(생)1963·9·6 (출)경남 고성 (주)서울특별시 중구 세종대로 39 대한상공회의소 10층 OK금융그룹(02-3704-9710) (학)1987년 일본 나고야가쿠인대 경제학과졸 2007년 고려대 경영대학원 최고경영자과정(AMP) 수료 2015년 명예박사(몽골국립대) (경)2004년 OK배정장학재단 이사장(현) 2005년 민주평통 자문위원 2007년 아프로파이낸셜 대표이사 2008년 고려대총교우회 부회장 2009년 (사)在日한국인본국투자협회 이사·부회장(현) 2012년 在일본대한체육회 부회장(현) 2012년 在일본대한민국민단중앙본부 직선중앙위원·고문(현) 2013년 OK저축은행 러시앤캐시 배구단 구단주(현) 2014년 OK금융그룹 회장(현) 2015년 대한럭비협회 부회장(현) 2019년 학교법인 휘문의숙 휘문 중·고등학교 이사(현) 2019년 일본 오사카 소재 한국민족학교 '학교법인 금강학원(금강학교)' 제12대 이사장(현) (상)대한적십자사 회원유공자 은장(2007), 민주평화통일자문회의 대통령표창(2008)

최윤겸(崔允謙) CHOI Yoon Gyum

(생)1962·4·21 (본)해주(海州) (주)제주특별자치도 서귀포시 일주서로 166-31 제주 유나이티드(064-738-0934) (학)1982년 홍주고졸 1986년 인천대졸 1988년 同대학원졸 (경)1986~1992년 프로축구 유공 코끼리 소속(수비수) 1988년 제24회 서울올림픽 남자 축구 국가대표 1992년 현역 은퇴 1993~1995년 프로축구 유공 코끼리 트레이너 1995~1997년 프로축구 부천 유공 코치 1997~1999년 프로축구 부천 SK 코치 1999~2001년 同수석코치 2001~2002년 同감독 2003~2007년 프로축구 대전 시티즌 감독 2008년 터키 프로축구 차이쿠르리제스포르 쿨뤼뷔 코치 2009년 터키 프로축구 트라브존스포르 코치 2011~2014년 베트남 프로축구 호앙 아인 잘라이 FC 감독 2015~2017년 프로축구 강원FC 감독 2018년 프로축구 부산 아이파크 감독 2019년 프로축구 제주 유나이티드 감독(현) (상)스포츠투아이 K리그 '5월의 감독' 선정(2017)

최윤곤(崔允坤)

(생)1963·9·21 (주)서울특별시 영등포구 여의대로 38 금융감독원 금융교육국(02-3145-6737) (학)1981년 광주서석고졸 1988년 중앙대 경제학과졸 1998년 미국 텍사스 오스틴대 대학원 경영학과졸(MBA) (경)2009년 금융감독원 자본시장서비스국 근무 2010년 同금융투자서비스국 근무 2011년 同자본시장조사2국 근무 2013년 同경사무소 하노이주재원 2014년 同기업공시제도실장 2015년 국립외교원 연수(파견) 2016년 금융감독원 자본시장조사2국장 2017년 同광주지원장 2018년 同금융교육국 금융교육교수(현)

최윤기(崔閏基) CHOI Youn Ki

(생)1961·1·3 (본)경주(慶州) (출)대구 (주)세종특별자치시 시청대로 370 산업연구원 국가균형발전연구센터(044-287-3218) (학)1979년 대륜고졸 1985년 경북대 무역학과졸 1997년 미국 뉴욕주립대 버펄로교 대학원 경제학과졸(석사) 2000년 경제학박사(미국 뉴욕주립대 버펄로교) (경)1986~1998년 산업연구원 책임연구원 2000~2003년 한국건설산업연구원 부연구위원 2003~2012년 산업연구원 연구위원 2005~2008년 同국가균형발전연구센터 균형정책팀장 2009~2010년 지식경제부 장관경제자문관 2010년 산업연구원 지역정책팀장 2011년 同연구조정실장 2012년 同선임연구위원 2013년 同지역발전연구센터 소장 2014~2016년 同부원장 2016년 同국가균형발전연구센터 선임연구위원(현) 2016년 한국지역정책학회 회장

최윤선(崔允瑄·女) CHOI Youn Seon (仁雅)

(생)1964·9·1 (주)서울특별시 구로구 구로동로 148 고려대학교 구로병원 가정의학과(02-2626-3275) (학)1989년 고려대 의대졸 1994년 同의과대학원 의학석사 1998년 의학박사(고려대) (경)1989~1992년 고려대 구로병원 가정의학과 레지던트 1992년 성가복지병원 내과 과장 1994년 고려대 안암병원 임상강사 1996년 미국 아이오주 Mercy Hospital 호스피스 연수 1996~1997년 미국 아이오와대 가정의학과 노인병학 Fellow 1997~2008년 고려대 의과대학 가정의학과 전임강사·조교수·부교수 2000~2015년 한국호스피스·완화의료학회 수련이사·간행이사·국제이사·감사·기획이사 2000~2001년 미국 하버드대 Massachusettes General Hospital, Palliative Care Service, Research Fellow 2001~2003년 대한가정의학회 간행이사 2002~2012년 고려대 구로병원 가정의학과장 2003~2004년 호스피스·완화의료사업지원평가단 호스피스시범사업 교육분과위원 2004~2005년 The 6th Asia Pacific Hospice Conference 기획위원장 2006~2008년 대한가정의학회 완화의학연구회장 2006~2012년 고려대 의과대학 가정의학교실 주임교수 2006~2010년 대한의료커뮤니케이션학회 이사 2007년 대한임상노인의학회 교육이사·재무이사·무임소이사·간행이사·법제이사(현) 2008년 고려대 의과대학 가정의학과 교수(현) 2008년 同구로병원 완화의료센터장(현) 2008~2011년 The 8th·9th Asia Pacific Hospice Palliative Care Network 2009~2010년 한국완화의학연구회 회장 2015~2016년 대한가정의학회 감사 2016년 한국호스피스·완화의료학회 이사장(현) 2017년 국가호스피스연명의료위원회 위원(현) (상)대한가정의학회 저술상(2004), 고려대 석탑강의상(2008·2009), 고려대 우수강의상(2010·2012), 보건복지부장관표창(2011), 한국호스피스·완화의료학회 최우수논문상(2015) (저)'개정 4판 가정의학' '건강검진' '증례로 배우는 완화의학' '암환자를 위한 완화의학-통증 및 증상조절' '호스피스완화의학' (종)천주교

최윤성(崔允誠) Yun Sung Choi

(생)1958·12·11 (출)부산 (주)경상북도 포항시 남구 청암로 77 포항공과대학교 수학과(054-279-2047) (학)1981년 서울대 수학과졸 1984년 미국 Rochester대 대학원졸 1986년 이학박사(미국 Rochester대) (경)1986~1988년 부산대 수학과 교수 1990~1991년 미국 Kent주립대 교수 1988년 포항공대 수학과 교수(현) 2007~2018년 同수학연구소장 2015~2017년 同교무처장 2015~2016년 대한수학회지 편집이사 (상)대한수학회 학술상(2015)

최윤성(崔允誠) CHOI Yoon Seong

(생)1960·7·29 (출)부산 (주)대구광역시 수성구 동대구로 364 대구지방법원(053-757-6600) (학)1979년 부산대사대부고졸 1983년 부산대 법학과졸 (경)1983년 사법시험 합격(25회) 1985년 사법연수원 수료(15기) 1986년 해군 법무관 1989년 부산지법 판사 1993년 同울산지원 판사 1995년 부산지법 동부지원 판사 1996년 창원지법 거창지원 판사 1997년 부산고법 판사 1997년 변호사 개업 1998년 울산지법 판사 1999년 부산고법 판사 2001년 창원지법 부장판사 2003년 부산지법 동부지원 부장판사 2005년 부산지법 부장판사 2008년 창원지법 부장판사 2009년 同진주지원장 2011년 부산지법 부장판사 2015년 울산지법 부장판사 2017년 부산지법 부장판사 2018년 대구지법 부장판사(현)

최윤성(崔允誠) Choi, Yun-seong

(생)1963·11·21 (주)서울특별시 강남구 테헤란로 309 한국토지신탁 비서실(02-3451-1100) (학)1982년 전주 해성고졸 1989년 전주대 회계학과졸 (경)2006~2008년 엠케이전자(주) 총괄부사장 2008~2014년 同대표이사 2014~2017년 한국토지신탁 부사장 2017년 同각자대표이사 사장(현)

최윤수(崔允守·女) Choi, Youn Soo

(생)1977·5·15 (주)경기도 안산시 단원구 광덕서로82 한남법조타운內 법무법인 해마루(031-401-3680) (학)1996년 서울 광양고졸 2001년 서울대 법과대학 법학과졸 2017년 고려대 언론대학원 언론·뉴미디어학과졸 (경)2002년 사법시험 합격(44회) 2005년 사법연수원 수료(34기) 2005년 법무법인 해마루 변호사(현) 2005년 한국성폭력상담소 자문위원(현) 2014년 서울지방변호사회 조기조정위원(현) 2017~2018년 B쇼핑(B shopping) 시청자위원회 위원 2017년 서울시 행정심판위원회 위원(현) 2018년 대통령소속 국가생명윤리심의위원회 위원(현) 2018년 방송문화진흥회 이사(현)

최윤식(崔允植) CHOI YUN SHIK (雲霄)

(생)1944·8·25 (본)전주(全州) (출)황해 평산 (주)서울특별시 관악구 관악로 1 서울대학교 의과대학(02-740-8114) (학)1963년 대전고졸 1969년 서울대 의대졸 1972년 同대학원 의학석사 1978년 의학박사(서울대) (경)1969~1970년 서울대병원 인턴 1970~1974년 同내과 전공의 1974~1977년 육군 군의관 1977년 서울 을지병원 내과의사 1979~2009년 서울대 의대 내과학교실 전임강사·조교수·부교수·교수 1987~1990년 대한순환기학회 총무이사 1996~2000년 서울대병원 순환기내과 분과장 2000~2002년 대한순환기학회 이사장 2007년 한국만성질환관리협회 회장 2008~2013년 대통령 주치의 2009년 서울대 의대 명예교수(현) (상)대한순환기학회 학술상(1992), 서울대 30년 근속공로표창(2005) (저)'응급처치'(1987) '노인의학'(1997) '내과학'(1998) '내과 지침서'(1999) '부정맥매뉴얼'(2007) '순환기학 2판'(2009) '임상심전도학 5판'(2009) (종)기독교

최윤재(崔鈗溨) CHOI Yun Jaie

(생)1954·12·5 (본)전주(全州) (출)전북 전주 (주)서울특별시 관악구 관악로 1 서울대학교 식품·동물생명공학부(02-880-4807) (학)1973년 성남고졸 1980년 서울대 축산학과졸 1983년 同대학원졸 1987년 축산학박사(미국 노스다코타주립대) (경)1987년 한국축산학회 상무이사 1987년 한국영양사료학회 상무이사 1988~1999년 서울대 동물생명공학과 전임강사·조교수·부교수 1993년 미국 코넬대 방문교수 1997년 농촌진흥청 겸임연구관 1997~2001년 서울대 동물자원과학과장 1998년 한국과학기술한림원 정회원(현) 1999년 서울대 농생명공학부 동물생명공학과 교수 2003년 同식품·동물생명공학부 동물소재공학전공 교수(현) 2000년 친환경안전사료연구회 회장 2001~2003년 농촌진흥청 축산기술연구소 심의위원 2002년 국가과학기술위원회 복지소위원장 2002~2004년 농촌진흥청 바이오그린21연구단장 2004~2006년 바이오산업기술위원회 위원 2005~2007년 농촌진흥청 바이오그린21 동물자원연구단장 2009~2012년 同녹색기술자문단 자문위원 2009~2011년 서울대 평창그린바이오추진사업단장 2012년 한국동물자원과학회 회장 2012~2014년 서울대 그린바이오첨단연구단지 그린바이오과학기술연구원 친환경축산연구소장 2014~2018년 同그린바이오과학기술연구원 친환경경제동물연구소장 (상)한국과학기술단체총연합회 과학기술우수논문상(1996·2002), 한국영양사료학회 학술상(1996), 한국영양사료학회 영양사료연구대상(1999), 애그리브랜드 퓨리나코리아문화재단 축산영양연구대상(1999), 한국동물자원과학회 애그리브랜드 퓨리나코리아 학술상(1999), 농림부장관표창(2002), 서울대 농생대학 우수학술상(2007·2011), 서울대 상록연구대상(2014), 카길한림생명과학상(2016), 서울대 학술연구상(2018) (저)'특수동물 생산학' (종)기독교

최윤정(崔允禎·女) CHOI YOON JUNG

(생)1968·9·4 (주)경기도 수원시 팔달구 권선로 733 중부일보(031-230-2001) (학)1994년 가천대 교육대학원 교육학과졸 2016년 교육학박사(중앙대) (경)1999~2006년 장안대학 교양학부 강사 2001~2007년 오담기획 이사 2007~2015년 한국자원복지재단 이사, 중앙대 강사 2017년 수원과학대 초빙교수(현) 2017년 중부일보 이사, 同부사장 2018년 同대표이사 사장(현)

최윤정(崔允貞·女) Choi Yoonjeong

(생)1973·10·31 (주)경기도 과천시 관문로 47 방송통신위원회 운영지원과(02-2110-1305) (학)1992년 부산 해운대고졸 1996년 이화여대 국문학과졸 1998년 同법학과졸 (경)1999년 사법고시 합격(41회) 2002년 사법연수원 수료(31기) 2002~2005년 법무법인 아람 변호사 2005년 정보통신부 통신위원회 사무국 재정과장 2008년 방송통신위원회 이용자네트워크국 시장조사과 근무 2009년 同전파기획관실 전파정책기획과 근무 2013년 同이용자보호국 조사기획총괄과 근무 2013년 同이용자정책국 이용자정책총괄과 근무 2013년 同방송정책국 방송지원정책과 근무 2014년 同기획조정실 창조기획담당관 2016년 同기획조정실 의안·정책관리팀장 2016~2018년 同이용자정책국 개인정보보호윤리과장 2018년 미국 교육파견(서기관)(현)

최윤채(崔潤彩) CHOI Yoon Chai

(생)1959·8·8 (출)경북 영덕 (주)경상북도 포항시 북구 중앙로 289 경북매일신문 사장실(054-241-2244) (학)영덕고졸 1987년 영남대 지역사회개발학과졸 (경)1988년 매일신문 입사 1999년 同사회2부 기자 2000년 同동부지역본부 포항주재 차장대우 2002년 同동부지역본부 포항주재 차장 2003년 同동부지역본부 부장대우 2009년 경북매일신문 대표이사 부사장 2009년 同대표이사 사장(현)

최윤호(崔允豪) CHOI Yun Ho

(생)1955·5·20 (본)경주(慶州) (출)부산 (주)경기도 수원시 영통구 월드컵로 206 아주대학교 기계공학과(031-219-2346) (학)1978년 서울대 기계공학과졸 1984년 미국 펜실베이니아대 대학원졸 1988년 기계공학박사(미국 펜실베이니아대) (경)1978~1982년 현대엔지니어링(주) 근무 1988~1989년 미국 펜실베이니아대 Postdoctoral Fellow 1989~1992년 NASA Lewis Research Center Research Engineer 1992년 아주대 기계공학과 조교수·부교수·교수(현) 1993~1994년 미국 펜실베이니아대 방문교수 2000~2001년 United Technologies Research Center 방문교수 2005~2007년 아주대 공학교육혁신센터장 2011~2015년 同공과대학장 2013년 同공학교육혁신센터장 2018년 同공학대학원장(현)

최윤호(崔輪鎬) CHOI Yoon Ho

(생)1963·1·11 (본)전주(全州) (주)경기도 수원시 영통구 삼성로 129 삼성전자(주) 사업지원TF(031-200-1114) (학)덕수정보산업고졸 1988년 성균관대 경영학과졸 (경)2006년 삼성전자(주) 경영지원팀 상무보 2007년 同구주경영지원팀장(상무) 2010년 同사업지원팀 상무 2011년 同미래전략실 전략1팀 상무 2011년 同미래전략실 전략1팀 전무 2014년 同무선지원팀장(전무) 2014년 同무선사업부 지원팀장(부사장) 2017년 同사업지원TF 부사장(현) (종)불교

최윤환(崔允煥) CHOI Yoon Hwan

(생)1937·7·1 (출)서울 (주)서울특별시 서초구 효령로 231 진양제약(주) 회장실(02-3470-0300) (학)1956년 경기고졸 1960년 서울대 약학과졸 (경)1961~1964년 제5육군병원 약제과장 1966~1971년 성아제약(주) 전무 1971~1977년 진양약품공업사 설립·대표 1978년 진양제약(주) 대표이사 사장 2000년 同대표이사 회장 2007년 同회장(현) (상)서울대 약학대학 발전공로상(2015) (종)천주교

최윤희(崔允僖·女)

(생)1963·11·24 (주)세종특별자치시 시청대로 370 산업연구원 산업경쟁력연구본부 신산업연구실(044-287-3082) (학)1982년 서문여고졸 1986년 서울대 공과대학 공업화학과졸 1992년 同공과대학원 생물화학공학과졸 1997년 생물화학공학박사(서울대) (경)1986~1990년 롯데그룹 중앙연구소 생물공학실험실 연구원 1990~1991년 일본 오사카대 세포

공학센터 연구원 1999~2000년 미국 스탠퍼드대 화학공학과 박사 후 연구원 2001~2005년 대외경제전문가풀(KOPIE) 과학기술분과위원 2001년 산업연구원 연구원 2002년 한국산업기술평가원(ITEP) 평가위원 2002년 산업자원부 산업기술기반구축사업 생물산업분과기획위원 2002년 同중기거점기술개발사업 정밀화학분기획위원 2003~2005년 대한상공회의소 및 서울상공회의소 국제위원회 자문위원 2003년 산업자원부 산업기술혁신5개년계획차세대성장동력 기술 기획위원 2004~2006년 한국국방연구원(KIDA) Fellow 2005~2007년 프로테오믹스이용기술개발사업단 자문위원 2005~2008년 Korea바이오허브센터 바이오정책연구위원 2005~2006년 대통령소속 의료산업선진화위원회 전문위원 2005~2008년 차세대성장동력바이오신약장기사업단 자문위원 2005~2008년 산업자원부 국가표준심의회 실무위원 2007~2008년 생명공학연구협의회 운영위원 2007~2008년 과학기술부 OECD과학기술전문가협의회 위원 2007~2008년 同신약개발자문회의 자문위원 2007~2008년 산업자원부 전략기술개발사업바이오분야기술위원회 위원 2008~2010년 일본 경제산업연구소(RIETI) 방문연구원 2010~2012년 同자문위원 2011년 국가과학기술위원회 New Innovation 2030 Forum 위원 2014~2018년 산업통상자원부 국가기술표준원 바이오기술 전문위원 2015~2016년 산업연구원 신성장산업연구실 미래산업팀장(선임연구위원) 2016년 同산업경쟁력연구본부 신산업연구실 선임연구위원(현) 2016~2017년 국무조정실 신산업투자위원회 위원 2016년 한국바이오경제학회 부회장(현) 2016년 제3차생명공학육성기본계획 실무위원장(현) 2017년 한국공학한림원 일반회원(현) 2017~2018년 미국 뉴욕대 초청연구학자 2019년 보건복지부 보건의료기술정책심의위원회 위원(현) 2019년 과학기술정보통신부 바이오의료기술개발사업추진위원회 위원(현)

최윤희(崔允姬 · 女) CHOI Yoon Hee (心馨)

(생)1964 · 4 · 29 (출)대구 (주)서울특별시 광진구 능동로 120 건국대학교 법학전문대학원(02-450-3425) (학)1982년 대구 경명여고졸 1986년 서울대 법학과졸 1988년 同대학원졸 1992년 미국 스탠퍼드대 연수 1995년 법학박사(서울대) (경)1988년 사법시험 합격(30회) 1991년 사법연수원 수료(20기) 1991년 서울지검 서부지청 검사 1993년 부산지검 검사 1995년 인천지검 부천지청 검사 1997년 법무부 국제법무심의관실 검사 1998년 변호사 개업 2004년 사법연수원 교수 2005~2008년 건국대 법학과 교수 2005년 한국씨티은행 사외이사 2008~2013년 건국대 법과대학장 겸 법학전문대학원장 2008년 同법학전문대학원 교수(현) 2014년 중앙선거관리위원회 위원(현) (상)서울지검 서부지청 청소년선도협의회 감사패(1992) (저)'근로에 있어서 남녀평등' '국제법률용어사전'(編) '법무서비스 개방문제연구'(編)

최윤희(崔允喜 · 女) Choi Yoon-Hee

(생)1967 (출)서울 (주)서울특별시 송파구 올림픽로 424 올림픽역도경기장內 한국체육산업개발(주)(02-2180-3400) (학)연세대 체육교육학과졸 2002년 同대학원 체육교육학과졸 (경)1982년 제9회 뉴델리아시아경기대회 배영 100m · 배영 200m · 개인혼영 200m 금메달(3관왕) 1986년 제10회 서울아시아경기대회 배영 100m · 배영 200m 금메달(2관왕) 2001년 미국 워싱턴주 킹카운티수영센터 · 워싱턴대 수영팀 수석수영코치 2002년 문화방송(MBC) 수영해설위원 2002년 연세대 체육교육학과 전임강사 2007년 한국갱생보호공단 의정부지부 홍보대사 2017~2018년 한국여성스포츠회 회장 2017년 대한체육회 이사 2018년 한국체육산업개발(주) 대표이사(현) 2018년 한국여성스포츠회 명예회장(현) (상)체육훈장 맹호장(1982), 대한민국 체육상 경기상(1983), 체육훈장 청룡장(1986) (저)'수영 아카데미'(2002, 두리미디어) '아시아의 인어 최윤희의 수영 레슨'(2007, 두리미디어)

최윤희(女)

(생)1968 · 7 (주)경기도 수원시 영통구 삼성로 129 삼성전자(주) 영상디스플레이사업부 개발팀(031-200-1114) (학)1987년 대구 경명여고졸 1991년 포항공대 전자계산학과졸 1993년 同대학원 전자계산학과졸 (경)1993~1997년 삼성전자(주) 기술총괄 응용S/W연구팀 근무 1997~2004년 同중앙연구소 소프트웨어센터 책임연구원 2004~2005년 同기술총괄 Application Solution Lab 책임연구원 2005년 同시스템연구소 Home Platform Lab 책임연구원 2006년 同영상디스플레이사업부 S/W Platform그룹 수석 2014년 同영상디스플레이사업부 개발팀 연구위원(상무)(현)

최은경(崔恩卿 · 女) CHOI Eun Kyung

(생)1958 · 11 · 15 (출)부산 (주)서울특별시 송파구 올림픽로43길 88 서울아산병원 방사선종양학과(02-3010-4427) (학)1977년 혜화여고졸 1983년 서울대 의대졸 1987년 同대학원 의학석사 1992년 의학박사(서울대) (경)1987년 대전을지병원 치료방사선과장 1988년 울산대 의대 전임의 1990년 同의대 방사선종양학과 교수(현) 2008년 서울아산병원 연구부소장 2009~2011년 同폐암센터 소장 2010~2013년 同연구기획관리실장 2010년 同항암선도기술지원센터장 2011년 대통령직속 원자력안전위원회 위원 2011~2012년 대한폐암학회 부회장 2013년 국무총리직속 원자력안전위원회 위원 2013~2015년 대한방사선종양학회 회장 2015년 대한암학회 부회장 2015년 서울아산병원 항암T2B기반구축센터장(현) 2015~2016년 同대외연구협력실장 2015년 대한의학물리전문인자격인증위원회(KMPCB) 초대 회장(현) 2017~2018년 대한암학회 회장 (상)동강학술상(1994), 포스터상(1997), 최우수논문상(2000), 아스트라제네카 학술상(2004), 의과학상(2005)

ㅊ

최은경(崔恩京 · 女) CHOE Eun Kyung

(생)1960 · 3 · 26 (본)경주(慶州) (출)서울 (주)경기도 안산시 상록구 항가울로 143 한국생산기술연구원 안산연구센터 산업용섬유그룹(031-8040-6211) (학)1982년 서울대 사범대 화학교육과졸 1984년 同대학원 과학교육과졸 1987년 미국 코넬대 대학원 화학과졸 1991년 섬유화학박사(미국 코넬대) (경)1992~1994년 인하대 · 고려대 · 이화여대 · 한국교원대 시간강사 1994년 한국생산기술연구원 염색가공연구팀 수석연구원 2000년 同화학분석공용랩 · 유해물질분석실 운영책임자 2005년 同안산연구센터 국제환경규제대응기술지원단장 2005년 同천안연구센터 섬유소재본부장 2008년 同안산연구센터 융합섬유팀 수석연구원 2013년 同안산연구센터 국제환경규제대응기술지원센터장 2017년 同안산연구센터 산업용섬유그룹 수석연구원(현) (상)과학의날 국무총리표창(2004) (종)천주교

최은배(崔恩培) CHOI Eun Bae

(생)1966 · 10 · 7 (본)경주(慶州) (출)경남 마산 (주)서울특별시 서초구 법원로 15 정곡빌딩서관 505호 법무법인 엘케이비앤파트너스(02-596-0093) (학)1985년 마산고졸 1989년 서울대 법과대학 공법학과졸 (경)1990년 사법시험 합격(32회) 1993년 사법연수원 수료(22기) 1993년 軍법무관 1996년 서울지법 북부지원 판사 1998년 서울지법 판사 2000년 청주지법 충주지원 판사 2003년 서울행정법원 판사 2005년 서울고법 판사 2006년 대법원 재판연구관 2008년 부산지법 동부지원 부장판사 2009~2012년 인천지법 부장판사 2010~2011년 우리법연구회 회장 2012~2014년 서울동부지법 부장판사 2014년 법무법인 엘케이비앤파트너스 대표변호사(현) (종)기독교

최은석(崔殷碩) CHOI EUN SUK

(생)1967 · 6 (주)서울특별시 중구 소월로2길 12 CJ(주)(02-726-8114) (학)서울대 경영학과졸 1994년 同대학원 경영학과졸 (경)삼일회계법인 공인회계사, (주)성담 대표이사 2004년 CJ(주) 사업팀 입사, CJ GLS 경영지원실장(상무) 2013년 CJ대한통운 경영지원총괄실장(CFO · 부사장대우) 2017년 CJ(주) 전략1실장 2017년 同경영전략총괄 부사장 2018년 同경영전략총괄 총괄부사장(현)

최은수(崔恩洙) CHOI Eun Soo

(생)1954 · 7 · 21 (본)경주(慶州) (출)충남 논산 (주)서울특별시 강남구 테헤란로 317 동훈타워 법무법인 대륙아주(02-3016-5266) (학)1971년 서울고졸 1976년 서울대 법학과졸 (경)1977년 사법시험 합격(19회) 1979년 사법연수원 수료(9기) 1979년 해군 법무관 1982년 대전지법 판사 1985년 同홍성지원 판사 1987년 인천지법 판사 1989년 서울고법 판사 1991년 대법원 재판연구관 1992년 창원지법 부장판사 1996년 인천지법 부장판사 1998년 서울지법 동부지원 부장판사 1998년 서울지법 부장판사 2001년 대전고법 부장판사 2002~2006년 서울고법 부장판사 2002~2004년 수원지법 수석부장판사 직대 겸임 2006년 춘천지법원장 2008년 의정부지법원장 2009년 서울서부지법원장 2010년 대구고법원장 2011~2012년 특허법원장 2011~2012년 대전고법원장 2012년 법무법인 대륙아주(유) 공동대표변호사, 同고문변호사(현) 2016년 중앙선거방송토론위원회 위원장(현) 2017년 현대자동차 사외이사 겸 감사위원(현)

최은수(崔恩洙) Eun-Soo Choi

(생)1955 · 1 · 28 (본)화순(和順) (출)전북 남원 (주)서울특별시 동작구 상도로 369 숭실대학교 평생교육학과(02-820-0316) (학)1973년 숭일고졸 1982년 숭실대 영어영문학과졸 1985년 미국 캘리포니아주립대 대학원 정치학과졸 1986년 미국 Indiana Univ. 대학원 Bloomington박사과정 수료 1990년 철학박사(미국 Univ. of Southern California) (경)1988년 미국 Univ. of Southern California 강의조교 1990~1991년 한남대 · 숭실대 강사 1991년 숭실대 평생교육학과 조교수 · 부교수 · 교수(현) 1993~1998년 한세정책연구원 비상임연구원 겸 자문위원 1996~1998년 국가경쟁력연구원 초빙연구위원 겸 자문위원 1996년 한국교원교육학회 이사 1998년 한국성인교육학회 부회장 1999년 한국통일교육학회 감사 2000~2001년 미국 Oklahoma State Univ. 객원교수 2001~2003년 한국성인교육학회 회장 2003~2018년 한국성인교육학회 공동대표 2005년 숭실대 교육대학원장 2005~2009년 한국노동교육원 객원교수 2006~2015년 숭실대 한국평생교육HRD연구소장 2006~2007년 교육인적자원부 평생교육정책자문위원 2007~2009년 숭실대 교육대학원장 2011~2013년 同인문대학장 2015년 숭실대 CR글로벌리더십연구소장(현) (저)'한국교육행정의 현안문제' '한국성인인력 개조론'(共) '고학력 실업자 인력개발정책 : 한미비교분석' 'Education for all : the Year 2000 Assessment'(共) '북한의 이해'(共) (종)기독교

최은순(崔銀純 · 女) CHOI Eun Soon

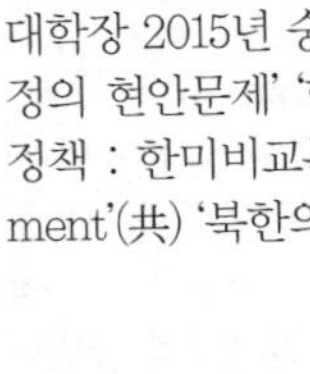

(생)1966 · 5 · 18 (출)경북 영천 (주)서울특별시 영등포구 국회대로55길 6 한국여성단체연합(02-313-1632) (학)1985년 대구 신명여고졸 1990년 고려대 법학과졸 1997년 일본 도쿄대 대학원 법학과졸, 이화여대 대학원 최고지도자과정 수료 2010년 법학박사(고려대) (경)1989년 사법시험 합격(31회) 1992년 사법연수원 수료(21기) 1992년 변호사 개업 1992~2003년 참여연대 정보공개사업단장 · 민주사회를위한변호사모임 회원 2000~2003년 변리사 개업 2003년 대통령 국민제안비서관 2003년 대통령 제도개선2비서관 2003~2004년 대통령 민원제안비서관 2004~2007년 국민고충처리위원회 제1소위원회 위원 2004~2008년 법무법인 새길 변호사 2007년 한국젠더법학회 이사 2010년 민주사회를위한변호사모임 부회장 2010~2011년 법무법인 동서 파트너스변호사 2011년 법률사무소 디케 변호사(현) 2015~2016년 (사)한국여성변호사회 부회장 2017년 한국여성단체연합 공동대표(현) 2017~2018년 국가인권위원회 혁신위원회 위원 2018년 교육부 사학분쟁조정위원회 위원(현) 2019년 한국젠더법학회 회장(현) 2019년 대법원 양형위원회 위원(현) (상)올해의 여성운동상, 미래를 이끌어 갈 여성지도자상

최은아(崔恩兒 · 女) CHOI, EUNA

(생)1962 · 2 · 1 (본)경주(慶州) (출)경북 경산 (주)경상남도 함양군 함양읍 고운로 107-1 인산한의원(055-964-1191) (학)순천향의대 의예과 중퇴 1987년 덕성여대 독문학과졸, 대전대 대학원 한의학과 석박사과정졸(한의학박사) (경)1993년 인산출판사 대표 2002년 (사)인산학연구원 이사 2003년 인산죽염(주) 대표이사(현) 2004~2018년 한국죽염공업협동조합 감사 2004년 인산한의원 대표(현) 2006년 인산한방암센터(주) 대표이사 2006년 함양시 건설프로젝트 대표 2006년 경남벤처농업협회 이사 2006년 민주당 함양군수 후보 2010년 (사)한국여성발명협회 부회장(현), (사)경남여성경영인협회 수석부회장 2013년 경남벤처농업인협회 부회장(현) 2014~2016년 (사)경남여성경영인협회 회장 2016~2018 同명예회장 2018년 한국죽염공동협동조합 이사(현) (상)경남도지사표창, 경남지방중소기업청장상, 세계여성발명대회 은상, 특허청 · 한국여성발명협회 선정 '여성 발명기업인'(2013), 농림축산식품부장관표창(2017) (저)'인산암처방집'(編) '신의원초'(編) '의사여래'(編) '의약신성'(編) '활인구세'(編) '신약본초후편'(編) '신약본초3'(編) '유황오리와 다슬기' '인산의학식품건강법' '함양시건설프로젝트'

최은옥(崔銀玉 · 女) CHOI EUN OK

(생)1965 (주)세종특별자치시 갈매로 408 교육부 고등교육정책관실(044-203-6810) (학)1984년 무학여고졸 1989년 고려대 수학교육과졸 1998년 미국 위스콘신대 대학원 교육학과졸 (경)1990년 행정고시 합격(34회) 2007년 교육인적자원부 국제교육정보화국 국제교육협력과장 2008년 교육과학기술부 다자협력과장 2009년 同평가기획과장 2009년 同학교정책분석과장(부이사관) 2010년 同기획담당관 2010년 同친서민정책추진단장 2011년 同산학협력관(고위공무원) 2014년 교육부 대학정책실 학술장학지원관 2016년 경기도교육청 제1부교육감 2017년 교육부 대학정책관(일반직고위공무원) 2017~2019년 同사학혁신위원회 위원 2018년 同평생미래교육국장 2019년 同고등교육정책관(현)

최은정(崔恩禎 · 女)

(생)1972 · 10 · 19 (출)경북 포항 (주)서울특별시 서초구 서초중앙로 157 서울고등법원(02-530-1114) (학)1991년 대구 송현여고졸 1996년 한국외국어대 법학과졸 1998년 서울대 대학원 법학과 수료 (경)1998년 사법시험 합격(40회) 2001년 사법연수원 수료(30기) 2001년 수원지법 판사 2003년 서울지법 판사 2004년 서울중앙지법 판사 2005년 부산지법 판사 2009년 서울동부지법 판사 2012년 서울중앙지법 판사 2014년 서울서부지법 판사 2014~2016년 사법정책연구원 연구위원 겸임 2016년 대구지법 부장판사 2017년 서울고법 판사(현)

최은주(崔恩姝 · 女) Choi Eun-ju

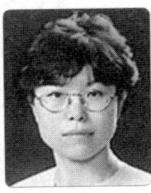

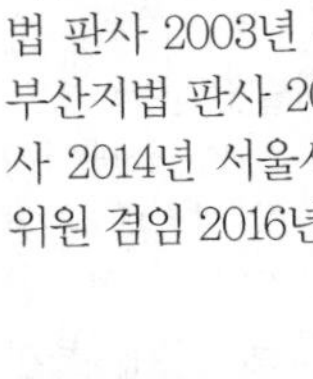

(생)1965 · 1 · 25 (출)서울 (주)서울특별시 서초구 서초중앙로 157 서울중앙지방법원(02-530-1690) (학)1983년 건국대사대부고졸 1987년 서울대 불어불문학과졸 1993년 同대학원 법학과졸 (경)1997년 사법시험 합격(39회) 2000년 사법연수원 수료(29기) 2000년 수원지법 성남지원 판사 2002년 서울

지법 판사 2004년 전주지법 판사 2007년 서울가정법원 판사 2009년 서울중앙지법 판사 2012년 서울가정법원 판사 2015년 同부장판사 2017년 대법원 '사법부 블랙리스트 추가조사위원회' 위원 2019년 서울중앙지법 부장판사(현)

최은창(崔恩昌) CHOI Eun Chang

(생)1956 · 11 · 14 (주)서울특별시 서대문구 연세로 50-1 세브란스병원 안 · 이비인후과병원 이비인후과(02-2228-3608) (학)연세대 의대졸 1984년 同대학원 의학석사 1990년 의학박사(연세대) (경)1981~1982년 세브란스병원 인턴 1982~1985년 同이비인후과 전공의 1985~1986년 보병 제51연대 의무중대장 1986~1988년 국군수도병원 군의관 1988~2004년 연세대 의대 이비인후과학교실 강사 · 조교수 · 부교수 1988년 일본 쿠마모토대 이비인후과 Visiting Fellow 1990~1991년 미국 MD앤더슨암센터 이비인후과 Visiting Fellow 1991~1992년 인천기독병원 이비인후과장 1993~1994년 대한기관식도과학회 총무 2001~2003년 대한이비인후과학회 총무이사 2002~2004년 대한두경부외과연구회 편집이사 2004년 연세대 의대 이비인후과학교실 교수(현) 2005~2008년 대한갑상선두경부외과학회 감사 2007~2013년 세브란스병원 두경부암전문클리닉팀장 2008~2016년 연세대의료원 안 · 이비인후과병원 이비인후과장 2009~2010년 대한갑상선두경부외과학회 상임위원 2010~2011년 대한이비인후과학회 이사장 2011년 대한갑상선두경부외과학회 고문위원(현) 2012~2016년 연세대 의대 이비인후과학교실 주임교수 2016~2018년 연세대의료원 안 · 이비인후과병원장 2016~2018년 대한두경부종양학회 회장 2019년 아시아두경부종양학회 회장(현) (상)동아일보 Best doctor in head and neck surgery(2001 · 2002)

최은하(崔銀河) Eun-ha CHOI (별 밭)

(생)1938 · 2 · 22 (본)탐진(耽津) (출)전남 나주 (학)1957년 한영고졸 1961년 경희대 국어국문학과졸 1975년 同대학원졸 (경)1959년 자유문학에 詩 '꽃에게'로 추천완료 등단 1961년 한국문인협회 입회 1969년 국제펜클럽 한국본부 이사 1982년 보리수시낭송모임 상임시인(현) 1984~2002년 경희문인회 부회장 1985~1990년 한국현대시인협회 이사 1990~1992년 한국기독교문인협회 회장 1990~1992년 자유시인협회 부회장 1993년 한국기독교문인협회 고문(현) 1994~1996년 한국현대시인협회 부회장 2009년 국제펜클럽 한국본부 고문(현) 1996년 계간 '믿음의 문학' 발행인(현) 2001~2008년 동아일보 문화센터 현대시창작반 출강 2002~2004년 한국현대시인협회 회장 2002~2008년 성동문인협회 회장 2004~2007년 한국문인협회 이사 2005~2008년 국제펜클럽 한국본부 이사 2005년 한국현대시인협회 고문 겸 평의원(현) 2005년 경희문인회 고문(현) 2007년 한국문인협회 고문(현) 2008년 성동문인협회 명예회장 2011년 성동문인협회 고문(현) (상)경희문화상(1961 · 1975), 경희문학상(1984), 한국현대시인상(1987), 한국문학상(1991), 기독교문화대상(1997), 성동문학상(2011), 한림문학상(2012), 들소리문학상(2015), 백호임제문학상(2016) (저)시집 '너와의 최후를 위하여'(1970) '보안등'(1974) '태초의 바람(共)'(1975) '왕십리 안개'(1981) '한국동시동요해설(編)'(1981) '푸른 별나라 풍경'(2019) 수필집 '그래도 마저 못한 말 한 마디'(1981) '한국기독교 신앙시선(編)'(1985) '바람은 울지 않는다'(1985) '세계명시선-사랑한다는 그 말 한마디(編)'(1986) '바람의 초상'(1987) '대학국어'(1988) '빛의 소리'(1988) '그리운 중심'(1988) '꽃과 사랑의 그림자'(1991) '그리움은 바람꽃으로 피어'(1992) '대학기본한자교본'(1993) '비추사이다 비추사이다'(1994) '안개 바람소리 꽃뱀 울음'(1995) '최은하 시전집'(1999) '오랜 기다림의 꽃'(2002) '천년의 바람'(2006) '마침내 아득하리라'(2008) '드디어 때가 이르니'(2009) '별과 꽃과 그리움(共)'(2012) '가을 햇살 한줌'(2012) '하루 해 저물녘에'(2014) '증보판 최은하 시전집'(2014) (종)기독교

최은하(崔銀河) CHOI Eun Ha

(생)1960 · 12 · 20 (본)경주(慶州) (출)강원 인제 (주)서울특별시 노원구 광운로6길 53 광운대학교 자연과학대학 전자바이오물리학과(02-940-5236) (학)1982년 서울대 물리교육과졸 1984년 한국과학기술원(KAIST) 대학원 물리학과졸 1987년 물리학박사(한국과학기술원) (경)1986~1988년 서울대 물리교육과 강사 1987~1988년 한국과학기술원(KAIST) 물리학과 연수연구원 1987~1989년 미국 Naval Surface Warfare Center 연구원 1989~1990년 미국 Hampton대 조교수 1989~1990년 미국 NASA 위촉연구원 1990~1992년 한국표준과학연구원 선임연구원 1992년 광운대 자연과학대학 전자바이오물리학과 조교수 · 부교수 · 교수(현) 2001~2003년 미국 텍사스테크대 교수 2004~2009년 광운대 차세대PDP공동연구지원센터장 2010년 同플라즈마바이오과학연구센터(SRC : PBRC) 설립 · 소장(현) 2016년 同플라즈마의과학센터(GRDC : APMC) 설립 · 소장(현) (상)문교부장관표창(1971), 광운대 학술상(2006), 한국우수과학기술자상(2007), 플라즈마 학술상(2015), 국제플라즈마의과학회 ICPM Plasma Medicine Award(P-MA)(2016) (저)'일반물리실험'(1995) '대학물리학 I · II'(1995)

최은형(崔銀亨) Choi Eun Hyoung

(생)1976 · 4 · 6 (주)대전광역시 서구 청사로 189 산림청 수목원조성사업단 기획과(042-481-1820) (학)1999년 서울대 산림자원학과졸 2011년 미국 워싱턴주립대 대학원 산림자원학과졸 (경)2004년 산림청 자원정책국 산림정책과 근무 2006년 同자원정책본부 산림자원팀 근무 2007년 국립산림과학원 연구기획과 근무 2009~2011년 미국 워싱턴대 교육파견 2011년 국립산림과학원 근무 2012년 산림청 산림자원국 산림정책과 근무 2015년 同산림보호국 백두대간보전팀장 2018년 同수목원조성사업단 기획과장(현)

최은희(崔銀姬 · 女) Choi, Eunhee

(생)1970 · 11 · 20 (주)세종특별자치시 갈매로 408 교육부 국제협력관실(044-203-6750) (학)1989년 광명여고졸 1993년 서울대 독어교육학과졸 2001년 미국 일리노이대 대학원 교육학과졸 2010년 교육학박사(고려대) (경)2011년 교육과학기술부 창의인성교육과장 2013년 교육부 대학장학과장 2014년 同대학정책과장 2016년 충북대 사무국장 2017년 교육부 사회정책협력관 2017년 同정책기획관 2018년 同학교혁신정책관 2019년 同국제협력관(현)

최응렬(崔應烈) CHOI Eung Ryul

(생)1961 · 1 · 29 (본)경주(慶州) (출)충남 보령 (주)서울특별시 중구 필동로1길 30 동국대학교 경찰사법대학 경찰행정학부(02-2260-8587) (학)1979년 서라벌고졸 1983년 동국대 경찰행정학과졸 1985년 同대학원졸 1995년 법학박사(동국대) (경)1988년 한국경호경비학회 부회장, 同이사 1988~1996년 동국대 경찰행정학과 강사 1989~2010년 경찰교육원 외래교수 1992~2002년 중앙경찰학교 외래교수 1992~2009년 경찰수사연수원 외래교수 1995~2004년 경찰대학 치안정책연구소 비상임연구위원 1996~1997년 동국대 대학원 강사 1996~1997년 경기대 교정학과 · 인천대 행정학과 강사 1997~2005년 계명대 경찰학부 전임강사 · 조교수 · 부교수 · 경찰학부장 1998~2015년 한국경찰학회 이사 1998~2011년 한국경찰연구학회 회장, 同고문 1998~2017년 국가정보원 국제범죄정책위원회 자문위원 2002~2003년 경북지방경찰청 지방경찰학교 외래교수 2002~2003년 대구지방경찰청 수사직무학교 외래교수 2005년 한국교정학회 이사 · 감사 · 부회장(현) 2005년 한국소년정책학회 이사 · 감사(현) 2005~2017년 한국범죄심리학회 이사 2005~2017년 동국대 사회과학대학 경찰행

정학과 부교수 · 교수 2006~2011년 同사회과학대학 부학장 · 행정대학원 부원장 2006년 경찰청 성과평가위원회 위원 2007~2013년 동국대 행정(외무)고시반 지도교수 2007~2009년 경찰청 마약류유관기관협의회 위원 2007~2013년 동국대 사회과학연구원장 2008년 경찰청 국가대테러협상전문위원 2010년 국회 입법지원위원(현) 2010~2012년 한국공안행정학회 회장 2010년 국가인권위원회 자유권전문위원회 검 · 경수사분과 위원 2010~2013년 한국셉테드(CPTED)학회 이사 2011~2012년 한국형사정책연구원 형사정책연구자문위원 2012~2015년 동국대 대외협력본부장 2013년 한국공안행정학회 고문(현) 2015년 경찰청 규제심사위원회 위원(현) 2015년 한국경찰학회 회장(현) 2015년 동국대 경찰 · 범죄연구소장(현) 2016년 경찰청 성과평가위원회 위원장(현) 2016년 同중앙공적심사위원회 위원(현) 2016년 경찰학교육협의회 초대회장(현) 2017년 국가정보원 국제범죄정책위원장(현) 2017년 동국대 경찰사법대학 경찰행정학부 교수(현) 2017년 한국범죄심리학회 자문위원(현) 2017년 해양경찰청 수사재석위원장(현) 2019년 동국대 언론정보대학원장 2019년 同국제정보보호대학원장 2019년 同경찰사법대학원장 겸 경찰사법대학장(현) 2019년 서울지방경찰청 시민감찰위원회 위원장(현) (상)경찰청장 감사장(1994 · 2003 · 2006 · 2009), 중앙경찰학교장 감사장(1995), 대구지방경찰청장 감사장(2001), 경북지방경찰청장 감사장(2002), 한국공안행정학회 학술장려상(2007), 동국학술대상 인문사회예체능부문(2009), 자랑스러운 동국불자상(2009), 동국우수교원상 교육부문 석박사양성(2014) (저)'형사정책(共)'(1997) '경찰학개론(共)'(2004) '경찰행정학(編)'(2006) '마약류 중독 수용자의 관리와 처우'(2006) '경찰개혁론(編)'(2006) '환경설계를 통한 범죄예방'(2006) '현대사회와 범죄(共)'(2007) '민간경비론'(2009) '경찰조직론'(2013) (역)'성숙한 사회의 범죄와 예방'(1996)

최응호(崔應鎬) CHOI Eung Ho

(생)1963 · 3 · 23 (본)전주(全州) (출)서울 (주)강원도 원주시 일산로 20 연세대학교 원주의과대학 피부과학교실(033-741-0623) (학)1988년 연세대 원주의대 의학과졸 1991년 同대학원 의학석사 1998년 의학박사(연세대) (경)1989~1991년 원주세브란스기독병원 피부과 전공의 1991~1994년 육군 군의관 1994년 연세대 원주의대 피부과학교실 강사 · 전임강사 · 조교수 · 부교수 · 교수(현) 2003~2005년 미국 Univ. of California San Francisco 피부과 연수 2006~2008년 한국피부장벽학회 이사장 2012년 同부회장(현) 2013~2015년 대한아토피피부염학회 학술이사 2013~2015년 연세대 원주의대 교학부학장 2015~2017년 대한피부연구학회 총무이사 2015~2017년 대한아토피피부염학회 총무이사 2018년 대한피부과학회 윤리법제이사(현) (종)천주교

최의열(崔義烈) CHOI Eui Yeol

(생)1961 · 3 · 25 (출)경남 (주)강원도 춘천시 동내면 거두단지1길 43 바디텍메드(주)(033-243-1400) (학)1983년 서울대 생물교육학과졸 1985년 同대학원 과학교육학과졸 1991년 동물학박사(미국 테네시대 녹스빌교) (경)1991년 미국 예일대 생물학과 연구원 1992년 한림대 유전공학과 조교수 · 부교수 1994년 同유전공학과장 1998년 바디텍메드(주) 창립 · 대표이사 사장(현) 2000~2015년 한림대 자연과학대학 바이오메디컬학과 교수 2014년 강원바이오기업협회(GBA) 초대회장(현) 2016년 미국 이뮤노스틱스 인수 (상)자랑스러운 한림인상(2016)

최의주(崔毅柱) CHOI Eui Ju

(생)1957 · 11 · 2 (본)흥해(興海) (출)서울 (주)서울특별시 성북구 안암로 145 고려대학교 생명과학부(02-3290-4285) (학)1976년 경기고졸 1980년 서울대 제약학과졸 1982년 한국과학기술원(KAIST) 생물과학과졸(석사) 1990년 이학박사(미국 하버드대) (경)1990~1993년 미국 워싱턴대 의대 Post-Doc. 1993~1997년 한국과학기술원(KAIST) 세포생물학연구실장 1997~2003년 고려대 생명과학부 조교수 · 부교수 · 교수(현) 1998~2009년 同세포사멸연구센터 소장 2005~2009년 同현대 · 기아 생명과학석좌교수 2006년 교육인적자원부 및 한국학술진흥재단 선정 '대한민국 국가석학(Star Faculty)' 2014년 고려대 벤트리 석좌교수(현) (상)한국과학기술단체총연합회 우수논문상, 우수한국인 의과학자 20인에 선정(2002), 한국과학상(2002), 생명약학우수논문상(2003), 대한민국과학상(2004), 동헌생화학상(2010), 수당상 기초과학부문(2018)

최의호(崔義鎬) Choi Ui Ho

(생)1965 · 1 · 10 (출)경북 청송 (주)서울특별시 서초구 서초중앙로24길 27 지파이브센트럴프라자 302호 법무법인 위(02-596-2300) (학)1983년 관악고졸 1990년 고려대 법학과졸 (경)1993년 사법시험 합격(35회) 1996년 사법연수원 수료(25기) 1996년 대구지법 판사 1999년 同김천지원 판사 2000년 인천지법 부천지원 판사 2003년 서울지법 남부지원 판사 2005년 일본 히토쓰바시대 파견 2006년 서울고법 판사 2008년 서울행정법원 판사 2010년 서울남부지법 판사 2011년 울산지법 부장판사 2012년 사법연수원 교수 2014년 인천지법 부장판사 2015~2017년 서울남부지법 부장판사 2017년 법무법인 위(WE) 대표변호사(현)

최이돈(崔異敦) CHOI E Don

(생)1957 · 10 · 20 (주)대전광역시 대덕구 한남로 70 한남대학교 사범대학 역사교육과(042-629-7334) (학)1981년 서울대 국사학과졸 1983년 同대학원 국사학과졸 1991년 국사학박사(서울대) (경)1993~2002년 한남대 사범대학 역사교육과 조교수 · 부교수 2002년 同사범대학 역사교육과 교수(현) 2008년 同중앙박물관장 2009년 同교육대학원장 2014~2015년 同사범대학장 겸 교육연수원장 2018년 同기록관리학교육원장(현) 2018년 同대학원장 겸직(현) (저)'조선정치사(共)'(1990, 청년사) '조선중기 사림정치구조 연구'(1994, 일조각) '조선시대 사람들은 어떻게 살았을까'(1996) '한국전근대사의 주요 쟁점(共)'(2002, 역사비평사)

최익수(崔益壽) Choi Ik Soo

(생)1959 · 12 · 5 (출)충남 홍성 (주)대전광역시 유성구 대덕대로989번길 242 한전원자력연료(주) 경영관리본부(042-868-1220) (학)신일고졸, 인하대 경제학과졸 (경)1987년 한국전력공사 입사 2005년 同충남지사 기획관리실장 2010년 同감사실 조사팀장 2012년 同대전충남지역본부 서대전지사장 2014년 同감사실장 2015년 同자산관리처장 2015~2018년 同대전충남지역본부장 2018년 한전원자력연료(주) 경영관리본부장(현) (상)산업자원부장관표창(2011), 기업사회공헌대상(2017)

최익종(崔益鍾) CHOI, IG JONG

(생)1955 · 11 · 5 (본)전주(全州) (출)전북 정읍 (주)서울특별시 강남구 테헤란로 508 해성2빌딩 10층 코리아신탁(주) 임원실(02-3430-2036) (학)1973년 전북 영생고졸 1977년 전북대 경영학과졸 1992년 미국 워싱턴대 경영대학원졸(MBA) (경)1977년 한국산업은행 입행 1997년 同영업추진부 차장 1999년 同기업금융1실 팀장 2000년 同대우계열전담 T/F팀장 2002년 同기업금융1실 팀장 2003년 同전주지점장 2004년 同싱가폴지점장 2007년 同기업구조조정실장 2008년 同공공투자본부장 2009년 同투자금융본부장(부행장), 同고문 2010년 금호생명보험 대표이사 사장 2010~2011년 KDB생명 대표이사 사장 2014년 코오롱글로벌(주) 사외이사 겸 감사위원 2014년 코리아신탁(주) 대표이사 사장(현) 2016년 금융위원회 금융발전심의회 정책 · 글로벌금융분과 위원(현) 2016년 산업은행출자회사관리위원회 공동위원장(현) 2017년 대우조선해양 경영정상화관리위원회 위원(현)

최익훈(崔益焄) Choi Ick Hoon

(생)1960·6·3 (출)서울 (주)인천광역시 서구 환경로 42 한국환경공단(032-590-3700) (학)1979년 용산고졸 1984년 연세대 토목공학과졸 (경)2013~2014년 제7차 세계물포럼 환경부 대표 과학기술위원, 대한상하수도학회 부회장, 同이사(현), 한국물환경학회 이사(현), 한국환경공학회 이사(현), 한국자산관리학회 부회장(현), 서울시 감사관실 환경분과 옴부즈만(현), 同하수도정책 자문위원(현) 2017년 한국환경공단 물환경본부장(상임이사)(현), 2018평창동계올림픽 환경분과 위원

최인규(崔仁圭)

(생)1963·8·15 (출)충남 예산 (주)전라남도 장흥군 장흥읍 읍성로 123 장흥경찰서(061-860-7210) (학)신일고졸 1986년 경찰대 행정학과졸(2기) (경)1986년 경위 임용 2010년 총경 승진 2011년 충남 예산경찰서장 2011년 충남지방경찰청 경무과장 2013년 제주 동부경찰서장 2014년 제주지방경찰청 경무과장 2015년 전남 담양경찰서장 2016년 전남지방경찰청 수사1과장 2017년 전남 목포경찰서장 2018년 전남지방경찰청 수사과장 2019년 전남 장흥경찰서장(현)

최인규(崔仁圭) CHOI In Kyu

(생)1964·12·26 (출)전남 해남 (주)광주광역시 동구 준법로 7-12 광주고등법원(062-239-1163) (학)1983년 조선대부고졸 1989년 서울대 법학과졸 (경)1991년 사법시험 합격(33회) 1994년 사법연수원 수료(23기) 1996년 서울지법 서부지원 판사 1996년 서울지법 판사 1998년 광주지법 순천지원 판사 1999년 同순천지원(보성군법원·고흥군법원) 판사 2000년 同순천지원 판사 2001년 광주지법 판사 2003년 광주고법 판사 2006년 광주지법 판사 2009년 同장흥지원장 2011년 광주지법 부장판사 2014년 전주지법 군산지원장 2016년 대전고법 부장판사 2017년 광주고법 부장판사 2019년 同수석부장판사(현)

최인근(崔仁根) CHOI Ihn-Geun

(생)1954·6·16 (본)전주(全州) (출)경기 화성 (주)강원도 춘천시 한림대학길 1 한림대학교 의과대학(033-248-2501) (학)1981년 서울대 의과대학졸 1985년 同대학원 의학석사 1992년 의학박사(서울대) (경)1991~2019년 한림대 의대 정신과학교실 조교수·부교수·교수, 同의대 정신건강의학교실 교수 1995~1996년 미국 Vanderbilt대 의료원 전임의 1996년 한국중독정신의학회 편집위원 2000년 同교육수련위원장 2002~2006년 대한생물정신의학회 간행이사 2004~2006년 대한중독정신의학회 대외협력이사 2006~2008년 한국중독정신의학회 부이사장 2007~2013년 한림대 의과대학 정신과학교실 주임교수, 대한생물정신의학회 자문위원 2008~2010년 한국중독정신의학회 이사장 2010~2015년 아시아태평양알코올및중독연구학회 회장 2016~2017년 한국정신분석학회 회장 2017년 同고문(현) 2019년 한림대 의대 정신건강의학교실 명예교수(현) (상)ECNP Travel Award(2003), 대한신경정신의학회 환인정신의학 학술상(2005), 한국과학기술단체총연합회 과학기술우수논문상(2006), 최신해 학술상(2011) (저)'신경정신의학(共)'(1998) '노인정신의학(共)'(2004)

최인기(崔仁基) CHOI In Kee

(생)1944·3·18 (본)경주(慶州) (출)전남 나주 (주)서울특별시 서초구 서초대로 59 경은빌딩 6층(02-535-1364) (학)1962년 경기고졸 1966년 서울대 법대 행정학과졸 1976년 미국 존스홉킨스대 대학원 행정개혁단기과정 수료 1982년 국방대학원졸 1996년 명예 행정학박사(명지대) (경)1966년 행정고시 수석합격(4회) 1967~1974년 내무부 행정사무관 1974~1980년 同법무담당관·새마을기획과장·지방기획과장·재정과장·행정과장 1980년 同자연보호담당관·새마을담당관 1981년 전북도 부지사 1982년 충남도 부지사 1983년 내무부 감사관 1984년 대통령 사정비서관 1986년 내무부 차관보 1988년 광주시장 1990년 전남도지사 1991~1993년 내무부 차관 1994년 전남대 초청교수 1994~1995년 농림수산부 장관 1996년 여수수산대 총장 1998~2000년 여수대 총장 1998년 경찰개혁위원회 위원장 1998년 제2의건국범국민추진위원회 상임이사 1999년 사법개혁위원 2000~2001년 행정자치부 장관 2001년 한국개발연구원 국제정책대학원 초대교수 2001~2002년 대불대 총장 2002년 법무법인 세종 고문 2002년 명지대 석좌교수 2003년 호남대 총장 2003년 전국사립대학총장협의회 부회장 2004년 제17대 국회의원(나주·화순, 무소속·민주당·통합민주당) 2005년 민주당 부대표 2005년 同나주·화순지역운영위원회 위원장 2005년 同전남도당 위원장 2006~2007년 同정책위원회 의장 2006년 서남해안발전을위한의원모임 공동대표 2007년 민주당 최고위원 2007년 同원내대표 2008년 통합민주당 최고위원 2008년 同정책위 의장 2008년 제18대 국회의원(나주·화순, 통합민주당·민주당·민주통합당·무소속) 2008년 민주당 예결위원장 2008년 同당무위원 2008년 혁신도시건설촉진국회의원모임 대표 2009년 국회 지방행정체제개편특별위원회 위원장 2010~2014년 국회 농림수산식품위원장 2011년 민주당 구제역·AI및축산업대책특별위원회 위원장 2012년 제19대 국회의원선거 출마(나주·화순, 무소속) 2012년 세한대 명예총장 겸 석좌교수(현) (상)새마을훈장 노력장, 청조근정훈장, 황조근정훈장 (저)'지방자치과제와 방향' '지방의회론 이론과 실제' '일과 삶을 사랑한 작은거인'

최인범(崔仁範) Inbom Choi

(생)1957·6·15 (출)경기 안성 (주)서울특별시 강남구 테헤란로124 11층 마힌드라코리아(02-554-4282) (학)경제학박사(미국 조지타운대) (경)1985~1989년 세계은행(IBRD) 연구조사역 1990~1994년 대외경제정책연구원(KIEP) 연구위원 1995년 국가세계화추진위원회 전문위원 1995~1996년 대통령 경제비서실 대외경제담당관 1997~1998년 APEC교육재단 사무국장 1998~1999년 ASEM차세대지도자회의 한국대표 1999~2002년 미국 국제경제연구소(IIE) 초빙연구위원 2000~2002년 미국 조지타운대 초빙교수 2002~2003년 전국경제인연합회 수석이코노미스트 겸 상근부회장 자문역 2003~2005년 경기도경제단체연합회 사무처장 2003~2005년 경기도지사 경제특보 2005년 Lee International IP & Law Group 고문 2003·2005년 경기도 외국인투자유치자문관 2005년 세계경제연구원 연구자문위원 2006년 현대제철 자문위원 2005~2006년 무역투자연구원 연구자문위원 2005~2009년 삼정KPMG경제연구원 연구자문위원 2006~2010년 (주)한국IBM 상임고문 2003년 서강대 국제대학원 겸임교수(현) 2006년 駐韓미국상공회의소 정부·국제관계위원회 위원장(현) 2008~2010년 同이사, 미국 조지타운대 한국총동창회 부회장(현) 2011~2013년 GM Korea 상임고문 2011~2014년 자동차위원회 위원장 2012~2017년 同이사회 고문 2013~2014년 자동차부품연구원 이사 2013~2014년 코웨이(주) 사외이사 2014~2016년 경제인문사회연구회 기획위원 2014~2017년 GE Korea 상임고문 2017년 한미협회 비즈니스위원회 위원장(현) 2018년 駐韓인도상공회의소 이사(현) 2018년 마힌드라코리아 대표 겸 마힌드라그룹 상임고문(현) (저)'한미 자유무역 협정의 타당성과 파급영향' '코리안 디아스포라와 세계경제' (종)기독교

최인석(崔仁石) Choi In-Seok

(생)1953·10·2 (주)서울특별시 중구 동호로 197 유유제약 비서실(02-2253-6600) (학)1976년 한양대 교육학과졸 (경)1978년 (주)유한양행 판매촉진부 근무 1983년 (주)대웅제약 근무 1985년 (주)한국안센 영업부장 1994년 同이사, 同전문의약품사업담당 상무, CJ제일제당 의약품사업부

영업 · 마케팅 총괄임원 2013년 유유제약 대표이사 사장 2014년 同마케팅 총괄사장 2014년 同대표이사 사장 2019년 同경영총괄 사장(현)

최인석(崔仁錫) CHOI In Seok

(생)1958 · 7 · 25 (출)충남 논산 (주)대전광역시 중구 동서대로 1337 충청신문 편집국(042-252-7470) (학)1988년 한남대 지역개발학과졸 (경)1990년 대전매일신문 편집부 기자 2001년 同편집부장 2003년 同문화레저부장 2004년 同지방부장 2005년 충청투데이 지방부장 2005년 同경제2부장 2006년 同경제부 기업담당 부장 2007년 同사회교육부장 2012년 同경제부장(부국장대우) 2016년 충청신문 편집국장(이사) 2018년 同편집국장(상무이사) 2019년 同편집국장(전무이사)(현)

최인석(崔仁碩)

(생)1975 · 8 · 8 (출)경북 경산 (주)서울특별시 서대문구 통일로 97 경찰청 인권침해사건진상조사위원회 실무지원팀(02-3150-2121) (학)1994년 대구 경신고졸 2002년 연세대 경영학과졸 2004년 서울대 법대 법학과졸 2010년 同대학원 법학과졸 (경)2002년 사법시험 합격(44회) 2006년 사법연수원 수료(35기) 2006년 변호사 개업 2006년 경정 임관(사법고시 특채) 2009년 경찰청 수사국 사이버테러대응센터 사이버수사1담당 2011년 서울 방배경찰서 수사과장 2016년 경찰청 기획조정담당관실 새경찰추진단 담당(총경) 2016년 서울지방경찰청 경무과 근무(총경) 2016~2017년 同수사과 근무(총경) 2017년 강원 화천경찰서장 2019년 경찰청 인권침해사건진상조사위원회 실무지원팀장(현) (종)불교

최인선(崔仁善) CHOI, In-seon

(생)1964 · 8 · 25 (본)전주(全州) (출)강원 삼척 (주)서울특별시 중구 을지로 100 신한카드(주) 영업추진그룹(02-6950-1006) (학)1983년 대구 능인고졸 1989년 영남대 행정학과졸 (경)2004년 LG카드 채권지원팀 부장 2004년 同경영혁신팀 부장 2006년 同영업관리팀 부장 2007년 同전략지원팀 부장 2007년 신한카드(주) 전략기획팀 부장 2009년 同AM본부장 2011년 同RM사업본부장 2013년 同마케팅본부장 2013년 同소비자보호BU 본부장 2016년 同신용관리BU 선임본부장 2018년 同경영기획그룹 부사장 2019년 同영업추진그룹장(부사장)(현) (종)기독교

최인순(崔仁洵) Choi in soon

(생)1965 · 10 · 27 (주)세종특별자치시 국세청로 8-14 국세청 국제세원관리담당관실(044-204-2861) (학)1983년 경북 영주중앙고졸 1991년 연세대 신문방송학과졸 (경)1993년 공무원 임용(7급 공채) 1993년 서울 종로세무서 총무과 근무 1993년 안산세무서 부가가치세과 근무 1996년 국세청 국제조세국 근무 1999년 同법인납세국 국제업무과 근무 2001년 同국제조세관리관실 국제세원관리담당관실 근무 2002년 서울지방국세청 조사2국 조사4과 근무 2003년 同조사2국 조사1과 · 3과 근무 2003~2006년 일본 요코하마국립대 파견 2006년 국세청 국제조세관리관실 국제협력담당관실 근무 2008년 안양세무서 조사과장 직대 2008년 同총무과장 직대 2008년 同조사과장 2009년 국세청 국제조세관리관실 국제협력담당관실 근무 2011년 안산세무서 납세자보호담당관실 근무 2012년 국세청 심사1담당관실 근무 2012년 同차장실 근무 2013년 同법인납세국 원천세과 서기관 2014~2017년 駐일본 1등서기관 2017년 경기광주세무서장 2017년 중부지방국세청 조사1국 조사1과장 2019년 중부지방국세청 운영지원과장 2019년 국세청 국제세원관리담당관(현)

최인욱(崔寅郁) CHOI In Wook

(생)1962 · 5 · 27 (주)전라북도 완주군 이서면 농생명로 245 한국식품연구원 기능성식품연구본부(063-219-9097) (학)경북대 식품공학과졸, 同대학원졸, 이학박사(미국 캔자스주립대) (경)경북대 식품공학과 조교, 미국 캔자스주립대 연구조교, 계명대 시간강사, 한국식품개발연구원 김치연구사업단 연구원 2002년 同식물자원연구팀장 2007년 한국식품연구원 식물자원연구팀 책임연구원 2008년 同산업원천기술연구본부 신소재연구단장(책임연구원) 2011년 同대외협력홍보실장, 同감사실장 2014년 同소재연구센터장 2015년 同기능성식품연구본부 대사질환연구단장 2016년 同기능성식품연구본부장(현)

최인철

(생)1972 · 1 · 6 (주)인천광역시 남동구 소래로 540 남동아시아드럭비경기장 현대제철 레드엔젤스 (학)동북고졸, 건국대졸 (경)1998년 동명초 남자축구부 코치 2000년 동명초 여자축구부 감독 2001~2004년 오주중 여자축구부 감독 2004~2008년 동산정보산업고 여자축구부 감독 2006년 여자축구 U-19 청소년대표팀 수석코치 2007년 여자축구 국가대표팀 수석코치 2010년 여자축구 U-20 청소년대표팀 감독, 여자축구 U-19 청소년대표팀 감독 2010년 제16회 광저우아시안게임 여자축구 국가대표팀 감독 2011년 현대제철 레드엔젤스 감독(현) 2014년 대한축구협회 기술위원회 기술위원 2019년 여자축구 국가대표팀 감독

최인표(崔仁杓) CHOI In Pyo

(생)1956 · 1 · 8 (출)경기 부천 (주)대전광역시 유성구 과학로 125 한국생명공학연구원 면역치료제연구센터(042-879-8230) (학)1979년 서울대 농생물학과졸 1981년 同대학원 농생물학과졸 1988년 생물학박사(미국 앨라배마대) (경)1988~1991년 미국 Virginia대 의대 Post-Doc. 1991년 생명공학연구소 책임연구원 2001년 한국생명공학연구원 책임연구원, 同면역학연구실장 2003년 同세포체연구단장 2005~2011년 同세포치료제연구센터장 2007년 同줄기세포연구단장 2011년 同면역치료제연구센터장 2015년 同면역치료제융합연구단장 2018년 同면역치료제연구센터 책임연구원(현) 2019년 한국과학기술한림원 정회원(현) (상)한국생명공학연구원 우수상(2005), 과학기술포장(2010), 과학기술훈장 웅비장(2018)

최인혁

(생)1971 · 11 · 2 (주)경기도 성남시 분당구 불정로 6 네이버 임원실(1588-3830) (학)1993년 서울대 제어계측공학과졸 1995년 同대학원 제어계측공학과졸 (경)1995~1999년 삼성SDS 근무 1999년 NHN 입사 2000~2005년 네이버 개발 · 사업경영담당 임원 2005~2011년 同서비스본부 2011~2015년 同I&S서비스운영본부장 2014년 해피빈재단 대표(현) 2016년 네이버(주) 비즈니스위원회 리더(비즈니스총괄 부사장) 2018년 同최고운영책임자(부사장)(현) 2019년 네이버파이낸셜(주) 대표이사(현)

최인호(崔仁浩) CHOI Inho

(생)1957 · 12 · 30 (본)경주(慶州) (출)대구 (주)강원도 원주시 흥업면 연세대길 1 연세대학교 원주캠퍼스 과학기술대학 생명과학기술학부(033-760-2244) (학)1981년 연세대 이과대 생화학과졸 1985년 미국 인디애나주립대 대학원 생명과학과졸(대사생화학전공) 1989년 생명과학박사(근육생화학전공)(미국 인디애나주립대) (경)1989~1991년 미국 펜실

베니아대 Dept. of Biology Post-doc. Fellow 1991년 연세대 문리대 생물학과 조교수·부교수·교수, 同생명과학과 교수 1997년 미국 Smithsonian Tropical Research Institute 객원연구원 2005년 일본우주생물과학회 편집위원(현) 2007~2010년 연세대 바이오신소재연구소장 2008년 同과학기술대학 생명과학기술학부 교수(현) 2008~2013년 국가우주연구실 연구책임자 2011~2013년 연세우주생명과학연구단장 2011~2016년 COSPAR 한국위원(생명과학 분과) 2012~2017년 한국우주생명과학연구회 회장 2013~2014년 아시아마이크로중력심포지엄 의장 2014~2015년 한국마이크로중력학회 회장 2015년 International Academy of Astronautics(IAA) 학술회원 (저)'별'(2006, 푸른사상사) '소행성 내려오던 밤'(2013, 푸른사상사) '지구에서 만난 우주인'(2013, 홍릉과학출판사) (역)'생존의 한계(共)'(2001, 한국동물학회) '세계동물백과'(2004, 한국동물학회)

최인호(崔仁昊) CHOI In Ho

(생)1966·10·15 (본)경주(慶州) (출)경남 창녕 (주)서울특별시 영등포구 의사당대로 1 국회 의원회관 332호(02-784-2195) (학)1985년 부산 동인고졸 1993년 부산대 정치외교학과졸 2001년 同대학원 정치외교학과졸, 同대학원 정치외교학 박사과정 수료 (경)1989년 부산대 총학생회장 1993년 민주주의민족통일부산연합 조직국장 1996년 인터넷정보시스템 '위드넷' 사장 1998~2000년 노무현 국회의원 비서관 2000년 전대협동우회 부회장 2000년 새천년민주당 부산시해운대구·기장군甲지구당 위원장 2002년 同노무현 대통령후보 보좌역 2003년 부산정치개혁추진위원회 대변인 2003년 열린우리당 부산시지부 대변인 2003년 대통령자문 국가균형발전위원회 자문위원 2004년 열린우리당 APEC지원특별위원회 부위원장 2004년 同부산시당 정치개혁위원장 2005~2006년 대통령 부대변인 2006년 대통령 국내언론비서관 겸임 2010~2012년 민주당 부산시당 위원장 2012년 제19대 국회의원선거 출마(부산시 사하구甲, 민주통합당) 2012년 민주통합당 부산시선거대책위원회 위원장 2014~2015년 새정치민주연합 부산시 사하구甲지역위원회 위원장 2015년 同혁신위원회 위원 2015년 더불어민주당 부산시사하구甲지역위원회 위원장(현) 2016년 제20대 국회의원(부산시 사하구甲, 더불어민주당)(현) 2016년 더불어민주당 원내부대표 2016년 국회 운영위원회 위원 2016~2018년 국회 국토교통위원회 위원 2016~2018년 더불어민주당 부산시당 위원장 2016년 同최고위원 2016~2017년 同원전안전특별위원회 위원장 2016년 同을지로위원회 위원(현) 2017년 국회 헌법개정특별위원회 위원 2017년 더불어민주당 제19대 문재인 대통령후보 중앙선거대책위원회 지역균형정책위원회 부위원장 2018년 국회 헌법개정 및 정치개혁특별위원회 위원 2018년 국회 산업통상자원중소벤처기업위원회 위원(현) 2018년 국회 정치개혁특별위원회 위원(현) 2019년 국회 예산결산특별위원회 위원(현) (상)선행천사 세계나눔대상 지역발전 대상(2015)

최인호(崔仁鎬) CHOE In Ho

(생)1969·2·4 (출)인천 (주)부산광역시 연제구 법원로15 부산고등검찰청(051-606-3300) (학)1987년 부평고졸 1991년 서울대 법학과졸 1993년 同대학원졸 (경)1992년 사법시험 합격(34회) 1995년 사법연수원 수료(24기) 1995년 공익 법무관 1998년 부산지검 검사 2000년 수원지검 평택지청 검사 2001년 인천지검 부천지청 검사 2004년 서울중앙지검 검사 2006년 통합형사사법구축기획단 파견 2007년 청주지검 부부장검사 2007년 형사사법통합정보체계추진단 파견 2009년 인천지검 부부장검사 2010년 광주지검 부부장검사 2010년 부산지검 공안부장 2011년 同동부지청 형사1부장 2012년 인천지검 부천지청 부장검사 2013년 부산지검 형사3부장 2014년 인천지검 부부장검사(방콕 유엔마약범죄사무소(UNODC) 파견) 2017년 서울고검 검사 2018년 부산고검 검사(현)

최인홍(崔仁鴻·女) CHOI In Hong

(생)1956·1·30 (주)서울특별시 서대문구 연세로 50-1 연세대학교 의과대학 미생물학교실(02-2228-1821) (학)1980년 연세대 의대졸 1982년 同대학원졸 1986년 의학박사(연세대) (경)1988~2000년 연세대 의과대학 미생물학교실 전임강사·조교수·부교수 1991~1993년 미국 North Shore Univ. Hospital 방문연구원 2000년 호주 Walt and Elisa Hall Institute 방문연구원 2000년 연세대 의과대학 미생물학교실 교수(현) 2013~2014년 대한미생물학회 부회장 2014~2019년 한국연구재단 학술지발전위원회 과학기술분과 위원장 2015년 대한미생물학회 회장, 同이사

최 일(崔 壹) CHOI Il

(생)1955·1·6 (출)광주 (주)전라남도 나주시 건재로 185 동신대학교 총장실(061-330-3004) (학)1973년 광주제일고졸 1977년 서울대 건축공학과졸 1980년 同대학원 건축학과졸 1989년 공학박사(서울대) (경)1980~1990년 울산대 공대 건축학과 전임강사·조교수·부교수 1985~1990년 경남도문화재위원회 전문위원 1990년 목포대 공대 건축학과 전임강사·조교수·부교수, 同공대 건축학과 교수 1993~1994년 同공대 교무과장 1994~1995년 일본 東京大 공학부 건축학과 객원연구원 1996~2001년 목포대 공대 건축공학과장 2006~2008년 청와대 건설기술·건축문화선진화위원회 위원 2006~2008년 목포대 산학협력단장 2007~2008년 국가균형발전위원회 전문위원 2008~2009년 국토해양부 중앙건축위원회 위원 2010~2012년 목포대 공과대학장 2012~2013년 국토해양부 국가건축정책위원회 자문위원 2014~2018년 목포대 제7대 총장 2014년 대통령직속 통일준비위원회 통일교육자문단 자문위원 2015~2018년 전남창조경제혁신센터 이사장 2017년 한국장학재단 정책연구위원 2017년 포뮬러원 국제자동차경주대회 조직위원회 위원장 2018년 동신대 제8대 총장(현) (상)제25회 국전 건축부문 문화공보부장관표창(1976), 제29회 국전 건축부문 입선(1980), 목포대 20년 근속표창(2010), 문화체육관광부장관표창(2011) (작)'해남 문화예술회관 현상설계'(1997) '도봉구청사 현상설계'(1998)외 51건

최일남(崔一男) CHOI Il Nam

(생)1932·12·29 (출)전북 전주 (주)서울특별시 서초구 반포대로37길 59 대한민국예술원(02-3479-7223) (학)1952년 전주사범학교졸 1957년 서울대 문리과대학 국어국문학과졸 1960년 고려대 대학원졸 (경)한국작가회의 고문(현), 박경리문학상위원회 위원(현) 1953년 '문예지'에 소설 '쑥 이야기' 추천으로 소설가 등단 1957년 '여원' 편집장 1959년 민국일보 기자·문화부장 1962년 경향신문 문화부장 1963년 동아일보 문화부장 1966년 신동아부장 1967년 同여성동아부장 1970년 同과학부장 1973년 同조사부장 1980년 同부국장대우 문화부장·해직 1989년 80년 해직언론인협의회 회장 1984년 同복직·논설위원 1988~1991년 한겨레신문 논설고문 1996년 민족문학작가회의 고문 1998~2003년 방송문화진흥회 이사 1998년 토지문화재단 이사(현) 2002년 대한민국예술원 회원(소설·현) 2005~2007년 同문학분과 회장 2008~2010년 (사)한국작가회의 이사장 (상)월탄문학상(1975), 한국소설문학상(1979), 한국일보문학상(1981), 이상문학상(1986), 인촌문학상(1994), 언론부분 위암 장지연상(1995), 오영수문학상(1998), 은관문화훈장(2001), 한무숙문학상(2001), 김동리문학상(2008), 서울시문화상 문학분야(2012), 서울대 인문대학 문학상(2019) (저)소설 '진달래', '서울 사람들'(1975), '생활속으로', '타령'(1977), '춘자의 사계'(1979), '손꼽아 헤어보니'(1979), '너무 큰 나무'(1981), '홰치는 소리'(1981), '거룩한 응달'(1982), '고향에 갔더란다'(1982), '흔들리는 성', '누

님의 겨울'(1984), '0씨의 이야기', '시작은 아름답다', '그리고 흔들리는 배'(1984), '틈입자'(1987), '젖어드는 땅'(1988), '무화과 꽃은 언제 피는가'(1988), '그때 말이 있었네'(1989), '타령'(1989), '숨통'(1989), '히틀러나 진달래'(1991), '하얀 손'(1994), '덧없어라 그 들녘'(1996), '만년필과 파피루스'(1997), '국화 밑에서'(2017 문학과지성사), '둘째 사위'(2018, 지성사) 수필 '홀로 생각하며 걸으며', '바람이여 풍경이여' 시사평론집 '왜소한 인간의 위대함, 위대한 인간의 왜소함', '아주 느린 시간'(2000), '석류'(2004) 산문집 '어느 날 문득 손을 바라본다'(2006), '풍경의 깊이 사람의 깊이'(2010)

최일신(崔一信) CHOE Il Shin

(생)1953 · 4 · 3 (본)전주(全州) (출)부산 (학)1985년 일본 낙농학원대(酪農學園大) 낙농학과졸 1987년 일본 北海道大 대학원 농학연구과졸 1990년 농학박사(일본 北海道大) (경)1993~2018년 한경대 농업생명과학대학 동물생명자원환경과학부 교수 1996년 同학생생활연구소장 및 연구지원실장 1999년 同낙농기술지원센터 소장 1999~2001년 同교무처장 2002년 친환경농축산물기술연구센터 소장 2003년 (주)한경햄 대표이사 2004년 러시아 자연과학아카데미(RANS) 정회원(현) 2005~2009년 한경대 총장 2010년 한국동물자원과학회 감사 2012년 (사)한국축산식품학회 부회장 2013년 同회장 2014년 (사)미래사회발전연구원 원장(현) 2015년 몽골국립생명과학대학 명예교수(현) (상)몽골국립생명과학대 골든게르게상(2015) (저)'식육가공학' (역)'고품질 우유생산' (종)기독교

최일학(崔日鶴) CHOI Il Hak

(생)1949 · 7 · 31 (출)울산 (주)울산광역시 북구 효암로 164 금강기계공업(주) 회장실(052-288-6005) (학)1975년 건국대 무역학과졸 (경)1980년 영남렌트카 울산지점장 1981~1983년 금강교통 대표이사 사장 1984년 금강렌트카(주) 대표이사 사장, 금강철강(주) 대표이사 사장, 금강기계공업(주) 대표이사 회장(현), 울산나눔회 초대회장, 울산상공회의소 상임의원 2004~2009년 同부회장 2004년 울산사회복지공동모금회 운영위원 2006년 同모금분과 실행위원장 2008~2010년 同회장 2009~2012년 울산상공회의소 회장

최임광(崔林光) Imkwang Choi (旦海)

(생)1956 · 2 · 10 (본)경주(慶州) (출)경남 밀양 (주)서울특별시 동대문구 서울시립대로 163 서울시립대학교 21세기관 308호 사회과학연구소(02-6490-5335) (학)1974년 밀양고졸 1980년 육군사관학교 중어중문과졸(36기) 1984년 동국대 행정대학원졸 2015년 행정학박사(서울시립대) (경)1987년 공무원 임용(5급 특채) 1998년 서울시 민방위과장(서기관) 1998년 同의회 공보실장 2000년 同보도담당관 2003년 同언론담당관 2004년 同총무과장 2005년 同감사담당관 2006년 同감사담당관(부이사관) 2007~2009년 미국 듀크대 연수(공공정책학과 Visiting Scholar) 2009년 서울시 G20정상회의지원단장 2010년 서대문구 부구청장 · 구청장 권한대행 2010년 서울시 도시교통본부 교통운영관 2011년 同맑은환경본부 기후변화기획관 2012년 同한강사업본부장(고위공무원) 2013~2014년 서울의료원 행정부원장 겸 공공보건의료지원단장 2015년 서울시립대 사회과학연구소 초빙연구위원(현), 同교수, 서경대 대학원 경영학과 강사, 한국정책개발학회 총무위원장, 한국반부패학회 특임위원, 한국행정학회 회원, 대한교통학회 회원 2017년 행정사사무소 임광 대표 2017년 한국일반행정사협회 부회장(현) 2018년 한국반부패학회 서울학회장(현) 2018년 한국정책개발학회 이사(2020년 차기회장)(현) (상)근정포장, 녹조근정훈장, 홍조근정훈장 (저)'웬쑤가 궁합을 만나는 날'(2013, 햇빛출판사) (종)불교

최임열(崔任烈)

(생)1976 · 1 · 25 (출)대구 (주)광주광역시 동구 준법로 7-12 광주지방검찰청 특수부(062-231-3114) (학)1994년 영남고졸 1999년 서울대 독어독문학과졸 (경)2000년 사법시험 합격(42회) 2003년 사법연수원 수료(32기) 2003년 부산지검 검사 2005년 수원지검 평택지청 검사 2007년 대구지검 서부지청 검사 2010년 수원지검 검사 2013년 법무부 상사법무과 검사 2016년 서울중앙지검 검사 2017년 同부부장검사 2018년 인천지검 부부장검사 2018년 금융위원회 파견 2019년 광주지검 특수부장(현)

최장관(崔章官) Jang gwan Choi

(생)1972 · 11 · 11 (출)충남 보령 (주)세종특별자치시 다솜3로 95 공정거래위원회(044-200-4092) (학)1993년 환일고졸 1998년 연세대 경제학과졸 (경)2002~2015년 공정거래위원회 시장감시국 서비스업경쟁과 · 감사담당관실 · 심판총괄담당관실 · 시장구조개선과 · 시장감시총괄과 근무 2016년 同시장감시국 제조업감시과장 2016년 산업통상자원부 무역투자실 무역안보과장 2017년 공정거래위원회 서울지방공정거래사무소 소비자과장 2017년 同부당지원감시과장 2019년 同정책홍보담당관(현) (종)천주교

최장림(崔長林) CHOI Jang Rim

(생)1958 · 9 · 16 (본)경주(慶州) (출)경남 창녕 (주)서울특별시 마포구 월드컵북로 396 누리꿈스퀘어 연구개발타워 16층 (주)싸이버로지텍 비서실(02-6350-2202) (학)부산 배정고졸 1981년 한국해양대 항해학과졸 2000년 同대학원 물류시스템공학과졸 2006년 공학박사(한국해양대) (경)1981년 미국 LASCO Shipping Co. 일등항해사 · 신조감독 1988년 Total Soft Bank 설립 1998년 중점 국가연구과제 첨단항만장비제어 · 통합운영시스템개발 책임자 2001년 Total Soft Bank 대표이사 2001년 부산벤처리더스클럽 회장 2002년 부산중국경제협력위원회 위원 2004년 한국해양대 공대 물류시스템공학과 겸임교수 2005년 한국항해항만학회 부회장 2005년 포렐테크날러지 설립 2006년 부산과학문화 대사 2006년 (주)싸이버로지텍 대외사업부문 총괄담당 부사장 2007년 同대표이사(현) (상)대통령표창(2000), 하이테크어워드경영대상(2001), 장영실상(2002), 동탑산업훈장(2003) (종)기독교

최장혁(崔壯赫) CHOI Jang Hyuk

(생)1963 · 8 · 25 (출)부산 (주)세종특별자치시 정부2청사로 13 행정안전부 전자정부국(044-205-2700) (학)경남고졸, 서울대 경영학과졸, 同환경대학원 수료 (경)1993년 행정고시 합격(36회) 1996~2001년 감사원 부감사관 2002년 중앙인사위원회 기획관리과 서기관 2002년 同정책지원과 서기관 2004년 同홍보협력담당관실 서기관 2008년 행정안전부 인사평가과장 2008년 同정보기반정책관실 정보화인력개발과장 2009년 同성과고객담당관 2009년 同정보화전략실 정보화기획관실 정보화총괄과장 2010년 同정보화전략실 정보화기획관실 정보화총괄과장(부이사관) 2010~2014년 2014인천아시아경기대회조직위원회 사업본부장 2015년 울산시 기획조정실장 2015년 행정자치부 대변인 2016년 駐미국 공사참사관 2019년 행정안전부 전자정부국장(현)

최재경(崔在卿) CHOI Jae Kyong

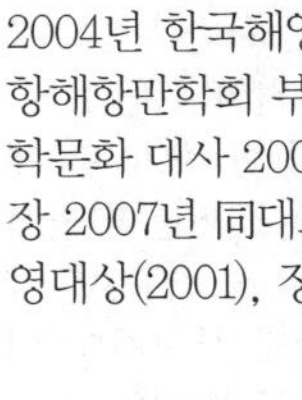

(생)1962 · 7 · 25 (본)화순(和順) (출)경남 산청 (주)서울특별시 강남구 영동대로 511 트레이드타워 4305호 변호사 최재경법률사무소 (학)1981년 대구고졸 1985년 서울대 법대졸 (경)1985년 사법시험 합격(27회) 1988년 사법연수원 수료(17기) 1988년 서울지검 검사 1990년 대구지검 김천지청 검사 1992년 법무부 검찰3과 검사 1994년 서울지검 검사 2000년 대구지검 부부장검사 2000년 광주지검 해남지청장 2001년 서울지검 부부장검사 2002

년 법무부 검찰국 검사 2003년 同검찰2과장 2004년 수원지검 형사4부장 2005년 대검찰청 중수1과장 2007년 서울중앙지검 특수1부장 2008년 대검찰청 수사기획관 2009년 서울중앙지검 3차장검사 2009년 법무부 기획조정실장 2010년 사법연수원 부원장 2011년 대검찰청 중앙수사부장 2012년 전주지검장 2013년 대구지검장 2013~2014년 인천지검장 2015년 변호사 개업(현) 2015년 KBS 자문변호사 2015년 법무연수원 석좌교수(현) 2015년 법률구조공단 상담자문변호사(현) 2016년 대통령 민정수석비서관 (상)법무부장관표창 (종)천주교

최재관(崔載官)

(생)1968 (출)전남 해남 (주)대전광역시 서구 청사로 189 관세청 심사정책국 기획심사팀(042-481-7674) (학)목포고졸, 성균관대 경제학과졸, 서울대 대학원 정책학과졸 (경)2002년 행정고시 합격(45회) 2009년 관세청 종합심사과 서기관 2010년 同규제개혁법무담당관 2013년 同국제조사팀장 2014년 인천공항국제우편세관장 2014년 관세청 법인심사과장 2015년 駐상하이총영사관 근무 2018년 관세청 자유무역협정집행기획관실 원산지지원담당관 2018년 同심사정책국 기획심사팀장(현)

최재구(崔在玖) CHOI Jae Goo

(생)1959·5·15 (출)대구 (주)경기도 수원시 영통구 삼성로 129 삼성전자(주)(031-209-7114) (학)경북대 전자공학과졸, 同경영대학원졸 (경)삼성전자 무선개발팀 수석연구원 2002년 同무선개발팀 연구위원(상무보) 2005년 同텔레커뮤니케이션총괄 무선개발팀 하드웨어담당 연구위원 2007년 同정보통신총괄 무선개발실담당 연구위원 2009년 同무선사업부 무선개발팀장(전무) 2012년 同무선사업부 북미개발팀장 2012년 同IM부문 무선사업부 북미개발팀장(전무) 2013년 同IM부문 베트남 제조법인 총괄(전무) 2016년 同IM부문 북미총괄 MPC 디비전장(전무)(현) (종)천주교

최재문(崔在汶) CHOI Jae Moon

(생)1961·2·28 (출)경북 경주 (주)서울특별시 서초구 강남대로 577 (주)한국야쿠르트 임원실(02-3449-6303) (학)1979년 경주고졸 1986년 계명대 경영학과졸 1992년 경북대 대학원 경영학과졸 (경)2000~2004년 한국야쿠르트 기획팀장 2005년 同경영기획부문장 2006년 同R사업본부장(러시아사업본부장) 2009~2011년 同관리총괄본부 부사장 2012년 (주)팔도 대표이사 사장 2015년 同대표이사 부회장 2017년 (주)한국야쿠르트 부회장(현)

최재민(崔在珉)

(생)1970·10·12 (출)경북 경산 (주)서울특별시 양천구 신월로 390 서울남부지방검찰청 총무과(02-3219-4200) (학)1989년 경주 무학고졸 1993년 성균관대 법학과졸 (경)1998년 사법시험 합격(40회) 2001년 사법연수원 수료(30기) 2001년 부산지검 검사 2003년 대구지검 김천지청 검사 2005년 서울중앙지검 검사 2008년 대구지검 포항지청 검사 2010년 서울동부지검 검사 2014년 대검찰청 검찰연구관 2016년 대구지검 상주지청장 2017년 법무연수원 대외연수과장 2018년 서울남부지검 형사4부장 2019년 同부부장검사(현) 2019년 공정거래위원회 파견(현)

최재봉(崔宰鳳) Choi Jae Bong

(생)1971 (주)세종특별자치시 국세청로 8-14 국세청 운영지원과(044-204-2250) (학)1989년 남성고졸 1996년 고려대 경제학과졸 (경)1995년 행정고시 합격(39회) 2006년 국세청 부가가치세과 근무 2009년 군산세무서장 2010년 국무총리실 정책분석평가실 평가관리관실 근무 2010년 駐OECD 주재관 2013년 서울지방국세청 조사3국 조사1과장 2014년 국세청 국제조사과장 2016년 同감사담당관 2016년 광주지방국세청 성실납세지원국장 2017년 서울지방국세청 징세관 2018년 부산지방국세청 조사2국장(이사관) 2019년 국가공무원인재개발원 파견(고위공무원)(현)

최재봉(崔宰鳳) CHOI Jae Bong

(생)1971·1·24 (출)경남 사천 (주)광주광역시 동구 준법로 7-12 광주지방검찰청 공공수사부(062-231-4306) (학)1990년 진주고졸 1995년 서울대 법학과졸 (경)2001년 사법시험 합격(43회) 2004년 사법연수원 수료(33기) 2004년 대구지검 검사 2006년 同상주지청 검사 2008년 인천지검 검사 2010년 서울동부지검 검사 2014년 법무부 법조인력과 검사 2015년 부산지검 검사 2017년 서울중앙지검 검사 2018년 同부부장검사 2019년 광주지검 공안부장 2019년 同공공수사부장(현)

최재붕(崔在鵬) Choi Jae Boong

(생)1965 (주)경기도 수원시 장안구 서부로 2066 성균관대학교 공과대학 기계공학부(031-290-7458) (학)성균관대 기계공학부졸, 同대학원졸, 공학박사(캐나다 워털루대) (경)2002년 성균관대 공과대학 기계공학부 교수(현) 2011년 同스마트융합디자인연구소(SMARDI) 사업단장 2013~2016년 대통령직속 원자력안전위원회 비상임위원 2014년 미래창조과학부 착용형스마트기기추진단장 2015년 (주)이마트 사외이사(현) 2017년 경기도 공유경제촉진위원회 위원(현) (상)근정포장(2012) (저)'엔짱'(2009, subook) '포노 사피엔스'(2019, 쌤앤파커스)

최재성(崔宰誠) CHOI Jae Sung

(생)1965·9·9 (본)경주(慶州) (출)경기 가평 (주)서울특별시 영등포구 의사당대로 1 국회 의원회관 836호(02-784-1307) (학)1984년 서울고졸 1994년 동국대 불교학과졸 2002년 同행정대학원 공공정책학과졸, 同대학원 정책학 박사과정 수료 (경)1988년 동국대 총학생회장 1999년 남양주시 정책기획단 상임부단장, 아젠다코리아 대표, 남양주정치개혁추진범시민위원회 상임대표 2002년 새천년민주당 노무현 대통령후보 선거대책위원회 경기동북부 공동대표 2003년 同노무현 대통령후보 선거대책위원회 청년특보단 상임부회장 2003년 경기북부비전21 공동대표 2004년 제17대 국회의원(남양주甲, 열린우리당·대통합민주신당·통합민주당) 2005년 남북경제문화협력재단 이사 2007년 열린우리당 원내부대표 2007년 同공동대변인 2007년 대통합민주신당 원내공보부대표 2008년 통합민주당 원내공보부대표 2008년 제18대 국회의원(남양주甲, 통합민주당·민주당·민주통합당) 2008년 민주당 대변인 2012~2016년 제19대 국회의원(남양주甲, 민주통합당·민주당·새정치민주연합·더불어민주당) 2012·2014년 국회 기획재정위원회 위원 2012년 국회 예산결산특별위원회 간사 2015년 새정치민주연합 네트워크정당추진단장 2015년 同사무총장 2015년 同총무본부장 2015년 同당무감사원 감사위원 2015년 더불어민주당 네트워크정당추진단장 2015~2016년 同총무본부장 2016년 同제20대 총선 선거대책위원회 위원 2017년 同제19대 문재인 대통령후보 중앙선거대책본부 종합상황본부 제1상황실장 2017년 同정당발전위원회 위원장 2018년 제20대 국회의원(서울 송파乙 재보궐선거 당선, 더불어민주당)(현) 2018년 국회 공공부문채용비리의혹과관련된국정조사특별위원회 위원장(현) 2018년 국회 국방위원회 위원(현) 2019년 더불어민주당 전략기획자문위원회 위원장(현) 2019년 同일본경제침략대책특별위원회 위원장(현) (상)의정행정대상(2008), 21세기 한국인상(2009) (저)'최재성 브리핑'(2010) '지금 만날까요'(2011, 나무와숲)

최재승(崔在昇) CHOI Jae Seung (庶村)

(생)1946 · 2 · 4 (본)동주(東州) (출)전북 익산 (주)서울특별시 영등포구 국회대로74길 19 민주평화당(02-784-3370) (학)1964년 이리고졸 1969년 경희대 정경대학 정치외교학과졸 1994년 서울대 행정대학원 수료 1995년 고려대 언론대학원 수료 1999년 명예 정치학박사(우즈베키스탄 타슈켄트국립대) 2001년 명예 법학박사(일본 帝京大), 명예 철학박사(미국 United States Sports Academy) 2005년 한국예술종합학교 최고경영자문화 · 예술과정 수료 2006년 한국고미술협회 고미술품감정아카데미 수료 2007년 서울과학종합대학원 음식평론CEO과정 수료 (경)1973년 예편(공군 중위) 1980년 민주연합청년동지회 창립발기인 1987년 민주화추진협의회 김대중공동의장 비서 1987년 평민당 창당발기인 1988년 同총재 보좌관 1991년 신민당 창당발기인 1992년 제14대 국회의원(익산, 민주당 · 국민회의) 1993년 민주당 원내부총무 1995~1998년 한국연극배우협회 후원회회장 1996년 제15대 국회의원(익산甲, 국민회의 · 새천년민주당) 1997~2003년 대한암협회 이사 1998년 아 · 태평화재단 후원회장 1998~1999년 방송개혁위원회 간사위원 1998년 국민회의 전당대회 부의장 1999년 同조직위원장 1999~2000년 새천년민주당 창당준비위원회 기획단장 · 발기인 2000년 同제1사무부총장 2000년 同기획조정실장 2000~2002년 월드컵조직위원회 위원(국회대표) 2000~2004년 제16대 국회의원(전국구, 새천년민주당) 2000~2002년 국회 문화관광위원장 2001~2002년 월드컵성공기원해맞이겨레의대회 공동위원장 2018년 민주평화당 고문(현) (저)'물밑의 하늘' '정권교체로 가는 길' '21세기를 향한 개혁과 창조' '문화를 읽는다 미래를 본다' (종)천주교

최재연(崔在演)

(생)1956 · 9 · 4 (주)강원도 춘천시 중앙로 1 강원도의회(033-249-5194) (학)송호대학 호텔관광과졸 (경)(사)철원군쌀전업농연합회 회장 2005~2018년 철원농업협동조합 조합장 2018년 강원도의회 의원(자유한국당)(현) 2018년 同농림수산위원회 위원(현)

최재영(崔宰榮) CHOI Jae Young (海峯)

(생)1945 · 3 · 1 (본)경주(慶州) (출)경북 울진 (주)서울특별시 영등포구 여의서로 43 한서리버파크 월간 정경뉴스(02-782-2121) (학)1988년 중앙대 신문방송대학원 신문학과졸 1997년 국민대 정치대학원 수료 1998년 연세대 언론홍보대학원 최고위과정 수료 2003년 同경영대학원 최고경영자과정 수료 2005년 중국 칭화대 최고경영자과정 수료 2006년 고려대 경영대학원 최고경영자과정 수료 2009년 서울대 국제대학원 GLP 수료 2012년 한국뉴욕주립대 스마트CEO과정 수료 2016년 서강대 경영전문대학원 최고위과정 수료 (경)1980년 신아일보 편집국 기자 1982년 경향신문 편집국 기자 1987년 세계일보 편집국 부장 겸 편집위원 1999년 월간 정경뉴스 대표이사 사장 2000년 同발행인 겸 회장(현) 2001년 (사)한국언론인연합회 사무총장 2007년 데일리 정경뉴스 발행인 2010~2016년 (사)한국언론인연합회 부회장 · 수석부회장 2011년 정경미디어그룹 회장(현) 2016~2018년 (사)한국언론인연합회 회장 2019년 한국바른언론인협회 이사장(현) (상)황낙주 국회의장 공로상(1996), 제17회 대한민국 사진대전 대상(1998), 사진영상의해유치공로 대통령표창(1999), 박관용 국회의장 공로상(2004), 문화관광부 우수잡지상(2006), 잡지발전기여 서울시장표창(2009), 문화체육관광부장관표창(2009), 한국언론인연합회 공로상(2010), 서울대국제대학원선정 우수경영인상(2011), 잡지언론창달기여 대통령표창(2014), 대통령표창(2014), 서강대 최우수경영자상(2016), 연세대 연세경영자상(2016) (저)'미완의 혁명(共)'(1993) '14대 국회의정사'(1996) '펜끝으로 본 한국의 자화상'(2010) (종)천주교

최재영(崔宰榮) CHOI Jae Young

(생)1965 · 5 · 15 (출)부산 (주)서울특별시 중구 명동11길 19 은행회관 3층 국제금융센터 원장실(02-3705-6201) (학)1983년 부산 브니엘고졸 1987년 서울대 경제학과졸 1989년 同행정대학원졸 1998년 경제학박사(미국 미주리주립대) (경)1988년 행정고시 합격(31회) 1989년 재무부 관세국 · 금융국 행정사무관 1994년 재정경제원 경제협력국 행정사무관 1999년 기획예산처 재정기획국 서기관 2005년 同균형발전지원과장 2005년 同재정분석과장 2006년 同농림해양재정과장 2007년 同재정정책과장(부이사관) 2010년 국제부흥개발은행(IBRD) World Bank Institute 선임정책관 2014년 기획재정부 재정기획국장 2016년 대통령 정책조정수석비서관실 기획비서관 2017~2019년 대통령직속 국민경제자문회의 지원단장(일반직고위공무원) 2019년 국제금융센터 원장(현) (종)기독교

최재용(崔宰墉) Choi Jae-Yong (仁山)

(생)1971 · 10 · 15 (본)전주(全州) (출)전북 김제 (주)전라북도 전주시 완산구 효자로 225 전라북도청 농축수산식품국(063-280-2600) (학)1990년 상산고졸 1994년 한양대 행정학과졸 2004년 한국개발연구원(KDI) 국제정책대학원졸 2005년 미국 럿거스대 대학원 도시계획학과졸 (경)2008~2011년 전북도 식품산업과장 2013~2014년 同친환경유통과장 2014~2015년 同기획관리실 성과관리과장 2016년 同새만금추진지원단장 2017년 同환경녹지국장 2017년 同기획관리실 기획관 2018년 同농축수산식품국장(현)

최재욱(崔在旭) Jae-Wook Choi

(생)1962 · 12 · 1 (출)서울 (주)서울특별시 성북구 안암로 145 고려대학교 의과대학 예방의학교실(02-2286-1407) (학)1988년 고려대 의과대학졸 1991년 서울대 대학원 보건정책학과졸 1996년 의학박사(고려대) (경)1988~1989년 고려대 구로병원 수련의 1989~1992년 同환경의학연구소 선임연구원 1992년 건국대 의과대학 예방의학교실 외래전임강사 1992~1993년 고려대 환경의학연구소 직업병진단과장 1993~1996년 한림대 의과대학 사회의학교실 전임강사 1993~1996년 한림대의료원 의과학센터 소장 1996년 고려대 의과대학 예방의학교실 조교수 · 부교수 · 교수(현) 1996년 同환경의학연구소 산업보건센터 소장 2003년 同환경의학연구소장(현) 2009년 同의무산학협력실장 2011~2013년 同보건대학원장 2014~2016년 고려대의료원 대외협력실장 2014년 대한의사협회 상근부회장 2015~2016년 同의료정책연구소장

최재원

(생)1961 · 12 · 24 (주)경상남도 사천시 용현면 시청로 77 사청시청 부시장실(055-831-2100) (학)1986년 경상대 행정학과졸 1993년 부산대 대학원 행정학과졸 2017년 고려대 정책학박사과정 재학 중 (경)2012~2013년 대통령 민정수석비서관실 공직기강비서관실 감찰2팀 근무 2013년 국무조정실 사회조정실 안전환경정책관실 근무 2013~2018년 同경제조정실 새만금사업추진단 근무 2018년 경남도 일자리창출과장 2019년 同일자리정책과장 2019년 경남 사천시 부시장(지방부이사관)(현) (상)국무총리표창(1999), 대통령표창(2017)

최재원(崔宰源) CHOI Jae Won

(생)1962 · 1 · 2 (본)경주(慶州) (주)경기도 안성시 대덕면 서동대로 4726 중앙대학교 체육대학(031-670-4527) (학)1986년 중앙대 체육학과졸 1988년 同대학원졸 1993년 스포츠심리학박사(한양대) (경)1989~1991년 수원대 강사 1991~1993년 중앙대 강사 1993~1998년 수원대 전임강사 1998~2011

년 중앙대 체육과학대학 교수, 同체육과학대학 사회체육학부장 2007~2009년 同체육과학대학장 2011년 同체육대학 교수(현) 2011년 同체육대학장 2013년 同안성캠퍼스 학생지원처장 2015년同안성캠퍼스 학생처장 겸 스포츠단장(현) (저)'유아 감성발달을 위한 움직임 교육의 실제' '골프의 길잡이'

최재원(崔再源) CHEY Jae Won

(생)1963 · 5 · 16 (본)수원(水原) (출)서울 (주)서울특별시 종로구 종로 26 SK(주) 임원실(02-2121-0114) (학)1982년 신일고졸 1986년 미국 브라운대 물리학과졸 1989년 미국 스탠퍼드대 대학원 재료공학과졸 1993년 미국 하버드대 대학원 MBA (경)1994년 SKC(주) 입사 1995년 同기획부장 1996년 同사업기획담당 겸 해외사업담당 상무보 1997년 同상무 1998년 同경영지원본부장 겸 사업기획실장(전무) 1999년 SK텔레콤(주) IMT2000사업추진위원회 전무 2000년 同부사장 2002년 同부사장 겸 Corporate Center장 2004년 SK엔론 부회장 2005~2012년 SK E&S 대표이사 부회장 2006~2011년 SK가스 대표이사 겸임 2008~2009년 SK그룹 글로벌위원회 위원장 2009년 SK(주) 공동대표이사 2009년 SK텔레콤(주) 이사 2009년 同이사회 의장 2010년 SK(주) 수석부회장(현)

최재유(崔在裕) Choi jaeyou

(생)1962 · 3 · 6 (본)경주(慶州) (출)충북 옥천 (주)서울특별시 종로구 종로3길 17 디타워 23층 법무법인 세종(02-316-4384) (학)고려고졸 1984년 연세대 경영학과졸 2000년 미국 미시간주립대 대학원 정보통신미디어정책과졸 (경)1983년 행정고시 합격(27회) 1988년 체신부 우정국 국제우편과 사무관 1995년 정보통신부 정보통신지원국 통신기획과 사무관 2000년 同우정사업본부 경영기획실 경영관리과장 2001년 同정보통신정책국 지식정보산업과장 2004년 同전파방송정책국 전파방송총괄과장 2005년 同총무과장 2006년 충청체신청장 2007년 중앙공무원교육원 파견(부이사관) 2008년 방송통신위원회 국장(국정원 파견) 2009년 同기획조정실 국제협력관 2009년 同방송통신융합정책실 융합정책관 2010년 同이용자보호국장 2011년 同통신정책국장 2011년 同방송통신융합정책실장 2012년 同기획조정실장 2013년 미래창조과학부 방송통신융합실장 2013년 同정보통신방송정책실장 2014년 同기획조정실장 2015~2017년 同제2차관 2017년 법무법인 세종 고문(현)

최재을(崔在乙) CHOI Jae Eul

(생)1966 · 3 · 20 (주)서울특별시 마포구 마포대로 78 자람빌딩 13층 KB데이타시스템(주)(02-3215-6000) (학)양정고졸, 서울대 경영학과졸, 同대학원 경영학과졸 (경)1990년 쌍용정유 근무 1991~2008년 한국IBM(주) 근무 2008년 현대카드(주) · 현대캐피탈(주) IT지원실장(이사) 2011년 현대카드(주) · 현대캐피탈(주) IT실장(상무), 메트라이프생명보험(주) 최고정보관리책임자(CIO), (주)지에스아이티엠 SM사업총괄 2019년 (주)KB데이타시스템 대표이사(현)

최재정(崔載禎) CHOI Jae Jeong

(생)1963 · 12 · 1 (출)충남 홍성 (주)서울특별시 서초구 서초중앙로 178 서초한샘빌딩3층 정부법무공단 변호사1팀(02-2182-0018) (학)1981년 대전고졸 1985년 한양대 법학과졸 1996년 프랑스 국립사법관학교(ENM) 방문학자과정 수료 2006년 한양대 대학원 법학과졸 2013년 법학박사(한양대) (경)1984년 사법시험 합격(26회) 1987년 사법연수원 수료(16기) 1990년 대전지검 검사 1992년 춘천지검 영월지청 검사 1993년 서울지검 검사 1995년 프랑스 국립사법관학교 장기연수 1997년 제주지검 검사 1998년 대전지검 검사 1999년 同부부장검사 2000년 대구지검 김천지청 부장검사 2001년 전주지검 부장검사 2002년 수원지검 공판송무부장 2003년 사법연수원 교수 2005년 대구지검 안동지청장 2006~2007년 수원지검 형사1부장 2007년 변호사 개업 2008~2011년 법무법인 광교 대표변호사 2011년 정부법무공단 경영지원국장 2013~2016년 同변호사12팀장 2013~2015년 대한구조개혁위원회 위원 2016~2018년 창성학원 임시이사 2016~2019년 정부법무공단 변호사9팀 팀장 2019년 同변호사1팀 팀장(현) (상)국무총리표창(2013)

최재준(崔載晙) CHOI Jae Joon

(생)1970 · 10 · 17 (출)서울 (주)서울특별시 서초구 효령로 231 진양제약(주) 사장실(02-3470-0400) (학)중동고졸, 고려대 정치경제학과졸 (경)대우증권(주) 근무 2004~2005년 진양제약(주) 기획실 이사 2006년 同총괄부사장 2007년 同대표이사 사장(현) 2011년 한국제약협동조합 이사(현), 한국제약바이오협회(KPBMA) 이사(현) (종)천주교

최재천(崔在天) CHOE Jae Chun

(생)1954 · 1 · 6 (본)동주(東州) (출)강원 강릉 (주)서울특별시 서대문구 이화여대길 52 이화여자대학교 일반대학원 에코과학부(02-3277-4512) (학)1972년 서울 경복고졸 1977년 서울대 동물학과졸 1982년 미국 펜실베이니아주립대 대학원 생태학과졸 1986년 미국 하버드대 대학원 생물학과졸 1990년 이학박사(미국 하버드대) (경)1980~1983년 미국 펜실베니아주립대 조교 1983~1990년 미국 하버드대 조교 1984년 駐美한국대사관 Korean Honor Scholarship 1984~1990년 미국 하버드대 엘리엇하우스 생물학담당 사감 1988~1989년 同여름학기 부학장 1990년 同전임강사 1992년 미국 터프스대 초빙조교수 1992~1994년 미국 미시간대 조교수 1994~2006년 서울대 생명과학부 생물학과 교수 1994년 'Journal of Insect Behavior' 편집위원(현) 1998년 문화관광부 국립자연사박물관건립 자문위원 1999년 'Journal of Ethology' 편집고문(현) 2001년 과학기술부 서울과학관건립 자문위원 2002~2003년 환경부 국립생물자원관 건립위원 2003년 대통령직인수위원회 경제2분과 자문위원 2003~2005년 유네스코 한국위원 2004~2005년 한국간행물윤리위원회 서평위원 2006년 이화여대 일반대학원 에코과학부 석좌교수(현) 2006~2012년 同자연사박물관장 겸 에코과학연구소장 2007~2009년 환경운동연합 공동대표 2007~2008년 한국생태학회 회장 2008년 기후변화센터 공동대표 2008~2013년 이화여대 이화학술원 겸임석좌교수 2009 · 2011년 대통령직속 사회통합위원회 위원 2010년 이화여대 대학원 에코과학부장 2012년 대산문화재단 비상임자문위원 2013년 대통령소속 국민대통합위원회 위원 2013~2016년 국립생태원 초대 원장 2013년 생명다양성재단 이사(현) 2017년 국회 기후변화포럼 공동대표(현), 이화여대 자연과학대학 생명과학전공 석좌교수(현) (상)미국곤충학회 젊은과학자상(1989), 대한민국과학문화상(2000), 한일국제환경상(2002), 과학기술훈장 도약장(2004), 과학기술부 선정 '닮고 싶고 되고싶은 과학기술인'(2004), BPW Gold Award(2005), 한국백상출판문화상 (저)'The Evolution of Social Behavior in Insects and Arachnids'(1997) '개미제국의 발견'(1999) '보전생물학'(2000) '알이 닭을 낳는다'(2001) '생명이 있는 것은 다 아름답다'(2001) '살인의 진화심리학'(2003) '열대예찬'(2003) '여성시대에는 남자도 화장을 한다'(2003) '나의 생명이야기(共)'(2004) '당신의 인생을 이모작하라-생물학자가 진단하는 2020년 초고령 사회'(2005) '최재천의 인간과 동물' '과학자의 서재'(2011) '감히, 아름다움(共)'(2011, 이음) '숲에서 경영을 가꾸다'(2017, 메디치미디어) (역)'인간은 왜 병에 걸리는가'(1999) '인간의 그늘에서'(2001) '이것이 생물학이다'(2002) '음악은 왜 우리를 사로잡는가'(2002) '제인 구달의 생명사랑 십계명'(2003) '우리는 지금도 야생을 산다'(2005) '인간은 왜 늙는가'(2005) '통섭'(2005)

최재천(崔載千) CHOI Jae Cheon (海村)

(생)1963·11·19 (본)경주(慶州) (출)전남 해남 (주)서울특별시 종로구 새문안로 92 법무법인 헤리티지(02-736-3008) (학)1982년 광주제일고졸 1986년 전남대 법학과졸 1993년 同대학원 법학과졸 2000년 법학박사(전남대) 2003년 연세대 법무대학원 경영정책법무최고위과정 수료 (경)1987년 사법시험 합격(29회) 1990년 사법연수원 수료(19기) 1993년 민주사회를위한변호사모임 회원 2000년 법무법인 한강 설립·대표변호사 2001년 사법시험 및 군법무관임용시험 출제위원 2003년 극단 '민예' 후원회장 2003년 열린우리당 중앙위원 2004~2008년 제17대 국회의원(서울 성동구甲, 열린우리당·대통합민주신당·통합민주당) 2005년 김대중 전(前) 대통령 고문변호사 2006년 열린우리당 제1정책조정위원장 2007년 김대중평화센터 고문(현) 2007년 대통합민주신당 정동영 대통령후보 공동대변인 2008년 국가인권위원회 미래기획위원 2008년 이화여대·광운대·영남대 법학전문대학원 겸임교수, 전남대 겸임교수 2009년 사회복지법인 숭실공생복지재단 목포공생원 후원회장 2010년 민주당 수권정당을위한당개혁특별위원회 실무지원단장, 극단 '산울림' 후원회 회장 2012~2016년 제19대 국회의원(서울 성동구甲, 민주통합당·민주당·새정치민주연합·무소속) 2013년 민주통합당 정책위원회 수석부의장 2013년 국회 미래창조과학방송통신위원회 위원 2014년 민주당 전략홍보본부장 2014년 새정치민주연합 전략홍보본부장 2014~2016년 국회 외교통일위원회 위원 2015년 새정치민주연합 정책위원회 의장 2016년 법무법인 헤리티지 대표변호사(현) (저)'담배와의 전쟁'(2001) '의료사고 해결법'(2002) '굿바이 Mr.솔로몬'(2003) '최재천의 법률산책'(2003) '의료형법'(2003) '흐르는 것이 어찌 강물뿐이랴'(2004) '우리 상식적으로 하자구요'(2004) '한국외교의 새로운 도전과 희망'(2006) '최재천의 여의도 일기 1'(2007) '최재천의 솔단지 정치'(2008) '최재천의 한미FTA 청문회'(2009) '민주당이 나라를 망친다 민주당이 나라를 살린다'(2010) '위험한 권력'(2011) '최재천의 책갈피'(2011) '최재천의 여의도 일기 2'(2013)

최재철(崔在哲) CHOI Jai Chul

(생)1958·11·11 (출)경북 의성 (학)1976년 경북고졸 1981년 서울대 불어불문학과졸 1987년 스위스 제네바대 국제문제연구소졸 (경)1981년 외무고시 합격(15회) 1988년 駐프랑스 2등서기관 1991년 駐케냐 1등서기관 1995년 駐필리핀 참사관 1999년 외교통상부 환경과학과장 1999년 同통상교섭본부 환경협력과장 2000년 駐OECD대표부 참사관 2003년 외교통상부 과학환경담당 심의관 2004년 駐프랑스 공사참사관 2007년 외교통상부 국제경제국장 2009년 駐모로코 대사 2012년 駐프랑스 공사 2012년 駐OECD대표부 차석대사 2013~2019년 국제박람회기구(BIE) 집행위원장 2014년 외교부 기후변화대사 2016~2019년 駐덴마크 대사 2019년 국제박람회기구(BIE) 협력대사(현) 1988년 서울대 행정대학원 수료 (상)모로코왕국 윗삼 알 알라위(2013), 홍조근정훈장(2016)

최재필(崔載弼) CHOI Jaepil

(생)1957·5·3 (출)서울 (주)서울특별시 관악구 관악로 1 서울대학교 건축학과(02-880-7490) (학)1976년 서울고졸 1980년 서울대 건축학과졸 1983년 미국 Georgiatech대 대학원 건축학과졸 1988년 건축학박사(미국 Georgiatech대) (경)1988년 미국 일리노이대 조교수 1990~1991년 대한주택공사 주택연구소 책임연구원 1991~1995년 명지대 건축학과 조교수 1995~1998년 同부교수 1997~1998년 미국 콜로라도대 방문교수 1998~2001년 서울대 건축학과 조교수 2001~2004년 同건축학과 부교수 2004년 同건축학과 교수(현) 2005년 한국건축학교육인증원 사무총장 2006년 한국주거학회 부회장 2009~2010년 同회장 2009년 한국건축학교육인증원 인증위원장 2011~2013년 한국퍼실리티매니지먼트학회 회장 2012~2014년 대한건축학회 부회장 2013년 한국건축학교육인증원 이사(현) (저)'20세기에는 이런 집에 살고 싶다!' '건축교육의 미래' (종)기독교

최재혁(崔在爀) CHOI Jae Hyuk

(생)1967·9·28 (본)경주(慶州) (출)서울 (주)서울특별시 종로구 사직로8길 39 세양빌딩 김앤장법률사무소(02-3703-1967) (학)1986년 신일고졸 1990년 서울대 사법학과졸 2000년 미국 펜실베이니아대 로스쿨졸(LL.M.) (경)1989년 사법시험 합격(31회) 1992년 사법연수원 수료(21기) 1992년 軍법무관 1995년 서울지법 판사 1997년 同남부지원 판사 1999년 춘천지법 속초지원 고성군법원 판사·속초지원 판사 2003년 서울고법 판사 겸 법원행정처 정보화담당관 2005년 서울고법 판사 2007년 울산지법 부장판사 2008년 수원지법 부장판사 2011~2012년 서울가정법원 부장판사 2012년 김앤장법률사무소 변호사(현) 2013~2016년 산업기술분쟁조정위원회(산업통상자원부 소속)위원 2014년 대한변호사협회 기획이사 2015년 同법제이사 2014~2017년 대통령 직속 개인정보보호위원회 위원 2015~2017년 대법원 양형위원회 위원

최재혁(崔宰赫) CHOI, JAE-HYUK

(생)1975·2·4 (본)경주(慶州) (출)경북 영주 (주)경상북도 영주시 대학로 77 경북전문대학교 총장실(054-630-5019) (학)1993년 중앙고졸 1997년 경북대 법학과졸 1999년 한양대 대학원 법학과졸 2002년 법학박사(한양대) (경)2004~2017년 경북전문대 경찰경호행정계열 교수, 同경찰행정과 교수, 同경찰행정보안과 교수(현) 2004~2007년 同기획조정실장 2009~2010년 同사무차장 2010년 同사무처장 2010년 同부총장 2010년 同총장(현) 2015년 한국전문대학교육협의회 이사(현) 2016년 한국대학사회봉사협의회 감사(현) 2017년 대구·경북전문대학총장협의회 부회장(현)

최재형(崔在亨) CHOE Jae Hyeong

(생)1956·9·2 (본)해주(海州) (출)경남 진해 (주)서울특별시 종로구 북촌로 112 감사원(02-2011-2000) (학)1975년 경기고졸 1979년 서울대 법과대학졸 (경)1981년 사법시험 합격(23회) 1983년 사법연수원 수료(13기) 1984년 사단 검찰관 1985년 군사령부 법무소송과장 1986년 서울지법 동부지원 판사 1989년 서울민사지법 판사 1991년 청주지법 충주지원 판사, 미국 예일대 연수 1993년 서울지법 서부지원 판사 1994년 서울고법 판사 1995년 헌법재판소 헌법연구관 1997년 서울고법 판사 1998년 서울지법 판사 1999년 춘천지법 원주지원장 2000년 사법연수원 교수 2003년 서울지법 부장판사 2004년 서울중앙지법 부장판사 2006년 대구고법 부장판사 2006년 서울고법 부장판사 2011년 同성폭력전담재판부 재판장 겸 형사재판연구회장 2012년 대전지법원장 겸 대전가정법원장 2012년 대전시선거관리위원회 위원장 2014년 서울가정법원장 2015년 서울고법 부장판사 2017년 사법연수원장 2018년 감사원장(현) (종)기독교

최재호(崔在鎬) CHOI Jae Ho (長河)

(생)1960·1·13 (본)전주(全州) (출)경남 마산 (주)경상남도 창원시 마산회원구 봉암공단2길 6 무학그룹(070-7576-2000) (학)1978년 경상고졸 1982년 경남대 경영학과졸 1988년 일본 동해대 대학원 응용경제학과졸 2001년 경영학박사(창원대), 서울대 최고경영자과정(AMP) 수료 (경)1984년 (주)대웅제약 근무 1988년 (주)무학 기획실장 1989년 (주)무학주류상사 대표이사 1994~2008년 (주)무학 대표이사 1994~1998년 창원대 경영학부 겸임교수 1998~2011년 마산상공회의소 부회장 2000~2013년 지리산산청샘물 대표 2002~2010년 마산시육상경기연맹 회장 2002~2010년 경남도사회복지협의회 회장 2007~2009년 경남자원봉사센터장 2008~2013년 (주)무학 대표이사 회장 2007년 경남도 장애인고용대책위원회 위원장(현) 2008년 무학그룹 회장(

현) 2009~2011년 경남자원봉사센터 이사장 2011년 (재)좋은데이나눔재단 이사장(현) 2011년 경남미래교육재단 이사(현) 2011~2014년 (재)좋은데이사회공헌재단 이사장 2014~2016년 경남메세나협의회 회장 2017년 가야대 석좌교수(현) 2018년 경남대총동창회 회장(현) 2019년 창원상공회의소 국제통상위원장(현) (상)대한적십자사 은장, 노동부장관표창, 한국산업경제대상, 국무총리표창(2005), 부총리 겸 재정경제부장관표창, 대통령표창(2008), 해군참모총장감사패(2013), 동아일보 한국의 최고경영인상 윤리경영부문(2015), 경남도지사표창(2016), 대한민국세종대왕나눔봉사대상(2016), 중앙선거관리위원장표창(2017) (종)불교

최재호(崔載浩)

(생)1965·5·5 (출)충남 예산 (주)경기도 수원시 장안구 경수대로 1110-17 중부지방국세청 조사2국 조사관리과(031-888-4483) (학)1985년 세무대학졸 2013년 고려대 정책대학원졸 (경)1985년 국세공무원 임용(8급 특채) 1997년 국세청 법무심사국 심사과 근무 2000년 서울지방국세청 조사1국·3국 조사과 근무 2004년 국세청 개인납세국 부가세과 근무 2007년 同개인납세국 부가세과 사무관 2008년 도봉세무서 소득세과장 2009년 서울고법 파견 2010년 서울지방국세청 세원분석국 신고분석2과 계장 2011년 국세청 자산과세국 종합부동산세과 2계장 2013년 同자산과세국 부동산납세과 3계장(사무관) 2014년 同자산과세국 부동산납세과 3계장(서기관) 2015년 충남 보령세무서장 2016년 중부지방국세청 조사4국 징세송무팀장 2017년 경기 남양주세무서장 2019년 중부지방국세청 조사2국 조사관리과장(현)

최재훈(崔在薰) CHOI Jae Hoon

(생)1957·5·27 (출)서울 (주)서울특별시 성동구 왕십리로 222 한양대학교 융합전자공학부(02-2220-0376) (학)1980년 한양대 전자공학과졸 1986년 미국 오하이오주립대 대학원 공학과졸 1989년 공학박사(미국 오하이오주립대) (경)1989~1991년 미국 애리조나주립대 연구교수 1991~1995년 한국통신 위성사업본부 연구팀장 1995~2003년 한양대 전자전기공학부 부교수 1998~2000년 同정보통신원 교육지원실장 2001~2002년 同공과대학 교학부장 2002년 同입학처장 2004~2010년 同전자통신컴퓨터공학부 교수 2004~2016년 (주)EMW 사외이사 2006~2011년 한양대 BK21 수요지향적정보기술전문인력양성사업단장 2009년 한국공학한림원 일반회원(현) 2010년 한양대 공과대학 융합전자공학부 교수(현) 2010년 同제2공과대학장 2011~2013년 同공학대학원장 겸 공과대학장 2013년 (사)한국전자파학회 회장 2014년 同명예회장(현) (상)SDR(Software Defined Radio) 포럼 우수논문상(2006), 한양대 최우수연구교수상(2011), 한국전자파학회 학술상(2011) (역)'마이크로파 공학(共)'(2006)

최재훈

(생)1964·2 (출)대구 (주)서울특별시 강동구 상일로6길 26 삼성엔지니어링(주) 마케팅본부(02-2053-3000) (학)한성고졸, 한양대 기계설계학과졸, 同대학원졸, 한국과학기술원(KAIST) 공업경영학과졸(석사) (경)1988년 삼성엔지니어링(주) 입사 2009년 同상무 2010년 同중동1팀장 2013년 同중동·아프리카팀장, 同화공영업팀장 2015년 同마케팅본부장(전무)(현)

최재훈(崔宰勳)

(생)1965·12·11 (출)전남 해남 (주)광주광역시 북구 첨단과기로208번길 43 광주지방국세청 성실납세지원국(062-236-7400) (학)전남 송지종합고졸, 세무대학졸(4기) (경)1986년 세무공무원 임용 1986년 북광주세무서 근무 2009년 사무관 승진 2009년 광주고법 파견 2011년 북광주세무서 소득세과장 2013년 광주지방국세청 조사1국 조사2과장 2014년 同세원분석국 개인신고분석과장 2015년 서기관 승진 2016년 순천세무서 벌교지서장 2017년 광주지방국세청 송무과장 2017년 여수세무서장 2019년 광주지방국세청 성실납세지원국장(현)

최 정(崔 正) CHOI Joung

(생)1944·12·15 (본)전주(全州) (출)전남 영암 (학)서울 양정고졸 1971년 국민대 법학과졸 (경)1971년 동양통신 기자 1980년 同사회부 차장대우 1981년 연합통신 사회부 차장대우 1986년 同사회부 차장 1989년 同논설위원 1991년 同사회부장 1992년 同부국장대우 1993년 同논설위원 1994년 同북한취재본부 부국장 1995년 同편집국 부국장 1997년 同기사심의실장 1998년 同논설위원실장 1998년 同편집·제작담당 상무이사 1998~2000년 연합뉴스 편집·제작담당 상무이사 1999년 한·몽골교류협회 부회장 1999년 민주평통 자문위원 2000년 연합뉴스 사장직무대행 2000년 세계태권도연맹(WTF) 자문위원 2000년 한국신문방송편집인협회 부회장 2000년 연합인포맥스 비상임이사 2001년 명지대 객원교수 2001년 환경운동연합 지도위원 2002~2005년 언론중재위원회 사무총장 2006년 에코저널 고문 2011년 시사뉴스투데이 명예회장 2012~2015년 안산도시공사 사장 (상)서울시장표창 효행자상(1996), 서울언론인클럽 언론인상 특별상(2000), 한·일문화교류센터 한·일 문화대상(2012) (저)'통일로 가는 길' (종)천주교

최 정(崔 精·女)

(생)1996·10·7 (주)서울특별시 성동구 마장로 210 한국기원 홍보팀(02-3407-3870) (경)유창혁 프로기사(9단) 문하 2010년 프로바둑 입단 2011년 제5기 부안여류기성전 준우승 2012년 제13기 STX배 여류명인전 우승 2012년 2단 승단 2012년 제2회 황룡사 쌍등배 한국대표 2012년 제1회 샤오산배 한국대표 2012년 제2기 SG배 페어대회 우승 2012년 제6기 지지옥션배 여류대표(우승) 2012년 스포츠어코드 세계마인드게임 혼성페어 금메달·여자개인 동메달 2013년 제14기 STX배 여류명인전 우승 2013년 3단 승단 2013년 제3회 황룡사쌍등배 한국대표(우승) 2013년 제4회 인천 실내·무도아시안게임 여자단체 은메달·혼성페어 은메달 2013년 제7기 지지옥션배 여류대표 2013년 제6기 여류기성전 우승 2013년 4단 승단 2014년 제15기 STX배 여류명인전 우승 2014년 제4회 황룡사쌍등배 한국대표 2014년 제3회 갈현녹차배 한국대표 2014년 제1회 글로비스배 한국대표 2014년 제5회 궁륭산병성배 우승 2014년 5단 승단 2015년 제16기 여류명인전 우승 2015년 제5회 황룡사쌍등배 한국대표(우승) 2015년 제4회 천태산 농상은행배 준우승 2015년 6단 승단 2016년 제1회 엘리트마인드게임스 바둑부문 혼성페어 우승·여자개인전 준우승 2016년 한국여자바둑리그 정규리그 우승·통합 우승 2016년 7단 승단 2016년 제17기 여류명인전 우승 2016년 제5회 천태산 농상은행배 한국대표(준우승) 2016년 제6회 황룡사쌍등배 한국대표(준우승) 2017년 명월산배 한중일 3국 4도시 여자바둑 쟁탈전 우승 2017년 황룡사 정단과기배 한국대표(우승) 2017년 제6회 천태산 농상은행배 한국대표(우승) 2017년 궁륭산병성배 세계여자바둑대회 우승 2017년 IMSA 엘리트 마인드 게임스 단체전 우승 2017년 8단 승단 2018년 9단 승단(현) 2018년 제22기 하림배 여자국수전 우승 2018년 제7회 천태산배 세계여자바둑 단체전 우승 2018년 제1회 오청원배 세계여자바둑대회 준우승 2018년 세계페어바둑최강위전 우승 2018년 제5회 오카게배 국제신예바둑대항전 우승 2018년 제23기 하림배 여자국수전 우승 2018년 제9회 궁륭산병성배 우승 2018년 제2회 한국제지배 여자기성전 우승 2019년 2019세계페어바둑최강위전 우승 (상)바둑대상 여자기사상(2013·2014·2017·2018), 바둑대상 승률상(2017), 바둑대상 인기상(2017·2018), 대한체육회장표창(2018), 바둑대상 여자다승상·여자승률상·여자연승상(2018)

ㅊ

최정규(崔丁圭) CHOI Jung Gyu

(생)1960·4·22 (본)전주(全州) (출)충남 공주 (주)대전광역시 중구 계룡로 832 중도일보 임원실(042-220-1001) (학)1979년 공주사대부고졸 1983년 충남대 사회학과졸 (경)1988년 중도일보 입사·편집국 사회부 기자 1991년 同경제부 기자 1994년 同정치행정부 기자 1997년 同편집부 기자 1999년 同교열부 기자·사회부 차장대우 2001년 同사회부 차장 2002년 同사회부 부장대우 2004년 同부국장대우 문화·사회팀장 겸 사회·지방부장 2005년 同편집부 부국장 2006년 同기획홍보국장대우 2007년 同편집국장 2008년 同편집국장(이사) 2009년 同경영지원본부장 2013년 同경영지원본부장 겸 세종·충남본부장(상무이사) 2013년 同충남총괄본부장 겸 내포본부장 2014년 충남도개발공사 비상임이사(현) 2016년 중도일보 사장(현)

최정균(崔楨均)

(생)1959·2·13 (주)서울특별시 성동구 천호대로 346 서울교통공사 안전관리본부(02-6311-9003) (학)1977년 광주 동신고졸 1984년 전남대 재료공학과졸 (경)1984~1994년 서울시지하철공사 차량처 근무 1994년 서울도시철도공사 차량처 과장, 同차량계획팀장 2005년 同도봉차량관리소장 2006년 同기술연구센터장 2009년 同연구개발본부장 2012년 同인재개발원 교수 2014년 同안전총괄실장 2015~2017년 同기술본부장(상임이사) 2016~2018년 한국시스템엔지니어링협회 회장 2017년 서울교통공사 기술본부장(상임이사) 2018년 同안전관리본부장(상임이사)(현)

최정석(崔珽晳) CHOI Jung Suk

(생)1963·11·13 (본)경주(慶州) (출)충북 진천 (주)서울특별시 서초구 헌릉로 13 대한무역투자진흥공사 중소중견기업본부 글로벌일자리실(02-3460-7380) (학)1982년 광성고졸 1989년 한국외국어대 서반아어과졸 2019년 호서대 글로벌창업대학원 창업컨설턴트학과졸 (경)1992년 대한무역투자진흥공사 입사 1999년 同시장조사처 근무 2000년 同북미팀 근무 2001년 同전시기획팀 근무 2001~2005년 同마드리드무역관 근무 2005년 同기획조정실 근무 2008년 同산토도밍고무역관장 2008년 同산토도밍고KBC센터장 2012년 同IT사업단 부장 2013년 同글로벌인재사업단 글로벌창업PM 2013년 同중소기업지원본부 글로벌일자리실 K-Move지원팀장 2014년 同리우데자이네루무역관장 2018년 同해외취업팀장 2019년 同중소중견기업본부 글로벌일자리실장(현) (상)산업자원부장관표창(2006), 대통령표창(2014) (종)천주교

최정섭(崔正燮) CHOI Jung Sup

(생)1954·6·26 (본)탐진(耽津) (출)광주 (주)서울특별시 광진구 능동로 264 한사랑빌딩 3층(02-437-2219) (학)1973년 광주제일고졸 1978년 서울대 농업경제학과졸 1983년 同대학원 농경제학과졸 1991년 농업경제학박사(미국 위스콘신주립대) (경)1981년 한국농촌경제연구원 연구원 1986년 同책임연구원 1991년 同거시농업실장 1993년 同부연구위원 1994년 同동향분석실장 1997~2003년 同연구위원 2001년 同농산업경제연구부장 2002~2003년 同농업관측정보센터장 2003년 농림부 농업통상정책관 2005년 한국농촌경제연구원 농정연구센터 중국농업팀장(선임연구위원) 2005~2008년 同원장 2009년 미국 캘리포니아주립대 방문연구원 2009~2010년 서울대 초빙교수 2010년 영남대 초빙교수 2010년 한국양돈기술원 고문 2010년 학교법인 한성학원 이사 2013~2019년 목포대 사회과학대학 도시및지역개발학과 교수 2018년 (재)한사랑농촌문화재단 이사장(현) (상)한국농촌경제연구원장표창(1983), 농림수산부장관표창(1994), 국무총리표창(1995) (저)'세계의 농업문제와 농업정책(共)'(1993) '21세기 한국인의 삶의 질(共)'(2003) (종)기독교

최정수(崔貞洙) CHOI Jeong Soo

(생)1950·4·10 (출)충남 논산 (주)서울특별시 강남구 테헤란로 208 안제타워 17층 법무법인 세줄(02-6200-5500) (학)1969년 서울고졸 1973년 서울대 법대졸 (경)1974년 사법시험 합격(16회) 1976년 사법연수원 수료(6기) 1976년 해군 법무관 1979년 서울민사지법 판사 1982년 서울형사지법 판사 1983년 청주지법 영동지원장 1985년 서울지법 남부지원 판사 1986년 대구고법 판사 1987년 서울고법 판사 1990년 대법원 재판연구관 1991년 마산지법 부장판사 1992년 창원지법 부장판사 1993~1995년 사법연수원 교수 1994년 미국 조지워싱턴대 연수 1996년 서울지법 부장판사 1997년 수원지법 성남지원장 1998~2006년 김앤장법률사무소 변호사 1999~2002년 사법연수원 강사 2007년 리인터내셔날특허법률사무소 변호사 2007년 법무법인 세줄 대표변호사(현) 2015년 (주)JB금융지주 사외이사 겸 감사위원(현) 2017년 (주)전북은행 사외이사 겸 감사위원(현) (종)불교

최정순(崔貞順·女) CHOI Jeong Sun

(생)1955·3·26 (본)전주(全州) (출)경남 고성 (주)서울특별시 중구 세종대로 125 서울특별시의회(02-3702-1400) (학)1975년 진해여고졸 1985년 이화여대 사회학과졸 1996년 서강대 경영대학원 최고경영자과정 수료 2008년 정치학박사(국민대) (경)1978년 긴급조치9호 위반으로 투옥 1980년 포고령위반으로 투옥 1983년 민주화운동청년연합 여성분과위원장 1983년 웅진닷컴 입사·편집개발본부 부장· 단행본출판부 부장 1994년 同경영기획부장 1996년 同교육문화사업본부 사업부장 1996년 통일시대민주주의국민회의 여성위원장 1996년 한솔교육 상무이사 1999년 한국여성의전화 부회장 1999년 웅진닷컴 유아교육사업본부 수도권사업단장 2002년 희망네트워크 발기인·공동대표 2002년 한반도재단 여성위원회 부위원장 2002년 광주민주화운동 유공자 2003년 웅진닷컴 인재개발본부장(이사) 2003년 웅진그룹 인재개발원장(이사) 2006년 同인재개발원장(상무) 2010~2012년 同인재개발원장(전무) 2018년 서울시의회 의원(더불어민주당)(현) 2018년 同환경수자원위원회 위원(현) 2018년 서울시농수산식품공사 사장 후보자 인사청문특별위원회 위원(현) 2019년 서울시의회 예산정책연구위원회 위원(현) (종)기독교

최정식(崔程植) CHOI JUNG SIK

(생)1973·7·1 (본)경주(慶州) (출)서울 (주)세종특별자치시 도움4로 9 국가보훈처 대변인실 홍보기획팀(044-202-5011) (학)1992년 신일고졸 2002년 동국대 신문방송학과졸 2003년 서강대 대학원 광고PR학과졸 (경)2003~2005년 KorCom Poter Novelli 전략연구소 전략기획팀장 2005~2007년 기획예산처 홍보기획 사무관 2007~2008년 교육과학기술부 홍보기획팀장(서기관) 2008~2010년 서울시 뉴미디어홍보팀장 2008년 보건복지부 장기기증홍보 자문위원(현) 2010~2011년 국무총리실 홍보전문관 2011년 국가보훈처 대변인실 홍보기획팀장(서기관)(현) 2015~2018년 숙명여대 홍보광고학과 강사 (상)한국PR협회 PR연구부문 우수상(2004), 한국PR협회 정부PR부문 우수상(2005), 기획예산처장관표창(2006), Asia Pacific PR Awards 공공PR부문 그랑프리(2008), 한국PR협회 온라인PR부문 우수상(2009), 서울시장표창(2009), 보건복지부장관표창(2012)

최정안(崔定安·女)

(생)1954·10·27 (출)충남 예산 (주)전라북도 익산시 익산대로 501 원불교 중앙총부 감찰원(063-850-3301) (학)영산선학대학 원불교학과졸 (경)1979년 출가 1983년 원불교 한남동수도원 주사 1985년 同서성로교당 부교무 1987년 同삼동원 교무 1989년 同신촌교당 교무 1993년 同하와이국제

훈련원 교무 2001년 同우아교당 주임교무 2007년 同미주서부교구장 겸 로스앤젤레스교당 교감교무 2013년 同만덕산훈련원장 겸 만덕산농원장 2014~2018년 同동이리교당 교감교무 겸 이리지구장 2018년 同중앙총부 감찰원장(현) [종]원불교

최정암(崔正岩) CHOI JEONGAM

[생]1962 · 5 · 21 [출]경남 사천 [주]서울특별시 중구 세종대로 124 매일신문 서울지사(02-733-0755) [학]마산 경상고졸 1987년 부산대 사회학과졸, 경북대 정책정보대학원졸 [경]1990년 매일신문 입사 1999년 同특집기획부 기자 2000년 同경제부 기자 2002년 同사회1부 차장대우 2003년 同경제부 차장대우 2004년 同경제부 차장 2005년 同편집국 사건팀장 2008년 同편집국 경제부장, 同동부지역본부장 2011년 同편집부국장 2015년 同서울지사장(현) 2015~2017년 연합뉴스 수용자권익위원회 위원 2015년 한국신문협회 기조협의회 부회장(현) 2019년 한국지방신문협회 사무총장(현) [상]대구경북기자대상(2006), 한국기자상 지역취재보도부문상(2007)

최정연(崔正然)

[생]1959 · 3 [주]경상남도 창원시 성산구 정동로 153 현대위아(주) 구매본부(055-280-9114) [학]건국대 전기공학과졸 [경]2007년 현대 · 기아자동차 글로벌구매지원실장(이사대우), 同차체샤시부품구매실장(이사대우 · 이사), 同통합구매사업부장(이사) 2012년 同통합구매사업부장(상무) 2014년 同통합구매사업부장(전무), 현대위아(주) 구매본부장(전무) 2017년 同구매본부장(부사장)(현)

최정열(崔正烈) CHOE Jeong Yeol (淸河)

[생]1964 · 6 · 20 [본]경주(慶州) [출]인천 [주]서울특별시 강남구 테헤란로 518 섬유센터 12층 법무법인 율촌(02-528-5200) [학]1982년 인천 부평고졸 1986년 서울대 법대졸 1995년 미국 조지워싱턴대 연수 [경]1985년 사법시험 합격(27회) 1988년 사법연수원 수료(17기) 1988년 인천지법 판사 1990년 서울민사지법 판사 1992년 전주지법 군산지원 판사 1995년 서울지법 서부지원 판사 1998년 서울지법 판사 1999년 사법연수원 교수 2001년 특허법원 판사 2004년 대전지법 부장판사 2005년 인천지법 부장판사 2007~2009년 서울중앙지법 부장판사 2009년 법무법인 율촌 변호사(현) 2009년 대한상사중재원 중재인(현) 2012~2015년 한국저작권위원회 위원 2015~2018년 (재)세종문화회관 감사 2016년 방송통신위원회 시청자권익보호위원회 위원 2017년 문화체육관광부 제3기 콘텐츠분쟁조정위원회 위원(현) [저]'부정경쟁방지법(共)'(2016)

최정우(崔正友) CHOI Jeong Woo

[생]1957 · 4 · 10 [출]부산 [주]서울특별시 강남구 테헤란로 440 (주)포스코 임원실(02-3457-0114) [학]1976년 부산 동래고졸 1983년 부산대 경제학과졸 [경]1983년 (주)포스코 입사 2006~2008년 同재무실장 2008~2010년 (주)포스코건설 경영기획본부 경영전략실장(상무) 2010~2014년 (주)포스코 정도경영실장(전무) 2014년 (주)대우인터내셔널 기획재무본부장(CFO · 부사장) 2015년 同대표이사 직대 2015년 (주)포스코 가치경영실장(부사장) 2015년 포스코인재창조원 기타비상무이사 2016년 (주)포스코 가치경영센터장(부사장) 2017년 同대표이사 사장(가치경영센터장 겸임) 2018년 (주)포스코켐텍 대표이사 사장 2018년 (주)포스코 대표이사 회장(현) 2018년 한국철강협회 회장(현) 2018년 포항산업과학연구원(RIST) 이사장(현) 2018년 세계철강협회(WSA) 이사(현) 2019년 同집행위원회 위원(현)

최정우(崔政宇) Jeong-Woo Choi

[생]1959 · 11 · 12 [본]강릉(江陵) [출]서울 [주]서울특별시 마포구 백범로 35 서강대학교 과학관 507호 화공생명공학과(02-705-8480) [학]1978년 중앙고졸 1982년 서강대 화학공학과졸 1984년 同대학원 화학공학과졸 1990년 생물화학공학박사(미국 Rutgers Univ.) 2003년 생물분자공학박사(일본 Tokyo Institute of Technology) 2007년 영국 Univ. of Durham 경영대학원졸(MBA) 2017년 경영학박사(영국 Univ. of Durham) [경]1990년 서강대 화공생명공학과 교수(현) 1993~1994년 미국 IBM Almaden Research Center 객원연구원 1995~1997년 서강대 화공생명공학과장 1996년 일본 미쓰비시전자 고등기술개발센터 객원연구원 1997년 일본 Tokyo Institute of Technology 객원교수 1998년 산업자원부 공업기반기술개발사업 자문위원 1998년 일본 도쿄대 객원교수 1998년 한국화학공학회 생물화공부문위원회 편집간사 1998~2008년 한국과학기술연구원(KIST) 객원연구원 1999년 한국화학공학회 'News & Information for Chemical Engineers' 편집위원 2001년 영국 Univ. of Durham 객원교수 2002~2005년 서강대 대학원장보 2002~2003년 한국나노바이오시스템연구조합 이사 2004년 한국화학공학회 생물화공부문위원회 총무간사 2006~2019년 서강대 바이오융합기술연구소장 2007~2010년 同산업기술연구소장 2008~2011년 同공학교육연구센터장 2009년 한국바이오칩학회 회장 2009~2018년 NSB POSTECH Co. 감사 2009~2011년 한국생물공학회 바이오센서 및 바이오칩분과 위원장 2010년 同홍보소식위원장 2010~2012년 한국연구재단 생명공학단 전문위원 2010~2011년 서강대 기술경영전문대학원 학과장 2010년 同기술경영대학원 겸임교수(현) 2010년 서강대 · (주)빙그레 식품첨단분석센터장 2011~2012년 서강대 학생문화처장 2012년 한국생물공학회 서울시지부장 2012~2018년 (주)아이비티 대표이사 2012년 한국화학공학회 생물화공부문 위원장 2013년 서강대 기술경영연구소장 2013년 한국생물공학회 교육정보위원장 2014년 서강대 · 하버드대 질병바이오물리연구센터장(현) 2014년 한국생물공학회 부회장 2015년 서강대 · (주)빙그레 식품첨단분석연구소장 2016~2017년 기술경영경제학회 감사 2017년 한국생물공학회 회장 2017년 한국국제공동연구센터협의회 회장 2018년 한국과학기술한림원 정회원(공학부 · 현) [상]한국생물공학회 신인학술상(1998), 한국화학공학회 범석논문상(1998), YABEC Best Poster Presentation Award(2000), 대통령표창(2002), 한국과학기술단체총연합회 우수논문상(2004), 한국바이오칩학회 Biochip Journal 학술상(2009), 한국생물공학회 Biotechnology and Bioprocess Engineering(BBE) 공로상(2010), 교육과학기술부 국가연구개발 우수성과 100선(2010 · 2011), Sensordevices 2011 Best Paper Award(2011), 한국바이오칩학회 학술대상(2011), 환경기술개발사업 우수성과 50선(2012), Sensordevices 2012 Best Paper Award(2012), NANOKOREA2012 공로상(2012), 한국생물공학회 우수기술연구상(2012), 보건복지부장관표창(2013), 한국생물공학회 생물공학연구자상(2014), IAAM-Medal(2015), 한국과학창의재단 이사장상(2015), 국가연구개발 우수성과 100선(2015), 한국바이오칩학회 10주년기념 공로상, 국무총리표창(2016), 수당상 응용과학부문상(2017) [저]'생물공학이야기' '미래를 들려주는 생물공학 이야기'(2006) 'Advanced Environmental Monitoring : Chapter.27 Optical Detection of Pathogens using Protein Chip'(2008) 'Atmospheric and biological environmental monitoring : The application of cell based biosensor and biochip for environmental monitoring'(2009) 'Nanoscale interface for organic electronics : Chapter16. Nanoscale bioelectronics device consisting of biomolecules'(2011) 'Biomedical Materials and Diagnostic Device : Chapter7. Utility and potential applications of nanomaterials in medicine'(2012) 'Intelligent Nanomaterials : Chapter20. Biomimetic Materials Toward Application of Nanodevice'(2012) 'Biosensors Nanotechnology : Chapter 6. Functional Nanomaterials for Multifarious Nanomedicine'(2014) 'Graphene Optoelectronics : Chapter 10. Chemical and Biosensors Based

ㅊ

on Graphene Materials'(2014) 'Stem-Cell Nanoengineering : Chapter 7. Nanopatterned Surfaces for Stem-Cell Engineering' (2015) 'Advanced Theranostic Materials'(2015) 'Nanofabrication using Nanomaterials : Chapter 2. Electrochemical nano-biomemory devices: Recent developments and future challenges' (2016) 'Molecular Nanostructure and Nanotechnology : Chapter 8. Conceptual, Potential and Advancements in Computer Design and in vivo Computation Applying RNA Nanotechnology'(2016) (역)'환경공학개론'(1999) '생물공정학개론'(2001) '환경공학개론 제3판'(2009) '생물공정공학'(2011) (작)'Bioelectronic Device' (종)천주교

최정우

(생)1965 · 11 · 6 (출)충남 서천 (주)충청남도 예산군 삽교읍 청사로 201 충남지방경찰청 경무과(041-336-2121) (학)충남 서천고졸, 경희대 행정학과졸(85학번), 충남대 행정대학원 통일북한학과졸 (경)1992년 순경 임용, 서울 동부경찰서 근무, 서울지방경찰청 형사기동대 근무 1995년 경장 승진, 경찰청 보안국 근무 1998년 경사 승진, 708전투경찰대 근무 2001년 경위 승진, 충남 서천파출소장 2004년 경감 승진, 충남 서천경찰서 청문감사관 · 경무과장 2008년 경정 승진, 충남 천안경찰서 · 천안동남경찰서 경비교통과장, 충남지방경찰청 경찰관기동대 근무, 同작전전경계장, 同경비경호계장 2016년 충남지방경찰청 경비교통과장(총경) 2017년 충남 당진경찰서장 2019년 충남지방경찰청 경비교통과장 2019년 同경무과(현)

최정욱(崔程旭)

(생)1965 (출)전북 남원 (주)인천광역시 남동구 남동대로 763 인천지방국세청(032-718-6200) (학)영동고졸, 서울대 경영학과졸 (경)1992년 행정고시 합격(36회) 1995년 통영세무서 간세과장 1999년 국세청 국제업무과 근무 2000년 同기획예산담당관실 근무 2001년 서울지방국세청 조사1국 조사1과 근무 2005년 국세청 납세자보호과 서기관 2009년 경기 파주세무서장 2009년 대통령비서실 파견 2012년 국세청 부동산거래관리과장(부이사관) 2013년 광주지방국세청 조사2국장 2014년 중앙공무원교육원 파견(고위공무원) 2015년 중부지방국세청 조사3국장 2015년 국세청 전산정보관리관 2016년 同징세법무국장 2017년 同국제조세관리관 2019년 인천지방국세청장(현)

최정윤(崔丁允) CHOE Jung Yoon

(생)1960 · 10 · 22 (출)대구 (주)대구광역시 남구 두류공원로17길 33 대구가톨릭대병원 원장실(053-650-4435) (학)1985년 경북대 의대졸 1988년 同대학원졸 1994년 의학박사(계명대) (경)1994~2000년 대구가톨릭대 의대 류마티스내과학교실 전임강사 · 조교수 · 부교수 2000년 同의대 류마티스내과학교실 교수(현) 2006년 대한류마티스학회 홍보이사, 同기획이사, 同자문위원(현) 2007년 대구가톨릭대병원 교육연구부장, 同류마티스관절염센터장 2016년 대한민국의학한림원 정회원(현) 2016~2018년 대한류마티스학회 이사장 2019년 대구가톨릭대병원장(현) (상)대구시의사회 학술상(2007)

최정인(崔禎仁 · 女)

(생)1972 · 10 · 31 (출)경북 경주 (주)인천광역시 미추홀구 경원대로 881 인천가정법원(032-620-4114) (학)1991년 정신여고졸 1996년 고려대 법학과졸 1999년 同대학원 법학과 수료 (경)1998년 사법시험 합격(40회) 2001년 사법연수원 수료(30기) 2001년 서울지법 의정부지원 판사 2003년 서울지법 판사 2004년 서울중앙지법 판사 2005년 대구지법 김천지원 판사 2007년 서울가정법원 판사 2012년 同판사(사법연구) 2014년 서울중앙지법 판사 2016년 대구지법 부장판사 2018년 인천가정법원 부장판사(현)

최정진(崔柾辰) CHOI Jeong Jin

(생)1963 · 3 · 5 (출)전남 나주 (주)서울특별시 강남구 테헤란로 317 동훈타워 13층 법무법인(유) 대륙아주(02-563-2900) (학)1982년 성남고졸 1986년 서울대 법과대학졸 1988년 미국 스탠퍼드대 법과대학원 수료 (경)1987년 사법시험 합격(29회) 1990년 사법연수원 수료(19기) 1990년 軍법무관 1993년 인천지검 검사 1995년 대구지검 상주지청 검사 1996년 서울지검 검사 1999년 수원지검 검사 1999년 '옷로비 사건'특별검사팀 파견 2000년 재정경제부 금융정보분석원 파견 2002년 청주지검 영동지청장 2004년 서울중앙지검 부부장검사 2005년 법무부 법무심의관실 파견 2006년 서울중앙지검 부부장검사 2006~2009년 법무법인 대륙 파트너변호사 2008~2010년 대통령직속 규제개혁위원회 민간위원 2009년 법무법인(유) 대륙아주 변호사(현) 2009년 대일항쟁기 강제동원 피해조사 위원회 위원 2015년 법무부 규제개혁위원회 공동위원장

최정표(崔廷杓) Jeongpyo Choi

(생)1953 · 8 · 14 (본)경주(慶州) (주)세종특별자치시 남세종로 263 한국개발연구원(044-550-4001) (학)진주고졸 1978년 성균관대 경제학과졸 1980년 미국 State Univ. of NewYork at Binghamton 대학원 경제학과졸 1983년 경제학박사(미국 State Univ. of NewYork at Binghamton) (경)1982년 미국 워싱턴 제퍼슨대 조교수 1983년 세종대 조교수 1984년 同국제경제연구소장 1986년 대만 중앙연구원 경제연구소 객원연구원 1988~1994년 건국대 경상학부 경제학과 조교수 · 부교수 1994~2018년 同경제학과 교수 1994년 미국 State Univ. of New York at Binghamton 객원교수 1998년 공정거래법개정 민관합동위원 1998년 독일 Hohenheim Univ. 객원교수 2000년 경제정의실천시민연합 정책협의회 의장 2000년 삼성생명보험(주) 자문위원 2001년 일본 도쿄대 경제학부 객원교수 2003년 대통령직인수위원회 경제1분과 자문위원 2003년 한국전력공사 거래소비용평가위원장 2003년 경제정의실천시민연합 바른기업운동본부장 2003년 건국대 상허기념도서관장 2003~2009년 공정거래위원회 비상임위원 2004~2006년 건국대 상경대학장 2006~2007년 경제정의실천시민연합 상임집행위원장 2012~2016년 同공동대표 2015년 대검찰청 검찰미래발전위원회 위원 2018년 한국개발연구원(KDI) 원장(현) (저)'가격규제의 문제점과 과제'(1987) '산업조직 경제학'(1990) '자본주의와 자유'(1990) '재벌'(1991) '미시경제학'(1992) '재벌해체'(1993) '경제학원론'(1993) '선진화를 위한 재벌의 선택-소유 · 경영 분리'(1996) '재벌시대의 종언'(1999) '미시경제학'(2000) '한국의 그림가격지수'(2009, 해남) '공정거래정책 허와실'(2011, 해남) '생활 경제학'(2011, 해남) '미시경제론'(2012, 청람) '산업조직경제학'(2013, 형설출판사) '재벌들의 특별한 외도'(2014, 해남) '한국재벌사연구'(2014, 해남) '미시경제론'(2015, 도서출판청람) '경제민주화 정치인에게 맡길 수 있을까'(2015, 미래를소유한사람들) '산업조직경제학'(2016, 형설출판사) '비정상경제회담(共)'(2016, 옥당) '경영자 혁명'(2017, 미래를소유한사람들)

최정필(崔楨苾) CHOE Chong Pil

(생)1945 · 5 · 12 (본)경주(慶州) (출)경북 경주 (주)서울특별시 용산구 서빙고로 137 국립박물관문화재단(02-2077-2911) (학)1973년 고려대 사학과졸 1981년 미국 피츠버그대 대학원졸 1986년 인류학박사(미국 피츠버그대) (경)1979~1980년 미국 피츠버그대 조교 1981~1982년 미국 펜실베이니아 고고지질연구소 연구원 1982~1987년 미국 피츠버그대 인류학과 시간강사 · 연구교수 1987~2011년 세종대 인문과학대학 역사학과 교수 1989년 한국선사고고학회 부회장 1995년 세종대 인문대학장 1998~2005년 同박물관장 2000년 유럽 · 아시아박물관협회 이사 2000년 한국대학박물관협회 부회장 2002~2014년 국제기념

물사적위원회(ICOMOS) 한국집행위원 2002~2006년 한국박물관학회 회장 2002~2004년 문화관광부 정책평가위원장 2004~2011년 국제박물관협의회 한국위원회 위원장·한국위원회 명예위원장 2005년 문화관광부 규제개혁심의위원 2005~2017년 국립중앙박물관 학예사 운영위원장 2006년 한국·스웨덴협회 회장 2006~2007년 문화재청 문화유산국민신탁 설립위원 2006~2008년 세종대 대학원장 2007~2014년 특수법인 문화유산국민신탁 이사 2008년 서울시 책임운영기관평가위원 2008년 (재)경주세계문화엑스포 자문위원 2009~2012년 세종대 박물관장, 경주역사문화도시추진위원회 위원장 2009~2014년 아차산고구려역사공원추진위원회 공동대표 2009~2014년 유네스코 한국위원회 문화분과위원 2009~2014년 국립중앙박물관 운영자문위원 2011~2013년 문화재위원회 위원 2011년 세종대 인문과학대학 역사학과 명예교수(현) 2013~2014년 문화재청 미래를위한한국가유산자문위원회 위원 2014~2017년 同신라왕경핵심유적복원·정비추진위원회 부위원장 2018년 국립박물관문화재단 이사장(현) [상]문화관광부장관표창(2004), 국무총리표창(2006), 스웨덴 왕실 북극성1등훈장(2010), 한국박물관협회 자랑스러운 박물관인상 원로부문(2018) [저]'Origins Reconsidered/Richard Leakey'(1995) '속 오리진'(1995) '河南市 校山洞 一帶 文化遺蹟'(1996) '고고학과 한국상고사의 제문제'(2010) [종]천도교

최정혁

[생]1962·3·8 [주]경기도 수원시 영통구 삼성로 129 삼성전자(주)(031-200-1114) [학]인하대졸 [경]삼성전자(주) 차세대연구팀 연구위원 2004년 同메모리사업부 SRAM·Flash PA팀 연구위원 2005년 同메모리사업부 차세대연구2팀 연구위원 2006년 同메모리사업부 Flash개발실 연구위원 2007년 同메모리사업부 Flash PA팀장(연구위원) 2008년 同메모리사업부 Nand PA팀장(연구위원) 2011년 同반도체연구소 TD팀장(연구위원) 2012년 同반도체연구소 연구위원(전무) 2013년 同메모리사업부 Flash개발실장(전무) 2013년 同메모리사업부 Flash개발실장(부사장) 2016년 同메모리사업부 품질보증실장(부사장) 2017년 同DS부문 TP센터장(부사장) 2019년 同고문(현)

최정현(崔正鉉) CHOI Cheong Hyeon

[생]1958·4·27 [본]해주(海州) [출]인천 [주]서울특별시 노원구 광운로 20 광운대학교 경영대학 경영학부(02-940-5434) [학]1977년 중앙대사대부고졸 1984년 서울대 컴퓨터공학과졸 1988년 미국 조지아대 대학원 컴퓨터과학과졸 1992년 컴퓨터공학박사(미국 어번대) [경]1984년 (주)유공 전산부 시스템프로그래머 1992년 한국통신 소프트웨어연구소 연구원 1994년 광운대 경영대학 경영학부 조교수·부교수·교수(현) 2006~2009년 同경영대학원 교학부장 [역]'음성과 데이터 인터네트워킹(共)'(2002, 사이텍미디어) [종]기독교

최정호(崔禎鎬) CHOE Chung Ho (何異齋·諸大路·老松亭)

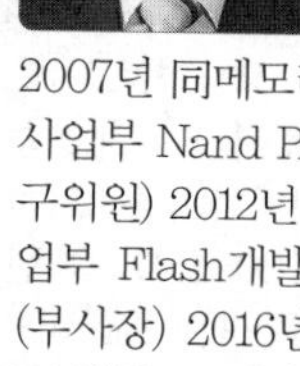

[생]1933·9·21 [본]전주(全州) [출]전북 전주 [주]서울특별시 송파구 올림픽로 424 서울평화상문화재단(02-2203-4096) [학]1957년 서울대 문리대학 철학과졸 1962년 독일 하이델베르크대졸 1968년 철학박사(독일 베를린자유대) [경]1955~1972년 한국일보 기자·논설위원 1968~1976년 성균관대 교수 1972~1975년 중앙일보 논설위원 1976~1981년 연세대 정경대학 교수 1977~1979년 한국신문학회 회장 1981~1999년 연세대 사회과학대학 신문방송학과 교수 1982~1985년 국사편찬위원회 위원 1982~1987년 서울언론재단 이사 1991~1999년 한국미래학회 회장 1993~1995년 한국방송공사 이사 1994~1996년 연세대 언론홍보대학원장 1994~2000년 한독협회 부회장 1995~2002년 월드컵유치위원회 집행위원 1995년 서울평화상문화재단 심사위원(현) 1997~2001년 문화관광부 문화비전2000추진위원회 위원장 1999~2016년 울산대 철학과 석좌교수 2004~2009년 동아일보 객원대기자 2004~2011년 한독포럼 한국측 의장 2008~2010년 한중문화예술포럼 한국측 단장 [상]국민훈장 모란장, 체육훈장 맹호장, 이미륵상, 서울언론인클럽상, 독일정부 십자공로훈장(2006) [저]'藝 : non plus ultra'(1974) '世界의 舞臺 : theatrum mundi'(1976) '政治와 言語'(1977) '울음의 문화 : 울음의 정치'(1977) '藝術과 政治'(1977) '사랑한다는 것-소인 없는 편지'(1980) '言論文化와 大衆文化'(1982) '아버지 독재자'(1984) '없는 것을 찾는 젊은이들'(1987) '아름다운 것은 아름답다'(1987) '우리가 살아온 20세기'(1999) '한국의 문화유산'(2004) '세계의 공연예술기행(전 3권)'(2005) '난타의 문화 난타의 정치 : 진보와 보수를 넘어서'(2008) '사람을 그리다 : 동시대인의 초상과 담론'(2009) '복에 관한 담론 : 기복사상과 한국의 기층문화'(2010) '편지-나와 인연 맺은 쉰다섯 분의 서간'(2017) 등 다수 [역]'소련의 정보기관과 정보정책(Paul Roth : Nachrichtenwesen und Informationspolitik der Sowjetunion)'(1984) '인민은 우리다 : 1989년 동유럽의 민주화혁명(Timothy Garton Ash : We The People. The Revolution of '89)'(1994)

최정호(崔晶皓) CHOI Jung Ho

[생]1964·6·12 [출]서울 [주]서울특별시 강서구 공항대로 453 (주)진에어 대표이사실(1600-6200) [학]연세대 응용통계학과졸 [경]1988년 대한항공 근무 2006년 同일본지역본부 여객팀장 2008년 同여객노선영업부 일본노선팀장 2013~2016년 同일본지역본부장(상무) 2016년 (주)진에어 대표이사 2018년 同각자대표이사 2018년 同대표이사(현)

최정호(崔湞鎬) Choi, Jeong Ho (작은거인)

[생]1965·5·1 [본]전주(全州) [출]전북 익산 [주]세종특별자치시 도움5로 19 우정사업본부 우편사업단 국제사업과(044-200-8280) [학]1983년 전북사대부고졸 1988년 한국해양대 항해학과졸 2000년 서울과학종합대학원 경영학석사(EMBA) 2016년 중국 북경공업대 대학원 관리학 박사과정 수료 [경]2005~2007년 정보통신부 통신경쟁정책과 결합서비스담당 계장 2008년 방송통신위원회 방송통신진흥정책과 총괄계장 2011~2013년 同기획재정담당관실 예산계장·조직계장 2013년 미래창조과학부 소프트웨어산업과 총괄계장 2016년 同정보통신정책과 평창ICT올림픽추진팀장 2017년 과학기술정보통신부 정보통신정책실 정보통신정책과 평창ICT올림픽추진팀장 2018년 同전북지방우정청 사업지원국장 2019년 同우정사업본부 우편사업단 국제사업과장(현) [상]대통령표창(2000)

최정화(崔楨禾·女) CHOI Jung Wha

[생]1955·10·16 [출]서울 [주]서울특별시 동대문구 이문로 107 한국외국어대학교 통번역대학원 한불과(02-2173-3109) [학]1974년 경기여고졸 1978년 한국외국어대 불어학과졸 1981년 프랑스 파리제3대 통역대학원졸 1986년 통역번역학박사(프랑스 파리제3대) [경]2002년 Metropolis(세계대도시협의회) 서울총회 통역번역 조직 총괄 2002년 Metropolis(세계 대도시협의회) 서울총회 통역번역 조직 총괄 2000년 INTOSAI(세계감사원장회의) 이사회 및 2001년 총회 통역번역 조직 총괄 1981년 한국 최초 국제통역사 자격 취득 1981~1987년 프랑스 외무성 한국어통역관 1982년 프랑스 파리제3대 통역대학원 전임강사 1986~1995년 韓·佛정상회담 통역 1988년 한국외국어대 통번역대학원 한불과 교수(현) 1988~2006년 국제회의통역사협회 한국대표 1993년 프랑스 파리제3대학 통역대학원 국제통역사시험 심사위원 1998~2004년 한국국제회의통역학회 회장 2003년 국제저널 '포럼' 창간·공동발행인(현) 2003년 한국이미지커뮤니케이션연구원 이사장(현) 2004년 한국국제교류재단 발행 'Koreana'지 불문판 편집장(현) 2005~2006년 프랑스정부 파리올림픽유치홍보대사 2005~2007년 국가이미지개

발위원회 위원 2006~2009년 한국올림픽위원회 국제특별위원회 위원 2009~2011년 대통령직속 국가브랜드위원회 위원 2011~2013년 민주평통 자문위원 2011~2014년 태권도진흥재단 이사 2012년 외교통상부 의전자문위원회 민간위원 2013~2015년 한국방문위원회 이사 2015~2018년 2018평창동계올림픽조직위원회 자문위원 2018년 외교부 의전자문위원회 위원장(현) 2018년 同자체평가위원회 위원(현) (상)프랑스정부 교육공로훈장(1992), 통역계학술업적공로상 '다니카 셀레스코비치상' 아시아 최초 수상(2000), 프랑스정부 최고훈장 레지옹 도뇌르(2003), 서울국제포럼 영산외교인상(2018) (저)'통역입문' '한국말을 배웁시다' '사전식 불어회화' '통역의 실제' '우물안 개구리의 처음 한동안' '통역리서치' '통역과 번역을 제대로 하려면' '외국어를 알면 세계가 좁다' '남을 알면 세계가 내편이다' '실수로 배우는 영어' '통역번역 입문' '국제회의 통역사 되는 길' '외국어, 나도 잘 할 수 있다' '매너, 나의 경쟁력이다' '최정화 교수의 통역번역 노하우' '노트 테이킹' '한국인이 가장 오해하기 쉬운 현지 영어 표현' '21세기 통역번역사에 도전하라' '뭐라할까?' '봉쥬르 프랑쎄' 'This is Korea' '엔젤 아우라' '이말듣소' '14살 그때 꿈이 나를 움직였다' 에세이 '내 삶을 디자인하는 습관 10C'(2015, HUINE) (종)기독교

최정환(崔正換) CHOI Jung Hwan

(생)1942 · 9 · 24 (출)강원 원주 (주)강원도 원주시 상지대길 83 상지대학교 이사회 사무국(033-7300-114) (학)대성고졸, 원주대졸 (경)원주밝음신협 이사장, 신협강원지역협의회 회장, 원주협동사회경제네트워크 이사장 2007년 학교법인 상지학원 임시이사 2016년 (사)강원도사회적경제지원센터 이사장, 상지학원발전기금재단 이사장(현) 2018년 학교법인 상지학원 이사 겸임(현)

최정환(崔正煥) CHOI Chung Hwan

(생)1961 · 10 · 2 (출)강원 원주 (주)서울특별시 중구 남대문로 63 법무법인 광장(02-772-4856) (학)1980년 동국대사대부고졸 1984년 서울대 법대졸 1990년 同대학원 법학과졸 1995년 미국 뉴욕대 대학원 법학과졸 2008년 서울대 대학원 법학 박사과정 수료 (경)1986년 사법시험 합격(28회) 1989년 사법연수원 수료(18기) 1989~1996년 김앤장법률사무소 변호사 1995년 미국 뉴욕주 변호사시험 합격 1995년 미국 Morrison & Foerster 법률사무소 변호사 1995년 네덜란드 De Brauw Blackstone Westbroek 법률사무소 변호사 1996년 일본 TMI법률사무소 변호사, 법무법인 두우 변호사 2006년 한국엔터테인먼트법학회 회장 2006년 세계지적재산권기구 도매인중재센터 중재인(현) 2007년 한류정책자문위원회 위원 2009~2011년 대한변호사협회 국제이사 2009~2011년 법무법인 두우&이우 변호사 2010~2011년 한국인터넷진흥원 이사 2012년 법무법인 광장 변호사(현) 2014년 세계변호사회(IBA : International Bar Association) 이사회 이사(현) 2018년 세계한인법률가회(IAKL) 회장(현) 2019년 아시아태평양변호사협회(LAWASIA) 회장(현) (저)'엔터테인먼트법'(共) (종)기독교

최정환

(생)1963 · 12 · 25 (출)경북 포항 (주)인천광역시 연수구 해돋이로 130 해양경찰청 해양안전과(032-835-2553) (학)부경대졸, 인하대 대학원졸 (경)1991년 경위 임용(경찰간부 후보 39기) 2006년 해양경찰청 홍보2팀장(경감) 2007년 해양수산부 장관비서실 파견 2008년 해양경찰청 정보통신기획계장 2011년 同정비계장 2012년 同장비기술국 장비계장(총경) 2012년 同해양경찰교육원 총무과장 2014년 同해양경찰교육원 건설추진단장 2014년 국민안전처 해양경비안전본부 상황센터장 2016년 同포항해양경비안전서장 2017년 同해양경비안전본부 해양정보통신과장 2017~2018년 해양경찰청 장비기술국 정보통신과장 2019년 同해양안전과장(현)

최정환

(생)1968 · 2 · 23 (주)경기도 수원시 영통구 삼성로 320번길 129 삼성전자(주) 메모리사업부 Flash 설계팀(031-200-1114) (학)1990년 경북대 전자공학과졸 1992년 한국과학기술원(KAIST) 전기전자공학과졸(석사) 1997년 전기전자공학박사(한국과학기술원) (경)1997년 삼성전자(주) 메모리사업부 DRAM설계4팀 근무 1998년 同메모리사업부 DRAM설계3팀 근무 1999년 同메모리사업부 DRAM3팀 근무 2006년 同메모리사업부 DRAM2팀 근무 2006년 기술 연수(미국 스탠포드대) 2007년 삼성전자(주) 메모리사업부 DRAM설계팀 근무 2018년 同메모리사업부 Falsh설계팀 전무 2019년 同메모리사업부 Flash설계팀 Fellow(부사장)(현)

최종갑(崔鍾甲) CHOI Jong Gab

(생)1957 · 11 · 12 (출)서울 (주)경기도 수원시 영통구 중부대로345번길 20 대산프라자 2층 법무법인 오늘(031-211-2700) (학)1976년 서울고졸 1984년 서울대 법대졸 (경)1985년 사법시험 합격(27회) 1988년 사법연수원 수료(17기) 1988년 서울지법 남부지원 판사 1990년 서울민사지법 판사 1992년 청주지법 제천지원 판사 1995년 서울지법 서부지원 판사 1997년 서울지법 판사 1999년 同동부지원 판사 2000년 서울고법 판사 2002년 서울지법 판사 2003년 대전지법 부장판사 2005년 수원지법 부장판사 2006년 변호사 개업 2008년 법무법인 오늘 대표변호사(현) 2013년 법조공익단체 나우 이사, 同회원(현)

최종건 Jong Kun Choi

(주)서울특별시 종로구 청와대로 1 국가안보실 평화기획비서관실(02-770-7117) (학)미국 로체스터대 정치학과졸, 연세대 대학원 정치학과졸, 정치학박사(미국 오하이오주립대) (경)2001~2006년 미국 오하이오주립대 Mershon Center for International Security Studies 연구원(Research Associate) 2004~2006년 同정치학과 강사 2006~2008년 연세대 정치외교학과 BK21사업단 박사 후 연구원 2007년 한국학세계대회 조직위원회 사무차장 2008년 국회 외교통상통일위원회 자문위원 2008~2009년 북한대학원대 조교수 2008년 경남대 극동문제연구소 발행 'Asian Perspective' 편집위원 2008~2017년 연세대 사회과학대학 정치외교학과 부교수 2016년 정의당 정의구현정책단 자문위원 2016년 더불어민주당 사드대책특별위원회 자문위원 2017년 同제19대 문재인 대통령후보 중앙선거대책위원회 한반도안보신성장추진단장 2017년 국가안보실 평화군비통제비서관 2019년 同평화기획비서관(현)

최종고(崔鍾庫) CHOI Chong Ko (靑里)

(생)1947 · 12 · 25 (본)경주(慶州) (출)경북 상주 (주)서울특별시 관악구 관악로 1 서울대학교 법학전문대학원 법학과(02-880-7534) (학)경북고졸 1970년 서울대 법학과졸 1972년 同대학원 법학과졸 1979년 법학박사(독일 프라이부르크 알베르트루트비히대) (경)1981~1992년 서울대 법학과 전임강사 · 조교수 · 부교수 1984년 同법과대학 학생담당 부학장 1987년 미국 버클리대 · 하버드대 객원교수 1992~2013년 서울대 법과대학 법사상사전공 교수 1992년 同교무담당 부학장 1992년 통일원 자문위원 1994년 법무부 자문위원 1997년 미국 하와이대 교환교수 1998년 감사원 부정방지대책위원 2000년 한국인물전기학회 회장 2001년 한국법사학회 회장 2001년 중국 남경대 명예교수 2001년 세계법철학및사회철학회(IVR) 집행위원(세계이사) 겸 한국학회 회장 2002년 미국 산타클라라대 석좌교수 2003년 중국 산동대 명예교수 2009~2017년 수석문화재단 이사 2011년 서울대대학원동창회 회장 2013년 서울대 법학전문대학원 법학과 명예교수(현) (상)한

국백상출판문화상 저작상(1980), 3.1문화상 인문 · 사회과학부문 학술상(2012), 근정포장(2013) (저)'한국의 서양법 수용사' '法史와 법사상' '법사상사' '위대한 법사상가들' '서양법제사' '법학통론' '법학인명사전' '한국법사상사' '한국의 법학자' '법과 생활' '법과 미술' 'Law and Justice in Korea : South and North' '자유와 정의의 지성 유기천' '괴테와 다산, 통하다' 'East Asian Jurisprudence' '이승만과 메논, 그리고 모윤숙'(2012) '나의 일생'(2014, 푸른사상) (역)'법철학' (종)기독교

최종구(崔鐘求) CHOI Jong Gu

(생)1964 · 2 · 26 (출)전남 여수 (주)서울특별시 강서구 양천로 34 양서빌딩 5층 이스타항공(주) 비서실(1544-0080) (학)1983년 순천고졸 1991년 한양대 정치외교학과졸 (경)삼신올스테이트생명보험 근무, 케이아이씨 신규P/J 이사, 同경영전략팀 상무이사, 同경영기획실 상무이사 2008년 同전무이사 2012년 이스타항공그룹 경영지원실장(부사장) 2017년 이스타항공(주) 대표이사(현)

최종균(崔鐘畇) CHOI Jong Kyun

(생)1970 · 10 · 31 (본)강릉(江陵) (출)강원 강릉 (주)세종특별자치시 도움4로 13 보건복지부 건강보험정책국 의료보장심의관실(044-202-2660) (학)강릉고졸, 서울대 인류학과졸 (경)1993년 행정고시 합격(37회), 보건복지부 식품유통과 근무, 同장애인복지과 근무, 同식품정책과 근무, 同행정관리담당관실 근무 2004년 同공공보건정책과 서기관 2005년 同한방산업단지조성팀 서기관 2005년 경제협력개발기구(OECD) 사무국 파견(주재관) 2008년 보건복지가족부 국제협력담당관 2009년 同장애인정책국 장애인정책과장 2010년 보건복지부 장애인정책국 장애인정책과장 2010~2012년 同기획조정실 기획조정담당관(부이사관) 2011년 OECD 고용노동사회위원회 사회정책작업반(Working Party on Soical Policy) 부의장 2012년 보건복지부 사회복지정책실 복지정책과장 2013년 同인사과장 2014년 同건강보험정책국 보험정책과장 2014년 同장애인정책국장 2015년 駐제네바대표부 공사참사관 2019년 보건복지부 건강보험정책국 의료보장심의관(현)

최종덕(崔鍾悳) CHOI Jong Deok

(생)1959 (본)경주(慶州) (출)대구 (주)대전광역시 유성구 문지로 132 국립문화재연구소(042-860-9100) (학)한양대 건축공학과졸, 미국 오리건대 대학원 역사보존학과졸, 건축학박사(서울대) (경)1990~1996년 건설교통부 근무 2003년 문화재청 문화재기획국 근대문화재과장 2004년 同문화재정책국 문화재교류과장 2005년 同창덕궁관리소장 2006년 同문화재정책국 문화재교류과장(부이사관) 2007년 문화재위원회 건축분야 전문위원 2008년 문화재청 국제교류과장 2008년 同건축문화재과장 2009년 同수리기술과장 2011년 세종연구소 교육파견(부이사관) 2011년 문화재청 문화재보존국장(고위공무원) 2011~2013년 同숭례문복구단장 겸임 2013~2014년 同문화재정책국장 2015년 국립고궁박물관장 2016년 문화재청 문화재정책국장 2018년 국립문화재연구소장(현) (저)'창덕궁 육백년 1405-2005'(2005, 문화재청) '조선의 참 궁궐 창덕궁'(2006, 눌와) '숭례문 세우기'(2014, 돌베개)

최종두(崔鍾斗) CHOI Jong Du

(생)1964 · 2 · 6 (출)경기 안성 (주)인천광역시 미추홀구 소성로163번길 17 인천지방법원 총무과(032-860-1169) (학)1982년 유신고졸 1986년 서울대 법학과졸 1988년 同대학원 법학과졸 (경)1988년 사법시험 합격(30회) 1991년 사법연수원 수료(20기) 1991년 춘천지법 강릉지원 판사 1994년 춘천지법 판사 1995년 인천지법 부천지원 판사 1999년 수원지법 판사 2001년 서울가정법원 판사 2002년 서울고법 판사 2004년 서울중앙지법 판사 2006년 청주지법 부장판사 2008년 수원지법 부장판사 2010년 서울북부지법 부장판사 2012년 서울중앙지법 부장판사 2015년 서울동부지법 부장판사 2017년 부산지법 부장판사 2019년 인천지법 수석부장판사(현)

최종률(崔鐘律) CHOI Jong Yul

(생)1937 · 12 · 28 (본)탐진(耽津) (출)황해 해주 (주)서울특별시 중구 명동길 80 가톨릭회관4층 (재)바보의나눔(02-727-2506) (학)1957년 동성고졸 1961년 연세대 상경대학 상학과졸, 서강대 언론대학원 최고위과정 수료 (경)1961년 경향신문 기자 1965년 중앙일보 기자 1969~1977년 同문화부장 · 월간중앙 주간 1977년 同편집부국장 · 출판국장 1978년 同이사대우 출판국장 1979년 同이사대우 논설위원 1980년 同논설주간 겸 이사 1984년 同상무이사(논설주간) 1984년 同주필(상무이사) 1986년 同전무이사 겸 주필 1988년 同전무이사 겸 논설고문 1988년 로마교황청 문화위원 1991년 경향신문 부사장 겸 주필 1992~1995년 同사장 1992년 한국신문협회 부회장 1992년 IPI 한국위원회 이사 1993년 한국언론연구원 이사장 1994~1996년 한국신문협회 회장 1995~1996년 경향신문 부회장 1996년 전국재해대책협의회 회장 1997년 한국신문협회 공정경쟁심의위원장 1997년 서강대 신문방송학과 대우교수 1997년 언론중재위원회 위원 1998~2001년 예술의전당 사장 2000년 장면박사기념사업회 이사 2001~2006년 한국ABC협회 회장 2004~2007년 예술의전당 이사 2007년 한국ABC협회 고문 2011년 (재)바보의나눔(김수환추기경 추모재단) 이사(현) (상)황해도 문화상, 아시아언론재단 高在旭언론상, 연세언론인상, 한국음악협회 한국음악상특별상, 자랑스러운 동성인상(2005) (저)시사평론집 '분수대(5권)' (역)'B. 프랭클린 자서전' (작)'땅의 소리 하늘의 소리' (종)천주교

최종만(崔鐘萬) CHOI Jong Man

(생)1947 · 4 · 15 (본)수성(隋城) (출)충남 당진 (주)서울특별시 영등포구 당산로47길 19 (주)고암 임원실(02-326-3011) (학)고려대 법학과졸, 同정책과학대학원 수료, 미국 조지워싱턴대 대학원 최고경영자과정 수료, 경기대 정치대학원 수료 (경)1979년 (주)고암 회장(현) 1990~2008년 세계빌딩관리연맹 이사 겸 한국수석대표 1990년 (사)한국건물위생관리협회 회장 1994년 (주)고암개발 대표이사(현) 1994년 在京서산향우회 부회장 1995년 (사)한국건축물관리연합회 회장 1998년 (사)한국방역협회 고문 2000년 (사)한국웅변인협회 부총재(현) 2004년 충청향우회중앙회 부총재(현) 2008~2010년 在京서산시향우회 회장 (상)대통령표창(1994 · 2000) (저)'한국의 정당정치와 민주주의' (종)기독교

최종만(崔鍾晩) CHOI Jong Man

(생)1957 · 7 · 10 (본)강릉(江陵) (출)강원 강릉 (주)서울특별시 중구 퇴계로 213 일흥빌딩 8층 신한회계법인 대표이사실(02-2279-0611) (학)연세대 경영학과졸, 同대학원 경영학과졸, 회계학박사(동국대) (경)신한회계법인 국제사업본부장 2005년 同대표이사(현), 한국공인회계사회 연구이사, 同감사 2008년 연세대 경영대학 겸임교수(현) 2018년 한국공인회계사회 선출직 부회장(현) (상)금융감독원장표창, 기획재정부장관표창 (저)'한국의 30대 재벌 재무분석' '재무분석과 사업성 검토'(2002) '외부감사의 효율성 제고를 위한 내부감사의 신뢰성평가' (종)기독교

최종무(崔鍾武)

(생)1972·10·28 (본)수성(隋城) (출)경북 상주 (주)서울특별시 종로구 사직로8길 39 세양빌딩 김앤장법률사무소 (학)1991년 문경 문창고졸 1996년 서울대 법학과졸 2009년 미국 보스턴칼리지 로스쿨졸(LL.M.) (경)1998년 사법시험 합격(40회) 2001년 사법연수원 수료(30기) 2004년 인천지검 부천지청 검사 2006년 부산지검 검사 2009년 미국 뉴욕주 변호사시험 합격 2009년 미국 매사추세츠주 Suffolk County 검찰청 근무 2010년 대구지검 검사 2011년 법무부 대변인실 검사 2014년 서울중앙지검 검사 2015년 同부부장검사 2016년 국무조정실 법률자문관 겸 정부합동 부패척결추진단 총괄기획팀장 2017년 대검찰청 디지털수사과장 2018~2019년 대구지검 안동지청장 2019년 김앤장법률사무소 변호사(현) (상)검찰총장표창(2007), 행정제도개선 유공 법무부장관표창(2013) (종)기독교

최종문(崔鍾文) Jong Moon CHOI

(생)1959·4·23 (본)강릉(江陵) (출)서울 (주)서울특별시 종로구 사직로8길 60 외교부 인사기획관실(02-2100-7141) (학)1978년 휘문고졸 1982년 연세대 정치외교학과졸 1987년 미국 서던캘리포니아대(USC) 대학원졸 (경)1983년 외무고시 합격(17회) 1983년 외무부 입부 1989~1992년 駐유엔대표부 2등서기관 1996년 駐태국 1등서기관 1999년 대통령 외교안보비서관실 행정관 2000년 외교통상부 서남아대양주과장 2001년 同장관 비서관 2002년 駐미국 참사관 2005년 駐미얀마 공사참사관 2007년 대통령 의전비서관실 외교팀장 2008년 외교통상부 조정기획관(고위외무공무원) 2009년 同남아시아태평양국장 2011년 駐스리랑카 대사 2014년 외교부 본부 근무(고위공무원) 2014년 2014 한·아세안특별정상회의준비기획단 단장 2015년 외교부 특별보좌관 겸 유네스코 협력대표 2015년 핵안보정상회의 교섭대표 2016년 외교부 다자외교조정관 2018년 駐프랑스 대사(현) (상)녹조근정훈장(1996), 홍조근정훈장(2015) (종)기독교

최종배(崔鍾培) Choi, Jong Bae

(생)1960·12·19 (출)경북 포항 (주)대전광역시 유성구 엑스포로 55 기초과학연구원 감사실(042-878-8010) (학)영등포고졸 1983년 광운대 전자공학과졸 1985년 한국과학기술원(KAIST) 핵공학 석사 1999년 전기공학박사(미국 아이오와주립대) (경)1985~1987년 과학기술처 고리주재관 1987~1991년 同원자료과 근무 2003~2005년 과학기술부 원자력협력과장 2006~2009년 IAEA(국제원자력기구) 파견 2009~2011년 교육과학기술부 원자력정책과장 2012~2013년 대통령 과학기술비서관 2013~2014년 국립중앙과학관장 2014년 미래창조과학부 창조경제조정관 2015년 同과학기술전략본부장 2016~2018년 국무총리직속 원자력안전위원회 상임위원 겸 사무처장 2018년 기초과학연구원(IBS) 상임감사(현)

최종삼(崔鐘三) CHOI Jong Sam

(생)1956·3·7 (출)대구 (주)서울특별시 마포구 월드컵북로 402 (주)홈&쇼핑 임원실(02-6364-1962) (학)1974년 대구 계성고졸 1979년 영남대 경영학과졸 2014년 중앙대 신문방송대학원졸 (경)1998년 (주)LG홈쇼핑 재무담당 이사 1998년 同재무담당 상무 2005년 (주)GS홈쇼핑 물류부문 상무 2006~2008년 (주)GS울산방송 대표이사 2007~2009년 한국케이블TV방송협회 이사 2009년 엘르TV코리아 대표이사 2011~2013년 한국케이블TV방송협회 사무총장 2013년 남북방송통신교류추진위원회 위원 2013~2018년 한국케이블TV방송협회 SO협의회장 2013년 한국디지털케이블연구원 이사장 2017년 한국케이블TV방송협회 회장 직무대행 2018년 (주)홈&쇼핑 대표이사 사장(현) (상)한국품질경영학회 2019글로벌품질경영인대상(2019), 한국경영학회 대한민국 최우수경영대상(2019) (종)천주교

최종상(崔鍾相)

(생)1967·5·15 (출)전남 구례 (주)서울특별시 서대문구 통일로 97 경찰청 사이버수사과(02-3150-2890) (학)1985년 순천고졸 1990년 경찰대 행정학과졸(6기) 2012년 연세대 행정대학원 경찰사법행정학과졸 (경)1990년 제주지방경찰청 601전경대 부대장·경기지방경찰청 기동5중대 소대장·서울 종암경찰서 석관2파출소장·서울 종암경찰서 형사과 강력반장·서울도봉면허시험장 근무·서울노원경찰서 조사계 실무조사관(경위) 1997년 전주 북부경찰서 교통사고조사계장·서울지방경찰청 기동31중대장·서울 남대문경찰서 조사계장·서울지방경찰청 정보1과 기획정보실장(경감) 2003년 울산 동부경찰서 경비교통과장·서울마포경찰서 수사과장·금융정보분석원(FIU) 파견·서울 동작경찰서·서울 서대문경찰서·서울 마포경찰서·서울 강서경찰서 형사과장(경정) 2012년 법무부 형통단(KICS) 파견 2013년 치안정책과정 교육파견 2014년 충북지방경찰청 수사과장(총경) 2015년 충북 청주청원경찰서장 2016년 경찰청 수사국 수사연구관실 총경 2017년 서울 동작경찰서장 2018년 경찰청 사이버수사과장(현)

최종선(崔鍾先)

(생)1965·10·9 (출)전남 함평 (주)전라남도 무안군 삼향읍 오룡길 1 전라남도의회(061-286-8200) (학)전남 문태고졸, 경희대 행정학과졸 (경)1992년 행정고시 합격(36회) 1996년 전남도 기획관리실 법제계장 1999년 同경제통상국 산업자원과 산업정책담당 2001년 同자치행정국 총무과 인사담당 2004년 同지방공무원교육원 교수요원 2005년 同기업도시기획단 기획총괄팀장 2007년 전남 무안군 부군수 2012년 전남도 F1대회지원담당관 2013년 同F1조직위원회 본부장 2014년 同해양수산국장 2015년 同경제과학국장 2016년 전남 여수시 부시장 2018년 전남도 자치행정국장 2019년 同도민안전실장 2019년 전남도의회 사무처장(현)

최종성(崔鐘成) CHOI Jong Sung

(생)1963·10·3 (주)경기도 성남시 분당구 판교로 335 (주)차바이오텍 R&D부문(031-881-7400) (학)의학박사(고려대) (경)삼성서울병원 진단검사의학과 전문의 1992년 이노셀 이사 1998년 (주)이노셀 기술이사 2013~2017년 (주)녹십자셀 기술이사(부사장) 2018~2019년 (주)차바이오텍 공동대표이사 2018년 차바이오랩 대표이사(현) 2019년 (주)차바이오텍 R&D부문 총괄사장 겸임(현)

최종수(崔鍾水) Jongsoo Choi

(생)1966·9·16 (본)강릉(江陵) (출)강원 홍천 (주)서울특별시 중구 필동로1길 30 동국대학교 공과대학 건축공학부(02-2260-3357) (학)1985년 홍천고졸 1992년 한양대 건축학과졸 1995년 同대학원 건축공학과졸 2003년 공학박사(미국 위스콘신주립대) (경)2003년 동국대 공과대학 건축공학부 교수(현) (종)불교

최종순(崔鐘淳) CHOI Jong Soon

(생)1963·5·18 (본)경주(慶州) (출)서울 (주)대전광역시 유성구 과학로 169-148 한국기초과학연구원 오창분원 바이오융합연구부(042-865-3428) (학)1986년 연세대 생물학과졸 1990년 同대학원 생물학과졸 1999년 생물학박사(한국과학기술원) (경)2005년 한국기초과학지원연구원 생명과학연구부 프로테오연구팀장 2009년 同생명과학연구부장 2011~2013년 同정책연구부장 2013년 同생명과학연구부 책임연구원 2015년 同바이오융합분석본부 생물재난연구팀장 2016년 同부원장 2017년 同바이오융합분석본부 생물재난연구팀 책임연구원 2019년 同바이오융합연구부 책임연구원(현) (상)대통령표창(2017)

최종식(崔鐘植) CHOI Jong Sik

(생)1964 · 10 · 1 (출)서울 (주)경기도 수원시 장안구 경수대로973번길 6 경기일보(031-250-3331) (학)1983년 안동 경일고졸 1990년 경기대 국어국문학과졸 (경)1998년 경기일보 제2사회부 광주주재 기자 1999년 同정치부 기자 2000년 同사회부 기자 2002~2008년 同사회부 차장 2004년 한국기자협회 기자협회보 편집위원 겸 인천 · 경기협회장 2006~2015년 한국신문윤리위원회 이사 2008년 경기일보 편집국 사회부장, 同편집국 정치부장 2011년 同편집국장 2016년 同미디어전략실 이사대우 2017년 同기획관리실장 2018년 同기획이사(현)

최종양(崔鍾良) CHOI Jong Yang

(생)1962 · 2 · 2 (출)서울 (주)서울특별시 서초구 잠원로 51 (주)이랜드리테일 임원실(02-323-0456) (학)1986년 성균관대 화학공학과졸 (경)1986년 (주)이랜드 입사 1999년 同상무 2001년 同중국법인 대표이사 2006~2008년 이천일아울렛 최고운영책임자 2006~2008년 이랜드그룹 아울렛BG 사장 2006~2008년 (주)뉴코아 대표이사 사장 2008년 同중국패션법인 책임자(부사장), (주)이랜드위시디자인 이사, (주)이랜드중국패션디자인 이사, 이랜드그룹 중국BG장 2013~2015년 (주)이랜드월드 공동대표이사 사장 2018년 (주)이랜드리테일 대표이사 사장 2019년 同대표이사 부회장(현)

최종열(崔鍾烈) CHOI Jong Yeol

(생)1955 · 12 · 16 (본)흥해(興海) (출)경북 포항 (주)부산광역시 강서구 과학산단1로60번길 31 (재)부산테크노파크 원장실(051-974-9001) (학)1980년 부산대 상과대학 경영학과졸 1982년 同대학원 경영학과졸 1994년 경영학박사(부산대) (경)1984~2019년 부산대 경영학과 전임강사 · 조교수 · 부교수 · 교수 1998~2000년 미국 UCLA 경영대학원 객원교수 2000~2001년 부산 · 울산창업보육센터협의회(BUBIA) 회장 2000~2005년 부산대 중소기업창업지원센터장 겸 창업지원단장 2002년 한국창업보육협회(KOBIA) 이사 2002~2008년 부산정보산업진흥원 이사 2003~2005년 한국창업보육협회(KOBIA) 부회장 2004~2006년 부산대 경영대학원 부원장 2005~2011년 부산이노비즈센터장 2006~2007년 (사)한국창업보육협회 회장 2011~2013년 부산대 경영대학장 2019년 (재)부산테크노파크 원장(현) (상)대통령표창(2009) (저)'생산운영관리'(2003, 삼영사) '엑셀활용 경영통계학'(2006, 대명출판사) '문제해결형 인력양성을 위한 효율적 사업방안'(2006, 한국학술진흥재단) '엑셀활용 경영통계학'(2008, 대명출판사) (역)'생산운영관리'(2007, 한국맥그로힐)

최종영(崔鍾泳) CHOI Jong Young

(생)1939 · 2 · 20 (본)강릉(江陵) (출)강원 강릉 (학)1957년 강릉상고졸 1962년 서울대 법과대학졸 (경)1961년 고등고시 사법과 합격(13회) 1962~1965년 軍법무관 1965년 부산지법 판사 1968년 서울지법 인천지원 판사 1969년 서울민사지법 판사 1973년 서울형사지법 판사 1974년 서울고법 판사 1977년 대구고법 판사 1978년 대법원 재판연구관 1979년 대전지법 홍성지원장 1980년 서울민사지법 부장판사 1981년 서울고법 부장판사 1986년 서울지법 북부지원장 1988년 서울고법 수석부장판사 1991년 서울민사지법원장 1992~1998년 대법관 1993~1997년 법원행정처장 1997~1998년 중앙선거관리위원회 위원장 1998년 변호사 개업 1999~2005년 대법원장 2006~2016년 법무법인 바른 고문변호사

최종옥(崔鍾玉) CHOI Jong Ok (心山)

(생)1952 · 5 · 7 (본)강화(江華) (출)전남 함평 (주)서울특별시 동작구 서달로12가길 19 (주)나눔뉴스 임원실(02-713-3535) (학)함평농고졸, 한국방송통신대 행정학과졸, 중앙대 사회개발대학원 의회최고지도자과정 수료, 고려대 의과대학원 여행의학고위과정 수료 (경)나눔뉴스 · K스타저널 · 서경일보 편집인 회장(현), 대한민국나눔클럽 상임대표(현), KPAN-EWS한국언론사협회 발행 · 편집인, 디에스미디어그룹(한국기업신문 · TV저널) 편집인 회장(현), 대한민국나눔대상 시상대회장(현), NANUMNEWS KOREA 상임대표, 국회등록법인 한반도평화통일시민단체협의회 공동대표(현), 아름다운학교운동본부 상임대표, 同공동대표(현), (사)한국교육연구소 이사(현), 한국나눔운동연합회 상임회장(현) 2006년 5.31서울시장선거 인권특별위원회 위원장 2007년 대통합민주신당 제17대 대선 대통령후보 공보특보 2007년 同제17대 대선 나눔운동특별위원장 2007년 同중앙선대위 조직부위원장 2008년 2008함평세계나비 · 곤충엑스포 홍보대사, 한겨레-참여연대 100인 유권자위원, 중앙대대학원총동창회 상임이사, 열린우리당 동작구나눔운동 본부장, 좋은헌법만들기국민운동 공동대표, 사색의향기문화원 자문위원, 서울시장 선거대책위원회 행복나눔본부 부단장, 하늘땅문화예술단 상임대표(현), 대한민국차(茶)세계화조직위원회 추진위원장, 전남대평생교육원총원우회 고문, 민족통일국민운동본부 공동대표(현), 민주주의전당건립범국민추진위원회 위원 2010년 제1회 대한민국나눔아트페어 대회장 2011 · 2013년 (사)한국언론사협회 이사장 겸 상임회장 2012년 (주)나눔뉴스 회장(현) 2012년 민주통합당 제18대 문재인 대통령후보 국민특보, 대한민국유권자연대 공동대표, 국제평화언론대상 시상대회장, 대한민국우수국회의원대상 조직위원장 · 대회장, 동작구의회 의정비심의위원회 부위원장 2014년 (사)한국언론사협회 공동회장 · 명예회장(현) 2014년 2015 미시즈 퍼스트 뷰티월드 중국 본선대회 심사위원 2015년 제2회 대한민국나눔아트페어 대회장 2015년 2015미스인터콘티넨탈 서울대회 조직위원장 겸 심사위원, 2016미시즈퍼스트뷰티월드 예심대회 심사위원장, 세계평화언론대상 대회장, 대한민국모범국회의원대상 대회장, 한국언론기자협회 중앙회장, 국민안전관리협회 중앙상임위원장 2017년 제19대 문재인 대통령후보 언론특보 2017년 더불어민주당 문화예술전통계승발전특별위원장 2017년 同중앙선거대책위원회 국민통합위원회 부위원장 2017년 同중앙선거대책위원회 저출산고령화대책위원회 부위원장, (사)한국국제미술협회 고문(현), (사)식문화세계교류협회 상임고문(현), 해외교류작가회 자문위원, (사)한국미술협회 서울시마포구지회 자문, 대만 국립가오슝대학교 한국연구원(현), (사)희망시민연대 이사(현), 캄보디아 펄리빌라최종옥갤러리 관장(현), 인사동사람들 · 인사동아트페어 자문위원(현) (상)전남도지사표창(1981), 산림청장표창(1988 · 1992), 대한민국다문화예술대상 보도대상(2012), 제8회 대한민국사회공헌대상 문화나눔대상(국회교육문화체육관광위원장상)(2013), 다문화인이 뽑은 올해의 인물대상(2014), 세계나눔대상(2014), 대한민국을 빛낸 위대한 인물대상(2015), 다문화예술대상 인물상(국회외교통일위원장상)(2015), 선행천사세계나눔대상(국회보건복지위원장상)(2015), 대한민국국민브랜드대상(국회외교통일위원장상)(2016), 대한민국모범기업인대상(국회미래창조과학방송통신위원장상)(2017), 대한민국나눔대상(국회법제사법위원장상)(2018), 대한민국지역사회공헌대상(국회여성가족위원장상)(2018), 제32회 2018춘향미술대전 입선, 제25회 2018한국미술국제대전 초대 작가상, 제39회 2018대한민국현대미술대전 우수상, 제6회 대한민국창조문화예술대상 미술부문 대상(국회문화체육관광위원장상), 제5회 세계문화예술교류대상 미술부문 대상(국회외교통일위원장상), 대한민국미술대전(국전) 비구상(양화) 특선, 대한민국회화대전 특별상, 한류문화공헌대상 미술문화교류발전 대상(국회문화체육관광위원장상), 주베트남대사관한국문화원 베트남아트페스티벌 최고의작품선정 대상 (작)그림작품 '절개', '색체의미학', '기분좋은날', '아리랑판타지', '갓바위', '자연예찬', '모란꽃', '독도', '봄의향기', '대나무와참새', '꽃동산', '여명', '금강산', '백두산천지', '무지개산', '나이아가라폭포', '설악산' (종)천주교

ㅊ

최종웅(崔鍾雄) CHOE Jong Woong

(생)1957·4·15 (본)강릉(江陵) (출)강원 강릉 (주)서울특별시 강남구 봉은사로 215 KTS빌딩 9층 (주)인코어드테크놀로지스(02-3443-5800) (학)1975년 강릉고졸 1981년 부산대 기계공학과졸 1995년 충남대 대학원 컴퓨터공학과졸 1999년 컴퓨터공학박사(충남대) (경)1982~1988년 금성계전 근무 1989년 LG산전(주) 전력연구소 근무 1991년 同전력연구소 책임연구원 1992년 同부장 1998년 同전력연구소장 2000년 同상무보 2001년 同상무 2005~2007년 LS산전(주) 전력연구소 전무(CTO) 2008년 同연구개발본부 부사장(CTO) 2010년 同전력솔루션본부장(부사장) 2011~2013년 同사장(CTO) 2013년 (주)인코어드테크놀로지스 대표이사(현) (상)통상산업부장관표창, 자랑스러운 부산대인(2012) (저)'전하중첩법에 의한 가상전하 배치방법' '전자장 해석을 통한 보호계전기용 CT설계' 'A Study for Electric Breaking Mechanism Using a Frequency-Domain Motion Estimation' (종)기독교

최종원(崔鍾元) CHOI Jong Won

(생)1958·10·28 (본)강릉(江陵) (출)강원 강릉 (주)서울특별시 관악구 관악로 1 서울대학교 행정대학원(02-880-5624) (학)1982년 서울대 경제학과졸 1984년 同행정대학원졸 1989년 정책학박사(미국 미시간대) (경)1982년 행정고시 합격(26회) 1983~1989년 경제기획원 행정사무관 1989~1991년 정보통신정책연구원(KISDI) 책임연구원 1991~1994년 한국개발연구원(KDI) 연구위원 1994년 서울대 행정대학원 전임강사·조교수·부교수·교수(현) 1996년 정부투자기관경영평가단 위원 1998~2000년 공정거래위원회 정책평가위원 2000~2001년 미국 Stanford Univ. Hoover Institution 객원교수 2002년 대통령직속 규제개혁위원회 간사위원 2004년 대통령직속 지방이양추진위원회 위원 2004년 감사원 정책자문위원 2005년 정부산하기관경영평가단 위원 2008~2010년 서울대 행정대학원장 2009~2012년 공정거래위원회 비상임위원 2012~2014년 기획재정부 공공기관경영평가단장 2012~2015년 서울대병원 비상임이사 2013년 국세청 국세행정개혁위원회 위원(현) 2014년 SK하이닉스 사외이사(현) 2015년 두산건설(주) 사외이사(현) (저)'미일구조조정협의의 전개와 경쟁정책'(1994) '정보정책론(共)'(1997) '정책과정의 실증적 연구'(2002) '공공부문 의사결정과정의 실증연구'(2002) '정책학원론(共)'(2003) '정책·행정서비스의 업그레이드(共)'(2005) '행정의 시차적 접근(共)'(2005) '정책 사례연구(共)'(2006)

최종원(崔鍾元) CHOI Jong Won

(생)1960·11·27 (주)서울특별시 용산구 청파로47길 100 숙명여자대학교 이과대학 컴퓨터과학부(02-710-9445) (학)1984년 서울대 컴퓨터공학과졸 1986년 同대학원 컴퓨터공학과졸 1992년 공학박사(미국 노스웨스턴대) (경)1993년 숙명여대 이과대학 컴퓨터과학부 조교수·부교수·교수(현) 1996~1999년 인터넷-KIG라우팅WG 의장 1997~1999년 한국정보과학회 논문편집위원 겸 운영위원 2002년 숙명여대 정보통신처장 2003~2006년 대학정보화협의회 부회장 2011~2012년 한국인터넷윤리학회 초대회장 2015~2017년 한국인터넷진흥원 비상임이사 2016년 숙명여대 교무처장 2018년 同공과대학장·교육혁신원장·교수학습센터장 2019년 한국정보과학회 회장(현) (상)정보문화유공 국무총리표창(2017)

최종원(崔鍾元) CHOI Jong Won

(생)1966·6·2 (본)경주(慶州) (출)강원 강릉 (주)경기도 하남시 미사강변한강로 229 한강유역환경청 청장실(031-790-2403) (학)1993년 서울시립대 환경공학과졸 2007년 미국 델라웨어대 대학원 에너지환경정책학과졸 (경)1992년 기술고시 합격(28회) 1994년 서울시 상수도사업본부 근무 1996년 환경부 산업폐수과·지구환경과·대기정책과 근무 2003년 同환경경제과 근무 2004년 同공보관실 근무 2005년 同홍보관리관실 정책홍보담당관 2005년 해외 파견 2007년 국립생물자원관 운영관리과장 2007년 환경부 자원순환국 산업폐기물과장 2009년 同자원순환국 폐자원관리과장 2009년 同자연보전국 자연자원과장 2011년 同상하수도정책관실 수도정책과장 2013년 同자연보전국 자연정책과장 2017년 국가공무원인재개발원 파견(고위공무원) 2017년 국립생물자원관 생물자원활용부장 2018년 영산강유역환경청장 2019년 한강유역환경청장(현) (상)국무총리표창(2002) (종)기독교

최종원(崔鍾元) CHOI Jong Won

(생)1966·10·10 (출)경북 상주 (주)서울특별시 서초구 서초대로 250 법무법인 중부로(02-6672-0001) (학)1984년 경북고졸 1988년 연세대 법학과졸 (경)1989년 사법시험 합격(31회) 1992년 사법연수원 수료(21기) 1992년 軍법무관 1995년 서울지검 남부지청 검사 1997년 부산지검 울산지청 검사 1999년 부산지검 검사 2001년 법무부 검찰국 검사 2001년 同검찰2과 검사 2003년 서울지검 검사 2004년 제주지검 부부장검사 2005년 대구고검 검사 2006년 대구지검 마약·조직범죄수사부장 2007년 同특수부장 2008년 인천지검 특수부장 2009년 서울중앙지검 조사부장 2009년 법무연수원 교수 2010년 춘천지검 원주지청장 2011년 부산지검 동부지청 차장검사 2012년 의정부지검 고양지청 차장검사 2013년 서울북부지검 차장검사 2014년 대구지검 제1차장검사 2015년 의정부지검 고양지청장 2015년 춘천지검장 2017~2018년 서울남부지검장 2018년 법무법인 중부로 대표변호사(현)

최종일(崔鍾一) CHOI JONG IL

(생)1966·4·12 (출)경기 양평 (주)서울특별시 강남구 선릉로 433 세방(주) 임원실(02-3469-0300) (학)1985년 서울 청량고졸 1993년 인하대 영어교육과졸 (경)1995년 세방(주) 입사 1997년 同인천지사 영업팀 근무 2009년 同인천지사 영업팀장 2013년 同인천지사장 2014년 同영업본부 영업담당 상무 2016년 同수도권지역본부장 2017년 同영업본부장 2018년 同대표이사 상무(현)

최종준(崔宗俊) CHOI Jong Jun

(생)1951·11·12 (본)경주(慶州) (출)경북 경산 (주)서울특별시 송파구 올림픽로 424 SK올림픽핸드볼경기장 107호 대한바둑협회(02-2282-5500) (학)1970년 서울 배재고졸 1978년 성균관대 경상대학 무역학과졸, 고려대 교육대학원 체육교육학과 수료 (경)1977년 LG그룹 입사 1977~1982년 LG상사(주) 기획조사부 근무 1982~1987년 同뉴욕지사 주재원 1990년 LG트윈스 프로야구단 창단준비팀장 1990~2002년 LG트윈스 프로야구단장·안양LG 프로축구단장·LG투자증권 씨름단장·LG화재 배구단장 겸 관리담당 임원 2002~2003년 (사)한국씨름연맹 총재대행 겸 사무총장 2003~2005년 SK와이번스 프로야구단장(상무이사) 2006년 대구FC 프로축구단 대표이사(단장) 2009~2013년 대한체육회 사무총장 2010년 국제올림픽위원회(IOC) 생활체육위원회 위원 2011년 아시아올림픽평의회(OCA) 스포츠위원회 위원 2012년 런던올림픽 대한민국선수단 부단장 2014~2016년 가톨릭관동대 스포츠레저학부 교수 2017년 대한바둑협회 부회장(현) (상)체육훈장 백마장, 언론사시상 우수마케팅상, 바둑대상 공로상(2010) (저)'최단장의 LG야구이야기'(2000) '굿모닝! GM 1 - 프로야구 편'(2006) '굿모닝! GM 2 - 프로축구 편'(2008) '스포츠코리아, 그 선진화의 여정'(2014) '최종준의 스포츠현장 탐색'(2017)

최종진(崔鍾震)

(생)1971·5·29 (출)경기 안성 (주)부산광역시 강서구 명지국제7로 77 부산지방법원 서부지원(051-812-1114) (학)1990년 동원고졸 1996년 한양대 정치외교학과졸 (경)1999년 사법시험 합격(41회) 2002년 사법연수원 수료(31기) 2002년 변호사 개업, 다래법률·국제특허법률사무소 변호사 2003년 (주)KT&G 변호사 2007년 사법연수원 법관임용연수 2008년 대전지법 판사 2011년 의정부지법 판사 2014년 서울중앙지법 판사 2017년 서울북부지법 판사 2018년 부산지법 서부지원 부장판사(현)

최종찬(崔鍾璨) CHOI Jong Chan

(생)1950·3·15 (본)해주(海州) (출)강원 강릉 (주)서울특별시 서초구 서초대로78길 42 현대기림오피스텔 905호 (사)선진사회만들기연대(02-585-2448) (학)1968년 경복고졸 1972년 서울대 상과대학 무역학과졸 1983년 미국 펜실베이니아대 Wharton School 경영대학원졸(MBA) (경)예편(육군 중위) 1971년 행정고시 합격(10회) 1987년 경제기획원 농림수산담당관 1988년 同공정거래총괄과장 1990년 同종합기획과장 1991년 국무총리행정조정실 정책평가심의관 1992년 경제기획원 감사관 1992년 同예산심의관 1993년 同공보관 1994년 同경제기획국장 1994년 재정경제원 경제정책국장 1996년 아시아유럽정상회의 준비기획단(ASEM) 사업추진본부장 1997년 조달청 차장 1998년 대통령 기획조정비서관 1998년 건설교통부 차관 1999~2000년 기획예산처 차관 2000년 한국개발연구원 초빙연구원 2001년 강릉대 초빙교수 2002~2003년 대통령 정책기획수석비서관 2003년 건설교통부 장관 2004~2010년 KTB네트워크 사외이사 2004~2010년 동부화재해상보험(주) 사외이사 2006년 서울대 행정대학원 초빙교수 2007년 롯데 상임고문 2008~2013년 강원도민회중앙회 회장 2008~2010년 국민경제자문회의 자문위원 2009년 2010춘천월드레저총회 및 경기대회 고문 2010년 (사)선진사회만들기연대 공동대표(현) 2012년 건전재정포럼 공동대표(현) 2013년 전국시도민향우연합회 공동총재 2014~2019년 (사)국가경영전략연구원(NSI) 원장 (상)근정포장, 황조근정훈장(2003) (저)'최종찬의 신국가개조론'(2008) (종)기독교

최종찬(崔鍾贊) CHOI Jong Chan

(생)1968·7·14 (본)전주(全州) (출)경기 화성 (주)서울특별시 마포구 양화로 104 이화공영(주) 대표이사실(02-336-0041) (학)1987년 경성고졸 1994년 고려대 경영대학 경영학과졸 1997년 미국 뉴욕주립대 경영대학원 경영학과졸(MBA) 2004년 경원대 부설 산학연CEO과정 수료 2011년 서울대 공과대학 건설산업최고전략과정(ACPMP) 수료 (경)1997~2001년 아더앤더슨코리아(Arthur Andersen Korea) Manager 2002~2008년 이화공영(주) 기획이사 2005~2012년 서울마포경찰서 경찰발전위원회 위원 2008년 경성중·고등학교총동문회 장학위원·부회장(현) 2008~2009년 서울시 마포구체육회 이사 2008~2012년 이화공영(주) 전무이사 2010년 법무부 법사랑위원 서울서부지역연합회 운영위원회 부위원장(현) 2011년 서울마포세무서 세정협의회 위원(현) 2012~2014년 이화공영(주) 대표이사 부사장 2013년 동국대 공과대학 산업기술연구원 겸임교수(현) 2014년 이화공영(주) 대표이사 사장(현) 2014년 제25대 서울대총동창회 이사(현) 2014년 법무부 (재)서부소년선도재단 이사(현) 2014~2018년 (사)한국청소년육성회 이사 2015년 민주평통 자문위원(현) 2017년 건설공제조합 대의원(현) (상)서울마포경찰서장 감사장(2006), 서울지방경찰청장 감사장(2007), 서울서부지검장표창(2012), 검찰총장표창(2013), 경찰청장 감사장(2014), (사)한국언론사협회 2015대한민국사회발전공헌대상 사회참여기업공헌부문 대상(2015), 마포구청장 감사패(2015), 대통령표창(2015), 마포세무서장 감사장(2016), 검찰총장표창(2016) (종)기독교

최종철

(생)1964·11·20 (주)세종특별자치시 갈매로 388 문화체육관광부 종무실(044-203-2311) (학)1982년 청주 운호고졸 1989년 고려대 법학과졸 2005년 필리핀 산토토마스대 대학원 법학과졸 2009년 법학박사(동국대) (경)1992년 국립경주문화재연구소 근무 1995년 문화체육부 영화진흥과 근무 1999년 한국예술종합학교 근무 2000년 문화관광부 저작권과 근무 2003년 국외 훈련(필리핀) 2005년 문화관광부 저작권정책과 근무 2008년 문화체육관광부 게임산업과 근무 2009년 同제2차관실 근무 2011년 同국제체육과 근무 2012년 同지역전통문화과 근무 2015년 同한식문화진흥팀장(서기관) 2016년 同문화정책관실 지역전통문화과 서기관 2017년 한국정책방송원 방송기술부장 2017년 문화체육관광부 장관 비서관 2019년 同문화예술정책실 문화예술교육과장 2019년 同종무1담당관(현)

최종태(崔鍾泰) CHOI Jong Tae

(생)1932·12·7 (본)강화(江華) (출)대전 대덕 (주)서울특별시 서초구 반포대로37길 59 대한민국예술원(02-3479-7223) (학)1952년 대전사범고졸 1958년 서울대 미술대학 조소과졸 (경)1966년 공주교대 전임강사 1967년 이화여대 미술대학 전임강사 1968년 현대공간회 창립 1970~1998년 서울대 미술대학 교수 1975년 조각 개인전(미국문화원) 1976년 파스텔화소묘조각목판릴 리프 전시회(문헌화랑) 1977년 조각과 목판화전(신세계화랑) 1981년 조각 개인전(신세계 미술관) 1985년 조각 개인전(가나화랑) 1985·1986·1991년 FIAC참가 1990년 조각파스텔화 개인전(가나화랑) 1991년 한국가톨릭미술가협회 회장 1992년 파스텔화테라코조각연필화먹그림 개인전(가나화랑)·개인전(스웨덴웨터링갤러리) 1993년 개인전(스위스아테네미술관)·개인전(대전문화원화랑)·개인전(천안아라리오미술관) 1994년 개인전(뉴욕엘리코나바라화랑)·빛의 예술-유지화 특별전(가나화랑) 1994년 서울가톨릭미술가회 명예회장 1997년 바젤아트페어 출품 1998년 서울대 명예교수(현) 1998년 개인전(가나아트센터·파리 가나보부루) 2002~2016년 김종영미술관 관장 2002년 대한민국예술원 회원(미술·현) 2005년 대전시립미술관 초대기획전 2007년 개인전(갤러리 선) 2011년 구원의 모상(가나아트센터) (상)국전 입선(1959), 국전 문교부장관표창(1960), 충남도 문화상(1964), 국전 추천작가상(1970), 서울시 문화상(1980·1989), 국민훈장 동백장(1998), 대한민국 예술원상 미술부문(2006), 은관문화훈장(2008), 한국천주교주교회의 문화위원회 가톨릭미술상 특별상(2008), 대한민국미술인상 대상(2011) (저)'예술가와 역사의식'(1986) '나는 세상에서 가장 아름다운 것을 만들고 싶다'(1992) '십자가의 길'(1994) '최종태 교회조각'(1998) '나의 미술 아름다움을 향한 사색'(1998) '회상, 나의 스승 김종영'(1999) '고향 가는 길'(2001) '최종태 소묘 1970년대'(2005) '최종태 파스텔 화집'(2006) '최종태-구도의 길에 세운 선의 모뉴망, 조각 1991-2007'(2007) '형태를 찾아서'(2007) '먹빛의 자코메티'(2007) '최종태 화집'(2008) '한 예술가의 회상'(2009) '최종태-무심의 세계에서 자유를 얻다, 얼굴그림 2009-2010'(2010) '산다는 것 그린다는 것'(2011) '최종태 Retrospectiv'(2015) '장욱진, 나는 심플하다'(2017) (종)가톨릭

최종태(崔鍾泰) CHOI Jong Tae

(생)1939·11·25 (본)경주(慶州) (출)대구 (주)서울특별시 강남구 밤고개로1길 10 (사)노사공포럼(02-880-6903) (학)1957년 대구농림고졸 1961년 영남대 상학과졸 1965년 同대학원 경영학과졸 1971년 경영학박사(오스트리아 린츠대) (경)1967~1976년 영남대 상경대학 전임강사·조교수 1976~1985년 서울대 경영대학 조교수·부교수 1985~2005년 同교수 1987년 同경영연구소 부소장 1989년 同노사관계연구소장 1990년 한국생산성학회 회장 1992년 한국인사관리학회 회장 1992년 한국노사관계학회 회장 1995~1997년 서울대 경영대학장 1998년 한국경영학회 회장 1999

ㅊ

~2010년 중앙노동위원회 공익위원 2000년 서울대 교수협의회장 2002~2010년 서울시노사정모델협의회 위원장 2003년 서울대 노사관계연구소장 2003~2009년 노동부 최저임금위원회 위원장 2005년 서울대 경영대학 명예교수(현) 2005~2008년 영남대 경영학부 석좌교수 2006~2008년 단국대 경영대학원 초빙교수 2006~2008년 同경영대학원장 2007년 (재)함께일하는재단 이사(현) 2008~2010년 노사정위원회 공익위원 2008년 同노사관계선진화위원회 위원장 2010~2013년 경제사회발전노사정위원회 위원장(장관급) 2014년 제7회 사회적기업세계포럼(SEWF) 조직위원장 2015~2017년 同운영위원 2016~2017년 대통령소속 국민대통합위원회 위원 2018년 (사)노사공포럼 공동대표(현) (상)한국생산성학회 학술상(1995), 옥조근정훈장(2000), 한독경상학회 BMW 학술상(2008), 황조근정훈장, 노사화합공로상, 상남경영학자상(2013) (저)'현대인사관리론' '현대노사관계론' '현대조직론' '현대임금관리론' '전략적 노사관계론' (종)천주교

최종태(崔鍾太)

(생)1963·1·13 (출)강원 정선 (주)강원도 춘천시 충열로 83 강원도농업기술원(033-248-6001) (학)동남보건대학 농학과졸, 한국방송통신대 농학과졸 1997년 건국대졸 2010년 수의학박사(충남대) (경)인천 옹진군농업기술센터 근무 2002~2005년 농촌진흥청 대변인실 근무 2006~2014년 同농촌지원국 근무 2014~2015년 충북 제천시농업기술센터소장 2016년 농촌진흥청 대변인 2016년 同청장 비서관 2019년 강원도농업기술원장(현)

최종한(崔鍾漢) CHOI Jong Han

(생)1958·11·30 (출)경북 군위 (주)대구광역시 수성구 동대구로 364 대구지방법원 총무과(053-757-6470) (학)1977년 경북고졸 1981년 영남대 법학과졸 1985년 경북대 대학원 법학과졸 (경)1982년 軍법무관시험 합격(5회) 1984년 사법시험 합격(26회) 1984년 공군비행단 검찰관 1986년 同법무관실장 1990년 사법연수원 수료(19기) 1990년 대구지법 판사 1994년 同김천지원 판사 1996년 대구지법 판사 1998년 同영천시법원 판사 2000년 수원지법 성남지원 판사 2002년 서울고법 판사 2004년 서울가정법원 판사 2005년 전주지법 남원지원장 2007년 사법연수원 교수 2009년 서울중앙지법 부장판사 2012년 서울남부지법 부장판사 2014년 서울동부지법 부장판사 2016년 의정부지법 부장판사 2019년 대구지법 부장판사(현) (종)기독교

최종혁(崔種赫) Choi, Jong Hyuk

(생)1956·7·20 (출)서울 (주)강원도 춘천시 동산면 영서로 824 국립춘천병원 원장실(033-260-3111) (학)1975년 서울사대부고졸 1983년 고려대 의대졸 (경)한국보훈병원 전공의 1990~2004년 국립서울병원 제2진료부 근무·정신과장 2004~2010년 국립의료원 제2진료부 정신과장, 대한신경의학회 법제이사, 법무부 보호법제과 자문위원, 중앙정신보건사업지원단 위원, 의료기관평가인증원 정신병원 분과위원, 장애판정위원회 위원 2011~2015·2018년 국립춘천병원장(현) 2013년 강원도 자살예방 및 생명존중위원 2013년 강원도근로복지공단 자문의사 (상)환인정신의학상 공로상(2013)

최종혁(崔琮赫)

(생)1975 (주)서울특별시 서대문구 통일로 97 경찰청 규제개혁법무담당관실(02-3150-2102) (학)1996년 경찰대 법학과졸(12기), 서울대 대학원졸 (경)사법시험 합격(44회) 1996년 경위 임용, 울산지방경찰청 수사1계장, 서울 방배경찰서 수사과장, 서울지방경찰청 폭력계장 2015년 대전지방경찰청 여성청소년과장(총경) 2016년 경기 시흥경찰서장 2017년 경찰청 수사제도개편2팀장 2019년 同규제개혁법무담당관(현)

최종현(崔鐘賢)

(생)1965·2·7 (주)경기도 수원시 팔달구 효원로 1 경기도의회(031-8008-7000) (학)명지대 대학원 지방행정학 박사과정 수료 (경)케이오텍(주) 대표이사(현), 더불어민주당 경기도당 장애인위원회 위원장, (사)경기도지체장애인협회 수원시지회 회장, (사)수원시장애인복지단체연합회 회장 2018년 경기도의회 의원(비례대표, 더불어민주당)(현) 2018년 同보건복지위원회 부위원장(현)

최종호(崔種浩) Jong Ho Choi

(생)1960·1·25 (본)전주(全州) (출)전북 장수 (주)경상남도 사천시 사남면 공단1로 78 한국항공우주산업(주) 개발본부(055-851-1000) (학)1978년 전주 신흥고졸 1982년 서울대 항공공학과졸 1989년 미국 조지아공과대 대학원 항공우주공학과졸 (경)1982년 대한항공 항공우주사업본부 품질관리부 입사 1986~1987년 同사업관리실 근무 1990~1994년 HW Structures 선임연구원 1994년 삼성항공 항공우주연구원 입사 2000년 한국항공우주산업(주) T-50구조해석팀장 2006년 同KHP기체담당 2008년 同KHP기체담당 임원 2009년 同구조설계담당 2010년 同KHP Chief Engineer 2012년 同LAH/LCH개발센터장(연구위원 겸 상무) 2018년 同개발본부장(전무)(현) 2019년 同사장 직대(현) (상)국방부장관표창(2002), 산업기술진흥유공 산업포장(2013) (종)기독교

최종환(崔鍾桓) CHOI Jong-Whan

(생)1965·7·27 (본)경주(慶州) (출)경남 함양 (주)경기도 파주시 시청로 50 파주시청 시장실(031-940-4011) (학)1984년 거창고졸 1991년 경희대 정경대학 경제학과졸 (경)2003년 대통령비서실 행정관(4급) 2006~2007년 대통령비서실 행정관(3급), 민주당 경기파주甲지역위원회 부위원장 2011~2014년 서울시 성북구 감사담당관, 파주 한빛초교 아버지회 회원, 파주 한빛중 아버지회 회원 2014년 새정치민주연합 중앙당 정책조정위원회 부위원장 2014~2018년 경기도의회 의원(새정치민주연합·더불어민주당) 2014년 同교육위원회 위원 2014년 同친환경농축산물유통체제 및 혁신학교개선추진특별위원회 간사 2016~2018년 同건설교통위원회 간사 2018년 경기 파주시장(더불어민주당)(현) (상)대통령비서실장표창(2005) (종)기독교

최종환(崔宗煥)

(생)1975·8 (출)부산 (주)세종특별자치시 국세청로 8-14 국세청 조사국 세원정보과(044-204-3701) (학)부산 중앙고졸, 고려대 경제학과졸 (경)2002년 행정고시 합격(45회), 국세청 국제조사과 근무, 同조사기획과 근무, 국무총리실 근무, 서울 동작세무서 징세과장, 서인천세무서 징세과장, 국세청 조사기획2계장 2013년 同조사기획1계장 2014년 경북 경주세무서장, 駐인도네시아 주재관 2017년 서울지방국세청 조사4국 조사2과장 2018년 국세청 정책보좌관 2019년 同조사국 세원정보과장(현)

최종후(崔鍾厚) Jong Hoo Choi (少陵)

(생)1955·12·26 (본)강릉(江陵) (출)강원 강릉 (주)세종특별자치시 조치원읍 세종로 2511 고려대학교 세종캠퍼스 경제통계학부(044-860-1556) (학)1974년 경성고졸 1981년 고려대 정경대학 통계학과졸 1990년 이학박사(고려대) (경)1985~1997년 목원대 부교수 1997년 고려대 경제통계학부 교수 1999~2013년 국가통계위원회 분과위원 1999~2010년 통계청 자체심사평가위원회 위원 2003년 미국 럿거스대 방문교수 2004~2005년 고려대 정보통계학과장 2006~2007년 한국자료분석학회 회장 2007년 국가참조표준센터 기술평가위원(현) 2007~2008년 고려대

세종캠퍼스 입학홍보처장 2008~2009 · 2013~2014년 한국통계학회 국가통계연구회 회장 2010~2011년 한국통계학회 회장 2011~2013년 한국과학기술단체총연합회 이사 2017년 고려대 세종캠퍼스 경제통계학부 국가통계전공 교수(현) (저)'통계과학의 이해'(2004) '설문조사 처음에서 끝까지(共)'(2005) '사례로 배우는 데이터마이닝(共)'(2005) 'SAS를 이용한 데이터베이스의 이용(共)'(2005) 'JMP를 이용한 실험자료분석(共)'(2005) '데이터마이닝 방법론(共)'(2006) 'JMP를 이용한 주성분분석/인자분석(共)'(2007) 'SAS DATA STEP(共)'(2008) (역)'보험자료를 이용한 일반화 선형모형(共)'(2009) (종)기독교

최종희(崔鍾姬 · 女)

(생)1958 · 6 · 27 (주)강원도 춘천시 중앙로 1 강원도의회(033-256-8035) (학)강릉영동대 사회복지학과 재학 중 (경)강릉여고총동문회 재무국장 겸 장학이사, 강릉YWCA 가족복지위원장 · 재정위원장 · 부회장, 자유한국당 강릉시당원협의회 여성지회 총무(현) 2018년 강원도의회 의원(비례대표, 자유한국당)(현) 2018년 同의회운영위원회 위원(현) 2018년 同교육위원회 위원(현)

최 주

(생)1959 · 2 (주)경상북도 포항시 남구 동해안로 6261 포스코(주) 기술연구원(054-220-6286) (학)박사(서울대) (경)포스코(주) POSLM기술개발추진반장(상무보) 2014년 同광양선강담당 부소장(상무) 2016년 同기술투자본부 기술연구원 광양연구소장 2017년 同기술투자본부 기술연구원장(전무) 2019년 同기술연구원장(부사장)(현)

최주선 CHOI JOO SEON

(생)1963 · 5 · 21 (주)경기도 수원시 영통구 삼성로 129 삼성전자(주)(031-200-1114) (학)부산 대동고졸 1986년 서울대 전자공학과졸 1989년 한국과학기술원(KAIST) 전자공학 석사 1995년 전자공학박사(한국과학기술원) (경)2004년 삼성전자(주) 메모리사업부 DRAM3팀 연구위원 2007년 同메모리사업부 DRAM설계팀장 2011년 同메모리사업부 DRAM개발실장 2015년 同메모리사업부 전략마케팅팀장(부사장) 2017년 同DS부문 미주총괄 부사장(현)

최주식(崔周植) CHOI Joo Sik

(생)1959 · 10 · 16 (본)경주(慶州) (출)부산 (주)서울특별시 용산구 한강대로 32 (주)LG유플러스 임원실(070-4080-0028) (학)동성고졸, 부산대 전기공학과졸, 일본 와세다대 대학원 경영학과 수료, 서강대 경영대학원 경영학과졸 (경)1984년 금성 생산기술연구소 입사, LG그룹 회장실 근무, LG전선(주) 부장 2002년 (주)LG텔레콤 단말사업부 상무, 同전략개발실장(상무) 2009년 同전략개발실장(전무) 2009년 同단말데이터실장 2010년 (주)LG유플러스 단말데이터개발실장 2011년 同4G사업추진단 전무 2012년 同SC본부장(부사장) 2013년 同MS본부장(부사장) 2014년 同SC본부장(부사장) 2015년 同F&C(Future and Converged)본부장(부사장) 2018년 同5G추진단장(부사장) 2018년 同기업부문장(부사장)(현) (상)동탑산업훈장(2019) (종)불교

최주영(崔周永) CHOI Joo Young

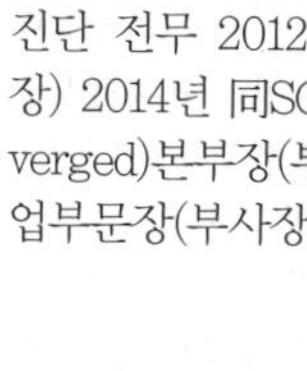

(생)1967 · 10 · 5 (본)수원(水原) (출)서울 (주)서울특별시 강남구 테헤란로92길 7 법무법인 바른(02-3479-5766) (학)1986년 경기고졸 1991년 서울대 법대 사법학과졸 (경)1990년 사법시험 합격(32회) 1993년 사법연수원 수료(22기) 1993년 軍법무관 1996년 서울지법 동부지원 판사 1998년 서울지법 판사 2000년 청주지법 충주지원 판사 2002년 同충주지원 음성군법원 판사 2003년 서울행정법원 판사 2005년 헌법재판소 파견 2007년 서울고법 판사 2008년 울산지법 부장판사 2010년 인천지법 부장판사 2010~2013년 헌법재판소 부장연구관 2013~2015년 서울행정법원 부장판사 2015년 법무법인(유) 바른 변호사(현) 2017~2018년 서울지방국세청 조세법률고문

최주원(崔柱元)

(생)1967 (주)서울특별시 서대문구 통일로 97 경찰청 형사과(02-3150-1676) (학)1990년 경찰대 행정학과졸(6기), 연세대 언론홍보대학원졸 (경)2011년 경북지방경찰청 생활안전과장(총경) 2013년 경북 문경경찰서장 2014년 경찰청 범죄정보과장 2015년 同수사기획과장 2016년 서울 수서경찰서장 2017년 경찰청 수사과장 2017년 同형사과장(현)

최주형(崔湊炯) CHOI Joo Hyung

(생)1938 · 8 · 11 (출)경북 포항 (주)경기도 안양시 동안구 흥안대로 415 두산벤처다임 8층 극동엔지니어링 비서실(031-478-5800) (학)1957년 포항고졸 1963년 부산대 토목과졸 1974년 미국 오하이오주립대 공대 수학 1992년 국방대학원졸 (경)1965년 건설부 입부 1979년 駐리비아 건설관 1981년 대구국도유지건설사무소 소장 1981년 건설부 부산청 시험실장 1985년 同해외2과장 1988년 同서울청 국도과장 1989년 同도시개발과장 1990년 同도로정책과장 1990년 同기술관리관 1991년 同도로국장 1993년 서울지방국토관리청장 1994년 건설부 건설기술국장 1995년 건설교통부 도로심의관 1997년 부산지방국토관리청장 1999년 극동엔지니어링 사장 1999년 同회장(현) (상)건설부장관표창, 홍조근정훈장, 부산시장표창 (종)불교

최준균(崔埈均) CHOE Joon Kyun

(생)1959 · 10 · 22 (본)강릉(江陵) (출)강원 동해 (주)대전광역시 유성구 대학로 291 한국과학기술원 공과대학 전기및전자공학부(042-350-3459) (학)1982년 서울대 공대 전자공학과졸 1985년 한국과학기술원 전기 및 전자공학과졸(석사) 1988년 공학박사(한국과학기술원) (경)IEEE 회원, IEEE Daejeon Section 임원, 전자교환연구회 간사, 대한전자공학회 종신회원(현), 한국통신학회 종신회원(현), 한국정보과학회 회원 1986년 한국전자통신연구소 책임연구원 1990년 캐나다 토론토대 교환연구원 1994년 충남대 강사, 한국전자통신연구원 통신망구조연구실장 1998년 한국정보통신대 공학부 교수 2006년 同기획처장 2006년 IP-TV프로젝트그룹 초대의장, 한국과학기술원 전기및전자공학과 교수(현) 2014년 국제전기통신연합 전권회의(Plenipotentiary Conference) 기술 · 인프라분야 총괄자문위원 2014년 국무총리소속 정보통신전략위원회 민간위원 (상)한국전자통신연구소 우수직원상(1992), 2000년대를 이끌어갈 과학기술인 100인 선정(1993, 경향신문)

최준명(崔俊明) CHOI Jun Myung

(생)1927 · 6 · 22 (출)전남 영광 (주)서울특별시 강남구 도산대로 168 요진건설산업(주) 회장실(02-3438-9310) (학)1960년 한양대 공대 건축공학과졸 1992년 서울대 경영대학 최고경영자과정 수료 1995년 경영학박사(원광대) 2015년 명예 공학박사(명지대) (경)1957~1971년 동성상공(주) 근무 1976년 요진산업(주) 대표이사 사장 1994년 在京전남향우회 부회장 1994년 在京영광향우회 회장 1998~2007년 요진산업(주) 대표이사 회장 2003년 원불교 서울교구교의회 의장 2004년 사회복지법인 한국보육원 이사장(현) 2005년 학교법인 휘경학원 이사장(현) 2008년 요진건설산업(주) 회장(현) (상)건설부장관표창(1992), 서울시장표창, 재정경제부장관표창(1998)

최준석(崔俊錫) CHOI Jun Seok

(생)1962·10·3 (출)강원 강릉 (주)강원도 강릉시 종합운동장길 57-14 동부지방산림청(033-640-8500) (학)강릉고졸 1985년 서울대 임학과졸 1987년 同대학원 임학과졸 1990년 同대학원 박사과정 수료 1996년 캐나다 브리티시 컬럼비아대 대학원 수료 (경)1985년 기술고시 합격(21회), 강원도 농정산림국 산지이용과 산지개발계장 1999년 산림청 산림경영국 산지계획과 서기관 2000년 同국유림관리국 국유림경영과 서기관 2001년 同산림보호과장 2001~2003년 캐나다 온타리오주 정부파견 2003년 산림청 청장비서관 2004년 동부지방산림관리청장 2005~2008년 유한킴벌리 대외협력본부장(파견) 2008년 산림청 산림보호국 치산복원과장 2009~2012년 한·몽그린벨트사업단장(몽골 파견) 2012년 산림청 해외자원협력관(고위공무원) 2013년 북부지방산림청장 2015년 아시아산림협력기구(AFoCO) 사무차장 2018년 동부지방산림청장(현) (상)강원도지사표창(1993), 근정포장(2009)

최준성(崔峻誠) Joon Sung, Choi

(생)1962·8 (주)경기도 성남시 분당구 안양판교로 828번길 201 대한송유관공사 임원실(031-779-9114) (학)1981년 부평고졸 1985년 서울대 경영학과졸 2014년 미국 하버드대 대학원 최고경영자과정 수료 (경)1988년 (주)유공 입사 2009년 SK에너지(주) CMS IR실장 겸 경영관리실장 2010년 SK(주) China CFO 2015년 SK이노베이션 재무실장(상무) 2018~2019년 대한송유관공사 대표이사 사장 2019년 대한송유관공사 비상근고문(현)

최준수(崔準洙) CHOI Joon Soo

(생)1962·5·28 (출)서울 (주)서울특별시 성북구 정릉로 77 국민대학교 소프트웨어융합대학 소프트웨어학부 소프트웨어전공(02-910-4798) (학)1984년 서울대졸 1986년 한국과학기술원졸(석사) 1995년 공학박사(미국 뉴욕대) (경)1986년 한국통신개발연구원 전임연구원, 同선임연구원 1996년 국민대 전자정보통신대학 컴퓨터공학부 교수 2014년 同정보통신처장 2015년 同성곡도서관장 2016년 同평생교육원장 2019년 同소프트웨어융합대학 소프트웨어학부 소프트웨어전공 교수(현) 2019년 同기획부총장(현)

최준수(崔準秀) Joon-Soo, Choi

(생)1965·7·8 (주)서울특별시 강남구 도산대로 110 한국프로농구연맹(02-2106-3000) (학)연세대 금속공학과졸 2000년 중앙대 신문방송대학원 광고홍보학과졸 (경)1991~1994년 동부제강(주) 기획실 홍보팀 대리 1996~2005년 (주)금강기획 기획팀장 2005년 (주)이노션 입사 2008년 同해외광고팀장 2009년 同인도법인장 2014~2017년 同광고기획본부장(이사) 2018년 한국프로농구연맹(KBL) 사무총장(현)

최준영(崔峻榮)

(생)1963·1 (주)서울특별시 서초구 헌릉로 12 기아자동차(주) 임원실(080-200-2000) (학)고려대 경영학과졸 (경)2009년 기아자동차(주) 입사, 同광주공장 지원실장(이사대우), 同광주공장 총무안전실장(이사), 同노무지원사업부장(상무), 同노무지원사업부장(전무) 2018년 同경영지원본부장(전무) 2018년 同대표이사 부사장(현)

최준우(崔埈宇)

(생)1968·7·7 (주)서울특별시 종로구 세종대로 209 금융위원회 증권선물위원회(02-2100-2500) (학)경기고졸, 서울대 국제경제학과졸, 미국 조지타운대 대학원 경제학과졸 (경)1991년 행정고시 합격(35회) 2009년 금융위원회 금융구조개선과장 2010년 同공정시장과장 2011년 同기획재정담당관 2012년 同행정인사과장 2013년 同자본시장국 자본시장과장(서기관) 2014년 同자본시장국 자본시장과장(부이사관) 2014년 교육 파견(부이사관) 2015년 국무조정실 정부합동부패척결추진단 경제·민생팀장(고위공무원) 2016년 금융위원회 중소서민금융정책관 2017년 국방대 교육파견(고위공무원) 2017년 금융위원회 중소서민금융정책관 2018년 同금융소비자국장 2019년 同증권선물위원회 상임위원(현)

최준원(崔埈源) CHOI Joon Weon

(생)1964·8·20 (출)경북 (주)서울특별시 강남구 테헤란로 317 법무법인(유) 대륙아주(02-3016-5325) (학)1982년 대구 경북고졸 1986년 서울대 법대졸 2000년 미국 뉴욕대 법과대학원 방문학자과정 수료 (경)1986년 사법시험 합격(28회) 1989년 사법연수원 수료(18기) 1989년 대구지검 검사 1991년 전주지검 남원지청 검사 1992년 서울지검 동부지청 검사 1995년 청주지검 검사 1997년 서울지검 검사 1999년 인천지검 부천지청 검사 2001년 부산지검 부부장검사 2002년 법무연수원 법연기획부 교수 2003년 부산지검 총무부장 2004년 창원지검 형사1부장 2005년 인천지검 형사4부장 2006년 서울서부지검 형사2부장 2007년 의정부지검 고양지청 부장검사 2008년 인천지검 형사1부장 2009년 서울고검 검사 2009년 대구지검 서부지청 차장 2009년 의정부지검 차장 2010년 서울고검 검사 2011년 법무연수원 연구위원 2012년 대구고검 검사 2012년 변호사 개업 2014~2015년 한국방송광고진흥공사(KOBACO) 청렴옴부즈만 2014년 법무법인(유) 대륙아주 변호사(현)

최준하(崔準夏) CHOI, JUN HA

(생)1967·2·11 (본)낭주(朗州) (출)전남 영암 (주)세종특별자치시 한누리대로 422 고용노동부 고용정책실 고용문화개선정책과(044-202-7496) (학)1985년 광주 광덕고졸 1990년 서울대 경제학과졸 1994년 同대학원 행정학과졸 2005년 미국 미시간주립대 대학원 노사관계학과졸 (경)1998~2000년 노동부 실업대책추진단 사무관 2007~2009년 同노사관계법제과 서기관 2010년 고용노동부 정보화기획팀장 2012년 同공공기관노사관계과장 2013년 同근로복지과장 2014년 서울지방노동위원회 사무국장 2015년 고용노동부 기획조정실 외국인력담당관 2017~2019년 국민경제자문회의 지원단 민생경제팀장 2019년 고용노동부 고용정책실 고용문화개선정책과장(현)

최준호(崔俊豪) CHOE Joon Ho

(생)1953·7·14 (본)밀양(密陽) (출)서울 (주)대전광역시 유성구 대학로 291 한국과학기술원 생명과학기술대학 생명과학과(042-350-2630) (학)1973년 서울고졸 1977년 서울대 동물학과졸 1979년 同대학원 동물학과졸 1985년 이학박사(미국 UCLA) (경)1985년 미국 UCLA 분자생물학과 연구원 1988~1996년 한국과학기술원(KAIST) 생물과학과 조교수·부교수 1993~1994년 미국 카이론사 방문교수 1996년 한국과학기술원(KAIST) 자연과학대학 생명과학과 교수, 同생명과학과 석좌교수, 同생명과학기술대학 생명과학과 교수 1999년 '자궁경부암 유발 바이러스 HPV의 증식 단백질' 발견 2006년 한국과학기술한림원 정회원(현) 2006~2013년 한국과학기술원(KAIST) BK21 생물사업단장 2011년 새로운 생체리듬유전자 'twenty-four' 발견 2016년 한국분자·세포생물학회 회장 2018년 한국과학기술원(KAIST) 생명과학과 명예교수(현) (상)한국과학기술단체총연합회 우수논문상, 목암

생명과학상, 교육과학기술부 및 한국연구재단 선정 '이달의 과학기술자상'(2011), 대한민국학술원상(2012) (저)'분자세포생물학'(共) (역)'분자생물학'(共) '필수세포생물학'(共) '바이러스학'(共)

최준호(崔畯皓) CHOE Jun ho

(생)1959 · 4 · 10 (출)서울 (주)서울특별시 성북구 화랑로32길 146-37 한국예술종합학교 연극학과(02-746-9000) (학)1982년 성균관대 불어불문학과졸 1984년 同대학원 불문학과졸 1993년 연극학박사(프랑스 파리제3대) (경)1994년 한국예술종합학교 연극원 연극학과 교수(현) 1997년 세계연극제 예술부감독 1998년 이강백연극제 운영위원 1998년 서울국제연극제 집행위원 1999년 한국연극평론가협회 사무국장, 문예진흥원 기금 및 공연예술창작활성화 심의위원, 한국뮤지컬대상 · 김상열연극상 심사위원, 경기도 및 경기문화재단 지원심의위원 2004~2007년 예술의전당 공연예술감독 2012~2015년 세종학당재단 비상임이사 2012~2015년 (재)예술경영지원센터 비상임이사 2013년 한국예술종합학교 기획처장 2014년 '2015~2016 한 · 불상호교류의해 행사' 예술감독 2016년 한국예술종합학교 연극원장 (상)문화체육부장관표창(1998), 한국연극협회 번역상(2000), 프랑스대사관 교육공로훈장(2005) (저)'오태석의 연극세계(共)'(1995) '연극공연의 기호읽기' '어렸을 땐 착했는데' '우리시대의 프랑스 연극(共)'(2001) (역)'춘향가' '수궁가' (작)'앙드로마크'(1993) '언챙이곡마단'(2001) 연출 '브리타니쿠스'(2000), '김구'(2002)

최준호(崔竣鎬)

(생)1967 · 12 · 4 (주)세종특별자치시 가름로 194 과학기술정보통신부 소프트웨어정책과(044-202-6320) (학)1986년 제물포고졸 1991년 연세대 전자공학과졸, 미국 캘리포니아대 데이비스교 대학원 컴퓨터공학과졸 2009년 컴퓨터공학박사(미국 캘리포니아대 데이비스교) (경)1996년 기술고시 합격(31회) 2005년 정보통신부 기술정책팀 서기관 2009년 방송통신위원회 국제협력관실 해외진출추진팀장 2012년 同전파기획관실 주파수정책과장 2015년 미래창조과학부 방송진흥정책국 디지털방송정책과장 2016년 同인터넷융합정책관실 정보화기획과장 2017년 과학기술정보통신부 정보통신정책실 정보화기획과장 2017년 同정보통신정책실 소프트웨어정책과장(서기관) 2018년 同정보통신정책실 소프트웨어정책과장(부이사관)(현)

최준환(崔準桓) Joonhwan Choi

(생)1971 · 12 · 30 (출)서울 (주)서울특별시 은평구 진관2로 29-8 서울은평우체국(02-350-3514) (학)1990년 언남고졸 1994년 서울대 경제학과졸 1996년 同행정대학원 정책학과졸 2007년 경제학박사(미국 카네기멜론대) (경)1995년 행정고시 합격(39회) 1996~2009년 과학기술처 · 과학기술부 · 교육과학기술부 사무관 2009~2010년 교육과학기술부 서기관 2010~2011년 同지식재산관리팀장 · 투자기획조정과장 2011~2013년 국가과학기술위원회 연구조정총괄과장 · 과학기술정책과장 2013~2014년 미래창조과학부 과학기술정책과장 · 원자력진흥정책과장 2014~2017년 駐벨기에유럽연합 참사관 2017년 과학기술정보통신부 정보통신방송기반과장 2018년 同미래인재정책국 미래인재양성과장(서기관) 2019년 同미래인재정책국 미래인재양성과장(부이사관) 2019년 同우정사업본부 서울지방우정청 서울은평우체국장(현)

최중경(崔重卿) Choi Joong-Kyung

(생)1956 · 9 · 30 (출)경기 화성 (주)서울특별시 서대문구 충정로7길 12 한국공인회계사회(02-3149-0100) (학)1975년 경기고졸 1979년 서울대 경영학과졸 1986년 同대학원 경영학과졸 2003년 경제학박사(미국 하와이대) (경)1978년 행정고시 합격(22회) 1980~1992년 재무부 관세국 · 증권보험국 · 이재국 사무관 1992년 국무총리 행정조정실 파견 1995년 한국금융연구원 파견 1996년 재정경제부 장관비서관 1997년 同금융협력과장 1999년 同외화자금과장 1999년 同증권제도과장 1999년 同금융정책과장 2001년 同장관비서실장 2003년 同국제금융국장 2005~2008년 세계은행 상임이사 2007년 제17대 대통령직인수위원회 경제1분과위원회 전문위원 2008년 기획재정부 제1차관 2008~2010년 駐필리핀 대사 2010년 대통령 경제수석비서관 2011년 지식경제부 장관 2012년 동국대 석좌교수 2014년 (주)효성 사외이사(현), 동국대 사회과학대학 동국정경연구소장 2015년 KT캐피탈 · 애큐온캐피탈 사외이사(현) 2016년 한국공인회계사회 회장(현) 2017년 서비스산업총연합회 회장(현) 2017년 한국가이드스타 이사장(현) 2017년 고려대 세종캠퍼스 행정전문대학원 석좌교수(현) 2017년 국세청 국세행정개혁위원회 위원(현) (저)'청개구리 성공신화—대한민국 전쟁 폐허에서 산업강국으로'(2012) (종)천주교

최중억(崔重億) CHOE Joong Eok

(생)1958 · 9 · 11 (본)경주(慶州) (출)서울 (주)강원도 강릉시 가작로 267 MBC강원영동 사장실(033-650-2114) (학)1977년 서울공고졸 1984년 한국항공대 항공전자공학과졸 (경)1984년 문화방송(MBC) 방송기술직 입사 1989년 同R기술국 R송출기술부 근무 1994년 同R제작기술부 근무 1995년 同종합편집팀 근무 · 송출기술국 보도기술부 차장 2003년 문화방송(MBC) 방송인프라국 기술기획부장 2005년 同방송인프라국장 2005~2008년 同기술관리국장 2018년 (주)MBC강원영동 대표이사 사장(현)

최중현(崔重現) CHOI Jung Hyun

(생)1958 · 10 · 19 (출)서울 (주)서울특별시 강남구 테헤란로87길 36 도심공항타워 14층 법무법인(유) 로고스(02-2188-1046) (학)1977년 중동고졸 1981년 고려대 법학과졸 1990년 同대학원 법학과졸 (경)1981년 사법시험 합격(23회) 1983년 사법연수원 수료(13기) 1983년 사단 보통군법회의 검찰관 1985년 군단 보통군법회의 검찰관 1986년 부산지법 판사 1992년 수원지법 판사 1993년 同성남지원 판사 1994년 서울민사지법 판사 1995년 서울고법 판사 1996년 미국 산타클라라대 로스쿨 연수 1997년 서울지법 판사 1999년 전주지법 군산지원 부장판사 2000년 사법연수원 교수 2004년 서울중앙지법 부장판사 2006년 건설공제조합 운영위원 2006 · 2013년 법무법인(유) 로고스 변호사(현) 2008년 고려대 법대 겸임교수, 행정안전부 고문변호사, 국세청 조세법률고문, 대한상사중재원 중재인 (종)기독교

ㅊ

최지석(崔智錫)

(생)1975 · 1 · 2 (출)서울 (주)부산광역시 연제구 법원로 15 부산지방검찰청 공공수사부(051-606-4542) (학)1993년 잠실고졸 1999년 서울대 사법학과졸 (경)1999년 사법시험 합격(41회) 2002년 사법연수원 수료(31기) 2002년 육군 법무관 2005년 대전지검 검사 2007년 창원지검 검사 2011년 서울중앙지검 검사 2014년 대검찰청 검찰연구관 2016년 대구지검 부부장검사 2018년 법무부 형사법제과장 2019년 부산지검 공안부장 2019년 同공공수사부장(현)

최지수(崔智壽)

(생)1970 · 8 · 16 (출)인천 (주)대전광역시 서구 둔산로123번길 43 KD빌딩 803호, 804호 최지수법률사무소(042-489-7530) (학)1989년 인천 대건고졸 1994년 서울대 경제학과졸 (경)1995년 사법시험 합격(37회) 1998년 사법연수원 수료(27기) 1998년 육군 법무관 2001년 인천지법 판사 2003년 서울지법 판사 2005년 대전지법 천안지원 판사 2008년 대전지법 판사 2009년 대전고법 판사 2011년 대법원 재판연구관 2013~2016년 대전고법 판사 2016년 변호사 개업(현) 2019년 연합뉴스 대전충남취재본부 콘텐츠자문위원(현)

최지영(崔志榮) Jiyoung Chou

(생)1970·3·30 (본)해주(海州) (출)전남 강진 (주)세종특별자치시 갈매로 477 기획재정부 인사과(044-215-2253) (학)1988년 광주 진흥고졸 1993년 고려대 경영학과졸 2005년 미국 미주리주립대 대학원 경제학과졸 (경)1993년 총무처 수습사무관 1994~1996년 軍복무 1996년 재정경제원 국고국 재정융자과·국고과 사무관 1998년 同국제금융국 국제금융과·금융협력과 사무관 2005년 同정책조정국 부동산정책팀장 2008년 세계은행 파견(Senior Economist) 2010년 대통령실 파견(행정관) 2011년 기획재정부 G20기획단 과장 2012년 同지역금융과장 2014년 同국제금융정책국 외환제도과장 2016년 同국제금융정책국 국제금융과장(부이사관) 2017년 국제부흥개발은행(IBRD) 파견(현)

최지영(崔志映·女) CHOI Jiyoung

(생)1973·5·13 (주)세종특별자치시 갈매로 477 기획재정부 개발금융국 개발협력과(044-215-8770) (학)1992년 대원외고졸 1998년 서울대 사회학과졸 2000년 同행정대학원 행정학과졸 2009년 미국 하버드대 공공정책대학원(Kennedy School of Government)졸(MC/MPA) (경)행정고시 합격(42회), 재정경제부 근무 2007년 미국 보스턴 연방준비은행(Federal Reserve Bank of Boston) 객원연구원 2010년 기획재정부 재정정책국 성과관리과 서기관 2010년 아프리카개발은행(African Development Bank) 선임연구이코노미스트 2013년 기획재정부 국제금융협력국 G20지원1팀장 2014년 대외경제정책연구원 G20연구지원단장 2015년 기획재정부 국제금융정책국 IMF팀장 2016년 同대외경제국 통상조정과장 2017년 同국제금융협력국 국제기구과장 2017년 同개발금융국 국제기구과장 2018년 同국제통화과장 2019년 同개발금융국 개발협력과장(현)

최지용(崔智龍) Jiyong CHOI

(생)1953·1·20 (본)경주(慶州) (출)경남 (주)서울특별시 관악구 관악로 1 서울대학교 그린바이오과학기술원(02-877-0379) (학)1973년 중동고졸 1979년 서울시립대 토목공학과졸 1981년 서울대 대학원 환경공학과졸 1994년 환경공학박사(KAIST) (경)1993년 한국물환경학회 부회장·고문(현) 1994~1995년 국토연구원 환경자원연구실 책임연구원 1995~2013년 한국환경정책평가연구원 환경관리연구팀장·정책연구부장·기획조정실장·연구본부장·선임연구위원 1998~2001년 환경부 중앙환경보건자문위원회 수질분과위원 1999~2000년 국무총리소속 물관리정책민간위원회 위원 2001~2003년 국무총리국무조정실 정책평가위원회 전문위원 2002년 국립환경연구원 수질분과위원회 자문위원(현) 2002년 환경부 수질기준개선연구회 위원(현) 2002년 한강유역관리청 수질분과위원 2002년 환경관리공단 신기술평가위원회 위원 2005년 한국환경정책평가연구원 환경관리연구실 연구위원 2005~2011년 대한환경공학회 수질관리전문위원장 2007년 한국환경정책평가연구원 환경관리연구실 선임연구위원 2007년 同환경관리연구실장 2007년 同정책연구본부장 2009~2011년 同물순환연구실 선임연구위원 2011년 同정책연구본부장 2012년 대한환경공학회 이사 2013년 서울대 그린바이오과학기술원 교수(현) 2017년 국무총리소속 새만금위원회 민간위원 2019년 환경부 도시물순환포럼 민간위원장 2019년 법제처 법령정비위원회 환경분과 위원 (상)환경부장관표창, 대통령표창, 석탑산업훈장 (저)'우리나라 물관리정책개선방안' '비점오염원 관리방안' '수질관리, 유역관리, 물관리정책방안 연구보고서'

최지은(崔知恩·女) Choi Ji Eun

(생)1974 (주)경기도 수원시 장안구 경수대로 1110-17 중부지방국세청 조사2국 조사2과(031-8012-1862) (학)1993년 홍익대사대부속여고졸 1998년 이화여대 영어영문학과졸 (경)2002년 행정고시 합격(46회) 2004년 행정자치부 입부 2004~2005년 중앙공무원교육원·아시아개발은행(ADB)총회·서울시·국세청 근무 2004년 중앙인사위원회 근무 2005년 익산세무서 납세자보호담당관 2006년 고양세무서 징세과장 2006년 전주세무서 납세자보호담당관 2008년 국세청 근로소득지원국 소득지원과 사무관 2009년 同소득지원국 소득지원과 사무관 2010년 서울지방국세청 세원분석국 신고분석2과 사무관 2012년 국세청 납세자보호관실 심사1담당관실 사무관 2013년 同납세자보호관실 심사1담당관실 서기관 2014년 서울지방국세청 조사3국 조사1과 서기관 2015~2016년 미국 어바인밸리대 교육파견 2016~2017년 미국 Monolithe Tax Planning Services Inc 교육파견 2017년 강원 홍천세무서장 2018년 대법원 파견(과장급) 2019년 중부지방국세청 조사2국 조사2과장(현)

최지현(崔志弦) Choi, Ji-Hyeon

(생)1957·6·16 (출)강원 춘천 (주)전라남도 나주시 빛가람로 601 한국농촌경제연구원 농림산업정책연구본부 식품·유통연구센터(061-820-2316) (학)1980년 서울대 농업경제학과졸 1983년 同대학원 농업경제학과졸 1989년 식품경제학박사(미국 워싱턴주립대) (경)1981년 한국농촌경제연구원 농산업경제연구센터 연구원 1987년 同책임연구원 1993~2010년 한국농업정책학회 편집위원회 위원·위원장 1994년 한국농촌경제연구원 부연구위원 2000~2006년 同연구위원 2004년 농림부 자유무역협정이행지원실무위원 2004년 同OECD농업자문단 자문위원 2006년 한국농촌경제연구원 농산업경제연구센터장 2006년 同선임연구위원 2007~2008년 同기획조정실장 2009년 同농식품정책연구본부 식품·유통팀장 2010년 同농식품정책연구본부장 2013년 同부원장 2015년 同농업관측센터장 2015년 한국농업경제학회 부회장 2016년 同회장 2016년 한국농촌경제연구원 농림산업정책연구본부 식품·유통연구팀 선임연구위원 2017년 同농림산업정책연구본부 식품·유통연구센터 명예선임연구위원(현)

최지호(崔智皓) CHOI Jee Ho

(생)1955·11·3 (본)해주(海州) (출)서울 (주)서울특별시 송파구 올림픽로43길 88 서울아산병원 피부과(02-3010-3463) (학)1974년 경기고졸 1981년 서울대 의대졸 1984년 同대학원 의학석사 1986년 의학박사(서울대) (경)1985년 을지병원 피부과장 1986년 지방공사 강남병원 피부과장 1987년 공군 군의관(대위) 1990~2001년 울산대 의대 피부과학교실 전임강사·조교수·부교수 1994년 미국 미시간대 의대 피부과 연구전임의 2001년 울산대 의대 피부과학교실 교수(현) 2004년 同의대 피부과학교실 주임교수 2004~2010년 서울아산병원 피부과장 2009년 同피부암센터 소장 2016~2017년 대한피부과학회 회장 (상)대한피부연구학회 제8회 우암학술상(2006) (저)'피부면역학'(共) '인턴진료지침서'(共) '피부과학교과서'(共) '아토피피부염의 모든 것'(共) (종)기독교

최 진(崔 進) CHOI Jin

(생)1960·2·8 (본)탐진(耽津) (출)광주 (주)충청남도 당진시 신평면 세한대길 33 세한대학교 교양학부(041-359-6114) (학)1979년 광주 서석고졸 1989년 고려대 법학과졸 1995년 同대학원 정치학과졸 2000년 서울대 행정대학원 국가정책과정 수료 2002년 연세대 언론홍보대학원 최고위과정 수료 2005년 행정학박사(고려대) (경)1994년 시사저널 정치팀장 1998년 대통령 국정홍보비서실·정책비서실 국장 1999년 21세기전문가포럼 대표 2002~2012년 대통령리더십연구소 소장 2002~2010년 경희대 행정대학원 겸임교수 2003년 미국 남가주대(USC) 교환교수 2005년 대통령직속 정부혁신지방분권위원회 정책홍보실장 2006~2007년 고려대 정부학연구소 연구교수 2007년 (사)한국리더십개발원 원장(현) 2008~2010년 경희대 리더십최고위과정 주임교수 2010년 한국행정학회 상임이사 2012년 경기대 정치전문대학원 교

수 2012년 한국대통령리더십학회 회장(현) 2013년 대통령리더십연구원 원장(현) 2015~2018년 세한대 대외부총장, 同교양학부 교수(현) 2017년 더불어민주당 제19대 문재인 대통령후보 광주선거대책위원회 위원장 2018년 광주시 남구청장선거 출마(무소속) ㉶'대통령리더십'(2003) '국정리더십' '대통령 리더십총론'(2007, 대한민국학술원 우수학술도서) 'MB리더십의 성공조건'(2008) '참모론'(2009, 문화관광부 우수학술도서) '대통령의 독서법'(2010) '대통령의 공부법'(2011) '레임덕 현상의 이론과 실제'(2012, 법문사) '하나님이 원하는 지도자'(2013) '권력자의 심리를 묻다'(2019, 지식의숲) ㉩기독교

최 진(崔 珍·女) CHOI JIN

㉢1967·1·26 ㉯탐진(耽津) ㉧전남 장흥 ㉨세종특별자치시 갈매로 388 문화체육관광부 문화예술정책실 문화기반과(044-203-2642) ㉻1989년 서울여대 도서관학과졸 2009년 중국 사회과학원 대학원 정치학과졸 ㉹1991년 문화부 입부(7급 공채) 1991~1995년 同출판진흥과·국립중앙박물관 근무 1996~2003년 문화체육부 예술진흥과·영상진흥과 등 근무 2003~2005년 문화관광부 문화행정혁신위원회 근무 2005~2007년 同관광국 관광자원과·관광정책과 행정사무관 2007~2009년 국외훈련(중국) 2009~2013년 문화체육관광부 문화콘텐츠산업실 게임콘텐츠산업과·대중문화산업팀 등 근무 2013년 同관광국 국제관광과 서기관 2014년 2015밀라노엑스포추진단 팀장 2015년 대통령직속 청년위원회 인재양성부 과장 2016년 문화체육관광부 체육정책실 체육진흥과장 2017년 同체육국 체육진흥과장 2018년 세종연구소 파견 2019년 문화체육관광부 문화예술정책실 문화기반과장(현) ㉳국무총리표창(1999), 대통령표창(2013) ㉩가톨릭

최진갑(崔震甲) CHOI Jin Kap

㉢1954·4·15 ㉧경남 사천 ㉨부산광역시 연제구 법원로 28 부산법조타운빌딩 8층 법무법인 국제(051-463-7755) ㉻1972년 경기고졸 1976년 서울대 법학과졸 ㉹1976년 사법시험 합격(18회) 1978년 사법연수원 수료(8기) 1978년 해군 법무관 1981년 대구지법 판사 1982년 부산지법 판사 1983년 마산지법 진주지원 판사 1985년 부산지법 판사 1987년 대구고법 판사 1989년 부산고법 판사 1990년 미국 듀크대 법대 객원연구원 1991년 대법원 재판연구관 1993년 부산지법 동부지원 부장판사 1995년 부산지법 부장판사 2000년 부산고법 부장판사 2004년 부산지법 수석부장판사 2005년 同동부지원장 2006년 창원지법원장 2009년 부산지법원장 2009년 부산시선거관리위원회 위원장 2010~2013년 부산고법원장 2013~2016년 법무법인 국제 대표변호사 2015~2018년 신성델타테크(주) 사외이사 2016년 법무법인 국제 구성원변호사(현)

최진곤(崔珍坤)

㉢1968·6·11 ㉧경남 진주 ㉨부산광역시 연제구 법원로 31 부산지방법원 총무과(051-590-1507) ㉻1987년 마산중앙고졸 1991년 경찰대 행정학과졸 ㉹2001년 사법시험 합격(43회) 2004년 사법연수원 수료(33기) 2004년 창원지법 예비판사 2006년 同판사 2008년 同진주지원 판사 2011년 창원지법 판사 2017년 인천지법 판사 2018년 서울중앙지법 판사 2019년 부산지법 부장판사(현)

최진규(崔震奎) CHOE Chin Kyu

㉢1956·9·4 ㉯전주(全州) ㉧전북 익산 ㉨광주광역시 동구 필문대로 309 조선대학교 인문과학대학 역사문화학과(062-230-6545) ㉻1975년 전주 신흥고졸 1979년 고려대 사학과졸 1987년 同대학원 동양사학과졸 1993년 문학박사(고려대) ㉹1981년 삼성출판사 편집국 근무 1986년 민족문학추진회 국역연수원 상임연구원 1987~1993년 고려대·홍익대·아주대·수원대 강사 1991년 고려대 아세아문제연구소 선임연구원 1994년 조선대 사학과 전임강사·조교수 2000년 同사학과 부교수·교수, 同역사문화학과 교수(현) 2014~2016년 同인문과학대학장 2018년 同기초교육대학장(현) 2018년 同박물관장(현) 2019년 국사편찬위원회 위원(현) ㉶'장성군의 문화유적'(1999) '태평천국의 종교사상'(2002) ㉷'홍수전' '중국의 천년왕국' '사기'

최진민(崔鎭玟) CHOI Jin Min

㉢1941·10·25 ㉧경북 청도 ㉨대구광역시 수성구 동대구로 23 대구방송 회장실(053-760-1900) ㉹1962년 신생보일러공업 대표이사 사장 1971년 고려강철(주) 대표이사 사장 1987년 로켓트보일러공업(주) 대표이사 사장 1989~2004년 귀뚜라미보일러(주) 대표이사 회장 1992년 SBS 비상근이사 1992년 귀뚜라미문화재단 이사장 1996년 한국공학한림원 명예회원 겸 이사(현) 2000년 귀뚜라미랜드(주) 대표이사 2004년 대구방송(TBC) 대표이사 회장(현), SBS인터내셔날 회장 2014~2016년 국민생활체육회 부회장(비상임이사), 귀뚜라미그룹 회장(현) ㉳서울대·한국공학한림원 '한국을 일으킨 엔지니어 60인' 선정(2006), 자랑스런 한국인대상(2007), 대한민국기술대상 금탑산업훈장(2009), 대한민국 '100대 기술과 주역'으로 선정(2010)

최진섭(崔震燮) CHOI Jin Seop

㉢1960·12·5 ㉨서울특별시 서대문구 연세로 50-1 세브란스병원 간담췌외과(02-2228-2122) ㉻1985년 연세대 의대졸 1998년 同대학원 의학석사 2009년 의학박사(고려대) ㉹1994~1997년 연세대 의과대학 외과학교실 연구강사·전임강사·조교수 1997년 일본 교토대 생체부분간이식 단기연수 1997년 연세대 의과대학 외과학교실 부교수·교수(현) 2000~2002년 캐나다 토론토대 Fellow of Multi-organ Transplantation 2008~2011년 세브란스병원 응급진료센터 소장 2011~2014년 同교육수련부장 2014~2018년 同간담췌외과장 2014년 同사무처장 2015년 연세암병원 간암센터장(현) 2016년 연세대의료원 사무처장(현)

최진성(崔溱成) CHOI Jin Sung

㉢1964·10·23 ㉧서울 ㉻서울 배문고졸 1987년 서울대 제어계측공학과졸 1994년 미국 서던캘리포니아대 대학원 전기공학과졸 1998년 공학박사(미국 서던캘리포니아대) ㉹LG정보통신 근무, 삼보컴퓨터 근무, LG전자(주) 시스템실장(연구위원) 2003년 同이동통신기술연구소장(상무) 2009년 同MC사업본부 MC글로벌상품기획팀장(상무) 2010년 同MC사업본부 글로벌상품기획팀장(전무) 2010~2011년 同MC연구소개발실장 2012년 SK텔레콤(주) 기술전략실장 2013~2014년 同ICT기술원장 2013년 퀀텀정보통신연구조합 초대 이사장 2015~2017년 SK텔레콤(주) 종합기술원장 2015년 국가과학기술자문회의 자문위원 2016~2017년 텔코인프라프로젝트(TIP:Telco Infra Project) 초대 의장 2017년 도이체텔레콤 기술전략·연구개발(R&D)담당 부사장(현)

최진숙(崔眞淑·女)

㉢1973·7·29 ㉧대전 ㉨경상남도 창원시 성산구 창이대로 681 창원지방법원(055-239-2000) ㉻1992년 대전 성모여고졸 1996년 한양대 법학과졸 ㉹2000년 사법시험 합격(42회) 2003년 사법연수원 수료(32기) 2003년 대전지법 예비판사 2004년 대전고법 예비판사 2005년 대전지법 판사 2006년 수원지법 판사 2009년 서울중앙지법 판사 2011년 서울북부지법 판사 2014년 서울중앙지법 판사 2016년 서울서부지법 판사 2016년 서울남부지법 판사 2018년 창원지법 부장판사(현)

최진식(崔鎭植) CHOI Jin Shik

(생)1958 (출)경기 고양 (주)서울특별시 영등포구 국제금융로 52 (주)심팩 비서실(02-3780-4900) (학)1977년 한영고졸 1982년 동국대 무역학과졸 1991년 연세대 경영대학원졸 (경)1982~1986년 현대건설 근무 1986~1999년 동양증권(주) 이사 1999~2001년 한누리투자증권(주) 상무이사·전무이사 2001년 우리에셋투자(주) 사장 2001~2011년 (주)심팩ANC 대표이사 회장 2007년 국제망간협회(International Manganese Institute) 마케팅커뮤니케이션위원회 위원 2008~2011년 同이사 2011년 同부회장(현) 2011년 (주)SIMPAC 대표이사 회장(현) 2014년 대한조정협회 회장(현) 2014년 한국중견기업연합회 M&A·글로벌위원회 위원장(현) (상)자랑스러운 동국인 대상(2015)

최진영(崔辰玲·女) Jeanyoung Chey

(생)1964 (주)서울특별시 관악구 관악로 1 서울대학교 사회과학대학 심리학과(02-880-6432) (학)1987년 서울대 심리학과졸 1990년 미국 하버드대 대학원졸 1993년 심리학박사(미국 하버드대) (경)1997~1999년 서울대 의대 초빙 전임교수 1994~1996년 삼성의료원 신경심리학실장 1996~2000년 성신여대 심리학과 교수 2000년 서울대 사회과학대학 심리학과 교수(현) 2008~2009년 한국심리학회 산하 임상심리학회 부회장 2011년 서울대 여교수회 부회장 2015년 신경심리연구회 회장 2017~2018년 한국임상심리학회 회장 (상)여성가족부장관표창(2017)

최진영(崔眞榮) CHE JIN YOUNG

(생)1972·5·30 (주)서울특별시 종로구 청와대로 1 대통령비서실 국정상황실(02-770-0011) (학)1991년 경복고졸 1997년 고려대 행정학과졸 2005년 서울대 행정대학원 정책학과졸 2009년 미국 뉴욕대(NYU) 대학원 경영학석사 (경)2001년 행정고시 합격(45회) 2002년 국무총리 민정비서관실·정무기획비서관실 행정사무관 2007년 국외 교육훈련(NYU) 2010년 국무조정실 인사팀장·국무차장실 비서관 2012년 대통령 정무수석비서관실 행정관 2015년 국무총리 정무기획비서관실 정무과장 2017년 국무조정실 사회규제심사1과장 2017년 대통령비서실 국정상황실 행정관(현) 2019년 미국 파견(현)

최진원

(생)1966·9·15 (주)서울특별시 서초구 서초대로74길 11 삼성전자(주) 재경팀(02-2255-0114) (학)1989년 서울대 경영학과졸 (경)삼성전자(주) 경영전략팀 부장 2009년 同경영전략팀 상무 2011년 同미래전략실 경영지원팀 상무 2012년 同미래전략실 전략2팀 상무 2013년 同미래전략실 전략1팀 전무 2014년 同재경팀 전무 2017년 同재경팀 부사장(현)

최진원(崔晋源) Jin Won CHOI

(생)1968·8·23 (본)해주(海州) (출)서울 (주)서울특별시 종로구 사직로8길 60 외교부 양자경제외교국 심의관실(02-2100-7663) (학)1987년 경동고졸 1994년 서울대 경제학과졸 2003년 미국 버지니아대 대학원 경제학과졸 (경)1994년 행정고시 합격(38회) 1995~1998년 재정경제원 법무담당관실·국제경제과 사무관 1998~2007년 외교통상부 아태통상과·세계무역기구과 등 사무관 2007~2009년 駐제네바대표부 1등서기관 2009~2011년 駐몽골 참사관 2011~2013년 외교통상부 FTA무역규범과장·FTA정책기획과장 2013~2015년 산업통상자원부 FTA정책기획과장·FTA서비스투자과장(파견) 2015년 외교부 기획조정실 기획재정담당관 2016년 駐미국 참사관 2019년 외교부 양자경제외교국 심의관(현) (종)불교

최진호(崔珍鎬) Jin-Ho Choy

(생)1948·9·1 (본)직산(稷山) (출)서울 (주)서울특별시 서대문구 이화여대길 52 이화여자대학교 자연과학대학(02-3277-4135) (학)1970년 연세대 화학공학과졸 1972년 同대학원졸 1979년 이학박사(독일 뮌헨대) 1993년 공학박사(일본 도쿄공업대) (경)1974년 일본 도쿄공업대 연구원 1979년 독일 뮌헨대 화학과 연구원 1981~1993년 서울대 화학과 조교수·부교수 1985~1986년 프랑스 보르도제1대 객원교수 1993~2004년 서울대 자연과학대 화학부 교수 1994년 대한화학회 고체화학분과장 1997~2002년 한국과학기술한림원 정회원 1997년 서울대 분자과학연구소장 1998년 한국과학재단 한불협력위원장 1999~2000년 대한화학회 부회장 겸 학술위원회 부위원장 2004년 이화여대 화학나노과학부 석학교수 2007년 同이화학술원 겸임석좌교수, 同자연과학대학 분자생명과학부 화학·나노과학전공및바이오융합과학과 석좌교수(현) 2012~2014년 同대외부총장 2015~2016년 현대아이비티(주) 사외이사 2015년 이화여대 지능형나노바이오소재연구센터 소장(현) 2018년 '세라믹 분야 세계학술원(World Academy of Ceramics)' 과학분야 석학회원(Academician) 선정 2018년 대한민국학술원 회원(무기화학)(현) (상)대한민국과학상, 프랑스 아카데미기사장(공로훈장), 대한화학회 학술상, 대한민국 최고과학기술인상(2007), 과학기술부 선정 '닮고싶고 되고싶은 과학기술인'(2007), 제59회 서울시문화상 자연과학분야(2010) (저)'Bio-Inorganic Conjugates for Drug and Gene Delivery(共)'(2008) (종)기독교

최진호(崔振豪) CHOI, JINHO

(생)1962·6·2 (주)서울특별시 강남구 테헤란로 432 DB그룹 홍보실 (학)1981년 상문고졸 1989년 서울대 동양사학과졸 (경)1990년 동부제철 근무 1995년 동부그룹 홍보실 근무 2010년 同홍보실 상무 2017년 DB그룹 홍보실 상무(현)

최진환(崔晋煥) CHOI Jin Whan

(생)1968·3·4 (주)서울특별시 강남구 봉은사로 613 (주)ADT캡스 임원실(1588-6400) (학)경주고졸, 서울대 경제학과졸 (경)1995년 한국장기신용은행 근무, Bain & Company 컨설턴트 팀장, A.T.Kearney 컨설턴트 2002년 현대캐피탈 입사, 同기업전략부문 이사, 同전략기획본부 상무 2009년 同전략기획본부장(전무) 2012~2014년 현대라이프생명보험 대표이사 2014년 (주)ADT캡스 대표이사(현) 2019년 SK텔레콤(주) 보안사업부장 겸임(현)

최차규(崔且圭)

(생)1956·6·9 (출)경남 마산 (주)서울특별시 서초구 반포대로24길 15 서초중앙빌딩 3층 한국안보협업연구소(02-2039-3318) (학)1975년 마산고졸 1980년 공군사관학교졸(28기) 1998년 동국대 대학원 안보행정학과졸 2010년 서울대 대학원 국가정책과정 수료 2012년 광운대 대학원 방위사업학박사과정 수료 (경)공군 29전대 191전투비행대대장, 대통령 국방비서관실 국방담당관 2006년 공군본부 전력기획참모부 전력기획처장 2006년 합동참모본부 비서실장 2008년 공군 제10전투비행단장 2009년 방위사업청 항공기사업부장·유도무기사업부장 2011년 합동참모본부 작전본부 교리연습훈련부장(소장) 2012년 공군 참모차장(중장) 2013년 공군 작전사령관(중장) 2014~2015년 제34대 공군 참모총장(대장) 2017년 한국안보협업연구소 이사장(현) (상)국무총리표창(2001), 대통령표창(2004), 보국훈장 천수장(2007)

최찬묵(崔燦默) CHOI Chan Mook

(생)1961·3·14 (출)충남 부여 (주)서울특별시 종로구 사직로8길 39 세양빌딩 김앤장법률사무소(02-3703-1484) (학)1979년 서울 경성고졸 1984년 고려대 법과대학졸 (경)1983년 사법시험 합격(25회) 1985년 사법연수원 수료(15기) 1987년 수원지검 검사 1990년 마산지검 충무지청 검사 1991년 서울지검 검사 1994년 부산지검 검사 1996년 법무부 특수법령과 검사 1998년 대통령 법무비서관실 파견 1999년 청주지검 충주지청장 2000년 서울지검 부부장검사 2001년 부산지검 공안부장 2002년 법무부 검찰3과장 2002년 同검찰2과장 2003년 서울지검 총무부장 2004년 서울중앙지검 총무부장 2004년 김앤장법률사무소 변호사(현) 2011~2014년 방송통신심의위원회 위원 2011~2018년 CJ대한통운(주) 사외이사 겸 감사위원

최찬욱(崔贊旭) CHOI Chan Wook

(생)1950·7·1 (본)전주(全州) (출)전북 완주 (주)전라북도 전주시 완산구 효자로 225 전라북도의회(063-280-3970) (학)전주생명과학고졸, 전북과학대학졸, 전북대 행정대학원 수료, 同경영대학원 수료, 우석대 일반대학원 체육학과졸(석사) (경)전주생명과학고 체육교사, 전북도역도연맹 전무이사, 새마을운동 전북 전주시지회장, 대한씨름협회 총무이사, 전북애향운동본부 이사, 전북대 초빙교수 1991·1995·2002·2006·2010년 전북 전주시의회 의원(민주당·민주통합당·민주당·새정치민주연합), 同사회문화위원장 2006~2008년 同부의장 2008~2010년 同의장 2012년 同행정위원회 위원 2014~2018년 전북 전주시의회 의원(새정치민주연합·더불어민주당) 2015년 전주지법 명예민원실장(현) 2015년 전북 전주시민의장수상자회 회장(현), 전북도체육회 부회장 2018년 전북도의회 의원(더불어민주당)(현) 2018년 同환경복지위원회 위원장(현), 더불어민주당 전주병지역위원회 사무소장(현), 同정책위원회 부의장(현) (상)전주시민의장, 법무부장관표창, 자랑스런전북인 대상, 대통령표창 (종)기독교

최창근(崔昌根) CHOI Chang Keun

(생)1947·12·14 (출)황해 봉산 (주)서울특별시 강남구 강남대로 542 영풍빌딩 고려아연(주) 회장실(02-519-3416) (학)1966년 경복고졸 1974년 서울대 공대 자원공학과졸 1979년 미국 컬럼비아대 경영대학원졸(MBA) (경)1980~1984년 한국동력자원연구소 자원경제연구실장 1984~1996년 서린상사(주) 대표이사 사장 1994~1996년 고려아연(주) 대표이사 부사장 1996~2003년 同대표이사 사장 1999~2001년 한국비철금속협회 회장 2003년 고려아연(주) 부회장 2009년 同대표이사 회장 2019년 同각자대표이사 회장(현) (상)금탑산업훈장(2009), 서울대 '자랑스러운 공대 동문상'(2009), 올해의 CEO대상 리더십경영부문 대상(2011)

최창무(崔昌武) CHOI Chang Mou

(생)1936·9·15 (출)경기 파주 (주)광주광역시 서구 상무대로 980 천주교 광주대교구청(062-380-2811) (학)1955년 성신고졸 1960년 가톨릭대졸 1962년 독일 프라이부르크대졸 1969년 신학박사(독일 프라이부르크대) (경)1963년 사제 서품 1970년 가톨릭대 교수 1972년 同대학원 교학감 1973년 同신학부장·교무처장 1977년 천주교 서울대교구 관구신학원장 1979~1980년 가톨릭대 학장 1989~1991년 同부설사목연구소 소장 1991~1992년 同제16대 학장 1992~1995년 同총장 1994년 주교서품 1994~1999년 천주교 서울대교구 보좌주교 1997·2003년 대통령 통일고문 1999년 천주교 광주대교구 부교구장 1999년 同대주교(현) 2000~2010년 同광주대교구장 2002~2005년 한국천주교주교회의 의장 2004년 로마교황청 인류복음화성 위원 2005~2010년 한국천주교주교회의 신앙교리위원회 위원장 2007~2010년 同성직주교위원회 위원장 2010년 천주교 광주대교구장 은퇴 (저)'현대인과 신앙' '빛을 찾아서' '윤리신학1'(1989, 가톨릭대출판부) '윤리신학2'(1995, 가톨릭대출판부) '윤리신학3'(2006, 가톨릭대출판부) '꼭! 알아야 할 왁자지껄 교회 이야기'(2014, 생활성서사) (역)'신·구약 성서입문' (종)천주교

최창민 CHOI CHANG MIN

(생)1963·1·8 (주)서울특별시 영등포구 여의나루로4길 18 키움캐피탈(02-780-8013) (학)한국외국어대 무역학과졸 (경)1987~1991년 한국산업은행 근무 1991~1998년 한국산업증권 근무 1998~2000년 신한증권 근무 2000~2008년 HMC투자증권 근무 2009~2013년 키움증권 IB사업본부 상무 2014~2018년 同IB사업본부장(전무) 2018년 키움캐피탈 대표이사(현)

최창민(崔昌玟)

(생)1972·5·22 (출)부산 (주)경기도 의정부시 녹양로34번길 23 의정부지방검찰청 공공수사부(031-820-4542) (학)1990년 인천 성현고졸 2001년 서강대 법학과졸 (경)2000년 사법고시 합격(42회) 2003년 사법연수원 수료(32기) 2003년 서울지검 검사 2004년 서울중앙지검 검사 2005년 광주지검 목포지청 검사 2006년 대구지검 형사3부 검사 2009년 수원지검 검사 2011년 부산지검 검사 2013년 서울남부지검 검사 2015년 서울중앙지검 검사 2017년 同부부장검사 2018년 대전지검 부부장검사 2018년 창원지검 공안부장 2019년 의정부지검 공안부장 2019년 同공공수사부장(현)

최창석(崔昌錫)

(생)1963·3·10 (출)전남 해남 (주)대구광역시 동구 첨단로 7 신용보증기금 임원실(053-430-4078) (학)1982년 광주 서석고졸 1989년 한국외국어대 독일어학과졸 (경)1989~2008년 신용보증기금 근무 2008년 同종합기획부 대외협력팀장 2012년 同광주남지점장 2013년 同홍보실장 2015년 同부천지점장 2016년 同구로디지털지점장 2017년 同가산디지털지점장 2017년 同충청영업본부장 2018년 同상임이사(현)

최창석(崔彰錫)

(생)1968·7·30 (출)전남 나주 (주)경기도 수원시 영통구 법조로 105 수원지방법원(031-210-1114) (학)1987년 영산포상고졸 1997년 서울대 종교학과졸 (경)1996년 사법시험 합격(38회) 1999년 사법연수원 수료(28기) 1999년 인천지검 검사 2001년 광주지검 장흥지청 검사 2002년 수원지검 검사 2004년 서울중앙지검 검사 2008년 대전지검 검사 2010년 대구지법 판사 2014년 수원지법 판사 2015년 광주지법 부장판사 2017년 수원지법 부장판사(현)

최창섭(崔昌燮) CHOI Chang Sup (昇雲)

(생)1942·3·13 (본)해주(海州) (출)경기 송탄 (주)서울특별시 마포구 백범로 35 서강대학교(02-705-8114) (학)1960년 서울 동성고졸 1964년 서강대 영어영문학과졸 1971년 미국 시라큐스대 대학원졸 1974년 언론학교육박사(미국 오클라호마주립대) 1998년 언론학박사(호주 라트로브대) (경)1973~1984년 서강대 조교수·부교수 1973~1982년 同시청각실장 1981년 국제가톨릭영화인협회(OCIC) 국제이사 겸 아시아지역회장 1985년 미국 마켓대 객원교수 1985~2007년 서강대 신문방송학과 교수 1986년 同서강헤럴드 주간 1988년 同언론문화연구소

ㅊ

장 1988년 방송심의위원 1988~1990년 한국방송비평회 회장 1989년 서강대 기획실장 1990년 UCAN통신사 이사 1991년 서강대 대외협력실장 1992년 한국언론학회 회장 1992~1999년 서강대 언론대학원장 1993년 언론중재위원 1994년 그린스카우트 부총재 1995년 월간 '그린스카우트' 발행인 1995년 사랑의소리방송 운영위원장 1995년 유니세프 한국위원회 이사 1996~2005년 한국방송비평회 회장 1997년 맑은물되찾기운동연합회 총재 1997년 서강대 사회과학대학장 1997년 한국정보통신이용자총협회 회장 1997~2007년 한국미디어교육학회 회장 1999년 한국PR협회 회장 2000년 한국문화콘텐츠학회 회장, 서강대 대학원장 2003~2006년 방송문화진흥회 이사 2005년 한국방송비평회 고문(현) 2005년 서강대 교학부총장 겸 총장대행 2007년 同명예교수(현) 2008~2009년 한양사이버대 석좌교수 2008~2009년 신문발전위원회 위원 2008년 한국방송통신학회 상임고문 2009년 한국미디어·콘텐츠학회연합 공동의장(현) 2009년 민주평통 자문위원 2010~2013년 지역신문발전위원회 위원장, (사)품앗이운동본부 상임고문, 국회품앗이포럼 공동대표(현) 2014년 상생과통일 공동대표(현) 2017년 KBS 시청자위원회 위원장 (상)제 24회 서울올림픽대회 올림픽기장(1988) 가톨릭언론대상(1990), 자랑스런 서강인상(1992), 한국PR상(1995), 커뮤니케이션연구상(1999), 방송학술상(2003), 교육부문 환경대상(2006), 녹조근정훈장(2007) (저)'언론통제이론' '교회와 커뮤니케이션 총론'(1978) '방송비평론'(1985) '방송총론'(1991) '방송철학'(1992) '교회커뮤니케이션'(1993) '自我커뮤니케이션'(1994) '교양언론학'(編) '방송비평의 이해' '지식을 넘어 지혜를 향해'(2007) '어처구니가 없네'(2007) '미디어핵우산을 다시 생각해본다'(2007) '새로운 세상을 위한 디지털 패러다임(編)'(2007) '통신방송융합시대의 다플랫폼간 공정경쟁(編)'(2007) '미디어산책'(2011) '西井에서 西江으로'(2011) '품앗이의 길'(2014) 'A Pumassi Narrative'(2014) (역)'TV를 꺼라' (종)천주교

최창수

(생)1961 (출)전남 나주 (주)서울특별시 중구 새문안로 16 NH농협금융지주 임원실(02-2080-5114) (학)광주 사레지오고졸, 조선대 중어중문학과졸 (경)1988년 농협중앙회 입사, 농업협동조합중앙회 구례군지부장, NH농협은행 도봉지점장, 同합정동지점장, 농업협동조합중앙회 비서실장 2018년 NH농협은행 경영기획부문 수석부행장 2019년 NH농협금융지주 부사장(현)

최창식(崔昌植) CHOI Chang Sik

(생)1954·1·6 (주)서울특별시 강남구 테헤란로 432 (주)DB하이텍 임원실(02-3484-2888) (학)1972년 경기고졸 1977년 서울대 재료공학과졸, 同대학원 재료공학과졸 1991년 공학박사(미국 노스캐롤라이나대) (경)삼성전자(주) PAI실 TDI수석연구원, 同ASIC사업부 LSI TD팀장(이사), 同반도체총괄 시스템LSI사업부 ASIC제품기술팀장(이사) 2004년 同시스템LSI사업부 ASIC제품기술팀장(전무), 同SYS.LSI사업부 제조센터장(전무) 2007년 同SYS.LSI사업부 제조센터장(부사장) 2008년 同SYS.LSI사업부 Foundry센터장(부사장) 2010년 同LCD사업부 부사장 2011년 삼성SDI 광에너지사업부장(부사장) 2012년 (주)동부하이텍 대표이사 사장 2017년 (주)DB하이텍 대표이사 사장(현) (종)천주교

최창영(崔昌瑛) CHOI Chang Young

(생)1944·7·7 (출)황해 봉산 (주)서울특별시 강남구 강남대로 542 영풍빌딩 고려아연(주) 비서실(02-519-3416) (학)1963년 경기고졸 1969년 서울대 금속공학과졸 1973년 미국 컬럼비아대 공과대학원졸 1976년 공학박사(미국 컬럼비아대) (경)1976년 고려아연(주) 이사 1980년 同부사장 1982년 대한금속학회 평의원 1987~1997년 코리아니켈(주) 대표이사 사장 1988년 고려아연(주) 대표이사 사장 1992년 同대표이사 부회장 1997년 코리아니켈(주) 대표이사 회장(현) 1997년 SUNMETALS코퍼레이션 회장 1998년 대한금속학회 비철금속분과위원회장 2002~2009년 고려아연(주) 대표이사 회장 2004년 케이지엔지니어링(주) 대표이사 회장 2004년 (주)클린코리아 회장 2005~2006년 대한금속학회 부회장 2009년 고려아연(주) 명예회장(현) (상)산업포장, 금탑산업훈장(2005), 서울대·한국공학한림원 '한국을 일으킨 엔지니어 60인' 선정(2006), 서울대 공대 발전공로상(2011) (종)기독교

최창운(崔昌運) CHOI Chang Woon

(생)1960·3·2 (출)서울 (주)서울특별시 노원구 노원로 75 원자력병원 핵의학과(02-970-2114) (학)서울대 의대졸, 同대학원 의학석사, 의학박사(서울대) (경)1988년 국군서울지구병원 과장 1991년 서울대병원 전임의 1993년 서울대부설 국민체력연구소 연구원 1993년 미국 국립보건원(NIH) 연구원 1995년 원자력병원 핵의학과장 2007년 원자력의학원 국가방사선비상진료센터장(단장급) 2008~2010년 원자력병원 원장 2010년 한국원자력의학원 방사선의학연구소장 2012~2018년 원자력응용의학진흥협회 이사 2015~2017년 한국원자력의학원 원장 2018년 원자력병원 핵의학과장(현) (상)과학기술부장관표창(2006)

최창원(崔昌元) CHOI Chang Won

(생)1957·1·5 (출)경북 포항 (주)경기도 화성시 영천로 183-19 (주)케이엠더블유(031-370-8600) (학)경북고졸 1984년 서울대 역사학과졸 (경)한양화학 근무, 한화S&C(주) 근무, 한화증권(주) 인사·총무·홍보담당 상무보 2007~2011년 한화S&C(주) 금융사업본부장(상무) 2008년 한화아이티씨(주) 대표이사 2011~2015년 한화S&C(주) 금융사업본부장(전무) 2015~2017년 휴먼파워(주) 대표이사 2017년 (주)케이엠더블유 감사(현) (종)천주교

최창원(崔彰沅) CHOI, CHANG WON

(생)1962·4·17 (본)경주(慶州) (출)서울 (주)세종특별자치시 다솜로 261 국무조정실 경제조정실(044-200-2170) (학)1981년 관악고졸 1990년 고려대 경영학과졸 1999년 일본 정책연구대학원대(GRIPS) 정책학 석사 (경)1993년 행정고시 합격(36회) 2009년 국무총리실 인사과장 2010년 녹색성장기획단 기획국장 2011년 국무조정실 평가관리관 2013년 同성과관리정책관 2014년 미국 Johns Hopkins Univ. SAIS 연수 2015년 국무조정실 농림국토해양정책관 2015년 同사회조정실 사회복지정책관 2018년 同총무기획관 2018년 同경제조정실장(현)

최창원(崔昌源) CHOI Chang Won

(생)1964·8·27 (본)수원(水原) (출)경기 수원 (주)경기도 성남시 분당구 판교로 310 SK디스커버리(주) 임원실(02-2008-2002) (학)1983년 여의도고졸 1989년 서울대 심리학과졸 1993년 미국 미시간대 경영대학원졸 (경)1995년 (주)선경인더스트리 재무팀장·기획팀장(이사대우) 1997년 同이사 1997년 SK케미칼(주) 경영지원본부장(이사) 1998년 SK상사(주) 사장실 상무 1998년 SK케미칼(주) 경영지원본부장(상무) 1998년 同전무 2000년 SK글로벌 상사부문 기획조정실장(부사장) 2002~2003년 同상사부문 사장실장(부사장) 2003년 SK케미칼(주) 경영지원부문 부사장 2004년 SK(주) 투자회사관리실 부사장 2007~2013년 SK건설 대표이사 부회장 2007~2015년 SK케미칼(주) 대표이사 부회장 2011년 SK가스 대표이사 부회장(현) 2014년 SK와이번스 구단주(현) 2015~2017년 SK케미칼(주) 공동대표이사 부회장 2015년 경기도문화의전당 이사장 2017년 SK디스커버리(주) 대표이사 부회장(현) 2018년 서울대 이사(현) (상)세계경제포럼(WEF) '아시아의 미래를 짊어질 차세대 한국인 리더' 선정(2002) (종)불교

최창학(崔昌學) chang-hak choi

(생)1959 · 12 · 20 (출)대구 (주)전라북도 전주시 덕진구 기지로 120 한국국토정보공사 사장실(063-906-5022) (학)1977년 대구 청구고졸 1982년 대구대 법정대학 행정학과졸 1984년 同대학원 행정학과졸 1993년 행정학박사(대구대) (경)1994~1999년 대구시 시정연구단 전임연구원 1999~2003년 同정보화담당관 2002~2003년 대구IT포럼 회장 2003~2007년 대통령자문 정부혁신지방분권위원회 전자정부국장 2003~2009년 대구사이버대 겸임교수 2007년 베트남 정통신부 전자정부자문관(KADO) 2008~2013년 (주)이거브컨설팅 대표이사 2009~2010년 파라과이 대통령실 전자정부자문관(KOICA) 2010~2012년 (재)한국문화정보센터 소장 2013~2016년 대한지적공사(한국국토정보공사) 공간정보연구원장, 국민대 비즈니스IT전문대학원 겸임교수 2016~2018년 대구디지털산업진흥원(DIP) 원장 2018년 한국국토정보공사(LX) 사장(현) (상)행정자치부장관표창(1999), 동아일보 및 한국전산원 선정 정보화평가전국최우수CIO(1999), 영남일보 선정 '대구경북 뉴밀레니엄 리더'(2000), 대통령표창(2003), 국민포장(2007), 자랑스런 대구대인상(2013)

최창행(崔昌行)

(생)1962 · 1 · 16 (본)삭녕(朔寧) (출)경기 김포 (주)서울특별시 종로구 세종대로 209 여성가족부 정책기획관실(02-2100-6080) (학)1980년 충암고졸 1985년 고려대 사회학과졸 1987년 서울대 행정대학원 행정학과졸 1997년 행정학박사(단국대) (경)1992년 통일국민당 정책위원회 노동전문위원 1992~1995년 국회사무처 근무(별정직) 1995년 국민고충처리위원회 전문위원(도시분야) 1996년 한국방송통신대 · 단국대 강사 2003년 여성부 차별개선국 차별개선기획담당관 2005년 여성가족부 권익증진국 양성평등과장 2006년 同여성정책본부 양성평등문화팀장 2007년 同여성정책본부 협력지원팀장 2008년 여성부 여성정책국 인력개발지원과장 2009년 同여성경제위기대책추진단 총괄팀장 2010년 여성가족부 여성경제위기대책추진단 총괄팀장 2011년 同법무감사정보화담당관 2013년 同권익정책과장 2016년 同권익정책과장(부이사관) 2017년 同운영지원과장(부이사관) 2018년 同권익증진국장(고위공무원) 2019년 同정책기획관(현)

최창호(崔昌浩) CHOI Chang Ho

(생)1950 · 12 · 26 (본)경주(慶州) (출)경남 마산 (주)충청남도 아산시 음봉면 연암율금로 77 (주)하나마이크론 회장실(041-423-7777) (학)1974년 영남대 경제학과졸, 서울대 대학원 최고전략산업과정 수료 2006년 한국산업기술대 대학원졸 2010년 박사(한국산업기술대) (경)1973년 제일모직 근무, 삼성반도체통신 근무 1988년 삼성전자(주) 반도체부문 관리본부 관리담당 이사 · 메모리사업부 경영지원실 근무 1993~1995년 同경영지원실장(상무이사) · 반도체지원실장(상무이사) 1996년 同반도체지원실장(전무이사) 1999년 同Mexico복합단지장(전무이사) 2001년 (주)하나마이크론 대표이사 2003년 (주)에스에프에이 사외이사 2011~2015년 한국기술교육대 비상임이사 2013년 (주)하나마이크론 대표이사 사장 2014년 同대표이사 회장 2017년 同회장(현) (상)산업포장, 은탑산업훈장(2004), 국무총리표창(2013), 금탑산업훈장(2016) (종)기독교

최창호(崔彰晧)

(생)1957 (출)전남 순천 (주)서울특별시 송파구 석촌호수로 166 산림조합중앙회(02-3434-7114) (학)조선대 산업대학원 산업공학과졸 (경)1982년 여천군산림조합(現 여수시산림조합) 입사 1985년 산림조합중앙회 입사, 同제주지회장, 同광주전남지역본부장, 同조합감사위원장 2019년 同상임감사(현)

최창호(崔昌鎬) CHOI Chang Ho

(생)1964 · 11 · 10 (출)서울 (주)서울특별시 마포구 마포대로 174 서울서부지방검찰청 중요경제범죄조사단(02-3270-4000) (학)1983년 오산고졸 1988년 서울대 사법학과졸 1990년 同대학원졸 (경)1989년 사법시험 합격(31회) 1992년 사법연수원 수료(21기) 1992년 軍법무관 1995년 청주지검 검사 1997년 수원지검 여주지청 검사 1998년 수원지검 검사 2000년 법무부 송무과 검사 2002년 서울지검 검사 2004년 대구지검 부부장검사 2005년 서울북부지검 부부장검사 2005년 헌법재판소 헌법연구관 2008년 법무부 국가송무과장 2009년 서울남부지검 형사3부장 2010년 청주지검 충주지청장 2011년 대구지검 서부지청 차장검사 2012년 서울고검 검사 2012~2013년 법무연수원 연구위원(파견) 2015년 대전고검 검사 2016~2018년 서울고검 검사 2016년 서울중앙지검 중요경제범죄조사단 파견 2018년 서울서부지검 중요경제범죄조사단장(현) (저)'알기 쉬운 법률상식' '형사소송법(共)'(2017, 대명출판사) '미국형사소송의 실무와 절차(共)'(2017, 유원북스) '주석 형사소송법'(2017) '형법총론(共)'(2018, 대명출판사) '형법각론(共)'(2018, 대명출판사)

최창호(崔昌鎬) CHOI CHANG HO

(생)1973 · 1 · 13 (출)경남 마산 (주)서울특별시 서초구 서초대로50길 8 관정빌딩 10층 법무법인 평안(02-6284-6565) (학)1992년 부산 동래고졸 1997년 한양대 법학과졸 (경)1996년 사법시험 합격(38회) 1999년 사법연수원 수료(28기) 1999년 부산지검 동부지청 법무관 2002년 창원지검 검사 2004년 同거창지청 검사 2005년 인천지검 검사 2007년 서울중앙지검 검사 2011년 대전지검 검사 2011년 同부부장검사 2012년 서울중앙지검 부부장검사 2013년 울산지검 특별수사부장 2014년 서울동부지검 형사6부장 2015년 의정부지검 형사4부장 2016년 인천지검 형사3부장 2017년 광주고검 검사 2017년 법무법인 평안 변호사(현) (저)'정치 자금법 벌칙해설'(2103)

ㅊ

최창화(崔昌和) CHOI Chang Hwa

(생)1956 · 10 · 28 (출)경남 김해 (주)부산광역시 서구 구덕로 179 부산대학교병원 신경외과(051-240-7000) (학)1980년 부산대 의대졸, 同대학원 의학석사, 의학박사(부산대) (경)1998년 부산대 의대 신경외과학교실 교수(현), 부산대병원 신경외과 전문의, 同진료처장, 대한신경외과학회 상임이사 2011년 법원행정처 법원전문심리위원 2011~2013년 양산부산대병원 원장, 노인신경외과 학술이사, 부산대병원 심뇌혈관센터 소장, 한국배상의학회 상임이사, 대한감마나이프방사선수술학회 회장 2015~2016년 대한신경외과학회 회장 2016~2019년 부산시의료원 원장 (저)'신경외과학(共)'(2001, 중앙문화사) '뇌혈관외과학(共)'(2010, 고려의학) '정위기능신경외과학(共)'(2010, 도서출판 아이비)

최창환(崔昌煥) CHOI Chang Hwan

(생)1953 · 3 · 27 (본)해주(海州) (출)충북 괴산 (주)서울특별시 강남구 영동대로 511 트레이드타워(무역센터) 40층 (주)장수산업(1599-9988) (학)1999년 연세대 법무대학원 수료 2006년 서강대 영상미디어학 수료 2007년 미국 스탠퍼드대 디자인최고경영자과정(KIDP) 수료 2008년 동국대 행정대학원 DEVELOPER과정 수료 2008년 미국 Univ. of Hawaii FIMA과정 수료 2011년 한국최고경영자회의 CIMA CEO과정(9기) 수료 2016년 명예 경영학박사(중앙대) (경)1992년 (주)장수산업 창업 · 회장(현) 1994~1996년 전국중기경영인연합회중앙회 회장 2000년 Changshoubed(Jiaxing) Limited(China) 창업 · 회장(현) 2004~2011년 대한가구산업협동조합연합회 회장 2004~2006년 대통령직속 중소기업특별위원회 시장지원분과 위원 2006~2008년 아

시아태평양가구협회(CAPFA) 회장 2007~2011년 중소기업중앙회 부회장 2008~2011년 국제중소기업협의회 한국위원회(ICSB, KOREA) 감사 2008~2011년 중소기업중앙회 홈&쇼핑 추진위원장 2009~2011년 세계가구연합회(World Furniture Confederation) 부회장 2009~2010년 국제라이온스협회 354-D지구 북한봉사위원장 2009년 한국제품안전협회 이사(현) 2010년 중소기업중앙회 해외민간대사 2011년 고려대 유비쿼터스연구소 초빙강사 2014년 한국명품창출CEO포럼 회장 2014~2015년 국제라이온스협회 354-H지구 총재 2014년 (사)세계결핵제로운동본부 이사(현) 2014년 (사)해병전우회중앙회 부총재(현) 2014년 (사)세계평화실천운동본부 이사장(현) 2015년 (사)미래창조융합협회 이사장(현) 2015~2016년 국제라이온스협회 354복합지구총재협의회 의장 2018년 (사)대한민국 댄스스포츠연맹중앙회 회장(현) 2019년 기독교대한감리회본부 사회평신도국 총무(현) (상)독일 신기술발명전 의료기기부문 금메달(1997), 중소기업중앙회장표창(1997), 일본 오사카가구협동조합 공로표창(1998), 미국 신기술발명상(1998), 장영실 과학문화상 기술공로부문(1999), 신지식인 특허인상(2001), 장영실과학문화상 특허부문(2002), 발명의날 국무총리표창(2002), 한국능률협회 인증원 고객만족경영최우수상(2002), 삼성세무서 성실납세자상(2003), 국세청장 성실납세자상(2004), 한국을 빛낸 기업인대상(2005), 대한민국 혁신경영인대상(2006), 장한 한국인상(2007), 어버이날 서울시장표창(2010), 포춘코리아 선정 '2011 한국경제를 빛낼 인물'(2011), 대한민국 글로벌CEO 글로벌고객만족부문(2012), 포브시코리아 한국 글로벌 CEO선정(2012), 21세기여성발전위원회 국민모범인상(2013), 가구산업발전공로 산업자원부장관표창(2014), 자랑스런대한국민대상(2014), 글로벌자랑스런세계인대상(2018) (종)기독교

최창훈(崔暢勳) CHOI Chang Hoon

(생)1960·8·31 (출)서울 (주)인천광역시 연수구 첨단대로 107 삼성바이오에피스 개발본부(032-455-6114) (학)1979년 경신고졸, 서울대 공업화학과졸 1996년 同대학원 생물화학공학과졸, 공학박사(서울대) (경)한화그룹 종합기획실·유전공학정보실·종합연구소·구조조정본부 Venture Incuvating Task Force 근무, 이수화학(주) 생명공학사업본부장(전무이사) 2004년 이수앱지스 대표이사 전무 2008년 同대표이사 부사장 2013년 同각자대표이사 부사장 2016년 삼성바이오에피스 개발본부장(전무) 2017년 同개발본부장(부사장)(현)

최창훈(崔彰勳)

(생)1969·4·15 (출)전남 해남 (주)경기도 성남시 수정구 산성대로 451 수원지방법원 성남지원(031-737-1558) (학)1987년 광주 인성고졸 1996년 연세대 경영학과졸 (경)1997년 사법시험 합격(39회) 2000년 사법연수원 수료(29기) 2000년 광주지법 판사 2003년 同장흥지원 판사 2005년 同가정지원 판사 2009년 광주고법 판사 2012년 광주지법 순천지원 판사, 광주가정법원 판사 2013년 대법원 재판연구관 2015년 광주지법 해남지원장 겸 광주가정법원 해남지원장 2016년 광주지법 장흥지원·광주가정법원 장흥지원 부장판사 2017년 광주지법 부장판사 2018년 수원지법 성남지원 부장판사(현)

최창희(崔昌熙) CHOI Chang Hee

(생)1949·3·27 (출)경남 (주)서울특별시 마포구 상암산로 34 17층 (주)공영홈쇼핑(02-6350-8000) (학)1967년 경남고졸 1976년 홍익대 응용미술학과졸 (경)1975년 합동통신 광고기획실 디자이너 1978년 희명기획 설립·대표 1985년 나라기획 광고국장 1986년 제일기획 광고국장 1994년 거손 부사장 1995년 웰커뮤니케이션 부사장 1996년 삼성자동차 마케팅실 이사 1999년 TBWA코리아 총괄부사장 2003년 同대표이사 사장 2003~2005년 한국광고인협회(AIA) 초대회장 2004~2009년 크레이티브에어 대표이사 사장 2010년 일레븐스카인드 대표 2012년 민주통합당 문재인 대통령후보 홍보고문 2018년 (주)공영홈쇼핑 대표이사(현)

최 철

(생)1962·5·22 (주)경기도 수원시 영통구 삼성로 129 삼성전자(주)(031-200-1114) (학)1988년 서강대 경영학과졸 2003년 중국 칭화대(清華大) 대학원 석사(MBA) (경)삼성전자(주) SET담당 부장 2009년 同SEHK 상무 2010년 同SSS 상무 2011년 同DS부문 중국총괄(상무) 2012년 同DS부문 중국총괄(전무) 2015년 同DS부문 중국총괄(부사장) 2019년 同메모리 전략마케팅팀장(부사장)(현) (상)은탑산업훈장(2017)

최철규(崔哲圭) Choe Cheolkyu

(생)1958·4·6 (출)충북 (주)대전광역시 유성구 대덕대로512번길 30 대전마케팅공사(042-250-1000) (학)1981년 한국외국어대 불어과졸 1993년 프랑스 국제행정대학원 경제학과졸 1994년 프랑스 파리제5대 대학원 통상법학과졸(DESS) (경)1982~1998년 상공부·통상산업부 근무 1998년 외교통상부 입부 1999년 駐OECD대표부 1등서기관 2002년 駐파키스탄 참사관 2004년 외교통상부 개발협력과장 2007년 駐프랑스 공사참사관 2009년 외교통상부 통상기획홍보과장 2011년 同지역경제외교국 심의관 2013~2016년 駐가봉 대사 2017년 대전시 국제관계대사 2017년 대전마케팅공사 사장(현) (상)근정포장(1998)

최철규(崔轍圭) CHOI Cheol Kyoo

(생)1959·6·2 (본)경주(慶州) (출)부산 (주)부산광역시 남구 문현금융로 40 부산국제금융센터(BIFC) 53층 캠코선박운용(주)(051-660-5500) (학)1978년 부산상고졸 1986년 동아대 경영학과졸 1989년 부산대 경영대학원졸 (경)한국외환은행 근무, 현대증권 경인지역본부장(이사보) 2005년 同마케팅본부장(상무보) 2007년 同최고고객경영자(CCO-Chief Customer Officer) 2008년 同자산관리영업본부장(상무보) 2009년 同리테일기획본부장(상무보) 2010년 同영업추진본부장(상무) 2010년 同경영지원총괄 상무 2011년 同기획지원부문장(상무) 2012년 同비상근자문 2013~2014년 (주)대지개발(양평TPC컨트리클럽) 대표 2014년 (주)드래곤힐(젠스필드컨트리클럽) 관리인 2016~2017년 (주)신니개발(로얄포레컨트리클럽) 관리인 2017년 캠코선박운용(주) 대표이사(현) (상)금융위원장표창 (저)'20대에 시작하는 금융재테크'(2007, 리더스북) (종)천주교

최철민(崔澈暋)

(생)1974·6·15 (출)전남 목포 (주)경기도 안산시 단원구 광덕서로 75 수원지방법원 안산지원(031-481-1136) (학)1992년 목포 홍일고졸 1997년 서울대 사법학과졸 (경)1999년 사법시험 합격(41회) 2002년 사법연수원 수료(31기) 2002년 공군 법무관 2005년 서울남부지법 판사 2007년 서울중앙지법 판사 2009년 광주지법 가정지원 판사 2011년 광주지법 판사 2013년 수원지법 판사 2015년 사법연수원 교수 2018년 광주지법 부장판사 2019년 수원지법 안산지원 부장판사(현)

최철성(崔喆星) Chul-Sung Choi

(생)1960·11·16 (출)충북 진천 (주)세종특별자치시 가름로 194 과학기술정보통신부 운영지원과(044-202-4153) (학)1986년 연세대 천문기상학과졸 1988년 同대학원 천문기상학과졸 1994년 천문학박사(일본 도쿄대) 2015년 국가과학기술인력개발원(KIRD) 국가과학기술최고경영자과정 수료

(경)1988~1989년 천문우주과학연구소 전일제 위촉연구원 1989년 한국천문연구원 책임연구원(현) 1994~1996년 한국천문학회 재무간사 2002~2009년 同편집위원 2004~2005년 同이사 2006년 국제천문연맹(IAU) 정회원(현) 2006~2008년 한국천문연구원 부장 2009~2011년 同본부장 2010~2013년 한국천문학회 편집위원장 2010~2012년 한국장학재단 대통령 과학장학생 심사위원 2012~2015년 한국연구재단 전문위원 2013~2017년 교육부 이공분야연구개발사업 종합심의위원회 위원 2014~2016년 한국천문연구원 우주과학본부장 2014~2015년 한국천문학회 부회장 2014~2015년 제31차 국제천문연맹총회(IAUGA 2021) 유치위원회 위원 2015~2017년 국가우주위원회 우주개발진흥실무위원회 위원 2016~2017년 우주개발중장기계획기술로드맵수립기획위원회 위원 2016~2018년 미래창조과학부 달탐사사업추진위원회 위원 2017~2018년 同제3차 우주개발진흥기본계획수립기획위원회 위원 2017~2018년 국가연구시설장비진흥센터 연구시설장비 심의위원 2018년 과학기술정보통신부 기술수준평가전문가(현) (상)과학기술처장관표창(1990), 한국천문연구원 논문우수상(1994), 한국천문학회 공로상(2005), 교육과학기술부장관표창(2011)

최철안(崔哲安) CHOI Cheol Ahn

(생)1960·10·6 (출)부산 (주)대전광역시 유성구 대덕대로 593 중소기업기술정보진흥원 원장실(042-388-0140) (학)1980년 경남공고졸 1992년 부산대 기계설계학과졸 (경)1991년 기술고시 합격(27회) 2003년 중소기업청 벤처기업국 벤처정책과 서기관 2004년 同창업벤처국 창업벤처정책과 서기관 2004년 부산울산지방중소기업청 지원총괄과장 2006년 중소기업청 구조개선과장 2007년 同창업벤처본부 구조전환팀장 2007년 同창업벤처본부 사업전환팀장 2008년 同고객정보화담당관 2009년 경남지방중소기업청장(부이사관) 2010년 미국 파견(부이사관) 2012년 중소기업청 창업벤처국 지식서비스창업과장 2012년 부산울산지방중소기업청장(일반직고위공무원) 2014년 중소기업청 생산기술국장 2014~2016년 한국산업기술평가관리원 비상임이사 2017년 중소기업기술정보진흥원 원장(현)

최철영(崔哲榮) Cheol-Young Choi

(생)1963·6·19 (본)영천(永川) (출)충남 당진 (주)경상북도 경산시 진량읍 대구대로 201 대구대학교 법과대학(053-850-6112) (학)1986년 성균관대 법학과졸 1988년 同대학원졸 1994년 법학박사(성균관대) 2009년 미국 캘리포니아대 데이비스교 School of Law졸(LL.M.) (경)성균관대·인천대 강사, 미국 조지타운대 객원연구원, 미국 헌법학회 연구원, 한국법제연구원 법제조사연구4팀 수석연구원 1998년 우리민족서로돕기운동 정책자문위원(현) 2001년 대구대 법과대학 공법학전공 교수(현) 2005년 同홍보비서실장 2006~2007년 대통령자문 정책기획위원회 위원 2006~2008년 국무총리산하 경제·인문사회연구회 기획평가위원 2006년 민주평통 경북회의 연구위원장(현) 2009년 대구대 기획처장 2010년 同다문화사회정책연구소장 2011~2013년 同법과대학장 2014~2018년 (재)독도재단 독도라운드테이블 대표 2014~2018년 경북도 미래기획위원 2014년 민주평통 중앙상임위원(현) 2014년 경북도 미래기획위원(현) 2015년 대구시 규제개혁위원장(현) 2016년 인사혁신처 중앙선발위원(현) 2017년 행정안전부 정책자문위원(현) 2017년 대구시민센터 이사장(현) 2017년 국립수목원 관리원 이사(현) 2018년 한국사학진흥재단 이사(현) 2019년 국제법평론회 회장(현) 2019년 대구사회서비스원 이사장(현) 2019년 경상북도정책자문위원회 공동위원장(현) (상)농림수산부장관표창(2014), 대통령표창(2014), 국민훈장 동백장(2017) (저)'남극조약체제의 국내입법방향연구' '유럽연합의 대외통상법제' '현대한국의 안전보장과 치안법제'(2006, 일본 법률문화사) '인권, 생각의 차이 또는 사람의 차이(共)'(2010, 열린길) '아동청소년 독도도서 고쳐쓰기'(2016, 독도재단) '영토해양국제판례연구'(2017, 박영사) (종)기독교

최철원(崔喆源) Chulwon Choi

(생)1963 (주)대전광역시 유성구 가정로 201 한국연구재단 정책총괄실(042-869-6525) (학)2007년 구조공학박사(충남대) (경)한국과학재단 국책연구본부 에너지환경팀장 2008년 同기초연구본부 우수센터단장 겸 융합과학 책임전문위원 2009년 한국연구재단 경영정보화단장 2012년 同재정기금실장 2015년 同국책연구본부 원천연구사업실장 2016년 同홍보실장 2016년 同경영관리본부장 2019년 同정책총괄실 정책연구위원(현) (상)국무총리표창(2010)

최철한(崔哲澣) Choi Chulhan

(생)1985·3·12 (출)서울 (주)서울특별시 성동구 마장로 210 한국기원 홍보팀(02-3407-3850) (학)한국외국어대졸 (경)권갑용 7단 문하생 1997년 입단(12세 입단으로 역대 4위 기록) 1998년 2단 승단 1998년 국수전·비씨카드배 신인왕전 본선 1999년 3단 승단 2000년 제2회 농심신라면배 한국대표(우승) 2000년 배달왕전·국수전·KBS바둑왕전 본선 2001년 4단 승단 2001년 제3회 농심신라면배 한국대표 2002년 KT배 마스터즈프로기전 준우승 2002년 5단 승단 2003년 삼성화재배 본선 2003·2004년 제8·9기 박카스배 천원전 우승 2003년 6단 승단 2004·2005년 제47·48기 국수전 우승 2004년 7단 승단 2004년 제15기 기성전 우승 2004년 LG배·후지쯔배·삼성화재배·중환배 본선 2004년 8단 승단 2004년 제8회 한중천원전 준우승 2004년 제6회 농심신라면배 한국대표(우승) 2004년 9단 승단(현) 2005년 제2기 전자랜드배 왕중왕전·제5회 응씨배·제16기 기성전·제18기 후지쯔배 준우승 2005년 제2회 중환배·제10기 GS칼텍스배 우승 2006년 제49기 국수전·제7회 맥심커피배 입신최강전·제25기 KBS바둑왕전·제11기 GS칼텍스 준우승 2006년 도요타덴소배 본선 2007년 제18기 기성전 준우승 2008년 제1회 세계마인드스포츠게임 남자단체전 금메달 2009년 제10기 맥심배·제6회 응씨배 우승 2009년 월드바투리그 준우승 2009년 LG배 세계기왕전 본선 2010년 광저우아시안게임 혼성페어 동메달·남자단체 금메달 2011년 제12회 농심신라면배·제15·16기 박카스배 천원전·제54기 국수전 우승 2011년 제55기 국수전 준우승 2011년 비씨카드배·LG배·삼성화재배 본선 2012년 원익배 십단전 우승 2012년 제13기 맥심커피배·olleh배·제56기 국수전 준우승 2012년 제14회 농심신라면배 한국대표 2013년 제41기 하이원리조트배 명인전세계바둑선수권대회·제1회 주강배 세계바둑단체전 우승 2013년 제17기 박카스배 천원전 준우승 2013년 LG배·삼성화재배 본선 2014년 경덕진배·제4회 초상부동산배(한·중 최정상권 7인 단체전) 우승 2014년 제19기 GS칼텍스배·제18기 천원전 준우승 2014년 백령배 본선 2015년 제16기 맥심커피배 입신최강전 우승 2015년 제20기 GS칼텍스배 준우승 2015년 7월17일 1000승 달성(국내 7번째) 2015년 LG배·삼성화재배 월드바둑마스터즈·렛츠런파크배·금융성배 세계바둑단체선수권대회·국수전 본선 2016년 맥심배·GS칼텍스배·중국 갑조리그 본선 2016년 KB국민은행 바둑리그 우승 2017년 맥심배·중국 갑조리그·LG배 조선일보 기왕전·몽백합배·KBS바둑왕전 본선 2017년 KB국민은행 바둑리그 준우승 2018년 맥심배 본선 2019년 GS칼텍스배 본선 (상)바둑대상 신인기사상(2003), 바둑대상 최우수기사상(2004), 바둑대상 다승상(2005), 바둑대상 승률상(2005·2008), 바둑상금왕(2010), KB국민은행 한국바둑리그 인기상(2011), KB국민은행 한국바둑리그 MVP(2007), KB국민은행 한국바둑리그 다승상(2015)

최청자(崔淸子·女) CHOI Chung Ja (佳雲)

(생)1945·4·5 (본)탐진(耽津) (출)전남 목포 (주)서울특별시 광진구 능동로 209 세종대학교 무용학과(02-3408-3546) (학)1964년 목포여고졸 1968년 수도여자사범대학 무용학과졸 1977년 同대학원졸 1981년 영국 라반무용센터 CERTIFIED THE POSTGRADUATE(수료) 1998년 이학박사(단국대)

(경)1978~2010년 세종대 무용학과 교수 1981년 툇마루무용단 총예술감독(현) 1988~1991년 한국현대무용협회 회장 1991년 세종대 무용학과장 1991년 同대학원 주임교수 1996년 同공연예술대학원장 1998년 세계현대무용사전 인물에 수록 2001~2006년 세종대 공연예술대학원장·공연예술대학장 2001~2005년 한국무용학회 회장 2006년 同명예회장 2006년 (사)무용문화포럼 회장 2012년 同운영위원장(현) 2012년 세종대 무용과 석좌교수 2012년 대한민국예술원 회원(무용·현) 2013년 한국무용학회 운영위원장(현) (상)국제안무대회 창작무용특별상(1984), 송옥문화대상(1989), 제11회 대한민국무용제 대상(1989), 한국뮤지컬대상 안무상(1999), 독일 하노바 세계밀레니엄안무 공로상(2000), 한국현대무용뮤지엄조직위원회 이사도라상(2002), 문화관광부 예술가의 장한 어머니상(2002), 한·일월드컵 개막안무 문화관광부장관표창(2002), 한국무용학회 대상(2007), 세종대 연구우수교수상(2007), 목포를 빛낸 예술인 공로상(2008), 한국현대무용협회 무용예술상(2008), 서울시문화상 무용분야(2008), 한국현대무용협회 Dance Sprit 賞(2009), 옥조근정훈장(2010), 세종을 빛낸 인물상(2015), 한국무용협회 대한민국 최고무용가상(2018) (저)'무용의 이론과 춤추기'(1985) '안무와 움직임'(1988) '무용교육과 안무의 이해'(1993) '무용학(共)'(1994) '프로는 말이 없다'(1996) 'AUTUMN-Labanotation Score'(2010) '나의 삶, 나의 춤'(2010) (작)키엘시 ICHPER 회의 참가 및 공연(1979, 독일) 최청자 무용공연 '무언가 잃어버린 것' 외 안무·출연(1980, 영국) 남북이산가족 교환방문 평양공연 '겨레의 갈망' 안무(1985) '88서울올림픽 개막 안무'(1988) 대한민국 무용제 대상 수상 '불림소리' 안무(1989) 불가리아·헝가리·영국 순회초청공연 '살어리랏다' 외 안무·출연(1990) 올림픽경축 스페인 초청공연 '북의소리' 안무·출연(1992) 미국 카네기홀 외 미국 및 유럽 순회초청공연 '장희빈'외 안무·출연(2000) 대한민국 무용제 수상작 '불림소리' 외 지방 및 아시아 순회초청공연·안무(2001) 2002 FIFA 한일 월드컵 축구대회 개막식 공연 '어울림 마당' 안무(2002) 오페라 '투란도트' 외 안무(2005) 댄스뮤지컬 '겨울이야기' 총괄안무(2002~2009), '북의 소리) '해변의 남자' '봄 여름 가을 겨울' '겨울이야기' 외 100여편 안무 및 출연 (종)기독교

최춘근(崔春根) CHOI Choon Keun

(생)1950·1·22 (본)해주(海州) (출)서울 (주)서울특별시 서초구 서초중앙로29길 10 백산빌딩 4층 법무법인(유) 강남(02-599-7797) (학)경기고졸 1976년 서울대 법대졸 (경)1976년 사법시험 합격(18회) 1979년 사법연수원 수료(9기) 1979년 대구지법 판사 1981년 서울민사지법 판사 직대 1984년 미국 산타클라라대 연수 1985년 서울지법 의정부지원 판사 1986년 서울민사지법 판사 1988년 서울가정법원 판사 1989년 서울고법 판사 1990년 서울형사지법 판사 직대 1993년 창원지법 충무지원장 1995년 수원지법 부장판사 1997년 서울지법 서부지원 부장판사 1998~2000년 서울지법 부장판사 2000년 변호사 개업 2002~2017년 법무법인 나라 공동대표변호사 2003년 LG화재해상보험 사외이사 2006~2012년 LIG손해보험 사외이사 2017년 법무법인(유) 강남 구성원변호사(현)

최충경(崔忠坰) CHOI Choung Kyung

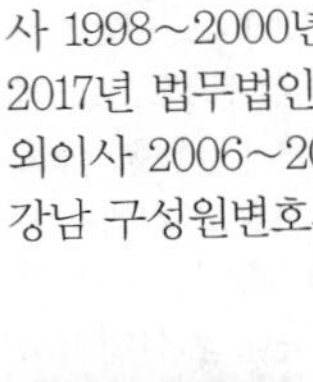

(생)1946·12·13 (본)경주(慶州) (출)대구 (주)경상남도 창원시 성산구 연덕로15번길 10 경남스틸(주) 임원실(055-274-2066) (학)1969년 영남대 행정학과졸 1990년 경남대 교육대학원 교육학과졸 2001년 경영학박사(창원대) 2002년 창원대 노동대학원 경영학과졸 2010년 명예 철학박사(창원대) 2017년 명예 정치학박사(경남대) (경)1981년 삼성전자(주) 영업부장 1982~1990년 삼현철강(주) 부사장 1991년 경남스틸(주) 대표이사 사장, 同대표이사 회장 1997년 창원대 강사 1998년 경남장애인재활협회 회장 2006~2011년 창원상공회의소 부회장·회장, 우수기계공업(주) 비상근이사 2007년 AMS(주) 비상근이사 2009~2010년 창원대 발전후원회장 2010~2013년 KBS 창원방송총국 시청자위원장 2012~2017년 창원상공회의소 회장 2012~2017년 경남상공회의소협의회 회장 2012~2017년 대한상공회의소 부회장 2015~2017년 민주평통 경남지역회의 부의장 2015년 창원지법 명예법관 2018년 경남스틸(주) 회장(현) (상)한국마케팅과학회 제1회 마케팅프론티어상(2000), 한국산업경제학회 산업경제대상(2002), 제33회 상공의 날 국무총리표창(2006), 사회복지공헌 대통령표창(2009), 상공의날 동탑산업훈장(2012), 경남사회복지협의회 경남사회복지공헌상(2017) (종)기독교

최치림(崔致林) Choi, Chyrim

(생)1944·10·10 (출)경남 진주 (주)서울특별시 종로구 이화장길 86-8 중앙대학교 공연영상예술원(02-765-0717) (학)1963년 서울 양정고졸 1970년 중앙대 연극학과졸 1984년 미국 뉴욕대 공연예술대학원 공연학과졸 1987년 同공연예술대학원 공연학과 박사과정 수료 (경)1969~1978년 극단 '자유극장' 상임연출 1978~1980년 극단 '민중극장' 상임연출 1988~2010년 중앙대 미디어공연영상대학 연극학과 교수 2000년 서울공연예술제 운영위원장 2000~2002년 한국연극학회 회장 2001~2002년 수원화성국제연극제 조직위원장 2003년 중앙대 예술대학원장 2004~2006년 한국연극학과교수협의회 회장 2005~2007년 서울변방연극제 예술감독 2005년 중앙대 사회교육본부장 2005년 아시아연극교육센터 고문(현) 2005~2017년 전국예술대학교수연합 상임대표 2005~2017년 동아연극상 운영위원장 겸 심사위원 2007~2010년 중앙대 문화예술인연합회 회장 2009~2010년 국립극단 예술감독 2009년 세계연극올림픽 국제위원(현) 2009년 同한국위원회 회장(현) 2010~2013년 한국공연예술센터 초대 상임이사장 2010년 중앙대 미디어공연영상대학 연극학과 명예교수(현) 2011년 국제극예술협회(ITI) 한국본부 회장(현) 2013년 극단 자유 대표(현) 2014~2018년 무의자문화재단 이사 (상)한국일보 연극영화상 연극부문 신인연출상(1972), 동아연극상 대상(1973), 한국문화예술진흥원 해외연수대상자 선발(뉴욕 연극계 시찰)(1980), 중앙대 발전공로상(2001), 중앙대 공로상(2009), Dancers' Heart Award(2013) (저)'일상속의 공연과 공연예술(共)'(2005) '연출(Directing)'(2006) '공연제작실습(共)'(2006) (작)연출작품 '세빌리아의 이발사' '여인과 수인' '둥둥 낙랑둥' '동승' '겨울 이야기' '꽃, 물, 그리고 바람의 노래' '우리집 식구는 아무도 못말려' 등 60여 편

최치봉(崔致鳳)

(생)1975·12·25 (출)전북 남원 (주)전라북도 전주시 덕진구 사평로 25 전주지방법원 총무과(063-259-5466) (학)1994년 군산제일고졸 2001년 서울대 공법학과졸 (경)2000년 사법시험 합격(42회) 2003년 사법연수원 수료(32기) 2003년 軍법무관 2006년 인천지법 판사 2008년 서울중앙지법 판사 2010년 창원지법 거창지원 판사 2013년 의정부지법 남양주시법원 판사 2016년 대법원 재판연구관 2019년 전주지법 부장판사(현)

최치현(崔治炫)

(생)1970·10·21 (주)서울특별시 종로구 청와대로 1 대통령비서실 정무기획비서관실(02-770-0011) (학)광주대 출판광고학과졸 (경)1993년 광주대 총학생회장, 광주전남지역총학생회연합 3기 조국통일위원회 위원장, 민주평통 자문위원, 양심수후원회 사무국장 2013~2017년 광주시 광산구청 열린민원실장 2017년 대통령 정무기획비서관실 행정관(현)

최치훈(崔治勳) CHOI Chi Hun

(생)1957·9·19 (출)서울 (주)경기도 성남시 분당구 판교역로 145 타워2동 삼성물산(주)(02-2145-5114) (학)1975년 미국 Georgetown Preparatory School졸 1979년 미국 Tufts Univ. 경제학과졸 1981년 미국 George Washington Univ. 경영대학원졸(MBA) (경)1985년 삼성전자(주) 입사 1986

년 Deloitte Touche Consulting 근무 1988년 GE Aircraft Engines 담당(한국) 1993년 同Aircraft Engines North Asia Director(미국) 1995년 同Aircraft Engines Asia President(홍콩) 1998년 同Power Systems Asia President(홍콩) 2003년 同Corporate Officer · Energy Global Sales President(미국) 2006년 同Energy Aisa Pacific President(일본) 2008년 삼성전자 프린팅사업부장(사장) 2010년 삼성SDI 대표이사 사장 2011년 삼성카드 대표이사 사장 2014~2018년 삼성물산(주) 각자대표이사 사장(건설부문장) 2015년 同이사회 의장(현)

최태만(崔泰晚) CHOI Tae Man

(생)1962 · 9 · 16 (출)부산 (주)서울특별시 성북구 정릉로 77 국민대학교 미술학부(02-910-4860) (학)1985년 서울대 미술대학 회화과졸 1990년 同대학원졸 2000년 미술사학박사(동국대) (경)1990~1992년 모란미술관 기획실장 1993~1996년 국립현대미술관 학예연구사 1997년 한국근대미술사학회 학술간사 · 총무이사 1997년 서울산업대 전임강사, 同응용회화과 조교수 1999년 동악미술사학회 출판이사, 국민대 미술학부 회화전공 조교수 · 부교수 · 교수(현) 2004년 부산비엔날레 총감독 2007~2015년 同운영위원 2010년 이천국제조각심포지움 총감독 2014년 2014창원조각비엔날레 예술감독 2017년 (사)부산비엔날레조직위원회 집행위원장 2019년 2020창원조각비엔날레 추진위원(현) 2019년 국민대 예술대학장(현) (상)계간미술계 신인평론상 (저)'소통으로서의 미술' '한국조각의 오늘' '미술과 도시' '미술과 혁명' '권진규의 예술세계'(共) '어둠 속에서 빛나는 청춘'

최태석(崔泰錫)

(생)1967 · 1 · 2 (출)광주 (주)경기도 성남시 분당구 판교역로192번길 14 에셋플러스자산운용 비즈모델리서치센터(02-501-7707) (학)1984년 사레지오고졸 1993년 한국외국어대 경영정보학과졸 (경)2006년 에셋플러스투자자문 근무 2006년 상해에셋플러스 근무 2010년 에셋플러스자산운용 해외운용팀 근무 2014년 同비즈모델리서치센터장(현) 2016년 同운용총괄본부장(전무이사) 겸임(현)

최태순(崔兌洵) CHOI Tae Soon (又修)

(생)1929 · 11 · 20 (본)강릉(江陵) (출)강원 동해 (학)1948년 서울사대부고졸 1954년 미국 조지아대 수학 1961년 성균관대 불어불문학과졸 (경)1962년 대한공론사 광고부장 1963년 공보부 장관비서관 1966년 동화통신 월남특파원 1969년 同편집국 부국장 겸 일본특파원 1972년 駐싱가포르 공보관 1974년 문화공보부 외보담당관 1976년 駐스웨덴 공보관 1980년 駐일본 공보관장 겸 한국문화원장 1983년 문화공보부 해외공보관장 1985~1988년 연합통신 상무이사 1986년 평통 자문위원 1988년 서울올림픽 보도자문위원 1997년 리스본EXPO98 자문위원 (상)대통령표창 (저)'일본의 해외홍보현황과 전략'(編) (역)'휴전선이 열리는 날' '한국전쟁'

최태안

(생)1972 · 3 (주)인천광역시 남동구 정각로 29 인천광역시청 도시재생건설국(032-440-2070) (학)동인천고졸, 인하대 토목공학과졸 (경)2002년 지방고등고시 합격 2004년 인천시 도로과 사무관 2010년 同건설심사과 사무관 2014년 同도로과 기술서기관, 인천경제자유구역청 송도기반과장 2015년 同영종청라개발과장 2018년 인천시 도시균형건설국 도로과장 2018년 교육파견(지방부이사관) 2019년 인천시 도시재생건설국장(현)

최태영(崔太榮)

(생)1960 · 1 · 26 (주)서울특별시 강남구 봉은사로 120 르메르디앙서울호텔(02-3451-8000) (학)홍익대사대부고졸, 홍익대 영어교육학과졸 (경)1987년 삼성그룹 입사(공채 27기), 신라호텔 근무, 조선호텔 근무, (주)호텔롯데 마케팅팀 이사, 호텔신라제주 총지배인, 同서울 총지배인, (주)파라다이스 세가사미호텔사업단장 · 부사장 2017년 르메르디앙서울호텔 대표이사 사장(현) 2018년 레이크우드컨트리클럽 사장 겸임(현)

최태용(崔台龍) Choi Tae Yong

(생)1969 · 12 · 10 (출)부산 (주)서울특별시 종로구 율곡로2길 25 연합뉴스 스포츠부(02-398-3114) (학)1993년 고려대 신문방송학과졸 (경)1995년 연합뉴스 입사, 연합뉴스TV 파견 2018년 연합뉴스 스포츠부장(현)

최태욱(崔兌旭) Taewook Choi

(생)1961 · 10 · 2 (본)해주(海州) (출)서울 (주)서울특별시 강남구 역삼로 405 한림국제대학원대학교 정치외교학과(02-557-7692) (학)1980년 대성고졸 1984년 고려대 법학과졸 1989년 미국 캘리포니아대 데이비스교 대학원 정치학과졸 1997년 정치학박사(미국 캘리포니아대 로스앤젤레스교) (경)1995년 일본 도쿄대 사회과학연구소 외국인연구원 1997~2005년 한동대 국제어문학부 전임강사 · 조교수 · 부교수 2001~2005년 미래전략연구원 세계화위원회 연구위원 2001~2002년 한동대 국제어문학부장 2003년 대통령직인수위원회 외교통일안보분과 자문위원 2003~2005년 현대일본학회 편집위원 2003~2004년 대통령직속 동북아경제중심추진위원회 전문위원 2004년 한국정치학회 편집위원 2004~2005년 대통령직속 동북아시대위원회 수석전문위원 2004~2005년 외교통상부 한 · 중 · 일 경제통합 및 통상교섭분과 자문위원 2005~2016년 한림국제대학원대 국제학과 교수 2006~2007년 대통령직속 동북아시대위원회 자문위원 2006~2007년 한림국제대학원대 발전전략실장 2006~2007년 국가안보실 자문위원 2007년 '창작과 비평' 편집위원 2007~2016년 한림국제대학원대 국제학과장 2008년 '창비주간논평' 기획위원장 2008~2009년 참여연대 운영위원 2009년 한국경제정책연구회 운영위원 2009년 국제통상연구소 이사 2009년 비교민주주의학회 연구이사 2010년 참여연대 상임집행위원 2010년 세계지역학회 연구이사 2013년 한림국제대학원대 정치경영연구소장 2014년 새정치민주연합 새정치비전위원회 간사 2014~2016년 비례대표제포럼 운영위원장 2015년 국회의장직속 선거제도개혁자문위원회 위원 2015년 새정치민주연합 혁신위원회 위원 2016년 한림국제대학원대 정치외교학과 교수(현) 2016~2018년 同정치외교학과장 2016년 한국국제정치학회 부회장 2016년 비례민주주의연대 공동대표(현) 2017년 국회 헌법개정특별위원회 자문위원 2018년 민주평화당 민주평화연구원 이사(현) (저)'글로벌 스탠더드의 한국적 수용(共)'(2002, 미래전략연구원) '새 정부의 개혁과제(共)'(2002, 미래전략연구원) '정부개혁의 5가지 방향(共)'(2003, 나남출판) '세계화와 한국의 개혁과제(共)'(2003, 한울출판) '세계화시대의 국내정치와 국제정치경제 : 일본, 동아시아 지역주의, 그리고 한국'(2003, 한국학술정보) '한 · 중 · 일 FTA의 추진 당위성과 선행과제(共)'(2003, 대외경제정책연구원) '세계화의 현상과 대응(共)'(2004, 일신사) '1990년대 구조불황과 일본 정치경제시스템의 변화(共)'(2005, 한울) '일본정치경제의 효율성과 경쟁력 제고(共)'(2006, 한울아카데미) '한국형 개방전략(編)'(2007, 창비) '일본형 복지사회 개혁(共)'(2007, 세종연구소) '글쓰기의 최소원칙(共)'(2008, 경희대 출판국) '신자유주의 대안론(編)'(2009, 창비) 'A4 두 장으로 세상 읽기(編)'(2009, 창비) '동아시아 공동체의 설립과 평화 구축(共)'(2010, 동북아역사재단) '동아시아 통합전략 : 성장-안정-연대의 공동체 구축(共)'(2010, KDI) '세계의 정치와 경제(共)'

(2011, 한국방송통신대 출판부) '노무현 정부의 실험 : 미완의 개혁(共)'(2011, 한울) '글로벌 금융위기와 동아시아(共)'(2011, 논형) '자유주의는 진보적일 수 있는가(編)'(2011, 폴리테이아) '갈등과 제도 : 한국형 민주 · 복지 · 자본주의 체제를 생각한다(編)'(2012, 후마니타스) '복지한국 만들기 : 어떤 복지국가를 누가 어떻게 만들 것인가(編)'(2013, 후마니타스) '제도가 미래다'(2014, 책세상) '한국형 합의제 민주주의를 말하다'(2014, 책세상) (종)기독교

최태웅(崔泰雄) CHOI TAE WOONG

(생)1976 · 4 · 9 (출)인천 (주)충청남도 천안시 서북구 번영로 208 백석종합운동장 유관순체육관 천안 현대캐피탈 스카이워커스(041-529-5000) (학)인하대사대부고졸, 한양대졸 (경)1999~2010년 대전 삼성화재 블루팡스 소속(세터) 1999~2010년 한국남자배구 국가대표 2002년 부산아시안게임 출전(금메달 획득) 2003년 제12회 아시아남자배구선수권대회 국가대표 2003년 아시아챌린지컵대회 국가대표 2003년 월드컵남자배구대회 국가대표 2005 · 2008~2010년 프로배구 V리그 4회 우승 2010~2015년 천안 현대캐피탈 스카이워커스 소속(세터) 2010년 AVC컵 남자배구대회 국가대표 2015년 천안 현대캐피탈 스카이워커스 감독(현) 2018년 2017~2018시즌 프로배구 V리그 남자부 정규리그 우승 (상)슈퍼리그 베스트식스(2001), V코리아 세미프로리그 세터상(2001), 슈퍼리그 세터상(2002), 프로배구 V투어 세터상(2003), V리그 남자세터상(2006 · 2007 · 2008 · 2009), 힐스테이트 V리그 페어플레이상(2007), NH농협 V리그 남자부챔피언결정전 MVP(2009), NH농협 V리그 특별수훈상(2012), NH농협 V리그 세트 10000개 기준 기록상(2013), NH농협 2016-2017 V-리그 감독상(2017), 도드람 2018-2019 V-리그 감독상(2019)

최태원(崔泰源) Tae-won Chey

(생)1960 · 12 · 3 (본)수원(水原) (출)경기 수원 (주)서울특별시 종로구 종로 26 SK(주) 회장실(02-2121-0114) (학)1979년 신일고졸 1983년 고려대 물리학과졸 1987년 미국 시카고대 경제학과졸 1989년 同대학원 경제학 석 · 박사통합과정 수료 (경)1991년 (주)선경 경영기획실 부장 1993년 선경아메리카 이사대우 1994년 (주)선경 사장실 이사 1996년 同상무이사 1996년 (주)유공 사업개발팀장 상무이사 1997년 SK(주) 대표이사 부사장 1998~2014년 同대표이사 회장 1998년 한국고등교육재단 이사장(현) 2002년 세계경제포럼(WEF) 동아시아지역경제지도자회의 공동의장 2002년 서울대 기술정책대학원 겸임교수 2005~2017년 전국경제인연합회 부회장 2007년 SK에너지 대표이사 회장 2008년 UN 글로벌콤팩트(Global Compact) 이사 2008~2013 · 2016년 대한핸드볼협회 회장(현) 2010년 G20비즈니스서밋 의장 2011~2014년 SK이노베이션 대표이사 회장 2012~2014년 SK하이닉스 대표이사 회장 2014년 SK(주) 회장 2016년 同대표이사 회장(현) 2016~2019년 同이사회 의장 겸임 2018년 최종현학술원 이사장(현) 2019년 (재)사회적가치연구원 이사장(현) (상)매경이코노미 선정 '올해의 CEO'(2006 · 2008), 서울대 발전공로상 단체부문(2009), 2017 밴 플리트 상(James A. Van Fleet Award)(2017), 매경이코노미 선정 '올해의 CEO 종합 1위'(2017), 신일고총동문회 '믿음으로 일하는 자유인상'(2019), 한국경영학회 경영자대상(2019) (저)'새로운 모색, 사회적 기업'(2014, 이야기가있는집)

최태윤(崔泰閏) Tae-Youn Choi

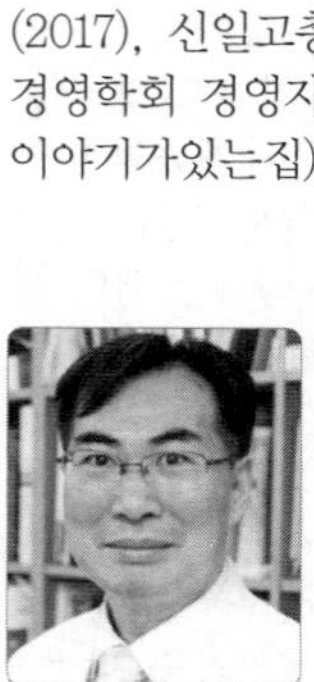

(생)1960 · 9 · 15 (주)서울특별시 용산구 대사관로 59 순천향대학교 서울병원 임상병리과(02-709-9425) (학)1984년 순천향대 의대졸 1988년 同대학원 의학석사 1999년 의학박사(순천향대) (경)1994년 순천향대 의대 임상병리학교실 전임강사 · 조교수 · 부교수 · 교수(현), 同서울병원 진단검사의학과 전문의(현) 2010~2011년 同서울병원 임상의학부장 2010~2016년 同임상병리학교실 주임교수 2012년 同의과대학 부학장 2016~2017년 同의과대학장 겸 순천향의학연구소장 2018년 同의료입문학교실 주임교수(현) (상)보건복지부장관표창(2002), 대한진단검사의학회 SD학술상(2005) (저)'항균제 감수성검사 지침서'(2002) '임상미생물검사 표준지침서'(2004, 대한진단검사의학회) '최신진료지견'(2007, 대영) '유전성 대사질환(編)'(2008, 고려의학) '진단검사의학(編)'(2009, 대한진단검사의학회) (역)'오늘의 진단 및 치료'(2010, 두담)

최태지(崔泰枝 · 女) CHOI Tae Ji

(생)1959 · 9 · 23 (출)일본 교토 (주)광주광역시 북구 북문대로 60 광주문화예술회관 광주시립발레단(062-613-8244) (학)1975년 일본 동무고졸 1981년 일본 분카전문대 불어불문학과졸 1982년 프랑스 프랑게티 발레아카데미 수료 1987년 미국 조프리발레학교 수학 2006년 서울디지털대 일본학부 일본어과졸 2008년 단국대 대중문화예술대학원졸 (경)1968년 일본 가이타니발레단무용연구소 입문 및 무용수 1987~1992년 국립발레단 프리마발레리나 1993~1995년 同지도위원 1993~1995년 同부설 문화학교 주임 지도강사 1996~2001년 同단장 겸 예술감독 2000~2001년 同부설 발레아카데미 교장 2001~2008년 성균관대 무용학과 겸임교수 2004~2007년 정동극장장 2004~2006년 (재)중구문화재단 이사 2005~2006년 정부혁신지방분권위원회 위원 2005~2007년 민주평통 자문위원 2006년 서울시 노들섬예술센터건립기금운용심의회 위원 2007년 한국문화예술위원회 산하 기초예술의가치확산위원회 위원 2007년 한국문화예술위원회 무용위원회 위원 2008년 국립발레단 부설 발레아카데미 교장 2008~2013년 국립발레단 단장 겸 예술감독 2014년 同명예 예술감독 2015년 아시아문화원 이사(현) 2015년 同임시대표이사 2015년 (재)세종문화회관 이사(현) 2016년 의정부예술의전당 이사(현) 2017년 광주시립발레단 단장(현) 2017년 同예술감독 겸임(현) 2017년 한국무용협회 수석부이사장(현) 2017년 세계무용연맹한국본부 부회장(현) (상)한국발레협회 프리마발레리나상(1996), 한국발레협회 공로상(2002), 서울시 중구청 문화예술체육상(2005), 파라다이스상(2008), 단국대 문화예술최고경영자과정 공로상(2009), 예총 예술문화상 무용부문대상(2009), 러시아 페름 아라베스크 콩쿠르 최고지도자상(2010), 한 · 러수교문화교류 감사장(2010), 옥관문화훈장(2011), 2013 한국발레협회상 대상(2013), 부총리 겸 기획재정부장관표창(2013), 2013 한국춤평론가회 특별상(2014), 제3회 올해의 여성대상(2017) (저)'즐거워라 발레'(2005, 범조사) (작)'왕자 호동'(1988) '돈키호테'(1991) '세헤라자데'(1991) '백조의 호수'(1993) '파드 카트르 코리아발레스타페스티벌 공연작'(1999)

최태호(崔泰浩) Choi Tae-ho

(생)1969 · 6 · 27 (주)서울특별시 종로구 사직로8길 60 외교부(02-2100-7136) (학)서울대 외교학과졸 (경)1997년 외무부 입부, 외교통상부 특수정책과 · 인사제도계 · 구주1과 · 구주2과 사무관, 駐루마니아 2등서기관, 駐러시아 1등서기관, 외교통상부 의전외빈담당관실 · 의전총괄담당관실 · 인사운영팀 서기관, 駐LA총영사관 영사, 국무총리비서실 외교의전과장 2015년 외교부 대북정책협력과장 2016~2018년 駐오스트리아 참사관 2018년 駐이라크 공사참사관(현)

최태홍(崔泰洪) CHOI Tae Hong

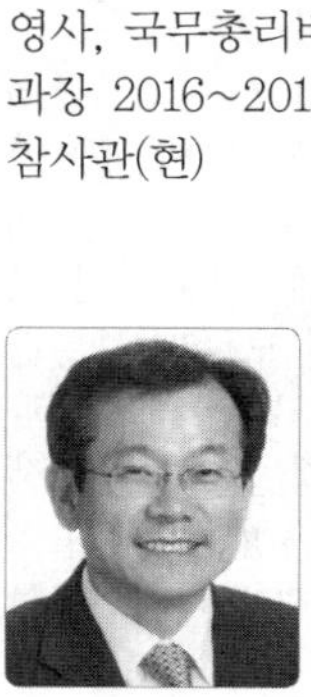

(생)1957 · 4 · 13 (출)경남 마산 (주)서울특별시 성동구 천호대로 386 대원제약(주) 임원실(02-2204-7000) (학)1975년 경복고졸 1980년 서울대 약학과졸 1982년 同대학원 약학과졸 1986년 미국 마이애미대 대학원 약학과졸 1992년 서강대 대학원 MBA과정 수료 (경)1987년 한국얀센 입사 1994년

同마케팅담당 이사 1996년 존슨&존슨 아·태지역 제약부문 마케팅담당 이사 1999년 한국얀센 마케팅담당 상무 2000년 필리핀얀센 사장 2005~2010년 한국얀센 마케팅·영업담당 부사장 2007년 同대표이사 사장 2008~2010년 홍콩얀센 총괄사장 겸임 2009년 한국보건산업진흥원 비상임이사 2010~2012년 얀센 북아시아지역 총괄사장 2013~2019년 보령제약(주) 대표이사 사장 2019년 대원제약(주) 대표이사 사장(현)

최택진(崔宅鎭)

(생)1965·9 (주)서울특별시 용산구 한강대로 32 (주)LG유플러스 임원실(1544-0010) (학)연세대 경제학과졸, 한국과학기술원(KAIST) 산업경영학과졸(석사), 산업경영학박사(한국과학기술원) (경)LG텔레콤 기술연구소장(상무), LG유플러스 NW기술부문장(상무), 同SD기술전략부문장(상무) 2013년 同SD본부 SD기술전략부문장(전무) 2014~2015년 同서비스사업부장(전무) 2016년 同CSO(전무) 2017년 同NW부문장(전무) 2019년 同NW부문장(부사장)(현)

최평규(崔平奎) CHOI Pyung Kyu

(생)1952·9·5 (출)경남 김해 (주)서울특별시 금천구 가산디지털1로 134 S&T그룹 비서실(02-3279-5010) (학)1975년 경희대 기계공학과졸 2003년 명예 공학박사(세종대) (경)1974년 경원기계공업(주) 근무 1976년 일본 (주)히타치제작소 연수 1977년 태평화공기계(주) 기술부장 1979~2001년 삼영열기공업(주) 설립·삼영열기(주) 대표이사 2001년 삼영열기(주) 회장 2002~2005년 (주)삼영 회장 2002년 경우상호저축은행 인수 2003년 통일중공업 회장 2004년 효성기계공업 대주주 2005~2010년 (주)S&TC 회장 2005년 S&T중공업 회장 2006년 S&T그룹 회장(현) 2008~2013년 S&T홀딩스(주) 대표이사 회장 2010년 (주)S&TC 대표이사 회장 2018~2019년 한국방위산업진흥회 회장 (상)노동부장관표창, 대통령표창(1987·1997), 금탑산업훈장(2002), 자랑스런 경희인상(2003), 자랑스런 한국인대상(2003), 다산경영상(2008), 한국품질경영학회 글로벌품질경영인 대상(2012), 언스트앤영 최우수 기업가상(Ernst & Young Entrepreneur Of The Year) 산업재부문(2012) (저)'뜨거운 노래는 땅에 묻는다'(2012, 웅진리더스북)

최평규(崔平圭) CHOI Pyoung Kyu

(생)1959·3·15 (출)전남 순천 (주)강원도 속초시 도리원길 75 (주)대명(033-632-8899) (학)순천농림고졸, 중앙대 건설대학원 수료 (경)1986년 대명종합건설 대표이사 1991년 속초시수영연맹 회장 1992년 춘천지검 속초지청 선도위원 1995년 대한주택건설협회 이사 1995년 同강원지회장 1996년 대명레저개발 대표이사 1996년 강원도민일보 비상임이사 2001년 (주)대명 대표이사, 同이사(현) 2006~2011년 속초상공회의소 회장 2012년 同명예회장(현) (상)주택건설의날 동탑산업훈장(2009) (종)기독교

최필규(崔弼圭) CHOI Phil Kyu

(생)1958·3·19 (출)서울 (주)서울특별시 중구 퇴계로 173 남산스퀘어빌딩 19층 태광실업그룹 대외협력본부(02-2262-0614) (학)1981년 숭실대 무역학과졸 1983년 同대학원졸 1988~1989년 미국 스프링힐대 연수 1991년 일본 외무성 초청연수 1997년 독일정부 초청연수 2002년 미국 국무성 초청연수 (경)1983년 한국경제신문 국제부 기자 1992년 同홍콩특파원 1993년 同베이징특파원 1996년 同산업부 차장 1997년 同국제부장 1998년 同산업부장 2000년 同정보과학부장 2000~2001년 연세대 국제대학원 겸임교수 2001년 한국경제신문 국제부장 2002~2003년 同독자서비스센터장(부국장) 2002~2003년 同편집국 부국장, 同중소기업전략본부장 2003년 전국경제인연합회 차이나포럼 창립회원 2005년 버슨마스텔레코리아 부사장 2008년 파주시 정책홍보관 2009년 현대그룹 홍보실장(상무보) 2010년 同홍보실장(상무) 2015년 태광실업그룹 대외협력본부장(부사장)(현) (상)섬유의날 특별공로상(1998) (저)'대만이 뛰고 있다'(共) '중국을 넘어야 한국이 산다' '한국경제입문'(共) '한반도위기' '파워프로' '21세기 21가지 대예측' '머리에서 가슴까지 30센티 마음여행'(2014) (종)기독교

최학근(崔學根) CHOI Hak Keun

(생)1957·3·8 (주)경기도 용인시 수지구 죽전로 152 단국대학교 전자전기공학부(031-8005-3157) (학)1979년 고려대졸 1981년 同대학원졸 1988년 공학박사(고려대) (경)1981년 동서울대학 전자통신과 부교수 1989년 (주)하이게인안테나 기술고문 1991년 단국대 공학대학 전자공학과 교수 1991년 同마이크로파및안테나연구실 지도교수 1994년 산업기술평가원 심의및평가위원 2000년 과학기술평가원 심의및평가 위원 2002년 한국전자파학회 이사 2003년 (주)극동통신 기술고문 2003~2004년 미국 UCLA 방문교수 2006~2012년 단국대 공학교육혁신센터장 2010~2012년 同천안캠퍼스 공학대학장 2012~2015년 同천안캠퍼스 부총장 2013년 同전자전기공학부 교수(현) 2015~2017년 한국전자파학회 평의원 (상)한국전자파학회 학술상(1999) (저)'전자기학'(1988) (역)'MSX BASIC'(1984)

최학래(崔鶴來) CHOE Hak Rae

(생)1943·1·6 (출)경기 이천 (주)서울특별시 마포구 효창목길 6 한겨레신문(1566-9595) (학)보성고졸 1965년 고려대 법학과졸 2003년 명예 경영학박사(한국산업기술대) (경)1967~1975년 동아일보 기자 1976~1984년 (주)진로 이사 1980~1984년 대한육상경기연맹 전무 1985~1989년 (주)서광 상무 1989~1993년 한겨레신문 경제부장·정치부장·부국장·논설위원·전무이사 1993~1995년 同이사 겸 편집국장 1993~1997년 관훈클럽 감사 1995년 한겨레신문 부사장 1997~1999년 同논설위원 겸 한겨레통일문화재단 사무총장 1999~2014년 삼성언론재단 이사 1999~2003년 한겨레신문 대표이사 사장 1999~2005년 한국인권재단 이사 2000~2003년 한국신문협회 회장 2000~2003년 연합뉴스 비상임이사 2000~2002년 민주화운동관련자명예회복및보상심의위원회 위원 2000~2017년 전국재해구호협회 회장 2000~2004년 국제언론인협회(IPI) 한국위원회 이사 2002~2003년 신문발행인포럼 주간 2003년 한겨레신문 비상근고문(현) 2003~2005년 경남대 북한대학원 석좌교수 2003~2008년 통일고문회의 고문 2007~2010년 고려대언론인교우회 회장 2007~2010년 아시아기자협회(AJA) 이사장 2007~2009년 헌법재판소 고문 2008년 환경재단 이사(현) (상)국민훈장 무궁화장(2003), 보성언론인상(2016) (종)기독교

최한경(崔漢炅) Choi Han kyeung

(생)1972·8·26 (본)경주(慶州) (출)충남 홍성 (주)세종특별자치시 갈매로 477 기획재정부 인사과(044-215-2259) (학)경기고졸, 연세대 경제학과졸, 한국과학기술원(KAIST) 산업경영학과졸(석사), 미국 Texas A&M Univ. 대학원졸(응용경제학박사) (경)1995년 행정고시 합격(39회) 2014년 기획재정부 재정관리국 회계결산과장 2015년 同예산실 예산기준과장 2016년 同예산실 복지예산과장 2017년 同예산실 예산정책과장 2018년 同예산실 예산총괄과장(서기관) 2018년 同예산실 예산총괄과장(부이사관) 2019년 同인구정책TF팀 근무(부이사관) 2019년 미주개발은행(IDB) 파견(부이사관)(현)

최한돈(崔瀚敦) Choi, Han Don

(생)1965·7·1 (출)경북 경주 (주)서울특별시 서초구 서초중앙로 157 서울중앙지방법원(02-530-1114) (학)1984년 제천고졸 1989년 서울대 사법학과졸 (경)1996년 사법시험 합격(38회) 1999년 사법연수원 수료(28기) 1999년 울산지법 판사 2004년 수원지법 여주지원 판사 2006년 서울북부지법 판사 2008년 서울중앙지법 판사 2010년 서울고법 판사 2012년 사법연수원 교수 2014년 춘천지법 부장판사 2016년 인천지법 부장판사 2017년 대법원 '사법부 블랙리스트 추가조사위원회' 위원 2018년 서울중앙지법 부장판사(현) 2018년 전국법관대표회의 부의장

최한명(崔漢明) CHOI Han Myung

(생)1951·6·21 (주)서울특별시 서대문구 충정로 23 (주)풍산홀딩스 부회장실(02-2278-6700) (학)경북고졸, 서울대 금속공학과졸 (경)(주)풍산 기획관리실장(이사), 同온산공장 기획담당 이사, 同온산공장장(상무) 2001년 同온산공장장(전무) 2004년 同부사장 2006년 同민수사업부 부사장 2008년 풍산마이크로텍 대표이사 사장 2011년 (주)풍산 대표이사 사장 2012년 풍산홀딩스 사장 2013년 同대표이사 사장 겸임 2014~2017년 한국표준협회 비상임이사 2017년 풍산홀딩스 대표이사 부회장(현) 2017년 (주)풍산 대표이사 부회장 2018년 同이사(현) (상)울산상공대상 기술대상

최한순(崔漢洵)

(생)1969·11·4 (출)강원 정선 (주)대전광역시 서구 둔산중로78번길 45 대전고등법원(042-470-1102) (학)1988년 면목고졸 1992년 한양대 법학과졸 (경)1995년 사법시험 합격(37회) 1998년 사법연수원 수료(27기) 1998년 軍법무관 2001년 서울지법 동부지원 판사 2003년 서울지법 판사 2004년 서울중앙지법 판사 2005년 대구지법 판사 2007년 유학 2008년 의정부지법 판사 2009년 사법연수원 교수 2011년 서울고법 판사 2013년 대구지법 부장판사 2014년 서울고법 판사 2019년 대전고법 판사(현)

최한우(崔漢宇) CHOI Han Woo

(생)1955·11·14 (출)전남 구례 (주)서울특별시 용산구 임정로 17 한반도국제대학원대학교 총장실(02-2077-8700) (학)한국외국어대졸, 터키 Hacettepe Univ. 사회과학대학원졸(MA), 철학박사(터키 Hacettepe Univ.) (경)터키 앙카라국립대 교수, 서울대·고려대·아시아연합신학교 강사, 호서대 교수, 한동대 교수, 同기획처장, 한국NGO학회 국제담당이사, 아시아협력기구 사무총장, 국제중앙아시아학회(IACAS) 회장, 국제알타이학회(PIAC) 정회원, 한국투르크학회 회장, 국제얼타이민족학회 회장, 한반도국제대학원대 교수 2016년 同총장(현) (상)터키 앙카라국립대 공로상, 호서대 최우수교수상, 이스라엘정부 공로장(평화대사) (저)'중앙아시아연구(상)' '중앙아시아연구(하)' '중앙아시아' '이슬람의 실체' '시대의 표적' (역)'민족과 민족주의' (종)개신교

최항순(崔恒洵) Hang S. Choi (雪庭)

(생)1947·5·22 (본)강릉(江陵) (출)서울 (주)서울특별시 관악구 관악로 1 서울대학교 조선해양공학과(02-880-5114) (학)1965년 서울고졸 1970년 서울대 조선공학과졸 1972년 同대학원졸 1974년 독일 함부르크대 대학원졸 1979년 공학박사(독일 뮌헨공과대) (경)1975년 독일 함부르크대 연구원 1976년 독일 뮌헨공대 연구원 1980~1984년 서울대 공대 조선해양공학과 조교수·부교수 1985년 미국 MIT 교환교수 1990~2012년 서울대 공대 조선해양공학과 교수 1995~1999년 同공대 연구지원소장 1995년 한국과학기술한림원 종신회원(현) 1996~2003년 대한조선학회 부회장·감사 1999~2012년 한국공학한림원 정회원 2000~2002년 한국해양문화재단 기획위원장 2004~2005년 대한조선학회 회장 2004~2005년 한국해양과학기술협의회 회장 2005~2014년 삼성중공업(주) 사외이사 2005~2011년 한국해양수산기술진흥원 이사장 2012년 서울대 조선해양공학과 명예교수(현) 2013~2016년 한국과학기술한림원 정책담당 부원장 2013년 한국공학한림원 원로회원(현) 2013년 대한민국학술원 회원(조선해양공학·현) (상)대한조선학회 학술상(1984), 대한조선학회 논문상(1995), 서울대 공과대학 훌륭한 교수상(2005), 서울고총동창회 자랑스러운 서울인상(2013), 한국공학한림원 일진상 공학한림원발전부문(2014) (저)'해양공학개론'(共) '글로벌 정보사회의 전개와 대응' '20세기를 지배하는 10대 공학기술(共)'(2002) '세계를 놀랜 20가지 발명품(共)'(2004) '다시 기술이 미래다(共)'(2005) '문화유산에 숨겨진 과학의 비밀(共)'(2007) (역)'해양환경하중' (종)천주교

최해영(崔海永)

(생)1961·4·27 (출)충북 괴산 (주)경기도 의정부시 금오로23번길 22-49 경기북부지방경찰청 청장실(031-961-3421) (학)1979년 청주고졸 1983년 동국대 경찰행정학과졸 2003년 고려대 법무대학원졸(법학석사) (경)1987년 경위 임용(경찰간부 후보 35기) 2007년 충북 옥천경찰서장 2009년 경기 연천경찰서장 2010년 서울지방경찰청 인사교육과장 2011년 서울 서초경찰서장 2013년 경찰청 인사담당관 2014년 서울지방경찰청 인사교육과장 2014년 충남지방경찰청 제1부장(경무관) 2015년 同제2부장 2017년 국무조정실 파견 2017년 서울지방경찰청 교통지도부장(경무관) 2018년 경찰청 교통국장(치안감) 2018년 경기북부지방경찰청장(현)

최해일(崔海日)

(생)1971·8·6 (출)경북 청송 (주)경상북도 경주시 화랑로 89 대구지방법원 경주지원(054-770-4300) (학)1990년 대구 영남고졸 1999년 고려대 법학과졸 (경)2000년 사법시험 합격(42회) 2003년 사법연수원 수료(32기) 2003년 서울지검 서부지청 검사 2004년 서울서부지청 검사 2005년 대구지검 검사 2007년 수원지검 안산지청 검사 2007년 사법연수원 법관임용연수 2008년 청주지법 판사 2011년 同충주지원 판사, 대전고법 판사 2016년 수원지법 판사 2018년 대구지법 경주지원·대구가정법원 경주지원 부장판사(현)

최해주(崔海珠) CHOI Hae Ju

(생)1962·4·27 (본)경주(慶州) (출)경북 울진 (주)경상북도 포항시 남구 중흥로 93 경북일보 편집국(054-289-2260) (학)1981년 포항고졸 1988년 청주대 신문방송학과졸 (경)1991~1998년 경북대동일보 기자 1999년 경북매일신문 편집부 차장 2002년 同편집부장 2004년 同편집국장 2008년 同편집이사 2008년 同편집국장(이사) 2010년 同전략기획본부장 2010~2011년 同편집국 편집위원 2011년 대경일보 편집국장 2013년 경북일보 편집국 국장대우 2018년 同편집국장(현) (상)향토봉공대상(2003)

최해진(崔海震) CHOI Hae Jin

(생)1959·4·30 (본)경주(慶州) (출)울산 (주)대전광역시 유성구 과학로 169-84 한국항공우주연구원 위성연구실(042-870-3903) (학)1981년 부산대 기계과졸 1983년 서울대 대학원 기계과졸 1989년 공학박사(미국 UCLA) (경)1984년 한국과학기술연구원(KIST) 연구원 1989년 미국 UCLA Post-

Doc. 1990년 한국항공우주연구원 선임연구연 2000년 同지상수신관제그룹장 2005년 同아리랑위성5호사업단장 2006년 同다목적실용위성3호사업단장 2009~2013년 同위성연구본부 다목적실용위성3호사업단장 2014년 同위성정보연구소장 2015년 同국가위성정보활용지원센터장 2018년 同국가위성정보활용지원센터 책임연구원 2018년 同위성운영실 책임연구원(현) (상)국민포장(2000), 과학기술훈장 혁신장(2013) (종)기독교

최해천(崔海天) CHOI Haecheon

(생)1962·7·14 (출)부산 (주)서울특별시 관악구 관악로 1 서울대학교 기계항공공학부(02-880-8361) (학)1985년 서울대 기계공학과졸 1987년 同대학원 기계공학과졸 1992년 공학박사(미국 스탠퍼드대) (경)1993년 서울대 기계공학과 전임강사·조교수·부교수·교수(현) 1997~2006년 창의적연구진흥사업 난류제어연구단장 2007년 서울대 공과대학 연구부학장·연구지원소 소장 2010년 미국 물리학회 석학회원(현) 2013년 서울대 기계항공공학부 부학장 2013년 한국과학기술한림원 정회원(현) 2015년 대한기계학회 유체공학부문 회장 2015년 한국공학한림원 정회원(기계공학·현) 2019년 대한기계학회 차기(2020년부터) 수석부회장 겸 차기(2021년부터) 회장(현) (상)젊은과학자상, 대한기계학회 남헌학술상 학술상·공로상, LG연구개발상(산학협동상), 서울대 학술연구상, 미국물리학회 유체공학부문 Gallery of Fluid Motion Award

최행관(崔倖寬)

(생)1977·10·24 (출)전남 목포 (주)전라북도 전주시 덕진구 사평로 25 전주지방검찰청 형사3부(063-259-4610) (학)1996년 전남 목포고졸 2001년 한양대 법대졸 (경)2001년 사법시험 합격(43회) 2004년 사법연수원 수료(33기) 2004년 공군 군법무관 2007년 전주지검 검사 2009년 광주지검 순천지청 검사 2011년 서울동부지검 검사 2013년 서울중앙지검 검사 2017년 창원지검 검사 2018년 서울중앙지검 부부장검사 2019년 전주지검 형사3부장(현)

최향동(崔香東)

(생)1965·8·12 (출)전남 화순 (주)충청남도 태안군 태안읍 중앙로 285 한국서부발전 감사실(041-400-1100) (학)1982년 광주제일고졸 1988년 전남대 행정학과졸 2017년 同대학원 행정학과졸 (경)2004~2005년 국회의원 지병문 비서관 2007~2008년 대통령비서실 시민사회행정관 2016~2018년 사회적공유경제연구소 소장 2017~2018년 포럼광주 사무총장 2017~2018년 (사)에너지밸리포럼 운영위원 2018년 더불어민주당 정책위원회 부의장 2018년 한국서부발전(주) 상임감사위원(현)

최헌만(崔憲滿) Choi Hun Man

(생)1967·11·8 (출)충남 천안 (주)서울특별시 서초구 반포대로 158 서울중앙지방검찰청 중요경제범죄조사단(02-530-4243) (학)1985년 청주운호고졸 1990년 서울대 법과대학졸 (경)1996년 사법시험 합격(38회) 1999년 사법연수원 수료(28기) 1999년 청주지검 검사 2001년 대전지검 홍성지청 검사 2003년 수원지검 안산지청 검사 2005년 대구지검 검사 2007년 서울남부지검 검사 2010년 인천지검 검사 2011년 同부부장검사 2012년 청주지검 충주지청 부장검사 2014년 전주지검 부장검사 2015년 서울북부지검 공판부장 2016년 수원지검 성남지청 형사3부장 2017년 창원지검 형사1부장 2018년 서울고검 검사 2019년 서울중앙지검 중요경제범죄조사단 부장검사(현)

최헌호(崔憲鎬) CHOI, Heon Ho (韓松)

(생)1967·5·29 (본)강릉(江陵) (출)서울 (주)서울특별시 중구 을지로14길 16-3 을지재단빌딩 본관 508호 을지재단 재단운영본부장실(02-2275-3101) (학)1986년 충암고졸 1990년 강원대 정치외교학과졸 (경)대통령 정무수석보좌관, 문화체육부장관비서관, 대통령 비서실장실 행정관, 학교법인 을지학원 이사, 의료법인 을지병원 상임이사, 제주국제자유도시개발센터(JDC) 품질감사자문위원, 을지대 신캠퍼스추진단장, 同감사실장, 의정부시 고등교육거버넌스추진협의회 위원 2013년 연합뉴스TV 감사위원장 겸 사외이사(현), 수원지방법원 성남지원 민사조정위원(현), 의료법인 을지병원 감사(현), 을지재단 재단운영본부장(현) 2019년 (사)남북체육교류협회 남북스포츠교류종합센터건립추진위원회 위원(현) (상)강원대총장표창(1990), 대통령비서실장표창(1994), 부총리 겸 교육부장관표창(2015)

최 혁(崔 爀) Choe Hyuk

(생)1955·9·2 (본)수성(隋城) (출)경기 화성 (주)서울특별시 관악구 관악로 1 서울대학교 경영학과(02-880-8257) (학)1974년 경기고졸 1979년 서울대 경영학과졸 1981년 同대학원 회계학과졸 1984년 미국 Univ. of Chicago 대학원졸(MBA) 1990년 경영학박사(미국 Univ. of Chicago) (경)1989~1996년 미국 Pennsylvania State Univ. 재무학과 교수 1996년 서울대 경영학과 교수(현) 1997~1999년 同경영사례센터장 1999~2000년 한국선물거래소 시장위원회 위원 2000~2001년 코스닥지수위원회 위원장 2001~2003년 미국 Pennsylvania State Univ. 재무학과 방문교수 2004~2005년 서울대 경영도서관장 2006년 한국증권학회 회장 2006년 한국증권선물거래소 상장추진위원회 위원장 2006~2008년 재정경제부 금융발전심의회 증권분과위원장 2007~2010년 증권선물위원회 비상임위원 2007~2009년 서울대 경영연구소장 2008년 조달청 조달행정자문위원회 위원 2008~2012년 한국상장회사협의회 금융재무자문위원회 위원 2010년 한국재무학회 회장 2010년 SK에너지(주) 사외이사 2010~2012년 우리은행 사외이사 2010~2016년 SK이노베이션 사외이사 2013~2016년 同감사위원장 2013~2016년 GS건설(주) 사외이사 2017년 현대중공업(주) 사외이사(현) (상)매경 이코노미스트상(2006), 증권업협회 증권인상 자본시장발전 공로상(2006) (저)'전자증권거래'(1999) '2008 글로벌 금융위기 : 현대인을 위한 금융특강'(2009)

최혁진

(생)1970 (출)강원 원주 (주)서울특별시 종로구 청와대로 1 대통령정책실 사회적경제비서관실(02-770-0011) (학)원주고졸, 서강대졸 (경)원주의료생활협동조합 전무이사, 원주협동조합운동협의회 이사, 同정책위원회 위원장 2011~2016년 한국사회적기업진흥원 기획관리본부장 2016년 아이쿱생협사업연합회 CSO(최고전략책임자) 2017년 대통령정책실 일자리수석비서관실 사회적경제비서관(현)

최현국(崔鉉局)

(생)1962 (주)서울특별시 용산구 이태원로 22 합동참모본부 (학)1981년 광주 동신고졸 1985년 공군사관학교졸(33기) 2000년 대전대 대학원졸 (경)1985년 소위 임관 2009년 공군 제29전술개발훈련비행전대장(대령) 2011년 준장 진급 2013년 공군 제16전투비행단장(준장) 2014년 합동참모본부 군사지원본부 인사부장(소장) 2015년 공군본부 정보작전지원참모부장(소장) 2016년 합동참모본부 연습훈련부장(소장) 2017년 공군 교육사령관(중장) 2018년 공군사관학교장(중장) 2019년 합동참모본부 차장(중장)(현) (종)불교

ㅊ

최현기(崔鉉奇) CHOI Hyun Ki

(생)1967·2·9 (출)서울 (주)울산광역시 남구 법대로 45 울산지방검찰청 중요경제범죄조사단(052-228-4200) (학)1985년 서라벌고졸 1990년 고려대 법학과졸 (경)1991년 사법시험 합격(33회) 1994년 사법연수원 수료(23기) 1997~2000년 변호사 개업 2000년 인천지검 검사 2002년 대구지검 검사 2004년 의정부지검 검사 2006년 서울북부지검 부부장검사 2007년 서울중앙지검 부부장검사 2008년 춘천지검 원주지청 부장검사 2009년 대구고검 검사 2010년 대구지검 부장검사 2011년 광주고검 검사 2013년 서울고검 검사 2015년 부산고검 검사 2016년 서울고검 검사 2018년 울산지검 중요경제범죄조사단 부장검사(현)

최현만(崔鉉萬) Hyun Man Choi

(생)1961·12·17 (출)전남 강진 (주)서울특별시 중구 을지로5길 26 미래에셋빌딩 동관 미래에셋대우 임원실(02-768-3355) (학)1980년 광주고졸 1990년 전남대 정치외교학과졸 2002년 서강대 경영대학원 최고경영자과정 수료 (경)1989년 동원증권 입사 1996년 同서초지점장 1997년 미래에셋자산운용(주) 대표이사 1999년 미래에셋벤처캐피탈(주) 대표이사 1999~2007년 미래에셋증권 대표이사 사장 2006년 이화여대 경영대학 경영학과 겸임교수 2007~2011년 미래에셋증권 대표이사 부회장 2008~2010년 금융위원회 금융발전심의회 위원 2009~2011년 금융투자협회 이사 2011년 同자율규제위원회 위원 2012~2016년 미래에셋그룹 수석부회장 겸 미래에셋생명보험 대표이사 수석부회장 2016년 미래에셋증권 수석부회장 2016년 미래에셋대우 대표이사 수석부회장(현) 2018년 한국금융투자협회 비상근부회장(현) (상)한국산업경제학회 전문경영인대상(2007), 강진군 군민의상 지역사회봉사부문(2012), 2013 대한민국금융대상 생명보험대상(2013) (종)천주교

최현묵(崔鉉默)

(생)1957·7·8 (출)서울 (주)대구광역시 달서구 공원순환로 201 대구광역시문화예술회관 관장실(053-606-6100) (학)1976년 금오공고졸 1984년 영남대 영어영문학과졸, 성균관대 대학원 공연예술학과졸, 공연예술학박사(성균관대) (경)남원춘향제 평가책임 2002년 월드컵대구문화행사 연출감독 2003년 대구하계유니버시아드대회 개폐회식제작단 연출, 경북도민체전 개막식 총감독, 울산 처용문화제처용퍼레이드 축제감독 2010·2011년 한국문화예술위원회 연극분야 책임심의위원 2011년 대구세계육상선수권대회 기획및연출 2011~2013년 수성아트피아 관장, 대구가톨릭대 음악대학 겸임교수 2015년 대구문화예술회관 관장(현) (상)대통령 포장(2회), 전국연극제 20주년 '전국연극제를 빛낸 20인' 선정, 대구음악상 공로상(2013), 대구예술상 연극분야(2014) (저)'공연예술탐색'(2011) '문화예술교육과 지역문화정책'(2011) '대구연극사'(2015) (작)희곡 '저승 훨훨 건너 가소'(1983), '터울'(1985), '메야 마이다', '끽다거'(1995) 오페라 '집시남작'(2011), '천년의 사랑'(2012), '윈저의 명랑한 아낙네들'(2014), '청라언덕'(2014), '마술피리'(2014) 국악칸타타 '서동요'(2011) 등 총 200여편의 연극·무용·오페라 대본 및 연출

최현석(崔鉉碩) CHOI Hyun Syuk

(생)1961·12·28 (출)서울 (주)서울특별시 종로구 인사동5길 41 (주)하나투어(02-2127-1368) (학)1985년 경희대 영문학과졸 2006년 서강대 경영대학원 경영학과졸 (경)1986~1989년 (주)고려여행사 근무 1989~1993년 (주)국일여행사 근무, 국진여행사 차장, (주)하나투어 영업본부총괄 상무, 同영업총괄본부 전무 2009년 同글로벌영업총괄본부 이사 겸 부사장 2012년 同대표이사 사장 2016년 同부회장 2017년 同고문(현)

최현석(崔玹碩)

(생)1970·3·15 (주)서울특별시 마포구 마포대로 183 마포경찰서(02-3149-6662) (학)경북고졸, 고려대 법학과졸 (경)2002년 사법시험 합격(44회) 2005년 변호사 개업 2007년 경찰 특채(경정) 2007년 수원서부경찰서 경비교통과장 2008년 부천중부경찰서 수사과장 2009년 광명경찰서 경비교통과장 2010년 서울 동작경찰서 정보보안과장 2010년 서울지방경찰청 기동본부 1기동단 16기동대장 2011년 대통령 공직기강비서관실 파견 2013년 대통령 민정수석비서관실 파견 2014년 대전지방경찰청 여성청소년과장(총경) 2015년 同제2부 형사과장 2015년 경북 경산경찰서장 2017년 경찰청 규제개혁법무담당관 2019년 서울 마포경찰서장(현)

최현석(崔玹碩) Choi, Hyunsuk

(생)1972·8·27 (본)경주(慶州) (출)서울 (주)세종특별자치시 다솜로 261 국무조정실 사회조정실 고용식품의약정책관실(044-200-2370) (학)1991년 배재고졸 1996년 연세대 행정학과졸 2013년 영국 노팅햄대 대학원 행정학과졸 (경)1996년 행정고시 합격(39회) 1996년 총무처 행정사무관 1997~2006년 노동부 안전산업국 산업안전과·고용정책실 장애인고용과·경제사회발전노사정위원회·노동부 장관비서실·노사정책국 노사정책과 행정사무관 2006년 노동부 정책홍보관리본부 재정기획팀 행정사무관 2006년 同고용정책본부 홍보기획팀 행정사무관 2007년 同서울동부지청 노사지원과장 2007년 同고용정책실 일자리창출지원과 근무 2008년 同근로기준국 차별개선과 근무 2009년 同감사관실 고객만족팀장 2010년 중부지방고용노동청 의정부지청장 2011년 고용노동부 노동정책실 서비스산재예방팀장 2011~2013년 영국 노팅햄대 교육훈련 2013년 고용노동부 노동정책실 임금·근로시간개혁추진팀장 2014년 同기획조정실 기획재정담당관 2015년 同운영지원과장 2017년 서울지방노동위원회 사무국장 2018년 고용노동부 사회적기업과장 2019년 국무조정실 사회조정실 고용식품의약정책관(현) (상)우수공무원 국무총리표창(2004), 국가인사업무발전유공 국무총리표창(2015) (종)기독교

최현섭(崔鉉燮) CHOI Hyun Sub (曉井)

(생)1947·1·17 (본)해주(海州) (출)전북 익산 (주)강원도 춘천시 강원대학길 1 강원대학교(033-250-6710) (학)1966년 이리고졸 1974년 서울대 사범대학 사회교육학과졸 1977년 同대학원졸 1985년 교육학박사(서울대) (경)1974년 서울 성동중 교사 1976년 서울대 조교 1981년 문교부 중앙교육연수원 전임강사 1983~2009년 강원대 사범대학 일반사회교육학과 전임강사·조교수·부교수·교수 1992년 대학수학능력시험 연구위원·자문위원·출제부위원장 1994~2011년 정의교육시민연합 대표 1994~1996년 강원대 교수협의회 부회장·회장 1996~1998년 同사범대학장·교육대학원장 1996년 한국사회과교육학회 회장 1997~1998년 국립사범대학장·교육대학원장협의회 회장 1998~2001년 교육개혁시민운동연대 운영위원장 겸 공동대표 2001~2003년 아름다운학교운동본부 대표 2001~2003년 교육인적자원부 학교정책협의회 연구분과 위원장 2001년 대통령자문 교육인적자원정책위원회 위원 2001~2009년 이슈투데이 편집위원 2001~2005년 유네스코 한국위원회 위원 2003~2005년 서울신문 명예논설위원 2003년 교육인적자원부 교육과정심의위원 2003년 대학설립심사위원회 위원장 2003~2009년 (사)목재문화포럼 공동대표 2003~2005년 학교법인 한국기능대학 이사 2004~2008년 강원대 총장 2004~2005년 교육발전협의회 학생부평가위원회 위원장 2004~2008년 (재)강원테크노파크 이사 2004~2007년 강원지역4년제대학교총장협의회 회장 2006~2008년 (재)UNEP Eco-Peace리더십센터 이사장, 同이사(현) 2007~2008년 KBS 춘천방송총국 시청자위원장 2007~2008년 전국국·공립대학교총장협의회 회장 2009년 강원대 명예

교수(현) 2009~2016년 아름다운배움 이사장 2010~2011년 서울대 사범대학 사회교육과동문회장 2010~2012년 국제자연환경교육재단 회장 2010년 (사)새길기독사회문화원 이사장(현) 2011년 동북아산림포럼 이사장(현) 2013~2016년 산림청 정책자문위원회 위원장 2014~2017년 (재)녹색미래 이사장 2017~2018년 교육부 정책자문위원회 위원장 (상)청조근정훈장(2010), 한일국제환경상(2013) (저)'사회교육연구' '현대민주시민교육론' '미래학입문' '한국사회와 교육' '교육문제론' '강원교육과 인재양성' '인간행동과 사회환경' (종)기독교

최현수(崔賢洙 · 女)

(생)1960 · 4 · 3 (출)서울 (주)서울특별시 용산구 이태원로 22 국방부 대변인실(02-748-5501) (학)서울 선일여고졸 1985년 연세대 정치외교학과졸 1997년 미국 시카고대 국제관계학과졸(정치학석사) (경)1999년 국민일보 편집국 생활과학부 기자 2000년 同편집국 정치부 기자 2002년 同편집국 사회부 차장대우, 同편집국 경제부 차장대우 2008년 同편집국 경제부 차장 2008년 同탐사기획팀장 2009년 同편집국 정치부 군사전문기자(부장대우) 2012년 同편집국 정치부 군사전문기자(부국장대우) 2013년 同편집국 정치부 군사전문기자(부국장급) 2017년 국방부 대변인(현) (상)제28회 최은희여기자상(2011)

최현수(崔鉉洙 · 女)

(생)1979 · 5 · 25 (본)전주(全州) (출)서울 (주)서울특별시 용산구 한남대로 98 일신빌딩 깨끗한나라(주)(02-2270-9200) (학)미국 보스턴대 심리학과졸 (경)2006년 깨끗한나라(주) 입사, 同마케팅팀 근무, 同생활용품 사업부 근무 2014년 同경영기획담당 이사 2015년 同경영기획담당 상무 2016년 同총괄사업본부장(전무) 2019년 同각자대표이사 부사장(현)

최현숙(崔賢淑 · 女)

(생)1963 · 8 · 10 (출)경기 고양 (주)서울특별시 중구 을지로 79 IBK기업은행 여신운영그룹(02-729-6387) (학)1982년 숭의여고졸 1986년 이화여대 행정학과졸 (경)1986년 IBK기업은행 입행 2010년 同학동역지점장 2011년 同인력개발부장 2013년 同여신관리부장 2015년 同강서 · 제주지역본부장 2017년 同카드사업그룹장 겸 신탁사업그룹장(부행장) 2018년 同여신운영그룹장(부행장)(현)

최현순(崔鉉淳)

(생)1961 · 2 · 20 (출)충북 괴산 (주)강원도 춘천시 춘천로 61 춘천경찰서(033-245-0312) (학)성수고, 강원대 행정학과졸, 경희대 대학원 행정학석사 중퇴 (경)1987년 경사 임용(특채) 1992년 경위 승진 1998년 경감 승진 2005년 포항남부경찰서 생활안전과장(경정) 2005년 경북 의성경찰서 생활안전과장 2006년 서울지방경찰청 기동단 2기동대 부대장 2007년 경찰청 경비대테러센터 치안상황실담당 2009년 同경비위기관리센터 작전담당 2014년 교육 파견 2014년 충남지방경찰청 112종합상황실장(총경) 2015년 충남 예산경찰서장 2016년 강원지방경찰청 청문감사담당관 2016년 강원 삼척경찰서장 2017년 강원지방경찰청 정보화장비과장 2019년 강원 춘천경찰서장(현)

최현자(崔賢子 · 女) Choe,Hyuncha

(생)1962 (주)서울특별시 관악구 관악로 1 서울대학교 생활과학대학 소비자아동학부(02-880-8745) (학)1984년 서울대 농가정학과졸 1986년 同대학원 농가정학과졸 1992년 소비자학박사(미국 퍼듀대) (경)1996~1997년 서울대 농업생명과학대학 농가정학과 조교수 1997년 同생활과학대학 소비자아동학부 소비자학전공 교수(현) 2009~2010년 한국신용카드학회 부회장 2009~2012년 한국소비자학회 부회장 2009~2013년 한국소비자정책교육학회 부회장 2010~2014년 한국금융소비자학회 부회장 2011~2012년 한국금융정보학회 부회장 2012년 한국FP학회 부회장 2013~2014년 한국소비자학회 공동회장 2015년 한국금융소비자학회 회장 2018년 한국FP학회 회장(현) 2019년 서울대 생활과학대학장(현)

최현주(崔賢珠 · 女) Choi Hyeun Ju

(생)1969 · 4 · 6 (주)전라남도 무안군 삼향읍 오룡길 1 전라남도의회(061-286-8200) (학)광주 수피아여고졸, 목포대 인문과학대학 국어국문학과졸 (경)(사)희망나눔센터 대표, 정의당 전남도당 부위원장(현), 참여와통일로가는목포시민연대 대표(현) 2014 · 2018년 전남도의회 의원(비례대표, 정의당)(현), 同교육위원회 위원(현)

최현지

(생)1964 · 10 · 1 (주)서울특별시 중구 세종대로9길 20 신한은행 대기업계열영업4본부(02-756-0506) (학)1983년 강원사대부고졸 1990년 서울대 경영학과졸 1992년 同대학원 경영학과졸 (경)2010~2011년 신한은행 변화추진실장 2011~2013년 同도곡동지점장 2013~2014년 同미래전략부 팀장(부서장대우) 2014~2016년 신한금융지주 전략기획팀장 2017년 同전략기획팀담당 본부장 겸 전략기획팀장 2017년 신한은행 종합금융본부장 2018년 同신탁본부장 2019년 同대기업계열영업4본부장(현)

최현철(崔賢哲) CHOI Hyun Chul

(생)1955 · 7 · 1 (출)서울 (주)서울특별시 성북구 안암로 145 고려대학교 미디어학부(02-3290-2258) (학)1980년 고려대 신문방송학과졸 1983년 미국 Univ. of Iowa 대학원 신문방송학과졸 1987년 신문방송학박사(미국 Univ. of Iowa) (경)1987~1994년 계명대 신문방송학과 조교수 · 부교수 1992~2002년 한국언론학회 편집위원 1994~1999년 고려대 신문방송학과 부교수 1994년 한국언론학회 연구이사 1995~1996년 同총무이사 1999년 고려대 미디어학부 교수(현) 2001~2002년 한국언론학회 편집이사 2002~2006년 고려대 언론연구소장 2003년 同교육매체실장 2003년 제17대 국회의원선거 선거기사심의위원 2004년 미국 아이오와대 초빙교수 2006~2010년 고려대 언론학부장 겸 언론대학원장 2009~2010년 한국언론학회 회장 2014~2015년 연합뉴스TV 시청자위원회 위원 (저)'한국사회와 언론' '광고와 대중소비문화' '뉴미디어 산업과 문화' '미디어연구방법' (역)'광고와 대중소비문화'

최현철(崔賢哲)

(생)1967 · 7 · 21 (주)서울특별시 영등포구 여의대로 128 LG디스플레이(주) 임원실(02-3777-1114) (학)연세대 화학과졸, 한국과학기술원(KAIST) 화학 석사, 화학박사(한국과학기술원) (경)2010년 LG디스플레이(주) Notebook 개발2담당 상무 2012년 同IT개발2담당 상무 2012년 同AD개발1담당 상무 2016년 同OLED기술개발담당 상무 2017년 同OLED Cell연구 · 개발담당 상무 2018년 同OLED Cell연구 · 개발담당 전무(현)

최현택(崔玄澤) CHOI Hyun Taek

(생)1961 · 5 · 12 (출)전남 (주)서울특별시 금천구 가산디지털1로 205-28 대신정보통신(주) 부사장실(02-2107-5006) (학)조선대 회계학과졸, 홍익대 대학원 경영학과졸 (경)1988~1995년 대신증권 근무, 대신정보통신(주) 이사, 同상무이사 2009년 同전무이사 2012년 同부사장(현) (종)기독교

최현호(崔賢鎬)

생1971 출전남 신안 주전라남도 여수시 여서1로 107 여수지방해양수산청(061-650-6005) 학광주제일고졸, 전남대 해양학과졸 경1996년 기술고시 합격(32회), 해양수산부 수산정책국 품질위생팀장 2009년 농림수산식품부 유어내수면과 기술서기관 2013년 해양수산부 수산정책실 어촌어항과장 2014년 同기획조정실 규제개혁법무담당관 2015년 同원양산업과장 2016년 대통령비서실 파견 2018년 해양수산부 운영지원과장(부이사관) 2019년 同수산정책과장 2019년 여수지방해양수산청장(고위공무원)(현)

최 협(崔 協) CHOI Hyup

생1947·1·2 본탐진(耽津) 출광주 주광주광역시 동구 금남로 246 광주YMCA(062-232-6131) 학1964년 광주제일고졸 1969년 서울대 고고인류학과졸 1973년 미국 신시내티대 대학원졸 1979년 인류학박사(미국 켄터키대) 경1980~1988년 전남대 사회학과 조교수·부교수 1987년 미국 하버드대 엔칭연구소 객원교수 1988년 전남대 교무부처장 1989~1992년 同사회학과 교수 1989~2003년 同박물관장 1989~1994년 대통령자문 21세기위원 1990~1992년 한국문화인류학회 부회장 1992~2012년 전남대 인류학과 교수 1993~1995년 대학교육심의회 연구위원 1994~1996년 전남대 사회과학연구소장 1995~1996년 한국학술진흥재단 학술연구운영위원회 분과위원 1995~1997년 교수신문사 편집위원 1995~1997년 교육부장관자문 학술진흥위원회 위원 1995~2002년 한국농촌사회학회 이사 1998~2000년 교수신문사 논설위원 1999~2000년 전남대 사회과학대학장 1999~2002년 광주YMCA 부이사장·이사장 2001~2004년 대통령자문 정책기획위원 2002~2004년 한국문화인류학회 회장 2002~2004년 KBS 광주방송총국 시청자위원장 2003년 (사)광주·전남비전21 이사장 2005~2006년 한국학술진흥재단 인문사회지원단장 2006년 대통령소속 아시아문화중심도시조성위원회 부위원장 2008~2012년 同위원장(총리급) 2012년 전남대 문화인류고고학과 명예교수(현) 2015년 광주YMCA재단 이사장(현) 2017년 전남대 연구석좌교수(현) 저'Agricultural Change in America'(1982) '자생적 지방발전(共)'(1985) '2000년에 열리는 통일시대(共)'(1993) '21세기의 한국과 한국인(共)'(1994) '부시맨과 레비스트로스'(1996) '호남사회의 이해(編)'(1996) '세계의 한민족(共)'(1996) '인류학과 지역연구(編)'(1997) '다민족국가의 민족문제와 한인사회(共)'(1998) '문화와 환경' '공동체의 현실과 전망'(2001) '공동체의 전개와 지향(共)'(2001) '한국의 소수자: 실태와 전망(編)'(2004) '다민족사회, 소수민족, 코리언아메리칸'(2011) '판자촌일기'(2012) 'Representing the Cultural Other: Japanese Anthropological Works on Korea(編)' (2013, CNU Press) 역'문화이론'(1994) '서태평양의 항해자들'(2013) 종기독교

최형기(崔炯基) Choi Hyeong Ki

생1957·1·12 본경주(慶州) 출충남 홍성 주서울특별시 영등포구 은행로 37 기계회관 한국기계산업진흥회 임원실(02-369-7881) 학1976년 서울고졸 1981년 한양대 공업화학과졸 1985년 同대학원졸 1990년 공학박사(한양대) 경1981년 한국화약(주) 연구원 1984년 세원전자(주) 선임연구원 1989~1992년 정남유화(주) 책임연구원 1992년 상공부 요업기술원 공업연구관 1993~2001년 서울시립대 강사 1999년 기술표준원 생물환경과장 2004년 同기술표준원 생물환경표준과장 2004년 同기술표준원 생활복지표준과장 2006년 同기술표준원 기간산업기술표준부장 2006년 同기술표준원 표준기술지원부장 2008년 국방대 교육파견 2009~2013년 기술표준원 기술표준정책국장 2013~2016년 한국화학융합시험연구원(KTR) 원장 2017년 한국기계산업진흥회 상근부회장(현) 2017년 자본재공제조합 전무이사 겸임(현) 상대통령표창(2005)

최형기

생1970·4·8 주세종특별자치시 한누리대로 402 산업통상자원부 무역위원회 무역구제정책과(044-203-5850) 학1989년 광주 석산고졸 1994년 서울대 전기공학과졸 경1996년 공무원 임용(기술고시 31회) 1997년 통상산업부 원자력발전과 전기사무관 2001년 산업자원부 반도체전기과 전기사무관 2003년 同전기위원회 총괄정책과 전기사무관 2004년 同전기위원회 전기소비자보호과 전기사무관 2005년 同산업기술개발과 기술서기관 2009년 국방부 파견 2010년 지식경제부 전기위원회 전력계통과장 2011년 同연구개발특구기획팀장 2011년 同전력산업과장 2014년 駐브라질 1등서기관 2017년 산업통상자원부 원전산업관리과장 2017년 同무역위원회 무역구제정책과장 2019년 同무역위원회 무역구제정책과장(부이사관)(현)

최형림(崔亨林) CHOI Hyung Rim

생1956·4·22 출경남 진주 주부산광역시 서구 구덕로 225 동아대학교 경영정보학과(051-200-7477) 학1975년 경남고졸 1979년 서울대 경영학과졸 1986년 한국과학기술원(KAIST) 경영과학과졸(석사) 1993년 경영과학박사(한국과학기술원) 경1979~1987년 한국과학기술연구원 경제분석실 연구원 1987년 동아대 경영대학 경영정보학과 전임강사·조교수·부교수·교수(현) 1996~1998년 同경영정보연구소장 1998~2007년 同지능형통합항만관리연구센터 교육훈련부장 1999~2001년 미국 텍사스주립대 전자상거래연구센터 객원교수 2001년 부산테크노파크 정보관리위원장 2001~2003년 동아대 인터넷창업보육센터 소장 2001~2003년 同전자상거래지원센터 소장 2001년 同정보기술연구소장 2003~2005년 산학협력연구센터 기술정보부장 2003~2004년 동아대 경영대학 경영정보학과장 2003~2005년 同일반대학원·산업대학원 항만·물류시스템학과장 2003~2005년 (재)부산테크노파크 항업B2B사업단 본부장 2005~2007년 동아대 경영대학원장 2005~2006년 한국지능정보시스템학회 회장 2005년 대한상사중재원 중재인(현) 2007년 (사)부산유비쿼터스도시협회 U-port분과위원장 2007년 컨테이너화물안전수송기술개발클러스터사업단 단장 2007~2008년 지능형통합항만관리연구센터 소장 2007~2013년 (사)부산U-IoT협회 U-Port분과 위원장 2007~2008년 동아대 대학원 항만물류시스템학과장 2007~2008년 同경영문제연구소장 2008~2010년 同기획처장 2013년 (사)부산유비쿼터스도시협회 부회장(현) 2013년 부산시정연구위원회 유시티분과 위원장 2014년 부산항만공사 비상임이사 2014~2018년 同정보화위원회 위원장 2014년 동아대 지능형컨테이너연구센터 소장(현) 2015년 IoT연구센터 소장 2016년 부산항만공사 부산항경쟁력강화협의회 위원 2016년 동아대 경영대학장 2019년 同경영대학원장(현) 2019년 해양수산부 해양수산4차산업혁명위원회 위원장(현) 상Innovative Applications of Artificial Intelligence Award(1995), 동아학술상(1999), 한국지능정보시스템학회 춘계학술대회 우수논문상(2002), 한국해양정보통신학회분과 학술대회 우수논문상(2005), IEA/AIE 국제학술대회 Best Paper Award(2007), IT 서비스 우수연구자상(2008), 국토해양부장관표창(2008), Entrue Journal Best Paper Award(2009) 저'전문가시스템(共)'(1996) '정보처리교육 시리즈 1~3(共)'(1996) '강의를 위한 정보처리 MS Windows95, MS Word7.0, Internet(共)'(1997) '정보처리교육시리즈 1~6(共)'(1997) '인터넷 활용(共)'(1998) '액세스 97(共)'(1998) '정보네트워크의 이론과 활용(共)'(1998) 'Cyber Edu System V2.0 : 통합가상교육시스템(共)'(1999) '전자상거래원론(編)'(1999) '전자상거래와 컴퓨터시스템(共)'(2000) '정보처리개론(共)'(2000) '전자상거래원론(編)'(2002) '시뮬레이션을 이용한 항만물류시스템'(2006) '인터넷환경의 지식시스템'(2006) '엑셀과 파워포인트 중심의 정보처리개론'(2007) '부산경제백서'(2007) '비즈니스 정보시스템'(2008) '물류기술과보안의이해'(2008) '시스템분석 및 설계'(2009) 역'정보시대의 컴퓨터 과학(共)'(1995)

최형민(崔炯珉) CHOI Hyung Min

(생)1958 · 5 · 24 (주)서울특별시 동작구 상도로 369 숭실대학교 유기신소재 · 파이버공학과(02-820-0626) (학)1982년 숭실대 섬유공학과졸 1986년 미국 매사추세츠대 대학원졸 1990년 섬유공학박사(미국 메릴랜드대) (경)1990년 미국 루이지애나주립대 조교수 1993년 미국 캔자스주립대 부교수 1993~1995년 미국 킴벌리클락 중앙연구소사 책임연구원 1995년 숭실대 섬유공학과 조교수 · 부교수 · 교수 2001년 同섬유및패션정보공학부 학과장 2006년 同유기신소재 · 파이버공학과 교수(현) 2017년 同연구산학부총장(현)

최형석(崔瀅錫)

(생)1961 · 10 · 27 (주)서울특별시 영등포구 여의대로 128 LG트윈타워 LG디스플레이(주) IT사업부(02-3777-1114) (학)홍익사대부고졸, 고려대 영어영문학과졸, 미국 조지타운대 대학원졸(MBA) (경)2000년 LG필립스LCD Notebook 영업팀장 2004년 同대만법인장 2006년 同전략기획담당 상무 2008년 LG디스플레이(주) TV마케팅담당 상무 2010년 同TV영업 · 마케팅센터장(상무) 2011년 同TV영업 · 마케팅센터장(전무) 2012년 同TV 영업/마케팅 Group장(전무) 2014년 同AD사업 Group장(전무) 2016년 同Mobile사업부장(부사장) 2019년 同IT사업부장(부사장)(현)

최형식(崔亨植) CHOI Hyung Sik

(생)1955 · 11 · 29 (출)전남 담양 (주)전라남도 담양군 담양읍 추성로 1371 담양군청 군수실(061-380-3004) (학)1976년 광주 숭원고(現 송원고)졸 1997년 광주대 사회대학졸 1999년 전남대 행정대학원 행정학과졸 1999년 조선대 대학원 정치학과졸 2003년 전남대 대학원 정치학 박사과정 수료 (경)1980년 광주민중항쟁관련 전국지명수배 1985년 민주화추진협의회 노동국 제1부 차장 1985년 신민당 정책연구실 조사부 차장 1986년 민주대학 지방자치연구위원장 1987년 민주연합청년동지회 기획국장 1987년 평민당 창당발기인 1988년 국회의원 보좌관 1990년 평민당 전남도지부 부대변인 1991 · 1995 · 1998~2002년 전남도의회 의원(국민회의 · 새천년민주당) 1997년 同자치법규정비특별위원장 1998년 同운영위원장 1998년 조선대 객원연구원 1998년 국민회의 전남담양 · 장성지구당 위원장 1998년 광주 · 전남행정학회 감사 2000~2002년 담양군재향군인회 회장 2000년 담양대 객원교수 2002~2006년 전남 담양군수(무소속 · 열린우리당) 2006년 전남 담양군수선거 출마(열린우리당) 2007년 대통합민주신당 제17대 대통령중앙선거대책위원회 전남도선거대책위원회 상임부위원장, 민주당 전남도당 상임부위원장 2010년 전남 담양군수(민주당 · 민주통합당 · 민주당 · 새정치민주연합) 2012~2014년 전국농어촌지역군수협의회 회장 2014~2018년 전남 담양군수(새정치민주연합 · 더불어민주당) 2017년 행정자치부 자치분권전략회의 위원 2018년 전남 담양군수(더불어민주당)(현) 2018년 전남시장 · 군수협의회 회장(현) 2018년 전국시장군수구청장협의회 부회장(현) (상)대한민국을 빛낸 21세기 한국인상 지방자치부문(2013), 대한민국경제리더대상 지속가능경영부문 대상(2015), 전국시장 · 군수 · 구청장전국총회 지방자치특별상(2015), KBC광주방송 목민자치대상 기초자치단체장상(2015), 한국지역연합방송 지역방송대상(2016) (저)'누구에게나 희망은 있다'(2002) '우리에게 희망은 있다'(2010) (종)천주교

최형우(崔炯佑) CHOI Hyung Woo (溫山)

(생)1935 · 10 · 15 (본)경주(慶州) (출)울산 (학)부산공고졸 1963년 동국대 법정대학 정치외교학과졸 1987년 고려대 경영대학원졸 1995년 명예 정치학박사(동국대) (경)1960년 4.19혁명 동국대 학생대표 1968년 4.19.6.3범청년회 사무총장 1971년 제8대 국회의원(울산 · 울주, 신민당) 1973년 제9대 국회의원(울산 · 울주, 신민당) 1974년 신민당 사무차장 1979년 제10대 국회의원(울산 · 울주, 신민당) 1979년 신민당 당기위원장 · 정무위원 1984년 민주화추진협의회 간사장 1985년 신민당 부총재 1987년 민주당 수석부총재 1988년 제13대 국회의원(부산 동래乙, 민주당 · 민자당) 1988년 민주당 원내총무 1988년 국회 동력자원위원회 위원장 1990년 민자당 당무위원 1991년 정무제1장관 1992년 제14대 국회의원(부산 동래乙, 민자당 · 신한국당) 1993년 민자당 당무위원 1993년 同사무총장 1993~1994년 내무부 장관 1995년 민자당 당무위원 1996년 정보엑스포 96추진위원장 1996년 제15대 국회의원(부산 연제, 신한국당 · 한나라당) 1996년 신한국당 상임고문 1996년 중국 북경대 명예교수 1997년 한나라당 상임고문 (상)청조근정훈장 (저)'일어서라 부르는 소리있어' '더넓은 가슴으로 내일을' '정보화세계의 영웅들' (종)천주교

최형우(崔炯宇) Hyoung-Woo Choi

(생)1983 · 12 · 16 (출)전북 전주 (주)광주광역시 북구 서림로 10 광주-KIA챔피언스필드 2층 기아타이거즈(070-7686-8000) (학)2002년 전주고졸 (경)2002~2005년 프로야구 삼성 라이온즈 소속(외야수) 2005~2008년 경찰청 야구단 소속(외야수) 2008~2016년 프로야구 삼성 라이온즈 소속(외야수) 2011 · 2012 · 2013 · 2014 · 2015 · 2017년 프로야구 정규리그 우승 2011 · 2012 · 2013 · 2014 · 2017년 프로야구 한국시리즈 우승 2016년 프로야구 정규시즌 타격왕(0.376) · 타점왕(144점) · 최다안타(195개) 2016년 프로야구 기아 타이거즈와 FA 계약체결(4년간 100억원 : 계약금 40억원 · 연봉 15억원)(현) 2017년 제4회 월드베이스볼클래식(WBC) 국가대표 (상)프로야구 포스트시즌 플레이오프 3차전 MVP(2008), 제일화재 프로야구대상 신인상(2008), 제13회 일구상 신인상(2008), 스포츠토토 프로야구 올해의 신인상(2008), 2008 삼성PAVV 프로야구 최우수 신인상(2008), 일구상 최고타자상(2011), 프로야구 골든글러브 외야수부문(2011 · 2013 · 2014 · 2016 · 2017), 타이어뱅크 KBO리그 9월 MVP(2016), 한국프로야구은퇴선수협회 최고의선수상(2016), 한국프로야구선수협회 플레이어스 초이스 어워드 올해의선수상(2016), 동아스포츠대상 프로야구부문 올해의 선수상(2016), 조아제약 프로야구 대상(2016), 카스포인트어워즈 대상(2016), 웰컴저축은행 톱랭킹 이달(5월)의 선수상(2017), 5월 '힐릭스 플레이어' 타자부문 선정(2017), 타이어뱅크 KBO리그 타자부문 출루율상(2017), 웰컴저축은행 톱랭킹 올해의 MVP(2017), 카스포인트 어워즈 타자부문(2017)

최형욱(崔亨旭) CHOI Hyung Uk

(생)1957 · 11 · 19 (본)해주(海州) (출)부산 (주)부산광역시 동구 구청로 1 동구청 구청장실(051-440-4001) (학)동아고졸, 동아대 독어독문학과졸, 同언론홍보대학원 신문방송학 석사과정 수료 (경)2006 · 2011~2014년 부산시의회 의원(한나라당 · 새누리당) 2006~2010년 부산진해경제자유구역조합회의 의장 2010년 부산시 녹색성장위원회 위원 2010년 부산환경공단 경영자문위원 2010년 부산시의회 도시재생포럼 회장 2011~2012년 同지방분권특별위원장 2012년 同기획재경위원장 2012년 기후변화에너지센터 자문위원 2012년 동아대총동문회 부회장(현) 2015년 새누리당 부산중 · 동구당원협의회 운영위원장 직무대행 2018년 더불어민주당 부산시당 해양수도특별위원회 위원장 2018년 부산시 동구청장(더불어민주당)(현) 2019년 더불어민주당 부산서구동구지역위원장 직대(현) (저)'원도심이 부산의 미래다'(2014)

최형욱(崔炯旭) CHOI HYUNG WOOK

(생)1974 · 8 · 8 (본)전주(全州) (출)경남 마산 (주)세종특별자치시 도움6로 11 행정중심복합도시건설청 도시정책과(044-200-3120) (학)1993년 창신고졸 1997년 고려대 토목환경공학과졸 2014년 미국 버지니아대 대학원 토목환경공학과졸 (경)1996년 지방고등고시 합격(2회) 1997~1998년 지방행정

연수원 신임관리자과정 교육연수 1998~1999년 울산 남구청 도시과 사무관 1999~2002년 공군 항공안전관리단·교육사령부 시설장교 2002년 울산 남구청 도로명 및 건물번호부여사업팀장 2003~2006년 同건설과장 2006년 울산시 종합건설본부 토목1담당 2006~2007년 대통령자문 건설기술·건축문화선진화위원회 기획단 파견 2007~2010년 행정중심복합도시건설청 도시설계팀·도시발전정책과·도시디자인과 서기관 2010~2012년 同4대강살리기지원팀장·첫마을입주지원팀장·대중교통팀장 2012~2014년 미국 버지니아대 교육파견 2015년 행정중심복합도시건설청 주택과장 2016년 同교통계획과장 2017년 同도시정책과장(서기관) 2018년 同도시정책과장(부이사관)(현) (상)녹조근정훈장(2017)

최형일(崔瑩一) CHOI Hyung Il

(생)1956·8·16 (출)서울 (주)서울특별시 동작구 상도로 369 숭실대학교 IT대학 글로벌미디어학부(02-820-0679) (학)연세대 전자공학과졸 1981년 미국 미시간대 대학원졸 1987년 공학박사(미국 미시간대) (경)1987~2006년 숭실대 전자공학과 부교수·교수 1995~1997년 퍼지 및 지능시스템학회 이사 1996~1998년 정보과학회 컴퓨터비전 및 패턴인식연구회 위원장 1997년 미국 IBM Waston Lab 방문연구원 2001년 숭실대 정보과학대학장 2006년 同IT대학 글로벌미디어학부 교수(현) 2009~2013년 同문화콘텐츠기술연구소장 2013~2015년 同IT대학장 2017~2018년 同정보과학대학원장 (종)기독교

최형준(崔亨準)

(생)1964·1·19 (주)서울특별시 서대문구 연세로 50-1 연세대학교 치과대학병원 소아치과(02-2228-3175) (학)1988년 연세대 치의학과졸 1991년 同대학원 치의학과졸 1999년 치의학박사(조선대) (경)1994년 연세대 치과대학병원 소아치과 연구강사 1995~1997년 同치과대학 소아치과학교실 전임강사·조교수·부교수 2000년 미국 캘리포니아대 로스앤젤레스캠퍼스 치과대학 소아치과학교실 방문교수 2005년 연세대 치과대학 소아치과학교실 교수(현) 2010~2012년 同치과대학병원 교육연구부장 2012~2014년 同치과대학병원 진료부장 2014·2016년 同치과대학 소아치과학교실 주임교수(현) 2014·2016년 연세대의료원 치과대학병원 소아치과장(현)

최형찬(崔馨燦) Choe Hyoung-chan

(생)1967·7·7 (주)서울특별시 종로구 사직로8길 60 외교부 인사운영팀(02-2100-7139) (학)1989년 서울대 외교학과졸 1991년 同대학원 정책학과졸 1995년 미국 버지니아주립대 대학원 국제관계학과졸 (경)1990년 외무고시 합격(24회) 1990년 외무부 입부 1997년 駐이스라엘 2등서기관 2000년 駐중국 1등서기관 2005년 駐베트남 참사관 2008년 외교통상부 재외공관담당관 2009년 同한미안보협력과장 2011년 駐미국 공사참사관 2013년 駐이라크 공사참사관 2015년 국가안전보장회의(NSC) 사무처 선임행정관 2016년 국방부 국제정책관 2018년 駐세르비아 대사(현)

최형천(崔炯天) CHOI Hyeong Chon

(생)1954·2·22 (본)영천(永川) (출)전남 (주)전라남도 순천시 해룡면 향매로 109 전남신용보증재단(061-729-0600) (학)전남대 정치외교학과졸, 성균관대 경영대학원 보험학과졸, 경영학박사(전남대) (경)제일화재해상보험(주) 중부본부장, 同영업기획부장, 同점포영업부문장(상무이사), 전주대 겸임교수, 한국인사관리학회 상임이사 2002년 산학협동연구원 부이사장(현) 2006년 제일화재해상보험(주) 개인영업총괄 전무 2013년 윤상원기념사업회 후원회장(현) 2016년 전남신용보증재단 이사장(현) 2018년 신용보증재단중앙회 비상근이사(현) (종)천주교

최형표(崔亨杓) CHOI Hyoung Pyo

(생)1972·3·14 (출)전남 장흥 (주)서울특별시 서초구 서초중앙로 157 서울중앙지방법원(02-530-1690) (학)1991년 장흥고졸 1995년 성균관대 법학과졸 (경)1996년 사법시험 합격(38회) 1999년 사법연수원 수료(28기) 1999년 해군 법무관 2002년 서울지법 의정부지원 판사 2004년 서울중앙지법 판사 2006년 광주지법 장흥지원 판사 2007년 同순천지원 판사 2010년 서울중앙지법 판사 2011년 서울고법 판사 2011년 대법원 양형위원회 운영지원단장 2012~2013년 법원행정처 사법지원심의관 2014년 부산지법 부장판사 2015년 대법원 재판연구관 2019년 서울중앙지법 부장판사(현)

최형희(崔亨熙)

(생)1961·11·14 (주)서울특별시 서초구 강남대로 465 교보타워 두산중공업(주)(02-513-6114) (학)강릉제일고졸, 강원대 회계학과졸 (경)2005년 두산중공업(주) 재무관리부문 경영관리팀장 2006년 同담수BG 담수기획담당 상무 2008년 同재무BG 발전Controller(상무) 2009년 同담수BG 담수기획담당 상무 2010 同원자력기획 임원 2011년 同재무관리부문장(CFO·전무) 2011~2015년 (주)두산 지주부문CFO(부사장) 2015년 두산인프라코어(주) 재무관리부문장(CFO) 2015~2017년 同각자대표이사 부사장 2017년 두산중공업(주) 재무관리부문장(CFO·부사장) 2018년 同각자대표이사 부사장(현)

최혜리(崔惠梨·女) CHOI Hye Ri

(생)1965·4·16 (출)서울 (주)서울특별시 중구 삼일대로 340 나라키움 저동빌딩 국가인권위원회 상임위원실(02-2125-9607) (학)1983년 풍문여고졸 1987년 서울대 법학과졸 1990년 同대학원 수료 (경)1991년 사법시험 합격(33회) 1994년 사법연수원 수료(23기) 1994년 서울지법 판사 1996~1998년 서울가정법원 판사 1998~2008년 법무법인 바른 변호사 2003년 소비자자율분쟁조정위원회 위원 2005년 보안관찰위원회 위원 2005년 국무총리실 행정심판위원회 위원 2008~2009년 정부법무공단 헌법행정팀 변호사 2009년 법무법인 바른 구성원변호사 2013~2014년 검찰개혁심의위원회 위원 2014년 개인정보보호위원회 위원 2015년 서울법원조정센터 상임조정위원 2016년 국가인권위원회 상임위원(차관급)(현)

최혜영(崔惠永·女)

(생)1954·1·22 (주)인천광역시 남동구 남동대로 774번길 21 가천대학교 길병원 영상의학과(031-750-5114) (학)1978년 이화여대 의대졸 1982년 同대학원 의학석사, 미생물학박사(고려대) (경)1989년 서울중앙병원 진단방사선과 전임의 1992년 同임상전임강사, 이화여대 의대 의학과 영상의학교실 조교수·부교수·교수 2002년 同진단방사선과학교실 주임교수, 이대목동병원 영상의학과장, 대한유방영상의학회 회장, 가천대 의대 영상의학과학교실 교수 2009년 대한유방검진의학회 회장 2012년 가천대 길병원 영상의학과장 2013년 同길병원 진료지원부장 2014년 同길병원 제1진료부원장 2016~2018년 同길병원 진료1부원장 2018년 同병원장 직대 2019년 가천대 의대 영상의학과학교실 명예교수(현)

최혜진(崔慧珍·女) Choi Hye Jin

(생)1999·8·23 (학)2018년 학산여고졸 2018년 고려대 국제스포츠학부(세종캠퍼스) 재학 중(1년) (경)2014년 인천아시안게임 골프 여자단체전 국가대표(은메달 획득) 2015년 세계주니어선수권대회 개인전·단체전 우승(2관왕) 2016년 세계아마추어선수권대회 개인전·단체전 우승(2관

왕) 2017년 KLPGA 입회 2017년 한국여자프로골프(KLPGA)투어 E1 채리티 오픈 2위 2017년 KLPGA투어 초정탄산수 용평리조트 오픈 우승 2017년 LPGA투어 US여자오픈 2위 2017년 롯데그룹과 메인 스폰서 후원 계약(현) 2017년 KLPGA투어 보그너 MBN 여자오픈 우승 2017년 KLPGA투어 하이트진로챔피언십 공동2위 2017년 KLPGA투어 효성 챔피언십 우승 2018년 LPGA투어 ISPS 한다 호주여자오픈 2위 2018년 KLPGA투어 제40회 CreaS F&C KLPGA 챔피언십 2위 2018년 KLPGA투어 비씨카드·한경 레이디스컵 우승 2018년 KLPGA투어 MY문영 퀸즈파크 챔피언십 공동2위 2018년 KLPGA투어 제주 삼다수 마스터스 2위 2019년 BNK금융그룹 서브스폰서 후원 계약(현) 2019년 KLPGA투어 제41회 Creas F&C KLPGA 챔피언십 우승 2019년 KLPGA투어 NH투자증권 레이디스 챔피언십 우승 2019년 KLPGA투어 S-OIL 챔피언십 우승 2019년 KLPGA투어 맥콜·용평리조트오픈 우승 ㊌부산시교육감표창(2017), 한국여자프로골프협회(KLPGA) 특별상(2017), MBN 여성스포츠대상 인기상(2017), 한국여자프로골프(KLPGA) 대상·신인상·인기상·위너스 클럽(2018)

최호성(崔鎬成) CHOE Ho Seong

(생)1962·8·20 (주)경상남도 창원시 마산합포구 경남대학로 7 경남대학교 교육학과(055-249-2307) (학)1985년 경북대 교육학과졸 1988년 同대학원 교육학과졸 1993년 교육학박사(경북대) (경)1995년 경남대 교육학과 교수(현) 2000년 한국교육학회 경남지회 이사 2001년 한국영재학회 이사 2004년 경남대 교육개발센터 소장 2005~2007년 同입학처장 2008~2011년 同과학영재교육원장 2009년 교육과학기술부·한국과학창의재단 과학고발전사업단장 2011년 경남대 교무처장 2014년 同사범대학장 2016~2019년 同총장특별보좌역 2018년 한국영재학회 회장(현) 2019년 경남대 대외부총장(현) (상)과학영재학교설치운영공로표창(2003), 한마공로상(연구자상)(2008) (저)'교육과정 : 이론과 실체'(2002) '신 교육목표분류학의 설계(共)'(2005) '교육과정 수업평가를 위한 새로운 분류학(共)'(2005) 등 (역)'교육과정'(2007) '교육과정 설계의 이론과 실제'(2007) '(거꾸로 생각하는) 교육과정 개발'(2008) '영재교육에서 집단편성과 속진'(2008)

최호순(崔豪洵)

(생)1958·1·13 (주)서울특별시 성동구 왕십리로 222-1 한양대학교 의료원(02-2290-8114) (학)1984년 한양대 의대졸 1988년 同대학원 의학석사 1996년 의학박사(한양대) (경)1984~1988년 한양대 부속병원 인턴·레지던트 1991~1994년 대전을지병원 과장 1994~1995년 울산대 의대 전임강사 1995년 한양대 의대 내과학교실 조교수·부교수·교수(현) 2009·2011년 한양대의료원 기획실장 2011년 同기획관리실장 2016~2019년 한양대 의과대학장·의학전문대학원장·보건대학원장 2016~2018년 同의생명공학전문대학원장 2018년 대한췌장담도학회 이사장(현) 2019년 한양대 의무부총장 겸 의료원장(현)

최호식(崔皓植)

(생)1963·8·16 (출)경북 경주 (주)서울특별시 서초구 서초중앙로 157 서울중앙지방법원(02-530-1690) (학)1984년 경주고졸 1992년 고려대 법학과졸 (경)1995년 사법시험 합격(37회) 1998년 사법연수원 수료(27기) 1998년 수원지법 판사 2000년 서울지법 판사 2002년 대구지법 포항지원 판사 2005년 서울중앙지법 판사 2007년 서울남부지법 판사 2009년 서울고법 판사 2011년 서울행정법원 판사 2013년 부산지법 동부지원 부장판사 2017년 수원지법 여주지원장 2019년 서울중앙지법 부장판사(현)

최호열(崔乎烈)

(생)1966·4·4 (출)경북 포항 (주)경상북도 안동시 풍천면 검무로 77 경북지방경찰청 생활안전과(054-824-2246) (학)1982년 서울 대신고졸, 중앙대 법학과졸 (경)1993년 경찰간부 후보(41기) 2007년 서울 종암경찰서 정보보안과장 2008년 서울 동대문경찰서 정보보안과장 2009년 서울지방경찰청 보안부 외사과 외사2계장 2011년 울산지방경찰청 홍보담당관(총경) 2011년 대전지방경찰청 홍보담당관 2013년 경북 포항북부경찰서장 2014년 경찰청 인사기획관실 복지정책담당관 2014년 서울 강서경찰서장 2016년 경찰청 외사수사과장 2016년 同외사정보과장 2017년 경기 과천경찰서장 2019년 경북지방경찰청 생활안전과장(현)

최호영(崔浩榮)

(생)1963·8·9 (출)광주 (주)서울특별시 서초구 서초대로 264 법조타워 법무법인 다담(02-501-5100) (학)1982년 조선대부고졸 1986년 서울대 경제학과졸 1989년 同대학원 경영학과졸 (경)1986년 공인회계사시험 합격 1993년 사법시험 합격(35회) 1996년 사법연수원 수료(25기) 1996년 수원지법 판사 1999년 서울행정법원 판사, 좋은합동법률사무소 변호사, (주)골든프레임네트웍스 사외이사 2009년 법무법인 다담 변호사, 同대표변호사(현) 2010년 국무총리행정심판위원회 비상임위원

최호영(崔浩永) CHOI Ho Young

(생)1970·3·31 (출)인천 (주)경상남도 통영시 용남면 동달안길 67 창원지방검찰청 통영지청 지청장실(055-640-4304) (학)1988년 부천고졸 1992년 고려대 법학과졸 (경)1997년 사법시험 합격(39회) 2000년 사법연수원 수료(29기) 2000년 서울지검 검사 2002년 대전지검 천안지청 검사 2004년 춘천지검 검사 2007년 서울서부지검 검사 2010년 인천지검 검사 2013년 同부부장검사 2013년 서울중앙지검 부부장검사 2014년 부산지검 동부지청 형사3부장 2015년 울산지검 특수부장 2016년 창원지검 밀양지청장 2017년 인천지검 외사부장 2018년 서울중앙지검 조세범죄조사부장 2019년 창원지검 통영지청장(현)

최호재(崔鎬載) choi ho jae

(생)1964·3·30 (출)서울 (주)부산광역시 연제구 토곡로 20 부산지방국세청 운영지원과(051-750-7259) (학)1982년 덕수상고졸 1991년 경희대 무역학과졸 (경)1995년 세무공무원 임용(7급 공채) 2000년 국세청 부가가치세과 근무 2003년 서울지방국세청 조사1국 2과 근무 2011년 중부지방국세청 조사1국 3과 근무 2012년 서울지방국세청 법인세과 근무 2014년 국세청 전산기획담당관실 행정지원계장 2016년 서기관 승진 2017년 강원 속초세무서장 2019년 부산지방국세청 운영지원과장(현)

최호종(崔鎬鍾) CHOI HO JONG

(생)1968·3·25 (주)대구광역시 북구 동암로 76 국립농산물품질관리원 경북지원(053-320-5300) (학)1986년 대구 청구고졸 1994년 영남대 건축공학과졸 (경)1996~2006년 농림축산식품부 총무과·국제협력과·식량정책과·기획예산담당관실·유통정책과·혁신인사기획관실 주무관 2006~2013년 同농촌산업과·축산정책과·기획재정담당관실·재정평가담당관실 행정사무관 2013~2014년 同재정평가담당관실·운영지원과 서기관 2014년 同국립종자원 운영기획과장 2015년 세종연구소 파견(국내훈련) 2016년 농림축산식품부 국가식품클러스터추진팀장 2017년 同식품산업정책실 농기자재정책팀장 2018년 국립농산물품질관리원 경북지원장(현)

최호진(崔浩眞) CHOI HOJIN

[생]1966·3·11 [본]전주(全州) [출]서울 [주]서울특별시 동대문구 천호대로 64 동아제약 비서실(02-920-8010) [학]1984년 서울 성남고졸 1988년 서강대 경영학과졸 [경]1990~1992년 한국투자신탁 근무 1992~1999년 코래드 근무 1999~2010년 제일기획 근무 2010년 동아제약 근무 2014년 同커뮤니케이션실장(상무) 2015년 同마케팅실장(상무) 2016년 同대표이사 사장(현)

최호천(崔鎬天) CHOI Ho Cheon

[생]1965·2·24 [주]대전광역시 서구 청사로 189 조달청 공공물자국(042-724-7005) [학]1984년 정읍고졸 1991년 전북대 정치외교학과졸 1996년 서울대 대학원 행정학과졸 [경]1993년 행정고시 합격(37회) 2002년 기획예산처 재정기획국 기획총괄과 서기관 2003년 同예산실 국방예산과 서기관 2005년 대통령자문 사람입국·일자리위원회 파견(과장급) 2007년 기획예산처 법령분석과장 2008년 기획재정부 예산실 예산협력과장 2009년 同홍보담당관 2009년 同재정정책국 재정기획과장 2013년 산업통상자원부 무역투자실 국내대책과장 2014년 기획재정부 국고국 국유재산정책과장 2016년 同국유재산정책과장(부이사관) 2016년 국무조정실 영유아교육보육통합추진단 과장 2017년 세종연구소 교육파견 2018년 조달청 공공물자국장(고위공무원)(현)

최홍건(崔弘健) CHOE Hong Geon (華峰)

[생]1943·8·28 [본]경주(慶州) [출]서울 [주]경기도 시흥시 산기대학로 237 한국산업기술대학교(031-8041-1000) [학]1961년 서울 경복고졸 1966년 서울대 법학과졸 1983년 미국 하버드대 케네디스쿨 행정대학원졸 1983년 국방대학원졸 1993년 경제학박사(한양대) [경]1977년 상공부 방위산업과장 1979년 同수출1과장 1983년 同수송기계과장 1985년 同장관비서관 1987년 특허청 기획관리관 1987~1988년 상공부 공보관 1990년 특허청 관리국장 1991년 상공부 통상협력관 1991년 同무역위원회 산업조사관 1992년 상공자원부 상역국장 1994년 同산업정책국장 1994년 공업진흥청 차장 1995년 서울대총동문회 이사(현) 1996년 중소기업청 차장 1997년 통상산업부 기획관리실장 1997년 특허청장 1998~2010년 경복고총동문회 부회장 1998~1999년 산업자원부 차관 1999~2007년 한국산업기술대 총장 2000년 새천년민주당 정책위 부의장 2002년 同노무현 대통령후보 산업특보 2003년 대통령자문 정책기획위원 2003년 한국산업기술시험원 운영위원장 2003년 열린우리당 중소기업특별위원장 2004년 同이천·여주지구당 위원장 2004년 미국 하버드대 케네디스쿨 한국총동문회장 2004~2006년 대통령직속 중소기업특별위원회 위원장 2006~2010년 한국산악회 회장 2006~2007년 전국산업대학교총장협의회장 2006년 (사)한국대학교육협의회 이사 2007년 반월·시화혁신포럼 공동의장 2007~2010년 산업표준심의회 위원장 2007~2009년 중소기업중앙회 정책자문특별위원장 2007년 중소기업연구원 원장 2008~2011년 (재)한국등산지원센터 이사장 2008~2016년 서울대법대총동문회 이사·운영위원 2008년 한국산업기술대 명예교수(현) 2009~2010년 중소기업연구원 고문 2009년 대창공업(주) 회장 2010년 경기 시흥시장선거 출마(한나라당) 2011년 동부그룹 상임고문 2011~2012년 同제조·서비스분야 회장 겸 동부발전 대표이사 회장 2011~2018년 방위사업청 방위산업정책자문위원회 위원장 2013~2016년 한양대 경제금융대학 석좌교수 [상]녹조근정훈장(1976), 전기문화대상(2001), 황조근정훈장(2003) [저]'2만불 시대의 기술혁신전략'(2003) [종]불교

최홍규(崔鴻圭) Hongkyu A. CHOE (松里)

[생]1940·12·11 [본]강릉(江陵) [출]강원 정선 [주]서울특별시 동작구 흑석로 84 중앙대학교(02-820-5114) [학]1959년 강릉제일고졸 1965년 중앙대 문과대 영어영문학과졸 1967년 서울대 대학원 영어교육학과졸 1976년 뉴질랜드 빅토리아대 TESL Diploma 1980년 미국 캔자스대 대학원 영문학과 수료 1985년 문학박사(동국대) 1997년 서울대 환경대학원 도시·환경고위정책과정 수료 2005년 연세대 언어교육연구원 한국어교사연수과정 수료 [경]1966~1976년 혜화여고·수도여고 교사 1976~1980년 한국외국어대·숭실대 강사 1980~1991년 중앙대 문과대 영어영문학과 조교수·부교수 1991~2006년 同교수 1991년 사회단체NGO 사랑의녹색운동본부 회장·명예회장(현) 1991년 환경부 중앙홍보위원 1991년 법무부 서울보호관찰소 특별범죄예방위원 1992년 교육부 교육과정심의위원 1992년 월간 '문학공간'으로 등단 1994년 월간 '문예사조'에 문학평론 등단 1994년 미국 예일대 풀브라이트 교환교수 1995년 미국 하버드대 객원교수 1996년 한국문학과종교학회 회장 1996년 한국영어교육연구학회 회장 1996년 국제환경정책연구원(IIEP) 원장 1998년 월간 '한맥문학'에 수필가 등단 1999년 한국환경문학인협회 회장 1999년 녹색신문 논설위원 2000년 한국헤밍웨이학회 회장 2000~2006년 대한영어영문학회 부회장 2002년 국제펜재단 한국문우회 회장 2002~2003년 영국 케임브리지대·런던대(UCL, SOAS)·프랑스 소르본대(Paris Ⅳ) 초청연구교수 2003년 한국미국문학회 회장 2003년 이화여대 외래교수 2004~2007년 한맥문학가협회 부회장 2004년 중앙대총동창회 부회장(현) 2005년 한국번역문학회 회장 2006년 중앙대 명예교수(현) 2006년 한국농민문학회 회장 2007년 민주평통 자문위원(현) 2007년 동국대총동창회 부회장(현) 2007~2016년 서울중앙지검 시민모니터위원 2012년 서울대교육대학원동창회 회장(현) 2012년 서울대총동창회 상임이사(현) 2013년 한국독도역사문화아카데미 총재(현) 2014년 독도시사신문 논설위원(현) 2014년 세계숲보전협회 회장(현) 2015년 (사)한국시인연대 회장(현) 2016년 광화문사랑방시낭송회 부회장(현) 2017년 서초구 환경정책위원(현) 2017년 국제PEN한국본부 자문위원(현) [상]교육부장관표창, 국무총리표창, 대통령표창(1998), 서울시 자랑스러운 시민상, 한국생활문학회 대상, 근정포장(2005), 황조근정훈장(2006), 헤밍웨이문학상(2006), 법무부장관표창(2006), 환경부장관표창 [저]'윌리엄 워즈워스의 시' '고급영어' '월트휘트먼의 인간관' '내 영혼의 하얀미소'(英文) '영미문학의 탐구' 'A Cultural History of Modern Korea'(英文) 'Education in KOREA'(英文) 시'그리운 어머니' '최홍규씨 당신은 시인입니까?'(2009, 중앙대 출판부) 수필'머나먼 알라바마' 문학평론'에밀리 디킨슨 시의 주제' [역]'미덕의 책' '내게 사랑 하나 있네' [종]천주교

최홍기(崔烘基) Choi Hong-ghi

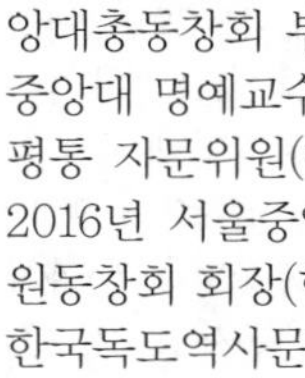

[생]1960·9·1 [본]강릉(江陵) [출]강원 강릉 [주]서울특별시 종로구 사직로8길 60 외교부 인사운영팀(02-2100-7863) [학]1979년 강릉고졸 1984년 서울대 외교학과졸 1990년 미국 데이비슨대 정치학과 수학 2012년 서울대 안보최고경영자과정 수료 [경]1983년 외무고시 합격(17회) 1984년 외무부 입부 1991년 駐유엔대표부 2등서기관 1994년 駐에티오피아 1등서기관 1996~1999년 외교통상부 군축원자력·유엔과 근무 1999년 駐오스트리아대사관 겸 비엔나대표부 1등서기관 2002년 외교통상부 기획예산담당관 2003년 同외교정책실 군축원자력과장 2005년 駐유엔대표부 참사관 2007년 국무조정실 국정운영실 외교심의관(고위공무원) 2008년 국회의장 국제비서관 2011년 국방부 국제정책관 2013년 駐요르단 대사 2016년 외교부 아프가니스탄·파키스탄 특별대표 2017년 同국제안보대사 2018년 駐터키 대사(현) [상]요르단 독립훈장 1등급(2016)

최홍묵(崔鴻默) CHOI Hong Mook

(생)1949 · 3 · 13 (출)충남 (주)충청남도 계룡시 장안로 46 계룡시청 시장실(042-840-2001) (학)1965년 대전상고 중퇴(2년) 2004년 명예 정치학박사(중부대) 2005년 우송고 명예졸업(前 대전상고) (경)계룡산업 대표 1997년 대한민국재향군인회 두마면 회장 1998년 계룡시 의용소방대장 1998~2003년 충남 논산시의회 의원 2000~2002년 同운영위원장 2002~2003년 同의장 2003년 충남 계룡시의회 의원 2003년 충남 계룡시장(자민련 · 국민중심당) 2006~2010년 충남 계룡시장(국민중심당 · 자유선진당 · 무소속) 2010년 충남 계룡시장선거 출마(국민중심연합) 2014~2018년 충남 계룡시장(새정치민주연합 · 더불어민주당) 2018년 충남 계룡시장(더불어민주당)(현) (상)풀뿌리자치언론대상 일반행정부문 대상(2015), 올해의 공감경영대상(2016)

최홍범(崔洪範)

(생)1966 · 4 · 18 (출)전북 장수 (주)전라북도 전주시 완산구 유연로 180 전북지방경찰청 홍보담당관실(063-280-8213) (학)1985년 전주 신흥고졸 1989년 경찰대학 행정학과졸(5기) (경)1989년 경위 임용 1999년 경감 승진 2007년 경정 승진 2010년 전북 완산경찰서 경비교통과장 2011년 전북지방경찰청 기획예산계장 2013년 同경무계장 2017년 同청문감사담당관 2018년 전북 남원경찰서장 2019년 전북지방경찰청 홍보담당관(현)

최홍석(崔洪碩) CHOI HONGSEOK

(생)1973 · 5 · 15 (본)해주(海州) (출)광주 (주)세종특별자치시 도움4로 13 보건복지부 장관실(044-202-2001) (학)1992년 송원고졸 1998년 고려대 사회학과졸 (경)1998년 보건복지부 보건의료과학단지담당관실 사무관 2001년 同여성보건복지과 사무관 2002년 同보건의료정책과 사무관 2003년 국무조정실 파견 2004년 보건복지부 연금재정과 사무관 2007년 同보건정책팀 서기관 · 건강투자기획팀장 · 건강생활팀장 2008년 보건복지가족부 기초노령연금과장 2009년 同장애인소득보장과장 · 장애인연금TF팀장 2010년 보건복지부 장애인연금TF팀장 2011년 同사회서비스자원과장 · 보육사업기획과장 2012년 네덜란드 연수 2014년 보건복지부 기초연금과장 · 기초연금사업지원단장 2015년 同국민연금재정과장 2016년 대통령 고용복지수석비서관실 행정관 2017년 보건복지부 기획조정실 재정운용담당관(서기관) 2018년 同기획조정실 재정운용담당관(부이사관) 2019년 同장관비서관(현) (상)부총리 겸 재정경제부장관표창(2005), 대통령표창(2009) (종)기독교

최홍식(崔洪植) CHOI Hong Shik

(생)1953 · 10 · 28 (출)서울 (주)서울특별시 동대문구 회기로 56 사단법인 세종대왕기념사업회 임원실(02-969-8851) (학)1978년 연세대 의대졸 1982년 同대학원졸 1986년 의학박사(연세대) (경)1988~1999년 연세대 의대 이비인후과학교실 전임강사 · 조교수 · 부교수 1991년 미국 UCLA 후두생리연구소 교환교수 1993년 (재)외솔회 이사 · 이사장 1999~2019년 연세대 의대 이비인후과학교실 교수 2000~2019년 同음성언어의학연구소장 2003~2009년 강남세브란스병원 이비인후과장 2004년 대한음성언어의학회 회장 2005~2006년 연세대 의과대학 강남부학장 2008~2015년 (재)외솔회 이사장 2015년 세종대왕기념사업회 회장(현) (상)한국음성과학회 최우수논문상(2006), 대한음성언어의학회 우수 회외논문상(2010), 대한이비인후과학회 공로상(2011) (저)'후두'(2000) '호흡과 발성'(2007) (종)기독교

최홍연

(생)1969 · 2 · 26 (주)서울특별시 동대문구 천호대로 145 동대문구청 부구청장실(02-2127-5000) (학)고려대 행정학과졸, 서울대 대학원 행정학과졸 2007~2009년 미국 콜로라도대 덴버교 대학원 공공정책학 수학 (경)1990년 행정고시 합격(34회) 1991년 행정사무관 임용 2006년 지방서기관 승진 2009년 서울시 디자인서울총괄본부 디자인기획담당관 2010년 同교육협력국 학교지원과장 2013년 同복지건강실 복지정책과장 · 희망복지지원과장 겸임 2014년 同복지정책관 직대 2015년 지방부이사관 승진 2017년 국회사무처 파견 2018년 서울시 문화시설추진단장 2018년 서울 동대문구 부구청장(현)

최홍영(崔洪榮)

(생)1962 · 8 · 13 (출)울산 울주 (주)경상남도 창원시 마산회원구 3 · 15대로 642 경남은행 여신운영그룹(055-290-8000) (학)1980년 마산상고졸 1988년 울산대 경영학과졸 (경)2007년 경남은행 고성지점장 2008년 同옥동지점장 2009년 同무거2동지점장 2011년 同재산신탁관리반 부장 2012년 同여신관리부장 2013년 同검사부장 2016년 同금융소비자보호총괄책임자(본부장) 2017년 同울산영업본부장 겸 서울영업본부장 2018년 同울산영업본부장 2018년 BNK금융지주 그룹경영지원총괄부문장(전무) 2019년 경남은행 여신운영그룹장 겸 여신지원본부장(부행장보)(현)

최홍재(崔洪載) CHOI Hong Jae

(생)1942 · 3 · 15 (본)경주(慶州) (출)경남 밀양 (주)서울특별시 금천구 벚꽃로 234 에이스하이엔드타워 6차 2002호 만화신문 (학)고려대 상과졸, 일본 동경디자인아카데미 일러스트과 수료 (경)한국생산성본부 시청각교육과장, 경북매일신문 · 경기도민일보 논설위원, 소년한국일보 '코돌이박사' 연재, 고려대 사회교육원 창작만화전문가과정 창설(만화산업교수), 한국과학영재콘텐츠협회 이사, 건강식품신문 발행인, 한국일보 디지털특파원, 만화가(현) 2000년 한국지방자치발전연구원 지방자치신문 편집인(현) 2010~2019년 한국원로만화가협회 감사 2011년 만화신문 발행인 겸 편집인(현) 2019년 한국원로만화가협회 이사(현) (저)'코돌이박사' '과학상식만화(上, 下)'(글수레) '저작권박사 김삿갓' '외국손님맞이 고객만족스킬교육' (작)'KTV 지역경제활성화 문화클러스트(단독대담)' (종)기독교

최 환(崔 桓) CHOI Hwan (晩齋)

(생)1943 · 4 · 20 (본)전주(全州) (출)경북 구미 (주)서울특별시 서초구 신반포로3길 8 반포프라자 607호 최환법률사무소(02-3482-1338) (학)1961년 전주고졸 1965년 서울대 문리대학 정치학과졸 1968년 同사법대학원 수료 (경)1966년 사법시험 합격(6회) 1968년 육군 법무관 1971~1980년 부산지검 · 인천지청 · 서울지검 · 대전지검 검사 1980년 입법회의 내무위원회 전문위원 1981~1983년 대검찰청 형사2과장 · 형사1과장 1983년 同공안1과장 1985년 서울지검 공안부장 1986년 同공안2부장 1987년 同공안1부장 1988년 同남부지청 차장검사 1990년 대구지검 차장검사 1991년 서울지검 제1차장검사 1992년 同남부지청장 1993년 대검찰청 공안부장 1994년 법무부 검찰국장 1995년 서울지검장 1997년 대검찰청 총무부장 1997년 대전고검장 1998~1999년 부산고검장 1999년 변호사 개업(현) 1999~2002년 노근리사건정부조사단 자문위원 2018년 우석대 석좌교수(현) (상)보국훈장 천수장, 황조근정훈장, 율곡인권상(2007), 국제평화언론대상 대민봉사부문 대상(2013), 제3회 백범정신실천상 백범법조인상(2018) (종)불교

최 환(崔 煥)

(생)1970 · 8 · 1 (출)울산 (주)부산광역시 연제구 법원로 31 부산고등법원(051-590-1114) (학)1989년 울산고졸 1994년 서울대 공대졸 (경)1995년 사법시험 합격(37회) 1998년 사법연수원 수료(27기) 1998년 軍법무관 2001년 부산지법 판사 2004년 同동부지원 판사 2007년 부산고법 판사 2009년 법원행정처 정책연구심의관 2010년 同정책심의관 2011년 부산지법 판사 2013년 울산지법 부장판사 2014년 대법원 재판연구관 2018년 부산지법 부장판사 2019년 부산고법 판사(현)

최환진

(생)1965 · 11 · 22 (주)서울특별시 중구 소공로 48 남산센트럴타워 시큐아이 사장실(02-3783-6600) (학)성균관대졸 (경)1990년 삼성전자(주) 시스템추진그룹 · 로지스틱스설계그룹 · 영업지원팀 · 재무팀(구조본) · 인력개발원 근무, 삼성경제연구소 파견 2015년 삼성SDS 경영혁신센터 상무 2017년 同경영혁신센터 운영팀장(상무) 2017년 시큐아이 대표이사 사장(현)

최회선(崔會善)

(생)1968 (출)서울 (주)경기도 수원시 장안구 경수대로 1110-17 중부지방국세청 조사3국 조사2과(031-8012-1862) (학)서울 서라벌고졸, 세무대학졸(6기), 한국방송통신대졸 (경)8급 특채, 기획재정부 금융실명단 파견, 세무대학 근무, 국세청 소득세과 1계 근무 2007년 서울 노원세무서 총무과 · 운영지원과장 2009년 국세공무원교육원 교수 2011년 국세청 징세과 징세5계장 2013년 同징세과 징세2계장 2014년 경북 영주세무서장 2015년 국세청 조사2국 조사2과장 2016년 세종연구소 파견 2017년 경기 김포세무서장 2019년 중부지방국세청 조사3국 조사2과장(현)

최 훈(崔 燻) CHOI Hoon

(생)1936 · 9 · 20 (본)전주(全州) (출)대구 (주)서울특별시 종로구 평창문화로 75 글로리아타운 A동 410호 자원평가연구원(02-396-0585) (학)1955년 대구상고졸 1961년 경북대 사범대 역사학과졸 1967년 연세대 경영대학원졸 1993년 경기대 경영대학원졸 (경)1961년 교통부 항공과 근무 1976년 해운항만청 경협담당관 1977년 同해운국 진흥과장 1980년 울산지방항만청장 1982년 해운항만청 해운국장 1985년 교통부 관광국장 1989년 同육운국장 1990년 同수송정책국장 1991년 同중앙해난심판원장 1991년 同수송정책실장 1993년 同기획관리실장 1993~1994년 철도청장 1994년 명지대 교통대학원 객원교수 1994~2003년 인하대 물류통상대학원 겸임교수 1995~1998년 한진교통물류연구원 원장 1999~2001년 동아대 · 철도대 초빙교수 2000년 자원평가연구원 대표이사(현) 2000년 보르도와인아카데미 원장(현) 2000년 월간 '와인리뷰' 발행인(현) 2008~2009년 한국일반여행업협회(KATA) 고문 2009년 월간 '와인앤시티' 발행인 (상)홍조근정훈장(1985), 황조근정훈장(1995) (저)'호텔경영학'(1971) '공로교통개설'(1995) '포도주 그 모든것'(1999) '철도산업의 혁명'(1999) '철도산업의 혁명, 그리고 한국철도의 비상'(2005) '와인과의 만남'(2005) '프랑스 와인'(2005) '남국의 와인'(2006) '유럽의 와인'(2008) '이탈리아 와인'(2010) '미국, 캐나다 와인'(2011) '신세계 와인'(2013) '역사와 와인'(2015)

최 훈(崔 薰) CHOI Hoon

(생)1960 · 5 · 19 (본)해주(海州) (출)서울 (주)대전광역시 유성구 대학로 99 충남대학교 공과대학 컴퓨터공학과(042-821-6652) (학)1983년 서울대 컴퓨터공학과졸 1990년 미국 듀크대 대학원 전산학과졸 1993년 전산학박사(미국 듀크대) (경)1983~1996년 한국전자통신연구원 근무 1996년 충남대 공과대학 컴퓨터공학과 교수(현) 2000년 미국 표준기술연구소(NIST) 방문연구원 2012~2014년 충남대 정보통신원장 2015~2017년 同SW중심대학사업단장 2019년 同공과대학장(현) 2019년 同산업대학원장(현) (상)학생논문경진대회 1등상(1983), 우수연구원상(1984), IBM Graduate Fellowship Award(1991), 최우수강의상(2004), 충남대 공로상(2015), 대통령표창(2016), 한국정보과학회 논문공헌상(2018) (역)'코아 지니'(2002) (종)가톨릭

최 훈(崔 勳) CHOI Hoon

(생)1962 · 2 · 15 (본)전주(全州) (출)경북 포항 (주)서울특별시 중구 서소문로 100 중앙일보 논설주간실(02-751-5114) (학)서울대 정치외교학과졸, 同대학원 정치외교학과졸 (경)1988년 중앙일보 입사 1992년 同정치부 기자 2000년 同정치부 통일외교팀 기자 2002년 同정치부 차장 2006년 同정치부 부장대우 2007년 同중앙SUNDAY본부 정치에디터 2008년 同편집국 정치데스크(정치부장) 2010년 同논설위원 겸 정치선임기자 2010년 同토요섹션 에디터 2011년 同전략기획실 기획조정담당(부국장대우) 2011년 同편집국 부국장 겸 정치국제에디터 2013년 同편집 · 뉴미디어국장 2014년 同편집 · 디지털국장 2014년 同편집국장(뉴스룸 · 디지털 · 중앙일보 · 중앙선데이 · 시사매거진 제작총괄) 2015~2017년 한국신문방송편집인협회 부회장 2015년 사법연수원 운영위원회 위원 2016년 중앙일보 논설위원실장 2017년 중앙일보마케팅(주) 대표이사 2018년 중앙일보 논설주간(상무보)(현)

최 훈(崔 薰) CHOI Hoon

(생)1964 · 10 · 15 (출)전북 전주 (주)세종특별자치시 정부2청사로 13 행정안전부 인사기획관실(044-205-1386) (학)전주고졸 1986년 고려대 법학과졸 1990년 同대학원 행정학과졸 (경)1992년 행정고시 합격(36회), 내무부 기획예산담당관실 사무관, 행정자치부 자치행정과 사무관, 대통력직인수위원회 파견 2001년 행정자치부 감사관실 조사2담당 2002년 同감사관실 조사1담당 2002년 캐나다 브리티시컬럼비아대 아시아연구소 파견 2004년 국무총리실 정책상황실 정책3과장 2005년 同기획관리조정관실 근무 2006년 전북도 기획혁신전략본부 기획관 2006년 同기획관리실 정책기획관(서기관) 2008년 남원시 부시장, 행정안전부 지역발전국 자전거정책과장 2010년 同재난안전실 재난안전정책과장 2011년 同재난안전실 재난안전정책과장(부이사관) 2012년 국립방재연구원 연구기획과장 2012년 미국 스노퀄미시 파견(부이사관) 2014년 안전행정부 장관비서실장 2014~2016년 전북도 기획관리실장(고위공무원) 2016년 행정자치부 지방재정세제실 지방세제정책관 2017년 행정안전부 지방재정경제실 지방세제정책관 2018년 同지방행정정책관 2019년 대통령직속 3.1운동및대한민국임시정부수립100주년기념사업추진위원회 기획단장(실장급)(현)

최 훈(崔 勳)

(생)1965 · 6 · 27 (주)서울특별시 중구 을지로5길 26 미래에셋대우 임원실(02-3774-7065) (학)1984년 광주 대동고졸 1991년 서울대 영어영문학과졸 (경)2014년 하나대투증권 투자은행본부장(상무보) 2016년 미래에셋대우 투자금융본부장(상무) 2017년 同기업금융(IB)3부문 대표(전무) 2018년 同기업금융(IB)3부문 대표(부사장)(현)

최 훈(崔 勳) CHOI Hoon

(생)1968 · 12 · 4 (본)강릉(江陵) (출)강원 강릉 (주)서울특별시 종로구 세종대로 209 금융위원회 상임위원실(02-2100-2701) (학)강릉 명륜고 1991년 성균관대 행정학과졸 2004년 영국 버밍엄대 경영전문대학원 국제금융학과졸(MBA) 2017년 경제학박사(중국 대외경제무역대) (경)1991년 행정고

시 합격(35회) 2001년 재정경제부 경제정책국 정책조정과 서기관 2002년 대통령비서실 경제특보실·정책수석실 행정관 2005년 재정경제부 금융허브협력과장 2006년 同부총리 겸 장관 비서관 2007년 同금융정책국 증권제도과장 2008년 금융위원회 금융정책국 금융시장분석과장 2009년 同금융서비스국 은행과장 2010년 기획재정부 경제정책국 자금시장과장(서기관) 2011년 同경제정책국 자금시장과장(부이사관) 2011년 駐베이징 유엔개발계획(UNDP) 광역두만개발계획(GTI) 사무국장 2014년 금융위원회 근무(부이사관) 2015년 대통령 경제금융비서관실 행정관 2016년 금융위원회 금융서비스국장 2017년 국가공무원인재개발원 교육파견 2017년 금융위원회 금융서비스국장 2018년 同금융산업국장 2019년 同금융정책국장 2019년 同상임위원(현) (상)재정경제부장관표창(1998·1999), 대통령표창(2000), 홍조근정훈장(2018) (역)'미국 통상정책의 정치경제학'(1999)

최 훈(崔 勳)

(생)1971·8·10 (주)충청남도 예산군 삽교읍 도청대로 600 충청남도의회(041-635-5217) (학)용인대 유도학과졸, 공주대 교육대학원 교육학과졸 (경)더불어민주당 충남도당 공주·부여·청양지역위원회 위원장, 민주평통 자문위원(현), 대전오토월드 대표(현) 2018년 충남도의회 의원(더불어민주당)(현)

최훈열(崔勳烈) CHOI Hoon Yeol

(생)1961·12·20 (본)초계(草溪) (출)전북 부안 (주)전라북도 전주시 완산구 효자로 225 전라북도의회(063-280-3970) (학)1980년 배재고졸 1987년 성균관대 사회학과졸 (경)(주)새만금산업 상무이사, 부안청년회의소(JC) 회장, 同특우회원, 동북초 신헌장학회 부회장, 대한민국재향군인회 동진면지회장 2002~2006년 전북 부안군의회 의원 2006년 전북도의원선거 출마(무소속) 2014년 전북도의회 의원(새정치민주연합·더불어민주당) 2014년 同환경복지위원회 위원 2014~2015년 同예산결산특별위원회 부위원장 2015년 同운영위원회 위원 2016~2018년 同환경복지위원회 위원장 2018년 전북도의회 의원(더불어민주당)(현) 2018년 同교육위원회 위원(현) (상)대통령표창(2015), 전국시·도의회의장협의회 우수의정 대상(2016) (종)기독교

최휘영(崔輝永) CHOI Hwi Young

(생)1964·4·29 (출)서울 (주)경기도 성남시 분당구 판교역로14번길 16 트리플(031-705-8777) (학)1983년 경성고졸 1990년 서강대 영어영문학과졸 (경)1991년 (주)연합뉴스 기자 1995년 (주)YTN 기자 2000년 야후코리아 근무 2002년 NHN(주) 네이버본부 기획실장 2004년 同네이버부문장 2004년 同국내담당 공동대표이사·각자대표이사 사장 2007~2009년 同대표이사 사장 2008년 전국재해구호협회 이사 2009년 NHN비즈니스플랫폼(주) 대표이사 사장 2014년 네이버(주) 경영고문 2015~2016년 (주)하나투어 사외이사 겸 감사위원 2016년 (주)트리플 대표(현) (상)동탑산업훈장(2009)

최흥석(崔興錫) CHOI, Heung-Suk

(생)1947·10·4 (본)경주(慶州) (출)경남 진해 (학)1966년 마산상고졸 1971년 동아대 법학과졸 1994년 미국 서던캘리포니아대 행정대학원졸 2007년 경영학박사(한남대) (경)1990년 관세청 전산담당관 1992년 同양산세관장 1994년 同성남세관장 1995년 同청장 비서관 1996년 同교역협력과장 1998년 同서울세관 감시국장 1998년 同항만감시과장 2000년 同심사정책과장 2001년 미국 World Trade Center 파견 2002년 국세공무원교육원 교수부장 2002년 관세청 통관지원국장 2003년 同인천·경기지역본부세관장 2004~2007년 同대구·경북지역본부세관장 2007년 관세청 근무 2008년 한얼연구회 회장 2010년 관세법인 우신 회장 2014년 토탈컨설팅그룹 대표컨설턴트(현) (상)홍조근정훈장, 근정포장, 재무부장관표창 (저)'EDI방식에 의한 관세행정 전산시스템구축'(1991) '원산지 이론과 실무'(1998·2004) '관세, 무역, 외환거래 세관심사, 조사실무'(2007) '개항의 파도와 조선의 침몰'(2010) 'FTA시대 원산지 이론과 실무'(2011) '대한민국 무역열전'(2018, 한국관세무역개발원) (역)'독일의 관세제도'(1980)

최흥석(崔興碩) CHOI Heung Suk

(생)1961·2·22 (출)서울 (주)서울특별시 성북구 안암로145 고려대학교 정경대학 행정학과(02-3290-2279) (학)1983년 고려대 재료공학과졸 1986년 同대학원 행정학과졸 1989년 미국 퍼듀대 대학원 행정학과졸 1993년 행정학박사(미국 시라큐스대) (경)1994년 국제화추진위원회 전문위원 1995~2003년 고려대 행정학과 조교수·부교수 1995년 정보통신부 초고속위원회 위원 1997년 정보화사업평가위원회 위원, 서울시 행정쇄신실무위원 1998년 한국정책학회 감사, 서울시 시정개혁실무위원 1999~2001년 정보통신부 심사평가위원 2003년 고려대 정경대학 행정학과 교수(현) 2006년 同정부학연구소장 2009~2011년 同국제처장 2017년 한국행정학회 회장 2019년 고려대 대학원장(현) (저)'한국의 도전과 선택: 21세기 국가경영론'(1997, 나남출판) '정보사회와 정보화정책'(1998, 나남출판) '대학의 이상과 미래'(1998, 역민사) '딜레마상황 하에서의 의사결정행동'(2000, 나남출판) '공유재와 갈등관리'(2004, 박영사)

최흥섭 Heung Soap Choi

(생)1962·11·10 (출)서울 (주)세종특별자치시 조치원읍 세종로 2639 홍익대학교 세종캠퍼스 과학기술대학 기계정보공학과(044-868-2864) (학)1985년 연세대 기계공학과졸 1987년 同대학원 기계공학과졸 1988년 육군3사관학교 수료 1993년 기계공학박사(미국 노스웨스턴대) (경)1990~1993년 미국 노스웨스턴대 기계공학과 연구조교 1993년 미국 노스웨스턴주립대 품질공학및고장방지센터 박사 후 연구원 1993~1998년 대한항공 기술연구원 복합재료소재공정팀 책임연구원 1994~1998년 同G-7프로젝트 책임연구원 1998년 同김해공장지원팀 근무 1998~2001년 同KTX-2고등훈련기설계개발 책임연구원 2001~2002년 한국항공우주연구원 인공위성경량복합소재본체구조설계및시제품제작프로젝트 근무 2001~2002년 연세대 기계공학과 겸임교수 2005~2006년 대한항공 기술연구원 항공기개발팀 복합재료그룹장 2006~2010년 同기획개발팀 탐색연구그룹 근무 2007~2009년 인하대 기계공학과 겸임교수 2011년 대한항공 기술연구원 항공기개발팀 헬기그룹 근무 2011~2012년 同기술연구원 항공기개발팀 항공기그룹 근무 2012년 同기술연구원 중형항공기탐색개발TFT 근무 2012년 홍익대 과학기술대학 기계정보공학과 부교수·교수(현) 2019년 同산학협력단장 겸 벤처기업창업보육센터 소장 겸 중소기업산학협력센터 소장(현)

최흥식(崔興植) CHOI Heung Sik

(생)1947·8·3 (본)수원(水原) (출)서울 (주)서울특별시 서초구 서리풀2길 30 성도빌딩 2층 국제디자인교류재단(02-3288-7893) (학)1968년 한국외국어대 정치외교학과졸 1974년 프랑스 국제행정대학원(IIAP) 외교학과졸 1974년 법학박사(프랑스 파리제2대) 1985년 프랑스 국립행정대학원(ENA)졸 (경)1972년 외무부 입부 1974년 駐프랑스 3등서기관 1977년 駐스웨덴 3등서기관 1979년 駐어퍼볼타 2등서기관 1985년 駐프랑스 2등서기관 1989년 대전박람회조직위원회 국제부장 1989~1992년 국제박람회기구(BIE) 한국대표 1992년 외무부 문화협력1과장 1993년 국무총리 의전비서관 1995년 駐보스톤 영사 1997년 외무부 문화홍

보심의관 1998년 외교안보연구원 구주아프리카연구관 1998년 駐프랑스 공사참사관 1999년 駐프랑스 공사 겸 駐유네스코 공사 2000년 駐알제리 대사 2002년 외교통상부 여수세계박람회유치 종합상황실장 2002년 국제박람회기구(BIE) 한국수석대표 2003년 駐호놀룰루 총영사 2005년 외교통상부 본부대사 2006~2007년 대전시 국제관계자문대사 2007년 배재대 겸임교수 2007~2008년 숭실대 국제통상대학원 겸임교수 2008년 '2009 대전국제우주대회조직위원회(IAC)' 사무총장 2009~2011년 대전컨벤션뷰로 대표이사 2010~2013년 국제우주연맹(IAF) 아시아·태평양지역그룹 의장 2010~2013년 한국항공우주연구원 자문위원 2010~2014년 한국과학우주청소년단 국제이사 2011~2013년 한국MICE협회 국제협력위원장 2011년 (주)한국컨벤션디자인연구원 원장 2012~2013년 국제디자인교류재단(IPD) 개발원장 2012년 경희대 관광대학원 겸임교수 2014년 동북아공동체연구재단 정책자문위원(현) 2016년 국제디자인교류재단 이사장(현) (상)외교통상부장관표창(1981·1988), 녹조근정훈장(1991), 국제우주대회유치 대전시장 공로패(2006), 홍조근정훈장(2007), 대한민국 MICE대상 문화관광부장관표창(2010), 국제우주연맹(IAF) 특별공로상(2015) (저)'글로벌시대의 국제협상가'(2013) (종)기독교

최흥진(崔興辰) CHOI Heung Jin

(생)1960·4·2 (주)광주광역시 남구 제중로 77 호남신학대학교 총장실(062-650-1552) (학)1983년 전남대 사회학과졸 1986년 장로회신학대 대학원졸 1990년 신학박사(계명대) (경)1993년 호남신학대 신학과 교수(현) 2001~2002년 同신학대학원장 2002~2004년 同교무처장 2016년 同총장(현)

최흥진(崔興震) CHOI Heung-Jin

(생)1962·2·25 (출)대전 (주)서울특별시 동작구 여의대방로16길 61 기상청 차장실(02-2181-0900) (학)보문고졸 1985년 연세대 화학공학과졸 1987년 同대학원 화학과졸 1998년 환경공학박사(미국 델라웨어주립대) (경)1986년 기술고시 합격(21회) 1998년 환경부 대기관리과·대기정책과 서기관 2000년 同기획관리실 정보화담당관 2001년 同환경기술과장 2003년 OECD 사무국 파견 2006년 환경부 환경정책실 환경보건정책과장 2007년 同환경정책실 정책총괄과장(부이사관) 2008년 대통령직속 미래기획위원회 미래기획단 미래환경팀장 2009년 대통령직속 녹색성장위원회 녹색성장기획단 기후변화대응팀장(국장급) 2010년 환경부 국립환경인력개발원장(고위공무원) 2011년 同자원순환국장 2013년 제18대 대통령직인수위원회 법질서·사회안전분과 전문위원 2013년 대구지방환경청장 2014년 환경부 환경정책실 기후대기정책관 2016년 同국립생물자원관 생물자원활용부장 2017년 同영산강유역환경청장 2017년 기상청 차장(현) (상)미국 델라웨어주 체스픽(Cheaspeake)수질환경협회 주관 99 체스픽수질환경협회 논문공모 1위(1999)

최희남(崔熙男) CHOI Hee Nam

(생)1960·11·15 (본)수원(水原) (출)서울 (주)서울특별시 중구 퇴계로 100 한국투자공사(02-2179-1000) (학)1979년 서울 배문고졸 1984년 한양대 경제학과졸 1986년 同경영대학원 경영학과졸 1997년 경제학박사(미국 피츠버그대) (경)1985년 행정고시 합격(29회) 1988년 재무부 국제관세과 사무관 1990~1993년 同국제금융과 사무관 1997년 재정경제원 실명제실시단 사무관 1997년 同IMF대책반 사무관 1998년 대통령 재정경제비서관실 행정관 1999년 세계은행 이사실 Advisor 2003년 재정경제부 산업경제과장 2004년 同정책기획과장 2005년 同외화자금과장 2007년 同국제금융과장 2009년 기획재정부 G20기획단장 2010년 대통령직속 G20정상회의준비위원회 의제총괄국장 2011년 국제통화기금(IMF) 대리이사(파견) 2012년 기획재정부 국제금융협력국장 2013년 同국제금융정책국장 2014~2016년 同국제경제관리관 2016년 세계은행(WB) 상임이사 2016~2018년 국제통화기금(IMF) 상임이사 2018년 한국투자공사(KIC) 사장(현) (상)조세의 날 재무부장관표창(1990), 부총리 겸 재정경제부장관표창, G20관련 대통령표창

최희문(崔熙文) CHOI Hi Moon

(생)1964·10·28 (주)서울특별시 영등포구 국제금융로6길 15 메리츠종합금융증권 임원실(02-785-6611) (학)미국 파운턴밸리고졸 1987년 미국 엠허스트대 경제학과졸 1993년 미국 스탠퍼드대 대학원졸(MBA) (경)1987~2002년 Bankers Trust Korea·Credit suisse Firest Boston·Goldman Sachs 근무 2002년 삼성증권(주) Capital Markets사업본부장(상무) 2007년 同Capital Markets사업본부장(전무) 2009년 同CM사업본부장 2009년 同고문 2009년 메리츠증권(주) 홀세일총괄 부사장 2010년 同대표이사 사장 2010년 메리츠종합금융증권(주) 대표이사 사장 2018년 同대표이사 부회장(현) (상)대통령표창(2009), 국무총리표창(2009)

최희섭(崔熙燮) Hie Sup Choi (淸岩)

(생)1955·2·10 (본)청송(靑松) (출)충남 예산 (주)전라북도 전주시 완산구 천잠로 303 전주대학교 인문대학 영미언어문화학과(063-220-2513) (학)1973년 예산고졸 1980년 공주사범대 영어교육학과졸 1984년 고려대 대학원 영어영문학과졸(석사) 1991년 영어영문학박사(고려대) (경)1980~1987년 평택기계공고·이천농고·수원여고 교사 1988~1991년 수원대 영어영문학과 강사 1988~1993년 고려대 영어영문학과 강사 1988년 한국현대영미시학회 회원(현) 1990년 공주사범대 영어교육과 강사 1991~1992년 공주대 영어교육과 강사 1992~1993년 건국대 영어영문학과 강사 1993년 전주대 인문대학 언어문화학부 영미언어문화전공 전임강사·조교수·부교수·교수, 同인문대학 영미언어문화학과 교수(현) 1993년 한국영어영문학회 회원(현) 1993년 한국예이츠학회 회원(현) 1995~1996년 한국현대영미시학회 연구이사 1997~1999년 한국예이츠학회 이사 1998~1999년 미국 웨인스버그대 교환교수 2000~2001년 한국예이츠학회 총무이사 2003~2004년 한국현대영미시학회 편집위원장 2003~2005년 한국번역학회 편집위원장 2003~2005년 한국호손학회 감사 2005~2006년 한국동서비교문학학회 회장 2005~2006년 한국예이츠학회 부회장 2007~2009년 한국번역학회 총무이사 2007년 한국동서비교문학학회 고문(현) 2008~2009년 대한영어영문학회 편집위원장 2009~2011년 한국번역학회 수석부회장 2011~2014년 同회장 2014년 同고문(현) 2015~2017년 전주대 인문과학종합연구소장 (상)경기도교육감표창(1986) (저)'대학 영어'(1993, (주)Y.J물산) '현대영미시'(1993, (주)Y.J물산) '영국현대시의 이해'(1995, 동인) '미국 현대시의 이해'(1995, 동인) '영미시개론'(1996, 동인) '쉬운 영시개론'(2002, 전주대 출판부) '영미문화의 이해'(2003, BrainHouse) '영작문 기초부터 다지기'(2005, 동인) '미국문화 바로알기'(2007, 동인) '번역 첫걸음 내딛기'(2007, 동인) '각주가 상세한 영시개론'(2007, 동인) '영국문화 바로알기(共)'(2007, 동인) (역)'영시감상의 첫걸음'(1997, 동인) '동물농장'(2008, 웅진문학에디션뿔) '라우트지리 번역학 백과사전'(2009) '채털리 부인의 연인'(2009, 웅진문학에디션뿔) '아들과 연인'(2010, 열린책들) (종)불교

최희윤(崔曦允·女) Choi Hee Yoon

(생)1958 (주)대전광역시 유성구 대학로 245 한국과학기술정보연구원(042-869-1001) (학)1976년 수도여고졸 1981년 연세대 도서관학과졸 1983년 同대학원 정보학과졸 2003년 정보학박사(연세대) (경)1984~1990년 산업연구원 책임연구원 1994~2004년 포스코경영연구소 수석연구위원

2004년 한국과학기술정보연구원(KISTI) 책임연구원 2007년 同지식정보센터장 2007~2010년 세계과학기술정보위원회(ICSTI) 부회장 2008~2011년 한국정보관리학회 부회장 2009년 한국과학기술정보연구원(KISTI) 정보유통본부장, 同창조경제지원사업단장 2013·2016년 대통령소속 도서관정보정책위원회 위원 2014년 한국과학기술정보연구원(KISTI) 과학기술정보센터장 2017년 국가과학기술심의회 ICT융합분과·정책조정분과 전문위원 2018년 한국과학기술정보연구원(KISTI) 원장(현) (상)한국콘텐츠학회 한국콘텐츠정책대상(2018)

최희준(崔喜竣) CHOI Hee Jun

(생)1972·8·14 (본)삭녕(朔寧) (출)경남 통영 (주)서울특별시 서초구 서초중앙로 157 서울중앙지방법원(02-530-1114) (학)1991년 마산고졸 1996년 서울대 사법학과졸 (경)1996년 사법시험 합격(38회) 1999년 사법연수원 수료(28기) 1999년 육군법무관 2002년 청주지법 판사 2005년 수원지법 판사 2009년 서울중앙지법 판사 2010년 서울고법 판사 2012년 대법원 재판연구관 2014년 대구지법 부장판사 2015~2018년 헌법재판소 파견 2016~2018년 수원지법 부장판사 2018년 서울중앙지법 부장판사(현) (종)천주교

최희철(崔喜喆) CHOI Hee Chul

(생)1961·10·15 (주)광주광역시 북구 첨단과기로 123 광주과학기술원 지구·환경공학부(062-751-2441) (학)1984년 부경대 환경공학과졸 1988년 아시아과학기술원 대학원 토목환경공학과졸 1995년 토목환경공학박사(미국 텍사스A&M대) (경)1989~1998년 한국건설기술연구원 선임연구원 1998~2011년 광주과학기술원 환경공학부 조교수·부교수 1998년 한국건설기술연구원 영산강환경관리청 연구자문위원 2000년 한국토양지하수환경학회 이사·편집위원 2003년 대한상하수도학회 편집위원 2003년 국제물환경학회 위원 2004~2006년 광주과학기술원 '물' 재이용기술센터 소장 2004~2006년 대한환경공학회 영문학회지 부편집위원장·총무이사 2005~2006년 창업기술지원센터 센터장 2007년 환경부 환경분쟁조정위원회 위원 2007년 광주시 환경보전위원 2008~2009년 광주과학기술원 국제화센터장 2009년 同대외협력실장 2011년 광주과학기술원 지구·환경공학부 종신교수(현) 2012~2017년 (사)대한환경공학회 부회장 2012년 한국과학기술한림원 공학부 정회원(현) 2014년 광주과학기술원 국제환경연구소장 2015~2016년 영국 왕립화학회 융합공학분야국제학술지(RSC Advances) 부편집장(Associate Editor) 2017년 한국공학한림원 일반회원(현) 2018년 (사)대한환경공학회 회장(현) (상)한국건설기술원장표창(1996), 교육과학기술부장관표창(2008), 대통령표창(2015) (저)'환경방재학'(2010, 소방방재청 국립방재교육원)

추경균(秋炅均) CHOO Kyung Kyun

(생)1956·2·28 (출)전남 강진 (주)서울특별시 강남구 강남대로84길 23 한국정보시스템감리협회 임원실(02-558-9140) (학)숭실대 전자계산과졸 1988년 同대학원 전자계산과졸 2004년 컴퓨터학박사(숭실대) (경)1999년 행정자치부 행정정보화담당관실 서기관 2004년 同정보화지원과장 2005년 同서비스정보화팀장 2006년 同전자정부보안팀장 2007년 한국정보사회진흥원 파견(부이사관) 2007년 행정자치부 전자정부기술정책관 2008년 행정안전부 행정정보공유추진단 부단장 2010년 세종연구소 파견 2011년 국가기록원 기록정보서비스부장(고위공무원) 2014년 한국지역정보개발원 기획조정실장 2016~2018년 행정자치부 소속 공공데이터제공분쟁조정위원회 상임위원 2018년 (사)한국정보시스템감리협회 상근부회장(현) (상)총무처 민관사무혁신사례발표대회 최우수상(1995), 대통령표창(1996), 근정포장(2003), 홍조근정훈장(2016) (종)기독교

추경호(秋慶鎬) Choo Kyungho

(생)1960·7·29 (출)대구 (주)서울특별시 영등포구 의사당대로 1 국회 의원회관 328호(02-784-8946) (학)1979년 대구 계성고졸 1983년 고려대 경영학과졸 1993년 미국 오리건대 대학원 경제학과졸 (경)1981년 행정고시 합격(25회) 1983~1987년 총무처·환경청 사무관 1987~1991년 경제기획원 물가정책국·대외경제조정실 사무관 1991년 국외훈련(미국 오리건대) 1993~1996년 경제기획원 경제기획국 사회개발계획과·경제홍보과·지역과 근무 1996~1998년 재정경제원 경제정책국 종합정책과 서기관 1998년 대통령직인수위원회 정책분과 파견 1998~1999년 대통령비서실 경제수석비서관실·정책기획수석비서관실 행정관 1999~2002년 세계은행(IBRD) 시니어 이코노미스트 2002년 재정경제부 기획관리실 행정법무담당관 2003년 同금융정책국 은행제도과장 2005년 同금융정책국 금융정책과장(부이사관) 2006~2009년 駐OECD대표부 공사참사관 2009년 금융위원회 금융정책국장(고위공무원) 2010년 대통령실 경제금융비서관 2011년 금융위원회 부위원장 2013년 기획재정부 제1차관 2014~2016년 국무조정실장(장관급) 2016~2017년 새누리당 대구시달성군당원협의회 운영위원장 2016년 제20대 국회의원(대구시 달성군, 새누리당·자유한국당〈2017.2〉)(현) 2016~2017년 새누리당 일자리특별위원회 부위원장 2016·2018년 국회 기획재정위원회 위원 2016년 국회 예산결산특별위원회 위원 2016년 한국아동인구환경의원연맹(CPE) 회원(현) 2016~2017년 국회 미래일자리특별위원회 위원 2017년 자유한국당 대구시달성군당원협의회 운영위원장(현) 2017년 同일자리특별위원회 부위원장 2017년 同여의도연구원장 2017·2018년 국회 기획재정위원회 간사(현) 2017년 자유한국당 정책위원회 부의장 겸 경제정책위원장 2017년 국회 4차산업혁명특별위원회 위원 2018년 국회 남북경제협력특별위원회 간사 2018년 자유한국당 제3정책조정위원장(현) 2019년 同2020 경제대전환위원회 위원(현) 2019년 同미디어특별위원회 위원(현) 2019년 同전략기획부총장(현) 2019년 同조직강화특별위원회 위원(현) (상)우수공무원 근정포장(1996), 홍조근정훈장(2005), 고려대 경영대 교우회 '올해의 교우상' 공직부문(2014), 새누리당 국정감사 우수의원상(2016), 국회예산정책처 설립 14주년 기념 국회의장 공로패(2017), 국정감사NGO모니터단 국정감사 우수의원상, 국리민복상(2017·2018), 자유한국당 국정감사 우수의원상(2017·2018), 자유기업원 자유경제입법상(2018), 법률소비자연맹 국회의원 헌정대상(2018·2019)

추광영(秋光永) CHOO Kwang Yung (一河)

(생)1940·6·2 (본)서산(瑞山) (출)부산 (주)서울특별시 관악구 관악로1 서울대학교 언론정보학과(02-880-6467) (학)1958년 부산고졸 1963년 서울대 문리대학 사학과졸 1973년 미국 Univ. of North Texas 대학원 언론학과졸 1976년 언론학박사(미국 Univ. of Texas-Austin) (경)1969~1971년 한국과학기술연구소 근무 1973~1976년 미국 텍사스대 강사 1976~1978년 미국 Abek Crop. 연구담당 상무 1978~1980년 한국통신기술연구소 책임연구원 1980~2005년 서울대 사회과학대학 언론정보학과 교수 1980년 同신문학과장 1993~1996·2006년 KBS 이사 1995~2016년 LG상남언론재단 이사 1997년 서울대 언론정보연구소장 1999년 한국방송학회 회장 2003년 한국스피치커뮤니케이션학회 회장 2005년 서울대 언론정보학과 명예교수(현) (상)대통령표창(2005) (저)'정보화사회의 도전과 대응'(編) '컴퓨터 활용보도론' '외신보도의 현황과 전망' '디지털시대의 글로벌커뮤니케이션'(2005) (역)'디지털 자본주의'(2001)

추교인(秋敎仁) CHOO Kyo In

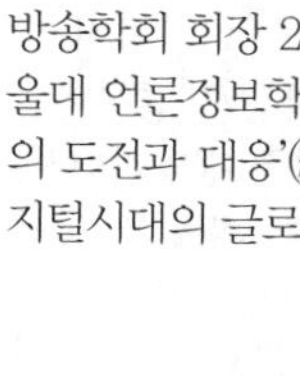

(생)1957·8·18 (출)대구 (주)서울특별시 강서구 공항대로 516 엘앤피코스메틱(주)(080-860-8400) (학)서울고졸 1982년 한국외국어대 스페인어과졸 (경)1982년 삼성물산(주) 입사, 同파나마지점·인사팀·뉴욕지사 영업담당 부장 2002년 同뉴욕지사 상무보 2002년 同인사팀 상무보 2006년 同인

사팀장(상무) 2009년 同미주총괄 전무 2011년 同상사부문 그린에너지본부장(부사장) 2013~2014년 同자문역 2014년 건설화학공업(주) 대표이사 사장 2015년 同각자대표이사 사장 2016~2017년 대림코퍼레이션 대표이사 사장 2018년 엘앤피코스메틱(주) 해외영업총괄 사장(현) (종)가톨릭

추규호(秋圭昊) Choo Kyu-ho

(생)1952 · 8 · 21 (출)전남 목포 (주)서울특별시 종로구 성균관로 25-2 성균관대학교 국가전략대학원(02-760-0904) (학)1975년 성균관대 법률학과졸 1987년 일본 게이오대 연수 1998년 미국 존스홉킨스대 대학원 국제공공정책학과졸 (경)1975년 외무고시 합격(9회) 1975년 외무부 입부 1981년 駐베네수엘라 2등서기관 1987년 駐일본 1등서기관 1990년 외무부 정보2과장 1991년 同특수정책과장 1992년 同동북아1과장 1993년 외교안보연구원 연구관 1994년 駐이탈리아 공사참사관 1998년 駐일본 공사참사관 2000년 외교통상부 아시아·태평양국장 2001년 同일본역사왜곡교과서정부대책반 대변인 2002년 駐시카고 총영사 2004년 駐일본 공사 2006년 외교통상부 대변인 2006년 同동아시아협력대사 2007년 법무부 출입국·외국인정책본부장 2009년 외교안보연구원 경력교수 2010~2012년 駐영국 대사 2013년 성균관대 국가전략대학원 초빙교수(현) 2014~2016년 (사)한국외교협회 부회장 2015년 (사)한일미래포럼 이사장(현) 2016년 서초구 국제자문대사 (상)황조근정훈장(2013) (종)천주교

추무진(秋武辰) CHOO, MOO-JIN

(생)1960 · 10 · 17 (출)경북 포항 (주)서울특별시 중구 을지로 6 재능교육빌딩 6, 7층 한국국제보건의료재단(02-3396-9700) (학)1979년 서울 환일고졸 1986년 서울대 의대졸 1992년 同대학원 의학석사 1995년 의학박사(서울대) (경)1992~2001년 충북대 의대 이비인후과학교실 전임강사·조교수·부교수 2001~2002년 순천향대 의대 부교수 2002~2014년 메디서울이비인후과의원 원장, 미국 캘리포니아대 데이비스교 의대 이후두학 연수, 경기도의사회 보험이사 2012~2014년 용인시의사회 회장 2013~2014년 대한의사협회 정책이사 2014~2018년 同제38·39대 회장 2014~2018년 한국의사100년기념재단 이사장 2014~2018년 의료기관평가인증원 비상임이사 2014~2018년 한국보건의료인국가시험원 비상임이사 2014~2018년 한국의약교육평가원 비상임이사 2014~2018년 한국희귀필수의약품센터 비상임이사 2017년 민주평통 상임위원(현) 2017년 同의료봉사단 부단장(현) 2018년 한국국제보건의료재단 이사장(현) 2018년 메디서울이비인후과 원장(현) (상)보건복지부장관표창(2014), 2019 대한민국공헌대상 보건부문 의료대상(2019)

추문갑(秋文甲) Choo, Moon Gab

(생)1970 · 1 · 8 (출)경남 통영 (주)서울특별시 영등포구 은행로 30 중소기업중앙회 홍보실(02-2124-3060) (학)1989년 충무고졸 1995년 경상대 경영학과졸 2006년 한국지도자아카데미 리더십과정 수료(10기) 2015년 연세대 경제대학원졸(경제학석사) 2019년 서울벤처대학원대학교졸(경영학박사) (경)1995년 중소기업중앙회 입사 1999년 同경영지원팀 과장 2000년 同기획조정실 과장 2004년 同비서실 과장 2006년 同부장(회장 수행비서) 2006년 한국지도자아카데미총동문회 감사 2007년 중소기업중앙회 전략경영팀 부장 2008년 同업무지원팀장 2009년 同인천지역본부 인력지원팀장 2010년 同전략경영실 기획예산부장 2011년 同홍보실장(현) 2017년 대한경영학회 부회장(현) (상)중소기업청장표창(1997), 중소기업중앙회장표창(2002), 산업자원부장관표창(2003), 기획재정부장관표창(2010), 국무총리표창(2019) (저)'중소벤처기업지원제도 총람(共)'(2000)

추미애(秋美愛 · 女) CHOO MI AE

(생)1958 · 10 · 23 (본)추계(秋溪) (출)대구 (주)서울특별시 영등포구 의사당대로 1 국회 의원회관 501호(02-784-1270) (학)1977년 경북여고졸 1981년 한양대 법과대학졸, 세종대 경영대학원 최고경영자과정 수료, 고려대 정책대학원 최고위정책과정 수료 2004년 연세대 경제대학원 경제학과졸 (경)1982년 사법시험 합격(24회) 1985년 사법연수원 수료(14기) 1985년 춘천지법 판사 1989년 인천지법 판사 1993년 전주지법 판사 1993년 김제시 선거관리위원장 겸임 1995년 광주고법 판사 1995년 변호사 개업 1995년 새정치국민회의 부대변인 1996년 제15대 국회의원(서울 광진구乙, 새정치국민회의·새천년민주당) 1996년 새정치국민회의 인권특별위원회 부위원장 1997·1999년 同총재 특보 1997년 제15대 대통령직인수위원회 정무분과 위원 1998년 새정치국민회의 제1정책조정위원회 부위원장 1998년 同개혁추진위원회 제3분과위원장 2000년 새천년민주당 당무위원 2000년 同총재 특보 2000년 제16대 국회의원(서울 광진구乙, 새천년민주당) 2000년 새천년민주당 총재비서실장 2000년 同지방자치위원장 2001년 한국아동·인구·환경의원연맹 부회장 2002년 새천년민주당 최고위원 2002년 同국민참여운동본부 공동본부장 2003년 同상임고문 2003년 同상임중앙위원 2004년 同선거대책위원장 2004년 미국 컬럼비아대 로스쿨 객원연구원 2006~2012년 한양대 국제학대학원 특임교수 2006년 법무법인 아주 대표변호사 2007년 대통합민주신당 제17대 대통령중앙선거대책위원회 위원장 2008년 제18대 국회의원(서울 광진구乙, 통합민주당·민주당·민주통합당) 2008년 민주당 당무위원 2008~2010년 국회 환경노동위원장 2010년 세계한인민주회의 부의장 2011년 민주통합당 당무위원 2012년 제19대 국회의원(서울 광진구乙, 민주통합당·민주당·새정치민주연합·더불어민주당) 2012년 민주통합당 최고위원 2012년 同대선후보경선준비기획단장 2012년 同제18대 대통령중앙선거대책위원회 국민통합위원장 2013년 同동북아평화협력특별위원회 위원장 2013년 국회 산업통상자원위원회 위원 2014년 새정치민주연합 6·4지방선거 공직선거후보자추천재심위원회 위원장 2015년 同최고위원 2015년 同경제정의·노동민주화특별위원회 위원장 2015년 同메르스대책특별위원회 위원장 2015~2016년 더불어민주당 최고위원 2016년 국회 정보위원회 위원 2016년 더불어민주당 소녀상의눈물운동본부 위원장 2016년 同경제정의·노동민주화특별위원회 위원장 2016년 제20대 국회의원(서울 광진구乙, 더불어민주당)(현) 2016년 국회 법제사법위원회 위원 2016년 더불어민주당 서울광진구乙지역위원회 위원장(현) 2016~2018년 同대표최고위원 2016~2018년 同민주연구원 이사장 2016·2018년 국회 외교통일위원회 위원(현) 2016년 세계한인민주회의 의장(현) 2016년 더불어민주당 박근혜대통령퇴진 국민주권운동본부장 2016~2017년 同호남특별위원회 위원장 2017년 同제19대 문재인 대통령후보 중앙선거대책위원회 상임공동위원장 2017년 한·러의원외교협의회 회장 2018년 더불어민주당 제7회 전국동시지방선거 중앙선거대책위원회 상임선대위원장 2018년 同혁신성장추진위원회 위원장(현) 2019년 同상임고문(현) 2019년 국회 한·러시아독립국가연합외교포럼 회장(현) 2019년 더불어민주당 일본경제보복대책특별자문위원회 위원(현) (상)한국여성단체연합 여성권익디딤돌(1997), 시사주간지(ASIAWEEK) '새천년을 이끌 아시아 밀레니엄 정치지도자' 선정(1999), 한국유권자운동연합 국회의정활동 행정자치위원회 최우수상(1999), 국민화합운동연합 국민화합상(2000), 한국여성유권자연맹 '20세기를 빛낸 여성 21세기를 빛낼 여성' 선정(2000), 바른사회밝은정치시민연합 새천년 밝은 정치인상(2000), 시사저널 차세대 지도자감 1위(2003), 국회 의정활동 최우수상(2003), 월간중앙-ANR공동 여론조사 '국민이 뽑은 정당의 최고 정치지도자' 1위(2004), 백봉신사상 '올해의 신사의원 베스트10'(2009), 자랑스러운 한양법대인상(2010), 국회도서관 전자도서관이용 최우수상(2012), 전국NGO단체연대 '2012 올해의 닮고 싶은 인물상'(2013), 안중근평화대상(2013), 법률소비자연맹 국정감사NGO모니터단 국정감사 우수의원(2014), 한국과학기술단체총연합회 과학기술 최우수의정상(2014), 한국정치커뮤니케이션학회 '일치를 위한 정치포럼 국회를 빛낸 바른 언어상'(2015), 법률

소비자연맹 국정감사NGO모니터단 국정감사 우수의원(2015), 매니페스토본부 2015 국정감사 우수의원 Best 20(2015), 한국소비자협회 대한민국소비자대상 입법의정부문 올해의 최고인물(2017), 자랑스러운 한양인상(2018) (저)'프로는 말이 없다 다만 일로써 승부할 뿐이다'(共) '한국의 내일을 말하다'(2008) '중산층 빅뱅'(2011, 플래닛) '물러서지 않는 진심'(2013) (종)불교

추민규(秋敃圭)

(생)1972·2·5 (출)경남 진주 (주)경기도 수원시 팔달구 효원로 1 경기도의회(031-8008-7000) (학)중부대 원격대학원 진로진학컨설팅학과졸 (경)2017년 더불어민주당 제19대 문재인 대통령후보 조직특보, 同경기도당 청년위원회 대변인 2018년 경기도의회 의원(더불어민주당)(현) 2018년 同더불어민주당 부대표(현) 2018년 同정치토론연구회장(현) 2018년 同제2교육위원회 위원(현)

추병직(秋秉直) CHOO Byung Jik

(생)1949·2·27 (본)추계(秋溪) (출)경북 구미 (주)서울특별시 영등포구 국제금융로8길 25 주택산업연구원(02-3215-7601) (학)1966년 오상고졸 1971년 경북대 사회교육과졸 1992년 영국 버밍햄대 대학원 주택정책과졸 2006년 명예 공학박사(경북대) (경)1973년 행정고시 합격(14회) 1980~1983년 駐사우디아라비아 건설관 1989년 건설부 신도시건설기획단 기획과장 1992년 同주택정책과장 1993년 同총무과장 1995년 건설교통부 공보관 1996년 同건설경제심의관 1998년 同수송심의관 1998년 同주택도시국장 1999년 同기획관리실장 2001년 同차관보 2002~2003년 同차관 2003년 열린우리당 경북도지부 창당준비위원장 2004년 제17대 국회의원선거 출마(구미乙, 열린우리당) 2004년 열린우리당 중앙위원 2005~2006년 건설교통부 장관 2009년 사람사는세상 노무현재단 자문위원(현), 대한통운 사외이사 2010~2012년 (주)비앤비 회장 2012~2016년 대한건설진흥회 회장 2015년 새정치민주연합 국정자문회의 자문위원 2017년 주택산업연구원 이사장(현) 2018년 대한주택관리사협회 고문(현) (상)대통령표창, 황조근정훈장, 청조근정훈장 (종)불교

추성엽(秋成燁) CHOO SUNG YOB

(생)1955·1·6 (출)대구 (주)서울특별시 종로구 종로5길 7 TOWER8 14층 팬오션(주)(02-316-5170) (학)1974년 경북고졸 1979년 서울대 해양학과졸 2008년 同대학원 최고경영자과정(AMP) 수료 (경)1982년 범양전용선(주) 총무부 입사 1990년 범양상선(주) 경리부 회계과장 1995년 同총무부 인사팀 차장 1997년 同뉴욕지점 차장 1999년 同뉴욕지점 부장 2001년 同재정부장(이사대우) 2003년 同부정기선영업1부장(이사대우) 2004년 同제2영업본부장(상무) 2004년 STX팬오션(주) 영업1총괄전무 2007년 同벌크영업담당 전무 2008년 同벌크영업담당 부사장 2010년 同경영관리총괄 대표이사 부사장 2010년 (주)STX 지주부문 사장 2011년 同지주부문 대표이사 사장 2013~2014년 대한조정협회 회장 2013년 (주)STX 사업부문 대표이사 사장 2013년 同대표이사 사장 2015년 하림그룹 팬오션 인수기획단장 2015년 팬오션(주) 각자대표이사 사장(현) (상)대통령표창(2008)

추승우(秋昇佑)

(생)1974·11·12 (주)서울특별시 중구 세종대로 125 서울특별시의회(02-3702-1400) (학)서울대 농경제학과졸 (경)노무법인 정운 공인노무사(현), 한국공인노무사회 감사, 더불어민주당 서울서초乙지역위원회 노동위원장 2018년 서울시의회 의원(더불어민주당)(현) 2018년 同교통위원회 위원(현) 2018년 同정책위원회 위원(현) 2019년 同예산결산특별위원회 위원(현) 2019년 同김포공항주변지역활성화특별위원회 부위원장(현)

추승호(秋承鎬) Seungho Cho

(생)1967·11·22 (본)추계(秋溪) (출)서울 (주)서울특별시 종로구 율곡로2길 25 연합뉴스 편집국(02-398-3114) (학)1986년 상문고졸 1992년 고려대 신문방송학과졸 2007년 건국대 언론대학원 수료 (경)1992~1995년 연합뉴스 사회부·경제부 기자 1995~1998년 YTN 경제부·기획제작총괄부 파견 1998~2000년 서울신문 정치부·경제부 기자 2000~2004년 연합뉴스 경제부·정치부 기자 2004년 同경제부 차장대우 2005년 同금융부 차장대우 2006년 同정치부 차장 2009년 同정치부 부장대우 2011년 연합뉴스TV 워싱턴특파원(부장대우) 2012년 同워싱턴특파원(부장급) 2014년 연합뉴스 증권부 기자(부장급) 2015년 同편집국 소비자경제부장 2016년 同편집국 소비자경제부장(부국장대우) 2016년 同편집국 산업부장(부국장대우) 2018년 연합뉴스TV 보도국 부국장 2019년 연합뉴스 편집국 정치에디터(현) 2019년 同편집국 팩트체크팀장 겸임

추신수(秋信守) Shin-Soo Choo

(생)1982·7·13 (출)부산 (학)2001년 부산고졸 (경)1999년 제18회 IBA AAA세계청소년야구선수권대회 청소년대표 1999·2000년 대통령배 우승 2000년 캐나다 에드먼턴 세계청소년대회 MVP 및 왼손투수상 2000년 미국 메이저리그(MLB) 시애틀 매리너스 입단(계약금 137만달러) 2006~2012년 미국 메이저리그(MLB) 클리블랜드 인디언스(외야수) 소속 2008년 시즌 MLB 성적(94경기 출전·타율 0.309·홈런 14개·타점 66개) 2009년 제2회 월드베이스볼클래식(WBC) 국가대표 2009년 시즌 MLB 성적(156경기 출전·타율 0.300·홈런 20개·타점 86개·도루 21개) 2010년 시즌 MLB 성적(144경기 출전·타율 0.300·홈런 20개·타점 90개·도루 22개) 2010년 광저우아시안게임 국가대표(금메달) 2010년 기아자동차 홍보대사 2010년 부산롯데호텔 홍보대사 2010년 국제사이클대회 '투르 드 코리아 2011' 홍보대사 2011년 초록우산어린이재단 홍보대사 2012년 한국관광 명예홍보대사 2012~2013년 미국 메이저리그(MLB) 신시내티 레즈 소속 2013년 시즌 시즌 MLB 성적(타율 0.285·홈런 21개·타점 54개·안타 162개·OPS 0.885) 2013년 미국 메이저리그(MLB) 텍사스 레인저스 입단(7년간 총액 1억3천만달러)(현) 2014년 2018평창동계올림픽 및 장애인올림픽 홍보대사 2014년 인천아시아경기대회 홍보대사 2015년 7월 22일 한국인 최초 '사이클링히트' 달성 2015년 미국 메이저리그(MLB) 아메리칸리그 서부지구 우승 2015년 시즌 MLB 성적(타율 0.276·홈런 22개·타점 82개·안타 153개·출루율 0.375·장타율 0.463·득점 94개·OPS 0.838) 2016년 시즌 MLB 성적(48경기 출전·타율 0.242·홈런 7개·타점 17개 – 4차례 부상자 명단에 등재) 2017년 시즌 MLB 성적(149경기 출전·타율 0.261·홈런 22개·타점 78개·장타율 0423·OPS 0.780) 2018년 5월 MLB 역대 '아시아선수 최다 홈런' 기록 달성(176개) 2018년 7월 MLB 역대 '아시아선수 최다 연속 출루 기록(44경기)' 달성 및 52경기 연속(현역 메이저리거 최장 연속 경기 출루 신기록 수립) 출루 기록 달성 2018년 미국 메이저리그(MLB) 올스타전 출전(한국선수 역대 3번째) 2019년 6월 '아시아 선수 최초 MLB 통산 200 홈런' 달성 (상)제18회 IBA AAA세계청소년야구선수권대회 최우수선수상(1999), 대통령배 전국고교야구대회 MVP(1999·2000), 스포츠토토 올해의상 특별상(2006·2010), 아메리칸리그 이달(9월)의 선수(2008·2015), 제2회 스타일아이콘어워즈 스포츠스타부문상(2009), 제4회 에이어워즈 카리스마부문(2009), 미국야구기자협회(BBWAA) 올해의 인디언스선수(2009·2010), 일구회 마구마구일구상 특별상(2009), 아메리칸리그 주간MVP(2010), Heart and Hustle Award(2010·2013), 한국야구위원회 특별상(2010), 조아제약 프로야구대상 특별상(2010), 대한야구협회 특별상(2010) (저)'오늘은 즐기고 내일을 꿈꾸다'(2011)

ㅊ

추연길(秋淵吉) Yeon-Gil Choo

(생)1955·4·15 (주)부산광역시 부산진구 새싹로 174 부산시설공단 이사장실(051-851-7521) (학)2002년 한국해양대 대학원 해운경영학과졸 2009년 해운경영학박사(한국해양대) (경)1976~1992년 울산지방해운항만청 서기보·마산지방해운항만청 서기·부산지방해운항만청 주사·해양수산부 서기관 1992~2003년 부산광역시 투자통상과 근무 2004년 부산항만공사 항만물류팀장 2004년 同경영지원팀장 2005년 同신항만사업추진단TF 팀장 2006년 同국제물류사업단장 2007~2010년 同운영본부장 2008~2009년 부산항부두관리공사 사장 2010년 부경대 강사 2011~2012년 미래고속(주) 대표이사 2013~2017년 同고문 2018년 부산시설공단 이사장(현)

추연성(秋淵盛) CHOO Youn Sung

(생)1956·3·13 (본)추계(秋溪) (출)부산 (주)서울특별시 마포구 마포대로 137 KPX빌딩 9층 (재)범부처신약개발사업단 이사장실(02-6379-3050) (학)경남고졸, 서울대 약대 제약학과졸, 同대학원 약학과졸, 약학박사(미국 일리노이대) (경)미국 Marion Merrell Dow Associate Scientist, 미국 Hoechst Marion Roussel Senior Associate Scientist, (주)LG CI 의약품사업부 제품개발담당 상무, (주)LG생명과학 의약품사업부문 해외사업담당 상무, 同의약품사업부문 임상개발담당 상무, 同연구개발본부장(상무) 2004년 한국제약협회 연구개발위원회 간사 겸 국제·외자기업위원 2008년 (주)LG생명과학 개발전략담당 상무 2010년 同개발본부장(전무) 2010~2012년 보건의료기술정책심의위원회 위원 2011년 (주)LG생명과학 연구개발부문장(전무) 2011~2012년 국가과학기술위원회 생명복지전문위원회 위원 2011~2012년 한국보건의료연구원 비상임이사 2011년 국가임상시험사업단평가위원회 위원 2011년 한국약료경영학회 부회장 2012년 (주)LG생명과학 국내사업부문장(전무) 2014~2017년 오송첨단의료산업진흥재단 비상임이사 2015년 (주)LG생명과학 국내사업부문장(부사장) 2016년 同고문 2017~2018년 (주)LG화학 고문 2018년 (재)범부처신약개발사업단 이사장(현) (상)보건복지부장관표창, 장영실상, Graduate Research Award American Association of Pharmaceutical Scientists

추연우(秋淵雨) CHOO Yun Woo

(생)1959·1·28 (출)대구 (주)서울특별시 금천구 디지털로10길 9 하이힐빌딩 8층 (주)팜스웰바이오 비서실(070-4607-3769) (학)휘문고졸 1981년 서울대 경영학과졸 1985년 미국 미시간주립대 대학원 경영학과졸 (경)동양증권(주) 국제영업부장, 동양시멘트(주) 자금부 차장 1997년 同필리핀현지법인 CFO 1999~2000년 同재무자금담당 상무보 2000년 동양메이저(주) 재무자금담당 상무보 2001년 同투자사업본부장(상무) 2001~2005년 同투자사업본부장(전무) 2002년 타이젬 대표이사 2003~2005년 동양시멘트(주) 재무본부장(전무) 2005년 동양메이저(주) 투자사업본부장 겸 부사장 2007~2009년 同건설사업부문 대표이사 부사장 2009년 동양종합금융증권 고문 2015년 (주)팜스웰바이오 공동대표이사(현)

추영근

(생)1962 (출)부산 (주)서울특별시 서대문구 충정로 60 NH농협생명보험 마케팅부문(1544-4000) (학)경남상고졸, 울산대 경영학과졸 (경)농협중앙회 울산지점 팀장, 同울산신용사업부 팀장, NH농협은행 울산터미널지점장 2015년 농협중앙회 울주군지부장 2016년 同울산지역본부장 2019년 NH농협생명보험 마케팅부문 부사장(현)

추왕훈(秋旺勳) Choo Wang Hoon

(생)1963·12·31 (주)서울특별시 종로구 율곡로2길 25 연합뉴스 편집국(02-398-3114) (학)1982년 금성고졸 1986년 중앙대 행정학과졸 2005년 한국개발연구원(KDI) 국제정책대학원졸 (경)1989년 연합통신 입사(8기) 1994년 同경제2부 기자 1998년 同산업부 기자 1998년 연합뉴스 산업부 기자 1998년 同국제경제부 기자 2000년 同국제경제부 차장대우 2002년 同뉴욕특파원(차장급) 2005년 同특신부 차장 2005년 同산업부 차장 2006년 同산업부 부장대우 2008년 同뉴미디어국 콘텐츠총괄센터 부장 2009년 同전략사업본부 마케팅부장 2010년 同편집국 산업부장 2011년 同국제국 국제뉴스1부장 2012년 同국제국 국제뉴스1부장(부국장대우) 2012년 同기사심의실 기사심의위원(부국장대우) 2013년 同콘텐츠평가실 콘텐츠평가위원(부국장대우) 2014년 同경기취재본부장 2015년 同논설위원 2016년 同뉴미디어전략위원회 실무총괄팀장 2016년 同마케팅국장 2018년 同콘텐츠평가실장 겸 고충처리인 2019년 同편집국 문화부 선임(현)

추원교(秋園教) CHOO Won Gyo (韓松)

(생)1950·8·27 (출)전남 해남 (주)경기도 안산시 상록구 한양대학로 55 한양대학교 디자인대학(031-400-5692) (학)1968년 목포고졸 1973년 한양대 응용미술학과졸 1976년 同대학원 응용미술학과졸 1990년 이학박사(한양대) (경)1978~1996년 한양여전 응용미술과 조교수·부교수·교수 1989~2001년 전국장애자기능경기대회 귀금속공예심사장 1990년 대한민국산업디자인전 초대작가 1994년 한국칠보작가협회 회장 1997년 한양대 디자인대학 금속디자인전공 교수 1997년 문화체육관광부 동상영정규정위원회 위원(현) 1998~2003년 한국공예학회 부회장·회장 1999년 문화재 전문위원 2000년 한양대 디자인대학장 2000~2003년 한국장신구디자인협회 회장 2003년 문화재위원회 무형문화재분과 위원 2003~2004년 한국공예학회 회장 2007~2009년 문화재위원회 무형문화재공예분과 위원 2007~2010년 한국공예가협회 이사장 2011년 한국금속공예디자인학회 회장(현) 2011~2017년 한국칠보공예디자인협회 고문 2013~2015년 한양대 디자인대학 테크노프로덕트디자인전공 교수 2015년 同디자인대학 테크노프로덕트디자인전공 명예교수(현) 2017년 (사)한국칠보협회 고문(현) (상)석탑산업훈장, 대한민국산업디자인전 특선(5회), 대통령표창 (저)'우리의 공예 문화'(2003) (역)'위대한 황금예술'(2004) (작)개인전 7회, 단체초대전 250여 회 (종)천주교

추원오(秋園吾) Won-Oh Choo

(생)1958·6·22 (주)경기도 파주시 중앙로 207 경기도의료원 파주병원 병원장실(031-940-9100) (학)1984년 가톨릭대 의대졸 1996년 同산업보건대학원 산업의학석사 2016년 보건학박사(가톨릭대) (경)1992~1993년 성모정형외과의원 내과 과장 1993~2015년 경기도의료원 수원병원 내과 과장 겸 진료부장 2015~2017년 한신메디피아 정해산업보건연구소 원장 2017~2018년 을지대 직업환경의학교실 임상교수 2018년 경기도의료원 파주병원장(현)

추원훈(秋園勳) Choo Won-hoon

(생)1964·8·19 (주)서울특별시 종로구 사직로8길 60 외교부 인사운영팀(02-2100-7139) (학)1986년 한국외국어대 스페인어과졸 1988년 同대학원 스페인문학과졸 1997년 문학박사(스페인 마드리드대) 2009년 미국 존스홉킨스대 국제관계대학원 국제공공정책학과졸 2011년 미국 조지타운대 외교대학원 중남미지역학과졸 (경)1998년 외무부 입부 2000년 駐스페인 2등서기관 2003년 駐도미니카 1등서기관 2011년 외교통상부 정책분석담당관 2013년 駐베네수엘라 참사관 2015년 미래창조과학부

세계과학정상회의준비기획단 파견 2016년 외교부 정책총괄담당관 겸 상황실장 2017년 국방대 안보과정 교육파견 2018년 駐파나마 대사(현) (상)근정포장(2016), 국무총리표창(2017)

추유엽(秋有燁) CHU Yoo Yup

(생)1958·10·2 (출)경북 청도 (주)서울특별시 서초구 강남대로 315 클리포드빌딩 3층 신아법무법인(02-535-9994) (학)1976년 대구 대건고졸 1980년 경북대 법과대학졸 (경)1981년 사법시험 합격(23회) 1983년 사법연수원 수료(13기) 1983년 대구지검 검사 1986년 同영덕지청 검사 1987년 서울지검 검사 1990년 부산지검 검사 1992년 수원지검 성남지청 검사 1994년 서울지검 남부지청 검사 1995년 서울고검 검사 1996년 청주지검 영동지청장 1997년 서울지검 부부장검사 1998년 창원지검 공안부장 1999년 대전지검 형사1부장 2000년 대검찰청 감찰2과장 2002년 서울지검 형사8부장 2002년 同형사5부장 2003년 청주지검 차장검사 2003년 서울고검 검사 2005년 서울서부지검 차장검사 2006년 변호사 개업 2008~2010년 법무법인 시티 변호사 2010년 신아법무법인 대표변호사(현)

추일승 CHOO IL SEUNG

(생)1963·1·31 (주)경기도 고양시 일산서구 중앙로 1601 고양 오리온스 프로농구단(031-913-0898) (학)홍익대사대부고졸, 홍익대졸, 同대학원졸(석사), 한국체육대 사회체육대학원졸(석사), 동신대 대학원졸(박사) (경)1985~1997년 기아자동차 농구단 소속 1987~1989년 상무 농구단 소속 1997년 同코치 1999년 同감독 2001년 존스컵국제농구대회 대표팀 감독 2003년 여수코리아텐더 감독 2004~2009년 부산 KTF 매직윙스 감독 2006~2007년 프로농구 챔피언결정전 준우승 2008~2011년 MBC ESPN 해설위원 2011년 대구오리온스 농구단 감독 2011년 고양오리온스 농구단 감독(현) 2015년 KCC프로아마 최강전 우승 2016년 KCC 프로농구 챔피언결정전 우승 2019년 대한농구협회 남·녀농구경기력향상위원회 위원장(현) (상)세계군인농구대회 동메달(1999), 국방부장관 표창(2000), 농구대잔치 지도자상(2002) (저)'맨투맨 디펜스'(2009) '심장을 뛰게 하라'(2016, 콘텐츠케이브)

추종석

(생)1962·9·14 (주)경기도 수원시 영통구 삼성로 129 삼성전자(주) VD사업부 영상전략마케팅팀(031-200-1114) (학)1986년 서강대 수학과졸 1988년 미국 미주리대 컬럼비아교 대학원 통계학과졸(석사) (경)1989년 삼성전자(주) 영상사업부 수출1팀 근무 1992년 同영상사업부 시카고지점 근무 1993년 同미주전략사업팀 담당과장 1998년 同영상사업부 미주운영그룹 담당과장 1999년 同VD사업부 미주마케팅그룹 담당차장 2003년 同북미총괄 미국법인 DCE Div. 부장 2010년 同VD사업부 아시아마케팅그룹장(상무) 2012년 同VD사업부 Global PM Regional PM 3그룹장(상무) 2012년 同중국총괄 판매법인 CE Div.장(상무) 2014년 同중국총괄 판매법인 Mobile 부Div.장(전무) 2015년 同중국총괄 판매법인 Mobile Div.장(전무) 2017년 同VD사업부 영상전략마케팅팀장(전무) 2019년 同VD사업부 영상전략마케팅팀장(부사장)(현)

추종연(秋宗淵) Choo Jong Youn

(생)1959·10·9 (본)추계(秋溪) (출)강원 철원 (주)세종특별자치시 다솜로 261 정부세종청사 국무총리비서실(044-200-2140) (학)1978년 강원 춘천고졸 1983년 서울대 외교학과졸 1989년 스페인 마드리드 왕립외교관학교졸 (경)외무고시 합격(16기) 1983년 외무부 입부 1984~1986년 육군 군복무 1990년 駐멕시코 2등서기관 1993년 駐스웨덴 1등서기관 1995년 외무부 특수정책과 차석·외교정책실장 보좌관 1998년 駐구주연합대표부 1등서기관 2000년 외교통상부 중미과장 2002년 駐국제연합대표부 참사관 2005년 駐아르헨티나 공사참사관 2006년 외교통상부 남미자원협력센터 소장 2008년 국회사무처 외교통상통일위원회 파견(고위외무공무원) 2010년 외교통상부 중남미국장 2011년 駐콜롬비아 대사 2014~2017년 駐아르헨티나 대사 2017년 국무총리비서실 외교보좌관(현) (상)멕시코 아길라 아즈테카훈장(2001), 국민포장(2001), 콜롬비아 산카를로스 대십자훈장(2014), 아르헨티나 대십자 건국훈장(2017) (저)'남미10개국 자원현황(共)'(2006) '아르헨티나 23개주 자원현황(共)'(2006) '아르헨티나 바이오에너지 정책과 개발 및 생산 현황(共)'(2007) '외국기업의 대 아르헨티나 투자 사례집(共)'(2008) '콜롬비아 석탄개발 및 운송인프라 현황(共)'(2011) '콜롬비아 석유산업 및 투자개발제도 현황(共)'(2012) '콜롬비아 생물다양성 및 생명공학 현황(共)'(2013) '아르헨티나 23개주 자원현황(개정)(共)'(2015) '아르헨티나 광업현황(共)'(2016) '신의선물 사람의 땅, 중남미'(2019, 한국외국어대 지식출판콘텐츠원)

추하식

(생)1966 (주)경기도 성남시 분당구 성남대로343번길 9 SK주식회사 C&C(02-6400-0114) (학)고려대 산업공학과졸, 미국 뉴욕주립대 대학원 Tech. Mgmt. 석사 (경)1989년 SK에너지 근무 1999년 SK E&S 근무 2000년 SK C&C 에너지사업팀 근무 2008년 同OS계약운영팀장 2012년 同시스템사업지원팀장 2013년 同IT서비스사업지원팀장 2015년 同Industry사업2본부장(상무) 2015년 SK주식회사 C&C Industry사업2본부장(상무) 2016년 同통합서비스사업본부장(상무) 2017년 同통합솔루션사업본부장(상무) 2019년 同고문(현)

추한석(秋漢碩) Choo Han Suk

(생)1966·1·27 (출)인천 (주)인천광역시 남동구 인주대로776번길 53 인천광역시립 미추홀도서관(032-440-6601) (학)1983년 광성고졸 1991년 연세대 경제학과졸 2003년 미국 아이오와대 대학원 경영학과졸 (경)2013년 인천경제자유구역청 U-City과장 2015년 인천시 투자유치담당관 2015년 인천발전연구원 시정연구협력센터 시정연구관 2016년 인천시 기획실 정보통신보안담당관 2019년 同미추홀도서관장(현)

추혜선(秋惠仙·女) CHU HYESEON

(생)1971·1·15 (출)전남 완도 (주)서울특별시 영등포구 의사당대로 1 국회 의원회관 513호(02-784-9740) (학)호남 삼육고졸 (경)KBS 광주방송총국 노조 간사, SBS 노조 간사, 정수장학회 공동대책위원회 사무총장, 방송위원회 광고방송심의위원 2012년 언론개혁시민연대 사무총장 2013년 방송통신정책위원회 자문위원회 위원 2015년 정의당 예비내각 언론개혁부 장관 2015년 同언론개혁기획단장 2016년 同제20대 총선 선거대책위원회 대변인 2016년 제20대 국회의원(비례대표, 정의당)(현) 2016~2017년 정의당 대변인 2016년 국회 외교통일위원회 위원 2016년 국회 예산결산특별위원회 위원 2016년 국회 지방재정·분권특별위원회 위원 2016~2017년 국회 미래창조과학방송통신위원회 위원 2017년 정의당 제19대 대통령중앙선거대책위원회 수석대변인 2017~2018년 국회 과학기술정보방송통신위원회 위원 2017~2018년 국회 여성가족위원회 위원 2017년 정의당 중소상공인자영업자위원회 위원장(현) 2017년 同수석대변인 2018년 국회 정무위원회 위원(현) 2018년 정의당 원내수석부대표(현) 2018년 同공정경제민생본부 본부장(현) 2019년 (사)아시아기자협회 이사(현)

추혜윤(秋慧胤·女) CHU Hye Yoon
(생)1976·2·11 (출)경남 진주 (주)경상북도 김천시 물망골길 33 대구지방검찰청 김천지청 형사1부(054-429-4224) (학)1994년 경해여고졸 1999년 고려대 법학과졸 (경)2001년 사법시험 합격(43회) 2004년 사법연수원 수료(33기) 2004년 부산지검 동부지청 검사 2006년 의정부지검 검사 2008년 서울서부지검 검사 2012년 창원지검 진주지청 검사 2014년 서울남부지검 검사 2017년 서울중앙지검 검사 2018년 同부부장검사 2019년 대구지검 김천지청 형사1부장(현)

추호경(秋昊卿) CHOO Ho Gyoung (曉山)

(생)1947·2·3 (본)추계(秋溪) (출)충북 청주 (주)서울특별시 강남구 테헤란로 317 동훈타워 법무법인(유) 대륙아주(02-3016-5242) (학)1965년 서울고졸 1969년 서울대 문리과대학 철학과졸 1983년 同보건대학원 보건학과졸 1992년 보건학박사(서울대) (경)1978년 사법시험 합격(20회) 1980년 사법연수원 수료(10기) 1980년 서울지검 남부지청 검사 1983년 청주지검 제천지청 검사 1985년 부산지검 검사 1987년 서울지검 검사 1987년 국회 법제사법위원회 입법심의관 1990년 서울지검 검사 1991년 同고등검찰관 1992년 청주지검 충주지청장 1993년 광주지검 강력부장 1993년 인천지검 강력부장 1995년 부산지검 형사4부장 1996년 사법연수원 교수 1998년 법무부 법무심의관 1999년 서울지검 형사1부장 2000년 제주지검 차장검사 2000년 전주지검 군산지청장 2001년 부산고검 검사 2002년 서울고검 검사 2003~2004년 대전지검 천안지청장 2004~2006년 변호사 개업 2006~2012년 법률사무소 바로 대표변호사 2008년 인천항만공사 법률고문 2010년 대한상사중재원 중재인 2012~2015년 한국의료분쟁조정중재원 초대원장 2015년 법무법인(유) 대륙아주 고문변호사(현) (상)검찰총장표창(1986), 대통령표창(1992), 홍조근정훈장(2003), 서울대 보건대학원 자랑스러운 동문상(2012) (저)'의료판례 해설'(1987) '의료과오론'(1992) '의료과오손해배상'(1998) '명심보감 다시읽기'(2016) (종)천주교

추호석(秋浩錫) CHOO Ho Suk

(생)1950·12·27 (본)추계(秋溪) (출)부산 (주)경기도 수원시 영통구 아주로 26-7 학교법인 대우학원 이사장실(031-219-2901) (학)1969년 부산고졸 1973년 서울대 경영학과졸 2000년 한국과학기술원(KAIST) 테크노경영대학원 최고정보경영자과정 수료 (경)1992년 (주)대우 이사 1993년 同상무이사 1995년 同전무이사 1995~2000년 대우중공업(주) 대표이사 사장 1997~2000년 한국항공우주산업진흥협회 회장 2000년 대우중공업 고문 2001~2004년 코리아와이즈넛 대표이사 2004년 (주)파라다이스 공동사장 2006~2008년 同대표이사 사장 2006년 同워커힐지점 대표이사 겸임 2007년 (주)파라다이스인천 카지노부문 사장 겸임 2008년 파라다이스그룹 카지노사업부문 총괄사장 2010년 (주)파라다이스 워커힐카지노 부회장 2012~2013년 同고문 2013년 학교법인 대우학원(아주대) 이사장(현) (상)석탄산업훈장(1987), 벨기에 공로훈장(1996), 제31회 조세의 날 은탑산업훈장(1997), 관광의 날 2억불달성 관광진흥탑(2010) (종)불교

춘 광(春 光)

(생)1955·5·22 (본)원주(原州) (출)강원 춘천 (주)서울특별시 중랑구 용마산로112나길 41 대한불교천태종 서울 삼룡사(02-496-3839) (학)1985년 금강불교대졸 1989년 동국대 교육대학원 철학과 수료 (경)1971년 구인사에서 출가 1971~2003년 구인사 총본산 65회 안거 1973년 구인사에서 득도 1981년 대구 대성사 주지 1982년 서울 성룡사 주지 1983년 서울 삼룡사 주지 1985년 대한불교천태종 제8대 종의회 의원 1985~1988년 강릉 삼개사·서울 성룡사 주지 1988년 경승단 서울부단장·부산 삼광사 주지 1989년 부산시 시정자문위원·삼광사 주지·삼광한글학술상 운영위원 1991년 대한불교천태종 총무원 규정부장·부산불교연합회 수석부회장 1992년 삼광한글학교 교장 1992년 부산지방경찰청 경승 1993년 대한불교천태종 제10대 종의회 의원 1997년 同총무원 교무부장 1997년 同제11대 종의회 의원 1997년 천태종문화연구회 연구위원 1997년 학교법인 금강학원 이사 1999년 대한불교천태종 사회복지재단 이사 1999년 한·일불교교류협의회 상임이사 1999년 관문사 부주지 2000년 同성보관장 2001년 同주지 2001년 서초구사암연합회 회장 2002년 캐나다 토론토 포교당 주지 2002년 서울지방경찰청 경승 2003~2015·2017~2018년 민주평통 자문위원 2005~2009년 同상임위원 2005년 몽골 만복사 주지 2005년 대한불교천태종 총무원 부원장 2006년 同감사원장 2006년 관문사 성보박물관 관장, 구인사 감사원장 2014~2018년 대한불교천태종 총무원장 2017~2018년 한국불교종단협의회 수석부회장 2018년 대한불교천태종 서울 삼룡사 주지(현) (상)국민훈장 목련장, 내무부장관표창, 부산시장표창, 보건복지부장관표창 (저)'불교의 첫걸음' '불교 의식집' '행복 그리고 성불' '둥들둥들 생활'

한국인물사전

2020

Y O N H A P N E W S

ㅌ·ㅍ

수록 순서 가나다 · 생년월일순

약 호 (생) 생년월일 (본) 본관 (출) 출생지
(주) 주소(연락처) (학) 학력 (경) 경력 : (현) → 현직
(상) 상훈 (저) 저서 (역) 역서
(작) 작품 (종) 종교

탁영덕(卓榮德)

(생)1958 · 12 (주)서울특별시 서초구 헌릉로 12 현대자동차(주) 임원실(02-3464-1114) (학)영국 크랜필드대 대학원 기계공학과졸 (경)현대 · 기아자동차 상용설계실장(이사대우), 同상용설계2실장(상무), 현대자동차(주) 상용설계센터장, 同상용바디설계실장, 同상용연구개발담당 · 상용R&D강화단장(전무) 2018년 同상용연구개발담당 부사장(현)

탁용석(卓勇錫) Tark YongSeok

(생)1966 · 5 · 5 (출)전남 영광 (주)광주광역시 남구 송암로 60 광주CGI센터 3층 (재)광주정보문화산업진흥원(062-610-2408) (학)1984년 광주 인성고졸 1991년 조선대 무역학과졸 2008년 중앙대 대학원 방송영상학과졸 (경)1994~1998년 (주)불교TV 사업부 과장 1998~2005년 CJ오쇼핑 미디어마케팅팀장 2005~2011년 CJ미디어 매체사업국장 2011~2013년 CJ E&M 전략지원팀장 2013년 同전략지원담당 상무 2013년 CJ헬로비전 사업협력실장 2017년 CJ헬로 사업협력실장 2017년 同사업협력1담당 상무 2018~2019년 同경영지원실 성장지원담당 상무 2019년 (재)광주정보문화산업진흥원 원장(현) (상)문화관광부장관표창(2000), 방송통신위원장표창(2009)

탁윤성(卓倫成) TARK Yunsung

(생)1969 · 9 · 15 (주)서울특별시 종로구 세종대로 209 금융위원회 행정인사팀(02-2100-2754) (학)1988년 광주 인성고졸 1996년 서울대 경제학과졸 2004년 미국 캘리포니아대 로스앤젤레스교 Anderson School졸(MBA) (경)1995년 행정고시 합격(39회) 1997~1999년 관세청 사무관 1999년 재정경제부 세제실 사무관 2004년 同보험제도과 사무관 2005~2006년 同은행제도과 사무관 2006~2007년 대통령비서실 행정관 2010~2012년 국가경쟁력강화위원회 금융제도과장 2012~2013년 금융위원회 기획조정관실 규제법무담당관실 의사운영정보팀장 2013~2014년 금융정보분석원 기획행정실 기획행정팀장 2014년 금융위원회 금융정책국 글로벌금융과장 2016년 국제자금세탁방지기구(FATF) 교육파견(현) (저)'재정학'(1997, 연암사) '그리스 경제위기의 원인 및 시사점(共)'(2012, 국가경쟁력강화위원회)

탁일환

(생)1959 (주)경기도 평택시 포승읍 하만호길 32 (주)만도 사장실(031-680-6114) (학)의정부고졸, 한양대 기계공학과졸 (경)1982년 국제상사 입사 1985년 만도기계승용개발 입사 2001년 (주)만도 아메리카R&D센터 근무 2015년 同브레이크사업본부 BCM개발담당 2018년 同브레이크사업본부 신차개발지원실장 2010년 同스티어링사업본부 조향2연구소장 2012년 同글로벌R&D센터 스티어링센터장 2015년 同글로벌R&D센터 기술총괄(CTO) 부사장 2018년 同브레이크사업부문 사장 2019년 同대표이사 사장(현)

탁지원(卓志元) TARK Ji Won

(생)1968 · 7 · 20 (본)광산(光山) (출)서울 (주)서울특별시 중랑구 용마산로122길 12 현대종교 비서실(02-439-4391) (학)1987년 재현고졸 1994년 성결대졸 2003년 숭실대 대학원졸 (경)1994년 월간 현대종교 발행인 겸 사장(현) 1999년 서울신학대 강사(현) 2000~2010년 한국기독교총연합회 이단사이비대책위원회 전문위원 2005년 국제복음주의 학생연합회(KOSTA) 강사(현) 2016~2018년 한국기독교잡지협회 회장 (상)문화관광부장관표창(2004) (저)'종말을 기다리는 사람들'(1999) '한국의 종교단체 실태조사연구'(2000) '한국의 신흥종교 : 자칭 한국의 재림주들'(2002) 등 다수 (종)기독교

탁현민

(생)1973 (주)서울특별시 종로구 청와대로 1 대통령비서실(02-770-0011) (학)성공회대 사회학과졸 2010년 同문화대학원 문화콘텐츠학과졸 (경)1999~2002년 참여연대 문화사업국 간사 1999~2002년 공익문화기획센터 문화사업팀장 2002년 오마이뉴스 문화사업팀장 2002~2007년 다음기획 뮤직컨텐츠사업본부장 2002년 SBS아카데미 전임강사 2005년 한국공연예술원 전임강사, 한양대 문화콘텐츠학과 겸임교수, 성공회대 문화대학원 문화콘텐츠학과 겸임교수, 同신문방송학과 겸임교수 2017~2019년 대통령 의전비서관실 선임행정관 2019년 대통령 행사기획 자문위원(현) (저)'뚜껑 열리는 라이브 콘서트 만들기'(2004) '탁현민의 재미있는 무대 밖 무대 이야기'(2006) '남자 마음 설명서'(2007) '상상력에 권력을(탁현민의 한 권으로 읽는 문화 다큐)'(2010) '탁현민의 멘션s'(2012) '공연 행사 제작 매뉴얼(共)'(2012) '흔들리며 흔들거리며'(2013) '당신의 서쪽에서(도시에서 잃어버린 것들이 출렁이는 그 '곳' 이야기)'(2014)

태기전(太基田) TAE Ki Chon

(생)1948 · 12 · 6 (출)전북 임실 (주)서울특별시 서초구 잠원로 94 한신공영(주) 임원실(02-3393-3113) (학)1966년 오수상고졸 1968년 전주대졸 (경)1986~2002년 협승토건(주) 부사장 2001~2002년 코암시앤시개발(주) 부사장 2002년 한신공영(주) 기획조정실장(전무) 2004년 同대표이사 전무 2006년 同대표이사 부사장 2011년 同대표이사 사장 2017년 同각자대표이사 사장(현) (상)동탑산업훈장(2005), 금탑산업훈장(2017)

태범석(太範錫) Tae, Beomseok

(생)1957 · 11 · 26 (본)영순(永順) (출)서울 (주)서울특별시 중구 장충단로 84 민주평화통일자문회의 평화발전분과위원회(02-2250-2300) (학)1983년 고려대 화학공학과졸 1985년 同대학원 화학공학과졸 1994년 공학박사(고려대) (경)1985~1995년 한국과학기술연구원 화학공학부 연구원 1995~1998년 인성파우더테크(주) 연구개발부장 1998~2013년 한경대 화학공학과 교수 2000~2005년 同중소기업센터소장 · 산학실습처장 · 교무처장 2010~2012년 同교수협의회장 2010~2012년 경기도고등교육발전협의회 대표 2010~2012년 경기도거점국립종합대학교추진단 부단장 2012~2013년 경기과학기술진흥원 분과위원장 2012년 범시민사회단체연합 공동대표 겸 상임대표 2013~2017년 한경대 총장 2014년 (사)생명문화 공동대표 2014~2015년 경기도그린캠퍼스협의회 부회장 2014년 경기도인성교육범국민실천연합 상임대표 2014~2017년 경인지역총장협의회 부회장 2014~2016년 한국대학교육협의회 부회장 2014년 전국국 · 공립대학교총장협의회 기성회회계제도개선TF팀장 2016년 同회장 2016~2017년 한국대학교육협의회 이사 2016~2017년 경기도그린캠퍼스협의회 회장 2019년 민주평통 평화발전분과위원회 상임위원(현) (상)경기도 과학기술진흥유공표창(2012), 범시민사회단체연합 공로상(2014), 월드코리안 대상 특별상(2016)

태승진(太勝進)

(생)1966·2·1 (출)경북 경주 (주)서울특별시 서초구 남부순환로 2406 예술의전당 경영본부(02-580-1100) (학)1989년 서강대 수학과졸 (경)1989년 예술의전당 기획부 입사 1993년 同사업국 사업부 근무 1993년 同전관개관행사추진본부 파견 1993년 同사업부 근무 1995년 同공연2부 근무 1996년 同공연2부 근무(4급 승진) 1997년 同기획부 근무 1998년 同경영지원팀 근무 2000년 同전시사업팀 근무 2001년 同공연기획팀 근무 2003년 同총무팀 근무 2004년 同혁신추진단원 2006년 同총무팀 근무(3급) 2006년 同공연기획팀 근무 2006년 同총무팀장 2009년 同경영기획부장 2010년 同음악사업부장 2012년 同음악사업부장(2급 승진) 2012년 同고객서비스사업단장 2013년 국방대 안보과정교육 파견 2013년 예술의전당 예술사업본부장 2014년 同예술본부장 2016년 同경영전략본부장 2018년 同경영본부장(현) (상)문화관광부장관표창(2004) (종)기독교

태 원(太 元) Tae Won

(생)1947·11·29 (출)전남 담양 (주)서울특별시 종로구 우정국로 55 한국불교역사문화기념관(02-2011-1700) (학)1971년 해인사 강원 대교과졸 1976년 동국대 불교대졸 1988년 일본 교토불교대 대학원졸 1991년 同대학원 박사과정 수료 1997년 문학박사(일본 교토불교대) (경)1966년 해인사에서 득도 1978~2009년 보국사 주지 1982년 대한불교조계종 총무원 교무국장 1989~1996년 월곡동공부방 관장 1990년 중앙승가대 불교학과 교수 1992년 국일법장 가산불교문화원 감사 1995년 중앙승가대 총무처장 1996년 同교학처장 2000년 同도서관장 2003년 (재)대한불교조계종 대각회 이사 2009년 보국사 창건주 2009~2012년 중앙승가대 총장 2009~2013년 사회복지법인 승가원 이사장 2018년 대한불교조계종 대각회 제17대 이사장(현) 2018년 법안정사 주지(현) (저)'염불의 원류와 전개사' '초기불교 교단생활' '염불의 세계' '왕생론주 강설' '정토의 본질과 교학발전' '염불수행법' (역)'정토삼부경개설' '중국정토교리사' (종)불교

태원유(太源有) TAE Won You

(생)1964·10·15 (본)영순(永順) (주)서울특별시 서초구 서초대로74길 4 삼성경제연구소 인사조직실(02-3780-8030) (학)경북고졸 1989년 고려대 사학과졸 1993년 미국 호놀룰루채미네이드대 대학원 경영학과졸 1998년 경제학박사(일본 교토대) (경)1994~1999년 삼성생명 인사팀 인력개발과장 1999년 삼성경제연구소 인사조직실 수석연구원(현) 2008년 미국 Univ. of Illinois at Urbana-Champaign Visiting Scholar 2010~2011년 노사정위원회 베이비붐세대 고용대책위원회 공익위원 (저)'일본기업의 副의 연구'(共) '직급파괴현황과 개선방안' '한국의 기업경영 20년'(共) 'SERI 전망 2012'(2011, 삼성경제연구소) 등 (역)'중국대전, 일본기업을 통해 배우는 대중국 진출전략'

태준열(太俊烈) Tae Jun-youl

(생)1967·12·25 (주)서울특별시 종로구 사직로8길 60 외교부 인사기획관실(02-2100-7139) (학)1992년 한양대 경영학과졸 1997년 영국 런던정경대 대학원 경제학과졸 1998년 同대학원 정치경제학과졸 (경)1993년 외무고시 합격(27회) 2001년 駐샌프란시스코 영사 2004년 駐터키 1등서기관 2006년 대통령비서실 파견 2008년 외교통상부 영사서비스과장 2009년 同조약과장 2011년 駐이탈리아 참사관 2013년 駐아프가니스탄 공사참사관 2015년 駐아제르바이잔 공사참사관 2017년 외교부 기획재정담당관 2018년 同조정기획관 2019년 駐벨라루스 대사(현) (상)녹조근정훈장(2008)

태지영(太智英·女) Ji Young TAE

(생)1969·5·19 (출)대구 (주)서울특별시 중구 남대문로 63 한진빌딩 법무법인 광장(02-6386-6234) (학)1988년 대구 신명여고졸 1992년 이화여대 법학과졸 2013년 同대학원 법학과졸 (경)1996년 사법시험 합격(38회) 1999년 사법연수원 수료(28기) 1999년 인천지검 부천지청 검사 2001년 서울지검 의정부지청 검사 2003년 대전지검 서산지청 검사 2004~2009년 법무법인 충정 변호사 2007~2015년 서울지방노동위원회 심판담당공익위원 2008년 중국 북경어언문화대 연수 2009~2010년 법무법인 민(民) 변호사 2011~2012년 법무법인 동인 변호사 2012~2013년 법무법인 민(民) 변호사 2013~2015년 법무법인 서울 변호사 2013~2016년 인사혁신처 소청심사위원회 비상임위원 2014~2016년 공정거래위원회 민간심사자문위원 2014년 서울시 소청심사위원회 위원(현) 2015년 근로복지공단 산재심사위원회 위원(현) 2015~2017년 한국장애인고용공단 비상임이사 2015년 법무법인 광장 변호사(현) 2016년 광업조정위원회 위원(현) 2017년 주식백지신탁 심사위원회 위원(현)

태진아(太珍兒) TAE Jin Ah

(생)1952·1·3 (출)충북 보은 (주)서울특별시 용산구 녹사평대로26길 36 고려빌딩 진아엔터테인먼트(02-797-4603) (경)1973년 '추억의 푸른언덕'으로 가수 데뷔 1995년 SBS 라디오 '태진아·송선경의 가요리서치' DJ 1996년 同라디오 '태진아의 트롯하이웨이' DJ 2003년 KBS라디오 '태진아트로트쇼' DJ, 진아기획 대표 2010년 '충청방문의 해' 홍보대사, (사)대한가수협회 수석부회장 2010~2015년 同회장 2011년 서울시 '그물망 지속가능복지' 홍보대사 2013년 진아엔터테인먼트 대표(현) 2016년 해운대비치골프앤리조트 홍보대사 2017년 동아회원권그룹 홍보대사 겸 모델(현) (상)MBC 10대가수가요제 남자신인상(1974), 일간스포츠 골든디스크상(1989), 대한민국영상음반대상 본상(1995), 문화체육부장관표창(1995), 대한민국연예예술상(1996), KBS 가요대상 10대가수상(1997), 대통령표창(1997), 예술실연자대상(1998), 국무총리표창(1998), 영상음반대상 골든디스크상(1998), 영상음반대상 특별상(1999), 서울가요대상 전통가요발전상(1999), KBS 올해의가수상(1999), 대한민국영상음반대상 올해의 트로트상(1999), KBS 가요대상 최우수상(2000), 골든디스크상 트로트상(2001·2004), MBC 10대가수가요제 최고인기가수상(2001), 대한민국영상음반대상 특별상(2002), SBS가요대전 트로트부문상(2002·2006), KBS 가요대상 최고가수상(2002), MBC 10대가수가요제 10대가수상(2002), KBS 가요대상 PD가 뽑은 인기가수상(2003), MBC 10대가수가요제 최고인기상(2003), KBS 연예대상 최우수상(2003), KBS 가요대상 올해의 가수상(2005), 서울가요대상 성인가요부문 본상(2006), 국세청장표창(2007), 기획재정부장관표창(2008), SBS 가요대전 트로트부문상(2008), MAMA 성인음악상(2010), KBS 연예대상 라디오부문DJ상(2011), 한국전통가요대상 남자7대가수상(2013), 한국전통가요대상 특별공로상(2013), 대통령표창(2013), KBS라디오 골든보이스(2013), 駐韓인도네시아대사관 감사패(2015), 은관문화훈장(2016), 서울가요대상 트로트상(2017), 소리바다어워즈 신한류 트로트상(2017), 제26회 하이원 서울가요대상 트로트상(2017) (작)대표곡 '추억의 푸른언덕'(1974) '경아의 사랑'(1984) '이제는 떠날 시간'(1989) '옥경이'(1989) '거울도 안보는 여자'(1990) '미안미안해'(1991) '선희의 가방'(1991) '사모곡'(1994) '보내는 마음' '다시 한번 울었네' '그대곁에' '내 아들아' '가버린 사랑' '사랑은 토요일 밤에' '노란손수건' '당신은 몰라' '후회' '정' '인연' '마지막 찻잔' '사랑은 아무나 하나' '사랑은 장난이 아니야' '그저 그렇게' '자기'(2008) '사랑은 돈보다 좋다'(2010) '사랑은 눈물이라 말하지'(2012) '하얀눈'(2013) '자기야 좋아!'(2014) '사랑타령'(2014) '진진자라'(2015) '아내에게(부탁해요, 엄마 OST)'(2016) '꽃씨'(2016) '인생 2막'(2016) '사람팔자'(2016) '빠빠빠룰라제시'(2016) '최고의 사랑'(2017) '내 아내'(2017) '장기자랑'(2018) '사랑엔 답이 없네요'(2018) '그게 답이야'(2018) '비켜라 운명아'(2019) CF출연 '이가탄'(2005) '참이슬fresh'(2007)

편백운(片白雲) PYUN Kyung Hwan (鏡湖)

(생)1950·3·15 (본)절강(浙江) (출)충남 (주)서울특별시 종로구 율곡로1길 31 한국불교태고종(02-739-3450) (학)서령고졸 1965년 통도사 불교전문강원 사미·사집과 수료 1967년 동화사 불교전문강원 사교·대교과 수료 1985년 동방불교대학 불교학과졸 1995년 동국대 불교대학원 사회복지학과졸 (경)1972년 석왕사 주지 1976년 제1회 포교사고시 합격 1980년 대한불교청소년교화연합회 강원지부장 1982년 춘천교도소·소년원 종교지도위원 1983년 춘천경찰서 경승 1984년 한국방송공사(KBS) 춘천방송총국 방송자문위원 1989년 룸비니유치원 원장, 석왕사유치원 원장 1993년 한국불교태고종 연수부장 1994년 춘천시불교사암연합회 회장 1994년 한국사립유치원연합회 강원도연합회장 1994년 강원불교대학 학장 1994년 한국불교태고종 포교원 부원장 1995년 조국평화통일불교협회 강원지부장 1996년 한국불교태고종 사회부장 1996·2003년 同중앙종회 의원 1997년 同강원교구 종무원장 1998년 同교무부장 2002년 삼장불학원 원장 2002년 한국불교태고종 종사법계 품수 2002년 강원지방경찰청 경승 2002년 춘천불교방송 운영위원회 부위원장 2003년 태고총림 선암사 운영위원 2009년 한국불교태고종 포교원장 2017년 同제26대 총무원장(현) 2017년 한국불교종단협의회 부회장(현) (상)법무부장관표창, 종정스님표창, 총무원장표창 (저)'불교의 진리' '오늘을 생각한다' '반야심경' (종)불교

편호범(片浩範) PYUN Ho Bum

(생)1952·1·15 (본)절강(浙江) (출)충남 홍성 (주)경기도 화성시 봉담읍 와우안길 17 수원대학교 회계학과(031-220-2513) (학)1970년 덕수상고졸 1975년 성균관대 경영학과졸 1981년 서울대 행정대학원 수료 1987년 미국 조지아주립대 경영대학원졸 2004년 경영학박사(성균관대) (경)1975년 행정고시 합격(18회) 1976년 내무부 입부 1980년 건설부 행정사무관 1982년 감사원 부감사관 1985년 同감사관 1992~1996년 同자료담당관·교무담당관·제4국 3과장·제3국 3과장 1997년 同제4국 제1심의관 1998년 同국책사업감사단장 1998년 同비서실장 1999년 同제2국장 2000년 미국 뉴욕주립대 객원연구원 2001년 감사원 기획관리실장 2003~2007년 同감사위원 2004~2011년 국제공공부문회계기준위원회 자문위원 2008~2015년 딜로이트안진회계법인 부회장 2009~2017년 기획재정부 국가회계제도심의위원회 위원 2010~2013년 국가회계기준센터 소장 2011~2014년 현대중공업 사외이사 겸 감사위원 2011년 교육과학기술부 대학구조개혁위원회 위원 2014~2016년 동북아역사재단 비상임감사 2015년 수원대 회계학과 석좌교수(현) 2018년 효성화학(주) 사외이사(현) (상)황조근정훈장 (저)'정부회계론'(1992, 법경사) '정부 및 비영리 회계'(2010, 법문사) (종)기독교

표갑수(表甲洙) PYO Kab Soo

(생)1948·2·2 (본)신창(新昌) (출)충북 (주)충청북도 청주시 청원구 대성로 298 청석학원 법인사무국(043-229-8114) (학)1971년 중앙대 사회복지학과졸 1975년 同대학원졸 1986년 문학박사(중앙대) (경)1980~1992년 청주대 조교수·부교수 1992~2013년 同사회복지학과 교수 1993년 한국영유아보육학회 회장 1998년 청주대 사회과학대학장 1998~1999년 同중앙도서관장 1999~2010년 충북사회복지협의회 회장 1999~2002년 청주대 평생교육원장 2000~2001년 한국사회복지학회 회장 2000~2002년 보건복지부 새천년사회복지발전위원장 2000년 충북복지협회 연구장·회장 2002~2004년 홀트아동복지회 가정복지연구소 자문위원 2003~2006년 여성부 정책자문위원 2003년 사회복지실무위원회 위원 2004년 여성부 보육정책협의회 의장 2004년 한국사회복지관협회 자문교수 2005년 충북사회복지위원회 위원 2006년 충북생활보장위원회 위원 2006년 청주대 교무처장 2008년 同e-러닝지원센터장 2009~2011년 한국사회복지교육협의회 회장 2010~2012년 청주대 부총장 2013년 同사회복지학과 명예교수(현) 2017년 국민의당 19대 대통령선거대책위원회 고문 2017~2019년 청석학원(청주대) 이사 2019년 同이사장(현) (상)교육부장관표창(1994), 대통령표창(2001), 녹조근정훈장(2013) (저)'한국아동복지연구'(1983) '청소년비행원인이론'(1986) '아동청소년복지론'(1994) '현대아동보육론'(1999) '사회복지개론'(2002) '지역사회복지론'(2003) '사회문제와 사회복지'(2006) (역)'Sociality and Social Policy'(1977) (종)불교

표극창(表克昶)

(생)1966·1·4 (출)서울 (주)인천광역시 미추홀구 소성로163번길 17 인천지방법원(032-860-1114) (학)1985년 경성고졸 1989년 서울대 경제학과졸 (경)1999년 사법시험 합격(41회) 2002년 사법연수원 수료(31기) 2002년 창원지법 예비판사 2004년 同판사 2006년 수원지법 여주지원 판사 2010년 서울서부지법 판사 2012년 서울중앙지법 판사 2014년 서울서부지법 판사 2016년 서울중앙지법 판사 2017년 대전지법·대전가정법원 천안지원 부장판사 2019년 인천지법 부장판사(현)

표동진(表東震) PYO Dong Jin

(생)1958·10·12 (출)대구 (주)강원도 춘천시 강원대학길 1 강원대학교 화학과(033-250-8491) (학)1976년 경북고졸 1980년 서울대 화학과졸 1983년 同대학원졸 1987년 화학박사(미국 메인대) 1988년 분석화학박사(미국 캘리포니아대) (경)1988년 럭키중앙연구소 선임연구원 1990년 강원대 화학과 교수(현) 2005~2006년 同평의원회 위원 2008~2009년 同화학과장 2010~2011년 同분자과학융합기술연구소장 (저)'일반화학'(2007·2008) (종)기독교

표병호(表秉浩)

(생)1960·2·12 (주)경상남도 창원시 의창구 상남로 290 경상남도의회(055-211-7330) (학)양산대학 사회복지과졸 (경)법무부 공무원, 서형수 국회의원 사무국장, 경기 양산시 양주동체육회 회장, 더불어민주당 경남도당 지방자치정책특별위원장(현) 2018년 경남도의회 의원(더불어민주당)(현) 2018년 同교육위원회 위원장(현)

표삼수(表三洙) PYO Sam Soo (裏正)

(생)1953·12·12 (본)신창(新昌) (출)경남 함양 (주)서울특별시 종로구 사직로8길 39 김앤장법률사무소(02-3703-4632) (학)1970년 부산고졸 1974년 서울대 전자공학과졸 1976년 한국과학기술원(KAIST) 전기전자공학과졸 1985년 컴퓨터공학박사(미국 카네기멜론대) (경)1974~1980년 한국원자력연구소 연구원 1980년 인하대 대우전임교수 1980년 미국 카네기멜론대 연구조교 1984년 미국 시라큐스대 조교수 1986년 미국 켄터키주립대 조교수 1990년 삼성종합기술원 연구위원(이사) 1993년 삼성전자(주) 시스템사업본부 이사 1995년 현대전자산업(주) 정보시스템사업본부장(상무) 1997년 同정보시스템사업본부장(전무) 1998년 현대정보기술(주) 정보서비스센터장(전무) 1999년 同대표이사 부사장 2000년 同대표이사 사장 2000년 同상담역 2001~2005년 우리금융지주(주) 정보기술담당책임자 2001년 우리금융정보시스템 대표이사 사장 2005년 명지대 교수 2005년 하나은행 자문위원 2005~2008년 한국오라클(주) 사장 2006~2015년 한국과학기술원(KAIST) 이사 2009년 명지대 컴퓨터소프트웨어학과 교수 2009년 (주)KT IT기획실장(CIO·사장) 2009~2011년 同상담역(사장) 2013년 김앤장법률사무소 고문(현) 2014~2017년 한국해킹보안협회 자문위원 2017년 同이사(현) 2017년 나라케이아이씨(주) 사외이사 (상)뉴미디어대상(1997), 대통령표창(1999), 올해의 CIO 대상(2004) (종)기독교

표성수(表晟洙) PYO SUNG SOO

(생)1955·10·15 (출)부산 (주)서울특별시 성북구 정릉로 77 국민대학교 법과대학 법학부(02-910-4502) (학)1974년 부산고졸 1978년 서울대 법과대학졸 1980년 同대학원 법학과졸 (경)1978년 사법시험 합격(20회) 1980년 사법연수원 수료(10기) 1980년 수원지검 인천지청 검사 1983년 대구지검 경주지청 검사 1985년 마산지검 진주지청 검사 1986년 서울지검 검사 1988년 청주지검 검사 1989년 청주보호관찰소장 1990년 춘천지검 원주지청장 1993년 법무연수원 교관 1993년 부산지검 동부지청 형사2부장 1994년 부산고검 검사 1995년 사법연수원 교수 1997년 서울지검 서부지청 형사3부장 1997년 同서부지청 형사2부장 1998년 同남부지청 형사3부장 1998년 同남부지청 형사1부장 1999년 서울지검 형사2부장 2000년 同형사1부장 2000년 제주지검 차장검사 2000년 변호사 개업 2004~2005년 가톨릭대 법경학부 부교수 2005~2008년 금융감독위원회 비상임위원 2005년 국민대 법과대학 법학부 교수(현) 2005년 법무법인 상운 대표변호사 2006년 법률사무소 청지 고문변호사 2012~2016년 국민대 법과대학장 2013~2016년 同법무대학원장 (저)'언론과 명예훼손'(1997) '미국의 검찰과 한국의 검찰'(2000) '영미 형사사법의 구조'(2004) (종)기독교

표영준(表榮俊) Pyo Yungjoon

(생)1960·10·28 (주)울산 중구 종가로 395 한국동서발전(주) 기술본부(070-5000-1221) (학)1979년 청주고졸 1986년 성균관대 행정학과졸 1998년 핀란드 헬싱키경제경영대학원 경영학과졸 (경)1987년 한국전력공사 입사 2001년 同경영지원처 자금팀 과장·능력개발팀장 2004년 同뉴욕지사 파견 2007년 同기획처 사업개발팀장·전략기획팀장 2009년 同기획처 경영개선팀장·경영평가팀장(처장급) 2010년 同사업본부 해외사업팀장(처장급) 2011년 同미국법인장·마이애미지사장 2012년 同미래사업단 해외사업실장 2015년 同울산화력본부 경영관리처장 2016년 同기획본부 기획처장 2018년 한국동서발전(주) 사업본부장(현)

표완수(表完洙) PYO Wan Soo

(생)1947·8·21 (본)신창(新昌) (출)충북 청주 (주)서울특별시 중구 중림로 27 가톨릭출판사빌딩 신관 3층 시사IN 비서실(02-3700-3200) (학)1966년 청주고졸 1975년 서울대 영어영문학과졸 (경)1974년 경향신문 외신부 기자 1989년 시사저널 국제부장 1993년 경향신문 국제부장 1994년 同논설위원 1998년 인천방송 이사 보도국장 2000년 同사장 2000년 경인방송 사장 2000~2001년 동양화학 고문 2001년 디지털위성방송재단법인 시민방송 상임이사 2003년 청주대 광고홍보학과 초빙교수 2003~2008년 YTN 대표이사 사장 2007년 국가이미지개발위원회 위원 2008~2009년 (주)오마이뉴스 회장 2009년 시사IN 대표(현)

표용태(表溶泰) PYO Yong Tae (야천)

(생)1942·12·15 (출)경남 창녕 (주)경기도 안양시 만안구 삼덕로37번길 22 안양대학교 사회과학대학 관광경영학과(031-467-0700) (학)1961년 영남고졸 1986년 대신대 경영학과졸 1988년 한양대 대학원졸 1992년 중앙대 대학원졸 1999년 경영학박사(경기대) (경)1962~1984년 육군 장교(중령 예편) 1966~1967년 베트남전 참전 1986~1993년 안양대 전임강사 대우·전임강사 1989~1996년 同학생처 학생과장 1993~2008년 同관광경영학과 조교수·부교수·교수 1997년 한일경상학회 이사 1998년 안양대 사회과학연구소 전임연구교수 1999년 同관광학부장 겸 관광경영학과장 2003~2005년 同교수협의회 회장 2006~2007년 同일반대학원 주임교수 2006~2009년 학교법인 오산학원 이사 2008년 안양대 관광경영학과 명예교수(현) (상)인헌무공훈장(1967), 월남 정부 월남동성훈장(1967), 보국훈장 삼일장(1978), 옥조근정훈장(2008) (저)'경영학원론'(1999) '인적자원관리의 이론과 실제'(2006) (역)'인적자원관리의 이론과 실제'(2006) 외 2편 (종)기독교

표인수(表仁洙) PYO In Soo

(생)1959·2·27 (출)부산 (주)서울특별시 강남구 테헤란로133 법무법인 태평양(02-3404-0254) (학)부산 동아고졸 1981년 서울대 경제학과졸 1984년 同행정대학원졸 1995년 미국 시라큐스대 로스쿨졸(JD) (경)1980년 행정고시 합격(24회) 1981~1990년 경제기획원 및 상공부 사무관 1990~1996년 대통령비서실 및 상공부 서기관 1996년 미국 New York주 New Jersey주 변호사자격 취득 1996년 미국 Paul, Hastings, Janofsky & Walker 법률사무소 변호사 1996년 통상산업부 아주통상1과장 1997년 법무법인(유) 태평양 외국변호사(현) 2002년 WTO 뉴라운드경쟁정책분야대책반 민간위원 2002년 전국경제인연합회 국제협력위원회 자문위원 2004년 한국전력공사 열린경영혁신위원 2004~2006년 기획예산처 기금정책심의위원 2005~2007년 공정거래위원회 경쟁정책자문위원회 자문위원 2005~2014년 (주)유한양행 사외이사 2008~2011년 저작권위원회 위원 2008년 한국가스안전공사 비상임이사 2012년 중국 상해 국제경제무역 중재위원회 중재위원(현) 2013~2016년 산업통상자원부 전기위원회 위원 2014~2018년 同통상교섭민간자문위원 2014년 (주)LG생활건강 사외이사 겸 감사위원 2016년 산업통상자원부 에너지신산업 규제개혁 협의체 공동위원장 2016~2018년 同전력정책심의회 위원 (종)불교

표재순(表在淳) PYO Jae Soon

(생)1937·12·30 (본)신창(新昌) (출)서울 (주)서울특별시 중구 삼일대로4길 9 라이온스빌딩 416호 (사)한국문화기획학교(02-749-6365) (학)1956년 배재고졸 1960년 연세대 문과대학 사학과졸 1993년 同대학원 언론홍보학과졸 (경)1967~1969년 TBC TV 프로듀서 1969~1974년 MBC TV 프로듀서 1974~1983년 同제작위원·부국장 1983~1986년 同제작국장 1986~1989년 同제작이사·사업이사 1988년 제24회 서울올림픽대회·서울장애자올림픽대회 개·폐회식 제작단장 1989년 한국방송개발원 이사 1990년 (주)서울텔레콤 대표이사 1990~1994년 SBS프로덕션 대표이사 1998~1999년 서울예술대학 교수 1999~2002년 세종문화회관 초대이사장 1999~2000년 연세대 신문방송학과 교수 2000년 同영상대학원 특임교수 2006년 경기도문화의전당 사장 2008~2017년 JS씨어터 대표이사 2009~2012년 예술경영지원센터 비상임이사장 2009년 한국방송영상산업진흥원 '방송인 명예의 전당' 헌정 2009~2010년 배재대 공연영상학부 초빙교수 2010년 2015광주하계U대회 문화행사자문위원장 2011~2017년 문화나눔네트워크 시루 대표 2012년 배재대 한류문화산업대학원 석좌교수 2012~2018년 2018평창동계올림픽 문화행사전문위원 겸 개·폐막식 연출위원 2013~2018년 무역센터 MICE클러스터 자문위원장 2013~2016년 경주세계문화엑스포 예술총감독 2015~2016년 대통령소속 문화융성위원회 위원장 2017년 (사)한국문화기획학교 이사장(현) (상)한국연극영화예술상 연출상·대상, 문화예술상, 체육훈장 맹호장, 대통령표창, 연세대 문과대학총동창회 연문인상(2009), 은관문화훈장(2014) (종)기독교

표정수(表丁洙)

(생)1960·1·13 (주)서울특별시 영등포구 국제금융로8길 27-8 NH농협캐피탈(1644-3700) (학)1977년 마산상고졸 2007년 진주산업대 산업경제학과졸 (경)1977년 농협중앙회 입회 2007년 同마산시지부 부지부장 2008년 同의령군지부장 2010년 同경남경제사업부 부본부장 2011년 同거제시지부장 2012년 同상호금융수신부장 2013년 NH농협은행 상호금융자금부장 2017년 同농업·공공금융부문 부행장 2018년 NH농협캐피탈 여신관리담당 전무 2019년 同기업금융담당 전무(현)

표창우(表昌祐) PYO Chang Woo

(생)1957·10·22 (출)서울 (주)서울특별시 마포구 와우산로 94 홍익대학교 정보컴퓨터공학부(02-320-1691) (학)1980년 서울대 전자공학과졸 1982년 同대학원 전자공학과졸 1989년 공학박사(미국 일리노이대 어배나교) (경)1984~1990년 미국 일리노이대 어배나교 강의·연구조교 1990~1991년 미국 Army Construction Engineering Research Laboratory 연구원 1991년 홍익대 공과대학 컴퓨터공학부 조교수·부교수·교수, 同공과대학 정보컴퓨터공학부 컴퓨터공학전공 교수(현) 2007~2010년 同정보전산원장 2017년 同공과대학장

표창원(表蒼園) PYO Chang Won

(생)1966·5·3 (본)신창(新昌) (출)경북 포항 (주)서울특별시 영등포구 의사당대로 1 국회 의원회관 722호(02-784-9030) (학)1985년 서울 고려고졸 1989년 경찰대졸(5기) 1995년 영국 엑스터대 대학원졸 1998년 경찰학박사(영국 엑스터대) (경)1990년 경기 화성경찰서 경위 1991년 부천경찰서 형사계장 1992년 경기지방경찰청 외사반장 1998년 경찰청 제도개선기획단 연구관 1998년 국내 경찰학박사 제1호 1998년 경찰대 경찰학과 교관 1998~2001년 광운대·한국외국어대·연세대·아주대·경기대 강사 1999~2001년 경찰대 행정학과 전임강사 2000년 한국부패학회 연구이사 2000년 한국경찰학회 이사 2001년 아시아경찰학회 회장·사무총장·이사·상임고문(현) 2001~2012년 경찰대 행정학과 조교수·부교수·교수 2001~2004년 同행정학과장 2001년 경찰청 여성정책자문위원 2002년 한국경찰발전연구회 회장 2002~2009년 경찰청 마약수사자문위원 2002~2004년 부패방지위원회 정책자문위원 2004년 법무부 여성범죄자문위원 2005~2006년 미국 샘휴스턴주립대 형사사법대학 초빙교수 2005~2010년 대통령소속 지방자치경찰특별위원회 위원 2006년 경찰청 대테러전문위원 2008년 국회예산정책처 국가주요사업평가 자문위원 2008년 대한주택공사 주거안전자문위원장 2012년 서울시 범죄예방디자인위원회 위원장 2013년 JTBC '표창원의 시사 돌직구' 진행 2013년 한겨레신문 하니tv '시사게이트' 진행 2013년 同칼럼 '죄와 벌' 연재 2014년 표창원범죄과학연구소 소장 2015년 4.16세월호참사특별조사위원회 자문위원 2015년 同진상규명소위원회 자문위원 2016년 더불어민주당 제20대 총선 선거대책위원회 위원 2016년 同비상대책위원회 위원 2016년 同경기용인시丁지역위원회 위원장(현) 2016년 제20대 국회의원(경기 용인시丁, 더불어민주당)(현) 2016년 더불어민주당 정책위원회 부의장 2016년 同오직민생특별위원회 사교육대책TF 위원 2016년 同민주주의회복TF 위원 2016~2017년 국회 안전행정위원회 위원 2016년 국회 윤리특별위원회 위원 2016년 더불어민주당 세월호특별위원회 위원 2017년 同제19대 문재인 대통령후보 중앙선거대책위원회 새로운정치위원회 부위원장 2017년 同경기도당 동물복지특별위원장 2017~2018년 국회 행정안전위원회 위원 2017년 더불어민주당 적폐청산위원회 위원 2017~2018년 국회 재난안전대책특별위원회 위원 2018년 국회 법제사법위원회 위원(현) 2018년 국회 여성가족위원회 위원(현) 2018년 국회 사법개혁특별위원회 위원(현) 2019년 더불어민주당 원내부대표(현) (상)경찰청장표창, 한국기독교교회협의회 인권상(2013), 대한민국의정대상(2016) (저)'Police and Crime Watch UK'(1998) '피해자학'(2001) '경찰홍보론'(2001) '경찰학개론'(2004) '비교수사제도론'(2005) '한국의 연쇄살인'(2005) '숨겨진 심리학'(2011) '정의의 적들'(2014)

표철수(表哲洙) PYO Chul Soo

(생)1950·2·13 (출)부산 (주)경기도 과천시 관문로 47 방송통신위원회 상임위원실(02-2110-1230) (학)1968년 부산고졸 1975년 서울대 문리과대학 지리학과졸 (경)1975년 한국방송(KBS) 보도국 입사 1982년 同TV편집부 차장 1986년 同정치부 차장 1994년 YTN 뉴스총괄부장 1994년 同부국장대우 정치부장 1995년 민주평통 자문위원 1997년 YTN 보도국 부국장 1999년 한국도로공사 사외이사 1999년 YTN 사업국장 2000년 同이사대우 미디어국장 2000년 경인방송 보도담당 상무이사 2001~2003년 同전무이사 2003~2006년 방송위원회 사무총장 2005년 한국언론재단 비상임이사 2007~2009년 경기도 정무부지사 2010년 (주)온미디어 사외이사 겸 감사위원 2013년 새정치연합(창당준비위원회) 공보단장 2014년 同최고위원 2016년 국민의당 경기남양주시乙지역위원회 위원장 2017년 同제19대 안철수 대통령후보 중앙선거대책위원회 공보단장 2017년 방송통신위원회 상임위원(차관급)(현) 2017년 同남북방송통신교류추진위원회 제5기 위원장(현) (종)불교

표현명(表鉉明) PYO Hyun Myung

(생)1958·10·21 (본)신창(新昌) (출)서울 (주)서울특별시 강남구 테헤란로 422 KT타워 롯데렌탈(주) 임원실(02-3404-9722) (학)1977년 경복고졸 1981년 고려대 전자공학과졸 1983년 同대학원 전자공학과졸 1998년 공학박사(고려대) 2000년 서울대 행정대학원 정보통신방송정책과정 수료 2005년 同최고경영자과정 수료 (경)1983년 한국전자통신연구원(ETRI) 근무 1984년 한국통신 연구개발본부 근무 1989년 同사장비서실 선임연구원 1991년 同사업개발단 지능망개발부장 1995년 同무선사업추진단 전략계획부장 1995년 同무선통신연구소 연구기획실장·차세대무선연구팀장 1999년 한국통신프리텔(주) IMT-2000사업담당 상무보 2000년 (주)KTF 전략기획총괄(상무보) 2001년 同경영기획담당 상무보 2002년 同기획조정실장(상무) 2003년 同마케팅부문장(전무) 2004년 同마케팅부문장(부사장) 2005년 한국문화산업포럼 이사 2006년 (주)KT 휴대인터넷사업본부장(전문임원) 2008~2012년 한국마케팅클럽(KMC) 부회장 2009년 (주)KT Corporate Center장(부사장) 2010~2012년 同개인고객부문장(사장) 2010~2012년 WAC 전임이사, 한국통신학회 부회장 2012~2013년 고려대 정보통신대학 자문위원 2012~2014년 (주)KT 텔레콤&컨버전스(T&C)부문장(사장) 2013년 同대표이사 회장 직대 2013~2014년 한국스마트홈산업협회 회장 2014~2015년 KT렌탈 대표이사 사장 2015~2018년 롯데렌탈(주) 대표이사 사장 2019년 同고문(현) 2019년 (주)JB금융지주 사외이사(현) (상)정보통신부장관표창(1997), 대통령표창(2003), 산업포장(2008) (저)'서비스디자인'(2008)

표호길(表好吉) PYO Ho Gil (海山)

(생)1945·11·16 (본)신창(新昌) (출)경남 의령 (주)서울특별시 종로구 종로31길 54 (주)빌더스플래닝(02-517-8100) (학)동아대 상학과졸 (경)민주평통 자문위원, (주)빌더스플래닝 회장, 선진국민연대 중앙위원회 정치개혁위원장 2008년 제17대 대통령취임준비위원회 자문위원 2008~2010년 한국전기안전공사 감사 2010~2013년 케이비유니온 자산부문 사장 2013년 (주)빌더스플래닝 회장(현) 2018년 블루랜드 퍼핀스베이 회장 2019년 빌디건설 대표(현) 2019년 케니스토리호텔 회장(현)

피성현(皮惺賢) Pee Sung Hyun

(생)1964·4·19 (주)서울특별시 종로구 종로1길 50 더케이트윈타워 B동 SKC(주) 경영지원부문(02-3787-1234) (학)1982년 경북고졸 1989년 경북대 경영학과졸 2006년 미국 선더버드국제경영대학원졸(MBA) (경)1989년 유공 재무부문 입사 2008년 SK에너지(주) R&C재무팀장(부장) 2010년 SK홀딩스 재무실 팀장(부장) 2013년 SK이노베이션(주) 회계실장(상무) 2014년 SK에너지(주) 재무실장(상무) 2016년 SKC(주) 재무·구매실장(상무) 2017년 同재무지원실장(상무) 2018년 同경영지원부문장(상무) 2019년 同경영지원부문장(현) 2019년 同Value지원실장 겸임(현)

ㅌㅍ

피영민(皮英敏) PEE Young Min

[생]1953·3·13 [출]인천 [주]서울특별시 서초구 서초대로45길 9 우송빌딩 202호 한국기독교화해중재원(02-6380-7000) [학]1971년 중동고졸 1976년 고려대 행정학과졸 1978년 同대학원 법학과졸 1985년 침례신학대 대학원졸 1991년 신학박사(미국 뉴올리언스 침례신학대) [경]1986년 목사 안수 1986~1991년 미국 루이지애나주 한인침례교회 담임목사 1991~2000년 침례신학대 조교수·부교수 1993년 同학생처장 1997년 미국 앨라배마주 샘퍼드대 교환교수 1998년 침례신학대 실천처장 1998~2001년 同교무처장 2000~2002년 同교수 2001~2002년 同신학대학원장 2002~2018년 강남중앙침례교회 담임목사 2002~2018년 양수리수양관 원장, 영암설교연구원 원장, 한국기독교총연합회 남북교회협력위원회 위원장, 국민일보 운영이사, 대한성서공회 이사 2010년 아세아연합신학대(ACTS) 임시이사 2010년 同이사 2012년 (사)한국기독교화해중재원 이사장(현) [저]'칼빈주의와아르민이우스주의'(2004) [역]'개혁자들의 신학'(1994) '피영민 목사가 만들어가는 행복한 교회(共)'(2004) [종]기독교

피우진(皮宇鎭·女) Pi Woo Jin

[생]1956·8·20 [출]충북 청주 [학]1974년 청주여상졸 1978년 청주대 체육교육학과졸 1986년 건국대 대학원 체육교육학과졸 [경]1979년 육군 소위 임관 1981년 육군 202항공대대 헬기 조종사(14기), 88사격단 여군 중대장 1988년 1군사령부 여군대장, 12항공단 205항공대대 중대장, 5군단 항공대 운항반장, 16항공대 부대장, 11항공단 본부 부단장 2004년 항공학교 학생대 학생대대장 2006년 반강제 전역(軍신체검사에서 2급 장애판정 받고 11월 전역) 2008년 진보신당 제18대 국회의원 후보(비례대표) 2008년 軍복직(중령) 2008~2009년 육군항공학교 교리발전처장 2009년 전역(육군 중령) 2015~2017년 국가인권위원회 전문위원 2017~2019년 국가보훈처장(장관급) [상]세계여성의날기념 성평등 디딤돌상(2008) [저]'여군은 초콜릿을 좋아하지 않는다'(2006)

피재호(皮在虎) PYEE Jae Ho (草厓)

[생]1960·2·29 [본]괴산(槐山) [출]경북 안동 [주]충청남도 천안시 동남구 단대로 119 단국대학교 자연과학대학 분자생물학과(041-550-3461) [학]1983년 서울대 미생물학과졸 1985년 同대학원 미생물학과졸 1994년 이학박사(미국 Ohio주립대) [경]1988~1994년 미국 Ohio State Biotechnology Center 연구원 1992년 국제식물분자생물학회 정회원(현) 1994~1995년 서울대 유전공학연구소 연구원 1995년 단국대 자연과학대학 분자생물학과 전임강사·조교수·부교수·교수(현) 1999~2016년 한국식물학회 이사 2000~2006년 (주)휴시스 부설연구소장 2004년 한국약용작물학회 상임이사·이사(현) 2005~2007년 한국식물학회 상임이사 2009년 경기지역과학기술정보협의회 자문교수 겸 위원(현) 2010년 (주)향토유전자원연구소 대표(현) 2015년 단국대 생명과학기술연구원장(현) [상]경기지방중소기업청장표창(2009) [저]'최신생물공학(식물편II)'(1996) '생명과학'(2001) '강화약쑥'(2007) '건강기능식품'(2008) [종]기독교

피종호(皮宗昊) PIH Jong-Ho

[생]1953·8·21 [출]부산 [주]서울특별시 성동구 왕십리로 222 한양대학교 독어독문학과(02-2220-0765) [학]1977년 서울대 독문학과졸 1991년 독문학박사(독일 쾰른대) [경]1995~2018년 한양대 독어독문학과 교수 2000~2002년 同인문학부장 2001~2003년 同인문과학연구소장 2003년 한국카프카학회 부회장 2003~2004년 미국 위스콘신대 메디슨교 객원교수 2007~2010년 한국미디어문화학회 회장 2007~2008년 한국카프카학회 회장 2007·2014년 한양대 출판부장 2008년 同미디어문화연구소장 2008년 同대학원 대중문화시나리오학과 교수 2012·2014년 독일 바이로이트대 DAAD 초청교수 2014년 한양대 현대영화연구소장 2014~2016년 同학술정보관장(도서관장) 2015년 한국독일어문학회 회장 2016년 한국대학도서관연합회 부회장 2016~2017년 한국사립대학교도서관협의회 회장(이사장 겸임) 2018년 한양대 명예교수(현) [저]'영상문화시대에 따른 인문학적 대응전략으로서의 이미지연구'(2002) '유럽영화예술'(2003) '몸의 위기'(2004) '해체미학'(2005) '디지털미디어와 예술의 확장'(2006) '모더니즘의 영화미학'(2006) '문학의 탈경계와 상호 예술성(共)'(2009, 아카넷) '영화와 탈신화(共)'(2009) '포스트모더니즘 영화미학'(2013) '동독영화'(2016) '독일 시와 가곡 1권'(2016) [역]산문집 '릴케'(2000), '시온 마샤르의 환상'(2000), '헤세의 이야기꾼'(2002), '헤세의 환상'(2003) [종]기독교

한국인물사전

2020

Y O N H A P N E W S

ㅎ

수록 순서 가나다 · 생년월일순

약 호 (생) 생년월일 (본) 본관 (출) 출생지
(주) 주소(연락처) (학) 학력 (경) 경력 : (현) → 현직
(상) 상훈 (저) 저서 (역) 역서
(작) 작품 (종) 종교

하갑래(河甲來) HA Gap Rae

(생)1955 · 1 · 23 (본)진주(晋州) (출)전남 화순 (주)경기도 용인시 수지구 죽전로 152 단국대학교 법과대학(031-8005-3288) (학)1974년 양정고졸 1979년 성균관대 경제학과졸 2000년 서울대 행정대학원졸 2003년 법학박사(동국대) (경)1979년 행정고시 합격(23회) 1980~1987년 국방부 재정국 · 예산편성관실 사무관 1987~1992년 노동부 부녀소년과 · 임금복지과 · 근로기준과 사무관 1992년 同부녀소년과장 1994년 노동연수원 교수부장 1994년 駐이란 노무관 1997년 駐중국 노무관 1998년 노동부 고용정책과장 1999년 同정보화담당관 1999년 同노동경제담당관 2000년 경기지방노동위원회 상임위원 2001년 노사정위원회 사무국장 · 운영국장 2002년 노동부 국제협력관 2002년 중앙대 겸임교수 2003년 노동부 고용정책심의관 2004년 중앙공무원교육원 파견 2005년 교육인적자원부 인적자원개발국장 2005년 同평생학습국장 2006~2007년 노동부 근로기준국장 2007년 단국대 법과대학 부교수 · 교수(현) 2007년 중앙노동위원회 심판담당 공익위원 2010년 단국대 죽전캠퍼스 법과대학장 2014년 산업재해보상보험재심사위원회 위원 2015년 한국장애인고용공단 자문 2015년 국민권익위원회 위원 2015년 국가인권위원회 위원 2016년 경제사회발전노사정위원회 고용차별개선연구회 위원장, 고용노동부 규제개혁위원회 위원(현) 2017년 단국대 행정법무대학원장(현) (상)대통령표창 (저)'근로기준법' '노동법'(共) '외국인 고용과 근로관계'(2005, 중앙경제) '노동기본권과 노사관계법'(2007, 단국대 출판부) '집단적 노동관계법'(2010, 중앙경제) '노동법총서'(2016, 중앙경제)

하경자(河京子 · 女) HA Kyung Ja

(생)1961 · 6 · 7 (본)진양(晋陽) (출)경남 고성 (주)부산광역시 금정구 부산대학로63번길 2 부산대학교 자연과학대학 대기환경과학과(051-510-2177) (학)1982년 부산대 과학교육학과졸 1984년 서울대 대학원 기상학과졸 1992년 대기과학박사(연세대) (경)1986년 연세대 지구환경연구소 상임연구원 1992년 同자연과학연구소 연구원 1993년 일본 기상연구소 연구원 1994년 부산대 대기과학과 전임강사 · 조교수 · 부교수 1999년 미국 오레곤주립대 객원연구원 2002~2004년 부산대 여성연구소장 2004~2005년 한국기상학회 교육이사 및 교육위원장 2004년 과학기술부장관 예산정책자문위원 2005년 교육부 중앙영재교육진흥위원 2005년 APEC기후센터 감사 2005년 부산시 비전2020 과학자문위원 2006년 부산대 자연과학대학 대기환경과학과 교수(현) 2007년 중국 Atmos.&Oceanic Sci Letter 저널 편집위원(현) 2010~2011년 (사)대한여성과학기술인회 부회장 2010~2015년 한국연구재단 한중기초과학교류위원회 위원 2011~2014년 APEC기후센터 이사 2011~2017년 한국연구재단 GRL(Global Research Laboratory) 글로벌몬순기후연구책임자 2012~2013 · 2016~2017년 (사)한국기상학회 부회장 2014년 부산대 기후과학연구소장(현) 2016년 한국과학기술한림원 정회원(이학부 · 현) 2016년 세계기상기구(WMO) 세계기상연구프로그램(WWRP) 몬순패널 전문위원(현) 2017년 Scientific Reports Editor(현) 2017년 기초과학연구원(IBS) 기후물리연구단 교수(현) 2018년 국민생활과학자문단 환경안전분과 위원장(현) 2018년 한국지구과학연합회(KGU) 부회장(현) 2018년 부산국립과학관 비상임이사(현) (상)한국기상학회 송천학술상(2001), 과학기술부장관표창(2003 · 2009), 과학기술훈장 진보장(2012), 부산시 부산과학기술상(2012) (저)'대기환경의 이해' '대기환경의 탐색' '대기관측 · 분석 · 실험' '대기열역학'(2002) '환경대기과학'(2015) '대기과학 에센스 Ⅰ · Ⅱ'(2016 · 2017) (역)'대기역학 에센스' '생활환경과 기상(共)'(2005) (종)불교

하경효(河京孝) HA Kyung Hyo

(생)1952 · 8 · 7 (출)경남 진주 (주)서울특별시 성북구 안암로 145 고려대학교 법학전문대학원(02-3290-1421) (학)1971년 진주고졸 1975년 고려대 법대졸 1983년 同대학원 법학과졸 1989년 법학박사(독일 마인츠대) (경)1976년 고려대 노동문제연구소 연구원 1981년 同법학연구소 연구원 1982년 서강대 강사 1990~2018년 고려대 법과대학 조교수 · 부교수 · 교수 1995년 同법학과장 1996년 同노동문제연구소장 · 법과대학 교학부장 1999년 중앙노동위원회 심판담당 공익위원(현) 1999년 한국노동법학회 부회장 2001년 법무부 민법개정특별위원회 위원 2001년 고려대 노동문제연구소장 2002~2003년 同법학연구원장 2003~2005년 同노동문제연구소장 2003~2005년 同노동대학원장 2003~2010년 대검찰청 공안자문위원회 위원 2004년 한국유럽법학회 회장 2006~2007년 한국노동법학회 회장 2006~2009년 고려대 법무대학원장 겸 법과대학장 2007~2009년 학교법인 대양학원(세종대) 임시이사 2008~2012년 노동법이론실무학회 회장 2008~2009년 고려대 법과대학장 겸 법무대학원장 2008~2012년 법무부 법무자문위원 2010년 한국민사법학회 회장 2010~2011년 고려대 법과대학장 겸 법학전문대학원장 2010~2013년 대법원 법관징계위원회 위원 2018년 고려대 법학전문대학원 명예교수(현) (상)홍조근정훈장(2013) (저)'기업의 구조조정과 노동법적 과제'(共) '집단적 노사자치에 관한 법률'(共) '독일채권법현대화'(共) '세계화의 흐름에 대한 노동법적 대응(共)'(1998) '영업양도와 근로관계의 승계(共)'(1999) '노동법사례연습'(2002) '사내하도급과 노동법(共)'(2007) '임금법제론'(2013)

하귀남(河貴男) HA Gui Nam

(생)1972 · 6 · 8 (본)진양(晋陽) (출)경남 마산 (주)경상남도 창원시 마산합포구 완월동7길 37 2층 법무법인 마산(055-293-9775) (학)1991년 마산 창신고졸 2001년 고려대 무역학과 수료 2003년 同법학과졸 2003년 창원대 노동대학원 제적 (경)2000년 사법시험 합격(42회) 2003년 사법연수원 수료(32기), 가야법률사무소 구성원 변호사 2003년 변호사 개업 2003년 민주사회를위한변호사모임 노동위원회 위원(현) 2003년 창신대 경찰행정학과 강사 2003년 민주평통 자문위원 2003년 개혁국민정당 경남위원회 집행위원 2003년 열린우리당 김두관 경남도지부장 법률특보 2003~2012년 동서법무법인 구성원변호사 2004년 제17대 국회의원선거 출마(열린우리당) 2004년 열린우리당 경남도위원회 인권특별위원장 2006년 同마산乙지구당 운영위원장, 대통령 법무비서관실 행정관(3급) 2008년 제18대 국회의원선거 출마(마산乙, 통합민주당) 2008년 민주당 마산乙지역위원회 위원장 2008년 同경남도당 대변인 겸 민우법률위원회 위원장, 민주통합당 경남도당 수석부위원장 2010~2012년 경남도 고문변호사 2012년 제19대 국회의원선거 출마(창원 마산회원구, 민주통합당) 2012년 민주통합당 중앙당 부대변인 2013년 법무법인 마산 대표변호사(현) 2013년 새정치민주연합 창원시마산회원구지역위원회 위원장 2013년 同당무위원 2015년 同경남도당 총선기획단장 2015년 더불어민주당 경남도당 총선기획단장 2016년 同창원시마산회원구지역위원회 위원장(현) 2016년 제20대 국회의원선거 출마(창원시 마산회원구, 더불어민주당) (저)'나는 마산변호사다'(2012) (종)기독교

하규섭(河圭燮) KYOO SEOB HA

(생)1961 · 1 · 17 (출)경남 함양 (주)서울특별시 종로구 대학로 101 서울대학교병원 정신건강의학과(02-740-8114) (학)1979년 용문고졸 1986년 서울대 의대졸 1991년 同대학원 의학석사 1995년 의학박사(서울대) (경)1990~1991년 서울대병원 신경정신과 전임의 1991년 용인정신병원 정신과과장 1994년 서울대 의대 정신과학교실 전임강사 1994년 용인정신병원 용인정신의학연구소 연구원 1995년 서울대 의대 정신과학교실 조교수 · 부교수 · 교수(현) 1995~2002년 서울대병원 신경정신과 전산화인지지능검사실 담당교수 1998~2003년 同신경정신과 우울증클리닉 · 조울증클리닉 담당교수 1999~2001년 미국 캘리포니아대 샌프란시스코교 정신과 객원교수 2001~2007년 대한우울조울병학회 홍보이사 · 간행이사 · 기획이사 2002~2004년 분당서울대병원 전자의무기록개발팀장 2002~2008년 대한정신약물학회 이사 2003~2005년 분당서울대병원 신경정신과장 2003~2013년 同정신건강의학과 우울증클리닉 · 조울증클리닉 담당교수 2004~2008년 同기획조정실장 2008~2012년 동아시아조울병포럼 창립회장 2010년 아시아조울병네트워크 회장 2010년 분당서울대병원 양극성장애중개연구센터장 2010년 국제조울병학회 부회장 2010년 한국자살예방협회 회장 2013~2016년 국립서울병원장 2016년 국립정신건강센터 센터장 2016년 보건복지부 중앙정신보건사업지원단장 (상)녹조근정훈장(2016)

하근찬(河瑾燦) HA Keun Chan

(생)1962 · 4 · 25 (본)진주(晋州) (출)강원 춘천 (주)강원도 춘천시 금강로 120 CBS 강원방송본부(033-255-2001) (학)1981년 춘천고졸 1989년 강원대 경영학과졸 2005년 同언론정보대학원졸 (경)1989~1992년 강원일보 문화부 · 사회부 기자 1992~1995년 강원도민일보 기자 1995년 CBS 춘천방송본부 보도제작국 기자 2004년 한국기자협회 춘천CBS지회장 2006년 CBS 춘천방송본부 보도제작국장 2009년 同서울보도국 사회부장 2012~2014년 同미디어본부 보도국 문화체육부장 2013~2014년 同'하근찬의 아침뉴스' 진행 2014년 同콘텐츠본부 보도국 뉴미디어부장 겸 노컷뉴스팀장 2014년 同콘텐츠본부 보도국 선임기자 2016~2018년 (주)CBSi 사장 2018년 CBS 강원방송본부장(현) (상)자전거활성화유공 행정안전부장관표창(2011), 제41회 한국방송대상 앵커상(2014) (종)기독교

하금열(河今烈) HA Kum Loul

(생)1949 · 12 · 16 (본)진양(晋陽) (출)경남 거제 (주)서울특별시 종로구 종로 26 SK(주) 임원실(02-2121-0114) (학)1968년 동래고졸 1976년 고려대 독어독문학과졸 (경)1976년 동아방송 기자 1980년 KBS 기자 1981년 MBC 기자 1991년 SBS 정치부 부장대우 1992년 同제2사회부장 직대 1993년 同정치부장 1995년 同보도국 취재담당 부국장 1996년 同워싱턴지국장 1997년 同보도국장 직대 1998년 同회장특별보좌역 겸 대기자 1999년 同관리담당 부본부장 겸 인사1팀장 2000년 同미디어정책실장 2001년 同LA지사장 2003년 同보도본부장(이사) 2004년 同보도본부장(상무) 2005년 同상무(상임상담역) 2005년 한국신문방송편집인협회 부회장 2005년 同이사 2007~2009년 SBS 대표이사 사장 2007년 한국방송협회 부회장 2008년 한국디지털미디어산업협회 부회장 2010년 SBS미디어홀딩스 대표이사 사장 2010년 고려대언론인교우회장 2011년 SBS 이사회 의장 2011년 同상임고문 2011~2013년 대통령실장 2015년 SK C&C(주) 사외이사 2015년 SK(주) 사외이사(현) (상)고려대 언론인상(2004), 중앙언론문화상 방송 · 영상부문(2009), 한국토목문화대상 언론부문(2010) (저)시집 '강이 끝나는 산 너머로'(2012, 문예촌)

하기주(河基柱) Ha, Gee-Joo

(생)1959 · 7 · 10 (출)부산 (주)경상북도 경산시 하양읍 가마실길 50 경일대학교 공과대학 건축공학과(053-600-5449) (학)1982년 한양대 건축공학과졸 1984년 연세대 대학원졸 1993년 공학박사(한국과학기술원) (경)1984년 연세대 산업기술연구소 연구원 1985년 한국건설기술연구원 연구원 1991년 경북산업대 건축공학과 조교수 · 부교수 1997년 경일대 공대 건축공학과 부교수 · 교수(현) 2013~2014년 한국구조물진단유지관리공학회 회장 2013~2016년 대통령직속 국가건축정책위원회 위원 2016~2018년 대한건축학회 회장 2016~2017년 경일대 첨단ICT융합생애주기시설물성능개선인력양성사업단장, (사)건설기술정책연구원 원장 겸 이사장(현) 2019년 민주평통 경제협력분과위원회 상임위원(현)

하기태

(생)1966 · 10 (주)서울특별시 금천구 가산디지털2로 179 롯데피에스넷(주)(02-2028-8900) (학)부산외국어대 법학과졸, 경상대 대학원 법학과졸 (경)1995년 롯데백화점 입사 2006년 롯데카드 영업 · 인사 · 준법감시팀 근무 2017년 同개인영업부문장 2018년 롯데피에스넷(주) 영업본부장 2019년 同대표이사 상무보A(현)

하대룡(河大龍)

(생)1964 · 2 (주)경상북도 포항시 남구 철강로 173 포스코강판(주) 임원실(054-280-6114) (학)1986년 부산대 정치외교학과졸 2008년 연세대 대학원 경제학과졸(MBA) (경)1989년 포스코 입사 2003년 同비서실 팀리더 2006년 同홍보실 팀리더 2008년 同냉연판매그룹 팀리더 2009년 同글로벌마케팅그룹장 2013년 同에너지플랜트사업추진반장(상무보) 2015년 同전기전자마케팅실장(상무) 2018년 포스코강판(주) 대표이사 사장(현)

하대성(河大成) HA Dae Sung

(생)1966 · 10 · 28 (본)진양(晋陽) (출)경북 김천 (주)세종특별자치시 도움6로 11 국토교통부 국토정책관실(044-201-3644) (학)1984년 부산 동성고졸 1991년 연세대 행정학과졸 2001년 일본 사이타마대 대학원 공공정책학과졸 (경)1993년 행정고시 합격(36회) 2002년 건설교통부 국토정책국 지역정책과 사무관 2003년 同국토정책국 국토정책과 사무관 2003년 同국토정책국 국토정책과 서기관 2005년 국가균형발전위원회 파견 2006년 건설교통부 산업입지팀장 2006년 同공공기관지방이전추진단 혁신도시팀장 2007년 同공공기관지방이전추진단 혁신도시1팀장 2008년 국토해양부 공공기관지방이전추진단 혁신도시1팀장 2008년 駐이란 주재관 2011년 대통령실 파견 2012년 국토해양부 택지개발과장 2013년 국토교통부 신도시택지개발과장 2013년 同공공주택건설추진단 공공주택총괄과장 2014년 경기도 도시주택실장 2015년 국토교통부 공공주택업무 총괄(부이사관) 2015년 익산지방국토관리청장(고위공무원) 2017년 국방대 교육파견 2018년 대통령직속 국가균형발전위원회 지역균형국장 2018년 국토교통부 국토정책관(현)

하동근(河東瑾) HA Dong Keun

(생)1955 · 4 · 12 (출)경남 산청 (주)서울특별시 중구 필동로1길 30 동국대학교 언론정보대학원 신문방송학과(02-2260-3733) (학)1973년 부산고졸 1981년 한국외국어대 영어과졸 1988년 일본 와세다대 대학원 연수 2003년 동국대 언론정보대학원 신문방송학과졸 2015년 同대학원 신문방송학 박사과정 재학 중 (경)1981년 MBC 보도국 사회부 기자 1990

년 同동경특파원 1993년 同북한부 기자 1994년 同정치2부 기자 1994년 同사회부 기자 1995년 同뉴스와이드제작실 제작3CP 1995년 同정책기획실 편성정책팀 차장 1996년 同보도국 뉴스데스크제작실 제작1CP 1996년 同보도국 보도기획팀장 1999년 同보도국 라디오인터넷뉴스부장 2000년 同국제부장 2001년 同보도제작부장 2001년 同시사제작국 시사제작1CP 2002년 同정책기획실 정책특보 2003~2009년 (주)iMBC 대표이사 사장 2005년 동국대 언론정보대학원 신문방송학과 겸임교수(현) 2009년 영상물등급위원회 심의위원 2010~2011년 同비디오물등급분류위원 2011~2014년 JEI재능방송 사장 2011년 남산미디어포럼 초대회장 2011~2013년 (주)JEI재능그룹 최고전략책임자(CSO) 2011~2014년 재능e아카데미 대표이사 사장 2012~2014년 JEI재능교육 신규사업부문총괄 대표이사 2014년 JEI재능방송 고문(현) 2014~2017년 한국케이블TV방송협회 부회장 2014~2017년 同방송채널사용사업자(PP)협의회 회장 2014년 대한불교조계종 불교언론문화상 심사위원 2017~2019년 화동이노테크(CKIS) 회장 2019년 TKIS 회장(현) (상)제2회 문화콘텐츠 글로벌리더상(2009) (저)'일본 방송연구'(共) '디지털방송론'(編) '디지캐스팅 2.0'

하동명(河東明) Ha, Dong-Myeong

(생)1958 · 10 · 3 (본)진주(晉州) (출)강원 강릉 (주)충청북도 제천시 세명로 65 세명대학교 보건안전공학과(043-649-1321) (학)1977년 강릉고졸 1981년 경희대 공대 화학공학과졸 1984년 同대학원 화학공학과졸 1989년 화학공학박사(경희대) (경)1994년 세명대 보건안전공학과 교수(현) 1996~2002년 同보건안전공학과장 1999년 한국산업인력관리공단 기사 · 기술사 · 지도사출제 및 검토위원 · 정책자문위원(현) 2001~2005년 세명대 환경안전시스템공학부장 2001~2006년 同대학원 환경안전시스템공학과 주임교수 2001년 고용노동부 심의위원 2001~2002년 한국소방안전협회 소방의용상 중앙심사위원 2002~2014년 한국화학공학회 화학공정안전부분위원회 부위원장 2002년 한국과학기술기획평가원 평가위원 2002년 한국산업안전공단 산업안전보건연구원 전문위원 2002년 한국산업기술평가원 평가위원 2002~2004년 6th AOSFST(Asia-Oceania Symposium Fire Science & Technology) Organizing Committee Member 2003년 노동부 · 매일경제신문 주관 안전경영대상 심사위원 2004년 한국소방산업기술원 소방검정기술심의회 위원 2004~2008년 세명대 보건안전공학과장 2004년 한국과학기술단체총연합회 과학기술용어대사전 편집위원 2005년 한국소방안전협회 교재편찬심의위원 2005년 한국산업안전공단 공정안전보고서 심사위원 2005년 소방방재청 국가R&D 심의위원 2005년 고용노동부 산업안전보건정책전문위원회 위원 2006~2010년 한국산업안전공단 KOSHA Code 기술기준제정위원회 위원 2006년 중앙소방학교 주관 소방시설관리사 출제위원 2006~2007년 APSS(Asia Pacific Symposium on Safety) 2007 Organizing Committee Member 2008년 미국 세계인명사전 'Who's Who in Science and Engineering' 2008 · 2009년판에 등재 2009~2015년 미국 세계인명사전 'Marquis Who's Who in the World'에 등재 2009~2010년 충북도 학생처장협의회장 2009~2015년 한국가스학회 부회장 2009년 한국화재감식학회 부회장(현) 2009~2010년 세명대 학생처장 겸 생활관장 2009~2015년 한국화재소방학회 부회장 겸 편집위원장 2009년 대한전기협회 KEPIC 화재전문위원장(현) 2009년 행정안전부 기술고시 출제위원 2010년 한국안전학회 학술부회장 겸 편집위원장 2010년 한국산업안전보건공단 KOSHA GUIDE 제정위원회 위원(현) 2011년 소방방재청 화재특별조사팀 전문위원 2011년 한국소방산업기술원 위험물시설안전성 평가위원 2011년 同공간안전인증 평가위원(현) 2011~2012년 한국산업인력공단 대한민국 명장 선정 자문위원 2011년 지식경제부 가스기술기준위원회 위원 겸 고압가스 판매 · 저장 · 사용분과 위원장 2011년 APSS(Asia Pacific Symposium on Safety) 2011 Program Committee Member 2012년 서울대 화학공정신기술연구소 객원연구원 2014~2017년 산업통상자원부 제3기 가스기술기준위원회 위원장 2014년 한국화학공학회 화학공정안전부분위원회 전문위원(현) 2016~2018년 한국안전학회 회장 2017년 산업통상자원부 에너지안전전문위원회 위원장(현) 2017년 同제4기 가스기술기준위원회 위원(현) (상)한국과학기술단체총연합회 제12회 과학기술우수논문상(2002), 한국화재소방학회 최우수논문상(2003), 한국안전학회 학술상(2003), 행정자치부장관표창(2003 · 2006), 한국화재소방학회 공로상(2004), 한국화재소방학회 우수논문상(2005), 한국소방안전협회 2006 소방학술심포지움 최우수논문상(2006), 한국가스학회 공로상(2006), 한국가스학회 논문상(2007), 한국가스학회 우수논문상(2008), 제7회 대한민국안전대상 안전문화공로상(2008), 한국안전학회 학술상(2009), 한국안전학회 공로상(2009), 한국과학기술단체총연합회 제19회 과학기술우수논문상(2009), 한국화재소방학회 학술상(2009), 대통령표창(2010), 한국과학기술단체총연합회 제20회 과학기술우수논문상(2010), 한국안전학회 학술상(2011), 행정안전부장관표창(2011), 한국화재소방학회 학술상(2013), 한국화재감식학회 학술상(2015), 제14회 대한민국안전대상 대통령표창(2015), 한국안전학회 올해의학술상(2018) (저)'방재소방기술총람(上 · 下)' '최신화공안전공학' '최신일반화학과 유기물질론' '대학일반화학' '화공안전공학' (역)'연소공학' (종)불교

하동수(河東秀) HA, DONG SOO

(생)1968 · 3 · 25 (출)경남 남해 (주)세종특별자치시 도움6로 11 국토교통부 운영지원과(044-201-3160) (학)1986년 부산대사대부고졸 1990년 서울대 서어서문학과졸 1994년 同대학원 경영학과졸 2002년 경제학박사(미국 미주리대) (경)1993년 행정고시 합격(37회) 2006년 국민경제자문회의 사무처 조사관 2006년 건설교통부 국토정보기획팀장 2007년 同홍보지원팀장 2009년 국토해양부 도로운영과장 2010년 同운영지원과장 2011년 同지역정책과장 2012년 同기획담당관(부이사관) 2013년 국토교통부 국제협력정보화기획단장 2014~2015년 대통령 경제수석비서관실 국토교통비서관실 교통총괄행정관 2015년 국토교통부 공공주택건설본부 공공주택건설추진단장(고위공무원) 2017년 국외파견(현)

하동우(河東雨)

(생)1975 · 3 · 5 (출)울산 (주)부산광역시 강서구 명지국제7로 67 부산지방검찰청 서부지청 형사3부(051-520-4312) (학)1994년 동래고졸 2001년 서울대 법학과졸 (경)2001년 사법시험 합격(43회) 2004년 사법연수원 수료(33기) 2004년 서울중앙지검 검사 2006년 대구지검 포항지청 검사 2008년 창원지검 검사 2010년 수원지검 검사 2015년 대검찰청 검찰연구관 2016년 부산지검 검사(국무조정실 파견) 2018년 同부부장검사 2019년 부산지검 서부지청 형사3부장(현)

하만덕(河萬德) HA Man Deog

(생)1960 · 5 · 26 (출)경남 산청 (주)서울특별시 영등포구 국제금융로 56 미래에셋생명보험(주) 임원실(1588-0220) (학)진주 대아고졸, 부산대 불어불문학과졸, 아주대 경영학과졸 (경)1992년 SK생명보험 입사 1999년 同부평지점장 2003년 同계약심사팀장 2003년 同영업지원팀장 2004년 同영남지역본부장 2005년 同부산사업부장 2005년 同개인영업본부장(이사) 2005년 미래에셋생명보험(주) 개인영업본부장(이사) 2005년 同FC영업본부장 겸 강동지역본부장(이사) 2006년 同FC영업1부문 상무 2008년 同FC1영업 대표 2011년 同공동대표이사 사장 2016년 同대표이사 사장 2016~2017년 同대표이사 부회장 2017년 PCA생명보험 대표이사 부회장 2018년 미래에셋생명보험(주) 영업부문 각자대표이사 부회장(현)

하명호(河明鎬) HA Myeong Ho

(생)1958·9·2 (출)서울 (주)서울특별시 종로구 율곡로2길 25 현대종합상사(주) 대표이사실(02-390-1114) (학)보성고졸 1982년 성균관대 경제학과졸 1989년 미국 페어리디킨슨대 대학원졸(MBA) (경)1989~2004년 현대석유화학(주) 근무 2005년 현대그룹 기획총괄본부 경영전략팀 상무 2007~2008년 현대택배 전략기획실 상무 2010년 현대종합상사(주) 전무 2013년 同경영지원부문장(부사장) 2018년 同대표이사 부사장 2019년 同대표이사 사장(현)

하문근(河文根) Mun-Keun Ha

(생)1959·11·21 (본)진양(晉陽) (출)경남 진주 (주)부산광역시 동구 중앙대로180번길 13 (사)한국해양공학회(051-759-0656) (학)진주고졸 1982년 부산대 조선공학과졸 1987년 同대학원 조선공학과졸 1991년 공학박사(일본 히로시마대) (경)삼성중공업(주) 제품연구파트장, 同유체연구파트장 2005년 同조선플랜트연구소 제품기술연구센터장(상무보) 2005년 同조선플랜트연구소 제품기술연구센터장(상무) 2010년 삼성 펠로우 2011년 삼성중공업(주) 조선플랜트연구소 제품기술연구센터장(전무) 2011년 同기본설계1팀장(전무) 2012년 同설계2담당 전무 2014년 同조선시추사업부 전무 2015~2017년 同조선시추사업부 부사장 2016~2017년 대한조선학회 부회장 2018년 (사)한국해양공학회 부회장(현)

하미나(河美那·女) HA Mi Na

(생)1963·12·16 (출)서울 (주)세종특별자치시 도움6로 11 환경부 환경보건정책관실(044-201-6740) (학)1992년 서울대 의대졸 1996년 同대학원 환경보건학과졸 2000년 의학박사(서울대) (경)1996~2018년 단국대 의대 의예과 교수 1996년 단국대병원 산업의학과장 1997년 산업의학전문의 자격취득 2003~2006년 미국 국립보건원 암센터 암역학및유전학연구부 방문연구원, 세계보건기구 서태평양사무국 전문가 자문단, 단국대병원 환경보건센터 연구팀장, 태안군의료원 환경보건센터 운영위원·과학기술자문위원, 한국보건산업진흥원 R&D본부 기반구축단장 2018년 환경부 생활환경정책실 환경보건정책관(일반직고위공무원)(현)

하민중(河旻中) HA Min-Jung

(생)1944·1·12 (본)진주(晉州) (출)경남 함양 (주)서울특별시 중구 삼일대로 363 B152 (주)뉴멜로(02-778-9011) (학)1963년 배명고졸 1970년 명지대 경상대학 경영학과졸 2002년 일본 호세이대학 법률학과 3년 수료 (경)1973년 한국웅사단 부단장 1976년 (주)협진 전무 1980년 한국학생운동인동우회선전위원장 1980년 두성물산(주) 대표이사 1984년 민주화추진협의회 운영위원 1988년 한국민주발전연구소 소장 1990년 (사)한중우호협회 상무이사 겸 초대 사무총장 1990년 同이사 1993년 홍산물산(주) 대표이사 회장 1994년 한·우즈베크친선협회 상임부회장(현) 2002년 (사)음악사랑본부 부총재(현) 2011년 (주)뉴멜로 대표이사(현)

하변길(河便吉)

(생)1964·9·13 (출)부산 (주)대전광역시 서구 청사로 189 관세청 대변인실(042-481-7615) (학)부산동아고졸, 경희대 신문방송학과졸 (경)1990년 한겨레신문 기자 2000년 同뉴스부 속보팀장 2001년 同컨텐츠팀장 2002년 同인터넷한겨레 전략기획팀장 2002년 한국온라인신문협회 사무국장 2003년 한겨레신문 컨텐츠사업부장 2004년 한겨레플러스 뉴스부장 2009년 한겨레신문 디지털미디어사업본부 전략기획센터장 2012년 한국수력원자력 홍보실 팀장 2015년 同홍보실 언론홍보2팀장 2016년 관세청 대변인(현)

하병규(河炳圭) Ha Byung-kyoo

(생)1965·9·11 (주)서울특별시 종로구 사직로8길 60 외교부 인사운영팀(02-2100-7863) (학)1992년 서울대 종교학과졸 1998년 영국 런던대 대학원 정치학과졸(석사) (경)1995년 외무고시 합격(29회) 1995년 외무부 입부 2002년 駐독일 1등서기관 2005년 駐필리핀 1등서기관 2009년 駐영국 참사관 2011년 외교통상부 문화교류협력과장 2014년 駐브라질 참사관 2016년 駐시카고 영사 2018년 駐우간다 대사(현) (상)대통령표창(2012)

하병문(河炳文)

(생)1959·12·2 (출)경북 의성 (주)대구광역시 중구 공평로 88 대구광역시의회(053-803-5041) (학)대구공업고졸 1983년 경희대 화학공학과졸, 경북대 정치학과졸 (경)경희대 학생회장, (사)대구시지체장애인협회 북구지회 자문위원(현), 대구시바르게살기운동 대구시 북구협의회 자문위원(현), 새누리당 대구北乙당원협의회 부위원장단 고문, 同대구北乙당원협의회 대외협력위원회 위원, 민주평통 자문위원, 태전초 운영위원장(현), 대구북부경찰서 동천지구대 생활안전협의회 위원장, 대구시재향군인회 북구지회 이사, 세금바로쓰기납세자운동 자문위원, 남부권신공항 자문위원 2010년 대구시 북구의회 의원(한나라당·새누리당) 2010년 同주민생활위원장 2014~2018년 대구시 북구의회 의원(새누리당·자유한국당) 2014·2016~2018년 同의장 2016~2018년 대구시구·군의회의장협의회 회장 2018년 대구시의회 의원(자유한국당)(현) 2018년 同경제환경위원장(현) 2019년 대구시 지방분권협의회 위원(현)

하복동(河福東) HA Bok Dong

(생)1956·10·19 (본)진주(晉州) (출)충북 영동 (주)서울특별시 중구 필동로1길 30 동국대학교 사회과학대학 사회과학연구원(02-2112-0230) (학)1979년 충남대 법학과졸 1985년 서울대 행정대학원졸 2002년 미국 캘리포니아주립대(UCSD) 국제관계과정 수료 2006년 행정학박사(고려대) (경)1979년 행정고시 합격(23회) 1980년 총무처 행정사무관 1983년 감사원 근무, 同심사2담당관 1996년 同제3국 1과장 1998년 同제1국 1과장 1999년 同총무과장 2001년 同원장 비서실장 2001년 해외 파견(훈련) 2002년 감사원 원장비서실장 2003년 同재정·금융감사국장 2004년 同기획관리실장 2006년 同기획홍보관리실장 2006년 同제1사무차장 2007~2011년 同감사위원 2010~2011년 감사원장 직대 2012년 동국대 행정학과 교수 2013년 同사회과학대학 사회과학연구원 석좌교수(현) 2014~2017년 현대로템 사외이사 2015년 한국에너지공단 감사자문위원(현) 2016년 동국대 공공기관경영평가연구원장(현) 2018년 불교포럼 운영위원(현) (상)체육부장관표창(1986), 감사원장표창(1988), 근정포장(1989), 황조근정훈장(2006) (종)불교

하상구(河相久) HA Sang Koo

(생)1964·11·1 (본)진양(晉陽) (출)경북 경주 (주)충청남도 아산시 신창면 황산길 100-50 경찰대학 치안정책연구소(041-968-2015) (학)경주고졸, 경찰대졸(2기), 성균관대 대학원졸 (경)2000년 서울지방경찰청 방범지도계장 2003년 同생활안전계장 2006년 경북지방경찰청 생활안전과장(총경) 2007년 경북 경주경찰서장 2008~2009년 대통령 민정수석비서관실 행정관 2009년 교육파견 2013년 경찰청 수사기획과장(총경) 2014년 同수사기획과장(경무관) 2014년 경북지방경찰청 제2부장 2015년 경찰대학 학생지도부장 2017년 경기남부지방경찰청 제3부장 2018년 경찰수사연수원 원장 2019년 경찰대학 치안정책연구소장(현)

하상록(河商錄)

(생)1961·11·14 (주)경기도 수원시 영통구 매영로 150 삼성전기(주) 기판솔루션사업부(031-210-5114) (학)재료공학박사(미국 스티븐스공과대) (경)삼성전자(주) 시스템LSI사업부 FAB팀 담당임원, 同시스템LSI사업부 FAB팀장(상무) 2011년 同시스템LSI사업부 FAB팀장(전무) 2012년 同시스템LSI사업부 Foundry사업팀 전무 2013년 同시스템LSI사업부 제조센터장(전무) 2014년 삼성전기(주) 글로벌기술센터장(전무) 2017년 同ACI사업부장(부사장) 2017년 同기판솔루션사업부장(부사장)(현) (상)자랑스런 삼성인상(2011)

하상용(河相龍) Ha Sang-yong

(생)1952·3·4 (주)서울특별시 강남구 도곡로 205 원경빌딩 삼아알미늄(주) 사장실(02-3458-0503) (학)1971년 성남고졸 1979년 인하대 금속학과졸 (경)1979년 삼아알미늄(주) 입사 1997년 同압연생산부장 2007년 同압연공장장(이사) 2011년 同생산총괄 상무이사 2015년 同각자대표이사 사장(현)

하상혁(河相赫) Ha Sanghyuk

(생)1972·1·22 (본)진주(晋州) (출)서울 (주)서울특별시 종로구 사직로8길 39 세양빌딩 김앤장법률사무소(02-3703-4893) (학)1990년 서초고졸 1994년 서울대 법학과졸 2005년 미국 산타클라라대 로스쿨졸(LL.M.) (경)1994년 사법시험 합격(36회) 1997년 사법연수원 수료(26기) 1997~2000년 공군 법무관 2000~2002년 서울중앙지법 판사 2002~2004년 서울서부지법 판사 2004~2008년 대전지법 천안지원 판사 2008~2009년 인천지법 판사 2009~2010년 서울고법 판사 2010~2012년 대법원 재판연구관 2012~2013년 부산지법 부장판사 2013~2017년 서울고법 판사 2017년 김앤장법률사무소 변호사(현)

하상효(河相孝)

(생)1962·2·5 (주)서울특별시 강남구 테헤란로 440 포스코기술투자(주)(02-3457-6300) (학)1980년 대구고졸 1985년 고려대 통계학과졸 (경)1985년 포스코 입사 1996년 同도쿄지점 과장 2006년 同기획조정실·출자관리실 과장 2007년 同광석구매실 팀리더 2011년 POSCO-Canada 파견(이사) 2011년 포스코 철강산업2실 팀리더급 2011년 포스화인 상무이사 2014년 同대표이사 2015년 포스코강판(주) 기획재무실장(상무) 2016~2019년 同기획재무실장(전무) 2019년 포스코기술투자 금융기획실장(부사장)(현)

하석주(河錫柱)

(생)1958·5·2 (주)서울특별시 서초구 잠원로14길 29 롯데건설(주) 임원실(02-3480-9114) (학)용문고졸, 단국대 회계학과졸, 고려대 대학원 회계학과졸 (경)1983년 롯데칠성음료 입사 2003년 롯데건설(주) 이사대우 2006년 同이사, 同경영지원실장 직대(상무이사), 同주택사업본부장 겸 경영지원본부장(전무이사) 2014년 同주택사업본부장 겸 경영지원본부장(부사장) 2017년 同대표이사 2018년 同대표이사 사장(현) 2018년 대한건설협회 회원이사·회원부회장(현) (상)은탑산업훈장(2015)

하석태(河錫泰) Seok Tae Ha

(생)1958·10·22 (출)충북 충주 (주)서울특별시 용산구 한강대로30길 25 코레일네트웍스 비서실(02-707-5451) (학)1975년 세광고졸 1981년 경희대 영어영문학과졸 (경)1985년 세광고 교사 1986년 장훈고 교사 1988년 한샘학원 대표강사 2001년 연세대 외국어학당 강사 2002년 하석태영어학원 대표 2002~2011년 경희대 경영학과 겸임교수 2012년 민주통합당 제18대 대통령후보 선거대책위원회 서울시당 공동선대위원장, 민주평통 양천구교육분과 위원장 2014년 서울시 양천구청장 예비후보(새정치민주연합) 2014년 양천구시설관리공단 경영본부장 2018년 더불어민주당 박원순캠프 유세본부장 2018년 코레일네트웍스 교통사업본부장(현) 2018년 同대표이사 직대

하성규(河晟奎) HA Seong Kyu

(생)1947·9·7 (본)진주(晋州) (출)경남 창녕 (주)서울특별시 금천구 벚꽃로 244 한국주택관리연구원(02-2025-9257) (학)동아고졸 1973년 계명대 영어영문학과졸 1979년 서울대 환경대학원 도시계획학과졸 1981년 영국 런던대 대학원 도시·지역계획학과졸 1984년 도시·지역계획학박사(영국 런던대) (경)1985~2011년 중앙대 산업과학대학 도시및지역계획학과 교수 1989년 건설부 정책자문위원 1995~2001년 한국도시연구소 소장 1996년 중앙대 산업경영연구소장 1997~1999년 한국주택학회 회장 1997~2002년 서울시 도시계획위원회 위원 1999~2000년 경제정의실천시민연합 상임집행위원장 1999~2001년 중앙대 산학협동처장 2000~2003년 서울시 도시계획위원 2001~2003년 국무조정실 정책평가위원 2001~2004년 중앙대 사회개발대학원장 겸 대외협력본부장 2002~2004년 한국지역개발학회 회장 2002~2006년 서울시 업무평가위원회 위원 2003~2005년 행정자치부 소도읍육성정책심의회 위원장 2004년 감사원 자문위원 2004~2016년 (사)한국도시연구소 이사장 2005~2006년 대통령자문 국민경제자문회의 자문위원 2007년 농림부 삶의질향상평가위원회 평가단장 2007년 행정자치부 지역균형발전분과위원회 위원장 2008~2009년 한국사회정책학회 회장 2008~2014년 서울시 주거환경개선정책자문위원장 2008~2010년 (사)주거복지연대 이사장 2009~2010년 중앙대 제2캠퍼스 부총장 2010~2011년 서울시 공동주택재건축정책자문위원장 2011년 중앙대 사회과학대학 도시계획·부동산학과 교수 2013년 同명예교수(현) 2013년 한국주택관리연구원 원장(현) 2014~2016년 한국철도공사(코레일) 비상임이사 (상)대한국토도시계획학회 학술상(1994), 옥조근정훈장(2013) (저)'주택정책론'(1987) 'HOUSING POLICY AND PRACTICE, IN ASIA LONDON, CROOM HELM'(1987) '지역계획론(共)'(1991) '도시관리론(共)'(1995) '불량주택 재개발론(共)'(1998) '주택보장과 주택정책(共)'(1998) '지속가능한 도시개발론'(1998) '현대도시와 사회'(2000) (역)'도시개발의 성찰' (종)기독교

하성근(河成根) HA Seung Keun

(생)1955·10·11 (본)진양(晋陽) (주)서울특별시 강남구 삼성로96길 23 DB Inc. 임원실(02-2136-6000) (학)경북고졸, 한국외국어대 법학과졸 (경)삼성항공 사업기획팀장, 同경영지원팀장 2003년 동부CNI 경영지원실장(상무) 2008년 同IT부문 경영지원실장(부사장) 2009년 同인사팀 제도파트장 2014년 同IT부문 부사장 2015년 (주)동부 IT부문 부사장 2017년 DB Inc. IT부문 부사장 2019년 同자문(현)

하성도(河聖道) Sungdo HA

(생)1961·3·9 (본)진양(晋陽) (출)서울 (주)강원도 강릉시 사임당로 679 한국과학기술연구원 강릉분원(033-650-3401) (학)1979년 경동고졸 1983년 서울대 기계공학과졸 1985년 한국과학기술원(KAIST) 기계공학과졸(석사) 1993년 기계공학박사(미국 매사추세츠공과대) (경)1985~1988년 한국과학기술연구원(KIST) CADCAM연구센터 연구원 1993~1999년 同선임연구원 1999년 同책임연구원(현) 2004~2006년 同CADCAM연구센터장 2007~2009년 同지능시스템연구본부장 2011~2012년 同기술사업본부장 2012~2014년 同기술정책연구소장 2014~2016년 同연구기획조정본부장 2014~2017년 同융합연구정책센터장 2017년 同강릉분원장(현)

ㅎ

하성원(河盛元)

(생)1973 · 12 · 17 (출)대구 (주)경기도 수원시 영통구 법조로 105 수원지방법원(031-210-1114) (학)1992년 대구 덕원고졸 1997년 서울대 사법학과졸 (경)1997년 사법시험 합격(39회) 2000년 사법연수원 수료(29기) 2000년 육군 법무관 2003년 대구지법 판사 2006년 同김천지원 판사 2007년 의정부지법 판사 2011년 서울중앙지법 판사 2013년 서울남부지법 판사 2015년 창원지법 부장판사 2017년 수원지법 부장판사(현)

하성호(河成灝) HA Seong Ho

(생)1952·8·26 (본)진양(晋陽) (출)경남 진주 (주)서울특별시 광진구 능동로 216 서울팝스오케스트라(02-593-8760) (학)1977년 중앙대 음악대학졸 1981년 미국 버클리음대 대학원졸 1982년 미국 템플대 대학원 수료 1985년 음악학박사(미국 필라델피아콤즈음대) (경)1982년 필라델피아 시티팝스오케스트라 지휘자 1988년 서울팝스오케스트라 창단·단장·상임지휘자(현) 1990~1992년 경원대 음악대학 교수 2000·2001년 브래들하이츠 심포니오케스트라 객원지휘 2000년 '2000밀레니엄 기네스북'에 오케스트라 최다연주 지휘자로 선정 2001년 서울공연예술전문학교 학장 (상)Richard Levy작곡상, 미국 캘리포니아주지사표창, 미국 로스엔젤레스시장표창, 문화부장관표창 (저)'예술은 논리가 아니고 느낌이다'(1994) '나에게는 무대가 천국이다'(2013) '오케스트라 칸타빌레'(2014) (역)'실용재즈화성학'(1989) '화성학개론' (작)'가마못' '지리산서곡' '축전서곡' (종)기독교

하성호(河成鎬)

(생)1960 · 10 · 11 (주)경기도 의정부시 흥선로 142 경기도의료원 의정부병원 병원장실(031-828-5000) (학)서울대 의대졸, 同보건대학원 석사과정 수료 (경)2003~2005년 원진재단 부설 녹색병원 가정의학과장 2009~2011년 청주의료원 가정의학과장 2011~2012년 단국대 의과대학 임상교수 2012~2017년 인천시의료원 가정의학과장 2018년 속초의료원 가정의학과장 2018년 경기도의료원 의정부병원장(현)

하 수

(생)1959 (주)울산광역시 동구 방어진순환도로 100 현대미포조선 임원실(052-250-3114) (학)용산고졸, 인하대 조선공학과졸 (경)1983년 현대중공업(주) 입사 2012년 同내업담당 상무 2016년 同내업부문장(전무) 2017년 同부사장 2018년 (주)현대미포조선 생산부문장(부사장)(현)

하수권(河洙權)

(생)1955·2·22 (주)부산광역시 금정구 금샘로485번길 65 부산외국어대학교 유럽지역통상학과(051-509-5682) (학)경북대졸, 同대학원졸, 문학박사(독일 빌레펠트대) (경)1993~1994년 경북대 독어독문학과 강사 1994~2004년 부산외국어대 독일어과 강사·조교수·부교수 2005년 同교수 2005년 한국독어독문학교육학회 부회장 2007년 부산외국어대 학생복지처장 2013~2014년 同교학처장, 同글로벌인문융합대학 유럽지역통상학과 교수(현) 2017년 同교학부총장(현) 2019년 同대학혁신본부장(현)

하수호(河秀鎬) Philip, Ha

(생)1977 · 2 · 21 (본)진주(晋州) (출)부산 (주)서울특별시 서초구 서초대로 304 강한미크리닉빌딩 603호 KINT(02-525-4705) (학)1995년 부산예술고 음악과졸 1999년 한국예술종합학교 음악원 관현악과졸 2004년 스위스 취리히국립음대 대학원졸(Konzertdiplom) (경)2007~2011년 MSONIC 음악감독 2012~2017년 IASA(International Association of Sound and Audiovisual Archives) 정회원 2013년 KINT(KAIST-BI) 대표이사(현) 2014년 NATIONALUX Lab Inc. 대표이사(현), 同국제연구소 원장(현) (상)부산음악교육협회 콩쿨1등(1992), 부산음악협회 콩쿨 관악부문 대상(1994), European Competition(Italy) 1위(2004), International Competition Padova(Italy) 3위(2004), International young Artist Competition(Luxembourg) 1위(2004), International Solist Competition(HK) 1위(2007), 2013 서울국제발명전시대회 준대상, 제2회 대한민국기록문화대상 창조융합대상, 제42회 제네바 국제발명전시회 수상, 피츠버그 국제발명전시대회 장려금상(2014), 제3회 세계발명가대상, 3D음향영상솔루션 특허청장표창(2014), 대만국제발명가상 발명분야대상(2014), 인도네시아 창의공학대전 최고대상(2015), 폴란드 바르샤바국제발명대회 최우수금상(2015), 몰도바 국제발명대전 금메달 · 특별상(2015), 태국 국가발명의날 국제발명대회 금상 · 특별상(2016), 제46회 제네바 국제발명전시회 금메달(2018), 제3회 캐나다 토론토 국제발명대회 금상 및 특별상(2018) (작)'A.Pasculli Concerto 전곡'(2009, SonyMusic) 'G Silvestrini Etudes'(2009, SonyMusic) 'Vivaldi 사계 전곡'(2010, Warnermusic) 'Astor Piazzolla History Of The Tango'(2016, Nationalux) (종)기독교

하순봉(河舜鳳) HA Soon Bong (牧林)

(생)1941 · 10 · 8 (본)진양(晋陽) (출)경남 진주 (주)서울특별시 영등포구 버드나루로 73 자유한국당(02-6288-0200) (학)1959년 진주고졸 1964년 서울대 사범대학 독어교육과졸 1987년 정치학박사(건국대) 1989년 미국 채프먼대 수료 (경)1964~1966년 육군 소위 임관(ROTC2기) 1966~1967년 진주고 교사 1967~1981년 MBC 기자 · 정치부장 겸 해설위원 · 뉴스앵커 · 경향신문 기자 1981년 제11대 국회의원(전국구, 민정당) 1983년 민정당 직능국장 · 원내부총무 겸 의원실장 1984년 국무총리 비서실장 1986년 한국방송광고공사(KOBACO) 사장 1987~1989년 (사)진주천년기념사업회 이사장 1992년 제14대 국회의원(진주, 무소속 · 민자당 · 신한국당) 1993년 민자당 대변인 1995년 同국제협력위원장 1996년 신한국당 정책조정위원장 1996년 제15대 국회의원(진주乙, 신한국당 · 한나라당) 1996년 신한국당 원내수석 부총무 · 대표비서실장 1998년 한나라당 원내총무 1998년 국회 운영위원장 1998년 한나라당 총재비서실장 1999년 同사무총장 2000~2004년 제16대 국회의원(진주, 한나라당) 2000~2002년 한나라당 부총재 2003년 同최고위원 2004년 同경남도 선거대책위원장 · 상임고문 2006년 경남대 석좌교수 2007년 일자리방송(JBS) 회장 2010~2017년 경남일보 회장 2012~2017년 새누리당 상임고문 2017년 자유한국당 상임고문(현) (상)황조근정훈장(1986) (저)'에나이야기' '한국귀신 나와라' '명심보감이 다시 필요한 세상' '그래도 희망은 있다' '나의 작은 대한민국'(2010) 회고록 '나는 지금 동트는 새벽에 서 있다'(2010) (역)'테러,테러리즘,테러리스트 : 개방사회에 있어서 테러리스트의 활동과 그 대책'(1985, 수레)

하승무(河承武) HA Seung Moo (蘭史)

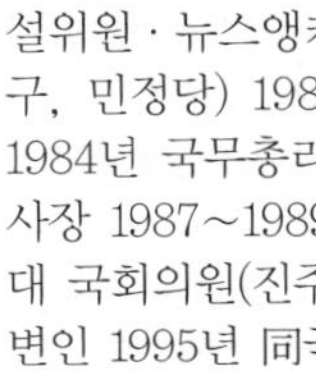

(생)1964 · 2 · 5 (본)진양(晋陽) (출)경남 사천 (주)부산광역시 수영구 수영로 448 사서함149호 한국장로회신학교 역사신학과(070-8777-2739) (학)1983년 부산 동원공고 기계과졸 1991년 광주대 신문방송학과졸 1995년 부산외국어대 일본어과졸 1998년 同교육대학원졸 2003년 고려개혁신학연구원졸(M.Div.eq) 2003년 고신대 신학대학원 S.T.M 수학 2014년 同선교목회대학원 신학과졸(Th.M) 2018년 대구가톨릭대 대학원 사학과 박사과정 수료 (경)1992~1997년 부산외국어대 기획실 근무 1994년 한겨레문학 시부문 당선(박재삼 시인 외 2명 추천) · 시인(현) 1994~1997년 부산외국어대 계간 「부산국제포럼」 편집인 · 편집주간 1995~1997년 부산크리스천문인협회 사

무국장 · 편집위원 1996년 '96문학의해기념 크리스천문학축제 사무국장 1996년 (사)한국작가회의 회원(현) 1996년 부산작가회의 창립발기인 1997년 부산시인협회 회원(현) 1997년 한국대학홍보협의회 초대부회장 1997년 부산 · 경남 · 제주지역대학홍보협의회 회장 1997년 부산외국어대 교육대학원 원우회장 1998년 Korea Community Magazine Pty.Ltd in Aus. 편집장 2000년 호주동아일보 신년문예 시부문 심사위원 2002~2007년 세계한민족작가연합 이사 2003~2017년 전국포럼연합 부대표 2003년 同홍보위원장 2003~2007년 민주평통 자문위원 2003~2004년 한국IT문화콘텐츠연구소 대표 2004년 호주한인문학 편집위원 · 편집주간 · 편집위원 2004~2005년 통일부 전문위원(통일교육) 2004~2006년 현대PR리서치센터 원장 2006년 인천작가회의 회원(현) 2006년 한국개혁신학연구원 조교수 · 교무부처장 2006~2007년 영남장로회신학교 초빙교수 2007년 국민연대 정책자문교수 2007~2013년 광주대총동창회 상임부회장 2008년 세계한민족작가연합 한국본부 재창립발기인 2008년 대한예수교장로회 대전서노회 목사안수 2008년 세계한인작가연합 연구위원(현) 2012년 한국예수교장로회(구 한국정통장로교회) 총회 설립 2012년 한국장로회신학교(Korea Presbyterian Theological Seminary) 설립 2012년 同역사신학 교수(현) 2012~2015년 同제1대 학교장 2014년 同출판부 대표(현) 2014~2018년 한국예수교장로회 총회 기관목사(제1 · 2대 교단장) (상)동명공고 공로상(1984), 육군제1방공포병여단 여단장상(1985 · 1986), 부산크리스천문학가협회 최우수작품상(1995), 한겨레문학 신인상(詩부문)(1994), 부산외국어대 교육대학원 공로패(1997), 전국포럼연합 21세기분당포럼 공로패(2006), 외교부 재외동포재단 금상(2006), 대한민국 병역명문가 선정(2017), 병무청장표창(2017), 제1회 2018 한국신학교육자상(2018), 제34회 부산시 자랑스러운시민상(2018) (저)'그리움엔 길이 없다(共)'(1996, 빛남) 'The Southern Poetry(共)'(1999, 부산시인협회) '꽃이핀다 푸른 줄기에(共)'(2006, 작가들) '세이한 고비(共)'(2008, 작가들) '소사나무 숲(共)'(2011, 작가들) '내가 뽑은 나의 시(共)'(2012, 책만드는집) '빨강의 정점(共)'(2012, 작가들) '내가 뽑은 나의 시(共)'(2014, 책만드는집) (작)'그리움'(1994, 부산외국어대 신문) '흔들리는 행성'(1996, 국제신문) '바람'(1996, 부산매일신문) '이 도시의 슬픔과 어둠'(1999, 부산시인) '이 도시가 슬프다'(1999, 관점21게릴라) '여름소낙비'(2007, 월간 신동아) 외 다수 (종)장로교

하승철(河勝喆)

(생)1964 · 10 · 25 (출)경남 하동 (주)부산광역시 강서구 녹산산단232로 38-26 부산진해경제자유구역청(051-979-5000) (학)1983년 진주 동명고졸 1991년 부산대 행정학과졸, 인제대 대학원 행정학과졸 (경)1997년 지방행정고시 합격(2회) 1997년 진주시 총무국 지방행정사무관 2000~2007년 경남도 기획관리실 정보화담당관 · 미래산업과 팀장 · 기획관 2007년 同남해안시대추진본부 남해안기획팀장 2008년 同감사관 2009년 同공보관 2009년 경남 하동군 부군수 2012년 경남도 인재개발원장 2013년 同도시교통국장 2013년 同경제통상본부장 2014년 진주시 부시장(지방부이사관) 2015년 경남도의회 사무처장(지방부이사관) 2017년 同사무처장(지방이사관) 2017년 경남도 재난안전건설본부장 2017년 同서부권지역본부장 2018년 同행정국 인사과 이사관 2019년 부산진해경제자유구역청장(현)

하언태(河彦泰)

(생)1962 · 10 (주)울산광역시 북구 염포로 700 현대자동차(주) 울산공장(052-215-2002) (학)아주대 산업공학과졸 (경)현대자동차(주) 생기기획지원실장(이사대우), 同생산운영실장(이사대우 · 이사), 同종합생산관리사업부장(상무 · 전무), 同울산공장 부공장장(전무) 2018년 同울산공장 부공장장(부사장) 2018년 同대표이사 부사장 겸 울산공장장(현)

하연섭(河連燮) HA Yeon Seob

(생)1963 · 4 · 29 (출)경남 함양 (주)서울특별시 서대문구 연세로 50 연세대학교 행정학과(02-2123-2966) (학)1985년 연세대 행정학과졸 1987년 미국 인디애나대 블루밍턴교 대학원 행정학과졸 1992년 정책학박사(미국 인디애나대 블루밍턴교) (경)1995~2002년 연세대 행정학과 조교수 · 부교수 1997년 同사회과학대학 교학부장 1998년 교육부 지방교육자치제도개선위원회 위원 2000년 연세대 교무차장 2001년 국제교육진흥원 운영자문위원 2002년 연세대 행정학과 교수(현) 2003년 미국 Pace Univ. Visiting Scholar 2004년 교육인적자원부 장관 정책보좌관 2005~2007년 연세대 행정학과장 2007~2009년 同재무처장 2009년 한국대학신문 논설위원 2018년 연세대 행정대학원장(현) 2018~2019년 대통령직속 정책기획위원회 산하 재정개혁특별위원회 위원 (상)연세학술상, 한국행정학회 학술상 (저)'신제도주의 연구(共)'(1999) '제도분석 : 이론과 쟁점'(2003) '행정학의 주요이론(共)'(2005) '재정학의 기초'(2008) '5.31 교육개혁 그리고 20년(共)'(2015) (종)천주교

하영구(河永求) HA Yung Ku

(생)1953 · 11 · 26 (본)진주(晋州) (출)전남 광양 (주)서울특별시 종로구 종로 33 그랑서울 미래에셋자산운용(주)(1577-1650) (학)1972년 경기고졸 1976년 서울대 무역학과졸 1981년 미국 노스웨스턴대 경영대학원졸(MBA) (경)1981년 씨티은행 입행 1981년 同기획부 심사역 1983년 同자금부 수석딜러 1986년 同한국자금담당 총괄이사 1987년 同한국투자금융그룹 대표 1995년 同한국기업금융그룹 부대표 1997년 同아시아 · 라틴아메리카지역본부 임원 1998년 同한국소비자금융그룹 대표 1998~2000년 금융발전심의회 은행분과위원 2001년 한미은행장 2004 · 2007 · 2010 · 2013~2014년 한국씨티은행장 2004~2019년 YWCA후원회 이사 2010~2014년 한국씨티금융지주 초대회장 2014~2017년 전국은행연합회 회장 2016~2019년 송원산업 사외이사 2016~2017년 서민금융진흥원 휴면예금관리위원회 위원 2016~2017년 금융개혁협의회 위원 2017년 아시아금융협력협회(AFCA) 부회장 겸 이사회 이사(현) 2018년 김앤장법률사무소 고문(현) 2019년 SK하이닉스 사외이사(현) 2019년 미래에셋자산운용 이사회 의장(현) (상)한국증권거래소 지배구조우수상, 조선일보 광고대상 최우수마케팅상(2010), 산업포장(2010), 매경이코노미 올해의 CEO(2012), 서울대상과대학총동창회 '빛내자상'(2016) (종)불교

하영석(河永奭) HA Yeong Seok (海松)

(생)1957 · 6 · 3 (본)진양(晋陽) (출)경남 의령 (주)대구광역시 달서구 달구벌대로 1095 계명대학교 경제통상학부(053-580-5374) (학)1976년 양정고졸 1981년 한국해양대 항해학과졸 1988년 미국 뉴욕주립대 대학원 운송경영학과졸 1990년 미국 뉴욕시립대 대학원 경제학과졸 1991년 경제학박사(미국 뉴욕시립대) (경)1992년 해양수산개발원 책임연구원 1993년 계명대 국제통상학과 전임강사 · 조교수 · 부교수 · 교수, 同경제통상학부 국제통상학전공 교수(현) 1996년 대구상공회의소 물류관리연구회 전문위원 2004~2006년 계명대 대외협력처장 2004~2008년 대구시 물류정책심의위원 2005~2006년 외교통상부 FTA 민간자문위원회 위원 2008년 새경북위원회 위원 · 미래경북위원회 위원 2009~2012년 포항영일만항경쟁력강화위원회 위원 2009~2011년 한국해운물류학회 회장 2010~2012년 계명대 사무처장 2010년 한국항만경제학회 부회장 2012~2014년 계명대 총무처장 2012년 한국해운물류학회 고문(현) 2014년 대구시 물류정책심의위원회 위원 2014년 해양수산부 연안선공영제 자문위원 2015년 同해운수산용어순화 자문위원 2015년 한국무역학회 부회장(현) 2016년 경북도 남북교류협력위원회 위원 2017년 同미래전략위원회 위원

2017년 캠코선박운용(주) 경영평가위원(현) 2017년 계명대 사회과학대학장 2017년 同기획정보처장(현) 2019년 同경영부총장(현) [상]지식경제부장관표창(2009) [저]'대구지역기업의 수출입화물유통구조 개선방안'(1997) '국제물류'(2004) '통상마케팅실무 및 통상규제'(2005) [종]기독교

하영선(河英善) HA Young Sun

[생]1947·6·20 [본]진양(晋陽) [출]서울 [주]서울특별시 중구 을지로 158 삼풍빌딩 909호 동아시아연구원(02-2277-1683) [학]1966년 경기고졸 1971년 서울대 외교학과졸 1975년 同대학원졸 1979년 국제정치학박사(미국 워싱턴대) [경]1978~1979년 미국 프린스턴대 국제문제연구소 초청연구원 1980~2012년 서울대 정치외교학부 교수 1985~1993년 同외교학과장 1986년 스웨덴 스톡홀름 국제평화연구소 초청연구원 1992~1994년 조선일보 객원논설위원 1993~1996년 서울대 국제문제연구소장 1994~1995년 일본 도쿄대 동양문화연구소 초청연구원 1996~1999년 서울대 미국학연구소장 2000~2003년 한국평화학회 회장 2004~2013년 동아시아연구원 지구넷21 위원장 2012년 동아시아연구원 이사장(현) 2012년 서울대 정치외교학부 명예교수(현) 2013년 국가안보자문단 외교분야 자문위원(현) 2014년 대통령직속 통일준비위원회 외교안보분과위원회 민간위원 [상]옥조근정훈장(2012) [저]'Nuclear Proliferation, World Order and Korea' '한반도의 전쟁과 평화'(1989) '한반도의 핵무기와 세계질서'(1991) '현대국제정치론'(1992·1994) '아시아태평양1996 한반도' '군비경쟁의 재인식' '21세기 신문명과 민족통일의 과제' '21세기 서유견문' '탈근대지구정치학(共)'(1993) '한국외교사연구(共)'(1996) '한국과 일본(共)'(1996) '사이버공간의 세계정치'(2001) '변화하는 세계 바로 보기'(2004) '한반도 백년대계'(2004) '한국외교사와 국제정치학'(2005) '네트워크 지식국가'(2006) '북핵위기와 한반도 평화'(2006) '한미동맹의 비전과 과제'(2006) '21세기 한국외교대전략 : 그물망국가 건설'(2006) '변환의 세계정치'(2007) '동아시아공동체 : 신화와 현실'(2008) '근대한국 사회과학개념 형성사'(2009) '네트워크 세계정치 : 은유에서 분석으로'(2010) '북한2032 : 북한선진화로 가는 공진전략'(2010) '21세기 신동맹 : 냉전에서 복합으로'(2010) '역사 속의 젊은 그들'(2011) '한국 외교사 바로보기'(2019, 한울아카데미)

하영식(河永植)

[생]1965 [출]경남 진주 [주]경상남도 김해시 호계로 440 김해세무서(055-320-6200) [학]진주 동명고졸, 경상대졸 [경]1991년 세무공무원 임용(7급 공채) 2007~2010년 서울지방국세청 성실납세지원국 전산관리과 사무관 2010~2011년 국세청 전산정보관리관실 전산운영과 사무관 2012~2015년 同차세대국세행정시스템구축추진단 사무관 2015년 同전산정보관리관실 정보보호팀 사무관 2017년 同전산정보관리관실 정보보호팀 서기관 2018년 중부지방국세청 성실납세지원국 전산관리과장 2019년 경남 김해세무서장(현) [상]조달청장표창(1993), 모범상(2002)

하영원(河英源) HA Young Won (淸岩)

[생]1954·11·2 [본]진양(晋陽) [출]서울 [주]서울특별시 마포구 백범로 35 서강대학교 경영학부(02-705-8543) [학]1973년 경기고졸 1979년 서울대 법학과졸 1984년 미국 시카고대 경영대학원 경영학과졸(MBA) 1987년 경영학(마케팅전공)박사(미국 시카고대) [경]1986년 미국 럿거스대 조교수 1989~1997년 서강대 경영학과 조교수·부교수 1998년 同경영학부 마케팅전공 교수(현) 2002~2004년 한국소비자학회 회장 2005~2007년 서강대 경영전문대학원장 2005년 한국마케팅학회 부회장 2007~2008년 同회장 2009~2015년 효성 사외이사 2011~2017년 삼성카드(주) 사외이사 2018년 SK네트웍스(주) 사외이사(현) [상]한국경영학회 최우수논문상(1994), 한국마케팅학회 최우수논문상(1995·2002), 한국소비자학회 최우수논문상(2003·2011), 한경마케팅대상 공로상(2004), 한국경영학회 SERI 중견경영학자상(2013), 정진기언론문화상 경제·경영도서부문 우수상(2014), 동아일보·한국소비자학회 대한민국경영대상 학술공헌상 (2014), 동아일보 한국의 최고경영인상 한국의 최고경영학자상(2014), 한국연구재단 선정 인문사회과학분야 우수학자 (2014) [저]'마케팅원론' '신제품마케팅' '소비자행동' '마케팅전략' '의사결정의 심리학: 합리적인 인간의 비합리적인 선택심리'(2012) [종]기독교

하영춘(河永春)

[생]1964 [주]서울특별시 중구 청파로 463 (주)한경닷컴(02-3277-9801) [학]서울대 영어영문학과졸, 핀란드 헬싱키경제경영대학원졸 [경]1999년 한국경제신문 편집국 증권부 기자 2000년 同편집국 증권1부 기자 2001년 同편집국 증권부 기자 2002년 同편집국 경제부 금융팀 기자 2004년 한국기자협회 기자협회보 편집위원 겸 서울지회장 2005년 한국경제신문 편집국 국제부 뉴욕특파원(차장대우) 2008년 同편집국 국제부 차장 2011년 同편집국 증권부장 2013~2014년 관훈클럽 제60대 편집위원 2013년 한국경제신문 편집국 금융부장 2013~2014년 금융위원회 금융발전심의회 위원 2015년 한국경제신문 편집국 산업부장 2016년 同편집국 부국장 2018년 同편집국장 2019년 (주)한경닷컴 대표이사 사장(현)

하영훈(河映薰)

[생]1968·4·6 [주]경기도 과천시 관문로 47 법무부 교정본부 분류심사과(02-2110-3608) [학]한남대졸, 미국 미시간주립대 대학원 응용범죄학과졸 [경]1990년 7급공채 임용(33회) 2006년 교정관 승진 2014년 법무부 교정본부 분류심사과장(서기관) 2015년 공주교도소장 2017년 대전지방교정청 사회복귀과장 2018년 同총무과장 2018년 청주교도소장 2019년 법무부 교정본부 분류심사과장(현)

하용득(河龍得) HA Yong Deug

[생]1958·10·17 [출]경남 진주 [주]서울특별시 강남구 테헤란로44길 8 아이콘역삼빌딩 9층 법무법인 클라스(02-555-5007) [학]1976년 진주고졸 1980년 고려대 법학과졸 1983년 강원대 대학원 행정학과졸 [경]1981년 행정고시 합격(25회) 1983년 법제처 행정사무관 1986년 사법시험 합격(28회) 1989년 사법연수원 수료(18기) 1990년 법제처 행정심판관리관실 서기관 1993년 대통령 민정비서실 행정관 1995년 수원지검 검사 1997년 대전지검 서산지청 검사 1998년 법무부 법무심의관실 검사 2000년 서울지검 검사 2001년 창원지검 부부장검사 2002년 同진주지청 부장검사 2003년 부산지검 공판부장 2003년 同형사4부장 2004년 인천지검 부천지청 부장검사 2005~2006년 창원지검 형사2부장 2006년 GS건설(주) 법제총괄 전무 2006년 同법제총괄 부사장 2008년 同경영지원본부 법무홍보실장(부사장) 2017년 자유한국당 경남진주乙당원협의회 운영위원장 2018년 법무법인 클라스 파트너변호사(현) 2019년 GS리테일 사외이사(현) [저]'저작권법'

하용민(河龍玟)

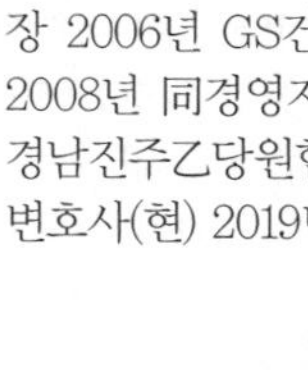

[생]1966 [주]서울특별시 영등포구 여의대로 128 LG트윈타워 LG디스플레이 모바일개발1그룹(02-3777-1114) [학]서울대 전자공학과졸, 한국과학기술원(KAIST) 전자공학과졸(석사), 전자공학박사(한국과학기술원) [경]2008년 LG디스플레이(주) OLED사업담당 상무 2011년 同Oxide개발1담당 상무 2015년 同AD개발그룹장(전무) 2016년 同pOLED개발그룹장(전무) 2018년 同모바일개발2그룹장(부사장) 2019년 同모바일개발1그룹장(부사장)(현) [상]대통령표창(2014)

하용화

(생)1956 (출)충남 부여 (주)경기도 고양시 일산서구 킨텍스로 217-59 킨텍스 제2전시장 오피스동 1002호(1644-9033) (학)보문고졸, 경기대 관광경영학과졸, 미국 롱아일랜드대 대학원 경영학과졸(MBA) (경)ROTC 육군 중위 전역 1986년 도미 후 무역업과 현지 보험사 영업사원 1992년 솔로몬보험 창업, 솔로몬보험그룹 회장(현), 뉴욕보험협회 회장 2004년 미국 뉴욕한인직능단체협의회 회장 2004~2008년 미주한인청소년재단 회장 2009~2011년 미국 뉴욕한인회장 2014년 에스더하재단 설립·대표(현), 재외동포재단 해외자문위원, 세계한인무역협회(World-OKTA) 부회장 2018년 同제20대 회장(현) 2019년 문화유산회복재단 명예회장(현) (상)엘리스아일랜드상(2013), 국민훈장 동백장(2015)

하용훈(河勇勳) HA, Yong Hun

(생)1958·6·6 (본)진주(晉州) (출)서울 (주)강원도 원주시 상지대길 83 상지대학교 시각영상디자인학과(033-730-0622) (학)1977년 마포고졸 1979년 홍익공업전문대학 도안과졸 1987년 서울산업대 시각디자인학과졸 1992년 한양대 대학원 산업디자인학과졸 2005년 同대학원 문화인류학 박사과정 수료 (경)(주)신세계백화점 판촉부 근무, (주)진애드 광고제작실 근무, (주)청보핀토스 광고판촉부 근무, (주)쉐라톤워커힐 디자인실 근무, (주)논노 광고부 근무, 공인전문회사 씨앤컴 실장, A&C디자인 실장 1997~2006년 대한민국산업디자인전람회 추천디자이너 위촉·심사위원 2000년 상지대 디자인학부 시각디자인전공 교수, 同디자인학부장, 同시각디자인학과장, 同예술체육문화연구소장, 同일반대학원 디자인학과 주임교수, 同예술체육대학 시각영상디자인학과 교수(현) 2007년 대한민국산업디자인전람회 초대디자이너(현), 同심사위원(현), (사)한국커뮤니케이션디자인협회 부회장, 국제디자인공모전 위원장·학술위원장, (사)한국일러스트레이션학회 부회장(현), 同국제공모전 위원장, (사)한국시각정보디자인협회 지역이사, (사)한국브랜드디자인학회 편집위원·이사, (사)한국브랜드디자인협회 강원이사, (사)한국트렌드디자인학회 강원이사, 한국상품문화디자인학회 강원지회장, (사)한국기초조형학회 회원, (사)한국걷기연맹 이사 2009년 원주국제브랜드디자인전 및 국제세미나 실행위원장, (사)한국커뮤니케이션디자인국제공모전 대학·일반부 위원장, 전국기능대회 심사장·심사위원, 세계기능경기대회 파견선수심사위원, 국가기술자격시험 출제위원·검토위원 조달청 심의평가위원, 국민체육진흥공단 경륜경정사업본부 마케팅 자문위원, 한국산업기술평가관리원 평가위원, 한국디자인진흥원 디자인지원사업 평가위원 2015년 상지대 예술체육대학장 2018년 대한민국디자인전람회 심사위원장 및 심사위원 (상)문화공보부장관표창(1986), 교통부장관표창(1987), 대한상공회의소회장표창(1992), 대한민국산업디자인전 입선(1993·1994), 안양대학장 산학교육지도공로패(1993), 산업디자인포장 기술개발지도 공로감사장(1994), 통상산업부장관표창(1995), 대한민국산업디자인전 특선(1996), 한국디자인진흥원장표창(1997), 교수업적우수 상지대총장표창(2004·2006·2008·2013·2014·2017), (사)커뮤니케이션디자인협회 공로패(2005·2008·2012·2013), 국제커뮤니케이션디자인공모전 특별상(2005), 한국패키지디자인학회 특별상(2006), 한국시각정보디자인협회 비닥디자인상(2006), 상지대 학생지도특별상(2009), (사)한국커뮤니케이션디자인협회 지도교수상(2008·2010·2014·2016~2018), 지역발전및국제걷기대회 원주시장 감사패(2009), 원주의료기기테크노밸리 의료기기디자인혁신 표창패(2009), 모범시민 원주시장표창(2009), 예능계 전체업적우수 상지대총장표창(2009·2010), 함께하는공동체 감사패(2010), 한국상품문화디자인학회 브랜드디자인 최우수상(2011), (재)기독교대한성결교회 교단심볼공모전 우수상(2013), (사)한국커뮤니케이션디자인학회 지도교수상(2014), (사)한국기초조형학회 샌프란시스코 국제초대작품전 최우수상(2014), (사)한국브랜드디자인학회 지도교수상(2014), (사)한국일러스트레이션학회 지도교수상(2014), 대한민국디자인대상 디자인공로 홍조근정훈장(2017) (저)'농산촌 어메니티와 생태문화관광(共)'(2009, 자연과사람들) '생태 농업과 생태관광(共)'(2009, 자연과사람들) '생태시대의 농업과 관광경영(共)'(2010, 자연과사람들) 'Bird & Design(共)'(2013, 미학사) (작)개인전 8회 서울/관훈미술관 2회(1999·2002), 한전갤러리 초대전 3회(2005·2008·2017), EW갤러리(2012), 원주 상지병원갤러리 초대전(2014), 일본 삿포로 자료관갤러리 개인전(2016) 원주 가톨릭센터 순회전, 원주 파인밸리 3인3색전, 흙이 숨쉬다-원주전(2017), 12월전(2011~2017), 그래픽디자인단체전 등 국내외 전시 370여회 (종)기독교

하욱원 Ha Wook-Won

(생)1964·9·18 (출)경남 사천 (주)충청북도 청주시 흥덕구 월명로220번길 46 국립농산물품질관리원 충북지원(043-271-9583) (학)경상대졸 (경)1992년 농림수산부 축산국 근무(축산주사보) 1997년 농림부 축산국 근무(축산주사) 2004~2014년 농림수산식품부 축산정책국·식품산업정책실 등 농업사무관 2014~2018년 농림축산식품부 축산정책국·기획조정실 등 기술서기관 2018년 국립농산물품질관리원 제주지원장 2019년 同충북지원장(현) (상)국무총리표창(1998·2002), 모범공무원상(2002)

하운식(河雲植) Woon Sik HA

(생)1959·8·5 (본)진주(晉州) (출)경남 진주 (주)경기도 성남시 분당구 대왕판교로712번길 22 글로벌R&D센터 GE Power Korea(031-620-6129) (학)진주기계공업고졸, 서울산업대 전기공학과졸, 한양대 경영대학원졸 (경)1978~1994년 한국전력공사 근무 1994~1999년 GE에너지 한국지사 근무 2000~2002년 同홍콩지사 근무 2002~2005년 同미국본사 근무 2005~2006년 同홍콩지사 근무 2007~2009년 同한국지사 근무 2008~2009년 同사장 2010~2012년 GE Power & Water 싱가폴지사 근무 2012~2013년 同중국지사 근무 2013년 GE Power Korea 사장(현) (상)산업자원부장관표창(1993) (종)기독교

하유성(河有成) HA Yoo Sung

(생)1961·1·15 (출)경남 사천 (주)광주광역시 북구 첨단과기로208번길 43 광주지방보훈청 청장실(062-975-6601) (학)1979년 관악고졸 1982년 경희대 행정학과 수료 1991년 중앙대 대학원 철학과졸 2002년 미국 워싱턴대 대학원 사회복지학과졸 (경)2005년 국가보훈처 기획관리실 기획예산담당관실 서기관 2006년 同보훈선양국 현충시설과장 2008년 同정책홍보관리실 재정기획담당관 2008년 同기획재정담당관 2009년 同제대군인국 제대군인정책과장 2011년 미국 파견(서기관) 2013년 국가보훈처 제대군인국 제대군인지원과장 2013년 同창조행정담당관 2015년 同복지증진국 복지정책과장 2017년 同보상정책국장 2019년 광주지방보훈청장(현)

하유정(河裕晶·女)

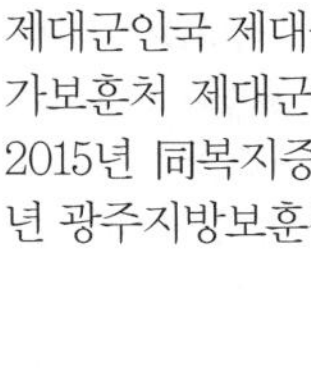

(생)1965·3·15 (주)충청북도 청주시 상당구 상당로 82 충청북도의회(043-220-5116) (학)청주대 대학원 음악학과졸, 이탈리아 파가니니국립음악원 음악과졸 (경)청주대·충북대 강사 2006년 충북 보은군의원선거 출마(비례대표), 청주예술오페라단 예술감독, 同부단장 2010~2014년 충북 보은군의회 의원(비례대표, 자유선진당·민주당·민주통합당·민주당·새정치민주연합) 2012년 同행정운영위원회 위원장, 충북음악협회 부회장 2014~2018년 충북 보은군의회 의원(새정치민주연합·더불어민주당) 2018년 충북도의회 의원(더불어민주당)(현) (상)대통령표창(2017)

ㅎ

하윤수(河潤秀) HA, Yun Su

(생)1962·2·15 (출)경남 남해 (주)서울특별시 서초구 태봉로 114 한국교원단체총연합회(02-570-5524) (학)1981년 남해제일고졸 1986년 경성대 법학과졸 1988년 동아대 대학원 법학과졸 1994년 법학박사(동아대) (경)부산교육대 사회교육과 교수(현) 2004~2007년 한국교원단체총연합회 부회장 2007~2008년 전국국공립대학교교수연합회 공동대표 2008년 제17대 대통령직인수위원회 교육분과 자문위원 2009~2010년 부산교육대 기획처장 겸 산학협력단장 2010년 통일부 통일교육위원(현) 2011~2015년 교육부 규제완화위원회 위원 2013~2017년 제6대 부산교육대 총장 2013~2017년 대한적십자사 부산지사 상임위원 2013~2017년 부산과학기술협의회 이사 2013~2016년 한국사학진흥재단 비상임이사 2016~2017년 전국교원양성대학교총장협의회 회장 2016~2017년 한국대학교육협의회 부회장 2016년 3.1운동100주년기념사업추진위원회 공동대표(현) 2016년 제36대 한국교원단체총연합회 회장(현) 2016년 민족화해협력범국민협의회 상임의장(현) 2016~2019년 2018평창동계올림픽대회·동계패럴림픽대회 조직위원회 위원 2016~2017년 교육부 초등교원양성대학교발전위원회 위원장 2016~2017년 제6차 아시아·유럽정상회의(ASEM) 교육장관회의 자문위원 2017년 한국신문윤리위원회 윤리위원(현) 2017년 민주평통 자문위원(현) 2019년 3.1운동·대한민국임시정부수립100주년 기념사업추진위원회 위원(현) (상)자랑스러운 동아인상(2016), 대한민국 소비자 선호 브랜드 대상 교육(단체장)부문(2017), 범시민사회단체연합 올해의인물 특별상(2017), 범시민사회단체연합 올해의인물 시민단체 대상(2018)

하윤호(河潤鎬) Ha Yoonho

(생)1960·7·12 (본)진주(晉州) (출)전북 임실 (주)서울특별시 송파구 올림픽로 82 잠실현대빌딩 9층 한국전시산업진흥회(02-574-2024) (학)1977년 전주공업고졸 1988년 한국방송통신대 행정학과졸 2002년 성균관대 국제통상대학원 경제학과졸 2010년 페루 헤렌스대 대학원 경제학과 수료 (경)1991~2002년 상공부·상공자원부·통상산업부·산업자원부 주무관 2002~2012년 산업자원부·지식경제부 사무관 2012~2013년 지식경제부·산업통상자원부 미주협력과 서기관 2013~2014년 울산시 기획관리실 정보화담당관 2014~2017년 駐멕시코대사관 1등서기관 2017년 산업통상자원부 서기관 2018년 한국전시산업진흥회 상근부회장(현)

하은수(河銀秀) HA Eun Su

(생)1963·1·7 (출)경북 영천 (주)경상북도 포항시 북구 신덕로 277 법무법인 혜성(054-242-2977) (학)1982년 대입검정고시 합격 1987년 고려대 법대 법학과졸 (경)1989년 사법시험 합격(31회) 1992년 사법연수원 수료(21기) 1992년 軍법무관 1995년 전주지검 검사 1997년 대전지검 공주지청 검사 1998년 서울지검 검사 2000년 대구지검 검사 2002년 부산지검 검사 2004년 同부부장검사 2005년 창원지검 부부장검사 2006년 대구지검 포항지청 부장검사 2007년 부산지검 마약·조직범죄수사부장 2008년 대구고검 검사 2009년 대구지검 형사3부장 2009~2010년 부산고검 검사 2014년 법무법인 혜성 대표변호사(현)

하인봉(河仁鳳) HA In Bong

(생)1950·1·30 (출)대구 (주)대구광역시 북구 대학로 80 경북대학교(053-950-5114) (학)1969년 경북대사대부고졸 1976년 경북대 지질학과졸 1979년 同대학원 경제학과졸 1987년 경제학박사(미국 미네소타대) (경)1979년 상지전문대학 전임강사 1987~2015년 경북대 경제통상학부 교수 1992·2002년 미국 미네소타대 교환교수 1993년 한국계량경제학회 논문심사위원 1996년 경북대 경상대학 부학장 1998~1999년 同경제학과장 1999~2000년 한국금융학회 이사 1999년 경북대 경제통상학부장 2000년 同경제경영연구소장 2001~2004년 한국경영경제학회 회장 2002년 호주 뉴사우스웨일즈 교수 2003년 경북대 LG기금 및 POSCO기금 위원장 2004년 신행정수도건설추진위원회 추진위원 겸 입지선정소위원장 2005~2007년 경북대 경상대학장 겸 경영대학원장 2009~2010년 새마을금고연합회 경영자문위원 2011년 한·중경제경영학회 명예회장(현) 2013년 슬로베니아 류블라냐대 하계대학 초청교수(현) 2013~2014년 경북대 도서관장 2015년 同명예교수(현) 2016~2018년 한국장학재단 상임감사 2017년 대구경북공공기관감사협의회 회장 2017년 駐韓슬로베니아 명예영사(현) (상)경북대 15년근속상(2007), 한·중경제경영학회 공로상(2011) (저)'환율의 예측성' '가족경제학의 발달과 여성노동공급이론'(1988) '환율·임금·물가가 국제경쟁력 및 수출입 산업에 미치는 영향분석'(2006)

하일수(河一洙) HA Il Soo (仁山)

(생)1955·12·19 (본)진주(晉州) (출)경남 진주 (주)서울특별시 종로구 대학로 101 서울대어린이병원 소아청소년과(02-2072-2858) (학)1974년 경북고졸 1980년 서울대 의대졸 1986년 同대학원 의학석사 1990년 의학박사(서울대) (경)1984~1987년 서울대병원 소아과 전공의·전임의 1988~1990년 충북대 의과대학 전임강사·조교수 1991~1999년 서울대 의과대학 소아과학교실 전임강사·조교수 1996~1997년 미국 유타주립대 의과대학 객원교수 1999년 서울대 의대 소아과학교실 부교수·교수(현) 2006~2008년 서울대병원 소아진료지원실장 2012~2013년 대한신장학회 부회장 2012~2014년 대한소아신장학회 회장 2013~2019년 아시아소아신장학회(AsPNA) Treasurer 2014·2016~2018년 서울대병원 소아청소년과장 2016~2018년 서울대 의대 소아과학교실 주임교수 2016년 국제소아신장학회(IPNA) Councillor(현) 2017년 서울대병원 의사직업윤리위원회 위원장(현) 2018~2019년 'Blood Purification' Editorial board member 2018년 대한고혈압학회 부회장(현) (저)'임상신장학(共)'(2001) '소아과학 8판(共)'(2004)

하임수(河任洙)

(생)1964·3·15 (출)경남 밀양 (주)경상남도 통영시 광도면 죽림3로 53 통영경찰서(055-640-0320) (학)밀양고졸, 경찰대졸(2기) (경)1986년 경위 임용 2002년 경정 승진 2011년 경남지방경찰청 홍보담당관(총경) 2012년 경남 김해중부경찰서장 2014년 경남지방경찰청 경비교통과장 2015년 경남 마산중부경찰서장 2016년 울산 울주경찰서장 2017년 경남지방경찰청 경비교통과장 2019년 경남 통영경찰서장(현)

하재무(河在武)

(생)1977·9·16 (출)대구 (주)경상북도 포항시 북구 법원로 181 대구지방검찰청 포항지청 형사2부(054-250-4543) (학)1996년 해운대고졸 2001년 서울대 법대졸 (경)2001년 사법시험 합격(43회) 2004년 사법연수원 수료(33기) 2004년 육군 법무관 2007년 서울동부지검 검사 2009년 부산지검 동부지청 검사 2012년 창원지검 검사 2014년 서울북부지검 검사 2016년 의정부지검 고양지청 검사 2017년 駐독일대사관 파견 2018년 의정부지검 고양지청 부부장검사 2019년 대구지검 포항지청 형사2부장(현)

하재주(河在宙) Ha Jaejoo

(생)1956·4·18 (출)경남 진주 (주)대전광역시 유성구 유성대로 794 뉴토피아빌딩 4층 한국원자력학회(042-826-2613) (학)1975년 중앙고졸 1982년 서울대 원자핵공학과졸 1987년 미국 오하이오주립대 대학원 원자력공학과졸 1992년 원자력공학박사(미국 오하이오주립대) (경)1992~2010년 한국원

자력연구원 종합안전평가부장·원자력안전연구본부장·원자력기초과학연구본부장·연구로이용개발본부장 1992년 Korea-Japan PSA Workshop 한국측 주관 2008~2014년 한국과학기술원(KAIST) 원자력 및 양자공학과 겸임교수 2010~2013년 한국원자력연구원 신형원자로개발연구소장, 同종합안전평가부 책임연구원, 한국원자력학회 사업이사, 同원자력안전·열수력전문부회 회장, 한국위험통제학회 부회장, 원자력안전전문위원회 계통분과 위원, 대전시원자력시민안전협의회 위원, 요르단 연구용원자로(JRTR)사업 KAERL-대우 컨소시움 대표, 네덜란드 연구용원자로(PALLAS)·남아프리카공화국 동위원소생산원자로(DIPR) 입찰 한국컨소시움 대표, 원자력연구개발 중장기사업·원자력기초공동연구소(BAERI) 등 정부R&D사업 평가기획 및 선정위원, ICAPP2013 기술위원회 위원장, OECD NEA(원자력기구) GIF Risk and Safety Working Group 한국측 대표, 同원자력안전위원회(CSNI) 및 WGRISK 한국 대표, 同지진 PSA(확률론적안전성평가) WS 개최 주관, PSAM(Probalistic Safety Assessment and Management) Conference Coordinator 2013년 한·러원자력공동협의회 한국측 대표 2015~2017년 경제협력개발기구(OECD) 원자력기구(NEA) 원자력개발국장 2017~2018년 한국원자력연구원 원장 2017년 국제원자력기구(IAEA) 원자력에너지 자문위원회(SAGNE) 위원 2018년 한국공학한림원 회원(재료자원공학·현) 2019년 한국원자력학회 수석부회장(현) (상)대통령표창(2003), 국무총리표창(2008), 한국공학한림원 선정 한국의 100대 기술 주역(2010), 대통령표창(2010), 과학기술훈장 웅비장(2011), 제1회 KAERI대상(2011) (저)'확률론적안전성평가(共)'(2003, Brain Korea) (종)기독교

하재철(河在哲)

(생)1967·11·20 (출)경남 하동 (주)경상남도 창원시 의창구 상남로 289 경남지방경찰청 112종합상황실(055-233-2429) (학)대아고졸, 경찰대졸(6기), 경남대 행정대학원 행정학과졸 (경)1999년 경감 승진 2000년 경남지방경찰청 외사계장 2003년 경남 하동경찰서 정보보안과장 2004년 경남 양산경찰서 청문감사관 2005년 경남 진주경찰서 생활안전과장(경정) 2006년 同정보보안과장 2007년 창원중부경찰서 정보과장 2008년 마산동부경찰서 정보보안과장 2009년 경남지방경찰청 정보4계장 2011년 同정보3계장 2015년 同제2부 여성청소년과장(총경) 2016년 경남 진해경찰서장 2017년 경남지방경찰청 정보과장 2018년 경남 김해서부경찰서장 2019년 경남지방경찰청 112종합상황실장(현)

하재호(河在浩) HA Jae Ho

(생)1957·1·27 (주)광주광역시 남구 김치로 86 세계김치연구소(062-610-1700) (학)1982년 부경대 식품공학과졸 1984년 同대학원졸 1992년 식품공학박사(고려대) (경)1984~1988년 농수산물유통공사 종합식품연구원 연구원 1988~2002년 한국식품개발연구원 식품분석평가실 선임연구원 2002년 同분석평가팀장 2004년 한국식품연구원 식품산업지원연구본부장 2006년 同식품분석연구팀장 2007년 同식품표준화연구팀장 2008년 同산업지원본부 식품분석센터 책임연구원 2013년 同산업지원연구본부 식품분석센터장 2013년 同산업지원연구본부 선임본부장 2013~2015년 同산업지원연구본부 식품분석센터 책임연구원 2014~2015년 (사)한국분석과학회 회장 2015~2016년 한국식품연구원 전략산업연구본부 식품분석센터장 2016년 同부설 세계김치연구소장(현) (상)산업포장(2011)

하정애(河禎愛·女) HA Jung Ae

(생)1945·1·6 (본)진주(晉州) (출)서울 (주)서울특별시 서초구 남부순환로 2406 국립현대무용단(02-3472-1420) (학)1963년 서울 창덕여고졸 1967년 이화여대 무용학과졸 1974년 미국 노던일리노이대 무용과 수학 1976년 이화여대 대학원 현대무용과졸 (경)1968~1972년 서울 금란여고 무용교사 1974~1980년 극단 '현대극장' 상임안무자 1977~1980년 신구대 교양학부 교수 및 유아교육과 교수 1980~2010년 신라대 예술대학 무용과 교수 1983~1987년 한국현대무용협회 회장 1985년 하야로비현대무용단 예술감독(현) 1992~2018년 (사)한국현대무용진흥회 부이사장 1995~1996년 미국 일리노이스주립대(UIC) 교환교수 2000~2002년 부산아시안게임 문화예술행사 개·폐막식 무용 총감독 2010년 신라대 명예교수(현) 2018년 (재)국립현대무용단 이사장(현) 2018년 (사)한국현대무용진흥회 고문(현) (상)대한민국무용제 대통령상(1980), 코파나스상(1985), 봉생문화상(1990), 이사도라무용예술상(1995), 86·88올림픽게임 운영공로표창, 문화체육부장관표창(1998), 춤발전공로상(2000), 대한민국 문화포장(2003), 교육인적자원부장관표창(2004), 무용예술대상(2005), 한국현대무용협회 특별공로상(2009), 근정훈장(2010) (저)'이사도라와 에세닌'(1988) (작)'들놀이' '행렬' '살풀이이미지' '어떤 정서 셋' (종)기독교

하정열(河正烈) Ha Jeongyeol

(생)1951·10·20 (출)전북 정읍 (주)서울특별시 영등포구 국회대로68길 7 더불어민주당 정책위원회(1577-7667) (학)1974년 독일 육군사관학교졸 1979년 서강대 독어독문학과졸 2002년 고려대 정책대학원 최고위정책과정 수료 2003년 동국대 행정대학원 행정학과졸 2006년 서울대 법과대학 최고지도자과정 수료 2008년 연세대 대학원 언론홍보최고위과정 수료 2009년 국방대 최고경영자과정 수료 2010년 북한학박사(북한대학원대) 2011년 북한대학원대 민족공동체지도자과정 수료 2015년 홍익대 미술대학원 현대미술최고위과정 수료 (경)1992~1995년 스위스 국방정보본부 국방무관 1995~1996년 육군 제26사단 73기계화보병여단장 1996~1998년 독일 교환교관단장 1998~1999년 육군본부 기관부 관리처 정책기획과장 1999~2000년 육군 5군단 참모장 2000~2003년 대통령 국방비서관 2003년 육군본부 기획관리참모부 정책처장 2003년 정읍 미래전략자문단 중앙자문위원(현) 2003년 육군 제27사단장 2005년 국방부 군사보좌관 2006년 합동참모본부 전력발전부장 2007~2009년 국가과학기술위원회 국방연구개발 전문위원 2007년 국제경영원 글로벌최고경영자과정 수료 2008년 육군 3군사령부 부사령관(소장) 2009~2012년 한국전략문제연구소 안보전략소장 2009~2014년 충남대 평화안보대학원 연구교수 2011~2013년 법제처 국민법제관 2012년 북한대학원대 초빙교수(현) 2013~2014년 국회입법조사처 조사분석위원 2013년 한국안보통일연구원 원장(현) 2014~2015년 한국방송공사(KBS) 객원해설위원 2014~2015년 성균관대 국가전략대학원 강사 2014~2015년 합동참모본부 자문위원 2016년 더불어민주당 한반도경제통일특별위원회 위원 2016~2017년 同전북정읍·고창지역위원회 위원장 2016년 제20대 국회의원선거 출마(전북 정읍시·고창군, 더불어민주당) 2016~2018년 더불어민주당 국방안보센터 총괄본부장 2016~2018년 同정책위원회 부의장 2018년 대한미술협회 고문(현) 2018년 종로미술협회 자문위원(현) 2019년 과학기술부 국방과학기술자문위원(현) (상)대통령표창(1996), 보국훈장 천수장(2006), 독일 명예금성십자훈장(2007), 문화체육관광부장관표창(2013), 고령박씨 대종회 황금마패상(2014), 일본국제문화추진협의회 국제예술공로대상(2014), 신원진 국제미술특별대상(2014) (저)'한반도 통일후 군사 통합방안'(1996, 팔복원) '일본의 전통과 군사사상'(1999, 팔복원) '통일이 오는 길목에 서서'(2000, 모아드림) '한반도의 평화통일 전략'(2004, 박영사) '삶의 한 모퉁이 돌아'(2007, 모아드림) '국가전략론'(2009, 박영사) '삶의 흔적 돌'(2010, 황금알) '한반도 희망 이야기'(2011, 오래)

하정웅(河正雄) Ha Jung-Woong (東江)

(생)1939·11·3 (출)일본 (주)광주광역시 서구 상무대로 1165 하정웅미술관(062-613-5390) (학)2003년 명예 미술학박사(조선대) (경)1995년 제1회 광주비엔날레조직위원회 명예위원 1996년 在日한국인문화예술협회 회장 1996년 제2회 광주비엔날레조직위원회 해외명예위원 2000년 광주비엔

ㅎ

날레 명예홍보대사 겸 기획전시위원 2001년 광주시립미술관 명예관장(현) 2007년 전남 영암군 홍보대사 2012~2018년 수림문화재단 이사장 2014년 (사)문화재찾기한민족네트워크 이사장(현) 2017년 광주시립미술관 하정웅미술관 명예관장(현) 2018년 수림문화재단 이사 (상)제9회 한국장애자의 날 국무총리표창(1989), 제11회 한국맹인복지의 날 맹인복지공로상(1990), 국민훈장 동백장(1994), 월간미술대상 장려상(1997), 광주광역시 공로상(1999), 광주시민의 상(2000), 제2회 원진미육대상(2005), 전북도지사 감사패(2008), 제33회 영암군민의 날 '군민의 상'(2008), 보관문화훈장(2012) (저)'날마다 한 걸음'(2014, 메디치미디어)

하정조(河政助) HA Jung Jo

(생)1941·5·15 (본)진양(晋陽) (출)경남 남해 (학)1960년 성동공고졸 1968년 서울대 사범대학 체육학과졸 1975년 同신문대학원졸 1985년 미국 미주리대 신문대학원 연수 (경)1968~1980년 동양통신 기자 1981년 연합통신 체육부 차장 1986년 同편집위원 1987년 同체육부장 1991년 同방콕특파원 1994년 同방송뉴스 부국장대우 1995년 同기사심의실장 1997년 同출판국장 1998년 同동북아정보문화센터 상임이사 1998년 연합뉴스 동북아정보문화센터 상임이사 2001년 (주)웹스포츠코리아 대표이사 2002년 대한올림픽위원회(KOC) 위원 2005년 한국체육언론인회 부회장 2005년 2014평창동계올림픽유치위원회 위원 2009년 한국체육언론인회 특별고문 2009~2012년 대한올림픽위원회 및 대한체육회 홍보위원회 부위원장 2012~2014년 연합뉴스사우회 회장 2012년 국민체육진흥공단 서울올림픽기념관 자문위원 (상)국민훈장 동백장(1987), 대통령표창(1987) (저)'아덴바덴의 기적, 남기고싶은 이야기'(2011, 봄날의기록) (종)기독교

하정효(河政孝) HA Jeong Hyo (總領本尊)

(생)1940·2·25 (본)진양(晋陽) (출)경남 진주 (주)서울특별시 종로구 자하문로 57-10 (재)세계총령무술진흥회(02-735-2815) (학)1958년 진주농림고졸 1962년 조선대 법정대학 수학 1997년 고려대 정책대학원·영국 옥스퍼드대 정책대학원 수료 1998년 미국 하와이대 상경대학원·태국 디타브하완국립대 수료 1999년 철학박사(러시아 모스크바사범대) 2005년 고려대 언론대학원 최고위과정 수료 2006년 전경련 IMI국제경영원·LBL과정 수료 2006년 고려대 노동대학원 최고지도자과정 수료 2006년 한양대 The EEP 최고엔터테인먼트 지도자과정 수료 2006년 중국 북경대 아세아평화문화과정 수료 2007년 중국 상해 후단대 국제평화과정 수료 2007년 캐나다 UBC(United British Columbia)대 지도자과정 수료 2007년 미국 조지워싱턴대 정치경제외교과정 수료 2007년 대만 담강대 국제교류과정 지도자과정 수료 2008년 연세대 언론홍보대학원 최고지도자과정 수료 2008년 중국 청화대 교육학원 농업산업화교육중심과정 수료 2013년 명예 문학박사(영국 케임브리지대) (경)1957년 세계정무 '뫄한뭐루' 무예 8천192동작 창시·總領(현) 1957년 세계정교 창시·7대본산 설립 1967년 세계정학 창시·28대 수학단지 설립 1968년 (사)충무문화원 원장 1973년 한국민족정신중흥운동 제창 1991년 세계정사대제기구 창설위원장(현) 1991년 세계평화협의회 의장 1991년 한국민속악진흥회 설립·회장 1992년 망경궁요(망겸소리) 기능보유자(현) 1992년 한민족정통국민회의 창설 1992년 세계체테수맴운동 창시·총령(현) 1992년 세계무술총연맹 총령(현) 1994년 인류종족및세계다민족연합 의장(현) 1995년 한국민족문화대백과사전 등재 1996년 국방무술총연합회 총재(현) 1996년 대한민국국민종교회의 의장 1999년 러시아 모스크바사범대 명예교수(현) 1999년 세계무술총연합회 총재(현) 1999년 세계뫄한뭐루총연합회 총재(현) 1999년 세계종족연합총회 총재(현) 2000년 세계종교인평화협의회 총재(현) 2002년 지구인의 한글경전 겜촐빛귡 배포(유엔가입국 및 영유지 포함 210개국 2100개처) 2002년 손베추춤베이징무용단 창설·회장(현) 2003년 겜촐빛귡 한글땅모듬세계기구 대표(현) 2004년 (재)세계총령무술진흥회 이사장(현) 2005년 국가무형동력기구 이사장(현) 2005년 국악신문 고문(현) 2006년 대한민국公人사회적責任운동본부 상임공동대표(현) 2006년 대한민국황실회복운동본부 자문위원(현) 2007년 대한민국무술원 창설·원장(현) 2007년 고려대 노동대학원총교우회 부회장 2007년 대한민국국력원 창설·원장(현) 2007년 (사)죽향대금산조원형보존회 명예회장(현) 2007년 (사)한국전통민요협회 고문(현) 2008년 코리아국악예술단 많솛산 창단·이사장(현) 2008년 미국 국제문화협의회(UCC) 사무총장(현) 2008년 영국 국제인명센터(IBC) 명예회장(현) 2009년 전국경제인연합회 국제경영원 자문위원·감사 2009년 고려대정책대학원최고위정책과정총교우회 총회장 2010년 同법인 창설 2010년 (재)세계正教유지재단 설립·이사장(현) 2010년 국회포럼 국가기본운동 제창 및 제1회 국가기본확립촉진대회 개최 2011년 국회포럼 한국인 생활선포(인류이상 한나라사람살이 세계구현대회장) 2011년 세계몯얼뫼네발길 대회 창설(매년 네발달리기 대회 개최) 2011년 지구인의 한중경전 '겜촐빛귡(준짱광찡)' 교정분 출간 2012년 전국경제인연합회 국제경영원 글로벌최고경영자과정 총동문회장 2012년 (사)황실문화재단 고문 2013년 대한민국무궁화회 총재(현) 2013년 (재)세스팔다스계옴마루세계정교 총본산 창설 2013년 영국 IBC 케임브리지 예술및인문학 명예교수 2014년 대한민국무예명인 추대 2014년 지구촌회의 창설 총재 및 코리아광주포럼 개최 2014년 세계평화공원건설 대한민국통일회복촉진 평창대회 개최 2015년 대한민국통일대회 개최 2016년 국제연합의 세계연합승격 촉구 및 국제연합본부의 삼팔선이전촉구 대회 개최 2016년 현대결혼 한매줌대례 창시 및 발표 2016년 지구촌 서울운동 제창(서로는 울타리!·서로서로 울타리가 되어주는 서울!서울!) 2017년 세스팔다스 신전청 설립 2017년 세계정우회 창설 2017년 평화시대 선도·세계시대 선도 평창대회 개최 2017년 (사)한국국제자원봉사회 총재(현) 2018년 인류문화재 대세계회전축(한누리돌대) 건립 2018년 강산민요 망겸소리 전국보존회 창설 2019년 강산민요 망겸소리 평창 큰마을 예술단 창단 2019년 지구촌문무제 창설 (상)영국 IBC 21세기 2000지식인·500지도자·최고의 교육자100 선정(2000~2006), 미국 ABI 21세기 500인 지도자 선정·명예훈장·세계적인 공로훈장(2000~2005), 미국 국제문화회의(UCC) 국제평화상(2006), 캄보디아 국가보국훈장(2006), 미국 ABI 문화공로훈장(2008), 장한한국인상대상(2008), 전국경제인연합회 국제경영원 공로상(2009), 영국 IBC 'Legion of Honour' 선정(2009), 스포츠서울 '사회공헌상'(2009), 스포츠조선 '2011 대한민국 자랑스러운 혁신 한국인상'(2011), 미국 ABI '인류 100대 지성' 선정(2011), 스포츠동아 '신지식인 & Top Brand 대상', 일간스포츠 '2011 대한민국 글로벌 스탠다드 경영우수기업', 한국일보대상 'The Best Korea Awards' 대한민국 미래를 여는 혁신기업 & 인물(2012), 파워코리아 대한민국 희망인물 & 기업(2012), 헤럴드경제 문화경영대상(2012), 제20회 대한민국문화연예대상 문화대상(2012), 영국 IBC '지구촌업적상'(2015), 영국 IBC '인문학 세계지도자' 선정(2016) (저)'한글진리'(겜귡) '누리' 외 181권 중 14권 발간 '현철학강법'(단편집 191권) '친필천서'(600편) '무궁신서' '겜촐빛귡' '무학개론' '한글마당'(햇별돌굼, 아주돌굼, 미주돌굼) '손베추춤' '수건무도(手巾舞蹈)' '계옴검(劍)' '만생인도경' '마루바침' '망겸소리' '무학통론-날' '준짱광찡(존강광경, 尊降光境)' '채드림' (역)'겜촐빛길'(2008) (작)음반제작 '나라사랑 더하기'(2015) '한국10대가수 최신곡'(2016) '트라이앵글 三角女'(2017) (종)세계정교

하종선(河鍾瑄) Jong Sun Ha

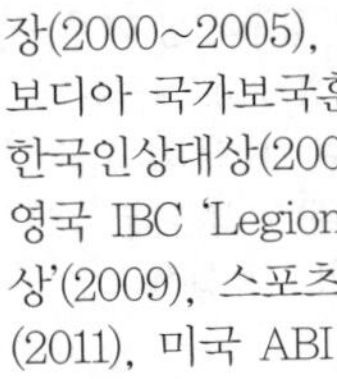

(생)1955·1·14 (출)경북 의성 (주)서울특별시 강남구 테헤란로92길 7 법무법인 바른(02-3479-2360) (학)1973년 경기고졸 1977년 서울대 법학과졸 1979년 同대학원 법학과졸 1982년 미국 캘리포니아대 로스앤젤레스교 로스쿨졸(LL.M.) (경)1979년 사법시험 합격(21회) 1981년 사법연수원 수료(11기) 1984년 미국 캘리포니아주 변호사시험 합격 1984년 미국 LA 변호사 개업 1986~1995년 (주)현대자동차 상임법률고문

1996~2001년 회명합동법률사무소 변호사 2000~2004년 현대해상화재보험(주) 사외이사 2002년 법무법인 두우 고문변호사 2004~2007년 현대해상화재보험(주) 대표이사 사장 2008~2011년 현대그룹 전략기획본부 사장 2012년 법무법인 바른 파트너변호사(현) ㉶'PL법과 기업의 대응방안'

하종식(河鐘植) HA Jong Sik

㉺1955·10·24 ㊍경남 마산 ㊟경상남도 함안군 법수면 윤외공단길 83-1 한국정밀기계(주) 비서실(055-582-7871) ㊞마산고졸 1979년 연세대 행정학과졸, 경남대 행정대학원 중퇴(2년) ㊎1982년 한국금속공업사 개발실장 1995년 한국금속공업(주) 전무이사 1995년 한국제강(주) 전무이사 1998년 한국정밀기계(주) 이사 2007년 同대표이사 사장(현) ㊌한국일보 한국을빛낸기업인대상(2006), 은탑산업훈장(2007)

하종철(河宗鐵) HA Jong Chul

㉺1961·1·28 ㊍경남 산청 ㊟서울특별시 서초구 반포대로 158 서울고등검찰청 총무과(02-530-3261) ㊞1978년 진주고졸 1984년 성균관대졸 ㊎1983년 사법시험 합격(25회) 1985년 사법연수원 수료(15기) 1986년 춘천지검 검사 1988년 同영월지청 검사 1989년 서울지검 서부지청 검사 1992년 부산지검 검사 1994년 서울지검 검사 1996년 수원지검 검사 1997년 同부부장검사 1998년 대구고검 검사 1999년 창원지검 통영지청 부장검사 2000년 부산지검 총무부장 2001년 同형사3부장 2002년 수원지검 성남지청 부장검사 2003년 서울지검 의정부지청 형사2부장 2004년 서울북부지검 전문부장 2006년 대전지검 전문부장 2008년 서울동부지검 전문부장 2009년 부산고검 검사 2011년 서울고검 검사 2013년 대전고검 검사 2015년 서울고검 검사 2017년 부산고검 검사 2018년 서울고검 검사(현) ㊛불교

하종현

㉺1970·6·8 ㊟서울특별시 동작구 장승배기로 161 동작구청 부구청장실(02-820-1107) ㊞서울시립대 대학원 토목공학과졸 ㊎1998년 공무원 임용, 서울시 북부도로관리사업소 시설보수과장, 同도시계획국 도시계획과 근무, 同지하철건설본부 공무부 근무 2007년 同기술심사담당관 2010년 同균형발전본부 도심재정비2담당관 2010년 同도시계획국 도시재생과장, 同도시계획국 마곡개발과장 2012년 同마곡사업추진단 마곡사업담당관 2015년 同안전총괄본부 도로계획과장 2018년 同안전총괄본부 안전총괄관 2019년 서울 동작구 부구청장(현)

하종화(河鍾華) HA Jong Hwa

㉺1955·10·17 ㊏진양(晋陽) ㊍경북 청도 ㊟서울특별시 강남구 강남대로 390 미진프라자 세무법인 두리(1688-2135) ㊞대구상고졸, 한국방송통신대졸, 건국대 행정대학원졸 ㊎9급 공무원시험 합격, 남산·성북·을지로세무서 법인세과 등 근무, 재무부 세제실 조세정책과·재산세제과 근무, 부천·안양세무서 법인세과 근무, 재무부 세제실 소득세제과·세제조사과 근무, 성남세무서 법인과장, 안양세무서 법인과장, 국세청 소득세과 계장 2002년 국세공무원교육원 국세교육2과 국세교수 2005년 안동세무서장 2006년 국무총리 조사심의관실 3과장 2007년 서울지방국세청 조사4국 2과장 2007년 同조사4국 1과장 2008년 대통령 법무비서관실 행정관 2009년 중부지방국세청 조사2국장 2009년 同조사1국장(고위공무원) 2010년 국세청 개인납세국장 2011년 서울지방국세청 조사4국장 2011~2012년 대구지방국세청장 2013년 세우회 회장 2014년 세무법인 두리 회장(현) 2015~2019년 DGB금융지주 사외이사 ㊌홍조근정훈장(2013)

하주호(夏周鎬) HA Joo Ho

㉺1964·8·23 ㊏달성(達城) ㊍대구 ㊟서울특별시 중구 동호로 249 (주)호텔신라 커뮤니케이션팀(02-2233-3131) ㊞1983년 오성고졸 1987년 서울대 신문학과졸 ㊎1989년 삼성생명보험 홍보팀 입사 1999년 삼성 구조조정본부 기획홍보팀 근무 2010년 삼성전자(주) 홍보팀 국내홍보그룹장(상무) 2011년 삼성에버랜드 커뮤니케이션팀장(상무) 2014년 (주)호텔신라 커뮤니케이션팀장(상무) 2016년 同커뮤니케이션팀장(전무)(현)

하지원(河智媛·女) HA Ji Won

㉺1969·1·28 ㊟서울특별시 서초구 바우뫼로 130 에코맘코리아(02-556-3012) ㊞1987년 숭의여고졸 1991년 이화여대졸 1998년 이학박사(이화여대) 2012년 지구환경학박사(세종대) ㊎1989~1991년 (사)한국환경문제연구소 자원활동가 1992~2001년 同객원연구원 2003년 ISO인증 국제심사위원(현) 2006~2010년 서울시의회 의원(비례대표, 한나라당) 2006~2014년 서울시녹색서울시민위원회 기획조정위원 겸 서울기후행동위원장 2007·2009·2010·2011년 UN 기후변화당사자국회의 서울녹색위원회 단장 2007년 서울지역환경기술개발센터 연구협의회 위원(현) 2008~2009년 C40기후리더십그룹 제3차정상회의 기획위원 2008년 (재)서울그린트러스트 이사 2008년 (사)국회기후변화포럼 이사 2009년 (사)한국기후변화학회 이사 2009년 (사)에코맘코리아 창립·대표(현) 2009년 세종대 연구교수 2009년 同기후변화센터 운영위원장 2009~2016년 同환경·에너지연구소 부소장 2010~2013년 대통령직속 녹색성장위원회 위원 2010년 서울시수돗물 '아리수' 명예홍보대사 2010년 지식경제부 에너지위원회 에너지절약전문위원 2010년 환경부 환경교육진흥위원회 위원(현) 2011~2018년 同중앙환경정책위원회 기후대기·국제분과 위원 2012년 전국그린스타트네트워크 대표위원 2012~2014년 국무총리실 정부업무평가전문위원 2012~2013년 EBS 시청자위원 2013~2014년 서울시 교육청 홍보물·영상물및간행물심의위원회 심의위원 2013~2014년 국무조정실 국정과제평가 전문위원 2013년 제18대 대통령직인수위원회 청년특별위원회 위원 2014년 국립생태원 자문위원(현) 2014~2018년 한국환경관리공단 비상임이사 2014년 환경부 자체평가위원(현) 2014~2018년 한·EU FTA 자문위원 2014년 아시아엔 매거진N 편집위원(현) 2014년 UN청소년환경총회 조직위원 2014년 한·EU FTA 무역과지속가능발전위원회 자문위원 2014년 경찰청 시민감찰위원(현) 2014년 교육부 학부교육선도대학육성사업사업관리위원회 위원 2015년 조선일보 '하지원의 환경톡톡' 환경칼럼리스트(현) 2015년 지속가능발전위원회 위원(현) 2016년 유럽연합(EU) 기후행동친선대사(현) 2017년 수원대 공공정책대학원 지속가능경영정책전공 주임교수(현) ㊌시민일보 광역의원부문 의정대상(2009), 전국지방의회 친환경최우수의원(2009), 매니페스토약속대상 광역의원부문 대상(2009), 전국지속가능발전협의회 지속가능발전가능대상 대통령표창(2009), 국가환경경영대상 지구환경보전상(2009), 국회 기후변화포럼 대한민국녹색기후상 우수상(행정안전부장관표창)(2010), 국민포장(2011), 국회 기후변화포럼 대한민국녹색기후상 우수상(국회환경노동위원장표창)(2015), 양성평등실현분야 서초여성상(2016) ㉶'세상을 바꾸는 즐거운 습관'(2017)

하찬호(河燦鎬) HA Chan Ho

㉺1960·12·27 ㊍경남 남해 ㊟경기도 안산시 단원구 첨단로 670 (주)안산도시개발 임원실(031-413-2488) ㊞1979년 경남상고졸 1985년 동국대 회계학과졸 2006년 연세대 경영대학원졸(MBA) ㊎(주)삼천리 재경담당 상무이사, 同경영관리담당 상무 2009년 同경영지원총괄 전무 2010년 同전략기획본부 전략기획실장(전무) 2010년 同경영지원본부장 2012년 同발전사업본부장(부사장) 2013~2015년 삼천리ENG 대표이사 부사장 2016년 (주)안산도시개발 대표이사 부사장(현)

하창식(河彰植) HA Chang Sik

(생)1950·2·3 (출)경남 하동 (주)서울특별시 강남구 도곡로 117 옥신타워 8층 (주)도시와사람(02-6281-1100) (학)1973년 한양대 건축학과졸, 미국 펜실베이니아대 와튼스쿨 최고경영자과정 수료, 서울대 최고경영자과정 수료 (경)구성건축설계사무소 근무, 서울탑종합건설 설립·대표이사, 건설탑스 대표이사, 종합건축사사무소 A-Group 설립, (주)The D&S 대표이사, (주)건설알포메 대표이사, 마이다스밸리골프클럽 대표이사 1999년 (주)도시와사람 설립·대표이사 회장(현) 1999년 한국건축가협회 명예이사(현) 1999년 한국부동산개발협회 감사·고문(현) 2001~2011년 한양대 시스템건축공학과 겸임교수 (상)보건사회부장관표창, 서울시장표창, 서울사랑시민상 건축부문

하창식(河昌植) HA Chang-Sik

(생)1956·1·30 (본)진양(晋陽) (출)부산 (주)부산광역시 금정구 부산대학로63번길 2 부산대학교 공과대학 고분자공학과(051-510-2407) (학)1974년 부산고졸 1978년 부산대 화학공학과졸 1980년 한국과학기술원(KAIST) 화학공학과졸(석사) 1987년 공학박사(한국과학기술원) (경)1982~1994년 부산대 공과대학 고분자공학과 전임강사·조교수·부교수 1988~1989년 미국 신시내티대 재료공학과 방문교수 1992년 부산대 공과대학 고분자공학과장 1994년 同공과대학 고분자공학과 교수(현) 1997년 미국 스탠퍼드대 화학공학과 방문교수 1999년 영국 세계전기센터 아시아지역담당 부이사 1999년 스위스 TransTech출판사 Material Sci. Foundation 편집자문위원 1999년 부산대 신발신소재 및 신공정개발연구소장 2000년 同기획연구부실장 2002년 한국접착및계면학회 부회장 2003년 한국공학한림원 정회원(현) 2003년 한국과학기술한림원 정회원(현) 2003년 한일광·전자용유기재료국제심포지움(KJF2003) 조직위원장 2004년 미국 뉴욕주립대 버팔로교 방문교수 2005년 부산대 고분자공학과장 2005년 한·일폴리이미드국제학술회의 조직위원장 2006년 제3회 아시아·태평양지역첨단재료국제학술회의 조직위원장 2007년 아시아·오세아니아사이클로텍스트린리그(AOCL) 부회장 2008~2011년 Macromolecular Research 편집위원장 2009~2011년 한국접착및계면학회 수석부회장 2010~2016년 한국연구재단 나노그리드소재융합연구단장 2010~2011년 미국 UCLA 화학과 방문교수 2012~2013년 부산대 부총장 2012~2016년 천주교 부산교구 평신도사도직협의회 회장 2012~2014년 한국접착및계면학회 회장 2013~2015년 호주 퀸즈랜드대 명예교수 2013년 국제순수및응용화학연맹(IUPAC) 상업용고분자의구조와물성분과 동아시아소위원회 위원장 2015~2016년 한국연구재단 공학단 전문위원 2015년 제5회 아시아첨단재료국제학술회의(ASAM-5) 의장 2015~2016년 부산가톨릭문인협회 회장 2016년 부산대 석학교수(현) (상)한국고무학회상(1994), 한국고분자학회 학술상(1995), 효원논문상(1997), 부산대 공과대학 학술상(2003), 한국과학기술단체총연합회 우수논문상(2003), KAIST 올해의 동문상 학술부문(2003), 눌원문화상 학술상(2005), 이달의 과학기술자상(2006), 부산시 문화상(2006), 부산대 Best Researcher상(2007·2009), 삼성고분자학술상(2011), 국가대표연구개발 최우수11선 및 미래창조과학부장관표창(2014), 제26회 수필문학상(2016), 일본고분자학회 SPSJ인터내셔널어워드(2017), 베트남과학기술원 공로훈장(2018), 제15회 부산가톨릭문학상(2018) (저)'Advances in Organic Light-Emitting Devices' '고분자화학' '고분자의 구조와 물성' '가슴따뜻한 세상을 꿈꾸며' '황금들녘을 바라보며' '자서전 217쪽' (종)가톨릭

하창용(河昌勇) Ha Chang Yong

(생)1975·8·2 (본)진주(晋州) (출)경북 김천 (주)세종특별자치시 한누리대로 422 고용노동부 노동시간단축TF(044-202-7994) (학)1994년 김천고졸 2002년 한양대 행정학과졸 2014년 캐나다 윈저대 대학원 경제학과졸 (경)2010~2012년 고용노동부 노동시장정책과 사무관 2012~2014년 캐나다 윈저대 유학 2014년 고용노동부 인력수급정책과 서기관 2015년 同고용정책실 고용정책총괄과 서기관 2016년 광주지방고용노동청 광주고용센터 소장(과장급) 2017년 고용노동부 고용정책실 고용문화개선정책과장 2017년 대구지방고용노동청 대구고용센터 소장 2018~2019년 고용노동부 노동시간단축TF 업무총괄(현)

하창화(河昌和) HA Chang Hwa

(생)1940·10·6 (출)강원 원주 (주)서울특별시 종로구 삼일대로 428 낙원빌딩 310호 한국백신(주)(02-743-7151) (학)1958년 경복고졸 1962년 연세대 경영학과졸 (경)1985~1996년 대아양행 대표이사 회장 1996년 한국백신(주) 대표이사 회장(현) 2000년 한국의료용구공업협동조합 이사장, 강원도민회 부회장 (상)식품의약품안전청장표창(2009)

하천수(河川守)

(생)1964 (주)충청북도 청주시 상당구 대성로 145 한국은행 충북본부(043-220-0550) (학)1982년 대구 달성고졸 1989년 연세대 법학과졸 2003년 同대학원 법학과졸 (경)1989년 한국은행 입행 1994년 同법규과 행원 1996년 同목포본부 조사역 1998년 同은행부 조사역 2007년 同금융안정분석국 차장 2010년 同제주본부 경제조사팀장 2014년 同거시건전성분석국 금융검사분석실 일반은행1팀장 2015년 同금융안정분석국 금융검사분석실 부실장 2017년 同금융안정분석국 금융검사분석실장 2018년 同강릉본부장 2019년 同충북본부장(현)

하철경(河喆鏡) HA Chul Kyung (林農)

(생)1953·3·10 (본)진주(晋州) (주)서울특별시 양천구 목동서로 225 대한민국예술인센터 9층 한국예술문화단체총연합회(02-2655-3001) (학)1986년 목포대 미술대학졸 1988년 세종대 대학원졸 (경)1984년 남농미술관 이사 1989년 전남대·동국대·목포대·부산대 강사 1991~2018년 호남대 미술학과 교수 1991년 전남도미술대전 심사위원 1993년 광주시미술대전 심사위원 1994년 목포미술협회 한국화분과 위원장 1995년 전국무등미술대전 심사위원, 한국미술협회 부이사장 2004~2007년 同이사장 2012년 (사)한국예술문화단체총연합회 회장(현) (상)대한민국미술대전 연4회 특선 및 연6회 입선, 전국무등미술대전 대상, 전남미술대전 종합대상, 남농예술문화상(1995), 한국예술문화단체총연합회 예술문화상(1999), 일본청추회전 특별상(2001), 전남문화상(2001), 대한민국 나눔대상 특별대상(2011), 한국예술평론가협의회 제33회 올해의 최우수예술가상 미술부문(2013), 호남대 공로패(2018)

하철용(河哲容) HA Chul Yong

(생)1949·11·2 (출)서울 (주)서울특별시 서초구 서초중앙로 157 서울중앙지방법원조정센터(02-530-2568) (학)1968년 제물포고졸 1972년 서울대 법학과졸 (경)1972년 사법시험 합격(14회) 1974년 사법연수원 수료(4기) 1975년 육군 법무관 1977년 서울민사지법 판사 1980년 서울형사지법 판사 1981년 청주지법 충주지원 판사 1983년 서울지법 판사 1985년 서울고법 판사 1986년 법원행정처 기획조정실 기획담당관 겸임 1990년 대전지법 천안지원장 1992년 사법연수원 교수 1993년 서울민사지법 부장판사 1996년 서울지법 부장판사 1996년 변호사 개업 2001~2007년 법무법인 세종 변호사 2002년 국무총리 행정심판위원회 위원 2007~2012년 헌법재판소 사무처장 2012~2013년 한국의료분쟁조정중재원 상임조정위원 2013년 서울중앙지법조정센터 상임조정위원(현)

하충식(河忠植) Ha Choong Sik (국로)

(생)1960 · 12 · 5 (본)진양(晋陽) (출)경남 함양 (주)경상남도 창원시 성산구 원이대로682번길 21 의료법인 한마음국제의료재단 이사장실(055-267-2000) (학)진주고졸, 조선대 의대졸, 부산대 대학원졸, 의학박사(부산대) 2015년 명예 경제학박사(조선대) (경)1988~1993년 부산침례병원 근무 1994년 부산대동병원 산부인과장 1994년 창원고려병원 산부인과장 1995~2013년 창원한마음병원 원장, 녹색교통회 공동대표, 한국사회복지재단 경남지부 부회장, 부부의날위원회 공동대표 2013년 한마음창원병원 이사장 2013년 부산고법 창원재판부 조정위원(현) 2015년 한양대 임상교수(현) 2015년 창원시 의료관광자문위원회 위원(현) 2018년 의료법인 한마음국제의료재단 이사장(현) 2019년 조선대의과대학총동문회 회장(현) (상)국무총리표창(2002), 한국복지재단 '55주년 한국복지재단을 빛낸 55인'에 선정(2003), 환경부장관표창(2004), 창원시문화상 지역발전부문(2004), 국민포장(2011), 장윤석 기금상(2011), 함양군민상(2013), 자랑스러운 조대인상(2015), 국민훈장 동백장(2019)

하충헌(河忠憲) HA Chung Heon

(생)1963 · 4 · 4 (출)경남 창녕 (주)서울특별시 양천구 신월로 390 서울남부지방검찰청 중요경제범죄조사단(02-3219-4200) (학)1982년 배명고졸 1986년 한양대 법학과졸 1989년 同대학원 법학과졸 (경)1991년 사법시험 합격(33회) 1994년 사법연수원 수료(23기) 1994년 부산지검 검사 1996년 창원지검 진주지청 검사 1997년 서울지검 남부지청 검사 2000년 수원지검 성남지청 검사 2002년 창원지검 검사 2004년 의정부지검 검사 2006년 同부부장검사 2007년 서울중앙지검 부부장검사 2008년 광주고검 전주지부 검사 2009년 전주지검 제1부장검사 2010년 광주지검 순천지청 부장검사 2011년 수원지검 안산지청 부장검사 2012년 서울고검 검사 2014년 대구고검 검사 2015년 광주지검 부장검사(광주시 법률자문검사 파견) 2016년 서울고검 검사 2017년 서울남부지검 중요경제범죄조사단 부장검사(현)

하태경(河泰慶) Tae Keung Ha

(생)1968·6·19 (출)부산 (주)서울특별시 영등포구 의사당대로 1 국회 의원회관 939호(02-784-2491) (학)1986년 부산 브니엘고졸 1991년 서울대 물리학과졸 1996년 부산대 대학원 통번역전문과정 수료 1999년 고려대 국제대학원졸 2004년 경제학박사(중국 길림대) (경)1993~1994년 (사)통일맞이 연구원 1996~1997년 부산통역번역협회 회장 1998년 미국 미시간주립대 객원연구원 2001~2005년 SK텔레콤 경영경제연구소 수석연구원 2005~2012년 (사)열린북한 대표 2009~2012년 민주평통 자문위원 2012년 제19대 국회의원(부산시 해운대구·기장乙, 새누리당) 2012~2014년 새누리당 북한인권 및 탈북자·납북자위원회 위원장 2013년 제18대 대통령직인수위원회 산하 '국민대통합위원회' 간사 2013년 국회 농림축산식품해양수산위원회 위원 2014년 국회 국토교통위원회 위원 2014~2015년 새누리당 보수혁신특별위원회 위원 2014년 同부산시당 대변인 2015년 국회 서민주거복지특별위원회 위원 2015년 새누리당 정책위원회 정보정책조정위원회 부위원장 2015년 국회 동북아역사왜곡대책특별위원회 위원 2016년 새누리당 부산시해운대구甲당원협의회 운영위원장 2016년 제20대 국회의원(부산시 해운대구甲, 새누리당·바른정당〈2017.1〉·바른미래당〈2018.2〉)(현) 2016년 새누리당 부산시당 혁신위원장 2016년 국회 예산결산특별위원회 위원 2016년 국회 환경노동위원회 간사 2016년 국회 가습기살균제사고진상규명과피해구제 및 재발방지대책마련을위한국정조사특별위원회 위원 2016~2017년 국회 '박근혜 정부의 최순실 등 민간인에 의한 국정농단 의혹 사건 진상규명을 위한 국정조사특별위원회' 위원 2017년 바른정당 부산시당 위원장 2017년 同제19대 유승민 대통령후보 중앙선거대책위원회 전략본부 부본부장 2017~2018년 同최고위원 2017~2018년 同바른비전특별위원회 위원장 2017~2018년 同민생특별위원회20 공정노동특별위원장 2017년 국회 헌법개정특별위원회 간사 2017년 국회 환경노동위원회 위원 2018년 바른미래당 부산해운대구甲지역위원회 위원장(현) 2018년 국회 국방위원회 간사(현) 2018년 바른미래당 최고위원(현) 2018년 국회 '공공부문채용비리의혹과 관련된 국정조사특별위원회' 간사(현) 2018년 바른미래당 경력특례제도개선특별위원회 위원장(현) 2019년 同청년대안정당비전위원회 위원장(현) (상)국가인권위원회 대한민국 인권상(2011), 2018 입법 및 정책개발 우수국회의원(2019) (저)'민주주의는 국경이 없다'(2011, 글통) '만화 김정은'(2011, 시대정신) '삐라에서 디도스까지'(2013, 글통)

하태역(河泰曆) Ha Tae-youk

(생)1962 · 8 · 30 (주)서울특별시 종로구 사직로8길 60 외교부 인사운영팀(02-2100-7136) (학)1985년 고려대 독어독문학과졸 1991년 영국 런던정경대 대학원 경제사학 석사 (경)1987년 외무고시 합격(21회) 1987년 외무부 입부 1992년 駐휴스턴 영사 1995년 駐체코 1등서기관 2001년 駐러시아 1등서기관 2004년 국가안전보장회의 사무처 파견 2006년 외교통상부 러시아 · CIS과장 2007년 대통령비서실 파견 2008년 駐독일 공사참사관 2011년 駐러시아 공사참사관 2013년 외교부 유럽국장 2015년 駐러시아 공사 2018년 駐키르기즈 대사(현) (상)근정포장(2000), 영국 로열빅토리아훈장(2013)

하태영(河泰榮)

(생)1970 · 3 · 1 (출)경기 양평 (주)인천광역시 연수구 해돋이로 130 해양경찰청 행정법무담당관실(032-835-2422) (학)수도전기공고졸, 독학사(법학), 한국외국어대 대학원졸, 인하대 행정학 박사과정 수료 (경)2001년 경위 임용(경찰간부후보) 2005년 해양경찰학교 총무계장 2005년 국무조정실 정책상황실 근무 2009년 해양경찰청 종합상황실장 2010년 남해지방해양경찰청 경무기획과 경무계장 2012년 해양경찰청 기획담당관실 조직팀장 2014년 同기획담당관실 기획팀장 2017년 同행정법무담당관 2017년 동해지방해양경찰청 경비안전과장 2018년 남해지방해양경찰청 울산해양경찰서장(총경) 2019년 한국해양소년단 울산연맹 명예연맹장 2019년 해양경찰청 행정법무담당관(현)

하태웅(河泰熊) HA Tae Woong

(생)1961 · 4 · 1 (출)서울 (주)경기도 성남시 수정구 성남대로 1342 가천대학교 공과대학 기계공학과(031-750-5308) (학)1984년 한양대 기계공학과졸 1989년 미국 텍사스A&M대 대학원 기계공학과졸 1992년 공학박사(미국 텍사스A&M대) (경)1983년 태평양건설(주) 근무 1985년 한양화학(주) 근무 1988년 미국 Texas대 Research Assistant 1993년 경원대 건축설비학과 전임강사 · 조교수 1998~2012년 同공과대학 기계자동차공학과 부교수 · 교수 2004년 同산학연공동연구소장 2012~2014년 가천대 공과대학 기계 · 자동차공학과 교수 2012년 同산학연공동연구소장 2014년 同공과대학 기계공학과 교수(현) 2017년 同공과대학장(현) 2017년 同산업 · 환경대학원장(현) (상)공기조화냉동공학회 우수논문상(1998), 경원대 학술상(2002), 경기지방중소기업청장표창(2002), 유체기계공업학회 논문상(2005) (저)'유체기계' '로터다이나믹스' '건축 인테리어 시각표현사전(共)'(1995, 도서출판 국제)

하태정(河泰正)

(주)세종특별자치시 시청대로 370 세종국책연구단지 과학기술정책연구원(044-287-2005) (학)1994년 연세대 경제학과졸 1996년 同대학원 경제학과졸 2000년 경제학박사(연세대) 2004년 미국 앨라배마대 버밍햄교 석사(MBA) (경)2000~2005년 LG경제연구원 책임연구원 2003년 미국 앨라

배마대 버밍햄교 Visiting Scholar 2005년 정보통신부 미래전략전문위원회 기술부문장 2005년 과학기술정책연구원(STEPI) 연구위원 2010~2013년 同경제분석단장 · 산업혁신정책단장 · 산업혁신연구본부장 2013년 미래창조과학부 기술사제도발전심의위원회 위원 2014년 미국 카네기멜론대 Visiting Scholar 2015년 과학기술정보통신부 기술사제도발전심의위원회 위원 2016년 기술경영경제학회 운영위원 2017년 육군발전자문위원회 위원(현) 2017년 충남도과학기술위원회 위원(현) 2017년 과학기술정책연구원(STEPI) 부원장(현) 2018년 광주과학기술원(GIST) 자문위원(현) 2019년 과학기술정책연구원(STEPI) 선임연구위원(현)

하태중(河泰仲)

(생)1960 · 4 · 29 (출)경남 (주)서울특별시 중구 소공로 51 우리은행 기업그룹(02-2002-3000) (학)1978년 통영상고졸 1982년 경북대 회계학과졸 (경)1984년 한일은행 입행 2003년 우리은행 안성지점장 2005년 同기업금융단 수석관리역 2005년 同본점기업영업본부 기업지점장 2008년 同삼성기업영업본부 기업지점장 2011년 同삼성금융센터장 2014년 同삼성기업영업본부장 2016년 同본점1기업영업본부장 2017년 同기업금융단장(상무) 2019년 同기업그룹 집행부행장(현)

하태훈(河泰勳) HA Tae Hoon

(생)1958 · 2 · 17 (본)진양(晋陽) (출)충남 서천 (주)서울특별시 성북구 안암로 145 고려대학교 법학전문대학원(02-3290-1897) (학)1976년 대전고졸 1981년 고려대 법학과졸 1985년 同대학원졸 1990년 법학박사(독일 쾰른대) (경)1990년 고려대 강사 1991~1999년 홍익대 법학과 조교수 · 부교수 1992~1997년 한국형사법학회 간사 · 편집위원 1996 · 1998년 경찰청 치안연구소 연구위원 1998년 대검찰청 검찰제도개혁위원회 위원 1999년 사법개혁추진위원회 전문위원 1999년 고려대 법학전문대학원 교수(현) 2001년 법무부 형사법개정특별심의위원회 위원 2001년 대법원 양형제도연구위원회 위원 2003년 경찰청 경찰혁신위원회 위원 2004년 사법제도개혁추진위원회 기획연구팀장 2007~2013년 대법원 양형위원회 위원 2009~2013년 참여연대 사법감시센터 소장 2012~2013년 한국비교형사법학회 회장 2013년 한국형사법학회 부회장 2013~2014년 검찰개혁심의위원회 위원 2014년 한국형사법학회 회장 2016년 참여연대 공동대표(현) 2016~2017년 대법원 형사사법발전위원회 외부위원 2017~2018년 국가인권위원회 혁신위원회 위원장 2017년 국무총리소속 시민사회발전위원회 위원(현) 2018년 법무부 교정정책자문단위원회 위원장(현) (상)한국범죄방지재단 학술상(2017) (저)'刑法講義 總論'(1998) '사례중심 형법총론'(2002) '판례중심 형법 총 · 각론'(2006) '형법사례연습'(2009)

하태흥(河泰興)

(생)1973 · 1 · 28 (출)대전 (주)서울특별시 종로구 사직로8길 39 김앤장법률사무소(02-3703-4979) (학)1991년 대전 한밭고졸 1995년 서울대 법대졸 2004년 同대학원 법학과졸 2006년 미국 하버드대 법학전문대학원졸(LL.M.) 2015년 서울대 법과대학원 법학 박사과정 수료 (경)1995년 사법시험 합격(37회) 1998년 사법연수원 수료(27기) 1998~2001년 해군 법무관 2001년 서울지법 판사 2003년 同서부지원 판사 2005년 대전지법 공주지원 판사 2009년 수원지법 판사 2010년 서울고법 판사 2011년 대법원 재판연구관 2016년 수원지법 부장판사 2017~2018년 서울행정법원 부장판사 2018년 김앤장법률사무소 변호사(현)

하행봉(河幸鳳) HA Haeng Bong

(생)1961 · 8 · 17 (본)진주(晉州) (출)경남 진주 (주)서울특별시 송파구 올림픽로35길 137 한국광고문화회관 9층 (사)한국광고산업협회(02-733-3500) (학)1987년 경상대 영어영문학과졸 2001년 한양대 대학원 광고홍보학과졸 (경)광고산업발전위원회 실무위원, 방송광고선진화추진위원회 위원 1998년 한국경제신문 교육원 강사 2002년 한국사보기자협회 감사(현) 2006~2012년 (사)한국광고업협회 상무 2007년 한국광고자율심의기구 광고심의기준위원회 위원 2007~2009년 한국간행물윤리위원회 제3심의위원 2009년 한국광고학회 이사(현), 국민권익위원회 홍보자문위원 2011~2016년 인터넷광고분쟁조정위원회 위원 2012년 (사)한국광고산업협회 상무 2013년 同전무 2019년 同부회장(현)

하현주(河憲珠 · 女) HA Hun Joo

(생)1958 · 2 · 7 (출)서울 (주)서울특별시 서대문구 이화여대길 52 이화여자대학교 약학대학 약학과(02-3277-2114) (학)1981년 이화여대 제약학과졸 1987년 약리학박사(미국 미네소타대) (경)1981년 미국 미네소타대 약리학과 연구조교 1988년 인하대 의약물독성연구소 연구전임조교수 1990~2000년 연세대 의과대학 약리학교실 전임강사 · 조교수 · 부교수 1990~1991년 일본 동경대 의과대학 약리학교실 객원연구원 1994~1995년 미국 캘리포니아대 어바인의과대학 신장내과 방문연구원 2000~2001년 식품의약품안전청 내분비계장애물질평가사업 자문위원 2000~2003년 순천향대 현암신장연구소 부교수 2003년 이화여대 약학대학 약학과 부교수 · 교수(현) 2014 · 2016년 同대학원 약학과장 2014~2016년 同이화펠로우 2014년 BK21플러스 '이화미래핵심약과학사업단' 단장(현) 2015년 한국과학기술한림원 정회원(의약학부 · 현) 2017년 이화여대 약학대학장(현) 2018년 同임상보건융합대학원장(현) 2019년 同PHC센터소장(현) (상)대한약리학회 중외학술상(1995), 유럽신장학회 40 Best Abstracts(1995), 대한신장학회 최우수초록상(1996), 한국과학기술단체총연합회 우수논문상(2002), 보건복지부장관표창(2013)

하현국(河賢國) HA Hyeon Kook

(생)1964 · 6 · 2 (출)경남 사천 (주)광주광역시 동구 준법로 7-12 광주지방법원(062-239-1710) (학)1980년 대아고졸 1987년 서울대 사법학과졸 (경)1988년 사법시험 합격(30회) 1991년 사법연수원 수료(20기) 1994년 창원지법 판사 1996년 同진주지원 판사 1996년 수원지법 평택지원 판사 겸임 2002년 서울지법 판사 2003년 서울고법 판사 2004년 서울중앙지법 판사 2006년 울산지법 부장판사 2008년 사법연수원 교수 2011년 서울중앙지법 부장판사 2014년 서울동부지법 부장판사 2016년 수원지법 안양지원장 2018년 광주지법 부장판사(현)

하현권(河賢權) Hyun Kwon Ha

(생)1952 (주)강원도 강릉시 사천면 방동길 38 강릉아산병원 원장실(033-610-3313) (학)1978년 가톨릭대 의대졸 1982년 同대학원 의학석사 1995년 의학박사(가톨릭대) (경)1983년 가톨릭대 서울성모병원 전공의 1994년 同성바오로병원 과장, 울산대 의과대학 영상의학교실 교수 2009~2012년 서울아산병원 영상의학과장 2016년 강릉아산병원장(현) 2017년 영덕아산병원장 겸임(현)

하현준(河炫俊) Hyun-Joon Ha

(생)1959 · 11 · 18 (출)경남 진주 (주)경기도 용인시 처인구 모현읍 외대로 81 한국외국어대학교 자연과학대학 화학과(031-330-4369) (학)1978년 마산고졸 1982년 서울대 화학과졸 1987년 이학박사(미국 브라운대) (경)1987~1988년 미국 스탠퍼드대 Post-Doc. 1988년 한국과학기술연구원(KIST) 유기화학연구실 선임연구원 1991년 한국외국어대 자연과학대학 화학과 조교수 · 부교수 · 교수(현) 1992~1993 · 2002~2004년 同화학과장 1993년 영국 케임브리지대 방문교수 1999년 대한화학회 이

사 · 출판위원 2000년 (주)컴바이오넥스 설립 2003년 (주)이매진 이사 2004~2006년 한국외국어대 용인캠퍼스 총무처장 2013~2015년 同자연과학대학장 2018년 대한화학회 회장(현) (상)한국외국어대학교 우수 연구상(2007 · 2011), 아시아핵심프로그램(ACP) ACP Lectureship Award(2011), Sigma-Aldich Award(2012), Organic Chemistry Division Award for Excellent Research(2016) (저)'유기화학' '일반화학'(1994)

하현회(河炫會) HH(Hyun Hwoi) Ha

(생)1956 · 12 · 18 (본)진주(晉州) (주)서울특별시 용산구 한강대로 32 (주)LG유플러스 임원실(1544-0010) (학)부산 금성고졸, 부산대 사학과졸, 일본 와세다대 대학원 경영학과졸 (경)1985년 LG그룹 입사 1996년 同회장실 부장 2003년 LG디스플레이(주) 전략기획담당 상무, (주)LG 어플리케이션 사업부장(상무) 2007년 同중소형사업부장(부사장) 2008년 LG디스플레이(주) 중소형사업부장(부사장) 2008년 同Mobile사업부장(부사장) 2009년 同IT사업부장(부사장) 2012년 同TV사업본부장(부사장) 2012년 (주)LG 시너지팀장(부사장) 2013~2014년 LG전자 HE사업본부장(사장) 2014년 한국디스플레이산업협회 부회장 2015~2017년 (주)LG 대표이사 사장 2015~2019년 LG하우시스 비상무이사 2017년 LG디스플레이(주) 기타비상무이사(현) 2018년 (주)LG 대표이사 부회장 겸 COO(최고운영책임자) 2018년 (주)LG유플러스 대표이사 부회장(현) 2018년 한국전파진흥협회 회장(현) (저)'세계화 시대 초우량기업 만들기'(1995)

하형주(河亨柱) HA HYOUNG JOO (戊庚)

(생)1962 · 6 · 3 (본)진양(晉陽) (출)경남 진주 (주)부산광역시 사하구 낙동대로550번길 37 동아대학교 예술체육대학 체육학과(051-200-7812) (학)1980년 부산체육고졸 1984년 동아대 체육대학 체육학과졸 1986년 同대학원졸 1995년 캐나다 Univ. of British Columbia 수학 1996년 이학박사(성균관대) (경)1981년 인도네시아 아시아유도선수권대회 무제한급 금메달·95kg급 은메달 1981년 네덜란드 세계유도선수권대회 95kg급 동메달 1982년 핀란드 세계대학생유도선수권대회 95kg급 동메달 1982년 미국 전미오픈국제유도대회 95kg급 동메달 1983년 일본국제대학유도대회 무제한급 은메달·95kg급 동메달 1983년 홍콩 범태평양유도선수권대회 95kg급 금메달 1984년 프랑스Open국제유도선수권대회 금메달 1984년 미국 LA올림픽대회 95kg급 금메달 1985년 일본 고베 세계유니버시아드대회 95kg급 금메달 1985년 세계유도선수권대회 95kg급 은메달 1986년 서울아시안게임 95kg급 금메달 1987년 독일 세계유도선수권대회 95kg급 동메달 1987~2000년 동아대 체육대학 전임강사·조교수·부교수 1988년 제24회 서울올림픽대회 출전 1989년 일본 중경대 교환교수 1991년 국제무도학회 이사 1992년 한국올림픽아카데미 이사·한국대학유도연맹 이사 1995년 캐나다 Univ. of British Columbia 수학 1995년 제14회 아시아경기대회 부산유치추진위원회 기획위원·부산아시안게임경기대회조직위원회 집행위원 1995년 한국스포츠심리학회 상임이사 1996년 부산시의회 의원 1996년 제15대 국회의원선거 부산시지부 선거대책위원 1996년 2002부산아시안게임경기장 건설설계공모심사위원 1997년 2008부산올림픽유치위원회 발기인 겸 운영위원 1997년 제2회 동아시아경기대회 학술대회조직위원회 집행위원·한국국가대표선수단 임원(아타세) 1997년 부산트라이애슬론경기연맹 부회장 1998년 부산아시아경기대회 마스코트 애칭 심사위원 1999년 (사)대한유도회 이사·부산시유도회 재무이사 1999·2016년 부산시체육회 이사 겸 운영위원 1999·2013년 한국스포츠심리학회 이사 1999년 (사)한국청소년스포츠문화원 이사장 2000~2015년 동아대 스포츠과학대학 경찰무도학과 교수 2001년 대한올림픽위원회(KOC) 위원 2001년 민족평화축전조직위원회 추진위원 2002년 제14회 부산아시아경기대회 스포츠과학학술대회조직위원회 업무추진위원 2002년 평창동계올림픽유치위원회 위원 2002년 유고슬라비아 세계대학생유도선수권대회 임원 2003년 백범사상연구소 이사(현) 2003년 부산시문화상 심사위원 2003년 문화관광부 대한민국체육상 심사위원 2003년 민족평화축전조직위원회 추진위원 2004년 미국 샌프란시스코주립대 교환교수 2005년 한국스포츠학회 부회장 2007년 2020부산올림픽유치범시민지원협의회 부회장 2007년 한국스포츠심리학회 지도자교육위원장·사하희망포럼 상임공동대표 2007년 (사)부산한일교류센터 이사(현) 2007년 한국올림픽금메달리스트회 회장(현) 2007년 제2회 한일학생쓰시마회의 한국대학생인솔단장 2007년 노블레스인코리아 인물등재 2007년 부산상공회의소 '부산사랑 우수인재상' 심사위원 2007년 한나라당 제17대 대통령중앙선거대책위원회 상임특별보좌 겸 사회체육특별위원회 본부장 2009년 (사)해외한민족교육진흥회 이사 2009·2013년 (사)대한무도학회 이사 2011년 한·일문화교류센터 이사(현) 2011년 대한민국스포츠국가대표선수회 부회장(현) 2015년 동아대 스포츠과학대학장 2016년 同예술체육대학장(현) 2016년 同예술체육대학 체육학과 교수(현) 2016년 꿈메달스포츠봉사단 부산지부장(현) 2016년 부산지법 조정위원회 의원(현) 2016년 부산일보 제1기 독자위원회 위원 2016년 부산경찰청 부산진경찰서 홍보대사 2016년 부산시 체육회 운영위원 2018년 부산일보 제2기 독자위원회 위원 2019년 동아대 스포츠단장(현) (상)인도네시아 수하르트 대통령표창(1981), 동아대총장표창(1981·1984·1986), 체육훈장 포장(1981), 대통령표창(1982·1986·1987), 체육훈장 백마장(1983), 체육훈장 청룡장(1984), 대한체육회장표창(1984), 아시아기자연맹 최우수선수상(1984), 대한민국 올해의 인물상(1984), 대한민국 체육상(1985), 대한유도회 표창(1985), 눌원문화상(1985), 제2회 동아시아경기대회 공로상(1997), 미국 대통령상 체육문화부문 금상(2013), 한국을 빛낸 사람들 국외선양부문 대상(2014), 자랑스런 대한민국 시민대상(2014), 부산시장 공로상(2014), 부산시청소년단체협의회 공로상(2014), 동아대총동창회 공로상(2014), 미국 로스엔젤레스시장 감사장(2014), 전국경제인연합회 감사장(2014), 한국신지식인 선정(2016), 동아대 개교70주년기념 근속표창(2016), 부산시문화상 체육부문(2017), 동아대총동창회 동문대상(2017), 부산시체육회장표창(2018) (저)'발육발달학(編)'(1992, 동문출판사) '중등교사 체육연수교재'(2001, 동아대 교육대학원 부설 중등교원연수원) '스포츠 한의학 입문'(2001, 스포츠한의학회) '비만관리의 이론과 실제'(2001, 동아대 사회교육원) '경호학총론'(2002, 느낌이 있는 나무) '경기체력트레이닝론II : 종목별 트레이닝'(2007, 보경문화사) '운동발달심리학'(2008, 동아대 출판사) '코칭론'(2009, 동문출판기획) '동아 체육의 위상, 세계 속에 떨치다'(2009, 총동문회60주년기념문집) '유도와 호신술 : 이론과 기술'(2012, 동문출판기획) '무도론'(2013, 동아대 출판부) '코칭심리학'(동아기획) (종)천주교

하화정

(생)1961 · 11 · 11 (주)경상남도 통영시 광도면 공단로 940 성동조선해양(주)(055-647-7132) (학)1980년 부산 대동고졸 1986년 한국해양대 선박공학과학과졸 (경)1986~1993년 대우조선공업(주) 선박설계 · 품질 · 자재구매 담당 1996~2003년 삼창산업 대표 2009~2018년 (주)토인비엔지니어링 대표이사 2018년 성동조선해양(주) 관리인(현)

한갑수(韓甲洙) HAN Kap Soo (雪松)

(생)1934 · 6 · 27 (본)청주(清州) (출)전남 나주 (주)서울특별시 강남구 선릉로 669 상경빌딩 13층 한국산업경제연구원(02-546-3981) (학)1952년 광주고졸 1956년 서울대 정치학과졸 1976년 중앙대 국제경영대학원졸 1977년 미국 하버드대 중동경제과정 수료 2000년 명예 경영학박사(명지대) (경)1958년 고시행정과 합격 1969년 수산청 어정국장 1973년 농수산부 유통경제국장 1977년 국제경제연구원 부원장 1978년 제10대 국회의원(나주 · 광산, 무소속 · 민주공화당) 1978년 국회 민정회 대변인 1979~1991년 한국산업경제연구원 원장 1985년 금융발전심의위원 1988년 민정당 동작甲지구당 위원장 1989년 同정책위원회 부의장 1990년 민자당 정책위원회 부의장 1991년 환경처 차관 1992~1993

년 경제기획원 차관 1992년 남북고위급회담 대표 1992년 남북경제공동위원회 남측위원장 1993년 한국산업경제연구원 회장(현) 1994년 동신대 객원교수 1995년 한국가스공사 사장 2000~2001년 농림부 장관 2001년 자민련 상임고문 2001~2004년 서울대 기술정책대학원 초빙교수 2002~2003년 대통령직속 농어업·농어촌특별대책위원회 위원장 2005~2007년 (재)광주비엔날레 이사장 2014~2016년 (사)대한민국을 생각하는 호남미래포럼 이사장 (상)홍조근정훈장, 황조근정훈장, 한국능률협회 한국공기업부문 최고경영자상 (저)'중동경제의 현황과 전망' (종)기독교

한갑수

(생)1958·3·31 (주)충청남도 아산시 탕정면 삼성로 181 삼성디스플레이(주) 대형디스플레이사업부(041-535-1114) (학)공학박사(미국 플로리다공과대) (경)삼성전자(주) System LSI ASIC설계팀장, 同System LSI ASIC팀장(전문위원), 同DS부문 S.LSI사업부 LSI개발실장 2013년 同DS부문 S.LSI사업부 LSI개발실장(부사장) 2014년 同시스템LSI 전략마케팅팀장(부사장) 2015년 삼성디스플레이(주) LCD사업부장(부사장), 同대형스플레이사업부 고문(현)

한 강(韓 江·女) Han Kang

(생)1970·11·27 (출)광주 (학)1988년 풍문여고졸 1993년 연세대 국어국문학과졸 (경)소설가(현) 1993년 계간 「문학과 사회」에 '얼음꽃' 외 4편의 시로 등단 1994년 서울신문 신춘문예에 소설 '붉은 닻' 당선, 월간지 「샘터」 편집부 근무 1998년 미국 아이오와대 주최 국제창작프로그램(IWP)에 참가 2005년 EBS 오디오북 라디오 문학관 방송 2006년 MBC 연중기획 '여성의 힘 희망한국' 진행 2007년 서울예술대학 문예창작과 교수, 同미디어창작학과 교수 2007~2017년 同문예학부 교수 2016년 同문예학부장 2019년 서울국제도서전 홍보대사(현) (상)한국소설가협회 한국소설문학상(1999), 한국일보 우수소설가(1995), 문화관광부 오늘의 젊은 예술가상(2000), 제29회 이상문학상 대상(2005), 동리·목월 문학상(2010), 황순원문학상(2015), 맨부커상 인터내셔널(Man Booker International Prize) 부문(2016), 제16회 연문인상 문화예술부문(2016), 이탈리아 말라파르테 문학상(2017), 환경재단 선정 '세상을 밝게 만드는 사람들' 문화부문(2017), 김유정문학상(2018), 파라다이스상(2018), 스페인 산클레멘테 문학상(2018), 노르웨이 퓨처라이브러리 '올해의 작가'(2019) (저)시 '얼음꽃'(1993) 소설 '야간열차'(1994), '질주'(1994), '진달래 능선'(1994), '붉은 닻'(1994), '저녁빛'(1995), '여수의 사랑'(1995, 문학과 지성사), '어둠의 사육제'(1996), '뱃노래'(1998), '검은 사슴'(1998), '어느 날 그는'(1998), '천국의계단'(1999), '아기부처'(1999), '해질녘에 개들은 어떤 기분일까'(1999), '아기부처'(1999, 개미), '내 여자의 열매'(2000, 창비), '붉은 꽃 속에서'(2000), '침묵'(2000), '아홉개의 이야기'(2001), '내 이름은 태양꽃'(2002, 문학동네), '그대의 차가운 손'(2002, 문학과 지성사), '사랑과, 사랑을 둘러싼 것들'(2003), '붉은 꽃 이야기'(2003, 열림원), '노랑무늬영원'(2003), '몽고반점'(2005, 문학사상사), '전기수 이야기'(2006, 현대문학), '가만가만 부르는 노래'(2007, 비채), '천둥 꼬마 선녀 번개 꼬마 선녀'(2007, 문학동네 어린이), '채식주의자'(2007, 창비), '눈물상자'(2008, 문학동네), '사랑과 사랑을 둘러 싼 것들'(2009, 열림원), '자전 소설 3'(2010, 강), '칼'(2010, 문예중앙), '바람이 분다, 가라'(2010, 문학과지성사), '내 인생의 영화'(2011, 씨네21), '희랍어 시간'(2011, 문학동네), '여수의 사랑-개정판'(2012, 문학과 지성사), '노랑무늬 영원'(2012, 문학과 지성사), '회복하는 인간'(2013, 아시아), '검은 사슴'(2013, 문학동네), '서랍에 저녁을 넣어 두었다'(2013, 문학과 지성사), '소년이 온다'(2014, 창비), '사랑과 연애 세트'(2015, 아시아), '눈 한송이가 녹는 동안'(2015, 문예중앙), '흰'(2016, 난다), '작별'(2018, 은행나무), '내 여자의 열매'(2018, 문학과지성사), '여수의 사랑'(2018, 문학과 지성사), '노랑무늬 영원'(2018, 문학과지성사)

한경구(韓敬九) HAN Kyung Koo

(생)1956·3·25 (본)청주(淸州) (출)서울 (주)서울특별시 관악구 관악로 1 서울대학교 자유전공학부(02-880-9531) (학)1978년 서울대 인류학과졸 1983년 同대학원 인류학과졸 1991년 인류학박사(미국 하버드대) (경)1980년 외무고시 수석합격(14회) 1980~1981년 외무부 북미담당관실 사무관 1990~2000년 강원대 인류학과 전임강사·조교수·부교수 2000~2009년 국민대 사회과학대학 국제학부 부교수·교수 2000년 한국환경사회학회 부회장 2000~2007년 한국국제이해교육학회 부회장 2003년 재외한인학회 회장 2003~2005년 유네스코 한국위원회 사회과학분과 위원 2004~2006년 한국문화인류학회 편집위원장 2005~2006년 환경운동연합 정책위원장 2006년 과거사정리위원회 자문위원 2006년 대통령자문 지속가능발전위원회 위원 2007년 환경운동연합 인사위원장 2008~2011년 한국국제이해교육학회 회장 2009년 서울대 자유전공학부 교수(현) 2010~2012년 한국이민학회 회장 2012년 유네스코 한국위원회 문화분과 위원 2013~2017년 서울대 자유전공학부장 2016년 교육부 정책자문위원회 국제협력분과 위원장 2017년 同정책자문위원회 미래교육·국제화분과 위원, 환경재단 운영위원(현) (저)'낯선 곳에서 나를 만나다'(共) '처음 만나는 문화인류학'(共) '세계화와 일본의 구조전환'(共) '함께 사는 세상 만들기'(共) '우리는 지구촌 시민'(共) '맛있는 국제이해교육'(共) '인류학 민족지연구 어떻게 할 것인가'(共) (역)'문화인류학의 역사'(共) '정치인류학' '문화인류학 현지조사방법' '일본, 허울뿐인 풍요'(共) '현대육군의 개혁'(共) '왜 일본은 몰락하는가'(共) '국경을 넘는 방법 : 문화·문명·국민국가'(共)

한경근(韓景根)

(생)1970·11·21 (출)대구 (주)부산광역시 연제구 법원로 31 부산지방법원(051-590-1114) (학)1989년 대구 협성고졸 1993년 고려대 법학과졸 (경)1998년 사법시험 합격(40회) 2001년 사법연수원 수료(30기) 2001년 부산지법 판사 2002년 부산고법 판사 2003년 부산지법 판사 2005년 同동부지원 판사 2007년 부산지법 판사 2011년 부산고법 창원재판부 판사 2014년 부산지법 판사 2014~2016년 법원도서관 조사심의관 겸임 2016년 울산지법 부장판사 2018년 부산지법 부장판사(현)

한경노(韓敬老) HAN Kyung Nor

(생)1960·8·17 (출)전북 고창 (주)광주광역시 북구 무등로 272 자유한국당 광주시당(062-528-0204) (학)전남공고졸, 광주대 무역학과졸, 한양대 대학원 무역경영학과졸 (경)한아름체인 대표, 광주·전남도체인협회 부회장, (사)한국청년회의소 재정실장, 통일부 통일교육위원, 선진국민전남연대 대표 2008년 제17대 대통령취임준비위원회 자문위원 2009~2011년 한국가스안전공사 상임감사 2012~2014년 한국가스공사 비상임이사 2014~2016년 새누리당 광주남구당원협의회 운영위원장 2016년 同광주동구·남구甲당원협의회 운영위원장 2016년 제20대 국회의원선거 출마(광주 동구·남구甲, 새누리당) 2016년 새누리당 광주시당 위원장 직대 2017년 자유한국당 광주동구·남구甲당원협의회 운영위원장(현) 2017년 同광주시당 위원장

한경선(韓京善)

(생)1967·8·15 (출)충남 보령 (주)서울특별시 종로구 종로5길 86 서울지방국세청 조사1국 조사1과(02-2114-3304) (학)성보고졸, 세무대학졸(6기), 경희대 대학원졸 (경)2008년 안양세무서 납세자보호담당관 2008년 사무관 승진 2009년 국세청 소득세과 사무관 2010년 동안양세무서 재산세과장 2011년 국세청 납세자보호담당관실 사무관 2014년 同납세자보호담당관실 서기관 2015년 충남 서산세무서장 2016년 국세공무원교육원 교육지원과장 2017년 남인천세무서장 2019년 서울지방국세청 조사1국 조사1과장(현)

한경수(韓京洙) Han, Kyeongsoo

(생)1971 · 4 · 5 (본)청주(淸州) (출)대전 (주)서울특별시 서초구 사임당로 39 한성빌딩 5층 법무법인 위민(02-537-0308) (경)2001년 사법시험 합격(43회) 2004년 사법연수원 수료(33기) 2004년 법무법인 해마루 변호사 2006년 법무법인 시민 변호사 2007~2008년 숲과나무법률사무소 변호사 2009년 법무법인 위민 구성원변호사 · 대표변호사(현) 2012~2016년 직접판매공제조합 · 특수판매공제조합 · 상조공제조합 고문변호사 2012~2016년 공정거래위원회 선진화추진단 민간자문위원 2014년 공정거래위원회 소송대리인(현) 2015~2016년 대한변호사협회 인권위원회 인권위원 2015~2016년 직접판매공제조합 공익이사 2015년 서울시 민생침해근절민관대책협의회 특수거래분과 위원장(현) 2016~2018년 민주사회를위한변호사모임 감사 (저)'다단계판매와 방문판매법에 관한 해설'(2008) '공정거래법 해설'(2010) '상조업과 할부거래법'(2010) '개정 방문판매법 해설'(2013)

한경필(韓京泌) HAN Kyung Pil

(생)1965 · 6 · 3 (본)청주(淸州) (주)서울특별시 종로구 세종대로 209 정부서울청사 13층 대통령직속 정책기획위원회(02-2100-1470) (학)1984년 제주제일고졸 1988년 연세대 행정학과졸, 同행정대학원 도시행정학과졸 (경)2004~2006년 제주도 정책기획관실 서기관 2006년 국무조정실 제주특별자치도지원위원회 사무처 기획총괄팀장 2008년 국무총리소속 제주특별자치도지원위원회 사무처 영어교육팀장(서기관) 2009년 국무총리 국정운영실 법무행정과장 2010년 국무총리 국정운영1실 통일안보정책과장 2011년 국무총리실 정책관리과장 2013년 국무조정실 일반행정정책관실 의정과장 2014년 同일반행정정책관실 의정과장(부이사관) 2015년 同공직복무관리관실 기획총괄과장 2016~2017년 同새만금사업추진지원단 부단장(고위공무원) 2017년 국가공무원인재개발원 고위정책과정 교육파견(고위공무원) 2018년 국무총리 소통지원비서관 2019년 정책기획위원회 국정연구국장(현)

한경혜(韓慶惠 · 女) HAN Gyoung Hae

(생)1955 · 10 · 25 (출)대전 (주)서울특별시 관악구 관악로 1 서울대학교 생활과학대학 소비자아동학부(02-880-8748) (학)1978년 서울대 농가정학과졸 1980년 同대학원 가정학과졸 1981년 덴마크 코펜하겐대 대학원 사회학과졸 1990년 가족학박사(미국 펜실베이니아주립대) (경)1978년 한국농촌경제연구원 위촉연구원 1990년 서울대 농가정학과 조교수 1994년 同농가정학과 부교수 1997~2000년 同아동가족학과 부교수 2000년 同생활과학대학 소비자아동학부 부교수 · 교수(현) 2003년 한국가정법률상담소 자문위원 2005~2007년 한국가족관계학회 회장 2005년 서울대 가족아동학과장 겸 소비자아동학부장 2006~2008년 同생활과학대학장 2007~2008년 대통령자문 정책기획위원회 위원 2010년 서울대 노년은퇴설계지원센터장(현) 2011년 同평의원회 부의장 2011년 한국노년학회 회장 2011년 서울대 제3기인생대학(Univ. of Third Age) 주임교수(현) 2013년 同웰에이징 · 시니어산업최고위과정 주임교수(현) 2019년 한국가족학회 회장(현) (상)농수산부장관표창, 국제노년학회 Junior Scholar(1985), 미국 Social Science Research Council 우수논문상(1988) (저)'중년남성의 역할 중요도와 일/가족 갈등' '이혼과 가족문제' '신노년층문화와 성공적 노화' '한국장수인의 개체적 특성과 사회환경적 요인'(2005, 서울대 출판부) '가족발달'(2005, 한국방송통신대 출판부) '노인문화의 현황과 정책적 함의 성공적 노화 담론에 대한 비판적 검토를 중심으로'(2007, 한국보건사회연구원) '한국의 장수인과 장수지역'(2008, 서울대 출판부)

한경호(韓俓浩) HAN Gyeong Ho

(생)1963 · 1 · 12 (본)청주(淸州) (출)경남 진주 (주)서울특별시 용산구 한강대로 140 대한지방행정공제회(02-3781-0909) (학)1981년 진주고졸 1985년 경상대 농학과졸 1992년 同대학원 농학과졸 (경)기술고시 합격(20회) 1991년 경남도 유통지도계장 1992년 同농어촌개발과 농정기획계장 1994년 同UR대책담당 1996년 同인력육성계장 1996년 同농정기획계장 1997년 同농업정책과장 1998년 同기획관리실 기획관(서기관) 2002년 경남 사천시 부시장 2003년 행정자치부 행정관리담당관 2004년 同혁신담당관 2004년 국무조정실 일반행정심의관실 서기관 2006년 同일반행정심의관실 행정자치팀장(부이사관) 2007년 행정자치부 재정기획관 2008년 행정안전부 장관비서실장 2008년 同과천청사관리소장(고위공무원) 2009~2010년 소방방재청 기획조정관 2010년 서울신문 독자권익위원회 위원 2010년 행정안전부 기업협력지원관 2011년 同윤리복무관 2012년 교육 파견 2013년 안전행정부 지방분권지원단장 2013년 대통령소속 지방자치발전위원회 지방분권국장 2015년 행정자치부 정부청사관리소장 2015~2017년 세종특별자치시 행정부시장(고위공무원) 2017~2018년 경남도 행정부지사 2017~2018년 同도지사 권한대행 2018년 대한지방행정공제회 이사장(현) (상)녹조근정훈장(2005)

한경환(韓京煥)

(생)1972 · 9 · 23 (출)전북 정읍 (주)서울특별시 서초구 서초중앙로 157 서울중앙지방법원(02-530-1114) (학)1990년 전북대사대부고졸 1994년 서울대 법대 사법학과졸 (경)1995년 사법시험 합격(37회) 1998년 사법연수원 수료(27기) 1998년 軍법무관 2001년 수원지법 판사 2003년 서울지법 판사 2004년 서울중앙지법 판사 2005년 광주지법 판사 2008년 서울남부지법 판사 2010년 서울고법 판사 2011년 대법원 재판연구관 2016년 대전지법 서산지원장 겸 대전가정법원 서산지원장 2018년 서울중앙지법 부장판사(현)

한경희(韓京姬 · 女) Romi HAAN

(생)1964 (출)서울 (주)서울특별시 금천구 가산디지털2로 11 (주)한경희생활과학(1577-3555) (학)1987년 이화여대 불어불문학과졸 1991년 미국 캘리포니아주립대 대학원졸(MBA) (경)1986~1988년 국제올림픽위원회(IOC) 근무 1996년 5급 공무원 합격 1997년 교육부 사무관 1999년 한영전기 설립 2002년 (주)한영베스트 설립 · 대표이사 2005년 (주)한경희생활과학 대표이사(현) 2008~2014년 (주)한경희뷰티 대표이사 2010년 고용노동부 청년고용홍보대사 2013~2014년 국가과학기술자문회의 자문위원 2014년 재외동포재단 자문위원(현) 2014년 대통령직속 규제개혁위원회 위원 2014년 대통령소속 국가지식재산위원회 전문위원 2014년 기획재정부 정책성과평가위원회 평가위원 2014년 同재정정책자문위원회 자문위원 2014년 서울시장학재단 이사(현) 2014년 (주)한경희생활건강 대표이사 2015년 (주)한경희리빙 대표이사 2016년 세계여성이사협회 한국지부 초대공동대표 (상)벤처대상 중소기업청장표창(2004), 벤처대상 신지식인 선정(2004), 제40회 발명의 날 대통령표창(2005), 한국표준협회 신기술으뜸상 특별상(2005 · 2008), 중소기업혁신대전 수상(2006), 월스트리트저널 선정 '주목해야하는 여성 기업인 50인'(2008), 제12회 대한민국 브랜드대상 우수상(2010), 포브스아시아 선정 '아시아 파워 여성기업인 50명'(2012) (저)'청소 안하는 여자'(2005, 랜덤하우스코리아) '너무 늦은 시작이란 없다'(2011, 동아일보)

한공식(韓功植) Han, Kong-Sik

[생]1961·7·6 [출]경북 경주 [주]서울특별시 영등포구 의사당대로 1 국회사무처 입법차장실(02-788-2741) [학]영남대 행정학과졸, 서울대 행정대학원 석사과정 수료, 성균관대 국정관리대학원 정책학 박사과정 수료 [경]1990년 입법고시 합격(10회) 2000년 국회사무처 연수국 교무과장 2004년 同예산결산특별위원회 입법조사관(부이사관) 2007년 同예산결산특별위원회 입법심의관 2008년 감사원 파견 2009년 국회사무처 관리국장(이사관) 2011년 同의사국장 2013년 同환경노동위원회 수석전문위원(차관보급) 2015년 同운영위원회 수석전문위원 2018년 同입법차장(차관급)(현)

한광석(韓珖石) HAN Kwang Sok

[생]1958·3·18 [주]강원도 춘천시 강원대학길 1 강원대학교 사범대학 영어교육과(033-250-6093) [학]강원대 영어교육과졸, 캐나다 캘거리대 대학원 영문학과졸, 영문학박사(캐나다 캘거리대) [경]여주대 교수, 同교무처장, 同사무처장, 강원대 사범대 영어교육과 교수(현) 2008년 同학생입학처장 2009~2010년 同학생처장 2009년 同종합인력개발원장 2016~2018년 同도서관장 2018년 同교육연구부총장(현) 2018년 同대학원장 겸임(현)

한광섭(韓光燮) Han Gwang-sup

[생]1959·1·25 [학]1981년 연세대 영문학과졸 [경]1986년 외무고시 합격(20회) 1986년 외무부 입부 1991년 駐일본 2등서기관 1995년 駐피지 1등서기관 2000년 駐밴쿠버 영사 2002년 외교통상부 주한공관담당관 2003년 同동남아과장 2005년 駐중국 참사관 2007년 駐인도 공사 2010년 외교통상부 동북아시아국 심의관 2012년 駐우한 총영사 2015년 駐스웨덴 공사 2016~2019년 경기도 국제관계대사

한광섭(韓光燮)

[생]1961·5·12 [주]서울특별시 중구 동호로 330 CJ(주) 커뮤니케이션실(02-726-8114) [학]인천 부평고졸, 성균관대 언론정보대학원 신문방송학과졸 [경]2006년 삼성전자(주) 홍보팀 상무보, 同DMC 홍보팀 상무, 同커뮤니케이션팀 온라인홍보그룹장(상무), 한국광고주협회 운영위원 2011~2014년 同뉴미디어위원회 위원장 2011년 삼성전자(주) 커뮤니케이션팀 온라인홍보그룹장(전무) 2012년 同커뮤니케이션팀 마케팅홍보그룹장(전무), 한국PR협회 운영이사 2013년 삼성물산(주) 건설부문 홍보팀장(전무) 2014년 同경영지원실 커뮤니케이션팀장(전무) 2015년 同상근고문 2019년 한국PR협회 회장(현) 2019년 CJ(주) 커뮤니케이션실장(부사장)(현)

한광옥(韓光玉) HAN Kwang Ok (愚山)

[생]1942·1·29 [본]청주(淸州) [출]전북 전주 [학]1960년 중동고졸 1963년 서울대 문리과대학 영어영문학과 수료 [경]1962년 학생정치외교협회 회장, 전국민권수호학생총연맹 준비위원장 1971년 국회의원 비서관 1980년 신민당 최고위원 보좌역 1981년 제11대 국회의원(서울 관악구, 민주한국당) 1981년 민주한국당(민한당) 조직국장 1983년 同통일문제특별위원장 1985년 민주화추진협의회 대변인 1987년 평화민주당(평민당) 대통령선거대책본부 상황실장 1988년 同대외협력위원회 부위원장 1988년 同총재 비서실장 1988년 제13대 국회의원(서울 관악구甲, 평민당·신민당·민주당) 1990년 국회 노동위원장 1992년 제14대 국회의원(서울 관악구甲, 민주당·국민회의) 1992년 민주당 사무총장 1993년 새정치문화연구소 대표 1993년 민주당 최고위원 1995년 同부총재 1995년 새정치국민회의(국민회의) 지도위원회 부의장 1996년 同범야권대통령후보단일화협상추진위원회 위원장 1996~1999년 同서울관악甲지구당 위원장 1996년 同사무총장 1997~1999년 同부총재 1998년 노사정위원회 위원장 1998년 민족화해협력범국민협의회 상임의장 1999~2000년 제15대 국회의원(서울 구로구乙 보궐선거 당선, 국민회의·무소속) 1999년 국민회의 노동특별위원장 1999년 대통령 비서실장 2001년 새천년민주당 대표최고위원 2002년 同상임고문 2002년 同최고위원 2002년 통일미래연구원 이사장(현) 2009년 민주당 상임고문 2012년 정통민주당 대표 2012년 제19대 국회의원선거 출마(서울 관악구甲, 정통민주당) 2012년 새누리당 제18대 대통령중앙선거대책위원회 100%대한민국대통합위원회 수석부위원장 2012~2013년 제18대 대통령직인수위원회 국민대통합위원장 2013~2016년 대통령소속 국민대통합위원회 초대 위원장 2016~2017년 대통령 비서실장 [상]프랑스 레지옹도뇌르훈장 [저]'새벽'(1990) '재미있는 소학'(1996) '가슴이 넓은 사람이야기'(1998) 자서전에세이 '곧은 길에 미래가 있다'(2002) '선택 포용과 결단의 리더십'(2010) [종]기독교

한국선(韓國先) HAN Kook Sun

[생]1955·1·20 [본]청주(淸州) [출]경북 영천 [주]경상북도 포항시 남구 중흥로 93 경북일보(054-289-2201) [학]2006년 문학박사(대구대) [경]1977년 산업경제신문 기자 1978년 배영고 교사 1992년 경북일보 정치부장 1998년 同대구본부장 2000년 同편집부국장 대우 2001년 同대구본부장 2003년 同대구본사 편집국 국장대우 2005년 대구일보 편집국장 2006년 同편집국장(이사) 2007~2012년 同대표이사 사장·부회장 2008~2016년 대구시태권도협회 회장, 대한태권도협회 이사, 대구시체육회 부회장 2010년 문화체육관광부 국기원특수법인설립준비위원회 위원 2010~2016년 국기원 이사 2013~2016년 한국마이스진흥재단 이사장 2013~2016년 국민생활체육회 이사 2014년 경북일보 대표이사 사장(현) [상]국무총리표창, 문화장(1988), 대통령표창(2004) [저]'태권도철학이해'(2006) '같잖은 소리(상·하)'(2007) [종]불교

한권태(韓權泰) HAN KWON TAE

[생]1955·3 [출]충북 [주]서울특별시 중구 한강대로 405 한화역사(주)(02-390-4000) [학]1974년 청주고졸 1981년 서강대 경영학과졸 [경]1981년 한양화학(現한화케미칼) 입사 1999년 한화유통 경리팀장·기획관리실장 2006년 (주)한화 재무실장 2013년 同기획재경본부장 2014년 同재경본부장(전무) 2014~2017년 한화역사(주) 대표이사 전무 2018년 同상근고문(현)

한권희(韓權熙) HAN Kwon Hee

[생]1964·2·10 [주]충청남도 아산시 음봉면 산동안길 14 JB주식회사(1544-0041) [학]천안고졸, 서강대 경영학과졸, 중앙대 대학원 경영학과졸, 경영학박사(서강대) [경]쌍용그룹 비서실 근무, SK텔레콤(주) 인력기획팀장, SK브로드밴드 기업문화실장, 同영업기획본부장 2014년 SK플래닛 변화추진부문장 2015년 SK텔레콤(주) 기업문화부문장 2015년 同고문 2017~2018년 중부도시가스(주) 대표이사 2018년 JB주식회사 대표이사(현)

한규선(韓奎善) HAN Kyu Sun

[생]1961·2·6 [출]서울 [주]서울특별시 영등포구 은행로 30 중소기업중앙회 신관 6층 현대자산운용(주)(02-2090-0533) [학]장훈고졸 1984년 성균관대 영어영문학과졸 1986년 서울대 경영대학원졸 1998년 미국 뉴욕대 경영대학원졸 [경]1987~1997년 삼성생명보험 근무 1997~1998년 삼성증권(

주) 투자신탁관리팀 근무 2003년 삼성투자신탁운용 상무보 2006년 同경영지원실장(상무) 2010년 同경영지원실장(전무) 2010~2012년 삼성자산운용 경영지원실 전무 2012~2014년 삼성화재해상보험 고객지원실장 2014~2016년 한국증권금융 상근감사위원 2017년 현대자산운용(주) 부사장 2018년 同각자대표이사 부사장 2018년 同각자대표이사 사장(현)

한규택(韓奎澤) HAN Kyu Taek

(생)1966 · 9 · 20 (본)청주(淸州) (출)경기 화성 (주)경기도 수원시 장안구 정조로 944 자유한국당 수원시乙당원협의회(031-259-2002) (학)1985년 수원고졸 1989년 경기대졸 2004년 고려대 정책대학원 아태지역연구학과 수료 (경)경기대총학생회 회장 2006~2014년 경기도생활체육회 기획총괄팀장 · 사무처장, (사)한국국제문화교류센터 국제교류협력위원, 한나라당 수원팔달당원협의회 정책기획실장 2000~2004년 남경필 국회의원 비서관 2006~2010년 경기도의회 의원(한나라당), 한나라당 경기도당 수석부대변인 2010년 경기도의원선거 출마(한나라당) 2012~2014년 국민생활체육회 제도발전위원 2015~2019년 (재)경기도수원월드컵경기장관리재단 사무총장, 바른정당 경기도당 부위원장 2017년 同수원乙당원협의회 조직위원장 2018년 자유한국당 수원시乙당원협의회 운영위원장(현) (종)가톨릭

한규현(韓奎現) HAN Kyu Hyun

(생)1964 · 9 · 5 (출)경북 울진 (주)서울특별시 서초구 서초중앙로 157 서울고등법원(02-530-1114) (학)1983년 대구 영남고졸 1987년 고려대 법학과졸 (경)1988년 사법시험 합격(30회) 1991년 사법연수원 수료(20기) 1994년 전주지법 판사 1998년 수원지법 여주지원 판사 1999년 同여주지원(양평군법원 · 이천시법원) 판사 2001년 서울지법 남부지원 판사 2003년 서울고법 판사 2004년 대법원 재판연구관 2008년 수원지법 부장판사 2010년 서울중앙지법 부장판사 2013년 특허법원 부장판사 2015년 同수석부장판사 2016년 서울고법 부장판사(현)

한균희(韓均熙) Gyoonhee Han

(생)1965 · 6 · 15 (출)경기 수원 (주)인천광역시 연수구 송도과학로 85 연세대학교 국제캠퍼스 생명공학과(032-749-4101) (학)1988년 서울대 약학대학 제약학과졸 1990년 同대학원 약학과졸 1997년 화학박사(미국 펜실베이니아주립대) (경)1991~1992년 한국과학기술연구원(KIST) 유기합성연구실 위촉연구원 1997~1999년 미국 존스홉킨스대 박사 후 연구원 1999~2002년 Bayer Healthcare RCK 수석연구원 2002~2004년 한국생명공학연구원 선임연구원 2004년 연세대 생명공학과 부교수 · 교수(현) 2008~2010년 同생명시스템대학 부학장 2009년 同대학원 융합오믹스 의생명과학과(WCU) 교수(현) 2010~2011년 同약학대학 설립준비위원회 부위원장 2011~2013년 同생명공학과장 2013~2015년 同언더우드국제대학 기획부학장 2014년 同언더우드국제대학 융합과학공학부 학부장 2015 · 2017 · 2019년 同약학대학장(현) 2018년 한국약학교육협의회 이사장(현) (상)제43회 과학의날 과학기술유공자 국무총리표창(2010)

한근석(韓根錫) Han Kun Suk

(생)1960 · 11 · 27 (주)전라남도 무안군 삼향읍 오룡길 1 전라남도의회(061-286-8200) (학)숭실대 법학과졸 (경)더불어민주당 순천시지역위원회 사무국장, 사람사는세상 노무현재단 전남지역위원회 상임대표(현), 코끼리어린이집 이사장(현) 2014년 전남 순천시의원선거 출마(무소속) 2018년 전남도의회 의원(비례대표, 더불어민주당)(현), 同보건복지환경위원회 위원(현), 同예산결산특별위원회 부위원장(현)

한금석(韓金錫) HAN Keum Seok

(생)1957 · 5 · 18 (본)청주(淸州) (출)강원 철원 (주)강원도 춘천시 중앙로 1 강원도의회(033-256-8035) (학)1970년 근남초교졸 (경)1978~1981년 철원군4-H연합회 회장 1980~1981년 철원군 군정자문위원, 故이용삼 국회의원 정무특보 1981~1983년 철원군농업경영인회 회장 1983년 근남면새마을협의회 회장 1995~1997년 강원도 도정상담위원 1995~1998년 바르게살기운동 철원군협의회 이사 1998년 민주평통 자문위원 1998 · 2002~2006년 강원 철원군의회 의원 2000~2002년 同부의장 2004~2006년 同의장 2004~2006년 강원도시군의장협의회 감사 2004년 경원선복원범국민추진위원회 고문 2006년 강원도의원선거 출마(열린우리당) 2010~2014년 강원도의회 의원(민주당 · 민주통합당 · 민주당 · 새정치민주연합) 2010년 同농림수산위원회 위원, 同접경지역대책특별위원회 위원 2014~2018년 강원도의회 의원(새정치민주연합 · 더불어민주당) 2014년 同운영위원회 위원 2014 · 2016년 同농림수산위원회 위원 2016년 더불어민주당 강원도당 동계올림픽지원특별위원장 2018년 강원도의회 의원(더불어민주당)(현) 2018년 同의장(현)

한기범(韓基範) Han Ki Bum

(생)1964 · 6 · 7 (본)청주(淸州) (출)충남 천안 (주)서울특별시 중구 장충단로8길 14 탑빌딩 101호 (사)한기범희망나눔(02-3391-7091) (학)1982년 명지고졸 1986년 중앙대졸 (경)1985~1996년 기아자동차농구단 선수 1997~1998년 구로고 농구팀 코치 1999~2001년 중앙대 농구팀 코치 2005~2006년 국민생활체육협의회 농구홍보대사 2007년 한기범농구교실 단장(현) 2008~2009년 경기도청소년문화협회 홍보대사 2008~2009년 어린이재단 개그프렌즈 홍보대사 2010년 경기 의정부시 홍보대사(현) 2012~2013년 서울 동작구 홍보대사 2012~2013년 서울시교육청 학교폭력근절 및 학생흡연예방 홍보대사 2012~2013년 구세군 친선대사 2012년 (사)한기범희망나눔 회장(현) 2012~2016년 국민생활체육회 생활체육 홍보대사 2015년 한국선천성심장병환우회 홍보대사 2016년 KBL(한국프로농구연맹)기술위원(현) (상)체육훈장 기린장(1987), 농구대잔치 MVP(1989), 강원도교육감 감사패(2012), 제1회 보건복지부 행복나눔인상 노블레스오블리주부문(2012), 대한민국 나눔국민대상 보건복지부장관표창(2013), 대한민국 창조경영대상 문화체육공로부문(2014), 코리아파워리더연말대상 사회공헌 체육인부문(2015), 대한민국 최고인물대상 사회공헌부문(2016), 창조혁신한국인대상 체육재능기부부문(2017), 코리아파워리더연말대상 사회공헌부문(2019) (저)'키다리 아저씨 한기범의 희망 콘서트'(2013) '한기범의 재미있는 농구 코칭북'(2018) (종)기독교

한기붕(韓基鵬) HAN Ki Boong

(생)1958 · 4 · 25 (출)충남 천안 (주)서울특별시 영등포구 영중로 61 극동방송 임원실(02-320-0114) (학)1977년 천안고졸 1984년 건국대 정치외교학과졸 1993년 연세대 언론대학원졸 (경)1987~1997년 극동방송 보도부 기자 · 보도부 차장 1999년 同방송부장 1999년 同홍보국장 2003년 同편성국장 2004년 同창원지사장 2008년 同부산지사장 2009년 同총무국장 2010년 同사무국장 2011년 同재단사무국장 2012년 同울산지사장 2013년 同재단 사무국장 2014년 同편성국장 2015년 同사장(현) (상)한국방송대상 작품상 (종)기독교

한기수(韓基洙) HAN Ki Soo

(생)1962 · 11 · 13 (본)청주(淸州) (출)강원 동해 (주)서울특별시 마포구 새창로 7 SNU장학빌딩 남북하나재단 사무총장실(02-3215-5800) (학)금오공업고졸, 한양대 정치외교학과졸, 미국 듀크대 대학원졸 (경)1990년 행정고시 합격(34회) 2001년 통일부 인도지원국 이산가족1과 서기관 2003년 同통

일교육원 개발지원부 교육지원과장 2005~2006년 同남북협력기금팀 과장 2007년 대통령 안보정책비서관실 국장 2008년 통일부 남북회담본부 회담1과장 2009년 同남북회담본부 회담운영부장(고위공무원) 2010년 외교안보연구원 글로벌리더십과정 교육파견(고위공무원) 2011년 통일부 남북출입사무소장 2011~2013년 同남북회담본부 회담기획부장 2013년 대통령 외교안보수석비서관실 국장 2014년 통일부 남북교류협력협의사무소장 2014년 同개성공단남북공동위원회 사무처장 2015년 同북한이탈주민정착지원사무소장(고위공무원 가급) 2016~2017년 同남북회담본부장 2018년 통일부산하 남북하나재단(북한이탈주민지원재단) 사무총장(현) (종)불교

한기식(韓基植)

(생)1973·8·15 (출)경남 통영 (주)경기도 여주시 현암로 21-11 수원지방검찰청 여주지청 형사부(031-880-4200) (학)1992년 마산고졸 1999년 고려대 사회학과졸 (경)2001년 사법시험 합격(43회) 2004년 사법연수원 수료(33기) 2004년 서울동부지검 검사 2006년 부산지검 동부지청 검사 2008년 창원지검 검사 2010년 대구지검 검사 2012년 서울중앙지검 검사 2015년 부산지검 검사 2018년 同부부장검사 2018년 예금보험공사 금융부실책임조사본부 파견 2019년 수원지검 여주지청 형사부장(현)

한기열

(생)1961 (출)경기 (주)서울특별시 중구 새문안로 16 농협중앙회 본관 7층 농협경제지주 임원실(02-2080-5114) (학)서울고졸, 중앙대 회계학과졸 (경)농협중앙회 IT기획부장, 同IT전략부장 2015년 同기획실장 2016년 同경기지역본부장 2018년 NH농협은행 부행장 2018년 농협경제지주 판매유통본부장(상무)(현)

한기영(韓基盈)

(생)1979·4·15 (주)서울특별시 중구 세종대로 125 서울특별시의회(02-3702-1400) (학)정치학박사(동국대) (경)중앙선거관리위원회 법제과 연구관, 한국정당학회 대외협력이사(현) 2018년 서울시의회 의원(비례대표, 더불어민주당)(현) 2018년 同운영위원회 위원(현) 2018년 同행정자치위원회 위원(현) 2018년 同청년특별위원회 위원(현) 2019년 同독도수호특별위원회 부위원장(현)

한기윤(韓基允) HAN Ki Youn

(생)1945·9·1 (출)경기 양평 (주)서울특별시 영등포구 문래로 98 한영빌딩 405호 한국합성수지가공기계공업협동조합 임원실(02-2677-5080) (학)1964년 성동고졸 1966년 경기대 경영학과 수료(3년) 2004년 숭실대 중소기업대학원 최고경영자과정 수료 2004년 경원대 중소기업CEO정보화전략과정 수료 (경)1971년 새교육신문 편집부장 1978년 시청각교육신문 편집부장 1979년 중소기업협동조합중앙회 입사 1991년 同정책연구실 수석연구원 1995년 同홍보실장 1995년 同조사1부장 1996년 同대체산업융자금지원 심의위원 1998년 同조사처·공제사업처장 2000년 同편집국장 2001년 同관리상무이사 2001년 국민건강보험공단 이사 2001년 同재정운영위원 2001년 민족화해협력범국민협의회 대의원 2001년 중소기업정보화경영원 이사 2002년 건강보험정책심의위원회 위원 2002년 중소기업진흥재단 이사 2003년 중소기업협동조합중앙회 조사상무이사 2004년 同정책조사본부장 2004년 중소기업연구원 전문위원 2005년 서울중앙지법 조정위원 2007년 전경련 중소기업경영자문단 경영자문위원 2007년 (주)한영넉스 상임고문 2008년 한국합성수지가공기계공업협동조합 전무이사(현) (상)상공부장관표창(1992), 국무총리표창(1999), 철탑산업훈장(2004)

한기정(韓基貞) HAN Ki Jeong

(생)1964·2·10 (주)서울특별시 관악구 관악로 1 서울대학교 법학전문대학원(02-880-2611) (학)1982년 양정고졸 1986년 서울대 공법학과졸 1990년 同대학원 행정학과졸 1996년 법학박사(영국 케임브리지대) (경)1997~2000년 한림대 법학과 전임강사·조교수 1999~2000년 체신보험운영위원회 운영위원 1999~2007년 정보통신부 통신위원회 전문위원 1999~2006년 우체국보험분쟁조정위원회 위원 2000년 한림대 법학연구소장 2000~2007년 이화여대 법과대학 조교수·부교수 2003~2004년 보험개발원 객원연구위원 2004~2006년 이화여대 재무처 부처장 2005~2006년 재정경제부 보험업법개정TF 위원 2005~2006년 한국비교사법학회 국제협력이사 2005년 보험금융연구(보험연구원) 편집위원 2005년 한국보험학회 이사(현) 2005년 국회금융서비스선진화네트워크 위원 2006년 재정경제부 유사보험통합 및 보험사기방지TF 팀장 2006~2007년 증권선물거래소 생보사상장자문위원회 위원 2006~2007년 재정경제부 금융발전심의회 보험분과 위원 2007~2008년 한국상사법학회 편집이사 2007~2009년 서울대 법학연구소 간행부장 2007~2010년 同법과대학 (기금)부교수 2007년 법무부 선진법제포럼 회원 2008~2009년 서울대 법과대학 금융법무과정·금융법정책과정 주임교수 2008~2010년 同최고지도자과정 주임교수 2008~2010년 同출판문화원 출판위원 2008년 한국상사법학회 이사 2008년 보험연구원 연구자문위원회 위원 2008년 방송통신위원회 이용자네트워크국 법률자문위원 2008~2010년 금융위원회 금융발전심의회 보험분과 위원 2009년 금융감독원 금융분쟁조정 전문위원 2009년 한국보험법학회 연구이사·부회장 2010~2016년 서울대 법과대학 교수 2010~2016년 同법과대학 교무부학장 겸 법학전문대학원 교무부원장 2012~2015년 한국외환은행 사외이사 2015년 하나은행 사외이사 겸 감사위원 2015년 KEB하나은행 사외이사 2016~2017년 금융위원회 금융발전심의회 금융소비자·서민금융분과 위원 2016~2019년 보험연구원 원장 2019년 서울대 법학전문대학원 교수(현) (상)서울대 행정대학원장표창(1990), 영국 외무성 장학금(1995), 영국 케임브리지대 최우수논문상(1997), 부총리 겸 재정경제부장관표창(2006) (저)'상법사례연습'(1998, 법문사) '영국법'(2002, 사법연수원) '영국 통합금융업법상 보험업의 일반성과 특수성'(2005, 보험개발원) '21세기 회사법 개정의 논리'(2007, 소화) '상사판례연구VII(여송최기원교수고희기념)'(2007, 박영사)

한기준(韓基俊)

(생)1963·10·23 (출)서울 (주)세종특별자치시 가름로 232 세종비즈니스센터 A동 5층 중앙해양안전심판원(044-200-6114) (학)장훈고졸, 경희대 법과대학졸, 미국 델라웨어대 대학원 해양정책학과졸 (경)1993년 행정고시 합격(37회) 2000년 대통령 민정수석비서관실 행정관 2006년 해양수산부 해양환경과장 2011년 국토해양부 해양생태과장·연안계획과장 2013년 해양수산부 감사담당관 2014년 국립해양조사원장 2015년 해양수산부 감사관 2017년 국방대 교육파견 2018년 해양수산부 해양정책실 해양산업정책관(국장급) 2019년 중앙해양안전심판원장(현)

한기천(韓基天) HAN Ki Cheon

(생)1962·9·15 (출)충북 제천 (주)서울특별시 종로구 율곡로2길 25 연합뉴스 국제뉴스2부(02-398-3114) (학)1981년 청주고졸 1987년 서강대 영어영문학과졸 (경)1989년 연합뉴스 입사 2000년 同지방부 기자 2001년 同생활경제부 차장대우 2002년 同생활경제부 차장 2004년 同산업부 차장 2005년 同지방자치부 차장 2006년 同지방자치부 부장대우 2006년 同전국부장 2009년 同북한부장 2011년 同논설위원 2011년 同충북취재본부장 2012년 同편집국 사회에디터(부국장대우) 2013년 同편집국 사회담당 부국장 2014년 同콘텐츠평가실 콘텐츠평가

위원(부국장대우) 2014년 同기획조정실 저작권팀장(부국장대우) 2015년 同콘텐츠평가실 콘텐츠평가위원(부국장대우) 2015년 연합뉴스 동북아센터 사무국장 겸 월간 '마이더스' 편집인 2016년 연합뉴스 논설위원실장 2018년 同콘텐츠평가실 콘텐츠평가위원 2018년 同국제뉴스2부 근무(부국장) 2019년 同국제뉴스2부 기자(선임)(현) (상)한국언론인연합회 한국참언론인대상(2017)

한기호(韓起鎬) HAN Ki Ho

(생)1952·8·13 (출)강원 철원 (주)서울특별시 동작구 여의대방로20길 33 한국청소년연맹(02-2181-7455) (학)1971년 한양공고졸 1975년 육군사관학교졸(31기) 1993년 동국대 행정대학원 석사과정 수료 2010년 명예 행정학박사(건양대) (경)2002년 육군 제1군사령부 작전처장 2003년 육군 제2보병사단장 2005년 육군본부 정보작전참모부장 2006년 육군 제5군단장 2008~2010년 육군 교육사령관(중장) 2010년 한나라당 북한천안함공격대책특별위원회 자문위원 2010년 제18대 국회의원(재보선 당선, 철원·화천·양구·인제, 한나라당·새누리당) 2010년 국회 국방위원회 위원 2010~2012년 한나라당 대표특보 2011~2017년 (사)한국군사학회 이사장 2011년 한나라당 원내부대표 2011년 同정책위원회 부의장(외교·통상·국방분야) 2011년 국회 정무위원회 위원 2011~2012년 한나라당 농어촌대책특별위원회 위원 2012~2016년 제19대 국회의원(철원·화천·양구·인제, 새누리당) 2012~2013년 새누리당 강원도당 위원장 2012년 국회 남북관계발전특별위원회 새누리당 간사 2012~2014년 국회 국방위원회 간사 2012~2013년 강원도국회의원협의회 회장 2013년 새누리당 북핵안보전략특별위원회 위원 2013~2014년 同최고위원 2014년 同지역발전위원회 위원장 2014년 국회 국방위원회 위원 2014년 새누리당 북한인권 및 탈북자·납북자위원회 고문 2015년 한국청소년연맹 총재(현) 2015년 국회 예산결산특별위원회 위원 2019년 자유한국당 강원홍천·철원·화천·양구·인제당원협의회 조직위원장(현) (상)대통령표창(1992), 보국훈장 삼일장(1999), 보국훈장 천수장(2005), 대한민국 헌정상(2011), 친환경국정감사 우수의원상(2012), NGO모니터단 국정감사 우수국회의원상(2012), 문화예술유권자연맹 국정감사 우수국회의원상(2012), 대한민국 국회의원 의정대상(2013), 대한민국 최우수 법률상(2016) (저)자서전 '오성산 군인'(2010) '여의도 졸병된 장군'(2011) (종)천주교

한남희(韓楠熙) HAHN NAM HEE

(생)1956·12·17 (출)서울 (주)서울특별시 강남구 도곡로 205 원경빌딩 삼아알미늄(주) 회장실(02-3458-0600) (학)1975년 경기고졸 1979년 서울대 항공공학과졸 1981년 同대학원 항공공학과졸 1986년 미국 스탠퍼드대 대학원 항공우주공학과졸 1989년 공학박사(미국 캘리포니아대 데이비스교) (경)대우자동차(주) 기술연구소 책임연구원 1991년 삼아알미늄(주) 입사, 同기술본부장·이사·전무이사 1999년 同부사장 2001년 同대표이사 사장 2015년 同이사회 의장 겸 각자대표이사 회장(현) (종)불교

한달삼(韓達三) HAN Dal Sam

(생)1944·8·8 (본)청주(淸州) (출)서울 (주)경기도 김포시 월곶면 김포대로2801번길 219 김포SEASIDE컨트리클럽 회장실(031-987-9992) (학)1963년 서울 동성고졸 1967년 한양대 경제학과졸 1971년 미국 우드버리대 대학원 수료 1997년 연세대 행정대학원 고위정책과정 수료 (경)1971년 태양금속공업(주) 기획실 부실장 1988년 同부사장 1989년 해강개발(주) 김포SEASIDE 컨트리클럽 회장(현) 1989년 한국사회체육사이클중앙연합회 부회장 1997년 대한골프협회 주니어분과위원장 1998년 한국골프장사업협회 회장 1999년 한국골프관련단체협의회 회장 1999년 김포시체육회 부회장 2000년 대한골프협회 고문(현) 2001~2007년 한국골프장경영협회 회장 2004년 SBS골프채널 자문위원장 (상)산업포장 (종)천주교

한대균(韓岱均)

(생)1970·9·24 (출)경북 영주 (주)충청남도 천안시 동남구 청수14로 77 대전지방법원 천안지원(041-620-3000) (학)1989년 강원대사대부속고졸 1999년 서울대 법학과졸 (경)2000년 사법시험 합격(42회) 2003년 사법연수원 수료(32기) 2003년 부산지법 동부지원 예비판사 2005년 부산지법 판사 2006년 수원지법 안산지원 판사 2009년 서울중앙지법 판사 2012년 서울북부지법 판사 2015년 서울중앙지법 판사 2017년 서울북부지법 판사 2018년 대전지법 천안지원·대전가정법원 천안지원 부장판사(현)

한대희(韓大熙)

(생)1962·4·15 (출)전북 임실 (주)경기도 군포시 청백리길 6 군포시청 시장실(031-390-0010) (학)1981년 전주고졸 1991년 한국외국어대 서양어대학 독일어과 중퇴(3년) (경)도서출판 '한울림' 대표, 민주통합당 중앙당 사무부총장, 새정치민주연합 경기도당 사무처장, 노무현재단 기획위원(현), 행정안전부 장관 정책자문위원, 더불어민주당 중앙당 정책위원회 부의장 2017년 同제19대 문재인 대통령후보 경기선거대책위원회 국민참여본부장, 대통령직속 지역발전위원회 위원 2018년 경기 군포시장(더불어민주당)(현)

한덕수(韓悳洙) HAN Duck Soo (正山)

(생)1949·6·18 (본)청주(淸州) (출)전북 전주 (주)서울특별시 송파구 중대로 113 전기회관 14층 지속가능전력정책연합(02-2223-3983) (학)1967년 경기고졸 1971년 서울대 상과대학 경제학과 수석졸업 1979년 미국 하버드대 대학원 경제학과졸 1984년 경제학박사(미국 하버드대) (경)1970년 행정고시 합격(8회) 1974년 경제기획원 예산국 행정사무관 1980~1982년 同정책조정국 조정3과장·2과장 1982년 상공부 미주통상과장 1984년 同아주통상과장 1984년 同산업정책과장 1987년 同수송기계과장 1989년 同중소기업국장 1990년 同산업정책국장 1993년 同전자정보공업국장 1993년 대통령 통상산업비서관 1994년 상공자원부 기획관리실장 1994년 통상산업부 통상무역실장 1996년 특허청장 1997년 통상산업부 차관 1998년 외교통상부 통상교섭본부장 2000년 駐OECD대표부 대사 2001년 대통령 정책기획수석비서관 2002년 대통령 경제수석비서관 2002년 김앤장법률사무소 고문 2003년 대통령자문 정책기획위원 2003년 산업연구원 원장 2004년 국무총리 국무조정실장 2005~2006년 부총리 겸 재정경제부 장관 2005년 연합인포맥스 자문위원 2006년 국무총리 직무대행 2006년 대통령직속 한·미FTA체결지원위원회 위원장 겸 대통령 한·미FTA특보 2007~2008년 국무총리 2008~2010년 국민경제자문회의 자문위원 2008년 2012여수세계박람회조직위원회 고문 2009~2012년 駐미국 대사 2012~2015년 한국무역협회 회장 2012년 녹색기후기금(GCF) 민간유치위원회 위원장 2015~2017년 대한적십자사 청소년적십자(RCY) 사업후원회 고문 2015~2017년 (재)기후변화센터 이사장 2016년 청주세계무예마스터십 공동조직위원장 2016년 지속가능전력정책연합 초대 의장(현) 2017년 대법원 대법관후보추천위원회 위원장 2018년 서울국제포럼 영산외교인상 선정위원장(현) (상)서울대 상대 수석졸업 대법원장표창(1971), 홍조근정훈장(1992), 황조근정훈장(2003), 암참 어워드(2003), 칠레 최고훈장 대십자훈장(2007), 밴플리트상(2012), 청조근정훈장(2012), 자랑스런 경기인상(2013), 국민훈장 무궁화장(2013) (종)기독교

한덕종(韓德鍾) HAN Duck Jong

(생)1949·11·11 (출)서울 (주)서울특별시 송파구 올림픽로43길 88 서울아산병원 외과(02-3010-3051) (학)1968년 경기고졸 1975년 서울대 의대졸 1979년 同대학원 의학석사 1985년 의학박사(서울대) (경)1975~1980년 서울대병원 인턴·일반외과 레지던트 1980~1983년 육군 59후송병원·병무

ㅎ

청 軍의관 1983~1990년 한림대 의과대학 일반외과학교실 전임강사·조교수·부교수 1986~1987년 미국 미네소타대 일반외과 연수 1990~2015년 울산대 의과대학 일반외과학교실 부교수·교수 1998년 서울아산병원 장기이식센터 소장 2002~2008년 同외과 과장 2007~2009년 대한이식학회 이사장 2009~2012년 (사)생명잇기 이사 2013년 同고문 2013~2015년 서울아산병원 외과 과장 2013~2014년 대한이식학회 회장 2015년 서울아산병원 외과 자문임상교수(현) (상)정무제2장관표창, 보건복지부장관표창, 아산의학상 임상의학부문(2017) (저)'췌장이식'(共) '자가이식'(共) '췌장이식환자의 관리'(共) '췌장이식' '간담췌 외과학' '당뇨병학' (종)기독교

한덕진(韓德鎭) HAN Duk Jin

(생)1962·5·10 (본)청주(淸州) (출)서울 (주)서울특별시 강남구 강남대로 298 푸르덴셜생명보험(주) 준법감시팀(02-2144-2300) (학)천안중앙고졸 1988년 성균관대 영어영문학과졸 (경)1988년 동아생명(주) 근무 1989~1991년 세방여행(주) 근무 1991년 푸르덴셜생명보험(주) 입사 1995년 同계약관리부 과장 1997년 同계리계약심사부 과장 1998년 同계약심사부 과장 1999년 同계약심사부 차장 2000년 同계약심사팀장 2003년 同신계약·보험금팀장 2005년 同준법감시팀 상무(현)

한도현(韓道鉉) Han Do-Hyun

(생)1962·1·20 (본)청주(淸州) (출)경북 고령 (주)경기도 성남시 분당구 하오개로 323 한국학중앙연구원 한국학대학원 사회과학부(031-709-6675) (학)1983년 서울대 사회학과졸 1985년 同대학원 사회학과졸 1992년 사회학박사(서울대) (경)1992~1994년 서강대 시간강사 1993~1997년 서울대 지역종합연구소 특별연구원 1994~1995년 미국 아이오와대 아태연구소 객원연구원 1995~1996년 미국 하버드대 베어뱅크 동아연구소 객원연구원 1996~1998년 국민대 시간강사 1997~1998년 서울대 시간강사 1997년 한국학중앙연구원 한국학대학원 사회과학부 교수(현) 2000~2001년 중국 화동사범대 교환교수 2001~2002년 미국 하버드대 옌칭연구소 교환교수 2003년 국제비교한국학회 운영위원 2004년 한국옌칭학회 회원 2005년 한국학중앙연구원 한국문화교류센터 소장 2007~2010년 同한국학기획사업단장 2011년 同현대한국연구소장 2013년 同연구처장 2013년 同기획처장 2015년 同장서각 관장 2016~2018년 同연구처장 2016~2017년 한국사회학회 부회장 (저)'전환기 한국의 사회문제(共)'(1996, 민음사) '종족마을의 전통과 변화(共)'(1998, 백산서당) '한국현대사의 재인식 제4권(共)'(1998, 오름) '현지화 경영과 노사문제 : 베트남 내 한국계 기업(共)'(1999, 생각의 나무) '1960년대 사회변화 연구 : 1963-1970(共)'(1999, 백산서당) '동아시아 문화전통과 한국사회(共)'(2001, 백산서당) '전통예교와 시민윤리(共)'(2002, 청계) '유교의 예와 현대적 해석(共)'(2004, 청계) '한국경제의 선진화와 법치(共)'(2004, 백산서당) '선진경제진입과 법치원리 확립 : 이상과 현실(共)'(2005, 백산서당) '정보사회윤리학(編)'(2005, 이한출판사) '기업시민과 시민공동체(共)'(2005, 백산서당) '종교와 시민공동체(共)'(2006, 백산서당) '지역결사체와 시민공동체(共)'(2007, 백산서당) '시민들의 사회참여와 시민공동체(共)'(2007, 백산서당) '유교의 예치이념과 조선(共)'(2007, 청계서당)

한도희(韓道熙) HAHN Dohee

(생)1956·9·17 (본)청주(淸州) (출)서울 (주)대전광역시 유성구 대덕대로989번길 111 한국원자력연구원(042-868-4937) (학)1979년 서울대 공과대학 원자핵공학과졸 1981년 同대학원 원자핵공학과졸 1989년 원자핵공학박사(미국 노스캐롤라이나주립대) (경)1981~1983년 한국원자력연구소 연구원 1983~1989년 미국 노스캐롤라이나주립대 Research Assistant 1989~1990년 Center for Applied Plasma Physics Research Associate 1990~2015년 한국원자력연구원 책임연구원 1993~1995년 미국 General Electric Co. Visiting Engineer 2007년 한국원자력연구원 환경친화성원자로개발단장 2009~2011년 同원자로시스템기술개발본부장 2010~2012년 원자력시스템국제포럼(GIF) 소듐냉각고속로(SFR)시스템운영위원회 의장 2010~2011년 한국원자력학회 부회장 2011년 한국원자력연구원 순환형원자력시스템연구소장 2013~2015년 제4세대 원자력시스템국제포럼(GIF) 기술국장(Technical Director) 2014~2015년 한국원자력연구원 미래원자로개발본부장 2015년 국제원자력기구(IAEA) 원자력발전국장(현) (상)미국기계공학회(ASME) 최우수논문상(2000), 한국원자력학회 학술상(2003), 대통령표창(2006)

한동만(韓東萬) Han Dong-man

(생)1961·3·30 (주)서울특별시 종로구 사직로8길 60 외교부 인사기획관실(02-2100-7863) (학)1982년 연세대 신문방송학과졸 1989년 프랑스 판테옹 소르본느대 대학원졸(국제기구법 석사) (경)1985년 외무고시 합격(19회) 1985년 외무부 입부 1990년 駐알제리 2등서기관 1992년 駐영국 2등서기관 1998년 駐호주 1등서기관 2000년 대통령비서실 파견 2002년 외교통상부 안보정책과장 2003년 駐뉴욕 영사 2006년 외교통상부 통상홍보기획관실 통상전문관 2006년 同통상홍보기획관 2007년 駐미국 공사참사관 2010년 외교통상부 국제경제국 심의관 2011년 同국제경제국장 2013년 외교부 국제경제국장 2013년 駐샌프란시스코 총영사 2016년 외교부 재외동포영사대사 2018년 駐필리핀 대사(현) (상)홍조근정훈장(2012) (저)'한국의 10년 후를 말한다'(2011, 한스미디어)

한동수(韓東洙) HAN Dong Soo

(생)1962·2·23 (출)서울 (주)경기도 구리시 경춘로 153 한양대학교 구리병원(031-560-2114) (학)1986년 한양대 의대졸 1989년 同대학원 의학석사 1995년 의학박사(한양대) (경)1993~1994년 울산대 서울중앙병원 내과 전임의 1994~2002년 한양대 의대 내과학교실 강사·조교수·부교수 1997~1999년 미국 North Carolina대 방문교수 1999년 미국소화기학회 정회원 2002년 한양대 의대 내과학교실 교수(현) 2008~2012년 同구리병원 내과 과장 겸 혈액종양내과장, 同구리병원 교육연구부장 2015~2017년 대한장연구학회 회장 2015년 한양대 구리병원 기획관리실장 2017년 同구리병원 부원장 2019년 同구리병원장(현) (저)'알기쉬운 위장학'(2001) '소화기관용 약제권장지침 마련을 위한 공청회'(2002) '소화성 궤양'(2002) '컵스카우트'(2003) '생활속의 의학'(2003) '진단소화기내시경 길잡이'(2003) '일차진료의를 위한 약처방가이드'(2005) '크론병'(2008) (역)'염증성 장질환'(2002)

한동수(韓東洙) HAN Dong Soo

(생)1966·8·24 (본)청주(淸州) (출)충남 서산 (주)서울특별시 서초구 반포대로 157 대검찰청 감찰부(02-3480-2000) (학)1984년 대전 대신고졸 1989년 서울대 법학과졸 1995년 同대학원 법학과졸(석사) 2012년 미국 컬럼비아대 사법연구(부정경쟁 및 상표법) 2013년 서울대 법과대학 최고지식재산경영자(CIPO)과정 수료 (경)1992년 사법시험 합격(34회) 1995년 사법연수원 수료(24기) 1995년 육군 법무관 1998년 전주지법 판사 2000년 대전지법 서산지원 판사 2001년 同서산지원(태안군·당진군) 판사 2002년 대전지법 판사 2005년 특허법원 판사 2006~2011년 충남지방노동위원회 공익위원 2008년 대법원 재판연구관 2010년 대전지법 홍성지원장 2010년 한국과학기술원(KAIST) 지식재산대학원 겸직교수 2010~2012년 홍성군선거관리위원회 위원장 2012년 인천지법 부장판사 2014년 수원지법 부장판사 2014년 대한상사중재원 중재인 2014~2019년 법무법인(유한) 율촌 변호사 2019년 대검찰청 감찰부장(현)

한동숭(韓東崇) HAN Dong Soong

(생)1961·8·1 (주)전라북도 전주시 완산구 천잠로 303 전주대학교 문화산업예술체육대학 게임콘텐츠학과(063-220-2358) (학)1984년 서울대 수학과졸 1986년 同대학원졸 1990년 이학박사(서울대) (경)1993년 전주대 수학과 전임강사·조교수·부교수·교수 2007년 同문화산업예술체육대학 게임콘텐츠학과 교수(현) 2010년 同스마트공간문화기술공동연구센터장 겸 X-edu영상미디어센터장(현) 2005년 同문화산업연구소장 겸임(현) 2016년 한국문화콘텐츠기술학회 회장(현) 2016년 전북도 ICT발전협의회 운영위원장(현) (상)이달의 연구자상(2017), 디비피아(DBpia) '2017 올해의 논문상' 인문학분야(2018)

한동영(韓東榮) HAN Dong Young

(생)1961·4·29 (출)전북 순창 (주)서울특별시 서초구 법원로 15 정곡빌딩 서관 202호 한동영법률사무소(02-532-6100) (학)1979년 전주고졸 1984년 성균관대 법과대학졸 1986년 同대학원 법학과졸 (경)1991년 사법시험 합격(33회) 1994년 사법연수원 수료(23기) 1994년 서울지검 동부지청 검사 1996년 대전지검 강경지청 검사 1997년 전주지검 검사 1999년 서울지검 검사 2002년 인천지검 검사 2004년 의정부지검 검사 2004년 부실채무기업특별조사단 파견 2006년 창원지검 부부장검사 2007년 광주지검 목포지청 부장검사 2008년 청주지검 부장검사 2009년 창원지검 특수부장 2009년 의정부지검 형사5부장 2010년 수원지검 특수부장 2011년 서울중앙지검 특수2부장 2012년 대전지검 형사1부장 2013년 서울서부지검 형사1부장 2014년 서울고검 검사(금융위원회 조사기획관 파견) 2015년 울산지검 차장검사 2016년 서울고검 검사 2016년 법무연수원 연구위원 겸임 2017년 수원지검 여주지청장 2017~2018년 서울고검 검사 2018년 변호사 개업(현)

한동우(韓東禹) HAN Dong Woo

(생)1948·11·10 (출)부산 (학)1966년 부산고졸 1970년 서울대 법학과졸 (경)1971년 한국신탁은행 입행 1977년 신용보증기금 입사 1982년 신한은행 입행 1982년 同융자부 심사역 1983년 同기획조사부장 1986년 同종로지점장 1987년 同인사부장 1990년 同종합기획부장 1993년 同인사부장 1993년 同이사 1995년 同상무이사 1999~2002년 同개인고객본부·신용관리담당 부행장 2002~2007년 신한생명보험 대표이사 사장 2007~2009년 同부회장 2011~2017년 신한금융지주 대표이사 회장 2015년 同사회책임경영위원회 위원 2017~2019년 同고문 (상)디지털경영대상(2005), 매경이코노미 선정 '올해의 CEO'(2012), 대한민국금융대상 올해의 금융인상(2013), 아시안뱅커 2014 리더십대상 아시아태평양지역최고금융CEO(2014), 한국능률협회 한국의 경영자상(2016), 금탑산업훈장(2016), 대한민국 금융대상 공로상(2016)

한동철(韓東哲) HAN Dong Cheol

(생)1956·12·6 (출)부산 (주)서울특별시 용산구 대사관로 59 순천향대병원 신장내과(02-709-9171) (학)1975년 신일고졸 1982년 고려대 의대졸 1992년 순천향대 대학원 의학석사 1996년 의학박사(한양대) (경)1989년 순천향대 부속병원 내과 전임의 1990~1997년 同내과 전임강사·조교수 1996년 미국 펜실베이니아대 박사 후 연구원 1997년 순천향대 의과대학 내과학교실 부교수·교수(현) 2009~2012년 同의과대학 부학장 (상)대한신장학회 최고초록상

한동화(韓東和) HAN Dong Hwa

(생)1957·5·7 (출)전남 여수 (주)서울특별시 중구 청계천로 100 시그니쳐타워 동관 4층 금호티앤엘(02-6961-3532) (학)순천고졸, 전남대 화학공학과졸 (경)금호석유화학(주) 여수환경기술팀장, 同기술관리팀장 2006년 同기술관리팀담당 이사 2007~2009년 同기술관리담당 상무 2009년 同기획본부장(상무) 2010년 금호항만운영 총괄임원 2010~2016년 금호석유화학(주) 기술기획본부장(전무) 2017년 금호티앤엘 총괄임원 2018년 同자문(현) (상)은탑산업훈장(2014) (종)기독교

한동환(韓東煥) HAN Dong Hwan

(생)1958·11·18 (본)청주(清州) (출)강원 춘천 (주)충청남도 보령시 보령북로 160 한국중부발전(주) 비서실(070-7511-1003) (학)1977년 춘천고졸 1987년 강원대 철학과졸 2012년 同대학원 한국사학과졸(석사) (경)2002년 (사)춘천국제물포럼 이사(현) 2006~2008년 대통령직속 국가균형발전위원회 교육국장 2013~2017년 춘천경제정의실천시민연합 투명행정감시단장 2018년 (주)한국중부발전 상임감사위원(현) (저)'당신들이 경칠년이요(쓰레기매립장이 타결될 때까지)' (종)불교

한동환(韓東煥) HAN DONG WHAN

(생)1965·3 (본)청주(清州) (출)울산 (주)서울특별시 영등포구 국제금융로8길 26 KB국민은행 디지털금융그룹(02-2073-7114) (학)1984년 학성고졸 1988년 서울대 지리학과졸 1992년 同대학원 지리학과졸 2004년 미국 워싱턴대 대학원 석사(MBA) (경)2010년 (주)KB금융지주 이사회 사무국장 2015년 KB국민은행 전략기획부장 2017년 同미래채널그룹 대표(상무) 2018년 同디지털금융그룹 상무 2019년 同디지털금융그룹 전무(현) 2019년 (주)KB금융지주 디지털혁신총괄(CDIO) 겸임(현)

한동후(韓東厚) Han Dong Hoo

(생)1953·12·20 (출)서울 (주)서울특별시 서대문구 연세로 50-1 연세대학교 치과대학병원 치과보철과 (학)1978년 연세대 치의학과졸 1981년 同대학원 치의학과졸 1987년 치의학박사(연세대) (경)1981년 연세대 치과병원 보철과 전공의 1984~2018년 同치과대학 보철과학교실 교수 1997~1999년 대한치과보철학회 학술이사 2002~2004년 대한치과턱관절기능교합학회 부회장 2002~2006년 연세임플란트연구회 회장 2002~2006년 대한치과구강악안면임플란트학회 부회장 2002~2004년 연세대 치과대학 보철과학교실 주임교수 겸 임상과장 2003~2005년 대한치과보철학회 총무이사 2004년 중국 길림대 구강의학원 명예교수(현) 2006~2010년 ITI Section Korea 회장 2007~2009년 대한치과보철학회 부회장 2013~2015년 同회장 2019년 연세대 치과대학 보철과학교실 명예교수(현) (상)대통령표창(2003)

한동훈(韓東勳) Han Dong Hoon

(생)1973·4·9 (본)청주(清州) (출)서울 (주)서울특별시 서초구 반포대로 157 대검찰청 반부패·강력부(02-3480-2200) (학)1992년 서울 현대고졸 1996년 서울대 법대 공법학과졸 2004년 미국 컬럼비아대 법학전문대학원졸(LL.M.) (경)1995년 사법고시 합격(37회) 1998년 사법연수원 수료(27기) 2001년 서울지검 검사 2003년 대전지검 천안지청 검사 2003~2004년 대검찰청 중앙수사부 검찰연구관 2005년 미국 교육연수(컬럼비아 로스쿨 LL.M.) 2006년 대검찰청 중앙수사부 검찰연구관 2007년 부산지검 검사 2009년 법무부 상사법무과 검사 2009년 대통령 민정수석비서관실 민정2비서관실 행정관 2011년 대통령 민정수석비서관실 민정1비서관실 선임행정관 2011년 법무부 검찰과 검사 2013년 대검찰청 기획조정부 정책기획과장 2015년 서울중앙지검 공정거래조세조사부장 2016년 검찰총장직속 부패범죄특별수사단 제2팀장(부장검사) 2016~2017년 '박근혜 정부의 최순실 등 민간인에 의한 국정농단 의혹 사건'(최순실 특검법) 파견 2017년 서울중앙지검 제3차장검사 2019년 대검찰청 반부패·강력부장(검사장급)(현)

한동희(韓東熺)

(생)1961·9·5 (출)전남 영광 (주)전라남도 무안군 삼향읍 오룡길 1 전라남도의회 사무처 총무담당관실(061-286-8310) (학)1979년 영광 해룡고졸 1998년 광주대 행정대학원졸 (경)2004년 전남대 행정관리과정 2005년 전남 영광군청 근무 2007년 전남도 행정혁신과 의전담당 2011년 同대변인실 홍보지원담당 2012년 同환경정책담당관실 환경정책담당 2013년 (재)전남인재육성재단 사무국장 2014년 전남도의회 사무처 수석전문위원 2017년 전남도 사회재난과장 2018년 同해양항만과장 2018년 전남 장흥군 부군수 2019년 전남도의회 사무처 총무담당관(현) (상)장관표창(2000·2001), 대통령표창(2003)

한두봉(韓斗鳳) HAN Doo Bong

(생)1958·9·4 (주)서울특별시 성북구 안암로 145 고려대학교 식품자원경제학과(02-3290-3035) (학)1982년 고려대 농경제학과졸, 同대학원졸 1990년 농학박사(미국 Texas A&M대) (경)1983~1985년 한국농촌경제연구원 연구원 1985~1990년 미국 Texas A&M Univ. 농업경제학과 연구조교 1990~1992년 한국농촌경제연구원 책임연구원 1992~1994년 同동향분석실장 1994~2001년 고려대 농업경제학과 조교수·부교수 1995년 농촌진흥청 겸임연구원 1996년 한국농업정책학회 사무총장 1997년 同이사 1998년 한국축산경영학회 편집위원 1998~2004년 한국APEC학회 이사 1999년 한국농업경제학회 이사 2000년 미국 일리노이주립대 방문교수 2001년 고려대 식품자원경제학과 교수(현) 2003년 농업협동조합중앙회 자문위원 2004~2006년 외교통상부 농수산물부문 전문위원 2004년 미국 Texas A&M Univ. 교환교수 2006년 농림부 양곡정책심의위원 2006년 외교통상부 한미FTA전문가위원회 자문위원 2007년 대외경제정책연구원 WTO자문위원 2010년 한국농업정책학회 회장 2017년 한국농업경제학회 회장 (상)한국농촌경제연구원 우수연구원(1991), 경제기획원부총리표창(1994) (저)'전환기 한국농업의 발전방향과 개혁과제'(1997, 나남출판) 'APEC 아·태경제협력의 신구상'

한두희(韓斗熙) HAHN Doo Hee

(생)1964·11·18 (주)서울특별시 영등포구 여의대로 56 한화투자증권 Trading본부(02-3772-7000) (학)1987년 고려대 경영학과졸 1989년 한국과학기술원(KAIST) 경영대학원 경영과학과졸(석사) (경)1989년 삼성생명보험 근무 1998년 삼성그룹 재무팀 근무 2003년 외환코메르쯔투자신탁운용(주) 전략운용본부장 2005년 조흥투자신탁운용 대안투자운용본부장 2006년 SH자산운용 대안투자운용본부장, 신한BNP파리바자산운용 파생대안운용본부장 2015년 한화투자증권 상품전략실장(상무) 2017년 同자산운용사업부장(상무) 2017년 同Trading본부장(상무)(현)

한만우(韓万愚) HAN Man Woo (芳村)

(생)1936·3·15 (본)청주(清州) (출)충남 논산 (주)충청남도 논산시 양촌면 중산길 39-83 (주)한국신약(041-740-8900) (학)1955년 대전고졸 1959년 중앙대 약학대학졸 1988년 명예 약학박사(충남대) (경)1961년 (주)한국신약 회장(현) 1965~1967년 대전시약사회 회장 1971~1979년 충남약사회 회장 1981년 한국반공연맹 대전대덕지부 부장 1982년 범민족올림픽추진 대전시협의회 회장 1986년 대전·충남경영자협회 회장 1988년 88서울올림픽 대전선수촌장 1989년 대전로타리클럽 회장 1991년 대전·충남재향군인회 회장 1991년 대전상공회의소 부회장 1994~2000년 同회장 1995년 충남발전연구원 이사 1996~2003년 대전고법 조정위원장 1997~2000년 대전인력은행장 1997~2003년 KBS 시청자위원장 1998~2004년 대한적십자사 대전·충남지사 회장 1998~2004년 충남대병원 이사 1999년 충남도 제2의건국범국민추진위원장 1999년 한남대 객원교수 1999년 대전과학고 소야장학재단 이사 1999~2003년 대전대 이사 2000년 국제로타리클럽 3680지구 총재 2002년 (재)의암장학회 이사 2004년 (재)지산장학회 이사장 2005~2007년 충남발전협의회 회장 2005년 대한적십자사 중앙위원 2009년 지역발전위원회 자문위원 (상)체육부장관표창(1986), 대통령표창(1989·2001), 내무부장관표창(1991), 대한적십자사 광무장 금장포장(2004) (저)'본초학'(1998) '나는 어리석게 살았다'(2005) (종)불교

한만희(韓晩喜) HAN Man Hee

(생)1956·9·2 (본)청주(清州) (출)충남 청양 (주)서울특별시 동대문구 서울시립대로 163 서울시립대학교 국제도시과학대학원(02-6490-5136) (학)대전고졸 1978년 연세대 경영학과졸 1980년 同행정대학원 행정학과졸 1992년 도시및지역계획학박사(영국 버밍햄대) (경)1979년 행정고시 합격(23회) 1999년 駐미국 1등서기관 1999년 건설교통부 장관 비서관 2000년 同토지정책과장 2001년 同주택정책과장 2002년 한국주택저당채권유동화(주) 사외이사 2002년 건설교통부 건설경제국 건설경제과장 2003년 同건설경제심의관실 건설경제담당관 2004년 同건설경제심의관 2005~2007년 미국 주택도시부 파견(부이사관) 2007년 건설교통부 혁신정책조정관 2008년 국토해양부 국토정책국장 2009~2010년 同주택토지실장 2010년 행정중심복합도시건설청장 2011~2013년 국토해양부 제1차관 2013년 연세대 특임교수 2013년 서울시립대 국제도시과학대학원 교수(현) 2013~2018년 同국제도시과학대학원장 2014~2016년 한국감정원 비상임이사 2014~2018년 한국교통문화포럼 회장 2019년 유진투자증권 사외이사(현) (상)건설부장관표창(1989·1994), 대통령표창(1990), 홍조근정훈장(2009) (저)'토지공개념법해설(共)'(1990, 조세통람사) 'Japanese Multinationals in the Changing Context of Regional Policy'(1994) '한국의 건설산업, 그 미래를 건설하자(共)'(삼성경제미래연구소) '부동산투자금융론(共)'(보성각)

한말숙(韓末淑·女) HAN malsook

(생)1931·12·27 (본)청주(清州) (출)서울 (학)1950년 숙명여고졸 1955년 서울대 문리과대학 언어학과졸 (경)소설가(현) 1956년 現代文學誌에 단편 '별빛 속의 계절' 발표(김동리 추천) 1957년 現代文學誌에 단편 '신화의 단애'로 등단 1959~1974년 서울대 음악대학 강사 1964~1969년 문화공보부 영화자문위원 1980~1982년 同신문윤리위원 1982~1984년 同방송자문위원 1984~1986년 UNESCO 한국본부 위원 1993~1996년 국제여학사협회 한국본부 회장 1998~2000년 국제펜클럽 한국본부 부회장 2002~2004년 한국여성문학인회 회장 2009년 대한민국예술원 회원(소설·현) (상)제9회 현대문학 신인상(1964), 제1회 한국일보 문학상(1968), 보관문화훈장(1999) (저)장편소설 '하얀 도정'(1964) '아름다운 영가'(1981) '모색시대'(1986), 중·단편집 '신화의 단애'(1960) '이 하늘 밑'(1964) '신과의 약속'(1968) '잃어버린 머플러'(1974) '여수'(1978) '상처'(1990) '한말숙 제1단편선집 〈행복〉'(1999), 소설집 '덜레스 공항을 떠나며'(2008) 단편소설 '친구의 목걸이'(2012, 문학사상), 수필집 '삶의 진실을 찾아서'(1988) '사랑할 때와 헤어질 때'(2008), 수필 '세계명작에서 신천지를 보다'(2008, 21세기문학) '젊은이여, 답답할 때는 하늘을 보라'(2010, 아산의 향기) '예감'(2010, 예술원 회보) '야채 아저씨'(2011, 예술원 회보) '페인트칠 노인의 유작'(2012, 예술원 회보) '사자의 편지'(2012, 21세기문학) '박완서와 나의 60년의 우정'(2012, 문학사상) '잊을 수 없는 최일병'(2013, 예술원 회보) '참, 좋겠네'(2014, 문학사상) '그리운 천경자 선생님'(2015, 문학사상), 기타 '빛속의 계절'(1956) '어떤 죽음'(1957) '노파와 고양이'(1958) '장마'(1958) '세탁소와 여주인'(1958) '낙루부근'(1958) '귀뚜라미 우는 무렵'(1958) '검은 장미'(1959) '방관자'(1959) '사시도'(1959) 'Q호텔'(1959) '맞선 보는 날'(1959) '초설'(1962) '행복'(1963) '출발의 주변'(1963) '광대 김선생'(1963) '결혼 전야'(1964) '상처'(1964) '피선자'(1965) '한잔의 커피'(1965) '우울

한 청춘'(1965) '어느 여인의 하루'(1966) '아기 오던 날'(1967) '사랑에 지친 때'(1970) '무너진 성벽'(1977) '선의 향방'(1978) '아들의 졸업식'(1979) '안개'(1980) '세계의 사람'(1981) '어느 소설가의 이야기'(1982) '말없는 남자'(1983) '초콜릿 친구'(1983) '수술대 위에서'(1985) '스포츠 관전기'(1986) '이준씨의 경우'(2005) '별빛속의 계절'(2016) 등 다수 (역)'장마'(1959) '거문고'(1967) '한잔의 커피'(1968) '한말숙단편집Ⅰ' '한말숙단편집Ⅱ' '아름다운 영가'(1981), 일본어 '낙엽의 소리'(1997) '인간의 운명–아버지와 아들'(2005) '인간의 운명–우정'(2006), 브라질어 '여우와 포도'(1978), 불어 '상처'(1997) '친구의 목걸이'(2012) 'The Chocolate Friend and OthER stories'(2016, 한국문학번역원) 등 다수 (종)가톨릭

한명숙(韓明淑·女) HAN Myeong Sook

(생)1944·3·24 (본)청주(淸州) (출)평남 평양 (학)1963년 정신여고졸 1967년 이화여대 불어불문학과졸 1977년 한신대 선교신학대학원졸 1985년 이화여대 대학원 여성학과졸 (경)1974년 한국크리스챤아카데미 강사 1977년 한국신학대 강사 1979~1981년 크리스챤아카데미사건으로 구속 수감 1986년 이화여대 여성학과 강사 1988년 성심여대 여성학과 강사 1990~1994년 한국여성민우회 회장 1990년 한국여성단체연합 부회장 1993~1995년 환경운동연합 지도위원 1993년 한국여성단체연합 공동대표 1996년 同10주년기념사업위원장 1996년 同지도위원 1999년 참여연대 공동대표 1999년 미국 뉴욕 유니온신학대 객원연구원 2000년 새천년민주당 제16대 총선 선거대책위원회 부본부장 2000~2001년 제16대 국회의원(전국구, 새천년민주당) 2000년 새천년민주당 여성위원장 2001~2003년 여성부 장관 2003~2004년 환경부 장관 2004년 가정법원 가사소년제도개혁위원회 위원장 2004~2005년 열린우리당 상임중앙위원 2004~2008년 제17대 국회의원(고양 일산구甲, 열린우리당·대통합민주신당·통합민주당) 2004년 열린우리당 선거대책위원회 공동위원장 2004년 同국정과제추진특별위원장 2004년 한국아동·인구·환경의원연맹(CPE) 회장 2004년 한·싱가폴의원친선외교협회 회장 2005년 열린우리당 당혁신위원장 2006~2007년 제37대 국무총리 2007년 전쟁과여성인권박물관 건립위원 2007년 민주화운동공제회 설립 발기인 2007년 (사)유엔인권정책센터 이사 2007년 대통합민주신당 정동영 대통령후보 중앙선거대책위원회 최고고문 겸 가족행복위원회 공동위원장 2008년 민주당 상임고문 2009~2010년 사람사는세상 노무현재단 초대이사장 2010~2017년 同이사 2010년 서울시장선거 출마(민주당) 2012년 민주통합당 대표최고위원 2012~2015년 제19대 국회의원(비례대표, 민주통합당·민주당·새정치민주연합) 2012~2015년 한·일의원연맹 고문 2013년 민주당 상임고문 2014~2015년 새정치민주연합 상임고문 2014~2015년 국회 정무위원회 위원 2014년 국회 지속가능발전특별위원회 위원장 (상)국민포장(1998), 청조근정훈장(2005) (저)서간집 '사랑은 두려워하지 않습니다' 자서전 '한명숙 : 부드러운 열정, 세상을 품다'(2010, 행복한책읽기) (종)기독교

한명진(韓銘辰) HAN, MYUNG JIN

(생)1964·7·5 (본)청주(淸州) (출)전남 보성 (주)경기도 과천시 관문로 47 방위사업청 차장실(02-2079-6012) (학)1983년 광주제일고졸 1987년 서울대 경영학과졸 1994년 同행정대학원졸 2003년 경제학박사(미국 미주리주립대) (경)1987년 행정고시 합격(31회) 1988년 서울올림픽조직위원회 파견 1989년 국세청 부산진세무서 총무과장 1992년 同남대구세무서 부가가치세과장 1993~1998년 재정경제원 조세정책과·법인세제과 근무 1998년 기획예산위원회 재정정책과 서기관 1999년 기획예산처 예산제도과 서기관 2000년 同농림해양예산과 서기관 2004년 同과학환경예산과장 2005년 과학기술부 연구개발예산담당관 2006년 대통령 기획조정비서관실 행정관 2006년 대통령 정무기획비서관실 행정관 2006년 대통령 정책조정비서관실 행정관 2007년 기획예산처 복지재정과장 2008년 기획재정부 세제실 부가가치세제과장 2009년 同세제실 재산세제과장 2010년 OECD 대한민국정책센터 파견 2011년 국가경쟁력강화위원회 기획총괄국장(고위공무원) 2011년 국무총리소속 조세심판원 상임심판관 2013년 국무조정실 조세심판원 상임심판관 2013년 기획재정부 세제실 조세기획관 2014년 同세제실 재산소비세정책관 2015년 同세제실 조세총괄정책관 2016년 새누리당 기획재정위원회 수석전문위원 2017년 국민대통합위원회 국민소통국장 2017년 기획재정부 본부 근무(고위공무원) 2018년 방위사업청 차장(현) (상)부총리표창(1995)

한명희(韓明熙) HAHN Myung Hee (禮峰·月隱·沙虛)

(생)1939·3·1 (본)청주(淸州) (출)충북 충주 (주)서울특별시 서초구 반포대로37길 59 대한민국예술원(02-3479-7223) (학)1958년 충주고졸 1964년 서울대 음악대학 국악과졸 1968년 同대학원 국악과졸 1988년 성균관대 대학원 동양철학과졸 1994년 철학박사(성균관대) 1995년 명예박사(카자흐스탄 알마티음악원) 1996년 명예박사(우즈베키스탄 타슈겐트음악원) (경)1966~1975년 TBC 프로듀서 1970~1985년 중앙대·한국외국어대·고려대·숙명여대·한양대·건국대·서울대 강사 1981~1984년 강릉대 전임강사·조교수 1985년 서울시립대 음악과 부교수 1990년 한국국악학회 부회장 1990년 한국소리얼연구회 회장 1991년 한국중앙아시아문화예술교류회 회장(현) 2002년 (사)임시문화서원 사장(현) 1993~2004년 서울시립대 음악과 교수 1995년 비목마을사람들 공동대표·국립극장·세종문화회관·서울예술단 운영위원·외교부 공연예술국제교류 자문위원장·국제교류재단 Koreana 편집위원 1997년 한국민족음악가연합 이사장(현) 1997~1999년 국립국악원 원장 2005~2008년 한국문화예술위원회 1기위원 2006년 대한민국예술원 회원(음악·현) 2013~2015년 同부회장 (상)서울신문 예술평론상(1989), 자랑스런 충고인상(1991), KBS 국악대상(1994), 서울사랑시민상(2003), 은관문화훈장(2006) (저)시화집 '풍류산방 편지' '하늘의 소리 민중의 소리'(1981) '우리가락 우리문화'(1994) '우리국악 100년(空)'(2001) '사허여적'(2004) '한국음악, 한국인의 마음'(2017, 열화당) (역)'음악사조사' (작)가곡 '비목' 공연기획 '우리 가곡의 밤'(1969), 실크로드 음악회'(1991), '비목문화제'(1996)

한명희(韓命熙) HAN, MYOUNGHEE

(생)1973·1·7 (본)청주(淸州) (출)경북 경주 (주)세종특별자치시 도움6로 11 국토교통부 건설안전과(044-201-3573) (학)1991년 경주고졸 1998년 성균관대 토목공학과졸 (경)2010년 부산지방국토관리청 기술서기관 2013년 국토교통부 국토도시실 지역정책과 기술서기관 2013년 同주택토지실 신도시택지개발과 기술서기관 2015년 同공공기관지방이전추진단 건축재정과장 2016년 同공공기관지방이전추진단 혁신도시재정과장 2017년 국토지리정보원 국토조사과장 2018년 부산지방국토관리청 도로시설국장 2019년 국토교통부 건설안전과장(현)

한무경(韓茂景·女)

(생)1958·5·20 (출)대구 (주)경상북도 경산시 남산면 전지공단길 22-9 효림그룹 회장실(053-851-8600) (학)1977년 경북여고졸 1981년 효성여대 도서관학과졸 1983년 이화여대 대학원 도서관학과졸 1998년 문헌정보학박사(이화여대) (경)1983~2003년 효성여대 외 대학 문헌정보학과 강사 1998년 효림그룹(효림산업(주)·효림정공(주)·(주)효림에이치에프·(주)디젠·(주)효림에코플라즈마) 회장(현) 2004년 경산경찰서 행정발전위원회 위원 2004년 (재)경북도여성정책개발원 자문위원 2005년 경산세무서 세정혁신자문위원 2006년 경산상공회의소 상임위원·부회장 2007년 경산시 통합방위협의회 위원 2007년 대구지방국세청 세정자문위원 2009년 대구상공회의소 상임의원 2010~2012년 (사)한국여성경제인협회 이사 겸 대구경북지회 부회장 2011년 대한적십자사 자문위원(현) 2011~2014년 (사)경북도여성

기업인협의회 회장 2012년 대구경북경제자유구역청 조합회의 조합위원 2014~2015년 대구MBC 시청자자문위원회 부위원장 2014년 중소기업진흥공단 비상임이사 2016~2018년 한국여성경제인협회 회장 2016년 새누리당 제20대 총선 공직자후보추천관리위원회 위원 2016년 한국무역협회 부회장 2017년 중소기업사랑나눔재단 이사 2018년 노사발전재단 이사 2018년 기획재정부 세제발전심의위원회 위원 2019년 민주평통 여성분과위원회 상임위원(현) (상)중소기업청장표창(2002), 경북도 중소기업 종합대상(2004), 재정경제부장관표창(2004), 경북도 이달의 우수기업상(2004), 국세청장표창(2005), 제10회 산업기술혁신대상 우봉금상(2006), 제6회 경북과학기술대상 기술상(2006), 제9회 경북도 산업평화대상 은상(2006), 지식경제부장관표창(2008), 국무총리표창(2010), 무역의 날 1천만불 수출의 탑(2010), 관세청장표창(2011), 무역의 날 2천만불 수출의 탑(2012 · 2014), 산업통상자원부장관표창(2013), 산업포장(2013), 보건복지부장관표창(2014), 대한민국 창조경제CEO대상 혁신경영대상(2014), 무역의 날 3천만불 수출의 탑(2015)

한무근(韓武根) HAN Moo Kun

(생)1963 · 4 · 11 (출)경북 경산 (주)서울특별시 서초구 서초대로 301 동익성봉빌딩 9층 법무법인(유) 해송(02-3489-7119) (학)1982년 경북고졸 1986년 서울대 법학과졸 (경)1985년 사법시험 합격(27회) 1988년 사법연수원 수료(17기) 1988년 육군 법무관 1991년 서울지검 검사 1993년 대구지검 경주지청 검사 1995년 수원지검 성남지청 검사 1996년 법무부 검찰2과 검사 1998년 서울지검 검사 2000년 대구지검 부부장검사 2000년 청주지검 영동지청장 2001년 서울지검 부부장검사 2002년 대구지검 공판부장 2003년 同형사4부장 2003년 사법연수원 검찰교수실 교수 2006년 서울중앙지검 형사5부장 2007년 수원지검 여주지청장 2008년 부산지검 제2차장검사 2009년 서울남부지검 차장검사 2009년 수원지검 성남지청장 2010년 대전지검 차장검사 2011년 대구고검 차장검사 2012년 춘천지검장 2013년 창원지검장 2013~2015년 법무부 출입국 · 외국인정책본부장 2015년 법무법인(유) 해송 대표변호사(현) 2015년 학교법인 일청학원 이사 2015년 2018평창동계올림픽 부실공사방지위원회 위원장 2016년 한국농어촌공사 법률자문위원 2016년 대검찰청 민간전문가 파견 심의위원회 위원 2016년 서초구청 고문변호사 2016년 기획재정부 고문변호사 2016년 복권위원회 사무처 고문변호사

한무영(韓武榮) HAN Moo Young

(생)1956 · 3 · 27 (주)서울특별시 관악구 관악로 1 서울대학교 건설환경공학부(02-880-8915) (학)1977년 서울대 토목공학과졸 1979년 同대학원 토목공학과졸 1989년 토목공학박사(미국 텍사스 오스틴대) (경)1978~1984년 현대건설 해외토목설계부 근무 1989~1991년 한국건설기술연구원 환경연구실 연구원 1991~1999년 경희대 토목공학과 조교수 · 부교수 1999~2004년 서울대 지구환경시스템공학부 조교수 · 부교수 2002년 빗물이용연구회 회장(현) 2004년 서울대 건설환경공학부 교수(현) 2006년 빗물학회 회장(현) 2010년 대한환경공학회 특별연구단장 2010년 대한토목학회 지속가능위원장 2011년 대한환경공학회 미세기포응용기술연구회 위원장(현) 2012년 同부회장 2012년 서울시 물관리정책과 총괄빗물이용주치의(현) 2017년 한국공학한림원 정회원(건설환경공학 · 현) (상)환경부장관표창(2005), SBS 물환경대상 두루미상(2008), 서울시장표창(2009) 교육과학기술부 · 지식경제부 · 환경부 · 국토해양부장관표창(2010), 서울대 사회봉사상(2011), 세계물협회 IWA 2012 Project Innovation Awards(2012), 조선일보사와 일본 마이니치신문사 한일국제환경상(2012), Energy Globe Award Foundation Energy Globe Award(2013 · 2014), 제7회 세계물포럼 World Water Challenge Outstanding · Water Showcase World Final(2015), 환경재단 세상을 밝게 만드는 사람들 환경부문(2017), 2019 대한민국공헌대상 환경부문 환경대상(2019) (저)'상수도 기술자료집 제7권'(1998) '최신 하수도공학(共)'(1998) '빗물이용 지구사랑'(2001) '지구를 살리는 빗물의 비밀'(2009) '빗물과 당신'(2011, 알마) (역)'정수시설의 최적설계 및 유지관리'(1997) '일본의 빗물침투시설 기술-조사 계획편 · 구조, 시공, 유지관리편'(2006) '빗물을 모아쓰는 방법을 알려드립니다'(2009) '폐수처리공학(Wastewater Engineering Treatment and Reuse)'

한무희(韓武熙) HAN Moo Hee (石人)

(생)1937 · 9 · 13 (본)청주(淸州) (출)서울 (주)서울특별시 동대문구 회기로 56 세종대왕기념사업회(02-969-8851) (학)1957년 서울대사대부고졸 1961년 성균관대 중어중문학과졸 1965년 同대학원졸 1995년 문학박사(성신여대) (경)1964~1977년 성균관대 · 이화여대 · 고려대 · 연세대 · 숙명여대 강사 1977~1988년 단국대 중어중문학과 전임강사 · 조교수 · 부교수 1980~1982년 우리문학연구회 회장 1985~2001년 중국현대문학연구회 회장 1988~2002년 단국대 중어중문학과 교수 1992~1994년 同중어중문학과장 1994~1996년 한국중어중문학회 수석부회장 1994~1998년 단국대 퇴계기념중앙도서관장 1996~1998년 한국중어중문학회 회장 2000년 세종대왕기념사업회 상무이사 · 부회장(현) 2000년 同부설 한국학연구원장 겸임(현) 2001년 한국겨레문화연구원 이사 겸 사무총장(현) 2002년 단국대 명예교수(현) 2008~2015년 세종대왕기념관 관장 (상)근정포장 (저)'신편대학한문'(1979) '당송팔대가문선'(1981) '선진제자문선'(1985) '현대사상가선집'(1985) '기초중국어교본' '초급중국어'(1990) '중급중국어'(1990) '고급중국어'(1990) '중국문학사'(1992) '신편기초중국어'(1997) '중국어연습' '고등학교 중국어'(2002) '한국사자성어대사전'(2011) (역)'고문진보'(1979) '중국역대산문선'(1982) '노신평전'(1982) '중국사상의 근원'(1984) '손자병법'(1985) '노신문집'(1986) '중국예술정신'(1990)

한문섭(韓文燮) Moonsup Han

(생)1961 · 8 · 17 (주)서울특별시 동대문구 서울시립대로 163 서울시립대학교 자연과학대학 물리학과(02-6490-2647) (학)서울대 물리학과졸, 同대학원졸, 이학박사(서울대) (경)서울시립대 자연과학대학 물리학과 교수(현) 2004년 同교양교직부장 2005년 同전산정보원장 2009년 同학생처장 2015~2017년 同교무처장 2015년 同출판부장 2019년 同자연과학대학장(현)

한문철(韓文哲) HAN Moon Chul

(생)1961 · 9 · 6 (본)청주(淸州) (출)경기 고양 (주)서울특별시 서초구 서초대로48길 33 허브원빌딩 501호 법률사무소 스스로닷컴(02-525-5588) (학)1980년 마산고졸 1985년 서울대 법학과졸 1987년 同대학원 법학과 수료 1988년 同법학연구소 보험법과정 수료, 연세대 언론홍보대학원 최고위과정 수료, 전국경제인연합회 국제경영원 GAMP(글로벌최고경영자과정) 수료, 성균관대 최고경영자과정(IW-AMP) 수료, 전국경제인연합회 국제경영원 LBL(Leader's Best Life) 수료, 동국대 최고위치안정책과정 수료, 서울대병원 의료경영고위과정(AHP) 수료 (경)1985년 사법시험 합격(27회) 1988년 사법연수원 수료(17기) 1988년 軍법무관 1991년 서울지검 검사 1993년 변호사 개업 2000년 법률사무소 스스로닷컴 대표변호사(현) 2006년 도로교통공단 정보공개심의회 위원(현) 2007~2009년 TBS '한문철의 교통시대' 진행 2007~2014년 TBN '한문철의 교통법률' 진행 2010~2011년 MBN '한문철의 앗車車' 진행 2011~2013년 서울지방변호사회 공익소송특별위원회 위원 2012~2016년 법제처 국민법제관(교통분야) 2012~2014년 한국교통문화포럼 감사 2012년 MBN 뉴스투데이 '한문철의 블랙박스' 진행 2012~2013년 TV조선 뉴스와이드 활 '한문철의 블랙박스' 진행 2013~2015년 서울지방경찰청 운전면허행정처분이의심의위원 2013~2017년 서울중앙지법 조정위원 2013~2015년 SBS 모닝

와이드 '블랙박스로 본 세상-한문철변호사의 몇대몇' 진행 2015~2017년 대한변호사협회 전문분야등록심사위원 2016년 경찰청 명예경감(현) 2017년 성균관대 경영전문대학원 최고경영자과정 자문위원(현) 2018년 同법학전문대학원 과학수사학과 초빙교수(현) 2018년 금융분쟁조정위원회 전문위원(현) (상)전경련국제경영원(IMI) 공로상(2016), 성균경영인상(2017) (저)'교통사고의 법률지식'(1989) '교통사고의 형사·민사판례'(1990) '고소장·내용증명의 법률지식'(1990) '교통사고 현장대처부터 소송절차 마무리까지'(2001) '핵심정리 민법시리즈' '한문철변호사의 교통사고 클리닉'(2005) '자동차, 알고 타십니까?'(2006) '한문철 변호사의 알쏭달쏭? 교통사고 퀴즈백과'(2008) '한문철 변호사의 교통사고 100' 보상받기'(2011, 허브미디어) '만화로 엮은 한문철 변호사의 교통사고 앗! 차차'(2012, 허브미디어) '굿바이 음주운전'(2013, 허브미디어)

한문희(韓文熙) HAN Moon Hee

(생)1953·8·22 (출)서울 (주)서울특별시 강동구 진황도로61길 53 중앙보훈병원 신경외과(02-2225-1114) (학)1972년 서울고졸 1978년 서울대 의대졸 1981년 同대학원 의학석사 1989년 의학박사(서울대) (경)1978년 서울대병원 인턴 1979년 同진단방사선과 전공의 1983~1986년 해군 軍의관 1986년 원자력병원 진단방사선과 전문의 1987년 서울 을지병원 방사선과 전문의 1987~1999년 서울대 의과대학 영상의학교실 강사·조교수·부교수 1999~2018년 同영상의학교실 교수 2004년 중재적신경방사선의학회 회장 2010~2014년 서울대병원 영상의학과 진료과장 겸 영상의학교실 주임교수 2013~2016년 한국의료영상품질관리원 이사장 2016년 同이사(현) 2018년 중앙보훈병원 신경외과 전문의(현)

한미영(韓美榮·女) HAN Mi Young

(생)1953·12·2 (본)청주(淸州) (출)서울 (주)경기도 안산시 단원구 해봉로 212 태양금속공업(주) 비서실(031-490-5500) (학)1972년 이화여고졸 1976년 이화여대 동양화과졸 2003년 연세대 법무대학원 수료 2005년 서울대 공과대학 최고산업과정 수료 2007년 서울과학종합대학원 최고경영자과정 수료 (경)2001년 태양금속공업(주) 부사장(현) 2003년 (사)한국여성발명협회 회장 2003년 한국발명진흥회 이사 2004년 국가과학기술자문회의 자문위원 2005년 정부혁신관리위원회 위원 2006년 한국여성경제단체연합 수석대표(현) 2007년 산업자원부 산업기술발전위원회 위원 2007년 서울시 여성위원회 위원 2008년 한국과학기술기획평가원 자문위원 2008년 (재)세계여성발명기업인협회 회장(현) 2008년 한국산업보안연구학회 부회장 2009년 농림수산식품부 여성농어업인육성정책 자문위원 2009~2010년 同과학기술위원회 위원 2009년 지식경제부 연구개발특구위원회 민간위원 2009년 연세대 신소재공학과 겸임교수 2010~2013년 중앙공무원교육원 교육정책자문위원 2010~2013년 농업기술실용화재단 자문위원 2011~2013년 국가지식재산위원회 민간위원 2014년 국방부 정책자문위원 2014년 여성가족부 정책자문위원 2015년 한국청소년발명영재단 총재(현) (상)서울사랑시민상 본상(2005), 대통령표창(2005·2011), 국민훈장 목련장(2007), 동탑산업훈장(2013) (저)'환희 I'(2007) '환희 II'(2009) '도전 열정 그리고 동행'(2015, 푸른사상) (종)불교

한 민(韓 敏) HAN Min

(생)1958·12·15 (출)강원 강릉 (주)서울특별시 서대문구 이화여대길 52 이화여자대학교 법학전문대학원(02-3277-3553) (학)1977년 춘천고졸 1981년 서울대 법대졸 1992년 미국 코넬대 로스쿨졸(LL.M.) 법학과졸 (경)1981년 사법시험 합격(23회) 1983년 사법연수원 수료(13기) 1983~1986년 軍검찰관 1988년 변호사 개업 1992~1993년 뉴욕 Cleary Gottlieb Steen & Hanilton 법률사무소 근무 1997~2001년 법무법인 律村 변호사 1998년 한국수출보험공사 법률고문 2001년 김앤장법률사무소 변호사 2004년 금융감독위원회 자산유동화(ABS) 제도개선 TaskForce 참여 2007년 서울지방변호사회 증권금융연수원 강사 2008년 법무부 동산및채권담보특별법 제정위원회 위원 2009년 同채무자회생및파산에관한법률개정특별위원회 위원, 이화여대 법학전문대학원 교수(현) 2013~2015년 同법학전문대학원 교무부원장 2014~2017년 (주)LG상사 사외이사 겸 감사위원 2015~2016년 이화여대 공공리더십과정의연계전공 주임교수 (저)'도산법(共)'(2012, 한국사법행정학회)

한 민(韓 敏) MIN HAN

(생)1973·8·13 (본)청주(淸州) (출)경기 양평 (주)대전광역시 서구 청사로 189 관세청 운영지원과(042-481-7707) (학)1992년 경희고졸 2000년 성균관대졸 2009년 미국 워싱턴주립대 대학원 행정학과졸 (경)2000년 행정고시 합격(44회) 2010년 관세청 기획재정담당관실 서기관 2011~2014년 세계관세기구(WCO) 파견 2014~2016년 관세청 규제개혁법무담당관 2016년 同감찰팀장 2017년 세계관세기구(WCO) 파견(현) (종)기독교

한민구(韓民九) HAN Min Koo

(생)1948·7·21 (출)서울 (주)경기도 성남시 분당구 돌마로 42 한국과학기술한림원(031-726-7900) (학)경기고졸 1971년 서울대 전기공학과졸 1975년 미국 미시간대 대학원 전기공학과졸 1979년 공학박사(미국 Johns Hopkins대) (경)1979~1984년 미국 뉴욕주립대 버펄로교 조교수 1984~2013년 서울대 공과대학 전기컴퓨터공학부 교수 1995년 한국과학기술정책관리연구소 전기전자담당 1996~1999년 서울대 기초전력공학공동연구소장 1997년 同공과대학 교무부학장 1999~2001년 한국학술진흥재단 사무총장 2001년 대한전기학회 부회장 2002~2005년 서울대 공과대학장 2003년 대통령직속 동북아경제중심추진위원회 국가혁신체제분과 위원장 2006~2008년 나노기술연구협의회 회장 2006~2009년 한국학술진흥재단 BK21사업단 위원장 2007년 대한전기학회 회장 2007~2009년 한국학술단체총연합회 회장 2007~2013년 한국산업기술보호협회 회장 2008~2010년 한국특허정보원 이사장 2008년 지식경제부 신성장동력기획단 신산업분과위원장 2008~2009년 한국학술진흥재단 BK21사업단 위원장 2008~2017년 삼성전기(주) 사외이사 2009년 한국광기술원 이사장(현) 2010~2011년 지식경제부 녹색인증심의위원회 위원장 2010년 기술표준원 산업표준심의회 위원장(현) 2011~2014년 한국연구재단 비상임이사 2013년 경희대 정보디스플레이학과 석좌교수 2013년 서울대 공학대학 전기정보공학부 명예교수(현) 2014~2017년 (주)효성 사외이사 겸 감사위원 2016~2017년 삼성전기(주) 이사회 의장 2019년 한국과학기술한림원 원장(현) (상)대한민국학술원상(2003), 과학기술부 한국공학상(2007), 과학기술훈장 창조장(2007), 최고과학기술인상(2010)

한민구(韓民求) Han Min Koo

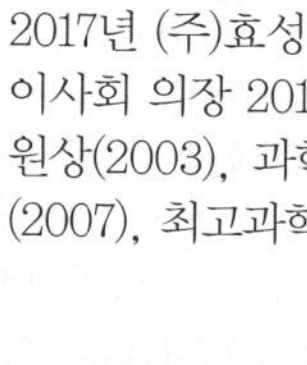

(생)1951·8·30 (출)충북 청원 (주)서울특별시 용산구 한강대로62길 41 한국국가전략연구원(02-798-9555) (학)1970년 청주고졸 1975년 육군사관학교졸(31기) 1979년 서울대 서양사학과졸 1992년 연세대 행정대학원 외교안보학과졸 2011년 명예 정치학박사(청주대) (경)1975년 육군 소위 임관 1982~1984년 육군사관학교 교수부 전사학과 교수 1985~1988년 제27사단 작전과장·대대장 1994~1996년 제50보병사단 123연대장 1996년 국방부 정책기획국 정책조정과장 2000년 육군 참모총장 비서실장 2002년 육군본부 전략기획처장 2003년 제53보병사단장(소장) 2004년 국방부 국제협력관 2005년 同정책기획관 2006년 수도방위사령관(중장) 2008년 육군 참모차장(중장) 2009년 육군 참모

총장(대장) 2010~2011년 합참의장 겸 통합방위본부장(대장) 2012~2014년 미래국방포럼 초대의장 2012~2014년 육군사관학교 석좌교수 2013년 육군본부 정책발전자문관 2014~2017년 국방부 장관 2019년 한국국가전략연구원 원장(현) (상)보국훈장 삼일장(1999), 보국훈장 천수장(2004), 미국 공로훈장 Legion of Merit(2011), 제11회 연세를 빛낸 행정인상(2014)

한민수(韓珉洙) Han Min Soo

(생)1969 (출)전북 (주)서울특별시 영등포구 의사당대로 1 국회 대변인실(02-788-2050) (학)1987년 남성고졸 1991년 서강대 신문방송학과졸 1994년 서강대 언론대학원 중퇴 (경)1994년 국민일보 입사 2008~2009년 미국 듀크대 객원연구원 2011~2016년 국민일보 정치부장·산업부장·외교안보국제부장·문화체육부장 2016~2017년 同논설위원 2017~2019년 더불어민주당 정당발전위원회 대변인 2018~2019년 동국대 언론정보대학원 신문방송학과 객원교수 2019년 대통령직속 국가균형발전위원회 자문위원 2019년 국회 대변인(현)

한민주(韓旼住·女) HAN Min Joo

(생)1960·11·26 (출)경남 마산 (주)서울특별시 서대문구 이화여대길 52 이화여자대학교 인문과학대학 불어불문학과(02-3277-2511) (학)1983년 이화여대 불어교육과졸 1985년 同교육대학원졸 1994년 문학박사(프랑스 Univ.de Paris Ⅲ) (경)1984년 경기여고 교사 1994년 이화여대 불어교육과 시간강사·조교수·부교수, 同교수 2008~2010년 同입학처 부처장, 同인문과학부 불어불문학전공 교수, 同인문과학대학 불어불문학과 교수(현), 同프랑스어권지역문화연구소장(현) 2019년 同인문과학대학장(현) (종)기독교

한민호(韓敏鎬) Han Min Ho

(생)1960·2·26 (주)경기도 성남시 분당구 판교로 227번길 23 삼성중공업(주)(031-5171-7000) (학)배재고졸, 중앙대 경제학과졸, 연세대 대학원 경제학과졸, 고려대 노동대학원 최고지도자과정 수료 (경)삼성전자(주) 수원지원 인사팀장(상무보) 2007년 同수원지원 인사팀장(상무) 2010년 同수원지원 인사팀장(전무) 2013~2014년 삼성엔지니어링(주) 인사지원실장(전무) 2015년 삼성중공업(주) 인사지원실장(부사장·현)

한방교(韓方敎) HAN Bang Kyo

(생)1929·10·22 (본)청주(淸州) (출)경기 포천 (주)경기도 부천시 신흥로56번길 25 학교법인 부천대학교(032-610-0114) (학)1949년 양정중졸 1955년 서울대 공대졸 1974년 연세대 교육대학원졸 1985년 교육학박사(한양대) (경)1955년 인천전기화학연구소 소장 1959~1979년 소사공업기술·소사공고기술학교 교장 1967년 경기도기술교육연합회 회장 1970~1975년 문교부 교육과정심의위원회 위원 1970년 대한기술교육연합회 회장 1979~1998년 부천전문대 학장 1989년 한국전문대학교육협의회 부회장 1994~1998년 同회장 1998~2005년 부천대 학장 2009~2016년 同총장 2014년 학교법인 부천대 이사(현) (상)국민훈장 동백장 (저)'한국교육의 사조' '교육학개론' '교육방법론' '인간과 교육의 이해' (종)천주교

한범덕(韓凡悳) HAN Beum Deuk

(생)1952·7·26 (본)청주(淸州) (출)충북 청원 (주)충청북도 청주시 상당구 상당로 155 청주시청 시장실(043-201-1064) (학)1971년 청주고졸 1976년 서울대 동양사학과졸 1989년 청주대 행정대학원 행정학과졸 2009년 행정학박사(충북대) (경)1979년 행정고시 합격(22회) 1994년 대전시 대덕구청장 1997년 내무부 감사담당관 1999년 대통령비서실 행정관 1999년 제2의건국범국민추진위원회 사무국장 2000년 국방대학원 파견 2001년 충북도 보건산업박람회조직위원회 사무국장 2001년 오송국제바이오엑스포조직위원회 사무총장 2003년 충북도 바이오산업추진단장 2003년 同기획관리실장 2003~2006년 同정무부지사 2006년 충북도지사선거 출마(열린우리당) 2007~2008년 행정자치부 제2차관 2010~2014년 충북 청주시장(민주당·민주통합당·민주당·새정치민주연합) 2010년 충북시장군수협의회 회장 2011~2012년 청주시문화산업진흥재단 이사장 2012년 전국시장·군수·구청장협의회 시장대표 2014년 충북 청주시장선거 출마(새정치민주연합) 2016년 더불어민주당 청주시상당구지역위원회 위원장 2016년 제20대 국회의원선거 출마(청주시 상당구, 더불어민주당) 2017년 더불어민주당 조직강화특별위원회 위원 2018년 충북 청주시장(더불어민주당)(현) 2019년 2019청주공예비엔날레 조직위원장(현) (상)문화공보부장관표창(1982), 국무총리표창(1991), 홍조근정훈장(2003) (저)산문집 '오늘도 최고의 날이 되십시오'(2014)

한범수(韓凡洙) HAN Bum Soo

(생)1961·5·10 (본)청주(淸州) (출)서울 (주)서울특별시 종로구 창덕궁1길 13 원서빌딩 법무법인 양헌(02-397-9863) (학)1980년 서라벌고졸 1984년 서울대 법과대학졸 (경)1983년 사법시험 합격(25회) 1985년 사법연수원 수료(15기) 1989년 서울형사지법 판사 1991년 서울민사지법 판사 1993년 청주지법 판사 1995년 광주고법 제주부 판사 겸임 1996년 서울지법 북부지원 판사 1997년 서울고법 판사 2000년 대구지법 부장판사 2002년 대법원 재판연구관 2004년 서울서부지법 부장판사 2006~2008년 서울중앙지법 부장판사 2006년 언론중재위원회 중재위원 2008년 부산고법 부장판사 2010~2011년 서울고법 부장판사 2011년 법무법인 양헌 변호사(현) 2014년 사학분쟁조정위원회 위원

한병구(韓炳龜)

(주)서울특별시 마포구 독막로 299 일양빌딩 DHL코리아 임원실(02-710-8323) (학)경복고졸, 서강대 경영학과졸, 미국 조지아주립대 대학원 회계학과졸(석사) (경)1986년 낵팩 공인회계사(Nack Paek CPAs) 회계사 1988~1992년 안암회계법인·안진회계법인 선임회계사 및 매니저 1992~1999년 굿이어 한국법인 재경부 상무·대표이사 2000~2006년 同태국법인 재경부 임원·대표이사 2006년 존슨 콘트롤즈 오토모티브 코리아 재경부 전무 2008년 DHL익스프레스코리아 재경부 상무이사 2010년 同대표이사(현)

한병길(韓秉吉) HAN Byung Kil

(생)1954·2·8 (본)청주(淸州) (출)전북 남원 (주)충청남도 당진시 신평면 세한대길 33 세한대학교(041-359-6107) (학)1972년 전주고졸 1976년 서울대 문리대 영어영문학과졸 1989년 스페인 왕립외교관학교 국제정치학과졸 1997년 국방대학원 국제정치학과졸 (경)1980년 한국일보 수습기자 1980년 외무고시 합격(14회) 1980년 외무부 입부 1983~1986년 駐도미니카 2등서기관 1990년 駐칠레 1등서기관 1992~1995년 駐네덜란드 1등서기관 1998년 외교통상부 남미과장 2000년 同기획예산과장 2001년 駐미국 참사관 2003년 駐워싱턴 총영사 2004년 국회의장 의전·국제비서관 2006~2008년 외교통상부 중남미국장 2008년 駐페루 대사 2011년 국립외교원 추진기획단 대외협력대사 2012~2014년 駐아르헨티나 대사 2015년 국제교류증진협회 회장 2016년 국립외교원 명예교수(현) 2018년 세한대 초빙교수(현) (상)페루 공군 공로훈장(2010), 페루 정부 철십자대훈장(2011), 홍조근정훈장(2015) (종)천주교

한병도(韓秉道) HAN Byung Do

(생)1967 · 12 · 7 (출)전북 익산 (주)서울특별시 종로구 청와대로 1 대통령비서실(02-770-0011) (학)1985년 원광고졸 1990년 원광대 신문방송학과졸 (경)1988년 8.15남북학생회담 홍보국장 1989년 원광대 총학생회장 1989년 전북지역학생대표자협의회 조국통일위원장 1989년 민주화운동주도혐의로 투옥 2003년 열린포럼희망21 대표 2003년 대통령직속 국가균형발전위원회 자문위원 2003년 국가균형발전을위한중앙부처익산유치추진단 공동단장 2004년 열린우리당 전북도지부 정책위원 2004~2008년 제17대 국회의원(익산甲, 열린우리당 · 대통합민주신당 · 통합민주당) 2007년 열린우리당 원내부대표 2008~2009년 민주당 민주정책연구원 이사 2009년 사람사는세상 노무현재단 자문위원(현) 2011년 한 · 이라크우호재단 이사장 2012년 민주통합당 당무위원 2012년 同한명숙대표 정무특보 2012년 同제18대 대통령중앙선거대책위원회 '시민캠프' 국민명령정책참여본부장 2015년 새정치민주연합 전북도당 상임고문 2015년 더불어민주당 전북도당 상임고문 2016년 同익산시乙지역위원회 위원장 2016년 제20대 국회의원선거 출마(전북 익산시乙, 더불어민주당) 2017년 더불어민주당 제19대 문재인 대통령후보 중앙선거대책본부 국민참여본부 부본부장 2017년 대통령 정무비서관 2017년 대통령 정무수석비서관 2019년 대통령 외교특별보좌관(이라크 특임)(현) 2019년 더불어민주당 익산시乙지역위원회 위원장(현)

한병채(韓柄寀) HAN Byung Chae (卿村)

(생)1933 · 7 · 3 (본)청주(淸州) (출)대구 (주)서울특별시 중구 을지로 80-1 보승빌딩 3, 4층 한병채법률사무소(02-776-7717) (학)경북고졸 1957년 고려대 정법대학 정치학과졸 (경)1958년 고등고시 사법과 합격(10회) 1960~1969년 춘천 · 서울 · 대전 · 대구지법 판사 1969년 대구지법 의성지원장 1969년 변호사 개업(현) 1971년 제8대 국회의원(대구 중구, 신민당) 1973년 제9대 국회의원(대구 중구 · 서구 · 북구, 무소속) 1975년 신민당 대변인 1978년 롤러스케이팅연맹 회장 1979년 제10대 국회의원(대구 中 · 西 · 北, 무소속 당선 · 신민당 입당) 1980년 국회 헌법개정특별위원회 위원 1981년 제11대 국회의원(대구 중구 · 서구, 민정당) 1981년 국회 문화공보위원장 1983년 국회 법제사법위원장 1988년 헌법재판소 상임재판관 1994년 변호사 개업 1996년 무당파국민연합 대표위원 1999~2013년 공증인가 평화합동법률사무소 변호사 (상)상이보국포장(1951), 청조근정훈장(1996) (저)'헌법재판의 근원과 이론' '헌법 재판론' (작)수필집 '민심은 천심' (종)불교

한복려(韓福麗 · 女) HAN Bok Ryo

(생)1947·5·13 (출)서울 (주)서울특별시 종로구 창덕궁5길 16 궁중음식연구원 이사장실(02-3673-1122) (학)서울시립대 원예과졸, 고려대 대학원 식품공학과졸, 일본 서도쿄조리사전문학교졸, 식품영양학박사(명지대), 일본 Tsuji Cooking Academy 수료, 미국 C.I.A 요리학교 CE과정 수료, 중국 후페에메이 요리학원 연수, 중국 상해요리복무학교 연수, 연세대 외식경영자과정 수료 (경)1990~2007년 중요무형문화재 제38호 궁중음식기능보유자 후보 2003년 문화재청 궁중의례재현위원회 전문위원 2003년 MBC특별기획 '대장금' 궁중음식 자문 2005년 경기도관광공사 홍보대사 2005년 아시아나항공 기내식메뉴개발 자문위원(현) 2006년 한국관광 명예홍보대사 2007년 (사)궁중음식연구원 이사장(현) 2007년 중요무형문화재 제38호 '조선왕조궁중음식' 기능보유자(현) 2008년 한국문화재보호재단 비상임이사 2008년 '한국의 집' 전통음식점 음식자문(현) 2009년 한식재단 자문위원 2009~2011년 한식세계화 추진위원 2010년 남양주시 한식·전통음식개발분야 정책자문관 2012년 2012여수세계박람회 식음료분야 한식자문 2013~2015년 대통령소속 문화융성위원회 위원 2014년 국립무형유산원 무형유산창조협력위원회 위원 2015년 서울시 김장문화제추진 자문위원 2018년 (재)궁중음식문화재단 이사장(현) (상)문화관광부장관 전통음식보급공로상, 경기전통음식 발굴·계승감사 경기도지사표창, 남북정상회담 성공기여 통일부장관표창(2000), MBC특별기획드라마 '대장금' 감사패(2004), 부산APEC정상회의 기여 국무총리표창(2006), 금산세계인삼엑스포 인삼음식관 성공 감사장(2006), 2007외식경영대상(2007), G20정상회담 식음료자문 감사장, 올해의 여성문화인상(2015) (저)'궁중의 식생활-한국음식대관 제6권'(1997, 한국문화재보호재단) '한복려를 따라하면 요리가 즐겁다'(1998, 중앙M&B) '우리가 정말 알아야 할 우리 음식 김치 백가지'(1999, 현암사) '쉽게 맛있게 아름답게 만드는 떡'(1999, 궁중음식연구원) '다시 보고 배우는 음식디미방'(1999, 궁중음식연구원) '한복려의 밑반찬 이야기'(1999, 중앙M&B) '쉽게 맛있게 아름답게 만드는 한과'(2000, 궁중음식연구원) '한복려의 국·찌개·전골'(2000, 중앙 M&B) '한식코스요리'(2000, 중앙M&B) '한복려의 우리음식 287가지'(2001, 중앙M&B) '다시 보고 배우는 조선무쌍신식요리제법'(2001, 궁중음식연구원) '황혜성, 한복려, 정길자의 대를 이은 조선왕조 궁중음식'(2003, 궁중음식연구원) '집에서 만드는 궁중음식'(2004, 청림출판) '다시 보고 배우는 산가요록'(2007, 궁중음식연구원) '혼례'(2009, 나녹) '3대가 쓴 한국의 전통음식'(2010, 교문사) '한식코스상차림'(2010, 랜덤하우스코리아) '한국인의 장'(2013, 교문사) '대장금의 궁중 상차림(국문/영문)'(2015, 한식재단)

한부환(韓富煥) HAN Boo Whan

(생)1948 · 9 · 20 (본)청주(淸州) (출)서울 (주)서울특별시 서초구 서초중앙로29길 10 법무법인 강남(02-599-7797) (학)1966년 경기고졸 1970년 서울대 법과대학졸 1981년 미국 하버드대 법과대학원졸 (경)1970년 사법시험 합격(12회) 1972년 사법연수원 수료(2기) 1972년 해군 법무관 1975~1979년 부산지검 · 수원지검 검사 1979년 법무부 검사 1983년 대검찰청 검찰연구관 1985년 대전지검 서산지청장 1986년 대검찰청 기획과장 1988년 부산지검 형사3부장 1989년 대검찰청 중앙수사부 3과장 1990년 同중앙수사부 2과장 1991년 서울지검 형사6부장 1992년 同형사3부장 1993년 춘천지검 차장검사 1993년 부산지검 제2차장검사 1994년 서울고검 검사 1995년 서울지검 제1차장검사 1996년 同제3차장검사 1997년 서울고검 차장검사 1999년 대검찰청 총무부장 1999년 법무부 검찰국장 2000년 대전고검장 2002년 법무부 차관 2002년 반부패국제회의조직위원회 공동위원장 2002년 법무연수원장 2003년 변호사 개업 2005~2007년 대우증권 사외이사 2005~2011년 언론중재위원회 위원 2006~2012년 Venice위원회 대리위원 2007년 교육인적자원부 법학교육위원회 위원 2008~2009년 교육과학기술부 법학교육위원회 위원장 2009~2012년 하이닉스반도체 사외이사 2010~2013년 대한변호사협회 법학전문대학원평가위원회 위원장 2013년 법무법인 나라 변호사 2013~2017년 (주)예스코 사외이사 겸 감사위원 2015~2018년 연합뉴스 수용자권익위원회 위원장 2015~2017년 학교법인 영광학원(대구대) 이사장 2017년 법무법인 강남 변호사(현) 2018년 OCI(주) 사외이사 겸 감사위원(현) (상)황조근정훈장(1990), 2012 올해의 법조인상(2013) (종)불교

한분순(韓粉順 · 女) HAN, Boon Soon (蘭士·蘭史)

(생)1943 · 12 · 15 (본)청주(淸州) (출)충북 음성 (주)서울특별시 양천구 목동서로 225 대한민국예술인센터 1017호 (사)한국문인협회(02-744-8046) (학)1966년 중앙대(舊서라벌예술대학) 문예창작학과졸 (경)1966~1976년 재건국민운동중앙회 발행 국민신문 기자 1970년 서울신문 신춘문예 詩 '옥적'으로 당선 1976년 한국문학 편집부장 1980~2012년 한국여성문학인회 이사 1984년 월간 '소설문학' 편집주간 겸 출판국 주간 1987년 여원 편집국 월간 여성지 '뷰티라이프' 편집주간 1990년 서울신문 '퀸' 편집부장 1994년 同출판편집국 부국장 1997년 세계일보 편집국 부국장 1998년 同편집국 부국장 겸 문화부장 1998년 국제펜클럽 한국본부 이사(현) 1999~2001년 스포츠투데이신문 편집국 문화부장(국장대우) 2002년 한국시조시인협회 수석부회장 2004~2007

년 한국신문윤리위원회 윤리위원 2004~2011년 한국문인협회 시조분과회 회장, 가람시조문학상 심사위원장, 이호우·이영도 시조문학상 심사위원장, 조선일보·서울신문·동아일보·경상일보·농민신문 신춘문예 심사위원 2009~2012년 한국소설가협회 이사 2009~2012년 (사)한국시조시인협회 이사장 2010년 한국시인협회 이사 겸 심의위원 2011·2016년 (사)한국문인협회 부이사장(현) 2012~2014년 한국시조시인협회 명예이사장 2012~2014년 (사)한국여성문학인회 이사장 2012년 한국시인협회 이사 겸 심의위원(현) 2014년 (사)구상선생기념사업회 부이사장 2015년 한국예술단체총연합회 이사(현) 2018년 한국작가연대 편집인 2019년 중앙대문인회 회장(현) 상제1회 리승만대통령 전국백일장 대통령표창(1959), 한국시조문학상(1985), 정운시조문학상(1990), 한국시조시인협회 문학상(1993), 서울신문사 공로상(1994), 자랑스런 보성인상 예술부문(1999), 한국문학상(2001), 가람시조문학상(2004), 한국예술문화단체총연합회 문학부문 예술문화상(2006), 제14회 현대불교문학상(2009), 국제펜클럽 한국본부 제1회 송운시조문학상(2012), 문화체육관광부 대한민국문화예술상 문학부문 대통령표창(2014), 중앙대문학상(2015), 최충천년시조문학상(2015), 제31회 한국예총 예술문화상 대상 문학부문(2017) 저단편집 '직각으로의 연인'(1970), '밤마다 환상곡'(1993), '세 여자의 몽환'(1994), '룸펜의 아내'(1995), '두 모델 이야기'(1995), '라이벌'(1996), '화가와 러브호텔'(2000) 시집 '실내악을 위한 주제'(1979, 한국문학사), '서울 한낮'(1987), '우리시대현대시조100', '소녀'(2001), '손톱에 달이 뜬다'(2012), '언젠가의 연애편지'(2012), 한국대표명시선 100 서정의 취사'(2013), '빛나는 시 100인선 저물 듯 오시는 이'(2014) 수필집 '한줄기 사랑으로 네 가슴에'(1986), '어느날 문득 사랑앞에서'(1987), '소박한 날의 청춘'(1990) 장편소설 '흑장미'(1994) 종가톨릭

한비야(韓飛野·女) HAN Biya

생1958·6·26 본청주(淸州) 출서울 주서울특별시 영등포구 여의나루로 77-1 월드비전 세계시민학교(02-2078-7072) 학1978년 숭의여고졸 1986년 홍익대 영어영문학과졸 1990년 미국 유타대 언론대학원졸 2008년 미국 포드햄대 IDHA과정 수료 2010년 미국 터프츠대 플레처스쿨 인도적지원학석사 2019년 국제학박사(이화여대) 경1990~1993년 국제홍보회사 버슨-마스텔라 한국지사 마케팅부 차장 1993~1999년 세계 오지여행, 국제난민활동가 2001~2009년 월드비전 국제구호팀장 2006~2012년 국가개발협력위원회 민간위원 2011~2014년 UN중앙긴급대응기금(CERF) 자문위원 2011~2015년 한국국제협력단(KOICA) 자문위원 2012년 월드비전 세계시민학교장(현) 2012년 이화여대 국제대학원 초빙교수(현) 2013~2015년 법무부 정책위원회 위원 상제2회 한국여성지도자상 '젊은지도자상'(2004), 세상을 밝게 만든 100인(2005), 세계시민의식 고취상(2008), 시사저널 '가장 영향력 있는 한국인 NGO부분 1위' 선정(2016·2018) 저'바람의 딸, 걸어서 지구 세 바퀴 반'(전4권) '바람의 딸, 우리 땅에 서다'(1999) '한비야의 중국견문록'(2001) '지도 밖으로 행군하라'(2005) '그건, 사랑이었네'(2009) '1그램의 용기'(2015, 푸른숲) 종가톨릭

한삼석(韓三錫) HAN, SAM-SUK

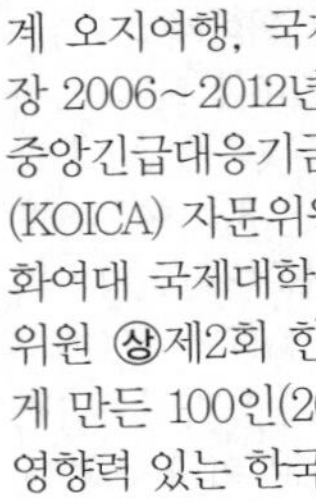

생1969·12·22 본청주(淸州) 출경기 동두천 주세종특별자치시 도움5로 20 국민권익위원회 심사보호국(044-200-7602) 학1988년 의정부고졸 1995년 고려대 불어불문학과졸 경1997~2002년 환경부 행정사무관 2002년 부패방지위원회 정책기획실 행정사무관 2004년 同정책기획실 서기관 2007년 국가청렴위원회 심사관·정책총괄팀장 2008년 국민권익위원회 부패방지부 청렴조사평가과장 2009년 同부패방지국 청렴조사평가과장 2011년 同기획조정실 국제교류담당관 2011년 同청렴총괄과장 2012년 同청렴총괄과장(부이사관) 2013년 同운영지원과장 2016년 국무조정실 파견(고위공무원) 2018년 국민권익위원회 대변인 2019년 同심사보호국장(현)

한삼화(韓三和) HAN Sam Hwa (土然)

생1945·1·9 출경북 고령 주대구광역시 동구 동부로 99 (주)삼한C1 부속실(053-755-0629) 학1992년 경북대 경영대학원졸 2011년 명예 경영학박사(경북대) 경1978년 (주)삼한상사 대표이사 1986년 (주)한옥 대표이사 1990년 (주)삼한C1 대표이사(현) 1998년 대구지구JC특우회 회장 2000년 경북도골프협회 회장 2003년 대구상공회의소 의원 2005년 제12·13·17기 민주평통 경북지역회의 부의장 2006년 자랑스러운중소기업인협의회 부회장(현) 2008년 (사)대구경북국제교류협의회 부의장(현) 2010년 한국·오스트리아협회 초대 회장(현) 상국세청장표창(1994), 이달의 자랑스러운 중소기업인상(1997), 중소기업청 선정 신지식인(2000), 산업포장(2004), 조달청장표창(2006·2008·2010), 중소기업중앙회 선정 중소기업을 빛낸 얼굴들 41인(2007), 폴란드 문화공로훈장(2008), 대통령 공로장(2009), 국민훈장 동백장(2009), 기획재정부장관표창(2011·2016), 국가건축정책위원장표창(2012), 국토교통부장관표창(2014) 저사진집 '빛&거닐다'(2019)

한상국(韓相國) HAN Sang Kook

생1963·9·3 출서울 주서울특별시 서대문구 연세로 50 연세대학교 전기전자공학과(02-2123-4016) 학1982년 대성고졸 1986년 연세대 전자공학과졸 1988년 미국 플로리다대 대학원 전자공학과졸 1994년 공학박사(미국 플로리다대) 경1994~1996년 현대전자산업(주) 시스템IC연구소 선임연구원 1996년 연세대 전기전자공학과 교수(현) 2005~2007년 同공과대학 기획부학장 2007~2009년 同창업센터장 2011년 同미래융합기술연구소 부소장, 同대학원 기술정책협동과정 주임교수(현) 2012~2016년 同항공전략연구원 사무국장 2014년 同정보통신기술연구원장 2016년 同항공전략연구원 부원장(현)

한상권(韓相權) HAN Sang Kwon

생1953·11·8 출서울 주서울특별시 도봉구 삼양로144길 33 덕성여자대학교 인문과학대학 사학과(02-901-8243) 학1973년 경기고졸 1977년 서울대 국사학과졸 1982년 同대학원졸 1993년 문학박사(서울대) 경1983~2005년 덕성여대 인문대학 사학과 전임강사·조교수·부교수 2002년 同교수협의회장 2004년 동덕여대재단 이사 2005~2019년 덕성여대 인문과학대학 사학과 교수 2006~2009년 同차미리사연구소장 2007년 同인문과학대학장 겸 인문과학연구소장 2011년 학술단체협의회 상임대표 2015년 한국사교과서국정화저지네트워크 상임대표(현) 2018년 덕성여대 총장 직대 2019년 同인문과학대학 사학과 명예교수(현) 상월봉저작상(1998), 임종국상 사회부문(2017) 저'조선시기 사회사 연구법'(1993) '조선후기 사회와 소원제도' '국가이념과 대외인식'(2001) '한국유학사상대계Ⅶ경제사상편(共)'(2007, 한국국학진흥원) '차미리사 평전-일제 강점기 여성해방운동의 선구자-'(2008, 푸른역사)

한상근(韓尙根) HAN Sang Geun

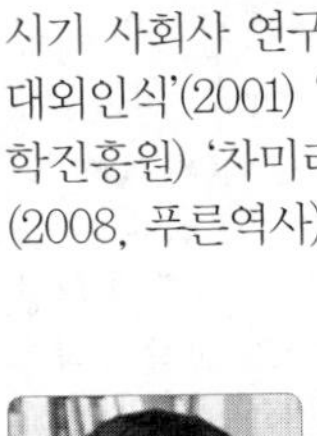

생1963·10·4 본청주(淸州) 출충북 영동 주세종특별자치시 시청대로 370 한국직업능력개발원 국가진로교육연구본부 진로교육센터(044-415-5320) 학고려대 영어영문학과졸, 同대학원 노동사회학과졸, 문학박사(고려대) 경1991~1999년 고려대 강사 1994~1999년 아세아문제연구소 선임연구원 1999~2000년 노동부 중앙고용정보관리소 책임연구원 2005년 한국직업능력개발원 연구위원 2007년 同직업진로정보센터 소장 2008년 同진로정보센터 소장 2009년 同직업진로자격연구실 선임연구위원 2012년 同진로직업정보센터 선임연구위원 2014년 同평생직업·진로교육연구본부 진로교육센터 선임연구위원 2018년

同국가진로교육연구본부 진로정보팀장(선임연구위원) 2019년 同국가진로교육연구본부 진로교육센터장(현) (저)'미래의 직업세계 직업편(共)'(2006, 정부간행물센터) '10살에 떠나는 미래 직업 대탐험'(2007, 중앙북스) '10살에 떠나는 미래 세계 직업 대탐험'(2010, 주니어중앙) '한국의 복지정치(共)'(2012, 학지사) 'GO GO! JOB월드'(2018, 와이즈만) (역)'일본사회 어디로 가는가(共)'(1996) '일본의 세계화 구상(共)'(1997) '일본주식회사-관료지배구조의 기원과 형성(共)'(1998) '현대 사회학 이론(共)'(2001)

한상대(韓相大) HAN Sang Dai

(생)1958·12·8 (본)청주(淸州) (출)경기 여주 ㈜서울특별시 송파구 올림픽로 300 롯데지주 안전관리사무국(02-750-7093) (학)여주 자영농고졸, 성균관대 법학과졸, 아주대 공공정책대학원 행정학과졸, 한국과학기술원(KAIST) 전자정부고위과정 수료, 영남대 행정대학원 최고경영자과정 수료 (경)1985년 소방간부후보생 임용(4기), 하남소방서장, 안성소방서장, 용인소방서장, 오산소방서장, 경기소방학교장, 소방방재청 화재조사팀장, 同정보화담당관 2008년 경북도 소방본부장(소방준감) 2011년 소방방재청 방호조사과장 2012년 인천시 소방안전본부장(소방감) 2014~2016년 충남도 소방본부장(소방감) 2017년 롯데지주(주) 안전팀장(상무대우), 同안전관리사무국장(현) (상)모범공무원 국무총리표창(1992), 대통령표창(1997), 홍조근정훈장(2007) (종)기독교

한상대(韓相大) HAN Sang Dae

(생)1959·1·28 (본)청주(淸州) (출)서울 ㈜서울특별시 강남구 테헤란로 423 현대타워 6층 601호 한상대법률사무소(02-3453-8051) (학)1978년 보성고졸 1981년 고려대 법학과졸 1985년 同대학원졸 1988년 미국 서던감리교대 법학대학원졸 (경)1981년 사법시험 합격(23회) 1983년 사법연수원 수료(13기) 1983년 서울지검 남부지청 검사 1986년 대전지검 천안지청 검사 1987년 서울지검 검사 1989년 법무부 국제법무심의관실 검사 1992년 서울지검 북부지청 검사 1994년 대검찰청 검찰연구관 1995년 서울지검 서부지청 검사 1996년 청주지검 충주지청장 1997년 법무부 검찰국 검사 1997년 법무연수원 기획과장 1998년 수원지검 형사4부장 1999년 법무부 인권과장 2000년 同국제법무과장 2000년 同법무심의관 2001년 서울지검 형사8부장 2002년 同형사3부장 2002년 同형사1부장 2003년 대전고검 검사 2004년 부산지검 1차장검사 2005년 同2차장검사 2005년 인천지검 1차장검사 2006년 광주고검 차장검사 2007년 법무부 법무실장 2007년 교육인적자원부 법학교육위원 2009년 법무부 검찰국장 2009년 서울고검장 2011년 서울중앙지검장 2011~2012년 검찰총장 2013년 고려대 법학전문대학원 초빙교수(현) 2014년 뉴데일리 고문(현) 2015년 한국형사법연구소 개설(현) 2015년 변호사 개업(현) 2015년 (사)6.25공원국민운동본부 이사장(현) 2017년 (주)BGF리테일 사외이사(현) (상)대검찰청 최우수 특별수사상(2005), 황조근정훈장(2009), 자랑스러운 보성인상(2011), 청조근정훈장(2013) (종)천주교

한상록(韓尙錄) Han Sang-Rok

(생)1965·4·5 ㈜서울특별시 영등포구 여의공원로 101 한국능률협회컨설팅 진단평가부문(02-3786-0640) (학)건국대 경영학과졸, 同대학원 경영학과졸 (경)제이디파워 코리아팀장, 한국능률협회컨설팅 CS경영본부 팀장, 同경영전략본부장 2006년 기획예산처 공공기관혁신지원팀장 2007년 同혁신관리팀장 2009년 한국능률협회컨설팅 경영전략본부장 2010년 同CS경영본부장 2013년 同인사조직본부장(상무) 2014년 同진단평가본부장(상무) 2018년 同진단평가부문장(CBO)겸 상무(현)

한상배(韓相培) HAN Sang Bae

(생)1952·8·30 (출)경남 ㈜서울특별시 송파구 법원로9길 26 H비지니스파크 D동 14층 (주)그린기술산업 대표이사실(02-6281-9500) (학)1971년 진주고졸 1976년 서울대 해양학과졸 1985년 연세대 경영대학원졸 1991년 서울대 환경대학원졸 (경)1982~1989년 한진건설(주) 근무 1989~1992년 동명기술공단 근무 1992년 (주)그린기술산업 대표이사 사장(현) (상)서울대학교 우수논문상(1991), 전국경제인연합회 발명진흥대회수상(1997), 한국발명진흥회 발명진흥대회수상(1999), 동탑산업훈장(2000), 금탑산업훈장(2005)

한상범(韓相範) Han Sang Beom

(생)1955·6·18 ㈜서울특별시 영등포구 여의대로 128 LG디스플레이 임원실(02-3777-1600) (학)1975년 용산고졸 1982년 연세대 요업공학과졸 1985년 미국 스티븐스대 대학원 금속공학과졸 1991년 재료공학박사(미국 스티븐스대) (경)1982~1993년 LG반도체 근무 2001년 LG필립스 LCD생산기술센터장 2004년 同Panel4 공장장 2006년 同Panel Center장(부사장) 2008년 LG디스플레이(주) Panel Center장(부사장) 2008년 同IT사업부장(부사장) 2010년 同TV사업부장(부사장) 2011년 同TV사업본부장(부사장) 2011년 同대표이사 부사장(CEO) 2012~2015년 同대표이사 사장(CEO) 2014년 한국공학한림원 정회원(현) 2015·2017년 同부회장(현) 2015~2018년 한국디스플레이산업협회 회장 2015년 독일 베를린 국제가전전시회(IFA) 개막 기조연설자 선정 2015년 LG디스플레이(주) 대표이사 부회장(CEO)(현) (상)미국 스티븐스공대 국제성과부문 자랑스러운 동문인상(2014), 금탑산업훈장(2014), 서울대 AMP대상(2014), 미국 스티븐스공대 자랑스러운 동문인상(2016)

한상범(韓相範) HAN Sang Beom

(생)1967·8·20 (본)청주(淸州) (출)부산 ㈜서울특별시 동작구 흑석로 84 중앙대학교 약학대학(02-820-5596) (학)1990년 서울대 제약학과졸 1994년 同대학원 약학과졸 1998년 약학박사(서울대) (경)1995년 고려대 보건대학 시간강사 1996년 서울대 조교 1998년 同박사 후 연구원 1998년 식품의약품안전청 박사 후 연구원 1998~2000년 강원대 시간강사 1998~2003년 서울의과학연구소 책임연구원 2000년 한국산업안전공단 분석정도관리위원 2001~2003년 바이오코아(주) 식약개발사업부 수석연구원 2002년 덕성여대 시간강사 2003년 중앙대 약학대학 조교수·부교수·교수(현) 2014~2017년 同약학대학장 2016~2017년 同의약식품대학원장 2016~2017년 (사)한국약학교육협의회 이사 (저)'약품분석의 진보1'(1998, 한림원) '약품분석의 진보2'(2000, 한림원) '약품기기분석'(2007, 신일북스) '대한약전해설서'(2008, 신일북스) '약전연습'(2008, 신일북스)

한상복(韓相福) HAN Sang-Bok

(생)1935·8·26 (본)청주(淸州) (출)경기 ㈜서울특별시 서초구 반포대로37길 59 대한민국학술원(02-3400-5220) (학)1956년 경기고졸 1961년 서울대 사회학과졸 1964년 同대학원 사회학과졸 1972년 인류학박사(미국 Michigan주립대) (경)1964~1975년 서울대 고고인류학과 강사·전임강사·조교수 1967년 우리문화연구회 회장 1969~1972년 미국 하버드대 Harvard-Yenching Institute Fellow 1969~1999년 문화체육부 문화재전문위원 1975~2000년 서울대 인류학과 부교수·교수 1978년 한국문화인류학회 회장 1980년 제1차 아시아인류학자대회 의장 1982년 제주도연구회 회장 1982년 서울대 인구및발전문제연구소장 1983년 언론중재위원회 위원 1990년 한국사회과학연구협의회 회장, 서울대 비교문화연구소장 1993년 미국 스탠퍼드대 객

원교수 1996년 사회과학정보화교육연구재단 이사장 1996년 서울대 사회과학대학장 1997년 한국농촌사회학회 회장 1997~2000년 학교법인 광운학원 이사·이사장 직대 2000년 서울대 명예교수(현) 2002~2003년 서울디지털대 석좌교수 2005~2008년 동산문화재진흥원 원장 2006~2011년 일본 사가대학(佐賀大學) 외부평가위원 2012년 대한민국학술원 회원(문화인류학·현) (상)한국문화인류학회 한국문화인류학공로상(1998), 옥조근정훈장(2000), 인촌기념회 인촌상 인문사회문학부문(2013) (저)'한국의 어촌과 어업에 관한 인류학적 연구'(1969) 'Life in Urban Korea'(1971) '인류와 문화'(1976) 'Korean Fishermen'(1977) '한국인과 한국문화'(1982) '문화인류학'(1982) 'Asian Peoples and Their Cultures'(1986) 'Water Supply and Sanitation in Korean Communities'(1988) 'Traditional Cultures of the Pacific Societies'(1990) '한국농촌의 사회문화적 변화에 관한 연구'(1990) '한국의 낙도민속지'(1992) '중국 연변의 조선족'(1993) '제주 농어촌의 지역개발'(1999) '평창 두메산골 50년'(2011) (역)'인류의 기원-1977년 루이스 리키 저'(1979)

한상숙(韓相淑·女) Sangsook Han

(생)1966·7 (주)경기도 수원시 영통구 삼성로 129 삼성전자(주) 영상디스플레이사업부 Service Business팀(031-200-1114) (학)연세대 사회학과졸, 미국 노스웨스턴대 대학원 광고마케팅학과졸 (경)2009년 삼성전자(주) 영상디스플레이사업부 Market Intelligence파트장 2012년 同영상디스플레이사업부 Service Business팀 부장 2015년 同영상디스플레이사업부 Service Business팀 상무(현)

한상연(韓相璉) HAN Sang Yun

(생)1958·4·6 (본)청주(淸州) (출)서울 (주)서울특별시 동대문구 경희대로 26 경희대학교 정경대학 행정학과(02-961-9220) (학)1985년 미국 아이오와대 정치학과졸 1987년 미국 일리노이대 대학원 도시계획과졸 1990년 도시및지역계획학박사(미국 일리노이대) (경)1991년 경희대 행정학과 교수(현) 1995~1997년 同국제교류처장 2005~2009년 同국제지역연구원장 2009~2013년 국토해양부 중앙도시계획위원 2011~2013년 대통령소속 지방행정체제개편추진위원회 위원 (상)홍조근정훈장(2013) (저)'정보정책론(共)'(1997, 나남출판사) '지식기반산업의 발전전략(共)'(1999, 산업연구원 출판국) '행정과 시민참여(共)'(2004, 경희대 출판국) '지역복지 네트워크(共)'(2005, 경희대 출판국) (역)'규제개혁과 행정간소화'(2008, OECD서울센터)

한상완(韓相完) HAN Sang Wan (友江)

(생)1941·12·3 (본)청주(淸州) (출)충남 당진 (주)강원도 원주시 흥업면 매지회촌길 79 토지문화관(033-766-5544) (학)1966년 연세대 문헌정보학과졸 1969년 同대학원 기독교교육학과졸 1976년 同대학원 문헌정보학과졸 1986년 문학박사(연세대) 1986년 영국 셰필드대 대학원 정보공학과 수료 (경)1971년 홍익대 중앙도서관 사서과장 1977년 국제경제연구원 수석연구원·정보실장 1981~1991년 전남대 문헌정보학과 부교수·교수 1989년 同사회과학연구소장 1991~2007년 연세대 문헌정보학과 교수 1994~1996년 한국문헌정보학회 회장 1994~1996년 디지털도서관국제학술회의 조직위원장 1996년 연세대 학생복지처장 1997~2000년 同연구처장 1998년 전국대학연구처장협의회 회장 1999년 한국기록관리협회 회장 2000년 한국기록관리학회 초대회장 2000년 학교도서관살리기국민연대 상임대표 2001~2011년 책읽는사회만들기국민운동 공동대표 2002년 연세대 교육대학원장 2003년 한국도서관협회 부회장 2004~2007년 연세대 원주캠퍼스 부총장 2004년 同평생교육원장 2004~2007년 용재 백락준박사 기념사업회 운영위원 2005~2007년 한국도서관협회 회장 2005년 국제도서관협회(IFLA) 이사 2005~2006년 '2006 서울세계도서관정보대회조직위원회' 집행위원장 2005~2011년 한국지역사회교육협의회 부회장 2006년 미국 빌&멜린다게이츠재단 '2006 Access to Learning Award' 선정 자문위원 2007~2009년 대통령소속 도서관정보정책위원회 초대위원장 2008년 토지문화재단 이사 겸 운영위원장(현) 2009년 시 전문지 '심상'에 신인상 수상으로 시인 등단 2009년 시인(현) 2010년 심상문학회 회원 2010년 '2016국제기록관리협의회(ICA)' 총회 서울유치위원회 위원장 2011년 (재)한국지역사회교육연구원 이사 2011~2014년 한국기록협회 회장 2012년 '2016 국제기록관리협의회(ICA)' 총회 개최준비자문위원회 위원장 2012년 서울시립청소년문화교류센터 기획위원장 2014년 (재)한국지역사회교육연구원 이사장 2014년 한국기록협회 명예회장(현) 2014년 연세대 개방이사 겸 감사추천위원장 2014년 한국기독시인협회 회원(현) 2014년 한국시인협회 회원(현), (재)한국지역사회교육연구원 명예이사장(현) (상)한국도서관 연구상(1987), 은관문화훈장(2007), 연세대 연문인상(2011) (저)'대학도서관 정보서비스론' '정보조사제공론' '정보사회의 전개와 정보이용' '디지털시대의 정보조사제공학' '지식정보사회와 지식정보의 활용' '인문과학과 예술의 핵심지식정보원' '지식정보사회에서의 정보활용' '경제학의 핵심지식정보원' '정보조사제공학' '105가지의 향기로운 이야기 : 友江 한상완의 삶과 학문과 꿈' 시화집 '편지'(2010) '그대는 나의 별'(2012) '불꽃'(2016, 마로니에북스) (종)기독교

한상완(韓相完) Sangwan, Han

(생)1961·6·30 (본)청주(淸州) (출)충남 태안 (주)서울특별시 종로구 율곡로 194 현대그룹빌딩 서관 3층 현대경제연구원 총괄연구본부(02-2072-6230) (학)1979년 경복고졸 1983년 연세대 행정학과졸 1991년 경제학박사(미국 뉴욕시립대) (경)2002년 현대경제연구원 경영연구본부장 2005년 同컨설팅본부장 2007년 同경제연구본부장 2008년 同산업전략본부장 2011년 연합뉴스TV 자문위원 2012년 외교통상부 자문위원 2013년 외교부 자문위원 2013년 현대경제연구원 총괄연구본부장(전무)(현) 2014년 연합인포맥스 자문위원 2015년 현대경제연구원 대표이사 원장 직대 (저)'경제를 보는 두개의 눈'(2010, 현대경제연구원북스) 외 다수 (종)불교

한상욱(韓相旭) HAN Sang Wook (浪石)

(생)1939·11·26 (본)청주(淸州) (출)경기 시흥 (주)경기도 용인시 기흥구 흥덕중앙로 120 U-타워 909호 아·태환경경영연구원 이사장실 (학)1958년 제물포고졸 1963년 성균관대 약학대학졸 1966년 서울대 보건대학원졸 1985년 약학박사(성균관대) (경)1965~1971년 국립보건원·보건사회부 근무 1973년 국립마산병원 약국장 1973~1978년 국립보건원 위생공학·공해연구담당관 1978년 보건사회부 수질보전담당 보좌관 1980년 환경청 수질제도과장 1984년 同수질보전국장 1986년 부산환경지청장 1987년 국립환경연구원 환경보건연구부장 겸 연구조정위원장 1990년 환경처 조정평가실장 1992년 아·태환경경영연구원 원장 1992년 미국 미시간주립대 객좌교수 1992년 United Earth 한국수석협력책임자 1996년 강원대 초빙교수 1996년 환경동우회 이사장 1997년 한국환경정책학회 회장 1997~2002년 한국환경영향평가학회 회장·명예회장 1999년 대진대 공과대학 겸임교수 2000년 한국과학기술연구원(KIST) 정책자문위원 2001년 한양대 겸임교수 2002년 한국EHS학회 회장 2003년 광운대 보건대학원 초빙교수 2003~2008년 同환경대학원장 2003~2009년 同전략환경평가연구소장 2005년 전략환경평가포럼 공동의장(현) 2006년 아·태환경경영연구원 이사장(현) (상)안보유공표창(1975), 녹조근정훈장(1983), 과학기술상(1989) (저)'기초환경화학(共)'(1985) '쓰레기재활용(共)'(1992) '수질관리(共)'(1995) '미국의 환경영향평가(共)'(1995) '최신환경과학(共)'(1997) '환경영향평가(共)'(1997) '사회약학'(共) '환경행정론'(共) '환경영향평가제도'(共) '환경영향평가론'

한상욱(韓相旭) Sang Uk Han

(생)1963 (주)경기도 수원시 영통구 월드컵로 164 아주대학교병원 원장실(031-219-5451) (학)1988년 서울대 의대졸 1998년 同대학원 의학석사 2000년 의학박사(서울대) (경)1997~2008년 아주대 의대 외과학교실 조교수·부교수 2001~2003년 미국 국립암센터 연수 2009년 아주대 의대 외과학교실 교수(현) 2012~2014년 아주대병원 제1진료부원장 2014~2018년 同외장관외과장 겸 위암센터장 2014~2018년 아주대의료원 기획조정실장, 대한내시경복강경외과학회 기획이사(현), 대한위암학회 감사, 대한암학회 이사(현), 대한종양외과학회 정책기획위원장(현), 대한비만대사외과학회 기획위원장(현) 2017년 대한복강경위장관연구회 회장(현) 2018년 아주대병원장(현)

한상욱(韓相旭) HAN Sang Wook

(생)1964·6·30 (주)서울특별시 송파구 올림픽로 25 창원 LG세이커스 프로농구단 단장실(02-2005-5735) (학)일본 규슈산업대 대학원 경제학과졸 (경)1991년 LG전자(주) 입사 1994년 LG농구단 창단멤버 1994~2007년 同운영·마케팅·홍보담당 2007~2009년 LG전자(주) 한국마케팅담당 2010~2016년 LG농구단 사무국장 2016년 창원 LG세이커스 프로농구단장(현)

한상원(韓相源) HAN Sang Won

(생)1954·1·18 (출)전남 해남 (주)전라남도 화순군 동면 동농공길 26-2 다스코(주)(061-370-2114) (학)1972년 광주상고졸 1995년 전남대 경영대학원 수료 1996년 同행정대학원 수료 (경)1983년 동아산업 창업·대표 1989년 동아산업(주) 대표이사 1991년 광주상고총동창회 회장 1996년 동아기공(주) 대표이사 1998년 진성라이온스클럽 회장 2001~2018년 동아에스텍(주) 대표이사 2003~2009년 대한전문건설협회 전남도회장 2004~2012년 전문건설공제조합 운영위원회 위원 2013~2017년 동아세라믹 대표이사 2015~2017년 광주상공회의소 부회장 2017~2018년 조선대 특임교수 2018년 다스코(주) 대표이사(현) 2018년 광주사회복지공동모금회 회장(현) 2019년 민주평통 전남지역회의 부의장(현) (상)중소기업대상, 재정경제부장관표창, 철탑산업훈장, 부산시장표창, 은탑산업훈장(2010)

한상원(韓相源) HAHN Sang-won

(생)1957·10·9 (본)청주(淸州) (출)서울 (주)서울특별시 강남구 강남대로 308 랜드마크타워 8층 (사)해외자원개발협회(02-2112-8701) (학)1976년 서울 숭문고졸 1985년 건국대 정치외교학과졸 1992년 고려대 정책대학원 정치학과졸 1995년 독일 본(Bonn)대 수학 2010년 경희대 대학원 정치학 박사과정 수료 (경)1996년 정무장관(제1)실 정당담당관(서기관) 1997년 同장관비서관 1999년 국무총리비서실 행정관(정무, 총무) 2000년 독일 베를린사회과학원(WZB) 직무파견 2002년 국무총리비서실 행정관(부이사관) 2005년 국무조정실 심사평가조정관실 평가제도과장 2008년 국무총리실 공보실 연설행정관 2010년 同정무기획총괄행정관 2010년 同정책분석평가실 평가관리관(고위공무원) 2011년 국방대 안보과정 교육파견 2012년 국무총리실 사회통합정책실 안전환경정책관 2013년 국무조정실 사회조정실 안전환경정책관 겸 정부합동안전점검단 부단장 2014년 국무총리소속 민관합동규제개선추진단 부단장 2016년 국무총리비서실 민정민원비서관 2017년 해외자원개발진흥재단 이사장(현) 2017년 해외자원개발협회 상근부회장(현) (상)정부업무평가유공 근정포장(2007), 제1회 위해위험물안전포럼 대상(2013), 규제개혁유공 홍조근정훈장(2016)

한상원(韓相遠) HAN, Sang Won

(생)1958·1·23 (출)서울 (주)서울특별시 서대문구 연세로 50-1 연세대학교의료원 기획조정실(02-2228-1041) (학)1982년 연세대 의대졸 1985년 同대학원 의학석사 1991년 의학박사(연세대) (경)1987~1998년 미국 노스웨스턴대 The Children's Memorial Hospital 연수 1989~2004년 연세대 의과대학 비뇨기과학교실 강사·조교수·부교수 2002~2010년 Secretary of the Korea-Japanese Society Pediatric Urology 2002~2006년 대한비뇨기과학회 편집위원장 2003~2004년 대한이분척추학회 회장 2003~2009년 Treasurer of Asia-Pacific Association of Pediatric Urologists 2004~2007년 비뇨기과학4판 편집위원장 2004년 연세대 의과대학 비뇨기과학교실 교수(현) 2006~2011년 The Journal of Korean Medical Association Editor 2006·2014~2018년 연세대의료원 어린이병원 소아비뇨기과장 2007~2008년 대한야뇨증학회 회장 2009년 대한소아배뇨장애야뇨증학회 회장·고문이사(현) 2009~2011년 대한소아비뇨기과학회 부회장 2011~2012년 세브란스병원 적정진료관리(QI)실장 2012~2014년 연세대의료원 비뇨의과학연구소장 2012~2014년 아·태소아비뇨기과학회 회장 2012년 The Asia-Pacific Association of Pediatric Urologists Chair of Organizing Committee 2012년 Translational Andrology and Urology Editor 2012~2014년 대한비뇨기과학회 회장 2012~2014년 세브란스병원 비뇨기과장 2012~2014년 연세대 의과대학 비뇨기과학교실 주임교수 2013~2014년 대한비뇨기과학재단 이사장 2014~2016년 연세대의료원 어린이병원장 2016년 同기획조정실장(현) (상)대한비뇨기과학회 학술상(7회), 대한신장학회 최우수초록상, 한국과학기술단체총연합회 우수논문상, 대한소아비뇨기과학회 학술상(6회), 아시아태평양소아비뇨기과학회 학술상 (저)'신장학'(共) '비뇨기과학제3판'(共) 'Pearl of Wisdom in Urology' '임상 신장학'(共) '비뇨기과학 제4판'(共) (역)'Crash Course Urology' (종)기독교

한상익(韓相益) han sang ig

(생)1965·11·17 (본)청주(淸州) (출)충북 제천 (주)서울특별시 종로구 율곡로2길 25 연합뉴스 미디어기술국(02-398-3114) (학)충북 제천고졸, 숭실대 전자계산학과졸 (경)1990년 연합통신 전산부 입사 2004년 연합뉴스 전산부 차장 2007년 同전산부 부장대우 2010년 同고객지원팀장 2011년 同제작개발팀장 2012년 同정보통신국 개발부장 2013년 同미디어기술국 뉴미디어개발부장 2013년 同미디어기술국 ICT기획부장 2014년 同미디어기술국 ICT기획부장(부국장대우) 2015년 同미디어기술국 미디어기술부장 2016년 同미디어기술국 운영개발부장 2018년 同미디어기술국 IT운영부 부국장 2019년 同미디어기술국 IT운영부 선임 2019년 同제작시스템부 선임 2019년 同미디어기술국장(현) (종)기독교

한상진(韓相震) HAN Sang Jin

(생)1945·2·15 (출)전북 임실 (주)서울특별시 관악구 관악로 1 서울대학교 사회학과(02-880-6401) (학)1963년 전주고졸 1970년 서울대 사회학과졸 1972년 同대학원 사회학과졸 1979년 사회학박사(미국 서던일리노이대) (경)1972년 서울대 문리대학 조교 1976년 미국 서던일리노이대 방문교수 1979~1981년 독일 빌레펠트대 사회학과부 연구교수 1981~2010년 서울대 사회학과 조교수·부교수·교수 1991년 미국 컬럼비아대 교환교수 1992년 독일 베를린과학원 초빙교수 1995년 프랑스 파리고등사회과학원 초빙교수 1998년 아·태평화재단 감사 1998년 대통령자문 정책기획위원 1998년 제2의건국범국민추진위원회 상임위원 1998년 노사정위원회 위원 1998년 통일부 통일정책평가회의 위원 1998~2000년 한국방송공사(KBS) 이사 1999~2000년 한국정신문화연구원 원장 1999년 외규장각도서문제 협상대표 2001~2003년 대통령자문 정책기획위원회 위원장 2004년 열린우리당 열린우리정

책연구원 이사 2010년 서울대 사회학과 명예교수(현) 2010~2016년 중국 칭화대 특별초빙교수 2011년 중민사회이론연구재단 이사장(현) 2013년 민주통합당 비상대책위원회 대선평가특별위원장 2016년 국민의당 창당준비위원회 공동위원장 (저)'한국사회와 관료적 권위주의' '중민이론의 탐색' '현대성의 새로운 지평' '현대사회와 인권' '제3세계 정치체계와 관료제 권위주의' '동양의 눈으로 세계를 향하여' '눈카마스, 이제는 그만' '한국 : 제3의 길을 찾아서' 등 '탈바꿈'(2019, 중민출판사)

한상진(韓相鎭) HAN Sang-Jin

(생)1965 · 2 · 25 (출)충남 부여 (주)충청북도 청주시 서원구 산남로70번길 34 신성미소시티블루1 605호 한상진법률사무소(043-292-3003) (학)1983년 공주대사대부고졸 1987년 한양대 법학과졸 (경)1992년 사법시험 합격(34회) 1995년 사법연수원 수료(24기) 1995년 수원지검 검사 1997년 청주지검 충주지청 검사 1998년 서울지검 동부지청 검사 2000년 대전지검 검사 2002년 전주지검 검사 2004년 서울서부지검 검사 2007년 청주지검 부부장검사 2008년 정부법무공단 파견 2009년 청주지검 2부장검사 2009년 창원지검 특수부장 2010년 의정부지검 형사5부장 2011년 법무부 국가송무과장 2012년 서울북부지검 형사5부장 2013년 청주지검 부장검사 2014년 수원지검 형사1부장 2015년 법무연수원 교수 2015년 변호사 개업(현)

한상철(韓相哲)

(생)1966 · 4 · 25 (출)경북 봉화 (주)인천광역시 연수구 센트럴로 263 송도IBS타워 內 중부지방해양경찰청 경비과(032-728-8041) (학)안동고졸, 한국방송통신대 법학과졸, 인하대 대학원 행정학과졸 (경)2001년 해양경찰청 감사담당관실 근무 2008년 同정보수사국 정보계장 2012년 同해양경계임무인수TF 팀장 2016년 동해지방해양경찰청 동해해양경찰서 1511함장 2017년 해양경찰청 레저기획계장 2018년 총경 승진 2018년 동해지방해양경찰청 동해해양경찰서장 2019년 중부지방해양경찰청 경비과장(현)

한상필(韓相弼) HAN Sangpil

(생)1960 · 12 · 15 (본)청주(淸州) (출)충남 서산 (주)경기도 안산시 상록구 한양대학로 55 한양대학교 언론정보대학 광고홍보학과(031-400-5422) (학)1978년 경기고졸 1985년 한양대 신문방송학과졸 1987년 미국 일리노이대 대학원 광고홍보학과졸 1990년 광고홍보학박사(미국 일리노이대) (경)1991년 한양대 언론정보대학 광고홍보학부 교수(현) 1997~1999년 미국 일리노이대 광고학과 교환교수 2001~2009년 한국광고학회 총무이사 · 편집위원 · 부회장 2002년 한국언론학회 이사, 同광고분과 회장, 간행물윤리위원회 광고분과 심의위원 2004년 한양대 방송국 주간 2005년 同인터넷한양 주간 2005년 세계광고대회 한국측 연사 2005년 건강기능식품 광고심의위원 2006년 아시아광고대회 집행위원 2006년 세계일보 광고대상 심사위원 2007년 의료기기광고심의위원 2007년 한국광고자율심의기구 제2광고심의위원회 위원 2008년 한국광고대회 집행위원장 2008년 대한민국광고대상 심사위원 2008년 매일경제 광고대상 심사위원 2009년 한국케이블TV방송협회 방송광고심의위원장 2009년 식품의약품안전청 어린이기호식품광고자문단 2009년 TBS 시청자위원 2009년 경제인문사회연구회 기획평가위원 2009년 광고거래표준화위원회 위원장 2009년 경기도 홍보자문위원 2010년 방송광고정책포럼 좌장 2010~2014년 한국연구재단 Review Board 2010년 농림수산식품부 홍보자문단 2010년 국토해양부 홍보자문위원 2010~2012년 보건복지부 건강기능식품 심의위원 2010년 한국교육개발원 학점은행제 평가위원 2010년 한국능률협회 소비자만족대상 심사위원 2010~2011년 한국광고학회 회장 2010~2012년 경제인문사회연구회 기획평가위원 2010년 광고산업발전위원회 위원장 2012~2014년 한양대 ERICA캠퍼스 기획홍보처장 2012년 한국언론학회 부회장 2012년 한국마케팅학회 이사 2012년 서비스마케팅학회 상임이사(현) 2013년 한국고객만족경영학회 이사(현) 2014~2016년 공정거래위원회 표시 · 광고자문위원회 위원장 2015~2018년 MBC꿈나무축구재단 이사 2015~2017년 한양대 ERICA캠퍼스 언론정보대학장 2017~2018년 한국장학재단 홍보자문위원 2018년 International Business Awards 출판분과 심사위원장 (상)국제광고협회 감사장, 한국방송공사 우수저술상, 한국광고학회 최우수논문지도상, 한국광고홍보학회 최우수논문상, 한양대 최우수연구상, 한양대 우수교육상, 보건복지부장관표창, 문화체육관광부 우수저술상, 한국갤럽 학술논문 최우수상(2011) (저)'현대사회와 광고' '광고와 문화' '광고는 과연 물건을 팔아주는가?' '광고와 경제' '현대광고의 전략' '미국광고법의 이해' '광고매체 워크북' '광고캠페인전략' 'FTA시대의 한국광고' '글로벌 마케팅 커뮤니케이션' (종)천주교

한상혁(韓相赫) HAN Sang Hyuk

(생)1961 · 6 · 21 (출)충남 청양 (주)경기도 과천시 관문로 47 방송통신위원회 위원장실(02-500-9000) (학)1980년 대전고졸 1989년 고려대 법학과졸, 중앙대 신문방송대학원 언론학과졸 (경)1989~1994년 (주)한덕생명보험 근무 1998년 사법시험 합격(40회) 2001년 사법연수원 수료(30기), 방송위원회 기금관리위원회 위원, 방송통신융합추진위원회 전문위원 2001년 법무법인 정세 변호사, 同대표변호사 2009~2012년 방송문화진흥회 이사 2014~2015년 방송통신심의위원회 광고특별위원회 위원 2018년 (사)민주언론시민연합 공동대표 2019년 방송통신위원회 위원장(장관급)(현)

한상훈(韓相勳)

(생)1965 · 11 · 9 (주)서울특별시 용산구 한강대로 100 (주)아모레퍼시픽 임원실(02-709-5114) (학)서울대 공업화학과졸, 아주대 대학원 공업화학과졸, 고분자공학박사(성균관대) (경)(주)아모레퍼시픽 스킨케어연구2팀장, 同고객기술팀장, 同화장품연구소장, 同화장품연구실 상무 2014년 同연구경영 Division장(전무) 2014~2019년 同R&D부문장(전무) 2019년 同고문(현) (상)산업포장(2019)

한상훈(韓尙勳)

(생)1966 · 6 (출)대구 (주)서울특별시 강남구 영동대로 513 아셈타워 (주)LS 경영관리부문(02-2189-9988) (학)1985년 경북대사대부고졸 1992년 고려대 경제학과졸 (경)1992년 금성기전 입사 1995년 LG화학 재무관리팀 근무 2006년 LG상사 미국법인 부장 2010년 同금융팀 부장 2011년 (주)LS 경영관리부문장(이사) 2013년 同경영관리부문장(상무) 2016년 同경영관리부문장(CFO · 상무) 2017년 同경영관리부문장(CFO · 전무)(현)

한 석(韓 錫) HAN Seok

(생)1960·10·18 (주)서울특별시 영등포구 국제금융로2길 32 현대차증권 Retail사업본부(02-3787-2114) (학)1979년 서울 우신고졸 1983년 홍익대 무역학과졸, 연세대 법무대학원 경영정책법무과정 수료 (경)고려증권 근무 2004~2006년 현대증권 서초·압구정지점장 2007년 同금융상품법인부장 2008년 同강동지역본부장(상무보대우) 2010년 同IB영업담당 상무보 2011년 同헤지펀드운용업추진담당 상무보 2012년 同PBS담당 본부장 2013년 同PBS본부장 2014~2015년 펀드온라인코리아(주) 영업본부장(상무이사) 2015년 HMC투자증권 WM사업본부장(상무) 2016년 同Retail사업본부장(전무) 2017년 현대차투자증권 Retail사업본부장 2018년 현대차증권 Retail사업본부장(현) (종)기독교

한석리(韓奭履) HAN Seok Ri

(생)1969·1·25 (출)강원 영월 (주)서울특별시 서초구 반포대로 158 서울중앙지방검찰청 총무과(02-530-4771) (학)1987년 제천고졸 1995년 한양대 법학과졸 (경)1996년 사법시험 합격(38회) 1999년 사법연수원 수료(28기) 1999년 부산지검 검사 2001년 춘천지검 영월지청 검사 2002년 인천지검 검사 2004년 서울북부지검 검사 2007년 법무부 법무심의관실 검사 2009년 청주지검 검사 2011년 서울중앙지검 부부장검사 2012년 춘천지검 원주지청 부장검사 2014년 대구지검 안동지청장 2015년 대검찰청 공판송무과장 2016년 同형사1과장 2017년 서울중앙지검 형사4부장 2018년 춘천지검 강릉지청장 2019년 서울중앙지검 제4차장검사(현)

한석수(韓晳洙) HAN Seok Soo

(생)1959·5·19 (출)충남 공주 (주)인천광역시 동구 재능로 178 인천재능고등학교 교장실(032-890-7694) (학)공주대사대부고졸, 한양대졸, 同행정대학원졸, 교육학박사(미국 아이오와대) (경)1985년 행정고시 합격(29회) 1996년 교육부 고등교육실 대학학무과 서기관 1998년 同감사관실 서기관 2003년 교육인적자원부 대학지원국 학술학사지원과장 2003년 同대학지원국 대학학사지원과장 2004년 同학사지원과장 2005년 同기획법무담당관 2005년 공주대 초빙교수 2006년 교육인적자원부 전문대학정책과장 2006년 同혁신인사기획관(서기관) 2007년 同혁신인사기획관(부이사관) 2007년 충남대 사무국장(고위공무원) 2008년 충남도교육청 부교육감 2008~2009년 同교육감 직대 2009년 교육과학기술부 교육과학기술연수원장 2010년 同정책조정기획관 2010년 同대학지원관 2011년 同교육정보통계국장 2011~2012년 전북대 사무국장 2012년 해외파견(고위공무원) 2013년 교육부 대학지원관 2014년 同대학지원실장 2015년 同대학정책실장 2016~2019년 한국교육학술정보원(KERIS) 원장 2019년 인천재능고 교장(현) (상)근정포장, 공무원문예대전 시부문 우수상 (저)'교육정책의 나비효과를 꿈꾸며'(2005) 시집 '커피는 알라딘 램프다'(2012, 지혜) '교육 단상'(2014) (역)'미국대학 입학사정관들의 고민'(2007)

한석영(韓晳榮) HAN Seog Young

(생)1959·9·17 (본)청주(淸州) (출)서울 (주)서울특별시 성동구 왕십리로 222 한양대학교 공과대학 기계공학부(02-2220-0456) (학)1978년 휘문고졸 1982년 한양대 기계공학과졸 1984년 미국 오리건주립대 대학원 기계공학과졸 1989년 공학박사(미국 오리건주립대) (경)1989~1993년 산업과학기술연구소 연구원 1993년 인덕전문대학 기계과 전임강사 1995년 한양대 공과대학 기계공학부 조교수·부교수·교수(현) 2013~2015년 同공과대학 부학장 2015~2017년 同공과대학 4학장 2018년 한국생산제조학회 수석부회장 2019년 同회장(현) (상)논문우수발표상(2008·2009·2010), 담우학술상(2010) (저)'재료역학(共)'(2003, 보문당) '대학 재료역학(共)'(2008) (역)'고체역학'(2014) '재료역학'(2012·2015) (종)기독교

한석정(韓錫政) Suk-Jung Han

(생)1953·2·16 (출)경남 마산 (주)부산광역시 사하구 낙동대로550번길 37 동아대학교 총장실(051-200-6006) (학)경남고졸 1978년 서울대 국어국문학과졸 1982년 미국 볼스테이트대 대학원 사회학과졸 1995년 사회학박사(미국 시카고대) (경)1978~1979년 율산실업·제세산업·대봉산업 근무 1980년 한국일보 사회부 기자 1983~2011년 동아대 사회과학대학 사회학과 전임강사·조교수·부교수·교수 1999~2000년 미국 캘리포니아대 교환교수 2005년 일본 국제일본문화연구센터 외국인연구원 2007년 동아대 사회과학대학장 2010년 同교무·연구처장 2011~2014년 同부총장 2016년 同총장(현) 2017년 한국대학스포츠총장협의회 이사(현) (상)가담학술상(1999), 세계공자학원 우수공자아카데미상(2016) (저)'경계를 넘는 역사 : 제국 시대의 만주'(2005) '만주 : 그 땅 사람 그리고 역사'(2005) '만주국 건국의 재해석 : 괴뢰국의 국가효과 1932~1936'(2007) '한일 역사인식 논쟁의 메타히스토리(共)'(2008) '満洲：交錯する歴史(共)'(2008) '만주, 동아시아 융합의 공간'(2008) '東アジア歴史認識論爭のメタヒストリ(共)'(2008) (역)'화려한 군주'(2003, 이산) '주권과 순수성 : 만주국과 동아시아적 근대'(2008, 나남)

한석주(韓碩柱) Seok Joo Han (海岩·眞人思)

(생)1960·3·22 (본)청주(淸州) (출)서울 (주)서울특별시 서대문구 연세로 50-1 세브란스어린이병원 소아외과(02-2228-2130) (학)1985년 연세대 의대졸 2001년 고려대 대학원 의학석사 2005년 의학박사(고려대) (경)1996~2011년 연세대 의과대학 외과학교실 전임강사·조교수·부교수 1997년 ISO/TC 170 의료기 부회 전문위원 1998년 아시아소아외과학회 평생회원(현) 1999~2000년 미국 캘리포니아대 Fellow 2006~2010년 세브란스어린이병원 진료부장 2006~2014년 同소아외과장 2007년 대한소아외과학회 보험이사 2011~2013년 同총무이사 2011년 연세대 의과대학 외과학교실 교수(현) 2012~2017년 대한소아외과학회 감사 2012년 대한의사협회 정책자문단 위원(현) 2013년 보건복지부 신의료기술평가위원회 분야별전문평가위원회 위원 2014년 식품의약품안전처 중앙약사심의위원회 전문가 2014년 Asian Journal of Surgery 심사위원(현) 2014·2016~2018년 대한외과학회 교과서편찬위원(2차 개정판)

한석태(韓錫太) Seog-Tae Han

(생)1957·6·18 (본)청주(淸州) (출)전남 목포 (주)대전광역시 유성구 대덕대로 776 한국천문연구원 전파천문본부 전파기술개발그룹(042-865-3283) (학)1979년 한양대 공과대학졸 1986년 광운대 대학원 전자통신공학과졸 1996년 전자공학박사(충남대) (경)1986~2003년 천문우주과학연구소 대덕전파천문대 책임연구원 1987~1989년 미국 Univ. of Massachusetts 천문학과 객원연구원 2000~2004년 한국전자파학회 학술이사 2009년 한국천문연구원 기술개발본부장 2011년 同선임본부장 2011년 한국전자파학회 협동부회장 2014년 한국천문연구원 핵심기술개발본부 책임연구원 2014년 同전파천문본부 전파기술개발그룹 책임연구원(현) (상)과학기술포장(2014) (저)'전자파응용공학'(2008) (역)'밀리미터파 공학'(1998)

한석희(韓碩熙) Han Sukhee

(생)1965·3·18 (주)서울특별시 서대문구 연세로 50 연세대 국제학대학원(02-2123-3962) (학)1988년 연세대 정치외교학과졸 1990년 同대학원 정치학과졸 1994년 미국 터프츠대 플레처스쿨 외교·국제법대학원 외교학과졸 1998년 외교학박사(미국 터프츠대) (경)1988년 연세대 동서문제연구원 연구원 1992~1998년 Fletcher North Pacific Program 연구위원 1998년 중국 베이징대 아시아·아프리카연구소 강의교수 1998년 同국제관계학원 방문학자 1998년 同정치·행정학과 강의교수 1999년 중국사회과학원 아·태연구소 특임연구원 2001년 연세대 사회과학대학 사회과학연구소 전문연구원 2002년 同통일연구원 연구교수 2004년 同동서문제연구원 중국연구부장 2010년 국가미래연구원 외교안보분야 발기인 2011년 연세대 국제학대학원 부교수 2011년 同국제학대학원 중국학연계전공 책임교수 2012~2015·2017년 同국제학대학원 교수(현) 2013년 박근혜 대통령당선인 중국특사단원 2014년 대통령직속 통일준비위원회 외교안보분과위원회 전문위원 2015~2017년 駐상하이 총영사 2019년 연세대 국제학대학원 부원장(현)

한선교(韓善敎) HAN Sun Kyo

(생)1959·6·23 (출)서울 (주)서울특별시 영등포구 의사당대로 1 국회 의원회관 913호(02-784-2066) (학)1977년 대일고졸 1985년 성균관대 물리학과졸 2007년 同국가전략대학원 정치학과졸 2012년 同유학대학원 문학과졸 (경)1984~1995년 문화방송(MBC) 아나운서 1995년 프리랜서 아나운서 1997년 아나운서협의회 사무국장 2004년 한나라당 공동대변인 2004년 제17대 국회의원(용인시乙, 한나라당·무소속) 2008년 제18대 국회의원(용인시 수지구, 무소속·한나라당·새누리당) 2008~2009년 한나라당 홍보기획본부장 2010~2011년 국회 문화체육관광방송통신위원회 간사 2010~2012년 한나라당 문화예술체육특별위원회 부위원장 2011~2014년 한국농구연맹(KBL) 총재 2012년 제19대 국회의원(용인시丙, 새누리당) 2012~2013년 국회 문화체육관광방송통신위원장 2013~2014년 국회 미래창조과학방송통신위원장 2014년 국회 교육문화체육관광위원회 위원 2016년 제20대 국회의원(용인시丙, 새누리당·자유한국당〈2017.2〉)(현) 2016~2018년 국회 교육문화체육관광위원회 위원 2016년 국회 정치발전특별위원회 위원 2017년 자유한국당 제19대 홍준표 대통령후보 중앙선거대책위원회 공동위원장 2018년 국회 문화체육관광위원회 위원(현) 2018년 국회 정보위원회 위원(현) 2019년 자유한국당 사무총장 (상)보건복지부장관표창(1997), NGO모니터 선정 우수국감의원(2004), 중부일보 선정 '율곡대상 국가정치부문'(2005), 제1회 매니페스토 약속대상 우수상(2009), 대한민국 헌정상 우수상(2011) (작)진행 'MBC 아침만들기', 'MBC 선택 토요일이 좋다', 'MBC 주부가요열창', 'SBS 한선교의 좋은 아침'(1996), 'SBS 한선교·정은아의 좋은 아침'(1999~2004) CF출연 '커피 리치아로마'(1996) (종)천주교

한선재(韓宣在) HAN Sun Jae

(생)1959·1·1 (주)경기도 수원시 장안구 경수대로 1150 경기도평생교육진흥원 원장실(031-547-6501) (학)진도고졸, 경희대 사회과학대학졸 2000년 한양대 지방자치대학원 지방자치학과졸, 고려대 정책대학원졸 (경)민주평통 부천소사구지회장, 21세기국정자문위원회 위원 2002·2006·2010~2014년 경기 부천시의회 의원(민주당·민주통합당·민주당·새정치민주연합) 2006~2008년 同기획재정위원장 2008~2010년 同부의장 2012년 同의장 2012년 민주통합당 제18대 대통령선거대책위원회 특보 2014~2018년 경기 부천시의회 의원(새정치민주연합·더불어민주당), 경기콘텐츠진흥원 이사, 부천문화재단 이사 2018년 경기도평생교육진흥원 원장(현) 2019년 전국시도평생교육진흥원협의회 회장(현) (상)제2회 매니페스토약속대상 기초지방의원부문(2010), 제4회 올해의 신한국인 대상(2013), 한국을 이끄는 혁신리더(2013), 자랑스런 한국인 그랑프리 대상(2013), 전국지역신문협회 의정대상(2013)

한선학(韓禪學) HAN SANGGIL

(생)1957·9·10 (본)청주(淸州) (출)경북 청송 (주)강원도 원주시 신림면 물안길 62 치악산 명주사(033-761-7885) (학)1976년 서울대사대부고졸 1982년 동국대 불교미술학과졸 1988년 대구대 사회개발대학원 사회복지학과졸 2010년 박물관교육학박사(한양대) (경)1982년 한국불교태고종 승려(현) 1988년 치악산명주사 창건·주지(현) 2003년 고판화박물관 설립·관장(현) 2011년 한국고판화학회 설립·회장(현) 2012년 동아시아고판화연구회 설립·한국회장(현) 2014년 박물관교육학회 부회장 2016년 세계고판화연구보존협의회 초대회장(현) (상)육군참모총장표창(1993), 합참의장표창(1994), 국방부장관표창(1995), 문화체육관광부장관표창(2018), 문화체육관광부·한국관광공사 선정 '지역 명사'(2019) (저)'행복의 길'(1995) '한국의 고판화'(2007) '고판화연구 학회지(1~5호)'(2012~2017) '인쇄문화의 꽃-고판화 1'(2015) '동아시아 고판화-불교, 도교'(2016) '인쇄문화의 꽃-고판화 2'(2017) (작)20여차례 고판화관련 전시회기획발표 고판화특별전 30여차례 전시기획(2004~2019) 국립민속박물관 '인쇄문화의 꽃, 고판화' 공동기획발표(2016) 일본 동경국립국문학자료연구관 특별전 '한국고판화박물관명품전' 기획(2016) 한국의 근대 사건과 풍경, 판화로 보는 극락과 지옥(2018) 판화로 보는 동아시아 나한의 세계(2019) (종)불교

한설희(韓薛熙) HAN Seol Heui

(생)1954·5·7 (출)충북 청원 (주)서울특별시 광진구 능동로 120-1 건국대학교병원 신경과(1588-1533) (학)1981년 서울대 의대졸 1988년 同대학원 의학석사 1991년 의학박사(서울대) (경)1984~1989년 서울대병원 인턴·신경과 레지던트·신경과 전임의 1991~2000년 충북대 의과대학 신경과학교실 조교수·부교수 1996~2002년 대한치매연구회 회장 1998년 충북대병원 교육연구실장 1999년 同진료처장·병원장 직무대행 2000~2005년 충북대 의과대학 신경과학교실 교수 2002년 대한신경과학회 회장 2002~2006년 대한치매학회 회장 2005~2019년 건국대 의과대학 신경과학교실 교수 2008년 대한치매학회 초대이사장 2009~2011년 건국대 의학전문대학원장 2011년 건국대병원 임상의학연구소장 겸 신경과장 2011년 대한신경과학회 고시이사 2012년 건국대병원 연구부원장 2012~2016년 同의생명과학연구원장 2012~2016년 同병원장 2013~2016년 한국건강증진병원네트워크 회장 2016년 대한민국의학한림원 정회원(현) 2016~2019년 건국대 의무부총장 2017년 대한노인신경의학회 회장(현) 2018~2019년 건국대 의료원장 2019년 同의학전문대학원 자문교수(현) (상)보건복지부장관표창(2002), 대통령표창(2009) (저)'나 치매 아냐?'(2013) '치매, 음식이 답이다(共)'(2014) '한설희 명의의 치매 걱정 없는 행복한 노후'(2018)

한성구(韓成九) HAN Sung Ku

(생)1954·4·21 (출)서울 (주)서울특별시 종로구 대학로 103 서울대학교 의과대학(02-740-8114) (학)1972년 경기고졸 1978년 서울대 의과대학졸 1982년 同대학원졸 1989년 의학박사(서울대) (경)1978~1983년 서울대병원 인턴·레지던트 1983~1986년 軍의관 1986~2019년 서울대 내과학교실 전임강사·조교수·부교수·교수 2002년 同호흡기내과분과장 2004년 同보건진료소장 2010년 대한결핵 및 호흡기학회 이사장 2019년 서울대 의과대학 명예교수(현)

한성구(韓城求) Sunggoo Han

(생)1965·9·25 (주)서울특별시 영등포구 의사당대로 1 국회사무처 과학기술정보방송통신위원회(02-788-2996) (학)1988년 경북대졸 1992년 同대학원졸 2004년 기술정책학박사(서울대) (경)2003년 경북대 산업대학원 강사, 한국과학기술기획평가원 선임연구원, 同혁신기획실장 2008년 同기술예측센터장 2010년 同기술예측센터 연구위원 2014년 同정책기획본부 정책기획실장 2015년 同정책기획본부 창조경제혁신센터장 2015년 同경영지원단장 2016년 同미래전략실 연구위원 2017년 同미래예측본부 연구위원 2017년 同정책기획본부 혁신경제정책센터 연구위원 2019년 同혁신전략연구소 정책위원 2019년 국회 과학기술정보방송통신위원회 전문위원(이사관)(현)

한성권(韓成權) Steeve Han

(생)1961·1·2 (출)서울 (주)서울특별시 서초구 헌릉로 12 현대자동차(주) 임원실(02-3464-1114) (학)영등포고졸, 동국대 경영학과졸, 미국 조지워싱턴대 대학원 경영학과졸 (경)기아자동차(주) 인사팀장 2005년 同인사실장(이사대우) 2007년 同인사실장(이사) 2008년 同인사기획팀장(상무) 2009년 현대자동차(주) 인사지원담당 상무 2010년 同인사지원담당 전무 2012~2015년 同인사실장(부사장) 2014년 同인재개발원장 겸임 2016년 同상용사업담당 사장(현) 2017년 同인사담당 사장 겸임

한성수(韓誠洙)

(생)1968·12·10 (출)서울 (주)경기도 고양시 일산동구 호수로 550 사법정책연구원(031-920-3550) (학)1987년 우신고졸 1991년 서울대 경제학과졸 1995년 同대학원 경제학과 수료 (경)1997년 사법시험 합격(39회) 2000년 사법연수원 수료(29기) 2000년 서울지법 판사 2002년 同북부지원 판사 2004년 청주지법 충주지원 판사 2007년 수원지법 판사 2009년 서울동부지법 판사 2010년 서울남부지법 판사 2012년 서울고법 판사 2014년 서울중앙지법 판사 2015년 대구지법 포항지원·대구가정법원 포항지원 부장판사 2017년 수원지법 안양지원 부장판사(현) 2018년 사법정책연구원 연구위원 겸임(현)

한성숙(韓聖淑·女) HAN Seong Sook

(생)1967·6·20 (출)경기 (주)경기도 성남시 분당구 불정로 6 네이버(주) 대표이사실(1588-3830) (학)1989년 숙명여대 영어영문학과졸 (경)1989~1993년 민컴 기자 1994년 나눔기술 홍보팀장 1996~1997년 PC라인 기자 1997~2007년 엠파스 검색사업본부장 2007~2012년 NHN 검색품질센터 이사 2012~2013년 同네이버서비스1본부장 2013~2015년 네이버(주) 네이버서비스1본부장 2015년 同서비스 총괄부사장 2017년 同대표이사 사장(현) 2017년 한국인터넷기업협회 회장(현) (상)한국인터넷신문협회 공로상(2017)

한성옥(韓成玉)

(생)1964 (출)경북 상주 (주)강원도 춘천시 중앙로 115 춘천세무서(033-250-0200) (학)구미전자공고졸 1986년 세무대학졸(4기) (경)1986년 세무공무원 임용(8급 특채) 1997년 서울 남대문세무서 직세과 근무 1999년 서울지방국세청 조사2국 근무 2003년 경기 고양세무서 세원관리2과 근무 2004년 국세종합상담센터 근무 2006년 국세청 운영지원과 근무 2009년 서인천세무서 납세자보호담당관 2011년 국세청 징세법무국 세정홍보과 사무관 2013년 대통령비서실 행정관 2018년 서울지방국세청 송무국 서기관 2018년 강원 춘천세무서장(현) (상)국무총리표창(2008), 대통령비서실장표창(2014)

한성욱(韓盛旭) HAN Sung Wook

(생)1957·8·29 (주)경상북도 구미시 산동면 강동로 730 경운대학교 총장실(054-479-1114) (학)1976년 영남대 화학과졸 1983년 同대학원 유기 및 생화학과졸 1988년 이학박사(영남대) (경)1983년 영남대 화학과 시간강사 1983~1996년 대구과학대학 식품영양학과 강사·전임강사·조교수·부교수 1984~1986년 同식품영양학과장 1987~1995·1997~2000년 同학생처장 1988년 효성여대 화학교육과 강사 1996년 대구과학대학 식품영양학과장 1997~2012년 경운대 한방자원학부 보건환경전공 교수 2000~2007·2012~2014년 同교무처장 2008~2011년 同기획실장 2012~2013년 同보건복지대학장 2012~2018년 同보건바이오학과 교수 2015~2017년 同교학부총장 2017년 同총장 대행 2018년 同총장(현) (상)구미환경상(2003), 교육과학기술부장관표창(2003), 대한환경공학회 공로상(2010), 국무총리표창(2015) (저)'자연과학의 이해'(1999) '환경과학-지구보존'(2001) '유기화학'(2004)

한성일(韓成一·女) Han Sung il(Sunny) (문정)

(생)1968·9·20 (본)청주(淸州) (출)대전 (주)대전광역시 중구 계룡로 832 중도일보 편집국(042-220-1114) (학)1986년 호수돈여고졸 1990년 충남대 국어국문학과졸 2006년 대전대 경영행정사회복지대학원 최고경영자과정 수료 2010년 충남대 대학원 언론정보학과(언론매체전공)졸 2014년 同평화안보대학원 최고위과정 수료 (경)1990년 중도일보 편집국 입사 1990~2002년 同교열부·편집부 기자·교열부 차장 2003~2007년 同문화체육부·정치행정부·행정부 차장 2005년 목요언론인클럽 이사(현) 2008년 중도일보 사회단체팀 부장 2011년 대전여기자클럽 8대 회장 2011년 대전발전연구원 대전여성가족정책센터 운영위원 2013년 중도일보 문화독자부 부국장 2014년 同취재4부장(부국장) 2018년 同사회단체부장 2019년 同편집국장 겸 편집위원(현) (상)목요언론인클럽 목요언론대상(2005), 국제로타리 3680지구 초아의 봉사상 언론부문 대상(2007), 행정자치부장관표창(2008), 바르게살기대전시협의회 효행부문 대전시장표창(2010) (종)기독교

한성진(韓聖振)

(생)1971·9·17 (출)서울 (주)경기도 성남시 수정구 산성대로 451 수원지방법원 성남지원(031-737-1558) (학)1990년 명신고졸 1995년 서울대 공법학과졸 (경)1998년 사법시험 합격(40회) 2001년 사법연수원 수료(30기) 2001년 軍법무관 2004년 창원지법 판사 2007년 인천지법 부천지원 판사 2010년 서울남부지법 판사 2012년 서울중앙지법 판사 2014년 서울고법 판사 2016년 부산지법 부장판사 2018년 수원지법 성남지원 부장판사(현)

한성철(韓聖哲) HAN Sung Chul

(생)1956·9·13 (출)충북 청주 (주)서울특별시 동대문구 이문로 107 한국외국어대학교 이탈리아어과(02-2173-2385) (학)1975년 제주제일고졸 1983년 한국외국어대 이탈리아어과졸 1985년 同대학원 이탈리아어과졸 1996년 문학박사(단국대) 2001년 문학박사(이탈리아 토리노대) (경)1985~1996년 한국외국어대 이탈리아어과 전임강사·조교수·부교수 1996년 同이탈리아어과 교수(현) 1997~1999년 이탈리아 베네치아대 초빙교수 2001년 한국외국어대 EU연구소장 2002~2004년 同대학원 교학처장 2004~2005년 캐나다 브리티시컬럼비아대 교환교수 2011~2013년 한국외국어대 도서관장 2013~2015년 同이탈리아어과 학과장 2016~2017년 同대학원장 (저)'단테의 시학과 사상' '이탈리아 문법'

한성희(韓成熙) Han Sung-Hee

(생)1961·2·4 (본)청주(淸州) (출)대구 (주)서울특별시 강남구 테헤란로 440 (주)포스코 경영지원본부(02-3457-0008) (학)심인고졸, 연세대 경제학과졸, 캐나다 맥길대 경영대학원졸 (경)1993년 (주)포스코 입사 2008년 同호치민법인(POSVINA)장 2011년 同경영전략2실 시너지기획그룹리더 2012년 (주)포스코건설 경영전략실장(상무) 2015년 (주)포스코 경영인프라본부 PR실장(상무) 2015년 포스코차이나 부총경리(상무) 2016년 同총경리(전무) 2017년 (주)포스코 홍보실장(전무) 2018년 同경영지원본부장(부사장)(현)

한소엽(韓素葉·女) HAN So Yeop

(생)1957·12·28 (출)서울 (주)서울특별시 서대문구 이화여대길 52 이화여자대학교 자연과학대 화학생명분자과학부(02-3277-2377) (학)1980년 이화여대 화학과졸 1985년 미국 펜실베이니아대 대학원 화학과졸 1992년 이학박사(미국 펜실베이니아대) (경)1992~2008년 이화여대 화학과 조교수·부교수·교수 1996~2000년 同기초과학연구소 공동기기실장 2000년 한국펩타이드학회 운영위원 2001년 대한화학회 실무이사 겸 '화학세계'편집부위원장 2002년 미국 Univ. of Arizona 화학과 방문교수 2002~2003년 미국 California Institute of Technology 화학및화공학부 방문교수 2003~2006년 공공기술연구회 선임직이사 2004~2005년 대한화학회 화학올림피아드위원회 교육위원 2005~2007년 한국마사회 경주마약물검사 심의위원 2005년 해양수산부 마린바이오21사업 해양생명공학심의위원 2006~2007년 IUPAC(국제순수 및 응용화학연합) 화학 및 보건분과 국가대표,

이화학술원 사무국장, 이화여대 자연과학대학 분자생명과학부 선임학부장 2008~2010년 同재무처장 2008년 同자연과학대학 화학생명분자과학부 화학나노과학전공 교수(현), 同스크랜튼대학 스크랜튼학부 교수(현) [상]Tetrahedron Most Cited Paper 2003-2006 Award(2006)

한송엽(韓松曄) HAHN Song Yop

[생]1939 · 3 · 14 [본]청주(淸州) [출]함남 북청 [주]서울특별시 관악구 관악로 1 서울대학교 공과대학 전기정보공학부(02-880-7241) [학]1957년 용산고졸 1963년 서울대 전기공학과졸 1967년 同대학원 전기공학과졸 1979년 전기공학박사(프랑스 국립로렌과학원) [경]1968~1985년 서울대 공과대학 전기공학과 전임강사 · 조교수 · 부교수 1985~2004년 同공과대학 전기공학과 교수 1993년 한국전기학회 부회장 1993년 서울대 공과대학장 1995년 한국전기학회 회장 1998~2002년 서울대 공학교육연구센터장 1998~2001년 한국초전도 · 저온공학회 회장 1999~2000년 한국공학기술학회 회장 2001년 한국공학교육인증원 부원장 2003년 同한국공학교육연구센터장 겸임 2004년 서울대 명예교수(현) 2010년 대한민국학술원 회원(전기공학 · 현) [상]국민훈장 동백장(1996), 한국공학상(1999), 황조근정훈장, 한국공학한림원 해동상(2005), 수당상(2008) [종]기독교

한수혁(韓洙赫) HAN Soo Hyok

[생]1962 · 7 · 12 [본]청주(淸州) [출]서울 [주]서울특별시 중구 통일로 92 케이지타워 17층 KG제로인(02-769-9900) [학]1981년 부산중앙고졸 1987년 연세대 정치외교학과졸 1999~2000년 미국 조지타운대 자본시장연구소 연수 2010년 KDI 국제정책대학원 자산운용학(MAM) 석사 [경]1987년 연합뉴스 입사 · 모니터부 · 정보사업부 · 금융정보부 기자 1998년 同금융정보부 차장대우 2000년 연합인포맥스 전략기획팀장 2001년 同마케팅1팀장 2002년 同전문위원 2004년 同금융공학연구소장 2006년 同마케팅본부 이사대우 2009년 同이사 2012~2015년 同상무이사 2015년 同비상근고문 2016년 파이낸셜뉴스 전략사업본부장(이사) 2018년 KG제로인 상무이사(현) [종]기독교

한수홍(韓秀泓) HAN Soo Hong

[생]1964 · 9 · 12 [본]청주(淸州) [주]경기도 성남시 분당구 야탑로 59 분당차병원 정형외과(031-780-5289) [학]1989년 경희대 의대졸 1997년 同대학원 의학석사 2004년 의학박사(경희대) [경]1992년 경희대 의과대학 인턴 1993~1997년 同정형외과 전공의 1997년 포천중문의대 정형외과 전임강사 · 조교수 · 부교수 2002년 미국 하버드대 의과대학 수부클리닉(MGH hand clinic) 연수 2004년 미국 Kleinert and Kutz 수부미세수술전문병원 Research Fellowship 2004~2016년 대한미세수술학회 이사 2005~2006년 同수부미세수술전문병원 Institutional Medical Clinical Fellowship 2005년 대한수부외과학회 총무 · 심의이사 · 학술위원회 이사(현), 대한정형외과학회 학술위원, 대한수부외과학회 세부전문의 2009년 차의과학대 의학전문대학원 정형외과학교실 부교수 2013년 同의학전문대학원 정형외과학교실 교수(현) 2014년 분당차병원 정형외과장(현) 2016~2017년 대한골절학회 감사 2017년 대한미세수술학회 심사위원회 총무 2018년 同운영위원회 위원장 2019년 同윤리위원회 위원장(현) [상]대한골절학회 우수논문상(2004 · 2012 · 2018), 대한미세수술학회 우수논문상(2008 · 2013), 대한골절학회 우수구연학술상(2016), 고용노동부장관표창(2017) [저]'임상미세수술학(共)'(2003, 최신의학사) '하지재건과 수부종양학(共)'(2003, 최신의학사) '수부 건 및 조갑(共)'(2007, 최신의학사) '주관절 질환과 미세수술의 최신지견(共)'(2008, 우리의학사) '주상골 골절과 미세재건술 비법(共)'(2010, 우리의학사) '골절학(共)'(2013, 범문에듀케이션) '정형외과학(共)'(2013, 최신의학사)

한수환(韓洙桓) HAN Soo Whan

[생]1964 · 5 · 30 [주]부산광역시 부산진구 엄광로 176 동의대학교 창의소프트웨어공학부 응용소프트웨어공학과(051-890-1690) [학]1982년 가야고졸 1986년 연세대 전자공학과졸 1990년 미국 플로리다공대 대학원 공학과졸 1993년 공학박사(미국 플로리다공대) [경]관동대 전자공학과 교수 1997~2014년 동의대 멀티미디어공학과 조교수 · 부교수 · 교수 2000년 한국멀티미디어학회 종신회원(현) 2004년 동의대 영상정보대학원장 겸 방송아카데미소장 2007~2009년 同영상정보대학장 2014~2017년 同ICT공과대학 컴퓨터응용공학부 교수 2014년 同교무처장 2014년 同학생서비스센터 소장 2015년 同학부교육혁신본부장 2017년 同ICT공과대학 창의소프트웨어공학부 응용소프트웨어공학과 교수(현) 2017년 同교학부총장(현) 2018년 同PRIME사업단장(현)

한수희(韓秀熙)

[생]1961 · 1 [주]서울특별시 서초구 서초대로74길 14 삼성물산(주)(02-2145-2135) [학]동국대사대부고졸, 중앙대 경제학과졸 [경]1987년 삼성물산(주) 입사, 同상사부문 철강팀 근무, 同뉴델리사무소 근무 2014년 同상사부문 철강사업부장(전무) 2014~2018년 同미주총괄 부사장 2019년 同고문(현)

한수희(韓秀熙) HAN, Soo Hee

[생]1963 · 1 · 16 [본]청주(淸州) [출]경기 평택 [주]서울특별시 영등포구 여의공원로 101 CCMM 8층 한국능률협회컨설팅 임원실(02-3786-0560) [학]1981년 숭문고졸 1988년 한양대 산업공학과졸 1995년 同대학원 산업공학과졸 [경]1987~1997년 삼화전자(주) 입사 · 실장 1995~1999년 수원과학대학 겸임교수 1997년 한국능률협회컨설팅 부사장(현) 1998년 철도청 서비스헌장 심의위원 1999년 치안연구소 위촉연구원 2003~2005년 산업자원부 품질경쟁력분과 위원 2004년 정보통신부 업무혁신 자문위원 2004년 한국품질경영학회 이사 2004년 (주)코트랜스 사외이사 2005년 기획예산처 공공기관 혁신자문위원 2006~2014년 한국소비자원 정책자문위원 2007년 행정자치부 정부혁신컨설팅단 위원 2007년 기획예산처 공공기관혁신평가위원 2007년 제주국제자유도시개발센터 경영자문위원 2008년 국민건강보험공단 혁신자문위원 2008년 국민연금관리공단 혁신자문위원 2008년 신용보증기금 고객감동자문위원 2008년 한양대 공대 산업공학과 겸임교수 2010~2015년 同일반대학원 경영컨설팅학과 겸임교수 2010~2012년 한국철도공사 발전자문위원 2010~2013년 국민권익위원회 정책자문위원 2011년 한국경영커뮤니케이션학회 부회장 2013년 한국능률협회컨설팅 최고고객책임자(CCO · 부사장) 2018년 同신사업총괄(NBP) 겸임 2019년 대통령직속 국가균형발전위원회 전문위원(현)

한숙렬(韓淑烈)

[생]1961 · 8 · 16 [주]대구광역시 동구 이노밸리로 291 한국감정원 부동산시장관리본부(053-663-8301) [학]창원대 회계학과졸 [경]2011년 한국감정원 울산지사장 2013년 同미래정보전략실장 2014년 同타당성심사처장 2015년 同부산동부지사장 2016년 同홍보실장 2016년 同경영지원실장 2018년 同부동산시장관리본부장(상임이사)(현)

한숙희(韓淑熙 · 女) HAN SOOK HEE

[생]1961 · 5 · 15 [출]전북 전주 [주]대전광역시 서구 둔산중로 69 대전가정법원(042-480-2013) [학]1980년 계성여고졸 1984년 중앙대 경제학과졸 1989년 同법학과졸 1992년 同대학원 법학과졸 [경]1989년 사법시험 합격(31회) 1992년 사법연수원 수료(21기) 1992년 대전지법 판사 1994년 同천안

지원 판사 1996년 인천지법 판사 2000년 서울지법 판사 2002년 서울가정법원 판사 2003년 서울고법 판사 2005년 서울가정법원 판사 2007년 同부장판사 2013년 서울중앙지법 부장판사 2016년 서울동부지법 부장판사 2018년 대전가정법원장(현)

한순기(韓順基) Han Soon-ki

(생)1970·11·1 (본)청주(淸州) (주)세종특별자치시 정부2청사로 13 행정안전부 인사기획관실(044-205-1386) (학)1989년 대구 성광고졸 1993년 경북대 행정학과졸 1996년 서울대 행정대학원 행정학과졸 2004년 미국 미시간주립대 경영대학원 경영학과졸 (경)1996년 행정고시 합격(40회) 1998~2007년 국무조정실·정보통신부 통신지원국·정보화기획실 사무관·서기관 2007년 정보통신부 자원통합팀장(과장) 2008~2010년 행정안전부 정보보호정책과·재정정책과 서기관 2012년 同개인정보보호과장 2014년 행정자치부 경제조직과장 2015년 同지방인사제도과장 2015~2016년 同자치제도과장(부이사관) 2017~2018년 행정안전부 기획재정담당관 2018년 미국 워싱턴DC(GABI) 교육파견(고위공무원)(현) (상)대통령표창(2006), 근정포장(2013)

한순영(韓順英·女) HAN Soon Young

(생)1960·9·18 (출)서울 (주)경기도 안양시 동안구 부림로169번길 30 한국의약품안전관리원 원장실(02-2172-6734) (학)1979년 서울대사대부고졸 1983년 숙명여대 약학과졸 1985년 同대학원 약학과졸 1994년 약학박사(숙명여대) (경)1983년 국립보건원 안전성연구부 안전성평가과 보건연구사, 국립보건안전연구원 연구사 1988년 국립보건원 독성부 유전독성과 근무 1990년 同약품부 마약시험과 연구관 1992년 식품의약품안전청 국립독성연구소 독성부 연구관 1994년 숙명여대 겸임교수 1995년 영국 런던대 성바돌로메의대 객원연구원 1997년 보건복지부 중앙약사심의위원 2000년 국립독성연구소 특수독성부 내분비독성과장 2007년 국립독성연구원 위해평가연구부 내분비장애평가팀장 2008년 국립독성과학원 위해평가연구부 내분비장애평가과장 2008년 同독성연구부 일반독성과장 2009년 식품의약품안전평가원 독성평가연구부장(고위공무원) 2013년 국립보건연구원 감염병센터장 2014년 식품의약품안전처 식품의약품안전평가원 의료제품연구부장 2015년 중앙공무원교육원 교육 파견 2015~2017년 식품의약품안전처 의료기기기준·심사체계개편추진단장 2017년 광주지방식품의약품안전청장 2018년 대전지방식품의약품안전청장 2018년 한국의약품안전관리원 원장(현) (상)보건복지부장관표창(2018) (종)기독교

한순흥(韓淳興) HAN Soonhung

(생)1954·10·11 (본)청주(淸州) (출)서울 (주)대전광역시 유성구 대학로 291 한국과학기술원 공과대학 기계항공공학부 기계공학과(042-350-3040) (학)1977년 서울대 선박공학과졸 1979년 同대학원 선박공학과졸 1985년 영국 뉴캐슬어펀타인대 조선및해양공학과졸 1990년 공학박사(미국 미시간대) (경)1979~1993년 한국해사기술연구소 CSDP사업단 선임연구원 1990년 미국 미시간대 연구원 1993~2003년 한국과학기술원(KAIST) 기계공학과 조교수·부교수 1996년 기술표준원 제품모델표준화전문위원회 위원장 1999년 CAD·CAM학회 부회장 2000년 전자거래학회 부회장 2002년 제품모델기술위원회 의장 2003년 CAD·CAM학회 감사 2003년 전자거래학회 회장 2004~2015년 한국과학기술원(KAIST) 공과대학 기계항공시스템학부 해양시스템공학과 교수 2005~2007년 同산학협력단장 2008년 同해양시스템공학과 학과장 2011년 한국스텝센터(KSTEP) 회장(현) 2015년 한국과학기술원(KAIST) 공과대학 기계항공공학부 기계공학과 교수(현) 2016년 (사)한국ICT융합네트워크 회장 2018년 同공동회장(현) (상)산업포장(2003), 한국과학기술단체총연합회 과학기술우수논문상 (저)'제품모델 정보교환을 위한 국제표준-STEP'(1996) '디지털 제조를 위한 STEP'(2000) (역)'CAD·CAD-Theory and Practice'(1995) '일본 제조업에서 전자거래의 실현'(2000) (종)불교

한 승(韓 勝) HAN Seung

(생)1963·12·7 (출)전북 전주 (주)전라북도 전주시 덕진구 사평로 25 전주지방법원 총무과(063-259-5466) (학)1982년 전주 신흥고졸 1985년 서울대 법학과졸 (경)1985년 사법시험 합격(27회) 1988년 사법연수원 수료(17기) 1988년 공군 법무관 1991년 서울민사지법 판사 1993년 서울형사지법 판사 1995년 전주지법 판사 1997년 광주고법 판사 1998년 수원지법 성남지원 판사 1999년 법원행정처 사법정책담당관 2001년 서울고법 판사 2003년 대전지법 서산지원장 2004년 대법원 재판연구관 2005년 법원행정처 기획조정심의관 2006년 同인사관리심의관 2008년 서울행정법원 부장판사 2010년 부산고법 부장판사 2011년 대법원 선임재판연구관 2013년 同수석재판연구관 2014년 서울고법 부장판사 2014~2016년 법원행정처 사법정책실장 2014년 사법정책연구원 운영위원회 위원 2018년 전주지법원장(현) 2018년 전라북도선거관리위원회 위원장(현)

한승구(韓丞九) Han Seung Goo

(생)1955·10·16 (출)대전 (주)대전광역시 서구 문정로48번길 48 계룡건설산업(주) 회장실(042-480-7114) (학)1974년 충남고졸 1978년 충남대 건축공학과졸 1993년 同대학원졸 2007년 공학박사(충남대) (경)1989년 계룡건설산업(주) 부장 1992년 同이사 2001년 同상무이사 2003년 同전무이사 2004~2006년 건설교통부 기술심사위원회 심의위원 2005년 충남대 건축공학부 겸임교수 2006년 계룡건설산업(주) 부사장 2008~2015년 同공동대표이사 사장 2011~2013년 제25회 세계도로대회 준비위원회 준비위원 2011~2012년 한국건축시공학회 부회장 2012년 충남대총동창회 회장 2013~2016년 제25회 세계도로대회조직위원회 조직위원 2017년 계룡건설산업(주) 회장(현) 2018년 대한건설협회 부회장 2019년 同대전광역시회 회장(현) (상)동탑산업훈장, 한국건축시공학회 공로상(2010), 문화체육관광부장관표창(2010), 국토교통부장관표창(2013)

한승규(韓承奎) HAN Seung Kyu

(생)1962·9·2 (본)청주(淸州) (출)서울 (주)서울특별시 구로구 구로동로 148 고려대학교 구로병원(02-2626-3333) (학)1981년 신일고졸 1987년 고려대 의대졸 1990년 同대학원 의학석사 1994년 의학박사(고려대) (경)1988~1992년 고려대의료원 성형외과 전공의 1992~2007년 고려대 의대 성형외과학교실 강사·조교수·부교수 1997~1999년 미국 스탠퍼드대 성형외과 연구원 1999년 미국 Plastic Surgery Center of Pacific 연구원 2002년 대한창상학회 학술위원장·부회장·회장(현) 2003년 유럽 미용성형외과학술원 정회원(현) 2006년 미국 창상학회 정회원(현) 2006년 영국 옥스퍼드대 성형외과 객원교수 2006년 덴마크 Univ. of Southern Denmark 창상센터 객원교수 2006년 국제성형외과학회 학회지논문심사위원(현) 2007년 고려대 의과대학 성형외과학교실 교수(현) 2007년 同구로병원 성형외과장 2007년 同구로병원 세포치료실장 2008년 同구로병원 당뇨성창상센터 소장 2011년 미국성형외과학회 학회지논문심사위원(현) 2011년 대한성형외과학회 보험이사 2014~2016년 고려대 구로병원 진료부원장 2016~2018년 대한미용성형외과학회 이사장 2018년 고려대 구로병원장(현) 2018년 대한병원협회 수련교육위원장(상임이사)(현) 2019년 대한당뇨발학회 회장(현) (저)'새로운 창상치료'(2003) 'Asian Rhinoplasty(동양인의 코성형술)'(2006) '당뇨성 창상의 이해와 치료'(2008) 'Encyclopedia of Flaps'(2008) 'Advances in Wound Repair'(2012) 'Innovations and Advances in Wound Healing'(2016, SpringerVerlag)

한승수(韓昇洙) HAN Seung Soo (春崗)

(생)1936·12·28 (본)청주(淸州) (출)강원 춘천 (주)서울특별시 동작구 노량진로 74 유한양행빌딩 4층 유한재단(02-828-0105) (학)1955년 춘천고졸 1960년 연세대 정치외교학과졸 1963년 서울대 행정대학원졸 1968년 경제학박사(영국 요크대) 1997년 명예 대학박사(영국 요크대) 1998년 명예 법학박사(강원대) 2002년 명예 정치학박사(연세대) 2013년 명예 과학기술학박사(한국과학기술원) 2014년 명예 경영학박사(말레이시아 쿠알라룸푸르대) (경)1965~1968년 영국 요크대 경제학과 전임강사·조교수 1968년 영국 케임브리지대 응용경제학과 연구교수 1970년 베네수엘라정부 초청 재정자문관 1970~1975년 서울대 행정대학원 교수 1971년 세계은행 재정자문관 1974년 요르단정부 재정고문관 1975~1988년 서울대 사회과학대학 경제학과 교수 1983년 국제경제학회 회장 1985~1987년 미국 하버드대·일본 도쿄대 객원교수 1987년 상공부 무역위원장 1988년 제13대 국회의원(춘천, 민주정의당·민주자유당) 1988~1990년 상공부 장관 1990년 동북아연구회 회장 1990년 우루과이라운드특별위원회 위원장 1993~1994년 駐미국 대사 1994~1995년 대통령 비서실장 1996년 신한국당 춘천甲지구당 위원장 1996년 同국책자문위원장 1996년 제15대 국회의원(춘천甲, 신한국당·한나라당·민주국민당) 1996~1997년 부총리 겸 재정경제원 장관 1997년 연세대 국제학대학원 특임교수 1997년 영국 요크대 명예교수 1998~2004년 한·영협회 회장 2000년 민주국민당 사무총장 2000~2004년 제16대 국회의원(춘천, 민주국민당·무소속·한나라당) 2000년 민주국민당 최고위원 2000~2004년 IPU 한국이사회 의장 2001~2002년 외교통상부 장관 2001~2002년 유엔총회 의장 2004년 춘천문화진흥재단 이사장 2004년 옹기장학회 자문위원장(현) 2004·2009년 김앤장법률사무소 고문(현) 2004년 한·영미래포럼 회장 2004~2006년 일본정책연구대학원대(GRIPS) 특임교수 2004년 영국 명예기사 작위(Knight of the British Empire) 2005년 한국신용정보 사외이사 2005~2007년 2014평창동계올림픽유치위원회 위원장 2006~2008년 한국물포럼 총재 2007~2008년 UN 기후변화 특사 2007~2015년 UN 사무총장 산하 '물과위생자문위원회(UNSGAB)' 위원 2007년 물과재해고위급전문가회의(HELP) 의장(현) 2008~2009년 국무총리 2009년 대통령자문 국민원로회의 공동의장 2009년 경제협력개발기구(OECD) 각료이사회 의장 2009~2018년 싱가폴 테마섹 국제자문위원 2010~2019년 스탠다드차타드그룹(SC그룹) 독립비상근이사 2010~2012년 글로벌녹색성장연구소(GGGI) 이사회 초대의장 2010~2012년 UN 사무총장 세계지속성고위급자문회의 위원 2010년 마드리드클럽 회원(현) 2010년 미국 모린·마이크맨스필드재단 국제자문위원(현) 2011~2017년 서울반도체(주) 사외이사 2011~2018년 2018평창동계올림픽대회조직위원회 고문 2012년 중국 국제금융포럼(IFF) 연합주석(현) 2013~2018년 UN 물과재해위험감소 사무총장 특사(Special Envoy for Disaster Risk Reduction and Water) 2014~2016년 유엔·세계은행 물고위패널(High Level Panel on Water) 특별고문 2014년 아시아개발은행 고위급물자문회의 의장(Chair, High Level Water Advisory Group of the Asia Development Bank)(현) 2015년 두산인프라코어(주) 사외이사(현) 2016년 상해국제문제연구원(SIIS) 국제자문위원(현) 2016년 중국 사천대 국제자문위원(현) 2016년 유한재단 이사장(현) (상)유럽공동체 학술상 경제학부문(1971), 동탑산업훈장(1988), 대만 대수경성훈장(1989), 벨기에 대십자왕관훈장(1989), 청조근정훈장(1990), 콜롬비아법대 파커스쿨 국제관계공로상(1997), 멕시코 아길라 아스떼카훈장(2001), 엘살바도르 Jose Matias Delgado 대십자은관훈장(2001), 자랑스런 강원인상(2001), 자랑스런 연세인상(2002), 수교훈장 광화장(2004), 대영제국 명예기사작위(KBE)(2004), 자랑스런 한국인 대상(2007) (저)'유럽예산의 생성과 기능'(英文) '영국과 구주공동체'(英文) '구주 및 영국에 있어서의 조세문제'(英文) '국가의 건강'(英文) '중동경제' '영국의 사회복지' '수출선도형경제' '태평양시대와 한국' '경제정책론' '신경제정책론' '9.11의 어둠을 넘어서' '지구공동선(Here for Global Good)'(英文·中文) 등 (종)천주교

한승웅(韓承雄) HAN Seung Woong (철선)

(생)1957·8·27 (본)청주(淸州) (출)경기 수원 (주)경기도 화성시 동탄기흥로 64-3 (주)이랜텍 임원실(070-7098-8157) (학)1976년 동남보건전문대학졸 2007년 한국방송통신대 경영학과졸, 아주대 경영대학원 중퇴 (경)1983년 대희전자공업 입사 1998년 同이사 2000년 (주)이랜텍 이사 2004년 同무선총괄 상무 2005년 同무선총괄 전무 2008년 同제조총괄 전무 2012년 同영업총괄 부사장 2016년 同중국총괄 부사장(현)

한승일(韓勝一)

(생)1969 (주)충청남도 아산시 탕정면 만전당길 30 코닝정밀소재(주) 임원실(041-520-1114) (학)1993년 서울대 기계설계학과졸 1997년 同대학원 기계설계학과졸 2000년 기계공학박사(미국 메릴랜드대) (경)2006년 삼성코닝정밀유리(주) 입사 2011년 삼성코닝정밀소재(주) 용해기술Lab장 2013년 코닝정밀소재(주) 성형기술팀장 2014년 同기술개발팀장 2015년 同상무(현)

한승주(韓昇洲) HAN Sung Joo

(생)1940·9·13 (출)서울 (주)서울특별시 종로구 경희궁1가길 11 아산정책연구원(02-730-5872) (학)1958년 경기고졸 1962년 서울대 문리과대학 외교학과졸 1970년 정치학박사(미국 캘리포니아주립대) 1995년 명예 철학박사(러시아 국립과학아카데미 극동문제연구소) (경)1969년 미국 캘리포니아주립대 전임강사 1970~1978년 미국 뉴욕시립대 부교수 1978~2006년 고려대 정치외교학과 교수 1982~1986년 同아세아문제연구소장 1986년 미국 컬럼비아대 초빙교수 1988년 세계정치학회(IPSA) 집행위원 1988~1991년 서울국제포럼 회장 1991년 세계정치학회 부회장 1991년 한국동남아학회 회장 1993~1994년 외무부 장관 1995년 고려대 一民국제관계연구원장 1995~1996년 同정책과학대학원장 1996년 캐나다 아·태재단 이사 1996년 국제연합(UN) 사이프러스담당 특별대표 1997년 UN 직원대학자문이사회 위원 1998년 아·태안보협력이사회(CSCAP) 공동의장 1999년 아시아태평양민주지도자회의(FDL-AP) 이사장 1999~2001년 동아시아비전그룹(EAVG) 공동의장 1999년 UN 르완다인종학살특별조사위원 2000년 아산사회복지사업재단 이사(현) 2002~2003년 고려대 총장 서리 2003~2005년 駐미국 대사 2005~2017년 (재)국제정책연구원 이사장 2006년 고려대 명예교수(현) 2007~2008년 同총장 서리 2007년 중국 길림대 명예교수(현) 2008~2011년 (재)아산정책연구원 이사장 2008년 (사)한국유엔체제학회(KACUNS) 이사장(현) 2008~2017년 한미협회 회장 2009~2012년 대통령자문 통일고문회의 고문 2009~2011년 2022월드컵축구유치위원회 위원장 2010~2012년 육군사관학교 자문위원 2011년 코리아글로벌포럼 의장 2013년 국립외교원 석좌교수(현) 2014년 대통령직속 통일준비위원회 외교안보분과위원회 민간위원 2017년 (재)국제정책연구원 명예이사장(현) 2019년 아산정책연구원 이사장(현) (상)수교훈장 창의장, 청조근정훈장(1999), 부총리 겸 교육인적자원부장관표창(2006), 일본정부 욱일대수장(2016) (저)'제2공화국과 한국의 민주주의' 'East Asia and the Major Powers'(共) '세계화시대의 한국' 'The Failure of Democracy in South Korea'(1974) '전환기의 한미관계'(1988) '전환기 한국의 선택'(1992) '세계화 시대의 한국외교'(1995) 'Korea in a Changing World'(1995) 'The United Nations : The Next Fifty Years(共)'(1996) 'The New International System(共)'(1996) 'Changing Values In Asia(編)'(1999) '남과북 그리고 세계'(2000) 회고록 '외교의 길'(2017) (종)불교

한승한(韓昇翰) Han Seng Han

(생)1960·3·20 (주)서울특별시 강남구 언주로 211 강남세브란스병원 안과(02-2228-3570) (학)1985년 연세대 의대졸 1989년 同대학원 의학석사 1997년 의학박사(연세대) (경)1992년 연세대 의대 안과학교실 강사·전임강사·조교수·부교수·교수(현) 2007~2009년 강남세브란스병원 기획관리실 부실장 2008~2010년 同건강증진센터 소장 2011년 同안과 과장 2011~2014년 同홍보실장 2012~2014년 연세대의료원 발전기금사무국 강남부국장 2016년 연세대 의대 안과학교실 주임교수(현) 2016년 同의대 시기능개발연구소장(현) 2016~2018년 연세대의료원 안·이비인후과병원 진료부장 2016년 同안·이비인후과병원 안과 과장(현)

한승헌(韓勝憲) HAHN Seung Hun (山民)

(생)1934·9·29 (본)청주(淸州) (출)전북 진안 (주)전라북도 전주시 덕진구 백제대로 567 전북대학교 법학전문대학원(063-270-2114) (학)1953년 전주고졸 1957년 전북대 법정대학 정치학과졸 1995년 명예 법학박사(전북대) (경)1957년 고등고시 사법과 합격(8회) 1957년 軍법무관 1960~1965년 법무부·서울지검 검사 1965~1998년 변호사 개업 1967~1998년 한국기자협회 법률고문 1973년 자유실천문인협의회 이사 1974~1998년 한국기독교교회협의회(KNCC) 인권위원 1976~1998년 한국저작권연구소장 1977년 월간 '사법행정' 주간 1978년 도서출판 '삼민사' 주간 1979년 국제앰네스티한국위원회 전무이사 1988년 방송위원회 위원 1988년 한겨레신문 창간위원장 1990년 저작권심의조정위원회 위원 1993년 사법제도발전위원회 위원 1994년 언론중재위원 1994~2003년 동학농민혁명기념사업회 이사장 1995년 연세대 법무대학원 초빙교수 1998~1999년 감사원장 1999~2012년 법무법인 광장 고문변호사 2001년 국민은행 사외이사 2001년 LG칼텍스 사외이사 2001·2004년 (주)E1 사외이사 2002년 청암언론문화재단 이사 2002~2004년 사회복지공동모금회 회장 2004년 SBS 시청자위원회 위원장 2004년 한국외국어대 이사장 2005년 사법제도개혁추진위원회 위원장 2006년 대통령자문 통일고문회의 고문 2007~2012년 경원대 법학과 석좌교수 2007년 전북대 법학전문대학원 석좌교수(현) 2007~2009년 헌법재판소 자문위원 2012년 가천대 법과대학 석좌교수 2012~2014년 서울시 시정고문단 대표 (상)중앙언론문화상(1994), 청조근정훈장(1999), 인제인성대상(1999), 임창순 학술상(2007), 단재상(2007), 국민훈장 무궁화장(2018) (저)시집 '인간귀향'(1961) '노숙'(1967) 수상평론집 '법과 인간의 항변'(1972) '위장시대의 증언'(1974) '내릴 수 없는 깃발을 위하여'(1983) '허상과 진실'(1985, 삼민사) '법창에 부는 바람'(1986, 삼민사) '저작권의 법제와 실무'(1988) '그날을 기다리는 마음'(1991) '정보화시대의 저작권'(1992, 나남) '정치재판의 현장'(1997) 수필 '법이 있는 풍경'(2000, 일요신문사) '역사의 길목에서'(2003, 나남) 유머 '산민객담, 한승헌 변호사의 유머산책'(2004) '한승헌 변호사 변론 사건실록1~7'(2006) '분단시대의 법정'(2006, 범우사) '산민객담 유머기행'(2007, 범우사) 자서전 '한 변호사의 고백과 증언'(2009) '스피치의 현장'(2010, 매일경제신문) '산민객담 유머수첩'(2012) '피고인이 된 변호사'(2013, 범우) '권력과 필화'(2013, 문학동네) '한국의 법치주의를 검증한다'(2014, 범우사) '재판으로 본 한국현대사'(2016, 창비) '그분을 생각한다'(2019, 문학동네) (역)일문 '한국의 정치재판'(1997) '한 변호사의 유머'(2005) '분단시대의 법정'(2008) '한일현대사-평화와 민주주의를 생각한다.'(2013) (종)기독교

한승헌(韓承憲) Seung-Heon Han

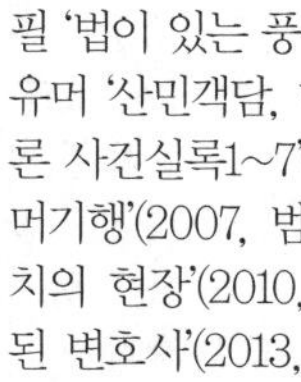

(생)1961·3·20 (출)제주 (주)경기도 고양시 일산서구 고양대로 283 한국건설기술연구원(031-910-0001) (학)1984년 서울대 공대 토목공학과졸 1990년 同환경대학원 도시계획과졸 1997년 미국 콜로라도주립대 대학원 공학석사 1999년 공학박사(미국 콜로라도주립대) (경)1984~1989년 (주)삼호건설 근무 1987년 기술고등고시 합격(23회) 1989년 건설교통부 신도시건설기획관실 사무관 1993년 同도로건설과 사무관 1994년 同건설감리과 사무관 1995년 同기술정책과 사무관 1999년 同기술정책과 서기관 2001년 同도로정책과 서기관 2001~2009년 연세대 공과대학 사회환경시스템공학부 부교수 2003년 同연세공학포럼 간사 2003년 대한토목학회 기술교육위원 2003년 同토목사연구위원회 간사 2003년 同논문편집위원 2006년 감사원 자문위원 2007년 국가과학기술위원회 R&D예산 사전조정위원회 건설분야 심사평가위원 2009년 연세대 공과대학 사회환경시스템공학부 교수(현) 2010년 국토해양부 국토해양미래기술위원회 위원 2012~2014년 연세대 공과대학 부학장 2014년 한국공학한림원 회원(건설환경공학·현) 2014년 대한토목학회 기획위원장 2016년 同부회장 2017년 한국구매조달학회 부회장(현) 2018년 한국건설기술연구원 원장(현) (상)미국 토목학회 최우수 논문상(2013·2016·2019) (저)'발주자가 반드시 알아야 할 턴키제도의 진실(共)'(2014, 보문당)

한승호(韓承昊) HAN, SEUNG-HO

(생)1954·11·24 (본)청주(淸州) (출)대구 (주)서울특별시 종로구 삼일대로 461 SK허브빌딩 102동 302호 녹색소비자연대(02-3273-7117) (학)1977년 서울대 자연과학대학 미생물학과졸, 충남대 대학원 미생물학과졸, 同경영대학원졸 (경)2000~2005년 대통령자문 지속가능발전위원회 산업에너지분과·자연생태분과·수자원분과 전문위원, 대한상공회의소 환경안전위원회 위원·지속가능경영원 이사·환경재단 환경경영연구소 운영위원 2000~2005년 한화그룹 환경연구소장(상무), 한국녹색구매네트워크 이사(현) 2006~2008년 대구테크노파크 신기술사업단 바이오산업지원센터장 2009년 한국환경산업기술원 환경산업이사 2010년 한국산업생태학회 감사 2011~2012년 한국환경산업기술원 환경기술이사 2011~2014년 환경부 지속가능발전위원회 위원·산업에너지분과위원장 2011~2014년 FITI시험연구원 비상임이사 2012~2016년 충남대 환경공학과 초빙교수 2012년 한국환경한림원 정회원(현) 2014년 녹색소비자연대 이사(현) 2016년 同공동대표(현) 2016년 녹색기술센터 자문위원 2016~2019년 충남대 환경공학과 겸임교수 2016년 (주)수파드엘릭사 부사장(현) 2016년 자원순환산업인증원 이사(현) 2017년 서울시 먹거리시민위원회 위원 (상)전국체전 양궁고교단체전 금메달(1972), 친환경상품구매촉진대회 환경부장관표창(2000), 환경타임즈 주관 한국의 환경인상, 청정생산우수분임조대회 대한상의회장공로패, 환경의날 대통령표창(2012) (종)기독교

한승환(韓承煥) Han Seung Hwan

(생)1964·7·9 (주)경기도 용인시 처인구 포곡읍 에버랜드로562번길 10-39 삼성인력개발원 임원실(031-320-1713) (학)인창고졸, 서울대 정치학과졸 (경)삼성전자(주) 구조조정본부 인력팀 부장 2005년 同구조조정본부 인력팀 상무보 2006년 삼성 전략기획실 인사지원팀 상무보, 同경영전략팀 상무 2010년 삼성SDS(주) 전무 2011년 同인사팀장(전무), 同ST사업부장(전무) 2015년 삼성인력개발원 부사장(현)

한승희(韓昇熙) HAN Seung Hee

(생)1961·3·17 (출)경기 화성 (학)고려대사대부고졸, 서울대 경제학과졸, 미국 미시간대 경영대학원졸 (경)1989년 행정고시 합격(33회) 2000년 서울지방국세청 조사1국 조사1과 서기관 2000년 국세청 조사국 조사1과 서기관 2003년 예산세무서장, 駐OECD 주재관 2007년 국세청 국제조사과장 2008년 同조사기획과장 2010년 대구지방국세청 조사1국장(부이사관) 2011년 중부지방국세청 납세지원국장(고위공무원) 2011년 同징세법무국장 2012년 국세청 국제조세관리관 2013년 서울지방국세청 조사4국장 2014년 국세청 조사국장 2016년 서울지방국세청장(고위공무원) 2017~2019년 국세청장 (상)홍조근정훈장(2014), 한국인터넷신문협회 올해의 인물상(공공부문)(2017)

한승희(韓承熙) HAN Seung Hee (가람빛)

(생)1961 · 7 · 25 (본)청주(淸州) (출)충남 강경 (주)충청남도 공주시 공주대학로 56 공주대학교 건설환경공학부(041-521-9304) (학)1984년 충남대 토목공학과졸 1987년 同대학원 토목공학과졸 1993년 사진측량학박사(충남대) (경)1994~1997년 교육부 1종교과서편집위원회 집필진 · 연구심의진 1995~1997년 천안시교통계획위원회 자문위원 1997~1998년 호주 The University of New South Wales Honorary Academic Fellow 1998~2001년 중암정보산업(주) 감사 · 연구위원 2000년 푸른천안운동 도시계획전문위원 2000년 도시재난방재연구소 연구위원 2000년 한국측량학회 편집위원 2001년 (주)Geomatica 기술고문 2003~2005년 천안시 자문위원 2005년 공주대 공과대학 건설환경공학부 교수(현) 2006년 한국측량학회 이사 2007년 공주대 공과대학 부학장 2008년 대한토목학회 편집위원(현) 2008~2019년 한국지형공간정보학회 이사 2009년 공주대 학생지원부처장 겸 종합인력개발원장 2009년 아산시 경관심의위원(현) 2015~2019년 천안시 경관심의위원 2016~2018년 충남도 건설기술심의위원 2019년 공주대 공과대학장(현) 2018년 세종시 도시계획위원회 위원(현) 2019년 대한공간정보학회 부회장(현) (상)충남대 최우수논문상(1986), 대한토목학회 우수논문상(2003), 한국측량학회 논문상(2007), 한국지형공간정보학회 학술상(2015), 국토교통부장관표창(2015) (저)'사진측량학개론(共)'(2004) '알기쉬운 사진측량'(2004) '측량학(共)'(2007) '공간정보학'(2010) 'GIS이론 및 실습'(2012) '지형공간정보실습'(2015) '사진측량 및 원격탐측개론'(2016)

한 신(韓 信) Shin Han

(생)1963 · 2 · 11 (본)청주(淸州) (출)강원 강릉 (주)서울특별시 종로구 종로1길 50 더케이트윈타워 SKC(주) 일하는방식혁신추진실(02-3787-1234) (학)1982년 강릉고졸 1989년 서울대 국제경제학과졸 (경)1989~1992년 (주)유공 인사부 근무 1992~1996년 SK그룹 경영기획실 인력팀 근무 1996~2000년 SKC(주) 인력관리팀 근무 2001~2006년 同수원 관리지원1부장 2007~2009년 SK네트웍스(주) 현장경영팀장 2010년 同전략구매팀장 2010~2011년 同GEG팀장 2011~2012년 스피드모터스(주) 사업전략본부장 2012~2013년 SK네트웍스(주) 인력개발팀장 2013년 同HR실장(상무) 2017년 SKC(주) 기업문화실장(상무) 2019년 同일하는방식혁신추진실장(현)

한양석(韓陽錫) HAN Yang Seok

(생)1962·1·3 (출)광주 (주)서울특별시 중구 남대문로 63 한진빌딩본관 18층 법무법인 광장(02-772-5950) (학)1980년 광주고졸 1984년 서울대 법대졸 1998년 미국 펜실베이니아대 법대 연수 (경)1985년 사법시험 합격(27회) 1988년 사법연수원 수료(17기) 1988년 광주지법 판사 1990년 同순천지원 판사 1993년 수원지법 성남지원 판사 1996년 서울지법 동부지원 판사 1998년 서울지법 판사 2000년 서울고법 판사 2001년 대법원 재판연구관 2003년 청주지법 부장판사 2004년 사법연수원 기획총괄교수 2007년 서울중앙지법 부장판사 2010년 부산고법 부장판사 2012~2013년 서울고법 부장판사 2013년 법무법인 광장 변호사(현)

한 영(韓 映 · 女) HAN Young (幽蘭)

(생)1941 · 2 · 27 (본)청주(淸州) (출)전북 임실 (주)광주광역시 북구 서림로 98 (재)광주어머니장학재단 (학)1959년 전주여고졸 1965년 전남대 정치학과졸 1995년 同행정대학원 행정학과졸(석사) 2002년 명예 정치학박사(전남대) (경)1973~1976년 전남도 부녀아동과장 1977~1986년 한국여학사협회 광주지부 회장 1992~2015년 민주평통 상임위원 1993~1995년 광주시여성단체협의회 회장 1993~2009년 대한어머니회 광주연합회장 1999~2006년 우리민족서로돕기 광주전남 상임대표 2002년 광주방송문화재단 이사(현) 2005년 동아시아여성평화포럼 공동대표 2006~2008년 한나라당 최고위원 2006년 민선4기 광주광역시장 출마(새누리당) 2010년 (재)광주어머니장학재단 이사장(현) (상)법무부장관표창(1995), 국민훈장 동백장(1996), 전남대 용봉인 영예대상(2011), 한국여성단체협의회 용신봉사상(2015) (종)가톨릭

한영근(韓榮根) HAN Young Keun

(생)1963·11·15 (출)서울 (주)경기도 용인시 처인구 명지로 116 명지대학교 공과대학 산업경영공학과(031-330-6454) (학)1986년 서울대 기계설계학과졸 1988년 同대학원 기계설계학과졸 1994년 산업공학박사(미국 펜실베이니아주립대) (경)1990~1995년 미국 펜실베이니아주립대 산업공학과 연구조교 1994~1995년 생산기술연구원 생산시스템개발센터 선임연구원 1995년 명지대 공과대학 산업경영공학과 조교수·부교수·교수(현) 1999년 대한안전경영과학회 편집위원 2004~2005년 명지대 교육지원처 부처장 2006년 미국 남가주대학(USC) 방문연구교수 2007~2011년 명지대 산업경영공학과장 2014년 同창업보육센터 소장 2016·2018년 同자연캠퍼스 창업교육센터장(현) 2017년 同자연캠퍼스 학생경력개발처장 겸 장애학생지원센터장(현) 2018~2019년 同창업지원단장 겸 자연캠퍼스 창업보육센터장 (상)대한안전경영과학회 해봉학술상(2004), 산학협동재단 산학협동상대상(2005) (저)'생산자동화 실습' (2004, 명지대 출판부) '안전경영과학론'(2006, 청문각) '2020 엔지니어 : 미래공학인에 대한 비전'(2009, 시그마프레스) '2020 엔지니어교육 : 미래 공학교육에 대한 비전'(2009) '현대생산자동화와 CIM'(2016, 시그마프레스) (역)'생산자동화와 CIM'(2002, 시그마프레스) '현대제조공학'(2003, 대웅) (종)기독교

한영남(韓永男) Youngnam Han

(생)1955 · 2 · 27 (본)청주(淸州) (출)전남 목포 (주)대전광역시 유성구 대학로 291 한국과학기술원 공과대학 전기및전자공학부(042-350-3472) (학)1974년 서울고졸 1978년 서울대 공과대학 전기공학과졸 1980년 同대학원 전기공학과졸 1992년 공학박사(미국 매사추세츠대) (경)1980~1983년 해군사관학교 교관 1981년 국방과학연구원 진해기계창 위촉연구원 1983~1985년 금오공과대 교수 1992~1997년 한국전자통신연구원 실장 1998~2009년 한국정보통신대 공학부 교수 1999년 미국 세계인명사전 'Marquis Who's Who in the World'에 등재 2001~2002년 미국 퀄컴 수석연구원 2003~2005년 전기전자학회(IEEE) VTS Seoul Chapter 위원장 2004~2005년 한국정보통신대 공학부장 2005년 삼성-ICU 공동연구센터장 2008~2009년 한국정보통신대 교학처장 2008년 영국 국제인명센터(IBC) 'Top100 Engineers and Scientists'에 등재 2009년 한국과학기술원(KAIST) 공과대학 전기및전자공학부 교수(현) 2013~2017년 5G포럼 운영위원장 2015~2017년 한국과학기술원(KAIST) · 중국 중경이공대 교육협력센터 책임교수 (상)전자공학회 공로상, 정보통신부장관표창(1997), SK-TR(Telecommunications Review) '올해의 논문상'(1998), Best Paper Award, 전기전자학회(IEEE) VTS Tokyo Chapter(2000), 미래창조과학부장관표창(2013), 근정포장(2017) (저)'CDMA통신(共)'(1998, 청문각)

한영로(韓永路) Han, Youngro

(생)1956 · 1 · 15 (본)곡산(谷山) (출)경북 경주 (주)울산광역시 중구 종가로 323 한국에너지공단(052-920-0005) (학)1975년 경주공고졸 1999년 서울시립대 국제관계학과졸 2001년 한양대 행정대학원졸 2014년 에너지경제연구원 에너지고위경영자과정 수료 (경)1991~2004년 국가직 7급 공채임용 · 산업자원부 전력국 · 통상무역실 · 무역위원회 주무관 2004~2013년 산업자원부 무역투자실 · 성장동력실 · 산업자원협력실 사무관

2006년 EU 행정연수 2013~2014년 산업통상자원부 통상차관보실 서기관 2014년 에너지관리공단 사업진흥이사 2015년 한국에너지공단 사업진흥이사 2019년 同지역협력이사(현) (상)통상산업부장관표창(1994), 국무총리표창(2014)

한영석(韓永錫) HAN Young Suk

(생)1938·8·24 (본)곡산(谷山) (출)경북 경주 (주)서울특별시 서초구 신반포로45길 46 스카이빌 202호 한영석법률사무소 (학)1957년 대구 계성고졸 1961년 서울대 법대졸 1971년 미국 UC Berkeley 법대 수료(1년) 1994년 법학박사(계명대) (경)1961년 사법시험 합격(13회) 1962년 육군 법무관 1966년 광주지검 검사 1967년 대구지검 김천지청 검사 1968년 부산지검 검사 1972년 서울지검 수원지청 검사 1972년 법무부 법무과 검사 1977년 서울지검 검사 1978년 법무부 법무과장 1979년 서울지검 영등포지청 부장검사 1980년 대검찰청 특수2과장검사 1981년 서울지검 제2차장검사 1982년 법무부 법무실장 1985년 대검찰청 중앙수사부장 1987~1988년 법무부 차관 1988년 대통령 민정수석비서관 1989년 서울고검장 1991년 한국형사정책연구원 원장 1992년 법제처장 1993~2004년 우일합동법률사무소 변호사 1998년 (주)홍창 사외이사, SK(주) 사외이사 2004년 법무법인 우일아이비씨 변호사 2007~2009년 SK에너지(주) 사외이사 2008년 법무법인 우일 변호사·대표변호사·고문변호사 2015~2017년 SK C&C 사외이사, 변호사 개업(현) (상)홍조근정훈장, 황조근정훈장, 청조근정훈장 (종)천주교

한영석(韓永錫) Han Young Seuk

(생)1957·12·21 (주)울산광역시 동구 방어진순환도로 1000 현대중공업(주) 비서실(052-202-2114) (학)예산고졸, 충남대 기계공학과졸 (경)현대중공업(주) 상무보, 同조선사업부 상무, 同조선사업본부 상무 2012년 同조선사업본부 전무 2015~2016년 同조선사업본부 부사장 2016~2018년 (주)현대미포조선 대표이사 사장 2018년 현대중공업(주) 공동대표이사 사장(현)

한영석(韓榮錫)

(생)1961·4·10 (출)충북 충주 (주)충청북도 청주시 흥덕구 2순환로 1168 충청북도선거관리위원회 사무처장실(043-237-3946) (학)건국대 법학과졸 (경)2008년 대전시선거관리위원회 홍보과장(서기관) 2009년 충북도선거관리위원회 홍보과장 2013년 同지도과장 2015년 同관리과장 2018년 전북도선거관리위원회 사무처장(부이사관) 2019년 충북도선거관리위원회 사무처장(현)

한영수(韓永壽) HAN Young Soo

(생)1949·9·15 (본)청주(淸州) (출)서울 (학)1967년 경기상고졸 1972년 연세대 행정학과졸, 프랑스 국제행정대학원졸 1985년 경제학박사(프랑스 파리제13대) (경)1971년 행정고시 합격(10회) 1971~1980년 총무처·상공부 사무관 1980~1991년 상공부 아주통상과장·수입과장·중소기업정책과장 1991년 특허청 국제특허연수원 교수부장 1992년 미국 코넬대 연수 1993년 상공자원부 통상협력국장 1994년 同통상협력관 1994년 통상산업부 통상협력심의관 1997년 同생활공업국장 1998년 산업자원부 생활산업국장 1998년 산업연구원 파견 1998~1999년 산업자원부 자원정책심의관·관리관 1999년 한국기계공업진흥회 상근부회장 2000~2006년 한국무역협회 전무이사 2005~2009년 신세계 사외이사 2006~2007년 한국전자거래진흥원 원장 2008~2009년 고려대 국제대학원 전임교수 2009~2011년 경기공업대학 총장 2011~2014년 경기과학기술대 총장 2015~2019년 전주비전대 총장 2015~2018년 한국개발연구원 비상임감사 (상)녹조근정훈장(1979) (종)천주교

한영수(韓英洙) HAN YEONG SOO

(생)1967·1·23 (본)청주(淸州) (출)경북 포항 (주)세종특별자치시 도움5로 20 법제처 법제정책국(044-200-6800) (학)1985년 포항고졸 1990년 서울대 법학과졸 (경)1990년 행정고시 합격(34회) 1991년 법제처 행정사무관 1998년 同서기관 1999년 同법제관 2002년 同법령홍보담당관 2003년 해외훈련 2005년 법제처 재정기획관(부이사관) 2007년 同행정법제국 법제관 2008년 대통령 법무비서관실 행정관(파견) 2010년 법제처 행정법제국 법제관 2011년 同행정법제국 법제심의관(고위공무원) 2012년 同행정법제국장 2013년 헌법재판소 파견 2014년 법제처 법령해석정보국장 2015년 同법제지원단장 2016년 同법제정책국장 2017년 국외 직무훈련 2018년 법제처 법제정책국장(현) (상)대통령표창(2006), 대통령실장표창(2009), 홍조근정훈장(2015)

한영신(韓姈伸·女)

(생)1958·9·5 (주)충청남도 예산군 삽교읍 도청대로 600 충청남도의회(041-635-5221) (학)호서대 문화복지상담대학원졸 (경)행복한다문화가족연합회 대표(현) 2017년 더불어민주당 제19대 문재인 대통령후보 조직특보, 민주평통천안시협의회 지회장, 同천안甲지역위원회 여성위원장(현) 2018년 충남도의회 의원(더불어민주당)(현) (상)한국을 빛낸 대한민국 충효대상(2019)

한영실(韓榮實·女) HAN Young Sil

(생)1957·11·14 (출)인천 (주)서울특별시 용산구 청파로47길 100 숙명여자대학교 식품영양학과(02-710-9764) (학)1976년 인일여고졸 1980년 숙명여대 식품영양학과졸 1984년 同대학원 식품영양학과졸 1990년 이학박사(숙명여대) (경)1984년 숙명여대 강사 1985~1997년 부경대(舊 부산수산대) 식품생명과학과 교수 1991~1992년 독일 본대 식품공학연구소 객원연구원 1994~1995·1997년 同객원교수 1997년 숙명여대 식품영양학과 교수(현) 2000~2008년 同한국음식연구원장 2002~2006년 同사무처장 2004~2007년 KBS TV '비타민-위대한밥상' 출연 2006~2008년 숙명여대 교무처장 겸 산학협력단장 2008~2012년 同총장 2008년 글로벌인재포럼 자문위원 2008년 농림수산식품부 주최 'KOREA FOOD EXPO(KFE) 2008' 추진위원회 위원장 2011년 녹색생활실천어머니연합 상임의장 2011~2013년 (재)한국방문의해위원회 위원 2011년 한국대학교육협의회 대학윤리위원회 부위원장 2011년 한국사립대학총장협의회 부회장 2011년 KB금융공익재단 이사 2011년 대한민국ROTC중앙회 명예회원(현) 2012년 새누리당 공직후보자추천심사위원회 위원 2014년 同6.4지방선거대책위원회 공동위원장 2014년 同인재영입위원 2014년 同윤리위원 2015년 한국식품조리과학회 회장 (상)한국조리과학회 학술상(2001), 식품의약품안전청 특별공로상(2009), 대한민국경영혁신대상 혁신리더부문(2009), The Company of Korea 경영혁신대상(2009), 조선일보광고대상 출판·학습지·대학부문 최우수상(2010), 한국을 빛낸 창조경영인상 인재경영부문(2011) (저)'음식이 보약이다'(1998) '우리가 정말 알아야 할 음식상식 백가지'(1999) '한국 음식대관(共)'(1999) '칼로리 건강법'(2000) '한국음식대관' '한국전통음식'(2000) '쉽게 찾는 칼로리북'(2001) '당뇨병 칼로리북'(2004) '아름다운 우리음식'(2005) '칼로리를 알면 다이어트가 즐겁다' '위대한 밥상'(2005)

한영우(韓永愚) HAN Young Woo (湖山)

(생)1938·7·12 (본)청주(淸州) (출)충남 서산 (주)서울특별시 관악구 관악로 1 서울대학교 국사학과(02-880-5114) (학)1957년 온양고졸 1962년 서울대 사학과졸 1967년 同대학원졸 1981년 문학박사(서울대) (경)1967~1975년 서울대 문리대학 조교·전임강사·조교수 1975~1985년 同인문대학 조

교수 · 부교수 1980년 同인문대학장보 1983년 미국 하버드대 객원교수 1985~2003년 서울대 국사학과 교수 1987~1991년 同한국문화연구소장 1989~1996년 교육부 학술진흥위원 1990년 한국사연구회 회장 1990년 서울시사 편찬위원 1991~2003년 국사편찬위원회 위원 1992~1996년 서울대 규장각관장 1993년 문화재청 문화재위원 1996년 간행물윤리위원회 위원 1997~2003년 경기문화재단 이사 1998~2000년 서울대 인문대학장 2002년 한국간행물윤리위원회 서평분과 위원장 2003~2005년 문화재위원회 부위원장 2003~2009년 同사적분과 위원 2003~2008년 한림대 한림과학원 특임교수 2003년 서울대 인문대학 명예교수(현) 2007~2009년 문화재위원회 사적분과 위원장 2008~2013년 이화여대 이화학술원 석좌교수 2012~2013년 同이화학술원장 (상)한국출판문화상 저술상(1984), 치암학술상(1986), 세종문화상 학술상(1994), 옥조근정훈장(2003), 간행물윤리상 저작상(2005), 대한민국문화유산상 대통령표창(2005), 제46회 한국출판문화상 저술상(2006), 수당상 인문과학부문(2007), 경암학술상 인문사회분야(2007), 민세안재홍 학술상(2012) (저)'정도전사상의 연구' '조선전기 사학사 연구' '조선전기 사회경제연구' '조선전기 사회사상 연구' '조선후기 사학사 연구' '한국의 문화전통' '우리역사와의 대화' '한국민족주의 역사학' '한국의 역사가와 역사학' '다시 찾는 우리역사' '미래를 위한 역사의식' '시민을 위한 한국사' '조선시대 신분사 연구' '정조의 화성행차 그 8일' '왕조의 설계자 정도전' '우리 옛지도와 그 아름다움' '명성황후와 대한제국' '역사학의 역사' '조선왕조 의궤' '역사를 아는 힘'(2005) '21세기 한국학 어떻게 할 것인가(共)'(2005) '대한제국은 근대국가인가(共)'(2006) '조선의 집 동궐에 들다'(2006) '실학의 선구자 이수광'(2007) '다시, 실학이란 무엇인가(共)'(2007) '꿈과 반역의 실학자 유수원'(2007) '조선 수성기 제갈량 양성지'(2008) '문화정치의 산실 규장각'(2008) '한국선비지성사'(2010, 지식산업사) 영문판 'A Review of Korean History'(2010, 경세원) '중국어판 조선왕조 의궤'(2012, 중국 절강대학) '과거 : 출세의 사다리'(2013, 지식산업사) '율곡 이이평전'(2013, 민음사) '과거, 출세의 사다리(전 4권)'(2014, 지식산업사) '미래와 만나는 한국의 선비문화'(2014, 세창출판사) '정조평전-성군의 길(전 2권)'(2017, 지식산업사)

한영재(韓榮宰) HAN, YOUNG-JAE

(생)1955 · 2 · 4 (본)청주(淸州) (출)서울 (주)서울특별시 강남구 테헤란로 142 캐피탈타워 A동 10층 (주)노루홀딩스 회장실(02-2191-7706) (학)1973년 경기고졸 1977년 연세대 경영학과졸 1979년 미국 보스턴대 대학원 경영학과졸(MBA) (경)1985년 대한페인트 · 잉크(주) 상무이사 1986년 同부사장 1988년 同대표이사 사장 2000년 同대표이사 회장 2000년 (주)디피아이 대표이사 회장 2006년 (주)노루홀딩스 각자대표이사 회장(현) 2012~2015년 (재)명동정동극장 비상임이사 2016년 (주)노루페인트 각자대표이사 회장 2018년 同회장(현) (상)대통령표창, 한국종합생산성대상, 은탑산업훈장(2005), 미국 보스턴대 자랑스런 동문상(2009), 자랑스런 연세상경인상 산업 · 경영부문(2013)

한영주(韓泳奏) HAHN Yeong Joo

(생)1950 · 1 · 13 (본)청주(淸州) (출)전북 진안 (주)서울특별시 강남구 테헤란로7길 22 과학기술회관 본관 303호 도시 · 지역계획연구원(02-538-3692) (학)1972년 서울대 지리학과졸 1977년 同환경대학원 환경계획학과졸 1984년 미국 시라큐스대 맥스웰행정대학원 지역계획학과졸 1989년 사회과학박사(미국 시라큐스대 맥스웰행정대학원) (경)1977년 고려대 아시아문제연구소 연구조수 1977~1978년 건설부 국토계획조사연구단 연구원 1978~1986년 국토개발연구원 책임연구원 1989~1993년 同수석연구원 1993~1996년 서울시정개발연구원 서울21세기연구센터 실장 1995~1996년 청와대 '도시의 세계화 전략' 실무위원 1995~1996년 서울시정개발연구원 기획조정실장 1997~1998년 同도시경영연구부장 1998년 건설교통부 21C도시정책수립 실무작업단 반장 1999~2003년 서울시정개발연구원 새서울밀레니엄팀장 · 월드컵지원연구단장 · 서울마케팅연구단장 1999~2000년 국토연구회 회장 2000~2001년 국무조정실 규제개혁위원회 전문위원 2003~2004년 대통령자문 국가균형발전위원회 자문위원 2003~2005년 同지속가능발전위원회 위원 2003~2006년 전북발전연구원 원장 2004~2006년 전라북도지역혁신협의회 부의장 2007~2009년 환태평양도시발전협의회(PRCUD) 회장 2007~2010년 서울시정개발연구원 동북아도시센터장 겸 선임연구위원 2010~2016년 대통령직속 지역발전위원회 계간지 '지역과 발전' 편집인 2010년 도시 · 지역계획연구원 원장(현) 2013~2015년 대통령소속 지방자치발전위원회 자문위원 (상)경제협력개발기구(OECD) 아시아 · 태평양 무역 · 서비스도시비교전 수상(1994), 서울시장 감사패(2000), 서울시장표창(2002), 대통령표창(2002), 한국조경학회장표창(2002), 전주시지역혁신협의회 의장 감사패(2005), 전북도지사 감사패(2006), 전주상공회의소 회장 공로패(2006) (저)'우리나라 산업입지정책의 평가'(1989) '가난한 부자 이야기'(2006) '사람은 꿈꾸고 도시는 진화한다'(2010)

한영진(韓玲眞 · 女)

(생)1964 · 8 · 20 (주)제주특별자치도 제주시 문연로 13 제주특별자치도의회(064-741-1943) (학)제주 신성여고졸, 제주국제대학 유아교육졸, 한국방송통신대 유아교육학과졸, 탐라대 교육대학원 유아교육학과졸 (경)한샘어린이집 원장, 아이건강제주연대 상임대표, 사회적협동조합 제주로(law) 교육위원장(현), 바른미래당 여성위원장(현) 2018년 제주특별자치도의회 의원(비례대표, 바른미래당)(현) 2018년 同보건복지안전위원회 위원(현) 2018년 同대규모개발사업장에대한행정사무조사를위한특별위원회 위원(현) 2019년 同예산결산특별위원회 부위원장(현)

한영표(韓瑛杓) HAN Young Pyo

(생)1966 · 5 · 10 (출)경남 남해 (주)충청남도 천안시 동남구 청수14로 77 대전지방법원 천안지원(041-620-3000) (학)1985년 동아고졸 1990년 서울대 사법학과졸 (경)1990년 사법시험 합격(32회) 1993년 사법연수원 수료(22기) 1993년 軍법무관 1996년 부산지법 판사 1999년 同동부지원 판사 2001년 부산지법 판사 2003년 부산고법 판사 2006년 부산지법 판사 2008년 울산지법 부장판사 2010년 부산지법 부장판사 2014년 창원지법 밀양지원장 2016년 부산지법 부장판사 2018년 대전지법 천안지원장 겸 대전가정법원 천안지원장(현)

한영환(韓榮煥) HAN Young Hwan

(생)1964 · 2 · 1 (출)경남 창녕 (주)서울특별시 서초구 서초대로 254 오퓨런스빌딩 710호 한영환법률사무소(02-587-0081) (학)1982년 대구 능인고졸 1987년 서울대 법학과졸 (경)1988년 사법시험 합격(30회) 1991년 사법연수원 수료(20기) 1992년 변호사 개업 2001년 울산지법 판사 2003년 부산고법 판사 2004년 수원지법 평택지원 판사 2005년 서울고법 판사 2007년 대구지법 부장판사 2008년 인천지법 부장판사 2011년 서울중앙지법 부장판사 2014~2016년 서울서부지법 부장판사 2016년 변호사 개업(현)

한옥동(韓沃東)

(생)1957 · 4 · 8 (주)충청남도 예산군 삽교읍 도청대로 600 충청남도의회(041-635-5333) (학)충북 세광고졸, 청주대 수학교육학과졸, 서원대 교육대학원 수학교육전공졸 (경)서산대산고 · 천안중앙고 교장, 천안교육지원청 교육국장 · 교육장 2018년 충남도의회 의원(더불어민주당)(현) 2018년 同교육위원회 부위원장(현)

한옥문(韓玉文)

(생)1965 · 1 · 16 (주)경상남도 창원시 의창구 상남로 290 경상남도의회(055-211-7386) (학)경성대 국어국문학과졸, 부산대 경제통상대학원 글로벌정책학과졸 (경)(주)다인화성 대표이사(현), 새누리당 경남양산시 중앙위원, 양산시종합사회복지관 이사, 양산시체육회 이사, 민주평통 정책자문위원(현) 2010년 경남 양산시의회 의원(한나라당 · 새누리당) 2014~2018년 경남 양산시의회 의원(새누리당 · 자유한국당) 2014~2016년 同의장 2014~2016년 경남 시 · 군의회의장협의회 부회장 2017~2018년 경성대총동창회 회장 2017~2018년 경성대 법행정정치학부 겸임교수 2018년 경남도의회 의원(자유한국당)(현) 2018년 同경제환경위원회 위원(현) (상)자랑스런 경성인상(2016)

한옥민(韓玉敏) HAN Ok Min

(생)1959 · 8 · 15 (본)청주(淸州) (출)서울 (주)서울특별시 중구 을지로 16 백남빌딩 5층 (주)모두투어네트워크 임원실(02-728-8002) (학)장안대학 관광경영학과졸 2013년 경기대 관광전문대학원 관광사업경영과 재학 중 (경)1988년 세유여행사 입사 1989년 국일여행사 입사 2006년 KATA OUTBOUND위원회 기획여행소위원장 2007년 同여행정보센터 자문위원, (주)모두투어네트워크 상품기획 · 영업본부총괄 전무이사 2009년 同전략기획본부장 2009~2013년 同부사장(CCO) 2010년 한국관광협회중앙회 BSP특별위원회 산하 기획여행분과위원장 2013년 (주)모두투어네트워크 사장 2018년 同부회장(현) (상)태국정부관광청 우정상(2010), 국무총리표창(2013) (종)기독교

한옥자(韓玉子 · 女) HAN OK JA

(생)1956 · 8 · 17 (주)경기도 수원시 장안구 만석로 231 2층 경기시민사회포럼(031-252-1330) (학)1986년 한국방송통신대 가정학과졸 1988년 연세대 교육대학원 교육학과졸 2006년 사회복지학박사(경기대) (경)1979~1985년 서울대병원 간호사 1985~2015년 경기대 보건진료소 근무 · 운영팀장 1994~2002년 수원여성회 대표 1998~2001년 경기여성단체연합 공동대표 1998~2003년 경기좋은학교도서관만들기협의회 회장 2002년 (사)장아람 이사(현) 2006~2007년 경희대 행정대학원 객원교수 2006~2010년 수원시건강가정지원센터장 2008년 경기시민사회포럼 공동대표, 경기도 여성발전위원회 위원, 수원시 정책위원회 위원 2012년 한국사티어변형체계치료학회 이사(현), (재)수원시정연구원 이사(현) 2014년 경기시민사회포럼 이사(현) 2015년 (재)경기도가족여성연구원 원장 (상)수원시 여성상(2009), 수원시 가족상(2009), 교육과학기술부장관표창(2010) (저)'가족의 빅뱅'(共) '정책의 성별영향분석을 위한 기반구축 연구'(共)

한완상(韓完相) HAN Wan Sang (한민)

(생)1936 · 3 · 5 (본)청주(淸州) (출)충남 당진 (주)서울특별시 종로구 세종대로 209 정부서울청사 본관 3층 3.1운동및대한민국임시정부수립100주년기념사업추진위원회(02-2100-1449) (학)1955년 경북고졸 1960년 서울대 사회학과졸 1962년 同대학원 수료 1964년 미국 에모리대 대학원 정치사회학과졸 1967년 정치사회학박사(미국 에모리대) (경)1966년 미국 조지아주립대 강사 1967년 미국 테네시주립공과대 조교수 1969년 미국 이스트캐롤라이나대 조교수 1970~1976년 서울대 사회학과 부교수 1972년 문교부 재외국민교육정책심의위원회 부위원장 1976년 서울대 부교수 해직 1976~1980년 세계교회협의회 개발위원회 커미셔너 1979년 미국 뉴욕주립대 초빙교수 1979년 기독학생총연맹 이사장 1979년 Human Rights Internet 이사 1980년 서울대 부교수 복직 1980년 同부교수 해직 1982년 미국 에모리대 초빙교수 1982년 미국 연합장로교총회본부 자문위원 1984년 서울대 교수 복직 1984~1993년 同사회학과 교수 1987년 새길교회 창립 1988년 방송위원회 상임위원 1988년 한국기독자교수협의회 회장 1991년 한국사회학회 회장 1993년 부총리 겸 통일원장관 1993년 한국사회문화연구원 회장 1994년 종합유선방송위원회 위원장 1994년 통일고문 1994~1998년 한국방송통신대 총장 1995~1997년 부정부패추방시민연합 공동대표 1999~2001년 상지대 총장 2000년 경제정의실천시민연합 통일협회 이사장 2001~2002년 부총리 겸 교육인적자원부 장관 2002~2004년 한성대 총장 2002년 새천년민주당 노무현 대통령후보 사회담당 고문 2003년 KBS강태원복지재단 이사장 2004년 남북경제문화협력재단 이사장 2004~2007년 대한적십자사 총재 2012년 담쟁이포럼 대표 2013~2014년 경기도교육연구원 초대이사장 2016~2017년 '정책공간 국민성장' 상임고문 2018년 대통령직속 3.1운동및대한민국임시정부수립100주년기념사업추진위원회 위원장(현) (상)청조근정훈장(1994), 민족화해상(2006), 적십자대장 태극장(2008), 미국 에모리대 명예로운 해외동창상(Sheth Distinguished International Alumni Award)(2009) (저)'현대사회와 청년문화'(1973) '저 낮은 곳을 향하여'(1978) '민중과 지식인'(1978) '민중사회학'(1984) '인간과 사회구조'(1986) '청산이냐 답습이냐'(1988) '한국현실과 한국사회학'(1992) '다시 한국 지식인에게'(2000) '예수없는 예수교회'(2008) '한국 교회여, 낮은 곳에 서라(저 낮은 곳을 향하여 개정판)'(2009) '우아한 패배'(2009) 등 다수 (역)'소유냐 존재냐'(共) '독재의 극복과 민주화' (종)기독교

한완수(韓完洙) Han Wan-soo

(생)1949 · 9 · 27 (주)전라북도 전주시 완산구 효자로 225 전라북도의회(063-280-3970) (학)전주상고졸 (경)초등학교 교사, 전북 임실군 임실읍체육회 회장, 임실청년회의소(JC) 회장, 한국청년회의소(JC) 훈련원장, 전북 임실군 임실읍지역발전협의회 회장, 임실군애향운동본부 사무국장, 임실군애향장학회 후원회장, 민주평통 자문위원 1995 · 1998 · 2002~2006년 전북 임실군의회 의원 2002년 同의장 2006년 전북도의원선거 출마(무소속) 2014~2018년 전북도의회 의원(무소속 · 더불어민주당) 2014년 同문화건설안전위원회 위원 2014년 同윤리특별위원회 위원 2015년 同예산결산특별위원회 위원 2015~2016년 同윤리특별위원회 위원장 2016~2018년 同문화건설안전위원회 위원장 2018년 전북도의회 의원(더불어민주당)(현) 2018년 同부의장(현) 2018년 同환경복지위원회 위원(현), 더불어민주당 전북도당 상임부위원장(현), 同전북도당 환경특별위원장(현) (종)천주교

한왕기(韓旺機) HAN Wang Gi

(생)1959 · 10 · 23 (출)강원 평창 (주)강원도 평창군 평창읍 군청길 77 평창군청 군수실(033-330-2201) (학)평창고졸, 신흥보건전문대학 임상병리학과졸 (경)1986년 강원 평창군 근무, 同용평면 총무계장, 同보건위생담당, 同군수 비서실장, 同보건사업과장, 同미탄면장, 同방림면장, 同용평면장, 同진부면장 2015년 同경제체육과장 2017년 同보건의료원장 2018년 강원 평창군수(더불어민주당)(현) (상)보건복지부장관표창, 도지사표창 (종)기독교

한용걸(韓容杰) HAN Yong Kirl

(생)1964 · 7 · 3 (출)경북 경주 (주)서울특별시 종로구 경희궁길 26 세계일보 논설위원실(02-2000-1669) (학)1990년 한양대 영어영문학과졸 2001년 同행정대학원 언론홍보학과졸 (경)1990년 세계일보 입사 1994년 미국 The Washington Times 연수 1995년 세계일보 사회부 기자 1999년 同정치부 기자 2001년 同정치부 차장대우 2002년 미국 캘리포니아주립대 연수 2004년 同기획팀장 2005년 同워싱턴특

ㅎ

파원 2010년 同편집국 국제부 부장대우 2010년 同편집국 국제부장 2012년 同논설위원 2013년 同대외협력단장 겸 편집국 기획위원 2014년 同편집국 사회부장(부국장급) 2015년 同편집국장 2015년 同논설위원(현) 2019년 관훈클럽 편집위원(현) (상)한국기자협회 이달의 기자상(1996 · 2012), 한양언론인회 한양언론인상(2015) (저)'오보(共)'(2003, 한국언론재단) 'K스트리트'(2011) (종)천주교

한용길(韓龍吉) HAN Yong Gil

(생)1963 · 2 · 28 (본)청주(淸州) (출)서울 (주)서울특별시 양천구 목동서로 159-1 CBS 사장실(02-2650-7001) (학)1981년 한성고졸 1988년 경희대 영어영문학과졸 (경)1988년 CBS 편성제작국 PD 1996년 同편성제작국 차장 2000년 同편성제작국 FM부장 2003년 同방송위원 2004년 同창사50주년기념사업단장 겸 공연기획팀장 2005년 同마케팅본부 공연기획단장(부국장) 2006년 同편성국장 2008년 同특임본부장 2009년 同문화사업본부장 2009~2015년 (주)JOY커뮤니케이션 대표이사 2015년 CBS 대표이사 사장(현) (상)한국프로듀서상 작품상(1995 · 1997), 한국방송프로듀서상 라디오대상(1997), 방송진흥유공상 화관문화훈장(2017) (저)'광야를 지나서'(2016, 샘솟는기쁨) (종)기독교

한용덕 HAN YONG DEOK

(생)1965 · 6 · 2 (출)대구 (주)대전광역시 중구 대종로 373 한화이글스(042-630-8200) (학)1984년 천안북일고졸, 동아대 중퇴 (경)1988~1993년 프로야구 빙그레 이글스 소속(투수) 1994~2004년 프로야구 한화 이글스 소속(투수) 2006 · 2009년 同투수코치 2007 · 2011년 同재활군코치 2012년 同수석코치 2012년 同감독대행 2013년 제3회 월드베이스볼클래식(WBC) 국가대표팀 투수코치 2014년 프로야구 두산 베어스 2군 총괄코치 2015년 同투수코치 2017년 同수석코치 2017년 프로야구 한화이글스 제11대 감독(3년간 총액 12억원)(현) (상)조아제약 프로야구대상 감독상(2018)

한용빈(韓鏞斌)

(생)1965 (주)서울특별시 서초구 헌릉로 12 현대자동차그룹 기획조정3실(02-3464-1114) (학)서울대 경영학과졸 (경)2007년 현대자동차 이사대우 2009년 同경영기획1팀장(이사) 2011년 同경영기획1팀장(상무) 2014년 同전무, 현대글로비스 기획재경본부장 2016년 현대모비스 재경본부장 2017년 同재경본부장(부사장) 2018년 현대자동차그룹 기획조정3실장(현) (상)동탑산업훈장(2017)

한용외(韓龍外) HAN Yong Oe

(생)1947 · 7 · 7 (본)청주(淸州) (출)대구 (주)서울특별시 송파구 올림픽로35가길 10 더샵스타파크 A동 507호 사회복지법인 인클로버재단(02-508-1799) (학)1967년 대구고졸 1974년 영남대 경영학과졸, 숭실대 사회복지대학원 사회복지정책과졸 1995년 서울대 최고경영자과정 수료 2000년 국제산업디자인대학원대 뉴밀레니엄과정 수료 2009년 숭실대 대학원 사회복지행정학 박사과정 수료 2011년 사회복지학박사(숭실대) (경)1974년 제일합섬(주) 입사 1978년 同과장 1980년 삼성그룹 비서실 감사팀 과장 1984년 同재무팀 부장 1985년 同운영3팀장 1987년 삼성전자(주) 관리팀 부장 1988년 同관리담당 이사 1991년 삼성그룹 비서실 재무팀 이사 1992년 同비서실 경영지도팀장(상무이사) 1993년 삼성데이타시스템 경영지원본부총괄(상무이사) 1995년 삼성문화재단 총괄(전무이사) 1997~1999년 同대표이사 부사장 1997~2000년 한국사회복지협의회 부회장 2000년 삼성전자(주) 대표이사 부사장 2000년 경기도육상연맹 회장 2000년 한국전자산업환경협회 회장 2001년 삼성전자(주) 디지털어플라이언스네트워크총괄 사장 2004년 삼성재단(삼성문화재단 · 호암재단 · 삼성복지재단 · 삼성이건희장학재단) 총괄사장 2007~2009년 삼성사회봉사단 단장(사장) 2007년 예술의전당 이사 2008년 한국사회복지협의회 부회장 2008~2010년 사회복지공동모금회 이사 2009~2012년 서울장학재단 이사 2009~2013년 대한장애인체육회 부회장 2009년 삼성생명보험(주) 상담역 2009년 사회복지법인 인클로버재단(다문화가정청소년복지재단) 이사장(현) 2010~2016년 국립중앙박물관문화재단 이사장 2012~2014년 삼성생명보험(주) 고문 2014~2017년 한국사회복지협의회 비상임이사 (상)대통령표창(2000), 국민포장(2007) (종)불교

한용진(韓龍震) HAHN Yong Jin (만공)

(생)1959 · 3 · 27 (출)서울 (주)서울특별시 성북구 안암로 145 고려대학교 사범대학 교육학과(02-3290-2301) (학)1986년 고려대 사범대학 교육학과졸 1989년 同대학원 교육학과졸 1993년 일본 나고야대 비교국제교육과정 수료, 민족문화추진회 부설 국역연수원졸(3년), 교육학박사(고려대) (경)1996~2004년 고려대 사범대학 교육학과 조교수 · 부교수 1996~2000년 同사회교육원 사회교육실장 2000~2001년 일본 나고야대 교육학연구과 객원교수 2002년 한국비교교육학회 이사 2003~2004년 한국교육사학회 편집위원장 2004년 고려대 사범대학 교육학과 교수(현) 2005년 영국 케임브리지대 방문학자 2006~2008년 안암교육학회 '한국교육학연구' 편집위원장 2006~2007년 고려대 교육문제연구소장 2008~2009년 同평생교육원장 2009~2010년 한국교육사학회 회장 2009~2010년 고려대 교육사철학연구회 회장 2010~2013년 同'교육문제연구' 편집위원장 2012년 일본 도호쿠대 방문교수 2013~2015년 고려대 사범대학장 겸 교육대학원장 (저)'서양근세 교육사상가론(共)'(1989, 문음사) '민족교육의 사상사적 조망(共)'(1994, 집문당) '교육의 세기와 기초주의'(1997, 기초주의40주년기념행사준비위원회) '새로운 교육의 탐색'(1997, 내일을여는책) '남북통일 이후 사회통합을 위한 교육의 역할(共)'(1998, 집문당) '교육사상의 탐구(編)'(1999, 양서원) '정보화사회를 위한 컴퓨터와 교육(共)'(1999, 문음사) '정보화 시대의 컴퓨터 교육(共)'(2001, 홍릉과학출판사) '최신 교육실습론-이론과 실제(共)'(2003, 학지사) '동아시아 근대교육사상가론(共)'(2004, 문음사) '개화기 대외 민간 문화교류의 의미와 영향(共)'(2005, 국학자료원) '교육학개론(共)'(2006, 학지사) '대학교육 개혁의 철학과 각국의 동향(共)'(2006, 서현사) '교육사상의 역사(共)'(2009, 집문당) '주요선진국의 대학 발전 동향(共)'(2009, 학지사) '저팬리뷰2010(共)'(2010, 문) '일본문화사전(共)'(2010, 문) '근대 이후 일본의 교육'(2010, 문) '저팬리뷰2011(共)'(2011, 문) '저팬리뷰2012 : 3.11동일본 대지진과 일본(共)'(2012, 문) '비교교육학 이론과 실제(共)'(2012, 교육과학사) '比較敎育學事典(共)'(2012, 東信堂) 등 (역)'루돌프 슈타이너의 교육론'(1997, 내일을여는책) '한국근대대학의 성립과 전개'(2001, 교육과학사) '아희원람(共)'(2008, 한국학술정보)

한우삼(韓祐三) HAN Woo Sam

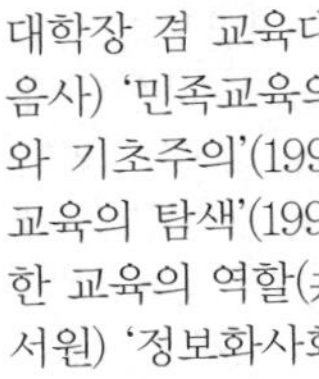

(생)1944 · 8 · 8 (본)청주(淸州) (출)서울 (주)경기도 안산시 단원구 해봉로 212 태양금속공업(주) 비서실(031-490-5767) (학)1963년 동성고졸 1968년 동국대 경영학과졸 1993년 서울대 경영대학원 최고경영자과정 수료 1995년 고려대 언론대학원 수료 (경)1967년 내외무역진흥(주) 근무 1971년 태양금속공업(주) 입사 1991~1999년 同대표이사 사장 2001년 동국대총동창회 부회장 2002년 한국중견기업연합회 부회장 2003년 태양금속공업(주) 대표이사 회장(현) 2007년 한국파스너공업협동조합 초대 이사장 2008~2015년 안산상공회의소 회장 2015년 同명예회장(현) (상)국무총리표창(1978), 동탑산업훈장(1994), 은탑산업훈장(2004), 금탑산업훈장(2013) (종)기독교

한우성(韓愚成) HAN Woo Sung

(생)1936 · 10 · 15 (본)청주(淸州) (출)경남 사천 (주)경상남도 사천시 축동면 용수길 179-14 무형문화재 가산오광대 전수회관(055-854-6669) (학)1948년 구호초등학교졸 (경)1985년 사천시 무형문화재전수교육관 명예관리인(현) 1986년 경상대사대부속중 · 고 교사연수생 · 무용반 위촉강사 1988년 중요무형문화재 제73호 가산오광대 이수 1990년 중요무형문화재 제73호 가산오광대 조교 1995년 중요무형문화재 제73호 가산오광대 보존회 회장 1996년 진주탈춤 한마당 자문위원 1996년 진주창자탈 만들기대회 심사위원 1997년 경북 안동국제탈춤페스티벌 추진자문위원 2000년 국가무형문화재 제73호 가산오광대(영노 · 큰양반) 예능보유자 지정(현) (상)전국청소년탈춤경연대회 동상 (종)불교

한우성(韓佑成) Han Woo Sung

(생)1956 · 4 · 16 (본)청주(淸州) (출)대전 (주)제주특별자치도 서귀포시 신중로 55 재외동포재단(064-786-0200) (학)대광고졸 1986년 연세대 불어불문학과졸 (경)1987년 미국 이민 1988~2003년 한국일보 LA지사 기자 2007~2017년 (사)유엔인권정책센터 이사 2010~2017년 김영옥재미동포연구소 이사 2012~2016년 공군 정책발전자문위원 2016~2017년 육군 정책발전자문위원 2016~2017년 김영옥평화센터 이사장 2017년 재외동포재단 이사장(현) (상)한국기자상(2001), 미국 소수계 기자상(2001), AP통신 기자상(2001), 국가보훈처 보훈문화상(2014) (저)김영옥의 전기 '아름다운 영웅, 김영옥'(2005) '1920, 대한민국 하늘을 열다'(2013)

한운섭(韓雲燮) Han un sub

(생)1970 · 11 · 14 (본)청주(淸州) (출)전남 순천 (주)충청북도 청주시 흥덕구 오송읍 오송생명2로 187 식품의약품안전처 운영지원과(043-719-1243) (학)1988년 순천 효천고졸 2008년 한국방송통신대 일본어학과졸 2011년 중앙대 의약식품대학원졸(석사) (경)2000~2001년 광주지방식품의약품안전청 근무 2004~2012년 식품의약품안전청 기획관리실 · 건강기능식품과 · 감사담당관실 근무 2013~2014년 식품의약품안전처 비서실 근무 2015년 同대변인실 서기관 2016년 경인지방식품의약품안전청 운영지원과장 2017년 서울지방식품의약품안전청 운영지원과장 2018년 식품의약품안전처 수입식품안전정책국 현지실사과장 2019년 경찰대학 파견(현)

한웅걸(韓雄杰) HAN Ung Kol

(생)1953·5·1 (본)청주(淸州) (출)서울 (주)서울특별시 강남구 테헤란로 401 동양파일(주)(02-3770-1805) (학)청운고졸, 한양대 토목공학과졸 2004년 同대학원 토질및기초공학과졸 (경)고려개발(주) 토목사업본부 턴키팀담당 이사, 同상무보 2005~2012년 호원대 토목학부 겸임교수 2007년 고려개발(주) 수주영업담당 상무 2008~2009년 同기획개발팀 상무 2011~2012년 티이씨건설(주) 전무이사 2012~2014년 제이에스건설(주) 사장 2015~2016년 동양파일(주) 기술영업본부장 2015년 (사)한국건설품질기술사회 회장 2016년 동양파일(주) 대표이사(현) (종)기독교

한웅재(韓雄在)

(생)1970 · 10 · 19 (출)충남 연기 (주)서울특별시 영등포구 여의대로 128 LG화학(주) 임원실(02-3777-1114) (학)1989년 단국대사대부고졸 1994년 서울대 법학과졸 1995년 同대학원 법학과 수료 (경)1996년 사법시험 합격(38회) 1999년 사법연수원 수료(28기) 1999년 軍법무관 2002년 서울지검 검사 2004년 인천지검 검사 2008년 부산지검 검사 2011년 대검찰청 연구관 2012년 서울중앙지검 부부장검사 2013년 대전지검 천안지청 부장검사 2014년 대검찰청 공판송무과장 2015년 同형사1과장 2016년 서울중앙지검 형사8부장 2017년 인천지검 형사2부장 2018~2019년 대구지검 경주지청장 2019년 변호사 개업 2019년 LG화학 법무담당 전무(현)

한웅현(韓雄鉉)

(생)1964 · 7 · 4 (주)서울특별시 영등포구 여의대로 128 LG트윈타워 LG전자(주)(02-3777-1114) (학)1983년 동인천고졸 1988년 서울대 동양사학과졸 (경)1988년 LG애드 근무 1994년 인터막스애드컴 근무 1999년 휘닉스커뮤니케이션즈 기획5본부장 2007년 덴츠이노벡 영업총괄 상무 2008년 휘닉스커뮤니케이션즈 상무보 2010년 同영업총괄 상무 2011년 LG전자(주) 한국마케팅본부 브랜드커뮤니케이션담당 상무 2013년 同한국브랜드커뮤니케이션담당 상무(현)

한원곤(韓元坤) HAN Won Kon

(생)1952 · 1 · 20 (출)서울 (주)서울특별시 영등포구 국회대로76길 10 의료기관평가인증원(02-2076-0600) (학)1976년 연세대 의대졸 1983년 同대학원 의학석사 1992년 의학박사(고려대) (경)성균관대 의대부속 강북삼성병원 전문의, 미국 Memorial Sloan-Kettering 암센터 Fellow 1997~2017년 성균관대 의과대학 외과학교실 교수, 同강북삼성병원 진료부원장 2003년 대한대장항문학회 학술위원장 2004년 同이사장 2004년 대한병원협회 기획이사 2004~2012년 성균관대부속 강북삼성병원장 2005~2010년 대한임상종양학회 정책위원장 2005년 대한외과학회 보험위원장 2006년 대한대장항문학회 부회장 2009년 서울시병원회 부회장 2009~2010년 대한대장항문학회 회장 2010 · 2016년 대한병원협회 기획위원장 2012~2017년 성균관대부속 강북삼성병원 자문원장 2013~2014년 대한외과학회 회장 2017년 의료기관평가인증원 원장(현) (상)한독학술경영대상(2009)

한원동(韓元東) Han Won Dong

(생)1965·7·25 (주)서울특별시 중구 을지로5길 26 미래에셋 센터원빌딩 이스트타워 미래에셋대우 임원실(02-3774-1700) (학)환일고졸, 연세대 정치외교학과졸 (경)LG CNS 근무, 제일은행 근무, 미래에셋증권(주) 프로젝트금융1본부 PF1팀장(이사) 2010년 同프로젝트금융1본부 PF1팀장(상무보) 2011년 同프로젝트금융1본부장(상무보) 2015년 同프로젝트금융1본부장(상무) 2016년 미래에셋대우 투자심사본부장 2017년 同혁신추진단 상무 2017년 同호치민사무소 상무(현)

한원식(韓元植) Won Sic Hahn

(생)1960 (주)서울특별시 강남구 테헤란로 422 KT 선릉타워 KT SAT 임원실(02-360-3901) (학)1979년 경기고졸 1983년 한양대 무기재료공학과졸 1985년 한국과학기술원(KAIST) 재료공학과졸(석사) 1994년 반도체물리공학박사(프랑스 파리제6대) (경)2010년 KT 무선데이터사업본부장(상무) 2011년 同전략유통마케팅단장(상무) 2012년 同기업Product본부장(상무) 2012~2013년 한국텔레스크린협회 초대 회장 2014년 KT 구매협력실장(상무) 2015년 同SCM전략실장(전무) 2017년 KT SAT 대표이사 사장(현)

한원식(韓元湜) HAN Wonshik

(생)1970 · 1 · 15 (본)청주(淸州) (출)서울 (주)서울특별시 종로구 대학로 101 서울대학교병원 외과(02-2072-1958) (학)1990년 서울대 자연과학대학 의예과졸 1994년 同의대졸 2003년 同대학원 의학석사 2005년 의학박사(서울대) (경)1994년 서울대병원 인턴 1995년 同외과 레지던트 2002~

2004년 同외과 전임의 2003년 한국유방건강재단 자문의 2008년 서울대 의대 암연구소 참여교수(현) 2009년 同BK21 의생명과학연구사업단 참여교수 2010년 同의대 외과학교실 부교수 2011년 서울대병원 유방센터장(현) 2011~2013년 대한암협회 이사 2012년 대한암학회 이사(현) 2014~2016년 대한암협회 집행이사 2015년 서울대 의대 외과학교실 교수(현) 2015~2017년 한국유방암학회 학술이사 2015년 건강보험심사평가원 암질환심의위원회 위원(현) 2016~2018년 서울대 의학대학원 담당교수 2017년 한국유방암학회 상임이사(현) (상)GSK ERI Research Grant Award(2010), 연강학술상(2011) (저)'유방암(共)'(2005, 아카데미아) '유방학(共)'(2005) '이젠 두렵지 않다! 유방암(共)'(2009)

한원용(韓源用) HAN, Wonyong

(생)1956·8·27 (본)청주(淸州) (출)서울 (주)대전광역시 유성구 대덕대로 776 한국천문연구원(042-865-3219) (학)1975년 배재고졸 1980년 연세대 천문기상학과졸 1984년 同대학원 천문기상학과졸 1993년 이학박사(영국 런던대 UCL) (경)1986~1988년 천문우주과학연구소 선임연구원 1993~1999년 한국표준연구원 부설 천문대 선임연구원·책임연구원 1994~2001년 충북대 천문우주학과 겸임교수 1996년 한국우주과학회 이사 1999년 한국천문연구원 우주천문연구부장 1999~2001년 한국천문학회 총무이사 2002~2004년 영국 런던대 UCL 방문연구원 2002~2010년 한국천문연구원 우주과학연구부장 2005~2009년 한국천문학회 이사 2005~2014년 과학기술연합대학원대(UST) 겸임교수 2010년 한국천문연구원 우주천문연구개발 책임연구원 2011년 同천문우주기술개발센터 책임연구원 2012~2013년 영국 런던대 UCL 초빙연구원 2012년 한국천문연구원 핵심기술개발본부 책임연구원 2014년 同우주과학본부 우주천문그룹 책임연구원 2016년 同부원장 2016~2018년 한국우주과학회 회장 2018년 한국천문연구원 우주과학본부 책임연구원(현) (상)국무총리표창(2005), 과학기술포장(2014)

한원횡(韓元鐄)

(생)1973 (출)전남 강진 (주)서울특별시 서대문구 통일로 97 경찰청 인권보호담당관실(02-3150-0425) (학)광주 광덕고졸, 고려대졸, 同법무대학원졸 (경)사법시험 합격(44회) 2005년 경정 특채, 부산지방경찰청 수사과장, 경찰청 수사구조개혁팀 근무 2013년 서울 관악경찰서 형사과장 2015년 전남지방경찰청 수사1과장(총경) 2016년 인천지방경찰청 수사1과장 2016년 경기 안산단원경찰서장 2017년 경찰대학 학생과장 2019년 경찰청 인권보호담당관(현)

한위수(韓渭洙) HAN Wee-Soo

(생)1957·7·2 (본)청주(淸州) (출)대구 (주)서울특별시 강남구 테헤란로 133 법무법인 태평양(02-3404-0541) (학)1980년 서울대 법학과졸 1983년 同대학원 법학과졸 1990년 미국 펜실베이니아대 로스쿨졸(LL.M.) (경)1979년 사법시험 합격(21회) 1982년 사법연수원 수료(12기) 1985년 서울형사지법 판사 1987년 서울민사지법 판사 1990년 마산지법 판사 1992년 부산고법 판사 1993년 서울고법 판사 1994년 법원행정처 송무심의관 1996년 서울고법 판사 1997년 대구지법 부장판사 1999년 사법연수원 교수 2001년 서울행정법원 부장판사 2002년 헌법재판소 연구부장 2004년 대구고법 부장판사 2005~2008년 서울고법 부장판사 2008년 법무법인 태평양 변호사·대표변호사(현) 2009년 (사)한국언론법학회 회장 2011년 법제처 국민법제관(현) 2011년 관세청 고문변호사(현) 2015년 언론중재위원회 상반기 재·보궐선거 선거기사심의위원회 위원장 2015년 同제20대 국회의원선거 선거기사심의위원회 위원장 2016년 행정자치부 행정협의조정위원회 위원(현) 2019년 국방부 군인권자문위원장(현) (상)철우언론법상 논문부문 수상(2007) (저)'세계언론판례총람(共·編)'(1998) '언론관계소송(共)'(2007) '주석민법 채권각칙(8)(共)'(2016) (종)가톨릭

한유석(韓裕錫) HAN YOO SEOG

(생)1964·2·5 (본)청주(淸州) (출)경기 평택 (주)서울특별시 중구 덕수궁길 15 서울특별시청 서소문청사 물순환안전국 하천관리과(02-2133-3860) (학)1982년 제물포고졸 1986년 서울시립대 토목공학과졸 1988년 同대학원 토목학과졸 (경)2005년 서울시 주택국 주거정비과 팀장 2008년 同도시계획국 지구단위과 팀장 2012년 同물관리국 물재생계획과장(지방기술서기관) 2014년 同도시계획국 시설계획과장 2016년 서울 동대문구 서기관 2017년 서울시 안전총괄본부 교량안전과장 2018년 同물순환안전국 물순환정책과장 2019년 同물순환안전국 하천관리과장(현)

한윤경(韓允卿·女)

(생)1972·8·16 (출)서울 (주)인천광역시 미추홀구 소성로163번길 49 인천지방검찰청 형사2부(032-860-4770) (학)1991년 창문여고졸 1995년 연세대 법학과졸 (경)1998년 사법시험 합격(40회) 2001년 사법연수원 수료(30기) 2001년 대구지검 검사 2003년 대전지검 논산지청 검사 2004년 수원지검 성남지청 검사 2006년 서울북부지검 검사 2009년 부산지검 검사 2015년 서울남부지검 부부장검사 2016년 제주지검 형사2부장 2017년 대검찰청 피해자인권과장 2018년 同형사2과장 2019년 인천지검 형사2부장(현)

한윤덕(韓尹悳) Han youn deok

(생)1962·10·10 (본)청주(淸州) (출)강원 삼척 (주)강원도 강릉시 사천면 과학단지로 130 강원지방기상청 예보과(033-650-0320) (학)1981년 삼척고졸 1987년 삼척공업전문대학 기계과졸 2009년 기상대학 대기과학과졸 (경)2005년 기상청 기후국 관측담당관실 기상사무관 2006년 강원지방기상청 울릉도기상대장 2007년 同예보과 예보관 2010년 기상청 예보국 총괄예보관실 예보관 2011년 부산지방기상청 대구기상대 방재예보관 2014년 강원지방기상청 예보과 방재예보관 2015년 항공기상청 관측예보과장(기술서기관) 2019년 강원지방기상청 예보과장(현) (상)국무총리표창(1999·2009) (종)불교

한은섭(韓銀燮) Han, Eun Sup

(생)1964·1·27 (주)서울특별시 강남구 테헤란로 152 강남파이낸스센터 27층 삼정KPMG(02-2112-0479) (학)1982년 조선대부고졸 1989년 중앙대 경영학과졸 1991년 서울대 경영대학원 경영학과졸 (경)1991년 산동회계법인(KPMG) 근무 2000년 삼정회계법인(KPMG) 근무 2001년 정부투자기관경영평가단 위원 2011년 상호저축은행 경영평가위원 2013년 COFIX관리위원회(은행연합회) 위원 2016년 한국거래소 주가지수운영위원회 위원(현) 2017년 금융감독원 금융감독자문위원회 자문위원 2017년 삼정KPMG 부대표(COO) 2018년 한국공인회계사회 손해배상공동기금운용위원회 위원(현) 2018년 기획재정부 예산성과금위원회 위원(현) 2019년 삼정회계법인(KPMG) 감사부문리더(부대표) 2019년 同감사부문리더(대표)(현) (상)금융감독원장표창(2010), 금융위원회 위원장표창(2016)

한은주(韓銀珠·女) HAN Eun Joo

(생)1960·10·18 (주)서울특별시 노원구 화랑로 621 서울여자대학교 영어영문학과(02-970-5429) (학)1984년 서울대 영어영문학과졸 1986년 同대학원 영어학과졸 1994년 언어학박사(미국 스탠퍼드대) (경)1985년 서울대 조교 1986년 서울대·고려대·홍익대 강사 1986년 서울대 연구원 1996년 서울여대 영어영문학과 조교수·부교수·교수(현) 2000년 한국영어학회 홍보이사·재무이사 2004년 서울여대 여성연구

소장, 同여성연구소 운영위원 2013년 同국제학전공 주임교수 2017년 同인문대학장 겸 인문과학연구소장(현) (저)'Prominence and Melody Maximization'

한인구(韓仁九) HAN In Koo

(생)1956·10·15 (본)청주(淸州) (출)서울 (주)서울특별시 동대문구 회기로 85 한국과학기술원 경영대학 경영공학부(02-958-3613) (학)1975년 경기고졸 1979년 서울대 국제경제학과졸 1981년 한국과학기술원(KAIST) 경영과학과졸(석사) 1990년 경영학박사(미국 일리노이대 어바나 샘페인교) (경)1980~1982년 신신회계법인 회계사시보 1982~1983년 안권회계법인 스텝회계사 1985~1990년 미국 일리노이대 강사 및 연구조교 1990~1992년 국민대 회계학과 조교수 1993~2001년 한국과학기술원(KAIST) 경영대학 경영정보학과 조교수·부교수 1994~1998년 삼성생명보험 자문교수 1995년 장은신용카드 자문교수 1998년 SK텔레콤 자문교수 2001년 한국과학기술원(KAIST) 경영대학 경영공학과 교수, 同경영대학 경영공학부 교수(현) 2003년 한국지능정보시스템학회 회장 2003~2005년 LG투자증권 사외이사 2004년 LG필립스LCD 사외이사 2006~2009년 한국디지털위성방송 사외이사 2006년 (주)쏠리테크 비상근감사 2006년 크레디트사이언스 대표 2007년 SK에너지(주) 사외이사 2007~2008년 한국과학기술원(KAIST) 테크노경영대학원장 2008~2010년 LG디스플레이(주) 사외이사 2009~2011년 한국과학기술원(KAIST) 금융전문대학원장 2011~2017년 매일유업(주) 사외이사 겸 감사위원 2012~2013년 한국경영정보학회 회장 2017년 한국경영학회 회장 2017년 강원랜드 사외이사 겸 감사위원(현) 2018년 효성첨단소재(주) 사외이사(현)

한인규(韓仁奎) HAN In Gyu

(생)1960·1·2 (출)서울 (주)서울특별시 중구 동호로 249 호텔신라 비서실(02-2230-3010) (학)1978년 경신고졸 1983년 서울대 경영학과졸 1985년 미국 텍사스주립대 대학원 경영학과졸 (경)1986~1992년 삼성물산(주) 입사·섬유원가관리과 근무 2001년 同경영진단팀 근무 2002년 (주)호텔신라 기획담당 상무보 2005년 同기획담당 상무 2008년 同호텔레저사업기획담당 이사 2009년 同호텔레저사업기획담당 전무 2009년 同경영지원담당 전무 2010~2013년 同호텔사업부장 2011~2015년 同총괄부사장 2015년 HDC신라면세점(주) 공동대표이사 2015년 (주)호텔신라 면세유통사업부문 사장(현) (종)천주교

한인섭(韓寅燮) HAN In Sup

(생)1959·11·21 (출)서울 (주)서울특별시 서초구 태봉로 114 한국형사정책연구원(02-575-5281) (학)1982년 서울대 법학과졸 1984년 同대학원 형법학과졸 1989년 법학박사(서울대) (경)1986~1995년 경원대 법학과 강사·조교수·부교수 1993년 독일 튀빙엔대 범죄학연구소 연구교수 1995~2006년 서울대 법대 강사·조교수·부교수 1997~2000년 참여연대 사법감시센터 소장 2000~2001년 미국 하버드대 옌칭연구소 초빙교수 2002~2004년 법과사회이론학회 회장 2002~2004년 서울대 법대 교무부학장 2004년 사법개혁위원회 위원 2003~2005년 법무부 정책위원회 위원 2005년 미국 유펜대 연구교수 2006~2018년 서울대 법대 교수 2007~2009년 대법원 양형위원회 위원 2007~2009년 교육인적자원부 법학교육위원회 위원 2007~2009년 서울대 공익인권법센터 소장 2007년 진실·화해를위한과거사정리위원회의 '시국관련 시위전력이 있는 사법시험 탈락자 사법연수원 입소 권고' 2008년 법무부 사법시험 합격증 배부 2015~2018년 서울대 인권센터장 겸 인권상담소장 2017년 검찰총장후보추천위원회 위원 2017~2018년 법무부 법무·검찰개혁위원회 위원장 2018년 한국형사정책연구원 원장(현) (상)서울대 학술연구상(2014) (저)'한국형사법과 법의 지배' '국민을 위한 사법개혁'(共) '법적 책임과 역사적 책임'(共) (역)'범죄와 형벌'(共)

한인섭(韓仁燮)

(생)1967·10·19 (출)충북 제천 (주)충청북도 청주시 흥덕구 1순환로436번길 22 중부매일신문(043-275-3011) (학)제천고졸 1992년 청주대 경영학과졸 (경)1992년 동양일보 입사 1999년 충청일보 입사 1999년 同편집국 제2사회부 기자(충주주재) 2001년 同사회부 기자 2004년 同정경부 기자 2005년 충청타임즈 편집국 부장 2012년 중부매일 입사, 同사회부장, 同정치부국장, 同편집국장 2019년 同대표이사 사장(현) (상)이달의기자상(2000)

한인우(韓麟愚) Han In Woo

(생)1957·4·19 (주)대전광역시 유성구 대덕대로 776 한국천문연구원 이론천문센터(042-865-3206) (학)1975년 경복고졸 1984년 서울대 물리학과졸 1989년 천문학박사(미국 피츠버그대) (경)1990년 한국천문연구원 입원 1991년 同보현산천문대건설팀장 1992년 同위치천문연구실장 1994년 同응용천문연구부장 1995년 同보현산천문대장 2002년 同광학천문연구부장 2005~2019년 과학기술연합대학원대 이학분야 천문우주과학전공 교수 2007년 천문연구원연구발전협의회 부회장 2009~2010년 同회장 2014~2017년 한국천문연구원 원장 2019년 한국천문연구원 이론천문센터 연구원(현) (상)과학기술부장관표창(2007)

한인철(韓麟哲)

(생)1963 (출)강원 양구 (주)경기도 수원시 장안구 경수대로 1110-17 중부지방국세청 조사1국 국제거래조사과(031-888-4803) (학)강원 양구고졸, 세무대학졸(4기), 성균관대 경영학과졸 (경)2011년 군산세무서 납세자보호담당관 2014년 국세청 국제조사2과 납세자보호담당관실 근무, 서울지방국세청 심사1계장 2016년 국세청 법령해석과 국제조세계장 2016년 同법령해석과 총괄조정계장 2018년 충남 서산세무서장 2018년 대전지방국세청 조사2국장 2019년 중부지방국세청 조사1국 국제거래조사과장(현)

한일동(韓日東) HAN Il Dong (素石)

(생)1955·4·22 (본)청주(淸州) (출)충남 천안 (주)경기도 용인시 처인구 용인대학로 134 용인대학교 경영행정대학 영어과(031-8020-2608) (학)1978년 공주사범대 영어교육과졸 1980년 연세대 대학원졸 1990년 문학박사(단국대) (경)1987년 용인대 영어영문학과 교수, 同영어과 교수(현) 1993~1997년 同대학신문사 주간교수 1997~1999년 同입학관리부장 2000~2001년 한국 예이츠학회장 2001~2002년 Trinity College Dublin 객원교수 2002~2003년 용인대 교양과정부장 2007~2008년 한국동서비교문학학회 회장 2008~2009년 학교법인 경북과학대학 이사 2009~2010년 용인대 국제교육원장 2009~2010년 한국현대영미어문학회 회장 2010년 한국번역학회 회장 2011년 同고문(현) 2014~2015년 용인대 신문방송국장 2015년 용인대 경영행정대학장(현) (상)교육부총리표창(2004) (저)'아일랜드'(2008) (역)'더블린 사람들'(2010)

한장선(韓章善)

(생)1960·11·8 (주)대전광역시 유성구 문지로 188 LG화학 기술연구원 기초소재연구소(042-866-2031) (학)중앙고졸, 서울대 화학공학과졸, 한국과학기술원(KAIST) 화학공학과졸(석사), 화학공학박사(한국과학기술원) (경)LG화학 SR연구소 부장, 同기능수지연구소 부장 2006년 同기능수지연구소 연구위원(상무), 同기술연구원 석유화학연구소 연구위원(상무) 2013년 同기술연구원 석유화학연구소 수석연구위원(전무) 2015년 同기술연구원 기초소재연구소 수석연구위원(전무) 2017년 同기술연구원 기초소재연구소장(전무) 2019년 同기초소재연구소장(부사장)(현) (상)동탑산업훈장(2014)

한재봉(韓栽棒) HAN Jae Bong

(생)1968·12·24 (출)경북 경주 (주)대구광역시 달서구 장산남로 30 대구지방법원 서부지원(053-570-2220) (학)1987년 대구 영신고졸 1992년 경북대 법대졸 1994년 同대학원 법학과졸 (경)1993년 사법시험 합격(35회) 1996년 사법연수원 수료(25기) 1999년 부산지법 판사 2002·2010·2007년 대구지법 판사 2005년 同안동지원 판사 2008년 대구고법 판사 2011년 부산지법 부장판사 2013~2015년 대구지법 의성지원장 겸 대구가정법원 의성지원장 2015년 대구지법 부장판사 2019년 同서부지원장(현)

한재선

(생)1961·8·27 (주)서울특별시 강동구 올림픽로 528 (주)농협사료 감사실(02-6932-9700) (학)1980년 경북 죽변종고졸 2007년 한국방송통신대 컴퓨터과학과졸 (경)1987년 농업협동조합중앙회 입회 2008년 NH농협손해보험 지원팀장 2011년 同경주시지부 금융지점장 2012년 NH농협은행 감사부 영업감사3국장 2012년 NH농협생명(주) IT추진단장 2013년 同IT전략본부장 2014년 同영업1본부장 2016년 同경영지원본부장 2017년 同정보보호최고책임자(부사장보) 2018~2019년 同영업총괄 부문장 2019년 (주)농협사료 감사실장(현)

한재수 Han Jae Su

(생)1962·6·28 (주)경기도 수원시 영통구 삼성로 129 삼성전자(주) System LSI 전략마케팅팀(031-200-1114) (학)1989년 성균관대 경제학과졸 (경)1988년 삼성전자(주) 반도체 영업관리팀 입사 1993년 同미국지역 전문가 1994년 同메모리수출1그룹 담당과장 1998년 同SSI 북미지역(산호세)담당 차장 2003년 同메모리사업부 수출2그룹장 2004년 同메모리사업부 GAM영업1그룹장 2006년 同SSEL법인장(상무) 2009년 同DS사업총괄 구주총괄 상무 2011년 同메모리사업부 전략마케팅 영업팀장(상무) 2015년 同DS부문 미주총괄 전무 2017년 同메모리사업부 전략마케팅팀장(부사장) 2019년 同System LSI 전략마케팅팀장(부사장)(현)

한재숙(韓在淑·女) HAN Jae Sook

(생)1947·12·9 (주)대구광역시 남구 현충로 170 학교법인 영남학원 이사장실(053-654-0770) (학)1966년 경북여고졸 1970년 영남대 가정대학 가정학과졸 1973년 일본 오사카(大阪)시립대 대학원졸 1984년 이학박사(한양대) (경)1973~1985년 영남대 가정대학 가정학과 전임대우강사·조교수·부교수 1985~2004년 同교수 1997~2001년 同생활과학대학장 1999~2001년 同생활과학연구소장 1999~2001년 동아시아식생활학회 회장 2000~2001년 전국여교수연합회 부회장 2003~2004년 同대구·경북지부 회장 2004년 한국식생활문화학회 회장 2004년 영남대 총동창회 부회장 2004년 학교법인 회당학원 이사 2004~2008년 위덕대 총장 2006년 경북도여성정책개발원 이사 2006년 한국대학사회봉사협의회 이사 2006년 대구경북지역대학교육협의회 회장 2006년 한국대학교육협의회 이사 2017년 학교법인 영남학원(영남대·영남이공대학) 이사장(현) (상)영남대 장기근속상(2003), 자랑스런 영대인상(2007) (저)'실험조리'(1978) '한국음식에 대한 미국인의 기호 및 적응에 관한 조사' '생활과학자가 쓴 한국인의 생활환경'(2002) (종)불교

한재연(韓載連)

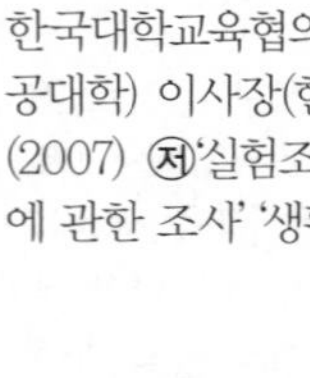

(생)1966 (출)충북 충주 (주)대전광역시 서구 한밭대로 809 대전지방국세청 청장실(042-615-2200) (학)충주고졸, 서울대 사회복지학과졸 (경)1993년 행정고시 합격(37회), 동대전세무서 총무과장, 제천세무서 직세과장, 이천세무서 총무과장, 국세청 납세지도과 사무관, 同소득5계장, 同전산조사2계장, 同조사3과 2계장 2006년 同조사2과 서기관 2007년 청주세무서장 2008년 駐중국 주재관 2011년 서울지방국세청 조사1국 조사2과장 2011년 국세청 차세대국세행정시스템추진단 총괄과장 2012년 同부가가치세과장 2014년 同부가가치세과장(부이사관) 2014년 대전지방국세청 조사1국장 2014년 서울지방국세청 징세과장 2016년 同납세자보호담당관 2016년 부산지방국세청 징세송무국장(고위공무원 나급) 2016년 서울지방국세청 성실납세지원국장(고위공무원) 2017년 한국조세재정연구원 파견(고위공무원) 2018년 국세청 소득지원국장 2018년 서울지방국세청 조사2국장 2019년 국세청 징세법무국장 2019년 대전지방국세청장(현)

한재용(韓在容) HAN Jae Yong

(생)1961·4·9 (출)충남 (주)서울특별시 관악구 관악로 1 서울대학교 식품·동물생명공학부(02-880-4810) (학)1984년 서울대 동물자원과학과졸 1986년 同대학원 동물자원과학과졸 1991년 동물분자유전학박사(미국 미네소타주립대) (경)1991~2000년 서울대 식품·동물생명공학부 조교수·부교수 1993~1997년 농업진흥청 축산기술연구소 겸임연구관 2000년 서울대 식품·동물생명공학부 교수(현) 2001~2003년 同부속실험목장 목장장 2001~2003년 同동물자원과학과장 2002년 농촌진흥청 바이오그린21사업가금연구단 단장 2008년 미국 Texas A&M대 겸임교수 2008~2014년 서울대 WCU 바이오모듈레이션사업단장 2011~2013년 한국가금학회 회장 2011년 한국과학기술한림원 정회원(현) 2011~2014년 제10차 아시아태평양가금학회 조직위원장 2012년 미국 미시간대 겸임교수(현) 2015년 일본 신슈대 석좌교수(현) 2019년 한국동물유전육종학회 회장(현) (상)과학기술우수논문상(1998), 대한민국농업과학기술상 국무총리표창(2003), 세계가금학회 학술상(2012), 서울대 농업생명과학대학 학술상(2012), 대한민국학술원상 자연과학기초부문(2013) (저)'축산학개론(共)'(1994) '축산(共)'(1996) '동물유전공학(共)'(1996) '번식학사전(共)'(1996) '가축의 품종(共)'(1996) '가금생산학(共)'(1997) '축산학의 최근 연구 동향(共)'(1997) '현대가금학(共)'(1998) '축산용어사전(共)'(1998) '가축육종학(共)'(1999) '서기 2030년대의 우리나라 농수산 과학의 전망과 그 실현을 위한 연구 방안-축산(共)'(1999) '새로운 생명자원 이야기(共)'(2000) '가축사양학 I (共)'(2002) (역)'생명공학으로의 초대(共)'(2006) (종)천주교

한재진(韓在鎭) HAN, JAE JIN

(주)서울특별시 양천구 안양천로 1071 이대목동병원 흉부외과(02-2650-5114) (학)1984년 서울대 의과대학졸 1992년 同대학원 의학석사 1997년 의학박사(서울대) (경)1986~1990년 서울대병원 흉부외과전공의 1990~1996년 세종병원 심장외과장 1991년 일본 도쿄여의대병원 심혈관센터및후쿠오카 아동병원 연수 1993~1994년 호주 멜본왕립아동병원 심장외과 전임의, 이화여대 의대 흉부외과학교실 교수(현) 2019년 同의학전문대학원장 겸 의과대학장(현)

한재현 Han Jae Hyun

(생)1965 (주)서울특별시 종로구 종로5길 86 서울지방국세청 송무국 송무1과(02-2114-3101) (학)1984년 대광고졸 1986년 세무대학 내국세학과졸 (경)1986년 세무공무원 임용(8급 경채) 1986년 서울 청량리세무서 소득세2과 근무 1988년 서울 성북세무서 총무과 근무 1989년 강원 홍천세무서 간세과 근무 1990년 서울 동대문세무서 소득세과 근무 1991년 同부가가치세과 근무 1992년 서울 남산세무서 총무과 근무 1993년 서울 관악세무서 법인세과 근무 1995년 서울 중랑세무서 소득세과 근무 1996년 同법인세과 근무 1997년 서울 노원세무서 소득세1과 근무 1998년 同총무과 근무 1999년 서울 삼성세무서 세원관리2과 근무 2000년 서울지방국세청 조사4국 조사3과 근무 2004년 국세청

납세지원국 납세자보호과 근무 2006·2008년 영국·프랑스 파견 2009년 서울 성북세무서 납세자보호담당관실 근무 2009년 용인세무서 납세자보호담당관 2010년 同운영지원과장 직대 2011년 국세청 징세법무국 법규과 근무 2014년 同징세법무국 법규과 전문관 2015년 同징세법무국 법령해석과 서기관 2016년 부산지방국세청 징세송무국 징세과장 2017년 경기 안양세무서장 2018년 서울지방국세청 송무국 송무1과장(현)

한정규(韓晶奎) HAN Jeong Kyoo

(생)1963·10·14 (본)청주(淸州) (출)서울 (주)서울특별시 중구 남대문로 63 한진빌딩본관 18층 법무법인 광장(02-772-4941) (학)1982년 상문고졸 1986년 서울대 법학과졸 (경)1985년 사법시험 합격(27회) 1988년 사법연수원 수료(17기) 1988년 軍법무관 1991년 서울민사지법 판사 1993년 서울지법 서부지원 판사 1995년 대구지법 판사 1998년 수원지법 판사 1999년 서울고법 판사 2000년 헌법재판소 파견 2003년 수원지법 평택지원장 2006년 서울동부지법 부장판사 2008년 서울중앙지법 부장판사 2011년 법무법인 광장 변호사(현)

한정길(韓錠吉) HAN Jung Kil

(생)1946·4·7 (본)청주(淸州) (출)함남 홍남 (주)서울특별시 종로구 비봉길 64 이북5도위원회 함경남도지사실(02-2287-2660) (학)1964년 용산고졸 1968년 서울대 법대졸 1975년 同대학원졸 1992년 서울시립대 박사과정 수료 2005년 명예 경영학박사(한국산업기술대) (경)1969년 행정고시 합격(7회) 1970년 교통부 입부 1974년 농수산부 농지국 근무 1977년 중화학공업추진위원회 기획단 근무 1980~1986년 재무부 회계제도·해외투자과장 1986년 駐사우디아라비아대사관 재무관 1988년 재무부 감사관 1988~1989년 국무총리행정조정실 재경심의관 1990년 재무부 보험국장 1992년 同경제협력국장 1993년 同국고국장 1995년 공정거래위원회 상임위원 1996년 同사무처장 1996년 국무총리행정조정실 제2행정조정관 1998년 同경제행정조정관 1999년 국무총리 정무수석비서관 2000~2001년 과학기술부 차관 2002~2006년 경기중소기업종합지원센터 대표이사 2002년 규제개혁위원회 경제1분과위원장 2003~2006년 전국중소기업지원센터협의회 회장 2008~2011년 법무법인 정평 상임고문 2008~2011년 법무법인 청신 상임고문 2012년 (사)한국원가관리협회 회장 2018년 이북5도위원회 함경남도지사(현) (상)국무총리표창(1975), 홍조근정훈장(1994), 황조근정훈장(2003) (저)'예산회계법'(1983) '임시행정수도 백지계획은 살아있다(共)'(2005) 자서전 '피란돌이의 철새 인생기'(2011) (역)'독점금지법의 정신과 실무'(1996)

한정석(韓政錫)

(생)1977·1·14 (출)서울 (주)경기도 의정부시 녹양로34번길 23 의정부지방법원 총무과(031-828-0102) (학)1995년 영동고졸 2000년 고려대 법학과졸 (경)1999년 사법시험 합격(41회) 2002년 사법연수원 수료(31기) 2002년 육군 법무관 2005년 수원지법 판사 2007년 서울중앙지법 판사 2009년 대구지법 김천지원 판사 2012년 수원지법 안산지원 판사 2015년 서울중앙지법 판사 2017년 제주지법 부장판사 2017년 제주도교육청 공직자윤리위원회 위원장 2019년 의정부지법 부장판사(현)

한정수(韓正秀) HAN, JUNG-SOO

(생)1962·2·18 (본)청주(淸州) (출)충남 논산 (주)서울특별시 용산구 한강대로 69 서울창조경제혁신센터(02-739-9154) (학)1980년 서울공고졸 1987년 한양대 전자통신학과졸 1998년 미국 MIT 대학원 MBA (경)1987~1999년 삼성전자(주) 전략수립팀장·해외영업 및 마케팅팀장(과장) 2000~2004년 삼성벤처투자 IT투자팀장(부장) 2004~2014년 미국 인텔캐피탈(INTEL Capital) 한국대표(벤처투자 한국총괄) 2016~2018년 엡실론벤처파트너스 한국대표 2018년 서울창조경제혁신센터 센터장(현) (종)천주교

한정애(韓貞愛·女) HAN, JEOUNG AE

(생)1965·1·8 (본)청주(淸州) (출)충북 단양 (주)서울특별시 영등포구 의사당대로 1 국회 의원회관 639호(02-784-3051) (학)1985년 해운대여고졸 1989년 부산대 환경공학과졸 1992년 同환경대학원 환경공학 석사과정 수료 2003년 산업공학박사(영국 노팅햄대) (경)2005~2006년 한국산업안전보건공단 노조위원장 2006~2010년 한국노동조합총연맹 공공연맹 부위원장 2011년 한국노동조합총연맹 대외협력본부장 2012년 제19대 국회의원(비례대표, 민주통합당·민주당·새정치민주연합·더불어민주당) 2013~2014년 새정치민주연합 정책위원회 부의장 2014~2015년 同당대변인 2015년 더불어민주당 서울시당 여성위원장 2015~2016년 同제4기 원내부대표 2016년 제20대 국회의원(서울 강서구丙, 더불어민주당)(현) 2016년 제20대 국회 환경노동위원회 간사(현) 2016년 국회 기후변화포럼 공동대표(현) 2016년 더불어민주당 정책위원회 수석부의장 2016년 同성과연봉제 진상조사단장 2016~2017년 同정책위원회 제4정책조정위원장 2017년 同홍보위원회 위원장 2017년 제19대 문재인 대통령후보 중앙선거대책본부 홍보본부 공동본부장 2017년 국정기획자문위원회 사회분과위원회 위원 2017년 더불어민주당 정책위원회 제5정책조정위원장 2018년 국회 일생활균형및일하는방식혁신을위한포럼 대표(현) 2018년 더불어민주당 중앙당 공직선거후보자 추천관리위원회 위원 2018년 同민생평화상황실 소득주도성장팀장 2018~2019년 同정책위원회 수석부의장 2019년 더불어민주당 민생입법추진단 위원(현) 2019년 同일본경제침략대책특별위원회 위원(현) (상)국회 입법 및 정책개발 정당추천 우수 국회의원(2012·2016·2019), 민주통합당 국정감사 우수의원(2012), 에코미래센터 친환경국정감사 우수의원(2012), 대한기자협회 대한민국대표의정대상(2013·2014·2018), NGO모니터단 국정감사우수의원(2013·2014·2016·2017), 제4회 국회를 빛낸 바른언어상 상임위원회 모범상(2014), 법률소비자연맹 국회의원 헌정대상(2014·2015·2017·2018), 한국기술사회 한국을 빛낸 자랑스런기술사상(2015), 머니투데이 제1회 대한민국 최우수법률상(2015), 창조경영대상선정위원회 대한민국 의정활동 우수국회의원 대상(2015), 강서뉴스의정대상(2015), 국정감사 친환경 베스트의원(2015·2016·2018), 지방자치TV 대한기자협회 2015대한민국 의정대상(2015), 2015글로벌 자랑스런 세계인 한국인 대상(2015), 새정치민주연합 국정감사 우수의원(2015), 제19대 국회 환경 베스트의원(2016), 대한민국성공인대상(2016), 2015년 국회 입법 및 정책개발 정당추천 우수 국회의원(2016), 대한민국의정대상(2016·2017), 환경방송 국정감사 베스트의원(2016), 더불어민주당 국정감사 우수의원(2016·2017·2018), 대한민국 친환경 우수의원(2017), 2017대한민국 비전 리더 대상(2017), 기후변화행동연구소 기후행동상(2017), 2017 대한민국 유권자 대상(2017), 글로벌평화공헌대상 및 대한민국 파워리더대상(2017), 지방자치TV 2017대한민국 의정대상(2017), 2017대한민국 모범국회의원대상(2017), 머니투데이 선정 2017국정감사 다승왕(2017), 2017환경분야 국정감사 베스트의원(2017), 2017한국을 빛낸 대한민국국회평화대상(2017), 지방자치TV 국정감사 우수의원(2017·2018), 2017 롤케이크 올해의 웹사이트 & 소통왕 선정(2017), 제20대 국회 제2차 년도 국회의원 헌정대상(2018), 2018러쉬 프라이즈 로비 특별상(2018), 국정감사 최우수 국회의원 대상(2018), 2018국정감사 스코어보드대상(2018), 중소기업중앙회 중소기업협동조합 대상(2018), NGO모니터단 국정감사 국리민복상(2018), 2018환경운동연합 물순환분야 우수환경의원(2018), 2018 입법 및 정책개발 우수국회의원(2019) (저)'하얀 봉투 : 국회의원 한정애가 살아온 이야기 살아갈 이야기'(2013, 도서출판 디코드) '乙을위한행진곡(共)'(2013, 도서출판 비타베아타) (종)천주교

한정우(韓珵宇)

(생)1956·12·16 (주)경상남도 창녕군 창녕읍 군청길 1 창녕군청(055-530-1001) (학)1976년 영산고졸 2001년 경남대 법정대학 행정학과졸 2005년 同행정대학원 행정학과졸, 창원대 행정대학원 수료, 연세대 법무대학원 수료 (경)창원지법 근무, 법무사 개업, 한나라당 중앙위원회 공익·법무분과 부위원장, 同밀양·창녕지구당 부위원장, 공무원교육원 외래교수, 창원대·마산대학·경북과학대학 외래교수, 창신대 겸임교수, 창녕경찰서 경찰발전위원장, 창원지법 밀양지원 창녕군법원 조정위원장, (사)한국농업경영인창녕군연합회 상임고문, 창녕군농업살리기대책위원회 상임고문 2007년 경남 창녕군수선거 출마(재·보궐선거, 무소속), 경남대 총동문회 부회장, 부곡온천 활성화대책위원회 공동대표, 창녕행정발전위원회 위원장 2017년 자유한국당 제19대 홍준표 대통령후보 경남도선거대책위원회 부위원장 2018년 경남 창녕군수(자유한국당)(현) 2018년 (재)창녕군인재육성장학재단 이사장(현)

한정욱(韓晸旭) Jeong Wook, Han

(생)1972·4·7 (주)부산광역시 남구 문현금융로 30 부산은행 디지털금융본부(051-620-3520) (학)1990년 안양고졸 1997년 서울대 국제경제학과졸 (경)1997년 IBM Korea 입사 2007년 A.T.Kearney 이사 2008년 현대카드·캐피탈 IT혁신팀 근무 2011년 同모바일전략팀장 2012년 同온라인사업실장 2013년 同UX실장 2014년 EY 상무 2015년 IBM Korea 상무 2016년 同전무 2017년 부산은행 미래채널본부 부행장보 2018년 同디지털금융본부장(부행장보)(현)

한정진(韓正珍) HAN JUNG-JIN (美讚)

(생)1969·1·28 (주)경기도 과천시 관문로 47 법무부 대변인실(02-2110-3038) (학)1987년 낙동고졸 1992년 서울대 사회학과졸 1994년 同대학원 사회학과 수료 (경)1994~1997년 동아일보 편집국 기자 2003~2004년 야후코리아 뉴스팀 과장 2013년 법무부 대변인실 홍보담당관(현) (저)'광고를 이기는 콘텐츠의 비밀'(2013, 이지스퍼블리싱) (종)불교

한정탁(韓廷卓) Han Jeong Tak

(생)1958·12·24 (출)서울 (주)경기도 화성시 향남읍 발안공단로3길 77 경기그린에너지(주)(031-8059-8262) (학)경복고졸, 광운대 전자통신공학과졸 (경)1981년 대림산업(주) 입사, 同건축사업본부 상무 2010년 우리관리(주) 사장 2013년 한국수력원자력(주) 한울원자력본부장 2014~2015년 同관리본부장(전무) 2015년 경기그린에너지(주) 대표이사 사장(현)

한정화(韓正和) HAN Jung Wha

(생)1954·7·30 (출)광주 (주)서울특별시 성동구 왕십리로 222 한양대학교 경영대학 경영학부(02-2220-1055) (학)서울 중앙고졸 1977년 서울대 경영학과졸 1983년 미국 조지아대 대학원졸(MBA) 1988년 경영학박사(미국 조지아대) (경)1977년 현대중공업(주) 기획관리실 근무 1978~1981년 한국과학기술원(KAIST) 경제분석실 연구원 1988~1989년 同과학기술정책연구평가센터 선임연구원 1989~1999년 한양대 경영학과 조교수·부교수 1991년 정부투자기관 경영평가위원 1996년 대한상공회의소 기업혁신대상 심사위원 1997년 미국 Univ. of Washington 교환교수 1998~2000·2004~2009년 기독경영연구원 원장 1999~2013·2016~2019년 한양대 경영대학 경영학부 교수 1999년 한국벤처연구소 소장 2000년 한국전략경영학회 회장 2002년 한양대 창업보육센터 소장 2002~2004년 同기술이전센터 소장 2005~2006년 한국중소기업학회 회장 2006~2010년 코스닥상장심사위원회 위원 2007~2009년 한국벤처산업연구원 원장 2008~2012년 한양대 기획처장 2009~2010년 코스닥상장심사위원회 위원장 2009~2012년 두산중공업 사외이사 2010년 한양대 혁신관리본부장 2010년 한국인사조직학회 회장 2011~2013년 한국청년기업가정신재단 이사 2011년 아산나눔재단 이사 2011~2013년 에스앤씨엔진그룹(舊 중국엔진집단) 사외이사 2012~2013년 한양대 경영전문대학원장 겸 경영대학장 2013~2016년 중소기업청장(차관급) 2019년 한양대 경영대학 경영학부 명예교수(현) (상)대통령표창(2000), 산업포장(2009), 벤처기업협회 감사패(2016) (저)'초일류기업으로 가는 길'(1994) '벤처창업과 경영전략'(2003) '불황을 뚫는 7가지 생존 전략'(2005) '회사의 미래를 결정짓는 기업가 정신의 힘'(2011, 21세기북스) '대한민국을 살리는 중소기업의 힘'(2017, 메디치미디어) (역)'신앙의 눈으로 본 경영'(1996) (종)기독교

한정환(韓正煥) HAN JEUNG WHAN

(생)1960·9·27 (출)인천 강화 (주)경기도 수원시 장안구 서부로 2066 성균관대학교 약학대학 약학과(031-290-7716) (학)1982년 성균관대 약학과졸 1984년 同대학원 생화학과졸 1991년 생화학박사(독일 보훔루르대) (경)1992~1995년 스위스 프레드리히미셰르연구소(Friedrich Miescher Institute for Biomedical Research) 박사후연구원 1996~2006년 성균관대 약학대학 약학과 조교수·부교수 2002~2003년 미국 국립보건원(National Institute of Health) 초빙교수 2004~2006년 성균관대 약학대학원장 2006년 同약학대학 약학과 교수(현) 2009년 대한약학회 국제협력위원장(현) 2010년 성균관대 에피지놈제어연구센터장(현) 2017년 한국과학기술한림원 의약학부 정회원(현) 2019년 성균관대 약학대학장 겸 임상약학대학원장(현) 2019년 JW중외제약(주) 사외이사(현) (상)성균관대 Premier Researcher(2008), 성균관대 제20회 성균가족상(2016), 대한약학회 제10회 윤광열약학상(2017), 과학기술정보통신부장관표창(2017), 국무총리표창(2017)

한정훈(韓政勳) HAN Jeong Hun

(생)1970·10·19 (출)대구 (주)서울특별시 서초구 서초중앙로 157 서울중앙지방법원(02-530-1114) (학)1989년 대구 능인고졸 1993년 서울대 사법학과졸 (경)1993년 사법시험 합격(35회) 1996년 사법연수원 수료(25기), 수원지법 판사 2003년 부산지법 판사 2006년 서울행정법원 판사 2008년 서울고법 판사 2010년 서울남부지법 판사 2011년 울산지법 부장판사(사법연구) 2011년 부산지법 민사항소2부 부장판사 2013년 의정부지법 부장판사 2016년 서울남부지법 부장판사 2018년 서울중앙지법 부장판사(현)

한제욱(韓堤旭) HAN Je Uk

(생)1957·4·28 (본)청주(淸州) (출)전북 임실 (주)전라북도 전주시 덕진구 견훤왕궁로 277 전주YMCA(063-272-4466) (학)1976년 전주 신흥고졸 1983년 전북대 사학과졸 2006년 교육인적자원부 학점은행제 사회복지학 문학사 취득 (경)1983년 전북일보 입사 1988년 同총무차장 1997년 同총무부장 2000~2012년 同총무국장 2007년 전북노인보호전문기관 자문위원·운영위원(현), 전북 출산·양육후원협의회 실무위원·대표위원 2009년 전북대총동창회 부회장 2010년 전주YMCA 이사·회보 편집위원장(현) 2011년 전북사회복지공동모금회 시민감시위원회 위원·부위원장·위원장 2011년 사회복지법인 전북도사회복지협의회 이사 2012년 전북일보 경영기획국장 2012년 학교법인 호원학원 이사(현) 2012년 인구보건복지협회 전북지부 감사(현) 2013~2017년 전북일보 경영기획국장(이사) 2014~2016년 한국신문협회 판매협의회 부회장 2015년 한국ABC협회 이사 2015년 전주신흥학교총동창회 수석부회장 2015년 순창군청소년수련관 운영위원장(현) 2015년 한국건강관리협회 전북지부 운영위원 2016년 전북일보 이사 2016년 전주평화사회복지관 운영위원(현) 2016년 전주YMCA 부

이사장(현) 2016년 전주덕진경찰서 경미범죄심사위원회 심사위원(현) 2016년 전주평화센터 희망플랜자문위원회 자문위원(현) 2017년 전주시 미래유산보존위원회 운영위원(현) (상)보건복지부장관표창(2004), 전북도지사표창(2006 · 2014) (종)기독교

한제현(韓堤鉉)

(생)1963 · 9 · 12 (주)서울특별시 중구 청계천로 8 서울특별시청 도시기반시설본부(02-3708-2333) (학)1982년 신흥고졸 1988년 연세대 토목공학과졸 (경)2006년 서울시 지리정보담당관(지방서기관) 2007년 同홍강개발지원반장 2008년 同도시계획국 마곡개발과장 2011년 同도시안전본부 물관리정책과장 2012년 同도시계획과장 2014년 同시설안전정책관 직대(지방부이사관), 同재생정책기획관 2018년 同물순환안전국장 2018년 同도시기반시설본부장(지방이사관)(현)

한제희(韓濟熙)

(생)1970 · 2 · 10 (출)서울 (주)경기도 용인시 기흥구 구성로 243 법무연수원 용인분원 운영지원과(031-288-2242) (학)1988년 양정고졸 1995년 서울대졸 (경)1998년 사법시험 합격(40회) 2001년 사법연수원 수료(30기) 2001년 서울지검 의정부지청 검사 2003년 전주지검 남원지청 검사 2004년 울산지검 검사 2006년 인천지검 검사 2009년 서울남부지검 검사 2012년 춘천지검 검사 2014년 대검찰청 검찰연구관 2016년 법무부 인권조사과장 2017년 서울남부지검 공안부장 2018년 법무연수원 진천본원 교수 2019년 同용인분원 교수(현)

한종관(韓鍾寬) Chong-Kwan Han

(생)1958 · 2 · 20 (출)전북 진안 (주)서울특별시 마포구 마포대로 163 서울신용보증재단 이사장실(1577-6119) (학)1977년 전주 신흥고졸 1984년 전북대 경영학과졸 1990년 연세대 대학원 경영학과졸 (경)1984년 신용보증기금 입사 2003년 同광주북지점장 2005년 同SOC보증부장 2006년 同성과평가부장 2009년 同신용보증부 본부장 2011년 同종합기획부 본부장 2011년 同서울서부영업본부장 2012년 同보증사업부문 상임이사 2014~2015년 同전무이사 2015~2018년 한국경영혁신중소기업협회 경영혁신연구원장 2018년 서울신용보증재단 이사장(현) (상)재정경제부장관표창(1998), 산업포장(2013)

한종길(韓鍾吉) HAN Jong-kil

(생)1962 · 3 · 1 (주)경기도 안양시 만안구 성결대학로 53 성결대학교 동아시아물류학부(031-467-8184) (학)1984년 한국해양대 수송공학과졸 1994년 일본 메이지대 대학원 상학과졸 1997년 상학박사(일본 메이지대) (경)1997~1998년 대한통운(주) 물류연구소 선임연구원 1998년 성결대 전자상거래학부 교수 2003년 同전자상거래학부장 2009~2014년 同유통물류학부 교수 2009년 同유통물류학부장 2011년 同학생지원처장 2012~2013년 同산학협력단장 2013년 同사회과학연구소장 2013~2015년 한국해운물류학회 회장 2015년 성결대 종합인력개발처장 2015년 同동아시아물류학부 교수(현) 2016년 同기획처장 2017년 同일반대학원장 2018~2019년 同교무처장

한종만(韓鍾萬) HAN Jong Man

(생)1954 · 1 · 1 (출)서울 (주)대전광역시 서구 배재로 155-40 배재대학교 러시아학과(042-520-5364) (학)1972년 경성고졸 1976년 경희대 지리학과졸 1978년 연세대 행정대학원졸 1985년 독일 뮌헨대 대학원 경제학과졸 1990년 경제학박사(독일 뮌헨대) (경)1986년 독일 뮌헨대 동유럽연구소 연구원 1990~1998년 한국외대 대학원 동구지역학과 및 국제관계연구학과 강사 1991~2001년 배재대 러시아어과 조교수 · 부교수 1996년 同사회과학연구소장 1997년 대외경제정책연구원 러시아 전문가 · 연구위원 1997~1998년 충남대 행정대학원 강사 2000~2004년 배재대 한국 · 시베리아센터 소장 2001~2019년 同러시아학과 교수 2004년 한국시베리아학회 회장 2006년 배재대 러시아학과장 2008년 同출판부장 2008~2012년 국가정보원 국제범죄센터 민간자문단 자문위원 2009~2014년 배재대 한국 · 시베리아센터장 2010년 대외경제정책연구원 세계지역연구분야 비상근연구자문위원 2014~2016년 북극연구단 단장 2017년 한국북극학회 회장(현) 2019년 배재대 러시아학과 명예교수(현) (저)'21세기 유라시아 도전과 국제관계'(2006, 한울) '러시아 극동-동시베리아 지역연구 : 지역주의와 지역통합'(2007, 도서출판 학예사) '러시아 시베리아 노보시비르스크 지역의 이해'(2007, 도서출판 학예사) '한국의 주요국별-지역별 중장기 통상전략 : 러시아'(2007, 대외경제정책연구원) '주요국의 대러시아 통상전략 및 시사점'(2007, 대외경제정책연구원) '한러공생국가론, 시베리아개발은 한민족의 손으로'(2009, 국학자료원) '러시아경제의 이해 : 체제전환과 경제개혁'(2009, 대운인쇄) '러시아마피아현상의 이해'(2010, 명지출판사) '남 북 러 협력사업의 시발점 가스관 프로젝트(共)'(2012, 푸른길)

한종백(韓悰伯) HAN Jong Baik

(생)1955 · 7 · 27 (본)청주(淸州) (출)부산 (주)대전광역시 서구 배재로 155-40 배재대학교 산학협력단(042-520-5080) (학)1974년 대광고졸 1981년 고려대 독어독문학과졸 1993년 同경영대학원 경영학과졸 (경)1982년 대한무역투자진흥공사(KOTRA) 입사 1998~2001년 同함부르크무역관장 2001년 同감사실 검사역 2002년 同홍보팀장 2003~2005년 同베를린무역관장 2005~2007년 同암스테르담무역관장 2007년 同인사팀장 2008년 同디트로이트무역관장 2008~2011년 同디트로이트코리아비즈니스센터장 2011년 同주력사업처장 겸 부품소재산업팀장 2012년 경기도 경제투자실 투자자문관 2014년 배재대 산학협력단 교수(현) (상)무역의날 수출유공 국무총리표창(2006) (종)가톨릭

한종수(韓宗秀) Han, Jongsoo

(생)1960 · 10 · 16 (본)청주(淸州) (출)서울 (주)서울특별시 서대문구 이화여대길 52 이화여자대학교 경영대학 경영학부(02-3277-2779) (학)1979년 환일고졸 1984년 연세대 경영학과졸 1986년 同대학원 회계학과졸 2001년 회계학박사(미국 피츠버그대) (경)2000~2007년 미국 럿거스대 회계학전공 조교수 2006년 이화여대 경영대학 경영학부 교수(현) 2007~2009년 금융감독원 회계자문교수 2009~2017년 한국공인회계사협회 회계연구위원장 2011~2013년 금융위원회 회계제도심의위원회 위원 2012년 아시아교육봉사회 감사(현) 2013년 International Association for Accounting Education and Research(IAAER) Council Member(현) 2013년 한국회계학회 부회장(현) 2013~2016년 한국회계기준원 기준위원 2014년 한국CFO협회 이사(현) 2015년 국제회계기준해석위원회(IFRIC) 위원(현) 2015~2019년 (주)KB금융지주 사외이사 2016년 한국회계기준원 고문(현) 2018년 대한회계학회 회장(현) 2018년 The International Journal of Accounting IASB corner editor(현) 2019년 (주)LG 사외이사(현) (상)금융위원장표창(2013), 대통령표창(2018) (저)'회계를 알면 성공이 보인다, 중급회계 上(編)'(2013, 리스크컨설팅코리아) '회계를 알면 성공이 보인다, 중급회계 下(共)'(2013, 리스크컨설팅코리아) '회계를 알면 성공이 보인다, 회계원리(共)'(2013, 리스크컨설팅) 'K-IFRS 고급회계(共)'(2014, 원출판사) '현금흐름표를 알면 성공이 보인다(共)'(2018, 리스크컨설팅)

한종엽(韓宗燁) HAN Jong Yup (必煥)

[생]1961 · 10 · 30 [본]청주(淸州) [출]충북 보은 [주]부산광역시 영도구 해양로 385 한국해양과학기술원 혁신조정실(051-664-3801) [학]청주고졸, 중앙대 문헌정보학과졸, 同대학원졸, 정보학박사(중앙대) [경]1988~2012년 한국해양연구원 책임연구원, 同문헌정보실장, 同해양자료정보실 학술정보팀장 1995~1997년 대림대 겸임교수 2002년 국제식량농업기구(FAO) 해양수산정보협력계획 한국정보센터장 2002년 FAO/ASFA Advisory Board Member 2004~2010년 중앙대 초빙교수 2004년 국제도서관협회연맹(IFLA) 상임위원 2010년 경기도도서관협의체 전문도서관협의회장 2011~2016년 한국해양과학기술원 해양과학도서관장 2013년 영국 국제인명센터(IBC) 'Man of the Year' 2014년판에 등재 2014년 한국정보관리학회 부회장 2014~2015년 미국 남가주대(Univ. Southern California) 교환교수, 미국 세계인명사전 'Marquis Who's Who in the World' 2014-2018년판에 등재 2016년 한국해양과학기술원 해양과학도서관 책임기술원 2018년 同혁신조정실장(현) 2019년 同경영본부장 겸임(현) [상]대한지질학회 공로상(2006), 한국해양학회 공로상(2007), 한국해양연구원장표창(2008), 한국도서관상(2009), 문화체육관광부장관표창(2010), 교육과학기술부장관표창(2010), 한국해양과학기술원 '올해의 KIOST인' 대상(2011), 아시아 전문도서관 국제컨퍼런스(ICoASL) 최우수논문상(2013), Asia-Pacific Stevie Awards Professional Executive of Year 외 2개 부문(2014), 한국학술정보협의회 국회의장 공로상(2014), 대한민국 커뮤니케이션 대상(2014) [저]'연속간행물기사에 대한 서지데이터요소의 표준화에 관한 연구'(2005, 한국학술정보) '학술정보자원의 서지적 참조에 관한 국제표준'(2006, 한국학술정보) '해양과학기술 전문정보시스템의 이해'(2006, 한국학술정보) '세계를 움직인 해전의 역사'(2008, 지성사) 'South Korea : Archives and Libraries'(2010, Taylor & Francis) '바다를 향한 40년, 이 한 장의 사진'(2013, 한국해양과학기술원) [종]불교

한종우(韓鍾愚) HAN Jong Woo

[생]1932 · 8 · 15 [본]청주(淸州) [출]대구 [주]서울특별시 종로구 새문안로 92 광화문오피시아빌딩 1119호 성곡언론문화재단(02-734-0342) [학]1951년 계성고졸 1955년 고려대 영어영문학과졸 1959년 미국 캔자스대 대학원졸 [경]1960년 동양통신 駐일본특파원 1976년 同상무이사 1976년 성곡언론문화재단 이사 · 운영위원장 1976년 국민학원 이사 1979년 동양통신 전무이사 1981~1989년 코리아헤럴드 사장 1982년 IPI 한국위원회 이사 1983년 PFA 한국위원회 이사 1984년 한국신문협회 감사 1985년 미국 미주리대 신문학과 대우교수 1989년 코리아헤럴드 · 내외경제신문 사장 1990년 성곡언론문화재단 이사장(현) 1990~1997년 쌍용제지 고문 1990년 한 · 일협력위원회 상임위원 2007~2013년 학교법인 국민학원 이사장 [상]미국 미주리대 언론공로상(1994) [저]'언론국제화의 마피아들(編)'(1995)

한종인(韓鐘仁 · 女)

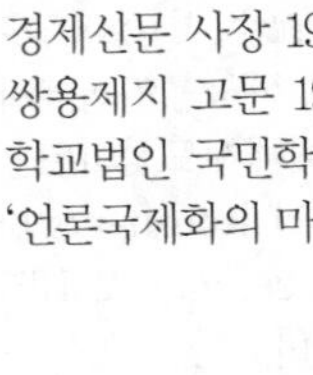

[생]1963 · 10 · 24 [주]서울특별시 양천구 안양천로 1071 이화여자대학교 목동병원(02-2650-5114) [학]1988년 이화여대 의대졸 1991년 同대학원 의학석사 1996년 의학박사(이화여대) [경]1989~1992년 이화여대 마취과 전공의 1993년 이대동대문병원 마취과학교실 연구강사 1994~2008년 이화여대 의대 마취통증의학교실 전임강사 · 조교수 · 부교수 2001~2002년 미국 아이오와주립대병원 마취통증의학과 연수 2008년 이화여대 의대 마취통증의학교실 교수(현) 2013~2015년 이화여대의료원 기획조정실 부실장 2015년 同QPS센터장 2016~2018년 대한마취통증의학회 연구개발이사 2017~2018년 이대목동병원 교육수련부장 2018년 同병원장(현)

한종진(韓鐘振) Han Jongjin

[생]1979 · 6 · 2 [주]서울특별시 성동구 마장로 210 한국기원 홍보팀(02-3407-3870) [경]1996년 프로바둑 입단 1997년 2단 승단 1998년 3단 승단 1999년 신인왕전 준우승 1999년 패왕전 본선 2000년 패왕전 · 신인왕전 본선 2001년 4단 승단 2003년 패왕전 본선 2003년 5단 승단 2004년 농심신라면배 한국대표 2005년 비씨카드배 신인왕전 본선 2005년 6단 승단 2006년 한국물가정보배 · 국수전 본선 2007년 7단 승단 2007년 원익배 십단전 본선 2010년 8단 승단, CJ E&M 감독 2014년 한종진 바둑도장 개설(현) 2014년 9단 승단(현) 2015년 KB리그 한국물가정보 감독(현) 2017년 맥심배 본선 2018년 (재)한국기원 이사(현)

한종현

[생]1968 · 1 [주]서울특별시 동대문구 천호대로 64 동아쏘시오홀딩스(02-920-8114) [학]1993년 연세대 보건과학대학 의용공학과졸 1997년 미국 케이스웨스턴리저브대 공과대학원 의용공학과졸 [경]2002년 동아제약 의료기기사업부 입사 2008년 同해외사업부 해외영업팀장 2013년 M.I.Tech 대표이사 사장 2017년 동아쏘시오홀딩스 사장(현)

한종현(韓鐘賢)

[생]1969 [출]서울 [주]경상남도 창원시 의창구 중앙대로249번길 16 국립농산물품질관리원 경남지원(055-275-4723) [학]연세대 행정학과졸 [경]1993년 행정고시 합격(37회) 2004년 농림부 정보화담당관실 근무(서기관) 2005년 同농촌정책과 근무 2007년 농업연수원 전문교육과장 2009년 농림수산식품부 정책평가팀장 2009년 국립수의과학검역원 질병방역부 동물보호과장 2011년 농림수산검역검사본부 동물방역부 동물보호과장 2012년 농림수산식품부 정보통계담당관 2013년 국립농산물품질관리원 농업경영정보과장 2016년 同충북지원장 2018년 同경남지원장(현)

한종호(韓宗鎬)

[생]1962 · 11 · 26 [출]전남 순천 [주]강원도 춘천시 강원대학길 1 강원창조경제혁신센터(033-248-7900) [학]1981년 순천고졸 1989년 서울대 공법학과졸 1993년 중앙대 신문방송대학원 신문방송학과졸 [경]1990~1994년 시사저널 기자 1994~2006년 문화일보 정치부 · 사회부 차장 2006년 한국기자협회 수석부회장 2006~2013년 NHN 정책담당 이사 2013년 네이버 정책담당 이사 2014년 同파트너센터장(이사) 2015년 강원창조경제혁신센터장(현) [상]철탑산업훈장(2016), 국무총리표창(2016)

한종희(韓宗熙) Han Jong Hui

[생]1962 · 2 · 15 [주]경기도 수원시 영통구 삼성로 129 삼성전자(주)(031-200-1114) [학]1981년 천안고졸 1988년 인하대 전자공학과졸 [경]1988년 삼성전자(주) 영상사업부 개발팀 근무 1998년 同영상사업부 제품개발그룹 근무 2000년 同영상사업부 디지털그룹 근무 2001년 同영상디스플레이사업부 직시형TV Lab장 2003년 同영상디스플레이사업부 LCD TV Lab장 2006년 同영상디스플레이사업부 개발3Lab장 2007년 同영상디스플레이사업부 개발2그룹장 2011년 同영상디스플레이사업부 상품개발팀장 2013~2015년 同영상디스플레이사업부 개발실장(부사장) 2016년 同영상디스플레이사업부 개발팀장(부사장) 2017년 同CE부문 영상디스플레이사업부장(사장)(현) 2018~2019년 한국스마트홈산업협회(KASHI) 회장 [상]과학기술포장(2010)

한주우(韓周愚) HAN Ju U

(생)1958·1·11 (본)청주(淸州) (출)경남 진주 (주)서울특별시 영등포구 여의대로 128 트윈타워 LG전자(주) 글로벌생산센터(02-3777-1114) (학)부산기계공고졸, 동아대 대학원 금속공학과졸, 서울대 최고경영자과정(AMP) 수료 (경)1978년 LG전자(주) 입사 2000년 同DA경영지원팀장(상무) 2004년 同중국남경세탁기법인장(상무), 同생활가전본부 구매팀장(상무) 2009년 同세탁기사업부 생산팀장(상무) 2010년 同품질담당 상무 2010년 同경영혁신부문 품질담당 전무 2012년 同품질센터장(전무) 2013년 同창원생산그룹장(전무) 2013년 同창원생산그룹장(부사장) 2015년 同구매센터장(부사장) 2016년 同글로벌생산부문장(부사장) 2019년 同글로벌생산센터 산하 부사장(현) (상)동탑산업훈장(2014)

한준구(韓準九) HAN Joon Koo

(생)1958·1·29 (본)청주(淸州) (출)서울 (주)서울특별시 종로구 대학로 101 서울대학교병원 영상의학과(02-2072-2514) (학)1982년 서울대 의대졸 1985년 同대학원 의학석사 1990년 의학박사(서울대) (경)1986~1987년 국군현리병원 방사선과장 1987~1989년 국군서울지구병원 방사선과장 1999~2004년 서울대 의과대학 방사선과학교실 부교수 2002~2004년 복부방사선연구회 재무이사 2004년 서울대 의과대학 영상의학교실 교수(현) 2005~2007년 대한초음파의학회 총무이사 2005~2007년 서울대 의과대학 기획실장 2006~2008년 同의과대학 교무부학장 2008~2012년 대한영상의학회 총무이사 2010년 대한민국의학한림원 정회원(현) 2010년 서울대병원 의료정보센터장 2010~2012년 서울대 정보화본부장 2010~2012년 同중앙전산원장 2013~2016년 대한초음파의학회 이사장 2014~2017년 서울대 의과대학 영상의학교실 주임교수 2014~2017년 서울대병원 영상의학과장 2014~2016년 同정보화실장 2014~2015년 대한복부영상의학회 회장 2015~2018년 대한영상의학회 상임이사 2017~2018년 대한초음파의학회 회장 2018년 아시아초음파의학회 서울대회 회장 (상)북미방사선의학회 최우수전시상(1998) (저)'복부방사선과학'(2005) '복부초음파진단학'(2006)

한준성(韓準成) Han, Jun Sung

(생)1966·12·23 (주)서울특별시 중구 을지로 66 KEB하나은행 임원실(02-2002-1110) (학)1985년 선린인터넷고졸 (경)1985년 국민은행 마포지점 입행 1988년 同전산부 근무 1992년 하나은행 전산부 근무 1996년 同전산정보부 대리 2002년 同e-business팀 과장 2002년 同EC사업팀 과장 2004년 同전략기획부 과장 2006년 하나금융지주 시너지통합팀 차장 2006년 同시너지통합팀 부팀장 2006년 하나은행 신사업기획부장 2009년 同신사업본부장 대행(겸직) 2012년 同신사업추진본부장 2013년 하나금융지주 미래금융지원팀 상무 2015년 同CIO(전무) 2015년 KEB하나은행 미래금융그룹장(전무) 2017년 同미래금융그룹장(부행장)(현) 2017년 하나금융지주 부사장(CFIO)(현) 2018년 KEB하나은행 미래금융R&D본부장 겸임(현)

한준수(韓俊洙)

(생)1961·12·15 (주)전라북도 전주시 완산구 효자로 225 전라북도의회 사무처(063-280-3070) (학)1980년 전주고졸 1984년 서울대 독어독문학과졸 2014년 행정학박사(전북대) (경)1995년 지방고시 합격 2006년 전주시 전통문화국장(지방서기관) 2008년 同기획관리국장 2010년 同기획조정국장 2011년 同완산구청장 2012년 전북도 도시재생사업단장 2014년 同세무회계과장 2014년 同환경녹지국장 2015년 부이사관 승진 2016년 지방행정연수원 고위정책과정 교육파견 2017년 전북 군산시 부시장 2018년 전북도의회 사무처장(지방이사관)(현) (상)국무총리표창(2005), 근정포장(2015)

한준호(韓埈皓) HAN Joon Ho

(생)1945·7·4 (본)청주(淸州) (출)경북 구미 (주)서울특별시 영등포구 국제금융로6길 42 (주)삼천리 회장실(02-368-3258) (학)1964년 경북고졸 1972년 서울대 법대졸 1975년 同행정대학원졸 2000년 행정학박사(경희대) (경)1971년 행정고시 합격(10회) 1971년 교통부 행정사무관 1973년 상공부 행정사무관 1978년 동력자원부 감사담당관 1981년 同광업정책과장 1986년 同석유정책과장 1987년 同총무과장 1988년 同자원개발국장 1989년 同공보관 1992년 同석유가스국장 1993년 상공자원부 석유가스국장 1994년 통상산업부 에너지정책국장 1994년 同자원정책국장 1995년 중앙공무원교육원 파견 1995년 통상산업부 자원정책1심의관 1996년 同자원정책실장 1998년 산업자원부 정책실장 1998년 同무역위원회 상임위원 1998년 同기획관리실장 1999~2001년 중소기업청장 2001년 한국생산성본부 회장 2002년 대통령직속 중소기업특별위원회 위원장 2004~2007년 한국전력공사 사장 2004~2007년 대한전기협회 회장 2004~2007년 한국원자력산업회의 회장 2005년 대한배구협회 회장 2007년 (주)삼천리 대표이사 부회장 2009~2014년 (주)포스코 사외이사 2009년 한국무역협회 비상근부회장(현), (주)LG 사외이사 2010~2017년 (주)삼천리 대표이사 회장 2012~2013년 (주)포스코 이사회 의장 2015년 대림산업(주) 사외이사(현) 2017년 (사)상우회 회장(현) 2017년 (주)삼천리 회장(현) (상)홍조근정훈장(1991), 황조근정훈장(2003), 한국자원경제학회 에너지산업대상(2004), 미국 에디슨전기협회(EEI) 에디슨대상 국제부문(2006), 필리핀 대통령 공로패(2006), 한국경영인협회 주최 가장존경받는 기업인상(2012) (종)불교

한중석(韓中錫) HAN Jung Suk

(생)1958·2·26 (출)서울 (주)서울특별시 종로구 대학로 101 서울대학교치과병원 치과보철과(02-2072-3711) (학)1976년 신일고졸 1983년 서울대 치의학과졸 1989년 미국 미시간대 치과대학원 치과보철학과졸 1993년 치의학박사(서울대) (경)1986~1987년 미국 미시간대 치대 세포생물학교실 방문연구원 1993~2000년 이화여대 치과학교실 보철과 조교수·부교수 2000년 서울대 치과대학 보철학교실 교수, 同치의학대학원 치과보철학교실 교수(현) 2002년 대한치과보철학회 이사 2007~2009년 同총무 2007년 서울대 치과병원 치과보철과장 2009년 同치의학대학원 교무부원장 2013~2015년 한국보건의료연구원 비상임이사 2016년 서울대 치의학대학원장(현) (저)'임프란트의 선택, 식립, 보철과 유지'(1997, 의지학사) '교합학 용어 및 도해 2판'(2000, 대한악기능교합학회 신흥인터내셔날) '고정성 치과보철학'(2002, 지성출판사) '구강악안면 임프란트학'(2004, 대한나래출판사) '최신 고정성치과 보철학'(2007, 지성출판사) (역)'임플랜트수복의 기능과 심미' '턱관절증'(2004, 대한턱관절연구회) '보철물의 기능, 심미성을 추구하며'(2007, 한국 퀸테센스출판) '최신 임프란트치과학'(2009, 대한나래출판사)

한중수(韓仲洙) HAN Joong Soo

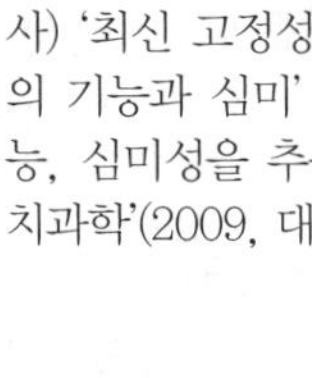

(생)1958·9·8 (본)청주(淸州) (출)경남 진해 (주)서울특별시 성동구 왕십리로 222 한양대학교 의대 생화학분자생물학교실(02-2220-0623) (학)1983년 한양대 의대졸 1985년 同대학원 의학석사 1988년 의학박사(한양대) (경)1986년 한양대 의대 생화학분자생물학교실 조교수·부교수·교수(현) 1996년 미국 생화학분자생물학회 회원(현) 1999년 대한생화학분자생물학회 대의원 2000년 한국신경과학학회 회원(현) 2001년 KSMBMB신호전달분과학회 회장 2003~2004년 대한생화학분자생물학회 운영위원장 2003~2006년 한국기초과학지원연구원 지정 SELDI-TOF 센터장 2007년 대한생화학분자생물학회 학술위원장 2009년 同포상위원장 2010년 생화학분자생물학회 대의원 2012

년 同부회장 2013~2017년 보건산업진흥원 NET의과학분과위원장 2016년 생화학분자생물학회 기금위원장 2019년 同회장(현) 2019년 한양대 의과대학장 · 의학전문대학원장 · 보건대학원장(현) (상)국제학술지논문상(1999 · 2001), 우수교수상(1999) (저)'생화학 요점정리 및 문제집'(2004, 신흥메드싸이언스) (역)'세포학'(2000, 한우리) (종)천주교

한지연(韓知延 · 女) HAN Ji Youn

(생)1964 · 5 · 13 (주)경기도 고양시 일산동구 일산로 323 국립암센터 부속병원 폐암센터(031-920-1210) (학)1989년 가톨릭대 의대졸 1995년 同대학원 의학석사 1998년 의학박사(가톨릭대) (경)1989~1994년 가톨릭대 성모병원 인턴 · 레지던트 1994~1996년 同강남성모병원 혈액종양내과 전임의 1996~2001년 同의대 내과학교실 전임강사 · 조교수 2001년 국립암센터 부속병원 폐암센터 전문의(현) 2001~2014년 同연구소 폐암연구과 선임연구원 · 책임연구원 · 폐암연구과장 2003~2004년 미국 MD Anderson Cancer Center Visiting Professor 2004~2009년 국립암센터 부속병원 진료지원센터 응급실장 2009~2010년 항암제개발B&D사업추진기획단 단원 2010~2017년 국립암센터 폐암센터장 2012~2014년 同이행성임상제1연구부장(책임연구원) 2014~2016년 同융합기술연구부장 2015~2016년 同융합기술연구부 암유전체연구과장 2016~2019년 同정밀의학연구부장(책임연구원) 2017~2019년 同정밀의학연구부 정밀의료연구과 책임연구원 2019년 同임상시험센터 · 혈액종양내과분 전문의(현) 2019년 同정밀의학연구부 최고연구원(현) (상)한국과학기술단체총연합회 우수논문상(2006), 국립암센터 우수 SCI IF상 · 최우수 SCI저작상(2008) (저)'Lung Cancer, Third Edition'(2008)

한지학(韓智學) Chee Hark Harn

(생)1956 · 3 · 26 (본)청주(淸州) (출)경남 진주 (주)서울특별시 금천구 가산디지털1로 219 벽산디지털밸리 6차 1204호 (주)툴젠 종자연구소(02-873-8168) (학)1979년 중앙대 생물학과졸 1985년 미국 오리건주립대 대학원 유전학과졸 1992년 식물분자생물학박사(미국 럿거스대) (경)1993~1996년 미국 럿거스대 식품생명공학연구소 박사후연구원 1996~1999년 한국생명공학연구원 객원선임연구원 1999~2004년 (주)농우바이오 생명공학연구소 수석연구원 2005~2007년 농림부 농림과학기술정책심의회 위원 2005~2013년 (주)농우바이오 생명공학연구소장 2007~2009년 경상대 · 고려대 겸임교수 2007~2017년 Plant Biotechnology Reports(Springer) Editorial Committee 위원 2007~2010년 식물형질전환연구회 회장 2007년 농림부 국립농업과학원 전문위원(현) 2009~2010년 농림수산식품과학기술위원회 현장실용기술분과 위원 2010년 한국생명공학연구원 바이오안전성정보센터 전문위원(현) 2010년 서울대 채소육종연구센터 자문위원(현) 2010~2011년 서울여대 겸임교수 2010~2017년 한국육종학회 부회장 2011~2012년 한국식물생명공학회 회장 2011~2014년 전남대 겸임교수 2012년 과학기술부 · 미래창조과학부 · 과학기술정보통신부 유전자변형생물체 전문가심사위원(현) 2012년 농촌진흥청 차세대바이오그린 사업관리위원(현) 2013년 과학기술정보통신부 시험용LMO 전문위원(현) 2013~2017년 (주)농우바이오 R&D본부장(전무) 2015~2017년 한국원예학회 부회장 2017~2018년 이투힐FE&D 고문 2017~2018년 국가과학기술심의회 전문위원(생명의료 · 중소기업) 2017년 고추연구회 회장(현) 2018년 (주)툴젠 종자연구소장(상임고문)(현) 2019년 한국원예학회 회장(현) (상)한국과학기술단체총연합회 제13회 과학기술우수논문상(2003), 한국식물생명공학회 우수논문상(2007), 국립농업과학원 공로상(2013) (저)'주요 질병의 치료와 예방을 위한 식품과 영양소'(2006, 이투힐) '식물형질전환'(2007, 정문각) '식량생산제고를 위한 신육종기술'(2017, 식약연) 외 6편

한진만(韓鎭萬) HAN Jin Mann

(생)1954 · 9 · 6 (본)청주(淸州) (출)서울 (주)강원도 춘천시 강원대학길 1 강원대학교 신문방송학과(033-250-6884) (학)1973년 성남고졸 1980년 고려대 신문방송학과졸 1982년 同대학원 방송학과졸 1989년 문학박사(고려대) (경)1984~1992년 건국대 신문방송학과 전임강사 · 조교수 · 부교수 1984~1995년 고려대 강사 1990년 미국 인디애나대 객원연구원 1992년 강원대 신문방송학과 부교수 · 교수(현) 1993~1996년 방송위원회 편성정책연구위원회 연구위원 · 지역방송발전연구위원회 연구위원 · 라디오방송발전위원회 연구위원 1994년 한국방송학회 총무이사 2000년 방송위원회 방송편성정책연구위원장 2005~2007년 강원대 사회과학연구소장 2006~2010년 同디지털미디어센터장 2007~2008년 한국방송학회 회장 2007~2012년 언론중재위원회 위원 2008~2011년 방송통신위원회 지역방송발전위원회 위원 2011~2018년 육군 제1야전군사령부 정책자문위원 2012~2015년 한국방송공사(KBS) 이사 2013~2015년 강원대 사회과학대학장 2013~2015년 同정보과학행정대학원장 2018년 시청자미디어재단 강원시청자미디어센터발전협의회 회장 (상)강원대 우수수업상(2008 · 2010), 방송통신위원장표창(2009) (저)'한국텔레비전방송연구'(1995) '방송제작기술'(1998) '방송편성론'(2000) '방송론'(2000) '디지털시대의 방송편성론'(2006) '방송학개론'(2008) '한국방송 80년, 그 역사적 조명'(2008) '지역미디어(共)'(2010) '한국방송의 이해'(2011) '방송사건'(2013) '지역방송정책론'(2013) (종)가톨릭

한진수(韓振洙) HAN Jin Soo

(생)1953 · 7 · 25 (출)경기 용인 (주)서울특별시 중구 필동로1길 30 동국대학교 경영대학 회계학과(02-2260-3294) (학)1971년 경기고졸 1975년 서울대 동양사학과졸 1980년 同경영대학원졸 1983년 미국 인디애나대 경영전문대학원 회계학과졸(MBA) 1986년 경영학박사(미국 인디애나대) (경)1980~1981년 국방과학연구소 연구원 1982~1986년 미국 인디애나대 강사 · 시간강사 1986~2018년 동국대 경영대학 회계학과 조교수 · 부교수 · 교수 1990년 한국공인회계사시험 출제위원 1991년 동국대 경영대학원 교학부장 1994년 미국 콜로라도대 객원교수 1995년 동국대 학술부장 1997~1999년 동국로얄대(동국대 LA분교) 부총장 1998~1999년 同총장 2001년 동국대 회계학과장 2001~2005년 재정경제부 정부투자기관 경영평가위원 2002~2004년 기획예산처 정부투자기관 경영평가위원 2002~2003년 한국회계학회 부회장 2003년 행정자치부 정부회계기준심의위원 2003년 재정경제부 공인회계사 자격제도 심의위원 2004~2007년 행정자치부 정부혁신관리 평가위원 2005년 안보경영연구원 감사 2005년 한국정부회계학회 회장 2005~2007년 동국대 경영대학원장 겸 경영대학장 2005년 산업자원부 정부산하기관 경영평가위원 2007~2011년 동국대 경영부총장 2018년 동국대 경영대학 회계학과 명예교수(현) (상)홍조근정훈장(2007) (저)'회계학원론'(1997) '재무회계'(2003) '회계원리'(2003) '회계원리 완전정복'(2004) '신회계원리'(2006)

한진현(韓珍鉉) HAN Jin Hyun

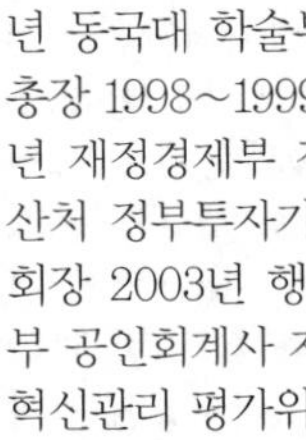

(생)1959 · 9 · 27 (출)전남 보성 (주)서울특별시 강남구 영동대로 511 한국무역협회 부회장실(02-6000-5007) (학)1976년 전남고졸 1981년 전남대 경제학과졸 1984년 고려대 대학원 경제학과졸 1993년 미국 캔자스대 대학원 경제학과졸 2011년 경제학박사(서울과학기술대) (경)1981년 행정고시 합격(25회) 1984년 동력자원부 · 통상산업부 사무관 1997년 경수로사업기획단 건설기술부 과장 1999년 駐뉴욕 상무관 2002년 산업자원부 투자진흥과장 2003년 同가스산업과장 2004년 同자원정책실 석유산업과장 2006년 서울산업대 초빙교수 2007년 국무조정실 기후변화대책기획단 사업부장 2008년 국무총리실 기후변화대책기획단 사업부장 2008년 同기후변화대책기획단 저탄소사회정책관

2009년 지식경제부 에너지산업정책관 2010년 同무역정책관 2011년 同무역투자실장 2013~2014년 산업통상자원부 제2차관 2014년 서울과학기술대 에너지환경대학원 에너지정책학과 석좌교수 2014년 도시가스사회공헌기금 기금운영위원회 위원장 2015년 경제자유구역위원회 부위원장 2016~2018년 한국무역정보통신(KTNET) 대표이사 사장 2018년 한국무역협회 상근부회장(현)

한진희(韓眞喜·女) HAN Jin Hee

(생)1972·10·15 (출)인천 (주)전라남도 목포시 정의로 9 광주지방검찰청 목포지청 형사1부(061-280-4308) (학)1991년 인화여고졸 1995년 이화여대 법학과졸 (경)1995년 경인 법무법인 근무 2001년 사법시험 합격(43회) 2004년 사법연수원 수료(33기) 2004년 대구지검 검사 2006년 수원지검 안산지청 검사 2008년 인천지검 부천지청 검사 2010년 대구지검 서부지청 검사 2012년 수원지검 검사 2014년 서울중앙지검 검사 2017년 광주지검 검사 2018년 同부부장검사 2019년 광주지검 목포지청 형사1부장(현)

한찬건(韓贊建) HAN Chan Kun

(생)1957·2·14 (주)서울특별시 강남구 테헤란로 87길 46 (주)한미글로벌 비서실(02-3429-6469) (학)1974년 보성고졸 1978년 중앙대 기계공학과졸 (경)1978년 대우그룹 입사 1989년 同나이지리아 라고스 주재원 1996년 同방글라데시 다카지사장(부장) 2001년 대우인터내셔널 기계팀장(이사) 2004년 同테헤란지사장(상무) 2008년 同전자산업본부장(상무) 2011년 同전력인프라본부장(전무) 2014년 同미얀마총괄 겸 미얀마무역법인 대표(전무) 2015년 同기계인프라본부장(부사장) 2016~2018년 포스코건설(주) 대표이사 사장 2016~2018년 대한체조협회 회장 2017~2018년 대한건설협회 회원부회장 2019년 (주)한미글로벌 경영총괄 부회장(현) (상)중앙대 자랑스런 중앙인상(2017)

한찬수(韓讚洙) Chansoo Han

(생)1964·12·9 (본)청주(清州) (출)서울 (주)서울특별시 양천구 목동서로 201 KT정보전산센터 7층 (주)케이엠에이치(02-2647-1255) (학)1983년 대광고졸 1988년 고려대 정치외교학과졸 1993년 同대학원 정치외교학과졸 (경)1993~1994년 한국교육방송공사(EBS) 교양제작국 제작PD 1994~1995년 (주)서울컴 제작팀장(PD) 1995~2001년 (주)기독교TV(CTS) 제작팀장(PD) 2003~2004년 (주)미디어앤커뮤니케이션네트워크 대표이사 2004~2009년 (주)케이엠홀딩스 부사장 2010년 (주)케이엠에이치 대표이사(현)

한찬식(韓璨湜) HAN Chan Sik

(생)1968·7·15 (본)청주(清州) (출)서울 (주)서울특별시 강남구 언주로 107 한찬식법률사무소(02-536-1614) (학)1986년 성남고졸 1990년 서울대 법과대학졸 1998년 미국 펜실베이니아대 로스쿨 수료(LL.M.) (경)1989년 사법시험 합격(31회) 1992년 사법연수원 수료(21기) 1992년 서울지검 검사 1994년 대구지검 경주지청 검사 1995년 수원지검 검사 1997년 대구지검 검사 2000년 법무부 국제법무과 검사 2003년 서울지검 동부지청 검사 2004년 서울동부지검 부부장검사 2005년 울산지검 특수부장 2006년 춘천지검 영월지청장 2007년 법무부 법조인력정책과장 2009년 서울중앙지검 총무부장 2009년 同첨단범죄수사제1부장 2010년 대검찰청 대변인 2011년 서울고검 검사 2011년 국가정보원 파견 2013년 수원지검 안양지청장 2014년 법무부 인권국장 2015년 서울고검 차장검사(검사장급) 2015년 울산지검장 2017년 수원지검장 2018년 서울동부지검장 2019년 변호사 개업(현) (저)'한일투자협정해설(共)'(2003) (종)천주교

한찬희(韓贊熙) HAN Chan Hee

(생)1955·1·21 (출)충남 청양 (주)서울특별시 종로구 자하문로19길 6 아름다운재단(02-766-1004) (학)1974년 경성고졸 1978년 연세대 경제학과졸 1990년 同경영대학원졸, 서울대 경영대학원 최고경영자과정 수료 (경)1981~1991년 세화회계법인 이사 1991~1993년 미국 PWC New York Office 근무 1993~1999년 세동회계법인 전무이사 1999~2003년 Arthru Anderson GCF 대표이사 2003~2009년 딜로이트안진회계법인 부대표, 同기업위험관리서비스본부장 2009~2011년 딜로이트컨설팅 대표이사 2009년 딜로이트안진회계법인 Advisory 총괄본부장 겸임 2011~2015년 同대표 2014~2019년 한국학중앙연구원 비상임감사 2015년 딜로이트안진회계법인 부회장 2019년 (주)한독 사외이사(현) 2019년 아름다운재단 이사장(현) (종)기독교

한창건(韓昌乾) HAN Chang Gun

(생)1958·8·19 (본)청주(清州) (출)서울 (주)서울특별시 영등포구 63로 32 라이프콤비빌딩 317호 (사)한국신문방송인클럽(02-3775-0017) (학)1986년 건국대 행정대학원 수료 1998년 연세대 언론홍보대학원 최고위과정 수료 2000년 명예 경영학박사(시에라리온 국립시에라리온대) (경)1984년 저널리스트클럽 편집이사 1990년 국민경제신문 발행인 1993년 한국방송인클럽 기획실장 1999년 한국신문방송인클럽 사무국장 1999년 헤드라인뉴스 발행인 겸 편집인 2003년 99포럼 운영위원장 2005년 한국신문방송인클럽 사무총장 2013~2016년 한국SNS뉴스통신사 회장 2013년 한국SNS기자연합회 상임고문(현), (사)아시아경영전략연구원 사무총장, 뉴스전문포탈사이트 상임고문(현), 인터넷통신사 국민의소리 상임고문 2015~2018년 한국신문방송인클럽 회장 2016년 한국SNS뉴스통신사 고문(현) 2018년 (사)아시아경영전략연구원 고문(현) 2018년 (사)한국신문방송인클럽 이사장(현) (저)'지방자치시대'(1999) '통일전망대' '기자의 증언' 외 다수 (종)기독교

한창목(韓昌坶) HAN, Chang Mok

(생)1973·10·3 (본)청주(清州) (출)경북 청도 (주)서울특별시 종로구 종로5길 86 서울지방국세청 첨단탈세방지담당관실(02-2114-2705) (학)1992년 부산진고졸 1999년 고려대 법학과졸 2006년 미국 오리건대 대학원 경영학과졸(MBA) (경)2000년 천안세무서 납세지원과장 2000년 평택세무서 세원관리1과장 2002년 국세청 법무과 근무 2003년 同국제협력담당관실 근무 2004년 미국 오리건대 국외훈련 2006년 국세청 국제세원관리담당관실 근무 2011년 국제탈세정보교환센터 근무(해외파견) 2013년 부산 수영세무서장 2014년 서울지방국세청 조사4국 조사3과장 2016년 국세청 지하경제양성화팀장 2016년 同조사분석과장 2016년 同국제세원관리담당관(서기관) 2019년 同국제세원관리담당관(부이사관) 2019년 서울지방국세청 첨단탈세방지담당관(현)

한창섭(韓昌燮) HAN Chang Sup

(생)1960·5·5 (본)청주(清州) (출)강원 춘천 (주)서울특별시 강남구 언주로 650 한국건설기술인협회(02-3416-9281) (학)1978년 춘천고졸 1984년 연세대 건축과졸 2003년 同대학원 건축공학과졸, 도시및지역계획학박사(연세대) (경)유원건설 근무 1988년 기술고시 합격(24회), 건설교통부 도시국 건축과 근무 2002년 원주지방국토관리청 건설관리실장 2003년 건설교통부 주택국 주거환경과장 2005년 同건축기획팀장 2005~2007년 미국 연방지리정보위원회 파견 2007년 건설교통부 주거복지본부 국토정보기획팀장 2008년 국토해양부 국토정보기획과장 2009년 同주택토지실 국토정보정책과장 2009년 同주택토지실 국토정보정책과장(부이사관) 2009년 공공주택건설추진본부 파견(부이사관) 2010년 국토해양부 신도시개발과장 2011년 국가건축정책

기획단 부단장(고위공무원) 2012년 국토해양부 공공주택건설추진단장 2013년 국토교통부 공공주택건설추진단장 2013년 同용산공원조성추진기획단장 2014년 국외 훈련 2015년 행정중심복합도시건설청 공공건축추진단장 2017~2019년 한국건설기술인협회 상근감사 2019년 同상근부회장(현) (상)우수공무원표창(1998) (종)기독교

한창섭(韓唱燮) HAN Chang Seob

(생)1967 · 11 · 13 (출)경북 상주 (주)충청북도 청주시 상당구 상당로 82 충청북도청 행정부지사실(043-220-2010) (학)1985년 상주고졸 1990년 연세대 행정학과졸 1993년 서울대 대학원 행정학과졸 2006년 행정학박사(영국 버밍엄대) (경)1990년 행정고시 합격(34회) 1999년 행정자치부 행정관리국 조직정책과 사무관 2000년 同행정관리국 조직정책과 서기관 2005년 고위공무원단 제도실무추진단 파견 2005년 행정자치부 과제관리팀장 2006년 同기능분석팀장 2007년 同성과조직팀장 2008년 UN거버넌스센터 파견(부이사관) 2009년 국방대 안보과정 파견 2010년 행정안전부 인사실 윤리과장 2010년 국가기록원 기록정책부장(고위공무원) 2011년 대통령실 파견(고위공무원) 2012년 駐캐나다 공사참사관 겸 총영사 2016년 행정자치부 의정관 2017년 同인사기획관 2017년 행정안전부 인사기획관 2018년 충북도 행정부지사(현)

한창수(韓昌洙) HAN Chang Soo

(생)1959 · 2 · 2 (본)청주(淸州) (출)서울 (주)서울특별시 강서구 오정로 443-83 아시아나항공(주) 임원실(02-2669-3843) (학)보인고졸, 성균관대 회계학과졸, 미국 시라큐스대 대학원졸(MBA) (경)1986년 금호아시아나그룹 입사, 아시아나항공(주) 자금팀장 2005년 同재무부문 이사 2006년 同재무부문 상무 2010년 同전략기획본부장(전무) 2014년 同부사장 2015년 아시아나IDT(주) 대표이사 부사장 2018년 同대표이사 사장 2018년 아시아나항공(주) 대표이사 사장(현)

한창수(韓昌洙)

(생)1959 · 12 · 20 (주)강원도 춘천시 중앙로 1 강원도의회(033-256-8035) (학)상지대 행정학과졸 (경)금당은당(귀금속업) 대표, 횡성경찰서 보안지도위원장, 횡성로타리클럽 회장, 대한적십자사 태기봉사회장, 한나라당 횡성군 부위원장, 상지대총동문회 부회장 2006년 강원 횡성군의원선거 출마 2010년 강원 횡성군의회 의원(한나라당 · 새누리당) 2010~2012년 同부의장 2014~2018년 강원 횡성군의회 의원(새누리당 · 자유한국당) 2014~2016년 同의장 2018년 강원도의회 의원(자유한국당)(현) 2018년 同기획행정위원회 위원(현) (종)천주교

한창수 Chang-Su Han

(생)1968 (주)경기도 안산시 단원구 적금로 123 고려대학교 안산병원 정신건강의학과(031-412-5140) (학)1993년 고려대 의대졸 1996년 同대학원 의학석사 2001년 의학박사(고려대) 2009년 미국 듀크대 대학원 보건과학과졸 (경)1994~1998년 고려대 안암병원 정신건강의학 전문의 1998~2001년 육군 軍의관(대위) 2001~2011년 고려대 의대 정신건강의학교실 임상강사 · 조교수 · 부교수 2005년 호주 멜버른대 의대 노인정신의학과 연수 2007~2009년 미국 듀크대 의대 노인정신의학과 연구Fellow 2012년 고려대 의대 정신건강의학교실 교수(현) 2015~2016년 고려대안산병원 교육수련부장 2016~2017년 고려대 의대 홍보 · 안산부학장 2018년 고려대의료원 대외협력실장(현) 2018년 보건복지부 중앙자살예방센터장 (상)대한정신약물학회 오츠카 학술상(2010), 대한신경정신의학회 GSK 학술상(2014) (저)'울분장애 Embitterment. Societal, psychological, and clinical perspectives, Springer'(共)

한창술(韓昌述) HAN-CHANGSUL

(생)1963 · 4 · 13 (본)청주(淸州) (출)전북 남원 (주)대전광역시 서구 청사로 189 산림청 산림산업정책국 산림자원과(042-481-4180) (학)1982년 남원농고졸 1989년 전북대 임학과졸 (경)2009~2011년 산림청 자원정책 · 해외조림 사무관 2012~2016년 서부지방산림청 정읍국유림관리소장 · 산림청 조림담당 서기관 2017년 북부지방산림청 산림재해안전과장 2017년 산림청 산림일자리창업팀장(서기관) 2018년 同영주국유림관리소장 2019년 同산림산업정책국 산림자원과장(현) (상)국무총리표창(2002 · 2004) (종)기독교

한창완(韓昌完) HAN Chang Wan

(생)1967 · 10 · 21 (출)전남 목포 (주)서울특별시 광진구 능동로 209 세종대학교 만화애니메이션학과(02-3408-3248) (학)1986년 목포고졸 1990년 서강대 신문방송학과졸 1994년 同대학원 신문방송학과졸 2006년 신문방송학박사(서강대) (경)1996~2000년 서강대 언론문화연구소 연구원 2000~2002년 (사)부천국제대학애니메이션페스티벌조직위원회 사무국장 2000년 세종대 만화애니메이션학과 교수(현) 2000년 同만화애니메이션산업연구소장 2000년 (주)세종에듀테인먼트 대표이사 2001년 세종대 영상대학원 교학부장 2005~2008년 同만화애니메이션학과장 2007년 전남도 문화산업정책특별보좌관 2007년 (사)한국애니메이션학회 학술지 '애니메이션 연구' 편집위원장 2008년 (주)대원미디어 사외이사 2008년 방송통신위원회 제5기 방송발전기금관리위원회 위원 2008년 (재)전남정보문화산업진흥원 이사(현) 2009년 (사)한국문화콘텐츠기술학회 부회장 2009~2019년 세종대 신문방송국 주간교수 2009년 同문화예술콘텐츠대학원 교학주임교수 2010년 한국정보화진흥원 홍보정책전문가위원회 위원 2013년 세종대 융합콘텐츠산업연구소장(현) 2014년 同홍보실장 2015년 (사)한국애니메이션학회 회장(현) 2015~2018년 한국영상자료원 비상임이사 2015~2018년 간행물윤리위원회 위원 2018년 한국저작권위원회 위원(현) 2019년 세종대 융합예술대학원장(현) (상)한국만화애니메이션학회 학술상(1998), 세종대 우수연구상(2001), 한국만화가협회 공로상(2001), 세종대 대형프로젝트과제 수주상(2003), 한국학술진흥원 기초학문분야 우수학술도서 선정(2003), 한국교육방송공사 TV프로그램 진행자상(2004), 세종대 우수연구교수상(2004), 정보통신부 디지털콘텐츠대상(2005), 정보통신부 디지털콘텐츠대상 동상(2006), 한국애니메이션학회 학술상(2008) (저)'한국만화산업연구'(1995) '한국만화산업연구-수정증보판'(1996) '애니메이션 경제학'(1998) '한창완교수의 애니메이션강의-저패니메이션과 디즈니메이션의 영상전략'(2001) '애니메이션 용어사전(共)'(2002) '애니메이션 경제학2004'(2004) '만화에 빠진 아이, 만화로 가르쳐라'(2008) (역)'존할라스의 유럽애니메이션 이야기 : Contemporary Animator'(1999) '애니메이션 제작기법의 모든 것 : Encyclopedia of Animation Techniques'(1999) '애니마톨로지@애니메이션 이론의 이해와 적용 : Understanding Animation(共)'(2001) '움직임의 미학 : 애니메이션 역사와 미학연구 : Art in Motion(共)'(2001) '21세기 애니메이션의 혁명가들 : 2D & Beyond(共)'(2003) '애니메이터 서바이벌 키트 : Animator's Survival Kit'(2004) '저패니메이션 하드코어 : Erotic Anime(共)'(2004, 현실문화연구) '애니메이션 시나리오 : 기획에서 프리젠테이션까지 : Animation Writing & Development(共)'(2009, 커뮤니케이션북스)

한창완(韓昌完)

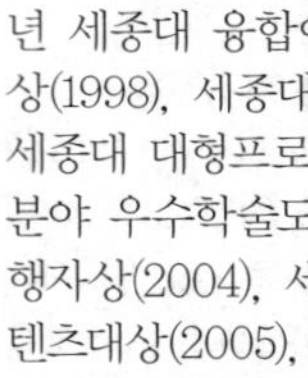

(생)1980 · 1 · 31 (주)경기도 과천시 관문로 47 법무부 국제법무과(02-2110-3661) (학)부산공고졸 2004년 한국해양대 해사법학부졸 2015년 네덜란드 헤이그국제법아카데미 국제공법및국제사법과정 수료 2016년 미국 시카고대 로스쿨졸(LL.M.) 2017년 서울대 대학원 법학 박사과정 중 (경)2003년 사법시험 합격(45회) 2006년 사법연수원 수료(35기) 2006~

2009년 육군 법무관 2009~2018년 법무법인 태평양 변호사 2011~2013년 대한변호사협회 이주외국인인권소위원회 간사 2012년 한국산업인력공단 출국만기보험사업자선정 평가위원 2017년 국가인권위원회 군인권상황실태조사연구용역제안서 평가위원 2017년 한국해운조합 선박공제약관개정 자문위원 2018년 법무부 국제법무과장(부이사관)(현)

한창원(韓昌願) HAN Chang Won

(생)1960·2·15 (본)청주(淸州) (출)대구 달성 (주)인천광역시 남동구 미래로 32 정산빌딩 9층 기호일보(032-761-0007) (학)1988년 인천대 경영학과졸 (경)1991년 기호일보 입사, 同편집부국장 1999년 향진원(아동복지시설)후원회 회장(현) 2000년 기호일보 총무국 부국장 2002년 同총무국장 2003년 同상무이사 2008년 同대표이사 사장(현) 2008년 인천대 경영학과 총동문회장 2009년 인천시탁구협회 회장(현), 인천문인협회 이사(현), 인천시사회복지협의회 부회장·회장, 대한가정법률복지상담원 인천지부 부이사장·이사장(현) 2011년 전국지방신문협의회 부회장(현) 2012년 대한적십자사 인천지사 부회장, 장애인고용대책위원회 위원장(현), 공군 정책발전자문위원(현), 인천시체육회 상임이사, 예림원(정신지체장애인시설) 운영위원(현), 사랑의장기기증운동 경인지역본부 이사(현), 인하대 대학평의원회 의원(현), 재능대 대학평의원회 의원(현), 인천시 중구문화원 이사(현), 2014인천아시아게임 성화봉송위원장, 인천대 발전기금이사회 이사 2017~2019년 인천언론인클럽 회장 (상)문화관광부장관표창(2000), 대통령표창(2010), 대한적십자사 적십자유공장 명예장(2015), 세계민주자유연맹 자유장(2015), 체육훈장 기린장(2016) (저)시집 '강'(1989), '내 안에 있는 또 다른 나에게'(1993), '홀로 사는 이 세상에'(1996), '협궤열차가 지고 간 하루'(2013) (종)가톨릭

한창화(韓昌和) HAN Chang Hwa

(생)1953·2·26 (본)청주(淸州) (출)서울 (주)경상북도 안동시 풍천면 도청대로 455 경상북도의회(054-262-3884) (학)영원공고졸, 한동대 경영학과졸 2009년 동국대 사회과학대학원 행정학과졸 (경)국제로타리3630지구 2지역 대표, 포항시재향군인회 회장, 포항시족구연합회 회장, 한나라당 경북도당 홍보위원장, 同전국위원, 민주평통 포항시협의회 문화예술분과 위원장, 한나라당 포항북구당원협의회 부위원장, 同중앙당 홍보위원, 同제17대 대통령중앙선거대책위원회 경북도당 봉사단체본부장·중앙유세단 경북단장·중앙특보위원, 同이명박 대통령후보 대외협력특보, 경북도 농어업FTA대책특별위원회 위원 2010년 경북도의회 의원(한나라당·새누리당) 2010년 同독도수호특별위원회 위원 2010년 同예산결산특별위원회 위원 2010년 同농수산위원회 위원 2010년 同서민경제특별위원회 위원 2014~2018년 경북도의회 의원(새누리당·자유한국당) 2014년 同예산결산특별위원회 위원장 2014·2016년 同농수산위원회 위원 2014~2016년 새누리당 경북도의회 원내대표단 수석부대표 2016년 경북도의회 운영위원회 위원 2017년 同예산결산특별위원회 위원장 2018년 경북도의회 의원(자유한국당)(현) 2018년 同농수산위원회 위원(현) 2018년 同지진대책특별위원회 위원(현) 2019년 同예산결산특별위원회 위원(현) (종)기독교

한창훈(韓昌勳) HAN Chang Hun

(생)1964·6·16 (본)청주(淸州) (출)서울 (주)서울특별시 서초구 서초중앙로 157 서울고등법원(02-530-1186) (학)1983년 배재고졸 1987년 서울대 사법학과졸 (경)1986년 사법시험 합격(28회) 1989년 사법연수원 수료(18기) 1989년 軍법무관 1992년 서울지법 동부지원 판사 1994년 서울민사지법 판사 1995년 서울지법 판사 1996년 제주지법 판사 1997년 광주고법 제주부 판사 겸임 1999년 서울지법 동부지원 판사 2002년 대법원 재판연구관 2004년 인천지법 부장판사 2006년 사법연수원 교수 2008년 서울남부지법 부장판사 2010년 서울중앙지법 형사11부·형사합의25부 부장판사 2012년 서울남부지법 수석부장판사 2013년 부산고법 창원재판부 부장판사 2014년 서울고법 부장판사 2017년 수원지법 수석부장판사 2018년 서울고법 부장판사(현)

한창희(韓昌熙) HAN Chang Hee

(생)1954·5·1 (본)청주(淸州) (출)충북 충주 (주)서울특별시 마포구 마포대로 15 시사플러스 회장실(02-701-5700) (학)1972년 청주고졸 1980년 고려대 정치외교학과졸 1995년 同정책과학대학원졸 (경)1979년 고려대 총학생회장 1990년 민자당 대변인실 국장 1995년 신한국당 청년국장·직능국장 1997년 한나라당 충북도지부 사무처장 1998년 同충주지구당 위원장 1999년 同부대변인 2004·2006년 제4·5대 충주시장(한나라당) 2011년 한국농어촌공사 감사 2012년 두레정치연구소 대표(현) 2013년 토요경제 회장 2014년 충주시장선거 출마(새정치민주연합) 2014년 제19대 국회의원선거 출마(충주 보궐선거, 새정치민주연합) 2015년 시사플러스 회장(현) 2017년 대한민국병장전우회 중앙회장(현) (저)'혀, 매력과 유혹'(2010) '생각 바꾸기'(2011) (종)불교

한창희(韓昌熙) HAN Chang Hi

(생)1955·7·10 (본)청주(淸州) (출)전북 완주 (주)서울특별시 성북구 정릉로 77 국민대학교 법과대학(02-910-4503) (학)1974년 전주고졸 1979년 서울대 법학과졸 1985년 同대학원 법학과졸 1993년 법학박사(서울대) (경)1988년 법무부 법무자문위원회 연구위원 1988~2007년 서경대 법학과 조교수·부교수·교수 1994년 보험법연구회 간사 1995년 (사)한국상사법학회 이사(현) 2000년 한국대학교육협의회 법학과 평가위원·사법시험위원·행정고시위원·공인회계사시험위원 2000년 한국보험학회 편집위원 2003년 미국 텍사스대 방문교수 2007년 국민대 법과대학 교수(현) 2011~2013년 사법연수원 강사 2012년 한국손해사정학회 회장 2013~2014년 한국금융소비자학회 회장 2013년 학교안전공제중앙회 이사장(현) 2014년 한국금융소비자학회 명예회장(현) (상)한국보험학회 우수논문상(2007), 보건복지부장관표창(2013), 한국보험학회 50주년기념 우수논문상(2014) (저)'해상보험법(共)'(2007) '보험법개정의 관점(共)'(2009) '현대보험법의 동향'(2009) '보험법판례연구집'(2011) '보험법'(2011) '각국의 보험소비자보호법제(共)'(2011) '회사법'(2012) '상법총론'(2013) '보험법'(2017) '해상보험법'(2017) '영국 보험법'(2018) (역)'생존능력을 배양하는 학교안전교육'(2014)

한철기(韓哲基) Han Cheol Ki (덕산)

(생)1958·2·16 (본)청주(淸州) (출)전남 나주 (주)서울특별시 중구 세종대로 67 삼성카드(02-2172-7655) (학)1977년 금호고졸 1985년 조선대 전기공학과졸 2005년 연세대 대학원 공정거래법학과졸 (경)공정거래위원회 기업결합과·카르텔조사국·서비스카르텔과 근무 2009년 同기획재정담당관실 근무 2011년 同대구사무소장·부산사무소장 2012년 同행정관리담당관 2013년 同경쟁제한규제개혁작업단 부단장 2013~2015년 同서울지방공정거래사무소 제조하도급과장 2015년 삼성카드 기획홍보담당 고문(현) (상)공정거래위원회 선정 '올해의 공정인'(2008), 대통령표창(2009), 홍조근정훈장(2015)

한철수(韓哲洙) HAN Cheol Soo

(생)1952·5·20 (출)경남 마산 (주)경상남도 창원시 마산합포구 진북면 산단1길 45 (주)고려철강 비서실(055-295-4111) (학)1972년 마산고졸 1978년 고려대 기계공학과졸 (경)2001~2004년 경남테니스협회 회장 2003년 마산상공회의소 부회장 2004년 경남안전생활실천시민연합 공동대

표 1981~2017년 (주)고려철강 대표이사 2006년 마산상공회의소 상임의원 2009~2011년 同회장 2009~2013년 경남 골프협회 회장 2009~2015년 고려대 경남교우회 회장 2009년 마산상공회의소 신용협동조합 이사장(현) 2009년 한국청소년경남연맹 총장(현) 2010년 경남민주도정협의회 위원(현) 2011~2017년 창원상공회의소 마산지회장 2011~2018년 진북산단입주기업체협의회 회장 2011년 창원법원마산지원조정위원회 회장(현) 2011년 (사)아름다운우리가곡 이사장(현) 2013~2015년 KBS창원방송총국 시청자위원장 2014~2018년 마산세무서 세정협의회 회장 2014~2015년 성호초총동창회 회장 2014년 경남사회복지공동모금회 회장(현) 2014년 대한적십자사경남지사 상임위원(현) 2016~2018년 마산고총동창회 회장 2017년 창원상공회의소 회장(현) 2017년 경남상공회의소협의회 회장(현) 2018년 대한상공회의소 부회장(현) 2018년 (주)고려철강 회장(현) (상)재정경제부장관표창(2006), 보건복지부장관표창(2011), 기획재정부장관표창(2012), 경남메세나상 대상(2012)

한철희(韓喆熙) HAN Chul Hee

(생)1957·2·7 (출)전북 임실 (주)경기도 파주시 회동길 77-20 돌베개출판사(031-955-5020) (학)1975년 전라고졸 1983년 서울대 인문대학 국어국문학과졸 (경)1993년 돌베개출판사 대표(현) 1994~1996년 책을만드는사람들 대표 1995~2009년 파주출판문화정보산업단지사업협동조합 실행이사 1995~2011년 대한출판문화협회 이사, 同부회장, 한국출판협동조합 이사, 한국출판인회의 실행이사, 同정책기획위원장, 同감사 1998년 同이사(현) 2009~2011년 同회장 2009년 출판도시문화재단 이사 (상)한국출판인회의 올해의 출판인상(2003), 국무총리표창(2008) (역)'예술이란 무엇인가'(1984)

한춘득(韓春得) Han Chun Deuk

(생)1952·2·3 (본)청주(淸州) (출)서울 (주)충청남도 천안시 서북구 두정역서2길 3 202호 동광지엔티(041-554-6040) (학)1970년 안동생명과학고졸 2002년 서울산업대 토목공학과졸 2004년 연세대 공학대학원 환경공학과졸 2009년 토목공학박사(관동대) (경)1970년 국토건설기술요원양성소 근무 1971년 (주)대지종합기술공사 측량과 근무 1977~1991년 아세아항업(주) 입사·측량과장 1978~1979년 同사우디아라비아 리야드지사 지형도제작 1991~2018년 (주)한국해양과학기술 측지부 전무이사 2001~2017년 한국철도시설공단 측량분야 설계자문위원 2003년 부산지방항공청 공역관제분야 설계자문위원 2004년 서울산업대 토목공학과 겸임교수 2008~2017년 대한측량협회 기술위원 2018년 동광지엔티 대표이사(현) (상)건설교통부장관표창(1997·2003), 국무총리표창(2006), 대통령표창(2009)

한충식(韓忠湜)

(생)1961·5·25 (주)서울특별시 송파구 양재대로 1239 한국체육대학교 체육학과(02-410-6873) (학)1980년 부산동고졸 1984년 한국체육대 체육학과졸 1987년 同대학원 체육학과졸 (경)1979~1987년 체조 국가대표 1981·1983·1985년 하계U대회 국가대표 1983·1985년 세계선수권대회 국가대표 1984년 LA올림픽 국가대표 1989~2004년 국제 심판 1992~2003년 대한체조협회 기술위원 1992년 한국체육대 체육학과 교수(현) 2000~2002년 同체육학과장 2003~2007년 同생활관장 2005년 대한체조협회 이사 2015~2017년 한국체육대 스포츠과학대학장 겸 훈련처장 2019년 同사회체육대학원장 겸 교육대학원장 겸 최고경영자과정원장(현) (상)체육포장(1986), 체육훈장 기린장(1986), 대통령표창(1993), 체육훈장 거상장(1999), 체육훈장 맹호장(2005), 한국재능나눔대상(2014)

한충희(韓忠熙) Hahn Choong-hee

(생)1960·7·22 (본)청주(淸州) (출)경북 경주 (주)서울특별시 영등포구 의사당대로 1 국회(02-784-0913) (학)1983년 서울대 불어교육과졸 1985년 미국 펜실베이니아대 대학원 국제관계학과졸(석사) 1988년 프랑스 파리제1대 대학원 국제정치학과졸(석사) 2012년 횃불트리니티신학대학원대 일반신학 석사 (경)1982년 외무고시 합격(16회) 1985년 외무부 입부 1991년 駐미국 2등서기관 1994년 駐나이지리아 1등서기관 1999년 駐오스트리아 1등서기관 2002년 한반도에너지개발기구(KEDO) 파견 2005년 외교통상부 북미2과장 2006년 同북미1과장 2007년 북핵외교기획단 부단장 2008년 駐프랑스 공사참사관 겸 총영사 2010년 외교통상부 인사기획관 2011년 서울핵안보정상회의 부교섭대표 겸 대변인 2012년 외교통상부 문화외교국장 2014년 駐유엔대표부 차석대사 2014년 유엔국제상거래법위원회(UNCITRAL : United Nations Commission on International Trade Law) 의장 2017년 국회의장 외교특임대사(파견)(현) (상)영산재단 2013 올해의 외교인상(2014) (역)'나를 살리는 화살기도'(2007) '크리스천에게 고난이 닥치는 21가지 이유'(2010) (종)기독교

한치흠(韓致欽) HAN CHI HEUM

(생)1973·1·5 (주)세종특별자치시 한누리대로 411 행정안전부 자치분권지원과(044-205-3321) (학)1990년 충남고졸 1995년 연세대 법학과졸 2013년 호주 사우스오스트레일리아대 대학원 관광경영학과졸 2015년 충남대 국가정책대학원 정책학 박사과정 수료 (경)1997년 지방고시 합격(3회) 2003~2004년 정부혁신지방분권위원회 지방분권팀 사무관 2006년 행정자치부 혁신기획관실 사무관 2010~2011년 국무총리실 기획총괄정책관실 서기관 2014~2015년 충남도 경제정책과장 2015~2016년 대통령직속 지역발전위원회 지역협력과장 2016년 행정자치부 민원서비스정책과장 2017년 행정안전부 정부혁신조직실 민원서비스정책과장 2018년 同자치분권지원과장(현)

한태근(韓泰根) HAN Tae Keun

(생)1957·11·26 (본)청주(淸州) (출)강원 원주 (주)부산광역시 부산진구 황령대로 24 부산상공회의소 6층 에어부산(주) 임원실(051-410-0800) (학)진광고졸, 국민대 국제경영학과졸 (경)1992년 아시아나항공(주) 입사, 同샌프란시스코공항서비스지점장, 同LA공항서비스지점장 2006년 同캐빈서비스부문 이사 2007년 同상무 2007~2008년 同서비스본부장 직대(상무) 2010년 同서비스본부장 겸 캐빈서비스부문 상무 2011~2013년 同서비스본부장 겸 캐빈서비스부문 전무 2014년 에어부산(주) 대표이사 부사장 2015년 同대표이사 사장(현) (상)대한민국사회공헌대상 국회부의장표창(2015), 부산산업대상 봉사대상(2017), 철탑산업훈장(2017)

한태화(韓台和)

(생)1970·9·25 (출)충북 청원 (주)대구광역시 수성구 동대구로 364 대구지방검찰청 형사4부(053-740-4445) (학)1988년 청주 신흥고졸 1996년 서울대 경영학과졸 (경)1996년 안건회계법인 근무 1997년 신한회계법인 근무 1999년 공인회계사 등록 2000년 사법시험 합격(42회) 2003년 사법연수원 수료(32기) 2003년 수원지검 검사 2005년 대전지검 논산지청 검사 2006년 대구지검 검사 2008년 서울북부지검 검사 2015년 광주지검 순천지청 검사 2017년 인천지검 검사 2017년 同부부장검사 2018년 서울중앙지검 부부장검사 2019년 대구지검 형사4부장(현) (상)한국여성변호사회 여성아동인권상(2015)

한택근(韓澤根) HAN Taek Keun

(생)1961·10·7 (본)청주(淸州) (출)서울 (주)서울특별시 강남구 테헤란로 423 법무법인 양재(02-522-4264) (학)1980년 경신고졸 1985년 서울대 법학과졸 1987년 건국대 대학원 법학과졸 2008년 서울시립대 세무대학원 박사과정 수료 (경)1990년 사법시험 합격(32회) 1993년 사법연수원 수료(22기) 1993년 법무법인 시민 변호사 2000년 영국 옥스퍼드대 방문자과정 이수 2005년 법무법인 에이스 변호사 2005년 서울지방국세청 고충처리위원회 위원 2006~2010년 민주사회를위한변호사모임 사무총장 2006~2007년 동서법률사무소 변호사 2006~2012년 법무법인 동서파트너스 변호사 2012~2014년 법무법인 동서양재 변호사 2014년 민주사회를위한변호사모임 회장 2015년 법무법인 양재 대표변호사(현)

한필수(韓弼洙)

(생)1961·3·15 (출)충북 제천 (주)충청북도 청주시 상당구 상당로 82 충청북도자치연수원 원장실(043-220-5400) (학)1980년 충주고졸 2004년 충북대졸 (경)1988년 충북 제원군 내무과 근무 1992년 충북도 내무국 지방과 근무 1998년 同기획조정실 예산담당관 2008년 충북도의회 사무처 의장비서관 2013년 충북도 북부출장소장 2017년 충북도의회 사무처 총무담당관 2017~2018년 충북 영동군 부군수 2018년 同군수 권한대행 2019년 충청북도자치연수원장(현)

한헌석(韓憲錫) Han Heon-Seok

(생)1958·11·10 (주)충청북도 청주시 서원구 1순환로 776 충북대병원 원장실(043-269-6677) (학)1983년 서울대 의대졸 1991년 同대학원 의학석사 1993년 의학박사(서울대) (경)1983~1987년 서울대병원 소아과 전공의 1987~1990년 문경병원 소아과장 1990~1991년 서울대병원 소아과 전임의 1991년 충북대 의대 소아과학교실 전임강사·조교수·부교수·교수(현), 충북대병원 소아청소년과장, 同기획조정실장, 同진료처장 2018년 同병원장(현)

한헌수(韓獻洙) Hahn, Hern-Soo

(생)1959·1·1 (본)청주(淸州) (출)전북 익산 (주)서울특별시 동작구 상도로 369 숭실대학교 IT대학 정보통신전자공학부(02-820-0709) (학)1981년 숭실대 전자공학과졸 1983년 연세대 대학원졸 1991년 공학박사(미국 Univ. of Southern California) (경)1992년 숭실대 IT대학 정보통신전자공학부 교수(현) 1994년 일본 기계기술연구소 객원연구원 2012~2013년 숭실대 IT대학장 2013~2017년 同총장 2013~2017년 숭실사이버대 총장 2013~2017년 (재)안익태기념재단 이사장 2013~2017년 숭실공생복지재단 이사, (사)나눔문화 이사, 한국원격대학협의회 이사, 글로벌디아코니아센터 이사(현) 2014~2017년 대통령직속 통일준비위원회 통일교육자문단 자문위원 2015~2017년 한국대학사회봉사협의회 회장 2015년 통일한국세움재단 이사(현) (상)TV조선 '한국의 영향력 있는 CEO' 인재경영부문(2016)

한형기(韓衡璣)

(생)1953·1·11 (주)충청남도 아산시 인주면 인주산단로 123-81 (주)에스에이씨 회장실(041-582-6301) (학)1976년 인하대 금속공학과졸 1991년 同대학원 금속공학과졸 1997년 금속공학박사(인하대) (경)1976년 (주)현대양행 일반기계부 근무 1980년 (주)한일로 공업 일반기계부 근무 1993년 (주)삼천리기계 기술영업부 근무 1998년 (주)삼천리 M&C기계사업부 상무이사 1998년 (주)에스에이씨 설립·대표이사(현), 대전지법 천안지원 조정위원회장, 충남북부상공회의소 대의원, 천안세무서 세정협회장, 천안시기업인연합회 수석부회장(현), 한국연소학회 이사, 대전지법 천안지원 조정위원회 고문(현) 2015년 아산시기업인협의회 부회장(현) 2015·2018년 충남북부상공회의소 회장(현), 대한상공회의소 부회장(현) 2015년 충남창조경제혁신센터 이사장(현) 2018년 한국무역협회 이사(현) 2018년 대한적십자사 중앙위원(현) (상)국무총리표창(2011), 대전MBC 한빛대상 지역경제발전부문(2011), 중소기업중앙회 선정 '중소기업을 빛낸 얼굴들'(2012), 충남도 기업인대상(2012), 산업포장(2013), 3천만달러 수출의 탑(2013)

한형민(韓亨旻)

(생)1967·9·24 (출)강원 춘천 (주)강원도 정선군 사북읍 하이원길 265 강원랜드(033-590-3034) (학)1986년 강원고졸 1991년 연세대 정치외교학과졸 (경)2003~2008년 대통령비서실 행정관 2013~2017년 (주)파라다이스 상무 2017년 강원랜드 상임이사(부사장)(현)

한형우(韓亨愚)

(생)1966 (주)서울특별시 서대문구 통일로 97 경찰청 인사운영계(02-3150-1214) (학)충남 서령고졸 1988년 경찰대졸(4기) (경)1988년 경위 임용, 서울지방경찰청 기동단 특수기동대장, 서울 강동경찰서 정보과장, 경찰청 경무기획국 인사기획계장, 同기획조정관실 재정담당관 2010년 총경 승진 2010년 강원지방경찰청 정보통신담당관 2011년 충남 홍성경찰서장 2013년 경찰청 재정담당관 2014년 서울 성북경찰서장 2014년 경찰대 학생과장 2015년 경찰청 장비담당관 2016년 同교육정책담당관 2017년 서울지방경찰청 생활안전과장 2019년 국가공무원인재개발원 파견(경무관)(현)

한호섭(韓鎬燮) HAN Ho Sub

(생)1962·7·28 (본)청주(淸州) (출)경남 진주 (주)경상남도 창원시 의창구 남산로1번길 8 창원일보(055-212-0001) (학)부산대 대학원 경영학과졸 (경)창원대경영대학원(벤처과정)총동문회 회장, 가야중 운영위원장, 경남카네기연구소 대일카네기과정(33기) 회장, 가야장학회 초대 회장, 한국청년지도자연합회 김해시지회 초대·2대 회장, 경남매일신문 전무이사, 同대표이사 사장, 가야라이온스 이사, 하나코리아 대표(현), 녹색도시개발연구소 대표(현), 창원일보(주) 대표이사 사장 2011년 同회장(현) (종)불교

한호성(韓虎聲) Ho-Seong Han

(생)1960·1·28 (본)청주(淸州) (출)서울 (주)경기도 성남시 분당구 새마을로177번길 81 국군수도병원(1688-9151) (학)1978년 경복고졸 1984년 서울대 의대졸 1988년 同대학원 의학석사 1993년 의학박사(서울대) (경)1989~1993년 경상대 의대 전임강사·조교수 1993~2003년 이화여대 의대 외과학교실 조교수·부교수 2003년 서울대 의대 외과학교실 교수(현) 2005~2009년 분당서울대병원 중환자진료부장 2009~2011년 同특수검사부장 2011~2016년 同암센터장 2012년 대한민국의학한림원 정회원(현) 2013~2016년 분당서울대병원 암·뇌신경진료부원장 2014~2016년 대한종양외과학회 이사장 2014~2016년 대한외과대사영양학회 회장 2015~2017년 대한외상학회 회장 2016~2018년 대한내시경복강경외과학회 이사장 2019년 국군수도병원장(현) (상)한국과학기자협회 올해의 과학자상(2016) (저)'복강경간절제 Atlas'(2014)

한홍교(韓洪敎) HAN Hong Kyo

(생)1955·7·16 (출)경남 합천 (주)서울특별시 강서구 공항대로 379 한국해운조합 경영본부(02-6096-2000) (학)거창 대성고졸 (경)1979~2004년 해양수산부 기획예산과·항만정책과·항만물류과·항만운영과·수산정책과 근무 2004년 同총무과 인사계장 2005년 同해운물류국 선원

노정과장 2007년 同수산정책국 유통정책과장 2008년 국토해양부 연안계획과장 2010년 울산지방해양항만청장 2010년 울산항만공사 항만위원회 위원 2012년 허베이스피리트호 피해지원단 파견(부이사관) 2013년 한국해운조합 경영본부장(현) (상)교통부장관표창(1986), 국가안전기획부장표창(1989), 국무총리표창(1993), 근정포장(2008)

한홍수(韓鴻守) Han, hong soo

(생)1961·6·28 (주)경상북도 포항시 북구 흥해읍 신덕로 60 포항대학교 총장실(054-245-1001) (학)대구 오성고졸, 경북대 경영학과졸, 미국 조지아주립대 대학원 경영학과졸 2003년 경영학박사(경북대) (경)1991~1993년 두산기술원 전임연구원 1993년 포항대 교수(현) 1998~1999년 한국산업경영학회 이사 2001~2002년 한국정보시스템학회 이사 2003~2005년 한국경영교육학회 이사 2004~2006년 대한경영정보학회 부회장 2008년 과학기술정보통신부 우정사업본부 정보화사업평가위원(현) 2015~2018년 포항대 감사실장 2016~2018년 포항상공회의소 FTA마케팅위원 2018년 포항대 부총장 2018년 同총장(현) 2018년 포항시 일자리추진위원회 위원 2018년 同의과대학설립추진위원회 위원

한홍율(韓弘栗) HAN Hong Ryul (東谷)

(생)1940·3·20 (본)청주(淸州) (출)전남 진도 (주)경기도 수원시 권선구 서호로 89 서울대학교 농생명과학창업지원센터內 수의과대학부속 동물병원 115호(031-296-6288) (학)1958년 전남 진도농고졸 1963년 서울대 수의학과졸 1969년 同대학원 보건학과졸 1977년 수의학박사(일본 아자부수의과대) (경)1972~2005년 서울대 수의학과 전임강사·조교수·부교수·교수 1974~1975년 미국 조지아대 수의과대학·호놀룰루병원 수련의 1982~1983년 덴마크 왕립수의농과대학 교환교수 1983년 미국 NMC 정회원 1983~1985년 서울대부속 동물병원장 1984~1986년 한국임상수의학회 초대학술위원장 1984~2011년 미국동물병원협회(AAHA) 정회원 1984년 미국 우병학회(AABP) 정회원·명예회원(현) 1984~2011년 미국 AABA 정회원 1985~2005년 한일산업(주) 대관령목장 기술고문 1992~1993년 미국 코넬대 객원교수 1993~1997년 대한수의사회 제18대 학술홍보위원장 1996~2008년 세계우병학회(WAB) 초대 한국지회장 1997~2000년 대한수의학회 제20대 회장·초대 이사장 1999년 한국과학기술한림원 정회원·종신회원(현) 1999년 미국낙농학협회(ADSA) 정회원 2000년 국립수의과학검역원 자문위원 2000~2003년 한국마사회 비상임이사 2003년 농림부 가축방역협의회 위원 2003년 한국수의임상교육협의회 초대회장 2004년 국방부 의무자문관 2004년 세계우병학회(WAB) 집행위원·명예회원(현) 2005년 한국우병학회 회장·명예회장(현) 2005년 서울대 수의학과 명예교수(현) 2009년 한국과학기술한림원 이사 (상)국무총리상(2004), 서울대 수의대 백린교육대상(2004), 황조근정훈장(2005) (저)'수의임상병리학' '수의내과학 Ⅰ·Ⅱ·Ⅲ' (역)'유방염반격'(1993) '소 동물 내과학'(2004) (종)가톨릭

한화갑(韓和甲) HAHN Hwa Gahp (厚載·牛村)

(생)1939·2·1 (본)청주(淸州) (출)전남 신안 (주)서울특별시 서초구 서초대로 59 경은빌딩 4층 한반도평화재단(02-706-2386) (학)1959년 목포고졸 1963년 서울대 외교학과졸 1994년 연세대 행정대학원 고위정책과정 수료 1997년 한국항공대 항공산업대학원 항공교통학과졸 1999년 명예 정치학박사(한남대) 2000년 명예 경제학박사(중국 遼寧大) 2001년 명예 이학박사(한국항공대) (경)1972년 내외문제연구회 전문위원 1978·1979년 긴급조치 위반 등으로 투옥 1980년 김대중 내란음모사건으로 투옥 1985년 민주화추진협의회 운영위원 1987년 평민당 창당발기인 1987년 同대통령후보 선거대책본부 상담실장 1988년 同신안지구당 위원장 1988년 同정책연구실장 1988년 同국제위원회 부위원장 1991년 신민당 국제위원회 부위원장 1992년 제14대 국회의원(신안, 민주당·국민회의) 1996년 제15대 국회의원(목포·신안, 국민회의·새천년민주당) 1996년 국민회의 농어촌대책위원장 1996년 同전남도지부장 1998~1999년 同원내총무 1998년 국회 운영위원장 1998년 한양대 겸임교수 1999년 국민회의 총재특보단장 1999년 同사무총장 1999년 중국 北京사회과학원 명예교수 1999년 중국 遼寧大 명예교수 2000년 새천년민주당 지도위원 2000년 제16대 국회의원(무안·신안, 새천년민주당) 2000년 새천년민주당 최고위원 2001~2007년 한국기원 총재 2001년 아·미정책포럼 아시아측 상임공동의장 2001년 새천년민주당 상임고문 2002년 同대표최고위원 2003년 同상임고문 2003~2013년 (재)동서협력재단 이사장 2004~2006년 제17대 국회의원(무안·신안, 새천년민주당·민주당) 2004년 새천년민주당 비상대책위원장 2004·2005년 同대표최고위원 2005~2006년 민주당 대표최고위원 2005~2006년 同무안·신안지역운영위원회 위원장 2008년 현대문예 등단 2010년 평화민주당 대표 2013년 (재)한반도평화재단 이사장(현) 2016년 통일천사 상임고문 (상)백봉신사상(2003), 민주화운동 관련자 인정(2004), 독일 일등십자공로훈장(2006), 현대문예 신인문학상(2008) (저)'KIM DAE JUNG CONSCIENCE IN ACTION'(英文)(1988) '양심을 걸고 운명을 걸고'(1990) '시간이 바꿀 수 없는 것'(2002) '화합으로 으뜸이 된 남자'(2002) (종)천주교

한화진(韓和眞·女) HAN Wha Jin

(생)1959·12·23 (출)대전 (주)세종특별자치시 시청대로 370 한국환경정책·평가연구원 대기환경연구실(044-415-7610) (학)1981년 고려대 화학과졸 1983년 同대학원 물리화학과졸 1988년 대기화학박사(미국 UCLA) (경)1999년 국회 환경포럼 정책자문위원 1999~2001년 환경부 중앙환경보전자문위원회 지구환경분과위원 1999년 교육과학기술부 21세기프론티어연구개발사업추진위원회 위원 2000~2009년 한국대기환경학회 학술위원회 위원·기획이사 2000~2002년 국가지속가능발전위원회 국제·지역협력분과위원 2001년 국가과학기술자문회 전문위원 2002~2009년 한국환경기술진흥원 행정위원회 위원 2003년 미국 국무부 국제교환방문연구원 2003~2004년 미국 UCLA 화학공학과 Visiting Scholar 2004~2007년 외교통상부 환경부문 통상교섭민간자문그룹 전문위원 2004~2006년 산업자원부 국가에너지자문회의 위원 2005~2008년 교육과학기술부 자체평가위원회 위원 2005~2007년 한국환경정책·평가연구원 정책연구본부장(부원장) 2006~2008년 대통령자문 국가지속가능발전위원회 기후변화전문위원회 위원 2006~2009년 환경부 자체평가위원회 위원 2006~2008년 기획재정부 재정정책위원회 위원 2007~2009년 서강대 공공정책대학원 환경정책학과 겸임교수 2008년 제17대 대통령직인수위원회 기후변화에너지대책T/F 자문위원 2008~2009년 서울시 C40기후리더십그룹 제3차정상회의 기획위원회 위원 2008~2009년 국회 기후변화·에너지대책연구회 자문위원 2008~2009년 대통령자문 국가지속가능발전위원회 기후변화전문위회 위원 2009~2010년 대통령 사회정책수석비서관실 환경비서관 2010~2014년 한국환경정책평가연구원 부원장 2011년 대통령직속 원자력안전위원회 위원 2011년 국회 기후변화포럼 이사 2012~2014년 지속가능발전위원회 국제협력분과 위원장 2012년 한국여성과학기술단체총연합회 부회장 2013년 국무총리직속 원자력안전위원회 위원 2014년 한국환경정책·평가연구원 국가기후변화적응센터 기후적응정책실 선임연구위원, 同기후대기연구부 선임연구위원 2016~2019년 한국여성과학기술인지원센터(WISET) 소장 2019년 한국환경정책·평가연구원 대기환경연구실 선임연구위원(현) (상)조선일보 환경대상(1998), 환경부장관표창(2001), 국민포장(2009) (저)'Urban Air Pollution in Asian Cities : Status, Challenges and Management'(2006) '뜨거운 커피 뜨거운 대기'(2013) (역)'환경화학'(1994) '대기환경론'(2005)

한화택(韓華鐸) HAN Hwataik

(생)1957·9·19 (본)청주(淸州) (출)서울 (주)서울특별시 성북구 정릉로 77 국민대학교 기계공학부 기계시스템공학전공(02-910-4687) (학)1980년 서울대 기계공학과졸 1982년 同대학원졸 1988년 기계공학박사(미국 미네소타대) (경)1982년 대우중공업 기술연구소 연구원 1991년 국민대 기계자동차공학부 조교수·부교수·교수 1997년 미국 미네소타대 교환교수 1998년 대한상사중재원 중재인(현) 1998년 국제냉동협의회(IIR) 한국위원회 교수 2000~2002년 국방부 특별건설기술심의위원 2002~2006년 대한주택공사 심의위원 2004~2006년 국민대 총무지원처장 2005년 한국공기청정협회 편집위원장(현) 2007~2014년 대한설비공학회 편집장·부회장·편집장·회장 2008~2010년 국방부 주한미군기지이전사업단 자문위원 2008~2011년 실내환경학회 부회장 2008~2011년 서울시 설계심의위원 2010년 국민대 기계시스템공학전공 교수(현) 2010~2013년 한국도로공사 설계심의위원 2011~2013년 국민대 공과대학장 겸 공학대학원장 (상)우수기계설비인 포상(2007), AAA(Asian Academic Award) 학술상(2009), 환경부장관표창(2009), 국토해양부장관 우수논문상(2009) (저)'기계계측'(2002) '공학으로 세상을 말한다'(2007) 'Fluid Dynamics'(2011) '창의융합 공학콘서트'(2012) '공기청정 편람'(2016) (역)'열전달'(2002) '공기조화 및 냉동'(2002) '유체역학'(2015) (종)천주교

한환규

(생)1963·4 (주)서울특별시 중구 통일로 10 현대오일뱅크 영업본부(02-2004-3001) (학)충북대졸 (경)2010년 현대오일뱅크 상무보 2012년 同상무 2016년 同생산지원부문장(전무), 同경영지원본부장 겸 구매/IT부문장(전무) 2018년 同경영지원본부장 겸 구매/IT부문장(부사장) 2019년 同영업본부장(부사장)(현)

한효섭(韓斅葉) HAN Hyo Seob (한얼)

(생)1946·9·3 (본)청주(淸州) (출)부산 (주)부산광역시 남구 고동골로69번가길 54 학교법인 한얼교육재단(051-853-8801) (학)1965년 부산 동성고졸 1970년 고려대 경제학과졸 1972년 부산대 경영대학원 경영학과졸(경영학석사) 1981년 고려대 교육대학원 교육학과졸(교육학석사) 1984년 정치학박사(미국 컬럼비아퍼시픽대) 2000년 경성대 대학원 경제학 박사과정 수료 (경)1965년 한얼민족연구회 회장 1970년 학교법인 한얼교육재단 설립 1970년 학교법인 한얼고 이사장(현) 1970년 부산시內 무료노인대학(6개) 설립자 겸 학장 1970년 한얼노인대학 설립자 겸 이사장(현) 1970년 한얼장학회 회장(현) 1971년 현대웅변방송연수학원 설립자 겸 원장 1974년 부산세화여자실업학교 교장 1977년 부산시태권도협회 회장 1977년 부산시內 무료골목유치원(13개) 설립자 겸 원장 1978년 통일주체국민회의 대의원 1979년 학교법인 세화학원 설립자 겸 이사장 1981년 제11대 국회의원선거 출마 1981년 춘해간호전문대학 조교수 1983년 부산동북JC 회장 1984년 신한민주당(신민당) 창당발기인 1985년 제12대 국회의원(전국구, 신민당) 1987년 신민당 원내수석부총무 1988년 통일민주당 노무현 국회의원후보 선거대책위원장 1988년 同부산동구지구당 위원장 1990년 경북매일신문 편집국장·주필·사장 1990년 부산 문현여상 교장 1990년 한국노인교육연구소 소장·총재(현) 1990년 한얼봉사회 총재(현) 1991년 한국평생교육총연합회 회장·총재(현) 1997~2012년 한글음파이름학회 회장 2000년 한국노년유권자연맹 사무총장 겸 부총재 2001년 부산노인교육연구소 회장·총재 2002년 동의대 겸임교수 2002년 국민통합시민연대 상임대표 2003년 교육개혁시민연대 상임대표 2004년 한글음파이름학회 총재(현) 2004년 한국노인교육연구소 평생교육원장·회장 2005년 노인교육운동연합 상임대표 2006년 NSCI 심리상담연구소 이사장(현) 2009년 경성대 대학원 교육학과 박사과정 외래교수 2010년 부산 부성고 교장 2010년 경기대 정치전문대학원 주임교수 2012년 한얼평생교육원 이사장(현) 2013년 한얼꿈출판사 회장(현) 2014년 한얼공동체 총재(현) 2015년 교육개혁시민연대 상임대표 2015년 학교법인 한얼교육재단 이사장 2016년 한국청소년리더십아카데미 총재(현) 2017년 NGO 한얼공동체 공동대표 협의회 총재(현) 2018년 대한노인회부산연합회 부회장(현) 2018년 대한민국헌정회 이사(현) (상)국민훈장 동백장(1977), 부총리 겸 교육인적자원부장관표창(2006), 국회부의장표창(2010) (저)'참소리 참웅변'(1965) '인간과 웅변'(1965) '연설학'(1970) '웅변학 개론'(1970) '선거전략 총론'(1981) '노인교육학 개론'(1981) '노인교육학'(1981) '노인교육학이해'(1981) '12삭동이 한석봉을 말한다'(1984, 부산일보출판국) '운명은 없다'(1995) '한글음파이름학'(1997) '좋은소리 좋은이름의 신비'(1997) '음파이름속에 숨겨진 운명'(1997) '한글음파이름학의 이론과 실제'(2002) '평생교육개론'(2002) '맞춤인생'(2006) '당신도 대통령이 될수있다'(2008) '새시대대통령 차세대 지도자'(2012, 두손컴) '21세기 노인교육학연구'(2014, 한얼꿈출판사) '한국의 미래대통령'(2017) 등 50권 시집 '벽' '더 사랑하리' '예정된 이별' 등 13권, 수필집 '짖지않는 개 울지않는 닭' '꽃을 가꾸는 마음' 등 11권 (역)'정상의 남편은 아내가 만든다'(1986, 내외신서) '자유란 무엇인가?'(1986, 내외신서)

한 훈(韓 焄) HAN, HOON

(생)1968·11·10 (본)청주(淸州) (출)전북 정읍 (주)세종특별자치시 갈매로 477 기획재정부 정책조정국(044-215-4500) (학)1987년 호남고졸 1991년 서울대 경영학과졸 1999년 同행정대학원 행정학과졸 2003년 경제학박사(미국 워싱턴대) (경)1992~1994년 경제기획원 경제기획국 근무 1994~1997년 군복무(공군 장교) 1997~1998년 재정경제원 국고국 근무 1998~1999년 기획예산위원회 재정기획국 근무 1999년 기획예산처 재정기획국 근무 2003~2004년 同예산실 농림해양예산과·예산총괄과 근무 2005년 대통령직속 정부혁신지방분권위원회 위원 2005년 기획예산처 디지털예산회계기획단 기획총괄팀장 2007년 同재정전략실 복지전략팀장 2007~2010년 World Bank 공공분야전문가 2010년 기획재정부 예산실 민간투자정책과장 2011년 同예산실 지식경제예산과장 2012년 同장기전략국 전략기획과장(부이사관) 2013~2016년 駐일본대사관 재정경제관(부이사관) 2016년 교육부 정책기획관(고위공무원) 2017년 대통령직속 일자리위원회 일자리기획단 총괄기획관 2018년 기획재정부 정책조정국 혁신성장정책관 2019년 同정책조정국장(현)

한흥수(韓興秀)

(생)1961 (출)경남 함안 (주)경상남도 함안군 가야읍 가야로 85 함안경찰서(055-589-8321) (학)마산공고졸, 서울디지털대 법학과졸, 경남대 행정대학원졸 (경)1987년 순경 공채 2001년 경남 마산동부경찰서 방범순찰대과장 2002년 경남 양산경찰서 경비교통과장 2004년 경남 통영경찰서 청문감사관 2005년 창원중부경찰서 청문감사관 2007년 경남 양산경찰서 생활안전과장 2008년 경남 창녕경찰서 생활안전교통과장, 마산동부경찰서 생활안전과장, 경남지방경찰청 제1기동대장 2011년 同작전정경계장 2012년 同청문감사담당관실 감찰계장 2016년 경남지방경찰청 치안지도관(총경) 2016년 同홍보담당관 2016년 경남 거창경찰서장 2017년 울산지방경찰청 정보화장비과장 2019년 경남 함안경찰서장(현)

한희원(韓禧源) HAN Hee Won

(생)1959·5·15 (본)청주(淸州) (출)강원 속초 (주)서울특별시 중구 필동로1길 30 동국대학교 법학대학 법학과(02-2260-8932) (학)춘성고졸 1983년 고려대졸 1990년 한양대 경영대학원 최고경영자과정 수료 2007년 미국 인디애나대 법학대학원졸 (경)1982년 사법시험 합격(24회) 1984년

ㅎ

사법연수원 수료(14기) 1985년 보통군법회의 검찰관 1986년 국방부 조달본부 법무관 1988년 변호사 개업 1989~1994년 대한법률구조공단 상임위원, 대구지검 경주지청 검사 1994년 서울지검 검사 1997년 광주고검 검사, 제주지검 검사 1998년 춘천지검 속초지청장 1999년 대검찰청 검찰연구관 1999년 광주고검 검사 2000년 변호사 개업 2003년 국가인권위원회 인권침해조사국장 2006년 해외 유학 2007년 동국대 법과대학 법학과 교수(현) 2014~2017년 경찰위원회 위원 2015~2016년 대통령직속 개인정보보호위원회 위원 2015~2016년 한국국가정보학회 회장 2016~2019년 동국대 법무대학원장 겸 법과대학장 2017년 한국국가정보학회 고문(현) 2017년 자유한국당 북핵위기대응특별위원회 위원(현) 2019년 동국대 교무부총장

한희철(韓熙哲) HAN Hee Cheol

(생)1958·9·13 (주)서울특별시 성북구 인촌로 73 고려대학교 의과대학 생리학교실(02-2286-6189) (학)1983년 고려대 의대졸 1985년 同대학원 의학석사 1988년 의학박사(고려대) (경)1983~1987년 고려대 의대 생리학교실 조교 1987~2001년 同전임강사·조교수·부교수 1988~1991년 공군 항공의학적성훈련원 교육과 강사 1991~1992년 고려대 법의학연구소 선임연구원 2001년 同의대 생리학교실 교수(현) 2002~2003년 미국 Univ. of California at San Francisco 교환교수 2003년 미국 Stanford Univ. 교환교수 2003~2005년 대한생리학회 총무이사 2007~2008년 고려대병원 의무교학처장 2011~2013년 고려대 의학전문대학원장 2014년 同신경과학연구소장(현) 2016년 한국의과대학·의학전문대학원협회(KAMC) 이사장(현) 2018년 대한민국의학한림원 정회원(생리학·현) (저)'생리학실습'(2000)

함귀용(咸貴用) HAM Kwi Yong

(생)1956·3·25 (출)대구 (주)서울특별시 강남구 양재천로 163 (주)바디프랜드(02-3448-8980) (학)1976년 경기고졸 1980년 서울대 법학과졸 (경)1981년 사법시험 합격(23회) 1983년 사법연수원 수료(13기) 1983년 서울지검 검사 1986년 대전지검 천안지청 검사 1987년 서울지검 북부지청 검사 1990년 법무부 법무과 검사 1992년 서울지검 검사 1994년 대검찰청 검찰연구관 1995년 부산지검 울산지청 부장검사 1996년 창원지검 밀양지청장 1997년 서울지검 부부장검사 1998년 대전고검 검사 1999년 인천지검 형사2부장 2000년 서울고검 검사 2002년 대구고검 검사 2003년 서울고검 검사 2004년 서울지검 동부지청 부장검사 2005~2014년 법무법인 케이씨엘 변호사 2008년 자유민주연구학회 부회장 2010년 同회장 2014~2017년 방송통신심의위원회 비상임위원 2014~2017년 同명예훼손분쟁조정부장 2014년 (주)바디프랜드 부회장, 同회장(현) (저)'금융상품의 법률관계'(2003)

함기백(咸基白) HAHM Ki-Baik (松醫)

(생)1959·3·3 (출)대구 (주)경기도 성남시 분당구 야탑로 59 분당차병원 소화기내과(031-780-5306) (학)1977년 동북고졸 1983년 연세대 의과대학졸 1986년 同대학원졸 1991년 의학박사(연세대) (경)1990년 연세대 의과대학 강사 1992년 同전임강사 1994년 아주대 의과대학 소화기내과 조교수 1999~2006년 同부교수 2004~2006년 同간및소화기질환유전체연구센터장 2009~2012년 가천의대 소화기내과 교수 2010년 대한암예방학회 회장 2012년 가천대 의학전문대학원 임상의학부문 소화기내과학과 교수 2012~2017년 미국실험생물학회연합회(FASEB) 및 국제약리학연합(IUPHAR) 국제위원 2012년 차의과학대 의학전문대학원 내과학교실 소화기내과 교수(현) 2012년 同분당차병원 제2연구부원장 2014년 同분당차병원 연구부원장 2018년 위장관궤양연구국제학회(ICUR) 대회장(현)

함기선(咸基善) HAM Kee Sun

(생)1941·4·2 (본)강릉(江陵) (출)충남 예산 (주)충청남도 서산시 해미면 한서1로 46 한서대학교 총장실(041-660-1102) (학)1959년 예산고졸 1965년 고려대 의대졸 1967년 서울대 보건대학원졸 1971년 의학박사(서울대) 1977년 미국 에모리대 대학원졸 1999년 명예 인문학박사(미국 브리지포트대) (경)1974~1983년 가톨릭대 의대 교수·성형외과 주임교수 1979~1982년 국제음악치료학회 사무총장 1980~1996년 대한적십자사 상임위원 1989~1993년 남북적십자회담 자문위원 1989~2000년 한서대 설립·이사장 1998~2001년 대한적십자사 서울지사 부회장 1999년 한서대 의료원장 1999~2004년 한국항공소년단연맹 총재 2000년 한서대 총장(현) 2001~2006년 대한적십자사 중앙위원 2002년 同청소년적십자전문위원장 2003~2005년 충남도총·학장협의회 회장 2006~2009년 대한적십자사 부총재 (상)의학저작상(1975), 적십자박애장(1981), 국민포장(1983), 동아의료문화상(1983), 몽골 친선훈장(2003), 국민훈장 석류장(2005), 국제적십자사연맹 헨리데이비슨상(2011), 한국항공우주정책·법학회 항공우주문화상 대상(2014) (저)'인체신경해부학' '인체해부학' '두개안면골의 미용성형교정술' '함기선박사의 성형수술' '코 미용성형수술' '유방 미용성형수술' '안면미용성형수술' '구개열환자를 위한 언어병리학' '언청이' '구개열환자음성평가' 시집 '봄·여름·가을·겨울의 그림자' '서리먹고 다시 핀 꽃' '화살박힌 청둥오리' '두 사람의 행복한 빈 손' (종)불교

함기호(咸基浩) HAM, KEE HO

(생)1961·12·23 (출)서울 (주)서울특별시 영등포구 의사당대로 88 한국휴렛팩커드 임원실(02-2199-0114) (학)서울대 기계설계학과졸, 미국 서던캘리포니아대졸, 미국 카네기멜론대 대학원졸 (경)1999년 한국휴렛팩커드 TCBU 매니저 2001~2002년 同마케팅총괄 매니저, 同삼성영업담당 이사 2004년 同엔터프라이즈시스템그룹(ESG) 상무 2006년 同테크놀로지솔루션그룹(TSG) 영업총괄 전무 2007년 同테크놀로지솔루션그룹(TSG) 부사장 2009년 同엔터프라이즈비즈니스(EB) 부사장 2011년 同엔터프라이즈비즈니스부문장 겸 대표이사 사장 2012년 同대표 겸 EG총괄(현) 2017년 (사)다국적기업최고경영자협회(KCMC) 회장(현)

함명래(咸明來) Ham Myung Rae

(생)1955·11·10 (주)경상북도 구미시 산동면 강동로 730 경운대학교 무인기공학과(054-479-4924) (학)경복고졸, 서울대 항공공학과졸, 성균관대 경영대학원 경영학과졸 (경)대한항공 항공기술연구원 부원장(상무보대우), 同항공기술연구원 부원장 겸 MUAV개발사업단장(상무대우) 2009년 同항공기술연구원장(상무B) 2013년 同항공우주사업본부 부본부장 겸 군용기공장장(전무B) 2014~2017년 同항공우주사업본부장(전무B), 경운대 무인기공학과 교수(현), 대통령소속 국가우주위원회 위원(현) 2019년 대통령직속 국가과학기술자문회의 국방전문위원회 위원장(현) (상)과학기술포장(2007) (종)불교

함병현(咸炳賢) HAM Byung Hyun

(생)1959·6·18 (본)강릉(江陵) (출)서울 (주)서울특별시 성북구 안암로 145 고려대학교 공과대학(02-3290-3166) (학)1977년 경희고졸 1984년 인하대졸 2003년 핀란드 Aalto Univ. 대학원졸(MBA) 2013년 IT정책학박사(숭실대) (경)1984년 LG전자(주) 입사 2003년 LG CNS(주) 솔루션사업실장 2005년 同시스템&솔루션영업부문장 2007년 同공공제조영업부문상무 2012년 한국IT정책경영학회 이사(현) 2013~2018년 가톨릭대 부교수 2015년 한국사물인터넷학회 이사(현) 2019년 고려대 공과대학 교수(현) (상)소방방재청장표창(2005)

함상욱(咸相旭) HAM, SANG WOOK

[생]1968·2·19 [본]강릉(江陵) [출]경기 여주 [주]서울특별시 종로구 사직로8길 60 외교부(02-2100-2114) [학]1986년 대신고졸 1991년 서울대 정치학과졸 1999년 미국 컬럼비아대 대학원 국제관계학과졸 [경]1991년 외무고시 합격(25회) 1991년 외교부 입부 2002년 駐유엔 1등서기관 2005년 駐이라크 참사관 2007년 외교통상부 북핵정책과장 2009년 同한반도평화교섭본부 북핵정책과장 2009년 駐미국 참사관 2012년 駐아프가니스탄 공사참사관(한국지방재건팀(PRT) 사무소장) 2013년 외교부 한미원자력협정TF 실장 2015년 同국제기구국 협력관 2015~2017년 同원자력·비확산외교기획관 2018년 駐유엔 대한민국대표관 차석대사(현) [상]홍조근정훈장(2015)

함상훈(咸尙勳) HAM Sang Hun

[생]1967·6·22 [출]서울 [주]서울특별시 서초구 강남대로 193 서울행정법원(02-2055-8200) [학]1985년 동국대사대부고졸 1990년 서울대 법학과졸 [경]1989년 사법시험 합격(31회) 1992년 사법연수원 수료(21기) 1992년 해군 법무관 1995년 청주지법 판사 1998년 同보은군법원·괴산군법원·진천군법원 판사 1999년 수원지법 판사 2003년 서울고법 판사 2004년 헌법재판소 파견 2007년 전주지법 부장판사 2008년 인천지법 부장판사 2010년 서울남부지법 부장판사 2012년 서울행정법원 부장판사 2014년 同수석부장판사 2015년 광주고법 부장판사 2017년 서울고법 부장판사 2018년 서울행정법원 수석부장판사(현)

함석재(咸錫宰) HAM Suk Jae

[생]1938·11·28 [본]강릉(江陵) [출]충남 천안 [주]서울특별시 영등포구 의사당대로 1 대한민국헌정회(02-757-6612) [학]1957년 서울고졸 1963년 서울대 법대졸 1964년 同사법대학원 수료 [경]1962년 사법시험 합격(4회) 1964~1975년 서울지검·광주지검 순천지청·서울지검 수원지청 검사 1975년 청주지검 제천지청장 1978년 서울지검 영등포지청 검사 1979년 청주지검 부장검사 1980~1982년 부산지검 공판부장·형사4부장 1982년 서울지검 남부지청 부장검사 1983년 同북부지청 차장검사 1986년 서울고검 검사 1987년 마산지검 진주지청장 1989년 서울지검 의정부지청장 1990년 대전지검 천안지청장 1991년 변호사 개업 1992년 제14대 국회의원(천안, 민자당·자민련) 1992년 민자당 원내부총무 1996년 제15대 국회의원(천안乙, 자민련) 1996년 자민련 법제사법위원장 겸 당기위원장 1998년 同제1정책조정위원장 1998년 민족화해협력범국민협의회 공동의장 2000년 제16대 국회의원(천안乙, 자민련·한나라당) 2000년 자민련 정책위원회 의장 2000년 同사무총장 2000~2002년 국회 농림해양수산위원장 2002~2003년 국회 법제사법위원장 2004년 한나라당 재정위원장 2015년 대한민국헌정회 법률고문, 同법·정관개정특별위원회 위원 2019년 同위원(현) [상]근무공로훈장(1962), 홍조근정훈장(1988) [종]기독교

함석천(咸錫泉) HAM Seok Cheon

[생]1969·4·3 [출]서울 [주]서울특별시 서초구 서초중앙로 157 서울중앙지방법원(02-530-1114) [학]1988년 선정고졸 1992년 서울대 법대졸 [경]1993년 사법시험 합격(35회) 1996년 사법연수원 수료(25기) 1996년 軍법무관 1999년 서울지법 판사 2003년 울산지법 판사, 춘천지법 원주지원 판사 2007년 법원행정처 윤리감사제1담당관, 서울고등법원 판사 2010~2012년 방송통신위원회 미디어다양성위원회 위원 2011년 창원지법 진주지원 부장판사 2012년 수원지법 성남지원 부장판사 2015년 서울북부지법 부장판사 2017년 서울중앙지법 부장판사(현) [상]철우언론법상 우수저서 선정(2006) [저]'언론분쟁과 법(共)'(2005)

함세웅(咸世雄) HAM Sei Ung

[생]1942·6·28 [본]양근(楊根) [출]서울 [주]서울특별시 종로구 대학로12길 53 기쁨과희망사목연구원(02-3672-0253) [학]1965년 가톨릭대졸 1968년 이탈리아 울바노대 대학원졸 1973년 신학박사(이탈리아 그레고리안대) [경]1968년 사제 서품 1973년 연희동본당 신부 1973년 응암동본당 신부 1975년 민주회복국민회의 대변인 1976년 한국정의평화위원회 인권위원장 1976년 명동3.1사건으로 구속 1978년 한강성당 주임신부 1979년 형집행정지 취소로 재구속 1980년 5.17 계엄확대로 계엄사 합동수사본부에 2개월 구금 1984년 구의동본당 주임신부 1985년 천주교 서울대교구 홍보국장 1985년 정의평화위원회 중앙위원 1986년 同매스컴위원회 회장 1988년 평화신문·평화방송 설립추진위원회 부위원장 1989년 가톨릭대 교수 1992년 장위동성당 주임신부 1993년 민족화해와통일을위한종교인협의회 공동대표 1995년 기쁨과희망사목연구원 원장(현) 1997~2002년 상도동성당 주임신부 2000년 안중근의사기념사업회 부이사장·이사장(현) 2003~2008년 제기동성당 주임신부 2004년 천주교정의구현전국사제단 고문(현) 2004~2010년 민주화운동기념사업회 이사장 2005~2007년 세종대 이사 2006년 '평화적 집회·시위문화 정착을 위한 민관 공동위원회' 공동위원장 2008~2012년 청구성당 주임신부 2013년 민족문제연구소 이사장(현) 2017년 항일독립운동가단체연합회 회장(현) [저]'칼을 주러 오신 예수'(1993) '멍에와 십자가'(1993, 빛두레) '왜 사제인가?'(1999, 생활성서사) '세상을 품은 영성'(2012, 빛두레) '껍데기는 가라(共)'(2012, 알마) '악마 기자 정의 사제(共)'(2016, 시사IN북) [역]'하느님의 백한번 째 이름' '영종도 사람들'(2004) [종]천주교

함순섭(咸舜燮)

[생]1965 [출]경북 경주 [주]대구광역시 수성구 청호로 321 국립대구박물관(053-768-6050) [학]경북대 대학원 고고인류학과졸 [경]1991년 국립중앙박물관 고고부 학예연구사 2002년 同건립추진기획단 전시과 학예연구사 2002년 同건립추진기획단 전시과 학예연구관 2005년 同건립운영지원단 개관전시팀장 2005년 국립경주박물관 학예연구실 학예연구관 2008년 국립대구박물관 학예연구실장 2009년 국립중앙박물관 전시과 학예연구관 2010년 국립대구박물관장 2016년 국립중앙박물관 고고역사부장 2019년 국립대구박물관장 직대 2019년 同관장(고위공무원)(현)

함영주(咸泳周) HAM Young Joo

[생]1956·11·10 [출]충남 부여 [주]서울특별시 중구 을지로 66 KEB하나은행 은행장실(02-2002-1110) [학]1975년 강경상고졸 1985년 단국대 회계학과졸 [경]1980년 서울은행 입행 2001년 同영업부 차장 2002년 서울은행 수지지점장 2004년 하나은행 분당중앙지점장 2005년 同가계영업추진부장 2006년 同남부지역본부장 2008년 同충남지역본부장(부행장보) 2009년 同대전지역본부장(부행장보) 2012년 同대전영업본부(충청영업추진부 담당)(부행장보) 2013년 同충청영업그룹 부행장 2015~2019년 KEB하나은행장 2016년 하나금융지주 부회장(현) 2017년 서울시립교향악단 이사장(현) 2019년 하나금융나눔재단 이사장(현) [상]법무부 감사패(2015) [종]천주교

함영준(咸泳俊) HAM Young Joon

[생]1959·3·2 [출]서울 [주]서울특별시 강남구 영동대로 308 오뚜기센터 8층 (주)오뚜기 회장실(02-2010-0810) [학]1978년 오산고졸 1982년 한양대 경영학과졸, 미국 서던캘리포니아대 경영대학원졸 [경](주)오뚜기 전무이사 1997년 同부사장 2000년 同대표이사 사장 2010년 同대표이사 회장(현) [상]석탑산업훈장(2006), 한양경영대상(2009), 매일경제 선정 '대한민국 글로벌 리더'(2014), 금탑산업훈장(2018)

ㅎ

함영태(咸永泰) HAHM Young Tae

[생]1955·5·29 [출]경남 진해 [주]경기도 안성시 대덕면 서동대로 4726 중앙대학교 시스템생명공학과(031-670-3064) [학]1974년 경기고졸 1978년 서울대 농생물학과졸 1984년 미국 코넬대 대학원졸 1989년 생명공학박사(미국 코넬대) [경]1991년 중앙대 생명공학과 조교수·부교수·교수 1993~1995년 同생명공학과학부장·대학원 생명공학과장 2000~2005년 同창업보육센터소장 2001~2003년 同산학협동처장 2003~2005년 同연구산학협력처장 2008~2015년 同인삼산양삼연구센터 소장 2008년 한국양조과학회 정보이사 2009~2014년 경기인삼특화작목산학연협력단 단장 2012년 한국양조과학회 부회장(현) 2013년 중앙대 시스템생명공학과 교수(현) 2015~2017년 同생명환경연구원장 [저]'식물영양실험서(분자생물학 part)' 'The hospitality manager's guide to wines, beers, and spirits(共)'(2009) [역]'환경과학-지구보존' [종]불교

함영훈(咸泳勳) HAM YOUNG HUN

[생]1965·9·21 [본]강릉(江陵) [출]강원 동해 [주]서울특별시 용산구 후암로4길 10 헤럴드스퀘어 헤럴드경제 편집국(02-727-0114) [학]1983년 북평고졸 1990년 성균관대 신문방송학과졸 1992년 同대학원 신문방송학과졸 2004년 한국개발연구원(KDI) 국제정책대학원 경제정책과정 수료 [경]1991년 여성신문 기자 1991~1998년 세계일보 기자 1998~2000년 국민일보 기자 2000년 국회사무처 기자 2000년 디지털타임스 기자 2003년 헤럴드경제 정경부 법조팀장 2004년 同정치사회부 사회팀장 2005년 同산업1부 기업문화팀장(차장대우) 2007년 同정치부 정치팀장(차장) 2008년 同정치부장 직대 2009년 同편집국 사회부장 2011년 同편집국 사회부 선임기자 2011~2013년 사회복지공동모금회 시민감시위원회 위원 2012년 (주)헤럴드 미래사업본부장 2014년 헤럴드경제 라이프스타일부장 2014년 同선임기자(현) 2015년 중원문화발전위원회 자문위원(현) [상]세계일보 특종상 장려상(1992), 세계일보 특종상 금상(1995), 한국기자협회 이달의 기자상(1997·1998), 국민일보 1급 특종상(1998), 국민일보 연말대상(1998), 국민일보 '돈보입니다' 기획상(1999), 헤럴드경제 올해의 우수기자상(2005), 헤럴드경제 공로상(2007) [저]'이런 나라 물려줘서 정말 미안해'(2012) [역]'대한민국 40대 리포트'(2013) [종]천주교

함완식(咸完植) HAM Wan Shik

[생]1956·3·3 [본]강릉(江陵) [출]서울특별시 강남구 봉은사로 406 국가무형문화재기능협회(02-3453-1685) [학]가톨릭대 의대 보건학과졸 1984년 서울대 보건대학원졸 1989년 일본 오사카 안전위생교육센터 국소배기자체검사 강사과정(局所排氣裝置 定期自主檢査 Instructor) 수료 1999년 보건학박사(가톨릭대) 2000년 미국 산업안정보건청(OSHA) 밀폐공간(산소결핍)출입전문과정(Permit-Required Confined Space Entry) 수료 2001년 미국 캘리포니아주 버클리대 COEH Education Center 응용산업환기(국소배기와 실내공기 질관리 Applied Industrial Ventilation : Local Exhaust & Indoor Air Quality)과정 수료 [경]1976년 중요무형문화재 제49호 송파산대놀이 장학전수자 지정 1981년 同이수자 지정 1988년 한국산업안전보건공단 산업안전보건교육원 교수 1989년 중요무형문화재 제49호 송파산대놀이 전수교육조교 선정 2006년 국가무형문화재 제49호 송파산대놀이 보유자 지정(현) [상]국무총리표창(2001)

함용헌(咸鏞軒) HAHM Yong Heon

[생]1939·8·19 [본]양근(楊根) [출]함북 나진 [주]서울특별시 용산구 청파로 295-1 약업신문 회장실(02-3270-0114) [학]1960년 용산고졸 1966년 중앙대 국어국문학과졸 [경]1967년 약업신문 입사 1980년 同부사장 1992~2000년 同사장 1992년 주간 화장품신문 발행인(현) 1992년 보건복지부 중앙약사심의위원 1998~2004년 (사)한국마약퇴치운동본부 이사 1999년 (사)한국민족통일협의회 이사 2002년 약업신문 회장(현) 2003~2006년 한국간행물윤리위원회 위원 2003년 보건장학회 이사(현) 2004~2006년 한국전문신문협회 회장 2006년 同고문(현) [상]대통령표창(1996), 보관문화훈장(2006)

함우석(咸宇錫) HARM Woo Seok

[생]1960·1·17 [본]양근(楊根) [출]충북 청주 [주]충청북도 청주시 흥덕구 무심서로 715 충북일보(043-277-0900) [학]1987년 충북대 불어불문학과졸 1990년 同대학원 불어불문학과졸 [경]1991년 동양일보 편집국 취재1부 사회담당 기자 1996년 同차장대우 1997년 同음성지역담당 차장대우 1998년 同지역부 차장 2000년 同지역부장 2002년 同취재부장 2003년 同편집국 부국장 2004년 한빛일보 편집국 취재부장 2005~2007년 同편집국 사회부장 2007년 충북일보 논설위원 2008년 同편집국장 2012년 同주필(현)

함윤근(咸允根) HAM Yun Keun

[생]1966·9·13 [본]양근(楊根) [출]서울 [주]서울특별시 강남구 테헤란로8길 8 동주빌딩 11층 법무법인 인(仁)(02-532-9300) [학]1985년 영동고졸 1990년 고려대 법학과졸 [경]1989년 사법시험 합격(31회) 1992년 사법연수원 수료(21기) 1992년 軍법무관 1995년 서울지검 북부지청 검사 1997년 춘천지검 속초지청 검사 1999년 광주지검 검사 2001년 대검찰청 검찰연구관 2003년 서울지검 검사 2004년 수원지검 부부장검사 2005년 제주지검 부장검사 2006년 부산지검 형사5부장 2007년 대검찰청 공판송무과장 2008년 서울동부지검 형사5부장 2009년 서울남부지검 형사4부장 2009~2010년 서울중앙지검 외사부장 2010년 변호사 개업 2012년 법무법인 인(仁) 대표변호사(현) [종]가톨릭

함윤성(咸胤成) Ham Stefan Yoon Song

[생]1961·2·5 [주]경기도 성남시 분당구 판교로 332 SK D&D(주)(02-398-4701) [학]미국 워싱턴주립대 전기공학과졸, 미국 시카고대 대학원 경영학과졸 [경]Hughes Aircraft Co. 근무, A.T. Kearney 근무, SK글로벌 근무, Clyman Strategics 근무, SK건설(주) 신규사업개발실 상무, 同개발사업부문장(전무) 2013년 SK D&D 대표이사 사장(현)

함윤식(咸允植)

[생]1970·8·24 [출]서울 [주]서울특별시 서초구 반포대로28길 33 33빌딩 5층 함윤식법률사무소(02-2055-1233) [학]1989년 경기고졸 1994년 서울대 공법학과졸 [경]1995년 사법시험 합격(37회) 1998년 사법연수원 수료(27기) 1998년 軍법무관 2001년 서울지법 판사 2003년 同동부지원 판사 2005년 대전지법 서산지원 판사 2009년 수원지법 판사 2009년 법원행정처 민사심의관 2011년 사법연수원 교수 2013년 울산지법 부장판사 2014~2016년 서울고법 판사 2016년 김앤장법률사무소 변호사 2018년 대법원 '국민과 함께하는 사법발전위원회' 전문위원 2019년 함윤식법률사무소 대표변호사(현)

함은경(咸恩卿·女) HAM EUN GYEONG

[생]1963 [주]서울특별시 서초구 남부순환로 2477 JW바이오사이언스(주) 임원실(02-2109-7800) [학]서울대 제약학과졸 [경]1986년 (주)중외제약 입사, 同개발팀장 2004년 同비서실장 2013년 JW홀딩스 수석상무 2014년 同경영지원실장 2016년 JW생명과학 경영기획실장, 同부사장 2017년 JW바이오사이언스(주) 부사장 2018년 同대표이사 부사장(현)

함인석(咸印碩) HAMM In Suk

(생)1951·2·28 (본)강릉(江陵) (출)경북 영양 (주)경상북도 포항시 북구 용흥로 36 포항의료원(054-245-0129) (학)1976년 경북대 의대졸 1982년 同대학원 의학석사 1989년 의학박사(부산대) 2010년 명예 경영학박사(용인대) (경)1984~2010년 경북대 의대 신경외과학교실 교수 1987~1988년 일본 도쿄대 의학부 객원교수 1991~1992·1997년 미국 피츠버그대 객원교수 1994년 미국신경외과 정회원(현) 1995~1996년 경북대병원 진료처장 1998~2000년 同기획실장 1999~2004년 同신경외과장 2000~2004년 同홍보실장 2000~2002년 대한신경외과학회 고시위원 2000~2001년 대구경북신경외과학회 회장 2001~2004년 대한뇌혈관학회 감사 2002~2008년 대한신경외과학회 상임이사 2003~2004년 대구시의사회 부회장 2004년 세계신경외과학회 유치단 재정위원장 2004년 경북대 의과대학장 2009~2012년 한국연구재단 이사 2010~2014년 경북대 총장 2011~2013년 대학구조개혁위원회 위원 2012~2013년 한국대학교육협의회 회장 2013년 대한체육회 학교체육위원장 2013년 서울대병원 비상임이사 2014~2016년 경북대 의학전문대학원 교수 2014년 제2회 중국 난징하계유스올림픽대회 한국선수단장 2014년 대통령직속 통일준비위원회 통일교육자문단 자문위원 2015~2019년 대구사회복지공동모금회 제11·12대 회장 2016년 경북대 의학전문대학원 명예교수(현) 2016~2018년 경일대 응급구조학과 석좌교수 2018년 포항의료원 원장(현) (종)기독교

함정민(咸廷旼·女)

(생)1968·6·4 (출)서울 (주)서울특별시 서초구 서초중앙로 125 법무법인 서울(02-3487-3178) (학)1987년 이화여고졸 1991년 이화여대 법학과졸 2002년 미국 조지타운대 대학원 법학과졸 (경)1992년 사법시험 합격(34회) 1995년 사법연수원 수료(24기) 1995년 세창합동법률사무소 변호사 1996~2003년 법무법인 우방 변호사 2003년 법무법인 화우 변호사 2003~2006년 평화여성합동법률사무소 변호사 2003년 한국가정법률상담소 상담위원 2003년 여성의전화 상담위원 2003년 서울지방노동위원회 공익위원(현) 2003년 서울지방변호사회 중소기업고문변호사단 상담위원 2003년 (재)대화문화아카데미 감사 2005년 정보통신부 우정사업운영위원회 운영위원 2005년 한국간행물윤리위원회 전문심의위원 2006년 건설교통부 중앙건축분쟁조정위원 2006년 (사)대한간호협회 윤리심의위원 2007년 법무법인 서울 변호사(현) 2007~2009년 에너지관리공단 비상임이사 2009~2015년 법제처 법령해석심의위원회 위원 2011년 행정안전부 소청심사위원회 비상임위원 2012년 산업재해보상보험 재심사위원회 위원(현) 2013~2014년 안전행정부 소청심사위원회 비상임위원 2014~2016년 국무총리소속 부마민주항쟁진상규명및관련자명예회복심의위원회 위원

함정오(咸正午) Jeong-Oh Ham

(생)1959·10·20 (본)강릉(江陵) (출)경기 남양주 (주)부산광역시 해운대구 반송순환로 142 와이즈유(영산대학교) 호텔관광대학(051-540-7236) (학)1978년 동화고졸 1985년 성균관대 정치외교학과졸 1995년 고려대 경영대학원 경영학과졸 2012년 경영학박사(숭실대) (경)1985년 대한무역투자진흥공사(KOTRA) 입사 1989년 同밴쿠버무역관 근무 1996년 同로스앤젤레스무역관 근무 1998년 同블라디보스톡무역관장 2000년 KINTEX 전시장건립단 기획부장 2001년 대한무역투자진흥공사(KOTRA) 기획조정실 예산부장 2002년 同광저우무역관장 2006년 同IT전자사업팀장 2008년 同성장산업처장 겸 IT융합산업팀장 2009년 同베이징무역관장 2011년 同기획조정실장 2013년 同중국지역본부장(상임이사) 2013~2016년 同경영지원본부장 겸 부사장(상임이사) 2016~2018년 벡스코(BEXCO) 대표이사 사장 2016~2018년 부산관광컨벤션포럼 이사장 2016~2018년 한국방문위원회 위원 2016~2018년 한국해양레저네트워크 이사 2016~2018년 한국MICE협회 이사 2018년 와이즈유(영산대) 호텔관광대학장(현) (상)통상산업부장관표창(1997), 국무총리표창(2008), 석탑산업훈장(2014) (종)기독교

함종국(咸鍾國) HAM Jong Kook

(생)1958·8·10 (본)강릉(江陵) (출)강원 횡성 (주)강원도 춘천시 중앙로 1 강원도의회(033-256-8035) (학)1979년 춘천농고졸 1986년 상지대 축산학과졸 (경)상지대총학생회 회장, 강원도5개대학역대총학생회장단협의회 운영위원장, 횡성군 안흥면체육회 회장, 한국청소년교육연구소 기획실장 1995·1998·2002년 강원 횡성군의회 의원 2000~2002년 同의장 2010년 강원 횡성소방서 명예서장 2010년 강원도의회 의원(한나라당·새누리당) 2010년 同기획행정위원회 위원 2010~2011년 同예산결산특별위원장 2010년 同송전탑피해대책특별위원회 위원장 2010년 同한중교류협회 부회장 2014~2018년 강원도의회 의원(새누리당·자유한국당) 2014~2016년 同기획행정위원회 위원장 2016~2017년 同새누리당 원내대표 2016년 同경제건설위원회 위원 2017년 同자유한국당 원내대표 2018년 강원도의회 의원(자유한국당)(현) 2018년 同부의장(현) 2018년 同교육위원회 위원(현) (상)전국시·도의회의장협의회 우수의정 대상(2016) (종)기독교

함종식(咸鍾植) HAM Jong Sik

(생)1963·9·4 (출)강원 강릉 (주)경기도 의정부시 녹양로34번길 23 의정부지방법원 총무과(031-828-0102) (학)1982년 강릉상고졸 1993년 중앙대 법학과졸 (경)1992년 사법시험 합격(34회) 1995년 사법연수원 수료(24기) 1995년 부산지법 울산지원 판사 1997년 부산지법 판사 1999년 인천지법 판사 2003년 서울지법 판사 2004년 서울중앙지법 판사 2005년 서울동부지법 판사 2006년 서울고법 판사 2008년 서울행정법원 판사 2010년 춘천지법 부장판사 2011~2012년 同수석부장판사 2011~2012년 언론중재위원회 위원 2012년 수원지법 부장판사 2015년 서울중앙지법 부장판사 2018년 의정부지법 수석부장판사(현)

함종한(咸鍾漢) HAM Jong Han (용석)

(생)1944·1·8 (본)강릉(江陵) (출)강원 원주 (주)서울특별시 영등포구 국회대로62길 14 한국스카우트연맹(02-6335-2001) (학)1962년 원주고졸 1970년 서울대 농업교육학과졸 1972년 同교육대학원 교육학과졸 1998년 명예 교육학박사(강원대) (경)1972년 서울대 조교 1976~1985년 同강사 1976~1985년 상지대 조교수·부교수 1984년 한국국민당(국민당) 강원제2지구당 위원장 1985년 同전당대회 부의장·정책연구실장 1985년 제12대 국회의원(원주·홍천·횡성·원성, 국민당) 1987년 국민당 강원도당 위원장 1988년 민주정의당(민정당) 국책평가위원 1988년 제13대 국회의원(원주, 민정당·민자당) 1988년 민정당 원내부총무 1990년 민자당 민원실장 1992년 同정책위원회 부의장 1992~2012년 한국청소년교육연구소 이사장 1993년 강원도지사 1996년 제15대 국회의원(원주甲, 신한국당·한나라당) 1996년 이웃간편지쓰기운동 이사장 1997년 신한국당 제3정책조정위원장 1998년 국회 교육위원장 2000~2012년 한국보이스카우트 강원연맹장 2000년 한나라당 원주지구당 위원장 2000년 同총재 특보단장 2000년 同교육특별위원장 2001년 同국가혁신위원회 교육발전분과 위원장 2002년 同이회창 대통령후보 교육담당 특별자문역 2004년 제17대 국회의원선거 출마(원주, 무소속) 2007년 무소속 이회창 대통령후보 직능팀장 2008년 자유선진당 중앙위원회 의장 2010년 7.28재보선 국회의원선거 출마(강원 원주, 무소속) 2011~2013년 대한검기연맹 회장 2012년 한국스카우트연맹 총재(현) 2013~2017년 한국청소년단체협의회 회장 2013년 한국청소년활동진흥원 비상

임이사 2013년 언어문화개선범국민연합 공동대표(현) 2016~2017년 세계태권도선수권대회 조직위원회 고문 2016년 서울국제청소년영화제 조직위원장(현) 2016년 (재)최규하대통령기념사업회 이사장(현) (상)통일원장관표창(1974), 황조근정훈장(1993) (저)'청소년학 원론' '교육심리학' '결과보다 소중한 과정' '농어촌백서' '길은 어디에나 있다' '우리아이 큰사람 만들기' '함종한의 세상읽기' (종)불교

함준호(咸駿浩) HAHM JOON HO

(생)1964·2·11 (주)서울특별시 서대문구 연세로 50 연세대학교 국제학대학원(02-2123-4210) (학)1982년 서울 상문고졸 1986년 서울대 영어영문학과졸 1988년 미국 컬럼비아대 경영대학원 경영학과졸 1993년 경영학박사(미국 컬럼비아대) (경)1993~1994년 미국 컬럼비아대 경영대학원 객원조교수 1994~1996년 미국 캘리포니아대 산타바바라캠퍼스 경제학과 조교수 1996~2000년 한국개발연구원(KDI) 금융팀 연구위원 1997년 금융개혁위원회 전문위원 2000~2009년 연세대 국제학대학원 조교수·부교수 2007~2009년 同국제학대학원 부원장 2008~2013년 금융위원회 금융발전심의위원회 위원 2008~2010년 예금보험공사 비상임이사 2009~2014년 연세대 국제학대학원 교수 2009~2013년 同국제학연구소장 2012~2013년 한국금융정보학회 부회장 2012년 한국금융소비자학회 부회장 2014년 인터파크 감사위원 2014~2018년 한국은행 금융통화위원회 위원 2018년 연세대 국제학대학원 교수(현)

함중걸(咸仲杰) Jung-Keol, Ham

(생)1956 (출)서울 (주)전라북도 완주군 이서면 안전로 111 한국전기안전공사 상임감사실(063-716-2020) (학)한양대 전기공학과졸 1987년 同대학원 전기공학과졸 1997년 전기공학박사(동국대) (경)삼성전기 종합연구소 주임연구원 1988년 한국산업기술시험원(KTL) 입사 2006년 同신뢰성종합기술지원센터 본부장 2007년 同신뢰성기술본부장 2008년 同기간산업본부장 2010년 同디지털산업본부장 2012년 同의료헬스본부장 2018년 한국전기안전공사 상임감사(현)

함진규(咸珍圭) HAM Jin Gyu

(생)1959·8·13 (본)강릉(江陵) (출)경기 시흥 (주)서울특별시 영등포구 의사당대로 1 국회 의원회관 547호(02-784-4277) (학)1978년 인하대사대부고졸 1989년 고려대 법학과졸, 同대학원 국제관계학과졸, 同법무대학원 법학과졸, 同대학원 정치외교학 박사과정 수료, 同법무대학원 법학 박사과정 수료 (경)2000년 21세기고양발전연구소 소장 2000~2011년 인스컴 대표 2000년 한나라당 국제통일분과 부위원장 2002년 同고양시덕양구甲지구당 부위원장 2002·2006~2008년 경기도의회 의원(한나라당) 2006~2008년 同운영위원장 2008년 제18대 국회의원선거 출마(시흥시甲, 한나라당) 2008년 한나라당 시흥시甲당원협의회 운영위원장 2008~2009년 同부대변인 2010~2012년 한국무역보험공사 등기이사 2012년 제19대 국회의원(시흥시甲, 새누리당) 2012년 국회 국토해양위원회 위원 2012년 국회 정치쇄신특별위원회 위원 2012년 국회 예산결산특별위원회 위원 2013·2014년 국회 국토교통위원회 위원 2013년 국회 방송공정성특별위원회 위원 2013년 새누리당 당헌당규개정특별위원회 위원 2013년 국회 국가정보원개혁특별위원회 위원 2014년 새누리당 대변인 2014~2015년 同경기도당 위원장 2014~2015년 국회 예산결산특별위원회 위원 2014~2015년 국회 남북관계및교류협력발전특별위원회 위원 2014~2015년 새누리당 조직강화특별위원회 위원 2014년 국회 국민안전혁신특별위원회 위원 2015년 국회 여성가족위원회 위원 2015~2016년 새누리당 원내부대표 2015년 국회 운영위원회 위원 2015년 국회 공적연금강화와노후빈곤해소를위한특별위원회 위원 2016년 제20대 국회의원(시흥시甲, 새누리당·자유한국당〈2017.2〉)(현) 2016·2018년 국회 국토교통위원회 위원(현) 2017년 새누리당 홍보본부장 2017년 자유한국당 홍보본부장 2017년 同제19대 홍준표 대통령후보 중앙선거대책위원회 중앙선거대책본부 홍보본부장 2017년 국회 예산결산특별위원회 위원 2017년 국회 정치개혁특별위원회 위원 2017~2018년 자유한국당 정책위원회 의장 2018년 同6.13전국지방선거공약개발단장 2018년 국회 예산결산특별위원회 위원(현) 2018년 자유한국당 혁신비상대책위원회 위원 2019년 국회 4차산업혁명특별위원회 위원 (상)법률소비자연맹 선정 국회 헌정대상(2013·2017), 한국언론사협회 국제평화언론대상 의정부문 금상(2013), 시민일보 의정·행정대상(2015), 글로벌기부문화공헌대상 정당인 봉사부문(2015), 한국언론사협회 국제평화언론대상 의정발전공헌부문 특별대상(2015), 대한민국의정대상(2016), 대한민국 참봉사대상 지역발전혁신대상(2016)

함태용(咸泰埇) HAHM Tae Yong (斗軒)

(생)1933·7·16 (본)양근(楊根) (출)대구 (주)서울특별시 마포구 마포대로 53 마포트라팰리스 B동 309호 장은공익재단 이사장실(02-717-9651) (학)1952년 경북고졸 1956년 서울대 공대졸 (경)1956~1968년 한국산업은행 근무 1968~1974년 한국개발금융 부장 1974년 同부사장 1978년 同수석부사장 1980년 장기신용은행 전무이사 1982~1989년 同은행장 1989~1994년 同회장 1989년 국제금융공사(IFC) 경영자문위원 1989~1992년 하나은행 회장 1994~1998년 장기신용은행 고문·명예회장 1998년 장은공익재단 이사장(현) 2005~2009년 한국전화번호부(주) 비상임이사 2006~2016년 애경유화 사외이사 (상)부품소재기술상 금탑산업훈장(2009) (종)기독교

해 곡(海 谷) Kim hae-keun (海月)

(생)1940·7·7 (출)함북 나진 (주)경기도 용인시 처인구 해곡로 25-15 연화산 와우정사 대한불교열반종(031-339-0101) (학)중앙대 연극영화과졸, 미국 워싱턴 선종불교대학원졸 1991년 명예 불교학박사(스리랑카 국립불교대) 1993년 국립스리랑카 스리나버스아라 피리바나불교대학원 삼장법사 1995년 명예 불교철학박사(미얀마 국립불교대) (경)1960년 한국방송공사 입사 1998년 同방송제작위원 퇴직, 위봉사에서 득도(은사 鞠聲대종사), 위봉사에서 沙彌戒 鞠聲祐 律師에게 수지, 관음사에서 比丘戒 鞠聲祐 律師에게 수지, 직지사에서 菩薩戒 尹古岩律師에게 수지, 관음사 壹 夏安居 成滿, 와우정사 四 夏安居 成滿, 대한불교조계종 기획위원·중앙포교원 포교사, 대한불교조계종 제1교구 본사 조계사 담당법사, 부처님오신날공휴일제정 추진위원, 불교방송국 설립추진위원·이사, 열반종중앙위원회 위원장, (재)한국불교臥牛精舍 설립·이사장, 세계불교연합본부 홍보국장, 제17차 세계불교대회준비위원회 준비위원, 세계불교도우의회(WFB) 한국지부 이사장, 대한불교열반종 총무원장 1991년 세계불교문화교류협회 이사장(현) 1994년 세계불교도총연맹 이사장(현) 1996~2006년 한국불교종단협의회 언론위원회 위원장, 한·인도불교문화교류협회 이사장, 한·미얀마불교문화교류협회 이사장, 한·태국불교문화교류협회 이사장, 한국불교종단협의회 이사 2001년 대한불교열반종 종정(현) 2003년 와우정사 조실(현) 2003~2012년 한국불교종단협의회 언론인협회 이사장 2008년 세계불교도우의회(WFB) 한국지부 이사장(현) 2017년 세계불교박물관 관장(현) 2017년 백제문학 시 부문 당선·시인(현) (상)대한불교조계종 종정표창, 태고종 종정상, 불교방송 이사장표창, 백제문학 시부문 신인상(2017) (저)'관세음보살' '佛敎讀誦經集' '열반종사'(전북대) '한국의 벗'(동아일보) '경복사와 보덕스님'(전북대) (종)불교

해덕진(海德珍)

(생)1976·2·21 (출)서울 (주)전라북도 군산시 법원로 68 전주지방법원 군산지원 총무과(063-450-5100) (학)1994년 전북 원광고졸 1999년 한양대 법학과졸 (경)1999년 사법시험 합격(41회) 2002년

사법연수원 수료(31기) 2002년 공익법무관 2005년 울산지검 검사 2007년 대전지검 논산지청 검사 2009년 부산지검 검사 2010년 대전지법 판사 2013년 청주지법 판사 2014년 대전고법 청주재판부 판사 2016년 대전지법 홍성지원·대전가정법원 홍성지원 판사 2018년 전주지법 군산지원 부장판사(현)

허갑범(許甲範) HUH Kap Bum (松園)
(생)1937·3·20 (본)양천(陽川) (출)경기 안성 (주)서울특별시 마포구 신촌로 120 송원빌딩 허내과의원(02-718-1827) (학)1957년 경복고졸 1964년 연세대 의대졸 1968년 同대학원졸 1974년 의학박사(연세대) (경)1972~1984년 연세대 의대 전임강사·조교수·부교수 1975년 프랑스 몽뻬리에 당뇨병센터 연수 1984~2002년 연세대 의대 교수 1984년 同세브란스병원 내분비내과장 1991년 대한당뇨병학회 회장 1994~1996년 연세대 의대학장 1994년 한국지질학회 회장 1994년 한국과학기술한림원 정회원 1995년 同종신회원(현) 1997~1998년 한국내분비학회 회장 1997년 연세대 의대 세브란스병원 당뇨병센터소장 1998~2002년 김대중대통령 주치의 1999년 대한영양의학회 회장 1999년 임상약리학회 회장·고문 2000년 대한동맥경화학회 회장 2001년 교육인적자원부 의학전문대학원추진위원회 위원장 2001~2004년 한국성인병예방협회 회장 2002년 허내과 개원·원장(현) 2003년 연세대 명예교수(현) 2009~2013년 한국의약사평론가회 회장 2010년 한국대사증후군포럼 회장(현) (상)松村池錫永상(1964), 올해의 교수상(1982), 분쉬의학상(1997), 옥조근정훈장, 국민훈장 모란장(2003), 경복동문대상(2011) (저)'당뇨병 정복할 수 있다'(1994) '뇌하수체선종'(1994) '영양의학' '한국형 당뇨병 맞춤치료' '대사증후군'(共) (종)기독교

허 강(許 橿) HUH Kang
(생)1953·2·21 (본)김해(金海) (출)경기 파주 (주)서울특별시 서초구 효령로 155 삼일제약(주) 회장실(02-520-0304) (학)1971년 보성고졸 1978년 고려대 생물학과졸 1985년 미국 캘리포니아대 로스앤젤레스교 대학원 국제경영학과졸 (경)1977~1981년 한국베링거인겔하임·유한양행·삼일제약(주) 근무 1981~1985년 미국 UCLA·USL 연수 1985년 삼일제약(주) 영업관리부장 1988년 同이사 1990년 同상무이사 1993년 同전무이사 1996~2018년 (재)서송재단 이사장 1997년 삼일제약(주) 대표이사 사장 2002년 同대표이사 부회장 2004~2013년 同대표이사 회장 2009년 삼일엘러간유한회사 대표이사 2013년 삼일제약(주) 각자대표이사 회장(현) (종)기독교

허강일(許康日) Hu Kang-il
(생)1960·2·9 (주)서울특별시 종로구 사직로8길 60 외교부 인사운영팀(02-2100-7146) (학)1983년 한국외국어대 영어과졸 1986년 서울대 행정대학원 행정학과졸 (경)1985년 외무고시 합격(19회) 1985년 외무부 입부 1991년 駐샌프란시스코 영사 1993년 駐말레이시아 1등서기관 1999년 駐제네바 1등서기관 2002년 외교통상부 외국어교육과장 2003년 同인권사회과장 2005년 駐이탈리아 참사관 2008년 駐블라디보스톡 부총영사 2010년 중앙공무원교육원 파견 2011년 駐프랑스 공사 겸 총영사 2014년 국립외교원 교수부장 2015년 駐아일랜드 대사 2018년 駐방글라데시 대사(현)

허강헌(許康憲) HUR Kang Heon
(생)1963·3·17 (출)충남 연기 (주)경기도 수원시 영통구 매영로 150 삼성전기(주) 임원실(031-210-5114) (학)서울 용문고졸 1985년 서울대 금속공학과졸 1987년 同대학원졸 1990년 공학박사(서울대) (경)MLCC 기술개발 분야의 세계 최고 전문가 2004년 삼성전기(주) 칩부품팀 상무보(연구위원) 2007년 同LCR사업부 개발팀장(연구위원·상무) 2008년 삼성 펠로우(Fellow)(현) 2010년 삼성전기(주) LCR사업부 개발팀장(연구위원·전무) 2011년 同중앙연구소장(전무) 2015년 同중앙연구소장(부사장) 2018년 同연구소총괄 부사장(현)

허경구(許慶九) HUR, kyong-goo
(생)1957 (주)서울특별시 영등포구 국제금융로 10 한국해외인프라도시개발지원공사(KIND)(02-6746-7408) (학)휘문고졸 1980년 성균관대 무역학과졸 1990년 미국 조지워싱턴대 대학원 국제경영학과졸 2018년 경영학박사(서울과학종합대학원) (경)2007년 한국전력공사 아주사업처장 2009년 同해외사업개발처장 2012년 同비서실장 2012년 同해외사업본부장 2014년 同인재개발원장 2015년 同해외사업개발처 관리역 2016~2018년 삼성물산(주) 프로젝트사업부 상임고문 2018년 한국해외인프라도시개발지원공사(KIND) 사장(현)

허경만(許京萬) HUH Kyung Man
(생)1938·3·4 (본)양천(陽川) (출)전남 순천 (학)1956년 순천고졸 1961년 성균관대 법정대졸 1965년 서울대 사법대학원 수료 (경)1963년 고등고시 사법과 합격 1966년 육군본부·국방부 검찰관·법무사 1967~1975년 광주·목포·순천·인천·홍성지청 검사 1975년 변호사 개업 1979년 제10대 국회의원(순천·구례·승주, 신민당) 1981년 민주한국당(민한당) 전남지부 위원장 1981년 제11대 국회의원(순천·구례·승주, 민한당) 1984년 민한당 중소기업대책특위원장 1984년 한·포르투갈 의원친선협회 회장 1985년 신한민주당(신민당) 인권옹호위원장·정무위원 1985년 제12대 국회의원(순천·구례·승주, 신민당) 1986년 한·코트디부아르의원친선협회 회장 1987년 평화민주당(평민당) 원내총무 1988년 同당무위원 1988년 제13대 국회의원(순천, 평민당·신민당·민주당) 1988년 국회 상공위원장 1988년 평민당 세제개편특별위원장 1990년 同부총재 1991년 신민당 원내총무 1991년 민주당 최고위원 1992~1995년 제14대 국회의원(순천, 민주당) 1992~1994년 국회 부의장 1993년 한국내외문제연구회 이사장 1995년 민주당 상임고문 1995·1998~2002년 전남도지사(국민회의·새천년민주당) 2002년 순천대 법학과 석좌교수 2002~2004년 변호사 개업 2008년 在京광주·전남향우회 회장 (저)'한알의 밀알이 되고자' '밝은 내일' '민의가 존중받는 사회를 위하여' (종)불교

허경욱(許京旭) HUR Kyung Wook
(생)1955·8·14 (출)서울 (주)서울특별시 강남구 테헤란로 137 현대해상빌딩 11층 법무법인 태평양(02-3404-7504) (학)1974년 경기고졸 1978년 서울대 경영학과졸 1988년 미국 스탠퍼드대 대학원 경영학과졸(MBA) (경)1978년 행정고시 합격(22회) 1979년 경제기획원 국제금융국·국고국·관세국 근무 1988년 세계은행(IBRD) Young Professional 1994년 同중국금융전문가(재무부 서기관) 1997년 재정경제원 특별보좌관실 근무 1998년 재정경제부 국제기구과장 1999년 同금융협력과장 1999년 同국제금융과장 2001년 同국제금융과장(부이사관) 2001년 국제통화기금(IMF) Senior Economist 2004년 기획예산처 산업재정심의관(이사관) 2005년 부총리 겸 재정경제부 장관 비서실장 2006년 재정경제부 국제금융국장 2007년 同국제업무정책관 2008년 대통령 국정기획수석비서관실 국책과제1비서관 2008년 대통령 국정기획수석비서관실 국책과제비서관 2009년 기획재정부 제1차관 2010~2013년 駐OECD대표부 대사 2011년 OECD 연금기금관리위원회 의장 2011년 同중국연구그룹 의장 2013~2016년 한국개발연구원(KDI) 국제정책대학원 초빙교수 2013~2017년 서울대 국제대학원 초빙교수 2014년 AMRO 자문위원회 자문위원(현) 2015년 (주)GS 사외이사(현) 2015년 법무법인(유한) 태평양 고문(현) 2016년 삼성생명보험(주) 사외이사(현) 2017년 同감사위원 겸임(현) (상)황조근정훈장(2013)

ㅎ

허경재(許敬宰)

(생)1968 · 12 · 20 (주)충청북도 청주시 상당구 상당로 82 충청북도청 바이오산업국(043-220-4500) (학)1987년 제천고졸 1991년 청주대 행정학과졸 2006년 한국개발연구원(KDI) 국제정책대학원 공공정책학과졸 (경)1998년 지방고시 합격(3회) 1999년 충북도 자치행정과 사무관 1999년 同상수도사업소 사무관 2001년 同국제통상과 사무관 2006년 同혁신분권과 사무관 2007년 同경제정책팀 사무관 2007년 同국제통상과장(서기관) 2010년 同사회복지정책과장 2010년 행정안전부 지역경제과 서기관 2011년 同지역발전과 서기관 2012년 충북도 총무과장 2012년 단양군 부군수 2013년 충북도 경제정책과장 2014년 오송바이오진흥재단 파견 2015년 괴산유기농산업엑스포조직위원회 사무총장 2016년 국방대 교육훈련(부이사관) 2017년 충북도 균형건설국장 2017~2018년 국토교통부 항공정책실 항행시설과장(부이사관) 2018년 충북도 부이사관 2019년 同바이오산업국장(현)

허경호(許景皓) HEO Gyeong Ho

(생)1974 · 12 · 12 (출)서울 (주)서울특별시 서초구 서초중앙로 157 서울중앙지방법원(02-530-1114) (학)1993년 서울 상문고졸, 서울대 국제경제학과졸 (경)1994년 사법시험 합격(36회) 1998년 사법연수원 수료(27기) 1998년 軍법무관 2001년 서울지법 북부지원 판사 2003년 서울지법 판사 2004년 서울중앙지법 판사 2005년 춘천지법 속초지원 판사 2008년 의정부지법 판사 2011년 서울고법 판사 2012년 서울동부지법 판사 2013년 제주지법 부장판사 2015년 의정부지법 부장판사 2017년 서울중앙지법 부장판사(현)

허과현(許科炫) Hur Kwha Hyun

(생)1949·1·4 (출)서울 (주)서울특별시 중구 다동길 46 한국금융신문(02-773-6300) (학)1968년 경기상고졸 1973년 명지대 행정학과졸 1979년 연세대 경영대학원졸(경영학석사) (경)국민은행 근무, 한국투자신탁 주식운용부장, 同해외투자부장, 同법인영업본부장, 국제본부장, 同상무이사, (주)IMG홀딩컴사장 2000~2003년 한국경제TV 앵커 2001~2007년 한국증권분석사회 부회장 2002~2007년 호서대 게임공학과 조교수 2003~2015년 한국금융신문 편집국장 2007년 한국증권분석사회 고문 2007~2014년 호서대 게임공학과 초빙교수 2012~2014년 NH농협금융지주 사외이사 2014·2015~2016년 NH투자증권 사외이사 겸 이사회 의장 2014~2016년 서강대 게임교육원 초빙교수 2015년 한국애널리스트회 회장(현) 2015년 한국금융신문 발행인(현) 2015~2018년 同편집인 2016년 同부회장 2018년 同웰스매니지먼트 편집장(현) 2019년 同회장(현) (상)재정경제원장관표창(1995), 문화관광부장관표창(2005)

허광수(許光秀) HUR Kwang Soo

(생)1946 · 8 · 10 (본)김해(金海) (출)경남 진양 (주)서울특별시 종로구 계동길 31 (주)삼양인터내셔날그룹 회장실(02-765-2071) (학)1964년 경기고졸 1969년 고려대 상학과졸 1972년 미국 스탠퍼드대 경영대학원졸 (경)1972년 삼양통상(주) LA지사장 1972~1974년 KID Corporation 부사장 1987년 한국나이키 대표이사 사장 1990~1996년 삼양통상(주) 대표이사 사장 1997년 (주)삼양인터내셔날그룹(삼양인터내셔날 · 옥산유통 · GSITM · 남서울CC) 회장(현) 2003년 아 · 태골프협회 부회장 2003년 영국 로얄앤드에인션트골프클럽(Royal and Ancient Golf Club) 정회원(현) 2004~2012년 대한골프협회 부회장 2005~2011년 고려대 高友체육회장 2007년 대한올림픽위원회 위원 2007~2013년 아 · 태골프협회 회장 2008~2011년 경기고총동창회 회장 2012년 대한골프협회 회장(현) (상)재무부장관표창(1992), 대통령표창(1995), 자랑스러운 고대체육인상(2012)

허구연(許龜淵) HEO Koo Youn

(생)1951 · 2 · 25 (출)경남 진주 (주)서울특별시 용산구 새창로 105 준빌딩 3층 KSN(주)(02-3272-0046) (학)1970년 경남고졸 1975년 고려대 법학과졸 1980년 同대학원 법학과졸 2013년 명예 언론학박사(순천향대) (경)1981년 경기대 강사 1982~1985년 문화방송(MBC) 야구해설위원 · 국내 최초 해설자 연봉계약(연봉 1,400만원) 1985년 청보핀토스 감독(최연소 감독 · 34세) 1987년 롯데자이언츠 수석코치 1990년 미국 토론토블루제이스 코치 1991년 문화방송(MBC) 야구해설위원(현) 1991년 KSN(주) 대표이사(현) 2001년 프로야구선수협회 자문위원 2005년 MBC스포츠플러스 야구해설위원(현) 2007년 한국야구위원회(KBO) 기술위원 2009년 同야구발전위원회 초대 위원장 2010년 (사)일구회 부회장 2012년 포항시 홍보대사 2014년 롯데리아 유소년야구교실 총감독 2015년 창원시 새야구장건립 자문대사 2018년 한국야구위원회(KBO) 총재고문(현) (상)대학야구연맹전 홈런왕(1971), 대학야구 최우수선수상(1974), MBC 선정 스포츠10걸상(1974), 실업야구올스타 개인상(1975 · 1976), '자랑스러운 고대체육인상' 공로부문(2007), 문화방송(MBC) 특별공로상(2008), MBC 연기대상 공로상(2009), 제39회 한국방송대상 특별상(2012), 조아제약 프로야구대상 공로상(2013), 카스포인트어워즈 레전드상(2013), 한국프로야구 은퇴선수의날 공로상(2014), 조아제약 프로야구대상 하일성상(2016), 휘슬러코리아 일구상 대상(2017) (저)'허구연의 프로야구 가이드북' '허구연의 재미있는 야구교실' '허구연의 프로야구' '프로야구 핸드북' '홈런과 삼진사이' '프로야구 10배로 즐기기' '여성을 위한 친절한 야구교과서'(2012, 북오션) '허구연의 여성을 위한 야구 설명서'(2015, 북오션)

허근녕(許根寧) Heo, Geun-nyeong

(생)1956 · 10 · 27 (출)대구 (주)서울특별시 서초구 서초대로50길 8 관정빌딩 법무법인 평안(02-6010-6565) (학)1975년 경북고졸 1979년 서울대 법대졸 1981년 同대학원 법학과 수료 (경)1981년 사법시험 합격(23회) 1984년 사법연수원 수료(13기) 1985년 서울지법 북부지원 판사 1987년 서울형사지법 판사 1989년 대구지법 영덕지원 판사 1991년 서울지법 남부지원 판사 1993년 서울민사지법 판사 1995년 서울지법 남부지원 판사 1996년 서울고법 판사 1997년 대법원 재판연구관 1999년 서울지법 판사 1999년 청주지법 부장판사 2001년 사법연수원 교수 2004~2007년 서울중앙지법 부장판사 2007년 변호사 개업 2011년 법무법인 길도 변호사 2016년 법무법인 평안 대표변호사(현) 2019년 삼성바이오로직스(주) 사외이사 겸 감사위원(현)

허기복(許基福) HER Gi Bog

(생)1956 · 7 · 25 (출)경기 부천 (주)서울특별시 노원구 중계로 90 우암타운 301호 밥상공동체복지재단(1577-9044) (학)1984년 서울장신대 신학과졸 1987년 장로회신학대 신학대학원졸 1994년 同대학원 목회학과졸 2005년 서울사이버대 사회복지학과졸 (경)1998년 사회복지법인 밥상공동체복지재단 대표이사(현) 1998년 대한예수교장로회(예장통합) 사회선교 목사(현) 2002년 연탄은행전국협의회 회장(현) 2004년 서울연탄은행 대표(현) 2013년 밥상공동체 종합사회복지관 관장(현) 2018년 해양경찰청 정책자문위원(현) (상)실업극복국민운동위원회 전국실업극복 으뜸상(1999), 연동교회 주최 故 함태영부통령 송암 봉사상(1999), 한국교회정보센터 전국 선한목회자상(2000), 보건복지부장관표창(2000), 국민일보 선정 한국교회 올해의 인물 10인(봉사)(2000), MBC 사회봉사대상 본상(2005), 국무총리표창(2013), 기독교윤리실천운동 2014 좋은교회상 특별상(2014), 대한예수교장로회(예장통합)총회 100주년기념 좋은목회자상(2015) (저)'세상에서 가장 따뜻한 밥상'(2006, 미디어 윌)

허기호(許棋皓) HUH Gi Ho

(생)1966·11·15 (본)하양(河陽) (출)서울 (주)서울특별시 강남구 강남대로 330 한일홀딩스(주) 비서실(02-550-7912) (학)1985년 성남고졸 1989년 성균관대 경제학과졸 1996년 미국 선더버드국제경영대학원졸(MBA) (경)1990~1993년 (주)한세인터내쇼날 과장 1997~1998년 한일시멘트(주) 이사 1999~2000년 同상무이사 2001~2002년 同전무이사 2003~2004년 同부사장 2005~2011년 同대표이사 사장 2008~2015년 SK케미칼(주) 사외이사 2012년 한일시멘트(주) 대표이사 부회장 2016~2018년 同대표이사 회장 2018년 서울상공회의소 부회장(현) 2018년 현대시멘트(주) 회장(현) 2018년 한일홀딩스(주) 대표이사 회장 겸임(현) (상)대통령표창(2005), 경제5단체 투명경영대상 모범상(2005), 신산업경영원 윤리경영대상(2005), 노동부 선정 노사문화 우수기업(2005), 한국표준협회 KS제품 품질우수성지수 1위(2006), 경제정의기업상(5회), 한국경영인협회 대한민국 최고기업대상(4년연속 1위·2008), 한국능률협회 선정 '한국에서 가장 존경받는 기업'(15년연속 1위·2018)

허남각(許南珏) HUR Nam Kack

(생)1938·5·28 (출)경남 진양 (주)서울특별시 강남구 테헤란로 301 삼정개발빌딩 6층 삼양통상(주) 회장실(02-3453-3963) (학)1956년 보성고졸 1960년 서울대 상대졸 1962년 미국 시카고대 대학원졸 (경)1973~1980년 삼화피혁공업 대표이사 1976~1990년 삼양통상 대표이사 1986년 한국나이키 회장 1988년 아시아태권도연맹 회장 1990년 삼양통상(주) 대표이사 회장(현) 2007년 (주)삼양인터내셔날 이사(현) 2007년 경원건설(주) 감사(현) 2008년 (주)보헌개발 이사(현) (상)철탑산업훈장, 서울대총동창회 제21회 관악대상(2019)

허남권(許南權) HUH Nam Kwon

(생)1963·5·29 (본)김해(金海) (출)강원 홍천 (주)서울특별시 영등포구 국제금융로8길 6 신영빌딩 7층 신영자산운용(주) 비서실(02-2004-9462) (학)1982년 강원고졸 1989년 고려대 행정학과졸 (경)1989~1996년 신영증권 근무 1996년 신영투자신탁운용(주) 근무, 同주식운용팀장 2001년 同주식운용팀 부장, 同이사 2007년 同주식운용본부장(상무이사) 2009년 同자산운용본부장(상무이사) 2009년 신영자산운용(주) 자산운용본부장(상무이사) 2010년 同자산운용본부장(전무이사) 2014년 同자산운용본부장(부사장), 同최고투자책임자(CIO·부사장) 2017년 同대표이사 사장(현)

허남덕(許南德)

(생)1961·9·8 (출)강원 홍천 (주)강원도 춘천시 영서로 2854 강원도교육청 감사관실(033-258-5540) (학)원주고졸, 한국방송통신대 행정학과졸, 한국교원대 대학원 교육정책학과졸 (경)1985년 공무원 임용 1985년 강원 춘성교육청 관리과 근무, 강원도교육청 학무국 초등교육과·관리국 시설과 근무, 同행정관리담당관, 同관리국 행정과·기획관리국 기획관리과 근무, 同감사담당관, 강원 홍천교육청 지원과 근무, 강원도교육청 기획관리국 기획관리과 근무 2008년 강원 동광중 교육행정실장(사무관) 2008년 원주청원학교 교육행정실장 2009년 同교육 파견 2010년 강원교육정보원 사무관 2010년 강원도교육청 기획관리국 혁신기획과 예산담당 사무관 2011년 同관리국 예산과 예산담당 사무관 2013년 同행정국 예산1담당 사무관 2014년 同행정국 예산과장(서기관) 2016년 강원도교육연구원 총무부장(서기관) 2016년 강원도교육청 지식정보과장(서기관) 2018년 同감사관(부이사관)(현) (상)교육감표창(1993), 교육부장관표창(1998), 국무총리표창(2003)

허남덕(許南德) HEO Nam-duk

(생)1968·11·20 (본)김해(金海) (출)서울 (학)1987년 경기고졸 1991년 서울대 국제경제학과졸 1996년 同행정대학원졸 1999년 독일 슈파이어대 대학원 행정학과졸 2015년 행정학박사(경희대) (경)1991년 행정고시 합격(35회) 1992~2001년 총무처·재정경제부 정책조정국·국고국·금융정책실 사무관 2001~2006년 재정경제부 국제금융국·경제협력국 서기관 2003~2006년 유럽부흥개발은행(EBRD) 이사보좌관 2006년 법무부 장관정책보좌관 2007년 재정경제부 자유무역협정 국내대책본부 기획총괄팀장 2008년 기획재정부 대외경제국 통상정책과장 2009년 同예산실 법사예산과장 2010년 同예산실 문화예산과장 2011년 同사회예산심의관실 노동환경예산과장 2011년 대통령실 교육문화수석실 선임행정관(고위공무원) 2013~2014년 미국 UC 버클리교 국제법및비교법센터 방문학자 2014년 통계청 기획조정관 2015~2018년 駐두바이 총영사 2018년 대통령직속 정책기획위원회 소득주도성장특별위원회추진단 정책지원관 2019년 국제통화기금(IMF) 한·호주이사실 대리이사(현) (상)국무총리표창(2001) (역)'두바이 제대로 이해하기 : 성공비결과 그림자(e-book)'(2018, 한국전자도서출판)

허대만(許大萬) Heo Dai Man

(생)1969·4·20 (출)경북 포항 (주)경상북도 안동시 경북대로 359 더불어민주당 경북도당(054-841-8413) (학)1987년 경북 대동고졸 1993년 서울대 정치학과졸 2002년 경북대 대학원 행정학과졸 (경)1995년 민주평통 자문위원 1996년 경북 포항시의회 의원 1996년 (사)포항지방의정연구소 이사 겸 기획실장 2001년 지음기획·지음컴퓨터 대표 2002년 노무현 대통령후보 경북도선거대책본부 정책기획실장 2003년 대통력직인수위원회 자문위원 2003년 열린우리당 포항南·울릉군지구당 운영위원장 2004년 同경북도당 공보실장 겸 정책실장, 행정자치부 장관 정책특보, 대통합민주신당 포항南·울릉군지역위원회 위원장, 지음리서치 대표 2008년 제18대 국회의원선거 출마(포항南·울릉, 통합민주당) 2008년 민주당 포항南·울릉군지역위원회 위원장, 서경산업 상무 2009년 포스칼슘 상무이사 2010년 경북 포항시장선거 출마(민주당) 2011년 민주통합당 포항南·울릉군지역위원회 위원장 2012년 제19대 국회의원선거 출마(포항南·울릉군, 민주통합당) 2012년 (주)SG 대표이사 2013년 민주당 포항南·울릉군지역위원회 위원장 2013년 제19대 국회의원 재선거 출마(포항南·울릉군, 민주당) 2013년 민주당 정책위원회 부의장 2014~2015년 새정치민주연합 포항南·울릉군지역위원회 위원장 2015년 同경북도당 예산결산위원장 2015~2017·2018년 더불어민주당 포항시남구·울릉군지역위원회 위원장(현) 2017~2018년 행정안전부 장관 정책보좌관 2018년 경북 포항시장선거 출마(더불어민주당) 2018년 더불어민주당 경북도당 위원장(현) 2019년 대통령직속 국가균형발전위원회 전문위원(현)

허대석(許大錫) HEO Dae Seog

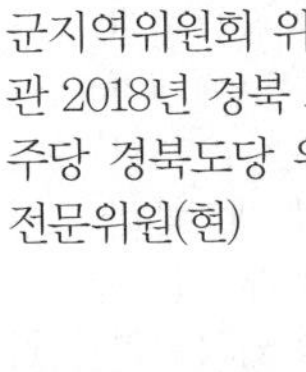

(생)1955·10·14 (출)부산 (주)서울특별시 종로구 대학로 101 서울대학교암병원 종양내과센터(02-2072-2114) (학)1980년 서울대 의대졸 1983년 同대학원 의학석사 1986년 의학박사(서울대) (경)1980~1984년 서울대병원 수련의·내과 전공의 1986~1989년 미국 Pittsburg대 Cancer Institute 특별연구원 1989년 서울대병원 내과 진료의사 1989년 同암연구소 특별연구원 1990년 서울대 의대 내과학교실 임상교수 1993년 미국 Univ. of Michigan Medical Center 교환교수 1994~2003년 서울대 의대 내과학교실 조교수·부교수 1996년 서울대병원 임상의학연구소 연구실험부장 1998~2010년 同호스피스실장 2003년 서울대 의대 내과학교실 교수(현) 2004~2008년 서울대병원 암센터 소장 2004~2006년 同의료정책연구실장 2006~2008년 同첨단세포

유전자치료센터장 2008~2010년 同혈액종양분과장 2009~2012년 한국보건의료연구원 초대원장 2012~2013년 한국임상암학회 회장 2013년 한국호스피스완화의료학회 회장 2015~2017년 한국의료윤리학회 회장 (상)한국BRM학회 학술상(1995), 함춘내과봉사상(2001), 보령암학술상(2007), 대한의사협회장표창(2017) (역)'임종을 맞이하는 마지막 일주일'

허대영(許大寧) HER Dai Young (佳泉)

(생)1949·7·18 (본)김해(金海) (출)강원 홍천 (주)강원도 춘천시 동면 춘천로 527-40 춘천 YMCA(033-255-1001) (학)1968년 서울 선린상고졸 1970년 춘천교대 교육학과졸 1975년 원주대학 경영학과졸 1982년 고려대 대학원 교육학과졸 2005년 교육학박사(강원대) (경)통일부 통일교육위원강원도협의회 회장 2000~2010년 21세기교육문화포럼 운영위원 2002년 통일부 통일교육위원(현), 강원도 통일교육연구회 회장, 강원일반사회교육연구회 회장 2006~2010년 춘천국제연극제 운영위원 2006년 강원아동문학회 수석부회장·지도위원, 강원문학교육연구회 회장, 양구종합고·춘성여고·홍천여고·동화중·춘천중 교사, 강원도교육연구원 교육연구사, 강원도교육청 중등교육과 장학사, 남춘천여중 교감, 홍천두촌중 교장, 홍천교육청 교육과장, 강원도교육과학연구원 교육과정부장, 강원도교육청 중등교육과장, 영월교육청 교육장 2009년 춘천교육청 교육장 2010~2011년 홍천농고 교장 2011~2014년 한국문인협회 강원도지회장 2011년 춘천YMCA 이사, 춘천지법 조정위원, 강원대총동창회 부회장, 춘천교육대총동창회 수석부회장 2013년 춘천MBC 시청자위원장 2013년 강원 홍천청소년수련관 한가람학교 교장(현) 2014년 강원도문화예술단체총연합회 회장 2014년 강원국제미술전람회 민속예술축전조직위원회 이사장 2014년 한서남궁억연구회 회장 2015년 춘천YMCA 부이사장(현) 2016년 강원교육발전연구회 회장(현) 2016년 해솔직업사관학교 이사(현) 2018년 한반도통일교육전문강사협의회 회장(현) (상)교육부장관표창(1972·1994·1997), 국무총리표창(2007), 강원도 문학상(2009), 강원아동문학상(2010), 황조근정훈장(2011), 한국사도대상(2011), 강원펜문학상(2012), 동곡상 교육연구부문(2015) (저)'노래하는 새들'(1978, 아동문예사) '연구학교 운영의 실제'(1994) '현장교육연구, 어떻게 계획하고 보고할 것인가'(1995) '창의성교육, 선생님께 달렸습니다(共)'(1995) '중학교 영어와 수학 수준별 이동수업 운영방안(共)'(1996) '하나되는 통일교육(共)'(2004) '오천석과 미군정기 교육정책'(2009) 시조집 '영월찬가'(2009) 시집 '다시 불어오는 바람'(2011) 동시집 '봄이면 매봉채는 진달래 바다'(2011) 성지순례기 '나를 사랑하시는 그분을 찾아서'(2016, 예맥), '바울의 발자취를 따라 가는 길'(2016, 예맥) (종)기독교

허덕진 HEO, DUCK JIN

(생)1963·6·28 (출)경기 부천 (주)서울특별시 강남구 영동대로 511 한국무역협회 회원지원본부(02-6000-5022) (학)1982년 동인천고졸 1986년 중앙대 법대 행정학과졸 1988년 서울대 행정대학원 행정학과졸 2002년 벨기에 루벵대 대학원 국제통상학과졸 (경)1990년 한국무역협회 남북교역과 입사 1994년 同인사과 근무 2002년 同FTA연구팀 근무 2005년 同경영전략팀 근무 2010년 同감사실 근무 2012년 同FTA현장지원실장 2014년 同인천지역본부장 2016년 同글로벌연수실장 2016년 同기획조정실장 2018년 同e-Biz지원본부장(상무) 2019년 同회원지원본부장(상무)(현) (상)무역의 날 대통령표창(2012)

허도성(許道成) HUH Do Sung

(생)1961·10·25 (본)김해(金海) (출)경남 고성 (주)경상남도 김해시 인제로 197 인제대학교 문리과대학 의생명화학과(055-320-3225) (학)1980년 마산고졸 1984년 서울대 화학교육과졸 1986년 한국과학기술원(KAIST) 석사 1989년 이학박사(한국과학기술원) (경)1989년 인제대 시간강사 1990년 同화학과 전임강사·조교수·부교수 1996~1997년 미국 웨스트버지니아대 Post-Doc. 1996년 同연구원 2000년 미국 서던미시시피대 Visiting Researcher 2000년 미국 웨스트버지니아대 Visiting Researcher 2003년 대한화학회 경남지부 간사장 2003년 일본 도쿄대 Researching Professor 2005년 인제대 문리과대학 의생명화학과 교수(현) 2005년 김해의생명센터 상임이사(현) 2007년 대한화학회 간사장 2007년 인제대 자연과학대학 부학장, 同화학과 학과장 2011·2013년 同자연과학대학장 2014년 同교무처장 2015~2017년 同교수학습개발원장 2016~2017년 同학부교육혁신처장 (상)교육부장관표창(2005), 인제학술상(2009) (종)기독교

허동섭(許東燮) HUH Dong Sup

(생)1948·2·19 (본)하양(河陽) (출)경기 개성 (주)서울특별시 강남구 강남대로 330 우덕빌딩 한일시멘트(주) 임원실(02-531-7000) (학)1967년 경복고졸 1974년 경희대 경영학과졸 (경)1981~1982년 P.T 한일자야 Metal Works(인도네시아현지법인) 전무이사 1982~1988년 한일건설(주) 대표이사 부사장 1988~1992년 同대표이사 사장 1988~1992년 한덕개발(주) 서울랜드 대표이사 사장 겸임 1992~2003년 한일건설(주) 대표이사 회장 1992~1995년 한덕개발(주) 서울랜드 대표이사 회장 1995~1998년 한일시멘트(주) 대표이사 사장 1995년 전국경제인연합회 이사·명예회장 1999년 한일시멘트(주) 대표이사 부회장 2003년 同대표이사 회장, 同명예회장(현) 2011~2013년 한일건설(주) 대표이사 회장 2014~2016년 한진그룹 사외이사 (상)산업포장(1996), 경실련 경제정의기업상(1997), 재정경제부장관표창(1998·2004), 대통령표창(1999·2005), 노동부장관표창(2001), 한국회계학회 투명회계대상(2002), 금탑산업훈장(2003), 한국에서 가장 존경받는 기업상 시멘트산업부문(2004~2010)

허동수(許東秀) HUR Dong Soo

(생)1943·7·13 (본)김해(金海) (출)경남 진주 (주)서울특별시 강남구 논현로 508 GS타워 34층 (주)GS칼텍스(02-2005-6000) (학)1960년 보성고졸 1966년 연세대 화학공학과졸 1968년 미국 위스콘신대 대학원졸(화학공학석사) 1971년 화학공학박사(미국 위스콘신대) (경)1971년 미국 쉐브론연구소 연구원 1973년 GS칼텍스주식회사 입사 1978년 同생산담당 상무 1981년 同기획·기술·건설담당 상무 1984년 同전무·기획·기술·건설담당 1987년 同부사장·종합기획·S&T·생산담당 1991년 同수석부사장(사장대우) 1994년 同대표이사 사장 1994~1995년 대한석유협회 회장 1998년 GS칼텍스(주) 대표이사 부회장 2001~2013년 한국기원 이사장 2002~2016년 지속가능발전기업협의회(KBCSD) 회장 2003~2012년 GS칼텍스(주) 대표이사 회장 2005년 소비자피해자율관리위원회 위원장 2005년 한·중·일 비즈니스포럼 한국위원장(현) 2006~2016년 (재)GS칼텍스재단 이사장 2009~2012년 녹색성장산업협의체 대표 2010~2013년 글로벌녹색성장연구소(GGGI) 감사 2010년 중국 산동성정부 경제자문 고문(현) 2011~2014년 한국과학기술원(KAIST) 이사 2012년 한·UAE 경협위원장(현) 2012년 (주)GS칼텍스 회장, 同명예회장(현) 2013~2016년 同이사회 의장 2013~2016년 (주)GS에너지 이사회 의장 2013~2015년 미국 위스콘신대재단 이사 2013년 연세대재단 이사 2013~2014년 대한바둑협회 회장 2013년 한국전쟁기념재단 정전60주년기념사업추진위원회 위원 2014~2015년 사우디 킹압둘아지즈대 국제자문위원회 위원 2014·2017~2018년 사회복지공동모금회 사랑의열매 회장(제8·9대) 2014년 한국기원 명예총재(현) 2015년 사회복지법인 동행복지재단 대표이사(현) 2017년 학교법인 연세대 제10대 이사장(현) (상)산업포장(1985), 동탑산업훈장(1995), 금탑산업훈장(2000), 에너지산업대상(2003), 국민훈장 무궁화장(2005), 인촌상(2007), 금관문화훈장(2012), 무역의 날 250억불 수출탑(2012), 자랑스런 위스콘신 동문상(2013), 한국의 경영자상(2018)

허동영(許東榮) Huh Dong Young

(생)1961·3·28 (주)서울특별시 중구 후암로 98 LG이노텍(주) 개발실(02-3777-1114) (학)우신고졸, 경북대 전자공학과졸 1989년 한국과학기술원(KAIST) 전기전자과졸(석사), 전기전자박사(한국과학기술원) (경)2006년 LG이노텍(주) 입사 2006년 同Power연구실장(연구위원·상무급) 2008년 同Power Lab장(연구위원·상무급) 2013년 同융복합연구소장(상무) 2015년 同전장부품개발2담당 상무 2017년 同전장부품개발2담당 수석연구위원(전무급) 2018년 同Power개발실장(수석연구위원·전무급) 2019년 同개발실장(수석연구위원·전무급)(현)

허동현(許東賢) HUH Dong Hyun

(생)1960·1·31 (본)하양(河陽) (출)서울 (주)경기도 용인시 기흥구 덕영대로 1732 경희대학교 후마니타스칼리지 멀티미디어교육관 905호(031-201-3401) (학)1983년 고려대 사학과졸 1986년 同대학원 사학과졸 1994년 사학박사(고려대) (경)1993년 건양대 전임강사 1995년 경희대 교수 2007~2008년 同교양학부장·학부대학장 2008~2011년 진실화해를위한과거사정리위원회 비상임위원 2011년 경희대 후마니타스칼리지 교수(현) 2012~2017년 국사편찬위원회 위원 2013년 경희대 한국현대사연구원장(현) 2013~2017년 한국연구재단 인문학대중화운영위원회 위원 2012~2017년 국가기록위원회 위원 2016~2018년 한국연구재단 비상임이사 (저)'일본이 진실로 강하더냐'(1999) '장면 : 건국, 외교, 민주의 선구자'(1999) '근대한일관계사 연구'(2000) '우리역사최전선(共)'(2003) '열강의 소용돌이에서 살아남기(共)'(2005) '길들이기와 편가르기를 넘어(共)'(2009) '장면시대를 기록하다(共)'(2014) '장면 수첩에 세상을 담다 1권(共)'(2016) (역)'유길준 논소선'(1987) (종)가톨릭

허 륭(許 隆) HUH Ryoong

(생)1963·6·25 (본)양천(陽川) (출)서울 (주)인천광역시 부평구 동수로 56 가톨릭대학교 인천성모병원 신경외과(1544-9004) (학)1989년 순천향대 의대졸 1993년 同대학원졸 2002년 의학박사(연세대) (경)1997년 연세대 의대 신경외과학교실 강사 2000년 同뇌연구소 연구원 2000년 포천중문의과대 신경외과학교실 부교수, 미국 오리건보건과학대학(OHSU) 신경외과 방문교수, 同Parkinson's Disease Center 연구원, 부산봉생병원 신경외과 과장 2009년 차의과학대 신경외과학교실 교수, 분당차병원 노발리스방사선수술센터 소장, 대한신경외과학회 이사, 대한정위기능신경외과학회 부회장, 대한신경외과학회 고시위원, 同보험위원, 同총무위원회 부위원장, 同회원관리위원장, 대한통증연구학회 총무이사, 同부회장(현), 중앙약사심의위원회 위원 2010년 미국 세계인명사전 'Marquis Who's Who'에 등재 2011년 가톨릭대 신경외과학교실 교수(현) 2011년 인천성모병원 신경외과 전문의(현) 2011~2013년 同중환자실장 2017년 대한수술중신경감시연구회 회장 2018~2019년 대한정위기능신경외과학회 회장 2018년 세계정위기능신경외과학회 부회장(현) (상)대한정위기능신경외과학회 학술상(2008), 대한노인신경외과 학술상(2010) (종)기독교

허 만(許 槾) HOU Man

(생)1958·1·2 (본)양천(陽川) (출)서울 (주)서울특별시 중구 소공로 94 OCI(주) 임원실(02-727-9500) (학)1976년 서울고졸 1980년 서울대 법학과졸 1982년 同법과대학원 법학과졸 1990년 미국 하버드대 법과대학원졸 (경)1980년 사법시험 합격(22회) 1982년 사법연수원 수료(12기) 1982년 육군 법무관 1985년 서울지법 동부지원 판사 1987년 서울민사지법 판사 1990년 마산지법 판사 1992년 헌법재판소 연구관 1993년 서울고법 판사 1994년 법원행정처 공보관 1997년 청주지법 충주지원장 1999년 사법연수원 교수 2001년 서울지법 부장판사 2002년 수원지법 안산지원장 2004년 부산고법 부장판사 2005년 서울고법 부장판사 2008년 서울중앙지법 형사수석부장판사 2009~2010년 서울고법 부장판사 2010년 법무법인 세종 변호사 2013년 OCI(주) 경영지원실장(사장)(현) (종)기독교

허만영(許萬英) Hur Man Yeong

(생)1960·2·22 (본)김해(金海) (출)경남 진주 (주)경상남도 창원시 의창구 중앙대로 151 창원시청 제1부시장실(055-225-2114) (학)1978년 진주고졸 1984년 경북대 독어독문학과졸 2002년 부산대 행정대학원 행정학과졸 2013년 울산대 대학원 행정학 박사과정 수료 (경)1992년 행정고시 합격(36회) 2006년 울산시 총무과장(지방서기관) 2008년 同환경녹지과장(지방부이사관) 2009년 同중구청 부구청장 2010년 同의회 사무처장 2011년 울주군 부군수 2012년 울산시 안전행정국장 2014년 同경제통상실장(지방이사관) 2015년 행정자치부 주민생활환경과장(부이사관) 2016년 행정안전부 정부대전청사관리소장(고위공무원) 2018년 同과거사관련업무지원단장(고위공무원) 2019년 경남 창원시 제1부시장(현) (상)국무총리표창(2001), 대통령표창(2006)

허만형(許萬亨) HUR Mann Hyung

(생)1957·11·14 (주)서울특별시 동작구 흑석로 84 중앙대학교 공공인재학부(02-820-5878) (학)1980년 건국대 정법대학 행정학과졸 1985년 미국 Univ. of Colorado Denver 대학원 행정학과졸 1990년 행정학박사(미국 Univ. of Colorado Denver) (경)1983~1986년 한국일보 Colorado Denver 지사 근무 1986년 미국 Colorado Aurora시 Cultural Services Coordinator 1988년 미국 MS&B 경영자문회사 Research Analyst 1988~1990년 미국 TLSI경영자문회사 Director 1992~2005년 건국대 사회복지학과 교수 1998년 서울시 시정개혁위원회 실무위원 1999년 경찰청 치안연구소 연구위원 2000년 조달청 비축발전자문위원 2001~2005년 경찰청 자체규제심사위원 2001~2004년 행정자치부 지방자치정보화추진분과 위원 2002~2004년 한국지역정보화학회 회장 2003~2004년 국가보훈처 보상체계개편자문위원 2004년 한국행정학회 정책연구회장 2005년 同총무위원장 2005년 국무조정실 심사평가2심의관 2006년 同특정평가심의관 2007년 건국대 사회복지학과 교수, 중앙대 정경대학 행정학과 교수 2010년 同공공인재학부 교수(현) 2012~2014년 한국철도시설공단 비상임이사 2013년 중앙대 국가정책연구소장 2015~2016년 同행정대학원장 2015년 한국직업능력개발원 비상임감사 2016년 한국정책학회 회장 (저)'SPSS 프로그램' '백치천재 컴퓨터' '정책학' 'SPSS와 통계분석' '21세기세계화경영' '한국의 정치학 : 현황과 전망'(共) '복지가 경제를 살린다' '통계분석론' '정부조직진단'(共) '새천년 사회과학의 신패러다임'(共) '싱크탱크와 국가경쟁력'(共) '계량분석론'(共) '사회복지행정론' 창작소설 '사이버 베아트리체'(1999) '기호의 비밀'(2000) 'T벨리이야기' '유니파이'(2004)

허 명(許 銘) HUR Myong (柏野)

(생)1949·10·19 (본)양천(陽川) (출)대구 (주)대구광역시 수성구 동대구로 355 범어빌딩 5층 507호 명우합동법률사무소(053-752-6633) (학)1968년 서울고졸 1972년 서울대 법대졸 (경)1980년 사법시험 합격(22회) 1982년 사법연수원 수료(12기) 1982년 대구지법 판사 1985년 同경주지원 판사 1989년 대구지법 판사 1993년 대구고법 판사 1996년 대구지법 판사 1998년 同부장판사 2002년 同포항지원장 2004년 대구지법 부장판사 2005년 명우합동법률사무소 대표변호사(현) (종)기독교

허명산(許明山)

(생)1968·11·18 (출)전북 완주 (주)경기도 의정부시 녹양로34번길 23 의정부지방법원(031-828-0102) (학)1987년 전주 해성고졸 1995년 고려대 법학과졸 (경)1998년 사법시험 합격(40회) 2001년 사법연수원 수료(30기) 2001년 창원지법 예비판사 2003년 同판사 2005년 수원지법 평택지원 판사 2008년 서울서부지법 판사 2012년 서울중앙지법 판사 2014년 서울북부지법 판사 2016년 전주지법 부장판사 2018년 의정부지법 부장판사(현)

허명수(許明秀) Huh Myung Soo

(생)1955·10·1 (출)부산 (주)서울특별시 종로구 종로 33 GS건설(주) 부회장실(02-2154-1112) (학)1974년 경복고졸 1981년 고려대 전기공학과졸 (경)1981년 LG전자 입사 1998년 同영국 뉴캐슬법인장 1999년 同상무이사 2000년 同이탈리아 밀라노법인장 2002년 LG건설 재경본부장(부사장) 2005년 GS건설(주) 재경본부장(부사장) 2007년 同대표이사 사장(사업지원총괄본부장 겸 CFO) 2008년 同대표이사 사장(사업총괄) 2009~2013년 同대표이사 사장(CEO) 2012년 국민생활체육회 부회장 2013년 한국건설경영협회 회장(현) 2014년 GS건설(주) 부회장(현) 2014년 한·이집트경제협력위원회 위원장(현) 2015~2018년 지속가능발전기업협의회(KBCSD) 부회장 2016년 한국공학한림원 정회원(건설환경공학분과·현) 2018년 지속가능발전기업협의회(KBCSD) 회장(현) 2018년 (재)국립발레단 이사장(현) (상)금탑산업훈장(2007), 글로벌 고객만족경영부문 대상(2009), 대한민국 가장 신뢰받는기업(2009), 포브스 사회공헌 및 복지부문 대상(2010), 포춘코리아2011 한국경제를 움직이는 인물(2010), 포브스 상생경영부문 최고경영자대상(2011), 대한민국건설업윤리경영대상(2011), GlobalStandard 녹색경영대상(2011), 대한민국 CEO그랑프리 건설산업부문(2011), 선설부문 World Class Brand(2012), 대한민국상생기업대상(2012), 동반성장을위한 사회적책임기업 WinCSR(2013)

허명욱(許明旭)

(생)1962·2·20 (출)서울 (주)서울특별시 마포구 마포대로 174 서울서부지방법원(02-3271-1104) (학)1980년 용산고졸 1994년 연세대 행정학과졸 (경)1996년 사법시험 합격(38회) 1999년 사법연수원 수료(28기) 1999년 대구지법 예비판사 2001년 同판사 2002년 同안동지원 판사 2003년 의정부지법 고양지원 판사 2007년 서울서부지법 판사 2010년 서울중앙지법 판사 2011년 서울고법 판사 2013년 서울서부지법 판사 2014년 제주지법 부장판사 2014년 제주특별자치도선거방송토론위원회 위원장 2016년 의정부지법 고양지원 부장판사 2019년 서울서부지법 부장판사(현)

허명회(許明會) Hur Myeong Hoi (淸潭)

(생)1931·8·5 (본)양천(陽川) (출)경기 광주 (주)서울특별시 광진구 자양로 131 K&S빌딩 11층 KD운송그룹 회장실(02-455-2115) (학)1961년 경희대 중퇴 1986년 同경영대학원 수료 1986년 고려대 경영대학원 최고경영자과정 수료·同국제대학원 고위과정 수료·同언론대학원 최고위언론과정 수료 2007년 명예 경영학박사(세명대) 2010년 경희대 정경대학 정치외교학과 명예졸업 (경)1961~1971년 경기여객운수(주) 근무 1971년 대원여객(주) 창립 1978년 (주)경기고속 대표이사 사장(현) 1979년 (주)대원관광 대표이사 사장 1979~2008년 대원여객(주) 대표이사 사장 1984년 (주)대원고속 대표이사 사장(현) 1985~1993년 서울시립대 총동창회 부회장 1986년 在京광주군민회 회장 1989년 서울시버스운송사업조합 자문위원 1992년 고려대 경제인회 부회장 1992년 同국제대학원 총교우회장 1996년 同노동대학원 총교우회 고문 1996년 (주)대원교통 대표이사 사장(현) 1999년 (주)대원운수 대표이사 회장, KD운송그룹 회장(현) 2003년 (주)대원버스 대표이사 회장(현) 2006년 (주)평안운수 회장(현) 2007년 (주)경기여객 회장(현) 2008년 대원여객(주) 회장(현) 2008년 (주)명진여객 회장(현) 2008년 (주)진명여객 회장(현) 2009년 민주평통 용인시협회 자문위원 2010년 경기버스 회장(현) 2010년 경기운수 회장(현) 2010년 경기상운 회장(현) 2015년 화성여객 회장(현) (상)국민포장(1981), 대통령표창(1982·2009), 교통부장관표창(1983·1985), 노동부장관표창(1984), 동력자원부장관표창(1985), 새마을훈장 근면장(1986), 국세청장표창(2001·2005), 철탑산업훈장(2001), 건설교통부장관표창(2001), 환경부장관표창(2002), 기업경영대상(2005), 노사문화우수기업 선정(2005), 금탑산업훈장(2005), 노사문화대상 대통령상(2006), 노동부 노사한누리상(2010), 국무총리표창(2011), 인간존중생산성우수기업 선정(2011), 환경정보공개 우수기업(2013)

허묘연(許妙蓮·女) Huh Myoyeon

(생)1966·10·23 (주)서울특별시 강북구 솔매로49길 60 서울사이버대학교 상담심리학과(02-944-5022) (학)1985년 진선여고졸 1989년 이화여대 교육심리학과졸 1991년 同대학원 교육심리학과졸 1999년 문학박사(이화여대) (경)1990~1991년 서울대병원 소아정신과 임상심리 인턴 1991~1992년 이화여대부설 아동발달장애센터 전임연구원 1995~2000년 강북삼성병원 정신과 임상심리전문가 겸 수련감독자 2001~2002년 미국 Emory Univ. 심리학과 객원연구원 2002~2004년 메종프로그레스 발달상담심리센터 수석연구원 2003~2004년 성균관대 BK21 아동교육연구단 박사 후 연구원 2005년 서울사이버대 상담심리학과 전임강사·조교수·부교수·교수(현) 2005년 同상담심리학과장 2006년 同학생지원처 부처장 2006~2012년 同학생처장 2010~2012년 同심리상담센터장 2010~2012년 同대학원장 2012~2015년 同부총장 2015~2017년 同총장 2014~2018년 국립발레단 이사 (상)올해의 여성대상(2016), 스티비어워즈 비영리기구 혁신경영상 은상(2016) (저)'발달장애심리학(編)'(2003) '청소년이해론(編)'(2007)

허문영(許文寧) HUH, Moon-Young

(생)1956·5·1 (본)김해(金海) (출)강원 춘천 (주)서울특별시 마포구 와우산로 56 극동방송 2층 (사)평화한국(02-515-2633) (학)1979년 성균관대 정치외교학과졸 1981년 同대학원 정치외교학과졸 1991년 정치외교학박사(성균관대) (경)1991~1996년 민족통일연구원 책임연구원 1993년 남북나눔운동 연구위원 1994년 민족통일에스라운동협의회 이사 1996년 대전대 정치외교학과 겸임교수 1997년 통일연구원 연구위원·선임연구위원 1998년 한민족복지재단 정책이사 1998~2000년 통일연구원 통일정책연구실장 1999~2005년 민주평통 정책개발위원 1999년 KBS 객원해설위원 1999년 민주평통 자문위원 2000~2001년 통일연구원 기획조정실장 2000년 同원장 직대 2002년 한국기독교총연합회 통일선교대학장 2003년 통일부 통일교육심의위원 2003~2004년 국가안전보장회의 자문위원 2005년 통일연구원 북한연구실장 2007년 同평화기획연구실장 2010년 同기획조정실장 2012년 同북한연구센터 소장 2013년 同북한연구센터 선임연구위원 2014년 同평가관리위원회 위원장 2014년 同통일정책연구센터 선임연구위원 2015년 同통일정책연구실 선임연구위원 2015년 경찰청 새경찰추진자문위원회 미래분과위원장 2016년 통일연구원 석좌연구위원 2017년 통일선교아카데미 원장(현) 2018년 (사)평화한국 상임대표(현) (저)'북한체제의 실상과 변화전망(共)'(1991) '남북한 국력추세 비교연구(共)'(1992) '남북한 정치의 구조와 전망(共)'(1993) '탈냉전기 북한의 대중·러관계'(1993) '북한지도부의 정세인식 변화와 정책전망'(1994) '한국외교사II(共)'(1994) '민족통일과 한국기독교(共)'(1994) '민족통일을 준비하는 그리스도인(共)'(1994) 'Prospects for Change in North Korea(共)'(1994, Berkeley IEAS) '북한외교정책(共)'(1995) '북한의 대미국정책 변화 연구'(1995) '21세기 기독인의 사명과 비전(共)'(1995) '북한의 대외정책 변화와 남북경협 활성화방

안'(1996) '김정일 시대의 북한(共)'(1997) '평화통일과 북한복음화(共)'(1997) '북한외교정책 결정구조와 과정 : 김일성시대와 김정일시대의 비교'(1998) '국가경쟁력 제고를 위한 국정개혁 방향(共)'(1998) '북한이해의 길잡이(共)'(1999) '21세기 민족 화해와 번영의 길(共)'(2000) '통일과 그리스도인들의 과제(共)'(2000) '한반도 평화전략(共)'(2001) '북한외교의 특징과 변화 가능성'(2001) '북한의 핵개발계 확인정과 우리의 정책방향'(2002) '정상회담이후 남북한 평화공존의 제도화 추진방안(共)'(2002) '남북한 실질적 통합과정에서 주한미군의 위상과 역할 연구(共)'(2002) '북핵문제의 해법과 전망(共)'(2003) '통합적인 통일과 그리스도인들의 과제(Ⅱ)(共)'(2003)

허미숙(許美淑 · 女) HEO Mi Sook

(생)1952·2·12 (본)양천(陽川) (출)전북 김제 (주)서울특별시 양천구 목동동로 233 방송통신심의위원회(02-3219-5021) (학)1973년 전주기전여고졸 1975년 전주대 국어국문학과졸 2006년 서강대 영상대학원 PP최고경영자과정 수료 2008년 연세대 언론홍보대학원 언론홍보최고위과정 수료 2008년 전주대 경영학과졸 2012년 연세대 언론홍보대학원 저널리즘 석사과정졸 (경)1975년 CBS 공채 입사(PD) 1986년 同편성국 편성부 차장 1987년 同이리방송 방송부장 1990년 同광주방송 방송부장 1992년 뉴욕기독교방송 '뉴스와이드' 앵커(해외파견) 1992년 CBS 편성국 제작1부장 1993~1994년 同편성국 편성부장 1994년 한국방송프로듀서상 심사위원 1994년 CBS 전북방송 편성국장 1995년 (사)동학농민혁명기념사업회 이사(현) 1997년 CBS 광주방송 편성국장 1998년 同광주방송 보도국장(통합) 1999년 전북CBS 보도국장 2000년 CBS 경남방송설립본부 보도국장 2001년 同전남방송설립본부장 2003년 同편성국장 2004~2008년 同TV본부장 2005년 (사)천년전주사랑 이사(현) 2005년 한국YMCA 후원이사 2006년 NCCK 문화영성위원·부위원장 2007년 '2007 한국교회부흥100주년기념대회' 홍보위원장 2008~2009년 전북CBS 본부장 2011년 연세대 총동문회 상임이사(현) 2012~2013년 씨채널방송 대표이사 2018년 제4기 방송통신심의위원회 부위원장(현) (상)한국방송PD상 작품상(1994), 옥관문화훈장(2007) (저)'민족과 함께 통일로' (작)'우리는 CBS뉴스를 듣고싶습니다-7년만에 듣는 CBS뉴스'(1987) '새롭게 하소서'(1990) '대통령, 무엇을 보고 뽑을 것인가'(1992) '민족과 함께 통일로'(1993) '대통령과의 60분'(1998) '금강산콘서트-통해야'(2004~2006) '명성교회 새벽기도회'(2006~2007) '세계소리축제-별빛콘서트'(2008) (종)기독교

허 민(許 民) HUH Min

(생)1961·1·25 (본)양천(陽川) (출)전남 순천 (주)광주광역시 북구 용봉로 77 전남대학교 지구환경과학부(062-530-0577) (학)1979년 전남 순천고졸 1983년 전남대 지질학과졸 1986년 서울대 대학원 지질학과졸 1991년 지질학박사(고려대) (경)1992년 중국지질과학연구소 방문교수 1993~1999년 전남대 조교수·부교수 1993~1999년 미국 고생물학회 정회원 1993년 일본 시즈오카대 방문교수 1994년 한국고생물학회 평의원 1994년 미국 Wales대 객원교수 1997년 전남대 지구환경과학부장 1998년 캐나다 티렐고생물박물관 연구교수 1998~1999년 전남도 문화재전문위원 1999년 전남대 지구환경과학부 교수(현) 1999년 同한국공룡연구센터 소장(현) 2000년 공룡박물관건립을위한국제심포지움조직위원회 위원장 2001년 문화재위원회 감정위원 2002년 자연사박물관연구협회 상임위원 2002~2010년 국제박물관협의회(ICOM) 한국위원회 위원 2002~2010년 세계자연유산보존협회(IUCN) 한국위원회 위원 2002~2003년 전남대 문화예술특성화사업단 대외협력부장 2003년 영국 케임브리지국제전기(傳記)센터 '21세기 위대한 과학자 2000인'에 선정 2004~2009년 문화재청 문화재전문위원 2004년 영국 국제인명센터(IBC) '2005 100대 과학자'에 선정 2007년 남해안공룡화석지 유네스코세계유산등재추진단 부위원장 겸 추진단장 2007년 EBS 한반도공룡 총괄자문 2010~2012년 전남대 자연과학대학장 2010년 전국자연과학대학장협의회 부회장 2012~2017년 한국고생물학회 회장 2012년 영화 '점박이 한반도의 공룡3D' 총괄자문 2014년 대한지질학회 부회장 2014년 환경부 국가지질공원 전문위원(현) 2014년 제주특별자치도 유네스코등록유산관리위원회 부위원장 겸 지질공원분과위원장(현) 2015~2018년 무등산권 유네스코세계지질공원 실무책임자 2016년 무등산공유화재단 이사장(현) 2016~2017년 대한지질학회 회장 2017~2018년 전남대 부총장 2017~2018년 同미래위원회 위원장 2017년 광주시 관광협업위원회 위원장(현) 2018년 무등산권 유네스코세계지질공원 공동대표(현) 2018년 무등산 유네스코 지질관광사업단장(현) (상)과학기술훈장 진보장(2014) (저)'잃어버린 30억년을 찾아서(共)'(2003) (역)'어린이를 위한 공룡대탐험'(2002) '공룡백과사전'(2003)

허민호 Heo, Min Ho

(생)1964 · 5 · 26 (주)서울특별시 마포구 상암산로 66 CJ ENM(주)(02-371-5501) (학)충암고졸, 서울대 농업공학과졸 (경)1989년 신세계백화점 영업담당 1993년 신세계인터내셔널 마케팅담당 2001년 동화면세점 영업구매담당 2008년 CJ올리브네트웍스(주) 올리브영부문 대표이사 상무 2013년 同올리브영부문 대표이사 부사장대우 2016년 同올리브영부문 대표이사 부사장 2018년 CJ ENM(주) 오쇼핑부문 대표(부사장) 2019년 同오쇼핑부문 각자대표이사 부사장(현)

허민회(許敏會) HEO Min Heoi (재훈)

(생)1962 · 3 · 15 (본)양천(陽川) (출)부산 (주)서울특별시 마포구 상암산로 66 CJ ENM(주)(02-371-5501) (학)마산고졸, 부산대 회계학과졸 2009년 연세대 경영대학원졸(MBA) (경)1986년 삼성그룹 입사, 제일제당 과장, CJ투자증권 자금팀장 1997년 同경영 · 리스크관리팀장, 同경영지원본부 이사 2002~2008년 同경영지원본부장(상무) 2008년 CJ헬로비전 경영지원실장(상무) 2010년 同경영지원실장(부사장대우) 2010년 CJ(주) 사업총괄 부사장 2011년 CJ푸드빌 대표이사 2013년 CJ그룹 경영총괄 부사장 2014~2015년 CJ올리브네트웍스 총괄대표 겸 미래경영연구원장 2015년 CJ(주) 창조경제추진단장 2016년 CJ제일제당(주) 경영지원 총괄부사장 2016년 CJ오쇼핑 대표이사 부사장 2017년 同대표이사 총괄부사장 2018년 CJ ENM(주) 대표이사 겸 E&M부문 대표 2019년 同E&M부문 각자대표이사 총괄부사장(현) (종)불교

허범도(許範道) HEO Beom Do (書偕)

(생)1950·2·18 (본)김해(金海) (출)경남 고성 (주)서울특별시 서초구 남부순환로319길 13 한국산업개발연구원(02-2023-9778) (학)1968년 경남고졸 1973년 부산대 경영학과졸 1976년 서울대 행정대학원졸 2004년 경영학박사(숭실대) (경)1975년 행정고시 합격(17회) 1976년 해운항만청 사무관 1979년 상공부 사무관 1985년 국무총리 제1행정조정실 국무회의담당관 1987년 상공부 미주통상과장 1988년 유엔무역개발회의(UNCTAD) 아주담당관 1991년 대통령경제비서실 SOC기획단 과장 1992~1994년 상공자원부 화학제품과장·정보진흥과장 1994~1996년 통상산업부 가스관리과장·총무과장·섬유소재과장 1996년 부산지방중소기업청장 1997년 중소기업청 기획관리관 1997년 同산업2국장 1998년 同중소기업정책국장 1999년 同경영지원국장 2000년 국방대학원 입교 2001년 경기지방중소기업청장 2003년 중소기업청 차장 2004년 산업자원부 무역위원회 상임위원 2005~2006년 同차관보 2006~2008년 중소기업진흥공단 이사장 2008~2009년 제18대 국회의원(경남 양산, 한나라당) 2009년 미국 조지아공과대 Research Scholar 2009~2017년 부산대 산학협력단 석좌교수 2010~2012년 부산시 정무특보 2015~2019년 (주)코아스 상근감사 2015년 한국산업개발연구원 상임고문(현) 2016~2017년 우즈베키스탄 KSP 경제수석고문 (상)황조근정훈장 (저)'중소기업 발전론' '경영지침서 TPM 법칙'(2007) 한시집 '자연을 느끼며 삶을 생각하며' '눈이 녹고 바람이 몸을 풀면 봄이 날아오더라'(2011, 비디컴) (종)기독교

허법률

(생)1963·2·20 (출)대전 (주)제주특별자치도 제주시 문연로 6 제주특별자치도청 특별자치행정국(064-710-6400) (학)남주고졸, 경희대 정치외교학과 중퇴 (경)1987년 서귀포시 지방행정서기보 1997년 제주특별자치도 지방재정과 지방행정주사 2006년 서귀포시 환경위생과장(지방행정사무관) 2012년 제주특별자치도 특별자치행정국 마을발전과장 2013년 同소방방재본부 재난방재과장 2013년 제주개발공사 파견 2013년 제주특별자치도 수출진흥본부 수출진흥관 2014년 세종연구소 파견(지방서기관) 2015년 제주특별자치도 기획조정실 협치정책기획관 2016년 서귀포시 부시장 직대 2017년 同부시장(지방부이사관) 2018년 제주특별자치도 일자리경제통상국장 2019년 同특별자치행정국장(현)

허복행(許福行) HEO Bok-Haeng

(생)1966·2·15 (본)양천(陽川) (출)전북 남원 (주)대전광역시 유성구 대학로 383 대전지방기상청 예보과(070-7850-4130) (학)1984년 마산고졸 1988년 경북대 지학교육과졸 1993년 同대학원 천문기상학과졸 2001년 이학박사(경북대) (경)1988년 공군 제73기상전대 기상예보장교 1993~2001년 항공기상청 예보관 2005~2008년 지구관측시스템(GEO) 역량배양위원회 위원 2006년 세계기상기구(WMO) 기상관측법 및 측기위원회 전문위원 2007~2008년 부산지방기상청 통영기상대장 2009년 경북대 천문대기과학과 겸임교수(현) 2010년 한국기상학회 대기과학용어심의위원회 간사(현) 2010년 기상청 기상레이더센터 레이더분석팀장 2011년 同관측기반국 관측정책과장 2013년 同기후변화감시센터장 2015년 同기후변화감시과장 2015년 대전지방기상청 청주기상지청 관측예보과장 2017년 대전지방기상청 예보과장(현) (상)과학기술부장관표창(2004), 기상청장표창(2006) (저)'쉬워지는 과학, IDL 프로그래밍'(2010, 홍릉과학출판사) '실용기상기후학(共)'(2012) '대기과학용어집(共)'(2013)

허봉렬(許鳳烈) Hur Bong Yul

(생)1942·3·2 (출)경북 (주)경기도 부천시 까치로 26 부천시립노인전문병원(032-713-7300) (학)1967년 서울대 의대졸 1977년 同대학원 의학석사 1980년 의학박사(서울대) (경)1973~1976년 서울대병원 내과 전공의 1976~1980년 한양대 의대 전임강사·조교수 1980~1990년 서울대 의대 내과학교실 조교수·부교수 1990년 同교수 1991~1994년 대한가정의학회 이사장 1995년 한국건강가족실천국민운동본부 사무총장 1996~1999년 대한고혈압학회 이사 1997년 서울세계가정의학회 아태학회 조직위원장 1997~2007년 서울대 의대 가정의학교실 교수 1997~1999년 대한가정의학회 이사장 1999년 대한고혈압학회 부회장, 대한임상건강증진학회 회장, 대한가정의학회 명예이사장(현) 2001년 세계가정의학회 아태지역 부회장, 대한임상건강증진학회 명예회장(현) 2004년 건강가정시민연대 공동대표 2007년 대한민국의학한림원 정회원(현) 2007년 서울대 명예교수(현) 2007년 국립암센터 자문교수·초빙교수 2015년 선의세종노인전문병원 원장 2016년 부천시립노인전문병원장(현) (상)육군 참모총장표창(1969), 대한가정의학회 학술상(1999), 대통령표창(1999), 옥조근정훈장(2007), 세계가정의학회학술대회(WONCA) 특별공로패(2018) (저)'금연백서(흡연과 건강)'(2000) '가정의학'(2005) '생활주기영양학'(2007) (역)'포켓 속의 종합병원'(1995)

허부열(許富烈) Hur Boo Yeul

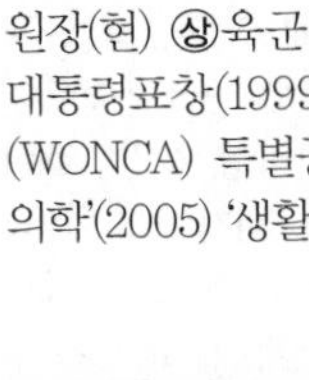

(생)1962·7·19 (본)하양(河陽) (출)경북 경산 (주)서울특별시 서초구 서초대로 219 법원도서관 관장실(02-3480-1563) (학)1981년 대구고졸 1985년 서울대 법대 공법학과졸 (경)1986년 사법시험 합격(28회) 1989년 사법연수원 수료(18기) 1989년 軍법무관 1989년 제3군단 검찰관 1991년 수도방위사령부 군판사 1992년 대구지법 판사 1993년 대구시 남구 공직자윤리위원회 위원장 1995년 대구지법 경주지원 판사 1997년 대구지법 판사 1997년 청도군 선거관리위원회 위원장 1998년 대구고법 판사 2001년 대구지법 판사 2001년 경산시 공직자윤리위원회 위원장 2002년 대법원 재판연구관 2004년 대구지법 경주지원장 2004년 경주시 선거관리위원회 위원장 2006년 사법연수원 교수 2009년 대구지법 부장판사 2009년 대구시 중구선거관리위원회 위원장 2011년 부산고법 창원재판부 부장판사 2013년 서울고법 부장판사(현) 2016~2017년 서울가정법원 수석부장판사 직대 2018년 법원도서관장(현)

허상구(許相九) HEO Sang Koo

(생)1960·2·15 (본)김해(金海) (출)부산 (주)서울특별시 서초구 서초대로74길 4 삼성생명서초타워 법무법인(유) 동인(02-2046-0682) (학)1980년 부산동고졸 1984년 부산대 법학과졸 (경)1989년 사법시험 합격(31회) 1992년 사법연수원 수료(21기) 1992년 인천지검 검사 1994년 창원지검 진주지청 검사 1996년 부산지검 검사 1998년 서울지검 남부지청 검사 2000년 제주지검 검사 2002년 서울지검 검사 2004년 서울고검 검사 2006년 청주지검 영동지청장 2007년 법무부 범죄예방정책과장 2008년 同범죄예방기획과장 2009년 서울중앙지검 형사3부장 2010년 대전지검 형사2부장 2011년 창원지검 통영지청장 2012년 서울고검 검사 2012~2013년 한국형사정책연구원 파견 2014년 대전지검 홍성지청장 2015년 청주지검 차장검사 2016~2017년 수원지검 부장검사(경기도 법률자문검사 파견) 2017년 법무법인(유) 동인 구성원변호사(현)

허상만(許祥萬) HUH Sang Man (禮山)

(생)1943·10·12 (본)양천(陽川) (출)전남 순천 (주)전라남도 순천시 중앙로 255 순천대학교(061-750-3210) (학)1961년 순천고졸 1967년 전남대 농학과졸 1979년 건국대 대학원 작물학전공 석사 1986년 농학박사(전남대) 2001년 명예박사(일본 미야자키대) 2006년 명예박사(몽골과학원) (경)1972~1982년 순천농업전문대학 교수 1982~2003년 순천대 농과대학 교수 1983년 일본 규슈대 초청교수 1986년 순천대 학생생활연구소장 1988년 同농업과학연구소장 1989년 同교무처장 1992년 同지역개발연구소장 1994~2003년 순천경제정의실천시민연합 공동대표 1996년 섬진강권물연구소 설립준비위원장 1996~1997년 순천대 교수협의회 의장 1997년 미국 미주리대 초청교수 1998~2002년 순천대 총장 2000~2009년 몽골 몽골국립농업대 명예교수 2003년 순천대 농업생명과학대학 식물생산과학부 교수 2003~2005년 농림부 장관 2003년 (사)나무를심는사람들 대표 2005~2008년 (사)통일농수산사업단 상임대표 2005~2008년 한국학술진흥재단 이사장 2006~2008년 대통령자문 정책기획위원회 위원 2006~2008년 연구지원기관장 혁신포럼 의장 2006년 순천대 석좌교수(현) 2008년 기후변화센터 이사 2008년 (사)통일농수산사업단 상임고문(현) 2008~2010년 고려대 민족문화연구원 연구교수 2014~2017년 대한민국압화대전위원회 위원장 2014년 민선 제6대 전남도지사직인수위원회 위원장 2014년 (재)순천양천장학회 이사장(현) 2018년 다솜둥지복지재단 이사장(현) 2018년 (사)생명의숲국민운동 이사장(현) 2018년 남북산림협력자문위원회 위원(현) (상)교육공로표창(1987), 국민교육유공표창(1994), 근정포장(2001), 청조근정훈장(2005), 전남대 용봉인 영예대상(2006), 한국잡초학회 공로상(2006), 자랑스런 농대인상(2009), 한국작물학회 공로상(2011) (저)'新稿수도작(共)'(1986) '新稿田作(共)'(1986) '한중일 식물보호명칭사전'(1995) '세계 농촌현장을 가다(共)'(1995) '쌀의 품질과 맛(共)'(1998) 문집 '예산 허상만 총장 재임4년(共)'(2002) '시대를 여는 새로운 농정'(2005, 농림부) '허상만과 함께하는 즐거운 동행(共)'(2007) '용연에 담은 뜻(共)'(2008) (종)불교

허상준(許相峻) Hur Sang-jun

(생)1963·6·5 (본)양천(陽川) (출)경기 광주 (주)서울특별시 광진구 자양로 131 K&S빌딩10층 KD운송그룹 사장실(02-434-7672) (학)1982년 경성고졸 1990년 경희대 법과대학졸 1999년 고려대 노동대학원 수료 (경)1993년 (주)대원관광 대표이사(현) 1994년 (주)경기고속 영업 및 관리총괄(현) 1996년 (주)대원운수 대표이사(현) 1996년 (주)대원고속 영업 및 관리총괄(현) 1999년 (주)대원교통 대표이사(현) 2004년 (주)대원버스 대표이사(현) 2006년 (주)평안운수 대표이사(현) 2007년 (주)경기여객 대표이사(현) 2008년 (주)대원여객 대표이사(현)·(주)진명여객 대표이사(현)·(합)명진여객 대표사원(현) 2008년 한국중고등학교골프연맹 회장(현) 2008년 대한골프협회 이사(현) 2009년 (주)경기버스·(주)경기운수·(주)경기상운 대표이사(현) 2015년 (주)화성여객 대표이사(현)

허상진(許湘眞·女)

(생)1974·2·20 (출)광주 (주)서울특별시 서초구 서초중앙로 157 서울고등법원(02-530-1114) (학)1992년 광주여고졸 1996년 고려대 법학과졸 (경)1998년 사법시험 합격(40회) 2001년 사법연수원 수료(30기) 2001년 광주지법 판사 2004년 同순천지원 판사 2005년 인천지법 판사 2008년 서울북부지법 판사 2010년 서울중앙지법 판사 2012년 서울남부지법 판사 2014년 대법원 재판연구관 2017년 광주지법 부장판사 2018년 서울고법 판사(현)

허서홍(許瑞烘) HUR suh hong

(생)1977·6·3 (출)서울 (주)서울특별시 강남구 논현로 508 GS에너지 임원실(02-2005-0955) (학)1996년 대일외고졸 2002년 서울대 서양사학과졸 2009년 미국 스탠퍼드대 대학원 MBA (경)2003년 삼정KPMG 기업금융부 애널리스트 2006년 GS홈쇼핑 신사업팀 대리 2009년 셰브론 비즈니스 애널리스트 2015년 GS에너지 가스프로젝트추진TF부문장(부장) 2015년 同전력·집단에너지사업부문장(상무) 2018년 同경영기획부문장(상무) 2018년 同경영기획부문장(전무)(현) 2019년 同경영지원본부장 겸임(현)

허 석(許 錫) Heo Seok

(생)1964·9·30 (출)전남 순천 (주)전라남도 순천시 장명로 30 순천시청 시장실(061-749-3201) (학)1982년 순천고졸 1989년 서울대 경제학과졸 (경)순천시민의신문 대표, 대통령자문 국가균형발전위원회 전문위원, 민주당 중앙당 대변인, 광주고법 민사가사 조정위원 2014년 전남 순천시장선거 출마(새정치민주연합), 문재인 대통령후보 전남도선거대책위원회 공동위원장, 새벽을여는노동문제연구소 소장, 전남동부희망포럼 상임대표, 한국설화연구소 소장(현) 2018년 전남 순천시장(더불어민주당)(현) (상)더불어민주당 1급 포상, 대한민국을 빛낸 위대한 인물 언론부문대상 (저)'전남의 설화와 인물'(2019, 아세아) '제2차 진주성 전투의 영웅 장윤 장군' 등 20여권 저술

허석곤(許石坤) Heo, Suk Gon

(생)1967·11·10 (출)경남 거제 (주)경상남도 창원시 의창구 중앙대로 300 경상남도 소방본부(055-211-5311) (학)부산 혜광고졸, 부산대 해양과학과졸 2006년 同행정대학원졸 (경)1993년 소방간부후보 임용(7기) 2010년 부산 남부소방서장 2011년 부산 강서소방서장 2012~2013년 국무총리실 파견 2013~2014년 중앙소방학교 행정지원과장 2014~2015년 국민안전처 119구급과장 2015년 소방준감 승진 2015~2016년 경기도 소방학교장 2016~2017년 세종연구소 교육파견 2017~2019년 울산시 소방본부장 2019년 경남도 소방본부장(소방감)(현)

허 선(許 宣) Joseph Seon HUR (知山·珍菴)

(생)1952·4·19 (본)양천(陽川) (출)전남 순천 (주)서울특별시 강남구 테헤란로 317 동훈타워 법무법인(유) 대륙아주(02-3016-5305) (학)1971년 순천농림고등전문학교졸 1975년 서울시립대 농업경영학과졸 1979년 서울대 행정대학원 행정학과 휴학 1981년 미국 뉴욕대(NYU) 대학원 행정학과졸 1981년 同대학원 도시경제학 박사과정 수료 2006년 법학박사(서울시립대) (경)1975년 행정고시 합격(17회) 1975년 서울시 산업국·재무국 사무관 1982년 경제기획원 사무관 1989년 同경제교육홍보과장 1990년 독일 경제연구소 초청연구원 1993년 공정거래위원회 제도개선과장·약관심사과장 1994년 同공보관 1995년 同광고경품과장 1996년 同소비자보호국 기획과장 1997년 同기획예산담당관 1998년 대통령직인수위원회 전문위원 1999년 세종연구소 파견 1999년 공정거래위원회 정책개발기획단장 2000년 同정책국장 2001~2002년 세계공정거래위원장회의(ICN) 조직위원장 2001~2002년 경제협력개발기구(OECD) 경쟁법·정책위원회 부의장 2003년 중앙공무원교육원 파견 2004년 공정거래위원회 경쟁국장 2005~2006년 同사무처장(1급) 2006년 경제협력개발기구(OECD) 경쟁위원회 부의장 2006~2013년 법무법인 화우 선임컨설턴트 2008년 연세대 법무대학원 겸임교수 2009년 서울시립대 경영학부 동창회장 2009년 (사)한국판소리보존회 감사 2013년 법무법인(유) 대륙아주 선임컨설턴트(현) 2013년 순천대 총동창회 회장 2013~2016년 현대상선(주) 사외이사 (상)대통령표창(1986), 자유경제출판문화상(1993), 황조근정훈장(2005) (저)'한국지방재정 연구'(1984) '지방금융활성화방안 연구'(1988) '동구권의 변화와 사회주의 경제의 시장경제화과정 연구'(1991) '참된 길을 찾아서'(1995) '통일의 뒷마당'(1995) '공정거래법과 한국의 경제발전'(2003) 'Competition Law/Policy and Korean Economic Development'(2006) (역)'통일 그리고 경제의 모험'(1993) '이웃에서 동반자로'(1994)

허선아(許瑄娥·女)

(생)1972·12·20 (출)대전 (주)경기도 성남시 수정구 산성대로 451 수원지방법원 성남지원(031-737-1558) (학)1991년 대전여고졸 1995년 연세대 법학과졸 1999년 同대학원 법학과 수료 (경)1998년 사법시험 합격(40회) 2001년 사법연수원 수료(30기) 2001년 부산지법 판사 2004년 대전지법 판사 2007년 同가정지원 판사 2012년 청주지법 판사 2013년 대전고법 판사 2015년 대전지법 판사 2016년 부산지법 부장판사 2018년 수원지법 성남지원 부장판사(현)

허성곤(許成坤) HEO Seong Gon

(생)1955·7·9 (출)경남 김해 (주)경상남도 김해시 김해대로 2401 김해시청 시장실(055-330-3002) (학)1990년 부경대 토목공학과졸 1992년 동아대 대학원 도시공학과졸 2005년 도시공학박사(동아대) (경)1975년 김해시 근무 1996년 同도시과장 2003년 同건설교통국장 2004년 同종합민원국장 2005년 同도시관리국장 2006년 경남도 공공기관이전추진단장 2008년 同주택과장 2008년 同항만물류과장 2009년 경남 창녕군 부군수 2010년 경남도 농수산국장(부이사관) 2010년 同도시건설방재국장 2012년 同건설사업본부장 2013~2014년 同기획조정실장(이사관) 2015년 부산진해경제자유구역청장 2016~2018년 경남 김해시장(재선거 당선, 더불어민주당) 2018년 경남 김해시장(더불어민주당)(현) (상)홍조근정훈장(2014), 제14회 자랑스러운 부경인상(2015), 대한민국유권자대상 기초자치단체장부문(2017), 대한민국 의정대상·지방자치행정대상 지방자치행정대상(2017), 한국문화가치대상 최우수상(2019) (저)'휴먼시티 김해를 꿈꾸다'(2013)

허성관(許成寬) HUH Sung Kwan

(생)1947 · 11 · 12 (본)김해(金海) (출)경남 마산 (주)서울특별시 중구 남대문로 81 롯데빌딩 26층 롯데장학재단(02-726-4581) (학)1966년 광주제일고졸 1970년 동아대 상학과졸 1982년 미국 뉴욕주립대 버펄로교 대학원졸(MBA) 1986년 경영학박사(미국 뉴욕주립대 버펄로교) (경)1970년 한국은행 근무 1978년 산업연구원 책임연구원 1980년 미국 뉴욕주립대 경영대학원 조교·강사 1985~1988년 同경영대학 조교수 1988~2003·2005~2006년 동아대 경영학부 교수 1996년 同경영문제연구소장 1998년 同도서관장 1999년 미국 뉴욕주립대 버펄로교 방문교수 2002년 제16대 대통령직인수위원회 경제1분과(재정·금융) 위원 2003년 해양수산부 장관 2003~2005년 행정자치부 장관 2005년 국무총리 정책평가위원회 위원장 2006~2007년 광주과학기술원 원장 2006~2008년 (주)포스코 사외이사 2008~2012년 (재)광장 이사 2012년 한가람역사문화연구소 연구위원 2015년 (재)광주전남연구원 초대 원장 2016~2018년 미래로가는바른역사협의회 상임대표 2017년 한국미래발전연구원 이사장 2017년 한국지방세연구원 이사장(현) 2018년 롯데장학재단 이사장(현) (저)'시민주체의 부산만들기' '전략전원가관리' '경영과 현실' '회계 원리' '빛나는 롱런'(2008)

허성무(許成武) Huh Sung Moo

(생)1963 · 10 · 29 (본)김해(金海) (출)경남 마산 (주)경상남도 창원시 의창구 중앙대로 151 창원시청(055-225-2017) (학)1982년 마산중앙고졸 1988년 부산대 행정학과졸 (경)1986년 부산 미국문화원 점거농성으로 구속 2003년 열린우리당 경남도지부 정책실장 2003년 정부혁신지방분권위원회 행정개혁자문위원 2004년 열린우리당 경남도지부 선대위 본부장 2004년 同국민참여운동본부 경남상임본부장 2004년 6.5재보선 창원시장선거 출마 2005년 열린우리당 경남도당 중앙위원 2006~2007년 대통령 민원·제도혁신비서관 2011~2012년 경남도 정무부지사 2013년 민주당 경남도당 위원장 2014년 새정치민주연합 경남도당 공동위원장 2014년 창원시장선거 출마(새정치민주연합) 2014년 새정치민주연합 조직강화특별위원회 위원 2014~2015년 同창원성산구지역위원회 위원장 2015년 同지방자치담당 사무부총장 2015년 同조직본부 부본부장 2015년 더불어민주당 창원성산구지역위원회 위원장 2018년 同한국GM대책특별위원회 위원 2018년 경남 창원시장(더불어민주당)(현) (상)국제사격연맹(ISSF) 청십자훈장(2018), 제2회 한국을 빛낸 글로벌 100인 지방행정부문(2019) (저)'그래도 사람 36.5'(2014) (종)천주교

허성무(許成茂) Huh Sung Moo

(생)1966 · 12 · 30 (주)서울특별시 강남구 논현로 430 아세아타워 15층 과학기술인공제회 자산운용본부(02-3469-7711) (학)경복고졸 1989년 고려대 경영학과졸 1991년 한국과학기술원(KAIST) 경영과학과졸(석사) 1998년 同경영공학 박사과정 수료 (경)1990~1988년 동양선물·동양증권·동양투자신탁 근무 1999~2000년 유리자산운용 수석운용역 2001~2004년 한누리투자증권 기업금융팀 부장 2004~2006년 산은자산운용(KDB자산운용) AI팀장 2006~2010년 메리츠종합금융증권 상품본부장(상무) 2011년 KDB자산운용 전략운용본부장 2015년 同전략운용본부장(상무) 2016~2019년 멀티에셋자산운용 부동산투자본부장(상무) 2019년 과학기술인공제회 자산운용본부장(CIO)(현)

허성오(許星五)

(생)1961 (주)강원도 춘천시 한림대학길 1 한림대학교 의대 약리학교실(033-248-2615) (학)1985년 서울대 이학과졸 1987년 同대학원 이학석사 1993년 이학박사(미국 코넬대) (경)1987~1988년 서울대 의대 약리학교실 조교 1988~1993년 미국 코넬대 의대 장학조교 1993~1997년 미국 슬로안케터링연구소 박사후 연구원 1997년 한림대 의대 조교수·부교수·교수(현) 2000~2004년 同환경안전관리부장 2004~2005년 미국 스크립스연구소 방문교수 2006년 한국분자세포생물학회 편집위원(현) 2008~2011년 한림대 대학원 의학과장 2009~2012년 한림대 의대 약리학교실 주임교수 2010~2011년 한국분자세포생물학회 뇌신경발생학분과 회장 2011~2012년 한림대 의과대학 부학장 2013년 대한약리학회 편집위원(현) 2014~2015년 대한뇌협회 총무이사 2016년 한국연구재단 국책연구본부 뇌·첨단의공학분야 단장(현) 2019년 세계뇌과학총회 공동조직위원장(현)

허성욱(許成旭) HUR Sung Wook

(생)1970 · 1 · 25 (주)세종특별자치시 갈매로 477 기획재정부 혁신성장정책관실(044-215-4501) (학)1988년 창원고졸 1993년 한양대 전자통신공학과졸 2007년 영국 요크대 경영학과졸 (경)1992년 기술고시 합격(28회) 2005년 정보통신부 우정사업본부 천안우체국장 2009년 同인터넷정책과장 2010년 同네트워크기획과장 2012년 OECD 파견(과장급) 2016년 미래창조과학부 정보보호기획과장(부이사관) 2017년 과학기술정보통신부 정보보호정책관실 정보보호기획과장(부이사관) 2018년 서울전파관리소장(고위공무원) 2018년 대통령비서실 선임행정관 2018년 기획재정부 정책조정국 혁신성장정책관(현) (종)불교

허성주(許成柱) HEO Seong Joo

(생)1958 · 5 · 4 (주)서울특별시 종로구 대학로 101 서울대치과병원 치과보철과(02-2072-2661) (학)1977년 부산동고졸 1983년 서울대 치과대학 치의학과졸 1989년 미국 뉴욕주립대 대학원 치의학석사 1994년 치의학박사(서울대) (경)1994~2004년 서울대 치과대학 조교수·부교수 1996~1997년 스웨덴 예테보리대 객원교수 1998~2001년 서울대병원 치과진료부 중앙기공실장 2000년 식품의약품안전청 중앙약사심의위원회 소분과위원 2001년 미국 UCLA 치과대학 보철과 객원교수 2001~2002년 국제치과연구학회 한국지부 학술이사 2002~2017년 국제보철학회지(International Journal of Prosthodontics) 편집위원(Editorial reviewer) 2004년 서울대 치의학대학원 치의학과 치과보철학교실 교수(현) 2006년 미국 NYU 치과대학 임플란트과 객원교수 2006~2010년 대한구강악안면임프란트학회(KAOMI) 부회장 2007~2010년 서울대치과병원 기획조정실장 2008~2017년 한국생체재료학회 부회장 2010~2013년 서울대치과병원 진료처장 2011~2014년 대한공직치과의사회 회장 2014~2016년 대한구강악안면임프란트학회 회장 2014~2017년 대한치의학회 부회장 2014~2015년 국제치과보철학회 세계학술대회 공동학술위원장 2015~2017년 대한치과보철학회 회장 2016~2019년 서울대치과병원 원장

허성태(許聖泰) Heo Seong-tae (多月先生)

(생)1951 · 8 · 20 (본)김해(金海) (출)경남 김해 (주)부산광역시 동구 중앙대로 303 부산교원단체총연합회관 304호 (사)부산교육삼락회(051-464-8556) (학)1969년 부산남고졸 1975년 동아대 법학과졸 1983년 同대학원 법학과졸 (경)1975~1978년 신등중고·통영동중·수영중 교사 1978~2001년 내성중·부산중앙여중·감천여중·동삼여중·학장여중·부산대신중 교사 2001~2002년 학장여중 교감 2002~2004년 부산서부교육지원청 장학사 2004~2007년 부산남부교육지원청 중등교육과장(장학관) 2007~2009년 부산대신중 교장 2008년 부산시교육청 교원능력평가관리위원회 위원장 2009년 인제대 해운대백병원 IRB심사위원(현) 2009~2010·2012~2013년 다대고 교장 2010~2012년 부산북부교육지원청 교육장 2010~2012년 부산북구청년연합회 명예고문 2012년 부산 서구청 인사자문위원(현) 2013년 국제청소년

연합(IYF) 부산·경남자문위원(현) 2013~2016년 굿네이버스 부산교육전문위원회 위원장 2014~2016년 (사)교육선진화재단 대표·이사 2014년 부산 서구청 규제개혁위원회 위원(현) 2014~2017년 (사)부산교육삼락회 상근부회장 2014년 부산시교육청 주민참여예산위원회 위원 2014년 同시민교육협의회 위원 2016년 (사)엄마학교 이사장(현) 2017년 한국퇴직교원단체총연합회 (사)부산교육삼락회 회장(현) 2018년 부산지방법원 시민사법위원회 위원(현) 2018년 同서부지원 조정위원(현) (상)문교부장관표창(1990), 한국보이스카우트연맹총재표창(1998), 국가보훈처장표창(2004), 부산시교육청 다채널평가 최우수교장상(2009), 홍조근정훈장(2013) (저)'중학교 사회과 교사용 지도서' '중학교 사회과 지역화 교수, 학습지도 자료' (종)불교

허성희(許成熙)

(생)1973·1·16 (출)경남 의령 (주)경기도 평택시 평남로 1036 수원지방법원 평택지원(031-650-3100) (학)1991년 대구 달성고졸 1998년 서울대 물리학과졸 (경)1997년 사법시험 합격(39회) 2000년 사법연수원 수료(29기) 2000년 공군 법무관 2003년 대전지법 판사 2006년 수원지법 판사 2011년 서울중앙지법 판사 2013년 서울북부지법 판사 2015년 서울동부지법 판사 2017년 창원지법 부장판사 2019년 수원지법 평택지원 부장판사(현)

허세홍(許世烘) Sae Hong, HUR

(생)1969·11·21 (출)서울 (주)서울특별시 강남구 논현로 508 GS칼텍스 임원실(02-2005-1114) (학)1988년 휘문고졸 1992년 연세대 경영학과졸 1998년 미국 스탠퍼드대 대학원 경영학과졸 2008년 미국 Harvard-Tsinghua-CEIBS 고위경영자과정 수료 (경)1992~1994년 Osaki Electric Company 일본본사 해외영업부서 근무 1994~1996년 Bankers Trust International PLC 한국지사 파생상품부 상품개발 및 판매 근무 1998~2002년 IBM Corporation 미국본사 글로벌서비스부문 전략기획 및 비즈니스 컨설팅 근무 2003~2006년 Chevron Corporation Global Supply & Trading 싱가포르 General Manager 및 미국 Richmond 정유공장 원유수급 담당 2007년 GS칼텍스 싱가포르 현지법인 부법인장 2008년 同싱가포르현지법인 법인장 2011년 同여수공장 생산기획 공장장 2013년 同석유화학사업본부장(부사장) 2014년 同석유화학·윤활유사업본부장(부사장) 2017년 同비상무이사 2017년 GS글로벌 대표이사 부사장 2018년 同대표이사 사장 2019년 GS칼텍스 대표이사 사장(현) (상)세계경제포럼 젊은 글로벌 리더(Young Global Leader)(2008), 산업포장(2010)

허소영(許素寧·女)

(생)1970·11·6 (주)강원도 춘천시 중앙로 1 강원도의회(033-256-8035) (학)유봉여고졸, 강원대 불어불문학과졸, 문학박사(한림대) (경)한림대·한림성심대·강원대·원광디지털대 외래강사, 강원도여성가족연구원 연구위원, 강원도자원봉사센터장, 서울사이버대 사회복지학과 외래강사(현), 송호대 휴먼융복합분야 사회복지과 조교수 2018년 강원도의회 의원(더불어민주당)(현) 2018년 同의회운영위원회 위원(현) 2018년 同기획행정위원회 부위원장(현) (상)전국시도의회의장협의회 우수의정대상(2019)

허승범(許丞範)

(생)1981·6·25 (본)김해(金海) (출)미국 캘리포니아 (주)서울특별시 서초구 효령로 155 삼일제약(주) 부회장실(02-520-0304) (학)미국 트리니티대학졸 (경)2005년 삼일제약(주) 마케팅부 입사, 同기획조정실장, 同경영지원본부장, 同Growth Business 본부장, 同상무 2013년 同각자대표이사 부사장 2014년 同각자대표이사 사장 2018년 同각자대표이사 부회장(현)

허승욱(許承旭) HEO Seung Woog

(생)1966·9·1 (출)광주 (주)충청남도 천안시 동남구 단대로 119 단국대학교 천안캠퍼스 공공인재대학(041-550-3615) (학)1990년 단국대 농업경제학과졸 1995년 同대학원 농업경제학과졸 1998년 환경경제학박사(단국대) (경)1998년 중국 연변대 동북아경제연구소 및 미국 Univ. of Missouri-Columbia 객원연구원 1999~2000년 미국 Southern Oregon Univ. 객원연구원 2000~2014년 단국대 환경자원경제학과 교수 2005년 대통령자문 농어업특별위원회 위원 2005~2007년 충남도 농업기술원 겸임연구관 2007~2008년 영국 Univ. of Newcastle-upon Tyne 객원연구원 2009년 충남도 농업산·학협동심의회 전문위원 2010년 同정책자문위원회 위원 2011년 同FTA대응농림수산전문위원회 위원 2011년 同3농혁신위원회 위원장 2012년 同도민참여예산위원회 위원 2012~2014년 농림축산식품부 광역친환경농업단지중앙지원단 위원 2014~2018년 충남도 정무부지사 2014년 충남사회적경제활성화네트워크 공동대표(현) 2018년 단국대 공공인재대학 환경자원경제학과 교수(현) 2019년 同천안캠퍼스 교무처장 겸 천안캠퍼스 교양교육대학장(현)

허승조(許承祖) Hur Seung Jo

(생)1950·1·7 (출)경남 진양 (주)서울특별시 중구 동호로 310 태광그룹(02-3406-0300) (학)1968년 서울고졸 1972년 한양대 공업경영학과졸 (경)1978년 (주)럭키금성상사 입사, 同업무추진부장 1988년 同기획담당 이사 1992년 同상무이사 1992년 LG패션 영업본부장 1995년 (주)LG상사 전무이사 1997년 同마트사업부문 부사장 2001년 LG백화점 사장 2001년 (주)LG상사 마트사업부문 대표이사 사장 겸임 2002~2004년 (주)LG유통 대표이사 사장 2005~2008년 (주)GS리테일 대표이사 사장 2009~2015년 同대표이사 부회장 2017년 일주세화학원·일주학술문화재단·세화예술문화재단 이사장(현) 2017년 태광그룹 고문(현) (상)금탑산업훈장(2005), 한국능률협회컨설팅 '한국의 경영대상' 최고경영자상(2014)

허승진(許昇鎭) HEO Seung Jin

(생)1956·7·5 (출)충남 공주 (주)서울특별시 성북구 정릉로 77 국민대학교 자동차융합대학 자동차IT융합학과(02-910-4713) (학)1979년 서울대 기계설계학과졸 1981년 同대학원 기계설계학과졸 1987년 자동차공학박사(독일 아헨대) (경)1987년 한국과학기술원(KAIST) 선임연구원 1989~1993년 생산기술연구원 책임연구원 1993년 국민대 자동차공학과 교수 2009~2011·2014~2017년 同자동차공학전문대학원장 2014~2016년 同자동차융합대학장 2015년 同자동차산업대학원장 2015~2017년 同교무위원, 同자동차융합대학 자동차IT융합학과 교수(현)

허승호(許承虎) HUH Seung Ho

(생)1961·10·22 (출)부산 (주)서울특별시 중구 세종대로 124 한국프레스센터 13층 한국신문협회(02-733-2251) (학)1983년 서울대 경영학과졸, 한양대 언론정보대학원졸 (경)1986년 동아일보 입사 2000년 同경제부 차장 2004년 同사회1부 차장 2005년 同기획특집부장 2006년 同논설위원(부장급) 2008년 同편집국 경제부장 2009년 同편집국 부국장 2010년 관훈클럽 운영위원(편집) 2012~2018년 한국해양과학기술원 이사 2013~2014년 동아일보 논설위원(부국장급·국장급) 2014년 관훈클럽 신영연구기금 감사 2014년 한국신문협회 사무총장(현) 2014·2018년 뉴스통신진흥회 이사(4·5기)(현)

허승호(許丞鎬) HUR Seung Ho

(생)1962 · 10 · 17 (본)하양(河陽) (출)서울 (주)충청남도 천안시 서북구 성거읍 오송1길 114-41 대원강업(주) 비서실(041-520-7510) (학)1981년 숭실고졸 1986년 서울대 경영학과졸 1988년 미국 조지워싱턴대 경영대학원졸 (경)1990년 대원강업(주) 입사 1992년 同이사 1993년 同상무 1994년 同전무 1995년 同감사 1996년 同부사장 1999년 同대표이사 사장 2006년 同대표이사 부회장(현) (상)국무총리표창, 철탑산업훈장(2009)

허 식(許 湜)

(생)1957 · 12 · 12 (출)경남 고성 (주)서울특별시 중구 새문안로 16 농업협동조합중앙회 임원실(02-2080-5114) (학)고성농고졸, 경남대 산업공학과졸 2002년 同대학원 산업공학과졸 2007년 산업공학박사(경남대), 연세대 최고경제인과정(AEP) 수료, 서울대 최고재무책임자(CFO) 수료, 고려대 최고경영자과정(AMP) 수료 (경)1976년 농업협동조합중앙회 입회 1999년 同여신추진팀장 2001년 同총무팀장 2003년 同진해중앙지점장 2005년 同창원시지부장 2009년 同함안군지부장 2010년 同경남지역본부 부본부장 2011년 同농업금융부장 2012년 NH농협은행 공공금융부장 2013년 同전략기획부장 2014년 同재무관리본부장(상무) 2015년 同경영기획본부장(수석부행장) 2015년 농업협동조합중앙회 상호금융 대표이사 2016 · 2018년 同전무이사(부회장)(현)

허신행(許信行) HUH Shin Haeng (天鼓)

(생)1942·9·13 (본)김해(金海) (출)전남 순천 (학)1962년 순천농고졸 1966년 서울대 농대졸 1974년 미국 웨스턴일리노이대졸 1978년 응용경제학박사(미국 미네소타주립대) (경)1968~1972년 국립농업경제연구소 연구원 1978~1984년 한국농촌경제연구원 연구위원 1982~1993년 농협중앙회 자문위원 1984~1989년 한국농촌경제연구원 수석연구위원 1984~1993년 감사원 정책자문위원 1988~1989년 재무부 농축수산업분과위원회 위원장 1988~1990년 농림수산부 양곡유통위원회 위원 1988~1991년 국민생활법령정비위원회 위원 1988~1992년 농림수산부 정책자문위원 1989~1991년 건설부 서해안개발협의회 위원 1990~1992년 식품개발연구원 이사 1990~1992년 농정심의위원 1990~1993년 한국농촌경제연구원 원장 1990~1993년 상공부 무역위원회 위원 1990~1993년 농어촌진흥공사 이사 1993년 농림수산부 장관 1994~1995년 강원대 초빙교수 1994년 ROTC예비역중앙회 부회장 1995~1998년 한국소비자보호원 원장 1998~2003년 서울시농수산물공사 사장 2000년 (사)한국고객만족경영학회 고문 2004년 건국대 초빙교수 2005년 한국유비쿼터스농촌포럼(KUVF, Korea Ubiquitous Village Forum) 공동대표 2005~2015년 태림포장공업 고문 2008~2014년 한몸사회포럼 대표 2011년 4.27재보선 국회의원선거 출마(전남 순천, 무소속) 2014~2016년 국민희망연대 대표 2017년 대동재단 공동대표(현) (상)청조근정훈장(1994) (저)'농산물가격정책'(1982) '무역정책과 농업발전'(1983) '한국농업의 성장과 발전방향'(1986) '한국농업의 21세기전략'(1994) '우루과이라운드와 한국의 미래'(1994) '부활농업과 돌아오는 농촌'(1997) '식물을 보고 세상을 읽는다'(1999) '지식사회는 가고 정각사회가 온다' '상생의 사이버-정각사회' '상생상멸' '한몸사회 : 대한민국은 세계 중심국이 될 수 있다'(2008) '세계 중심국으로 가는 길'(2012, 범우사) '참정치'(2016, 범우사) 등 총 24권

허 억(許 檍) HEO Eok

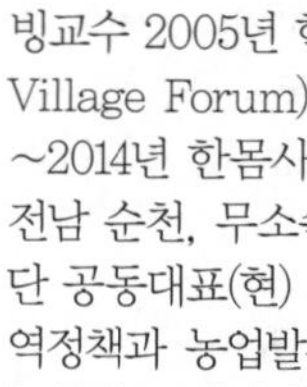

(생)1936 · 6 · 13 (본)양천(陽川) (출)경기 (주)서울특별시 강남구 압구정로 440 삼아제약(주)(02-2056-7200) (학)경기고졸 1959년 한국외국어대 영어영문학과졸 (경)1961~1973년 삼아약품공업사 대표 1973년 同대표이사 1983년 대한약품공업협회 홍보위원장 1987년 同부회장 1987년 한국제약협회 부회장 1987년 보건사회부 중앙약사심의위원, 한국외국어대총동문회 자문위원 1992년 삼아약품(주) 대표이사 회장 2006년 同명예회장 2007년 삼아제약(주) 명예회장(현) (상)국무총리표창(1992), 국민훈장 모란장(1999)

허언욱(許彦旭)

(생)1964 · 3 · 12 (출)경북 경주 (주)세종특별자치시 정부2청사로 13 행정안전부 안전정책실(044-205-4000) (학)한양대 행정학과졸 (경)1986년 행정고시 합격(30회) 1988년 내무부 기획관리실 등 사무관 1997년 울산시 승격준비단 담당관, 同기획관리실 기획관, 同문화체육국장 2002년 同경제통상국장 2003년 국방대 교육훈련 파견 2004년 한국지방자치단체국제화재단 파견(미국) 2007년 행정자치부 부내혁신팀장 2008년 행정안전부 인사정책과장 · 지방세정책과장 2009년 국무총리실 분권재정관 2009년 同제주특별자치도정책관 2011년 駐독일대사관 공사 · 총영사 2014년 행정자치부 지역발전정책관 2016~2018년 울산시 행정부시장 2018년 同시장 권한대행 2018년 행정안전부 안전정책실장(현)

허연수(許季秀) HUH, Yeon-Soo

(생)1961 · 7 · 26 (주)서울특별시 강남구 논현로 508 GS리테일 임원실(02-2006-2666) (학)보성고졸, 고려대 전기공학과졸, 미국 시라큐스대 대학원 전자계산학과졸 (경)1987년 럭키금성상사 입사 2001년 LG상사 싱가폴지사장(상무) 2003년 LG유통 마트부문 송파점장(상무) 2003년 GS리테일 CVS MD부문장(상무) 2007년 同CVS MD부문장(전무) 2009~2015년 GS넷비전 대표이사 2010년 GS리테일 CVS MD부문장(부사장) 2011년 同MD본부장 2011~2015년 (주)후레쉬서브 대표이사 2012년 GS리테일 정보서비스부문장 2013년 同MD본부장(사장) 2015년 同대표이사 사장(현) 2016년 (주)GS홈쇼핑 기타비상무이사(현) (상)대통령표창(2019)

허 염(許 炎) HUH YOUM

(생)1952 · 3 · 25 (본)김해(金海) (출)대구 (주)경기도 성남시 분당구 대왕판교로 660 유스페이스1 A동 8층 (주)실리콘마이터스(070-7882-9200) (학)1970년 계성고졸 1974년 서울대 전자공학과졸 1976년 한국과학기술원(KAIST) 전자전기공학과졸(석사) 1985년 공학박사(미국 스탠퍼드대) (경)1976년 삼성전자(주) 컴퓨터개발실장 1989년 미국 스탠퍼드대 컴퓨터연구소 연구원 1995년 현대전자산업 미국법인 최고기술책임자(CTO) 1997년 同멀티미디어본부장 1998년 同시스템IC본부장 2001년 하이닉스반도체 비메모리사업총괄 2004년 매그나칩반도체 대표이사 2007년 (주)실리콘마이터스 대표이사 사장(현) 2008~2019년 한국반도체산업협회 부회장 2009년 세계반도체연합(GSA) 아시아태평양지도위원회 위원 2010년 시스템반도체포럼 회장(현) 2011년 한국공학한림원 정회원(현) (상)은탑산업훈장(2005), 한국공학한림원 · 지식경제부 · 매일경제신문 공동주관 대한민국 100대 기술주역 비메모리분야 선정(2010), 금탑산업훈장(2017) (저)'Hardware Design in VAL'(1990)

허 엽(許 燁) HEO Yup

(생)1962 · 2 · 28 (출)대구 (주)서울특별시 종로구 청계천로 1 동아일보 임원실(02-2020-0114) (학)1980년 대구 능인고졸 1988년 서울대 지리학과졸 1999년 중앙대 신문방송대학원 수료 2006년 핀란드 헬싱키경제대학원(HSE) E-MBA 수료 (경)1988년 중앙일보 DB국 기자 1990~1994년 同출판국 기자 1994년 문화일보 문화부 기자 1995~2001년 동아일보 문화부 기자 2001년 同문화부 차장대우 2003년 同문화부 차장 2005년 同

위크엔드팀장 2008년 同문화부장 2011년 同편집국 부국장 2011년 한국신문윤리위원회 윤리위원 2011년 채널A 보도본부 크로스미디어팀장(부국장급) 2012년 同글로벌사업센터장(부국장급) 2012년 同AD본부장(부국장급) 2013년 동아일보 AD본부장(부국장급) 2015년 同AD본부장(국장급) 2017년 同출판편집인(상무)(현)

허 영(許 營) HUH Young (정천)

(생)1936·8·11 (본)양천(陽川) (출)충남 부여 (주)서울특별시 동대문구 경희대로 26 경희대학교 법학전문대학원(02-961-0705) (학)1959년 경희대 법학과졸 1968년 독일 뮌헨대 대학원졸 1971년 법학박사(독일 뮌헨대) 2007년 명예 법학박사(독일 본대) (경)1971년 독일 자르브뤼켄대 조교수 1972년 경희대 부교수 1972~1982년 독일 본대·바이로이트대 법학과 교수 1982~2001년 연세대 법학과 교수 1988년 독일법연구회 회장 1989년 국방부 자문위원 1989년 고황법학교수회 회장 1995년 헌법재판소 자문위원 1996년 한국공법학회 회장 1997년 한국헌법판례연구회 회장 1997년 사법시험 출제위원 2001년 고황법학회 회장 2001년 독일 뮌헨대 초빙교수 2002년 명지대 법대 초빙교수 2007년 허영헌법재판연구소 이사장 2007년 대검찰청 정책자문위원장 2009~2012년 법무부 정책위원장 2011~2013년 헌법재판연구원 초대 원장 2013년 경희대 법학전문대학원 석좌교수(현) 2015년 대검찰청 검찰미래발전위원회 위원장 2017~2018년 軍인권자문위원회 위원장 2017년 제19대 대통령선거 선거방송심의위원회 위원장 (상)독일 훔볼트학술상(1997), 목촌법률상(2011) (저)'헌법이론과 헌법 上·中·下' '헌법학' '사례 헌법학' '판례헌법'(共) '독일통일의 법적 조명' '법치국가의 기초이론' '한국헌법론 전정7판'(2011) '헌법소송법론 제6판'(2011) '헌법이론과 헌법 제5판'(2011) '헌법이론과 헌법 신6판'(2013, 박영사) '한국헌법론'(2013, 박영사) '헌법소송법론 제8판'(2013, 박영사) '사례헌법학 전정신판'(2013, 신조사) '한국헌법론 전정 11판'(2015) '헌법소송법론 제10판'(2015) '헌법이론과 헌법 신7판'(2015) '헌법이론과 헌법 신8판'(2017, 박영사) '한국헌법론 전정 15판'(2019, 박영사) '헌법소송법론 제14판'(2019, 박영사) (종)천주교

허 영(許 寧) HER Yeong

(생)1961·12·9 (출)전북 임실 (주)인천광역시 서구 원당대로 660 민주평화당 인천시당(032-569-5455) (학)1982년 하남고졸 2010년 인천대 공학대학원 토목공학과졸 (경)1982년 동아전기 대표 1995년 영종합건설(주) 대표이사 1998년 승국문화재단 이사 1998년 동아시아포럼 재정국장, 새천년민주당 인천시남동甲지구당 부위원장 2002년 인천시의원선거 출마(새천년민주당), 인천도시발전연구원 대표, 在仁호남향우회 회장 2016년 제20대 국회의원선거 출마(인천 서구乙, 국민의당) 2018년 민주평화당 인천시당 위원장 2018년 同최고위원(현) 2018년 同인천시당 위원장 직대(현)

허 영(許 榮) HUH YOUNG

(생)1970·3·29 (본)양천(陽川) (출)강원 양구 (주)강원도 춘천시 중앙로 140 더불어민주당 강원도당(033-242-7300) (학)1989년 강원고졸 1994년 고려대 사회학과졸 2007년 同정책대학원 국제관계학 석사과정 수료 (경)1994년 국회의원 신계륜 입법보좌역 2002~2003년 재외동포재단 정보화본부장 직대 2003~2007년 국회의원 김근태 비서관 2007~2008년 국회의원 이기우 보좌관 2008~2011년 일촌공동체 강원본부 대표 2008년 복지국가소사이어티 정책위원 2008~2011년 따뜻한한반도사랑의연탄나눔운동 춘천지부장 2009년 아름다운가게 춘천점 운영위원 2009~2011년 춘천시립도서관 운영위원 2010~2011년 메타컨텐츠 대표이사 2011~2012년 강원도지사 비서실장 2015년 우석대 겸임교수 2015년 더불어민주당 강원도당 전략기획위원장 2015년 同부대변인 2016년 同춘천시지역위원회 위원장 2016년 제20대 국회의원선거 출마(강원 춘천시, 더불어민주당) 2016년 서울특별시장 비서실장 2017년 서울특별시장 정무수석비서관 2017년 더불어민주당 춘천시지역위원회 위원장(현) 2017년 同강원도당 지방선거기획단장 2018년 同강원도당 위원장(현) 2019년 대통령직속 국가균형발전위원회 자문위원(현)

허영근(許永根) HUH Young Keun

(출)전북 익산 (주)전라북도 익산시 오산면 장항길 26 익산백제고등학교(063-858-9831) (학)1963년 이리고졸 1968년 조선대 약대졸 1984년 同대학원졸 1991년 약학박사(조선대) 1991년 미국 하버드대 대학원 고위정책경영자과정 수료 1992년 러시아 모스크바대 대학원 수료 1995년 전남대 행정대학원 수료 1996년 전북대 행정대학원 수료 2002년 명예 경영학박사(러시아 국립극동정보대) 2013년 정치학박사(원광대) (경)1994년 민족통일중앙협의회 이사 1995년 한국맹인복지연합회 익산지회 후원회장 1995년 국제로타리 3670지구 총재 1995년 한국주간신문언론인협회 부회장 1995·1998~2002년 전북도의회 의원(국민회의·새천년민주당) 1997년 조선대 약물학교실 신약개발연구소 상임연구원 1998년 전북도의회 부의장 1998~2002년 전북팝오케스트라단장 2000년 제2의건국범국민추진위원회 중앙위원 2001~2002년 전북도의회 제6대 의장 2002년 호남오페라단 이사 2002년 대한한센복지협회 전북지부장 2002년 조선대 약대 외래교수 2003~2005년 同겸임교수 2005년 민주당 전북익산甲운영위원회 위원장 2006년 익산시장선거 출마(민주당) 2007년 익산백제고 이사장(현), 원광대 정치행정언론학부 강사 2007~2009년 크로마하프 선교찬양단장 (상)내무부장관표창(1991), 법무부장관표창(1997), 국무총리표창(2000), 보건복지부장관표창(2001), 대통령표창(2002) (종)기독교

허영록(許永祿) HOH Young Rok

(생)1955·5·10 (본)양천(陽川) (출)서울 (주)경기도 용인시 기흥구 강남로 40 강남대학교 ICT건설복지융합대학(031-280-3764) (학)1976년 독일 발도르프학교졸 1983년 독일 카셀대 도시계획학과졸 1986년 同대학원 도시설계학과졸 1989년 도시계획학박사(독일 카셀대) (경)1983~1984년 독일 카셀시 도시계획국 근무 1986~1987년 同헤셀주 고등국토계획국 근무 1993년 강남대 도시건축공학부 교수, 同도시공학과 교수 1996~1998년 용인시·오산시 도시계획위원 1996~2000년 수원시 건축위원 1997년 (사)한국발도르프교육협회 이사장(현) 1998~2000년 서울시 상세계획위원 1999~2006년 (사)녹색환경연구소 소장 2000년 한국도시설계학회 이사 2002~2006년 인천시 교통영향평가심의위원 2002~2007년 화성시·부천시 도시계획위원 2002~2016년 서울시 생태도시포럼 운영위원장 2003~2006년 용인시·오산시 도시계획위원 2003~2009년 도시경영정보연구소 소장 2003~2012년 (재)한국발도르프장학재단 공동이사장 2004년 서울시 도시공원위원회 심의위원 2005~2007년 성남시 설계자문위원 2006~2010년 용인지방공사설계 자문위원 2006~2008년 강남대 도시건축공학부장 2007~2009년 시흥시 도시계획심의위원 2008년 도시공간연구소 소장(현) 2009~2017년 수원시 도시계획심의위원 2010~2016년 경기 광주시 도시계획심의위원 2010년 서울시 생태도시포럼 운영위원장(현) 2011~2014년 서울시 도시생태현황도 자문위원 2011년 경기도시공사 판교테크노밸리 자문위원(현) 2013년 한국산업단지관리공단 자문위원(현) 2013~2017년 하남시 도시계획위원회 위원 2016년 서울시 광진구도시계획심의위원(현) 2016년 용인시 도시디자인심의위원(현) 2017년 강남대 ICT건설복지융합대학 부동산건설학부 도시건축융합공학전공 교수(현) 2018년 경기도시공사 평가위원(현) (상)부총리 겸 교육부장관표창(2002) (저)'개발과 유산의 보존'(共) '우리 수원 이렇게 바꾸자'(共) '독일의 도시계획 제도와 보상관련 제도' '생태도시의 이해'(共) '녹색도시를 선도하는 기술전략(共)'(KICT브랜드총서)

허영만(許英萬) HUR Young Man

(생)1949 · 2 · 15 (본)양천(陽川) (출)전남 여수 (주)서울특별시 강남구 밤고개로12길 30(02-459-3700) (학)1966년 여수고졸 2010년 명예 문학박사(목포대) (경)1966년 박문윤선생 문하로 만화계 입문 1974년 한국일보에 '집을 찾아서'로 신인만화공모전 당선, 만화가(현) 2002년 동아일보에 장편만화 '食客' 연재 2004년 '2003년 하반기 오늘의 우리만화'에 '食客' 선정 2007년 2012여수세계박람회 명예 홍보대사 2007년 KTX 홍보대사 2009년 한식세계화추진단 위원 2010년 스포츠조선 · 다음 '말에서 내리지 않는 무사' 연재 2012년 국토해양부 극지홍보대사 2014년 제1회 서울김장문화제 홍보대사 2016년 충북 음성군 홍보대사 (상)비코프 만화상 대상(2004), 대한민국 만화 · 애니메이션대상 만화대상(食客)(2004), 오늘의 우리만화상(2004), 부천국제만화대상(2004), 고바우 만화상(2007), 2009시카프(SICAF)어워드 만화부문(2009), 자랑스런 전남인상(2009), 자랑스런 여수인상(2009) (저)'식객 팔도를 간다-경기편'(2010) '식객 팔도를 간다-서울편'(2011) '허허 동의보감'(2013, 시루) '식객Ⅱ'(2014) '허영만의 커피 한잔 할까요?(共) 1 · 2 · 3 · 4 · 5 · 6 · 7'(2015 · 2016, 예담) '우리 가족 식객 요리(共)'(2015, 김영사) '자전거 식객'(2016, 가디언) '이토록 맛있는 일본이라면'(2016, 가디언) '만화일기1 · 2'(2017, 가디언) '허영만의 커피 한잔 할까요? 8'(2017, 위즈덤하우스) '만화일기3'(2017, 시루) '호주 캠퍼밴 40일'(2017, 가디언) '허영만의 3천만원 1 · 2 · 3 · 4'(2018, 가디언) '오! 한강 1 · 2 · 3 · 4 · 5'(2019, 가디언) (작)'집을 찾아서' '각시탈' '태양을 향해 달려라' '변칙복서' '태풍 스트라이크' '무당거미' '퇴역전선' '사마귀' '고독한 기타맨' '오! 한강' '망치' '벽' '날아라 슈퍼보드' '아스팔트 사나이' '48+1' '비트' '세일즈맨' '미스터Q' '오늘은 마요일' '안개꽃 카페' '짜장면' '사랑해' '타짜' '食客' '허영만 꼴1'(2008) '말에서 내리지 않는 무사'(2011) '미스터 고'(2013) '타짜-신의 손'(2014)

허영인(許英寅) Hur Young In

(생)1949 · 5 · 17 (출)황해 (주)서울특별시 서초구 남부순환로 2620 강남피타워 SPC그룹 회장실(02-2071-9000) (학)1972년 경희대 경제학과졸 (경)1981년 (주)삼립식품 대표이사 1983년 (주)샤니 대표이사 1985년 비알코리아(주) 대표이사 1986년 (주)파리크라상 대표이사 1994년 태인샤니그룹 회장 2004년 SPC그룹 회장(현) (상)상공부장관표창(1986), 재무부장관표창(1992), 국민훈장 석류장(2000), 한국경영사학회 창업대상(2005), 던킨브랜즈 제1회 국제경영대상(2005), 서울대발전공로상(2008), 프랑스 공로훈장 오피시에(2010), 한국경제신문 다산경영상(2011), 한국언론인연합회 자랑스런 한국인대상 글로벌경영부문(2011), 프랑스 농업공로훈장 슈발리에(2012), 한국경영학회 경영자대상(2013)

허영택(許榮澤)

(생)1961 · 8 · 13 (주)서울특별시 중구 청계천로 54 신한은행빌딩 5층 신한캐피탈 임원실(02-6742-7511) (학)1980년 광주 대동고졸 1987년 고려대 경영학과졸 (경)1987년 신한은행 입행 1992년 同천호동지점 대리 1997년 同기업고객부 대리 1997년 同중소기업지원부 심사역 1998년 同여신심사부 심사역 1998년 同뉴욕지점 차장 2002년 同여신심사부 부부장 겸 심사역 2003년 同기업고객지원부 부부장 2004년 同기업고객지원부 팀장(부서장대우) 2006년 同뉴델리지점장 2010년 同기업금융개선지원본부 선임심사역(부서장대우) 2011년 同글로벌전략부장 2013년 同베트남법인장 2015년 同글로벌사업그룹 부행장보 2017년 同글로벌사업그룹 부행장 2019년 신한캐피탈 대표이사 사장(현)

허영호(許永鎬) Hur Young Ho (松庵)

(생)1952 · 1 · 1 (본)양천(陽川) (출)제주 (주)제주특별자치도 제주시 중앙로 217 제주테크노파크(064-720-2302) (학)1971년 제주 오현고졸 1975년 서울대 전자공학과졸 1997년 경북대 경영대학원졸 2007년 명예 경영학박사(전남대) (경)1977년 LG전자 입사 1994년 同이사 1996년 同DVD사업담당 상무이사 1999년 同TV OBU장 전무이사 2000년 LG마이크론 대표이사 사장 2001년 LG이노텍(주) 부품사업본부장(부사장) 2002~2011년 同대표이사 사장 2008~2009년 LG마이크론 대표이사 2009~2012년 한국광산업진흥회 회장 2012~2014년 LG이노텍(주) 고문 2014~2016년 (주)창성 대표이사 사장 2016년 제주테크노파크 원장(현) (상)상공부장관표창(1980), 국무총리표창(1980), 은탑산업훈장(1999), 글로벌CEO 퍼포먼스상(2003), 금탑산업훈장(2007) (저)'청정문'(2014) (종)불교

허영호(許永浩) HEO Young Ho (현등)

(생)1954 · 4 · 16 (출)충북 제천 (주)서울특별시 중랑구 용마산로136길 60 드림앤어드벤처(02-3436-3211) (학)1973년 제천고졸 1989년 청주대 체육학과졸 1994년 고려대 자연자원대학원 수료 (경)1982년 히말라야 마카루(8,481m) 등정 1983년 히말라야 마나슬루(8,156m) 무산소 단독등정 1987년 히말라야 에베레스트(8,848m, 세계 최고봉) 동계등정 1989년 히말라야 로체(8,516m) 단독등정 1991년 북극점(90°N) 원정 1992년 남미 안데스 아콩카구아(6,959m, 남미 최고봉) 등정 1992년 북미 맥킨리(6,194m, 북미 최고봉) 단독등정 1992년 아프리카 킬리만자로(5,895m, 아프리카 최고봉) 등정 1993년 중국 초모랑마(8,848m) 등정·네팔 횡단(세계최초 횡단기록) 1994·1997년 남극점(90°S) 원정 1994년 뉴기니아 탐험·칼스텐즈(4,884m, 오세아니아 최고봉) 등정 1995년 북극점 경유·북극해 횡단 1995년 러시아 코카서스 엘브르즈(5,642m, 유럽 최고봉) 등정 1995년 남극 빈슨 매시프(5,140m, 남극 최고봉) 등정, 한국산악회 이사 1995년 Dream & Adventure 대표(현) 1996년 북미 맥킨리(6,194m) 등정 1997년 티베트 초오유(8,201m) 무산소 등정 1998년 아프리카 킬리만자로(5,895m)·케냐산(5,199m) 등정 1998년 러시아 코카서스 엘브르즈(5,642m) 가족등반 등정 1999년 에콰도르 침보라조(6,310m, 지구핵중심 최고봉) 등정 1999년 세계최고봉 활화산 코토팍시(5,897m) 등정 2000년 호주 코지우스코(2,228m, 호주대륙 최고봉) 등정 2001년 러시아 캄차카반도 클류체프스카야(4,750m, 동북아 최고봉) 등반 2002년 히말라야 에베레스트 View Point 트레킹 2003년 프랑스 몽블랑(4,807m) 등정 2005년 아프리카 킬리만자로(5,895m) 등정 2007년 히말라야 에베레스트(8,848m) 동계20주년기념 등정(3번째 성공) 2008년 한국최초 초경량비행기 서울-제주 1000km 비행 성공 2009년 경기관광공사 국제레저항공전 홍보대사 2009년 한국최초 서울-독도 비행성공 2010년 히말라야 에베레스트 세계 최초 부자(父子) 동시 등정 2011년 충북지방경찰청 홍보대사 2016년 히말라야 에베레스트정상 등정 (상)체육훈장 기린장(1982), 체육훈장 거상장(1988), 체육훈장 맹호장(1991), 체육훈장 청룡장(1996) (저)'걸어서 땅끝까지'(1993)

허영호(許映皓) Heo Youngho

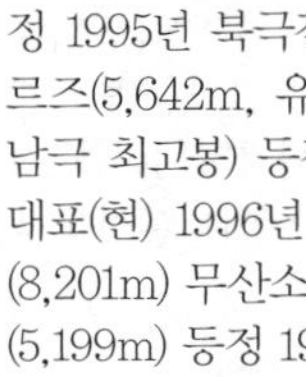

(생)1986 · 7 · 2 (주)서울특별시 성동구 마장로 210 한국기원 홍보팀(02-3407-3870) (학)경기대 중문학과졸 (경)2001년 프로바둑 입단 2003년 오스람코리아배 신예연승최강전 우승 2003년 농심신라면배 한국대표 우승 2003년 3단 승단 2004년 LG정유배·비씨카드배 신인왕전 본선 2005년 오스람코리아배 신예연승최강전·원익배 본선 2006년 5단 승단 2006년 비씨카드배 신인왕전 우승 2007년 6단 승단 2007년 SK가스배 준우승 2007년 마스터스 토너먼트 우승 2008년 농심신라면배 한국대표 우승 2009년 7단 승단 2009년 바투 인비테이셔널 우승 2011년 9단 승단(현) 2011년 KB국민은행 한국바둑리그 준우승 2018년 JTBC 챌린지매치 2차 대회 준우승 (상)바둑대상 감투상(2010), KB국민은행 바둑리그 5월 MVP(2015)

허 용(許 龍) Heo, Yong

(생)1955·9·26 (본)양천(陽川) (출)강원 고성 (주)서울특별시 동대문구 이문로 107 한국외국어대학교 사범대학 한국어교육과(02-2173-3011) (학)1982년 한국외국어대 한국어교육과졸 1988년 영국 런던대 대학원 언어학과졸 1995년 언어학박사(영국 런던대) (경)1995년 영국 런던대 객원연구원 1996~2001년 한국방송통신대 방송통신교육연구소 책임연구원 2001년 한국외국어대 사범대학 한국어교육과 교수(현) 2007년 국제한국어교육학회 회장 2008~2009년 한국외국어대 입학처장 2009년 同다문화연구센터장 2011년 문화체육관광부 국어심의회 언어정책분과위원회 위원 2011~2012년 한국언어문화교육학회 회장 2012년 한국외국어대 한국학센터장 2013년 同한국어문화교육원장 (저)'외국인을 위한 한국어문법 Ⅰ·Ⅱ'(2004) '외국어로서의 한국어 교육학 개론'(2005) '외국어로서의 한국어 발음 교육론'(2006) '대조언어학'(2013) (역)'음운론 이해'(2005)

허용구(許容九)

(생)1970·11·27 (출)경북 칠곡 (주)대구광역시 수성구 동대구로 364 대구지방법원(053-757-6600) (학)1988년 대구 달성고졸 1992년 고려대 법학과졸 (경)1995년 사법시험 합격(37회) 1998년 사법연수원 수료(27기) 1998년 대구고검 검사 2001년 대구지검 법무관 2003년 同안동지청 검사 2004년 인천지검 검사 2006~2007년 서울남부지검 검사 2007년 대구지법 판사 2009년 대구고법 판사 2011년 대구지법 서부지원 판사 2014년 부산지법 동부지원 부장판사 2016년 대구지법 부장판사(현)

허용도(許龍道) HUH Yong Do

(생)1948·1·19 (본)김해(金海) (출)경남 산청 (주)부산광역시 강서구 녹산산단27로 67 (주)태웅(051-329-5003) (학)1966년 진주농고졸 1969년 진주교대졸 1974년 동아대 경제학과졸 2005년 부산대 경영대학원 최고경영자과정 수료 (경)1974년 김해 대사초교 교사 1981년 태웅단조공업사 설립 1981년 (주)태웅 대표이사 회장(현) 1992년 부산시자동차부품조합 이사장 1992년 부산상공회의소 감사 2005~2007년 한국BBS 부산시 회장 2007년 부산상공회의소 부회장 2010년 코스닥협회 부회장, 부산영남지역코스닥CEO포럼 회장 2010년 부산시 녹색성장위원회 공동위원장 2012년 부산무역상사협의회 회장 2012년 부산지법 민사조정위원 2012년 부산진해경제자유구역청 기업협의회장 2013~2017년 부산핸드볼협회 회장 2018년 부산상공회의소 회장(현) 2018년 대한상공회의소 부회장(현) (상)내무부장관표창(1992), 상공자원부장관표창(1993), 산업자원부장관표창(1998), 부산시민산업대상(1998), 석탑산업훈장(1998), 부산중소기업인대상(2002), 부산산업대상(2004), 금탑산업훈장(2005), 언스트앤영 최우수기업가상 산업재부문(2009), 10대 그린에너지 어워드(2012), 매일경제 선정 환경분야 그린에너지부문 '대한민국 글로벌 리더'(2013), 동아대 동문대상(2018) (종)불교

허용범(許容範) Heo Yongbom

(생)1964·10·10 (본)양천(陽川) (출)경북 안동 (주)서울특별시 영등포구 의사당대로 1 국회도서관 관장실(02-788-4101) (학)1983년 경북 경일고졸 1987년 서울대 법대졸 2001년 미국 하버드대 정치행정대학원 정치행정학과졸 (경)1989년 조선일보 입사·사회부 기자 1992년 同정치부 및 정치담당 기자(차장대우) 2004년 同논설위원 2004~2007년 同워싱턴특파원(워싱턴지국장) 2007년 한나라당 박근혜 대선 예비후보 공보특보 2007년 同제18대 대통령선거대책위원회 비서실 메시지부단장 2007년 제17대 대통령직인수위원회 당선인비서실 정무기획1팀 정무기획비서 2008년 제18대 국회의원선거 출마(안동, 한나라당) 2009~2010년 국회 초대 대변인 2011년 한나라당 대표최고위원 공보특보 겸 비서실 정무부실장 2012년 새누리당 서울동대문구甲당원협의회 운영위원장 2012년 제19대 국회의원선거 출마(서울 동대문구甲, 새누리당) 2013~2015년 (재)방송콘텐츠진흥재단 이사장 2016년 제20대 국회의원선거 출마(서울 동대문구甲, 새누리당) 2017년 자유한국당 서울동대문구甲당원협의회 운영위원장 2017년 국회도서관장(차관급)(현) (저)'지방경영시대(共)'(1995) '한국언론 100대 특종'(2000) '하버드 백수'(2012) '동대문 청년의 길'(2015) (역)'대통령과 권력'(2002)

허용삼(許容三) HUH Young Sam

(생)1944·8·18 (본)양천(陽川) (출)서울 (주)서울특별시 서초구 서초중앙로 63 리더스빌딩 4층 한국수출포장공업(주)(02-525-2981) (학)1963년 중앙고졸 1984년 고려대 최고경영자과정 수료 (경)1968년 한국수출포장공업(주) 입사 1970~1972년 同감사 1976~1980년 동서포장 상무이사 1980년 한국수출포장공업(주) 부사장 1982년 同대표이사(현) 2008~2010년 함경남도 행정자문위원회 위원 2010~2014년 同중앙도민회 고문 (상)재무부장관표창(1986), 보건복지부장관표창, 재정경제원장관표창, 금탑산업훈장(1996) (종)기독교

허용석(許容碩) HEO Yong Seok

(생)1965·1·20 (본)양천(陽川) (출)충남 천안 (주)대전광역시 서구 둔산중로78번길 45 대전고등법원 수석부장판사실(042-470-1114) (학)1983년 천안북일고졸 1987년 서울대 사법학과졸 (경)1986년 사법시험 합격(28회) 1989년 사법연수원 수료(18기) 1989년 軍법무관 1992년 서울민사지법 판사 1994년 서울지법 남부지원 판사 1996년 대전지법 판사 1997년 대전고법 판사 1998년 대전지법 판사 1998년 일본 히토츠바시대 연수 1999년 대전고법 판사 2000년 대전지법 판사 2004년 同천안지원 부장판사 2006년 대전지법 민사4부 부장판사 2007년 同가정지원장 2009년 同부장판사 2010년 同천안지원장 2012년 대전고법 부장판사 2014년 대전지법 수석부장판사 2014년 세종특별자치시선거관리위원회 위원장 2015년 국민권익위원회 비상임위원 2016년 대전고법 수석부장판사(현) 2016년 충남도선거관리위원회 위원장

허용수(許榕秀) HUH Yong Soo

(생)1968·10·16 (주)서울특별시 강남구 논현로 508 GS에너지 임원실(02-2005-0800) (학)1986년 보성고졸 1994년 미국 조지타운대 국제경영학과졸 2002년 미국 스탠퍼드대 벤처비즈니스과정 연수 2006년 한국과학기술원(KAIST) EMBA 석사 (경)1993년 미국 Farwest Steel 이사 1994년 (주)Realmedia Korea·(주)드림스포츠 비상임이사 1997~1999년 국민은행 사외이사 1997년 (주)승산 상무 2000~2006년 同대표이사 사장 2001~2006년 (주)SLS 대표이사 2003~2006년 (주)승산레저 대표이사 사장 2007년 GS홀딩스 사업지원담당 상무 2009년 同사업지원팀장(상무) 2009년 (주)GS 사업지원팀장(상무) 2009년 同사업지원팀장(전무) 2012년 GS에너지 종합기획실장(부사장) 2016년 同에너지자원사업본부장(부사장) 2017년 同이사 2017년 (주)승산 부회장(현) 2017년 GS EPS 대표이사 부사장 2018년 同대표이사 사장 2019년 GS에너지 대표이사 사장(현)

허용준(許溶埈) Huh, Yong-Jun

(생)1974·6·14 (출)서울 (주)경기도 용인시 기흥구 이현로30번길 107 (주)GC 비서실(031-260-9220) (학)1993년 경기고졸 2001년 연세대 지질학과졸 2003년 미국 위스콘신대 대학원 경영학과졸(MBA) (경)(주)녹십자 이사 2009년 (주)녹십자홀딩스 부사장 2017년 同대표이사 부사장 2018년 (주)GC 대표이사 부사장(현)

허용철(許龍喆) HUR Yong Chul

(생)1952·6·5 (본)양천(陽川) (출)서울 (주)세종특별자치시 전의면 덕고개길 12-11 한국콜마 임원실(044-862-8490) (학)동양공고졸, 중앙대 화학과졸 (경)(주)태평양 수원공장 근무, 同생산지원팀 부장, 同대전공장 공장장, 同이사대우, 아모레퍼시픽 수원공장장(상무) 2006~2014년 코스비전 대표이사 2015년 한국콜마 화장품부문 생산본부 부사장 2017년 同화장품부문 생산본부 사장(현) (종)기독교

허 욱(許 煜) Hur Wook

(생)1962·12·20 (주)경기도 과천시 관문로 47 방송통신위원회(02-2110-1220) (학)1981년 성동공고졸 1985년 성균관대 공과대학 토목공학과졸 1996년 서강대 언론대학원졸(방송전공) 2019년 경영학박사(경희대) (경)1989~1999년 기독교방송(CBS) 보도국 기자·경제부 기자·경영기획팀장 1999~2000년 同기획조정실 기획팀장(차장) 2000~2003년 (주)CBSi 대표이사 사장, CBS노컷뉴스 대표이사 사장 2003~2004년 인터넷신문 업코리아 편집국장, LIBRA컨설팅(주) 대표컨설턴트 2008년 아주경제신문 편집국 부국장 2011~2017년 엑스퍼트컨설팅(주) 가치경영연구소장 2017~2018년 방송통신위원회 부위원장(차관급) 2019년 同상임위원(차관급)(현) (저)'핵심가치'(2013, 이콘)

허 운(虛 韻)

(생)1959·1·6 (출)경기 안양 (주)제주특별자치도 제주시 산록북로 660 대한불교조계종 관음사(064-724-6830) (학)1977년 범어사 승가대학졸, 화엄학림 수료 (경)1972년 파계사 일우스님을 계사로 사미계 수지 1978년 쌍계사 고산스님을 계사로 비구계 수지, 범어사 승가대학 강사, 통도사 승가대학 강사 1988~1993년 대한불교조계종 원효암 주지서리, 同동화사 교무국장 1998~2002년 同보림사 주지 2002~2005년 同은적사 주지 2005년 同총무원 재무부장 2006년 同동화사 주지 2006년 대구불교방송 운영이사 2008~2010년 同사장 2010~2012년 옥포 용연사 주지 2012~2016년 대구 파계사 주지 2016년 대한불교조계종 관음사 주지(현) (종)불교

허운나(許雲那·女) HUH Unna

(생)1949·1·30 (본)김해(金海) (출)서울 (주)인천광역시 연수구 아트센터대로97번길 45 체드윅 인터내셔널(032-250-5043) (학)1967년 경기여고졸 1971년 서울대 영어영문학과졸 1973년 미국 플로리다주립대 대학원 문헌정보학과졸 1976년 교육공학박사(미국 플로리다주립대) (경)1976년 미국 플로리다주립대 연구교수 1979년 미국 산업교육 고문교수 겸 ATHENA 수석연구원 1981년 한국교육개발원 국제비교연구실장 1983~2000년 한양대 교육공학과 교수 1987년 영국 케임브리지대 객원교수 1988~2000년 한양대 교육공학연구소장 1995년 한국교육공학회 회장 1996년 대통령자문 교육개혁위원회 위원 1998년 한국산업교육학회 회장 1998년 교육정보화추진위원회 부위원장 1998년 한국정보화교육연합회 부회장 1998년 여성정보문화21 회장 1999년 미국 모토로라대 자문교수 1999년 대통령자문 국가과학기술자문위원회 위원 2000년 세계예능인교류협회 부총재 2000~2003년 제16대 국회의원(전국구, 새천년민주당) 2000년 새천년민주당 중앙위원회 부의장 2000년 국회 사이버정보문화연구회장 2000년 새천년민주당 사이버홍보지원단장 2002년 同사이버지원단장 2002년 국제IT의원연맹(IPAIT) 회장 2002년 새천년민주당 인터넷선거특별본부장 2003년 열린우리당 전자정당위원장 2004~2007년 한국정보통신대 총장 2005년 열린우리당 고문 2005년 한국유비쿼터스농촌포럼(KUVF, Korea Ubiquitous Village Forum) 공동대표 2006년 방송통신융합추진위원회 민간위원 2006년 제2회 세계대학총장포럼(IFUP-ICT) 의장 2008~2010년 (사)국가보훈문화예술협회 회장 2010년 Chadwick International 대외협력총괄교장(현) (상)미국 플로리다주립대 '최고의 동창상'(1986), 한국능률협회 인재개발대상 특별공로상(1998), 인도 '제22회 프리야다쉬니(PRIYADARSHNI) 글로벌 어워드 교육부문'(2006) (저)'교육방법과 교육공학'(1986) '산업교육 요구분석'(1993) '정보공학과 교육'(1993) '교육공학개론'(1998) '정보시대와 미국의 교육혁명'(1998) 'N세대의 무서운 아이들'(1999) '내 품에 안긴 세계'(2000) 자서전 '8막23장'(2014, 나남출판사) (종)기독교

허 원(許 元)

(생)1960·3·19 (주)경기도 수원시 팔달구 효원로 1 경기도의회(031-8008-7000) (학)한경대 공공정책대학원 행정학과졸 (경)전국금속노동조합연맹 경기본부 의장, 한국노동조합총연맹 경기지역본부 의장, 同경기지역본부 장학문화재단 이사장 2018년 경기도의회 의원(비례대표, 자유한국당)(현) 2018년 同경제노동위원회 위원(현)

허 윤(許 允) Yoon Heo

(생)1963·2 (주)서울특별시 마포구 백범로 35 서강대학교 국제대학원(02-705-8948) (학)서울대 경제학과졸, 미국 유타대 대학원 경제학과졸, 경제학박사(미국 조지워싱턴대) (경)서강대 국제대학원 교수(현), 세계은행 경제자문 2011~2013년 외교부 통상교섭민간자문위원회 위원 2013년 산업통상자원부 통상교섭민간자문위원회 위원(현) 2014년 미국 조지타운대 플브라이트교 방문학자 2014~2017년 서강대 국제대학원장 2015~2017년 대통령직속 국민경제자문위원 2015~2016년 외환은행 사외이사 2015년 KEB하나은행 사외이사 2016년 경제인문사회연구회 이사(현) 2016~2018년 경제부총리산하 국제금융발전심의위원회 통상협력분과위원장 2017~2019년 한국수출입은행 운영위원 2017년 한국경제학회 이사(현) 2017년 서강대 세계무역연구소장(현) 2018년 한국국제통상학회 회장 2018년 하나금융지주 사외이사(현) 2018년 외교부 정책자문위원(현) 2019년 한국국제통상학회 고문(현) (저)'한국경제 바로알기'(2001) '국제무역론 제3판'(2008) '한미FTA 바로보기'(2009) 'Trade and Development in Contemporary Vietnam'(2012) '불평등사회'(2017) 외 11권

허 윤(許 鈗)

(생)1975·7·19 (출)전북 임실 (주)경기도 수원시 영통구 법조로 105 수원지방법원(031-210-1114) (학)1993년 광주 진흥고졸 1999년 서울대 사법학과졸 (경)1998년 사법시험 합격(40회) 2001년 사법연수원 수료(30기) 2001년 軍법무관 2004년 광주지법 판사 2006년 同목포지원 판사 2007년 수원지법 판사 2010년 서울중앙지법 판사 2012년 서울가정법원 판사 2014년 서울중앙지법 판사 2016년 전주지법 군산지원 부장판사 2018년 수원지법 부장판사(현)

허윤정(許允貞·女) HEO YUN JUNG

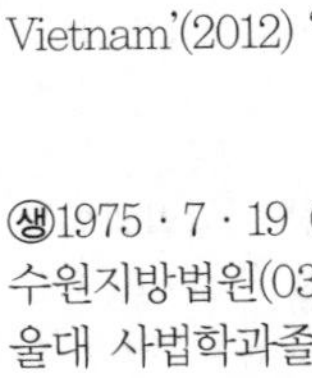

(생)1969·3·9 (본)양천(陽川) (출)서울 (주)강원도 원주시 혁신로 60 건강보험심사평가원 심사평가연구소(033-739-0900) (학)1987년 서울 예일여고졸 1991년 고려대 사회학과졸 2010년 사회복지학박사(고려대) (경)1994~1996년 서울YMCA 사회문제부 간사 1997~1999년 녹색소비자연대 소비자상담실장 2004~2012년 열린우리당·민주통합당 정책위원회 보건복지 수석전문위원 2011년 연세대 보건대학원 의료윤리법학과 겸임교수(현) 2012년 중앙대 사회개발대학원 객원교수 2012~2014년 국민연금심사위원회 위원 2012년 (사)미래포럼 운영위원회 위원 2012~2018년 아주대 의과대학 인문사회의학교실 연구부교수 2012~2015년 건강보험심사평가원 미래전략위원회 위원 2013~2016년 (재)한국의학교육평가원 의학교육인증단 인증제도위

원 2014~2016년 한국보건복지정보개발원 자문위원 2015년 경기도 지역응급의료위원회 위원 2015년 권역외상센터 평가위원 2015년 한국보건행정학회 집행이사 2016년 더불어민주당 제20대 국회의원 후보(비례대표 17번) 2016년 同더불어경제선거대책위원회 대변인 2016~2018년 同중앙당 정책위원회 부의장 2017년 국정기획자문위원회 사회분과 전문위원 2017년 보건복지부 공공보건의료발전위원회 위원 2018년 더불어민주당 경기도당 대변인 2018년 건강보험심사평가원 심사평가연구소장(현) (상)국회사무총장표창(2007), 보건복지부장관표창(2011), 소방방재청장표창(2012), 대통령표창(2013), 황금분필상(2014) (종)기독교

허윤홍(許允烘) Huh Yoon Hong

(생)1979·1·24 (출)서울 (주)서울특별시 종로구 종로 33 그랑서울 GS건설(주) 신사업추진실(02-2154-5000) (학)1997년 한영외국어고졸 2001년 미국 세인트루이스대 국제경영학과졸 2008년 미국 워싱턴대 대학원 경영학과졸 (경)2002~2005년 LG칼텍스정유(現 GS칼텍스) 영업전략팀·강남지사·경영분석팀 근무 2005년 GS건설(주) 입사 2007년 同과장 2009년 同차장 2010년 同경영관리팀·플랜트기획팀·외주기획팀 부장 2011년 同재무팀장(부장) 2012년 同경영혁신·IR담당 상무보 2013년 同플랜트공사지원담당 상무 2014년 同플랜트부문 공사담당 상무 2015년 同사업지원실장(전무) 2018년 同신사업추진실장 겸 신사업담당 전무 2019년 同신사업추진실장 겸 신사업담당 부사장(현)

허은녕(許殷寧) HEO EUN NYEONG

(생)1964 (주)서울특별시 관악구 관악로 1 서울대학교 에너지자원공학과(02-880-8323) (학)1986년 서울대 자원공학과졸 1989년 同대학원 자원경제학과졸 1996년 자원경제학박사(미국 펜실베이니아주립대) (경)1996년 서울대 공과대학 에너지자원공학과 교수(현) 2000년 대통령자문 지속가능발전위원회(PCSD) 에너지대책분과위원회 위원 2001~2003년 서울대 교수학습개발센터 평가지원부장 2004~2008년 대통령자문 지속가능발전위원회(PCSD) 에너지산업전문위원회 위원 2005년 서울대 공과대학 대외협력실장 2008~2012년 기획재정부 재정사업평가자문회의 민간위원 2009년 한국기술혁신학회 편집위원장 2011년 2018평창동계올림픽·장애인올림픽조직위원회 위원 2013년 녹색성장위원회 위원 2013~2015년 대통령직속 국민경제자문회의 위원 2014년 산업통상자원부 에너지산업위원회 위원(현) 2014년 한국자원경제학회 부회장 2015·2017년 한국공학교육학회 기획홍보부회장(현) 2015년 한국신·재생에너지학회 부회장 2016년 한국자원공학회 정책위원장(현) 2016년 'The Energy Journal'(SCI) 발행인(현) 2016~2017년 서울대 최고산업전략과정(AIP) 주임교수 2017년 세계에너지경제학회(IAEE) 부회장(현) 2018년 한국공학한림원 회원(기술경영정책·현) 2018년 (사)한국혁신학회 회장(현) 2018년 한국자원경제학회 수석부회장 2018년 4차산업혁명위원회 스마트시티특별위원회 위원(현) 2019년 한국자원경제학회 회장(현) (상)산업통상자원부장관표창(2017)

허은철(許銀哲) Eun Chul Huh

(생)1972·2·23 (출)서울 (주)경기도 용인시 기흥구 이현로30번길 107 GC녹십자(주)(031-260-9730) (학)1990년 영동고졸 1994년 서울대 식품공학과졸 1998년 同대학원졸 2004년 식품공학박사(미국 코넬대) (경)1998~1999년 (주)녹십자 경영기획실 근무 2004~2006년 (재)목암생명공학연구소 기획관리실장 2006~2007년 (주)녹십자 R&D기획실 상무이사 2008년 同R&D기획실 전무이사 2009년 同부사장(CTO) 2013년 同기획조정실장(부사장) 2015~2017년 同대표이사 사장 2017년 한국제약바이오협회 부이사장 겸 백신의약품위원장(현) 2018년 GC녹십자(주) 대표이사 사장(현)

허익범(許益範) HUH Ik Bum

(생)1959·2·24 (본)양천(陽川) (출)충남 부여 (학)1976년 덕수상고졸 1981년 고려대 법대졸 1997년 同대학원 상법학과졸 2007년 국제법학박사(고려대) (경)1980년 사법시험 합격(22회) 1983년 사법연수원 수료(13기) 1986년 대구지검 검사 1988년 청주지검 충주지청 검사 1989년 서울지검 검사 1992년 부산지검 검사 1992년 국방대학원 파견 1994년 대전고검 검사 1995년 전주지검 군산지청 부장검사 1996년 춘천지검 속초지청장 1997년 서울지검 부부장검사 1998년 부산지검 공판송무부장 1998년 同조사부장 1999년 인천지검 공안부장 2000년 서울지검 남부지청 형사5부장 2001년 同남부지청 형사3부장 2002년 대구지검 형사1부장 2003년 부산고검 검사 2003~2005년 산업자원부 장관 법률자문관(파견) 2006~2007년 서울고검 검사 2007년 법무법인 케이씨엘 변호사 2008년 법무법인 산경 파트너변호사 2009~2011년 서울지방변호사회 부회장 2011~2018년 법무법인(유) 산경 파트너변호사 2017년 법무부 법무·검찰개혁위원회 위원 2018년 '드루킹 댓글 조작 사건' 특별검사(현) (상)검찰총장표창

허 인(許 鈏) Hur Yin

(생)1961·12·19 (본)양천(陽川) (출)경남 진주 (주)서울특별시 영등포구 국제금융로8길 26 KB국민은행 은행장실(02-2073-5000) (학)1980년 대구고졸 1984년 서울대 법학과졸 1987년 同대학원 법학과졸 (경)1988년 장기신용은행 입행 2004년 KB국민은행 대기업부장 2005년 同동부기업금융지점장 2008년 同신림남부지점장 2012년 同삼성타운기업금융지점장 2013년 同여신심사본부장(상무) 2015년 同경영기획그룹 대표(전무) 2016년 同영업그룹 대표(부행장) 2017년 同은행장(현) 2019년 (주)KB금융지주 디지털혁신부문장 겸임(현) (상)대한민국 금융인상 은행 대상(2018)

허인구(許仁九) HUR In Ku

(생)1959·8·28 (본)김해(金海) (출)강원 춘천 (주)강원도 춘천시 동면 소양강로 274 G1강원민방(033-248-5000) (학)1978년 춘천고졸 1985년 서울대 경제학과졸 (경)1986~1991년 MBC 사회부 기자 1991년 SBS 사회문화부·정치부 차장대우 1998년 同비서팀 차장 2000년 同인사2팀장(부장급) 2002년 同워싱턴지국장 2005년 同보도본부 국제부장 2007년 同보도본부 문화과학부장 2008년 同보도본부 경제부장(부국장급) 2008~2009년 同스포츠국장 2009~2010년 SBS스포츠채널 대표이사 2009년 SBS골프채널 대표이사 2010년 SBS 스포츠기획단장(부국장급) 2011~2014년 한국법무보호복지공단 비상임이사 2012년 SBS미디어크리에이트 영업담당 전무 2013년 강원학사숙우회 회장 2014년 SBS미디어크리에이트 영업총괄 전무 2015~2017년 同대표이사 사장 2017년 국방홍보원 홍보정책자문위원(현) 2018년 G1 강원민방 대표이사 사장(현) 2019년 한국지역민영방송협회 감사(현) (상)在韓미주리대총동문회 자랑스러운 동문상(2016) (종)천주교

허인석(許仁碩)

(생)1977·2·7 (출)대구 (주)서울특별시 양천구 신월로 390 서울남부지방검찰청 형사5부(02-3219-2352) (학)1995년 동대전고졸 2000년 고려대 법학과졸 (경)1999년 사법시험 합격(41회) 2002년 사법연수원 수료(31기) 2002년 공군 법무관 2005년 서울남부지검 검사 2007년 수원지검 여주지청 검사 2010년 부산지검 검사 2013년 광주지검 순천지청 검사 2015년 서울중앙지검 검사 2016년 同부부장검사 2017년 서울동부지검 부부장검사 2017년 대구지검 포항지청 형사2부장 2018년 울산지검 형사3부장 2019년 서울남부지검 형사5부장(현)

허인철(許仁哲) HUR Inn Chul

(생)1960·3·26 (본)김해(金海) (출)경남 마산 (주)서울특별시 용산구 백범로90다길 13 (주)오리온홀딩스(02-710-6000) (학)1977년 마산고졸 1986년 연세대 경영학과졸 (경)2006년 (주)신세계 경영지원실장(사장) 2012년 (주)이마트 대표이사 사장 2014년 오리온그룹 총괄부회장(현) 2017년 (주)오리온홀딩스 대표이사(현)

허인환(許仁煥) Heo In Hwan (仁圓)

(생)1968·11·3 (본)양천(陽川) (출)경기 양평 (주)인천광역시 동구 금곡로 67 동구청 구청장실(032-770-6000) (학)세일고졸, 원광대 사회복지학과졸 1999년 인천대 행정대학원 정책개발학과졸 (경)한광원 국회의원 보좌관, 한국국정연구원 이사(연구위원) 1994~1996년 인천시 동구청 사회복지공무원 2008년 인천영화인협회 대외협력이사 2008~2010년 인천대 행정대학원 석사과정총동문회 상임부회장 2008년 민주당 인천시당 민원국장 2009년 (사)한국정책기획평가원 연구위원 2010~2014년 인천시의회 의원(민주당·민주통합당·민주당·새정치민주연합) 2010~2014년 同산업위원회 위원장 2010년 인천시 동구풋살연합회 회장 2010년 한국장애인문화협회 인천시 동구지부장 2012년 인천시의회 산업위원회 위원장 2016년 더불어민주당 인천시당 지방자치위원장 2017년 인천자치분권민주지도자회의 일반대표 2017년 더불어민주당 제19대 문재인 대통령후보 특별보좌관 2017년 同미세먼지대책특별위원회 부위원장 2018년 인천시 동구청장(더불어민주당)(현) (종)기독교

허인회(許仁會) In Hoe Huh

(생)1964·1·25 (본)양천(陽川) (출)서울 (주)서울특별시 동대문구 사가정로 6 녹색드림협동조합(02-3390-4589) (학)1982년 용산고졸 1991년 고려대 정치외교학과졸 2005년 연세대 대학원 경제학과졸 2007년 미국 존스홉킨스대 대학원 국제학과졸 (경)1985년 고려대 총학생회장 1988년 나라사랑청년회 회장 1995~1999년 국민회의 청년특위 부위원장·당무위원·경제정책조정위원회 부위원장 1997년 한국컴퓨터재활용협회 회장 1998년 한국청년경제포럼 상임대표 1999년 청년개혁연대 공동대표 2000년 새천년민주당 당무위원 2000년 同동대문乙지구당 위원장 2001년 同정책위 부의장 2003년 행복한국민 연구소장 2004~2005년 열린우리당 청년위원회 위원장 2008년 (주)녹색건강나눔 대표이사(현) 2015년 녹색드림협동조합 이사장(현) (저)'희망을 만드는 사람이 되라'(2000) '한겨레 컴퓨터 가정교사' (종)기독교

허일섭(許日燮) HUH Il Sup

(생)1954·5·28 (출)서울 (주)경기도 용인시 기흥구 이현로30번길 107 (주)GC 임원실(031-260-9386) (학)1973년 경기고졸 1977년 서울대 경영학과졸 1982년 미국 인디애나대 대학원 경영학과졸 1988년 경영학박사(미국 휴스턴대) (경)1979년 (주)녹십자 입사 1988년 한일시멘트공업(주) 이사 1990년 同상무이사 1991년 (주)녹십자 전무이사 1992~1996년 (주)녹십자베링거하임 사장 1992년 (주)녹십자 부사장 1997~2002년 同대표이사 사장 2002년 同대표이사 부회장 2002년 (주)녹십자PD 대표이사 부회장 2002년 (주)녹십자BT 대표이사 부회장 2003년 녹십자R&D 대표이사 부회장 2004~2009년 (주)녹십자홀딩스 대표이사 부회장 2005~2007년 한국제약협회 이사장, (주)바이로메드 비상근이사, 보건산업최고경영자회의 공동회장(현) 2009~2013년 한국바이오협회 부회장 2009~2018년 (주)녹십자홀딩스 대표이사 회장 2009년 한국제약협회 자문위원 2010~2016년 목암생명공학연구소 이사장 2016년 목암생명과학연구소 이사장(현) 2018년 (주)GC 대표이사 회장(현) (상)한국언론인연합회 자랑스러운 한국인 대상 보건산업부문(2013), 한국능률협회 한국의 경영자상(2017)

허일승(許壹勝)

(생)1970·2·1 (출)경남 진주 (주)서울특별시 서초구 서초중앙로 157 서울중앙지방법원(02-530-1690) (학)1988년 부산대사대부고졸 1993년 서울대 물리학과졸 (경)1997년 사법시험 합격(39회) 2000년 사법연수원 수료(29기) 2000년 수원지법 판사 2002년 서울지법 판사 2004년 울산지법 판사 2006년 광주지법 목포지원 판사 2008년 서울북부지법 판사 2010년 서울중앙지법 판사 2013년 서울고법 판사 2015년 제주지법 부장판사 2017년 인천지법 부장판사 2019년 서울중앙지법 부장판사(현)

허일태(許一泰) Hoh Il Tae (海田)

(생)1951·3·10 (본)김해(金海) (출)전남 고흥 (주)부산광역시 서구 구덕로 225 동아대학교 법학전문대학원(051-200-8516) (학)1974년 국민대 법학과졸 1978년 부산대 대학원 법학과졸 1984년 법학박사(독일 뷔르츠부르크대) (경)1984~2008년 동아대 법대 조교수·부교수·교수 1996~1998년 동아법학연구소 소장 1998년 한국비교형사법학회 창립준비위원장 1999~2004년 영남형사판례연구회 초대회장 2002~2003년 한국형사정책학회 회장 2003~2004년 한국형사법학회 회장 2004년 부산고검 항고심사위원(현) 2004~2008년 중국 인민대 법학부 객좌교수 2004년 중국 서북정법대 객좌교수(현) 2004~2005년 법무부 정책자문위원 2004~2007년 同형사법개정특별분과 자문위원 2004~2006년 한국법철학회 부회장 2005년 동아대 경찰법무대학원장 겸 법과대학장 2005~2006년 한국비교형사법학회 회장 2005~2007년 대검찰청 정책자문위원 2005~2009년 부산시 소청심사위원 2006~2009년 중국 무한대학 객좌교수 2006~2011년 중국 북경사범대 형사법률학과 객좌교수 2007년 법무부 형사법개정특별분과위원(현) 2008~2016년 동아대 법학전문대학원 교수 2008~2017년 대법원 형사실무연구회 부회장 2008년 한중형사법연구회 회장(현) 2008~2010년 학교법인 석파학원 이사 2008~2010년 동아법학연구소 소장 2009~2016년 동아법학회 회장 2009~2016년 한국사형폐지운동협의회 의장 2010년 법무부 법정형정비소위원회 위원장(현) 2010년 일본 규슈대 객원교수 2011년 한국엠네스티법률가위원회 위원장(현) 2011~2014년 한국법학교수회 감사 2011년 중국 북경사범대 형사법률학과 객좌교수(현) 2016년 동아대 법학전문대학원 명예교수(현) 2017년 부산고검 국가송무상소심위원회 위원장(현) 2019년 부산지검 인권자문위원회 위원장(현) (상)동아학술상(2000), 법무부장관 감사패(2005), 한국범죄방지재단 학술상(2010), 검찰총장 감사패(2012), 제3회 유기천법률문화상(2016) (저)'법학입문' '인간적인 법을 찾아서' '형법연구 Ⅰ·Ⅱ·Ⅲ·Ⅳ·Ⅴ·Ⅵ·Ⅶ·Ⅷ' '형벌과 인간의 존엄' '권력과 자유'(共·編) '효당 엄상섭의 형법논집'(共·編) '인간의 존엄과 권력' (역)'독일형법총론' '법철학입문' '형사정책'(共) '법철학의 기본문제' '법학방법론입문' '법학방법론' '일본형법이론사의 종합적 연구' (종)가톨릭

허 장(許 璋) HUH Jang

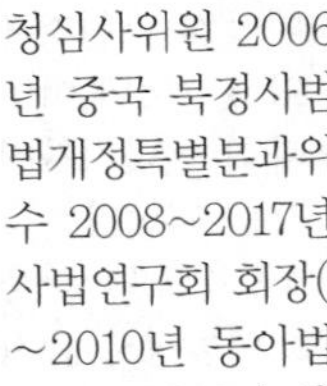

(생)1963·7·13 (본)양천(陽川) (출)서울 (주)서울특별시 강남구 테헤란로 432 DB손해보험(주) 자산운용부문 투자사업본부(02-331-5420) (학)1982년 숭실고졸 1987년 서울대 경영학과졸 1989년 同대학원 경영학과졸 (경)1989~1994년 동양투자자문 조사역 겸 주식운용역 1995~1996년 동양증권 홍콩현지법인 근무 1996~2004년 삼성생명 증권사업부 주식운용역·특별계정사업부 운용파트장 2004~2006년 삼성투신운용 LT사업본부 SA운용팀장 2006~2010년 푸르덴셜자산운용(주) 주식운용본부장(상무) 2011~2013년 템피스투자자문(주) 공동대표이사 2013년 동부화재해상보험(주) 자산운용부문 투자사업본부장(상무) 2017년 DB손해보험(주) 자산운용부문 투자사업본부장(상무)(현) (종)천주교

허장회(許壯會) HEO Jang Hoi

(생)1954·6·15 (본)양천(陽川) (출)강원 원주 (주)서울특별시 송파구 올림픽로 424 SK올림픽핸드볼경기장 107호 대한바둑협회(02-2282-5500) (학)1973년 충암고졸 (경)1977년 프로바둑 입단 1982년 왕위전·바둑왕전 본선 1983년 왕위전 준우승 1984·1985년 왕위전 본선 1987년 바둑왕전·신왕전 본선 1989·1990·1991년 바둑왕전 본선 1990년 박카스배·제왕전 본선 1991~2010년 허장회어린이바둑교실 개업 1992년 박카스배·기왕전 본선 1993년 비씨카드배·국수전·이동통신배 본선 1994년 왕위전·비씨카드배·연승바둑최강전 본선 1995년 비씨카드배·국수전 본선 1996년 8단 승단 1998년 제3기 테그론배 본선 1999년 제7기 배달왕전·제43기 국수전 본선 2003년 9단 승단(현) 2007년 제9회 맥심커피배 입신최강 본선 2011~2016년 충암바둑도장 원장 (상)기도문화상 신예기사상(1983) (저)'어린이바둑수련장 입문-초급·중급편'

허재두(許才斗) HUH Jae Doo

(생)1943·11·18 (본)하양(河陽) (출)경북 상주 (학)1961년 상주농잠고졸 1965년 충북대 약대 약학과졸 1976년 경희대 약학대학원 약학과졸(석사) 1987년 약학박사(경희대) (경)1965~1969년 국립보건원 약품부 연구원 1970~1986년 Bayer Vetchem 공장장 1986~1991년 광동제약(주) 중앙연구소장 1987년 한국의약품수출입협회 한약재감별위원(현) 1988~2013년 식품의약품안전청 중앙약사심의위원 1991~1994년 수도약품공업(주) 전무이사 1991~1995년 충북대 대학원 겸임교수 1994~1998년 (주)일화 중앙연구소장 1996~2001년 경희대 대학원 겸임교수 1999~2000년 한국생약학회 부회장 1999~2018년 크라운제약(주) 전무이사 2013년 식품의약품안전처 중앙약사심의위원 2014년 同중앙약사심의위원회 전문가(현) 2018년 덕조한방제재연구소 설립·대표(현) (상)한국수출입협회장표창(1992) (저)'신비의 칼슘건강법'(2006) (역)'웰빙 인삼요법'(2009) (종)불교

허재명(許栽銘) HEO Jae Myeong

(생)1972·5·9 (출)서울 (주)서울특별시 마포구 마포대로 45 일진머티리얼즈(주) 사장실(02-707-9060) (학)미국 보스턴대 대학원 경영학과졸 (경)2004년 일진경금속(주) 상무 2006년 일진소재산업(주) 대표이사 전무 2007~2009년 同대표이사 부사장 2010년 同공동대표이사 사장 2011년 일진머티리얼즈(주) 공동대표이사 사장(현)

허재성(許在晟) HUR Jae Sung

(생)1959·1·13 (본)하양(河陽) (출)서울 (주)서울특별시 중구 명동11길 19 전국은행연합회 감사실(02-3705-5207) (학)1977년 서울고졸 1981년 연세대 경영학과졸 1988년 미국 인디애나대 경영대학원졸(MBA) (경)1984년 한국은행 입행 1991년 同조사제1부 조사역(4급) 1993년 同문서부 비서실 비서역 1994년 同뉴욕사무소 조사역 2001년 同조사국 조사역·선임조사역(3급) 2005년 同금융결제국 전자금융팀장(2급) 2006년 同기획국 금융통화위원회 의사관리팀장 2008년 同금융결제국 결제정책팀장 2010년 同금융결제국 부국장(1급) 2010년 同기획국 부국장(1급) 2011년 同인재개발원장(1급) 2013~2016년 同부총재보 2016년 연세대 객원교수 2017년 전국은행연합회 감사(현) (저)'한국은행산업의 진로'(共)

허재영(許再寧)

(생)1955·12·12 (주)충청남도 청양군 청양읍 학사길 55 충남도립대학교 총장실(041-940-6701) (학)진주농림고졸, 경상대 농공학과졸 1984년 부산대 대학원 토목공학과졸 1989년 토목공학박사(일본 오사카대) (경)1984~1985년 부산대 생산기술연구소 연구원 1989~2017년 대전대 공과대학 토목공학과 교수 1991~1997년 대전시 지방도시계획위원회 위원 1995년 금강환경관리청 환경영향심사위원 1997년 대전시 안전대책위원 1997~1999년 (사)대전방재연구소 소장 1999~2001년 충남도 지방건설기술심의위원 1999~2001년 한국수자원학회 해안분과위원 2000년 금강유역환경청 사전환경성검토 및 환경영향평가전문위원회 위원 2000~2002년 한국건설기술연구원 신기술심사위원 2000년 국립방재연구소 재해원인분석조사단 지역위원 2000년 대전시 동구 안전대책위원회 위원 2001년 대전시 재해영향평가심의위원회 위원, 충남도 4대강(금강)사업검토특별위원회 공동위원장, 同금강비전기획위원장 2017년 충남도립대 총장(현) 2017년 환경부 지속가능한통합물관리비전포럼 운영위원장(현) 2019년 충남도 정책자문위원장(현) 2019년 대통령소속 국가물관리위원회 공동위원장(현) (상)환경부장관표창(2002), 충남도지사표창(2012), 안전행정부장관표창(2013), 대통령표창(2017)

허재완(許在完) Hur, Jae-Wan

(생)1953·10·21 (출)경북 경산 (주)서울특별시 동작구 흑석로 84 중앙대학교 도시계획부동산학과(02-820-5108) (학)1972년 대륜고졸 1979년 연세대 상경대학 경제학과졸 1982년 同대학원 경제학과졸 1986년 경제학박사(연세대) (경)1987~2019년 중앙대 도시계획·부동산학과 조교수·부교수·교수 2002~2004년 同산업경영대학원장 2004~2006년 同산업과학대학장 2009~2010년 광역경제권선도사업단 단장 2009~2012년 대통령직속 지역발전위원회 위원 2009~2011년 지식경제부 지역특화발전지구위원회 위원 2009~2010년 국토해양부 자문위원회 위원 2009년 국가균형발전사업추진실적평가위원회 위원장 2009~2011년 경기도 도시계획위원회 위원 2009~2010년 同도시재정비위원회 위원 2009년 고양시 도시공사설립심의위원회 위원 2009~2010년 국가교통수요검증위원회 위원 2010~2012년 대한국토도시계획학회 회장 2010~2011년 국가경쟁력강화위원회 위원 2010~2011년 경기도 친환경도시자문단 위원 2010~2012년 한국지역경제학회 이사 2010~2012년 서울시 정보화전략위원회 위원 2010~2012년 同도시계획위원회 위원 2011~2012년 한국도시행정학회 이사 2011~2012년 한국지역학회 이사 2011~2013년 국무총리산하 세종시지원위원회 위원 2011~2013년 수도권정비위원회 위원 2011~2012년 국토해양부 자체평가위원회 위원 2012년 同갈등관리심의위원회 위원 2012년 서울시 열린광장운영시민위원회 위원 2012~2014년 국회입법조사처 자문위원회 위원 2013년 국토교통부 정책자문위원장 2013년 同자체평가위원장 2013년 수원시정연구원 이사(현) 2013~2014년 중앙대 도시부동산연구소장 2014~2016년 행정중심복합도시건설추진위원회 민간위원장(장관급) 2019년 중앙대 도시계획·부동산학과 명예교수(현)

허재용(許栽墉) HUR JAEYONG

(생)1968·10·17 (주)세종특별자치시 가름로 194 과학기술정보통신부 미래인재정책국 미래인재양성과(044-202-4830) (학)1987년 인천 선인고졸 1991년 한양대 기계공학과졸 2000년 일본 사이타마대 대학원 정책분석학과졸 2003년 공학박사(일본 도쿄공업대) (경)1994년 한국전력공사 서인천복합화력건설처 근무 1995년 총무처 사무관시보 1996~2003년 과학기술처 원자력협력과·기계전자연구조정관실·연구개발1담당관실 사무관 2004~2006년 국립중앙과학관 인사경영혁신팀장·과학기술부 미주기술협력과 서기관 2007년 과학기술부 원자력협력과장 2008년 駐일본 참사관 2011년 교육과학기술부 이러닝과장 2012년 同과기인재정책과장 2012년 同과기인재기반과장 2013년 미래창조과학부 과기인재기반과장 2014년 同생명복지조정과장 2015년 국방대 교육파견 2016년 미래창조과학부 성과평가혁신총괄과장 2016년 同미래인재정책과장(부이사관) 2017년 과학기술정보통신부 연구개발정책실 미래인재정책국 미래인재정책과장 2017~2018년 同국가과학기술자문회의 지원단장 2018년 同부이사관 2019년 同우정사업본부 서울지방우정청 서울은평우체국장 2019년 同미래인재정책국 미래인재양성과장(현)

허재우(許在宇)

(생)1969·9·27 (주)세종특별자치시 도움5로 20 국민권익위원회 대변인실(044-200-7061) (학)1988년 전북대사대부고졸 1993년 고려대 영어교육과졸 2009년 영국 버밍엄대 대학원 사회정책학과졸 (경)1998~2002년 보건복지부 장애인제도과 근무 2002~2006년 부패방지위원회 청렴총괄과·심사기획과 근무 2006~2007년 국가청렴위원회 법령분석관리팀장 2010년 국민권익위원회 사회제도개선담당관 2011년 同행정관리담당관 2011년 同심사기획과장 2012년 同운영지원과장 2013년 同청렴조사평가과장 2014년 同청렴총괄과장 2017년 同부패방지국 신고심사심의관(고위공무원 나급) 2018년 국가공무원인재개발원 교육파견(고위공무원) 2018년 국민권익위원회 행정심판국장 2019년 同대변인(현) (종)기독교

허재택(許在澤) Huh Jae Taek

(생)1954·7·11 (출)경남 진주 (주)서울특별시 강동구 진황도로61길 53 중앙보훈병원 병원장실(02-2225-1114) (학)1979년 부산대 의대졸 1982년 同대학원졸 1988년 의학박사(부산대) (경)1987~1988년 부산대 의대 전임강사 1990~1999년 동아대 의대 신경외과학교실 조교수·부교수 1991~1992년 미국 콜롬비아대·뉴욕대 교환교수 1995~1998년 동아대병원 응급의학과장·응급의료센터소장 1995~1997년 부산지검 의료자문위원 1996~2000년 의료보험연합회 진료비심사위원 1997년 미국 베일러의대 단기연수 1999년 동아대 의대 신경외과학교실 교수 1999~2000년 同의대 교학과장 2012년 同의학전문대학원장 겸 의과대학장 2016~2019년 同의료원장 겸 병원장 2019년 중앙보훈병원장(현) (상)보건복지부장관표창(2012) (저)'뇌혈관질환'(1998) '뇌혈관질환 논문집'(2008)

허재형(許在衡) HEO Jae Hyung

(생)1959·6·6 (본)양천(陽川) (출)전남 (주)서울특별시 강남구 논현로30길 32 세솔반도체(주) 비서실(02-573-3131) (학)1980년 용산고졸 1988년 성균관대 전자공학과졸 (경)1988년 삼성반도체통신(주) 반도체부분 입사 1988~1991년 同반도체부분 ASIC사업부 근무 1992~1999년 삼성전자(주) 반도체부분 ASIC 영업&마케팅 대리·과장 2000~2002년 同반도체부분 SYSTEM LSI 마케팅1팀 부장 2004~2011년 (주)다윈텍 부사장 2012년 세솔반도체(주) 대표이사(현) (종)불교

허 정(許 正)

(생)1973·4·19 (출)서울 (주)서울특별시 서초구 반포대로 158 서울중앙지방검찰청 특수3부(02-530-4600) (학)1992년 남강고졸 2000년 연세대 경제학과졸 (경)1999년 사법시험 합격(41회) 2002년 사법연수원 수료(31기) 2002년 대구지검 검사 2004년 인천지검 검사 2006년 수원지검 성남지청 검사 2008년 춘천지검 원주지청 검사 2010년 서울중앙지검 검사 2013년 대검찰청 검찰연구관 2015년 광주지검 검사 2016년 서울남부지검 부부장검사 2018년 광주지검 특수부장 2019년 서울중앙지검 특수3부장(현)

허정도(許正道) HEO Jeong Do

(생)1953·6·20 (본)김해(金海) (출)경남 마산 (주)경상남도 진주시 충의로 19 한국토지주택공사 감사실(055-922-3026) (학)경남 창신고졸, 부경대 건축공학과졸, 연세대 공학대학원 건축공학과졸, 공학박사(울산대) (경)1981년 서진종합건축사무소 대표 1992년 마산YMCA 이사장 1998·2000년 대한민국 건축대전 초대작가 1999년 한국건축100년특별기획전 초대작가 2002년 도시연대 공동대표, 경남생명의숲 공동대표 2003년 창원대 건축학부 초빙교수, 대통령 인사수석비서관실 자문위원, 부마민주항쟁기념사업회 회장, 건설교통부 정책자문위원, 농업기반공사 비상임이사 2005~2009년 경남도민일보 대표이사 2006~2008년 한국YMCA전국연맹 이사장 2006년 지역신문협회 공동대표 2014~2016년 한국YMCA전국연맹유지재단 이사장 2017년 더불어민주당 문재인 전 대표 신문·통신분야 미디어특보 2017년 경남도 교육정책협의회 위원장, 창원대 건축학부 겸임교수, 경남도 주거정책심의위원회 위원 2018년 한국토지주택공사 상임감사위원(현) (상)한국건축문화대상(1993·1994), 경남도 건축대상(1997·2001), 경남도립미술박물관 설계현상공모전 최우수상(1999), 한국지역출판대상 천인독자상 대상(2019) (저)'세입자 보호를 위한 재개발 연구' '전통도시의 식민지적 근대화' '책읽어주는 남편' '마산의 미래를 디자인하다' '도시의 얼굴들'

허정무(許丁茂) HUH Jung Moo

(생)1955·1·13 (본)양천(陽川) (출)전남 진도 (주)서울특별시 종로구 경희궁길 46 축구회관 5층 한국프로축구연맹(02-2002-0663) (학)1974년 영등포공고졸 1978년 연세대졸, 수원대 교육대학원 체육교육과졸 (경)1973~1974년 청소년 국가대표 축구선수 1974~1986년 축구 국가대표(87경기 30골) 1978년 한국전력축구단 입단 1978년 제9회 방콕아시아경기대회 금메달 1980~1983년 네덜란드 아인트호벤 프로축구단 소속 1984~1986년 현대프로축구단 소속 1986년 제10회 서울아시아경기대회 금메달 1986년 멕시코월드컵 국가대표 1990년 이탈리아월드컵 국가대표축구팀 트레이너 1991년 포항 프로축구단 코치 1993~1994년 미국월드컵 국가대표축구팀 코치 1993년 포항 프로축구단 감독 1996~1998년 전남 드래곤즈 감독 1997·2006·2007년 축구협회(FA)컵 3회 우승 1998~2000년 국가대표축구팀 감독 2001년 KBS 축구해설위원 2001~2007년 용인축구센터 총감독 2004년 대한축구협회 기술위원 2004년 국가대표팀 수석코치 2004~2007년 전남 드래곤즈 감독 2007~2010년 국가대표축구팀 감독 2010년 남아공월드컵 감독(16강 진출) 2010~2012년 인천 유나이티드 FC 감독 2011년 목포국제축구센터 고문 2012~2015년 허정무·거스히딩크축구재단 이사장 2013~2014년 대한축구협회 성인리그(고교·대학·실업·프로·국가대표)담당 부회장 2014년 브라질월드컵 국가대표축구팀 단장 2015년 한국프로축구연맹 부총재(현) (상)체육훈장 백마장(1979), 체육훈장 거상장(1986), 아시아축구연맹(AFC) 올해의 감독상(2009), 자랑스러운 전남인상(2010), 아시아축구연맹(AFC) 공로상(2010), A-Awards 리더십부문(2010), 환경재단 세상을 밝게 만든 사람들(2010), 대한축구협회 특별공헌상(2010) (저)'도전하는 이는 두려워하지 않는다'(2014)

허정석(許政錫) Heo Jeongseok

(생)1955·4·8 (본)김해(金海) (주)울산광역시 동구 봉수로 101 울산과학대학교 비서실(052-230-0503) (학)1976년 서울대 공대졸 1986년 同대학원졸 1995년 공학박사(부산대) (경)1979~1980년 금성계전(주) 근무 1980~1984년 한국전자통신연구소 연구원 1984~1986년 한국통신공사 연구개발단 선임연구원 1986~2013년 울산대 공대 컴퓨터정보통신공학부 교수 2005년 同디지털제조정보기술연구센터장 2007~2011년 同산학협력단장, 울산녹색환경지원센터 행정협의회 위원 2011~2013년 울산대 산학협력부총장 2013년 울산과학대 총장(현) (상)기술이전사업화경진대회 우수상(2010) (역)'CCITT 데이터통신망 인터페이스'(1986)

허정석(許正錫) HUH Jung Suk

(생)1969·10·18 (출)전북 부안 (주)서울특별시 마포구 마포대로 45 일진전기(02-707-9644) (학)경성고졸 1993년 연세대 경영학과졸, 미국 미시간대 대학원 경영학과졸 (경)일진다이아몬드(주) 이사, 일진그룹 경영기획실 상무 2004년 일진전기공업 전선사업본부장 겸 영업담당 전무 2006년 일진중공업(주) 대표이사 부사장 2007년 同대표이사 사장 2007년 일진전기 공동대표이사 2008~2017년 (주)일진홀딩스 대표이사 사장 2011년 일진전기(

주) 대표이사 2012~2018년 기초전력연구원 비상임이사 2013~2018년 일진전기(주) 대표이사 부회장 2016년 국제대전력망협의회(CIGRE) 한국위원회 부위원장(현) 2018년 (주)일진홀딩스 대표이사 부회장(현) 2018년 일진전기(주) 대표이사(현) [상]산업포장(2007)

허정섭(許正燮) HUH Jung Sup

[생]1939·6·13 [본]하양(河陽) [출]경기 개성 [주]서울특별시 강남구 강남대로 330 우덕빌딩 16층 한일홀딩스(주) 임원실(02-531-7163) [학]1958년 서울고졸 1964년 한국외국어대 영어학과졸 1984년 서울대 경영대학원 최고경영자과정 수료 1984년 전국경제인연합회 국제경영원 최고경영자과정 수료(2기) [경]1970~1972년 (주)녹십자 상무이사 1973~1974년 녹십자수의약품(주) 대표이사 1974~1979년 한일산업(주) 전무이사 1979~1980년 한일시멘트(주) 전무이사 1980~1983년 同부사장 1983~1991년 同대표이사 사장 1983~1991년 전국경제인연합회 이사 1990~1992년 한국양회공업협회 회장 1992~1998년 한일시멘트(주) 대표이사 회장 1999~2003년 同회장 2003~2018년 同명예회장 2018년 한일홀딩스(주) 명예회장(현) [상]동탑산업훈장(1986)

허정수(許政秀)

[생]1960·8 [출]전남 광양 [주]서울특별시 영등포구 국제금융로2길 28 KB생명보험(주) 사장실(02-398-6801) [학]광주제일고졸, 동국대 경제학과졸, 同대학원 경제학과졸, 핀란드 헬싱키경제경영대학원 경영학과졸 [경]1990년 KB국민은행 입행 2006년 同ALM부장 2008년 同재무관리부장 2013년 同호남남지역본부장 2013~2015년 同재무본부장(상무) 2015~2016년 KB손해보험 최고재무책임자(CFO·상임이사) 2015~2016년 KB손해보험 스타즈 배구단 단장 2016년 KB금융지주 재무담당 부사장 2017년 KB국민은행 경영기획그룹 부행장 2018년 KB생명보험(주) 대표이사 사장(현)

허정수(許丁穗)

[생]1966·11·16 [주]경기도 의정부시 녹양로34번길 23 의정부지방검찰청 형사2부(031-820-4542) [학]1985년 오현고졸 1992년 고려대 국어국문학과졸 [경]1998년 사법시험 합격(40회) 2001년 사법연수원 수료(30기) 2001년 서울지검 검사 2003년 광주지검 순천지청 검사 2005년 대구지검 검사 2007년 부산지검 검사 2009년 서울남부지검 검사 2013년 수원지검 검사 2015년 대전지검 부부장검사 2016년 同천안지청 부장검사 2017년 수원지검 안산지청 형사3부장 2018년 대검찰청 피해자인권과장 2019년 의정부지검 형사2부장(현)

허정열(許貞烈) Heo Jeong-Yeol

[생]1960·7·9 [본]김해(金海) [출]경남 창녕 [주]경상북도 문경시 당교로 225 문경시청 부시장실(054-550-6005) [학]1978년 부산기계공고졸 1997년 한국방송통신대 행정학과졸 [경]2010~2014년 경북도 감사관실 조사담당 2014~2015년 同인재개발정책관실 능력개발담당 2015~2016년 경북도의회 문화환경수석전문위원 2017~2018년 경북도 감사관 2019년 경북 문경시 부시장(현) [상]국무총리표창(2006), 대통령표창(2012)

허정진(許丁鎭)

[생]1959·8·10 [출]전남 순천 [주]서울특별시 종로구 종로1길 50 (주)우리카드 임원실(02-3701-9114) [학]1977년 광주상고졸 1984년 국제대 무역학과졸 [경]1977년 상업은행 입행 2003년 우리은행 공금영업팀 수석부부장 2006년 同영등포구청지점장 2009년 同중림동지점장 2012년 同서울시청영업본부장 2014년 同고객정보보호부 영업본부장대우 2015년 同고객정보보호단 상무 2017년 同정보보호단 상무 2017~2018년 同기관그룹장(부행장) 2018년 (주)우리카드 경영지원총괄 부사장(현) [상]서울특별시장표창(1991), 내무부장관표창(1996), 행정자치부장관표창(2001), 문화관광부장관표창(2003)

허 종(許 鐘) HUH Jong (曉山)

[생]1945·2·20 [본]양천(陽川) [출]경기 용인 [주]경기도 용인시 기흥구 덕영대로 1732 경희대학교 외국어대학 [학]1963년 서울고졸 1968년 경희대 영문학과졸 1970년 同대학원졸 1972년 미국 하와이대 수료 1972년 미국 이스트웨스트대 수료 1976년 미국 위스콘신대 대학원졸 1992년 문학박사(충남대) [경]1981~2010년 경희대 영문학과 교수 1989년 同교수협의회 부회장 1993~1998년 同국제캠퍼스 중앙도서관장 1998년 고전·르네상스드라마한국학회 회장 1998~2000년 경희대 외국어대학장 겸 외국어학부장 1999년 현대영·미드라마학회 감사 2001~2003년 한국번역가협회 부회장 2002년 미국 하버드대 객원교수 2003년 현대영·미드라마학회 연구이사·감사 2005년 국제지역학회 부회장 2005년 한국언어문화교육학회 국제이사 2010년 경희대 외국어대학 명예교수(현) 2013년 에티오피아한국학회 회장 2014년 (사)밝은사회국제클럽한국본부 서울클럽 회장 2015년 (재)밝은사회클럽(GCS) 국제본부 수석부총재(현) [상]근정훈장(2010) [저]'그리스·로마극의 세계'(2000) '아서밀러의 사회극' 'Selected English & American Short Stories' [역]'Cultural Treasures of Korea'(1990) '성채'(1991) '수퍼러닝'(1992) '문학비평에서의 실험'(2002) '인간과 초인'(2003) '형제들'(2004) '영문학으로 문화 읽기'(2005) '로미오와 줄리엣'(2016, 동인) 외 다수 [종]기독교

허종렬(許宗烈) Hur Jong Ryul

[생]1957·1·10 [출]경남 거창 [주]서울특별시 서초구 서초중앙로 96 서울교육대학교 사회교육과(02-3475-2431) [학]1977년 인창고졸 1979년 서울교육대 교육학과졸 1983년 성균관대 법학과졸 1987년 서울대 대학원 법학과졸 1994년 법학박사(성균관대) [경]1979~1990년 초교 교사 1990~1991년 미국헌법연구소 수석연구원 1991~1995년 한국교원단체총연합회 교육정책연구소 선임연구원 1995~1997년 서울교육대·이화여대·성균관대 강사 1997년 대통령자문 교육개혁위원회 연구위원 1997년 서울교육대 사회과교육과 조교수·부교수·교수(현) 2003~2005년 전국교육대학교교수협의회연합회 회장 2004~2005년 전국국공립대학교교수협의회연합회 회장 2004~2005년 교육인적자원부 E-러닝정책포럼 위원 2005~2006년 대한교육법학회 회장 2006년 법무부 법교육추진위원회 자문위원 2007년 同법교육위원회 위원 2007년 좋은교육바른정책포럼 운영위원장 2007~2008년 한국헌법학회 부회장 2008~2012년 법과인권교육학회 창립 및 초대·2대 회장 2008년 서울교육대 법과인권교육연구소장(현) 2008~2010년 한국대학교육협의회 대학자율화추진위원회 자문교수 2009~2012년 同정책자문위원회 위원 2009년 한국교육융복합학회 편집위원장·수석부회장(현) 2009년 서울시교육청 서울교육발전협의회 위원장 2010년 同학생징계조정위원 2010~2011년 한국공법학회 부회장 2010~2012년 국회 의원윤리심사자문위원회 위원 2011·2013년 교육과학기술부 국립대학통폐합심사위원회 위원 2011~2012년 한국대학교육협의회 부설 대학평가원 대학기관평가인증 평가위원 2014년 한국사립중고등학교법인협의회 사학법대책분과위원회 위원 2014년 서울시교육청 학교급식지원협의회 위원 2014~2016년 학교법인 영훈학원 이사장 2015~2017년 법무부 법교육위원회 부위원장 [상]한국공법학회 학술장려상(2002), 한국헌법학회 공로상(2008) [저]'교육법제 정비방안 연구' '교육법상 규제요소 분석연구' [역]'교육의 자유와 대학의 자치(共)'(1986) '교육법학 연구 동향(共)'(2006) '청소년육성제도론(共)'(2006) '사회변화와 입법(共)'(2008) '국민과 함께 하는 개헌이야기(共)'(2010) 등 60여편 [종]기독교

허종식(許琮植) HEO Jong Sik

(생)1962 · 2 · 8 (본)양천(陽川) (출)전남 완도 (주)인천광역시 남동구 정각로 29 인천광역시청 균형발전정무부시장실(032-440-2022) (학)1988년 인하대 국어국문학과졸 (경)1988년 경인일보 기자 1995년 한겨레신문 편집국 기자 1999년 同민권사회2부 기자 2001년 同민권사회1부 기자 2003년 同사회부 차장 2007년 同편집국 지역부문 편집장 2008년 同편집국 경제부문 선임기자 2011년 인천시 공보특보 2011~2014년 同대변인 2014년 미디어인천신문 사장 2014년 새정치민주연합 인천남구甲지역위원회 위원장 2015~2018년 더불어민주당 인천남구甲지역위원회 위원장 2016~2018년 더불어민주당 인천시당 홍보위원장 2018년 인천시 균형발전정무부시장(현) (상)한국기자협회 한국기자대상(1995), 한국기자협회 이달의 기자상(1995)

허 준(許 俊) HURH Joon

(생)1960 · 1 · 30 (출)서울 (주)서울특별시 강남구 테헤란로 534 메드트로닉코리아(주)(02-3404-3161) (학)1978년 영동고졸 1985년 한양대 신문방송학과졸 1987년 미국 UCLA 대학원졸(MBA) (경)1984년 두산상사 기획부 · 기획조정실 근무 1987년 American Cyanamid 한국법인 마케팅부장 · 미국본사 마케팅본부 과장 1990년 Becton Dickinson Korea 대표이사 1995년 同미국본사 이사 1997년 同Asia Pacific Singapore 이사 1999~2004년 존슨앤존슨메디칼 Asia Pacific 전무이사 2004년 메드트로닉코리아(주) 대표이사 2008년 메드트로닉(주) 아시아총괄 대표이사 2011~2018년 同아시아태평양지역총괄 대표이사 2018년 메드트로닉코리아(주) 대표이사(현) (상)산업포장(2017)

허준서(許峻瑞)

(생)1974 · 8 · 8 (출)부산 (주)서울특별시 양천구 신월로 386 서울남부지방법원(02-2192-1152) (학)1993년 부산 배정고졸 1998년 고려대 법학과졸 (경)1997년 사법시험 합격(39회) 2000년 사법연수원 수료(29기) 2000년 공익법무관 2003년 창원지법 판사 2006년 부산지법 판사 2008년 인천지법 판사 2012년 서울남부지법 판사, 서울고법 판사 2015년 부산지법 부장판사 2017년 인천지법 부장판사 2019년 서울남부지법 부장판사(현)

허준영(許峻英) HUH Joon Youing

(생)1951 · 5 · 15 (출)대구 (주)대구광역시 달서구 학산로 121 허병원 · 허한방병원(053-527-0300) (학)1973년 영남대 약과대졸 1978년 경희대 의과대졸 1992년 영남대 의과대학원 수료 1994년 同대학원 의학 박사과정 수료 2005년 대구한의대 한의학과졸 2009년 경운대 의료경영학과 중퇴 (경)1981~1985년 계명대 동산의료원 전문의 수료 1985~1986년 안동성소병원 내과 전문의 1987~1990년 허준영내과 원장 1993년 열경의료재단 이사장(현) 1994년 허병원 · 허한방병원 이사장(현) 2003년 동부허병원 이사장(현)

허준행(許晙行) HEO Jun Haeng

(생)1958·8·3 (본)김해(金海) (출)서울 (주)서울특별시 서대문구 연세로 50 연세대학교 공과대학 사회환경시스템공학부(02-2123-2805) (학)1981년 연세대 수공학과졸 1983년 同대학원졸 1990년 토목공학박사(미국 콜로라도주립대) (경)1981~1986년 연세대 산업기술연구소 연구보조원·연구원 1990~1994년 미국 콜로라도주립대 연구원 1994~2002년 연세대 공과대학 토목공학과 조교수·부교수 1999~2002년 同공과대학 사회환경건축공학부 교수 2002년 同공과대학 사회환경시스템공학부 토목공학과 교수(현) 2003~2005년 同공과대학 부학장 2006년 同토목공학전공 주임교수 2008년 同학술정보관건설추진단 부본부장 2009년 同공학교육혁신센터 소장 2012~2014년 同공과대학 스마트공간연구원장 2013~2014년 한국수자원학회 부회장 2013~2015년 제7차 세계물포럼 국제운영위원회 위원 2014~2017년 대통령직속 통일준비위원회 경제분과위원회 전문위원 2015년 한국공학한림원 정회원(건설환경공학·현) 2015~2016년 연세대 방재안전연구원 부원장 2016~2018년 同공학대학원장 2017~2018년 한국수자원학회 회장 2017년 연세대 방재안전연구원장(현) (상)대한토목학회 논문상(1996), 한국수자원학회 공로표창(1997), 한국수자원학회 논문상(2000), 한국수자원학회 학술상(2005), 대한토목학회장표창(2005), 대통령표창(2007), 제17회 과학기술우수논문상(2007), 대한토목학회 학술상(2008), 한국수력원자력 사장감사패(2009), 물학술단체연합회 학술상(2010), 교육과학기술부장관표창(2010) (저)'소하천시설기준'(1999) (종)기독교

허준홍(許準烘) HUR JOON HONG

(생)1975 (주)서울특별시 강남구 논현로 508 GS칼텍스 윤활유사업본부(02-2005-1114) (학)1994년 보성고졸 1999년 고려대 경영학과졸 2004년 미국 콜로라도대 대학원 경제학과졸 (경)2005년 GS칼텍스 생산기획실 입사 2008년 同시장분석팀 차장 2010년 同윤활유해외영업팀장(부장) 2012년 同싱가폴법인 원유 · 제품Trading부문장 2013년 同싱가폴법인 원유 · 제품Trading부문장(상무) 2015년 同LPG사업부문장(상무) 2016년 同법인사업부문장(전무) 2019년 同윤활유사업본부장(부사장)(현)

허지회(許智會) Ji Hoe Heo

(생)1959·10·16 (주)서울특별시 서대문구 연세로 50-1 세브란스병원 신경과(02-2228-1605) (학)1984년 연세대 의대졸 1987년 同대학원 의학석사 1994년 의학박사(연세대) (경)1984~1985년 세브란스병원 인턴 1985~1988년 同신경과 전공의 1992년 일본 가고시마대 제3내과 초청강사 1993~1995년 연세대 의대 신경과학교실 연구강사·전임강사 1997~1999년 미국 The Scripps Research Institute Research Associate 2000년 연세대 의과대학 신경과학교실 조교수·부교수·교수(현) 2004~2009년 同나노메디칼 국가핵심연구센터 연구원 2012~2014년 同의과대학 교육부학장 2014~2016년 대한뇌졸중학회 부이사장 2014년 세브란스병원 뇌졸중센터 소장(현) 2015년 同뇌심혈관질환융합연구사업단장(현) 2016~2018년 대한뇌졸중학회 이사장 (상)우수연구자상(2004), 최우수임상교수상(2004) (저)'재활의학'(2007)

허진규(許鎭奎) HUH Chin Kyu (德明)

(생)1940·12·1 (본)태인(泰仁) (출)전북 부안 (주)서울특별시 마포구 마포대로 45 일진그룹 회장실(02-707-9001) (학)1963년 서울대 공과대학 금속공학과졸 2000년 명예 경영학박사(전북대) 2015년 명예 공학박사(광주과학기술원) 2017년 명예 공학박사(포항공과대) (경)1963~1965년 육군본부 병기감실 근무(ROTC 1기) 1968년 일진금속공업(주) 설립 1982년 일진경금속(주) 설립 1984년 일진그룹 회장(현) 1987년 일진소재산업(주) 설립 1988년 일진다이아몬드(주) 설립 1988년 일진유니스코(주) 설립 1990년 서울대 신소재공동연구소 준공 및 기증 1994~1996년 ROTC중앙회 회장(제4·5대) 1997~2001년 (재)ROTC장학재단 이사장 2003년 JTV 전주방송 회장 2004년 일진디스플레이(주) 설립 2005~2015년 한국공학한림원 이사장 2005년 한·코스타리카친선협회 회장 2006~2012년 서울대공과대학총동창회 회장 2008~2011년 한국발명진흥회 회장 2008~2011·2015~2018년 서울대 기술지주(주) 사내이사 2010년 세계서예전주비엔날레 조직위원장 2011~2014년 광주과학기술원(GIST) 이사장 2015~2019년 서울대 공과대학 교육연구재단 이사 (상)제10회 인촌상(1996), IR-52 장영실상(1998), 서울대·한국공학한림원·매일경제 주관 '한국을 일으킨 엔지니어 60인' 선정(2006), 금탑산업훈장(2008), 제7회 Ernst & Young 최우수 기업가(Master)상 최고영예 마스터상(2013) (종)불교

허진수(許進秀) HUH Jin Soo

(생)1953 · 9 · 12 (출)부산 (주)서울특별시 강남구 논현로 508 GS에너지(02-2005-0800) (학)1972년 중앙고졸 1979년 고려대 경영학과졸 1983년 미국 조지워싱턴대 대학원 국제경영학과졸 (경)1986년 GS칼텍스(주) 입사 · 재무과장 1988년 同국제금융부장 1993년 同소매담당 이사 1995년 同소매기획부문장(상무) 1997년 同방향족영업부문 상무 1998년 LG전자 중국지역본부 전무 2000년 同중국지주회사 부사장 2001년 GS칼텍스(주) 경영전략본부장(부사장) 2004년 GS EPS(주) 대표이사 사장 2005년 GS칼텍스(주) 생산본부장(부사장) 2006년 同생산본부장(사장) 2009년 同석유화학본부장 겸 경영지원본부장(사장) 2012년 同정유영업본부장 겸 경영지원본부장(부회장) 2013년 同대표이사 부회장(CEO) 2016년 同이사회 의장(현) 2017~2018년 同대표이사 회장(CEO) 2019년 GS에너지 이사회 의장(현) (상)은탑산업훈장(2008), 금탑산업훈장(2014) (종)불교

허진호(許眞浩) HUR Jin Ho

(생)1961·12·6 (출)대구 (주)서울특별시 강남구 영동대로 416 3층 세마트랜스링크인베스트먼트 비서실(02-3484-7081) (학)1979년 대륜고졸 1983년 서울대 계산통계학과졸 1985년 한국과학기술원(KAIST) 전산학과졸(석사) 1990년 전산학박사(한국과학기술원) (경)1994~1999년 (주)아이네트 대표이사 1995년 (주)아이소프트 대표이사 1995년 (주)에이아이에이치코리아(AIH Korea) 대표이사 1997년 한국인터넷협회 부회장 1997년 아·태인터넷협회 회장 1997년 정보통신의미래를생각하는모임 회장 1997~1999년 Asia Pacific Internet Association(APIA) Chairman 2000~2004년 (주)아이월드네트워킹 대표이사 2003~2011년 한국인터넷기업협회 회장 2005~2008년 (주)블루마인미디어 대표이사 2006~2008년 NHN 비상근감사 2008~2010년 네오위즈인터넷 각자대표이사 2009년 팝펀딩 대표이사 2010년 크레이지피쉬 설립·대표이사 2012~2014년 케이티하이텔 사외이사 2015년 세마트랜스링크인베스트먼트 대표(현) (저)'세상은 꿈꾸는 자의 것이다'(共)

허창복(許昌福) HUR Chang Bok

(생)1955 · 4 · 9 (출)서울 (주)서울특별시 종로구 종로3길 17 디타워 23층 법무법인 세종(02-316-4203) (학)1974년 서울고졸 1978년 서울대 사회과학대 무역학과졸 1980년 同대학원 법학과 수료 1989년 미국 펜실베이니아대 법과대학원 법학과졸 (경)1979년 사법시험 합격(21회) 1981년 사법연수원 수료(11기) 1982년 육군 제50사단 검찰관 1983년 특전사령부 감찰관 1984~2010년 법무법인 세종 변호사 1989년 미국 New York시 Skadden · Arps · Slate · Meagher & Flom 미국변호사 업무수습 1994년 증권거래소 규율위원회 위원 1995년 대한상사중재원 중재인(현) 1996년 주가지수선물시장실무협의회 위원 1997년 인천시 고문변호사 1998~2001년 새한종합금융 파산관재인 2008년 한국거래소 유가증권시장상장위원회 위원 2009년 금융감독원 분쟁조정위원회 위원 2010년 법무법인 세종 대표변호사(현)

허창성(許昌成) HUH Chang Sung (松岩)

(생)1936·12·10 (본)하양(河陽) (출)경기 개성 (주)서울특별시 종로구 삼청로 59 진선출판사(주)(02-734-3341) (학)1956년 덕수상고졸 1986년 숭실대 중소기업대학원 최고경영자과정 수료 2008년 동양대 문화재보존학과졸 2010년 국민대 대학원 사회학과 수료 (경)1963년 평화출판 사장 1970~1993년 출판문화협회 이사 1971~1980년 독서신문 감사·이사 1981~1988년 출판협동조합 이사장 1988년 출판문화협회 부회장 1989년 한국전자출판연구회 회장 1992~1995년 한국전자출판협회 회장 1993년 중앙대 신문방송대학원 강사 1997~1999년 한국출판유통(주) 대표이사 사장 1997년 한국간행물윤리위원회 위원 1999년 동국대 정보산업대학원 강사 2000년 평화출판사 회장(현) 2000년 진선출판사 회장(현) 2000년 한국전자출판협회 명예회장, 同고문 2003~2006년 한국간행물윤리위원회 위원 (상)대통령표창, 서울시 문화상, 문공부장관표창, 한국출판문화상, 대한민국산악문화상 (저)'돌아오지 않는 봄'(編) '등산수첩'(編) 'Outdoor Books 01/등산수첩'(2007)

허창수(許昌秀) HUH Chang Soo

(생)1948 · 10 · 16 (본)김해(金海) (출)경남 진양 (주)서울특별시 강남구 논현로 508 (주)GS 회장실(02-2005-8000) (학)1967년 경남고졸 1972년 고려대 경영학과졸 1977년 미국 세인트루이스대 경영대학원졸 2007년 명예 경영학박사(미국 세인트루이스대) (경)1977년 럭키금성그룹 입사 1978년 럭키금성상사 부장 1981년 금성반도체 부장 1982년 럭키금성상사 본부장 1984년 同이사 1986년 同상무 1988년 同전무 1989년 (주)럭키 부사장 1992년 금성산전 부사장 1995~2002년 LG전선 회장 1998년 프로축구 FC서울 구단주(현) 2002~2005년 LG건설(주) 대표이사 회장 2004~2009년 (주)GS홀딩스 대표이사 회장 2005년 GS건설(주) 대표이사 회장(현) 2009~2011년 전국경제인연합회 부회장 2009년 (주)GS 대표이사 회장(현) 2011년 전국경제인연합회 회장(현) 2011년 2018평창동계올림픽대회조직위원회 고문 2013년 전국경제인연합회 산하 창조경제특별위원회 위원장 2017년 同혁신위원회 위원장 (상)금탑산업훈장(2001), 체육훈장 맹호장(2012), 국민훈장 무궁화장(2013) (종)불교

허창수(許昌秀) HUR Chang Soo

(생)1955·5·26 (본)양천(陽川) (출)강원 양양 (주)서울특별시 동대문구 서울시립대로 163 서울시립대학교 경영학부(02-6490-2222) (학)1976년 경기고졸 1980년 서울대 경영학과졸 1982년 미국 오하이오주립대 경영대학원 경영학과졸 1985년 경영학박사(미국 오하이오주립대) (경)1979~1980년 미국 걸프오일(주) Exchange Staff 1980~1981년 한국은행 근무 1985년 서울시립대 경영학부 교수(현) 1985년 증권감독원 자문위원 1986~1989년 미국 아시아재단 중소기업자문프로그램 Director 1987~1988년 (사)선물거래협의회 제도개선전문위원 1990년 한국통신개발연구원 초빙연구위원 1991년 한국증권감독원 공인회계사시험 출제위원 1991~1992년 한국경영학회 이사·한국재무학회 이사·일본 우정경제연구소 초빙연구위원 1991~1993년 한국증권학회 증권학회지 편집위원 1994년 총무처 행정고시 출제위원 1994~1996년 한국증권거래소 증시공시제도 자문위원·한국재무학회 재무연구 편집위원 1995~1997년 서울시투자기관경영평가단 단장·한국증권감독원 자기자본규제 자문위원 1996~1997년 한국재무관리학회 상임이사 1997~1998년 서울시립대 기획처장 1998~1999년 한국경영학회 상임이사 1999~2000년 미국 Univ. of Rochester 교수 2002~2004년 同증권학회지 편집위원장·상임이사 2003년 국제공인증권분석사회(ACIIA) 관리위원 2003년 재정경제부 금융발전위원회 위원 2005~2006년 한국증권학회 회장 2005~2007년 재정경제부 시장효율화위원회 위원장 2006년 한국금융학회 부회장 2006년 예금보험공사 자문교수 2007년 공적자금관리위원회 민간위원 2007~2009년 한국증권업협회 공익감사 2009~2010년 서울시립대 경상대학장 겸 경영대학원장 겸 산업경영연구소장 2009~2010년 한국금융투자협회 집합투자위원회 위원 2009~2010년 한국정책금융공사 운영위원회 위원 2010~2013년 증권선물위원회 비상임위원 2013~2015년 한국거래소 비상임이사 (상)한국증권업협회 공로상(2005) (저)'공개시장조작의 현황과 과제'(1988) '모험자본의 운용현황과 과제'(1989) '예탁유가증권의 담보제도 발전방안(共)'(2002) '단기기업금융시장 활성화를 위한 연구(共)'(2005) '증권업계의 대외경쟁력 제고를 위한 CMA활성화 방안(共)'(2006) '신산업분류체계 현황조사 및 국내도입 타당성 연구(共)'(2006) '코스닥시장의 국민경제기여도에 대한 실증적 분석 및 기능강화 방안(共)'(2006)

허창언(許昌彦) Hur, Chang Un

(생)1959·8·25 (주)서울특별시 중구 세종대로9길 20 신한은행 임원실(02-756-0506) (학)1978년 제주제일고졸 1983년 서울대 법학과졸 1995년 고려대 대학원 법학과졸 (경)1987년 한국은행 입행 1999년 금융감독원 감독4국 팀장 2000년 同보험감독국 팀장 2003년 同보험검사국 팀장 2007년 同감사실 팀장 2008년 同법무실장 2009년 同공보실 국장 2010년 同뉴욕사무소장 2011년 同보험감독국장 2013~2015년 同보험담당 부원장보 2015~2017년 금융보안원 원장 2016~2017년 금융보안포럼 회장 2018년 신한은행 상임감사위원(현)

허창원(許暢原)

(생)1971·1·8 (주)충청북도 청주시 상당구 상당로 82 충청북도의회(043-220-5116) (학)서원대 경영학과졸, 충북대 경영대학원 경영학과졸, 同산업대학원 토목과졸 (경)(주)제이엘건설 대표, 수곡중 운영위원장, 청주지법 민사및가사조정위원 2014년 충북도의원선거 출마(새정치민주연합) 2016년 더불어민주당 충북도당 대변인 2018년 충북도의회 의원(더불어민주당)(현) 2018년 同행정문화위원회 부위원장(현)

허천구(許天九) HUR Chun Koo

(생)1939·5·27 (본)김해(金海) (출)강원 횡성 (주)서울특별시 서초구 서초대로74길 23 서초타운 트라팰리스 905호 (주)코삭(02-522-0111) (학)춘천고졸, 고려대 상과대학 경영학과졸, 연세대 경영대학원 경영학과졸 (경)1965~1967년 (주)금성사 근무 1967~1974년 공인회계사 개업 1975년 (주)삼미그룹 기획조정실장·기획실장(사장급) 1982년 삼미종합특수강(주) 전무이사·기획조정실장·부사장 1983년 (주)삼미해운 대표이사 사장 1985년 (주)삼미슈퍼스타즈 대표이사 사장 1987~1990년 홍제실업(주) 대표이사 사장, 고려물류(주) 대표이사 사장, 고려대 교우회 감사, 아시아냉장 대표이사 사장 2005년 뉴월드냉장(주) 대표이사, 춘고삼일장학회 이사장(현), (주)코삭 회장(현) 2015년 아너소사이어티(Honor Society) 회원(현) (상)국민훈장 목련장(2017)

허철성(許喆成) HUH Chul Sung

(생)1959·1·15 (본)양천(陽川) (출)충북 충주 (주)강원도 평창군 대화면 평창대로 1447 서울대학교 평창캠퍼스 국제농업기술대학원(033-339-5723) (학)1976년 청주고졸 1981년 서울대 축산학과졸 1983년 同대학원 유가공학과졸 1998년 낙농미생물학박사(서울대) (경)1984년 (주)한국야쿠르트 입사, 同중앙연구소 생명공학실장, 同중앙연구소장 2001년 캐나다 궬프대 수의대 방문연구원 2006년 同중앙연구소장(이사) 2008년 同중앙연구소장(상무) 2009년 한국미생물생명공학회 부회장 2010년 (사)한국식품영양과학회 부회장 2011~2013년 (주)한국야쿠르트 중앙연구소장(전무) 2012년 한국식품과학회 부회장 2014년 서울대 국제농업기술대학원 교수(현) 2014·2016~2017년 同그린바이오과학기술연구원 부원장 2015~2019년 롯데제과(주) 사외이사 2018년 한국유가공학회 회장 2018년 농림축산식품부 농림식품과학기술위원회 위원(현) (종)불교

허철호(許哲豪) HUR Chul Ho

(생)1967·6·30 (출)경남 진주 (주)서울특별시 강남구 테헤란로 133 법무법인 태평양(02-3404-0188) (학)1985년 진주고졸 1990년 서울대 공법학과졸 (경)1991년 사법시험 합격(33회) 1994년 사법연수원 수료(23기) 1994년 軍법무관 1997년 광주지검 검사 1999년 청주지검 충주지청 검사 2000년 인천지검 검사 2002년 법무부 법무심의실 검사 2004년 서울중앙지검 검사 2006년 울산지검 부부장검사 2007년 서울남부지검 부부장검사 2008년 창원지검 통영지청 부장검사 2009년 수원지검 마약·조직범죄수사부장 2009년 대검찰청 마약과장 2010년 서울북부지검 형사5부장 2011년 서울중앙지검 형사4부장 2012년 창원지검 형사1부장 2013년 서울동부지검 형사2부장 2014년 대검찰청 검찰연구관(국제협력단장) 2015년 창원지검 차장검사 2016~2017년 同마산지청장 2017년 법무법인 태평양 변호사(현)

허철훈(許鐵薰)

(생)1965·3·3 (주)경기도 과천시 홍촌말로 44 중앙선거관리위원회 감사관실(02-502-9052) (학)1982년 원주고졸 1987년 한양대 행정학과졸 1990년 同대학원 행정학과졸 (경)2012년 과천시선거관리위원회 사무국장 2013년 중앙선거관리위원회 총무과장 2015년 同기획국장 2017년 同선거국장 2018년 同기획국장(이사관) 2018년 同감사관(현) (상)국무총리표창(1999), 근정포장(2015)

허　춘(許 椿) Hur Choon

(생)1959·12·5 (본)양천(陽川) (출)충남 부여 (주)대전광역시 서구 둔산로 100 대전광역시청 인사혁신담당관실(042-270-2930) (학)1978년 논산고졸 1983년 한국방송통신대 행정학과졸 1999년 한밭대 대학원 도시공학과 수료 (경)1978년 공무원 임용 1978~1982년 논산시청 근무 2007년 대전시 경제과학국 IAC추진기획단 근무 2008년 同혁신경영담당관실 근무 2008년 同기획관리실 예산담당관실 근무 2014년 同기획관리실 창조행정추진단장 2015년 同평가관리담당관 2015년 同비서실장 2017~2019년 同건설관리본부장 2019년 공로연수(현) (상)국무총리표창(2007), 대통령표창(2014) (종)기독교

허충회

(생)1961 (주)서울특별시 중구 통일로 120 NH농협은행 부행장실(02-2080-5114) (학)전주해성고졸, 전북대 회계학과졸, 서강대 대학원 회계학과졸 2019년 박사(전북대) (경)농업협동조합중앙회 금암동지점장, 同보험분사 보험기획부 단장, NH농협생명 경영기획본부장, NH농협금융지주 리스크관리부장 2018년 NH농협은행 부행장(현)

허태수(許兌秀) HUH Tae Soo

(생)1957·11·8 (출)부산 (주)서울특별시 영등포구 선유로 75 (주)GS홈쇼핑 부회장실(02-2007-4545) (학)1976년 중앙고졸 1982년 고려대 법학과졸, 미국 조지워싱턴대 대학원졸(MBA) (경)어빙은행 과장, LG증권(주) 부장, 同런던현지법인장 1997년 LG투자증권(주) 상무보 2002년 (주)LG홈쇼핑 전략기획부문 상무 2003년 同부사장 2005년 (주)GS홈쇼핑 경영지원본부 부사장 2007년 同대표이사 사장 2014년 GS건설 기타비상무이사(현) 2015년 GS홈쇼핑 대표이사 부회장(현) (상)무역의 날 수출탑(2013)

허태열(許泰烈) HUH Tae Yeol

(생)1945·7·25 (본)김해(金海) (출)경남 고성 (학)1964년 부산고졸 1971년 성균관대 법학과졸 1980년 미국 위스콘신대 대학원졸 1988년 국방대학원졸 1999년 행정학박사(건국대) (경)1970년 행정고시 합격(8회) 1971~1974년 서울시 내무국 사무관 1974~1985년 대통령비서실 과장 1985년 의정부시장 1987년 경기도 기획관리실장 1989년 부천시장 1991년 내무부 지방자치기획단장 1992년 同지방기획국장 1993년 同지방행정국장 1994년 同민방위본부장 1994~1995년 충북도지사 1996·1997

년 신한국당·한나라당 부천원미甲지구당 위원장 1997년 한국산업단지공단 이사장 1998년 한나라당 부산北·강서乙지구당 위원장 2000년 제16대 국회의원(부산北·강서乙, 한나라당) 2000년 한나라당 지방자치위원장 2002년 同기획위원장 2003년 同대표특보 2004년 제17대 국회의원(부산北·강서乙, 한나라당) 2004년 한나라당 전당대회선관위 부위원장 2005년 국회 지방행정체제개편특위 위원장 2006년 한나라당 사무총장 2008년 제18대 국회의원(부산北·강서乙, 한나라당·새누리당) 2008~2010년 한나라당 최고위원 2009년 국회 지방행정체제개편특위 위원장 2010년 국회 정무위원장 2013년 대통령 비서실장(장관급), 성균관대 법학전문대학원 석좌초빙교수 (상)녹조근정훈장(1976), 청조근정훈장(1995) (종)기독교

허태열(許泰烈) HUH TAI YOULL
(생)1961·7·1 (출)서울 (주)서울특별시 서대문구 경기대로 15 엘림넷빌딩 (주)다인맨파워(02-2151-0100) (학)1980년 서울 대성고졸 1985년 서울시립대 도시행정학과졸 1987년 同대학원 도시행정학과졸 (경)1989년 럭키개발 입사 1990~1995년 同인사팀 대리 1995년 LG건설(주) 홍보팀 과장 2002년 同홍보팀장(부장급) 2006년 GS건설(주) 주택사업본부 충청영업팀 부장 2009년 同홍보팀 부장 2010년 同홍보담당 상무보 2014년 同홍보담당 상무 2016년 同홍보·업무실장 겸 홍보담당 상무 2017년 同홍보·업무실장 겸 홍보담당 전무 2018년 同홍보·업무실장(전무) 2019년 (주)다인맨파워 대표이사(현) (상)한국일보 그린하우징 어워드(2017)

허태완(許泰浣) Huh Tae-wan
(생)1965·3·1 (주)서울특별시 종로구 사직로8길 60 외교부 인사운영팀(02-2100-7418) (학)1987년 서울대 경영학과졸 1998년 고려대 대학원 법학과졸 2000년 영국 엑세터대 대학원 법학과졸 (경)1991년 행정고시 합격(35회) 1992년 서울시·감사원·총무처·재정경제원 근무 1998년 외교통상부 중남미지역협력과 근무 2000년 駐말레이시아 1등서기관 2003년 駐러시아 1등서기관 2006년 외교통상부 중남미지역협력과장 2007년 同경제협력과장 2008년 駐남아프리카공화국 참사관 2010년 駐로스앤젤레스 영사 2013년 駐사우디아라비아 공사참사관 2015년 駐멕시코 공사참사관 2016년 외교부 중남미국 심의관 2017~2018년 同중남미국장 2018년 駐바르셀로나 총영사(현)

허태웅(許泰雄) HUR TAEWOONG
(생)1965·11·15 (본)김해(金海) (출)경남 합천 (주)전라북도 전주시 덕진구 콩쥐팥쥐로 1515 한국농수산대학 총장실(063-238-9001) (학)1984년 서라벌고졸 1988년 서울대 농학과졸 1994년 同대학원 환경보건학과졸 (경)1987년 기술고시 최연소 합격(23회) 1989~2005년 농림수산부 유통정책과·과수화훼과·농촌인력과 근무 2005~2011년 농림부 경영인력·협동조합·축산경영·과학기술정책과장 2011년 농림수산식품부 농림축산검역본부 식물검역부장 2012년 미국 오레곤주정부 파견 2013년 농림축산식품부 정책기획관 2015년 同대변인 2015년 同식품산업정책실 유통소비정책관 2016년 대통령 농축산식품비서관 2017년 농림축산식품부 식품산업정책실장 2018년 한국농수산대학 총장(현) (상)대통령표창(2002), 홍조근정훈장(2017) (종)불교

허태원(許兌源)
(생)1970·3·10 (본)김해(金海) (출)서울 (주)서울특별시 서초구 서초중앙로 118 카이스시스템빌딩 4층 법무법인 아인(02-581-5400) (학)1989년 서울 여의도고졸 1994년 서울대 공법학과졸 (경)2001년 사법시험 합격(43회) 2004년 사법연수원 수료(33기) 2004년 수원지검 성남지청 검사 2006년 부산지검 검사 2008년 수원지검 검사 2010~2012년 서울중앙지검 검사 2012년 김앤장법률사무소 변호사 2015년 법무법인 율정 대표변호사 2016년 넷마블게임즈(주) 사외이사 겸 감사위원(현) 2017년 법무법인 아인 대표변호사(현)

허태정(許泰鋌) HEO Tae Jeong
(생)1965·8·17 (본)양천(陽川) (출)충남 예산 (주)대전광역시 서구 둔산로 100 대전광역시청 시장실(042-270-2001) (학)1983년 대전 대성고졸 1989년 충남대 문과대학 철학과졸 2013년 고려대 정책대학원 아태지역연구학과졸 (경)1990~1992년 충남민주운동청년연합 간사 1999~2003년 금강산업(주) 대표이사 2003~2005년 대통령 정무수석비서관실·인사수석비서관실 행정관 2005~2006년 부총리 겸 과학기술부 장관 정책보좌관, 대전참여연대 사회문제연구소 이사 2006년 대덕연구개발특구지원본부 복지센터 소장, 더좋은민주주의연구소 이사 2009년 (사)대전시민사회연구소 이사 2010년 대전시 유성구청장(민주당·민주통합당·민주당·새정치민주연합) 2010년 국제청소년포상제 명예포상담당관 2012년 대전시 유성구생활체육회 회장 2014~2018년 대전시 유성구청장(새정치민주연합·더불어민주당) 2018년 대전광역시장(더불어민주당)(현) 2019년 대한민국시도지사협의회 지방분권특별위원회 위원(현) (상)금강유역환경청 금강환경대상(2013), 대한민국 유권자대상(2017), 대한민국 의정대상·지방자치행정대상 지방자치행정대상(2017) (저)'행복유성 디자인 : 허태정의 희망나눔 이야기'(2013) (종)기독교

허필석(許弼晳) HEO Pil Seok
(생)1967·2·26 (본)김해(金海) (출)부산 (주)서울특별시 영등포구 여의대로 66 KTB빌딩 8층 마이다스에셋자산운용 임원실(02-3787-3500) (학)1985년 부산 해운대고졸 1989년 서울대 경제학과졸 1992년 同대학원 경영학과졸 1998년 한국과학기술원(KAIST) 테크노경영대학원 금융공학과졸(MBA) (경)1992~1998년 장기신용은행 자금증권부 근무 1999년 삼성증권 자금부 근무 1999년 마이다스에셋자산운용 입사 2004년 同주식운용본부장(이사) 2008년 同주식운용본부장(상무) 2009년 同대표이사 2012~2013년 기획재정부 기금운용평가단 평가위원 2015~2018년 마이다스에셋자산운용 총괄대표이사 2018년 同대안투자부문 대표이사(현) (종)기독교

허필홍(許弼洪) HUR Pil Hong
(생)1964·5·15 (본)김해(金海) (출)강원 홍천 (주)강원도 홍천군 홍천읍 석화로 93 홍천군청 군수실(033-430-2201) (학)홍천고졸 1990년 강릉대 회계학과졸 (경)대한적십자사봉사회 홍천지구협의회장, 민주평통 자문위원, 홍천군 사회복지협의체 위원장 2002·2006~2010년 강원 홍천군의회 의원 2008~2010년 同의장 2010~2014년 강원 홍천군수(무소속) 2010년 홍천군종합발전추진위원회 위원장 2014년 강원 홍천군수선거 출마(무소속) 2018년 강원 홍청군수(더불어민주당)(현) (종)기독교

허향진(許香珍) HUH Hyang Jin
(생)1955·1·24 (본)양천(陽川) (출)제주 (주)제주특별자치도 제주시 제주대학로 102 제주대학교 관광경영학과(064-754-3133) (학)1973년 제주제일고졸 1977년 제주대 관광경영학과졸 1981년 경희대 경영대학원 관광경영학과졸 1993년 경영학박사(세종대) (경)1981년 제주전문대 강사 1984~1996년 제주대 관광경영학과 전임강사·조교수·부교수 1990년 同관광경영학과장 1994년 미국 Univ. of Hawaii 객원교수 1996~2019년 제주대 관광경영학과 교수 1999년 미국 Pennsylvania State Univ. 객원교수 2001년 제주대 대학평의회 의장 2002년 한국관광학회 부회장 2002

년 제주관광학회 회장 2002~2009년 제주도관광진흥협의회 부위원장 2003~2009년 제주은행 사외이사 2004년 제주대 경상대학장 겸 경영대학원장 2004년 대통령자문 동북아시대위원회 제주특별위원회 위원 2007~2009년 제주발전연구원 원장 2010~2018년 제주대 총장 2010~2012년 제주특별자치도지원위원회 위원 2011~2013년 대통령직속 지역발전위원회 민간위원 2011년 대통령직속 사회통합위원회 제주기업협의회 위원 2011~2013년 한국대학교육협의회 대학평가인증위원장 2012년 거점국립대학교총장협의회 회장 2012·2014~2016년 한국대학교육협의회 이사 2012년 同대학입학전형위원회 위원 2013~2014년 해양수산부 해양안전실천본부 운영위원 2013~2015년 한국대학교육협의회 대학평가인증위원회 부위원장 2015~2017년 열린대학교육협의회 회장 2015년 한국대학교육협의회 대학평가인증위원장 2016~2017년 한국대학교육협의회 회장 2016~2018년 교육부 정책자문위원회 대학교육개혁분과 위원 2016~2017년 同대학구조개혁위원회 위원 2017~2018년 대통령직속 국민경제자문회의 대외경제분과 자문위원 2019년 제주대 관광경영학과 명예교수(현) 2019년 제주경영자총협회 자문위원(현) (저)'한국의 국제경쟁력과 10대 도시의 지역경쟁력 연구총서-제주지역 산업경쟁력(共)'(1999) '호텔경영론(共)'(2004)

허홍만(許洪萬) HEO Hong Man

(생)1964·1·22 (출)경남 하동 (주)경상남도 창원시 성산구 창이대로689번길 4-16 법조빌딩 법무법인 동남(055-264-6657) (학)1981년 진주고졸 1985년 한양대 법학과졸 1987년 同행정대학원졸 (경)1987년 사법시험 합격(29회) 1990년 사법연수원 수료(19기) 1990년 軍법무관 1993년 창원지법 진주지원 판사 1995년 창원지법 판사 1997년 同함안·의령군법원 판사 1999년 부산고법 판사 2002년 창원지법 판사 2005년 同거창지원장 2007~2011년 창원지법 부장판사 2011~2014년 동남종합법률사무소 변호사 2011년 경남미래교육재단 감사 2014년 법무법인 동남 변호사, 同대표변호사(현) 2016년 경남미래교육재단 이사(현) 2018년 경남도교육청 교권법률지원단 위촉 고문변호사(현)

허환구(許桓九) HEO Hwan Koo (月午)

(생)1949·10·8 (본)김해(金海) (출)경남 진주 (주)경상남도 창원시 의창구 원이대로 450 창원시설공단 이사장실(055-712-0058) (학)진양고졸, 한국방송통신대 행정학과졸, 경남대 행정대학원졸 (경)1975년 경남도 근무 1996년 同농산물수출팀장, 同민원팀장 1997년 同홍보팀장 1998년 同중소기업금융지원팀장 2001년 同의회협력팀장 2003년 同총무팀장 2004년 同농산물유통시설팀장 2005년 창원시 상하수도사업소장, 同경제기업국장 2007~2008년 同행정국장 2019년 창원시설공단 이사장(현) (상)체육부장관표창(1982), 국무총리표창(1987), 대통령표창(1993·2002)

허흥범(許興範) HEO Heung Bum

(생)1964·3·24 (출)인천 (주)경기도 부천시 부천로 157 키움저축은행(1670-0077) (학)1983년 광신상고졸 1991년 중앙대 회계학과졸 (경)2003년 (주)다우기술 경영지원실장(이사) 2007년 同상무 2011~2015년 同경영지원담당 전무 2015년 키움저축은행 대표이사 부사장(현)

현경대(玄敬大) HYUN Kyung Dae

(생)1939·2·21 (본)연주(延州) (출)제주 (주)서울특별시 강남구 강남대로 528 원앤원빌딩 14층 법무법인 우리(02-592-5869) (학)1960년 제주 오현고졸 1964년 서울대 법대졸 1967년 同사법대학원 법학과졸 (경)1965년 사법시험 합격(4회) 1967년 육군 법무관 1971~1981년 인천지청·대전지검·서울지검·법무부 법무실·서울지검 특수부 검사 1981년 변호사 개업 1981년 제11대 국회의원(제주·북제주·남제주, 무소속·민주정의당) 1983년 민주정의당(민정당) 중앙위원회 인권옹호분과위원장 1984년 同원내부총무 1985년 제12대 국회의원(제주·서귀포·北제주·南제주, 민정당) 1985년 민정당 원내부총무 1987년 同원내수석부총무 1987년 국회 개헌안기초소위 위원장 1988년 민정당 정책위원회 부의장 1990년 민주평통 사무총장 1992년 제14대 국회의원(제주, 무소속·민자당·신한국당) 1992년 국회 법제사법위원장 1994년 한·터키의원친선협회 회장 1995년 민자당 원내총무 1995~2013년 평화문제연구소 이사장 1995년 국회 운영위원장 1996년 제15대 국회의원(제주, 신한국당·한나라당) 1996년 한·헝가리의원친선협회 회장 1997년 국회 한보국정조사특별위원회 위원장 1997년 한나라당 제주도지부 위원장 2000~2004년 제16대 국회의원(제주, 한나라당) 2000년 한나라당 전당대회 의장 2000년 同제주도지부 위원장 2000~2004년 한·그리스의원친선협회 회장 2001년 한나라당 국가혁신위원회 통일외교분과 위원장 2003년 同정치발전특별위원회 위원장 2003년 同상임운영위원 2004년 同제주도당 위원장, 同상임고문 2008년 제18대 국회의원선거 출마(제주甲, 무소속) 2009년 법무법인 우리 대표변호사(현) 2011년 대한법률구조공단 비상임이사 2012~2013년 새누리당 제주甲당원협의회 운영위원장 2012년 제19대 국회의원선거 출마(제주甲, 새누리당) 2012~2013년 새누리당 제주도당 위원장 2013~2015년 민주평통 수석부의장 (상)홍조근정훈장, 청조근정훈장, 국무총리표창 (저)'노동법'(共) '민법총칙' '근로기준법' '新헌법' (종)기독교

현경병(玄鏡柄) HYUN KYOUNG BYOUNG

(생)1962·11·5 (본)연주(延州) (출)경북 영천 (주)서울특별시 종로구 성균관로 25-2 성균관대학교 행정학과(02-760-0361) (학)1981년 대구 계성고졸 1985년 성균관대 행정학과졸 1987년 서울대 행정대학원 행정학과졸 1998년 프랑스 파리정치대학원 고위정치전문학위 취득 2008년 서강대 최고의회지도자과정(TCSP) 수료 (경)1985년 행정고시 합격(29회) 1986년 서울아시안게임조직위원회(SAGOC) 총무 1987년 유엔 UNCTAD 인스트럭터(교관) 1987년 국제항만해운협회(IAPH)총회 총무담당 1993~2009년 (주)소사 대표이사 1995~2002년 시민단체 아우라지 회장 및 전국네트워크 결성 1995~2014년 코리아파워(koreapower.net) 대표 1995~1996년 경북대 어학당 설립·대표, 소사정책개발연구원 원장, (주)도움과나눔 초대CEO 1999년 도움넷(doumnet.net) 대표, 환경일보·월간 환경·환경방송 전문위원, 북한민주화국제본부 사무총장, 미래노사발전연대 고문, 이어도포럼 공동대표, 한·이스라엘친선협회 부회장, 한·프랑스친선협회 이사, 한·몽골문화교류진흥원 이사, 한·유럽지식인포럼 이사, 한나라당 정치발전위원회 총간사 겸 부위원장, 한국화교경제인연합회 자문위원, 한국출판정보센터 기획위원, 평창2010 실행위원장, 유니세프·음성꽃동네·청소년폭력예방재단·푸른독도가꾸기모임·월드비전 회원, 한나라당 서울노원甲당원협의회 위원장, 同서울시당 상근부위원장 겸 사이버위원회 위원장 2004년 同제1정책조정위원회 부위원장(법사·행자·정보·운영), 서울시 수도발전대책위원회 위원 겸 감사, 국가발전전략연구회 전략기획위원 2007년 한나라당 제17대 대통령중앙선거대책위원회 서울시전략기획본부장 2008~2011년 제18대 국회의원(서울 노원구甲, 한나라당) 2008~2009년 한나라당 정보위원장 2008년 국회 정무위원회·독도영토수호특별위원회 위원 2009년 국회 빈곤없는나라만드는특별위원회 마이크로크레딧팀 다솜팀장 2009년 한나라당 미래위기대응특별위원회 부위원장 겸 운영위원 2014년 성균관대 행정학과 초빙교수(현) (상)한국인터넷정보센터 인터넷코리아상(2000), 자유경제입법상(2010) (저)'한국인은 위대한 한국을 원한다'(1992) '현경병의 전략칼럼(Ⅰ)-국면돌파'(1997) '현경병의 비전21(Ⅱ)-신부국강병'(1998) '현경병의 비전21(Ⅲ)-밀레니엄 한국경영전략'(1999) '브랜드 코리아.com'(2003) '대한민국 최남단'(2010) (작)칼럼 '자동차산업을 통해 본 한미경제관계와 한국의 대응' '푸른독도' '관료제' 등 300편 이상

현경숙(玄敬淑 · 女) Gyung-Suk Hyun

(생)1964 · 8 · 15 (주)서울특별시 종로구 율곡로2길 25 연합뉴스 DB · 출판국 출판부(02-398-3114) (경)1989년 연합뉴스 입사, 同국제뉴스국 기자 2000년 同브뤼셀특파원 2001년 同브뤼셀특파원(차장대우) 2002년 同파리특파원 2005년 同편집국 산업부 차장 2006~2009년 同편집국 산업부 부장대우 2008년 관훈클럽 편집위원 2009년 연합뉴스 문화부장 2010년 同국제뉴스3부장 2011년 同국제뉴스3부 기획위원(부장급) 2012년 同국제뉴스3부 기획위원(부국장대우) 2013년 同방콕특파원(부국장대우) 2016년 同논설위원(부국장대우) 2016년 同국제뉴스부 근무(부국장대우) 2017년 同글로벌코리아센터 본부장 겸 한민족사업부장 2018년 同논설위원실장 2019년 同출판부 선임(현)

현기춘(玄基春) HYUN Ki Choon

(생)1954 · 2 · 4 (출)강원 양구 (주)서울특별시 강남구 광평로 280 로즈데일빌딩 6층 대보그룹 기획조정실(02-3016-9000) (학)1972년 춘천고졸 1980년 고려대 경영학과졸 (경)1991년 현대건설 테헤란지사장 1996년 현대그룹 종합기획실 부장 1999년 同경영전략팀 이사 2001년 同경영전략팀 상무 2004년 同경영전략팀 전무 2005년 현대엘리베이터(주) 고객지원담당 전무 2006년 반도건설 부사장 2007~2009년 영조주택 총괄사장 2010년 대보그룹 기획조정실장 2015년 同기획조정실 총괄사장(현)

현길호(玄吉鎬) HYUN Gilho

(생)1966 · 3 · 20 (출)제주 (주)제주특별자치도 제주시 문연로 13 제주특별자치도의회(064-741-1964) (학)제주제일고졸 1990년 제주대 법학과졸 (경)대통령비서실 행정관 2001년 새천년민주당 노무현 대통령경선후보 제주지역팀장 2002년 同노무현 대통령후보 연설원 2002년 개혁국민정당 제주북제주군추진위원장 2003년 제주미래사회연구원 소장 2004년 열린우리당 제17대 총선 제주도선거대책본부 대변인 2004년 제주특별자치도의원선거 출마(보궐선거, 무소속) 2011년 제주특별자치도개발공사 전략기획실장, 더불어민주당 제주특별자치도당 상무위원(현), 민주평통 자문위원(현), 제주 4.3희생자유족청년회 운영위원(현) 2018년 제주특별자치도의회 의원(더불어민주당)(현) 2018년 同행정자치위원회 위원 겸 4.3특별위원회 위원(현) 2019년 同예산결산특별위원회 위원(현)

현대원(玄大原) HYUN Daiwon

(생)1964 · 8 · 11 (출)제주 제주시 (주)서울특별시 마포구 백범로 35 서강대학교 커뮤니케이션학부(02-705-8849) (학)1987년 서강대 신문방송학과졸 1989년 同대학원 신문방송학과졸 1998년 언론학박사(미국 Temple Univ.) (경)1986년 86서울아시안게임 방송요원 · MBC 근무 1989~1991년 (주)동해기획 AE 1992~1993년 미국 필라델피아 코리아저널 기자 1998년 미국 Oregon State Univ. 조교수 2000~2016년 서강대 신문방송학과 교수 2000년 同언론대학원 디지털미디어학과장 2002~2004년 同언론사 주간 겸 언론위원장 2002~2005년 Asian Cinema Studies Society 한국대표 2002~2006년 한국영상자료원 이사 2003~2006년 온라인디지털콘텐츠산업발전실무위원회 위원 2003~2005년 한국디지털컨텐츠전문가협회 회장 2003년 정보통신윤리위원회 전문위원 2003년 정보통신부 신성장동력디지털컨텐츠부분장 2010~2012년 서강대 신문방송학과장 겸 언론대학원 부원장 2012~2014년 한국방송광고진흥공사 비상임이사 2013년 대통령자문 국민경제자문회의 창조경제분과 자문위원 2013~2015년 미래창조과학부 규제심사위원장 2013~2016년 서강대 커뮤니케이션센터 소장 2014~2016년 미래창조과학부 디지털콘텐츠산업포럼 의장 2014~2016년 서강대 신문방송학과장 2014~2016년 정보통신산업진흥원 비상임이사 2015~2016년 한국VR산업협회 회장 2015~2016년 (주)KT 사외이사 2016~2017년 대통령 미래전략수석비서관 2017년 서강대 커뮤니케이션학부 교수(현) (상)정보통신부장관표창(2002), 국무총리표창(2004), 대통령표창(2012)

현명호(玄明浩) HYUN Myoung Ho

(생)1960 · 5 · 28 (본)연주(延州) (출)서울 (주)서울특별시 동작구 흑석로 84 중앙대학교 심리학과(02-820-5125) (학)1984년 중앙대 심리학과졸 1986년 同대학원 임상심리학과졸 1997년 임상심리학박사(중앙대) (경)1989~1997년 중앙대 강사 1991~1993년 서울중앙병원 정신과 임상기초과정 1995~1998년 연세대 광주세브란스정신병원 연구강사 1998~2001년 우석대 심리학과 조교수 2001년 중앙대 심리학과 조교수 · 부교수 · 교수(현) 2002~2003년 한국심리학회지 임상 편집위원장 2005~2007년 중앙대 문과대학 학장보 2005~2007년 한국심리학회지 건강 편집위원장 2006~2007년 경찰청 과거사진상규명위원회 위원 2007년 폴란드 Warsaw Univ. 객원교수 2008~2010년 군의문사진상규명위원회 심리부검소위원회 위원장 2010년 한국임상심리학회 회장 2011~2013년 중앙대 학생생활상담소장 2013~2015년 한국건강심리학회 회장 2013~2016년 대한스트레스학회 간행위원장 2016~2018년 중앙대 사회교육처장 2017년 대학연구윤리협의회 부회장(현) 2018년 (사)생명존중시민사회 공동대표(현) (저)'통합심리치료를 위한 정신분열병 환자의 종합평가도구 지침서'(1996) '정신분열병의 통합심리치료 실행지침서'(1996) '정신생리학'(1997) '심리학입문'(1998) '인간행동과 심리학'(1999) '임상심리학'(2012) '문화예술산업 생태계서비스모델'(2015) (역)'상담 및 심리치료의 통합적 접근'(2001 · 2017) '건강심리학'(2002) '상담 및 심리치료의 통합적 접근 워크북'(2002) '건강상담'(2005) '통합적 접근 : 사례중심의접근'(2016)

현병구(玄炳九) HYUN Byung Koo

(생)1930 · 2 · 11 (본)연주(延州) (출)서울 (주)서울특별시 서초구 반포대로37길 59 대한민국학술원(02-3400-5212) (학)1949년 경기고졸 1954년 서울대 공과대학 채광학과졸 1958년 미국 콜로라도광업학교 대학원 지구물리학과졸 1961년 공학박사(미국 콜로라도광업학교) (경)1961년 미국 Texas Instruments Inc.연구원 1963~1973년 서울대 공대 강사 · 조교수 · 부교수 1973~1995년 同공대 교수 1976년 자원개발연구소 소장 1981~1983년 한국동력자원연구소 소장 1983~1985년 광산학회 회장 1995년 서울대 명예교수(현) 1998~1999년 지구물리탐사학회 회장 2001년 한국지구물리 · 물리탐사학회 특별회원, 同명예회장(현) 2007년 대한민국학술원 회원(자원공학 · 현) (상)보국훈장 삼일장(1975), 대한광산학회 학술상(1986), 국민훈장 모란장(1992), 서울대 30년 근속표창(1993), 한국자원공학회 서암상(1993), 5.16 민족상(2001) (저)'지구과학개론'(1970) '물리탐사의 기본원리'(1988) '자원공학개론'(1990) '현대산업사회와 에너지'(1992) '에너지와 그 자원'(1995) '물리탐사용어사전'(1995) '신 물리탐사의 기본원리'(1997) (종)기독교

현 석(玄 錫) Hyun, Seok

(생)1964 · 10 · 2 (출)대구 달성 (주)서울특별시 강남구 테헤란로 114 역삼세무서(02-3011-8241) (학)대구 능인고졸, 세무대학졸(3기), 한국방송통신대 법학과졸 (경)세무공무원 임용(8급 특채), 서울 관악세무서 부과세과 근무, 서울 삼성세무서 법인세과 근무, 국세청 조사기획과 근무, 경기 시흥세무서 운영지원과장, 서울지방국세청 조사4국 1과 근무, 국세청 감사1 · 3 · 4계장 2012년 서울지방국세청 조사1국 1과 서기관 2014년 울산세무서장 2015년 충남 공주세무서장 2016년 서울지방국세청 법인납세과장 2017년 同감사관 2017년 국세청 자산과세국 자본거래관리과장 2019년 서울 역삼세무서장(현)

ㅎ

현석호(玄晳皓) HYUN Suk Ho

(생)1973·10·22 (주)서울특별시 서초구 서초대로 396 화승그룹 부회장실(02-3471-3410) (학)미국 Cushing Academy졸 1996년 미국 보스턴대 경영학과졸 (경)1997~1999년 (주)화승홍콩유한공사 이사 2000년 화승인더스트리 무역담당 이사 2002년 同영업담당 총괄상무이사 2005년 同전무이사 2008~2010년 同부사장, 화승그룹 신발부문 부회장 2011년 同부회장(현) 2014년 화승인더스트리 대표이사(현) 2016년 화승엔터프라이즈 이사(부회장)(현) (종)불교

현선해(玄宣海) Sunhae Hyun

(생)1958·12·23 (주)서울특별시 종로구 성균관로 25-2 성균관대학교 경영대학 글로벌경영학과(02-760-1003) (학)1984년 성균관대 경영학과졸 1987년 미국 Idaho State Univ. 대학원 경영학과졸(MBA) 1992년 경영학박사(미국 Univ. of Colorado at Boulder) (경)1993년 성균관대 경영학과 교수 2004~2007년 同입학처장 2008년 同경영대학 글로벌경영학과 교수(현) 2008~2015년 同경영대학 글로벌경영학과장 2011~2012년 同경영대학장·경영전문대학원장·경영대학원장 겸임 2017~2018년 同인문사회과학캠퍼스 부총장 겸 학술정보관장 (종)천주교

현성철(玄聖哲) HYUN Seung Chul

(생)1960·9·30 (출)대구 (주)서울특별시 서초구 서초대로74길 11 삼성생명보험(주) 비서실(02-751-8800) (학)1979년 대구고졸 1984년 연세대 경영학과졸 (경)1983년 제일합섬 입사 2001년 삼성그룹 구조조정본부 임원 2001~2005년 삼성생명보험(주) 기획관리실 상무 2005년 삼성SDI(주) 원가혁신팀장(상무) 2007년 同구매전략팀 상무 2009년 同구매팀장(전무) 2010~2011년 同전지사업부 Pack사업팀장·마케팅팀장(전무) 2011~2015년 삼성카드 경영지원실장(전무·부사장) 2015년 삼성화재해상보험(주) 전략영업본부장(부사장) 2018년 삼성생명보험(주) 대표이사 사장(현)

현수환(玄壽煥) HYUN Soo Hwan

(생)1944·12·18 (주)대구광역시 북구 검단공단로 33 (주)동원약품 비서실(053-381-5555) (학)1976년 영남대 경영대학원 수료 1992년 경북대 경영대학원 수료 (경)1986년 (주)동원약품 대표이사 회장(현), 한국자유총연맹 대구시지회 동구지부 자문위원, 대구시 동구새마을협의회 운영위원, 대구동부경찰서 자문위원 1995년 대한의약품도매협회 대구·경북지부장 2015년 한국의약품유통협회 상임자문위원(현) (상)국민훈장 석류장(2002), 산업포장(2015)

현순엽(玄淳燁) HYUN Sun Yeop

(생)1963·10·27 (출)제주 (주)경기도 이천시 부발읍 경충대로 2091 SK하이닉스(031-8093-4114) (학)1982년 서울대 경영학과졸 1986년 同대학원 경영학과졸 (경)1989년 현대경제사회연구원 근무 1989년 (주)SK 근무 1996년 SK텔레콤(주) 사장실 VISION경영팀 근무 1998년 同사장실 SUPEX추진팀 근무 1999년 同마케팅전략본부 마케팅전략팀 근무 2000년 同마케팅팀장 2003년 同Biz전략본부 Biz개발TF장 2003년 同Customer기획본부장 2004년 同Customer기획본부장(상무) 2005년 同인력관리실장(상무) 2007~2008년 SK네트웍스 인력개발실장(상무) 2010~2012년 SK Innovation 기업문화본부장 2012년 同GLDP 연수 2012년 SK하이닉스 기업문화실장(전무) 2013년 同기업문화본부장(전무) 2017년 同기업문화센터장(부사장) 겸 기술역량본부장 2018년 同기업문화담당 부사장(현)

현승윤(玄昇潤)

(생)1965·7·5 (출)제주 (주)서울특별시 중구 청파로 463 한국경제신문 독자서비스국(02-3604-4432) (학)1984년 제주 오현고졸 1987년 서울대 경제학과졸 2001년 미국 하버드대 케네디스쿨 행정학과졸 (경)2001년 한국경제신문 편집국 경제부 정책팀 기자 2006년 同편집국 경제부 정책팀 차장 2010년 同편집국 경제부장 2012년 同편집국 IT모바일부장 2013년 同편집국 중기과학부장 2013년 同편집국 중소기업부장 2014년 同글로벌포럼 사무국장 2015년 同편집국 부국장 겸 글로벌포럼 사무국장 2017년 同편집국장 2018년 同기획조정실장 2019년 同독자서비스국장(이사대우)(현) (상)한국언론인연합회 한국참언론인대상(2017) (저)'경제 기사는 하나다(共)'(2004) '노무현 경제 희망찾기'(2004) '보수·진보의 논쟁을 넘어서'(2005) '유쾌하게 돈 버는 법 67'(2006)

현승일(玄勝一) HYUN Syng Il

(생)1942·2·5 (본)연주(延州) (출)경북 칠곡 (주)서울특별시 성북구 보국문로30길 15 (사)통섭정경연구원(02-3217-0790) (학)1960년 경북고졸 1966년 서울대 문리대학 정치학과졸 1976년 미국 유타주립대 대학원 사회학과졸 1981년 사회학박사(미국 유타주립대) 2011년 명예 인문학박사(미국 유타주립대) (경)1964년 한일굴욕회담 반대투쟁·투옥 1966년 동양통신 입사 1967년 민족주의비교연구회사건 투옥 1979년 미국 하와이주립대 동서문화센터 선임연구원 1983~2000년 국민대 사회학과 교수 1984년 코리아헤럴드 객원논설위원 1985년 6.3동지회 회장 1988년 미국 텍사스오스틴대 객원교수 1991년 국민대 사회과학연구소장 1992~2000년 同제5·6대 총장 1992년 민주평통 서울지역 부의장 1992~2013년 학교법인 국민학원 이사 1995년 전국사립대학총장협의회 부회장 1997년 同회장 1998~2000년 한국대학교육협의회 제12대 회장 2000~2004년 제16대 국회의원(대구南, 한나라당) 2001년 한나라당 총재특보 2007년 (사)통섭정경연구원 회장(현) 2008~2012년 한국학중앙연구원 이사 2013~2014년 한국금융투자협회 공익이사 2018년 해공신익희선생기념사업회 회장(현) (상)청조근정훈장(2007) (저)'사회학' '사회사상사' '일반체계이론' (역)'정치가의 조건' (종)기독교

현승종(玄勝鍾) HYUN Soong Jong (春齋)

(생)1919·1·26 (본)연주(延州) (출)평남 개천 (주)서울특별시 종로구 종로 69 서울YMCA회관 418호 월남이상재선생기념사업회(02-725-5656) (학)1938년 평양고등보통학교졸 1943년 경성대 법학과졸 1973년 명예 법학박사(고려대) 1976년 명예 법학박사(대만 국립정치대학) (경)1946~1957년 고려대 법과대학 전임강사·조교수·부교수 1957~1974년 同법과대학 교수 1960년 同학생처장 1965년 同교양학부장 1970년 同법률행정연구소장 1971년 同도서관장 1973년 同독일문화연구소장 1973년 유네스코 한국위원회 부위원장 1974~1980년 성균관대 총장 1981~1984년 고려대 객원교수 1984년 한림대 교수 1985년 민족통일중앙협의회 의장 1986년 한림대 학장 1989~1992년 同총장 1990년 서울평화상위원회 위원 1991년 한국교원단체총연합회 회장 1992~1993년 국무총리 1993~2000년 한림과학원 원장 1993~1999년 건국대 이사장 1993~2012년 유니세프 한국위원회 초대회장 1993년 대법원 사법제도발전위원장 1996년 대통령자문 노사관계개혁위원회 위원장 1999년 인촌상운영위원회 위원장 1999년 인재인성대상 운영위원장 2001~2014년 (재)인촌기념회 이사장 2005~2009년 학교법인 고려중앙학원 이사장 2008년 대한민국건국60년기념사업추진위원회 공동위원장 2008년 한국학중앙연구원 이사 2009~2013년 대통령자문 국민원로회의 공동의장 2010년 월남이상재선생기념사업회 공동대표(현) (상)충무무공훈장(1953), 국민훈장 동백장(1970), 省谷학술문화상(1990), 청조근정훈장(1993), 인촌상(1997), 국민훈장 무궁화장(1998) (저)'법사상사' '민법(총칙·물권)' '비교법입문' '채권총론' '로마법' '게르만법' '로마법개론'(1950) '로마법원론'(1954)

현승탁(玄丞倬) HYUN Seung Tak

(생)1946·6·7 (주)제주특별자치도 제주시 한림읍 한림로 555 (주)한라산 회장실(064-729-1960) (학)1964년 제주제일고졸, 경희대 경영학과졸 1968년 同경영대학원졸, 명예 경영학박사(제주대) (경)(주)한라산 대표이사, 제주상공회의소 상임의원, 제주도궁도협회 회장, 민주평통 자문위원, 제주도청년회의소 회장, 한국청년회의소 수석감사, 뉴-제주라이온스클럽 초대회장, 제주도수출협의회 초대회장, 직장새마을운동 제주도협의회장, 대한주류공업협회 부회장, 한국자유총연맹 제주도지회장 2002~2006년 제주도의회 의원(한나라당) 2004년 同의장 2009~2015년 제주상공회의소 회장 2009년 대한상공회의소 부회장 2011~2013년 대통령직속 사회통합위원회 제주지역협의회 간사위원, 환경보전협회 제주지역협회 회장 2013년 (주)한라산 회장(현) 2015년 제주상공회의소 명예회장(현) 2016~2017년 제주특별자치도체육회 상임부회장 2016~2017년 국제라이온스 354-G지구 총재 (상)산업포장, 대통령표창, 제주도문화상, 명문장수기업인상(2009), 동탑산업훈장(2011), 제주특별자치도지사 감사패(2015), 국민훈장 모란장(2018)

현신균(玄晨均) Hyun, Shin Gyoon

(생)1965 (주)서울특별시 강서구 마곡중앙8로 71 LG CNS 부사장실(02-3773-1114) (학)서울대 계산통계학과졸, 同대학원졸 (경)2005년 딜로이트 컨설팅 전무 2006년 AT커니 코리아 부사장 2010년 LG디스플레이 업무혁신그룹장(전무) 2017년 LG CNS CTO(전무) 2019년 同CTO(부사장)(현)

현애숙(玄愛淑·女)

(생)1969·8·6 (주)경기도 용인시 기흥구 용구대로 2354 근로복지공단 용인지사(031-547-3703) (학)1988년 속초여고졸 2006년 한양사이버대 교육공학과졸 (경)1997년 근로복지공단 성남지사 보상부차장 2002년 同총무국 인사팀·인사교육팀 차장 2007년 同부산지역본부 복지부장 2012년 同보험재정국 보험적용부장 2015년 同청주지사장 2016~2018년 同감사실장 2018년 서울대 교육파견 2019년 근로복지공단 용인지사장(현)

현오석(玄旿錫) HYUN OH SEOK

(생)1950·5·5 (본)연주(延州) (출)충북 청주 (주)서울특별시 강남구 논현로 508 GS 임원실(02-2005-1114) (학)1969년 경기고졸 1974년 서울대 상대 경영학과졸 1976년 同행정대학원졸 1984년 경제학박사(미국 펜실베이니아대) (경)1973년 행정고시 합격(14회) 1974년 한국은행 조사1부 근무 1974년 同총무처 근무 1976~1985년 경제기획원 경제기획국 근무 1982년 미국 펜실베이니아대 연구원 1984~1986년 이화여대 강사 1985년 부총리 비서관 1986년 경제기획원 인력개발계획과장 1987년 同대외조정실 조정4담당관 1989년 세계은행(IBRD) Economist 1991년 경제기획원 동향분석과장 1993년 대통령 경제비서관 1996년 재정경제원 예산실 예산심의관 1997년 중앙공무원교육원 파견 1998년 재정경제부 경제정책국장 1999년 同국고국장 1999년 국민경제자문회의사무처 기획조정실장 2000년 세무대학 학장 2000년 아시아·유럽정상회의(ASEM)사업추진본부 본부장 2001년 부총리 겸 재정경제부장관 특별보좌관 2001년 연세대·성균관대 강사 2002~2007년 한국무역협회 무역연구소장 2002년 국제신문 경제칼럼니스트 2003년 제16대 대통령직인수위원회 자문위원 2003년 고려대·연세대 국제대학원 객원교수 2003~2006년 대통령자문 정책기획위원 겸 노사관계발전추진위원 2003~2006년 우리금융지주 사외이사 2004년 서울신문 경제칼럼니스트 2004년 제주국제자유도시추진위원회 위원 2004년 자유무역협정(FTA)민간자문회의 위원 2005~2006년 국무총리실 정책평가위원 2005년 국제개발협력위원회 위원 2005년 경제자유구역위원회 위원 2006년 증권예탁결제원 사외이사 2007~2008년 한국무역협회 국제무역연구원장 2007년 관세청 자유무역협정(FTA)추진위원회 위원장 2007년 서울시 자유무역협정(FTA)추진위원회 위원 2007년 한국방송공사(KBS) 객원해설위원 2007년 제17대 대통령직인수위원회 자문위원 2008~2009년 공공기관경영평가단 단장 2008년 세계일보 경제칼럼니스트 2008~2009년 한국과학기술원(KAIST) 테크노경영대학원 교수 2009~2013년 한국개발연구원(KDI) 원장 2010~2011년 G20정상회의준비위원회 위원 2012년 세계은행 지식자문위원회(KAC) 초대자문위원 2013~2014년 경제부총리 겸 기획재정부장관 2014년 국립외교원 석좌교수 2016년 아시아인프라투자은행(AIIB) 국제자문위원 2018년 (주)GS 사외이사 겸 감사위원(현) (상)녹조근정훈장(1993), 부총리표창(1997), 산업포장(2010), 도미니카공화국 감사훈장(2011) (저)'경제학'(1974) '국민소득 2만달러시대(共)'(2003) '대외경제정책방향 및 FTA추진전략(共)'(2003) '새로운 성장동력과 균형발전(共)' 칼럼집 '경제는 균형과 혁신이다'(2015, 한국경제신문) (역)'경제정책결정론'(2000) (종)천주교

현은희(玄銀姬·女) HYUN Eun Hee

(생)1966·9·20 (본)연주(延州) (출)제주 (주)서울특별시 영등포구 의사당대로 1 국회도서관 기획관리관실(02-788-4359) (학)1985년 제주 신성여고졸 1990년 연세대 문헌정보학과졸 2006년 한국개발연구원(KDI) 국제정책대학원 정책학과졸 (경)1998년 아시아카톨릭뉴스(UCANews) 한국지국 근무 2000년 입법고시 합격(16회) 2000년 국회도서관 근무 2007년 同입법정보실 법률정보과 사서서기관 2009년 同기획관리관실 기획담당관실 사서서기관 2010년 同의회정보실 국외자료과장 2012년 同기획관리관실 기획담당관 2012년 同법률정보실 법률정보개발과장 2013년 세종연구소 국가전략연수과정 교육파견(서기관) 2014년 국회도서관 기획관리관실 총무담당관 2015년 同기획관리관실 총무담당관(부이사관) 2016년 국내주간대학원 박사과정 교육훈련 2018년 국회도서관 정보봉사국 열람봉사과장 2019년 통일교육원 통일정책지도자과정 교육파견(현) (종)가톨릭

현의선(玄宜仙·女)

(생)1974·9·12 (주)부산광역시 강서구 명지국제7로 77 부산지방법원 서부지원(051-812-1114) (학)1993년 제주중앙여고졸 1998년 서울대 국제경영학과졸 (경)1999년 사법시험 합격(41회) 2002년 사법연수원 수료(31기) 2002년 서울지법 판사 2004년 서울남부지법 판사 2006년 부산지법 동부지원 판사 2010년 수원지법 판사 2012년 서울남부지법 판사 2015년 대법원 재판연구관 2018년 부산지법 서부지원 부장판사(현)

현인택(玄仁澤) HYUN In Taek

(생)1954·9·27 (출)제주 (주)서울특별시 성북구 안암로 145 고려대학교 정치외교학과(02-3290-2190) (학)제주제일고졸 1978년 고려대 정치외교학과졸 1982년 同대학원 정치외교학졸 1990년 정치학박사(미국 Univ. of California Los Angeles) (경)1990~1992년 사회과학원 연구위원 1992~1995년 세종연구소 연구위원 1995년 고려대 정치외교학과 조교수·부교수·교수(현) 2001년 미국 평화연구소(USIP) 초빙교수 2002~2003년 고려대 기획실장 2002년 국회 공직자윤리위원 2003년 고려대 일민국제관계연구원장 2005년 同기획예산처장 2005년 한국정치학회 부회장 2007년 제17대 대통령직인수위원회 외교통일안보분과위원회 위원 2008~2009년 통일부 정책자문위원 2008~2009년 대통령직속 미래기획위원회 위원 2009~2011년 통일부 장관 2011~2013년 대통령 통일정책특보 (상)자랑스런 일고인상(2009) (저)'동북아 전력구조와 한국의 우주항공력'(共) '한국의 방위비'(1991) '신국가안보전략의 모색(共)'(1993) '유럽통합과 신유럽안보질서'(1998) '21세기 평화학(共)'(2002) '정치적 현실주의의 역사와 이론(共)'(2003) '동아시아 환경안보(共)'(2005)

현재빈(玄宰彬) HYUN Jae Bin

(생)1961 (출)부산 (주)서울특별시 종로구 종로5길 86 서울지방국세청 전산관리팀(02-2114-2971) (학)부산진고졸, 서울대졸 (경)행정고시 합격(35회) 2006년 서울지방국세청 국제조사2과 서기관 2007년 헌법재판소 조세조사관 2009년 거창세무서장 2009년 서울지방국세청 국제조사3과장 2010년 同국제조사2과장 2010년 同국제조사관리과장 2010년 국세청 소득지원국 자영소득관리과장 2012년 同재산세국 종합부동산세과장 2014년 서울 역삼세무서장 2014년 서울지방국세청 조사2국 조사1과장 2015년 국세청 고객만족센터장 2016년 同국세상담센터장 2016년 서울 용산세무서장 2017년 서울 관악세무서장 2018년 서울지방국세청 전산관리팀장(현)

현재웅(玄在雄)

(생)1977 (주)제주특별자치도 제주시 한림읍 한림로 555 (주)한라산(064-729-1960) (학)대기고졸, 한림대 경영학과졸, 제주대 경영대학원졸, 미국 펜실베이니아대 와튼스쿨 최고경영자과정 수료 (경)2005년 (주)한라산 기획실 이사·상무 2011년 同전무 2013년 同대표이사 사장(현) 2019년 농협중앙회 제주지역본부 명예이장협의회 초대 회장(현)

현정은(玄貞恩·女) HYUN Jeong Eun

(생)1955·1·26 (본)연주(延州) (출)서울 (주)서울특별시 종로구 율곡로 194 현대그룹 회장실(02-3706-5005) (학)1972년 경기여고졸 1976년 이화여대 사회학과졸 1979년 同대학원 사회학과졸 1983년 미국 페어리디킨슨대 대학원 인성개발학과졸 (경)1983~1998년 한국걸스카우트연맹 국제분과위원·중앙육성위원 1988~1991년 대한여학사협회 재정분과위원 1998~2007년 한국걸스카우트연맹 중앙본부 이사 1999년 대한적십자사 여성봉사특별자문위원(현) 2003년 현대그룹 회장(현) 2005년 대통령자문 정부혁신지방분권위원회 위원 2006년 중앙인사위원회 인사정책자문회의 위원 2008~2016년 현대증권 이사 겸 이사회 의장 2008·2009년 미국 포브스紙 '세계에서 가장 영향력있는 여성100인'에 선정 2010~2011년 현대엘리베이터(주) 각자대표이사 2011~2019년 駐韓브라질 명예영사 2011년 영국 파이낸셜타임스紙 '세계 50대 여성 기업인'에 선정 2013년 서울상공회의소 비상근부회장(현) 2014·2015년 미국 포춘紙 '가장 영향력 있는 아시아·태평양 지역 여성 기업인(The Most Powerful Women of Asia-Pacific) 25인'에 선정 2019년 민주평통 서울지역회의 부의장(현) (상)이화여대 21세기 여성CEO상(2006), 미국 페어리디킨슨대 영광스러운 동문상(2006), 자랑스러운 경기인상(2009), 여성신문 올해의 인물상(2010), 김활란 여성지도자상(2010), 자랑스러운 이화인상(2013), 브라질 Rio Branco 훈장(2013), 포브스 아시아판 선정 '아시아 파워 여성 기업인 50인'(2015), 금탑산업훈장(2015)

현정택(玄定澤) HYUN Jung Taik

(생)1949·5·5 (본)성주(星州) (출)경북 예천 (주)인천광역시 미추홀구 인하로 100 학교법인 정석인하학원 사무국(02-773-4283) (학)1967년 경복고졸 1971년 서울대 경제학과졸 1982년 미국 매사추세츠대 대학원 경영학과졸 1993년 경제학박사(미국 조지워싱턴대) (경)1971년 행정고시 합격(10회) 1975년 국가안전보장회의 사무국 사무관 1977년 경제기획원 사무관 1983년 同과장 1991년 駐중국 참사관 1995년 재정경제원 국제협력관 1996년 同장관비서실장 1996년 同대외경제국장 1997년 駐OECD대표부 경제공사 1998년 대통령 기획조정비서관 1999년 대통령 정책1비서관 2000년 대통령 정책비서관 2001~2002년 여성부 차관 2002~2003년 대통령 경제수석비서관 2003~2005년 대외경제정책연구원 자문위원 2003~2014년 인하대 국제통상학부 교수 2003년 외교통상부 경제통상대사(통상교역담당) 2003~2005년 중소기업은행 사외이사 2005~2009년 한국개발연구원(KDI) 원장 2009~2013년 하나대투증권 사외이사 2010~2013년 지식경제부 무역위원회 위원장 2011년 하나대투증권 이사회 의장 2013~2015년 NH농협금융지주(주) 사외이사 겸 이사회 의장 2013~2015년 대통령자문 국민경제자문회의 부의장 2014~2015년 인하대 국제통상학부 초빙교수 2015~2016년 대통령 정책조정수석비서관 2016~2017년 대외경제정책연구원 원장 2019년 학교법인 정석인하학원 이사장(현) (상)근정포장(1987), 황조근정훈장(1999) (저)'외국인 투자의 생산성 효과분석'(1993) (종)기독교

현정화(玄靜和·女) HYUN Jung Hwa

(생)1969·10·6 (출)부산 (주)서울특별시 송파구 올림픽로 424 대한체육회(02-2144-8114) (학)1988년 부산 계성여상졸 1992년 경성대 유아교육학과졸 1996년 고려대 교육대학원졸 (경)1979년 탁구 입문 1985년 국가대표 탁구선수 1986년 아시아경기대회 단체전 우승 1987년 세계탁구선수권대회 개인복식 우승 1988년 서울올림픽 여자복식 우승 1989년 세계탁구선수권대회 혼합복식 우승 1990년 북경아시아경기대회 여자복식 우승 1991년 세계탁구선수권대회 단체전 우승(남·북 단일팀) 1993년 세계탁구선수권대회 단식 우승 1993년 한국화장품 체육부 과장 1996~2007년 한국마사회(KRA) 탁구단 코치 1997년 청소년대표팀 코치 2002년 부산아시안게임 여자대표팀 코치·탁구복식 1위 2004년 아테네올림픽 여자대표팀 코치 2005~2007년 국가대표여자탁구팀 감독 2006년 도하아시안게임 여자대표팀 감독 2007년 한국마사회(KRA) 탁구단 감독, 同총감독(현) 2008년 베이징올림픽 국가대표팀 코치 2008년 대한탁구협회 홍보이사 2009~2012년 국가대표여자탁구팀 감독 2010~2012년 국민체육진흥공단 이사 2010년 문화체육인 환경지킴이단 2011·2013년 대한탁구협회 전무이사 2011~2013년 국제탁구연맹(ITTF) 미디어위원회 위원 2011~2013년 (재)국제스포츠협력센터 이사 2011년 서울시 정신건강지킴이 2012년 스포츠안전재단 홍보대사 2012년 대한탁구협회 선수위원회 위원장 2014년 2014인천장애인아시안게임선수촌장 2016년 SBS 리우올림픽 해설위원 2017년 대한탁구협회 부회장 2017년 대한체육회 이사(현) 2017년 현정화스포츠클럽 회장(현) 2019년 대한탁구협회 부회장(현) (상)체육훈장 백마장, 체육훈장 기린장, 체육훈장 청룡장(1988) (저)'여왕이기 보다는 여자이고 싶다'(1993) '현정화의 퍼펙트 탁구교본'(2012, 삼호미디어) (종)기독교

현 종(賢 宗)

(생)1959·3·1 (출)경남 합천 (주)강원도 강릉시 연곡면 싸리골길 170 현덕사(033-661-5878) (학)1992년 해인사 승가대졸 2000년 중앙승가대졸, 동국대 대학원 불교학과 수료 (경)1987년 월정사에서 사미계 수지(계사 녹원스님) 1990년 범어사에서 구족계 수지(계사 자운스님) 2002년 현덕사 주지 2005~2006년 대한불교조계종 총무원 호법부 상임감찰, 강릉불교문화원 원장 2008년 강릉불교환경연대 초대회장·지회장(현), 불교신문 논설위원 2016년 현덕사 회주(현) (종)불교

현주엽(玄周燁) HYUN Joo Yub

(생)1975·7·27 (출)서울 (주)서울특별시 송파구 마천로 1 LG전자체육관 창원 LG 세이커스(02-2005-5823) (학)휘문고졸 1998년 고려대 경영학과졸 (경)1990~1993년 청소년 남자농구대표 1994년 히로시마아시안게임 남자농구대표 1994년 존스컵국제농구대회 대표 1994년 제12회 세계남자농구선수권대회 대표 1995년 세계주니어올스타전 대표 1995년 유니버시아드대회 남자농구대표 1996년 제26회 애틀란타올림픽 남

자농구대표 1997년 아시아남자농구선수권 대표 1997년 동아시안게임 남자농구대표 1997년 아시아올스타전 대표 1997년 유니버시아드대회 남자농구대표 1998년 방콕 아시안게임 남자농구 대표 1998년 프로농구 SK나이츠 입단(드래프트 1순위, 포워드) 1998년 제13회 세계남자농구선수권대회 대표 1999년 존스컵국제농구대회 대표 1999년 아시아남자농구선수권대회 대표 1999년 골드뱅크클리커스 입단 2001년 코리아텐더푸르미 입단 2001년 상무 입대 2003년 프로농구 부산KTF매직윙스 농구단 소속 2005~2009년 프로농구 창원LG세이커스 농구단 소속(포워드) 2015~2017년 MBC스포츠플러스 농구해설위원 2017년 프로농구 창원 LG 세이커스 농구단 감독(현) 2019년 KBS 2TV '사장님 귀는 당나귀 귀' 출연(현) (상)대학농구선수권대회 MVP(1995), 프로농구 신인최초 트리플더블(1998), 아시안게임 금메달(2002)

현 준(玄 駿) Hyun Joon

(생)1968 · 1 · 20 (본)연주(延州) (출)전북 김제 (주)서울특별시 영등포구 은행로 30 중소기업중앙회 외국인력지원부(031-674-2168) (학)1987년 김제북고졸 1994년 서울시립대 무역학과졸 2010년 숭실대 중소기업대학원 중소기업경영학과졸 (경)1994~2012년 중소기업중앙회 총무회계팀 · 감사실 · 전북지역본부 · 건설관리팀 · 회관관리팀 · 건설기술팀 근무 2012년 同공제사업본부 노란우산공제사업팀장 2013년 同노란우산공제사업부장 2013년 同창조경제부장(3급) 2014년 同창조경제부장(2급) 2015년 同전북지역본부장 2017년 同조합정책실장 2018년 同노란우산운영부장 2019년 同외국인력지원부 팀장(현) (종)기독교

현준용(玄焌容) HYUN Jun Yong

(생)1967 · 6 · 5 (주)서울특별시 용산구 한강대로 32 (주)LG유플러스 스마트홈부문(1544-0010) (학)대일고졸, 서울대 노문학과졸, 미국 컬럼비아대 경영대학원졸 (경)LG 회장실 근무, LG전자 근무, (주)LG텔레콤 뱅크온사업부장 2006년 同제휴사업담당 상무 2008년 同비즈니스개발부문 컨텐츠담당 상무 2009년 同전략기획실장(상무) 2011년 (주)LG유플러스 사업개발실장(상무) 2012년 同BS본부 기반통신사업담당 상무 2016년 同FC본부 융합서비스부문장(전무) 2017년 同FC부문 AI서비스사업부장(전무) 2018년 同AIoT부문장(전무) 2019년 同스마트홈부문장(전무)(현)

현준원(玄峻源) HYUN June Won

(생)1960 · 6 · 6 (본)성주(星州) (출)서울 (주)경기도 용인시 수지구 죽전로 152 단국대학교 응용물리학과(041-550-3496) (학)1988년 단국대 물리학과졸 1992년 헝가리 부다페스트대 공과대학원 물리학과졸 1994년 물리학박사(헝가리 부다페스트공대) (경)1992~1994년 헝가리 부다페스트공대 신소재연구소 연구원 1994년 단국대 자연과학대학 응용물리학과 조교수 · 부교수 · 교수(현), 同응용물리학과장 2008~2011년 同대외협력실장 2008년 同국제교류처장 2011년 同죽전캠퍼스 대학원 교학처장 2015~2016년 同죽전캠퍼스 자연과학대학장 겸 공동기기센터장 (상)최우수 논문상 (저)'동구의 과학기술 정책 및 기술현황' (역)'대학물리학' (종)기독교

현지호(玄智皓) HYUN JI HO

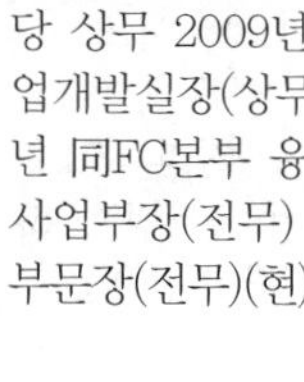

(생)1971 · 10 · 26 (본)연주(延州) (출)부산 (주)부산광역시 연제구 중앙대로 1079 화승그룹 임원실(051-850-7000) (학)1996년 미국 베이츠대 경제학과졸 (경)2000년 (주)화승 상무이사 2001년 同전무이사, (주)화승R&A 전무이사 2002년 HS VINA 부회장 2005년 (주)화승 부사장 2008년 화승그룹 부회장 2011년 同총괄부회장(현) 2014년 화승알앤에이 대표이사 겸임(현) 2014년 한국백혈병소아암협회 부산지회 후원회장(현) 2015년 부산MBC 시청자위원회 위원(현) 2015년 부산경영자총협회 부회장(현) 2015~2019년 부산상공회의소 상임위원 2019년 同부회장(현) (종)불교

현창택(玄昌澤) HYUN Chang Taek

(생)1957·10·2 (본)연주(延州) (출)제주 제주시 (주)서울특별시 동대문구 서울시립대로 163 서울시립대학교 도시과학대학 건축학부(02-6490-2755) (학)1980년 서울대 공과대학 건축학과졸 1986년 同대학원 건축학과졸 1990년 건축학박사(서울대) (경)1982~1987년 삼성종합건설(주) 대리 1987~1988년 서울대 공과대학 건축학과 조교 1988~1996년 경성대 공과대학 건축공학과 교수 1994~1995년 미국 일리노이대 건축학과 박사 후 연구원 1996년 서울시립대 도시과학대학 건축학부 건축공학전공 교수(현) 1997~2002년 대한상사중재원 중재인 1998년 서울시 건설기술심의위원 1998~2007년 국방부 특별건설기술심의위원 1999년 SH공사 설계자문위원 2000~2005년 건설교통부 중앙건설기술심의위원 2000~2001·2006~2007년 한국건설관리학회 이사 2000~2006년 건설VE연구회 회장 2001년 한국도로공사 설계자문위원 2002년 대한건축학회 계약관리분과위원장 2002~2003년 한국건설관리학회 감사 2002~2018년 중국 연변과학기술대학 겸임교수 2003년 우리정책협력연구원 이사장 2004~2005년 미국 콜로라도대 연구교수 2005년 정보통신부 조달사무소 설계자문위원 2006~2011년 (사)한국건설VE연구원 원장 2006~2008년 서울시립대 중앙도서관장 2007~2008년 감사원 건설·물류감사 자문위원 2007년 SH공사 사외이사추천위원 2007~2009년 제주국제자유도시개발센터 설계자문위원 2007년 건설교통부 건설기술진흥기본계획추진단 위원 2007~2009년 수도권교통본부 설계자문위원 2008~2012년 대한건축학회 이사 2008년 대한주택공사 분양가 심사위원 2008~2009년 서울시 건설기술심의위원(사업관리분야) 2009~2018년 미국세계인명사전 'Marquis Who's Who in the World'에 등재 2009~2014년 영국 IBC '2000 Outstanding Intellectuals of the 21st Century'에 등재 2010~2011년 미국인명연구소(ABI) 'Great Minds of the 21st Century'에 등재 2010~2012년 한국건설관리학회 부회장 2010~2013년 국토해양부·국토교통부 중앙건설기술심의위원 2011~2019년 (사)한국건설VE연구원 이사장, 同고문(현) 2012~2014년 행정중심복합도시건설청 기술자문위원 2013년 제주국제자유도시개발센터 정책자문위원(현) 2014년 (주)PMPgM 대표(현) 2015년 새만금개발청 설계자문위원(현) 2015~2017년 한국건설관리학회 고문 2018년 대한건축학회 이사(현) (상)한국능률협회 가치(VE)대상(1987), 서울시립대 우수교수상(2001·2002·2003·2006·2007·2009·2011·2012·2014·2016·2018), 건설교통부장관표창(2001·2007), 서울시장표창(2007), 대한건축학회 학술상(2010), 대한건축학회 논문상(2011), 국토연구원 우수논문상(2012) (저)'건축공사 표준시방서'(1994) '건설관리 및 경영'(1997) '건축시공'(1997) '건설기술백서'(1999) '건설경영공학'(1999) '건설텍스트북'(2000) '건설관리의 개념과 실제'(2000) '건축공정관리학'(2002) '가치공학'(2003) '사업발주방식'(2003) '건축시공학'(2006) '건축시공학 제3판'(2019) 등 총 20여 권 (역)'건설프로그램관리'(2011)

현창행(玄昌幸) Hyun Chang Haeng

(생)1959 · 3 · 17 (출)제주 서귀포 (주)제주특별자치도 제주시 선덕로 23 제주관광공사(064-740-6012) (경)1979년 공무원 임용 2006년 제주 서귀포시 공보과장(사무관) 2007년 同사회복지과장 2008년 同천지동장 2009년 同사회복지과장 2010년 同행정기획과장 2011년 同기획예산과장 2013년 同총무과장 2014년 同주민생활지원국장(서기관) 2014년 제주특별자치도 평생교육과장 2015년 同평화협력과장 2015년 제주 서귀포시 안전자치행정국장 2016년 제주특별자치도 경제정책과장 2017년 同협치정책과장 2018년 제주특별자치도개발공사 도정협력관(부이사관) 2019년 제주관광공사 본부장(상임이사)(현)

현춘희(玄春姬 · 女)

(생)1960 · 2 · 12 (출)서울 (주)경기도 수원시 장안구 창룡대로 223 경기남부지방경찰청 정보화장비과(031-888-2241) (학)2007년 대불대 경찰행정학과졸 (경)1979년 순경 임용 2006년 경정 승진 2010년 서울 강동경찰서 생활안전과장 2012년 서울 성동경찰서 생활안전과장 2013년 서울 광진경찰서 여성청소년과장 2015년 인천지방경찰청 정보화장비과장 2016년 경기북부지방경찰청 청문감사담당관 2016년 경기남부지방경찰청 치안지도관(총경) 2017년 충북지방경찰청 112종합상황실장 2017년 경기김포경찰서장 2018년 경기남부지방경찰청 정보화장비과장(현)

현택환(玄澤煥) HYEON Taeg Hwan

(생)1964 · 12 · 9 (본)연주(延州) (출)대구 달성 (주)서울특별시 관악구 관악로 1 서울대학교 화학생물공학부(02-880-7150) (학)1987년 서울대 화학과졸 1989년 同대학원 무기화학과졸 1996년 무기화학박사(미국 Univ. of Illinois at Urbana-Champaign) (경)1996~1997년 미국 Northwestern Univ. Post-Doc. 1997년~2010년 서울대 공과대학 화학생물공학부 조교수 · 부교수 · 교수 1997년 한국화학공학회 종신회원(현) 1997년 대한화학회 종신회원(현) 1997년 한국공업화학회 종신회원(현) 2002년 과학기술부 창의적연구진흥사업산화물나노결정연구단장 2003~2008년 한국과학기술한림원 준회원 2008~2010년 국가과학기술위원회 운영위원 2010~2016년 서울대 공과대학 화학생물공학부 중견석좌교수 2010년 미국 화학회지 부편집장(현) 2010년 한국과학기술한림원 정회원(현) 2012년 기초과학연구원(IBS) 나노입자연구단장(현) 2012~2018년 한국공학한림원 일반회원 2013년 미국재료학회 석학회원(Fellow)(현) 2014~2015년 국가과학기술자문회의 자문위원 2017년 서울대 공과대학 화학생물공학부 석좌교수(현) 2018년 최종현학술원 이사(현) 2019년 한국공학한림원 정회원(현) (상)미국 일리노이대 최우수졸업논문상, 대한화학회 젊은화학자상(2001), 젊은과학자상(2002), 이달의 과학자상(2002), 듀폰과학기술상(2005), 대한화학회 무기분과 우수연구자상(2005), 신양문화재단 신양학술상(2007), 포스코 청암상(2008), 한국과학기술정보연구원 지식창조대상 재료과학분야(2009), 호암상 공학상(2012), 서울대총동창회 관악대상 영광부문(2014), 국제진공과학기술연맹(IUVSTA) 기술상(2016), 미래창조과학부 및 한국과학기술단체총연합회 선정 대한민국 최고과학기술인상(2016) (종)기독교

현해성(玄海成) HYUN Hae Sung

(생)1962 · 1 · 20 (본)연주(延州) (출)전남 화순 (주)광주광역시 북구 첨단과기로208번길 50 (주)오케이바이오(062-974-3535) (학)1980년 광주공고졸 1989년 전남대 수의학과졸 1991년 同대학원 수의학과졸 1996년 수의학박사(일본 낙농학원대) (경)1996년 일본학술진흥회 외국인특별연구원 1997년 한국과학재단 연구원 1998~2008년 (주)이코바이오 연구소장 1998년 온누리동물병원 원장 2002년 노사모(노무현을사랑하는사람들의모임) 전남대표 · 중앙상임위원 2002년 새천년민주당 대통령선거국민참여운동본부 광주 · 전남 공동본부장, 同100만서포터즈 전남사업단장 2003년 개혁국민정당 조직위원회 부위원장 2003년 신당연대 광주 · 전남 공동대표 2003년 국민통합개혁신당 광주 · 전남 창당추진위원회 공동대표 2003년 민주평통 상임위원 2003년 인터넷신문 우리힘닷컴 칼럼리스트 2004년 17대총선 후보경선 출마 2004년 대한민국캐릭터공모전 심사위원 2006년 첨단골열린음악회 운영위원장 2006년 아름다운가게 광주첨단점 운영위원장, (사)광주광산구장애인협회 후원회장 2007년 광주시민사회단체총연합회 공동대표 2015년 (주)오케이바이오 대표(현) 2018년 EBT(주) 연구개발부문 대표 2018년 KJO파트너스그룹(주) 연구개발부문 대표 (저)자전적 에세이집 '만남'

형우진(邢宇鎭) HYUNG Woo Jin

(생)1967 · 2 · 4 (주)서울특별시 서대문구 연세로 50-1 세브란스병원 위장관외과(02-2228-2129) (학)1993년 연세대 의대졸 2003년 同대학원 의학석사 2006년 의학박사(고려대) (경)2001~2012년 연세대 의대 외과학교실 연구강사 · 전임강사 · 조교수 · 부교수 2002년 일본 Fujita대 복강경위암수술 단기연수, 대한위암학회 정회원(현), 대한암학회 정회원(현), 대한외과학회 정회원(현) 2011~2015년 세브란스병원 로봇내시경수술센터 소장 2013년 연세대 의대 외과학교실 교수(현) 2014년 세브란스병원 위장관외과장(현) 2015년 연세대의료원 연세암병원 위암센터장(현) (상)대한암학회 GSK종양학술상(2002), 세도회학술상(2003 · 2006)

형원준(邢原準) HYOUNG Won Joon

(생)1963 · 6 · 21 (출)서울 (주)서울특별시 중구 장충단로 275 두산타워 (주)두산 임원실(02-3398-0114) (학)1984년 배문고졸 1988년 고려대 산업공학과졸 1997년 미국 카네기멜론대 대학원졸(MBA) (경)1988~1998년 삼성전자(주) Senior Manager · Internal Consultant 1996년 Mckinsey&Company Chicago IL Management Strategy Consultant 1998~2000년 삼성벤처투자(주) Fund Manager 2000~2003년 아이투테크놀로지코리아 부사장 2003~2007년 同사장 2006년 i2 Technologies North East Asia 사장 2007~2008년 同아시아 · 태평양(Greater Asia-Pacific)지역총괄 사장 2008~2017년 SAP Korea 사장 2017년 (주)두산 지주부문 최고디지털혁신책임자(CDO: Chief Digital Officer · 사장)(현) 2017년 同정보통신BU(Business Unit)장 겸임(현) (저)'탱고경영'(2012, 한빛비즈)

형진휘(邢振輝) HYOUNG Jin Hwi

(생)1972 · 6 · 22 (출)전북 전주 (주)서울특별시 서초구 반포대로 158 서울고등검찰청 총무과(02-530-3261) (학)1990년 상산고졸 1996년 서울대 경영학과졸 (경)1997년 사법시험 합격(39회) 2000년 사법연수원 수료(29기) 2000년 서울지검 남부지청 검사 2002년 창원지검 진주지청 검사 2004년 창원지검 검사 2006년 인천지검 검사 2008년 서울서부지검 검사 2012년 대전지검 검사 2013년 同부부장검사 2014년 대검찰청 검찰연구관 2015년 대구지검 특수부장 2016년 대검찰청 과학수사2과장 2017년 同감찰2과장 2018년 서울중앙지검 형사5부장 2019년 서울고검 검사(현) 2019년 국무조정실 부패예방감시단 파견(현)

형태근(邢泰根) HYUNG Tae Gun

(생)1957 · 3 · 10 (출)경남 거창 (주)서울특별시 강남구 테헤란로 518 섬유센터 12층 법무법인(유) 율촌(02-528-5785) (학)1975년 대구고졸 1979년 성균관대 경제학과졸 1990년 미국 뉴욕주립대 대학원 경영학과졸 2011년 명예 경영학박사(동양대) (경)1978년 행정고시 합격(22회) 1980년 체신부 기획관리실 사무관 1991년 경주우체국장 1992년 대전EXPO조직위원회 위원장 비서실장 1994년 국제위성기구(INTELSAT, 미국) 파견 1996년 정보통신부 정보통신정책과장 1998년 同초고속망기획과장 1998년 同기획총괄과장 2000년 정보통신연구진흥원 수석연구위원 2000년 경북체신청장 2002년 정보통신정책연구원 파견 2003년 정보통신부 감사관 2004년 同국제협력관 2004년 同정보통신협력국장 2005~2006년 同정보통신정책국장 2005년 저작권심의조정위원회 위원 2006년 정보통신부 통신위원회 상임위원 2007년 제17대 대통령직인수위원회 제2분과위원회 전문위원 2008~2011년 방송통신위원회 상임위원 2008년 시청자불만처리위원회 위원장, 방송통신위원회 규제개혁및법제선진화특별위원회 위원장 2011~2014년 부산시 정보통신정책고문 2011년 동양대 석좌교수(현) 2011년 법무법인(유) 율촌 고문(현) 2013년 CJ헬로비전 사외이사(현) (상)대통령표창(1990), 홍조근정훈장(2006), 황조근정훈장(2012) (저)'Beyond the Internet of Things(共)'(2009) (종)천주교

형태준

(생)1968·12·2 (주)서울특별시 성동구 뚝섬로 377 (주)이마트 지원본부(02-380-5678) (학)1994년 서울대 경영학과졸 2002년 미국 시카고대 대학원 경영학과졸 (경)1994년 삼성물산(주) 입사 2002년 미국 부즈앤컴퍼니 입사 2012년 (주)이마트 입사 2012년 신세계그룹 전략실 전략기획팀 전략기획담당 상무 2015년 (주)이마트 경영지원본부 기획관리담당 상무 2016년 同전략본부장(부사장보) 2019년 同지원본부장(부사장보)(현)

혜 관(慧 觀) Hie Gohn (雪村)

(생)1957·8·10 (출)전남 함평 (주)서울특별시 서대문구 가좌로2길 50 불교문학포교원(02-308-9520) (학)중앙승가대졸 (경)1976년 대흥사에서 득도·수계 1987년 '시조문학'으로 시인 등단 1990년 불교문학포교원 원장(현) 1993년 현대불교문인협회 회원(현) 1993년 국제펜클럽 회원(현) 1993년 불교문예 발행인(현) 1994~1998년 대한불교조계종 제11대 중앙종회 의원 1999년 한국문인협회 회원(현) 2005년 한국시인협회 회원(현) 2005년 현대불교문학상 운영위원(현) 2016년 현대불교문인협회 회장(현) (작)시집 '한듬' '동인시집' '돌의 탄생' '번뇌 그리고 꽃' (종)불교

혜 용(惠 勇)

(생)1969 (출)전남 무안 (주)경기도 안성시 공도읍 마정개나리길 16-15 대원사(031-656-4841) (학)1996년 중앙승가대졸 2000년 동국대 대학원 수료 (경)1991년 화엄사에서 사미계 수지(계사 종원스님) 1994년 범어사에서 구족계 수지(계사 일타스님) 2000~2010년 용천사 주지 2001년 대한불교조계종 총무원 호법부 상임감찰 2005년 同총무원 사회국장 2010~2014년 광륜사 주지 2011년 대한불교조계종 종교평화위원회 위원장 2014~2015년 운흥사 주지 2014년 대한불교조계종 노동위원회 위원장 2016~2017년 同사회노동위원회 위원장 2017년 대원사 주지(현)

혜 자(慧 慈) (禪默)

(생)1952·1·5 (본)순흥(順興) (출)충북 충주 (주)서울특별시 노원구 덕릉로145길 99 도안사(02-936-5936) (학)1975년 통도사 대교과 수료, 동국대 대학원 수료 (경)1967년 도선사에서 청담스님을 계사로 사미계 수지 1976년 법주사에서 석암스님을 계사로 비구계 수지 1977년 도안사 주지 1998년 도선사 부주지·주지 1999년 대한불교조계종 소청심사위원·위원장, 同총무원 문화부장 2006년 불교계 새로운 신행문화의 패러다임인 '108산사순례기도회' 회주(현) 2007년 불교신문 사장, 학교법인 청담학원 이사장, 사회복지법인 혜명복지원 이사장, 同이사(현), 경제정의실천불교시민연합 공동대표(현) 2002~2010년 인드라망생명공동체 공동대표 2010~2014년 대한불교조계종 호계원 초심호계위원 2010년 인드라망생명공동체 지도위원(현) 2013~2017년 대한불교조계종 도안사 주지 2014~2017년 同호계원 중앙종회 의원 2017년 同군종특별교구장(현) 2017년 同도안사 회주(현) (상)네팔정부 평화훈장(2008), 만해대상(2008), 국민포장 (저)'절에서 배우는 불교'(1998) '캄보디아' '산중명상집' '마음으로 찾아가는 108산사'(2007) (종)불교

혜 초(慧 草)

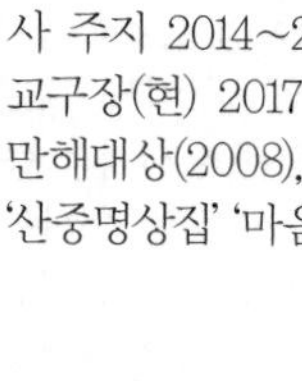

(생)1932·8·8 (출)경남 (주)서울특별시 종로구 율곡로1길 31 한국불교태고종 총무원(02-739-3450) (학)1946년 해인사 강원에서 사교과 수료 1956년 해인대(現경남대) 종교학과졸 1960년 일본 임제대(現화원대학) 선학과졸 (경)1945년 진주 靑谷寺에서 靑峰화상을 은사로 득도 1945년 청곡사에서 양택스님을 계사로 사미계 수지 1953년 해인사에서 인곡스님을 계사로 비구계 수지 1956년 해인사강원 수선안거 이래 5하안거 성만 1961년 법륜사에서 덕암스님을 계사로 보살계 수지 1966년 서울 약사암 주지 1970년 한국불교태고종 중앙종회 의원 1970년 同총무원 사회부장 1971년 同중앙포교사 1976년 同일본 오사카별원장 1977년 서울 영평사 주지 1979년 한국불교태고종 종무위원 1981년 한·일불교문화교류협회 이사 1988년 전한국불교포교사협회 회장 1996년 한국불교태고종 총무원장(17대) 1997년 대륜불교문화연구원 원장 2001년 한국불교태고종 총무원장(21대) 2004년 同제17세 종정 2009년 同제18세 종정 2014년 同제19세 종정(현) (저)'불교의 이해' '미타경강화 일용집' '한국선풍과 일본임제선과의 비교 연구에 대하여'

혜 총(慧 聰)

(생)1943·11·17 (출)경남 충무 (주)부산광역시 부산진구 진남로 432 감로사(051-809-0926) (학)1963년 해인사 승가대졸 1966년 범어사 승가대졸 1972년 동국대 불교학과졸 1974년 同대학원 불교학과 수료 (경)1956년 영축총림 통도사에서 자운스님을 계사로 사미계 수지 1963년 범어사에서 동산스님을 계사로 구족계 수지 1966년 범어사 재무국장 1977년 부산 감로사 주지(현), 통도사·표충사·해인사·동화사·선암사·범어사 제방선원에서 안거 1981년 (사)한국뇌성마비복지회 이사 1982년 부산시불교연합회 상근부회장·사무총장·부산진구불교사암연합회 회장 1983년 대한불교조계종 비상종단운영위원회 상임위원 1986년 동국대 석림동문장학회 회장 1986년 군불교진흥회 이사 1988년 세계불교도대회 한국대표참가 1988년 학교법인 원효학회 이사 1988년 (재)불심홍법원 상임이사 1989~2018년 (사)대각회 이사·이사장 1989년 학교법인 금정학원 감사 1990년 대한불교신문 창간·사장·발행인·편집인 1992년 범어사 부주지 1992년 대한불교어린이지도자연합회 회장 1994년 동국대 승가총동문회 부회장 1994년 (사)불국토 이사 1994년 대한불교조계종 초심호계위원 1995년 사회복지법인 불국토 상임이사 1997년 (사)한국불교발전연구원 이사장 1998년 해인사 승가대학 총동문회 회장 1999년 용호종합사회복지관장 1999년 대한불교사회복지기관협의회 초대 회장 2001년 대한불교사회복지연구원 초대 회장 2001년 사회복지법인 부산아·태장애인경기대회 시민지원협의회 상임고문 2004년 사회복지법인 불국토 대표이사 2006~2011년 대한불교조계종 제5대 포교원장 (상)부산진구민이 뽑은 자랑스러운 시민상(1986), 국민훈장 동백장(1988), 대한불교조계종 포교대상 공로상(1989), 대한불교조계종 종정표창(1992), 국무총리표창(2003), 대통령표창, 자랑스러운 부산시민상 대상(2017) (저)'꽃도 너를 사랑하느냐'(2000)

호문혁(胡文赫) Ho Moon-hyuck (景山)

(생)1948·7·17 (본)파릉(巴陵) (출)서울 (주)서울특별시 관악구 관악로 1 서울대학교 법학전문대학원(02-880-7534) (학)1967년 경기고졸 1972년 서울대 법과대학 법학과졸 1976년 同대학원 법학과졸 1985년 법학박사(독일 프라이부르크대) (경)1978~1986년 영남대 법정대학 법학과 전임강사·조교수 1986~1997년 서울대 법과대학 사법학과 전임강사·조교수·부교수 1994년 독일 Frankfurt대 파견교수 1997~2009년 서울대 법과대학 법학부 교수 1999~2001년 同대학신문사 주간 2001년 미국 하버드대 로스쿨 파견교수 2005년 서울대 평의원회 부의장 2006~2008년 同법과대학장 2006년 同총장후보선정위원회 위원장 2006~2008년 한국민사소송법학회 회장 2007년 International Association of Procedural Law(IAPL) Council Member(현) 2008년 법학전문대학원협의회 초대이사장 2009년 제주대 법학전문대학원 교환교수 2009~2013년 서울대 법학전문대학원 교수 2009~2013년 同교수협의회 회장 2013년 同법학전문대학원 명예교수(현) 2013~2014년 이화여대 법학전문대학원 초빙교수 2013~2014년 2014 International Association of Procedural Law(IAPL) Seoul Conference 조직위원장 2014~2015년 한국훔볼트회 회장 2016~2018년 대법원산하 사법정책연구원장 (상)녹조근정훈장(2013) (저)'민사소송법연구(I)'(1998) '민사소송법(초판~13판)'(2000~2016) '민법주해'(共) '법률부조에 관한 연구(共)'(2004) '사법제도 개선방향'(共) '민사소송법 원론'(2012) (종)불교

호성호(扈成浩)

(생)1977·2·18 (출)서울 (주)경상남도 창원시 성산구 창이대로 681 창원지방법원 총무과(055-239-2009) (학)1995년 중동고졸 2000년 서울대 사법학과졸 (경)2000년 사법시험 합격(42회) 2003년 사법연수원 수료(32기) 2003년 軍법무관 2006년 서울중앙지법 판사 2008년 서울남부지법 판사 2010년 전주지법 군산지원 판사 2014년 의정부지법 판사 2014년 법원행정처 인사제2심의관 2015~2016년 同인사제1심의관 겸임 2016년 서울중앙지법 판사 2018년 창원지법 부장판사(현)

호요성(扈堯盛) HO Yo Sung

(생)1959·1·18 (주)광주광역시 북구 첨단과기로 123 광주과학기술원 정보통신공학부(062-715-2211) (학)1977년 전주고졸 1981년 서울대 전자공학과졸 1983년 同대학원 전자공학과졸 1990년 공학박사(미국 Univ. of California Santa Barbara) (경)1983~1995년 한국전자통신연구소 선임연구원 1984년 충남대 전자공학과 시간강사 1985년 미국 Univ. of California Santa Barbara 연구조교 1990~1993년 미국 필립스연구소 선임연구원 1995년 광주과학기술원(GIST) 정보통신공학부 조교수·부교수·교수 2004년 대한전자공학회 이사 2006년 한국통신학회 편집위원 2007년 한국멀티미디어학회 이사 2016~2017년 한국방송공학회 회장 2016년 국제전기전자학회(IEEE) Fellow(석학회원)(현) 2016년 광주과학기술원(GIST) 전기전자컴퓨터공학부 교수(현) (상)대법원장표창(1981), 한국방송공학회 공로상(2001·2002), 국무총리표창(2017) (저)'영상정보 압축기술개론' (종)기독교

호원경(扈源慶·女) HO Won Kyung

(생)1958·2·13 (주)서울특별시 종로구 대학로 103 서울대학교 의과대학 생리학교실(02-740-8227) (학)1982년 서울대 의대졸, 同대학원 의학석사 1986년 의학박사(서울대) (경)1982~1986년 서울대 의대 생리학교실 조교 1986~1989년 충북대 의대 생리학교실 전임강사 1986년 일본 국립 생리학연구소(오카자키) Visiting Researcher 1989~1991년 서울대 의대 전임강사 1991~1993년 영국 옥스포드대 생리학연구소 Research Fellow 1991~2002년 서울대 의대 의학과 조교수·부교수 2002년 同의대 생리학교실 교수(현) 2006~2008년 同연구부학장 2010~2017년 同생체막가소성연구센터장 2017년 국정기획자문위원회 경제2분과위원회 위원

호제훈(扈帝熏) Ho Je Hun

(생)1969·11·3 (출)충남 논산 (주)서울특별시 서초구 서초중앙로24길 27 지파이브센트럴프라자 3층 법무법인 위(WE)(02-3478-2166) (학)1988년 충남고졸 1993년 서울대 법과대학졸 2004년 미국 조지타운대 Law School졸 (경)1992년 사법시험 합격(34회) 1995년 사법연수원 수료(24기) 1995년 육군 법무관 1998년 서울지법 판사 2001년 同동부지원 판사 2002년 대전지법 천안지원 판사 2006년 서울고법 판사 2008년 대법원 재판연구관 2010년 전주지법 군산지원 부장판사 2011년 대법원 재판연구관 2015년 서울행정법원 행정11부 부장판사 2017년 부산고법 부장판사 2018년 대전고법 부장판사 2018년 대전지법 수석부장판사 직대 겸임 2019년 법무법인 위(WE) 대표변호사(현)

홍강의(洪剛義) Kang-E Michael HONG (少泉)

(생)1941·1·15 (본)남양(南陽) (출)충북 청주 (주)서울특별시 종로구 대학로 103 서울대학교 의과대학(02-740-8114) (학)1965년 서울대 의대졸 1981년 의학박사(일본 토호대) (경)1965~1968년 공군 軍의관(중위 예편) 1969~1972년 미국 워싱턴대 신경정신과 전공의 1971~1973년 同소아정신과 전임의 1973~1979년 미국 미네소타대 의대 소아정신과 조교수 1979~2006년 서울대 의과대학 소아정신과학교실 조교수·부교수·교수 1985~1988년 대한소아·청소년정신의학회 회장 1989년 한국아동학대예방협회 회장 1993년 한국자폐학회 회장 1997년 대한수면·정신생리학회 회장 1997년 대한신경정신의학회 회장 1999~2003년 아시아소아·청소년정신의학회 회장 1998년 청소년보호위원회 건강약물분과위원장 1998년 국무총리 청소년보호위원회 위원 2001~2003년 대한청소년정신의학회 회장 2001~2004년 제주대 의과대학장 2001~2004년 제주대병원 초대원장 2004년 국제소아·청소년정신의학회 부회장 2004년 한국의학한림원 종신회원(현) 2006년 서울대 명예교수(현) 2006~2009년 한국청소년상담원 이사장 2007~2010년 한국자살예방협회 회장 2008~2011년 클리닉비 원장 2010~2013년 한국자살예방협회 이사장 2015~2017년 서울시 정신보건사업지원단장 (상)벽봉학술상(1997), 5.5문화상, 노동두 기념 공로상, 국제소아·청소년정신의학회 국제공로상, 대통령표창(2006), 국민훈장 동백장(2011), 서울의대동창회 제18회 학술연구부문 함춘대상(2017) (저)'아동 정신건강지도'(1984) '소아정신의학'(2005, 중앙문화사) '소아정신의학'(2014, 학지사) (역)'인간발달의 통합적 이해'(1992) '함께 배우는 성' (종)천주교

홍건기(洪健基)

(생)1964·11·24 (주)서울특별시 중구 명동11길 19 한국신용정보원(02-3705-5800) (학)1983년 성동고졸 1988년 단국대 법학과졸 1991년 同대학원 법학과졸 (경)1991년 전국은행연합회 입회 2008년 同신용정보기획팀장 2010년 同신용정보부장 2010년 同감사실장 2012년 同비서실장 2013년 同총무부장 2015년 同상무이사 2019년 한국신용정보원 전무(현) 2019년 同원장 직대

홍경선(洪慶善) HONG Kyung Sun

(생)1963·2·18 (본)남양(南陽) (출)인천 (주)인천광역시 중구 서해대로 366 인천항만공사 경영본부(032-890-8120) (학)연세대 사회학과졸, 동국대 사회과학대학원 사회학과졸, 행정학박사(인하대) (경)국회의원 보좌관(제15~17대), 한국미래정책연구원 연구위원, 호원대 강사, 친일반민족행위자재산조사위원회 전문위원 2010~2013년 인천시 도시재생특별보좌관 2013~2015년 청운대 국제통상학과 교수 2015년 同산학협력단 부단장 2015~2018년 同인천캠퍼스 교양학부 교수 2018년 인천항만공사 부사장 겸 경영본부장(현) (상)대통령표창(2009) (저)'친일파와 일제시대토지'(2006, 한울아카데미)

홍경식(洪景植) HONG Kyung Shik

(생)1951·4·16 (본)남양(南陽) (출)경남 마산 (주)서울특별시 중구 남대문로 63 한진빌딩 본관 18층 법무법인 광장(02-2191-3009) (학)1969년 경복고졸 1974년 서울대 법학과졸 1976년 同대학원 법학과졸 (경)1976년 사법시험 합격(18회) 1978년 사법연수원 수료(8기) 1981~1988년 서울지검 동부지청·대구지검 안동지청·서울지검 검사 1988년 법무부 검찰국 검사 1989년 서울지검 검사 1991년 수원지검 여주지청장 1992년 부산지검 동부지청 특수부장 1993년 대검찰청 공보관 1995년 부산지검 형사4부장 1995년 법무부 법무과장 1996년 同법무심의관 1997년 서울지검 형사5부장 1998년 同공안1부장 1999년 수원지검 2차장검사 2000년 同성남지청장 2001년 서울지검 북부지청장 2002년 대전고검 차장검사 2003년 법무부 법무실장 2003년 대검찰청 공안부장 2004년 의정부지검장 2005년 대전고검장 2006년 법무연수원장 2007년 서울고검장 2008~2013·2015년 법무법인 광장 대표변호사(현) 2008~2013년 법무부 검사적격심사위원회 위원장 2008년 국가경쟁력강화위원회 법제도선진화실무추진단 자문위원 2008~2010년 정부공직자윤리위원회 위원 2010~2012년 한국정보화진흥원 감사 2013~2014년 대통령 민정수석비서관 (상)황조근정훈장(2007)

홍경준(洪坰駿) HONG Kyung Zoon

(생)1967·1·6 (출)서울 (주)서울특별시 종로구 성균관로 25-2 성균관대학교 사회복지학과(02-760-0637) (학)1985년 충암고졸 1989년 서울대 사회복지학과졸 1991년 同대학원 사회복지학과졸 1996년 사회복지학박사(서울대) (경)1994~1995년 서울대 사회과학대학 조교 1995~1997년 同사회복지연구소 연구원 1997~2002년 전북대 행정복지학부 전임강사·조교수 2002년 성균관대 사회복지학과 조교수·부교수·교수(현) 2003~2006년 한국사회복지학회 편집위원·이사 2003~2006년 한국사회보장학회 편집위원 2007~2008년 한국사회복지학회 학술기획위원장 2009년 한국사회복지연구회 위원장 2017~2018년 성균관대 사회복지대학원장 (저)'참여형 지역복지 체계론'(2000) '전북지역 실업극복 민간네트웍 연구'(2001) '산업복지론'(2001) '사회와 복지'(2001) '한국복지국가 성격논쟁'(2002) '복지국가의 태동: 민주화, 세계화, 그리고 한국의 복지정치'(2006) '저소득 노동시장 분석'(2008, 한국노동연구원) '기초생활보상제도 현장보고서: 마지막 사회안전망에서 만난 사람들'(2009, 나남출판사) (역)'자본주의와 인간발달'(1990, 한울)

홍경태(洪景兌) Hong, Kyung-Tae

(생)1957·8·21 (본)남양(南陽) (출)대구 (주)서울특별시 성북구 화랑로14길 5 한국과학기술연구원(02-958-5392) (학)1980년 서울대 금속공학과졸 1982년 한국과학기술원(KAIST) 재료공학과졸(석사) 1986년 공학박사(한국과학기술원) (경)1987~1996년 한국과학기술연구원(KIST) 선임연구원 1996년 同책임연구원 1998~2004년 한양대 신소재공학원 겸임교수 2003~2004년 과학기술부 차세대성장동력신소재분과 위원장 2003년 산업자원부 부품소재분야발전기계분과 위원장 2006년 한국과학기술연구원(KIST) 재료연구부장 2007년 同재료기술연구본부장 2009~2010년 同재료·소자본부장 2011년 한국공학한림원 정회원(재료자원공학분과·현) 2011년 한국과학기술연구원(KIST) 전북분원장 2011년 제5대 국새 제작단장 2011년 대한금속재료학회 부회장 2014년 한국과학기술연구원(KIST) 계면제어연구센터 책임연구원 2014~2018년 정부 미래성장동력추진단 첨단미래소재분야 단장 2015년 한국과학기술연구원 미래융합기술연구본부 물질구조제어연구센터 책임연구원 2018년 대한금속재료학회 회장 2019년 현대제철 사외이사(현) 2019년 한국과학기술연구원(KIST) 연구전문위원(현)

홍경희(洪京憙) Hong Kyeong-heui

(생)1964·3·26 (주)부산광역시 남구 못골로 19 남구청 부구청장실(051-607-4005) (학)1984년 포항고졸 1991년 부산대 행정학과졸 2005년 미국 미시간주립대 대학원 도시계획학과졸 (경)1996년 지방고등고시 합격(2회) 1997년 부산 동래구 지방행정사무관 1999년 同명륜2동장 2000년 아시안게임준비단·국제경기준비단 파견 2003년 부산시 기획관리실 OECD 평가팀장 2004년 미국 미시간주립대 파견 2006년 부산시 도시개발과 근무 2006~2010년 同혁신분권담당·투자기획담당·공공디자인담당 2010~2015년 同비전전략담당관·평가담당관·관광단지추진단장·신성장산업과장·유시티정보담당관(지방서기관) 2016년 통일교육원 파견(지방부이사관) 2017년 부산 남구 부구청장 2018년 부산·진해경제자유구역청 부산본부장 2018년 부산 남구 부구청장(현) (상)국무총리표창(2008), 근정포장(2011)

홍관희(洪官憙) HONG Kwan Hee

(생)1953·1·26 (본)풍산(豊山) (출)충북 (주)서울특별시 종로구 성균관로 25-2 성균관대학교 정치외교학과(02-760-0379) (학)1979년 서울대 사범대학졸 1987년 미국 일리노이주립대 대학원 정치학과졸(정치학석사) 1990년 미국 조지아대 대학원 정치학과졸(정치학박사) (경)1990~1995년 서울대·국민대·성균관대 강사 1995~2005년 통일연구원 선임연구위원·기획조정실장 2004~2005년 同평화안보연구실장 2005년 안보전략연구소 소장(현) 2009~2018년 고려대 북한학과 교수, 한국국방연구원 초빙연구위원 2010년 자유연합(자유민주주의시민연합) 공동대표(현) 2013~2015년 대한민국재향군인회 안보문제연구소장 2018년 성균관대 정치외교학과 초빙교수(현) (저)'통일문제 여론조사'(共) '전환기의 대북정책' '남북관계의 확대와 한국의 국가안보' '주한미군 감축 및 재배치와 한국의 국가안보' '한반도 대격동'(2011) 'THAAD와 한반도'(2016) '한반도 전쟁'(2018) (종)기독교

홍광식(洪光植) HONG Kwang Sik

(생)1949·2·3 (출)경남 마산 (주)부산광역시 연제구 법원로 28 부산법조타운빌딩 8층 법무법인 국제(051-506-1761) (학)1967년 마산고졸 1971년 서울대 법학과졸 1976년 同대학원 법학과졸 (경)1979년 사법시험 합격(21회) 1981년 사법연수원 수료(11기) 1981년 부산지법 판사 1984년 마산지법 판사 1986년 부산지법 판사 1991년 부산고법 판사 1994년 부산지법 판사 1997년 창원지법 부장판사 1998년 부산지법 부장판사 1999~2001년 법무법인 국제 변호사 2000년 영산대 법무대학원 겸임교수 2001년 창원지법 부장판사 2003년 부산지법 가정지원장 2005년 同부장판사 2006년 언론중재위원회 중재위원 2007년 창원지법 통영지원장 2009년 부산지법 부장판사 2009년 통영시 명예시민(현) 2011년 법무법인 국제 대표변호사 2013년 同구성원변호사(현) (종)불교

홍광표(洪光杓) HONG Kwang Pyo

(생)1956·3·9 (본)남양(南陽) (출)부산 (주)경상북도 경주시 동대로 123 동국대학교 조경학과(054-770-2231) (학)1976년 성동고졸 1980년 동국대 조경학과졸 1982년 서울대 환경대학원졸 1992년 농학박사(성균관대) (경)1982~1984년 서울대 환경계획연구소 연구원 1984년 동국대 조경학과 전임강사·조교수·부교수·교수(현) 1997년 同개교100주년사업본부 경주본부장 1997년 同학생처장 1999년 한국정원학회 부회장 2001년 한국전통조경학회 부회장·수석부회장 2005~2012년 한국조경학회 상임이사·부회장·편집위원장 2005~2006년 동국대 기획처장 2011~2013년 한국전통조경학회 회장 2014년 한국정원디자인학회 초대 회장(현) 2017~2018년 울산 태화강 정원박람회조직위원회 위원 (상)'올해의 조경인' 선정 학술분야(2014), 농림축산식품부장관표창(2016) (저)'한국의 전통조경(共)'(2001) '동양조경문화사' '정원답사수첩' '서양정원사' (종)불교

홍권표(洪權杓) HONG Kwon Pyo

(생)1956·11·9 (주)서울특별시 서초구 논현로 87 삼호물산빌딩 B동 1101호 한국신재생에너지협회(02-529-4707) (학)1976년 여수공고졸 1989년 한국방송통신대 행정학과졸 2006년 서강대 경영대학원 국제경영학과졸 (경)1982년 상공부 기획관리실 행정관리담당관실 근무(5급 공채) 1984년 同상역국 수출진흥과 사무관 1988년 同감사관실 사무관 1991년 同전자정보공업국 전자정책과 사무관 1994년 상공자원부 무역국 수출과 사무관 1998년 산업자원부 자원정책실 석유수급과 사무관 2000년 同감사관실 사무관 2002년 同총무과 사무관 2002년 同총무과 서기관 2004년 통일부 개성공단사업지원단 파견 2006~2008년 同개성공단사업지원단 투자지원팀장 2008년 지식경제부 연구개발특구기획단 사업지원팀장(서기관) 2010년 同남북경협팀장 2011년 同감사담당관 2012년 同감사담당관(부이사관) 2012~2015년 한국지역난방기술 대표이사 사장 2015년 (사)한국신재생에너지협회 상근부회장(현) (상)국무총리표창(1992), 근정포장(2007)

홍귀선(洪貴善)

(생)1960·9·4 (출)경기 화성 (주)경기도 의정부시 시민로 1 의정부시청 부시장실(031-828-2010) (학)한국방송통신대 법학과졸, 성균관대 대학원 유교경전학과졸 (경)1980년 공직 입문 2000년 양주군 문화관광사업소장(지방행정사무관) 2001년 경기도 문화행정담당·체육진흥과·문화정책과·지역정책과 지역계획담당·대중교통과·교통정책과 교통정책담당 사무관 2011년 행정안전부 교류파견(지방행정서기관) 2012년 경기도인재개발원 역량개발지원과장 2013년 경기일자리센터장 2014년 경기도 대중교통과장 2014년 同버스정책과장 2016년 의정부시 부시장(지방부이사관) 2018년 경기도 교통국장 2018년 황해경제자유구역청 사업총괄본부장 2019년 경기 의정부시 부시장(현)

홍규덕(洪圭德) HONG Kyu Dok

(생)1957·8·2 (출)서울 (주)서울특별시 용산구 청파로47길 100 숙명여자대학교 정치외교학과(02-710-9482) (학)고려대 정치외교학과졸 1986년 미국 사우스캐롤라이나대 대학원 정치학과졸 1990년 정치학박사(미국 사우스캐롤라이나대) (경)1991년 고려대 평화연구소 연구실장 1991~1993년 민족통일연구원 연구조정실 및 국제연구실 책임연구원 1993년 숙명여대 정치외교학과 교수(현) 1996년 同연구교류실장 1998년 同대외협력실장 1999년 국제정책연구원 원장(현) 2001년 숙명여대 정치행정학부장 2002년 미국 아메리칸대 초빙교수 2007~2009년 숙명여대 사회과학대학장 2007년 제17대 대통령직인수위원회 외교통일안보분과위원회 자문위원 2010~2012년 국방부 국방개혁실장 2012~2013년 同군구조·국방운영개혁추진실장 2013~2015년 숙명여대 교무처장 2015~2018년 한국유엔체제학회 회장 2015~2017년 민주평통 외교안보분과위원회 위원장 2016년 국가보안학회 회장(현) 2017년 아태안보협력이사회(CSCAP-KOREA) 회장(현), DECAF 동아시아 SSG포럼 공동대표(현)

홍기영(洪基泳) HONG Ki Young

(생)1962·1·24 (주)서울특별시 중구 퇴계로 190 매일경제신문 월간국(02-2000-2990) (학)서울대 국제경제학과졸, 同대학원 경영학과졸 2002년 경제학박사(미국 미주리대) (경)1989년 매일경제신문 편집국 기자 2002년 同산업부 차장 2006년 同국제부장 직대 겸 영어뉴스담당 차장 2008년 同과학기술부장 직대 2009~2010년 교육과학기술부 기초기술연구회 기획평가위원 2010~2013년 금융감독원 금융교육자문위원 2010년 매일경제신문 편집국 중소기업부장 2011~2013년 금융위원회 금융발전심의회 국제금융분과위원 2011~2012년 중소기업중앙회 동반성장위원회 위원 2012년 경희대 정경대학 경제학과 겸임교수 2012년 매일경제신문 증권2부장 겸 경제경영연구소장 2013년 同프리미엄뉴스부장 2013년 同편집국 경제부장(부국장대우) 2014년 同주간국장 직대 2014년 금융교육학회 감사(현) 2017년 매일경제신문 주간국장 직대(국장대우) 2018년 同주간국장 2019년 同월간국장(현) (상)한국신문협회 한국신문상(2003) (저)'신한국 경제보고서'(2004) '돈버는주식투자'(2005) '매경테스트 핵심예제'(2010) '매경테스트 기출문제 & 해설'(2011) '비즈&노믹스 : 홍기영 매경이코노미 칼럼집'(2016) '플랫폼하라-세상을 지배하는 플랫폼 전략의 힘'(2018)

홍기용(洪起用) HONG Ki Yong

(생)1960·5·17 (본)풍산(豊山) (출)충북 충주 (주)인천광역시 연수구 아카데미로 119 인천대학교 경영학부(032-835-8518) (학)1984년 중앙대 경영학과졸 1986년 아주대 대학원 경영학과졸 1993년 경영학박사(아주대) (경)1978~1981년 한국은행 은행감독원 행원 1990~1995년 거제대 세무회계과 전임강사·조교수 1995년 인천대 경영대학 경영학부 전임강사·조교수·부교수·교수(현) 1999년 인천납세자연합회 대표 2003년 (사)조세정의를위한 한국납세자연합회 정책연구위원장 2003년 국세청 모범성실납세자심사위원회 위원 2004~2006·2007년 인천대 경영혁신원장 2004년 해양경찰청 정비창운영심의회 위원 2005~2006년 한국세무학회 세무학연구편집위원장 2006·2007년 同부회장 2006~2007년 同회계저널 편집위원장 2007년 국회 입법고시 출제위원 2007~2009년 同입법지원위원 2007년 한국세무사회 한국조세연구소 연구위원 2007~2017년 인천지방노동위원회 공익위원 2009년 인천납세자연합회 상임공동대표 2010~2014년 한국납세자연합회 회장 2011년 한국복지경영학회 명예회장(초대회장 역임)(현) 2013~2014년 국세청 국세행정개혁위원회 위원 2014년 한국납세자연합회 명예회장(현) 2014~2016년 한국감사인포럼 상임공동대표 2015년 한국세무학회 회장 2016년 한국감사인연합회 회장 2016~2018년 인천대 경영대학장 겸 경영대학원장 2017년 한국감사인연합회 명예회장(현) 2017~2018년 전국국공립대학교경영대학(원)장협의회 회장 (상)교육부장관표창 (저)'현대세무회계'(1994) 'EXCEL을 이용한 경영자료처리'(1996) '세법원론Ⅱ'(1999) '회계원리입문'(2000) '세법Ⅰ'(2001) '회계원리'(2003·2008·2010·2012·2014) '생활과세금'(2004) '지방세법'(2007~2016)

홍기원(洪起元) Hong Kee-won

(생)1964·12·13 (주)서울특별시 종로구 사직로8길 60 외교부 인사운영팀(02-2100-7141) (학)효명종합고졸 1989년 고려대 경제학과졸 2001년 미국 워싱턴대 대학원 경제학과졸 (경)1991년 행정고시 합격(35회) 1992~1998년 공정거래위원회·재정경제원 근무 1998년 외교통상부 입부 2003년 駐중국 1등서기관 2005년 駐루마니아 1등서기관 2007년 외교부 자유무역협정무역규범과장 2010년 駐중국 참사관 2013년 駐파키스탄 공사참사관 2015년 중국 대외경제무역대학 Visiting Scholar 2016년 인천시 국제관계대사 2018년 駐이스탄불 총영사 2019년 외교부 본부근무(현)

홍기융(洪起隆) HONG Ki Yoong

(생)1963·1·21 (출)광주 (주)서울특별시 구로구 디지털로26길 111 (주)시큐브(02-6261-9300) (경)1985~1995년 한국전자통신연구원 선임연구원 1992년 이탈리아 Alenia Spazio社 선임연구원 1995년 한국전산원 선임연구원 1996~2000년 한국정보보호진흥원 인증관리팀장 1996년 한국정보시스템감사통제협회 총무이사 1997년 한국정보통신기술사협회 이사 1997~2002년 한국정보통신기술협회 정보보호기술위원회 시스템보안연구반 의장 1997~1998년 ISO/IEC JTC1/SC27(SC27 Korea) Working Group 3 의장(WG3 : Security Evaluation 표준화 분야) 1997년 산업자원부·국립기술품질원 보안기술분야 신기술평가위원 1998년 한국통신정보보호학회 이사 1998~2013년 동국대 국제정보대학원 정보보호학과 겸임교수 2000~2004년 인터넷보안기술포럼 PKI분과위원장 2000년 (주)시큐브 대표이사(현) 2001년 IT국제표준화전문인100人 선정 2001년 아시아PKI포럼 워킹그룹 Co-Chair 2001년 한국PKI포럼 기술분과위원장 2015년 한국정보보호산업협회(KISIA) 수석부회장 2016~2018년 同회장 2016년 금융보안포럼 부회장(현) 2018년 한국정보보호산업협회(KISIA) 명예회장(현) (상)국가안전기획부장표창(1996), 대통령표창(2006), (ISC)2 Senior IT Professional 수상(2008), 철탑산업훈장(2017) (종)기독교

홍기찬(洪起燦)

(생)1972·12·24 (출)서울 (주)서울특별시 서초구 서초중앙로 157 서울중앙지방법원(02-530-1114) (학)1991년 서울 경동고졸 1996년 서울대 사법학과졸 (경)1996년 사법시험 합격(38회) 1999년 사법연수원 수료(28기) 2002년 부산지법 동부지원 판사 2005년 인천지법 판사 2008년 서울중앙지법 판사 2010년 서울서부지법 판사 2012년 서울고법 판사 2014년 대전지법 부장판사 2016년 인천지법 부장판사 2018년 서울중앙지법 부장판사(현)

홍기채(洪起采) HONG Gi Chae

(생)1969·6·14 (출)전남 나주 (주)서울특별시 서초구 서초대로 274 3000타워 701호 법무법인 다전(多田)(02-3474-2900) (학)1987년 광주 금호고졸 1992년 한양대 법학과졸 (경)1996년 사법시험 합격(38회) 1999년 사법연수원 수료(28기) 1999년 광주지검 검사 2001년 전주지검 군산지청 검사 2003년 서울지검 동부지청 검사 2004년 서울동부지검 검사 2005년 대전지검 천안지청 검사 2007년 대전지검 검사 2009년 서울중앙지검 검사 2011년 전주지검 부부장검사 2012년 서울중앙지검 부부장검사 2013년 창원지검 특별수사부장검사 2014년 대전지검 특수부장검사 2015년 수원지검 안산지청 부장검사 2016년 의정부지검 형사3부장검사 2016~2017년 법률사무소 담박(淡泊) 변호사 2017년 법무법인 다전(多田) 대표변호사(현)

홍기태(洪起泰) HONG Ki Tae

(생)1957·8·31 (출)대구 (주)서울특별시 서초구 반포대로24길 21 (주)솔본 회장실(02-580-2800) (학)1976년 대구 계성고졸 1981년 계명대 회계학과졸 (경)공군 경리장교 1985~1987년 삼성전기(주) 자금부 국제금융담당 1987~1989년 Westpac은행 서울지점 외환딜러 1989~1998년 독일 Deutche Bank 서울지점 삼성그룹담당 심사역 1995년 同자금부장 1999~2000년 목원에이엠(주) 대표이사 2000년 브이넷벤처투자(주) 대표이사 사장 2000년 솔본벤처투자(주) 대표이사 2002년 새롬벤처투자(주) 대표이사 사장 2002~2003년 (주)새롬기술 대표이사 사장 2003~2004년 (주)프리챌 대표이사 사장 2003년 (주)솔본 대표이사 회장(현), (주)프리챌 비상근이사, (주)새롬리더스 이사, (주)포커스신문 이사 2010년 솔본인베스트먼트 대표이사 회장(현)

홍기태(洪起台) HONG Ki Tae

(생)1962·2·21 (출)대구 (주)서울특별시 강남구 테헤란로 133 법무법인(유) 태평양(02-3404-0544) (학)1980년 능인고졸 1984년 서울대 법대졸 1986년 同대학원 법학과 수료 (경)1983년 사법시험 합격(25회) 1988년 사법연수원 수료(17기) 1988년 공군 법무관 1991년 서울지법 동부지원 판사 1993년 서울형사지법 판사 1994년 독일 법관연수 1995년 서울지법 의정부지원 판사 1996년 대구지법 판사 1997년 대구고법 판사 1998년 인천지법 부천지원 판사 1999년 서울지법 동부지원 판사 2000년 서울고법 판사 2003년 대구지법 부장판사 겸 법원행정처 사법정책연구심의관 2006년 수원지법 부장판사(사법제도개혁추진위원회 파견) 2007년 전주지법 군산지원장 2008년 서울중앙지법 부장판사 2010년 부산고법 부장판사 2011~2013년 서울고법 부장판사 2013년 법무법인(유) 태평양 변호사(현) 2013년 법조공익모임 나우 이사(현) 2014년 국회의장직속 헌법개정자문위원회 위원

홍기현(洪起玄) HONG Kee Hyun

(생)1958·1·29 (주)서울특별시 관악구 관악로 1 서울대학교 사회과학대학 경제학부(02-880-6379) (학)1980년 서울대 경제학과졸 1983년 同대학원 경제학과졸 1987년 경제학박사(미국 하버드대) (경)1985~1989년 미국 하버드대 조교 1989년 한국경제학사학회 간사 1989~1999년 서울대 사회과학대학 경제학부 조교수·부교수 1996년 한국국제경제학회 사무국장 1999년 서울대 사회과학대학 경제학부 교수(현) 2012~2014년 同교무처장 2016~2018년 同사회과학대학장 2016~2019년 현대중공업 감사위원 겸 사외이사 2019년 서울대 교육부총장 겸 대학원장(현) (상)서울대총장표창(1980) (저)'한국경제학회 약사'(共) '경제학산책'(1992)

홍기현(洪起鉉)

(생)1967·1 (주)서울특별시 종로구 청와대로 1 서울지방경찰청 101경비단(182) (학)1990년 경찰대 법학과졸(6기), 고려대 노동대학원 행정학과졸 (경)2010년 서울 영등포경찰서 정보과장 2011년 대전지방경찰청 정보과장(총경) 2012년 同치안지도관 2013년 울산지방경찰청 홍보담당관 2013년 충북 음성경찰서장 2015년 경찰대학 이전건설단장 2016년 서울 구로경찰서장 2017년 서울지방경찰청 경비2과장 2017년 同101경비단 부단장(현)

홍기후(洪起厚)

(생)1974·2·24 (주)충청남도 예산군 삽교읍 도청대로 600 충청남도의회(041-635-5332) (학)신성대학 정보통신학과졸, 연세대 공학대학원 공학경영학 석사과정 재학 중 (경)당진청년회의소 회장, 민주평통 당진시협의회 소통협력분과 위원장 2016~2018년 충남 당진시의회 의원(재선거, 더불어민주당), 더불어민주당 전국청년위원회 부위원장(현) 2018년 충남도의회 의원(더불어민주당)(현)

홍나영(洪那英·女) HONG Na Young

(생)1958·6·2 (주)서울특별시 서대문구 이화여대길 52 이화여자대학교 신산업융합대학 의류산업학과(02-3277-3074) (학)1981년 이화여대 의류직물학과졸 1983년 同대학원 의류직물학과졸 1987년 문학박사(이화여대) (경)1981~1993년 대전보건전문대학·배재대·한성대·성심여대·성신여대·신구전문대학·국민대 강사 1988~1993년 부산여대 의류학과 전임강사·조교수 1989년 이화여대 의류직물학과·장식미술학과 강사 1993~1995년 인천대 의생활학과 조교수·부교수 1995년 이화여대 신산업융합대학 의류산업학과 교수(현) 1996년 한국복식학회 편집위원·재무이사(현) 1997년 한국의류학회 편집위원·상무이사·이사(현) 2007년 복식문화학회 이사(현) 2013년 이화여대 의류학과장 2015년 同인간생활환경연구소장(현) 2015년 同의류학전공 주임교수(현) 2016년 同의류산업학과장 2016년 문화재청 무형문화재위원회 위원(현) 2019년 이화여대 신산업융합대학장 겸 건강과학대학장(현) (저)'여성쓰개의 역사'(1995) '우리 옷과 장신구'(2003)

홍남기(洪楠基) HONG Nam Ki

(생)1960·7·29 (출)강원 춘천 (주)세종특별자치시 갈매로 477 기획재정부 장관실(044-215-2000) (학)1979년 춘천고졸 1984년 한양대 경제학과졸 1986년 同경영대학원 금융증권전공졸(석사) 1992년 영국 섀퍼드대 대학원 개발경제학과졸 (경)1986년 행정고시 합격(29회) 1986~1991년 경제기획원 대외경제조정실 행정사무관 1991년 영국 맨체스터 섀퍼드대 유학 1993~1994년 경제기획원 심사평가국 행정사무관 1995년 재정경제원 예산실 행정사무관 1998~1999년 예산청·기획예산처 예산실 예산총괄과 서기관 1999년 미국 워싱턴주정부 예산성(OFM) 파견 2001년 기획예산처 성과주의예산팀장 2002년 同예산실 예산기준과장 2003년 同장관비서관 2004년 대통령 경제수석비서관실 행정관(부이사관) 2006년 대통령 정책실 정책보좌관(고위공무원) 2007~2010년 駐미국 공사참사관(기획예산관·재경관) 2010년 기획재정부 복권위원회 사무처장 2011년 同대변인 2012~2013년 同정책조정국장 2013년 제18대 대통령직인수위원회 경제1분과 전문위원 2013년 대통령 국정기획수석비서관실 기획비서관 2015년 대통령 정책조정수석비서관실 기획비서관 2016년 미래창조과학부 제1차관 2017~2018년 국무조정실장(장관급) 2017년 국정기획자문위원회 부위원장 겸 간사위원 2018년 남북정상회담준비위원회 위원 2018년 경제부총리 겸 기획재정부 장관(현) 2018년 대통령직속 국가균형발전위원회 위원(현) 2019년 대통령직속 농어업·농어촌특별위원회 위원(현) (상)녹조근정훈장(2003), 자랑스러운 한양인상(2017)

ㅎ

홍남기(洪南基)

(생)1962 · 2 · 25 (주)강원도 춘천시 중앙로 1 강원도청 일자리국(033-254-2011) (학)1981년 강릉고졸 1985년 청주대 국어국문학과졸 (경)2009년 강원도 기업유치과 전략산업유치담당 2010년 同공보관실 보도지원담당 2012년 同총무과 공무원노사담당 2013년 同총무과 서무담당 2015년 同총무행정관실 총무담당 2016년 同의회사무처 기획행정전문위원 2017년 서기관 승진 2018년 강원 양구군 부군수 2018년 강원도 경제진흥국 경제진흥과장 2019년 同일자리국장 직대(현) (상)장관표창(1998), 문화관광부장관표창(2000), 국무총리표창(2004 · 2013)

홍남표(洪南杓) HONG Nam Pyo

(생)1960 · 7 · 10 (출)경남 함안 (주)인천광역시 서구 가정로 201 한국연구재단(042-869-6210) (학)1979년 마산고졸 1984년 서울대 공대졸 1986년 同대학원졸 1997년 공학박사(서울대) (경)1982년 기술고시 합격(18회) 2000년 과학기술부 장관비서관 2003년 同기획예산담당관(부이사관) 2004년 대통령 정보과학보좌관실 행정관 2005년 과학기술부 홍보관리관(고위공무원) 2006년 同재정기획관 2007년 국방대 안보과정 파견 2008년 교육과학기술부 인재정책분석관 2009년 同대변인 2010년 同원자력국장 · 원자력안전국장 2011년 부산대 사무국장 2013년 미래창조과학부 감사관 2015년 대통령소속 국가지식재산위원회 지식재산전략기획단장 2016년 미래창조과학부 과학기술전략본부장, 서울대 객원교수 2018년 한국연구재단 사무총장(현) (상)과학기술처장관표창(1986), 근정포장(1996), 홍조근정훈장(2014) (종)불교

홍대식(洪大植) HONG Dae Sik

(생)1961·1·4 (본)남양(南陽) (출)대구 (주)서울특별시 서대문구 연세로 50 연세대학교 공과대학 전기전자공학부(02-2123-2871) (학)1979년 이화여대사대부고졸 1983년 연세대 전자공학과졸 1985년 同대학원 전자공학과졸 1990년 공학박사(미국 퍼듀대) (경)1985~1986년 연세대 산업기술연구소 연구원 1987~1990년 미국 퍼듀대 Research Assistant 1990~1991년 同Research Associate 1991~2002년 연세대 공과대학 전자공학과 조교수·부교수 2002년 同전기전자공학부 교수(현) 2002~2012년 同전자정보통신연구소장 2002~2012년 同산학협력단장 2002~2012년 연세기술지주회사 대표이사 2006~2012년 JCN Division Editor 2006~2011년 국제전기전자기술자협회(IEEE) TWC Editor 2009년 연세대 특훈교수(현) 2010~2012년 同연구처장 2011~2016년 국제전기전자기술자협회(IEEE) WCL Editor 2012년 대한전자공학회 부회장 2016년 同수석부회장 2016~2018년 연세대 공과대학장 2017년 대한전자공학회 회장 2018년 한국공학한림원 정회원(전기전자정보공학·현) 2018년 연세대 공과대학장 겸 공학대학원장(현) (상)대한전자공학회 공로상(1992), 휴먼테크논문대상 동상(2000), 한국통신학회 해동정보통신학술상(2005), 연세대 최우수강의상(2006·2010·2012), 대한전자공학회 해동학술상(2009), LG 산학협력상(2009), 연세대 언더우드 특훈교수상(2009) (역)'통신시스템공학'(2000)

홍대원(洪大元) HONG Dae Won

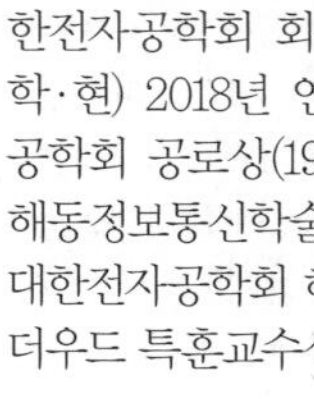

(생)1968·10·7 (본)남양(南陽) (출)서울 (주)세종특별자치시 다솜3로 95 공정거래위원회 심판총괄담당관실(044-200-4131) (학)1987년 공항고졸 1994년 연세대 사회학과졸 1998년 서울대 행정대학원 수료 2000년 일본 사이타마대 정책과학대학원졸 (경)1993년 행정고시 합격(37회) 1995년 국가보훈처 행정관리담당관실 사무관 1996년 무주·전주동계유니버시아드대회 조직위원회 국제과장 2001년 공정거래위원회 정책국 국제업무1과 사무관 2001년 同정책국 국제협력과 사무관 2002년 同제도개선과 사무관 2002년 同소비자보호국 특수거래보호과 사무관 2003년 同소비자보호국 특수거래보호과 서기관 2005년 同소비자본부 소비자정책기획팀 서기관 2006년 同소비자본부 약관제도팀장 2007년 국외 파견(미국 조지워싱턴대 객원연구원) 2008년 베트남 경쟁관리청 정책자문관 2009년 공정거래위원회 소비자안전과장 2009년 同특수거래과장 2010년 同경쟁제한규제개혁작업단 2부단장 2011년 同심판관리관실 소비자거래심판담당관 2012년 同기획조정관실 행정관리담당관 2012년 同기획조정관실 규제개혁법무담당관 2013년 同창조행정법무담당관 2014년 同소비자정책국 소비자정책과장 2016년 경제협력개발기구(OECD) 대한민국정책센터 경쟁정책본부장 2017년 서울지방공정거래사무소 총괄과장 2018년 공정거래위원회 심판총괄담당관(현) (상)국무총리표창(1997), 공정거래위원회 선정 '8월의 공정인'(2006)

홍대형(洪大亨) HONG Dae Hyung

(생)1955 · 3 · 21 (주)서울특별시 마포구 백범로 35 서강대학교 전자공학과(02-705-8470) (학)1973년 서울고졸 1977년 서울대 전자공학과졸 1982년 미국 뉴욕주립대 대학원 전자공학과졸 1986년 공학박사(미국 뉴욕주립대) (경)1977~1981년 공군사관학교 교수부 교관 1986~1992년 미국 모토로라연구소 연구원 1992년 서강대 전자공학과 교수(현) 1998년 미국 UC San Diego 교환교수 2001년 초고속無線랜포럼 운영위원장 2008년 한국통신학회 부회장 2008년 하나로텔레콤 감사위원 2010년 한국통신학회 수석부회장, 방송통신위원회 규제개혁 및 법제선진화특별위원회 위원 2010~2011년 한국통신학회 회장 2014년 한국공학한림원 정회원(현) 2017~2019년 서강대 공학부 학장

홍덕화(洪德和) Hong, Duck-hwa

(생)1960·8·15 (본)남양(南陽) (출)대전 (주)서울특별시 종로구 율곡로2길 25 연합뉴스 편집국 탐사보도팀(02-398-3114) (학)1980년 대전고졸 1987년 충남대 불어불문학과졸 1990년 경희대 평화복지대학원 동북아시아학과졸 (경)1987년 대전외국인학교(KCA/現 TCIS) 불어교사 1989~1994년 조선일보 기자 1994년 연합뉴스 국제경제부 기자 1996~1999년 同체육부·특신부 기자 1999~2002년 同홍콩특파원(차장대우) 2002~2007년 同국제경제부 차장대우·통일외교부·정치부 통일외교팀·국제뉴스3부·국제뉴스2부 차장 2007년 同한민족뉴스팀·재외동포부 부장대우 2011년 同북한부·재외동포부 부장급 2013년 同홍보기획부장 2014년 同홍보기획부장(부국장대우) 2015년 同편집국 국제기획뉴스부 선임기자 2015년 同편집국 국제경제부 선임기자 2016년 同콘텐츠평가실 콘텐츠평가위원(부국장대우) 2016년 同저작권팀 상근 2018년 同편집국 탐사보도팀 기자(부국장) 2018년 同편집국 탐사보도팀 기자(선임)(현) (상)육군 1570부대장표창(하사관학교 우등졸업)(1983), 한국외국어대총장표창-전국대학생 불어학력경시대회 장려상(1985), 한국무역협회장상-서울경제신문·상공부·한국무역협회 공동주최 '전국 대학생 남북경협촉진방안' 논문 공모 우수상(1989), 경희대총장표창-전국대학생 영어수필 공모 최우수상(1989), 한국기자협회장상(2012), 육군 특수전사령부 제3공수특전여단장표창(2017) (저)'두 개의 중국과 실리외교'(1998, 자작아카데미) '과거청산과 통합 : 독일. 프랑스. 스페인. 칠레. 체코슬로바키아. 캄보디아. 베트남의 과거사 청산 사례에서 살펴보는 통일한국의 성공 조건(共)'(2016, 북한인권정보센터) (역)'눈 파헤쳐 죽순 따고 얼음 깨 잉어 낚아-우경 홍승하 효행찬양시집(共)'(원일정보사) '대만 이야기-정치편(臺灣的故事 政治篇)'(1999, 중화민국 행정원 신문국) (종)기독교

홍동기(洪東基) Hong Dong Gi

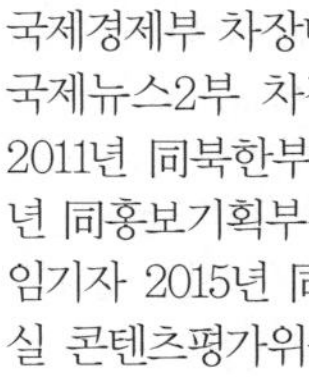

(생)1968 · 3 · 22 (출)서울 (주)서울특별시 서초구 서초대로 219 법원행정처 기획조정실(02-3480-1211) (학)1986년 서울 세종고졸 1990년 서울대 사법학과졸 1990년 同대학원 법학과졸 (경)1990년 사법시험 합격(32회) 1993년 사법연수원 수료(22기) 1996년 서울지법 판사 1998년 同의정부지원 판사

2000년 춘천지법 강릉지원 판사 2001년 同강릉지원 동해시법원 판사 2003년 서울지법 판사 2004년 서울중앙지법 판사 2005년 법원도서관 조사심의관 2006년 법원행정처 윤리감사심의관 2007년 서울고법 판사 2008년 제주지법 부장판사 2009~2012년 의정부지법 부장판사 2010년 법원행정처 양형위원회 운영지원단장 2011년 同공보관 2012년 서울동부지법 부장판사 2014년 서울중앙지법 부장판사 2015년 광주고법 부장판사 2017~2019년 서울고법 부장판사 2019년 법원행정처 기획조정실장(현)

홍동석(洪東錫)

(생)1967 · 2 (주)서울특별시 강남구 언주로 634 (주)잇츠한불 임원실(02-3450-0312) (학)성균관대 법학과졸 (경)(주)LG생활건강 입사 2013년 (주)더페이스샵 가맹점영업부문장(상무) 2014년 同사업총괄 상무 2016~2017년 同대표이사 상무 겸 (주)LG생활건강 Premium Cosmetics사업부장 2018년 (주)잇츠한불 대표이사(현)

홍동식(洪東植) HONG Dong Sik

(생)1958 · 8 · 4 (본)남양(南陽) (출)경남 마산 (주)서울특별시 송파구 백제고분로9길 10 (주)MBC아카데미(02-2240-3851) (학)1984년 한양대 신문방송학과졸 (경)1984년 MBC 입사 2000년 同라디오국 라디오2부 차장 2001년 同라디오1부 차장 2002년 同라디오1CP(부장대우) 2003년 同라디오편성기획부장 2004년 同라디오본부 1CP 2005년 同라디오본부 부국장 겸 편성기획부장 2007년 同라디오본부 부국장 2008년 同라디오본부 편성기획팀 부국장 2008년 同라디오본부 특임2CP 2009년 同라디오1본부 부국장 2010년 同라디오본부 부국장 2011년 同라디오3부국장 2012년 同라디오제작4부 국장 2015년 同라디오제작3부 국장 2018년 MBC아카데미 대표이사 사장(현) (상)민주시민언론상, 한국방송대상, 한국프로듀서상 (저)'라디오제작론'(共)

홍동호(洪東昊) HONG Dong Ho

(생)1960 · 9 · 29 (출)강원 동해 (주)서울특별시 영등포구 여의나루로 76 한국거래소(02-3774-4185) (학)1979년 경기고졸 1983년 서울대 경제학과졸, 同대학원 행정학과졸, 同대학원 박사과정수료 (경)1983년 행정고시 합격(27회) 1985년 경제기획원 심사분석총괄과 · 기업2과 · 지역투자계획과 · 자금계획과 · 종합기획담당관실 사무관, 재정경제원 통상과학예산담당관실 서기관, 국무총리비서실 서기관 2002년 기획예산처 산업재정과장 2002년 同재정정책과장 2003년 同중기재정과장 2004년 同관리총괄과장 2005년 同성과관리제도팀장(부이사관) 2006년 의료산업발전기획단 부단장 파견(국장급) 2008년 국방대 파견 2009년 기획재정부 성과관리심의관 2010년 同재정정책국장 2012~2013년 同정책조정관리관 2013년 駐일본 경제공사 2017년 한국거래소 상임감사위원(현)

홍두선(洪斗善)

(생)1970 · 1 · 9 (출)경기 화성 (주)세종특별자치시 갈매로 477 기획재정부 정책기획관실(044-215-2500) (학)1989년 수원 동원고졸 1993년 고려대 경제학과졸 (경)행정고시 합격(36회) 2001년 재정경제부 기획관리실 행정법무담당관실 사무관 2002년 同행정법무담당관실 서기관 2002년 同금융정책국 금융정책과 서기관 2007년 금융정보분석원 기획협력팀장 2007년 금융감독위원회 비은행감독과장 2008~2009년 대통령실 행정관 2009년 기획재정부 평가분석과장 2010년 同정책조정국 신성장정책과장 2012년 대통령 경제수석비서관실 경제금융비서관실 행정관(부이사관) 2015년 대통령직속 청년위원회 실무추진단장 2017년 통계청 통계정책국장 2018년 대통령직속 일자리위원회 일자리기획단 총괄기획관 2019년 기획재정부 기획조정실 정책기획관(현)

홍두승(洪斗承) HONG, Doo-Seung

(생)1950 · 1 · 4 (본)남양(南陽) (출)대구 (주)서울특별시 관악구 관악로 1 서울대학교 사회학과(02-880-6402) (학)1968년 경기고졸 1972년 서울대 사회학과졸 1977년 미국 시카고대 대학원 사회학과졸 1980년 사회학박사(미국 시카고대) (경)1980~1991년 서울대 사회학과 조교수 · 부교수 1983년 국가대테러협상전문위원 1991~2015년 서울대 사회학과 교수 1993~1997년 언론중재위원회 중재위원 겸 감사 1995~1997년 서울대 교무부처장 1995~1997년 한국국방정책학회 회장 1999~2002년 중앙공무원교육원 겸임교수 1999년 국방부 정책자문위원 1999~2001년 한국조사연구학회 초대회장 2000~2018년 세계사회학회(ISA) 군대및분쟁해소분과학회 집행위원 · 부회장 2002년 육군 정책홍보 자문위원(현) 2003~2005년 행정자치부 자치인력개발원 지도교수 2004~2006년 감사원 행정 · 안보감사자문위원 2005년 중저준위방사성폐기물처분시설 부지선정위원 겸 여론조사소위원장 2007년 한국사회학회 회장 2007년 제17대 대통령직인수위원회 외교통일안보분과 인수위원 2008년 유네스코 한국위원회 위원 2008~2017년 (사)육군협회 부회장 2008~2011년 국방과학연구소(ADD) 이사 2008~2017년 해군 정책자문위원 2008년 통일연구원 고문 2009년 통일부 정책자문위원 겸 교류협력분과위원장 2009년 국방부 국방개혁위원 겸 정책자문위원 2009년 공군 정책자문위원 2009년 국방기술품질원 정책자문위원 2009년 국방부 책임운영기관운영심의회 위원장(현) 2009년 6.25전쟁60주년기념사업회 위원 2010년 대통령직속 국가안보총괄점검회의 위원 2010년 대통령직속 국방선진화추진위원회 위원 2010년 한국국방정책학회 회장(현) 2011년 학교법인 한민학원 이사(현) 2011년 한독통일자문위원회 위원 2011년 해병대 정책자문위원(현) 2011~2014년 정부공직자윤리위원회 위원 2012~2014년 매일경제 객원논설위원 2012~2014년 한국하버드옌칭학회 회장 2013~2017년 국가통계위원회 민간위원 2013~2015년 사용후핵연료공론화위원회 위원장 2014~2016년 (사)군인자녀교육진흥원 이사장 2015년 서울대 사회학과 명예교수(현) 2016년 한국주니어사관연맹(JROTC) 초대 이사장(현) (상)근정포장(2006), 녹조근정훈장(2015) (저)'사회조사분석(共)'(1987 · 1992 · 2001 · 2012) '사회계층 · 사회계급론(共)'(1993 · 2001) '한국군대의 사회학'(1993 · 1996) '집합주거와 사회환경 : 소형아파트단지 과밀의 사회적 함의(共 · 編)'(1993) '사회학개론(共)'(1996) '한국사회 50년 : 사회변동과 재구조화(編)'(1998) '한국의 직업구조(共)'(1999) '사회조사분석의 실제(共)'(2001) 'STATISTICA를 이용한 사회과학자료분석(共 · 編)'(2003) '한국의 중산층'(2005) '사회학의 이해(共)'(2006 · 2009) '북한의 사회경제적 변화(共)'(2007) '높은 사람 낮은 사람'(2010) '한국의 군과 시민사회'(2015) (종)원불교

홍두표(洪斗杓) HONG Too Pyo

(생)1935 · 12 · 25 (본)남양(南陽) (출)인천 (주)서울특별시 중구 세종대로21길 40 TV조선 회장실(02-2180-1001) (학)1954년 인천고졸 1960년 서울대 문리과대학 사회학과졸 1966년 경희대 대학원졸 1996년 명예 정치학박사(연세대) (경)1961년 문화공보부 방송요원 및 KBS-TV개국 준비요원 1964년 동양TV 창설위원 1965~1972년 同제작1과장 · 편성부장 · 편성부국장 1972년 同동경특파원 1974년 同편성국장 1975년 중앙일보 · 동양방송 이사 1978년 중앙일보 상무이사 1980년 同전무이사 · 방송담당 사장 1981년 한국방송광고공사 사장 1986년 전매청장 1987년 한국전매공사 초대사장 1989년 담배인삼공사(KT&G) 초대사장 1992년 중앙일보 사장 1993년 국제언론인협회(IPI) 한국위원회 상임위원장 1993~1998년 한국방송공사 사장 1993년 한국방송협회 회장 1994년 이웃돕기운동추진협의회 회장 1994년 그린스카우트 총재 1995~1998년 국제방송통신기구(IIC) 이사 1996~1998년 미국 방송박물관 국제이사 1998~1999년 한국관광공사 사장 2000년 중앙일보 고문 2002년 제주국제자유도시방송(JIBS) 창설 · 회장 2003년 로또공익재단 이사장 2011~2013년 JTBC 방송담당 회장 2013~2015년 同상임고문 2017년 (주)조선방송(TV조선) 회장(현) (상)방송문화상, 국민훈장 동백장, 금관문화훈장, 한국방송대상 공로상(2010) (종)기독교

홍두표(洪斗杓) HONG Doo Pyo (정수)

(생)1947·2·9 (본)남양(南陽) (출)경북 군위 (주)충청북도 청주시 흥덕구 사운로 190 주성빌딩 3층 (주)청우종합건축사사무소(043-276-7215) (학)1965년 대구 능인고졸 1969년 영남대 토목공학과졸 (경)1970년 충북도 옥천토목관구사무소 지방토목기원보 1994년 충북 제천시 상수도사업소장(지방토목사무관) 1995년 충북도지방공무원교육원 교관 1998년 충북도 건설교통국 지역개발과 도시계획담당 1999년 同도로관리사업소 충주지소장 2001년 同건설교통국 안전관리과 재해방재담당 2003년 同건설교통국 도로과 도로계획담당 2005년 同건설교통국 재난관리과장(지방시설서기관) 2006년 (주)청우종합건축사사무소 부사장(현) 2007~2012년 한국건설기술인협회 대의원 2008~2012년 충북도 지방건설기술심의위원회 위원 2008~2012년 충북개발공사 설계자문위원회 위원 2008~2012년 한국건설감리협회 교육위원회 위원 (상)충북도지사표창(1973·1981·1985·1995·1998), 내무부 치안국장표창(1974), 문교부장관표창(1979), 내무부장관표창(1990), 근정포장(1993), 녹조근정훈장(2002) (저)'도로공사 실무자 교육교재'(1990) (종)불교

홍라희(洪羅喜·女) Ra Hee Hong Lee

(생)1945·7·15 (본)남양(南陽) (출)경남 의령 (주)서울특별시 종로구 이화장길 71 서울대학교 의과대학內 어린이어깨동무(02-743-7941) (학)1963년 경기여고졸 1967년 서울대 응용미술학과졸 1999년 국제디자인대학원대학교 뉴밀레니엄디자인혁신정책과정 수료 (경)1975~1980년 중앙일보 출판문화부장 1984년 同이사 1985~1998년 同상무이사 1993~2008년 삼성문화재단 이사 1994년 뉴욕근대미술관(MOMA) 이사회 회원(현) 1995~2004년 호암미술관 관장 1996년 영국 Tate Gallery 국제이사회 회원(현) 1998년 (사)어린이어깨동무 이사(현) 2004~2008·2011~2017년 삼성미술관 리움 관장 2005년 (재)아름지기 이사 2006년 한국메세나협의회(現 한국메세나협회) 부회장 2009~2016년 (사)현대미술관회 명예회장 2013~2016년 예술의전당 비상임이사 (상)프랑스 예술문학훈장 1등급 코망되르(한불문화교류공헌)(1996), 국제산업디자인대학원대학교 최우수상 IDAS총장상(1999), 자랑스러운 서울대인상(2003), 자랑스러운 경기인(2010) (저)'세계의 미술관을 찾아서(共)'(1998) (종)원불교

홍래형(洪來亨) HONG LAE HYUNG

(생)1971·1·19 (본)남양(南陽) (출)서울 (주)부산광역시 영도구 해양로 351 해양수산부 국립해양조사원 원장실(051-400-4100) (학)1989년 동북고졸 1994년 고려대 행정학과졸 1996년 서울대 행정대학원 정책학과졸 2010년 경영학(물류)박사(영국 카디프대) (경)1994년 행정고시 합격(38회) 1996년 해운항만청 입청 2008년 국토해양부 허베이스피리트피해보상지원단 지원제도팀장(서기관) 2010년 同해양영토개발과장 2011년 同국제협력담당관 2012년 同항행안전정보과장 2013년 해양수산부 항해지원과장 2013~2016년 경제협력개발기구(OECD) 파견 2016년 해양수산부 해운물류국 항만운영과장 2018~2019년 同감사담당관 2019년 국립해양조사원 원장(현)

홍명보(洪明甫) HONG Myong Bo

(생)1969·2·12 (출)서울 (주)서울특별시 종로구 경희궁길 46 축구회관 대한축구협회(02-2002-0707) (학)1987년 동북고졸 1991년 고려대 사범대 체육교육과졸 2004년 同대학원 체육교육학과졸 2016년 체육교육학박사(고려대) (경)1984년 청소년국가대표 축구선수 1990년 이탈리아월드컵 국가대표 1990년 북경아시안게임 국가대표 1990년 남북통일축구대회 출전 1992년 포항종합제철 프로축구선수 1992년 코리안리그 MVP 1992년 축구기자단 선정 '올해의 선수' 1994년 미국월드컵 국가대표 1994년 일본 히로시마아시안게임 국가대표 1994년 AFC선정 '아시아 MVP' 1994~1999년 세계올스타전 출전 1995년 한국축구협회 공인 최장거리골기록(42m) 1995년 코리아컵국제축구대회 국가대표 1995년 프로축구 최고수비상 1996년 제11회 아시안컵 예선전 국가대표 1997년 일본J리그 벨마레 히라쓰카 소속 1998년 프랑스월드컵 국가대표 1998년 일본J리그 가시와 레이솔 입단 2000년 국제축구연맹(FIFA) SOS마을 홍보대사 2002년 미국 이민100주년기념 LA관광청 홍보대사 2002년 포항스틸러스 축구단 입단 2002년 한·일월드컵 국가대표·아디다스 브론즈볼수상(3위) 2002년 미국 로스앤젤레스시 명예홍보대사 2002년 국제축구연맹(FIFA) 선수분과위원회 위원(현) 2002년 유엔아동기금 홍보대사 2002년 대한축구협회 이사 2003~2004년 미국 LA 갤럭시 프로축구단 소속 2003년 미국프로축구(MLS) 올스타 선정 2004년 국제축구연맹(FIFA) 선정 '살아있는 100대 축구선수' 2004년 在美한인자원봉사자회(PAVA) 홍보대사 2004년 (재)홍명보장학재단 이사장(현) 2005년 대한축구협회 집행부이사 2005년 同기술위원 2005년 국제축구연맹(FIFA) 反인종차별대사 2005년 중앙선거관리위원회 공명선거 홍보대사 2005~2008년 국가대표축구팀 코치 2005년 (주)엠비스포츠 대표이사(현) 2005년 홍명보 어린이축구교실 총감독(현), 대한올림픽위원회 상임위원 2008년 서울시 홍보대사 2008년 서울복지재단 홍보이사 2009년 U-20월드컵 축구대표팀(20세이하 축구대표팀) 감독 2009~2012년 런던올림픽 축구대표팀 감독 2009년 제44회 잡지인의날 '잡지인이 선정한 올해의 인물'에 선정 2009년 구세군자선냄비 홍보대사 2009년 2010광저우아시안게임 축구대표팀 감독 2010년 서울 중구 명예홍보대사 2011년 유엔에이즈(UNAIDS) 홍보대사 2012년 제30회 런던올림픽 국가대표감독(동메달 획득) 2013년 2013평창동계스페셜올림픽 홍보대사 2013~2014년 국가대표 축구팀 감독 2014년 아시아축구연맹(AFC) 선정 '아시아를 빛낸 10명의 선수' 2016~2017년 중국 항저우 그린타운 FC 감독 2017년 스페셜올림픽코리아 홍보대사(현) 2017년 대한축구협회 전무이사(현) 2017년 한국프로축구연맹 이사(현) 2018년 (사)아시아기자협회 이사(현) (상)한국프로축구대회 MVP, 프로축구 골든볼, 백상체육대상, 체육훈장 맹호장(2002), 아시아태평양 아메리칸 헤리티지상, 국무총리표창(2006), 올해의 굿뉴스메이커상(2009), 축구협회 대상(2009), 환경재단 선정 '세상을 밝게만든 사람들'(2012), 자랑스러운 고대체육인상(2012), 대한축구협회 특별공헌상(2012), 자랑스런 한국인대상 스포츠발전부문상(2012), 마크 오브 리스펙트상(2012), 국민포장(2017) (저)자서전 '홍명보 영원한 리베로' (종)불교

홍명표(洪明杓) HONG Myung Pyo

(생)1940·6·13 (출)제주 (주)제주특별자치도 제주시 애월읍 평화로 2700 제민일보(064-741-3111) (학)1959년 제주 오현고졸 1962년 성균관대 경제학과졸 1977년 동국대 행정대학원졸 (경)1967~1981년 제주신문 입사·편집부 부국장 1981년 서귀포시 선거관리위원 1983년 한국자유총연맹 서귀포시지부장 1989년 한라종합건설(주) 사장 1992년 제주도관광협회 부회장 1994년 제민일보 사장 1997년 同부회장 1998년 同이사 1998년 서귀포시관광협의회 회장 2000년 2002월드컵기독시민운동협의회 이사 2003년 제민일보 상임고문(현) 2006~2010년 제주도관광협회 회장, 한국관광협회중앙회 부회장 2009~2011년 전국시도관광협회 회장단협의회 회장 2011~2016년 한국관광협회중앙회 상임고문 2012년 제주관광대상 심사위원회 위원장(현) 2014~2018년 제주언론인클럽 회장 (상)산업포장(2010), 일본정부 욱일쌍광장(2017) (종)기독교

홍명환(洪明煥)

(생)1967·7·6 (주)제주특별자치도 제주시 문연로 13 제주특별자치도의회(064-741-1962) (학)제주 오현고졸, 제주대 행정학과졸 (경)제주대 총학생회장, 김우남 국회의원 보좌관, 자치분권전국연대 운영위원, 제주주민자치연대 참여정치위원장 2018년 제주특별자치도의회 의원(더불어민주당)(현) 2018년 同행정자치위원회 위원(현) 2018년 同대규모개발사업장에대한행정사무조사를위한특별위원회 위원(현) 2019년 同예산결산특별위원회 위원(현)

홍무기(洪茂基) HONG, Mooki

(생)1953 · 7 · 23 (본)남양(南陽) (출)경북 고령 (주)서울특별시 금천구 가산디지털1로 205-28 포마텍빌딩 A동 404호 한국식품위생검사기관협회(02-523-2017) (학)1972년 고령농고졸 1977년 경북대 농화학과졸 1982년 同대학원 농화학과졸 1987년 농화학박사(경북대) (경)1989~1990년 미국 펜실베이니아주립대 농약연구센터 Post-Doc. 1990~1997년 국립보건원 위생부 식품화학과 보건연구관 1992~1993년 미국 조지아대 농업식품연구센터 교환연구원 1997~2000년 식품의약품안전청 잔류농약과장 2000~2002년 부산지방식품의약품안전청 시험분석실장 2002~2008년 식품의약품안전청 잔류화학물질과장 · 유해중금속과장 · 식품오염물질과장 · 식품잔류약품과장 2003~2007년 상명대 자연과학대학 겸임교수 2008~2012년 농촌진흥청 국립농업과학원 농산물안전성부장 2009~2016년 (사)한국환경농학회 부회장 2009~2010년 한국농약과학회 수석부회장 2009~2011년 국무총리실 식품안전정책위원회 전문위원 2010~2016년 (사)한국분석과학회 부회장 2010년 미국 세계인명사전 'Marquis Who's Who 세계과학자'에 등재 2010년 영국국제인명센터(IBC) '세계 TOP100 Scientists'에 등재 2011년 미국 인명정보기관(ABI) '국제과학자'에 등재 2011년 (사)한국농약과학회 회장 2012~2013년 서울지방식품의약품안전청 유해물질분석과 연구관 2014년 한국식품위생검사기관협회 사무총장(현) (상)국무총리표창(2001), 한국식품과학회 식품기술상(2007), 농촌진흥청 최고연구기관상(2010) (저)'식품중 발기부전치료제 및 유사물질'(2004, 식품의약품안전청) 'KFDA Library of IR, MS & NMR Spectra'(2005, 식품의약품안전청) '식품중 부정유해물질 분석 매뉴얼'(2005, 식품의약품안전청) (역)'한국과 일본의 식품기구 및 용기 · 포장의 기준 · 규격과 해설'(2001, 선경출판사)

홍문근(洪文根) HONG, Moongeun

(생)1971 · 10 · 12 (본)남양(南陽) (출)인천 (주)대전광역시 유성구 과학로 169-84 한국항공우주연구원 발사체추진제어팀(042-860-2475) (학)1990년 인하사대부고졸 1997년 한국과학기술원(KAIST) 항공우주공학과졸 1999년 포항공대 대학원 기계공학과졸 2003년 유체공학박사(프랑스 그르노블국립공대) (경)1999~2002년 프랑스 정부 장학생(Eiffel Scholarship) 2000~2002년 프랑스 'Atomisation et melange' 연구 참여 2003년 한국항공우주연구원 추진제어그룹 선임연구원 2005 · 2006년 미국 세계인명사전 'Marquis Who's Who'에 등재 2007년 한국항공우주연구원 발사체미래기술연구팀 선임연구원 2008~2015년 과학기술연합대학원대 발사체시스템공학 교수 2011년 한국항공우주연구원 미래로켓추진팀 선임연구원 2012년 同미래로켓연구팀 선임연구원 2013~2015년 同발사체엔진팀 선임연구원 2015년 同발사체추진제어팀 책임연구원(현) 2015년 과학기술연합대학원대 항공우주시스템공학 교수(현)

홍문종(洪文鐘) HONG Moon Jong (昇太)

(생)1955 · 4 · 5 (본)남양(南陽) (출)경기 양주 (주)서울특별시 영등포구 의사당대로 1 국회 의원회관 848호(02-784-4777) (학)대광고졸, 고려대 사범대학 교육학과졸 1984년 미국 하버드대 행정대학원 행정학과졸(석사) 1988년 미국 스탠퍼드대 일반대학원 박사과정 수료(문학석사) 1992년 교육학박사(미국 하버드대) (경)1996년 제15대 국회의원(의정부시, 신한국당 · 한나라당 · 무소속) 2003~2004년 제16대 국회의원(의정부시 보궐선거, 한나라당), 한나라당 경기도당 위원장, 미국 하버드대 행정대학원동창회 회장, 한국청소년경기북부연맹 총재, 한국BBS중앙연맹 총재, 아프리카예술박물관 이사장, 경민대 총장, 同이사장 2012년 제19대 국회의원(의정부시乙, 새누리당) 2012년 새누리당 재외국민협력위원장 2012년 同상임전국위원 2012년 同제18대 대통령중앙선거대책위원회 조직본부장 2012년 국회 국토해양위원회 위원 2013년 대한태권도협회 이사 2013~2015년 아시아문화교육진흥원 초대이사장 2013년 국회 국토교통위원회 위원 2013~2014년 새누리당 사무총장 2013~2016년 국기원 이사장 2013년 국회 미래창조과학방송통신위원회 위원 2013~2014년 국회 정치개혁특별위원회 위원 2014년 새누리당 지방선거기획위원장 2014년 同비상대책위원회 위원 2014년 국회 미래창조과학방송통신위원회 위원장 2014~2017년 국회 조찬기도회 회장 2016년 제20대 국회의원(의정부시乙, 새누리당 · 자유한국당 · 대한애국당 · 우리공화당〈2019.6〉)(현) 2016~2018년 국회 외교통일위원회 위원 2017년 자유한국당 제19대 홍준표 대통령후보 중앙선거대책위원회 공동위원장 2018년 국회 교육위원회 위원(현) 2019년 우리공화당 공동대표(현) (저)'하버드로 간 악동' 논문집 '조선에서의 일본식민지 교육정책' '새총으로 무지개쏘기'(共) 에세이집 '투명거울'(2012) (역)'하나님의 불꽃' (종)기독교

홍문표(洪文杓) HONG Moon Pyo

(생)1947 · 10 · 5 (출)충남 홍성 (주)서울특별시 영등포구 의사당대로 1 국회 의원회관 336호(02-784-9587) (학)1967년 한영고졸 1972년 건국대 농화학과졸 1984년 한양대 행정대학원 사회사업정책학과졸 (경)1968년 신민당 청년국장 · 조직국장 1985~1987년 국회의장 정무수석비서관 1988년 88서울올림픽 홍보전문위원 1990년 민주당 충남청양군 · 홍성군지구당 위원장 1996년 同조직담당 사무부총장 1997년 민주동우회 간사장 1997년 한나라당 사무부총장 1998년 同충남청양군 · 홍성군지구당 위원장 2000년 同제2사무부총장 2002년 同대통령선거대책위원회 직능본부장 2004~2008년 제17대 국회의원(충남 홍성군 · 예산군, 한나라당) 2004~2007년 한나라당 충남도당 위원장 2007년 제17대 대통령직인수위원회 경제2분과 위원 2008년 한국농촌공사 사장 2009~2011년 한국농어촌공사 사장 2009~2017년 대한하키협회 회장 2009년 한국농업경영인중앙연합회 명예회원(현) 2011년 아시아하키연맹 부회장 겸 재정위원장 2011년 한나라당 최고위원 2012년 새누리당 농어촌대책특별위원회 위원장 2012년 제19대 국회의원(충남 홍성군 · 예산군, 새누리당) 2012~2013년 새누리당 충남도당 위원장 2012년 국회 예산결산특별위원회 위원 2013년 국회 농림축산식품해양수산위원회 위원 2013년 국회 태안유류피해대책특별위원회 위원장 2013년 귀농귀촌진흥회 회장 2014~2015년 국회 예산결산특별위원회 위원장 2014년 국회 예산결산특별위원회 예산안조정소위원회 위원 2015년 새누리당 제1사무부총장 2015년 同조직강화특별위원회 위원 2016년 同총선기획단 위원 2016년 同제20대 총선 공직자후보추천관리위원회 위원 2016년 同제20대 총선 중앙선거대책위원회 조직본부장(유세지원) 2016년 제20대 국회의원(충남 홍성군 · 예산군, 새누리당 · 바른정당〈2017.1〉 · 자유한국당〈2017.5〉)(현) 2016년 새누리당 사무총장 권한대행 2016~2018년 국회 농림축산식품해양수산위원회 위원 2016년 건우회 회장(현) 2017년 바른정당 최고위원 2017년 同조직강화특별위원회 위원장 2017년 同충남도당 위원장 2017년 同제19대 유승민 대통령후보 중앙선거대책위원회 부위원장 2017~2018년 자유한국당 사무총장 2017년 同보수통합추진위원회 위원 2017년 同조직강화특별위원회 위원 2018년 同6.13지방선거총괄기획단 공동단장 2018년 同6.13 전국지방선거 및 국회의원재보선 공천관리위원회 위원장 2018년 국회 행정안전위원회 위원(현) (상)포브스코리아 경영품질대상 공공혁신부문(2009), 자랑스런 건국인상(2009), 21세기 최고의 한국인상 공공부문(2009), 근정포장(2010), 희망사랑나눔재단 선정 모범국회의원(2013), 법률소비자연맹 선정 국회 헌정대상(2013 · 2017), 국제평화언론대상 의정부문대상(2013), 대한민국참봉사대상 지역발전공로대상(2015), 대한민국 의정대상(2015 · 2017), 내부장애인협회 감사패(2015), 위대한 한국인대상(2015), 대한민국을 빛낸 한국인물대상 정치부문 대상(2016), 자랑스런대한민국시민대상 국회의정부문 공로대상(2016), 한국농민문학회 농민(농촌)문화상(2017), 신창조인대상위원회 의정활동부문대상(2017) (종)불교

홍미애(洪美愛·女) HONG Mi Ae
(생)1966·1·26 (출)대전 (주)대전광역시 유성구 대덕대로512번길 20 대전시청자미디어센터(042-865-3701) (학)1989년 충남대 간호학과졸 (경)1990년 대전매일신문 편집부 기자 2002년 同IT부장 2008년 충청투데이 미디어전략부장 겸 기획조정실 부실장대우 2009년 同기획조정부 겸 미디어전략부 부실장 2015년 시청자미디어재단 대전시청자미디어센터장(현) 2019년 연합뉴스 대전충남취재본부 콘텐츠자문위원(현)

홍미영(洪美英·女) HONG Mi Young

(생)1955·9·10 (출)서울 (주)서울특별시 중구 세종대로 110 서울특별시 사회서비스원(02-2133-7746) (학)1974년 경기여고졸 1978년 이화여대 사회학과졸, 서강대 공공정책대학원 사회복지학과졸 (경)1986~1995년 한국여성민우회 인천사업센터장·인천지역주민회 회장 1991년 인천 부평구의회 의원 1994년 인천여성의전화 이사·성폭력상담소장 1995~2003년 지역사회정의실천모임 회장 1995·1998년 인천시의회 의원(국민회의·새천년민주당) 1996년 국민회의 부평甲지구당 수석부위원장 1997년 同인천시지부 대변인 1998년 한국환경사회정책연구소 감사(현) 1998년 인천시의회 예결위원장 2001년 同여성특별위원장 2002년 새천년민주당 노무현 대통령후보 비서실 정무2팀장 2003년 열린우리당 보육특별위원장 2004년 同중앙위원 2004~2008년 제17대 국회의원(비례대표, 열린우리당·대통합민주신당·통합민주당) 2004년 열린우리당 원내부대표 2006년 同여성리더십센터 소장 2007년 同정책위 부의장 2007년 대통합민주신당 원내부대표 2008년 민주당 여성리더십센터 소장, 사람사는세상 노무현재단 자문위원 2010년 인천시 부평구청장(민주당·민주통합당·민주당·새정치민주연합) 2012년 인천지역군수·구청장협의회 회장 2014~2018년 인천시 부평구청장(새정치민주연합·더불어민주당) 2016~2017년 서부수도권행정협의회 회장 2017년 인천자치분권민주지도자회의 상임공동대표(현) 2019년 서울시 사회서비스원 이사(현) (상)올해의 여성운동상(1994), 경기여고개교기념 사회봉사상, 올해의 이화인상, 한국여성유권자연맹 여성정치발전인상(2010), 지방자치행정대상(2016), 다산목민대상 본상(2017) (저)'아름다운 도전 세상을 바꾸는 정치'(2006) '여성에게 다시 정치를 묻다(共)'(2010) '동네 살림에서 미래를 보다'(2013)

홍민석(洪珉奭) Hong, Minseok

(본)남양(南陽) (출)대전 (주)세종특별자치시 갈매로 477 기획재정부 경제정책국 경제분석과(044-215-2730) (학)1991년 영동고졸 1997년 건국대 경제학과졸 2011년 호주국립대 대학원 공공정책학과 수료 2014년 한국개발연구원(KDI) 대학원 공공정책학과졸 (경)1999년 행정고시 합격(43회) 2003~2008년 재정경제부·기획재정부 종합정책과 사무관 2009년 기획재정부 서기관 2011년 同장관실 비서관 2013~2016년 미주개발은행(IDB) 선임자금운용역 2016년 기획재정부 경제정책국 거시경제전략과장 2018년 同대변인실 홍보담당관 2019년 同경제정책국 경제분석과장(현)

홍민식(洪玟植) HONG Min Sik

(생)1967·12·13 (출)강원 동해 (주)충청북도 청주시 서원구 청남로 1929 충청북도교육청 부교육감실(043-290-2003) (학)강릉고졸, 서울대 국민윤리교육과졸, 교육행정학박사(미국 아이오와대) (경)1990년 행정고시 합격(34회) 2002년 교육인적자원부 지방교육기획과 서기관 2005년 외교통상부 OECD대표부 교육관 2010년 교육과학기술부 인재정책실 과학인재육성과장 2011년 同대학지원실 대학지원과장 2013년 교육부 대학지원실 대학재정지원과장(부이사관) 2013년 강릉원주대 사무국장(고위공무원) 2014년 제주특별자치도교육청 부교육감 2015년 교육부 대학정책실 대학지원관 2016년 同평생직업교육국장 2018년 국립외교원 파견(일반직고위공무원) 2019년 충청북도 부교육감(현) (상)홍조근정훈장(2012)

홍민표(洪旻杓)

(생)1961·4·15 (주)세종특별자치시 한누리대로 2130 세종특별자치시청 감사위원회(044-300-7200) (학)서대전고졸, 충남대 계산통계학과졸, 同경영대학원졸, 순천향대 대학원 전산학 박사과정 수료 (경)1983년 7급 특채 2008년 충남도 기획관리실 정보화담당관(서기관) 2009년 충남도의회 사무처 법제자료담당관, 同입법정책담당관 2011년 충남도 경제통상실 전략산업과장 2012년 세종시 기획조정실 세정담당관 2014년 同감사관 2015년 同안전행정복지국장(부이사관) 2015년 同아동복지심의위원 2016년 행정자치부 지방행정연수원 파견 2016년 세종특별자치시의회 사무처장(국장급) 2018년 同사무처장(이사관) 2018년 세종특별자치시 감사위원장(현)

홍민표(洪旼杓) HONG Min Pyo

(생)1984·5·9 (주)서울특별시 성동구 마장로 210 한국기원 홍보팀(02-3407-3870) (학)충암고졸, 명지대 바둑학과졸 (경)김원 6단 문하생 1996년 해태배 어린이바둑대회 우승 2001년 입단 2002년 2단 승단 2003년 3단 승단 2003년 농심신라면배 한국대표 2004년 4단 승단 2005년 5단 승단 2006년 KB국민은행 2006한국바둑리그 시드(Kixx팀 우승) 2007년 농심신라면배 한국대표 2007년 6단 승단 2009년 7단 승단 2012년 8단 승단 2014년 렛츠런파크배 본선 2015년 9단 승단(현) 2018년 맥심배 본선

홍범식(洪範植) HONG Beom Sik

(생)1964·10·19 (출)서울 (주)서울특별시 노원구 동일로 1371 현대프라자빌딩 303호 홍범식법률사무소(02-999-7188) (학)서울 경희고졸, 서울대 인문대학 불어불문학과졸, 고려대 법대졸, 서울대 대학원 법학과졸, 건국대 부동산대학원 재학 중 (경)2003년 사법시험 합격(45회) 2006년 사법연수원 수료(35기), 성원법률사무소 대표변호사, 강북희망포럼 대표, 강북구청 고문변호사, 한국가족보호협회 상임고문, 한국음식업중앙회 강북구지회 법률고문, 정보통신부 우정국 PALCO 자문위원 2011년 성신여고 학교폭력대책자치위원회 위원 2012년 변호사 개업(현) 2012년 새누리당 제18대 대통령중앙선거대책위원회 조직본부 법률지원단장 2014년 同서울노원구乙당원협의회 운영위원장 2014년 同수석부대변인 2016년 제20대 국회의원선거 출마(서울 노원구乙, 새누리당) 2016년 새누리당 대표최고위원 비서실 부실장 2017~2018년 자유한국당 서울노원구乙당원협의회 운영위원장

홍범식(洪範植) HONG Bum Shik

(생)1968 (주)서울특별시 영등포구 여의대로 128 (주)LG 경영전략팀(02-3777-1114) (학)여의도고졸, 미국 서던캘리포니아대(USC) 경영학과졸, 미국 컬럼비아대 대학원 경영학과졸 (경)올리버와이먼 대표, 모니터그룹코리아 파트너, SK텔레콤 사업전략실장 2011년 베인&컴퍼니 아시아태평양지역 정보통신·테크놀로지부문 대표 2014~2018년 베인&컴퍼니코리아 글로벌디렉터(대표) 2015년 대통령자문 국민경제자문회의 혁신경제분과 자문위원 2019년 (주)LG 경영전략팀장(사장)(현)

홍병식(洪炳植) HONG Byong Sik

(생)1960·7·27 (본)남양(南陽) (출)강원 홍천 (주)강원도 홍천군 홍천읍 꽃뫼로 95 홍천교육지원청(033-430-1158) (학)진광고졸, 충남대 영어영문학과졸, 관동대 대학원 영어교육과졸 (경)경일여고·하장고·강릉고·주문진고·정선 나전중 교사, 속초교육청 장학사 2004년 강원도교육청 학

생수련원 연수실장 2009년 同교육국 교원정책과 장학사 2013년 홍천고 교감 2014년 태백중 교장 2016년 강원도교육청 교육국 교원인사과 장학관 2018년 同홍천교육지원청 교육장(현) ⟨종⟩불교

홍병천(洪炳天) HONG Byeong Cheon

⟨생⟩1958·9·2 ⟨본⟩남양(南陽) ⟨출⟩강원 춘천 ⟨주⟩서울특별시 중구 새문안로 16 농업협동조합중앙회 임원실(02-2080-5019) ⟨학⟩홍천고졸, 한경대 동물생명과학과졸 ⟨경⟩1997년 홍천축협 조합장(3선) 2004~2007년 농업협동조합중앙회 이사 2010년 강원 홍천군수선거 출마(한나라당) 2016년 농업협동조합중앙회 감사위원장(현) ⟨상⟩농림수산부장관표창

홍병희(洪秉熙) Hong, Byung Hee

⟨생⟩1971·3·5 ⟨주⟩서울특별시 관악구 관악로 1 서울대학교 자연과학대학 화학부(02-882-6569) ⟨학⟩1998년 포항공과대 화학과졸 2000년 同대학원 화학과졸 2002년 화학박사(포항공과대) ⟨경⟩2002~2004년 포항공과대 화학과 박사 후 연구원 2004~2007년 미국 컬럼비아대 물리학과 박사 후 연구원 2007~2011년 성균관대 화학과 조교수 2011~2017년 서울대 자연과학대학 화학부 조교수·부교수 2017년 同자연과학대학 화학부 교수(현) 2017~2018년 同화학부 기획부학부장 ⟨상⟩포스코청암재단 청암과학펠로우(2009), 성균관대 젊은연구인상(2010), 홍진기창조인상 과학상(2010), 제7회 경암학술상 자연과학부문(2011)

홍복기(洪復基) HONG Bok Ki

⟨생⟩1952·12·29 ⟨본⟩남양(南陽) ⟨출⟩서울 ⟨주⟩서울특별시 서대문구 연세로 50 연세대학교 법학전문대학원(02-2123-3010) ⟨학⟩1975년 연세대 법학과졸 1981년 同대학원 법학과졸 1988년 법학박사(연세대) ⟨경⟩1983년 동아대 법대 부교수 1989년 독일 함부르크 막스프랑크 국제비교사법연구소 초빙교수 1993년 연세대 법학과 교수 1993~2018년 同법학전문대학원 교수 1997년 통상산업부·법무부 상법개정연구위원 2000년 미국 스탠퍼드대 초빙교수, 한국상사법학회 상임이사, 사법시험 출제위원, 연세대 법률문제연구소장 2003~2008년 금융감독원 금융분쟁조정위원회 위원 2004~2006년 연세대 학생복지처장 2006년 同법무대학원장 2006~2009년 同법과대학장 2008~2012년 대법원 법관인사위원회 위원 2009년 연세대 법학전문대학원장 2009년 한국경제법학회 회장 2009~2012년 법제처 법령해석심의위원회 심사위원 2009~2010년 대법원 사법정책자문위원회 위원 2009~2017년 법무부 법무자문위원회 위원 2010~2012년 한국상사법학회 수석부회장·회장 2010~2012년 법무부 회사법개정위원회 위원장 2011~2012년 한국상사법학회 회장 2011~2013년 대통령직속 사회통합위원회 위원 2011년 연세대대학원총동문회 회장(현) 2012~2014년 同행정·대외부총장 2014년 금융부실책임심의위원회 위원장(현) 2015~2016년 한국법학교수회 회장 2015년 대법관후보추천위원회 위원 2016~2018년 연세대 법인본부장 2018년 同법학전문대학원 명예교수(현) ⟨상⟩황조근정훈장(2016) ⟨저⟩'EU 회사법' '상법개설' '법학개론'(共) '지주회사제도' '이사와 이사회제도' '사외이사제도' '주석상법(共)'(2014) '어음수표법'(2015) '회사법강의'(2015) ⟨역⟩'서독의 부정경쟁방지법'(1987)

홍봉성(洪鳳星) Benjamin Hong

⟨생⟩1958 ⟨주⟩서울특별시 종로구 삼봉로 48 라이나생명보험(주) 대표이사실(02-3781-1000) ⟨학⟩미국 뉴욕시립대 버룩칼리지(Baruch College) 경영학과졸, 同대학원 경영학과졸 ⟨경⟩1983년 제일은행 뉴욕지점 근무 1988년 미국 푸르덴셜생명 근무 2002년 同하와이·태평양지역본부장 2003년 메트라이프생명 영업총괄 부사장, 同본사 해외대면채널담당 총괄부사장, 선라이프 한국대표 2010년 라이나생명보험(주) 대표이사(현)

홍사덕(洪思德) HONG Sa Duk

⟨생⟩1943·3·5 ⟨본⟩남양(南陽) ⟨출⟩경북 영주 ⟨학⟩1961년 서울대사대부고졸 1968년 서울대 문리대 외교학과졸 ⟨경⟩1968~1975년 중앙일보 기자 1974년 한국기자협회 부회장 1976년 삼양관광 전무이사 1977년 롯데평화건설 기획실장 1981년 제11대 국회의원(영주·영양·영풍·봉화, 민주한국당) 1981년 민주한국당(민한당) 선전국장 1982년 同정책심의과학기술분과 위원장 1982~1985년 국제의원연맹 대표 1983년 민한당 정책연구실장 1985~1987년 신한민주당(신민당) 대변인 1985년 제12대 국회의원(영주·영양·영풍·봉화, 신민당) 1987년 통일민주당 중앙청년위원장 1990년 同부총재 1990년 同정무위원 1992년 제14대 국회의원(서울 강남乙, 민주당·무소속) 1992년 민주당 대변인 1994년 국회 노동환경위원장 1995년 同환경노동위원장 1996년 제15대 국회의원(서울 강남乙, 무소속 당선·한나라당 입당) 1997~1998년 정무제1장관 2000년 한나라당 선거대책위원장 2000~2004년 제16대 국회의원(전국구, 한나라당) 2000~2001년 국회 부의장 2001년 한나라당 국가혁신위원회 국가비전분과 위원장 2001년 同지도위원 2002년 同당과정치개혁을위한특별위원회 공동위원장 2003~2004년 同원내총무 2007년 同박근혜대선예비후보 공동선거대책위원장 2008년 제18대 국회의원(대구西, 친박연대·한나라당·새누리당) 2008년 한·일의원연맹 고문 2010년 한나라당 비상대책위원회 위원 2012년 제19대 국회의원선거 출마(서울 종로, 새누리당) 2013년 KT 고문 2013~2017년 민족화해협력범국민협의회 대표상임의장 ⟨상⟩서울대 정치외교학과 총동창회 공로상(2010) ⟨저⟩'중공 어제·오늘·내일' '나의 꿈 나의 도전' '홍사덕 칼럼'(1~5권) '그러나 앞날은 밝다' '젊은이들에게 꼭하고 싶은말' '지금! 잠이 옵니까' ⟨종⟩천주교

홍사승(洪思昇) HONG Sa Seung

⟨생⟩1948·4·25 ⟨출⟩경기 화성 ⟨주⟩서울특별시 중구 수표로 34 씨티센터타워 쌍용양회공업 회장실(02-2270-5114) ⟨학⟩1967년 경기상고졸 1971년 국민대 상학과졸 1973년 고려대 경영대학원 수료 1991년 한양대 산업대학원 수료 1997년 홍익대 경영대학원 수료 ⟨경⟩1967년 쌍용양회공업(주) 입사 1977년 同회계과장 1981년 同회계과 차장 1985년 同경리부장 1987년 同경리부장 겸 자금부장 1990년 同이사대우 1991년 同이사 1994년 同경리·자금·관재담당 상무이사 1995년 同관리본부장(전무이사) 1998년 同부사장 2004년 同총괄부사장 2005년 同대표이사 부사장 2006년 同대표이사 사장 2009~2011년 同대표이사 회장 2011~2012년 同고문 2012~2016년 대한시멘트(주) 회장 2016년 쌍용양회공업(주) 회장 2017년 同대표이사 회장(현) ⟨종⟩불교

홍사영(洪思榮) Hong, Sa Young

⟨생⟩1960·3·12 ⟨주⟩대전광역시 유성구 유성대로1312번길 32 한국해양과학기술원 선박해양플랜트연구소(042-866-3930) ⟨학⟩1982년 서울대 조선해양공학과졸 1985년 同대학원 조선공학과졸 1994년 공학박사(서울대) ⟨경⟩1985~1999년 한국기계연구원 해양기술연구부 선임연구원 1998~1999년 미국 Texas A&M대 Dept. of Civil Engineering 방문연구원 1999~2013년 한국해양과학기술원 선박해양플랜트연구소 해양플랜트연구부 해양시스템연구본부장·해양플랜트사업단장 2007년 산업자원부 산업기술로드맵 조선해양분야 해양구조물 소위원장 2008~2009년 ABS(American Bureau of Shipping) Technology Group 초빙연구원 2011~2014년 한국과학기술원(KAIST) 해양시스템공학과 대우교수 2011~2012년 지식경제R&D전략기획단 주력MD지원실 전문위원 2012~2014년 충남대 선박해양공학과 겸임교수 2012년 과학기술연합대학원대(UST) 선박해양공학과 전공책임교수 2014~2018년 한국해양과학기술원 선박해양플랜트연구소 해양플랜트연구부 책임연구원 2014~2015년 한국해양과학기술협의회 부회장 2014~2015

년 한국해양공학회 회장 2016~2017년 한국해양과학기술협의회 감사 2017년 대한조선학회 선박유체역학연구회 회장(현) 2018년 한국공학한림원 회원(기계공학·현) 2018년 한국해양과학기술원 선박해양플랜트연구소 부소장(현) (상)한국기계연구원 학술상(1990), 한국기계연구원 용역개발상(1991), 한국기계연구원 우수연구상 산업기술부문(1996), 한국해양연구원 우수연구상(2001), 한국해양연구원 우수연구부서상(2005), 한국해양연구원장표창(2005·2006), 국제해양극지공학회(ISOPE) 최우수논문상(Best Paper Award)(2008), 국제해양극지공학회(ISOPE)·PACOMS Award(2010), 한국해양공학회 학술상(2010), 한국해양연구원 이달의 KORDI인상(2010), 국제해양극지공학회(ISOPE) C.H. Kim Award(2013), 국제해양극지공학회(ISOPE) Session Organizer of the Year 2014 Award(2014), 대한조선학회 논문상(2015), 산업포장(2016), 국제해양극지공학회(ISOPE) ISOPE Award(2016) 등

홍사원휘(洪思元暉) Hong, Saw-won-whi

(생)1975 (본)남양(南陽) (출)경북 예천 (주)서울특별시 종로구 사직로8길 60 외교부 인사운영팀(02-2100-7863) (학)1995년 안동고졸 2000년 서울대 정치학과졸 (경)2002년 외무고시 합격(36회) 2003년 인도IT시장개척단 프로그램 인도담당 위원, 외교통상부 지역통상국 통상진흥과 외무관, 외교부 북미1과 외무서기관 2017~2019년 同북핵외교기획단 북핵협상과장 2019년 해외 파견(현)

홍상우(洪尙佑) Hong Sang-woo

(생)1969 · 1 · 10 (주)서울특별시 종로구 사직로8길 60 외교부 인사기획관실(02-2100-7139) (경)1992년 외무고시 합격(26회) 1993년 외무부 입부 2000년 駐프랑스 2등서기관 2003년 駐라오스 1등서기관 2005년 경수로사업지원기획단 국제협력과장 2007년 미국 몬테레이국제학연구소 파견 2008년 駐노르웨이 참사관 2011년 외교통상부 서유럽과장 2012년 대통령자문 미래기획위원회 국제협력국장 2013년 세종연구소 파견 2013년 駐독일 공사참사관 2017년 국정기획자문위원회 외교안보분과 전문위원 2017년 대통령 의전비서관실 선임행정관 2019년 駐시드니 총영사(현) (상)대통령표창(2012)

홍상표(洪相杓) HONG Sang Pyo

(생)1957·11·8 (본)남양(南陽) (출)충북 보은 (주)서울특별시 서초구 강남대로 201 서초문화예술회관 2층 서초문화원(02-2155-8607) (학)1976년 휘문고졸 1983년 한국외국어대 정치외교학과졸 2013년 연세대 언론홍보대학원 최고위과정 수료 (경)1982년 연합통신 입사 1986년 同정치부 기자 1994~1998년 YTN 기자·정치부 차장 1998년 同뉴스총괄부 차장·프라임뉴스 앵커 2000년 同편성운영부장·사회1부장 2001년 同정치부장 2001년 숙명여대 언론정보학부 강사 2003년 YTN 국제부장 2004년 同보도국 부국장 2005년 同보도국장 2005년 충청포럼 운영위원(현) 2006년 YTN 보도국 해설위원 2007년 同보도국장 2008년 同마케팅국장 2009년 同경영기획실장 2009년 한국외국어대 특임교수 2010년 YTN 경영담당 상무이사 2010~2011년 대통령 홍보수석비서관 2010~2011년 청와대불자회 회장 2012~2014년 한국콘텐츠진흥원 원장 2012년 한국데이터베이스진흥원 이사 2012년 서울국제뮤직페어 공동조직위원장 2012~2014년 한국문화산업교류재단 이사 2013년 전국경제인연합회 창조경제특별위원회 위원 2013년 부산콘텐츠마켓(BCM)조직위원회 위원 2013년 산업통상부 통상산업포럼 위원 2014년 한류3.0민관합동지원위원회 위원 2014년 대한불교조계종 불교포럼 공동대표(현) 2015~2017년 국민대 사회과학대학 언론정보학부 초빙교수 2016년 (주)롯데알미늄 사외이사(현) 2017년 서초문화원 이사(현) 2017~2019년 청주대 사회과학대학 정치안보국제학과 초빙교수 (상)서울언론인클럽 올해의 언론인상(1992), 한국외국어대 언론인상(2007), 자랑스러운 외대인상(2011), 황조근정훈장(2012) (저)'다시 일어선 일본, 그 힘은 어디에(共)'(1992, 연합통신) (종)불교

홍석규(洪錫珪) HONG Seok Kyu

(생)1956·1·15 (본)남양(南陽) (출)서울 (주)서울특별시 강남구 테헤란로 534 (주)보광 임원실(02-527-9423) (학)1974년 경기고졸 1979년 서울대 외교학과졸 1987년 미국 존스홉킨스대 국제관계대학원졸 (경)1979년 외무고시 합격(13회) 1990년 대통령비서실 근무 1992년 미국 스탠퍼드대 국제관계연구소 객원연구원 1994년 외무부 기획조사과장 1995년 (주)보광 총괄전무 1996~2004년 (주)휘닉스커뮤니케이션즈 대표이사 사장 1998~2004년 (주)보광 대표이사 사장 2000년 한국광고업협회 부회장 2004~2009년 한국여자프로골프협회(KLPGA) 회장 2004년 (주)휘닉스커뮤니케이션즈 대표이사 회장 2004년 (주)보광 대표이사 회장(현) 2006년 (주)휘닉스커뮤니케이션즈 이사회 의장 2007년 STS반도체통신(주) 비상근이사 2013~2015년 同중장기전략총괄 대표이사 2015년 (주)휘닉스소재 대표이사(현) (상)동탑산업훈장(2009) (종)원불교

홍석기(洪石基)

(생)1969 (출)충북 제천 (주)서울특별시 서대문구 통일로 113 서대문경찰서(02-335-8321) (학)1992년 경찰대 법학과졸(8기) 2012년 연세대 대학원 행정학과졸 (경)1992년 경위 임관 1999년 경감 승진 2006년 경정 승진 2015년 충북지방경찰청 경비교통과장(총경) 2016년 충북 충주경찰서장 2017년 서울지방경찰청 경무과 파견(총경) 2017년 경찰청 교통운영과장 2019년 서울 서대문경찰서장(현) (상)근정포장(2002), 육군 참모총장표창(2006), 행정자치부장관표창(2007)

홍석우(洪錫禹) Sukwoo HONG

(생)1953·6·17 (본)남양(南陽) (주)서울특별시 강남구 영동대로 513 아셈타워 40층 AT커니코리아(02-6001-8001) (학)1971년 경기고졸 1980년 서울대 무역학과졸 1985년 미국 하버드대 케네디스쿨 정책학과졸 2004년 행정학박사(성균관대) (경)1979년 행정고시 합격(23회) 1990년 상공부 무역정책과 사무관 1992년 UNCTAD 파견(서기관) 1995년 통상산업부 행정관리담당관 1996년 同장관비서관 1997년 同전자부품과장 1998년 駐미국 상무관 2000년 산업자원부 무역정책과장 2002년 부산·울산지방중소기업청장 2003년 국방대학원 파견 2003년 대구·경북지방중소기업청장 2004년 동북아시대위원회 외자유치경제협력팀장 2005년 산업자원부 홍보관리관 2006년 同생활산업국장 2006년 同미래생활산업본부장 2006년 同무역위원회 상임위원 2007년 同무역투자정책본부장 2008~2010년 중소기업청장 2010~2011년 A.T. Kearney Korea 부회장 2010~2011년 성균관대 산학협력단 교수 2011년 대한무역투자진흥공사(KOTRA) 사장 2011년 국가경쟁력강화위원회 위원 2011~2013년 지식경제부 장관 2013~2015년 A.T. Kearney Korea 고문·상임고문 2013~2015년 성균관대 공과대학 석좌교수 2015년 에쓰오일(주) 사외이사 겸 감사위원(현) 2015~2017년 김앤장법률사무소 상임고문 2016~2017년 국회 신·재생에너지포럼 고문 2017년 AT커니코리아 상임고문(현) 2018년 (주)유비케어 사외이사(현) (상)대통령표창(1989), 미국 메릴랜드 주지사 Governor's Award for Civil Service(2000), 삼우당 섬유패션대상 특별공로상(2013), 청조근정훈장(2013) (저)'딴 생각'(2017) (역)'최상의 팀 만들기' '지성과 감성의 협상기술'

홍석인(洪錫仁) Hong Seok-in

(생)1967 · 1 · 28 (주)서울특별시 종로구 사직로8길 60 외교부 인사운영팀(02-2100-7141) (학)1992년 고려대 불어불문학과졸 (경)1993년 외무고시 합격(27회) 1993년 외무부 입부 2002년 駐벨기에 유럽연합 1등서기관 2004년 駐가나 참사관 2007년 대통령비서실 파견 2009년 외교통상부 평화체제과장 2011년 駐미국 참사관 2014년 駐리비아 공사참사관 2016년 외교부 공공외교총괄과장 2016년 국가안보실 파견 2018년 외교부 공공문화외교국장 2019년 同본부 근무(국장급)(현)

홍석인(洪碩寅) HONG Seok In

(생)1967·8·12 (본)남양(南陽) (출)서울 (주)전라북도 완주군 이서면 농생명로 245 한국식품연구원 부원장실(063-219-9006) (학)연세대 대학원졸, 식품생물공학박사(연세대) (경)한국식품과학회지 편집자·편집간사·사업간사·재무간사, 농림수산식품과학기술위원회 기획조정전문위원, 한국식품연구원 유통연구단 선임연구원 2007년 同유통연구단 책임연구원 2008년 同정책개발실장(책임연구원) 2008년 同전략기획본부 R&D 전략실장(책임연구원) 2011년 同연구정책실장(책임연구원) 2012년 同기획부 연구전략실장(책임연구원) 2015년 同전략기획본부장(책임연구원) 2016년 同전략산업연구본부장 2018년 同부원장(현) (종)천주교

홍석조(洪錫肇) HONG Seok Joh (耘正)

(생)1953·1·8 (본)남양(南陽) (출)서울 (주)서울특별시 강남구 테헤란로 405 BGF빌딩 BGF리테일 회장실(02-528-6871) (학)1971년 경기고졸 1975년 서울대 법대졸 1986년 미국 하버드대 로스쿨졸 (경)1976년 사법시험 합격(18회) 1978년 사법연수원 수료(8기) 1978년 육군 검찰관 1981년 서울지검 검사 1983년 대전지검 천안지청 검사 1985년 서울지검 동부지청 검사 1987년 법무부 섭외법무심의관실 검사 1989년 서울지검 검사 1991년 부산지검 울산지청 부장검사 1992년 대검찰청 검찰연구관 1993년 同감찰2과장 1993년 同기획과장 1995년 법무부 검찰2과장 1996년 同검찰1과장 1997년 서울지검 형사6부장 1998년 同형사4부장 1998년 전주지검 군산지청장 1999년 부산지검 제2차장검사 2000년 서울지검 제2차장검사 2001년 同남부지청장 2002년 사법연수원 부원장 2003년 법무부 검찰국장 2004년 인천지검장 2005년 광주고검장 2007~2012년 (주)보광훼미리마트 대표이사 회장 2007~2014년 BGF리테일 대표이사 회장 2011~2017년 국립중앙박물관회 부회장 2012년 유니세프 한국위원회 부회장(현) 2012년 駐韓모나코 명예영사(현) 2014년 BGF그룹 회장(현) 2016년 (재)한국기원 이사 2016년 (재)홍진기법률연구재단 이사장(현) (상)홍조근정훈장(2000) (종)불교

홍석주(洪錫柱) HONG Serck Joo

(생)1953·9·4 (본)풍산(豊山) (출)서울 (주)서울특별시 서초구 서초대로49길 12 한승아스트라Ⅱ 3층 로커스캐피탈파트너스(02-3478-9802) (학)1971년 경복고졸 1976년 서울대 경영학과졸 1985년 미국 펜실베이니아대 와튼스쿨(Univ. of Pennsylvania Wharton School) 대학원졸(MBA) 1999년 한국과학기술원 최고정보경영자과정 수료 (경)1976년 조흥은행 입행 1985년 同국제부 대리 1986년 同런던지점 대리 1991년 同종합기획부 과장·부부장 1998년 同리스크관리실장 2000년 同기획부장 2001년 同기획·재무본부장(상무) 2002~2003년 同은행장 2004년 한국증권금융 사장 2006~2008년 한국투자공사(KIC) 사장 2008년 AT커니코리아 고문 2010년 Rainbow Business Networks Group 회장 2010년 대한상사중재원 중재인 2010~2015년 제일모직(주) 사외이사 2011년 로커스캐피탈파트너스(Locus Capital Partners) 대표(현) 2014년 삼성SDI 사외이사(현)

홍석준(洪錫埈) HONG Suk Joon

(생)1954·9·17 (본)남양(南陽) (출)서울 (주)서울특별시 강남구 테헤란로 534 글라스타워 10층 보광창업투자 회장실(02-558-9764) (학)1978년 서울대 사회학과졸 1986년 미국 노스웨스턴대 대학원 경영학과졸 (경)1986년 삼성코닝(주) 입사·이사 1995년 삼성전관(주) 상무이사 1999년 同기획홍보팀장(전무) 2000년 삼성SDI(주) 경영기획팀장(전무) 2002~2007년 同부사장 2007년 보광창업투자 회장(현) (종)원불교

홍석준(洪碩晙)

(생)1966·5·17 (주)대구광역시 중구 공평로 88 대구광역시청 경제국(053-803-2751) (학)1985년 달성고졸 1992년 계명대 경영학과졸 1996년 서울대 행정대학원 행정학과졸 (경)1996년 지방고시 합격(1회) 2000년 대구시 문화체육국 월드컵지원반 총괄기획담당 2002년 同경제산업국 국제협력과 국제교류담당 2005년 同기획관리실 기획관실 기획담당 2006년 同경제산업국 산업지원기계금속과장 2007년 同신기술산업본부 메카트로닉스팀장 2008년 同경제자유구역추진기획단 개발계획팀장 2009년 국외훈련 파견(미국 미주리대) 2011년 대구시 의료산업과장 2013년 同창조경제산업국장 2014년 同첨단산업의료국장 2016년 同미래산업추진본부장 2018년 교육 파견(지방부이사관) 2019년 대구시 경제국장(현) (상)대통령표창(2002), 녹조근정훈장(2015) (저)'흥하는 도시 망하는 도시'(2019)

홍석철(洪錫哲) Eugene HONG

(생)1958·5·29 (출)서울 (주)서울특별시 서초구 서초대로74길 11 삼성벤처투자(주) 해외투자본부(02-2255-0299) (학)고려대 산업공학과졸, 미국 텍사스대 대학원 산업공학과졸, 공학박사(미국 애리조나대) (경)1992년 삼성항공 생산계획팀장, 同사업관리팀장, 同CIM팀장 1996년 삼성자동차 생산관리부장, 삼성벤처투자(주) 솔루션&컨텐츠팀장(상무보) 2005년 同투자2팀장(상무) 2009년 同전자투자본부장(전무) 2015년 同SET투자본부장(부사장) 2017년 同해외투자본부장(부사장)(현)

홍석현(洪錫炫) Hong Seok-Hyun (圓山·和同·耘暢)

(생)1949·10·20 (본)남양(南陽) (출)서울 (주)서울특별시 중구 칠패로 37 HSBC빌딩 15층 중앙홀딩스 회장실(02-751-5100) (학)1968년 경기고졸 1972년 서울대 전자공학과졸 1978년 미국 스탠퍼드대 대학원졸(산업공학석사) 1980년 경제학박사(미국 스탠퍼드대) 2012년 명예 국제관계학박사(카자흐스탄 키메프대) 2014년 명예 공공정책학박사(세종대) 2016년 명예 전자전기공학박사(포항공과대) 2017년 명예 법학박사(러시아 극동연방대) (경)1977~1983년 세계은행(IBRD) Economist 1983년 재무부 장관비서관 1983~1985년 대통령비서실 보좌관 1985~1986년 한국개발연구원(KDI) 연구위원 1986~1994년 삼성코닝 상무·전무·부사장 1994~1999년 중앙일보 사장·발행인 1999~2005년 同회장·발행인·인쇄인 2002~2005년 세계신문협회(WAN) 회장 2003~2005년 한국신문협회 회장 2003년 세계문화오픈(World Culture Open) 조직위원회 위원장(현) 2005년 駐미국 대사 2006~2017년 중앙일보 회장 2011~2017년 JTBC 회장 2011~2017년 중앙미디어네트워크 회장 2012~2019년 삼극위원회(Trilateral Commission) 아시아태평양위원회 부회장 2013~2017년 아시아재단(Asia Foundation) 이사 2013~2017년 전략국제문제연구소(Center for Strategic and International Studies) 이사 2014년 서예진흥재단 이사장(현) 2014~2018년 한국기원 총재 2014~2016년 대한바둑협회 회장 2014년 베르그루엔 거버넌스연구소 21세기위원회 멤버(현) 2014~2016년 국제바둑연맹(IGF) 회장 2014~2017년 채텀하우스 고문(Chatham House, Panel of Senior Advisers) 2016~2018년 경기고 동창회장 2017년 한반도포럼 이사장 2017년 대통령 미국특사 2017년 (재)한반도평화만들기 이사장(현) 2018년 중앙홀딩스 회장(현) (상)대통령표창(1984), 연세대 남녀공학50주년기념 특별공로상(여성인재 양성 공로)(1996), 태평양세기연구소(PCI) 'PCI 빌딩 브릿지스 어워드'(2016) (저)'꿈꾸는 젊은이, 매력국가의 길'(2016, 경희대 출판문화원) '우리가 있기에 내가 있습니다'(2016, 샘앤파커스) '한반도 평화 만들기'(2017, 나남) '한반도 평화 오디세이'(2018, 메디치미디어) (종)원불교

홍석화(洪錫華) Hong Seok-hwa

(생)1962·1·19 (주)서울특별시 종로구 사직로8길 60 외교부 인사운영팀(02-2100-7146) (학)1986년 충북대 영어교육학과졸 1992년 스페인 왕립외교관학교 대학원졸(국제학석사) 1994년 스페인 마드리드대 현대라틴아메리카연구과정 박사과정 수료 (경)1986년 외무부 입부 1992년 駐아르헨티나 3등서기관 1999년 駐시애틀 영사 2002년 駐베네수엘라 2등서기관 2007년 외교통상부 운영지원과장 2008년 駐유엔대표부 참사관 2010년 駐멕시코 공사참사관 겸 총영사 2012년 駐칠레 공사 겸 총영사 2015년 駐니카라과 대사 2018년 駐과테말라 대사(현) (상)대통령표창(2001), 근정포장(2008), 니카라과 대십자훈장(2018)

홍석화(洪晳和) Hong, Suk-Hwa

(생)1964·7·4 (출)서울 (주)서울특별시 송파구 올림픽로 289 (주)한라홀딩스(02-3434-5114) (학)1983년 동국대사대부고졸, 연세대 전자공학과졸 (경)한라공조(주) 기획담당 상무보 2009년 한라건설(주) 관리본부장(상무) 2010년 同관리본부장(전무) 2012~2015년 한라I&C 대표이사 사장 2012~2015년 한라그룹 신규사업실장 2015~2019년 만도헬라일렉트로닉스 대표이사 사장 겸임 2019년 (주)한라홀딩스 각자대표이사 사장(현)

홍선표(洪善杓) HONG Sun Pyo

(생)1949·11·12 (본)남양(南陽) (출)서울 (주)서울특별시 서대문구 이화여대길 52 이화여자대학교 대학원 미술사학과(02-3277-2108) (학)1977년 영남대 회화과졸 1979년 홍익대 대학원 미술사학과졸 1999년 미술사학박사(일본 규슈대) (경)1980~1994년 홍익대 박물관 학예연구원 1980~2006년 홍익대·연세대 국제대학원·고려대 대학원·서울대 대학원·홍익대 대학원 강사 1987~1993년 미술사연구회 회장 1991~1994년 한국미술사학회 이사 1993년 성강문화재단 이사·한국미술연구소장 1999년 문화재청 문화재전문위원 1999년 同동산문화재 감정위원 1999~2015년 이화여대 대학원 미술사학과 조교수·부교수·교수 1999~2003년 한국근대미술사학회 회장 2000년 서울역사박물관 유물구입심의위원 2000년 문화관광부 학예사 운영위원 2001~2003년 한국미술사교육연구회 회장 2001년 이화여대 박물관 유물심의위원 2002년 한국미술사학회 감사 2002년 이화여대 한국문화연구원 연구위원·편집위원 2002년 경찰청 문화재 자문위원 2002년 소치연구회장 2003~2004년 문화재청 문화재위원 2003년 서울시 문화재위원 2003~2005년 한국미술사교육학회 감사 2003~2006년 이화여대 한국학특성화사업단 운영위원 2004~2005년 한국미술사학회 회장 2006년 인천시립박물관 운영위원, 한국미술사교육학회 회장 2010년 (사)한국미술연구소 이사장(현), '미술사논단' 발행인 겸 편집인(현) 2015년 이화여대 대학원 미술사학과 명예교수(현) 2017년 한국전통문화대 대학원 석좌교수(현) (상)월간미술 학술대상(1999), 한국미술저작상(2010), 우현학술상(2015) (저)'조선시대 회화사론'(1999) '고대 동아시아의 말그림'(2001) '근대의 첫 경험: 개화기 일상문화를 중심으로(共)'(2006) '17·18세기 조선의 독서문화와 문화변동(共)'(2007) '전통문화연구 50년'(2007) '조선후반기 미술의 대외교섭'(2007) '한국근대미술사'(2009) '한국의 전통회화'(2009) '조선 회화'(2014) '한국회화통사 1: 선사고대회화'(2017)

홍성각(洪性珏) HONG Sung Gak

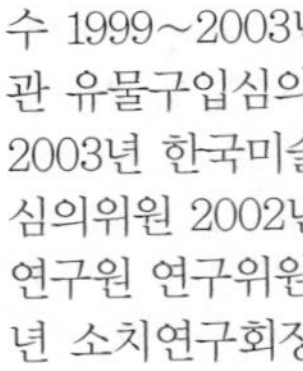

(생)1939·5·17 (출)서울 (주)서울특별시 서초구 반포대로37길 59 대한민국학술원(02-3400-5220) (학)1964년 서울대 임학과졸 1966년 同대학원졸 1974년 농학박사(미국 미네소타대) (경)1964~1967년 서울대 농대 연구조교 1968~1974년 미국 미네소타대 임학대학 연구조교 1975~1985년 건국대 농대 임학과 조교수·부교수 1978년 미국 미네소타대 객원교수 1981~1988년 산림청 정책자문위원회 위원 1983~1987년 同임업시험장 임업연구관 1985~2004년 건국대 산림자원학과 교수 1990년 한국임산에너지학회 부회장 1993~1996년 산림청 임업연구원 연구관 1993~1994년 아프리카 수단 카툼대 임학대학 교환교수 1995년 대한민국학술원 회원(수목생리학·현) 1996~1998년 문화재위원회 위원 (상)건국대 학술연구상(1995), 근정포장(2004) (저)'임업 및 임학사전'(2002) (역)'林木육종학'(1979) '造林學원론'(1987)

홍성걸(洪性傑) HONG Sung Gul

(생)1960·12·29 (본)남양(南陽) (출)서울 (주)서울특별시 성북구 정릉로 77 국민대학교 사회과학대학 행정학과(02-910-4439) (학)1979년 배명고졸 1983년 고려대 행정학과졸 1985년 同대학원 행정학과졸 1988년 미국 아이오와주립대 대학원졸 1992년 정치학박사(미국 노스웨스턴대) (경)1993~1994년 고려대 시간강사 1995년 통신개발연구원 책임연구원 1996년 국민대 사회과학대학 행정학과 전임강사·조교수·부교수·교수(현) 2000~2001년 미국 Univ. of North Carolina 객원교수 2002년 사이버커뮤니케이션학회 편집위원 2003년 (사)한국인문사회연구원 이사 2004~2006년 한나라당 여의도연구소 이사 2004년 뉴라이트싱크넷 상임집행위원 2005년 한국국제정치학회 이사 2006년 한국정책학회 총무이사 2006년 국민대 국정관리전략연구소장 2008~2010년 同행정대학원장 2009년 사이버커뮤니케이션학회 회장 2011~2015년 한국지역난방공사 비상임이사 2014년 국제전기통신연합(ITU) 전권회의(Plenipotentiary Conference) 의제분야 총괄자문위원 2014~2016년 국회 윤리심사자문위원회 위원 2016~2018년 대통령직속 규제개혁위원회 행정사회분과 민간위원 (상)국무총리표창(2003) (저)'정보정책론(共)'(1997) '과학기술의 정치경제학(共)'(1998) '정보사회와 정보화정책(共)'(1998) '정보화시대의 신성장국가론'(2006) 'ODA 리포트 : 함께하는 아름다운 세상 만들기'(2011) '효율적 국정관리를 위한 정부조직(共)'(2012)

홍성대(洪性大) HONG Sung Dae

(생)1937·7·25 (출)전북 정읍 (주)서울특별시 서초구 강남대로 202 모산빌딩 8층 성지출판(주)(02-574-1357) (학)1956년 남성고졸 1963년 서울대 수학과졸 2001년 명예 이학박사(전북대) (경)1964년 종로학원 강사 1966년 '수학의 정석' 등 고교학습참고서 저술 1972~1997년 도서출판 '성지사' 창립·대표 1976~1997년 월간 '수학세계' 창립·대표 1979년 (재)명봉재단(명봉도서관) 설립·이사(현) 1980년 학교법인 상산학원(상산고) 설립·이사장(현) 1990년 중앙교육심의위원회 위원 1992년 한국사립중고등학교법인협의회 회장 1998년 서울대총동창회 부회장 · 고문(현) 1999년 한국사립중고등학교법인협의회 명예회장 1999년 국제수학올림피아드후원회 회장 2000~2002년 전북대 초빙교수 2000년 성지출판(주) 회장(현) (상)애향대상, 대한수학회 공로상, 관악대상, 서울대 자연과학대학 공로상, 서울대 발전공로상(2009), 서울대 자랑스러운 자연대인상, 제30회 인촌상 교육부문(2016) (저)'수학의 정석'

홍성덕(洪性德·女) HONG, SUNG DUK

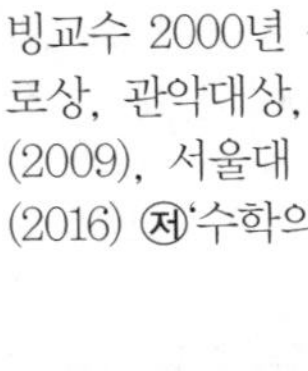

(생)1945·4·20 (본)남양(南陽) (출)전북 전주 (주)서울특별시 종로구 삼일대로32가길 12 (사)한국국악협회(02-2655-3051) (경)1987년 서라벌국악예술단 단장 1999년 (사)국제문화예술협회 회장 2000년 (재)유니버설발레단 자문위원 2001년 전주도립국악원 창극단장 2001년 (사)전주대사습놀이보존회 부이사장 2003년 민주평통 정책자문위원 2003년 (재)세종문화회관 정책자문위원 2005~2011년 (사)통일문화예술인협회 회장 2005년 광주시립국극단 단장 2006년 성인제약 이사 2006년 대한민국여성전통음악콩쿨 집행위원장 2007·2009~2011년 (사)전주대사습놀이보존회 이사장 2007년 (사)한국여성국극예술협회 이사장 2010~

2011년 민주평통 종로구 문화예술위원장 2011년 민족화해범국민협의회 여성위원장 2012년 (사)한국국악협회 이사장(현) 2012년 (사)전주대사습놀이보존회 상임고문 2013년 한국협동조합연대 대표발기인 2019년 민주평통 사회문화교류분과위원회 상임위원(현) (상)대통령표창(1981·1996·2001), 중화민국 문화천사훼장기(1994), 한국방송공사 국악대상(1995), 화관문화훈장(2005), 서울시 문화상 국악부문(2015), 은관문화훈장(2017) (저)'내 뜻은 청산이요'(1996)

홍성룡(洪聖龍)

(생)1965 · 3 · 20 (주)서울특별시 중구 세종대로 125 서울특별시의회(02-3702-1400) (학)한양대 대학원 행정학 박사과정 수료 (경)독도향우회 회장, 더불어민주당 중앙당 부대변인, 同중앙당 문화체육특별위원회 부위원장(현), 同전국노동위원회 부위원장(현), 독도간도역사연구소 소장(현), 제100회 전국체전성공기원시민위원회 위원(현) 2018년 서울시의회 의원(더불어민주당)(현) 2019년 同독도수호특별위원회 위원장(현) (상)서울시 행정사무감사 우수의원(2018)

홍성범

(생)1963 (출)강원 횡성 (주)서울특별시 강남구 테헤란로 114 역삼빌딩 內 서초세무서(02-3011-6200) (학)원주고졸, 세무대학졸(3기) (경)세무공무원 임용(8급 특채), 서울지방국세청 조사4국 조사1과 근무 2007년 국세청 총무과 사무관 2008년 중부지방국세청 조사2국 조사1과·조사관리과 사무관, 국무총리실 파견 2011년 서울지방국세청 조사3국 조사1과 사무관 2013년 同운영지원과 인사계장 2015년 강원 삼척세무서장 2017년 서울 영등포세무서장 2018년 서울지방국세청 조사4국 조사2과장 2019년 서울 서초세무서장(현)

홍성소(洪性昭) HONG Sung So

(생)1938 · 2 · 17 (출)서울 (주)서울특별시 동대문구 사가정로 272 신일제약(주) 비서실(02-2211-6700) (학)1964년 성균관대 법학과졸 (경)1964~1971년 부광약품 근무 1971~2005년 신일제약(주) 대표이사 사장 2005년 同회장(현)

홍성수(洪性秀) HONG Seongsoo

(생)1963·10·11 (본)남양(南陽) (출)서울 (주)서울특별시 관악구 관악로 1 서울대학교 공과대학 전기·정보공학부(02-880-8357) (학)1982년 장충고졸 1986년 서울대 컴퓨터공학과졸 1988년 同대학원 컴퓨터공학과졸 1994년 공학박사(미국 메릴랜드주립대) (경)1988~1989년 한국전자통신연구원 연구원 1989~1995년 미국 메릴랜드주립대 조교·연구조교 ·연구조교수 1995년 미국 실리콘그래픽스 연구원 1995~2011년 서울대 공대 전기공학부 교수 2004~2006년 同내장형시스템연구센터장 2004~2008년 삼성종합기술원 자문위원(자문교수) 2004~2005년 공정거래위원회 정보통신산업경쟁정책 자문위원 2006~2009년 서울대 차세대융합기술연구원 정보기술연구소장 2007~2008년 현대오토넷 자문위원(자문교수) 2008~2017년 가헌신도재단 석좌교수 2009~2018년 서울대 차세대융합기술연구원 스마트시스템연구소장 2009~2012년 同융합기술과학대학원 지능형융합시스템학과 창립·초대 학과장 2010~2011년 (사)한국자동차공학회 사업이사 겸 전기전자시스템·ITS부문위원회 학술위원장 2010년 국가정보화추진위원회 전문위원 2011~2012년 삼성전자 자문교수 2011~2012년 케피코 자문교수 2012년 서울대 공과대학 전기·정보공학부 교수(현) 2012년 (사)한국자동차공학회 전기전자ITS부문위원회 부회장(현) 2012~2014년 서울대 융합과학기술대학원 부원장 2012~2014년 同융합기술과학대학원 융합과학부장 2013년 자동차공학회 전기전자ITS부문 부회장(현) 2013~2016년 IEEE RTCSA Steering Committee 위원장, 同RTCSA Steering Committee 위원(현) 2014~2016년 국책R&D 기획전문가(RP) 2015~2016년 삼성전자 DMC연구소 자문교수·ICT 분과위원장 2015~2018년 삼성전자 SAMSUNG Research 자문교수 2016~2018년 서울대 자동화시스템공동연구소장 2016~2017년 同미래융합기술최고위과정 부주임 2017년 同미래융합기술최고위과정 주임(현) 2017~2018년 LS Automotive 사외이사 2018년 한국공학한림원 정회원(전기전자정보공학·현) 2018년 (주)머큐리 사외이사(현) 2018년 삼성전자 반도체연구소 SW센터 자문교수 2018년 한국자동차공학회 무임소부회장 2019년 同부회장(현) 2019년 同자동차반도체·S/W연구회 위원장(현) 2019년 한화시스템(주) 사외이사 겸 감사위원(현) (상)Outstanding Paper Award at the IEEE International Conference on Engineering of Complex Computer Systems(1996), Recognition of Service Award in Appreciation for Contributions to ACM Program Chair LCTES'01(2001), Certificate of Appreciation for his Important Contributions to the ISORC2002(2002), 한국정보과학회 춘계학술발표회 우수발표논문상(2002·2004), 한국정보과학회 추계학술발표회 우수발표논문상(2003), SoC Design Conference 삼성논문상 장려상(2003), 정보통신부장관표창(2004), 한국정보과학회 추계학술발표회 우수논문상(2011), 지식경제부 무인자율주행자동차경진대회 장려상(2013) (저)'Compiler Support for Real-Time Programs'(1995) 'End-to-End Design of Real-Time Systems'(1996) 'CORBA-based Middleware for the CAN'(2003) '하드웨어 엔지니어 관점에 본 임베디드 소프트웨어에 대한 편견과 핵심 이슈들'(2004) (종)천주교

홍성심(洪誠心 · 女) HONG Sung Shim

(생)1957·2·7 (본)남양(南陽) (출)부산 (주)대전광역시 유성구 대학로 99 충남대학교 인문대학 영어영문학과(042-821-6519) (학)1979년 충남대 영어영문학과졸 1983년 미국 Univ. of Connecticut 대학원 언어학과졸 1985년 언어학박사(미국 Univ. of Connecticut) (경)1979~1980년 한국교육개발원 연구원보 1986년 충남대 인문대학 영어영문학과 전임강사·조교수·부교수·교수(현) 1999·2009~2010년 한국현대언어학회 부회장 2000년 한국영어학회 이사 2001년 현대문법학회 편집위원 2001년 한국영문법학회 연구이사 2011년 충남대 입학관리본부장 2011~2012년 전국거점국립대 초대입학(관리)본부장협의회 회장 2011~2013년 한국현대언어학회 회장 2012년 충남대 학생처장 겸 인재개발원장 2012년 同장애학생지원센터장 2014~2015년 同학부교육선도대학육성사업단장 2016~2018년 同인문대학장 2018년 전국국공립대학교여교수협의회 회장(현) (상)두현학술상(2003), 문화관광체육부우수학술도서 선정, 제5회 대한민국 스승상 '근정포장'(2016) (저)'대학영어회화'(1994) '자연과학도를 위한 영작문'(1995) '구조기반 영어회화'(1996) '영어학강의'(2001) '현대통사론강독'(2001) '새로운 영어학 강의'(2004) '언어설계와 국문'(2006) '촘스키의 언어과학'(2006) '최소주의 통사론 이해'(2007) '통사구조의 습득'(2008) 'Chomsky 언어학이론의 기초 : 인간정신과 언어'(2011) '현대영어통사론'(2012) (역)'변형생성통사론 : 원리·매개변항이론'(1999) '영어전문가를 위한 문법'(2000)

홍성안(洪性安) HONG Seong Ahn

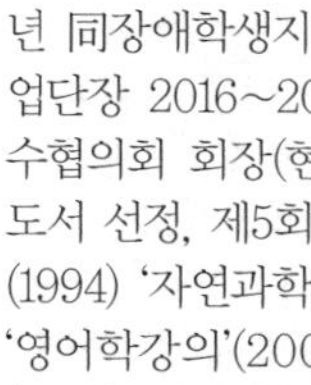

(생)1950 · 11 · 11 (본)남양(南陽) (출)전남 목포 (주)광주광역시 북구 첨단과기로 123 광주과학기술원 융합기술원 융합기술학제학부(062-715-5321) (학)1969년 목포고졸 1973년 서울대 화학공학과졸 1975년 한국과학기술원(KAIST) 화학공학과졸(석사) 1982년 공학박사(미국 펜실베이니아주립대) (경)1975년 한국과학기술연구원(KIST) 연구원 1978~1981년 미국 펜실베이니아주립대 연구조교 1981~1985년 미국 Gulf R&D Co. 선임연구원 1985~1987년 미국 Chevron R&D Co. 선임연구원 1987년 한국과학기술연구원(KIST) 책임연구원 1987년 同에너지공정연구실장 1997년 同전지·연료전지연구센터장 2001~2002년

同환경 · 공정연구부장 2004년 同수소 · 연료전지사업단장 2009~2010년 녹색성장위원회 위원 2011년 한국과학기술연구원(KIST) 석좌연구원 2012~2015년 同초빙연구위원 2013~2015년 고려대 신소재화학과 초빙교수 2016년 광주과학기술원(GIST) 융합기술원 융합기술학제학부 에너지융합학제전공 석좌교수(현) (상)국민훈장 석류장, 과학기술부 에너지분야 지식창조대상, 이달의 KIST대상, 과학기술처장관표창, 미래연구정보포럼 지식창조대상(2010)

홍성열(洪性烈) HONG Sung Yul

(생)1954·3·15 (출)충남 당진 (주)서울특별시 금천구 디지털로9길 23 (주)마리오 회장실(02-2109-7100) (학)1989년 전국경제인연합회 국제경영원 최고경영자과정 수료 1995년 연세대 산업대학원 산업고위자과정 수료 1998년 서강대 경영대학원 최고경영자과정 수료 2001년 서울대 경영대학원 최고경영자과정 수료 2004년 서강대 경제대학원 오피니언리더스프로그램 수료 2004년 연세대 언론홍보대학원 최고위과정 수료 2015년 명예 경제학박사(서강대) 2018년 고려대 미래성장 최고지도자과정 수료(FELP) 2018년 INSEAD The Business School for the world 수료 (경)1987년 (주)마리오 대표이사 사장 2003년 (주)마리오 대표이사 회장(현) 2003년 아시아패션연합회 한국위원회 부회장 2003년 한국패션협회 부회장(현) 2005년 대한사이클연맹 부회장 2005년 서울이업종교류연합회 회장, (사)오피니언리더스클럽(OLC) 회장 2007년 서울이업종교류연합회 명예회장 2010년 구로경제인연합회 회장 2011~2013년 금천구상공회의소 회장 2013년 서강대경영전문대학원최고경영자과정총동우회 회장 2014년 서울 금천구상공회 명예회장 2015년 대한상공회의소 유통위원회 부위원장(현) (상)서울시장표창(1989·2002·2003·2004), 상공자원부장관표창(1994), 서울지방국세청장표창(1997), 국무총리표창(1999), 국세청장표창(2000), 대통령표창(2002·2015), 한국능률협회 한국경영대상(2003), 서울상공회의소회장표창(2005), 한국의CEO대상(2006), 서강대 OLC대상(2010), 행정안전부장관표창(2010·2012), 중앙이코노미스트 선정 대한민국경제리더(2011), 금천기업인상(2012), 지식경제부장관표창(2012), 한국패션협회 제6회 코리아패션대상 국무총리표창(2013), 서울대 최고경영자과정 대상(2016), 자랑스러운 서강인상(2017), 여성가족부장관표창(2019)

홍성열(洪性烈) HONG Seong Yeol

(생)1954 · 7 · 26 (본)남양(南陽) (출)충북 괴산 (주)충청북도 증평군 증평읍 광장로 88 증평군청 군수실(043-835-3001) (학)증평공고졸, 대전산업대 공학과졸 2006년 청주대 사회복지행정대학원 사회복지학과졸 (경)한국청소년운동연합 증평지회장 2003 · 2006년 충북 증평군의회 의원 2006~2008년 同의장 2008년 同예산결산특별위원회 위원장, 청주지검 범죄예방위원, 충북도평화포럼 위원, 증평군배구협회 회장, 증평제일노인대학 학장 2010년 충북 증평군수(민주당 · 민주통합당 · 민주당 · 새정치민주연합) 2014~2018년 충북 증평군수(새정치민주연합 · 더불어민주당) 2018년 충북 증평군수(더불어민주당)(현) 2018년 전국농어촌지역군수협의회 회장(현) (상)충북도지사표창, 내무부장관표창(1989), 국무총리표창(1994), 자랑스러운 자치단체장 청렴부문 대상(2013), 한국지방자치경영대상 개인부문 최고경영자상(2016), 새한국문학회 한국문인수필부문 신인문학상(2017), 2017 대한민국 유권자대상(2017), 대한민국 자치발전대상 기초자치부문상(2017), 세계자유민주연맹 자유장(2017) (종)기독교

홍성완(洪性完) HONG Seong Wan

(생)1953·2·5 (출)서울 (주)서울특별시 마포구 상암산로 48-6 DMCC빌딩 17층 JTBC플러스(080-025-2525) (학)1971년 대신고졸 1980년 한양대 연극영화과졸 1995년 고려대 언론대학원 수료 2002년 한양대 언론정보대학원졸 (경)1980년 문화공보부 국립영화제작소 감독 1982년 MBC 교양제작국 PD 1991년 SBS 생활정보부 차장 1992년 同기획특집부 차장 1994년 同TV제작국 차장 1994년 (주)한맥유니온 대표이사 사장 1998년 (주)I.F 대표이사 1999년 SBS프로덕션 사업본부장 1999년 한국TV프로그램제작자협회 감사 2000년 SBS프로덕션 총괄사업본부장 2004년 대한골프협회 홍보이사 2008년 (사)여의도클럽 부회장 2009년 SBS플러스 대표이사 2009년 SBS스포츠채널·SBS골프채널 대표이사 2010년 SBS미디어넷 대표이사 사장 2013~2015년 同상임고문(사장) 2015년 JTBC 고문 2015년 JTBC플러스 총괄사장(현) 2016년 同JTBC3 & 골프·뉴스·스포츠·연예부문 대표 겸임 2018년 同스포츠부문 대표 겸임(현) (상)청소년영화제 우수상·특별상, 문화방송 연출상, 서울방송 연출상·유공상, 공보처장관표창, 자랑스러운 한양언론인상(2008), 자랑스러운 한양인상(2014) (종)천주교

홍성완(洪性完) HONG Sung Wan

(생)1953 · 9 · 16 (본)남양(南陽) (출)강원 강릉 (주)서울특별시 종로구 율곡로2길 25 연합뉴스 한민족센터(02-398-3003) (학)1971년 춘천고졸 1977년 서강대 영어영문학과졸 (경)1978년 합동통신 입사 1981년 연합통신 기자 · 중동바레인특파원 · 뉴욕특파원 1998년 연합뉴스 과학정보부장 1999~2001년 한국과학기자클럽 회장 2000년 연합뉴스 경제국 부국장대우 기획위원 2002년 同정보사업국장 직대 2003년 同정보사업국장 2004년 同인터넷본부장 겸임 2005년 同논설위원 2006년 同경기지사장 2007년 同경기취재본부장 2008년 同편집위원실장 2009~2011년 同한민족센터 본부장(이사대우), 서강언론동문회 회장 2010년 서강대 개교50주년발전위원회 공동위원장 2011년 연합뉴스 한민족센터 고문(이사대우) 2012~2014년 同국제뉴스2부 기자 2016년 同한민족센터 근무(현) (상)OK Media상(2010)

홍성우(洪性宇) HONG Sung Woo (惠巖)

(생)1941·1·25 (본)남양(南陽) (출)경기 안성 (학)1960년 안성농고 임과졸 1960년 경희대 화학과 중퇴, 同국어국문학과 중퇴 (경)1959년 안성농고 학생위원장(직선) 1959년 전국중·고교 학도대장(직선) 1960년 전국화학도연맹 위원장(직선) 1962년 TV 탤런트·연극배우 1978년 제10대 국회의원(서울 도봉, 무소속 당선·민주공화당) 1979년 정풍운동 주도 1979~1980년 민주공화당 행정위원 1980~1988년 민주정의당 행정정무위원 1988~2001년 경희대 행정학과 겸임교수 1981년 제11대 국회의원(서울 도봉, 민주정의당) 1985~1988년 제12대 국회의원(서울 도봉, 민정당) 1988년 정계은퇴 1992년 MBC 라디오 시사칼럼 홈런출발 방송 1992~1993년 통일국민당 상임위원 1993년 신정치개혁당 전임위원 1994년 신민당 상임고문 1995~1996년 자유민주연합 전임고문 1996~2001년 중앙대 행정학과 전임강사 1999~2001년 명지대 행정학과 겸임교수 (저)'담판' (작)'일일연속극 딸'(1971, 동양방송) '일일연속극 세자매'(1971, 동양방송) '드라마 데릴사위'(1974, 동양방송)

홍성욱(洪性旭) HONG Seong Wook

(생)1959 · 5 · 1 (본)남양(南陽) (출)서울 (주)서울특별시 강서구 양천로 442 SBS문화재단(02-2113-5353) (학)1977년 장훈고졸 1984년 성균관대 신문방송학과졸 1998년 미국 캘리포니아대 로스앤젤레스교(UCLA) Extension방송저널리즘 연수 2006년 성균관대 언론정보대학원졸 2008년 同언론정보대학원 고위과정 수료 2011년 同언론정보대학원 박사과정 수료 (경)1991년~2005년 SBS 기자 · 사회부 및 편집부 차장 · 사회2CP · 문화과학 CP · 특임CP 2002 · 2004년 한국방송기자클럽 운영위원 2005년 (주)SBS아트텍 감사 2007년 고양아람누리 자문위원 2008년 여주엑스포조직위원회 홍보자문위원 2009~2012년 서울역사박물관 자문위원 2010년 SBS문화재단 사무처장(현) 2014년 프런티어저널리즘스쿨 WRITING COACH(현) 2016년 서울여대 겸임교수(현) (상)대통령표창(2001), 성균관대총장표창(2006)

홍성욱(洪性郁) Hong, Seong-Wook

(생)1961·4·2 (본)남양(南陽) (출)서울 (주)경상북도 구미시 대학로 61 금오공과대학교 기계시스템공학과(054-478-7344) (학)1979년 서울 영훈고졸 1983년 서울대 기계설계학과졸 1985년 한국과학기술원(KAIST) 기계공학과졸(석사) 1989년 기계공학박사(한국과학기술원) (경)(주)삼성전기 종합연구소 선임연구원 1990년 한국소음진동공학회 정회원 1991~2000년 금오공대 정밀기계공학과 조교수·부교수 2000년 同기계시스템공학과 교수(현) 2004~2005년 미국 Georgia Tech. 객원연구원 2007~2009년 금오공대 기계공학부장 2007~2017년 한국정밀공학회 이사·부회장·수석부회장 2009년 한국생산제조학회 이사·부회장·진동제어부문 고문(현) 2013~2015년 금오공대 미래전략위원장 2014~2016년 교육부 재정지원사업(CK-1) 지방대학특성화사업단장 2018년 한국정밀공학회 회장 (상)금오공과대 우수연구대상(2000), 금오공과대 우수개발상(2003), 교육부장관표창(2005), 한국정밀공학회 학술상(2005), 금오공과대 우수강의상(2008), 금오공과대 학술상(2009·2017), 근정포장(2016), 현송문화재단 현송공학상(2016), 금오공과대 금강대상(2018) (저)'동적시스템을 위한 주파수 해석'(1997) '기계진동제어를 위한 입력성형기법'(2014, 카오스북) (종)가톨릭

홍성욱(洪性旭) Hong Sung-wook

(생)1964·7·7 (본)남양(南陽) (출)충남 강경 (주)서울특별시 종로구 사직로8길 60 외교부 인사운영팀(02-2100-7141) (학)1983년 경기 수성고졸 1989년 서울대 인류학과졸 1993년 同대학원 행정학과졸 (경)1992년 외무고시 합격(26회) 1992년 외무부 입부 2000년 駐중국 1등서기관 2003년 駐미얀마 1등서기관 2006년 외교통상부 서남아대양주과 서기관 2007년 외교안보연구원 기획조사과장 2009년 외교통상부 재외동포영사국 영사서비스과장 2010년 駐샌프란시스코 부총영사 2013년 駐태국 공사참사관 2017년 한·아세안센터 기획총무국장 2018년 駐광저우 총영사(현)

홍성욱(洪性郁)

(생)1977·10·30 (주)충청남도 천안시 동남구 청수14로 77 대전지방법원 천안지원(041-620-3024) (학)1996년 대원외국어고졸 2001년 서울대 법학과졸 (경)2000년 사법시험 합격(42회) 2003년 사법연수원 수료(32기) 2006년 서울중앙지법 판사 2008년 서울북부지법 판사 2010년 창원지법 판사 2013년 수원지법 여주지원 판사 2015년 서울북부지법 판사, 서울서부지법 판사 2019년 대전지법 천안지원·대전가정법원 천안지원 부장판사(현)

홍성유(洪聖惟) Song-You Hong

(생)1962·11·27 (주)서울특별시 동작구 보라매로5길 35 한국컴퓨터빌딩 4층 (재)한국형수치예보모델개발사업단(02-6959-1600) (학)1985년 서울대 지구과학교육학과졸 1987년 同대학원 대기과학과졸 1992년 대기과학박사(서울대) (경)1993~2000년 미국 기상청 수치예보과 연구원 2000~2017년 연세대 이과대학 대기과학과 부교수·교수 2007~2012년 미국 샌디에이고대 스크립스해양연구소 방문연구원 2011년 Meteorology and Atmospheric Physics(SCI저널) 편집자 2011~2015년 미국 해양대기청(NOAA) 차세대전지구모델개발팀 자문역 2013년 미국 대기과학연구소(NCAR) 제휴연구원(현) 2013년 중국 기상청 전지구모델개발팀 자문위원(현) 2014년 (재)한국형수치예보모델개발사업단 단장(현) 2014년 한국과학기술한림원 정회원(이학부·현) (상)기상청장표창(2003), 기상청 '올해의 기상인상'(2004), 과학기술부장관표창(2004), 연세대 우수연구실적상(2009·2010), 기상학회 송전학술상(2011), 한국연구재단 대표적 우수성과 50선(2011·2014·2015), 연세대 우수업적교수상(2011), 한국과학기술한림원 학술상(2013), 미래창조과학부 지식창조대상(2014)

홍성윤(洪性潤) Hong, Sung Yun

(생)1941 (주)부산광역시 남구 용소로 45 부경대학교 수산과학대학 자원생물학과(051-629-5920) (학)1960년 제물포고졸 1966년 부산수산대 수산생물학과졸 1968년 同대학원 수산생물학과졸 1987년 해양생물학박사(영국 리버풀대) (경)1969~2007년 부경대 수산과학대학 자연생물학과 교수 1997~1999년 한국해양학회 회장 1997년 한국수중과학회 회장 2007년 부경대 수산과학대학 자원생물학과 명예교수(현) 2017년 대한민국학술원 회원(수산생물학·현) (상)문교부장관표창(1988), 눌원문화재단 눌원문화상(1994), 근정포장(2004), 한국수산과학회 원정훈학술상(2005), 대통령표창(2006) (저)'바다의 이해'(1997, 도서출판 정명당) '세계해양생물전시관도록 제2집 패류'(1998, 부산시) '알기쉬운 미적분'(2002, 전파과학사) '부산의 패류'(2005, 부경대 출판부) '한국해양무척추동물도간'(2006, 아카데미서적) '수산자원생물'(2010, 교보문고) '해양생물학'(2011, 교보문고)

홍성의(洪性義)

(생)1957·2·8 (출)서울 (주)제주특별자치도 제주시 한경면 두모11길 19 탐라해상풍력발전(주)(064-772-3355) (학)1977년 장충고졸 1985년 숭실대 경영학과졸 1990년 同대학원 경영학과졸 1998년 경영학박사(숭실대) (경)2003년 한국전력공사 영업처 가격전략팀장 2004년 同영업처 요금제도팀장 2009년 同경남지역본부 영업총괄팀장 2009년 同스마트그리드추진실 총괄팀장 2012~2014년 同영업처장 2014~2016년 한국남동발전(주) 기획관리본부장(상임이사) 2017년 탐라해상풍력발전(주) 대표이사(현)

홍성일(洪性一) HONG Seong Il

(생)1962·3·15 (출)충북 보은 (주)서울특별시 강남구 광평로 280 (주)풀무원 홍보실(080-022-0085) (학)청주고졸, 고려대졸 (경)1987~1990년 중앙일보 기획관리부 근무 1999년 문화일보 편집국 경제산업과학부 기자 2001년 同사회2부 기자 2002년 同편집국 기자 2004년 同산업부 차장 2004년 세계일보 사회부 차장 2004년 同특별기획취재팀장 2005년 同편집국 경제부 차장 2007년 同편집국 사회팀장 2008년 同편집국 사회부장 2008년 同편집국 산업부장 2010년 (주)풀무원홀딩스 홍보실장(상무) 2014년 (주)풀무원 홍보실장(현) (상)한국기자협회 이달의 기자상(2004), 시장경제대상 신문기획보도부문 우수상(2006)

홍성임(洪性任·女) Hong Sungim

(생)1955·1·5 (주)전라북도 전주시 완산구 효자로 225 전라북도의회(063-280-3970) (학)전주기전여고졸, 전북대 사학과졸, 同대학원 사학과졸, 원광대 대학원 사학 박사과정 수료 (경)충남연무고·익산지원여중 교사, 전북도립여성중고등학교 교장 2018년 민주평화당 전북도당 여성위원장(현) 2018년 전북도의회 의원(비례대표, 민주평화당)(현) 2018년 同행정자치위원회 위원 겸 예산결산특별위원회 위원(현)

홍성주(洪性柱) Hong, Sungjoo

(생)1962·11·6 (본)남양(南陽) (출)서울 (주)경기도 이천시 부발읍 경충대로 2091 SK하이닉스 임원실(031-8093-4114) (학)서울대 물리학과졸, 한국과학기술원(KAIST) 물리학과졸(석사), 물리학박사(한국과학기술원) (경)(주)하이닉스반도체 상무보 2007년 同소자담당 상무 2010년 同연구소장(상무) 2011년 同연구소장(전무) 2012년 SK하이닉스 연구소장(전무) 2013년 同DRAM개발본부장(전무) 2015년 同미래기술연구원장(부사장) 2018년 同CIS Business담당 부사장(현) (상)과학기술훈장 혁신장(2015)

홍성주(洪性柱)

(생)1967·1·8 (출)대구 (주)대구광역시 수성구 달구벌대로 2450 수성구청 부구청장실(053-666-2010) (학)1992년 경북대 행정학과졸 2004년 同대학원 도시행정학과졸 2011년 정치학박사(영국 셰필드대) (경)1996년 지방고시 합격(1회) 2000~2006년 대구시 문화예술과 문화행정담당·교통정책과 교통기획담당 2006년 同서울사무소장(서기관) 2007년 同체육진흥과장 2008년 세계육상선수권대회지원단 기획총무부장 2011년 대구시 문화산업과장 2012년 同문화예술과장 2014년 대구시 감사관 2015년 지방행정연수원 교육파견 2016년 대구시 정책기획관 2017년 同건설교통국장 2018년 同수성구 부구청장(현) 2018년 同구청장 권한대행

홍성준(洪性俊) HONG Sung Joon

(생)1955·1·26 (본)남양(南陽) (출)서울 (주)서울특별시 서대문구 연세로 50-1 세브란스병원 비뇨기과(02-2228-2315) (학)1980년 연세대 의대졸 1986년 同대학원졸 1993년 의학박사(연세대) (경)1980~1983년 육군 군의관(대위) 1983~1984년 연세대 의대 인턴 1984~1987년 同의대 비뇨기과학교실 전공의 1987~1988년 同연구강사 1988~1989년 미국 Texas MD Anderson Cancer Center Postdoc Fellow 1989~2003년 연세대 의대 비뇨기과학교실 전임강사·조교수·부교수 2003년 同의대 비뇨기과학교실 교수(현) 2008~2012년 同의대 비뇨기과학교실 주임교수 2008~2012년 同의대 비뇨의과학연구소장 2008~2012년 세브란스병원 비뇨기과장 2008~2012년 비뇨기과종양학회 부회장·회장 2011~2014년 세브란스병원 비뇨기암전문클리닉 팀장 (상)대한비뇨기학회 학술상, 비뇨기종양학회 학술상 (저)'전립선 비대증' (종)기독교

홍성지(洪性志) Hong Sungji

(생)1987·8·7 (출)전북 전주 (주)서울특별시 성동구 마장로 210 한국기원 홍보팀(02-3407-3870) (학)아주대 심리학과졸 (경)김원 6단 문하생 2001년 입단 2002년 2단 승단 2004년 제1기 전자랜드배 왕중왕전 청룡부 준우승 2004년 3단 승단 2004·2005년 오스람코리아배 본선 2005년 4단 승단 2005년 GS칼텍스배 프로기전·원익전 본선 2006년 제3기 전자랜드배 왕중왕전 청룡부 우승 2006년 5단 승단 2007년 마스터스토너먼트 준우승 2007년 한국물가정보배 프로기전·기성전·오스람코리아배·삼성화재배·비씨카드배 신인왕전 본선 2008년 6단 승단 2008년 제3기 한국물가정보배 우승 2008년 7단 승단 2008년 국수전·삼성화재배·기성전 본선 2008년 제1회 세계마인드스포츠게임 한국대표 2009년 하이원배 명인전 본선 2010년 8단 승단 2010년 비씨카드배·한국물가정보배·명인전 본선 2011년 한국물가정보배 본선 2012년 비씨카드배·명인전 본선 2013년 9단 승단(현) 2015년 제16기 맥심커피배 준우승 2013년 한국물가정보배·LG배·국수전·olleh배 본선 2014년 LG칼텍스배·국수전 본선 2015년 제16기 맥심커피배 입신최강전 준우승 2015년 하이원리조트배 명인전 본선 2016년 맥심커피배 본선 2017년 GS칼텍스배·KBS바둑왕전·맥심배·LG배 조선일보 기왕전 본선 2018년 맥심배·GS칼텍스배 본선 2019년 제3회 참저축은행배 우승

홍성직(洪聖職) HONG Sung-Jik

(생)1957·1·1 (본)남양(南陽) (출)경남 거창 (주)제주특별자치도 제주시 연삼로 259 홍성직외과의원(064-753-7550) (학)1975년 배재고졸 1982년 중앙대 의대졸 (경)1982~1983년 전주예수병원 인턴 1983~1987년 同외과 레지던트 수료 1989년 광주통합병원 외과 과장 1991년 제주 한국병원 외과 과장 1993년 제주 홍성직외과 원장, 제주환경운동연합 공동대표 2004년 제주의소리신문 공동대표·이사, 제주CBS 시청자위원장, 제주범죄피해자지원센터 의료분과위원장 2006~2009년 제주의료원장 2006년 제주외국인평화공동체 상임공동대표(현) 2007년 (재)제주생명농업 이사장(현) 2009년 홍성직외과의원 원장(현), 아리랑라디오 청취자자문위원회 위원장, 초록생명마을 대표(현), 평화의 마을 이사, 뉴마트리오 단장

홍성천(洪性天) HONG Sung Chun

(생)1960·2·21 (출)강원 삼척 (주)충청남도 아산시 음봉면 연암산로 169 (주)파인디앤씨 대표이사실(041-538-9000) (학)삼척고졸 1984년 성균관대 기계공학과졸 2004년 연세대 경영대학원졸(MBA) (경)1984~1988년 LG전자(주) 연구소 근무 1989~1992년 아사히코퍼레이션 서울지사 연구원 1992~1999년 화인테크 설립·대표이사 1999년 (주)화인기연 대표이사 2000년 (주)파인디앤씨 대표이사(현) 2000년 (사)강원벤처포럼 부회장 2010년 코스닥협회 이사 2013년 同부회장(현) 2018년 파인이엠텍 대표이사(현) (상)벤처기업대상 최우수상(2001)

홍성철

(생)1976·5·1 (주)세종특별자치시 정부2청사로 13 행정안전부 운영지원과(044-205-1386) (학)2003년 연세대 경영학과졸 (경)2002년 행정고시 합격(46회) 2008년 행정안전부 지방재정세제국 행정사무관 2011년 同재정정책과 서기관, 안전행정부 기획재정담당관실 서기관, 同안전정책과 서기관 2016년 국민안전처 안전정책실 안전사업조정과장 2017년 행정안전부 재난안전관리본부 재난관리실 재난대응훈련과장 2018년 대통령비서실 파견(현)

홍성추(洪性秋) HONG Sung Choo

(생)1956·8·10 (본)남양(南陽) (출)제주 제주시 (주)서울특별시 마포구 도화길 43 나눔빌딩 507호 녹색경제신문(02-712-8692) (학)1998년 성균관대 대학원 문학과졸 (경)1984년 서울신문 편집국 기자 1998년 대한매일 출판편집국 뉴스피플팀장 1999년 同행정뉴스팀 차장 2002년 同기획취재팀장 2002년 同광고마케팅국장 2004년 서울신문 광고마케팅국장 2004년 同산업부장(부국장급) 2005~2008년 同광고마케팅국장 2008년 한국신문협회 광고협의회 부회장 2008년 서울신문 광고마케팅국장(이사대우) 2009년 同전략사업본부장 2009년 同기획사업국장 2009~2012년 서울신문 STV 공동대표이사 2013년 한국도시정책학회 이사장(현), 한라언론인클럽 회장 2015년 한국재벌정책연구원 초대 원장(현) 2015~2019년 에너지경제신문 대표이사 사장 2019년 녹색경제신문 대표이사 회장(현) (상)대통령표창, 한라언론인클럽 감사패(2015) (저)'재벌가맥(財閥家脈)'(2005) '재벌 3세'(2016, 황금부엉이) (종)불교

홍성칠(洪性七) HONG Seong Chill

(생)1958·1·6 (본)남양(南陽) (출)경북 예천 (주)서울특별시 강남구 테헤란로44길 8 아이콘역삼빌딩 9층 법무법인 클라스(02-555-5007) (학)1976년 대구고졸 1982년 성균관대 법대졸 1984년 同대학원 법학과졸 2012년 법학박사(성균관대) (경)1988년 사법시험 합격(30회) 1991년 사법연수원 수료(20기) 1991년 인천지법 판사 1994년 서울민사지법 판사 1995년 대구지법 안동지원 판사 1995~1997년 경북 영주시선거관리위원장 1996년 同영주시·봉화군 판사 1998년 서울지법 남부지원 판사 1999년 서울지법 판사 2002년 서울지법 동부지원 판사 2002년 독일 프랑크푸르트대 법관해외장기 연수 2004년 서울고법 판사 2006~2008년 대구지법 상주지원장 2006~2008년 경북 상주시선거관리위원장 2008년 법무법인 로직 대표변호사 2010~2011년

대통령실 정보공개심의위원 2012~2015년 국민권익위원회 행정심판담당 부위원장(차관급) 2012~2015년 중앙행정심판위원회 위원장 겸임 2016년 법무법인 서일 대표변호사 2018년 법무법인 클라스 변호사(현) 2018년 사회적참사특별조사위원회 위원(현) 2019년 한화시스템(주) 사외이사 겸 감사위원(현) (저)'청탁금지법해설'(2016, 박영사)

홍성태(洪性台) HONG Sung Tae

(생)1954·11·10 (출)경기 용인 (주)서울특별시 종로구 대학로 103 서울대학교 의과대학 열대의학교실(02-740-8343) (학)1973년 서울사대부고졸 1979년 서울대 의대졸 1981년 同대학원 의학석사 1983년 의학박사(서울대) (경)1979~1983년 서울대 의과대학 기생충학교실 조교 1983~1986년 국군중앙의무시험소 기생충학과장 1986~1998년 서울대 의과대학 기생충학교실 전임강사·조교수·부교수 1997~1999년 同기획실 부실장 1998년 同의과대학 열대의학교실 교수(현) 1999~2005년 대한기생충학회 편집위원장 2002~2004년 서울대 의과대학 연구부학장 2004~2006년 同의과대학 교무부학장 2006~2007년 대한기생충학회 회장 2009년 대한의학회 간행이사(현) 2009년 Journal of Korean Medical Science Editor-in-Chief(현) 2013년 대한민국의학한림원 집행이사, 同윤리위원회 위원장(현) 2014~2017년 대한의학학술지편집인협의회 회장 2015~2019년 국제보건의료학회 회장 2016년 WHO 소외열대질환 전문위원(현) 2016년 ICMJE 위원(현) 2017년 한국과학기술단체총연합회 학술지분과위원장(현) (상)대한기생충학회 학술상(1993), 한국과학기술단체총연회 우수논문상(2008), 신풍호월학술상 국제협력부문(2016) (저)'임상기생충학 개요' '의학논문 매력있게 쓰자' '의학논문 작성10계'

홍성태(洪成泰) HONG Seong Tae

(생)1962·9·5 (출)서울 (주)서울특별시 종로구 홍지문2길 20 상명대학교 글로벌경영학과(02-2287-5347) (학)1985년 서울대 경영학과졸 1987년 同대학원 경영학과졸 1997년 경영학박사(서울대) (경)1989년 한국은행 근무 1989~1998년 한국통신 전임연구원 1995~1996년 미국 카네기멜론대 Visiting Researcher 1997년 한국상품학회 감사 1998·2004~2006년 한국생산성학회 이사 1998~2014년 상명대 국제통상학과 교수 2000년 (주)마이다스에셋 감독이사 2004~2005년 한국마케팅학회 이사 2004~2006년 한국인터넷비지니스학회 이사 2004~2006년 한국항공경영학회 편집위원 2005년 (주)한국통신데이타 사외이사 2005~2008년 상명대 산학협력단장 겸 연구처장 2006년 한국국제경영관리학회 이사 2006년 한국생산성학회 부회장, 同감사 2011년 상명대 기획처장 2013년 同경영대학장 2013~2014년 同사무처장 2014년 同글로벌경영학과 교수(현) 2015년 同부총장 2016~2017년 한국항공경영학회 회장 2017년 상명대 서울캠퍼스 교학부총장 (저)'텔레마케팅'(1991) '신경제시대의 Kotler마케팅(共)'(2004)

홍성표(洪成杓) HONG Sung Pyo

(생)1953·3·29 (본)남양(南陽) (출)서울 (주)서울특별시 종로구 율곡로2길 25 연합뉴스 동북아센터(02-398-3114) (학)1979년 연세대 정치외교학과졸 (경)1979년 동양통신 기자 1981년 연합통신 편집국 기자 1990~1998년 同베를린특파원·외신1부 차장대우·특신부 차장·경제1부 차장 1998년 同경제부 부장대우 1998년 연합뉴스 경제부 부장대우 2000년 同생활경제부장 2002년 同부국장대우 생활경제부장 2003년 同경제국 부국장 2004년 同증권부장 겸임 2005년 同정보사업국장 2006~2009년 同국제·업무담당 상무이사 2006~2009년 (주)연합인포맥스 감사 2011~2013년 건국대 초빙교수 2018년 연합뉴스 동북아센터 비상임감사(현) (저)'독일통일의 명암'(1993) (역)'대통령의 사람들'(1977) '장군'(1981) '어린왕자'(1984)

홍성표(洪成杓)

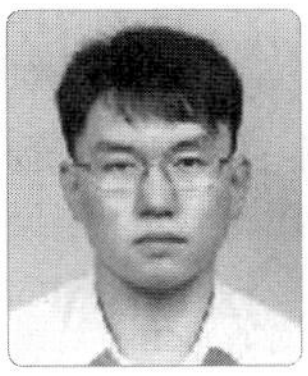

(생)1966 (출)충남 아산 (주)서울특별시 종로구 종로5길 86 서울지방국세청 개인납세2과(02-2114-2864) (학)천안고졸, 단국대 회계학졸 (경)7급 공채, 안양세무서 근무, 국세청 종부세과 근무, 남인천세무서 납세자보호담당관, 국세청 감사4계장, 동안양세무서 부가세과장, 국세청 소득지원과 근무 2017년 부산지방국세청 징세과장 2018년 인천세무서장 2019년 서울지방국세청 개인납세2과장(현)

홍성필(洪性弼) Hong Sungpil

(생)1961·10·3 (출)서울 (주)서울특별시 영등포구 의사당대로1길 34 인영빌딩 아시아투데이 편집국(02-769-5000) (학)1980년 경복고졸 1986년 고려대 신문방송학과졸 (경)1986~1998년 한국일보 기자 1999년 서울신문 기자 2000년 同차장 2004년 스포츠한국 편집국 편집위원 2006년 同생활경제부장 2008년 同생활경제부장(부국장대우) 2012년 同편집위원 2013년 同신사업기획단장 2013년 한국스포츠 편집국장 2015년 아시아투데이 사회2부장(부국장) 2016년 同편집국 사회부장 2016년 同편집국장 2018년 同온라인모바일국장 2018년 同편집국장(현)

홍성한(洪性漢) HONG Sung Han

(생)1957·10·26 (본)남양(南陽) (출)강원 태백 (주)서울특별시 강남구 개포로22길 78 비씨월드제약(02-2182-0400) (학)1975년 강원사대부고졸 1980년 서울대 약학과졸 1993년 서강대 경영대학원졸 (경)1982년 동화약품(주) 개발부장 1989년 (주)대상제약 사업부장 1991년 백산메디텍 대표 2000~2004년 아주약품(주) 고문 2004년 同부사장 2006년 극동제약 대표이사 2007년 비씨월드제약 대표이사(현) 2011~2016년 한국보건산업진흥원 비상임이사 (상)5월의 자랑스러운 중소기업인(2014) (종)기독교

홍성현

(생)1964·1·16 (주)서울특별시 중구 통일로 10 연세재단세브란스빌딩 대홍기획(02-3671-6114) (학)충남대 경영학과졸 (경)1988년 대홍기획 AE 입사 2010년 同Account Solution3본부장 2012년 同Account Solution2본부장 2016년 同Account Solution1본부장 2019년 同대표이사(현)

홍성호(洪性浩) Hong, Seongho

(생)1956·9·15 (주)부산광역시 사상구 백양대로 700번길 140 신라대학교 사범관 207호 공과대학 에너지화학공학부(051-999-5861) (학)1985년 미국 미시간주립대 대학원 응용역학과졸(공학석사) 1990년 同대학원 응용역학과졸(공학박사) (경)1981~1982년 성균관대 기계설계공학과 교육조교 1986~1990년 미국 미시간주립대 응용역학실험실 연구 및 학습조교 1986~1990년 同복합재료연구소 연구원 1988년 同토목공학과 구조학실험실 연구조교 1990년 수원대 기계공학과 시간강사 1991~1994년 한국가스공사 초저온연구실 선임연구원 1993년 아주대 기계공학과 시간강사 1994~1996년 한국가스공사 생산연구실장 1994~2000년 공업진흥청 공인시험·검사기관지정 평가위원 1995~2000년 생산기술연구원 공기반과제 평가위원 1997~2001년 한국가스공사 LNG기술연구센터장 1997~1998년 LG건설(주) 자문위원 1997~2006년 국제가스연맹 전문위원회 WOC 3 위원 1999~2012년 한국가스학회 편집이사 1999~2003년 대한기계학회 보일러 및 압력용기위원회 위원 2001~2005년 한국가스공사 LNG탱크개발센터 수석연구원 2005~2006년 同LNG설비기술연구센터장 2006~2008년 국제냉동기구 한국위원회 액화가스분과 위원

장 2006년 한국가스공사 연구성과물사업화팀 연구개발책임 2009년 대한기계학회 재료 및 파괴부문 총무이사 2010~2013년 한국수소 및 신에너지학회 이사 2011~2013년 한국가스공사 신에너지기술연구센터장 2012~2014년 한국LNG벙커링협의체 사무국장 2012~2014년 同기술전문위원장 2013~2014년 미국 ABS선급사 한국에너지기술센터 자문위원 2013~2015년 한국가스학회 편집위원장·부회장 2013~2017년 한국천연가스차량협회 감사 2014년 한국가스공사 신에너지기술연구센터 수석연구원 2015년 신라대 공과대학 에너지화학공학부 교수(현) 2016~2017년 한국가스학회 수석부회장 2016~2017년 한국무인기안전협회 이사 2016년 (사)한국가스산업제조사협회 기술자문위원(현) 2017년 한국선급 해양산업통합클러스터 LNG기술연구그룹장(현) 2017년 국가기술표준원 LNG벙커링선박기자재전문위원회 전문위원(현) 2018년 한국가스학회 회장(현) (상)교육과학기술부장관표창(1999), 한국가스공사 공로상(1999), 한국가스학회 공로상(2002·2004), 한국가스학회 최다논문상(2004), 대한설비공학회 우수논문상(2012) (저)'LNG연료추진선 저장시스템 설계, 조선산업인적자원개발협의체(共)'(2017, 한국조선해양플랜트협회)

홍성호(洪聖好) Hong Seong ho

(생)1963·6·13 (본)남양(南陽) (출)제주 (주)세종특별자치시 정부2청사로 13 행정안전부 기후재난대응과(044-205-6368) (학)1982년 한림공고졸 1989년 제주대 통신공학과졸 2011년 연세대 행정대학원 일반행정학과졸 2014년 조계사 불교대학 수료 2016년 중앙대 평생교육원 상담심리학과졸 2019년 재난안전공학박사(광운대) (경)1989~2000년 제주도 주무관 2000~2004년 행정자치부 주무관 2004~2014년 소방방재청 사무관 2014년 국민안전처 운영지원과 서기관 2016년 同국가민방위재난안전교육원 민방위비상대비교육과장 2017년 同특수재난실 특수재난기획담당관·역량진단담당관 2017년 행정안전부 재난안전관리본부 중앙재난안전상황실 상황담당관 2018년 同기후재난대응과장(현) (상)제주도지사표창(1996), 행정자치부장관표창(1999), 대통령표창(2008) (저)'방재학(共)'(2012, 한국방재학회) (종)불교

홍성화(洪聖和) Hong, Sung Hwa

(생)1958·5·16 (출)부산 (주)경상남도 창원시 마산회원구 팔용로 158 삼성창원병원 원장실(055-233-8000) (학)1984년 서울대 의대졸 1991년 同대학원 의학석사 1996년 의학박사(서울대) (경)1991~1993년 충북대 의과대학 이비인후과학교실 전임강사·조교수 1993~1994년 네덜란드 위트레흐트대 이비인후과 연수 1996~1998년 미국 아이오와대 이비인후과·신경생물학과 연수 1997년 성균관대 의과대학 이비인후과학교실 조교수·부교수·교수(현) 2009~2011년 삼성서울병원 이비인후과장 2011~2015년 同연구부원장 겸 미래의학연구원장 2015~2017년 한국보건산업진흥원 비상임이사 2016년 삼성창원병원 원장(현) (상)대통령표창(2014)

홍성희(洪性熹) Sung Hee HONG

(생)1955·1·2 (출)서울 (주)서울특별시 영등포구 의사당대로 97 교보증권빌딩 10층 시카고상업거래소(02-6336-6721) (학)1974년 경기고졸 1978년 서울대 공대 자원공학과졸 1981년 同대학원 산업공학과졸 1995년 재무학박사(미국 휴스턴대) (경)1981년 국토개발연구원 연구원 1995년 한국증권거래소 증권연구실·옵션시장부 수석연구원 2001년 同옵션시장부장 2005년 한국증권선물거래소 선물시장본부 선물제도총괄팀장 2008년 同해외사업추진단장(전문위원) 2009~2010년 한국거래소 해외사업추진단장(전문위원) 2010년 시카고상업거래소 한국고문 2011년 同한국대표(현) (상)한국증권선물거래소 이사장표창(2002), 부총리 겸 재정경제부장관표창(2003)

홍성희(洪誠希·女) Hong, Sung-Hee

(생)1964·9·23 (주)경기도 성남시 수정구 산성대로 553 을지대학교 총장실(031-740-7103) (학)1990년 연세대 의대졸 1994년 한양대 대학원 의학석사 1997년 의학박사(한양대) (경)1990~1991년 신촌세브란스병원 수련의 1992~1996년 을지병원 성형외과 전공의 1996년 同성형외과장 1996년 노원을지병원 성형외과장 1997년 을지의과대 성형외과 교수 2006~2012년 을지대 성형외과학교실 교수 2008~2012년 을지병원장 2010~2013년 학교법인 을지학원 이사장 2012~2014년 대한병원협회 총무이사 2013년 학교법인 을지학원 상임이사 2018년 을지대 총장(현)

홍세화(洪世和) HONG Se Hwa

(생)1947·12·10 (출)서울 (주)서울특별시 중구 동호로30길 13 주암빌딩 402호 장발장은행(02-2273-9004) (학)경기고졸 1977년 서울대 외교학과졸 (경)1972년 민주수호선언문 사건으로 제적 1977년 남조선민족해방전선 인민위원회 조직에 참여 1979년 대봉산업 해외지사 근무로 유럽행, 남민전 사건으로 귀국하지 못하고 파리에 정착. 택시운전·관광안내 등을 하며 망명생활 2002년 한겨레신문 편집국 기획위원(부국장) 2005년 同편집국 기획위원(국장대우) 2005년 同독자배가추진단장 2006년 同시민편집인 2007~2011년 同편집인석 기획위원 2009~2011년 르몽드 디플로마티크 한국판 편집인 2011~2012년 진보신당 대표 2013년 학습공동체 '가장자리' 이사장 2013~2015년 同'말과 활' 발행인 2015~2016년 同'말과 활' 편집인 2015년 장발장은행 은행장(현) 2016년 독서토론모임 '소박한 자유인' 발기인·대표(현) (상)민주시민 언론상 (저)'나는 빠리의 택시운전사'(1995) '쎄느강은 좌우를 나누고 한강은 남북을 가른다'(1999) '아웃사이더를 위하여(共)'(2000) '아웃사이더' 'セーヌは左右を分かち 漢江は南北を隔てる(共)'(2002) '악역을 맡은 자의 슬픔(共)'(2002) '불가사리'(2003) '빨간 신호등'(2003) '진보가 보수에게(共)'(2004) '7인7색 21세기를 바꾸는 교양(共)'(2004) '당신에게 좋은 일이 나에게도 좋은 일입니다(共)'(2004) '젊은 날의 깨달음(共)'(2005) '6인6색 21세기를 바꾸는 상상력(共)'(2005) '생각의 좌표'(2009, 한겨레출판) '열려라 아가리(共)'(2013) (역)'진보는 죽은 사상인가'(1997) '왜 똘레랑스인가'(2000) '보거를 찾아 떠난 7일간의 특별한 여행'(2001) '세계화는 상품이 아니다'(2002) '인종차별, 야만의 색깔들'(2004)

홍수현(洪秀鉉·女) Hong Soo Hyeon

(생)1969·1·2 (출)부산 (주)부산광역시 해운대구 운봉길 60 동부산대학교 총장실(051-540-3702) (학)1987년 부산동여고졸 1991년 부산대 미술학과졸 1999년 同대학원 미술학과졸 2005년 영상정보공학박사(부산대) 2016년 교육학박사(경성대) (경)2000년 부경대 산업디자인과 시간강사 2000년 영산대 시각디자인과 시간강사 2001~2019년 동부산대 전임강사·조교수·부교수 2010년 부산디자인센터 기획평가위원 2010년 제45회 전국기능경기대회 애니메이션직종 심사위원 2011년 제46회 전국기능경기대회 애니메이션직종 심사장 2011년 (사)한국멀티미디어학회 IT EXPO BUSAN 학술워크샵 조직위원 2011년 (사)한국융합소프트웨어학회 운영위원 2011년 부산광역시교육청 특성화고 직업교육박람회 심사위원 2012~2016년 부산시 도시디자인위원회 공공디자인분과위원회 위원 2012년 부산기능경기대회 애니메이션직종 심사위원 2012~2014년 부산영상애니메이션포럼 사무국장 2013년 한국생산성본부 국가공인GTQ(그래픽기술자격) 자문위원 2017년 동부산대 대학구조조정위원장 2018년 同대학경영정상화추진 소위원장 2019년 同총장(현) (상)산학연부산지역협회 산학연연구개발상(2006), 부산미술협회 제33회 부산미술대전 디자인부문 입선(2007·2008), 2009 모닝글로리 캐릭터디자인공모전 입선(2009), 한국멀티미디어학회 2009 추계학술대회 우

수논문상(2009), 2014 인천아시아경기대회조직위원회 엠블렘 및 마스코트공모 마스코트부문 입선(2009), 부산문화재단 조선통신사 캐릭터공모전 대상(2010), 평창스페셜동계올림픽 마스코트 가작(2010), 한국멀티미디어학회 우수논문상(2016), 2016학년도 동부산대 1학기 강의우수교수상(2016), 한국유아교육학회 우수논문상(2017), 동부산대 교육과정개발결과보고서 우수상(2017), 한국교육개발원 교원양성기관 최우수상(2017) [저]'컴퓨터를 이용한 캐릭터 애니메이션'(2001, 한국북) '일러스트를 이용한 캐릭터 디자인'(2002, 21세기출판사) '유아교사의 정보능력 유치원의 경쟁력(Ⅰ)'(2012, 으뜸출판사) '창의력 향상을 위한 유아미술교육'(2013, 으뜸출판사) '3,4,5세 누리과정 지도교사를 위한 유아미술교육 창작활동'(2014, 학지사) '유아컴퓨터교육'(2015, 정민사) '유아교사를 위한 멀티미디어 활용의 실제'(2015, 정민사) [작]'부천 국제 애니메이션 페스티벌 작품전시(Six Fingers)'(2002) '제3회 캐릭터디자이너협회 회원전'(2004) '제1회 부산·경남만화애니메이션포럼 교수전'(2005) '제75회 한국현대디자인실험작가협회 춘향제 기념 사랑이미지 포스터 초대전'(2005) '제17회 한국현대디자인실험작가협회 불가리아 국제비엔날레 2005 한국이미지 국제 초대전'(2005) '한국현대디자인실험작가협회 DESPA 2005 'Cultural Heritage Image'베트남 포스터전'(2005) '부산정보산업진흥원 The 1st Digital Graphics Poster 교수작품전'(2005) '제97회 한국현대디자인실험작가협회 Art Poster! Art Post! 정기회원전'(2005) '제98회 한국현대디자인실험작가협회 회원전'(2005) '제2회 부산·경남만화애니메이션포럼 국제 교수 초대전'(2006) '2006 부산대 개교60주년 동문 초대작가전'(2006) '2006 한국현대디자인실험작가협회 컬러풀 대구 국제포스터전'(2006) '제6회 한국현대디자인실험작가협회 서울아시아그래픽포스터트리엔날레'(2006) '한국현대디자인실험작가협회 중국 북경 국제디자인엑스포 특별전'(2006) '한국관광공사 한국 전통문화 아트포스터'(2007) 'SICACA(Seoul International Character Animation Cartoon Artists Invitation Exhibition)'(2007·2009) '제3회 부산영상애니메이션포럼 국제 교수 초대전'(2007) 'The Korea Contents Association 2007 Spring International Digital Design'(2007) '제1회 부산·대구 Passion Exhibition 디자인 교수전'(2007) '제2회 중국·한국 Passion Exhibition 디자인 교수전'(2007) 'Design Center Busan 2007 디자인 상품개발 기획전'(2007) '제33회 부산미술대전 수상작 전시회'(2007) '한국현대디자인실험작가협회 DESPA 2007 'The Poster Exhibition of Korea Image'베트남 포스터전'(2007) '제27회 부산미술제'(2007) '한국현대디자인실험작가협회 국토정중앙 양구 그래픽포스터전'(2007) '제2회 광주디자인비엔날레 특별전시 '광주디자인자산 100선' 참가'(2007) '한국현대디자인실험작가협회 컬러 앤 디자인 국제포스터전'(2007) '부산국제디자인제(The 2007 Busan International Design Festival)'(2007·2008·2009·2010·2012) '추계학술발표대회 디지털아트 초대전'(2007) '제13회 디자인소스전'(2007) 'The Third United Designs Biannual International Design Exhibition'(2007) '제3회 부산·대구 Passion Exhibition 디자인 교수전'(2008) 'The moment with BUSAN/Design Center Busan 2008 디자인 상품개발 기획전'(2008) '제4회 부산영상애니메이션포럼 정기전'(2008) '대구경북디자인센터 컬러국제포스터전(International Color Poster Exhibition)'(2008) '제34회 전국공모 부산미술대전'(2008) '한국캐릭터디자이너협회 한일만화페스티벌 제품기획전'(2008) '한국현대디자인실험작가협회 한국 보자기 전시'한국의 색을 펴다''(2008) '제14회 디자인소스 일러스트레이션전'(2008) '한국현대디자인실험작가협회 강릉문화 그래픽디자인전'(2008) '제28회 부산미술제 디자인전'(2008) 'The 2009 Busan CT International Exibition'(2009) '홍천문화디자인초대전'(2009) 'International Cartoon & Animation Invitation Exhibition'(2009) 'The 7th Seoul – Asia Graphic Poster Triennale 2009'(2009) '제29회 부산미술제'(2009) 'International Digital Design Invitation Exhibition'(2009) '화천문화디자인초대전'(2010) '제6회 2010 CT부산국제교류초대전'(2010) '제30회 부산미술제'(2010) '제7회 CT 부산국제교류초대전'(2011) '제8회 CT 부산국제교류초대전'(2012) '제10회 부산국제 영상애니메이션 창작문화제'(2014) '제11회 부산영상애니메이션 창작문화제'(2015) '부산국제영상애니메이션 창작문화제'(2016) [종]기독교

홍순갑(洪淳甲) HONG Soon Gap

[생]1947·3·24 [본]남양(南陽) [출]서울 [주]경기도 안양시 만안구 만안로 49 일진파워텍 임원실(031-443-1616) [학]1966년 삼선고졸 1972년 한양대 법학과졸 [경]1972년 일진전기공업(주) 입사 1988년 同공장장(이사) 1992년 同상무이사 1998년 일진전선(주) 대표이사 1999년 일진경금속(주) 대표이사 2001년 일진전기(주) 대표이사 부사장 2003년 同대표이사 사장 2005~2007년 同부회장 2007년 일진파워텍 부회장(현) 2010~2013년 일진홀딩스(주) 상근감사 [상]철탑산업훈장(2005)

홍순강(洪淳剛) HONG Soon Kang

[생]1960·7·21 [주]서울특별시 강남구 테헤란로108길 7 동국제약 임원실(02-2191-9800) [학]신일고졸, 고려대 정치외교학과졸 [경]동아일보 편집국 기자, 대통령 정책기획수석비서관실 행정관, 국회 정책연구위원(1급), 열린우리당 원내대표 공보특보, 한성항공 전략기획실 이사 2009년 (주)종근당 홍보이사 2011년 同상무이사 2015년 동국제약 홍보실 전무이사 2017년 同홍보총괄 부사장(현) [상]제9회 베스트PR상(2017)

홍순관(洪淳寬)

[생]1961 [주]전라남도 여수시 문수로 135 여수MBC 사장실(061-650-3333) [학]우신고졸, 서울대 불어불문학과졸 [경]1985년 문화방송(MBC) 입사 1997년 同파리특파원 2000년 同유럽특파원 2001년 同경제부 차장 2002년 同정치부 차장 2002년 同보도국 정치부 부장대우 2004년 同보도국 뉴스편집2부 앵커(부장) 2005년 同보도국 사회2부장 2005년 同보도국 사회3부장 2010년 同보도국 부국장 2011년 MBC프로덕션 본부장(파견) 2012년 문화방송(MBC) 광고국장 2013년 同심의국장 2014년 同심의국 근무 2018년 여수MBC 대표이사 사장(현)

홍순국(洪淳國) HONG Soon Kook

[생]1960·4·28 [주]경기도 평택시 진위면 엘지로 222 LG전자(주) 소재·생산기술원(031-600-7400) [학]대륜고졸, 전북대 금속공학과졸, 同대학원 재료금속공학과졸, 금속공학박사(부산대) [경]LG전자(주) LG생산기술원 정밀가공기술그룹장(연구위원·상무), 同생산성연구원 공정기술연구소장(상무) 2009년 同생산성연구원 생산기반기술연구실장(상무) 2010년 同생산성연구원장(상무) 2011년 同생산기술원장(전무) 2012년 同생산기술원 제품혁신그룹장(전무) 2012년 同생산기술원 장비그룹장(전무) 2013년 同장비영업담당 전무 겸임 2014년 同생산기술원장(전무) 2015년 同소재·생산기술원장(사장)(현) [상]과학기술훈장 도약장(2018)

홍순기(洪淳基) HONG Soon Ki

[생]1952·5·12 [출]충북 괴산 [주]서울특별시 서초구 반포대로30길 81 웅진타워 15층 법무법인 한중(02-584-1717) [학]1970년 용산고졸 1985년 국민대 법학과졸 1987년 同대학원 법학과졸 2014년 법학박사(국민대) [경]1984년 軍법무관 임용시험 합격(6회) 1986년 사법연수원 수료(16기) 1987년 육군 5군단 검찰관 1990년 육군 37사단 법무참모 1992년 국방부 군사법원 판사 1993년 同검찰부장 1995년 변호사 개업 1998년 법무법인 한중 대표변호사(현) [상]자랑스러운 국민인상(2011), 매경미디어그룹 대한민국 창조경제리더 고객부문(2013), 2014 한국의 영향력 있는 CEO 고객만족경영부문대상(2014)

ㅎ

홍순기(洪淳基) HONG Soon Ky

(생)1959 · 3 · 1 (출)부산 (주)서울특별시 강남구 논현로 508 (주)GS 재무팀(02-2005-8010) (학)대아고졸 1986년 부산대 경제학과졸 2000년 연세대 대학원 경제학과졸 (경)1996년 호남정유 입사 1998년 LG 구조조정본부 차장 2003년 LG정유 부장 2004년 GS홀딩스 부장 2006년 GS EPS 관리부문 상무 2007~2008년 GS홀딩스 업무지원팀장(상무) 2009년 同재무팀장(상무 · CFO) 2009년 (주)GS 재무팀장(상무 · CFO) 2009년 同재무팀장(전무 · CFO) 2013년 同재무팀장(부사장 · CFO) 2017년 同재무팀장(사장 · CFO)(현)

홍순욱(洪淳郁) HONG Soon Wook

(생)1971 · 7 · 1 (출)서울 (주)서울특별시 서초구 강남대로 193 서울행정법원(02-2055-8114) (학)1990년 장충고졸 1994년 고려대 법학과졸 1997년 同대학원 법학과졸 (경)1996년 사법시험 합격(38회) 1999년 사법연수원 수료(28기) 1999년 軍법무관 2002년 춘천지법 판사 2005년 수원지법 판사 2007년 同여주지원 판사 2008년 서울남부지법 판사 2010년 서울중앙지법 판사 2011년 서울고법 판사 2013년 서울중앙지법 판사 2014년 울산지법 부장판사 2016년 수원지법 성남지원 부장판사 2018년 서울행정법원 부장판사(현)

홍순직(洪淳直) HONG Soon Jik

(생)1946 · 10 · 10 (출)경북 김천 (주)전라북도 전주시 완산구 천잠로 235 전주비전대학교 총장실(063-220-4114) (학)1966년 서울상고졸 1971년 동국대 경영학과졸 1985년 同대학원 경영학과졸 1994년 경영학박사(인천대) (경)1975년 상공부 행정사무관 1985년 산업자원부 서기관 1985~1988년 서울올림픽조직위원회 파견 1992년 산업자원부 부이사관 1995년 삼성경제연구소 연구위원(전무) 1996년 삼성자동차(주) 전무 1998년 삼성전관 사장보좌역(전무) 1999년 삼성SDI(주) 사장보좌역(전무) 2001~2003년 同경영홍보팀장(부사장) 2002년 삼성사회협력위원회 파견(부사장) 2003년 삼성SDI(주) 부사장 겸 삼성미래전략위원회 부사장 2004년 同부사장 겸 삼성사회협력위원회 부사장 2006~2009년 한국학중앙연구원 감사 2007~2010년 삼성SDI(주) 고문 2007~2010년 한국공인회계사회 회계신인도개선위원 2007~2008년 정부산하기관 공동경영평가단 위원 2008년 한국산업기술대학재단 이사 2009년 농림수산식품과학기술위원회 위원 2009~2012년 전주대 회계학과 교수 2010~2015년 전주비전대 총장 2013년 제18대 대통령직인수위원회 경제2분과 전문위원 2013~2016년 산업통상자원부 무역위원회 위원장 2013~2015년 한국거래소 사외이사 2013~2015년 한국전문대학교육협의회 전문대학윤리위원회 위원 2014~2018년 한국생산성본부 회장 2019년 전주비전대 총장(현) (상)상공부장관표창(1972), 대통령표창(1974), 근정포장(1979), 녹조근정훈장(1989), 몽골 친선우호훈장(2017) (저)'논점회계연습'(1985, 박문각) '객관식 논점회계학'(1990, 박문각) '원가회계'(1990, 박문각) '논점회계학'(1994, 박문각)

홍순파(洪淳波) HONG, SOONPA

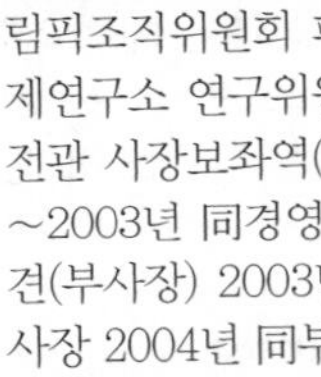

(생)1970 · 1 · 28 (출)서울 (주)충청북도 음성군 맹동면 이수로 93 국가기술표준원 생활어린이제품안전과(043-870-5450) (학)1988년 서울 영일고졸 1993년 서울대 자원공학과졸 2014년 영국 워릭대 경영대학원졸(MBA) 2015년 한국과학기술원(KAIST) 기술경영전문대학원 박사과정 중 (경)1999년 행정고시 합격 2003년 산업자원부 전기위원회 사무국 총괄정책과 행정사무관 2003년 同자원정책실 자원개발과 행정사무관 2003년 同무역위원회 무역조사실 산업피해조사과 행정사무관 2007년 同균형발전정책팀 행정사무관 2007년 대통령자문 국가균형발전위원회 파견(서기관) 2010년 지식경제부 수송기계산업과 · 자원개발과 · 무역위원회 산업피해조사과 · 균형발전정책팀 · 신재생에너지과 서기관 2013년 산업통상자원부 뿌리산업팀장 2015년 同자유무역협정상품과 서기관 2016년 공정거래위원회 경제분석과장 2018년 산업통상자원부 통상교섭실 자유무역협정교섭관실 서기관 2018년 국가기술표준원 생활제품안전과장 2019년 同생활어린이제품안전과장(현) (저)'신 · 재생에너지 법과 정책'(2012, 법문사)

홍순헌(洪淳憲) HONG Soon Heon

(생)1963 · 3 · 18 (출)경남 양산 (주)부산광역시 해운대구 중동2로 11 해운대구청 구청장실(051-749-4001) (학)김해건설공고졸 1985년 동아대 토목학과졸 1987년 同대학원졸 1993년 토목공학박사(동아대) (경)1985~1989년 동아대 공대 토목공학과 조교 1988~1990년 경남전문대학 토목공학과 강사 1989~1993년 동아대 강사 1990~1993년 동아토목설계연구소 소장 1993~1996년 경성대 토목공학과 강사 1993~1996년 (주)삼영건설기술공사 대표이사 1994~1995년 동아대 해양자원개발연구소 특별연구원 1994년 밀양대 토목공학과 전임강사·조교수·부교수 2004년 부산시 해운대구청장 보궐선거 출마(열린우리당) 2006년 부산시 해운대구청장선거 출마(열린우리당) 2006~2015년 부산대 산업토목학과 교수 2015~2018년 부산대 공과대학 건설융합학부 토목공학전공 교수 2017년 더불어민주당 제19대 문재인 대통령후보 부산시선거대책위원회 동부산발전특별위원회 위원장 2018년 대통령자문 국가균형발전위원회 자문위원 2018년 부산시 해운대구청장(더불어민주당)(현) (상)국민훈장 석류장(2014) (저)'토목공학개론'(2004) '사진측량 및 지형정보공학'(2008) 'Auto Civil 3D 2007'(2008)

홍순형(洪淳亨) HONG Soon Hyung

(생)1953 · 10 · 8 (본)남양(南陽) (출)서울 (주)경기도 성남시 분당구 돌마로 42 한국과학기술한림원(031-726-7900) (학)1972년 경기고졸 1976년 서울대 금속공학과졸 1978년 한국과학기술원(KAIST) 재료공학과졸(석사) 1984년 미국 Northwestern대 대학원 재료공학과졸(박사) (경)1978~1981년 국방과학연구소 연구원 1984년 미국 Stanford Univ. 연구원 1986~2019년 한국과학기술원(KAIST) 신소재공학과 교수 1989년 독일 Max-Planck-Institut 초빙교수 1992~1993년 미국 Inco Alloys International Inc. 초빙연구원 1994년 일본 Tohoku Univ. 초빙교수 1997년 미국 Stanford Univ. 초빙교수 1998년 Asian-Australasian Association for Composite Materials Council Member(현) 2001년 산업기술연구회 기획평가위원 2002~2008년 (사)대덕클럽 이사 2002~2005년 공공기술연구회 이사 2004~2006년 대한금속 · 재료학회 이사 2004~2006년 한국과학기술원(KAIST) 신소재공학과장 2005~2006년 과학기술부 부품소재위원회 전문위원 2006년 Composite Science and Technology Editorial Board Member(현) 2006~2010년 한국과학기술원(KAIST) 나노융합연구소장 2007년 한국과학기술한림원 정회원(현) 2008년 한국분말야금학회 회장 2008년 NPG Asia Materials Editor(현) 2008~2010년 나노기술연구협의회 이사 2010~2013년 지식경제부 R&D전략기획단 부품소재산업MD 2010~2013년 나노기술연구협의회 부회장 2010년 한국공학한림원 정회원(현) 2011년 한국복합재료학회 회장 2014~2016년 Nano Convergence Editor-in-chief 2014~2016년 한국연구재단 기초연구본부장 2016년 첨단소재기술협회(SAMPE Korea) 회장(현) 2017년 방위사업청 자문위원(현) 2017년 Journal of Composites Science Editorial Board Member(현) 2019년 한국과학기술한림원 기획정책부원장(현) 2019년 한국과학기술원(KAIST) 신소재공학과 명예교수(현) (상)국제저온재료학회 최우수논문상(1995), 한국과학기술단체총연합회 우수논문상(2000 · 2004), 송곡과학기술상(2005), 한국과학재단 우수연구성과상(2006), KAIST 국제협력상(2007), 나노소재기술개발사업단 연구성과 우수상(2009), 대한민

국학술원상(2010), 교육과학기술부 연구개발사업 기초연구 우수성과상(2010), 대한금속재료학회 공로상(2013), 한국분말야금학회 창성상(2016) (저)'97한국전자연감'(1997) '전자용금속재료개론 I · II'(1999) '분말재료공학(共)'(2004) 'RE-BUILD 코리아'(2017) '2031 카이스트 미래보고서'(2018) (종)기독교

홍승구(洪勝九)

(생)1970 · 8 · 25 (출)전남 장흥 (주)서울특별시 서초구 서초중앙로 157 서울고등법원(02-530-1114) (학)1988년 장흥고졸 1994년 서울대 법학과졸 1998년 同대학원 법학과졸 (경)1996년 사법시험 합격(38회) 1999년 사법연수원 수료(28기) 1999년 육군 법무관 2002년 서울지법 서부지원 판사 2004년 서울중앙지법 판사 2006년 전주지법 군산지원 판사 2009년 수원지법 안산지원 판사 2010년 서울고법 판사 2012년 대법원 재판연구관 2014년 전주지법 부장판사 2015년 서울고법 판사(현)

홍승기(洪升基) Hong Seung Gee (학수)

(생)1954 · 3 · 19 (본)남양(南陽) (출)서울 (학)1973년 대광고졸 1979년 고려대 경제학과졸 1984년 미국 덴버대 대학원 경제학과졸 1988년 국제경제학박사(미국 덴버대 국제학대학원) (경)1979~1981년 한국은행 조사1부 근무 1988~2019년 동국대 국제통상학부 국제통상학전공 교수 1990~1993년 同국제부장 1994~1999년 同경영대학원 교학부장 1997~1999년 여성신문 고정칼럼니스트 1998년 행정자치부 지방자치제외자운용자문단 자문위원 1998~1999년 불교방송 '안녕하십니까 홍승기입니다' 진행 1998~2003년 KTV 'IMF 1203' · 'IMF와 우리경제' · 'e-Korea 3부' 진행 2003~2004년 행정고시 · 외무고시 경제학 출제위원 2003~2005년 미래경제포럼 공동대표 2003~2004년 중앙일보 '이코노미스트' 고정칼럼니스트 2004~2005년 EBS '일과 사람들' 진행 2004~2012년 한국청년정책연구원 이사 2004~2005년 국회방송 '집중조명 위원회 현장' '예산과 경제' 진행 2005년 동국대 교수회 부회장 2006~2007년 불교방송 사장 2013~2016년 동국대 국제통상학부장 2013~2016년 同대학원 책임교수 2014~2019년 학교법인 금강대 이사 2015년 (사)한국교수불자연합회 부회장 2019년 동국대 미래캠퍼스개발추진본부장 (저)'현대경제학연습'(2001) '경제학원리 200'(2002) '홍박사의 경제학연습'(2005) '국제통상비즈니스입문'(2009, 법문사) '핵심국제금융론'(2010, 형설출판사) '교양경제학'(2010, 형설출판사) '와이드경제학'(2014) (종)불교

홍승기(洪承祺) Hong, Sungkee

(생)1959 · 2 · 17 (본)남양(南陽) (출)서울 (주)인천광역시 미추홀구 인하로 100 인하대학교 법학전문대학원(032-860-9187) (학)1978년 경동고졸 1983년 고려대 법학과졸 1988년 同대학원졸 1998년 미국 펜실베이니아대 로스쿨졸(LL.M.), 고려대 대학원 국제지적재산권법전공 박사과정 수료 (경)1988년 사법시험 합격(30회) 1991년 사법연수원 수료(20기) 1991년 변호사 개업 1999년 미국 뉴욕주 변호사시험 합격 2000년 숙명여대 법학과 겸임교수 2002년 '시민과 변호사' 편집주간 2007년 한국광고자율심의기구 지상파광고심의위원회 위원장 2008년 법무법인 신우 변호사 2008~2012년 고려대 로스쿨 겸임교수 2008 · 2015년 한국저작권위원회 위원 2009년 한국엔터테인먼트법학회 회장 2009년 대한변호사협회 공보이사 2009년 KBS 시청자위원회 위원 2009년 언론진흥재단 감사 2011년 영화진흥위원회 위원 2011~2012년 한국광고자율심의기구 광고분쟁조정위원회 위원 2012년 TV조선 시청자위원 2012~2014년 한국출판문화산업진흥원 비상임이사 2012년 인하대 법학전문대학원 교수(현) 2013~2014년 영화진흥위원회 부위원장 2014~2018년 한국영상자료원 감사 2016년 예술경영지원센터 비상임이사(현) 2018년 한국영상자료원 비상임이사(현) 2018년 인하대 법학전문대학원장(현) (상)문화체육관광부장관표창(2017) (저)'시네마 법정'(2003, 생각의 나무) '저작권법 주해(共)'(2007, 박영사) '엔터테인먼트법(共)'(2007, 박영사) '방송과 저작권'(2011, 문화체육관광부) '어느 여행자의 독백'(2017, 라이프맵) (역)'치열한 법정'(2009, 청림출판) (작)영화 '아주 특별한 변신', '축제', '섹스 볼란티어', '늑대소년', '연평해전' 출연 연극 '아트' 출연 (종)천주교

홍승면(洪承勉) HONG Seung Myeon

(생)1964 · 5 · 20 (출)경기 안성 (주)서울특별시 서초구 서초중앙로 157 서울고등법원(02-530-1186) (학)1983년 고려고졸 1987년 서울대 법학과졸 (경)1986년 사법시험 합격(28회) 1989년 사법연수원 수료(18기) 1989년 공군 법무관 1992년 서울민사지법 판사 1994년 서울형사지법 판사 1996년 제주지법 판사 1997년 춘천지법 강릉지원 판사 1999년 수원지법 판사 1999년 법원행정처 인사3담당관 겸임 2000년 서울고법 판사 2000년 법원행정처 인사1담당관 겸임 2003년 법원행정처 인사제도연구담당 판사 2004년 同인사제도연구담당 부장판사 2005년 대법원 재판연구관 2007년 수원지법 부장판사 2008년 서울중앙지법 부장판사 2011년 대구고법 부장판사 2013년 대법원 선임재판연구관 2014년 同수석재판연구관 2016년 서울고법 부장판사(현) 2016~2017년 법원행정처 사법지원실장 2016~2017년 대법원 국선변호정책심의위원회 법관위원 2016~2017년 同형사사법발전위원회 내부위원

홍승모(洪昇摸) HONG Seung Mo

(생)1962·7·22 (출)서울 (주)서울특별시 영등포구 버드나루로12가길 51 전자신문 광고마케팅국(02-2168-9387) (학)1981년 한성고졸 1987년 성균관대 토목과졸 2006년 동국대 언론정보대학원 신문방송학과 수료 (경)1994년 전자신문 편집부 기자 2001년 同편집부 수석기자 2002년 同편집부 차장대우 2004년 同편집1팀장 2006년 同IT지식센터 글로벌팀장(차장대우) 2006년 한국기자협회 전자신문지회장 2007년 전자신문 편집국 글로벌팀장 2008년 同경제과학부장 2008년 한국기자협회 지회장 2009~2011년 전자신문 편집국 생활산업부장 2009년 同편집국 전자담당부장 2011년 同편집국 정보통신담당 부국장 2011년 同전자산업부 부국장 2011년 同정보사업국장 2014년 同광고마케팅국장 2015년 同광고마케팅국장(현) 2018년 同마케팅총괄 이사대우 겸임(현)

홍승미(洪承美 · 女) Hong Seung Mi

(생)1966 · 5 · 5 (본)남양(南陽) (출)충남 부여 (주)대전광역시 서구 청사로 189 병무청 사회복무국(042-481-3015) (학)1995년 이화여대 교육학과졸 (경)1998년 행정고시 합격(41회), 병무청 징모국 근무 2003년 대전충남지방병무청 징병검사과장(서기관) 2004년 병무청 동원소집국 복무관리담당 서기관 2004년 同선병국 병역정책과장 2005년 同선병국 선병자원과장 2006년 同선병자원본부 선병자원팀장 2006년 同행정법무팀장 2008년 同정책홍보본부 정책홍보팀장 2008년 同사회복무동원국 사회복무교육과장 2008년 同선병자원국 병역자원과장 2010년 同대변인(서기관) 2012년 同대변인(부이사관) 2012~2013년 同사회복무국 산업지원과장 2015년 同운영지원과장 2015년 부산지방병무청장(이사관) 2016년 국가공무원인재개발원 교육훈련 파견(이사관) 2017년 대구 · 경북지방병무청장 2017년 병무청 입영동원국장 2019년 同사회복무국장(현)

홍승봉(洪承奉) HONG Seung Bong

(생)1959·10·24 (본)남양(南陽) (출)서울 (주)서울특별시 강남구 일원로 81 삼성서울병원 신경과(02-3410-3592) (학)1983년 서울대 의대졸 1987년 同대학원 의학석사 1992년 의학박사(서울대) (경)1987~1990년 국군수도병원 신경과장(대위) 1990~1992년 서울대병원 신경과 전임의 1992~1993년

미국 Johns Hopkins대병원 신경과 전임의(Fellow) 1993~1994년 미국 Cleveland Clinic Foundation 신경과 전임의(Fellow) 1994년 삼성의료원 신경과 뇌전증·수면장애센터 소장 (Director)(현) 1997~2002년 성균관대 의대 신경과학교실 부교수 2001~2007년 대한수면의학회 부회장 2002년 성균관대 의대 신경과학교실 교수(현) 2004년 대한간질학회 정도위원장 2006~2009년 세계수면무호흡학회 학술위원장 2008~2012년 대한수면연구학회 회장 2009년 삼성서울병원 수면센터장(현) 2009년 세계수면의학회 공식학술지 'Sleep Medicine' 편집위원(현) 2011~2012년 대한수면학회 회장 2012~2015년 세계수면학회 조직위원장 2013~2015년 同아시아대표 Governing Council 2015~2018년 대한뇌전증학회 회장 2018년 아시아수면학회 회장(현) 2019년 대한신경과학회 차기(2020년 3월부터) 이사장(현) (상)함춘의학상(1999), 삼성의료원 최다논문상(2000), 삼성생명과학연구소(SBRI) 최우수논문상(2001·2005), 대한간질학회 학술상(2002), 범석학술상(2004), 보건복지부장관표창(2005), 대한뇌기능매핑학회 지멘스 학술상(2005), 대한뇌전증학회 학술상(2006), 삼성서울병원 최고 impact factor 논문상(2008), 대한수면연구학회 중외학술상(2011), 대한신경과학회 명인학술상(2012), 대한수면학회 Resmed 학술상(2012), 보건복지부 공로패(2012), 보건복지부 감사패(2013), 세계수면학회 특별공로상(2015), 대한수면학회 공로패(2015·2018) (저)'의사 매뉴얼 : 불면증편'(2005, 대한내과학회) '신경과교과서'(2005, 대한신경과학회) '신경과학'(2007) '존스홉킨스 디지탈 뇌파'(2010) '수면과 수면장의 신경영상'(2013) '임상뇌전증학'(2013) '신경과의 핵의학(PET/SPECT)'(2014) (역)'해리슨내과학'(2010)

홍승아(洪承我·女)

(생)1961 (주)서울특별시 종로구 청와대로 1 대통령비서실 여성가족비서관실(02-770-0011) (학)부산혜화여고졸, 연세대 사회학과졸, 이화여대 대학원 여성학과졸, 사회복지학박사(연세대) (경)한국여성정책연구원 연구위원 2013년 同가족·다문화정책센터장 2016년 同가족·다문화연구센터장 2019년 대통령비서실 사회수석비서관실 여성가족비서관(현)

홍승용(洪承湧) HONG Seoung Yong

(생)1949·1·26 (본)남양(南陽) (출)경기 화성 (학)1967년 경복고졸 1972년 고려대 경영학과졸 1983년 서울대 대학원 경영학과졸 1988년 경영학박사(경희대) 1990년 미국 매사추세츠공과대(MIT) 해양연구소 박사과정 수료 2004년 명예 경제학박사(프랑스 르아브르대) 2005년 명예 법학박사(미국 로드아일랜드대) (경)1973년 공군본부 기획관리장교 1977년 예편(공군 중위) 1978년 한국과학기술연구원(KIST) 해양개발연구소 기획예산과장 1981년 미국 하와이East West Center자원시스템연구소 연구원 1982년 한국과학기술원(KAIST) 해양연구소 연구기획실장 1983~1989년 同해양정책연구실장 1989년 미국 MIT Woods Hole해양연구소 연구위원 1990년 한국해양연구소 해양산업연구부장 1993년 同해양정책연구부장 1993년 세계해양법연구소 집행이사 1995년 미국 워싱턴대 객원교수 1996년 해양수산부 장관자문관 1997년 한국해양수산개발원 부원장 1997~1999년 同원장 1998년 한·태평양경제협력위원회 이사 1999년 해양수산부 정책자문위원회 부위원장 1999~2002년 同차관 2002~2008년 인하대 총장 2004년 대통령자문 동북아시대위원회 자문위원 2004~2006년 대통령자문 정책기획위원회 자문위원 2005~2007년 대통령자문 국민경제자문회의 자문위원 2007년 한국연안협회 초대회장 2007~2008년 한국사립대총장협의회 부회장 2009~2011년 녹색성장해양포럼 초대회장 2009~2011년 고려대 기술지주회사 대표이사 2010년 한국해양대 국제무역경제학부 명예석좌교수 2011년 영산대 명예총장 2011~2012년 교육과학기술부 대학구조개혁위원회 위원장 2011~2013년 세계해양포럼 공동의장 2012~2013년 국가교육과학기술자문회의 부의장 2013~2014년 덕성여대 총장 2015~2018년 중부대 총장 (상)출연연구기관 우수연구원(1984), 해양연구소장표창(1987), 국민훈장 목련장(1988), 미국해양대기청 공로상(2001), 서울대 공로상(2001), 한국해양학회 공로상(2001), 황조근정훈장(2003), 대한민국 글로벌경영인 대상(2006), 자랑스러운 인하공대인상(2007) (저)'심해저자원개발론(共)'(1993) '신해양시대, 신국부론(共)'(2008) '바다와 대학'(2009) 'Maritime Boundary Disputes, Settlement Processes, and the Law of the Sea(共)'(2009) (역)'대학경영리더십(共)'(2004) (종)기독교

홍승욱(洪承郁) HONG Seung Wook

(생)1973·2·5 (본)남양(南陽) (출)강원 동해 (주)서울특별시 송파구 정의로 30 서울동부지방검찰청 총무과(02-2204-4544) (학)1991년 오금고졸 1995년 연세대 법학과졸 (경)1996년 사법시험 합격(38회) 1999년 사법연수원 수료(28기) 1999년 軍법무관 2002년 서울지검 북부지청 검사 2004년 대전지검 천안지청 검사 2006년 부산지검 검사 2008년 법무부 법무과 검사 2010년 서울중앙지검 검사 2011년 대구지검 부부장검사 2012년 수원지검 여주지청 부장검사 2014년 대구지검 상주지청장 2015년 법무부 법무실 상사법무과장 2016년 同법무심의관 2017년 서울중앙지검 형사1부장 2018년 서울고검 검사 2018년 국무조정실 부패예방감시단 파견 2019년 서울동부지검 차장검사(현)

홍승원(洪承元) HONG Seung Woon

(생)1947·8·16 (본)남양(南陽) (출)충남 천안 (주)대전광역시 동구 계족로 189 대전기독요양병원 원장실(042-670-1200) (학)1966년 대전고졸 1976년 충남대 의대졸 1983년 同대학원 의학석사 1988년 의학박사(충남대) (경)1980년 예편(육군 대위) 1985~1996년 대동외과의원 원장 1992~1996년 충남대의과대학동창회 회장 1992~2002년 대전지검 의료자문위원 1994~1996년 충남대 의과대학 의행장학재단 이사장 1994~1996년 대전시동구의사회 회장 1996~2006년 대전기독병원 원장 1997~2000년 대한의사협회 개원협의회 부회장 1997~2003년 대전시의사회 회장 1999~2004년 대전경제정의실천시민연합 공동대표 2000~2002년 대한의사협회 부회장 2001~2003년 한국의정회 부회장 2004년 을지대 의과대학 외래교수 2004~2013년 충남대 의과대학 외래교수 2005년 가톨릭대 의과대학 외래교수 2006년 대전기독요양병원장(현) 2006년 대전시의사회 회장 2006년 대한의사협회 부회장 2009년 同대의원회 의장 2011~2015년 (사)대전·세종·충남병원회 회장 2012년 대한병원협회 대외협력위원장 2013~2017년 유성컨트리클럽 운영위원장 2016년 대한병원협회 상임고문(현) (상)제8회 한미중소병원상 봉사상(2014) (종)기독교

홍승인(洪承仁) HONG Seung-in

(생)1971·4·11 (본)남양(南陽) (출)경기 안양 (주)서울특별시 종로구 사직로8길 60 외교부 인사운영팀(02-2100-7143) (학)1990년 안양 신성고졸 1994년 서울대 국제경제학과졸 2005년 법학박사(미국 뉴욕주립대) (경)1994년 행정고시(재경직) 합격(38회) 1997~2006년 통상산업부·산업자원부 행정사무관 2006~2007년 외교통상부 FTA상품교섭과 행정사무관·서기관 2007년 同FTA협상총괄과 1등서기관 2009년 同FTA상품과장 2010년 同FTA무역규범과장 2011년 駐제네바대표부 참사관 2017년 駐페루대사관 공사 2019년 駐시애틀총영사관 부총영사(현) (상)외교통상부장관표창(2007), 대통령표창(2008)

홍승일(洪承一) HONG, SEUNG-IL

(생)1961·11·4 (본)남양(南陽) (출)서울 (주)서울특별시 중구 서소문로 100 중앙일보빌딩 5층 중앙디자인웍스(02-751-5810) (학)용산고졸, 서울대 경제학과졸, 아주대 경영대학원 경영학과졸(석사) (경)중앙일보 사회부 기자, 同국제부 기자, 同경제부 기자 1999년 同산업부 기자 2002년 同경제부 차장

2004년 同영어신문본부 뉴스룸 차장 2006년 同경제부 차장 2007년 同경제부 부장대우 2008년 同편집국 경제부문 부에디터 2009년 同IT·미디어데스크 2010년 同편집국 정보과학데스크 2011년 코리아중앙데일리 편집부국장 겸 경제산업부장 2011년 중앙일보 중앙선데이 경제에디터 2013년 同중앙선데이 편집제작부문 경제에디터(부국장대우급) 2013년 중앙일보시사미디어 이코노미스트·포브스코리아 대표이사 2014년 중앙미디어네트워크 기획조정담당 2014년 同기획조정국장 2015년 한국신문협회 기조협의회 부회장 2016년 중앙일보 논설위원 2017년 同논설위원(국장대우) 2017년 同수석논설위원 2017년 중앙디자인웍스 대표이사(현) (상)한국신문상, 벤처기업협회 특별공로상(2009) (저)'한국을 먹여살리는 10대 산업'(共) (역)'객가의 철칙' '글로벌 경영의 비밀' '퍼거슨 맨유 감독 자서전'

홍승철(洪承哲) HONG Seung Chyul

(생)1957·5·22 (본)남양(南陽) (출)충남 아산 (주)서울특별시 강남구 일원로 81 삼성서울병원 신경외과(02-3410-3493) (학)1976년 경기고졸 1982년 서울대 의과대학졸 1986년 同대학원 의학석사 1991년 의학박사(서울대) (경)1982~1983년 서울대병원 인턴 1983~1987년 同신경외과 레지던트 1987~1990년 해병제1사단 및 국군수도통합병원 해군軍의관 1990~1991년 서울 한국병원 신경외과 과장 1991~1992년 서울대병원 신경외과 전임의 1992~1994년 미국 버지니아대 연구원 1994년 미국 클리블랜드클리닉 연구원 1994년 삼성서울병원 신경외과 전문의(현) 1996년 서울대 의과대학 외래교수 1997년 성균관대 의과대학 신경외과학교실 부교수 2002년 同의과대학 신경외과학교실 교수(현) 2003년 대한정위기능신경외과학회 상임이사 겸 재무위원장 2007~2011년 대한간질학회 수술위원장·부회장 2009~2010년 대한뇌혈관외과학회 부회장·회장 2011~2013년 대한뇌전증학회 상임이사 2013년 同감사 2014년 삼성서울병원 뇌졸중센터장 2014년 同뇌신경센터 뇌전증 수술클리닉 2015년 성균관대 의대 신경외과 주임교수(현) 2015년 삼성서울병원 신경외과 과장(현) 2019년 대한뇌전증학회 회장(현) (상)삼성서울병원 QA활동과제 최우수상(2000), 대한신경외과학회 학술상(2001), 삼성서울병원 구연개선활동부문 장려상(2006), 삼성서울병원 포스터·지표부문 장려상(2007)

홍승철(洪承徹) HONG Seung Cheol

(생)1960·9·27 (출)서울 (주)대구광역시 수성구 동대구로 364 대구지방법원 총무과(053-757-6470) (학)1979년 배재고졸 1983년 연세대 법학과졸 (경)1986년 사법시험 합격(28회) 1989년 사법연수원 수료(18기) 1989년 서울지법 동부지원 판사 1991년 서울지법 판사 1993년 춘천지법 강릉지원 판사 1996년 서울지법 동부지원 판사 1998년 서울지법 판사 2000년 서울고법 판사 2002년 서울지법 동부지원 판사 2004년 춘천지법 부장판사 2005년 同수석부장판사 2006년 수원지법 부장판사 2008년 서울중앙지법 부장판사 2011년 서울동부지법 부장판사 2012년 同수석부장판사 2014년 서울북부지법 부장판사 2016년 수원지법 부장판사 2019년 대구지법 부장판사(현)

홍승활(洪承活) HONG Seung Hwal

(생)1955·3·1 (출)경북 예천 (주)대구광역시 달서구 월배로 250 대구도시철도공사 사장실(053-640-2004) (학)1973년 대창고졸 1985년 영남대 영어영문학과졸 1997년 경북대 행정대학원졸(행정학석사) 2014년 행정학박사(계명대) (경)1975년 지방공무원 임용 1975년 경북 예천군 내무과 근무 1988년 대구시 내무국 총무과 근무 1991년 同공무원교육원 교학과 근무 1998년 달서구 총무국 비서실장(지방행정사무관) 2000년 同사회산업국 경제진흥과장 2003년 同도원동장 2003년 대구시 행정관리국 총무과 근무 2004년 同문화체육국 문화예술과 근무 2005년 대구세계육상선수권대회유치단 유치지원부장 직대 2006년 同유치지원부장(지방서기관) 2007년 대구세계육상선수권대회지원단 지원팀장 2007년 2011대구세계육상선수권대회조직위원회 파견 2009년 대구시 공보관 2010~2011년 2011대구세계육상선수권대회조직위원회 기획조정실장 2012년 대구시 자치행정국장 2013~2014년 同안전행정국장 2014·2017년 제10·11대 대구도시철도공사 사장(현) 2017년 한국철도협회 이사 (상)국무총리표창(1992), 녹조근정훈장(2009), 경찰청장표창(2011), 홍조근정훈장(2012)

홍영기(洪英基) Hong Young Ki

(생)1964·5·25 (주)서울특별시 영등포구 여의대로 38 금융감독원 인사기획팀(02-3145-5475) (학)1982년 장충고졸 1986년 고려대 경제학과졸 1988년 同대학원 경제학과졸 1994년 경제학박사(고려대) (경)2015년 금융감독원 금융혁신국 부국장 2016년 同금융중심지지원센터 근무(서울시 실장급 파견) 2017~2018년 同인재개발원 실장 2018년 대전시 파견 2019년 서울시 파견(현)

홍영기(洪英基) Hong Young-ki

(생)1966·6·30 (주)서울특별시 종로구 사직로8길 60 외교부 인사기획관실(02-2100-7139) (학)1991년 서울대 국제경제학과졸 2000년 고려대 대학원 법학과졸 2014년 법학박사(고려대) (경)1990년 외무고시 합격(24회) 1991년 외무부 입부 1999년 駐OECD 2등서기관 2002년 駐가나 참사관 2007년 외교통상부 자유무역협정정책기획과장 2007년 同북미유럽연합통상과장 2009년 駐제네바 참사관 2012년 대통령비서실 파견 2013년 산업통상자원부 통상법무과장 2015년 외교부 양자경제외교국 심의관 2017년 同국제경제국장 2018년 駐쿠웨이트 대사(현)

홍영만(洪永萬) HONG Yung Man

(생)1958·4·17 (출)서울 (주)서울특별시 노원구 화랑로 621 서울여자대학교 경제학과(02-970-5521) (학)1976년 서울 양정고졸 1982년 연세대 정치외교학과졸 1987년 서울대 행정대학원졸 1995년 경제학박사(미국 워싱턴주립대) (경)1981년 행정고시 합격(25회) 1982년 재무부 수습사무관 1983년 올림픽조직위원회 파견 1984~1989년 재무부 증권보험국·세제국 근무 1989년 국가안전기획부 파견 1990년 미국 워싱턴주립대 교육훈련 1995년 재정경제원 경제협력국 근무 1997~1999년 유럽부흥개발은행(EBRD) 조사국 파견 1999년 경수로사업지원기획단 파견 2001년 재정경제부 해외홍보과장 2002년 同공적자금관리위원회 회수관리과장 2003년 同금융협력과장 2003년 대통령비서실 행정관 2005년 금융감독위원회 혁신행정과장 2005년 同증권감독과장 2007년 同홍보관리관 2008년 금융위원회 자본시장정책관 2008년 同자본시장국장 2009년 同금융서비스국장 2010년 국가경쟁력강화위원회 추진단장 2011년 금융위원회 증권선물위원회 상임위원 2012년 금융위원회 상임위원 2013~2016년 한국자산관리공사 사장 2013~2016년 국민행복기금 이사 2017년 서울여대 경제학과 초빙교수(현) (상)국무총리표창(1982), 홍조근정훈장(2008) (저)'자본시장법 유권해석(編)'(2009) '구조조정개설(共)'(2010) (역)'스트레스테스트(共)'(2015)

홍영섭(洪榮燮) Hong Yeong Seop

(생)1948·11·15 (주)세종특별자치시 조치원읍 충현로 40 사회복지공동모금회 세종지회(044-863-5400) (학)대전농고졸 1969년 우송공업대학 농과졸 (경)1968년 충남도 연기군 근무, 연기군의회 사무과장, 충남도 연기군 지역경제과장, 同연기군 문화공보실장, 同연기군 기획감사실장(서기관) 2010년 충남 연기군수선거 출마(민주당) 2014~2016년 세종특별자치시 정무부시장 2017년 사회복지공동모금회 세종지회장(현)

홍영욱(洪永昱) HONG Young Wook

(생)1959 · 8 · 7 (본)부림(缶林) (주)서울특별시 송파구 성내천로23가길 15 퀸벨애드(02-448-2838) (학)인하대 국어국문학과졸 2006년 한양대 언론정보대학원 광고학과졸 (경)1987~2003년 (주)제일기획 근무 · 삼성그룹 광고담당 1995~1997년 삼성언론재단 파견, (주)제일기획 광고1팀 국장, 同수석국장 2003~2007년 (주)장리기획 영업본부 이사 2003~2009년 BCM 대표 2008년 멘토르커뮤니케이션즈 CEO 2009년 퀸벨애드 대표(현) 2009년 대한민국ROTC 20기총동창회 회장 2012~2018년 아토아트 대표 (상)제일기획 최우수사원상(1992), 중앙 · 경향 · 세계 · 문화일보 광고대상, 클리오 파이널리스트(하이트맥주 TV CM) (저)'나는 ROTC다-나의 삶, 나의 꿈(共)'(2015, 브랜드비주얼) '다 가봤어? : 한국의 국립공원 탐방기(共)'(2018) (종)불교

홍영준(洪瑛晙)

(생)1965 · 6 (주)서울특별시 영등포구 여의대로 128 (주)LG화학(02-3777-1114) (학)서울대 공업화학과졸, 同대학원 고분자공학과졸, 무기재료공학박사(호주 뉴사우스웨일스대) (경)2011년 (주)LG화학 기술전략담당 상무 2012년 同정보전자소재 신사업개발담당 상무 2014년 同Display재료사업부장(상무) 2014년 同Display재료사업부장(전무)(현) 2019년 同재료사업부문장(전무) 겸임(현)

홍영준(洪永晙)

(생)1974·5·25 (주)서울특별시 마포구 백범로31길 21 서울시복지재단(02-6353-0211) (학)2000년 한국외국어대 스칸디나비아어학과졸 2001년 미국 미시간대 대학원 사회복지학과졸 2009년 사회복지학박사(미국 캔자스대) (경)2009~2012년 미국 아칸소주립대 사회복지학과 조교수 2011~2013년 Journal of Social Service Research 편집위원장 2012~2018년 상명대 가족복지학과 부교수 2016~2018년 서울시 찾아가는동주민센터 운영위원 2017~2019년 同사회서비스공단 TF 위원 2017년 보건복지부 지방사회보장계획위원 2017년 복지국가를위한사회복지총연대회의 정책위원장 2018년 행정안전부 주민자치형공공서비스추진단 위원 2018년 서울시 더깊은변화위원회 복지돌봄소위원회 위원 2018년 서울복지시민연대 공동대표 2018년 서울시복지재단 대표이사(현)

홍영철(洪永哲) HONG Young Chul

(생)1948 · 5 · 29 (본)남양(南陽) (출)경남 창원 (주)서울특별시 중구 삼일대로 363 장교빌딩20층 고려제강 회장실(02-316-6113) (학)1967년 경복고졸 1971년 연세대 경영학과졸 1973년 미국 유타대 경영대학원 수료 (경)1971년 고려제강 입사 1978년 同이사 1980년 同상무이사 1982년 同전무이사 1987년 同부사장 1988년 同사장 1991년 駐韓룩셈부르크 명예영사(현) 1998년 대한항공 사외이사 2001년 고려제강 회장(현) 2005~2007년 금호타이어(주) 비상근이사 (상)은탑산업훈장(1989), 금탑산업훈장(1995), 경실련 경제정의상(1998)

홍영표(洪永杓) HONG Young Pyo

(생)1957·4·30 (출)전북 고창 (주)서울특별시 영등포구 의사당대로 1 국회 의원회관 1004호(02-784-3143) (학)1975년 전북 이리고졸 1997년 동국대 철학과졸, 同대학원 행정학과졸, 同대학원 행정학 박사과정 수료 (경)1982년 대우자동차 생산직 입사 1985년 파업투쟁관련 구속·집시법 위반으로 구속 1990년 대우그룹 노동조합협의회 사무처장 1991년 대기업노동조합연대회의 사무처장 1991년 노동조합법 제3자개입조항 위배로 구속 1993년 한국노동운동연구소 소장 1993년 대우자동차 노동쟁의 관련 제3자개입건으로 구속 1994년 통일시대민주주의국민회의 노동위원장 1995~2001년 대우자동차 영국판매법인 근무 2001년 참여연대 정책위원 2002년 개혁과통합을위한노동연대 집행위원장 2002년 개혁국민정당 전국실행위원회 실행위원(노동부문) 2002년 同조직위원장 2002년 同인천시부평구甲지구당 위원장 2003년 대통령직인수위원회 사회·문화·여성분과 자문위원 2003년 인천정치개혁포럼 공동대표 2003년 책읽는교육사회실천회의 인천지부장 2003년 신당연대 공동대표 2003년 생활체육인천인라인스케이팅연합회 회장 2003년 열린우리당 인천창당추진위원장 2003년 同중앙위원 2004년 국무총리 시민사회비서관 2006년 한미자유무역협정(FTA)체결지원위원회 지원단장 2007~2008년 재정경제부 자유무역협정국내대책본부장 2008년 제18대 국회의원선거 출마(인천시 부평구乙, 통합민주당) 2008년 민주당 인천시부평구乙지역위원회 위원장 2009년 제18대 국회의원(인천시 부평구乙 재보선, 민주당·민주통합당) 2009년 민주당 노동특별위원회 위원장 2010년 국회 환경노동위원회 간사 2010년 국회 운영위원회 위원 2010년 민주당 비상대책위원회 위원 2010년 同전국노동위원장 2011년 同원내대변인 2012년 민주통합당 대표 비서실장 2012년 제19대 국회의원(인천시 부평구乙, 민주통합당·민주당·새정치민주연합·더불어민주당) 2012년 민주통합당 정책위원회 수석부의장 2012년 국회 남북관계특별위원회 위원 2012~2014년 국회 환경노동위원회 야당 간사 2013년 민주연구원 이사 2014년 국회 산업통상자원위원회 야당 간사 2014~2015년 국회 남북관계및교류협력발전특별위원회 위원 2015년 국회 '정부 및 공공기관 등의 해외자원개발 진상규명을 위한 국정조사특별위원회' 야당 간사 2015년 새정치민주연합 인천시당 위원장 2015년 국회 산업통상자원위원회 위원장 직대 2015~2016년 더불어민주당 인천시당 위원장 2016년 제20대 국회의원(인천시 부평구乙, 더불어민주당)(현) 2016년 더불어민주당 청년일자리TF 위원 2016~2018년 국회 환경노동위원회 위원장 2016년 더불어민주당 인천시부평구乙지역위원회 위원장(현) 2016~2017년 同호남특별위원회 수석부위원장 2017년 同제19대 문재인 대통령후보 중앙선거대책위원회 노동환경정책위원장 2017년 광주형일자리 홍보대사 2018년 더불어민주당 한국GM대책특별위원회 위원장 2018년 同인천시당 공직선거후보자추천관리위원회 위원장 2018~2019년 同원내대표 2018~2019년 국회 운영위원회 위원장 2018년 국회 국방위원회 위원(현) 2018년 국회 정보위원회 위원(현) 2019년 국회 정치개혁특별위원회 위원장(현) (상)의정행정대상 국회의원부문(2010), 법률소비자연맹 선정 국회 헌정대상(2013), 전국청소년선플SNS기자단 선정 '국회의원 아름다운 말 선플상'(2015), 자랑스러운 동국인상 정치부문(2017) (종)기독교

홍완석(洪完錫) Wan Suk Hong

(생)1960·4·20 (출)광주 (주)경기도 용인시 처인구 모현읍 외대로 81 한국외국어대학교 국제지역대학 러시아학과(031-330-4932) (학)1984년 한국외국어대 노어과졸 1986년 同대학원 동구지역연구학과졸 1998년 정치학박사(러시아 모스크바국립국제관계대) (경)1997~1998년 러시아 모스크바국립국제관계대 초빙강사 2000~2002년 조선대 겸임교수 2001년 중국 푸단대 초빙교수 2003년 한국국제지역학회 재정이사 2003년 한국외국어대 동유럽대학 노어과 조교수·부교수·교수, 同국제지역대학 러시아학과 교수(현) 2004~2005년 한국슬라브학회 연구이사 2005년 한국외국어대 국제지역대학원 러시아·CIS학과 교수(현) 2008~2009년 한국정치학회 이사 2009~2014년 한국외국어대 러시아연구소장 2014년 同국제지역대학장 2016~2017년 한국슬라브·유라시아학회 회장

홍완선(洪完善)

(생)1966 · 9 · 5 (출)충남 부여 (주)충청남도 서천군 장항읍 신창동로 15 서천경찰서(041-955-5321) (학)1984년 공주사대부고졸 1988년 경찰대 행정학과졸(4기) (경)1988년 경위 임용(4기) 2010년 대전지방경찰청 생활안전과장(총경) 2011년 충남 부여경찰서장 2012년 충남지방경찰청 정보과장 2013

년 충남 천안서북경찰서장 2014년 서울지방경찰청 2기동단장 2016년 서울 종로경찰서장 2017년 경찰청 교통안전과장 2019년 충남 서천경찰서장(현)

홍완표(洪琓杓) HONG Wan Pyo

(생)1958·4·28 (주)경상남도 김해시 인제로 197 인제대학교 국제경상학부(055-320-3135) (학)1981년 서울대 경제학과졸 1983년 同대학원 경제학과졸 1992년 경제학박사(서울대) (경)1986~1987년 서울상명여대 전임강사 1987~1988년 한국개발연구원 연구원 1988~2000년 인제대 전임강사·조교수·부교수 1992~1993년 同교무부처장 1993~1995년 同교무처장 2000년 同인문사회과학대학 국제경상학부 교수(현) 2001~2003년 同인문사회과학대학장 2018년 同사회과학대학장(현) (역)'새로운 경제학원론'

홍완훈(洪完勳) HONG WAN HOON

(생)1959·11·14 (출)서울 (주)경기도 수원시 영통구 매영로 150 삼성전기(주) 임원실(031-210-3039) (학)1978년 휘문고졸 1983년 인하대 전자공학과졸 (경)1984년 삼성전자(주) 시스템LSI사업부 제조기술부 입사 1992~1998년 同SSEG(독일반도체)법인 근무 1998년 同AMLCD 마케팅·영업그룹장 2002년 同영업1팀장(상무보) 2003년 同중국전자총괄 SET법인장(상무보) 2005년 同중국전자총괄 SET법인장(상무) 2007~2009년 同반도체총괄 메모리사업부 마케팅팀장(상무) 2009~2010년 同SSI법인장(전무) 2011년 同반도체사업부 메모리담당 전략마케팅팀장(부사장) 2012년 同글로벌마케팅실 부사장 2014년 同글로벌B2B센터 모바일비즈니스팀장(부사장) 2015~2018년 삼성전기(주) 전략마케팅실장(부사장) 2018년 同CMO(부사장)(현)

홍용건(洪龍健) HONG Yong Geon

(생)1964·7·4 (출)서울 (주)서울특별시 서초구 서초중앙로24길 27 법무법인 평정(02-535-9961) (학)1983년 경신고졸 1992년 고려대 법학과졸 2012년 서울시립대 세무대학원졸(석사) (경)1992년 사법시험 합격(34회) 1995년 사법연수원 수료(24기) 1995년 창원지법 판사 1997년 同진주지원 판사 1998년 同남해군·산청군법원 판사 2000년 서울지법 의정부지원 판사 2002년 同북부지원 판사 2004년 서울북부지법 판사 2005년 서울행정법원 판사 2007년 서울고법 판사 2008년 대법원 재판연구관 2010년 대전지법 논산지원장 2012~2013년 수원지법 안산지원 부장판사 2013년 변호사 개업 2016년 법무법인 평정 대표변호사(현) (종)천주교

홍용길(洪龍吉) Yong-Kil Hong

(생)1955 (주)서울특별시 서초구 반포대로 222 서울성모병원 신경외과(02-3779-1189) (학)1980년 가톨릭대 의대졸 1985년 同대학원 의학석사 1992년 의학박사(가톨릭대) (경)1988년 가톨릭대 의대 신경외과학교실 교수(현) 2003년 同암연구소장 2003~2006년 대한뇌종양학회 총무위원장 2005년 가톨릭대 강남성모병원 암센터장 2007년 同강남성모병원 신경외과장 2009년 同서울성모병원 뇌종양센터장(현) 2011~2012년 대한뇌종양학회 회장 2013~2015년 대한신경종양학회 회장 2017년 세계신경종양학회(World Federation of Neuro-Oncology Societies) 회장(현)

홍용표(洪容杓) HONG YONG PYO

(생)1964 (출)서울 (주)서울특별시 성동구 왕십리로 222 한양대학교 사회과학대학 정치외교학과(02-2220-0823) (학)경희고졸 1987년 연세대 정치외교학과졸 1989년 同국제학대학원 정치학과졸 1996년 국제관계학박사(영국 옥스퍼드대) (경)1996~2001년 통일연구원 연구위원 2001~2013·2017년 한양대 사회과학대학 정치외교학과 교수(현) 2003~2005·2009~2013년 민주평통 상임위원 2006년 한국정치학회 연구위원회 이사 2006~2007년 (사)경실련통일협회 운영위원장 2010·2013년 한국국제정치학회 연구이사 2012~2013년 한양대 서울사회봉사단 부단장 2013년 제18대 대통령직인수위원회 외교·국방·통일분과 실무위원 2013~2015년 대통령실 외교안보수석비서관실 통일비서관 2015~2017년 제38대 통일부 장관 (저)'김정일 정권의 안보딜레마와 대미 대남 정책'(1997, 민족통일연구원) '북한의 미사일 개발전략'(1999, 통일연구원) '북한 이해의 길잡이(共)'(1999, 박영사) 'State Security and Regime Security'(2000, Macmillan) '한반도의 평화와 통일(共)'(2005, 백산서당) 'Regional Cooperation and Its Enemies in Northeast Asia : The Impact of Domestic Forces(共)'(2006, Routledge) '한국 현대사의 재조명(共)'(2007, 명인문화사) '한국 외교정책 : 역사와 쟁점(共)'(2010, 사회평론)

홍우선(洪禹善) HONG Woo Sun

(생)1961·8·25 (본)남양(南陽) (출)충북 충주 (주)서울특별시 영등포구 은행로 17 나이스신용평가 임원실(02-2014-6200) (학)1980년 용문고졸 1984년 서울대 경영학과졸 1985년 同대학원 경영학과졸 2007년 경영학박사(명지대) 2008년 서울대 최고경영자과정 수료 (경)1987~2000년 한국신용평가 평가1실장·평가기획팀장 1995년 신용관리기금 신용금고평가모형개발자문위원 2000년 재정경제부 채권시장선진화추진위원회 실무위원 2000~2011년 KIS채권평가 대표이사 사장 2008년 금융위원회 자체규제심사위원회 민간위원 2010년 同금융발전심의회 위원 2011년 한국채권연구원 연구위원 2012년 NICE채권평가 대표이사 2013~2014년 NICE피앤아이 대표이사 2015년 (주)나이스디앤비 대표이사 2016년 나이스정보통신(주) 대표이사 2017년 나이스신용평가 부사장(현)

홍우식(洪宇植) HONG Woo Shik

(생)1953·6·1 (본)남양(南陽) (출)서울 (주)서울특별시 종로구 창경궁로 136 서울광고기획(02-3668-8000) (학)1971년 서울고졸 1976년 연세대 신문방송학과졸 1983년 미국 산타클라라대 대학원 경영학과졸 2000년 고려대 언론대학원 최고위언론과정 수료 (경)1979년 IBM 근무 1980년 남양유업 이사 1985년 서울광고기획 상무이사 1987년 同전무이사 1990년 同부사장 1993년 同대표이사 1996년 한국광고업협회 부회장 1999년 한국광고단체연합회 감사 2000년 한국광고자율심의기구 부회장 2000~2003년 (주)서울다씨 대표이사 2001년 국제광고협회(IAA) 한국지부 회장 2003년 서울광고기획 대표이사 회장(현) 2008년 한국광고업협회 감사·이사 (상)동탑산업훈장(2008), 한국광고협회 공로패(2013) (종)불교

홍원구(洪元九) Hong Won Gu

(생)1966·2·1 (출)충남 연기 (주)세종특별자치시 다솜로 261 국무총리비서실 정무기획비서관실(044-200-2650) (학)배문고졸, 연세대 대학원 행정학과졸 (경)행정고시 합격(34회) 2000년 국가보훈처 행정법무담당관실 서기관 2000년 국무조정실 서기관(수질개선기획단 파견) 2005년 同일반행정심의관실 서기관 2006년 同국정과제실시간관리추진단 기획총괄팀장, 同기획관리조정관실 총괄심의관 2008년 국무총리실 사회갈등정책관실 사회복지갈등정책과장(서기관) 2008년 同사회통합정책실 보건복지정책과장 2009년 同사회문화정책관실 사회정책총괄과장(부이사관) 2010년 同총무비서관실 총무과장 2010년 同사회통합정책실 문화노동정책관 직대 2011년 同교육문화여성정책관 2012년 중앙공무원교육원 파견(고위공무원) 2012년 국무총리실 국가지식재산위원회 지식재산정책관 2013년 국무조정실 규제조정실 사회규제관리관 2014년 대통령 미래전략수석비서관실 파견(고위공무원) 2016년 국무총리 시민사회비서관 2019년 국무총리비서실 정무실 정무기획비서관(현)

홍원식

(생)1962 · 10 (출)충북 옥천 (주)세종특별자치시 다솜2로 94 해양수산부 항만국 항만연안재생과(044-200-5980) (학)충남대 농공학과졸 (경)2000년 대산지방해양수산청 항만건설과 근무 2000년 인천지방해양수산청 항만건설과 근무 2001~2007년 해양수산부 항만국 항만개발과 · 항만정책과 근무 2007년 2012여수세계박람회 조직위원회 파견 2011년 평택지방해양수산청 항만건설과장 2013년 해양수산부 항만투자협력과 사무관 2014년 同항만정책과 사무관 2015년 同세월호인양추진단 서기관 2017년 평택지방해양수산청장 2019년 해양수산부 항만국 항만지역발전과장 2019년 同항만국 항만연안재생과장(현)

홍원의(洪元儀) Hong Weon-Eui

(생)1967 · 11 · 29 (주)서울특별시 중구 서소문로 115 한전산업개발(주)(02-2250-2700) (학)고려대 법학과졸, 미국 노스웨스턴대 로스쿨졸(LL.M.)졸 (경)1997년 사법시험 합격(39회) 2000년 사법연수원 수료(29기), 정보통신연구진흥원 평가전문위원, 예금보험공사 고문변호사, 법무법인 디카이온 대표변호사 2018년 한전산업개발 대표이사(현)

홍원표(洪元杓) HONG Won Pyo

(생)1960 · 2 · 8 (출)경기 화성 (주)서울특별시 송파구 올림픽로35길 125 삼성SDS(주) 비서실(02-6155-3114) (학)1979년 광주고졸 1983년 서울대 전자공학과졸 1984년 미국 미시간대 대학원 전자공학과졸(석사) 1987년 전기공학박사(미국 미시간대) 2002년 서울대 대학원 최고경영자과정 수료 2004년 미국 매사추세츠공과대(MIT) 대학원 고급경영자과정 수료 2006년 연세대 대학원 언론홍보최고위과정 수료 (경)1988~1994년 미국 벨통신연구소(Bellcore) 프로그램매니저 1994~1996년 KT 연구개발본부 PCS개발 총괄 1997~2002년 KTF 마케팅부문장 · 기획조정실장(전무) 2003~2006년 KT 휴대인터넷사업본부장(전무) 2007년 삼성전자(주) 무선사업부 상품전략팀장(부사장) 2012~2014년 同IM부문 미디어솔루션센터(MSC)장(사장) 2012~2014년 同에코시스템통합팀(Ecosystem Intergration)장 겸임 2014~2016년 한국스마트홈산업협회(KASHI) 회장 2014년 삼성전자(주) 글로벌마케팅실장(사장) 2015년 삼성SDS(주) 솔루션사업부문 사장 2017년 同대표이사 사장(현) (상)일본 통산성 국제연구협력상(1992), 한국능률협회 최고지식경영자상(1999), 한국정보통신기자협회 올해의 기술인상(2005) (종)기독교

홍원학(洪元學)

(생)1964 (주)서울특별시 서초구 서초대로74길 11 삼성생명보험(주)(1588-3114) (학)고려대 일어일문학과졸 (경)1990년 삼성생명보험(주) 입사, 삼성전자(주) 경영전략팀 상무, 삼성생명보험(주) 인사팀 상무, 同인사팀 전무, 同특화영업본부 전무 2019년 同전략영업본부장(부사장)(현)

홍원희(洪原憙) HONG Won Hi

(생)1947 · 8 · 4 (출)충남 천안 (주)대전광역시 유성구 대학로 291 한국과학기술원(KAIST) 공과대학 생명화학공학과(042-350-3919) (학)1973년 서울대 천문기상학과졸 1979년 독일 베를린공대 대학원 화학공학과졸 1983년 공학박사(독일 베를린공대) (경)1980년 독일 베를린공대 화공연구소 연구원 1984~1987년 한국과학기술연구원(KIST) 촉매분리공정연구실 선임연구원 1987~2012년 한국과학기술원(KAIST) 생명화학공학과 조교수 · 부교수 · 교수 1989년 同기획실장 1989~1990년 同연구협력실장 1991~1992년 同생명화학공학과장 1998년 한국화학공학회 분리기술부문 위원장 2000년 한국청정기술학회 부회장 2002년 同회장 2005~2006년 한국화학공학회 충남지부장 2006년 同부회장 2008년 한국청정기술학회 고문(현) 2012년 한국과학기술원(KAIST) 명예교수(현) (역)'분리공정원리' (종)천주교

홍유석(洪裕錫) Hong Yu Seok

(생)1964 · 7 · 3 (학)한국외국어대졸, 미국 펜실베이니아대 와튼스쿨졸(MBA) (경)1988~1990년 동서증권 근무 1992~1994년 일라이릴리(미국본사) Financial Analyst 1994년 同뉴욕 제약영업담당 1995년 한국릴리 비즈니스개발과장 1997년 同CNS사업부 총괄 1998년 同신제품마케팅팀장 2000년 同마케팅담당 이사 2001년 同영업마케팅총괄 상무 2003년 일라이릴리 미국 로드아일랜드 CNS영업소장 2005년 同골다공증치료제 마케팅총괄 책임자 2007년 한국릴리 대표이사 사장 2008년 일라이릴리(미국본사) 전략 및 마케팅디렉터 2013~2014년 한독테바 사장 2014년 한국글락소스미스클라인 사장 2018년 글락소스미스클라인 캐나다제약사업법인 대표(현)

홍은택(洪銀澤) HONG EUN TAEK

(생)1963 (주)경기도 성남시 분당구 대왕판교로 660 유스페이스1 A동 5층 (주)카카오커머스(02-6718-0890) (학)1982년 중경고졸 1986년 서울대 동양사학과졸 2005년 미국 미주리대 대학원졸 (경)1989~2003년 동아일보 사회부 기자 · 정치부 기자 · 워싱턴특파원 2003~2005년 미국 글로벌저널리스트 라디오프로그램 프로듀서 2005~2006년 오마이뉴스 인터내셔널 편집국장 2006~2012년 NHN 서비스운영총괄이사(NAO) · 네이버 뉴스캐스트및에코시스템 테스크포스팀담당 부사장 2012년 카카오 콘텐츠사업 총괄 부사장(COO) 2014~2015년 (주)다음카카오 최고업무책임자(COO · 수석부사장) 2015년 (주)카카오 최고업무책임자(COO · 수석부사장) 2016년 카카오메이커스 대표 겸임(현) 2018년 카카오커머스 대표(현)

홍은희(洪垠姬 · 女) HONG Eun Hee

(생)1955 · 7 · 5 (출)전남 목포 (주)서울특별시 서대문구 거북골로 34 명지대학교 사회과학대학 디지털미디어학과(02-300-0714) (학)1974년 경기여고졸 1978년 연세대 신문방송학과졸 1985년 同대학원졸 2002년 언론학박사(연세대) (경)1977년 중앙일보 계간미술부 기자 1978년 同월간부 기자 1980년 同문화부 기자 1989년 同생활과학부 기자 1993년 同문화부 차장대우 1995년 同생활부장 1998년 同생활과학팀장 1999년 同생활과학부장 1999년 同문화부장 2000년 한국여기자클럽 부회장 2000년 중앙일보 편집위원 2001년 同논설위원 2001~2005년 경원대 겸임교수 2002~2005년 중앙일보 부국장대우 논설위원 2003년 연세여성언론인회 회장 2004~2005년 한국여기자협회 회장 2004~2006년 SBS 시청자위원회 위원 2004년 대한결핵협회 비상임이사 2005~2009년 명지대 디지털미디어학과 부교수 2005년 정동극장 비상임이사 2006년 방송통신융합추진위원회 민간위원 2007년 대통령소속 도서관정보정책위원회 위원 2008 · 2010년 대통령소속 규제개혁위원회 민간위원 2009년 명지대 사회과학대학 디지털미디어학과 교수(현) 2009년 세종시 민관합동위원회 민간위원 2010~2013년 지역신문발전위원회 위원 2014~2015년 언론중재위원회 부위원장 2015년 대검찰청 검찰미래발전위원회 위원 2015~2016년 언론중재위원회 시정권고위원 2017년 국무총리자문 국민안전안심위원회 위원(현) (상)국민훈장 동백장(2005), 연세대 자랑스러운 여동문상(2007) (저)'너무나 잘 아는, 그래서 더 모르는 가족이야기' '훌륭한 어머니들'(2006)

홍의락(洪宜洛) HONG Eui Rak

(생)1955·3·11 (본)남양(南陽) (출)경북 봉화 (주)서울특별시 영등포구 의사당대로 1 국회 의원회관 617호(02-784-6277) (학)1973년 계성고졸 1981년 고려대 농업경제학과졸 2002년 경남대 북한대학원 수료 (경)1992년 크로네스코리아 대표, 전국시사만화작가회의 후원회장 2002년 국민통합개혁신당 경북창당추진위원회 공동대표, 한국농업경영인봉화군연합회 후원회장, 영주시민신문 이사 2003년 (주)뉴스툰 상임고문 2005~2006년 열린우리당 중앙위원 2005년 열린정책연구원 이사 2008년 민주당 경북도당 위원장 2008년 同당무위원 2010년 경북도지사선거 출마(민주당) 2011년 민주통합당 당무위원 2012~2016년 제19대 국회의원(비례대표, 민주통합당·민주당·새정치민주연합·더불어민주당) 2013년 국회 산업통상자원위원회 위원 2013년 민주당 대구시당 위원장 2013년 同대구시북구乙지역위원회 위원장 2013년 同정책위원회 부의장 2014~2015년 새정치민주연합 대구시당 공동위원장 2014~2015년 同원내부대표 2014년 국회 운영위원회 위원 2014~2016년 국회 미래창조과학방송통신위원회 위원 2014~2015년 국회 창조경제활성화특별위원회 위원 2014·2015·2016년 국회 예산결산특별위원회 위원 2016년 제20대 국회의원(대구시 북구乙, 무소속〈2016.2〉·더불어민주당〈2017.5〉)(현) 2016년 국회 운영위원회 위원 2016~2017년 국회 산업통상자원위원회 위원 2016~2017년 국회 저출산·고령화대책특별위원회 위원 2017~2018년 국회 예산결산특별위원회 위원 2017~2019년 더불어민주당 대구·경북특별위원회 위원장 2017~2018년 국회 산업통상자원중소벤처기업위원회 위원 2017년 더불어민주당 대구북구乙지역위원회 위원장(현) 2017~2018년 국회 4차산업혁명특별위원회 간사 2018년 더불어민주당 대구시당 공직선거후보자추천관리위원회 위원장 2018년 국회 산업통상자원중소벤처기업위원회 간사(현) 2018년 국회 4차산업혁명특별위원회 위원(현) 2019년 국회 예산결산특별위원회 위원(현) (상)선플운동본부 '국회의원 아름다운 말 선플상'(2014), 2018 입법 및 정책개발 최우수국회의원(2019) (저)'홍의원 니 와 그라노'(2013) (종)기독교

홍이표(洪利杓) HONG Yi Pyo

(생)1967·3·5 (출)충남 홍성 (주)전라남도 목포시 정의로 29 광주지방법원 목포지원(061-270-6600) (학)1985년 홍성고졸 1989년 건국대 법학과졸 (경)1989년 사법시험 합격(31회) 1992년 사법연수원 수료(21기) 1995년 부산지법 판사 1997년 同울산지원 판사 1998년 수원지법 판사 2002년 서울가정법원 판사 2003년 서울고법 판사 2005년 서울중앙지법 판사 2007년 대구지법 부장판사 2008년 해외 연수 2009년 의정부지법 부장판사 2011년 서울동부지법 부장판사 2013년 서울중앙지법 부장판사 2014년 언론중재위원회 위원 2016년 의정부지법 수석부장판사 2018년 광주지법 목포지원장 겸 광주가정법원 목포지원장(현)

홍익표(洪翼杓) HONG Ihk Pyo

(생)1967·11·20 (주)서울특별시 영등포구 의사당대로 1 국회 의원회관 839호(02-784-6887) (학)관악고졸 1989년 한양대 정치외교학과졸 1991년 同대학원 정치외교학과졸 2005년 정치학박사(한양대) (경)한양대 중소연구소 연구원, 일본 ERINA 객원연구원, 대외경제정책연구원 동북아경제협력센터 전문연구원 2007~2008년 통일부 장관정책보좌관 2008년 대외경제정책연구원 동북아경제협력센터 전문연구원 2008년 同국제개발협력센터 전문연구원, 북한대학원대 겸임교수 2012년 제19대 국회의원(서울 성동구乙, 민주통합당·민주당·새정치민주연합·더불어민주당) 2012년 국회 외교통상통일위원회 위원 2012년 민주통합당 제18대 대통령중앙선거대책위원회 '미래캠프' 산하 남북경제연합위원회 위원 2013년 同비상대책위원회 대선공약실천위원회 전략기획위원장 2013년 국회 외교통일위원회 위원 2013년 국회 운영위원회 위원 2013년 민주당 원내대변인 2014년 민주당·새정치연합 신당추진단 정강정책위원 2014년 국회 산업통상자원위원회 위원 2014년 국회 여성가족위원회 위원 2015년 국회 예산결산특별위원회 위원 2015년 새정치민주연합 한반도평화안전보장특별위원회 간사 2015년 同비례대표선출시행세칙제정TF팀장 2015년 더불어민주당 한반도평화안전보장특별위원회 간사 2016년 제20대 국회의원(서울 중구·성동구甲, 더불어민주당)(현) 2016~2017년 국회 산업통상자원위원회 간사 2016년 국회 가습기살균제사고진상규명과피해구제 및 재발방지대책마련을위한국정조사특별위원회 간사 2016년 국회 시민정치포럼 공동대표(현) 2016년 더불어민주당 서울중구·성동구甲지역위원회 위원장(현) 2016~2018년 同정책위원회 수석부의장 2016년 同대표직속 국제위원회 위원장 2017년 同제19대 문재인 대통령후보 중앙선거대책위원회 공보단 수석대변인 2017년 국정기획자문위원회 기획분과위원회 위원 2017~2018년 국회 산업통상자원중소벤처기업위원회 간사 겸 통상에너지소위원회 위원장 2017년 더불어민주당 지방선거기획단 위원 2018년 국회 행정안전위원회 간사(현) 2018년 더불어민주당 수석대변인(현) 2018~2019년 국회 에너지특별위원회 위원 2018년 국회 '공공부문채용비리의혹과 관련된 국정조사특별위원회' 위원(현) (상)선플운동본부 '국회의원 아름다운 말 선플상'(2014), 한국산업대상 공로상(2017), 법률소비자연맹 '제20대 국회 1차년도 국회의원 헌정대상'(2017), 글로벌평화공헌대상 정치발전부문(2017) (저)'북한의 외국인 투자유치정책과 투자환경(共)'(1998) '중국·베트남의 초기 개혁·개방정책과 북한의 개혁방향(共)'(2000) '북한의 관광특구 확대 가능성 및 발전방안(共)'(2001) '북한의 대외경제정책 10년 : 평가와 과제(共)'(2001) '북한의 경제특구 확대 가능성 및 발전방향'(2001) '2002년 북한경제 백서'(2003) '7.1경제관리개선조치 현황평가와 과제(共)'(2003) 'North Korea Development Report 2002/03(共)'(2003) '북한경제개혁의 추진현황과 남북한 및 국제사회의 역할(共)'(2003) '2003/4년 북한경제 백서'(2004) '남북경제통합에 대비한 북한 주요 도시의 산업발전 방향과 남북협력 방향(共)'(2004) '최근 북한의 가격·유통체제 변화 및 향후 개혁과제(共)'(2004) 'North Korea Development Report 2003/04(共)'(2004) '북핵문제 해결시 국제사회의 대북 경제지원 활성화 방안(共)'(2005) '현대북한경제론(共)'(2005)

홍인성(洪麟性) HONG-in sung

(생)1963 · 10 · 5 (출)강원 동해 (주)인천광역시 중구 신포로27번길 80 중구청 구청장실(032-760-7000) (학)강원 북평고졸, 인하대 법학과졸, 인천대 행정대학원 사회복지학과졸 (경)2007~2008년 대통령 인사수석비서관실 행정관 2007~2012년 인천사회복지연구원 연구실장 2014~2015년 박남춘 국회의원 보좌관, 인천시 중구 주민참여예산위원회 위원 2017년 더불어민주당 제19대 문재인 대통령후보 중앙선거대책위원회 조직관리팀장 2018년 인천시 중구청장(더불어민주당)(현)

홍인표(洪仁杓) Hong Inpyo

(생)1955·12·3 (본)남양(南陽) (출)경남 마산 (주)대전광역시 서구 둔산서로 95 을지대병원 성형외과(042-611-3032) (학)1975년 천안고졸 1982년 충남대 의대졸 1985년 同대학원졸 1990년 의학박사(충남대) 2004년 연세대 보건대학원 최고위과정 제14기(의료와 법) 수료 2004년 국립암센터 보건복지정책고위과정 제3기 수료 2007년 연세대 정보대학원 정보화혁신고위과정 제2기 수료 2010년 국립중앙의료원 공공보건의료최고위정책과정 제1기 수료 2011년 서울대 의대·서울대병원 공공의료정책개론강좌 제1기 수료 (경)1982~1985년 부여군 석성면 보건지소장 1985~1990년 국립의료원 인턴·레지던트 1990~2001년 국립의료원 성형외과 전문의 2001~2010년 국립의료원 성형외과장 2001년 국립중앙의료원총동문회 상임이사·부회장(현) 2003~2007년 순천향대 의대 성형외과학교실 외래교수 2003년 소비자분쟁조정위원회 의료전문위원회 전문위원(현) 2004~2008년 대한성형외과학회 상대가치기획평가단장 2004~2008년 중국 심양시 구강병원 명예교수 2005년 자동차보험진료수가분쟁심의회 전문위원(현) 2006~2009년 대한의학회 장

애평가기준개발연구위원 2006년 同신의료기술평가위원회 전문평가위원 2006년 근로복지공단 성형외과 자문의사(현) 2007~2010년 식품의약품안전청 약사심의위원회 세포치료제 전문가 2007년 건강보험심사평가원 진료심사평가위원회 비상근중앙심사위원(현) 2007~2011년 대한공공의학회 부회장 2007~2011년 同서울시지부 회장 2009~2011년 국민연금공단 장애심사규정개정추진단 의학자문단 위원 2009~2010년 제10차 한·일성형외과학회 준비위원회 EXECUTIVE SECRETARY CHAIRMAN 2010~2014년 한국다문화연대 의료봉사단장 2010~2015년 국립중앙의료원 성형외과 전문의 2010~2014년 국민연금공단 국민연금심사위원회 의학자문단 위원 2010~2012년 국립중앙의료원 성형외과장 2010~2012년 同다문화가정진료센터장 2010~2012년 同공공의료센터장 2010~2012년 同사회사업실장 2011~2013년 한국국제협력단(KOICA) 지구촌체험관 전문위원 2011~2013년 대한공공의학회 제7대 이사장 2012~2015년 서울시의사회 특별분회 이사 2012~2013년 국립중앙의료원 진료부원장 2012~2013년 同공공의료사업단장 2013~2015년 보건복지부 건강보험전문평가위원회 위원 2014~2017년 한국다문화연대 이사장 2014~2019년 한국국제협력단 홍보전문위원 2014~2015년 대한공공의학회 제8대 이사장 2015년 을지대병원 성형외과 교수(현) 2015~2017년 보건복지부 건강보험분쟁조정위원회 위원 2016년 대한공공의학회 고문(현) 2016년 을지대병원 성형외과장 2016~2018년 同제15대 병원장 2017년 대전의료원 설립추진위원회 위원(현) 2017~2018년 대한사립대학병원협회 이사 2017~2018년 대한병원협회 이사 2017년 한국다문화연대 명예회장(현) [상]충남도지사표창(1984), 보건사회부장관표창(1990), 대한성형외과학회장표창(1997), 가톨릭대 의과대학장표창(2003), 대한미용성형과학회장표창(2004), 중국 심양시 구강병원장표창(2004·2005), 중국 심양시 인민정부표창(2004), 연세대 보건대학원장표창(2004), 영국 케임브리지 국제인명센터 올해의 의학상(2006), 미국 인명정보기관 선정 '21세기 위대한 지성'(2006), 성형봉사 베스트병원 기념상(2007), 대한성형외과학회 공로패(2010), 심재철 국회의원 행복한사과나무표창(2010), 칭찬합시다운동중앙회장표창(2011), 대한의사협회 공직의사 봉사상(2012), 제12회 한미참의료인상(2013), 국립중앙의료원 공로패(2013), 몽골 아르항가이보건청 감사패(2013), 사회복지법인 엔젤스헤이븐 감사장(2013), 신망애복지재단 감사장(2013), 대한공공의학회 감사패(2013), 라오스 빈민구호재단 감사패(2014), 국립중앙의료원 공로증(2015), 대한공공의학회 감사패(2015), 한국다문화연대 감사패(2017), 학교법인 을지학원·을지대학교 공로패(2018), 대전지역종합병원장협의회 감사패(2018), 건강보험심사평가원 감사패(2019) [역]'구순구개열'(2005) '미용성형외과학'(2007)

홍인표(洪仁杓)

[생]1959 · 11 · 29 [주]대구광역시 중구 공평로 88 대구광역시의회(053-803-5041) [학]대구가톨릭대 조경학과졸, 경북대 산업대학원 산업공학과졸 [경]거화건축사사무소 대표(현), 대구시건축사회 중구 회장(현), 중소기업청 전통시장 자문위원 2014~2018년 대구시 중구의회 의원(새누리당 · 자유한국당) 2014~2016년 同복지도시위원장 2018년 대구시의회 의원(자유한국당)(현) 2018년 同경제환경위원회 위원(현)

홍일표(洪日杓) HONG Ihl Pyo (心耘)

[생]1944·11·29 [본]남양(南陽) [출]서울 [주]서울특별시 서초구 서초중앙로 15 홍일표법률사무소(02-585-4573) [학]1963년 서울고졸 1967년 서울대 법과대학졸 1970년 同사법대학원 수료 1980년 미국 하버드대 로스쿨졸(LL.M.) [경]1969년 사법시험 합격(10회) 1974~1980년 서울형사지법 판사·서울지법 동부지원 판사 1980년 청주지법 영동지원장 1981년 서울고법 판사 1982년 법원행정처 조사심의관 1984년 대법원 재판연구관 1985년 부산지법 부장판사 1987년 사법연수원 교수 1987년 미국 예일대 법대 객원연구원 1989년 서울형사지법 부장판사 겸 법원행정처 조사국장 1991년 서울민사지법 부장판사 1992년 부산고법 부장판사 1993년 사법연수원 수석교수 1994년 서울고법 부장판사 2000년 청주지법원장 2001년 서울행정법원장 2002년 특허법원장 2003~2004년 사법연수원장 2003년 중앙선거관리위원회 위원 2004년 김·장·리 법률사무소 변호사 2005~2010년 건국대 법과대학 전임교수 2005년 법무법인 바른 변호사 2007년 건국대 법학연구소장 2007~2010년 리걸타임즈 발행인 2008~2017년 법무법인 양헌 변호사 2013년 상명대 법학과 석좌교수 2013~2017년 대한변호사협회 다문화가정법률지원위원회 위원장 2018년 변호사 개업(현) [상]법무부장관표창(1970), 황조근정훈장 [저]'주해 민법 Vol.1(共)'(1992, 박영사) [종]불교

홍일표(洪日杓) HONG Il Pyo

[생]1956·2·11 [출]충남 홍성 [주]서울특별시 영등포구 의사당대로 1 국회 의원회관 623호(02-784-6346) [학]1974년 홍성고졸 1980년 건국대 법학과졸 1985년 同대학원 법학과졸(석사) 1996년 영국 런던대 수료 [경]1981년 사법고시 합격(23회) 1985년 사법연수원 수료(14기) 1985년 대구지법 판사 1988년 대전지법 홍성지원 판사 1990년 인천지법 판사 1993년 서울지법 남부지원 판사 1995년 영국 런던대 객원연구원 1996년 서울고법 판사 1997년 대법원 재판연구관 1998년 인천지법 판사 1999~2006년 변호사 개업·법무법인 서해 대표변호사, 한나라당 인천시남구甲당원협의회 운영위원장, 同인천시당 홍보위원장, 同지방자치교육원장, 在仁川충남도민회 부회장, 인천시소프트볼협회 회장 2006~2007년 인천시 정무부시장 2008년 제18대 국회의원(인천시 남구甲, 한나라당·새누리당) 2009년 제8회 한국강의날대회 조직위원장 2010년 국회 지식경제위원회 위원 2010년 국회 사법제도개혁특별위원회 위원 2010년 한나라당 대표특보 2011~2012년 同직능특별위원회 지역특별위원장(인천) 2011년 국회 국토해양위원회 위원 2011년 국회 저출산고령화특별위원회 위원 2012년 제19대 국회의원(인천시 남구甲, 새누리당) 2012년 새누리당 원내대변인 2012년 同원내부대표 2012년 同윤리특별위원회 기능강화팀장 2012년 同공동대변인 2012년 국회 국회쇄신특별위원회 위원 2012년 국회 예산결산특별위원회 위원 2013년 국회 산업통상자원위원회 위원 2014년 새누리당 사회적경제특별위원회 위원 2014년 국회 지속가능발전특별위원회 위원 2014~2015년 새누리당 인천시당 위원장 2014~2015년 同정책위원회 부의장 2014~2015년 인천재능대 객원교수 2014~2015년 국회 법제사법위원회 간사 2015년 새누리당 정책위원회 법제사법정책조정위원장 2015년 국회 법제사법위원회 위원 2015년 국회 윤리특별위원회 간사 2016년 제20대 국회의원(인천시 미추홀구甲, 새누리당·바른정당〈2017.1〉·자유한국당〈2017.5〉)(현) 2016~2018년 국회 정무위원회 위원 2017년 국회 헌법개정특별위원회 위원 2017년 바른정당 인천시당 초대 위원장 2017년 同대통령후보 경선관리위원 2017년 同제19대 유승민 대통령후보 중앙선거대책위원회 법률지원단 공동단장 2017~2018년 국회 미세먼지대책특별위원회 위원 2018~2019년 국회 산업통상자원중소벤처기업위원회 위원장 2019년 국회 기획재정위원회 위원(현) [상]한국의 미래개혁 정치발전대상(2010), 대한민국 국회 과학기술 우수의정상(2013), 법률소비자연맹 선정 국회 헌정대상(2013), 유권자시민행동 2013 국정감사 최우수상(2013), 건국대총동문회 '자랑스런 건국인'(2014), 대한민국소비자대상 소비자입법부문(2016) [저]칼럼집 '여의도 프리즘'(2011) '국회 속의 인문학'(2014)

홍일표(洪壹杓)

[생]1958 · 6 · 19 [본]남양(南陽) [출]충남 천안 [주]서울특별시 종로구 삼일대로 461 운현궁SK허브 102동 806호 시전문지〈모:든시〉 편집실 [경]1992년 경향신문 신춘문예로 등단, 문화저널21 편집위원, 시전문지 '시로여는세상' 주간, 월간 '현대시학' 주간 2017년 시전문지 「모든시」 주간(현) [상]심상신인상(1988), 제8회 지리산문학상(2013), 제6회 시인광장작품상(2016) [저]시집 '살바도르 달리풍의 낮달', '매혹의 지도', '밀서', '나는 노래를 가지러 왔다' 평설집 '홀림의 풍경들' 산문집 '조선시대 인물기행' [작]'즐거운 오독' '수국에 이르다' '북극 거미' '뱀의 전설' 등

홍일화(洪一和) HONG Il Hwa (碧空)

(생)1947·2·24 (출)경북 예천 (주)서울특별시 강남구 테헤란로7길 32 국기원(02-567-1058) (학)1966년 덕수상고졸 1970년 국민대 경제학과졸 1990년 미국 조지워싱턴대 AMP과정 수료 1993년 국민대 대학원 행정학과졸 (경)1970년 쌍용양회공업(주) 기획부 근무 1971~1973년 국회의원 비서관 1973년 (사)한국청년회의소 홍보실장 겸 한국JC신문 편집인 1974~1975년 대한미과협의회 감사 1980~1983년 (주)한국코벨 상무이사 1981~1986년 민정당 중앙위원회 총간사·정책위원 1983~1984년 (사)한국청년회의소 제1부회장 1983~1994년 (주)한국데칼 대표이사 1986년 국제스크린인쇄협회(SPAI) 국제이사 1986~1992년 한국스크린인쇄공업협동조합 이사장 1986~1993년 국민대총동문회 부회장 1987~1989년 민정당 중앙위원회 청년1분과위원장 1988년 한국자유총연맹 안산시 지부장 1989년 중소기업협동조합중앙회 이사 겸 정책위원 1990년 민자당·신한국당 중앙상무위원회 청년분과위원장 1991~2017년 민주평통 자문위원 1991년 한민족청년동지회중앙회 회장 1991~2016년 한·루마니아 친선교류협회 회장 1991~1996년 (사)북방교류협회 부총재 1995~2000년 (주)고려데칼 고문 1995~2000년 신한국당·한나라당 중앙상무위원회 부의장 1999~2001년 민주평통 안산시협의회장·상임위원·고문 1999~2002년 (주)한국데칼 회장 1999~2005년 한나라당 부대변인 2002~2005년 (사)21세기통일봉사단 단장 2002년 북방권교류협의회 부총재 2003~2006년 피닉스리더쉽총동문회 회장 2005년 21세기통일봉사단 상임고문 2006년 한나라당 중앙위원회 상임고문 2007년 同제17대 대통령중앙선거대책위원회 부위원장 2007년 同직능정책본부 부본부장 2008년 제17대 대통령취임준비위원회 자문위원 2008~2016년 우먼앤피플 상임고문 2011~2015년 안산경제문화포럼 회장 2013~2016년 국가원로회의 지도위원 2014~2015년 KDB금융그룹 산업은행 사외이사 2015~2016년 우리금융그룹 우리은행 사외이사 2015~2016년 同우리은행 이사회의장 2016년 국기원 운영이사·이사(현) 2017년 同태권도 인도시범단장 2017년 우리금융그룹 우리은행 경영자문 (상)중소기업인의날 대통령표창(1991), 500만불 수출탑(1992), 안산상공회의소 경영대상(1993), 대통령표창(1998), 국민훈장 석류장(2001) (저)'한국청년회의소 30년사(共)'(1983) '한국스크린인쇄공업협동조합 5년사'(1989) (종)기독교

홍장표(洪章杓) HONG Jang Pyo

(생)1959·8·19 (본)남양(南陽) (출)경기 안산 (주)경기도 수원시 장안구 정조로 944 자유한국당 경기도당(031-248-1011) (학)1978년 안양공고졸 1987년 인하대 조선공학과졸 2001년 한양대 지방자치대학원졸 2010년 도시공학박사(한양대) (경)대봉건설(주) 사장 1991~2002년 안산시의회 의원·예산결산특별위원회 위원장·도시건설위원장 1991년 민자당 안산지구당 부위원장 1991년 민주평통 자문위원 1992년 안산시도시계획위원 1998년 안산시문화상 심의위원 1999~2008년 국민생활체육 안산시축구협회장 2000년 한나라당 안산甲지구당 부위원장 2002~2004년 경기도의회 의원(한나라당) 2006년 한나라당 부대변인 2006년 同안산상록乙당원협의회 운영위원장, 同경기도당 뉴타운특별위원회 위원장 2006년 안산시장애인체육회 이사 2007년 신안산전철유치위원회 위원장 2008~2009년 제18대 국회의원(안산상록乙, 친박연대·한나라당) 2009년 한나라당 안산상록乙당원협의회 운영위원장 2015년 새누리당 안산시상록구乙당원협의회 운영위원장 2016년 제20대 국회의원선거 출마(안산시상록구乙, 새누리당) 2017년 자유한국당 안산시상록구乙당원협의회 운영위원장(현) 2019년 同당대표 특별보좌역(현) (상)안산시문화상(2003), 경기도의회 최우수 의원상(2004) (저)'지방도시 주택공급정책과 주택가격에 관한 연구'(2002) '지방의회 의원의 역할과 전문성 제고방안에 관한 연구'(2003) '살맛나는 안산 땀으로 가꾼 13년'(2004) (종)기독교

홍장표(洪長杓) Hong Jang Pyo

(생)1960·9·23 (출)대구 (주)서울특별시 종로구 종로1길 42 대통령직속 정책기획위원회 소득주도성장특별위원회(02-397-5016) (학)달성고졸 1983년 서울대 경제학과졸 1985년 同대학원 경제학과졸 1993년 경제학박사(서울대) (경)서울대 강사 2003년 대통령자문 정책기획위원회 위원 2004~2005년 국민경제자문회의 특별위원회 전문위원 2006~2008년 국무총리실 정부업무평가위원회 위원 2011~2017년 부경대 인문사회과학대학 경제학부 조교수·부교수·교수 2013년 한국경제발전학회 부회장 2014년 同회장 2014~2016년 부경대 인문사회과학대학장 겸 국제대학원장 2017~2018년 대통령정책실 경제수석비서관 2018년 대통령직속 정책기획위원회 소득주도성장특별위원회 위원장(현) (상)제2회 학현학술상(2012) (저)'21세기 한국 사회·경제의 발전전략'(共) '한국자동차산업의 기술능력발전'(共) (역)'기업시스템의 비교경제학'(共) (종)천주교

홍재문(洪在文) HONG Jae Moon

(생)1960·12·20 (본)남양(南陽) (출)경북 고령 (주)서울특별시 중구 명동11길 19 전국은행연합회 임원실(02-3705-5000) (학)1979년 대구 능인고졸 1983년 서울대 경제학과졸 1988년 同행정대학원 행정학과졸 2004년 미국 Vanderbilt대 대학원 경제학과졸 (경)1991년 재무부 공보관실 사무관 2000년 재정경제부 국고국 재정자금과 서기관 2004년 기획예산처 재정기획실 재정정책과장 2005년 同재정제도혁신과장 2005년 재정경제부 DDA대책반장 2006년 同금융허브협력과장 2006년 同금융허브기획과장 2008년 금융위원회 기획재정담당관 2009년 同기획재정담당관(부이사관) 2009년 同행정인사과장 2010년 駐OECD대표부 참사관 2013년 기획재정부 본부 근무(국장급) 2016년 한국자금중개(주) 부사장 2016년 전국은행연합회 전무이사(현) (종)기독교

홍재민(洪宰珉) Jae-Min Hong

(생)1963·1·27 (본)남양(南陽) (출)서울 (주)전라북도 완주군 봉동읍 추동로 92 한국과학기술연구원(KIST) 전북분원(063-219-8401) (학)1981년 대일고졸 1985년 서울대 공대 공업화학과졸 1987년 同대학원 공업화학과졸 1993년 공학박사(서울대) (경)1993~1995년 한국과학기술연구원(KIST) 분리막실 박사 후 과정 1995~1996년 미국 콜로라도주립대 화학과 박사 후 과정 1996년 한국과학기술연구원(KIST) 광전자재료연구센터 책임연구원, 同계면제어연구센터 책임연구원 2000~2003년 동국대 화학공학과 겸임교수 2000~2001년 미국 스탠퍼드대 화학공학과 방문교수 2006~2008년 NIT연합대학(NITU) 겸임교수 2008년 미국 매사추세츠공대(MIT) 재료공학과 Visiting Scientist 2009~2011년 한국과학기술연구원(KIST) 재료소자본부 광전자재료센터장 2010~2011년 同나노인쇄전자사업단장 2010~2011년 지식경제부 R&D전략기획단 부품소재MD 지원팀장·화학/고분자 전문위원 2011년 국가과학기술위원회 연구개발조정국 심의관 2013년 미래창조과학부 연구개발조정국 심의관 2015년 한국과학기술연구원(KIST) 국가기반기술연구본부 광전하이브리드연구센터 책임연구원 2017년 同전북분원장(현) (상)KIST인상(2005), 다빈치대상(2007), 과학의날 국무총리표창(2008) (저)역서 및 감수 포함 6권

홍재성(洪在星) Hong Chai-song

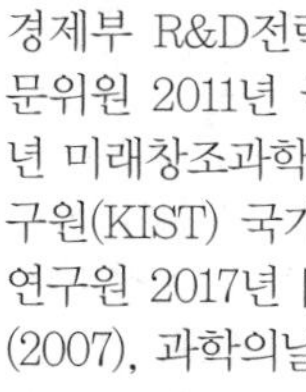

(생)1946·5·2 (출)경기 개성 (주)서울특별시 관악구 관악로 1 서울대학교 불어불문학과(02-880-6114) (학)1964년 경기고졸 1968년 서울대 불어불문학과졸 1970년 同대학원 불어학과졸 1982년 언어학박사(프랑스 파리제7대) (경)1974~1975년 아주대 공과대학 전임강사 1975~1986년 연세대 전임강사·조교수·부교수 1986~1988년 同교수 1988~1992년 서울대 불어불문학과 부교수 1992~2011년 同불어불문학과 교수 1997~1998년 한

국불어불문학회 부회장 2004~2006년 한국사전학회 회장 2006~2008년 한국언어학회 회장 2007년 대한민국학술원 회원(불어학·현) 2009년 한국사전학회 고문(현) 2011년 서울대 불어불문학과 명예교수(현) (상)프랑스 학술공로훈장 기사장(1995), 제22회 외솔상 문화부문(2000) (저)'불어학개론'(1974) 'Syntaxe des verbes de mouvement en coreen contemporain'(1985) 'Initiation a la langue coreenne'(1985) '현대 한국어 동사구문의 연구'(1987) '불어기본구문의 이해'(1989) '현대 한국어 동사 구문 사전'(1997) '동아 프라임 불한사전'(1998) '프랑스어 문장연습'(2003) '프랑스어학의 이해'(2006)

홍재은

(생)1960·1 (주)서울특별시 서대문구 통일로 87 NH농협생명보험(주) 비서실(02-3786-7000) (학)의정부고졸, 성균관대 농업경제학과졸 (경)1986년 농협중앙회 입사, 同동두천지점 근무, 同신탁증권부 근무, 同신탁부 신탁상품팀 근무, 同자금부 투자개발팀장, 同금융기획부 시너지개발팀장 2011년 同기업고객부 단장 2012년 NH농협은행 프라이빗에쿼티(PE) 단장 2013년 同의정부시지부장 2014년 同자금부장 2017년 농협금융지주 사업전략부문장(상무) 2019년 NH농협생명 대표이사(현)

홍재표(洪再杓) Hong Jaepyo (들풀)

(생)1964·9·27 (본)남양(南陽) (출)충남 태안 (주)충청남도 예산군 삽교읍 도청대로 600 충청남도의회(041-635-5010) (학)신성대 토목정보과졸 (경)새시대새정치연합청년회 충남지부 부회장, 민주평통 자문위원(현), 민주당 충남도당 지방자치위원장 2006년 충남도의원선거 출마(열린우리당) 2010년 충남도의원선거 출마(비례대표, 민주당) 2014~2018년 충남도의회 의원(비례대표, 새정치민주연합·더불어민주당) 2014·2016~2018년 同농업경제환경위원회 위원 2014년 同예산결산특별위원회 위원 2016~2018년 同석탄화력 등 미세먼지 및 유해물질저감대책특별위원장 2017~2018년 同윤리특별위원회 부위원장 2017년 더불어민주당 제19대 문재인 대통령후보 중앙선거대책위원회 시민환경포럼 조직위원장, 同중앙당 미세먼지특별위원회 부위원장(현) 2018년 충남도의회 의원(더불어민주당)(현) 2018년 同부의장(현) (상)대통령표창(2006), 풀뿌리지방자치대상(2016)

홍재형(洪在馨) HONG Jae Hyong

(생)1938·3·27 (본)남양(南陽) (출)충북 청주 (주)서울특별시 영등포구 국회대로68길 7 더불어민주당(02-788-2278) (학)1956년 청주고졸 1960년 서울대 상대졸 1964년 同행정대학원졸 1998년 명예 경제학박사(충북대) (경)1963년 예편(해군 중위) 1963~1969년 재무부 외환국 사무관 1969년 세계개발은행(IBRD) 이사 보좌관 1971년 駐영국대사관 근무 1973년 재무부 국제금융과장 1976년 駐영국대사관 재무관 1979년 관세청 관세감독관 겸 관세조사국장 1979년 同관세조사국장 1981년 재무부 관세국장 1983년 대통령 경제비서관 1985년 해외협력위원회 기획단 부단장 1986년 경제기획원 대외경제조정실장 1987년 재무부 기획관리실장 1988년 同제1차관보 1988년 관세청장 1990년 한국수출입은행장 1991년 한국외환은행장 1993년 아시아개발은행총회 의장 1993년 재무부장관 1994년 부총리 겸 경제기획원 장관 1994~1995년 부총리 겸 재정경제원 장관 1995년 세계화추진위원회 부위원장 1996년 신한국당 청주상당지구당 위원장 1996~1998년 한국야구위원회 총재 1997년 국민신당 최고위원 1997~1998년 同청주상당지구당 위원장 1998~2000년 충북대 초빙교수 2000~2004년 제16대 국회의원(청주 상당구, 새천년민주당·열린우리당) 2001년 새천년민주당 충북도지부장 2002년 국회 예산결산특별위원회 위원장 2004년 열린우리당 충북도지부장 2004년 제17대 국회의원(청주 상당구, 열린우리당·대통합민주신당·통합민주당) 2004년 열린우리당 정책위원회 의장 2005~2006년 同충북도당 위원장 2005년 행정중심복합도시건설추진위원회 공동위원장 2006년 국회 한미FTA특별위원회 위원장 2007년 열린우리당 최고위원 2008년 대통합민주신당 최고위원 2008년 통합민주당 최고위원 2008년 제18대 국회의원(청주 상당구, 통합민주당·민주당·민주통합당) 2008~2011년 민주당 당무위원 2008년 同전국대의원대회 부의장 2008~2009년 국회 국가균형발전 및 행정중심복합도시대책특별위원회 위원장 2010년 국회 부의장 2011년 민주통합당 당무위원 2012~2013년 同충북도당 위원장 2012년 同제18대 대통령중앙선거대책위원회 충북도당 상임선거대책위원장 2015년 새정치민주연합 고문 2015년 더불어민주당 고문(현) 2017년 同중앙당 선거관리위원장 (상)홍조근정훈장, 황조근정훈장, 청조근정훈장 (저)수상집 '어차피 삶은 실명일 수밖에 없다' '자유시장, 작은 정부 토대를 다지며' (종)기독교

홍정국(洪正國) Hong Jung Kuk

(생)1982 (주)서울특별시 강남구 테헤란로 405 (주)BGF리테일 비서실(02-528-8610) (학)2005년 미국 스탠퍼드대 경제학과졸 2009년 同대학원 산업공학과졸 2013년 미국 펜실베이니아대 와튼스쿨졸(MBA) (경)2010년~2011년 Boston Consulting Group Associate 2013년 BGF리테일 경영혁신 실장(부장) 2014년 同실장(이사) 2015년 同전략기획본부장 겸 경영혁신실장(상무) 2016~2017년 同전략혁신부문장(전무) 2017년 同경영지원부문장(부사장)(현) 2017년 BGF 전략부문장(부사장) 겸임(현)

홍정근(洪精根)

(생)1958·4·27 (주)경상북도 안동시 풍천면 도청대로 455 경상북도의회(054-880-5126) (학)영남대 농축산대학 지역사회개발학과졸 (경)경산시청 근무, 경산시의회 사무국장, 영남대 경산시총동창회 부회장(현) 2018년 경북도의회 의원(자유한국당)(현) 2018년 同행정보건복지위원회 위원(현) 2018년 同통합공항이전특별위원회 위원(현)

홍정기(洪禎基) HONG Jeongkee

(생)1966·9·17 (본)남양(南陽) (출)인천 (주)세종특별자치시 도움6로 11 환경부 4대강조사평가단(044-201-6620) (학)1985년 운호고졸 1992년 연세대 행정학과졸 2004년 미국 델라웨어대 대학원졸 2011년 공학박사(서울대) (경)1992년 행정고시 합격(35회) 1995년 환경부 기획관리관실 법무담당관실 근무 2001년 同기획관리실 기획예산담당관실 서기관 2004년 同혁신인사담당관 2005년 한강유역환경청 환경관리국장 2005년 환경부 자연보전국 자연자원과장 2006년 同대기보전국 대기총량제도과장 2008년 同기획조정실 창의혁신담당관 2009년 同환경정책실 녹색환경정책관실 정책총괄과장(부이사관) 2010년 同기획재정담당관 2011년 2012세계자연보전총회조직위원회 사무처장 2012년 환경부 수도권대기환경청장 2013년 同대변인 2014년 同자원순환국장 2015년 同한강유역환경청장 2017년 同물환경정책국장 2017년 同환경정책실장 2018년 同자연환경정책실장 2018년 同4대강조사평가단장(현) (상)대통령표창(1998), 홍조근정훈장(2019) (종)기독교

홍정길(洪正吉) HONG Jung Gil

(생)1942·2·3 (출)전남 함평 (주)서울특별시 강남구 광평로20길 17 남서울은혜교회(02-3412-0035) (학)1963년 숭실대 철학과졸 1969년 총회신학교 신학과졸 2006년 명예 철학박사(숭실대) 2010년 명예박사(합동신학대) (경)1970~1972년 한국대학생선교회(CCC) 한국총무, 건국대 교목 1975~1996년 남서울교회 개척·담임목사 1986~2010년 유학생수련회(KOSTA) 국제이사회 이사장 1991~2001년 학원복음화협의회 전국연합 공동대표·대표 1993년 (사)남북나눔 사무총장 1993년 (사)남북나눔 이사장(현) 1996~2012년 남서울은혜교회 개척·담임목사, 한국해외선교회 번역선교부(GBT) 이사장, 同전문인협력기구 이사장, 밀알선교단

이사장, 同이사 1999년 밀알미술관 설립·대표, (재)한세 이사, 기독교윤리실천운동 이사·공동대표, 기아대책기구 이사, 중국 연변기술대 재단이사, BTC 이사, 이슬람연구소 이사, 도서출판 두란노 이사, 대북협력민간단체협의회 회장, 한국기독교북한동포후원연합회 식량은행 사무총장, 同회장, 한국기독교역사연구소 이사 2004년 同이사장 2008년 공의정치실천연대 공동대표 2012년 남서울은혜교회 원로목사(현), 한국굿윌 이사, 밀알선교단 이사(현), 학교법인 밀알학원 이사장(현), 밀알복지재단 이사장(현), 평화통일을위한남북나눔운동 회장, 국제복음주의 학생연합회(KOSTA) 설립, 일가재단 부이사장(현), 학교법인 신동아학원 이사장(현) (상)국민훈장 동백장(2008), 민족화해상(2009) (저)'십계명 강해' '아브라함의 하나님' '주기도문 강해' '씨뿌리는 비유' '야고보서 강해' '우리가 소망하는 교회' '기질대로 쓰시는 하나님' '사명으로 움직이는 삶' '한국교회는 이민족을 책임질수 있는가' '믿음의 사람들' '빌립보서 강해' '중년의 위기' '다윗의 노래' '뜻을 정한 인생' '하나님의 은혜, 나의 사명' '상황을 뛰어넘는 기쁨' '자유를 위하여 부르심을 입었나니' (종)기독교

홍정도(洪正道) Jeongdo Hong

(생)1977·11·11 (본)남양(南陽) (출)서울 (주)서울특별시 중구 서소문로 100 중앙그룹 비서실(02-751-5114) (학)1996년 구정고졸 1997~1998년 연세대 문과대학 수학 2003년 미국 코네티컷 웨슬리안대 경제학과졸 2008년 미국 스탠퍼드대 경영대학원졸(MBA) (경)2004년 Accenture 비즈니스 컨설턴트 2005년 중앙일보 전략기획팀 근무 2009년 同전략기획실 이사 겸 JMnet 방송본부 기획조정담당 2010년 同전략기획실장(상무) 겸 JMnet 방송본부 기획조정담당 2011년 同지원총괄 전무 겸 JMnet COO 2012년 JTBC COO 전무 2013년 同COO 부사장 2014년 同대표이사 부사장 겸 JMnet 부사장 2014년 JMnet·중앙일보·JTBC 대표이사 부사장 2015년 JMnet·중앙일보·JTBC 대표이사 사장 2018년 중앙홀딩스·중앙일보·JTBC 대표이사 사장(현) 2018년 중앙일보 발행인 겸임(현) (상)세계경제포럼(WEF) 선정 2010 차세대 리더(Young Global Leader)(2010) (종)원불교

홍정란(女)

(생)1966·3 (주)서울특별시 강남구 압구정로 201 현대백화점 상품본부 식품사업부(02-547-2233) (학)서울대 식품영양학과졸 (경)1988년 (주)현대백화점 입사, 同신촌점 식품팀장(부장) 2012년 同킨텍스점장(상무보) 2015년 同킨텍스점장(상무乙) 2016년 同상품본부 식품사업부장(상무乙) 2018년 同상품본부 식품사업부장(상무甲)(현)

홍정선(洪井善) HONG Jeong Sun (遁石)

(생)1951·1·19 (출)경북 청도 (학)1969년 경북고졸 1973년 서울대 법학과졸 1976년 同대학원 법학과졸 1985년 법학박사(서울대) (경)1982~2001년 이화여대 법과대학 교수 1996~1998년 同교무처장 1998~1990년 독일 Tubingen대 초빙교수 1999~2000년 독일 Wuppertal대 초빙교수 2001~2016년 연세대 법과대학 교수·법학전문대학원 교수 2001~2005년 한국지방자치법학회 회장 2001~2006년 서울 강남구 특별법률자문교수 2003~2005년 전국시장·군수·구청장협의회 자문교수 2003~2007년 국무총리행정심판위원회 심판위원 2004~2006년 민주화운동관련자명예회복및보상심의위원회 위원 2005~2007년 헌법재판소 공직자윤리위원회 위원 2005년 한국지방자치법학회 명예회장(현) 2005~2006년 한국공법학회 회장 2006년 同고문(현) 2006~2008년 방송위원회 행정심판위원회 위원 2007년 미국 Berkeley대 법과대학 초빙교수 2008~2010년 대통령소속 지방분권촉진위원회 위원 2010~2017년 서울시 민간위탁운영평가위원회 위원장 2010~2013년 행정안전부 지방자치단체중앙분쟁조정위원회 위원 2012년 독일 자유베를린대 연구교수 2012년 행정안전부 주식백지신탁심사위원회 위원장 2013~2014년 안전행정부 주식백지신탁심사위원회 위원장 2013년 同지방자치단체중앙분쟁조정위원회 위원장 2016년 법제처 연구윤리위원회 위원장 2017~2019년 행정안전부 지방자치단체중앙분쟁조정위원회 위원장 2019년 법제처 행정법제혁신자문위원장(현) (상)한국공법학회 학술장려상(1994), 제1회 연세대 사회과학부문 Best Teacher Award(2005), 홍조근정훈장(2011) (저)'헌법과 정치'(1986) '행정법원리-독일의 이론과 실제'(1990) '행정법원론(상)'(1992~2013) '행정법원론(하)'(1992~2013) '사례행정법'(1996) '행정법연습'(1999~2007) '행정법특강'(2002~2013) '경찰행정법'(2007·2013) '신행정법입문'(2008~2013) '신행정법연습'(2009·2011) '신지방자치법'(2009) '최신행정법판례특강'(2011·2012) 'CASE 행정법특강(共)'(2011·2013) '공인노무사 행정쟁송특강(共)'(2011·2013) '로스쿨 객관식 행정법특강(共)'(2012) '기본행정법'(2013) '기본경찰법'(2013)

홍정섭(洪正燮) Hong Jeong Seop

(생)1967·9·27 (본)남양(南陽) (출)대구 (주)서울특별시 서초구 동작대로 328 한강홍수통제소(02-590-9900) (학)1985년 대구 심인고졸 1989년 서울대 토목공학과졸 1991년 同대학원 토목공학과졸 (경)2005년 환경부 하수관거정비BTL사업추진팀 서기관 2007년 국무조정실 파견 2008년 금강유역환경청 근무 2009년 환경부 대변인실 정책홍보팀장 2010년 同물환경정책국 유역총량과장 2011년 同수생태보전과장 2011년 同자원순환국 폐자원에너지팀장 2013년 同자원순환국 폐자원에너지과장 2013년 同환경보건관리과장 2014년 同기후대기정책관실 기후변화협력과장 2016년 同환경보건정책관실 화학물질정책과장 2017년 同자원순환국 폐자원관리과장 2017년 同감사관실 감사담당관(부이사관) 2019년 同한강홍수통제소장(국장급)(현)

홍정용(洪正龍)

(생)1951·3·8 (출)광주 (주)서울특별시 중랑구 망우로 511 의료법인 풍산의료재단(02-437-5011) (학)1975년 서울대 의대졸 1978년 同대학원 의학석사 1998년 의학박사(동국대) (경)1975~1980년 서울대병원 정형외과 전공의 예편(육군 소령) 1983년 동부제일병원 설립 1993년 의료법인 동부제일병원 개설 1993년 의료법인 풍산의료재단 설립·이사장(현) 1997~1999년 대한병원협회 이사 1997년 의료법인 창동제일의원 개원 1999~2008년 대한병원협회 보험상임이사 2001~2003년 서울시병원회 총무이사 2001~2005년 대한중소병원협회 총무이사 2003~2012년 서울시병원회 부회장 2005~2008년 대한중소병원협회 부회장 2008~2010년 대한병원협회 사업위원장 2010~2012년 同총무위원장 2010년 경기도립노인전문시흥병원 대표(현) 2014~2016년 대한병원협회 부회장 2014년 서울시병원회 고문 2014~2016년 대한중소병원협회 회장 2015년 서울대의과대학총동창회 회장(현) 2016~2018년 대한병원협회 회장 2016년 항생제바로쓰기운동본부 위원(현) 2017년 국제병원연맹(IHF) 운영위원(현) (상)서울특별시장표창(1985), 재무부장관표창(1988), 경기도지사 감사장(1988), 건설교통부장관표창(1999), 행정자치부장관 감사장(2001), 보건복지부장관표창(2004), 한·독학술경영대상(2005), 대한병원협회장표창(2007), 국민포장(2007)

홍정욱(洪政旭) HONG Jungwook

(생)1970·3·14 (본)남양(南陽) (출)서울 (학)1989년 미국 초우트로즈매리홀고졸 1991~1992년 서울대 정치학과 수학 1993년 미국 하버드대 동아시아학과졸 1995년 중국 베이징대 국제정치학대학원 수학 1998년 미국 스탠퍼드대 로스쿨졸(LL.M.) 2005년 명예 정치학박사(용인대) (경)1998년 미국 리먼브라더스 인수합병·금융전문가 2000~2001년 미국 스트럭시콘 CFO 2002~2007년 (주)헤럴드미디어 대표이사 사장 2002~2008년 코리아헤럴드·헤럴드경제·주니어헤럴드·캠퍼스헤럴드 발행인 2002~2008년 한국신문협회 이사 2002~2008년 국제언론

인협회 한국위원회 이사 2003~2008년 한국신문윤리위원회 감사 2006년 한·미협회 이사(현) 2007년 아시아소사이어티 정책자문위원(현) 2007년 국립중앙박물관 운영자문위원(현) 2007년 서울대 미술관 운영위원 2007년 동아TV 회장 2007~2008년 (주)헤럴드미디어 대표이사 회장 2008년 국립중앙박물관회 이사(현) 2008~2012년 제18대 국회의원(서울 노원丙, 한나라당·새누리당) 2009년 한국국제협력단(KOICA) 대외무상원조 명예홍보대사 2009~2010년 한나라당 국제위원장 2010년 同지방선거기획위원 2010년 同전당대회준비위원회 위원 2010년 同2030본부장 2011년 (사)올재 이사장(현) 2012~2019년 (주)헤럴드 회장 2017년 WWF(세계자연기금)코리아 이사(현) (상)세계경제포럼(다보스포럼) '영글로벌리더' 선정(2005), 아시아소사이어티 'Asia 21 Fellow' 선정(2006), BMW 헤르베르트콴트재단 '영 유럽-아시아 리더' 선정(2008), NGO선정 국정감사 우수의원(2008·2009·2010) (저)'7막7장'(1993, 삼성) '7막7장 그리고 그 후'(2003, 위즈덤하우스) (종)기독교

홍종성(洪鍾聲)

(생)1969 (주)서울특별시 영등포구 국제금융로 10 서울국제금융센터 one IFC빌딩 9층 딜로이트안진회계법인(02-6676-2276) (학)고려대 경영학과졸 (경)1991년 딜로이트안진회계법인 입사 2005년 同상무 2010년 同전무, 同부대표 2015년 同재무자문본부장 2019년 同총괄대표이사(CEO)(현)

홍종욱(洪鍾旭) HONG Jong Uk

(생)1966·11·12 (본)남양(南陽) (출)충남 연기 (주)인천광역시 중구 서해대로 366 인천지방해양수산청(032-885-0010) (학)1985년 이화여대부속고졸 1989년 서울대 정치학과졸 2005년 스웨덴 세계해사대 대학원졸 (경)1993년 행정고시 합격(37회) 1996년 해양수산부 기획예산담당관실 근무 1997년 同해운정책과 근무 1999년 국무조정실 심사평가조정관실 근무 2000년 해양수산부 항만정책과 근무 2002년 同수산정책과 근무 2005년 同해양보전과 근무 2006년 同성과관리팀장 2007년 同장관비서관 2007년 同해운물류본부 물류협력팀장 2008년 2012여수세계박람회조직위원회 기획총괄팀장 2009년 국토해양부 국제해사팀장 2009년 駐프랑스대사관 파견 2012년 국토해양부 항공정책실 공항정책과장(서기관) 2013년 해양수산부 해양정책실 해양정책과장 2014년 同기획조정실 기획재정담당관(부이사관) 2015년 마산지방해양수산청장 2017년 국가공무원인재개발원 교육파견 2018년 중앙해양안전심판원 수석조사관 2019년 인천지방해양수산청장(현)

홍종원(洪鍾元)

(생)1968·6·10 (주)대전광역시 서구 둔산로 100 대전광역시의회(042-270-5226) (학)연세대 행정학과졸 (경)1993~1998년 LG애드 근무 2000~2004년 SK커뮤니케이션즈(주) 근무, 솔로몬나인 대표이사 2016~2018년 이상민 국회의원 보좌관(4급), 연세대 대전동문회 사무국장(현), 더불어민주당 정책위원회 부의장, 同대전중구지역위원회 부위원장(현) 2018년 대전시의회 의원(더불어민주당)(현), 同더불어민주당 원내대표(현), 同행정자치위원회 부위원장(현), 同예산결산특별위원회 부위원장(현)

홍종학(洪鍾學) Jong Haak Hong

(생)1959·5·12 (출)인천 (주)경기도 성남시 수정구 성남대로 1342 가천대학교 사회과학대학 글로벌경제학과(031-750-5114) (학)1977년 제물포고졸 1983년 연세대 경제학과졸 1986년 同대학원 경제학과졸 1991년 경제학박사(미국 캘리포니아주립대) (경)1983~1984년 한국종합금융 근무 1992~2012년 가천대(舊 경원대) 사회과학대학 경제학과 전임강사·조교수·부교수·교수, 同사회과학대학 글로벌경제학과 명예교수(현) 2005~2006년 MBC라디오 '손에 잡히는 경제' 진행자 2006년 경제정의실천시민연합 정책위원장, 同재벌개혁위원장 2009~2011년 同경제정의연구소장 2011~2012년 시민정치행동 '내가 꿈꾸는 나라' 공동대표 2012~2016년 제19대 국회의원(비례대표, 민주통합당·민주당·새정치민주연합·더불어민주당) 2012년 민주통합당 민주정책연구원 상근부원장 2013년 민주당 민주정책연구원 수석부원장 2014년 민주당·새정치연합 신당추진단 정강정책위원 2014년 국회 기획재정위원회 위원 2014년 새정치민주연합 민주정책연구원 부원장 2014~2015년 同정치혁신실천위원회 위원 2014년 同공적연금발전TF 위원 2014~2015년 국회 창조경제활성화특별위원회 위원 2015년 국회 서민주거복지특별위원회 위원 2015년 새정치민주연합 정책위원회 수석부의장 2015년 同디지털소통본부장 2015년 국회 공적연금강화와노후빈곤해소를위한특별위원회 위원 2015년 새정치민주연합 경제정의·노동민주화특별위원회 위원 2015년 同재벌개혁특별위원회 위원 2015년 더불어민주당 디지털소통본부장 2015년 同경제정의·노동민주화특별위원회 위원 2016년 同인재영입위원회 부위원장 2016년 同디지털소통본부장 2017년 同제19대 문재인 대통령후보 중앙선거대책본부 정책본부 부본부장 2017년 국정기획자문위원회 경제1분과 위원 2017~2019년 중소벤처기업부 장관 (상)법률소비자연맹 국회 헌정대상(2013), 경제정의실천시민연합 선정 국정감사 우수의원(2014) (저)'삼수 사수를 해서라도 서울대에 가라'(1998) 'IMF사태, 원인을 알면 대책이 보인다-재벌편'(1998) '미시적 경제분석(共)'(2005) '한국경제 새판 짜기(共)'(2007) (역)'성장친화형 진보'(2009)

홍종호(洪鍾豪) Hong Jong Ho

(생)1963·9·7 (주)서울특별시 관악구 관악로 1 서울대학교 환경대학원 환경계획학과(02-880-9518) (학)상문고졸 1986년 서울대 경제학과졸 1988년 미국 미시간주립대 대학원 경제학과졸 1994년 경제학박사(미국 코넬대) (경)1985~1986년 삼성물산 섬유사업부 근무 1994년 미국 코넬대 Post-Doc. 1994~1996년 한국개발연구원(KDI) 전문연구원 1996~2002년 한양대 상경대학 경제학부 전임강사·조교수 1997~1999년 경제정의실천시민연합 정책위원 1998~2008년 Journal of Economic Research 편집위원 1999~2004년 산업자원부 장기전력수급위원회 위원 1999년 일본 교토대 경제연구소 초빙교수 2001~2003년 외무고시·입법고시·세무사 출제위원 2001~2003년 한국환경경제학회 총무이사 2001~2003년 환경부 환경서비스협상대책반 참여위원 2002~2005년 The World Bank(세계은행) 컨설턴트 2002~2009년 한양대 경제금융대학 경제금융학부 부교수·교수 2002~2004년 同경제금융대학 경제금융학부장 2003년 환경정의 집행위원 2003~2004년 KBS 객원해설위원 2004년 미국 Univ. of California at Davis 방문교수 2004~2005년 국무총리실산하 경제사회이사회 연구원·평가위원 2005~2007년 기금평가단 평가위원 2006~2009년 환경정의초록사회본부 공동본부장 2006~2008년 전국경제인연합회 환경위원회 자문위원 2006년 한강수계관리기금성과평가위원회 평가위원 2006~2008년 대통령자문 지속가능발전위원회 사회·건강전문위원회 위원 2008~2010년 한국경제연구학회 이사 겸 연구위원장 2008년 한국환경경제학회 감사 2008년 한국경제학회 청람상 심사위원 2008~2010년 기업지속가능성지표개발 GRI Working Group 위원 2009년 서울대 환경대학원 환경계획학과 부교수 2012년 同환경대학원 환경계획학과 교수(현) 2014년 대한상공회의소 정책위원 2015년 (재)한국사회투자 이사 2015~2016년 한국환경경제학회 회장 2016~2017년 서울대 환경계획연구소장 2017년 同아시아에너지환경 지속가능발전연구소장 2017년 한국경제학회 부회장 2017년 서울 노원환경재단 이사 2018년 서울대 환경대학원 학생부원장 2018년 대통령직속 정책기획위원회 산하 재정개혁특별위원회 위원 2018년 한국환경공단 비상임이사(현) 2019년 서울대 환경대학원장(현) 2019년 동아시아환경자원경제학회(AAERE) 회장(현)

홍종화(洪鍾和) HONG Jong Hwa

(생)1955·9·4 (본)남양(南陽) (출)충남 천안 (주)서울특별시 서대문구 연세로 50 연세대학교 불어불문학과(02-2123-2354) (학)1981년 연세대 불어불문학과졸 1984년 同대학원졸 1989년 불문학박사(프랑스 파리제7대) (경)1990~1998년 한국외국어대 조교수·부교수 1998년 연세대 문과대학 불어불문학과 교수(현) 2005년 同언어교육연구원장 2006~2008년 同교무처장 2007년 同교육개발지원센터 소장 2008년 同사회교육원장 2009~2011년 同평생교육원장 2010년 한국불어불문학회 부회장 2011~2013년 연세대 문과대학장 2017년 한국불어불문학회 회장 2018년 연세대 교학부총장(현) (저)'불어학개론'(1992) '현대 불란서 언어학의 방법과 실제'(1994) '인문학의 수사학'(2003) '화용론 백과사전(共)'(2004)

홍종희(洪終姬·女)

(생)1967·10·26 (출)광주 (주)경기도 의정부시 녹양로34번길 23 의정부지방검찰청 형사1부(031-820-4621) (학)1986년 전남여고졸 1990년 서울대 사법학과졸 (경)1997년 사법시험 합격(39회) 2000년 사법연수원 수료(29기) 2000년 수원지검 검사 2002년 청주지검 검사 2004년 대전지검 검사 2006년 서울남부지검 검사 2009년 수원지검 안산지청 검사 2009년 여성부 여성폭력방지중앙점검단장 2010년 여성가족부 여성·청소년보호중앙점검단장(파견) 2013년 수원지검 안산지청 부부장검사 2013년 법무부 인권정책과 검사 2013년 同여성아동인권과장 2016년 대전지검 공주지청장 2017년 서울중앙지검 여성아동범죄조사부장 2018년 대구지검 형사2부장 2019년 의정부지검 형사1부장(현)

홍준표(洪準杓) HONG Joon Pyo

(생)1954·12·5 (본)남양(南陽) (출)경남 창녕 (학)1972년 대구 영남고졸 1977년 고려대 법과대학 행정학과졸 1996년 同언론대학원 수료 2009년 명예 법학박사(신라대) 2009년 명예 부동산학박사(영산대) (경)1982년 사법고시 합격(24회) 1984년 사법연수원 수료(14기) 1985년 청주지검 검사 1987년 부산지검 울산지청 검사 1988년 서울지검 남부지청 검사 1991년 광주지검 검사 1992년 서울지검 검사 1994년 국가안전기획부 정책연구관 1995년 법무부 특수법령과 검사 1995~1999년 우신합동법률사무소 대표변호사 1996~1999년 제15대 국회의원(서울 송파구甲, 신한국당·한나라당) 1998년 한나라당 원내부총무 1998년 同총재 법률특보 1999년 미국 워싱턴 국제전략문제연구소 객원연구원 2001년 한나라당 서울 동대문乙지구당 위원장 2001년 제16대 국회의원(서울 동대문구乙 보선, 한나라당) 2002년 한나라당 제1정책조정위원장 2003년 同비상대책위원회 전략기획위원장 2004~2008년 제17대 국회의원(서울 동대문구乙, 한나라당) 2004년 한·말레이시아의원친선협회 회장 2005년 한나라당 혁신위원장 2006~2008년 국회 환경노동위원장 2007년 한나라당 제17대 대통령선거 중앙선거대책위원회 클린정치위원장 2008년 제18대 국회의원(서울 동대문구乙, 한나라당·새누리당) 2008~2009년 한나라당 원내대표 2008~2013년 대한태권도협회 회장 2008~2009년 국회 운영위원장 2009년 한·호주의원친선협회 회장 2010~2011년 한나라당 최고위원 2010~2012년 同서민정책특별위원장 2011년 同대표최고위원 2012년 제19대 국회의원선거 출마(서울 동대문구乙, 새누리당) 2012~2014년 경남도지사(보궐선거 당선, 새누리당) 2014~2017년 경남도지사(새누리당·자유한국당) 2014년 새누리당 보수혁신특별위원회 자문위원 2017년 자유한국당 제19대 대통령 후보 2017년 同국가대개혁위원장 2017~2018년 同대표최고위원 2017~2018년 同여의도연구원 이사장 2017~2018년 同인재영입위원회 위원장 2018년 同대구북구乙당원협의회 운영위원장 2019년 4대강보해체저지범국민연합 고문(현) (상)백봉신사상(2008), 전국보육인대회 감사패(2015) (저)'홍검사, 당신 지금 실수하는거요'(1996) '이 시대는 그렇게 흘러가는가'(2000) 자전적 에세이 '나 돌아가고 싶다'(2005) '변방'(2009, 형설라이프) (종)기독교

홍준학

(생)1965 (주)대구광역시 수성구 야구전설로 1 삼성라이온즈(053-780-3300) (학)1984년 대구 영신고졸 1991년 영남대 경제학과졸 (경)1990년 삼성라이온즈 선수지원 2006년 同홍보팀장·마케팅팀장 2011년 同기획담당·신축구장T/F 2015년 同마케팅팀장 2016년 同구장지원팀장 2016년 同단장(현)

홍준형(洪準亨) Hong, Joon Hyung

(생)1956·10·19 (주)서울특별시 관악구 관악로 1 서울대학교 행정대학원(02-880-5621) (학)1979년 서울대 법대졸 1982년 同대학원 법학과졸 1986년 同대학원 법학 박사과정 수료 1991년 법학박사(독일 괴팅겐대) (경)1994~2003년 환경부 법령심사위원회 위원 1995년 서울대 행정대학원 전임강사·조교수·부교수·교수(현) 1995~1997년 경제정의실천시민연합 상임집행위원 1995년 (재)한국의회발전연구회 연구위원 1995년 '의정연구' 편집위원 1998~2001년 서울대 정보통신행정연구소장 1998~2001년 한국도메인분쟁협의회 의장 1999년 기획예산처 중앙행정기관경영진단 법제팀장 1999년 국무총리 행정심판위원회 위원 1999~2002년 한국인터넷정보센터 이사 2000~2002년 서울대 행정대학원 정책학과정 주임교수 2001~2003년 독일 베를린자유대 초빙교수 2003년 서울대 행정대학원 정보통신방송정책과정 주임교수 2009~2010년 한국환경법학회 회장 2011~2012년 한국공법학회 회장 2014~2016년 한국학술단체총연합회 이사장(회장) 2015년 한국인터넷진흥원 비상임이사 2016년 미래창조과학부 정보보호산업분쟁조정위원회 위원장 2017년 행정안전부 주민등록번호변경위원회 위원장(현) 2017~2019년 문화재청 문화재위원회 위원 (상)한국공법학회 학술장려상(1996), 한국환경법학회 학술상(1997), 홍조근정훈장(2017)

홍준호(洪準浩) HONG Jun Ho

(생)1957·1·20 (본)남양(南陽) (출)서울 (주)서울특별시 중구 세종대로21길 30 조선일보 비서실(02-724-5114) (학)1975년 덕수상고졸 1983년 서울대 동양사학과졸 (경)1983년 조선일보 입사 1999년 同정치부 차장 1999년 同편집부 부장대우 2000년 同정치부 부장대우 2002년 同정치부장 2004년 同논설위원 2005년 同편집국 부국장대우 2005년 관훈클럽 서기 2006년 조선일보 편집국 정치부 선임기자(부국장대우) 2006년 同편집국 부국장 2008년 同논설위원 2008년 同워싱턴지국장 2008년 同편집국 부국장 2009년 同편집국장 2011년 同논설위원 2013년 同경영기획실장 2013년 한국신문협회 기조협의회 부회장 2014년 조선일보 경영기획실장(이사) 2015년 同발행인 겸 인쇄인(현) 2015년 한국신문협회 이사 2016년 同부회장 2017년 조선일보 대표이사 부사장(편집인 겸임)(현) (상)장한 덕수인상(2010), 관악언론인회 제15회 서울대언론인대상(2018)

홍준호(洪俊鎬) Joon Ho Hong

(생)1974·8·31 (본)남양(南陽) (출)인천 (주)인천광역시 남동구 정각로 29 인천광역시청 재정기획관실(032-440-5681) (학)1992년 송도고졸 1997년 인하대 행정학과졸 2012년 미국 하와이주립대 대학원 도시계획과졸 (경)2003년 인천시 남구 용현1동장 2003년 同남구 경제지원과장 2005년 同남구 도시정비과장 2006~2007년 인천시 아시아경기대회유치본부 대외협력담당관 2007~2010년 인천세계도시축전조직위원회 파견 2013~2014년 인천경제자유구역청 투자유치본부 기반서비스산업유치과 교육팀장 2014년 인천시 규제개혁추진단장 2014년 同행정관리국 인사과 인사팀장 2016년 同인재개발원 교육지원과장 2017년 육아휴직(서기관) 2018년 인천시 일자리경제본부 일자리경제과장 2019년 同일자리경제본부 일자리경제과장(부이사관 직대) 2019년 同재정기획관(현) (상)국무총리표창(2015) (종)기독교

홍지만(洪志巒) Jiman Hong

(생)1967 (주)서울특별시 동작구 상도로 369 숭실대학교 컴퓨터학부(02-828-7168) (학)고려대 컴퓨터공학과졸, 서울대 대학원 컴퓨터공학과졸, 컴퓨터공학박사(서울대) (경)(주)지맨텍 기술연구소장, 광운대 컴퓨터공학과 조교수, 과학기술부 과학기술혁신본부 R&D예산조정 전문위원 2003년 미국컴퓨터학회(ACM) 종신회원(현) 2007년 숭실대 컴퓨터학부 교수(현) 2015년 미국컴퓨터학회(ACM) 융합·응용컴퓨팅(SigAPP)분과 회장(현)

홍지수(洪智樹)

(생)1961·6 (주)서울특별시 용산구 원효로 74 현대자동차사옥 9층 현대엠엔소프트(주) 임원실(02-3483-8500) (학)연세대 기계공학과졸, 同대학원 기계공학과졸, 기계공학박사(연세대) (경)현대·기아자동차 CL지원실장(이사대우·이사), 현대오토에버(주) 정보지원사업부장(상무), 同서비스사업부장(상무·전무), 同ICT사업본부장(전무) 2017년 현대엠엔소프트(주) 부사장 2017년 同대표이사(현)

홍지욱(洪志郁) HONG Jee Wook

(생)1962·1·7 (출)서울 (주)서울특별시 강남구 테헤란로92길 7 법무법인 바른(02-3479-2464) (학)1980년 양정고졸 1984년 서울대 법학과졸 2008년 연세대 대학원 법학과졸 (경)1983년 사법시험 합격(25회) 1987년 사법연수원 수료(16기) 1988년 수원지법 판사 1990년 서울민사지법 판사 1992년 제주지법 판사 1996년 서울지법 남부지원 판사 1998년 법무법인 바른 변호사 2005년 이화여대 법대 겸임교수 2008년 자유선진당 공천심사위원 2010~2012년 대검찰청 감찰본부장(검사장급) 2012년 법무법인 바른 구성원변호사(현)

홍지호(洪志昊) HONG Ji Ho

(생)1950·7·1 (출)강원 삼척 (주)경기도 수원시 장안구 수성로 311 수원상공회의소 회장실(031-244-3451) (학)1969년 성동고졸 1975년 연세대 화학공학과졸 (경)1975년 SK케미칼 입사 1989년 同경영개선1담당 부장 1989년 同수원공장 폴리에스텔원사생산1부장 1991년 同유화기술부장 1998년 同울산공장장 1998년 同상무이사 1998년 同연구소장 2000년 同대표이사 전무 2002년 同대표이사 부사장 2003년 同대표이사 사장 2005년 同부회장 2006년 同상근고문 2007년 同비상근고문 2012~2018년 수원상공회의소 상근부회장 2012~2015년 경기도환경보전협회 회장 2018년 수원상공회의소 제23대 회장(현) (상)철탑산업훈장

홍진근(洪珍根)

(생)1957·3·7 (주)서울특별시 송파구 오금로 62 수산업협동조합중앙회 지도경제사업부문(02-2240-2114) (학)2009년 부경대 대학원 어업생산과졸 2012년 수산물리학박사(부경대) (경)2005~2012년 동원산업(주) 부산지사장 2013~2019년 FNC글로벌(주) 대표이사 2017~2019년 부경대 지도교수 2019년 수산업협동조합중앙회 지도경제사업부문 대표이사(현)

홍진동(洪鎭東) HONG Jin Dong

(생)1969·4·4 (출)경북 봉화 (주)경기도 수원시 영통구 반달로 87 경기지방중소벤처기업청 조정협력과(031-201-6910) (학)1988년 환일고졸 1992년 연세대 행정학과졸 (경)1991년 행정고시 합격(35회) 2001년 중소기업청 기획예산담당관실 서기관 2005년 중소기업특별위원회 정책2팀장 2005년 同정책2과장 2006년 중소기업청 해외시장과장 2008년 同인력지원과장 2009년 同기술정책과장 2010년 同기획조정관실 기획재정담당관(부이사관) 2010년 경남지방중소기업청장 2012년 중소기업청 소상공인정책국 소상공인지원과장 2014년 산업통상자원부 경제자유구역기획단 개발지원1팀장 2017년 중소기업청 기획조정관실 창조행정법무담당관 2017년 중소벤처기업부 중소기업정책실 지역혁신정책과장 2017년 同지역기업정책관 직대 2018년 대전·충남지방중소벤처기업청장 2018년 경기지방중소벤처기업청 창업성장지원과장 2019년 同조정협력과장(현)

홍진욱(洪鎭郁) Hong, Jin-wook

(생)1966·6·26 (본)남양(南陽) (출)서울 (주)서울특별시 종로구 사직로8길 60 외교부 아프리카중동국(02-2100-7474) (학)1984년 숭실고졸 1988년 서울대 경제학과졸 1990년 연세대 국제대학원 경제학과졸 1998년 미국 캘리포니아대 샌디에이고교 대학원 국제관계학과졸(MPIA) (경)1994년 외무고시 합격(28회) 1994~1996년 외무부 통상국 통상1과 근무 1996~1998년 미국 해외연수 1998~2001년 외교통상부 유엔과·인사제도팀 근무 2001년 駐케냐 2등서기관 겸 영사 2003년 駐벨기에·유럽연합 1등서기관 2005~2007년 외교통상부 북핵외교기획단 1등서기관 2007년 駐뉴질랜드 참사관 2011년 대통령실 파견(행정관) 2012년 외교통상부 공공외교정책과장 2014년 駐이탈리아 공사참사관 2017년 외교부 아프리카중동국 심의관 2018년 同아프리카중동국장(현) (상)근정포장(2012) (종)기독교

홍진표(洪鎭杓) HONG Jin Pyo

(생)1968·5·24 (출)서울 (주)서울특별시 서초구 서초중앙로 157 서울중앙지방법원(02-530-1690) (학)1987년 용문고졸 1992년 고려대 법학과졸 (경)1997년 사법시험 합격(39회) 2000년 사법연수원 수료(29기) 2000년 춘천지법 판사 2006년 서울중앙지법 판사 2008년 서울북부지법 판사 2011년 서울중앙지법 판사 2013년 서울가정법원 판사 2015~2017년 광주지법 부장판사 2016~2018년 사법정책연구원 연구위원 2017년 수원지법 부장판사 2019년 서울중앙지법 부장판사(현)

홍진호(洪震昊) HONG Jin Ho

(생)1971·1·8 (출)제주 북제주 (주)서울특별시 종로구 사직로8길 39 김앤장법률사무소(02-3703-4894) (학)1989년 제주 남녕고졸 1993년 연세대 법학과졸 (경)1994년 사법시험 합격(36회) 1997년 사법연수원 수료(26기) 2000년 서울지법 북부지원 판사 2002년 서울지법 판사 2004년 제주지법 판사 2006년 University of British Columbia School of Law Visiting Scholar 2007년 광주고법 판사 2008년 법원도서관 조사심의관 2010년 사법연수원 교수 2012년 광주지법 부장판사 2014년 의정부지법 고양지원 부장판사 2016년 서울행정법원 부장판사 2017년 김앤장법률사무소 변호사(현) 2017년 연세대 법학전문대학원 겸임교수(현)

홍찬의(洪燦義) HONG Chan Eui

(생)1953·11·18 (출)서울 (주)경기도 용인시 수지구 죽전로 152 단국대학교 죽전치과병원(031-8005-2370) (학)1971년 대전고졸 1979년 서울대 치의학과졸 1982년 同대학원 치의학과졸 1987년 치의학박사(서울대) (경)1985~1996년 단국대 치의학과 조교수·부교수 1985~1992년 同보존과장 1991년 국방부 군의무자문관 1996년 단국대 치의학과 교수(현) 1997년 同치의학과장 1998년 同대학원 치의학과 주임교수 2003~2005년 同치과대학부속 치과병원 원장 2005년 대한치과보존학회 회장 2009년 同감사 2010년 대한치과근관치료학회 감사 2013년 단국대 죽전치과병원장(현)

홍창권(洪昶權) HONG Chang Kwun

(생)1953·5·11 (본)남양(南陽) (출)전북 군산 (주)서울특별시 관악구 남부순환로 1636 에이치플러스 양지병원 피부과(1877-8875) (학)1971년 대광고졸 1977년 중앙대 의대졸 1980년 同대학원졸 1987년 의학박사(중앙대) (경)1977년 중앙대 부속병원 전공의 1985년 同부속병원 임상강사 1987~1996년 同의대 피부과학교실 조교수·부교수 1991~1992년 미국 UCLA 피부과 교환교수 1996~2018년 중앙대 의대 피부과학교실 교수 1997년 同부속병원 교육연구부장, 대한병원협회 기획이사·정책이사·총무위원장 1999~2005년 중앙대 의료원장 1999~2003년 同부속 용산병원장 2003~2004년 대한피부과학회 감사 2003~2004년 대한미용피부외과학회 이사장 2006~2007년 대한피부알레르기학회 회장 2006~2011년 대한피부과학회 이사 2006~2008년 대한미용피부외과학회 회장 2007~2011년 대한피부과학회 고시위원장 2011년 대한피부암학회 회장 2011년 대한피부과학회 부회장 2013~2016년 중앙대 의과대학장 겸 의학전문대학원장 2016년 대한민국의학한림원 정회원(현) 2018년 중앙대 의대 명예교수(현) 2018년 에이치플러스 양지병원 의무원장(현) (상)국민훈장 모란장(2005), 옥조근정훈장(2018) (저)'미용피부외과학'(2007) '피부과학'(2008) (종)천주교

홍창선(洪昌善) HONG Chang Sun

(생)1944·3·1 (본)남양(南陽) (출)서울 (주)대전광역시 유성구 대학로 291 한국과학기술원(KAIST) 기계항공공학부 항공우주공학과(042-350-3712) (학)수원고졸 1963년 연세대 기계공학과졸 1969년 同대학원 기계공학과졸 1972년 응용역학박사(미국 펜실베이니아주립대) (경)1967~1969년 육군 복무(중위) 1977년 미국 우주항공국(NASA) Langley연구센터 연구원 1979년 한국기술과학원 항공학과 조교수 1981년 同기계공학과 부교수 겸 주임교수 1985년 미국 워싱턴대 연구교수 1986~2004· 2008~2009년 한국과학기술원(KAIST) 기계항공시스템공학부 항공우주전공 교수 1988~1998년 한국복합재료학회 부회장·회장 1992년 한국항공학회 부회장 1994년 한국과학기술원(KAIST) 교무처장 1995년 한국항공학회 회장 1996년 한국항공우주연구소 이사 1997년 항공우주산업정책심의위원 1997년 한국과학기술원(KAIST) 공학부장 1997~1999년 同기계기술연구소장 1999년 한국복합재료학회 회장 2001~2003년 한국과학기술원(KAIST) 원장 2002년 정부출연기관장협의회 회장 2002년 삼성이건희장학재단 이사장 2003년 민주평통 자문위원 2003년 국제복합재료연합회(ICCM) 부회장 2003년 국가과학기술위원회 위원 2003년 한국과학기술원(KAIST) 총장 2003년 대통령자문 국가균형발전위원회 자문위원 2004~2008년 제17대 국회의원(비례대표, 열린우리당·대통합민주신당·통합민주당) 2004년 국회 싸이앤텍포럼 대표 2004년 국회 과학기술정보통신위원회 법안 및 청원등심사소위원장 2004년 국회 미래전략특별위원회 과학기술소위원장 2005년 열린우리당 과학기술특별위원장 2005년 디지털최고경영자회의 공동의장 2005년 한·스웨덴의원친선협회 부회장 2007년 국회 방송통신융합특별위원회 간사 2009년 한국과학기술원(KAIST) 입학사정관 2009년 同기계항공공학부 항공우주공학과 명예교수(현) 2016년 더불어민주당 공직선거후보자추천관리위원회 위원장 2016년 同비례대표후보자추천관리위원회 위원장 겸임 (상)대한기계학회 학술상, 한국항공우주학회 학술상, 청조근정훈장(2009) (저)'공학기술로 나라 살리자' (종)기독교

홍창식(洪昌植) HONG Chang Shik

(생)1959·10·10 (출)서울 (주)경기도 안양시 만안구 안양로 464 미원상사 임원실(031-472-9231) (학)서울대 화학공학과졸 1983년 同대학원 화학공학과졸 1988년 화학공학박사(서울대) (경)동양그룹 기술관리부장, (주)에이에이터랩 대표이사, 미원상사(주) 생산기술담당 이사, 同전자재료사업부 상무이사, 同전무이사 2011년 同공동대표이사(현)

홍창식(洪昌植) Hong Changshik (小石)

(생)1968·2·29 (본)남양(南陽) (출)경북 봉화 (주)서울특별시 강서구 강서로 420 서울호서전문학교(02-3660-0120) (학)1987년 소천고졸 1991년 성심외국어전문대학 관광통역과졸 1994년 광주대 문과대학 관광통역학과졸 1996년 경기대 대학원 관광경영학과졸 1998년 호텔신라교육원 서비스리더쉽과정 이수 2001년 관광경영학박사(경기대) 2006년 호주 William Angliss TAFE International Hospitality Program certification 2015년 한국기술교육대 국가직무능력표준(NCS)기반 훈련과정편성교육 이수 (경)1995~1997년 (사)한국관광진흥연구원 상임연구원 1995년 한국관광정책학회 평생회원 겸 이사 겸 논문심사위원 1996년 영진대·성심외국어대·경기대 시간강사 1997~2005년 대한관광개발(주) 서울로얄호텔 총무인사팀 주임 1998~2005년 숭의여자대학 관광과 산학협동위원회 산학위원 2001년 한국관광학회 정회원(현) 2002년 한국문화관광학회 정회원(현) 2002년 대한지리학회 정회원(현) 2003~2005년 한국관광컨벤션연구원 책임교수 2003~2009년 경기 안산시 21세기발전위원회 자문위원 2004~2009년 한반도평화상위원회 사무국장 2005년 한국호텔경영학회 정회원 겸 이사 겸 논문심사위원 2005년 한국관광연구학회 정회원 겸 총무이사 겸 논문심사위원 2005년 서울호서전문학교 호텔관광학부 교수(현), 同학과장 2006년 한국관광호텔학회 평생회원 겸 총무이사 2006년 한국호텔리조트카지노학회 정회원 겸 이사 겸 논문심사위원 2006년 한국외식산업학회 정회원 겸 이사 겸 논문심사위원 2007년 한국콘텐츠학회 정회원·논문심사위원 2007년 한국외식산업경영학회 이사(현) 2008~2011년 한국산업인력공단 훈련기준검토위원(전문위원) 2009년 한국커피교육협의회 정회원(현) 2011년 경기대 대학원 석박사학위 논문심사위원회 위원(현) 2011~2014년 서울호서전문학교 학사관리부장 2012년 (사)한국관광개발원 관광아카데미 특임교수(현) 2012년 새누리당 중앙선거대책위원회 인재영입위원회 관광본부 특보 2012년 同중앙선거대책위원회 조직총괄본부 정책기획위원회 위원 2012~2014년 관광경영학회 정회원 겸 이사 겸 심포지엄 부위원장 2013년 한국항공경영학회 정회원(현) 2013년 서울 강서구 허준축제위원회 자문위원(현) 2015년 (사)한국능력평가협회 전문위원(현) 2015~2018년 서울호서전문학교 호텔관광학부장 2018년 同교학부장 2019년 同학장(현) (상)광주대 최우수졸업상(1994), 경기대 대학원 석사학위 최우수논문상(1996), 경기대 대학원 박사학위 최우수논문상(2001), 경기대 최우수강사표창(2003), 중국 산동성사회과학계연합회 및 대한민국 세계음식문화연구원 감사장(2014), 서울강서경찰서장 감사장(2015) (저)'현대리조트개발론'(2007, 현학사) '호텔경영의 이해'(2007, 대왕사) '관광학의 이해'(2008, 대왕사) '관광법규해설'(2009, 새로미) '관광지리자원론'(2010, 현학사) '광고입문'(2011, 서울시교육청) '의료관광전략'(2011, 현학사) '호텔객실실무론'(2011, 현학사) '관광지리자원론'(2014, 현학사) '리더십과 서비스'(2014, 현학사) (작)'봉원사 불교테마파크 건립 타당성 연구'(1999, 대한불교조계종 봉원사) '남양주관광문화사업의 차별화·특성화 전략'(1999, 경기 남양주시 시정기획단) '노인의 사회복지관광 정책과제와 방안'(2004, 아산복지재단) '횡성한우축제-지역경제활성화 파급효과 분석연구'(2005, 횡성한우축제추진위원회) '횡성인재육성학교 교육결과만족도 분석'(2007, 송호대산학협력위원회) '김포시 대명항축제 평가보고서'(2009, 대명항축제위원회) '지역축제를 활용한 도시브랜드 창출방안'(2009, 지역문화전략연구원) '산천어축제 10주년 기념 백서'(2013, 강원발전연구원)

홍창우(洪昌優) HONG Chang Woo

(생)1961·6·13 (출)서울 (주)경기도 성남시 분당구 판교로 255 판교이노밸리 E동 202호 INNOBIZ협회(중소기업기술혁신협회)(031-628-9601) (학)1983년 한양대 전자공학과졸 (경)2001~2003년 삼성전자 기술기획팀장 2003년 텔슨전자 임원 2004~2007년 (주)한텔 전략기획실장 2008년 INNOBIZ협회(중소기업기술혁신협회) 전무이사(현) (상)과학기술부장관표창(2002), 국무총리표창(2014), 경찰청장표창(2017) (종)천주교

홍창우(洪昌佑)

(생)1968 · 3 · 25 (출)부산 (주)서울특별시 도봉구 마들로 749 서울북부지방법원(02-910-3310) (학)1987년 경남고졸 1991년 서울대 공법학과졸 (경)1995년 사법시험 합격(37회) 1998년 사법연수원 수료(27기) 1998년 부산지법 판사 2002년 서울지법 의정부지원 판사 2004년 의정부지법 판사 2005년 서울가정법원 판사, 통일부 파견 2010년 서울가정법원 판사 2012년 서울고법 판사 2013년 창원지법 부장판사 2017년 인천지법 부장판사 2019년 서울북부지법 부장판사(현)

홍천식(洪千植) Hong, Chon sik

(생)1962·3·20 (출)강원 정선 (주)강원도 동해시 해안로 231 동해안권경제자유구역청 행정본부(033-539-7605) (학)1980년 부산기계공고졸 1985년 강원대 독어독문학과졸 (경)1988년 강원도 정선군 내무과 근무(9급 공채) 1991년 同농어촌개발국 양정과·자치행정과·공보관실 근무 2003년 同기획관실·혁신분권담당관실·체육청소년과 근무 2005년 同국제스포츠지원단·동계올림픽유치단 근무 2006년 同자치행정국 총무과 사업팀장·동계올림픽유치지원단 근무 2010년 특임장관실 파견 2012년 강원도 자치행정국 규제분권담당·교육고시담당·인사담당 2016년 同환동해본부 해양항만과장 2017년 강원 속초시 부시장 2018년 강원도 기획조정실 균형발전과장 2018년 同보건복지여성국 복지정책과장 2019년 동해안권경제자유구역청 행정본부장 직대(현)

홍 철(洪 哲) Chul Hong

(생)1945 · 7 · 17 (본)남양(南陽) (출)경북 포항 (학)1964년 서울고졸 1969년 서울대 상대 경제학과졸 1972년 同행정대학원 행정학과졸 1979년 경제학박사(미국 펜실베이니아대) (경)1981~1984년 국토개발연구원 수석연구원 1984~1991년 대통령 경제비서관 1991년 중앙토지수용위원회 상임위원 1992년 건설부 기획관리실장 1993~1994년 同차관보 1994년 건설교통부 차관보 1997년 교통안전공단 이사장 1997~1999년 국토연구원 원장 2000년 인천발전연구원 원장 2000~2004년 인천대 총장 2004~2011년 대구경북연구원 원장 2011~2013년 대통령직속 지역발전위원회 위원장 2013~2016년 대구가톨릭대 총장 2014~2018년 한국주거복지포럼 이사장 2014~2016년 대구·경북지역대학교육협의회 회장 (상)홍조근정훈장, 대한적십자사표창(2014) (저)'홍철의 국토개조론'(1997) '삶과 꿈'(1997) '21세기 한반도 경영전략 : 지경학적 접근'(1998) '21세기 허브공항 전략 및 사례'(2005) '리더십과 도시혁신'(2006) '지방보통시민이 행복한 나라'(2011) (종)천주교

홍철호(洪哲鎬) HONG Chul Ho

(생)1958 · 8 · 13 (출)경기 김포 (주)서울특별시 영등포구 의사당대로 1 국회 의원회관 821호(02-784-5963) (학)1977년 부평고졸 1979년 예산농업전문학교 축산과졸 (경)(주)플러스푸드 대표이사, (주)플러스원 대표이사, 김포시민장학회 이사, 김포경찰발전위원회 부위원장, 금상회 회장, 김포시민축구단 단장, 김포상공회의소 부회장, 김포시체육회 상임부회장, 새누리당 김포시당원협의회 운영위원장 2013~2014년 (주)크레치코 회장 2014년 제19대 국회의원(김포시 보궐선거, 새누리당) 2014년 국회 국방위원회 위원 2014~2015년 국회 군인권개선및병영문화혁신특별위원회 위원 2015~2016년 새누리당 원내부대표 2015년 국회 운영위원회 위원 2015~2016년 새누리당 디지털정당위원장 2016년 同김포시乙당원협의회 운영위원장 2016년 제20대 국회의원(김포시乙, 새누리당·바른정당〈2017.1〉·자유한국당〈2017.11〉)(현) 2016년 국회 안전행정위원회 위원 2016년 국회 지방재정·분권특별위원회 간사 2016년 한국아동인구환경의원연맹(CPE) 회원(현) 2016년 새누리당 경기도당 위원장 2016년 국회 스카우트의원연맹 회원(현) 2016년 국회 해병대전우회 회장(현) 2017년 국회 정치발전특별위원회 간사 2017년 바른정당 제19대 유승민 대통령후보 비서실장 2017년 포항 해병대 문화축제 홍보대사(현) 2017년 국회 예산결산특별위원회 간사 겸 추경예산안등조정소위원회 위원 2017년 국회 안전행정위원회 간사 2017년 국회 지방재정·분권특별위원회 위원 2017년 바른정당 경기도당 위원장 2017년 同조직강화특별위원회 위원 2017년 同민생특별위원회20 중소기업성장특별위원장 2017~2018년 국회 행정안전위원회 간사 2017~2018년 국회 예산결산특별위원회 위원 2017년 국회 재난안전대책특별위원회 위원 2018년 국회 국토교통위원회 위원(현) 2018년 자유한국당 혁신비상대책위원장 비서실장 2019년 同인재영입위원회 위원(현) 2019년 同당대표 특별보좌역(현) 2019년 同조직강화특별위원회 위원(현) (상)국세청장표창(2014), 한국을 빛낸 사람들 대상 '보건의료혁신공로대상'(2017)

홍충만(洪忠晩) Hong, Choong Man

(생)1965·9·21 (본)남양(南陽) (출)충남 천안 (주)충청북도 청주시 흥덕구 오송읍 오송생명2로 187 식품의약품안전평가원 의료기기심사부 정형재활기기과(043-719-4001) (학)1982년 천안북일고졸 1987년 서울대 수의학과졸 1989년 同대학원 수의학과졸 1996년 수의학박사(서울대) (경)1991~2005년 식품의약품안전청 생물의약품국 혈액제제과 연구관 2005~2007년 미국 식품의약국(DVP·CBER)·미국 국립보건원(NCI) 연구의 2007~2009년 식품의약품안전청 생물의약품국 세포조직공학제제과 연구관 2011~2012년 同의료기기안전국 체외진단의료기기 TF 팀장 2012년 同의료기기안전국 구강소화기기과장(연구관) 2012년 대구지방식품의약품안전청 유해물질분석과장 2012년 식품의약품안전평가원 융합기기팀장 2013년 서울지방식품의약품안전청 의료기기안전관리과장 2015년 식품의약품안전평가원 의료기기심사부 정형재활기기과장(현) (저)'유전자 치료'(2010) (역)'독성학요론'(2006) (종)가톨릭

홍충수(洪忠秀) HONG Choong Soo

(생)1950 · 4 · 3 (본)남양(南陽) (출)경기 화성 (학)1969년 경기고졸 1974년 서울대 경제학과졸 (경)1980~1982년 미국 씨티은행 서울지점 차장(외환·자금·수출입 및 심사) 1982~1990년 캐나다로얄은행 서울지점 부지점장(주요기업 및 금융기관담당 영업총괄·자금 및 외환·수출입부문 총괄) 1990~1993년 동원증권 국제영업부장·국제금융부장 1994~1996년 동원투자자문 국제담당 부장·동원그룹 회장실 부장 1996년 동원증권 국제담당 이사 1997년 삼성증권 국제담당 이사 1999년 同리테일본부 지역본부장(이사) 2000~2003년 연합인포맥스 사장 2004~2006년 중소기업협동조합중앙회 중소기업공제사업단장 2006~2007년 중소기업중앙회 공제사업단장 2007년 액츠투자자문(주) 대표이사 사장 2009년 대성투자자문(주) 대표이사 사장 2011년 대성그룹 자금운용 사장 2013~2015년 첼시매니지먼트아시아 상임고문 2015년 CHC파트너스 회장 (종)기독교

홍현국(洪顯國) HONG Hyun Kook (古峴)

(생)1948 · 3 · 20 (본)남양(南陽) (출)경북 영주 (주)서울특별시 강남구 테헤란로7길 12 허바허바빌딩 2층 세무법인 가덕(02-2189-5045) (학)영주 영광고졸, 건국대졸, 同대학원졸, 국방대학원졸, 서울대 경영대학원 최고감사인과정(AAP) 수료 (경)1974년 행정고시 합격(16회) 1975년 서부세무서 총무과장 1976년 동대구세무서 총무과장 1986년 서울지방국세청 소득세과장 1989년 경주세무서장 1992년 남대구세무서장 1994년 북인천세무서장 1995년 도봉세무서장 1996년 강남세무서장 1997년 역삼세무서장 1997년 국세청 조사2과장 1998년 同심사1과장 1999년 중부지방국세청 세원관리국장 2001년 同조사2국장 2002년 서울지방국세청 조사2국장 2003년 대구지방국세청장 2004~2005년

국세청 감사관 2006년 동부건설 고문 2006년 제주도혁신도시 입지 선정위원 2007년 국세공무원교육원 명예교수 2007년 세무법인 가덕 부회장 2008년 기아자동차 사외이사 2015년 세무법인 가덕 회장(현) (상)근정포장(1985), 황조근정훈장(2005) (저)'한 권에 담은 성씨 · 족보 · 양반'(2014, 국학자료원)

홍현민(洪鉉敏) HONG Hyun Min

(생)1956 · 11 · 21 (출)충북 (주)서울특별시 중구 동호로 310 태광산업(주) 임원실(02-3406-0300) (학)청주고졸 1979년 서울대 공업화학과졸 (경)1981년 삼성석유화학 입사 2001년 삼성정밀화학(주) 상무보 2005년 同전략기획담당 상무 2008년 同전략기획담당 전무 2016년 태광산업(주) 대표이사(현)

홍현칠(洪鉉七)

(생)1961·1·15 (주)경기도 수원시 영통구 삼성로 129 삼성전자(주) 임원실(031-200-1114) (학)1987년 한국외국어대 스페인어학과졸 (경)1987년 삼성전자(주) 음향수출2과 근무 1991년 同아르헨티나 지역전문가 1993년 同지역전략팀(해외) 근무 1995년 同중남미총괄 SEASA 담당차장(아르헨티나) 2000년 同해외지원그룹 담당 차장 2001년 同수출5그룹(무선) 담당 차장 2004년 同중남미총괄 SEDA 담당 부장(브라질) 2007년 同영상디스플레이사업부 솔루션기획그룹장 2008년 同중남미총괄 SECH법인장(상무) 2011년 同중남미총괄 SELA법인장(전무) 2014년 同서남아총괄 겸 SIEL-S 판매부문장(전무) 2017년 同서남아총괄 부사장(현)

홍형득(洪熒得) HONG Heung Deug

(생)1962·2·24 (출)경북 의성 (주)강원도 춘천시 강원대학길 1 강원대학교 사회과학대학 행정학과(033-250-6819) (학)1985년 서강대 정치외교학과졸 1988년 성균관대 대학원 행정학과졸 1994년 행정학박사(성균관대) 2000년 과학기술정책학박사(영국 맨체스터대) (경)1989년 한국과학기술원(KAIST) 생명공학연구원 기술정책연구실 선임기술원 1996년 밀양대 행정학과 부교수 2004년 강원대 사회과학대학 행정학과 교수(현) 2006년 한국지역정보화학회 부회장 2007년 한국정책분석평가학회 부회장 2007~2008년 중앙분쟁조정위원회 위원 2007년 지방행정혁신평가위원 2008년 미국 Rutgers Univ. 교환교수 2009년 강원대 사회과학대학 부학장 2011년 한국정책학회 부회장 2011~2015년 강원행정학회 회장 2012~2014년 강원대 기획처장 2013년 한국정책학회 과학기술정책연구회장 2013년 한국정책분석평가학회 부회장 2014년 한국행정학회 부회장 2014~2016년 강원도주민자치회 공동의장 2016년 한국정책학회 부회장 2017년 국가과학기술심의회 평가전문위원회 위원장(현) 2017년 강원도 4차산업혁명위원회 공동위원장(현) 2017년 한국미래행정학회 회장(현) 2018년 한국정책분석평가학회 편집위원장(현) 2018년 서울행정학회 부회장(현) 2018년 국가과학기술자문회의 연구관리전문기관특별위원회 위원(현) (저)'지식정보사회와 전자정부(共)'(1999) '과학기술정책론'(2000) 'R&D Programe Evaluation'(2003) '주요 과학기술정책 이슈(共)'(2008) '미래한국의 새로운 도전과 기획(共)'(2011) '공기업 개혁 이렇게 하자(共)'(2014) '성과관리(共)'(2015) '과학기술정책론'(2016)

홍형선(洪炯善) HONG Heong Son

(생)1968 · 1 · 27 (본)남양(南陽) (출)경기 화성 (주)서울특별시 영등포구 의사당대로 1 국회사무처 기획조정실(02-788-2336) (학)미국 콜로라도주립대 대학원 행정학과졸(석사) (경)1997년 국회사무처 재정경제위원회 입법조사관 1999년 同농림해양수산위원회 입법조사관 2004년 同기획조정실 입법정보화담당관(서기관) 2008년 同행정안전위원회 입법조사관 2009년 同대변인실 공보담당관 2010년 同예산결산특별위원회 입법조사관(부이사관) 2013년 국회예산정책처 경제분석실 조세분석심의관 2015년 同경제분석실 조세분석심의관(이사관) 2016년 대법원 파견(이사관) 2017년 국회사무처 보건복지위원회 전문위원 2018년 同기획조정실장(현) (상)근정포장(2005)

홍형주(洪亨周) Harry H. J. Hong

(생)1974 · 8 · 24 (주)세종특별자치시 다솜3로 95 공정거래위원회 운영지원과(044-200-4187) (학)1999년 서울대 경제학과졸 2011년 경제학박사(미국 캘리포니아대 어바인교) (경)2000년 행정고시 합격(43회) 2011년 공정거래위원회 기업집단과 서기관 2013년 同시장감시총괄과 서기관 2013년 同경쟁정책과 서기관 2015년 同소비자안전정보과장 2015년 고용노동부 중앙노동위원회 심판2과장 2016년 공정거래위원회 심판관리관 소비자거래심판담당관 2017년 同내부거래감시과장 2019년 경제협력개발기구(OECD) 고용휴직(서기관)(현)

홍혜경(洪慧卿 · 女) HONG Hae Kyung

(생)1959 (출)서울 (학)1973년 예원학교(중학교) 재학 중 渡美 후 줄리어드예비학교 및 학부졸 1981년 미국 줄리어드음대 대학원졸 (경)소프라노(현), 아메리칸오페라센터 단원 1981년 링컨센터무대로 데뷔 1982년 한국인 최초로 메트로폴리탄오페라단 오디션 통과 1984년 '라클라멘자디티토'의 세르빌리아역으로 메트로폴리탄 데뷔 1986년 '라보엠'에서 미미역 공연, 뉴욕 메트로폴리탄오페라극장 프리마돈나(현) 1988년 '리골레토'에서 질다역으로 루치아노 파바로티와 협연 1991년 모차르트 서거200주년기념 메트로폴리탄오페라페스티벌서 '마술피리' '피가로의 결혼' 공연 1995년 광복50돌 세계를 빛낸 한국음악인대향연 공연 1999년 워싱턴오페라단 '줄리오 세자르' 클레오파트라역 배정 2004년 워싱턴오페라 '라 트라비아타' 주역 비올레타 공연 2006년 베르디 오페라 '라 트라비아타' 주역 비올레타역 공연 2007년 '피가로의 결혼' 공연 2010년 모차르트 오페라 '피가로의 결혼' 공연(무악 오페라단 예술의 전당) 2014년 연세대 음악대학 성악과 교수 (상)메트로폴리탄 콩쿠르 우승(1982), 미국을 대표하는 4인의 젊은 성악가(1983), 워싱턴오페라가이드 선정 올해의 예술가상(1986), 노만빈센트필어워드(2007), 제4회 대한민국오페라대상 이인선상(2011), 제24회 호암상 예술상(2014) (작)음반 '아리아' 'Korean Songs' (종)기독교

홍혜란(女)

(생)1981 (출)강원 정선 (주)서울특별시 강서구 강서로56길 110 (주)스톰프뮤직(02-2658-3546) (학)한국예술종합학교졸, 미국 줄리어드음악대 대학원 최고연주자과정 수료 (경)성악가(소프라노)(현) 2011년 벨기에 퀸엘리자베스 콩쿠르 성악부문 우승 2011년 미국 뉴욕 메트로폴리탄 오페라하우스 입단(현) 2014년 빈 슈트라우스 페스티벌 오케스트라(SFOV) 신년음악회 협연 2016~2017년 한국예술종합학교 음악원 성악과 객원교수 2017년 (주)스톰프뮤직 소속(현) 2019년 한국예술종합학교 음악원 성악과 교수(현) (상)전국성악경연대회 대상(2004), 퀸 엘리자베스 콩쿠르 성악부문 우승(2011) (작)공연 '한국을 빛낸 세계적 성악가- 초청음악회'(2016), 'KBS교향악단과 함께하는 2017 신년음악회 - 의정부'(2017), 'Easter Concert'(2017)

홍효식(洪孝植) HONG Hyo Sik (海庵)

(생)1958 · 12 · 9 (출)서울 (주)서울특별시 서초구 반포대로 158 서울고등검찰청 총무과(02-530-3261) (학)1977년 성동고졸 1981년 고려대 법학과졸 (경)1987년 사법시험 합격(29회) 1990년 사법연수원 수료(19기) 1990년 부산지검 검사 1992년 전주지검 남원지청 검사 1993년 서울지검 검사 1996년 법무부 송무과 검사 1998년 서울지검 동부지청 검사 2001

ㅎ

년 울산지검 검사 2001~2003년 국민고충처리위원회 파견(법률보좌관) 2002년 울산지검 부부장검사 2004년 서울서부지검 부부장검사 2004~2005년 프랑스 단기연수 2005년 광주지검 해남지청장 2006년 춘천지검 부장검사 2007년 서울북부지검 형사2부장 2008년 서울서부지검 형사1부장 2009년 창원지검 통영지청장 2009년 수원지검 안양지청 차장검사 2010년 춘천지검 차장검사 2011년 서울고검 검사 2013년 광주고검 검사 2014년 서울고검 검사(현) (상)검찰총장표창(1996), 국민포장(2003) (종)가톨릭

홍효정(洪孝貞·女) HONG Hyo Jeong

(생)1956·6·12 (본)풍산(豊山) (출)전남 (주)강원도 춘천시 강원대학길 1 강원대학교 의생명과학대학 의생명융합학부(033-250-8381) (학)1975년 경기여고졸 1980년 서울대 미생물학과졸 1982년 同대학원 미생물학과졸 1988년 생물공학박사(한국과학기술원) (경)1989~1990년 미국 위스콘신대 임상암센터 Research Associate 1990년 생명공학연구소 단백질공학실 선임연구원 1996년 同항체공학 R.U. Unit장·책임연구원 1999년 同항체공학실험실장 1999~2003년 한양대 의대 미생물학교실 겸임부교수 2000~2003년 (주)에이프로젠 대표이사 2000년 한국바이오벤처협회 이사 2001년 한국생명공학연구원 항체공학연구실 책임연구원 2003~2006년 (주)에이프로젠 이사 2004년 보건복지부지정 항체치료제기술개발센터장 2006년 한국생명공학연구원 단백질의약연구센터장 2007년 同항체치료연구단장 2008~2010년 同항체치료제연구센터장 2010년 강원대 의생명과학대학 의생명융합학부 교수(현) 2010·2012~2014년 同항체연구소장 2015~2017년 同의생명과학연구소장 2017~2019년 스크립스코리아항체연구원(SKAI) 원장 (상)보건복지부장관표창(2011), 과학기술정보통신부장관표창(2017)

황각규(黃珏圭) HWANG Kag Gyu

(생)1954·8·18 (본)창원(昌原) (출)경남 (주)서울특별시 송파구 올림픽로 300 롯데지주(주) 부회장실(02-750-7035) (학)1973년 마산고졸 1977년 서울대 화학공학과졸 (경)1979년 호남석유화학 입사, 同국제사업부장 1995년 롯데그룹 기획조정실 국제부장 2000년 롯데닷컴 감사 2003년 롯데쇼핑(주) 국제팀장(상무) 2006년 롯데그룹 정책본부 국제실장(전무) 2008년 同정책본부 국제실장(부사장) 2011~2017년 롯데쇼핑(주) 사장 2014~2017년 롯데그룹 정책본부 운영실장(사장) 2015년 同제2롯데월드안전관리위원회 간사 2017년 同경영혁신실장(사장) 2017년 롯데지주(주) 공동대표이사 사장 2018년 同공동대표이사 부회장(현) 2018년 서울상공회의소 부회장(현) (종)불교

황건일(黃建日)

(생)1961·2·19 (주)세종특별자치시 갈매로 477 기획재정부 인사과(044-215-2297) (학)1986년 연세대 경제학과졸 1989년 서울대 행정대학원 행정학과졸 (경)행정고시 합격(31회) 2000년 재정경제부 기획관리실 기획예산담당관실 서기관 2001년 해외 파견 2005년 재정경제부 국제금융국 외환제도혁신팀장 2007년 同경제협력국 경협총괄과장, 駐미국대사관 공사참사관 2013년 기획재정부 정책기획관 2014년 同부총리 겸 장관 비서실장 2016년 同국제금융정책국장 2017년 同국제금융국장 2017~2018년 同국제경제관리관 2018년 세계은행(WB) 상임이사(현)

황건호(黃健豪) HWANG Kun Ho

(생)1951·1·23 (본)제안(濟安) (출)강원 평창 (주)서울특별시 중구 을지로5길 26 미래에셋 센터원빌딩 이스트타워 미래에셋대우(02-3774-1700) (학)1969년 용산고졸 1974년 서울대 경영학과졸 1989년 미국 뉴저지(Rutgers)주립대 대학원 경제학과졸 1997년 연세대 최고경영자과정 수료 2001년 한국과학기술원(KAIST) 최고정보경영자과정 수료 (경)1976~1983년 대우증권 인수공모부 과장·국제부 차장 1984년 同뉴욕사무소장 겸 코리아펀드 부사장 1989년 同국제금융부장 겸 기획실장 1990년 同기획실장(이사대우) 1996년 同상무이사 1997년 금융개혁위원회 위원 1998년 대우증권 전무이사 1998년 금융발전심의위원회 증권분과위원 1999년 대우증권 영업총괄 부사장 1999년 한진투자증권 대표이사 사장 1999~2006년 증권거래소 시장운영위원 2000~2003년 메리츠증권(주) 대표이사 사장 2001년 금융발전심의회 국제금융분과위원 2003년 이화여대 경영대학 외부겸임교수 2004~2008년 한국증권업협회 회장 2004~2013년 한국증권분석사회 회장 2004년 증권산업발전협의회 회장 2005년 전국투자자교육협의회 의장 2007년 국제증권업협회(ICSA) 회장 2009~2012년 한국금융투자협회(KOFIA) 초대회장 2010년 아시아투자자교육연맹 회장 2010년 국제투자자교육연맹(IFIE) 회장 2011년 한·호금융투자포럼 공동위원장 2011~2012년 국제증권업협회협의회(ICSA) 회장 2012~2015년 (주)KB금융지주 사외이사 2012~2014년 서울대 경영학과 초빙교수 2012년 한국금융투자협회 고문 2015~2016년 미래에셋증권 사외이사 2015년 서강대 경영학부 초빙교수 2016년 미래에셋대우 사외이사(현) 2016~2018년 금융감독원 금융투자담당옴부즈만 2017년 미래에셋대우 이사회 의장(현) (상)다산금융인상 대상(1992), 국무총리표창(2001), 월간조선 대한민국경제리더대상(2007), 중앙일보 한국을 빛낸 창조경영대상(2010), 자랑스러운 용산인(2010) (저)'유가증권 가격결정 모델연구' '국내기업의 해외자금조달' (종)기독교

황경태(黃景泰) HWANG Kyung Tae

(생)1959·9·23 (출)대구 (주)서울특별시 중구 필동로1길 30 동국대학교 경영대학 경영정보학과(02-2260-3708) (학)1978년 대구 심인고졸 1983년 연세대 응용통계학과졸 1986년 미국 조지워싱턴대 대학원 경영학과졸 1991년 경영학박사(미국 뉴욕주립대) (경)1987~1991년 미국 State Univ. of New York at Buffalo 강사 1993~1994년 삼성데이터시스템 SI컨설팅팀장 1994년 삼성그룹 회장비서실 IT전략파트장 1994년 동국대 정보관리학과 교수 2002년 同경영대학 경영정보학과 교수(현) 2002~2006년 한국데이터베이스학회 저널편집위원장 2003년 국무조정실 정보화평가위원 2003~2006년 한국정보시스템감사통제협회 부회장 2004·2011년 한국IT서비스관리포럼 회장 2009년 한국정보시스템감사통제협회 회장 2009년 한국IT서비스관리포럼 국제대표 2013~2015년 동국대 국제처장 2014~2015년 同국제어학원장 겸 행정지원실장 2016년 同경영전문대학원장 겸 경영대학장 2017년 한국경영정보학회 회장 (저)'성과기반의 전자정부구축'(2002) '정보시스템 통제감사'(2005) 'IT 서비스관리 포켓가이드'(2005) (역)'COBIT 관리지침서' 'OECD 정보기술 전망'(2002) 'OECD 정보통신 전망'(2003)

황경호(黃京虎) HWANG Kyung Ho (眞山)

(생)1954·9·21 (본)평해(平海) (출)경남 밀양 (주)서울특별시 용산구 대사관로 59 순천향대 중앙의료원(02-709-9591) (학)1973년 마산고졸 1979년 부산대 의대졸 1989년 순천향대 대학원졸 1992년 의학박사(순천향대) (경)1980~1983년 순천향대병원 마취과 전공의·전문의 1983년 군의관 1986~1998년 순천향대 의과대학 마취과학교실 전임강사·조교수·부교수 1996년 同임상부교학감 1998년 同의과대학 마취통증의학교실 교수(현) 1999년 의료보험연합회 진료비심사위원 2004년 순천향대 부천병원 부원장 2005~2007년 同구미병원장 2007~2009·2011~2012년 同부천병원장 2008~2009년 대한병원협회 평가·수련이사 2016년 순천향대 의무부총장 겸 중앙의료원장(현) 2016년 대한병원협회 경영위원장 2017~2018년 同재무위원장 (상)대통령표창(2013), 제26회 JW중외박애상(2018) (저)'통증의학 제2판(編)'(2000, 군자출판사) '마취과학 제2판(編)'(2000, 법문사) (종)불교

황경환(黃京煥) HWANG Kyung Hwan

(생)1950 · 4 · 11 (출)울산 (주)울산광역시 남구 삼산로 251 대우증권빌딩 2층 (주)진양유조선 비서실(052-269-3071) (학)1970년 경남 해동고졸 1975년 동국대 철학과졸 1989년 同교육대학원 수료 2018년 명예철학박사(동국대) (경)1981~1999년 온산공단 · 삼거리 · 미포주유소 · 삼산가스충전소 설립 · 경영 1987~1997년 울산청년회의소 이사 · 감사 1990년 (주)진양 설립 · 대표이사 1992~2000년 同회장 1991년 동국대 교육대학원 총동창회 회장 1996~1997년 국제P.T.P 한국본부 총재 1996년 법무부 불교분과 종교위원 1996년 P.T.P 국제본부 운영이사 1996년 同한국본부 총재 1998년 바른불교실천포럼 회장 1999~2009년 (사)한국불교연구원 이사 겸 연구위원 2002년 초기불전연구원 선임연구위원(현) 2005년 (주)진양유조선 대표이사(현) 2006년 (주)경주ICS 대표이사(현) 2006~2008년 법무부 울산구치소 교정협의회장 2006년 동국대총동창회 상무이사(현) 2006~2008년 울산광역시 불교신도회장 2008년 (재)울산불교방송 운영위원 2009~2016년 바른불교실천포럼 회장 2012년 BBS울산불교방송 사장 (저)'어떻게하면 깨어날 것인가' '반야심경 원문해석' (종)불교

황계연(黃啓淵)

(생)1961 · 1 · 1 (출)전북 남원 (주)대구광역시 북구 칠곡중앙대로99길 12 대구소년원(053-260-7200) (학)군산대 영어영문학과졸, 고려대 교육대학원 교육학과졸 (경)법무부 법무연수원 근무, 同소년과 근무 2008년 대구소년원 서무과장(서기관) 2010년 서울보호관찰소 행정지원팀장 2010년 同관찰팀장 2011년 서울소년분류심사원 분류심사과장 2012년 제주소년원장 2013년 부산소년원장, 안양소년원장 2017년 춘천소년원장 2018년 부산소년원 분류보호과장 2018년 대구소년원장(현) (상)법무부장관표창(2005)

황계영(黃啓榮) Hwang Gye Yeong

(생)1967·10·16 (주)세종특별자치시 도움6로 11 환경부 운영지원과(044-201-6242) (학)1986년 용산고졸 1990년 서울대 사법학과졸 1993년 同대학원졸(법학석사) 2000년 미국 위스콘신대 대학원 법학과졸 2015년 법학박사(서울대) (경)행정고시 합격(36회) 2003년 환경부 폐기물자원국 폐기물정책과 사무관 2004년 환경부 기획예산담당관실 서기관 2005년 국무총리실 의료산업발전기획단 과장 2006년 駐케냐 참사관 2009년 환경부 국립생태원건립추진기획단 전시연구팀장 2010년 同기획조정실 규제개혁법무담당관 2011년 同녹색환경정책관실 녹색기술경제과장 2012년 同녹색환경정책관실 정책총괄과장(부이사관) 2012년 同기획조정실 기획재정담당관 2014년 원주지방환경청장(고위공무원) 2016년 미국 Univ. of California Berkeley School of Law 교육훈련 파견 2017년 환경부 자연보전국장 2018년 同환경경제정책관 2018년 국립생물자원관 생물자원활용부장 2018년 환경부 상하수도정책관 2019년 同물환경정책국장 2019년 駐중국 공사참사관(현) (상)대통령표창(2004), 환경부 '닮고 싶은 간부공무원' 선정(2019)

황교안(黃敎安) HWANG Kyo Ahn

(생)1957 · 4 · 15 (본)창원(昌原) (출)서울 (주)서울특별시 영등포구 버드나루로 73 자유한국당(02-6288-0200) (학)1976년 경기고졸 1981년 성균관대 법학과졸 2006년 同대학원 법학과졸 (경)1981년 사법시험 합격(23회) 1983년 사법연수원 수료(13기) 1983년 청주지검 검사 1986년 대전지검 홍성지청 검사 1987년 서울지검 검사 1990년 대검찰청 검찰연구관 1992년 서울지검 검사 1994년 법무연수원 교관 1995년 창원지검 통영지청장 1997년 사법연수원 교수 1999년 서울지검 북부지청 형사5부장 2000년 대검찰청 공안3과장 2000년 同공안1과장 2001년 서울지검 컴퓨터수사부장 2002년 同공안2부장 2003년 부산지검 동부지청 차장검사 2004년 서울고검 검사 2005년 서울중앙지검 2차장검사 2006년 수원지검 성남지청장 2007년 서울고검 검사 2007년 법무부 정책기획단장(파견) 2008년 법무연수원 기획부장 2009년 창원지검장 2009년 대구고검장 2011년 부산고검장 2011~2013년 법무법인(유) 태평양 변호사 2013~2015년 법무부 장관 2015~2017년 제44대 국무총리 2016~2017년 대통령 권한대행 2019년 자유한국당 대표최고위원(현) 2019년 同여의도연구원 이사장(현) (상)홍조근정훈장(2007), 자랑스런 성균인상(2018) (저)'법률학사전' '검사님 이럴땐 어떻게 해야 되나요?'(1994) '국가보안법 해설'(1998) '집회 시위법 해설 : 집회 및 시위에 관한 법률'(2009) '교회가 알아야 할 법 이야기'(2012) 수필집 '황교안의 답-황교안, 청년을 만나다'(2018, 여운) '밤이 깊어 먼 길을 나섰습니다'(2019, 밤깊먼길) (역)'사법시험 최단합격법' (종)기독교

황규복(黃圭復)

(생)1962 · 2 · 24 (주)서울특별시 중구 세종대로 125 서울특별시의회(02-3702-1400) (학)1987년 명지대 수학과졸 (경)(주)국제화재해상보험 근무, 고척초등학교 운영위원장, 한나라당 서울시당 부대변인 2002 · 2006 · 2010~2014년 서울시 구로구의회 의원(한나라당 · 새누리당) 2004~2006년 同운영위원장 2006~2008년 同내무행정위원장 2012년 同의장, 민주평통 구로구협의회 자문위원 2017~2018년 서울시의회 의원(재보궐선거 당선, 더불어민주당) 2017년 同문화체육관광위원회 위원 2017년 同마을과학교협력을위한특별위원회 위원 2018년 서울시의회 의원(더불어민주당)(현) 2018년 同문화체육관광위원회 위원(현) 2018년 同예산결산특별위원회 위원(현) 2018년 同항공기 소음 특별위원회 위원(현) 2019년 同예산정책연구위원회 위원장(현)

황규석(黃圭錫)

(생)1961·9·10 (출)충남 아산 (주)전라북도 전주시 덕진구 농생명로 300 농촌진흥청 차장실(063-238-0112) (학)1987년 충남대 농업경제학과졸 2004년 同대학원 농업경제학과졸 2009년 농업경제학박사(충남대) (경)1988년 농촌진흥청 경영개선담당관실 농업연구사 1992년 농촌진흥청 농업경영관실 경영개선담당관실 연구사 2000년 同농업경영관실 경영개선담당관실 연구관 2004년 同연구개발국 연구관리과 농업연구관 2005년 同개혁추진T/F팀장 2005년 同연구개발국 연구정책과장 2006년 同농림축산식품부 국립농업박물관 설립지원팀장 2008년 同기획조정관실 행정법무담당관 2009년 국립축산과학원 기술지원과장 2013년 국립식량과학원 기술지원과장 2016년 농촌진흥청 기술협력국 수출농업지원과장 2017년 同연구정책국장 2019년 同차장(현)

황규연(黃奎淵) HWANG Kyu Yeon

(생)1960 · 5 · 9 (주)대구광역시 동구 첨단로 39 한국산업단지공단 비서실(070-8895-7013) (학)1979년 배명고졸 1984년 한양대 행정학과졸 1986년 同대학원 행정학과졸 1997년 미국 카네기멜론대 대학원 정책학과졸 (경)1987년 행정고시 합격(30회) 1988년 상공부 무역조사관실 행정사무관 1998년 산업자원부 유통산업과 서기관 2000년 駐사우디아라비아 주재관 2003년 경제자유구역기획단 파견 2004년 산업자원부 법무담당관 2005년 同지역투자입지담당관 2006년 同섬유생활팀장 2007년 同통상협력정책팀장(서기관) 2008년 同통상협력정책팀장(부이사관) 2008년 지식경제부 기획재정담당관 2009년 2012여수세계박람회조직위원회 파견(고위공무원) 2010년 외교안보연구원 교육훈련(고위공무원) 2011년 지식경제부 정책기획관 2012년 同주력시장협력관 2013년 산업통상자원부 통상정책국장 2014년 同산업기반실장 2015~2016년 同무역위원회 상임위원 2016년 한국산업단지공단 제10대 이사장(현)

황규영(黃奎永) WHANG Kyu Young

(생)1951·3·2 (출)서울 (주)대전광역시 유성구 대학로 291 한국과학기술원(KAIST) 공과대학 전산학부(042-350-3522) (학)1969년 경기고졸 1973년 서울대 전자공학과졸 1975년 한국과학기술원(KAIST) 전기및전자학과졸(석사) 1984년 공학박사(미국 스탠퍼드대) (경)1983~1990년 미국 IBM 와슨연구소 근무 1990~2008년 한국과학기술원(KAIST) 전산학과 교수 1991년 미국 스탠퍼드대 방문교수 1995년 한국과학기술원(KAIST) 전산학과장 1998년 同종합정보본부장 겸 과학도서관장 1999년 同첨단정보기술연구센터 소장 1999년 한국정보과학회 부회장 2001년 '대용량 DBMS 오디세우스/OOSQL' 개발 2001년 한국과학기술한림원 정회원(현) 2002년 한국공학한림원 정회원(현) 2003~2009년 'The VLDB Journal' 편집위원장 2004년 데이터베이스 관리시스템(DBMS)의 핵심 저장시스템 '코스모스/MT-64' 개발 2006년 한국정보과학회 부회장 2006년 미국 전기전자학회(IEEE) 석학회원(Fellow)(현) 2007년 한국정보과학회 회장 2008년 한국과학기술원(KAIST) 공과대학 전산학부 특훈교수(Distinguished Professor)(현) 2009년 미국컴퓨터학회(ACM) 석학회원(Fellow)(현) 2013~2014년 국제전기학회(IEEE) 엔지니어링기술위원회(TCDE) 회장 2016년 한국과학기술원(KAIST) 명예교수(현) 2016년 대구경북과학기술원 융복합대학 기초학부 초빙석좌교수(현) 2018년 대한민국학술원 회원(컴퓨터·현) (상)이달의 과학자상 과학기술부장관표창(1998), 정보문화상 기술상 국무총리표창(1999), 교육과학기술부·한국과학재단 선정 '제10회 한국공학상'(2012), 미국컴퓨터학회 ACM SIGMOD Contributions Award(2014), 대한민국 최고과학기술인상(2017) (저)'데이타베이스 시스템' 'Multi-Media Information System' 'Geogra phic Information System' (종)기독교

황규철(黃奎喆) HWANG Kyu Chul

(생)1966·8·28 (출)충북 옥천 (주)충청북도 청주시 상당구 상당로 82 충청북도의회(043-220-5003) (학)남대전고졸 2004년 대전대 행정학과졸 (경)옥천군태권도협회 회장, 옥천군생활체육회 회장, 뉴옥천라이온스클럽 이사 2006년 충북도의원선거 출마(무소속) 2010년 충북도의회 의원(민주당·민주통합당·민주당·새정치민주연합), 同산업경제위원회 위원, 同운영위원회 위원, 同산업경제위원회 부위원장, 同예산결산특별위원회 위원, 同지역균형발전특별위원회 위원 2012년 뉴옥천라이온스클럽 회장 2014~2018년 충북도의회 의원(새정치민주연합·더불어민주당) 2014년 同산업경제위원회 위원 2014·2016~2017년 同예산결산특별위원회 위원 2016~2017년 同산업경제위원회 위원장 2016~2018년 더불어민주당 충북도당 농어민위원장 2016~2018년 충북도의회 운영위원회 위원 2017~2018년 同예산결산특별위원회 부위원장 2018년 충북도의회 의원(더불어민주당)(현) 2018년 同부의장(현) (상)한국여성유권자충북연맹 '베스트 의정상'(2015), 제5회 우수의정대상(2017) (종)기독교

황규호(黃圭浩) HWANG Gyu Ho

(생)1958·11·15 (주)서울특별시 서대문구 이화여대길 52 이화여자대학교 사범대학 교육학과(02-3277-2661) (학)1981년 서울대 교육학과졸 1986년 同대학원 교육학과졸 1992년 교육학박사(영국 킹스칼리지런던대) (경)1993~1995년 한국교육개발원 연구원 1995년 이화여대 사범대학 교육학과 조교수·부교수, 同사범대학 교육학과 교수(현), 同교학부장, 同입학처 부처장 2006~2008년 同입학처장 2008~2010년 同교무처장 2016~2018년 同교육대학원장 2019년 同사범대학장(현) 2019년 同교육연수원장 겸 영재교육원장(현) (저)'동서양 주요국가들의 교육(共)'(1997) '세계의 교육과 중등사학(共)'(1998)

황근주(黃根周) HWANG Keun Joo

(생)1963·7·28 (본)장수(長水) (출)서울 (주)서울특별시 종로구 종로 26 SK(주) 투자1센터(02-6400-0114) (학)경동고졸, 서울대 경제학과졸, 同대학원 경제학과졸 (경)SK텔레콤(주) 전략컨텐츠 TF장 2006년 (주)서울음반 비상근이사, SK텔레콤(주) 인터넷사업부문 영상사업부장 2008년 同MNO전략팀장 2010년 同MNO CIC MNO전략실 전략그룹장, 同현장경영실장(상무), SK그룹 창조경제혁신센터(CEI) 센터장 2015년 SK텔레콤(주) 전략기획부문장(전무) 2017년 SK(주) PM1부문장(전무) 2019년 同투자1센터장(현) (상)정보통신부장관표창(1997)

황금천(黃金千) HWANG Keum Cheon

(생)1970·9·2 (출)인천 (주)부산광역시 연제구 법원로 15 부산지방검찰청 특수부(051-606-4315) (학)1989년 인천고졸 1993년 한양대 법학과졸 (경)1999년 사법시험 합격(41회) 2002년 사법연수원 수료(31기) 2002년 서울지검 북부지청 검사 2004년 창원지검 진주지청 검사 2006년 부산지검 검사 2008년 인천지검 검사 2010~2016년 서울동부지검 검사 2012~2014년 금융정보분석원 파견 2016년 울산지검 부부장검사 2017년 대구지검 경주지청 부장검사 2018년 서울고검 검사 2019년 부산지검 특수부장(현)

황기석(黃基碩)

(생)1970·10·12 (출)전북 고창 (주)광주광역시 서구 내방로 111 광주광역시 소방안전본부(062-613-8008) (학)2011년 전북대 대학원 법학과졸 (경)2002년 사법시험 합격(44회) 2005년 소방령 입부 2009~2011년 전북소방본부 소방행정과장 2011~2013년 전북 익산소방서장 2013~2014년 전북 고창소방서장 2014~2015년 국민안전처 규제법무담당관실 파견 2015~2016년 소방청 중앙119구조본부 119구조상황실장 2016년 제주특별자치도 소방안전본부장(지방소방준감) 2018년 세종연구소 교육파견 2019년 광주광역시 소방안전본부장(현)

황기선(黃琪善)

(생)1968·7·21 (출)서울 (주)서울특별시 서초구 서초중앙로 157 서울중앙지방법원(02-530-1114) (학)1987년 중동고졸 1991년 연세대 법학과졸 1994년 同대학원졸 (경)1993년 사법시험 합격(35회) 1996년 사법연수원 수료(25기) 1999년 광주지법 판사 2001년 광주지법 해남지원·장흥지원 판사 2002년 수원지법 평택지원 판사 2005년 수원지법 판사 2006년 서울동부지법 판사 2008년 서울고법 판사 2010년 서울중앙지법 판사 2011년 창원지법 부장판사 2013년 인천지법 부장판사 2016년 서울중앙지법 부장판사(현)

황기연(黃祺淵) Hwang, Kee Yeon

(생)1958·3·31 (본)장수(長水) (출)대구 (주)서울특별시 마포구 와우산로 94 홍익대학교 공과대학 도시공학과(02-320-3070) (학)연세대 행정학과졸, 미국 오리건주립대 대학원 도시 및 지역계획학과졸, 도시 및 지역계획학박사(미국 서던캘리포니아대) (경)1992~2005년 서울시정개발연구원 도시교통연구부장·월드컵교통지원팀장·청계천복원지원연구단장, 대통령비서실 국가경쟁력강화기획단 파견 2005년 홍익대 도시공학과 부교수·교수(현) 2008~2011년 한국교통연구원 원장 2012~2017년 스마트공유교통포럼 공동대표 2013~2015년 홍익대 공과대학장 2013년 (사)카셰어링포럼 공동대표(현) 2014~2016년 행정중심복합도시건설추진위원회 위원 2015년 대통령직속 지속가능발전위원회 민간위원(현) 2015년 교통정책위원회 민간위원(현) 2016년 홍익대 관리담당 부총장 겸 서울캠퍼스 산학협력단장 2017년 한국공학한림원 일반회원(건설환경공학·현) 2017년 홍익대 건축도

시대학원장 겸 환경개발연구원장 2017년 스마트공유교통포럼 고문(현) 2019년 홍익대 첨단교통연구센터 소장(현) (상)서울시 교통문화상(2000), 서울사랑시민상(2003), 국민훈장 석류장(2005) (저)'교통수요관리론 : 정책 및 분석실무(共)'(2001) 'Urban Management Policy in Seoul(共)'(2002) '프로젝트 청계천 : 갈등관리 전략(共)'(2005, 나남) '한반도 대운하는 부강한 나라를 만드는 물길이다(共)'(2007, 경덕출판사) (종)기독교

황기연(黃基淵) HWANG Ki Yeon

(생)1969 · 3 · 2 (출)전남 장성 (주)서울특별시 종로구 청와대로 1 대통령 사회적경제비서관실(02-770-0011) (학)서울시립대 대학원 행정학과 수료, 미국 피츠버그대 대학원 공공정책학과졸 (경)1998년 행정고시 합격(42회) 1999~2005년 중앙인사위원회 인사정책과 · 위원장실 · 급여정책과 · 인재조사과 사무관 2006년 同정책총괄과 제도지원담당 서기관 2006년 국외훈련(미국 피츠버그대) 2009년 전남도 경제과학국 과학기술과장 2011년 同경제산업국 일자리창출과장 2011년 同경제산업국 경제통상과장 2012년 장흥군 부군수 2013년 전남도 인력관리과 근무(서기관) 2013년 지방자치발전위원회 기획단 분권제도과장 2014년 안전행정부 지방재정세제실 주소정책과장 2014년 행정자치부 지방재정세제실 주소정책과장 2015년 同의정관실 상훈담당관 2016년 同지방행정실 지역공동체과장 2017년 同지방행정실 지역공동체과장(부이사관) 2017년 대통령정책실 일자리수석비서관실 사회적경제비서관실 행정관 2018년 대통령정책실 사회적경제비서관실 행정관(현)

황기철(黃基鐵) Hwang, Ki-Chul

(생)1956·7·28 (출)경남 창원 (주)경상남도 창원시 성산구 중앙대로 85 더불어민주당 경남도당 창원시 진해구지역위원회(055-274-5005) (학)진해고졸 1978년 해군사관학교졸(32기) 1982년 고려대 불어불문학과졸 1991년 프랑스 해군대학 수료 1992년 프랑스 파리1대 대학원 역사학과졸 1997년 국방대학원 안보과정 수료 2001년 미국 해군대학원 국제국방관리과정 수료 (경)1978년 해군장교 임관(소위) 1988년 국방부 장관 의전담당관 1992년 해군 초계함 여수함장 1997년 국방대학원 안보과정 교육훈련 1998년 대통령 외교안보수석비서관실 국방담당관 1999년 해군 광개토대왕함장(대령) 2002년 해군본부 조함단 KDX-3 사업처장 2004년 준장 진급 2005년 해군 진해기지사령관 2006년 소장 진급 2007년 해군 제2함대사령관 2009년 방위사업청 함정사업부장 2010년 해군 작전사령관(중장) 2011년 해군 참모차장(중장) 2012년 해군사관학교장(중장) 2013~2015년 해군 참모총장(대장) 2018년 더불어민주당 창원시진해구지역위원회 위원장(현) 2018년 同국방안보특별위원회 위원장(현) (상)대통령표창(1999·2011), 보국훈장 천수장(2008), 자랑스러운 한남인상(2013), 보국훈장 통일장(2017)

황길수(黃吉秀) HWANG Khil Soo

(생)1939 · 1 · 9 (본)창원(昌原) (출)충남 예산 (주)서울특별시 강남구 테헤란로 401 남경센터 7층 황길수법률사무소(02-565-5561) (학)1959년 성동고졸 1963년 서울대 법대졸 1964년 同사법대학원 수료 2004년 명예 법학박사(한서대) (경)1964년 육군본부 법무관 1968~1977년 전주지검 · 김천지청 · 서울지검 성동지청 · 대구지검 · 서울지검 · 법무부 법무과 검사 1979년 법무부 법무과장 1981년 서울지검 형사4부장 1982년 同제3차장검사 1983년 광주고검 차장검사 1985년 법무연수원 연구부장 1986년 전주지검장 1987년 대검찰청 형사1부장 1989년 법무부 법무실장 1991년 변호사 개업 1993년 법제처장 1995년 삼홍종합법률사무소 대표변호사 1995년 민자당 국책자문위원 1995년 호서대 초빙교수 1995~2003년 한서대 · 함주학원 이사장, 변호사 개업(현) 2017년 (사)매헌윤봉길의사기념사업회 제10대 회장(현) (상)청조 · 녹조 · 황조근정훈장 (종)천주교

황낙연(黃洛淵) HWANG Nak Yeon

(생)1954·10·2 (본)장수(長水) (출)충남 보령 (주)서울특별시 송파구 송이로30길 7 (주)동일기술공사 부회장실(02-3400-5608) (학)1977년 한양대 토목공학과졸 2007년 공학박사(충북대) (경)1979년 (주)대우건설 입사 1984년 同나이지리아현장 파견 1993년 同국내토목사업현장소장 1998년 同토목사업본부 상무이사 2009년 울트라건설 부사장 2010~2011년 (주)한화건설 국내영업본부장 겸 토목환경사업본부장(전무) 2011년 대한중재인협회 부회장, 同회원(현) 2012~2019년 한국토목시공기술사협회 감사 2014년 (주)동일기술공사 부회장(현) 2019년 한국토목시공기술사협회 회장(현) (상)철탑산업훈장, 대통령표창, 장관표창 外 다수 (종)천주교

황대영(黃大榮) HWANG Dae Young

(생)1953·8·23 (본)창원(昌原) (출)대전 (주)강원도 속초시 사진길 8-1 1층 (사)한국수중환경안전협회 글로벌스쿠버교육원(02-485-4804) (학)한국방송통신대 행정학과졸, 한양대 사진전문과정 수료, 중앙대 재난안전과정 수료 (경)월간 '장애인뉴스' 편집국장 1988년 한국해양탐험대 대장 1991년 (사)맑은물되찾기운동연합회 창립 1996년 국회스킨스쿠버동호회 창립, 한국특수구조봉사단 단장 2003~2005년 수중환경신문 '바다뉴스' 발행인·편집인 2003년 독도사랑국민연합 공동대표 2013년 한국자원봉사협의회 공동대표, '바다뉴스인터넷신문' 발행인 2015년 (사)한국수중환경안전협회 회장 2017년 同글로벌스쿠버교육원 원장(현) (상)국무총리표창(1990), 청룡봉사상 의상(1991), 해병을빛낸사람(1991), 대통령표창(2002), 행정자치부장관표창(2005), 국민훈장 석류장(2011), 독도평화대상 서도상(2017) (저)'스쿠버다이빙입문' '황대영다이빙에세이'

황대용(黃大容) Hwang Dae Yong

(생)1960·1·18 (본)창원(昌原) (출)서울 (주)서울특별시 광진구 능동로 120-1 건국대학교병원 원장실(02-2030-7014) (학)1984년 서울대 의대졸, 同대학원 의학석사 1996년 의학박사(서울대) (경)서울대병원 전공의, 서울아산병원 임상강사, 미국 Cleveland Clinic Foundation in Ohio 장기연수, 미국 Lahey Clinic in MA 연수, 건강보험심사평가원 암질환심의위원회 위원, 과학기술연합대학원대 부교수, 대한대장항문학회 상임이사, 同편집위원장, 대한외과학회 상임이사, 同편집위원장(현), 대한임상종양학회 이사, 미국대장외과학회(ASCRS) 정회원(현), 미국임상암학회(ASCO) 정회원(현), 한국원자력의학원 진료부장, 同기획실장, 同홍보실장 2008년 同진료지원부장 2008~2011년 건국대 의과대학 외과학교실 교수 2009~2011년 건국대병원 홍보실장 2009년 同대장암센터 소장 2011년 同외과 과장 2011년 건국대 의학전문대학원 외과학교실 교수(현) 2012년 건국대병원 암센터장 2013년 同대장항문외과 분과장 2016년 同병원장(현) 2018년 대한병원협회 윤리부위원장(현) (상)원자력연구소장표창(2002), 과학기술부장관표창(2003), 대한대장항문학회 사노피-신데라보 젊은 의학자상(2003), 건국대병원 진료업적상(2010), 대한외과학회 우수포스터상(2010) (저)'대장항문학(共)'(2000·2005·2012) '1.5미터의 비밀'(2003) '대장암의 항암요법(共)'(2004) '대장암의 항암요법(共)'(2010) '임상종양학(共)'(2011) (역)'대장암'(2007) '대장암 표적치료'(2007) '대장항문수술1-대장'(2012) '대장항문수술2-항문'(2012) (종)기독교

황대일(黃大一) Hwang Daeil

(생)1965 · 7 · 29 (본)평해(平海) (출)경북 안동 (주)서울특별시 종로구 율곡로2길 25 연합뉴스 DB부(02-398-3114) (학)1984년 경북고졸 1989년 고려대 행정학과졸 (경)1999년 연합뉴스 자카르타특파원 2003년 同사회부 차장대우 2004년 同통일외교부 차장 2005년 同사회부 차장 2007년 同증권부 차장 2007년 同증권부 부장대우 2009년 同사회부 부장대우

2011년 同증권부장 2011년 同경제부장 2013년 同마케팅국 마케팅부장 2014년 同마케팅국 마케팅부장(부국장대우) 2015년 同편집국 전국·사회에디터 2016년 同콘텐츠총괄본부장 2018년 同DB부 근무(부국장) 2018년 同DB부 근무(선임)(현) (상)한국기자협회 '이달의 기자상'(2003) (저)'특파원의 눈에 비친 인도네시아 만년설'

황대호(黃大虎)

(생)1986·6·9 (주)경기도 수원시 팔달구 효원로 1 경기도의회(031-8008-7000) (학)숭실대 대학원 경영학 박사과정 수료 (경)수원시 남북교류위원협력위원회 위원, 同좋은시정위원회 위원, 민주평통 수원시협의회 자문위원, 더불어민주당 중앙당 부대변인 2018년 경기도의회 의원(더불어민주당)(현) 2018년 同의회운영위원회 위원(현) 2018년 同제2교육위원회 위원(현)

황덕순(黃悳淳) HWANG Deok Soon

(생)1965·11·7 (출)서울 (주)서울특별시 종로구 청와대로 1 대통령정책실 일자리수석비서관실(02-770-0011) (학)1984년 서울 경성고졸 1988년 서울대 사회과학대학 경제학과졸 1990년 同대학원 경제학과졸 1996년 경제학박사(서울대) (경)1997~1998년 한국노동연구원 초빙연구위원 1998~2004년 同부연구위원 2004년 同노동시장연구실 연구위원 2005년 同연구조정실장 2008년 同노동시장·사회정책연구본부 선임연구위원, 同고용보험평가센터 소장(선임연구위원) 2017년 대통령정책실 일자리수석실 고용노동비서관 2018년 대통령정책실 일자리수석실 일자리기획비서관 2019년 대통령정책실 일자리수석비서관(현) (상)대통령표창(2015) (저)'현장기능인의 사회적 지위 제고방안(共)'(1995) '한국의 노동조합과 조합원 참여(共)'(1997) '저소득 장기실업자 보호방안 연구(共)'(1999)

황덕형

(생)1961 (주)경기도 부천시 호현로489번길 52 서울신학대학교 총장비서실(032-340-9203) (학)서울신학대졸, 연세대 연합신학대학원 석사, 신학박사(독일 보훔루르대) (경)중앙성결교회 협동목사(현), 한국조직신학회 회장, 오순절학회 부회장, 한국칼바르트학회 회장, 서울신학대 웨슬리신학연구소 소장 2019년 同총장(현) (저)'삼자적 임재'(2000, 한들출판사) '현대신학과 성결(共)'(2001, 바울출판사 외 다수) '소극적 안락사, 무엇이 문제인가'(2007, 기윤실부설기독교윤리연구소) '성결교의학'(2014, 형설출판사) '하나님의 타자성'(2016, 서울신학대)

황동규(黃東奎) HWANG Tong Gyu

(생)1938·4·9 (본)제안(濟安) (출)평남 숙천 (주)서울특별시 관악구 관악로 1 서울대학교 영어영문학과(02-880-6078) (학)1957년 서울고졸 1961년 서울대 영어영문학과졸 1966년 同대학원졸 1967년 영국 에든버러대 대학원 수학 (경)1958년 「현대문학」에 '시월' '즐거운 편지'로 시인 등단, 시인(현) 1968년 서울대 교양과정부 전임강사 1971년 미국 아이오와대 연구원 1975~2003년 서울대 영어영문학과 교수 1987년 미국 뉴욕대 객원교수 1990년 서울대 영연방연구소장 1991년 同대학신문 주간 1997년 미국 버클리대 객원교수 2001년 황순원선생 추모시 2편 「현대문학」 1월호에 발표 2003년 서울대 영어영문학과 명예교수(현) 2004년 한국시인협회 고문 2006년 대한민국예술원 회원(문학·현) 2006년 한국간행물윤리위원회 위원 2006~2009년 同부위원장 (상)현대문학상(1968), 한국문학상(1980), 연암문학상(1988), 김종삼문학상(1991), 이산문학상(1991), 대산문학상(1995), 미당문학상(2003), 홍조근정훈장(2003), 제10회 만해대상 문학부문(2006), 김진달문학상 시부문(2009), 은관문화훈장(2010), 구상문학상(2011), 제26회 호암상 예술상(2016), 서울대 자랑스러운 서울대인(2016) (저)시집 '어떤 개인 날'(1961) '悲歌'(1965) '三南에 내리는 눈'(1975) '사랑의 뿌리'(1975) '나는 바퀴를 보면 굴리고 싶어진다'(1978) '악어를 조심하라고?'(1986) '몰운대行'(1991) '미시령 큰 바람'(1993) '풍장'(1995) '비가'(1996) '외계인'(1997) '황동규 시전집 1·2'(1998) '버클리풍의 사랑노래'(2000) 산문집 '젖은 손으로 돌아보라'(2001) 자서전 '시가 태어나는 자리'(2001) '탁족'(2002) '우연에 기댈 때도 있었다'(2003) '꽃의 고요'(2006) '삶의 향기 몇점'(2008) '겨울밤 0시5분'(2009) '사는 기쁨'(2013) (작)평론집 '사랑의 뿌리' '김수영의 문학'(編)

황동준(黃棟俊) Hwang, Dong Joon (海庭·海石)

(생)1961·12·19 (본)창원(昌原) (출)강원 속초 (주)서울특별시 종로구 세종대로 209 KT광화문빌딩 행정안전부 과거사관련업무지원단 강제동원희생자유해봉환과(02-2195-2362) (학)1981년 속초고졸 2001년 한국방송통신대 법학과졸 2013년 연세대 행정대학원 지방자치 및 도시행정학과졸 (경)1982년 속초시청 근무 1986년 강원도청 근무 1996년 내무부 근무 1999년 국립과학수사연구소 근무 2000년 행정자치부 근무 2015년 同의정담당관실 서기관 2016년 국무조정실 부패척결추진단 점검과장 2017년 同정부합동부패예방감시단 반장 2018년 행정안전부 과거사관련업무지원단 진실화해지원과장 2019년 同과거사관련업무지원단 강제동원희생자유해봉환과장(현) (상)한국서예가협회 대한민국서예대전 입선(1989·1993), 대통령표창(2001·2007), 근정포장(2013) (저)'돌과 빛이 있는 나라'(2003, 아진) (종)기독교

황동진(黃東鎭) HWANG Dong Jin

(생)1962·5·7 (출)서울 (주)경기도 성남시 분당구 대왕판교로644번길 21 메디포스트 비서실(02-3465-6677) (학)1985년 서울대 경제학과졸 (경)1988~1999년 한국장기신용은행 근무 1999년 금융감독원 근무 2000~2005년 (주)마크로젠 재무이사 2003년 同전무이사 2005년 同공동대표이사 사장 2006년 메디포스트 경영총괄담당 이사 2006년 同공동대표이사 사장(현) (상)벤처기업대상 지식경제부장관표창(2008) (종)천주교

황득규(黃得圭) HWANG Deuk Kyu

(생)1959·6·6 (주)경기도 수원시 영통구 삼성로 129 삼성전자(주) 중국전략협력실(031-200-1114) (학)1977년 순천 매산고졸 1982년 연세대 사학과졸 2002년 미국 보스턴대 대학원 경영학과졸(MBA) (경)1984년 삼성전자(주) 반도체 기획1팀 근무 1991년 同SSEG(구주) 근무 1997년 同감사팀 근무 2002년 同DS총괄 구매팀 전략구매그룹장 2004년 삼성전자(주) 반도체구매팀 상무보 2004년 同반도체구매팀장(상무) 2010년 同반도체구매팀장(전무) 2011년 同DS부문 감사팀장(전무) 2012년 同DS부문 기획팀장(전무) 2014년 同DS부문 기획팀장(부사장) 2017년 同DS부문 기흥·화성단지 총괄부사장 2017년 同중국삼성 사장 2019년 同중국전략협력실장(전문위원)(현)

황명석(黃明錫) HWANG Myoung Suk

(생)1968·5·23 (본)평해(平海) (출)경북 경주 (주)세종특별자치시 정부2청사로 13 행정안전부 인사기획관실(044-205-1386) (학)영남대 공법학과졸, 고려대 정책대학원 도시및지방행정학과 수료 (경)1997년 지방고등고시(2회) 신임관리자과정 합격 1998년 포항시 남구청 환경위생과장 1999년 同포항테크노파크 추진반장 2000년 (재)포항테크노파크 기획팀장(포항시 파견) 2003년 (재)경북테크노파크 행정지원실장(파견) 2004년 공정거래위원회 소비자기획과 사무관 2006년 同특수거래보호과 사무관 2007년 同심결지원1팀 서기관 2007년 同심판행정팀 서기관 2007년 同특수거래팀장 2008년 제17대 대통령직인수위원회 경제1분과위원회 실무위원 2008년 대통령 경제수석비서관실 금융비서관실 행정관 2008년 대

통령 정무수석비서관실 시민사회비서관실 행정관 2009년 행정안전부 윤리과 심사총괄팀장 2011년 대통령직속 녹색성장위원회 녹색교육과장(파견) 2012년 同지방녹색과장 2013년 국민대통합위원회 준비단 과장 2013년 대통령소속 국민대통합위원회 기획부장 2015년 행정자치부 기획조정실 창조행정담당관 2016년 同창조정부조직실 창조정부기획과장(서기관) 2017년 同창조정부조직실 창조정부기획과장(부이사관) 2017년 駐일본 참사관(자치협력관)(현) 2017년 대한민국시도지사협의회 일본사무소장(현) ㉦근정포장(2013) ㉨천주교

황명선(黃明善) HWANG Myeong Seon

㉧1966·9·9 ㉥충남 논산 ㉤충청남도 논산시 시민로210번길 9 논산시청 시장실(041-746-5000) ㉻1984년 논산 대건고졸 1994년 국민대 토목환경공학과졸 1996년 同대학원 행정학과졸 2002년 행정학박사(국민대) ㉿한국유권자운동연합 초대 실행위원, 새천년민주당 서울시지부 사무처장, 한국청년전문가연합회 회장, (주)가람엔타프라이즈 대표이사 2002~2006년 서울시의회 의원(새천년민주당·민주당) 2004~2006년 同건설위원회 부위원장 2004년 한국외국어대 정책과학대학원 겸임교수 2005~2006년 서울시의회 남북교류협력지원특별위원회 부위원장 2005년 건양대 사회복지학과 겸임교수 2005년 한국정책과학학회 부회장 2006년 충남 논산시장선거 출마(열린우리당) 2006~2008년 대통령직속 정책기획위원회 위원 2007년 국민대 행정대학원 초빙교수 2008년 (사)공공경영연구원 원장 2010년 충남 논산시장(민주당·민주통합당·민주당·새정치민주연합) 2014년 한국지방자치학회 부회장 2014~2018년 충남 논산시장(새정치민주연합·더불어민주당) 2018년 한국헌법학회 부회장 2018년 충남 논산시장(더불어민주당)(현) 2018년 충남도시장군수협의회 회장(현) 2018년 더불어민주당 전국기초단체장협의회장(현) 2018년 同참좋은지방정부위원회 공동위원장(현) 2019년 대한민국시도지사협의회 지방분권특별위원회 위원(현) ㉦국무총리표창(2013), 국민대총동문회 '자랑스런 국민인의 상'(2014) ㉶'나는 오늘도 가슴이 뛴다'(2013, 대원사) ㉨천주교

황명수(黃明秀) HWANG Myung Soo

㉧1927·4·29 ㉯창원(昌原) ㉥충남 아산 ㉻1953년 동국대 정치학과졸 1995년 명예 정치학박사(동국대) ㉿1951년 아산중 교사 1953년 공군사관학교 교관 1960년 충남도의회 의원 1973년 제9대 국회의원(천안·천원·아산, 신민당) 1974년 신민당 총무국장 1977년 同원내부총무 1981년 제11대 국회의원(천안·아산·천원, 무소속·민권당) 1981~1983년 의정동우회 회장 1982년 민권당 부총재 1984년 민주화추진협의회 상임운영위원 1985년 신민당 훈련원장·정무위원 1985년 민주화추진협의회 간사장 1987년 통일민주당 전당대회 의장 1988년 同부총재 1988년 제13대 국회의원(온양·아산, 통일민주당·민주자유당) 1989년 국회 5공비리조사특별위원회 위원장 1990년 국회 보건사회위원장 1992년 제14대 국회의원(온양·아산, 민주자유당·신한국당) 1993년 동아정경연구회 회장 1993년 민주자유당 당무위원 1993년 국회 국방위원장 1993년 민주자유당 사무총장 1994년 국회 국방위원장 1994년 민주자유당 충남도지부장 1994년 동국대 동우장학회 이사장 1997년 신한국당 중앙상무위원회 의장 1997년 국민신당 고문 1998년 국민회의 부총재 1999년 효창원칠위선열기념사업회 회장 2000년 새천년민주당 고문 2002년 한국충청신문 초대회장 ㉦제15회 자랑스런 양정인상 ㉨천주교

황문호(黃文浩)

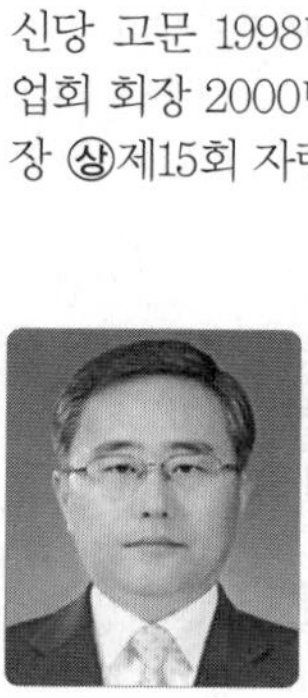

㉧1964·2·3 ㉥경남 마산 ㉤강원도 강릉시 수리골길 65 강릉세무서(033-610-9200) ㉻마산고졸, 세무대학졸(2기) ㉿세무공무원 임용(8급 특채) 1998년 중부지방국세청 조사1국 근무 2001년 경기 성남세무서 세원2과 근무 2004년 중부지방국세청 조사3국 근무 2010년 경기 수원세무서 재산세과장 2011년 중부지방국세청 조사1국 조사1과 사무관 2016년 同조사1국 조사1과 서기관 2017년 경기 포천세무서 동두천지서장 2018년 중부지방국세청 조사1국 조사2과 서기관 2019년 강원 강릉세무서장(현)

황백현(黃白炫) HWANG Baek Hyun

㉧1947·1·5 ㉯창원(昌原) ㉥경남 사천 ㉤부산광역시 부산진구 서면문화로 27 유원골든타워 501호 극일운동시민연합(051-253-5887) ㉻1966년 진주농림고졸 1981년 동아대 영어영문학과졸 1985년 영남대 교육대학원 영어교육학과졸 2010년 문학박사(동의대) ㉿1981년 거제 해성고 교사 1982~1990년 부산 가야고 교사 1985년 부산경실련 상임집행위원 1987년 극일운동시민연합 의장(현) 1988~1991년 경남정보대 강사 1991년 민주당 부산진乙지구당 위원장 1993년 일제만행희생자위령비건립추진위원회 위원장 1995년 일제잔재국민학교명칭개정전국연합회 공동의장 1995년 부산시장 예비후보 1996년 민주당 부산시지부장 직대 1996~1999년 수원대·서울시립대·부산대·부산교대·신라대 강사 1997년 독도유인도화 국민운동본부 의장(현) 1999년 독도·대마도연구소 소장 2000~2002년 새천년민주당 부산진乙지구당 위원장 2004년 제17대 국회의원선거 출마(부산진구乙, 무소속), 동의대 강사, (주)발해투어 대표(현) 2006년 시인 등단(현) 2008년 제18대 국회의원선거 출마(부산진구乙, 자유선진당) 2012년 독도·대마도아카데미 이사장(현) ㉶'대마도 역사문화관광' '대마도 통치사'(2012·2016) '독도 유인도화 정책에 관한 연구' '대마도에 남아 있는 한국문화재'(2014, 도서출판 발해투어) 등 70여권 ㉨천주교

황범순(黃範淳) HWANG, BEOMSOON

㉧1972·7·20 ㉯창원(昌原) ㉥경기 동두천 ㉤경기도 수원시 팔달구 효원로 1 경기도청 인사과(031-8008-4032) ㉻1991년 동두천고졸 1997년 동국대 행정학과졸 2004년 서울대 행정대학원 행정학과졸 ㉿1999~2000년 국가보훈처 행정협력담당관실 사무관 2000~2002년 대구 경북남부보훈지청 관리과장(사무관) 2002~2006년 중앙인사위원회 인재채용과·인사정책과·성과관리과 사무관 2006년 UN Governance Center 파견(서기관) 2007~2008년 태평양전쟁전후국외강제동원희생자등지원위원회 심사1과장(서기관) 2009~2010년 행정안전부 재난안전정책과 총괄팀장(서기관) 2011년 국무조정실 안전환경정책관실 총괄팀장(서기관) 2012~2013년 보건복지부 첨단의료복합단지조성사업단 조성지원팀장(서기관) 2014년 행정안전부 재난안전무선통신망추진단장(서기관) 2014~2015년 필리핀 정보통신기술청 파견(서기관) 2016~2017년 국민안전처 안전점검과장(서기관) 2017~2018년 행정안전부 안전점검과장(부이사관) 2018년 경기도 경제실 국제협력관 2018년 교육파견(지방부이사관)(현)

황병국(黃炳國) HWANG Byung Kook

㉧1947·3·3 ㉯평해(平海) ㉥전북 전주 ㉤서울특별시 성북구 안암로 145 고려대학교 생명과학대학 생명공학부(02-3290-3060) ㉻1970년 서울대 농생물학과졸 1975년 同대학원졸 1981년 식물병리학박사(독일 괴팅겐 게오르크-아우구스트대) ㉿1975년 농촌진흥청 농업기술연구소 병리과 연구원 1981~2012년 고려대 생명과학대학 생명공학부 교수 1993년 同자연자원연구소 연구관리실장 1994년 농업과학기술원 병리과 겸임연구관 1999년 한국과학기술한림원 정회원 2000년 고려대 생명자원연구소장 2000년 농촌진흥청 농업과학기술원 겸임연구관 2001년 Journal of Phytopathology Editor(현) 2003~2005년 한국식물병리학회 부회장·회장 2003년 미국식물병리학회(The American Phytopathological Society) Fellow(현) 2003년 한국과학기술한림원 종신회원(현) 2005년 대한민국학술원 회원(자연5분과·현) 2008년 플랜타(PLANTA) 편집위원

(현) 2010~2018년 PeerJ 편집위원 2012년 고려대 생명과학대학 생명공학부 명예교수(현) [상]한국과학기술단체총연합회 우수논문상(1996), 고려대 학술상(1997), 화농연학재단 화농상(1997), 한국식물병리학회 학술상(2002), 미국식물병리학회 Fellow상(2003), 3.1문화상(2007), 근정포장(2012), 한국식물병리학회 공로상(2013) [저]'식물의학'(1985 · 2000) '세균성 점무늬병과 역병에 대한 고추저항성의 생리, 분자유전, 한국 고추의 분자유전과 육종(共)'(2004) '식물의 건강(共)'(2012)

황병돈(黃丙敦) HWANG Byung Don

[생]1961 · 11 · 10 [출]경기 김포 [주]서울특별시 마포구 와우산로 94 홍익대학교 법과대학(02-320-1830) [학]1980년 하성종합고졸 1984년 한양대 법학과졸 2002년 同행정대학원졸, 同대학원 법학 박사과정 수료 [경]1984년 사법시험 합격(26회) 1987년 사법연수원 수료(16기) 1990년 서울지검 서부지청 검사 1992년 청주지검 영동지청 검사 1993년 수원지검 검사 1995년 대구지검 검사 1997년 서울지검 남부지청 검사 1999년 인천지검 부천지청 부부장검사 2000년 대검찰청 검찰연구관 2001년 법무연수원 기획과장 2002년 대검찰청 환경보건과장 2003년 대구지검 형사3부장 2003년 변호사 개업 2004~2007년 법무부 혁신 서포터즈 2005년 '러시아유전개발 의혹사건' 특별검사보 2006년 법무법인 우리법률 서울분사무소 변호사 2006년 홍익대 법과대학 교수(현) 2008년 법무부 정보공개청구심의회 기록물심사위원회 심의위원 2008년 同인권자문단 자문위원 2009년 同인권강사(현) 2011년 국회 입법심의위원(현) 2016~2019년 홍익대 기획처장 2019년 同법과대학장(현)

황병선(黃炳宣) WHANG Byong Sun (仁光)

[생]1945 · 6 · 7 [본]평해(平海) [출]서울 [주]서울특별시 중구 세종대로 124 프레스센터 15층 언론중재위원회(02-397-3114) [학]1964년 서울사대부고졸 1971년 서울대 외교학과졸 [경]1971년 동양통신 입사 1971년 서울신문 입사 1981년 同미국 워싱턴 특파원 1986년 서울신문 정치부 차장 1988년 세계일보 정치부장 1991년 문화일보 정치부장 1993년 서울신문 국제1부장 1995년 同정치부장 1996년 同논설위원 1998년 同편집국 부국장 1998년 同편집국장 1998년 대한매일 편집국장 1999년 同경영본부장(이사대우) 2001년 同이사 겸 경영본부장 2001~2003년 同제작이사 2001~2003년 同새사업추진단장 2004~2007년 청주대 언론정보학부 초빙교수 2004~2013년 미디어서울 칼럼니스트 2017년 언론중재위원회 부위원장(현) [종]불교

황병소(黃炳紹) Hwang Byeong So

[생]1969 · 12 · 17 [주]세종특별자치시 한누리대로 402 산업통상자원부 기계로봇과(044-203-4310) [학]1988년 대원외고졸 1994년 서울대 농업경제학과졸 [경]1996년 행정고시 합격(40회) 1997년 총무처 행정사무관, 산업자원부 차관비서관 2007년 同자원개발총괄팀 서기관 2007년 국무조정실 기후변화대응기획단 파견 2008년 국무총리실 기후변화대책기획단 파견 2009년 지식경제부 지방기업종합지원팀장 2010년 同방사성폐기물팀장 2011년 同연구개발특구기획팀장 2012년 同무역진흥과장 2013년 산업통상자원부 무역투자실 무역진흥과장 2014년 해외 파견 2016년 산업통상자원부 가스산업과장 2019년 同가스산업과장(부이사관) 2019년 同기계로봇과장(현)

황병수(黃昞秀) Hwang, Byung-Soo (詳竣)

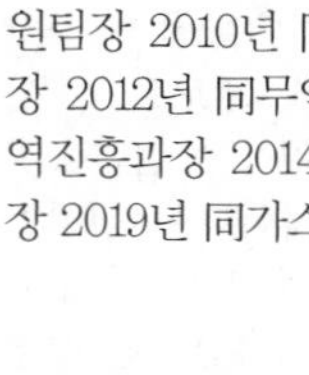

[생]1958 · 2 · 7 [본]평해(平海) [출]강원 원주 [주]강원도 원주시 흥업면 남원로 150 강릉원주대학교 보건복지대학 다문화학과(033-760-8854) [학]1976년 원주고졸 1981년 한국외국어대 영어과졸 1983년 同대학원 영어과졸 1992년 문학박사(경희대) 2015년 국가평생교육진흥원 행정학사(사회복지학 전공) 2016년 연세대 정경대학원 국제복지전공석사 2017년 국가평생교육진흥원 문학사('외국어로서의 한국어학' 전공) [경]1981~1982년 한국외국어대 영어과 조교 1984~2001년 한국외국어대 · 강릉대 · 상지대 · 경희대 강사 1990~2006년 국립원주대학 교수 1991년 한국대학영어교육학회 논문집 편집위원 · 명예고문(현) 1995~1999년 국립원주대학 교무처장, 교육공무원인사위원회 위원장, 교수정년보장심사위원회 위원장 1995~1996년 교육개혁추진 홍보위원 2001~2003년 한국중앙영어영문학회 이사 2003년 새강원포럼 회원(현) 2003~2007년 국립원주대학 총장 2004년 제17대 국회의원선거 원주지역구 국회의원후보자토론회 진행자 2004~2017년 원주시선거관리위원회 위원 2004~2007년 국립원주대학 산학협력단장 2006년 제4회 전국동시지방선거 원주시장후보자토론회 · 평창군수후보자토론회 진행자 2007~2016년 강릉원주대 문화대학 여성인력개발학과 교수 2007~2009년 同문화산업대학장 2007~2011년 KBS 원주방송국 시청자위원회 위원 2008년 한국중앙영어영문학회 부회장(현) 2008~2010년 원주고 장소길장학회 회장 2012~2013년 한국교원단체총연합회 교육정책추진위원회 위원 2012~2014년 국세청 바른세금지킴이(제1기) 서포터즈 2012~2014년 공군 정책발전자문위원회 위원 2014년 제6회 전국동시지방선거 영월군수후보자토론회 진행자 2014년 국세청 바른세금지킴이(제2기) 서포터즈(현) 2014년 한국교원단체총연합회 교원복지향상위원회 위원(현) 2015년 한국사회복지사협회 회원(현) 2016년 강릉원주대 보건복지대학 다문화학과 교수(현) 2016년 한국교원단체총연합회 새교육개혁위원회 위원(현) 2018년 강릉원주대 제12기 해람해외(몽골)봉사단장 2019년 同동계 제8기 해람해외(캄보디아)봉사단장 [상]선거관리유공표창(2010), 강릉원주대 20년 근속표창(2010), 대학통합유공표창(2011), 연세대 정경대학원 최우등졸업상(전체수석)(2016), 최우수논문상(2016) [저]'Collage English'(1999) 'Everyday English'(1999) '선진 서구지역사회의 이해'(2017) '밝아오는 블랙 아프리카'(2018) [종]천주교

황병우(黃昞禹) HWANG Byung Woo (綠水)

[생]1931 · 10 · 16 [본]평해(平海) [출]경북 청송 [주]대구광역시 수성구 동대구로 382 자유한국당 경북도당(053-756-1001) [학]1951년 대구농림학교졸 1956년 영남대 영어영문학과졸 1986년 同경영대학원졸 [경]1952년 유엔軍 연락장교 1970년 신민당 중앙상무위원 · 총재 특별보좌역 1978년 同경북9지구당 위원장 1979년 제10대 국회의원(영덕 · 청송 · 울진, 신민당) 1985년 제12대 국회의원(청송 · 영덕 · 울진, 신민당) 1985년 국회 예산결산특별위원회 간사 1985년 한 · 일의원연맹 부간사장 1987년 신민당 원내수석부총무 1988년 제13대 국회의원(청송 · 영덕, 민정당) 1990~1992년 민자당 경북도지부 위원장 1993년 대한민국헌정회 고문(현) 1993년 (사)대구민주화기념보존회 고문(현) 2017년 자유한국당 경북도당 고문(현) [상]참전국가유공자표창 [저]'진산계', 수필 '하얀 달이 울고있었다' [종]불교

황병욱(黃昞旭) Byeong-wook Hwang

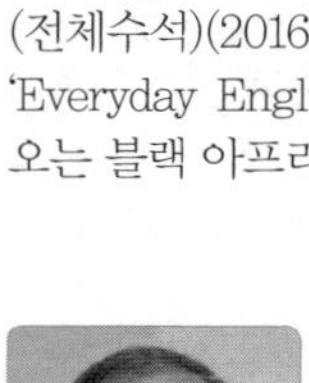

[생]1963 · 4 · 2 [출]경북 포항 [주]대구광역시 수성구 달구벌대로 2310 대구은행 IMBANK본부(053-756-2001) [학]1982년 대구상고졸 2000년 영남대 경제학과졸 2002년 경북대 경영대학원 경영학과졸 [경]1982년 대구은행 입행 2006년 同IT기획부장 2009년 同e-영업부장 2009년 同차세대IT개발부장 2011년 同IT금융부장 2012년 同IT지원부장 2013년 同IT기획부장 2014년 금융연수 파견 2015년 대구은행 복현지점장 2015년 同전략기획부장 2016년 同정보보호최고책임자(CISO · 상무) 2017년 同정보보호최고책임자(CISO · 부행장보) 2018년 同IT본부장 겸 미래금융본부장(부행장보) 2018년 同디지털금융본부장(부행장보) 2018년 (주)DGB금융지주 디지털금융본부장(전무)(현) 2019년 (주)대구은행 IMBANK본부장(부행장보)(현) [상]금융위원장 표창(2008)

황병주(黃秉柱)

(생)1974·3·6 (출)전북 익산 (주)서울특별시 서초구 반포대로 157 대검찰청 운영지원과(02-3480-2032) (학)1992년 익산 남성고졸 1997년 서울대 법학과졸 (경)1997년 사법시험 합격(39회) 2000년 사법연수원 수료(29기) 2000년 공익법무관 2003년 인천지검 검사 2005년 청주지검 충주지청 검사 2008년 법무부 국제법무과 검사 2011년 서울중앙지검 검사 2013년 수원지검 부부장검사 2014년 대검찰청 검찰연구관 2015년 춘천지검 속초지청장 2016년 법무부 범죄예방기획과장 2017년 서울중앙지검 첨단범죄수사2부장 2018년 청주지검 형사1부장 2019년 대검찰청 검찰연구관(현) 2019년 同특별감찰단장 겸임(현)

황병직(黃炳稙) HWANG BEONGGIK

(생)1964·1·5 (본)창원(昌原) (출)경북 봉화 (주)경상북도 안동시 풍천면 도청대로 455 경상북도의회(054-638-3662) (학)영주 중앙고졸, 경북전문대학 경영과졸 2009년 동양대 경영관광학부졸, 경북대 행정대학원 지방자치학과 석사과정 재학 중 (경)영주리치호텔 대표(현), 영주중앙고총동창회 회장, 동양대총동창회 부회장, 국민건강보험공단 영주지사 자문위원, 세계유교문화재단 집행위원, 영주도시·건축공동위원회 위원, 팔만대장경 동판간행 범국민추진위원회 자문위원, 안중근의사기념관 건립위원회 위원 2006·2010~2014년 경북 영주시의회 의원(무소속) 2010~2012년 同총무위원장 2012년 同산업경제위원회 위원 2014~2018년 경북도의회 의원(무소속) 2014년 同운영위원회 위원 2014년 同행정보건복지위원회 위원 2014·2016년 同지방분권추진특별위원회 위원 2016년 同문화환경위원회 위원 2016년 同운영위원회 부위원장 2016년 同정책연구위원회 위원 2017년 同예산결산특별위원회 위원 2018년 경북도의회 의원(무소속)(현) 2018년 同기획경제위원회 위원(현) 2018년 同지진대책특별위원회 위원(현) 2019년 同예산결산특별위원회 위원(현) (상)경북도 의정봉사대상(2012), 의정행정대상 기초의원부문 의정대상(2012), 2013매니페스토약속대상 대상(2014), 전국시·도의회의장협의회 우수의정 대상(2016), 2017매니페스토약속대상 최우수상 좋은조례분야(2017), 경북도 공무원이 뽑은 베스트 도의원 선정(2017), 경북도의회 출입기자단이 뽑은 베스트 경북도의원 선정(2017) (종)불교

황병하(黃炳河) HWANG Byung Ha

(생)1956·2·4 (출)전북 전주 (주)광주광역시 동구 필문대로 309 조선대학교 외국어대학 아랍어과(062-230-6930) (학)1980년 한국외국어대 아랍어과졸 1982년 同대학원 아랍어과졸 1994년 아랍문학박사(한국외국어대) (경)1988~1997년 조선대 아랍어과 조교수·부교수 1995~1997년 한국외국어학회 연구이사 1995~1997년 한국중동학회 지역이사 1996~1997년 한국이슬람학회 연구이사 1997년 한국아랍어문학회 지역이사 1997~1998년 이집트 카이로 아메리칸대 연구교수 1997년 조선대 외국어대학 아랍어과 교수(현) 1998년 한국중동학회 이사 1998년 한국외국어학회 편집이사 1998년 한국이슬람학회 편집이사 1998년 조선대 어학교육원 부원장 1999년 同교무부처장 2001~2003년 同학생부처장 2002년 한국중동학회 편집위원 2003~2005년 한국이슬람학회 편집위원 2004~2005년 뉴질랜드 웰링턴 빅토리아대 연구교수 2005년 조선대 문화산업연구원장 2005년 한국종교문화학회 이사 2006~2009년 광주전남지역혁신협의회 위원장 2006~2008년 한국이슬람학회 회장 2008년 조선대 국제문화연구원장 2009~2012년 同대외협력처장 2009년 한국이슬람학회 편집위원장 2013년 한국중동학회 회장 2019년 조선대 입학처장(현) (상)문화관광부 월드컵기장증(2002) (저)'아랍이슬람문화'(1999) '현대중동정치와 이슬람'(1999) '이슬람사상의 이해'(1999) '20세기 중동을 움직인 50인'(2000) '이슬람-이슬람문명 올바로 이해하기'(2001) '사진과 그림으로 보는 케임브리지 이슬람사'(2002) '고등학교 아랍문화'(2003) '아랍과 이슬람'(2004)

황병하(黃炳夏) HWANG Byong Ha

(생)1962·2·19 (본)장수(長水) (출)서울 (주)서울특별시 서초구 서초중앙로 157 서울고등법원(02-530-1186) (학)1980년 우신고졸 1984년 서울대 법대졸 1994년 영국 런던대 법과대학원졸 (경)1983년 사법시험 합격(25회) 1985년 사법연수원 수료(15기) 1989년 서울지법 남부지원 판사 1991년 서울민사지법 판사 1992년 춘천지법 영월지원 판사 1994년 대구지법 상주지원 판사 1996년 인천지법 판사 1997년 서울고법 판사 1999년 대법원 재판연구관 2001년 대전지법 서산지원장 2002년 대법원 재판연구관 2004년 서울북부지법 부장판사 2006년 서울중앙지법 부장판사 2008년 광주고법 전주재판부 부장판사 2010년 서울고법 부장판사 2016년 대구지법원장 2017년 서울행정법원장 2018년 서울고법 부장판사(현)

황병헌(黃秉憲) HWANG Byeong Heon

(생)1970·11·2 (출)서울 (주)서울특별시 서초구 서초중앙로 157 서울중앙지방법원(02-530-1114) (학)1989년 경희고졸 1994년 서울대 법대 사법학과졸 (경)1993년 사법시험 합격(35회) 1996년 사법연수원 수료(25기) 1999년 서울지법 판사 2003년 제주지법 판사 2006년 수원지법 판사 2008년 서울고법 판사 2010년 서울중앙지법 판사 2011년 광주지법 부장판사 2012년 사법연수원 교수 2014년 수원지법 안양지원 부장판사 2015년 서울서부지법 부장판사 2017년 서울중앙지법 부장판사(현)

황병훈(黃秉勳) Hwang, Byoung Hoon

(생)1960·7·1 (본)상주(尙州) (출)경기 (주)경상북도 김천시 혁신6로 17 한국교통안전공단 교통안전본부 항공안전처(02-309-5000) (학)1978년 삼일상업고졸 1992년 한국방송통신대 경영학과졸 1996년 단국대 대학원 경영학과졸 (경)2010년 교통안전공단 녹색교통안전연구원장 2010년 同중부지역본부장 2011년 同감사실장 2014년同경영지원본부장 2014년 同경인지역본부장 2016년 同부산경남지역본부장 2016년 同도로교통안전본부장 2017년 同화성교통안전체험교육센터장 2018년 한국교통안전공단 서울본부장 2019년 同교통안전본부 철도항공안전실 항공안전처 수석위원(현)

황보국(黃甫局) Hwang, Bo Kook

(생)1964·6·22 (출)서울 (주)서울특별시 영등포구 문래로20길 56 서울지방노동위원회 상임위원실(02-3218-6007) (학)1983년 용산고졸 1990년 고려대 사회학과졸 (경)1992년 행정고시 합격(36회) 2004년 대구지방노동청 관리과장 2005년 국무조정실 조사심의관실 파견(서기관) 2007년 노동부 장관비서관 2008년 同노사협력정책국 공공노사관계과장 2009년 同근로기준국 근로기준과장 2010년 고용노동부 노사정책실 근로기준과장 2011년 同노사정책실 근로기준과장(부이사관) 2011년 同고용정책실 사회적기업과장 2012년 同감사관(고위공무원) 2013년 同고용정책실 고용서비스정책관 2014년 대구지방고용노동청장 2015년 고용노동부 노동정책실 공공노사정책관 2017년 同대변인(국장급) 2018년 서울지방노동위원회 상임위원(현)

황보길(黃寶吉)

(생)1962·8·3 (주)경상남도 창원시 의창구 상남로 290 경상남도의회(055-211-7388) (학)창신대학 부동산금융학과 재학 중 (경)산호수산 대표(현), 한국수산업경영인고성군연합회 회장, 한국수산업경영인중앙연합회 감사, 새마을금고 새고성지점 이사 2012년 경남 고성군의회 의원(무소속·새누리당) 2014~2018년 경남 고성군의회 의원(새누리당·바른정당·자유한국당) 2014년 同부의장 2015~2018년 同의장 2018년 경남도의회 의원(자유한국당)(현) 2018년 同건설소방위원회 위원(현)

황보승혁(皇甫昇赫)

(생)1972 · 2 · 12 (출)경북 포항 (주)울산광역시 남구 법대로 55 울산지방법원(052-216-8116) (학)1990년 동지고졸 1996년 서울대 외교학과졸 (경)2000년 사법시험 합격(42회) 2003년 사법연수원 수료(32기) 2003년 부산지법 예비판사 2004년 부산고법 예비판사 2005년 부산지법 판사 2006년 의정부지법 고양지원 판사 2010년 서울중앙지법 판사 2012년 서울남부지법 판사, 서울북부지법 판사 2015년 서울서부지법 판사 2018년 울산지법 부장판사(현)

황보중(皇甫仲) HWANGBO Jung

(생)1955 · 3 · 2 (출)경북 영천 (주)서울특별시 서초구 서초대로 301 법무법인 (유)해송(02-3489-7100) (학)1973년 경북고졸 1978년 서울대 법학과졸 (경)1984년 사법시험 합격(26회) 1987년 사법연수원 수료(16기) 1987년 부산지검 검사 1989년 대구지검 경주지청 검사 1991년 서울지검 북부지청 검사 1994년 대구지검 검사 1996년 서울지검 검사 1998년 인천지검 검사 1999년 同부부장검사 1999년 법무연수원 교수 2000년 서울고검 검사 2001년 대전고검 검사 2001년 헌법재판소 파견 2002년 대구지검 부부장검사 2003년 수원지검 조사부장 2003년 同형사4부장 2004년 대구지검 의성지청장 2005년 창원지검 형사1부장 2006년 대구지검 형사1부장 2007년 同경주지청장 2008년 서울고검 검사 2010년 대구고검 검사 2013년 창원지검 진주지청장 2014년 서울고검 검사(서울중앙지검 중요경제범죄조사팀장 파견) 2015~2018년 서울고검 검사 2015년 서울중앙지검 중요경제범죄조사단 제2단장 파견 2016~2018년 同중요경제범죄조사단 제1단장 파견 2018년 법무법인(유)해송 변호사(현) (상)홍조근정훈장(2014)

황보택근(皇甫宅根) WHANGBO Taeg Keun

(생)1960 · 8 · 8 (출)충북 충주 (주)경기도 성남시 수정구 성남대로 1342 가천대학교 IT대학 컴퓨터공학과(031-750-5417) (학)1979년 영동고졸 1983년 고려대 금속공학과졸 1988년 미국 뉴욕시립대 대학원 컴퓨터공학과졸 1995년 공학박사(미국 Stevens Inst. of Tech.) (경)1988~1993년 Q-Systems Technical Manager 1995년 삼성종합기술원 선임연구원 1997년 경원대 전자계산학과 교수, 同인터렉티브미디어학과 교수 2010년 문화체육관광부 문화기술PD 2012년 가천대 IT대학 컴퓨터공학과 교수(현) 2012~2013년 (사)경기도산학협력단협의회 회장 2014년 가천대 IT대학장 2014년 同IT연구소장 2016~2018년 同게임대학원장 2016년 同산학협력단장(현) 2017년 同연구처장(현) 2018년 同연구산학부총장(현)

황보현(黃普鉉) HWANG Bo Hyun

(생)1962 · 9 · 28 (출)서울 (주)서울특별시 강남구 언주로 538 (주)솔트룩스(02-2193-1600) (학)경북대사대부고졸, 연세대 신문방송학과졸 (경)(주)HS애드 CR센터 책임CD(상무), 同최고창의력책임자(CCO)(상무) 2009년 이화여대 대학원 겸임교수(현) 2012년 칸 광고제 사이버부문 심사위원 2013년 아시아태평양광고페스티벌 판촉 · 이벤트 · 프로모션부문 심사위원 2015년 미국 뉴욕페스티벌 본심 심사위원 2019년 (주)솔트룩스 최고창의력책임자(CCO)(현)

황봉주(黃鳳柱)

(생)1960 · 11 · 21 (주)광주광역시 서구 내방로 111 광주광역시청 상수도사업본부(062-613-6001) (학)1979년 광주고졸 1988년 조선대 법과대학 법학과졸 2012년 전남대 행정대학원 행정학과졸 (경)2012년 광주시 방재관리과장(지방서기관) 2012년 同노인장애인복지과 서기관 2013년 교육 파견(통일교육원) 2014년 광주시 교통정책과장 2014년 同행정지원과장 2015년 同상수도사업본부 업무부장 2016년 同상수도사업본부 경영부장 2016년 同정책기획관 2017년 同자치행정국장(지방부이사관) 2018년 同남구 부구청장 2018년 同상수도사업본부장(현)

황상규(黃相圭) HWANG Sang Kwu

(생)1968 · 9 · 15 (주)서울특별시 종로구 세종대로 209 행정안전부 지방자치분권실(02-2100-3890) (학)1986년 철성고졸 1991년 부산대 행정학과졸 (경)지방고시 합격(2회) 2009~2012년 국무총리실 인사청문회준비팀 · 지방행정국 지방경쟁력지원과 · 세종특별자치시출범준비단 근무 2012년 국립과학수사연구원 연구기획과장 2015년 행정자치부 주민과장 2015년 새마을금고지원단 단장 2016년 행정자치부 홍보담당관 2017년 同지역경제과장(부이사관) 2017년 행정안전부 지방재정경제실 지역경제과장(부이사관) 2018년 同지역경제지원관실 지역일자리경제과장 2019년 同지방자치분권실 부이사관(현) (상)도지사표창(2000), 장관급표창(2001), 근정포장(2007)

황상인(黃尙仁) HWANG Sang In

(생)1962 · 1 · 12 (주)서울특별시 용산구 한강대로 32 (주)LG유플러스 임원실(1544-0010) (학)부산고졸, 부산대 기계설계학과졸 (경)LG전자(주) HR부문 노경팀장(상무) 2013년 同노경담당 전무 2015년 LG유플러스 CHO(최고인사책임자 · 전무) 2019년 同CHO(최고인사책임자 · 부사장)(현)

황상재(黃相宰) Sang-Chai Hwang

(생)1958 · 2 · 4 (주)서울특별시 성동구 왕십리로 222 한양대학교 사회과학대학 미디어커뮤니케이션학과(02-2220-0857) (학)1984년 연세대 사학과졸 1986년 同대학원졸 1992년 방송학박사(미국 텍사스대) (경)1995년 한국언론학회 연구이사, 통신개발원 선임연구원, 방송개발원 뉴미디어연구팀장 1995년 한양대 사회과학대학 미디어커뮤니케이션학과 교수(현) 1998년 同신문방송학과장 1999년 同사회과학부장 2003년 同인터넷한양 주간 2006~2009년 한국미디어경영학회 회장 2007년 한양대 방송국 주간 2007~2008년 사이버커뮤니케이션학회 회장 2010~2012년 한국언론진흥재단 기금관리위원, 게임문화재단 이사 2016년 한양대 사회과학대학장 겸 언론정보대학원장(현) (저)'정보사회와 국제커뮤니케이션'

황상진(黃相軫) HWANG Sang Jin

(생)1964 · 4 · 20 (출)서울 (주)서울특별시 중구 세종대로 17 한국일보 논설위원실(02-724-2114) (학)1982년 화곡고졸 1989년 연세대 신문방송학과졸 1999년 일본 게이오대 매스커뮤니케이션연구소 수료 (경)1989년 한국일보 입사 1998년 일본 게이오대 매스커뮤니케이션연구소 방문연구원 1999년 한국일보 사회부 기자 2001년 同경제부 기자 2002년 同경제부 차장대우 2003년 同사회1부 차장대우 2004년 同산업부 차장대우 2005년 同산업부 차장 2006년 同문화스포츠부장 직대 2006년 同문화부장 직대 2007년 同경제부장 직대 2007년 同사회부장 2008년 同논설위원 2009년 관훈클럽 편집위원 2011년 한국일보 편집국 디지털뉴스부장(부국장대우) 2011년 同편집국 부국장 겸 디지털뉴스부장 2013년 同논설위원 2013년 同편집국 부국장 2014년 관훈클럽 회계담당 운영위원 2014년 한국일보 디지털전략본부장 겸 경영전략실장 2015년 同미래전략실장 2015년 同논설위원 2016년 同편집국장 2017년 同콘텐츠본부장(이사) 2017~2018년 법무부 법무 · 검찰개혁위원회 위원 2018년 한국일보 논설위원실장(현) 2019년 한국신문방송편집인협회 부회장(현) (상)한국언론인연합회 사회부문 한국참언론인대상(2016)

황상현(黃相顯) HWANG Sang Hyun

(생)1944·4·10 (출)경기 연천 (주)서울특별시 종로구 종로3길 17 디타워 23층 법무법인 세종(02-316-4043) (학)1962년 서울고졸 1966년 서울대 법학과졸 1969년 同사법대학원졸 (경)1967년 사법시험 합격(8회) 1969년 軍법무관 1972년 서울민사지법·서울지법 영등포지원 판사 1975년 서울형사지법 판사 1977년 대전지법 홍성지원 판사 1978년 서울민사지법 판사 1981년 서울고법 판사 1982년 법원행정처 기획담당관 1983년 청주지법 부장판사 1985년 대통령 법무비서관 1986년 서울민사지법 부장판사 1989년 서울형사지법 부장판사 1990년 법원행정처 수석사법정책연구심의관 1991년 서울고법 부장판사 겸 대법원장 비서실장 1993년 서울고법 부장판사 1996~2000년 열린합동법률사무소 변호사 2001~2010년 법무법인 세종 대표변호사 2007~2008년 SBS 사외이사 2011년 법무법인 세종 고문변호사(현) 2012년 학교법인 대양학원 이사 (종)기독교

황서종(黃曙鍾) Hwang, Seo chong

(생)1961·1·21 (출)전남 강진 (주)세종특별자치시 한누리대로 499 인사혁신처(044-201-8004) (학)1979년 광주 동신고졸 1985년 서울대 외교학과졸 1997년 미국 인디애나대 대학원 행정학과졸 2012년 행정학박사(서울시립대) (경)1987년 행정고시 합격(31회) 1997년 총무처 능률국 국외훈련과 서기관 2003년 중앙인사위원회 기획공보과장 2004년 同인력개발국 능력발전과장(서기관) 2006년 同인력개발국 능력발전과장(부이사관) 2006년 同정책총괄과장 2007년 중앙공무원교육원 양성기획부장(고위공무원) 2008년 同인재양성부장, 駐태국 공사참사관 2010년 행정안전부 공무원노사협력관 2011년 同정보화전략실 정보기반정책관 2012년 同정보화전략실 정보화기획관 2013년 안전행정부 전자정부국장 2013~2014년 同인사실 인사정책관 2014년 인사혁신처 인사혁신국장 2015년 同차장 2016년 同소청심사위원회 상임위원 2018년 인사혁신처장(현)

황석영(黃晳暎) HWANG Sok Yong (楡下·然丁)

(생)1943·12·14 (본)창원(昌原) (출)중국 만주 (주)서울특별시 마포구 토정로 304 한국작가회의(02-313-1486) (학)경복고졸 1971년 동국대 철학과 중퇴 2001년 同명예졸업 (경)소설가(현) 1962년 사상계 신인문학상 '입석부근' 당선 1967년 월남 파병 1970년 조선일보 신춘문예 단편소설 '탑' 당선 1974년 자유실천문인협회 상임간사 1979년 광주민중문화연구소 대표실행위원 1985년 자유실천문인협회 대표실행위원 1985년 민중문화운동연합 공동대표 1988년 민족문학작가회의 민족문화연구소장 1989년 한국민족예술인총연합 대변인 1989년 방북·독일·미국 체류 1993년 귀국 및 국가보안법위반으로 구속수감 1998년 특별사면으로 가석방 2000년 한국민족예술인총연합 부회장 2000년 민족문학작가회의 자문위원 2004~2006년 한국민족예술인총연합 회장, 同고문 2004년 영국 런던대 소아즈 객원연구원 2006년 프랑스 파리제7대학 객원연구원 2007년 한국작가회의 고문(현) 2008년 인제대 석좌교수 (상)사상계 신인문학상(1962), 만해문학상(1989), 이산문학상(2000), 단재상(2000), 대산문학상(2001), 만해대상(2004), 마크 오브 리스펙트상(2008), 제32회 만해문학상 특별상(2017), 프랑스 에밀 기메 아시아 문학상(2018), 심훈문학대상(2018) (저)단편소설 '입석부근'(1962) '탑'(1970) 희곡집 '장산곶매'(1970) '가화'(1971) '줄자'(1971) '아우를 위하여'(1972) '한씨연대기'(1972) '적수'(1972) '기념사진'(1972) '이웃사람'(1972) '노을의 빛'(1973) '삼포가는 길'(1973) '야근'(1973) '섬섬옥수'(1973) '무기의 그늘'(1985) '열애'(1988) 소설집 '객지'(1974) '산국'(1975) '영등포타령'(1975) '수추의 혀'(1975) '몰개월의 새'(1976) '돼지꿈'(1976) '어둠의 자식들'(1980) 장편소설 '張吉山'(1984) '해질 무렵'(2015, 문학동네) '수인'(2017, 문학동네) 광주항쟁르포집 '죽음을 넘어, 시대의 어둠을 넘어'(1985) 전면개정판 '죽음을 넘어 시대의 어둠을 넘어(광주 5월 민주항쟁의 기록)(共)'(2017, 창비) 북한방문기 '사람이 살고 있었네'(1989) '오래된 정원'(2000) '중단편전집 전4권'(2000) '손님'(2001) 동화 '모랫말 아이들'(2001) '황석영의 삼국지'(2002) '심청'(2003) '바리데기'(2007) '개밥바라기별'(2008, 문학동네) '강남몽'(2010) '낯익은 세상'(2011) '삼포 가는 길'(2012) '여울물 소리'(2012) 한국단편문학선집 '황석영의 한국 명단편 101 전10권'(2015, 문학동네) '심청, 연꽃의 길'(2016, 문학동네) '황석영의 밥도둑'(2016, 교유서가) '가객'(2017, 문학동네) '만화 삼국지세트'(2018, 문학동네)

황석주(黃錫柱) Hwang Seok-joo

(생)1959·12·16 (본)창원(昌原) (출)대구 (주)서울특별시 종로구 율곡로2길 25 연합뉴스 편집국 영문북한뉴스부(02-398-3114) (학)1978년 인하사대부고졸 1987년 한성대 영어영문학과졸 (경)1987~1991년 시사영어사 입사·편집국 과장 1991~1992년 연합통신 국제부 기자 1993년 同연합CATV추진본부 겸무 1994년 同해외부 기자 1998년 연합뉴스 해외부 기자 2000년 同영문뉴스부 차장대우 2002년 同영문경제뉴스부 차장 2004년 同영문뉴스부장 2006년 同외국어뉴스1부장 2006년 同외국어뉴스1부 부장대우 2009년 同영문경제뉴스부장 2009년 同해외국 부장급 2011년 同국제국 부장급 2011년 同국제국 기획위원 2012년 同국제국 기획위원(부국장대우) 2014~2015년 同영문북한팀장(부국장대우) 2015년 同편집국 다국어뉴스부장(부국장대우) 2016년 同편집국 영문뉴스부 기자(부국장대우) 2018년 同편집국 영문뉴스부 기자(부국장) 2019년 同편집국 영문뉴스부 기자(선임) 2019년 同편집국 영문북한뉴스부 기자(선임)(현)

황석태(黃晳泰) HWANG Seok Tae

(생)1965·10·14 (출)강원 철원 (주)세종특별자치시 도움6로 11 환경부 기후변화정책관실(044-201-6630) (학)1984년 대광고졸 1990년 연세대 사학과졸 1992년 同행정학과졸 1998년 서울대 대학원 행정학과졸 2008년 환경정책학박사(미국 인디애나대) (경)1991년 행정고시 합격(35회) 2001년 환경부 상하수도국 수도정책과 사무관 2001년 同상하수도국 수도정책과 서기관, 同국제협력관실 해외협력담당관실 서기관 2007년 同람사르협약당사국총회 준비기획단장, 同물환경정책국 산업수질관리과장 2009년 同물환경정책국 유역총량과장 2010년 同기후대기정책관실 기후변화협력과장 2011년 同환경정책실 기후대기정책과장(서기관) 2012년 同환경정책실 기후대기정책과장(부이사관) 2013년 同물환경정책국 수도정책과장 2016년 同환경정책관실 정책총괄과장 2016년 同국제협력관(국장급) 2017년 同기후미래정책국 환경융합정책관 2017년 미국 버클리대 국외훈련 2018년 환경부 대기환경정책관 2018년 同기후변화정책관(현)

황석희(黃錫熙) HWANG Suk Hee

(생)1945·2·13 (본)평해(平海) (출)강원 춘천 (주)서울특별시 서대문구 연희로 82 브라운스톤 A동 305호 국제키비탄 한국본부(02-364-7804) (학)1963년 춘천고졸 1970년 고려대 경영학과졸 2009년 명예박사(러시아 외교아카데미) (경)1970년 한국개발금융(주) 입사 1987년 한국장기신용은행 홍콩사무소장 1989년 同홍콩현지법인 사장 1993년 同영업추진본부장 1994년 同이사 1995년 同상무이사 1999년 국민은행 상무이사 2000년 국은투자신탁운용 사장 2001년 평화은행장 2002~2003년 우리신용카드(주) 대표이사 사장 2005~2008년 한국전력공사 비상근감사 2007~2009년 在京춘천고동창회 회장 2008~2009년 인천국제공항공사 이사회 의장 2008~2009년 고려라이온스클럽 회장 2014~2016년 (주)키스톤글로벌 사외이사 2016년 국제키비탄 한국본부 총재(현) 2016년 키위미디어그룹 사외이사(현) (종)기독교

황선도

(생)1963·5·25 (출)대전 (주)충청남도 서천군 장항읍 장산로101번길 75 국립해양생물자원관(041-950-0600) (학)1982년 충남고졸 1986년 충남대 해양학과졸 1989년 同대학원 해양학과졸 1999년 해양학박사(충남대) (경)1992~2010년 해양수산부 국립수산과학원 근무 2011~2014년 수산자원관리공단 연구위원 2014년 同제주지사 기획운영팀장 2015년 同대외협력실장 2016~2018년 同서해본부 생태복원실장 2018년 국립해양생물자원관 관장(현) (저)'물고기를 찾아가는 강화여행'(2010, 콘티고) '친애하는 인간에게 물고기 올림'(2019, 동아시아)

황선봉(黃善奉) Hwang Seon Bong

(생)1950·4·2 (출)충남 예산 (주)충청남도 예산군 예산읍 사직로 33 예산군청 군수실(041-339-7001) (학)1969년 예산농업고졸 (경)1996년 예산군 재무과장 2002년 同민원종합실장 2006년 同기획감사실장 2008년 同주민생활지원실장, 예산군사회복지협의회 이사, 금오라이온스클럽 제1부회장, 예산발전연구소 소장 2010년 충남 예산군수선거 출마(무소속), 새누리당 충남도당 전국위원, 同예산·홍성군당원협의회 수석부위원장 2014~2018년 충남 예산군수(새누리당·자유한국당) 2018년 충남 예산군수(자유한국당)(현) (상)녹조근정훈장, 대통령표창, 국무총리표창 등 58회 수상, 올해의 지방자치 CEO 군수부문(2015), TV조선 '한국의 영향력 있는 CEO'(2016), 도전한국인 대상(2016), 창조혁신 한국인 대상(2018)

황선숙(黃善淑·女) Hwang Sun Sook

(생)1964·5·29 (본)창원(昌原) (출)서울 (주)서울특별시 마포구 성암로 267 문화방송 아나운서국(02-789-0011) (학)고려대 생물학과졸, 연세대 보건대학원 보건정책학과졸(석사) (경)1987년 문화방송(MBC) 공채 아나운서 입사 1989년 同'해피실버 고향은 지금' 진행, 同'뽀뽀뽀'·'장학퀴즈'·'스포츠 진기명기'·'명강의 일요강좌'·'MBC 뉴스'·'가족의 힘' 등 진행, MBC라디오 '나의 음악실'·'건강한 아침 황선숙입니다' 등 진행 2002년 문화방송(MBC) 아나운서국 아나운서1부 차장 2008년 同'아침종합뉴스' 진행 2009년 同아나운서1부 부장대우 2010년 同아나운서국 아나운서2부 부장급 2017년 同아나운서국 부국장 2018년 同아나운서국장(현) (상)한국아나운서협의회 아나운서대상, 농림수산부장관표창, 한국어문기자협회 한국어어문상 말글사랑상(2017) (종)기독교

황선조(黃善祚) WHANG Sun Jo

(생)1955·1·10 (출)전남 여수 (주)충청남도 아산시 탕정면 선문로221번길 70 선문대학교 총장실(041-530-2111) (학)1986년 한국신학대 신학과졸 1988년 同대학원 신학과 수료 1996년 미국 Unification Theological Seminary졸 2002년 교육학박사(홍익대) (경)1996~2008년 세계평화통일가정연합 한국회장 1999~2000년 남북통일운동국민연합 중앙의장 1999~2004년 통일그룹 회장 1999~2000년 세계일보 부회장 2002년 학교법인 선학학원 이사(현) 2003~2009년 (주)일상해양산업 회장 2004년 (재)유니버설문화재단 이사(현) 2008~2012년 평화대사협의회 공동회장 2008~2012년 천주평화연합 한국회장 2009~2012년 평화행동(한국사회 평화를 위한 시민행동) 대표 2009~2013년 (사)자원봉사 애원 공동대표 2010~2013년 생활정치아카데미 이사장 2010년 WANGO(세계NGO연합) 세계회장 2011년 제48회 대종상영화제 명예조직위원장 2012년 선문대 총장(현) 2012년 대전·충남지역총장협의회 회장 2012년 한국대학교육협의회 이사 2012~2014년 한국사립대학총장협의회 중부·강원지역협의회장 2015~2018년 同대전·세종·충남지역분회 회장 (상)자랑스런 여수인(2012) (저)'희망은 황금보다 빛난다'(2010) '알기 쉬운 생활정치'(2010) (종)세계평화통일가정연합

황선태(黃善泰) HWANG Sun Tae

(생)1948 (본)창원(昌原) (출)경남 고성 (주)서울특별시 강남구 테헤란로87길 36 법무법인 로고스(02-2188-1002) (학)1966년 부산고졸 1970년 서울대 법과대학졸 1973년 同대학원 수료 (경)1973년 사법시험 합격(15회) 1975년 사법연수원 수료(5기) 1978년 서울지검 인천지청 검사 1980년 부산지검 검사 1983년 서울지검 남부지청 검사 1988년 대구지검 경주지청 부장 1989년 법무부 관찰과장 1991년 수원지검 공안부장 1993년 서울지검 서부지청 특수부장 1993년 대검찰청 공안기획담당관 1994~1995년 서울지검 조사부장·특수2부장 1995년 부산지검 울산지청 차장 1996년 청주지검 차장 1997년 창원지검 차장 1998년 서울지검 제2차장 1999년 사법연수원 부원장 2000년 청주지검장 2001년 대검찰청 감찰부장 2002년 대전지검장 2003년 광주지검장 2004~2005년 서울동부지검장 2005~2011년 법무법인 로고스 대표변호사 2011년 신한금융지주 사외이사 2011~2014년 제10대 대한법률구조공단 이사장 2014년 법무법인 로고스 상임고문변호사(현) 2015년 신한은행 사외이사(현) 2016년 신춘문예 당선, 시인(현) (상)홍조근정훈장(1997), 황조근정훈장(2004), TV조선 2014한국의영향력있는CEO 고객만족경영부문대상(2014) (저)'동남아 각국의 사법제도 및 공안정세'(共) 시집 '꽃길의 목소리'(2016), '산자락 물소리'(2018) (종)기독교

황선혜(黃善蕙·女) Hwang, Sunhye

(생)1954·7·26 (주)서울특별시 용산구 청파로47길 100 숙명여자대학교 영어영문학과(02-710-9317) (학)1976년 숙명여대 영어영문학과졸 1983년 미국 쉽펜스버그(Shippensburg)대 대학원졸 1989년 교육언어학박사(미국 Univ. of Pennsylvania) (경)1983년 미국 펜실베이니아대 교육언어학과 연구조교 1985년 同동양학과 전임강사 1990년 외무부 외교안보연구원 영어강사 1990년 숙명여대 영어영문학과 교수(현) 1991~2006년 同TESOL대학원 주임교수 1997년 同어학실습실장 2002~2006년 同학생처장 2003~2004년 한국사회언어학회 회장 2007~2008년 한국응용언어학회 회장 2008~2010년 숙명여대 교육대학원장 2010~2011년 同문과대학장 2012~2016년 同총장 2013~2017년 헌법재판소 자문위원 2014년 교육부 국가교육과정정책자문위원회 위원 2014~2018년 (재)국립발레단 이사장 2014년 국가과학기술자문회의 자문위원 2014~2016년 한국대학교육협의회 이사 2014~2016년 한국사립대학총장협의회 부회장 2017년 자유한국당 조직강화특별위원회 위원 2018년 同중앙선거대책위원장(현) (저)'초등영어' 'English Readings' (역)'사회언어학'(共) '언어학 이론' (종)기독교

황선홍(黃善洪) HWANG Sun Hong

(생)1968·7·14 (출)충남 예산 (주)서울특별시 종로구 경희궁길 46 축구회관 대한축구협회(02-2002-0707) (학)용문고졸 1991년 건국대 경제학과졸, 同대학원 체육학과졸 (경)1998년 아시아축구연맹(AFC) 아시안컵 국가대표 1990·1994·1998·2002년 'FIFA 월드컵' 4회연속 출전(2골) 1991년 독일 프로축구 TSV바이어 04 레버쿠젠 소속(공격수) 1992년 독일 프로축구 부퍼탈 SV 보루시아 소속(공격수) 1993~1998년 프로축구 포항 스틸러스 소속(공격수) 1994년 제12회 히로시마 아시안게임 남자축구 득점왕(11골) 1996년 제26회 애틀란타 올림픽 남자축구 국가대표 1998~2000년 일본 프로축구 세레소 오사카 소속(공격수) 1999년 일본 프로축구 J리그 득점왕(25경기 24골 8도움) 2000~2002년 일본 프로축구 가시와 레이솔 소속(공격수) 2001년 '2001 FIFA 컨페더레이션스컵' 브론즈슈(2골) 2002~2003년 프로축구 전남 드래곤즈 소속(공격수) 2003년 현역 은퇴 2003~2006년 프로축구 전남 드래곤즈 수석코치 2006년 SBS '2006 FIFA 월드컵 독일' 중계방송 해설위원 2006년 영국 연수 2008~2010년 프로축구 부산 아이파크 감독 2009년 리그컵 준우승 2009년 대한축구협회 이사 2010년 사회적기업 홍보대사 2010년 축구협회(FA)컵 준우승 2011~2015년 포항 스틸

러스 감독 2012·2013년 축구협회(FA)컵 우승(연속 2회) 2013년 K리그 우승 2014년 새누리당 재능나눔위원회 위원 2015년 포항남부경찰서 홍보대사 2016~2018년 프로축구 FC 서울 감독 2016년 프로축구 현대오일뱅크K리그클래식 우승 2016년 대한축구협회 일반이사(현) 2017년 同기술위원회 위원 겸임(현) 2019년 중국 프로축구 옌벤 푸더(2부 리그) 감독 (상)AFC올해의 공격상, 국내프로축구 골든볼(1995), 체육훈장 맹호장(2002), 자황컵 체육대상 남자 최우수상(2002), 자랑스런 충남인상, FA컵 최우수코치상(2006), K리그 대상 감독상(2013), 한국프로축구연맹 선정 K리그 이달의 감독(2014), 현대오일뱅크 K리그클래식 감독상(2016) (저)'황선홍, 그러나 다시'(2002)

황성규(黃晟圭) Hwang Sung Gyu

(생)1964·12·26 (출)경남 진주 (주)세종특별자치시 도움6로 11 국토교통부 철도국(044-201-3936) (학)1987년 서울대 국어국문학과졸, 영국 버밍엄대 대학원 주택정책학과졸 (경)2003년 건설교통부 도시국 도시관리과 서기관 2004년 同기획관리실 예산담당관실 서기관 2005년 同토지국 지가제도과장 2005년 교육파견(과장급) 2007년 휴직(과장급) 2008년 국토해양부 국토해양인재개발원 학사운영과장 2008년 同산업입지정책과장 2009년 同창의혁신담당관 2009년 同행정관리담당관 2010년 同항공정책실 항공정책과장 2012년 同교통정책실 철도정책과장(부이사관) 2013년 국토교통부 자동차정책과장 2014년 대통령직속 지역발전위원회 지역활력국장(파견) 2016년 국방대 안보과정 파견 2017년 국토교통부 건설정책국 기술안전정책관 2017년 同종합교통정책관 2018년 同철도국장(현)

황성균(黃性均) HWANG Sung Gyun

(생)1936·6·25 (본)창원(昌原) (출)경남 사천 (주)경상남도 사천시 축동면 서삼로 1110-35 의료법인 순영재단(055-854-6000) (학)1955년 진주고졸 1961년 부산대졸 1968년 의학박사(서울대) (경)1962~1973년 공군 군의관(중령 예편) 1973년 사천JC특우회장 1973~1977년 외과의원 개업 1977~1981년 진주한일병원장 1981~1986년 진주시의사회 회장 1981~1988년 지방공사 진주의료원장 1982~1985년 경상대 의대 외래교수 1983년 새마을운동중앙본부 진주시 지회장 1988년 제13대 국회의원(삼천포·사천, 민주정의당·민주자유당) 1992~1993년 의료보험관리공단 이사장 1992년 의료법인 순영재단 이사장(현) 1995년 경남공립정신병원 이사장 1996년 제15대 국회의원(사천, 신한국당·한나라당) 1998년 한나라당 경남도지부 위원장 (상)국무총리표창, 새마을훈장 근면장 (저)'새천년의 희망을 위해' (종)불교

황성기(黃性基) HWANG Sung Gi

(생)1970·1·3 (주)서울특별시 성동구 왕십리로 222 한양대학교 법학전문대학원(02-2220-2571) (학)1992년 서울대 법학과졸 1994년 同대학원졸 1999년 법학박사(서울대) (경)2000~2001년 헌법재판소 헌법연구원 2000~2006년 국민대·경희대·강원대·서울대·홍익대·연세대 강사 2001~2006년 한림대 법학부 조교수·부교수 2005~2007년 강원도 지방토지수용위원회 위원 2005년 청소년위원회 평가위원 2005~2006년 同정책자문위원 2005~2007년 춘천지검 행정정보공개심의회 위원 2005~2006년 문화관광부 '2010 게임산업 전략위원회' 법제도분과위원 2006~2007년 동국대 법과대학 법학과 부교수 2007년 한양대 법과대학 법학과 부교수 2009년 同법학전문대학원 교수(현) 2014~2015년 방송통신심의위원회 통신특별위원회 위원 (상)국무총리표창(2004), 한국언론법학회 제13회 철우언론법상(2014) (저)'인터넷한국의 10가지 쟁점(共)'(2002) '인터넷은 자유공간인가?-사이버공간의 규제와 표현의 자유(共)'(2003) '생명과학기술사회에서의 인권패러다임의 변화와 생명인권보호를 위한 법정책(共)'(2004) '인터넷 자율규제(共)'(2004) '한국 인터넷 표현 자유의 현주소 : 판례 10선'(2015)

황성돈(黃聖敦) HWANG Sungdon (均齋)

(생)1957·2·27 (본)장수(長水) (출)서울 (주)서울특별시 동대문구 이문로 107 한국외국어대학교 사회과학대학 행정학과(02-2173-3155) (학)1975년 신일고졸 1979년 한국외국어대 행정학과졸 1981년 서울대 행정대학원 행정학과졸 1989년 미국 미네소타대 험프리행정대학원 정책분석학과졸 1991년 정치학박사(미국 미네소타대) (경)1991~1995년 한국행정연구원 수석연구원 1994년 감사원 성과감사자문위원 1995년 대통령 정책기획비서관 1996년 대통령 사회정책비서관 1997년 행정개혁시민연합 상임집행위원 1997~1999년 한국행정학회 전자정부연구회장 1997~2001년 한국외국어대 국제지역대학원 교수 1997년 행정쇄신위원회 실무위원 1998·2001·2005년 한국행정학회 이사 1999~2005년 영국 Routledge출판 국제학술지 「Information Commuication and Society」 편집위원 2000년 행정개혁시민연합 사무총장 2000년 한국부패학회 이사 2000~2001년 한국전자정부입법포럼 대표 2001년 한국정책학회 연구이사 2001년 한국전자정부연구원 원장 2001년 한국외국어대 사회과학대학 행정학과 교수(현) 2001~2002년 대통령자문 전자정부특별위원회 위원 2002년 한국인사행정학회 이사 2002~2003년 대통령자문 정책기획위원 2002·2006년 국무조정실장 위촉 정보화평가위원회 위원 2003~2004년 미국 버지니아공과대 정치학과 방문교수 2004~2005년 정부혁신지방분권위원회 전자정부전문위원회 위원 2005년 한국지방정부학회 연구부회장 2005~2006년 행정개혁시민연합 정부개혁연구소장 2005~2007년 한국외국어대 사회과학연구소장 2005~2007년 同행정학과장 2006년 한국전자정부포럼 상임운영위원장 2007~2010년 경찰수사연수원 발전자문위원장 2007~2008년 국가기록원 정책자문위원회 위원 2007~2009년 전자정부서비스보안위원회 위원 2007~2009년 평택시 정보화정책자문위원 2008년 대통령직인수위원회 자문위원 2008~2009년 한국외국어대 정치행정언론대학원장 2008~2010년 행정안전부 정책자문위원회 총괄위원회 위원 겸 조직분과위원장 2009년 한국행정학회 연구부회장 2010~2011년 미국 클레어몬트대학원(Claremont Graduate Univ.) 정치경제대학원 방문교수 2010년 식품의약품안전청 자체평가위원회 공동위원장 2010~2013년 한국국제의료재단 이사 2011~2015년 한국개발연구원(KDI) 감사 2013년 식품의약품안전처 자체평가위원회 공동위원장 2013~2014년 한반도선진화재단 정책위원장 2014~2016년 한국정보화진흥원 이사 2014~2016년 전자정부민관협력포럼 운영위원장 2015~2017년 세계실크로드대학연맹 사무총장 (상)홍조근정훈장(2002) (저)'Confucian Thought and Bureaucracy in East Asia(共·編)'(1997) '21세기한국의 선택(共)'(1998) 'Bureaucracy vs. Democracy'(1999) '공무원을 위한 반부패 길라잡이'(2001) '전자정부의 이해'(2002) '국가경쟁력과 정부혁신'(2003) '종합국력'(2016, 다산출판사) (역)'공무원을 위한 변론'(2006) (종)기독교

황성연(黃聖淵) HWANG Sung Youn

(생)1963·4·10 (출)전남 강진 (주)서울특별시 종로구 사직로8길 60 외교부 인사운영팀(02-2100-7863) (학)1981년 용산공고졸 1988년 서울시립대 행정학과졸 1996년 캐나다 몬트리올 콩코르디아대 대학원 경영학과졸 2015년 항공경영학박사(한국항공대) (경)1988년 행정고시 합격(32회) 1997년 건설교통부 수송정책실 고속철도과 서기관 1999년 同육상교통국 자동차관리과 서기관 2000년 同육상교통국 운수정책과 서기관 2002년 同항공안전본부 운항기술국 자격관리과장 2003년 캐나다 국제민간항공기구(ICAO) 교육파견 2005년 건설교통부 물류혁신본부 철도운영과장(서기관) 2007년 同정책홍보관리실 기획총괄팀장 2008년 국토해양부 항공철도국 항공정책과장 2009년 同항공정책실 항공정책과장(부이사관) 2010년 同물류항만실 물류정책과장 2011년 駐몬트리올 총영사관 겸 駐국제민간항공기구(ICAO)대표부 공사참사관 2014년 서울지방항공청장 2015~2017년 국토교통부 항공안전정책관 2018년 駐우루과이 대사(현)

황성연(黃聖然)

(생)1974·3·3 (출)서울 (주)경기도 수원시 영통구 법조로 91 수원지방검찰청 인권감독관실(031-5182-4253) (학)1993년 휘문고졸 1999년 성균관대 법학과졸 (경)1998년 사법시험 합격(40회) 2001년 사법연수원 수료(30기) 2007년 수원지검 안산지청 검사 2009년 광주지검 검사 2013년 서울동부지검 검사 2015년 의정부지검 고양지청 부부장검사 2016년 인천지검 부천지청 부부장검사 2017년 창원지검 마산지청 형사1부장 2018년 광주지검 순천지청 형사1부장 2019년 수원지검 인권감독관(현)

황성엽(黃成燁) WHANG Song Youp

(생)1963·7·20 (본)제안(濟安) (출)서울 (주)서울특별시 영등포구 국제금융로8길 16 신영증권(주) 임원실(02-2004-9000) (학)1982년 휘문고졸 1986년 서울대 경영학과졸 2005년 미국 일리노이대 대학원졸 (경)신영증권(주) 경영기획팀·인사팀·재무관리팀·총무팀·결제업무팀·리스크관리팀 담당 이사 2008년 同자산운용본부장(상무) 2010년 同자산운용본부장(전무) 2012년 同법인사업본부장 2014년 同IB사업본부장 2015년 同IB부문장(부사장) 2018년 同영업및경영관리총괄 부사장 겸 최고운영책임자 부사장(COO) 2019년 同경영관리총괄 부사장 겸 최고운영책임자 부사장(COO)(현) (종)기독교

황성오(黃成悟) Hwang Sung Oh

(생)1959·7·25 (본)장수(長水) (출)충북 제천 (주)강원도 원주시 일산로 20 원주세브란스기독병원 응급의학과(033-741-1611) (학)1978년 제천고졸 1985년 연세대 의과대학졸 1992년 同대학원 의학석사 1995년 의학박사(고려대) (경)1991년 연세대 원주의과대학 응급의학교실 교수(현) 1996~2004년 同주임교수·원주기독병원 응급실장 1999년 대한응급의학회 기획이사 2001년 同수련이사 2002~2004년 강원영서권역응급의료센터장 2003년 대한응급의학회 간행이사 2003년 대한심폐소생협회 기획이사 2005~2007년 Asian Conference on Emergency Medicine 조직위원장 2007~2011년 연세대 원주의과대학 기획관리실장 2007~2009년 대한응급의학회 이사장 2007~2009년 아시아응급의학회(Asian Society for Emergency Medicine) 부회장 2008~2016년 대한심폐소생협회 사무총장 2009~2011년 아시아응급의학회 회장 2011~2013년 연세대 원주의료원 기획조정실장 2014년 Korean Cardiac Arrest Research Consortium 의장(현) 2015~2016년 보건복지부 구조및응급처치전문위원회 부위원장 2017년 대한심폐소생협회 이사장(현) 2017년 Resuscitation Council of Asia 부의장(현) 2018년 대한민국의학한림원 정회원(응급의학·현) (상)대한응급의학회 우수논문상(1994), 행정자치부장관표창(2001), 한국과학재단 30대 과제상(2001), 대한민국 의과학상(2004), 한국의과학 신기술 및 발명품상(2005), American Heart Association Young Investigator Award(2006), 보건복지부장관표창(2006·2009), 한국의료기기산업협회 의료기기산업대상(2016) (저)'대량환자의 구조와 응급처치'(1995) '응급구조와 응급처치'(1995) '전문외상처치술'(1995) '심폐소생술과 전문심장구조술'(1997) '응급의학'(1997) '일차진료의를 위한 약처방가이드(응급처치부문)'(2000) '심장학(심폐소생술부문)'(2004) '외상학(응급심초음파부문)'(2005) '심폐소생술과 전문심장소생술'(2006) '대량환자의 구조와 응급처치'(2006) '재난의학'(2009) (종)기독교

황성우(黃晟寓) HWANG Sung Woo

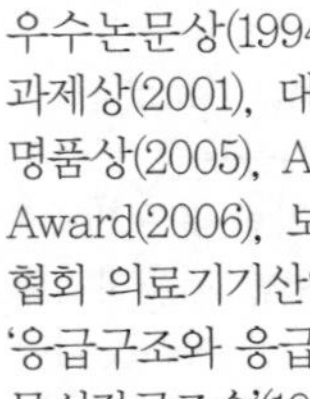

(생)1962·8·25 (주)경기도 수원시 영통구 삼성로 130 삼성전자 종합기술원 미세먼지연구소(031-8061-1114) (학)1985년 서울대 전자공학과졸 1987년 同대학원 전자공학과졸 1993년 공학박사(미국 프린스턴대) (경)1993~1995년 일본 NEC 기초연구소 연구원 1995년 고려대 전자공학과 조교수 1996~1998년 同전기전자전파공학부 조교수 1998~2006년 서울시립대 양자정보처리연구단 연구부장 1999~2003년 고려대 전기전자전파공학부 부교수 2004~2012년 同전기전자전파공학부 교수 2007년 同타임도메인나노기능소자창의연구단장 2012년 삼성전자(주) 종합기술원 FRL장(Frontier Research Lab) 2013년 同종합기술원 Nano Electronics Lab장 2014년 同종합기술원 Device Lab장(전무) 2017년 同종합기술원 부원장 겸 디바이스&시스템연구센터장(부사장) 2018년 한국공학한림원 회원(전기전자정보공학·현) 2019년 삼성전자 종합기술원 부원장 겸 미세먼지연구소장(부사장)(현) (저)'Nanoelectronic Devices(共)'(2012, Pan Stanford)

황성주(黃聖周) HWANG Sung Joo

(생)1957·1·24 (출)광주 (주)경기도 성남시 분당구 분당내곡로 151 삼도타워 8층 (주)이롬(031-789-6852) (학)1983년 서울대 의과대학졸 1985년 同대학원 의학석사 1988년 의학박사(서울대) (경)1983~1987년 서울대병원 전공의 1987년 한림대 의과대학 교수 1990년 서울지구병원(대통령 전용병원) 예방의학과장 1992년 의료봉사단NGO '국제사랑의 봉사단' 국제대표(현) 1994년 암치료 전문병원 '사랑의 클리닉' 설립·병원장(현) 1997년 서산소재 대안학교 '꿈의 학교' 설립·이사장(현) 1999년 (주)이롬 설립·회장(현) (저)'황성주 박사의 생식과 건강' '면역칵테일 암 치료법' '암의 재발을 막으려면' '황성주 박사의 재미있는 건강이야기' '스트레스는 인생의 양념' '사랑의 치유일지' '성서건강학' '내 아들아 사랑으로 세계를 품어라' '암 재발은 없다'(2010) '절대감사'(2016, 규장) (종)기독교

황성주(黃聖周) HWANG SUNG JOO

(생)1959·12·8 (출)충북 청주 (주)충청북도 청주시 서원구 산남로62번길 34 광장빌딩 4층 법무법인 양지(043-254-0088) (학)1978년 청주고졸 1982년 고려대 법대졸 1999년 미국 워싱턴대 대학원 수료 (경)1986년 사법시험 합격(28회) 1989년 사법연수원 수료(18기) 1989년 서울형사지법 판사 1991년 서울민사지법 판사 1993년 대전지법 홍성지원 판사 1996년 同판사 1997년 대전고법 판사 2000년 대전지법 판사 2004년 同서산지원장 2006년 同부장판사 2009~2011년 청주지법 수석부장판사 2011년 법무법인 양지 대표변호사(현), 청주지법 조정위원, 同개인파산관재인, 학교법인 청석학원 이사(현) 2017년 국민권익위원회 비상임위원(현)

황성진(黃成鎭) Hwang Seong Jin

(생)1962·5·27 (본)평해(平海) (출)경북 의성 (학)1981년 금오공고졸 1985년 공군사관학교졸(33기) 1994년 국방대학원 국방관리학과졸 2002년 캐나다 합동참모대 지휘참모대과정졸 (경)2003년 제19전투비행단 제162전투비행대대장 2005년 공군 작전사령부 작전계획처장 2007년 공군본부 정책실 대외협력과장 2008년 대통령실 경호처 항공통제관 2009년 제15혼성비행단 제35비행전대장 2012년 제1야전군 합동작전조정관 2012~2014년 공군 제3훈련비행단장 2014년 공군 작전사령부 부사령관 2015년 공군본부 감찰실장 2015년 공군 공중전투사령관 2016년 제49대 공군사관학교장(중장) 2018년 공군 참모차장(중장) 2019년 공군 작전사령관(중장)(현) (상)56주년 국군의날 유공 국방부장관표창(2004), 61주년 국군의날 유공 대통령표창(2009), 경호업무 유공 대통령경호처장표창(2009), 보국훈장 천수장(2014) (종)불교

황성태(黃星泰) Hwang Seong Tae

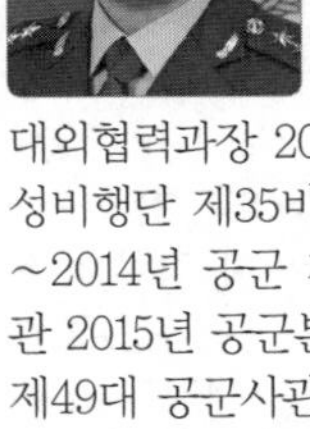

(생)1962·1·15 (출)경남 창녕 (주)경기도 평택시 포승읍 평택항만길 73 평택항 마린센터 황해경제자유구역청(031-8008-8601) (학)1980년 남지고졸 1986년 경상대 행정학과졸 1998년 미국 피츠버그대 대학원 공공정책학과졸 (경)1989년 행정고시 합격(33회) 2004년 양주시 부시장 2008년 경기도 문화관

광국장 2011년 한국지역정보개발원 기획조정실장 2012년 행정안전부 과거사관련업무지원단장 2013년 경기도 경제투자실장 2014년 경기 용인시 부시장 2014년 경기도 기획조정실장 2016년 경기 화성시 부시장 2019년 경기도 자치행정국 인사과 부이사관 2019년 同황해경제자유구역청장(현) [상]홍조근정훈장(2006) [종]천주교

황성택(黃聖澤) HWANG Sung Taek

[생]1966·7·23 [출]전북 군산 [주]서울특별시 성동구 뚝섬로1가길 10 트러스톤자산운용(주) 비서실(02-6308-0600) [학]1985년 남성고졸 1992년 서울대 경영학과졸 [경]1994~1998년 현대종합금융 선임운용역 1998~2000년 IMM투자자문(現 트러스톤자산운용) 주식운용이사 2000~2001년 맥쿼리IMM자산운용(現 골드만삭스자산운용) 주식운용이사 2001년 트러스톤자산운용(주) 대표이사 사장(현) 2008년 기획재정부 국제금융국 자문위원 2008년 서울대 글로벌리더십센터 자문위원 2013년 금융위원회 금융발전심의회 자본시장분과 위원 2015년 同금융개혁회의 위원 [상]금융위원장표창(2009) [종]천주교

황성현(黃盛鉉) Sunghyun Hwang

[생]1968·6·30 [출]서울 [주]경기도 성남시 분당구 판교역로 235 (주)카카오(070-7492-1300) [학]1993년 서강대 경영학과졸 2016년 미국 케이스웨스턴리저브대 대학원 조직개발학(Positive Organization Development) 석사 [경]1993~1997년 SK네트웍스 HR스페셜리스트 1997~1999년 어플라이드머티어리얼즈코리아 보상&인사정보시스템 매니저(Compensation & HR Automation Manager) 1999~2002년 야후코리아 인사부문장 2002~2005년 타워스페린(Towers Perrin) 시니어컨설턴트(Senior Consultant) 2005~2007년 링키지코리아 공동창업자·시니어컨설턴트(Senior Consultant) 2007~2010년 구글코리아 시니어HR비즈니스파트너(Senior HR Business Partner) 2010~2014년 구글(Google Inc.) 미국본사 시니어HR비즈니스파트너 2014~2016년 샵킥 인사총괄부사장 2016년 (주)카카오 인사총괄 부사장(현)

황성호(黃聖浩) HWANG Sung Ho

[생]1955·3·17 [본]평해(平海) [출]서울 [주]서울특별시 서초구 남부순환로 2374 한국예술종합학교 음악원 작곡과(02-746-9208) [학]서울대 작곡과졸, 벨기에 브뤼셀왕립음악원졸 [경]1993~1997·1999~2000·2001~2002년 한국전자음악협회 회장 1994~1998년 서울대 조교수 1998년 일본 고베국제컴퓨터음악제 초청작곡가 1998년 한국예술종합학교 음악원 작곡과 교수(현) 2002~2004년 同음악원 부원장 2004년 同산학협력단장 2007~2009년 同교학처장 2009년 同음악극창작과장 2009년 同협동과정 주임교수 2011년 同협동과정 음악극창작과장 2013~2016년 同음악원장 [상]세계컴퓨터음악제(ICMC) 입상(1996·1999), 최우수예술인 음악부문 수상(2001), 대한민국 작곡상(2006), 올해의 예술상(2006) [저]'전자음악의 이해'(1993) '악보 : 노리2, Chronograph, 단순노리, 파랑도, 유니버시아드, 사두봉 신화' 등 [역]'전자음악 신디사이저 입문'(1981) [작]관현악곡 '파랑도' 'VIDEO Cantata' 'Universiade', 실내악곡 'Triskelion' 'Bach Nori' 'Simple Nori', 전자음악 'TV Scherzo' 'Silhouette' 'Contrast' '국태민안', 합창곡 '사두봉 신화', 독창곡 '한송이 수련으로' '그리움' '백두산 환상곡'

황세영(黃世榮) HWANG Se Young

[생]1959·12·14 [주]울산광역시 남구 중앙로 201 울산광역시의회(052-229-5125) [학]1981년 영진전문대학 전기과졸 [경]민주노동당 울산중구위원회 부위원장, 정월대보름성안주민축제 추진위원장, 성안조기회 회장, 성안주민부모교육강좌 초대교장, 현대자동차(주) 우리사주조합 감사 2006년 울산시 중구의회 의원(민주노동당·무소속) 2006~2010년 同내무위원회 부위원장 2010~2014년 울산시 중구의회 의원(진보신당·무소속) 2017년 더불어민주당 대통령울산공약실천단 부단장 2018년 울산시의회 의원(더불어민주당)(현) 2018년 同의장(현) 2019년 전국시·도의회의장협의회 정책위원장(현)

황수남(黃洙南)

[생]1964·2·25 [주]서울특별시 서초구 강남대로 327 KB캐피탈 임원실(02-3475-3601) [학]경남 진주고졸, 서강대 경제학과졸 [경]1987년 현대증권 입사 1997년 현대캐피탈 근무, 同제휴영업팀장, 同오토플랜2실장 2010년 우리파이낸셜 자동차금융본부장(상무) 2014년 KB캐피탈 상무 2017년 同영업채널본부장(전무), 同자동차금융본부장(전무) 2019년 同대표이사(현)

황수성(黃修盛) HWANG Soo Seong

[생]1968·1·17 [주]세종특별자치시 한누리대로 402 산업통상자원부 산업정책관실(044-203-4350) [학]1986년 충북고졸 1994년 서울대 농경제학과졸 1996년 同행정대학원 수료 [경]1996년 산업자원부 산업표준과 사무관 2003년 同산업기술국 산업기술정책과 서기관(미국 파견) 2004년 同인사계장 2007년 同디지털혁신팀장 2008년 지식경제부 정보통신활용과장 2008년 同유전개발과장 2009년 同신재생에너지과장 2011년 同우정사업본부 보험사업단 보험위험관리팀장 2012년 同중견기업정책과장 2013년 중소기업청 중견기업정책국 중견기업정책과장 2014년 同소상공인정책국 소상공인정책과장 2015년 산업통상자원부 산업기반실 창의산업정책과장 2016년 同산업정책실 산업정책과장 2017년 同산업기반실 산업기반총괄과장 2018년 同산업혁신성장실 산업기반총괄과장 2018년 同신재생에너지정책단장 2019년 同산업정책관(현)

황수영(黃守永)

[생]1967·8·15 [주]경기도 수원시 팔달구 효원로 1 경기도의회(031-8008-7000) [학]중앙대 도서관학과졸 [경]김영진 국회의원 후원회 사무국장, 수원월드컵경기장 재단이사(현), 더불어민주당 경기도당 청소년교육환경개선특별위원회 위원장(현) 2018년 경기도의회 의원(더불어민주당)(현) 2018년 同경제노동위원회 위원(현)

황숙주(黃淑周) HWANG Sook Joo

[생]1947·9·20 [출]전북 순창 [주]전라북도 순창군 순창읍 경천로 33 순창군청 군수실(063-650-1215) [학]1966년 전주고졸 1973년 전북대 경영학과졸 1986년 연세대 행정대학원 행정학과졸 1999년 한국개발연구원(KDI) 국제경제정책대학원 정책과정 수료 [경]1978년 행정고시 합격(22회) 1979~1983년 조달청 행정사무관 1983~1998년 감사원 부감사관 1998년 同제2국 4과장 2000년 同제1국 1과장 2001년 同민원심의관 2002년 同감찰관 2004년 同특별조사국장 2004년 同행정·안보감사국장 2004년 감사교육원 연구위원 2006~2008년 한국과학기술연구원(KIST) 감사 2008~2011년 전북도 감사자문관 2009~2011년 한국과학기술연구원(KIST) 전북복합소재연구소 고문 2009~2011년 전북대 행정학과 초빙교수 2011년 전북 순창군수(재보선 당선, 민주당·민주통합당·민주당·새정치민주연합) 2014~2018년 전북 순창군수(새정치민주연합·더불어민주당) 2016~2018년 전북시장군수협의회 회장 2018년 전북 순창군수(더불어민주당)(현) [상]감사원장표창(2회), 홍조근정훈장(1999), 자랑스런대한민국시민대상 행정공직부문 관광레저산업발전공로대상(2014), 매니페스토 기초자치단체 선거공보분야 최우수상(2014), 대한민국경제리더대상 미래경영부문대상(2015), 지역농업발전 선도인상(2015)

황순관(黃淳官) HWANG Soon Kwan

[생]1972·11·9 [본]창원(昌原) [출]강원 원주 [주]세종특별자치시 갈매로 477 기획재정부 인사과(044-215-2252) [학]원주고졸, 고려대 행정학과졸 [경]1996년 지방고시 합격(1회), 원주시 자치행정과 근무, 同공보담당관, 원주농산물도매시장관리사무소 소장, 강원도 창업지원담당관, 同투자심사담당관, 기획예산처 일반행정재정과 서기관 2008년 기획재정부 농민수산예산과 서기관 2010년 연수(서기관) 2013년 기획재정부 공공정책국 경영혁신과장 2014년 同예산실 고용환경예산과장 2015년 同예산실 연구개발예산과장 2016년 同예산실 교육예산과장 2017년 同국고과장 2017년 同공공정책국 정책총괄과장 2018년 녹색성장위원회 녹색성장지원단 파견(부이사관) 2019년 국가공무원인재개발원 파견(현)

황순교(黃淳敎)

[생]1971·2·15 [출]경북 영주 [주]서울특별시 마포구 마포대로 174 서울서부지방법원(02-3271-1114) [학]1989년 영주 중앙고졸 1993년 연세대 법학과졸 [경]1995년 사법시험 합격(37회) 1998년 사법연수원 수료(27기) 1998년 공익법무관 2001년 대구지법 판사 2004년 同김천지원 판사 2005년 의정부지법 고양지원 판사 2007년 서울서부지법 판사 2014년 대전지법 부장판사 2016년 의정부지법 부장판사 2018년 서울서부지법 부장판사(고용휴직)(현)

황순성(黃順性)

[생]1971·11·25 [출]경기 포천 [주]서울특별시 종로구 사직로8길 60 외교부 인사운영팀(02-2100-7143) [학]1990년 의정부고졸 1994년 서울대 원자핵공학과졸 2012년 미국 캘리포니아대 샌디에이고교 대학원 국제관계학과졸 2013년 미국 몬트레이대 국제학대학원 핵비확산비학위과정 수료 [경]1994~1995년 한국전력 근무 1997년 행정고시 재경직 합격(41회) 1999년 조달청 물자관리담당 행정사무관 2000년 재정경제부 경제정책국 사무관 2001~2007년 과학기술부 정책·국제협력·원자력담당 사무관 2007~2011년 외교통상부 환경협력과·통상투자진흥과·駐필리핀대사관·에너지팀 1등서기관 2013년 외교부 사이버스페이스총회기획단·재외동포과 1등서기관 2015년 駐베트남 경제 및 개발협력총괄 참사관 2017년 외교부 해외언론담당관 2018년 駐핀란드 참사관(현) [상]과학기술부장관표창(2007), 베트남 기획투자부장관표창(2017)

황순식(黃淳植) HWANG Soon Sik

[생]1977·12·15 [출]서울 [주]서울특별시 은평구 연서로29길 22 하비빌딩 3층 (주)에스엔씨씨(02-567-8971) [학]서울대 자연과학부졸 [경]1999년 서울대총학생회 연대사업국장 2006·2010~2014년 경기 과천시의회 의원(민주노동당·진보신당·통합진보당·진보정의당·정의당) 2010~2012년 同부의장 2011년 통합진보당 경기도당 운영위원 2012~2014년 경기 과천시의회 의장 2015년 (주)에스엔씨씨 대표이사(현) 2017년 협동조합 마을카페 이사장(현) 2017년 햇살과바람 협동조합 이사(현) 2017년 (주)시화태양광시민발전소 대표이사(현) 2019년 민주평통 청년분과위원회 상임위원(현) [상]경기도장애인정책 우수기초의원(2010), 전국시군자치구의장협의회 지방의정봉사대상(2013) [종]기독교

황순자(黃順子·女) HWANG Soon Ja

[생]1956·12·23 [주]대구광역시 중구 공평로 88 대구광역시의회(053-803-5041) [학]대구대 산업행정대학원 지역사회개발학과졸 [경]한국자유총연맹 대구시 달서구 여성협의회 회장, 제7대 달서구의회 경제도시위원장 2014~2018년 대구시 달서구의회 의원(새누리당·자유한국당), 남부교육지원청 명품교육도시 추진위원(현), 영남평생교육학회 이사(현), 영남장애인협회 자문위원(현), 한국자유총연맹 대구시 달서구 여성협의회 고문(현) 2018년 대구시의회 의원(예산결산위원장·자유한국당)(현)

황순철(黃淳哲) HWANG Soon Chol

[생]1966·1·4 [본]창원(昌原) [출]대구 달성 [주]서울특별시 서초구 서초중앙로 178 서초한샘빌딩 4층 정부법무공단 변호사2팀(02-2182-0233) [학]1984년 대구 성광고졸 1991년 경북대 법학과졸 [경]1993년 사법시험 합격(35회) 1996년 사법연수원 수료(25기) 1996년 대구지검 검사 1998년 同의성지청 검사 1999년 울산지검 검사 2001년 대구지검 검사 2002~2003년 미국 아이오와대 장기연수 2004년 수원지검 평택지청 검사 2005년 법무부 인권과 검사 2006년 창원지검 검사 2008년 수원지검 성남지청 검사 2009년 서울남부지검 부부장검사 2009년 창원지검 공판송무부장 2010년 춘천지검 부장검사 2011년 전주지검 부장검사 2012년 수원지검 안산지청 부장검사 2013년 법무법인 대륙아주 변호사 2013년 중앙선거관리위원회 자금조사정책자문위원 2013년 同선거자문위원 2013년 한국교육학술정보원 정보공개심의위원 2015년 정부법무공단 변호사2팀장(현) [상]검찰총장표창(2000), 법무부장관표창(2013) [종]기독교

황순현(黃順賢) Soon Hyun Hwang

[생]1967·9·5 [출]서울 [주]경기도 성남시 분당구 대왕판교로644번길 12 NC 다이노스(1644-9112) [학]전남고졸, 서울대 영어영문학과졸 [경]1993년 전자신문 기자, 조선일보 뉴미디어연구소 기자, 同경제부 기자 2003년 디지틀조선일보 편집본부장 2006년 同인터넷뉴스부장 직대 2008~2010년 엔씨소프트 기획조정실 상무 2010~2013년 同웹비즈니스센터장(전무) 2011년 NC다이노스 임시대표 2013년 엔씨소프트 플랫폼&테크놀로지그룹장(전무) 2015년 同C&C그룹장(전무) 2015년 同CECO(최고소통책임자) 2018년 프로야구 NC 다이노스 대표이사(현)

황순현(黃順鉉·女)

[생]1969·2·24 [출]광주 [주]인천광역시 미추홀구 소성로163번길 17 인천지방법원 총무과(032-860-1169) [학]1988년 천안 복자여고졸 1994년 한양대 법학과졸 [경]1998년 사법시험 합격(40회) 2001년 사법연수원 수료(30기) 2001년 서울지법 남부지원 판사 2002년 서울고법 판사 2003년 서울지법 판사 2005년 청주지법 판사 2008년 수원지법 판사 2010년 同안양지원 판사 2013년 서울남부지법 판사 2014년 대법원 재판연구관 2016년 대구지법 부장판사 2018년 인천지법 부장판사(현) 2018~2019년 법원행정처 사법지원총괄심의관 겸임

황승연(黃昇淵) HWANG Seung Yun

[생]1952·9·15 [출]경기 용인 [주]서울특별시 양천구 신월로 386 서울남부지방법원조정센터(02-2192-1154) [학]1971년 경복고졸 1975년 서울대 법학과졸 1977년 同대학원 법학과 수료 [경]1976년 사법시험 합격(18회) 1978년 사법연수원 수료(8기) 1978~1981년 軍법무관 1981~1984년 대전지방법원 판사 1984~1986년 同천안지법 판사 1986~1986년 서울가정법원 판사 1988년 변호사 개업 1992~1998년 (주)동남은행 고문변호사 1993~1998년 한국보안공사(주) 고문변호사 1999~2005년 서울서초구청 상담위원 2001년 한백합동법률사무소 변호사 2003년 전국화물공제조합 고문변호사 2006~2009년 법무법인 서린 변호사 2007년 아주대 법과대학 겸임교수 2010년 법무법인 에이펙스 변호사 2012~2015년 한국의료분쟁조정중재원 상임조정위원 2015년 서울남부지방법원조정센터 상임조정위원 2019년 同상임조정위원장(현)

황승진(黃勝震) Hwang Seung Jin

(생)1961·2·2 (본)장수(長水) (출)서울 (주)세종특별자치시 다솜2로 94 행정안전부 정부청사관리본부 청사시설기획관실(044-200-1010) (학)서울산업대 건축공학과졸, 연세대 대학원 건축학과졸 (경)2011년 행정중심복합도시건설청 공공청사기획과장 2012년 행정안전부 대전청사관리소 시설과장 2013년 안전행정부 대전청사관리소 시설과장 2014년 행정자치부 대전청사관리소 시설과장 2015년 同정부청사관리소 기획과장 2015년 同정부청사관리소 청사수급기획과장 2017년 同정부청사관리본부 청사기획디자인과장(부이사관) 2017년 행정안전부 정부청사관리본부 청사기획디자인과장 2019년 同정부청사관리본부 청사시설기획관(국장급)(현)

황승철(黃承哲)

(생)1964·1·9 (출)제주 제주시 (주)제주특별자치도 제주시 중앙로 342 제주소방서(064-729-0132) (학)1990년 제주대 기관공학과졸 (경)1991년 소방공무원 임용 2013년 제주소방안전본부 방호조사담당 2014년 同119종합상황실 상황1팀담당 2015년 同소방행정담당 2017년 同방호구조과장 2018년 제주소방서장(현)

황승태(黃勝泰) HWANG Seung Tae

(생)1972·9·25 (출)강원 철원 (주)서울특별시 서초구 서초중앙로 157 서울고등법원(02-530-1114) (학)1991년 춘천 봉의고졸 1999년 서울대 경제학과졸 (경)1998년 사법시험 합격(40회) 2001년 사법연수원 수료(30기) 2001년 서울지법 판사 2003년 서울가정법원 판사 2005년 춘천지법 원주지원 판사 2008년 인천지법 판사 2010년 서울남부지법 판사 2013년 서울중앙지법 판사 2014년 사법정책연구원 연구위원 겸임 2016년 울산지법 부장판사 2017년 서울고법 판사(현)

황승현(黃勝炫) HWANG Seung Hyun

(생)1960·2·14 (주)서울특별시 서초구 남부순환로 2572 국립외교원 아시아·태평양연구부(02-3497-7701) (학)1982년 서울대 법학과졸 1985년 同법과대학원 수료 (경)1983년 외무고시 합격(17회) 1983년 외무부 입부 1987년 영국 옥스퍼드대 연수 1988년 駐호주 2등서기관 1994년 駐아랍에미리트 1등서기관 1998년 駐일본 1등서기관 2001년 駐필리핀 참사관 2003년 외교통상부 조약국 국제법규과장 2004년 駐대만대표부 부대표 2007년 외교통상부 북미국 한미안보협력관 2007년 同혁신인사기획관 2008년 同조약국장 직대 2009년 同조약국장 2009년 駐캐나다 공사 2012년 駐칭다오 총영사 2015년 국립외교원 아시아·태평양연구부 교수(현) 2017년 외교부 '한·일 일본군 위안부 피해자 문제 합의 검토 TF(태스크포스)' 위원(현)

황 엽(黃 燁) Hwang Yeob

(생)1964·12·13 (출)서울 (주)서울특별시 서초구 사평대로 84 이수화학빌딩 8층 (주)이수(02-590-6726) (학)1983년 대원고졸 1988년 서울대 경영학과졸 1990년 同경영대학원 경영학과졸 (경)2002~2004년 이수창업투자 투자팀 부장 2004~2012년 이수시스템 대표이사 2013년 (주)이수 HR담당 임원 2013년 同대표이사 2016년 이수건설(주) 대표이사 2018년 (주)이수 대표이사(현)

황영금(黃英金·女) HWANG Young Kum (淑然)

(생)1931·5·28 (본)창원(昌原) (출)함북 무산 (주)서울특별시 서초구 반포대로37길 59 대한민국예술원(02-3479-7223) (학)1950년 창덕여고졸 1952년 서울대 음악대학 성악과 2년 중퇴 1956년 일본 도쿄예술(東京藝術)대 성악과졸 1958년 일본 도쿄 二期會 오페라연구과 수료 1973년 독일 베를린음대 수학 (경)1959~1973년 연세대 음악대학 성악과 강사·조교수·부교수 1959·1975·1992년 독창회 개최 1960년 이후 초청연주 200여회 1962년 이후 오페라주연 35회 1962년 국립오페라단 단원·종신단원 1973~1996년 연세대 음악대학 성악과 교수 1996년 同성악과 명예교수(현) 2003년 대한민국예술원 회원(성악·현) (상)문교부장관표창(1985), 서울시 문화상(1987), 연세대 30년 근속표창(1989), 국민훈장 모란장(1996), 대한민국 예술원상(2001), 자랑스런 창덕인상(2001), 중국 조선족 문화발전위원회 감사장(2001) (저)'벨칸토 창법 연구'(1965) (작)오페라 '왕자호동' '아이다' '라보엠' '토스카' '투란토트' '가면무도회' '마적' '휘가로의 결혼' 등 주연 (종)기독교

황영기(黃永基) HWANG Young Key

(생)1952·10·29 (본)평해(平海) (출)경북 영덕 (주)서울특별시 종로구 종로3길 17 디타워 23층 법무법인 세종(02-316-4114) (학)1971년 서울고졸 1975년 서울대 상과대학 무역학과졸 1981년 영국 런던정경대 대학원 경영학과졸 (경)1975~1980년 삼성물산 국제금융 근무 1981~1982년 프랑스 파리바은행 차장 1982~1986년 미국 BTC은행 부장 1986~1989년 BT증권 도쿄지점 지배인 1989년 삼성그룹 회장비서실 국제금융팀 담당부장 1990년 同회장비서실 국제금융팀장 1991년 同회장비서실 재무팀 국제금융담당 이사대우 1993년 同회장비서실 인사팀장(이사) 1994년 삼성전자 자금팀장(이사) 1994년 同경영지원실 자금팀장(상무이사) 1997년 삼성생명보험 전략기획실장(전무이사) 1997~2003년 한미은행 비상임이사 1998~2000년 금융발전심의회 국제금융분과 위원 1999년 삼성투자신탁운용 대표이사 부사장 2000~2004년 재정경제부 장관자문기구 금융발전심의회 증권분과위원회 위원 2000년 전경련 통상위원회 위원 2001년 삼성투자신탁운용 사장 2001년 한국최고경영자(CEO)포럼 회원 2001~2004년 삼성증권(주) 대표이사 사장 2002~2004년 한국증권금융 사외이사 2003년 전국경제인연합회 한미재계회의 위원 2003~2004년 삼성 구조조정위원회 위원 2004~2007년 우리은행장 2004~2007년 우리금융지주회사 회장 2005~2007년 건설교통부 기업도시위원회 민간위원 2006~2010년 한국종합예술학교 발전기금 이사 2007~2008년 법무법인 세종 고문 2007~2008년 서울대 경영대 초빙교수 2008~2009년 KB금융지주 회장 2008~2009년 한국경제교육협회 회장 2008~2012년 (재)서울장학재단 이사장 2009년 한국CEO포럼 회장 2010~2012년 (주)차바이오앤디오스텍 대표이사 회장 2010~2012년 차병원그룹 총괄부회장 겸임 2010년 대종상영화제 조직위원 2011~2012년 (주)대교홀딩스 사외이사 2011년 한국경제신문 객원논설위원 2012~2015년 (주)대교 사외이사 2012~2015년 법무법인 세종 고문 2013년 한국금융투자협회 공익이사 2013년 在韓영국런던정경대(LSE)총동문회 회장 2013년 한국장학재단 비상임이사 2015~2018년 한국금융투자협회 회장 2018년 TCK인베스트먼트 수석고문 2018년 법무법인 세종 상임고문(현) 2019년 한화생명보험(주) 사외이사(현) (상)은탑산업훈장(2005) (역)'성공하는 투자전략 인덱스펀드'(2003) '승자의게임'(2010)

황영목(黃永穆) HWANG Young Mok (炫山)

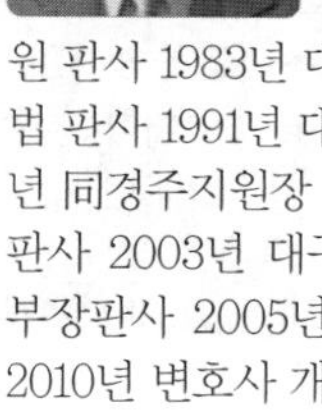

(생)1951·4·17 (본)평해(平海) (출)경북 경주 (주)대구광역시 수성구 동대구로 348-17 우정법원빌딩 403호 황영목법률사무소(053-742-3100) (학)1969년 경북사대부고졸 1974년 서울대 법대졸 (경)1976년 사법시험 합격(18회) 1978년 사법연수원 수료(8기) 1978년 부산지법 판사 1981년 同마산지원 판사 1983년 대구지법 판사 1987년 同의성지원장 1989년 대구고법 판사 1991년 대법원 재판연구관 1992년 대구지법 부장판사 1996년 同경주지원장 1998년 대구지법 부장판사 2000년 대구고법 부장판사 2003년 대구지법 수석부장판사 직대 2005년 대구고법 수석부장판사 2005년 대구지방법원장 2009~2010년 대구고등법원장 2010년 변호사 개업(현) (상)황조근정훈장 (종)가톨릭

황영미(黃榮美 · 女) HWANG Young Mee

㊀1957 · 7 · 20 ㊁창원(昌原) ㊂부산 ㊃서울특별시 용산구 청파로47길 100 숙명여자대학교 기초교양학부(02-710-9825) ㊄1976년 숙명여고졸 1980년 숙명여대 국어국문학과졸 1995년 同대학원졸 1999년 문학박사(숙명여대) ㊅1992년 「문학사상」에 단편소설 '모래바람'으로 등단, 소설가(현), 영화평론가(현) 2002년 숙명여대 기초교양대학 기초교양학부 교수(현) 2013~2016년 국제영화비평가연맹 한국본부 사무총장 2016~2017년 한국사고와표현학회 회장 2016~2017년 국제영화비평가연맹 한국본부(FIPRESCI KOREA) 회장 ㊆문학사상 소설부문 신인상(1992) ㊇'다원화 시대의 영화 읽기'(2004) '영화와 글쓰기'(2009) '필름 리터러시'(2018, 푸른사상) '구보씨의 더블린 산책'(2018, 솔) ㊈기독교

황영석(黃英錫) HWANG Young Seok

㊀1954 · 7 · 4 ㊃전라북도 전주시 완산구 효자로 225 전라북도의회(063-280-3970) ㊄이리농림고졸, 호원대 행정학과졸, 군산대 경영행정대학원 행정학과졸 ㊅전북 김제시 용지면사무소 근무 2002 · 2006 · 2010~2014년 전북 김제시의회 의원(민주당 · 민주통합당 · 민주당 · 새정치민주연합) 2004년 同자치행정위원장 2008년 同부의장 2012년 同행정지원위원회 위원, 더불어민주당 전북도당 김제부안지역위원회 부위원장(현) 2018년 전북도의회 의원(더불어민주당)(현) 2018년 同농산업경제위원회 위원 겸 예산결산특별위원회 위원(현) 2018년 同간행물편집위원장(현)

황영수(黃泳樹) HWANG Young Soo

㊀1965 · 1 · 13 ㊁평해(平海) ㊂경북 청송 ㊃경상남도 창원시 성산구 창이대로 681 창원지방법원 총무과(055-239-2009) ㊄1983년 포항고졸 1987년 한양대 법학과졸 ㊅1991년 사법시험 합격(33회) 1994년 사법연수원 수료(23기) 1994년 軍법무관 1997년 대구지법 판사 2000년 同포항지원 판사 2002년 대구지법 판사 2005년 대구고법 판사 2007년 대구지법 판사 2009년 同의성지원장 2011년 대구지법 부장판사 2015년 대구지법 포항지원장 겸 대구가정법원 포항지원장 2017년 대구지법 부장판사 2018년 창원지법 수석부장판사(현)

황영식(黃永植) HWANG Young Sik

㊀1958 · 4 · 6 ㊁장수(長水) ㊂경북 문경 ㊃경기도 용인시 수지구 죽전로 152 단국대학교(031-8005-2110) ㊄1977년 관악고졸 1984년 서울대 정치학과졸 2011년 세종대 경영전문대학원 세종시라큐스(MBA) 2013년 한양대 국제학대학원 박사과정(일본경제) 재학 중 ㊅1985년 한국일보 입사 1999년 同도쿄특파원 2002년 同정치부 차장 2003년 同문화부장 2004년 同논설위원 2013년 同논설위원실장 2016년 同주필 2017~2018년 同주필(이사) 2018년 단국대 초빙교수(현) ㊇'다치바나 다카시의 탐사저널리즘'(2000) '맨눈으로 보는 일본'(2002) ㊉'10년 불황 그래도 HIT는 있다'(2004, 용오름) '진화의 원동력 짝짓기'(2006, 디오네) 등

황영재(黃英宰) HWANG Young Jae

㊀1945 · 1 · 22 ㊂경남 마산 ㊃서울특별시 중구 남대문로10길 9 경기빌딩 1401호 티씨이(주)비서실(02-3702-0100) ㊄1963년 동래고졸 1972년 홍익대 경영학과졸 1973년 연세대 경영대학원 수료 ㊅1988년 태창기업(주) 상무이사 1993년 同전무이사 1996년 同대표이사 사장 2006년 양산상공회의소 회장 2007~2016년 티씨이(주) 대표이사 회장 2016년 同경영고문(현) ㊈불교

황영조(黃永祚) HWANG Young Cho

㊀1970 · 3 · 22 ㊂강원 삼척 ㊃서울특별시 송파구 올림픽로 424 국민체육진흥공단 마라톤선수단(02-410-1114) ㊄1990년 명륜고졸 1996년 고려대 체육학과졸 1999년 同교육대학원졸 2003년 한국체대 최고경영자과정 수료 2004년 경희대 스포츠산업최고경영자과정 수료 2009년 이학박사(고려대) ㊅1989년 전국체전 10㎞단축마라톤 우승 1990년 코오롱 입사 1991년 동아마라톤 3위 1991년 유니버시아드대회 마라톤 우승 1991년 제9회 아시아선수권대회 마라톤 우승 1992~1997년 코오롱 명예이사 1992년 벳푸-오이타 국제마라톤대회 준우승 1992년 바르셀로나올림픽 우승 1994년 미국 보스턴마라톤대회 4위 1994년 제12회 아시안게임 마라톤 금메달 1997~2004년 KBS 마라톤 해설위원 1997~2013년 (사)한국국제기아대책기구 홍보대사 1998년 황영조마라톤교실 운영(현) 1998년 제2의건국범국민추진위원회 위원 2000년 육상국가대표팀 코치 2000년 새천년민주당 홍보위원회 부위원장 2000년 국민체육진흥공단 육상단 감독(현) 2001년 한국실업육상연맹 이사 겸 기술위원장(현) 2001~2012년 대한체육회 이사 2001년 평창동계올림픽유치위원회 유치위원 2001~2004년 대한육상경기연맹 마라톤강화위원 2003~2011년 강원대 스포츠과학부 겸임교수 2004년 SBS 마라톤 해설위원(현) 2005년 (사)한국올림픽성화회 상임이사 · 홍보이사 · 부회장(현) 2005년 대한육상경기연맹 마라톤 기술위원 · 이사 2008년 고려대 시간강사 2008년 올림픽금메달리스트모임 총무(현) 2009년 대한육상경기연맹 경기위원회 부위원장 2009년 2011대구세계육상선수권대회 조직위원 2009년 2014인천아시아경기대회 조직위원 2009년 대한육상경기연맹 마라톤경보기술위원장 2009~2014년 스포츠봉사단 (사)함께하는사람들 회장 2010년 2018평창동계올림픽유치위원회 홍보대사 2011년 계명대 홍보대사 2011년 이천도자기 홍보대사 2012년 안성세계민속축전 홍보대사 2013년 대한육상경기연맹 이사 2014년 (사)스포츠봉사단 단장(현) 2015년 슈퍼블루마라톤 홍보대사 2015년 (사)대한민국국가대표선수회 부회장(현) ㊆체육훈장 백마장(1991), 체육훈장 청룡장(1992), 대한민국 체육대상(1992), 백상체육대상 신인상(1992), 백상체육대상 대상(1993), 한중청년학술상(1996), 고려대총장표창(1999) ㊇'나의 꿈은 이루어지지 않았다' '황영조 마라톤스쿨'(2004)

황영찬(黃永燦)

㊃서울특별시 성동구 청계천로 540 서울시설공단 문화체육본부(02-2290-6106) ㊄고려대 신문방송학과졸, 미국 하와이대 대학원 MBA, 이학박사(단국대) ㊅1995년 SBS 스포츠국 기자 1996~2010년 同스포츠국 PD 2010~2012년 同기획실 근무 2012~2016년 同홍보국 편성전략본부 PR팀 차장, 한국언론학회 통일커뮤니케이션 연구위원(스포츠분야), 스포츠산업경영학회 스포츠미디어 연구분과위원장 2016년 서울시설공단 문화체육본부장(상임이사)(현)

황영철(黃永哲) HWANG Young Cheul

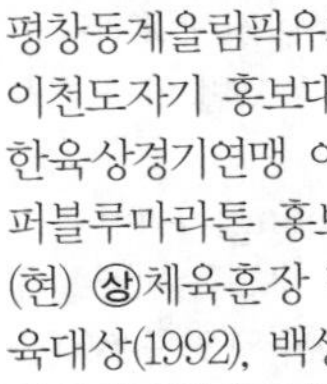

㊀1965 · 7 · 13 ㊂강원 홍천 ㊃서울특별시 영등포구 의사당대로 1 국회 의원회관 618호(02-784-5705) ㊄1984년 강원 홍천고졸 1991년 서울대 정치학과졸 ㊅1991년 초대 홍천군의회 의원(최연소 25세 당선) 1995 · 1998~2000년 강원도의회 의원(한나라당, 최연소 무투표 당선), 同내무위원장, 강원개발연구원 이사 2000년 한나라당 홍천 · 횡성지구당 위원장 2000년 同지방자치위원회 부위원장 2000년 同미래연대 운영위원 2003년 同미래연대 공동대표 2003년 同공천심사위원 2003년 同강원도당 정책위원장 · 사이버대변인 2004년 제17대 국회의원선거 출마(홍천 · 횡성, 한나라당), (주)아이잡강원 회장 2006~2007년 강원도지사 정무특별보좌관 2006년 한나라당 홍천 · 횡성당원협의회 운영위원장 2008년 제18대 국회의원(홍천 · 횡성, 한나라당 · 새누리당) 2008년 한나라당 공보담당 원내부대표 2008년 同원내대표단 부대변인 2008~

2010년 同강원도당 윤리위원장 2009년 同원내부대표 2009~2011년 同대표특보 2010~2011년 同강원도당 위원장 2011년 同비상대책위원회 위원 2011년 同대표최고위원 권한대행 비서실장 2011년 同강원지역발전특별위원회 위원장 2011~2012년 同원내부대표 2011년 同원내대변인 2011~2012년 同대변인 2012년 새누리당 대표 비서실장 2012년 제19대 국회의원(홍천·횡성, 새누리당) 2012년 국회 농식품위원회 위원 2013~2015년 민족화해협력범국민협의회 공동상임의장 2013~2014년 국회 안전행정위원회 여당 간사 2014~2015년 국회 지방자치발전특별위원회 여당 간사 2014년 국회 국토교통위원회 위원 2014년 새누리당 '새누리당을 바꾸는 혁신위원회' 위원 2014~2015년 同보수혁신특별위원회 위원 2014~2015년 국회 군인권개선 및 병영문화혁신특별위원회 여당 간사 2015년 새누리당 정책위원회 부의장 2015년 국회 평창동계올림픽및국제경기대회지원특별위원회 위원 2016년 새누리당 강원홍천군·철원군·화천군·양구군·인제군당원협의회 운영위원장 2016년 제20대 국회의원(강원 홍천군·철원군·화천군·양구군·인제군, 새누리당·바른정당〈2017.1〉·자유한국당〈2017.11〉)(현) 2016~2018년 지역균형발전협의체 제4대 공동회장 2016~2017년 국회 안전행정위원회 위원 2016년 국회 예산결산특별위원회 위원 2016년 한국아동인구환경의원연맹(CPE) 회원(현) 2016~2018년 국회 평창동계올림픽 및 국제경기대회지원특별위원회 위원장 2016~2017년 국회 '박근혜 정부의 최순실 등 민간인에 의한 국정농단 의혹 사건 진상규명을 위한 국정조사특별위원회' 위원 2017년 바른정당 강원도당 위원장 2017년 同대통령후보 경선관리위원 2017년 同제19대 유승민 대통령후보 중앙선거대책위원회 전략본부장 2017년 同민생특별위원회20 귀농귀촌특별위원장 2017~2018년 국회 행정안전위원회 위원 2018년 국회 헌법개정 및 정치개혁특별위원회 간사 2018년 국회 국방위원회 위원(현) 2018년 국회 남북경제협력특별위원회 위원(현) (상)NGO모니터단 선정 국정감사 우수의원(2008), 한국농업경영인중앙연합회 선정 국정감사 우수의원(2008), 대한민국 헌정상(2011), 법률소비자연맹 선정 국회헌정대상(2014), 2018 입법 및 정책개발 우수 국회의원(2019) (저)'막걸리 이야기'(2010) (종)기독교

황영희(黃暎喜·女)

(생)1975·5·23 (출)서울 (주)광주광역시 동구 준법로 7-12 광주지방법원 총무과(062-239-1503) (학)1994년 신명여고졸 1999년 고려대 법학과졸 (경)2001년 사법시험 합격(43회) 2004년 사법연수원 수료(33기) 2004년 부산지법 예비판사 2005년 부산고법 예비판사 2006년 부산지법 판사 2007년 인천지법 판사 2010년 서울중앙지법 판사 2012년 서울북부지법 판사 2015년 서울중앙지법 판사 2017년 서울북부지법 판사 2019년 광주지법 부장판사(현)

황용득(黃容得) HWANG Yong Deug

(생)1954·9·9 (출)서울 (주)서울특별시 영등포구 63로 50 한화생명빌딩 ㈜한화갤러리아 임원실(02-410-7114) (학)1974년 중앙고졸 1979년 고려대 산업공학과졸 (경)1978년 한화기계㈜ 입사 1980년 한화그룹 종합기획실·비서실 근무 1987년 同동경지사 해외사업담당 1997년 한화국토개발㈜ 이사 1997년 한화개발㈜(서울프라자호텔) 영업담당 이사 1999년 同총지배인(상무)·호텔BU장 2002~2005년 同총지배인·대표이사 2007년 대한생명보험㈜ 인재개발원장(전무) 2009~2014년 한화역사 대표이사 2014~2017년 ㈜한화갤러리아 대표이사 2015~2018년 ㈜한화갤러리아타임월드 대표이사 2015년 대한사격연맹 회장(현) 2017년 ㈜한화갤러리아 상근고문(현) (상)산업포장(1999)

황용석(黃勇碩) Hwang, Yongsuk

(생)1968·4·24 (출)부산 (주)서울특별시 광진구 능동로 120 건국대학교 문과대학 미디어커뮤니케이션학과(02-450-4088) (학)1993년 동아대 언론학과졸 1995년 성균관대 대학원 정치학과졸 1999년 신문방송학박사(성균관대) (경)1993년 한국방송개발원 방송소재개발요원 1996~1999년 성균관대 언론정보연구소 연구원 1996~2002년 同신문방송학과 강사 1999년 동국대 신문방송학과 강사 1999~2003년 한국언론재단 연구위원 2000~2001년 한빛네트 온라인교육 강사 2001년 한국언론학회 커리큘럼 특별위원 2003년 한국언론재단 자문위원 2003년 건국대 신문방송학과 교수 2004년 충주MBC 시청자위원 2004년 한국언론학회 연구이사 2005년 'Ifra Moblog Staff' 편집자 2010년 건국대 언론홍보대학원 방송통신융합학과 교수 2012년 同문과대학 미디어커뮤니케이션학과 교수(현) 2012~2016년 同KU미디어센터장 2012년 방송통신위원회 미디어다양성위원회 위원 2012~2014년 건국대 언론홍보대학원장 2016년 방송통신위원회 방송시장경쟁상황평가위원회 위원(현) (저)'디지털 수용자'(2003) '뉴스룸의 다매체전략과 통합뉴스룸'(2003) '매스커뮤니케이션의 이론과 실제'(2004) '인터넷언론과 법'(2004) 등 21권

황용주(黃龍周) HWANG Yong Ju (韶菴)

(생)1937·12·3 (본)장수(長水) (출)충남 공주 (주)서울특별시 강남구 봉은사로 406 한국중요무형문화재기능보존협회(02-501-6277) (학)1960년 영명고졸 1997년 광운대 경영대학원 수료 (경)1960년 故 李昌培선생에게 사사 1968년 대한민속예술학원 설립 1972~1977년 선소리산타령 전수 1976년 한국국악협회 민요분과 위원장 1977년 한국학원총연합회 예능교육회장 1983년 선소리산타령 전수소 개설(현) 1991~1996년 안양영화예술고 국악강사 1992년 국가무형문화재 제19호 선소리산타령(산타령) 예능보유자 지정(현) 1993~2012년 한국국악협회 부이사장 1994년 한국음악저작권협회 이사 1996~2012년 한국예술문화단체총연합회 이사 1999년 문화재연합회 부이사장 2004~2008년 장수황씨대종회 부회장 2008년 同종무위원 겸 이사(현) 2011~2017년 중앙대 겸임교수 2014년 진주교대 겸임교수(현) 2015~2019년 서울예대 교수 (상)한국국악협회 공로상(1992), 한국예술문화단체총연합회 공로상(1996), 전국민속경연대회 우수상(1997·1998), 서울시장표창(1998·1999), 화관문화훈장(2001), 서울시문화대상(2002) (저)'한국고전음악선집'(編) '한국京·西道창악대계'(編) '한국고전음악 선소리산타령'(編) (작)음반'뿌리깊은 나무 팔도소리' '선소리산타령' '취모리잡가' '黃龍周국악전집' (종)유교

황용진(黃龍鎭) HWANG Yong Jin

(생)1948·11·3 (출)경기 광명 (주)제주특별자치도 제주시 월광로 37 제주매일(064-742-4500) (학)1968년 광운전자공고졸, 한국방송통신대 방송정보학과졸, 제주대 대학원 경영학과졸, 경영학박사(제주대) (경)1967년 삼양전기 대표 1968년 KBS 국제방송국 기술부 근무 1970년 同중앙방송국송신소 근무 1973년 극동방송 기술부장 1990년 同기술부국장 1991년 同기술국 국장대우 1993년 同기술국장 1994년 同방송송신소장 1998년 同제주지사장 2000년 同기술이사·FM설립준비단장 2001년 同포항본부장 2002년 同포항지사장 2002년 同기술국장 2004년 同제주지사장 2006~2008년 同기술이사, 제주대 경영학과 강사 2017~2018년 제주매일 대표이사 2018년 제주매일 부회장(현) (상)법무부장관 공로포상

황용호(黃龍好)

(생)1962·6·13 (출)부산 (주)서울특별시 영등포구 여의공원로 13 한국방송공사 편성본부(02-781-1000) (학)부산 동아고졸, 부산대 사회복지학과졸 (경)2000~2004년 한국방송공사(KBS) 기획제작국 차장 2011~2012년 同콘텐츠본부 다큐멘터리국 EP 2012~2018년 同방송본부 1TV사업국 근무(부장급) 2018년 同방송본부장 2019년 同편성본부장(현)

황우섭(黃禹燮) HWANG Woo Seop

(생)1958·5·7 (출)경북 예천 (주)서울특별시 동작구 서달로 163 세명빌딩 B1 미디어연대(02-741-7660) (학)1977년 대창고졸 1981년 경북대 인문대학 영어영문학과졸 1996년 서강대 공공정책대학원 언론공보학과졸 2010년 언론학박사(성균관대) (경)1881년 한국방송공사(KBS) 교양국 PD(공채 8기) 1994~1995년 同대구방송총국 제작부장 1995~1996년 同TV1국 차장 1998년 同편성실 차장 1999년 同TV제작센터 차장 2003년 同위성방송국 전문PD(부장)·TV제작본부 PD(부장) 2005년 同심의팀 심의위원 2010~2011년 同이사회사무국 전문위원 2011~2012·2014~2015년 同공영노동조합 위원장 2012~2014년 同심의실장 2014년 同정책기획본부 방송문화연구소 공영성연구부 국장급 2015~2017년 同인재개발원장 2018년 미디어연대 공동대표(현) 2018년 한국방송공사(KBS) 이사(현) (상)올해의 자랑스러운 경북대 언론인상(2016) (작)연출 'KBS 문화가산책' 'KBS 11시에 만납시다' 'KBS TV독서, 책과의 만남' 'KBS 문화뉴스' 'KBS 문화지대' (종)천주교

황우성(黃寓性) HWANG Woo Sung

(생)1967·2·20 (본)창원(昌原) (출)서울 (주)서울특별시 서초구 반포대로 21 (주)서울제약 회장실(02-3470-2300) (학)1985년 여의도고졸 1989년 연세대 경영학과졸 1996년 미국 미시간대 대학원 경영학과졸 (경)1989~1994년 (주)대우 국제금융부 근무 1996년 (주)서울제약 입사·총무부장 1999년 同기획이사 2000~2013년 同대표이사 사장 2013년 同대표이사 회장 2013년 同회장 2018년 同대표이사 회장(현) (상)모범납세자 국세청장표창(2011), 콜롬버스프로젝트참여기업 선정 보건복지부장관표창(2011)

황우여(黃祐呂) HWANG Woo Yea (檜泉)

(생)1947·8·3 (출)인천 (주)인천광역시 연수구 센트럴로 263 IBS타워 11층 황우여법률사무소(032-831-7100) (학)1965년 제물포고졸 1969년 서울대 법과대학졸 1970년 同사법대학원졸 1979년 독일 마르브르그대 수학 1982년 법학박사(서울대) 1986년 미국 하버드대 수학 1995년 서울대 행정대학원 국가정책과정 수료 1995년 同대학원 최고정책과정 수료 1998년 경희대 국제법무대학원 최고정책과정 수료 1998년 연세대 보건대학원 최고정책과정 수료 2017년 중국 장강경영대학원 EMBA 수료 (경)1969년 사법시험 합격(10회) 1974~1981년 서울형사지법·서울민사지법·서울지법 남부지원 판사 1981년 청주지법 제천지원장 1982년 서울민사지법·서울고법 판사 1985년 대법원 재판연구관 1986년 춘천지법 수석부장판사 1987년 제주지법 수석부장판사 1989년 인천지법 부장판사 1989년 헌법재판소 헌법연구부장 1990년 서울지법 남부지원 부장판사 1991년 서울가정법원 부장판사 1992년 서울민사지법 부장판사 1993년 감사원 감사위원 1996년 제15대 국회의원(전국구, 신한국당·한나라당) 1998년 한나라당 인천연수지구당 위원장 1998년 同원내부총무 2000년 제16대 국회의원(인천 연수구, 한나라당) 2000년 국회인권포럼 대표 2000년 기독교정치연구소 이사장(현) 2002년 한나라당 정책위 부의장 2003년 북한자유이주민인권을위한국제의원연맹 상임대표 2004년 제17대 국회의원(인천 연수구, 한나라당) 2004년 한나라당 인사위원장 2004~2006년 국회 교육위원장 2006년 한나라당 인천시당 위원장 2006~2007년 同사무총장 2008년 제18대 국회의원(인천 연수구, 한나라당·새누리당) 2008~2014년 한국청소년연맹 총재 2008~2012년 한국아동인구환경의원연맹(KCPE) 회장 2009년 한나라당 당헌당규개정특별위원장 2009~2011년 아시아·태평양환경개발의원회의(APPCED) 회장 2010~2014년 국회조찬기도회 회장 2010년 국회 국제경기대회개최및유치지원특별위원회 위원장 2010년 한나라당 인천시당 위원장 2011~2012년 同원내대표 2011년 同대표 권한대행 2011년 국회 운영위원장 2012~2014년 새누리당 대표최고위원 2012~2016년 제19대 국회의원(인천 연수구, 새누리당) 2012년 새누리당 제18대 대통령중앙선거대책위원회 공동위원장 2012~2013년 한·일의원연맹 회장 2013년 국회 교육문화체육관광위원회 위원 2013년 흥사단 명예단우(현) 2013~2014년 새누리당 여의도연구원 이사장 2014년 국회 국방위원회 위원 2014~2016년 사회부총리 겸 교육부 장관 2015년 국회 산업통상자원위원회 위원 2016년 새누리당 인천서구乙당원협의회 운영위원장 2016년 同제20대 총선 인천권선거대책위원장 2016~2017년 법무법인 다솜 변호사 2016~2019년 용인대 석좌교수 2016년 한국장학재단 경영고문 2017년 자유한국당 인천서구乙당원협의회 운영위원장 2017년 同제19대 홍준표 대통령후보 중앙선거대책위원회 공동위원장 2017년 변호사 개업(현) (상)황조근정훈장(1996), 한국교회연합과일치상(2008), 존경받는 한국인대상(2010), 백봉신사상 올해의 신사의원 베스트11(2013), 대한민국 법률대상 입법부문(2013), 한국언론인연합회 자랑스러운 한국인대상 종합대상 정치발전부문(2013), 제14회 세계복음화협의회 국민대상 자랑스러운 정치인상(2013), 전국청소년선플SNS기자단 선정 '국회의원 아름다운 말 선플상'(2015) (저)'국가와 교회' '지혜의 일곱기둥'(2005) '아픔의 정치 기쁨의 정치'(2012) (역)'법에 있어서의 인간' '기독교 민주주의'(2005) (종)기독교

황우택(黃宇澤) HWANG Woo Taek

(생)1957·8·16 (본)우주(紆州) (출)부산 (주)서울특별시 강남구 언주로30길 13 대림아크로텔 C동 7층 특허법인 C&S(02-2182-7857) (학)명지고졸, 울산대졸, 한국과학기술원(KAIST) 재료공학과졸, 서울대 자연과학대학 과학기술혁신최고전략과정 수료, 미국 Univ. of Washington Law School Visiting Scholar (경)1983년 특허청 심사관 1986년 상공부 공업기좌, 同서기관 1997년 특허청 금속심사과장 2001년 특허법원 기술심리관 2003년 특허심판원 심판관 2004년 특허청 심사평가담당관(서기관) 2005년 同심사평가담당관(부이사관) 2006년 특허심판원 제10부 심판장 2007년 同제4부 심판장 2008년 특허청 기계금속건설심사국장 2009년 국외훈련 파견(고위공무원) 2010년 특허심판원 수석심판장 2011~2012년 同원장 2012년 R&D특허센터 고문 2013년 특허법인 C&S 파트너변리사(현) (상)대통령표창(1991) (저)'특허법주해1(共)'(2010) '특허법주해2(共)'(2010) (종)기독교

황운광(黃雲光) HWANG Woon Kwang

(생)1954·9·4 (출)서울 (주)경기도 안양시 동안구 임곡로 29 대림대학교 총장실(02-467-4753) (학)경기고졸 1978년 서울대 전자공학과졸 (경)1977년 LG그룹 공채 입사 1982년 LG전자(주) 중앙연구소 근무 1983년 同미국 Silicon Valley R&D Center 근무 1986년 同정보기기연구소 PC연구실장 1993년 同PC OBU장 1995년 同PC OBU장(이사대우) 1997년 同PC OBU장(이사) 2000년 同PC사업부장(상무) 2002년 同PC사업부장(부사장) 2003년 同DDM 해외마케팅담당 부사장·정보통신사업본부 사업개발담당 부사장·신사업본부 CDMA사업부장 2004년 同정보통신사업본부 유럽사업담당 부사장 2005년 同디지털미디어사업본부장(부사장) 2009년 同비즈니스솔루션사업본부장(부사장) 2010~2011년 同Customer Relationship부문장(부사장) 2012년 우송대 국제교류부총장 2012년 同산학협력단장 2013년 同솔브릿지국제경영대학 부총장 2017년 대림대 총장(현)

황운하(黃雲夏)

(생)1962·9·10 (본)창원(昌原) (출)대전 (주)대전광역시 서구 둔산중로 77 대전지방경찰청 청장실(042-609-2321) (학)1985년 경찰대졸(1기), 고려대 대학원 행정학과졸 2012년 법학박사(성균관대) (경)1999년 서울 성동경찰서 형사과장, 서울 용산경찰서 형사과장 2003년 서울 강남경찰서 형사과장 2005년 경찰청 수사국 수사권조정팀장 2006년 대전 서부경찰서장 2006년 경찰종합학교 총무과장 2008년 대전 중부경찰서장 2009년 대전지방경찰청 생활안전과장 2010년 서울지방경찰

청 형사과장 2011년 서울 송파경찰서장 2011년 경찰청 수사기획관(경무관) 2012년 경찰수사연수원장 2014년 대전지방경찰청 제2부장 2014년 서울지방경찰청 생활안전부장 2015년 경찰대학 교수부장 2017년 경찰청 수사구조개혁단장 2017년 울산지방경찰청장(치안감) 2018년 대전지방경찰청장(현) [종]기독교

황원섭(黃元燮) HWANG Won Sup

[생]1958·12·2 [출]인천 [주]인천광역시 미추홀구 인하로 100 인하대학교 공과대학 사회인프라공학과(032-860-7570) [학]1984년 인하대 토목공학과졸 1986년 同대학원 토목공학과졸 1993년 토목공학박사(일본 大阪大) [경]1993~1995년 일본건설기술연구소 大阪지사 주임연구원 1995년 인하대 공과대학 사회인프라공학과 조교수·부교수·교수(현) 1997~1999년 한국강구조학회 편집위원 1998~1999년 한국지진공학회·한국전산구조공학회 편집위원 2000~2002년 한국지진공학회 논문심사위원 2000~2002년 행정자치부 재해원인분석조사단원 2001~2002년 대한토목학회 평의원 2015~2016년 인하대 공과대학원장 2018년 同대학원장(현) [상]건설교통부장관표창 [작]특허 '바닥판 일체형 프리스트레스트 거더 및 이를 이용하여 상부구조물을 시공방법'(2008)

황원준(黃元俊) Whang Won Jun

[생]1952 · 5 · 22 [출]대전 [주]서울특별시 성동구 마장로 210 한국기원 홍보팀(02-3407-3870) [경]1976년 프로바둑 입단 1978 · 1979년 최고위전 본선 1979년 2단 승단 1980년 국수전 본선 1981년 3단 승단 1983년 4단 승단 1984년 제왕전 본선 1985년 5단 승단 1986년 최고위전 본선 1987 · 1988년 기왕전 본선 1988년 6단 승단 1989년 패왕전 · 바둑왕전 본선 1990년 제왕전 · 박카스배 · 동양증권배 본선 1991년 7단 승단 1992년 왕위전 본선 1993년 제왕전 본선 1995년 8단 승단 1996년 최고위전 · 박카스배 본선 1998년 기성전 본선 2003년 9단 승단(현) 2005년 제5기 잭필드배 프로시니어기전 본선 2008년 제10회 맥심커피배 입신최강 본선 2012년 제6기 지지옥션배 3연승 [상]기도문화상 감투상(1979)

황원채(黃元采) HWANG Won Chae

[생]1968 · 8 · 21 [출]서울 [주]세종특별자치시 도움4로 9 국가보훈처 복지증진국장실(044-202-5600) [학]1987년 남강고졸 1991년 서울대 사회복지학과졸 [경]1999년 국가보훈처 보훈선양국 자료관리과 사무관 2001년 同보훈선양국 공훈심사과 서기관 2004년 同보훈선양국 공훈심사과장 2006년 同제대군인국 제대군인취업과장 2008년 同제대군인국 제대군인정책과장 2008년 同제대군인국 정책총괄과장(부이사관) 2009년 6.25전쟁60주년기념사업추진기획단 파견(부이사관) 2009년 국외훈련(부이사관) 2011년 국가보훈처 보훈선양국 나라사랑정책과장 2012년 同규제개혁법무담당관 2012년 충북지방병무청장 2014년 국립대전현충원장 2015년 중앙공무원교육원 교육파견 2016년 국가보훈처 보훈심사위원회 상임위원 2016년 同보훈심사위원회 사무국장 겸임 2018년 同복지증진국장(현)

황유노(黃有老) HWANG Yoo No

[생]1958 · 3 · 27 [출]서울 [주]서울특별시 영등포구 의사당대로 3 현대캐피탈(주) 코퍼레이트센터부문(1588-2114) [학]1976년 홍익사대부고졸 1984년 홍익대 경영학과졸 [경]1983~1995년 현대정공 경리부 근무 1995~2000년 同미국현지법인 CFO 2001년 현대자동차(주) 재정팀장 2005년 同재무실장(이사) 2006년 同재무사업부장(상무) 2007~2008년 현대모비스(주) 경영혁신실 · 경영지원실 상무이사 2008~2010년 현대카드(주) · 현대캐피탈(주) · 현대커머셜(주) 경영지원본부장(전무) 2011~2017년 同경영지원본부장(부사장) 2017~2018년 同코퍼레이트센터부문장(부사장) 2018년 기획재정부 혁신성장본부 자문위원(현) 2019년 현대카드(주) · 현대캐피탈(주) · 현대커머셜(주) 코퍼레이트센터부문장(사장)(현) [상]산업포장(2015)

황윤성(黃允成) HWANG Yun Sung (啓倫)

[생]1959 · 1 · 15 [출]전북 전주 [주]서울특별시 서초구 서초중앙로 215 법무법인 민주(02-591-8400) [학]1977년 전주고졸 1983년 서울대 법과대학졸 [경]1984년 사법시험 합격(26회) 1987년 사법연수원 수료(16기) 1987년 육군 법무관 1990년 서울지검 북부지청 검사 1992년 전주지검 군산지청 검사 1993년 영국 옥스퍼드대 Visiting Scholar 1994년 대구지검 검사 1994년 법무부 국제법무심의관실 검사 1997년 서울지검 검사 1997년 駐제네바대표부 법무협력관 1999년 서울지검 북부지청 부부장검사 2000년 서울고검 검사 2000년 대검찰청 검찰연구관 2002년 수원지검 강력부장 2003년 법무부 국제법무과장 2004년 서울중앙지검 조사부장 2005년 대구지검 형사2부장 2006년 수원지검 여주지청장 2007년 제주지검 차장검사 2008년 서울서부지검 차장검사 2009년 대구지검 서부지청장 2009년 대구고검 차장검사 2010년 대전고검 차장검사 2011년 춘천지검장 2012년 법무부 법무실장 2013년 서울동부지검장 2014년 법률사무소 윤진 대표변호사 2016~2018년 법무법인 두우 변호사 2018년 법무법인 민주 고문변호사(현) 2018년 현대중공업지주(주) 사외이사 겸 감사위원(현) [상]황조근정훈장(2013) [저]'국제환경법과 무역'(共) '미국통상법'(共)

황윤언(黃允彦) WHANG Yun Eon

[생]1960 · 3 · 3 [주]서울특별시 마포구 마포대로 119 (주)효성 인사팀(02-707-7000) [학]마산고졸 1983년 서울대 공업화학과졸, 일본 도쿄농공대 대학원 재료공학과졸, 재료공학박사(일본 도쿄농공대) [경](주)효성 중국 스판덱스총괄 및 가흥스판덱스법인 총경리(상무) 2008년 同중국 스판덱스 총괄 겸 광동 · 주하이법인 총경리 겸 광동법인공장장(전무) 2015년 同중국 스판덱스 총괄부사장(현)

황윤언(黃潤彦) HWANG, YUNEON

[생]1974·9·27 [본]창원(昌原) [출]대구 [주]세종특별자치시 도움6로 11 국토교통부 주택정책관실 주택기금과(044-201-3337) [학]1993년 대구 대건고졸 1998년 서울대 정치학과졸 2002년 同행정대학원 정책학 석사과정 수료 2010년 미국 럿거스대 대학원 정책학과졸 [경]2011년 행정중심복합도시건설청 기획재정담당관실 서기관 2011년 국토해양부 공공주택건설본부 파견 2013년 국토교통부 공공주택건설본부 공공택지관리과 서기관 2014년 2015세계물포럼조직위원회 파견 2014~2017년 駐사우디아라비아 국토교통관(참사관) 2017년 국토교통부 동서남해안및내륙권발전기획단 기획총괄과장 2018년 同주택정책관실 주택기금과장(현)

황윤원(黃潤元) HWANG Yun Won (孤桐)

[생]1954 · 7 · 17 [출]경북 울진 [주]서울특별시 동작구 흑석로 84 중앙대학교 사회과학대학 공공인재학부(02-820-5445) [학]1980년 중앙대 행정학과졸 1983년 미국 플로리다주립대 대학원졸 1987년 행정학박사(미국 피츠버그대) [경]1986~2011년 중앙대 행정학과 조교수 · 부교수 · 교수 1995년 미국 루지애나주립대 초빙교수 1997년 대통령 사회정책비서관 1997년 한국정책학회 연구이사 1998년 중앙대 행정대학원장 1999년 同국가정책연구소장 2000년 경제정의실천시민연합 예산감시위원장 2000~2003년 한국행정연구원 원장 2001년 대통령자문 정책기획위원 2002~2016년 KBS 객원해설위원 2002년 유네스코 한국위원회 위원 2003년 문화재위원회 위원 2004년 한국행정학회 회

장 2005~2007년 중앙대 대외협력본부장 겸 산학협력단장 2007~2009년 同제2캠퍼스 부총장 2011~2019년 同사회과학대학 공공인재학부 교수 2014년 한국사회공헌연구원 이사장(현) 2016~2019년 중앙대 행정대학원장 2018~2019년 자유한국당 당무감사위원장 2019년 중앙대 사회과학대학 공공인재학부 명예교수(현) (상)보건복지부장관표창(1998), 황조근정훈장(2004), 중앙대 자랑스런 중앙인상(2017) (저)'지방재정학(共)'(1997) '지방재정론'(共) '공공정책의 결정요인 분석'(共) '정보사회와 정치과정'(共) '정부조직론'(2002) '행정학원론'(2002) '싱크탱크와 국가경쟁력'(2003) '재무행정론'(2005) 시집 '삐에로'(2013, 도서출판 진실한사람들) '큐브행정학'(2014) (역)'관민협력사업'(2010, OECD 대한민국정책센터)

황윤정(黃允靜·女) HWANG Yun Jeong

(생)1968·6·10 (본)평해(平海) (출)경북 상주 (주)서울특별시 종로구 세종대로 209 여성가족부 권익증진국(02-2100-6380) (학)대구여고졸, 서울대 불어불문학과졸, 미국 워싱턴주립대 행정학과졸 (경)1996년 행정고시 합격(40회) 2004년 여성부 서기관 2005년 여성가족부 장관비서관 2008년 여성부 기획조정실 규제개혁담당관 2008년 중앙공무원교육원 교육파견 2008년 국외훈련(서기관) 2010년 여성가족부 기획재정담당관 2012년 同기획조정실 기획재정담당관(부이사관) 2013년 휴직 2014년 여성가족부 장관비서관 2016년 同대변인 2017년 同기획조정실 정책기획관 2018년 국가공무원인재개발원 교육파견(국장급) 2019년 여성가족부 대변인 2019년 同권익증진국장(현)

황윤조(黃胤朝) Hwang, Yunjo

(생)1972·5·12 (본)창원(昌原) (출)부산 (주)서울특별시 종로구 세종대로 178 원자력안전위원회 방사선방재국 원자력통제과(02-397-7371) (학)1991년 사직고졸, 부산대 전자공학과졸 2000년 한양대 건축공학과졸 2015년 영국 버밍엄대 대학원 공학석사(Nuclear Decommissioning and Waste Management) (경)2005~2011년 감사원 근무 2013년 국무총리소속 원자력안전위원회 안전정책과 서기관 2016년 同원자력안보팀장(기술서기관) 2017년 同방사선방재국 원자력통제과장(현)

황윤철(黃潤喆) Hwang, Youn-Cheol

(생)1962·2·14 (출)경남 창녕 (주)경상남도 창원시 마산회원구 3·15대로 642 경남은행(055-290-8000) (학)1980년 마산상고졸 1987년 경남대 회계학과졸 (경)1980년 경남은행 입행 2006년 同양덕동지점장 2007년 同마산시청지점장 2010년 同진영지점장 2011년 同창원시청지점장 2014년 同지역발전본부장 2015년 同마케팅본부장 2016년 同마케팅본부장(부행장보) 2017년 BNK금융지주 경영지원본부장(상무) 2017년 同경영지원부문장(전무) 2018년 同경영지원부문장(부사장) 2018년 경남은행장(현) 2019년 (사)경남메세나협회 회장(현)

황은미(黃恩美·女) Eunmee Hwang

(생)1954·11·14 (출)서울 (주)서울특별시 서초구 효령로29길 19 다복솔 202호 EM컨설팅(02-3672-7700) (학)1973년 이화여고졸 1977년 이화여대 비서학과졸 2005년 연세대 경영대학원 매니지먼트학과졸 (경)1977~1995년 Bank of America 서울지점 근무 1995년 EM컨설팅 대표(현) 2001~2008년 (주)InfoArtKorea 이사 2006~2008년 중앙인사위원회 자체평가위원회 위원 2006~2010년 노동부 자체평가위원회 위원 2007년 YoungBPW세계대회조직위원회 위원장 2007~2013년 한국산림복지문화재단(前한국녹색문화재단) 이사 2007~2011년 (주)더컬럼스갤러리 이사 2008년 전문직여성세계연맹(BPW International) 상임위원회(Business, Trade and Technology Committee) 위원장 2009~2011년 (사)전문직여성한국연맹(BPW Korea) 회장 2009년 (사)커리어컨설턴트협회 회장(현) 2011~2012년 국가브랜드위원회 국제자문포럼 위원 2012년 고용노동부 청년고용촉진특별위원회 위원(현) 2016~2018년 통일부 통일교육위원 (상)이화여대 올해의 이화인 선정(2007), 지식경제부·중소기업청 지속경영인상(2010), Asia Pacific Career Development Association Awards for 2013(2013), 유관순상(2017), 서울과학종합대학원 4T-CEO 포럼 자랑스러운 원우상(2017), 이화여대 국제사무학과 50주년기념 공로상(2018) (저)'도전, 열정 그리고 동행(共)'(2015, 푸른사상) (종)기독교

황은영(黃銀永·女) Hwang Eun Young

(생)1966·8·25 (출)경북 구미 (주)경기도 수원시 영통구 법조로 91 수원고등검찰청 총무과(031-5182-3307) (학)1985년 대구여고졸 1991년 서울대 공법학과졸 (경)1994년 사법시험 합격(36회) 1997년 사법연수원 수료(26기) 1997년 인천지검 부천지청 검사 1999년 제주지검 검사 2000년 서울지검 검사 2001년 서울지검 동부지청 검사 2003~2005년 여성가족부 파견 2003년 수원지검 안산지청 검사 2007년 춘천지검 검사 2009년 서울중앙지검 검사 2009년 수원지검 성남지청 부부장검사 2010년 법무부 인권정책과 검사 2011년 인천지검 공판송무부장 2012년 서울동부지검 공판부장 2013년 수원지검 안산지청 부장검사 2014년 서울중앙지검 여성아동범죄조사부장 2015년 대전지검 논산지청장 2016년 의정부지검 형사2부장 2017년 同고양지청 차장검사 2018년 춘천지검 차장검사 2019년 수원고검 검사(현)

황은영(女) Eunyoung HWANG

(생)1969·1·6 (주)서울특별시 강남구 강남대로 298 푸르덴셜타워 르노삼성자동차(주) 홍보본부(02-3707-5300) (학)2001년 이화여대 통번역대학원 언어학과졸 (경)2001~2004년 노동부 근무(사무관대우) 2004~2007년 한국경영자총협회 근무(팀장) 2007~2009년 김앤장법률사무소 실장 2010~2012년 Fleishman Hillard 이사 2012년 르노삼성자동차(주) 홍보대외협력본부장(상무)(현) (종)천주교

황의균(黃義均) EUI KYUN HWANG

(생)1959·5 (주)서울특별시 중구 퇴계로 24 SK해운 비서실(02-3788-8317) (학)1986년 서울대 무역학과졸 (경)1986년 (주)유공(現 SK) 입사 2008년 同R&C전략담당 상무 2010년 同R&M Global 사업개발실장(상무) 2010년 SK(주) 기획실장 겸 Globalization추진실장(상무) 2011년 同경영기획담당 상무 2013년 SK그룹 SUPEX추구협의회 전략지원팀장(전무) 2014년 SK건설(주) 경영기획부문장(전무) 2014년 同국내플랜트 Operation부문장 겸 국내발전Operation본부장(전무) 2015~2016년 同Industry Service부문장(부사장) 2017년 SK해운 대표이사 사장(현) 2017~2018년 SK마리타임 대표이사 겸임

황의덕(黃義德) Hwang, Eu-Dug

(생)1953·12·10 (본)장수(長水) (출)서울 (주)서울특별시 강남구 테헤란로7길 22 한국과학기술회관 신관 614호 한국자원공학회(02-566-8744) (학)1972년 양정고졸 1981년 인하대 자원공학과졸 1984년 同대학원 자원공학과졸 1998년 자원공학박사(인하대) 2003년 핀란드 헬싱키경제경영대학원 국제경영학과졸(MBA) (경)1984~1991년 동력자원부 중부광산보안사무소·해외자원과·해저자원과 채광기사보 1991~2000년 일본 지질조사소·미국 지질조사소·통상산업부 석탄자원과·자원개발과·제도정비팀·아주협력과 자원주사 2000~2008년 산업자원부 광물자원팀·알제리-아제르바이잔팀·駐아제르바이잔대사관·무역정책과 공업사무관 2006~2007·2014~2015년 한국자원

공학회 이사 2008~2009년 지식경제부 무역정책과·광물자원팀 기술서기관 2009년 同중부광산보안사무소장 2010년 同광물자원팀장 2010~2015년 세종대 에너지자원공학과 겸임교수 2011~2013년 한국전력거래소 기획본부장(상임이사) 2013~2019년 한국광업협회 상근부회장 2016년 한국자원공학회 부회장(현) 2019년 한국광업협회 기술위원(현)

황의만(黃義萬) Hwang euy man

(생)1945·12·20 (본)장수(長水) (출)경기 파주 (주)서울특별시 강남구 개포로31길 9-8 만성빌딩 만성국제특허법률사무소(02-571-6211) (학)1974년 서울대 법과대학 법학과졸 (경)1978년 변리사시험 합격(15회), 한나라당 경기도당 부위원장, 만성국제특허법률사무소 대표변리사(현), 민족통일 파주시협의회 회장 2003~2006년 (사)국제변리사연맹 한국협회 회장 2005~2017년 서울대 법과대학 장학재단 이사 2010년 경기 파주시장선거 출마(무소속) 2012~2014년 (사)매헌윤봉길의사기념사업회 회장 2012년 서울대법과대학동창회 부회장(현) 2017년 서울대법과대학장학재단 이사장(현) (상)산업자원부장관표창(2006), 통일부장관표창(2011) (저)'인간관계 손자병법'(2001) '사람의 마음을 움직이는 기술 유머코칭이 답이다'(2006) (역)'개발도상국을 위한 라이센싱(WIPO간) 가이드'(1984)

황의선(黃義善) Hwang Eui Seon

(생)1961·10·23 (주)세종특별자치시 다솜2로 94 해양수산부 해사안전정책과(044-200-5810) (학)1981년 전주고졸 1985년 한국해양대 항해학과졸 (경)1994년 해운항만청 선박국 근무 1996~2008년 해양수산부 해운물류국·감사관실·안전관리관실 근무 2008년 국토해양부 해사안전정책관실 근무(사무관) 2011~2012년 2012여수세계박람회조직위원회 파견 2012년 중앙해양안전심판원 조사관 2013년 해양수산부 해사산업기술과장(서기관) 2014년 同해양보전과장 2016년 평택지방해양수산청장 2017년 해양수산부 해사안전정책과장 2018년 同해사안전정책과장(부이사관)(현)

황의수(黃義守) WHANG Eui Soo

(생)1962·6·29 (출)경북 의성 (주)경기도 수원시 영통구 법조로 91 수원고등검찰청 총무과(031-5182-3307) (학)1981년 달성고졸 1985년 고려대 법학과졸 (경)1993년 사법시험 합격(35회) 1996년 사법연수원 수료(25기) 1996년 광주지검 검사 1998년 전주지검 군산지청 검사 2000년 서울지검 의정부지청 검사 2002년 서울지검 검사 2004년 수원지검 여주지청 검사 2006년 서울동부지검 검사 2009년 서울중앙지검 부부장검사 2009년 수원지검 여주지청 부장검사 2010년 광주지검 장흥지청장 2011년 부산지검 특수부장 2012년 인천지검 특수부장 2013년 서울중앙지검 금융조세조사3부장 2014년 수원지검 성남지청 부장검사 2015년 창원지검 형사1부장 2016년 인천지검 제2차장검사 2017년 부산지검 서부지청장 2018년 울산지검 차장검사 2019년 수원고검 검사(현)

황의식(黃義植) Hwang Eui-Sik

(생)1961·7·9 (주)전라남도 나주시 빛가람로 601 한국농촌경제연구원 부원장실(061-820-2234) (학)1979년 순천고졸 1985년 서울대 농업경제학과졸 1989년 同대학원 농업경제학과졸 2002년 경제학박사(서울대) (경)2008~2009년 농협개혁위원회 위원 2008~2010·2015~2018년 농협상호금융예금자보호위원회 위원 2010년 기금운용평가단 평가위원 2011~2012년 한국농촌경제연구원 기획조정실장 2016~2018년 同농림산업정책연구본부장 2018년 同평가위원장(현) 2018년 농협경제사업활성화위원회 위원(현) 2019년 한국농촌경제연구원 부원장(현)

황의인(黃義仁) HWANG Eui In

(생)1954·12·22 (출)전북 남원 (주)서울특별시 강남구 테헤란로 133 한국타이어빌딩 법무법인 태평양(02-3404-0123) (학)1973년 전북 전주고졸 1978년 서울대 법학과졸 1981년 同대학원 법학과졸 (경)1982년 사법시험 합격(24회) 1985년 사법연수원 수료(15기) 1986~2009년 법무법인 태평양 변호사 1997년 대법원 민사사법공조추진위원 1999~2014년 대한상사중재원 중재위원 2001~2005년 대한변호사협회 특허소송연구위원회 위원 2002년 同공익활동심사위원회 위원 2002년 한국기술거래소 기술거래사 등록 2002년 새사회네트워크 대표 2003~2009년 한국증권업협회 코스닥위원회 위원 2004년 아침편지문화재단 이사 2004년 한국여자프로골프협회(KLPGA) 자문위원 2005년 한국청소년개발원 자문위원 2005~2008년 경제인문사회연구회 과학기술정책연구원 비상임감사 2006~2009년 한국교육방송공사(EBS) 비상임이사 2009년 법무법인 태평양 대표변호사, 同변호사 겸 고문(현) 2011년 JTBC 사외이사 2011~2013년 국가지식재산위원회 민간위원 2012~2013년 지식재산 보호전문위원회 위원장 2016년 부실징후기업 고충처리위원회 위원 2016년 한미사이언스(주) 사외이사(현)

황의탁(黃義卓) Hwang Euitak

(생)1956·6·17 (출)전북 무주 (주)전라북도 전주시 완산구 효자로 225 전라북도의회(063-280-3970) (학)전북 안성고졸, 중부대졸 2003년 同대학원 전자계산학과졸 (경)전북 무주시민연대 공동대표, 중부대 출강교수 2014년 전북도의원선거 출마(무소속), 전국농민회 전북도연맹 무주군초대농민회장, 새마을운동중앙회 무주군지회장 2018년 전북도의회 의원(더불어민주당)(현) 2018년 同환경복지위원회 위원 겸 운영위원회 위원(현) 2018년 同윤리특별위원회 위원(현) (종)기독교

황의호(黃義鎬)

(생)1961·5·10 (주)대구광역시 달서구 화암로 301 대구지방교정청(053-230-5800) (학)1981년 단국대 법학과 입학, 한국방송통신대 법학과졸 (경)2006년 청송제2교도소 복지지원과장(교정관) 2007년 홍성교도소 보안관리과장 2008년 천안소년교도소 복지지원과장 2009년 대전교도소 보안과장 2010년 충주구치소 총무과장 2011년 청주교도소 총무과장 2013년 대전교도소 직업훈련과장 2015년 청주여자교도소 총무과장 2016년 대전교도소 총무과장(서기관) 2017년 경북북부제1교도소 부소장 2018년 대전교도소 부소장 2018년 진주교도소장 2019년 대구지방교정청 총무과장(현)

황의환(黃義煥)

(생)1959 (주)서울특별시 동대문구 경희대로 23 경희의료원 치과병원(02-958-9301) (학)1984년 경희대 치과대학졸 1993년 영상치의학박사(경희대) (경)1991년 경희대 치과병원 영상치의학과 임상강사 1993년 同치의학전문대학원·치과대학 영상치의학교실 교수(현) 1998~1999년 미국 베일러대 치과대학 방문교수 2001년 경희대 치과병원 영상치의학과장 2002~2003년 국제치과연구학회 공보이사 2009~2013년 경희대 기획진료부원장 2012~2016년 대한영상치의학회 회장 2014년 경희대 치과대학 부학장 겸 치의학전문대학원 교무부원장 2017년 경희대 치과병원장(현)

황인구(黃仁九)

(생)1966·9·7 (주)서울특별시 중구 세종대로 125 서울특별시의회(02-3702-1400) (학)한국방송통신대 법학과졸, 한양대 사회교육원 경영학과졸 2018년 서울시립대학교 도시행정대학원 재학 중 (경)(주)효성물류 대표이사(현), 민주당 서울시당 지방자치위원회 부위원장, 同청년위원회 수석부위원장, 同

ㅎ

서울시 강동구 성내지역협의회 회장, 민주평통 자문위원, (사)한국청년회의소 감사, 광림공원(주) 부사장 2010년 서울시 강동구의회 의원(민주당·민주통합당·민주당·새정치민주연합) 2014년 새정치민주연합 서울시당 창당발기인 2014~2018년 서울시 강동구의회 의원(새정치민주연합·더불어민주당) 2014년 同운영위원장, (주)한국지진대비안전연구소 대표이사(현), 더불어민주당 대외협력위원회 부위원장 2018년 (사)한국지진재난안전협회 회장(현) 2018년 서울시의회 의원(더불어민주당)(현) 2018년 同교육위원회 부위원장(현) 2018년 同정책위원회 부위원장(현) 2019년 同예산결산특별위원회 위원(현) 2019년 同독도수호특별위원회 위원(현) (상)서울시구의회의장협의회 지방의정봉사대상(2016), 2016 매니페스토약속대상 공약이행분야(2017) (종)가톨릭

황인권(黃仁權)

(생)1963 (출)전남 보성 (학)육군3사관학교졸(20기) (경)수도군단 작전참모, 제8군단 참모장, 3사관학교 생도대장 2015년 육군 제51사단장(소장) 2017년 제8군단장(중장) 2018년 육군 제2작전사령부 사령관(대장)(현)

황인규(黃仁奎) HWANG In Gyu

(생)1956·10·24 (출)경남 마산 (주)서울특별시 관악구 관악로 1 서울대학교 농업생명과학대학 응용생물화학부(02-880-4676) (학)1975년 마산고졸 1980년 서울대 농생물학과졸 1984년 同대학원 식물병리학과졸 1991년 농학박사(미국 일리노이대) (경)1997~1999년 생명공학연구소 책임연구원 1999~2002년 한국식물병리학회 총무간사 1999년 서울대 농업생명과학대학 응용생물화학부 조교수·부교수·교수(현) 2000~2002년 한국산업미생물학회 편집위원 2010~2016년 세균의사소통창의연구단 단장 2016~2018년 서울대 기획부총장 2018년 미국 미생물학술원(AAM) Fellow(석학회원)(현) (상)한국식물병리학회 학술상(2009), 서울대 농업생명과학대학 학술상(2009) (저)'식물의학'(2000)

황인규(黃仁奎) Hwang, In Gyu

(생)1961·1·13 (본)제안(濟安) (출)서울 (주)대전광역시 중구 유등천동로 762 씨엔씨티에너지 대표이사실(042-336-5200) (학)1979년 대성고졸 1983년 서울대 법과대학 법학과졸 1986년 同행정대학원 정책학과 수료 1997년 미국 스탠퍼드대 Law School 연수 (경)1988년 사법시험 합격(30회) 1991년 사법연수원 수료(20기) 1991년 서울지검 검사 1993년 부산지검 울산지청 검사 1995년 수원지검 성남지청 검사 1997년 부산지검 검사 1999년 법무부 국제법무과 검사 2002년 서울지검 동부지청 검사 2003년 同동부지청 부부장검사 2004년 서울동부지검 부부장검사 2004년 대구지검 부부장검사(외교통상부 장관법률자문관 파견) 2006년 청주지검 부장검사 2007년 인천지검 형사4부장 2008년 서울동부지검 형사2부장 2009년 서울중앙지검 외사부장 2009년 대전지검 서산지청장 2010년 대검찰청 연구관 겸 미래기획단장 2011년 제주지검 차장검사 2012년 의정부지검 차장검사 2013~2014년 인천지검 부천지청장 2014년 (주)충남도시가스 대표이사 2017년 CNCITY에너지 대표이사(현) (상)한국경영교육학회 창의경영대상(2015)

황인균(黃仁均) Hwang In Gyun

(생)1963·10·14 (본)장수(長水) (출)서울 (주)충청북도 청주시 흥덕구 오송읍 오송생명2로 187 식품의약품안전처 식품의약품안전평가원 식품위해평가부(043-719-4501) (학)1982년 광성고졸 1986년 고려대 농화학과졸 1990년 同대학원 생화학 및 발효화학과졸 1995년 농학박사(고려대) (경)1996~1998년 식품의약품안전청 보건연구사 1998~2007 同보건연구관 2007~2012년 同화학물질과장 2007~2010년 국제식품규격위원회 식품위생분과 정부대표 2010년 한국식품과학회 간사 2011년 한국식품위생안전성학회 간사 2012년 식품의약품안전청 식품안전국 식품기준과장 2013년 식품의약품안전처 식품기준기획관실 식품기준과장 2014~2016년 식품의약품안전평가원 식품위해평가과장 2016년 경찰청 교육파견 2016년 울산시보건환경연구원 원장 2019년 식품의약품안전평가원 식품위해평가부장(현)

황인산(黃仁山) Hwang, In San

(생)1960·3·17 (출)충남 서천 (주)서울특별시 강남구 테헤란로103길 9 제일빌딩 (주)딜라이브 상임감사실(02-550-4500) (학)1978년 서울고졸 1983년 고려대 경영학과졸 1987년 同대학원 경영학과졸 (경)1988년 한국투자금융 입사 1991년 하나은행 근무 1998년 同거여동지점장 2000년 同중앙기업금융본부 기업금융전담역 2001년 同대기업금융1본부 기업금융전담역 2004년 同무역센터지점장 2005년 同인력개발실장 2006년 同인력지원부장 2008년 同서초지역본부 영업본부장 2009년 同충남북영업본부 영업본부장 2011년 同서부영업본부 영업본부장 2013년 同리테일영업추진1본부 전무 2013년 하나금융지주 경영지원실 전무 2014년 외환은행 PB본부·영업기획부 전무 2014년 同PB영업본부·영업추진본부 전무 2015년 同영업기획본부 전무 2015년 KEB하나은행 경기영업그룹장(전무) 2016년 同경영지원그룹장(부행장) 2016년 同리테일고객지원그룹장(부행장) 2016년 (주)딜라이브 사내이사 겸 상임감사(현)

황인석(黃仁晳) HWANG In Suk

(생)1962·7·7 (주)서울특별시 영등포구 여의대로 128 LG트윈타워 LG화학 정보전자소재연구소(02-3773-1114) (학)1985년 서울대 화학공학과졸 1987년 同대학원 화학공학과졸 1995년 고분자유변학박사(서울대) (경)1989~1991년 한국과학기술연구원(KIST) 연구원 1995년 (주)LG화학 기술연구원 책임연구원 2006년 同기술연구원 상무 2007년 同기술연구원 정보전자소재연구소 연구위원(상무) 2013년 同CRD연구소장(상무) 2015년 同중앙연구소장 겸 기반기술연구센터장(전무) 2017년 同정보전자소재연구소장(전무)(현) (상)LG화학 연구개발상, LG 연구개발상, 과학기술부 IR52 장영실상, 산업자원부 산업기술혁신대상, LG연구개발상 시너지상, 과학기술부 이달(4월)의 엔지니어상(2004)

황인선(黃仁善)

(생)1965 (주)세종특별자치시 갈매로 477 기획재정부 민생경제정책관실(044-215-2701) (학)연세대 경제학과졸 (경)2007년 한국은행 비서실 근무(3급) 2009년 同뉴욕사무소 근무(3급) 2012년 同통화정책국 근무(3급) 2013년 同커뮤니케이션국 근무(3급) 2014년 同통화정책국 근무(3급) 2015년 同금융시장국 근무(2급) 2016년 同시장운영팀장 2016년 同금융시장국 자본시장부장 2017년 同국고증권실장 2018년 同인사경영국 근무(2급) 2018년 기획재정부 민생경제정책관(국장급)(현)

황인성(黃仁性) WHANG In Sung

(생)1955·1·19 (출)서울 (주)서울특별시 마포구 백범로 35 서강대학교 커뮤니케이션학부(02-705-8906) (학)1973년 서울 대광고졸 1980년 서강대 신문방송학과졸 1986년 미국 웨인주립대 대학원 언론학과졸 1993년 언론학박사(미국 오하이오주립대) (경)1999~2002년 인천대 신문방송학과 교수 2000년 한국방송학회 편집위원 2002년 서강대 영상대학원 교수, 同영상미디어학과장 2007년 同커뮤니케이션학부 교수(현) 2018년 同커뮤니케이션학부 학장 겸 언론대학원장(현) (저)'문화연구 이론' '애인 : TV드라마, 문화 그리고 사회' '가족과 방송'(共) (역)'텔레비전 제작론(共)'(1995) '아시아의 텔레비전'(2005)

황인성(黃仁星) Hwang In Seong

(생)1963 · 1 · 13 (주)부산광역시 남구 문현금융로 40 부산국제금융센터 12층 주택금융연구원(051-663-8512) (학)1981년 서울 양정고졸 1985년 서강대 경제학과졸 1987년 미국 워싱턴주립대 대학원 경제학과졸 1994년 경제학박사(미국 노스캐롤라이나주립대) (경)1994년 삼성경제연구소 미 · 구주지역실 과장 1996년 同해외경제실 과장 1996년 同국내경제실 수석연구원 2001년 同경제동향실 수석연구원 2006년 미국 캔자스주립대 경제학과 방문학자 2007년 삼성경제연구소 거시경제실 수석연구원 2010년 同거시경제담당 연구위원 2011년 同글로벌연구실장 2018년 同자문역 2018년 주택금융연구원 원장(현)

황인수(黃寅秀) HWANG In Soo (有泉)

(생)1939 · 9 · 11 (출)경기 시흥 (주)서울특별시 강남구 남부순환로378길 10 성일건설(주) 회장실(02-578-3131) (학)1958년 서울대사대부고졸 1962년 한양대 건축공학과졸, 서울대 경영대학원 수료 (경)1971년 성일건설(주) 대표이사 회장(현) 1976년 서울청년회의소 회장 1980년 학교법인 수산학원 이사장 1985년 건설공제조합 감사 1989년 성일개발(주) 대표이사 회장 1993~2009년 대한건설협회 서울시회장 1993년 同부회장 1995~1997년 민주평통 자문위원 1995년 한국건설산업연구원 운영위원회 위원(현) 2002년 한국JC특우회 장학문화재단 이사장 2012년 대한건설협회 서울시회 명예회장(현) (상)재무부장관표창(1972), 국무총리표창(1981·1990), 석탑산업훈장(1984), 동탑산업훈장(1994), 대한건축학회 기술상(1995), 금탑산업훈장(2007), 한양경영대상(2009) (종)불교

황인수(黃仁洙) Hwang In Soo

(생)1968 · 1 · 5 (본)장수(長水) (출)충남 보령 (주)세종특별자치시 한누리대로 499 인사혁신처 재해보상심사담당관실(044-201-8034) (학)1985년 대천고졸 1992년 동국대 행정학과졸 2001년 중국 중앙민족대 대학원 법학과졸 (경)1992~1997년 총무처 국외훈련과 주사보 1998~2001년 중국 북경어언문화대 · 중앙민족대 유학(주사) 2001~2007년 중앙인사위원회 시험출제과 · 인사심사과 사무관 2008~2010년 행정안전부 지방공무원과 사무관 2011~2012년 국무총리실 세종시지원단 서기관 2012년 충남도 서울사무소장 2013년 同정보화지원과장 2014~2017년 행정안전부 서기관(국외파견) 2018년 인사혁신처 노사협력담당관 2019년 同재해보상심사담당관(현) (상)국무총리표창(2003) (종)불교

황인숙(黃仁淑 · 女)

(생)1960 · 12 · 5 (주)광주광역시 남구 봉선로 1 남구청 부구청장실(062-607-2025) (학)성요셉여고졸, 호남대 대학원 상담심리학과졸(석사) (경)광주시 사회복지과 생활보장담당 2012년 광주여성발전센터 소장 2016년 광주시 일가정양립지원본부장(지방서기관) 2017년 同여성청소년가족정책관 2018년 同복지건강국장(지방부이사관) 2018년 同남구 부구청장(현)

황인정(黃仁政) HWANG In Jeong

(생)1961 · 2 · 2 (출)광주 (주)서울특별시 강남구 테헤란로 522 공증인가 동남합동 법률사무소(02-539-5011) (학)1978년 조선대부고졸 1984년 서울대 법학과졸 2003년 경기대 대학원 서비스경영학과졸 2007년 범죄심리학박사(경기대) 2009년 동국대 최고위치안정책과정 2기 수료 (경)1983년 사법시험 합격(25회) 1985년 사법연수원 수료(15기) 1986년 軍법무관 1989년 전주지검 검사 1991년 춘천지검 속초지청 검사 1992년 서울지검 검사 1995년 대구지검 검사 1997년 서울지검 서부지청 부부장검사 1998년 서울지검 부부장검사 1999년 서울고검 검사 2000년 법무연수원 기획과장 2001년 법무부 관찰과장 2002년 同보호과장 2003년 서울지검 소년부장 2004년 춘천지검 속초지청장 2005년 서울남부지검 형사1부장 2006년 제주지검 차장검사 2007~2009년 서울고검 검사 2009년 법무법인 대윤 대표변호사 2011~2017년 법률사무소 대윤 대표변호사 2018년 공인증가 동남합동 변호사(현) (종)불교

황인준(黃仁埈) WHANG In June

(생)1965 · 6 · 16 (출)서울 (주)경기도 성남시 분당구 불정로 6 라인(주) 비서실(031-784-1161) (학)1989년 서울대 경제학과졸 1992년 미국 뉴욕대 경영전문대학원졸(MBA) (경)1992~1998년 삼성전자 근무 1998~2000년 Donaldson Lufkin & Jenrette 근무 2000~2003년 Credit Suisse First Boston 근무 2003~2004년 삼성증권 근무 2004~2007년 우리금융지주 근무 2007~2008년 우리투자증권 IB사업부 Coverage그룹담당 상무 2008년 NHN(주) 최고재무책임자(CFO) 2010년 NHN인베스트먼트 대표이사 2013~2016년 네이버(주) 최고재무책임자(CFO) 2015년 라인(주) 최고재무책임자(CFO) 2016년 라인(주) 일본 최고재무책임자(CFO)(현) (상)한국CFO대상 상장기업부문(2009)

황인찬(黃仁贊) HWANG In Chan (世明)

(생)1952 · 5 · 25 (출)경북 포항 (주)경상북도 포항시 남구 중흥로 93 (주)대아고속해운(054-273-5500) (학)경북 동지상고졸, 단국대 화학공학과졸 (경)대아상호신용금고 대표이사, 포항버스 · 삼아여객 대표이사 1987년 한국보이스카우트 경북연맹장, 대아고속훼리 대표이사, (주)대아고속해운 부회장 2005년 同회장(현), 보문개발 부회장, 同회장 2005년 대아그룹 회장(현), 경북일보 회장(현) (상)산업포장, 동력자원부장관표창, 동탑산업훈장 (종)불교

황인천(黃仁天) HWANG In Cheon

(생)1954 · 10 · 23 (주)경상남도 양산시 충렬로 355 넥센타이어(주)(02-6420-0675) (학)국제대 영어영문학과졸 (경)2003년 (주)넥센 이사 2005년 同해외영업본부장(상무) 2008년 同영업1본부장(전무) 2013년 同영업총괄 부사장 2016~2017년 넥센타이어 T&S영업본부장(부사장) 2018년 同자문(현) (상)무역의 날 동탑산업훈장(2013)

황인태(黃仁泰) HWANG In Tae

(생)1957 · 8 · 11 (본)창원(昌原) (출)서울 (주)서울특별시 동작구 흑석로 84 중앙대학교 경영학부(02-820-5071) (학)1976년 중앙고졸 1981년 서울대 경영학과졸 1984년 同경영대학원졸 1994년 경영학박사(미국 뉴욕주립대) (경)1980~1985년 삼일회계법인 · 산동회계법인 회계사 1985~1995년 광운대 경영학과 교수 1995년 중앙대 경영학부 교수(현) 1999~2000년 한국회계학회 재무회계분과위원장 1999~2001년 중앙대 경영대학 학장보 2001~2005년 금융감독원 전문심의위원 2005~2008년 우리CS자산운용(주) 사외이사 겸 감사위원장 2005~2006년 한국회계학회 회계감사분과위원장 2006~2012년 STX엔진(주) 사외이사 2007~2008년 한국회계학회 회계학연구편집위원장 2008년 대신증권(주) 사외이사 2009~2010년 중앙대 국제대학원장 2009~2010년 同경영전문대학원장 2009년 同경영대학장 2010~2012년 코스닥시장상장위원회 위원장 2010년 (재)실감교류인체감응솔루션연구단 이사(현) 2010년 글로벌금융학회 부회장 2011~2013년 중앙대 기획관리본부장 2013~2014년 한국공인회계사회 위탁감리위원회 위원 2014~2018년 코스닥시장공시위원회 위원장 2014년 사학기관회계감리위원회 위원장(현) 2014~2017년 동부증권(주) 사외이사 2014년 동원육영재단 이사(현) 2015년 중앙대 교학부총장 2015~2016년 한국회계학회 회장 2015년 서연(주) 사외이사 2015~

2018년 국민연금기금 의결권행사전문위원회 위원장 2017년 DB금융투자(주) 사외이사 겸 감사위원(현) 2018년 한국공인회계사 위탁감리위원회 위원장(현) 2018년 금융위원회 감리위원(현) 2018년 에쓰오일(주) 사외이사 겸 감사위원(현) 2019년 한국블록체인협회 감사(현) (상)서울대총장표창 (종)기독교

황인택(黃仁宅) HWANG In Taek

(생)1958·3·22 (본)장수(長水) (출)대전 (주)대전광역시 서구 둔산서로 95 을지대병원 산부인과(042-611-3374) (학)1983년 충남대 의대졸 1989년 同대학원 의학석사 1997년 의학박사(충남대) 2000년 서울대 보건대학원 보건의료정책최고관리자과정 수료 (경)1984년 영남대병원 인턴, 을지대 의과대학 산부인과학교실 교수(현) 1992년 일본 가와사키시립병원 연수 1997년 일본 교린대병원 연구원 2004년 을지대병원 부원장 2005년 同제1진료부원장 2008년 同진료제1부원장 2010~2016년 同원장 2012~2017년 대한병원협회 평가수련이사·감사 2012년 대전미래경제연구포럼 이사장(현), 대전충남병원협회 부회장·회장, 대한중부여성의학회 부회장 2014~2016년 同회장, 대한비뇨부인과학회 이사 2014년 미국 세계인명사전 'Marquis Who's Who in the World'에 등재 2014년 영국 국제인명센터(IBC) '21세기 뛰어난 지식인 2000인'에 등재 2015~2017년 대한여성암학회 자문교수, 부인종양·콜피스코피학회 기획위원(현) 2015~2016년 (사)대전·세종·충남병원회 회장, 대한산부인과학회 정회원(현) (상)대한의사협회 공로상(2004), 보건복지부장관표창(2014), 국무총리표창(2018)

황인호(黃仁滈) HWANG IN HO

(생)1958·8·25 (본)장수(長水) (출)대전 (주)대전광역시 동구 동구청로 147 동구청 구청장실(042-251-4001) (학)1977년 대전 보문고졸 1981년 충남대 사회학과졸 1987년 연세대 대학원 사회학과졸 1992년 한국정신문화연구원 한국학대학원 사회학 박사과정 수료 (경)1997년 보사환경신문 논설위원 1998·2002·2006·2010~2014년 대전시 동구의회 의원(자유선진당·선진통일당·새누리당·새정치민주연합) 1998년 민주평통 자문위원 1999~2003년 건양대 경영정보학부 겸임교수 2001년 대전시 기존도심활성화협의회 자문위원 2010~2012년 대전시 동구의회 의장 2014~2018년 대전시의회 의원(새정치민주연합·더불어민주당) 2014~2016년 同부의장 2014년 同교육위원회 위원 2015~2016년 더불어민주당 대전시당 을지로위원회 고충처리센터장 2016년 대전시의회 예산결산특별위원회 부위원장 2016년 同산업건설위원회 위원 2016년 同대전의료원설립추진특별위원회 위원 2016년 同국립철도박물관유치특별위원회 위원장 2016년 同대전예지중·고등학교정상화추진특별위원회 위원장 2018년 대전시 동구청장(더불어민주당)(현) 2019년 사랑의장기기증운동본부 생명나눔 친선대사(현) (상)장애인인권포럼 우수의원상(2010·2011), 한국지방자치학회 우수조례 개인부문 우수상(2011), 매니페스토 약속대상(2012), 올해의 존경받는 인물대상(2012), 대한민국 위민의정대상 우수상(2016) (저)'일본의 교과서에 나온 한국사의 왜곡내용분석' '기로에 선 마르크스·레닌의 후예들' 'IMF도 안 타는 똥장사'(2004) '엘리트 지방의원 되는 길'(2012)

황인홍(黃仁洪)

(생)1956·5·15 (주)전라북도 무주군 무주읍 주계로 97 무주군청 군수실(063-322-0322) (학)2011년 대전 예지고졸 2013년 한밭대 경영회계학과 재학 중(1년) (경)1993~1997년 전북 무풍농협 조합장 1997~2013년 전북 구천동농협 조합장 2006~2008년 농민신문 비상임감사 2006~2008년 무주군사회복지협의회 부회장, 민주평통 무주군협의회장 2014년 전북 무주군수선거 출마(무소속) 2018년 전북 무주군수(무소속)(현) 2018년 전국농어촌지역군수협의회 부회장(현) (상)농수산부장관표창(1994), 국무총리표창(2009), 시사투데이 대한민국사회공헌대상(2012)

황인환(黃仁煥) HWANG In Hwan

(생)1959·9·14 (주)경상북도 포항시 남구 청암로 77 포항공과대학교 생명과학과(054-279-2128) (학)1981년 서울대 화학과졸 1983년 同대학원 생화학과졸 1988년 이학박사(미국 노스캐롤라이나주립대) (경)1988~1993년 미국 Harvard Medical School Post-Doc. 1993~1999년 경상대 식물분자생물학 및 유전자조작연구소 조교수·부교수 1998~2007년 식물단백질이동연구단 단장 1999~2005년 포항공과대 생명과학과 부교수 2005년 同생명과학과 교수(현) 2008년 同융합생명공학부 교수 겸임(현) 2011년 同포스텍 펠로우(Postech Fellow)(현) 2012년 한국과학기술한림원 정회원(현) 2012~2018년 포항공대 기능유전체연구소장 2015년 미국 Plant Cell 편집위원(현) 2015~2016년 ICAR Korea 조직위원장 (상)한국생화학분야 최고논문상(1998), 식물생명과학분야 우수논문상(2004), 일맥문화대상 과학기술상(2005), 인촌상 자연과학부문(2009), 포항공대 개교24주년기념 공로포상(2010), 대통령표창(2017) (저)'식물세포 단백질 분배 시스템의 기작 규명과 응용'(2005) 'Method in Molecular Biology : chloroplast Research in Arabidopsis'(2011) 'Methods in Molecular Biology'(2012) 'Abscisic Acid : metabolism, transport and signaling'(2014)

황재규(黃載圭)

(생)1962 (출)경남 김해 (주)경기도 용인시 기흥구 용구대로2469번길 32 용인서부경찰서(031-8021-8321) (학)동아대 정치외교학과졸, 부산대 행정대학원졸 (경)1994년 경위 임관(경찰간부후보 42기) 1994년 서울지방경찰청 제101경비단 소대장·작전계장 2006년 서울 동대문경찰서 수사계장·정보계장 2007년 인천 부평경찰서 정보보안과장 2007년 경정 승진 2009년 서울지방경찰청 기동대장 2010년 서울 중랑경찰서 경비교통과장 2010년 서울 금천경찰서 정보보안과장 2011년 서울 마포경찰서 정보보안과장 2013년 서울 서초경찰서 정보보안과장 2016년 울산지방경찰청 홍보담당관(총경) 2016년 교육 파견(총경) 2016년 경남 산청경찰서장 2017년 경기북부지방경찰청 보안과장 2019년 경기 용인서부경찰서장(현) (상)대통령표창, 국무총리표창, 행정안전부장관표창, 대통령경호실장표창, 경찰청장표창

황재섭(黃在燮) Hwang Jai Sub

(본)장수(長水) (출)서울 (주)대전광역시 서구 청사로 136 대전무역회관 9층 한국지엠 서부총괄본부(042-388-3718) (학)1985년 배재고졸 1990년 한양대 독어독문학과졸 2010년 연세대 경영전문대학원졸(MBA) (경)1993~1994년 대우자동차판매 상용판매부 근무 1995~2001년 (주)대우자동차 서유럽수출팀 근무 2001~2004년 대우 스페인 판매·마케팅담당임원 2004~2006년 GM 쉐보레 유럽 Distribution Manager 2006~2011년 한국지엠 해외영업본부 수출업무혁신팀장 2011년 상하이지엠 수출 Process Innovation 컨설팅담당 2011년 한국지엠 해외영업본부 중국수출총괄 2016년 同서부총괄본부장(상무)(현)

황재은(黃在琅·女)

(생)1967·5·7 (주)경상남도 창원시 의창구 상남로 290 경상남도의회(055-211-7348) (학)교육학박사(경상대) (경)창원문성대 겸임교수, 경상대 교육학과 외래교수, 민주당 경남도당 여성위원장 2006년 경남 사천시의원선거 출마(비례대표, 열린우리당) 2010년 경남 사천시의원선거 출마(비례대표, 민주당) 2018년 경남도의회 의원(비례대표, 더불어민주당)(현) 2018년 同기획행정위원회 위원(현), 경남도교육청 장애인 교원심사위원(현), 사천시민참여연대 공동대표(현), 더불어민주당 중앙당 부대변인(현), 同전국여성위원회 부위원장(현), 同경남도당 상무위원(현)

황재훈(黃在壎) WHANG Jaehoon

(생)1961 · 12 · 27 (출)서울 (주)강원도 원주시 연세대길 1 연세대학교 정경대학 경영학부(033-760-2188) (학)1985년 연세대 경영학과졸 1988년 미국 네브라스카대 대학원 경영학과졸 1992년 경영정보학박사(미국 네브라스카대) (경)1993년 (주)삼성SDS 책임연구원 1997년 연세대 원주캠퍼스 정경대학 경영학부 교수(현) 1999년 한국데이터베이스학회 이사 2002년 同감사 2003년 한국경영정보학회 이사 2008년 대한경영학회 이사 2008~2009년 연세대 정경대학 부학장 2009년 同원주캠퍼스 국제교육원장 2010년 한국데이터베이스학회 부회장 2010년 한국경영정보학회 이사 2011년 연세대 원주캠퍼스 대외정책부처장 2014~2018년 同원주캠퍼스 기획처장 2014~2017년 한국데이터베이스학회 회장 (저)'비즈니스 시나리오를 통한 SAP R/3 이해'(1999) 'e-비즈니스 : B2B?!'(2003) '경영정보시스템원론'(2005) (종)기독교

황재훈(黃載勛) Hwang, Jaehoon

(생)1968 (본)평해(平海) (출)대구 (주)서울특별시 종로구 율곡로2길 25 연합뉴스 편집국(02-398-3114) (학)1987년 대구 경신고졸 1993년 서울대 심리학과졸 (경)1994년 연합뉴스 입사 2012년 同편집국 정치부 통일외교팀장(부장대우) 2015년 同논설위원 2016년 同편집국 전국부장 2017년 同편집국 통일외교부장 2018년 同논설위원 2019년 同국제뉴스1부장 2019년 同편집국 융합에디터 겸 총괄데스크팀장(현)

황적준(黃迪駿) HWANG Jeok Joon

(생)1947·9·21 (본)제안(濟安) (출)서울 (주)서울특별시 성북구 안암로 145 고려대학교 의과대학 법의학교실(02-2286-1158) (학)1972년 고려대 의과대학졸 1978년 同대학원 의학석사 1982년 의학박사(고려대) (경)1984년 고신대 의과대학 조교수 1984~1988년 국립과학수사연구소 법의학1과장 1989년 서울임상병리과의원 부원장 1989~2013년 고려대 의과대학 법의학교실 부교수·교수 1991~2001년 서울지검 검찰의료자문위원회 1999년 국무총리 행정심판위원 1999년 대한의료법학회 부회장 2000년 대통령소속 의문사진상규명위원회 자문위원 2001년 고려대 의학도서관장 2002~2013년 同법의학연구소장 2002~2004년 同의과대학장 2004년 대한법의학회 회장 2013년 고려대 의과대학 법의학교실 명예교수(현) (상)대통령표창(2007), 옥조근정훈장(2013)

황적화(黃迪和) HWANG Jeok Hwa

(생)1956·9·29 (출)부산 (주)서울특별시 강남구 테헤란로84길 14 법무법인 허브(02-569-4939) (학)1975년 덕수상고졸 1985년 성균관대 법학과졸 (경)1975년 한국은행 근무 1985년 사법시험 합격(27회) 1988년 사법연수원 수료(17기) 1988년 수원지법 판사 1990년 서울지법 동부지원 판사 1992년 춘천지법 영월지원 판사 1995년 서울지법 동부지원 판사 1997년 서울지법 판사 1999년 同서부지원 판사 2001년 대법원 재판연구관 2003년 전주지법 부장판사 2004년 同군산지원장 2005년 사법연수원 교수 2008년 서울중앙지법 부장판사 2011년 부산고법 부장판사 2012~2013년 서울고법 부장판사 2013년 법무법인 화우 변호사 2014년 대법원 공직자윤리위원회 위원 2018년 법무법인 허브 대표변호사(현)

황전원(黃全苑) HWANG JEON WON

(생)1963 · 4 · 8 (본)평해(平海) (출)경남 김해 (주)서울특별시 중구 소공로 70 포스트타워20층 가습기살균제사건과4.16세월호참사특별조사위원회(02-6450-3037) (학)1982년 대아고졸 1986년 부산대 심리학과졸 1999년 홍익대 대학원 교육학과졸 2003년 교육학박사(홍익대) (경)1986년 한국교원단체총연합회 입회 1986~2004년 同조직과장 · 교원정책과장 · 정책교섭부장 · 교권국장 2001~2003년 同대변인 2006~2008년 한나라당 부대변인 2006~2008년 同중앙위원회 총간사 2007년 한나라당 박근혜 경선후보 공보지원총괄 부단장 2009~2014년 한국폴리텍7대학 동부산캠퍼스 학장 2010~2012년 행정안전부 공익사업선정위원회 위원 2011년 포럼동서남북 경남지부장 2012년 새누리당 창조경제일자리창출특별위원회 경남지역위원장 2014년 부산 기장군 노사민정협의회 위원장 2014년 4.16세월호참사특별조사위원회 비상임위원 2016년 同상임위원 2018년 가습기살균제사건과4.16세월호참사특별조사위원회 상임위원(현) (종)천주교

황정근(黃貞根) HWANG Jeong Geun (심관)

(생)1961·2·3 (본)창원(昌原) (출)경북 예천 (주)서울특별시 종로구 새문안로5가길 28 법무법인 소백(02-739-7838) (학)1979년 대성고졸 1984년 서울대 법과대학졸 (경)1983년 사법시험 합격(25회) 1985년 사법연수원 수료(15기) 1989년 서울민사지법 판사 1991년 서울지법 남부지원 판사 1993년 대전지법 서산지원 판사 1996년 서울지법 서부지원 판사 1996년 법원행정처 송무심의관 1998년 서울고법 판사 2000년 창원지법 진주지원 부장판사 2002년 대법원 재판연구관 2004~2015년 김앤장법률사무소 변호사 2015~2017년 법무법인 소망 광화문사무소 변호사 2015년 바른선거문화연구소 개설·同소장(현) 2017년 법무법인 소백 대표변호사(현) (저)'인신구속과 인권'(1999) '선거부정 방지법'(2001) '정의의 수레바퀴는 잠들지 않는다'(2013) '새·달·밝·깨'(2015)

황정길(黃正吉)

(생)1965 · 7 · 21 (출)전북 진안 (주)광주광역시 동구 중앙로 154 광주세무서(062-605-0200) (학)재현고졸 1987년 세무대학졸(5기) (경)1987년 세무공무원 임용(8급 특채) 2005년 서울지방국세청 조사1국 · 조사3국 근무 2011년 同조사3국 사무관 2012년 서울 동대문세무서 운영지원과장 2013년 서울지방국세청 조사4국 사무관 2014년 국세청 자본거래관리과 사무관 2015년 同상속증여세과 사무관 2017년 同상속증여세과 서기관 2018년 광주세무서장(현)

황정모(黃正模) Hwang Jungmo

(생)1957·11·15 (본)평해(平海) (출)경북 (주)서울특별시 마포구 마포대로 119 효성첨단소재(주)(02-707-7000) (학)1976년 경남공고졸 1982년 경북대 공업화학과졸 (경)(주)효성 입사 1995~1999년 同울산공장 인력운영팀장 2000년 同나이론원사PU 울산공장장 2005년 同가흥 화섬법인 총경리(상무), 同베트남법인 타이어보강재담당 상무 2011년 同산업자재PG 타이어보강재PU 공장장 겸 TCTO(전무) 2016년 同산업자재PG 타이어보강재PU 울산공장장(부사장) 2016년 同산업자재PG 타이어보강재PU장(부사장) 2018년 효성첨단소재(주) 대표이사 부사장(현) (종)천주교

황정미(黃政美 · 女) Hwang Jung Mi

(생)1968·2·1 (출)인천 강화 (주)서울특별시 종로구 경희궁길 26 세계일보(02-2000-1668) (학)1990년 서강대 신문방송학과졸 2007년 同공공정책대학원졸 (경)1999년 세계일보 편집국 기자 2005년 同정치부장(차장급) 2006년 同정치부장(부장대우) 2006년 同정치전문기자(부장대우) 2007년 同이슈팀장 겸임 2008년 同편집국 정치부장 2008년 同편집국 국제부장 2010~2012년 한국여기자협회 기획이사 2010~2012년 세계일보 편집국 취재담당 부국장 2012~2014년 한국여기자협회 감사 2012년 세계일보 편집국 부국장 겸 정치부장 2013년 同편집국장 2015년 同논설위원 2016년 同편집국장 2018년 同편집인 겸 부사장(현) (상)고운문화예술인상 언론인상(2010), 한국참언론인대상(2011), 서강언론인상(2013)

황정수(黃正洙)

(생)1966·9·20 (출)전남 구례 (주)서울특별시 서초구 서초중앙로 157 서울중앙지방법원(02-530-1114) (학)1985년 전남 순천고졸 1989년 서울대 공법학과졸 1992년 한양대 대학원 법학과졸 (경)1996년 사법시험 합격(38회) 1999년 사법연수원 수료(28기) 2001년 서울지법 판사 2003년 전주지법 판사 2006년 서울동부지법 판사 2008년 서울중앙지법 판사 2011년 서울고법 판사 2011~2013년 헌법재판소 파견 2014년 광주지법 부장판사 2016년 인천지법 부천지원 부장판사 2018년 서울중앙지법 부장판사(현)

황정욱

(생)1965·4·4 (주)경기도 수원시 영통구 삼성로 129 삼성전자(주) 무선사업부 제품기술팀(031-200-1114) (학)1991년 인하대 전자공학과졸 (경)1990년 삼성전자(주) 종합기술원 입사 2002년 同GSM하드웨어연구소 수석 2004년 同하드웨어연구소(무선5G) 수석 2007년 同유럽하드웨어개발그룹(무선) 수석 2009년 同무선사업부 미주CDMA개발팀 하드웨어개발2그룹장 2010년 同무선사업부 개발실 북미하드웨어개발1그룹장 2012년 同무선사업부 개발실 북미H/W개발그룹장 2013년 同무선사업부 개발실 북미개발팀장 2014년 同무선사업부 개발실 하드웨어개발1그룹장(전무) 2015년 同무선사업부 개발2실 차세대제품개발팀장(전무) 2016년 同무선사업부 전략제품개발1팀장(전무) 2017년 同무선사업부 글로벌하드웨어개발팀장(부사장) 2018년 同무선사업부 제품기술팀장(부사장)(현)

황정주(黃貞珠·女) HWANG Jung Joo

(생)1965·6·19 (출)서울 (주)서울특별시 종로구 와룡공원길 20 통일부 남북회담본부(02-2076-1114) (학)덕원여고졸 1988년 서강대 정치외교학과졸 (경)1988년 통일부 통일정책실 사무관 1999년 同남북회담사무국 회담2과·회담3과 사무관 2004년 同남북회담사무국 회담기획과 서기관 2006년 同이산가족팀장 2009년 同통일교육원 지원관리과장 2012년 同기획조정실 규제개혁법무담당관 2013년 同통일정책실 이산가족과장 2014년 同남북회담본부 회담2과장 2016년 同남북회담본부 회담1과장(부이사관) 2018년 同남북회담본부 회담지원과장 2019년 同남북회담본부 상근회담대표(고위공무원)(현) (저)'남북한 통일노력 전개과정'

황정현(黃正賢)

(생)1972·8·22 (출)충북 청주 (주)강원도 강릉시 동해대로 3288-17 춘천지방검찰청 강릉지청 형사부(033-660-4302) (학)1991년 운호고졸 2001년 서울대 경영학과졸 (경)2001년 사법시험 합격(43회) 2004년 사법연수원 수료(33기) 2004년 창원지검 검사 2006년 대전지검 공주지청 검사 2008년 수원지검 성남지청 검사 2010년 서울동부지검 검사 2014~2016년 법제처 파견 2016년 전주지검 검사 2018년 서울중앙지검 검사 2018년 同부부장검사 2019년 헌법재판소 헌법연구관 2019년 춘천지검 강릉지청 형사부장(현)

황정환(黃正煥) HWANG Jeong Hwan

(생)1965·11·5 (주)서울특별시 영등포구 여의대로 128 LG트윈타워 LG전자(주) 융복합사업개발부문(02-3777-1114) (학)동성고졸, 고려대 전기공학과졸 (경)1987년 금성사 중앙연구소 입사 2008년 LG전자(주) CTO(멀티미디어연구소장·상무) 2012년 同CTO(SW플랫폼연구소장·상무) 2013년 同HE본부 TV개발담당 전무 2015년 同HE본부 TV연구소장(상무) 2017년 同MC본부 단말사업부장(전무) 2018년 同MC사업본부장 겸 융복합사업개발센터장(부사장) 2018년 同MC사업본부장(부사장) 2019년 同융복합사업개발부문장(부사장)(현) (상)장영실상(1998) (종)불교

황정환

(주)전라북도 완주군 이서면 농생명로 100 국립원예특작과학원(063-238-6000) (학)1984년 충북대 농과대학 원예학과졸 1986년 同대학원 원예학과졸 2002년 원예학박사(충북대) (경)1987~1990년 원예시험장 농업연구사 1990~1994년 과수연구소 농업연구사 1994~2005년 원예연구소 농업연구관 2005년 농촌진흥청 연구정책국 농업연구관 2007년 同청장 비서관 2009년 국립원예특작과학원 원예특작환경과장 2011년 농촌진흥청 지방이전추진단장 2015년 同기술협력국장(고위공무원) 2017년 국립원예특작과학원 원장(현)

황정훈(黃晸壎) HWANG CHUNG-HOON

(생)1965·10 (출)서울 (주)세종특별자치시 다솜3로 95 조세심판원 제3상임심판관실(044-200-1805) (학)서울고졸, 서울대 경영학과졸, 同행정대학원졸, 경제학박사(미국 미주리대) (경)1991년 행정고시 합격(35회) 1994~1996년 울산세무서 총무과장·재정경제원 국세심판소 조사관실 근무 1996~1998년 재정경제원 대외경제국·경제협력국·장관실 근무 1998~2001년 해외 유학 2001~2003년 재정경제부 경제정책국 근무 2005~2008년 미국 국제부흥개발은행(IBRD) 파견 2009년 기획재정부 세제실 조세특례제도과장 2011년 同조세분석과장 2012년 同법인세제과장 2012년 同조세정책과장(서기관) 2014년 同조세정책과장(부이사관), 미국 국제부흥개발은행(IBRD) 파견(고용휴직) 2017년 국무조정실 조세심판원 상임심판관(일반직고위공무원) 2018년 同조세심판원 제4상임심판관 2018년 同조세심판원 제3상임심판관(현)

황종근(黃鍾根) Hwang Jong Geun

(생)1967·12·21 (출)경북 칠곡 (주)서울특별시 서초구 서초대로 301 법무법인(유) 해송(02-3489-7151) (학)1986년 대구 대건고졸 1995년 경북대 행정학과졸 (경)1996년 사법시험 합격(38회) 1999년 사법연수원 수료(28기) 1999년 창원지검 검사 2001년 대구지검 의성지청 검사 2002년 인천지검 검사 2004년 서울동부지검 검사 2007년 청주지검 충주지청 검사 2010년 서울북부지검 검사 2011년 同부부장검사 2012년 대구지검 김천지청 부장검사 2014년 부산지검 동부지청 형사2부장 2015년 대구지검 형사4부장 2016년 서울중앙지검 공판3부장 2017년 대전지검 천안지청 형사1부장 2018~2019년 대전지검 인권감독관 2019년 법무법인(유한) 해송 변호사(현)

황종철(黃鍾喆) Hwang, Jong-Chul

(생)1971·6·29 (본)창원(昌原) (출)서울 (주)경기도 수원시 장안구 서부로 2166 중부지방고용노동청 경기지청(031-231-7864) (학)1990년 경동고졸 1995년 고려대 토목환경공학과졸 2003년 태국 아시아과학기술원 경영대학원졸 (경)2005년 노동부 산업안전보건국 산업안전팀 서기관 2007~2008년 충남지방노동위원회 사무국장 2009년 노동부 고객상담센터 소장 2010년 국제노동기구(ILO) 파견 2013년 고용노동부 개발협력지원팀장 2015년 同산재예방보상정책국 산업안전과장 2018년 부산지방고용노동청 부산고용센터 소장 2019년 중부지방고용노동청 경기지청장(현)

황주명(黃周明) HWANG Ju Myung

(생)1939·4·15 (출)서울 (주)서울특별시 중구 세종대로9길 20 신한은행빌딩 9층 법무법인 충정(02-772-2701) (학)1958년 경기고졸 1962년 서울대 법과대학졸, 미국 조지워싱턴대 대학원 법학과졸 (경)1961년 고등고시 사법과 합격(13회) 1962년 공군 법무관 1965년 부산지법 판사 1969년 서울민

사지법 판사 1973년 서울형사지법 판사 1974년 미국 조지워싱턴대 연수 1975년 서울고법 판사 1975년 대법원 재판연구관 1977년 대한석유공사 상임법률고문 1978년 대우실업(주) 상무이사 겸 대우그룹 법제실장 1980년 변호사 개업(Kim&Hwang) 1980년 International Chamber of Commerce(ICC) 중재위원 1990년 LEX MUNDI(국제변호사단체) 한국대표회원 1993년 법무법인 충정 공동 대표변호사 1994년 대한상사중재원 중재인 2000년 서울지법 조정위원회 부위원장 2002~2003년 KT 이사회 의장 2008년 학교법인 한국정보통신학원(한국정보통신대) 이사장 2009~2015년 한국과학기술원(KAIST) 이사 2009년 법무법인 충정 회장(현) 2010년 UC Irvine Law School 한국법센터 공동이사장

황주호(黃柱鎬) HWANG Joo Ho

생1956·3·22 본창원(昌原) 출부산 주경기도 용인시 기흥구 덕영대로 1732 경희대학교 원자력공학과(031-201-2573) 학1975년 경기고졸 1982년 서울대 핵공학과졸 1984년 미국 Georgia Institute of Technology 대학원 Health Physics석사 1986년 공학박사(미국 Georgia Institute of Technology) 경한국원자력연구소 선임연구원, 국제원자력기구(IAEA) 방사성폐기물위원회 위원, 국가과학기술위원회 국가주도기술위원장 1991년 경희대 원자력공학과 교수(현) 1991~2001년 한국과학기술기획평가원 원자력전문위원 2006~2008년 국가에너지위원회 위원 2009~2010년 경희대 연구처장 겸 산학협력단장 2010~2013년 한국에너지기술연구원 원장 2011~2013년 국가과학기술위원회 비상임위원 2013년 한국에너지공학회 회장 2013년 원자력진흥위원회 위원(현) 2014~2015년 한국과학기술단체총연합회 학술진흥위원회 위원 겸 종합분야전문위원회 위원장 2014~2017년 국가과학기술연구회 비상임이사 2014년 국민대통합위원회 국민대토론회 운영위원장 2014~2015년 (사)한국원자력학회 부회장 2015~2016년 한국공학한림원 일반회원 2015~2016년 경희대 공과대학장 2015~2016년 (사)한국원자력학회 수석부회장 2016년 한국공학한림원 정회원(재료자원공학분과·현) 2016~2018년 경희대 국제캠퍼스 부총장 2016~2017년 한국원자력학회 회장 상방사성폐기물처분장 부지확보공로 대통령표창(2005), UAE 원전수출공로 철탑산업훈장(2010)

황주홍(黃柱洪) HWANG Ju Hong

생1952·2·27 출전남 강진 주서울특별시 영등포구 의사당대로 1 국회 의원회관 919호(02-784-8834) 학1970년 광주제일고졸 1979년 연세대 정치외교학과졸 1982년 同대학원 정치학과졸 1985년 미국 미주리대 대학원 정치학과졸 1989년 정치학박사(미국 미주리대) 경1988년 미국 미주리대 Instructor 1989~1993년 연세대·건국대·이화여대 강사 1990년 연세대 사회과학연구소 객원연구위원 1991년 중앙일보 제작위원 1993~1995년 아·태평화재단 기획조정실장 1995~1998년 국회정책연구위원실장 1998년 숭실대 통일정책대학원 겸임교수 1998~2000년 아·태평화재단 사무부총장 2001~2004년 건국대 정치행정학부 정치외교학전공 교수 2003년 새천년민주당 제4정책조정위원장 2003년 同전남강진군·완도군지구당 위원장 2004년 제17대 국회의원선거 출마(전남 강진군·완도군, 새천년민주당) 2004~2006년 전남 강진군수(새천년민주당·민주당) 2005년 민주당 제4정책조정위원장 2006·2010~2011년 전남 강진군수(민주당·무소속) 2010~2012년 목민관클럽 공동대표 2012년 민주통합당 정책위 부의장 2012년 제19대 국회의원(전남 장흥군·강진군·영암군, 민주통합당·민주당·새정치민주연합·국민의당) 2012년 국회 농림수산식품위원회 위원 2012년 목민관클럽 명예회원(현) 2012년 국회 정치쇄신특별위원회 위원 2013년 국회 농림축산식품해양수산위원회 위원 2013년 민주당 정책위원회 부의장 2013년 同부자감세철회및중산층서민증세저지특별위원회 위원 2013년 대한민국전통주서포터즈 고문(현) 2013년 임을위한행진곡 5.18공식기념곡지정추진대책위원회 공동위원장(현) 2013년 국회 정치개혁특별위원회 위원 2013년 민주당 당무위원 2014~2015년 국회 예산결산특별위원회 위원 2015년 새정치민주연합 전남도당 위원장 2016년 국민의당 정강정책기초위원회 위원장 2016년 同전남도당 위원장 2016~2017년 同전국위원회 농어민위원장 2016년 제20대 국회의원(전남 고흥군·보성군·장흥군·강진군, 국민의당·민주평화당〈2018.2〉)(현) 2016~2018년 국민의당 고흥군·보성군·장흥군·강진군지역위원회 위원장 2016~2018년 국회 농림축산식품해양수산위원회 간사 겸 제2소위원회 위원장 2016년 국회 정치발전특별위원회 간사 2016년 국민의당 당헌당규제·개정위원회 부위원장 겸 제1소위원회 위원장 2016년 在韓미주리대총동문회 회장(현) 2017년 국민의당 최고위원 2017년 同인재영입위원회 공동위원장 2017년 同제19대 안철수 대통령후보 중앙선거대책위원회 최고위원 겸 프로젝트플랫폼 지역균형발전위원장 2017~2018년 국회 예산결산특별위원회 간사 2017년 국민의당 전당대회준비위원장 2017~2018년 同살충제계란대책태스크포스(TF) 위원장 2018년 민주평화당 정책위원회 의장 2018년 국회 농림축산식품해양수산위원회 위원 2018년 국회 예산결산특별위원회 위원 2018년 민주평화당 축산적법화대책특별위원회 위원장(현) 2018년 同고흥군·보성군·장흥군·강진군지역위원회 위원장(현) 2018년 同지방선거기획단장 2018년 국회 농림축산식품해양수산위원회 위원장(현) 2018년 민주평화당 사무총장 2018년 同조직강화특별위원회 위원장(현) 상한국농업경영인중앙회 국정감사 우수의원 선정(2013·2014), 민주당/새정치민주연합 국정감사 우수의원 선정(2013~2015), (사)바른사회밝은정치시민연합 초선 최우수의원상(2014), 한국청년유권자연맹 통통(소통과통합)정치인상(2014), 2014 국회의원 아름다운말 선플상(2014), 독도수호국민연합 독도시사신문사 대한민국 국회의원 의정혁신대상(2015), 법률소비자연맹 국회의원 헌정대상(2015·2018·2019), 시민일보 국회의원부문 의정·행정대상(2015), 지방자치TV·대한기자협회 2015 대한민국 의정대상(2015), 한국환경정보연구센터 국정감사 친환경베스트의원(2015), 법률소비자연맹 국정감사 2015 우수국회의원(2015), 국회사무처선정 입법우수의원(2015), 대한민국소비자대상 소비자입법부문(2016), 국민의당 국정감사 최우수의원상(2016), 푸드투데이 국정감사 우수국회의원(2017·2018), 국민의당 국정감사 우수의원(2017), JJC지방자치TV 대한민국 국정감사 우수의원(2017), 경제정의실천시민연합 국정감사 우수의원(2017), 한국을빛낸사람들대상 농어촌발전혁신공로대상(2017), 범시민사회단체연합 좋은정치인상(2017), 대한민국 프리미엄인물대상 의정활동 우수국회의원 대상(2018), 국회사무처 입법 및 정책개발 우수국회의원(2018), 한국여성유권자연맹 여성정치발전인상(2018), 전국지역신문협회 국회의원 의정대상(2018), 자랑스러운 대한민국 무궁화대상 인권화합부문 대상(2018), 글로벌뉴스통신 대한민국 글로벌브랜드대상 개인부문(2018), 한국유권자총연맹 국정감사 최우수 상임위원회 의정활동 대상(2018), 대한민국소비자대상 올해의 최고인물(2018), JJC지방자치TV선정 대한민국 국정감사 우수 상임위원장상(2018), 2018 한국을빛낸자랑스런한국인 대상시상식 농축산해양수산발전공로대상(2018), 한중학술문화교류협회 우수국회의원(2018), 제1회 호남을 빛낸 인물대상 정치부문 국회의원 대상(2018), 한국언론기자협회 대한민국모범국회의원대상(2018), 대한민국소비자만족대상 의정대상(2018), 국정감사 NGO모니터단 우수상임위원장상(2018), 대한민국공공정책대상 의정대상(2019), 제8회 국회를 빛낸 바른정치언어상 품격언어상(2019), 대한뉴스 글로벌新한국인대상 의정대상(2019), (사)한국지역신문협회 제1회 지구촌베스트 국회의원 의정활동상(2019), JJ지방자치TV 대한민국 의정대상(2019), 대한민국 뉴리더대상 의정부문 대상(2019), 대한민국모범인대상 의정대상(2019), 2019 대한민국통일지도자 사회공헌 의정발전부문 대상(2019) 저'한국정치와 국제관계'(1989) '자유주의와 민주주의'(1991) '현대정치와 국가'(1992) '미래학 입문'(1993) '서양정치사상'(1993) '현대정치학'(1994) '새로운 공동체를 찾아서'(1997) '토니블레어 : 영국 개혁 이렇게 한다'(1998) '패자부활전이 있는 나라'(2000) '지도자론 : 한국의 리더와 리더십'(2002) '황주홍교수의 미래학 산책'(2002) '강진군에서도 대한민국을 바꿀수 있다'(2010) '군수가 벼슬이랑가?'(2011) '한국의 문제는 경제가 아니라 정치다'(2016)

황준묵(黃準默) Jun Muk HWANG

(생)1963·10·27 (본)우주(紆州) (주)서울특별시 동대문구 회기로 85 고등과학원 수학부(02-958-3716) (학)1986년 서울대 물리학과졸 1993년 이학박사(미국 하버드대) (경)1999년 고등과학원 수학부 교수(현) 1999년 기하학계의 난제로 꼽혀온 '라자스펠트 예상'을 세계 최초로 증명 2006년 교육인적자원부 및 한국학술진흥재단 선정 '대한민국 국가석학(Star Faculty)' 2010년 교육과학기술부 및 한국연구재단 선정 '국가과학자' 2011년 '클레렐스 저널' 편집인 2012년 미국 수학회 초대펠로우(석학회원) 2014년 국가과학기술자문회의 자문위원 (상)대한수학회 논문상(1999), 한국과학기술단체총연합회 우수논문상(2000), 한국과학상 대통령표창(2002), 대한민국 최고과학기술인상(역대 최연소 수상자, 2006), 호암상 과학상(2009), 과학기술훈장 혁신장(2014)

황준석(黃焌晳) Hwang, Joon Suk

(생)1966·10·12 (출)서울 (주)세종특별자치시 갈매로 408 정부세종청사 14-1동 해외문화홍보원(044-203-3300) (학)1985년 장충고졸 1989년 연세대 행정학과졸 1997년 서울대 행정대학원 행정학과 수료 2005년 미국 콜로라도대 대학원 행정학과졸 (경)1989년 행정고시 합격(33회) 2001년 문화체육부 기획관리실 기획예산담당관실 서기관 2005년 과학기술부 과학기술기반국 과학기술문화과장 2005년 문화관광부 문화산업국 문화기술인력팀장 2007년 同정책홍보관리실 정책총괄팀장 2008년 문화체육관광부 기획조정실 창의혁신담당관 2008년 同문화정책국 국어민족문화과장 2009년 국가브랜드위원회 사업지원단 문화시민국장(부이사관) 2010년 연세대 국내훈련 파견(부이사관) 2012년 문화체육관광부 문화콘텐츠산업실 콘텐츠정책관실 문화산업정책과장 2013년 국립국어원 교육진흥부장(고위공무원) 2014년 同기획연수부장 2014년 2018평창동계올림픽대회조직위원회 문화행사국장 2017년 국방대 교육 2018년 문화체육관광부 기획조정실 정책기획관 2018년 해외문화홍보원 駐워싱턴 한국문화원장(현) (상)국무총리표창(1999), 대통령표창(2002)

황준성(黃俊性) HWANG Joon Seong

(생)1954·8·19 (출)대구 (주)서울특별시 동작구 상도로 369 숭실대학교 총장실(02-820-0111) (학)1974년 경성고졸 1978년 숭실대 경제학과졸 1988년 독일 베를린자유대 대학원 경제학과졸 1992년 경제학박사(독일 베를린자유대) (경)1989년 삼성경제연구소 선임연구원 1993~2016년 숭실대 경제학과 교수 1996년 통일원 정책자문위원 1999~2000년 독일 프라이부르크대 초빙교수 1999~2000년 독일 발터오이켄연구소 객원연구원 2002~2004년 숭실대 국제통상대학원장 2005~2006년 同사회과학연구원장 2007~2008년 풀브라이트 장학생(Fulbright Scholar) 2009~2011년 숭실대 교무처장, 한독경상학회 회장 2011~2013년 숭실대 경제통상대학장 2013~2014년 同학사부총장 2017년 同총장(현) (상)BMW 최고학술상, 베스트티처상(2009) (저)'독일의 공기업 민영화'(1995) '독일연방공화국'(1996) '비교경제 체제론(共)'(1997) '민주시민생활 용어사전'(1998) '신앙의 눈으로 본 학문 교육 봉사'(1999) '세계화와 변화하는 자본주의'(2011) '질서자유주의, 독일의 사회적 시장경제'(2011) (역)'EU의 사회정책'(2011) '세 종류의 경제학'(2012) (종)기독교

황준성(黃俊盛) Hwang Jun-seong

(생)1973·1·25 (주)세종특별자치시 다솜2로 94 해양수산부 유통정책과(044-200-5442) (학)1992년 경북 대영고졸 1998년 상지전문대학 행정과졸 (경)1991년 공무원 임용(9급 공채) 2000~2005년 중앙선거관리위원회 근무 2005~2015년 기획재정부 예산실 근무 2015년 同기획재정담당관실 근무 2016년 해양수산부 기획조정실 미래전략팀장(서기관) 2018년 부산지방해양수산청 선원해사안전과장 2019년 해양수산부 유통정책과장(현)

황준식(黃俊植) HWANG Jun-shik

(생)1974·8·10 (주)서울특별시 종로구 사직로8길 60 외교부 국제법률국 심의관실(02-2100-7503) (학)1993년 대전중앙고졸 1998년 서울대 법과대학졸 2005년 미국 컬럼비아대 로스쿨 법학과졸(LL.M.) 2006년 미국 뉴욕대 로스쿨 법학과졸(LL.M.) (경)1997년 외무고시 합격(31회) 1998년 외교통상부 재외국민이주과·차관실 사무관, 同국제법규과 2등서기관 2007년 同평화체제과 1등서기관, 駐미국 1등서기관, 駐예멘 참사관, 외교부 한미원자력협정TF 1등서기관 2015년 同국제법률국 국제법규과장 2019년 同국제법률국 심의관(현)

황준연(黃俊淵) HWANG Jun Yon

(생)1949·8·1 (주)서울특별시 관악구 관악로 1 서울대학교 음악대학 국악과(02-880-7963) (학)1972년 서울대 국악학과졸 1977년 同대학원 음악학과졸 1991년 문학박사(한국학중앙연구원) (경)1975~1977년 서울대 음악대학 국악과 조교 1977~1978년 同동양음악연구소 보조연구원 1978~1981년 경희대 음악대학 강사 1978~1979년 한국민속촌 민예관 1979~1981 성음레코드(주) 고저음악 과장 1981~1982년 이화여대 강사 1983~1985년 서울대·한양대 강사 1983~1996년 부산대 예술대학 전임강사·조교수·부교수 1992년 International Council for Traditional Music 종신회원(현) 1992년 Society for Ethnomusicology 종신회원(현) 1992~2000년 서울대 음악대학 조교수·부교수 1996년 일본 동양음악학회 회원 2001~2014년 서울대 음악대학 국악과 교수 2002~2004년 同학생처장 2005~2009년 한국국악학회 이사장 2009~2011년 문화재위원회 무형문화재분과 위원 2013~2016년 세종문화회관 국악사업 총괄예술감독 2013~2016년 서울시국악관현악단 단장 2014년 서울대 음악대학 국악과 명예교수(현) (상)제1회 관재국악상(2001), 제9회 난계악학대상(2005), 옥조근정훈장(2014) (저)'북한의 전통음악'(2002)

황준영(黃俊榮) Hwang Joon Young

(생)1963·1·8 (본)창원(昌原) (주)인천광역시 서구 가정로 201 한국연구재단 전략기획본부(042-869-6778) (학)1985년 충남대 농화학과졸 1988년 同대학원 농화학과졸 2002년 농화학박사(충남대) (경)1988년 한국인삼연초연구소 위촉연구원 1988년 (주)애경산업 연구원 1990년 한국과학재단 연구기획실 행정원 1996년 同연구인력실 선임행정원 2002년 同인력지원팀장 2005년 同연구진흥팀장 2006년 同기획예산과장 2007년 同기초연구지원실장 2009년 한국연구재단 기초연구지원단장 2010년 同기초연구지원실장 2012년 同학술기반조성실장 2012년 同국책사업기획단장 2013년 同국책사업기획실 국책기획팀 담당 2015년 同인문사회연구본부 인문사회연구총괄실장 2016년 同경영관리본부 지식정보실장 2018년 同전략기획본부장(현) (상)과학기술부장관표창(2002)

황준현(黃竣顯)

(생)1963·3·1 (출)전남 화순 (주)세종특별자치시 정부2청사로 13 제주해양경찰서(064-766-2000) (학)1980년 광주 석산고졸 1987년 조선대 토목공학과졸 (경)2003년 인천해양경찰서 253함장 2005년 여수해양경찰서 수사과장 2007년 동해지방해양경찰청 정보수사과장 2012년 해양경찰청 정보수사국 외사과장 2013년 태안해양경찰서장 2015년 국민안전처 해양경비안전본부 해양경비안전국 해상수사정보과장 2017년 인천해양경비안전서장 2017년 인천해양경찰서장 2017~2018년 해양경찰청 대변인 2019년 제주지방해양경찰청 제주해양경찰서장(현)

황준호(黃俊皓) HWANG Joonho

(생)1963 · 1 · 1 (출)대구 (주)서울특별시 영등포구 여의대로 66 KTB투자증권(주) 임원실(02-2184-2200) (학)영신고졸, 서울대 경영학과졸, 同대학원 경영학과졸, 미국 펜실베이니아대 경영대학원졸(MBA) (경)1999년 대우증권 업무개발부장 2001년 同기획조정실장 2002년 同경영지원본부장 겸 기획실장 2003년 同자산관리영업본부장 2004년 同자산관리영업본부장(상무) 2005년 LG투자증권 영업전략담당 상무 2006년 우리투자증권(주) 전략기획부문장(상무) 2007년 同경영전략본부장(상무) 2008~2009년 同경영전략본부장(전무) 2010년 KTB투자증권(주) 전략기획본부장(부사장) 2012년 KDB대우증권 상품마케팅전략본부장 2013~2014년 同상품마케팅 총괄부사장 2018년 KTB투자증권(주) 그룹전략부문 대표(부사장)(현)

황진구(黃津根) HWANG Jin Koo

(생)1966·7·1 (출)서울 (주)세종특별자치시 시청대로 370 한국청소년정책연구원(044-415-2132) (학)영일고졸 1990년 중앙대 정치학과졸 1994년 同대학원 정치학과졸 1998년 정치학박사(중앙대) (경)1989~1990년 중앙대 중앙문화연구원 연구조교 1992~1993년 한국청소년기본계획원년시책추진위원단 위원 1999~2000년 정보불평등연구협의회 회원 2000년 호서대·천안대 강사 2001년 한국청소년개발원 육성정책실 부연구위원, 同정책연구위원회 매체·환경정책연구팀 선임연구위원, 한국청소년정책연구원 정책연구본부 복지환경연구실 선임연구위원 2009년 同수석연구위원 2010년 同아동정책연구실장 2013년 同통계·기초연구실 선임연구위원 2015년 同기획조정본부장 2016년 여성가족부 청소년가족정책실 청소년정책관 2017년 한국청소년정책연구원 선임연구위원(현) (저)'청소년 정보격차실태' '청소년 인터넷이용실태' 등

황진구

(생)1968 · 11 (주)서울특별시 송파구 올림픽로 300 롯데월드타워 롯데케미칼(주) 인사팀(02-829-4217) (학)서울대 화학공학과졸, 화학공학박사(서울대) (경)1995년 호남석유화학 입사 2006년 대산MMA 프로젝트기획팀 근무 2010년 롯데케미칼(주) 영국주재원 2011년 케이피케미칼 이사대우 2013년 롯데케미칼(주) 신규사업담당 이사 2015년 同LA프로젝트담당 상무 2018년 同LC USA(미국법인) 대표이사 전무(현)

황진구(黃進九) HWANG Jin Koo

(생)1970 · 11 · 11 (출)충북 청주 (주)전라북도 전주시 덕진구 사평로 25 광주고등법원 전주재판부(063-259-5400) (학)1988년 충북고졸 1993년 서울대 법대 사법학과졸 (경)1992년 사법시험 합격(34회) 1995년 사법연수원 수료(24기) 1998년 서울지법 서부지원 판사 2000년 서울지법 판사 2002년 대전지법 서산지원 판사 2005년 대전고법 판사 2006년 법원행정처 사법정책실 판사 2010년 창원지법 부장판사 2011년 대법원 재판연구관 2015년 서울중앙지법 부장판사 2017년 광주고법 전주재판부 부장판사(현)

황진영(黃鎭永) HWANG Chin Young

(생)1961 · 2 · 17 (본)평해(平海) (출)강원 영월 (주)대전광역시 유성구 과학로 169-84 한국항공우주연구원 정책연구부 우주정책팀(042-870-3674) (학)1979년 춘천고졸 1984년 한국항공대 항공기계공학과졸 1987년 同대학원 항공공학과졸 2001년 과학기술정책학박사(영국 서섹스대) 2011년 국방대 안전보장대학원 안보과정 수료 (경)1987~1990년 산업연구원 중공업실 연구원 1991~2000년 한국항공우주연구원 정책연구실 선임연구원 2000~2005년 同정책연구실장 2003~2017년 한국항공우주법학회 이사 2004년 미국 세계인명사전 'Marquis Who's Who in the World'에 등재 2004년 한국항공경영학회 이사 2006~2009년 한국항공우주연구원 정책협력부장 2009~2011년 교육과학부 우주개발진흥실무위원회 실무위원 2009년 국회입법조사처 조사분석 지원위원 2009~2010년 한국항공우주연구원 정책기획부장 2013~2016년 한국기술혁신학회 부회장 2013~2014년 한국항공우주연구원 정책협력센터장 2014년 항공우주시스템공학회 부회장(현) 2015년 한국항공우주연구원 미래전략본부장 2015~2016년 국가과학기술자문회의 미래전략분과 전문위원 2015~2016년 국가과학기술심의회 다부처공동기술협력특별위원회 위원 2018년 한국항공우주연구원 정책연구부 우주정책팀 책임연구원(현) 2018년 과학기술정보통신부 우주협력전략자문단장 (상)과학기술부장관표창(2004), 공공기술연구회이사장표창(2007), 국무총리표창(2010) (종)천주교

황진우(黃鎭宇) HWANG Jin Woo

(생)1960·2·22 (출)서울 (주)서울특별시 영등포구 63로 50 한화생명보험(주) 홍보실(02-789-7070) (학)숭문고졸, 서울대 경제학과졸, 미국 예일대 대학원 경제학과졸, 경제학박사(미국 예일대) (경)한화경제연구원 연구위원, 한화증권 리서치본부 연구위원, 대한생명보험(주) 경제연구원 연구조정실장(상무보) 2006~2012년 同경제연구원 연구조정실장(상무) 2012년 한화생명보험(주) 경제연구원 연구조정실 상무 2014년 同보험연구소 상무 2016년 同경제분석실장(전무) 2017년 同홍보실 전무(현)

황진하(黃震夏) HWANG Jin Ha

(생)1946·8·25 (출)경기 파주 (주)서울특별시 종로구 사직로 96 파크뷰 408호 한미우호협회(02-730-3595) (학)1965년 문산고졸 1969년 육군사관학교졸(25기) 1982년 미국 육군지휘참모대학졸 1982년 미국 센트럴미시간대 대학원졸 1996년 서울대 행정대학원 국가정책과정 수료 1997년 경희대 행정대학원 최고정책과정 수료 1999년 경남대 대학원 박사과정 수료 (경)1982년 육군 1사단 포병대대장 1984년 한미연합사령부 작전참모부 지상작전 장교 1987년 육군 수도방위사령부 정보처장 1988년 육군 20기계화사단 포병연대장 1988년 합동참모본부 군사협력과장 1991년 국방부 정책기획차장 1992년 미국 랜드연구소 객원연구원 1994년 육군 5군단 포병여단장 1995년 합동참모본부 씨포아이(C4I)부장 1998년 駐미국대사관 국방무관 2002년 유엔 다국적평화유지군(PKF) 키프로스주둔 사령관 2004년 예편(육군 중장) 2004년 제17대 국회의원(비례대표, 한나라당) 2004~2006년 한나라당 제2정책조정위원장 2006~2007년 同국제위원장 2008년 제18대 국회의원(파주시, 한나라당·새누리당) 2008년 국회 외교통상통일위원회 위원 2008년 국회 동북아평화안보포럼 대표의원 2008년 아시아정당국제회의(ICAPP) 의원연맹 회장 2008~2011년 한나라당 제2정책조정위원회 부의장 2010년 同정책위원회 정치외교안보분야 부의장 2010~2011년 통일정책태스크포스(TF) 위원장 2010년 국회 정보위원회 한나라당 간사 2010년 한국·슬로바키아의원친선협회 회장 2012~2016년 제19대 국회의원(파주시乙, 새누리당) 2012년 새누리당 상임전국위원 2012년 국회 통일외교안보포럼 공동대표 2012년 접경지역사랑국회의원협의회 회장 2013년 새누리당 북핵안보전략특별위원회 부위원장 2013년 국회 외교통일위원회 위원 2013년 새누리당 국제위원회 위원장 2014~2015년 국회 국방위원회 위원장 2015~2016년 새누리당 사무총장 2015년 同조직강화특별위원회 위원장 2015년 同공천제도특별위원회 위원장 2016년 同총선기획단 위원장 2016년 同제20대 총선 공직자후보추천관리위원회 부위원장 겸 간사 2016년 제20대 국회의원선거 출마(경기 파주시乙, 새누리당) 2016년 새누리당 제20대 총선 중앙선거대책위원회 공동총괄본부장 2017년 바른정당 제19대 유승민 대통령후보 중앙선거대책위원회 특보단 부단장 겸 국가안보특별위원회 고문 2019년 한미우호협회 회장(현) (상)보국훈장 국선장·천수장, 미국 Legion of Merit, 유엔 근무공로훈장, GTX추진연대 감사패(2010), 서울대 국가정책인대상(2010), 선플운동본부 '국회의원 아름다운 말 선플상'(2014) (역)'미국의 힘 NEOCON' (종)천주교

황진효(黃秦孝) HWANG Jin Hyo

(생)1963·2·3 (출)경남 양산 (주)부산광역시 연제구 법원로 28 법무법인 국제(051-463-7755) (학)1982년 부산 가야고졸 1986년 서울대 사법학과졸 (경)1986년 사법시험 합격(28회) 1989년 사법연수원 수료(18기) 1989년 軍법무관 1992년 창원지법 판사 1995년 부산지법 판사 1998년 부산고법 판사 2001년 부산지법 판사 2004년 울산지법 부장판사 2006~2009년 부산지법 부장판사 2007년 대법원 연구법관 2009년 법무법인 국제 변호사 2013~2019년 同대표변호사 2019년 同구성원변호사(현)

황진희(黃眞姬·女)

(생)1962·10·9 (주)경기도 수원시 팔달구 효원로 1 경기도의회(031-8008-7000) (학)진해여고졸, 경남대 문리과대학 화학과졸 (경)부천시새마을부녀회 회장, 부천시여성연합회 회장, 민주평통 자문위원, 부천시 위생보건위원, 同재활용선별 운영위원 2014~2018년 경기 부천시의회 의원(비례대표, 새정치민주연합·더불어민주당) 2016년 同운영위원장 2018년 경기도의회 의원(더불어민주당)(현) 2018년 同제1교육위원회 위원(현)

황찬현(黃贊鉉) Hwang, Chanhyun

(생)1953·7·2 (본)창원(昌原) (출)경남 마산 (주)서울특별시 강남구 테헤란로44길 8 아이콘역삼빌딩 9층 법무법인(유) 클라스(02-555-5007) (학)1971년 마산고졸 1976년 서울대 법학과졸 1978년 同대학원 법학과졸 (경)1980년 사법시험 합격(22회) 1982년 사법연수원 수료(12기) 1982년 수원지법 인천지원 판사 1985년 서울지법 동부지원 판사 1986년 마산지법 진주지원 판사 1988년 서울형사지법 판사 1990년 서울민사지법 판사 1993년 서울고법 판사 1995년 법원행정처 파견 1997년 서울지법 판사 1998년 대전지법 부장판사 겸 법원행정처 법정심의관 1999년 수원지법 부장판사 2000년 서울지법 북부지원 부장판사 2003년 서울중앙지법 부장판사 2005년 부산고법 부장판사 2006년 서울고법 부장판사 2006~2008년 통신위원회 위원 2011년 서울고법 수석부장판사 2011년 대전지법원장 2012년 서울가정법원장 2013년 서울중앙지법원장 2013~2017년 감사원장 2018년 엔씨소프트 사외이사(현) 2018년 법무법인(유) 클라스 대표변호사(현) (상)황조근정훈장(2008)

황창규(黃昌圭) HWANG Chang Gyu

(생)1953·1·23 (본)창원(昌原) (출)부산 (주)서울특별시 종로구 종로3길 33 광화문빌딩 East (주)KT(02-3495-3000) (학)1972년 부산고졸 1976년 서울대 전기공학과졸 1978년 同대학원 전기공학과졸 1985년 전자공학박사(미국 매사추세츠주립대) 2000년 서울대 최고경영자과정 수료 (경)1981년 예편(대위) 1985년 미국 스탠퍼드대 책임연구원 1987년 미국 인텔사 자문 1989년 삼성반도체 DVC담당 1991년 同이사 1992년 국제전기전자기술자협회(IEEE) Senior Member 1994년 국제반도체소자학회(IEDM) 심사위원 1994~1996년 同Memory분야 Chairman 1994년 삼성반도체 상무이사 1998년 同연구소장 1999년 同부사장 2000년 삼성전자(주) 메모리사업부 대표이사 부사장 2001~2004년 同메모리사업부 사장 2002년 국제전기전자기술자협회(IEEE) 최고회원(현) 2003년 비즈니스위크가 뽑은 '아시아의 스타 25인'에 선정 2004~2008년 삼성전자(주) 반도체총괄 사장 2004~2007년 同메모리사업부장(사장) 2004·2007~2008년 한국반도체산업협회 회장 2005년 성균관대 초빙교수 2006년 홍콩 금융전문지 아시아머니 '2005년 아시아 최고 경영자'로 선정 2006년 서울대·한국공학한림원 선정 '한국을 일으킨 엔지니어 60인' 2008~2009년 삼성전자(주) 기술총괄 사장 2008~2009년 삼성종합기술원장 겸임 2009~2011년 서울대 물리천문학부 초빙교수 2009년 삼성전자(주) 상담역 2010~2013년 지식경제부 지식경제R&D전략기획단장 2010~2013년 국가과학기술위원회 위원 2011년 헌법재판소 자문위원 2011년 UN 인권정책센터 이사 2013년 산업통상자원부 지식경제R&D전략기획단장 2013년 성균관대 석좌교수 2014년 (주)KT 대표이사 회장(현) 2014년 ITU-UNESCO 브로드밴드위원회 위원(현) 2015~2018년 세계이동통신사업자협회(GSMA) 이사회 멤버 (상)포브스코리아 선정 올해의 CEO(2004·2015), 금탑산업훈장, 미국 전자산업협회(EIA) 기술혁신리더상(2005), 한국공학한림원 일진상(2005), 대한민국 최고과학기술인상(2006), 국제전기전자기술자협회(IEEE) 앤디 그로브상(2006), 서울대 공대 발전공로상(2009) (작)해외특허 출원 '메모리 장치의 고집적 Memory Cell 구조·반도체 장치의 소자분리 형성방법'

황창선

(생)1966 (출)경기 화성 (주)서울특별시 서대문구 통일로 97 경찰청 교통기획과(02-3150-2251) (학)1990년 경찰대졸(6기) (경)1990년 경위 임관, 광주남부경찰서 방범순찰대장, 서울 강남경찰서 북부지구대장 2004년 강원 동해경찰서 생활안전과장 직대, 경찰청 교통기획담당관실 교통운영계장 2010년 同교통기획담당관실 교통기획담당 2013년 인천지방경찰청 치안지도관(총경) 2013년 同여성청소년과장 2015년 경기 안산단원경찰서장 2016년 국가안보실 위기관리센터 파견 2017년 서울 도봉경찰서장 2019년 경찰청 교통기획과장(현)

황창순(黃昌淳) Hwang, Chang-Soon

(생)1959·12·10 (주)충청남도 아산시 신창면 순천향로 22 순천향대학교 사회복지학과(041-530-1213) (학)1981년 연세대 교육학과졸 1985년 同대학원 사회학과졸 1992년 사회학박사(미국 조지아대) (경)1995년 한국청소년개발원 선임연구원 1995년 순천향대 사회복지학과 교수(현) 2000~2002년 한국학교사회복지학회 학술위원장 2000~2010년 아시아비영리학회 프로그램위원 및 논문심사위원 2009~2011년 순천향대 교양교육원장 2009~2011년 同행정대학원장 2010~2014년 한국비영리학회 회장 2014~2015년 순천향대 향설나눔대학장 2017년 同교학부총장 겸 HRD본부장(현) 2017~2019년 同ACE사업단장 겸임

황창주(黃昌柱) HWANG Chang Joo

(생)1955·7·3 (출)강원 정선 (주)경기도 성남시 분당구 운중로 182 태영빌딩 (주)태영(031-709-5700) (학)1993년 동국대 정보산업대학원 수료 2001년 고려대 정책대학원 수료 (경)농수산물유통공사 이사 1997년 한국농업경영인중앙연합회 회장(제7·8대) 1997년 농어민신문 대표이사 회장 1998년 외교통상부 정책자문위원 1998년 제2의건국범국민추진위원회 중앙상임위원 1999년 새천년민주당 창당발기인·창당준비위원회 홍보위원장 2000년 同농업대책위원장 2001년 21세기국정자문위원회 위원 2002년 새천년민주당 노무현 대통령후보 농업정책특보 2003년 국민체육진흥공단 경정운영본부 사장 2003~2004년 제16대 국회의원(전국구 승계, 새천년민주당) 2003년 새천년민주당 농어민특위 위원장 2003년 同중앙위원 2003~2004년 국민생활체육전국스키연합회 회장, 정선영농조합법인 대표이사, 새천년민주당 태백·영월·평창·정선지역위원회 위원장, 전국채소생산자협회 회장, 고려대총교우회 상임이사 2011년 (주)태영 대표(현) (상)세계식량기구(FAO) 아태지역 채소경작왕(1989), 석탑산업훈장(1992), 한국청소년지도대상

황창화(黃昶樺) HWANG Chang Hwa

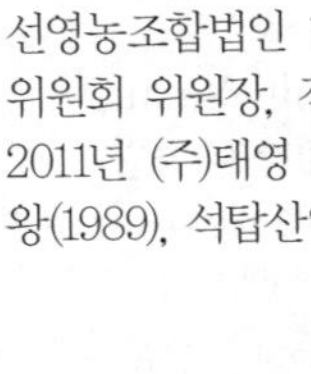

(생)1959·2·12 (출)경북 예천 (주)경기도 성남시 분당구 분당로 368 한국지역난방공사 사장실(031-780-4045) (학)1977년 서울 동성고졸 1983년 연세대 토목공학과졸 (경)1984~1987년 (주)샤니케익 노동조합 간부 1987년 성남노동교육연구회 회장 1988~1994년 성남노동조합총연합 정책

실장 1998~2004년 국회의원 보좌관 2002년 새천년민주당 서울시장선거대책본부 기획단장 2002년 同제16대 대통령선거대책본부 정책본부 수석전문위원 2002년 제16대 대통령직인수위원회 전문위원 2004년 국무총리 정무2비서관 2006~2007년 국무총리 정무수석비서관 2008~2010년 대구대 사범대학 사회교육학부 객원교수 2012~2014년 국회 도서관장(차관급) 2016~2018년 더불어민주당 서울노원구丙지역위원회 위원장 2016년 제20대 국회의원선거 출마(서울 노원구丙, 더불어민주당) 2018년 한국지역난방공사 대표이사 사장(현) (상)4차산업혁명경영대상 스마트공공기관상(2019) (저)'피고인 한명숙과 대한민국 검찰'(2011, 위스덤하우스) (종)기독교

황천모(黃天模) Hwang Cheon Mo

(생)1957·8·29 (출)경북 상주 (주)경상북도 상주시 상산로 223 상주시청 시장실(054-537-6001) (학)상주고졸 1997년 한양대 법학과졸, 同대학원 법학과졸, 同대학원 법학 박사과정 수료, 서울대 최고감사인과정 수료, 同최고경영자과정 수료 (경)한나라당 나눔봉사단전국협의회 사무총장, 同상근부대변인, 同제17대 이명박 대통령후보 중앙선거대책위원회 부대변인, 새누리당 전략기획본부 정보위원, 同수석부대변인, 同제18대 박근혜 대통령후보 중앙선거대책위원회 수석부대변인 2014~2016년 대한석탄공사 감사 2014년 새누리당 대변인단모임 '말글회' 회장 2017년 자유한국당 제19대 홍준표 대통령후보 중앙선거대책위원회 수석부대변인 2018년 경북 상주시장(자유한국당)(현)

황철규(黃喆奎) HWANG Cheol-Kyu

(생)1964·10·27 (출)서울 (주)충청북도 진천군 덕산읍 교연로 780 법무연수원(043-531-1600) (학)1983년 명지고졸 1987년 서울대 법학과졸 1998년 미국 조지워싱턴대 대학원졸(석사) 2009년 법학박사(한양대 대학원-공정거래법) (경)1987년 사법시험 합격(29회) 1990년 사법연수원 수료(19기) 1990년 軍법무관 1993년 인천지검 검사 1995년 부산지검 울산지청 검사 1997년 서울지검 의정부지청 검사 2000년 대검찰청 검찰연구관 2001~2003년 駐유엔대표부 법무협력관 2001년 대전지검 검사 2002년 同부부장검사 2003년 사법연수원 검찰교수실 교수 2005년 사법시험 출제위원(국제법) 2005년 미국 뉴욕주 변호사시험 합격 2006년 법무부 국제형사과장 2008년 서울중앙지검 형사6부장 2009년 대검찰청 미래기획단장 2010년 同국제협력단장 겸 세계검찰총장회의준비기획단장 2011년 국제검사협회 집행위원 2011년 서울동부지검 차장검사 2012년 수원지검 안산지청장 2013년 대전고검 차장검사 2013년 법무부 범죄예방정책국장 2014년 국제검사협회(IAP) 아시아·태평양지역담당 부회장 2015년 서울서부지검장 2015년 부산지검장 2017년 대구고검장(고등검사장급) 2018년 부산고검장(고등검사장급) 2019년 법무연수원 연구위원(고등검사장급)(현) 2019년 국제검사협회(IAP) 회장(현) (상)한-EU협력상 최고책임감상(2006), 미국 국토안보부 탁월한 팀워상(2011), 황조근정훈장(2016), 국제검사협회 특별공로상(2017) (저)'정치개혁 이렇게 한다(共)'(2000) '형사사법 분야 국제협력에관한 새로운 방향 모색(共)'(英文, 2012)

황철주(黃喆周) HWANG Chul Joo

(생)1959·12·2 (본)창원(昌原) (출)경북 고령 (주)경기도 광주시 오포읍 오포로 240 주성엔지니어링(주)(031-760-7000) (학)1977년 동양공고졸 1985년 인하대 전자공학과졸 2004년 명예 공학박사(인하대) (경)1986~1993년 한국ASM 근무 1995~2016년 주성엔지니어링(주) 창립·대표이사 사장, 일운과학기술재단 이사장 1998년 과학기술부 기술개발기획평가단 위촉위원 2003년 한국디스플레이산업협회 부회장 2003~2007년 한국디스플레이장비재료산업협회 부회장 2005년 과학기술부·과학문화재단 '닮고 싶고 되고 싶은 과학기술인 10인'에 선정 2005년 벤처기업협회 부회장 2010년 글로벌중견벤처포럼 초대의장 2010~2012년 벤처기업협회 회장 2011~2015년 한국청년기업가정신재단 이사장 2011년 국가지식재산위원회 민간위원 2013년 벤처기업협회 명예회장(현) 2013년 한국특허정보원 비상임이사 2013~2017년 국가과학기술심의회 위원 2014~2017년 한국과학기술기획평가원 비상임이사 2014~2017년 대구경북과학기술원 비상임이사 2015년 한국무역협회 비상근부회장(현) 2015~2016년 청년희망재단 초대 이사장 2015년 경기도 경제정책자문위원 2016년 주성엔지니어링(주) 대표이사 회장(현) 2018년 (사)제어로봇시스템학회(ICROS) 회장 (상)벤처기업대상, 철탑산업훈장, 과학기술부장관표창, 5백만불 수출의 탑, 산업자원부장관표창, 벤처기업대상 은탑산업훈장(2005), 반도체기술대상 으뜸기술상 대통령표창, 금탑산업훈장(2011), 자랑스러운 인하인상(2016), 포스코청암상 기술상(2018)

황철환(黃鐵煥)

(생)1966·4·3 (주)경상남도 창원시 의창구 상남로 289 경남지방경찰청 외사과(055-233-2176) (학)부산 가야고졸 1988년 경찰대졸(4기), 경남대 사회복지학과졸 (경)1988년 경위 임용 1998년 경감 승진 2000년 경남 산청경찰서 방범수사과장 2003년 창원중부경찰서 청문감사관 2005년 경정 승진 2006년 김해경찰서 형사과장 2007년 창원중부경찰서 수사과장 2009년 경남지방경찰청 수사1계장 2011년 同강력계장 2015년 同112종합상황실장(총경) 2016년 경남 산청경찰서장 2017년 경남지방경찰청 형사과장 2017년 경남 마산중부경찰서장 2019년 경남지방경찰청 외사과장(현)

황춘자(黃椿子·女)

(생)1953·6·12 (출)전북 고창 (주)서울특별시 영등포구 국회대로76길 22 자유한국당 서울시당(02-704-2100) (학)연세대 행정대학원졸, 행정학박사(경희대) (경)2004~2008년 서울메트로 경영혁신본부장(상임이사), 전국여성관리자협회 대표, 한국정책학회 이사 2013년 대통령소속 국민대통합위원회 갈등관리위원 2014년 서울시 용산구청장선거 출마(새누리당), 도시컨텐츠연구소 대표(현) 2016~2017년 새누리당 서울용산구당원협의회 운영위원장 2016년 제20대 국회의원선거 출마(서울 용산구, 새누리당) 2017년 자유한국당 서울시당 여성위원회 위원장 2017·2019년 同서울용산구당원협의회 운영위원장(현)

황춘현(黃椿鉉) HWANG Chun Hyun

(생)1957·8·26 (주)울산광역시 남구 처용로 718 SK케미칼(주) 울산공장(052-256-0121) (학)대아고졸, 부산대 경영학과졸 (경)Huvis울산공장 관리팀장, SK케미칼(주) SKYRON2공장 관리팀장, 同수원공장 관리팀장 2006년 同기업문화실장 겸 SKMS실천센터장(상무) 2013년 同울산공장장(상무) 2014년 SK유화 이사 2014년 SK케미칼(주) 울산공장장(전무) 2018년 同울산공장장(부사장) 2019년 同울산공장장(현)

황치영(黃致映)

(생)1961 (주)서울특별시 동대문구 서울시립대로 163 서울시립대학교(02-6490-6105) (학)홍익대 무역학과졸, 미국 캘리포니아대 도시행정학과 수료, 서울대 대학원 행정학과졸, 행정학박사(서울대) (경)1989년 행정고시 합격(33회) 2010년 서울시 복지건강본부 복지기획관 2011년 同복지건강본부 보건기획관 겸임 2012년 同기후환경본부 기후변화정책관 2013년 同문화관광디자인본부 문화정책관 2014년 서울시립대 행정처장 2015년 서울 중구 부구청장 2018~2019년 서울시 복지본부장(지방관리관) 2019년 서울시립대 교수(현)

황판식(黃判植) Hwang, Pansik

(생)1968 · 12 · 27 (주)세종특별자치시 가름로 194 과학기술정보통신부 비서실(044-202-4004) (학)1987년 대구 경신고졸 1991년 서울대 경영학과졸 1995년 同대학원 경영학과졸 2004년 미국 듀크대 대학원 국제발전정책학과졸 2011년 서울대 대학원 기술경영경제정책학 박사과정 수료 (경)2008년 교육과학기술부 과학기술정책과 근무 2009년 同과학기획팀장 2012년 同대학장학과장 2013년 미래창조과학부 지식재산전략기획단 기획총괄과장, 駐독일대사관 참사관 2017년 미래창조과학부 미래인재양성과장 2017년 과학기술정보통신부 미래인재정책국 미래인재양성과장 2017년 同미래인재정책국 미래인재정책과장 2018년 同장관 비서관(부이사관)(현)

황한식(黃漢植) HWANG Han Sik

(생)1948·1·15 (출)경남 함안 (주)부산광역시 금정구 부산대학로63번길 2 부산대학교 경제학부(051-510-1658) (학)1966년 진주고졸 1971년 서울대 상과대학졸 1977년 同대학원 경제학과졸 1991년 경제학박사(서울대) (경)1981~2013년 부산대 경제학부 교수 1985년 독일 브레멘대 객원교수 1992~1993·2001~2002년 한국지역사회학회 회장 1993년 부산대 지역경제개발연구소장 1996년 同경영경제연구소장 1997년 (사)부산지역중소기업지원봉사단 이사장 1999년 부산대 교수회장 1999년 전국국공립대교수협의회 회장 2000년 총선시민연대 정책자문교수단 공동단장 2001~2003년 전국대학교수회 상임회장 2001년 부산지방노동위원회 심판담당 공익위원(현) 2002년 한국지역사회학회 고문(현) 2002년 지방분권부산운동본부 의장 2002~2016년 지방분권국민운동 상임대표 및 공동대표 2003~2016년 부산지방분권협의회 공동대표 2003년 부산대 대학원 NGO학협동과정 주임교수 2003~2007년 대통령직속 노사정위원회 공익위원 2004년 부산대 동북아지역혁신연구원 지역혁신아카데미 주임교수 2004~2008년 부산시 지역혁신협의회 위원 2005년 同중구지역발전협의회 의장 2005~2007년 노사정위원회 지역노사정자문위원회 위원장 2006~2007년 同제조업발전특별위원회 위원장 2006~2012년 한국대학혁신포럼 대표 2006~2008년 대통령직속 지방이양추진위원회 위원 2006년 전국주민자치박람회 심사위원장(현), 지방분권운동 상임의장 2007년 부산분권혁신운동본부 상임대표(현), 지방분권개헌국민행동 상임의장, 同고문(현) 2007~2008년 부산시 여성정책위원회 위원 2009년 고용노동부 노동정책자문위원 2009년 同지역노사민정협의회 자문위원회 의장 2009~2015년 부산시노사민정협의회 공익위원 2010년 부산노사민정포럼 상임고문(현) 2011~2014년 부산시교육청 교육균형발전위원회 위원 2012~2013년 부산대 대학원장 2012년 부산법원(부산 고법·지법·가정법원 통합) 시민사법위원회 위원장(현) 2013년 부산대 경제학부 명예교수(현) (상)부산시 평등부부상, 행정자치부장관표창(2007), 국무총리표창(2008), 옥조근정훈장(2013) (저)'부산지역노동시장의 구조'(1982) '한국 농업문제의 새로운 인식'(1984) '한국 자본주의와 노동문제'(1985) '지방화시대 대도시경제의 내발적 발전과 지자체의 재정개혁 전략'(1998) '대학운영시스템의 혁신 : 그 방향과 과제'(2001) '부산지역노사관계의 발전전략'(2005) '분권사회 지역경제학 연구'(2008)

황한식(黃漢式) HWANG Han Sik

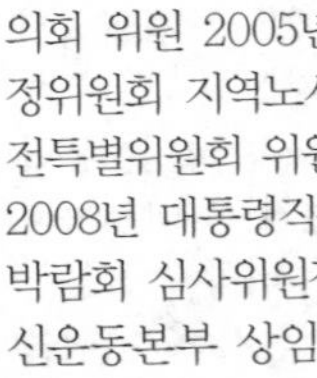

(생)1958 · 12 · 27 (출)경북 영천 (주)서울특별시 서초구 서초중앙로 157 서울중앙지방법원(02-530-1114) (학)대구 경북고졸 1981년 한양대 법정대학졸 1992년 미국 조지타운대 대학원 법학과졸 (경)1981년 사법시험 합격(23회) 1983년 사법연수원 수료(13기) 1983년 육군 법무관 1986년 수원지법 판사 1988년 서울지법 남부지원 판사 1990년 춘천지법 원주지원 판사 1994년 서울민사지법 판사 1995년 서울고법 판사 1996년 법원도서관 조사심의관 1999년 제주지법 부장판사 2000년 인천지법 부장판사 2002년 서울지법 부장판사 2004년 서울중앙지법 부장판사 2005년 서울북부지법 부장판사 2006년 특허법원 부장판사 2007년 대구고법 부장판사 2009년 서울고법 부장판사 2012년 同수석부장판사 2013년 광주지법원장 2013년 광주시선거관리위원회 위원장 2014년 서울동부지법원장 2015년 서울고법 부장판사 2017년 부산고법원장 2019년 서울중앙지법 원로(元老)법관(현)

황해범(黃海範) Hwang, Hae-beom

(생)1965 · 11 · 20 (주)광주광역시 서구 계수로 15 호남지방통계청 사회조사과(062-370-6100) (학)대구고졸, 계명대 통계학과졸, 한남대 정보통계학과졸 (경)2008~2009년 통계청 지역경제통계과 근무 2010~2011년 同지역소득통계팀 근무 2011~2017년 同사회통계기획과 근무 2017~2019년 호남지방통계청 농어업조사과장 2019년 同사회조사과장(현)

황해봉(黃海逢) HWANG Hae Bong

(생)1952 · 10 · 12 (출)서울 (학)1970년 홍익공업전문대학 공예과졸 (경)1968년 화혜장 기능 입문 1977년 제2회 인간문화재 공예작품전시회 입선 1979~1998년 전승공예대전 장려상 · 입선 1986년 중요무형문화재 제37호(화장 기능) 이수 1998년 문화관광부 한복의날기념 초청 시연회 1999년 송파구 문화재위원 2004년 국가무형문화재 제116호 화혜장(靴鞋匠) 기능보유자 지정(현) (상)인간문화재 공예작품 전시회 입선 · 장려상(1977 · 1979), 휴스턴 국제영화제 한국전통문화부문(꽃신) 은상(1979), 서울올림픽 전통공예품 경진대회 입상(1983), 서울시장표창(1994), 제24회 전승공예대전 대통령표창(1999)

황해연(黃海淵) HWANG Hae Yeon

(생)1960 · 2 · 4 (본)장수(長水) (출)부산 (주)서울특별시 강남구 압구정로 165 (주)현대백화점 미래사업본부(02-3416-5240) (학)휘문고졸, 한국항공대 항공운항학과, 충남대 대학원 마케팅학과졸 (경)(주)현대백화점 울산점 잡화가용팀장(부장대우), 同본점 잡화가용팀장(부장), 同광주점장(상무보) 2010년 同미아점장(상무乙) 2012년 同본점장(상무甲) 2013년 同판교복합몰 프로젝트매니저(상무甲) 2015년 同판교복합몰 프로젝트 매니저(전무) 2017년 同미래사업본부장(부사장)(현) (종)천주교

황현덕(黃鉉德) HWANG Hyeondeok

(생)1967·1·31 (본)평해(平海) (출)경북 의성 (주)강원도 춘천시 공지로 288 춘천지방검찰청 총무과(033-240-4542) (학)1985년 경북대사대부고졸 1989년 고려대 법학과졸 2011년 미국 캘리포니아대 버클리교 연수(방문연구) (경)1995년 사법시험 합격(37회) 1998년 사법연수원 수료(27기) 1998년 울산지검 검사 2000년 대전지검 논산지청 검사 2001년 서울지검 의정부지청 검사 2003년 대구지검 검사 2005년 춘천지검 강릉지청 검사 2007년 서울중앙지검 검사 2010년 수원지검 검사 2010년 同부부장검사 2010년 스폰서검사특검 파견검사 2012년 창원지검 마산지청 부장검사 2012년 창원지검 공안부장 2013년 서울남부지검 형사6부장 2014년 인천지검 형사5부장 2015년 사법연수원 검찰교수실 교수 2017년 서울동부지검 형사1부장 2018년 대구지검 김천지청장 2019년 춘천지검 차장검사(현) (상)모범검사상(2002), 검찰총장표창(2004)

황현상(黃顯相) HWANG Hyun Sang

(생)1966 · 4 · 7 (출)대구 (주)경상북도 포항시 남구 청암로 77 포항공과대학교 신소재공학과(054-279-2715) (학)1988년 서울대 공대 금속공학과졸 1992년 금속공학박사(미국 텍사스 오스틴대) (경)1992~1997년 LG반도체(주) 선임연구원 · 책임연구원 1997~2012년 광주과학기술원 신소재공학

과 조교수·부교수·교수 2002년 미국 테네시주 오크리지 국립연구소 방문교수 2005년 '기존 플래시 메모리 반도체를 대체할 수 있는 차세대 핵심기술'을 세계 최초로 개발 2006~2010년 (주)풍산마이크로텍 기술고문·사외이사 2007~2008년 미국 스탠포드대 방문교수 2012년 포항공과대 신소재공학과 교수(현) 2013~2015년 삼성전자(주) 미래기술연구회 위원 2017년 한국과학기술한림원 정회원(공학부·현) (상)LG반도체 특허발명 은상·대상(1993·1994) (역)'플래시메모리기술'(1995)

황현순(黃鉉淳) Hwang, hyunsoon

(생)1967·8·17 (주)서울특별시 영등포구 여의나루로4길 18 다우키움그룹 전략경영실(070-8707-1005) (학)1990년 서울대 경영학과졸 1992년 同대학원 재무관리학과졸 (경)1995년 한국장기신용은행 근무 1997년 IBM 근무 2000~2003년 키움닷컴증권(주) 근무 2005년 키움인베스트먼트 투자담당 상무 2008년 키움증권(주) IB사업본부 상무, 同PI본부 상무 2012년 同투자운용본부장(전무) 2013~2015년 同전략기획본부장 겸 리테일총괄본부장(전무) 2015년 다우키움그룹 전략경영실장(부사장)(현)

황현식(黃鉉植) HWANG Hyeon Sik

(생)1962·8·1 (출)인천 (주)서울특별시 용산구 한강대로 32 (주)LG유플러스 임원실(1544-0010) (학)부평고졸, 한양대 산업공학과졸, 한국과학기술원(KAIST) 산업공학과졸(석사) (경)1991년 (주)LG회장실 입사 1997년 PW&C 이사 1999년 (주)LG텔레콤 사업개발팀 부장 2001년 同경북사업부장 2002년 同상무 2004년 同영업지원담당 상무 2006년 同영업전략담당 상무 2008년 同영업전략실장(상무) 2010년 (주)LG 경영관리팀장(전무) 2010년 LG스포츠 이사 2014년 LG유플러스 MS본부장(전무) 2015년 同PS본부장(전무) 2017년 同PS부문장(부사장)(현)

황현식(黃現湜) Hwang, Hyun Sik

(생)1969·5·7 (본)창원(昌原) (출)광주 (주)대전광역시 서구 한밭대로 713 통계개발원 통계방법연구실(042-366-7201) (학)1987년 서강고졸 1994년 목포대 전산통계학과졸 1996년 전남대 대학원 전산통계학과졸 2000년 이학박사(전남대) (경)2001~2015년 통계청 통계교육원 교육운영과 전임교수·사무관 2015년 경인지방통계청 지역통계과장(서기관) 2016년 보건복지부 기획조정실 정책통계담당관 2017년 통계청 기획조정관실 전략성과팀장 2018년 同통계개발원 통계방법연구실장(현) (상)재정경제부장관표창(2005), 국무총리표창(2007) (저)'고급SPSS의 이해와 활용'(2011)

황현주(黃玄周) Hwang Hyun Joo

(생)1957·12·5 (출)충남 보령 (주)서울특별시 강남구 영동대로 517 법무법인 화우(02-6003-7140) (학)1976년 경희고졸 1981년 성균관대 법대졸 1983년 同대학원 법학과 수료 (경)1982년 사법시험 합격(24회) 1984년 사법연수원 수료(14기) 1988년 대전지법 판사 1990년 同공주지원 판사 1992년 수원지법 여주지원 판사 1995년 서울지법 북부지원 판사 1997년 서울고법 판사 1999년 서울지법 판사 2000년 대전지법 부장판사 2002년 서울지법 남부지원 부장판사 2004년 서울남부지법 부장판사 2005년 서울중앙지법 부장판사 2008년 법무법인(유) 화우 변호사(현) 2008~2014년 국민권익위원회 비상임위원 2009~2013년 서울지방변호사회 전공별커뮤니티방송통신분과 위원장 2010~2011년 법무부 민법개정위원회 위원 2010~2013년 지식경제부 법률고문변호사 2011~2014년 한국청소년상담원 비상임이사 2012년 주택도시보증공사 법률고문(현) 2013년 서울중앙지법 조정위원(현) 2013~2015년 강동구선거관리위원회 위원 2014년 한국토지주택공사 법률고문(현) 2014년 대한상사중재원 중재인(현) 2014년 산업통상자원부 고문변호사(현) 2015년 同정보공개심의회 위원(현) 2015년 대한중재인협회 부회장(현) 2016년 국토교통부 청렴자문위원회 위원(현) (상)국민훈장 동백장(2015)

황현찬(黃鉉贊) HWANG Hyun Chan

(생)1970·12·20 (출)경북 의성 (주)부산광역시 연제구 법원로 31 부산지방법원 총무과(051-590-1507) (학)1987년 영진고졸 1993년 연세대 법과대학졸 2002년 미국 뉴욕대 Law School졸 (경)1990년 사법시험 합격(32회) 1993년 사법연수원 수료(22기) 1993년 軍법무관 1996년 서울지법 서부지원 판사 1998년 서울지법 판사 2000년 청주지법 판사 2004년 서울고법 판사 2006년 대법원 재판연구관 2008년 전주지법 부장판사 2009년 同수석부장판사 2010년 수원지법 성남지원 부장판사 2012년 서울북부지법 부장판사 2014년 서울중앙지법 부장판사 2017년 서울북부지법 부장판사 2019년 부산지법 부장판사(현)

황현택(黃賢澤) HWANG Hyeon Taek

(생)1960·7·4 (주)광주광역시 서구 내방로 111 광주광역시의회(062-613-5044) (학)1997년 광주대 경영학과졸, 전남대 행정대학원 행정학과졸 (경)금호쌍방울 대표, 광주시교육청 급식협의회 부위원장, (주)태창 광주지점장, 민주당 광주시서구乙지역위원회 연청회장, 同광주시당 부위원장, (주)국제양말 호남본부장, 광주시 서구 생활체육협회 부회장 2010년 광주시 서구의회 의원(민주당·민주통합당·민주당·새정치민주연합) 2012년 同예산결산특별위원장 2014~2018년 광주시 서구의회 의원(새정치민주연합·더불어민주당) 2014~2016년 同의장 2017년 더불어민주당 제19대 문재인 대통령후보 국민주권 광주시 공동선거대책위원장 2018년 광주시의회 의원(더불어민주당)(현) 2018년 同산업건설위원회 위원장(현) (상)지방의정 봉사상(2015), 대통령표창(2015), 대한민국 권자대상 기초의원부문(2017) (종)기독교

황형주(黃炯周) HWANG Hyung Ju

(생)1963·1·11 (본)장수(長水) (출)전남 보성 (주)강원도 원주시 치악로 1808 강원일보 영서총지사(033-762-4881) (학)1980년 광주 금호고졸 1988년 조선대 회계학과졸 (경)1989년 전남매일 입사 1992년 강원일보 입사 1995년 同체육부 기자 1998년 同제2사회부 차장 2000년 同정치·경제부 차장 2001년 同체육부 부장대우 2002년 同체육부장 2003년 同경제부장 2008년 同부국장 직대 겸 기획취재부장 2009년 同교육·체육·어린이강원일보부장 2014년 同동계올림픽취재단장 겸임 2015년 同편집국장 2018년 同영서총지사장(현)

황혜민(黃惠珉·女)

(생)1974·5·17 (출)서울 (주)광주광역시 동구 준법로 7-12 광주지방법원 총무과(062-239-1503) (학)1993년 영동여고졸 1998년 서울대 서문학과졸 (경)2001년 사법시험 합격(43회) 2004년 사법연수원 수료(33기) 2004년 대구지법 예비판사 2006년 同판사 2007년 수원지법 성남지원 판사 2010년 서울중앙지법 판사 2012년 서울남부지법 판사 2016년 서울중앙지법 판사 2019년 광주지법 부장판사(현)

황혜성(黃惠聖·女) HWANG Hae Sung

(생)1955·1·17 (주)서울특별시 성북구 삼선교로16길 116 한성대학교 크리에이티브인문예술대학(02-760-4033) (학)1973년 이화여고졸 1978년 서강대 인문대학 사학과졸 1981년 미국 하와이대 대학원 사학과졸 1988년 사학박사(미국 하와이대) (경)1994~2004년 한성대 인문대학 역사문화학부 조교수·부교수 2002~2006년 同국제대학원장 2002년 同대학원 국제지역 주임교수 2002년 한국서양사학회 총무이사 2004년 한성

대 인문대학 역사문화학부 교수, 同크리에이티브인문예술대학 글로컬역사트랙·역사문화콘텐츠트랙 교수(현) 2006~2008년 한국미국사학회 회장 2009년 이민인종연구회 회장 2011~2012년 한성대 역사문화학부장 2012~2013년 同대학원장 2014~2016년 한국서양사학회 회장 2016~2018년 한성대 인문대학장 (저)'일차대전과 새로운 흑인' '미국의 자유주의 전통에 관한 소고'

황호건(黃昊建)

(생)1961·3·12 (주)서울특별시 영등포구 여의대로 128 LG전자 B2B버티컬해외영업그룹(02-3777-1114) (학)심인고졸, 경북대 사회학과졸 (경)LG전자 LGEAK법인장 2005년 同디스플레이구매팀장(상무) 2009년 同HE사업본부 구매팀장 2010년 同CPO 전자통합구매담당(전무) 2011년 同경영혁신부문 구매팀장(전무) 2011년 同CHO(전무) 2012년 同HR부문장(전무) 2015~2016년 同CHO(부사장) 2017년 同B2B부문장(부사장) 2018년 同B2B버티컬해외영업그룹장(부사장)(현) (종)불교

황호길(黃浩吉) Hwang Ho-Keel

(생)1961 (주)광주광역시 동구 필문대로 303 조선대학교 치과병원 치과보존과 치과보존학교실(062-220-3840) (학)원광대 치의학과졸, 조선대 대학원 치의학과졸, 치의학박사(조선대) (경)조선대 치의학전문대학원 치과보존학교실 교수(현), 同치과병원 치과보존과장(현) 2009~2010년 同치과병원 병원장 2019년 대한현미경치과학회 회장(현) 2019년 조선대 치과대학장 겸 치의학전문대학원장(현) (저)'근관치료학'(共) 'Ni-Ti 전동파일을 이용한 근관치료(共)'(2010) '최신근관치료학(共)'(2011) 'Pathways of th pulp'(共)

황호선(黃浩善) Ho Seon Hwang

(생)1952·5·5 (주)부산광역시 해운대구 마린시티2로 38 한국해양진흥공사(051-717-0600) (학)경남고졸 1980년 서울대 철학과졸 1987년 미국 캔자스주립대 대학원 경제학과졸 1996년 경제학박사(미국 미시간대) (경)1999~2017년 부경대 인문사회과학대학 국제지역학부 교수, 대통령자문 동북아시대위원회 위원 2003~2007년 해양수산부 정책자문위원 2005~2009년 부산·진해경제자유구역특별위원회 위원 2012년 민주통합당 제18대 대통령중앙선거대책위원회 부산시선거대책위원회 공동위원장 2016년 더불어민주당 부산시당 동물보호특별위원회 자문위원 2017년 부경대 인문사회과학대학 국제지역학부 명예교수(현) 2018년 더불어민주당 부산시당 공직선거후보자추천관리위원회 위원장 2018년 한국해양진흥공사 사장(현)

황호용(黃鎬容) HWANG Ho Yong

(생)1944·2·21 (출)전남 강진 (주)전라남도 강진군 강진읍 영랑로1길 9 강진문화원(061-433-7373) (학)1964년 강진농고졸 1967년 고려대 농업경영학과 중퇴(3년) (경)2001년 강진군봉사단체협의회 회장, 국제라이온스협회 강진클럽 회장, 전남역도연맹 회장, 전남생활체육회 부회장 2002·2006~2010년 전남도의회 의원(새천년민주당·민주당·중도통합민주당·통합민주당·민주당) 2004~2006년 同경제건설위원장, 同문화정책연구회장, 민주당 전남도당 상무위원 2014년 강진문화원장(현) 2017년 한국문화원연합회 전남지회장(현) (상)전남도지사표창(1976) (종)기독교

황홍규(黃洪奎) HWANG Hong Gyu

(생)1962·12·22 (본)우주(紆州) (출)전북 김제 (주)서울특별시 금천구 서부샛길 606 한국대학교육협의회 사무총장실(02-6919-3804) (학)1981년 광주고졸 1985년 한양대 행정학과졸 1987년 同대학원 교육학과졸 2001년 한국방송통신대 법학과졸 2010년 법학박사(한양대) (경)1983년 행정고시 합격(27회) 1987년 광주시교육위원회 초등교육과 초등교직계장 1988~1991년 입대 휴직(공군 학사장교 84기) 1991년 광주중앙도서관 서무과장 1991년 광주시교육청 행정관리담당 1992년 목포대 도서관 수서과장 1992년 서울시교육청 대영고 서무과장 1994년 同행정관리담당관실 법무계장 1995년 교육부 법무담당관실·산업교육총괄과 사무관 1997년 同산업교육총괄과 서기관 1998년 교원징계심사위원회 심사2과장·심사과장 1999년 홍익대 교육경영관리대학원 초빙교수 2001년 교육인적자원부 조정1과장 2003년 同사학정책과장 2003년 同총무과장 2005년 대통령 교육문화비서관실 행정관 2005년 교육인적자원부 기획홍보관리관 2006년 미국 조지워싱턴대 파견 2007년 국가균형발전위원회 파견 2008년 교육과학기술부 대학연구기관지원정책관 2009년 한양대 정책과학대학 대우교수 2012년 전북대 사무국장 2013년 교육부 학생복지안전관 2014년 대한민국학술원 사무국장 2015년 광주시교육청 부교육감 2018년 전북도교육청 부교육감 2018년 同교육감 권한대행 2018년 한국대학교육협의회 사무총장(현) (종)기독교

황효상(黃曉商) Hwang, Hyo Sang

(생)1960·5·15 (주)서울특별시 중구 을지로 35 KEB하나은행 임원실(1588-1111) (학)1979년 우신고졸 1983년 성균관대 통계학과졸 2008년 핀란드 헬싱키경제경영대학원 MBA (경)1983년 외환은행 남부지점 행원 1991년 同과천지점 과장 1994년 同심사부 과장 겸 심사역 1999년 同인사부 차장 2001년 同여신심사부 차장 겸 선임심사역 2002년 同역삼역지점 차장 2004년 同신용기획부 신용위험관리팀장 겸 수석심사역 2008년 同KEB LA FINCO 파견 2012년 同전략기획부장 2013년 同기획관리그룹장(본부장) 2014년 同리스크관리그룹장(본부장) 2014년 하나금융지주 CRO(상무) 2015년 KEB하나은행 리스크관리그룹장(본부장) 겸 하나금융지주 그룹리스크총괄 2016년 同리스크관리그룹장(CRO·전무) 겸 하나금융지주 위험관리책임자(CRO·전무) 2018년 同리스크관리그룹장(부행장)(현)

황 희(黃 熙) HWANG HEE

(생)1967·7·28 (출)전남 목포 (주)서울특별시 영등포구 의사당대로 1 국회 의원회관 838호(02-784-8551) (학)1986년 강서고졸, 숭실대 경제학과졸 2016년 연세대 대학원 도시공학 석·박사통합과정 수료 (경)새정치국민회의 김대중 총재실 비서, 同조세형 총재권한대행 비서, 새천년민주당 기획조정국·상임고문실 근무, 同당발전과쇄신을위한특별대책위원회 부장, 제16대 대통령직인수위원회 기획조정분과 행정관, 대통령정무수석비서관실·참여수석비서관실·홍보수석비서관실 행정관, 대통합민주신당 대통합위원회 위원, 同경기도당 부대변인 2010년 민주당 중앙당 상근부대변인, 사람사는세상 노무현재단 기획위원, 청정회(노무현 대통령비서실 출신 정치인 모임) 대변인 겸 간사, 시민주권모임 이사, 더좋은민주주의연구소 이사, 국기원 홍보마케팅특별위원회 위원장, (사)한국국어능력평가협회 감사, (재)한국공공디자인지역지원재단 이사, (사)아시아모델협회 고문, 안산시장애인태권도협회 회장, 박원순 서울시장후보 선거대책위원회 정책특보 2015~2016년 더불어민주당 정책위원회 부의장 2016년 同뉴파티위원회 위원 2016년 同서울양천구甲지역위원회 위원장(현) 2016년 제20대 국회의원(서울 양천구甲, 더불어민주당)(현) 2016·2018년 국회 국토교통위원회 위원(현) 2017년 더불어민주당 제19대 문재인 대통령후보 중앙선거대책본부 총무본부 부본부장 2017년 同홍보위원장 2017년 사람사는세상노무현재단 상임운영위원(현) 2017년 더불어민주당 세월호특별위원회 위원장 2017~2018년 국회 4차산업혁명특별위원회 위원 2018~2019년 더불어민주당 원내부대표 2018~2019년 국회 운영위원회 위원 2018년 더불어민주당 교육연수원장(현) (상)2018 입법 및 정책개발 최우수국회의원(2019) (저)'님은 갔지만 보내지 아니하였습니다(共)'(2010, 우공이산) '담쟁이의 서곡'(2012, 진한엠앤비)

황희석(黃希錫)

(생)1967 · 12 · 16 (출)경남 함안 (주)경기도 과천시 관문로 47 법무부 인권국(02-2110-3266) (학)1985년 마산고졸 1990년 서울대 법학과졸 1996년 미국 조지타운 로스쿨졸(LL.M.) (경)1996년 미국 뉴욕주 변호사시험 합격 1999년 사법시험 합격(41회) 2002년 사법연수원 수료(31기) 2002~2017년 변호사 개업 2017년 법무부 인권국장(일반직 고위공무원)(현) 2019년 법무부 검찰개혁추진지원단장(현)

황희연(黃熙淵) HWANG Hee Yun (恩山)

(생)1951·9·22 (본)장수(長水) (출)전남 장흥 (주)대전광역시 유성구 엑스포로539번길 99 한국토지주택공사 토지주택연구원(042-866-8600) (학)1979년 서울대 건축공학과졸 1981년 同대학원 건축공학과졸 1987년 공학박사(서울대) 1995년 미국 미시간주립대 국제대학 국제전문가과정 수료 (경)1979년 한국과학기술원(KAIST) 환경공학부 연구원 1979~1980년 국토연구원 지역개발부 연구원 1982~2017년 충북대 공과대학 도시공학과 교수 1983~1984년 미국 프린스턴대 건축대학 객원교수 1988년 미국 일리노이대 도시및지역계획학과 객원교수 1989~1990년 미국 미네소타대 공공정책대학원 Post-Doc. 1989~1990년 미국 Ellebe-Beckt Inc. 마스터플랜부 Part-Time 설계담당 1996~1999년 충북대 건설기술연구소장 1997~1999년 건설교통부 토지이용제도개선작업단 위원 1998~2000년 대한국토·도시계획학회 도시정보편집위원장 1999~2001년 환경부 법령협의회 위원 2000~2002년 건설교통부 국토정비기획단 자문위원 2000~2002년 대한국토·도시계획학회 학술위원장 2002~2004년 同대전충청지회장 2002~2004년 同지자체정책자문단장 2002~2004년 지속가능한도시대상평가단 총괄팀장 2002~2004년 대한건축학회 지역개발분과 위원장 2002~2008년 국토해양부 중앙도시계획위원회 위원 겸 분과위원장 2003~2004년 대통령자문 국가균형발전위원회 전문위원 2003~2008년 국무총리실 신발전지역위원회 위원 2004~2005년 충북대 기획협력처장 2004~2006년 경제정의실천연합 도시개혁센터 대표 2004~2009년 대통령직속 행정중심복합도시추진위원회 위원 2004~2012년 국토해양부 신도시자문위원회 위원 2004~2019년 (사)주민참여도시만들기연구원 원장 2005~2008년 대통령직속 행정중심복합도시건설추진위원회 위원 2005~2013년 문화재청 고도보존심의위원회 위원 2006~2008년 경제정의실천연합 중앙위원회 부위원장 2006~2008년 대통령자문 지속가능발전위원회 위원 2006~2010년 대한국토·도시계획학회 부회장·회장 2007~2008년 대통령자문 건설기술·건축문화선진화위원회 위원 2007~2016년 세종특별자치시 기획조정단 연구책임 2008~2013년 국토해양부 장관자문위원 2008~2013년 대통령직속 지역발전위원회 공공기관이전특별위원회 위원 2008년 대한국토·도시계획학회 고문 2010년 국무총리 신발전지역위원회 민간위원 2011~2012년 경제정의실천연합 도시개혁센터 이사장 2012~2014년 국무총리실 국토정책위원회 위원 2013년 국무총리 도시재생특별위원회 민간위원 2014~2016년 세종특별자치시 정책자문위원회 위원장 2014년 同지역 총괄계획가 2017~2019년 충북대 공과대학 도시공학과 명예교수 2017~2019년 대통령직속 기구 산하 '세종·제주자치분권·균형발전특별위원회' 세종특별자치시분과 위원 2019년 한국토지주택공사 토지주택연구원장(현) (상)대한국토·도시계획학회 학술상(1994), 환경부장관표창(1999), 건설교통부장관표창(2001), 충북건설인상 학술부문상(2002), 청주시장상 금상, 충북환경대상 학술부문상(2005), 대통령표창(2008), 충북대 우수학술상(2012), 녹조근정훈장(2017) (저)'한국의 도시연구(共)'(1990) '도시계획사개론(共)'(1992) '청주도시계획변천사(共)'(1994) '토지이용계획론(共)'(1996) '시민의 도시(共)'(1997) '도시계획론(共)'(1998) '도시의 이해(共)'(1998) '한국의 도시(共)'(1999) '도시계획의 새로운 패러다임'(1999) '충북의 건축문화(共)'(1999) '도시계획론 개정판(共)'(2000) '국토공간계획실무과정(共)'(2000) '봉명·송정동지(共)'(2000) '도시중심부 연구(共)'(2000) '문화+시민, 청주'(2000) '한국사회의 비전21(共)'(2001) '도시생태학과 도시공간구조(共)'(2002) 'Diversity of Urban Development and Urban Life(共)'(2002) 'Global City Region(共)'(2003) '한국지리지-충청편'(2003) '토지이용계획론 개정증보(共)'(2004) '서양도시계획사(共)'(2004) '충북도시론(共)'(2004) '현대공간이론의 사상가들(共)'(2005) '알기 쉬운 도시이야기(共)'(2006) '지속가능한 사회이야기(共)'(2008) '대한국토·도시계획학회 50년사(共)'(2009) '도시, 인간과 공간의 커뮤니케이션(共)'(2009) '도시재생 현재와 미래(共)'(2010) '우리, 마을만들기'(2012) '지역정책론'(2013) (종)천주교

황희철(黃希哲) Hee-chul HWANG

(생)1957·6·2 (본)우주(紆州) (출)광주 (주)서울특별시 종로구 사직로8길 39 세양빌딩 김앤장법률사무소(02-3703-1107) (학)1976년 경동고졸 1980년 서울대 법학과졸 1991년 미국 미시간대 로스쿨졸(LL.M.) 1992년 서울대 법과대학 사법발전연구과정 수료 1994년 미국 하버드대 협상프로그램과정 수료 2000년 한국과학기술원(KAIST) 최고정보경영자과정 수료 (경)1981년 사법시험 합격(23회) 1983년 사법연수원 수료(13기) 1983년 軍법무관 1986년 광주지검 검사 1988년 마산지검 진주지청 검사 1989년 서울지검 검사 1992년 법무부 국제법무심의관실 검사 1994년 서울고검 검사 1995년 사법연수원 교수 1995년 세계무역기구(WTO) 분쟁조정위원 1997년 대검찰청 정보화담당관 1998년 부산지검 특수부장 1999년 대검찰청 범죄정보2담당관 2000년 同범죄정보1담당관 2001년 법무부 검찰1과장 2002년 수원지검 평택지청장 2003년 울산지검 차장검사 2004년 부산고검 검사 2005년 서울중앙지검 1차장검사 2006년 법무부 정책홍보관리실장 2006년 대구고검 차장검사 2007년 同검사장 직대 2007년 대검찰청 공판송무부장 2008년 광주지검장 2009년 서울남부지검장 2009~2011년 법무부 차관 2011년 김앤장법률사무소 변호사(현) 2019년 대한변협법률구조재단 이사장(현) (상)국무총리표창(1991), 홍조근정훈장(2012) (저)'UR협정의 법적 고찰(上·下)(共)'(1994) '국제지적재산권법(共)'(1995)

회 정(悔 淨) KIM SANG KYUN

(생)1951 · 12 · 16 (출)경북 포항 (주)서울특별시 성북구 화랑로13길 17 대한불교진각종(02-913-0751) (학)1991년 진각대졸 1997년 동국대 불교대학원 사회복지학과 수료 1985년 진각종 전문과정 교학과 수료 (경)1980년 대한불교진각종 향가심인당 교화 1981년 同정제심인당 교화 1985년 同황경심인당 주교 1987 · 1990년 同전국청년회 경주지부 지도스승 1990년 同지륜심인당 주교 1991년 同전국청년회 부산지부 지도스승 1992년 同제8대 종의회 의원 1992년 同통리원 총무국장 1993년 同실상심인당 주교 1994년 同통리원 문화사회국장 1995년 同제9대 종의회 의원 1997년 同통리원 총무부장 1997년 同밀각심인당 주교 1997년 同청정국토가꾸기운동본부장 1997년 同대정사 품수 1997년 사회복지법인 진각복지재단 상임이사 1998년 민족화합불교추진위원회 공동집행위원장 1998 · 1999년 학교법인 회당학원 이사 1998년 대한불교진각종 국제불교연구소장 1998년 同교육원 종학연구실 상임연구원 1999년 진선여자중 · 고 전담임원 2000년 진각성존 회당대종사 탄생100주년기념사업회 봉행위원장 2000년 진선여자중 · 고 정교실장 2002년 대한불교진각종 제11대 종의회 의원 2004년 同종헌종법개정 연구위원 2005년 同제27대 통리원장 2005 · 2013년 (재)대한불교진각종유지재단 대표이사 2005 · 2013년 밀교신문 발행인 2005년 진각복지재단 대표이사 2005 · 2013년 회당장학회 이사장 2005년 도서출판 진각종해인행 대표 2005 · 2013년 불교방송 이사 2005 · 2013년 한국불교종단협의회 부회장 2006년 세계불교도우의회 한국본부 회장 2011년 대한불교진각종 명륜심인당 주교 2012년 同종사행계 승진 2013년 同제29대 통리원장 2013년 불교텔레비전 이사 2013년 대한불교진각종 탑주심인당 주교 2016년 한일불교문화교류협의회 이사장 2016년 제28차 세계불교도우의회 서울총회 대회장 2016년 同종교특별고문(현) 2016~2019년 대한불교진각종 총인 2019년 同정사(현) (상)총금강회 감사패(2016)

한국인물사전
2020

초판1쇄 2019년 10월 31일 발행

발 행 인 조성부
편 집 인 김진형
발 행 처 주식회사 연합뉴스
서울 종로구 율곡로2길 25
www.yonhapnews.co.kr
발 행 일 2019년 10월 31일
인 쇄 삼화인쇄(주)
편 집 (주)나눔커뮤니케이션
정 가 180,000원
구입문의 (02)398-3591·3593, (02)734-0801~3
광고문의 (02)398-3333